Eight Simple Guides for the Use of this Dictionary

This DICTIONARY has been designed to give you the word or the meaning you desire; and it has been designed to lead you directly to it. By following these eight simple guides you will arrive at the word or the meaning you desire with certainty, with speed, and with the utmost ease.

1. **Look up idioms under the noun, whether the idiom consists of a preposition and a noun or a verb and a noun (See Explanatory Note 29, p. xiv).**
2. **Look up prepositions under the word (verb or noun) associated syntactically with them; also under the prepositions themselves (See Explanatory Note 37, p. xvi).**
3. **Look up the adjective meanings of a word at the beginning of the entry, the verb meanings at the end, and other meanings in between, according to the functional sequence established for the treatment of words on the basis of the parts of speech (See Explanatory Note 23, p. xiii). You will be greatly aided in finding changes in part of speech by the boldface perpendicular lines used in many entries (See Explanatory Note 38, p. xvi).**
4. **Look up abbreviations and proper nouns in the same alphabetical listing as common words (See Explanatory Note 19, p. xiii).**
5. **Look up all words spelled alike under one and the same entry, whether spelled with an initial capital or not (See Explanatory Notes 21 and 22, p. xiii).**
6. **Look up feminine nouns that have identical spelling with the feminine form of an adjective under the masculine form of the adjective (See Explanatory Note 24, p. xiii).**
7. **Look up verb phrases under the transitive or intransitive treatment of the verb according as the verb (not the verb phrase as a whole) is transitive or intransitive (See Explanatory Note 36, p. xvi).**
8. **Look up English solid, hyphenated, and spaced compounds as lexical units. For example, *soft-boiled egg* is found as a separate entry and not under *soft* or *boiled* or *egg* (See Explanatory Note 27, p. xiv).**

Ocho Sencilla[s indicaciones para] el Uso de [este Diccionario]

Este DICCIONARIO ha sido planeado para proporcionar al usuario la palabra o la acepción deseada; y para conducirle de un modo directo a dicha palabra o acepción. Siguiendo estas ocho sencillas indicaciones, encontrará el usuario la palabra o la acepción que desea con seguridad, con rapidez y con la mayor facilidad.

1. **Búsquense los modismos bajo el nombre, sea un modismo que conste de una preposición y un nombre o uno que conste de un verbo y un nombre (Véase Nota Explicativa 29, pág. xiv).**
2. **Búsquense las preposiciones bajo la palabra (verbo o nombre) que va asociada con ellas sintácticamente; y también bajo las preposiciones mismas (Véase Nota Explicativa 37, pág. xvi).**
3. **Búsquense las acepciones adjetivales de las palabras al principio del artículo, las acepciones verbales al fin y las demás acepciones entre ambas, según el orden funcional establecido para el tratamiento de las palabras a base de las partes de la oración (Véase Nota Explicativa 23, pág. xiii). Las líneas perpendiculares impresas en negrillas, que se encuentran en muchos artículos, ayudarán muchísimo a hallar cambios de una parte de la oración a otra (Véase Nota Explicativa 38, pág. xvi).**
4. **Búsquense las abreviaturas y los nombres propios en la misma lista alfabética de las palabras comunes (Véase Nota Explicativa 19, pág. xiii).**
5. **Búsquense todas las palabras escritas de la misma manera bajo un mismo artículo, ya sea que vayan escritas con mayúscula inicial o no (Véanse Notas Explicativas 21 y 22, pág. xiii).**
6. **Búsquense los nombres femeninos que se escriben de la misma manera que la forma femenina de un adjetivo bajo la forma masculina del adjetivo (Véase Nota Explicativa 24, pág. xiii).**
7. **Búsquense las frases verbales bajo el tratamiento transitivo o intransitivo del verbo según que el verbo (y no la frase verbal en su conjunto) sea transitivo o intransitivo (Véase Nota Explicativa 36, pág. xvi).**
8. **Búsquense como unidades léxicas independientes los compuestos ingleses sólidos, los unidos con guión y los escritos como dos o más vocablos separados. Por ejemplo, *soft-boiled egg* se encuentra como artículo separado y no bajo *soft* ni bajo *boiled* ni bajo *egg* (Véase Nota Explicativa 27, pág. xiv).**

Williams

DICCIONARIO

ESPAÑOL-INGLÉS
INGLÉS-ESPAÑOL

SPANISH-ENGLISH
ENGLISH-SPANISH

DICTIONARY

Williams
DICCIONARIO

ESPAÑOL-INGLÉS INGLÉS-ESPAÑOL

SPANISH-ENGLISH ENGLISH-SPANISH
DICTIONARY

Edwin B. Williams
University of Pennsylvania

Segunda edición

Incorpora 31 vocabularios temáticos bilingües
Incorporating 31 bilingual thematic vocabularies

1993

McGRAW-HILL
MÉXICO • BOGOTÁ • BUENOS AIRES • CARACAS • GUATEMALA • LISBOA • MADRID
NUEVA YORK • PANAMÁ • SAN JUAN • SANTIAGO • SÂO PAULO
AUCKLAND • HAMBURGO • MILÁN • LONDRES • MONTREAL
NUEVA DELHI • PARÍS • SAN FRANCISCO • SINGAPUR
ST. LOUIS • SIDNEY • TOKIO • TORONTO

WILLIAMS / DICCIONARIO ESPAÑOL-INGLÉS, INGLÉS-ESPAÑOL
SPANISH-ENGLISH, ENGLISH-SPANISH DICTIONARY

Segunda edición:

Mc Graw Hill Interamericana de México, S.A. de C.V.
Miembro de la Cámara Nacional de la Industria Editorial Reg. No. 1890

4567890123 9087654123

Printed in Colombia

Se imprimieron 16.000 ejemplares en
el mes de septiembre de 1993.
Impreso por Lerner Ltda.
Quien sólo actúa como impresor

PRÓLOGO

En el hemisferio occidental se manifiesta un amplio y ostensible predominio de dos idiomas fundamentales: el español y el inglés. Ambas lenguas, cuya difusión es cada vez mayor, son utilizadas cotidianamente por muchos millones de hablantes de todo el mundo.

El conocimiento profundo de la lengua materna es indispensable, tomando en cuenta que la comunicación tanto verbal como escrita ha sido la piedra angular sobre la que se ha edificado la civilización y ha constituido el motor primordial de la evolución intelectual del hombre. Empero, a causa de los grandes avances que día con día experimenta la humanidad a escala científica y tecnológica, reflejados consecuentemente en la lingüística, resulta cada vez más imprescindible la utilización de auxiliares didácticos *sine qua non*, entre los que se destaca el diccionario.

Tomando en cuenta la gran profusión de neologismos y de tecnicismos, producto de la dinámica y cambiante época en que nos tocó vivir, resulta obvio que nadie pueda conocer su propio idioma en su totalidad, y mucho menos una lengua aprendida con posterioridad a la materna. Tal es la meta que McGraw-Hill se ha fijado con la segunda edición del Diccionario Williams: a más de aportar todos los vocablos de uso común que se consignan en los diccionarios bilingües ordinarios, ha realizado la compilación de vocabularios especiales que comprenden 31 de las ramas que más destacan en el moderno conocimiento humano, cubriendo toda la amplia gama científica, tecnológica y artística de la actualidad.

Los Vocabularios Temáticos Bilingües, que aparecen en la Sección Central de la obra, fueron recopilados y supervisados por eminentes especialistas de cada una de las materias y sometidos a una acuciosa revisión lingüística por parte de lexicógrafos profesionales de habla española y de habla inglesa.

Con suma facilidad, el usuario del Diccionario Williams podrá encontrar, concentrados en cada uno de los vocabularios, los términos más importantes y de mayor uso de cada uno de los temas. Los vocablos se han ordenado alfabéticamente tanto en español-inglés, como en inglés-español.

Estamos en la era de la computación, y los alcances de ésta en todos los órdenes son aún incalculables e inimaginables. A base de constancia y de investigación sistemática, McGraw-Hill se ha convertido en líder mundial en publicaciones sobre esta materia y, por ende, el vocabulario correspondiente a *Computación e informática* es el más extenso de todos: cuenta con más de 1500 entradas.

Confiamos plenamente en la utilidad lexicográfica y en las aportaciones científico-culturales de la nueva versión del Diccionario Williams, y sólo nos resta contar con la aprobación de ustedes, los usuarios hispanohablantes y angloparlantes.

LOS EDITORES

PREFACE

Two principal languages are recognized for their prominence in the Western Hemisphere: Spanish and English. Both languages are used daily by millions of speakers in every part of the world, and these numbers continue to grow.

A thorough knowledge of one's native language is indispensable, if we consider that communication, both oral and written, has been the cornerstone on which civilization has been built and has constituted the primary moving force behind the intellectual development of man. However, because of the tremendous advances in science and technology which affect mankind every day and which are subsequently reflected in the language, it is increasingly imperative that we make use of available didactic resources. The dictionary is a prime example of such an essential tool.

Considering the profusion of new words and meanings and technical terms that are a product of the dynamic and changing age in which we live, it is clear that no one can ever know his own language completely, and even less so, a language learned after his native tongue. And that is the goal that McGraw-Hill has kept in mind for the second edition of the Williams Dictionary: in addition to providing all the commonly-used terms that ordinary bilingual dictionaries include, it has compiled a series of special vocabularies which encompass 31 of the most prominent branches of modern human knowledge, covering the important scientific, technological and artistic spheres of our times.

The Bilingual Thematic Vocabularies, which appear in the Center Section of this work, were compiled and reviewed by specialists in each of the subject areas and submitted to meticulous linguistic examination by professional Spanish-speaking and English-speaking lexicographers.

With considerable ease, the user of the Williams Dictionary will find the most important and frequently-used terms pertaining to each topic concentrated in each of the separate vocabularies. The terms have been arranged in alphabetical order, both in Spanish-English and in English-Spanish.

We live in the age of the computer, and its far-reaching effects are beyond our ability to measure or contemplate. Through steadfast and systematic research, McGraw-Hill has become a world leader in publications in this field and, accordingly, the vocabulary corresponding to Computer Science is the most extensive of all, comprising more than 1500 entries.

We are convinced of the value of the content and the usefulness of this new version of the Williams Dictionary as an outstanding lexicographic resource.

We now await endorsement from you, our Spanish-speaking and English-speaking users.

THE PUBLISHER

Contenido

Prólogo v
Colaboradores xi – xii
Notas explicativas xiii – xix

Contents

Preface vii
Contributors
Explanatory Notes

Primera Parte-Part I

Diccionario Español-Inglés 1 – 620 Spanish-English Dictionary

Sección Central - Center Section

Vocabularios Temáticos Bilingües

Español-Inglés

Administración **iii**	Management
Aeronáutica **ix**	Aeronautics
Agricultura **xvii**	Agriculture
Alimentos y bebidas **xxii**	Food and Beverages
Arquitectura y diseño **xxvi**	Architecture an Design
Astronomía y astronáutica **xxxii**	Astronomy and Astronautics
Cinematografía **xxxvi**	Cinematography
Comercio internacional **xxxix**	International Trade
Computación e informática **xliii**	Computer Science
Contabilidad **lxi**	Accounting
Deportes **lxv**	Sports
Economía **lxix**	Economics
Educación y profesiones **lxxxiv**	Education and Professions
Electrónica **lxxviii**	Electronics
Física **lxxxi**	Physics
Geografía y nacionalidades **xcii**	Geography and Nationalities
Herramientas y maquinaria **xcix**	Tools and Machinery
Lenguaje coloquial y modismos de uso frecuente en Estados Unidos **ciii**	Colloquial Language and Idioms of frecuent use in the United States
Matemáticas **cix**	Mathematics
Medicina **cxvi**	Medicine
Mineralogía y metalurgia **cxx**	Mineralogy and Metallurgy
Música **cxxv**	Music
Oficina **cxxix**	Office
Pintura y escultura **cxxxiii**	Painting and Sculpture
Psicología y psiquiatría **cxxxvi**	Psychology and Psychiatry
Química **cxliii**	Chemistry
Radio y televisión **cxlvi**	Radio and Television
Religión **cxlix**	Religion
Teatro **cliv**	Theater
Telecomunicaciones **clix**	Telecommunications
Términos jurídicos **clxii**	Legal Terms

Bilingual Thematic Vocabularies
English-Spanish

Accounting iii	Contabilidad
Aeronautics vii	Aeronáutica
Agriculture xv	Agricultura
Architecture an Design xx	Arquitectura y diseño
Astronomy and Astronautics xxvi	Astronomía y astronáutica
Chemistry xxx	Química
Cinematography xxxiii	Cinematografía
Colloquial Language and Idioms of frecuent use in the United States xxxvi	Lenguaje coloquial y modismos de uso frecuente en Estados Unidos
Computer Science xli	Computación e informática
Economics lix	Economía
Education and Professions lxiv	Educación y profesiones
Electronics lxviii	Electrónica
Food and Beverages lxxi	Alimentos y bebidas
Geography and Nationalities lxxv	Geografía y nacionalidades
International Trade lxxxvi	Comercio internacional
Legal Terms lxxvi	Términos jurídicos
Management xcviii	Administración
Mathematics ciii	Matemáticas
Medicine cx	Medicina
Mineralogy and Metallurgy cxiv	Mineralogía y metalurgia
Music cxix	Música
Office cxxiii	Oficina
Painting and Sculpture cxxvii	Pintura y escultura
Physics cxxx	Física
Psychology and Psychiatry cxliii	Psicología y psiquiatría
Radio and Television cl	Radio y televisión
Religion cliii	Religión
Sports clviii	Deportes
Telecommunications clxii	Telecomunicaciones
Theater clxv	Teatro
Tools and Machinery clxx	Herramientas y maquinaria

Part II-Segunda Parte

English-Spanish Dictionary	1 - 623	Diccionario Inglés-Español	
Eight simple Guides for the Use of this Dictionary	Front Endpaper	Ocho sencillas indicaciones para el uso de este Diccionario	Guardas al principio del libro
Conjugación verbos irregulares	627		
Labels and Abbreviations	Back Endpaper	Designaciones y Abreviaturas	Guardas al fin del libro

Colaboradores de la Segunda Edición
Contributors of the Second Edition

Patricia Andrew
Maestra en Lingüística Aplicada, U.N.A.M.
Bachelor of Arts
Seattle University

Luis Benavides García
Ingeniero Geólogo del I.P.N.
Geólogo Consultor en
Exploración Petrolera y
Exploración Carbonífera

Héctor Bertier
Director de Teatro, U.N.A.M.

Francisco Calva Pellicer
Traductor

Galia G. Castro Campillo
Médico Psicoanalista,
Académico, U.N.A.M.

Jesús Castro Peña
Físico, Profesor del área de Física,
U.A.M.-Azcapotzalco

José de la Cera Alonso
Ingeniero Civil, Esp. en Estructuras
U.A.M.-Azcapotzalco

Alberto Folch Pi
Doctor en Medicina, Universidad de Barcelona
Ex profesor de la Facultad de Medicina de la
Universidad de Barcelona
Profesor de Farmacología, I.P.N.

Lucila M. Godínez y Ramírez
Química Farmacobióloga,
Universidad Autónoma de Puebla
Dirección del Laboratorio de la
Central de Aduanas

Carlos González Ochoa
Ingeniero en Comunicaciones
y Electrónica
Escuela Superior de Ingeniería, I.P.N.
Maestría en la Universidad de
São Paulo, Brasil
Doctorado en la Universidad
de Dresden
Profesor de la Universidad Anáhuac,
Coordinador del Depto. de Ingeniería

Ángel Carlos González Ruiz
Traductor

Ernesto González Soto
Licenciado en Ciencias y
Técnicas de la Comunicación-
U.N.A.M

Eduardo J. Guzmán J.
Ingeniero Geólogo
Universidad Central de Venezuela
Profesor de Geología Petrolera,
Facultad de Ingeniería, U.N.A.M.
Escuela Superior de Ingeniería y
Arquitectura, I.P.N.

Robert A. Haas
Licenciado en Administración de
Empresas
Universidad Iberoamericana

Manuel Jiménez
Doctor en Sagrada Escritura

Francisco Noriega, C.P.
Perito traductor

Guillermo Parker Villar
Traductor

José Hernán Pérez Castellanos
Escuela Militar de Ingenieros
Profesor Titular de la
Escuela Superior de Ingeniería
Mecánica y Eléctrica, I.P.N.

Gerardo Quiroz Vieyra
Ingeniero en Comunicaciones
y Electrónica
Escuela Superior de Ingeniería
Mecánica y Eléctrica, I.P.N.
Universidad Autónoma Metropolitana
Docente D.C.S.A.

Eduardo Ramírez Grycuk
Físico, U.N.A.M.
Profesor en la U.A.M.-Azcapotzalco

Francisco Robles Fernández Villegas
Ingeniero Civil, Esp. en Estructuras,
U.N.A.M.
U.A.M.-Azcapotzalco.

Eugenio Sánchez Cantú
B.S. in Computer Science
Slippery Rock State University
Instructor Full/Educación Avanzada-
I.B.M. de México, S.A. de C.V.

Enrique Torres-Septién Torres
Licenciado en Derecho,
Universidad Iberoamericana,
Miembro de la Barra Mexicana y
Colegio de Abogados de México

Roberto Ugalde de la Mora
Doctor en Filosofía, U.N.A.M.
Universidad de Padua

Julián Vázquez Prada
Contador Público Titulado
U.N.A.M. e I.P.N.
Ex Catedrático de la
Escuela Superior de Comercio
y Administración, I.P.N.

Coordinador
José Pacheco Arrillaga

Explanatory Notes

Notas Explicativas

1. Subject and usage labels are printed in roman and in parentheses and refer to the preceding entry or phrase (printed in boldface).

1. Las designaciones de tema y uso se han impreso en letra redonda y entre paréntesis y se refieren al vocablo o frase que anteceden (impresos en negrillas);

arco *m* (geom. & elec.) arc; (anat. & arch.) arch
shy [ʃaɪ] *adj* . . . ; **to be shy on** (slang) estar escaso de

However, when they come immediately, i.e., without any intervening punctuation mark, after a target word, they refer to that target word and the preceding words grouped with it if there are any.

Sin embargo, cuando siguen inmediatamente, es decir, sin signo de puntuación intermedia, a un vocablo de la lengua-traductora, se refieren a este vocablo y los vocablos precedentes agrupados con él si los hay.

sidewalk [ˈsaɪdˌwɔk] *s* acera; banqueta, vereda (Am.)

2. Subject and usage labels are generally in the form of abbreviations but they are sometimes full English words.

2. Las designaciones de tema y uso se dan generalmente en forma de abreviaturas pero algunas veces se dan las palabras completas en inglés.

entropy [ˈɛntrəpɪ] *s* (*pl:* **-pies**) (thermodynamics) entropía

3. Subject and usage labels are designed to be readily understood by both English-speaking and Spanish-speaking persons. In case of uncertainty ready reference can be had to the single alphabetical list of them on the end papers at the end of this book.

3. Las designaciones de tema y uso se escriben de manera que sean de facilísima comprensión tanto para las personas de habla inglesa como para las de habla hispana. En caso de duda se puede hacer pronta consulta en la única lista alfabética de las mismas en las guardas al final de este libro.

4. The subject label (bot.) is used with names of plants but not with names of fruits.

4. La designación de tema (bot.) se usa con los nombres de las plantas pero no con los nombres de los frutos.

toronjo *m* (bot.) grapefruit
toronja *f* grapefruit (*fruit*)

5. In view of the fact that bilingual dictionaries are consulted more frequently and by a larger number of users in pursuit of the meaning of foreign words than of foreign words themselves, definitions, particularizing words and phrases, and synonyms used to particularize are provided in the target language. They are printed in italics and in parentheses, and refer to the preceding word or phrase (printed in ordinary roman).

5. En vista de que los diccionarios bilingües se consultan más frecuentemente y por un número mayor de usuarios en busca de las acepciones de palabras extranjeras que de las palabras extranjeras mismas, las definiciones, los vocablos y frases particularizantes y los sinónimos que se usan con fines particularizadores van suministrados en la lengua-traductora. Van impresos en itálicas y entre paréntesis y se refieren al vocablo o frase que anteceden (impresos en redondas corrientes).

DEFINITION:	**oriente** *m* east; . . . ; orient (*luster of the pearl*)
PARTICULARIZING WORD:	**suicide** [ˈsuɪsaɪd] o [ˈsjuɪsaɪd] *s* suicidio (*acción*); suicida (*persona*)
PARTICULARIZING PHRASE:	**shutter** [ˈʃʌtər] *s* cerrador; . . . contraventana (*para el exterior de las vidrieras*)
SYNONYM:	**férvido -da** *adj* fervid (*hot, boiling; vehement*)

6. The particularizing word or phrase may be (a) a noun (to particularize the meaning of an adjective), (b) a noun in apposition (to particularize the meaning of another noun), (c) a direct object (to particularize the meaning of a verb), (d) a subject (to particularize the meaning of a verb), (e) an adjectival expression (to particularize the meaning of a noun), or (f) an adverbial expression (to particularize the meaning of a verb).

6. El vocablo o frase particularizante puede ser (a) un substantivo (para particularizar el significado de un adjetivo), (b) un substantivo en aposición (para particularizar el significado de otro sustantivo), (c) un complemento directo (para particularizar el significado de un verbo), (d) un sujeto (para particularizar el significado de un verbo), (e) una expresión adjetival (para particularizar el significado de un sustantivo) o (f) una expresión adverbial (para particularizar el significado de un verbo).

(a) **desperate** ['dɛspərɪt] *adj* . . . ; heroico (*p.ej., remedio*)
(b) **homicidio** *m* homicide (*act*)
(c) **pack** [pæk] *s* . . ; *va* . . . ; hacer (*el baúl, la maleta*)
(d) **sag** [sæg] *s* . . . ; *vn* bajar (*los precios*)
(e) **abismo** *m* abyss; trough (*of a wave*)
(f) **felpar** *va* . . . ; (poet.) to carpet (*with grass or flowers*)

7. The Latin names of genus and species are given when needed for purposes of particularization.

7. Los nombres en latín de los géneros y las especies se dan cuando se necesitan para particularizar.

oso marino (zool.) fur seal (*Callorhinus alascanus*)

8. Abbreviations of grammatical terms are printed in italics and not in parentheses and refer to the preceding entry (printed in boldface).

8. Las abreviaturas de términos gramaticales se han impreso en itálicas y no entre paréntesis y se refieren al artículo antecedente (en negrillas).

danés -nesa *adj* Danish; *mf* Dane; *m* Danish (*language*)

9. The abbreviations *(cap.)* and *(l.c.)* are printed in italics and in parentheses, refer to the preceding entry, and are placed before the abbreviation indicating the part of speech.

9. Las abreviaturas *(cap. = mayúscula)* y *(l.c. = minúscula)* se han impreso en itálicas y entre paréntesis, se refieren al artículo antecedente y se han colocado antes de la abreviatura que indica la parte de la oración.

python ['paɪθɑn] o ['paɪθən] *s* (zool.) pitón; (*cap.*) *s* (myth.) Pitón
Henry ['hɛnrɪ] *s* Enrique; (*l.c.*) *s* (*pl:* **-ries** o **-rys**) (elec.) henrio

10. Irregular plurals are printed in boldface and in parentheses and are placed after the abbreviation indicating the part of speech, except that irregular Spanish plurals that apply to both the noun and adjective use of a word are placed immediately after the entry, that is, before the abbreviation *adj*.

10. Los plurales irregulares se han impreso en negrillas y entre paréntesis y se han colocado después de la abreviatura que indica la parte de la oración, excepto los plurales irregulares en español que se aplican tanto al substantivo como al adjetivo que se han colocado inmediatamente después del artículo, es decir, antes de la abreviatura *adj*.

tooth [tuθ] *s* (*pl:* **teeth**) diente
infeliz (*pl:* **-lices**) *adj* unhappy; (coll.) simple and good-natured; *m* wretch, poor soul

11. Irregular English comparatives and superlatives are printed in boldface and in parentheses and are placed after the abbreviation indicating the part of speech.

11. Los comparativos y superlativos irregulares en inglés se han impreso en negrillas y entre paréntesis y se han colocado después de la abreviatura que indica la parte de la oración.

hot [hɑt] *adj* (*comp:* **hotter;** *super:* **hottest**) caliente

12. The irregular forms of English verbs are printed in boldface and in parentheses and are placed before the abbreviation indicating the part of speech.

12. Las formas irregulares de los verbos ingleses se han impreso en negrillas y entre paréntesis y se han colocado antes de la abreviatura que indica la parte de la oración.

run [rʌn] *s* carrera; . . . (*pret:* **ran;** *pp:* **run;** *ger:* **running**) *va* correr

13. Irregular plural endings are shown by giving that part of the word that is necessary to complete the form after dropping the last orthographic syllable of the singular.

13. Las terminaciones irregulares del plural se han indicado dando la parte de la palabra necesaria para completar la forma después de suprimir la última sílaba ortográfica del singular.

cemetery [ˈsɛmɪˌtɛrɪ] *s* (*pl:* **-ies**) cementerio

14. The same method is used to show the irregular endings of English comparatives, superlatives, preterits, past participles, and gerunds.

14. El mismo método se usa para enseñar las terminaciones irregulares de los comparativos, superlativos, pretéritos, participios y gerundios ingleses.

happy [ˈhæpɪ] *adj* (*comp:* **-pier;** *super:* **-piest**) feliz
forget [fɔrˈgɛt] (*pret:* **-got;** *pp:* **-gotten** o **-got;** *ger:* **-getting**) *va* olvidar

15. Key forms of English and Spanish verbs are listed as separate entries with cross reference to the infinitive.

15. Las formas principales de los verbos en inglés y español se han incluído como artículos separados, con referencia al infinitivo.

forgiven [fɔrˈgɪvən] *pp de* **forgive**
tuve *1st sg pret ind of* **tener**

16. Numbers referring to the model conjugations of irregular Spanish verbs are placed before the abbreviation indicating the part of speech. If the verb may also be conjugated regularly, this is indicated by the addition of '& regular'.

16. Los números que se refieren a las conjugaciones modelo de los verbos irregulares españoles se han colocado antes de la abreviatura que indica la parte de la oración. Si el verbo se conjuga también regularmente, se indica, añadiendo '& regular'.

poner §69 *va* to put, place, lay, set
vidriar §90 & regular *va* to glaze

Some model conjugations show a combination of two irregularities.

Algunas conjugaciones modelo muestran una combinación de dos irregularidades.

torcer §87 *va* to twist; to bend; to turn

17. The regimen of English and Spanish verbs is shown with respect to a following noun, infinitive, or gerund.

17. El régimen de los verbos ingleses y españoles se ha dado respecto al nombre, infinitivo o gerundio que sigue.

set [sɛt] . . . *va* . . . ; **to set afire** poner fuego a, pegar fuego a
keep [kip] . . . *va* . . . ; **to keep** + *ger* hacer + *inf,* p.ej., **I am sorry to keep you waiting** siento hacerle esperar

18. Some verbs, traditionally considered to be intransitive but actually transitive, are designated as transitive for the first time herein.

18. Algunos verbos, tradicionalmente considerados intransitivos pero que realmente son transitivos, se designan como transitivos por primera vez.

agradar *va* to please

19. Abbreviations and proper nouns are all included in the alphabetical body of the dictionary.

19. Las abreviaturas y los nombres propios están todos incluídos en el cuerpo alfabético del diccionario.

jeopardy ['dʒɛpərdɪ] *s* riesgo, peligro
Jephthah ['dʒɛfθə] *s* (Bib.) Jefté
Jer. abr. de **Jeremiah**

20. Proper nouns include given names, place names, Biblical names, mythological names, classical names, gentile nouns, and the names of some of the great figures of history.

20. Los nombres propios incluyen los nombres de pila y de lugares, nombres bíblicos, mitológicos, clásicos, gentilicios y los de algunas de las grandes figuras de la historia.

21. Words with the same spelling are combined in a single entry regardless of variation in part of speech, meaning, etymology, or pronunciation.

21. Las palabras escritas con las mismas letras se combinan en un solo artículo a pesar de su diferencia como partes de la oración, y de su significado, etimología o pronunciación.

wind [wɪnd] *s* viento . . . ; [waɪnd] *s* vuelta, recodo; . . . *va* enrollar, envolver; [waɪnd] o [wɪnd] . . . *va* sonar (*un instrumento de viento*)

22. Accordingly, common nouns and proper nouns that are spelled alike except for the initial capital are combined in a single entry.

22. De acuerdo con lo anterior, los nombres comunes y los nombres propios escritos con las mismas letras, excepto la mayúscula inicial, se han combinado en un solo artículo.

scotia ['skoʃɪə] o ['skoʃə] *s* (arch.) escocia, nacela; (*cap.*) ['skoʃə] *s* (poet.) Escocia

23. All words are treated in a fixed functional sequence, as follows: adjective, adverb, preposition, conjunction, interjection, noun, transitive verb, intransitive verb, and reflexive verb.

23. Todas las palabras se han tratado en su función fija y consecutiva, como sigue: adjetivo, adverbio, preposición, conjunción, interjección, sustantivo, verbo transitivo, verbo intransitivo y verbo reflexivo.

after ['æftər] o ['ɑftər] *adj* siguiente; *adv* después; *prep* después de; según; *conj* después que o después de que
acostar §77 *va* to lay, to lay down; to put to bed; (naut.) to bring alongside, to bring inshore; *vn* to lean, list; *vr* to lie down, to go to bed; (Am.) to be confined (with child)

Occasional exceptions occur, particularly in English nouns whose adjective function is sometimes treated in second place.

Sin embargo, se dan excepciones, particularmente con sustantivos ingleses cuya función adjetival se ha tratado a veces en segundo lugar.

university [,junɪ'vʌrsɪtɪ] *s* (*pl:* **-ties**) universidad; *adj* universitario

24. If a Spanish feminine noun is the same in form as the feminine form of an adjective, it is entered under the adjective.

24. Si un nombre femenino español está en la forma misma que la forma femenina de un adjetivo, se lo inserta bajo el adjetivo.

alazán -zana *adj* sorrel, reddish-brown; *mf* sorrel horse; *f* wine press; olive-oil press

If this removes it from its alphabetical position, it is entered also in its alphabetical position with a cross reference to the adjective.

Si esto saca el nombre de su lugar alfabético, se lo inserta también en el lugar que le corresponda alfabéticamente y con una referencia al adjetivo.

fecha *f* see **fecho**
fechación *f* dating
fechador *m* (Am.) canceling stamp
fechar *va* to date
fecho -cha *adj* issued, executed; *f* date

25. The gender of the first noun of a pair of Spanish nouns separated by 'or' is indicated only after the second noun if both nouns are masculine and the first one ends in o or if both nouns are feminine and the first one ends in a.

25. El género del primer nombre de un par de nombres españoles separados por 'or' se indica sólo después del segundo nombre si ambos nombres son masculinos y el primero termina con **o**, o si ambos nombres son femeninos y el primero termina con **a**.

hartazgo or **hartazón** *m* fill, bellyful
Antígona or **Antígone** *f* (myth.) Antigone

26. A masculine and a feminine noun differing only in ending are combined in one entry if they have at least one meaning in common.

26. Un nombre masculino y uno femenino que difieren sólo en su terminación se combinan en un solo artículo si tienen por lo menos un significado que les sea común.

nieto -ta *mf* grandchild; *m* grandson; *f* granddaughter

27. All compound English words, whether written with hyphens or as two or more separate words, are listed as separate entries. The pronunciation of the elements not joined by a hyphen is given only if the word does not exist elsewhere in the dictionary as a separate entry.

27. Todas las palabras inglesas compuestas, bien se escriban con guiones o bien como dos o más palabras separadas, están incluídas como artículos separados. La pronunciación de los elementos que no van unidos por un guión se ha dado solamente si la palabra no existe en otra parte del diccionario como artículo separado.

acetic acid *s* (chem.) ácido acético
Saint Vitus's dance ['vaɪtəsɪz] *s* (path.) baile de San Vito

28. Spanish expressions consisting of a noun and an adjective or a noun and an adjective phrase are listed under the noun.

28. Las expresiones españolas que constan de un nombre y un adjetivo o de un nombre y una frase adjetival se han insertado bajo el nombre.

ácido -da *adj* acid; . . . ; *m* (chem.) acid; **ácido acético** acetic acid
avión *m* airplane; (orn.) martin; . . . ; **avión de caza** (aer.) pursuit plane

29. Prepositional phrases and expressions containing a verb and a noun are listed under the noun.

29. Las frases preposicionales y las expresiones que contienen un verbo y un nombre se incluyen bajo el nombre.

quiet ['kwaɪət] *adj* quieto; . . . ; *s* quietud; **on the quiet** a las calladas, de callada
pie *m* foot; . . . **perder pie** to lose one's footing

30. All subentries are listed alphabetically, those in which the entry word is not the first word coming before those in which it is.

30. Todos los artículos secundarios están en lista alfabética, poniéndose en primer lugar aquéllos cuya primera palabra no es la del artículo principal y en segundo lugar aquéllos cuya primera palabra lo es.

vino *m* wine; **bautizar** or **cristianizar el vino** to water wine; **dormir el vino** to sleep off a drunk; **tener mal vino** to be a quarrelsome drunk; **vino cubierto** dark-red wine; **vino de cuerpo** strong-bodied wine; **vino de Jerez** sherry wine; . . . ; **vino generoso** generous rich wine

31. The pronunciation of all English words is shown by a simplified adaptation of the International Phonetic Alphabet. (See note 27 above.) And common variant pronunciations are also given.

31. La pronunciación de todas las palabras inglesas se indica por medio de una adaptación simplificada del alfabeto fonético internacional. (Véase la nota 27.) Y también se dan las variaciones de pronunciación comunes.

laugh [læf] o [lɑf] *s* risa
long [lɔŋ] o [lɑŋ] *adj* (*comp:* **longer** ['lɔŋgər] o ['lɑŋgər]; *super:* **longest** ['lɔŋgɪst] o ['lɑŋgɪst]) largo

32. The Spanish conjunction **o** is always changed to u before English orthographic o but is only changed to **u** before the phonetic symbols [ɔ] and [o].

32. La conjunción española **o** se cambia siempre en **u** antes de la **o** ortográfica inglesa, pero se cambia en **u** antes de los únicos símbolos fonéticos [ɔ] y [o].

octet u **octette** [ɑk'tɛt] *s* (mus.) octeto; (pros.) octava; grupo de ocho
orange ['ɑrɪndʒ] u ['ɔrɪndʒ] *s* naranja (*fruto*)
overt ['ovʌrt] u [o'vʌrt] *adj* abierto, manifiesto; premeditado
octavo [ɑk'tevo] o [ɑk'tɑvo] *adj* en octavo; *s* (*pl:* **-vos**) libro en octavo

33. The two parts of the dictionary are the converse of each other. However, they are not symmetrical because of differences in lexicographical procedure particularly in the matter of the treatment of compounds. (See notes 27 and 28 above.)

33. Las dos partes del diccionario son recíprocas la una de la otra. Con todo, no son simétricas a causa de las diferencias de procedimiento lexicográfico en cuanto al tratamiento de los compuestos. (Véanse notas 27 y 28 arriba.)

34. Grammatical information (pronunciation of English words, part of speech, gender of Spanish nouns, feminine of Spanish adjectives, and irregular forms of inflected words) is given for the source language in each part of the dictionary.

34. Los informes gramaticales (pronunciación de las palabras inglesas, parte de la oración, género de los nombres españoles, forma femenina de los adjetivos españoles y formas irregulares de palabras sujetas a la flexión) se dan para la lengua-fuente en las dos partes del diccionario.

hindú -dúa *adj & mf* (*pl:* **-dúes -dúas**) Hindu or Hindoo
get [gɛt] (*pret:* **got;** *pp:* **got** o **gotten;** *ger:* **getting**) *va* obtener, recibir

However, in order to match the meanings of the two languages, syntactical and lexical construction is shown in both the source and the target languages. Thus a transitive verb or expression is glossed by a transitive verb or expression, an intransitive verb or expression by an intransitive verb or expression, a mass noun by a mass noun, and a countable by a countable or by a mass noun accompanied by an appropriate counter.

Sin embargo, para igualar las acepciones de los dos idiomas, la construcción sintáctica y léxica se muestra tanto en la lengua-fuente como en la lengua-traductora. Así, un verbo o giro transitivo va glosado por un verbo o giro transitivo, uno intransitivo por uno intransitivo, un nombre no contable por un nombre no contable y uno contable por uno contable o por uno no contable acompañado de una palabra que hace posible la enumeración.

rival ['raɪvəl] *s* . . . ; *va* rivalizar con
mueble *adj* . . . ; *m* piece of furniture; cabinet (*e.g., of a radio*); **muebles** *mpl* furniture

When the gender of a Spanish noun varies with its meaning, it is also shown in the English-Spanish part of the dictionary.

Cuando el género de un nombre español varía con su acepción, aquél se indica también en la parte de inglés-español del diccionario.

order ['ɔrdər] *s* orden *m* (*sucesión metódica de la cosas; . . .*); orden *f* (*mandato; . . .*)

35. When the subject and/or object of a verb are necessary to the understanding of the translation of the verb, although not part of the translation, they are included in parentheses and printed in italics.

35. Cuando el sujeto o el objeto o ambos son necesarios para la comprensión de la traducción del verbo, aunque no forman parte de dicha traducción, se encierran entre paréntesis y se imprimen en itálicas.

grabar *va* . . . ; to record (*a sound, a song, a phonograph record, etc.*)
frost [frɔst] o [frɑst] *s* . . . ; *va* . . . ; escarchar (*p.ej., confituras*); quemar (*el hielo las plantas*); deslustrar (*el vidrio*)

As personal a is considered to be part of the object, it is included in parentheses with the object.

Ya que se considera a la preposición a antes del acusativo como parte inseparable de dicho acusativo, se encierra dentro del mismo paréntesis.

trap . . . *va* entrampar; atrapar (*a un ladrón*)
pass . . . *va* . . . aprobar (*un proyecto de ley; un examen; a un alumno*)

36. Verb phrases in which the verb is transitive are entered under the treatment of the transitive verb, those in which the verb is intransitive under the treatment of the intransive verb. Thus the same verb phrase often occurs twice in the same vocabulary entry.

36. Las frases verbales en las cuales el verbo es transitivo se presentan bajo el tratamiento del verbo transitivo y aquellas en las cuales el verbo es intransitivo bajo el tratamiento del verbo intransitivo. De suerte que la misma frase verbal se encuentra a menudo dos veces en el mismo artículo.

take [tek] *s* . . . ; . . . ; *va* . . . ; **to take off** quitarse (*p.ej., el sombrero*); descontar; (coll.) imitar, parodiar; . . . ; *vn* . . . ; **to take off** levantarse; salir; (aer.) despegar

Accordingly, although the verb phrase as a whole may be transitive, it is entered under the treatment of the intransitive verb when the verb itself of the verb phrase is intransitive.

Por consiguiente, aunque la frase verbal en su conjunto pueda ser transitiva, se encontrará bajo el tratamiento del verbo intransitivo cuando el verbo mismo de la frase verbal es intransitivo.

taste [test] *s* . . . ; *va* gustar; probar; *vn* saber; **to taste like** u **of** saber a

37. While prepositions are treated comprehensively in their alphabetical position in the dictionary, they are treated also and with more direct applicability and usefulness under the words (verbs and nouns) with which they are closely associated syntactically and idiomatically.

37. Al paso que las preposiciones van tratadas detalladamente en su puesto alfabético en el diccionario, van tratadas también y con aplicación y utilidad más directas bajo los vocablos (verbos y nombres) con los cuales están asociadas sintáctica e idiomáticamente.

jump [dʒʌmp] *s* . . . ; *vn* . . . ; **to jump at** saltar sobre; apresurarse a aceptar (*una invitación*); apresurarse a aprovechar (*la oportunidad*)

38. In long or complicated vocabulary entries, change in part of speech, inflection, function of verbs (transitive, intransitive, etc.), gender of Spanish nouns, and pronunciation of English words is marked with a boldface perpendicular line in place of the usual semicolon.

38. En los artículos largos o complicados, los cambios en la parte de la oración, la flexión, la función de los verbos (transitiva, intransitiva, etc.), el género de los nombres españoles y la pronunciación de las palabras inglesas van señalados con una línea perpendicular impresa en negrilla en vez del punto y coma de costumbre.

pick [pɪk] *s* pico; . . . ; flor (*lo más excelente*) **|** *va* escoger; recoger (*p.ej., flores*)
corte *m* cut; . . . ; **corte de traje** suiting **|** *f* court; yard

Primera Parte — Part I

Español-Inglés

Spanish-English

A, a *f* first letter of the Spanish alphabet
A. abr. of **Alteza & aprobado**
a *prep* (to indicate place whither) to, e.g., **va a Buenos Aires** he is going to Buenos Aires; **bajan a la estación** they are going down to the station; **viaje a la luna** trip to the moon; (as indirect object) to, e.g., **escribo a Carlos** I am writing to Charles; **dieron algo al pobre** they gave something to the beggar; (to express addition) to, e.g., **añade agua al vino** he adds water to the wine; (with a following infinitive after certain verbs) to, e.g., **voy a hacerlo** I am going to do it; **aprendemos a bailar** we are learning to dance; **comienza a llover** it is beginning to rain; (with a following infinitive in certain expressions) to, e.g., **a decir verdad** to tell the truth; (with a following infinitive to express condition) if, unless, e.g., **a no ser por** if it were not for, but for; **a saberlo yo** if I had known it; **a no venir él** unless he comes; (to express limit of change or motion in time or place) to, e.g., **de la juventud a la vejez** from youth to old age; **de las tres a las cuatro de la tarde** from three to four in the afternoon; **de calle a calle** from street to street; (in idiomatic expressions) to, e.g., **cara a cara** face to face; **a mi gusto** to my taste; (to indicate location) at, e.g., **sentado a la mesa** seated at the table; **me esperaba a la puerta** he was waiting for me at the door; **a tres kilómetros de Madrid** at three kilometers from Madrid; **a lo lejos** at a distance; **a veinticinco grados sobre cero** at twenty-five degrees above zero; (in telling time) at, e.g., **a los ocho** at eight o'clock; **a medianoche** at midnight; (to express price, rate, etc.) at, e.g., **a cien pesetas la libra** at a hundred pesetas a pound; **a veinte nudos** at twenty knots; (in idiomatic expressions) at, e.g., **a la vista** at sight; **al fin** at last; **al principio** at the beginning; **al menos** at least; **a solicitud de** at the request of; **a veces** at times; **a la ventura** at random; after, e.g., **a los dos meses** after two months; by, e.g., **hecho a mano** made by hand; **a fuerza de** by dint of; **a la luz de la luna** by moonlight; **al año** by the year; **dos a dos** two by two; **poco a poco** little by little; from, e.g., **compré el cuadro a Carlos** I bought the picture from Charles; **gané la apuesta a Juan** I won the bet from John; **quité la navaja al gamberro** I took the knife from the hoodlum; **a lo que veo** from what I see; in, e.g.; **a guisa de** in the manner of; **al aire libre** in the open air; **a mi servicio** in my service; **a poco** in a little while; **a pesar de** in spite of; **a la francesa** in the French manner; **a lo rústico** in rustic style; on, e.g., **a causa de** on account of; **a bordo** on board; **al día siguiente** on the following day; **a caballo** on horseback; **a pie** on foot; **a la derecha** on the right; **a condición de que** on condition that; **al contrario** on the contrary; within, e.g., **al alcance de** within reach of; (to indicate the addition of another substance or ingredient), e.g., **acero al carbono** carbon steel; **bronce al aluminio** aluminum bronze; (to indicate a substance with which an object is treated or prepared), e.g., **cuadro al óleo** oil painting; (to indicate the direct object with substantives standing for definite persons and personified abstractions, in grammatical language after such verbs as **modificar** and **regir,** and sometimes with place names that are used without the definite article), e.g., **quieren al niño** they love the child; **encontré a Pedro** I met Peter; **no vi a nadie** I saw nobody; **llama a la Muerte** he summons Death; **el adjetivo modifica al nombre** the adjective modifies the noun; **visitó (a) Madrid el año pasado** he visited Madrid last year; (in certain miscellaneous phrases), e.g., **¡al ladrón!** stop thief!; **a lo que dice** according to what he says; **a lo que parece** as it seems; **a que no . . .** I'll bet . . . not, e.g., **a que no sabe Vd. mi nombre** I'll bet you don't know my name; **¡a ver!** let's see!; **al** + *inf* on + *ger*, e.g., **al llegar a la oficina** on arriving at the office
Aarón *m* (Bib.) Aaron
ab. abr. of **abad**
aba *f* aba (*woolen cloth and garment*)
ababa *f* or **ababol** *m* (bot.) poppy
abacá *m* (bot.) abacá (*plant and fiber*)
abacería *f* grocery, grocery store
abacero -ra *mf* grocer
abacial *adj* abbatial
ábaco *m* abacus; (arch.) abacus; (min.) wash-trough
abacorar *va* (Am.) to press closely, to attack boldly, to undertake with daring; (Am.) to monopolize; (Am.) to catch, to surprise; *vn* (Am.) to hold improperly (*in dancing*)
abactor *m* cattle thief
abad *m* abbot; (dial.) parish priest
abadejo *m* (ichth.) codfish; (ent.) Spanish fly, blister beetle; (orn.) wren, firecrest; **abadejo largo** (ichth.) ling
abadengo -ga *adj* abbatial; *m* abbacy (*estate and jurisdiction*)
abadernar *va* (naut.) to fasten with short ropes
abadesa *f* abbess; (Am.) proprietress of a bawdy house
abadía *f* abbey; abbacy
abadiato *m* abbacy
abafo -fa *adj* undyed
abajadero *m* slope, incline
abajador *m* stable boy; (min.) pit boy; (surg.) depressor
abajeño -ña *adj* (Am.) (pertaining to the) lowland; *mf* (Am.) lowlander
abajero -ra *adj* (Am.) lower, under; *f* (Am.) bellyband, belly strap; (Am.) saddlecloth
abajino -na *adj* (Chile) Northern; *mf* (Chile) Northerner
abajo *adv* down, below, underneath; downwards; downstairs; **más abajo de** lower than (*below*); **río abajo** downstream; **abajo de** down; *interj* down with . . . !
abalanzar §76 *va* to balance, to weigh; to hurl; *vr* to hurl oneself, to rush; to venture; (Am.) to rear (*said of a horse*); **abalanzarse a** to spring at; to rush into; **abalanzarse sobre** to pounce upon
abalaustrado -da *adj* var. of **balaustrado**
abaldonamiento *m* debasement, affront
abaldonar *va* to debase, affront
abaleador -dora *mf* farmer who sweeps up after winnowing
abalear *va* (agr.) to sweep up (*grain*) after winnowing; (Am.) to shoot
abaleo *m* (agr.) sweeping up after winnowing; (Am.) shooting
abalizar §76 *va* (naut.) to mark with buoys; *vr* (naut.) to take bearings
abalone *m* (zool.) abalone
abalorio *m* glass bead; beadwork; **no valer un abalorio** to be not worth a continental
abaluartar *va* to bulwark, to fortify with bastions
aballestar *va* (naut.) to haul, to pull
abama *f* (bot.) bog asphodel
abanar *va* to fan
abandalizar §76 *va & vr* var. of **abanderizar**

abanderado -da *adj* standardbearing; (mil.) color; *m* standardbearer, flagman
abanderar *va* (naut.) to register (*a ship*)
abanderizador -dora *mf* agitator; revolutionist
abanderizar §76 *va* to organize into bands; *vr* to band together
abandonado -da *adj* abandoned; slovenly
abandonamiento *m* abandon, abandoning
abandonar *va* to abandon; *vr* to abandon oneself, to yield, to give up
abandonismo *m* defeatism
abandonista *adj & mf* defeatist
abandono *m* abandon, abandonment; **darse al abandono** to go to the dogs
abanicada *f* fanning, fanning motion
abanicar §86 *va* to fan
abanicazo *m* tap with a fan, blow with a fan; big fan; blast (*e.g., of hot air*)
abanico *m* fan; fan-shaped object; (coll.) sword; (arch.) fanlight, fan window; (naut.) derrick, crane; (Am.) semaphore; **en abanico** fan-shaped; **abanico de chimenea** fire screen
abanillo *m* frilled collar; fan
abanino *m* frill, ruff
abaniquear *va* to fan
abaniqueo *m* fanning; gesticulation; (aut.) shimmy (*of front wheels*)
abaniquería *f* fanmaker's shop; fan store
abaniquero -ra *mf* fanmaker; fan dealer
abano *m* fan; ceiling fan, flychaser
abanto -ta *adj* skittish, shy, timid; *m* (orn.) Egyptian vulture
abañar *va* to sift, to grade by sifting
abaratamiento *m* cheapening
abaratar *va* to cheapen, to make cheap; to lower (*prices*); *vn & vr* to get cheap
abarca *f* sandal; wooden shoe
abarcado -da *adj* sandaled
abarcador -dora *adj* inclusive
abarcadura *f* or **abarcamiento** *m* embrace; inclusion, inclusiveness, encompassment
abarcar §86 *va* to embrace; to include, take in, encompass; to surround, enclose; (Am.) to corner, to monopolize; **quien mucho abarca poco aprieta** grasp all, lose all
abarcón *m* pole ring of carriage
abarloar *va* (naut.) to bring alongside
abarquero -ra *mf* sandal maker; sandal dealer
abarquillamiento *m* curling up
abarquillar *va & vr* to curl up
abarracar §86 *vn* to set up barracks; *vr* to go into barracks
abarrado -da *adj* blemished with stripes
abarraganamiento *m* illicit cohabitation
abarraganar *vr* to cohabit illicitly
abarrajar *va* to overwhelm (*an enemy*); to throw hard; *vr* to stumble, slip, fall
abarrancadero *m* place full of pitfalls, hard road, difficult situation
abarrancamiento *m* fall into a ditch; obstruction; (naut.) running aground; predicament
abarrancar §86 *va* to open cracks or fissures in; to throw into an opening; to stop up; *vn* (naut.) to run aground; *vr* to fall into an opening or ditch; to become stopped up; (naut.) to run aground; to get into a jam
abarrar *va* to throw hard
abarredera *f* broom; sweeper
abarrotar *va* to bar, fasten with bars; to bind, fasten; (naut.) to stow or pack (*cargo*); to overstock; to jam, to pack (*e.g., a theater*); *vn* (cards) to finesse; *vr* (Am.) to become a glut in the market
abarrote *m* (naut.) packing; **abarrotes** *mpl* (Am.) groceries
abarrotería *f* (Am.) grocery, grocery store
abarrotero -ra *mf* (Am.) grocer
abasidas *mpl* Abbassides
abastardar *va* to degrade; *vn* to degenerate
abastecedor -dora supplying; *mf* supplier, provider
abastecer §34 *va* to supply, provide, provision
abastecimiento *m* supplying, provisioning
abastero *m* (Am.) wholesale cattle dealer
abastionar *va* to fortify with bastions
abasto *m* supply; provisioning; tavern; **dar abasto** to be sufficient; **dar abasto a** to satisfy; to supply
abatanado -da *adj* skilled
abatanar *va* to beat or full (*cloth*); to beat, to whip; to overcome, to conquer
abatatar *va* (Am.) to intimidate; *vr* (Am.) to get timid; (Am.) to become agitated
abate *m* abbé
abatí *m* (Am.) corn; (Am.) corn whiskey
abatible *adj* collapsible, folding
abatido -da *adj* downcast; abject, contemptible; depreciated; *f* (fort.) abatis
abatimiento *m* knocking down; lowering; shooting down; dismantling; depression, discouragement; (aer.) leeway, drift angle; (naut.) leeway
abatir *va* to knock down; to take down, to lower; to shoot down; to take apart; to humble; to depress, to discourage; to draw (*a line*); *vn* (aer.) to drift; (naut.) to have leeway; *vr* to be humbled; to become discouraged; to swoop down; to drop, to fall
abayado -da *adj* berry-like
abazón *m* cheek pouch (*of monkeys*)
abdicación *f* abdication; renouncing
abdicar §86 *va* to abdicate; to renounce; *vn* to abdicate; **abdicar de** to renounce; **abdicar en** to abdicate in favor of
abdomen *m* (anat. & zool.) abdomen
abdominal *adj* abdominal
abducción *f* (physiol. & log.) abduction
abducir §38 *va* (physiol.) to abduct
abductor -tora *adj* (physiol.) abducent; *m* (physiol.) abductor
abecé *m* A B C (*alphabet; elements of a subject*)
abecedario *m* A B C's; primer; **abecedario manual** manual alphabet
abedul *m* (bot.) birch
abeja *f* (ent.) bee; **abeja albañila** (ent.) mason bee; **abeja carpintera** (ent.) carpenter bee; **abeja de miel** or **doméstica** (ent.) honeybee; **abeja machiega, maesa** or **maestra** queen bee; **abeja neutra** or **obrera** worker (*bee*); **abeja reina** queen bee
abejar *m* apiary
abejarrón *m* (ent.) bumblebee
abejaruco *m* (orn.) bee eater
abejear *vn* to swarm; to buzz
abejeo *m* swarming; buzzing
abejero -ra *adj* (pertaining to the) bee; *mf* beekeeper; *m* (orn.) bee eater; *f* apiary; (bot.) balm (*Melissa officinalis*)
abejón *m* (ent.) bumblebee; (ent.) drone
abejorreo *m* buzz, buzzing
abejorro *m* (ent.) bumblebee; (ent.) cockchafer
abejuno -na *adj* (pertaining to the) bee
Abelardo *m* Abelard
abelmosco *m* (bot.) abelmosk
abellacado -da *adj* mean, villainous
abellacar §86 *va* to make mean; *vr* to become mean
abellotado -da *adj* acorn-shaped
abemoladamente *adv* sweetly, softly
abemolar *va* to soften, ease (*the voice*); (mus.) to mark with a flat
abencerraje *adj* (coll.) coarse, ill-mannered; **abencerrajes** *mpl* Abencerrages (*Moorish family in Granada in fifteenth century*)
abéndula *f* vane (*of water wheel*)
aberenjenado -da *adj* eggplant-shaped, eggplant-colored
aberración f aberration; (astr. & opt.) aberration; **aberración cromática** (opt.) chromatic aberration
aberrante *adj* aberrant
aberrar *vn* to err, be mistaken
aberrugado -da *adj* warty
abertal *adj* easily split or cracked; badly fenced; *m* crack, opening
abertura *f* aperture; opening; crack, slit, crevice; wide valley; cove, inlet; openness, frankness; (phonet.) opening
abesana *f* var. of **besana**
abesón *m* (bot.) dill
abestiado -da *adj* beast-like, bestialized
abéstola *f* plowstaff
abetal *m* fir forest
abete *m* pair of hooks used to hold cloth on the cutting table; (bot.) fir
abetinote *m* fir rosin

abeto *m* (bot.) fir; **abeto blanco, abeto de hojas de tejo** or **abeto plateado** (bot.) silver fir; **abeto del Norte, abeto falso** or **abeto rojo** (bot.) spruce
abetuna *f* fir sprout
abetunar *va* var. of **embetunar**
abey *m* (bot.) jacaranda
abiar *m* (bot.) oxeye
Abidos *f* Abydos
abierto -ta *adj* open; frank; (Am.) generous; (Am.) conceited; **a cielo abierto** in the open air; **a pecho abierto** frankly; *pp of* **abrir;** *f* vent (*in coat*)
abigarrado -da *adj* variegated, motley; incoherent, confused
abigarrar *va* to paint in several colors; to daub in several colors, to streak
abigeato *m* cattle stealing
abigeo *m* cattle thief, rustler
abigotado -da *adj* mustachioed
abijar *va* (Am.) to incite, sic (*a dog*); (Am.) to scare away (*cattle*)
abintestato *m* (law) settlement of an intestate estate
ab intestato *adv* (Lat.) intestate; (coll.) neglected, unprotected
abiogénesis *f* abiogenesis
abiosis *f* abiosis
abiótico -ca *adj* abiotic
abirritación *f* abirritation
abirritante *adj* abirritant
abirritar *va* (med.) to abirritate
abisagrar *va* to put hinges on
abisal *adj* abyssal
abiselar *va* to bevel
abisinio -nia *adj & mf* Abyssinian; *m* Abyssinian (*language*); (*cap.*) *f*. Abyssinia
abismal *adj* abysmal; *m* shingle nail, slate nail; pin, peg
abismar *va* to cast into an abyss; to cast down; to humble; to spoil, ruin; *vr* to cave in; to sink; to be humbled; to give oneself up (*e.g., to sorrow, meditation*); to lose oneself (*e.g., in reading*); (Am.) to be surprised
abismático -ca *adj* abysmal
abismo *m* abyss; trough (*of a wave*)
abita *f* var. of **bita**
abitaque *m* joist, beam, rafter
abitar *va* (naut.) to bitt
abitón *m* (naut.) bitt, topsail bitt
abizcochado -da *adj* biscuit-like; bisque-like
abjuración *f* abjuration, abjurement
abjurar *va* to abjure; *vn* to perjure oneself; **abjurar de** to abjure
ab.l abr. de **abril**
ablación *f* (surg.) ablation
ablactación *f* ablactation, weaning
ablactar *va* to ablactate, to wean
ablana *f* (prov.) hazelnut
ablandabrevas *mf* (*pl:* **-vas**) (coll.) good-for-nothing
ablandador -dora *adj* soothing, mollifying
ablandahigos *mf* (*pl:* **-gos**) (coll.) good-for-nothing
ablandamiento *m* softening; soothing, mollification; softening up (*by bombardment*)
ablandar *va* to soften; to soothe, mollify; to loosen (*bowels*); to soften up (*by bombardment*); *vn* to moderate (*said of weather*); *vr* to soften; to relent; to moderate (*said of weather*)
ablandativo -va *adj* soothing, mollifying
ablandecer §34 *va* to soften
ablano *m* (prov.) hazel
ablaqueación *f* hollow for water or air around plants and trees
ablativo *m* (gram.) ablative, ablative case; **ablativo absoluto** (gram.) ablative absolute
ablefaria *f* ablepharia
ablegado *m* (eccl.) ablegate
ablegar §59 *va* to send away, to get rid of
ablepsia *f* ablepsia
ablución *f* ablution
abluente *adj & m* (med.) detergent
abnegación *f* abnegation
abnegar §29 *va & vr* to abnegate
abobado -da *adj* stupid, stupid-looking
abobamiento *m* stupidity
abobar *va* to make stupid; *vr* to grow stupid
abocadear *va* to tear away or out by mouthfuls
abocado -da *adj* vulnerable; mild, smooth (*wine*); **abocado a** verging on
abocamiento *m* biting; approach; meeting, interview
abocar §86 *va* to bite, seize with the mouth; to transfer by pouring; to bring up, bring nearer; *vn* (naut.) to enter a river, channel, etc.; **abocar en** (naut.) to enter into the mouth of (*a river, channel, etc.*); *vr* to approach; to have an interview
abocardado -da *adj* bell-mouthed
abocardar *va* to widen or spread the mouth of (*a tube or pipe*)
abocardo *m* var. of **alegra**
abocetar *va* to sketch; to paint hastily
abocinamiento *m* flare, flaring
abocinar *va* to shape like a trumpet; to flare; *vn* to fall on the face; *vr* to take the shape of a trumpet; to flare; to walk with head lowered (*said of a horse*)
abochornado -da *adj* overheated; flushed, ashamed
abochornar *va* to burn up, overheat; to make blush; *vr* to blush; to wilt, wither
abofellar *va & vn* to puff out, to swell
abofeteador -dora *adj* slapping; insulting; *mf* slapper; insulter
abofetear *va* to slap in the face
abogacía *f* law, legal profession
abogada *f* lawyeress (*woman lawyer; lawyer's wife*)
abogadear *vn* (coll.) to be a poor lawyer; (coll.) to be a shyster; (coll.) to talk in legal jargon
abogaderas *fpl* (Am.) specious arguments, quibbling
abogadesco -ca *adj* lawyerish, lawyerlike
abogadil *adj* lawyerish
abogadismo *m* legal interference
abogado *m* mediator; lawyer; **abogado del diablo** (eccl. & fig.) devil's advocate; **abogado de secano** quack lawyer, quack, charlatan; **abogado firmón** shyster who will sign anything; **abogado trampista** shyster
abogalia or **abogalla** *f* (bot.) nutgall
abogar §59 *vn* to plead, intercede; **abogar por** to advocate, to back
abohardillado -da *adj* var. of **abuhardillado**
abolengo *m* ancestry, descent; inheritance
abolición *f* revocation, repeal; (hist.) abolition
abolicionismo *m* abolitionism
abolicionista *mf* abolitionist
abolir §53 *va* to revoke, to repeal
abolorio *m* ancestry
abolsado -da *adj* full of pockets, puckered, baggy
abolsar *vr* to form pockets, to get baggy
abollado -da *adj* rough, uneven; fluted, frilled; *m* puffs, tufts (*in a dress*)
abolladura *f* dent; embossing; bump, bruise
abollar *va* to dent; to emboss; to bump, to bruise; to stun; *vr* to dent, be dented; to get bumped, to get bruised
abollonadura *f* embossing
abollonar *va* to emboss
abomaso *m* (anat.) abomasum
abombar *va* to make convex, to make bulge; to crown (*a road*); (coll.) to stun, confound; *vr* (Am.) to rot, decompose; (Am.) to get drunk
abominable *adj* abominable
abominación *f* abomination
abominar *va* to abominate; *vn* **abominar de** to abominate
abonable *adj* payable
abonado -da *adj* trustworthy; likely; *mf* subscriber; commuter
abonador -dora *mf* guarantor, surety; (agr.) manurer; *m* cooper's auger; *f* (agr.) fertilizer spreader (*implement*)
abonamiento *m* vouching, backing; bail, security
abonanzar §76 *vn* to clear up (*said of weather or a complicated situation*); (naut.) to abate, become less rough (*said of wind or sea*)
abonar *va* to vouch for, to answer for; to certify; to improve; to fertilize; to take the subscription of; to pay; to credit; **abonar en cuenta a** to credit to the account of; *vn* to clear up (*said of the weather*); *vr* to subscribe
abonaré *m* promissory note

abono *m* manure, fertilizer; subscription; credit; instalment; voucher, guarantee; **ser de abono** to be to the good; **abono compuesto** (agr.) compost; **abono verde** (agr.) leaf mold
aboquillado -da *adj* tipped (*cigaret*)
aboquillar *va* to put a mouth or nozzle on; to widen, to widen the mouth of; to bevel
abordable *adj* approachable
abordador *m* (naut.) boarder
abordaje *m* (naut.) boarding; (naut.) collision, running afoul
abordar *va* to approach; to accost; to undertake, to plan; (naut.) to board (*said of one ship with respect to another*); (naut.) to run afoul of; (naut.) to dock; *vn* (naut.) to run afoul; (naut.) to put in, put into port
abordo *m* (naut.) var. of **abordaje**
abordonado -da *adj* (Am.) striped, ribbed
aborigen *adj & m* aboriginal; **aborígenes** *mpl* aborigines
aborlonado -da *adj* (Am.) ribbed
aborrachado -da *adj* bright red
aborrascar §86 *vr* to get stormy
aborrecedor -dora *adj* abhorring, hating; *mf* abhorrer, hater
aborrecer §34 *va* to abhor, hate, detest; to bore; to alienate, antagonize; to abandon or desert (*eggs or young*); (coll.) to waste, throw away; *vr* to be bored
aborrecible *adj* abhorrent, detestable
aborrecimiento *m* abhorrence, hate, detestation
aborregado -da *adj* fleecy (*clouds*); mackerel (*sky*)
aborregar §59 *vr* to get covered with light fleecy clouds; to fall madly in love; (Am.) to get dull or stupid
aborricar §86 *vr* var. of **emborricar**
abortamiento *m* abortion
abortar *va & vn* to abort
abortista *mf* abortionist
abortivo -va *adj* abortive; *m* abortive medicine
aborto *m* abortion; **aborto de la naturaleza** monster
abortón *m* abortion (*of an animal*); skin of aborted lamb
aborujar *va* to pack, make lumpy; *vr* to get lumpy; to be wrapped up
abosar *va* (Am.) to revive (*cock in cockfighting*)
abotagado -da *adj* bloated, swollen
abotagamiento *m* bloating, swelling
abotagar §59 *vr* to get bloated, to swell up
abotellar *vr* to get full of bubbles (*said of glass*)
abotijar *vr* to become pot-bellied
abotinado -da *adj* boot-shaped; closed over instep (*said of trousers*); having feet of different color from rest of leg
abotonador *m* buttonhook
abotonar *va* to button; *vn* to bud; to form buttons (*said of an egg cracked while boiling*)
abovedado -da *adj* arched, vaulted; *m* vaulting
abovedar *va* to arch, to vault; to crown (*a road*)
aboyado -da *adj* with oxen (*said of a place that is so rented*)
aboyar *va* (naut.) to lay buoys in, to mark with buoys
abozalar *va* to muzzle
abra *f* bay, cove; vale, valley; crack, fissure; (Am.) clearing
abracadabra *m* abracadabra
abracadabrante *adj* (hum.) killing, amazing, breath-taking
abracapalo *m* (bot.) tropical American orchid (*Epidendrum nodosum*)
abracijo *m* (coll.) hug, embrace
Abrahán *m* Abraham
abrahonar *va* to seize by the clothing
abrasador -dora *adj* very hot, burning
abrasamiento *m* catching fire, burning; ardor, passion
abrasar *va* to set afire, to burn; to destroy by gunfire; to parch; to nip (*said of cold*); to squander (*money*); to shame; *vn* to burn; *vr* to burn; to be parched; to be nipped (*by cold*); (fig.) to be on fire (*i.e., to be very hot; to be agitated by violent passion*)
abrasilado -da *adj* Brazil-red
abrasión *f* abrasion; erosion; (med.) abrasion; intestinal irritation
abrasivo -va *adj & m* abrasive
abrazadera *f* band, clasp, clamp; tieback; (print.) bracket; (aut.) snap-on; **abrazadera para papeles** paper clip
abrazador -dora *adj* embracing
abrazamiento *m* embracing
abrazar §76 *va* to embrace; to clasp, throw one's arms around; to include, take in, take up; to embrace (*e.g., Catholicism*); *vr* to embrace; **abrazarse a, con** or **de** to embrace; to clasp, throw one's arms around
abrazo *m* hug, embrace
abrebocas *m* (*pl:* **-cas**) (surg.) mouth prop, mouth gag
abrebotellas *m* (*pl:* **-llas**) bottle opener
abrecarta *m* (*pl:* **-tas**) knife (*for slitting envelopes*)
abrecoches *m* (*pl:* **-ches**) doorman
ábrego *m* southwest wind
abrelatas *m* (*pl:* **-tas**) can opener; tin opener (Brit.)
abrenuncio *interj* fie!; by no means!
abreostras *m* (*pl:* **-tras**) oyster knife
abrevadero *m* drinking trough, watering place
abrevador -dora *adj* watering; *mf* one who waters livestock; *m* drinking trough
abrevar *va* to water (*cattle*); to give a drink to; to irrigate; to wet, soak; to size (*before painting*); to wet down (*a wall—for stuccoing*); *vn* to water cattle; to drink, to quench the thirst; *vr* to drink, to quench the thirst; **abrevarse en** to be bathed in (*e.g., blood, tears*)
abreviación *f* abbreviation (*making shorter*); abridgment; lessening, shortening; hastening
abreviadamente *adv* in an abridged form, summarily
abreviado -da *adj* abridged, condensed, summary
abreviador -dora *adj* abbreviating; abridging; shortening; *mf* abbreviator; *m* (eccl.) abbreviator
abreviaduría *f* (eccl.) office of papal abbreviator
abreviamiento *m* var. of **abreviación**
abreviar *va* to abbreviate; to abridge; to lessen, shorten, lighten; to cut short; to hasten; *vn* to be quick; **¡abrevia!** hurry!; **abreviar con** to make short work of; **abreviar en** + *inf* to be brief in + *ger*, to not take long to + *inf*
abreviatura *f* abbreviation (*shortened form*); **en abreviatura** in abbreviation; (coll.) in a hurry
abreviaturía *f* var. of **abreviaduría**
abribonar *vr* to become a loafer; to become a rascal
abridero -ra *adj & m* freestone
abridor -dora *adj* opening; *m* opener (*person or thing*); freestone; grafting knife; child's gold eardrop; **abridor de botellas** bottle opener; **abridor de guantes** glove stretcher; **abridor de láminas** engraver; **abridor de latas** can opener; **abridor en hueco** diesinker
abrigadero *m* shelter, windbreak
abrigado -da *adj* (Am.) heavy, warm (*clothes*); *m & f* shelter, windbreak
abrigador -dora *adj* warm (*clothing*); (Am.) concealing; *mf* (Am.) concealer; *m* (Am.) jacket
abrigaño *m* shelter, windbreak
abrigar §59 *va* to shelter; to help, protect; to nourish, cherish, foster (*hopes, plans, etc.*); *vr* to take shelter; to wrap oneself up
abrigo *m* shelter; aid, support; fostering; cover, wrap; overcoat; (naut.) harbor, shelter; **al abrigo de** protected from, sheltered from, under the protection of; **de mucho abrigo** heavy (*said of clothing*); **abrigo antiaéreo** air-raid shelter; **abrigo de entretiempo** topcoat, spring-and-fall coat
ábrigo *m* var. of **ábrego**
abril *m* April; springtime (*of life*); summer (*i.e., year*), e.g., **tener quince abriles** to have seen fifteen summers; **estar hecho un abril** to be all dressed up, to be dressed to kill; **los dieciséis abriles** sweet sixteen
abrileño -ña *adj* (pertaining to) April
abrillantador *m* cutter and polisher of precious stones

abrillantamiento *m* cutting into facets; shining, polishing, brightening
abrillantar *va* to cut into facets, to cut facets in; to shine, polish, brighten; to enhance
abrimiento *m* opening
abrir *m* opening; **en un abrir y cerrar de ojos** (coll.) in the twinkling of an eye; **§17,** 9 *va* to open; to unlock, unfasten; to engrave, carve; (Am.) to clear (*woodland*); to whet (*the appetite*); to dig (*the foundations*); *vn* to open; *vr* to open; **abrirse a** or **con** to open up to, to unbosom oneself to
abrochador *m* buttonhook
abrochadura *f* or **abrochamiento** *m* buttoning, hooking, fastening
abrochar *va* to button, to hook, to fasten
abrogación *f* abrogation
abrogar §59 *va* abrogate
abrojal *m* thistly spot of ground
abrojín *m* (zool.) purple shell
abrojo *m* (bot. & mil.) caltrop; thistle, thorn; thorny tip of scourge; **abrojos** *mpl* (naut.) hidden rocks
abroma *m* (bot.) devil's-cotton
abromado -da *adj* darkened with heavy mist or clouds
abromar *vr* (naut.) to get covered with shipworms
abroncar §86 *va* to embarrass, ridicule; (coll.) to bore, annoy
abroquelado -da *adj* shaped like a shield
abroquelar *va* (naut.) to boxhaul; *vr* to shield oneself
abrótano *m* (bot.) southernwood; **abrótano hembra** (bot.) lavender cotton
abrotoñar *vn* to bud, to sprout
abrumador -dora *adj* crushing, oppressing, wearisome; overwhelming
abrumar *va* to crush, oppress, weary; to overwhelm; to annoy; *vr* to get foggy
abrupto -ta *adj* abrupt, steep; rough, rugged
abrutado -da *adj* brutalized, brutish, bestial
Absalón *m* (Bib.) Absalom
absceso *m* (path.) abscess; **absceso de fijación** (med.) fixation abscess
abscisa *f* (geom.) abscissa
abscisión *f* abscission
absenta *f* absinthe (*drink*)
absentismo *m* absenteeism
absentista *mf* absentee; absentee landlord
ábsida *f* or **ábside** *m* (arch.) apse
absidiolas *fpl* (arch.) apse chapels
absidiolo *m* (arch.) apsidiole
absintina *f* (chem.) absinthin
absintio *m* (bot.) absinthe
absintismo *m* (path.) absinthism
absolución *f* absolution; **absolución de la demanda** (law) dismissal of complaint, finding for the defendant; **absolución de la instancia** (law) dismissal of the case; **absolución libre** (law) acquittal, verdict of not guilty
absoluta *f* see **absoluto**
absolutismo *m* absolutism
absolutista *mf* absolutist
absoluto -ta *adj* absolute; (coll.) arbitrary, despotic; *m* absolute; **en absoluto** absolutely; absolutely not; *f* dogmatic statement; (log.) universal proposition; (mil.) discharge
absolvederas *fpl;* **tener buenas absolvederas** (coll.) to be an indulgent confessor
absolver §63 & **§17,** 9 *va* to absolve; (law) to acquit
absorbencia *f* absorbency
absorbente *adj* absorbent; absorbing; *m* absorbent; **absorbente higiénico** sanitary napkin
absorber *va* to absorb; to use up, wipe out; to attract, captivate
absorbible *adj* absorbable
absorción *f* absorption
absortar *va* to entrance; *vr* to be entranced
absorto -ta *adj* absorbed; entranced
abstemio -mia *adj* abstemious; *mf* abstemious person
abstención *f* abstention
abstencionismo *m* nonparticipation (*especially in political matters*)
abstencionista *adj* nonparticipating; *mf* nonparticipant
abstendré *1st sg fut ind of* **abstener**
abstener §85 *vr* to abstain, to refrain; **abstenerse de** + *inf* to abstain or refrain from + *ger*
abstengo *1st sg pres ind of* **abstener**
abstergente *adj* & *m* abstergent
absterger §49 *va* to cleanse (*a wound*)
abstersión *f* abstersion
abstersivo -va *adj* abstersive
abstinencia *f* abstinence
abstinente *adj* abstinent, abstemious; *mf* abstainer
abstracción *f* abstraction; withdrawal, retirement; **hacer abstracción de** to take away, leave out of account, disregard
abstraccionismo *m* (f.a.) abstractionism
abstraccionista *adj* & *mf* (f.a.) abstractionist
abstractivamente *adv* abstractly
abstracto -ta *adj* abstract; **en abstracto** in the abstract
abstraer §88 *va* to abstract (*a quality*); *vn* **abstraer de** to do without, leave aside; *vr* to be abstracted or absorbed; **abstraerse de** to do without, leave aside
abstraído -da *adj* withdrawn, in seclusion; abstracted, absorbed
abstraigo *1st sg pres ind of* **abstraer**
abstraje *1st sg pret ind of* **abstraer**
abstruso -sa *adj* abstruse
abstuve *1st sg pret ind of* **abstener**
absuelto -ta *pp of* **absolver**
absurdidad *f* absurdity
absurdo -da *adj* absurd; *m* absurdity
abubilla *f* (orn.) hoopoe
abuchear *va* & *vn* to boo, to hoot
abucheo *m* booing, hooting
abuela *f* see **abuelo**
abuelastra *f* stepgrandmother
abuelastro *m* stepgrandfather
abuelo -la *mf* grandparent; *m* grandfather; **abuelos** *mpl* grandparents; grandfather and grandmother; ancestors; *f* grandmother; old woman; **cuénteselo a su abuela** (coll.) tell that to the marines
abuenar *va* to calm, pacify
abufar *vr* (Am.) to swell
abuhardillado -da *adj* (arch.) dormered
abulense *adj* (pertaining to) Ávila; *mf* native or inhabitant of Ávila
abulia *f* apathy; (psychopath.) abulia
abúlico -ca *adj* apathetic; *mf* apathetic person
abultado -da *adj* bulky, massive
abultamiento *m* enlarging; bulk
abultar *va* to enlarge; (fig.) to enlarge, exaggerate; *vn* to be bulky
abundamiento *m* abundance, plenty; **a mayor abundamiento** furthermore; with all the more reason
abundancia *f* abundance
abundante *adj* abundant
abundar *vn* to abound; **abundar de** to abound in or with; **abundar en** to abound in or with; to espouse (*an opinion*)
abundo or **abundosamente** *adv* abundantly
abundoso -sa *adj* abundant
abuñolar §77 *va* to fry (*eggs*) fluffy and brown; to rumple, crumple
abuñuelar *va* var. of **abuñolar**
abur *interj* (coll.) bye-bye!, so long!
aburar *va* to burn up
aburelado -da *adj* reddish brown
aburguesado -da *adj* middle-class
aburguesar *vr* to become bourgeois, to become middle-class
aburilar *va* to engrave (with a burin)
aburrición *f* (coll.) boredom
aburrido -da *adj* bored; tiresome, boring
aburrimiento *m* boredom
aburrir *va* to bore, weary, tire; to abandon, desert; (coll.) to spend, put in, while away; (coll.) to venture; *vr* to get bored; **aburrirse con, de,** or **por** to get bored with
aburujar *va* & *vr* var. of **aborujar**
abusar *vn* to go too far, to take advantage; **abusar de** to abuse (*to make bad use of*); to take advantage of, to impose on or upon
abusión *f* abuse; superstition; omen, augury; (rhet.) catachresis
abusionero -ra *adj* superstitious

abusivo -va *adj* abusive (*wrongly used*)
abuso *m* abuse (*misuse; bad practice, injustice*); imposition
abusón -sona *adj* (coll.) presumptuous; *mf* (coll.) imposer
abutilón *m* (bot.) flowering maple
abyección *f* abjectness, abjection
abyecto -ta *adj* abject
A.C. abr. of **año de Cristo**
acá *adv* here, around here; **de ayer acá** since yesterday; **¿de cuándo acá?** since when?; **desde entonces acá** since then, since that time; **más acá** here closer; **muy acá** right here
acabable *adj* achievable, attainable; endable
acabado -da *adj* finished, complete, perfect; worn-out, exhausted; *m* finish
acabador -dora *adj* finishing; *mf* finisher
acabalar *va* to complete
acaballadero *m* stud farm; mating season
acaballado -da *adj* horselike, like a horse's
acaballar *va* to cover (*a mare*)
acaballerado -da *adj* gentlemanly
acaballerar *va* to treat as a gentleman; *vr* to behave like a gentleman
acaballonar *va* (agr.) to ridge, to work ridges in
acabamiento *m* completion, finishing; end; exhaustion; death
acabar *va* to end, terminate, finish, complete; (Am.) to flay, excoriate; *vn* to end, come to an end; to die; **no acabar de decidirse** to be unable to make up one's mind; **acabar con** to finish, put an end to, wipe out; to end in; **acabar de** + *inf* to finish + *ger;* to have just + *pp*, e.g., **acabo de llegar** I have just arrived; **acababa de llegar** I had just arrived; **acabar por** to end in; **acabar por** + *inf* to end or finish by + *ger*; *vr* to end, come to an end; to be exhausted; to be all over; to run out of, e.g., **se me acabó el pan** I have run out of bread
acabestrar *va* to accustom to the halter
acabestrillar *vn* to go hunting with an ox as a shield
acabildar *va* to organize into a group
acabo *m* completion
acabóse *m* (coll.) windup, pay-off, limit
acacia *f* (bot.) acacia; **acacia bastarda** (bot.) blackthorn; **acacia de tres espinas** (bot.) honey locust; **acacia falsa** (bot.) acacia, locust tree; **acacia rosa** (bot.) rose acacia
acachetar *va* (taur.) to finish off with the dagger
acachetear *va* to pat, to slap
academia *f* academy; (f.a.) academy figure; **Academia General del Aire** Air Force Academy (U.S.A.); Royal Air Force College (Brit.); **Academia General Militar** Military Academy (U.S.A.); Royal Military College (Brit.)
académico -ca *adj* academic (*pertaining to an academy or school; classical, literary; theoretical; mannered*); *mf* academician; member (*of an academy*)
academizar §76 *va* to academize
Academo *m* (myth.) Academus
Acadia *f* Acadia
acadiense *adj & mf* Acadian
acaecedero -ra *adj* possible
acaecer §34 *vn* to happen, occur
acaecimiento *m* happening, occurrence
acafresna *f* (bot.) service tree
acajú *m* (*pl:* **-júes**) (bot.) cashew tree
acalabrotado -da *adj* (naut.) cable-laid
acalabrotar *va* (naut.) to weave into a cable of three ropes of three strands each
acalambrar *vr* to contract with cramps (*said of muscles*)
acalefo -fa *adj & m* (zool.) acalephan
acalenturar *vr* to become feverish
acalia *f* (bot.) marsh mallow
acalicino -na *adj* (bot.) acalycine
acalorado -da *adj* fiery, excited; warm; heated
acalorar *va* to warm, to heat; to encourage, incite, inspire; to stir up, inflame; *vr* to warm up; to become heated
acalote *m* (Am.) stretch of river cleared of floating vegetation; (orn.) Mexican wood ibis
acallantar or **acallar** *va* to silence, to quiet, to pacify; to silence by bribery
acaller *m* (archaic) potter
acamaleonado -da *adj* chameleon-like
acamar *va* to blow over, to beat down (*said of wind or rain acting on plants*)
acampador -dora *mf* camper
acampamento *m* camping; camp, encampment
acampanado -da *adj* bell-shaped
acampanar *va* to shape like a bell; *vr* to become bell-shaped
acampar *va, vn & vr* to encamp
acampo *m* pasture, grassland
ácana *m & f* (bot.) mastic bully, mastic tree, wild olive (*Sideroxylon mastichodendron*); (bot.) acana (*Labourdonnaisia albescens*)
acanalado -da *adj* channeled; fluted, grooved
acanalador *m* grooving plane
acanaladura *f* fluting, groove, striation; corrugation
acanalar *va* to flute, to groove; to corrugate; to channel
acanallado -da *adj* vile, degraded
acandilado -da *adj* peaked, pointed; (coll.) erect
acanelado -da *adj* cinnamon-colored, cinnamon-flavored
acanelonar *va* to flog with cat-o'-nine-tails
acanillado -da *adj* striped, ribbed
acanilladura *f* flaw, uneven weaving
acansinar *vr* (coll.) to get tired, to become lazy
acantáceo -a *adj* (bot.) acanthaceous
acantalear *vn* (prov.) to hail hen's eggs; (prov.) to rain pitchforks
acantarar *va* to measure by pitcherfuls
acantilado -da *adj* full of rocks (*said of surface of sea*); steep, precipitous; *m* cliff, escarpment, palisade
acantilar *va* (naut.) to run (*a ship*) on the rocks; to dredge; *vr* (naut.) to run on the rocks
acantio *m* (bot.) cotton thistle, Scotch thistle
acanto *m* (bot. & arch.) acanthus
acantocéfalo -la *adj & m* (zool.) acanthocephalan
acantonamiento *m* (mil.) cantonment, quarters; (mil.) quartering
acantonar *va* (mil.) to canton, to quarter; *vr* (mil.) to be cantoned, to be quartered; **acantonarse en** to limit one's activities (*studies, interests, etc.*) to
acantopterigio -gia *adj & m* (ichth.) acanthopterygian
acañaverear *va* to wound with sharp-pointed reeds
acañonear *va* to cannonade
acaparador -dora *adj* monopolizing; absorbing, engrossing; *mf* monopolizer
acaparamiento *m* monopolizing, monopoly; hoarding
acaparar *va* to monopolize; to corner; to hoard; (fig.) to monopolize (*e.g., the conversation*); to seize, grasp
acaparrar *vr* to come to terms, to make a deal
acaparrosado -da *adj* blotchy (*said of, e.g., the complexion*)
acapizar §76 *vr* (coll.) to grapple, to come to grips
acaponado -da *adj* effeminate, unmanly
acaracolado -da *adj* spiral, winding
acarambanado -da *adj* var. of **carambanado**
acaramelado -da *adj* carameled; caramel-colored; (coll.) overpolite, oversweet
acaramelar *va* to caramel, to caramelize; *vr* to caramel, to caramelize; (coll.) to be oversweet (*especially toward a woman*)
acarar *va* to bring face to face
acardenalar *va* to make black-and-blue; *vr* to get black-and-blue
acareamiento *m* facing, confronting
acarear *va* to bring face to face; to face, confront, brave
acariciador -dora *adj* caressing; *mf* caresser
acariciar *va* to caress; to cherish (*to treat with affection; to cling to, e.g., a hope*)
acárido *m* (zool.) acarid, mite
acarnerado -da *adj* sheeplike
ácaro *m* (zool.) acarus, mite; **ácaro de la sarna** (ent.) itch mite; **ácaro del queso** or **ácaro doméstico** (ent.) cheese mite
acaroide *f* acaroid gum or resin
acarpo -pa *adj* (bot.) acarpous

acarraladura *f* (Am.) run (*in stockings*)
acarralar *va* to drop (*a thread*); *vr* to be nipped by the frost (*said of grapes*)
acarrar *vr* to seek the shade (*said of sheep*)
acarreadizo -za *adj* transportable
acarreador -dora *adj* carrying, transporting; *mf* carrier; *m* carrier of grain to thrashing floor
acarreamiento *m* cartage, carrying, transportation
acarrear *va* to cart, to transport, to carry along; to cause, to entail, to occasion; *vr* to bring upon oneself, incur
acarreo *m* cartage, drayage
acartonado -da *adj* like cardboard; wizened
acartonar *vr* (coll.) to dry up like cardboard, to shrivel up, to become wizened
acasamatado -da *adj* casemated
acaserado -da *adj* (Am.) regular; (Am.) home-loving; *mf* (Am.) regular customer; (Am.) homebody, stay-at-home
acaserar *vr* (Am.) to be a regular customer; (Am.) to become attached; (Am.) to be a stay-at-home
acaso *m* chance, accident; **al acaso** at random; *adv* maybe, perhaps; **por si acaso** in case; for any eventuality
acastañado -da *adj* chestnut-colored
acastorado -da *adj* (like) beaver
acatable *adj* worthy of respect
acatadamente *adv* respectfully
acataléctico -ca or **acatalecto -ta** *adj & m* acatalectic
acatalepsia *f* (philos.) acatalepsy; (med.) acatalepsia
acatamiento *m* reverence, awe
acatar *va* to revere, to hold in awe; to observe
acatarrar *va* (Am.) to bother, molest; *vr* to catch cold; (Am.) to get tipsy
Acates *m* (myth.) Achates
acatólico -ca *adj* non-Catholic
acaudalado -da *adj* rich, well-to-do
acaudalar *va* to accumulate, acquire (*knowledge, money, etc.*)
acaudillador -dora *adj* leading, commanding; *mf* leader, commander
acaudillamiento *m* leading, command
acaudillar *va* to lead, command; to be the leader of; to direct; *vr* to choose a leader
acaule *adj* (bot.) acaulescent
Acaya *f* Achaea
acceder *vn* to accede; to agree; **acceder a** + *inf* to agree to + *inf*
accesibilidad *f* accessibility
accesible *adj* accessible; attainable; approachable
accesión *f* accession, acquiescence; accessory; access, entry; (med.) attack of intermittent fever
accesional *adj* intermittent
accésit *m* second prize, honorable mention
acceso *m* access, approach; attack, fit, spell, e.g., **acceso de tos** coughing spell, fit of coughing; access, outburst (*e.g., of anger*); **acceso del Sol** (astr.) apparent motion of the sun toward the equator; **acceso dirigido desde tierra** (aer.) ground-controlled approach; **acceso forzoso** (law) easement, right of way; **acceso prohibido** no admittance
accesorio -ria *adj* accessory; *m* accessory, fixture, attachment; **accesorios** *mpl* (theat.) properties; **accesorias** *fpl* annex (*building*)
accidentado -da *adj* agitated, troubled; stormy, restless; rough, uneven; *mf* victim, casualty
accidental *adj* accidental; acting, temporary, pro tem; *m* (mus.) accidental
accidentalizar §76 *va* (mus.) to mark with accidentals
accidentar *va* to injure, hurt; *vr* to faint
accidente *m* accident; roughness, unevenness (*in a surface*); fainting spell; (gram. & mus.) accident; **por accidente** by accident
Accio *m* Actium
acción *f* action; (com.) share (*of stock*); (com.) stock certificate; **en acción** in action; **acción de gracias** thanksgiving; **acción de guerra** battle; **acción directa** direct action; **acción eslabonada** (phys.) chain reaction; **acción liberada** (com.) stock dividend; (com.) paid-up stock
accionado *m* action (*mechanism*)
accionar *va* (mach.) to drive; *vn* to gesticulate
accionista *mf* shareholder, stockholder; **accionista que como tal figura en el libro-registro de la compañía** stockholder of record
accípitre *m* (orn.) goshawk; (surg.) accipiter
acebadamiento *m* var. of **encebadamiento**
acebadar *va & vr* var. of **encebadar**
acebal *m*, **acebeda** *f*, or **acebedo** *m* plantation of holly trees
acebo *m* (bot.) holly, ilex
acebollado -da *adj* having cup shake or ring shake (*said of timber*); like an onion
acebolladura *f* cup shake, ring shake
acebrado -da *adj* var. of **cebrado**
acebuchal *adj* (pertaining to the) wild olive; *m* grove of wild olives
acebuche *m* (bot.) wild olive (*tree*)
acebucheno -na *adj* (pertaining to the) wild olive
acebuchina *f* wild olive (*fruit*)
acecido *m* var. of **acezo**
acecinar *va* to dry-cure, to dry-salt; *vr* to get thin and wrinkled
acechadera *f* ambush
acechador -dora *adj* spying; *mf* spyer, person who spies
acechamiento *m* or **acechanza** *f* spying, watching
acechar *va* to spy on, to watch
aceche *m* copperas
acecho *m* spying; **al acecho or en acecho** spying, on the watch
acechón -chona *adj* (coll.) spying; **hacer la acechona** (coll.) to spy, to lie in ambush, to watch
acedar *va* to make sour; (fig.) to sour, to embitter; *vr* to turn sour; to wither
acedera *f* (bot.) sorrel (*Rumex acetosa*); **acedera menor** (bot.) oxalis, wood sorrel
acederaque *m* (bot.) China tree, bead tree, azederach
acederilla *f* (bot.) sheep sorrel; (bot.) oxalis, wood sorrel
acedía *f* sourness, acidity; crabbedness, unpleasantness; heartburn; (ichth.) plaice
acedo -da *adj* sour, tart, acid; crabbed, disagreeable
acéfalo -la *adj* acephalous
aceguero *m* woodsman who gathers dead timber
aceitada *f* spilt oil; cake made with oil
aceitado *m* oiling, lubricating
aceitar *va* to oil, apply oil to
aceitazo *m* thick dirty oil
aceite *m* oil; olive oil; (paint.) medium; **dejarle a uno freír en su aceite** (coll.) to let someone stew in his own juice; **aceite alcanforado** camphorated oil; **aceite combustible** fuel oil; **aceite de algodón** cottonseed oil; **aceite de ballena** whale oil; **aceite de ben** oil of ben, behen oil; **aceite de cacahuete** peanut oil; **aceite de coco** coconut oil; **aceite de colza** colza oil, rape oil; **aceite de comer** table oil; **aceite de creosota** creosote oil; **aceite de crotón** croton oil; **aceite de esperma** sperm oil; **aceite de fusel** fusel oil; **aceite de gaulteria** oil of wintergreen; **aceite de hígado de bacalao** cod-liver oil; **aceite de linaza** linseed oil; **aceite de Macasar** Macassar oil; **aceite de nerolí** (chem.) neroli oil; **aceite de oliva** olive oil; **aceite de palma** palm oil; **aceite de palo** copaiba balsam; **aceite de pescado** fish oil; **aceite de pie de buey** neat's-foot oil; **aceite de ricino** castor oil; **aceite de vitriolo** oil of vitriol; **aceite esencial** essential oil; **aceite esencial de rosas** attar of roses; **aceite mineral** mineral oil; **aceite secante** (paint.) drying oil; **aceite vegetal** vegetable oil; **aceite volátil** volatile oil
aceitera *f* see **aceitero**
aceitería *f* oil shop; oil business
aceitero -ra *adj* (pertaining to) oil; *mf* oil dealer; oiler; *f* oilcan; (mach.) oil cup; (ent.) oil beetle; **aceiteras** *fpl* cruet stand
aceitillo *m* thin oil; (Am.) oil perfume; (bot.) mountain damson (*Simarouba amara*); (bot.) snowberry (*Chiococca*)

aceitón *m* thick dirty oil; olive oil dregs
aceitoso -sa *adj* oily, greasy
aceituna *f* olive (*fruit*); **llegar a las aceitunas** (coll.) to arrive late; **aceituna corval** jumbo olive; **aceituna de la reina** or **aceituna gordal** queen olive; **aceituna manzanilla** little round olive, manzanilla; **aceituna negra** ripe olive; **aceituna rellena** stuffed olive; **aceituna zapatera** spoilt olive; **aceituna zorzaleña** crescent olive
aceitunado -da *adj* olive, olive-colored; *f* olive harvest; batch of olives
aceitunero -ra *mf* olive dealer; olive picker; *m* olive storehouse
aceituní *m* (*pl:* **-níes**) rich medieval oriental fabric; arabesque; olive-colored velvet
aceitunil *adj* olive, olive-colored
aceitunillo *m* (bot.) West Indian storax (*Agotoxylum punctatum*)
aceituno *m* (bot.) olive (*tree*)
acelajado -da *adj* cloud-colored
acelajar *vr* to get cloudy
aceleración *f* hastening; acceleration
acelerada *f* (aut.) speed-up (*of motor*)
aceleradamente *adv* hastily, hurriedly
acelerador -dora or **-triz** (*pl:* **-trices**) *adj* hastening; accelerating; *m* (aut.) accelerator
aceleramiento *m* var. of **aceleración**
acelerar *va* to hasten, hurry; to accelerate; to advance (*e.g., a date*); *vr* to hasten, hurry; to accelerate
acelerómetro *m* (aer.) accelerometer
acelerón *m* acceleration, speed-up
acelga *f* (bot.) Swiss chard; **acelga silvestre** (bot.) sea lavender
acémila *f* beast of burden, sumpter, mule; (coll.) drudge; (coll.) beast, brute
acemilar *adj* (pertaining to the) mule; (pertaining to the) stable
acemilería *f* mule stable
acemilero -ra *adj* (pertaining to the) stable; *m* muleteer
acemita *f* bran bread
acemite *m* bran and flour mixed; porridge
acendrado -da *adj* pure, refined; stainless, spotless
acendrar *va* to purify, refine; to make stainless
acensuar §33 *va* to tax (*a possession*)
acento *m* accent; **acento agudo** acute accent; **acento circunflejo** circumflex accent; **acento de altura** pitch accent; **acento grave** grave accent; **acento ortográfico** written accent; **acento primario** primary accent; **acento prosódico** stress accent; **acento secundario** secondary accent; **acento tónico** tonic accent
acentuación *f* accentuation; emphasis
acentuadamente *adv* with an accent; markedly
acentual *adj* accentual
acentuar §33 *va* to accent; to accentuate, emphasize; *vr* to be accentuated, to become marked, to be aggravated; to become heavy, become bulky
aceña *f* water-driven flour mill
aceñero *m* miller in a water-driven flour mill
acepar *vn* to take root
acepción *f* acception, acceptation, meaning; **acepción de personas** partiality, discrimination
acepillado *m* planing
acepilladora *f* planer, planing machine
acepilladura *f* planing; **acepilladuras** *fpl* shavings, turnings
acepillar *va* to plane; to brush; (coll.) to polish, to smooth
aceptabilidad *f* acceptability
aceptable *adj* acceptable
aceptación *f* acceptance; (com.) acceptance; **aceptación de personas** partiality, discrimination
aceptador -dora *adj* accepting; *mf* acceptor
aceptante *adj* accepting; *mf* acceptor; (com.) acceptor
aceptar *va* to accept; (com.) to accept; **aceptar a** + *inf* to agree to + *inf*
acepto -ta *adj* acceptable, welcome
acequia *f* drain, irrigation ditch
acequiar *va* to build drains or irrigation ditches in, to equip with drains or irrigation ditches; *vn* to build drains or irrigation ditches
acequiero *m* irrigation ditch tender
acera *f* sidewalk; row of houses; (arch.) facing (*of wall*)
aceráceo -a *adj* (bot.) aceraceous
acerado -da *adj* (pertaining to) steel; sharp, cutting, biting
acerar *va* to acierate; to lay sidewalks in or along; to make sharp or biting; to harden, to steel; to face (*a wall*); to stucco; *vr* to harden, to get hard, cruel, or pitiless; to steel oneself
acerato -ta *adj* (zool.) acerous (*without horns*)
acerbidad *f* acerbity
acerbo -ba *adj* sour, bitter; harsh, sharp, cruel
acerca *adv* **acerca de** about, concerning, with regard to
acercamiento *m* approach, bringing near, drawing near, rapprochement
acercar §86 *va* to bring near or nearer; *vr* to approach, come near or nearer; to be warm (*i.e., near what one is looking for*); **acercarse a** to approach; **acercarse a** + *inf* to come near (in order) to + *inf*
ácere *m* var. of **arce**
acería *f* steel mill
acerico *m* small cushion; pincushion
acerilla *f* stronghold or tower on a cliff
acerillo *m* var. of **acerico**
acerina *f* see **acerino**
acerineo -a *adj* (bot.) aceraceous
acerino -na *adj* (poet.) steel; *f* (ichth.) ruff
acernadar *va* var. of **encernadar**
acero *m* steel; sword, weapon; courage, spirit; **aceros** *mpl* temper; (coll.) appetite; **tener buenos aceros** (coll.) to have a lot of courage; (coll.) to be good and hungry; **acero adamascado** Damascus steel, damask steel; **acero al hogar abierto** open-hearth steel; **acero al manganeso** manganese steel; **acero al molibdeno** molybdenum steel; **acero al níquel** nickel steel; **acero al vanadio** vanadium steel; **acero Bessemer** Bessemer steel; **acero colado** cast steel; **acero damasquino** Damascus steel, damask steel; **acero de aleación** alloy steel; **acero de alta velocidad** or **de corte rápido** high-speed steel; **acero de crisol** crucible steel; **acero de herramientas** tool steel; **acero dulce** soft steel; **acero duro** hard steel; **acero fundido** cast steel; **acero inmanchable** or **inoxidable** stainless steel; **acero intermedio** or **mediano** medium steel; **acero rápido** high-speed steel; **acero suave** soft steel
acerocromo *m* chromium steel, chrome steel
acerola *f* azarole, Neapolitan medlar (*fruit*)
acerolo *m* (bot.) azarole, Neapolitan medlar (*shrub*)
aceroníquel *m* nickel steel
aceroso -sa *adj* (bot.) acerose or acerous
acérrimo -ma *adj super* very acrid; very strong, vigorous or tenacious; very bitter (*e.g., enemy*)
acerrojar *va* to bolt, to fasten or lock with a bolt
acertado -da *adj* right, fit; sure, skillful; sure, well-aimed
acertador -dora *adj* skillful; *mf* good guesser
acertajo *m* (coll.) var. of **acertijo**
acertamiento *m* var. of **acierto**
acertante *mf* winner
acertar §18 *va* to hit, to hit upon; to guess right, to figure out correctly; to find, to find easily; to do (*something*) right or skillfully; *vn* to be right, to succeed; to guess right; to grow, to thrive (*said of plants*); **acertar a** + *inf* to happen to + *inf;* to succeed in + *ger;* **acertar con** to find, to find easily; to come upon, to happen upon
acertijo *m* riddle, conundrum
aceruelo *m* small packsaddle; pincushion
acervo *m* heap; store, fund, hoard; joint property; **acervo común** undivided estate
acérvula *f* (anat.) acervulus cerebri, brain sand
acetábulo *m* (anat., bot. & zool.) acetabulum
acetanilida *f* (chem.) acetanilid
acetato *m* (chem.) acetate; **acetato de vinilo** (chem.) vinyl acetate
acético -ca *adj* (chem.) acetic

acetificación *f* acetification
acetificar §86 *va & vr* to acetify
acetilénico -ca *adj* acetylene; acetylenic
acetileno *m* (chem.) acetylene
acetilo *m* (chem.) acetyl
acetímetro *m* acetometer
acetín *m* (bot.) barberry
acetona *f* (chem.) acetone
acetonemia *f* (path.) acetonemia
acetonuria *f* (path.) acetonuria
acetosa *f* see **acetoso**
acetosilla *f* var. of **acederilla**
acetoso -sa *adj* acetous; *f* (bot.) sorrel
acetre *m* small bucket; holy-water vessel
acezar §76 *vn* to pant, to gasp
acezo *m* panting, gasping
acezoso -sa *adj* panting, gasping
aciago -ga *adj* unlucky, ill-fated, evil
acial *m* barnacles or twitch (*device to keep an animal still*); (her.) barnacles
aciano *m* (bot.) bluebottle, cornflower
aciar *m* var. of **acial**
acíbar *m* aloes; bitterness, sorrow
acibarar *va* to make bitter with aloes; to embitter
aciberar *va* to grind fine
acicalado -da *adj* dressy; dressed up, spruced up; shiny; *m* polish, burnish
acicalador -dora *adj* polishing, burnishing; *m* polishing tool, burnishing tool
acicaladura *f* or **acicalamiento** *m* polishing, burnishing; polish; dressiness
acicalar *va* to polish, burnish (*e.g., a sword*); to dress, to dress up; (mas.) to finish, to point (*a wall*); *vr* to get dressed up
acicate *m* long-pointed spur; incentive, inducement
acíclico -ca *adj* acyclic
aciculado -da *adj* (bot. & zool.) aciculate
acicular *adj* acicular
aciche *m* paver's hammer
acidalio -lia *adj* (myth.) Acidalian (*pertaining to Venus*)
acidaque *m* Mohammedan's dowry to his wife
acidez *f* acidity
acidífero -ra *adj* acidiferous
acidificación *f* acidification
acidificar §86 *va & vr* to acidify
acidímetro *m* acidimeter
acidioso -sa *adj* lazy, lax
ácido -da *adj* acid; (chem.) acid; (petrog.) acid, acidic; *m* (chem.) acid; **ácido acético** acetic acid; **ácido acrílico** acrylic acid; **ácido arábico** arabic acid; **ácido arsénico** arsenic acid; **ácido ascórbico** ascorbic acid; **ácido barbitúrico** barbituric acid; **ácido benzoico** benzoic acid; **ácido bórico** boric acid, boracic acid; **ácido bromhídrico** hydrobromic acid; **ácido butírico** butyric acid; **ácido carbólico** carbolic acid; **ácido carbónico** carbonic acid; **ácido cerótico** cerotic acid; **ácido cianhídrico** hydrocyanic acid; **ácido ciánico** cyanic acid; **ácido cítrico** citric acid; **ácido clorhídrico** hydrochloric acid; **ácido clórico** chloric acid; **ácido esteárico** stearic acid; **ácido férrico** ferric acid; **ácido fluorhídrico** hydrofluoric acid; **ácido fólico** folic acid; **ácido fórmico** formic acid; **ácido fosfórico** phosphoric acid; **ácido fosforoso** phosphorous acid; **ácido fulmínico** fulminic acid; **ácido gálico** gallic acid; **ácido glicérico** glyceric acid; **ácido graso** fatty acid; **ácido hipocloroso** hypochlorous acid; **ácido hipofosfórico** hypophosphoric acid; **ácido hipofosforoso** hypophosphorous acid; **ácido hiposulfuroso** hyposulfurous acid; **ácido láctico** lactic acid; **ácido levulínico** levulinic acid; **ácido málico** malic acid; **ácido mangánico** manganic acid; **ácido metacrílico** methacrylic acid; **ácido muriático** muriatic acid; **ácido nicotínico** nicotinic acid; **ácido nítrico** nitric acid; **ácido nucleico** or **nucleínico** nucleic acid; **ácido oleico** oleic acid; **ácido oxálico** oxalic acid; **ácido pantoténico** pantothenic acid; **ácido perclórico** perchloric acid; **ácido permangánico** permanganic acid; **ácido pícrico** picric acid; **ácido prúsico** prussic acid; **ácido salicílico** salicylic acid; **ácido sulfhídrico** sulfhydric or sulphydric acid (*hydrogen sulfide*); **ácido sulfúrico** sulfuric acid; **ácido sulfuroso** sulfurous acid; **ácido tánico** tannic acid; **ácido tantálico** tantalic acid; **ácido tártrico** tartaric acid; **ácido tiociánico** thiocyanic acid; **ácido tiónico** thionic acid; **ácido tiosulfúrico** thiosulfuric acid; **ácido úrico** uric acid; **ácido yodhídrico** hydriodic acid
acidófilo -la *adj & m* acidophil
acidógeno -na *adj* acid-forming (*said of food*)
acidómetro *m* hydrometer
acidosis *f* (path.) acidosis
acidular *va* to acidulate, to make sour; to saturate (*water*) with carbonic acid; *vr* to get sour
acídulo -la *adj* acidulous
acierto *m* lucky hit, good shot; good guess; tact, prudence; skill, ability; success; accuracy, precision; rightness
ácigos *m* (anat.) azygos
aciguatado -da *adj* suffering from fish poisoning; yellowish, jaundiced
aciguatar *vr* to be sick with fish poisoning
acijado -da *adj* greenish
acije *m* copperas
acijoso -sa *adj* containing copperas, like copperas
acimboga *f* citron (*fruit*)
ácimo -ma *adj* var. of **ázimo**
acimut *m* (*pl:* **-muts**) azimuth
acimutal *adj* azimuthal
acintle *m* (orn.) helldiver, pied-billed grebe
ación *f* stirrup strap
acipado -da *adj* close-woven
acirate *m* boundary ridge; ridge between two furrows; rectangular flower plot; walk between rows of trees
acitara *f* zither; wall, railing, parapet; chair cover, saddle cover
acitrón *m* candied citron
acivilar *vr* (Am.) to be married by civil ceremony
aclamación *f* acclaim, acclamation, applause; **por aclamación** by acclamation
aclamador -dora *adj* acclaiming, applauding; *mf* acclaimer, applauder
aclamar *va & vn* to acclaim, to applaud
aclaración *f* brightening; rinsing; clearing; explanation
aclarador -dora *adj* explanatory
aclarar *va* to brighten, to brighten up; to make clear, to thin; to rinse; to clear out (*e.g., a thicket*); to explain; *vn* to brighten, to get bright; to clear up; to dawn; *vr* to brighten, to get bright; to clear up
aclaratorio -ria *adj* explanatory
aclástico -ca *adj* (opt.) aclastic
acleido -da *adj & m* (anat.) acleidian
aclimatación *f* acclimation, acclimatization
aclimatar *va & vr* to acclimate, to acclimatize
aclínico -ca *adj* (phys.) aclinic; *m* opera glasses
aclocar §95 *vn* to brood; *vr* to brood; to sprawl; to squat
aclorhidria *f* (path.) achlorhydria
acmé *m* (med.) acme
acne *f* (path.) acne
acobardamiento *m* intimidation; cowardliness
acobardar *va* to cow, to intimidate; *vr* to become frightened
acobijar *va* (agr.) to hill
acobijo *m* (agr.) hill
acobrado -da *adj* coppery
acoceador -dora *adj* kicking
acoceamiento *m* kicking; (coll.) ill-treatment
acocear *va* to kick; (coll.) to ill-treat, to trample upon
acocil *m* (zool.) Mexican crayfish (*Cambarus montezumae*); **estar como un acocil** (Am.) to blush, to flush
acocotar *va* var. of **acogotar**
acocote *m* (Am.) long gourd used to suck out the juice of the maguey
acochar *vr* to crouch, to squat, to stoop over
acochinar *va* (coll.) to corner and slay; to humble, to scare; to corner (*in checkers*); *vr* to wallow; to get smeared up
acodado -da *adj* bent in an elbow
acodadura *f* bending; leaning; (hort.) layerage

acodalamiento *m* propping, shoring
acodalar *va* to prop up, to shore up
acodar *va* to lean (*e.g., the arm*); (hort.) to layer; to prop; to square (*timber*); *vr* to lean (on the elbows)
acoderar *va* (naut.) to tie up alongside the dock, to moor with a spring, to moor broadside
acodiciar *va* to covet; *vr* **acodiciarse a** or **de** to covet
acodillar *va* to bend into an elbow; *vr* to double up; to bow, to bend, to crumple
acodo *m* (hort.) layer
acogedizo -za *adj* easy to gather, gathered at random
acogedor -dora *adj* welcoming, kindly; *mf* welcomer
acoger §49 *va* to welcome, receive; to accept; *vr* to take refuge; **acogerse a** to take refuge in; to have recourse to
acogeta *f* shelter, cover, refuge
acogible *adj* welcome, acceptable
acogido -da *mf* inmate of poorhouse; *m* flock admitted to pasture for a price; *f* welcome, reception; meeting place, confluence; refuge; shelter; protection; (com.) acceptance; **dar acogida a** (com.) to honor (*e.g., a draft*); **tener buena acogida** to be well received
acogimiento *m* welcome, welcoming
acogollar *va* to cover up (*plants*); *vn & vr* to sprout, to bud
acogombradura *f* (agr.) hilling
acogombrar *va* (agr.) to hill (*plants*)
acogotar *va* to kill with a blow on the back of the neck; to knock down by grabbing by the back of the neck; to conquer, to subdue
acohombrar *va* var. of **acogombrar**
acojinamiento *m* (mach.) cushioning
acojinar *va* to quilt, to pad; to stuff; (mach.) to cushion (*a piston*)
acolada *f* accolade; (arch., mus. & paleog.) accolade
acolar *va* (her.) to unite (*two coats of arms*) under one crest; (her.) to add (*certain distinctive symbols*) to the escutcheon
acolchado *m* cushions (*of a carriage or auto*); riprap; revetment of straw and reeds
acolchar *va* to quilt, to pad; (naut.) to intertwine (*strands*)
acolchonar *va* (Am.) var. of **acolchar**
acolitado *m* (eccl.) order of acolyte
acolitazgo *m* (eccl.) acolythate; (eccl.) order of acolyte; acolytes (*of a church*)
acólito *m* acolyte; altar boy; (coll.) satellite, shadow
acología *f* acology
acollador *m* (naut.) lanyard
acollar §77 *va* to surround (*base of tree trunk*) with earth; to shear the neck of (*sheep*); (naut.) to haul on (*the lanyards*); (naut.) to calk
acollarado -da *adj* ring-necked (*said of animals*)
acollarar *va* to put a collar on; to hitch up; to leash; *vr* (coll.) to get married
acollonar *va* (coll.) to scare, to intimidate
acombar *va* var. of **combar**
acomedido -da *adj* (Am.) obliging
acomedir §94 *vr* (Am.) to be obliging
acomejenar *vr* (Am.) to become infested with termites
acometedor -dora *adj* aggresive; enterprising; *mf* aggressor; enterprising person
acometer *va* to attack; to overcome suddenly; to undertake; to widen into; *vn* to attack
acometida *f* attack, assault; house or service connection (*of wires or pipes*)
acometimiento *m* attack, assault; temptation; sewer connection
acometividad *f* aggressiveness
acomodable *adj* adaptable
acomodación *f* accommodation, arrangement; (physiol.) accommodation
acomodadizo -za *adj* accommodating, obliging
acomodado -da *adj* convenient, suitable; moderately priced; comfort-loving; well-to-do
acomodador -dora *adj* accommodating, obliging; *mf* usher (*in theaters*); *f* usherette
acomodamiento *m* convenience, suitability; transaction
acomodar *va* to accommodate, to arrange; to usher (*in theaters*); to reconcile; to suit; to supply, furnish; *vn* to be suitable, be fitting; *vr* to comply, adapt oneself; to come to terms; **acomodarse a** or **con** to comply with; **acomodarse a** + *inf* to settle down to + *inf;* **acomodarse de** to supply oneself with, to be supplied with; to hire out as
acomodaticio -cia *adj* accommodating, obliging; sycophantic; (iron.) elastic
acomodo *m* arrangement, adjustment; lodgings; job, position; (Am.) neatness, tidiness, spruceness
acompañado -da *adj* accompanied, attended; busy, frequented; (Am.) tipsy; *mf* consultant; *m* (Am.) sewer covering
acompañador -dora *adj* accompanying, attending; *mf* companion, attendant; accompanist
acompañamiento *m* accompaniment; retinue, escort; (mus.) accompaniment; (theat.) supernumeraries, extras; (Am.) food eaten with coffee, tea, or chocolate
acompañanta *f* female companion, attendant, or escort; (mus.) woman accompanist; (prov.) governess
acompañante *adj* accompanying; *m* companion, attendant, escort; (mus.) accompanist
acompañar *va* to accompany, go with; to enclose (*in a letter, etc.*); to share with, to sympathize with; (mus.) to accompany; (Am.) to point (*e. g., brickwork*); *vr* to consult
acompasado -da *adj* rhythmic, regular; slow; easy-going, steady; cautious
acompasar *va* to measure with a compass; to make rhythmical; to mark the rhythm or cadence of; to distribute evenly
acomplexionado -da *adj* var. of **complexionado**
acomunar *vr* to join forces, make common cause
acón *m* (Am.) flatboat
aconcagüés -güesa or **aconcagüino -na** *adj* (pertaining to) Aconcagua; *mf* native or inhabitant of Aconcagua
aconchabar *vr* (coll.) to confabulate, to conspire, to gang up
aconchar *va* to make shell-like; to push to safety; (naut.) to beach, to run aground; (Am.) to shame; *vr* to become shell-like; to take shelter; (naut.) to become beached, to run aground; (Am.) to be a sponger; to form a deposit
acondicionado -da *adj* conditioned; **bien acondicionado** well-disposed; in good condition; of good quality; **mal acondicionado** ill-disposed; in bad condition; of poor quality
acondicionador -dora *adj* conditioning; *mf* conditioner; **acondicionador de aire** air conditioner
acondicionamiento *m* conditioning; municipal testing bureau of silk and cotton fabrics; **acondicionamiento del aire** air conditioning
acondicionar *va* to condition, to arrange, make fit; to put in condition; to repair; to season; *vr* to qualify; to get placed, find a job
acongojadamente *adv* sorrowfully, with anguish
acongojar *va* to grieve, afflict, to distress; *vr* to grieve, be distressed; to faint
aconitina *f* (chem.) aconitine
acónito *m* (bot.) aconite, monkshood
aconsejable *adj* advisable
aconsejador -dora *adj* counseling, advising; *mf* counselor, adviser
aconsejar *va* to advise, to counsel, to warn; **aconsejar** + *inf* to advise to + *inf; vr* to seek advice, to get advice; **aconsejarse de** or **con** to advise with, to consult with, to seek or get advice from; **aconsejarse mejor** to think better of it
aconsonantar *va & vn* to rhyme
acontecedero -ra *adj* possible
acontecer §34 *vn* to happen
acontecimiento *m* happening, event
acopar *va* to make cuplike, to hollow out; *vn* to spread out
acopetado -da *adj* crested, tufted

acopiador -dora *adj* gathering; *mf* gatherer, collector, buyer; monopolist; (Am.) agricultural export buyer
acopiamiento *m* gathering, collecting; supply, store
acopiar *va* to gather together
acopio *m* gathering, collecting; assortment, stock; abundance
acoplado *m* (Am.) trailer; (Am.) tow (*of barges*)
acoplador *m* (mach. & rad.) coupler
acopladura *f* joining, fitting
acoplamiento *m* coupling, joining; connection, joint, splice; (elec.) connection, hookup; (Am.) clutch; (Am. rail.) coupling; **acoplamiento de cono** cone coupling; **acoplamiento de fricción** friction coupling; (Am.) friction clutch; **acoplamiento de manguito** sleeve coupling; **acoplamiento de rebajo** (carp.) rabbeted joint; **acoplamiento en serie** (elec.) series connection; **acoplamiento inductivo** (elec.) linkage, flux linkage; **acoplamiento universal** universal joint
acoplar *va* to join, couple, fit together; to hitch; to bring together for breeding; to unite, reconcile; (elec.) to connect, to hook up; (Am. rail.) to couple (*cars*); *vr* to be reconciled; to be intimate; to mate
acoquinamiento *m* intimidation
acoquinar *va* to intimidate
acorar *va* to oppress, afflict; (Am.) to intimidate, to quiet; *vr* to be grieved; to be stifled; to wilt, to die (*said of plants*)
acorazado -da *adj* armored, armor-plated; ironclad; (coll.) forbidding, contrary; *m* battleship; ironclad; **acorazado de bolsillo** pocket battleship
acorazamiento *m* armor, armor-plating
acorazar §76 *va* to cover with armor, to armorplate; *vr* (coll.) to steel oneself
acorazonado -da *adj* heart-shaped
acorchamiento *m* withering, shriveling
acorchar *va* to turn into cork, to give an appearance of cork to; to line with cork; *vr* to become cork-like or spongy; to dry up, wither, shrivel; to become corky or pithy; to get sluggish, to get numb; to become morally benumbed
acorchetar *va* to bracket
acordada *f* decree, order; authorization; curved ruler
acordadamente *adv* by common consent; after due reflection
acordancia *f* harmony, agreement
acordar §77 *va* to decide, to agree upon; to grant, to authorize; to reconcile, to harmonize; to arrange; to make smooth; to make level or flush; to remind, to remind of; to tune; *vn* to agree, be in agreement; to blend, to harmonize; **acordar** + *inf* to agree to + *inf; vr* to be agreed, reconciled, harmonized; to remember; **si mal no me acuerdo** (coll.) if I remember correctly; **acordarse de** to remember; **acordarse de** + *inf* to remember to + *inf*, e.g., **se acordó de hacerlo** he remembered to do it; **acordarse de** + *perf inf* to remember + *ger*, e.g., **se acordaba de haberlo hecho** he remembered doing it
acorde *adj* agreed, in accord; harmonious, in tune; *m* accord, harmony; (mus.) chord
acordelar *va* to align with a cord, to measure with a cord, to lay out with a chalk line
acordemente *adv* var. of **acordadamente**
acordeón *m* accordion; **en acordeón** accordion (*pleats*)
acordeonado -da *adj* accordion (*pleats*)
acordeonista *mf* accordionist
acordonamiento *m* cording, lacing; milling, knurling; drawing a cordon around a place; roping off
acordonar *va* to cord, to lace, to fasten with cords; to mill, bead, knurl (*coins, etc.*); to draw a cordon around, to surround; to rope off (*a street*); (Am.) to align, to lay out by line
acores *mpl* (path.) milk crust
acornar §77 *va* to attack with the horns, to butt, to gore; to shape like a horn; to make horny; *vn* to become horn-shaped; to become horny; to grow horns
acorneador -dora *adj* butting; *mf* animal given to butting
acornear *va* to butt; (Am.) to drive away, put to flight
ácoro *m* (bot.) sweet flag; **ácoro bastardo, falso** or **palustre** (bot.) flagon
acorralamiento *m* corralling, cornering; intimidation
acorralar *va* to corral, to corner; to intimidate
acorrucar §86 *vr* to crouch, to huddle; to curl up to keep warm
acortamiento *m* cutting down, shortening, slackening; shrinking, contraction; (astr.) curtation
acortar *va* to cut down, to shorten, to reduce; to check, stop; to pull up (*a horse*); to slacken (*speed*); (Am.) to tone down (*a statement*); **acortar la vela** (naut.) to shorten sail; *vr* to become shorter; to be timid; to hold back; to slow down; to shrink, to contract
acorullar *va* (naut.) to ship (*oars*)
acorvar *va* to curve, to bend
acosamiento *m* var. of **acoso**
acosar *va* to harass, to pursue relentlessly; (taur.) to corral and test the mettle of
acosijar *va* (Am.) var. of **acosar**
acoso *m* harassment, relentless pursuit; (taur.) corralling and testing the mettle of a bull
acostado -da *adj* lying down; leaning, bent over; in bed; closely related; friendly; favored; (naut.) on beam ends; *f* (Am.) childbirth; (Am.) (sexual) intercourse
acostamiento *m* laying down; lying down, reclining; support, favor, protection; (archaic) stipend, emolument
acostar §77 *va* to lay, to lay down; to put to bed; (naut.) to bring alongside, to bring inshore; *vn* to lean, to list; *vr* to lie down, to go to bed; (Am.) to be confined (with child)
acostillado -da *adj* ribbed
acostumbrado -da *adj* accustomed; usual, customary
acostumbrar *va* to accustom; **acostumbrar a** + *inf* to accustom (*someone*) to + *inf; vn* to be accustomed; **acostumbrar** + *inf* or **acostumbrar a** + *inf* to be accustomed to + *inf; vr* to accustom oneself; to become accustomed; **acostumbrarse a** + *inf* to be or become accustomed to + *inf*
acotación *f* boundary mark, landmark; annotation, marginal note; elevation mark
acotada *f* tree nursery
acotamiento *m* boundary mark, landmark; annotation, marginal note; elevation mark; stage direction; (Am.) shoulder (*of road*)
acotar *va* to survey, to map, to mark off; to annotate; to fix, to set up; to admit, to accept; to check, to verify; to vouch for; to choose, to select; to pollard, to cut off top branches of; to mark elevations on (*maps, etc.*)
acotiledón -dona *adj* (bot.) acotyledonous; *m* (bot.) acotyledon
acotiledóneo -a *adj* (bot.) acotyledonous
acotillo *m* sledge hammer
acoyotado -da *adj* (Am.) coyote-colored
acoyundar *va* to yoke (*oxen*)
acoyuntar *va* to yoke (*two horses of different owners*)
acoyuntero *m* farmer who yokes his horse with that of another farmer
acre *adj* acrid; austere, severe; biting, mordant; quarrelsome; *m* acre
acreaje *m* (Am.) acreage
acrecencia *f* increase, growth; accrual
acrecentamiento *m* accretion; increase, growth; promotion
acrecentar §18 *va* to increase; to promote, to foster, to make flourish; *vr* to increase, to grow; to bud, to blossom
acrecer §34 *va* to increase, enlarge; *vn* (law) to devolve or to be added (*said of share of an estate given up by an heir voluntarily or by death*); *vr* to increase, to grow larger
acreción *f* (mineral. & path.) accretion
acreditación *f* accreditation; (educ.) accreditation
acreditar *va* to accredit; to credit, to give a reputation to; to credit to; to get the reputation for; to do credit to; (com.) to credit; (educ.) to

accredit; *vr* to get a reputation; **acreditarse de loco** to act crazy
acreedor -dora *adj* accrediting, crediting; deserving; **acreedor a** deserving of; *mf* creditor; **acreedor hipotecario** mortgagee
acreencia *f* (Am.) balance in favor of creditor
acribador -dora *adj* sifting; *mf* sifter
acribadura *f* sifting; (fig.) riddling
acribar *va* to sift; (fig.) to riddle
acribillar *va* to riddle; to riddle with wounds, bites, stings, etc.; (coll.) to harass, to plague, to pester; **acribillar a balazos** to riddle with bullets; **acribillar a preguntas** to riddle with questions
acriflavina *f* (pharm.) acriflavine
acrílico -ca *adj* (chem.) acrylic
acriminación *f* incrimination; exaggeration of guilt
acriminador -dora *adj* incriminating; *mf* accuser
acriminar *va* to incriminate, to accuse; to exaggerate the gravity of (*a defect, weakness, misdeed, etc.*)
acrimonia *f* acridness; acrimony
acrimonioso -sa *adj* acrid; acrimonious
acriollar *vr* (Am.) to take on Spanish American ways
acrisolado -da *adj* pure; tried, tested; honest, reliable
acrisolar *va* to purify; to bring out, to reveal (*the truth*)
acristalado -da *adj* glass-enclosed, glassed-in
acristianar *va* (coll.) to Christianize; (coll.) to christen, to baptize; to beautify; *vr* (coll.) to become Christian, to get religious
acritud *f* var. of **acrimonia**
acrobacia *f* acrobatics (*feats or performances*)
acróbata *mf* acrobat
acrobático -ca *adj* acrobatic
acrobatismo *m* acrobatics (*art or profession*)
acrofobia *f* (path.) acrophobia
acrógena *f* (bot.) acrogen
acromático -ca *adj* achromatous; (opt., biol. & mus.) achromatic
acromatina *f* (biol.) achromatin
acromatismo *m* achromatism
acromatizar §76 *va* to achromatize
acromatopsia *f* (path.) achromatopsia, color blindness
acromatosis *f* (path.) achromatosis
acromegalia *f* (path.) acromegaly
acrónimo *m* acronym
acrópolis *f* (*pl:* **-lis**) acropolis; **la Acrópolis** the Acropolis
acrósporo *m* (bot.) acrospore
acróstico -ca *adj* acrostical; *m* acrostic
acrostolio *m* (naut.) rostrum, acroterium; (naut.) spur, beak, ram (*of classical war vessel*)
acrotera *f* (arch.) acroterium
acta *f* minutes; certificate of election; **actas** *fpl* lives (*of saints, martyrs, etc.*); transactions (*of a learned society*); **levantar acta** to draw up the minutes; **tomar acta de** (coll.) to take note of; **acta de matrimonio** marriage certificate; **acta de nacimiento** birth certificate; **acta de nacionalidad** (naut.) registry certificate; **acta notarial** affidavit; **Actas de los Apóstoles** (Bib.) Acts of the Apostles
actea *f* (bot.) danewort, dwarf elder
actinia *f* (zool.) actinia, sea anemone
actínico -ca *adj* actinic
actinio *m* (chem.) actinium
actinismo *m* actinism
actinómetro *m* actinometer
actinomicina *f* (pharm.) actinomycin
actinomicosis *f* (path.) actinomycosis
actitud *f* attitude; (fig.) attitude (*feeling, outlook*); **en actitud de** + *inf* showing an intention to + *inf*, getting ready to + *inf*
activación *f* activation, promotion
activador -dora *adj* activating, moving; *mf* activator, mover; *m* (chem.) activator
activar *va* to activate; to expedite, to hasten
actividad *f* activity; **en actividad** active, operating; **en plena actividad** in full swing
activista *mf* activist
activo -va *adj* active; *m* (com.) assets; (com.) credit side (*of an account*); **en activo** in active service
acto *m* act; event; public function; commencement (*of school*); (theat.) act; (educ.) thesis; sexual intercourse; **en el acto** at once; on the spot; **hacer acto de presencia** to honor with one's presence, to pay one's respects in person; **acto continuo** right afterwards; **acto de presencia** formal attendance; **acto inaugural** opening, opening ceremonies, dedication; **Actos de los Apóstoles** (Bib.) Acts of the Apostles; **acto seguido** right afterwards; **acto seguido de** right after
actor *m* actor, agent; (theat.) actor; (law) actor, plaintiff; **primer actor** (theat.) leading man; **actor de carácter** (theat.) character actor
actora *f* (law) actor, plaintiff (*woman*)
actriz *f* (*pl:* **-trices**) (theat.) actress; **primera actriz** (theat.) leading lady
actuación *f* action; activity; operation; performance; acting; behavior
actuado -da *adj* skilled, experienced
actual *adj* present, present-day; up-to-date
actualidad *f* present time; present condition; timeliness; question of the moment; **actualidades** *fpl* current events; newsreel; **en la actualidad** at the present time; **ser de gran actualidad** to be of great importance at the moment; **actualidad gráfica** news in pictures; **actualidad escénica** theater news
actualizar §76 *va* to make up-to-date, to bring up to date
actualmente *adv* at present, at the present time
actuar §33 *va* to actuate, to put into action; *vn* to act; to perform; to take action; **actuar de** to act as; **actuar sobre** to act on or upon
actuarial *adj* actuarial
actuario -ria *adj* actuarial; *mf* actuary; **actuario de seguros** actuary
acuadrillar *va* to band together; to command (*a band*); *vr* to band together
acuafortista *mf* etcher, aquafortist
acuantiar §90 *va* to fix or set the amount of
acuaplano *m* aquaplane
acuarela *f* water color
acuarelista *mf* water-colorist, aquarellist
acuario *m* aquarium; (*cap.*) *s* (astr.) Aquarius
acuartelado -da *adj* (her.) quartered
acuartelamiento *m* quartering, billeting; quarters; (her.) quartering
acuartelar *va* to quarter, to billet; to divide (*land*) into lots; (naut.) to bear (*sail*) to windward; (her.) to quarter (*a shield*); *vr* to quarter, take up quarters; to withdraw, retire
acuarteronado -da *adj & mf* mulatto, quadroon
acuartillar *vn* to bend in the quarters under a heavy load or through weakness
acuático -ca or **acuátil** *adj* aquatic
acuatinta *f* aquatint
acuatintista *mf* aquatinter
acuatizaje *m* (aer.) alighting on water
acuatizar §76 *vn* (aer.) to alight on water
acubilar *va* to round up (*cattle*) for the night
acucia *f* zeal, diligence, haste; keen desire; sharpness (*of pain*)
acuciadamente *adv* zealously, hastily; keenly, eagerly
acuciador -dora *adj* keen, excruciating
acuciamiento *m* goading, prodding, hastening
acuciante *adj* keen, burning (*desire*); acute (*problem*)
acuciar *va* to goad, to prod, to hasten; to harass; to desire keenly; *vr* to hasten
acucioso -sa *adj* zealous, hasty; keen, eager
acuclillar *vr* to squat, to crouch down
acucharado -da *adj* spoon-shaped
acuchilladizo *m* gladiator; fencer
acuchillado -da *adj* knife-shaped, knife-like; full of stabs; cautious through bitter experience; slashed (*said of a garment*)
acuchillador -dora *mf* stabber, fighter, bully
acuchillar *va* to stab; to stab to death; to slash (*a garment*); to smooth down (*a piece of wood*); to cleave (*the air*); *vr* to fight with knives or swords
acudimiento *m* aid, succor; approach

acudir *vn* to come up, to respond; to come to the rescue; to hang around; to apply, to resort; to produce, to yield; **acudir a** + *inf* to come to + *inf*
acueducto *m* aqueduct; (anat.) aqueduct
ácueo -a *adj* aqueous
acuerdado -da *adj* aligned with a cord or rope
acuerdo *m* accord; agreement; memory, remembrance; **de acuerdo** in accord; **de acuerdo con** in accord with; **de común acuerdo** with one accord; **estar en su acuerdo** to be in one's right mind; **estar, quedar,** or **ponerse de acuerdo** to be in agreement; **llegar a un acuerdo con** to come to an understanding with; **volver en su acuerdo** to come to; to change one's mind
acuernar *va* (taur.) to look at or butt toward one side, to have the habit or defect of attacking on only one side
acuerpar *va* (Am.) to back up, defend
acuidad *f* acuity; visual acuity
acuitadamente *adv* with grief, sorrowfully, grievously
acuitar *va* to afflict, to grieve; *vr* to grieve, to be grieved
acular *va* to back up; (coll.) to force into a corner; *vr* (naut.) to back up on a shoal
acullá *adv* yonder, over there
acumen *m* acumen, keenness
acuminado -da *adj* acuminate; (bot. & zool.) acuminate
acumulación *f* accumulation
acumulador -dora *adj* accumulating; *mf* accumulator; *m* (elec.) storage battery; **acumulador de ferro-níquel** (elec.) iron-nickel alkaline cell; **acumulador de plomo-ácido** (elec.) lead acid cell; **acumulador flotante** (elec.) floating battery; **acumulador hierro-níquel** (elec.) iron-nickel alkaline cell; **acumulador níquel-cadmio** (elec.) nickel-cadmium battery
acumular *va* to accumulate, to gather; to store up; to charge with; *vn* to accumulate; *vr* to accumulate, to gather
acumulativo -va *adj* cumulative
acúmulo *m* accumulation; (bact.) clump
acunar *va* to rock in a cradle, to cradle; (fig.) to cradle (*to nurture during infancy*)
acuñación *f* coining, minting; wedging
acuñador *m* coiner, minter; wedge; tamper; (print.) shooting stick
acuñar *va* to coin, to mint; to wedge; to key, to lock; to tamp (*ties*); (print.) to quoin
acuosidad *f* wateriness, aqueousness
acuoso -sa *adj* watery, aqueous; juicy
acupuntura *f* (surg.) acupuncture
acurrucar §86 *va* to wrap up; *vr* to huddle; to squat
acusable *adj* accusable
acusación *f* accusation
acusado -da *adj* accused; marked; *mf* accused
acusador -dora *adj* accusing; *mf* accuser
acusar *va* to accuse; to show; to acknowledge (*receipt*); to announce (*winning cards*); **acusar de** + *inf* to accuse of + *ger; vr* to confess; **acusarse de** to confess (*a crime*); to confess being; **acusarse de haber** + *pp* to confess having + *pp*
acusativo -va *adj* accusative, accusing; (gram.) accusative; *m* (gram.) accusative
acusatorio -ria *adj* accusatory
acuse *m* acknowledgment (*of receipt*); announcement (*of winning cards*); winning card; **acuse de recibo** acknowledgment of receipt
acusete *m* talebearer, informer
acusón -sona *adj* (coll.) talebearing; *mf* (coll.) tattler, talebearer
acústico -ca *adj* acoustic; *m* hearing aid; *f* (phys.) acoustics; **acústica arquitectural** acoustics (*acoustic properties of a room or building*)
acusticón *m* acousticon
acusuco *m* (Am.) wild desire, great anxiety
acutángulo -la *adj* acute-angled
acutí *m* (*pl:* **-tíes**) (zool.) agouti
achacar §86 *va* to impute, to attribute
achacoso -sa *adj* sickly, ailing; indisposed
achaflanar *va* to chamfer, to bevel
achagrinado -da *adj* shagreen, shagreened
achampañado -da *adj* sparkling, effervescent, like champagne
achantar *vr* (coll.) to hide away from danger; (coll.) to comply, to submit
achaparrado -da *adj* stubby; chubby; runty
achaparrar *vr* to grow stunted
achaque *m* sickliness, unhealthiness; indisposition; weakness, fault; (coll.) monthlies; (coll.) pregnancy; excuse, pretext; matter, subject; (law) fine
achaquiento -ta *adj* var. of **achacoso**
acharolar *va* var. of **charolar**
achatamiento *m* flattening
achatar *va* to flatten; *vr* to get flat
achicado -da *adj* childish, childlike; abashed; disconcerted, confused
achicador *m* scoop (*for bailing water*); bailer
achicadura *f* or **achicamiento** *m* reduction in size; bailing
achicar §86 *va* to make smaller; to humble, to intimidate; to drain, to bail out; to make childish; (Am.) to kill
achicoria *f* (bot.) chicory
achicharradero *m* inferno (*any hot place*)
achicharrar *va* to scorch; to bother, to bedevil; *vr* to get scorched
achichinque *m* (min.) scooper, bailer (*workman*)
achilenado -da *adj* (Am.) like a Chilean; (Am.) pro-Chilean
achinado -da *adj* Chinese-looking; (Am.) half-breed; (Am.) degraded; (Am.) copper-colored; (Am.) Indian-looking (*in color or features*)
achinar *va* (coll.) to intimidate, scare
achinelado -da *adj* slipper-shaped
achiotal *m* plantation of annatto trees
achiote *m* (bot.) annatto tree
achique *m* bailing, scooping, draining
achispado -da *adj* tipsy
achispar *va* to make tipsy; *vr* to get tipsy
-acho -cha *suffix aug & pej* e.g., **hombracho** husky big fellow; **populacho** mob, rabble; **terminacho** vulgar term
achocadura *f* hurling or dashing against a wall; hitting, striking, stoning
achocar §86 *va* to hurl or dash against a wall; to hit, to strike, to stone; (coll.) to hoard
achocolatado -da *adj* chocolate, chocolate-colored
achochar *vr* (coll.) to begin to dote, to go into one's dotage
acholado -da *adj* (Am.) part white, part Indian; (Am.) abashed, cowed
acholar *vr* (Am.) to be abashed, to be ashamed
achote *m* var. of **achiote**
achubascar §86 *vr* to get cloudy and threatening (*said of the sky*)
achucutar or **achucuyar** *vr* (Am.) to become discouraged; (Am.) to wither, to spoil
achuchar *va* to incite, urge on; (coll.) to crumple, crush; to push around, jostle
achuchón *m* (coll.) crumpling, crushing; jostling
achulado -da *adj* (coll.) rough, tough
achulapar or **achular** *vr* to get rough and ill-mannered
achunchar *va* (Am.) to embarrass, to foil; (Am.) to cast the evil eye on
achuñuscar §86 *va* to crumple, to crush
achura *f* (Am.) guts (*of an animal*)
Ada *f* Ada
adafina *f* Jewish stew
adagio *m* adage; (mus.) adagio
adala *f* (naut.) pump dale
adalid *m* chief, commander; guide, leader; champion (*of a cause, a movement, etc.*)
adamado -da *adj* womanish, soft; chic, stylish; gaudy (*said of a woman*)
adamantino -na *adj* adamantine
adamar *vr* to become thin, to become effeminate, to look like a woman
adamas *m* adamant, diamond
adamascado -da *adj* damask; damascene
adamascar §86 *va* to damask (*to weave like damask*); to damascene
adámico -ca *adj* Adamic; left by the tide (*said of sand and other sediment*)
Adán *m* Adam; (*l.c.*) *m* (coll.) dirty, ragged fellow; (coll.) lazy, careless fellow

adaptabilidad *f* adaptability
adaptable *adj* adaptable
adaptación *f* adaptation
adaptador *m* adapter
adaptante *adj* adapting, adaptive
adaptar *va* to adapt, to fit
adaraja *f* (mas.) toothing
adarce *m* dried salt froth, incrustation of salt spray
adarga *f* oval or heart-shaped leather shield
adargar §59 *va* to shield, protect
adarme *m* sixteenth part of ounce (*179 centigrams*); bit, driblet
adarvar *va* to stun, to bewilder; *vr* to be stunned, to be overwhelmed
adarve *m* (fort.) walk behind parapet on top of wall
adatar *va* to enter in a ledger; to credit
adaza *f* (bot.) sorghum
A. de C. abr. of **año de Cristo**
adecenamiento *m* grouping or dividing in tens
adecenar *va* to group or divide in tens
adecentar *va* to make decent or proper; to tidy up, to clean up; *vr* (coll.) to put on a clean shirt, to dress up
adecuación *f* fitting, adaptation
adecuado -da *adj* fitting, suitable
adecuar *va* to fit, adapt
adefagía *f* voracity
adéfago -ga *adj* voracious
adefesio *m* (coll.) nonsense, absurdity; (coll.) outlandish outfit; (coll.) ridiculous fellow, queer-looking guy; **decir** or **hablar adefesios** to talk nonsense
adefina *f* var. of **adafina**
adehala *f* gratuity, extra, perquisite
adehesamiento *m* converting into pasture
adehesar *va* to convert into pasture
Adelaida *f* Adelaide
adelantadamente *adv* beforehand, in advance
adelantado -da *adj* precocious; bold, rash; fast (*said of a watch or clock*); **por adelantado** in advance; *m* (archaic) governor of a province
adelantamiento *m* anticipation; advancement, progress, improvement, promotion
adelantar *va* to move forward, to move ahead; to get ahead of, to outstrip; to hasten (*e.g., one's step*); to advance, promote; to make (*e.g., payment*) in advance; to improve; *vn* to advance, get along, improve; to be fast (*said of a watch or clock*); *vr* to move forward, to move ahead; to gain, be fast (*said of a watch or clock*); **adelantarse a** or **de** to get ahead of, to outstrip
adelante *adv* ahead; forward; in the opposite direction, e.g., **un hombre que viene por el camino adelante** a man coming in the opposite direction; **de aquí en adelante** from now on, henceforth; **en adelante** in the future; **hacia adelante** forward; **más adelante** farther on; later; *interj* ahead!, go ahead!; come in!
adelanto *m* advance, progress; advancement; payment in advance
adelfa *f* (bot.) oleander, rosebay
adelfal *m* field of oleanders
adelfilla *f* (bot.) spurge laurel; **adelfilla pelosa** (bot.) willow herb (*Epilobium hirsutum*)
adelgazamiento *m* thinness, slenderness; hair-splitting
adelgazar §76 *va* to make thin or slender; to taper; to purify, refine; to split hairs regarding; **adelgazar el entendimiento** to sharpen one's wits; **adelgazar la voz** to raise the pitch of one's voice; *vn* to get thin or slender; *vr* to get thin or slender; to taper; to split hairs
Adelina *f* Adeline
adema *f* var. of **ademe**
ademador *m* (min.) shorer
ademán *m* attitude; gesture; (paint. & sculp.) attitude; **ademanes** *mpl* manners; **en ademán de** + *inf* showing an intention to + *inf*, getting ready to + *inf*; **hacer ademán de** + *inf* to make a move to + *inf*
ademar *va* (min.) to shore, to shore up
además *adv* moreover, besides; **además de** in addition to, besides
ademe *m* (min.) shore, strut, prop; shoring
Adén *m* Aden
adenia *f* (path.) adenia
adenitis *f* (path.) adenitis
adenoidectomía *f* adenoidectomy
adenoideo -a *adj* adenoid, adenoidal
adenoma *m* (path.) adenoma
adensar *vr* to become thick or thicker
adentellar *va* to sink one's teeth into; to criticize bitingly; (mas.) to leave toothing in (*e.g., a wall*)
adentrar *vn & vr* to go in, to go into; **adentrarse en el mar** to go further out to sea
adentro *adv* inside, within; **mar adentro** out at sea; **ser muy de adentro** to be like a member of the family; **tierra adentro** inland; **adentros** *mpl* very inmost being, very inmost thoughts; **en** or **para sus adentros** to oneself, to himself, etc.
adepto -ta *adj* adept; *mf* follower; adept (*in alchemy, magic, etc.*)
aderezamiento *m* dressing; adornment, embellishment
aderezar §76 *va* to dress, to prepare, to embellish; to cook, to season; to repair; to mix (*drinks*); to lead, show the way to; *vr* to dress, to get ready
aderezo *m* dressing; seasoning, condiment; adornment, finery; equipment; set of jewels
aderra *f* rope made of esparto; trappings; trimmings; stiffening
adestrado -da *adj* (her.) dexterwise
adestrador -dora *adj & mf* var. of **adiestrador**
adestrar §18 *va & vr* var. of **adiestrar**
adeudado -da *adj* indebted, in debt
adeudar *va* to owe; to be liable or subject to (*duties, taxes, etc.*); to charge, to debit; *vn* to become related by marriage; *vr* to run into debt, to become indebted
adeudo *m* debt, indebtedness; custom duty; charge, debit
adherencia *f* adhesion (*sticking fast*); bond, relationship; (path. & phys.) adhesion; **tener adherencias** to have connections
adherente *adj* adherent; *m* adherent; requisite; accessory; dressing
adherir §62 *vn & vr* to adhere, to stick; **adherir a** or **adherirse a** to be attached to; to espouse, to embrace
adhesión *f* adherence or adhesion (*steady attachment*); (phys.) adhesion
adhesividad *f* adhesiveness; addiction; sociability
adhesivo -va *adj & m* adhesive
adiabático -ca *adj* adiabatic
adiafa *f* (archaic) treat or gift to sailors at the end of a voyage
adiaforesis *f* (path.) adiaphoresis
adiamantado -da *adj* diamondlike
adición *f* addition; marginal note (*on bill or account*); (Am.) check (*in hotel or restaurant*); **adición de la herencia** (law) acceptance of an inheritance
adicional *adj* additional
adicionar *va* to add; to add to
adicto -ta *adj* devoted; belonging, supporting; adjunct; *mf* devotee; supporter, partisan
adiestrable *adj* trainable; docile
adiestrador -dora *adj* training; teaching; *mf* trainer; teacher; guide
adiestramiento *m* training; teaching; leading
adiestrar *va* to train; to teach; to lead, direct, guide; *vr* to train, to practice; **adiestrarse a** + *inf* to train oneself to + *inf*, to practice + *ger*
adietar *va* to put on a diet
adifés *adv* (Am.) on purpose
adinamia *f* (path.) adynamia
adinámico -ca *adj* adynamic
adinerado -da *adj* moneyed, wealthy
adinerar *va* (prov.) to turn into cash; *vr* (coll.) to get rich
adintelado -da *adj* straight, flat (*said of an arch or vault*)
adiós *m* (*pl:* **adioses**) adieu, good-by; *interj* adieu!, good-by!; hello!
adiosito *interj* bye-bye!
adipocira *f* adipocere
adiposidad *f* adiposity
adiposis *f* (path.) adiposis
adiposo -sa *adj* adipose

adipsia *f* (path.) adipsia
adir *va* (law) to accept (*an inheritance*)
aditamento *m* addition; attachment, accessory
aditivo -va *adj & m* additive
adiva *f* (zool.) jackal; **adivas** *fpl* (vet.) vives
adive *m* (zool.) jackal
adivina *f* see **adivino**
adivinable *adj* guessable
adivinación *f* prophecy; guessing, divination; solving; **adivinación del pensamiento** mind reading
adivinador -dora *adj* divinatory; *mf* prophesier; guesser, diviner; good guesser; **adivinador del pensamiento** mind reader
adivinaja *f* (coll.) riddle, puzzle
adivinamiento *m* var. of **adivinación**
adivinanza *f* riddle; divination, guess
adivinar *va* to prophesy; to guess, to divine; to solve (*a riddle or puzzle*); to read (*someone's mind or thoughts*); *vn* to divine
adivinatorio -ria *adj* divining, divinatory
adivino -na *mf* fortuneteller, soothsayer, prophet; guesser; *m* (ent.) praying mantis; *f* (prov.) riddle, puzzle
adjetivación *f* modification; adjective use
adjetivadamente *adv* adjectively
adjetival *adj* adjectival
adjetivar *va* to modify (*a noun*); to apply an epithet to; to use as an adjective; *vr* to become an adjective
adjetivo -va *adj* adjective, adjectival; *m* adjective; **adjetivo gentilicio** adjective of nationality
adjudicación *f* adjudging, awarding
adjudicador -dora *adj* adjudging; *mf* adjudger
adjudicar §86 *va* to adjudge (*to award*); *vr* to appropriate
adjudicatario -ria *mf* awardee, grantee
adjuntar *va* to join, connect; to add; to enclose (*in a letter*)
adjunto -ta *adj* adjunct; added, attached; enclosed (*in a letter*); *mf* adjunct, associate; *m* (gram.) adjunct
adjuración *f* (archaic) conjuration (*invoking by a sacred name*)
adlátere *m* var. of **a látere**
Admeto *m* (myth.) Admetus
adminicular *va* (law) to strengthen, reinforce
adminículo *m* adminicle, aid, auxiliary; accessory, gadget; meddler; (law) adminicle (*corroborative proof*); **adminículos** *mpl* emergency equipment
administración *f* administration
administrador -dora *adj* administrating; *mf* administrator; **administrador de aduanas** collector of customs; **administrador de correos** postmaster; **administrador judicial** administrator (*of an estate*); **administradora judicial** administratrix (*of an estate*)
administrar *va* to administer
administrativo -va *adj* administrative
admirabilísimo -ma *adj super* very or most admirable
admirable *adj* admirable
admiración *f* admiration; wonder; exclamation point
admirador -dora *adj* admiring; (coll.) beauty-loving; *mf* admirer; (coll.) beauty-lover, devotee of the fair sex
admirando -da *adj* admirable
admirar *va* to admire; to surprise; *vr* to admire, to wonder; **admirarse de** to wonder at
admirativo -va *adj* admiring; admirable
admisibilidad *f* admissibility
admisible *adj* admissible; allowable
admisión *f* admission; (mach.) intake
admitancia *f* (elec.) admittance
admitir *va* to admit; to allow, to allow for; to accept, recognize; **admitir** + *inf* to agree to + *inf*
admonición *f* admonition
adm.or abr. of **administrador**
adnato -ta *adj* (bot. & zool.) adnate; *f* (anat.) conjunctiva
-ado -da *suffix adj* -ate, e.g., **separado** separate; **apasionado** passionate; -ed, e.g., **bienaventurado** blessed; -y, e.g., **ondulado** wavy; -shaped, e.g., **acorazonado** heart-shaped; -colored, e.g., **naranjado** orange-colored; (bot. & zool.) -ate, e.g., **cordado** chordate; **espatulado** spatulate; *suffix m* -acy, e.g., **papado** papacy; -ate, e.g., **prelado** prelate; **senado** senate; -ful, e.g., **brazado** armful; **puñado** handful; -ing, e.g., **pisonado** tamping; **planchado** ironing; *suffix f* -ad, e.g., **tríada** triad; **Ilíada** Iliad; -ade, e.g., **brigada** brigade; **limonada** lemonade; **mascarada** masquerade; -ful, e.g., **cucharada** spoonful; **palada** shovelful; blow, stroke, stab, e.g., **martillada** blow or stroke with a hammer; **plumada** stroke of pen; **puñalada** stab with a dagger; pack, drove, e.g., **perrada** pack of dogs; **vacada** drove of cattle
adobado *m* pickled meat
adobador -dora *mf* repairer, dresser; pickler; tanner
adobajes *mpl* pickled meat in barrels
adobar *va* to repair, restore; to prepare, to dress; to trim (*a lamp*); to cook, stew; to pickle (*meat, fish*); to tan (*hides*); to fertilize; to hammer and fit (*a horseshoe*)
adobasillas *m* (*pl:* **-llas**) chair mender
adobe *m* adobe
adobeño -ña *adj* adobe-like; (pertaining to the) adobe
adobera *f* adobe mould; adobe factory; (Am.) adobe-shaped cheese; (Am.) mould for adobe-shaped cheese
adobería *f* adobe factory; tannery
adobino -na *adj* (pertaining to the) adobe
adobo *m* repairing; dressing; trimming; cooking; pickling, pickle, pickled meat or fish; tanning, tanning mixture
adocenado -da *adj* commonplace, ordinary
adocenar *va* to arrange or divide in dozens; to confuse with the rabble, to put in a lower class
adoctrinamiento *m* indoctrination, teaching, instruction
adoctrinar *va* to indoctrinate, to teach, to instruct
adolecer §34 *vn* to fall sick, become ill; **adolecer de** to suffer from; (fig.) to suffer from; *vr* to sympathize, be sorry
adolescencia *f* adolescence
adolescente *adj & mf* adolescent
Adolfo *m* Adolph
adolorado -da or **adolorido -da** *adj* sore, aching; grieving, sorrowful
adomiciliar *va & vr.* var. of **domiciliar**
adonde *conj* where, whither
adónde *adv* where?, whither?; where, whither, e.g., **dígame Vd. adónde va** tell me where you are going
adondequiera *adv* anywhere; **adondequiera que** wherever, whithersoever
adónico -ca *adj & m* Adonic
adonis *m* (*pl:* **-nis**) Adonis (*handsome young man*); (*cap.*) *s* (myth.) Adonis
adonizar §76 *vn & vr* to be a dandy, to be dandified; to be puffed up, be conceited
adopción *f* adoption
adopcionismo *m* adoptionism
adopcionista *adj & m* adoptionist
adoptable *adj* adoptable
adoptador -dora or **adoptante** *adj* adopting; *mf* adopter
adoptar *va* to adopt
adoptivo -va *adj* adoptive; strange, artificial, sham
adoquín *m* paving stone, paving block; dolt
adoquinado *m* cobblestone paving
adoquinar *va* to pave, to pave with cobblestones
-ador -dora *suffix adj* -ing, e.g., **acusador** accusing; **trabajador** working, hard-working; *suffix mf* -er, e.g., **acusador** accuser; **trabajador** worker; *suffix m* -er, e.g., **mostrador** counter; *suffix f* -er, e.g., **apisonadora** road roller
ador *m* turn to irrigate
adorable *adj* adorable
adoración *f* adoration, worship; **Adoración de los Reyes** (eccl.) Epiphany
adorador -dora *adj* adoring, worshiping; *mf* adorer, worshiper; **adorador del fuego** fire worshiper; *m* suitor
adorar *va & vn* to adore, to worship

adormecedor -dora *adj* soporific, sleep-producing
adormecer §34 *va* to put to sleep; to calm, lull, ease; to quiet; *vr* to go to sleep, to fall asleep; to get numb; **adormecerse en** to persist in (*vices, pleasures, etc.*)
adormecido -da *adj* sleepy, drowsy; numb; calm, inactive
adormecimiento *m* falling asleep; sleepiness; numbness
adormidera *f* (bot.) opium poppy; **adormidera espinosa** (bot.) prickly poppy
adormilar *vr* to doze
adormir §45 *va* to put to sleep; *vr* to go to sleep
adormitar *vr* to doze
adornado -da *adj* adorned, ornate; gifted, endowed; *m* adornment
adornar *va* to adorn; to embroider (*a story*)
adornista *mf* decorator
adorno *m* adornment, decoration; **adornos** *mpl* finery; **de adorno** ornamental (*e.g., plants*); **adorno de escaparate** window dressing; (fig.) window dressing
adosado -da *adj* (her.) addorsed
adosar *va* to lean; to push close; **adosar a** to lean (*something*) against; to push close to; to place with the back against
adquirente *mf* acquirer, purchaser
adquiridor -dora *mf* acquirer
adquirir §56 *va* to acquire
adquisición *f* acquisition, acquirement
adquisidor -dora *mf* acquirer
adquisitivo -va *adj* (law) acquisitive
adquisividad *f* acquisitiveness
adra *f* turn; section of people of a town
adraganto *m* (bot.) tragacanth
adral *m* sideboard (*of a wagon*)
adrede or **adredemente** *adv* on purpose, purposely
adrenalina *f* (physiol. & pharm.) adrenalin
adresógrafo *m* addressograph
adrián *m* bunion; nest of magpies
Adriano *m* Adrian; Hadrian
Adriático -ca *adj* & *m* Adriatic
adrizar §76 *va* (naut.) to right, to straighten
adscribir §17, 9 *va* to attribute; to assign, appoint
adscripción *f* attribution; assignment, appointment
adscripto -ta or **adscrito -ta** *pp of* **adscribir**
adsorbente *adj* adsorptive
adsorber *va* to adsorb
adsorción *f* adsorption
aduana *f* customhouse; **aduana seca** inland customhouse
aduanar *va* to enter (*goods*) at the customhouse; to pay duty on
aduanero -ra *adj* (pertaining to the) customhouse; *m* customhouse officer
aduanilla *f* (prov.) general store
aduar *m* Arab settlement; gipsy camp; (Am.) Indian camp or ranch
adúcar *m* floss, coarse silk; coarse silk cloth
aducción *f* adduction; (physiol.) adduction
aducir §38 *va* to adduce; (physiol.) to adduct
aductor *adj* (physiol.) adducent; *m* (physiol.) adductor
aduendado -da *adj* fairylike
adueñar *vr* to take possession
adufa *f* lock, sluice
adufe *m* tambourine; (coll.) rattle-brained person
aduja *f* (naut.) turn, coil, fake
adujada *f* (naut.) coil (*of rope or cable*)
adujar *va* (naut.) to coil (*a rope or cable*); *vr* (naut.) to curl up (*e.g., to sleep*)
aduje *1st sg pret ind of* **aducir**
adula *f* common pasture
adulación *f* adulation
adulador -dora *adj* adulating, fawning; *m* adulator; *f* adulatress
adular *va* to adulate, to flatter, to fawn on
adularia *f* (mineral.) adularia
adulatorio -ria *adj* adulatory
adulón -lona *adj* (coll.) fawning, groveling; *mf* (coll.) bootlicker
adúltera *f* see **adúltero**
adulteración *f* adulteration
adulterante *adj* & *m* adulterant
adulterar *va* to adulterate; to wangle (*an account*); *vn* to adulterize, to commit adultery; *vr* to become adulterated
adulterino -na *adj* adulterine, adulterous; bastard; false, fake
adulterio *m* adultery
adúltero -ra *adj* adulterous; *m* adulterer; *f* adulteress
adultez *f* (Am.) adulthood
adulto -ta *adj* & *mf* adult
adulzar §76 *va* to sweeten; to make more ductile, to soften (*metals*)
adumbración *f* (paint.) shadow
adumbrar *va* to shade; to conceal
adunación *f* or **adunamiento** *m* uniting, gathering
adunar *va* & *vr* to unite, join, gather
adunco -ca *adj* arched, curved
adunia *adv* in abundance
adustez *f* grimness, sternness, sullenness, gloominess
adustión *f* (surg.) cauterization
adusto -ta *adj* scorching hot; grim, stern, sullen, gloomy
aduzco *1st sg pres ind of* **aducir**
advendré *1st sg fut ind of* **advenir**
advenedizo -za *adj* foreign; strange; immigrant; parvenu, upstart; (Am.) inexperienced; *mf* foreigner; stranger, newcomer, outsider; immigrant; parvenu, upstart; nouveau riche; (Am.) novice, beginner
advengo *1st sg pres ind of* **advenir**
advenidero -ra *adj* coming, future
advenimiento *m* advent, coming; accession (*of a pontiff or sovereign*); **esperar el santo advenimiento** (coll.) to wait in vain; **segundo advenimiento** Second Advent
advenir §92 *vn* to come, to arrive; to happen
adventicio -cia *adj* adventitious; (anat., biol. & med.) adventitious; *f* (anat.) adventitia
adventismo *m* Adventism
adventista *mf* Adventist
adverado -da *adj* certified
adverbial *adj* adverbial
adverbializar §76 *va* to adverbialize
adverbio *m* adverb
adversario -ria *mf* adversary; **adversarios** *mpl* adversaria (*notes*)
adversativo -va *adj* & *f* (gram.) adversative
adversidad *f* adversity (*misfortune*)
adverso -sa *adj* adverse
advertencia *f* observation; notice, remark; warning; foreword
advertidamente *adv* deliberately, on purpose; with open eyes
advertido -da *adj* capable, clever, wide-awake
advertir §62 *va* to notice, observe; to point out; to notify, warn, advise; *vn* **advertir en** to notice, observe; to take into account; *vr* to notice, become aware
Adviento *m* (eccl.) Advent
advine *1st sg pret ind of* **advenir**
advocación *f* name given to a church, chapel, or altar in dedication to the Virgin or a saint
adyacencia *f* adjacency
adyacente *adj* adjacent
adyuvante *adj* & *m* adjuvant
aechadero *m* sifting floor
aechador -dora *adj* sifting; *mf* sifter
aechaduras *fpl* siftings, chaff
aechar *va* to sift (*grain*)
aecho *m* sifting (*of grain*)
Aelfrico *m* Aelfric
aeración *f* aeration; ventilation; air conditioning
aerear *va* to aerate
aéreo -a *adj* aerial, (pertaining to) air; overhead, elevated; light, airy, fanciful; (poet.) tall, lofty
aerífero -ra *adj* aeriferous
aerificación *f* aerification
aerificar §86 *va* to aerify
aeriforme *adj* aeriform
aéro-atómico -ca *adj* air-atomic
aeróbico -ca *adj* (bact.) aerobic
aerobio *m* (bact.) aerobe
aerobús *m* passenger plane

aerodinámico -ca *adj* aerodynamic; streamlined; *f* aerodynamics
aeródromo *m* aerodrome, airdrome; **aeródromo de urgencia** (aer.) emergency landing field
aeroembolismo *m* (path.) aeroembolism
aeroescala *f* var. of **aeroscala**
aerofagia or **aerofagía** *f* (path.) aerophagia, air swallowing
aerofaro *m* aerial beacon
aerofluyente *adj* streamlined
aerofobia *f* (path.) aerophobia
aeroforme *adj* streamlined
aeróforo -ra *adj* aeriferous; *m* (med. & min.) aerophore
aerofoto *f* aerophotograph
aerofotografía *f* aerophotography (*art or process*); aerophotograph (*picture*)
aerofotografiar §90 *va* to photograph from the air
aerofumigación *f* crop dusting
aerógrafo *m* atomizer, air brush
aerograma *m* aerogram (*message carried by aircraft; radiogram*)
aerolínea *f* air line
aerolito *m* aerolite
aerología *f* aerology
aerólogo -ga *mf* aerologist
aeromancía *f* aeromancy
aeromántico -ca *adj* aeromantic; *mf* aeromancer
aeromapa *m* air map
aeromecánico -ca *adj* aeromechanical; *f* aeromechanics
aeromedicina *f* aviation medicine
aerómetro *m* aerometer
aeromodelismo *m* model-airplane building
aeromodelista *mf* model-airplane builder
aeromodelo *m* model airplane
aeromotor *m* windmill; aeromotor, aircraft motor
aeromoza *f* (aer.) air hostess, stewardess
aeronato -ta *adj* born in an aircraft in flight
aeronauta *mf* aeronaut
aeronáutico -ca *adj* aeronautic, aeronautical; *m* aeronautical engineer; *f* aeronautics
aeronave *f* airship; **aeronave cohete** rocket ship
aeropista *f* (aer.) landing strip
aeroplano *m* aeroplane
aeroplano-nodriza *m* (aer.) tanker plane
aeropostal *adj* air-mail
aeropropulsor *m* (aer.) airplane engine; **aeropropulsor por reacción** (aer.) jet engine
aeropuerto *m* airport
aeroscala *f* (aer.) fuel stop, transit point
aeroscopio *m* aeroscope
aerosol *m* (physical chem.) aerosol
aerostación *f* aerostation
aeróstata *mf* aerostat (*person*)
aerostático -ca *adj* aerostatic, aerostatical; *f* aerostatics
aeróstato *m* aerostat (*craft*)
aerostero -ra *adj* (pertaining to) aviation; *m* flyer; airman (*enlisted man*)
aeroterapia *f* aerotherapeutics, aerotherapy
aeroterrestre *adj* air-ground
aerotransportado -da *adj* airborne
aerovía *f* airway
afabilidad *f* affability
afabilísimo -ma *adj super* very or most affable
afable *adj* affable
afabulación *f* putting into the form of a fable; moral of a fable
afabular *va* to put into the form of a fable
áfaca *f* (bot.) lathyrus
afamado -da *adj* famed, noted, famous
afamar *va* to make famous; *vr* to become famous
afán *m* hard work; physical labor; anxiety, worry; zeal, eagerness; task, duty
afanadamente *adv* laboriously, zealously
afanador -dora *adj* hard-working, laborious; *mf* hard-worker, toiler
afanar *va* to press, harass, hurry; *vn* to strive, toil, labor; *vr* to busy oneself; to strive, toil, labor; **afanarse** + *ger* to busy oneself + *ger;* **afanarse en** or **por** + *inf* to strive to + *inf*
afaníptero -ra *adj* (zool.) aphanipterous
afanita *f* var. of **anfibolita**
afanoso -sa *adj* hard, heavy, laborious; hard-working
afarallonado -da *adj* craggy, cliffy
afarolar *vr* (Am.) to get all excited, to make a fuss
afasia *f* (path.) aphasia
afeamiento *m* making ugly, defacement; blame, condemnation
afear *va* to make ugly, to deform, deface; to blame, condemn
afeblecer §34 *vr* to grow thin, to grow feeble
afección *f* affection; change, effect; (med.) affection
afectabilidad *f* susceptibility
afectable *adj* susceptible
afectación *f* affectation
afectado -da *adj* affected
afectar *va* to affect (*to pretend to have or feel; to assume*); to desire eagerly; to earmark; to sadden, afflict; to mortgage, to encumber; *vr* to be moved or stirred
afectivo -va *adj* affective, emotional
afecto -ta *adj* fond; annexed, attached; inclined, subject; harmed; **afecto de** affected with (*a disease*); *m* emotion; affection; moral instinct; **afecto moral** or **afecto superior** sense of human dignity
afectuosidad *f* affection, fondness
afectuoso -sa *adj* affectionate
afeitada *f* (Am.) shave, shaving
afeitadera *f* safety razor
afeitado *m* shave, shaving
afeitanar *va* (mach.) to cut off, to shear off
afeitar *va* to shave; to adorn, embellish; to paint (*e.g., the face*); to trim (*horse's mane or tail; branches, leaves of plant*); (taur.) to shave (*the bull's horns*); *vr* to shave; to paint; to become bored
afeite *m* fixing, arranging, adornment; cosmetic, make-up; grease paint, rouge
afelio *m* (astr.) aphelion
afelpar *va* to make like velvet or plush
afeminación *f* effeminacy; effemination
afeminado -da *adj* effeminate
afeminamiento *m* effeminacy; effemination
afeminar *va & vr* to effeminate
aferente *adj* (physiol.) afferent
aféresis *f* (*pl:* **-sis**) (gram.) aphaeresis
aferrado -da *adj* stubborn, obstinate
aferramiento *m* seizing, grasping; (naut.) mooring, anchoring; (naut.) furling; insistence, persistence
aferrar *va* to seize, grasp; to catch; to hook; (naut.) to moor, anchor; (naut.) to furl; *vn* (naut.) to moor, anchor; to insist; **aferrar a, con** or **en** to stick to (*e.g., an opinion*); **aferrar de** or **en** to seize, grasp; *vr* to interlock, to hook together; to insist; to cling; **aferrarse a, con,** or **en** to stick to (*e.g., an opinion*)
aferruzado -da *adj* angry, irate
afestonado -da *adj* festooned
Afganistán, el Afghanistan
afgano -no *adj & mf* Afghan; *m* Afghan (*language*)
afianzable *adj* bailable
afianzamiento *m* guarantee, security, bail; support, prop; fastening; (fig.) backing, support
afianzar §76 *va* to guarantee, to vouch for; to fasten; to support, to prop up; to grasp; (fig.) to support, to back, to strengthen; *vr* to hold fast, to steady oneself
afición *f* fondness, liking, taste; zeal, ardor; fans, public; **de afición** as an amateur; (sport) amateur; **tomar afición a** to take a liking to; **afición ciega razón** love is blind
aficionado -da *adj* fond; amateur; *mf* amateur; lover, follower, fan
aficionar *va* to cause to like; *vr* **aficionarse a** to become fond of; to become a lover or follower of; **aficionarse a** + *inf* to become fond of + *ger*
afiche *m* (Am.) poster
afidávit *m* affidavit
afídidos or **áfidos** *mpl* (ent.) aphides
afiebrado -da *adj* feverish
afijación *f* (gram.) affixation

afijo *adj masc* (gram.) conjunctive (*pronoun*); *m* (gram.) affix
afiladera *f* grindstone
afilado -da *adj* sharp; pointed; peaked
afilador -dora *adj* sharpening; *m* sharpener, grinder (*person*); steel, knife sharpener; razor strop
afiladura *f* grinding, sharpening
afilalápices *m* (*pl:* **-ces**) pencil sharpener
afilamiento *m* peakedness (*of nose, fingers, face, etc.*)
afilar *va* to whet, grind, sharpen; to put a point or edge on; to strop (*a razor*); *vr* to sharpen, get sharp; to get thin or pointed (*said of nose, fingers, face, etc.*)
afiliación *f* affiliation
afiliar §90 & regular *va & vr* to affiliate; **afiliarse a** to affiliate oneself with, to affiliate with
afiligranado -da *adj* filigreed; fine, delicate; thin, slender
afiligranar *va* to filigree; to adorn, embellish
áfilo -la *adj* (bot.) aphyllose
afilón *m* steel, knife sharpener; razor strop
afilorar *va* (Am.) to adorn, bedeck
afilosofado -da *adj* like a philosopher, having the pretentions of a philosopher
afín *adj* near, bordering; like, similar; related; *mf* relative by marriage
afinación *f* refining, completion; (mus.) tuning
afinadamente *adv* completely, perfectly; smoothly, delicately
afinador *m* (mus.) tuner (*person*); (mus.) tuning hammer, tuning key
afinadura *f* var. of **afinación**
afinamiento *m* refining, completion; (mus.) tuning; refinement
afinar *va* to purify, refine, polish, perfect; to trim (*edges of a book*); (mus.) to tune; (mus.) to sing or play in tune
afincado -da *adj* owning real estate
afincamiento *m* settlement, location
afincar §86 *vn & vr* var. of **fincar**
afinidad *f* affinity; (biol. & chem.) affinity; **por afinidad** by marriage
afino *m* refinement (*of metals*)
afirmación *f* affirmation
afirmadamente *adv* firmly
afirmador -dora *adj* affirming; *mf* affirmer
afirmar *va* to strengthen, secure, fasten; to assert, to affirm; *vn* to affirm; *vr* to be fastened, to hold fast; to make oneself firm, to steady oneself
afirmativo -va *adj & f* affirmative
afistular *va* to make fistulous
aflato *m* wind, draft; (fig.) afflatus
aflautado -da *adj* high-pitched; fluty, flutelike
aflechado -da *adj* arrow-shaped; (bot.) sagittate
aflicción *f* affliction, sorrow, grief
aflictivo -va *adj* afflictive
aflicto -ta *adj* afflicted
afligidamente *adv* sorrowfully, with affliction
afligimiento *m* var. of **aflicción**
afligir §42 *va* to afflict, to grieve; *vr* to grieve; **afligirse de** + *inf* to be grieved at + *ger;* **afligirse con, de,** or **por** to be grieved at
afiijón -jona *adj* (Am.) gloomy, weepy
aflogístico -ca *adj* aphlogistic
aflojamiento *m* slackening, relaxing; loosening; diminution, abatement
aflojar *va* to slacken, to relax, to let go; to loosen (*e.g., a screw, the bowels*); *vn* to slacken, to relax, to slow up; to lessen, to abate; *vr* to come loose; to slacken; (Am.) to break wind
aflorado -da *adj* fine, elegant, excellent; (pertaining to) flour
afloramiento *m* (min.) outcrop, outcropping
aflorar *va* to sift; *vn* to crop out, crop up; (min.) to crop out, to outcrop
afluencia *f* flowing; inflow, influx; flow; rush (*of people*); affluence, abundance; crowd, jam; fluency, eloquence
afluente *adj* flowing; affluent, abundant; fluent, eloquent; *m* affluent, tributary
afluir §41 *vn* to flow, to inflow; to pour (*said of a crowd of people, of a river, etc.*)
aflujo *m* (med.) afflux
afmo. or **af.**[mo] abr. of **afectísimo**
afofar *va* to make fluffy, make spongy; *vr* to become fluffy, become spongy
afogarar *va & vr* to burn
afollar §77 *va* to blow (with bellows); to fold in the shape of bellows
afondar *va, vn & vr* to sink
afonía *f* (path.) aphonia
afónico -ca *adj* (path. & phonet.) aphonic
afonización *f* (phonet.) unvoicing
afonizar §76 *va & vr* to unvoice
áfono -na *adj* aphonous
aforado -da *adj* privileged; assessed
aforador *m* gauger; appraiser; stream gauge; (coll.) winebibber
aforamiento *m* gauging, measuring; appraisement
aforar *va* to gauge, to measure; to appraise; (hyd.) to gauge; (law) to grant by emphyteusis; **§77** *va* to privilege, to grant privileges to (*a town*)
aforestalación *f* afforestation
aforismo *m* aphorism
aforístico -ca *adj* aphoristic
aforo *m* gauging, measuring; appraisement; seating capacity
aforrar *va* to line; (naut.) to serve (*a cable*); *vr* to put on heavy underwear; (coll.) to gorge
aforro *m* lining; (naut.) serving
afortunado -da *adj* fortunate; happy; stormy, tempestuous; *mf* lucky person
afortunar *va* to make happy
afosar *vr* (mil.) to entrench, dig in
afoscar §86 *vr* to become misty or hazy
afrailar *va* to cut back, to trim (*trees, branches of trees*)
afrancesado -da *adj* Frenchified; *adj & mf* Francophile (*especially as applied to Spaniards in the eighteenth and nineteenth centuries*)
afrancesamiento *m* Francophilism; Gallicization
afrancesar *va* to Frenchify; to Gallicize; *vr* to Frenchify; to Gallicize; to become a Francophile
afrecho *m* bran
afrenillar *va* (naut.) to bridle (*the oars*)
afrenta *f* affront
afrentar *va* to affront; *vr* to be ashamed
afrentoso -sa *adj* insulting, ignominious
afretar *va* (naut.) to scrub and clean (*the hull*)
África *f* Africa; **el África del Norte** North Africa; **el África del Sudoeste** South-West Africa; **el África Ecuatorial Francesa** French Equatorial Africa; **el África Occidental Francesa** French West Africa; **el África Occidental Portuguesa** Portuguese West Africa; **el África Oriental Portuguesa** Portuguese East Africa
africado -da *adj* (phonet.) affricative; *f* (phonet.) affricate
africanista *mf* Africanist
africano -na *adj & mf* African
áfrico *m* var. of **ábrego**
afriza *f* (orn.) surfbird
afroamericano -na *adj & mf* Afro-American
afro-asiático -ca *adj* Afro-Asian
afrodisia *f* (path.) aphrodisia
afrodisíaco -ca *adj & m* aphrodisiac
Afrodita *f* (myth.) Aphrodite; (zool.) Aphrodite (*marine annelid*)
afronitro *m* wall saltpeter
afrontamiento *m* confrontation; meeting face to face
afrontar *va* to confront, to bring face to face; to face, to defy, to meet face to face; *vr* **afrontarse con** to confront, to meet face to face
afta *f* (path.) aphtha
af.[to] abr. of **afecto**
aftoso -sa *adj* aphthous; *f* (Am.) foot-and-mouth disease
afuera *adv* outside; *interj* look out!, gangway!; **afueras** *fpl* outskirts
afuetear *va* (Am.) to whip, to flog
afufa *f* (coll.) flight
afufar *vn & vr* (coll.) to flee, run away
afufón *m* (coll.) flight
afusión *f* (med.) affusion
afuste *m* (mil.) gun carriage

afutrar *vr* (Am.) to doll up
agachada *f* trick, wile; trickiness
agachadiza *f* (orn.) snipe; **hacer la agachadiza** (coll.) to duck (*to avoid being seen or as if to avoid being seen*)
agachar *va* (coll.) to bow, to lower (*e.g., the head*); *vr* (coll.) to crouch, squat; (coll.) to cower; (coll.) to fade out of sight
agalbanado -da *adj* var. of **galbanoso**
agalerar *va* (naut.) to tip (*an awning*)
agáloco *m* (bot.) agalloch, eaglewood
agalla *f* (bot.) nutgall; gill (*of fish*); ear lobe (*of bird*); windgall (*of horse*); **agallas** *fpl* beaks (*of shuttle*); tonsils; tonsilitis; (coll.) courage, energy, guts
agallado -da *adj* galled; *m* decoction of gallnuts
agallón *m* (bot.) large gallnut; hollow silver bead; large wooden bead
agalludo -da *adj* (Am.) stingy; (Am.) cunning; (Am.) daring, bold
Agamenón *m* (myth.) Agamemnon
agamí *m* (*pl:* **-míes**) (orn.) trumpeter
agamitar *vn* to bleat like a small deer
ágamo -ma *adj* (biol.) agamic
agamogénesis *f* (biol.) agamogenesis
agamuzado -da *adj* var. of **gamuzado**
agangrenar *vr* to gangrene
Aganipe *f* (myth.) Aganippe
ágape *m* banquet; love feast
agar-agar *m* agar, agar-agar
agarbado -da *adj* var. of **garboso**
agarbanzado -da *adj* like a chickpea; of the color of chickpeas
agarbanzar §76 *vn* to bud, sprout
agarbar *vr* to crouch, stoop, cower
agarbillar *va* to tie or bind in sheaves
agareno -na *adj & mf* Mohammedan
agárico *m* (bot.) agaric; **agárico blanco** (pharm.) agaric
agarrada *f* see **agarrado**
agarradero *m* handle; hold, grip; (coll.) shelter, protection; (naut.) anchorage
agarrado -da *adj* stingy, close-fisted; *f* (coll.) scrap, fight, brawl
agarrador -dora *adj* grasping, seizing; *m* flatiron holder; bailiff
agarrafar *va* (coll.) to grab, to clutch, to clinch
agarrar *va* to grasp, grab; to catch, take hold of; to filch; (coll.) to get, obtain; *vn* to take hold; to take root; to stick (*said of paint*); **agarrar de** to take hold of; **agarrar para** (Am.) to strike out for; *vr* to grasp each other, to grapple; to have a good hold, be on a sound footing; to worry; (coll.) to take hold of (*said of a disease*), e.g., **se le agarró la calentura** (coll.) the fever took hold of him; **agarrarse a** or **de** to seize, take a firm hold of
agarre *m* var. of **agarradero**
agarro *m* grasp, hold
agarrochador *m* goader
agarrochar *va* to goad, to prick with a spear
agarrón *m* (Am.) grab; (Am.) jerk; (Am.) hard throw; (Am.) row, fight, brawl
agarrotamiento *m* binding, jamming; stiffness
agarrotar *va* to bind with ropes; to squeeze hard, to pinch; to garrote; *vr* to get stiff, to get numb; to stick, get stuck; to bind, to jam
agasajador -dora *adj* kind, considerate, attentive
agasajar *va* to treat affectionately, to entertain royally, to shower with attentions, to lionize
agasajo *m* kindness, attention, show of affection; lionization; gift, favor; treat, refreshment; party (*in honor of someone*)
ágata *f* (mineral.) agate; (*cap.*) *s* Agatha; **ágata musgosa** (mineral.) moss agate
agavanza *f* dog rose (*fruit*)
agavanzo *m* (bot.) dog rose (*plant and fruit*)
agave *f* (bot.) agave
agavillador -dora *mf* binder (*of sheaves*); *f* binder (*machine*)
agavillar *va* to tie or bind in sheaves; *vr* to band together, to gang up
agazapar *va* (coll.) to seize, to grab; *vr* (coll.) to hide; (coll.) to crouch, to squat
agencia *f* agency; (Am.) pawnshop; **agencia de noticias** news agency
agenciar *va* to promote, to manage to bring about; *vr* to get along; to manage; to be put into effect
agencioso -sa *adj* active, diligent
agenda *f* notebook; agenda
agenesia *f* (physiol.) agennesis
agente *m* agent; policeman; (gram.) agent; **agente consular** consular agent; **agente de policía** policeman; detective; **agente provocador** agent provocateur; **agente reductor** (chem.) reducing agent; **agente secreto** secret agent; **agente viajero** agent, traveling salesman
Ageo *m* (Bib.) Haggai
agérato *m* (bot.) ageratum; (bot.) sweet maudlin
agermanar *vr* to join a gang of thieves; (Am.) to become Germanized, to imitate the Germans
agestado -da *adj* featured; **bien agestado** well-featured; **mal agestado** ill-featured
agestión *f* accumulation
ageusia *f* (path.) ageusia
agibílibus *m* (*pl:* **-bus**) (coll.) smartness, ability to look out for oneself; (coll.) smart fellow, fellow who knows how to look out for himself
agible *adj* feasible, workable
agigantado -da *adj* gigantic; notable, extraordinary
agigantar *va* to make huge, enormous, or immense; *vr* to become huge, enormous, or immense
ágil *adj* agile; light, flexible
agilidad *f* agility; lightness
agilitar or **agilizar** §76 *va* to make agile, to limber; to enable; *vr* to limber up
agio *m* agio; speculation; usury
agiotador *m* speculator; usurer
agiotaje *m* var. of **agio**
agiotar *vn* to speculate; to practice usury
agiotista *m* var. of **agiotador**
agitable *adj* agitable
agitación *f* agitation
agitado -da *adj* agitated, excited; blustering; rough (*sea*); exalted
agitador -dora *adj* agitating; *mf* agitator; *m* agitator, stirrer, shaker
agitanado -da *adj* gypsylike, gypsy
agitar *va* to agitate, to shake, to wave; to stir; to excite; *vn* to agitate (*to stir up discussion*); *vr* to be agitated; to shake, to wave; to get excited; to get rough (*said of the sea*)
Aglaya *f* (myth.) Aglaia
aglobar *va* to make into a ball, to heap together; to include
aglomeración *f* agglomeration; built-up area; density (*of building*); crowd
aglomerado -da *adj* agglomerate; (bot.) agglomerate; *m* briquet, coal briquet; (geol.) agglomerate
aglomerante *m* agglomerant, binder
aglomerar *va & vr* to agglomerate
aglutinación *f* agglutination
aglutinado -da *adj* agglutinate
aglutinante *adj* agglutinative; *m* sticking plaster; cementing material; (elec.) binder
aglutinar *va* to agglutinate; to stick together; to bind; *vr* to agglutinate; to cake
aglutinina *f* (biochem.) agglutinin
agnación *f* agnation
agnado -da *adj & mf* agnate
agnición *f* (rhet.) recognition
agnocasto *m* (bot.) agnus castus, chaste tree
agnosticismo *m* agnosticism
agnóstico -ca *adj & mf* agnostic
agnusdéi *m* Agnus Dei
agobiado -da *adj* weighed down; bent over
agobiador -dora or **agobiante** *adj* exhausting, oppressive
agobiar *va* to bow, to weigh down, to overburden; to exhaust, oppress; *vr* to bow, to be bowed; **agobiarse con, de,** or **por** to be weighed down or overburdened with
agobio *m* bowing; burden, exhaustion, oppression
agogía *f* water outlet, drainage canal
agolpamiento *m* thronging, crowding, rush
agolpar *vr* to throng, crowd together, flock
agonal *adj* agonistic; **agonales** *fpl* agones

agonía *f* agony (*anguish; death struggle*); yearning; end; **agonías** *m* (coll.) whiner, gloomy person
agónico -ca *adj* (pertaining to) death or dying; agonic
agonioso -sa *adj* (coll.) petulant, insistent
agonístico -ca *adj* agonistic; *f* agonistics
agonizante *adj* dying; *mf* dying person; *m* monk of the order of St. Camillus who assists the dying; prompter at university examinations
agonizar §76 *va* to assist or attend (*the dying*); (coll.) to harass, importune; *vn* to be in the throes of death; to be dying out (*said, e.g., of a fire*)
ágono -na *adj* (geom.) agonic
ágora *f* agora
agorador -dora *adj & mf* var. of **agorero**
agorafobia *f* (psychopath.) agoraphobia
agorar §19 *va* to predict, foretell, have a presentiment of; to prophesy
agorero -ra *adj* fortunetelling; ill-omened; superstitious; *mf* fortuneteller; foreteller of doom
agorgojar *vr* to be infested with grubs, mites, etc. (*said of grain*)
agostadero *m* summer pasture; summer-pasture time
agostamiento *m* burning, parching, withering
agostar *va* to burn up, parch, wither; to plow to get rid of August weeds; to kill untimely; *vn* to burn up, parch, wither; to graze on stubbles in the dry season; to spend August; *vr* to fade away (*said of hope, happiness, etc.*)
agosteño -ña *adj* (pertaining to) August
agostero -ra *adj* (pertaining to) August; *m* harvest helper; religious mendicant begging grain at harvest time
agostino -na *adj* (pertaining to) August
agostizo -za *adj* sickly, scrawny; (pertaining to) August; born in August
agosto *m* August; harvest, crop; harvest time; **hacer su agosto** (coll.) to make hay while the sun shines
agotable *adj* exhaustible
agotado -da *adj* exhausted; sold out; out-of-print
agotador -dora *adj* exhausting
agotamiento *m* exhaustion; draining; consumption
agotar *va* to wear out, exhaust, use up; to drain, drain off; to run through (*money*); *vr* to become exhausted, to be used up; to give out; to go out of print, to go out of stock, to be selling out
agovía *f* var. of **alborga**
agracejina *f* barberry (*fruit*)
agracejo *m* stunted little grape; (bot.) barberry; (prov.) fallen olive (*before ripening*)
agraceño -ña *adj* tart, sour
agracero -ra *adj* yielding unripe grapes; *f* cruet for green-grape juice
agraciado -da *adj* graceful, charming; pretty, nice; *mf* winner
agraciar *va* to grace, make graceful; to favor, honor, reward; to award; to pardon
agracillo *m* (bot.) barberry
agradabilidad *f* agreeableness
agradabilísimo -ma *adj super* very or most agreeable
agradable *adj* agreeable
agradar *va* to please, to be pleasing to; **agradar** + *inf* to please (*someone*) to + *inf*, to like to + *inf; vn* to be pleasing; *vr* to be pleased; **agradarse de** to be pleased at
agradecer §34 *va* to thank; to reward; to be thankful or grateful for; **agradecerle a uno (que)** + *subj* to thank someone to + *inf*, e.g., **le agradeceremos llene la adjunta tarjeta** we will thank you to fill out the enclosed card; **agradecerle a uno una cosa** to thank a person for something
agradecido -da *adj* thankful, grateful; rewarding
agradecimiento *m* thanks, thankfulness, gratefulness
agrado *m* affability; pleasure, liking; **ser del agrado de** to be to the liking of
agramadera *f* scutch, brake
agramador -dora *adj* hemp-braking, flax-braking; *m* scutcher (*person*); scutch (*instrument*)
agramaduras *fpl* hemp refuse
agramar *va* to scutch, to brake (*flax or hemp*)
agramilar *va* to trim (*bricks*); to paint to resemble bricks; to mark out, to mark with a marking gauge
agramiza *f* stalk of hemp; hemp refuse
agrandamiento *m* enlargement, aggrandizement
agrandar *va* to enlarge, aggrandize; *vr* to grow larger; to aggrandize oneself
agranelar *va* to grain, to pebble (*leather*)
agranitado -da *adj* granitelike, granite
agranujado -da *adj* grain-shaped, grainlike, grained; pimply; rascally
agranujar *va* to grain, give a granular finish to; *vr* to become grained; (coll.) to turn into a rascal, to get to be worthless
agrarianismo *m* agrarianism
agrariense *adj & mf* agrarian
agrario -ria *adj* agrarian
agravación *f* aggravation, exaggeration, worsening
agravador -dora *adj* aggravating, oppressing
agravamiento *m* var. of **agravación**
agravante *adj* aggravating
agravar *va* to weigh down, make heavier; to increase (*taxes*); to aggravate; to make worse; to exaggerate; to oppress; *vr* to become aggravated; to get worse
agravatorio -ria *adj* aggravating; (law) mandatory
agraviamiento *m* wrong, offensiveness
agraviante *adj* offending, offensive
agraviar *va* to wrong, to offend; *vr* to take offense; **agraviarse de** or **por** to be offended at
agravio *m* wrong, offense; burden, weight; **agravios de hecho** assault and battery
agravioso -sa *adj* offensive, insulting
agraz *m* (*pl:* **-graces**) sour grape, sour grapes; sour-grape juice; (bot.) red-berried mistletoe; (bot.) mountain currant; (coll.) bitterness, displeasure; **echar el agraz en el ojo a** to hurt, to injure the feelings of; **en agraz** prematurely
agrazada *f* verjuice, green-grape juice
agrazar §76 *va* to annoy, embitter; *vn* to taste sour, have a sour taste
agrazón *m* wild grape; wild-gooseberry bush; (coll.) displeasure, annoyance
agrecillo *m* (bot.) barberry
agredir §53 *va* to attack, assault; to insult
agregación *f* aggregation
agregado -da *mf* (Am.) tenant farmer; (Am.) household guest; *m* aggregate; concrete block; acting employee; attaché
agregar §59 *va* to add; to annex; to attach, to detail; to admit; to appoint; *vr* to join; to intrude
agremán *m* braid, ribbon
agremiación *f* unionization
agremiado *m* union man, unionist
agremiar *va* to unionize; *vr* to become unionized
agresión *f* aggression
agresividad *f* aggressiveness, self-assertion
agresivo -va *adj* aggressive; offensive
agresor -sora *adj* aggressive; *mf* aggressor
agreste *adj* rustic, country; wild, rough; uncouth
agrete *adj* sourish
agriar §90 & regular *va* to make sour; to exasperate, to aggravate; *vr* to sour, turn sour; to become exasperated
agriaz *m* (*pl:* **-griaces**) (bot.) China tree
agrícola *adj* agricultural; (pertaining to the) farm; *mf* agriculturalist
agricultor -tora *mf* agriculturalist, agriculturist; farmer
agricultura *f* agriculture
agridulce *adj* bittersweet
agriera *f* (Am.) heartburn
agrietamiento *m* cracking; crack
agrietar *va & vr* to crack
agrifolio *m* (bot.) holly
agrilla *f* var. of **acedera**
agrillar *vr* var. of **grillar**
agrimensor *m* surveyor

agrimensura *f* surveying
agrimonia *f* (bot.) agrimony
agringar §59 *vr* (Am.) to act like a gringo
agrio -gria *adj* sour, acrid; citrus (*fruit*); uneven, rough; brittle, unmalleable; (fig.) sour, mordant; *m* sour juice; sour gravy; **agrios** *mpl* citrus fruit; citrus fruit trees; citrus juices
agrión *m* (bot.) China tree; (vet.) callus on horse's knee
Agripa *m* Agrippa
agripalma *f* (bot.) motherwort
agrisado -da *adj* grayish
agrisetado -da *adj* flowered-silk
agro *m* land, countryside
agronometría *f* soil science
agronomía *f* agronomy
agronómico -ca *adj* agronomic
agrónomo *m* agronomist
agropecuario -ria *adj* farm, farming (*pertaining to cattle and crop raising*)
agróstide *f* (bot.) redtop
agrumar *va & vr* to clot, to curd
agrupación *f* grouping, group, cluster, crowd
agrupar *va & vr* to group, to cluster
agrura *f* sourness, acerbity; citrus fruit trees; **agruras** *fpl* citrus fruit
ag.to abr. of **agosto**
agua *f* water; tide; slope (*of a roof*); (naut.) leak; (naut.) sea route; **aguas** *fpl* waters, mineral springs; water, urine; water, sparkle (*of precious stones*); watered effect (*e.g., of silk*); **bailarle a uno el agua** to dance attendance on a person; **cubrir aguas** to have under roof; to have the roof put on; **cubrir aguas en** to put the roof on (*a new building*); **entre aguas** floating under water; **entre dos aguas** (coll.) undecided, without taking sides; **hacer agua** (naut.) to make water (*to leak*); **hacer aguas** to make water (*to urinate*); **hacerle a uno la boca agua** to make one's mouth water; **hacerse** or **volverse agua de cerrajas** (coll.) to fizzle out, to flop; **hacerse agua en la boca** to melt in one's mouth; **¡hombre al agua!** man overboard!; **pescar en agua turbia** (coll.) to fish in troubled waters; **tan claro como el agua** as clear as crystal; **agua abajo** downstream; **agua amoniacal** (chem.) ammonia water; **agua arriba** upstream; **agua bendita** holy water; **agua blanda** soft water; **agua corriente** running water; **agua de alhucema** lavender water; **agua de azahar** orange-flower water; **agua de cepas** (coll.) wine; **agua de cerrajas** (coll.) trash, trifle; **agua de Colonia** eau de Cologne; **agua de cristalización** (chem.) water of crystallization; **agua delgada** soft water; **agua de bebida** drinking water; **agua de espliego** lavender water; **agua de Javel** Javel water; **agua de nafa** orange-flower water; **agua de pantoque** (naut.) bilge water; **agua de pie** running water; **agua de rosas** rose water; **agua de seltz** seltzer water; **agua de socorro** emergency baptism; **agua de Vichy** Vichy water; **agua dulce** fresh water; **agua fuerte** aqua fortis; etching; **agua gaseosa** carbonated water; **agua helada** ice water; **agua herrada** water in which a red-hot iron has been cooled; **agua lluvia** rain water; **agua manantial** spring water; **agua mineral** mineral water; **agua mineromedicinal** mineral water (*for medicinal use*); **agua nieve** sleet; **agua oxigenada** hydrogen peroxide; **agua pesada** (chem.) heavy water; **agua regia** aqua regia; **aguas de albañal** sewage; **aguas de creciente** rising tide; **aguas de menguante** ebb tide; **aguas madres** mother liquid; **aguas mayores** equinoctial tide; feces; **aguas menores** ordinary tide; urine, urination; **aguas muertas** neap tide; **aguas negras** sewage; **aguas vivas** spring tide; **agua viento** driving rain, driving rain and snow; **agua viva** running water, spring
aguacatal *m* avocado orchard
aguacate *m* (bot.) avocado (*tree and fruit*); pear-shaped emerald
aguacero *m* shower, heavy shower
aguacibera *f* water to start growth in new-sown ground
aguacha *f* foul, stagnant water
aguachar *m* pool, puddle; *va* to flood; (Am.) to tame, domesticate; *vr* (Am.) to get fat (*said of horses*)
aguacharnar *va* to flood
aguachento -ta *adj* (Am.) watery (*e.g., fruit*)
aguachinar *va* (dial.) var. of **aguacharnar**
aguachirle *m* cheap wine; slosh, slipslop; trifle
aguada *f* see **aguado**
aguadero -ra *adj* rain, e.g., **capa aguadera** rain cloak; *m* watering place; **aguaderas** *fpl* framework for water vessels on horseback or muleback; (orn.) upper wing coverts
aguadija *f* water in a pimple or sore
aguado -da *adj* watery, watered; soaked; abstemious; spoiled, interrupted; (Am.) weak, washed out; *f* source of water; mine flood; water coloring; water color; gouache (*method and picture*); (naut.) water supply; (rail.) watering station; **hacer aguada** (naut.) to take water
aguador -dora *mf* water carrier, water vendor; *m* paddle, bucket (*of waterwheel*); (orn.) black phoebe
aguaducho *m* stall for selling water, refreshment stand; flood, freshet
aguadura *f* (vet.) hoof abscess; (vet.) surfeit
aguafiestas *mf* (*pl:* **-tas**) kill-joy, wet blanket, crapehanger
aguafortista *mf* etcher, aquafortist
aguafuerte *f* aqua fortis; etching; **grabar al aguafuerte** to etch
aguafuertista *mf* etcher, aquafortist
aguagoma *f* gum water
aguaitacamino *m* (orn.) goatsucker
aguaitada *f* (Am.) var. of **aguaitamiento**
aguaitamiento *m* spying, watching
aguaitar *va* to spy upon, lie in wait for
aguajaque *m* fennel gum
aguajas *fpl* var. of **ajuagas**
aguaje *m* watering place; water supply; strong sea current; tidal wave; wake (*of ship*)
agualluvia *f* rain water
aguamala *f* (zool.) jellyfish
aguamanil *m* ewer, wash jug, wash pitcher; washstand
aguamanos *m* (*pl:* **-nos**) water for washing hands; washstand
aguamar *m* (zool.) jellyfish
aguamarina *f* aquamarine (*mineral and color*)
aguamarincrisolita *f* (mineral.) aquamarine chrysolite
aguamasa *f* (Am.) crushed corn washings
aguamelado -da *adj* soaked or bathed in honey and water
aguamiel *f* hydromel, honey and water; maguey juice
aguanieve *f* sleet
aguanieves *f* (*pl:* **-ves**) (orn.) wagtail
aguanosidad *f* wetness, wateriness; aqueous substance (*in the body*)
aguanoso -sa *adj* wet, watery, soaked
aguantable *adj* tolerable, bearable, endurable
aguantaderas *fpl* (coll.) long-suffering, forbearance
aguantar *va* to hold (*e.g., one's breath*); to hold back (*laughter*); to hold up, sustain; to bear, endure, tolerate, stand; *vn* to last, hold out; *vr* to restrain oneself; to hold on
aguante *m* patience, endurance; strength, vigor
aguañón *adj* see **maestro**
aguapié *m* small wine; slosh, slipslop; running water
aguar §23 *va* to water; to spoil, mar, throw cold water on; to lighten (*a burden*); *vr* to collapse from overwork or drinking when overheated (*said of beasts of burden*); to flood; to become thin or watery
aguardada *f* wait, waiting
aguardadero *m* var. of **aguardo**
aguardador -dora *adj* waiting; *mf* person who waits
aguardar *va* to await, to wait for; to give an extension of time to; *vn* to wait; **aguardar a** + *inf* to wait to + *inf;* **aguardar a que** + *subj* to wait until + *ind*
aguardentado -da *adj* brandied; tipsy, drunk
aguardentería *f* liquor store

aguardentero -ra *mf* brandy maker; brandy vendor; *f* liquor flask, brandy flask
aguardentoso -sa *adj* brandy; brandyish; whisky (*voice*)
aguardiente *m* brandy; rum, spirituous liquor (*any intoxicating liquor*); **aguardiente de cabeza** first running (*from still*); **aguardiente de caña** rum; **aguardiente de cerezas** cherry brandy; **aguardiente de manzana** applejack
aguardillado -da *adj* having a garret; like a garret
aguardo *m* hiding place, hunter's blind
aguarrás *m* (*pl:* **-rrases**) oil of turpentine
aguasal *f* brine; pickle
aguasar *vr* to become countrified
aguasol *m* chickpea mildew; (Am.) corn stubble
aguate *m* (Am.) prickle (*of cactus, etc.*)
aguatero -ra *mf* (Am.) water carrier, water vendor
aguatinta *f* var. of **acuatinta**
aguatocha *f* water pump
aguatoso -sa *adj* (Am.) spiny, prickly
aguaturma *f* (bot.) Jerusalem artichoke (*plant and tuber*)
aguaverde *f* (zool.) green jellyfish
aguaviento *m* driving rain, driving rain and snow
aguavientos *m* (*pl:* **-tos**) (bot.) Jerusalem sage
aguavilla *f* (bot.) bearberry
aguaza *f* aqueous humor; sap
aguazal *m* pool, puddle
aguazar §76 *va* to make marshy; to flood; *vr* to become marshy
aguazo *m* (paint.) gouache (*picture*)
aguazoso -sa *adj* var. of **aguanoso**
aguazul *m* or **aguazur** *m* var. of **algazul**
agudeza *f* acuteness; acuity; sharpness; briskness; witticism
agudización *f* sharpening; aggravation
agudizar §76 *va* to sharpen, make more acute; *vr* to become aggravated, to get worse
agudo -da *adj* acute; sharp; keen; brisk; witty; (gram.) oxytone
Agueda *f* Agatha
agüera *f* irrigation ditch
agüero *m* augury; forecast; omen, sign; **ser de buen agüero** to augur well; **ser de mal agüero** to augur ill
aguerrido -da *adj* inured to war, inured, hardened
aguerrir §53 *va* to inure to war, to inure, to harden; *vr* to become inured to war, to become inured, to become hardened
aguijada *f* goad, spur; plowstaff
aguijador -dora *adj* goading, inciting; *mf* goader, inciter
aguijadura *f* goading, inciting
aguijar *va* to goad, incite, urge on, hasten; to hasten (*one's steps*); *vn* to hurry along, to move fast
aguijón *m* spur, goad; sting (*of insects*); prickle, thorn (*of plants*); stimulus, incitement; **cocear** or **dar coces contra el aguijón** (coll.) to kick against the pricks
aguijonada *f* prick, sting; prick with goad or spur
aguijonar *va* var. of **aguijonear**
aguijonazo *m* var. of **aguijonada**
aguijonear *va* to goad, spur, incite, urge on; to sting
águila *f* (orn.) eagle; (fig.) eagle (*emblem; U.S. coin*); (Am.) swindler, cheat; (*cap.*) *f* (astr.) Eagle; **águila barbuda** (orn.) bearded eagle, bearded vulture, lammergeier; **águila caudal** (orn.) golden eagle; **águila de cabeza blanca** (orn.) bald eagle, white-headed eagle; **águila gallinera** (orn.) Egyptian vulture; **águila imperial** (orn.) imperial eagle; **águila marina** (orn.) sea eagle, white-tailed eagle; **águila moneva** (orn.) harpy eagle (*Pithecophaga jefferyi*); **águila pescadora** (orn.) fish hawk; **águila ratonera** (orn.) buzzard; **águila real** (orn.) golden eagle; *m* lively person, keen person; (ichth.) eagle ray
aguileño -ña *adj* aquiline; sharp-featured; *f* (bot.) columbine
aguilera *f* eagle's nest, eyrie
aguilón *m* large eagle; boom, jib (*of crane or derrick*); gable (*of roof*); slate or tile cut obliquely; square terra-cotta pipe
aguilucho *m* (orn.) eaglet
agüilla *f* moisture, seepage
aguinaldo *m* Christmas gift, Epiphany gift; (bot.) bindweed; (Am.) Christmas carol
agüista *mf* resorter, frequenter of a spa
aguja *f* needle (*for sewing; of phonograph; obelisk*); bodkin; hatpin; steeple, spire; hand (*of watch, clock, etc.*); pointer (*of dial, etc.*); style (*of sundial*); (rail.) switch rail; (ichth.) sailfish; (ichth.) needlefish; (bot.) lady's-comb; needlework; **agujas** *fpl* ribs (*of animal*); (rail.) switch; **alabar sus agujas** to blow one's own horn; **buscar una aguja en un pajar** to look for a needle in a haystack; **cuartear la aguja** (naut.) to box the compass; **aguja capotera** darning needle; sail needle; **aguja colchonera** tufting needle; **aguja de coser** sewing needle; **aguja de gancho** crochet needle; **aguja de hacer media** knitting needle; **aguja de mar** (ichth.) garfish; (ichth.) sailfish; **aguja de marear** mariner's needle, ship's needle; **aguja descarriladora** derail switch; **aguja de zurcir** darning needle; **aguja hipodérmica** hypodermic needle; **aguja imanada** or **magnética** magnetic needle; **aguja para marcar** center punch; **aguja salmera** upholsterer's needle; **aguja saquera** pack needle, packing needle
agujazo *m* prick or jab with a needle
agujerar or **agujerear** *va* to pierce, perforate, make a hole or holes in
agujería *f* needle factory
agujero *m* hole; maker or vendor of needles; pincushion; **quien acecha por agujero, ve su duelo** curiosity killed a cat; **agujero de hombre** manhole
agujeruelo *m* little hole
agujeta *f* needle (*of a syringe*); shoestring; (archaic) lace, string, or shoestring with tips; (orn.) godwit; **agujetas** *fpl* stitches, twinges
agujetería *f* (archaic) shoestring shop
agujetero -ra *mf* (archaic) maker or vendor of shoestrings; switch tender; *m* (Am.) needle case, pincushion
agujón *m* hatpin; (ichth.) needlefish
agujuela *f* brad
aguosidad *f* wateriness; aqueous humor, lymph
aguoso -sa *adj* watery
agur *interj* (coll.) bye-bye!, so long!
agusanamiento *m* worminess
agusanar *vr* to get wormy
Agustín *m* Austin, Augustine; **San Agustín** Saint Augustine; St. Augustine (*Florida city*)
agustinianismo *m* Augustinianism
agustiniano -na or **agustino -na** *adj & mf* Augustinian
agutí *m* (*pl:* **-tíes**) var. of **acutí**
aguzadero -ra *adj* sharpening; *m* place where wild boars whet their tusks; *f* sharpener, whetstone
aguzador -dora *adj* sharpening; *mf* sharpener; *f* drill sharpener
aguzadura *f* sharpening; steel or iron for ploughshare
aguzamiento *m* sharpening
aguzanieves *f* (*pl:* **-ves**) (orn.) wagtail
aguzar §76 *va* to sharpen, to point, to whet; to incite, stir up; to stare at; **aguzar las orejas** to prick up one's ears; **aguzar la vista** to look sharp; **aguzar los dientes** (coll.) to whet one's appetite
aguzonazo *m* lunge, thrust, stab
ah *interj* ah!; **¡ah del barco!** ship ahoy!
ah-chis *interj* kerchoo!
ahebrado -da *adj* fibrous, thready
ahechadero *m* var. of **aechadero**
ahechador -dora *adj & mf* var. of **aechador**
ahechaduras *fpl* var. of **aechaduras**
ahechar *va* var. of **aechar**
ahecho *m* var. of **aecho**
ahelear *va* to make bitter; *vn* to taste bitter
ahelgado -da *adj* jag-toothed, snaggle-toothed
aherrojamiento *m* fettering, shackling
aherrojar *va* to fetter, to shackle; to subjugate, oppress

aherrumbrar *va* to rust; to give the taste or color of iron to; *vr* to rust; to take on the taste or color of iron
ahervorar *vr* to generate heat (*said of stored grain*)
ahí *adv* there; **de ahí que** with the result that; **por ahí** that way; about, more or less
ahidalgado -da *adj* noble, high-born, chivalrous
ahigadado -da *adj* liver-colored; (archaic) fearless, intrepid
ahijadero *m* (prov.) sheep nursery
ahijado -da *mf* godchild; protégé
ahijar §99 *va* to adopt; to impute; *vn* to beget offspring; to sprout
ahilar §99 *va* to line up; *vn* to go in single file; *vr* to faint from hunger; to grow thin through illness; to grow poorly; to turn, to grow sour (*said, e.g., of wine*)
ahílo *m* faintness, weakness
ahincadamente *adv* hard, insistently, earnestly
ahincar §86 & §99 *va* to press, urge; to importune; *vr* to hasten
ahínco *m* earnestness, zeal, ardor
ahitar §99 *va* to surfeit, cloy, satiate, stuff; *vr* to get surfeited
ahitera *f* (coll.) acute indigestion, bellyache
ahíto -ta *adj* surfeited, gorged, stuffed; disgusted, fed up; having indigestion; *m* surfeit; indigestion
ahobachonado -da *adj* (coll.) lazy, shiftless
ahobachonar *vr* (coll.) to become lazy or shiftless
ahocicar §86 *va* to stick the nose of (*a dog or cat*) in the dirt it has made; (coll.) to get the best of (*a person*) in an argument; *vn* (naut.) to dip the bows under; (Am.) to give in (*in an argument*)
ahocinado *m* gorge, narrow passage (*in stream or river*)
ahocinar *vr* to pass through a narrow gorge (*said of streams, rivers, etc.*)
ahogadero *m* hangman's rope; crowded place; throatband, throatlatch
ahogadizo -za *adj* easily drowned or stifled; dry, pulpy, hard to swallow (*said of fruit*); sinkable, nonfloating (*said of wood*)
ahogado -da *adj* drowned, suffocated; close, unventilated; sunk, swamped, overwhelmed; **morir** or **perecer ahogado** to drown; *mf* drowned person, suffocated person
ahogador -dora *mf* choker; *m* choker, collar
ahogamiento *m* drowning; suffocation, choking
ahogar §59 *va* to drown; to suffocate, smother, quench, choke; to slake (*lime*); to soak (*plants*); to oppress; to kill (*e.g., a legislative bill*); to quench, extinguish; to stalemate; to drown (*e.g., one's sorrows*); *vr* to drown, suffocate, smother; to drown oneself
ahogo *m* oppression, constriction; shortness of breath; great sorrow or affliction; pinch, stringency
ahoguijo *m* (vet.) quinsy
ahoguío *m* oppression or constriction (of the chest)
ahombrado -da *adj* (coll.) mannish
ahombrar *vr* to become mannish
ahondar *va* to deepen; to make deeper, to dig deeper; to probe, to go deep into, to study thoroughly; *vn* to go deep; to go deeper; to sink, to dip; to become thoroughly versed; *vr* to go deep; to sink, to dip
ahonde *m* deepening; digging; probing
ahora *adv* now; in a little while; a little while ago; **de ahora en adelante** from now on; **por ahora** for the present; **ahora bien** now then, so then; **ahora mismo** right now; **ahora que** but
ahorcado -da *adj* hanging, hanging by the neck; ruined; grieved; anxious, worried; *mf* hangee, person who has been hanged or who has hanged himself; person condemned to be hanged
ahorcadura *f* hanging
ahorcajar *vr* to sit astride, to get astride; **ahorcajarse en** to sit astraddle on, to straddle
ahorcaperro *m* (naut.) slip knot; (naut.) running bowline
ahorcar §86 *va* to hang (*to execute*); *vr* to hang, be hanged; to hang oneself; (mach.) to jam, get caught
ahorita *adv* (coll.) right now, right away; (coll.) just now, a minute ago
ahormar *va* to put on a form or last; to shape, fit, adjust; to break in (*e.g., shoes*); to mold (*someone's character*)
ahornagamiento *m* parching
ahornagar §59 *vr* to become parched (*said of the earth and its crops*)
ahornar *va* to put into the oven or furnace; *vr* to burn on the outside before being baked inside (*said of bread*)
ahorquillado -da *adj* forked; (shaped like a) hairpin
ahorquillar *va* to prop up (*limbs of trees*) with forks; to shape like a fork or a hairpin
ahorrable *adj* easy to save or spare
ahorradamente *adv* freely, easily
ahorrado -da *adj* saving, thrifty; free, emancipated
ahorrador -dora *adj* saving; freeing; *mf* saver; emancipator
ahorramiento *m* saving, economy; emancipation
ahorrar *va* to save, to spare; to free (*e.g., a slave*); *vr* to save or spare oneself; **no ahorrarse con nadie** or **no ahorrárselas con nadie** to be afraid of nobody
ahorrativa *f* see **ahorrativo**
ahorratividad *f* frugality; (coll.) stinginess
ahorrativo -va *adj* saving, thrifty, stingy; *f* economy
ahorrillos *mpl* small savings
ahorro *m* economy; saving (*e.g., of time*); **ahorros** *mpl* savings
ahoyadura *f* digging holes; hole
ahoyar *va* to dig holes in
ahuate *m* (Am.) prickly down (*of certain plants*)
ahuatoso -sa *adj* (Am.) spiny, prickly
ahuchador -dora *adj* hoarding, miserly; *mf* hoarder, miser
ahuchar §99 *va* to hoard
ahuchear *va* to whistle at, to hiss
ahucheo *m* whistling, hissing
ahuecado -da *adj* hollow; (fig.) hollow (*sound, voice*)
ahuecador *m* crinoline; hoops (*of hoop skirt*); curved chisel
ahuecamiento *m* hollowing; hollow, hollowness; loosening, softening; swaggering
ahuecar §86 *va* to hollow, hollow out; to loosen, soften, fluff up (*earth, wool, etc.*); to make (*the voice*) deep and solemn; *vn* (coll.) to beat it; *vr* to swagger, to put on airs
ahuehué *m* or **ahuehuete** *m* (Am.) Montezuma cypress
ahuesado -da *adj* bonelike, bony
ahuevar *va* to make egg-shaped; to clarify (*wine*) with white of eggs
ahumada *f* see **ahumado**
ahumadero *m* smokehouse
ahumado -da *adj* smoked, smoky; (Am.) drunk; *m* smoking, curing; *f* smoke signal
ahumamiento *m* smoking, curing with smoke
ahumar §99 *va* to treat with smoke, to fill with smoke, to cure with smoke; *vn* to be smoky, to emit smoke; *vr* to get smoked up; to look smoky, to taste smoky; (coll.) to get tipsy, get drunk
ahurragado -da *adj* badly cultivated
ahusado -da *adj* tapering; spindle-shaped
ahusamiento *m* taper, tapering
ahusar *va & vr* §99 *va & vr* to taper
ahuyentar *va* to put to flight; to scare away; to drive away, to drive out, banish; *vr* to flee, run away
aijada *f* goad, spur
ailanto *m* (bot.) ailanthus
aína or **aínas** *adv* (archaic) soon; (archaic) easily; (archaic) almost
aindiado -da *adj* (Am.) Indian-looking
airado -da *adj* angry, irate; wild, violent; depraved
airamiento *m* anger, wrath

airar §75 *va* to anger; *vr* to get angry; **airarse con** or **contra** to get angry with (*a person*); **airarse de** or **por** to get angry at (*a thing*)
aire *m* air; pace (*way of stepping: walk, trot, gallop, etc.*); **al aire libre** in the open air; **darse aire** to fan oneself; **darse aires** to put on airs; **darse aires de** to claim to be, to boast of being; **estar en el aire** (coll.) to be in the wind (*to be impending*); **¿qué aires traen a Vd. acá?** (coll.) what brings you here?, what are you doing here?; **tomar el aire** to go out to get some fresh air, to go out for a walk; **volar por los aires** to fly through the air; **aire acondicionado** air conditioning; **aire colado** cold draft; **aire comprimido** compressed air; **aire detonante** firedamp; **aire líquido** liquid air
aireación *f* aeration
airear *va* to air, ventilate; to aerate; *vr* to get aired, to take the air; to catch a cold
airón *m* aigrette; panache; (elec.) aigrette; (orn.) heron, gray heron
airosidad *f* gracefulness, elegance, majesty
airoso -sa *adj* airy; drafty; breezy; graceful, light; grand, resplendent; successful; **quedar** or **salir airoso** to come off with flying colors
aislación *f* insulation; **aislación de sonido** soundproofing
aislacionismo *m* isolationism
aislacionista *adj & mf* isolationist
aisladamente *adv* singly, alone
aislador -dora *adj* isolating; insulating; *m* (elec.) insulator
aislamiento *m* isolation, detachment; insulation; insulating material
aislar §75 *va* to isolate; to detach, separate; to insulate; *vr* to be isolated, to live in seclusion
ajá *interj* (coll.) fine!, good!, aha!
ajada *f* garlic sauce
ajadizo -za *adj* easily mussed or crumpled
ajadura *f* withering; mussing; tampering; wear and tear
ajaja *f* (orn.) spoonbill
ajamiento *m* withering; mussing, rumpling; tampering; abuse, insult
ajamonar *vr* (coll.) to get fat and middle-aged (*said of a woman*); (Am.) to wither, to dry up
ajaquecar §86 *vr* to get a headache
ajar *m* garlic field; *va* to wither; to muss, rumple; to tamper with; to abuse; *vr* to wither, to wither away, to waste away; to get mussed
ajaraca *f* (arch.) arabesque
ajarafe *m* tableland; flat roof, terrace
ajardinar *va* to landscape
aje *m* complaint, indisposition, weakness
ajedrea *f* (bot.) savory; **ajedrea de jardín** (bot.) savory, summer savory
ajedrecista *mf* chess player
ajedrez *m* chess; chess set
ajedrezado -da *adj* checkered; *m* checkerwork
ajedrista *mf* chess player
ajenabe *m* or **ajenabo** *m* (bot.) mustard
ajengibre *m* var. of **jengibre**
ajenjo *m* (bot.) absinthe, wormwood; absinthe (*drink*)
ajeno -na *adj* another's; contrary, inappropriate; free; foreign; different; insane; **estar ajeno de** (coll.) to be uninformed about, be unaware of; **estar ajeno de sí** to be detached, distinterested; **ajeno a** unbecoming to; not connected with; unmindful of
ajenuz *m* (bot.) love-in-a-mist
ajeo *m* cry of hunted partridge
ajerezado -da *adj* sherry-type (*wine*)
ajesuitado -da *adj* (Am.) jesuitical (*crafty*)
ajete *m* young garlic; garlic sauce
ajetrear *va* to harass, to exhaust; *vr* to bustle about, to wear oneself out
ajetreo *m* bustle
ají *m* (*pl:* **ajíes**) (bot.) chili (*plant and fruit*); chili sauce; **ponerse como un ají** (Am.) to turn red as a tomato
ajiaceite *m* garlic and olive-oil sauce
ajiaco *m* (Am.) chili sauce; (Am.) Spanish stew seasoned with garlic; **estar como ajiaco** (Am.) to be in a bad humor
ajicola *f* (paint.) glue made of boiled animal skins and garlic
ajilimoje *m* or **ajilimójili** *m* (coll.) pepper-and-garlic sauce; **ajilimojes** *mpl* or **ajilimójilis** *mpl* (coll.) accessories
ajillo *m* (bot.) woody vine of trumpet-creeper family (*Cydista aequinoctialis*)
ajimez *m* (*pl:* **-meces**) (arch.) mullioned window
ajipa *f* (bot.) artichoke, Jerusalem artichoke
ajipuerro *m* (bot.) wild leek
ajironar *va* to trim with braid; to tear into shreds
-ajo -ja *suffix dim & pej* e.g., **colgajo** rag, tatter; **lagunajo** puddle; **migaja** crumb
ajo *m* (bot.) garlic; clove of garlic; garlic sauce; face paint; (coll.) shady business; (coll.) obscenity; **ajos** *mpl* garlic; **harto de ajos** ill-bred; **revolver el ajo** (coll.) to stir up a row; **tieso como un ajo** proud and haughty; **ajo blanco** (bot.) garlic; Andalusian garlic sauce; **ajo de chalote** (bot.) shallot; **ajo moruno** (bot.) chive; **ajo silvestre** (bot.) moly (*Allium moly*); *interj* goo!, dada! (*to make a baby talk*)
ajobar *va* (coll.) to carry on one's back, to struggle along with
ajobilla *f* (zool.) clam
ajobo *m* burdening, burden, heavy load, heavy task
ajolote *m* (zool.) axolotl, mud puppy
ajomate *m* (bot.) conferva
ajonje *m* birdlime
ajonjear *va* (*Am.*) to fondle, caress
ajonjera *f* or **ajonjero** *m* (bot.) carline thistle
ajonjolí *m* (*pl:* **-líes**) (bot.) sesame
ajoqueso *m* dish of garlic and cheese
ajorca *f* bracelet, anklet, bangle
ajornalar *va* to hire by the day; *vr* to hire out by the day
ajote *m* (bot.) water germander
ajuagas *fpl* (vet.) malanders
ajuanetado -da *adj* bunionlike; having bunions
ajuar *m* housefurnishings; bridal equipment, trousseau; **ajuar de cocina** kitchen utensils
ajudiado -da *adj* Jewish, Jewlike
ajuiciado -da *adj* wise, sensible, prudent
ajuiciar *va* to bring to one's senses; *vn & vr* to come to one's senses, to mend one's ways
ajumar *vr* (Am.) to get drunk
ajustado -da *adj* just, right; close-fitting, tight
ajustador *m* jacket, close-fitting jacket; corselet; finisher, fitter; (print.) pager
ajustamiento *m* var. of **ajuste**
ajustar *va* to fit, adapt, adjust; to engage, hire; to arrange, arrange for; to reconcile; to settle; to fasten (*e.g., one's safety belt*); (print.) to page; **ajustar cuentas con** to settle accounts with; *vn* to fit; *vr* to fit; to get adjusted; to engage oneself; to be engaged, be hired; to hire out; to come to an agreement; **ajustarse a** + *inf* to agree to + *inf*
ajuste *m* fit (*of clothes*); fitting, adjustment; hiring; arrangement; reconciliation; settlement; agreement; (print.) paging
ajusticiado -da *mf* executed criminal
ajusticiar *va* to punish with death, to execute
al contraction of **a** and **el; al** + *inf* on + *ger*, e.g., **al llegar** on arriving
ala *f* wing; brim (*of hat*); auricle (*of heart*); fin (*of fish, torpedo, etc.*); leaf (*of door, table, etc.*); flange; mudguard; (naut.) studdingsail; (theat.) wing; **alas** *fpl* boldness; courage; importance; **ahuecar el ala** (coll.) to beat it; **caérsele a uno las alas** to lose heart; **cortarle a uno las alas** to clip one's wings; **volar con sus propias alas** to stand on one's own feet; **ala en delta** (aer.) delta wing; **ala en flecha** (aer.) backswept wing; *m* (sport) wing; (football) end
Alá *m* Allah
alabado *m* hymn in praise of the sacrament
alabador -dora *adj* eulogistic; *mf* praiser
alabamiento *m* praise
alabamio *m* (chem.) alabamine
alabancero -ra *adj* (coll.) fawning, flattering
alabancioso -sa *adj* (coll.) boastful
alabanza *f* praise; **amontonar alabanzas sobre** to heap praises on
alabar *va* to praise; *vr* to be pleased or satisfied; to boast; **alabarse de** to boast of being
alabarda *f* halberd

alabardado -da *adj* halberd-shaped; (bot.) hastate
alabardazo *m* blow or wound with a halberd
alabardero *m* halberdier; (theat.) paid applauder, claqueur
alabastrado -da *adj* alabaster, like alabaster
alabastrino -na *adj* alabastrine; *f* translucent sheet of alabaster
alabastro *m* alabaster
álabe *m* drooping branch of tree; bucket, paddle (*of water wheel*); wooden cog (*in flour mill*); side mat (*in wagons*)
alabear *va & vr* to warp
alábega *f* (bot.) basil
alabeo *m* warping
alacena *f* closet set in wall, cupboard; (naut.) locker
alacrán *m* (ent.) scorpion; link (*on metal button*); bridle-curb (*of harness*); **alacrán cebollero** (ent.) mole cricket; **alacrán marino** (ichth.) angler
alacranado -da *adj* stung by a scorpion; vice-ridden, disease-ridden
alacranera *f* (bot.) scorpion grass
alacridad *f* alacrity
alacha *f* or **alache** *m* (ichth.) anchovy
alada *f* see **alado**
aladares *mpl* hair falling over the temples
aladica *f* winged ant
aladierna *f* (bot.) evergreen buckthorn, alatern
Aladino *m* Aladdin
alado -da *adj* alate; winged (*having wings; swift*); *f* fluttering of wings
aladrero *m* (min.) timberman; (prov.) plowmaker
aladroque *m* (ichth.) anchovy
alafia *f* (coll.) pardon
álaga *f* (bot.) spelt
alagadizo -za *adj* subject to flooding
alagar §59 *va* to flood, to make ponds or lakes in
alagartado -da *adj* motley, variegated
alajú *m* (*pl:* **-júes**) paste made of nuts, honey, and spices
ALALC *f* abr. of **Asociación Latinoamericana de Libre Comercio**
alamar *m* frog (*button and loop on garments*)
alambicado -da *adj* distilled; overrefined, precious, oversubtle; doled out sparingly
alambicamiento *m* distillation; overrefinement, affectation, pedantry
alambicar §86 *va* to distill; to scrutinize; to refine to excess, make oversubtle; to sell cheap with a large turnover
alambique *m* still, alembic; **por alambique** sparingly
alambor *m* beveling; (fort.) scarp
alamborado -da *adj* beveled, sloped
alambrado -da *adj* (pertaining to) wire; *m* wire mesh, chicken wire; (mil.) wire entanglement; *f* wire mesh, chicken wire; wire fence; (mil.) barbed wire, wire entanglement; (elec.) wiring
alambraje *m* (elec.) wiring
alambrar *va* to enclose with wire, to fence with wire, to string with wire; to wire (*for electricity*)
alambre *m* wire; **alambre cargado** live wire; **alambre de entrada** (rad.) lead-in wire; **alambre de espino** or **de púas** barbed wire; **alambre de tierra** (rad.) ground wire; **alambre gemelo** (telv.) twin lead; **alambre para artefactos** (elec.) fixture wire; **alambre para timbres eléctricos** annunciator wire; **alambre sin aislar** bare wire
alambrecarril *m* aerial railway, cable or funicular railway, cableway, rope railway
alambrera *f* see **alambrero**
alambrería *f* wire shop
alambrero -ra *mf* wireworker; *m* (coll.) telegraph maintenance man; *f* screen; bell-shaped screen to place over a fire or embers; screen cover for food
alámbrico -ca *adj* wire
alambrista *mf* tightrope walker
alameda *f* poplar grove; tree-lined walk or avenue, mall
alamín *m* inspector of weights and measures; irrigation superintendent
álamo *m* (bot.) poplar; **álamo blanco** (bot.) white poplar; **álamo de Italia** (bot.) Lombardy poplar; **álamo negro** (bot.) black poplar; **álamo temblón** (bot.) aspen
alampar *vr* to have a craving; **alamparse por** to crave
alamud *m* bolt for door or window
alanceado -da *adj* (bot.) lanceolate
alanceador *m* spearman
alancear *va* to spear, to lance
alandrear *vr* to become dry, stiff, and white (*said of silkworms*)
alanés *m* large Mexican deer
alano *m* mastiff, great Dane; (*cap.*) *m* Alan, Allen
alantoideo -a *adj* allantoid
alantoides *f* (anat.) allantois
alanzar §76 *va* to strike or wound with a lance, to spear
alaqueca *f* (mineral.) carnelian
alar *adj* wing; (bot.) alar; *m* **overhanging roof**; horsehair snare; *va* (naut.) to haul
alárabe or **alarbe** *adj* Arabic, Arabian; *mf* Arab, Arabian; rough, unmannerly person
alarde *m* (mil.) review; show, display, ostentation; **hacer alarde de** to make a show of, to boast of
alardear *vn* to boast, brag, show off; **alardear de** to boast of
alardoso -sa *adj* showy, ostentatious
alargada *f* extension, lengthening; **dar la alargada** (Am.) to let out more string (*for a kite*)
alargadera *f* (chem.) adapter; (mach.) extension
alárgama *f* (bot.) African rue
alargamiento *m* lengthening, extension, prolongation; increase
alargar §59 *va* to lengthen, extend, stretch, prolong; to increase; to hand, to reach; to let out, to pay out (*e.g., a rope*); *vr* to go away, withdraw, separate; to lengthen, be prolonged; to expatiate, be long-winded
alarguez *m* (bot.) rosewood
alaria *f* smoothing tool (*of potters*)
Alarico *m* Alaric
alarida *f* shouting, yelling, uproar
alarido *m* shout, yell, howl, whoop, squeal
alarifazgo *m* profession of architect
alarife *m* architect; builder; (Am.) clever fellow, sharper
alario -ria *adj* alary
alarma *f* alarm; (aer.) alert; **falsa alarma** false alarm; **alarma aérea** air-raid warning; **alarma de incendios** fire alarm; **alarma de ladrones** burglar alarm
alarmante *adj* alarming
alarmar *va* to alarm; to call to arms; *vr* to become alarmed
alármega *f* var. of **alárgama**
alarmista *mf* alarmist
alaroz *m* (*pl:* **-roces**) framework closing a doorway with opening for small door; mullion
alastrar *va* to throw back (*the ears*); (naut.) to ballast; *vr* to lie flat, to cower (*said of hunted animals*)
a látere *m* (coll.) side-kick
alaterno *m* var. of **aladierna**
alatinadamente *adv* according to Latin, like Latin
alatinado -da *adj* affected, puristic
alatrón *m* wall saltpeter
alavanco *m* wild duck
alavense or **alavés -vesa** *adj* (pertaining to) Álava; *mf* native or inhabitant of Álava
alazán -zana *adj* sorrel, reddish-brown; *mf* sorrel horse; *f* wine press; olive-oil press
alazo *m* blow or stroke with a wing
alazor *m* (bot.) safflower, bastard saffron
alba *f* see **albo**
albacara *f* (fort.) projecting tower
albacea *m* executor; **albacea dativo** executor appointed by the court; *f* executrix
albaceazgo *m* executorship
albacora *f* (ichth.) albacore; (ichth.) swordfish; early fig
albada *f* dawn; aubade, morning music; (bot.) soapwort
albahaca *f* (bot.) basil

albahaquero *m* flowerpot
albaicín *m* hilly quarter (*of a town*); (*cap.*) *m* gypsy cave-dwelling quarter of Granada, Spain
albaida *f* (bot.) anthyllis
albalá *m & f* (*pl:* **-laes**) (archaic) royal letter patent; (archaic) statement, proof; (archaic) customhouse receipt
albanega *f* hair net; net for catching small game
albanés -nesa or **albano -na** *adj & mf* Albanian; *m* Albanian (*language*)
Albania *f* Albania
albañal *m* sewer, drain; slop basin, slop can, slop jar
albañalero *m* slop man; sewer cleaner
albañil *m* mason, bricklayer
albañila *f* (ent.) mason bee
albañilería *f* masonry, brickwork, bricklaying
albaquía *f* balance due
albar *adj* white; *va* to whiten, to shine; to make (*iron*) red-hot
albarán *m* rent sign; duplicate list of purchases
albarazado -da *adj* whitish; leprous; streaked with black, yellow, and red; (Am.) of mixed white, Chinese, and Indian blood
albarazo *m* (path.) tetter, ringworm; (path.) alphos
albarca *f* sandal
albarcoque *m* apricot (*fruit*)
albarcoquero *m* (bot.) apricot tree
albarda *f* packsaddle
albardado -da *adj* saddleback (*with back of a different color*)
albardar *va* to put a packsaddle on; to lard (*fowls*)
albardear *va* (Am.) to vex, annoy
albardela *f* small saddle, training saddle
albardería *f* packsaddle shop
albardero *m* packsaddle maker or vendor
albardilla *f* small packsaddle; thick coat of wool; shoulder pad (*for carrying water*); iron holder, pot holder; cope, coping; raised earthen border (*of walk or garden*); larding (*for fowl*)
albardín *m* (bot.) matweed
albardón *m* large packsaddle; saddle pad
albarejo *m* white wheat, summer wheat
albareque *m* fishing net
albarico *m* white wheat, summer wheat
albaricoque *m* apricot (*fruit*)
albaricoquero *m* (bot.) apricot tree
albarillo *m* lively dance tune; white apricot
albarizo -za *adj* whitish; *f* saltwater pond or lake
albarrada *f* dry wall; earthen wall; entrenchment, defensive earthwork
albarranilla *f* (bot.) squill
albarrano -na *adj & mf* (dial.) gypsy; see **cebolla** & **torre**
albarraz *m* (bot.) stavesacre
albatros *m* (*pl:* **-tros**) (orn.) albatross
albayaldar *va* to coat or cover with white lead
albayalde *m* white lead
albazano -na *adj* dark-chestnut
albear *vn* to turn white; (Am.) to get up early
albedrío *m* free will; caprice, fancy, wilfulness; (law) precedent, unwritten law; **al albedrío de** according to the pleasure of; **libre albedrío** free will
albéitar *m* veterinarian
albeitería *f* veterinary medicine, veterinary surgery
albellanino *m* (bot.) cornel tree
albellón *m* sewer, drain
albenda *f* embroidered white linen hangings
albendera *f* (archaic) gadabout
albengala *f* turban gauze
albéntola *f* fine-meshed fishing net
alberca *f* pond, pool, tank, reservoir, cistern; (Am.) swimming pool; **en alberca** roofless
albérchiga *f* clingstone peach
albérchigo *m* (bot.) clingstone-peach tree; clingstone peach; (prov.) apricot
alberchiguero *m* (bot.) clingstone-peach tree
albergada *f* cover, shelter, protection
albergar §59 *va* to shelter, harbor; to lodge, give lodging to; to house; *vn & vr* to take shelter; to lodge, to take lodgings
albergue *m* shelter, refuge, lodging; lair, burrow, den; **albergue de carretera** wayside inn
albericoque *m* apricot (*fruit*)
albero -ra *adj* white; *m* white earth, pipe clay; dishcloth
alberquero *m* tender of tanks or pools
Alberto *m* Albert; **Alberto Magno** Albertus Magnus
albica *f* white clay
albicante *adj* whitening, bleaching
albido -da *adj* whitish
albigense *adj* Albigensian; **albigenses** *mpl* Albigenses
albihar *m* (bot.) oxeye
albillo -lla *adj* white (*grape or wine*)
albín *m* hematite; dark carmine
albina *f* see **albino**
albinismo *m* albinism
albino -na *adj* albinic; *mf* albino; *f* salt-water marsh, salt deposit
Albión *f* (poet.) Albion (*England*)
albita *f* (mineral.) albite
albitana *f* fence to protect plants; (naut.) apron
albo -ba *adj* (poet.) white, snow-white; *f* dawn; alb (*priest's white linen robe*)
alboaire *m* glazed tiling (*in archways and vaulted roofs*)
albohol *m* (bot.) lesser bindweed
albollón *m* sewer, drain
albóndiga *f* meat ball, fish ball
albondigón *m* hamburger, Hamburg steak
alboque *m* flageolet, pastoral pipe; small cymbal
albor *m* whiteness; dawn; **albor de la vida** childhood, youth; **albores** *mpl* dawn
alborada *f* dawn; aubade, morning music; dawn attack; reveille; morning watch
albórbola *f* shouting, cheering, joyful yelling
alborear *vn* to dawn
alborga *f* matweed sandal
albornía *f* large glazed earthenware vessel
alborno *m* alburnum, sapwood
albornoz *m* (*pl:* **-noces**) coarse woolen stuff, terry cloth; burnoose; beach robe, bathrobe (*of terry cloth*); cardigan
alboronía *f* stew of eggplant, tomatoes, squash, and peppers
alboroque *m* treat given at the close of a deal
alborotadizo -za *adj* excitable, jumpy
alborotado -da *adj* hasty, rash
alborotador -dora *adj* inciting to riot; *mf* agitator, rioter
alborotapueblos *mf* (*pl:* **-blos**) (coll.) rabble rouser; (coll.) gay noisy person
alborotar *va* to agitate, stir up, arouse, excite; *vn* to make a racket, to clatter; to rampage; *vr* to become agitated, get excited; to riot; to get rough (*said of the sea*)
alboroto *m* agitation, disturbance, excitement; riot, noise, uproar; **alborotos** *mpl* (Am.) honey-coated popcorn
alborozador -dora *adj* cheering, joy-bringing; *mf* bringer of joy and gladness
alborozar §76 *va* to cheer, gladden, overjoy
alborozo *m* joy, merriment
albotín *m* (bot.) terebinth
albriciar *va* (archaic) to bring good news to, to reward for good news, to congratulate
albricias *fpl* reward for good news; present asked for or given on the occasion of some happy event; **en albricias de** as a token of; *interj* good news!, congratulations!
albudeca *f* tasteless melon; watermelon
albufera *f* saltwater lagoon
albugíneo -a *adj* albugineous
albugo *m* (path.) albugo; white spot (*on nails*)
albuhera *f* lake, lagoon, reservoir
álbum *m* (*pl:* **álbumes**) album; **álbum de recortes** scrapbook
albumen *m* (bot.) albumen
albúmina *f* (biochem.) albumin
albuminado -da *adj* albuminous; covered with a coat of albumin
albuminaje *m* (phot.) emulsification
albuminar *va* (phot.) to emulsify
albuminímetro *m* albuminimeter
albuminoide *m* albuminoid

albuminoideo -a *adj* albuminoid
albuminoso -sa *adj* albuminous
albuminuria *f* (path.) albuminuria
albur *m* (ichth.) dace; first two cards drawn by banker at monte (*card game*); risk, chance, hazard
albura *f* pure whiteness; white of egg; alburnum
alburno *m* var. of **alborno**
alca *f* (orn.) auk
alcabala *f* (archaic) sales tax; **alcabala del viento** (archaic) sales tax paid by outside merchant
alcabalero *m* (archaic) sales-tax collector
alcacel *m* or **alcacer** *m* (bot.) green barley
alcací *m* (*pl:* **-cíes**) (bot.) wild artichoke
alcachofa *f* (bot.) artichoke (*plant and head*)
alcachofado -da *adj* artichoke-shaped; *m* artichoke stew
alcachofal *m* artichoke bed; field of wild artichokes
alcachofero -ra *adj* (yielding the) artichoke; *mf* artichoke seller; *f* (bot.) artichoke
alcahaz *m* (*pl:* **-haces**) large bird cage
alcahazada *f* cageful of birds
alcahazar §76 *va* to put or keep (*birds*) in a cage
alcahuete -ta *mf* bawd, procurer, go-between; harborer, screen, fence (*for criminals or stolen goods*); (coll.) schemer; (coll.) gossip, talebearer; *m* (theat.) curtain dropped for short intermission
alcahuetear *va* to procure (*for prostitution*); to harbor (*criminals or stolen goods*); (coll.) to scheme for; *vn* to pander
alcahuetería *f* pandering, procuring; harboring (*of criminals or stolen goods*); (coll.) trick, deceit, scheming
alcaicería *f* raw-silk market or exchange, bazaar
alcaide *m* governor or warden of a castle, fortress, or prison
alcaidesa *f* governor's lady, warden's wife, jailer's wife
alcaidía *f* position of governor or warden of a castle, fortress, or prison; governor's house, warden's house
alcalaíno -na *adj* (pertaining to) Alcalá de Henares, Alcalá de los Gazules, or Alcalá la Real (*Spanish cities*); *mf* native or inhabitant of Alcalá de Henares, Alcalá de los Gazules, or Alcalá la Real
alcalareño -ña *adj* (pertaining to) Alcalá de Guadaira, Alcalá del Río, or Alcalá del Valle (*Spanish cities*); *mf* native or inhabitant of Alcalá de Guadaira, Alcalá del Río, or Alcalá del Valle
alcaldada *f* abuse of authority, petty tyranny
alcalde *m* mayor, chief burgess; **tener el padre alcalde** to have a friend at court; **alcalde de monterilla** small-town mayor; **alcalde ordinario** mayor and justice of the peace combined, in colonial times
alcaldear *vn* to lord it, to be bossy
alcaldesa *f* mayoress
alcaldesco -ca *adj* (coll.) mayoral, mayor's
alcaldía *f* mayoralty; town hall, city hall
alcalescencia *f* (chem.) alkalescence
alcalescente *adj* (chem.) alkalescent
álcali *m* (chem.) alkali; **álcalis térreos** (chem.) alkaline earths
alcalímetro *m* alkalimeter
alcalinidad *f* alkalinity
alcalino -na *adj* alkaline
alcalinotérreo -rrea *adj* (chem.) alkaline-earth
alcalizar §76 *va* to alkalize
alcaloide *m* alkaloid
alcalóidico -ca *adj* alkaloidal
alcalosis *f* (physiol.) alkalosis
alcaller *m* potter; pottery
alcallería *f* pottery, collection of pottery
alcamonías *fpl* aromatic seeds for flavoring; *m* (coll.) pander, go-between
alcana *f* (bot.) henna; (bot.) alkanet
alcance *m* pursuit; special delivery (*of mail*); late news (*in newspapers*); reach, arm's length; range (*e.g., of a gun*); scope, purview; extent; capacity, comprehension, intelligence; import, significance; coverage; balance due; deficit; **al alcance de** within reach of, within range of; **al alcance de la mano** within reach; **andarle** or **irle a uno en los alcances** to spy on a person; **dar alcance a** to catch up with; **de cortos alcances** of limited intelligence; **de gran alcance** long-range; **seguir los alcances a** to pursue; **alcance agresivo** striking range; **alcance de la vista** eyesight, eyeshot; **alcance del oído** earshot
alcancía *f* child's bank; bin, hopper, chute; (mil.) grenade; (Am.) poor box
alcándara *f* (archaic) perch for falcons; (archaic) clothes rack
alcandía *f* (bot.) sorghum, Indian millet
alcandial *m* field of sorghum
alcandora *f* signal fire, beacon
alcanfor *m* camphor
alcanforada *f* (bot.) stinking ground pine (*Camphorosma monspeliacum*)
alcanforar *va* to camphorate; *vr* (Am.) to hide, to disappear
alcanforero *m* (bot.) camphor tree
alcántara *f* cover for velvet in the loom
alcantarilla *f* drain, conduit, sewer, culvert; small bridge
alcantarillado *m* sewering, sewage system
alcantarillar *va* to sewer, to lay sewers in
alcanzable *adj* attainable
alcanzadizo -za *adj* reachable, attainable
alcanzado -da *adj* needy, hard up
alcanzadura *f* (vet.) attaint
alcanzar §76 *va* to catch up to, to overtake; to reach; to grasp; to perceive (*to see, hear, smell*); to live through; to obtain, to attain; to understand; **alcanzar de cuenta a** to find lacking; **alcanzar en** to find (*someone*) indebted for the amount of; *vn* to succeed; to carry (*said of firearm*); **alcanzar a** + *inf* to manage to + *inf;* **alcanzar a** or **hasta** to attain to, to reach, to reach up to; **alcanzar a oír** to manage to hear, to overhear; **alcanzar a ver** to catch sight of, to set sight on; **alcanzar para** to be sufficient for; *vr* to overreach (*said of a horse*)
alcaparra *f* (bot.) caper (*plant and berry*)
alcaparrado -da *adj* prepared with capers
alcaparral *m* caper field
alcaparrera *f* or **alcaparro** *m* (bot.) caper (*plant*)
alcaparrón *m* caper (*bud or berry*)
alcaparrosa *f* var. of **caparrosa**
alcaraván *m* (orn.) stone curlew, thick-knee
alcaravea *f* (bot.) caraway (*plant and seed*)
alcarceña *f* (bot.) tare
alcarcil *m* artichoke, wild artichoke
alcarracero -ra *mf* maker of unglazed porous jugs; *m* shelf or cupboard for unglazed porous jugs
alcarraza *f* unglazed porous jug (*for cooling water by evaporation*)
alcarria *f* barren plateau
alcartaz *m* (*pl:* **-taces**) paper cone
alcatara *f* (archaic) still
alcatifa *f* fine rug or carpet; filling of earth or cinders under tile or brick
alcatraz *m* (*pl:* **-traces**) (orn.) gannet, solan; (orn.) pelican; (bot.) arum; paper cone
alcaucí *m* (*pl:* **-cíes**) (bot.) wild artichoke
alcauciar *va* (Am.) to shoot to death
alcaudón *m* (orn.) shrike
alcayata *f* tenterhook; meat hook; spike
alcazaba *f* fortress (*within a walled town*)
alcázar *m* alcazar, fortress; castle, royal palace; (naut.) quarterdeck
alcazuz *m* (bot.) licorice
alc.de abr. of **alcalde**
alce *m* (zool.) elk, moose; cut (*in card playing*)
alcedo *m* maple grove
alcélafo *m* (zool.) bubal, hartebeest
Alcestes *f* (myth.) Alcestis
Alcibíades *m* Alcibiades
alcino *m* (bot.) wild basil
alción *m* (orn.) kingfisher, halcyon; (myth.) halcyon; (*cap.*) *m* (astr.) Alcyone
alcióneos *mpl* (meteor. & myth.) halcyon days
alcista *adj* bullish (*tending to rise in price*); rising, upward (*e.g., trend in cost of living*); *mf* bull (*in stock market*)

Alcmena *f* (myth.) Alcmene
alcoba *f* bedroom; **alcoba de respeto** guest room
alcocarra *f* grimace, face
alcofa *f* rush or wicker basket or hamper
alcohol *m* alcohol; kohl; (mineral.) galena; **alcohol absoluto** absolute alcohol; **alcohol de grano** grain alcohol; **alcohol de madera** wood alcohol; **alcohol desnaturalizado** denatured alcohol; **alcohol etílico** ethyl alcohol; **alcohol metílico** methyl alcohol, wood alcohol; **alcohol para fricciones** rubbing alcohol; **alcohol vinílico** vinyl alcohol
alcoholado -da *adj* having dark hair around the eyes (*said of an animal*); *m* (pharm.) alcoholate, spirit
alcoholar *va* to distill alcohol from; to blacken with kohl
alcoholato *m* (pharm.) alcoholate
alcoholaturo *m* (pharm.) alcoholature
alcoholero -ra *adj* (pertaining to) alcohol; *f* vessel for holding kohl (*cosmetic*); alcohol plant or factory
alcohólico -ca *adj* alcoholic; (med.) alcoholic; *mf* (med.) alcoholic
alcoholímetro *m* alcoholometer
alcoholismo *m* (path.) alcoholism
alcoholización *f* alcoholization
alcoholizado -da *adj & mf* (med.) alcoholic
alcoholizar §76 *va* to alcoholize; to fortify (*wines*); *vr* to become alcoholic
alcolla *f* large glass pitcher, vial, or cruet
alconcilla *f* rouge
alcor *m* hill, eminence
Alcorán *m* Alcoran, Koran
alcoránico -ca *adj* Koranic
alcoranista *m* Koranist
alcornocal *m* woods or forest of cork oaks
alcornoque *m* (bot.) cork oak; (coll.) blockhead
alcornoqueño -ña *adj* cork-oak
alcorque *m* cork-soled shoe; trench around base of plant or tree to hold irrigation water
alcorza *f* frosting of sugar and starch; **ser una alcorza** (Am.) to be a crybaby
alcorzar §76 *va* to frost with sugar and starch; to adorn
alcotán *m* (orn.) lanner
alcotana *f* mason's or bricklayer's pickaxe
alcrebite *m* sulfur
alcribís *m* tuyère
alcubilla *f* basin, reservoir
alcucero -ra *adj* (coll.) sweet-toothed; (coll.) greedy; *mf* maker or vendor of olive-oil cans
Alcuino *m* Alcuin
alcurnia *f* ancestry, lineage, family
alcuza *f* olive-oil can; (Am.) water jug; (Am.) earthen bottle; (Am.) caster
alcuzada *f* canful of olive oil
alcuzcuz *m* couscous
aldaba *f* knocker, door knocker; bolt, crossbar; latch; hitching ring; **tener buenas aldabas** to have pull, to have influence; **aldaba dormida** deadlatch
aldabada *f* knock with a door knocker; sudden fright or shock
aldabazo *m* sharp knock with a door knocker
aldabear *vn* to knock with a door knocker
aldabeo *m* knocking with a door knocker
aldabía *f* crossbeam (*of door or partition*)
aldabilla *f* hook or catch (*for door or window*)
aldabón *m* knocker, door knocker; trunk or chest handle
aldabonazo *m* knock with a door knocker; sharp knock with a door knocker
aldea *f* village
aldeaniego -ga *adj* village, rustic, peasant
aldeano -na *adj* village; country, rustic; *mf* villager
Aldebarán *m* (astr.) Aldebaran
aldehido *m* (chem.) aldehyde
aldehuela *f* little village, hamlet
aldeorrio or **aldeorro** *m* small backward village
alderredor *adv* around, about
aldino -na *adj* Aldine
aldiza *f* (bot.) bluebottle, cornflower
aldora *f* (bot.) sorghum
aldrán *m* country wine peddler
aleación *f* alloy
alear *va* to alloy; to ally; *vn* to beat the wings; to move the arms up and down (*like wings*); to convalesce
aleatorio -ria *adj* aleatory
alebrar §18 *vr* to lie flat (*like a rabbit*); to cower
alebrastar or **alebrestar** *vr* to lie flat (*like a rabbit*); to cower; (Am.) to rear; (Am.) to dash along; (Am.) to fall in love; (Am.) to become frightened; (Am.) to brighten up, to cheer up; (Am.) to get tipsy
alebronar *va* to cow, to intimidate; to frighten; *vr* to lie flat (*like a rabbit*); to cower; to become frightened
aleccionador -dora *adj* instructive, enlightening
aleccionamiento *m* instruction; training, coaching
aleccionar *va* to teach, instruct; to train, coach
alece *m* (ichth.) anchovy; ragout of fish liver
alecrín *m* (ichth.) tiger shark (*Galeocerdo arcticus*); (bot.) South American hardwood (*Holocalyx balansae*)
aleche *m* (ichth.) anchovy
alechugar §59 *va* to curl in the shape of a lettuce leaf; to curl, fold, pleat, frill
alechuguinar *va* to make foppish; *vr* to become foppish, become a dude
aleda *f* propolis
aledaño -ña *adj* bordering; attached; *m* border, boundary
alefangina *f* (archaic) purgative pill containing aloes, nutmeg, etc.
alefriz *m* (naut.) rabbet, mortise
alegación *f* allegation
alegamar *va* to fertilize with silt; *vr* to get full of silt
alegar §59 *va* to allege; *vn* (law) to plead
alegato *m* allegation; (law) allegation; (law) summing up, brief
alegoría *f* allegory
alegórico -ca *adj* allegoric
alegorizar §76 *va* to allegorize
alegra *f* (naut.) pump auger
alegrador -dora *adj* cheering; *m* spill (*twisted paper for lighting*); reamer; **alegradores** *mpl* (taur.) banderillas
alegrar *va* to cheer, make glad; to brighten, enliven; to stir up (*a fire*); (naut.) to widen (*a hole*); *vr* to be glad, to rejoice; (coll.) to get tipsy; **alegrarse de, con,** or **por** to be glad of or because of; **alegrarse de** + *inf* to be glad to + *inf*
alegre *adj* glad, joyful; bright, gay; cheerful, merry, light-hearted; careless, reckless; (coll.) off-color; (coll.) tipsy; **alegre de cascos** scatterbrained
alegreto *m* (mus.) allegretto
alegría *f* joy, cheer, gladness; brightness, gaiety; (bot.) sesame; nougat of honey and sesame seeds; **alegría secreta, candela muerta** all who joy would win must share it
alegro *m* (mus.) allegro
alegrón *m* sudden upsurge of joy; flare-up, sudden blaze; (Am.) flirt
alejado -da *adj* distant, remote
alejamiento *m* farness, distance; removal, withdrawal; estrangement
Alejandría *f* Alexandria
alejandrino -na *adj* Alexandrian; Alexandrine; *mf* Alexandrine (*native or inhabitant of Alexandria*); *m* Alexandrine (*verse of twelve syllables in English, fourteen in Spanish*)
Alejandro *m* Alexander; **Alejandro Magno** Alexander the Great
alejar *va & vr* to move aside, to move away, to keep at a distance
alejijas *fpl* barley porridge
Alejo *m* Alexis
alejur *m* var. of **alajú**
alelado -da *adj* stunned, dumbfounded
alelamiento *m* stupidity, imbecility
alelar *va* to make stupid, to stupefy; *vr* to grow stupid or dull
alelí *m* (*pl:* **-líes**) (bot.) gillyflower
aleluya *m & f* hallelujah; *m* Easter time; *f* prints distributed at church on Holy Saturday; (bot.) hallelujah, wood sorrel; doggerel; daub; bag of bones, skinny fellow; **aleluya navideña** Christmas card; *interj* hallelujah!

alema *f* allotment of irrigation water; **alemas** *fpl* (Am.) public baths
alemán -mana *adj & mf* German; *m* German (*language*); *f* allemande (*dance*)
alemanda *f* allemande (*dance*)
alemanesco -ca *adj* var. of **alemanisco**
Alemania *f* Germany; **la Alemania Occidental** West Germany; **la Alemania Oriental** East Germany
alemánico -ca *adj* Germanic
alemanisco -ca *adj* damask; Germanic; *m* damask table linen
alentado -da *adj* brave, spirited; haughty, gallant; (Am.) well, in good health; *f* long breath, deep breath; **de una alentada** without catching one's breath
alentador -dora *adj* encouraging
alentar **§18** *va* to encourage, inspire, cheer; **alentar a** + *inf* to encourage to + *inf; vn* to breathe; *vr* to get well, to recover
aleonado -da *adj* tawny, fulvous
aleonar *va* (Am.) to stir up, agitate
alepantado -da *adj* (Am.) distracted, fascinated
alepídoto -ta *adj* (ichth.) alepidote
alepín *m* bombazine
Alepo *m* Aleppo
alerce *m* (bot.) larch; **alerce africano** (bot.) sandarac
alergeno *m* (immun.) allergen
alergia *f* (path.) allergy
alérgico -ca *adj* allergic
alero *m* eaves; mudguard, splashboard
alerón *m* (aer.) aileron
alerta *m, adv & interj* see **alerto**
alertar *va* to alert
alerto -ta *adj* alert, watchful, vigilant; **alerta** *m* (mil.) alert; (mil.) watchword; **alerta** *adv* on the alert, alertly, watchfully; **estar alerta** to be on the alert; **alerta** *interj* watch out!, look out!
alesaje *m* bore (*of cylinder of motor*)
alesna *f* awl
alesnado -da *adj* awl-shaped; pointed; (bot.) subulate
aleta *f* small wing; fin (*of fish, etc.*); leaf (*of hinge*); blade (*of propeller*); (naut.) fashion piece; (aut.) fender, mudguard; (coll.) fin (*hand, arm*)
aletada *f* beating of wings, fluttering
aletargamiento *m* numbness, lethargy
aletargar **§59** *va* to benumb, to make lethargic; *vr* to get benumbed, to fall into a lethargy
aletazo *m* stroke or flap of wing or fin
aletear *vn* to flutter, to beat or flap the wings or fins
aleteo *m* fluttering, flapping, beating; palpitation (*of heart*)
aleto *m* (orn.) osprey
aletría *f* (prov.) noodles, spaghetti
aleudar *va* to leaven, to ferment with yeast; *vr* to rise, become fermented
aleurona *f* (biochem.) aleurone
aleutiano -na *adj* Aleutian; *mf* Aleut, Aleutian (*native or inhabitant*); *m* Aleut (*language*)
aleve *adj* treacherous, perfidious; *mf* traitor, rebel; *m* treachery, perfidy
alevilla *f* (ent.) moth
alevosa *f* see **alevoso**
alevosía *f* treachery, perfidy
alevoso -sa *adj* treacherous, perfidious; *f* (vet.) frogtongue
alexia *f* (psychopath.) alexia
alexifármaco -ca *adj & m* alexipharmic
alexina *f* (biochem.) alexin
aleya *f* verse of the Koran
alezo *m* drawsheet (*in hospitals*)
alfa *f* alpha; **alfa y omega** alpha and omega
alfábega *f* (bot.) basil
alfabético -ca *adj* alphabetic
alfabetización *f* alphabetization; (Am.) teaching illiterates to read and write
alfabetizar **§76** *va* to alphabetize; (Am.) to teach (*a person*) to read and write
alfabeto *m* alphabet; **alfabeto Morse** (telg.) Morse code; **alfabeto para sordomudos** deaf-and-dumb alphabet
alfaguara *f* gushing spring
alfaida *f* tidewater (*in a river*)
alfajía *f* quartering for doorframe or window frame; (prov.) roof timber
alfajor *m* var. of **alajú**
alfalfa *f* (bot.) alfalfa
alfalfal *m* alfalfa field
alfalfe *m* var. of **alfalfa**
alfana *f* big, fiery horse
alfaneque *m* (orn.) buzzard; (archaic) campaign tent
alfanjado -da *adj* cutlass-shaped
alfanjazo *m* stroke or wound with a cutlass
alfanje *m* cutlass; (ichth.) swordfish
alfaque *m* bar, shoal
alfaquí *m* (*pl:* **-quíes**) alfaqui (*expounder of the Koran*)
alfar *adj* galloping with front feet and trotting with rear feet; *m* pottery; clay; *vn* to gallop with front feet and trot with rear feet; (naut.) to pitch
alfaraz *m* (*pl:* **-races**) Moorish light-cavalry horse
alfarda *f* tax levied on Jews and Moors; special tax; (arch.) light beam
alfardilla *f* binding, trimming, gold or silver braid
alfardón *m* ring, washer; tax
alfarería *f* pottery; pottery store or stand; potter's workshop
alfarero *m* potter
alfargo *m* press of olive-oil mill
alfarje *m* olive crusher; carved and paneled ceiling
alfarjía *f* quartering for doorframe or window frame
alféizar *m* splay of door or window; embrasure
alfeñicar **§86** *vr* (coll.) to become extremely thin; (coll.) to be finical, to be too nice
alfeñique *m* almond-flavored sugar paste; (coll.) thin, delicate person; prudery, squeamishness
Alfeo *m* (myth.) Alpheus
alferazgo ensigncy; second lieutenancy
alferecía *f* epilepsy; ensigncy; second lieutenancy
alférez *m* (*pl:* **-reces**) (mil.) second lieutenant; (mil.) subaltern (Brit.); **alférez de fragata** (nav.) ensign; **alférez de navío** (nav.) lieutenant (j.g.)
alficoz *m* (*pl:* **-coces**) (bot.) cucumber (*plant and fruit*)
alfil *m* bishop (*in chess*)
alfiler *m* pin; (elec.) prong (*of a tube*); **alfileres** *mpl* pin money; **de veinticinco alfileres** or **con todos sus alfileres** (coll.) dressed to kill; **no estar con sus alfileres** (coll.) to be in a bad humor; **pedir para alfileres** (coll.) to ask for a tip; (coll.) to ask for pin money; **pegar** or **prender con alfileres** (coll.) to put together in a shaky way; (coll.) to learn superficially; **alfiler de corbata** stickpin, scarfpin; **alfiler de madera** clothespin; **alfiler de París** wire nail; **alfiler de seguridad** safety pin
alfilerar *va* to pin, pin up
alfilerazo *m* pinprick; (fig.) dig, jab, innuendo
alfilerillo *m* finishing nail
alfiletero *m* pincase, needlecase
alfitete *m* semolina
alfolí *m* (*pl:* **-líes**) granary; salt warehouse
alfoliar **§90** *va* (archaic) to store (*grain or salt*)
alfolla *f* hook, clasp; purple brocade
alfombra *f* carpet, rug; (path.) German measles; **alfombra de baño** bath mat; **alfombra de rezo** prayer rug; **alfombra mágica** magic carpet
alfombrado *m* carpeting
alfombrar *va* to carpet
alfombrero -ra *mf* carpet maker
alfombrilla *f* rug, runner; door mat; (path.) German measles
alfombrista *mf* carpet dealer; carpet repairer
alfóncigo *m* (bot.) pistachio (*tree and seed*)
alfonsí *adj masc* (*pl:* **-síes** or **-sinos**) Alphonsine
alfónsigo *m* var. of **alfóncigo**
alfonsino -na *adj* Alphonsine
Alfonso *m* Alphonso; **Alfonso el Sabio** Alphonso the Wise
alforfón *m* (bot.) buckwheat

alforjas *fpl* saddlebags, knapsack; provisions for traveling
alforjón *m* (bot.) buckwheat
alforza *f* pleat, tuck; innermost heart; (coll.) scar
alforzar §76 *va* to pleat, to tuck
alfoz *m* (*pl:* **-foces**) narrow mountain pass; district, dependence; outskirts
Alfredo *m* Alfred; **Alfredo el Grande** Alfred the Great
alga *f* (bot.) alga; (bot.) seaweed
algaba *f* woods, thicket
algaida *f* jungle, brush, thicket; sandbank, dune
algalia *f* civet; (surg.) catheter; *m* (zool.) civet cat
algaliar *va* to perfume with civet
algara *f* thin skin (*of egg, onion, etc.*); raiding cavalry; cavalry raid
algarabía *f* Arabic; (coll.) gibberish, jabber; (*coll.*) din, clamor, uproar, confusion; (bot.) broomweed; (zool.) fulvous tree duck
algaracear *vn* (Am.) to spit snow, to snow lightly
algarada *f* outcry; catapult (*of ancient Romans*)
algarero -ra *adj* chattering, talkative; *m* raiding cavalryman
algarrada *f* catapult (*of ancient Romans*); bull baiting; fight with young bulls; driving bulls into pen
algarroba *f* (bot.) vetch; carob bean, locust bean
algarrobilla *f* (bot.) vetch
algarrobo *m* (bot.) carob; **algarrobo loco** (bot.) Judas tree; **algarrobo negro** (bot.) mesquite, honey mesquite
algazara *f* Moorish battle cry; uproar, tumult, din
algazul *m.* (bot.) ice plant
álgebra *f* algebra
algebraico -ca or **algébrico -ca** *adj* algebraic
algebrista *mf* algebraist
algecireño -ña *adj* (pertaining to) Algeciras; *mf* native or inhabitant of Algeciras
algidez *f* abnormal coldness
álgido -da *adj* cold, chilly; (bot. & zool.) of the frigid zone; (coll.) most active, most intense, decisive
algo *pron indef* something; **¿algo más?** anything else?; **algo por el estilo** something of the sort; *adv* somewhat, rather, a little
algodón *m* cotton; cotton wadding (*for ears*); (bot.) cotton plant; **estar criado entre algodones** to be brought up in comfort; **algodón de altura** upland cotton; **algodón en hojas** cotton batting; **algodón en rama** raw cotton, cotton wool; **algodón hidrófilo** absorbent cotton; **algodón pólvora** guncotton
algodonal *m* cotton plantation, cotton field
algodonar *va* to fill or stuff with cotton
algodoncillo *m* piece of cotton (*for the ear*); (bot.) milkweed, swamp milkweed
algodonería *f* cotton factory; cotton manufacture; cotton plantation
algodonero -ra *adj* (pertaining to) cotton; *mf* cotton dealer, cotton broker; cotton grower; *m* Levant cotton
algodonoso -sa *adj* cottony
algología *f* algology
algonquino -na *adj* (philol.) Algonquian; (geol.) Algonkian; *m* Algonquin (*North American Indian and his language*); (philol.) Algonquian; *f* (geol.) Algonkian
algor *m* (path.) algor
algorfa *f* grain loft
algorín *m* olive bin
algoritmia *f* (math.) algorism
algorítmico -ca *adj* algorithmic
algoritmo *m* (math.) algorism
algoso -sa *adj* algous
alguacil *m* bailiff, alguazil; (taur.) mounted police officer who heads the processional entrance of the bullfighters; (ent.) jumping spider
alguacilazgo *m* bailiwick
alguacilillo *m* (taur.) mounted police officer who heads the processional entrance of the bullfighters; (ent.) jumping spider
alguarín *m* (prov.) storeroom; (prov.) flour trough (*in flour mill*); (prov.) olive trough
alguaza *f* (prov.) hinge
Alguer Alghero (*Catalan-speaking Sardinian city*)
alguien *pron indef* somebody, someone
algún *adj indef* apocopated form of **alguno,** used only before masculine singular nouns and adjectives; *adv* **algún tanto** somewhat, a little
alguno -na *adj indef* some, any; (after noun) not any; **alguno de ellos** one or another of them; **alguno que otro** some or another, an occasional; **alguna vez** sometimes; ever, e.g., **¿Ha estado Vd. alguna vez en España?** Have you ever been in Spain?; *pron indef* someone, some one; **algunos** some; **algunos de entre** some of
alhaja *f* jewel, gem, ornament, fine piece of furniture; (fig.) gem (*thing*); (coll.) gem (*person*); **buena alhaja** a sly fellow, a bad egg
alhajar *va* to bejewel; to furnish, to appoint
alhámega *f* var. of **alárgama**
alhamel *m* (prov.) beast of burden; (prov.) messenger; (prov.) muleteer
alhandal *m* colocynth, bitter apple (*fruit*)
alharaca *f* fuss, outcry, ado, ballyhoo; **hacer alharacas** to make a fuss
alharaquiento -ta *adj* fussy, emotional, strident, clamorous
alhárgama or **alharma** *f* var. of **alárgama**
alhelí *m* (*pl:* **-líes**) (bot.) gillyflower
alhelicillo *m* (bot.) alyssum, sweet alyssum
alheña *f* (bot.) henna; powdered henna; blight, mildew; **hecho alheña** or **molido como una alheña** (coll.) all fagged out
alheñar *va* to henna; to mildew, to blight; *vr* to henna (*e.g., one's hair*); to become mildewed, to become blighted
alhócigo *m* var. of **alfóncigo**
alhoja *f* (orn.) lark
alholva *f* (bot.) fenugreek (*plant and seed*)
alhóndiga *f* grain exchange
alhorma *f* Moorish camp; Moorish sanctuary or place of refuge (*around the tomb of a holy man*)
alhorre *m* meconium; skin eruption of newborn child
alhoz *m* (*pl:* **-hoces**) (archaic) var. of **alfoz**
alhucema *f* (bot.) lavender (*plant and dried flowers and leaves*)
alhumajo *m* pine needles
alhurreca *f* var. of **adarce**
aliabierto -ta *adj* with wings spread
aliacán *m* (path.) jaundice
aliacanado -da *adj* jaundiced
aliáceo -a *adj* garlicky
aliado -da *adj* allied; *mf* ally
aliadófilo -la *adj & mf* pro-Ally
aliaga *f* (bot.) furze, gorse
aliagar *m* furze field
alianza *f* alliance; wedding ring; (Bib.) covenant; **Santa Alianza** Holy Alliance; **Triple Alianza** Triple Alliance; **Alianza para el progreso** Alliance for Progress
aliar §90 *va* to ally; *vr* to become allied; to form an alliance
aliara *f* drinking horn
aliaria *f* (bot.) garlic mustard
alias *m & adv* alias
aliblanca *f* (orn.) white-winged dove
alible *adj* nourishing, nutritive
álica *f* porridge of corn, wheat, and pulse
alicaído -da *adj* with drooping wings; (coll.) drooping, crestfallen; (coll.) discouraged, downhearted; (coll.) discountenanced
alicántara *f* (zool.) viper
alicante *m* (zool.) viper; Alicante wine
alicantino -na *adj* (pertaining to) Alicante; *mf* native or inhabitant of Alicante; *f* (coll.) trick, ruse
alicatado *m* tiling with arabesque designs
alicatar *va* to tile
alicates *mpl* pliers
Alicia *f* Alice; **Alicia en el país de las maravillas** Alice in Wonderland
aliciente *m* attraction, inducement, incentive
alicortar *va* to cut the wings of, to wing (*to wound*)
alicuanta *adj fem* (math.) aliquant
alícuota *adj fem* (math.) aliquot
alidada *f* alidade
alienable *adj* alienable

alienación *f* alienation; rapture
alienado -da *adj* insane; enraptured; distracted; *mf* insane person
alienar *va* to alienate; to enrapture
alienismo *m* alienism (*profession of alienist*)
alienista *mf* alienist
aliento *m* breath, breathing; enterprise, courage, spirit; **cobrar aliento** to revive, to take heart; **contener el aliento** to hold one's breath; **dejar sin aliento** to leave breathless; **de mucho aliento** long, endless, arduous (*work*); **de un aliento** without catching one's breath; without stopping; **mal aliento** bad breath; **nuevo aliento** second wind; **sin aliento** out of breath; **tomar aliento** to catch one's breath
alifafe *m* (vet.) tumor on horse's hock; (coll.) complaint, indisposition
alifar *va* (prov.) to polish, to burnish
alifara *f* (prov.) light lunch
alifático -ca *adj* (chem.) aliphatic
alífero -ra *adj* winged
aliforme *adj* wing-shaped
aligación *f* or **aligamiento** *m* bond, tie, connection; alloy
aligar §59 *vr* to band together
aligeramiento *m* lightening; easing, alleviation; shortening; hastening
aligerar *va* to lighten; to ease, alleviate; to shorten; to hasten
alígero -ra *adj* (poet.) winged
aligonero *m* var. of **almez**
aligustre *m* (bot.) privet; **aligustre del Japón** (bot.) wax privet
aligustrón *m* (bot.) wax privet
alijado -da *adj* (naut.) light, unloaded
alijador *m* lighter (*ship*); lighterman; cotton ginner (*person*); smuggler; sander, sandpaperer
alijar *m* wasteland; Moorish tile; **alijares** *mpl* outlying commons; *va* to unload, to lighten (*a ship*); to unload (*contraband*); to gin (*cotton*); to sandpaper
alijarar *va* to apportion (*wasteland*) for cultivation
alijarero *m* farmer of wasteland
alijo *m* lighterage; ginning; smuggling; smuggled goods; contraband; (Am.) locomotive tender
alilaya *f* (Am.) flimsy excuse
alileno *m* (chem.) allylene
alilo *m* (chem.) allyl
alimaña *f* animal, small predatory animal, varmint
alimañero *m* gamekeeper who watches for and destroys predatory animals
alimentación *f* alimentation, nourishment, feed, feeding; **alimentación forzada** (mach.) force feed; (med.) force-feeding
alimentador -dora *adj* nourishing; *mf* nourisher; *m* stoker (*machine*); (elec.) feeder
alimentar *va* to nourish, to feed; to sustain, to maintain; to foster, to cherish; *vn* to be nourishing; *vr* to feed; **alimentarse con** or **de** to feed on or upon
alimentario -ria *adj* alimentary (*providing support*); *mf* pensioner
alimenticio -cia *adj* alimentary, nourishing, nutritional, food
alimentista *mf* pensioner
alimento *m* food, nourishment, aliment; encouragement, support; **alimentos** *mpl* foodstuffs; alimony; allowance; **alimento combustible** or **energético** carbohydrate; **alimento plástico** or **reparador** protein; **alimento respiratorio** or **termógeno** carbohydrate
alimentoso -sa *adj* nutritious
álimo *m* (bot.) saltbush
alimoche *m* (orn.) Egyptian vulture, Pharaoh's chicken
alimón; al alimón (taur.) with the cape held by two toreros
alimonado -da *adj* lemon (*in form, appearance, or color*)
alimonar *vr* to turn yellow (*said of leaves*)
alindado -da *adj* vain, foppish, dandified, mincing
alindamiento *m* marking off, setting boundaries
alindar *va* to mark off; to prettify; *vn* to border, be contiguous
alindongar §59 *vr* (dial.) to overdress
alineación *f* alignment; (eng.) alignment; **fuera de alineación** out of alignment
alineador -dora *adj* aligning; *mf* aligner
alineamiento *m* building line; (archeol.) alignment
alinear *va & vr* to align, to line up
aliñar *va* to season, to dress (*food*); (Am.) to set (*a broken bone*)
aliño *m* seasoning, dressing; preparation; **aliño francés** French dressing
aliñoso -sa *adj* seasoned; careful, attentive
alioli *m* garlic and olive-oil sauce
alionar *va* (Am.) to stir up, agitate
alionín *m* (orn.) bottle tit
alipata *m* (bot.) blind-your-eyes, poison tree
alípede *adj* (poet.) winged, nimble, swift
alípedo -da *adj & mf* aliped
aliquebrado -da *adj* (coll.) drooping, crestfallen
aliquebrar §18 *va* to break the wings of
alirado -da *adj* lyrate, lyre-shaped
alirrojo -ja *adj* red-winged
alisado *m* (action of) smoothing
alisador -dora *adj* polishing; *mf* smoother, polisher, finisher; *m* smoothing iron, smoothing blade; *f* surfacing machine, road scraper
alisadura *f* smoothing, polishing; surfacing; **alisaduras** *fpl* turnings, cuttings, shavings
alisar *m* alder grove or plantation; *va* to smooth; to sleek; to iron lightly
aliseda *f* alder grove or plantation
alisios *mpl* trade winds
alisma *f* (bot.) water plantain
aliso *m* (bot.) alder
alistador -dora *mf* enlister, enroller, recruiter
alistamiento *m* enlistment, enrolment, recruitment
alistar *va* to list; to enlist, enroll; to prepare, arrange; to stripe; *vr* to enlist, enroll; to get ready
aliteración *f* alliteration; paronomasia
aliterado -da *adj* alliterative
alitierno *m* (bot.) mock privet
aliviador -dora *adj* alleviative
alivianar *va* (Am.) to make lighter (*in weight*)
aliviar *va* to lighten; to alleviate, mitigate, soothe; to hasten, speed up
alivio *m* alleviation, relief
alizar *m* tile dado; tile (*of a dado*)
alizarina *f* (chem.) alizarin
aljaba *f* quiver
aljama *f* Moorish gathering, Jewish gathering; mosque, synagogue; Moorish quarter, ghetto
aljamía *f* Spanish of Moors or Jews; Spanish written in Arabic characters
aljamiado -da *adj* aljamía-speaking; written in Arabic characters (*said of Spanish*)
aljarafe *m* tableland; flat roof, terrace
aljarfa *f* or **aljarfe** *m* thick central part of fishing net
aljerife *m* large fishing net
aljévena *f* (prov.) washbowl, basin
aljez *m* gypsum
aljezar *m* gypsum pit
aljezón *m* gypsum rubbish
aljibe *m* tank barge, water tender; oil tanker; cistern, reservoir
aljibero *m* tender of a cistern or reservoir
aljofaina *f* washbowl, basin
aljófar *m* imperfect pearl; pearl trimming; (fig.) dewdrop
aljofarar *va* to adorn with pearls; to bepearl
aljofifa *f* floor mop
aljofifar *va* to mop (*a tiled floor*)
aljonje *m* birdlime
aljonjera *f* or **aljonjero** *m* (bot.) carline thistle
aljonjolí *m* (*pl:* **-líes**) (bot.) sesame
aljor *m* gypsum
aljorozar §76 *va* (Am.) to smooth, to make smooth with plaster
aljuba *f* jubbah
alma *f* see **almo**
almacén *m* warehouse; store, department store; (phot.) magazine; (fig.) storehouse; (Am.) grocery store; **gastar (mucho) almacén** (coll.) to dress gaudily, be gaudily

dressed; (coll.) to be long-winded; **grandes almacenes** department store; **almacén de placas** (phot.) plateholder
almacenaje *m* storage (*cost, charges*)
almacenamiento *m* storage, storing
almacenar *va* to store; to store up, hoard
almacenero *m* storekeeper; warehouseman
almacenista *mf* shop owner; store clerk; warehouseman; (Am.) wholesale grocer
almacería *f* covered seedbed
almáciga *f* seedbed (*for later transplantation*); mastic
almacigar **§59** *va* to scent or treat with mastic
almácigo *m* (bot.) mastic tree; seedbed
almaciguero -ra *adj* (pertaining to a) seedbed
almádana or **almádena** *f* stone hammer, spalling hammer
almadía *f* Hindoo canoe; raft
almadiar *vr* to get sick, become nauseated
almadiero *m* paddler, canoeist; raftsman
almádina *f* var. of **almádana**
almadraba *f* tuna fishing; tuna fishery; tuna-fish net
almadrabero -ra *adj* tuna-fishing; *mf* tuna fisher
almadraque *m* cushion, pillow; mattress
almadreña *f* wooden shoe
almaganeta *f* var. of **almádana**
almagesto *m* almagest
almagra *f* red ocher, ruddle
almagrado -da *adj* red-ocher (*color*)
almagradura *f* coloring with red ocher
almagral *m* ocher deposit
almagrar *va* to color with red ocher; to make bloody; (slang) to make bleed, to draw blood on; to stigmatize, to defame
almagre *m* red ocher
almagrero -ra *adj* red-ocher-bearing; *f* ocher deposit; ocher can
almaizal *m* or **almaizar** *m* Moorish gauze veil; (eccl.) humeral veil
almajal *m* var. of **almarjal**
almajaneque *m* (mil.) battering ram
almajar *m* var. of **almarjal**
almajara *f* (hort.) hotbed, forcing bed
almajo *m* var. of **almarjo**
almalafa *f* Moorish robe
almanaque *m* almanac; calendar; **hacer almanaques** (coll.) to meditate, to muse; **ser un almanaque del año pasado** to be out of date
almanaquero -ra *mf* maker or vendor of almanacs
almancebe *m* Guadalquivir fishing net
almandina *f* deep-red garnet
almánguena *f* red ocher
almanta *f* space between rows of trees; ground between two large furrows
almarada *f* poniard with triangular blade; wooden-handled poker; rope-sandalmaker's needle
almarbatar *va* to join (*two pieces of wood*)
almarcha *f* town on marshy ground
almarga *f* marlpit
almarjal *m* glasswort field; marsh, fen
almarjo *m* (bot.) glasswort; (chem.) barilla
almaro *m* (bot.) germander
almarrá *m* (*pl:* **-rraes**) cotton gin
almarraja or **almarraza** *f* glass sprinkling vessel
almártaga *f* (archaic) headstall; litharge
almártega *f* litharge
almártiga *f* (archaic) headstall
almartigón *m* halter (*for tying horse to manger*)
almaste *m*, **almástec** *m*, or **almástiga** *f* mastic
almatrero *m* shad fisherman
almatriche *m* irrigation trench
almatroque *m* shad net
almatroste *m* (Am.) var. of **armatoste**
almazara *f* oil mill, oil press
almazarero *m* oil-mill operator
almazarrón *m* red ocher
almea *f* almeh (*Oriental singing and dancing girl*); liquid storax; storax bark
almear *m* shock, stack; loft
almecina *f* var. of **almeza**
almeja *f* (zool.) clam; **almeja de los estanques** (zool.) swan mussel; **almeja redonda** (zool.) quahog, hard-shelled clam
almejar *m* clam bed
almejía *f* Moorish cloak of rough cloth
almena *f* (fort.) merlon
almenado -da *adj* battlemented, crenelated; *m* battlement
almenaje *m* battlement, battlements
almenar *s* cresset; *va* (fort.) to crenelate, to line or top with merlons
almenara *f* beacon fire; chandelier; overflow ditch, return ditch
almendra *f* almond (*fruit and stone; almond-shaped glass, diamond, etc.*); kernel (*of drupaceous fruit*); **almendra amarga** bitter almond; **almendra de Málaga** Jordan almond; **almendra garapiñada** praline
almendrado -da *adj* almond-shaped; *m* macaroon; *f* drink of milk and almonds; compliment
almendral *m* almond grove
almendrate *m* almond stew
almendrera *f* (bot.) almond tree; **florecer la almendrera** (coll.) to turn gray prematurely
almendrero *m* (bot.) almond tree; dish for almonds
almendrilla *f* almond-shaped file; fine gravel; buckwheat coal
almendro *m* (bot.) almond tree; **almendro amargo** (bot.) bitter almond
almendrón *m* (bot.) Malabar almond (*tree and nut*); (bot.) Brazil-nut tree; (bot.) Jamaica bayberry
almendruco *m* green almond
almenilla *f* merlon-shaped trimming
almeriense *adj* (pertaining to) Almería; *mf* native or inhabitant of Almería
almete *m* armet; soldier wearing armet
almez *m* (*pl:* **-meces**) (bot.) hackberry, nettle tree
almeza *f* hackberry (*fruit*)
almezo *m* (bot.) hackberry, nettle tree
almiar *m* haystack, hayrick
almíbar *m* simple syrup; fruit juice; **estar hecho un almíbar** (coll.) to be as sweet as pie
almibarado -da *adj* syrupy; (coll.) sugary, honeyed, flattering
almibarar *va* to preserve in syrup; to honey (*one's words*)
almicantarada or **almicantarat** *f* (astr.) almucantar
almidón *m* starch; **almidón de maíz** cornstarch
almidonado -da *adj* starched; (coll.) spruce, dapper; *m* starching
almidonar *va* to starch
almidonería *f* starch factory
almijar *m* place for drying olives or grapes before pressing
almilla *f* bodice, close-fitting jacket; undervest; (carp.) tenon; breast of pork
almimbar *m* mimbar (*pulpit in a mosque*)
alminar *m* minaret
almiranta *f* admiral's wife; flagship
almirantazgo *m* admiralty
almirante *m* admiral; female headgear; cone shell; (prov.) swimming coach
almirez *m* (*pl:* **-reces**) metal mortar
almizclar *va* to perfume with musk
almizcle *m* musk
almizcleño -ña *adj* musky; *f* (bot.) grape hyacinth
almizclero -ra *adj* musky; *m* (zool.) musk deer; *f* (zool.) muskrat
almo -ma *adj* (poet.) nourishing; (poet.) sacred, venerable; *f* soul, heart, spirit; living soul (*person*); strength, vigor; crux, heart (*of the matter*); pith (*of plants*); darling, sweetheart; bore (*of gun*); web (*of rail, etc.*); (elec.) core (*of cable*); newel (*of staircase*); (mus.) sounding-post (*of violin, etc.*); **dar el alma, entregar el alma, rendir el alma** to give up the ghost; **estar con el alma en la boca** or **entre los dientes** (coll.) to have one's heart in one's boots or mouth
almocadén *m* (archaic) infantry officer; (archaic) cavalry officer in command of a platoon; petty officer (*in Morocco*)
almocafre *m* dibble, weeding hoe

almocárabes *mpl* or **almocarbes** *mpl* (arch.) intertwining spiral or scroll-like figures
almocatracía *f* (archaic) duty on woolen goods
almocela *f* farmer's straw mattress; (archaic) hood
almocrate *m* (chem.) sal ammoniac
almocrí *m* (*pl:* **-críes**) reader of Koran in a mosque
almodí *m* (*pl:* **-díes**) public grain exchange
almodón *m* flour made from dampened wheat
almodrote *m* sauce of oil, cheese, and garlic; (coll.) mixture, hodgepodge
almófar *m* (arm.) mail coif (*worn under helmet*)
almofía *f* brass washbasin
almofrej *m* or **almofrez** *m* traveling bag for bedding
almogama *f* (naut.) var. of **redel**
almogárabe *m* (mil.) raider, forager
almogataz *m* Christianized Moor in Spanish army in Africa
almogávar *m* (mil.) raider, forager
almogavarear *vn* to go raiding, to go foraging
almogavaría or **almogavería** *f* (mil.) raiding troops, raiding party
almohada *f* pillow; cushion; pillowcase; (naut.) pillow; **consultar con la almohada** to sleep a thing over; **dar almohada a** (hist.) to raise to the nobility (*by the queen's inviting a woman to sit at her side on a cushion*); **almohada de aire** air cushion
almohade *adj* Almohade; **almohades** *mpl* Almohades (*Islamitic sect which controlled the Mussulman territory of North Africa and Spain in the 12th and 13th centuries*)
almohadilla *f* small pillow or cushion; sewing cushion; pad; harness pad; callus (*from saddle or harness*); cushion (*pad for gold leaf*); (arch.) bossage (*of an ashlar*); (arch.) bolster; (baseball) bag; **almohadilla higiénica** sanitary napkin; **almohadilla caliente eléctrica** electric hot pad, electric heating pad
almohadillado -da *adj* padded, cushioned; ashlared; *m* bossage; ashlar; **almohadillado rústico** rusticated or quarry-faced ashlar
almohadillar *va* to pad, to cushion; to dress (*an ashlar*)
almohadón *m* large pillow or cushion, round cushion, hassock; (arch.) springer
almohatre *m* (chem.) sal ammoniac
almohaza *f* currycomb
almohazador *m* currier, groom
almohazar **§76** *va* to curry, to currycomb
almojábana *f* cheese cake; cruller
almojarifazgo *m* import duty, export duty; custom house
almojarife *m* royal tax collector, revenue officer, customhouse officer
almojaya *f* (carp.) putlog
almona *f* shad fishery; (archaic) public stores; (prov.) soap factory
almóndiga *f* meat ball, fish ball
almoneda *f* auction; clearance sale
almonedar or **almonedear** *va* to auction; to sell out
almonedero *m* auctioneer
almoraduj *m* or **almoradux** *m* (bot.) sweet marjoram
almorávid *adj* Almoravide; **almorávides** *mpl* Almoravides (*North African tribe which dominated Arabic Spain from 1093 to 1148*)
almorejo *m* (bot.) bottle grass (*Setaria glauca*)
almorí *m* (*pl:* **-ríes**) honey cake
almoronía *f* var. of **alboronía**
almorranas *fpl* (path.) piles, hemorrhoids
almorraniento -ta *adj* suffering from piles
almorrefa *f* triangular tile
almorta *f* (bot.) grass pea
almorzada *f* double handful
almorzar **§52** *va* to eat for lunch, to lunch on; *vn* to have lunch, to lunch
almotacén *m* inspector of weights and measures; inspector's office
almotacenazgo *m* office of inspector of weights and measures
almotacenía *f* inspector's fee; office of inspector of weights and measures
almozala *f* quilt, blanket
almozárabe *adj* Mozarabic; *mf* Mozarab
almud *m* almud (*dry measure: 2 to 21 qts.; liquid measure: 5 to 32 qts.*)
almudada *f* ground sown with one almud of seed
almudero *m* keeper of dry measures
almudí *m* (*pl:* **-díes**) public grain exchange
almudín *m* var. of **almudí**
almuecín *m* or **almuédano** *m* muezzin
almuérdago *m* var. of **muérdago**
almuerza *f* double handful
almuerzo *m* lunch; luncheon set (*of dishes*)
almunia *f* orchard, farm
alnado -da *mf* stepchild
alnico *m* alnico (*alloy*)
aló *interj* (Am.) hello!, hey!
alobadado -da *adj* bitten by a wolf; (vet.) having carbuncular tumors
alobunado -da *adj* wolflike, wolf-colored
alocado -da *adj* mad, wild, reckless, foolish; *mf* madcap
alocar **§86** *va* to drive mad or crazy
alocución *f* allocution, address, speech
alodial *adj* (law) alodial
alodio *m* (law) alodium
áloe or **aloe** *m* (bot.) aloe; (pharm.) aloes
aloético -ca *adj* aloetic
alófana *f* (chem.) allophane
alogamia *f* (bot.) allogamy
aloína *f* (chem. & pharm.) aloin
aloja *f* metheglin, mead
alojado -da *mf* (Am.) guest, lodger; *m* soldier billeted in a private house
alojamiento *m* lodging; housing; quartering, billeting; lodgings, quarters; (naut.) crew's quarters
alojar *va* to lodge; to quarter, billet (*troops*); *vn* & *vr* to lodge; to be quartered or billeted
alojería *f* metheglin shop, mead shop
alojero -ra *mf* metheglin mixer or vendor; (theat.) box near the pit
alomado -da *adj* high-backed
alomar *va* to plow in wide furrows; *vr* to become strong in back and loins (*said of a horse*)
alón *m* wing without feathers
alondra *f* (orn.) lark; **alondra azul** (orn.) blue grosbeak
alongamiento *m* lengthening, prolongation; extension; distance, separation
alongar **§79** *va* to lengthen, prolong; to stretch, extend; to remove, to put at a distance; *vr* to move away
alópata *mf* allopath
alopatía *f* allopathy
alopático -ca *adj* allopathic
alopecia *f* (path.) alopecia
alopecuro *m* (bot.) foxtail grass
alopiado -da *adj* opiate
aloque *adj* light-red (*said of wine*); *m* light-red wine; mixture of light-red and white wine
aloquecer **§34** *vr* to go crazy, to lose one's mind
aloquín *m* stone inclosure of a wax bleachery
alosa *f* (ichth.) shad
alotar *va* (naut.) to reef, to stow
alotropía *f* allotropy
alotrópico -ca *adj* allotropic
alotropismo *m* allotropism
alotropo *m* allotrope
alpaca *f* (zool.) alpaca; alpaca (*wool and cloth; glossy black cloth made of wool and cotton*); German silver
alpañata *f* chamois skin, soft leather (*for polishing pottery before baking*)
alpargata *f* hemp sandal; espadrille
alpargatado -da *adj* shaped like a hemp sandal
alpargatar *vn* to make hemp sandals
alpargate *m* var. of **alpargata**
alpargatería *f* hemp-sandal shop or factory
alpargatero -ra *mf* maker or seller of hemp sandals
alpargatilla *mf* crafty, sneaking person
alpechín *m* foul-smelling juice that oozes from a heap of olives
alpechinera *f* vat for catching juice oozing from a heap of olives
alpende *m* tool house, tool shed; lean-to, penthouse
alpérsico *m* (bot.) peach (*tree and fruit*)

Alpes *mpl* Alps; **Alpes dináricos** Dinaric Alps; **Alpes julianos** Julian Alps; **Alpes réticos** Rhaetian Alps
alpestre *adj* alpine; Alpine
alpicoz *m* (*pl:* **-coces**) (prov.) var. of **alficoz**
alpinismo *m* Alpinism, mountain climbing
alpinista *mf* Alpinist, mountain climber
alpino -na *adj* Alpine
alpiste *m* (bot.) canary grass; alpist, canary seed, birdseed; **dejar alpiste a uno** (coll.) to disappoint someone; **quedarse alpiste** (coll.) to be disappointed
alpistela *f* sesame-seed cake
alpistero -ra *adj* canary-grass; canary-seed; *f* sesame-seed cake
alpujarreño -ña *adj* pertaining to the Alpujarras; *mf* native or inhabitant of the Alpujarras
alquequenje *m* (bot.) winter cherry, alkekengi
alquería *f* farmhouse
alquermes *m* kermes-colored alcoholic drink
alquerque *m* place in olive-oil mill for shredding crushed residue from first pressing
alquez *m* (*pl:* **-queces**) wine measure of 193 liters
alquibla *f* kiblah (*direction to which Moslems turn in prayer*)
alquicel *m* or **alquicer** *m* Moorish cloak; fabric for covering furniture
alquifol *m* alquifou (*lead sulfide for glazing pottery*)
alquila *f* "for hire" sign on a cab
alquilable *adj* rentable, for rent
alquiladizo -za *adj* for rent, for hire; hireling; *mf* hireling
alquilador -dora *mf* renter, hirer; proprietor, tenant
alquilamiento *m* rent, renting, hire, hiring
alquilar *va* to rent, to let, to hire; *vr* to hire, hire out; to be for rent; **se alquila** for rent
alquilate *m* (dial.) sales tax
alquiler *m* rent, rental, hire; **de alquiler** for hire; **alquiler de coches** car-rental service; **alquiler sin chófer** drive-yourself service
alquilón -lona *adj* cheap to rent, easy to hire; hireling; *mf* hireling; *m* hired cab or coach; *f* charwoman, cleaning woman
alquimia *f* alchemy
alquímico -ca *adj* alchemical
alquimila *f* (bot.) lady's-mantle, lion's-foot
alquimista *m* alchemist
alquinal *m* woman's headdress or veil
alquitara *f* still, alembic
alquitarar *va* to distil
alquitira *f* (bot.) tragacanth
alquitrán *m* tar; pitch; **alquitrán de hulla** coal tar; **alquitrán vegetal** wood tar
alquitranado -da *adj* (pertaining to) tar, tarred; *m* tarred cloth, tarpaulin
alquitranadora *f* tar-spraying machine
alquitranar *va* to tar
alrededor *adv* around; **alrededor de** around, about; (coll.) about (*practically*); **alrededores** *mpl* environs, outskirts
alrota *f* coarse tow, waste tow
Alsacia *f* Alsace
Alsacia-Lorena *f* Alsace-Lorraine
alsaciano -na *adj & mf* Alsatian
álsine *m* (bot.) chickweed
alta *f* see **alto**
altabaque *m* wicker basket, sewing basket
altabaquillo *m* (bot.) lesser bindweed
altaico -ca *adj* Altaic
altamente *adv* exceedingly, extremely
altamisa *f* var. of **artemisa**
altanería *f* upper air; soaring; falconry; haughtiness, arrogance
altanero -ra *adj* soaring, towering; haughty, arrogant
altanos *mpl* (naut.) winds blowing alternately offshore and off the sea
altar *m* altar; (found.) altar, flue bridge; **conducir al altar** to lead to the altar; **altar mayor** high altar
altaricón -cona *adj* (coll.) strapping, big and husky
altarreina *f* (bot.) yarrow
altavoz *m* (*pl:* **-voces**) (rad.) loudspeaker
altea *f* (bot.) althea
altear *vr* to rise, stand out
alterabilidad *f* alterability
alterable *adj* alterable
alteración *f* alteration; disturbance; agitation, irritation; uneven pulse, fast pulse; disorder, uprising; quarrel, altercation
alteradizo -za *adj* changeable, fickle
alterado -da *adj* altered; disturbed, agitated, upset; angered
alterante *adj & m* (med.) alterative
alterar *va* to alter; to disturb, to upset; to corrupt, to falsify; to agitate, irritate; to lessen, to cool; *vr* to alter; to be disturbed; to become agitated, to get irritated; to flutter (*said of the pulse*); to lessen, to cool
alterativo -va *adj* alterative (*causing change*)
altercación *f* or **altercado** *m* altercation, bickering
altercador -dora *adj* wrangling, bickering; *mf* wrangler, bickerer
altercar **§86** *vn* to altercate, to wrangle, argue, bicker
álter ego (Lat.) alter ego
alternación *f* alternation
alternadamente *adv* alternately
alternador *m* (elec.) alternator
alternancia *f* (elec.) alternation; **alternancia de generaciones** (biol.) alternation of generations
alternante *adj* alternate, alternating
alternar *va* to alternate; to vary; *vn* to alternate; to take turns; **alternar con** to go around with, be friendly with
alternativo -va *adj* alternating; *f* alternative, option; alternation; (taur.) ceremony by which a senior matador authorizes a novice matador to kill the bull, thus making the novice a full-fledged matador; **alternativas** *fpl* ups and downs; **tomar la alternativa** (taur.) to be dubbed a matador; **alternativa de cosechas** rotation of crops
alterno -na *adj* alternating; (bot. & geom.) alternate
alteroso -sa *adj* (naut.) top-heavy
alteza *f* height, elevation, sublimity; (*cap.*) *s* Highness (*title*)
altibajo *m* velvet brocade; downward cut or thrust (*with a sword*); **altibajos** *mpl* bumps, uneven ground; ups and downs, vicissitudes
altilocuencia *f* grandiloquence
altilocuente or **altílocuo -cua** *adj* grandiloquent
altillo *m* hillock; balcony (*in a store or shop, used as an office*); (Am.) attic
altimetría *f* altimetry
altímetro -tra *adj* altimetrical; *m* altimeter
altiplanicie *f* high plateau; (Am.) highland plain
altiplano *m* (Am.) highland plain
altísimo -ma *adj super* most high, very high; **el Altísimo** the Most High (*God*)
altisonancia *f* high-flown language
altisonante or **altísono -na** *adj* high-flown; high-sounding
altitonante *adj* (poet.) thundering
altitud *f* altitude
altivar *vr* to put on airs, to act haughtily
altivecer **§34** *va* to make haughty; *vr* to act haughtily, to become haughty
altivez *f* or **altiveza** *f* pride, haughtiness, arrogance
altivo -va *adj* proud, haughty, arrogant
alto -ta *adj* high; upper; deep; tall; loud; top; late (*hours*); early, remote (*e.g., Middle Ages*); arduous; noble, eminent; enormous; **de alto bordo** (naut.) of several decks, sea-going; (fig.) of importance; (fig.) high-up; **alta mar** high seas; **altas clases** upper classes; **altas horas** late hours; **alta traición** high treason; **alto horno** blast furnace; **alto relieve** alto-relievo, high relief; **alto** *adv* high up; loud, aloud, loudly; **alto** *interj* halt!; **¡alto ahí!** halt!, stop there!; **¡alto al fuego!** (mil.) cease fire!; **¡alto de aquí!** (coll.) out of here!; *m* height, altitude; depth; story, floor; roadbed; stop, halt; (mus.) alto; (Am.) pile, heap; **de alto a bajo** from top to bottom; **de lo alto** from above; **en alto** up high, up above; upward; **en lo alto de** on top of; **hacer alto to**

stop, to halt; **pasar por alto** to overlook, disregard, forget; **pasársele a uno por alto** to overlook, e.g., **eso se nos pasó por alto** we overlooked that; **ponerse tan alto** to take offense, to become hoity-toity; **alto el fuego** (mil.) cease fire; *f* courtly dance of German origin; dancing exercise; fencing bout; certificate of discharge from hospital; (mil.) certificate of induction into active service; acceptance as member of society or profession; **dar de alta** to discharge (*a patient*) from the hospital; (mil.) to admit, to enroll; **darse de alta** to join, become a member, be admitted; (mil.) to report for duty
altoalemán -mana *adj* High-German; *m* High German; **antiguo altoalemán** Old High German; **medio altoalemán** Middle High German
altocúmulo *m* (meteor.) alto-cumulus
altoestrato *m* var. of **altostrato**
altoparlante *m* (rad.) loudspeaker; **altoparlante dinámico** (rad.) dynamic speaker; **altoparlante electromagnético** (rad.) electromagnetic speaker
altostrato *m* (meteor.) alto-stratus
altozanero *m* (Am.) errand boy
altozano *m* hillock, knoll; hilly part of town; (Am.) paved terrace
altramuz *m* (*pl:* **-muces**) (bot.) lupine (*plant and seed*); (eccl.) voting bean
altruísmo *m* altruism
altruísta *adj* altruistic; *mf* altruist
altura *f* height, altitude; high seas; loftiness; (mus.) pitch; (naut.) latitude; point, stage, juncture; **alturas** *fpl* Heaven; **a estas alturas** at this point, at this juncture; **a la altura de** (naut.) off; **estar a la altura de** to be up to, to be equal to (*a task, undertaking, etc.*); **estar a la altura de las circunstancias** (coll.) to rise to the occasion; **por estas alturas** (coll.) around here; **altura de la vegetación** timber line
alúa *f* (ent.) fire beetle
alubia *f* string bean
aluciar *va* to shine, polish; *vr* to get dressed up
alucinación *f* hallucination
alucinadamente *adv* deludedly, with delusion
alucinador -dora *adj* hallucinatory, delusive
alucinamiento *m* (act of) hallucinating
alucinante *adj* dazzling
alucinar *va* to hallucinate, to delude; *vr* to be deluded, be dazzled
alucita *f* (ent.) moth
alucón *m* (orn.) tawny owl
alud *m* avalanche; (fig.) avalanche
aluda *f* see **aludo**
aludel *m* (chem.) aludel
aludido -da *adj* above-mentioned; alluded to
aludir *va* to allude to; *vn* to allude
aludo -da *adj* large-winged; *f* (ent.) winged ant
alula *f* (orn. & ent.) alula
alumbrado -da *adj* lighted; enlightened; (coll.) tipsy; (chem.) aluminous; *m* lighting, lighting system; **alumbrado de arco** arc light, arc lighting; **alumbrado fluorescente** fluorescent lighting; **alumbrado reflejado** indirect lighting; **alumbrados** *mpl* Illuminati (*mystical Spanish sect of 16th century*)
alumbrador -dora *adj* lighting, illuminating; enlightening; *mf* lighter; enlightener
alumbramiento *m* lighting; childbirth, accouchement; discovery and elevation of subterranean water
alumbrar *va* to light, illuminate; to show the way with a light to; to give sight to (*the blind*); to enlighten; to find (*subterranean water*); to remove the earth from around (*a vine*); to treat with alum; *vn* to have a child, to give birth; *vr* (coll.) to get tipsy
alumbre *m* (chem.) alum; **alumbre de cromo** (chem.) chrome alum; **alumbre de rasuras** (chem.) potassium carbonate; **alumbre de roca** (mineral.) alum rock; **alumbre sacarino** or **zacarino** saccharine alum
alumbrera *f* alum mine
alumbroso -sa *adj* aluminous
alúmina *f* (mineral.) alumina
aluminato *m* (chem.) aluminate
alumínico -ca *adj* aluminic
aluminio *m* (chem.) aluminum
aluminita *f* (mineral.) aluminite
aluminoso -sa *adj* aluminous
aluminotermia *f* aluminothermy
alumnado *m* student body; boarding school
alumno -na *mf* foster child; ward; pupil, student; **alumno de las Musas** poet
alunado -da *adj* lunatic; long-tusked (*said of a wild boar*); spoiled (*said of bacon*); (vet.) suffering from spasms
alunar *vr* to spoil (*said of bacon*); to have a crazy streak, to be not all there
alunita *f* (mineral.) alunite
alunizar §76 *vn* to land on the moon
alusión *f* allusion
alusivo -va *adj* allusive
alustrar *va* to polish, to put a shine on, to give luster to
alútero *m* (ichth.) filefish
alutrado -da *adj* otter-colored
aluvial *adj* alluvial
aluvión *m* alluvion; alluvium; (law) alluvion; (fig.) flood
aluzar §76 *va* (dial. & Am.) to light, illuminate
alveario *m* (anat.) alveary
álveo *m* bed of a stream
alveolar *adj* (anat. & phonet.) alveolar
alvéolo *m* (anat., phonet. & zool.) alveolus; bucket (*of a water wheel*)
alverja or **alverjana** *f* var. of **arveja**
alverjilla *f* (Am.) sweet pea
alverjón *m* (bot.) grass pea
alvino -na *adj* (med.) alvine
alza *f* rise, advance (*e.g., in prices*); leather between last and shoe; (print.) overlay; rear sight (*of firearms*); **jugar al alza** to bull the market
alzacuello *m* stock (*kind of cravat*)
alzada *f* see **alzado**
alzadamente *adv* for a cash settlement, for a lump sum
alzadizo -za *adj* easy to lift, easy to raise
alzado -da *adj* raised, lifted; fixed, settled; *m* cash settlement, lump sum; (arch.) front elevation; (b.b.) quire, gathering; (naut.) height (*of a ship*); *f* height (*of horse at withers*); (law) appeal
alzadura *f* raising, lifting
alzafuelles *mf* (*pl:* **-lles**) (coll.) flatterer, fawner; (Am.) squealer
alzamiento *m* raising, lifting; rise (*in prices*); overbid; uprising, insurrection; fraudulent bankruptcy
alzapaño *m* curtain hook, curtain holder; tieback
alzapié *m* snare, trap
alzaprima *f* lever, crowbar; wedge; (mus.) bridge (*in string instruments*)
alzaprimar *va* to raise with a lever or wedge; to arouse, incite, stir up
alzapuertas *m* (*pl:* **-tas**) dumb player, actor of small parts, supernumerary
alzar §76 *va* to raise, lift, elevate, heave, hoist; to pick up; to carry off; to hide, lock up; to cut (*cards*); to elevate (*the host*); (b.b.) to gather; *vr* to rise, get up; to revolt; to become fraudulently bankrupt; to leave with one's winnings; (Am.) to run away; **alzarse a mayores** to get stuck up; **alzarse con** to flee with (*e.g., money*)
alzaválvulas *m* (*pl:* **-las**) (mach.) tappet
allá *adv* there, yonder; back there, long ago; **el más allá** the beyond (*life after death*); **más allá** farther away, farther over there, farther on; **más allá de** beyond; **no estar muy allá** (coll.) to not be very well; **por allá** thereabouts; that way; **tan allá** so far away; **allá en** over in; back in
allanador -dora *adj* leveling, flattening; *mf* leveler; *m* book for keeping gold leaf
allanamiento *m* leveling, flattening; submission, acquiescence; **allanamiento a la demanda** (law) acceptance of defendant's claim; **allanamiento de morada** housebreaking
allanar *va* to level, smooth, flatten; to overcome, iron out, get around (*e.g., a difficulty*); to subdue; to admit into; to break into (*a house*); *vn* to level off; *vr* to tumble down; to yield, submit; to humble oneself

allegadizo -za *adj* gathered or piled up at random
allegado -da *adj* near, close; related; partisan; (Am.) foster; *mf* relative; partisan, follower
allegador -dora *mf* gatherer, reaper; *m* board on which thrashed wheat is gathered
allegamiento *m* collecting, gathering, reaping; relationship, union, close friendship
allegar §59 *va* to collect, gather, reap; to add; *vn* to approach, to arrive; *vr* to approach, to arrive; **allegarse a** to become attached to, to become a follower of, to agree with
allende *adv* beyond, elsewhere; **de allende y de aquende** from both sides; **allende de** besides, in addition to; *prep* beyond; **de allende los mares** from overseas
allí *adv* there; then; **de allí que** with the result that; **por allí** that way; **allí dentro** in there
alloza *f* green almond
allozar *m* almond plantation or grove
allozo *m* (bot.) almond tree; (bot.) wild almond tree
alludel *m* var. of **aludel**
allulla *f* (Am.) corn-meal bread
ama *f* mistress (*of a household*); housekeeper; housewife, lady of the house; owner, landlady, proprietress; landlord's wife; **ama de brazos** child's nurse; **ama de casa** housewife; **ama de cría** wet nurse; **ama de gobierno** housekeeper; **ama de leche** wet nurse; **ama de llaves** housekeeper; **ama seca** dry nurse
amabilidad *f* amiability
amabilísimo -ma *adj super* very or most amiable or kind
amable *adj* amiable, affable, kind, lovable
amacayo *m* (bot.) jacobean lily
amaceno -na *adj* Damascene; *m* (bot.) damson (*tree*); *f* damson (*fruit*)
amacollar *vn & vr* to put forth clusters or bunches (*of sprouts*)
amachetear *va* to strike with a machete, to hack at
amachinar *vr* (Am.) to cohabit, to get intimate
amacho -cha *adj* (Am.) strong, vigorous, outstanding
amadís *m* chivalrous man
amado -da *adj & mf* beloved
amador -dora *adj* loving, fond; *mf* lover
amadrigar §59 *va* to welcome, take, shelter, receive with open arms; *vr* to burrow, to hole up; to seclude oneself, to live in retirement
amadrinar *va* to couple, yoke together; to act as godmother to, to act as bridesmaid to; (naut.) to fasten together, to splice; to sponsor, to second, to sanction; to reinforce, to strengthen
amaestramiento *m* teaching, coaching; training
amaestrar *va* to teach, to coach; to train (*an animal*)
amagamiento *m* (Am.) fissure, cleft
amagar §59 *va* to threaten, to hint, to show signs of; to feint; (dial.) to hide; *vn* to threaten, to look threatening, to be impending; **amagar a** + *inf* to move to + *inf;* to threaten to + *inf; vr* (dial.) to hide
amago *m* threat, menace; sign, indication, symptom; feint
ámago *m* beebread; nausea, loathing, disgust
amainar *va* (naut.) to lower, to shorten (*a sail*); to lessen, relax; *vn* to subside, die down (*said, e.g., of the wind*); to lessen; to yield; *vr* to lessen; to yield
amaine *m* (naut.) lowering, shortening; lessening, slacking; subsiding; yielding
amaitinar *va* to watch, to spy upon
amajadar *va* to fertilize (*a field*) with sheep; *vn* to seek shelter in the fold
amalayar *va* (Am.) to yearn for
amalecita *m* (Bib.) Amalekite
amalgama *f* (chem., mineral. & fig.) amalgam
amalgamación *f* amalgamation; (min.) amalgamation process
amalgamar *va & vr* (chem. & fig.) to amalgamate
Amalia *f* Amelia
amamantamiento *m* nursing, suckling
amamantar *va* to nurse, to suckle
amán *m* amnesty; (*cap.*) *m* (Bib.) Haman
amancebamiento *m* concubinage, cohabitation
amancebar *vr* to live in concubinage, to cohabit
amancillar *va* to stain, spot; to sully, tarnish, defame
amanecer *m* dawn, daybreak; **al amanecer** at daybreak; §34 *va* (poet.) to light up, illuminate; *vn* to dawn, to begin to get light; to begin to appear; to start the day, to get awake; **amanecer en** to be at (*a certain place*) at daybreak or in the morning; to awaken in
amanecida *f* dawn, daybreak
amanerado -da *adj* mannered, affected
amaneramiento *m* mannerism, affectation
amanerar *vr* to indulge in mannerisms, to become affected, to act affectedly
amanita *f* (bot.) amanita
amanojado -da *adj* bunchy
amanojar *va* to gather by the handful, to gather in bunches
amansador -dora *adj* taming; soothing, appeasing; *mf* tamer; horse breaker; soother, appeaser
amansamiento *m* taming, subduing; soothing, appeasement; tameness
amansar *va* to tame (*an animal*); to break (*a horse*); to soothe, to appease
amanse *m* (Am.) var. of **amansamiento**
amantar *va* to cloak, to blanket
amante *adj* fond, loving; *mf* (Am.) lover, paramour; *m* lover; (naut.) lift; *f* lover, sweetheart
amantillar *va* (naut.) to hoist by hauling on the lifts
amantillo *m* (naut.) lift, topping lift
amanuense *mf* amanuensis
amañado -da *adj* skilful, clever; faked; stacked (*said of cards*)
amañar *va* to do skilfully or cleverly; to fake; *vr* to be handy, to acquire skill, to become expert; **amañarse a** + *inf* to settle down to + *inf*
amaño *m* skill, cleverness, aptitude; **amaños** *mpl* tools, implements; machinations, trickery
amapola *f* (bot.) poppy, corn poppy
amar *va* to love
amaracino -na *adj* (pertaining to) sweet marjoram
amáraco *m* (bot.) sweet marjoram
amaraje *m* (aer.) alighting on water
amarantáceo -a *adj* (bot.) amaranthaceous
amarantino -na *adj* amaranthine; *f* (bot.) globe amaranth
amaranto *m* (bot.) amaranth
amarar *vn* (aer.) to alight on water
amarchantar *vr* (Am.) to become a customer, to deal regularly
amarescente *adj* bitterish
amargaleja *f* sloe (*fruit*)
amargar §59 *va* to make bitter; to embitter; to spoil (*a party, an evening*); *vn & vr* to become bitter; to become embittered
amargo -ga *adj* bitter; grievous; grieved; *m* bitterness; bitter-almond candy; **amargos** *mpl* bitters
amargón *m* (bot.) dandelion
amargor *m* bitterness; sorrow, grief
amargoso -sa *adj* bitter
amarguera *f* (bot.) shrubby hare's-ear
amarguillo -lla *adj* bitterish
amargura *f* bitterness; sorrow, grief
amaricado -da *adj* (coll.) effeminate
amarilis *f* (bot.) amaryllis; (*cap.*) *s* Amaryllis (*shepherdess*)
amarilla *f* see **amarillo**
amarillear *vn* to show yellow, to be yellowish
amarillecer §34 *vn* to become yellow
amarillejo -ja or **amarillento -ta** *adj* yellowish
amarilleo *m* showing yellow, yellowishness
amarillez *f* yellowness
amarillo -lla *adj* yellow; *m* yellow; jaundice; drowsiness of silk worms in damp weather; **amarillo indio** Indian yellow; *f* (vet.) sheep jaundice
amarilloso -sa *adj* yellowish
amarinar *va* to salt (*fish*); to man (*a ship*)
amariposado -da *adj* butterfly-shaped
amaro *m* (bot.) clary

amarra *f* martingale; (naut.) mooring line or cable; **amarras** *fpl* protection, support; **falsa amarra** (naut.) guest rope
amarradero *m* hitching post, hitching ring; tying place, ring for tying something; (naut.) bollard, mooring post; (naut.) mooring berth
amarradijo *m* (Am.) granny knot, bad knot
amarradura *f* mooring, moorage
amarraje *m* moorage (*charge for mooring*)
amarrar *va* to moor, lash, tie up; to stack (*cards*)
amarrazones *mpl* (naut.) ground tackle
amarre *m* mooring, tying, fastening; tie, splice; mooring rope, line, or cable; stacking (*cards*)
amarro *m* mooring line or cable; (Am.) pack of cigarets
amartelado -da *adj* amorous, in love; **estar amartelado** (coll.) to be cuddly
amartelamiento *m* (coll.) lovemaking, infatuation
amartelar *va* to make love to, to court, to woo; to love with devotion; to make jealous, to infatuate; *vr* to fall in love; to get jealous, to become infatuated
amartillar *va* to hammer; to cock (*a gun*)
amasada *f* (Am.) batch of dough; (Am.) batch of mortar
amasadera *f* kneading trough, kneading board, kneading machine
amasadero *m* kneading room
amasador -dora *adj* kneading; *mf* kneader; baker; *m* kneading room
amasadura *f* kneading; batch of dough
amasamiento *m* kneading; massaging
amasandería *f* (Am.) small bakery, small baker's shop
amasandero *m* (Am.) small baker
amasar *va* to knead; to prepare, to arrange; to massage; to cook up (*e.g., an intrigue*); to amass (*money, a fortune*)
amasijo *m* kneading; batch of dough; batch of mortar; job, task; plot, intrigue; medley, hodgepodge
Amata *f* Amy
amate *m* (bot.) rubber plant (*Ficus elastica*); (bot.) benjamin tree (*Ficus benjamina*)
amatista *f* amethyst
amativo -va *adj* amative
amatorio -ria *adj* amatory
amaurosis *f* (path.) amaurosis
amayorazgar §59 *va* (law) to entail, to leave in entail
amazacotado -da *adj* heavy, thick; ponderous, stodgy, awkward, clumsy
amazona *f* amazon (*masculine woman*); equestrienne, horsewoman; riding habit (*of woman*); ostrich plume; (orn.) Amazon (*parrot*); (myth.) Amazon
Amazonas *m* Amazon (*river*)
Amazonia *f* see **amazonio**
amazónico -ca *adj* Amazonian
amazonio -nia *adj* Amazonian; (*cap.*) *f* basin of the Amazon and its tributaries
amazonita *f* (mineral.) amazonite
ambages *mpl* ambages, quibbling, ambiguity; **sin ambages** without beating about the bush
ambagioso -sa *adj* ambagious, roundabout, ambiguous
ámbar *m* amber; **ámbar gris** ambergris; **ámbar negro** black amber
ambarino -na *adj* (pertaining to) amber; *f* musk, civet
Amberes *f* Antwerp
amberino -na *adj* (pertaining to) Antwerp; *mf* native or inhabitant of Antwerp
ambición *f* ambition
ambicionar *va* to be ambitious for, to desire earnestly, to strive for; **ambicionar** + *inf* to be ambitious to + *inf*
ambicioso -sa *adj* ambitious; eager, greedy; climbing, clinging (*plant, vine*); **ambicioso de figurar** social climber
ambidexteridad *f* or **ambidextrismo** *m* ambidexterity
ambidextro -tra *adj* ambidextrous
ambientación *f* atmosphere
ambiental *adj* environmental
ambientar *va* to give atmosphere to; to acclimate
ambiente *adj* ambient; *m* atmosphere; (fig.) atmosphere
ambigú *m* (*pl:* **-gúes**) buffet supper; buffet, refreshment bar, refreshment counter
ambigüedad *f* ambiguity
ambiguo -gua *adj* ambiguous; (gram.) common (*gender*)
ambir *m* (Am.) tobacco juice (*in pipestem*); (Am.) tobacco stain (*on fingers*)
ámbito *m* ambit, contour; limit, boundary line; compass, scope
ambivalencia *f* (psychol.) ambivalence
ambivalente *adj* ambivalent
amblador -dora *adj* ambling; *mf* ambler
ambladura *f* amble
amblar *vn* to amble, to pace
ambleo *m* short, thick wax candle; candlestick
ambligonio -nia *adj* (geom.) obtuse-angled
ambliopía *f* (path.) amblyopia
ambo *m* two-number combination in a lottery; (Am.) two-piece suit
ambón *m* ambo
ambos -bas *adj & pron indef* both; **ambos a dos** both
ambrosía *f* (bot., myth. & fig.) ambrosia
ambrosíaco -ca *adj* ambrosial
ambrosiano -na *adj* Ambrosian
Ambrosio *m* Ambrose
ambucia *f* (Am.) gluttony, greediness
ambuesta *f* double handful
ambulacral *adj* (zool.) ambulacral
ambulacro *m* hall, passage; (zool.) ambulacrum
ambulancia *f* ambulance; (mil.) field hospital; **ambulancia de correos** railway post office, post office car; **ambulancia de vía férrea** (mil.) hospital train
ambulanciero -ra *mf* ambulance driver
ambulante *adj* ambulant, walking; *m* railway mail clerk
ambular *vn* to ambulate
ambulativo -va *adj* roving, wandering
ambulatorio -ria *adj* ambulatory
ambustión *f* burning, scalding; (surg.) cauterization
ameba *f* var. of **amiba**
amebeo *m* amoebaeum (*dialogue in verse*)
amechar *va* to put a wick in; to lard (*meat, etc.*)
amedrentador -dora *adj* frightening; *mf* frightener
amedrentar *va* to frighten, scare; *vr* to get scared
amelanquier *m* (bot.) chokeberry
amelga *f* ridge between plowed furrows; plot of ground marked for planting
amelgado -da *adj* unevenly sown, unevenly growing; *m* (prov.) boundary mound
amelgar §59 *va* to plow regularly; to mark off with mounds to show boundaries
amelonado -da *adj* melon-shaped; (coll.) lovesick
amelonar *vr* (coll.) to fall madly in love
amén *m & interj* amen; **decir a todo amén** (coll.) to agree with everything; **en un decir amén** (coll.) in a jiffy; **amén de** (coll.) aside from, except for; (coll.) in addition to, besides
amenaza *f* threat, menace
amenazador -dora *adj* threatening, menacing; *mf* threatener
amenazante *adj* threatening, menacing, impending
amenazar §76 *va & vn* to threaten; **amenazar** + *inf* or **amenazar con** + *inf* to threaten to + *inf*
amenguamiento *m* lessening, diminution; belittlement; defamation
amenguar §23 *va* to lessen, diminish; to belittle, depreciate; to defame
amenidad *f* amenity
amenizar §76 *va* to make pleasant, to make agreeable, to add charm to
ameno -na *adj* pleasant, agreeable, charming
amenorrea *f* (path.) amenorrhea
amentáceo -a *adj* (bot.) amentaceous
amentar §18 *va* to fasten with a strap; to lace (*footwear*)
amento *m* (bot.) ament, catkin, cattail; (archaic) leather strap; (obs.) shoelace
ameos *m* (*pl:* **-os**) (bot.) bishop's-weed

amerar *va* to mix, to mix with water; *vr* to soak in, to percolate
amerengado -da *adj* like meringue; sweet, sugary; (coll.) prudish, overnice, prissy
América *f* America; **la América Central** Central America; **la América del Norte** North America; **la América del Sur** South America; **la América Latina** Latin America; **la Pequeña América** Little America (*Antarctic base*)
americana *f* see **americano**
americanismo *m* Americanism; (Am.) U.S. interference in the affairs of other nations of the Western Hemisphere
americanista *mf* Americanist
americanización *f* Americanization
americanizar §76 *va* to Americanize; *vr* to Americanize, to become Americanized
americano -na *adj* & *mf* American; Spanish American; *f* sack coat; **americana sport** sport coat
americio *m* (chem.) americium
americomanía *f* Americomania
amerindio -dia *adj* Amerindian; *mf* Amerind, Amerindian
amerizar §76 *vn* var. of **amarar**
amestizado -da *adj* like a half-breed
ametalado -da *adj* metallic; (fig.) metallic (*said, e.g., of voice*)
ametista *f* var. of **amatista**
ametrallador *m* machine gunner
ametralladora *f* machine gun; **ametralladora antiaérea** anti-aircraft gun
ametrallar *va* to machine-gun
ametropía *f* (path.) ametropia
amezquinar *vr* to complain
amezquindar *vr* to become sad
amia *f* (ichth.) cub shark; (ichth.) bowfin
amianto *m* asbestos
amiba *f* (zool.) amoeba
amibiano -na *adj* amoebic
amibo *m* var. of **amiba**
amiboideo -a *adj* amoeboid
amicísimo -ma *adj super* very or most friendly
amida *f* (chem.) amide
amidina *f* (chem.) amidine
amidógeno *m* (chem.) amidogen
amidol *m* (chem.) amidol
amiento *m* (archaic) leather strap; (obs.) shoelace
amiga *f* see **amigo**
amigabilidad *f* amicability, friendliness
amigable *adj* amicable, friendly; harmonious, concordant
amigacho *m* (coll.) chum, crony, husband's side-kick; (coll.) sugar daddy
amigar §59 *va* to bring together, to make friendly; *vr* to become friendly; to cohabit
amígdala *f* (anat.) amygdala; (anat.) tonsil; **amígdala palatina** (anat.) tonsil
amigdalina *f* (chem.) amygdalin
amigdalitis *f* (path.) tonsillitis
amigdaloide *adj* (mineral.) amygdaloid, amygdaloidal
amigdalotomía *f* (surg.) tonsillectomy
amigo -ga *adj* friendly; fond; **hacerse amigo de** to make friends with; **ser amigo de** to be fond of, to have a liking for; *mf* friend; sweetheart; **amigo del alma** or **amigo del corazón** bosom friend; *m* male paramour; *f* mistress, concubine; schoolmistress; kindergarten, girls' school; **amiga de noche** (bot.) tuberose
amigote *m* (coll.) old friend, pal
amiláceo -a *adj* amylaceous, starchy
amilanado -da *adj* cowardly; lazy
amilanamiento *m* terror, intimidation
amilanar *va* to terrify, intimidate, cow; *vr* to be terrified, be intimidated, be cowed
amilasa *f* (biochem.) amylase
Amílcar *m* Hamilcar
amileno *m* (chem.) amylene
amílico -ca *adj* (chem.) amylic; *m* (slang) rotgut, poor wine
amilo *m* (chem.) amyl
amiloideo -a *adj* amyloid
amiloidosis *f* (path.) amyloidosis
amilopsina *f* (chem.) amylopsin
amillaramiento *m* tax assessment
amillarar *va* to assess (*property*) for taxes
amillonado -da *adj* extremely rich
amimar *va* to pet, fondle, indulge
amina *f* (chem.) amine
amínico -ca *adj* (chem.) aminic
aminoácidos *mpl* (chem.) amino acids
aminoración *f* lessening, diminution; weakening
aminorar *va* to lessen, diminish; to weaken
amir *m* amir
amistad *f* friendship; friendly connection, friend; kindness; cohabitation, concubinage; affinity; **hacer las amistades** (coll.) to make up; **romper las amistades** (coll.) to fall out, to become enemies; **trabar amistad** to strike up a friendship
amistar *va* to bring together, to make friendly; *vr* to become friends, to become reconciled
amistoso -sa *adj* friendly
amitigar §59 *va* var. of **mitigar**
amito *m* (eccl.) amice
amitosis *f* (biol.) amitosis
amnesia *f* (path.) amnesia
amnésico -ca *adj* amnesic
amnícola *adj* growing along rivers
amnios *m* (*pl:* **-nios**) (anat.) amnion
amniota *adj* & *m* (zool.) amniote
amniótico -ca *adj* (anat.) amniotic
amnistía *f* amnesty
amnistiar §90 *va* to amnesty, to grant amnesty to
am.º abr. of **amigo**
amo *m* master (*of a household*); head of family; owner, landlord, proprietor; foster father; boss, foreman, overseer; **amos** *mpl* master and mistress; landlord and his wife; **el amo grande** (coll.) God; **ser el amo del cotarro** (dial.) to rule the roost
amoblar §77 *va* to furnish
amodita *f* (zool.) horned serpent
amodorrado -da *adj* drowsy, numb, sleepy
amodorramiento *m* drowsiness, numbness, sleepiness
amodorrante *adj* soporific; numbing
amodorrar *vr* to get drowsy; to grow numb; to fall asleep
amodorrecer §34 *va* to make drowsy, to make numb
amodorrido -da *adj* drowsy, numb, sleepy
amófilo *m* (ent.) sand wasp
amogotado -da *adj* knoll-shaped, humped
amohecer §34 *va* & *vr* to mold, mildew, rust
amohinar §99 *va* to vex, annoy; *vr* to get vexed, be annoyed
amojamar *va* to dry and salt (*tuna fish*); *vr* to wither, dry up
amojelar *va* (naut.) to seize (*a cable*)
amojonamiento *m* marking with landmarks; landmarks
amojonar *va* to mark off with landmarks, to put landmarks on
amoladera *f* grindstone, whetstone
amolador -dora *adj* grinding, sharpening; (coll.) boring, annoying, tedious; *mf* grinder, sharpener; *f* grinder, grinding machine
amoladura *f* grinding, sharpening; **amoladuras** *fpl* grindings
amolar §77 *va* to grind, sharpen; (coll.) to bore, annoy
amoldamiento *m* molding, fitting, modeling
amoldar *va* to mold, pattern, adjust, adapt, fit, model; *vr* to mold oneself, pattern oneself
amole *m* soap root, soap bark
amollar *va* (naut.) to ease off, to pay out (*rope, cable, etc.*); *vn* to play low (*in card games*); to yield, give, give in
amollentar *va* to soften
amolletado -da *adj* roll-shaped, loaf-shaped
amomo *m* (bot.) amomum
amonar *vr* (coll.) to get drunk
amondongado -da *adj* (coll.) flabby
amonedación *f* coining, coinage
amonedar *va* to coin, to mint
amonestación *f* admonition; marriage banns; **correr las amonestaciones** to publish the banns
amonestador -dora *adj* admonishing; *mf* admonisher
amonestamiento *m* admonishment

amonestar *va* to admonish; to publish the banns of
amoniacal *adj* ammoniacal
amoníaco -ca *adj* ammoniac, ammoniacal; *m* (chem.) ammonia; ammoniac (*gum resin*); **amoníaco líquido** (chem.) liquid ammonia
amónico -ca *adj* ammonic, (pertaining to) ammonium
amonio *m* (chem.) ammonium
amonita *f* (pal.) ammonite; *mf* (Bib.) Ammonite
amontar *va* to put to flight; *vr* to take cover, to flee to the woods
amontazgar §59 *va* var. of **montazgar**
amontillado *m* pale dry sherry
amontonador -dora *adj* heaping, accumulating, hoarding; *mf* gatherer, accumulator, hoarder
amontonamiento *m* heaping, piling, accumulation; hoarding, hoard
amontonar *va* to heap, pile, accumulate, hoard; *vr* to pile up, to collect, to gather; to be crowded, to crowd; (coll.) to get angry; to cohabit
amor *m* love; beloved; (*cap.*) *m* Cupid, Amor; **amores** *mpl* amour, love affair; (bot.) hedgehog parsley; **al amor del agua** with the current; obligingly; **al amor de la lumbre** at the fireside, in the warmth of the fire; **a su amor** at ease, leisurely; **de mil amores** with the greatest pleasure; **amor al uso** (bot.) cotton rose; **amor cortés** courtly love; **amor de hortelano** (bot.) bedstraw; **amor platónico** Platonic love; **amor propio** amour-propre
amoral *adj* amoral, unmoral
amoralidad *f* amorality
amoratado -da *adj* black-and-blue
amoratar *va* to turn purple; to make black and blue; *vn* to turn purple; to get black and blue
amorcillo *m* flirtation, passing fancy; (f.a.) little Cupid
amordazamiento *m* muzzling; (fig.) muzzling, gag
amordazar §76 *va* to muzzle; to gag; (fig.) to muzzle, to gag
amorecer §34 *va* to cover or serve (*a female sheep*); *vr* to be in rut (*said of sheep*)
amorfía *f* amorphia; organic deformity
amorfismo *m* amorphism
amorfo -fa *adj* amorphous
amorgar §59 *va* to drug (*fish*) with olive pulp
amoricones *mpl* (coll.) love glances, flirtations
amorío *m* (coll.) love-making; (coll.) love affair, flirtation
amoriscado -da *adj* Moorish, Moorish-looking
amormado -da *adj* suffering from glanders
amormío *m* (bot.) sea daffodil
amoroso -sa *adj* amorous; loving, affectionate; soft, malleable; mild, pleasant
amorrar *va* (naut.) to make pitch at the bow; (naut.) to beach head-on; *vn* & *vr* to hang one's head; (coll.) to sulk, to brood; (naut.) to dip the bows under
amorronar *va* (naut.) to roll and knot (*a flag*) to make a waft for hoisting as a signal of distress
amortajar *va* to shroud, to cover with a shroud, to lay out; to mortise
amortecer §34 *va* to lessen, deaden, muffle, tone down; *vr* to die away, to become faint, to be muffled; to faint
amortecimiento *m* lessening, deadening, muffling; faint, fainting; faintness
amortiguación *f* deadening, muffling; lessening, softening; dimming, damping; cushioning, absorbing; **amortiguación de las crecidas** flood control
amortiguador -dora *adj* deadening, muffling; lessening, softening; dimming, damping; *mf* deadener; lessener; dimmer, damper; *m* shock absorber; door check; bumper (*of automobile*); **amortiguador de luz** (aut.) dimmer; **amortiguador de ruido** (mach.) muffler
amortiguamiento *m* var. of **amortiguación**
amortiguar §23 *va* to deaden, muffle; to lessen, soften, tone down; to dim, to damp; to cushion (*a blow or shock*); to absorb (*a shock*); (elec.) to damp (*electromagnetic waves*)
amortizable *adj* amortizable
amortización *f* amortization, amortizement
amortizar §76 *va* to amortize; to pay off; to refund; to eliminate (*a position, office, etc.*)
Amós *m* Amos
amoscar §86 *vr* to become annoyed, peeved, or miffed
amostachado -da *adj* mustachioed
amostazar §76 *va* (coll.) to anger, provoke; *vr* (coll.) to become angry, get provoked
amotinado -da *adj* mutinous, rebellious, riotous; *mf* mutineer, insurgent, rebel
amotinador -dora *adj* rabble-rousing; mutinous, riotous; *mf* rabble rouser, mutineer, insurgent
amotinamiento *m* mutiny, uprising, insurrection
amotinar *va* to stir up, to upset; to incite to riot or mutiny; *vr* to be stirred up, to be upset; to rise up, to rebel, to riot, to mutiny
amover §63 *va* to remove, discharge, dismiss
amovibilidad *f* removability
amovible *adj* removable; detachable
ampalagua *f* (zool.) large boa
amparador -dora *adj* protecting, sheltering; *mf* protector, helper
amparar *va* to protect, shelter; *vr* to seek shelter; to defend oneself, to protect oneself; **ampararse a** to have recourse to, to seek the protection of; **ampararse de** to seek the protection of; to avail oneself of
amparito *m* stall (*e.g., in a market*)
amparo *m* protection, shelter, refuge; stall (*e.g., in a market*); aid, favor; (*cap.*) *f* Amparo (*female name*)
ampélido *m* (orn.) waxwing
ampelita *f* (mineral.) ampelite
ampelografía *f* ampelography
amper *m* (elec.) ampere
amperaje *m* (elec.) amperage
amperímetro *m* (elec.) ammeter; **amperímetro de hilo caliente** (elec.) hot-wire ammeter
amperio *m* (elec.) ampere; **amperio hora** *m* (*pl:* **amperios hora**) (elec.) ampere-hour
amperio-vuelta *f* (*pl:* **amperios-vueltas**) (elec.) ampere turn
amperómetro *m* var. of **amperímetro**
ampervuelta *f* (*pl:* **-tas**) (elec.) ampere turn
amplexicaulo -la *adj* (bot.) amplexicaul, amplexicauline
ampliación *f* amplification, enlargement, extension; (phot.) enlarging, enlargement
ampliador -dora *adj* amplifying, enlarging; *mf* amplifier, enlarger; *f* (phot.) enlarger
ampliar §90 *va* to amplify, enlarge, extend, broaden; (phot.) to enlarge
ampliativo -va *adj* amplifying, enlarging, amplificatory
amplificación *f* amplification; (elec.) amplification; **amplificación en cascada** (elec.) cascade amplification
amplificador -dora *adj* amplifying; *mf* amplifier; *m* (elec.) amplifier; **amplificador de poder** or **de potencia** (rad.) power amplifier
amplificar §86 *va* to amplify; (elec.) to amplify
amplificativo -va *adj* amplificative
amplio -plia *adj* ample; full, roomy; prolix; bold
amplitud *f* amplitude; roominess; (astr., elec. & mech.) amplitude
ampo *m* dazzling white; snowflake; **como el ampo de la nieve** white as the driven snow
ampolla *f* blister; bubble; cruet; round-bellied bottle; (med.) ampoule; (anat., bot., eccl., hist. & zool.) ampulla; bulb (*of electric-light or vacuum tube*)
ampollar *adj* blisterlike; bubble-shaped; bottle-shaped; bulbous; *va* to blister; to make bulbous; to hollow, to distend; *vr* to blister; to get bulbous; to be hollowed out, to distend
ampolleta *f* small vial, small bottle, small cruet; sandglass, hourglass; time taken by sand to run from top of sandglass; bulb, light bulb
ampulosidad *f* pomposity, bombast
ampuloso -sa *adj* pompous, bombastic
amputación *f* amputation
amputar *va* amputate
amuchachado -da *adj* boyish, boylike
amueblar *va* to furnish
amugamiento *m* setting up landmarks
amugronamiento *m* (hort.) layering

amugronar *va* (hort.) to layer
amujerado -da *adj* womanish, womanlike, effeminate
amujeramiento *m* womanishness, effeminacy
amulatado -da *adj* mulattolike
amuleto *m* amulet
amunicionar *va* to ammunition, supply with ammunition
amunucar §86 *vr* to grow sulky, to pout, scowl
amuñecado -da *adj* doll-like, puppetlike
amura *f* (naut.) tack of a sail; (naut.) beam of ship at one-eighth its length, measured from bow; **cambiar de amura** (naut.) to go about, to come about
amurada *f* (naut.) ship's side (*from within*)
amurallar *va* to wall, to wall in
amurar *va* (naut.) to fasten (*corner of sail*) for tacking; (naut.) to haul on (*a sail*) by the tack; *vn* (naut.) to tack
amurcar §86 *va* to gore
amurco *m* goring
amurillar *va* (hort.) to pile up earth around (*a tree*)
amurrar *vr* (Am.) to become glum, to become downcast
amurriar *vr* (prov.) var. of **amurrar**
amusco -ca *adj* brown
amusgar §59 *va* to throw back (*the ears*); to squint (*the eyes*) to see better
amustiar *va & vr* to wither
Ana *f* Ann, Anna, Anne; **Ana Bolena** Anne Boleyn: **Ana de Austria** Anne of Austria; **Ana Estuardo** Queen Anne; (*l.c.*) *f* ell (*measure*)
anabaptismo *m* Anabaptism
anabaptista *adj & mf* Anabaptist
anabas *s* (*pl:* **-bas**) (ichth.) anabas, climbing fish
anabiosis *f* anabiosis
anabólico -ca *adj* anabolic
anabolismo *m* (biol.) anabolism
anacarado -da *adj* mother-of-pearl (*in appearance*)
anacardiáceo -a *adj* (bot.) anacardiaceous
anacárdico -ca *adj* (chem.) anacardic
anacardo *m* (bot.) cashew (*tree and nut*)
anaco *m* (Peru & Bolivia) slit skirt of Indian women; (Ecuador) hair worn in single braid
anacoluto *m* (gram.) anacoluthon
anaconda *f* (zool.) anaconda
anacoreta *m* anchorite; *f* anchoress
anacorético -ca *adj* anchoritic
anacoretismo *m* anchoritism
Anacreonte *m* Anacreon
anacreóntico -ca *adj* Anacreontic
anacrónico -ca *adj* anachronistic, anachronous
anacronismo *m* anachronism
ánade *mf* duck; goose; **ánade cucharetero** (orn.) shoveler; **ánade negro** (orn.) black scoter; **ánade salvaje** (orn.) mallard; **ánade silbador** (orn.) European widgeon
anadear *vn* to waddle
anadeja *f* duckling
anadeo *m* waddle, waddling
anadino -na *mf* duckling
anadón *m* duckling; nonfloating log
anadromo -ma *adj* anadromous
anaeróbico -ca *adj* anaerobic
anaerobio -bia *adj* anaerobic; *m* anaerobe
anafase *f* (biol.) anaphase
anafe *m* portable brazier
anafilaxis *f* (path.) anaphylaxis
anáfora *f* (rhet. & astrol.) anaphora
anafre *m* portable brazier
anafrodisia *f* (med.) anaphrodisia
anafrodisíaco -ca *adj & m* (med.) anaphrodisiac
anafrodita *adj* anaphroditous; sexually abstinent
anáglifo *m* anaglyph
anagnórisis *f* (rhet.) anagnorisis
anagoge *m* or **anagogía** *f* anagogics; mystical rapture, divine rapture
anagrama *m* anagram; **anagramas** *mpl* anagrams (*game*)
anagramático -ca *adj* anagrammatic, anagrammatical
anagramatismo *m* anagrammatism
anal *adj* (anat.) anal
analectas *fpl* analecta, analects
analéptico -ca *adj* analeptic
anales *mpl* annals
analfabético -ca *adj* illiterate
analfabetismo *m* illiteracy
analfabeto -ta *adj & mf* illiterate
analgeno *m* (pharm.) analgen
analgesia *f* (physiol.) analgesia; (med.) general anesthesia
analgésico -ca *adj & m* analgesic
analgesina *f* (pharm.) antipyrene
análisis *m & f* (*pl:* **-sis**) analysis; **análisis cualitativo** (chem.) qualitative analysis; **análisis cuantitativo** (chem.) quantitative analysis; **análisis espectral** spectrum analysis; **análisis gramatical** parsing
analista *mf* annalist; analyst (*analyzer; psychoanalyst*)
analítico -ca *adj* analytic, analytical; *f* (philos.) analytics
analizable *adj* analyzable
analizador -dora *mf* analyzer; analyst; *m* (opt.) analyzer
analizar §76 *va* to analyze; **analizar gramaticalmente** to parse
analogía *f* analogy; (gram.) inflection
analógico -ca *adj* analogical
análogo -ga *adj* analogous; similar; *m* analogue; (biol.) analogue
anamita *adj & mf* Annamese
anamniótico -ca *adj* anamniotic
anamorfosis *f* (*pl:* **-sis**) anamorphosis; (biol. & bot.) anamorphosis
ananá *m* (*pl:* **-naes**) (bot.) pineapple (*plant and fruit*)
ananás *m* var. of **ananá**
Ananías *m* (Bib.) Ananias
anapelo *m* (bot.) wolfsbane
anapéstico -ca *adj* anapestic
anapesto *m* anapest
anaplastia *f* (surg.) anaplasty
anaplástico -ca *adj* anaplastic
anaptixis *f* (phonet.) anaptyxis
anaquel *m* shelf (*in wall, closet, store, etc.*)
anaquelería *f* shelving
anaranjado -da *adj & m* orange (*color*); **anaranjado de metilo** methyl orange
anarquía *f* anarchy
anárquico -ca *adj* anarchic, anarchical
anarquismo *m* anarchism
anarquista *adj* anarchistic; *mf* anarch, anarchist
anarquizar §76 *va* to spread anarchism in (*a country or people*)
anasarca *f* (path.) anasarca
anascote *m* serge-like woolen material
anastasia *f* (bot.) mugwort
anastático -ca *adj* anastatic
anastigmático -ca *adj* (opt.) anastigmatic
anastomizar §76 *vr* var. of **anastomosar**
anastomosar *vr* to anastomose
anastomosis *f* (*pl:* **-sis**) (anat. & biol.) anastomosis
anastomótico -ca *adj* anastomotic
anástrofe *f* (gram.) anastrophe
anata *f* yearly income
anatema *m & f* anathema
anatematismo *m* anathematism, anathematization
anatematización *f* anathematization
anatematizar §76 *va* anathematize
anatifa *f* (zool.) goose barnacle
anatolio -lia *adj & mf* Anatolian
anatomía *f* anatomy; **anatomía macroscópica** gross anatomy
anatómico -ca *adj* anatomic, anatomical; *mf* anatomist
anatomista *mf* anatomist
anatomizar §76 *va* to anatomize; (paint. & sculp.) to bring out or emphasize (*the bones and muscles*)
anavajado -da *adj* knife-scarred
anavia *f* (prov.) bilberry
Anaxágoras *m* Anaxagoras
Anaximandro *m* Anaximander
anca *f* croup, haunch; rump, buttock; **a ancas** or **a las ancas** mounted behind another person (*on horseback*); **no sufrir ancas** (coll.) to take no joking

ancado -da *adj* (vet.) stringhalted, stringtied; seated behind another person (*on same mount*); *m* (vet.) stringhalt
ancestral *adj* ancestral
ancianidad *f* old age
anciano -na *adj* old, aged; *m* old man; (eccl.) elder; **el anciano de los días** Ancient of Days (*God*); *f* old woman
ancilar *adj* ancillary
ancla *f* (naut.) anchor; **echar anclas** to cast anchor; **levar anclas** to weigh anchor; **ancla de la esperanza** (naut.) sheet anchor
ancladero *m* anchorage, anchoring place
anclaje *m* anchorage; (dent.) anchor
anclar *vn* to anchor, to drop anchor
anclote *m* small anchor, kedge anchor
anclotillo *m* kedge anchor
ancolia *f* (bot.) columbine
ancón *m* (anat. & arch.) ancon; cove, bay
anconada *f* cove, bay
áncora *f* (naut., horol. & fig.) anchor
ancoraje *m* anchorage; anchoring; anchors
ancorar *vn* to anchor, to drop anchor
ancorca *f* yellow ocher
ancorel *m* stone sinker for fishing nets
ancorería *f* anchor foundry
ancorero *m* anchor smith
ancudo -da *adj* big-rumped
ancusa *f* (bot.) alkanet; **ancusa de tintes** (bot.) alkanet (*Alkanna tinctoria*)
ancusina *f* (chem.) alkanet
anchar *va, vn & vr* to widen, extend, enlarge
ancheta *f* small lot (*of goods*); gain, profit
anchicorto -ta *adj* wider than long; wide and short
ancho -cha *adj* broad, wide; full, ample, lax, loose, loose-fitting; **a sus anchas** in comfort, at ease, as one pleases; **ancho de conciencia** indulgent; free, lax; self-indulgent; *m* width, breadth; **ancho de vía** (rail.) track gauge
anchoa *f* (ichth.) anchovy; **anchoa de banco** (ichth.) bluefish
anchor *m* var. of **anchura**
anchova *f* (ichth.) anchovy
anchuelo -la *adj* widish, rather wide
anchura *f* width, breadth; extension; fullness, ampleness; ease, comfort, freedom, looseness
anchuroso -sa *adj* broad, wide, spacious
andada *f* see **andado**
andadero -ra *adj* passable, fit to walk or pass through; wandering, gadding; **andaderas** *fpl* gocart, walker (*to support child learning to walk*)
andado -da *adj* trodden, frequented; ordinary, common; worn, used; *f* thin, hard-baked cake or cracker; **andadas** *fpl* tracks (*of wild animals*); **volver a las andadas** (coll.) to backslide, to return to one's old tricks
andador -dora *adj* walking, fast-walking, swift; wandering, gadding; *mf* walker, runner; fast mover; great traveler; gadabout; *m* court messenger; footpath; **andadores** *mpl* leading strings (*to support child learning to walk*)
andadura *f* gait; walking, running; pace, amble
andahuertas *f* (*pl:* **-tas**) (orn.) garden warbler, whitethroat
Andalucía *f* Andalusia
andalucismo *m* Andalusianism
andalucita *f* (mineral.) andalusite
andaluz -luza *adj & mf* Andalusian; *m* Andalusian (*dialect*)
andaluzada *f* (coll.) tall story, Andalusian boastfulness
andamiada *f* or **andamiaje** *m* scaffolding, staging
andamio *m* scaffold; platform; skeleton; **andamio suspendido** hanging scaffold
andana *f* row, line, tier; **llamarse andana** (coll.) to take back a promise
andanada *f* (naut.) broadside; (taur.) covered section at top of grandstand; (coll.) scolding; (fig.) fusillade (*e.g., of questions*); **soltar la** or **una andanada a** to rake over the coals
andancia *f* (Am. & prov.) slight epidemic
andaniño *m* gocart (*to support child learning to walk*)
andante *adj* walking; errant; *m* (mus.) andante
andantesco -ca *adj* chivalrous, quixotic, (pertaining to a) knight-errant
andantino *m* (mus.) andantino
andanza *f* fate, fortune; (archaic) act, happening
andar *m* walk, gait, pace; go; passing (*e.g., of time*); **a largo andar** in time; **a más andar** at full speed ‖ §20 *va* to go (*e.g., two miles*); to go down or up (*a road*) ‖ *vn* to go, to move, to walk, to run; to go about, to travel; to act, to behave; to go, to run, to work (*said, e.g., of a clock*); to be, to feel; to continue, to keep on; to amble, to pace; to sail; to go by, to pass, to elapse (*said of time*); **¡anda!** (coll.) come now!; (coll.) fine!; (coll.) cut it out!; **andar a caballo** to ride horseback; **andar a gatas** to go on all fours; **andar andando** (Am.) to chase around; **andar bien** to keep good time (*said of a clock*); **andar bien de** to be well supplied with; **andar con** to handle; **andar en** to be engaged in; to be going on (*so many years old*); (coll.) to poke into; **andar en cuestiones** to wrangle; **andar reñidos** to be on bad terms ‖ *vr* to go by, to pass, to elapse (*said of time*); to go off, to go away; **andarse en** to give way to, to indulge in; (coll.) to poke into; **andarse por las ramas** to beat about the bush; **andarse sin** + *inf* to go or to do without + *ger*
andaraje *m* bucket wheel of noria; frame of garden roller
andariego -ga *adj* wandering, roving, gadding; swift, fleet-footed
andarín -rina *adj* fast-moving; *mf* fast walker, fast runner; professional runner; *f* (orn.) swallow
andarivel *m* ferry cable; cable ferry; aerial tramway, cableway; (naut.) hand rope; gantline
andarríos *m* (*pl:* **-rríos**) (orn.) wagtail
andas *fpl* litter; stretcher; bier with shafts; portable platform; **en andas** in triumph
andén *m* railway platform; boat landing; footpath; side path; sidewalk (*especially on bridge*)
andero *m* litter bearer; stretcher-bearer; bier bearer
Andes *mpl* Andes
andinismo *m* mountain climbing in the Andes
andinista *mf* mountain climber in the Andes
andino -na *adj & mf* Andean
ándito *m* exterior balcony (*going around or almost around a building*)
andolina *f* (orn.) swallow
andorga *f* (coll.) belly; **llenar la andorga** (coll.) to stuff oneself, to gorge
andorina *f* (orn.) swallow
andorra *f* (coll.) gadder (*woman*)
andorrano -na *adj & mf* Andorran
andorrear *vn* to gad about, to walk the streets, to tramp
andorrero -ra *adj* gadding, gadding about; *mf* gadder, wanderer
andosco -ca *adj* two-year-old (*cattle*)
andrajero -ra *mf* ragpicker
andrajo *m* rag, tatter; ragamuffin, scalawag; **estar en andrajos** to be in rags
andrajoso -sa *adj* ragged, raggedy
Andrés *m* Andrew
andrina *f* var. of **endrina**
andrino *m* var. of **endrino**
androceo *m* (bot.) androecium
Androcles *m* Androcles
androfobia *f* androphobia
andrógeno *m* (biochem.) androgen
andrógino -na *adj* androgynous; (bot.) androgynous; *mf* androgyne; *m* (bot.) androgyne
androide *m* android (*manlike automaton*)
Andrómaca *f* (myth.) Andromache
Andrómeda *f* (myth. & astr.) Andromeda
andrómina *f* (coll.) fraud, deceit, trick, lie, fib
androsemo *m* (bot.) androseme
androsfinge *m & f* (archeol.) androsphinx
androsterona *f* (biochem.) androsterone
andulario *m* long, trailing gown
andullo *m* fender, shield; plug tobacco; **rolled** tobacco leaf, pigtail
andurriales *mpl* byways, lonely spot, out-of-the-way place
anduve *1st sg pret ind of* **andar**

anea *f* (bot.) cattail, bulrush, reed mace (*Typha angustifolia*); (bot.) cattail, bulrush (*Typha latifolia*)
aneblar §18 *va* to cloud, darken; to cast a cloud over; *vr* to become clouded, get dark
anécdota *f* anecdote
anecdotario *m* stock or fund of anecdotes, collection of anecdotes
anecdótico -ca *adj* anecdotal
anecdotista *mf* anecdotist
anega *f* (bot.) dill
anegable *adj* subject to flooding
anegación *f* flooding; drowning; annihilation
anegadizo -za *adj* subject to frequent flooding; heavier-than-water
anegamiento *m* var. of **anegación**
anegar §59 *va* to flood; to drown; to sink; to annihilate; (aut.) to flood (*carburetor*); *vr* to become flooded; to drown; to sink; to be annihilated; (aut.) to become flooded; **anegarse en llanto** to be bathed in tears
anegociado -da *adj* busy, full of business
anejar *va* var. of **anexar**
anejín *m* or **anejir** *m* rhymed proverb set to music
anejo -ja *adj* annexed, attached; accessory; dependent; *m* annex; dependency; dependent church or benefice; supplement (*to a periodical*)
aneldo *m* (bot.) dill
aneléctrico -ca *adj & m* (phys.) anelectric
anélido -da *adj & m* (zool.) annelid
anemia *f* (path.) anemia; **anemia de los mineros** or **de los túneles** (path.) hookworm disease, tunnel disease; **anemia perniciosa** (path.) pernicious anemia
anémico -ca *adj* anemic
anemometría *f* anemometry
anemómetro *m* anemometer
anemona, anemone *f* or **anémone** *f* (bot.) anemone; **anemona de mar** (zool.) sea anemone
anemoscopio *m* anemoscope
anepigráfico -ca *adj* anepigraphic
anequín; a anequín or **de anequín** on a piecework basis (*for shearing sheep*)
aneroide *adj* aneroid
anestesia *f* anesthesia; **anestesia cruzada** crossed anesthesia; **anestesia de bloque** block anesthesia; **anestesia de conducción** conduction anesthesia; **anestesia espinal** spinal anesthesia; **anestesia general** general anesthesia; **anestesia local** local anesthesia; **anestesia medular** spinal anesthesia; **anestesia regional** conduction anesthesia
anestesiador *m* anesthetist
anestesiar *va* anesthetize
anestésico *adj & m* anesthetic
anestesiología *f* anesthesiology
anestesiólogo -ga *mf* anesthesiologist
anestesista *mf* anesthetist
anestético -ca *adj* anesthetic
aneurisma *m & f* (path.) aneurysm
aneurismático -ca *adj* aneurysmatic
anexar *va* to annex; to attach, append; to enclose
anexidades *fpl* annexes, supplements, appurtenances
anexión *f* annexation
anexionar *va* var. of **anexar**
anexionismo *m* annexationism
anexionista *adj & mf* annexationist
anexo -xa *adj* annexed, attached; accessory; dependent; *m* annex; dependency; **anexos** *mpl* (anat.) adnexa
anfesibena *f* var. of **anfisbena**
anfetamina *f* (pharm.) amphetamine
anfibio -bia *adj* amphibian; amphibious; *m* (aer. & biol.) amphibian
anfíbol *m* (mineral.) amphibole
anfibolita *f* (geol.) amphibolite
anfibología *f* amphibology
anfibológico -ca *adj* amphibological
anfíbraco *m* amphibrach
anfión *m* opium; (*cap.*) *m* (myth.) Amphion
anfípodo -da *adj & m* (zool.) amphipod
anfisbena *f* (zool.) amphisbaena
anfiscios *mpl* amphiscians (*inhabitants of tropics*)
anfiteatro *m* amphitheater; dissecting room
Anfitrión *m* (myth.) Amphitryon; (*l.c.*) *m* (coll.) host, lavish host; (coll.) escort (*of a lady*)
Anfitrite *f* (myth. & zool.) Amphitrite
anfiumo *m* (zool.) congo snake
ánfora *f* amphora; (eccl.) cruet for consecrated oils; (Am.) voting urn
anfractuosidad *f* anfractuosity
anfractuoso -sa *adj* anfractuous, winding, sinuous, tortuous
angalete *m* (Am.) miter box
angaria *f* (law) angaria
angarillas *fpl* handbarrow; panniers; cruet stand
angaripola *f* coarse colored linen; **angaripolas** *fpl* (coll.) gaudy trimmings, garish adornments
ángaro *m* beacon fire
angarrio *m* (Am.) living skeleton
angas *fpl;* **por angas o por mangas** (Am.) one way or another, by hook or by crook
angazo *m* rake for gathering shellfish
ángel *m* angel; grace, charm; **ángel caído** fallen angel; **ángel custodio** or **de la guarda** guardian angel; **ángel de mar** (ichth.) angelfish; **ángel patudo** (coll.) wolf in sheep's clothing; **tener ángel** to have charm
Ángela *f* Angela; **¡Ángela María!** I get you!
angélica *f* see **angélico**
angelical *adj* angelic or angelical
angelico *m* little imp of an angel
angélico -ca *adj* angelic or angelical; *f* (bot.) angelica; **angélica carlina** (bot.) carline thistle
angelín *m* (bot.) angelin
angelito *m* little angel; (fig.) little angel (*winsome or well-behaved child*)
angelón *m* large angel; **angelón de retablo** (coll.) awkward fat and chubby person
angelote *m* large figure of an angel; chubby child; (ichth.) angelfish
ángelus *m* (*pl:* **-lus**) Angelus
angevino -na *adj & mf* Angevin
angina *f* (path.) angina; **angina de pecho** (path.) angina pectoris
angiocolitis *f* (path.) angiocholitis
angiografía *f* (anat.) angiography
angiología *f* angiology
angiospermo -ma *adj* (bot.) angiospermous; *f* (bot.) angiosperm
angla *f* see **anglo**
anglesita *f* (mineral.) anglesite
Anglia *f* Anglia
anglicanismo *m* Anglicanism
anglicano -na *adj & mf* Anglican
anglicismo *m* Anglicism
anglicización *f* Anglicization
anglo -gla *adj* Anglian; *mf* Anglian; **anglos** *mpl* Angles; *f* cape, promontory
angloamericano -na *adj & mf* Anglo-American
anglocatolicismo *m* Anglo-Catholicism
anglocatólico -ca *adj & mf* Anglo-Catholic
angloespañol -ñola *adj* English-Spanish
anglófilo -la *adj & mf* Anglophile
anglofobia *f* Anglophobia
anglófobo -ba *adj & mf* Anglophobe
angloíndio -da *adj & mf* Anglo-Indian
angloiranio -nia *adj & mf* Anglo-Iranian
anglomanía *f* Anglomania
anglómano -na *mf* Anglomaniac
anglonormando -da *adj & mf* Anglo-Norman; *m* Anglo-Norman (*dialect*)
anglonorteamericano -na *adj & mf* Anglo-American
angloparlante *adj* English-speaking; *mf* speaker of English
anglosajón -jona *adj & mf* Anglo-Saxon; *m* Anglo-Saxon (*language*)
angora *mf* Angora (*cat or goat*)
angostar *va* to narrow, tighten, contract
angosto -ta *adj* narrow
angostura *f* narrowness; narrow place or passage; narrows; angostura (*medicinal bark*)
angosturina *f* (pharm.) angostura bitters
angra *f* cove, inlet
angrelado -da *adj* (her.) engrailed
angstrom *m* (*pl:* **-troms**) (phys.) angstrom
anguarina *f* sleeveless smock frock

anguila *f* (ichth.) eel; lash, whip; wiry fellow; **anguilas** *fpl* ways (*for launching a ship*); **escurrirse como una anguila** to be as slippery as an eel; **anguila agachadiza** (ichth.) snipe eel; **anguila de barro** (ichth.) mud eel; **anguila de cabo** (archaic) whip (*for flogging galley slaves*); **anguila eléctrica** (ichth.) electric eel
anguilazo *m* (naut.) lash (*stroke with rope's end*)
anguilero -ra *adj* for eels; *f* eel garth; eel basket
anguílula *f* (zool.) eelworm; **anguílula del vinagre** (zool.) vinegar eel
anguina *f* (vet.) inguinal vein
angula *f* grig (*young eel*)
angular *adj* angular
angularidad *f* angularity
angulemia *f* coarse cloth of hemp or tow; (*cap.*) *f* Angoulême; **angulemas** *fpl* flattery, coaxing
ángulo *m* angle; corner; **de ángulo ancho** (phot.) wide-angle; **en ángulo** at an angle; **ángulo agudo** acute angle; **ángulo complementario** complementary angle; **ángulo de ataque** (aer.) angle of attack; **ángulo de deriva** (aer. & naut.) drift angle; **ángulo de incidencia** (phys.) angle of incidence; **ángulo facial** facial angle; **ángulo obtuso** obtuse angle; **ángulo recto** right angle; **ángulos adyacentes** adjacent angles; **ángulos alternos** alternate angles
angulosidad *f* angularity
anguloso -sa *adj* angular (*said, e.g., of features*)
angurria *f* (coll.) strangury; (Am.) raging hunger
angustia *f* anguish, distress, affliction
angustiado -da *adj* distressed, grieved; greedy, grasping, mean
angustiar *va* to distress, afflict
angustioso -sa *adj* distressed, afflicted; grievous, worrisome
angustura *f* angostura (*medicinal bark*)
anhelación *f* panting, gasping; yearning
anhelante *adj* panting, gasping; eager, yearning
anhelar *va* to desire eagerly, to crave, to covet; *vn* to gasp, to pant; **anhelar** + *inf* to long to, to yearn to + *inf;* **anhelar por** to long for, to yearn for
anhélito *m* shortness of breath, hard breathing
anhelo *m* yearning, longing; gasp
anheloso -sa *adj* panting, breathless; eager, yearning
anhídrido *m* (chem.) anhydrid; **anhídrido carbónico** (chem.) carbon dioxide
anhidrita *f* (mineral.) anhydrite
anhidro -dra *adj* (chem.) anhydrous
anhima *f* (orn.) screamer
anhinga *f* (orn.) snakebird
aní *m* (*pl:* **-níes**) (orn.) ani
Aníbal *m* Hannibal
anidación *f* nesting
anidar *va* to shelter, take in; *vn & vr* to nestle, make one's nest; to live, dwell
anieblar *va & vr* var. of **aneblar**
aniego *m* var. of **anegación**
anilina *f* (chem.) anilin
anilla *f* curtain ring; ring, hoop; ring (*for gymnastics*); bow or loop (*of key*)
anillado -da *adj* ringed, ring-shaped, annulated; *m* (zool.) annelid
anillar *va* to form into rings or hoops; to make rings in; to fasten with rings or hoops; to put a ring on
anillejo or **anillete** *m* little ring, ringlet
anillo *m* ring; cigar band; (anat., arch. & bot.) annulus; (her. & zool.) annulet; (naut.) grommet; **de anillo** honorary; **venir como anillo al dedo** (coll.) to fit the case perfectly, to come in the nick of time; **anillo de boda** wedding ring; **anillo de collera** terret; **anillo de compromiso** engagement ring; **anillo de émbolo** piston ring; **Anillo del Nibelungo** (myth.) Ring of the Nibelung; **anillo de pedida** engagement ring; **anillos de Saturno** (astr.) rings of Saturn; **anillo sigilar** seal ring, signet ring
ánima *f* soul; soul in purgatory; bore (*of firearm*); (elec.) core (*of cable*); (found.) core (*of a mold*); web (*of rail*); **ánimas** *fpl* (eccl.) ringing of bells at sunset for prayers for souls in purgatory
animación *f* animation; liveliness; bustle, movement
animado -da *adj* animate; lively, animated
animador -dora *adj* animating; enlivening; encouraging, inspiring; *mf* animator; enlivener; inspirer; (mov.) animator; *m* master of ceremonies (*in night club, radio, etc.*)
animadversión *f* animadversion; enmity, ill will
animal *adj & m* animal
animalada *f* (coll.) stupidity
animálculo *m* animalcule
animalejo *m* little animal
animalia *f* animals, animal kingdom
animalidad *f* animality
animalismo *m* animalism
animalista *adj* animalistic; *mf* animalist
animalización *f* animalization
animalizar **§76** *va* to animalize; *vr* to become animalized
animalote *m* big animal
animalucho *m* ugly animal; (coll.) big ignoramus
animar *va* to animate; to enliven; to encourage; to strengthen; to drive, impel; **animar a** + *inf* to encourage to + *inf; vr* to become enlivened; to take heart, cheer up, feel encouraged
anime *m* (bot.) courbaril (*tree and resin*)
animero *m* beggar for souls in purgatory
anímico -ca *adj* psychic
animismo *m* animism
animista *adj* animistic; *mf* animist
animita *f* (Am.) firefly
ánimo *m* soul; spirit; will, intention; attention, mind, thought; courage, valor; encouragement; **dar ánimo** or **ánimos a** to give encouragement to; **esparcir el ánimo** to relax, take it easy; **tener ánimo de** + *inf* to intend to + *inf*
animosidad *f* animosity; bravery, courage
animoso -sa *adj* brave, courageous, spirited
aniñado -da *adj* childish, babyish; (pertaining to a) baby
aniñar *vr* to become childish, to act childishly
anión *m* (elec.) anion
aniquilación *f* annihilation
aniquilador -dora *adj* annihilating, destructive, exhausting; *mf* annihilator, destroyer
aniquilamiento *m* annihilation
aniquilar *va* to annihilate; to destroy, exhaust; *vr* to be annihilated, to be wiped out; to decline, decay, waste away; to be humbled
anís *m* (bot.) anise (*plant and seed*); anise-flavored brandy
anisado -da *adj* anisated, flavored with anise; *m* anise-flavored brandy
anisar *m* patch of anise; *va* to anisate, to flavor with anise
anisete *m* anisette
anisillo *m* appetizer, relish
anisofilo -la *adj* (bot.) anisophyllous
anisómero -ra *adj* (bot.) anisomerous
anisométrico -ca *adj* (mineral.) anisometric
anivelar *va* to level; to even
aniversario -ria *adj & m* anniversary
anjeo *m* coarse linen; burlap
anmetro *m* (elec.) ammeter
ano *m* (anat.) anus
anoche *adv* last night
anochecedor -dora *adj* nocturnal, staying up late; *mf* night owl, nighthawk
anochecer *m* dusk, twilight, nightfall; **§34** *vn* to grow dark; to be, arrive, or happen at nightfall; to end the day, go to sleep; *vr* to get dark; to get cloudy; (coll.) to slip away, to hide
anochecida *f* nightfall
anódico -ca *adj* anode, anodic
anodinia *f* anodynia
anodino -na *adj* anodyne; insignificant; innocuous; *m* anodyne
anodizar **§76** *va* (metal.) to anodize
ánodo *m* (elec.) anode

anofeles *m* (*pl:* **-les**) (ent.) anopheles
anomalía *f* anomaly
anomalístico -ca *adj* (astr.) anomalistic
anómalo -la *adj* anomalous
anomuro -ra *adj & m* (zool.) anomuran
anón *m* or **anona** *f* (bot.) soursop
anonáceo -a *adj* (bot.) annonaceous
anonadación *f* or **anonadamiento** *m* annihilation, destruction; humiliation; discouragement
anonadar *va* to annihilate, destroy; to crush, overwhelm; to humiliate; *vr* to be humiliated; to be discouraged, be crushed
anonimato *m* or **anonimia** *f* anonymity
anónimo -ma *adj* anonymous; *m* anonym; anonymous letter, unsigned letter; anonymity; **conservar** or **guardar el anónimo** to preserve one's anonymity
anorexia *f* (path.) anorexia
anormal *adj* abnormal
anormalidad *f* abnormality
anorza *f* (bot.) bryony (*Bryonia alba*)
anosmia *f* (path.) anosmia
anotación *f* annotation; note, record; comment; (Am.) score (*in games*)
anotador -dora *mf* annotation; *m* (Am.) score card
anotar *va* to annotate; to note, to jot down; to comment on; to point out; to score (*a point*)
anovelado -da *adj* novelistic
anoxemia *f* (path.) anoxemia
anqueta *f* small rump; **estar de media anqueta** (coll.) to be uncomfortably seated
anquialmendrado -da *adj* narrow-rumped (*said of a horse*)
anquiboyuno -na *adj* bony-rumped (*said of a horse*)
anquiderribado -da *adj* low-buttocked (*said of a horse*)
anquilosar *va & vr* to ankylose
anquilosis *f* (path.) ankylosis
anquirredondo -da *adj* round-rumped (*said of a horse*)
anquiseco -ca *adj* thin-rumped (*said of a horse*)
Anquises *m* (myth.) Anchises
ansa *f* hanse (*medieval guild*)
ánsar *m* (orn.) goose; wild goose; (orn.) tule goose; **ánsar blanco** (orn.) lesser snow goose
ansarería *f* goose farm
ansarero -ra *mf* gooseherd; *f* goosegirl
ansarino -na *adj* anserine; *m* gosling
ansarón *m* goose, large goose
anseático -ca *adj* Hanseatic
Anselmo, San Saint Anselm
ansia *f* anxiety; anguish; longing, yearning; **ansias** *fpl* nausea
ansiadamente *adv* anxiously, yearningly
ansiar §90 & regular *va* to long for, yearn for, covet; **ansiar** + *inf* to yearn to, to be eager to + *inf; vn* (coll.) to be madly in love; **ansiar por** (coll.) to be madly in love with
ansiedad *f* anxiety, worry; pain
ansioso -sa *adj* anxious; anguished; longing, yearning; covetous
ant. abr. of **anticuado**
anta *f* (zool.) elk; (archeol.) menhir; (arch.) anta
antagalla *f* (naut.) spritsail reef band
antagónico -ca *adj* antagonistic
antagonismo *m* antagonism
antagonista *mf* antagonist
antañazo *adv* (coll.) a long time ago
antaño *adv* last year; of yore, long ago
antañón -ñona *adj* ancient, very old
Antarés *m* (astr.) Antares
antártico -ca *adj* antarctic; (*cap.*) *m* Antarctic (*ocean*); **la Antártica** Antarctica (*continent*)
Antártida, la Antarctica (*continent*)
-ante *suffix adj* -ing, e.g., **amante** loving; **hispanohablante** Spanish-speaking
ante *m* (zool.) elk; elk skin, buff; first course (*of a meal*); *prep* before, in the presence of; in front of; at, with; **ante todo** first of all
anteado -da *adj* buff (*orange yellow*)
antealtar *m* (eccl.) chancel
anteanoche *adv* night before last
anteanteanoche *adv* three nights ago
anteanteayer *adv* three days ago
anteantier *adv* (coll.) three days ago
anteayer *adv* day before yesterday
antebrazo *m* forearm
antecama *f* bedside rug
antecámara *f* antechamber, anteroom; lobby, hall
antecapilla *f* (eccl.) antechapel
antecedente *adj* antecedent; *m* antecedent; (gram., log. & math.) antecedent; **antecedentes** *mpl* antecedents
anteceder *va* to precede, go before
antecesor -sora *adj* preceding; *mf* predecessor; ancestor
anteclásico -ca *adj* preclassical
antecoger §49 *va* to drag or pull forward
antecolumna *f* (arch.) free column
antecoro *m* (arch.) antechoir
antecos *mpl* antiscians
antedata *f* antedate
antedatar *va* to antedate
antedecir §37 *va* (archaic) to foretell, predict
antedespacho *m* front office
antedía *adv* the day before, a day or two before
antedicho -cha *adj* aforesaid, aforementioned; *pp of* **antedecir**
antedigo *1st sg pres ind of* **antedecir**
antedije *1st sg pret ind of* **antedecir**
antediluviano -na *adj* antediluvian
antediré *1st sg fut ind of* **antedecir**
antefija *f* (arch.) antefix; gable end
antefirma *f* formal close (*of a letter*); title above signature
antefoso *m* (fort.) outer moat
antehistórico -ca *adj* prehistoric
anteiglesia *f* church porch; parochial church; parish
antelación *f* previousness, anticipation, planning; **con antelación** in advance
antelio *m* (meteor.) anthelion
antemano; de antemano beforehand, in advance
antemeridiano -na *adj* antemeridian
antemio or **antemión** *m* (f.a.) anthemion
antemural *m* (fort.) rampart, outwork; (fig.) rampart, defense, protection
antena *f* (ent.) antenna; (rad.) aerial, antenna; (naut.) lateen yard; **en antena** (rad.) on the air; **llevar a las antenas** (rad.) to put on the air; **antena de cuadro** (rad.) loop aerial or antenna; **antena de interior** (rad.) indoor aerial or antenna; **antena de amarre** (aer.) mooring mast (*of a dirigible*); **antena de radar** radar screen; **antena de rastreo** tracking antenna; **antena dipolo** (rad.) dipole antenna; **antena direccional** (rad.) directional antenna; **antena interior incorporada** (rad.) built-in antenna
antenacido -da *adj* born prematurely
antenado -da *adj* (ent.) provided with antennae; *mf* stepchild
antenatal *adj* antenatal
antenoche *adv* night before last; before sunset
antenombre *m* title, honorific
anténulas *fpl* feelers; antenules
antenupcial *adj* antenuptial
Anteo *m* (myth.) Antaeus
anteojera *f* spectacle case; patch (*worn over eye*); blinder, blinker
anteojero *m* maker or vendor of spectacles or eyeglasses
anteojo *m* eyeglass; spyglass, telescope; **anteojos** *mpl* spectacles, eyeglasses; opera glasses; binoculars; blinkers (*for horses*); **anteojo de larga vista** long-range telescope; **anteojo prismático** prism binocular; **anteojos bifocales** bifocals; **anteojos de campaña** field glass; **anteojos de predicador** pulpit glasses
antepagar §59 *va* to pay in advance
antepalco *m* (theat.) small antechamber to a box
antepasado -da *adj* before last, e.g., **la semana antepasada** the week before last; **antepasados** *mpl* ancestors
antepecho *m* railing, guardrail; sill; parapet, breastwork; breast collar (*of harness*); footboard (*of carriage*)
antepenúltimo -ma *adj* antepenultimate; *f* antepenult

antepondré *1st sg fut ind of* **anteponer**
anteponer §69 *va* to place before, place in front; to prefer; *vr* to get ahead; **anteponerse a** to get ahead of, overcome
antepongo *1st sg pres ind of* **anteponer**
anteportada *f* (print.) bastard title, half title
anteportal *m* porch, vestibule, entry
anteproyecto *m* preliminary sketch or plan; first draft
antepuerta *f* portière; (fort.) counterport
antepuerto *m* entrance to a mountain pass; (naut.) outer port; (naut.) outer anchorage
antepuesto -ta *pp of* **anteponer**
antepuse *1st sg pret ind of* **anteponer**
antera *f* (bot.) anther
anterea *f* (ent.) tussah (*silkworm*)
anteridio *m* (bot.) antheridium
anterior *adj* anterior, front, previous, preceding; earlier; front (*tooth*); (phonet.) front; **anterior a** previous to, earlier than
anterioridad *f* anteriority, priority, precedence; **con anterioridad** previously; **con anterioridad a** previous to, prior to
antero *m* tanner, leather dresser
anterozoide *m* (bot.) antherozoid
antes *adv* before, formerly; previously; sooner, soonest; rather; **cuanto antes** or **lo más antes** as soon as possible; **antes bien** rather, on the contrary; **antes de** before (*in time*); **antes de** + *inf* before + *ger;* **antes que** rather than; **antes (de) que** before (*in time*)
antesacristía *f* anteroom to the sacristy
antesala *f* antechamber; waiting room (*e.g., of a doctor's office*); **hacer antesala** to dance attendance, to kick one's heels
antesis *f* (bot.) anthesis
antestatura *f* (fort.) makeshift barricade or entrenchment
antetemplo *m* (arch.) porch, portico
antever §93 *va* to foresee
anteversión *f* (bot.) anteversion
antevíspera *f* two days before
antevisto -ta *pp of* **antever**
anti- *prefix* anti-, e.g., **antisemítico** anti-Semitic; **antitoxina** antitoxin; **antipapa** antipope; ant-, e.g., **antiácido** antacid; contra-, e.g., **anticonceptivo** contraceptive; in-, e.g., **antiartístico** inartistic; non-, eg., **antirresbaladizo** nonskid; -proof, e.g., **antisonoro** soundproof; **antitérmico** heatproof; un-, e.g., **anticientífico** unscientific; **antideportivo** unsportsmanlike; **antieconómico** uneconomic
antiácido -da *adj & m* antacid
antiaéreo -a *adj* anti-aircraft; *m* anti-aircraft gun
antiafrodisíaco -ca *adj & m* (med.) anaphrodisiac
antialcohólico -ca *adj* antialcoholic; antisaloon (*league, propaganda, etc.*)
antialcoholismo *m* antialcoholism
antiar *m* antiar (*poisonous gum*)
antiarina *f* (chem.) antiarin
antiartístico -ca *adj* inartistic
antibactérico -ca *adj* antibacterial
antibiosis *f* (biol.) antibiosis
antibiótico -ca *adj & m* antibiotic
anticartel *adj invar* antitrust
anticatarral *adj & m* anticatarrhal
anticátodo *m* anticathode
anticatólico -ca *adj & mf* anti-Catholic
anticiclón *m* (meteor.) anticyclone
anticiclonal *adj* anticyclonic
anticientífico -ca *adj* unscientific
anticipación *f* anticipation; advance; **con anticipación** in advance
anticipada *f* see **anticipado**
anticipadamente *adv* in advance, beforehand
anticipado -da *adj* advance (*e.g., payment*); *f* unexpected thrust, treacherous attack
anticipar *va* to anticipate, advance, accelerate, hasten; to move up, to move ahead (*a scheduled event*); to advance (*money*); to lend; *vr* to happen early, take place earlier; **anticiparse a** to anticipate, get ahead of; **anticiparse a** + *inf* to + *inf* ahead of time, e.g., **se anticipó a salir sin esperar a sus amigos** he left ahead of time without waiting for his friends
anticipo *m* anticipation; forehandedness; deposit, advance payment; retaining fee
anticlerical *adj* anticlerical
anticlericalismo *m* anticlericalism
anticlímax *m* (rhet.) anticlimax
anticlinal *adj* anticlinal; *m* (geol.) anticline
anticlinorio *m* (geol.) anticlinorium
anticloro *m* (chem.) antichlor
anticomunista *adj & mf* anticommunist
anticoncepción *f* contraconception
anticonceptivo -va *adj & m* contraconceptive
anticongelante *m* antifreeze
anticonstitucional *adj* unconstitutional
anticresis *f* (*pl:* **-sis**) (law) antichresis
anticrético -ca *adj* antichretic
anticristiano -na *adj & mf* anti-Christian
Anticristo *m* Antichrist
anticuado -da *adj* antiquated; obsolete; old-fashioned
anticuar *va* to antiquate, make out of date; *vr* to become antiquated
anticuario -ria *adj* antiquarian; *m* antiquarian or antiquary; antique dealer
anticuerpo *m* (bact.) antibody
antidáctilo *m* anapest
antidemocrático -ca *adj* antidemocratic
antideportivo -va *adj* unsportsmanlike
antiderrapante *adj* nonskid
antideslizante *adj* nonslipping; nonskid
antideslumbrante *adj* antiglare
antidetonante *adj & m* antiknock
antídoto *m* antidote; (fig.) antidote
antieconómico -ca *adj* uneconomic or uneconomical
antiemético -ca *adj & m* antiemetic
antier *adv* (coll.) day before yesterday
antiesclavista *adj* antislavery; *m* abolitionist
antiescorbútico -ca *adj & m* antiscorbutic
antiespañol -la *adj* anti-Spanish
antiespasmódico -ca *adj* antispasmodic
antiestético -ca *adj* unesthetic
antifaz *m* (*pl:* **-faces**) veil, mask
antifederalista *adj* antifederal; *m* antifederalist
antiflogístico -ca *adj* antiphlogistic
antífona *f* (eccl.) antiphon; anthem
antifonal or **antifonario -ria** *adj & m* antiphonal
antifonero *m* precentor
antífrasis *f* (rhet.) antiphrasis
antifricción *m* antifriction; antifriction metal
antigás *adj invar* protecting from poisonous gases, gas (*e.g., mask*)
antigénico -ca *adj* antigenic
antígeno *m* (bact.) antigen
Antígona or **Antígone** *f* (myth.) Antigone
antigramatical *adj* ungrammatical
antigripal *adj* antigrippe
antigualla *f* antique; old story; ancient custom; (coll.) relic, antique; (coll.) faded rose, has-been
antiguar §23 *vn* to attain seniority; *vr* to attain seniority; to become antiquated
antigüedad *f* antiquity; seniority; **antigüedades** *fpl* antiquities
antiguo -gua *adj* old; ancient; antique; **a la antigua** or **a lo antiguo** in the ancient manner; in an old-fashioned way; **de antiguo** from days gone by, from time immemorial; **en lo antiguo** in ancient times; *mf* old member; veteran; senior; **los antiguos** the ancients
antiherrumbroso -sa *adj* rustless, rust-resisting
antihistamina *f* (pharm.) antihistamine
antihistamínico -ca *adj & m* (pharm.) antihistamine
antiinflacionista *adj* anti-inflationary
antijudío -a *adj* anti-Jewish
antilogaritmo *m* (math.) antilogarithm
antílope *m* (zool.) antelope
antillano -na *adj & mf* Antillean, West Indian
Antillas *fpl* Antilles; **Antillas Francesas** French West Indies; **Antillas Mayores** Greater Antilles; **Antillas Menores** Lesser Antilles
antimacasar *m* antimacassar
antimateria *f* (phys.) antimatter
antimilitarismo *m* antimilitarism
antimilitarista *adj & mf* antimilitarist
antimonárquico -ca *adj* antimonarchical
antimonial *adj* (chem.) antimonial

antimonio *m* (chem.) antimony
antimonita *f* (chem. & mineral.) antimonite
antinatural *adj* unnatural
antinodo *m* (phys.) antinode
antinomia *f* antinomy
antinómico -ca *adj* antinomic
antiobrero -ra *adj* antilabor
Antíoco *m* Antiochus
antioqueno -na *adj & mf* Antiochian
antioqueño -ña *adj* (pertaining to) Antioquia, S.A.; *mf* native or inhabitant of Antioquia
Antioquía *f* Antioch
antipapa *m* antipope
antipara *f* folding screen; gaiter
antiparásito *m* (rad.) static eliminator
antiparras *fpl* (coll.) spectacles, eyeglasses
antipartido *adj invar & m* antiparty
antipatía *f* dislike, antipathy
antipático -ca *adj* disagreeable; antipathetic
antipatinador -dora *adj* nonskid
antipatizar §76 *vn* (Am.) to feel antipathy, arouse antipathy, be repugnant
antipatriótico -ca *adj* unpatriotic
antipendio *m* (eccl.) antependium
antipirético -ca *adj & m* antipyretic
antipirina *f* (pharm.) antipyrine
antípoda *adj* antipodal; *m* antipode (*anything directly opposite*); **antípodas** *mpl* antipodes (*places and people*); **Antípodas** *fpl* Antipodes (*islands*)
antipoliomielítico -ca *adj* antipolio
antiprotón *m* (phys. & chem.) antiproton
antiproyectil *adj* antimissile
antiquísimo -ma *adj super* very old; very or most ancient
antirrábico -ca *adj* antirabic
antirraquítico -ca *adj & m* antirachitic
antirreligioso -sa *adj* antireligious
antirresbaladizo -za *adj* nonskid
antirrino *m* (bot.) snapdragon
antiscios *mpl* antiscians of the temperate zones
antisemita *mf* anti-Semite
antisemítico -ca *adj* anti-Semitic
antisemitismo *m* anti-Semitism
antisepsia or **antisepsis** *f* antisepsis
antiséptico -ca *adj & m* antiseptic
antisísmico -ca *adj* earthquake-proof
antisocial *adj* antisocial
antisonoro -ra *adj* soundproof
antisoviético -ca *adj* anti-Soviet
Antístenes *m* Antisthenes
antistrofa *f* antistrophe
antisubmarino -na *adj* antisubmarine
antitanque *adj* (*pl:* **-ques**) antitank
antitérmico -ca *adj* heatproof; antipyretic
antítesis *f* (*pl:* **-sis**) antithesis
antitético -ca *adj* antithetical
antitóxico -ca *adj* antitoxic
antitoxina *f* (bact.) antitoxin
antitrago *m* (anat.) antitragus
antiveneno *m* antivenin
antiviral or **antivirulento -ta** *adj* antiviral
antivivisecclonista *adj & mf* antivivisectionist
antociana or **antocianina** *f* (biochem.) anthocyanin
antodio *m* (bot.) anthodium
antófilo -la *adj* flower-loving; *mf* flower lover
antofita *f* (bot.) anthophyte
antojadizo -za *adj* fickle, capricious, whimsical
antojado -da *adj* desirous, eager
antojar *vr* to seem; *vr & impers* to fancy, take a sudden fancy to or for; to seem, seem likely, imagine, e.g., **se me antoja que va a llover** it seems to me that it is going to rain; **antojársele a uno** + *inf* to have or take a notion to + *inf*, e.g., **se me antoja ir a paseo** I have a notion to go for a walk
antojera *f* blinker, blinder (*for horses*)
antojito *m* (Am.) tidbit, delicacy
antojo *m* passing fancy, whim, caprice; hasty judgment; **antojos** *mpl* moles, spots, warts; **a su antojo** as one pleases
antojuelo *m* whim, vagary
antología *f* anthology
antólogo -ga *mf* anthologist
Antón *m* Antony, Anthony
Antonieta *f* Antoinette
antónimo -ma *adj* antonymous; *m* antonym
Antonino *m* Antoninus
Antonio *m* Anthony, Antonius
antonomasia *f* (rhet.) antonomasia
Antoñito *m* Tony
antorcha *f* torch; **antorcha a soplete** blowtorch
antorchar *va* var. of **entorchar**
antorchero *m* torch holder or socket; cresset
antozoos *mpl* (zool.) anthozoans
antraceno *m* (chem.) anthracene
antracita *f* anthracite
antracitoso -sa *adj* anthracite
antracnosis *f* (bot.) anthracnose
ántrax *m* (path.) anthrax
antreno *m* (ent.) museum beetle
antro *m* antrum, cavern; den (*e.g., of crooks*); (anat.) antrum; **antro de Highmoro** (anat.) antrum of Highmore; **antro timpánico** (anat.) tympanic antrum
antropofagía *f* anthropophagy
antropófago -ga *adj* anthropophagic; **antropófagos** *mpl* anthropophagi
antropoide *adj* anthropoid; *m* (orn.) demoiselle
antropoideo -a *adj* anthropoidal; *m* (zool.) anthropoid, anthropoid ape
antropología *f* anthropology
antropológico -ca *adj* anthropological
antropólogo -ga *mf* anthropologist
antropometría *f* anthropometry
antropométrico -ca *adj* anthropometric
antropomórfico -ca *adj* anthropomorphic
antropomorfismo *m* anthropomorphism
antropomorfo -fa *adj* anthropomorphous; **antropomorfos** *mpl* (zool.) anthropoids
antropopiteco *m* (pal.) Anthropopithecus
antruejo *m* carnival (*the three days before Lent*)
antuviada *f* (coll.) sudden blow or bump
antuviar *va* (coll.) to strike or bump suddenly or without warning, to be first to strike
antuvión *m* (coll.) sudden blow or attack; **de antuvión** (coll.) suddenly, unexpectedly
anual *adj* annual
anualidad *f* annuity; year's pay; annual occurrence; annual payment
anuario *m* yearbook; directory; bulletin, catalogue (*e.g., of a university*); **anuario telefónico** telephone directory
anúbada *f* call to arms; feudal service; tribute paid in lieu of service
anubarrado -da *adj* cloudy, overcast; with clouds painted in
anublado -da *adj* (slang) blind
anublar *va* to cloud; to dim, darken, to obscure; to wither, to dry up (*plants*); *vr* to become cloudy; to be withered; to fade away (*said, e.g., of one's hopes*)
anublo *m* var. of **añublo**
anudar *va* to knot, to tie, to fasten; to join, to unite; to take up again (*a story*); *vr* to get knotted; to unite, be united; to fade away, wither, wilt, fail; **se le anudó la garganta** he got a lump in his throat; **se le anudó la lengua** his tongue stuck in his throat
anuencia *f* consent
anuente *adj* consenting
anulable *adj* voidable
anulación *f* annulment; nullification, revocation; cancellation; removal, discharge
anular *adj* annular; *m* ring finger; *va* to annul; to nullify, revoke; to cancel; to remove, unseat, discharge; *vr* to be deprived of authority; to be passed over; to be humiliated
anuloso -sa *adj* annular; full of rings
anunciación *f* announcement, annunciation; (*cap.*) *f* Annunciation
anunciador -dora *adj* advertising; *mf* announcer; annunciator; advertiser
anunciante *adj* advertising; *mf* advertiser
anunciar *va* to announce, to annunciate; to forebode; to advertise
anuncio *m* announcement; harbinger; omen; advertisement; **anuncios clasificados (en secciones)** classified advertisements; **anuncios por palabras** classified advertisements at so much per word
anuo -nua *adj* annual
anúteba *f* var. of **anúbada**
anverso *m* obverse

anzuelo *m* fishhook; lure, attraction; **picar en el anzuelo** or **tragar el anzuelo** (fig.) to swallow the bait, swallow the hook
añacal *m* carrier of grain to the mill; board for carrying bread
añacalero *m* (prov.) hod carrier
añada *f* year, season (*speaking of weather or crops*); vintage wine; tract of cultivated land
añadible *adj* addible
añadido -da *adj* added, additional; *m* false hair, switch
añadidura *f* addition, increase; extra weight, extra measure; **de añadidura** extra, into the bargain; **por añadidura** besides, after all
añadir *va* to add; to add to
añafea *f* rag paper, brown paper
añafil *m* straight Moorish trumpet
añagaza *f* bird call; decoy, lure; trap, trick
añal *adj* annual; year-old; *mf* year-old calf, kid, or lamb; *m* memorial a year after death
añalejo *m* (eccl.) liturgical calendar, ordinal
añascar §86 *va* (coll.) to gather together bit by bit
añejamiento *m* aging; turning stale
añejar *va* to age; to make stale; *vr* to age, become aged; to improve with age; to grow stale
añejo -ja *adj* aged (*said, e.g., of wine*); old, stale; musty, rancid
añicos *mpl* pieces, bits, shreds; **hacer añicos** to tear to smithereens; **hacerse añicos** (coll.) to take great pains, to wear oneself out
añil *m* (bot.) anil (*plant, color, and dye*); bluing (*for laundering*); indigo (*of the solar spectrum*)
añilar *va* to dye with indigo; to blue (*clothes*)
añilería *f* anil or indigo plantation; anil mill, indigo works
añinero *m* dresser of lambskin; dealer in lambskin
añinos *mpl* unshorn lambskin; lamb's wool
año *m* year; **años** *mpl* birthday; **cumplir años** to have a birthday; **cumplir . . . años** to be . . . years old, to reach the age of; **¡Feliz Año Nuevo!** Happy New Year!; **por los años de . . .** about the year . . . ; **tener . . . años (de edad)** to be . . . years old; **año anomalístico** (astr.) anomalistic year; **año astronómico** astronomical year; **año bisiesto** leap year; **año civil** calendar year, civil year; **año de Cristo** anno Domini; **año de gracia** year of grace; **año de nuestra salud** year of our Lord; **año económico** fiscal year; **año escolar** or **año lectivo** school year; **año lunar** lunar year; **año luz** (*pl:* **años luz**) (astr.) light-year; **año nuevo** new year; **año solar** solar year; **año trópico** (astr.) tropical year
añojal *m* fallow land
añojo -ja *mf* year-old calf or lamb
añoranza *f* loneliness, longing, sorrow, grief
añorar *va* to long for, to miss, to sorrow for, to grieve over; *vn* to pine, to sorrow, to grieve
añoso -sa *adj* old, aged, heavy with years
añublado -da *adj* var. of **anublado**
añublar *va & vr* var. of **anublar**
añublo *m* blight, mildew
añudar *va & vr* var. of **anudar**
añusgar §59 *vn* to strangle, choke; to get angry
aojada *f* (Am.) skylight; (Am.) transom
aojador -dora *mf* hoodoo
aojadura *f* or **aojamiento** *m* spell, curse; evil eye, bad luck
aojar *va* to cast the evil eye upon, to hoodoo, to jinx
aojo *m* evil eye, bad luck
aonio -nia *adj* Aonian
aoristo *m* (gram.) aorist
aorta *f* (anat.) aorta
aórtico -ca *adj* aortic
aovado -da *adj* oval, egg-shaped
aovar *vn* to lay eggs
aovillar *vr* to form a ball, curl up, shrink
ap. abr. of **aparte** & **apóstol**
apabilar *va* to trim (*a wick*)
apabullar *va* (coll.) to mash, crush, flatten; (coll.) to squelch
apabullo *m* (coll.) mashing, crushing, flattening; (coll.) squelching
apacentadero *m* pasture, grazing ground
apacentador -dora *adj* pasturing, grazing; nourishing; encouraging, fostering; *mf* nourisher, fosterer; *m* shepherd, herdsman
apacentamiento *m* pasturage, grazing; feed, fodder; fuel
apacentar §18 *va* to pasture, to graze; (fig.) to feed; *vr* to pasture, to graze; to feed; **apacentarse con** or **de** to feed on
apacibilidad *f* peacefulness; mildness, gentleness
apacible *adj* peaceful; mild, gentle
apaciguador -dora *adj* pacifying, calming, appeasing; *mf* pacifier, calmer, appeaser
apaciguamiento *m* pacification, calming, appeasement
apaciguar §23 *va* to pacify, calm, appease; *vr* to become peaceful, to grow calm, to calm down
apache *m* apache (*bandit*); Apache (*Indian*)
apacheta *f* (Am.) devotional heap of stones at the top of a mountain road
apachico *m* (Am.) package, bundle
apachurrar *va* (Am.) to mash, to crush, to mangle
apadrinador -dora *adj* sponsoring; backing, protecting; *mf* sponsor, backer, supporter; protector; *m* patron; second (*in a duel*); *f* patroness
apadrinamiento *m* sponsorship, sponsoring, support
apadrinar *va* to sponsor; to act as godfather for; to be best man for; to second (*in a duel*); to back, to support; to take under one's wing; to ride alongside (*a rider on a partly broken horse*)
apagable *adj* extinguishable
apagabroncas *m* (*pl:* **-cas**) (coll.) bouncer
apagachispas *m* (*pl:* **-pas**) (elec.) spark arrester
apagadizo -za *adj* fire-resisting
apagado -da *adj* out (*said of fire or light*); dull, weak, dim; calm, listless, spiritless; timid; slaked (*lime*)
apagador -dora *adj* extinguishing; dimming; muffling; *mf* extinguisher (*person*); *m* extinguisher (*of a candle*); damper (*of piano*)
apagafuego *m* fire extinguisher
apagaincendios *m* (*pl:* **-dios**) fire extinguisher
apagamiento *m* extinguishing; dimming, dulling; muffling; subsiding
apagapenoles *mpl* (naut.) leech lines
apagar §59 *va* to put out, to extinguish; to turn off (*lights, electric current, radio, etc.*); to tone down (*light or color*); to damp, to muffle (*sound*); to slake (*lime*); to silence (*enemy fire*); to quench (*thirst*); to soothe, to calm, to deaden (*pain*); *vn* **¡apaga y vámonos!** (coll.) dry up!; *vr* to go out, to be extinguished; to subside, to calm down, to die away, to fade away
apagavelas *m* (*pl:* **-las**) candle extinguisher, snuffers
apagón -gona *adj* (Am.) fire-resisting; *m* blackout (*as military precaution*); darkness (*e.g., from failure of electricity*)
apagoso -sa *adj* (Am.) poorly burning
apainelado -da *adj* (arch.) basket-handle (*said of an arch*)
apaisado -da *adj* elongated, oblong
apajarado -da *adj* (Am.) scatterbrained, flighty
apalabrar *va* to bespeak, to engage; to discuss, to consider; *vr* to agree, to come to an agreement
apalache *adj* Appalachian; **Apalaches** *mpl* Appalachians (*mountains*)
apalachina *f* (bot.) yaupon
apalancar §86 *va* to move or raise with a lever, to move or raise with a crowbar
apaleamiento *m* shoveling; beating, thrashing; piling, heaping
apalear *va* to shovel; to beat, thrash, drub; to pile up, to heap up
apaleo *m* thrashing; piling, heaping
apanalado -da *adj* honeycombed
apancle *m* (Am.) irrigation ditch
apancora *f* (zool.) spiny crab; (zool.) sea hedgehog
apandar *va* (coll.) to steal, to swipe
apandillar *va* to form into bands, form into gangs; *vr* to band together

apandorgar §59 *vr* (coll.) to get fat, put on weight; (Am.) to get lazy
apanojado -da *adj* (bot.) panicled
apantallar *va* (elec.) to shield, to screen; (Am.) to dazzle, to amaze
apantanar *va* to make swampy or marshy; to stick in a swamp; *vr* to get swampy or marshy; to get stuck in a swamp, get stuck in the mud
apantuflado -da *adj* slipper-shaped
apañado -da *adj* clothlike, thick-textured; clever, handy; fit, suitable
apañadura *f* grasping; stealing; repairing, repair, patch; trimming, edging
apañar *va* to pick up, to grasp; to seize, to steal; to dress; to repair, to mend; (coll.) to wrap up; *vr* (coll.) to be handy
apaño *m* grasping; stealing; repairing, repair; skill, handiness
apañuscar §86 *va* (coll.) to rumple, crumple; (coll.) to steal, to swipe; (Am.) to jam, to crowd
apapagayado -da *adj* parrot-like; shaped like the beak of a parrot
apar *m* or **apara** *m* (zool.) three-banded armadillo
aparador *m* sideboard, dresser, buffet; serving table; showcase; workshop
aparadura *f* (naut.) garboard, garboard strake
aparar *va* to prepare, to arrange; to adorn, to dress; to block, to head off; to stretch out the hands, cloak, or skirt to catch; to dress, to cultivate (*plants*); to close (*uppers of shoes*); (carp.) to dub (*with adz*)
aparasolado -da *adj* parasol-shaped; (bot.) umbellate
aparatar *vr* to get ready; to get dressed up; (prov. & Am.) to get cloudy, to look threatening
aparato *m* preparation; apparatus, device; display, ostentation, show; exaggeration, embroidery; literary baggage; sign; radio set; television set; telephone; (coll.) airplane; (anat.) apparatus; (surg.) application, bandage; (theat.) scenery, properties; (med.) syndrome; **ponerse al aparato** to come or to go to the phone; **aparato auditivo** hearing aid; **aparato crítico** apparatus criticus; **aparato de relojería** clockwork; **aparato fotográfico** camera; **aparato pulverizador** sprayer, spray outfit; **aparatos sanitarios** bathroom fixtures; **aparato tomavistas** motion-picture camera
aparatosidad *f* ostentation, showiness, pomposity
aparatoso -sa *adj* ostentatious, showy, pompous
aparcamiento *m* parking
aparcar §86 *va & vn* (aut. & mil.) to park
aparcería *f* (com.) partnership
aparcero -ra *mf* (com.) partner; sharer, coheir; sharecropper; (Am.) customer
apareamiento *m* making even; pairing, mating, matching
aparear *va* to make even; to pair, to mate, to match; *vr* to match; to pair, to mate
aparecer §34 *vn & vr* to appear; to turn up, to show up
aparecido *m* ghost, specter
aparecimiento *m* appearance
aparedar *va* to wall up
aparejado -da *adj* ready, fit, suitable
aparejador *m* foreman, overseer, supervisor, builder; (naut.) rigger
aparejar *va* to prepare; to threaten; to harness; to dress, to process; to prime, to size; (naut.) to rig, to rig out; (Am.) to pair, to mate (*animals*); *vr* to prepare, to get ready; to get dressed up
aparejería *f* (Am.) harness shop
aparejo *m* preparation, arrangement; harness, riding gear; (mas.) bond, bonding; set, kit, equipment; (naut.) rigging, sails and rigging; (naut.) gear, tackle, block and tackle; priming, sizing, filler; **aparejos** *mpl* tools, instruments, implements, equipment, accessories; **aparejo de gata** (naut.) cat tackle; **aparejo flamenco** or **holandés** (mas.) Flemish bond; **aparejo inglés** (mas.) English bond
aparentar *va* to feign, pretend, affect; to look to be (*so many years old*); **aparentar** + *inf* to seem to + *inf*; to pretend to + *inf*
aparente *adj* apparent, seeming; visible, evident; right, proper, suitable
aparición *f* appearance; apparition
apariencia *f* appearance, aspect; probability, sign, indication; **juzgar por las apariencias** to judge by appearances; **las apariencias engañan** things are not what they seem; **salvar las apariencias** to keep up appearances, to save face
aparqueamiento *m* parking
aparquear *va* (mil. & aut.) to park
aparqueo *m* var. of **aparqueamiento**
aparrado -da *adj* viny, vinelike, shrubby; chunky, stubby; spreading
aparragar §59 *vr* (Am.) to squat, crouch, bend
aparrar *va* to espalier; *vr* to spread; (Am.) to squat, crouch; to be chunky
aparroquiado -da *adj* established in a parish; having many customers, patients, or clients
aparroquiar *va* to get customers, patients, or clients for; *vr* to get customers, patients, or clients
apartadero *m* siding, sidetrack; turnout; road fork; sorting room (*for driving bulls into individual pens before fight*)
apartadijo *m* small part; alcove, offset, recess; **hacer apartadijos de** to break up, break apart
apartadizo -za *adj* shy, diffident, retiring; *m* alcove, offset, recess
apartado -da *adj* separated; distant, remote; aloof; different; side or back (*e.g., road*); *m* side room; distribution; post-office box; section; vocabulary entry; penning of bulls; governing board of cattle dealers; **hacer el apartado de** to distribute, to separate
apartador -dora *mf* separator, divider, sorter; *m* (Am.) stick (*for driving cattle*)
apartamento *m* apartment, apartment house
apartamiento *m* separation; withdrawal, retirement; remoteness, remote spot; aloofness; coldness, indifference; apartment
apartar *va* to separate; to take aside; to turn aside; to move away, push away; (law) to set aside, to waive; (rail.) to shunt; to sort (*cattle*); to pen (*bulls*); *vr* to separate; to move away, keep away, turn aside, stand aside; to withdraw, retire; to get divorced; (law) to withdraw from a suit, to desist
aparte *adv* apart, aside; **esto aparte** aside from this; **aparte de** apart from; *adj* separate; *prep* apart from; *m* aside (*remark*); indented line, new paragraph
apartidar *va* to back, support; *vr* to take sides
aparvar *va* to arrange (*grain*) for thrashing; to heap, gather together
apasionado -da *adj* passionate; passionately fond, devoted; tender, sore (*said of a part of body*); tender, loving; **apasionado a** or **por** passionately fond of, devoted to; *m* lover
apasionamiento *m* passion, enthusiasm, intense emotion; violence, vehemence
apasionante *adj* stirring, thrilling
apasionar *va* to appeal deeply to, make enthusiastic, arouse passionately; to afflict; *vr* to become impassioned; to fall madly in love; to be stirred up; **apasionarse de** or **por** to fall madly in love with, be crazy about
apasote *m* (bot.) wormseed
apaste *m* (Am.) earthen bowl, earthen vat
apatanado -da *adj* coarse, farmerish
apatía *f* apathy
apático -ca *adj* apathetic
apatita *f* (mineral.) apatite
apátrida *adj* stateless, without a country; *mf* stateless person, expatriate; *m* man without a country
apatuscar §86 *va* (slang) to do in a hurry, to botch
apatusco *m* (coll.) ornament, finery, trimming
apayasar *va* to make clownish; *vr* to be clownish, act the clown
apazote *m* var. of **apasote**
apdo. abr. of **apartado**
apea *f* hobble (*for horses*)

apeadero *m* horse block, carriage block; (rail.) flag stop, wayside station; platform, landing; resting place; temporary lodging, place to stay
apeador *m* surveyor
apealar *va* (Am.) to hobble (*a horse*)
apeamiento *m* dismounting, alighting; propping; surveying
apear *va* to dismount, help dismount; to help down, help out; to bring down, to fell; to remove, discharge; to overcome (*a difficulty*); to prop, prop up; to wedge, to block (*a wheel*); (coll.) to dissuade; to hobble, to fetter (*animals*); to survey; *vr* to dismount, alight, get off, get out; (coll.) to be dissuaded, back down; to stay, to stop, to put up
apechugar §59 *va* (Am.) to grab, seize forcibly; *vn* to push with the chest; **apechugar con** (coll.) to make the best of, to put up with
apedazar §76 *va* to piece out, to mend, to patch; to cut in pieces; to tear to pieces
apedernalado -da *adj* flinty, hard as flint; stonyhearted
apedreado -da *adj* variegated; speckled; pockmarked
apedreador -dora *adj* stoning, stone-throwing; *mf* stone thrower
apedreamiento *m* stoning; lapidation; pitting; hail, hailstorm; damage from hail
apedrear *va* to stone, throw stones at; to cut with stones, hail, etc.; to lapidate; to stone to death; to pit; *vn* to hail; *vr* to be damaged by hail; to become pitted
apedreo *m* var. of **apedreamiento**
apegadamente *adv* affectionately, devotedly
apegar §59 *vr* to become attached, to grow fond; **apegarse a** to become attached to, to grow fond of
apego *m* attachment, fondness
apelable *adj* appealable
apelación *f* appeal; (law) appeal; (coll.) medical consultation; (coll.) help, remedy
apelado -da *mf* (law) appellee
apelambrar *va* to flesh, to remove hair from (*hides*)
apelante *adj & mf* (law) appellant
apelar *vn* to appeal, make an appeal; to have recourse; to refer; (law) to appeal; **apelar de** (law) to appeal from
apelativo -va *adj & m* (gram.) appellative
apeldar *vn* (coll.) to flee, run away; **apeldarlas** (coll.) to run away
apelde *m* (coll.) flight; dawn bell (*in Franciscan monasteries*)
Apeles *m* Apelles
apelmazado -da *adj* compressed, compact; heavy, clumsy (*writing*)
apelmazamiento *m* compactness
apelmazar §76 *va* to compress, squeeze together; *vr* to cake
apelotonar *va* to form into a ball, make a ball of; *vr* to form a ball or balls, to curl up
apellar *va* to dress, soften (*leather*)
apellidamiento *m* calling, naming, appellation
apellidar *va* to call, to name; to call by one's surname
apellido *m* name; surname, last name, family name; cognomen, epithet, nickname; **apellido de soltera** maiden name
apenachado -da *adj* plumed, crested
apenar *va* to cause sorrow to; *vr* to grieve
apenas *adv* scarcely, hardly; with difficulty; **apenas si** scarcely, hardly; *conj.* no sooner, as soon as
apencar §86 *vn* (coll.) to buck up, to face the music
apendectomía *f* (surg.) appendectomy
apéndice *m* appendix, appendage; (aer.) appendix; (biol.) appendage; **apéndice cecal, vermicular,** or **vermiforme** (anat.) vermiform appendix
apendicectomía *f* (surg.) appendectomy
apendicitis *f* (path.) appendicitis
apendicitomía *f* var. of **apendicectomía**
apendicular *adj* appendicular
Apeninos *mpl* Apennines
apeñuscar §86 *va* var. of **apañuscar**
apeo *m* dismounting, alighting; felling; propping; survey, surveying; surveyor's plan
apeonar *vn* to run (*said of birds*)
apepsia *f* (path.) apepsia
aperador *m* farmer; wheelwright; (min.) foreman
aperar *va* to make (*wagons, farm equipment, etc.*); to repair
apercancar §86 *vr* (Am.) to rust, to mold, get moldy
apercepción *f* (philos.) apperception
aperceptivo -va *adj* (philos.) apperceptive
apercibimiento *m* preparation, provision; warning, notice; (law) summons
apercibir *va* to prepare; to provide; to warn; to perceive; (law) to summon; (Am.) to collect; *vr* to get ready; to be provided; **apercibirse de** to provide oneself with; to notice, to observe
apercollar §77 *va* (coll.) to grab by the neck; (coll.) to grab, to snatch; (coll.) to club, to stun or to kill by a blow on the back of the neck
aperchar *va* (Am.) to pile, to heap, to stack up
aperdigar §59 *va* to brown, to broil slightly
apergaminar *vr* to get like parchment; (coll.) to dry up, to become yellow and wrinkled
aperiódico -ca *adj* aperiodic
aperitivo -va *adj* (med.) aperitive; *m* (med.) aperitive; apéritif, appetizer
aperlado -da *adj* pearly, pearl-colored
apernar *va* to bolt, to pin; **§18** *va* to seize (*game*) by the leg (*said of hunting dogs*)
apero *m* tools, equipment, outfit, gear; sheepfold; (Am.) saddle, riding gear
aperreador -dora *adj* (coll.) worrisome, harassing, tiresome; *mf* (coll.) plague, bore
aperrear *va* to set the dogs on; (coll.) to worry, harass, plague, pester; *vr* (coll.) to be worried, harassed, plagued
aperreo *m* (coll.) worry, harassment, toil
apersogar §59 *va* to tether (*an animal*), to tie by the neck
apersonado -da *adj;* **bien apersonado** presentable; **mal apersonado** unpresentable
apersonamiento *m* personal appearance; (law) appearance
apersonar *vr* to appear in person; to have an interview; (law) to appear
apertura *f* opening, beginning; opening a will; (chess) opening
apesadumbrar *va* to grieve, distress; *vr* to grieve, be distressed; **apesadumbrarse con** or **de** to be grieved at, be distressed at
apesaradamente *adv* sadly, sorrowfully
apesarar *va & vr* var. of **apesadumbrar**
apesgar §59 *va* to overwhelm, overburden
apestado -da *adj* nauseated; pestilential
apestar *va* to infect with a plague; to corrupt, vitiate; (coll.) to sicken, nauseate, plague; to infest, fill; *vn* to stink; *vr* to be infected with a plague; to become vitiated
apestoso -sa *adj* pestilent, infected; sickening; annoying; stinking
apétalo -la *adj* (bot.) apetalous
apetecedor -dora *adj* hungering, thirsting, craving, longing
apetecer §34 *va* to hunger for, to thirst for, to crave, to long for
apetecible *adj* desirable; appetizing, tempting
apetencia *f* hunger, appetite, craving
apetite *m* sauce, appetizer; incentive, inducement
apetitivo -va *adj* appetitive; appetizing
apetito *m* appetite; **abrir el apetito** to whet the appetite
apetitoso -sa *adj* appetizing, tasty; gourmand
ápex *m* apex; (gram. & hist.) apex
apezonado -da *adj* nipple-shaped
apezuñar *vn* to dig the hoofs into the ground
apiadar *va* to move to pity; to take pity on; *vr* to have pity; **apiadarse de** to have pity on
apiaradero *m* shepherd's account of the heads of his flock
apiario -ria *adj* beelike; *m* apiary
apical *adj* apical; (phonet.) apical
apicarar *vr* to go to the bad, become depraved
ápice *m* apex; crux; bit, whit, iota; **estar en los ápices de** (coll.) to be up in, to know all about
apícola *adj* apicultural; *mf* apiculturist
apículo *m* apiculus

apicultor -tora *mf* apiculturist
apicultura *f* apiculture
apilada *f* dried chestnut
apilamiento *m* piling, heaping, pile
apilar *va & vr* to pile, pile up
apilonar *va* (Am.) to pile, to pile up
apimpollar *vr* to sprout, to put forth shoots
apiñado -da *adj* cone-shaped; packed, congested
apiñadura *f* or **apiñamiento** *m* squeezing; crowding, jamming; crowd, jam
apiñar *va* to bunch, to squeeze together, to crowd, to jam; *vr* to bunch, be squeezed together; to crowd, become crowded or jammed; to grow densely
apio *m* (bot.) celery; celery plant, celery stalk; **apio de ranas** (bot.) field buttercup, blister plant
apiolar *va* to gyve (*falcons*); to tie up (*the legs of a dead animal*); (coll.) to seize, arrest; (coll.) to kill
apio-nabo *m* (bot.) celeriac
apipar *vr* (coll.) to gorge with food and drink
apirético -ca *adj* apyretic
apirexia *f* (path.) apyrexia
apiri *m* (Am.) mine worker
apisonado *m* tamping, packing
apisonador -dora *adj* tamping; rolling; *mf* tamper (*person*); *m & f* road roller; roller; **apisonador de vapor** or **apisonadora movida a vapor** steam roller; *m* tamper (*tool*)
apisonamiento *m* tamping; rolling
apisonar *va* to tamp, to pack down; to roll
apitonar *va* to pierce, to break through; to peck at; *vn* to begin to show; to bud, to sprout; *vr* (coll.) to abuse each other, to exchange insults
apizarrado -da *adj* slate, slate-colored
aplacable *adj* placable, appeasable
aplacador -dora *adj* placating, appeasing; *mf* placator, appeaser
aplacamiento *m* placation, appeasement, calming
aplacar §86 *va* to placate, appease, pacify, calm, satisfy; to quench (*thirst*)
aplacer §34 *va* to please, satisfy; *vr* to be pleased, to take pleasure
aplacerado -da *adj* smooth and shallow (*said of bottom of sea*)
aplacible *adj* pleasant
aplacimiento *m* pleasure, enjoyment
aplanadera *f* road drag, leveler, roller, road roller; tamper
aplanador -dora *adj* smoothing, leveling; *m* roller
aplanamiento *m* smoothing, leveling; planishing
aplanar *va* to smooth, make even; to planish; (coll.) to astound; *vr* to collapse, fall over; to become discouraged
aplanchado *m* ironing
aplanchador -dora *mf* ironer
aplanchar *va* to iron (*clothing*)
aplanético -ca *adj* (opt.) aplanatic
aplantillar *va* to carve to measure
aplastador -dora *adj* var. of **aplastante**
aplastamiento *m* flattening, smashing; (coll.) dumbfounding
aplastante *adj* astounding, dumbfounding
aplastapapeles *m* (*pl:* **-les**) (Am.) paperweight
aplastar *va* to flatten, smash, crush; (coll.) to leave speechless; (Am.) to weary, to bore; *vr* to become flat; (coll.) to be left speechless
aplaudidor -dora *adj* applauding; *mf* applauder
aplaudir *va & vn* to applaud
aplauso *m* applause; **aplausos** *mpl* applause
aplayar *vn* to overflow, to flood (*said of a river*)
aplazamiento *m* convening; summons; postponement
aplazar §76 *va* to convene; to summon; to postpone; to set a time or date for
aplebeyar *va* to degrade; *vr* to be degraded, to lower oneself
aplicabilidad *f* applicability
aplicable *adj* applicable
aplicación *f* application; diligence; appliqué
aplicado -da *adj* studious, industrious; applied; appliqué
aplicar §86 *va* to apply; to assign; to attribute; (law) to adjudge; *vr* to apply (*be pertinent*); to apply oneself; to devote oneself
aplomado -da *adj* lead-colored; solemn, serious
aplomar *va* to plumb (*with plumb line*); to make straight or vertical; *vn* to plumb, be vertical; *vr* to collapse, fall to the ground
aplomo *m* seriousness, gravity; aplomb, self-possession
apnea *f* (path.) apnea
apocado -da *adj* irresolute, diffident, vacillating, of little courage; humble, lowly
Apocalipsis *m* (Bib.) Apocalypse
apocalíptico -ca *adj* apocalyptic; (fig.) apocalyptic
apocamiento *m* irresolution, diffidence, vacillation, lack of courage; depression, low spirits
apocar §86 *va* to cramp, contract, restrict; to make smaller, to narrow; to humble, belittle; *vr* to humble oneself
apocárpico -ca *adj* (bot.) apocarpous
apócema *f* or **apócima** *f* (pharm.) apozem, decoction
apocináceo -a *adj* (bot.) apocynaceous
apocopar *va* (gram.) to apocopate
apócope *f* (gram.) apocope
apócrifo -fa *adj* apocryphal; Apocryphal
apodar *va* to nickname; to make fun of; to curse, slander
apoderado -da *adj* empowered, authorized; *m* proxy; attorney; agent (*e.g., of a bullfighter*)
apoderar *va* to empower, to grant the power of attorney to; *vr* **apoderarse de** to take hold of, to seize, to grasp; to take possession of
apodíctico -ca *adj* (log.) apodictic
apodo *m* nickname, sobriquet
ápodo -da *adj* apodal
apódosis *f* (*pl:* **-sis**) (gram.) apodosis
apófige *f* (arch.) apophyge
apófisis *f* (*pl:* **-sis**) (anat. & zool.) process; (anat., bot., geol. & zool.) apophysis; (bot.) struma; **apófisis alveolar** (anat.) alveolar process; **apófisis coracoides** (anat.) coracoid process; **apófisis estiloides** (anat.) styloid process
apofonía *f* (phonet.) ablaut
apogeo *m* (astr. & fig.) apogee
apógrafo *m* apograph, copy
apolillado -da *adj* mothy, moth-eaten
apolilladura *f* moth hole
apolillar *va* to eat (*said of moths*); *vr* to become moth-eaten
Apolo *m* (myth.) Apollo
apologético -ca *adj* apologetic; *f* apologetics
apología *f* apology, apologia
apologista *mf* apologist
apologizar §76 *va* to praise, to defend; *vn* to apologize (*to offer a defense*)
apólogo *m* apologue
apoltronado -da *adj* loafing, idle, lazy
apoltronar *vr* to loaf around, to become lazier and lazier; to sprawl
Apollión *m* (Bib.) Apollyon
apomazar §76 *va* to smooth or polish with pumice stone
apomorfina *f* (pharm.) apomorphine
aponeurosis *f* (*pl:* **-sis**) (anat.) aponeurosis
aponeurótico -ca *adj* aponeurotic
aponeurótomo *m* (surg.) aponeurotome
apontaje *m* var. of **apontizaje**
apontar *vn* var. of **apontizar**
apontizaje *m* (aer.) deck-landing
apontizar §76 *vn* to deck-land
apontocar §86 *va* to prop up
apoplejía *f* (path.) apoplexy
apoplético -ca *adj & mf* apoplectic
apoquinar *vn* (slang) to come across, to cough up
aporcado *m* or **aporcadura** *f* (agr.) hilling
aporcar §86 *va* (agr.) to hill (*plants*)
aporcelanado -da *adj* procelainlike; porcelanic
aporisma *m* (path.) ecchymoma
aporismar *vr* to become an ecchymoma
aporrar *vn* (coll.) to be unable to say a word; *vr* (coll.) to be a bore, be a nuisance
aporreado -da *adj* poor, wretched; rascally; *m* (Am.) chopped beef stew
aporreadura *f* or **aporreamiento** *m* cudgeling, beating, clubbing

aporrear *va* to cudgel, beat, club; to annoy, bother; *vr* to get a beating; to drudge, slave
aporreo *m* var. of **aporreadura**
aportación *f* addition, contribution; (law) dowry, portion
aportadera *f* pannier or box (*to be carried on each side of a beast's back*); grape tub
aportadero *m* (naut.) port, harbor; stopping place, outlet
aportar *va* to bring, contribute; to lead; to provide; to bring as dowry; to bring (*one's proper share*); *vn* (naut.) to reach port; to come out at an unexpected place, to show up
aporte *m* (Am.) contribution
aportillar *va* to breach, break open, break down; *vr* to collapse, tumble down
aposentador *m* host; (mil.) billeter
aposentamiento *m* lodging; settling down, taking one's place
aposentar *va* to put up, to lodge; *vr* to take lodging; to take one's place
aposento *m* room; inn; lodging; box (*in ancient theaters*)
aposesionar *va* to give possession to; *vr* to take possession
aposición *f* (gram.) apposition
apositivo -va *adj & m* (gram.) appositive
apósito *m* (med.) external application
aposta or **apostadamente** *adv* (coll.) on purpose
apostadero *m* stand, station, post; (mil.) post; (naut.) naval station; (naut.) naval district
apostador -dora *mf* or **apostante** *mf* bettor
apostal *m* good spot for fishing
apostar *va* to post, to station; **§77** *va* to bet, to wager; *vn* to bet; to compete; **apostar a que** to bet that; **apostar a** or **por** to bet on (*e.g., a horse*); *vr* to compete; **apostárselas a** or **con** (coll.) to compete with
apostasía *f* apostasy
apóstata *mf* apostate
apostatar *vn* apostatize
apostema *f* (path.) abscess, aposteme
apostemar *va* to form an abscess in; *vr* to abscess, become abscessed
apostematoso -sa *adj* apostematous
apostemero *m* (surg.) lancet
apostilla *f* note, comment
apostillar *va* to annotate (*a text*); *vr* to break out in pimples
apóstol *m* apostle; **apóstol de las gentes** or **los gentiles** (Bib.) Apostle of the Gentiles
apostolado *m* apostolate
apostólicamente *adv* apostolically; (coll.) poorly, unostentatiously
apostólico -ca *adj* apostolic or apostolical
apostrofar *va* to apostrophize; to scold, insult; to write with an apostrophe
apóstrofe *m & f* apostrophe (*addressed to absent person*); scolding, insult
apóstrofo *m* (gram.) apostrophe
apostura *f* gracefulness, neatness, spruceness; bearing
apotegma *m* apothegm (*short, instructive saying*)
apotema *f* (geom.) apothem
apoteósico -ca *adj* deific, deifying; glorifying
apoteosis *f* (*pl:* **-sis**) apotheosis
apotrerar *va* (Am.) to take (*horses*) to pasture
apoyabrazos *m* (*pl:* **-zos**) armrest
apoyador *m* bracket, support
apoyadura *f* flow of milk to the udders
apoyalibros *m* (*pl:* **-bros**) book end
apoyapié *m* or **apoyapiés** *m* (*pl:* **-piés**) (aut.) footrest
apoyar *va* to lean, rest, support; to hold up, prop; to back, abet; to droop (*the head; said of horses*); *vn* to lean, rest, be supported; *vr* to lean, rest, be supported; to depend, be based; **apoyarse en** to lean on; to rely on; to stress
apoyatura *f* (mus.) appoggiatura, grace note
apoyo *m* prop, support; backing, approval, aid, protection
apraxia *f* (path.) apraxia
apreciable *adj* appreciable; estimable; (coll.) nice, fine (*person*)
apreciación *f* appreciation, appraisal; smallest reading (*of an instrument or gauge*)
apreciadamente *adv* appreciatively
apreciador -dora *mf* appraiser
apreciar *va* to appreciate; to appraise, to estimate; to esteem
apreciativo -va *adj* appreciable (*e.g., error*)
aprecio *m* appreciation, esteem
aprehender *va* to apprehend, catch; to conceive, think; to seize, attach (*property*)
aprehensión *f* apprehension (*capture; fear*); (law) seizure, attachment
aprehensivo -va *adj* apprehensive (*perceptive; afraid, worried*)
aprehensor -sora *mf* captor
apremiadamente *adv* with insistence, urgently
apremiador -dora *adj* pressing, compelling; *mf* compeller
apremiante *adj* insistent, urgent
apremiar *va* to press, urge; to compel, force; to hurry; to harass, oppress; **apremiar** + *inf* to be urgent to + *inf*
apremio *m* pressure, constraint; compulsion; oppression; (law) judicial writ (*to compel payment or fulfilment*)
aprendedor -dora *adj* learning; *mf* learner
aprender *va & vn* to learn; **aprender a** + *inf* to learn to + *inf*
aprendiz -diza *mf* apprentice, beginner; **aprendiz de imprenta** printer's devil
aprendizaje *m* learning; apprenticeship; **hacer su aprendizaje** to serve one's apprenticeship; **pagar el aprendizaje** (coll.) to pay for one's inexperience
aprensador -dora *adj* pressing; *mf* presser
aprensar *va* to press; to crush, oppress
aprensión *f* apprehension (*fear, worry*); notion, strange idea; (coll.) shame
aprensivo -va *adj* apprehensive (*afraid, worried*)
apresador -dora *adj* seizing; *mf* captor
apresamiento *m* seizing; clutch, hold; capture
apresar *va* to seize, grasp; to capture, take prisoner
apreso -sa *adj* rooted, well rooted
aprestador *m* primer (*for paint*)
aprestar *va* to prepare, make ready; to prime (*for painting*); to size; *vr* to prepare, get ready; **aprestarse a** + *inf* to prepare to + *inf*, to get ready + *inf*
apresto *m* preparation, readiness; outfit, equipment; priming; size, sizing
apresuración *f* haste, hastening
apresuradamente *adv* hastily
apresuramiento *m* haste, hastiness, hastening
apresurar *va & vr* to hasten, hurry; **apresurarse a** + *inf* to hasten to + *inf*, to hurry to + *inf*
apretadamente *adv* hard, tight; tightly, closely
apretadera *f* strap, rope (*for tying, e.g., a trunk*); **apretaderas** *fpl* (coll.) insistence, pressure
apretadero *m* truss
apretadizo -za *adj* easily compressed
apretado -da *adj* tight, compact; difficult, dangerous; (coll.) stingy; close, intimate; strict; dense, thick; (coll.) dangerously ill
apretador *m* tightener; corset; hair net
apretadura *f* tightening; squeezing; compression
apretar §18 *va* to tighten; to squeeze; to contract; to fit tight, to pinch; to press (*e.g., a button*); to hold tight, to hug; to importune, to hurry; to pursue closely, to harass; to treat harshly; to beset, to distress, to afflict; to dun; to make more severe; to clench (*the fists, the teeth*); to shake (*hands*); *vn* to get worse; to pinch; to insist; **¡aprieta!** (coll.) get out!, nonsense!; **apretar a correr** (coll.) to strike out on a run; **apretar con** (coll.) to close in on, to attack; *vr* to narrow, be compressed; to grieve, be distressed; to skimp; (Am.) to gorge
apretazón *f* (Am.) var. of **apretadura**
apretón *m* sudden pressure; quick hug; struggle, conflict; dash, short run; **apretón de manos** handshake
apretujar *va* (coll.) to jam, to press hard, to keep on pressing or squeezing; *vr* (coll.) to jam, to be packed in
apretujón *m* (coll.) hard squeeze
apretura *f* jam, crush; fix; distress, tightness, constriction; difficulty, trouble; need, want

aprietapapeles *m* (*pl:* **-les**) paper finger (*of typewriter*)
aprietarropa *m* clothespin
aprietatuercas *m* (*pl:* **-cas**) wrench; spintight, nut-driver
apriete *m* tightening
aprieto *m* jam, crush; fix; **poner en aprieto** to put pressure on, to put on the spot; **sacar de un aprieto** to get (*someone*) out of a jam
aprioridad *f* (philos.) apriority
apriorismo *m* (philos.) apriorism
apriorístico -ca *adj* aprioristic
aprisa *adv* fast, quickly, hurriedly
apriscar §86 *va* to gather (*sheep*) into the fold
aprisco *m* sheepfold; place of refuge
aprisionar *va* to imprison; to shackle; to tie, bind
aproar *vn* (naut.) to turn the prow
aprobación *f* approbation, approval; pass, passing grade
aprobado -da *adj* excellent, estimable; *m* pass (*mark of passing an examination*)
aprobante *adj* approving
aprobar §77 *va* to approve; to pass (*a student; an examination; a course*); *vn* to approve; to pass
aproches *mpl* access, approach; neighborhood; (mil.) approaches
aprontamiento *m* quick preparation, ready delivery
aprontar *va* to prepare quickly, to hand over without delay, to have ready
apropiable *adj* appropriable
apropiación *f* giving, gift; fitting, adaptation; appropriation
apropiado -da *adj* appropriate, proper, fitting
apropiar *va* to give, to give possession of; to fit, adapt, apply; *vr* to appropriate; **apropiarse de una cosa** or **apropiarse una cosa** to appropriate something
apropincuar *vr* (hum.) to approach, come near
apropósito *m* (theat.) occasional play
aprovechable *adj* available, usable
aprovechado -da *adj* saving, thrifty; miserly, stingy; diligent, studious, industrious; well-spent (*said of time*); *m* opportunist
aprovechamiento *m* use; profit, advantage; progress; improvement; progress in school; harnessing (*e.g., of waterfalls*)
aprovechar *va* to make use of, benefit from, profit by, take advantage of; to harness (*e.g., a waterfall*); *vn* to be useful, to avail; to progress, to improve; *vr* **aprovecharse de** to avail oneself of, to take advantage of
aprovisionador *m* supplier
aprovisionamiento *m* supplying; supplies, supply
aprovisionar *va* to supply, furnish, provision
aproximación *f* nearness, closeness; approximation; approach; rapprochement; consolation prize (*in a lottery*); **aproximación controlada desde tierra** (aer.) ground-controlled approach
aproximado -da *adj* approximate
aproximar *va* to bring near or nearer; to approximate; *vr* to come near or nearer; to approximate
aproximativo -va *adj* approximate
ápside *m* (astr.) apsis
apsiquia *f* (path.) apsychia
áptero -ra *adj* apterous
aptitud *f* aptitude; suitability
apto -ta *adj* apt; suitable; **apto para** + *inf* quick to + *inf;* suitable for + *ger*
apuesto -ta *adj* elegant, bedecked, spruce; *f* bet, wager
Apuleyo *m* Apuleius
apulgarar *vn* to press the or one's thumb; *vr* (coll.) to spot with mildew (*said of clean wash*)
apulso *m* (astr.) appulse; (opt.) contact of heavenly body with vertical wire of reticle
apunar *vr* (Am.) to suffer from mountain sickness
apuntación *f* pointing, aiming; note, annotation; scoring; (mus.) notation; composition of music; **apuntaciones** *fpl* (mus.) transcription for voice
apuntado -da *adj* pointed, sharp; (her.) counterpointed; (Am.) tipsy
apuntador *m* (theat.) prompter
apuntalamiento *m* prop, propping, underpinning
apuntalar *va* to prop, prop up, underpin
apuntamiento *m* pointing, aiming; note; sketch, outline; judicial report
apuntar *va* to point at; to point out, to mark; to note, to take note of; to aim; to aim at; to sharpen; to stitch; to darn; to patch; to fasten up, to fasten temporarily; to prompt (*a student in an examination*); to correct, to set aright; to put up, to stake; to sketch, to outline; (theat.) to prompt; *vn* to begin to appear; to dawn; to hint; **apuntar y no dar** (coll.) to fail to come through; *vr* to begin to sour (*said of wine*); (coll.) to get tipsy; to register, to sign up
apunte *m* note; sketch; prompter; promptbook; stake; rascal
apuntillar *va* (taur.) to finish off with the dagger
apuñadar *va* (prov.) to punch with the fist
apuñalado -da *adj* dagger-shaped
apuñalar *va* to stab
apuñar *va* to seize with the fist; to punch with the fist; *vn* to tighten one's hand
apuñear or **apuñetear** *va* (coll.) to punch with the fist
apuracabos *m* (*pl:* **-bos**) save-all (*candlestick in which candle burns to very end*)
apuración *f* purification; verification; consumption; annoyance, worry; hurry
apuradamente *adv* (coll.) precisely, punctually; (coll.) carefully; (coll.) with difficulty
apurado -da *adj* needy, hard up; hard, dangerous; (coll.) hurried, rushed
apurador -dora *adj* purifying, refining; exhausting; *m* save-all (*candlestick in which candle burns to very end*)
apuramiento *m* draining; verification, check
apuranieves *m* (*pl:* **-ves**) (orn.) wagtail
apurar *va* to purify, refine; to verify, clarify, clear up; to carry out, finish; to exhaust, drain, use up; to annoy; to hurry, press; *vr* to grieve, worry, fret; (Am.) to hurry, hasten; **apurarse por** + *inf* to strive to + *inf*
apure *m* (min.) refining, refinement
apurismado -da *adj* (Am.) weak, sickly
apuro *m* need, want, fix; grief, sorrow, affliction; (Am.) haste, urgency; **estar en el mayor apuro** to be in a bad fix, to be up against it, to be in dire straits
aquejar *va* to grieve, afflict, weary; to harass; *vr* to hurry; to complain
aquejoso -sa *adj* sad, afflicted, grieved
aquel, aquella *adj dem* (*pl:* **aquellos, aquellas**) that, that . . . yonder
aquél, aquélla *pron dem* (*pl:* **aquéllos, aquéllas**) that one, that one yonder; the one; the former; the first (*of three*); *m* (coll.) charm, appeal
aquelarre *m* witches' Sabbath
aquello *pron dem neut* that; that thing, that matter
aquende *adv* on this side; *prep* on this side of; **de aquende** on this side of
aquénico -ca *adj* achenial
aquenio *m* (bot.) achene
aqueo -a *adj & mf* Achaean
aquerenciar *vr* to become fond; **aquerenciarse a** to become fond of, to become attached to
Aqueronte *m* (myth.) Acheron
aquí *adv* here; **de aquí** from here; hence; **de aquí a** in, within; **de aquí en adelante** from now on; **de aquí que** hence; **por aquí** hereabouts; this way; **aquí dentro** in here
aquiescencia *f* acquiescence
aquiescente *adj* acquiescent
aquietar *va* to quiet, calm, pacify; *vr* to quiet down, become calm
aquilatamiento *m* assay; weighing, estimation, checking
aquilatar *va* to assay; to weigh the merit of, to check, to appreciate
aquilea *f* (bot.) yarrow
Aquiles *m* (myth.) Achilles
aquilino -na *adj* (poet.) aquiline
aquilón *m* north wind; north
aquilonal *adj* north-wind; northern; (pertaining to) winter

aquillado -da *adj* keel-shaped, keellike; wide-keeled
Aquisgrán *m* Aachen, Aix-la-Chapelle
aquistar *va* to get, acquire, win
Aquitania *f* Aquitaine
aquitánico -ca *adj* Aquitanian
aquitano -na *adj & mf* Aquitanian
aquivo -va *adj & mf* var. of **aqueo**
ara *f* altar; altar slab; communion table; **en aras de** in honor of; *m* (orn.) macaw
árabe *adj* Arab, Arabic; (arch.) Moresque; *mf* Arab; *m* Arabic (*language*)
arabesco -ca *adj* Arabic; (f.a.) arabesque; *m* (f.a.) arabesque
Arabia, la Arabia; **la Arabia Saudita** Saudi Arabia
arábico -ca *adj* Arabic
arábigo -ga *adj* Arabian, Arabic; *m* Arabic (*language*); **estar en arábigo** (coll.) to be Greek (*i.e., hard to understand*); **hablar en arábigo** (coll.) to talk gibberish
arabismo *m* Arabism
arabista *mf* Arabist
arabizar §76 *va* to Arabize, to make Arabic
arable *adj* arable
aracanga *m* (orn.) macaw
aráceo -a *adj* (bot.) araceous
Aracne *f* (myth.) Arachne
arácnido -da *adj* (zool.) arachnid, arachnidan; *m* (zool.) arachnid
aracnoides *m* (*pl:* **-des**) (anat.) arachnoid
arada *f* plowed land; plowing; day's plowing by a yoke of oxen
arado *m* plow; plowshare
arador *m* plowman; (ent.) itch mite
aradura *f* plowing
Aragón *m* Aragon (*river, region, and former kingdom of Spain*)
aragonés -nesa *adj & mf* Aragonese; *m* Aragonese (*dialect*)
aragonesismo *m* Aragonese expression or idiom
aragonita *f* or **aragonito** *m* (mineral.) aragonite
araguato *m* (zool.) ursine howler
aralia *f* (bot. & pharm.) aralia; (bot.) spikenard
araliáceo -a *adj* (bot.) araliaceous
aramaico -ca *adj & m* Aramaic (*language*)
arambel *m* hangings; rag, shred
arameo -a *adj* Aramaean; Aramaic; *mf* Aramaean; *m* Aramaic (*language*)
aramio *m* fallow land, fallow field
arana *f* trick, cheat
arancel *m* tariff
arancelario -ria *adj* (pertaining to) tariff, customs
arandanedo *m* bilberry patch; cranberry bog
arándano *m* (bot.) bilberry, whortleberry; **arándano agrio** (bot.) cranberry; **arándano encarnado** (bot.) mountain cranberry, cowberry
arandela *f* (mach.) washer; bobèche, disk to catch drippings of candle; guard on handle of lance; candle stand; (naut.) half-port
arandillo *m* (orn.) marsh warbler
aranero -ra *adj* cheating, tricky, swindling; *mf* cheat, trickster, swindler
araña *f* (ent. & mach.) spider; crowfoot (*to suspend awnings, etc.*); (ichth.) stingbull, greater weever; (bot.) love-in-a-mist; chandelier; (coll.) thrifty, calculating person; whore; **araña de mar** (zool.) spider crab; **araña de sobremesa** candelabrum; **araña epeira** (ent.) cross spider
arañada *f* scratch
arañador -dora *adj* scratching; *mf* scratcher; burler; scraper (*penurious saver; poor fiddler*); *m* burling iron
arañamiento *m* scratching, scratch; scraping
arañar *m* scratch; **arañar de la aguja** needle scratch; *va* to scratch; to scrape; (coll.) to scrape together; *vr* to scratch
arañazo *m* scratch (*with fingernail, pin, etc.*)
arañero -ra *adj* wild, haggard (*said of birds*)
araño *m* scratching, scratch
arañuela *f* (bot.) love-in-a-mist
arañuelo *m* (ent.) red spider; (ent.) spider grub; bird net
aráquida *f* peanut
arar *m* (bot.) sandarac tree; *va* to plow
arasá *m* (Am.) guava (*tree and fruit*)
araucanista *mf* Araucanist (*authority on Araucanian language and customs*)
araucano -na *adj* Araucanian; *mf* Araucanian, Araucan; *m* Araucanian or Araucan (*language*)
araucaria *f* (bot.) araucaria, Norfolk Island pine
arbalestrilla *f* (math.) arbalest, cross-staff
arbellón *m* sewer, drain, gutter
arbitrable *adj* arbitrable
arbitrador -dora *adj* arbitrating; *m* arbitrator; *f* arbitress
arbitraje *m* arbitration, arbitrage; **arbitraje de cambio** arbitrage of exchange
arbitral *adj* arbitral
arbitramento or **arbitramiento** *m* arbitrament
arbitrar *va* to arbitrate; to referee; (sport) to umpire; to contrive, bring together, assemble; *vn* to arbitrate; to referee; (sport) to umpire; *vr* to manage well; (coll.) to manage to get along well
arbitrariedad *f* abuse, outrage, arbitrary act
arbitrario -ria *adj* arbitrary
arbitrio *m* free will; means, ways, expedient; adjudication; **arbitrios** *mpl* excise taxes
arbitrista *mf* cure-all politician, wild-eyed dreamer
árbitro -tra *adj* independent, autonomous; *m* arbiter; (sport) umpire; *f* arbitress
árbol *m* tree; newel (*of winding stairs*); body (*of shirt*); (mach.) shaft, arbor, axle, spindle; (naut.) mast; (print.) shank; **árbol de Judas** or **de Judea** (bot.) Judas tree; **árbol de la cera** (bot.) wax myrtle (*Myrica cerifera*); (bot.) wax tree (*Rhus verniciflus; Myrica cerifera*); (bot.) wax palm (*Ceroxylon andicolum*); **árbol de la ciencia del bien y del mal** (Bib.) tree of knowledge of good and evil; **árbol del alcanfor** (bot.) camphor tree; **árbol de la leche** (bot.) cow tree; **árbol del amor** (bot.) Judas tree; **árbol de las calabazas** (bot.) calabash tree; **árbol de la vida** (Bib. & bot.) tree of life; (anat.) arbor vitae; **árbol del caucho** (bot.) rubber plant; **árbol del cielo** (bot.) tree of heaven; **árbol del diablo** (bot.) sandbox tree; **árbol de levas** (mach.) camshaft; **árbol del pan** (bot.) breadfruit, breadfruit tree; **árbol del paraíso** (bot.) China tree; **árbol del tomate** (bot.) tomato tree; **árbol del viajero** (bot.) traveler's tree; **árbol de mando** (mach.) drive shaft; **árbol de María** (bot.) calaba; **árbol de Navidad** Christmas tree; **árbol de pie** seedling; **árbol de sombra** shade tree; **árbol de vaca** (bot.) cow tree; **árbol frutal** fruit tree; **árbol genealógico** genealogical tree, family tree; **árbol motor** (mach.) drive shaft
arbolado -da *adj* wooded; high (*seas*); *m* woodland
arboladura *f* (naut.) masts and spars
arbolar *va* to hoist; to raise, set up; (naut.) to mast (*a ship*); *vr* to rear on the hind feet
arbolario -ria *adj & mf* (coll.) scatterbrain
arboleda *f* grove
arboledo *m* woodland
arbolejo *m* little tree
arbolete *m* little tree; branch on which to fasten lime twigs (*to catch birds*)
arbolillo *m* little tree; side of a blast furnace
arbolista *mf* arborist
arbollón *m* sewer, drain
arborecer §34 *vn* to grow, develop (*said of trees*)
arbóreo -a *adj* arboreal
arborescencia *f* arborescence
arborescente *adj* arborescent
arboricultor *m* arboriculturist
arboricultura *f* arboriculture
arboriforme *adj* arboriform
arborización *f* (anat. & mineral.) arborization
arborizado -da *adj* treelike
arbotante *m* (arch.) flying buttress
arbustivo -va *adj* shrubby
arbusto *m* (bot.) shrub
arca *f* chest, coffer; tank, reservoir; ark; tempering oven; **arcas** *fpl* coffers (*e.g., of the State*); hollow below the ribs; **arca cerrada**

pure heart of a maiden; quiet person; unknown quantity (*person*); **arca de agua** water tower; **arca de la alianza** (Bib.) ark of the covenant; **arca de Noé** Noah's ark; (coll.) lumber room; (coll.) house in which all sorts and conditions of people live
arcabucear *va* to shoot with a harquebus, to kill with a harquebusade
arcabucería *f* troop of harquebusiers; harquebuses; harquebusade; harquebus factory
arcabucero *m* harquebusier; harquebus maker
arcabuco *m* craggy thicket
arcabuz *m* (*pl:* **-buces**) harquebus
arcabuzazo *m* harquebus shot or wound
arcacil *m* (bot.) artichoke
arcada *f* (arch.) arcade; archway; (mus.) stroke of bow; **arcadas** *fpl* retching
árcade *adj & mf* Arcadian
Arcadia, la Arcadia
arcádico -ca *adj* (fig.) Arcadian (*simple, rural*)
arcadio -dia *adj & mf* Arcadian
arcaduz *m* (*pl:* **-duces**) *m* pipe, conduit; bucket; means, way
arcaico -ca *adj* archaic; (geol.) Archeozoic
arcaísmo *m* archaism
arcaísta *mf* archaist
arcaizante *adj* obsolescent; using obsolescent forms
arcaizar §97 *va & vn* to archaize
arcángel *m* archangel
arcangélico -ca *adj* archangelic
arcano -na *adj* arcane, hidden, secret; *m* arcanum
arcar §86 *va* to arch; to beat (*wool*)
arce *m* (bot.) maple; **arce blanco** (bot.) sycamore; **arce del azúcar** (bot.) sugar maple
arcedianato *m* archdeaconry
arcediano *m* archdeacon
arcedo *m* maple grove
arcén *m* border, edge, brim; curbstone (*of well*)
arcilla *f* clay; **arcilla figulina** potter's clay, argil
arcillar *va* to clay; (agr.) to clay
arcilloso -sa *adj* clayey
arciprestazgo *m* archpriesthood
arcipreste *m* archpriest
arco *m* (geom. & elec.) arc; (anat. & arch.) arch; bow; hoop; (sport) goal post; **arco abocinado** splayed arch; **arco adintelado** horizontal or straight arch; **arco apainelado** basket-handle arch; **arco arábigo** Moorish arch; **arco botarete** (arch.) flying buttress; **arco carpanel** basket-handle arch; **arco cigomático** (anat.) zygomatic arch; **arco conopial** ogee arch; **arco de herradura** horseshoe arch; **arco de medio punto** semicircular arch; **arco de todo punto** Gothic arch; **arco de triunfo** triumphal arch; memorial arch; **arco elíptico** elliptical arch; **arco en rampa** rampant arch; **arco escarzano** segmental arch; **arco iris** rainbow; **arco ojival** pointed arch; **arco peraltado** stilted arch; **arco por tranquil** rampant arch; **arco trebolado** trefoil arch; **arco triunfal** triumphal arch; memorial arch
arcón *m* bin, bunker; large chest
arcosa *f* (geol.) arkose
archi- *prefix* (coll.) very, extremely, e.g., **archiconocido** extremely well-known; **archiridículo** very silly
archi *adj* (coll.) super (*excellent, superfine*)
archicofradía *f* privileged brotherhood
archidiácono *m* archdeacon
archidiócesis *f* (*pl:* **-sis**) var. of **arquidiócesis**
archiducado *m* archduchy
archiducal *adj* archducal
archiduque *m* archduke
archiduquesa *f* archduchess
archienemigo *m* archenemy (*chief enemy*)
archilaúd *m* (mus.) large lute
archimillonario -ria *adj & mf* multimillionaire
archipámpano *m* (hum.) self-styled or imaginary tycoon
archipiélago *m* archipelago; (coll.) labyrinth, entanglement; (*cap.*) *m* Aegean Sea, Archipelago; **archipiélago de Francisco José** Franz Josef Land; **archipiélago de Joló** or **de Sulú** Sulu Archipelago; **archipiélago Malayo** Malay Archipelago
archivador -dora *adj* filing; *mf* file clerk; *m* filing cabinet; letter file
archivar *va* to file; to file away; to deposit in the archives; (coll.) to hide away
archivero *m* archivist; city clerk
archivista *m* archivist
archivo *m* archives; file, files; filing; public records; (fig.) model (*e.g., of perfection*); (Am.) office
archivolta *f* (arch.) archivolt
arda *f* (zool.) squirrel
ardalear *vn* to fail to fill out (*said of bunches of grapes*)
árdea *f* var. of **alcaraván**
ardeida *f* (orn.) heron
ardentía *f* heartburn; (naut.) phosphorescence (*of water*)
ardentísimo -ma *adj super* very or most ardent; very or most passionate; bright red
arder *va* to burn; (Am.) to itch; *vn* to burn, to blaze; (poet.) to shine, flash; **estar que arde** to be coming to a head, to be near the breaking point; **arder de** or **en** to burn with (*e.g., love, hate*); **arder en** to be ablaze with (*e.g., war*); **arder por** + *inf* to be burning to + *inf;* **arder sin llamas** to smolder; *vr* to burn; to burn up (*said of grain in hot, dry weather*)
ardero *m* squirrel dog
ardid *m* trick, artifice, ruse
ardido -da *adj* spoiled, burnt-up (*said of grain, olives, etc.*); bold, intrepid; (Am.) angry
ardiendo *adj invar* burning, hot
ardiente *adj* ardent, burning; passionate, fiery; feverish; red
ardilla *f* (zool.) squirrel; **andar como una ardilla** to be always on the go, to flit about; **ardilla de tierra** (zool.) gopher; **ardilla gris** (zool.) gray squirrel; **ardilla ladradora** (zool.) prairie dog; **ardilla listada** (zool.) chipmunk; **ardilla voladora** (zool.) flying squirrel
ardillón *m* (zool.) gopher (*Spermophilus*)
ardimiento *m* burning; intrepidity, courage
ardiondo -da *adj* intrepid, courageous
ardite *m* old Spanish coin of little value; **no me importa un ardite** (coll.) I don't care a hang; **no valer un ardite** (coll.) to be not worth a continental
ardor *m* ardor, heat, excitement, vehemence; zeal, eagerness; intrepidity, courage, dash
ardoroso -sa *adj* burning, fiery, enthusiastic; restive, balky
arduidad *f* arduousness
arduo -dua *adj* arduous, hard
área *f* area; are (*surface measure*); **área de la libra esterlina** sterling block
areca *f* (bot.) areca (*palm and nut*)
arefacción *f* drying
arel *m* large sieve (*for grain*)
arelar *va* to sieve or sift (*grain*)
arena *f* sand; grit, grindings; arena; **arenas** *fpl* arena; (path.) stones (*in bladder*); **arena de estufa** or **arena seca** (found.) dry sand; **arena movediza** quicksand; **arena verde** (found.) green sand
arenáceo -a *adj* arenaceous
arenación *f* sanding; mixing sand and lime; (med.) arenation
arenal *m* sandy ground, sand pit; desert; quicksand
arenalejo *m* small sandy spot
arenar *va* to spread sand over; to sand, to rub or polish with sand; *vn* to become covered with sand; (naut.) to run aground on sand
arenario -ria *adj* (living in) sand; *f* (bot.) sandwort
arencar §86 *va* to cure (*sardines*) like herring
arenero -ra *adj* (for) sand; *mf* sand dealer; *m* (rail.) sandbox; (taur.) boy who spreads and smooths sand after each bullfight
arenga *f* harangue; (coll.) scolding
arengador -dora *mf* haranguer; (coll.) scold
arengar §59 *va & vn* to harangue; (coll.) to scold
arenilla *f* fine sand used to dry wet ink, pounce; **arenillas** *fpl* granulated saltpeter; (path.) stones (*in bladder*)

arenillero *m* var. of **salvadera**
arenisco -ca *adj* sandy, gritty; (pertaining to) sand; *f* (mineral.) sandstone; **arenisca verde** greensand
arenoso -sa *adj* sandy
arenque *m* (ichth.) herring; **arenque de ojos grandes** (ichth.) walleyed herring
arenquero -ra *mf* herring vendor; *f* herring net; (slang) coarse, shameless woman
aréola *f* (anat., bot., path. & zool.) areola
areolar *adj* areolar
areometría *f* hydrometry
areométrico -ca *adj* hydrometric
areómetro *m* areometer, hydrometer
Areópago *m* Areopagus
areóstilo *m* (arch.) areostyle
arepa *f* (Am.) corn griddle cake
Ares *m* (myth.) Ares
arestín *m* (vet.) thrush
arete *m* eardrop, earring
Aretusa *f* (myth.) Arethusa
arfada *f* (naut.) pitching
arfar *vn* (naut.) to pitch
argadijo or **argadillo** *m* reel, bobbin; (coll.) blustering fellow
argado *m* prank, trick
argal *m* wine stone
argala *f* (orn.) adjutant, adjutant bird
argalí *m* (*pl:* **-líes**) (zool.) argali
argalia *f* (surg.) catheter
argallera *f* croze, crozing saw
argamandel *m* rag, tatter
argamandijo *m* (coll.) set of small tools or utensils
argamasa *f* mortar; **argamasa hidráulica** hydraulic mortar
argamasar *va* to mix (*mortar*); to mortar, to plaster; *vn* to make mortar
argamasilla *f* fine mortar
argamasón *m* large dry piece of mortar
argán *m* (bot.) argan tree; argan (*fruit of argan tree*); (mus.) Arab organ
árgana *f* (mach.) crane; wicker basket for packsaddles
arganeo *m* (naut.) anchor ring
argavieso *m* thunderstorm
argayar *v impers* to be a landslide
argayo *m* landslide; **argayo de nieve** (prov.) avalanche
argel *adj* with right hind foot white (*said of a horse*); (coll.) wretched, unfortunate; (*cap.*) *f* Algiers
Argelia *f* Algeria
argelino -na *adj & mf* Algerian
argemone *f* (bot.) argemone, prickly poppy; **argemone mejicana** (bot.) Mexican poppy
argén *m* (her.) argent
argentado -da *adj* silver-plated; silvery; slashed (*said of shoes*)
argentán *m* German silver
argentar *va* to silver; to trim with silver; to give a silver finish to; (fig.) to silver; *vr* (fig.) to silver
argentario *m* silversmith; master of the mint
argénteo -a *adj* silvery; silver-plated
argentería *f* embroidery of silver or gold
argentero *m* silversmith
argentífero -ra *adj* argentiferous
argentina *f* & **Argentina, la** see **argentino**
argentinismo *m* Argentinism
argentinizar §76 *va* to Argentinize; *vr* to become Argentinized
argentino -na *adj* argentine, silvery; Argentine; *mf* Argentine, Argentinean; *m* argentino (*coin*); *f* (mineral.) argentine; (bot.) silverweed; **la Argentina** Argentina, the Argentine
argentista *m* freesilverite
argento *m* (poet.) argent, silver; **argento vivo** quicksilver; **argento vivo sublimado** (chem.) corrosive sublimate
argentoso -sa *adj* mixed with silver
argila or **argilla** *f* var. of **arcilla**
argiloso -sa *adj* var. of **arcilloso**
argirol *m* argyrol
argivo -va *adj & mf* Argive
argo *m* (chem.) argon
argólico -ca *adj* Argolic
Argólida or **Argólide, la** Argolis
argolla *f* large iron ring; staple; croquet (*game*); ring (*put in the snout of an animal*)
argolleta *f* little iron ring
argoma *f* (bot.) furze, gorse
argón *m* (chem.) argon
argonauta *m* (myth.) Argonaut; (zool.) argonaut, paper nautilus
argonáutico -ca *adj* (myth.) Argonautic
Argos *f* Argos (*ancient Greek town*); (myth.) Argo (*ship*); (astr.) Argo; *m* (myth.) Argus (*monster*); (*l.c.*) *m* Argus (*watchful person*); **ser un argos, estar hecho un argos** to be Argus-eyed
argucia *f* subtlety, sophistry; trick, deceit
argüe *m* capstan
arguellar *vr* (dial.) to become emaciated, to lose weight
arguello *m* (dial.) emaciation, loss of weight
árguenas or **árgueñas** *fpl* handbarrow; saddlebags
argüir §21 *va* to argue (*to indicate, to prove; to accuse*); *vn* to argue; **argüir contra** to argue against
argumentación *f* argumentation
argumentador -dora *adj* argumentative; *mf* arguer
argumental *adj* of the argument
argumentar *va & vn* to argue
argumentativo -va *adj* argumentative (*containing argument*)
argumentista *mf* arguer
argumento *m* argument; **argumento ontológico** (philos.) ontological argument
aria *f* see **ario**
Ariadna *f* (myth.) Ariadne
aricado *m* light plowing, cross harrowing
aricar §86 *va* to plow lightly, to harrow crosswise
aridecer §34 *va* to make dry or arid; *vn & vr* to become dry or arid
aridez *f* aridity, dryness
árido -da *adj* arid; (fig.) dry (*dull, boring*); **áridos** *mpl* dry commodities
Aries *m* (astr.) Aries
arieta *f* (mus.) arietta, short air
ariete *m* battering ram; **ariete hidráulico** hydraulic ram
arietino -na *adj* like a ram's head
arijo -ja *adj* easily tilled or cultivated
arilado -da *adj* (bot.) arillate, ariled
arilo *m* (bot.) aril
arillo *m* earring; frame for neck stock (*of clerics*)
arimez *m* projection (*in a building*)
arincar §86 *vr* (Am.) to be or become constipated
ario -ria *adj & mf* Aryan; *f* (mus.) aria
arísaro *m* (bot.) wake-robin
arisblanco -ca *adj* white-bearded (*said of wheat*)
arisco -ca *adj* churlish, surly, shy; wicked, vicious
arisema *f* (bot.) Indian turnip, jack-in-the-pulpit
arisnegro -gra or **arisprieto -ta** *adj* black-bearded (*said of wheat*)
arista *f* (arch.) arris; (bot.) awn; (geom.) edge; **arista de encuentro** (arch.) groin
aristado -da *adj* (bot.) bearded, awned
aristarco *m* Aristarch, severe critic
Arístides *m* Aristides
aristocracia *f* aristocracy
aristócrata *mf* aristocrat
aristocrático -ca *adj* aristocratic
aristocratizar §76 *va* to give aristocratic form to (*the government*); to infuse with aristocratic ideas; *vn* to act aristocratically; *vr* to become aristocratic; to become an aristocrat
Aristófanes *m* Aristophanes
aristofánico -ca *adj* Aristophanic; *m* (rhet.) Aristophanic
aristoloquia *f* (bot.) birthwort
aristón *m* (arch.) edge, corner; (arch.) groin rib; (mus.) hand organ
aristoso -sa *adj* bearded, many-bearded (*said of wheat*)
Aristóteles *m* Aristotle
aristotélico -ca *adj & mf* Aristotelian
aristotelismo *m* Aristotelianism

aritmético -ca *adj* arithmetical; *mf* arithmetician; *f* arithmetic
aritmo -ma *adj* arrhythmic
aritmomanía *f* arithmomania
aritmómetro *m* arithmometer
arjorán *m* (bot.) Judas tree
arlequín *m* harlequin; harlequin ice cream, Neapolitan ice cream; **arlequín de Cayena** (ent.) harlequin beetle; (*cap.*) *m* Harlequin
arlequina *f* harlequina; burlesque dance; music for such a dance
arlequinada *f* harlequinade
arlequinesco -ca *adj* harlequin, harlequinesque
arlo *m* (bot.) barberry; fruit hung up for keeping
arlota *f* var. of **alrota**
arma *f* arm, weapon; branch of the service (*army, navy, air force*); **¡a las armas!** to arms!; **alzarse en armas** to rise up, rebel; **jugar a las armas** to fence; **llevar las armas** to bear arms; **pasar por las armas** to execute by shooting; **presentar armas** to present arms; **rendir las armas** to lay down one's arms; **sobre las armas** under arms; **tocar al arma** or **tocar arma** to sound the call to arms; **tomar (las) armas** to take up arms; **arma al hombro** (mil.) right shoulder arms; **arma atómica** atomic weapon; **arma blanca** steel blade (*sword*); **arma corta** pistol; **arma de fuego** firearm; **arma negra** foil; **armas parlantes** (her.) canting arms, rebus
armada *f* see **armado**
armadera *f* (naut.) main timber
armadía *f* raft, float
armadija *f* or **armadijo** *m* trap, snare
armadillo *m* (zool.) armadillo; **armadillo de tres fajas** (zool.) three-banded armadillo
armado -da *adj* armed; reinforced (*concrete*); (her.) armed; *m* man in armor in processions of Holy Week; *f* fleet, armada; navy; **Armada Invencible** Invincible Armada
armador -dora *adj* shipbuilding; *m* shipowner, outfitter; privateer; jacket
armadura *f* armature, armor; frame, framework, support; skeleton; guard (*around a tree*); (elec.) armature (*of condenser, magnet, motor, etc.*); (mach.) assembly; (mus.) key signature; reinforcement (*of concrete*); **armadura de pendolón** king truss
armaga *f* (bot.) rue
Armagedón *m* (Bib.) Armageddon
armajal *m* marsh, moor, fen
armajo *m* (bot.) glasswort
armamentario *m* medical arsensal
armamentismo *m* military preparedness
armamentista *adj* (pertaining to) armament; militarist; *mf* advocate of military preparedness; arms dealer
armamento *m* armament
armar *va* to arm; to load (*a weapon*); to fix (*a bayonet*); to mount, assemble, put together, set, adjust; to build, establish; to equip; to suit, fit, become; to reinforce (*e.g., concrete*); (coll.) to cause, start, stir up, cook up; (coll.) to arrange, prepare; (naut.) to fit out, to commission; **armar caballero** to knight; **armarla** (coll.) to start a row; (coll.) to cheat; *vn* to suit, be becoming; *vr* to arm, to arm oneself; to get ready; to become erect; (coll.) to start, break out; (Am.) to balk, be balky; (Am.) to make a killing; **armarse con** (coll.) to hold on to unfairly, to refuse to give up
armario *m* closet, wardrobe; **armario de luna** wardrobe with mirror in door; **armario frigorífico** refrigerator
armatoste *m* hulk (*crude, heavy machine or piece of furniture; fat, clumsy person*)
armazón *f* frame, framework; assemblage; skeleton; (aer.) chassis; (Am.) shelving
armella *f* screw eye, eyebolt
armelluela *f* little screw eye
armenio -nia *adj & mf* Armenian; *m* Armenian (*language*); (*cap.*) *f* Armenia
armería *f* arms museum; armory (*manufactory; art of armorer*); arms shop; (her.) armory
armero *m* armorer, gunsmith; rack or stand for arms, armrack
armífero -ra *adj* warlike
armígero -ra *adj* (poet.) bearing arms; warlike; *m* armor-bearer
armilar *adj* armillary
armilla *f* (arch.) astragal (*molding*); (arch.) surbase
arminianismo *m* Arminianism
arminiano -na *adj & mf* Arminian
Arminio *m* Arminius
armiñado -da *adj* ermine; ermined
armiño *m* (zool. & her.) ermine; **armiño de cola larga** (zool.) long-tailed weasel
armipotente *adj* (poet.) mighty in war
armisonante *adj* (poet.) resounding with arms
armisticio *m* armistice
armón *m* (arti.) limber
armonía *f* harmony
armónico -ca *adj & m* (mus. & phys.) harmonic; *f* (mus.) harmonica; **armónica de boca** (mus.) mouth organ
armonio *m* (mus.) harmonium
armonioso -sa *adj* harmonious
armonización *f* harmonization
armonizar §76 *va & vn* to harmonize
armuelle *m* (bot.) orach
arna *f* beehive
arnacho *m* (bot.) restharrow
Arnaldo *m* Arnold
arnaúte *adj & mf* (archaic) Albanian
arnés *m* armor, coat of mail; harness; **arneses** *mpl* harness, trappings; outfit, equipment; accessories
árnica *f* (bot. & pharm.) arnica
aro *m* hoop; rim; (croquet) hoop, wicket; (bot.) cuckoopint; **entrar por el aro** (coll.) to have to go ahead against one's will; **aro de émbolo** piston ring; **aro de Etiopía** (bot.) arum, arum lily, calla lily
aroma *f* aroma (*flower*); *m* aroma, fragrance; aromatic gum, herb, balm, or wood
aromaticidad *f* aromacity
aromático -ca *adj* aromatic; *m* (chem. & med.) aromatic; *f* (bot.) aromatic
aromatización *f* aromatization
aromatizar §76 *va* to aromatize; to flavor
aromo *m* (bot.) aroma, huisache (*tree*)
aromoso -sa *adj* aromatic
arón *m* (bot.) cuckoopint; (*cap.*) *m* (Bib.) Aaron
arpa *f* (mus.) harp; **arpa eolia** aeolian harp
arpado -da *adj* toothed, jagged; (poet.) singing (*said of birds*)
arpadura *f* scratch
arpar *va* to tear, rend, claw, scratch
arpegio *m* (mus.) arpeggio
arpella *f* (orn.) marsh harrier
arpeo *m* (naut.) grappling iron
arpía *f* (coll.) ugly shrew, jade; (coll.) harpy (*rapacious person*); (myth.) Harpy
arpillera *f* burlap, bagging, sackcloth
arpista *mf* harpist
arpón *m* harpoon
arponado -da *adj* like a harpoon
arponar or **arponear** *va* to harpoon; *vn* to wield the harpoon with skill
arponero *m* harpoon maker; harpooner
arqueada *f* (mus.) bow (*stroke with bow*)
arqueador *m* ship gauger; wool beater
arqueaje *m* or **arqueamiento** *m* (naut.) gauging; (naut.) tonnage
arquear *va* to arch; to beat (*wool*); to gauge (*a ship*); to check; to audit (*cash and other assets in hand*); *vn* to retch, be nauseated; *vr* to arch
arquegonio *m* (bot.) archegonium
arqueo *m* arching; (naut.) gauging; (naut.) tonnage; check, checking; audit of cash in hand
arqueología *f* archeology
arqueológico -ca *adj* archeological
arqueólogo -ga *mf* archeologist
arqueozoico -ca *adj* (geol.) Archeozoic
arquería *f* arcade, series of arches
arquero *m* archer, bowman; bow maker; treasurer, cashier; (sport) goalkeeper
arquetipo *m* archetype
arquibanco *m* bench with drawers under seat
arquidiócesis *f* (*pl:* **-sis**) archdiocese
arquiepiscopal *adj* archiepiscopal
Arquímedes *m* Archimedes
arquimédico -ca *adj* Archimedean
arquimesa *f* writing desk

arquisinagogo *m* chief rabbi
arquitecto *m* architect; **arquitecto de jardines** landscape gardener; **arquitecto paisajista** landscape architect
arquitectónico -ca *adj* architectonic
arquitectura *f* architecture
arquitectural *adj* architectural
arquitrabe *m* (arch.) architrave
arquivolta *f* var. of **archivolta**
arrabá *m* (*pl:* **-baes**) (arch.) semirectangular frame around Moorish arch
arrabal *m* suburb; **arrabales** *mpl* outskirts, environs
arrabalero -ra *adj* suburban; (coll.) ill-bred; *mf* suburbanite
arrabio *m* pig iron
arracacha *f* (bot.) arracacha; (Am.) stupidity
arracada *f* earring, earring with pendant
arracimado -da *adj* clustered
arracimar *vr* to cluster, to bunch
arraclán *m* (bot.) alder buckthorn
arráez *m* Moorish chieftain; master of a Moorish ship
arraigadamente *adv* firmly, securely
arraigado -da *adj* rooted; deep-rooted; owning property; **arraigadas** *fpl* (naut.) futtock shrouds
arraigamiento *m* taking root; deep-seated habit
arraigar §59 *va* to establish, strengthen; *vn* to take root, become deep-rooted; *vr* to take root; to get settled, become a property owner
arraigo *m* rootage, taking root; solidity, stability, settling; property, real estate
arralar *vn* to become thin or sparse; to yield thin bunches of grapes
arramblar *va* to cover with sand and gravel (*said of a stream or torrent*); to sweep away; *vn* to make off; *vr* to be covered with sand and gravel
arrancacepas *m* (*pl:* **-pas**) stump puller
arrancaclavos *m* (*pl:* **-vos**) nail claw, nail extractor
arrancada *f* see **arrancado**
arrancadera *f* leading bell (*for cattle*)
arrancadero *m* starting point (*in a race*)
arrancado -da *adj* (coll.) poor, penniless; *f* start; sudden start; (rail.) jerky start; (naut.) quick start, sudden pick-up; (taur.) sudden charge (*of bull*)
arrancador -dora *adj* extracting; *m* (aut.) starter; **arrancador automático** (aut.) self-starter; *f* extracting machine
arrancadura *f* or **arrancamiento** *m* pulling out, extraction; snatching
arrancapinos *m* (*pl:* **-nos**) (coll.) dwarf (*little fellow*); (coll.) giant (*big fellow*)
arrancar §86 *va* to root up, to pull out, to pull up; to snatch, to snatch away, to tear away; to wrest, to wring; to draw forth (*e.g., tears*); to make (*a ship*) go faster; **arrancar a** to snatch from, snatch away from; *vn* to start; to start on a run; to set sail; (coll.) to leave, go away; (arch.) to spring (*said of an arch or vault*); (taur.) to rush forward; **arrancar de** to come from, originate in
arrancarraíces *m* (*pl:* **-rraíces**) root puller
arrancasiega *f* pulling up the short grain while mowing
arrancasondas *m* (*pl:* **-das**) drill extractor, grab
arranciar *vr* to get rancid
arranchar *va* to arrange, put in order; (naut.) to brace sharp up, to haul close aft; (naut.) to skirt, to sail close to; *vr* to gather together, to live in the same barracks, to mess together
arranque *m* pulling up; impulse, fit; sudden start, jerk; outburst, sally (*of wit, etc.*); (arch.) spring (*of an arch*); start, starting; (aut.) starter, starting gear, starting; **arranque a mano** (aut.) hand cranking; **arranque automático** (aut.) self-starter, self-starting
arrapar *va* (slang) to snatch away
arrapiezo *m* rag, tatter; (coll.) whippersnapper
arrapo *m* rag, tatter
arras *fpl* deposit, pledge, earnest money; dowry; thirteen coins given by bridegroom to bride at wedding
arrasado -da *adj* satin; satiny
arrasadura *f* leveling with a strickle
arrasamiento *m* razing, demolition
arrasar *va* to smooth, to level; to rase, wreck, flatten, demolish; to fill to the brim; to strike, to level with a strickle; *vn* to clear up, to get clear (*said of sky*); *vr* to clear up, to get clear (*said of sky*); **arrasarse de** or **en agua** or **lágrimas** to fill with tears (*said of the eyes*)
arrastraculo *m* (naut.) driver, water sail
arrastradamente *adv* (coll.) imperfectly; (coll.) laboriously, arduously; (coll.) penuriously; (coll.) unhappily
arrastradera *f* (naut.) lower studding sail; trail rope, guide rope (*of balloon*)
arrastradero *m* log path, dragging road; place where dead animals are dragged from bull ring
arrastradizo -za *adj* dangling; trailing; beaten, frequented; cringing
arrastrado -da *adj* poor, wretched, miserable; (coll.) knavish, rascally; *mf* (coll.) knave, rascal
arrastramiento *m* dragging; crawling
arrastrar *va* to drag; to drag along, drag on; to drag down; to impel; to compel, to necessitate; **traer arrastrado** or **arrastrando** to weary, to harass; **arrastrar a uno a** + *inf* to drag or draw someone into + *ger*; *vn* to crawl, creep; to drag, trail, touch the floor or the ground; *vr* to crawl, creep; to drag, trail, touch the floor or the ground; to trail (*said of a plant or vine*); to drag on; to cringe
arrastre *m* drag, dragging; haulage, hauling; washout; crawl, crawl stroke; influence, force; (Am.) drag (*political or social influence*); (min.) slope of an adit; (taur.) dragging dead bull from the arena; **arrastre de espalda** backstroke (*in swimming*)
arratonado -da *adj* eaten by mice, eaten by rats
arrayán *m* (bot.) myrtle; **arrayán brabántico** (bot.) wax myrtle, bayberry
arrayanal *m* myrtle field
arrayanilla *f* (bot.) Saint-Andrew's-cross
arráyaz *m* or **arraz** *m* var. of **arráez**
arre *m* (coll.) nag, old nag; *interj* gee!, get up!
arreador *m* foreman, overseer; muleteer; (Am.) whip
arrear *va* to drive (*horses, mules, etc.*); to prod; to harness; *vn* (coll.) to hurry along; **¡arrea!** (coll.) get moving!; (coll.) do tell!; *vr* to be ruined, lose all one's money
arrebañaderas *fpl* grapnel (*for pulling something out of a well*)
arrebañador -dora *mf* gatherer, collector, scraper
arrebañadura *f* (coll.) gathering-up; **arrebañaduras** *spl* leavings gathered together
arrebañar *va* to gather up; to eat up
arrebatadamente *adv* headlong, recklessly
arrebatadizo -za *adj* excitable, inflammable
arrebatado -da *adj* reckless, rash, impetuous; ruddy, flushed (*said of countenance*)
arrebatador -dora *adj* captivating; raging, furious; stirring, exciting
arrebatamiento *m* snatching away, carrying off; captivation; rage, fury; rapture, ecstasy
arrebatar *va* to snatch; to carry away, carry off; to attract, captivate; to move, stir; to parch (*grain*); **arrebatar a** to snatch from, snatch away from; *vn* to snatch, grab; *vr* to be parched (*said of grain*); to be burned (*by excessive cooking*); to be carried away (*by some passion or emotion*)
arrebatiña *f* grabbing, scramble, scuffle
arrebato *m* rage, fury; rapture, ecstasy
arrebol *m* red (*of sunrise or sunset*); rouge; rosiness (*of cheeks*); **arreboles** *mpl* red clouds; **arrebol alpestre** alpenglow
arrebolada *f* red clouds (*of sunrise or sunset*)
arrebolar *va* to redden, make red; to rouge; *vr* to redden, turn red; to rouge
arrebolera *f* rouge case; (bot.) four-o'clock, marvel-of-Peru
arrebollar *vr* (prov.) to fall or rush headlong
arrebozar §76 *va* to muffle; *vr* to muffle or wrap up one's face; to cluster, to swarm
arrebujadamente *adv* in confusion; equivocally; vaguely

arrebujar *va* to jumble together; to wrap, to cover; *vr* to wrap oneself all up
arreciar *vn* to grow worse, become more severe or violent; to rage; *vr* to grow worse, become more severe or violent; to grow stronger, to take on weight
arrecife *m* stone-paved road; stone ditch, dike; (naut.) reef; **arrecife de coral** coral reef
arrecir §53 *vr* to grow stiff with cold
arrechucho *m* (coll.) fit, impulse, impulsive act; (coll.) slight indisposition
arredilar *va* to fold, to corral
arredomado -da *adj* sly, canny
arredondear *va* to round off; *vr* to get round, become rounded
arredramiento *m* driving back; backing out; fear
arredrar *va* to drive back; to frighten; *vr* to move away; to draw back, to shrink; to be frightened
arregazado -da *adj* tucked up; turned up
arregazar §76 *va* to tuck up
arreglado -da *adj* regular; moderate; reasonable; moderately fixed; neat, orderly
arreglar *va* to adjust, regulate, settle; to put in order, arrange; to fix, to repair; (coll.) to alter (*to castrate or to spay*); *vr* to adjust, settle; to arrange; to conform; **arreglarse con** to come to terms with, to reach an agreement with; **arreglárselas** (coll.) to manage all right, to shift
arreglo *m* adjustment; arrangement; settlement; rule, order; agreement; **con arreglo a** according to
arregostar *va* to lure, entice; *vr* (coll.) to take a liking
arregosto *m* (coll.) liking, taste
arrejacar §86 *va* to harrow, rake, or hoe crosswise (*i.e., across the furrows*)
arrejaco *m* (orn.) blackmartin, European swift
arrejada *f* plowstaff
arrejaque *m* three-pronged fishing fork; (orn.) blackmartin, European swift
arrejerar *va* (naut.) to anchor with two anchors fore and one aft
arrellanar *vr* to loll, to sprawl, to sprawl in one's seat; to enjoy one's work
arremangado -da *adj* turned up, tucked up, upturned
arremangar §59 *va* to turn up (*sleeves*); to tuck up (*dress*); *vr* to turn up one's sleeves; to tuck up one's dress; (coll.) to take a firm stand; to be turned up
arremango *m* turning up, tucking up; sleeve turned up, dress tucked up; boldness, dash; **arremangos** *mpl* threats
arrematar *va* to finish, terminate
arremetedero *m* (mil.) place to attack a fortress
arremetedor -dora *adj* attacking; *mf* attacker, aggressor
arremeter *va* to spur (*a horse*); to attack, to assail; *vn* to rush forth, to attack; to offend, be offensive (*to look at*); **arremeter con, contra,** or **para** to rush upon, to attack
arremetida *f* or **arremetimiento** *m* attack; sudden start (*of a horse*); short, wild run; push
arremolinar *vr* to crowd, to crush; to mill about; to whirl
arrendable *adj* rentable
arrendación *f* var. of **arrendamiento**
arrendadero *m* ring in manger to which horses are tied
arrendado -da *adj* obedient to the reins
arrendador -dora *mf* renter; tenant; *m* landlord; ring in manger to which horses are tied; *f* landlady
arrendajo *m* (orn.) jay; (coll.) mimic
arrendamiento *m* rent, rental, renting; lease
arrendar §18 *va* to rent (*to grant or take temporary possession of*); to tie (*a horse*); to bridle; to rein; to mimic; *vr* to rent, be rented
arrendatario -ria *mf* renter, tenant
arreo *m* adornment, dress; piece of harness; **arreos** *mpl* female headdress; appurtenances, accessories; harness, trappings; *adv* successively, without interruption
arrepápalo *m* fritter
arrepentido -da *adj* repentant; *mf* penitent; *f* penitent woman who has retired to a convent
arrepentimiento *m* repentance; curl on neck; repair to a painting
arrepentir §62 *vr* to repent, be repentant; to back down, back out; **arrepentirse de** to repent (*some deed, a sin, etc.*); **arrepentirse de haber** + *pp* to repent having + *pp*
arrepistar *va* to grind (*rags*) into pulp
arrepisto *m* grinding of rags
arrepollado -da *adj* cabbage-headed
arrepticio -cia *adj* possessed by the devil
arrequesonar *vr* to curdle
arrequives *mpl* finery; (coll.) attendant circumstances
arrestado -da *adj* bold, audacious
arrestar *va* to arrest, to take prisoner; *vr* to rush ahead boldly; **arrestarse a** to rush boldly into
arresto *m* arrest, imprisonment; boldness, daring; **bajo arresto** under arrest
arretín *m* moreen
arrevesado -da *adj* complex, intricate; wild, unmanageable
arrezafe *m* field full of brambles
arrezagar §59 *va* to tuck up; to raise (*e.g., the hand*)
arria *f* drove (*of horses*)
arriada *f* flood
arrial *m* var. of **arriaz**
arrianismo *m* Arianism
arriano -na *adj & mf* Arian
arriar §90 *va* to flood; (naut.) to lower, to strike; (naut.) to loosen, slacken, let loose; *vr* to become flooded
arriata *f* or **arriate** *m* border, edge (*in garden*); trellis; highway, road
arriaz *m* (*pl:* **arriaces**) quillon (*of sword*); hilt
arriba *adv* up, upward; above, on high; upwards; upstairs; uptown; on top; (naut.) aloft; upwards of, e.g., **tiene doce años arriba** he is upwards of twelve years old; **calle arriba** up the street; **de arriba** from above; **de arriba abajo** from top to bottom, from the top down, from head to foot, from beginning to end; superciliously; **más arriba de** higher than, above; **río arriba** upstream; **arriba de** up; *interj* up with . . . !
arribada *f* arrival (*by sea*); **de arribada** (naut.) emergency
arribaje *m* (naut.) arrival; (naut.) landing beach
arribar *vn* to put into port; to arrive; (naut.) to fall off to leeward; (coll.) to come back (*in health or fortune*); **arribar a** + *inf* to manage to + *inf*
arribazón *m* abundance of fish in port and along the coast; abundance
arribeño -ña *adj* (Am.) upland, highland; *mf* (Am.) uplander, highlander
arribismo *m* ruthless ambition
arribista *adj & mf* upstart, parvenu
arribo *m* arrival
arricés *m* buckle of stirrup strap
arricete *m* shoal, bar
arridar *va* (naut.) to haul taut
arriendo *m* var. of **arrendamiento**
arrieraje *m* (Am.) muleteers; (Am.) driving of pack animals
arriería *f* driving of pack animals
arriero *m* driver of pack animal, muleteer
arriesgado -da *adj* risky, dangerous; bold, daring
arriesgar §59 *va* to risk, to jeopardize; *vr* to take a risk, to expose oneself to danger; **arriesgarse a** + *inf* to risk + *ger;* **arriesgarse en** to venture on; **arriesgarse fuera** to venture abroad, to venture out; **quien no se arriesga no pasa la mar** nothing venture, nothing win
arriesgón *m* (coll.) risk, venture
arrimadero *m* support; wainscot, wainscoting
arrimadillo *m* mat, matting (*fastened to wall*); wainscot, wainscoting; pitching pennies (*boy's game*)
arrimadizo -za *adj* movable; parasitic; *mf* sycophant
arrimador *m* backlog in fireplace

arrimadura *f* moving near
arrimar *va* to move up, bring close; to give (*a blow, punch, kick, etc.*); to get rid of, remove; to abandon, neglect; to give up (*a position, profession, etc.*); (naut.) to stow; **arrimar el hombro** to put one's shoulder to the wheel; *vr* to move up, come close; to gather together; (taur.) to work close to the bull; **arrimarse a** to come close to; to draw up to (*e.g., the curb*); to lean against; to get to (*the point*); to depend on, to trust; to snuggle up to
arrime *m* spot near goal (*in bowling*)
arrimo *m* moving near; support; help, aid; favor, protection; fondness, attachment; party wall; idle wall
arrimón *m* loafer, idler; **estar de arrimón** to hang around watching; **hacer de arrimón** (coll.) to hold on to the wall (*for fear of falling from drunkenness*)
arrinconado -da *adj* distant, remote, out of the way; forgotten, neglected, shelved
arrinconamiento *m* retirement, seclusion
arrinconar *va* to corner; to put away in a corner, to lay aside; to get rid of, remove; to abandon, neglect, shelve; *vr* (coll.) to live in seclusion, to withdraw from the world
arriñonado -da *adj* kidney-shaped
Arrio *m* Arius
arriostramiento *m* brace, bracing
arriostrar *va* to brace, to stay
arriscado -da *adj* bold, enterprising; free, brisk, easy; craggy
arriscamiento *m* risk, risk taking
arriscar §86 *va* to risk; *vr* to take a risk; to be vain; to plunge over a cliff (*said of cattle*)
arrisco *m* risk
arritmia *f* (path.) arrhythmia
arrítmico -ca *adj* arrhythmic
arrivismo *m* var. of **arribismo**
arrivista *adj & mf* var. of **arribista**
arrizafa *f* garden, park
arrizar §76 *va* (naut.) to reef, stow, lash
arrizo -za *adj* (bot.) arrhizal or arrhizous
arroaz *m* (*pl:* **-aces**) (zool.) dolphin
arroba *f* arroba (*Spanish weight of about 25 lbs. and Spanish liquid measure of varying value*)
arrobadizo -za *adj* easily entranced, always entranced; feigning entrancement
arrobador -dora *adj* entrancing
arrobamiento *m* entrancement, ecstasy
arrobar *va* to entrance; *vr* to be entranced
arrobero -ra *adj* weighing an arroba; *mf* local baker
arrobo *m* ecstasy
arrocabe *m* top crossbeam; wooden frieze
arrocero -ra *adj* (pertaining to) rice; *mf* rice grower, rice dealer; *m* (orn.) redwing, redwinged blackbird
arrocinado -da *adj* nag-like, worn-out; bestial; (slang) ignorant, stupid
arrocinar *va* to bestialize; *vr* to become bestialized; to fall madly in love
arrodajar *vr* (Am.) to sit down with one's legs crossed
arrodelar *va* to protect with a buckler; *vr* to be protected or armed with a buckler
arrodillado -da *adj* kneeling, on bended knee
arrodilladura *f* or **arrodillamiento** *m* kneeling
arrodillar *va* to make (*someone*) kneel; *vn & vr* to kneel, to kneel down
arrodrigar §59 *va* to prop (*vines*)
arrodrigonar *va* to prop (*vines*)
arrogación *f* adoption; arrogation
arrogancia *f* arrogance; gracefulness, elegance, majesty
arrogante *adj* arrogant; graceful, elegant, majestic
arrogar §59 *va* to adopt; *vr* to arrogate, to arrogate to oneself
arrojadizo -za *adj* easily thrown; to be thrown, for throwing
arrojado -da *adj* bold, dashing, fearless, foolhardy
arrojallamas *m* (*pl:* **-mas**) (mil.) flame thrower
arrojar *va* to throw, hurl; to emit, shed; to bring forth (*shoots, sprouts*); to yield; *vr* to throw oneself; to rush; to rush recklessly
arroje *m* (theat.) man who drops as counterweight to raise the curtain; **arrojes** *mpl* (theat.) stand from which he drops; (theat.) stage to right of spectators
arrojo *m* boldness, dash, fearlessness
arrollado *m* (elec.) coil
arrollador -dora *adj* violent, sweeping, devastating; *m* windlass; *f* (ent.) sewer, leaf sewer
arrollamiento *m* rolling, winding; (elec.) winding; **arrollamiento del inducido** (elec.) armature winding; **arrollamiento inductor** (elec.) field winding
arrollar *va* to roll; to roll up; to wind, to coil; to sweep away; to rout (*enemy*); to dumbfound, leave speechless; to ride roughshod over; (coll.) to knock down, to run over
arromadizar §76 *va* to give a cold to; *vr* to catch cold
arromanzar §76 *va* (archaic) to put into the vernacular (*i.e., any Romance language*), to translate into Spanish
arromar *va* to blunt, to dull; *vr* to get dull
arromper *va* (coll.) to plow (*untilled ground*)
arrompido *m* newly broken ground
arronzar §76 *va* (naut.) to move with levers; (naut.) to haul and shore (*the anchor*); *vn* (naut.) to drift to leeward
arropamiento *m* wrapping
arropar *va* to wrap, wrap up; to mix syrup with (*wine*); *vr* to wrap oneself up, to bundle up
arrope *m* grape syrup; honey syrup
arropea *f* irons, fetters, shackles
arropera *f* vessel for grape syrup
arropía *f* taffy
arropiero -ra *mf* maker or vendor of grape juice syrup
arrostrado -da *adj* featured; **bien arrostrado** well-featured; **mal arrostrado** ill-featured
arrostrar *va* to face; to overcome; to show a liking for, to show an inclination for; *vn* to face; **arrostrar con** or **por** to face, to resist; *vr* to rush into the fight; **arrostrarse con** to defy
arroyada *f* gully; channel; freshet, flood
arroyadero *m* gully; channel
arroyar *va* to make gullies in (*said of the rain*); *vn* to pour, to come down in torrents; *vr* to get full of gullies (*from the rain*); to blight, be blighted
arroyo *m* stream, rivulet, brook; gutter (*in street*); street; (fig.) stream (*of tears, blood, etc.*); **estar en el arroyo** (coll.) to be homeless; **plantar** or **poner en el arroyo** (coll.) to put out of the house
arroyuela *f* (bot.) loosestrife
arroyuelo *m* little stream, rill
arroz *m* (bot.) rice (*plant and grain or seeds*); **arroz de los pieles rojas** (bot.) Indian rice, wild rice
arrozal *m* rice field
arruar §33 *vn* to grunt (*said of wild boar*)
arrufadura *f* (naut.) sheer
arrufar *va* to wrinkle (*one's brow*); to scold; (naut.) to form the sheer of; *vn* (naut.) to be curved upward
arrufianar *vr* to be foul, to be depraved; to pander, be a panderer
arrufo *m* var. of **arrufadura**
arruga *f* wrinkle; crease, rumple
arrugación *f* or **arrugamiento** *m* wrinkling; creasing, rumpling, crumpling
arrugar §59 *va* to wrinkle; to crease, rumple, crumple; to knit (*the brow*); *vr* to wrinkle, become wrinkled; to crease, rumple, crumple; to shrink, to shrivel
arrugia *f* gold mine
arruinador -dora *adj* ruining, destructive; *mf* ruiner, destroyer
arruinamiento *m* ruin, ruination, destruction, demolition
arruinar *va* to ruin, destroy, demolish; *vr* to go to ruin, to be destroyed
arrullar *va* to coo to; to lull to sleep, to sing to sleep; (coll.) to court, to woo; *vn* to coo; *vr* to bill (*said of doves*); to coo
arrullo *m* cooing and billing; lullaby
arruma *f* (naut.) division or partition in hold (*for stowing cargo*)

arrumaco *m* caress; odd dress or adornment; flattery, pretense; **arrumacos** *mpl* show of affection
arrumaje *m* (naut.) good stowage; (naut.) ballast
arrumar *va* (naut.) to stow; *vr* (naut.) to become overcast
arrumazón *f* (naut.) stowing; (naut.) good stowage; (naut.) ballast; (naut.) overcast horizon
arrumazonar *vr* to become overcast (*said of sky or horizon*)
arrumbadas *fpl* (naut.) wales of a row galley
arrumbamiento *m* (naut.) bearing, direction
arrumbar *va* to cast aside; to neglect, pay no attention to; to sweep aside, to silence; to line up (*wine casks*) along the wall of a wine cellar; (naut.) to determine the lay of (*a coast*); *vn* (naut.) to take bearings; *vr* (naut.) to take bearings; to get seasick
arrumbe *m* (Am.) rust
arrurruz *m* arrowroot (*starch*)
arsáfraga *f* (bot.) water parsnip
arsenal *m* arsenal, armory; shipyard, navy yard, dockyard; (fig.) arsenal
arseniato *m* (chem.) arsenate
arsenical *adj* arsenical
arsénico -ca *adj* arsenical; (chem.) arsenic; *m* (chem. & mineral.) arsenic
arsenioso -sa *adj* (chem.) arsenious
arsenito *m* (chem.) arsenite
arseniuro *m* (chem.) arsenide
arsfenamina *f* (pharm.) arsphenamine
arsolla *f* var. of **arzolla**
art. abr. of **artículo**
arta *f* (bot.) plantain; **arta de agua** (bot.) fleawort
Artajerjes *m* Artaxerxes
artanica or **artanita** *f* (bot.) cyclamen, sowbread
arte *m & f* art; trick, cunning; knack; fishing gear; **bellas artes** fine arts; **el séptimo arte** moving pictures; **no tener arte ni parte en** to have nothing to do with; **arte cisoria** (cook.) art of carving; **arte manual** craft; **arte mayor** Spanish verse of ten to twelve syllables with the following rhyme scheme: abbaacca; **arte menor** Spanish verse of six to eight syllables, sometimes in the form of a quatrain; **arte plumaria** art of embroidering featherwork; **artes gráficas** graphic arts; **artes liberales** *fpl* liberal arts; **arte típico** native craft; **artes y oficios** arts and crafts
artefacto *m* device, contrivance, appliance, fixture, artifact; (biol.) artifact; **artefactos de alumbrado** lighting fixtures; **artefactos sanitarios** bathroom fixtures
artejo *m* knuckle (*of fingers*); (zool.) arthromere
Artemis *f* (myth.) Artemis
artemisa *f* (bot.) mugwort, sagebrush; (*cap.*) *f* (myth.) Artemis
artemisia *f* (bot.) mugwort, sagebrush
artera *f* see **artero**
arteria *f* (anat.) artery; (elec.) feeder; (fig.) artery (*main highway*)
artería *f* craftiness, cunning; (slang) rascality
arterial *adj* arterial
arterialización *f* arterialization
arterializar §76 *va* to arterialize
arterioesclerosis *f* var. of **arteriosclerosis**
arteriola *f* arteriole
arteriosclerosis *f* (path.) arteriosclerosis
arterioso -sa *adj* arterious
arteritis *f* (path.) arteritis
artero -ra *adj* sly, cunning, artful; *f* bread stamp (*iron for marking bread to be sent to common bakery*)
arteroesclerosis *f* var. of **arteriosclerosis**
artesa *f* trough, kneading trough; Indian canoe
artesanado *m* craftsmen, mechanics
artesanía *f* craftsmanship; craftsmen, mechanics
artesano -na *mf* artisan, craftsman; *f* craftswoman
artesiano -na *adj* Artesian; artesian (*well*)
artesilla *f* small trough; trough in bucket wheel
artesón *m* kitchen tub; (arch.) coffer, caisson
artesonado -da *adj* (arch.) caissoned; *m* (arch.) caissoned ceiling
artesonar *va* (arch.) to adorn (*a ceiling or vault*) with caissons
artesuela *f* small trough, small bowl
artético -ca *adj & mf* arthritic
ártico -ca *adj* arctic; (*cap.*) *m* Arctic (*ocean*)
articulación *f* articulation; (anat., bot. & zool.) articulation, joint; (phonet.) articulation; **articulación universal** (aut.) universal joint
articulado -da *adj* articulate; articulated; *m* series of articles; (law) series of proofs; (zool.) articulate
articular *adj* articular; *va & vr* to articulate; to article; to question
articulista *mf* writer of articles
artículo *m* article; item; joint (*part between two articulations*); entry (*each alphabetized word in a dictionary, etc.*); (anat. & bot.) articulation; **artículo de costumbres** (lit.) article on manners and customs; **artículo definido** or **determinado** (gram.) definite article; **artículo de fondo** leader, editorial; **artículo indefinido** or **indeterminado** (gram.) indefinite article; **artículos de consumo** consumers' goods; **artículos de cuero** leather goods; **artículos de deporte** sporting goods; **artículos del culto** church supplies; **artículos de primera necesidad** basic commodities; **artículos para caballeros** men's furnishings
artífice *mf* artificer; craftsman (*artist*)
artificial *adj* artificial
artificiero *m* fireworks manufacturer; (mil.) artificer
artificio *m* artifice; craft, workmanship; device, appliance; trick, ruse; cunning
artificioso -sa *adj* skillful, ingenious; wary, cunning, artful, scheming, tricky, fake, deceptive
artiga *f* (agr.) burning and breaking a field; field burned and broken
artigar §59 *va* (agr.) to burn clear and break (*a field, etc.*)
artilugio *m* (coll.) jigger, thingamajig; (coll.) scheme, trick
artillado *m* artillery
artillar *va* to arm or equip with artillery
artillería *f* artillery; **artillería de sitio** siege artillery
artillero *m* artilleryman; artillerist
artimaña *f* trap; (coll.) trick, cunning
artimón *m* (naut.) mizzenmast
artina *f* boxthorn berry
artiodáctilo -la *adj & m* (zool.) artiodactyl
artista *mf* artist
artístico -ca *adj* artistic
art.º abr. of **artículo**
arto *m* (bot.) boxthorn
artolas *fpl* mule chair, cacolet
artralgia *f* (path.) arthralgia, pain in the joints
artrítico -ca *adj & mf* arthritic
artritis *f* (path.) arthritis; **artritis reumatoidea** (path.) rheumatoid arthritis
artrómera *f* (zool.) arthromere
artrópodo -da *adj & m* (zool.) arthropod
arturiano -na or **artúrico -ca** *adj* Arthurian
Arturo *m* Arthur; (astr.) Arcturus; **el rey Arturo** King Arthur
Artús *m* Arthur (*king*)
arugas *fpl* (bot.) camomile
árula *f* small altar
arundíneo -a *adj* arundineous, reedy
aruñar *va* (coll.) to scratch
aruñazo *m* (coll.) scratch
arúspice *m* haruspex, diviner, soothsayer
aruspicina *f* haruspicy, divination
arveja *f* (bot.) vetch, spring vetch, tare; (bot.) vetchling; (bot.) pea
arvejal *m* vetch field
arvejana *f* var. of **arveja**
arvejo *m* (bot.) pea
arvense *adj* (growing in a) field
arvícola *f* (zool.) vole, water rat
arz. abr. of **arzobispo**
arzbpo. abr. of **arzobispo**
arzobispado *m* archbishopric

arzobispal *adj* archiepiscopal
arzobispo *m* archbishop
arzolla *f* (bot.) centaury; (bot.) milk thistle
arzón *m* saddletree; **arzón delantero** saddlebow; **arzón trasero** cantle
as *m* ace (*in cards, dice, tennis, aviation*); **as de fútbol** football star; **as de guía** (naut.) bowline, bowline knot; **as del volante** (aut.) speed king
asa *f* handle (*of jug, basket, etc.*); juice; opportunity, pretext; (bact.) loop; **asa dulce** (pharm.) gum benzoin; **asa fétida** asafetida
asacar §86 *va* to produce, invent; to feign; to impute, attribute
asación *f* roasting; (pharm.) decoction
asadero -ra *adj* for roasting; *m* oven (*hot place*); (Am.) fresh cheese
asado -da *adj* roasted; **bien asado** well-done, done brown; **poco asado** rare, underdone; *m* roasting; roast
asador *m* spit; roasting jack
asadura *f* entrails; liver; (fig.) sluggishness; **asadura de puerco** haslet
asaetear *va* to shoot with an arrow; to wound or kill with an arrow; to bother, harass
asaetinado -da *adj* sateen
asafétida *f* asafetida
asainetado -da *adj* farcical
asalariado -da *adj* wage-earning; *mf* wage earner
asalariar *va* to fix wages for; *vr* to work for wages
asalmonado -da *adj* salmon-like; salmon, salmon-colored
asaltante *mf* assailant
asaltar *va* to assault, assail, storm; to overtake, come suddenly upon (*a person*)
asalto *m* assault, attack; surprise party; (box.) round; **tomar por asalto** to take by storm
asamblea *f* assembly, assemblage; (mil.) assembly; **Asamblea General** General Assembly
asambleísta *mf* member of an assembly; *m* assemblyman
asar *va* to roast; to bother, annoy, pursue; *vr* to be burning up, be exceedingly hot
asarabácara *f* (bot.) asarabacca
asarero *m* (bot.) blackthorn
asargado -da *adj* twilled, serge
ásaro *m* (bot.) asarabacca
asativo -va *adj* (pharm.) boiled in its own juice
asaz *adj & adv* (poet.) enough, aplenty
asbestino -na *adj* (pertaining to) asbestos
asbesto *m* asbestos
asca *f* (bot.) ascus
ascalonia *f* (bot.) shallot
áscar *m* army (*in Morocco*)
áscari *m* soldier (*in Morocco*)
ascáride *f* (zool.) ascarid
ascendencia *f* ancestry, line
ascendente *adj* up, ascending, ascendant; *m* (astrol.) ascendant
ascender §66 *va* to promote; *vn* to ascend, go up; to be advanced, be promoted; **ascender a** to amount to
ascendiente *adj* up, ascending, ascendant; *mf* ancestor; *m* ascendancy
ascensión *f* ascension; exaltation; (*cap.*) *f* Ascension (*ascending of Jesus; church festival; island of Atlantic*); **ascensión recta** (astr.) right ascension
ascensional *adj* ascensional
ascensionista *mf* balloonist; mountain climber
ascenso *m* ascent, promotion
ascensómetro *m* (aer.) climb indicator
ascensor *m* elevator; freight elevator; **ascensor hidráulico** hydraulic elevator
ascensorista *mf* elevator operator
asceta *mf* ascetic
ascético -ca *adj* ascetic
ascetismo *m* asceticism
ascidia *f* (zool.) ascidian
ascios *mpl* ascians
asciro *m* (bot.) St.-Andrew's-cross
ascitis *f* (path.) ascites
Asclepio *m* (myth.) Asclepius
asco *m* loathing, nausea, disgust; disgusting thing; **dar asco** (coll.) to turn the stomach, to disgust; **estar hecho un asco** (coll.) to be filthy; **hacer ascos de** (coll.) to turn one's nose up at, to pretend to be contemptuous of; **tener asco a** to be disgusted with, to have enough of
ascomiceto -ta *adj* (bot.) ascomycetous; *m* (bot.) ascomycete
ascón *m* (zool.) ascon
ascórbico -ca *adj* ascorbic
ascospora *f* (bot.) ascospore
ascua *f* ember; **arrimar el ascua a su sardina** to know how to take care of oneself; **estar en** or **sobre ascuas** (coll.) to be worried to death; **sacar el ascua con la mano del gato** or **con mano ajena** (coll.) to get someone else to pull one's chestnuts out of the fire; **¡ascuas!** ouch!
Asdrúbal *m* Hasdrubal
aseado -da *adj* clean, neat, tidy
asear *va* to adorn, clean up, polish, embellish; *vr* to clean up, tidy up
asechamiento *m* or **asechanza** *f* trap, snare, waylaying
asechar *va* to waylay, ambush
asecho *m* var. of **asechamiento**
asedado -da *adj* silken
asedar *va* to make (*e.g., flax*) soft as silk
asediador -dora *adj* besieging; *mf* besieger
asediar *va* to besiege, to blockade; (fig.) to besiege, to harass; to make love to, to throw oneself at
asedio *m* siege, blockade
aseglarar *vr* to act like a layman, to look like a layman
asegundar *va* to repeat at once
asegurable *adj* insurable
aseguración *f* insurance; insurance policy
asegurado -da *adj* assured; insured; *mf* insured
asegurador -dora *adj* insuring, underwriting; *mf* insurer, underwriter; fastener, fastening
aseguramiento *m* assurance; insurance; pass, permit; fastening
aseguranza *f* (prov.) firmness, security; (Am.) insurance
asegurar *va* to secure, make secure, fasten; to assure, guarantee; to assert; to seize, imprison; to insure; *vr* to make oneself secure; to make onself sure; to take out insurance
aseidad *f* (theol.) aseity
asemejar *va* to make like; to compare; to resemble; *vn & vr* to be similar; **asemejar a** or **asemejarse a** to be like, to resemble
asendereado -da *adj* beaten, frequented; overwhelmed with work or trouble
asenderear *va* to cut or open a path through; to pursue through paths and by-paths
asenso *m* assent; credence
asentada *f* see **asentado**
asentaderas *fpl* (coll.) buttocks
asentadillas; a asentadillas sidesaddle, woman-fashion
asentado -da *adj* sedate, judicious; stable, permanent; *f* sitting; **de una asentada** at one sitting
asentador *m* stonemason; strap, razor strop; wholesale merchant; turning chisel; **asentador de vía** (rail.) road foreman, roadmaster
asentamiento *m* establishment; settlement, settling; plot, land; judgment, wisdom
asentar §18 *va* to seat; to place; to fix, establish, found; to tamp down, to smooth, to level; to hone, sharpen; to note, to enter (*e.g., in a ledger*); to impart (*a blow*); to impress (*on the mind*); to affirm; to guess, suppose; (law) to award; to settle (*food with a drink*); *vn* to be suitable, be becoming; *vr* to sit down; to establish oneself, to be established; to not be digested (*said of food*); to settle (*said of a liquid or a building*)
asentimiento *m* assent
asentir §62 *vn* to assent
asentista *m* army contractor; builder, contractor
aseñorado -da *adj* pompous, lordly
aseo *m* cleanliness, neatness, tidiness; toilet, powder room
asepsia *f* (med.) asepsis
aséptico -ca *adj* aseptic
asequible *adj* accessible, obtainable

aserción *f* assertion
aserradero *m* sawmill
aserradizo -za *adj* for sawing; sawed
aserrado -da *adj* serrate, dented
aserrador -dora *adj* saw, sawing; *m* sawer, sawyer; (coll.) scraper, fiddler; *f* power saw
aserradura *f* saw cut; **aserraduras** *fpl* sawings, sawdust
aserraduría *f* sawmill
aserrar §18 *va* to saw
aserrería *f* sawmill
aserrín *m* sawdust
aserruchar *va* to saw (*with a handsaw*)
asertivo -va *adj* assertive
aserto *m* assertion
asesar *vn* to become wise, to get sense
asesinar *va* to assassinate, murder; to plague, harass
asesinato *m* assassination, murder; **asesinato ritual** ritual murder
asesino -na *adj* murderous; *mf* assassin, murderer; *m* traitor, betrayer; *f* murderess
asesor -sora *adj* advising, advisory; *mf* adviser
asesoramiento *m* advising, counseling
asesorar *va* to advise; *vr* to seek advice; to get advice
asesoría *f* advising; adviser's fee; adviser's office
asestadura *f* aiming; shooting, firing
asestar *va* to aim; to shoot, fire; to deal (*a blow*); to try to hurt
aseveración *f* asseveration
aseveradamente *adv* positively, affirmatively
aseverar *va* to asseverate
aseverativo -va *adj* asseverative; (gram.) declarative (*sentence*)
asexual *adj* asexual
asfaltado -da *adj* (pertaining to) asphalt; *m* asphalting; asphalt paving
asfaltar *va* to asphalt
asfáltico -ca *adj* asphaltic, asphalt
asfalto *m* asphalt; (mineral.) asphalt
asfíctico -ca *adj* asphyctic, asphyxial
asfixia *f* asphyxiation; (path.) asphyxia
asfixiante *adj* asphyxiating
asfixiar *va* to asphyxiate; *vr* to be asphyxiated
asfíxico -ca *adj* var. of **asfíctico**
asfódelo *m* (bot.) asphodel
asgo *1st sg pres ind of* **asir**
así *adv* so, thus; **y así sucesivamente** and so on; **así así** so so; **así . . . como** both . . . and; **así como** as soon as; as well as; **así no más** (Am.) so so; **así que** as soon as; so that, with the result that; **así y todo** even so, anyhow; **por decirlo así** so to speak; *adj* such, e.g., **un hombre así** such a man; *conj* although; would that . . . !
Asia *f* Asia; **el Asia Menor** Asia Minor; **el Asia sudoriental** Southeast Asia
asiaticismo *m* Asiaticism
asiático -ca *adj & mf* Asian, Asiatic
asibilación *f* (phonet.) assibilation
asibilar *va & vr* (phonet.) to assibilate
asidera *f* (Am.) saddle strap with ring at each end
asidero *m* handle; handhold; (fig.) handle (*occasion, pretext*)
asiduidad *f* assiduity; frequency, persistence
asiduo -dua *adj* assiduous; frequent, persistent
asiento *m* seat; site; settling (*of a building*); bottom (*e.g., of a bottle or chair*); sediment; list, roll; collar band; entry (*e.g., in ledger*); indigestion; trading contract; wisdom, judgment, maturity; **asientos** *mpl* buttocks; **hacer asiento** to settle (*said of a building*); **tome Vd. asiento** have a seat; **asiento de pastor** (bot.) blue genista; **asiento de rejilla** cane seat; **asiento de válvula** valve seat; **asiento lanzable** (aer.) ejection seat
asignable *adj* assignable
asignación *f* assignation; salary; allowance
asignado *m* assignat (*paper money in French Revolution*)
asignar *va* to assign
asignatura *f* course, subject (*in school*)
asilado -da *mf* inmate (*in an asylum or home*)
asilar *va* to shelter, give refuge to; to place in an asylum; (agr.) to silo, to ensile; *vr* to take refuge, to take refuge in an asylum; to be placed in an asylum; (archaic) to seek sanctuary
asilo *m* asylum; home (*for sick, poor, etc.*); refuge, shelter, protection; (ent.) robber fly, hawk fly; **asilo de huérfanos** orphan asylum; **asilo de locos** insane asylum; **asilo de pobres** poorhouse; **asilo nocturno** night shelter, flophouse
asilla *f* fastener; slight pretext; collarbone; **asillas** *fpl* shoulder pole (*for carrying equal weights on each side*)
asimetría *f* asymmetry
asimétrico -ca *adj* asymmetric or asymmetrical
asimiento *m* seizing, grasp; attachment, affection
asimilable *adj* assimilable
asimilación *f* assimilation; understanding (*of another person, of a role, of a character*)
asimilar *va* to assimilate; to compare; to take in; *vn* to assimilate; to be alike; *vr* to assimilate (*e.g., food, knowledge*); **asimilarse a** to resemble
asimilativo -va *adj* assimilative
asimina *f* (bot.) papaw
asimismo *adv* in like manner, likewise, also
asimplado -da *adj* simple, simple-looking
asincrónico -ca *adj* asynchronous
asincronismo *m* asynchronism
asíndeton *m* (rhet.) asyndeton
asinino -na *adj* var. of **asnino**
asíntota *f* (math.) asymptote
asir §22 *va* to seize, grasp; **tener asido** to hold on to; **asidos del brazo** arm in arm; *vn* to take root; *vr* to take hold; to fight, grapple; **asirse a** or **de** to seize, grasp, take hold of; **asirse con** to grapple with
Asiria *f* see **asirio**
asiriano -na *adj & mf* (archaic) Assyrian
asirio -ria *adj & mf* Assyrian; *m* Assyrian (*language*); (*cap.*) *f* Assyria
asiriología *f* Assyriology
asiriólogo -ga *mf* Assyriologist
Asís *f* Assisi
asistencia *f* attendance; assistence; reward; social work; persons present, audience; (Am.) upstairs parlor; (Am.) boarding house; (Am.) board; **asistencias** *fpl* allowance, support
asistencial *adj* of assistance
asistenta *f* (female) attendant, handmaid; day maid, charwoman
asistente *adj* attendant; attending, present; *m* assistant; attendant; bystander, spectator, person present; (mil.) orderly
asistido -da *mf* (Am.) roomer, boarder; *m* (Am.) miner
asistir *va* to assist, aid, help; to attend, to accompany; to serve, wait on; to take care of; *vn* to be present; to follow suit; **asistir a** to be present at, to attend
asistolia *f* (path.) asystole
asistólico -ca *adj* asystolic
asma *f* (path.) asthma
asmático -ca *adj & mf* asthmatic
Asmodeo *m* Asmodeus
asna *f* she-ass, jenny ass; **asnas** *fpl* rafters
asnacho *m* (bot.) restharrow
asnada *f* (coll.) asininity
asnado *m* (min.) side-wall timber
asnal *adj* (pertaining to a) donkey; (coll.) bestial, brutish
asnalmente *adv* (coll.) riding on a donkey; (coll.) bestially, brutishly
asnallo *m* (bot.) restharrow
asnaucho *m* (bot.) Spanish paprika
asnería *f* asses; asininity
asnilla *f* prop; shoring; trestle, sawbuck
asnino -na *adj* (pertaining to a) donkey
asno *m* ass, donkey, jackass; (fig.) ass
asobarcar §86 *va* to take under the arm; to lift high (*one's skirts*)
asobinar *vr* to be sprawled out helpless; to fall in a lump
asocarronado -da *adj* crafty, cunning
asociación *f* association; (sport) association football, soccer
asociacionismo *m* (psychol.) associationism
asociado -da *adj* associated; associate; *mf* associate, partner

asociamiento *m* association
asociar *va* to associate; to take as partner; *vr* to associate; to become a partner; to become partners
asociativo -va *adj* associative
asolación *f* destruction, razing
asolador -dora *adj* destructive; *mf* destroyer
asolamiento *m* destruction, razing
asolanar *va* to parch, dry up (*said of the east wind*); *vr* to be too early, to ripen too early
asolapar *va* to make (*e.g., a tile*) overlap
asolar *va* to parch, burn; *vr* to become parched; **§77** *va* to knock down, to destroy, to raze; *vr* to settle (*said of a liquid*)
asoldadar *va* var. of **asoldar**
asoldar §77 *va* to hire
asolear *va* to sun; *vr* to bask; to get sunburned
asoleo *m* sunning, basking
asomado -da *adj* leaning, leaning out; tipsy; *f* brief appearance; spot from which something is first seen
asomar *va* to show, to stick out (*e.g., one's head*); to let show; *vn* to begin to show or appear; to show; *vr* to show, to stick out; to lean out; (coll.) to begin to get tipsy, to get tipsy; **asomarse a mirar** to lean out to look; to come out to look around; **asomarse a ver** to take a look at, to look in at, to look out at
asombradizo -za *adj* timid, shy
asombrador -dora *adj* astonishing, amazing
asombrar *va* to shade; to darken (*a color*); to frighten; to astonish, amaze; *vr* to be frightened; to be astonished or amazed; **asombrarse con** or **de** to be amazed at; **asombrarse de** + *inf* to be amazed to + *inf*
asombro *m* fear, fright, scare; astonishment, amazement; wonder; **no volver de su asombro** to not be able to get over it
asombroso -sa *adj* astonishing, amazing
asomo *m* appearance; sign, indication; **ni por asomo** by no means, not by a long shot
asonada *f* mob; row
asonancia *f* assonance; correspondence
asonantado -da *adj* assonanced
asonantar *va* to make assonant; *vn* to assonate
asonante *adj* assonant; *m* & *f* assonance (*sound, syllable, or letter*)
asonar §77 *vn* to assonate
asordar *va* to deafen
asosegar §29 *va* to calm, quiet; *vn* & *vr* to become calm, quiet down
asotanar *va* to dig or excavate for a cellar
aspa *f* X-shaped figure, crosspiece, cross stud; reel; wheel (*of windmill*); vane (*of windmill*); propeller blade; **en aspa** crosswise
aspadera *f* reel
aspado -da *adj* cross-shaped; with the arms outstretched; (coll.) tight-laced
aspador -dora *mf* reeler; *m* reel
aspálato *m* (bot.) rosewood
aspalto *m* (paint.) dark glaze
aspar *va* to reel; to crucify; (coll.) to vex, annoy; *vr* to writhe; to strive, take great pains
aspaventero -ra *adj* fussy, excitable; *mf* fussy, excitable person
aspaviento *m* fuss, excitement
aspear *vr* to bruise one's feet, to become footsore
aspecto *m* aspect; (astr., astrol. & gram.) aspect; **al** or **a primer aspecto** at first sight
asperarteria *f* (anat.) windpipe, trachea
asperear *vn* to taste bitter
asperete *m* bitterness, sourness
aspereza *f* roughness; harshness; bitterness, sourness; rudeness, coarseness, gruffness; asperity; **limar asperezas** (fig.) to smooth away the rough edges
asperiego -ga *adj* cider (*apple or apple tree*)
asperilla *f* (bot.) woodruff
asperillo *m* bitterness, sourness
asperjar *va* to sprinkle; to sprinkle with holy water
áspero -ra *adj* rough; harsh; bitter, tart; sour; rude, coarse, gruff; (phonet.) rough (*breathing*)
asperón *m* sandstone, grit, gritstone; grindstone
asperonar *va* to grind with sandstone and water, to rub with sandstone
aspérrimo -ma *adj super* very or most rough
aspersión *f* aspersion (*sprinkling*); sprinkling; spraying
aspersor *m* sprinkler
aspersorio *m* sprinkler, water sprinkler
áspid *m* or **áspide** *m* (zool.) asp, aspic
aspidistra *f* (bot.) aspidistra
aspillera *f* (fort.) embrasure, loophole; (fort.) machicolation
aspillerar *va* to embrasure; to machicolate
aspiración *f* aspiration; inhalation; suction; draft; intake; (mus.) short pause
aspirado -da *adj* & *f* (phonet.) aspirate
aspirador -dora *adj* (pertaining to) suction; *mf* inhaler; *m* aspirator; **aspirador de gasolina** (aut.) vacuum tank; **aspirador** or **aspiradora de polvo** vacuum cleaner
aspirante *adj* (pertaining to) suction; *m* applicant, candidate; **aspirante a cabo** (mil.) private first class; **aspirante de marina** (naut.) midshipman
aspirar *va* to suck, draw in; to inhale; (phonet.) to aspirate; *vn* to aspire; to inhale; **aspirar a** to aspire after or to; **aspirar a** + *inf* to aspire to + *inf*
aspirina *f* (pharm.) aspirin
asplenio *m* (bot.) spleenwort
asquear *va* to loathe, be nauseated at; *vn* to be nauseated
asquerosidad *f* loathsomeness; nausea; squeamishness
asqueroso -sa *adj* loathsome, disgusting; nauseated; squeamish
asta *f* spear; shaft; mast, flagpole, staff; handle (*of brush*); horn; antler; **a media asta** at half-mast; **dejar en las astas del toro** (coll.) to leave high and dry
ástaco *m* (zool.) crawfish, crayfish
astado -da *adj* horny; horned; *m* bull
astático -ca *adj* astatic
astatino or **ástato** *m* (chem.) astatine
astenia *f* (path.) asthenia
asténico -ca *adj* & *mf* asthenic
aster or **áster** *m* & *f* (bot. & biol.) aster
asteria *f* (mineral.) asteriated opal; (zool.) starfish
asterisco *m* asterisk
asterismo *m* (astr. & phys.) asterism
asteroide *adj* asteroid (*starlike*); *m* (astr.) asteroid
asteroideo -a *adj* & *m* (zool.) asteroidean
Astianacte *m* (myth.) Astyanax
astigmático -ca *adj* astigmatic
astigmatismo *m* (med.) astigmatism
astigmómetro *m* astigmometer
astil *m* handle (*of an ax*); shaft (*of arrow, of feather*); beam (*of balance*)
astilla *f* chip, splinter
astillar *va* to chip, to splinter; *vr* to chip, to splinter; (coll.) to be bursting (*with too much food or drink*)
astillazo *m* blow from flying chip
Astillejos *mpl* (astr.) Castor and Pollux
astillero *m* rack for spears, lances, etc.; shipyard, dockyard
astilloso -sa *adj* splintery
astorgano -na *adj* (pertaining to) Astorga; *mf* native or inhabitant of Astorga
astracán *m* astrachan; (theat.) drama of puns
astracanada *f* (coll.) cheap farce
astrágalo *m* (anat., arch. & arti.) astragal; (bot.) milk vetch
astral *adj* astral
astrancia *f* (bot.) astrantia; **astrancia mayor** (bot.) black sanicle, masterwort
astreñir §74 *va* var. of **astringir**
astricción *f* astriction
astrictivo -va *adj* astrictive
astrífero -ra *adj* (poet.) starry
astringencia *f* astringency
astringente *adj* & *m* astringent
astringir §42 *va* to constrict, compress; to bind, compel
astriñir §25 *va* var. of **astringir**
astro *m* star, heavenly body; (fig.) star, luminary, leading light; **el astro de la noche** the moon; **el astro del día** the sun
astródomo *m* (aer.) astrodome
astrofísico -ca *adj* astrophysical; *f* astrophysics

astrofotografía *f* astrophotography
astrofotometría *f* astrophotometry
astrolabio *m* (astr.) astrolabe
astrologar §59 *va & vn* to astrologize
astrología *f* astrology
astrológico -ca *adj* astrological
astrólogo -ga *adj* astrological; *mf* astrologer
astronauta *m* astronaut
astronáutico -ca *adj* astronautic or astronautical; *f* astronautics
astronave *f* spaceship; **astronave tripulada** manned spaceship
astronavegación *f* space travel; astronavigation
astronomía *f* astronomy
astronómico -ca *adj* astronomic or astronomical; (coll.) astronomic or astronomical (*exceedingly large*)
astrónomo -ma *mf* astronomer
astroso -sa *adj* unfortunate, ill-fated; vile, contemptible; (coll.) shabby, ragged
astucia *f* astuteness; cunning; trick, artifice
astucioso -sa *adj* astute, cunning
astur *adj & mf* var. of **asturiano**
asturianismo *m* Asturian word or expression
asturiano -na *adj & mf* Asturian; *m* Asturian (*dialect*)
Asturias *f* Asturias
asturión *m* (ichth.) sturgeon; pony
astuto -ta *adj* astute, cunning, sly; tricky
asuardado -da *adj* spotted, stained
asuertado -da *adj* (Am.) lucky, fortunate
asueto *m* day off, short time off, brief vacation; (coll.) leisure, diversion, amusement
asumir *va* to assume (*command, responsibilities, great proportions, etc.*); to raise, elevate (*to a dignity*); *vr* to assume
asunción *f* assumption; elevation (*to a dignity*); (*cap.*) *f* (eccl.) Assumption; Asunción (*city*)
asuncionista *mf* Assumptionist
asunto *m* subject, matter; business, affair; theme; **asuntos exteriores** foreign affairs
asuramiento *m* burning; parching; worriment
asurar *va* to burn (*food*); to parch (*said of hot sun*); to worry, harass; *vr* to be burned; to be parched; to be worried or annoyed; to be burning up, be roasting
asurcano -na *adj* neighboring (*said of fields and their farmers*)
asurcar §86 *va* to furrow, to plow
asustadizo -za *adj* shy, scary, skittish
asustador -dora *adj* frightening
asustar *va* to scare, frighten; *vr* to be scared, frightened; **asustarse de, con,** or **por** to be frightened at; **asustarse de** + *inf* to be frightened to, to be afraid to + *inf*
atabacado -da *adj* tobacco-colored
atabal *m* kettledrum; kettledrummer; timbrel
atabalear *vn* to stamp (*said of a horse*); to drum (*with the fingers*)
atabalero *m* kettledrummer
atabanado -da *adj* with white spots (*said of a horse*)
atabardillado -da *adj* like spotted fever
atabe *m* vent (*in a pipe*)
atabernado -da *adj* sold by the glass (*said of wine*)
atabladera *f* drag (*for smoothing or leveling*)
atablar *va* to drag (*e.g., a field for leveling*)
atacable *adj* attackable, assailable
atacadera *f* blaster's rammer, tamping stick
atacado -da *adj* undecided, irresolute; stingy, mean
atacador -dora *mf* aggressor; *m* ramrod, rammer
atacadura *f* attaching, fastening, buttoning; (min.) plugging (*of blasting-powder holes*)
atacamita *f* (mineral.) atacamite
atacante *adj* attacking; *mf* attacker
atacar §86 *va* to attach, fasten, button, buckle; to pack, to jam; to ram, tamp; to attack; to corner, to contradict
atacir *m* (astrol.) division of celestial sphere into twelve houses
atacadoras *fpl* (coll.) garters
atadero *m* cord, rope; place for tying; **no tener atadero** (coll.) to be in disorder; (coll.) to be full of nonsense
atadijo *m* (coll.) loose package
atado -da *adj* timid, shy; weak, irresolute; insignificant; hampered, cramped; *m* pack, bundle, roll
atador -dora *adj* binding; *mf* binder; *f* binding machine; **atadores** *mpl* bonnet strings
atadura *f* tying, binding, fastening; string, rope; knot, connection; bond, union; obstacle, shackle
atafagar §59 *va* to suffocate (*especially with strong odors*); to bother, harass
atafea *f* surfeit
atafetanado -da *adj* like taffeta
ataguía *f* cofferdam
ataharre *m* breeching
atahona *f* var. of **tahona**
atahorma *f* (orn.) harrier eagle
ataifor *m* round Moorish table
atairar *va* to put molding in (*doors and windows*)
ataire *m* molding
atajadero *m* dike, levee (*for directing and controlling irrigation*)
atajadizo *m* partition, wall
atajador *m* interceptor; (mach.) arrester; (Am.) stable boy
atajar *va* to stop, arrest, intercept, interrupt; to partition off; to take a short cut to meet or to head off; to cross off; *vn* to take a short cut; *vr* to be abashed, be confused with fear or shame
atajo *m* short cut; cut (*e.g., in a play*); flock; (fig.) short cut; **echar por el atajo** to duck (*to get expeditiously out of an unpleasant situation*)
atalajar *va* to harness and hitch
atalaje *m* harness; (coll.) outfit, equipment
atalantar *va* to please, to suit; to stun, daze; *vr* to be stunned
atalaya *f* watchtower; height, elevation; *m* guard, lookout
atalayador -dora *mf* lookout; spy, prier
atalayar *va* to watch from a watchtower; to spy on
atalayero *m* (mil.) scout
ataludar *va* to slope, batter
atalvina *f* var. of **talvina**
atamán *m* var. of **hetmán**
atamiento *m* (coll.) pusillanimity, timidity
atanasia *f* athanasia (*immortality*); (bot.) costmary; (print.) English (*14 points*)
atanasiano -na *adj* Athanasian
Atanasio, San Saint Athanasius
atanor *m* water pipe; athanor
atanquía *f* (coll.) depilatory ointment; coarse silk, floss
atañadero -ra *adj* applicable; concerning, pertaining
atañer §84 *va* to concern
atapar *va* to cover, cover up, hide; to stop up, plug
ataque *m* attack; (mil.) offensive trenches; **ataque aéreo** air attack, air raid; **ataque cardíaco** or **ataque de corazón** heart attack; **ataque en picado** (aer.) diving attack; **ataque por sorpresa** surprise attack
ataquiza *f* (hort.) layering
ataquizar §76 *va* (hort.) to layer (*a vine*)
atar *va* to tie, fasten, lace; to paralyze; **no atar ni desatar** (coll.) to talk nonsense; (coll.) to get nowhere, to lead nowhere; *vr* to stick (*to, e.g., an opinion*); to get tied up (*e.g., in difficulties*)
ataracea *f* marquetry, inlaid work; inlaid floor
ataracear *va* to inlay, to adorn with marquetry
atarantado -da *adj* bitten by a tarantula; scared, bewildered; (coll.) restless, boisterous
atarantamiento *m* stunning, daze, bewilderment
atarantar *va* to stun, daze; *vr* to be stunned
ataraxia *f* ataraxia
ataráxico -ca *adj* ataractic
atarazana *f* shipyard; spinner's shed; (prov.) wine vault
atarazar §76 *va* to bite, to tear or lacerate with the teeth
atardecer *m* late afternoon; **§34** *vn* to draw towards evening; to be, arrive, or happen in the late afternoon
atareado -da *adj* busy

atarear *va* to assign a task to, to give a job to; *vr* to toil, to overwork; **atarearse a** + *inf* to be busy + *ger;* **atarearse con** or **en** to busy oneself with
atarjea *f* culvert, drainpipe, sewer; sewer connection (*from house*); **atarjea de alimentación** (rail.) feed trough, track tank
atarquinar *va* to cover with mud; *vr* to get covered with mud, to silt up
atarraga *f* (bot.) elecampane
atarragar §59 *va* to hammer and fit (*a horseshoe*)
atarrajar *va* to thread, to tap
atarraya *f* casting net
atarugamiento *m* (coll.) confusion, timidity, bashfulness
atarugar §59 *va* to fasten with pegs, pins, or wedges; to plug, to plug up; to stuff, fill; (coll.) to silence, shut up; *vr* (coll.) to get confused (*in speech*)
atasajar *va* to jerk (*meat*); to slash, hack; (coll.) to stretch across a horse
atascadero *m* mudhole, bog; obstruction, interference
atascamiento *m* obstruction; (path.) compression, constriction
atascar §86 *va* to stop, stop up, clog; *vr* to become stopped up, to clog; to get stuck (*in the mud*); to stuff, to stuff oneself; (coll.) to get stuck (*in speech*)
atasco *m* clogging, jamming, sticking; obstruction
ataúd *m* casket, coffin
ataudado -da *adj* coffin-shaped
ataujía *f* damascene, damascene work (*incrustation of gold or silver wire and enamel in steel or copper*); (Am.) conduit, drain
ataujiado -da *adj* damascene, damascened (*having gold or silver wire incrusted in steel or copper*)
ataujiar §90 *va* to damascene (*to adorn with gold or silver wire or enamel incrusted in steel or copper*)
ataurique *m* (arch.) Moorish ornamental plasterwork; carved foliage
ataviar §90 *va* to dress, dress up, adorn
atávico -ca *adj* atavistic
atavío *m* dress, adornment; **atavíos** *mpl* finery
atavismo *m* (biol.) atavism
ataxia *f* ataxia; (path.) ataxia; **ataxia locomotriz progresiva** (path.) locomotor ataxia
atáxico -ca *adj & mf* ataxic
Até *f* (myth.) Ate
atediante *adj* boring, tiresome
atediar *va* to bore, tire; *vr* to become bored, be bored
ateísmo *m* atheism
ateísta *adj & mf* atheist
ateístico -ca *adj* atheistic
atejado -da *adj* overlapping
ateje *m* (bot.) tropical tree of genus *Cordia*
atejonar *vr* (Am.) to squat, cower, duck, hide; (Am.) to become sly, cunning
atelaje *m* harness; team
atemorizar §76 *va* to scare, frighten; *vr* to become scared, become frightened; **atemorizarse de** or **por** to become scared or frightened at
atemperación *f* tempering, moderation; adjusting; cooling
atemperante *adj* tempering, softening; cooling
atemperar *va* to temper, soften, moderate; to adjust, accommodate; to cool; to condition (*air*)
atemporalado -da *adj* stormy, tempestuous
Atena *f* (myth.) Athena
atenacear *va* to tear the flesh of (*a person*) with nippers; to tie down; to torture
Atenas *f* Athens
atenazar §76 *va* var. of **atenacear**
atención *f* attention; **atenciones** *fpl* attentions (*acts of courtesy, etc.*); business, duties, responsibilities; **en atención a** in view of; *interj* attention!; (mil.) attention!
atendedor -dora *mf* (print.) copyholder (*reader who follows copy as proofreader reads aloud*)
atendencia *f* attention, attending
atender §66 *va* to attend to, pay attention to; to take care of; *vn* to attend, pay attention; (print.) to follow copy as proofreader reads aloud; **atender por** to answer to the name of (*said of an animal*)
atendible *adj* worthy of attention
atendré *1st sg fut ind of* **atener**
Atenea *f* see **ateneo**
atenebrar *vr* to become dark
ateneo -a *adj & mf* (poet.) Athenian; *m* athenaeum; (*cap.*) *f* (myth.) Athena
atener §85 *vr* to abide; to depend, to rely; **atenerse a** to abide by; to depend on, to rely on
atengo *1st sg pres ind of* **atener**
ateniense *adj & mf* Athenian
atentación *f* illegality
atentadamente *adv* illegally; cautiously
atentado -da *adj* prudent, moderate; cautious; *m* attempt, assault; crime
atentar *va* to do illegally; to attempt, to try to commit; *vn* to attempt a crime; **atentar a** or **contra** to attempt (*e.g., the life of a person*); **§18** *vr* to grope; to restrain oneself
atentatorio -ria *adj* offensive; **atentatorio a** violating
atento -ta *adj* attentive; kind; polite, courteous; *f* favor (*letter of which one acknowledges receipt*)
atenuación *f* attenuation; extenuation (*of guilt, offense, etc.*); (rhet.) litotes
atenuar §33 *va* to attenuate; to extenuate (*to make seem less serious*); *vn* to attenuate
ateo -a *adj* atheist, atheistic; *mf* atheist
atercianado -da *adj* suffering from tertian fever; *mf* person suffering from tertian fever
aterciopelado -da *adj* velvety
aterecer §34 *vr* to become stiff with cold
aterimiento *m* stiffness from cold
aterir §53 *vr* to become stiff with cold
atermancia *f* (phys.) athermancy
atérmano -na *adj* athermanous
aterosclerosis *f* (path.) atherosclerosis
aterrada *f* (naut.) landfall (*making or sighting land*)
aterrador -dora *adj* frightful, dreadful
aterrajar *va* to thread, to tap
aterraje *m* landing (*of boat or aircraft*)
aterramiento *m* ruin, destruction; terror; discouragement; landing
aterrar *va* to terrify; *vr* to become terrified; **§18** *va* to demolish, destroy; to cover with earth, to earth up; (min.) to dump; *vn* to land; *vr* to keep or stand inshore; **navegar aterrado** (naut.) to sail inshore
aterrizaje *m* (aer.) landing; **aterrizaje a ciegas** (aer.) blind landing; **aterrizaje aplastado** or **en desplome** (aer.) pancake landing; **aterrizaje forzado** or **forzoso** (aer.) forced landing; **aterrizaje sobre tres puntos** (aer.) three-point landing
aterrizar §76 *vn* (aer.) to land
aterronado -da *adj* lumpish, cloddy
aterronar *va* to make lumpy, to clod; *vr* to become lumpy, to cake
aterrorizar §76 *va* to terrify
atesar §18 *va* (naut.) to haul taut
atesoramiento *m* hoarding
atesorar *va* to treasure, hoard up; to possess (*virtues, charm, etc.*)
atestación *f* attestation
atestado -da *adj* stubborn; *m* (law) attestation; **atestados** *mpl* (law) testimonials
atestadura *f* packing, cramming, stuffing; must for filling up casks
atestamiento *m* packing, cramming, stuffing
atestar *va* (law) to attest; **§18 & regular** *va* to pack, to stuff, to cram; to fill up (*wine casks*); (coll.) to stuff (*with food*)
atestiguación *f* or **atestiguamiento** *m* attestation, testifying, deposition, corroboration
atestiguar §23 *va* to attest, to testify, to depose
atetado -da *adj* mammiform
atetar *va* to suckle
atetillar *va* (agr.) to make a pit around (*trunk of tree*), leaving some earth close to trunk
atezado -da *adj* tan; black
atezamiento *m* tanning; blackening

atezar §76 *va* to tan; to blacken; *vr* to tan; to become tanned; to get black
atibar *va* (min.) to fill up with muck and rubbish
atiborrar *va* to stuff; (coll.) to stuff (*with food*); *vr* (coll.) to stuff, to stuff oneself (*with food*)
Ática *f* see **ático**
aticismo *m* Atticism
aticista *mf* Atticist
ático -ca *adj & mf* Attic; *m* (anat. & arch.) attic; **el Ática** Attica
atierre *m* (min.) cave-in, deads; (Am.) filling with earth
atiesador *m* stiffener, stiffening
atiesamiento *m* stiffening
atiesar *va* to stiffen; to tighten; *vr* to stiffen, become stiff; to tighten, become tight
atifle *m* potter's trivet
atigrado -da *adj* tigerish; tiger-marked
atigrar *va* to mark like a tiger; *vr* to become tigerish
atijara *f* goods, business; transportation (*cost*); reward
Atila *m* Attila
atildado -da *adj* neat, stylish
atildadura *f* or **atildamiento** *m* marking with tilde; faultfinding; neatness, adornment, elegance
atildar *va* to put a tilde, dash, or accent mark over; to note, point out, find fault with; to clean, fix up, trim, adorn
atinado -da *adj* wise, keen, careful
atinar *va* to find, to come upon; *vn* to guess, guess right; to apply, be right; **atinar a** to guess; to find, to come upon; to hit (*e.g., the target*); **atinar a + *inf*** to manage to + *inf*, to succeed in + *ger;* **atinar con** to guess; to find, to come upon, to hit upon; **atinar en** to guess, guess right, hit upon
atíncar *m* borax
atinconar *va* (min.) to prop up, to shore up
atípico -ca *adj* atypical
atiplar *va* (mus.) to raise the pitch of to treble; *vr* (mus.) to rise to treble
atirantar *va* to make taut; to brace with stays or ties
atiriciar *vr* to become jaundiced
atisbadero *m* peephole
atisbador -dora *adj* watching, spying; *mf* watcher, spy
atisbadura *f* watching, spying
atisbar *va* to watch, spy on, observe
atisbo *m* watching, spying, observation; sign, token, show
atisuado -da *adj* like tissue
atizadero *m* poker; coal mouth (*of furnace*)
atizador -dora *adj* inciting, stirring; *m* poker; feeder
atizar §76 *va* to stir, to poke; to snuff; to rouse, to stir up; (coll.) to give, to let go (*e.g., a kick*)
atizonar *va* to bond with headers; to embed in a wall; (agr.) to smut, to taint with smut; *vn* (agr.) to smut, to blight
atlante *m* strong man; **atlantes** *mpl* (arch.) atlantes; (*cap.*) *m* (myth.) Atlas
atlántico -ca *adj* Atlantic; Atlantean; (*cap.*) *m* Atlantic (*ocean*)
Atlántida *f* Atlantis; **Atlántidas** *fpl* (astr. & myth.) Atlantides
atlas *m* (*pl:* **-las**) atlas (*book of maps; size of paper*); (anat.) atlas; (*cap.*) *m* (myth.) Atlas; **el Atlas** the Atlas Mountains
atleta *mf* athlete; athletic person; intellectual giant; great figure (*e.g., of literature*); champion (*of a cause*)
atlético -ca *adj* athletic; *f* athletics (*art or skill*)
atletismo *m* athletics (*principles of athletic training; games, sports, etc.*)
atmósfera *f* atmosphere; (fig.) atmosphere
atmosférico -ca *adj* atmospheric
atoar *va* (naut.) to tow; (naut.) to warp
atocinado -da *adj* (coll.) fat, fleshy
atocinar *va* to cut up (*a pig*); to make into bacon; (coll.) to assassinate; *vr* (coll.) to become angry; (coll.) to fall madly in love
atocha *f* (bot.) esparto
atochada *f* dike of esparto grass and mud
atochal *m* esparto field
atochar *m* esparto field; *va* to stuff or fill with esparto; to stuff or fill; *vr* (naut.) to jam
atochón *m* (bot.) esparto; (bot.) esparto panicle
atol *m* or **atole** *m* (Am.) atole (*drink made of maize meal*)
atolón *m* atoll
atolondrado -da *adj* amazed, bewildered; scatterbrained, reckless
atolondramiento *m* amazement, bewilderment; thoughtlessness, recklessness
atolondrar *va* to amaze, bewilder; *vr* to become amazed, become bewildered
atolladero *m* mudhole; difficulty, obstruction, blind alley, dead end
atollar *vn* to get stuck in the mud or in a mudhole; *vr* to get stuck in the mud or in a mudhole; (coll.) to get stuck
atomicidad *f* (chem.) atomicity
atómico -ca *adj* atomic
atomismo *m* atomism
atomista *mf* atomist
atomístico -ca *adj* atomistic; *f* atomistics
atomizador *m* atomizer
atomizar §76 *va* to atomize
átomo *m* atom; (chem.) atom; **átomo cálido** (phys.) hot atom
átomo-gramo *m* (*pl:* **átomos-gramos**) (chem.) gram atom
atonal *adj* (mus.) atonal
atonalidad *f* (mus.) atonality
atonalismo *m* (mus.) atonalism
atondar *va* to spur (*a horse*)
atonía *f* (path. & phonet.) atony; (phonet.) lack of stress
atonicidad *f* (med.) atonicity
atónico -ca *adj* (gram. & med.) atonic
atónito -ta *adj* overwhelmed, aghast
átono -na *adj* (gram. & med.) atonic
atontadamente *adv* stupidly
atontamiento *m* stunning, stupefaction; confusion, bewilderment; stupidity, imbecility
atontar *va* to stun, stupefy; to confuse, bewilder; *vr* to become stunned, become stupefied; to become confused, become bewildered
atoramiento *m* sticking; choking; obstruction
atorar *va* to obstruct; *vn* to stick; *vr* to stick; to choke; **§77** *va* to chop (*wood*)
atormentador -dora *adj* tormenting; *mf* tormentor; torturer
atormentar *va* to torment; to torture
atornillar *va & vr* to screw, to screw on
atorozonar *vr* (vet.) to suffer from colic
atorrante *adj & mf* (Am.) good-for-nothing
atortolar *va* to rattle, intimidate; *vr* to become rattled or intimidated
atortorar *va* (naut.) to frap (*a cable*)
atortujar *va* to squeeze, to flatten
atosigador -dora *mf* poisoner; urger
atosigamiento *m* poisoning; pressing, urging
atosigar §59 *va* to poison; to press, harass; *vr* to be hurried
atrabajado -da *adj* overworked; belabored
atrabancar §86 *va & vn* to get through in a hurry
atrabanco *m* hurry, precipitation
atrabiliario -ria *adj* atrabilious
atrabilis *f* (med.) black bile; (fig.) ill-humor
atracadero *m* (naut.) landing, wharf, berth
atracado -da *adj* (coll.) stuffed; *f* (naut.) bringing alongside, mooring
atracador *m* (slang) holdup man
atracar §86 *va* to bring up; (naut.) to bring alongside; to waylay, to hold up; (coll.) to stuff (*with food and drink*); *vn* (naut.) to come alongside; *vr* (coll.) to stuff (*to eat and drink too much*); (Am.) to fight, quarrel
atracazón *m* (Am.) jam, mob
atracción *f* attraction; amusement (*in vaudeville, a circus, etc.*); **atracción capilar** (phys.) capillary attraction
atraco *m* holdup
atracón *m* (coll.) stuffing, gluttony
atractivo -va *adj* attractive; *m* attraction; attractiveness
atractriz (*pl:* **-trices**) *adj fem* attracting; *f* (phys.) force of attraction
atraer §88 *va* to attract; to draw (*e.g., a crowd*); *vr* to be attracted; to draw (*applause*)
atrafagar §59 *vn* to toil, make a great effort

atragantado -da *adj* choking (*with strong emotion*)
atragantamiento *m* choking
atragantar *va* to choke down; *vr* to choke; (coll.) to get mixed up (*in one's speech*); **atragantarse con** to choke on
atraíble *adj* attractable
atraicionar *va* to betray
atraidorado -da *adj* treacherous, traitorous
atraigo *1st sg pres ind of* **atraer**
atraillar §75 *va* to leash; to pursue (*game*) with a dog in leash
atraimiento *m* attracting, attraction
atraje *1st sg pret ind of* **atraer**
atrampar *vr* to be trapped, to fall in the trap; to stop up (*said, e.g., of a pipe*); to catch, to stick (*said of bolt of lock that cannot be opened*); (coll.) to get entangled, to get stuck
atramuz *m* (*pl:* **-muces**) var. of **altramuz**
atrancar §86 *va* to bar; to obstruct; *vn* (coll.) to stride, take large strides; (coll.) to read hastily and skipping words; *vr* (Am.) to be insistent
atranco or **atranque** *m* mudhole; difficulty, obstruction
atrapador *m* (mach.) trap, collector
atrapamoscas (*pl:* **-cas**) *f* (bot.) Venus's-flytrap
atrapar *va* (coll.) to catch, to trap (*especially, person or animal that is fleeing*); (coll.) to get (*something good or advantageous*); (coll.) to trap, take in, deceive
atraque *m* (naut.) bringing alongside, mooring
atrás *adv* back, backward; behind; previously; **desde muy atrás** a long time ago; for a long time; **días atrás** days ago; **hacerse atrás** to back up, move back, fall back; **hacia atrás** backwards; (coll.) the wrong way; **ir para atrás** to look younger every day; **atrás de** back of, behind; *interj* back up!, back out!
atrasado -da *adj* slowed, late; slow (*said of a watch or clock*); hard up, needy; back; past; due; in arrears; retarded; (coll.) backward, slow to learn; **mentalmente atrasado** mentally retarded; **atrasado de medios** poor, impoverished; **atrasado de noticias** behind the times; **atrasado en pagos** in arrears
atrasar *va* to slow, slow down; to slow down, retard (*watch or clock*); to set back, to turn back (*hands of watch or clock*); to leave behind; to hold back, to delay; to postdate (*an event, document, etc.*); *vn* to go slow, to be slow (*said of a watch or clock*); *vr* to go slow, to be slow; to lose time; to stay back, stay behind; to lag; to be late; to be in debt
atraso *m* slowness, delay; backwardness; lag
atravesado -da *adj* squint-eyed; crossbred, mongrel; wicked, treacherous, vile
atravesador -dora *adj* crossing; monopolizing; *m* (elec.) bushing (*of a transformer*)
atravesaño *m* var. of **travesaño**
atravesar §18 *va* to put or lay (*e.g., a piece of timber*) across; to cross, to go through, to go over, to go across; to pierce; to cast the evil eye upon; to put up, to stake, to wager; to buy (*goods*) wholesale in order to sell retail; **atravesar . . . en** to put or lay (*e.g., a piece of timber*) across (*e.g., a street*); *vr* to butt in; to wrangle, fight; to get stuck (*said e.g., of a bone in the throat*)
atrayente *adj* attractive
atreguado -da *adj* mad, deranged; under truce
atreguar §23 *va* to give a truce to; to grant an extension; *vr* to agree to a truce
atrenzo *m* (Am.) conflict, difficulty
Atreo *m* (myth.) Atreus
atresia *f* (med.) atresia
atresnalar *va* (agr.) to arrange (*sheaves*) in shocks
atrever *vr* to dare, to make bold; **atreverse a** to venture, to dare to undertake; **atreverse a** + *inf* to dare to + *inf;* **atreverse con** or **contra** to be impudent toward
atrevido -da *adj* bold, daring; impudent, forward
atrevimiento *m* boldness, daring; impudence, effrontery
atrezo *m* stage equipment, properties
atribución *f* attribution; assignment, power, function
atribuíble *adj* attributable
atribuir §41 *va* to attribute; to assign
atribulación *f* tribulation, grieving
atribular *va* to grieve, afflict; *vr* to grieve, be grieved, lose heart
atributivo -va *adj* attributive; (gram.) attributive
atributo *m* attribute; (gram.) attribute
atrición *f* (phys. & theol.) attrition; (path.) bruise
atril *m* lectern; music stand
atrilera *f* ornamental cover of lectern or choir desk
atrincheramiento *m* intrenchment
atrincherar *va* to intrench, to fortify with trenches; *vr* to intrench, to dig in
atrio *m* atrium; hall, vestibule; parvis; (anat.) atrium
atrípedo -da *adj* (zool.) black-footed
atrirrostro -tra *adj* black-beaked
atrito -ta *adj* contrite
atrocidad *f* atrocity; (coll.) enormity; (coll.) stupidity; **¡qué atrocidad!** (coll.) how terrific!
atrochar *vn* to go by cross paths, to take a short cut
atrofia *f* atrophy
atrofiar *va & vr* to atrophy
atrojar *va* to garner (*grain*); *vr* (Am.) to be befuddled, to not know which way to turn
atrompetado -da *adj* bell-mouthed, trumpet-shaped
atronado -da *adj* reckless, thoughtless
atronador -dora *adj* deafening
atronadura *f* fissure in trunk of tree; (vet.) crepance
atronamiento *m* deafening; stun, stunning; (vet.) crepance
atronar §77 *va* to deafen; to stun; to stop the ears of (*a horse*); to kill (*a bull*) by blow on nape of neck; *vn* to thunder; *vr* to be frightened at thunder (*said of chickens and silkworms*)
atronerar *va* (fort.) to make embrasures in
atropar *va* to round up in a gang; to gather (*grain, hay, etc.*); *vr* to gang together
atropellado -da *adj* hasty; violent, brusk; tumultous; sickly, decrepit
atropellador -dora *mf* trampler; brash person
atropellamiento *m* trampling; upsetting; abuse, insult
atropellaplatos *f* (*pl:* **-tos**) (coll.) slap-bang maid
atropellar *va* to trample under foot; to run over; to knock down; to push one's way through; to ride roughshod over or through; to do hurriedly; to disregard, to violate; *vn* to act hastily or recklessly; **atropellar por** to push one's way through; to disregard, to violate; *vr* to act hastily or recklessly
atropello *m* trampling; upsetting; (act of) running down, running over; abuse, insult; outrage, excess
atropina *f* (chem. & pharm.) atropine
Átropos *f* (myth.) Atropos
atroz *adj* (*pl:* **-troces**) atrocious; (coll.) huge, enormous
atruhanado -da *adj* scurrilous
atto. or **att.º** abr. of **atento**
atuendo *m* pomp, show; dress, adornment
atufamiento *m* anger, vexation, annoyance
atufar *va* to anger, vex, irritate; *vr* to get angry; to turn sour (*said of wine*); to get smelly (*said of food*); **atufarse con, de** or **por** to get angry at
atufo *m* anger, vexation, irritation
atumultuar §33 *va & vr* var. of **tumultuar**
atún *m* (ichth.) tuna, tunny
atunara *f* tuna fishery
atunero -ra *mf* tuna dealer; *m* tuna fisherman; *f* tuna fishhook
aturar *va* (coll.) to close up tight
aturbonar *vr* to become overcast with thunderclouds
aturdido -da *adj* thoughtless, scatterbrained, reckless
aturdidor -dora *adj* amazing, bewildering, perplexing, deafening

aturdimiento *m* stun, stunning; amazement, bewilderment, confusion
aturdir *va* to stun; to amaze, bewilder, perplex; *vr* to be stunned; to be amazed, to become bewildered, to become perplexed
aturrullamiento *m* (coll.) bewilderment, perplexity
aturrullar *va* (coll.) to bewilder, to perplex, to dumbfound; *vr* (coll.) to become bewildered, become perplexed, become dumbfounded
atusar *va* to trim (*the hair*); to smooth (*the hair with hand and comb*); to trim (*plants*); *vr* to dress too fancily
atutía *f* tutty
atuve *1st sg pret ind of* **atener**
auca *f* (orn.) goose; (Am.) derby hat
audacia *f* audacity
audaz *adj* (*pl:* **-daces**) audacious
audibilidad *f* audibility
audible *adj* audible
audición *f* hearing; audition; concert; (law) hearing; (rad.) listening
audiencia *f* audience; audience chamber; hearing, listening; (law) hearing; royal tribunal; high court of justice (*in Spanish colony*); provincial high court
audífono *m* audiphone; hearing aid; earphone; handset
audímetro *m* audiometer
audiofrecuencia *f* (rad.) audio frequency
audiología *f* audiology
audiómetro *m* audiometer
audión *m* (rad.) audion
audio-visual *adj* audio-visual
auditivo -va *adj* auditory; *m* earpiece (*of telephone*)
auditor *m* judge advocate; auditor (*in school*); listener (*to radio*); (com.) auditor; **auditor de guerra** judge advocate (*in army*); **auditor de marina** judge advocate (*in navy*)
auditoría *f* judge advocate's office; (com.) auditorship
auditorio *m* audience; auditorium; studio, radio studio
auge *m* height, acme, zenith; boom; vogue; (astr.) apogee; **cobrar nuevo auge** to take on new life; **estar en auge** to be booming; to be in vogue; **tomar auge** to have great vogue, to be all the rage
augita *f* (mineral.) augite
augur *m* augur
auguración *f* auguring
augurado *m* augurate
augural *adj* augural, ominous, portentous
augurar *va* to augur; (Am.) to wish; *vn* to augur
augurio *m* augury; (Am.) wish, good wish
augustal *adj* Augustan
augusto -ta *adj* august; (*cap.*) *m* Augustus
aula *f* classroom, lecture room; (anat.) aula; (poet.) palace; **aula magna** assembly hall
aulaga *f* (bot.) furze, gorse
aulagar *m* furze field, gorse field
áulico -ca *adj* aulic; *m* aulic; courtier
aulladero *m* place where animals gather and howl
aullador -dora *adj* howling; *mf* howler; *m* (zool.) howler, howling monkey
aullar §75 *vn* to howl
aullido *m* howl; (rad.) howling, squealing
aúllo *m* howl
aumentación *f* (rhet.) climax; (her.) augmentation
aumentado -da *adj* (mus.) augmented
aumentador -dora *adj* increasing, amplifying; *m* booster
aumentar *va* to augment, increase, enlarge; to promote; (coll.) to exaggerate; *vn* to augment, increase; *vr* to augment, increase; to multiply
aumentativo -va *adj & m* (gram.) augmentative
aumento *m* augmentation, increase, enlargement; promotion; **ir en aumento** to be on the increase
aun *adv* still; even; also; **ni aun** not even; neither; **aun cuando** although
aún *adv* still, yet
aunar §75 *va* to join, unite; to mix, combine; *vr* to join, unite; to combine
aunque *conj* although, even though
aúpa *interj* up, up!; **de aúpa** (coll.) swanky
aupar §75 *va* (coll.) to help up; to extol, praise; *vr* (coll.) to arise, to rise up, to be extolled, be praised
aura *f* gentle breeze; breath; popularity; dawn; orange (*color*); (orn.) turkey buzzard; (med.) aura
aural *adj* aural
Aureliano *m* Aurelian
Aurelio, Marco Marcus Aurelius
áureo -a *adj* aureate
aureola or **auréola** *f* (meteor. & theol.) aureole; (f.a. & fig.) aureole, halo
aureolar *va* to aureole, to halo; (Am.) to glorify
aureomicina *f* (pharm.) aureomycin
aurícula *f* (anat.) auricle; (bot.) auricula
auriculado -da *adj* (bot. & zool.) auriculate
auricular *adj* auricular; (anat.) auricular; *m* earpiece, receiver (*of telephone*); little finger; **auricular de casco** headphone
aurífero -ra *adj* auriferous, gold-bearing
auriga *m* (poet.) coachman, charioteer; (*cap.*) *m* (astr.) Auriga
aurista *mf* aurist
aurora *f* aurora, dawn; roseate hue; pink cheeks; (bot.) flower of an hour; (fig.) dawn, harbinger; (*cap.*) *f* (myth.) Aurora; **aurora austral** (meteor.) aurora australis; **aurora boreal** (meteor.) aurora borealis; **aurora polar** (meteor.) aurora
auroral *adj* auroral
aurorino -na *adj* (poet.) auroral
aurragado -da *adj* badly cultivated
aurúspice *m* var. of **arúspice**
auscultación *f* auscultation
auscultar *va* to auscultate; to sound out; *vn* to auscultate
ausencia *f* absence
ausentado -da *adj* absent
ausentar *va* to send away; *vr* to absent oneself
ausente *adj* absent; absent-minded; *mf* absentee;; *m* (law) missing person
ausentismo *m* absenteeism
auspiciar *va* (Am.) to support, foster, back
auspicio *m* auspice; **bajo los auspicios de** under the auspices of
auspicioso -sa *adj* (Am.) auspicious
austeridad *f* austerity
austero -ra *adj* austere; harsh, astringent; penitent; honest, incorruptible
austral *adj* austral
Australasia, la Australasia
australasiático -ca *adj & mf* Australasian
australasino -na *adj* Australasian
Australia *f* Australia
australiano -na *adj & mf* Australian
Austria *f* Austria
austríaco -ca *adj & mf* Austrian
Austria-Hungría *f* Austria-Hungary
austro *m* south wind
austrohúngaro -ra *adj & mf* Austro-Hungarian
autarcía *f* autarky (*economic self-sufficiency*)
autárcico -ca *adj* autarkic or autarkical
autarquía *f* autarchy; autarky (*economic self-sufficiency*)
autárquico -ca *adj* autarchic or autarchical; autarkic or autarkical
auténtica *f* see **auténtico**
autenticación *f* authentication
autenticar §86 *va* to authenticate
autenticidad *f* authenticity
auténtico -ca *adj* authentic; real; *f* certification; certificate; **auténticas** *fpl* Authentics (*Novels of Justinian*)
autillo *m* (orn.) tawny owl; particular decree of Inquisition
auto *m* edict, judicial decree; short Biblical play; miracle play; auto; **auto de fe** auto-da-fe; **auto de prisión** commitment, warrant for arrest; **auto sacramental** Biblical play following a procession in honor of the Sacrament
autoanálisis *m* self-analysis
autobiografía *f* autobiography
autobiográfico -ca *adj* autobiographical
autobiógrafo -fa *mf* autobiographer

autoblasto *m* (biol.) autoblast
autobomba *f* motor pumper; motor fire engine
autobombo *m* self-glorification
autobote *m* powerboat, motorboat
autobús *m* (*pl:* **-buses**) bus, autobus
autocamión *m* autotruck, motor truck
autocar *m* bus, interurban bus; sightseeing bus
autocarril *m* (rail.) motorcar
autocasa *f* trailer (*mobile house*)
autocebante *adj* self-priming
autoclave *f* autoclave
autoconciencia *f* self-consciousness
autocracia *f* autocracy
autócrata *mf* autocrat
autocrático -ca *adj* autocratic
autocrítica *f* self-examination; self-criticism; criticism of a work by its author
autoctonía *f* autochthony
autóctono -na *adj* autochthonous; native; *mf* autochthon; native
autodefensa *f* self-defense
autodestrucción *f* self-destruction
autodeterminación *f* or **autodeterminismo** *m* (pol.) self-determination
autodidacto -ta *adj* self-taught, self-educated
autodidaxia *f* self-instruction
autodirigido -da *adj* self-directed
autodisciplina *f* self-discipline
autodominio *m* self-control
autódromo *m* automobile race course
autoencendido *m* self-ignition, pre-ignition
autoenfriamiento *m* self-cooling
autoengaño *m* self-deception
autoenseñanza *f* self-instruction
auto-escuela *f* driving school
autofecundación *f* (bot.) close fertilization
autofretage *m* autofrettage
autogénesis *f* (biol.) autogenesis
autógeno -na *adj* autogenous; *f* welding
autogiro *m* autogiro
autogobierno *m* self-government
autografía *f* autography
autografiar §90 *va* to autograph
autográfico -ca *adj* autographic
autógrafo -fa *adj & m* autograph
autohipnosis *f* autohypnosis, self-hypnotism
autoinducción *f* (elec.) self-induction
autoinducido -da *adj* (elec.) self-induced
autoinductancia *f* (elec.) self-inductance
autoinfección *f* (path.) autoinfection
autointoxicación *f* (path.) autointoxication
autolicuador *m* juice extractor
autolimpiador -dora *adj* self-cleaning
automacia *f* automatism
autómata *m* automaton; (coll.) automaton (*person*)
automático -ca *adj* automatic
automatismo *m* automatism
automatización *f* automation
automatizar §76 *va* to automate; (coll.) to make an automaton of, to deprive of independence
automotor -tora *adj* automotive; self-propelling; self-moving; *m* railway motor coach
automotriz *f* (*pl:* **-trices**) rail car, self-propelled railroad car
automóvil *adj & m* automobile
automovilismo *m* motoring; automobile industry
automovilista *adj* (pertaining to the) automobile; *mf* automobilist, motorist
automovilístico -ca *adj* (pertaining to the) automobile
autonomía *f* autonomy; cruising radius (*of a boat, airplane, etc.*)
autonómico -ca *adj* autonomic
autonomista *mf* autonomist
autónomo -ma *adj* autonomous, independent
autopiano *m* (Am.) player piano
autopista *f* automobile road, turnpike
autoplastia *f* (surg.) autoplasty
autoplástico -ca *adj* autoplastic
autopolinización *f* (bot.) self-pollination
autopolinizar §76 *va* (bot.) to self-pollinate
autopropulsado -da *adj* self-propelled
autopropulsión *f* self-propulsion
autopropulsor -sora *adj* self-propelling
autoprotección *f* self-protection
autopsia *f* autopsy
autopsiar *va* to autopsy
autópsido -da *adj* (mineral.) having metallic luster
autor -tora *mf* author; perpetrator (*of crime*); (archaic) theatrical manager; *f* authoress
autoría *f* (archaic) management of a theater
autoridad *f* authority; pomp, show, display
autoritario -ria *adj* authoritarian; authoritative; *mf* authoritarian
autoritarismo *m* authoritarianism
autorización *f* authorization
autorizado -da *adj* authoritative
autorizamiento *m* var. of **autorización**
autorizar §76 *va* to authorize; to legalize; to exalt, to enhance; **autorizar a** or **para** + *inf* to authorize to + *inf*
autorradio *m* auto radio
autorreactor *m* (aer.) ram-jet engine
autorregistrador -dora *adj* self-recording
autorregulador -dora *adj* self-regulating
autorretrato *m* self-portrait
autorriel *m* railway motor coach
autoservicio *m* self-service
auto-stop *m* hitchhiking; **hacer auto-stop** to hitchhike
autosuficiencia *f* self-sufficiency
autosuficiente *adj* self-sufficient
autosugestión *f* autosuggestion
autosuperar *vr* to outdo oneself
autotaponador -dora *adj* self-sealing
auto-teatro *m* drive-in motion-picture theater
autotécnica *f* automotive engineering
autotécnico *m* automotive engineer
autótrofo -fa *adj* (bot.) autotrophic
autotropismo *m* (bot.) autotropism
autovía *f* automobile road, turnpike; *m* railway motor coach
autunita *f* (mineral.) autunite
Auvernia *f* Auvergne
auxiliador -dora *adj* helping, aiding; *mf* helper, aider
auxiliante *adj* helping, aiding
auxiliar *adj* auxiliary; (gram.) auxiliary; *mf* auxiliary; aid, assistant; substitute teacher, professor's assistant; *m* (gram.) auxiliary (*verb*); **§90 & regular** *va* to help, aid, assist; to attend (*a dying person*)
auxiliaría *f* substitute teaching position; assistantship
auxilio *m* help, aid, assistance, relief; **acudir en auxilio a** or **de** to come to the help of; **primeros auxilios** first aid; **auxilio en carretera** (aut.) road service; **auxilio social** social work
auxocromo *m* (chem.) auxochrome
avacado -da *adj* cowlike, slow, heavy
avadar *vn & vr* to become fordable
avahar *va* to steam; to warm with vapor or breath; *vn* to steam, give out vapor; *vr* to steam, give out vapor; to warm one's hands with one's breath
aval *m* indorsement, backing; countersignature
avalancha *f* avalanche; (fig.) avalanche
avalar *va* (com.) to guarantee with an indorsement; to answer for (*a person*) with an indorsement; to enhance; to sanction; *vn* to shake with an earthquake
avalentado -da *adj* of a boaster or braggart; swaggering, bullying (*manner*)
avalentonado -da *adj* arrogant, boastful
avalo *m* slight movement; earthquake
avalorar *va* to estimate; to encourage
avaluación *f* valuation, appraisal
avaluar §33 *va* to appraise, estimate
avalúo *m* var. of **avaluación**
avallar *va* to wall in, to fence in
avambrazo *m* armlet (*of armor*)
avance *m* advance; payment in advance; removable front (*of carriage body*); (com.) balance; (com.) estimate; (mil.) advance, attack; (elec. & mach.) lead; (mach.) feed; (mov.) preview; **avance del encendido** (mach.) spark lead
avante *adv* (naut.) fore; **tomar por avante** (naut.) to broach to
avantrén *m* (mil.) limber
avanzado -da *adj* advanced; **avanzado de años** or **de edad** advanced in years; *f* (mil.) outpost, advance guard; (fig.) vanguard

avanzar §76 *va* to propose; to advance, increase; *vn* to advance; (com.) to have a favorable balance; (Am.) to vomit; *vr* to advance
avanzo *m* (com.) balance; (com.) estimate
avaricia *f* avarice
avaricioso -sa *adj* avaricious
avariento -ta *adj* avaricious, miserly; *mf* miser
avaro -ra *adj* miserly; *mf* miser
avasallamiento *m* subjection, enslavement
avasallar *va* to subject, enslave; *vr* to become a subject or vassal; to submit
avatar *m* avatar
ave *f* bird; fowl; **ave canora** songbird; **ave de corral** barnyard fowl; **ave del paraíso** bird of paradise; **ave de mar** seafowl; **ave de paso** bird of passage; (fig.) bird of passage; **ave de rapiña** bird of prey; **ave fría** (orn.) lapwing; **ave lira** (orn.) lyrebird; **ave nocturna** night bird; (fig.) night owl; **aves de cetrería** hawking birds; **ave tonta** (orn.) yellowhammer; **ave toro** (orn.) bittern, European bittern; **ave viajera** migratory bird; **ave zancuda** (orn.) wading bird
avecilla *f* birdie; **avecilla de las nieves** (orn.) wagtail
avecinar *va* to bring near; to domicile; *vr* to approach; to take up residence
avecindamiento *m* domicile; domiciliation
avecindar *va* to domicile; *vr* to take up residence, become a resident
avechucho *m* ugly bird; (coll.) scalawag, bum
avefría *f* (orn.) lapwing
avejentado -da *adj* aged, old-looking
avejentar *va & vr* to age before one's time
avejigar §59 *va, vn & vr* to vesicate, to blister
avellana *f* hazelnut; **avellana de la India** or **avellana índica** myrobalan
avellanado -da *adj* hazel, nut-brown; shriveled
avellanador *m* countersink, countersinking bit
avellanal *m* hazel plantation
avellanar *m* hazel plantation; *va* to countersink; *vr* to shrivel, shrivel up
avellaneda *f* or **avellanedo** *m* hazel plantation
avellanero -ra *mf* vendor of hazelnuts; *f* (bot.) hazel, hazel tree
avellano *m* (bot.) hazel
avemaría *f* Ave Maria; **al avemaría** at sunset; **en un avemaría** (coll.) in a twinkle; **saber como el avemaría** (coll.) to have a ready knowledge of
Ave María *interj* gracious goodness!
avena *f* (bot.) oats (*plant or seed*); (poet.) oat (*reed instrument*)
avenado -da *adj* fickle; crazy
avenal *m* oat field
avenamiento *m* draining, drainage
avenar *va* to drain
avenate *m* oatmeal gruel; (prov.) fit of madness
avendré *1st sg fut ind of* **avenir**
avenencia *f* deal, bargain; agreement
avengo *1st sg pres ind of* **avenir**
avenido -da *adj;* **bien avenidos** in agreement; **mal avenidos** in disagreement; *f* avenue; allée; flood, freshet; assemblage, gathering
avenidor -dora *mf* reconciler, mediator
avenimiento *m* reconciliation; agreement
avenir §92 *va* to reconcile; *vr* to agree, be reconciled; **avenirse a** to correspond to; to harken to; **avenirse a** + *inf* to agree to + *inf;* **avenirse con** to get along with
aventador -dora *adj* winnowing; *mf* winnower; *m* winnowing rake; blower, fan; esparto fan (*for fanning fire*); *f* winnowing machine
aventadura *f* (vet.) windgall
aventajado -da *adj* superior, outstanding, excellent; advantageous
aventajar *va* to advance, to raise, to give an advantage to; to put ahead, to prefer; to excel; *vr* to advance, to win an advantage; to excel
aventamiento *m* fanning; blowing; winnowing
aventar §18 *va* to fan; to blow; to winnow; to scatter to the winds; (coll.) to expel, drive away; *vr* to swell, swell up; (coll.) to flee, run away
aventón *m* (Am.) push; (Am.) lift (*free ride*); **pedir aventón** (Am.) to hitchhike
aventura *f* adventure; risk, danger, peril
aventurado -da *adj* venturesome, hazardous
aventurar *va* to adventure; to adventure, to hazard (*an opinion*); *vr* to adventure, take a risk; **aventurarse a** + *inf* to venture to + *inf;* to risk + *ger;* **quien no se aventura no pasa el mar** nothing venture nothing win
aventurero -ra *adj* adventurous, adventuresome, venturesome; *m* adventurer, soldier of fortune; *f* adventuress
avergonzar §98 *va* to shame, to put to shame; to embarrass; *vr* to be ashamed; to be embarrassed; **avergonzarse de** + *inf* to be ashamed to + *inf*
avería *f* aviary; flock of birds; breakdown, failure, damage, defect; (com.) damage; (naut.) average; **localizar averías** to shoot trouble; **avería gruesa** (naut.) general or gross average
averiable *adj* damageable, perishable
averiar §90 *va* to damage; *vr* to suffer damage, be damaged; to break down
averiguable *adj* ascertainable
averiguación *f* ascertainment; inquiry
averiguador -dora *adj* investigating, inquiring; *mf* investigator, inquirer
averiguamiento *m* var. of **averiguación**
averiguar §23 *va* to ascertain, find out
averío *m* flock of birds
Averno *m* (myth.) Avernus; hell
averroísmo *m* Averroism
averroísta *mf* Averroist
averrugado -da *adj* full of warts, warty
averrugar §59 *vr* to become warty
aversión *f* aversion; **cobrar aversión a** to take a dislike for
avestruz *m* (*pl:* **-truces**) (orn.) ostrich; (coll.) blockhead; **avestruz de América** or **de la pampa** (orn.) American ostrich, rhea
avetado -da *adj* veined, streaked
avetarda *f* var. of **avutarda**
avetoro *m* (orn.) bittern, European bittern
avezar §76 *va* to accustom; *vr* to become accustomed; **avezarse a** + *inf* to accustom oneself to + *inf*, to become accustomed to + *inf*
aviación *f* aviation; aviation corps
aviador -dora *adj* preparing, equipping; flying; *mf* preparer, equipper; aviator, flyer; *m* aviator, airman; (mil.) airman; (naut.) caulker's auger; (Am.) mining moneylender; **aviador postal** air-mail pilot; *f* airwoman, aviatrix
aviar *adj* (pertaining to a) bird; §90 *va* to get ready, prepare; (coll.) to equip, provide; (Am.) to lend (*money or equipment*); **estar, encontrarse** or **quedar aviado** (coll.) to be in a mess, to be in a jam; **dejar aviado** (coll.) to leave in the lurch; *vn* (coll.) to hurry, make haste; (aer.) to take off
aviatorio -ria *adj* (pertaining to) aviation
aviatriz *f* (*pl:* **-trices**) aviatrix
avícola *adj* bird-raising
avicultor *m* bird fancier, bird keeper
avicultura *f* aviculture
avidez *f* avidity, greediness
ávido -da *adj* avid, greedy, thirsty
aviejar *va & vr* to age before one's time
avienta *f* winnowing
aviento *m* long-pronged rakelike winnowing fork; pitchfork
avieso -sa *adj* distorted, irregular; evil-minded, perverse
avigorar *va* to invigorate, revive
avilantar *vr* to be insolent
avilantez *f* or **avilanteza** *f* boldness, insolence; meanness
avilés -lesa *adj* (pertaining to) Ávila; *mf* native or inhabitant of Ávila
avillanado -da *adj* rustic, peasant
avillanamiento *m* boorishness, debasement
avillanar *va* to make boorish, to debase; *vr* to become boorish, to become debased
avinagrado -da *adj* (coll.) vinegarish, crabbed
avinagrar *va* to sour, to make sour; *vr* to sour, to turn sour; to turn into vinegar
avine *1st sg pret ind of* **avenir**
aviniendo *ger of* **avenir**
Aviñón *f* Avignon
aviñonense or **aviñonés -nesa** *adj* (pertaining to) Avignon; *mf* native or inhabitant of Avignon

avío *m* preparation, provision; (Am.) loan; **avíos** *mpl* tools, equipment, outfit; **¡al avío!** hurry up!
avión *m* airplane; (orn.) martin; **avión a turbohélice** (aer.) turbo-prop plane; **avión birreactor** (aer.) twin-jet plane; **avión cohete** (aer.) rocket plane; **avión convertible** (aer.) convertiplane; **avión de caza** (aer.) pursuit plane; **avión de combate** (aer.) fighter; **avión a chorro, de chorro, de propulsión a chorro** or **a reacción** (aer.) jet plane; **avión de transporte** (aer.) transport; **avión de travesía** (aer.) air liner; **avión interceptor** (aer.) interceptor; **avión militar** (aer.) warplane; **avión transporte** (aer.) transport
avión-correo *m* mailplane
avioneta *f* (aer.) small plane
avión-nodriza *m* var. of **aeroplano-nodriza**
avisacoches *m* (*pl:* **-ches**) car caller
avisado -da *adj* prudent, wise; **mal avisado** rash, thoughtless
avisador -dora *adj* warning; *mf* informer, announcer; adviser, admonisher; *m* electric bell; **avisador de incendio** fire alarm
avisar *va* to advise, inform; to warn, admonish; to report on; **avisar a una persona una cosa** to notify a person of or about something
aviso *m* advice, information, notice; warning, admonishment; prudence, attention, care; dispatch boat; **poner sobre aviso de** to keep (*someone*) on the lookout for; **sobre aviso** on the lookout, on the watch
avispa *f* (ent.) wasp; crafty person; **avispa cavadora** (ent.) digger wasp; **avispa de barro** (ent.) mason wasp
avispado -da *adj* (coll.) brisk, lively, clever, wide-awake
avispar *va* to spur (*a horse*); (coll.) to stir up, prod, enliven; *vr* (coll.) to become stirred up; to fret, to worry
avispero *m* wasp's nest; swarm of wasps; mass of boils; (coll.) mess, complicated affair
avispón *m* (ent.) hornet
avistar *va* to descry; *vr* to have an interview
avitaminosis *f* (path.) avitaminosis
avitelado -da *adj* (pertaining to or like) vellum
avituallamiento *m* victualing, provisioning
avituallar *va* to victual; to supply, to provision; *vr* to victual
avivadamente *adv* briskly, lively
avivador -dora *adj* reviving, enlivening; *m* (arch.) quirk; plane for making quirks
avivamiento *m* reviving, enlivening
avivar *va* to revive, enliven, brighten; *vn & vr* to revive, brighten
avizor *m* watcher; **avizores** *mpl* (slang) eyes
avizorador -dora *mf* watcher, spyer
avizorar *va* to watch; *vr* to hide and watch, to spy
avocación *f* or **avocamiento** *m* (law) removal to a superior court
avocar §86 *va* (law) to remove to a superior court
avoceta *f* (orn.) avocet
avolcanado -da *adj* volcanic
avora *f* (bot.) oil palm
avucasta *f* var. of **avutarda**
avugo *m* small early pear
avuguero *m* (bot.) pear tree
avulsión *f* (law) avulsion; (surg.) extirpation, excision
avuncular *adj* avuncular
avutarda *f* (orn.) great bustard
avutardado -da *adj* like a great bustard
ax *interj* ow!, ouch!
axial or **axil** *adj* axial
axila *f* (anat. & zool.) axilla; (bot.) axil or axilla
axilar *adj* axile; axillar; axillary; *f* (ent.) axillar
axinita *f* (mineral) axinite
axiología *f* axiology
axioma *m* axiom
axiomático -ca *adj* axiomatic
axión *m* (anat.) axion
axis *m* (*pl:* **-xis**) (anat.) axis; (zool.) axis deer
axo *m* square woolen cloth, worn by Peruvian women
axoideo -a *adj* (anat.) axoid, axoidean
axón *m* (anat.) axon; (anat. & physiol.) axon or axone
ay *m* sigh; *interj* alas!; ouch!; **¡ay de . . . !** woe to . . . !; **¡ay de mí!** ay me!, woe is me!
aya *f* governess, instructress
ayate *m* (Am.) cloth of maguey fiber
ayatito *m* (bot.) sego, sego lily
Áyax *m* (myth.) Ajax; **Áyax el Pequeño** (myth.) Ajax the Less
ayear *vn* to sigh, to utter sighs
ayeaye *m* (zool.) aye-aye
ayer *adv & m* yesterday
ayo *m* tutor
ayocote *m* (bot.) scarlet runner, scarlet runner bean
ayuda *f* aid, help, assistance; enema; **ayuda de parroquia** chapel of ease; *m* page; **ayuda de cámara** valet de chambre
ayudador -dora *adj* helping; *mf* helper
ayudanta *f* aid, assistant; (Am.) substitute (*teacher*); **ayudanta de cocina** kitchenmaid
ayudante *m* aid, assistant; (mil.) adjutant; **ayudante de campo** (mil.) aide-de-camp; **ayudante de profesor** assistant professor; **ayudante general** (mil.) adjutant general; *adj* assistant, adjutant
ayudantía *f* assistantship; (mil.) adjutancy
ayudar *va* to aid, help, assist; **ayudar a** + *inf* to help to + *inf*, to help + *inf*
ayuga *f* (bot.) mock cypress
ayunador -dora *adj* fasting; *mf* faster
ayunar *vn* to fast; to deprive oneself; (coll.) to go hungry
ayuno -na *adj* fasting; deprived; uninformed; **en ayunas** or **en ayuno** fasting, before breakfast; **estar** or **quedarse en ayunas** or **en ayuno** to be uninformed; to not catch on, to miss the point; *m* fast, fasting; **ayuno natural** fasting from midnight on
ayunque *m* anvil
ayuntamiento *m* town or city council, municipal government; town or city hall; sexual intercourse
ayustar *va* (naut.) to splice; (naut.) to scarf
ayuste *m* (naut.) splicing, splice; (naut.) scarfing, scarf
azabachado -da *adj* jet, jet-black
azabache *m* (mineral.) jet; (orn.) coal titmouse; **azabaches** *mpl* jet trinkets
azabachero *m* jet worker; jet vendor
azabara *f* (bot.) aloe
azacán -cana *adj* menial, drudging; *mf* drudge; *m* water carrier
azacanar *vr* to toil, drudge
azacaya *f* (prov.) water pipe
azache *adj* inferior (*said of silk from outside of cocoon*)
azada *f* hoe; blow with hoe
azadazo *m* blow with hoe
azadilla *f* little hoe; dibble, weeding hoe
azadón *m* hoe; grub hoe; **azadón de peto** or **de pico** mattock
azadonada *f* blow with a hoe
azadonar *va* to hoe, hoe up, dig with a hoe
azadonazo *m* var. of **azadonada**
azadonero *m* hoer
azafata *f* lady of the queen's wardrobe; (aer.) air hostess, stewardess
azafate *m* low, flat basket, tray, waiter
azafrán *m* (bot.) saffron; saffron (*stigmas and color*); (naut.) rudder frame; **azafrán bastardo, romí,** or **romín** (bot.) bastard saffron
azafranado -da *adj* saffron, saffroned
azafranal *m* saffron plantation
azafranar *va* to saffron (*to color or flavor*)
azafranero -ra *mf* saffron grower; saffron dealer
azagadero or **azagador** *m* cattle path
azagaya *f* assagai, javelin
azahar *m* orange blossom, lemon blossom, citron blossom
azainadamente *adv* perfidiously
azalá *m* (*pl:* **-laes**) Mohammedan prayer
azalea *f* (bot.) azalea
azamboa *f* citron (*fruit*)
azamboero *m* or **azamboo** *m* (bot.) citron (*tree*)
azanahoriate *m* preserved carrot; (coll.) insincere flattery

azanca *f* underground spring
azar *m* chance, hazard; accident, misfortune; fate, lot, destiny; losing card; losing throw (*at dice*); Jonah (*that which brings bad luck*); cushion side (*of billiard pocket*); hazard (*in a game*); **al azar** at random
azarandar *va* var. of **zarandar**
azarar *vr* to go awry; to get rattled
azarbe *m* irrigation trench
azarbeta *f* little irrigation trench
azarcón *m* minium; earthen pot; bright orange (*color*)
azarja *f* reel for winding raw silk
azarolla *f* var. of **acerola**
azarollo *m* var. of **acerolo**
azaroso -sa *adj* risky, hazardous; unfortunate
Azerbeiyán, el Azerbaijan
ázimo -ma *adj* azymous, unleavened
azimut *m* (*pl:* **-muts**) var. of **acimut**
azimutal *adj* var. of **acimutal**
aznacho *m* (bot.) Scotch pine
aznallo *m* (bot.) Scotch pine; (bot.) restharrow
-azo -za *suffix aug* e.g., **bribonazo** big rascal; **bocaza** big mouth; *suffix m* blow, e.g., **escobazo** blow with a broom; **puñetazo** blow with the fist, punch; shot, e.g., **cañonazo** cannon shot; **fusilazo** gunshot; wound, e.g., **flechazo** arrow wound; **sablazo** saber wound
azoado -da *adj* nitrogenous
azoar *va* to fix nitrogen in
azoato *m* nitrate
ázoe *m* (chem.) azote, nitrogen
azofaifa *f* var. of **azufaifa**
azofaifo *m* var. of **azufaifo**
azófar *m* brass, latten
azogado -da *adj* (coll.) restless, fidgety, turbulent; *m* quicksilver foil (*of a mirror*); **temblar como un azogado** (coll.) to shake like a leaf
azogamiento *m* quicksilver coating, silvering; (coll.) shaking, agitation, confusion
azogar §59 *va* to coat with quicksilver, to silver (*a mirror*); *vr* to have mercurialism or mercury poisoning; (coll.) to shake, to become agitated, to become confused
azogue *m* quicksilver, mercury; market place; (coll.) mirror; **ser un azogue** (coll.) to be restless
azoguejo *m* small market place
azoguería *f* amalgamation works
azoguero *m* amalgamator; dealer in quicksilver
azoico -ca *adj* (chem. & geol.) azoic
azolar §77 *va* to adz, to dub
azolvar *vr* to silt up, become obstructed
azor *m* (orn.) goshawk
azoramiento *m* excitement, confusion
azorar *va* to abash, disturb; to excite, stir up; *vr* to be abashed, be disturbed; to get excited, become upset
Azores *fpl* Azores
azorramiento *m* drowsiness; heavy-headedness; headache
azorrar *va* (naut.) to overload (*a boat*); *vr* to get drowsy; (naut.) to become threatening (*said of the atmosphere*); (naut.) to pitch (*from being overloaded*); (slang) to get drunk
azotable *adj* deserving a beating
azotacalles *mf* (*pl:* **-lles**) (coll.) gadabout, loafer; *f* (coll.) piano teacher
azotado -da *adj* variegated; *m* criminal whipped in public; penitent
azotador -dora *adj* whipping; *mf* whipper, flogger
azotaina *f* (coll.) whipping, flogging, spanking
azotalenguas *f* (bot.) bedstraw
azotar *va* to whip, to horsewhip, to scourge; to beat with the tail or the wings; to flail; to beat upon, beat down upon
azotazo *m* lash, lashing; slap, spanking
azote *m* whip; lash, spanking; (fig.) scourge; **el azote de Dios** the Scourge of God (*Attila*); **azotes y galeras** (coll.) tiresome fare
azotea *f* flat roof
azotina *f* (coll.) var. of **azotaina**
azteca *adj* & *mf* Aztec; *m* Aztec (*language*)
aztor *m* var. of **azor**
azúcar *m* & *f* sugar; **azúcar blanco** refined sugar; **azúcar cande** or **candi** rock candy; **azúcar de arce** maple sugar; **azúcar de flor** refined sugar; **azúcar de fruta** (chem.) fruit sugar; **azúcar de leche** sugar of milk; **azúcar de malta** malt sugar; **azúcar de plomo** (chem.) sugar of lead; **azúcar de remolacha** beet sugar; **azúcar de uva** grape sugar; **azúcar en polvo** powdered sugar; **azúcar en terrón** lump sugar; **azúcar moreno** or **negro** brown sugar
azucarado -da *adj* sugared, sugary; (coll.) sugary
azucarar *va* to sugar, to coat or ice with sugar; (coll.) to sugar, sugar over
azucarera *f* see **azucarero**
azucarería *f* (Am.) sugar store
azucarero -ra *adj* (pertaining to) sugar; *m* sugar master, sugar expert; confectioner; sugar bowl; (orn.) honey creeper; *f* sugar bowl; sugar refinery
azucarillo *m* brittle sugar bar (*made of sugar, white of egg, and lemon juice and used to sweeten water*)
azucena *f* (bot.) Madonna lily; **azucena amarilla** (bot.) day lily; **azucena atigrada** (bot.) tiger lily
azucenilla *f* (bot.) night-blooming gladiolus (*Gladiolus tristis*)
azuche *m* pile shoe
azud *m* or **azuda** *f* irrigation water wheel; dam, diversion dam
azuela *f* adz, chip ax
azufaifa *f* jujube (*fruit*)
azufaifo *m* (bot.) jujube (*tree*)
azufrado -da *adj* (pertaining to or like) sulfur; *m* sulfuring
azufrador -dora *adj* sulfuring; *m* drying machine; sulfuring machine (*for grapevines*)
azufral *m* sulfur mine
azuframiento *m* sulfuring, sulfuration
azufrar *va* to sulfur, sulfurate, sulphurize
azufre *m* (chem.) sulfur; brimstone; **azufre cañón** or **en canuto** roll sulfur; **azufre vegetal** (bot.) club moss
azufrera *f* sulfur mine
azufrón *m* powdered pyrites
azufroso -sa *adj* sulphury, sulphureous
azul *adj* & *m* blue; **dar el azul a** (coll.) to put on probation; **azul celeste** sky blue; **azul de mar** navy blue; **azul de metileno** methylene blue; **azul de Prusia** Prussian blue; **azul de ultramar** ultramarine (*pigment and color*); **azul marino** navy blue; **azul turquesa** turquoise blue; **azul turquí** indigo (*color*)
azulado -da *adj* blue, bluish
azulaque *m* var. of **zulaque**
azular *va* to color blue, to dye blue; *vr* to turn blue
azulear *va* to turn blue; *vn* to have a bluish cast, to look bluish, to turn blue
azulejar *va* to tile, cover with tiles
azulejería *f* tilework; tilemaking
azulejero *m* tilemaker
azulejo *m* glazed colored tile; (bot.) bluebottle, bachelor's-button; (orn.) bee eater; (orn.) indigo bunting; **azulejo antisonoro** acoustical tile
azulenco -ca *adj* blue, bluish
azulete *m* bluish cast, bluish hue; bluing
azulino -na *adj* bluish
azuloso -sa *adj* (Am.) bluish
azumar *va* to dye and oil (*the hair*)
azumbrado -da *adj* measured in azumbres; (coll.) drunk
azumbre *m* azumbre (*liquid measure: about 2 liters*)
azur *m* (her.) azure
azurita *f* (mineral.) azurite
azuzamiento *m* sicking; (coll.) teasing
azuzar §76 *va* to sic (*a dog*); (coll.) to tease, stir up, incite
azuzón -zona *mf* (slang) troublemaker

B

B, b *f* second letter of the Spanish alphabet
B. abr. of **Beato** and **Bueno** (*en examen*)
baba *f* drivel, spittle, slobber; mucus (*viscid animal secretion*); **caérsele a uno la baba** (coll.) to be overwhelmed with joy
babada *f* (vet.) stifle
babador *m* bib; apron top
babaza *f* froth, slobber; slime; (zool.) slug
babazorro *m* (coll.) boor, ill-bred fellow
babear *vn* to slobber, to drivel; to foam, to froth; (coll.) to be fascinated (*by a person of the opposite sex*); (coll.) to be overattentive (*to a woman*)
babel *m* & *f* babel, bedlam, confusion; (*cap.*) *m* & *f* Babel
babeo *m* slobbering, driveling
babera *f* beaver (*of helmet*); bib
babero *m* bib
baberol *m* beaver (*of helmet*)
Babia *f* mountainous region of León; **estar en Babia** to be absent-minded, to be stargazing
babicha *mf* (Am.) Italian; *m* (Am.) Italian (*language*); (Am.) cigar stump; **babichas** *fpl* (Am.) leavings; (Am.) dregs of pulque
babieca *adj* (coll.) simple, ignorant; *mf* (coll.) simpleton, ignoramus
Babilonia *f* see **babilonio**
babilónico -ca *adj* Babylonian; (fig.) Babylonian (*magnificent*)
babilonio -nia *adj* & *mf* Babylonian; *f* babel; confusion; (*cap.*) *f* Babylonia (*ancient empire*); Babylon (*ancient city; any great, rich, and wicked city*)
babilla *f* (vet.) stifle
babirusa *m* (zool.) babirusa
bable *m* Asturian (*dialect*); patois
babor *m* (naut.) port, larboard; **a babor** (naut.) aport; **de babor a estribor** (naut.) athwartships
babosa *f* see **baboso**
babosear *va* to slobber over
baboso -sa *adj* slobbery; immature, unfit; filthy, unkempt; (coll.) mushy (*with women*); (Am.) idiotic; *mf* (Am.) fool; *m* (ichth.) butterfly fish; *f* (zool.) slug
babucha *f* slipper; mule, heelless slipper
babuíno *m* (zool.) baboon
baca *f* top of stagecoach (*for passengers or baggage*); rainproof cover for stagecoach
bacalada *f* cured codfish
bacaladero -ra *adj* (pertaining to) codfish
bacalao or **bacallao** *m* codfish; (coll.) shriveled person; (Am.) cold-blooded person
bacallar *m* peasant, country fellow
bacán *m* (Am.) sport, bawd, pimp
bacanal *adj* bacchanal; bacchanalian; *f* bacchanal, bacchanalia (*orgy*); **bacanales** *fpl* bacchanals, Bacchanalia
bacante *f* bacchante; drunken, riotous woman; **bacantes** *fpl* Bacchae
bácara *f* (bot.) clary
bacará *m* baccara
bácaris *f* var. of **bácara**
bacelar *m* grape arbor; new vineyard
bacera *f* (vet.) anthrax, splenic fever
baceta *f* widow (*in card playing*)
bacía *f* basin, vessel; shaving dish
bacífero -ra *adj* (bot.) bacciferous
báciga *f* three-card game
bacilar *adj* bacillary
bacilo *m* bacillus; (anat.) rod (*in retina*)
bacillar *m* grape arbor; new vineyard
bacín *m* big chamber pot; poor box; (coll.) cur
bacinada *f* contents thrown from chamber pot; (coll.) contemptible action
bacinero -ra *mf* person who passes the plate for the poor box
bacineta *f* little chamber pot; small poor box; pan (*of gunlock*)
bacinete *m* basinet; cuirassier; (anat.) pelvis
bacinica or **bacinilla** *f* little chamber pot; small poor box
Baco *m* (myth.) Bacchus; (fig.) wine
baconiano -na *adj* Baconian
baconista *mf* Baconian
bacteria *f* bacterium
bacteriano -na *adj* bacterial
bactericida *adj* bactericidal; *m* bactericide
bacteriófago *m* (bact.) bacteriophage
bacteriólisis *f* bacteriolysis
bacteriología *f* bacteriology
bacteriológico -ca *adj* bacteriological
bacteriólogo -ga *mf* bacteriologist
bacteriostasis *f* (bact.) bacteriostasis
bacteriostático -ca *adj* bacteriostatic
bactriano -na *adj* & *mf* Bactrian
báculo *m* stick, staff; aid, consolation; **báculo del obispo, báculo pastoral** crozier, bishop's crozier
bache *m* hole, rut, pothole; sweating room for sheep (*to prepare them for shearing*); (radar) blip; **bache aéreo** (aer.) air pocket
bachear *va* to fill the ruts and holes in (*a road*)
bachiller -llera *adj* garrulous, loquacious; *mf* garrulous person, babbler; **bachiller** *mf* bachelor (*holder of degree*)
bachilleramiento *m* conferring the bachelor's degree; receiving the bachelor's degree
bachillerar *va* to confer the bachelor's degree on; *vr* to receive the bachelor's degree
bachillerato *m* baccalaureate, bachelor's degree
bachillerear *vn* to babble, prattle
bachillería *f* (coll.) babble, prattle; (coll.) gossip, groundless rumor
bachorno *m* (Am.) drudgery
bachornoso -sa *adj* (Am.) toilsome, laborious
bada *f* (zool.) rhinoceros
badajada *f* stroke (*of a bell*); (coll.) idle talk, nonsense
badajazo *m* stroke (*of a bell*)
badajear *vn* (coll.) to talk nonsense
badajo *m* clapper (*of bell*); (coll.) prattler, blatherskite
badajocense or **badajoceño -ña** *adj* (pertaining to) Badajoz; *mf* native or inhabitant of Badajoz
badal *m* muzzle; twitch (*to twist a horse's lip*)
badán *m* trunk (*of animal body*)
badana *f* (dressed) sheepskin; **zurrarle a uno la badana** (coll.) to tan someone's hide; (coll.) to give one a raking over the coals
badazas *fpl* (naut.) bonnet lacing
badea *f* tasteless melon; (coll.) dullard; (coll.) triviality
badén *m* gully, gutter (*channel made by rain water*); thank-you-ma'am; paved trench for a stream across a road; dry bed of stream
baderna *f* (naut.) thrummed cable
badián *m* (bot.) Chinese anise
badiana *f* (bot.) Chinese anise; badian (*fruit*)
badil *m* fire shovel
badila *f* fire shovel; **dar con la badila en los nudillos a** to rap the knuckles of; **badila de mesa** crumb tray
badilazo *m* blow with a fire shovel
badilejo *m* mason's trowel
badomía *f* nonsense, absurdity
badulaque *m* (coll.) nincompoop; (obs.) paint, make-up; (obs.) chopped-lung stew; (Am.) hellraiser
Baedeker *m* Baedeker (*guidebook*)
baga *f* head of flax; (prov.) rope used to tie packs on beasts of burden

bagacera *f* bagasse drier
bagaje *m* beast of burden; military baggage
bagajero *m* driver of army beasts
bagar §59 *vn* to go to seed (*said of flax*)
bagarino *m* volunteer oarsman, paid oarsman (*not a slave*)
bagasa *f* prostitute, harlot, loose woman
bagatela *f* trinket; bagatelle, triviality; pinball
bagazo *m* bagasse; pressed pulp; flax straw, flax husk
bagre *adj* (Am.) showy, gaudy; (Am.) coarse, ill-bred; *m* (ichth.) catfish
bagual *adj* (Am.) wild, untamed; (Am.) dull, doltish
baguarí *m* (*pl:* **-ríes**) (orn.) South American crane
baguío *m* baguio (*cyclone in the Philippine Islands*)
bah *interj* bah!
baharí *m* (*pl:* **-ríes**) (orn.) sparrow hawk
bahía *f* bay
bahorrina *f* (coll.) slop; (coll.) riffraff
bahuno -na *adj* var. of **bajuno**
baila *f* (ichth.) hogfish
bailable *adj* danceable; with dancing; *m* ballet
bailadero *m* public dance hall, dance floor
bailador -dora *mf* dancer
bailar *va* to dance (*e.g., a polka*); to spin (*a top*); *vn* to dance; (fig.) to dance; to spin (*said of a top*); to wobble
bailarín -rina *mf* dancer; *m* dancer (*professional*); **bailarín de cuerda** ropedancer; *f* ballerina; **bailarina ombliguista** (coll.) belly dancer
baile *m* dance, ball; ballet; bailiff; **baile de etiqueta** dress ball, formal dance; **baile de los globos** bubble dance; **baile de máscaras** masquerade ball; **baile de San Vito** (path.) Saint Vitus's dance; **baile de trajes** costume ball, fancy ball; **baile serio** dress ball, formal dance
bailete *m* short ballet
bailía *f* bailiwick
bailiaje *m* commandery in the order of Malta
bailiazgo *m* bailiwick
bailío *m* knight commander of Malta
bailotear *vn* (coll.) to dance a lot and without grace, to hop about
bailoteo *m* (coll.) awkward dancing, hopping around
baivel *m* bevel square
baja *f* see **bajo**
bajá *m* (*pl:* **-jaes**) pasha
bajaca *f* (Am.) hair ribbon
bajada *f* slope; descent; swoop; (rad.) lead-in wire; **bajada de aguas** spout, downspout; **bajada de antena** (rad.) lead-in wire
bajadizo -za *adj* sloping gently, easy to go down
bajagua *f* (Am.) poor tobacco
bajamanero *m* (slang) sneak thief
bajamar *f* (naut.) low tide
bajar *va* to lower, to let down; to bring down; to descend, to go down (*stairs*); to bend down; to humble; *vn* to go down, to come down; to get off; **bajar de** to get off (*e.g., a trolley car*); *vr* to bend down; to humble oneself
bajel *m* ship, vessel
bajelero *m* boatman, skipper, master
bajero -ra *adj* lower, under
bajete *m* (coll.) shorty; (mus.) baritone; (mus.) counterpoint exercise
bajeza *f* lowness; lowliness, meanness, vileness
bajial *m* (Am.) winter marshland
bajío *m* shoal, sand bank; (Am.) lowland
bajista *mf* bear (*in stock market*); (mus.) bass viol player
bajo -ja *adj* low, lower, under; short (*in stature*); common, mean, vile; shallow; downcast; poor (*wine*); (mus.) bass; **por lo bajo** on the sly, secretly; (coll.) under one's breath; **bajo de cuerpo** short; *m* shoal, sandbank; (mus.) bass (*voice, score, singer, instrument, etc.*); **bajo profundo** (mus.) basso profundo; *f* fall, drop (*in prices*); casualty (*in war*); canceled subscription; **dar baja, ir de baja** or **ir en baja** to go down, to decline (*said, e.g., of prices*); **dar de baja** to drop (*from a list, society, etc.*); (mil.) to mark absent; **darse de baja** to drop out; **jugar a la baja** to bear the market; **bajo** *adv* down; low, in a low voice; **bajo** *prep* under
bajoalemán -mana *adj* Low-German; *m* Low German
bajoca *f* (prov.) string bean; (prov.) dead silkworm
bajón *m* decline, drop (*in health, wealth, etc.*); (mus.) bassoon; bassoon player
bajonista *mf* bassoon player, bassoonist
bajorrelieve *m* bas-relief
bajuno -na *adj* low, mean, vile
bajura *f* lowness, low or deep place, depth; shortness (*of stature*)
bakelita *f* var. of **baquelita**
Bakú *f* Baku
bala *f* bullet; bale (*of paper, cotton, etc.*); **bala dumdum** dumdum bullet; **bala fría** spent bullet; **bala perdida** stray bullet; **balas enramadas** (mil.) chain shot
Balaán *m* (Bib.) Balaam
balaca *f* (Am.) boast, boasting, bravado
balacera *f* (Am.) firing, shooting, stray shooting
balada *f* ballad; (mus.) ballade
baladí *adj* (*pl:* **-díes**) frivolous, trivial, paltry
balador -dora *adj* bleating, baaing
baladrar *vn* to scream, screech, whoop
baladre *m* (bot.) oleander, rosebay
baladrero -ra *adj* screaming, screeching; loud-mouthed
baladro *m* scream, screech, whoop
baladrón -drona *adj* boastful; *mf* boaster, braggart
baladronada *f* boasting, bragging; boastful word or deed
baladronear *vn* to boast, brag; to speak or act boastfully
bálago *m* chaff (*of hay or rye*); heap of chaff; soapsuds
balaguero *m* heap of chaff
balaj *m* or **balaje** *m* balas (*ruby spinel*)
balalaika *f* (mus.) balalaika
balance *m* rocking, swinging; hesitation, uncertainty; (com.) balancing, balance, balance sheet; (aer. & naut.) rolling; (Am.) rocking chair
balancear *va* to balance; *vn* to rock, swing; *vr* to rock, swing; to hesitate, waver
balanceo *m* balancing; rocking, swinging; hesitation
balancero *m* var. of **balanzario**
balancín *m* balance beam; rocker arm; singletree; (naut.) outrigger (*e.g., of canoe*); ropewalker's balancing pole; seesaw; balancer, halter (*of insect*)
balandra *f* (naut.) sloop
balandrán *m* cassock
balandro *m* (naut.) small sloop, fishing smack
bálano or **balano** *m* (anat.) glans of penis; (zool.) acorn barnacle
balante *adj* bleating
balanza *f* balance, scales; comparison, judgment; **en balanza** in the balance; **balanza de comercio** balance of trade; **balanza de compensación** (horol.) compensation balance; **balanza de pagos** balance of payments; **balanza de precisión** precision balance; **balanza de torsión** (phys.) torsion balance; (*cap.*) *f* (astr.) Scales
balanzario *m* weighmaster (*in mint*)
balanzón *m* cleaning pan (*of silversmith*)
balar *vn* to bleat; **balar por** (coll.) to pine for, to cry for
balarrasa *f* (coll.) strong brandy
balastar *va* (rail.) to ballast
balasto *m* (rail.) ballast
balata *f* (bot.) balata, bully tree
balate *m* terrace; narrow slope; edge, border (*of a ditch*); (zool.) slug
balausta *f* balausta (*any fruit like pomegranate*)
balaustra *f* (bot.) pomegranate tree
balaustrado -da *adj* balustered; *m* balustrade, circle of balusters; *f* balustrade, banisters
balaustrar *va* to adorn or enclose with a balustrade
balaustre *m* or **balaústre** *m* baluster, banister
balay *m* (Am.) wicker basket

balazo *m* shot; bullet wound; **acribillar a balazos** to riddle with bullets
balboa *m* balboa (*monetary unit of Panama*)
balbucear *va* to stammer (*e.g., excuses*); *vn* to stammer, stutter; to babble, prattle
balbucencia *f* or **balbuceo** *m* stammering, stuttering; babbling, prattling
balbucir §53 *vn* var. of **balbucear**
Balcanes, los the Balkans
balcánico -ca *adj* Balkan
balcanizar §76 *va* to Balkanize
balcarrotas *fpl* (Am.) sideburns, side whiskers; (Am.) locks of hair falling over sides of face
balcón *m* balcony; railing; large window with balcony
balconaje *m* balconies, row of balconies
balconcillo *m* little balcony
balda *f* see **baldo**
baldadura *f* or **baldamiento** *m* incapacity, disability
baldaquín *m* or **baldaquino** *m* baldachin, canopy, dais; (arch.) baldachin, ciborium
baldar *va* to cripple; to incapacitate; to inconvenience; to ruff, to trump
balde *m* bucket, pail; **de balde** free, for nothing; over, in excess; idle; **en balde** in vain
baldear *va* to wash (*decks, floors, etc.*) with pails of water; to bail out (*a ditch*)
baldeo *m* deckswabbing
baldés *m* sheepskin for gloves
baldío -a *adj* untilled, uncultivated; idle, lazy; careless; vagabond; vain, useless; baseless, unfounded; *m* wasteland
baldo -da *adj* lacking, out of (*a suit of cards*); *m* lack (*of a suit*); *f* closet shelf
baldón *m* insult, affront; blot, stain, disgrace
baldonar *va* to insult, to affront; to stain, disgrace
baldosa *f* floor tile, paving tile; (Am.) gravestone
baldosado *m* tile flooring, tile paving
baldosar *va* to floor or pave with tile
baldosilla *f* or **baldosín** *m* small square paving tile
baldosón *m* large paving tile, flagstone
baldragas *m* (*pl:* **-gas**) (coll.) easy-going fellow
Balduíno *m* Baldwin
balduque *m* narrow red tape
balear *adj* Balearic; *mf* native or inhabitant of the Balearic Islands; **las Baleares** the Balearic Islands; *va* (Am.) to shoot at, to shoot, to shoot to death
baleárico -ca *adj* Balearic
baleo *m* round mat; esparto fan (*for fanning fire*)
balería *f* or **balerío** *m* stock of balls or bullets (*of an army or fort*)
balero *m* bullet mold
baleta *f* small bale, small bundle
baliaga *adj & mf* Balinese
balido *m* bleat, bleating
balín *m* small bullet; **balines** *mpl* shot, buckshot
balinés -nesa *adj & mf* Balinese
balista *f* ballista
balístico -ca *adj* ballistic; *f* ballistics
balistocardiografía *f* ballistocardiography
balistocardiógrafo *m* ballistocardiograph
balistocardiograma *m* ballistocardiogram
balita *f* small bullet; small bale; (Am.) marble
balitadera *f* deer call
balitar or **balitear** *vn* to bleat all the time
baliza *f* buoy, beacon; danger signal (*on highway undergoing repairs*)
balizaje *m* (naut.) system of buoys; (aer.) airway lighting
balizamiento *m* marking with buoys or beacons
balizar §76 *va* to mark with buoys or beacons; to show, to mark off
balneario -ria *adj* bathing, mineral, medicinal; *m* spa, watering place
balneoterapia *f* treatment with baths, balneotherapy
balomano *m* handball
balompédico -ca *adj* (pertaining to) football, soccer
balompié *m* football, soccer
balón *m* football; bale; balloon; **balón a mano** handball
baloncestista *mf* basketball player
baloncestístico -ca *adj* (pertaining to) basketball
baloncesto *m* basketball
balota *f* small ball (*used in voting*); ballot
balotada *f* ballotade (*leap of horse*)
balotaje *m* (Am.) balloting
balotar *vn* to ballot
balsa *f* raft, balsa; float; pool, puddle; (bot.) balsa, corkwood
balsadera *f* or **balsadero** *m* ferry
balsamea *f* (bot.) balm of Gilead
balsamera or **balsamerita** *f* flask for balsam
balsámico -ca *adj* balsamic, balmy; soothing, healing
balsamina *f* (bot.) balsam apple; (bot.) balsam (*Impatiens balsamina*); **balsamina de jardín** (bot.) garden balsam
balsamita *f* (bot.) hedge mustard; (bot.) feverfew; (bot.) wall rocket; **balsamita mayor** (bot.) costmary; **balsamita menor** (bot.) tansy
bálsamo *m* balsam, balm; (fig.) balm (*something soothing*); **bálsamo de Judea** or **de la Meca** balm of Gilead (*resin and ointment*); **bálsamo de Tolú** tolu or tolu balsam
balsar *m* (Am.) swamp covered with underbrush
balsear *va* to cross (*a stream*) by ferry or raft, to ferry across (*a stream*)
balsero *m* ferryman
balso *m* rope netting; (bot.) corkwood
balsopeto *m* (coll.) bosom; (coll.) pouch worn on bosom
Baltasar *m* Balthasar; (Bib.) Belshazzar
bálteo *m* (arch.) balteus, baluster (*of Ionic capital*); (archaic) balteus (*kind of baldric*)
báltico -ca *adj* Baltic; (*cap.*) *m* Baltic
balto -ta *mf* Balt
baluarte *m* (fort. & fig.) bulwark
balumba *f* great bulk
balumbo *m* bulk, bulky thing
ballena *f* whale; whalebone; corset steel, stay; **la Ballena** (astr.) Cetus, the Whale
ballenato *m* whale calf
ballener *m* whale-shaped vessel (*of Middle Ages*)
ballenero -ra *adj* (pertaining to) whaling; *m* whaler (*person and ship*); (naut.) whaleboat (*long rowboat with a bold sheer at both ends*)
ballesta *f* crossbow, arbalest; carriage spring; auto spring
ballestada *f* crossbow shot
ballestazo *m* hit or wound from crossbow shot
ballestear *va* to shoot or to shoot at with a crossbow
ballestera *f* loophole for crossbows
ballestería *f* archery; bowmen; bowmen's quarters; store of crossbows
ballestero *m* crossbowman; maker of crossbows; royal armorer
ballestilla *f* singletree; (vet.) fleam; (naut.) forestaff, cross-staff
ballestrinque *m* (naut.) clove hitch
ballet *m* (*pl:* **-llets**) ballet
ballico *m* (bot.) Italian rye grass; **ballico perenne** (bot.) cockle, rye grass
ballueca *f* (bot.) wild oats
bamba *f* fluke (*in billiards*)
bambalear *vn & vr* var. of **bambolear**
bambalina *f* (theat.) flies, borders
bambalúa *m* (Am.) clumsy fellow
bambanear *vn & vr* var. of **bambolear**
bambarotear *vn* to be loud and noisy, to make a racket
bambarria *f* fluke, scratch (*in billiards*); *mf* dolt, idiot
bambarrión *m* (coll.) big fluke; (coll.) big idiot
bambochada *f* (paint.) drinking scene, scene of revelry
bamboche *m* (coll.) plump, ruddy fellow
bamboleante *adj* swinging, swaying
bambolear *vn & vr* to swing, sway, reel, totter, wobble
bamboleo *m* swinging, swaying, reeling, tottering, wobbling

bambolla *f* (coll.) show, sham; pageantry
bambollero -ra *adj* (coll.) showy, flashy
bambonear *vn & vr* var. of **bambolear**
bamboneo *m* var. of **bamboleo**
bambú *m* (*pl:* **-búes**) (bot.) bamboo (*plant and hollow stems*)
bambuche *m* (Am.) ridiculous clay figure
bamburé *m* (Am.) large toad
banana *f* (bot.) banana (*tree and fruit*); (rad.) plug
bananal *m* banana plantation
bananero -ra *adj* (pertaining to the) banana; *m* (bot.) banana tree
banano *m* (bot.) banana tree
banas *fpl* (Am.) banns
banasta *f* large basket, hamper
banastero -ra *mf* basket maker
banasto *m* large round basket
Banato, el the Banat
banca *f* bench; stand, fruit stand; banking; bank (*especially in gambling*); **hacer saltar la banca** to break the bank (*in gambling*); **tener banca** (coll.) to be influential; **banca de hielo** iceberg, ice field
bancada *f* large stone bench; bedframe, solepiece; thwart; (min.) stope
bancal *m* oblong plot, oblong orchard; terrace; bench cover
bancario -ria *adj* banking, bank
bancarrota *f* bankruptcy; (fig.) bankruptcy (*utter ruin*); **hacer bancarrota** to go bankrupt
bancarrotero -ra *adj & mf* bankrupt
bance *m* rail (*used to close a road*)
banco *m* bench; bank; school (*of fish*); **banco de ahorros** savings bank; **banco de emisión** bank of issue; **banco de hielo** iceberg; **banco de liquidación** clearing house; **banco de nieblas** fog bank; **banco de pruebas** testing bench; **banco de sangre** blood bank
banda *f* band; ribbon, sash; faction, party; gang; flock; bank, shore; border, edge; side; cushion (*of billiard table*); (mus. & rad.) band; **allá de la otra banda** on the other side; **de la banda de allá de** on the other side of; **irse a la banda** (naut.) to list; **banda de rodamiento** (aut.) tread; **banda de tambores** drum corps; **Banda Oriental** East Bank or Side (*Uruguay*); **bandas laterales** (rad.) sidebands; **banda sonora** (mov.) sound track; **banda transportadora** belt conveyor
bandada *f* flock of birds; (coll.) flock (*of people*)
bandaje *m* tire
bandarria *f* (naut.) iron maul, sledge hammer
bandazo *m* swerving, zigzagging; (naut.) blow of wave on side of ship; (naut.) lurch, violent jolt to one side
bandeado -da *adj* banded, striped
bandear *va* (Am.) to cross, go through; (Am.) to swim across; (Am.) to pursue, make love to; *vr* (Am.) to manage, to get along
bandeja *f* tray; (Am.) dish
bandera *f* flag, banner; **a banderas desplegadas** in the open; **con banderas desplegadas** (mil.) with flying colors (*with flags unfurled and waving*); **bandera blanca** white flag; **bandera de parlamento** or **de paz** flag of truce; **bandera de proa** (naut.) jack; **bandera morrón** waft, weft; **bandera negra** black flag (*of pirates*)
bandereta *f* banneret
bandería *f* band, faction
banderilla *f* banderilla (*barbed dart with banderole*); (print.) paper with corrections pasted on proof; **clavar, plantar** or **poner una banderilla a** (coll.) to taunt, to be sarcastic to; (coll.) to hit for a loan; **banderillas de fuego** (taur.) banderillas with firecrackers attached
banderillear *va* to thrust banderillas into (*neck or shoulder of bull*)
banderillero *m* banderillero (*bullfighter who thrusts banderillas into neck or shoulders of bull*)
banderín *m* little flag, banneret; camp colors; recruiting post; (rail.) flag
banderita *f* banderole
banderizar §76 *va & vr* var. of **abanderizar**
banderizo -za *adj* factional; fiery, excitable; seditious; *mf* factionist, partisan
banderola *f* banderole; (surv.) fanion; (Am.) transom
bandicut *m* (zool.) bandicoot
bandidaje *m* banditry; gang of bandits
bandido *m* bandit, outlaw
bandín *m* (naut.) stern seat
banditismo *m* banditry
bando *m* edict, proclamation; faction, party; side (*e.g., in bridge*); **bando de destierro** ban
bandola *f* mandolin; (naut.) jury mast; (Am.) red flag (*of bullfighters*)
bandolera *f* bandoleer; female bandit, moll; **en bandolera** across the shoulders
bandolerismo *m* brigandage
bandolero *m* brigand, robber, highwayman
bandolín *m* var. of **bandola**
bandolina *f* (mus.) mandolin; pomade, hair grease
bandolón *m* (mus.) mandola
bandujo *m* sausage
bandullo *m* (coll.) belly, guts, bowels
bandurria *f* (mus.) bandurria (*instrument of lute family*)
baniano *m* banian; (bot.) banian
banjo *m* banjo
banjoísta *mf* banjoist
bánova *f* light bedcover; (prov.) bedquilt
banquero *m* banker
banqueta *f* stool, footstool; (eng. & fort.) banquette; (Am.) sidewalk
banquete *m* banquet
banquetear *va, vn & vr* to banquet
banquillo *m* bench; footstool; defendant's seat; (Am.) scaffold
banquisa *f* iceberg, floe, ice field
bantu (*pl:* **-tus**) *adj & mf* Bantu
bantú (*pl:* **-tús** *or* **-túes**) *adj & mf* var. of **bantu**
banzo *m* cheek (*of a frame*)
baña *f* water hole, bathing hole (*for animals*)
bañadera *f* (Am.) bathtub
bañadero *m* var. of **bañil**
bañado *m* chamber pot; (Am.) marshy land
bañador -dora *adj* bathing; *mf* bather; *m* bathing tub or trough; bathing suit
bañar *va* to bathe; to dip; to coat by dipping; (fig.) to cover (*e.g., with glory*); (fig.) to overspread (*e.g., with smiles*); **estar bañado en agua de rosas** to walk on air; *vr* to bathe
bañero -ra *mf* bathhouse proprietor; bath attendant; *m* dipping tub (*for candle makers*); *f* bathtub
bañil *m* water hole, wallow (*where wild animals bathe*)
bañista *mf* bather; resorter, frequenter of a spa or seaside resort
baño *m* bath; bathing; bathroom; bathtub; bagnio (*Moorish or Turkish prison*); cover, coating; **baño de asiento** sitz bath; **baño de ducha** or **de lluvia** shower bath; **baño de maría** or **baño maría** double boiler, water bath, bain-marie; **baño del sol** sun bath; **baño de vapor** steam bath; **baño para pájaros** bird bath; **baño turco** Turkish bath
bañomaría *m* double boiler, water bath, bain-marie
bao *m* (naut.) beam, cross timber; **bao mayor** (naut.) beam (*main horizontal support*)
baobab *m* (bot.) baobab
baptista *adj & mf* Baptist
baptisterio *m* baptistry
baque *m* thud, thump; bump, bruise
baquelita *f* bakelite
baqueta *f* ramrod; drumstick; **a baqueta** or **a la baqueta** harshly, scornfully; **correr baquetas** or **pasar por baquetas** (mil. & fig.) to run the gauntlet
baquetazo *m* blow with a ramrod
baquetear *va* to make run the gauntlet; to inure; to bother, to disturb
baquetudo -da *adj* (Am.) sluggish, slow, phlegmatic
baquía *f* familiarity with region (*roads, paths, rivers etc.*); (Am.) skill, manual dexterity
baquiano -na *adj* skilful, expert; *mf* guide, pathfinder
baquiar *va* (Am.) to train (*animals*)

báquico -ca *adj* Bacchic; bacchic (*drunken, riotous*)
baquira or **báquira** *mf* (zool.) peccary
bar *m* bar, barroom; cocktail bar
barahúnda *f* uproar, tumult
baraja *f* deck or pack (*of playing cards*); confusion, mix-up; gang, mob; **jugar con dos barajas** (coll.) to act with duplicity, to be a double-crosser; **peinar la baraja** to riffle the cards
barajado *m* shuffling
barajadura *f* shuffling; quarrel, dispute
barajar *va* to shuffle (*playing cards*); to mix; to bandy about; (Am.) to parry, ward off; (Am.) to catch; *vn* to fight, quarrel; *vr* to become jumbled; to get mixed up
Barajas international airport of Madrid
barajones *mpl* (prov.) skis
baranda *f* railing; cushion (*of billiard table*)
barandaje *m* or **barandajo** *m* railing, balustrade
barandal *m* upper or lower rail of balustrade; railing, balustrade
barandilla *f* railing, balustrade; (naut.) guardrail
baranguay *m* baranguay (*Philippine canoe or boat; Philippine village of 50 to 100 families*)
barata *f* see **barato**
baratador -dora *mf* barterer
baratar *vn* (archaic) to barter
baratear *va* to sell cheaply, to sell at a bargain
baratería *f* (law) barratry; **baratería de capitán** or **patrón** (naut. law) barratry
baratero -ra *adj* (Am.) cheap (*charging low prices*); *m* fellow who exacts money from winning gamblers; (Am.) haggler
baratía *f* (Am.) cheapness
baratija *f* trinket, trifle
baratillero -ra *mf* second-hand dealer
baratillo *m* second-hand goods; second-hand shop; bargain counter; bargain sale; **de baratillo** cheap, second-rate
barato -ta *adj* cheap; *m* bargain sale; **dar de barato** (coll.) to admit for the sake of argument; **de barato** gratis, free; **echar** or **meter a barato** (coll.) to heckle; (coll.) to sneer at; *f* barter; cheapness; (Am.) bargain sale; **barato** *adv* cheap
báratro *m* (poet.) hell, inferno
baratura *f* cheapness
baraúnda *f* uproar, tumult
baraustar §75 *va* to aim; to ward off
barba *f* chin; beard, whiskers; deckle edge, rough edge; gill or wattle (*of fowl*); (bot.) beard; (mach.) burr; **echarle a las barbas a uno** to throw in one's teeth; **hacer la barba** to shave (oneself); **hacer la barba a** to shave; to bore, annoy; to fawn on; **mentir por la barba** (coll.) to tell fish stories; **por barba** apiece; **barba cabruna** (bot.) goatsbeard; **barba de capuchino** (bot.) clover dodder; **barba de Júpiter** (bot.) houseleek; **barba española** (bot.) Spanish moss, Florida moss; **barbas de viejo** (bot.) Spanish moss, Florida moss; *m* (theat.) old man; **Barba Azul** Bluebeard
barbacana *f* (fort.) barbican; churchyard wall
barbacoa *f* (Am.) barbecue
barbada *f* see **barbado; la Barbada** see **barbado**
barbadejo *m* (bot.) wayfaring tree
barbadija *f* (bot.) laurustine
barbado -da *adj* bearded; barbed; deckle-edged; *m* shoot, sucker, seedling for transplanting; **plantar de barbado** to transplant (*a seedling*); *f* lower jaw of horse; bridle curb; (ichth.) dab; **la Barbada** Barbados
barbaja *f* (bot.) cut-leaved viper's-grass; **barbajas** *fpl* (agr.) first roots
barbaján *m* (Am.) rustic, hayseed
barbar *vn* to grow a beard; to breed bees; to strike root
barbárico -ca *adj* barbaric
barbaridad *f* barbarism; outrage; nonsense; (coll.) huge amount; **¡qué barbaridad!** how awful!
barbarie *f* barbarism, barbarity
barbarismo *m* (gram.) barbarism; illiteracy; barbarity; outrage; barbarians
barbarizar §76 *va* to make barbarous; to fill with barbarisms; *vn* to make atrocious remarks
bárbaro -ra *adj* barbaric; barbarous; *mf* barbarian
barbarote -ta *adj* (coll.) cruel; (coll.) coarse
barbaza *f* shaggy beard
barbear *va* to reach with the chin; to be as high as; (Am.) to shave; (Am.) to flatter; *vn* to reach the same height; **barbear con** to be as high as
barbechada *f* fallowing
barbechar *va* to plow for seeding; to fallow
barbechera *f* series of fallows; fallowing; fallowing season
barbecho *m* fallow
barbera *f* see **barbero**
barbería *f* barbershop; barbering
barberil *adj* (pertaining to a) barber
barbero -ra *adj* (Am.) fawning, flattering; *m* barber; *f* barber's wife
barbeta *f* (fort.) barbette; (naut.) racking; **a barbeta** in barbette
barbián -biana *adj* (coll.) dashing, bold, handsome
barbibermejo -ja *adj* red-bearded
barbiblanco -ca *adj* var. of **barbicano**
barbicacho *m* chin ribbon or strap, cap or hat string
barbicano -na *adj* gray-bearded, white-bearded
barbiespeso -sa *adj* heavy-bearded, thick-bearded
barbihecho -cha *adj* fresh-shaved
barbilampiño -ña *adj* smooth-faced, beardless
barbilindo -da *adj* dapper, dandified
barbiluengo -ga *adj* long-bearded
barbilla *f* tip of chin; (carp.) rabbet; barbel (*growth in mouth of fish*)
barbillera *f* tuft of tow; chin strap (*to hold mouth of corpse shut*)
barbinegro -gra *adj* black-bearded
barbiponiente *adj* (coll.) beginning to grow a beard; (coll.) beginning, apprenticed
barbiquejo *m* chin strap, hat guard; (naut.) bobstay
barbirrubio -bia *adj* blond-bearded
barbirrucio -cia *adj* gray-bearded, with a grizzled beard
barbitaheño -ña *adj* red-bearded
barbitonto -ta *adj* simple, simple-looking
barbiturato *m* (chem.) barbiturate
barbitúrico -ca *adj* (chem.) barbituric
barbo *m* (ichth.) barbel; **barbo de mar** (ichth.) red mullet
barbón *m* bearded man; billy goat; Carthusian lay brother; (coll.) graybeard, solemn old person
barboquejo *m* var. of **barbiquejo**
barbotar *va* & *vn* to mutter, to mumble
barbote *m* beaver (*of helmet*)
barbotear *vn* to mumble
barboteo *m* mumbling
barbudo -da *adj* bearded, long-bearded, heavy-bearded; *m* shoot, sucker, seedling for transplanting
barbulla *f* (coll.) uproar, clamor, hubbub, hullabaloo
barbullar *va* to daub; *vn* (coll.) to blabber, to make a hullabaloo
barbullón -llona *adj* loudmouthed; *mf* noisy talker
barbuquejo *m* var. of **barbiquejo**
barca *f* small boat; (naut.) bark, barque
barcada *f* boatload; boat trip
barca-goleta *f* (naut.) barkentine
barcaje *m* ferrying; boat fare
barcal *m* wooden bowl or trough; dog dish
barcarola *f* (mus.) barcarole; rowing song
barcarrón *m* (naut.) hooker, tub
barcaza *f* lighter, barge; lighterage
barcelonés -nesa *adj* (pertaining to) Barcelona; *mf* native or inhabitant of Barcelona
barceno -na *adj* ruddy, auburn
barceo *m* (bot.) matweed
barcia *f* chaff
barcinar *va* (prov.) to gather in (*grain*)
barcino -na *adj* reddish-brown and white; *mf* (Am.) turncoat (*in politics*); *f* load of hay or straw; straw-net bag

barco *m* boat, vessel; shallow ravine; **el Barco fantasma** the Flying Dutchman; **barco marinero** good sailer; **barco náufrago** shipwreck; **barco velero** fast sailer
barcolongo or **barcoluengo** *m* (hist.) round-bow sailing vessel; (hist.) long, narrow two-master
barcón *m* large boat
barchilón -lona *mf* (Am.) orderly, nurse
barda *f* bard, horse armor; thatch; hedge; (naut.) low black cloud
bardaguera *f* (bot.) osier
bardal *m* thatched fence or wall
bardana *f* (bot.) burdock; **bardana menor** (bot.) cocklebur (*Xanthium strumarium*); (bot.) hedgehog parsley
bardar *va* to thatch; to bard (*a horse*)
bardiota *m* (archaic) Byzantine imperial guard
bardo *m* bard
bardoma *f* (prov.) filth, dirt, dung
baremo *m* ready reckoner; arithmetic (*book*); scale (*of marks, salaries, etc.*); table of rates
barés *m* barège
barga *f* river barge
bargueño *m* fancy inlaid gilt secretary
baribal *m* (zool.) black bear
bario *m* (chem.) barium
barisfera *f* (geol.) barysphere
barita *f* (mineral.) baryta
baritel *m* hoist, windlass
baritina *f* (chem.) barite
barítono *m* (mus.) baritone
barjuleta *f* knapsack, haversack; tool bag
barloar *va* (naut.) to bring alongside; *vn & vr* (naut.) to come alongside
barloas *fpl* (naut.) relieving tackles
barloventear *vn* (naut.) to ply or turn to windward; to wander from place to place
barlovento *m* (naut.) windward
barman *m* (*pl:* **-mans**) bartender
barnacla *f* (zool.) barnacle; (orn.) sea goose
barniz *m* (*pl:* **-nices**) varnish; glaze (*on pottery*); face paint; gloss, polish; smattering; **dar de barniz** to varnish (*e.g., a piece of furniture*); **barniz del Japón** (bot.) tree of heaven; **barniz aislador** electric varnish
barnizado *m* varnish, varnishing, coat of varnish; (f.a.) varnishing day
barnizador -dora *adj* varnishing; glazing; *mf* varnisher; glazer
barnizar **§76** *va* to varnish; to glaze (*pottery*); to polish, to shine
barógrafo *m* barograph
barograma *m* barogram
barométrico -ca *adj* barometric
barómetro *m* barometer; (fig.) barometer; **barómetro aneroide** aneroid barometer
barón *m* baron
baronaje *m* or **baronato** *m* baronage
baronesa *f* baroness
baronía *f* barony, baronage
baronial *adj* baronial
baroscopio *m* baroscope
barquear *va* to cross (*e.g., a river*) in a boat; *vn* to cross or go across in a boat
barqueo *m* boating, crossing in a boat
barquero *m* boatman
barquía *f* fishing boat, fishing smack
barquilla *f* cone mold; (aer.) nacelle; (naut.) log; log chip; **barquilla transbordadora** transporter car
barquillero -ra *mf* maker or seller of cones; *m* cone mold; waffle iron; harbor boatman; **barquillero de los estanques** (ent.) back swimmer
barquillo *m* cone (*e.g., for ice cream*); waffle; wafer stick
barquín *m* bellows
barquinazo *m* (coll.) hard jolt, fall, or upset of a carriage
barquinera *f* bellows
barquino *m* wineskin
barra *f* bar (*of metal, etc.; of sand in river or ocean; military badge; counter of barroom*); stick (*of dynamite*); railing in courtroom; (her. & mus.) bar; (mach.) rod; gross-spun or colored thread (*in a fabric*); **barra colectora** (elec.) bus bar; **barra de balas** bar bell; **barra de labios** or **para los labios** lipstick; **barra imantada** bar magnet; **barras paralelas** (sport) parallel bars
barrabás *m* (fig.) devil; (*cap.*) *m* (Bib.) Barabbas
barrabasada *f* devilishness, fiendish act
barraca *f* cabin, hut; small country house; (Am.) storage shed
barracón *m* barracks; fair booth; (mil.) permanent quarters
barracuda *f* (ichth.) barracuda
barragán *m* barragan; barragan raincoat
barragana *f* concubine
barraganería *f* concubinage
barraganete *m* (naut.) top-timber
barramunda *f* (ichth.) Burnett salmon; (ichth.) arapaima
barranca *f* ravine, gorge, gully; (Am.) channel made by running water
barrancal *m* locality full of ravines, place full of gullies
barranco *m* ravine, gorge, gully; (Am.) cliff, precipice; great difficulty, obstruction
barrancoso -sa *adj* full of ravines, gorges, or gullies; broken, uneven; steep, precipitous
barranquear *va* to drag (*logs*) down a ravine
barranquera *f* ravine, gorge, gully
barrar *va* to daub, smear; to bar, barricade
barreal *m* (Am.) mudhole, quagmire
barrear *va* to barricade; to bar, fasten with a bar; (prov.) to strike out, cross off; *vn* to graze one's opponent's armor; *vr* (prov.) to wallow in the mud (*said of wild boar*)
barreda *f* barrier
barredero -ra *adj* sweeping; drag; *m* baker's mop; *f* street sweeper; **barredera de alfombras** carpet sweeper
barredor -dora *adj* sweeping; *mf* sweeper; **barredora de nieve** snowplow
barredura *f* sweeping; **barreduras** *fpl* sweepings, refuse
barrejobo *m* (Am.) clearing, clean sweep
barreminas *m* (*pl:* **-nas**) (nav.) mine sweeper
barrena *f* drill, auger, gimlet; bit (*of drill*); crowbar; (aer.) spin; **entrar en barrena** (aer.) to go into a spin
barrenado -da *adj* drilled; (coll.) mad, crazy
barrenar *va* to drill; to scuttle (*a ship*); to undo, upset; to violate
barrendero -ra *mf* sweeper (*person*)
barrendo *m* (Am.) wildcat
barrenero *m* drill maker, drill dealer; (min.) driller, blaster
barrenillo *m* (ent.) boring insect, borer
barreno *m* large drill; bored hole; blast hole; pride, haughtiness; (Am.) mania, pet idea; **dar barreno a** to scuttle (*a ship*)
barreña *f* or **barreño** *m* dishpan
barrer *va* to sweep, to sweep away, to sweep clean; to graze; *vn* to sweep; **barrer hacia dentro** to look out for oneself; *vr* (Am.) to shy (*said of a horse*)
barrera *f* barrier; (mil.) barricade; (mil.) barrage; clay pit; crockery cupboard; gate; tollgate; (rail.) crossing gate; (taur.) wooden barrier or fence around inside of bull ring; (taur.) first row of seats; **barrera aduanera** customs barrier; **barrera de arrecifes** barrier reef; **barrera de globos** balloon barrage; **barrera del idioma** language barrier; **barrera del sonido** or **barrera sónica** sonic barrier; **barrera de paso a nivel** (rail.) crossing gate; **barrera térmica** thermal barrier
barrero *m* potter; mudhole; (Am.) salt marsh
barreta *f* small bar; shoe lining
barretear *va* to bar, fasten with a bar; to line (*a shoe*)
barretina *f* Catalan beret
barriada *f* ward, quarter, district, precinct; houses on edge of town
barrica *f* cask, large cask
barricada *f* barricade
barrido *m* sweeping, sweepings
barriga *f* belly; (fig.) belly (*of a container*); bulge (*in a wall*)
barrigón -gona or **barrigudo -da** *adj* big-bellied
barriguera *f* bellyband, cinch, girth
barril *m* barrel; earthen water jug
barrilamen *m* stock of barrels or casks
barrilejo *m* rundlet, small barrel

barrilería *f* stock of barrels or casks; barrel factory, barrel shop
barrilero *m* cooper, barrel maker, barrel dealer
barrilete *m* dog, clamp; (naut.) mouse; (zool.) fiddler crab; keg
barrilla *f* (bot. & chem.) barilla
barrillar *m* barilla plantation; barilla pit
barrillero -ra *adj* barilla-yielding
barrillo *m* pimple
barrio *m* ward, quarter, precinct; suburb; **andar** or **estar vestido de barrio** (coll.) to be dressed plainly; **el otro barrio** (coll.) the other world; **barrio bajo** slums; **barrio comercial** shopping district, business district; **Barrio Latino** Latin Quarter; **barrios externos** suburbs
barrisco; a barrisco jumbled together, indiscriminately
barrita *f* little bar; **barrita de pan** roll
barritar *vn* to trumpet (*said of elephants*)
barrizal *m* mudhole, mire
barro *m* mud; clay; earthenware; pimple, whelk
barroco -ca *adj & m* baroque
barrocho *m* barouche
barrón *m* large bar; (bot.) beach grass
barroquismo *m* baroque style, baroque taste; extravagance, bad taste
barroso -sa *adj* muddy; pimply
barrote *m* bar, heavy bar; bolt; cross brace
barrueco *m* baroque pearl
barrumbada *f* boast; boastful extravagance
barruntador -dora *adj* conjecturing, guessing; *mf* guesser
barruntamiento *m* conjecturing, guessing
barruntar *va* to conjecture, guess; to sense
barrunte *m* or **barrunto** *m* conjecture, guess; sign, token, show
bartola; a la bartola carelessly, in a carefree manner
bartolillo *m* little meat pie; cream tart
bartolina *f* (Am.) cell, dungeon; (Am.) solitary confinement
Bartolomé *m* Bartholomew
bártulos *mpl* household tools; dealings, business; steps, means, way; **liar los bártulos** (coll.) to pack up, to gather one's belongings; **preparar los bártulos** (coll.) to get set, to lay one's plans
Baruc *m* (Bib.) Baruch
baruca *f* (coll.) snare, trap
barullo *m* tumult, uproar, confusion
barzal *m* bramblebush, thicket
barzoi *m* borzoi (*Russian wolfhound*)
barzón *m* loitering, wandering, saunter, stroll; ring or loop of a yoke
barzonear *vn* to loiter, to wander around, to saunter, to stroll
basa *f* (arch.) base; basis, foundation
basada *f* stocks (*for shipbuilding*)
basal *adj* basal, basic
basáltico -ca *adj* basaltic, basalt
basalto *m* basalt
basamento *m* (arch.) base and pedestal (*of a column*)
basanita *f* basalt; (petrog.) basanite
basar *va* to base; to support; *vr* **basarse en** to base one's judgment on, to rely on
basáride *f* (zool.) cacomistle
basca *f* nausea, squeamishness; (coll.) fit of temper, angry mood
bascosidad *f* filth, dirt
bascoso -sa *adj* nauseated, squeamish
báscula *f* platform scale
bascular *vn* to tip, tilt, rock
base *f* base; basis; **a base de** on the basis of; **primera base** *f* (baseball) first base (*station*); **primera base** *m* (baseball) first base, first baseman (*player*); **segunda base** *f* (baseball) second base (*station*); **segunda base** *m* (baseball) second base, second baseman (*player*); **tercera base** *f* (baseball) third base (*station*); **tercera base** *m* third base, third baseman (*player*); **base aérea** air base; **base aeronaval** naval air base; **base robada** (baseball) stolen base
basebolista *mf* baseball player
basicidad *f* (chem.) basicity
básico -ca *adj* basic; (chem.) basic
basidio *m* (bot.) basidium
basidiomiceto *m* (bot.) basidiomycete
basilar *adj* basilar
Basilea *f* Basle, Basel
basílica *f* basilica; (anat.) basilic vein
basiliense *adj* (pertaining to) Basle; *mf* native or inhabitant of Basle
basilio -lia *adj & m* Basilian
basilisco *m* (zool. & myth.) basilisk; **estar hecho un basilisco** to be in a rage
basquear *vn* to be nauseated
basquetbol *m* basketball
basquetbolista *mf* basketball player
basquiña *f* basquine; skirt
basta *f* see **basto**
bastaje *m* porter, errand boy
bastante *adj* enough, sufficient; *adv* enough; fairly, rather
bastantear *va* (law) to recognize as valid, to admit the legality of
bastantemente *adv* sufficiently
bastanteo *m* (law) recognition, admission, validation
bastar *vn* to suffice, be enough, be more than enough, to abound; **¡basta!** that'll do!, cut it out!; **bastar** + *inf* or **bastar con** + *inf* to be enough to + *inf*; **bastar a or para** + *inf* to suffice to + *inf*; *vr* to be self-sufficient; **bastarse a sí mismo** to be sufficient unto oneself
bastarda *f* see **bastardo**
bastardear *va* to debase; to adulterate, contaminate; *vn* to degenerate, deteriorate, decline
bastardelo *m* notary's notebook
bastardía *f* bastardy; meanness, wickedness, indignity
bastardillo -lla *adj* (print.) italic; *f* (print.) italics
bastardo -da *adj & mf* bastard; *m* (print.) bastard type; (naut.) parrel rope; *f* bastard file
baste *m* stitch; saddle pad
bastear *va* to baste, to tack; to tuft
bastedad *f* coarseness, rudeness, roughness
bastero *m* maker or seller of packsaddles; harness maker
basteza *f* var. of **bastedad**
bastidor *m* frame; stretcher (*for canvas*); wing (*of stage scenery*); (phot.) plate holder; **entre bastidores** (theat. & fig.) behind the scenes
bastilla *f* (sew.) hem; bastille (*small fortress*)
bastillar *va* (sew.) to hem
bastimentar *va* to supply, provision
bastimento *m* vessel; supplies, provisions
bastión *m* bastion
bastionado -da *adj* (fort.) bastioned
basto -ta *adj* coarse, rude, rough; *m* packsaddle; club (*playing card*); **bastos** *mpl* clubs (*suit of playing cards*); **el basto** the ace of clubs; *f* coarse stitch; basting; basting stitch
bastón *m* cane, staff, baton; **empuñar el bastón** to seize the reins; **meter el bastón** to intercede; **bastón de esquiar** ski pole or stick; **bastón de estoque** sword cane
bastonada *f* or **bastonazo** *m* bastinado
bastoncillo *m* small cane or stick; narrow trimming lace; (anat.) rod (*in retina*)
bastoncito *m* (bact.) rod
bastonear *va* to cane, to beat, to cudgel
bastoneo *m* caning, beating, cudgeling
bastonera *f* cane stand, umbrella stand
bastonería *f* cane making; cane shop
bastonero *m* cane maker, cane dealer; master of ceremonies at a ball; jailer's assistant
basura *f* sweepings; rubbish, refuse, trash; horse manure
basural *m* (Am.) dump, trash pile; (Am.) manure pile
basurero *m* rubbish collector, trash collector; trash can; rubbish dump
basuriento -ta *adj* (Am.) full of rubbish or trash, dirty
bata *f* smock; dressing gown, wrapper; **bata de baño** bathrobe
Bataán, el Bataan
batacazo *m* thud, bump
bataclán *m* (Am.) burlesque show
bataclana *f* (Am.) show girl, stripteaser; (Am.) pinup girl
batahola *f* (coll.) hubbub, uproar

batalla *f* battle, fight; joust, tournament; wheel base; seat (*of saddle*); worry, uneasiness; (paint.) battle piece; **en batalla** in battle array; **librar batalla** to do battle, to join battle; **batalla campal** pitched battle
batallador -dora *adj* battling; *mf* battler; fighter; fencer
batallar *vn* to battle, fight, struggle; to fence; to hesitate, waver
batallola *f* (naut.) rail
batallón *m* (mil. & fig.) battalion
batán *m* fulling mill
batanar *va* to beat or full (*cloth*); to beat, to whip; to overcome, conquer
batanear *va* to beat, to thrash
batanero *m* fuller
batanga *f* bamboo outrigger (*in Philippine Islands*)
bataola *f* var. of **batahola**
batata *f* (bot.) sweet potato (*plant and tuber*); (Am.) timidity, bashfulness
batatal *m* sweet-potato field or patch
batatazo *m* (Am.) fluke, stroke of luck; **dar batatazo** (Am.) to win against all odds (*in a horse race*)
bátavo -va *adj & mf* Batavian
batayola *f* (naut.) rail
batazo *m* (baseball) hit; **buen batazo** (baseball) fair ball; **mal batazo** (baseball) foul ball
bate *m* beating, shaking; tamping pick; baseball bat
batea *f* tray; painted wooden tray; flat-bottomed boat; tray (*e.g., of a trunk*); (rail.) flatcar; (min.) washing trough
bateado *m* (baseball) batting
bateador -dora *adj* (baseball) batting, at bat; *mf* (baseball) batter
batear *va & vn* (baseball) to bat
batel *m* small boat, skiff
batelero *m* boatman
bateo *m* (coll.) baptism; (baseball) batting
batería *f* battery; battering; (elec.) battery (*two or more cells connected together*); (baseball) battery; footlights; **batería de cocina** set of kitchen utensils
batey *m* (Am.) sugar refinery; (Am.) sugar-refining machinery
batibio *m* (zool.) bathybius
batiborrillo or **batiburrillo** *m* hodgepodge
baticola *f* crupper
batida *f* see **batido**
batidera *f* mortar hoe, concrete hoe; stirrer; device for cutting honeycombs
batidero *m* constant beating or striking; rough ground; (fig.) going and coming; **batideros** *mpl* (naut.) washboard; (naut.) patch (*to protect sails from rubbing*)
batido -da *adj* beaten (*path*); chatoyant (*silk*); *m* batter; milk shake; beating; beat; (rad.) beat; *f* battue; search, reconnoitering
batidor *m* beater (*person or device*); scout, ranger; haircomb; (mus.) finger board; **batidor de oro** goldbeater
batidora *f* beater, mixer (*device*)
batiente *m* jamb; door (*each of a pair of double doors*); damper (*of a piano*)
batihoja *m* goldbeater; sheet-metal worker
batimento *m* (paint.) shade, shading, shadow
batimiento *m* beating; (phys.) beat
batín *m* smoking jacket
batintín *m* (mus.) Chinese gong
bationdeo *m* flapping (*of a curtain, flag, etc.*)
batiportar *va* (naut.) to house (*a gun*)
batiporte *m* (naut.) sill (*of gun ports*)
batir *va* to beat; to beat down; to clap (*the hands*); to coin; **batir las olas** to ply the seas; **batir los talones** to take to one's heels; **batir tiendas** (mil.) to strike camp; *vr* to fight
batiscafo *m* bathyscaphe
batisfera *f* bathysphere
batista *f* cambric; **batista de Escocia** batiste
batitú *m* (*pl:* **-túes**) (orn.) upland plover
bato *m* rustic, simpleton ; (orn.) wood ibis
batojar *va* to beat down (*fruit from a tree*)
batolito *m* (geol.) batholith
batología *f* battology
batómetro *m* bathometer
batracio *adj & m* (zool.) batrachian
batucar §86 *va* to shake, to shake up, to stir together
batuda *f* jumping (*on a springboard*)
batueco -ca *adj* stupid, foolish, simple
batuque *m* (Am.) uproar, rumpus; (Am.) jamboree; **armar un batuque** (Am.) to raise a row
batuquear *va* var. of **batucar**
baturrillo *m* hodgepodge
baturro -rra *adj* (dial.) countrified; *mf* (dial.) peasant
batuta *f* (mus.) baton; **llevar la batuta** (coll.) to be in charge, to boss the show
Baucis *f* (myth.) Baucis
baúl *m* trunk; (coll.) belly; **baúl mundo** Saratoga trunk; **baúl perchero** or **ropero** wardrobe trunk
baulería *f* trunk shop
baulero *m* trunk maker or dealer
bauprés *m* (naut.) bowsprit
bausán -sana *adj* (Am.) idle, loafing; *mf* fool, idiot; (Am.) loafer; *m & f* straw soldier (*figure stuffed with straw*)
bautismal *adj* baptismal
bautismo *m* baptism; (eccl.) baptism; **bautismo de aire** first flight in an airplane; **bautismo de fuego** baptism of fire
bautista *adj* Baptist; *mf* baptizer; Baptist; **el Bautista** (Bib.) John the Baptist
bautisterio *m* baptistery
bautizar §76 *va* to baptise (*a person, a ship; to give a name to*); to throw water on (*a person*); (coll.) to dilute, to water (*wine*)
bautizo *m* baptism; christening party
bauxita *f* (mineral.) bauxite
bávaro -ra *adj & mf* Bavarian; *m* Bavarian (*dialect*)
Baviera *f* Bavaria; (*l.c.*) *f* (Am.) Bavarian beer, Munich beer
baya *f* see **bayo**
bayadera *f* bayadere (*female dancer and singer of India*)
bayal *adj* berry-like; bay; *m* lever used for turning stones
Bayardo, señor de seigneur de Bayard
bayeta *f* baize; floor mop
bayetón *m* bearskin (*shaggy woolen cloth for overcoats*)
bayo -ya *adj* bay; *m* bay; silkworm used as bait; *f* berry; (coll.) fun, joke, trick
Bayona *f* Bayonne
bayonense or **bayonés -nesa** *adj* (pertaining to) Bayonne; *mf* native or inhabitant of Bayonne
bayoneta *f* bayonet; (bot.) Spanish bayonet, Spanish dagger; **bayonetas** *fpl* troops, army; **bayoneta espada** sword bayonet
bayonetazo *m* bayonet thrust, bayonet wound
bayonetear *va* (Am.) to bayonet
bayuca *f* (coll.) inn, tavern, drinking place
baza *f* see **bazo**
bazar *m* bazar
bazo -za *adj* yellowish-brown; *m* yellowish brown; (anat.) spleen; *f* trick (*cards in one round*); **hacer baza** (coll.) to get along, to succeed; **meter baza (en)** (coll.) to butt in; **no dejar meter baza** (coll.) to not let (*a person*) get a word in edgewise; **baza rápida** (cards) quick trick
bazofia *f* offal, refuse, garbage, hogwash
bazuca *f* (mil.) bazooka (*portable rocket launcher*)
bazucar §86 *va* to stir by shaking; to tamper with
bazuquear *va* var. of **bazucar**
bazuqueo *m* stirring, shaking; **bazuqueo gástrico** intestinal rumblings
be *m* baa
beatería *f* cant, hypocrisy, sanctimony
beaterio *m* house of lay sisters
beatificación *f* beatification
beatificar §86 *va* to beatify
beatífico -ca *adj* beatific
beatilla *f* betille, fine linen
beatísimo -ma *adj super* most holy; **Beatísima madre** Holy Mother; **Beatísimo padre** Holy Father
beatitud *f* beatitude; Beatitude (*Pope*)
beato -ta *adj* happy, blessed; beatified; devout; prudish, bigoted; *mf* beatified person; devout

person; prude, bigot; *m* man who wears clerical dress but is not in a religious community; (coll.) churchgoer; *f* charity worker (*woman*); lay sister
beatón -tona *adj* hypocritical, bigoted; *mf* hypocrite, bigot
Beatriz *f* Beatrice
beatucho -cha *mf* (coll.) scheming hypocrite
bebé *m* baby; doll
bebeco -ca *adj* (Am.) albino
bebedero -ra *adj* drinkable; *m* water trough; drinking dish or pan (*for animals*); spout (*of drinking vessel*); (found.) sprue
bebedizo -za *adj* drinkable; *m* potion (*medicinal or poisonous*); philter
bebedor -dora *adj* drinking; *mf* drinker; hard drinker, toper
beber *m* drink, drinking; *va* to drink; to drink in; **beber los vientos por** to sigh for, to long for; *vn* to drink; **beber a la salud de** to drink to the health of; **beber de** or **en** to drink out of; **beber por la salud de** to drink to the health of; *vr* to drink, to drink up; (fig.) to drink in (*e.g., a book*)
beberrón -rrona *adj* (coll.) hard-drinking, drunk; *mf* (coll.) hard drinker, drunk, drunkard
bebestible *adj* drinkable; *m* drink
bebezón *m* (Am.) drunk, spree, drinking party
bebible *adj* (coll.) pleasant, drinkable
bebido -da *adj* tipsy; *f* drink; (Am.) potion, medicine; (prov.) break for a bite and a drink
bebirina *f* (pharm.) bebeerine
bebistrajo *m* (coll.) unpalatable drink, dose
beborrotear *vn* (coll.) to sip, to tipple
beca *f* scholarship, fellowship; sash worn over academic gown
becabunga *f* (bot.) brooklime
becacín *m* (orn.) whole snipe
becacina *f* (orn.) great or double snipe
becado -da *mf* (Am.) var. of **becario;** *f* (orn.) woodcock; **becada de los pantanos** (orn.) jacksnipe
becafigo *m* (orn.) beccafico, figpecker
becar §86 *va* (Am.) to grant a scholarship or fellowship to
becardón *m* (orn.) snipe
becario -ria *mf* scholar, fellow, holder of a scholarship or fellowship
becerra *f* see **becerro**
becerrada *f* (taur.) fight of yearling calves
becerrero *m* keeper of herds of yearling calves
becerril *adj* (pertaining to a) calf
becerrillo *m* calfskin
becerro -rra *mf* yearling calf; *m* calfskin; **becerro de oro** (Bib. & fig.) golden calf; **becerro marino** (zool.) sea calf; *f* (bot.) snapdragon
becoquín *m* cap with strap under the chin
becoquino *m* (bot.) honeywort
becuadro *m* (mus.) natural sign
bechamela *f* béchamel sauce
Bechuanalandia, la Bechuanaland
bedano *m* heavy chisel
bedel *m* beadle
bedelía *f* beadleship
bedelio *m* bdellium
beduíno -na *adj* & *mf* Bedouin; *m* barbarian
befa *f* see **befo**
befar *va* to jeer at, to scoff at; *vn* to move the lips (*said of a horse*)
befo -fa *adj* blobber (*lip*); blobber-lipped; knock-kneed; *m* lip (*of an animal*); monkey; *f* jeer, scoff
begonia *f* (bot.) begonia
begoniáceo -a *adj* (bot.) begoniaceous
behaviorismo *m* behaviorism
behén *m* var. of **ben**
behetría *f* confusion, disorder, pandemonium
béisbol *m* baseball
beisbolero -ra or **beisbolista** *mf* (Am.) baseball player
bejín *m* (bot.) puffball; (coll.) touchy person, cross child
bejuco *m* (bot.) liana; **bejuco de corona** (bot.) bull briar
bejuquillo *m* Chinese gold necklace; ipecac
Belcebú *m* (Bib.) Beelzebub
belcho *m* (bot.) joint fir
beldad *f* beauty (*quality of beautiful; beautiful woman*)
beldar §18 *va* to winnow with a rakelike fork
belemnita *f* (pal.) belemnite
belén *m* crèche; (coll.) confusion, bedlam; (coll.) madhouse; risk, hazard; (slang) gossip, lie; (*cap.*) *m* Bethlehem
beleño *m* (bot.) henbane
belérico *m* (bot.) myrobalan
Belerofonte *m* (myth.) Bellerophon
belesa *f* (bot.) leadwort
belez *m* or **belezo** *m* jar, vessel; piece of furniture
belfo -fa *adj* blobber (*lip*); blobber-lipped; *m* lip (*of an animal*); blobber lip
belga *adj* & *mf* Belgian
bélgico -ca *adj* Belgian; (*cap.*) *f* Belgium
Belgrado *f* Belgrade
Bélice Belize
belicismo *m* war spirit, militarism
belicista *adj* war, militaristic
bélico -ca *adj* warlike
belicosidad *f* bellicosity
belicoso -sa *adj* bellicose
beligerancia *f* belligerence, belligerency
beligerante *adj* & *m* belligerent
belígero -ra *adj* (poet.) warlike
belio *m* (phys.) bel
Belisario *m* Belisarius
belísono -na *adj* with warlike sound
belitre *adj* (coll.) low, mean, vile; *m* rogue, scoundrel
belorta *f* clasp ring of plow
Beltrán *m* Bertram
beltranear *vn* (coll.) to be crude, to be uncouth
Beluchistán, el Baluchistan
beluga *f* (zool.) beluga
belvedere *m* belvedere
bellacada *f* var. of **bellaquería**
bellaco -ca *adj* sly, cunning; wicked, knavish; balky; *mf* scoundrel, knave
belladona *f* (bot.) belladonna, banewort; (pharm.) belladonna
bellaquear *vn* to deceive, to cheat, to be crooked; to rear; (Am.) to be stubborn
bellaquería *f* slyness, cunning; wickedness, knavery
belleza *f* beauty (*quality of beautiful; beautiful woman*)
bello -lla *adj* beautiful, fair; **bello ideal** beau ideal; **la Bella durmiente** Sleeping Beauty
bellorio -ria *adj* mouse-colored
bellorita *f* (bot.) English daisy
bellota *f* acorn; acorn-shaped perfume box; (zool.) acorn barnacle; carnation bud; (coll.) Adam's apple; **bellota de mar** or **marina** (zool.) sea urchin
bellote *m* round-headed spike
bellotear *vn* to feed on acorns (*said of pigs*)
bellotero -ra *mf* acorn gatherer or vendor; *f* acorn season; acorn crop
bembo -ba *adj* (Am.) thick-lipped; (Am.) snouty; *mf* (Am.) thicklips (*person*); (Am.) simpleton; *m* (Am.) thick lip
bembón -bona *adj* (Am.) thick-lipped; (Am.) snouty
bemol *adj* (mus.) flat; *m* (mus.) flat; **doble bemol** (mus.) double flat; **tener bemoles** or **tener tres bemoles** (coll.) to be full of difficulties, to be a tough job
bemolado -da *adj* (mus.) flat, lowered a semitone
ben *m* (bot.) horse-radish tree
bencedrina *f* (pharm.) benzedrine
benceno *m* (chem.) benzene
bencidina *f* (chem.) benzidine
bencina *f* benzine
bendecidor -dora *adj* blessing, giving blessings
bendecir §24 *va* to bless; to consecrate; to extol
bendición *f* benediction, blessing; grace (*at table*); **bendiciones** *fpl* wedding ceremony; **de bendición** legitimate; **que es una bendición** abundantly, with the greatest ease; **echar la bendición a** (coll.) to have nothing to do with, to say good-bye to; **bendición de la mesa** grace; **bendiciones nupciales** wedding ceremony
bendigo *1st sg pres ind of* **bendecir**

bendije *1st sg pret ind of* **bendecir**
bendito -ta *adj* saintly, blessed; happy; simple, silly; holy (*water*); **como el pan bendito** (coll.) as easy as pie; **ser un bendito** (coll.) to be a simpleton, be a simple-minded soul
benedícite *m* (eccl.) Benedicite; (coll.) benedicite (*as at table*)
benedictino -na *adj & mf* Benedictine; *m* benedictine (*liqueur*)
Benedicto *m* Benedict (*pope*)
benedictus *m* (eccl.) Benedictus
beneficencia *f* beneficence, charity, welfare; public welfare
beneficentísimo -ma *adj super* very or most beneficent or charitable
beneficiación *f* benefit; cultivation; exploitation; reduction, processing (*of ores*)
beneficiado -da *mf* person receiving the proceeds of a benefit performance; *m* (eccl.) beneficiary
beneficial *adj* pertaining to ecclesiastical benefices
beneficiar *va* to benefit; to cultivate (*land*); to exploit, to work (*a mine*); to reduce, to process (*ores*); to season; to serve (*a certain region or part of country*); (com.) to discount; (Am.) to slaughter (*cattle*); *vn* to benefit; *vr* **beneficiarse de** to take advantage of
beneficiario -ria *mf* beneficiary
beneficio *m* beneficence, benefaction; yield, profit; benefit; (theat.) benefit, benefit performance; (eccl.) benefice; exploitation (*of a mine*); smelting, ore reduction; **a beneficio de** for the benefit of
beneficioso -sa *adj* beneficial, profitable
benéfico -ca *adj* beneficent, charitable, benevolent; beneficial
benemérito -ta *adj* worthy, meritorious; *mf* worthy, notable; **benemérito de la patria** national hero
beneplácito *m* approval, consent
benevolencia *f* benevolence
benevolentísimo -ma *adj super* very or most benevolent or kind
benévolo -la *adj* benevolent, kind
Bengala *f* Bengal; (*l.c.*) *f* Bengal hemp; Bengal light; (aer.) flare
bengalí (*pl:* **-líes**) *adj & mf* Bengalese, Bengali; *m* Bengali (*language*); (orn.) Bengali
bengalina *f* bengaline
benignidad *f* benignity, benignancy
benigno -na *adj* benign, benignant, mild, kind; (path.) benign, benignant
benito -ta *adj & mf* Benedictine; (*cap.*) *m* Benedict
benjamín *m* baby (*youngest child*); (*cap.*) *m* Benjamin
benjuí *m* benzoin (*fragrant resin*)
bentos *m* (biol.) benthos
benzoato *m* (chem.) benzoate
benzoico -ca *adj* (chem.) benzoic
benzoin *m* (bot.) benzoin
benzoína *f* (chem.) benzoin
benzol *m* (chem.) benzol; (chem.) benzene
beocio -cia *adj* Boeotian; (fig.) Boeotian (*dull, stupid*); *mf* Boeotian; **la Beocia** Boeotia
beodez *f* drunkenness
beodo -da *adj & mf* drunk
beorí *m* (*pl:* **-ríes**) (zool.) American tapir
beque *m* (naut.) head (*of ship*); (naut.) beakhead
berberecho *m* (zool.) cockle (*Cardium edule*)
berberí (*pl:* **-ríes**) *adj & mf* Berber; *m* Berber (*language*); mother-of-pearl
Berbería *f* Barbary
berberís *m* (*pl:* **-rises**) (bot.) barberry (*shrub and fruit*)
berberisco -ca *adj & mf* var. of **bereber**
bérbero *m* (bot.) barberry (*shrub and fruit*)
berbiquí *m* (*pl:* **-quíes**) brace, carpenter's brace; **berbiquí y barrena** brace and bit
berceo *m* (bot.) matweed
bercial *m* field of matweed
bereber *adj & mf* Berber; *m* Berber (*language*)
berenjena *f* (bot.) eggplant
berenjenal *m* bed of eggplants; (coll.) predicament, kettle of fish, e.g., **en buen berenjenal nos hemos metido** (coll.) this is a fine kettle of fish we've got into
bergamota *f* bergamot (*lime; pear; perfume; snuff*)
bergamote *m* or **bergamoto** *m* (bot.) bergamot (*lime tree; pear tree*)
bergante *m* scoundrel, rascal
bergantín *m* (naut.) brig; **bergantín goleta** (naut.) brigantine, hermaphrodite brig.
beriberi *m* (path.) beriberi
berilio *m* (chem.) beryllium
berilo *m* (mineral.) beryl
berkelio *m* (chem.) berkelium
Berlín *m* Berlin
berlina *f* berlin (*carriage*); closed front compartment (*of stagecoach or railroad car*); **en berlina** in a ridiculous position
berlinés -nesa *adj* (pertaining to) Berlin; *mf* Berliner
Berlín-Este, el East Berlin
berlinga *f* clothes pole; poker
berlingar §59 *va* to stir (*molten mass*) with poker
Berlín-Oeste, el West Berlin
berma *f* (fort.) berm
bermejear *vn* to turn bright red; to look bright red
bermejizo -za *adj* reddish; *m* (zool.) fruit bat, flying fox
bermejo -ja *adj* vermilion, bright red
bermejón -jona *adj* red, reddish
bermejuela *f* (ichth.) bitterling
bermejura *f* bright redness
bermellón *m* vermilion
Bermudas, las Bermuda
bermudeño -ña *adj & mf* Bermudian
Berna *f* Bern
Bernabé *m* Barnaby
bernardina *f* (coll.) tall story, extravagant boastful lie
bernardo -da *adj* Bernardine; *m* Bernardine monk; *f* Bernardine nun; (*cap.*) *m* Bernard
bernegal *m* drinking cup with scalloped edge
bernés -nesa *adj & mf* Bernese
bernia *f* rug; rug cloak
bernicla *f* (orn.) barnacle goose
berra *f* tall water cress
berraza *f* (bot.) water parsnip; tall water cress
berrear *vn* to low, to bellow
berrenchín *m* strong breath of angry boar; (coll.) rage, tantrum
berrendo -da *adj* two-colored; spotted; *m* (zool.) pronghorn
berrera *f* (bot.) water parsnip
berrido *m* lowing, bellowing; screech
berrín *m* (coll.) touchy person, cross child; small water cress
berrinche *m* (coll.) rage, tantrum
berrinchudo -da *adj* (Am.) cross, irascible
berrizal *m* water-cressy place
berro *m* (bot.) water cress (*plant and leaves that are used for salad*); **berro de caballo** (bot.) brooklime
berrocal *m* rocky spot
berroqueño -ña *adj* hard, resistant; hardened, hard-hearted; see **piedra**
berrueco *m* granite rock; baroque pearl; (path.) iritis
berta *f* bertha (*collar*); (*cap.*) *f* Bertha; (coll.) Bertha (*German cannon*)
bertillonaje *m* Bertillon system, bertillonnage
berza *f* (bot.) cabbage; **berzas** *fpl* cabbage (*for eating*); **mezclar berzas con capachos** (coll.) to bring up something irrelevant
berzal *m* cabbage patch
besador -dora *adj* kissing, fond of kissing
besalamano *m* unsigned note, written in the third person and marked B.L.M. (*kisses your hand*)
besamanos *m* levee, visit at court; throwing kisses
besamela *f* var. of **bechamela**
besana *f* furrow; furrowing; first furrow
besar *va* to kiss; (coll.) to graze, to touch; **a besar** (naut.) chock-a-block; **besar la mano** or **los pies** to give regards, to pay respects; *vr* (coll.) to bump heads together
Besarabia, la Bessarabia
besico *m* little kiss; **besico de monja** (bot.) Canterbury bell; (bot.) balloon vine, Indian heart

beso *m* kiss; kissing crust (*of bread*); bump; **beso de Judas** Judas kiss; **beso sonado** buss
bestezuela *f* little beast
bestia *f* beast; **gran bestia** (zool.) tapir; **bestia de carga** beast of burden; *mf* dunce, boor; *adj* stupid, boorish
bestiaje *m* beasts of burden
bestial *adj* beastly, bestial; (coll.) terrific (*extraordinarily great, intense, fine, beautiful, etc.*)
bestialidad *f* beastliness, bestiality; (coll.) stupidity
bestializar §76 *vr* to live like a beast, to become bestialized
bestiario *m* gladiator; bestiary
bestiaza *f* big beast; big fool
bestión *m* big beast; big brute (*person*); (arch.) grotesque animal figure, chimera
béstola *f* plowstaff
besucador -dora *adj* (coll.) kissing; *mf* (coll.) kisser
besucar §86 *va* (coll.) var. of **besuquear**
besucón -cona *adj* (coll.) kissing; *mf* (coll.) kisser
besugo *m* (ichth.) sea bream; (ichth.) red porgy
besuguero -ra *mf* fishmonger who sells sea breams; *f* fishing boat, fishing boat for fishing sea breams; fish pan for cooking sea breams
besuguete *m* (ichth.) little sea bream
besuquear *va* (coll.) to kiss repeatedly, to keep on kissing
besuqueo *m* (coll.) kissing, repeated kissing
beta *f* string, line, tape; beta
betabel *m* (Am.) beet
Betania *f* (Bib.) Bethany
betarraga or **betarrata** *f* (bot.) beet
betatrón *m* (phys.) betatron
betel *m* (bot.) betel
Betelgeuze *f* (astr.) Betelgeuse
bético -ca *adj & mf* Andalusian
betijo *m* stick fastened in the mouth of young goats to keep them from suckling but not from grazing
Betis *m* ancient name of the Guadalquivir
betlemita *mf* Bethlehemite
betónica *f* (bot.) hedge nettle, betony
Betsabé *f* (Bib.) Bathsheba
Betsaida *f* (Bib.) Bethsaida
betuláceo -a *adj* (bot.) betulaceous
betuminoso -sa *adj* var. of **bituminoso**
betún *m* bitumen; shoe polish, shoe blacking; (mach.) packing; **betún de Judea** bitumen of Judea, Jew's pitch; **betún de saliva** (coll.) elbow grease
betunería *f* pitch shop
betunero *m* pitch dealer
bezante *m* bezant (*coin*); (f.a. & her.) bezant
bezo *m* blubber lip; proud flesh
bezoar *m* bezoar
bezudo -da *adj* thick-lipped
biangular *adj* biangular
biatómico -ca *adj* (chem.) biatomic
biaxil *adj* biaxial
biaza *f* saddlebag
bibásico -ca *adj* (chem.) dibasic
biberón *m* nursing bottle
bibijagua *f* (ent.) leaf-cutting ant; (Am.) hustler
Biblia *f* Bible
biblicista *mf* Biblicist
bíblico -ca *adj* Biblical
bibliófilo -la *mf* bibliophile
bibliografía *f* bibliography
bibliográfico -ca *adj* bibliographic or bibliographical
bibliógrafo -fa *mf* bibliographer
bibliomanía *f* bibliomania
bibliómano -na *adj & mf* bibliomaniac
biblioteca *f* library; **biblioteca de consulta** reference library; **biblioteca de préstamo** lending library; **biblioteca rodante** bookmobile
bibliotecario -ria *mf* librarian
B.I.C. abr. of **Brigada de Investigación Criminal**
bical *m* (ichth.) male salmon
bicameral *adj* bicameral
bicarbonato *m* (chem.) bicarbonate; **bicarbonato sódico** or **de sosa** (chem.) bicarbonate of soda
bicéfalo -la *adj* bicephalous
bicentenario -ria *adj & m* bicentenary or bicentennial
bíceps *m* (*pl:* **-ceps**) (anat.) biceps
bicerra *f* (zool.) wild goat, mountain goat
bici *f* (coll.) bike (*bicycle*)
bicicleta *f* bicycle
biciclista *mf* bicyclist
biciclo *m* velocipede
bicilíndrico -ca *adj* two-cylinder
bicípite *adj* bicipital
bicoca *f* trifle, bagatelle
bicolor *adj* bicolor, bicolored
bicóncavo -va *adj* biconcave
biconvexo -xa *adj* biconvex
bicoquete *m* or **bicoquín** *m* two-pointed skullcap
bicorne *adj* (poet.) two-horned, two-pointed
bicornio *m* two-cornered hat
bicos *mpl* gold studs (*for velvet caps*)
bicromato *m* (chem.) bichromate
bicromía *f* two-color print
bicuento *m* (archaic) trillion (U.S.A.) (*one million million*)
bicuspidado -da *adj* bicuspidate
bicúspide *adj* bicuspid; (anat.) bicuspid; *m* (anat.) bicuspid
bicha *f* (superstitious use) snake; (archeol.) grotesque animal figure, chimera
bichero *m* boat hook
bicho *m* bug, vermin; beast; fighting bull; fool, simpleton; (coll.) brat, imp; **de puro bicho** (Am.) out of spite, out of pure envy; **mal bicho** wicked fellow, evil schemer; ferocious bull; **tener bicho** (Am.) to have a wild thirst; **bicho viviente** (coll.) living soul
bidé *m* bidet (*tub for sitz bath*)
bidente *adj* bidentate; *m* weeding hoe
bidón *m* can, tin can; drum (*container*)
biela *f* (mach.) connecting rod; (aut.) tie rod (*of steering system*)
bielda *f* wooden rake; winnowing
bieldar *va* to winnow with a rakelike fork
bieldo or **bielgo** *m* rakelike winnowing fork
bielorruso -sa *adj & mf* Byelorussian
bien *adv* well; properly, all right, readily; about; very, fully; indeed; **ahora bien** now then; **de bien en mejor** better and better; **más bien** rather; somewhat; **o bien** or else; **por bien** willingly; **si bien** while, though; **tener a bien** to deem wise or proper; **tener a bien** + *inf* to see fit to + *inf*; **y bien** now then, well; **bien a bien** willingly; **bien así como** or **bien como** just as; **bien que** although ‖ *conj* **no bien** as soon as, just as; scarcely; **bien . . . bien** either . . . or ‖ *m* good, welfare; property, piece of property; dearest, darling; **en bien de** for the sake of, for the benefit of; **bienes** *mpl* wealth, riches, property, possessions; **bienes de consumo** consumers' goods; **bienes de fortuna** worldly possessions; **bienes de producción** producers' goods; **bienes dotales** dower; **bienes gananciales** property acquired during married life; **bienes inmuebles** real estate; **bienes mostrencos** unclaimed property; **bienes muebles** personal property; **bienes parafernales** (law) paraphernalia; **bienes raíces** real estate; **bienes relictos** estate (*left by a decedent*); **bienes semovientes** livestock
bienal *adj & f* biennial
bienamado -da *adj* dearly beloved
bienandante *adj* happy, prosperous
bienandanza *f* happiness, prosperity, welfare
bienaventurado -da *adj* blissful, happy; blessed; simple
bienaventuranza *f* bliss, blessedness; well-being; **las bienaventuranzas** (theol.) the Beatitudes
bienestar *m* well-being, welfare, abundance
bienfortunado -da *adj* fortunate, lucky
biengranada *f* (bot.) botryoid goosefoot
bienhablado -da *adj* well-spoken
bienhadado -da *adj* fortunate, lucky
bienhechor -chora *adj* beneficent; *m* benefactor; *f* benefactress
bienhechuría *f* (Am.) improvements (*to real estate*)
bienintencionado -da *adj* well-meaning

bienio *m* biennium
bienllegada *f* welcome
bienmandado -da *adj* obedient, submissive
bienmesabe *m* meringue batter
bienoliente *adj* fragrant
bienparecer *m* compromise to save face
bienpareciente *adj* good-looking
bienquerencia *f* affection, fondness, good will
bienquerer *m* affection, fondness, good will; **§70** *va* to like, to be fond of, to be well-disposed toward
bienqueriente *adj* affectionate, fond, well-disposed
bienquerré *1st sg fut ind of* **bienquerer**
bienquise *1st sg pret ind of* **bienquerer**
bienquistar *va* to bring together, to reconcile; *vr* to become reconciled
bienquisto -ta *adj* well-thought-of
bienteveo *m* elevated wigwam from which to watch the vineyard; (orn.) Derby flycatcher
bienvenido -da *adj* welcome; *f* safe arrival; welcome; **dar la bienvenida a** to welcome
bienvivir *vn* to live in comfort; to live right
bies *m* bias
bifásico -ca *adj* (elec.) two-phase, diphase
bífero -ra *adj* (bot.) biferous
bífido -da *adj* bifid
bifilar *adj* bifilar; (elec.) two-wire
bifloro -ra *adj* biflorous
bifocal *adj* bifocal
biforme *adj* biform
bifronte *adj* (poet.) double-faced
biftec *m* (*pl:* **-tecs**) beefsteak
bifurcación *f* bifurcation; branch; junction
bifurcado -da *adj* bifurcate, forked
bifurcar §86 *vr* to bifurcate, to fork, to branch
biga *f* two-horse carriage; (poet.) team of two horses
bigamia *f* bigamy
bígamo -ma *adj* bigamous; *mf* bigamist
bigardear *vn* (coll.) to bum around
bigardía *f* licentiousness; perversity; fake, dissimulation
bigardo -da *adj* licentious; wanton, perverse
bigardón -dona *adj* licentious; wanton, perverse; (dial.) lank and overgrown
bígaro *m* (zool.) sea snail, periwinkle
bigarrado -da *adj* var. of **abigarrado**
bigarro *m* var. of **bígaro**
bignonia *f* (bot.) bignonia
bigorneta *f* small anvil, stake
bigornia *f* two-horned anvil
bigote *m* mustache; (print.) dash rule; (found.) slag tap; **no tener malos bigotes** (coll.) to be not bad-looking (*said of a girl or woman*); **tener bigotes** (coll.) to have a mind of one's own; **bigote de gato** (rad.) cat whisker
bigotera *f* chamois mustache protector (*to keep points of mustache straight*); smear on upper lip; folding carriage seat; bow compass
bigotudo -da *adj* mustachioed
bija *f* (bot.) annatto tree; annatto (*dyestuff*)
bilabiado -da *adj* (bot.) bilabiate
bilabial *adj* & *f* (phonet.) bilabial
bilateral *adj* bilateral
bilbaíno -na *adj* (pertaining to) Bilbao; *mf* native or inhabitant of Bilbao
biliar or **biliario -ria** *adj* biliary
bilingüe *adj* bilingual
bilingüismo *m* bilingualism
bilioso -sa *adj* bilious; (fig.) bilious
bilirrubina *f* (biochem.) bilirubin
bilis *f* (physiol. & fig.) bile; **descargar la bilis** to vent one's spleen
bilítero -ra *adj* biliteral
biliverdina *f* (biochem.) biliverdin
bilobular *adj* bilobular
bilocación *f* bilocation
bilocar §86 *vr* to be in two places at the same time
bilocular *adj* bilocular
biltrotear *vn* (coll.) to gad, run around
biltrotera *f* (coll.) gadabout
billa *f* pocketing a ball after it has struck another
billalda *f* tipcat (*boys' game*)
billar *m* billiards; billiard table; billiard room, billiard hall; **billar romano** pinball
billarda *f* var. of **billalda**
billarista *mf* (coll.) billiardist, billiard player
billetaje *m* tickets
billete *m* ticket; note; bill; **medio billete** half fare; **billete de abono** season ticket; commutation ticket; **billete de banco** bank note; **billete de ida y vuelta** round-trip ticket; **billete de regalo** complimentary ticket; **billete kilométrico** mileage book
billetero -ra *mf* vendor of lottery tickets; *m* & *f* billfold
billón *m* British billion; trillion (*in U.S.A.*)
billonario -ria *adj* & *mf* billionaire
billonésimo -ma *adj* & *m* billionth
bímano -na *adj* bimanous, two-handed; **bímanos** *mpl* (zool.) Bimana
bimanual *adj* bimanual, two-handed
bimba *f* (coll.) high hat
bimembre *adj* having two members, two-part
bimensual *adj* semimonthly
bimestral *adj* bimonthly
bimestre *adj* bimonthly; *m* period of two months; bimonthly payment (*of salary, debt, etc.*)
bimetal *m* two-metal element (*e.g., of thermostat*)
bimetálico -ca *adj* bimetallic
bimetalismo *m* bimetallism
bimetalista *adj* bimetallist, bimetallistic; bimetallic; *mf* bimetallist
bimotor *adj* twin-motor; *m* twin-motor plane
bina *f* second plowing or digging
binación *f* (eccl.) bination
binadera *f* weeding fork
binado -da *adj* (bot.) binate
binador -dora *adj* weeding; *mf* weeder; *f* weeding fork
binar *va* to plow or dig the second time; *vn* (eccl.) to celebrate two masses on the same day
binario -ria *adj* binary
binaural or **binauricular** *adj* binaural
binazón *f* second plowing or digging
binocular *adj* binocular
binóculo *m* binocle, binocular; spectacles, lorgnette
binomial *adj* binomial
binomio -mia *adj* binomial; *m* pair of names; hyphenated name; (alg. & biol.) binomial; **binomio de Newton** (alg.) binomial theorem
bínubo -ba *adj* twice married
binza *f* pellicle (*of eggshell; of onion*)
biodinámico -ca *adj* biodynamic; *f* biodynamics
biofísico -ca *adj* biophysical; *f* biophysics
biogénesis *f* (biol.) biogenesis
biografía *f* biography
biografiado -da *mf* biographee
biográfico -ca *adj* biographic or biographical
biógrafo -fa *mf* biographer
biología *f* biology
biológico -ca *adj* biologic or biological
biólogo -ga *mf* biologist
biombo *m* screen, folding screen
biomédico -ca *adj* biomedical
biometría *f* biometry
biométrico -ca *adj* biometric or biometrical
biopsia *f* (med.) biopsy
bioquímico -ca *adj* biochemical; *mf* biochemist; *f* biochemistry
biostático -ca *adj* biostatic or biostatical; *f* biostatics
biota *f* biota
biótico -ca *adj* biotic or biotical
biotipo *m* (biol.) biotype
biotita *f* (mineral.) biotite
bióxido *m* (chem.) dioxide
bíparo -ra *adj* (bot. & zool.) biparous
bipartición *f* bipartition, fission, splitting
bipartido -da or **bipartito -ta** *adj* bipartite
bípede *adj* biped
bípedo -da *adj* & *m* biped
bipersonal *adj* for two people
bipétalo -la *adj* (bot.) bipetalous
bipinado -da *adj* (bot.) bipinnate
biplano *m* (aer.) biplane
biplaza *m* (aer.) two-seater
bipolar *adj* bipolar; (elec.) double-pole
biribís *m* roulette
bircú *m* (*pl:* **-cúes**) sword belt
birimbao *m* (mus.) jews'-harp

birlar *va* to throw (*ball*) second time from place where it stopped; (coll.) to knock down with one blow, to kill with one shot; (coll.) to filch, to swipe; (coll.) to outwit
birlí *m* (*pl:* **-líes**) (print.) blank lower part (*of printed page*)
birlibirloque; por arte de birlibirloque magically, by magic
birlocha *f* kite
birlocho *m* surrey
birlón *m* (prov.) head pin (*in bowling*)
birlonga *f* omber (*card game*); **a la birlonga** (coll.) carelessly, sloppily
Birmania *f* Burma
birmano -na *adj & mf* Burmese; *m* Burmese (*language*)
birreactor *adj masc* (aer.) twin-jet
birrectángulo -la *adj* (geom.) birectangular
birrefringencia *f* birefringence
birreme *adj & f* bireme
birreta *f* biretta; (coll.) cardinalate
birrete *m* biretta; academic cap, mortarboard
birretina *f* small biretta, small cap; hussar's cap, grenadier's cap
birria *f* wobble (*of a spinning top*); clown; mess, sight; (Am.) grudge; **de birria** (Am.) half-heartedly
bis *adv* (mus.) bis; *interj* (theat.) encore!; *m* (theat.) encore
bisabuelo -la *mf* great-grandparent; *m* great-grandfather; *f* great-grandmother
bisagra *f* hinge; shoemaker's polisher of box-wood
bisanuo -nua *adj* (bot.) biennial
bisar *va* to repeat (*a song, performance, recitation, etc.*)
bisayo -ya *adj & mf* Bisayan or Visayan
bisbís *m* roulette
bisbisar *va* (coll.) to mutter, to mumble
bisbiseo *m* (coll.) muttering, mumbling
bisbita *f* (orn.) pipit, titlark
bisecar §86 *va* (geom.) to bisect
bisección *f* (geom.) bisection
bisector -triz *adj* (*pl:* **-tores -trices**) (geom.) bisecting; *f* (*pl:* **-trices**) (geom.) bisector or bisectrix
bisel *m* bevel, bevel edge
biselar *va* to bevel
bisemanal *adj* semiweekly, biweekly
bisexual *adj & m* bisexual
bisiesto -ta *adj* bissextile, leap (*year*); *m* bissextile, leap year; **mudar bisiesto** or **de bisiesto** (coll.) to change one's tune, to change one's ways
bisílabo -ba *adj* bisyllabic
bismutismo *m* (path.) bismuth poisoning
bismutita *f* (mineral.) bismutite
bismuto *m* (chem.) bismuth
bisnieto -ta *mf* great-grandchild; *m* great-grandson; *f* great-granddaughter
biso *m* (hist. & zool.) byssus
bisojo -ja *adj* squint-eyed, cross-eyed; *mf* cross-eyed person
bisonte *m* (zool.) bison; (zool.) buffalo
bisoñada *f* (coll.) greenhorn stunt or remark
bisoñé *m* wig for front of head
bisoñería *f* (coll.) var. of **bisoñada**
bisoño -ña *adj* green, inexperienced; (mil.) raw; *mf* greenhorn, rookie
bispón *m* roll of oilcloth
bisté *m* or **bistec** *m* beefsteak
bistorta *f* (bot.) bistort
bistre *m* (paint.) bister
bistrecha *f* advance, advance payment
bisturí *m* (*pl:* **-ríes**) (surg.) bistoury, lancet
bisulco -ca *adj* cloven-footed
bisulfato *m* (chem.) bisulfate
bisulfito *m* (chem.) bisulfite
bisulfuro *m* (chem.) bisulfide
bisunto -ta *adj* dirty, greasy
bisutería *f* costume jewelry, imitation jewelry
bita *f* (naut.) bitt; **bita de linguete** (naut.) pawl bitt; **bita de remolque** (naut.) towing bitt
bitácora *f* (naut.) binnacle
bitadura *f* (naut.) cable bitt
bitongo -ga *adj* (coll.) overgrown (*child*)
bitoque *m* bung; plug (*for muzzle of gun*)
bitor *m* (orn.) corn crake
bítter *m* bitters
bituminizar §76 *vr* to become bituminized
bituminoso -sa *adj* bituminous
bivalencia *f* (chem.) bivalence
bivalente *adj* (chem.) bivalent
bivalvo -va *adj* bivalve
bixáceo -a *adj* (bot.) bixaceous
biyugado -da *adj* (bot.) bijugate
biza *f* (ichth.) striped tunny
Bizancio *m* Byzantium
bizantino -na *adj & mf* Byzantine
bizarrear *vn* to act gallantly, to be magnanimous
bizarría *f* gallantry; loftiness, magnanimity; (arch.) bizarrerie
bizarro -rra *adj* gallant; lofty, magnanimous
bizaza *f* leather saddlebag
bizcar §86 *va* to wink (*the eye*); *vn* to squint
bizco -ca *adj* squint-eyed, cross-eyed; **quedarse bizco** (coll.) to be dazzled, be dumfounded; *mf* cross-eyed person
bizcochada *f* biscuit soup; slit roll
bizcochar *va* to bake a second time
bizcochero -ra *adj* (pertaining to a) biscuit or cake; *mf* biscuit or cake maker or dealer
bizcocho *m* biscuit (*bread and pottery*); cake, sponge cake; hardtack; bisque (*unglazed ceramic ware*); **bizcocho borracho** tipsy cake
bizcorneto -ta *adj* (Am.) squint-eyed, cross-eyed
bizcotela *f* sponge cake with icing
bizma *f* poultice
bizmar *va* to poultice
bizna *f* membrane (*between kernels of a nut*)
biznaga *f* (bot.) bishop's-weed; toothpick (*made from this plant*); (Am.) fishhook cactus
biznieto -ta *mf* var. of **bisnieto**
bizquear *vn* to squint
blanca *f* see **blanco**
blancazo -za *adj* (coll.) whitish
blanco -ca *adj* white (*like snow; applies also to grapes, wine, etc.*); fair (*complexion*); blank; water (*power*); (coll.) yellow (*cowardly*); *mf* white (*person*); (coll.) coward; *m* white (*color*); white star, white spot (*on horse*); blank; blank space; white page; interval; target; aim, goal; sizing; (print.) blank form; (her.) argent; **calentar al blanco** to heat to a white heat; **dar en el blanco** or **hacer blanco** to hit the mark; **en blanco** blank; **hacer blanco en** to hit; **quedarse en blanco** to fail to grasp the point; to be disappointed; **blanco abatible** collapsible target; **blanco de ballena** spermaceti; **blanco de España** whiting; **blanco de huevo** eggshell cosmetic; white of egg; **blanco de la uña** half moon of fingernail; **blanco del ojo** white of the eye; **blanco de plomo** white lead; *f* old coin of varying values; (mus.) minim; (*cap.*) *f* Blanch; **estar sin blanca** or **no tener blanca** to be broke; **blanca morfea** (vet.) tetter, ringworm; **Blanca Nieves** Snow White
blancor *m* whiteness
blancote -ta *adj* very white; dirty-white; (coll.) cowardly; *mf* (coll.) coward
blancura *f* whiteness; **blancura del ojo** (vet.) white spot on cornea
blancuzco -ca *adj* whitish; dirty-white
blandeador -dora *adj* softening, convincing
blandear *va* to soften, to convince, to persuade; to brandish; *vn & vr* to soften, to yield, to give in; to brandish
blandengue *adj* soft, easy-going; colorless, without character; *m* Argentine lancer
blandiente *adj* swaying, brandishing
blandir §53 *va, vn & vr* to brandish
blando -da *adj* bland, soft; tender (*eyes*); soft (*soap*); flabby; sensual; exquisite; indulgent; (coll.) cowardly; (phys.) soft (*ray; vacuum tube*); (mus.) flat; **más blando que una breva** (coll.) sweet as pie; **blando** *adv* softly, gently
blandón *m* wax candle; candlestick
blandujo -ja *adj* (coll.) softish
blandura *f* blandness, softness, gentleness; flattery, flirtation; white cosmetic; application, emolient; flabbiness; sensuality; mild weather
blandurilla *f* lavender pomade
blanduzco -ca *adj* (coll.) softish

blanqueación *f* whitening, bleaching; whitewashing; blanching
blanqueador -dora *adj* whitening, bleaching; whitewashing; *mf* whitener, bleacher; whitewasher
blanqueadura *f* or **blanqueamiento** *m* whitening, bleaching; whitewashing; blanching
blanquear *va* to whiten, to bleach; to whitewash; to tin; to blanch (*metals*); (cook. & hort.) to blanch; to wax (*honeycomb*); *vn* to blanch, to turn white
blanquecer §34 *va* to whiten, to bleach; to blanch (*metals*)
blanquecimiento *m* bleaching; blanching of metals
blanquecino -na *adj* whitish
blanqueo *m* whitening, bleaching; whitewashing; blanching
blanquería *f* bleachery
blanquete *m* white cosmetic
blanquición *f* blanching of metals
blanquillo -lla *adj* whitish; white (*wheat, bread*); *m* (Am.) egg; (Am.) white peach
blanquimento or **blanquimiento** *m* bleacher, bleaching solution
blanquinoso -sa *adj* whitish
blanquizal *m* or **blanquizar** *m* chalk pit
blanquizco -ca *adj* white, whitish
blao *m* (her.) azure
blasfemador -dora or **blasfemante** *adj* blaspheming, blasphemous; *mf* blasphemer
blasfemar *vn* to blaspheme; **blasfemar contra** to blaspheme, to blaspheme against; **blasfemar de** to blaspheme, to curse (*e.g., virtue*)
blasfematorio -ria *adj* blasphemous
blasfemia *f* blasphemy; vile insult
blasfemo -ma *adj* blasphemous; *mf* blasphemer
blasón *m* heraldry, blazon; armorial bearings; (her.) charge; honor, glory
blasonador -dora *adj* boasting, bragging
blasonar *va* to emblazon (*heraldic shield*); (fig.) to emblazon, to extol; *vn* to boast, to brag; **blasonar de** to boast of being
blasonería *f* boasting, bragging
blastema *m* (embryol.) blastema
blastocele *m* (embryol.) blastocoele
blastocisto *m* (embryol.) blastocyst
blastodermo *m* (embryol.) blastoderm
blástula *f* (embryol.) blastula
bledo *m* (bot.) blite, goosefoot; (bot.) prostrate pigweed; **no dársele a uno un bledo de** (coll.) to not matter to a person, e.g., **no se me da un bledo de ello** that does not matter to me, that is of no importance to me
blefaritis *f* (path.) blepharitis
blenda *f* (mineral.) blende, zinc sulfide
blenia *f* (ichth.) blenny
blenorrea *f* (path.) blennorrhea
blinda *f* (fort.) blind
blindado -da *adj* shielded, armored
blindaje *m* (fort.) blindage; (naut.) armor; (elec.) shield
blindar *va* to armor; to armor-plate; (elec.) to shield
b.l.m. or **B.L.M.** abr. of **besa la mano**
bloc *m* (*pl:* **bloques**) pad (*of note paper*); tear-off calendar
blocao *m* (fort.) blockhouse
blof *m* bluff
blofeador -dora *adj* bluffing; *mf* bluffer
blofear *vn* to bluff
blonda *f* see **blondo**
blondina *f* narrow blond lace
blondo -da *adj* blond, flaxen, light; (Am.) curly; *f* blond lace
bloque *m* block; (mach.) cylinder block; pad; (print.) block; (pol.) block, bloc; block, lot (*of merchandise*); **bloque de hormigón** concrete block
bloqueador -dora *adj* blockading; *mf* blockader
bloquear *va* (mil. & naut.) to blockade; to brake (*car, train, etc.*); to block; (com.) to freeze
bloqueo *m* (mil. & naut.) blockade; (com.) freezing; **burlar, forzar** or **violar el bloqueo** to run the blockade; **bloqueo en el papel** paper blockade; **bloqueo horizontal** (telv.) horizontal hold; **bloqueo vertical** (telv.) vertical hold
b.l.p. or **B.L.P.** abr. of **besa los pies**
blufar *vn* var. of **blofear**
blusa *f* blouse; shirtwaist
B.mo P.e abr. of **Beatísimo Padre**
boa *f* (zool.) boa, boa constrictor; *m* boa (*scarf*)
Boadicea *f* Boadicea
boardilla *f* var. of **buhardilla**
boato *m* show, pomp; pageantry
bobada *f* folly, foolishness
bobalías *mf* (coll.) dolt, dunce, ass
bobalicón -cona *adj* (coll.) stupid, silly; *mf* (coll.) nitwit
bobatel *m* (coll.) simpleton
bobático -ca *adj* (coll.) foolish, silly, stupid (*deed or remark*)
bobear *vn* to talk nonsense, to act like a fool; to dawdle, to fool around
bobera *f* (Am.) folly, foolishness
bobería *f* folly, foolishness; trifle
bóbilis; de bóbilis bóbilis (coll.) for nothing; (coll.) without effort
bobillo *m* round glazed pitcher; lace worn around open neck
bobina *f* bobbin; (elec.) coil; **bobina de cesto** (rad.) basket coil; **bobina de chispas** spark coil; **bobina de choque** (elec.) choke coil; **bobina de encendido** spark coil, ignition coil; **bobina de impedancia** (elec.) impedance coil; **bobina de panal** (rad.) honeycomb coil; **bobina de regeneración** (rad.) tickler coil; **bobina de sintonía** (rad.) tuning coil; **bobina móvil** (rad.) voice coil; (elec.) moving coil; **bobina térmica** (elec.) heating coil; **bobina tipo canasto** (rad.) basket-weave coil
bobinado *m* (elec.) winding
bobinadora *f* winding machine
bobinar *va* to wind
bobiné *m* (Am.) bobbinet
bobo -ba *adj* simple, stupid; **bobo con** crazy about, mad about; *mf* simpleton, dunce; clown, jester
boca *f* mouth; taste, flavor; speech; entrance, portal (*to tunnel, subway, etc.*); pit (*of stomach*); **a boca** by word of mouth; **a boca de cañón** at close range; **a boca de jarro** without moderation (*with reference to drinking*); at close range; **a pedir de boca** to one's heart's content; exactly right; **buscar a uno la boca** to draw someone out; **decir con la boca chica** or **chiquita** (coll.) to offer as a mere formality; **decir** (*uno*) **lo que se le viene a la boca** (coll.) to say whatever comes into one's mind; **hablar por boca de ganso** (coll.) to say what one is told to say; **hacer boca** (coll.) to have some hors d'oeuvres; **meterse en la boca del león** (coll.) to put one's head in the lion's mouth; **no decir esta boca es mía** (coll.) to not say a word, to not say boo; **venirse a la boca a** to taste bad to, to regurgitate for; **boca abajo** face downward; **boca a boca** by word of mouth; **boca arriba** face upward; **boca de agua** hydrant; **boca de dragón** (bot.) snapdragon, dragon's-mouth; **boca de escorpión** evil tongue (*person*); **boca de gachas** (coll.) driveler; (coll.) babbler, jabberer; **boca del estómago** pit of stomach; **boca de riego** faucet, hydrant
bocabarra *f* (naut.) bar hole, socket (*of capstan*)
bocacalle *f* street entrance, street intersection
bocacaz *m* (*pl:* **-caces**) spillway, overflow
bocací *m* bocasine, colored buckram
bocacha *f* big mouth; wide-mouthed blunderbuss
bocadear *va* to break up, to divide into small parts or bits
bocadillo *m* thin middling linen; narrow tape or ribbon; snack; sandwich; stuffed roll; farmhand's bite or snack at ten A.M.; guava paste
bocadito *m* little bit; (Am.) cigarette (*wrapped in tobacco leaf*); **a bocaditos** piecemeal
bocado *m* mouthful, bite, morsel; bit; bridle; **bocados** *mpl* dried preserves; **con el bocado en la boca** (coll.) right after eating; **no te-**

ner para un bocado (coll.) to not have a cent, to be penniless; **bocado de Adán** Adam's apple; **bocado de gallina** (bot.) chickweed
bocadulce *m* (ichth.) smooth dogfish
bocal *m* narrow-mouthed pitcher; flume; narrows *(into a harbor)*
bocallave *f* keyhole
bocamanga *f* cuff, wristband; opening of sleeve
bocamina *f* mine entrance
bocanada *f* swallow; puff *(of smoke)*; (coll.) boasting, bragging; **bocanada de gente** (coll.) rush, crush *(of people)*; **bocanada de viento** gust of wind
bocarte *m* (min.) stamp mill
bocartear *va* to stamp, to crush *(ore)*
bocateja *f* front tile
bocatijera *f* carriage-pole socket
bocaza *f* big mouth; *mf* (coll.) blatherskite
bocazo *m* fizzle *(in blasting)*
bocear *vn* var. of **bocezar**
bocel *m* (arch.) solid cylindrical molding; edge *(of tumbler, etc.)*; (carp.) molding plane; **cuarto bocel** (arch.) quarter round; **medio bocel** (arch.) half round
bocelar *va* to cut a molding on
bocelete *m* small molding plane
bocera *f* smear, stickiness *(on lips after eating or drinking)*
boceto *m* sketch, outline, model
bocezar **§76** *vn* to move the lips from side to side *(said of animals)*
bocín *m* hubcap *(of carriage)*; hubcap of bass mat *(of cart)*; feed pipe of overshot wheel
bocina *f* horn, trumpet; sea shell used as horn; phonograph horn; auto horn; speaking trumpet, ear trumpet; (Am.) blowgun
bocinar *vn* to blow the horn; to speak through a speaking trumpet
bocinero *m* hornblower, trumpeter
bocio *m* (path.) goiter
bock *m* (*pl:* **bocks**) beer glass *(of a quarter liter)*
bocón -cona *adj* (coll.) bigmouthed; (coll.) boastful; *mf* (coll.) spread eagle, braggart
bocoy *m* large barrel
bocudo -da *adj* bigmouthed
bocha *f* bowling ball; **bochas** *fpl* bowling
bochar *va* (bowling) to hit and move *(another ball)*
bochazo *m* stroke of one ball against another
boche *m* small hole in ground *(for boys' games)*; Boche *(German)*; (Am.) slight; **dar boche a** (Am.) to slight, to rebuff
bochinche *m* uproar, tumult; (Am.) mess, row, riot
bochinchero -ra *mf* noisemaker; (Am.) disturber of the peace, rioter; (Am.) sporty-looking roughneck
bochista *mf* expert bowler
bochornazo *m* sultry weather, stuffy weather
bochorno *m* sultry weather; hot summer breeze; flush; embarrassment; slight
bochornoso -sa *adj* sultry; stuffy; embarrassing; shameful, infamous
boda *f* marriage, wedding; **boda de negros** (coll.) noisy party, orgy; **bodas de Camacho** banquet, lavish feast; **bodas de diamante** diamond wedding, diamond jubilee; **bodas de oro** golden wedding; **bodas de plata** silver wedding
bode *m* billy goat
bodega *f* wine cellar, wine vault; vintage; pantry; storage vault, warehouse; (coll.) cellar; (naut.) hold *(of ship)*; (coll.) tank *(hard drinker)*; (Am.) grocery store; (Am.) freight station
bodegón *m* cheap restaurant; taproom; (paint.) still life
bodegoncillo *m* cheap little eating house; **bodegoncillo de puntapié** hash house on wheels
bodegonear *vn* to hang around taprooms
bodegonero -ra *mf* chophouse keeper; *m* bartender; *f* barmaid
bodeguero -ra *mf* cellarer, owner or keeper of a wine cellar; (Am.) grocer
bodigo *m* offering in church of a roll of fine wheat; dullard
bodijo *m* (coll.) unequal match, misalliance; (coll.) quiet wedding, simple wedding
bodocazo *m* hit made with ball of clay shot from crossbow
bodón *m* pool or pond that dries up in summer
bodoque *m* ball of clay shot from crossbow; lump; (coll.) dolt, dullard
bodoquera *f* mold for clay balls; cradle of crossbow; blowgun, peashooter
bodorrio *m* (coll.) unequal match, misalliance; (Am.) wedding party
bodrio *m* soup made of leavings; poorly seasoned stew; mixture of hog's blood and onions
bóer (*pl:* **bóeres**) *adj & mf* Boer
boezuelo *m* small ox; stalking ox *(used in hunting partridges)*
bofe *m* (coll.) lung; **bofes** *mpl* lights *(of sheep, pigs, etc.)*; **echar el bofe** or **los bofes** (coll.) to toil, to drudge, to strive; **echar el bofe** or **los bofes por** (coll.) to burn to get, to be crazy about
bofena *f* var. of **bofe**
bófeta *f* thin stiff cotton fabric
bofetada *f* slap in the face; **dar de bofetada a** to slap in the face
bofetán *m* var. of **bófeta**
bofetón *m* hard slap in the face; (theat.) revolving-door trick
boga *f* vogue; rowing; stroke; (ichth.) ox-eyed cackerel, boce; **en boga** in vogue; *mf* rower
bogada *f* stroke (of oars)
bogador -dora *mf* rower
bogar **§59** *vn* to row; to sail
bogavante *m* strokesman; (zool.) lobster *(Homarus)*
bogie *m* (rail.) truck, bogie
bogotano -na *adj* (pertaining to) Bogotá; *mf* native or inhabitant of Bogotá
bohardilla *f* var. of **buhardilla**
bohemia & Bohemia *f* see **bohemio**
bohemiano -na *adj & mf* Bohemian
bohémico -ca *adj* Bohemian
bohemio -mia *adj & mf* Bohemian; gypsy; (fig.) Bohemian; *m* Bohemian *(language)*; *f* (fig.) Bohemia; (fig.) Bohemianism; (Am.) wild oats; *(cap.)* *f* Bohemia
bohemo -ma *adj & mf* Bohemian
bohena *f* lung; pork-lung sausage
bohío *m* (Am.) hut; (Am.) brothel
bohordo *m* dart, short spear; (bot.) reed; (bot.) scape; (bot.) cattail spike
boicot *m* (*pl:* **-cots**) boycott
boicotear *va* to boycott
boicoteo *m* boycott, boycotting
boíl *m* ox stall
boina *f* beret
boira *f* mist, fog
boj *m* (bot.) boxwood; **boj de China** (bot.) orange jessamine
boja *f* (bot.) southernwood; bushes *(for rearing silkworms)*
bojar *va* to scrape *(leather)* clean; (naut.) to measure the perimeter of *(island or cape)*; *vn* to measure *(said of the perimeter of island or cape)*
boje *m* var. of **boj**
bojear *va* (naut.) to measure the perimeter of *(island or cape)*; *vn* (naut.) to measure *(said of the perimeter of island or cape)*
bojedal *m* growth of boxwood
bojeo *m* (naut.) measure of perimeter of island or cape: (naut.) perimeter of island or cape
bojiganga *f* traveling comedians; outlandish dress or disguise
bojo *m* (naut.) measure of perimeter of island or cape
bol *m* bowl; punch bowl; ninepin; dragnet; **bol arménico** or **de Armenia** Armenian bole
bola *f* ball; globe; bowling; shine, shoeshine; (cards) slam, grand slam; resentment; trick, deceit, lie; (naut.) signal made of two black disks crossed at right angles; (Am.) uprising, revolution; **bolas** *fpl* (Am.) bolas *(South American cowboy weapon)*; **a bola vista** evidently, openly; **¡dale bola!** (coll.) that'll do!; **dejar rodar la bola** to let things take their course; **bola de alcanfor** camphor ball, moth ball; **bola de billar** billiard ball; **bola de**

cristal crystal ball (*used to divine the future*); **bola de nieve** snowball; (bot.) snowball; **bola de tenis** tennis ball; **bola negra** black ball; **bola rompedora** wrecking ball
bolada *f* throw (*of a ball*); love affair; lucky deal; (coll.) cinch; (Am.) prize (*in a raffle*)
bolado *m* meringue
bolanchera *f* (Am.) Paul Jones (*dance*)
bolandista *m* Bollandist
bolardo *m* (naut.) bollard
bolazo *m* hit with a ball; (Am.) nonsense; **de bolazo** (coll.) carelessly, hurriedly
bolchevique *adj & mf* Bolshevik
bolcheviquismo *m* Bolshevism
bolcheviquista *adj* Bolshevist, Bolshevistic; *mf* Bolshevist
bolchevismo *m* var. of **bolcheviquismo**
bolchevista *adj & mf* var. of **bolcheviquista**
bolchevización *f* Bolshevization
bolchevizar **§76** *va* to Bolshevize
boldina *f* (pharm.) boldine
boldo *m* (bot.) boldo
bolea *f* (sport) volley
boleada *f* (Am.) shoeshine
boleador *m* (Am.) bootblack
boleadoras *fpl* (Am.) bola or bolas (*South American cowboy weapon*)
bolear *va* (coll.) to throw; (coll.) to play a mean trick on; to blackball; (Am.) to flunk; (Am.) to lasso with bolas; (Am.) to shine, to polish (*shoes*); *vn* to play for fun (*said of billiards and other games*); to bowl; to boast; to lie; *vr* to stumble; (Am.) to stumble and fall in a ball; (Am.) to falter, to waver; (Am.) to rear and tumble
boleo *m* bowling; bowling green; jolt, blow
bolero -ra *adj* truant; (coll.) lying; *mf* bolero dancer; (Am.) bootblack; *m* bolero (*dance and music; short jacket*); *f* bowling alley; **bolera encespada** bowling green
boleta *f* pass, entrance ticket; authorization; (mil.) billet; small package of tobacco; (Am.) certificate; (Am.) ballot
boletería *f* (Am.) ticket office
boletero *m* (Am.) ticket agent, ticket seller; (Am.) ticket collector
boletín *m* bulletin; ticket; pay warrant; (mil.) billet; **boletín de inscripción** registration form; **boletín de renovación** renewal form (*e.g., for subscription to a newspaper*)
boleto *m* ticket of admission; lottery ticket; (bot.) boletus, cepe; (Am.) ticket; **boleto de empeño** (Am.) pawn ticket; **boleto de señal** animal license, dog license
bolichada *f* fish caught with dragnet; (coll.) lucky break; **de una bolichada** (coll.) at one stroke
boliche *m* bowling; jack (*small ball for bowling*); bowling alley; small dragnet; small fish caught with dragnet; cup and ball (*game*); lead-smelting furnace; (naut.) bowline of a small sail; (Am.) store, shop; (Am.) hash house; (Am.) gambling den
bolichear *vn* (Am.) to fiddle around
bólido *m* (astr.) bolide, fireball; racer, racing car; (Am.) hot rod (*supercharged flivver*)
bolígrafo *m* ball point pen
bolillo *m* bobbin for making lace; form for stiffening lace cuffs; (zool.) coffin bone; (Am.) drumstick; (Am.) white bread; (Am. offensive) light-skinned person; (Am.) roll (*bread*); **bolillos** *mpl* candy bars
bolín *m* jack (*small ball for bowling*); **de bolín** (coll.) carelessly, thoughtlessly
bolina *f* (naut.) bowline; (naut.) flogging; (naut.) sounding line; (coll.) racket, row, dispute; **de bolina** (naut.) on a bowline, close-hauled; **echar de bolina** (coll.) to boast, brag; (coll.) to exaggerate
bolineador -dora *adj* (naut.) sailing well when close-hauled
bolinear *va* (naut.) to haul (*the bowline*); *vn* (naut.) to haul the bowline, to sail close-hauled; (naut.) to sail to windward
bolinero -ra *adj* (naut.) sailing well when close-hauled; (Am.) riotous, quarrelsome
bolisa *f* embers, hot coals
bolístico -ca *adj* bowling
bolívar *m* bolivar (*monetary unit of Venezuela*)
Bolivia *f* Bolivia
bolivianismo *m* Bolivianism
boliviano -na *adj & mf* Bolivian; *m* boliviano (*Bolivian monetary unit*)
bolo *m* ninepin, tenpin; dunce, ignoramus; bolus, big pill; bolt (*of food*); traveling comedians; newel (*of winding stairs*); (cards) slam; bolo (*Philippine knife*); **bolos** *mpl* bowling, ninepins, tenpins; **jugar a los bolos** to bowl
Bolonia *f* Bologna
bolonio *adj masc* (coll.) stupid, ignorant; *m* (coll.) ignoramus
boloñés -ñesa *adj & mf* Bolognese
bolsa *f* purse, pocketbook; bag, pouch; bag (*e.g., in trousers*); pouch (*e.g., of kangaroo*); (anat. & path.) pocket; (anat.) bursa; stock exchange, stock market; (min.) richest vein of gold; wealth, money; grant, award (*to a student, artist, etc.*); (box.) prize money; (Am.) pocket; **bolsas** *fpl* (anat.) scrotum; **jugar a la bolsa** to play the market, to speculate in stocks; **la bolsa o la vida** your money or your life; **no abrir fácilmente la bolsa** to be tight-fisted; **bolsa de agua caliente** hot-water bottle; **bolsa de hielo** ice bag; **bolsa de la tinta** ink sac; **bolsa de pastor** (bot.) shepherd's-purse; **bolsa de trabajo** employment bureau; **bolsa de viaje** traveling fellowship
bolsear *va* (Am.) to jilt; (Am.) to pick the pocket of; (Am.) to sponge on; *vn* (Am.) to pucker
bolsería *f* manufacture of purses, pocketbooks, or bags; purse, pocketbook, or bag business or store
bolsero -ra *mf* maker or seller of purses or pocketbooks; (Am.) sponger
bolsillero *m* pickpocket
bolsillo *m* pocket; pocketbook; money; **rascarse el bolsillo** (coll.) to fork out, to come across; **tener en el bolsillo** to have in one's pocket (*i.e., in one's control*); **bolsillo de parche** patch pocket
bolsín *m* curb market
bolsiquear *va* (Am.) to frisk the pockets of
bolsista *m* broker, stockbroker
bolso *m* bag, purse, pocketbook; (naut.) pocket (*in a sail*); **bolso de mano** handbag
bolsón *m* large purse; plank floor of olive crusher; (geol.) bolson; (mil.) pocket
bolsudo -da *adj* (Am.) baggy; (Am.) slow, heavy, lazy
bolla *f* (archaic) tax on manufacture of playing cards
bolladura *f* dent; embossing; bump, bruise
bollar *va* to mark (*fabrics*) with lead seal; to emboss
bollería *f* bakery, pastry shop
bollero -ra *mf* baker
bollo *m* bun, muffin; puff (*in a dress*); tuft (*in upholstery*); bump, lump, bruise; dent; (Am.) loaf of bread; **bollos** *mpl* (Am.) troubles, difficulties; **bollos de relieve** embossing, raised work
bollón *m* brass-headed nail or tack; (bot.) bud; button earring
bollonado -da *adj* trimmed with brass-headed nails or tacks
bomba *f* see **bombo**
bombacha *f* or **bombachas** *fpl* (Am.) loose-fitting breeches fastened at the bottom
bombacho *adj masc* loose-fitting (*breeches or trousers*)
bombar *va* to pump
bombarda *f* (archaic) bombard (*piece of ordnance; bomb vessel*); (mus.) borbardon (*organ stop and ancient wind instrument*)
bombardear *va* to bombard; to bomb; (phys.) to bombard
bombardeo *m* bombardment; bombing; **bombardeo de precisión** (aer.) precision bombing; **bombardeo de saturación** (aer.) saturation bombing; **bombardeo en picado** (aer.) dive bombing
bombardero -ra *adj* bombing; *m* bomber (*crewman and airplane*)
bombardino *m* (mus.) saxhorn

bombardón *m* (mus.) bass saxhorn
bomba-reloj *f* time bomb
bombasí *m* fustian
bombástico -ca *adj* bombastic
bombazo *m* bomb explosion; bomb hit; bomb damage
bombé *m* light two-wheeled carriage for two people
bombear *va* to bomb; (Am.) to pump; (Am.) to reconnoiter; to laud, to ballyhoo; to cheat; (Am.) to fire, to dismiss; *vr* to arch, to camber, to bulge
bombeo *m* bombing; (Am.) pumping; curving, bulging; crown (*of a road*)
bombero *m* pumper, pumpman; fireman (*who puts out fires*)
bombilla *f* lamp chimney; light bulb; thief tube; **bombilla de destello** or **bombilla relámpago** (phot.) flash bulb
bombillo *m* lamp chimney; light bulb; thief tube; (naut.) portable pump; trap (*in a toilet*)
bombín *m* derby, bowler
bombista *m* lamp maker; bomb maker; (coll.) booster
bombo -ba *adj* (coll.) dumfounded, aghast ‖ *m* bass drum; bass-drum player; (naut.) barge, lighter; ballyhoo; (Am.) lie, falsehood; **anunciar a bombo y platillo** (coll.) to ballyhoo; **dar bombo a** (coll.) to ballyhoo ‖ *f* pump; fire engine; bomb; lamp globe; high hat; (Am.) firecracker, skyrocket; **a prueba de bombas** bombproof; **caer como una bomba** (coll.) to fall like a bombshell; (coll.) to burst in unexpectedly; **dar a la bomba** (naut.) to use the pump (*in order to bail out water*); **estar en bomba** (Am.) to be drunk; **bomba alimenticia** feed pump; **bomba al vacío** vacuum pump; **bomba aspirante** suction pump; **bomba atómica** atomic bomb; **bomba centrífuga** centrifugal pump; **bomba cohete** rocket bomb; **bomba de cadena** chain pump; **bomba de carena** (naut.) bilge pump; **bomba de demolición** demolition bomb; **bomba de émbolo buzo** plunger pump; **bomba de engrase** grease gun; **bomba de fragmentación** fragmentation bomb; **bomba de hidrógeno** hydrogen bomb; **bomba de incendios** fire engine; **bomba de mano** hand pump, stirrup pump; (mil.) hand bomb; **bomba demoledora** demolition bomb; **bomba de neutrones** neutron bomb; **bomba de plástico** plastic bomb; **bomba de profundidad** depth bomb; **bomba de sentina** (naut.) bilge pump; **bomba estomacal** stomach pump; **bomba fétida** stink bomb; **bomba impelente** force or pressure pump; **bomba incendiaria** (mil.) incendiary bomb; **bomba volante** buzz bomb; **¡bomba!** attention, please!
bombón *m* bonbon
bombona *f* carboy
bombonaje *m* (bot.) jipijapa (*plant and leaves*)
bombonera *f* candy box, bonbonnière
bombonería *f* candy store
Bona *f* Bône
bonachón -chona *adj* (coll.) good-natured, unsuspecting
bonaerense *adj* (pertaining to) Buenos Aires; *mf* native or inhabitant of Buenos Aires
bonancible *adj* calm, gentle, serene
bonanza *f* (naut.) fair weather, clear skies; (min.) bonanza; (fig.) bonanza (*source of wealth*); **estar en bonanza** to be booming; **ir en bonanza** (naut. & fig.) to have clear sailing; (fig.) to get along famously
bonapartista *mf* Bonapartist
bonarense *adj & mf* var. of **bonaerense**
bonazo -za *adj* (coll.) kind, good-natured
bondad *f* kindness, goodness, gentleness, favor; **tener la bondad de** + *inf* to be good enough to + *inf*, please + *inf*
bondadoso -sa *adj* kind, good
bonderizar §76 *va* to bonderize
boneta *f* (naut.) bonnet
bonetada *f* raising one's hat (*in salutation*)
bonete *m* hat, cap; cap (*of academic dress*); secular cleric; glass candy bowl; (anat. & fort.) bonnet; **a tente bonete** (coll.) with persistence
bonetería *f* hat shop; hat business
bonetero *m* hat maker or dealer; (bot.) spindle tree
bonga *f* (bot.) areca
bongó *m* bongo (*Afro-Cuban drum*)
bonhomía *f* (Am.) bonhomie
boniato *m* var. of **buniato**
bonico -ca *adj* nice, pretty, neat
Bonifacio *m* Boniface
bonificación *f* rise, increase; increased output; allowance, discount; (bridge) bonus
bonificar §86 *va* to allow, to discount
bonina *f* (bot.) ringflower
bonísimo -ma *adj super* very good
bonítalo *m* (ichth.) bonito
bonitamente *adv* gropingly, stealthily, craftily; slowly, gradually
bonito -ta *adj* pretty; neat, spruce; *m* (ichth.) bonito
bonizal *m* growth of wild corn
bonizo *m* wild corn
bono *m* (com.) bond; scrip, voucher
bonote *m* cocoanut fiber, coir
bonzo *m* bonze, Buddhist monk
boñiga *f* cow dung
boñigo *m* pancake (*of cow dung*)
Bootes *m* (astr.) Boötes
boqueada *f* gasp of death
boquear *va* to pronounce, to utter; *vn* to gape, to gasp; to be in the throes of death; (coll.) to be about to end
boquera *f* sluice (*of irrigation canal*); window in hayloft; (path.) sore at angle of lips; (vet.) sore mouth
boquerel *m* nozzle
boquerón *m* wide opening, large hole; (ichth.) anchovy
boquete *m* gap, narrow passage; breach, opening
boquiabierto -ta *adj* open-mouthed
boquiancho -cha *adj* wide-mouthed
boquiangosto -ta *adj* narrow-mouthed
boquiblando -da *adj* tender-mouthed (*said of a horse*)
boquiconejuno -na *adj* rabbit-mouthed (*said of a horse*)
boquiduro -ra *adj* hard-mouthed (*said of a horse*)
boquifresco -ca *adj* fresh-mouthed (*said of a horse*); (coll.) outspoken
boquilla *f* opening in leg of trousers (*through which foot passes*); opening in irrigation canal; mouthpiece (*of wind instrument*); stem (*of pipe*); nozzle; burner; cigar holder, cigarette holder; clasp (*of purse*); **boquilla filtrónica** filter tip
boquimuelle *adj* tender-mouthed (*said of a horse*); easily duped or imposed upon; garrulous
boquín *m* coarse baize
boquinegro -gra *adj* black-mouthed (*said of an animal*): *m* (zool.) land snail (*Helix vermiculata*)
boquirrasgado -da *adj* wide-mouthed
boquirroto -ta *adj* wide-mouthed; (coll.) garrulous
boquirrubio -bia *adj* rosy-mouthed (*said of a child*); outspoken; garrulous; simple, naive; *m* (coll.) pretty boy
boquiseco -ca *adj* dry-mouthed
boquituerto -ta *adj* wry-mouthed, crooked-mouthed
boquiverde *adj* smutty, obscene, ribald
boracita *f* (mineral.) boracite
boratado -da *adj* borated
borato *m* (chem.) borato
bórax *m* (chem.) borax
borbollar or **borbollear** *vn* to bubble, to boil up
borbollón *m* bubbling, boiling; **a borbollones** impetuously, tumultuously
borbollonear *vn* to bubble, to boil up
Borbón *m* Bourbon
borbónico -ca *adj* Bourbonian or Bourbonic
borbonismo *m* Bourbonism
borbor *m* bubbling (*of spring water or boiling water*)
borborigmo *m* rumbling of the bowels
borboritar *vn* (coll.) to bubble, to boil up

borbotar or **borbotear** *vn* to bubble out, to bubble up
borboton *m* bubbling, boiling; **a borbotones** impetuously, tumultuously; **hablar a borbotones** (coll.) to speak in torrents
borceguí *m* (*pl:* **-guíes**) high shoe
borceguinería *f* shoeshop, shoe store
borceguinero -ra *mf* shoemaker; shoe dealer
borcellar *m* brim, edge (*of a container*)
borda *f* (naut.) gunwale; (naut.) mainsail (*of galley*); hut; **fuera de borda** outboard; **arrojar, echar** or **tirar por la borda** to throw overboard; (fig.) to throw overboard
bordada *f* (naut.) board (*stretch on one tack*); (coll.) walking back and forth; **dar bordadas** (naut.) to tack back and forth; (coll.) to keep walking back and forth
bordado *m* embroidering; embroidery; **bordado de realce** raised embroidery
bordador -dora *mf* embroiderer
bordadura *f* embroidery; (her.) bordure
bordaje *m* (naut.) side planks
bordar *va* to embroider; (fig.) to embroider, to embroider on
borde *m* edge, border, fringe; ledge; (naut.) board; **borde de ataque** (aer.) leading edge; **borde del mar** seaside, seashore; **borde de salida** (aer.) trailing edge; *adj* wild, uncultivated; bastard
bordeado -da *adj* hairbreadth, close, narrow
bordear *va* to border, to trim with a border; to skirt; (fig.) to border on; *vn* to stay on the edge; (naut.) to sail to windward
bordelés -lesa *adj* Bordelais, (pertaining to) Bordeaux; *mf* native or inhabitant of Bordeaux
bordillo *m* curb, curbing
bordo *m* (naut.) board; (naut.) tack; (Am.) ridge. furrow; (Am.) dike, dam; **a bordo** (naut.) on board; **al bordo** (naut.) alongside; **de alto bordo** (naut.) of several decks, seagoing; (fig.) of importance; (fig.) high-up; **rendir el bordo en** (naut.) to arrive at
bordón *m* pilgrim's staff; staff, guide (*person*); (mus.) bass string; (mus.) bass stop (*of organ*); (mus.) drone (*of bagpipe*); burden (*of poem or song*); pet word, pet phrase; snare (*of drum*)
bordoncillo *m* pet word, pet phrase
bordonear *vn* to grope along with a stick or cane; to go around begging
bordonería *f* groping; life of a tramp; tramping as a pilgrim
bordonero -ra *mf* tramp, vagabond
bordura *f* (her.) bordure
boreal *adj* boreal, northern
Bóreas *m* (myth.) Boreas; (*l.c.*) *m* Boreas (*north wind*)
borgoña *m* Burgundy (*wine*); **la Borgoña** Burgundy
borgoñés -ñesa or **borgoñón -ñona** *adj & mf* Burgundian; *m* Burgundian (*dialect*)
borgoñota *f* burgonet
bórico -ca *adj* (chem.) boric
boricua *adj & mf* (Am.) Puerto Rican
borinqueño -ña *adj & mf* Puerto Rican
borla *f* tassel; tuft; powder puff; tassel of academic cap; doctor's degree; **borlas** *fpl* (bot.) amaranth; **tomar la borla** to take a higher degree, to take the doctor's degree
borlar *vr* (Am.) to take a higher degree, to take the doctor's degree
borlilla *f* (bot.) anther
borlón *m* large tassel; dimity; **borlones** *mpl* (bot.) amaranth
borne *m* tip (*of lance*); (elec.) binding post, terminal; (bot.) flatpod; *adj* hard and brittle (*said of wood*)
borneadero *m* (naut.) berth of a ship at anchor; (naut.) turning basin
borneadizo -za *adj* easy to bend, easily warped
bornear *va* to twist, to bend; to model and carve (*a column or pillar*); to hoist and put (*building stones*) in place; to size up (*e.g., a board*) with one eye closed, to see if it is in line; *vn* (naut.) to swing at anchor; *vr* to warp, to bulge
borneo *m* twisting, bending; sway (*in dancing*); (naut.) swinging at anchor
borní *m* (*pl:* **-níes**) (orn.) marsh harrier
boro *m* (chem.) boron
borona *f* (bot.) millet; corn bread
boronía *f* var. of **alboronía**
borra *f* yearling ewe; thick wool; goat's hair; fuzz, nap; floss, burl; sediment, lees; trash, waste; (chem.) borax; **borra de algodón** cotton waste
borracha *f* see **borracho**
borrachear *vn* to booze; to rant, talk nonsense
borrachera *f* drunkenness; spree, carousing; high exaltation; (coll.) great nonsense; **tomar una borrachera** to go on a spree, go on a binge
borrachero *m* (bot.) stramonium
borrachez *f* drunkenness; mental aberration
borrachín *m* (coll.) drunk, drunkard
borracho -cha *adj* drunk; drinking; violet-colored; (coll.) blind, wild (*e.g., with jealousy*); **borracho perdido** blotto; *mf* drunk, drunkard; *f* (coll.) leather wine bottle
borrachuela *f* (bot.) darnel, bearded darnel
borrachuelo *m* brandied fritter
borrado *m* erasure
borrador *m* rough draft; rough copy; sketch; blotter, waste book, day book; (Am.) rubber eraser; (Am.) blackboard eraser
borradura *f* erasure
borraj *m* (chem.) borax
borraja *f* (bot.) borage
borrajear *va & vn* to scribble; to doodle
borrajo *m* embers, hot ashes
borrar *va* to efface, to strike out, to cross out; to erase, to rub out, to blot out; to blot, to smear with ink; to cloud, to darken, to obscure
borrasca *f* storm, tempest; danger, hazard; setback; revolution; (coll.) spree, orgy; (naut.) storm; **borrasca magnética** (phys.) magnetic storm
borrascoso -sa *adj* stormy; (fig.) stormy
borrasquero -ra *adj* (coll.) riotous, fond of revelry
borratintas *m* (*pl:* **-tas**) ink eradicator
borregada *f* flock of lambs
borrego -ga *mf* lamb; (coll.) simpleton; **borregos** *mpl* (coll.) fleecy clouds
borreguero -ra *adj* good for pasturing lambs; *mf* shepherd who tends lambs
borreguil *adj* (pertaining to a) lamb
borrén *m* saddle pad
borrica *f* she-ass; (coll.) stupid woman
borricada *f* drove of asses; ride on an ass; asininity
borrico *m* ass, donkey; sawhorse; (fig.) ass
borricón *m* or **borricote** *m* (coll.) drudge, plodder
borrilla *f* down, fuzz (*on fruit*)
borriquero *m* ass driver or tender
borriquete *m* sawhorse
borro *m* lamb (*between one and two years old*)
borrón *m* blot, ink blot; blemish; rough draft; first sketch; (fig.) blot, stain
borronear *va* to scribble; to outline
borroso -sa *adj* blurred, blurry, fuzzy; muddy, thick; dull, inconspicuous
borrumbada *f* var. of **barrumbada**
boruca *f* noise, uproar, hubbub
borujo *m* pack, lump; bagasse of olive pits
borujón *m* bump, lump; roll, bundle (*of clothing*)
borusca *f* dry leaves, falling leaves
boscaje *m* boscage; (paint.) woodland scene
boscoso -sa *adj* woodsy, bosky
Bósforo *m* Bosporus; (*l.c.*) *m* strait
bosníaco -ca or **bosnio -nia** *adj & mf* Bosnian
bosque *m* forest, woods, woodland; **bosque maderable** timberland
bosquecillo *m* copse, bosk
bosquejar *va* to sketch, to outline
bosquejo *m* sketch, outline
bosquete *m* woods, forest; grove
bosquimán *m* or **bosquimano** *m* Bushman (*roving hunter of South Africa*)
bosta *f* dung, manure
bostezador -dora *adj* always yawning

bostezar §76 *vn* to yawn, to gape
bostezo *m* yawn, gape; **bostezos** yawning
bostón *m* boston (*card game and dance*)
bostonar or **bostonear** *vn* to dance the boston
bostoniano -na *adj & mf* Bostonian
bóstrice *m* (bot.) bostryx
bota *f* see **boto**
botacuchar *vn* to meddle, to butt in
botado -da *adj* (Am.) (pertaining to a) foundling; (Am.) brazen; (Am.) simple, silly; (Am.) fired, discharged; (Am.) wasteful, prodigal, spendthrift; (Am.) cheap; (Am.) overcome with sleep from too much drinking; *mf* (Am.) foundling; *f* launching; staves for barrels; (Am.) firing (*of an employee*)
botador *m* pole (*to push a boat*); punch, nailset; nail puller; (dent.) pelican
botadura *f* launching
botafuego *m* linstock, match staff; (coll.) firebrand, quick temper (*person*)
botafumeiro *m* incensory; (coll.) flattery
botagueña *f* pork-haslet sausage
botalón *m* (naut.) boom; **botalón de foque** (naut.) jib boom; **botalón de petifoque** (naut.) flying jib boom
botamen *m* pots and jars of a drug store; (naut.) water casks on board
botana *f* plug, stopper; scar; patch, plaster; (Am.) hors d'oeuvre
botanga *f* (naut.) outrigger
botánico -ca *adj* botanic or botanical; *mf* botanist; *f* botany
botanista *mf* botanist
botanizar §76 *vn* to botanize
botar *va* to hurl, to fling; to throw away; to launch (*a boat*); to turn, to shift (*the helm or rudder*); (Am.) to waste, to squander; (Am.) to fire, to dismiss; *vn* to bounce; to jump, to caper; *vr* to buck (*to throw rider*); (Am.) to lie down
botaratada *f* (coll.) blustering, wildness; (coll.) smartness; (coll.) bragging; (Am.) profligacy
botarate *m* (coll.) blusterer, madcap; (coll.) smart aleck; (coll.) braggart; (Am.) spendthrift
botarel *m* (arch.) abutment, buttress
botarga *f* galligaskins; clownish outfit; clown
botasilla *f* (mil.) boots and saddles
botavante *m* (naut.) boarding pike
botavara *f* (naut.) sprit, gaff, boom, pole
bote *m* thrust, blow; jump, prance (*of horse*); small boat, rowboat; bounce; can; pot, jar; (Am.) jug, jail; (Am.) liquor bottle, gin bottle; **de bote en bote** (coll.) jammed, packed; **de bote y boleo** (coll.) hastily, thoughtlessly; **bote automóvil** powerboat; **bote de carnero** bucking of a horse; **bote de paso** ferryboat; **bote de porcelana** apothecary's jar; **bote de remos** rowboat; **bote de salvamento** or **bote salvavidas** lifeboat; **bote vivandero** bumboat; **bote volador** flying boat
botella *f* bottle; **botella de Leiden** (elec.) Leyden jar
botellazo *m* blow or hit with a bottle
botellería *f* bottle factory; bottles
botellero *m* bottle maker or dealer; bottle rack
botellón *m* (Am.) large water bottle; (Am.) carafe; (Am.) demijohn
botería *f* manufacture or business of wine bags, bottles, or casks; (naut.) wine casks
botero *m* maker or seller of wine bags, bottles, or casks; boatman, ferryman; skipper
botica *f* drug store, apothecary's shop; medicine; **de todo como en botica** (coll.) everything under the sun
boticario -ria *mf* druggist; *f* druggist's wife
botija *f* earthen jug; (Am.) buried treasure; (Am.) belly; **estar hecho una botija** (coll.) to be puffy, be puffed up; **decir más que botija verde a** or **poner como botija verde** (Am.) to heap insults on
botijero -ra *mf* maker or seller of earthen jars and jugs
botijo *m* earthen jar or jug with spout and handle; (coll.) chunky fellow
botilla *f* shoe; (Am.) bottle
botillería *f* ice-cream parlor, soft-drink store; liquor store; bar, saloon
botillero -ra *mf* ice-cream and soft-drink dealer; liquor dealer
botillo *m* leather wine bag
botín *m* boot; spat (*short gaiter*); buskin; booty, spoils; (Am.) sock
botina *f* high shoe
botinero -ra *adj* black-foot (*cattle*); *m* boot maker; boot dealer; (mil.) handler of booty
botiquín *m* medicine kit, medicine chest, first-aid kit; first-aid station; (Am.) retail wine store; **botiquín de emergencia** first-aid kit
botito *m* high shoe
botivoleo *m* (sport) hitting the ball on the bounce
boto -ta *adj* dull, blunt; (fig.) dull, slow; *m* leather wine or oil bag; *f* boot, shoe; leather wine bag; butt, pipe; water cask; liquid measure (*516 liters or 125 gallons*); **morir con las botas puestas** to die with one's boots on; **ponerse las botas** (coll.) to hit the jack pot, strike it rich; **bota de agua** gum boot; **bota de montar** riding boot
botón *m* button; knob; stem (*of watch*); tip (*of foil*); (bot.) bud; (elec.) push button; (mach.) crankpin; **botones** *msg* bellboy, bellhop, buttons; **botón de contacto** (elec.) push button; **botón de oro** (bot.) creeping crowfoot; (bot.) buttercup (*Ranunculus acris*); **botón de puerta** doorknob; **botón de sintonización** (rad.) tuning knob
botonadura *f* set of buttons
botonar *vn* (Am.) to bud
botonazo *m* thrust with foil
botoncillo *m* (bot.) buttonwood (*Conocarpus*)
botonería *f* button maker's shop
botonero -ra *mf* button maker or dealer; *f* (bot.) santolina; (elec.) panel of push buttons
bototo *m* (Am.) gourd for carrying water
botulismo *m* (path.) botulism
botuto *m* long stem of papaya; sacred war trumpet of Orinoco Indians
bou *m* (*pl:* **bous**) fishing by casting a net between two boats
bóveda *f* (arch.) vault, dome; cave, cavern; crypt; (anat.) vault; (aut.) cowl; **bóveda celeste** firmament, canopy of heaven; **bóveda claustral** (arch.) cloister vault; **bóveda de casquete esférico** (arch.) spherical vault; **bóveda en cañón** (arch.) barrel vault; **bóveda esquifada** (arch.) cavetto vault; **bóveda ojival** (arch.) quadripartite vault; **bóveda palatina** (anat.) palatine vault; **bóveda por arista** (arch.) cross vault; **bóveda vaída** (arch.) Byzantine dome or vault
bovedilla (arch.) small vault or arch; (naut.) counter
bóvido -da *adj* bovine, bovid
bovino -na *adj & m* bovine
boxeador *m* (sport) boxer; (Am.) brass knuckles
boxear *vn* to box
boxeo *m* boxing
bóxer *m* (*pl:* **bóxers**) boxer (*dog*); brass knuckles; Boxer (*of China*)
boxibalón *m* (sport) punching bag
boxístico -ca *adj* boxing
boya *f* (naut.) buoy; float (*for fishing net*); **boya de campana** (naut.) bell buoy; **boya pantalón** (naut.) breeches buoy; **boya salvavidas** (naut.) life buoy
boyada *f* drove of oxen
boyal *adj* (pertaining to) cattle
boyante *adj* buoyant; prosperous, lucky; (naut.) light (*carrying a small cargo or none at all*); (taur.) easy, mild
boyar *vn* to float, be afloat again
boyardo *m* boyar or boyard
boyazo *m* large ox
boyera or **boyeriza** *f* ox stable
boyerizo or **boyero** *m* oxherd, ox driver
boyezuelo *m* small ox, young ox
boyuno -na *adj* bovine
boza *f* (naut.) stopper
bozal *adj* just brought in (*said of Negro from Africa*); pure, unmixed (*said of Negro*); simple, stupid; wild, untamed; stammering (*child*); (coll.) novice, inexperienced; (Am.) speaking broken Spanish; *m* muzzle; bells on harness (*over nose of horse*); (Am.) headstall

bozo *m* down on upper lip; mouth, lips; lower part of face; headstall
B.p. abr. of **Bendición papal**
br. or **Br.** abr. of **bachiller**
Brabante *m* Brabant; (*l.c.*) *m* brabant (*linen*)
braceada *f* swinging the arms
braceador *m* brewer
braceaje *m* coining, minting; brewing; (found.) tapping; (naut.) fathoming, fathomage; (naut.) bracing the yards
bracear *va* to brew; (found.) to tap (*a furnace*); (naut.) to measure in fathoms; *vn* to swing the arms; to swim raising the arms out of the water; to struggle, to wrestle; (naut.) to brace the yards
braceo *m* swinging the arms; struggling
braceral *m* (arm.) brassart
bracero -ra *adj* (pertaining to the) arm; manual; thrown with the hand (*said of a weapon*); *m* man offering his arm to a lady; laborer; day laborer; brewer; sure-armed fellow (*in throwing or shooting*); **de bracero** arm in arm
bracete *m* small arm; **de bracete** (coll.) arm in arm
bracil *m* (arm.) brassart; upper arm
bracmán *m* var. of **brahmán**
braco -ca *adj* pug-nosed; *mf* setter (*dog*)
bráctea *f* (bot.) bract; (bot.) bractlet
bractéola *f* (bot.) bractlet, bracteole
bradicardia *f* (path.) bradycardia
bradipepsia *f* (path.) bradypepsia
brafonera *f* (arm.) rerebrace
braga *f* hoisting rope, lashing rope; diaper, clout; panties, step-ins; **bragas** *fpl* breeches, knickers, pants; panties, step-ins
bragado -da *adj* with the flanks of a different color from rest of body; wicked, ill-disposed; firm, energetic; *f* flat of the thigh (*of animals*)
bragadura *f* crotch
bragazas (*pl:* **-zas**) *adj* (coll.) easy, henpecked; *m* (coll.) easy mark, henpecked fellow
braguero *m* truss (*for rupture*); breeching (*of a gun*)
bragueta *f* fly (*flap on clothing*)
braguillas *m* (*pl:* **-llas**) (coll.) brat; boy wearing first pair of pants
Brahma *m* (rel.) Brahma
brahmán *m* Brahman
brahmanismo *m* Brahmanism
brahmín *m* var. of **brahmán**
brama *f* rut (*state and season*)
bramadera *f* whistle (*toy made to spin on end of a string*); horn call
bramadero *m* rutting or mating place (*of deer and other wild animals*)
bramador -dora *adj* roaring, howling
bramante *adj* roaring, howling; *m* twine, packthread; brabant (*linen*)
bramantesco -ca *adj* (arch.) Bramantesque
bramar *vn* to roar, to bellow; to storm, to bluster; (coll.) to cry out, to shriek
bramido *m* roar, bellow, howl; (coll.) outcry, shriek
branca *f* (archaic) point of horn; (archaic) row of prisoners; (obs.) branch of tree; **brancas** *fpl* (obs.) lion's claws; **branca ursina** (bot.) acanthus; **branca ursina alemana** or **espuria** (bot.) cow parsnip (*Heracleum sphodylium*)
brancada *f* dragnet, sweep net
brancal *m* frame (*of wagon or gun carriage*)
brandal *m* (naut.) backstay
Brandeburgo *m* Brandenburg (*city, province, and military decoration*)
brandís *m* greatcoat
branquia *f* (ichth.) gill, branchia
branquial *adj* branchial
branquífero -ra *adj* branchiferous
braña *f* summer pasture
braquial *adj* brachial
braquicéfalo -la *adj* (anthrop.) brachycephalic
braquigrafía *f* study of abbreviations
braquiópodo *m* (zool.) brachiopod
braquiuro -ra *adj & m* (zool.) brachyuran
brasa *f* live coal, red-hot charcoal; **estar en brasas** (coll.) to be on pins and needles; **estar hecho unas brasas** to be flushed, be red in the face
brasca *f* (found.) brasque, steep
brascar §86 *va* (found.) to brasque, to fettle
braserillo *m* small brazier
brasero *m* brazier; brasero (*place where heretics were burned*)
brasil *m* (bot.) brasiletto; brazilwood; Brazil red; rouge; **el Brasil** Brazil
brasilado -da *adj* Brazil-red
brasileño -ña *adj & mf* Brazilian
brasilete *m* (bot.) brasiletto; brazilwood
brasilina *f* (chem.) brazilin
brasmología *f* treatise on the tides; treatise on fermentation
bravamente *adv* bravely; well, skilfully; cruelly; hard, abundantly
bravata *f* bravado; **echar bravatas** to talk big
braveador -dora *adj* blustering, bullying; *mf* blusterer, bully
bravear *vn* to bluster, to boast, to four-flush
bravera *f* vent, chimney
braveza *f* fierceness, ferocity; bravery, courage; fury (*of the elements*)
bravío -vía *adj* fierce, ferocious, savage; wild, uncultivated; coarse, unpolished; (coll.) stubborn; *m* fierceness, ferocity
bravo -va *adj* brave; fine, excellent, great; elegant, spruce; (coll.) sumptuous, magnificent; wild, fierce, savage; game; rough (*sea; coast line*); angry, annoyed; (coll.) boasting, blustering; (coll.) ill-humored; strong (*chili*); (Am.) querulous; *m* bravo (*murderer*); **¡bravo!** bravo!
bravonel *m* braggart
bravucón -cona *adj* (coll.) four-flushing; *mf* (coll.) four-flusher
bravuconada *f* (coll.) four-flushing
bravura *f* fierceness, ferocity; gameness; bravery (*courage; fine appearance*); bravado, boasting; bruskness, ill-humor; (mus.) bravura
braza *f* (naut.) fathom; (naut.) brace (*rope*)
brazada *f* stroke with arms; armful; **brazada de pecho** breast stroke
brazado *m* armful, armload
brazaje *m* coining, minting; (naut.) fathomage
brazal *m* brassart (*of armor*); arm band; irrigation ditch; (naut.) headrail; **brazal de arquero** bracer
brazalete *m* bracelet; (arm.) brassart
brazo *m* arm (*of body, chair, sea, law, etc.*); foreleg (*of quadruped*); energy, enterprise; **brazos** *mpl* laborers, hands; backers, protectors; **a brazo partido** hand to hand; **asidos del brazo** arm in arm; **con los brazos abiertos** with open arms; **de brazos caídos** with arms folded; **hecho un brazo de mar** (coll.) gorgeously outfitted; **no dar su brazo a torcer** (coll.) to be stubborn, be persistent; **tener brazo** (coll.) to be husky; **brazo a brazo** hand to hand; **brazo derecho** right-hand man
brazofuerte *m* (zool.) ant bear
brazola *f* (naut.) coaming
brazolargo *m* (zool.) spider monkey
brazuelo *m* small arm; shoulder (*of animal*)
brea *f* tar, pitch, petroleum asphalt; (naut.) calking material; **brea seca** rosin
brear *va* (coll.) to abuse, to mistreat; (coll.) to play a joke on, to make fun of
brebaje *m* potion, dose; poison; unpleasantness; (naut.) grog
breca *f* (ichth.) dace; (ichth.) bleak
brecina *f* (bot.) broom heath
brécol *m* or **brécoles** *mpl* (bot.) broccoli
brecolera *f* woman who sells broccoli; (bot.) broccoli
brecha *f* breach, breakthrough; opening; impression; (geol.) breccia; **batir en brecha** (mil.) to breach; to get the better of; to floor
brega *f* struggle; fight, scrap, row; trick, joke; **andar a la brega** to toil, to work hard; **dar brega a** to play a trick on
bregar §59 *va* to work (*dough*) with a rolling pin; *vn* to struggle; to fight, to start a row; to toil, to work hard; to try hard to win out
brema *f* (ichth.) bream; (*cap.*) *f* Bremen
bremense *adj* (pertaining to) Bremen; *mf* native or inhabitant of Bremen

bren *m* bran
brenca *f* sluice post
Brenero *m* Brenner
breña *f* rough and brambly ground
breñal *m* or **breñar** *m* rough and brambly region
breñoso -sa *adj* rough and brambly; rocky, craggy
breque *m* (ichth.) bleak
bresca *f* honeycomb
brescar §86 *va* to extract honeycombs from (*a hive*)
Bretaña *f* Brittany; **la Gran Bretaña** Britain, Great Britain; (*l.c.*) *f* Brittany, Brittany cloth; (bot.) hyacinth
brete *m* fetters, shackles; tight spot, tight squeeze
bretón -tona *adj & mf* Breton; **bretones** *mpl* (bot.) Brussels sprouts
breva *f* purple fig, early fig; snap, cinch; flat cigar
breval *m* fig tree yielding early figs
breve *adj* short, brief; (gram.) short; **en breve** soon, shortly; in short; *m* apostolic brief; *f* (mus.) breve
brevedad *f* brevity, briefness, conciseness; **a** or **con la mayor brevedad** as soon as possible
brevete *m* note, memorandum
breviario *m* breviary, brief treatise; (eccl.) breviary; (print.) brevier
brevipenne *adj* (zool.) brevipennate
brezal *m* heath, moor
brezo *m* (bot.) heath, heather; **brezo albarino, blanco** or **castellano** (bot.) tree heath, brier
brezoso -sa *adj* heathery
briaga *f* hoisting rope, lashing rope; bass-weed rope
Briareo *m* (myth.) Briareus
briba *f* bumming, loafing; **andar a la briba** to bum around, to loaf around
bribón -bona *adj* bumming, loafing; rascally; *mf* bum, loafer; rascal, scoundrel
bribonada *f* rascality, knavery
bribonazo *m* big rascal
bribonear *vn* to bum around, to loaf; to be a rascal
bribonería *f* life of loafing; rascality
bricbarca *f* (naut.) bark
bricho *m* gold or silver spangle (*used in embroidery*)
brida *f* bridle; horsemanship; curb, check, restraint; splice plate; fishplate; flange; clamp; **bridas** *fpl* (rail.) couplers; (surg.) filaments around the lips of a wound; **a toda brida** at top speed
bridar *va* to flange
bridecú *m* (*pl:* **-cúes**) sword belt
bridón *m* small bridle; bridoon; horseman riding a bur saddle; horse fitted with a bur saddle; (poet.) spirited steed
brigada *f* brigade; squad, gang, party; fleet (*e.g., of tractors*); (mil.) brigade; (mil.) train; *m* (mil.) staff sergeant
brigadero *m* man in charge of military pack animals
brigadier *m* (mil.) brigadier, brigadier general
brigadiera *f* (coll.) brigadier general's wife
brigantino -na *adj* (pertaining to) Corunna; *mf* native or inhabitant of Corunna; *f* (arm.) brigandine
Brígida *f* Bridget
Briján *m;* **saber más que Briján** to be wide-awake, to be keen-witted
brillante *adj* brilliant, bright, shining; (fig.) brilliant; *m* brilliant (*sparkling stone*); metallic lustre
brillantez *f* brilliance; (fig.) brilliance
brillantina *f* brilliantine (*hair dressing; glossy fabric*); metal polish
brillar *vn* to shine, to sparkle
brillo *m* brilliance, brightness, lustre; splendor
brilloso -sa *adj* shiny
brin *m* fine canvas; (Am.) canvas (*for painting*)
brincar §86 *va* to bounce (*a child*) in one's arms; (coll.) to skip (*a word or passage*); to pass over (*another person because of a promotion*); *vn* to leap, to jump; (coll.) to be very touchy, to flare up
brinco *m* leap, jump; hop, bounce; fancy hair ornament; **en dos brincos** or **en un brinco** in an instant
brindador -dora *mf* toaster, person who proposes a toast
brindar *va* to offer; to invite; **brindar a** + *inf* to invite to + *inf;* **brindar a uno con una cosa** to offer someone something; *vn* to invite; to drink a toast; **brindar a** or **por** to drink to; to toast; **brindar con** to offer; *vr* to offer; **brindarse a** + *inf* to offer to + *inf*
brindis *m* (*pl:* **-dis**) toast (*to someone's health*); offer; invitation, treat; (taur.) dedication (*by the matador of the first bull killed to the presiding officer*)
brinquillo or **brinquiño** *m* gewgaw, trinket; Portuguese candy or sweet; **hecho un brinquiño** (coll.) all spruced up
brinza *f* (bot.) sprig, shoot, blade
briñón *m* nectarine (*fruit*)
brío *m* spirit; determination, enterprise; elegance; **cortar los bríos a uno** to cut someone's wings
briofita *f* (bot.) bryophyte
briol *m* (naut.) buntline
briología *f* bryology
brionia *f* (bot.) bryony
brios euphemistic form of **dios,** used in mild oaths
brioso -sa *adj* spirited; determined, enterprising; elegant
briqueta *f* briquet or briquette (*of coal*)
brisa *f* breeze; bagasse of pressed grapes; (poet.) zephyr
brisca *f* bezique (*card game*); brisque (*ace*)
briscado -da *adj* interwoven with silk and gold thread or silk and silver thread
briscar §86 *va* to weave with silk and gold or silver thread; to embroider with silk and gold or silver thread
Briseida *f* (myth.) Briseis
brisera *f* or **brisero** *m* (Am.) glass lamp shade
brisote *m* stormy breeze; steady, fresh breeze
brístol *m* Bristol board
británico -ca *adj* Britannic
britano -na *adj* British; *mf* Briton; Britisher; **los britanos** the British
briza *f* (bot.) quaking grass
brizar §76 *va* to rock in a cradle
brizna *f* chip, splinter, fragment; filament, string; blade (*e.g., of straw*); (fig.) grain (*of hope, conscience, etc.*)
briznoso -sa *adj* splintery; stringy
brizo *m* cradle
brl. abr. of **barril**
broa *f* biscuit, cracker; corn bread; shallow cove
broca *f* reel, bobbin (*in a shuttle*); drill, drill bit; shoemaker's tack; **broca de avellanar** countersinking bit; **broca de centrar** center drill
brocadillo *m* light brocade
brocado -da *adj* brocaded; *m* brocade
brocal *m* curbstone (*of well*); steel rim (*of shield*); cigarette holder; mouthpiece of leather wine bag
brocamantón *m* diamond brooch
brocatel *m* brocatel (*brocade and marble*)
brocino *m* bump, lump (*on head*)
bróculi *m* (bot.) broccoli
brocha *f* brush, stubby brush (*for painting, shaving, etc.*); loaded dice; **de brocha gorda** house (*painter*); (coll.) crude, heavy-handed
brochada *f* brush, stroke with a brush
brochal *m* header beam
brochar *va* (mach.) to broach
brochazo *m* dab, stroke (*with brush*)
broche *m* clasp, fastener, clip; hook and eye; brooch; hasp (*for book covers*); (Am.) cuff button; **broche de oro** punch line
brocheta *f* (cook.) skewer
brochón *m* large brush; whitewash brush, plasterer's brush
brodio *m* var. of **bodrio**
broma *f* joke, jest; fun, merriment; (cook.) oatmeal; (mas.) riprap; (zool.) shipworm; (Am.) disappointment; **de broma** in fun, as a joke; **decir en broma** to say jokingly; **gastar una broma (a)** to play a joke (on)

bromar *va* to gnaw, to bore (*said of a shipworm*)
bromato *m* (chem.) bromate
bromazo *m* poor joke
bromear *vn* to joke, to jest; to enjoy oneself, have a good time; to carouse, go on a spree; *vr* to joke, to jest; to chat and joke
bromeliáceo -a *adj* (bot.) bromeliaceous
bromhídrico -ca *adj* (chem.) hydrobromic
brómico -ca *adj* (chem.) bromic
bromista *adj* joking; *mf* joker
bromo *m* (chem.) bromin or bromine; (bot.) brome grass
bromurado -da *adj* (containing) bromine
bromuro *m* (chem.) bromide; **bromuro de potasio** (chem.) potassium bromide
bronca *f* see **bronco**
bronce *m* bronze (*alloy; object; powder*); (poet.) cannon, bell, trumpet, clarion; **bronce de aluminio** aluminum bronze; **bronce de campanas** bell metal; **bronce de magnesio** magnesium bronze; **bronce fosforoso** phosphor bronze
bronceado -da *adj* bronze, bronze-colored; tanned, sunburnt: *m* bronzing; bronze finish; bronze (*color*); tan, sunburn
broncear *va, vn & vr* to bronze; to tan
broncería *f* collection of bronzes; bronze work, brasswork; bronze or brass shop
broncíneo -a *adj* bronzelike
broncista *m* bronzesmith
bronco -ca *adj* coarse, rough; gruff, uncouth; raspy, harsh; hoarse; brittle (*metal*); *f* (coll.) row, wrangle, dispute; (coll.) poor joke; **armar una bronca** (coll.) to start a row
bronconeumonía *f* (path.) bronchopneumonia
broncorrea *f* (path.) bronchorrhea
broncoscopia *f* bronchoscopy
broncoscopio *m* bronchoscope
bronquedad *f* coarseness, roughness; gruffness, uncouthness; harshness; hoarseness; brittleness
bronquial *adj* bronchial
bronquina *f* (coll.) scrap, quarrel
bronquio *m* (anat.) bronchus, bronchial tube
bronquíolo *m* (anat.) bronchiole, smaller bronchus
bronquítico -ca *adj* bronchitic
bronquitis *f* (path.) bronchitis
brontosauro *m* (pal.) brontosaurus
broquel *m* shield, buckler; (fig.) shield
broquelar *vr* to shield oneself
broquelazo *m* stroke with a shield or buckler
broquelillo *m* earring
broqueta *f* (cook.) skewer, brochette
brota *f* shoot, bud
brotadura *f* sprouting, budding; springing, gushing; eruption (*of the skin*)
brótano *m* var. of **abrótano**
brotar *va* to sprout, to shoot forth; to cause, to produce; *vn* to sprout, to shoot forth, to bud; to spring, to gush; to break out (*on the skin*)
brote *m* shoot, bud; rash, pimples; breaking out in a rash; outburst; outbreak (*of a disease*); (dial.) bit, crumb, fragment
brótola *f* (ichth.) codling
broza *f* brushwood; rubbish, trash; brush, underbrush; printer's brush; (fig.) rubbish
brozar §76 *va* (print.) to brush, to clean with a brush
brozoso -sa *adj* rubbishy, full of rubbish
brucelosis *f* (path. & vet.) brucellosis
brucero *m* brush or broom maker or dealer
bruces *mpl* lips; **a** or **de bruces** face downward, on one's face, prone
brucina *f* (pharm.) brucine
brucita *f* (mineral.) brucite
brugo *m* (ent.) plant louse; (ent.) oak larva
bruja *f* (orn.) barn owl; witch, sorceress; (coll.) hag; (coll.) shrew; (Am.) spook (*person wrapped in sheet*)
Brujas *f* Bruges
brujear *vn* to practice witchcraft
brujería *f* witchcraft, sorcery, magic
brujesco -ca *adj* witch
brujidor *m* var. of **grujidor**
brujir *va* var. of **grujir**
brujo *m* sorcerer, magician, wizard; (fig.) wizard
brújula *f* magnetic needle; compass; sight (*hole for aiming*); (fig.) guide; (*cap.*) *f* (astr.) Compasses; **brújula de inducción terrestre** (aer.) earth induction compass; **perder la brújula** to lose one's touch
brujulear *va* to uncover (*one's cards*) gradually; (coll.) to guess, to suspect; *vn* to know one's way around
brulote *m* fire ship
bruma *f* fog, mist
brumador -dora *adj* var. of **abrumador**
brumal *adj* foggy, misty
brumar *va* to crush, to overwhelm; to annoy
brumazón *m* heavy fog, thick mist
brumo *m* pure coating wax
brumoso -sa *adj* foggy, misty
Brunilda *f* Brunhild
bruno -na *adj* dark brown, blackish; brown; *m* (bot.) black plum
bruñido *m* burnishing, polishing
bruñidor -dora *adj* burnishing, polishing; *mf* burnisher, polisher; *m* burnisher (*tool*)
bruñidura *f* or **bruñimiento** *m* burnishing, polishing
bruñir §25 *va* to burnish, to polish; (coll.) to put rouge on, to put make-up on
bruño *m* (bot.) black plum
bruñón *m* nectarine
brus *m* (naut.) deck mop
brusco -ca *adj* brusque; sudden; rough, gruff; sharp (*curve*); *m* (bot.) butcher's-broom; *f* camber, roundup; (Am.) brushwood
brusela *f* (bot.) myrtle, lesser periwinkle; **bruselas** *fpl* tweezers
Bruselas *f* Brussels
bruselense *adj* (pertaining to) Brussels; *mf* native or inhabitant of Brussels
brusquedad *f* brusqueness; suddenness; roughness, gruffness; sharpness (*of a curve*)
brutal *adj* brutal; sudden, unexpected; (coll.) terrific (*e.g., speed*); (coll.) stunning; (coll.) huge, colossal; *m* brute, beast
brutalidad *f* brutality; stupidity; (coll.) flock, slew
brutalizar §76 *va* to brutalize
brutear *vn* (Am.) to talk nonsense, to bungle
brutesco -ca *adj* grotesque
bruteza *f* brutality; roughness, lack of polish
bruto -ta *adj* brute, brutish; stupid, ignorant; rough; gross; crude; (coll.) big, huge; **en bruto** in the rough; *mf* brute (*person*); ignoramus; *m* brute (*animal*); (coll.) dolt; (*cap.*) *m* Brutus
bruza *f* horse brush; printer's brush
bruzar §76 *va* to brush, to clean with a brush
bu *m* (*pl:* **búes**) (coll.) bogeyman, bugaboo; **hacer el bu a** (coll.) to scare, to frighten, to say boo to; *interj* boo!
búa *f* pimple; (path.) bubo
buarro *m* var. of **buharro**
buba *f* (path.) syphilis; **bubas** *fpl* (path.) bubo
búbalo -la *mf* (zool.) bubal
bubón *m* (path.) bubo
bubónico -ca *adj* bubonic
buboso -sa *adj* buboed
bucal *adj* buccal
bucanero *m* buccaneer
bucare *m* or **búcare** *m* (bot.) bucare, coral tree
Bucarest *f* Bucharest
búcaro *m* fragrant clay; flower vase
buccino *m* (zool.) whelk
buceador -dora *mf* diver
buceamiento *m* diving
bucear *vn* to dive; to be a diver; to delve
Bucéfalo *m* Bucephalus; (*l.c.*) *m* (coll.) blockhead, jackass
buceo *m* diving
bucero -ra *adj* black-nosed (*said of a hound*)
bucinador *m* (anat.) buccinator
bucle *m* curl, ringlet, lock; bend, loop
buco *m* opening, gap; (zool.) buck
bucólico -ca *adj* bucolic; *m* bucolic poet; *f* bucolic (*poem*); (coll.) food; (coll.) meal
bucráneo *m* (arch.) bucranium
buchada *f* mouthful
buche *m* craw, crop, maw; belly; mouthful; bag, pucker (*in clothes*); bosom (*for secrets*); suck-

ling ass; **hacer buche** to be baggy, to pucker; **sacar el buche a uno** (coll.) to make someone tell all he knows
buchete *m* puffed-up cheek
buchón -chona *adj* (coll.) baggy, bulging; pouting (*pigeon*); *f* (orn.) pouter
buchú *m & f* (pharm.) buchu
Buda *m* Buddha
búdico -ca *adj* Buddhic
budín *m* pudding
budinera *f* pudding mold
budión *m* (ichth.) butterfly fish
budismo *m* Buddhism
budista *adj & mf* Buddhist
buega *f* (prov.) boundary mark
buen *adj* apocopated form of **bueno,** used only before masculine singular nouns
buenaboya *m* volunteer oarsman
buenamente *adv* easily, with ease; freely, voluntarily
buenandanza *f* var. of **bienandanza**
buenaventura *f* good luck; fortune (*told by fortuneteller*); **decirle a uno la buenaventura** to tell one's fortune, to tell someone his fortune
buenazo -za *adj* (coll.) kind, good-natured
buenísimo -ma *adj super* (coll.) very good
bueno -na *adj* good; kind; well; fine, e.g., **buen tiempo** fine weather; (iron.) fine; **a buenas** willingly; **a la buena de Dios** at random; **de buenas a primeras** suddenly; afresh, anew, from the beginning; **¿de dónde bueno?** (coll.) where do you come from?, what's the good news?; **el bueno de Juan** good old John; **estar de buenas** to be in a good mood; **por las buenas** willingly; **¡buena es ésa** or **ésta!** (coll.) that's a fine how-do-you-do!, that's a fine state of affairs!; **¡buenas!** greetings!; **¡bueno!** well!, all right!; that'll do!
Buenos Aires *m & f* Buenos Aires; **el Gran Buenos Aires** Greater Buenos Aires
buenpasar *m* well-being
buey *m* ox, bullock, steer; **trabajar como un buey** to work like an ox; **buey almizclado** or **almizclero** (zool.) musk ox; **buey de cabestrillo** ox used as a shield by hunter; **buey del Tibet** (zool.) yak; **buey giboso** (zool.) zebu; **buey suelto** (coll.) free agent; (coll.) bachelor; **buey marino** (zool.) sea cow (*Halicore*)
bueyuno -na *adj* bovine
buf *interj* (coll.) ugh!
bufa *f* see **bufo**
bufalino -na *adj* (pertaining to the) buffalo
búfalo -la *mf* (zool.) buffalo; **búfalo cafre** (zool.) Cape buffalo
bufanda *f* scarf, muffler
bufar *vn* to snort; (coll.) to snort, to puff (*e.g., with anger*); *vr* to swell, to heave
bufete *m* writing desk; law office; clients (*of lawyer*); (Am.) snack, refreshment; **abrir bufete** to open a law office
bufetillo *m* small desk
bufido *m* snort; (coll.) snort, puff (*e.g., of anger*)
bufo -fa *adj* farcical; clownish; *mf* buffoon; *f* jest, buffoonery
bufón -fona *adj* funny, comical, clownish; *mf* buffoon, clown; *m* fool, jester; peddler, street vendor
bufonada *f* jest, buffoonery; raillery, sarcasm
bufonear *vn* to play the clown; *vr* to jest, to make fun
bufonesco -ca *adj* farcical, clownish; coarse, rude, burlesque
bufonizar §76 *vn & vr* to jest, to make fun
bugalla *f* oak gall
buganvilla *f* (bot.) bougainvillea
bugle *m* (mus.) bugle
buglosa *f* (bot.) bugloss
buharda *f* dormer; dormer window; garret; (fort.) balcony, battlement (*designed for dropping weapons on attackers at foot of wall*)
buhardilla *f* dormer; dormer window; garret; (Am.) skylight
buharro *m* (orn.) scops owl
buhedera *f* loophole, embrasure
buhedo *m* pool or pond that dries up in summer; marl
búho *m* (orn.) eagle owl; (coll.) unsociable person; (slang) squealer
buhonería *f* peddler's kit; peddler's stock or wares
buhonero *m* peddler, hawker
buído -da *adj* sharp, pointed; fluted, grooved; weak, skinny
buitre *m* (orn.) vulture
buitrero -ra *adj* vulturine; *m* vulture hunter; *f* vulture trap
buitrón *m* fish trap (*made of osier*); partridge net; silver-smelting furnace; ashpit (*of furnace*)
Bujara *f* Bokhara or Bukhara (*city*); **la Bujara** Bokhara or Bukhara (*state*)
bujarasol *m* reddish fig (*of Murcia*)
buje *m* axle box, bushing
bujeda *f*, **bujedal** *m* or **bujedo** *m* var. of **bojedal**
bujería *f* bauble, gewgaw, trinket
bujeta *f* box made of boxwood; box, case; perfume bottle; perfume box
bujía *f* candle; candlestick; candle power; spark plug; (surg.) bougie; **bujía internacional** (phys.) international candle; **bujía normal** or **patrón** (phys.) standard candle
bujía-pie *m* (*pl:* **bujías-pies**) foot-candle
bujiería *f* chandlery
bula *f* bull, bulla
bulario *m* collection of papal bulls, bullary
bulbillo *m* (bot.) bulbil
bulbo *m* (anat. & bot.) bulb
bulboso -sa *adj* bulbous
bulerías *fpl* Andalusian song and dance
buleto *m* apostolic brief
bulevar *m* boulevard
Bulgaria *f* Bulgaria
búlgaro -ra *adj & mf* Bulgar, Bulgarian; *m* Bulgar, Bulgarian (*language*)
bulí *m* var. of **burí**
bulimia *f* (path.) bulimia (*insatiable hunger*)
bulímico -ca *adj & mf* bulimic, bulimiac
bulo *m* (coll.) false rumor
bulón *m* bolt; **bulón de grillete** shackle bolt
bulonar *va* to bolt
bulto *m* bulk, volume; bust, statue; bundle, package; piece of baggage; bump, swelling; form, body, shadow; (slang) carcass (*of a person*); (Am.) briefcase; **a bulto** broadly, by guess; **buscar el bulto a** (coll.) to lay for; **coger el bulto a** (coll.) to have in one's clutches; **de bulto** evident; (Am.) important; **escurrir** or **esquivar el bulto** (coll.) to duck, to dodge
bululú *m* (*pl:* **-lúes**) (archaic) strolling impersonator; (Am.) excitement, disturbance
bulla *f* noise, uproar; bustle, crowd
bullabesa *f* bouillabaisse
bullaje *m* crush, mix-up
bullanga *f* disturbance, riot
bullanguero -ra *adj* turbulent, rioting; *mf* disturber of the peace, rioter
bullebulle *mf* (coll.) bustler, busybody
bullente *adj* boiling, bubbling; frothy (*beer*); teeming, swarming
bullicio *m* bustle, rumble; brawl, wrangle; disturbance, excitement
bullicioso -sa *adj* bustling, rumbling; turbulent, restless; riotous; *mf* rioter
bullidor -dora *adj* bustling, turbulent
bullir §26 *va* to move, to budge; *vn* to boil, to bubble up; to swarm, to teem; to abound; to occur frequently; to bustle, to hustle; to stir, to budge; (coll.) to itch, be restless; *vr* to stir, to budge
bullón *m* bubbling dye (*in boiler*); stud (*for adorning bookbindings*); puff (*in a dress*)
bumerang *m* boomerang
buna *m* (chem.) buna
buniatal *m* sweet-potato patch
buniato *m* (bot.) sweet potato (*plant and tuber*)
bunio *m* (bot.) hardened bulb; (path.) bunion
buñolería *f* doughnut bakery
buñolero -ra *mf* doughnut maker or dealer
buñuelo *m* doughnut, cruller; (coll.) botch
bupresto *m* (ent.) buprestid, buprestid beetle

buque *m* capacity; hull (*of ship*); ship, vessel; (mus.) resonance box (*e.g., of guitar*); **buque almirante** admiral (*flagship of admiral*); **buque a rotores** rotor ship; **buque cablero** cable ship; **buque carguero** freighter; **buque cisterna** tanker; **buque correo** mailboat; **buque de cruz** square-rigger; **buque de desembarco** (nav.) landing craft, landing ship (*LST*); **buque de doble hélice** twin-screw ship; **buque de guerra** warship; **buque de ruedas** paddle-wheel steamer; **buque de transporte** transport; **buque de vapor** steamer, steamship; **buque de vela** sailboat; **buque escucha** vedette; **buque escuela** school ship; (nav.) training ship; **buque fanal** or **faro** lightship; **buque gemelo** sister ship; **buque hospital** hospital ship; **buque madre** (nav.) mother ship; **buque mercante** merchantman, merchant vessel; **buque portaminas** mine layer; **buque tanque** tanker; **buque teatro** showboat; **buque trampa** tramp steamer; **buque transbordador** train ferry; **buque velero** sailing vessel
buqué *m* bouquet (*of wine*)
buquetero *m* (Am.) flower vase
bura *m* (zool.) blacktail
burato *m* Canton crepe; transparent cloak or veil
burbuja *f* bubble
burbujear *vn* to bubble, to burble
burbujeo *m* bubbling, burbling
burchaca *f* var. of **burjaca**
burche *f* tower (*for defense*)
burda *f* see **burdo**
burdégano *m* hinny
burdel *m* brothel; disorderly house; *adj* libidinous, vicious
Burdeos *f* Bordeaux; (*l.c.*) *m* (*pl:* **burdeos**) Bordeaux (*wine*)
burdo -da *adj* coarse; *f* (naut.) backstay
burel *m* fid (*for opening strands of rope*)
bureo *m* court for trial of persons of royal household; amusement, diversion
bureta *f* (chem.) burette
burga *f* hot springs
burgado *m* (zool.) small brown snail
burgalés -lesa *adj* (pertaining to) Burgos; *mf* native or inhabitant of Burgos
burgo *m* (archaic) town, village
burgomaestre *m* burgomaster
burgrave *m* burgrave
burgraviato *m* burgraviate
burgués -guesa *adj* bourgeois, middle-class; (pertaining to a) town; *mf* bourgeois, person of the middle class; townsman
burguesía *f* bourgeoisie, middle class, **alta burguesía** upper middle class
burí *m* (bot.) buri palm, talipo palm
buriel *adj* dark red; *m* coarse woolen cloth
buril *m* burin, graver; (fig.) burin (*style or manner of engraver*); (dent.) explorer
burilada *f* stroke or mark made with a burin or chisel; shaving or chip cut with a burin or chisel; slither of silver to be assayed
buriladura *f* engraving; chiseling
burilar *va* to engrave with a burin; to chisel (*marble*)
burjaca *f* leather bag of pilgrim or beggar
burla *f* ridicule; sneering, scoffing; joke, jest; trick, deception; **de burlas** in fun, for fun; **burla burlando** by joking; unawares; on the quiet; **burla pesada** rough joke; **burlas aparte** joking aside
burladero *m* safety island, safety zone; covert in a bull ring; safety niche or recess in a tunnel
burlador -dora *adj* ridiculing; joking, jesting; disappointing; seducing; *mf* wag, jester, practical joker; *m* seducer of women; drinking cup full of holes (*used as a trick for the unwary*); hidden jet of water (*to squirt the unwary*)
burlar *va* to ridicule; to trick, to deceive, to disappoint; to outwit, to frustrate, to elude; to seduce (*a woman*); *vn* to scoff; **burlar de** to make fun of, to scoff at; *vr* to joke, to jest; **burlarse de** to make fun of, to scoff at
burlería *f* trick, deception; illusion; fish story, fairy tale; scorn, derision
burlesco -ca *adj* (coll.) funny, comic, jocular
burlete *m* weather strip or stripping
burlisto -ta *mf* (Am.) joker, jester; **burlisto grande** (orn.) Couch's kingbird
burlón -lona *adj* joking, jesting; *mf* joker, jester; *m* (orn.) mocking bird
burlonería *f* slyness, cunning
buró *m* (*pl:* **-rós**) writing desk, bureau; (Am.) night table
burocracia *f* bureaucracy
burócrata *mf* bureaucrat; jobholder
burocrático -ca *adj* bureaucratic
burra *f* see **burro**
burrada *f* drove of asses; asininity
burrajear *va* to scribble; to doodle
burrajo -ja *adj* (Am.) coarse, stupid; *m* dry stable dung (*used for fuel*)
burreño *m* var. of **burdégano**
burrero *m* herdsman who sells ass's milk; (Am.) owner or driver of asses
burrillo *m* liturgical calendar
burro -rra *adj* stupid, asinine; *m* jackass, donkey, burro; sawbuck, sawhorse; windlass; (naut.) feed pump; (Am.) stepladder; (fig.) jackass; **burro cargado de letras** (coll.) learned jackass; **burro de carga** drudge, slave (*man*); *f* she-ass; (fig.) ass, stupid woman; drudge, slave (*woman*)
burrumbada *f* (coll.) var. of **barrumbada**
bursátil *adj* stock, stock-market
bursitis *f* (path.) bursitis
burujo *m* var. of **borujo**
burujón *m* var. of **borujón**
busaca *f* (Am.) pocket (*of pool table*); (Am.) bag
busardo *m* (orn.) buzzard; (orn.) marsh harrier
busca *f* search, hunt, pursuit; (hunt.) party of beaters; **buscas** *fpl* (Am.) perquisites
buscada *f* search, hunt, pursuit
buscador -dora *adj* searching; **buscador del blanco** (mil.) homing (*e.g., torpedo*); *mf* searcher, seeker; *m* (astr.) finder
buscahuella *m* (aut.) spotlight
buscaniguas *m* (*pl:* **-guas**) (Am.) snake (*kind of firecracker*)
buscapié *m* hint; key (*to interpret obscure passages*); **buscapiés** *msg* (*pl:* **-piés**) snake, serpent (*kind of firecracker*)
buscapleitos *mf* (*pl:* **-tos**) (Am.) troublemaker
buscapolos *m* (*pl:* **-los**) (elec.) pole finder
buscar §86 *va* to look for, to hunt for, to seek, to seek out; (Am.) to provoke; **buscar tres pies al gato** to pick a quarrel; *vr* to be selfish, to look out for oneself; **buscársela** (coll.) to manage to get along; (coll.) to ask for it, to be looking for trouble
buscareta *f* (orn.) wren
buscarruidos *m* (*pl:* **-dos**) (coll.) troublemaker
buscavidas *mf* (*pl:* **-das**) (coll.) snoop, busybody; (coll.) hustler
busco *m* miter sill (*of canal-lock gate*)
buscón -cona *mf* seeker, investigator, checker; petty thief; *m* (min.) prospector; *f* (coll.) loose woman
busilis *m* (*pl:* **-lis**) (coll.) difficulty, trouble; (coll.) dough (*money*); secret, mystery; **ahí está el busilis** (coll.) that's the trouble; **dar en el busilis** (coll.) to put one's finger on the trouble
búsqueda *f* search, hunt, pursuit
busto *m* bust
bustrófedon *m* boustrophedon
butaca *f* armchair, easy chair; orchestra seat
butacama *f* (aer. & rail.) sleeper seat
butacón *m* large easy chair
butadieno *m* (chem.) butadiene
butano *m* (chem.) butane
buteno *m* (chem.) butene
butifarra *f* Catalonian sausage; loose sock or stocking; (Am.) ham sandwich
butifarrero -ra *mf* maker or seller of Catalonian sausages
butileno *m* (chem.) butylene
butilo *m* (chem.) butyl
butiondo -da *adj* lewd, lustful
butírico -ca *adj* (chem.) butyric
butirina *f* (chem.) butyrin
butiro *m* butter

butirómetro *m* butyrometer
butiroso -sa *adj* butyrous
butomáceo -a *adj* (bot.) butomaceous
butrino *m* fish trap (*made of osier*)
butrón *m* var. of **buitrón**
butuco -ca *adj* (Am.) thick, stumpy
buxáceo -a *adj* (bot.) buxaceous
buyo *m* buyo (*chewing paste*)
buz *m* (*pl:* **buces**) kiss of gratitude, kiss of reverence; lip; **hacer el buz** (coll.) to bow and scrape

buzamiento *m* (geol.) dip
buzar §76 *vn* (geol.) to dip
buzarda *f* (naut.) breasthook
buzo *m* diver (*especially in diving suit*); (orn.) buzzard; **buzo de los pantanos** (orn.) marsh harrier
buzón *m* canal, conduit; lid, cover; sluice (*of water course of mill*); (found.) plug; mailbox, letter box; letter drop; **buzón de alcance** special-delivery box; mailbox for last-minute mail

C

C, c *f* third letter of the Spanish alphabet
c. abr. of **capítulo, compañía, corriente & cuenta**
c/ abr. of **caja, cargo, contra & corriente**
c.ª abr. of **compañía**
c/a abr. of **cuenta abierta**
C.A. abr. of **corriente alterna**
ca *interj* (coll.) oh no!
Caaba *f* Kaaba (*at Mecca*)
caama *m* (zool.) hartebeest
cabal *adj* exact; complete, perfect, finished; **no estar en sus cabales** to be not all there, to not be in one's right mind; *adv* exactly; completely; *interj* right!
cábala *f* cabal; cabala; divination; lucky number (*to try for the lottery*); **cábalas** *fpl* guess, supposition
cabalgada *f* raid by horseback; booty brought back from a raid by horseback
cabalgador -dora *adj* upper (*said of one of crossed knees*); *m* rider, horseman; *f* rider, horsewoman
cabalgadura *f* mount, riding horse, riding animal; beast of burden; (coll.) nag
cabalgar §59 *va* to ride (*a horse*); to mount (*a gun*); to cover (*a mare*); *vn* to ride horseback, to go horseback riding; to gallop; **cabalgar sobre** to run over into (*the next line; said of the sense of a line of poetry*)
cabalgata *f* cavalcade
cabalista *mf* cabalist; schemer
cabalístico -ca *adj* cabalistic
cabalizar §76 *vn* to practice cabala
caballa *f* (ichth.) mackerel
caballada *f* drove of horses
caballaje *m* stud service; stud price; (Am.) horsepower
caballar *adj* (pertaining to the) horse, equine
caballazo *m* large heavy horse; (Am.) jolt with a horse, trampling with a horse
caballear *vn* (coll.) to go horseback riding, to like to go horseback riding
caballejo *m* little horse; nag; horse (*instrument of torture*)
caballerango *m* (Am.) stableman, horse trainer
caballerato *m* pontifical benefice granted to married layman
caballerear *vn* to claim to be a knight, to act the knight; to pretend to be somebody
caballeresco -ca *adj* knightly, chivalric; gentlemanly; quixotic
caballerete *m* (coll.) dude
caballería *f* horse, mule; mount; (mil.) cavalry; knights; knighthood, chivalry; order of knights; knight's share of booty; land measure of varying size in Spain and Spanish America; **andarse en caballerías** (coll.) to be overobsequious, to outdo oneself in compliments; **caballería andante** errantry, knight-errantry; **caballería ligera** (mil.) light horse, light cavalry; **caballería mayor** saddle horse; **caballería menor** ass, jackass
caballeriza *f* stable; stable hands
caballerizo *m* groom, stableman; **caballerizo mayor del rey** royal master of the horse
caballero -ra *adj* mounted, riding; gentlemanly; obstinate, persistent; *m* knight, nobleman; mister; gentleman; cavalier, rider, horseman; (fort.) cavalier; (orn.) sandpiper; **armar caballero** to knight; **ir caballero en** to ride (*e.g., a horse, mule*); **caballero andante** knight errant; **caballero cubierto** grandee who did not have to uncover in presence of king; boorish fellow who stands with his hat on; **caballero de industria** knave, adventurer, sharper; **Caballero de la triste figura** Knight of the Rueful Countenance (*Don Quijote*); **caballero del cisne** (myth.) swan knight; **caballero del Temple** Templar, Knight Templar
caballerosidad *f* chivalry, gentlemanliness
caballeroso -sa *adj* chivalrous, gentlemanly
caballeta *f* (ent.) grasshopper
caballete *m* small horse; hip, ridge (*of roof*); ridge (*between furrows*); easel; trestle, horse, sawbuck; gantry, barrelstand; horse (*instrument of torture*); hemp brake; chimney cap; bridge (*of nose*); breastbone; (Am.) rest (*for knife and fork*); **Caballete del pintor** (astr.) Painter's Easel
caballista *m* horseman; horsebreaker; cowboy; (dial.) mounted highwayman; *f* horsewoman
caballito *m* little horse; hobbyhorse (*stick with horse's head*); **caballitos** *mpl* merry-go-round; mechanical horse race (*for gambling*); **caballito del diablo** (ent.) dragonfly, darning needle; **caballito de mar** (ichth.) sea horse
caballo *m* horse; knight (*in chess*); playing card (*figure on horseback*) equivalent to queen; **caballos** *mpl* (mil.) horse, cavalry; **a caballo** on horseback; **a caballo de** astride; **a mata caballo** at breakneck speed; **de a caballo** mounted; **ir a caballo** to go or to ride horseback; **montar a caballo** to ride horseback; **un sesenta caballos** a sixty-horsepower automobile; **caballo aguililla** (Am.) swift-pacing horse; **caballo blanco** angel (*financial backer*); **caballo de agua** (zool.) river horse; (ichth.) sea horse; **caballo de aldaba** horse kept for gala occasions; **caballo de batalla** battle horse, charger; forte, specialty; main point (*of an argument*); **caballo de carga** pack horse; **caballo de carrera** race horse; **caballo de frisa** (mil.) cheval-de-frise; **caballo de fuerza** (mech.) French or metric horsepower (*736 watts*); **caballo de guerra** charger; **caballo del diablo** (ent.) dragonfly, darning needle; **caballo de mar** (zool.) river horse; (ichth.) sea horse; **caballo de montar** or **de silla** saddle horse; **caballo de palo** (coll.) ship, vessel; (coll.) wooden horse (*used for punishment*); **caballo de posta** post horse; **caballo de regalo** horse kept for gala occasions; **caballo de tiro** draft horse; **caballo de Troya** Trojan horse; **caballo de vapor** (mech.) French horsepower or metric horsepower (*736 watts*); **caballo de vapor inglés** horsepower (*746 watts*); **caballo entero** stallion; **caballo hora** (*pl:* **caballos hora**) (mech.) horsepower-hour; **caballo marino** (zool.) river horse; (ichth. & zool.) sea horse; **caballo mecedor** rocking horse, hobbyhorse; **caballo padre** stallion; **caballo regalado** gift horse, e.g., **a caballo regalado no se le mira el diente** never look a gift horse in the mouth; **caballo semental** studhorse
caballón *m* big clumsy horse; ridge (*between furrows*); dike, levee
caballuno -na *adj* (pertaining to the) horse, horselike
cabaña *f* cabin, hut; hovel; rustic bower (*in a garden*); drove, flock; flock of sheep and ewes; livestock; drove of grain-carrying horses or mules; (hunt.) shelter; (paint.) pastoral scene; balk line (*in billiards*); cattle-breeding ranch
cabañal *adj* sheep-and-cattle (*path*); *m* village of cabins or huts
cabañería *f* shepherd's weekly ration
cabañero -ra *adj* sheep-and-cattle; grain-carrying; *m* shepherd; drover
cabañil *adj* shepherd's-cabin; *m* mule-driver

cabañuelas *fpl* weather forecasting in January and August; first summer rains (*in Argentina and Bolivia*); winter rain (*in Mexico*); (archaic) Feast of Tabernacles (*in Toledo*); **estar cogiendo cabañuelas** (Am.) to be out of work
cabaret *m* (*pl:* **-rets**) cabaret, night club
cabe *m* stroke of ball; **dar un cabe a** (coll.) to hurt, to harm; **cabe de pala** (coll.) lucky break; *prep* (archaic & poet.) near, at the side of
cabeceada *f* (Am. & dial.) nod
cabeceado *m* thick stroke (*of certain letters*)
cabeceamiento *m* var. of **cabeceo**
cabecear *va* to write (*letters*) with thick strokes; to bind (*e.g., a rug*); to put a headband on (*a book*); to head (*wine*); to put a new foot on (*a stocking*); *vn* to nod (*in sleep*); to bob the head; to shake one's head (*in negation*); to slip to one side, to hang over; to lurch; (naut.) to pitch
cabeceo *m* nod, bob, shake (*of the head*); lurching; (naut.) pitch, pitching
cabecera *f* head (*of bed, table, etc.*); bedside; headboard; headwall; headwaters; end (*of house, lot, or field*); heading (*e.g., of a chapter of a book*); (print.) headpiece; headline (*of newspaper*); (law) heading (*of a document*); capital, county seat; fortified point on a bridge; pillow, bolster; **asistir** or **estar a la cabecera de un enfermo** to be in constant attendance on a sick person; **cabecera de cartel** (theat.) top billing; **cabecera de puente** (mil.) bridgehead
cabeciancho -cha *adj* broad-headed
cabeciduro -ra *adj* (Am.) stubborn
cabecilla *mf* (coll.) scalawag; *m* rebel leader; gang leader; ringleader
cabellar *vn* to grow hair; to put on false hair; *vr* to put on false hair
cabellera *f* head of hair; switch of hair; (astr.) coma (*of comet*); (bot.) mistletoe (*Phoradendron*)
cabello *m* hair (*of head*); **cabellos** *mpl* hair (*of head*); corn silk; **asirse de un cabello** (coll.) to be out for the main chance; **cortar un cabello en el aire** to have keen insight; **en cabello** with one's hair down; **en cabellos** bareheaded; **estar pendiente de un cabello** to be hanging by a hair; **traer por los cabellos** to drag in irrelevantly; **cabello del rey** (bot.) Florida moss, Spanish moss; **cabello de Venus** (bot.) maidenhair; **cabello merino** thick curly hair; **cabellos de ángel** fine vermicelli
cabelludo -da *adj* hairy, shaggy; fibrous
caber **§27** *vn* to fit, to go; to have enough room; to be admitted; to be possible; to befall, to happen; **no cabe duda** there is no doubt; **no cabe más** that's the limit; **no caber de** to be bursting with (*e.g., joy*); **no caber en sí** to be beside oneself; to be puffed up with conceit; **todo cabe en** anything (*bad*) can be expected of; **caber** + *inf* to be possible to + *inf;* **caber a** to happen to, to befall; **caber por** to be able to get through (*e.g., a door*)
cabero -ra *adj* (Am.) end, last; *m* (prov. & Am.) handle maker (*for farm implements*)
cabestraje *m* halters; fee paid to cattle drover
cabestrante *m* var. of **cabrestante**
cabestrar *va* to halter, put a halter on; *vn* to hunt using an ox as shield
cabestrear *va* (Am.) to lead by the halter; *vn* to be lead easily by the halter
cabestrería *f* halter shop
cabestrero -ra *adj* (dial.) wild but yielding to the halter; *m* maker and seller of halters and hemp ware
cabestrillo *m* sling (*to support hurt arm*); little chain worn as necklace; (carp.) strap, diagonal tie
cabestro *m* halter; trained ox, leading ox; (coll.) pander, pimp; (surg.) sling for broken jaw; **llevar** or **traer del cabestro** (coll.) to lead by the halter; (fig.) to lead by the nose
cabete *m* metal tip (*of rope*)
cabeza *f* head (*top part of body of man or animal; brains, intelligence; judgment; top part of page, of nail or pin, of a hammer; top of mountain; origin, source, e.g., of a river; front of a procession, army, etc.; chief, leader; chief command, leadership; person; individual; point of an arrow; rounded top of cabbage or lettuce; recording or reproducing part of tape recorder*); capital (*e.g., of a country*); **alzar la cabeza** (coll.) to be on one's feet (*after poverty or misfortune*); (coll.) to be up and around (*after an illness*); **andársele a uno la cabeza** (coll.) to be in a whirl; (coll.) to be on the skids; **calentarse la cabeza** (coll.) to be mentally exhausted; **dar de cabeza** (coll.) to lose one's wealth or standing; **dar en la cabeza a** to frustrate, to thwart; **de cabeza** on end; head first; by heart; on one's own, of one's own invention; **flaco de cabeza** befuddled, confused; **hacer cabeza** to be the head (*e.g., of a business*); **henchir la cabeza de viento a** (coll.) to flatter, to puff up; **ir cabeza abajo** (coll.) to be going downhill, to be on the decline; **irse de la cabeza** to go out of one's mind; **levantar la cabeza** (coll.) to be on one's feet (*after poverty or misfortune*); (coll.) to be up and around (*after an illness*); **mala cabeza** headstrong person; **meterse de cabeza** (coll.) to plunge headlong (*into a deal or business*); **metérsele a uno en la cabeza una cosa** (coll.) to get something in one's head; (coll.) to be bullheaded about something; **no levantar cabeza** to be deep in work, to be busy reading and writing; **no tener dónde volver la cabeza** to not know where to look for help; **otorgar de cabeza** to nod assent; **pasarle a uno por la cabeza** (coll.) to come into one's head; **perder la cabeza** to become befuddled, to go out of one's mind; **por su cabeza** on one's own (*without seeking advice*); **quebrantar la cabeza a** to humble the pride of; to bore to death; **quebrarse la cabeza** (coll.) to seek with diligence; **quebrarse la cabeza con** (coll.) to bother one's head about; **quitar a uno de la cabeza alguna cosa** (coll.) to put something out of someone's head; **romperse la cabeza** (coll.) to rack one's brains; **sentar la cabeza** (coll.) to settle down; **subírsele a uno a la cabeza** to go to one's head (*said of wine, success, etc.*); **tocado de la cabeza** (coll.) touched in the head; **cabeza de ajo** or **ajos** bulb of garlic; **cabeza de borrado** erase head (*of tape recorder*); **cabeza de combate** war head; **cabeza de chorlito** (coll.) scatterbrains; (Am.) forgetful person; **cabeza de la biela** (mach.) big end; **cabeza de lectura** playback head; **cabeza de mina** mine entrance; **cabeza de motín** ringleader; **cabeza de olla** (zool.) blackfish; **cabeza de partido** county seat; **cabeza de perro** (bot.) pilewort; **cabeza de playa** (mil.) beachhead; **cabeza de puente** (mil.) bridgehead; **cabeza de registro** or **cabeza grabadora** recording head; **cabeza de turco** (naut.) Turk's-head; (coll.) scapegoat, butt; **cabeza dura** (coll.) thick head (*person*); **cabeza mayor** head of cattle; **cabeza menor** head of sheep, goats, etc.; **cabeza perdida** countersunk head; **cabeza redonda** (coll.) blockhead
cabezada *f* butt (*with the head*); blow on the head; nod; headstall (*of a bridle*); pitch, pitching (*of a ship*); instep (*of boot*); (b.b.) headband; **dar cabezadas** to nod
cabezal *m* small pillow; bolster; header, header brick; (print.) heading; straw mattress of peasants; (surg.) compress; (mach.) headstock (*of a lathe*)
cabezalero -ra *mf* (law) executor
cabezazo *m* butt (*with the head*)
cabezo *m* hillock; summit, top; reef
cabezón -zona *adj* big-headed; headstrong; *m* hole for the head (*in a garment*); collarband; **llevar** or **traer de los cabezones** (coll.) to lead by the nose; **cabezón de serreta** cavesson
cabezonada *f* (coll.) stubbornness
cabezorro *m* (coll.) big misshapen head
cabezota *adj* (coll.) stubborn; *mf* (coll.) stubborn person; (coll.) big-headed person
cabezudo -da *adj* big-headed; (coll.) headstrong; heady (*wine*); *m* big-headed dwarf (*in carnival processions*); (ichth.) striped mullet

cabezuela *f* little head; coarse flour, middling; (bot.) capitulum or head (*inflorescence*); rose bud for making rose water; (bot.) broom centaury, cornflower
cabida *f* space, room, capacity; expanse; **dar cabida a** to make room for; **tener cabida** or **gran cabida** to have pull, to be in favor; **tener cabida en** to have a place in, to be included in
cabila *f* tribe (*in Morocco*)
cabildada *f* (coll.) hasty and unwise action of a chapter or council
cabildear *vn* to lobby
cabildeo *m* lobbying
cabildero *m* lobbyist
cabildo *m* cathedral chapter; chapter meeting; municipal council; council room; town hall
cabilla *f* steel bar, dowel, driftbolt; (naut.) belaying pin
cabillo *m* stalk, stem; end (*of a rope*)
cabillón *m* rung of rope ladder
cabimiento *m* space, room, capacity
cabina *f* cabin; cab (*e.g., of a truck*); booth (*for telephoning; for listening to phonograph records*); (aer.) cabin; (sport) dressing room; **cabinas de audición independientes** private listening booths
cabio *m* joist, rafter; trimmer; lintel, crosspiece
cabizbajo -ja *adj* crestfallen
cable *m* cable, rope, hawser; cable's length; (telg.) cable; **cable coaxial** coaxial cable; **cable de alambre** stranded cable; **cable de remolque** towline, towrope; **cable de retén** guy, guy wire
cableado *m* (elec.) cable (*in auto, radio, etc.*)
cablear *va* to fashion into a cable
cablecarril *m* cableway
cablegrafiar §90 *va & vn* to cable
cablegráfico -ca *adj* cable
cablegrama *m* cablegram, cable
cablero -ra *adj* cable (*e.g., ship*); *m* cable ship
cabo *m* end; handle; cape; small bundle; filament, thread, string; end, bit, small piece; chief, boss, foreman; finish, perfection; (naut.) cord, rope, cable; (mil.) corporal; **cabos** *mpl* eyes, eyebrows and hair; paws, nose, and mane (*of horse*); duds, pieces of clothing; miscellanies; **al cabo** finally, after all, **al cabo de** after, at the end of; **atar cabos** (coll.) to put two and two together; **dar cabo a** to finish, to perfect; **dar cabo de** to put an end to, to destroy; **El Cabo** Cape Town; **estar al cabo de** (coll.) to be informed about; **llevar a cabo** to carry out, accomplish; **ponerse al cabo de** to catch on to, to get the point of; **por ningún cabo** by no means; **cabo de año** anniversary memorial service; **Cabo de Buena Esperanza** Cape of Good Hope; **cabo de desgarre** (aer.) rip cord; **cabo de escuadra** (mil.) corporal; **Cabo de Hornos** Cape Horn; **cabo de maestranza** (naut.) foreman (*of a brigade of workmen*); **cabo de mar** (naut.) petty officer; **cabo de plumas** (Am.) penholder; **Cabo Finisterre** Cape Finisterre (*headland in northwest Spain*); Land's End (*southwest tip of England*); **cabo negro** (bot.) fishtail palm; **cabo suelto** (coll.) loose end (*unfinished business*); **Cabo Verde** Cape Verde
cabotaje *m* coasting trade, coastal traffic
cabra *f* (zool.) goat; (hist.) catapult; (Am.) loaded die; **cabra bezoar** (zool.) ibex (*Capra aegagrus*); **cabra de almizcle** (zool.) musk deer; **cabra montés** (zool.) ibex, wild goat
cabrahigadura *f* caprification
cabrahigal *m* field of caprifigs or wild figs
cabrahigar *m* field of caprifigs or wild figs; **§59** *va* to caprificate
cabrahigo *m* (bot.) caprifig, wild fig (*tree and fruit*)
cabrajo *m* (zool.) lobster (*Homarus vulgaris*)
cabré *1st sg fut ind of* **caber**
cabrear *va* (vulg.) to burn up, exasperate; *vr* (Am.) to jump around
cabrera *f* goatherd (*woman*)
cabrería *f* goat-milk dairy; goat stable
cabrerizo -za *adj* goatish; *m* goatherd; *f* goat stable; goatherds' hut
cabrero *m* goatherd
cabrestante *m* capstan; **guarnir el cabrestante** to rig the capstan; **cabrestante para remolcar** towing winch
cabria *f* three-legged derrick, crab
cabrieta *f* jack, lifting jack
cabrilla *f* sawbuck, sawhorse; leg of a three-legged derrick; (ichth.) grouper; (ichth.) serran; **cabrillas** *fpl* (naut.) whitecaps; leg burns or blisters; game of skipping stones on water; (*cap.*) *fpl* (astr.) Pleiades
cabrillear *vn* to caper, to prance, to frisk; to sparkle, to flash; (naut.) to form whitecaps; (med.) to beat irregularly (*said of heart*)
cabrilleo *m* (naut.) forming of whitecaps
cabrio *m* rafter; joist
cabrío -a *adj* goatish; of goats; *m* herd of goats
cabriola *f* caper; skip, gambol; somersault; **dar** or **hacer cabriolas** to cut capers
cabriolar *vn* to caper, to prance, to frisk
cabriolé *m* cabriolet (*carriage and automobile*)
cabriolear *vn* to caper, to prance, to frisk
cabritero -ra *mf* dealer in kids (*young goats*)
cabritilla *f* kid, kidskin
cabrito *m* kid; **cabritos** *mpl* (Am.) popcorn
cabrón *m* buck, billy goat; complaisant husband, cuckold
cabronada *f* (coll.) indignity, shamelessness; (coll.) necessary evil
cabrón-emisario *m* (Bib.) scapegoat
cabruno -na *adj* (pertaining to the) goat
cabujón *m* uncut ruby; nail with diamond-shaped head; convex polished but uncut precious stone; **cabujones** *mpl* (print.) headpiece
cabuya *f* (bot.) century plant; pita fiber, pita hemp; rope, pita rope; (naut.) small ropes; **ponerse en la cabuya** (Am.) to catch on, to become fully informed
cabuyera *f* hammock cords
cabuyería *f* (naut.) small ropes
cacahuacintli *m* (Am.) hominy
cacahual *m* cacao plantation
cacahuate *m*, **cacahuete** *m* or **cacahuey** *m* (bot.) peanut (*plant, pod, and seed*)
cacahuetero -ra *mf* peanut vendor
cacalote *m* (Am.) raven; (Am.) popcorn; (Am.) break, blunder
cacao *m* (bot.) cacao (*tree and seed*); (Am.) chocolate; **pedir cacao** (Am.) to beg for mercy
cacaotal *m* var. of **cacahual**
cacaotero *m* (bot.) cacao (*tree*)
cacaraña *f* pit, pock (*in face*)
cacarañado -da *adj* pitted, pocked, pock-marked
cacarañar *va* (Am.) to pit
cacareador -dora *adj* cackling; (coll.) boasting
cacarear *va* (coll.) to exaggerate, exaggerate the importance of (*one's doings*); *vn* to cackle; to crow
cacareo *m* cackling; crowing; crying, yelling; (coll.) crowing, boasting
cacarizo -za *adj* (Am.) pock-marked
cacatúa *f* (orn.) cockatoo
cacaxtle *m* (Am.) crate
cacea *f* trolling; **pescar a la cacea** to troll
cacear *va* to stir with a dipper or ladle; *vn* to troll
caceo *m* stirring with a ladle; trolling
cacera *f* irrigating ditch or canal
cacería *f* hunt; hunting party; bag (*game caught*); (paint.) hunting scene
cacerina *f* cartridge pouch
cacerola *f* casserole, saucepan; (chem.) casserole
caceta *f* apothecaries' brass straining dipper
cacica *f* female Indian chief; chief's wife
cacicato or **cacicazgo** *m* position or territory of Indian chief; (coll.) bossism (*in politics*)
cacillo *m* small ladle or dipper; pannikin
cacimba *f* hole dug in beach for drinking water; bucket; (Am.) tub for collecting rain water
cacique *m* Indian chief; bossy person; (coll.) boss (*in politics*); (orn.) cacique; **cacique veranero** (orn.) hangbird, Baltimore oriole
caciquesco -ca *adj* (coll.) (pertaining to a) boss
caciquismo *m* (coll.) bossism
cacle *m* (Am.) leather sandal, (Am.) footwear
caco *m* pickpocket; (coll.) coward

cacodilato *m* (chem.) cacodylate
cacodílico -ca *adj* (chem.) cacodylic
cacofonía *f* cacophony
cacofónico -ca *adj* cacophonous
cacomite *m* (bot.) tigerflower
cacoquimia *f* (path.) cacochymia
cactáceo -a *adj* (bot.) cactaceous
cacto *m* (bot.) cactus
cacumen *m* (coll.) acumen
cacha *f* see **cacho**
cachaco -ca *adj* (Am.) sporty; *m* (Am.) sport
cachada *f* (Am.) thrust or wound made with the horns
cachalote *m* (zool.) sperm whale, cachalot
cachamarín *m* (naut.) coasting lugger
cachanilla *f* (bot.) arrowweed, arrowwood
cachano *m* (coll.) the devil; **llamar a cachano** (coll.) to ask in vain
cachapa *f* (Am.) corn bread
cachar *va* to break to pieces; to split (*wood*); to plough up
cacharpari *m* (Am.) farewell party, send-off party
cacharrería *f* crockery shop
cacharrero -ra *mf* crockery dealer
cacharro *m* crock, coarse earthen pot; piece of crockery (*still useful*); piece of junk (*any old machine that does not work well*); (Am.) notion, trinket
cachava *f* shinny (*game and stick*); crook, staff
cachavazo *m* stroke with shinny stick
cachaza *f* (coll.) slowness, sloth, phlegm; rum; first froth on boiling cane juice
cachazudo -da *adj* slow, slothful, phlegmatic; *mf* sluggard; *m* (zool.) tobacco worm
cache *adj* (Am.) slovenly
cachear *va* to frisk (*for weapons*)
cachemarín *m* (naut.) coasting lugger
cachemir *m* var. of **casimir**
cachemira *f* var. of **casimir;** (*cap.*) Cashmere
cacheo *m* frisking
cachera *f* homespun
cachería *f* (Am.) slovenliness; (Am.) small shop
cacheta *f* ward (*of lock*)
cachetada *f* (Am. & Canary Islands) slap in the face
cachete *m* punch in the face; cheek, swollen cheek; dagger
cachetero *m* dagger, short poniard; dagger man, puntillero (*bullfighter who gives coup de grâce with dagger*)
cachetina *f* (coll.) fist fight, brawl
cachetudo -da *adj* round-cheeked
cachicamo *m* (zool.) armadillo
cachicán *m* foreman, overseer; (coll.) sly fellow
cachicuerno -na *adj* horn-handled (*said of a weapon*)
cachidiablo *m* (coll.) hobgoblin; (coll.) person disguised as the devil; *adj* (coll.) mischievous, impish; (coll.) wild, unruly
cachifollar *va* (coll.) to make fun of, to humiliate
cachigordete -ta *adj* (coll.) stubby
cachigordo -da *adj* (coll.) squat
cachillada *f* breed, litter
cachimba *f* (Am.) spring, well; (Am.) pipe (*for smoking tobacco*); (Am.) pistol, revolver; (Am.) empty cartridge
cachimbo *m* (Am.) pipe; (Am.) sugar mill; **chupar cachimbo** (Am.) to smoke a pipe; (Am.) to suck its finger (*said of a baby*)
cachipolla *f* (ent.) shad fly, dayfly
cachiporra *f* billy, bludgeon
cachiporrazo *m* blow with a billy or bludgeon
cachirulo *m* liquor container; (naut.) small three-master; (slang) beau, lover; (prov.) kite; (prov.) hat, cap; (Am.) cloth or chamois patch (*for trousers*)
cachivache *m* (coll.) faker; **cachivaches** *mpl* broken crockery; pots and pans, kitchenware; trash, junk
cacho -cha *adj* bent, crooked; *m* crumb, bit, slice; (ichth.) chub; (Am.) horn; *f* side of the handle of a folding knife or razor; buttock (*of rabbit*); **hasta las cachas** (coll.) over head and ears
cacholas *fpl* (naut.) cheeks of the masts
cachón *m* breaker (*wave*); splashing jet of water; rapids (*in a river*); **cachones** *mpl* surf
cachondo -da *adj* in rut; (coll.) passionate; (slang) sexy (*woman*)
cachopín -pina *mf* var. of **cachupín**
cachorreñas *fpl* garlic soup
cachorrillo *m* pocket pistol; pup, cub
cachorro -rra *mf* pup, whelp, cub; *m* pocket pistol
cachú *m* (*pl:* **-chúes**) catechu
cachucha *f* rowboat; cap; cachucha (*Andalusian dance*)
cachuchero *m* maker or seller of caps; maker or seller of pincases
cachucho *m* oil measure equal to a sixth of a pound; pincase; rowboat; (ichth.) red West Indian snapper
cachuela *f* pork fricassee; fricassee of rabbit livers, hearts, and kidneys; gizzard
cachuelo *m* (ichth.) dace; (Am.) tip
cachumbo *m* (Am.) fruit shell (*used to make cups and other vessels*); (Am.) curl, corkscrew curl
cachunde *m* (pharm.) aromatic troche or pastil; catechu
cachupín -pina *mf* Spanish settler in America; *f* (Am.) strait jacket (*used for torture of prisoners*)
cachupinada *f* (coll.) gaudy party, gaudy gathering
cachurear *vn* (Am.) to rummage through the rubbish or trash
cachurrera menor *f* (bot.) cocklebur (*Xanthium spinosum*)
cada *adj indef* each; every (*followed by a numeral*), e.g., **cada tres meses** every three months; **cada tercer día** every third day; **cada cual** each one; **cada cuánto** how often; **cada día** + *comp* more and more; **cada quisque** (coll.) each one; **cada uno** each one; **cada vez** + *comp* more and more; **cada y siempre que** as soon as; *m* (bot.) juniper
cadahalso *m* wooden shed or shack
cadalecho *m* bed of branches
cadalso *m* stand, platform; scaffold
cadañego -ga *adj* annual, yearly
cadañero -ra *adj* annual, yearly; of a year's duration; having offspring every year
cadarzo *m* floss, floss silk (*threads of outer part of cocoon*)
cádava *f* (prov.) burnt stump of furze
cadáver *m* corpse, cadaver
cadavérico -ca *adj* cadaverous
cadejo *m* entangled hair; small hank or skein; batch of thread for making tassels
cadena *f* chain; chain gang; tie, brace; (chem. & rad.) chain; **cadena antideslizante** or **antirresbaladiza** tire chain; **cadena de agrimensor** surveyor's chain; **cadena de distribución** (aut.) timing chain; **cadena lateral** (chem.) side chain; **cadena para neumático** tire chain; **cadena perpetua** life imprisonment; **cadena sin fin** endless chain
cadencia *f* cadence; (mus.) cadence; (mus.) cadenza; **cadencia del paso** (mil.) cadence; **cadencia perfecta** (mus.) perfect cadence
cadencioso -sa *adj* rhythmical, cadenced
cadenear *va* to measure with the chain
cadenero *m* chainman, lineman
cadeneta *f* chain stitch; (b.b.) headband
cadenilla *f* small chain; **cadenilla de tiro** (elec.) pull chain
cadente *adj* declining, on the decline; rhythmic
cadera *f* (anat.) hip; flank (*of animal*); (zool.) coxa (*of arthropod*); **caderas** *fpl* bustle
caderillas *fpl* bustle
caderudo -da *adj* big-hipped
cadetada *f* (coll.) thoughtlessness, inconsiderate act
cadete *m* cadet; (Am.) apprentice
cadí *m* (*pl:* **-díes**) cadi
cadillar *m* field of hedgehog parsley
cadillo *m* (bot.) hedgehog parsley; (bot.) burdock; bristle, burr; **cadillos** *mpl* fag end, thrums
cadmeo -a *adj* Cadmean
cadmía *f* oxide of zinc which collects in the chimney of zinc-subliming furnaces

cadmio *m* (chem.) cadmium
Cadmo *m* (myth.) Cadmus
cadozo *m* whirlpool (*in river*)
caducar §86 *vn* to dote, to be in one's dotage; to be worn out, to be out-of-date; (com. & law) to lapse, to expire
caduceo *m* caduceus
caducidad *f* caducity (*feebleness, decrepitude; transitoriness*); (law) caducity (*lapse, expiration*); **incurrir en caducidad** to lapse, expire
caduco -ca *adj* caducous (*feeble, decrepit; transitory*); (bot. & law) caducous
caduquez *f* caducity
caedizo -za *adj* ready to fall, falling; fragile; weak, timid; (bot.) deciduous; **hacer caedizo** to drop, to lose (*on purpose*); *m* (Am.) lean-to
caedura *f* loose threads that fall from loom
caer §28 *vn* to fall, to tumble, to fall off; to droop; to be located, to be found; to fall due; to become faint (*said of colors*); to decline (*said of sun, day, wind, etc.*); to fall (*to be killed, e.g., in battle*); **estar al caer** to be about to happen; **no caigo** (coll.) I don't get it; **caer a** to face, to overlook; **caer bien** to fit, to hang well; to become, be becoming; to ride well; (coll.) to make a hit; **caer del burro** (fig.) to come down off one's horse; **caer de pies** to land on one's feet; **caer de plano** to fall flat; **caer en** to be found on or in (*a certain page or chapter*); **caer en cama** to fall ill; **caer en gracia** to be in favor; **caer en la cuenta** to catch on, to get the point; **caer enfermo** to fall ill; **caer en que** to realize that; **caer mal** to fit badly; to be unbecoming; to ride badly; (coll.) to fall flat ‖ *vr* to fall, to fall down; to be located, to be found; **caerse de sí mismo, caerse de su peso** or **caerse de suyo** to be self-evident; **caerse muerto de** to be struck dumb with (*e.g., fear*); **caerse redondo** to fall unconscious
Cafarnaúm Capernaum
café *m* coffee; coffee house; café; (bot.) coffee tree; (Am.) displeasure, unpleasant time; **café cantante** night club; **café de maquinilla** drip coffee; **café solo** black coffee; *adj* (Am.) tan, brown
café-concierto *m* (*pl:* **café-conciertos**) cabaret
cafeína *f* (pharm.) caffein
cafetal *m* coffee plantation
cafetán *m* caftan
cafetera *f* see **cafetero**
cafetería *f* cafeteria; (Am.) retail coffee shop
cafetero -ra *adj* (pertaining to) coffee; *mf* coffeegrower, coffee planter; coffee-bean picker, coffee gatherer; coffee seller; *f* coffee pot; **cafetera eléctrica** electric percolator
cafetín *m* small coffee shop
cafeto *m* (bot.) coffee plant, coffee tree
cáfila *f* (coll.) flock (*of people, animals, or things*); caravan
cafre *adj & mf* Kaffir or Kafir; savage; rustic, peasant
caftán *m* caftan
cagaaceite *m* (orn.) missel thrush
cagaestacas *m* (*pl:* **-cas**) (orn.) chat
cagafierro *m* slag, scoria
cagajón *m* horse or mule dung
cagalaolla *m* (coll.) clown, masquerader
cágalo *m* (orn.) jaeger
cagar §59 *va* (coll.) to spot, to spoil; *vn* to defecate; *vr* to defecate; to become frightened
cagarrache *m* washer of olive pits (*in olive-oil mill*); (orn.) missel thrush
cagarria *f* (bot.) morel
cagarruta *f* cow or sheep dung
cagatintas *m* (*pl:* **-tas**) (scornful) clerk, office worker
cagón -gona *adj* (coll.) cowardly; *mf* (coll.) coward
caguanete *m* cotton wool
cahiz *m* (*pl:* **-hices**) cahiz (*18.9 bushels*)
cahuama *f* (Am.) sea turtle
caico *m* (naut.) reef, shoal
caído -da *adj* fallen; turndown (*collar*); weak, languid; crestfallen; drooping (*eyelid, shoulder, etc.*); **caído en desuso** obsolete; **caídos** *mpl* income due; (min.) fallen material; **los caídos** the fallen (*in battle*); *f* fall, tumble; drop; collapse, failure; slip, blunder, lapse; fold (*e.g., of a curtain*); hang (*e.g., of clothing, of a curtain*); flop (*of a play*); (geol.) dip; (hyd.) head; (min.) slip; (naut.) calm; (naut.) depth or drop (*of a sail*); **caídas** *fpl* falling ends; coarse wool; (coll.) witticism; **a la caída de la hoja** in autumn; **a la caída de la tarde** in the late afternoon; **a la caída del sol** at sunset; **La Caída** the Fall (*sin of Adam*); **caída de agua** waterfall; **caída pluvial** rainfall; **caída radiactiva** (phys.) fallout
Caifás *m* (Bib.) Caiaphas
caigo *1st sg pres ind of* **caer**
caimán *m* (zool.) alligator, caiman; (coll.) schemer, sharper
caimiento *m* fall; weakness, decline
caimito *m* (bot.) star apple (*tree and fruit*)
Caín *m* (Bib.) Cain; **pasar las de Caín** to have a terrible time
caique *m* (naut.) caïque
cairel *m* wig; fringe; (arch. & naut.) breastrail
cairelar *va* to fringe, to trim with fringe
cairino -na *adj & mf* var. of **cairota**
Cairo, El Cairo
cairota *adj* (pertaining to) Cairo; *mf* native or inhabitant of Cairo
caja *f* box, case, chest; safe, strongbox; cashbox; cash; cashier's office; desk (*where bills are paid in a hotel*); coffin; case (*of watch*); drum; set (*of false teeth*); (elec.) box (*for switches, outlets, etc.*); cabinet (*e.g., of a radio*); body (*of carriage or car*); stock (*of firearm*); hole, hollow; socket; (carp.) mortise, recess; (elec.) jack; (mach.) housing, casing; shaft, well (*of staircase, elevator, etc.*); drum case or frame, drum; (print.) case; (bot.) capsule; **a caja y espiga** (carp.) mortise-and-tenon; **de caja alta** (print.) upper-case; **de caja baja** (print.) lower-case; **despedir** or **echar con cajas destempladas** (coll.) to send packing, to give the gate; **en caja** (coll.) in good shape, in good health; **caja clara** snare drum; **caja de aceite** (mach.) oil cup; **caja de ahorros** savings bank; **caja de cambio de marchas** (aut.) transmission-gear box; **caja de caudales** safe; **caja de cigüeñal** (aut.) crankcase; **caja de colores** paintbox; **caja de conexiones** (elec.) joint box, junction box; **caja de contacto** (elec.) receptacle; **caja de cortar al sesgo** (carp.) miter box; **caja de distribución** (mach.) valve chest; (elec.) junction box; **caja de embalaje** packing box or case; **caja de enchufe** (elec.) outlet; **caja de engranajes** gear case; **caja de fuego** firebox; **caja de fusibles** (elec.) fuse box; **caja de herramientas** tool box, tool chest; **caja de grasa** journal box; **caja de humos** smokebox; **caja de ingletes** (carp.) miter box; **caja de jubilaciones** pension fund; **caja del diferencial** (aut.) differential housing; **caja del eje** (mach.) journal box; **caja de menores** petty cash; **caja de música** music box; **caja de Pandora** (myth.) Pandora's box; **caja de Petri** Petri dish; **caja de puente trasero** (aut.) rear-axle housing; **caja de reclutamiento** (mil.) recruiting service; **caja de registro** manhole (*in street*); **caja de reloj** watchcase; **caja de resonancia** (mus. & fig.) sounding board; **caja de salida** (elec.) outlet box; **caja de sebo** (mach.) grease cup; **caja de seguridad** bank vault, safe; safe-deposit box; **caja de sorpresa** jack-in-the-box; **caja de vapor** steam box or chest; **caja de velocidades** (aut.) transmission-gear box; **caja de volquete** dump body (*of truck*); **caja fuerte** safe, bank vault; **caja postal de ahorros** postal or post-office savings; **caja registradora** cash register; **caja sorpresa** jack-in-the-box; **caja y espiga** (carp.) mortise and tenon
caja-dique *m* cofferdam
cajel *adj* see **naranja**
cajera *f* see **cajero**
cajería *f* box business, box store
cajero -ra *mf* boxmaker; teller, cashier; *f* groove, channel, recess
cajeta *f* little box; cigar case; (naut.) sennit; (Am.) butterscotch; *m* dude, sport, city guy
cajetilla *f* pack (*of cigarettes*)

cajetín *m* stamp, rubber stamp; (print.) box (*of type-holding tray*); (elec.) molding
cajiga *f* (bot.) gall oak
cajigal *m* grove of gall oaks
cajista *mf* (print.) compositor, typesetter
cajo *m* flange (*on back of book for boards to fit in*)
cajón *m* big box or case; bin; drawer; locker; space between shelves; stall, booth; shed; bier; coffin; (mil.) caisson; (taur.) box for transporting bulls; (Am.) dry-goods store; **ser de cajón** (coll.) to be customary; **cajón de aire comprimido** (eng.) caisson; **cajón de sastre** (coll.) odds and ends; (coll.) muddlehead; **cajón de suspensión** (naut.) caisson; **cajón hidráulico** (eng.) caisson
cajonada *f* (naut.) lockers
cajonera *f* chest of drawers in vestry; (hort.) cold frame
cajonería *f* set of drawers
cajuela *f* small box or case; groove, recess; (Am.) auto trunk
cal *f* lime; **de cal y canto** (coll.) strong, robust; **cal apagada** or **muerta** slaked lime; **cal hidráulica** hydraulic lime; **cal sodada** soda lime; **cal viva** quicklime
cala *f* cove, inlet; fishing ground; plug (*cut to sample a melon*); test core, test boring; (med.) suppository; (naut.) hold; (bot.) calla (*Zantedeschia aethiopica and Calla palustris*); **cala de construcción** (naut.) slip
calabacear *va* (coll.) to flunk; (coll.) to jilt
calabacero -ra *mf* calabash or pumpkin seller; *m* (bot.) calabash tree; *f* (bot.) calabash, pumpkin, squash
calabacilla *f* gourd-shaped eardrop; (bot.) squirting cucumber
calabacín *m* (bot.) small cylindrical calabash; (coll.) dolt
calabacinate *m* fried calabash or pumpkin
calabacino *m* gourd (*used as bottle, bowl, etc.*)
calabaza *f* calabash, pumpkin, squash, gourd (*fruit*); calabash, gourd (*bottle or bowl*); (coll.) dolt; **dar calabazas a** (coll.) to give the cold shoulder to; (coll.) to flunk; (coll.) to jilt; **salir calabaza** (coll.) to be a flop, to be a fizzle
calabazada *f* butt (*with the head*); blow on the head; **darse de calabazadas por** + *inf* (coll.) to break one's back to, to rack one's brains to + *inf*
calabazar *m* calabash or pumpkin plot
calabazate *m* candied calabash or pumpkin
calabazazo *m* blow with a pumpkin; (coll.) bump on the head
calabazo *m* gourd; wine gourd; (Am.) calabash (*drum*)
calabobos *m* (*pl:* **-bos**) (coll.) drizzle
calabocero *m* jailer
calabozaje *m* prisoner's fee to jailer
calabozo *m* calaboose, dungeon; cell; prison cell; (agr.) pruning hook, mattock
calabrés -bresa *adj* & *mf* Calabrian
calabriada *f* mixture, hodgepodge
calabriar *va* to mix up
calabrotar *va* var. of **acalabrotar**
calabrote *m* (naut.) cable-laid rope
calada *f* soaking; lowering of fishing net; diving, plunging; swoop (*of bird of prey*); openwork watchcase; **dar una calada a** (coll.) to rake over the coals
caladero *m* place for lowering fishing nets
caladio *m* (bot.) caladium
caladizo -za *adj* runny
calado *m* openwork, fretwork; plug (*in melon*); depth (*of water*); (naut.) draught; (sew.) drawn work; **en iguales calados** (naut.) on even keel
calador *m* borer, maker of openwork; calking iron; (surg.) probe
caladre *f* (orn.) calander
caladura *f* plugging (*a melon*)
calafate *m* calker; shipwright
calafateador *m* calker
calafatear *va* to calk; (mas.) to point; to plug, plug up
calafateo *m* calking
calafatería *f* calking; union or guild of calkers
calafatín *m* calker's boy or mate
calafraga *f* (bot.) saxifrage
calagozo *m* (agr.) pruning hook, mattock
calahorra *f* public granary; agency providing bread for poor
calaíta *f* (mineral.) turquoise
calaje *m* (elec.) angular displacement
calamaco *m* calamanco
calamar *m* (zool.) squid (*Loligo*); **calamar volante** (zool.) squid (*Ommastrephes*)
calamarera *f* squid-jigger
calambac *m* calambac (*wood*)
calambre *m* cramp; **calambre de los escribientes** writer's cramp; **calambre de los telegrafistas** telegrapher's cramp
calambuco -ca *adj* (Am.) pious, devout; *m* (bot.) calaba; (Am.) can, pail
calamento *m* submerging the fishing net; (bot.) calamint
calamidad *f* calamity
calamina *f* (mineral.) calamine
calaminta *f* (bot.) calamint
calamistro *m* (zool.) calamistrum
calamita *f* loadstone; magnetic needle
calamitoso -sa *adj* calamitous
cálamo *m* reed, stalk; (bot.) calamus, sweet flag; (poet.) reed, flute; (poet.) pen; **cálamo aromático** (bot.) sweet flag; (pharm.) calamus
calamocano -na *adj* (coll.) tipsy; (coll.) doddering
calamoco *m* icicle
calamocha *f* dark yellow ocher; (coll.) head
calamón *m* (orn.) sultana; brass tack; stay of the beam of an olive-oil mill
calamorra *f* (coll.) head; *adj* woolly-faced (*sheep*)
calamorrada *f* (coll.) butt (*with the head*)
calamorrazo *m* (coll.) bump on the head
calandraca *f* (naut.) hardtack and soup
calandrajo *m* rag; rag hanging from clothing; (coll.) sap, fool
calandrar *va* to calender (*paper*)
calandria *f* calender (*for giving paper glossy finish*); (orn.) calander; (chem.) calandria; treadmill cage (*of a hoisting whim*); person feigning illness in order to get into a hospital; (Am.) victoria (*coach*)
cálanis *m* (pharm.) calamus
calaña *f* model, sample, pattern; kind, nature, character, caliber; fan; guardrail, parapet
calañés *m* Andalusian hat with turned-up brim and low cone-shaped crown
cálao *m* (orn.) hornbill; **cálao rinoceronte** (orn.) rhinoceros hornbill
calapatillo *m* (ent.) weevil
calapé *m* (Am.) turtle roasted in its shell
calapuerta *f* holdback (*device to hold door open*)
calar *adj* lime, limy; *m* limestone quarry; *va* to pierce, perforate, permeate; to wedge; to soak; to cut openwork in (*paper, metal, etc.*); to cut a plug in (*a melon*); to make a core boring in; to bend (*a weapon*) forward; to fix (*a bayonet*); to lower (*a fishing net*) in the water; to sink (*a caisson*); to lower (*a drawbridge*); to treat with lime; (naut. & weaving) to draw; (coll.) to size up (*a person*); (coll.) to see through (*a person*); to slip in; (slang) to pick (*a pocket*); (Am.) to stare at; *vn* to cut, to hurt; to penetrate; (naut.) to draw; *vr* to become soaked or drenched; to slip in; to squeeze in; to swoop down (*said of birds of prey*); (coll.) to pull (*one's hat*) down on one's head; to stick (*one's glasses*) on; to miss fire; **calarse en** to slip in or into; **calarse hasta los huesos** to get soaked to the skin
calato -ta *adj* (Am.) naked
calatraveño -ña *adj* (pertaining to) Calatrava; *mf* native or inhabitant of Calatrava
calavera *f* skull; death's-head; (Am.) tail light; *m* daredevil, reckless fellow; roué, libertine
calaverada *f* recklessness, reckless act, escapade
calaverar *vn* (coll.) to become bald
calaverear *va* to make ugly, make hideous; *vn* (coll.) to act recklessly; (Am.) to carouse, to lead a wild life
calbote *m* chestnut or acorn bread; (dial.) roasted chestnut; **calbotes** *mpl* (dial.) string beans
calca *f* tracing; copy; (dial.) granary
calcado *m* tracing

calcador -dora *mf* tracer (*person*); *m* tracer (*instrument*)
calcadura *f* tracing
calcáneo *m* (anat.) calcaneus
calcañal *m* or **calcañar** *m* heel
calcar §86 *va* to trace; to copy, to imitate; to trample or tread on; **calcar en** to model (*e.g., one's style*) on
calcáreo -a *adj* calcareous
Calcas *m* (myth.) Calchas
calce *m* wedge; iron tire; iron tip, iron trimming; (Am.) foot, bottom (*of a document*)
calcedonia *f* (mineral.) chalcedony; (*cap.*) *f* Chalcedon
calceolaria *f* (bot.) calceolaria
calcés *m* (naut.) masthead
calceta *f* stocking; shackle, fetter; **hacer calceta** to knit
calcetería *f* hosiery; hosiery shop
calcetero -ra *mf* stocking maker or mender; hosier
calcetín *m* sock
calcetón *m* knitted stocking
calcicloro *m* (chem.) calcium chloride
cálcico -ca *adj* (chem.) calcic
calcífero -ra *adj* calciferous
calcificación *f* calcification
calcificar §86 *va & vr* to calcify
calcímetro *m* calcimeter
calcina *f* concrete
calcinación *f* calcination
calcinar *va & vr* to calcine; to burn
calcio *m* (chem.) calcium
calcita *f* (mineral.) calcite
calcitrapa *f* (bot.) star thistle
calco *m* tracing; copy, imitation
calcografía *f* chalcography; chalcograph; chalcograph shop; collection of chalcographs
calcográfico -ca *adj* chalcographic or chalcographical
calcógrafo *m* chalcographer
calcomanía *f* decalcomania
calcopirita *f* (mineral.) chalcopyrite
calculable *adj* calculable
calculadamente *adv* in a calculating way; deliberately
calculador -dora *adj* calculating; *mf* computer, calculator; *f* computer, calculating machine
calcular *va & vn* to calculate; to reckon
calculatorio -ria *adj* calculative
calculista *adj* planning, scheming; *mf* planner, schemer; rapid calculator
cálculo *m* calculation; conjecture; reflection; (math. & path.) calculus; **cálculo biliario** gallstone; **cálculo diferencial** (math.) differential calculus; **cálculo infinitesimal** (math.) infinitesimal calculus; **cálculo integral** (math.) integral calculus; **cálculo renal** (path.) kidney stone
calculosis *f* (path.) gallstones
calculoso -sa *adj* (path.) calculous; *mf* sufferer from gallstones
Calcuta *f* Calcutta
calchona *f* (Am.) bogey, goblin; (Am.) witch, hag
calda *f* warming, heating; **caldas** *fpl* hot baths, hot springs
caldaico -ca *adj* Chaldaic
Caldea *f* see **caldeo**
caldeamiento *m* heating
caldear *va* to heat, heat up; to weld; *vr* to become heated; to get overheated; (Am.) to get drunk; (Am.) to become overwrought
caldeo -a *adj & mf* Chaldean; *m* Chaldean (*language*); warming, heating; welding; (*cap.*) *f* Chaldea
caldera *f* boiler; pot, kettle; case of kettledrum; (min.) sump; (Am.) coffee pot, teapot; **las calderas de Pero Botero** (coll.) hell; **caldera de jabón** soap factory; **caldera de vapor** steam boiler; **caldera tubular de agua** water-tube boiler; **caldera tubular de humo** fire-tube boiler
calderada *f* boiler, kettle (*amount kettle or boiler can hold*)
calderería *f* boilermaking; boiler shop
calderero *m* boilermaker
caldereta *f* holy-water pot; fish stew; lamb stew
calderilla *f* holy-water vessel; bottom of a well; gutter; (bot.) currant; (min.) blind shaft, winze; copper coin; small change
caldero *m* kettle, pot, copper; (Am.) coffee pot, teapot; **caldero de colada** (found.) ladle
calderón *m* caldron; (mus.) pause (*hold and its symbol*); (print.) paragraph (*mark*); (zool.) blackfish, black whale; **calderones** *mpl* (bot.) globeflower
calderoniano -na *adj* Calderonian
calderuela *f* small kettle; vessel containing the light that hunters use to dazzle and catch partridges
caldillo *m* light broth; sauce for fricassee
caldo *m* broth, bouillon; sauce, dressing, gravy; salad dressing; liquid; (Am.) simple syrup; (Am.) sugar-cane juice; **caldos** *mpl* wet goods (*wine, olive oil, cider, vinegar, brandy, etc.*); spirituous liquors; **hacer el caldo gordo a** (coll.) to play into the hands of; **caldo de Burdeos** (hort.) Bordeaux mixture; **caldo de carne** beef tea; **caldo de cultivo** (bact.) broth; **caldo de la reina** eggnog
caldoso -sa *adj* full of broth
calducho *m* hogwash, slop
caldudo -da *adj* fond of broth; *f* (Am.) pie made of eggs, olives, and raisins
cale *m* slap, smack
calé *m* (slang) gypsy
calecer §34 *vn* to become hot
caledonio -nia *adj & mf* Caledonian
calefacción *f* heat, heating; **calefacción a panel radiante** radiant-panel heat; **calefacción a** or **por vapor** steam heat; **calefacción a vapor de baja presión** vapor heat; **calefacción central** central heating (*of a single building or house*); **calefacción por agua caliente** hot-water heat; **calefacción por aire caliente** hot-air heat
calefaccionar *va* to heat
calefaccionista *m* heating contractor
calefaciente *adj* (med.) heating, calefacient
calefactor *m* heater; heater man (*man who makes, installs, or repairs heating equipment*); (rad.) heater, heater element
calefactorio *m* calefactory (*in convents*)
calefón *m* (Am.) hot-water heater
caleidoscopio *m* var. of **calidoscopio**
calendar *va* to date (*a document*)
calendario *m* calendar; **hacer calendarios** (coll.) to meditate, to muse; (coll.) to make hasty and unfounded prophecies; **calendario escolar** school calendar; **calendario exfoliador** tear-off calendar; **calendario juliano** Julian calendar; **calendario gregoriano** Gregorian calendar; **calendario hebreo** Hebrew calendar
calendarista *mf* calendar maker
calendas *fpl* calends or kalends; **calendas griegas** Greek calends (*time that will never come*)
caléndula *f* (bot.) calendula
calentador -dora *adj* heating; *m* heater; warming pan; (coll.) turnip (*watch*); **calentador a gas** gas heater; **calentador de agua** water heater; **calentador de cama** warming pan
calentamiento *m* heating; inflammation (*e.g., of a sore*)
calentar §18 *va* to heat, heat up; to warm up; to warm (*a chair*); to hold (*a ball*) a moment before throwing it; (coll.) to beat; (Am.) to annoy, bother; **calentar al blanco** to make white-hot; **calentar al rojo** to make red-hot; *vr* to warm oneself; to heat up, to run hot; to warm up; to become heated (*in an argument*); to be in heat (*said of animals*); (Am.) to become annoyed; **calentarse la cabeza** to rack one's brains
calentón *m* (coll.) warm-up; (Am.) heater; **darse un calentón** (coll.) to come in and warm up
calentura *f* (path.) calenture, fever
calenturiento -ta *adj* feverish; exalted; (Am.) tubercular
calenturón *m* high fever
calenturoso -sa *adj* feverish
caleño -ña *adj* (pertaining to) lime
calepino *m* Latin dictionary
calera *f* see **calero**

C

calería *f* lime pit (*where lime is made and sold*)
calero -ra *adj* (pertaining to) lime; *m* lime burner; lime dealer; *f* limekiln; limestone quarry
calesa *f* chaise (*two-wheeled carriage*)
calesera *f* Andalusian jacket, bolero jacket
calesero *m* driver of a chaise
calesín *m* light chaise, fly
calesinero *m* driver of a light chaise
caleta *f* small inlet, cove
caletre *m* (coll.) judgment, acumen, brains
cali *m* (chem.) alkali
calibeado -da *adj* chalybeate
calíbeo -a *adj* steel-blue, chalybeous
calibración *f* calibration
calibrado *m* calibrating, calibration
calibrador *m* calipers; gauge; **calibrador de alambre** wire gauge; **calibrador fijo** caliper gauge
calibrar *va* to calibrate; to gauge
calibre *m* caliber; gauge; bore; calipers; (rail.) track gauge; (coll.) caliber (*quality of a thing*)
calicanto *m* stone masonry
calicata *f* (min.) test pit
calicó *m* calico
calicular *adj* (bot.) calycular
calículo *m* (anat. & zool.) calicle or calyculus; (bot.) calycle or epicalyx
caliche *m* pebble in a brick; flake or crust of lime
calidad *f* quality; qualification; capacity; condition, term; importance; nobility; **calidades** *fpl* moral qualities; **a calidad de que** provided, provided that; **en calidad de** in the capacity of, in quality of
calidez *f* warmth; heat, fire
cálido -da *adj* warm, hot (*climate, country*); hot, burning; warm (*color; welcome*)
calidoscópico -ca *adj* kaleidoscopic; (fig.) kaleidoscopic
calidoscopio *m* kaleidoscope; (fig.) kaleidoscope
calientacamas *m* (*pl:* **-mas**) bed warmer
calientapiés *m* (*pl:* **-piés**) foot warmer
calientaplatos *m* (*pl:* **-tos**) plate warmer, hot plate
caliente *adj* hot; heated; fiery; hot or warm (*near what one is looking for*); hot (*in rut*); **en caliente** while hot; at once; **caliente de cascos** hot-headed
califa *m* caliph
califato *m* caliphate
calificable *adj* qualifiable
calificación *f* qualification; proof; judgment; grade, mark (*in an examination*); standing (*in school*)
calificado -da *adj* attested, proved, qualified, competent
calificador -dora *mf* qualifier; censor; (eccl.) qualificator
calificar §86 *va* to qualify, to characterize; to ennoble; to attest, to certify; to mark (*an examination paper*); (Am.) to register (*as a voter*); *vr* to give legal proof of one's noble birth; (Am.) to register (*as a voter*)
calificativo -va *adj* qualifying; (gram.) qualifying; *m* grade, mark (*in school*); (gram.) qualifier
California *f* see **californio**
californiano -na *adj & mf* Californian
califórnico -ca *adj* Californian
californio -nia *adj & mf* Californian; *m* (chem.) californium; (*cap.*) *f* California; **Baja California** Lower California
cáliga *f* caliga (*of Roman soldier; of bishop*)
calígine *f* (poet.) mist, darkness
caliginoso -sa *adj* (poet.) misty, dark
caligrafía *f* calligraphy, penmanship
calígrafo -fa *mf* calligrapher, good penman
caligráfico -ca *adj* calligraphic
calima *f* haze; (naut.) buoy made of a string of corks
calimaco *m* calamanco
calimbo *m* quality, character, brand
calimoso -sa *adj* hazy
calina *f* haze
calinoso -sa *adj* hazy
Calíope *f* (myth.) Calliope
calípedes *m* (*pl:* **-des**) (zool.) sloth

calipso *m* calypso (*improvised song*); *f* (bot.) calypso; (*cap.*) *f* (myth.) Calypso
calisaya *f* (pharm.) calisaya bark
calistenia *f* calisthenics
calisténico -ca *adj* calisthenic
Calisto *f* (myth.) Callisto
cáliz *m* (*pl:* **-lices**) (anat. & bot.) calyx; (bot., eccl. & poet.) chalice; cup of bitterness or sorrow; block (*to shape a hat*)
calizo -za *adj* (pertaining to) limestone or lime; *f* limestone
calma *f* see **calmo**
calmante *adj* soothing; (med.) sedative; *m* (med.) sedative; **calmante del dolor** pain reliever
calmar *va* to calm, to quiet; *vn* to abate, be becalmed; *vr* to calm, calm down
calmazo *m* (naut.) dead calm
calmear *vn* to ease up, to lessen (*said, e.g., of anger*)
calmo -ma *adj* barren, treeless; calm, quiet; *f* calm, calm weather; quiet, tranquillity; slowness, laziness; suspension, letup; (naut.) calm; **en calma** in abeyance, in suspension; (com.) steady (*market*); (naut.) calm, smooth (*sea*); **calma chicha** or **muerta** dead calm
calmoso -sa *adj* calm; (coll.) slow, lazy, sluggish
calmudo -da *adj* calm; (naut.) calm, light (*wind*); (Am.) easy-going
caló *m* gipsy slang, underworld slang
calobiótica *f* right living; innate sense of order
calofriar §90 *vr* to chill, become chilled
calofrío *m* chill
calomel *m* or **calomelanos** *mpl* (pharm.) calomel
calón *m* rod for spreading nets; rod for measuring depth of water
calor *m* heat; warmth; heat wave; (fig.) heat, heatedness; (fig.) warmth, enthusiasm; **hacer calor** to be warm, to be hot (*said of weather*); **tener calor** to be warm, to be hot (*said of a person*); **calor específico** specific heat
caloría *f* (phys. & physiol.) calorie; **caloría gramo** or **caloría pequeña** gram calorie or small calorie; **caloría kilogramo** or **caloría grande** kilogram calorie or large calorie
caloricidad *f* (physiol.) caloricity
calórico -ca *adj* caloric; *m* (old chem.) caloric
calorífero -ra *adj* heat-producing; *m* heating system; heater, furnace; foot warmer
calorificación *f* calorification
calorífico -ca *adj* calorific
calorífugo -ga *adj* heat-resisting; noncombustible
calorimetría *f* calorimetry
calorimétrico -ca *adj* calorimetric or calorimetrical
calorímetro *m* calorimeter
caloroso -sa *adj* warm, hot; (fig.) warm, enthusiastic
calosfrío *m* chill
calostro *m* colostrum
calotear *va* (Am.) to cheat, to gyp
caloyo *m* new-born lamb or kid; raw recruit
calpense *adj* (pertaining to) Gibraltar; *mf* native of Gibraltar
calpul *m* (Am.) gathering, assembly; (Am.) Indian mound
calseco -ca *adj* cured with lime
calta *f* (bot.) caltha, marsh marigold
calumnia *f* calumny, slander
calumniador -dora *adj* slanderous; *m* calumniator, slanderer
calumniar *va* to calumniate, to slander
calumnioso -sa *adj* calumnious, slanderous
caluroso -sa *adj* warm, hot; (fig.) warm, enthusiastic
calva *f* see **calvo**
Calvario *m* (Bib.) Calvary; (*l.c.*) *m* calvary (*representation of crucifixion*); (fig.) cross (*suffering*); (coll.) series of misfortunes or sorrows; (coll.) debts; (coll.) baldy, bald fellow; (anat.) calvaria
calvatrueno *m* (coll.) complete baldness; (coll.) madcap, crazy fellow
calvero *m* clearing; clay pit

calvete *adj* baldish, somewhat bald
calvez *f* or **calvicie** *f* baldness
calvijar *m* var. of **calvero**
calvinismo *m* Calvinism
calvinista *adj* Calvinist; Calvinistic; *mf* Calvinist
Calvino *m* Calvin
calvo -va *adj* bald; bare, barren; *f* bald spot; barren spot, clearing; **calva de almete** crest of helmet
calza *f* (coll.) stocking; wedge; ribbon (*tied to an animal to distinguish it from others*); (Am.) gold filling (*of tooth*); **calzas** *fpl* hose, tights; breeches; shackles; **echarle a uno una calza** (coll.) to have someone's number; **en calzas prietas** in a tight fix; **tomar calzas de Villadiego** (coll.) to beat it; **calzas atacadas** patched breeches
calzacalzón *m* galligaskins
calzada *f* see **calzado**
calzadera *f* hemp cord (*for tying sandals*); brake block
calzado -da *adj* calced (*said, e.g., of a friar*); having feet of a different color (*said of an animal*); having feathers on the legs and feet (*said of birds*); *m* footwear; *f* causeway, highway; sidewalk; **Calzada de los Gigantes** Giant's Causeway (*in Ireland*)
calzador *m* shoehorn
calzadura *f* putting on shoes; wooden tire
calzar §76 *va* to shoe, put shoes on, provide shoes for; to wear (*a certain size of shoe or glove*); to take (*a certain caliber of bullet*); to fit (*a person; said of a shoe*); to wedge, to shim, to chock; to scotch (*a wheel*); to block up, to put a wedge under (*e.g., the leg of a table*); (naut.) to chock; to tip, to trim with iron; (print.) to raise, to underlay; (Am.) to fill (*a tooth*); (hort.) to hill (*plants*); *vn* (Am.) to get the place sought for; **calzar bien** to wear good footwear; **calzar mal** to wear poor footwear; **calzar poco** (coll.) to not be very bright; *vr* to get a good position, to make a fortune; to put on (*shoes or gloves*); to wear
calzo *m* wedge, shim; (mach.) shoe; (mech.) fulcrum; (naut.) skid, chock; (print.) underlay
calzón *m* ombre (*game of cards*); roofer's strap (*to keep from slipping*); **calzones** *mpl* breeches; shorts; (Am.) trousers; (Am.) drawers; **calzarse** or **ponerse los calzones** (coll.) to wear the trousers
calzonarias *fpl* (Am.) suspenders
calzonazos *m* (*pl:* **-zos**) (coll.) softy, easy-going fellow, jellyfish
calzoncillos *mpl* drawers, underdrawers; shorts
calzoneras *fpl* (Am.) trousers buttoned down the sides
calzonudo -da *adj* (Am.) stupid, inept
calzorras *m* (*pl:* **-rras**) (coll.) var. of **calzonazos**
callado -da *adj* silent, quiet; secret; vague, mysterious; unmentioned; **estarse callado** to keep quiet; *f* (naut.) drop, abatement; dish of tripe; **a las calladas** (coll.) on the quiet; **dar la callada por respuesta** (coll.) to answer with silence; **de callada** (coll.) on the quiet
callamiento *m* silencing, quieting
callana *f* (Am.) crude Indian baking bowl; (Am.) flowerpot; (Am.) big watch; (Am.) useful slag; (Am.) metal-testing crucible
callandico or **callandito** *adv* (coll.) secretly, stealthily, softly
callao *m* pebble
callar *va* to silence, to hush up; to not mention; to keep (*a secret*); to quiet, to calm; *vn* to be silent, to keep silent, to become silent; to keep quiet, to stop playing or singing; **quien calla otorga** silence gives consent; **¡calla!** or **¡calle!** how strange!, you don't mean it!; *vr* to be silent, to keep silent, to become silent; to keep quiet, to stop playing or singing; to keep (*something*) to oneself; **callarse la boca** to shut up
calle *f* street; excuse, pretext; **abrir calle** (coll.) to open a path, to clear the way; **alborotar la calle** (coll.) to stir up the neighborhood; **dejar en la calle** (coll.) to deprive of one's livelihood; **echar a la calle** (coll.) to put out of the house; **hacer calle** (coll.) to open a path, to clear the way; **llevar** (or **llevarse**) **la calle a** to overwhelm; to confound, to silence; **para la calle** to take out (*said of food bought in a restaurant*); **quedarse en la calle** (coll.) to be at the end of one's means; **calle de árboles** alley, avenue of trees; **calle de travesía** cross street; **calle mayor** main street
callear *va* to clear (*passages between rows of vines*) of straggling stems and branches
calleja *f* side street, alley, by-street; (coll.) evasion, subterfuge, pretext; **sépase, ahora se sabrá, ya se verá** or **ya verán quién es Calleja** (coll.) you'll find out who I am; (coll.) you'll find out who he is
callejear *vn* to walk the streets, to loaf around the streets
callejeo *m* walking the streets, loafing around
callejero -ra *adj* (pertaining to the) street; fond of walking the streets; gadabout; *m* list of streets, street guide; addresses of newspaper subscribers
callejo *m* pitfall, trap
callejón *m* lane, alley; (taur.) passageway between barrier and stands; **callejón sin salida** blind alley; (coll.) impasse, deadlock
callejuela *f* side street, by-street, alley; (coll.) evasion, subterfuge, pretext
callialto -ta *adj* high-calked (*horseshoe*)
callicida *m & f* corn cure, corn remover
callista *mf* corncutter, chiropodist
callo *m* callus; corn (*on foot*); calk (*of horseshoe*); **callos** *mpl* tripe; **criar, hacer** or **tener callos** (coll.) to become callous (*unfeeling*)
callón *m* sharpening stone (*especially for awls*)
callonca *adj* half-roasted (*said of a chestnut or acorn*)
callosa *f* see **calloso**
callosidad *f* callosity
calloso -sa *adj* callous; *f* (bot. & biochem.) callose
cama *f* bed; couch; straw bedding or litter (*for animals*); lair; floor (*of wagon or cart*); side of melon resting on the ground; sheath (*of plow*); **caer en cama** or **en la cama** to fall sick; **estar en cama** to be confined to bed; **guardar cama** or **la cama** or **hacer cama** to be sick in bed; **hacer cama redonda** (coll.) to all sleep in the same bed; **hacer la cama** to make the bed; **hacerle la cama a uno** to work to harm someone behind his back; **media cama** single bed; **tenderle la cama a uno** (coll.) to set a trap for someone; (Am.) to help someone in his love affairs; **cama camera** single bed; **cama de matrimonio** double bed; **cama imperial** four-poster; **cama sencilla** single bed; **camas gemelas** twin beds; **cama turca** day bed (*couch without head and foot pieces*)
camachuelo *m* (orn.) linnet
camada *f* brood, litter; gang, den (*of thieves*); layer, stratum
camafeo *m* cameo
camal *m* halter of hemp; pole from which dead pig is hung; (arm.) camail
camaleón *m* (zool.) chameleon; (coll.) chameleon (*changeable person*)
cama-litera *f* (*pl:* **camas-literas**) double-decker (*bed*)
camamila *f* (bot.) camomile
camándula *f* rosary of one or three decades; (coll.) trickery, hypocrisy; **tener muchas camándulas** (coll.) to be full of tricks, to be full of hypocrisy
camandulear *vn* to be a hypocrite, to be untrustworthy
camandulería *f* prudery, priggishness; flattery
camandulero -ra *adj* (coll.) hypocritical, fawning; *mf* (coll.) hypocrite, flatterer
cámara *f* hall, parlor; chamber; bedroom; board, council; royal chamber; chamber, breech (*of firearm*); mow, granary; icebox; (aut.) inner tube; (min.) stall, chamber; (naut.) cabin; (nav.) wardroom; (aer.) cockpit; (anat.) chamber, cavity; (opt. & phot.) camera; bowels; **cámaras** *fpl* loose bowels; **de cámara** royal, e.g., **médico de cámara** royal physician; **irse de cámaras** to have an accident, to dirty oneself;

cámara agrícola grange (*organization of farmers*); **Cámara alta** Upper House; **cámara a popa** (naut.) stern sheets; **cámara apostólica** camera, papal treasury; **cámara ardiente** funeral chamber; **Cámara baja** Lower House; **cámara cinematográfica** motion-picture camera; **cámara clara** (opt.) camera lucida; **cámara compensadora** (com.) clearing house; **cámara de aire** (aut.) inner tube; (aer.) gasbag; **cámara de aire comprimido** pneumatic caisson; **cámara de combustión** (mach.) combustion chamber; **cámara de comercio** chamber of commerce; **cámara de compensación** (com.) clearing house; (hyd.) surge tank, surge chamber; **cámara de descompresión** decompression chamber; **cámara de fuelle** folding camera; **cámara de gas** or **de gases** gas chamber; **cámara de ionización** (phys.) ionization chamber; **cámara de las máquinas** (naut.) engine room; **Cámara de los Comunes** (Brit.) House of Commons; **Cámara de los Lores** (Brit.) House of Lords; **cámara de niebla** (phys.) cloud chamber; **cámara de oxígeno** (med.) oxygen tent; **cámara de pleno** plenum chamber; **Cámara de Representantes** (U.S.A.) House of Representatives; **cámara estrellada** Star Chamber (*in England*); **cámara fotográfica** camera; **cámara frigorífica** cold-storage room; **cámara indiscreta** candid camera; **cámara mortuoria** funeral chamber; **cámara múltiple** multiple-lens camera; **cámara oscura** (opt.) camera obscura; **cámara plegadiza** folding camera; **cámara televisora** television camera; *m* (mov.) cameraman

camarada *m* comrade, companion

camaradería *f* comradeship, camaraderie

camaraje *m* granary rent

camaranchón *m* garret, storeroom; (fig.) recess

camarera *f* waitress; maid, chambermaid; head maid; stewardess (*on ship or plane*); lady in waiting

camarero *m* waiter; valet; chamberlain; steward (*on ship or plane*)

camareta *f* (naut.) small cabin, deck cabin, midshipman's cabin

camariento -ta *adj* suffering from diarrhea

camarilla *f* camarilla, palace coterie, clique, cabal

camarín *m* boudoir; side room; (theat.) dressing room; niche behind altar containing an image; elevator car, shaft cage

camarista *m* minister of the royal council; *f* lady in waiting

camarlengo *m* papal chamberlain; lord in waiting of the kings of Aragon

cámaro *m* var. of **camarón**

camarógrafo *m* cameraman

camarón *m* (zool.) shrimp; (zool.) prawn (*Palaemon*); (Am.) tip, fee

camaronero -ra *mf* shrimp or prawn seller; *f* shrimp net

camarote *m* (naut.) stateroom, cabin

camasquince *mf* (*pl:* **camasquince**) (coll.) meddlesome person, kibitzer

camastro *m* rickety old bed; inclined bunk in barracks or guardhouse

camastrón -trona *adj* (coll.) tricky; *mf* (coll.) tricky person; (coll.) loafer

camastronería *f* (coll.) trickiness

cambalachar *va & vn* to swap, to exchange, to barter, to dicker

cambalache *m* swap, exchange, barter

cambalachear *va & vn* var. of **cambalachar**

cámbaro *m* (zool.) green crab

cambiable *adj* changeable; exchangeable

cambiacorrea *m* belt shifter

cambiadiscos *m* (*pl:* **-cos**) record changer

cambiadizo -za *adj* fickle, inconsistent

cambiador -dora *adj* exchanging, bartering; *m* (Am.) switch; (Am.) switchman; **cambiador de discos** record changer; **cambiador de frecuencia** (elec.) frequency changer

cambial *adj* (com.) (pertaining to) exchange

cambiamiento *m* change

cambiante *adj* changing; fickle; *mf* money changer; **cambiantes** *mpl* iridescence

cambiar *va* to change; to exchange; **cambiar el saludo** to exchange salutes; to exchange greetings; *vn* to change; **cambiar de** to change (*e.g., hats, clothes, trains*); **cambiar de sombrero con alguien** to exchange hats with someone; **cambiar de marcha** to shift gears; *vr* to change

cambiavía *m* (Am.) switch, turnout; (Am.) switchman

cambiazo *m* (coll.) gyp, fake, fraudulent exchange

cambija *f* raised water tank

cambín *m* fishing basket made of reeds

cambio *m* change; exchange; rate of exchange; (bot.) cambium; (aut.) shift; (rail.) switch; **en cambio** on the other hand; **en cambio de** in exchange for; instead of; **libre cambio** free trade; **cambio de hoja** change of subject; **cambio de hora** change of time; **cambio de marchas** or **de velocidades** (aut.) gearshift; **cambio de vía** (Am.) switch; **cambio exterior** or **extranjero** foreign exchange; **cambio minuto** change, small change

Cambises *m* Cambyses

cambista *mf* moneychanger, money broker; banker; *m* (Am.) switchman

cámbium *m* (*pl:* **-ums**) (bot.) cambium

cambocho -cha *adj* (Am.) bowlegged

Camboya *f* Cambodia

camboyano -na *adj & mf* Cambodian; *m* Cambodian (*language*)

cambray *m* chambray

cambrayón *m* cambric

cambriano -na or **cámbrico -ca** *adj & mf* Cambrian; *adj & m* (geol.) Cambrian

cambrina *f* (bot.) phlox

cambrón *m* (bot.) buckthorn; (bot.) boxthorn; (bot.) bramble; **cambrones** *mpl* (bot.) Christ's-thorn

cambronal *m* thicket of buckthorn, boxthorn, or brambles

cambronera *f* (bot.) boxthorn

cambuj *m* mask; cap used to keep baby's head straight

cambujo -ja *adj* reddish black (*donkey*); (Am.) half-breed; *mf* (Am.) half-breed

cambullón *m* (Am.) collusion, scheming, trickery; (Am.) trade, barter

cambur *m* (bot.) banana tree

camedrio *m* (bot.) germander, wall germander; **camedrio acuático** (bot.) water germander; **camedrio de los bosques** (bot.) wood germander

camelar *va* (coll.) to flirt with; (coll.) to cajole, to deceive

camelia *f* (bot.) camellia

camelina *f* (bot.) gold-of-pleasure, madwort

camelo *m* (coll.) flirtation; (coll.) joke; **dar camelo a** (coll.) to make fun of

camelote *m* camlet

camella *f* she-camel; ridge (*between furrows*); bow (*of yoke*); feed trough

camellería *f* camel stable; job of camel driver; camels

camellero *m* camel driver

camello *m* (zool.) camel; (naut.) camel (*to lift vessels*); **camello bactriano** (zool.) Bactrian camel; **camello pardal** (zool.) camelopard (*giraffe*)

camellón *m* drinking trough; sawhorse; ridge (*between furrows*); flower bed; camlet (*cloth*); (Am.) parkway

camena *f* (poet.) muse

camerino *m* (theat.) dressing room (*especially of star*)

camero -ra *adj* (pertaining to a) bed; single (*bed*); *mf* bedmaker; maker of bedding, maker of bed accessories; renter of beds; *m* (Am.) highway; *f* single bed

Camerón *m* Cameroons; **el Camerón francés** Cameroun

cámica *f* (Am.) slope of roof

camilla *f* stretcher; couch; table with heater underneath

camillero *m* stretcher-bearer

caminador -dora *adj* walking

caminante *adj* traveling; *mf* walker; traveler; passer-by; *m* groom who walks in front of master's horse

caminar *va* to walk (*a certain distance*); *vn* to travel, to journey; to go, to walk, to move; (coll.) to act, to behave
caminata *f* (coll.) hike, long walk; (coll.) jaunt, outing
caminero -ra *adj* (pertaining to a) road, highway; traveling, walking; *m* road laborer, road worker
camino *m* road, way, course, path; journey; runner (*on table or floor*); **abrir camino** to open a path or way; to find a way; **allanar el camino** (coll.) to smooth the way; **a medio camino (entre)** halfway (*between*); **de camino** in passing, on the way; traveling (*clothes, bags, etc.*); **echar camino adelante** to strike out; **en camino** on one's way; **ir de camino** to journey, to travel; **ir fuera de camino** to be mistaken; to be slipshod; to be out of all reason; **llevar camino de** + *inf* to show signs of + *ger;* **partir el camino con** to meet halfway; **traer a buen camino** to set right, to put back on the right path; **camino carretero** or **carretil** wagon or carriage road; **camino cubierto** (fort.) covered way; **camino de** on the way to; **camino de cintura** or **circunvalación** belt line; **camino de herradura** bridle path; **camino de hierro** railway; **camino de rueda** wagon or carriage road; **Camino de Santiago** Way of or to St. James (*Milky Way*); **camino de sirga** towpath; **camino real** highroad, highway; (fig.) highroad; **camino trillado** beaten path; **camino vecinal** town or county road
camión *m* camion; truck, motor truck; (Am.) bus, jitney; **camión cisterna** tank truck; **camión volquete** dump truck
camionaje *m* trucking, truckage
camionero -ra *adj* truck, trucking; *m* trucker, teamster
camioneta *f* light truck; (Am.) station wagon
camión-grúa *m* tow truck
camionista *m* trucker, teamster
camisa *f* shirt; chemise; (mach.) jacket, casing; (mach.) lining; thin skin (*of fruit*); slough (*of serpent*); mantle (*of gaslight*); folder (*for papers*); jacket (*of a book*); **cambiarse la camisa** to become a turncoat; **en camisa** in shirt sleeves; without dowry; **meterse en camisa de once varas** (coll.) to attend to other people's business; **perder hasta la camisa** to lose one's shirt; **camisa de agua** water jacket; **camisa de dormir** nightshirt; **camisa de fuerza** strait jacket; **camisa negra** *m* black shirt (*Fascist*); **camisa refrigerante** cooling jacket; **camisa parda** *m* brown shirt (*Nazi*)
camisería *f* shirt factory; shirt store, haberdashery
camisero -ra *mf* shirt maker; shirt dealer, haberdasher
camiseta *f* undershirt; sport shirt; mantle (*of gaslight*)
camisola *f* stiff shirt; ruffled shirt
camisolín *m* dickey, shirt front
camisón *m* nightshirt; shirt; (Am.) chemise
camisote *m* hauberk, haubergeon
camita *mf* Hamite; *f* little bed
camítico -ca *adj* Hamitic
camomila *f* (bot. & pharm.) camomile
camón *m* large bed; portable throne; (arch.) oriel; (arch.) arched rafter; felloe, section of a felloe; **camón de vidrios** glass partition
camorra *f* (coll.) quarrel, row; (dial.) hot dog; (*cap.*) *f* Camorra; **armar camorra** (coll.) to raise a row; **buscar camorra** (coll.) to look for trouble
camorrear *vn* (Am.) to quarrel
camorrero -ra *adj & mf* (Am.) var. of **camorrista**
camorrista *adj* (coll.) quarrelsome; *mf* (coll.) quarrelsome person; *m* Camorrist
camote *m* (Am.) sweet potato (*plant and tuber*); (Am.) onion; (Am.) rascal; (Am.) simpleton; **tomar un camote** (Am.) to become infatuated; **tragar camote** (Am.) to stammer, to falter
camotear *va* (Am.) to snitch; *vn* (Am.) to wander around aimlessly
campa *adj* treeless (*land*)
campal *adj* in the open country; pitched (*battle*)
campamento *m* encampment; camp
campamiento *m* excelling; show, display
campana *f* bell; canopy (*of electrical fixture*); bell glass, bell jar; (arch.) bell; parish, parish church; (Am.) spy, lookout; **a campana herida** or **tañida** with bell ringing; **por campana de vacante** (Am.) very seldom; **campana de buzo** diving bell; **campana de chimenea** funnel of a chimney; **campana de freno** (aut.) brake drum; **campana de vidrio** bell glass, bell jar; **campana eléctrica** electric bell
campanada *f* stroke of a bell; ringing of a bell; scandal (*sensational happening*)
campanario *m* belfry, bell tower, campanile; carillon
campanear *va* to ring (*bells*); to bruit about; *vn* to ring the bells, to ring the bells frequently; *vr* (coll.) to sway, to strut
campanela *f* rotation on one foot (*in Spanish dance*)
campaneo *m* bell ringing, frequent bell ringing; (coll.) sway, strut
campanero *m* bell founder; bell ringer; (ent.) praying insect; (orn.) bellbird
campaneta *f* small bell
campanil *adj* bell (*metal*); *m* belfry, bell tower
campanilla *f* bell, hand bell, doorbell; bubble; tassel; (anat.) uvula; (bot.) bellbind; **de campanillas** or **de muchas campanillas** (coll.) of great importance, of distinction; **campanilla de invierno** (bot.) snowdrop; **campanilla de otoño** (bot.) autumn snowflake; **campanilla de primavera** (bot.) spring snowflake; **campanilla eléctrica** electric bell
campanillazo *m* loud ring
campanillear *vn* to ring, to keep on ringing
campanilleo *m* ringing the bell
campanillero *m* bellman
campano *m* cowbell
campanología *f* campanology
campanólogo -ga *mf* campanologist
campante *adj* (coll.) proud, satisfied; (coll.) cheerful, buoyant
campanudo -da *adj* bell-shaped; wide, spreading; pompous, high-sounding
campánula *f* (bot.) bellflower, bluebell, campanula
campanuláceo -a *adj* (bot.) campanulaceous
campaña *f* (mil. & fig.) campaign; (naut.) cruise; level countryside; shift, work shift
campañol *m* (zool.) vole, meadow mouse
campar *vn* to excel, stand out; to camp; **campar por su cuenta** or **por sus respetos** (coll.) to do as one pleases
campeador *adj & m* champion in battle (*applied to the Cid*)
campear *vn* to go to pasture; to come out of the ground, come out of their lairs (*said of rabbits, etc.*); to grow green (*said of fields*); to work in the fields; to show up, to appear; to stand out; (mil.) to campaign; (mil.) to reconnoiter; (Am.) to round up the cattle
campecico, campecillo or **campecito** *m* little field
campechana *f* see **campechano**
campechanería or **campechanía** *f* (coll.) frankness, heartiness, good humor
campechano -na *adj* (coll.) frank, hearty, good-humored; *f* (Am.) mixed drink; (Am.) hammock
campeche *m* (bot.) logwood (*tree and wood*)
campeón *m* champion; (fig.) champion
campeona *f* championess
campeonato *m* championship
campeonil *adj* (pertaining to a) championship
campero -ra *adj* in the open, unsheltered; sleeping in the open (*said of domestic animals*); (Am.) good at farming; *m* farming friar or monk
campesino -na *adj* country; peasant; *mf* peasant; farmer; *m* countryman; *f* countrywoman
campestre *adj* country
campilán *m* campilan (*straight-edged sword of the Moros*)
campillo *m* small field; commons
campiña *f* stretch of farm land, countryside

campirano -na *adj & mf* (Am.) peasant; *m* (Am.) cowboy, broncobuster
campo *m* field; country; countryside; camp; crop; (her., phys. & sport) field; (fig.) field (*of various activities*); campus; ground, background; side (*in a contest*); **a campo raso** in the open; **a campo traviesa** or **travieso** across the fields, across country; **dar campo a** to give free range to; **en campo ajeno** (sport) away from home; **en campo propio** (sport) at home; **levantar el campo** (mil.) to break camp; (fig.) to consider finished, to give up; **quedar en el campo** to fall in battle or in a duel; **campo de Agramonte** bedlam; **campo de batalla** battlefield, battleground; **campo de concentración** concentration camp; **campo de deportes** athletic field; **campo de ejercicios** drill ground; **campo de emergencia** (aer.) emergency landing field; **campo de internamiento** internment camp; **campo de juego** playground; **campo del honor** field of honor (*of battle or duel*); **campo de minas** (mil. & nav.) mine field; **campo de pastoreo** grassland; **campo de pruebas** testing grounds; **campo de tiro** range, shooting range; **campo de trabajo** labor camp; **campo magnético** magnetic field; **campo raso** open country; **campo santo** cemetery; **campos elíseos** or **elisios** (myth.) Elysian Fields; **Campos Elíseos** Champs Elysées (*avenue in Paris*)
camposanto *m* cemetery
camuesa *f* pippin, sweeting (*apple*)
camueso *m* (bot.) pippin (*tree*); (coll.) simpleton, ignoramus
camuflaje *m* camouflage
camuflar *va* to camouflage
camuñas *fpl* mixture of seeds (*except wheat, barley, and rye*); *m* (*pl:* **-ñas**) goblin, bugaboo
can *m* dog; trigger (*of gun*); shoulder; bracket, corbel; khan; **Can mayor** (astr.) Canis Major, Great Dog; **Can menor** (astr.) Canis Minor, Little Dog
cana *f* see **cano**
Canaán, Tierra de (Bib.) Canaan, Land of Canaan
canabíneo -a *adj* (bot.) cannabinaceous
canáceo -a *adj* (bot.) cannaceous
Canadá, el Canada
canadiense *adj & mf* Canadian
canadillo *m* (bot.) joint fir
canal *m* canal; channel; (anat.) canal, duct; (rad. & telv.) channel; **el canal Ambrosio** Ambrose Channel; **Gran Canal** Grand Canal (*of China*); **canal de la Florida** Florida Straits; **canal de la Mancha** English Channel; **canal de Panamá** Panama Canal; **canal de Suez** Suez Canal; **canal digestivo** (anat.) alimentary canal; **Canal Grande** Grand Canal (*of Venice*); **canal semicircular** (anat.) semicircular canal ‖ *f* channel; gutter (*of roof*); gutter tile; pipe; conduit; long, narrow valley; fore edge (*of book*); groove, flute; dressed animal; **abierto en canal** split wide open; **abrir en canal** to cut in the middle from top to bottom; **canal para alambres** (elec.) conduit
canalado -da *adj* fluted, grooved, corrugated
canaladura *f* fluting, flute
canaleja *f* mill spout; (bot.) death cup
canaleta *f* wooden trough
canalete *m* paddle (*for canoeing*)
canalí *m* (*pl:* **-líes**) (Am.) paddle (*for canoeing*)
canalización *f* canalization; channeling; main, mains; piping; duct; installation of ducts; (elec.) wiring; (rad.) channeling; **canalización de consumo** (elec.) house current
canalizar §76 *va* to canalize; to pipe; to channel; (elec.) to wire
canalizo *m* (naut.) narrow channel, fairway
canalón *m* spout (*on side of house*); shovel hat; icicle; **canalones** *mpl* ravioli; **canalón de acera** cast-iron drain under sidewalk
canalla *f* (coll.) canaille, riffraff; *m* (coll.) cur, roughneck
canallada *f* meanness, currishness
canallesco -ca *adj* mean, low, base
canana *f* cartridge belt
cananeo -a *adj & mf* (Bib.) Canaanite
canapé *m* sofa; canapé (*appetizer*); **canapé cama** day bed
Canarias *fpl* see **canario**
canariense *adj & mf* Canarian
canariera *f* large cage for raising canaries
canario -ria *adj & mf* Canarian; *m* (orn.) canary, canary bird; (Am.) canary (*color*); (Am.) generous tipper; **Canarias** *fpl* Canaries; **¡canario!** great Scott!
canasta *f* basket, washbasket; canasta (*card game*)
canastada *f* basketful
canastería *f* basket business; baskets
canastero -ra *mf* basketmaker, basket dealer
canastilla *f* basket; layette; trousseau; **canastilla de la costura** sewing basket
canastillo *m* wicker tray
canásto *m* hamper; **¡canastos!** confound it!
canastro *m* hamper
cancagua *f* (Am.) fine building sand
cáncamo *m* (naut.) eyebolt; **cáncamo de argolla** ringbolt
cancamurria *f* (coll.) gloominess, blues
cancamusa *f* (coll.) ruse, artifice, fraud
cancán *m* cancan
cancanear *vn* (coll.) to stroll, to loaf about; (Am.) to stutter
cancaneo *m* (Am.) stuttering
cáncano *m* (coll.) louse
cancel *m* storm door; (Am.) folding screen
cancela *f* iron grating, iron door or gate
cancelación or **canceladura** *f* annulment, cancellation
cancelar *va* to annul, to cancel; to dispel, wipe out; to liquidate, pay off (*a debt*)
cancelaría *f* papal chancery
cancelariato *m* (eccl.) chancellorship
cancelario *m* (eccl.) chancellor (*who grants degrees*)
cáncer *m* (path.) cancer; (*cap.*) *m* (astr.) Cancer, Crab
cancerado -da *adj* cancerous; suffering from cancer; evil, corrupt
cancerar *va* to consume, destroy; to scold, punish; *vr* to have cancer; to become cancerous; to become depraved
Cancerbero *m* (myth. & fig.) Cerberus
cancerígeno -na *adj* cancerigenic
cancerología *f* study of cancer
cancerólogo -ga *mf* cancer expert, cancer specialist
canceroso -sa *adj* cancerous
cancilla *f* lattice gate (*of garden, barnyard, etc.*)
canciller *m* chancellor; **Canciller de hierro** Iron Chancellor (*Bismarck*); **Canciller del echiquier** (Brit.) Chancellor of the Exchequer; **Canciller mayor de Castilla** (archaic) Archbishop of Toledo
cancilleresco -ca *adj* (pertaining to a) chancellor or chancellery; formal, ceremonious
cancillería *f* chancellery, chancery; chancellorship
canción *f* song; lyric poem; **volver a la misma canción** (coll.) to sing the same old song; **canción de cuna** cradlesong; **canción popular** popular song; folk song
cancionero *m* anthology, collection of verse
cancioneta *f* canzonet
cancionista *mf* singer; song composer; *m* songster; *f* songstress
cancón *m* (coll.) bugaboo; **hacer un cancón a** (Am.) to threaten, to bluff
cancro *m* (path.) cancer; (bot.) canker
cancroide *m* (path.) cancroid tumor
cancroideo -a *adj* cancroid
cancha *f* (sport) field, ground; race track; golf links; cockpit; path, way; (Am.) roasted beans or corn; **estar en su cancha** (Am.) to be in one's element; **cancha de tenis** tennis court; *interj* (Am.) gangway!
canchal *m* rocky ground or region
canchalagua *f* (bot.) gentian
cancho *m* boulder, rock; rocky ground
candado *m* padlock; **candados** *mpl* lateral lacunae (*of horse's hoof*)
candaliza *f* (naut.) brail
candar *va* to lock; to shut, to close up
candeda *f* chestnut blossom

candela *f* candle, taper; flare, torch; fire, light; candlestick; candle power; chestnut bloom; **en candela** (naut.) vertical; **candela romana** Roman candle
candelabro *m* candelabrum
candelada *f* bonfire; candles
candelaria *f* Candlemas; (bot.) great mullein
candelecho *m* elevated wigwam from which to watch the vineyard
candelerazo *m* blow with a candlestick
candelero *m* candlestick; metal olive-oil lamp; fishing torch; stanchion; **en candelero** in a position of authority
candeleta *f* (naut.) brail
candelilla *f* (surg.) bougie, catheter; (bot.) catkin; (Am.) glowworm; (Am.) ignis fatuus; **hacerle a uno candelillas** (coll.) to sparkle, to flash (*said of the eyes of a tipsy person*)
candelita *f* (orn.) redstart, warbler
candeliza *f* (naut.) brail
candelizo *m* (coll.) icicle
candencia *f* candescence
candente *adj* candent, candescent; red-hot
candidación *f* candying of sugar
candidato -ta *mf* candidate
candidatura *f* slate, list of candidates; candidacy
candidez *f* candor; innocence, simple-mindedness, gullibility; silly remark
cándido -da *adj* candid; innocent, simple-minded, gullible; white, snowy
candiel *m* meringue
candil *m* olive-oil lamp; tine (*of antler*); (Am.) chandelier; **candiles** *mpl* (bot.) wake-robin; (Am.) icicles
candilada *f* oil spilt from a lamp
candileja *f* lampion; oil receptacle (*of lamp*); (bot.) corn cockle; **candilejas** *fpl* footlights
candilejo *m* small oil lamp; sunset glow; (bot.) corn cockle; **candilejos** *mpl* (bot.) wake-robin
candilera *f* (bot.) lampwick
candiletear *vn* (prov.) to snoop
candiletero -ra *mf* (prov.) snooper
candiota *f* wine barrel; large earthen wine jug
candiotera *f* wine cellar; storage for wine barrels or jugs
candongo -ga *adj* (coll.) fawning, scheming; (coll.) loafing; *mf* (coll.) fawner, schemer; (coll.) loafer, shirker; *f* (coll.) fawning, scheming; (coll.) teasing; (coll.) draft mule; **dar candonga a** (coll.) to kid, to tease
candonguear *va* (coll.) to kid, to tease, to jolly; *vn* (coll.) to scheme one's way out of work
candonguero -ra *adj* (coll.) kidding, teasing
candor *m* candor; pure whiteness
candoroso -sa *adj* candid, frank, simple
caneca *f* glazed earthen bottle
canecillo *m* (arch.) corbel, console; bracket, support
canela *f* see **canelo**
canelado -da *adj* cinnamon-colored, cinnamon-flavored
canelero *m* (bot.) cinnamon (*tree or shrub*)
canelina *f* canella alba
canelo -la *adj* cinnamon, cinnamon-colored; *m* cinnamon (*tree or shrub*); *f* cinnamon (*bark and spice*); (coll.) something peachy; **canela de la China** (pharm.) cassia; **canela de Magallanes** Winter's bark
canelón *m* spout; icicle (*hanging from spout*); (sew.) tubular trimming; cinnamon candy; heavy end of whip
canequí *m* cannequin (*cotton cloth*)
canesú *m* (*pl:* **-súes**) guimpe
caney *m* (Am.) cabin, hut; (Am.) abode of an Indian chief; (Am.) bend (*in a river*)
canfín *m* (Am.) petroleum
canfinflero or **canflinflero** *m* (Am.) bawd, pimp
canga *f* cangue
cangilón *m* large pitcher or jug (*of earthenware or metal*); bucket (*of a bucket wheel*); dipper, scoop (*of a dredge*); (Am.) rut, wagon rut
cangreja *f* (naut.) fore-and-aft sail; **cangreja de mesana** (naut.) jigger; **cangreja de popa** (naut.) spanker
cangrejal *m* (Am.) crab bed
cangrejero -ra *mf* crab seller or dealer; *f* crab nest, crab bed
cangrejo *m* (zool.) crab; (naut.) gaff, spanker gaff; **sacar cangrejos** (rowing) to catch a crab; **cangrejo bayoneta** (zool.) king crab, horseshoe crab; **cangrejo de mar** (zool.) green crab; **cangrejo de río** (zool.) crawfish; **cangrejo ermitaño** (zool.) hermit crab
cangrejuelo *m* little crab
cangrenar *vr* to gangrene, to become gangrenous
canguelo *m* (slang) fear
canguro *m* (zool.) kangaroo
caníbal *adj* & *mf* cannibal
canibalino -na *adj* cannibalistic
canibalismo *m* cannibalism
canica *f* marbles (*game*); marble
canicie *f* whiteness (*of hair*)
canícula *f* dog days; (*cap.*) *f* (astr.) Dog Star
canicular *adj* canicular; **caniculares** *mpl* canicular days, dog days
caniculario *m* beadle who keeps dogs out of church
cánido -da *adj* canine; *m* (zool.) canid
canijo -ja *adj* (coll.) sickly, infirm; *mf* (coll.) sickly person, weakling
canil *m* dog bread, dog cake
canilla *f* armbone, shinbone; tap (*in cask or barrel*); reel, bobbin; stripe, rib (*in cloth*)
canillado -da *adj* striped, ribbed
canillero -ra *mf* reel or bobbin maker; *m* taphole (*in cask or barrel*); (bot.) European elder; *f* shin guard; greave, jambe, jambeau
caninez *f* mad hunger
canino -na *adj* canine; *m* (anat.) canine, canine tooth; *f* dog excrement
caniquí *m* cannequin (*cotton cloth*)
canisté *m* or **canistel** *m* (bot.) lucuma; canistel (*fruit*)
canje *m* exchange
canjeable *adj* exchangeable
canjear *va* to exchange
cano -na *adj* gray, gray-haired; hoary, old; (poet.) white; *f* gray hair; measure equal to about two yards; (bot.) American fan palm; (Am.) jail; **echar una cana al aire** (coll.) to go on a lark, to cut loose
canoa *f* canoe; launch; (Am.) trough; **canoa automóvil** launch, motorboat
canoero -ra *mf* canoeist
canófilo -la *mf* dog fancier
canon *m* canon; (Bib., eccl. & mus.) canon; (eccl.) Canon (*part of the Mass which begins with Te igitur*); norm of human beauty; rate; royalty; tax; **cánones** *mpl* canon law; **gran canon** (print.) canon
canonesa *f* canoness
canonical *adj* canonical
canonicato *m* canonicate, canonry
canónico -ca *adj* (Bib. & eccl.) canonical; *f* (eccl.) canonical life
canóniga *f* (coll.) nap before eating
canónigo *m* canon (*churchman*)
canonista *m* canonist, canon lawyer
canonización *f* canonization
canonizar §76 *va* to canonize; to applaud, to approve
canonjía *f* canonry; (coll.) sinecure
canoro -ra *adj* singing, musical; sweet-singing (*bird*)
canoso -sa *adj* gray-haired, hoary
canotié *m* straw hat (*with low, flat crown*)
cansado -da *adj* tired, weary; worn-out, exhausted; tiresome, wearisome
cansancio *m* tiredness, weariness, fatigue
cansar *va* to tire; to weary, to bore; to harass; to exhaust (*a soil*); *vn* to tire, be tiresome; *vr* to tire, get tired; **cansarse de** + *inf* to get tired of + *ger;* **cansarse en** + *inf* to get tired + *ger*
cansera *f* (coll.) boredom, harassment
cansino -na *adj* tired, exhausted (*said of an animal*)
cantable *adj* singable; tuneful; sung slowly; *m* lyric (*words of musical passage of zarzuela*); musical passage (*of zarzuela*); (mus.) cantabile (*melodious, flowing passage*)
cantábrico -ca *adj* Cantabrian
cantada *f* (mus.) cantata
cantador -dora *mf* singer (*of popular songs*)
cantal *m* stone block; stony ground

cantalear *vn* to coo
cantaleta *f* tin-pan serenade, charivari, callithump; (Am.) constant scolding: **dar cantaleta a** (Am.) to make fun of, to laugh at; **la misma cantaleta** (Am.) the same old song
cantaletear *va* (Am.) to keep repeating, to say over and over again; (Am.) to make fun of, to laugh at
cantalinoso -sa *adj* rocky, stony (*ground*)
cantalupo *m* cantaloupe
cantamisano *m* var. of **misacantano**
cantante *adj* singing; *mf* singer; **cantante de ópera** opera singer
cantar *m* song; singing; chant; **ése es otro cantar** (coll.) that's another story; **cantar de gesta** (lit.) geste, romance; **Cantar de los Cantares** (Bib.) Song of Songs; *va* to sing; to sing of; to chant; **cantarlas claras** (coll.) to speak out; *vn* to sing; to chant; (coll.) to peach, to squeal; (coll.) to creak, to squeak; (naut.) to sing chanteys; (naut.) to whistle an order; **cantar de plano** (coll.) to make a full confession
cántara *f* jug; liquid measure equal to 13.16 liters
cantarada *f* jugful
cantarera *f* shelf for jugs
cantarería *f* jug shop, pottery
cantarero *m* potter
cantárida *f* (ent.) cantharis, Spanish fly; (pharm.) cantharides; blister plaster of cantharides; blister raised by cantharides
cantarilla *f* earthen jar
cantarillo *m* small jug
cantarín -rina *adj* fond of singing, always singing; *mf* singer, professional singer
cántaro *m* jug; jugful; ballot box; **llover a cántaros** to rain pitchforks
cantata *f* (mus.) cantata
cantatriz *f* (*pl:* **-trices**) singer, songstress
cantazo *m* blow with a big stone
cante *m* singing; popular song; **cante hondo, jondo** or **flamenco** Andalusian gypsy song or singing
canteado -da *adj* on edge, laid on edge
cantear *va* to pitch (*a stone*); to lay on edge
cantera *f* quarry, stone pit; talent, genius
cantería *f* stonecutting, stonework; stoneyard; masonry
canterios *mpl* roof girders
cantero *m* stonecutter; crust (*e.g., of bread*)
canticio *m* (coll.) tiresome singing
cántico *m* canticle; song
cantidad *f* quantity; **cantidad de movimiento** (mech.) momentum
cantiga *f* poem (*of troubadours*)
cantil *m* shelf (*on coast or under sea*); cliff
cantilena *f* song, ballad; cantilena; **la misma cantilena** (coll.) the same old song
cantillo *m* corner; pebble, little stone; jackstone; **cantillos** *mpl* jackstones
cantimplora *f* siphon; carafe, decanter; water bottle, canteen; wine flask; (eng.) weep hole; (Am.) powder flask; (Am.) mumps
cantina *f* canteen; wine cellar; lunchroom, luncheonette; lunch box; (rail.) station restaurant; (Am.) barroom
cantinela *f* var. of **cantilena**
cantinera *f* female sutler, vivandière; barmaid
cantinero *m* barkeeper, bartender
cantizal *m* stony ground
canto *m* song; singing; chant; canto; song (*lyric or ballad*); edge; corner; fore edge (*of book*); back (*of knife*); stone, pebble; crust (*of bread*); thickness (*e.g., of a board*); **de canto** on edge; on end; **canto ambrosiano** Ambrosian chant; **canto de corte** cutting edge; **canto del cisne** swan song; **canto flamenco** flamenco (*Andalusian gypsy singing*); **canto gregoriano** Gregorian chant; **canto llano** plain chant, plain song; **canto pelado** or **rodado** round stone, boulder
cantón *m* canton; region; cantonment; corner; (her.) canton
cantonado -da *adj* (her.) cantoned; *f* (archaic) corner; **dar cantonada a** (coll.) to shake off
cantonal *adj* cantonal
cantonalismo *m* cantonalism
cantonar *va & vr* var. of **acantonar**
cantonear *vn* to loaf at street corners; *vr* (coll.) to strut
cantonero -ra *mf* corner loafer; *m* gilding iron (*of bookbinder*); *f* angle iron, corner band, reinforcement (*of corner or edge*); corner shelf, corner table; streetwalker
cantonés -nesa *adj & mf* Cantonese
cantor -tora *adj* singing; sweet-singing; *m* singer, songster; minstrel; choirmaster; bard, poet; *f* songstress
cantoral *m* book of devotions
Cantórbery Canterbury
cantorral *m* stony ground
cantoso -sa *adj* stony, rocky
cantuariense *adj & mf* Canterburian
cantueso *m* (bot.) French lavender, stechados
canturía *f* vocal music; singing exercise; monotonous singing; singing quality (*of a composition*)
canturrear *va* (coll.) to hum, to sing; *vn* (coll.) to hum, to sing in a low voice
canturreo *m* (coll.) humming, singing in a low voice, crooning
canturriar *va & vn* (coll.) var. of **canturrear**
cánula *f* (surg.) cannula
canular *adj* cannular
canut *m* (orn.) knot
canutero *m* pincase
canutillo *m* var. of **cañutillo**
canuto *m* var. of **cañuto**
caña *f* cane, reed; stem, stalk; pipe; (bot.) giant reed; long bone (*of leg or arm*); leg (*of boot or stocking*); marrow; tipstock (*of firearm*); shank (*of anchor, drill, column, etc.*); wineglass (*stemless*); small glass (*of beer*); mine gallery; (naut.) tiller; (Am.) rum; (Am.) bluff; (Am.) boasting; **caña brava asiática** (bot.) bamboo; **caña de azúcar** sugar cane; **caña de Bengala** (bot.) rattan palm (*Calamus rotang*); **caña de Indias** (bot.) Indian reed, canna; **caña del pulmón** windpipe; **caña de pescar** fishing rod; **caña dulce** or **melar** sugar cane
cañacoro *m* (bot.) canna, Indian shot, Indian reed
cañada *f* gully, gulch; cattle path; (Am.) brook
cañadilla *f* (zool.) purple shell
cañafístola or **cañafístula** *f* (bot.) drumstick tree; cañafístula (*pods*)
cañaheja or **cañaherla** *f* (bot.) giant fennel
cañal *m* growth of reeds; fishgarth made of reeds, fishing channel
cañamar *m* hemp field
cañamazo *m* canvas; burlap; canvas for colored embroidery; embroidered hemp
cañamelar *m* sugar-cane plantation
cañameño -ña *adj* hempen, made of hemp
cañamiel *f* sugar cane
cañamiza *f* hemp refuse, hemp bagasse
cáñamo *m* (bot.) hemp (*plant and fiber*); hempen cloth; **cáñamo de Bengala** (bot.) sunn hemp; **cáñamo de Manila** Manila hemp; **cáñamo sisal** sisal hemp
cañamón *m* hempseed; **cañamones** *mpl* birdseed
cañamoncillo *m* fine mixing sand
cañamonero -ra *mf* hempseed vendor
cañar *m* growth of reeds; fishgarth made of reeds
cañareja *f* var. of **cañaheja**
cañariego -ga *adj* of a sheep that has died on the sheep path (*said of skin or hide*); accompanying the flock migrating between the north and south of Spain (*said of men, horses, and dogs*)
cañarroya *f* (bot.) wallwort
cañavera *f* (bot.) ditch reed
cañaveral *m* canebrake; reed field; sugar-cane plantation
cañaverear *va* var. of **acañaverear**
cañazo *m* blow with a reed or cane
cañedo *m* var. of **cañaveral**
cañería *f* pipe, pipe line; (mus.) organ pipes; **cañería de arcilla vitrificada** sewer pipe, soil pipe; **cañería maestra** main, gas or water main
cañero *m* pipe fitter, plumber; (dial.) angler; (Am.) sugar-cane dealer
cañeta *f* (bot.) ditch reed

cañete *m* small tube or pipe
cañilavado -da *adj* small-limbed (*said of a horse*)
cañista *m* pipe fitter, plumber
cañiza *f* coarse linen
cañizal *m* var. of **cañaveral**
cañizo *m* hurdle of reeds (*for drying fruit, rearing silkworms, shearing hats, etc.*); web of reeds and rope (*used as lath for ceilings*); (naut.) flake
caño *m* tube, pipe; ditch; gutter, sewer; channel (*into harbor or bay*); (mus.) organ pipe; mine gallery; spurt, jet; spout; cellar or cave for cooling water; wine cellar; **llover a caño libre** (coll.) to rain buckets
cañón *m* tube, pipe; cannon; barrel (*of gun*); shaft (*of column, elevator, etc.*); well (*of staircase*); (min.) gallery; shank (*of key*); stem (*of pipe, of feather*); quill; pinfeather; canyon; **cañón antiaéreo** anti-aircraft gun; **cañón antitanque** antitank gun; **cañón cohete** (mil.) rocket gun; **cañón de campaña** fieldpiece; **cañón de chimenea** flue, chimney flue; **cañón lanzaarpones** harpoon gun; **cañón lanzacabos** or **lanzacables** life-saving gun; **cañón obús** howitzer; **cañón rayado** rifled gun barrel
cañonazo *m* cannon shot
cañonear *va* to cannonade
cañoneo *m* cannonade, cannonry
cañonera *f* see **cañonero**
cañonería *f* cannon, cannonry; (mus.) set of organ pipes
cañonero -ra *adj* armed (*boat*); *m* gunner, cannoneer; gunboat; *f* (fort.) embrasure; (mil.) canteen (*store*); (Am.) holster
cañoto *m* (bot.) ditch reed
cañucela *f* slender cane or reed
cañuela *f* (bot.) fescue grass; **cañuela de oveja** (bot.) sheep's fescue
cañutazo *m* (coll.) gossip
cañutería *f* gold or silver embroidery; (mus.) set of organ pipes
cañutero *m* pincase
cañutillo *m* glass tube; bugle (*tubular glass bead*); gold or silver twist for embroidery
cañuto *m* internode (*of reed*); (coll.) gossip; tube, tubular container
caoba *f* (bot.) mahogany (*tree and wood*)
caobana *f* (archaic) mahogany (*tree*)
caobo *m* (bot.) mahogany (*tree*)
caolín *m* kaolin or kaoline
caos *m* chaos
caótico -ca *adj* chaotic
cap. abr. of **capitán & capítulo**
capa *f* cape, cloak, mantle; layer, bed; scum; coat (*e.g., of paint*); (mas.) bed, course; cigar wrapper; (anat. & geol.) stratum; (eccl.) cope; (naut.) primage; (fig.) cloak, mask; **a capa y espiga** mortise and tenon; **aguantarse a la capa** (naut.) to lie to; **andar de capa caída** (coll.) to be in a bad way (*in business, health, etc.*); **de capa y espada** cloak-and-sword; **de capa y gorra** plainly, informally; **estarse a la capa** (naut.) to lie to; **hacer de su capa un sayo** (coll.) to tend to one's own business, to keep one's own counsel; **so capa de** under the guise of, under the pretense of; **capa anual** (bot.) annual ring; **capa de balasto** (rail.) roadbed; **capa de Heaviside** (rad.) Heaviside layer; **capa del cielo** canopy of heaven; **capa de paseo** (taur.) dress cape; **capa freática** (eng.) water table; **capa magna** (eccl.) bishop's cope; **capa pluvial** (eccl.) cope, pluvial; **capa rota** (coll.) decoy, blind
capacete *m* casque, helmet
capacidad *f* capacity; capability; (elec. & phys.) capacity; **capacidad distribuída** (rad.) distributed capacity
capacitación *f* qualification, (act of) qualifying
capacitancia *f* (elec.) capacitance
capacitar *va* to enable, to qualify; to empower, to commission; *vr* to become enabled, become qualified
capacitor *m* (elec.) capacitor
capacha *f* frail, hamper; basket lid
capachero *m* porter or carrier using a basket
capacho *m* frail, hamper; basket lid; hempen pressing bag (*used in olive-oil presses*); bricklayer's hod; (orn.) barn owl
capada *f* (coll.) capeful (*contents of cape held as if it were an apron*)
capadocio -cia *adj & mf* Cappadocian
capador *m* gelder, castrator; gelder's whistle
capadura *f* gelding, castration; scar left by castration; second cutting of tobacco used for filling or wrappers
capar *va* to geld, to castrate; to curtail, to cut down
caparazón *m* caparison; horse blanket; feed bag; shell (*of insects or crustaceans*); carcass of fowl
caparidáceo -a *adj* (bot.) capparidaceous
caparra *f* cattle tick, sheep tick; earnest money
caparrón *m* (bot.) blossom
caparrosa *f* (chem.) vitriol; **caparrosa azul** (chem.) blue vitriol; **caparrosa blanca** (chem.) white vitriol; **caparrosa verde** (chem.) copperas, green vitriol
capataz *m* (*pl:* **-taces**) overseer, foreman; warden, steward
capaz *adj* (*pl:* **-paces**) capable, competent; capacious, spacious; **capaz de** capable of; with a capacity of; **capaz para** capable in; competent for; with room for
capazo *m* two-handled rush basket; blow with cloak
capciosidad *f* craftiness, deception
capcioso -sa *adj* crafty, deceptive
capea *f* (taur.) waving of cape at bull; (taur.) amateur free-for-all bullfight
capeador *m* (taur.) capeador (*bullfighter who waves cape before bull*)
capear *va* to take the cloak or cape away from; (coll.) to duck, dodge (*something unpleasant*); (taur.) to wave or flourish the cape at (*the bull*); (naut.) to weather (*a storm*); (coll.) to beguile, to take in; *vn* (naut.) to lay to; (Am.) to play hooky, to cut class
capeja *f* shabby cloak or cape
capelán *m* (ichth.) capelin
capelina *f* (surg.) capeline
capelo *m* cardinal's hat; cardinalate; **capelo rojo** red hat (*cardinal's hat; cardinalate*)
capellada *f* tip, toe piece (*of shoe*); patch on the vamp
capellán *adj masc* (Am.) fortune-hunting; *m* chaplain; (Am.) fortune hunter; **capellán castrense** or **de ejército** army chaplain; **capellán de la armada** or **de navío** navy chaplain
capellanía *f* fund left for religious purposes; chaplaincy
capellina *f* (arm. & surg.) capeline; (archaic) peasant's hood
capeo *m* (taur.) capework, waving of cape before bull
capeón *m* (taur.) young bull excited by waving of cape
capero *m* priest who wears a cope; cloak rack
caperucita *f* small pointed hood; **Caperucita Encarnada** or **Roja** Red Ridinghood, Little Red Ridinghood
caperuza *f* pointed hood; chimney cap; pipe cap; mantle (*of gaslight*); (mach.) hood
capeta *f* short cape
capetiano -na or **capetino -na** *adj & mf* Capetian
capialzado *m* curve or bend of arch; flashing over door or window
capialzar §76 *va* to bend the face of (*an arch or lintel*) into an outward slope
capialzo *m* (arch.) slope of intrados
capibara *f* (zool.) capybara (*South American rodent*)
capicúa *m* palindrome
capiculado -da *adj* (philately) tête-bêche
capichola *f* ribbed silk
capigorra *m*, **capigorrón** *m* or **capigorrista** *m* (coll.) idler, loafer; dull cleric
capilar *adj* capillary; of the hair; *m* (anat.) capillary
capilaridad *f* capillarity
capilla *f* hood, cowl; chapel; death house; (mach.) bonnet, hood, cowl; (print.) proof sheet, advance sheet; (coll.) friar; **estar en**

capilla or **en la capilla** to be in the death house; (coll.) to be on pins and needles; (coll.) to be jittery about taking an examination; **estar expuesto en capilla ardiente** to be on view, to lie in state; **capilla ardiente** funeral chapel; oratory set up for funeral in the home; pallbearers; **capilla de la muerte** death house; **capilla mayor** chapel behind the high altar; **Capilla sixtina** Sistine Chapel
capillada *f* hoodful; blow with a hood
capillejo *m* skein of sewing silk
capiller *m* or **capillero** *m* chapelman, warden of a chapel, churchwarden
capilleta *f* small chapel; chapel-shaped niche
capillo *m* baby cap; hood; hood (*of falcon*); baptismal cap; cap of distaff; toe lining (*of shoe*); filler (*for cigars*); rabbit net; bud (*especially of rose*); cocoon; (metal.) cupel; (anat.) prepuce
capilludo -da *adj* like a hood or cowl; wearing a hood or cowl
capipardo *m* workingman
capirotada *f* dressing of eggs, herbs, garlic, etc.
capirotazo *m* fillip
capirote *m* hood (*covering face*); doctor's hood; cardboard or paper cone (*worn on head*); hood (*of falcon*); folding top (*of carriage*); fillip; *adj* with head of different color from that of body (*said of cattle*)
capirucho *m* (coll.) hood
capisayo *m* mantelet; bishop's vesture
capiscol *m* precentor
capitación *f* capitation; poll tax
capitado -da *adj* (bot.) capitate
capital *adj* capital; paramount; main, principal; essential; mortal (*enemy*); **lo capital** the main thing, the essential point; *m* capital; husband's estate at marriage; **capital circulante** (econ.) circulating capital; **capital de inversión** investment capital; **capital fijo** fixed capital; **capital lucrativo** productive capital; **capital social** capital stock; *f* capital (*city*); (fort.) capital
capitalidad *f* status as capital (*city*)
capitalino -na *adj* (Am.) of the capital; *mf* (Am.) dweller in the capital, native or inhabitant of the capital
capitalismo *m* capitalism
capitalista *adj* capitalist, capitalistic; *mf* capitalist; investor, share holder; *m* (taur.) apprentice bullfighter; (taur.) spectator who jumps into the ring at the end of the last fight
capitalización *f* capitalization; compounding (*of interest*)
capitalizar §76 *va* to capitalize; to compound (*interest*)
capitalmente *adv* mortally
capitán *m* leader; captain (*e.g., of a football team*); (mil., naut. & nav.) captain; **capitán de bandera** (nav.) flag captain; **capitán de corbeta** (nav.) lieutenant commander; **capitán de fragata** (nav.) commander; **capitán del puerto** harbor master; **capitán de navío** (nav.) captain; **capitán general** (mil.) general (*of highest rank*); captain general; **capitán general de ejército** (mil.) General of the Army; **capitán general de la armada** (nav.) Admiral of the Fleet; **capitán preboste** (mil.) provost marshal
capitana *f* (nav.) flagship; captain's wife; (coll.) female leader
capitanear *va* to captain; to lead, to command
capitanía *f* captaincy; captainship; (mil.) company; anchorage (*toll*); **capitanía general** captain-generalcy
capitel *m* (arch.) capital; (arch.) spire; (tech.) capital (*of a still*)
capitolino -na *adj* Capitoline
capitolio *m* capitol; (*cap.*) *m* Capitol
capitón *m* (ichth.) striped mullet
capitoste *m* (coll.) boss, head
capítula *f* chapter (*passage of Scripture*)
capitulación *f* agreement; capitulation; **capitulaciones** *fpl* marriage contract, articles of marriage
capitular *adj* capitular; *m* capitulary; **capitulares** *fpl* (hist.) capitularies; *va* to accuse, to impeach; to agree on (*terms*); *vn* to capitulate; **capitular con** to capitulate to (*an enemy*); to compound or compromise with (*e.g., one's conscience*)
capitulario *m* prayer book
capitulear *vn* (Am.) var. of **cabildear**
capituleo *m* (Am.) var. of **cabildeo**
capítulo *m* chapter; chapter house; commission, errand; reprimand, reproof; (coll.) subject, matter; **llamar** or **traer a capítulo** to take to task, to bring to book; **capítulos** *mpl* main points (*of a speech or writing*); characteristics; **capítulos matrimoniales** articles of marriage
capizana *f* (arm.) crinière
cap.ⁿ abr. of **capitán**
capnomancia *f* capnomancy
cap.º abr. of **capítulo**
capó *m* (*pl;* **-pós**) (aut.) hood
capoc *m* kapok
capolar *va* to chop, mince, hash; (dial.) to cut the throat of, to behead
capón -pona *adj* castrated; *m* eunuch; capon; fillip on the head; bundle of brushwood; (naut.) anchor stopper; *f* (mil. & nav.) shoulder strap
caponar *va* (agr.) to tie up (*a vine*)
caponera *f* cage or coop for fattening capons; (fort.) caponier; (coll.) hospitable house, place of welcome; (coll.) coop (*jail*)
capoquero *m* (bot.) kapok tree, silk-cotton tree
caporal *m* chief, leader; cattle boss
capota *f* head of the teasel; capote (*top of a vehicle; bonnet with strings*); (aer.) cowling; (aut.) top
capotaje *m* somersault, upset
capotar *vn* to turn somersault (*said of a car*); (aer.) to nose over
capote *m* capote (*cloak*); mass of heavy clouds; bullfighter's bright-colored cape; (coll.) frown; (Am.) thrashing, beating; **dar capote a** (coll.) to flabbergast; (coll.) to leave (*a late-comer*) without anything to eat; (coll.) to not let (*someone*) take a single trick; (Am.) to take in, to bamboozle; **decir para su capote** to say to oneself; **echar un capote** (coll.) to turn the conversation; **capote de monte** poncho
capotear *va* to duck (*a responsibility*); (coll.) to beguile, take in; (taur.) to wave or flourish the cape at (*the bull*); (theat.) to cut, to make cuts in (*a performance*)
capoteo *m* (taur.) waving of cape before bull
capotillo *m* cape, mantelet
capotudo -da *adj* frowning
capp.ⁿ abr. of **capellán**
caprario -ria *adj* capric
Capricornio *m* (astr.) Capricorn; (*l.c.*) *m* (ent.) capricorn beetle
capricho *m* caprice; whim, fancy; keen desire; (mus.) capriccio, caprice
caprichoso -sa *adj* capricious; whimsical, willful
caprichudo -da *adj* whimsical, willful
caprifoliáceo -a *adj* (bot.) caprifoliaceous
caprino -na *adj* (pertaining to the) goat
capriotada *f* (Am.) goat's-milk pudding
caprípede or **caprípedo -da** *adj* (poet.) goat-footed
capsaicina *f* (chem.) capsaicin
cápsula *f* cap (*of a bottle*); laboratory dish; cartridge; capsule (*of space rocket*); (anat., bot., pharm. & zool.) capsule; **cápsula de cristal** (elec.) crystal cartridge; **cápsula fulminante** percussion cap; **cápsula manométrica** manometric capsule
capsular *adj* capsular; *va* to cap (*a bottle*)
captación *f* attraction, attractiveness; capture; winning; harnessing (*of water*); catchment; (rad.) tuning, tuning in, picking up; uptake (*of radioactive tracer*)
captalización *f* (wine mfg.) chaptalization
captalizar §76 *va* to chaptalize
captar *va* to catch; to attract, to win, to capture (*e.g., confidence or affection*); to impound (*water*); to harness (*a waterfall*); to tune in (*a radio station*); to get, to pick up (*a radio signal*); to grasp, to get (*what someone says*); *vr* to attract, to win
captor *m* captor
captura *f* capture; catch
capturar *va* to capture

capuana *f* (coll.) beating, whipping
capucha *f* cowl; circumflex accent
capuchina *f* Capuchin nun; (bot.) Indian cress, garden nasturtium; (orn.) capuchin (*pigeon*); confection of egg yolks; (Am.) latch (*of door or window*)
capuchino *m* Capuchin (*monk*); (zool.) capuchin (*monkey*)
capucho *m* cowl, hood, capuchin
capuchón *m* lady's cloak with hood; short domino; (aut.) valve cap
capulí *m* (*pl:* **-líes**) (bot.) capulin; (bot.) calabur tree
capulín *m* var. of **capulí**
capullo *m* cocoon; coarse spun silk; acorn cup; bud (*especially of rose*); (anat.) prepuce; **en capullo** (coll.) in embryo
capuz *m* (*pl:* **-puces**) cowl; hooded cloak; dive, duck
capuza *f* (Am.) branding iron
capuzar §76 *va* to duck; (naut.) to load (*a boat*) so that it draws more at the bow
caquéctico -ca *adj* cachectic or cachectical
caquexia *f* (path.) cachexia
caqui *m* (bot.) kaki, Japanese persimmon; khaki; *adj* khaki
caquinos *mpl* (Am.) cachinnation, uproarious laughter
cara *f* see **caro**
carabao *m* (zool.) carabao
cárabe *m* amber
carabela *f* (naut.) caravel
carabelón *m* small caravel
carabina *f* carbine; (coll.) chaperon; **ser la carabina de Ambrosio** (coll.) to be worthless
carabinazo *m* shot with a carbine; carbine wound
carabinero *m* carabineer; revenue guard
cárabo *m* (orn.) tawny owl; (ent.) carabus
caracal *m* (zool.) caracal
caracol *m* (zool.) snail; snail shell; sea shell; curl (*in hair*); spit curl; caracole (*of horse*); winding or spiral stairs; (anat.) cochlea; (arch.) spiral; (horol.) fusee; **¡caracoles!** confound it!; good gracious!; **hacer caracoles** to zigzag; **caracol real** (bot.) snailflower, corkscrew flower
caracola *f* (zool.) triton (*marine snail*); conch, triton (*shell*); trumpet
caracolada *f* fricassee of snails
caracolear *vn* (equit.) to caracole
caracolejo *m* small snail; small shell
caracolero -ra *mf* snail gatherer, snail vendor; *f* (bot.) pellitory
caracolillo *m* (bot.) Australian pea; pea-bean coffee; veined mahogany; **caracolillos** *mpl* shell-work trimmings or fringes; **caracolillo de olor** (bot.) sweet pea
caracolito *m* (bot.) gromwell
carácter *m* (*pl:* **caracteres**) character; (bot., zool., print. & theol.) character; brand (*on cattle*); **carácter adquirido** (biol.) acquired character; **carácter de imprenta** (print.) type; **carácter de letra** hand, handwriting; **carácter hereditario** (biol.) inherited character; **carácter recesivo** (biol.) recessive character
característico -ca *adj* characteristic; *m* (theat.) old man; *f* characteristic; (math. & rad.) characteristic; (theat.) old woman
caracterización *f* characterization
caracterizado -da *adj* distinguished, outstanding
caracterizar §76 *va* to characterize; to confer a distinction on; to play (*a rôle*) effectively; *vr* (theat.) to dress and paint for a rôle
caracul *m* caracul (*curly fur*)
caracha *m* or **carache** *m* (vet.) itch, mange (*on llamas*)
caracho -cha *adj* violet-colored
carado -da *adj:* **bien carado** good-faced, kind-faced; **mal carado** evil-faced
caradura *m* (coll.) scoundrel
caragilate *m* (bot.) black-eyed bean
caramanchel *m* (naut.) roof or cover of hatchway; (coll.) refreshment stand
caramanchón *m* var. of **camaranchón**
caramba *interj* confound it!; gracious me!
carambanado -da *adj* frozen, frozen into an icicle
carámbano *m* icicle
carambillo *m* (bot.) saltwort
carambola *f* carom; (bot.) carambola (*tree and fruit*); trick, cheat; chance; (fig.) double shot; **por carambola** deviously; by chance, by luck
carambolear *vn* to carom
carambolero *m* (bot.) carambola (*tree*); lucky fellow
carambolista *mf* good carom shot (*person*)
carambolo *m* (bot.) carambola (*tree*)
caramel *m* (ichth.) atherine, silversides
caramelizar §76 *va & vr* to caramelize
caramelo *m* caramel; lozenge, drop (*candy*)
caramilla *f* (mineral.) calamine
caramillar *m* growth of saltwort
caramillo *m* (bot.) saltwort; (mus.) shawm; crooked or shaky heap; gossiping, scheming
caramilloso -sa *adj* (coll.) var. of **quisquilloso**
carantamaula *f* (coll.) ugly false face; (coll.) ugly mug (*person*)
carantoña *f* (coll.) ugly false face, ugly face; (coll.) ugly old woman all dressed up and painted; **carantoñas** *fpl* (coll.) fawning, wheedling
carantoñero -ra *mf* (coll.) fawner, wheedler
caraña *f* caranna, caranna gum
carapacho *m* carapace; **meterse en su carapacho** to retire into one's shell; **salir del carapacho** to come out of one's shell
carapato *m* castor oil
carape *interj* var. of **caramba**
caraqueño -ña *adj* (pertaining to) Caracas; *mf* native or inhabitant of Caracas
carasol *m* solarium, sun porch, sunroom
carátula *f* mask; wire mask (*of beekeeper*); (Am.) title page; (Am.) face (*of watch*); (fig.) stage, theater
caratulero -ra *mf* mask maker or dealer
carava *f* peasant holiday gathering
caravana *f* caravan; (coll.) caravan (*band of travelers*)
caravanera *f* caravansary
caravanero *m* caravanner, caravanist
caravansera *f*, **caravanserrallo** *m* or **caravasar** *m* caravansary
caray *m* (zool.) tortoise; tortoise shell; *interj* confound it!; gracious me!
carbinol *m* (chem.) carbinol
carbodinamita *f* carbodynamite
carbohidrato *m* (chem.) carbohydrate
carbohielo *m* dry ice
carbol *m* (chem.) phenol
carbólico -ca *adj* carbolic
carbolíneo *m* carbolineum
carbolización *f* creosoting
carbolizar §76 *va* to creosote
carbón *m* coal; charcoal; black crayon, carbon pencil; (elec.) carbon (*of a battery or an arc lamp*); (agr.) smut; **carbón animal** boneblack; **carbón antracitoso** anthracite coal; **carbón bituminoso** bituminous coal; **carbón de bujía** cannel coal; **carbón de leña** charcoal; **carbón de llama corta** hard coal; **carbón de llama larga** soft coal; **carbón de piedra** coal; **carbón graso** soft coal; **carbón mate** cannel coal; **carbón mineral** coal; **carbón tal como sale** run-of-mine coal; **carbón vegetal** charcoal
carbonada *f* charge of coal (*for furnace*); broiled meat; pancake
carbonado *m* carbonado, carbon diamond
carbonalla *f* refractory mortar for hearth of reverberatory furnace
carbonatar *va* to carbonate
carbonato *m* (chem.) carbonate; **carbonato de calcio** (chem.) calcium carbonate; **carbonato de potasio** (chem.) potassium carbonate; **carbonato de sodio** (chem.) sodium carbonate
carboncillo *m* fine coal; charcoal (*pencil*); black sand; carbon (*in cylinder*)
carbonear *va* to make charcoal of, turn into charcoal
carboneo *m* charcoal burning
carbonera *f* see **carbonero**
carbonería *f* coalyard; charcoal store; coal shed

carbonero -ra *adj* (pertaining to) coal, charcoal; coaling; *mf* coaldealer; charcoal burner; *f* charcoal kiln; bunker, coal bunker; coalbin; (Am.) coal mine
carbónico -ca *adj* carbonic
carbonífero -ra *adj* carboniferous; (geol.) Carboniferous; *m* (geol.) Carboniferous
carbonilo *m* (chem.) carbonyl
carbonilla *f* fine coal, pulverized coal; cinders; (aut.) carbon (*in cylinders*)
carbonización *f* carbonization
carbonizar *va & vr* to carbonize, to char; to burn up
carbono *m* (chem.) carbon
carbonoso -sa *adj* carbonaceous
carborundo *m* carborundum
carboxilo *m* (chem.) carboxyl
carbunclo *m* carbuncle (*ruby or garnet*); (path. & vet.) carbuncle
carbunco *m* (path. & vet.) carbuncle
carbúnculo *m* carbuncle (*ruby or garnet*)
carburación *f* carburetion
carburador *m* carburetor
carburante *m* fuel (*gas or liquid*)
carburar *va* to carburet
carburo *m* (chem.) carbide (*especially calcium carbide*); **carburo de calcio** (chem.) calcium carbide
carcacha *f* (Am.) jalopy
carcaj *m* quiver; socket or bucket (*for holding standard surmounted by cross*); (Am.) rifle case
carcajada *f* outburst of laughter, burst of laughter
carcamal *adj* (coll.) infirm; *m* (coll.) infirm old person
carcamán *m* tub (*clumsy boat*)
carcasa *f* (mil.) carcass; (mach.) frame
Carcasona *f* Carcassonne
cárcava *f* gully; ditch, earthwork; grave
carcavón *m* gully, gorge
carcavuezo *m* deep pit
carcax *m* (*pl:* **-cajes**) var. of **carcaj**
carcayú *m* (*pl:* **-yúes**) (zool.) wolverine, glutton
carcaza *f* var. of **carcaj**
cárcel *f* jail, prison; groove in which sluice gate slides; (carp.) clamp (*for holding together boards to be glued*)
carcelaje *m* jailer's fee; imprisonment
carcelario -ria *adj* (pertaining to) jail
carcelería *f* imprisonment; bail
carcelero -ra *adj* (pertaining to) jail; *mf* jailer, warden
carcinógeno *m* (path.) carcinogen
carcinoma *m* (path.) carcinoma
cárcola *f* treadle of a loom
carcoma *f* (ent.) wood borer; dust made by wood borer; anxiety; spendthrift; bore, pest (*person*)
carcomer *va* to bore; to gnaw away, gnaw away at, to undermine; *vr* to become undermined; to become worm-eaten
carda *f* carding; teasel (*head of plant; device for raising nap*); card (*brush*); rebuke; **carda para limas** file brush or card
cardada *f* carding (*roll of wool from carding machine*)
cardador -dora *mf* carder (*of wool*); *m* (zool.) julid, millepede
cardal *m* var. of **cardizal**
cardamina *f* (bot.) pepper cress
cardamomo *m* (bot.) cardamom
cardán *m* (mach.) universal joint
cardar *va* to card; to rebuke
cardelina *f* (orn.) linnet
cardenal *m* (eccl.) cardinal; (orn.) cardinal, cardinal bird; black-and-blue mark; **cardenal de Virginia** (orn.) eastern cardinal
cardenalato *m* cardinalate
cardenalicio -cia *adj* (pertaining to a) cardinal
cardencha *f* (bot.) teasel; card (*brush*)
cardenchal *m* teasel field
cardenillo *m* verdigris
cárdeno -na *adj* purple, violet; gray (*bull*); opaline (*water*)
cardería *f* carding shop
cardíaca *f* see **cardíaco**
cardiáceo -a *adj* heart-shaped
cardíaco -ca *adj* cardiac; *mf* cardiac (*sufferer from heart disease*); *f* (bot.) motherwort
cardias *m* (*pl:* **-dias**) (anat.) cardia
cardillar *m* field of Spanish oyster plants
cardillo *m* (bot.) Spanish oyster plant, golden thistle
cardinal *adj* cardinal
cardinas *fpl* (arch.) thistle leaves
cardiografía *f* cardiography
cardiógrafo *m* cardiograph
cardiograma *m* cardiogram
cardiología *f* cardiology
cardiovascular *adj* cardiovascular
carditis *f* (path.) carditis
cardizal *m* field full of thistles or brambles
Card.ˡ abr. of **Cardenal**
cardo *m* (bot., arch. & her.) thistle; file brush or card; **cardo ajonjero** (bot.) carline thistle; **cardo alcachofero** (bot.) artichoke; **cardo bendito** (bot.) blessed thistle; **cardo borriqueño** or **borriquero** (bot.) cotton thistle, Scotch thistle; **cardo corredor** (bot.) field eryngo; **cardo de cardadores** (bot.) fuller's teasel; **cardo de comer** (bot.) cardoon; **cardo estrellado** (bot.) star thistle; **cardo lechar, lechero** or **mariano** (bot.) milk thistle; **cardo negro** (bot.) Canada thistle; **cardo santo** (bot.) holy thistle; **cardo yesquero** (bot.) cotton thistle; (bot.) globe thistle
cardón *m* carding; (bot.) teasel, wild teasel
cardoncillo *m* (bot.) milk thistle
carducha *f* big iron carding brush
cardume *m* or **cardumen** *m* school (*of fish*)
carduzal *m* var. of **cardizal**
carduzar §76 *va* to card (*wool*); (hum.) to scratch with the nails
carear *va* to bring face to face; to compare; to lead (*cattle*); *vn* to face; **carear a** to face, to overlook (*e.g., a garden, the street*); *vr* to come face to face, to meet face to face; **carearse con** to face (*especially firmly or hostilely*)
carecer §34 *vn* to be in want; **carecer de** to lack, be in need of
carecimiento *m* lack, want, need
carelio -lia *adj & mf* Karelian; (*cap.*) *f* Karelia
carena *f* (naut.) careen, careening (*cleaning and caulking*); (naut.) bottom (*part underwater*); (coll.) chiding, jeering, mocking; (poet.) bottom, ship; **dar carena a** (naut.) to careen (*to clean and caulk*)
carenadura *f* (naut.) careenage
carenar *va* (naut.) to careen (*to clean and caulk*)
carencia *f* lack, want, need, deficiency
carencial *adj* deficiency
carenero *m* (naut.) careener
carente *adj* lacking, devoid; **carente de** lacking, devoid of, in need of
careo *m* meeting, confrontation; comparison
carero -ra *adj* (coll.) dear, expensive (*charging high prices*)
carestía *f* scarcity; want; high cost of living, high prices; **carestía de la vida** high cost of living
careto -ta *adj* marked with a blaze (*said of a horse or cow*); *f* mask; fencing mask; **quitar la careta a** to unmask; **careta antigás** gas mask
carey *m* (zool.) hawksbill turtle; tortoise shell
carga *f* loading; load; freight, cargo; burden; weight; anxiety, worry; charge (*of a cannon, furnace, etc.*); responsibility, charge, obligation; (mil. & elec.) charge; (hyd.) head; (elec.) load; **a cargas** (coll.) in abundance; **con plena carga** (elec. & mach.) at full load; **echar la carga a** to put the blame on; **volver a la carga** to not give up, to keep coming back; **carga de caballería** cavalry charge; **carga de camión** truckload; **carga de espacio** (elec.) space charge; **carga de familia** dependent; **carga de profundidad** depth charge; **carga prosódica** (gram.) stress, stress accent; **carga pública** public charge (*person who is a burden or responsibility to the state or local government*); **carga útil** pay load
cargadero *m* loading platform; freight station; hopper, mouth of furnace; (arch.) lintel

cargadilla *f* (coll.) debt and accrued interest
cargado -da *adj* loaded; overcast, cloudy; sultry; strong, thick; copious; big with young; charged, hot (*wire*); **cargado de años** up in years; **cargado de espaldas** stoop-shouldered
cargador *m* loader, stevedore; stoker; ramrod; rammer; carrier, porter; **cargador de acumulador** (elec.) battery charger
cargamento *m* load; cargo, shipment; dependents
cargante *adj* (coll.) boring, annoying, tiresome
cargar §59 *va* to load; to load up, to overload; to weigh down on, to burden; to increase (*taxes*); to load (*a gun, a furnace, dice, etc.*); to charge; (mil. & elec.) to charge; to play (*a higher card*); (coll.) to weary, to bore; (coll.) to annoy; (coll.) to flunk; (Am.) to carry; (Am.) to wear; (Am.) to punish; **cargar a una persona** to place (*e.g., a task*) on someone; to entrust (*e.g., a responsibility*) to someone; to impose (*e.g., a tax*) on someone; to charge someone with (*an offense or crime*); **cargar a una persona de** to charge someone with being ‖ *vn* to load; to turn (*said of wind*); to incline, to tip; (phonet.) to fall (*said of accent*); to crowd; (coll.) to overeat, to drink too much; **cargar con** to pick up, to carry; to walk away with, steal; to take upon oneself; to shoulder (*a gun*); **cargar sobre** to rest on; to devolve on; to pester, to importune ‖ *vr* to turn (*said of wind*); to become overcast; (coll.) to become bored; (coll.) to become annoyed; (coll.) to break; **cargarse de** to have in abundance, to be overloaded with; to be bathed in (*tears*); (coll.) to get rid of
cargareme *m* voucher, deposit voucher
cargazón *f* cargo; heaviness (*in stomach, head, etc.; in literary style*); mass of heavy clouds; share, portion
cargo *m* burden, weight; blame, charge; job, post, position, duty; management; care, charge, responsibility; (law) count; (com.) charge; pile of olive-oil bags; load of pressed grapes; (naut.) freighter; **a cargo de** in charge of (*a person*); **girar a cargo de** (com.) to draw on; **hacer cargo a uno de una cosa** to charge someone with something; **hacerse cargo de** to take charge of; to look into; to grasp, to realize; to understand; **hacerse cargo de** + *inf* to take it upon oneself to + *inf;* **librar a cargo de** (com.) to draw on; **ser en cargo a** to be indebted to; **tomar a su cargo** to take upon oneself; **vestir el cargo** to look the part; **cargo de conciencia** sense of guilt, burden on one's conscience
cargoso -sa *adj* burdensome, onerous; annoying, bothersome
carguero -ra *adj* of burden (*said of animals*); freight, freight-carrying; *m* (Am.) beast of burden
carguío *m* load; cargo, freight
cari *m* curry (*sauce, powder, or stew*)
caria *f* (arch.) shaft (*of column*)
cariacedo -da *adj* sour-faced, unpleasant
cariacontecido -da *adj* (coll.) woebegone, down in the mouth
cariacuchillado -da *adj* scar-faced
cariado -da *adj* carious
cariadura *f* (path.) caries
cariaguileño -ña *adj* (coll.) sharp-featured
carialegre *adj* (coll.) smiling
cariampollado -da or **cariampollar** *adj* (coll.) fat-cheeked, round-faced
cariancho -cha *adj* (coll.) broad-faced
cariar §90 *va* to decay, cause to decay; *vr* to decay, become decayed
cariátide *f* (arch.) caryatid
caríbal *adj* & *mf* (obs.) var. of **caníbal**
Caribdis *f* (geog. & myth.) Charybdis
caribe *adj* Caribbean; *mf* Carib; *m* brute, savage; (ichth.) caribe
caribú *m* (*pl:* **-búes**) (zool.) caribou
caricato *m* buffo, buffoon
caricatura *f* caricature; cartoon
caricaturar *va* to caricature
caricaturesco -ca *adj* in caricature
caricaturista *mf* caricaturist; cartoonist
caricaturizar §76 *va* to caricature
caricia *f* caress, petting; endearment
caricioso -sa *adj* caressing, affectionate
caricuerdo -da *adj* (coll.) wise-looking
carichato -ta *adj* flat-faced
caridad *f* charity
caridelantero -ra *adj* (coll.) forward, brazen
caridoliente *adj* sad-looking
cariedón *m* (ent.) weevil
carientismo *m* (rhet.) disguised irony
caries *f* (path.) caries, decay (*e.g., of teeth*); (agr.) blight
carifruncido -da *adj* (coll.) wrinkle-faced
carigordo -da *adj* (coll.) fat-faced
cariharto -ta *adj* (coll.) round-faced
carilampiño -ña *adj* (Am.) smooth-faced, beardless
carilargo -ga *adj* (coll.) long-faced
carilucio -cia *adj* (coll.) glossy-faced
carilla *f* mask (*of beekeeper*); page (*of book*)
carilleno -na *adj* (coll.) full-faced
carillón *m* (mus.) carillon
carimbar *va* (Am.) to brand
carimbo *m* (Am.) branding iron
carinegro -gra *adj* swarthy; blackface
cariño *m* love, affection; fondness, fond attention; (Am.) gift, present; **cariños** *mpl* words of love, show of affection
cariñoso -sa *adj* loving, affectionate, endearing
cariocinesis *f* (biol.) karyokinesis
cariofiláceo -a *adj* (bot.) caryophyllaceous
cariofilata *f* (bot.) avens; **cariofilata acuática** (bot.) purple or water avens
cariomitoma *m* (biol.) karyomitome
carioplasma *m* (biol.) karyoplasm
cariópside *f* (bot.) caryopsis
carioquinesis *f* var. of **cariocinesis**
cariosoma *m* (biol.) karyosome
cariotina *f* (biol.) karyotin
cariparejo -ja *adj* (coll.) impassive, stone-faced
carirraído -da *adj* (coll.) brazen-faced
carirredondo -da *adj* (coll.) round-faced
carisea *f* kersey
cariseto *m* coarse wool
carisma *m* (theol.) charism
carita *f* little face; (bot.) mesquite; **dar** or **hacer carita** (Am.) to smile back (*said of a woman flirting*); **carita blanca** (zool.) capuchin (*monkey*)
caritativo -va *adj* charitable; **caritativo con, para** or **para con** charitable to or toward
cariz *m* appearance (*of sky or weather*); (coll.) look, aspect
carlanca *f* dog collar with sharp points around it (*to protect the dog*); **tener muchas carlancas** (coll.) to be underhanded
carlancón -cona *adj* underhanded; *mf* underhanded person
carlear *vn* to pant
carleta *f* file; French slate
carlina *f* (bot.) carline thistle
carlinga *f* (aer.) cockpit; (naut.) mast step
carlismo *m* Carlism
carlista *adj* & *mf* Carlist
carlita *f* eyeglass, lens
Carlitos *m* Charlie
Carlomagno *m* Charlemagne
Carlos *m* Charles
Carlota *f* Charlotte; (*l.c*) *f* charlotte (*pudding*); **carlota rusa** charlotte russe
carlovingio -gia *adj* & *m* Carlovingian
carmañola *f* carmagnole (*jacket, song, and dance*)
carme *m* villa, country house and garden
Carmela *f* Carmela (*familiar form of Carmen*)
carmelina *f* second crop of vicuña wool
carmelita *adj* (Am.) brown; *adj* & *mf* Carmelite; *f* nasturtium bud (*used in salads*)
carmelitano -na *adj* Carmelite
carmen *m* carmen, song, poem; villa, country house and garden; (*cap.*) *f* Carmen; Order of Our Lady of Mount Carmel
carmenador *m* teasler (*man or machine*); haircomb
carmenadura *f* teasling
carmenar *va* to unravel, disentangle; to teasel; (coll.) to pull the hair of; (coll.) to fleece, to swindle; *vr* to come unraveled

carmes *m* var. of **quermes**
carmesí (*pl:* **-síes**) *adj* crimson; *m* crimson; kermes powder; red silk (*fabric*)
carmín *m* carmine (*dyestuff and color*); (bot.) wild rose; (bot.) pokeweed; **carmín de índigo** indigo extract
carminar *va* to carmine; *vr* to become carmine (*in color*)
carminativo -va *adj & m* (med.) carminative
carmíneo -a *adj* carmine
carminita *f* (mineral.) carminite
carnada *f* bait; (coll.) bait, lure, trap
carnadura *f* muscularity, flesh, strength
carnaje *m* salt beef, jerked beef
carnal *adj* carnal; full (*brother, cousin, etc.*); *m* non-Lenten period
carnalidad *f* carnality
carnalita *f* (mineral.) carnallite
carnaval *m* carnival
carnavalada *f* carnival stunt
carnavalesco -ca *adj* (pertaining to) carnival
carnaza *f* inner face of hide or skin; bait; (coll.) fleshiness (*of a person*)
carne *f* flesh; meat; preserves; **cobrar carnes** (coll.) to put on flesh; **criar carnes** to put on fat, put on weight; **echar carnes** (coll.) to put on flesh; **en carnes** naked; without dowry; **en carne viva** raw (*skin or sore*); **en vivas carnes** naked; **no ser carne ni pescado** to be neither fish nor fowl, to be nondescript, to be colorless; **perder carnes** to lose flesh; **poner toda la carne en el asador** (coll.) to stake all, to put all one's eggs in one basket; **ser de carne y hueso** (coll.) to be only human; **temblarle a uno las carnes** (coll.) to be in deathly fear; **tener carne de perro** (coll.) to have an iron constitution; **carne asada al horno** baked meat; **carne asada en parrillas** broiled meat; **carne cediza** tainted meat; **carne de cañón** cannon fodder; **carne de cerdo** pork; **carne de cordero** lamb; **carne de gallina** goose flesh, goose pimples; **carne de horca** gallows bird; **carne de membrillo** preserved quinces; **carne de pelo** rabbit meat; **carne de pluma** fowl (*as food*); **carne de puerco** pork; **carne de res** (Am.) beef; **carne de ternera** veal; **carne de vaca** beef; **carne de venado** venison; **carne fiambre** cold meat; **carne mollar** lean meat; **carne sin hueso** (coll.) cinch, snap; **carne y sangre** flesh and blood
carneada *f* (Am.) butchering
carnear *va* (Am.) to slaughter, to butcher; (Am.) to take in, to deceive
carnecilla *f* bump, lump (*on body*)
carnerada *f* flock of sheep
carneraje *m* sheep tax
carnereamiento *m* penalty for damage caused by sheep
carnerear *va* to kill (*sheep and cattle*) for damage they caused
carnerero *m* shepherd
carneril *adj* (pertaining to) sheep
carnerismo *m* (Am.) sheepishness
carnero *m* (zool.) sheep; mutton; battering ram; (dial.) sheepskin; (Am.) sheep (*person*); charnel; charnel house; family vault; **cantar para el carnero** (Am.) to die; **no hay tales carneros** there's no truth to it; **carnero ciclán** (vet.) cryptorchid; **carnero de la sierra** or **de la tierra** (Am.) alpaca, vicuña, llama; **carnero del Cabo** (orn.) albatross; **carnero de simiente** ram for breeding; **carnero marino** seal; **carnero llano** wether
carneruno -na *adj* (pertaining to) sheep; sheeplike, rammish
carnestolendas *fpl* Shrovetide, carnival
carnet *m* (*pl:* **-nets**) notebook; bankbook; dance card; **carnet de chófer** driver's license, operator's license; **carnet de identidad** identification card
carnicería *f* meat market, butcher shop; (fig.) carnage
carnicero -ra *adj* carnivorous; bloodthirsty; fattening (*said of pasture*); (coll.) meat-devouring; *mf* butcher; (fig.) butcher (*person guilty of cruel slaughter*); *m* (zool.) carnivore
cárnico -ca *adj* (pertaining to) meat
carnicol *m* half of cloven hoof
carnificación *f* (path.) carnification
carnificar §86 *vr* to carnify
carniseco -ca *adj* skinny
carnívoro -ra *adj* carnivorous; *m* (zool. & bot.) carnivore
carniza *f* (coll.) offal (*of butchered animal*); (coll.) decayed meat
carnosidad *f* fleshiness, corpulence; proud flesh; carnosity
carnosina *f* (chem.) carnosine
carnoso -sa *adj* fleshy; marrowy; meaty (*of meat; like meat*)
carnotita *f* (mineral.) carnotite
carnudo -da *adj* fleshy
carnuza *f* coarse cheap meat
caro -ra *adj* dear, expensive; dear, beloved ‖ **caro** *adv* dear ‖ *f* face; look; mien, countenance; front, façade; facing; flat surface; heads (*of coin*); face (*of coin or medal*); side (*of phonograph record*); **a cara descubierta** openly; **a cara o cruz** heads or tails; **a dos caras** two-facedly; **dar la cara** to be willing to take the consequences; **dar la cara por otro** (coll.) to answer for someone else; **darle en cara a uno** to cast or throw in one's teeth; **de cara** opposite, facing; in the face; **echar a cara o cruz** to flip up, to flip a coin; **echarle en cara a uno** to cast or throw in one's teeth; **hacer cara a** to face, to resist, to meet boldly; **lavar la cara a** (coll.) to fawn on; **no volver la cara atrás** to not flinch; **tener buena cara** to look well; to look good; **tener cara de** + *inf* to look as if + *cond*, e.g., **esta tela tiene cara de romperse pronto** this cloth looks as if it would tear soon; **tener mala cara** to look ill; to look bad; **cara a** facing; **cara a cara** face to face; **cara adelante** facing forward; **cara al público** with an audience; **cara atrás** facing backward; **cara de acelga** (coll.) sallow face; **cara de ajo** (coll.) vinegar face; **cara de aleluya** (coll.) cheerful face; **cara de corcho** (coll.) shamelessness; **cara de cuaresma** dismal countenance; **cara de cuchillo** (coll.) hatchet face; **cara de hereje** (coll.) baboon, fright; **cara de pascua** (coll.) smiling face; **cara de rallo** (coll.) pocked face; **cara de viernes** (coll.) wan face, sorry countenance; **cara de vinagre** (coll.) sour face, vinegar aspect; **cara dura** (coll.) cheeky
caroca *f* paintings hung in streets in public celebrations; clownish farce; (coll.) false affection, hypocrisy
carocha *f* eggs (*of insect*)
carochar *vn* to lay eggs (*said of an insect*)
Carolina *f* see **carolino**
carolingio -gia *adj & m* Carolingian
carolino -na *adj* Caroline; (*cap.*) *f* Caroline; **la Carolina del Norte** North Carolina; **la Carolina del Sur** South Carolina
caromomia *f* dry flesh of a mummy (*once used in medicine*)
Carón *m* (myth.) Charon
carona *f* saddle padding; saddlecloth; part of back where saddle rests
Caronte *m* (myth.) Charon
caroñoso -sa *adj* full of galls, full of sores (*said of an old horse*)
caroquero -ra *adj* fawning, flattering; *mf* fawner, flatterer
carosis *f* (path.) deep stupor
caroteno *m* (chem.) carotene
carótida *f* (anat.) carotid
carotídeo -a *adj* carotid
carotina *f* var. of **caroteno**
carozo *m* corncob; (dial.) core (*e.g., of an apple*)
carpa *f* (ichth.) carp; part of a bunch of grapes; (Am.) awning, tent, circus tent; **carpa dorada** goldfish
carpanel *adj* see **arco**
carpanta *f* (coll.) raging hunger
Cárpatos *mpl* Carpathians, Carpathian Mountains
carpe *m* (bot.) hornbeam, yoke elm
carpedal *m* woods or growth of hornbeams
carpelar *adj* carpellary, carpellate
carpelo *m* (bot.) carpel

carpeta *f* table cover; folder; portfolio; invoice; curtain over tavern door; coating; paving; (Am.) office desk; (Am.) bookkeeping department; (Am.) slab
carpetazo *m* blow with a table cover; **dar carpetazo a** to table, to shelve, to set aside, to pigeonhole
carpetero *m* filing cabinet
carpiano -na *adj* (anat.) carpal
carpidor *m* (Am.) weeder (*tool*)
carpincho *m* (zool.) capybara (*South American rodent*)
carpintear *vn* to carpenter
carpintería *f* carpentry, carpentering; carpenter shop; **carpintería de modelos** patternmaking; **carpintería de taller** millwork
carpinteril *adj* (pertaining to a) carpenter
carpintero *m* carpenter; (orn.) woodpecker; **carpintero de armar** framer; **carpintero de banco** shop carpenter; **carpintero de blanco** joiner; **carpintero de buque** ship carpenter, shipwright; **carpintero de carreta** wheelwright; **carpintero de fino** joiner; **carpintero de navío** ship carpenter, shipwright; **carpintero de obra de afuera** framer; **carpintero de prieto** wheelwright; **carpintero de ribera** ship carpenter, shipwright; **carpintero modelista** patternmaker; **carpintero naval** ship carpenter, shipwright
carpir *va* to stun, to knock out; (Am.) to weed
carpo *m* (anat.) carpus
carpobálsamo *m* (bot.) balm of Gilead (*tree and fruit*)
carpología *f* carpology
carquerol *m* treadle cord (*of loom*)
carquesa *f* carquaise (*glass-annealing furnace*)
carraco -ca *adj* (coll.) old, decrepit; *f* (naut.) carrack (*galleon*); piece of junk; tub, hulk (*clumsy old boat*); rattle; ratchet, ratchet brace; **la Carraca** Cádiz navy yard
carrada *f* cartful, cartload
carragaen *m* (bot.) carrageen
carral *m* wine barrel
carraleja *f* (ent.) oil beetle
carralero *m* cooper
carranca *f* var. of **carlanca**
carranza *f* iron point (*on dog collar*)
carraón *m* spelt
carrasca *f* (bot.) kermes oak
carrascal *m* growth of kermes oaks; (Am.) stony place
carrasco *m* var. of **carrasca**
carrascoso -sa *adj* full of kermes oaks
carraspada *f* negus (*drink*)
carraspear *vn* to be hoarse, to hawk
carraspeño -ña *adj* rough, harsh; hoarse
carraspeo *m* hoarseness, hawking
carraspera *f* (coll.) hoarseness
carraspique *m* (bot.) candytuft
carrasposo -sa *adj* chronically hoarse; (Am.) rough
carrasqueño -ña *adj* kermes-oak; (coll.) rough
carrasquera *f* var. of **carrascal**
carrasquilla *f* (bot.) germander
carrejo *m* hall
carrera *f* run; race; race track; stretch, course; career; road; avenue, boulevard; row, line; part (*in hair*); rafter, girder, joist; (mach.) stroke (*of piston*); run (*in stocking*); (mus.) run; (naut.) route, run; **carreras** *fpl* horse racing, turf; **a carrera abierta** at full speed; **a la carrera** running; **dar carrera a** to provide an education for; **de carrera** hastily; without thinking; career (*used as adj*); **no poder hacer carrera con** (coll.) to make no headway with, to be unable to bring to reason; **tomar carrera** to take a running start (*before a jump*); **carrera al trote** trotting race; **carrera a pie** foot race; **carrera armamentista** or **carrera de los armamentos** armament race; **carrera a reclamar** selling race; **carrera ascendente** upstroke; **carrera de admisión** or **aspiración** intake stroke; **carrera de baquetas** (mil. & fig.) gauntlet; **carrera de caballos** horse race; **carrera de compresión** compression stroke; **carrera de consolación** (sport) consolation race; **carrera de encendido** ignition stroke; **carrera de escape** exhaust stroke; **carrera de expansión** expansion stroke; **carrera de galgos** greyhound race; **carrera de Indias** trade with South America (*from Spain*); **carrera de ladrillos** course of brick; **carrera de campanario** (sport) steeplechase; **carrera de maratón** (sport) marathon race; **carrera de obstáculos** obstacle race; steeplechase; **carrera de relevos** (sport) relay race; **carrera de resistencia** (sport) endurance race; **carrera descendente** downstroke; **carrera de vallas** (sport) hurdles, hurdle race; **carrera de ventas** selling race; **carrera espacial** space race; **carrera motriz** power stroke
carrerilla *f* (mus.) run of an octave
carrerista *mf* race-track fan; bicycle racer; race-track bettor; auto racer; *m* outrider; *f* (slang) streetwalker; *adj* horsy
carrero *m* cartwright; driver, teamster; track; (naut.) wake; handcar driver
carreta *f* cart
carretada *f* cartful, cartload; (coll.) great amount, great number; **a carretadas** (coll.) in abundance, in flocks
carretaje *m* cartage, drayage
carretal *m* rough ashlar stone
carrete *m* spool, bobbin, reel; fishing reel; (elec.) coil; **carrete de encendido** (aut.) ignition coil; **carrete de inducción** (elec.) induction coil; **carrete de película** film spool; **carrete de resistencia** (elec.) resistance coil; **carrete primario** (elec.) primary coil; **carrete secundario** (elec.) secondary coil
carretear *va* to cart, to haul; to drive (*a cart*); (aer.) to taxi; *vn* (aer.) to taxi; *vr* to pull hard (*said of oxen or mules*)
carretel *m* (naut.) reel, spool; (naut.) log reel; marking line (*of ship carpenter*); (prov.) fishing reel
carretela *f* calash
carretera *f* see **carretero**
carretería *f* carts, wagons; cart or wagon shop; cartwright work, wagon work; carting business
carreteril *adj* driver's, teamster's
carretero -ra *adj* (pertaining to a) wagon or carriage; *m* cartwright, wheelwright; driver, carter, teamster; charioteer; **jurar como un carretero** (coll.) to swear like a trooper; *f* highway; **carretera biviaria** two-lane highway; **carretera de cuatro vías** four-lane highway; **carretera de peaje** turnpike; **carretera de vía libre** express highway; **carretera matriz** through highway
carretil *adj* (pertaining to a) cart
carretilla *f* wheelbarrow; truck, baggage truck; gocart (*for learning to walk*); snake, serpent (*kind of firecracker*); pastry tube; **de carretilla** by rote, by heart, mechanically; **carretilla de mano** handcart
carretillada *f* wheelbarrow load; baggage-truck load
carretillero *m* wheelbarrow man; baggageman (*who pushes a truck*)
carretón *m* cart; gocart; portable grindstone (*with treadle*); (rail.) truck; **carretón de lámpara** pulley for raising and lowering lamps in church; **carretón de remolque** trailer
carretonada *f* cartload
carretonero *m* cart driver, cart pusher; drayman
carricera *f* (bot.) plume grass
carricoche *m* covered cart; old hack; (dial.) dung cart
carricuba *f* street sprinkler
carriego *m* fish trap (*made of osier*); basket for bleaching flax
carril *m* track, rut; furrow; lane, narrow road; rail; **carril de cremallera** rack rail; **carril de toma** (elec.) third rail
carrilada *f* track, rut
carrilera *f* track, rut; (Am.) sidetrack
carrilero *m* (Am.) railroader; (Am.) thief, bandit
carrillada *f* fat in hog's jowls; **carrilladas** *fpl* quaking of jaws
carrillar *m* (naut.) hoisting tackle
carrillera *f* jaw; chin strap, chin stay; cheekpiece (*of armor*)

carrillo *m* cheek; pulley; cart, truck; **comer a dos carrillos** (coll.) to have two sources of income; (coll.) to play both sides, to keep in with both sides
carrilludo -da *adj* round-cheeked
carriola *f* cariole; trundle bed, truckle bed
carrizada *f* (naut.) string of barrels being towed
carrizal *m* growth of ditch reed
carrizo *m* (bot.) ditch reed; **carrizo de las pampas** (bot.) pampas grass
carro *m* cart, wagon; truck; car, auto; railway car; streetcar; chariot; (mach.) carriage (*e.g., of a typewriter*); cartload, wagonload; carload; **el Carro** (astr.) the Dipper; **pare Vd. el carro** (coll.) hold your horses (*restrain yourself*); **tirar del carro** (coll.) to do all the work; **untar el carro** (coll.) to bribe; **carro alegórico** float (*in a parade*); **carro blindado** (mil.) armored car; **carro completo** (rail.) carload lot; **carro correo** (rail.) mail car; **carro cuba** (rail.) tank car; **carro de asalto** (mil.) heavy tank; **carro de carga** (rail.) freight car; **carro de combate** (mil.) combat car, tank; **carro de equipajes** (rail.) baggage car; **carro de guerra** chariot; **carro de hacienda** (Am.) stock car, cattle car; **carro de mudanza** moving van; **carro de plataforma** (rail.) flatcar; **carro de remolque** trailer; **carro de riego** street sprinkler; **carro entero** (rail.) carload lot; **carro frigorífico** (rail.) refrigerator car; **carro fuerte** platform carriage; **carro fúnebre** hearse; **carro ganadero** stock car, cattle car; **Carro Mayor** (astr.) Big Dipper; **Carro Menor** (astr.) Little Dipper; **carro nevera** (rail.) refrigerator car; **carro plano** (rail.) flatcar; **carro romano** chariot; **carro salón** (rail.) chair car; **carro transbordador** (rail.) transfer table, traverser
carró *m* (*pl:* **carrós**) (Am.) diamond (*playing card*); **carrós** *mpl* (Am.) diamonds (*suit of playing cards*)
carrocería *f* carriage shop; body (*e.g., of automobile*)
carrocero -ra *adj* (pertaining to a) carriage; (pertaining to a) body; *m* carriage maker, wheelwright
carrocín *m* shay (*light carriage*)
carrocha *f* eggs (*of insect*)
carrochar *vn* to lay eggs (*said of an insect*)
carromatero *m* cart driver
carromato *m* covered cart (*drawn by one horse or by two or more in single file*)
carrón *m* hod of bricks
carronada *f* carronade
carroña *f* see **carroño**
carroñar *va* to infect (*sheep*) with the scab
carroño -ña *adj* carrion (*rotten*); *f* carrion
carroñoso -sa *adj* carrion-smelling
carroza *f* coach, stately carriage; (naut.) awning; (Am.) hearse; **carroza alegórica** float
carruaje *m* carriage, vehicle
carruajero *m* driver, carriage driver
carruco *m* cart with solid wooden wheels
carrucha *f* pulley; reel, spool
carrujado -da *adj & m* var. of **encarrujado**
carrusel *m* cavalcade; carousel, merry-go-round
carsaya *f* kersey
carta *f* letter; chart; charter; playing card; map; bill of fare; **a carta cabal** thorough, in every respect; **a cartas vistas** with one's cards on the table; (coll.) with inside information; **a la carta** à la carte; **echar las cartas** to tell or read one's fortune with cards; **jugar a cartas vistas** to put one's cards on the table; (coll.) to act on inside information; **no saber a qué carta quedarse** to be unable to make up one's mind; **no ver carta** (coll.) to have a bad run of cards; **poner las cartas boca arriba** to put one's cards on the table; **tomar cartas en** (coll.) to get into, to take part in; **carta aérea** air-mail letter; **carta blanca** carte blanche; **carta certificada** registered letter; **carta credencial** (dipl.) credentials; **carta de crédito** letter of credit; **carta de fletamento** (naut.) charter party; **carta de marca** letter of marques; **carta de marear** ocean chart; **carta de Mercátor** (geog.) Mercator's chart; **carta de naturaleza** naturalization papers; **carta de pedido** letter ordering merchandise; **carta de presentación** letter of introduction; **carta de vecindad** registration certificate; **carta de venta** bill of sale; **carta general** form letter; **Carta Magna** Magna Charta; **carta meteorológica** weather map; **carta orden de crédito** (com.) letter of credit; **carta partida** (naut.) charter party; **carta por avión** airmail letter; **carta postal** (Am.) postal card
cartabón *m* triangle (*used in drafting*); size stick (*for measuring foot*); gunner's quadrant; gusset plate; angle made by two slopes of a roof
cartagenero -ra *adj* (pertaining to) Cartagena; *mf* native or inhabitant of Cartegena
cartaginense or **cartaginés -nesa** *adj & mf* Carthaginian
Cartago *f* Carthage
cártama *f* or **cártamo** *m* (bot.) safflower, bastard saffron
cartapacio *m* notebook, memorandum book; dossier; satchel (*for schoolboy's books*); writing book (*with ruled lines for beginners*)
cartapel *m* silly document
cartazo *m* (coll.) letter or note of censure
cartear *vn* to play low cards (*to feel one's way*); *vr* to write to each other, to correspond
cartel *m* poster, placard, show bill; lampoon; cartel (*written challenge*); (econ.) cartel, trust; (dipl. & pol.) cartel; (taur.) fame, reputation; (theat.) bill; **dar cartel a** (coll.) to lend prestige to; (coll.) to headline; **se prohíbe fijar carteles** post no bills; **tener cartel** (slang) to make a hit, be the rage (*said of an actor, bullfighter, etc.*); **cartel de teatro** bill
cartela *f* (arch.) cartouche (*tablet for ornament or inscription*); bracket, support; tag, label; (arch.) bracket, console, corbel
cartelero -ra *adj* striking, catching, appealing; *m* billposter; *f* billboard; amusement page (*of newspaper*)
cartelista *mf* cartelist; lampooner; poster designer; billboard painter, sign painter
cartelón *m* show bill, poster; chart
carteo *m* correspondence, exchange of letters; play, playing (*of cards*)
cárter *m* (mach.) housing, case; **cárter de engranajes** (mach.) gear case; **cárter del cigüeñal** or **del motor** (mach.) crankcase
cartera *f* portfolio (*portable case for papers; office of minister; list of securities*); letter file, desk pad; pocket flap; (b.b.) tuck; **cartera de bolsillo** billfold, wallet
cartería *f* job of letter carrier; sorting room (*in post office*)
carterista *m* pickpocket
cartero *m* postman, mailman, letter carrier
cartesianismo *m* Cartesianism
cartesiano -na *adj & mf* Cartesian
carteta *f* lansquenet (*card game*)
cartilagíneo -a *adj* (ichth.) cartilaginous
cartilaginoso -sa *adj* cartilaginous, gristly; (ichth.) cartilaginous
cartílago *m* (anat.) cartilage
cartilla *f* primer, speller; short treatise; deposit book; identity card (*e.g., of servants*); liturgical calendar; **leer la cartilla a** (coll.) to lecture, to call down; **no estar en la cartilla** (coll.) to be unusual or extraordinary; **no saber la cartilla** (coll.) to be completely ignorant of the subject; **cartilla de abastecimiento** or **racionamiento** ration book
cartillero -ra *adj* (coll.) hackneyed; (coll.) ham
cartivana *f* (b.b.) hinge
cartografía *f* cartography
cartográfico -ca *adj* cartographic
cartógrafo -fa *mf* cartographer
cartolas *fpl* var. of **artolas**
cartomancía *f* fortunetelling with cards, cartomancy
cartómetro *m* chartometer
cartón *m* cardboard, pasteboard; carton, cardboard box; cartoon (*model for fresco, tapestry, etc.*); **cartón alquitranado** tar paper; **cartón de asbesto** asbestos board; **cartón de paja** strawboard; **cartón de yeso** plaster-

board, wallboard; **cartón embetunado** tar paper; **cartón piedra** papier-mâché; **cartón tabla** wallboard
cartonajes *mpl* cardboard products, cardboard boxes
cartoné; en cartoné (b.b.) in boards, bound in boards
cartonería *f* cardboard factory or shop; cardboard business
cartonero -ra *adj* (pertaining to) cardboard; *mf* cardboard maker or dealer
cartuchera *f* cartridge box; cartridge belt
cartucho *m* cartridge; roll of coins; paper cone or bag; (arch.) cartouche (*tablet for ornament or inscription*); **cartucho en blanco** blank cartridge
cartuja & **Cartuja** *f* see **cartujo**
cartujano -na *adj* & *m* Carthusian
cartujo -ja *adj* Carthusian; *m* Carthusian, Carthusian monk; (coll.) silent fellow, recluse; *f* Carthusian monastery, charterhouse; (*cap.*) *f* Carthusian order
cartulario *m* chartulary; archivist
cartulina *f* light or fine cardboard
cartusana *f* fancy braid
carúncula *f* (anat., bot. & zool.) caruncle; **carúncula lagrimal** (anat.) lachrymal caruncle
carunculado -da *adj* carunculate
caruncular *adj* caruncular
carvajal *m* woods of oak trees
carvajo or **carvallo** *m* (bot.) oak tree
carvi *m* caraway, caraway seeds
casa *f* house; home; household; apartment; firm; square (*e.g., of checkerboard*); **¡convida la casa!** the drinks are on the house!; **echar la casa por la ventana** (coll.) to go to a lot of expense (*to entertain or in other ways*); **empezar la casa por el tejado** to put the cart before the horse; **en casa** home, at home; **en casa de** at the home, office, shop, etc. of; **guardar la casa** to be confined to the house; **hacer casa** to get rich; **ir a buscar casa** to go house hunting; **no tener casa ni hogar** to have neither house nor home; **poner casa** to set up housekeeping; **por casa** at the house; **Casa Blanca** White House; **casa capitular** chapter house; **casa central** home office; **casa consistorial** town hall, city hall; **casa cuna** foundling home; **casa de asistencia** (Am.) boarding house; **casa de azotea** penthouse; **casa de banca** banking house; **casa de baños** bathhouse; **casa de beneficencia** settlement, settlement house; **casa de bombas** pump house; **casa de camas** bawdyhouse; **casa de campo** country house; **casa de caridad** poorhouse; **casa de citas** house of assignation; **casa de comercio** business house; **casa de comida** eating house; **casa de corrección** reform school, house of correction; **casa de correos** post office; **casa de departamentos** (Am.) apartment house; **casa de Dios** God's house, house of God (*church*); **casa de empeños** pawnshop; **casa de expósitos** foundling home or hospital; **casa de fieras** menagerie; **casa de huéspedes** boarding house; **casa de juego** gambling house; **casa de locos** madhouse; (fig.) madhouse; **casa de maternidad** maternity hospital; **casa de medianería** house between two others (*in a row*); **casa de modas** dress shop; **casa de moneda** mint; **casa de montería** hunting lodge; **casa de moradores** tenement house; **casa de niñas** disorderly house; **casa de oración** house of prayer; **casa de orates** insane asylum; **casa de placer** country house; **casa de posada** boarding house; **casa de postas** posthouse; **casa de préstamos** pawnshop; **casa de pupilos** boarding house; **casa de salud** private hospital; **casa de sanidad** health office; **casa de socorro** first-aid station, emergency hospital; **casa de tía** (coll.) jail; (hum.) tavern; **casa de vacas** dairy; **casa de vecindad** or **de vecinos** apartment house, tenement house; **casa editorial** publishing house; **casa grande** mansion; (hum.) big house (*jail*); **casa matriz** main office; **casa medianera** house between two others (*in a row*); **casa mortuoria** house of mourning (*where a death has occurred*); **casa pública** brothel; **casa real** royal palace; royal family; **Casa Rosada** Pink House (*official residence of chief executive of Argentina*); **casas baratas** low-cost housing; **casa solar** or **solariega** manor house, ancestral mansion
casabe *m* cassava flour; cassava bread; (ichth.) amberfish
casaca *f* dress coat, musketeer's coat; (coll.) wedding, marriage; **cambiar de casaca** or **volver casaca** or **la casaca** (coll.) to become a turncoat
casación *f* (law) cassation, annulment
casacón *m* greatcoat
casadero -ra *adj* marriageable
casado -da *adj* married; *mf* married person, spouse; *m* (print.) imposition
casal *m* country place; (Am.) pair (*male and female*)
casalicio *m* house, building, edifice
casamata *f* (fort. & naut.) casemate
casamentero -ra *adj* matchmaking; *mf* matchmaker
casamiento *m* marriage; wedding
Casandra *f* (myth. & fig.) Cassandra
casapuerta *f* vestibule, entrance
casaquilla *f* jacket
casar *m* hamlet; *va* to marry; to marry off (*a daughter*); to match, to harmonize; (law) to abrogate, annul, break; *vn* to marry, get married; to match, to harmonize; **casar con** to get married to; *vr* to marry, get married; **casarse con** to get married to; **casarse en segundas nupcias** to marry the second time; **no casarse con nadie** (coll.) to get tied up with nobody
casarón *m* large tumble-down house
casatienda *f* store and home in same building
casca *f* tanning bark; grape skins; marchpane
cascabel *m* tinkle bell, sleigh bell; rattlebrain; cascabel (*of a cannon*); **de cascabel gordo** (coll.) cheap, melodramatic; **ponerle cascabel al gato** (coll.) to bell the cat
cascabelada *f* noisy village celebration; (mus.) chimes (*of organ*); (coll.) piece of nonsense, indiscretion
cascabelear *va* (coll.) to cajole, to beguile; *vn* to jingle; (coll.) to behave in an inconsiderate manner
cascabeleo *m* jingle, jingling
cascabelero -ra *adj* (coll.) thoughtless, featherbrained; *mf* featherbrain; *m* baby's rattle
cascabelillo *m* little sweet plum
cascabelito *m* (bot.) locoweed
cascabillo *m* tinkle bell; glume, chaff, husk; cup of acorn
cascaciruelas *mf* (*pl:* **-las**) (coll.) contemptible good-for-nothing; **hacer lo que cascaciruelas** (coll.) to make a lot of fuss for nothing
cascado -da *adj* broken, infirm; weak, hollow (*voice*); *f* cascade, waterfall
cascadura *f* breaking, splitting
cascajal *m* or **cascajar** *m* place full of gravel, gravel pit; dump for grape skins
cascajera *f* place full of gravel, gravel pit
cascajero *m* (Am.) gravel pit; (Am.) gold mine not completely exhausted
cascajo *m* gravel, crushed stone; (coll.) broken crockery, rubbish, junk; **estar hecho un cascajo** (coll.) to be old and worn-out, to be a wreck
cascajoso -sa *adj* gravelly
cascamajar *va* to crush, to break up
cascamiento *m* breaking, splitting
cascanueces *m* (*pl:* **-ces**) nutcracker; (orn.) nutcracker
cascapiñones *m* (*pl:* **-nes**) pine-nut sheller; nutcracker for pine nuts; (orn.) hawfinch
cascar §86 *va* to crack, to split; (coll.) to break (*someone's health*); (coll.) to beat, to hit; *vn* to chatter; *vr* to crack, to split; (coll.) to break (*said of health, of the voice, etc.*)
cáscara *f* rind, peel, hull, shell; bark, crust; **¡cáscaras!** *interj* (coll.) upon my word!; **dar cáscaras de novillo a** (Am.) to whip, to beat; **ser de la cáscara amarga** (coll.) to be wild or flighty; (Am.) to be determined or resolute; **cáscara amarga** (pharm.) cascara

amarga; **cáscara rueda** (Am.) ring-around-a-rosy; **cáscara sagrada** (bot.) cascara or cascara buckthorn; (pharm.) cascara or cascara sagrada
cascarela *f* lansquenet (*card game*)
cascarilla *f* (pharm.) Peruvian bark, cinchona bark; (pharm.) cascarilla, sweetwood bark; foil (*metal*); powdered eggshell (*cosmetic*)
cascarillero -ra *mf* gatherer of cinchona, dealer in cinchona; *m* (bot.) cinchona
cascarillo *m* (bot.) cinchona
cascarón *m* eggshell; broken eggshell (*from which chick has emerged*); (arch.) calotte (*half cupola*); (Am.) cascaron (*filled with confetti*); **cascarón de nuez** (coll.) cockleshell (*light boat*)
cascarrabias *mf* (*pl:* **-bias**) (coll.) grouch, crab
cascarria *f* dried splashes of mud on lower part of clothing; (Am.) sheep dung stuck to wool
cascarrón -rrona *adj* (coll.) rough, harsh, gruff
cascarudo -da *adj* thick-shelled
cascaruleta *f* (coll.) chattering of teeth caused by hitting oneself on the chin
casco *m* skull; hoof; potsherd, broken piece; quarter (*of a fruit*); coat, shell (*of an onion*); crown (*of hat*); hulk (*of old ship*); hull (*of ship*); head (*of cask or barrel*); cask, vat, barrel; casque, headpiece; helmet (*of armor; of soldier, fireman, diver, etc.*); headset, headpiece; shell, container; bottle, liquid container; (dial. & Am.) slice (*e.g., of orange*); (mach.) shell, casing; tree (*of saddle*); **romperse los cascos** (coll.) to rack one's brains; **tener los cascos vacíos** (coll.) to be empty-headed; **casco de población** or **casco urbano** city limits
cascote *m* piece of rubble; rubbish, debris
cascudo -da *adj* large-hoofed
caseación *f* curdling
caseasa *f* (biochem.) casease
caseico -ca *adj* caseic
caseificación *f* (path.) caseation
caseificar §86 *va* to change into casein; to separate casein from (*milk*)
caseína *f* (biochem.) casein
caseinógeno *m* (biochem.) caseinogen
cáseo -a *adj* caseous; *m* curd
caseoso -sa *adj* caseous
casera *f* see **casero**
casería *f* country place, country house with outbuildings; housekeeping; (Am.) customers
caserío *m* country house; group of houses, hamlet
caserna *f* (fort.) armored barracks
casero -ra *adj* homemade; house (*e.g., dress*); home (*e.g., gathering*); home-loving; (sport) partial to home team; *mf* caretaker, janitor; renter; (Am.) huckster; *m* landlord; *f* landlady; housekeeper
caserón *m* var. of **casarón**
caseta *f* small house; bathhouse; stall (*at a fair*); booth
casetón *m* (arch.) coffer, caisson
casi *adv* almost, nearly; **casi casi** or **casi que** very nearly
casia *f* (bot.) cassia, stinking weed, ringworm bush
casicontrato *m* (law) quasi contract
casilla *f* hut, shack; cabin, booth; cab (*of locomotive or truck*); column or square (*on sheet of paper*); pigeonhole; square (*of checkerboard*); point (*of backgammon board*); ticket office; (aer.) nacelle, cockpit; (Am.) water closet; (Am.) bird trap; (Am.) post-office box; (dial.) lockup, jail; **sacar de sus casillas** (coll.) to jolt (*a person*) out of his old habits; (coll.) to drive crazy; **salir de sus casillas** (coll.) to forget oneself, to fly off the handle, to go wild; **casilla de correos** (Am.) post-office box
casillero -ra *mf* (rail.) crossing guard; *m* set of pigeonholes, filing cabinet; (sport) scoreboard
casimba *f* (Am.) well, spring
casimir *m* cashmere; cassimere
casino *m* casino; club; political club; clubhouse; recreation hall
Casio *m* Cassius
Casiopea *f* (myth. & astr.) Cassiopeia
casis *f* (bot.) cassis (*plant and liquor*); (zool.) queen conch
casiterita *f* (chem.) cassiterite
casitienda *f* var. of **casatienda**
casmodia *f* (path.) excessive yawning
caso *m* case; chance; event, happening; (gram. & med.) case; **dado caso que** supposing that; **de caso pensado** deliberately, on purpose; **en caso de** in case of, in the event of; **en el caso de que** in case; **en tal caso** in such a case; **en todo caso** in any case, at all events; **hacer al caso** (coll.) to be to the purpose; to be the point at issue; **hacer caso a** to mind, to notice; **hacer caso de** (coll.) to pay attention to, to take into account; **hacer caso omiso de** to pass over in silence, to not mention; **no venir al caso** to be beside the point; **vaponer por caso** to take as an example; **vamos al caso** (coll.) let's get to the point; **venir al caso** to be opportune, to be just the thing; **verse en el caso de** + *inf* to find oneself obliged to + *inf;* **caso de conformidad** in case you agree; **caso fortuito** mischance; act of God; **caso que** in case
casón *m* large house
casorio *m* (coll.) hasty marriage, unwise marriage
caspa *f* dandruff; scurf
caspera *f* fine comb for dandruff
caspiano -na *adj & mf* Caspian
caspicias *fpl* (coll.) offal, leavings
caspio -pia *adj & mf* Caspian
caspiroleta *f* (Am.) eggnog
cáspita *interj* well, well!, upon my word!
casposo -sa *adj* full of dandruff
casquería *f* tripe shop
casquero *m* tripe dealer
casquetazo *m* blow with the head
casquete *m* skullcap, calotte; cap; helmet; wig; canopy (*of parachute*); **casquete esférico** (geom.) zone of one base; **casquete polar** polar cap (*of Mars*); polar region (*of earth*)
casquiacopado -da *adj* cup-hoofed
casquiblando -da *adj* soft-hoofed
casquiderramado -da *adj* wide-hoofed
casquijo *m* gravel, ballast
casquilucio -cia *adj* (coll.) scatterbrained
casquilla *f* queen cell
casquillo *m* tip, cap, butt; ferrule; socket; sleeve, bushing; metal arrowhead; (Am.) horseshoe; cartridge case; metal part of pasteboard cartridge; **casquillos** *mpl* metal trimmings
casquimuleño -ña *adj* narrow-hoofed (*like mules*)
casquivano -na *adj* (coll.) scatterbrained
casta *f* see **casto**
Castálidas *fpl* (myth.) Castalides
castaña *f* see **castaño**
castañar *m*, **castañal** *m* or **castañeda** *f* woods of chestnut trees, chestnut grove
castañero -ra *mf* chestnut vendor; *m* (orn.) grebe
castañeta *f* castanet; snapping of the fingers; click with the tongue
castañetada *f* or **castañetazo** *m* click of castanets; cracking of roasting chestnut; cracking of joints
castañeteado *m* clicking of castanets
castañetear *va* to snap or to click (*the fingers*); to click off (*e.g., a seguidilla*) with the castanets; *vn* to click; to chatter (*said of teeth*); to crack (*said of knee joints*)
castañeteo *m* clicking (*of fingers or castanets*); chattering (*of teeth*)
castaño -ña *adj* chestnut, chestnut-colored ‖ *m* (bot.) chestnut, Spanish chestnut (*tree and wood*); chestnut (*color*); **pasar de castaño obscuro** (coll.) to be too much, to be too much trouble; **castaño de Indias** (bot.) horse chestnut ‖ *f* chestnut; demijohn; knot of hair, chignon; **sacarle a uno las castañas del fuego** to pull someone's chestnuts out of the fire; **castaña de Indias** horse chestnut; **castaña de Pará** Brazil nut
castañola *f* (ichth.) pomfret
castañuelo -la *adj* chestnut, chestnut-colored; *f* castanet; lewis (*used to hoist stones*); (bot.) plant of the sedge family (*Bulbocastanum in-*

crassatanum); **estar como unas castañuelas** (coll.) to be bubbling over with joy
castellán *m* castellan
castellana *f* see **castellano**
castellanismo *m* Castilianism
castellanización *f* Hispanicization
castellanizar §76 *va* to make (*a foreign word*) Spanish, to Hispanicize
castellano -na *adj & mf* Castilian; *m* Castilian, Spanish (*language*); castellan; lord of the castle; *f* chatelaine; assonanced octosyllabic verse of four lines
castellar *m* (bot.) St.-John's-wort
casticidad *f* purity, correctness (*in language*)
casticismo *m* purism
casticista *mf* purist
castidad *f* chastity, purity
castigable *adj* punishable
castigación *f* var. of **castigo**
castigadera *f* strap to tie clapper of wether's bell
castigador -dora *mf* punisher, castigator; *m* (coll.) seducer, Don Juan
castigar §59 *va* to punish, chastise; to castigate; to mortify (*the flesh*); to correct (*style, writing*); to cut down (*expenses*); (slang) to captivate, to break the heart of
castigo *m* punishment, chastisement; castigation; correction
Castilla *f* Castile; **¡ancha Castilla!** free and easy!; **Castilla la Nueva** New Castile; **Castilla la Vieja** Old Castile
castillaje *m* castle toll (*for passing through territory of castle*)
castillejo *m* small castle; gocart; scaffolding, trestlework
castillería *f* castle toll; castle-repair tax
castillete *m* small castle; **castillete de mina** gallows, headframe
castillo *m* castle; howdah; queen cell; **castillo en el aire** castle in Spain, castle in the air; **castillo de naipes** house of cards; **castillo de proa** (naut.) forecastle
castilluelo *m* castlet
castina *f* (metal.) limestone flux
castizo -za *adj* pure-blooded; pure, correct, chaste (*language*); real, genuine; prolific
casto -ta *adj* chaste, pure; *f* caste; race, breed; kind, quality; high breeding
castor *m* (zool.) beaver; beaver (*woolen cloth*)
Cástor *m* (myth., astr. & naut.) Castor; **Cástor y Pólux** (myth., astr. & naut.) Castor and Pollux
castorcillo *m* beaver cloth
castoreño *m* beaver (*hat*)
castóreo *m* castor, castoreum (*oily substance*)
castorina *f* beaver cloth; (chem.) castorin
castra *f* pruning; pruning season
castración *f* castration; pruning; extraction of honeycombs
castradera *f* honey extractor
castrador *m* castrator, sow-gelder
castradura *f* castration; scar left from castration
castrametación *f* (mil.) castrametation
castrapuercas *m* (*pl:* **-cas**) gelder's whistle
castrar *va* to castrate; to prune, cut back (*a plant*); to extract combs from (*hive*); to weaken
castrazón *f* extraction of honeycombs; season for extracting honeycombs
castrense *adj* (pertaining to the) army, military
castro *m* hopscotch; extraction of honeycombs; (dial.) headland
castrón *m* castrated goat
casual *adj* accidental, chance, casual; (gram.) case; **casuales** *mpl* priest's fee (*for baptism, marriage, funeral, etc.*)
casualidad *f* chance, accident; **por casualidad** by chance
casuarina *f* (bot.) beefwood, she-oak, swamp oak
casuario *m* (orn.) cassowary
casuca *f*, **casucha** *f* or **casucho** *m* shack, shanty
casuísta *adj* casuistic; *mf* casuist
casuístico -ca *adj* casuistic or casuistical; *f* casuistry; (med.) clinical report
casulla *f* chasuble
casullero *m* church-vestment tailor
cata *f* tasting, sampling; taste, sample; test pit; test boring
catabolismo *m* (biol.) catabolism
catacaldos *m* (*pl:* **-dos**) (coll.) rolling stone; (coll.) meddler, intruder
cataclísmico -ca *adj* cataclysmic
cataclismo *m* cataclysm
catacresis *f* (*pl:* **-sis**) (rhet.) catachresis
catacumba *f* catacomb
catadióptrico -ca *adj* (phys.) catadioptric
catador *m* taster, sampler
catadura *f* tasting, sampling; face, countenance
catafalco *m* catafalque
cataforesis *f* (med. & chem.) cataphoresis
catalán -lana *adj* Catalan; Catalonian; *mf* Catalan; *m* Catalan (*language*)
catalanidad *f* Catalan spirit or nature
catalanismo *m* Catalonian autonomy movement or doctrine; Catalanism (*word or expression*)
catalanista *mf* partisan of Catalonian autonomy; Catalanist (*one versed in Catalan*)
catalasa *f* (chem.) catalase
cataléctico -ca or **catalecto -ta** *adj* catalectic
catalejo *m* spyglass
catalepsia *f* (path.) catalepsis or catalepsy
cataléptico -ca *adj & mf* cataleptic
catalicón *m* var. of **diacatolicón**
Catalina *f* Catherine
catalineta *f* (ichth.) catalufa
catálisis *f* (chem.) catalysis
catalítico -ca *adj* catalytic
catalizador *m* (chem.) catalyst, catalyzer, catalytic agent
catalogación *f* cataloguing
catalogador -dora *adj* cataloguing
catalogar §59 *va* to catalogue
catálogo *m* catalogue
catalpa *f* (bot.) catalpa
catalufa *f* variegated carpet material; double taffeta; (ichth.) catalufa
Cataluña *f* Catalonia
catamarán *m* (naut.) catamaran
catán *m* catan, oriental cutlass
cataplasma *f* poultice; **cataplasma de mostaza** mustard plaster; *mf* (coll.) nuisance, pest, bore; (coll.) physical wreck (*person*)
cataplum *interj* bang!, boom!
catapulta *f* catapult; (aer.) catapult
catapultar *va* to catapult
catar *va* to taste, to sample; to look at, to examine, to check; to pass on; to look out for; to respect, to esteem; to extract combs from (*hive*)
catarata *f* (orn.) sheldrake
catarata *f* cataract, waterfall; (path.) cataract; **abrirse las cataratas del cielo** to pour, to rain hard; **tener cataratas** (coll.) to be blind (*e.g., with ignorance*)
catarina *f* (Am.) pulque cup; (bot.) Mexican fire plant
catarral *adj* catarrhal
catarro *m* (path.) catarrh; head cold
catarroso -sa *adj* catarrhal; rheumy
catarsis *f* (aesthetics, med. & psychoanal.) catharsis
catártico -ca *adj* cathartic
catasalsas *mf* (*pl:* **-sas**) (coll.) var. of **catacaldos**
catastral *adj* cadastral
catastro *m* cadastre
catástrofe *f* catastrophe; (theat. & geol.) catastrophe
catastrófico -ca *adj* catastrophic
cataviento *m* (naut.) dogvane
catavino *m* cup for tasting wine; winetaster (*pipette*)
catavinos *m* (*pl:* **-nos**) winetaster (*person*); (coll.) rounder (*from one tavern to another*)
Catay *m* Cathay
cateador *m* prospecting hammer; (Am.) prospector
catear *va* to search for; to sample; (coll.) to flunk; (Am.) to explore, prospect for; (Am.) to break into, to search (*a house*)

catecismo *m* catechism
catecú *m* (*pl:* **-cúes**) catechu
catecumenado *m* catechumenate
catecúmeno -na *mf* (eccl. & fig.) catechumen
cátedra *f* chair, professorship; seat of the professor; class; subject; (eccl.) cathedra; **explicar una cátedra de** to hold a professorship of; **poner** or **sentar cátedra** to hold forth; **cátedra del Espíritu Santo** pulpit; **cátedra de San Pedro** Chair of Saint Peter (*papal see; actual chair*)
catedral *adj* & *f* cathedral
catedralicio -cia *adj* (pertaining to a) cathedral
catedralidad *f* status of a cathedral
catedrática *f* woman professor; professor's wife
catedrático *m* university professor; (eccl.) cathedraticum
categoría *f* category; class, kind; quality, condition; status, standing; **de categoría** of importance, prominent
categórico -ca *adj* categorical
catenario -ria *adj* catenary; *f* (math.) catenary
catenular *adj* catenulate
cateo *m* (Am.) sampling; (Am.) prospecting
catequesis *f* or **catequismo** *m* religious instruction, catechizing; teaching by questions and answers
catequista *mf* catechist
catequístico -ca *adj* catechistic (*pertaining to a catechism*); catechetical (*presented in the form of questions and answers*)
catequizador -dora *mf* forceful arguer
catequizante *adj* catechizing
catequizar §76 *va* to catechize; to bring around, win over
caterva *f* throng, crowd, mob
catéter *m* (surg.) catheter
cateterismo *m* or **cateterización** *f* (surg.) catheterization
cateterizar §76 *va* (surg.) catheterize
cateto -ta *mf* rustic, villager; *m* (geom.) leg (*of a right-angled triangle*)
catetómetro *m* (phys.) cathetometer
catilinaria *f* oration of Cicero against Catiline; vehement denunciation
catín *m* (metal.) copper crucible for forming rosettes
catión *m* (elec.) cation
catite *m* loaf of the finest sugar; light slap
cato *m* catechu
catódico -ca *adj* cathode, cathodic
cátodo *m* (elec.) cathode
catolicidad *f* catholicity; Catholicity, Catholicism
catolicísimo -ma *adj super* Most Catholic
catolicismo *m* Catholicism; **catolicismo romano** Roman Catholicism
católico -ca *adj* catholic; Catholic; **no estar muy católico** (coll.) to be under the weather; *mf* Catholic; **católico romano** Roman Catholic
catolizar §76 *va* & *vr* to catholicize
Catón *m* Cato; (*l.c.*) *m* reader (*for children*); severe critic
catoniano -na *adj* Catonian
catóptrico -ca *adj* catoptric; *f* (opt.) catoptrics
catorce *adj* fourteen; **las catorce** two P.M.; *m* fourteen; fourteenth (*in dates*)
catorceavo -va *adj* & *m* var. of **catorzavo**
catorceno -na *adj* fourteenth
catorzavo -va *adj* & *m* fourteenth
catre *m* cot; **catre de tijera** folding cot
catrecillo *m* campstool, folding seat
catricofre *m* folding bed
catrín -trina *adj* (Am.) swell, sporty
Catulo *m* Catullus
caucáseo -a or **caucasiano -na** *adj* & *mf* Caucasian (*of the Caucasus*)
caucásico -ca *adj* & *mf* Caucasian (*white*)
Cáucaso *m* Caucasus
cauce *m* river bed; channel, trench; channel, passage; **cauce de salida** tailrace
caución *f* caution, precaution; (law) pledge, security, bond, bail
caucionar *va* to prevent (*harm or damage*); (law) to give security or bail for
cauchal *m* rubber plantation
cauchero -ra *adj* rubber; *m* rubber gatherer; rubber worker; *f* (bot.) rubber plant
caucho *m* rubber; (bot.) rubber plant; rubber raincoat; **caucho duro** or **endurecido** hard rubber; **caucho esponjoso** foam rubber; **caucho regenerado** reclaimed rubber; **caucho sintético** synthetic rubber; **caucho vulcanizado** vulcanized rubber
cauchotar *va* to rubberize, to cover with rubber
cauda *f* tail or train of bishop's cope
caudal *adj* of great volume (*e.g., river*); (zool.) caudal; *m* volume (*of water*); abundance; wealth; **caudal relicto** (law) estate
caudaloso -sa *adj* of great volume (*said of body or source of water*); abundant, wealthy
caudatario *m* priest who holds the train of bishop's cope
caudato -ta *adj* caudate
caudatrémula *f* (orn.) wagtail
caudillaje *m* leadership; (Am.) bossism
caudillo *m* chief, leader; military leader, chieftain, caudillo, head of the state
caudimano *adj* (zool.) having a prehensile tail (*like a beaver*)
caudón *m* (orn.) shrike
caulescente *adj* (bot.) caulescent
caulícolo *m* var. of **caulículo**
caulícula *f* (bot.) caulicle
caulículo *m* (arch.) cauliculus
cauri *m* cowrie (*shell used as money in parts of Africa*)
cauro *m* northwest wind
causa *f* cause; (law) cause, suit; (law) trial; (Am.) light lunch; (Am.) potato salad; **a** or **por causa de** on account of, because of; **hacer causa común con** to make common cause with
causador -dora *adj* causing; *mf* cause (*person*)
causahabiente *m* (law) assign
causal *adj* causal
causalidad *f* causality
causante *mf* cause (*person*); (law) principal, constituent
causar *va* to cause; (law) to sue
causativo -va *adj* causative
causear *va* (Am.) to defeat, overcome; *vn* (Am.) to have a bite, have a snack
causeo *m* (Am.) bite, snack
causídico -ca *adj* (law) causidical; *m* (law) advocate
causón *m* (path.) short intense fever
cáustica *f* see **cáustico**
causticar §86 *va* to make caustic
causticidad *f* causticity; (fig.) causticity
cáustico -ca *adj* (chem., math., opt. & fig.) caustic; *m* (chem.) caustic; **cáustico lunar** lunar caustic; *f* (math. & opt.) caustic
cautela *f* caution; craft, cunning
cautelar *va* to prevent; *vr* to be on one's guard; **cautelarse de** to guard against
cauteloso -sa *adj* cautious, heedful, wary; crafty, cunning
cauterio *m* cautery; eradication (*of an evil*)
cauterización *f* cauterization
cauterizar §76 *va* to cauterize; to eradicate (*an evil*); to brand
cautín *m* soldering iron
cautivar *va* to take prisoner; to attract, to win over; to charm, to captivate
cautiverio *m* or **cautividad** *f* captivity
cautivo -va *adj* & *mf* captive
cauto -ta *adj* cautious
cava *f* digging, cultivation (*of vines*); royal wine cellar; (fort.) moat; (anat.) vena cava
cavacote *m* mound made with a hoe and used as a marker
cavadizo -za *adj* soft, loose (*earth, sand*)
cavador *m* digger
cavadura *f* digging
cavalillo *m* irrigating ditch between two properties
cavar *va* to dig (*with hoe, etc.*); *vn* to go deep (*said, e.g., of a wound*); to paw; **cavar en** to go into thoroughly, to study deeply
cavatina *f* (mus.) cavatina; (dent.) cavity varnish
cavazón *f* digging
caverna *f* cavern

cavernícola *adj* cave-dwelling (*man or animal*); (coll.) reactionary; *mf* cave dweller; (coll.) political reactionary
cavernosidad *f* cave, cavern; hollowness; hollow sound
cavernoso -sa *adj* cavernous
caveto *m* (arch.) cavetto
cavia *f* trench around base of plant or tree to hold irrigation water; *m* (zool.) cavy
cavial *m* or **caviar** *m* caviar
cavicornio -nia *adj* (zool.) cavicorn
cavidad *f* cavity
cavilación *f* cavil, caviling; suspicion, mistrust; worry
cavilar *va* to cavil, to cavil at; *vn* to cavil; to worry, to fret
cavilosidad *f* suspicion, mistrust
caviloso -sa *adj* suspicious, mistrustful
cavitación *f* (mach. & path.) cavitation
cayada *f* or **cayado** *m* sheephook, shepherd's hook; crozier (*of bishop*); walking staff
Cayena *f* Cayenne
cayente *adj* falling
cayo *m* cay, key; **Cayo Hueso** Key West; **Cayos de la Florida** Florida Keys
cayote *m* var. of **chayote**
cayuco *m* (Am.) dugout canoe
caz *m* (*pl:* **caces**) millrace, flume; **caz de descarga** tailrace; **caz de traída** headrace
caza *f* chase, hunt, hunting; game; (aer.) pursuit; **a caza de** (coll.) in search of, on the hunt for; **andar a caza de** (coll.) to go hunting for; **dar caza** to give chase; **dar caza a** to go hunting for; to try to ferret out; to be on the lookout for; **ir de caza** to go hunting; **levantar la caza** (coll.) to try to attract attention; **llevar de caza** to take (*someone*) hunting; **caza al hombre** manhunt; **caza de grillos** fool's errand, wild-goose chase; **caza de pelo** fur, ground game; **caza de pluma** winged game; **caza mayor** big game; **caza menor** small game; *m* (aer.) pursuit plane; **caza de escolta** (aer.) escort fighter; **caza de reacción** or **caza reactor** (aer.) jet fighter
cazabe *m* cassava flour; cassava bread
cazabombardero *m* (aer.) fighter bomber
cazaclavos *m* (*pl:* **-vos**) nail puller
cazadero *m* hunting ground
cazador -dora *adj* hunting; chasing; *m* hunter; chaser; (mil.) chasseur; **cazador de alforja** trapper; **cazador de autógrafos** autograph seeker; **cazador de cabezas** head-hunter; **cazador furtivo** poacher; *f* huntress; jacket, hunting jacket
cazamoscas *m* (*pl:* **-cas**) (orn.) flycatcher
cazanoticias *m* (*pl:* **-cias**) newshawk
cazaperros *m* (*pl:* **-rros**) dogcatcher
cazar §76 *va* to chase; to hunt; to catch; (coll.) to wangle (*to get by scheming*); (coll.) to catch up (*in a mistake*); (coll.) to catch (*a mistake*); to take in (*to win over by trickery*); (naut.) to haul (*the sheets*) taut; **cazar vivo** to catch alive; *vn* to hunt; **cazar largo** (coll.) to be on one's toes, be alert
cazarratas *m* (*pl:* **-tas**) ratcatcher
cazarreactor *m* (aer.) jet fighter
cazasubmarinos *m* (*pl:* **-nos**) subchaser, submarine chaser
cazata *f* var. of **cacería**
cazatorpedero *m* (nav.) torpedo-boat destroyer
cazcalear *vn* (coll.) to buzz about
cazcarria *f* dried splashes of mud on lower part of clothing
cazcarriento -ta *adj* (coll.) splashed with mud
cazcorvo -va *adj* knock-kneed (*said of horses*)
cazo *m* dipper, ladle; glue pot; back of knife
cazolero *adj masc & m* var. of **cominero**
cazoleta *f* pan (*of musket lock*); bowl (*of tobacco pipe*); hand guard (*of sword*); boss (*of shield*); (mach.) pan, housing
cazoletero *adj masc & m* var. of **cominero**
cazolón *m* large earthen casserole
cazón *m* (ichth.) dogfish, shark; hunting dog; brown sugar
cazonal *m* tackle for shark fishing; (coll.) mess, entanglement
cazonete *m* (naut.) toggle
cazudo -da *adj* thick-backed (*said of a knife*)
cazuela *f* earthen casserole; minced meat and vegetables cooked in a casserole; (Am.) chicken stew; (theat.) upper gallery; (theat.) gallery for women
cazumbrar *va* to join (*staves of a barrel*) with oakum
cazumbre *m* cooper's oakum
cazumbrón *m* cooper
cazurrería *f* (coll.) sulkiness, sullenness
cazurro -rra *adj* (coll.) sulky, sullen
cazuz *m* (bot.) ivy
c.c. abr. of **centímetro cúbico** or **centímetros cúbicos** (*often used as a measure of cylinder displacement*)
C.C. abr. of **corriente continua**
C. de J. abr. of **Compañía de Jesús**
ce *interj* hey!, pst!
ceanoto *m* (bot.) New Jersey tea
cearina *f* (pharm.) cearin
ceba *f* fattening; feeding a furnace
cebada *f* barley; grain of barley; **cebada perlada** pearl barley
cebadal *m* barley field
cebadar *va* to feed barley to
cebadazo -za *adj* (pertaining to) barley
cebadera *f* nose bag; barley bin; hopper (*of furnace*); (naut.) spritsail
cebadero *m* barley dealer; mule carrying feed; lead mule; feeder of hawks; feeding place; mouth for charging a furnace or oven
cebadilla *f* (bot.) white hellebore; (bot.) sabadilla; hellebore snuff; sabadilla seeds (*used to kill head lice*)
cebador *m* priming horn; priming powder; (elec.) starter (*of fluorescent light*); (mach.) primer, priming cup
cebadura *f* fattening; priming
cebar *va* to fatten; to feed (*e.g., a furnace*); to bait (*a fishhook*); to prime (*gun, pump, gas engine, induction electric machine*); to light (*fireworks*); to start growth in (*new-sown ground*); to nourish (*e.g., anger, passion, hope; e.g., a person with hope*); to lure; to make (*a nut or screw*) catch; *vn* to take hold, to catch (*said of a nut or nail*); *vr* to rage (*said of a disease or epidemic*); **cebarse en** to become absorbed in; to vent one's fury on
cebo *m* feed, fattening; bait; incentive, lure; primer, charge; priming; **dar cebo a** to give grounds for; **cebo de fango** (ichth.) sand launce
cebolla *f* (bot.) onion (*plant and bulb*); bulb; strainer (*for foot valve*); oil receptacle (*of lamp*); **cebolla albarrana** (bot.) squill; **cebolla escalonia** (bot.) shallot
cebollada *f* onion stew; (bot.) globe daisy
cebollar *m* onion patch
cebollero -ra *adj* (pertaining to the) onion; *mf* onion dealer
cebolleta *f* tender onion; (bot.) Welsh onion
cebollino *m* young onion for transplanting; onion seeds; (bot.) chive; (bot.) onion set; **cebollino inglés** (bot.) Welsh onion
cebollón *m* large onion
cebolludo -da *adj* bulbous
cebón -bona *adj* fattened; *m* fattened animal
ceboncillo *m* fatling
ceborrincha *f* (bot.) wild onion
cebra *f* (zool.) zebra
cebrado -da *adj* having stripes like the zebra
cebratana *f* var. of **cerbatana**
cebruno -na *adj* var. of **cervuno**
cebú *m* (*pl:* **-búes**) (zool.) zebu
ceca *f* (archaic) mint; **andar de ceca en Meca** (coll.) to go from place to place, to go hither and thither
cecal *adj* caecal
cecear *vn* to lisp; to pronounce Spanish s like c and z (*i.e.,* [θ])
ceceo *m* lisping; pronunciation of Spanish s like c and z (*i.e.,* [θ])
ceceoso -sa *adj* lisping
cecial *m* fish dried and cured
cecidia *f* (bot.) gall, cecidium
Cecilia *f* Cecilia
Cecilio *m* Cecil
cecina *f* dried beef
cecinar *va* to dry-cure, to dry-salt
cecografía *f* writing of the blind

cecógrafo *m* device for helping the blind to write
cechero *m* (hunt.) watcher
ceda *f* bristle
cedacería *f* sieve shop
cedacero *m* sieve maker or dealer
cedacillo *m* (bot.) quaking grass
cedazo *m* sieve, bolt
cedazuelo *m* small sieve
ceder *va* to yield, give up, hand over, cede; *vn* to yield, give way, surrender; to decline, go down; to slacken, relax; **ceder de** to give up (*e.g., a claim*)
cedilla *f* cedilla
cedizo -za *adj* tainted, spoiled
cedoaria *f* (pharm.) zedoary
cedras *fpl* skin saddlebags
cedria *f* cedrium
cédride *f* cedar cone
cedrino -na *adj* cedar
cedro *m* (bot.) cedar; **cedro de España** (bot.) Spanish cedar; **cedro de las Antillas** (bot.) mahogany; **cedro del Líbano** (bot.) cedar of Lebanon; (fig.) potentate, tycoon; **cedro deodara** or **cedro de las Indias** (bot.) deodar; **cedro de Virginia** (bot.) juniper, red cedar; **cedro macho** (bot.) Spanish cedar
cédula *f* slip of paper or parchment; blank; form; certificate; government order; I.O.U.; **cédula de subscripción** subscription blank; **cédula de vecindad** identification papers; **cédula en blanco** blank check; **cédula personal** identification papers
cedular *va* to post, post up (*on the wall*)
cedulón *m* public notice, proclamation; lampoon
cefalalgia *f* (path.) cephalalgia, headache
cefalea *f* (path.) headache
cefálico -ca *adj* cephalic
cefalitis *f* (path.) encephalitis
céfalo *m* (ichth.) mullet, common mullet
cefalocordado -da *adj* (zool.) cephalochordate
cefalópodo -da *adj & m* (zool.) cephalopod
cefalotórax *m* (zool.) cephalothorax
cefeido -da *adj & f* (astr.) Cepheid; **cefeida variable** (astr.) Cepheid variable
Cefeo *m* (myth. & astr.) Cepheus
céfiro *m* zephyr (*wind; fabric*)
cegajo *m* two-year-old he-goat
cegajoso -sa *adj* blear, weepy
cegar §29 *va* to blind; to block, plug, stop up; to wall up (*door or window*); *vn* to go blind; to become blinded (*e.g., by passion*); *vr* to become blinded (*e.g., by passion*)
cegarra *adj* (coll.) near-sighted, dim-sighted
cegarrita *adj* (coll.) squinting (*to see better*)
cegato -ta *adj* (coll.) near-sighted, dim-sighted
cegatoso -sa *adj* blear, weepy
cegesimal *adj* (phys.) centimeter-gram-second
ceguedad *f* blindness
ceguera *f* blindness; disease causing blindness; **ceguera nocturna** night blindness
ceiba *f* (bot.) ceiba tree, God tree, silk-cotton tree; (bot.) sea moss
ceibal *m* growth of ceiba trees; growth of ceibos
ceibo *m* (bot.) ceibo
Ceilán *m* Ceylon
ceilanés -nesa *adj & mf* Ceylonese
ceja *f* brow; eyebrow; (fig.) brow (*of hill*); projection; edging; rim, edge; flange; path at edge of woods; (mus.) fret; (mus.) capotasto; (naut.) opening in clouds; (Am.) clearing for a road; **dar entre ceja y ceja a** (coll.) to say to one's face; **fruncir las cejas** to knit one's brow; **hasta las cejas** deep (*e.g., in work*); **quemarse las cejas** (coll.) to burn the midnight oil; **tener entre ceja y ceja** (coll.) to look on (*a person*) with disfavor; (coll.) to persist in (*an intention*)
cejadero *m* holdback (*on a carriage*)
cejador -dora *adj* (Am.) shy, balky (*horse*); *m* holdback (*on a carriage*)
cejar *vn* to back up; to turn back; to slacken, relax
cejijunto -ta *adj* (coll.) beetle-browed; (coll.) scowling, frowning
cejilla *f* (mus.) capotasto
cejo *m* morning mist over a river or stream; esparto cord
cejudo -da *adj* beetle-browed
cejuela *f* (mus.) capotasto
celada *f* ambush, trap; (arm.) sallet; **caer en la celada** to fall into the trap; **celada borgoñota** (arm.) burgonet
celador -dora *adj* watching, on guard; *mf* caretaker; *m* watchman; maintenance man; proctor
celaje *m* cloud effect; skylight, transom; harbinger; (naut.) clouds; (paint.) clouds, burst of light through clouds
celajería *f* (naut.) clouds, mass of clouds
celandés -desa *adj* (pertaining to) Zeeland; *mf* Zeelander
celar *va* to see to (*observance of laws*); to watch over, keep a check on (*e.g., employees*); to keep an eye on (*out of jealousy or other concern*); to hide, conceal; to carve; to engrave; *vn* **celar sobre** to see to (*observance of laws*); **celar por** to watch out for (*e.g., protection of someone or something*)
celastro *m* (bot.) staff tree
celda *f* cell (*of honeycomb; small room in convent, prison, etc.*); (aer.) cell; **celda de castigo** solitary confinement
celdilla *f* cell (*of honeycomb*); niche; cavity; (bot.) cell (*loculus*)
celebérrimo -ma *adj super* very or most celebrated
celebración *f* celebration; holding (*e.g., of a meeting*)
celebrante *adj* celebrating, officiating; *mf* celebrator; *m* celebrant (*priest*)
celebrar *va* to celebrate; to welcome (*to accept or look upon with pleasure or approval*); to hold (*e.g., an interview, meeting*); to perform (*e.g., a marriage*); to say (*Mass*); *vn* to celebrate (*to say Mass*); to be glad; **celebrar** + *inf* to be glad to + *inf; vr* to be celebrated; to take place
célebre *adj* celebrated, famous; (coll.) funny, witty; (Am.) pretty
celebridad *f* celebrity (*quality and person*); celebration, pageant
celedón *m* celadon green
celemín *m* celemin (*Spanish dry measure: about half peck*)
celenterado -da *adj & m* (zool.) coelenterate
célere *adj* rapid, swift, quick
celeridad *f* celerity
celerímetro *m* speed gauge
celesta *f* (mus.) celesta
celeste *adj* celestial; heavenly (*body*); sky-blue; (mus.) soft (*pedal*); *mf* Celestial (*Chinese*); *m* sky blue; (mus.) celesta (*organ stop*)
celestial *adj* celestial, heavenly; (fig.) celestial, heavenly; (coll.) stupid, silly
celestina *f* bawd, procuress, go-between; (mineral.) celestite, celestine
celíaco -ca *adj* (anat.) coeliac; *f* (path.) coeliac flux
celibato *m* celibacy; (coll.) bachelor
célibe *adj* celibate, single, unmarried; *mf* celibate, single person, unmarried person
célico -ca *adj* (poet.) celestial
celidonia *f* (bot.) celandine; **celidonia menor** (bot.) pilewort
celinda *f* (bot.) syringa, mock orange
celindrate *m* dish seasoned with coriander
celo *m* zeal; distrust, envy; heat, rut; **celos** *mpl* jealousy; **en celo** in rut, in heat; **tener celos** to be jealous
celofán *m* or **celofana** *f* cellophane
celoidina *f* (chem.) celloidin
celoma *m* (anat. & zool.) coelom
celomado -da *adj & m* (zool.) coelomate
celosía *f* jalousie, slatted shutter; lattice, latticework; jealousy; (her.) lattice
celoso -sa *adj* jealous; zealous; distrustful, suspicious; (naut.) unsteady
celotipia *f* jealousy
celsitud *f* elevation, grandeur
celta *adj* Celtic; *mf* Celt; *m* Celtic (*language*)
Celtiberia *f* Celtiberia
celtibérico -ca, celtiberio -ria, celtibero -ra or **celtíbero -ra** *adj & mf* Celtiberian
céltico -ca *adj* Celtic
celtismo *m* Celticism

celtista *mf* Celticist, Celtist
celtohispánico -ca or **celtohispano -na** *adj* Celto-Hispanic
célula *f* (biol., elec. & pol.) cell; (aer.) cell, plane cell, cellule; **célula cribosa** (bot.) sieve cell; **célula de selenio** selenium cell; **célula fotoeléctrica** photoelectric cell; **célula germen** (biol.) germ cell; **célula mitral** mitral cell; **célula nerviosa** nerve cell; **célula sanguínea** blood cell; **célula voltaica** voltaic cell
celulado -da *adj* celled
celular *adj* cellular; cell, e.g., **prisión celular** cell house
celulario -ria *adj* cellular
celulitis *f* (path.) cellulitis
celuloide *m* celluloid; (fig.) celluloid (*motion-picture film*); **llevar al celuloide** to put on the screen
celuloso -sa *adj* cellulous; *f* (chem.) cellulose
cellenco -ca *adj* (coll.) decrepit
cellisca *f* sleet, sleet storm
cellisquear *vn* to sleet
cello *m* hoop
cementación *f* (metal.) cementation, casehardening
cementar *va* (metal.) to cement, to caseharden
cementerio *m* cemetery
cementista *mf* cement worker
cemento *m* cement; concrete; (anat., dent. & geol.) cement; **cemento armado** reinforced concrete; **cemento de goma** rubber cement; **cemento de Pórtland** or **cemento pórtland** Portland cement
cementoso -sa *adj* cement-like, cementitious
cena *f* supper; (*cap.*) *f* Last Supper
cenaaoscuras *mf* (*pl:* **-ras**) (coll.) recluse; (coll.) skinflint
cenáculo *m* cénacle, literary group; (*cap.*) *m* Cenacle (*room of Last Supper*)
cenacho *m* market basket
cenadero *m* supper room; summerhouse
cenador -dora *mf* diner-out; *m* arbor, bower, summerhouse; gallery around patio (*in houses in Granada*)
cenaduría *f* (Am.) eating house
cenagal *m* quagmire; (fig.) quagmire
cenagoso -sa *adj* muddy, miry
cenar *va* to have (*e.g., chicken*) for supper; *vn* to sup, to have supper
cenceño -ña *adj* thin, slender, lean
cencerra *f* cowbell
cencerrada *f* (coll.) charivari (*to celebrate the nuptials of a widower*)
cencerrear *vn* to jingle cowbells continuously; to jangle, to rattle; (coll.) to play out of tune, to play on an instrument that is out of tune
cencerreo *m* jingling of cowbells; jangle, rattle
cencerro *m* cowbell; **a cencerros tapados** (coll.) cautiously, stealthily; **cencerro zumbón** bell worn by foremost or leading animal
cencerrón *m* bunch of grapes left on the vine
cencido -da *adj* untrodden
cendal *m* sendal; gauze; (eccl.) humeral veil; barbs of feather; illusion
cendolilla *f* flighty young girl
cendra *f* cupel paste
cendrada *f* cupel; cupel paste
cendradilla *f* cupellation furnace
cendrazo *m* cupellation residue
cenefa *f* border, trimming; orphrey (*of chasuble*); (arch.) border; (naut.) weather cloth; (naut.) top rim
cenestesia *f* (psychol.) coenesthesis
cení *m* fine brass or bronze
cenia *f* irrigation water wheel; bucket wheel; irrigated garden
cenicero *m* ashpan; ash tray; ashpit, ash dump
ceniciento -ta *adj* ashen, ash-gray; *f* person or thing unjustly despised or disregarded; **la Cenicienta** Cinderella
cenicilla *f* (bot.) oidium
cenit *m* (astr. & fig.) zenith
cenital *adj* zenith, zenithal
ceniza *f* see **cenizo**
cenizal *m* ashpit
cenizo -za *adj* ashen, ash-gray; *mf* (coll.) wet blanket; *m* (bot.) white goosefoot; (bot.) oidium; (coll.) Jonah, jinx, hoodoo; *f* ash; ashes;
cenizas *fpl* ashes; (fig.) ashes (*mortal remains*); **huir de las cenizas y caer en las brasas** to jump from the frying pan into the fire; **cenizas de perla** pearlash; **cenizas de sosa** soda ash
cenizoso -sa *adj* ashy; ashen, ash-gray
cenobio *m* cenoby; (biol. & bot.) coenobium
cenobita *mf* cenobite
cenobitismo *m* cenobitism
cenojil *m* garter
cenotafio *m* cenotaph
cenote *m* (Am.) deep underground water reservoir
cenozoico -ca *adj* (geol.) Cenozoic
censal *adj* (pertaining to the) census
censatario -ria *mf* (law) lienee
censo *m* census; tax; perpetual lien or encumbrance; mortgage; **levantar el censo** to take the census; **ser un censo** (coll.) to be a constant drain (*on one's money*); **censo de por vida** life lien
censor *m* censor; censorious person; accountant; (educ.) proctor; **censor jurado de cuentas** certified public accountant
censorino -na or **censorio -ria** *adj* censorial; (educ.) proctorial
censual *adj* (pertaining to) census; (pertaining to a) lien
censualista *mf* (law) lienor
censuario *m* (law) lienee
censura *f* censure; censorship; censoring; **censura de cuentas** (com.) auditing
censurable *adj* censurable, reprehensible
censurador -dora *adj* censuring; censoring; *mf* censurer; censor
censurar *va* to censure; to censor
censurista *adj* censorious; *mf* censorious person, faultfinder
centaura or **centaurea** *f* (bot.) centaury; **centaura de jardín** (bot.) golden coreopsis
centauro *m* (myth.) centaur
centavo -va *adj* hundredth; *m* hundredth; cent
centella *f* flash (*of lightning; from flint*); (fig.) spark (*of genius; of love, etc.*); **echar centellas** (coll.) to blow up, hit the ceiling
centellador -dora *adj* flashing, sparkling, glimmering; *m* (phys.) scintillation counter
centellar or **centellear** *vn* to flash, to sparkle, to glimmer
centelleo *m* flashing, sparkling, glimmering
centellón *m* large flash or spark
centena *f* see **centeno**
centenada *f* hundred; **a centenadas** by the hundred
centenal *m* rye field; hundred
centenar *m* hundred; centenary (*celebration*); rye field; **a centenares** by the hundred
centenario -ria *adj* centenary or centennial; centenarian; *mf* centenarian; *m* centenary or centennial
centenaza *f* rye straw
centenero -ra *adj* good for growing rye (*said of soil*)
centeno -na *adj* hundredth; *m* (bot.) rye; *f* hundred; **las centenas** the hundreds (*the numbers 100, 200, 300, etc.*)
centesimal *adj* centesimal
centésimo -ma *adj* hundredth; *m* hundredth; (Am.) centime
centiárea *f* centiare
centígrado -da *adj* centigrade
centigramo *m* centigram
centilitro *m* centiliter
centiloquio *m* work of a hundred parts
centimano or **centímano** *adj* (myth.) hundred-handed
centímetro *m* centimeter
céntimo -ma *adj* hundredth; *m* hundredth; centime
centinela *mf* (may be used as feminine in speaking of a man) sentinel, sentry; watch, guard (*person*); **estar de centinela** to stand sentinel; **hacer centinela** to stand sentinel; to keep watch; **centinela de avanzada** vedette; **centinela de vista** prisoner's guard; **centinela perdida** (mil.) forlorn hope
centinodia *f* (bot.) knotgrass
centípedo *m* (zool.) centipede
centiplicado -da *adj* hundredfold

centipondio *m* hundredweight
centola or **centolla** *f* (zool.) thornback, maian (*Maia squinado*)
centón *m* crazy quilt; (lit.) cento
centraje *m* centering
central *adj* central; *f* main office, headquarters; (elec.) powerhouse; (telp.) central; (Am.) community sugar mill; **central de correos** main post office; **central de teléfonos** telephone exchange; **central generadora** (elec.) generating station; **central térmica** (elec.) steam power plant
centralilla *f* (telp.) local exchange, private exchange
centralismo *m* centralism
centralista *adj & mf* centralist
centralización *f* centralization
centralizar §76 *va & vr* to centralize
centrar *va* to center; (hunt.) to hit in the center; (mil.) to center (*fire, attack, etc.*); *vr* to center, be centered
céntrico -ca *adj* downtown; centric
centrifugadora *f* centrifugal machine
centrifugar §59 *va* to centrifuge
centrífugo -ga *adj* centrifugal; *f* centrifuge, centrifugal machine
centrípeto -ta *adj* centripetal
centrisco *m* (ichth.) shrimpfish
centrista *adj* (pertaining to the) center; *mf* (pol.) centrist
centro *m* center; middle; heart; business district, downtown; club; goal, purpose; **estar en su centro** to be in one's element; **centro de atracción** (astr.) center of attraction; **centro de control** control center; **centro de gravedad** (mech.) center of gravity; **centro de gravitación** (astr.) center of attraction; **centro de mesa** centerpiece; **centro de recepción** (mil.) reception center; **centro de substitución** (mil.) replacement center; **centro docente** educational institution; **centro ferroviario** rail center; **centro nervioso** (anat.) nerve center
Centro América *f* Central America
centroamericano -na *adj & mf* Central American
centrobárico -ca *adj* centrobaric
centroesfera *f* (biol.) centrosphere
centroeuropeo -a *adj* Central European
centrosoma *m* (biol.) centrosome
cénts. abr. of **céntimos**
centuplicar §86 *va* to centuple
céntuplo -pla *adj* centuple, hundredfold; *m* hundredfold
centuria *f* century; (hist.) century
centurión *m* centurion
cenzalino -na *adj* (pertaining to the) mosquito
cénzalo *m* (ent.) mosquito
cenzontle *m* (Am.) mocking-bird
ceñideras *fpl* overalls
ceñido -da *adj* tight, close-fitting; close; narrow-waisted, svelte, lithe; thrifty, economical
ceñidor *m* belt, girdle, sash
ceñidura *f* (act of) girding; fastening; abridgment
ceñiglo *m* (bot.) white goosefoot; **ceñiglo de jardín** (bot.) broom goosefoot
ceñir §74 *va* to gird; to encircle (*e.g., the brow*); to fasten around the waist, to fit around the waist; to fasten, to tie; to fit tightly; to abridge, shorten; (mil.) to besiege; *vn* (naut.) to sail close to the wind; *vr* to tighten one's belt, cut expenses; to limit oneself (*e.g., in words*); to adapt oneself; **ceñirse a** to hug, keep close to
ceño *m* frown; threatening aspect (*of clouds, sea, etc.*); band, ring, hoop; (vet.) dry and contracted hoof; **arrugar el ceño** to knit the brow, to frown
ceñoso -sa or **ceñudo -da** *adj* frowning; stern, grim, gruff
ceo *m* (ichth.) dory
cepa *f* stump (*of tree or plant*); stub (*of tail*); vinestalk; (arch.) footing; strain (*of a family*); **de buena cepa** of well-known quality
cepacaballo *m* (bot.) carline thistle
cepáceo -a *adj* garlicky
cepeda *f* land overgrown with heath
cepejón *m* thick end of broken branch; heavy root branching from trunk
cepellón *m* (hort.) ball (*left around root for transplanting*)
cepera *f* var. of **cepeda**
cepillado *m* var. of **acepillado**
cepilladura *f* var. of **acepilladura**
cepillar *va* var. of **acepillar**
cepillo *m* brush; (carp.) plane; charity box, poor box; (Am.) flatterer; **cepillo bocel** reed plane; **cepillo de alambre** wire brush; **cepillo de cabeza** hairbrush; **cepillo de dientes** toothbrush; **cepillo de ropa** or **para la ropa** clothesbrush; **cepillo para las uñas** nailbrush; **cepillo para los dientes** toothbrush
cepo *m* branch, bough; stock (*of anvil*); clamp, vise; snare, trap; reel (*for winding silk*); poor box; (naut.) stock (*of anchor*); stocks, pillory; **¡cepos quedos!** (coll.) quiet!, cut it out!
ceporro *m* old stump pulled up for firewood; (coll.) rude or uncouth fellow
cequia *f* var. of **acequia**
cera *f* wax; beeswax; wax candles (*burning at a function*); (orn.) cere; **ceras** *fpl* honeycomb; **hacer cera y pabilo de** (coll.) to lead by the nose; **ser como una cera** to be wax in one's hands; **cera aleda** bee glue; **cera de los oídos** earwax; **cera de lustrar** polishing wax; **cera de palma** palm wax; **cera de** or **para pisos** floor wax; **cera montana** montan wax
cerafolio *m* (bot.) chervil
cerámico -ca *adj* ceramic; *f* ceramics (*art; objects*); (archeol.) study of ceramics
ceramista *mf* ceramist
cerapez *m* shoemaker's wax
cerasta *f* or **ceraste** *m* (zool.) cerastes
ceratias *m* (astr.) twin-tailed comet
cerato *m* (pharm.) cerate
cerbatana *f* blowgun, peashooter; ear trumpet; (coll.) mouthpiece, spokesman, go-between
Cerbero *m* var. of **Cancerbero**
cerca *f* fence, wall; **cerca viva** hedge; *m* (coll.) close-up; **cercas** *mpl* (paint.) objects in foreground; **tener buen cerca** (coll.) to look good when close (*said of a person or thing*); *adv* near; **de cerca** near, nearly; at close range; **cerca de** near; about (*a certain number*); to, at the court of; **cerca de** + *inf* near + *ger*
cercado *m* fenced-in or walled-in garden or field; fence, wall
cercador -dora *adj* encircling, surrounding; *m* repoussé tool
cercanía *f* nearness, proximity; **cercanías** *fpl* neighborhood, vicinity
cercano -na *adj* near, close; adjoining, neighboring; **cercano a** + *inf* near + *ger*
cercar §86 *va* to fence in, to wall in, to hedge in; to encircle, to surround; to crowd around; (mil.) to besiege, lay siege to
cercén; a cercén all around, close
cercenador -dora *mf* clipper, trimmer
cercenadura *f* or **cercenamiento** *m* clipping, trimming; curtailment, reduction
cercenar *va* to clip, to trim, to trim the edges of; to curtail, to reduce
cerceta *f* (orn.) garganey; **cercetas** *fpl* spikes (*of young deer*); **cerceta de verano** (orn.) greenwing
cercillo *m* tendril (*of a vine*)
cerciorar *va* to inform, to assure (*a person*); *vr* to find out; **cerciorarse de** to find out about, to ascertain
cerco *m* fence, wall, enclosure; hoop; ring; rim, edge; casing or frame (*of door or window*); group, circle; (mil.) siege; (aut.) rim; iron tire; halo (*around sun or moon*); **alzar el cerco** (mil.) to raise the siege; **poner cerco a** (mil.) to lay siege to
cercopiteco *m* (zool.) cercopithecus, long-tailed African monkey
cercha *f* segment (*of rim of wheel*); (arch.) rib (*of center of arch*); flexible wooden rule for measuring concave or convex surfaces; (rail.) clearance gage
cerchar *va* (hort.) to layer
cerchón *m* (arch.) center, centering
cerda *f* bristle, horsehair; new-mown grain; snare (*to catch birds*); (zool.) sow
cerdada *f* herd of swine; swinishness

cerdamen *m* bunch of bristles (*for making brushes*)
cerdear *vn* to falter in the forelegs; to rasp, to grate (*said of a string instrument*); (coll.) to hold back, to look for excuses
Cerdeña *f* Sardinia; **la Cerdeña catalana** Alghero (*seaport in Sardinia where Catalan is still spoken*)
cerdo *m* (zool.) hog; dirty, sloppy fellow; ill-bred fellow; **cerdo de cría** pig not old enough to be slaughtered; **cerdo de mata** or **de muerte** pig old enough to be slaughtered; **cerdo de vida** pig not old enough to be slaughtered; **cerdo hormiguero** (zool.) aardvark; **cerdo marino** (zool.) porpoise, harbor porpoise
cerdoso -sa *adj* bristly
cerdudo -da *adj* bristly; hairy-chested
cereal *adj & m* cereal
cerealista *adj* (pertaining to) cereal, grain; *mf* grain producer, grain dealer
cerebelo *m* (anat.) cerebellum
cerebración *f* cerebration
cerebral *adj* cerebral
cerebro *m* (anat.) cerebrum (*brain; forebrain*); (fig.) brain, brains; **cerebro electrónico** electronic brain
cerebroespinal *adj* cerebrospinal
cereceda *f* cherry orchard
cerecilla *f* red pepper
ceremonia *f* ceremony; **de ceremonia** with all due ceremony; formal; **hacer ceremonias** to stand on ceremony; **por ceremonia** as a matter of form
ceremonial *adj* ceremonial; *m* ceremonial; (eccl.) ceremonial (*book*)
ceremoniático -ca *adj* extremely ceremonious
ceremoniero -ra *adj* (coll.) full of compliments
ceremonioso -sa *adj* ceremonious, overpolite; formal
céreo -a *adj* waxen
cerería *f* chandlery; royal chandlery
cerero *m* wax chandler; wax dealer; (bot.) wax myrtle; **cerero mayor** royal chandler
Ceres *f* (myth.) Ceres
ceresina *f* ceresin
cerevisina *f* brewers' yeast
cereza *f* cherry (*fruit*); cherry red (*of incandescent metals*)
cerezal *m* cherry orchard
cerezo *m* (bot.) cherry tree; cherry wood; **cerezo silvestre** (bot.) dogwood
céridos *mpl* (chem.) cerium metals
cerífero -ra *adj* ceriferous
ceriflor *f* (bot.) honeywort
cerilla *f* wax taper; wax match, paper match; earwax
cerillero -ra *mf* match vendor; *m & f* matchbox
cerillo *m* wax taper; (*dial.*) wax match
cerina *f* (chem.) cerin
cerio *m* (chem.) cerium
cerita *f* (mineral.) cerite
cermeña *f* pear (*fruit*)
cermeño *m* (bot.) pear tree; ill-bred fellow
cernada *f* cinder; leached ashes; sizing; (vet.) poultice made of ashes
cernadero *m* coarse linen cloth used for leaching ashes
cerne *m* heart (*of tree*)
cernedero *m* flour-sifter's apron; place for sifting flour
cernedor *m* screen, sieve, sifter
cerneja *f* or **cernejas** *fpl* fetlock (*tuft of hair*)
cernejudo -da *adj* heavily fetlocked
cerner §66 *va* to sift, to bolt; (Am.) to strain; to scan (*e.g., the horizon*); *vn* to bud, to blossom; to drizzle; *vr* to waddle; to soar, to hover; to impend, be imminent (*said of some evil or misfortune*); to threaten, to gather (*said, e.g., of a storm*); **cernerse sobre** to hang over (*to threaten*)
cernícalo *m* (orn.) sparrow hawk, kestrel; (coll.) rude ignoramus; **coger** or **pillar un cernícalo** (coll.) to get drunk
cernidillo *m* drizzle; waddling, wobbling
cernido *m* sifting; sifted flour
cernidura *f* sifting; **cerniduras** *fpl* screenings
cernir §43 *va* to sift
cero *m* zero; **ser un cero** or **ser un cero a la izquierda** (coll.) to not count, to be of no account; **cero absoluto** (phys.) absolute zero; **cero volado** (print.) superior zero, superior letter o
cerollo -lla *adj* mown while green and flexible
cerón *m* dross of honeycombs
ceroplástica *f* ceroplastics
ceroso -sa *adj* waxy
cerote *m* shoemaker's wax; (coll.) fright, fear
cerotear *va* to wax (*thread*); *vn* (Am.) to drip (*said of a candle*)
cerótico -ca *adj* (chem.) cerotic
cerquillo *m* fringe of hair around tonsure; welt (*of shoe*); (Am.) bangs
cerquita *adv* quite near, close by
cerrada *f* see **cerrado**
cerradero -ra *adj* lock; locking (*device*); *m* lock; keeper, strike (*of a lock*); purse strings; clasp; *f* lock; **echar la cerradera** (coll.) to turn a deaf ear
cerradizo -za *adj* easily locked
cerrado -da *adj* close, closed; secretive; obscure, incomprehensible; cloudy, overcast; sharp (*curve*); thick (*beard*); typical, out-and-out; (phonet.) close; (coll.) quiet, reserved; (coll.) dense, stupid; (coll.) with a heavy local accent; **cerrado de mollera** (coll.) crude, ignorant; *f* hide over backbone (*of an animal*)
cerrador -dora *adj* shutting, locking; *m* shutter; lock
cerradura *f* closing, shutting, locking; lock; **cerradura de cilindro** cylinder lock; **cerradura de dos vueltas** double-turn lock; **cerradura de embutir** mortise lock; **cerradura de golpe** or **de muelle** spring lock; **cerradura de seguridad** safety lock; **cerradura dormida** deadlock; **cerradura guarnecida al revés** rim lock; **cerradura recercada** mortise lock
cerraja *f* lock; (bot.) sow thistle; (bot.) corn sow thistle
cerrajear *vn* to be a locksmith
cerrajería *f* locksmith trade or business; locksmith's shop; light ironwork; hardware shop; builder's hardware
cerrajero *m* locksmith; hardware man, ironworker
cerrajón *m* big, steep hill
cerramiento *m* closing, shutting, locking; enclosure; partition wall; (arch.) roof
cerrar §18 *va* to close, to shut, to lock; to bolt; to turn off (*e.g., a radio*); to enclose; to clench (*the fist*); **cerrar con llave** to lock; **cerrar el ojo** (coll.) to close one's eyes (*to die*); *vn* to close; to close in, to make an attack; **cerrar con** to close in on (*an enemy*); **cerrar en falso** to not catch (*said of a door, lock, latch*); *vr* to close, to shut, to lock; to close, to heal (*said of a sore*); **cerrarse en** + *inf* to persist in + *ger;* **cerrarse en falso** to not heal right
cerrazón *f* gathering storm clouds; close-mindedness; (phonet.) closing (*of vowel*); (Am.) spur (*of mountain range*)
cerrejón *m* hillock
cerrero -ra *adj* running wild; unbroken (*colt*); (Am.) rough, unpolished; (Am.) bitter; (Am.) stubborn
cerreta *f* (naut.) headrail
cerril *adj* rough, uneven; wild, untamed; (coll.) rough, boorish
cerrilla *f* milling machine (*to mill coins*)
cerrillar *va* to mill, to knurl (*coins*)
cerrillo *m* (bot.) couch grass, twitch; (bot.) beard grass; **cerrillos** *mpl* milling cutter
cerrión *m* icicle
cerro *m* hill; neck of an animal; backbone; bunch of combed flax or hemp; **en cerro** bareback; **por los cerros de Úbeda** (coll.) off the track; (coll.) out of place, **echar por los cerros de Úbeda** (coll.) to talk nonsense
cerrojazo *m* slamming the bolt; **dar cerrojazo** to slam the bolt; (archaic) to adjourn (*the Cortes*) suddenly
cerrojillo *m* (orn.) coal titmouse
cerrojo *m* bolt
cerrón *m* burlap
cerruma *f* pastern

C

certamen *m* literary contest; match, contest; (obs.) challenge, duel, fight
certero -ra *adj* sure, certain, accurate; good (*shot*); well-aimed; well-informed
certeza *f* certainty
certidumbre *f* certainty; **certidumbre moral** moral certainty
certificable *adj* certifiable
certificación *f* certification; certificate
certificado -da *adj* registered; *m* registered letter or package; certificate; **certificado de estudios** (educ.) transcript; **certificado de origen** (com.) certificate of origin
certificar §86 *va* to certify; to certificate; to register (*a letter*); to assure
certificatorio -ria *adj* certificatory
certinidad *f* certainty
certísimo -ma *adj super* very or most certain
certitud *f* certainty
cerúleo -a *adj* cerulean
ceruma *f* var. of **cerruma**
cerumen *m* (physiol.) cerumen, earwax
cerusa *f* (chem.) ceruse
cerusita *f* (mineral.) cerussite
cerval *adj* deer; deerlike; intense (*fear*)
cervantesco -ca, cervántico -ca or **cervantino -na** *adj* (pertaining to) Cervantes
cervantismo *m* influence of Cervantes; expression or idiom of Cervantes
cervantista *mf* Cervantist
cervantófilo -la *mf* admirer of Cervantes; collector of editions of Cervantes
cervario -ria *adj* cervine, deer
cervatica *f* (ent.) green grasshopper
cervatillo *m* new-born fawn; (zool.) musk deer; (zool.) muntjac
cervato *m* fawn
cerveceo *m* fermentation of beer
cervecera *f* see **cervecero**
cervecería *f* brewery; beer saloon; **cervecería al aire libre** beer garden
cervecero -ra *adj* brewing; (pertaining to) beer; *mf* brewer; *f* (ichth.) alewife
cerveza *f* beer; **cerveza a presión** draught beer; **cerveza clara** light beer; **cerveza parda** dark beer; **cerveza de marzo** bock beer
cervicabra *f* (zool.) antelope
cervical *adj* cervical
cervicitis *f* (path.) cervicitis
cervicular *adj* cervical
cérvido -da *adj* (zool.) cervid
cervigón *m* var. of **cerviguillo**
cervigudo -da *adj* thick-necked
cerviguillo *m* thick nape of the neck, thick neck
cervillera *f* helmet
cervino -na *adj* cervine; **el Cervino** or **el monte Cervino** the Matterhorn
cerviola *f* (ichth.) amberfish
cerviz *f* (*pl:* **-vices**) (anat.) cervix; neck, nape of neck; base of brain; **bajar** or **doblar la cerviz** to humble oneself; **levantar la cerviz** to grow proud; **ser de dura cerviz** to be headstrong, be ungovernable
cervuno -na *adj* cervine, deer; deerlike; deerskin; deer-colored
cesación *f* or **cesamiento** *m* cessation, suspension
cesante *adj* jobless; out of office; on strike; on part pay; *mf* unemployed person; dismissed public employee
cesantía *f* dismissal; dismissal from public employment; pension of dismissed public employee; unemployment; unemployment compensation
cesar *va* to stop; (Am.) to dismiss; *vn* to cease, to stop, to desist; to quit, to leave; **sin cesar** ceaselessly; **cesar de** + *inf* to cease + *ger*
César *m* Caesar
Cesarea *f* Caesarea
cesáreo -a *adj* Caesarean (*imperial*); (surg.) Caesarean
cesariano -na *adj* Caesarean (*pertaining to Caesar*)
cesarismo *m* Caesarism
cese *m* cease; stoppage of salary; **cese de alarma** all-clear; **cese de fuego** cease fire
cesible *adj* (law) transferable
cesio *m* (chem.) cesium
cesión *f* cession; **cesión de bienes** (law) cessio bonorum
cesionario -ria *mf* grantee, assignee
cesionista *mf* grantor, assigner
cesonario -ria *mf* var. of **cesionario**
césped *m* or **céspede** *m* sod, turf, sward, lawn; (hort.) cortex growing over cut after pruning; **césped de Olimpo** (bot.) sea pink, thrift; **césped inglés** (bot.) Italian rye grass
cespedera *f* field or meadow where sod is cut
cespitar *vn* to waver, to totter
cespitoso -sa *adj* cespitose
cesta *f* basket; (sport) cesta, wickerwork racket; **cesta de costura** sewing basket
cestada *f* basketful
cestería *f* basketmaking; basket shop; basketwork
cestero -ra *mf* basketmaker, basket dealer
cesto *m* basket; washbasket; (hist.) cestus (*hand covering*); **estar hecho un cesto** (coll.) to be overcome with sleep or drink; **estar metido en el cesto** (coll.) to be peevish or fretful (*said of a child*); **ser un cesto** (coll.) to be crude and ignorant; **cesto de la colada** clothesbasket, washbasket
cestodo *m* (zool.) cestode
cestón *m* large basket; (fort.) gabion
cestonada *f* (fort.) gabionade
cesura *f* (pros.) caesura
cetáceo -a *adj* (zool.) cetacean, cetaceous; *m* (zool.) cetacean
cetano *m* (chem.) cetane
cetilo *m* (chem.) cetyl
cetina *f* whale oil, sperm oil; (chem.) cetin
cetoína *f* (ent.) flower beetle; **cetoína dorada** (ent.) rose chafer
cetona *f* (chem.) ketone
cetoria *f* fish tank, fishpond
cetrarina *f* (chem.) cetrarin
cetrería *f* falconry, hawking
cetrero *m* falconer; (eccl.) verger
cetrino -na *adj* sallow; jaundiced, melancholy
cetro *m* scepter; perch, roost (*for birds*); (eccl.) verge; **empuñar el cetro** to ascend the throne; **cetro de bufón** bauble; **cetro de locura** bauble, fool's scepter
ceugma *f* var. of **zeugma**
ceutí (*pl:* **-tíes**) *adj* (pertaining to) Ceuta; *mf* native or inhabitant of Ceuta
cf. abr. of **confesor**
cg. abr. of **centigramo** or **centigramos**
C.I. abr. of **cociente intelectual**
c.ía or **cía.** abr. of **compañía**
cía *f* (*anat.*) hipbone; (naut.) sternway
ciaboga *f* (naut.) turn, turning (*with oars or with rudder and engine*); **hacer ciaboga** to turn around in order to flee
cianamida *f* (chem.) cyanamide; **cianamida de calcio** (chem.) calcium cyanamide
cianato *m* (chem.) cyanate
cianea *f* (mineral.) lazulite
cianhídrico -ca *adj* (chem.) hydrocyanic
ciánico -ca *adj* (chem.) cyanic
cianita *f* (mineral.) cyanite
cianofíceo -a *adj* & *f* (bot.) cyanophycean
cianógeno *m* (chem.) cyanogen
cianosis *f* (path.) cyanosis
cianótico -ca *adj* (path.) cyanotic; cyanic (*blue*)
cianotipia *f* cyanotype, blueprinting
cianotipo *m* cyanotype, blueprint
cianuración *f* (min.) cyanide process
cianurar *va* to treat (*gold ore*) with the cyanide process
cianuro *m* (chem.) cyanide; **cianuro de potasio** or **cianuro potásico** (chem.) potassium cyanide; **cianuro de sodio** or **cianuro sódico** (chem.) sodium cyanide
ciar §90 *vn* (naut. & fig.) to back water
ciático -ca *adj* sciatic; *f* (path.) sciatica
cibal *adj* (pertaining to) food
cibeleo -a *adj* (poet.) of Cybele
Cibeles *f* (myth.) Cybele
cibera *f* wheat thrown into hopper to prime the mill; squashed fruit
cibernética *f* cybernetics
cibiaca *f* var. of **parihuela**
cíbolo -la *mf* (zool.) American bison
ciborio *m* (arch.) ciborium

cicatear *vn* (coll.) to be miserly, be stingy
cicatería *f* miserliness, stinginess
cicatero -ra *adj* miserly, stingy; *mf* miser, skinflint; *m* (slang) pickpocket
cicatrícula *f* (bot. & embryol.) cicatricle
cicatriz *f* (*pl:* **-trices**) cicatrix, scar; (bot.) cicatrix; (fig.) scar
cicatrización *f* cicatrization
cicatrizar §76 *va* to cicatrize, to heal; *vr* to cicatrize, to heal; to scar
cicércula or **cicercha** *f* (bot.) grass pea
cícero *m* (print.) pica
Cicerón *m* Cicero
cicerone *m* cicerone
ciceroniano -na *adj* Ciceronian
cicindela *f* (ent.) tiger beetle
cíclada *f* cyclas (*of Roman women*)
Cícladas *fpl* Cyclades
ciclamen *m* (bot.) cyclamen
ciclamina *f* (chem.) cyclamin
ciclamino *m* (bot.) cyclamen
ciclamor *m* (bot.) Judas tree
ciclar *va* to polish (*a precious stone*)
ciclatón *m* cyclas (*medieval tunic*); ciclatoun (*medieval fabric*)
cíclico -ca *adj* cyclic or cyclical
ciclismo *m* cycling, bicycling; bicycle racing
ciclista *mf* cyclist, bicyclist; bicycle racer
ciclización *f* (chem.) ring formation
ciclo *m* cycle; term (*in school*); **ciclo de Artús** (lit.) Arthurian Cycle; **ciclo de Carnot** (phys.) Carnot cycle; **ciclo de cuatro tiempos** (mach.) four-cycle; **ciclo de dos tiempos** (mach.) two-cycle; **ciclo del nitrógeno** nitrogen cycle; **ciclo de Metón** (astr.) Metonic cycle
cicloidal *adj* cycloid, cycloidal
cicloide *f* (geom.) cycloid
cicloideo -a *adj* var. of **cicloidal**
ciclómetro *m* cyclometer
ciclón *m* cyclone
ciclonal *adj* cyclonal
ciclónico -ca *adj* cyclonic
Cíclope *m* (myth.) Cyclops
ciclopentano *m* (chem.) cyclopentane
ciclópeo -a *adj* cyclopean; (myth.) Cyclopean
ciclópico -ca *adj* Cyclopic
cicloplejía *f* (path.) cycloplegia
ciclopropano *m* (chem.) cyclopropane
ciclorama *m* cyclorama
ciclostilo or **ciclóstilo** *m* mimeograph
ciclóstoma *m* (ichth.) cyclostome
ciclotrón *m* (phys.) cyclotron
-cico -ca *suffix dim* var. of **-ico** and attached to polysyllables ending in **d, e, n, r,** or an accented vowel, e.g., **duendecico** elfkin; **corazoncico** dear little heart; **mujercica** cute little woman
cicuta *f* (bot.) hemlock, poison hemlock; hemlock (*poison*); **cicuta acuática** (bot.) water hemlock; **cicuta mayor** (bot.) hemlock, poison hemlock; **cicuta menor** (bot.) fool's-parsley
cicutina *f* (chem.) coniine
cid *m* leader, hero; **el Cid Campeador** Spanish hero of the wars against the Moors in the eleventh century
cidiano -na *adj* of the Cid
Cidno *m* Cydnus
cidra *f* citron (*fruit of Citrus medica*); citrus (*fruit of any plant of the genus Citrus*)
cidrada *f* citron (*candied rind*)
cidral *m* citron grove; (bot.) citron (*tree*)
cidrato *m* citron (*fruit*)
cidrera *f* or **cidrero** *m* (bot.) citron tree
cidria *f* cedrium
cidro *m* (bot.) citron (*Citrus medica*); (bot.) citrus (*any plant of the genus Citrus*)
cidronela *f* (bot.) balm (*Melissa officinalis*)
ciegayernos *m* (*pl:* **-nos**) (coll.) fraud, sham, humbug
ciego -ga *adj* blind; stopped, blocked; dark, dense; blank; (arch.) blind (*window, door, etc.*); (fig.) blind, e.g., **ciego de ira** blind with anger; **ciego con celos** blind with jealousy; *mf* blind person; *m* blind man; blood pudding; *f* blind woman; **a ciegas** blindly; without watching, without looking; thoughtlessly
cieguecico -ca, cieguecillo -lla, cieguecito -ta or **cieguezuelo -la** *mf* little blind person
cielito *m* darling, dearie; (Am.) ring dance and song of the Gauchos
cielo *m* sky, heaven; skies, climate, weather; top, ceiling, roof; canopy (*of a bed*); Heaven; (paint.) sky; **a cielo abierto** in the open air, outdoors; **a cielo descubierto** openly; **a cielo raso** in the open air, outdoors; in the country; **bajado del cielo** (coll.) marvelous, perfect; **escupir al cielo** to have something boomerang; **llovido del cielo** (coll.) heaven-sent; **mover cielo y tierra** (coll.) to move heaven and earth; **poner en el cielo** or **en los cielos** (coll.) to praise to the skies; **séptimo cielo** seventh heaven; (fig.) seventh heaven (*perfect felicity*); **tomar el cielo con las manos** (coll.) to hit the ceiling; **¡vaya Vd. al cielo!** (coll.) tell that to the marines!; **venirse el cielo abajo** (coll.) to rain pitchforks; **ver el cielo abierto** or **los cielos abiertos** (coll.) to see the light, to see one's way out (*of a difficulty*); **cielo de la boca** roof of the mouth; **cielo del hogar** crown sheet (*of firebox*); **cielo máximo** (aer.) ceiling; **cielo raso** ceiling, flat ceiling
cielorraso *m* ceiling, flat ceiling
ciempiés *m* (*pl:* **-piés**) (zool.) centipede; (coll.) disconnected nonsense (*in writing*)
cien *adj* hundred, a hundred, one hundred; **los Cien Días** the Hundred Days; *m* (coll.) a hundred, one hundred; **cien por cien** or **por ciento** hundred-per-cent
ciénaga *f* marsh, moor; mudhole
ciencia *f* science; knowledge; learning; **a ciencia cierta** with certainty; **a ciencia y paciencia** on sufferance; **de ciencia cierta** with certainty; **gaya ciencia** gay science (*amatory poetry*); **ciencia cristiana** Christian Science; **ciencia exacta** exact science; **ciencia física** physical science; **ciencia infusa** afflatus, divine afflatus; **ciencia natural** natural science; **ciencia social** social science; **ciencias ocultas** occult sciences
cieno *m* mud, slime, silt
cienoso -sa *adj* muddy, slimy, silty
cientificismo *m* scientific method
científico -ca *adj* scientific; *mf* scientist
cientismo *m* scientism
cientista *mf* scientist
ciento *adj & m* hundred, a hundred, one hundred; **por ciento** per cent; **por cientos** by the hundred; **un ciento de** a hundred, one hundred
cientopiés *m* (*pl:* **-piés**) (zool.) centipede
cierna *f* (bot.) anther (*of flower of wheat, the vine, etc.*)
cierne *m* (bot.) budding, blossoming; **en cierne** in blossom; in its infancy
cierrarrenglón *m* marginal stop (*of typewriter*)
cierre *m* closing, shutting, locking; snap, clasp, fastener; latch, lock, window latch; choke (*of carburetor*); close (*e.g., of stock market*); shutdown; (com.) closing (*of an account*); **cierre de cañón** breechblock; **cierre de portada** metal shutter (*for store window or door*); **cierre de puertas** door check; **cierre hermético** weather stripping; **cierre hidráulico** water seal; **cierre metálico** sliding metal shutter (*for store window or door*); **cierre cremallera** or **relámpago** zipper
cierro *m* closing, shutting, locking; (Am.) wall, fence; (Am.) envelope; **cierro de cristales** glass-enclosed balcony or porch
cierto -ta *adj* certain; a certain; fixed; **estar en lo cierto** to be right; to be sure of oneself; **de cierto** or **por cierto** for certain; **no, por cierto** certainly not; **cierto** *adv* certainly, surely
cierva *f* (zool.) hind
ciervo *m* (zool.) deer, stag, hart; spit curl; **ciervo del Cabo** (zool.) hartebeest; **ciervo de Virginia** (zool.) white-tailed deer; **ciervo mulo** (zool.) mule deer; **ciervo volante** (ent.) stag beetle
cierzas *fpl* vine shoots
cierzo *m* cold north wind
cifosis *f* (path.) kyphosis

cifra *f* cipher, figure, number; character; abridgment, summary; device, monogram, cipher; sum, amount; **en cifra** in code; secretly, enigmatically; in brief; **cifra arábiga** Arabic figure
cifrado -da *adj* cipher
cifrador *m* cipher device
cifrar *va* to cipher, to code; to abridge, to summarize; to calculate; **cifrar la dicha en** to base one's happiness on; **cifrar la esperanza en** to place one's hope in
cifrario *m* (com.) code
cigala *f* (zool.) squilla; (zool.) Norway lobster
cigarra *f* (ent.) locust, harvest fly
cigarral *m* orchard and picnic grounds (*in or near Toledo*)
cigarrera *f* see **cigarrero**
cigarrería *f* cigar store
cigarrero -ra *mf* cigar maker; cigar seller, cigar dealer; *f* cigar cabinet, cigar case; pocket cigar case
cigarrillo *m* cigarette; **cigarrillo con filtro** filter cigarette
cigarrista *mf* chain smoker
cigarro *m* cigar; cigarette; **cigarro de hoja** (Am.) cigar; **cigarro de papel** cigarette; **cigarro puro** cigar
cigarrón *m* big cigar; (ent.) grasshopper
cigofiláceo -a *adj* (bot.) zygophyllaceous
cigoma *f* (anat.) zygoma
cigomático -ca *adj* (anat.) zygomatic
cigoñal *m* well sweep; (mach.) crankshaft
cigoñino *m* (orn.) young stork
cigoñuela *f* (orn.) stilt
cigoto *m* (biol.) zygote
ciguatera *f* fish poisoning
ciguato -ta *adj* sick with fish poisoning
cigüeña *f* (orn.) stork; (mach.) crank, winch; **recibir a la cigüeña** (fig.) to have a visit from the stork; **cigüeña negra** (orn.) black stork
cigüeñal *m* var. of **cigoñal**
cigüeñuela *f* small crank; (orn.) stilt
cija *f* sheepfold; hayloft
cilanco *m* pool left by receding stream
cilantro *m* (bot.) coriander
ciliado -da *adj* ciliate, ciliated; *m* (zool.) ciliate
ciliar *adj* (anat.) ciliary
cilicio *m* sackcloth, haircloth, hair shirt
cilindrada *f* piston displacement, cylinder capacity
cilindrado *m* rolling
cilindradora *f* road roller
cilindrar *va* to roll
cilíndrico -ca *adj* cylindric or cylindrical
cilindro *m* cylinder; roll, roller; (Am.) barrel organ; **un cuatro cilindros** a four-cylinder motor; **un dos cilindros** a two-cylinder motor; **un ocho cilindros en V** an eight-cylinder V motor; **cilindro de caminos** road roller
cilindroeje *m* (anat. & physiol.) axis cylinder
cilindroide *adj* cylindroid; *m* (geom. & med.) cylindroid
cilio *m* cilium, eyelash; (bot. & zool.) cilium
cilla *f* granary; tithe
cilleriza *f* nun in charge of housekeeping in a convent
cillerizo *m* tithe man
cillero *m* tithe man; tithe barn; wine cellar; storehouse
-cillo -lla *suffix dim* var. of **-illo** and attached to polysyllables ending in **d, e, n, r,** or an accented vowel, e.g., **nubecilla** little cloud; **jardincillo** small garden; **dolorcillo** little pain
cima *f* top (*of tree*); top, summit (*of mountain*); (bot.) cyme; (bot.) sprout; (fig.) top, height; **dar cima a** to carry out, to complete; **mirar por cima** to pay slight attention to; **por cima** (coll.) at the very top; **cima helicoidea** (bot.) helicoid cyme
cimacio *m* (arch.) cyma, ogee
cimarrón -rrona *adj* (Am.) shy, wild; (Am.) wild (*plant*); (Am.) black or bitter (*maté*); (Am.) fugitive (*slave*); (Am.) lazy (*sailor*); *mf* (Am.) fugitive slave; *m* (Am.) lazy sailor
cimarronear *vn* (Am.) to drink black maté; *vr* (Am.) to flee, run away (*said of a slave*)
cimbalaria *f* (bot.) Kenilworth ivy
cimbalero *m* (mus.) cymbalist
cimbalillo *m* small bell
cimbalista *m* (mus.) cymbalist
címbalo *m* (mus.) cymbal
cimbanillo *m* var. of **cimbalillo**
címbara *f* short, broad scythe or sickle
cimbel *m* stool pigeon, decoy pigeon; cord to which a decoy is attached
cimboga *f* citron (*fruit*)
cimborio or **cimborrio** *m* (arch.) dome; dome (*of steam boiler, tank car, etc.*)
cimbra *f* (arch.) centering; inside curvature of an arch or vault; (naut.) curvature of a board
cimbrado *m* bending body at the waist (*in a Spanish dance*)
cimbrar *va* to swing, to sway, to bend; (coll.) to beat with a stick, to thrash; (arch.) to build the centering for (*an arch or vault*); *vn* to swerve; *vr* to swing, to sway, to bend
cimbre *m* subterranean gallery
cimbreante *adj* flexible, pliant
cimbrear *va, vn & vr* var. of **cimbrar**
cimbreño -ña *adj* flexible, pliant; agile, willowy
cimbreo *m* swinging, swaying, bending
cimbronazo *m* blow with flat of sword; (Am.) earthquake
cimeno *m* (chem.) cymene
cimentación *f* foundation, laying a foundation
cimentar §18 *va* to found; to lay the foundation for (*a wall, building, etc.; a science, religion, etc.*)
cimenterio *m* var. of **cementerio**
cimento *m* (geol.) cement
cimera *f* see **cimero**
cimerio -ria *adj & mf* Cimmerian
cimero -ra *adj* top, uppermost; *f* crest (*of helmet*); (her.) crest
cimicaria *f* (bot.) dwarf elder
cimiento *m* foundation, groundwork; basis, source; **abrir los cimientos** to dig the foundations, to break ground
cimillo *m* stool (*pole to which decoy is fastened*)
cimitarra *f* scimitar
cimo *m* (path.) zyme; **cimo excitador** (biol.) zymogen
cimofana *f* (mineral.) cymophane
cimogénesis *f* (biochem.) zymogenesis
cimógeno -na *adj* zymogenic; *m* (biochem. & biol.) zymogen
cimología *f* zymology
cimosis *f* (*pl:* **-sis**) zymosis
cimoso -sa *adj* (bot.) cymose
cimotecnia *f* var. of **cimurgia**
cimótico -ca *adj* zymotic
címrico -ca *adj & m* Cymric
cimurgia *f* zymurgy
cinabrio *m* cinnabar (*mineral and color*)
cinacina *f* (bot.) Jerusalem thorn
cinámico -ca *adj* (chem.) cinnamic
cinamomo *m* (bot.) bead tree; (bot.) oleaster, Russian olive
cinanquia *f* (path.) quinsy
cinc *m* (*pl:* **cinces**) (chem.) zinc
cinca *f* fault, error (*in bowling*)
cincar §86 *va* to zinc
cincel *m* chisel, cutter, graver
cincelador *m* sculptor; engraver; stonecutter; chipping hammer
cinceladura *f* chiseling, carving, engraving
cincelar *va* to chisel, carve, engrave
cinceta *f* (orn.) pipit, titlark
cincino *m* (bot.) helicoid cyme
cincita *f* (mineral.) zincite
cinco *adj* five; **las cinco** five o'clock; *m* five; fifth (*in dates*); **decir a uno cuántas son cinco** (coll.) to tell someone what's what; **¡choque Vd. esos cinco!** or **¡vengan esos cinco!** (coll.) shake! (*i.e., shake hands!*)
cincocentista *adj* fifteenth-century; *m* (f.a.) cinquecentist
cincoenrama *f* (bot.) cinquefoil
cincograbado *m* zinc etching, zincograph
cincografía *f* zinc etching, zincography
cincomesino -na *adj* five-month-old
cincoso -sa *adj* zincous
cincuenta *adj & m* fifty
cincuentavo -va *adj & m* fiftieth

cincuentenario -ria *adj & m* semicentennial
cincuenteno -na *adj* fiftieth; *f* fifty
cincuentón -tona *adj & mf* quinquagenarian
cincha *f* cinch (*of saddle*); **a revienta cinchas** at breakneck speed; (Am.) unwillingly
cinchadura *f* cinching
cinchar *va* to cinch; to band, to hoop
cinchera *f* part of body where cinch is worn; (vet.) girth sore
cincho *m* sash, girdle; iron hoop; iron tire; (vet.) dry and contracted hoof
cinchuela *f* small cinch; narrow ribbon
cine *m* (coll.) movie, movies; **en cine** (coll.) in the movies; **cine en colores** (coll.) color movies; **cine en relieve** (coll.) three-dimensional movie; **cine hablado** (coll.) talkie; **cine mudo** (coll.) silent movie; **cine sonoro** (coll.) sound movie, talkie
cineasta *mf* motion-picture producer; movie fan; *m* movie actor; *f* movie actress
cinedrama *m* screenplay
cinegético -ca *adj* cynegetic; *f* cynegetics, hunting
cineísta *mf* var. of **cineasta**
cinelandia *f* (coll.) movieland
cinema *m* var. of **cine**
cinemadrama *m* photoplay
cinemateca *f* film library
cinemático -ca *adj* kinematic; *f* kinematics
cinematografía *f* cinematography
cinematografiar §90 *va & vn* to cinematograph, to film
cinematográfico -ca *adj* cinematographic, motion-picture
cinematografista *mf* motion-picture director
cinematógrafo *m* cinematograph, motion-picture projector, motion-picture theater; motion pictures
cineración *f* incineration
cinerario -ria *adj* cinerary; *f* (bot.) cineraria
cinéreo -a *adj* cinereous, ash-gray
cinericio -cia *adj* ashen; ash-gray
cinescopio *m* kinescope
cinestéreo *m* (mov.) three-D
cinestesia *f* kinaesthesia or kinesthesia
cinestésico -ca *adj* kinesthetic
cineteatro *m* movie house, motion-picture theater
cinético -ca *adj* kinetic; *f* kinetics
cingalés -lesa *adj* Singhalese; *mf* Singhalese; *m* Singhalese (*language*)
cíngaro -ra *adj* gypsy; *mf* zingaro
cinglado *m* shingling (*of iron*)
cinglador *m* shingler (*machine*)
cinglar *va* to shingle (*iron*); to scull (*to propel from the stern with one oar*)
cíngulo *m* cingulum (*of a priest's alb*); (anat., bot. & zool.) cingulum
cínico -ca *adj* cynic or cynical; Cynic; brazen, impudent; slovenly, untidy; *mf* cynic; *m* Cynic
cínife *m* (ent.) mosquito; (ent.) gallfly
cinismo *m* cynicism; Cynicism; brazenness, impudence
cinocéfalo -la *adj* cynocephalous; *m* (zool.) baboon
cinoglosa *f* (bot.) hound's-tongue
Cinosura *f* (astr.) Cynosure
cinquén *m* old Spanish coin (*five maravedis*)
cinquero *m* zinc worker, tinsmith
cinta *f* ribbon; tape, band, strip; film; measuring tape; curb (*along sidewalk*); (arch.) fillet, scroll; (Am.) can; **en cinta** tied down, repressed; **cinta adhesiva** adhesive tape; **cinta aisladora** or **aislante** friction tape; **cinta cinematográfica** moving-picture film; **cinta de embrague** (aut.) clutch band; **cinta de freno** (aut.) brake lining; **cinta de medir** tape measure; **cinta de teleimpresor** ticker tape; **cinta de transporte** belt conveyor; **cinta grabada de televisión** video tape; **cinta magnética** magnetic tape; **cinta magnetofónica** recording tape; **cinta métrica** tape measure; **cinta para cubrir** masking tape; **cinta perforada** paper tape, punched tape; **cinta pescadora** (elec.) fish wire
cintado -da *adj* beribboned
cintagorda *f* coarse hempen fishing net
cintarazo *m* blow with the flat of a sword
cintarear *va* (coll.) to strike with the broad of a sword
cinteado -da *adj* beribboned
cintería *f* ribbons; ribbon business; ribbon shop
cintero -ra *mf* ribbon weaver, ribbon dealer; *m* belt, girdle; hoisting line; (surv.) tapeman
Cintia *f* (myth.) Cynthia
cintilar *vn* var. of **centellear**
cintillo *m* hatband; ring set with precious stones, diamond ring; (Am.) hair ribbon
cinto *m* belt, girdle
cintra *f* (arch.) arch (*of an arch or vault*); **plena cintra** (arch.) semicircular arch
cintrado -da *adj* arched
cintradora *f* cambering machine
cintrar *va* to arch, bend, curve; to camber (*timber*)
cintrel *m* (arch.) guide rule for determining the angle of the various courses of an arch
cintura *f* waist; waistline; girdle; throat (*of chimney*); **meter en cintura** (coll.) to hold in check, to bring to reason
cinturón *m* sword belt; belt, sash; (fig.) belt, circle; **cinturón de castidad** chastity belt; **cinturón de asiento** seat belt; **cinturón de seguridad** safety belt (*of a lineman*); **cinturón de Venus** (myth.) cestus; (zool.) Venus's-girdle; **cinturón ortopédico** orthopedic belt; **cinturón salvavidas** (naut.) safety belt
cipariso *m* (poet.) cypress
cipayo *m* sepoy
ciperáceo -a *adj* (bot.) cyperaceous
cipo *m* memorial pillar; boundary stone; milestone, kilometer stone
cipote *adj* (Am.) stupid; (Am.) chubby, fat; *mf* (Am.) urchin, brat
ciprés *m* (bot.) cypress
cipresal *m* cypress grove
cipresino -na *adj* (pertaining to the) cypress
ciprino -na or **ciprio -pria** *adj & mf* Cyprian
cipripedio *m* (bot.) cypripedium
ciquiricata *f* (coll.) show of flattery, obsequiousness
circasiano -na *adj & mf* Circassian
Circe *f* (myth.) Circe; (*l.c.*) *f* cunning and deceitful woman
circense *adj* Circensian; (pertaining to a) circus
circinado -da *adj* (bot.) circinate
circo *m* circus; amphitheater; (geol.) cirque; **circo máximo** Circus Maximus
circón *m* (mineral.) zircon
circona *f* (chem.) zirconia
circonio *m* (chem.) zirconium
circuición *f* circling, surrounding
circuir §41 *va* to circle, to surround
circuito *m* circuit; race course; network (*of roads or railroads*); (elec.) circuit; **corto circuito** (elec.) short circuit; **circuito abierto** (elec.) open circuit; **circuito cerrado** (elec.) closed circuit; **circuito de filamento** (rad.) filament circuit; **circuito de placa** (rad.) plate circuit; **circuito de rejilla** (rad.) grid circuit; **circuito de retorno por tierra** (elec.) earth-return circuit; **circuito fantasma** (elec.) phantom circuit; **circuito impreso** (elec.) printed circuit
circulación *f* circulation; traffic; **circulación rodada** vehicular traffic
circulante *adj* circulating
circular *adj* circular; *f* circular, circular letter; *va* to circulate; *vn* to circulate; **circular por** to walk around (*e.g., a garden*)
circularidad *f* circularity
circulatorio -ria *adj* circulatory
círculo *m* circle; club; clubhouse; **cuadrar el círculo** to square the circle; **círculo horario** (astr.) hour circle; **círculo máximo** (astr. & geom.) great circle; **círculo menor** (astr. & geom.) small circle; **círculo parhélico** (meteor.) parheliacal ring, parhelic circle; **círculo polar antártico** antarctic circle; **círculo polar ártico** arctic circle; **círculo vicioso** vicious circle
circumambiente *adj* circumambient, surrounding
circumpolar *adj* circumpolar
circuncidar *va* to circumcise; to clip, diminish, curtail

circuncisión *f* circumcision
circunciso -sa *adj* circumcised
circundar *va* to surround, encompass, go around
circunferencia *f* circumference
circunferencial *adj* circumferential
circunferente *adj* surrounding
circunflejo -ja *adj* (anat. & gram.) circumflex; *m* (gram.) circumflex
circunfluente *adj* circumfluent
circunfuso -sa *adj* circumfused
circunlocución *f* or **circunloquio** *m* circumlocution
circunnavegación *f* circumnavigation
circunnavegador -dora *mf* circumnavigator
circunnavegar **§59** *va* to circumnavigate
circunscribir **§17,** 9 *va* to circumscribe; (geom.) to circumscribe; *vr* to become circumscribed; to hold oneself down
circunscripción *f* circumscription; subdivision (*of an administrative, military, electoral, or ecclesiastical territory*)
circunscrito -ta *pp of* **circunscribir;** *adj* circumscript
circunspección *f* circumspection
circunspecto -ta *adj* circumspect
circunstancia *f* circumstance; **en las circunstancias presentes** under the circumstances; **circunstancias agravantes** aggravating circumstances; **circunstancias atenuantes** extenuating circumstances
circunstanciado -da *adj* circumstantial, detailed, minute
circunstancial *adj* circumstantial
circunstante *adj* present; surrounding; *mf* bystander, onlooker
circunterrestre *adj* around the earth
circunvalación *f* circumvallation; (fort.) circumvallation
circunvalar *va* to surround; (fort.) to circumvallate
circunvecino -na *adj* adjacent, neighboring, surrounding
circunvolar **§77** *va* to fly around
circunvolución *f* circumvolution; convolution; (anat.) convolution; **circunvolución cerebral** (anat.) cerebral convolution; **circunvolución de Broca** (anat.) convolution of Broca
circunyacente *adj* circumjacent
cirenaico -ca *adj & mf* Cyrenaic; **la Cirenaica** Cyrenaica
Cirene *f* Cyrene (*city*)
cirial *m* (eccl.) processional candlestick
cirigallo -lla *mf* gadabout
cirigaña *f* (dial.) flattery; (dial.) triviality; (dial.) disappointment
cirílico -ca *adj* Cyrillic
Cirilo *m* Cyril
cirineo *m* (coll.) helper
cirio *m* (eccl.) wax candle; **cirio pascual** (eccl.) paschal candle
Ciro *m* Cyrus
cirolero *m* (bot.) plum tree
cirrípedo -da *adj & m* (zool.) cirriped
cirro *m* (bot., zool. & meteor.) cirrus; (path.) scirrhus
cirrocúmulo *m* (meteor.) cirro-cumulus
cirroestrato *m* var. of **cirrostrato**
cirrópodo -da *adj & m* (zool.) cirriped
cirrosis *f* (path.) cirrhosis
cirroso -sa *adj* cirrous; scirrhous
cirrostrato *m* (meteor.) cirro-stratus
cirrótico -ca *adj* cirrhotic
ciruela *f* plum (*fruit*); **ciruela claudia** greengage; **ciruela de América** coco plum; **ciruela de fraile** long green plum; **ciruela de yema** yellow plum; **ciruela pasa** prune; **ciruela verdal** greengage
ciruelo *m* (bot.) plum tree; (coll.) dolt
cirugía *f* surgery; **cirugía cosmética, decorativa** or **estética** face lifting; **cirugía mayor** major surgery; **cirugía menor** minor surgery; **cirugía nerviosa** neurosurgery; **cirugía ortopédica** orthopedic surgery; **cirugía plástica** plastic surgery
cirujano -na *mf* surgeon; *m* (ichth.) surgeonfish
cirujano-dentista *m* dental surgeon
cisalpino -na *adj* cisalpine
cisandino -na *adj* cisandine
cisatlántico -ca *adj* cisatlantic
cisca *f* (bot.) ditch reed; (bot.) cogon grass
ciscar **§86** *va* (coll.) to dirty, to soil; *vr* to soil one's bed or one's clothes
cisco *m* slack, culm, coal dust; (coll.) uproar, row, wrangling; **meter cisco** (coll.) to stir up a row
ciscón *m* cinders
cisión *f* incision
cisípedo -da *adj* finger-footed
cisma *m* schism; discord
cismático -ca *adj* schismatic or schismatical; (Am.) fastidious; (Am.) gossipy; *mf* schismatic
cismontano -na *adj* cismontane, situated on this side of the mountains
cismoso -sa *adj* troublemaking; gossipy; *mf* troublemaker; gossip
cisne *m* (orn.) swan; (fig.) swan (*poet*); (*cap.*) *m* (astr.) Cygnus, Swan; **cisne de Mantua** Mantuan Swan (*Virgil*); **cisne dirceo** Dircaean Swan (*Pindar*)
cisoide *f* (geom.) cissoid
cispadano -na *adj* cispadane, situated on the Roman side of the river Po
cisquera *f* coal-dust shop
cisquero *m* coal-dust dealer; pounce bag
cistáceo -a *adj* (bot.) cistaceous
cistercience *adj & m* Cistercian
cisterna *f* cistern; (anat.) cistern; **cisterna de desagüe** catch basin
cisticerco *m* (zool.) cysticercus
cisticercosis *f* (path.) cysticercosis
cístico -ca *adj* (anat.) cystic; *m* (anat.) cystic duct
cistitis *f* (path.) cystitis
cistoscopio *m* cystoscope
cistotomía *f* (surg.) cystotomy
cisura *f* fissure; incision; (anat.) sulcus; **cisura de Rolando** (anat.) sulcus of Rolando
cita *f* date, engagement, appointment; citation; quotation; reference; **darse cita** to make a date, to have an appointment (*with each other*); **cita a ciegas** (coll.) blind date
citable *adj* quotable
citación *f* citation, quotation; (law) citation, summons
citado -da *adj* above-mentioned
citano -na *mf* (coll.) so-and-so
citar *va* to make an appointment with; to cite, to quote; (law) to cite, to summon; (taur.) to incite, to provoke; *vr* to have a date, to keep a date
citara *f* wall the thickness of a brick
cítara *f* (mus.) cithara; (mus.) cither; (mus.) zithern; (mus.) zither
citarilla *f* thin brick wall
citarón *m* masonry foundation
citasa *f* (biochem.) cytase
cite *m* (taur.) incitement, challenge
citereo -a *adj* (poet.) Cytherean; (*cap.*) *f* (myth.) Cytherea
citerior *adj* hither, nearer, situated on this side
citisina *f* (pharm.) cytisine
cítiso *m* (bot.) cytisus
-cito -ta *suffix dim* var. of **-ito** and attached to polysyllables ending in **d, e, n, r,** or an accented vowel, e.g., **ciudadcita** pretty little city; **madrecita** dear little mother; **Carmencita** little Carmen; **mujercita** nice little woman; **papacito** dear papa
cítola *f* millclapper
citología *f* cytology
citólogo -ga *mf* cytologist
citoplasma *m* (biol.) cytoplasm
citoplásmico -ca *adj* (biol.) cytoplasmic
citoquímica *f* cytochemistry
citote *m* (coll.) citation, summons
citramontano -na *adj* var. of **cismontano**
citrato *m* (chem.) citrate; **citrato de magnesia** (med.) citrate of magnesia
cítrico -ca *adj* (chem.) citric
citrícola *adj* citrus-growing
citrina *f* lemon oil; (biochem.) citrin
citrón *m* var. of **limón**
ciudad *f* city; city council; **ciudad Condal** Barcelona; **ciudad de David** City of David (*Jerusalem; Bethlehem*); **ciudad de Dios** City of God (*heaven*); **ciudad del amor fraternal**

City of Brotherly Love (*Philadelphia*); **ciudad del Apóstol** Santiago de Compostela; **ciudad de las siete colinas** City of the Seven Hills (*Rome*); **ciudad del Betis** Seville; **Ciudad del Cabo** Cape Town; **ciudad de los Califas** Cordova; **ciudad de los mástiles** City of Masts (*London*); **ciudad de los Reyes** Lima, Peru; **Ciudad del Vaticano** Vatican City; **ciudad de María Santísima** Seville; **Ciudad Eterna** Eternal City (*Rome*); **ciudad Imperial** or **Imperial ciudad** Toledo; **ciudad jardín** garden city; **ciudad libre** free city; **ciudad prohibida** Forbidden City (*Lhasa, capital of Tibet; walled section of Pekin*); **Ciudad Santa** Holy City (*Jerusalem, Rome, Mecca, etc.*); **Ciudad Vaticana** Vatican City; **Ciudad** City (*word written on an envelope to indicate that the letter is to go to the city in which it is mailed*)
ciudadanía *f* citizenship
ciudadano -na *adj* (pertaining to the) city; civic; citizen; *mf* citizen; urbanite; *f* citizeness
ciudadela *f* (fort.) citadel; (Am.) tenement house
civeta *f* (zool.) civet cat
civeto *m* civet
cívico -ca *adj* civic; public-spirited; domestic; *m* (coll.) policeman
civil *adj* civil; civilian; *mf* civilian; *m* policeman
civilidad *f* civility
civilista *mf* authority on civil law, professor of civil law; (Am.) antimilitarist
civilización *f* civilization
civilizador -dora *adj* civilizing
civilizar §76 *va* & *vr* to civilize
civismo *m* civism, good citizenship
cizalla *f* shears, sheet-metal shears; shearing machine; paper cutter; (surg.) bone forceps; chip, clipping (*of metal*); chips, shavings; **cizallas** *fpl* shears; **cizalla de guillotina** guillotine shears
cizallar *va* to shear
cizaña *f* (bot.) darnel; contagious vice, contaminating influence; discord; (Bib.) tare; **sembrar cizaña** to sow discord; **cizaña vivaz** (bot.) rye grass
cizañador -dora *mf* sower of discord, troublemaker
cizañamiento *m* sowing of discord, troublemaking
cizañar *va* to sow discord among, to alienate; *vn* to sow discord
cizañero -ra *mf* (coll.) sower of discord, troublemaker
cl. abr. of **centilitro** or **centilitros**
clac *m* (*pl:* **claques**) opera hat (*collapsible hat*); cocked hat
cladócero -ra *adj* & *m* (zool.) cladoceran
cladodio *m* (bot.) cladode, cladophyll
claitonia *f* (bot.) claytonia
clamar *va* to clamor for, cry out for; *vn* to clamor, cry out; **clamar al cielo** to cry to heaven; **clamar contra** to cry out against; **clamar por** to clamor for, cry out for
clámide *f* chlamys
clamor *m* clamor, outcry; plaint, whine; knell, toll
clamoreada *f* clamor, outcry; plaint, whine
clamorear *va* to clamor; *vn* to clamor; to toll
clamoreo *m* clamor, clamoring; toll, tolling
clamoroso -sa *adj* clamorous; crying, shrieking; buzzing (*noise*)
clan *m* clan
clandestinidad *f* clandestinity, secrecy, underhandedness
clandestinista *mf* (Am.) bootlegger
clandestino -na *adj* clandestine
clanga *f* (orn.) gannet, solan
clangor *m* (poet.) blare, sound of trumpet
claque *f* claque, hired clappers
clara & **Clara** *f* see **claro**
claraboya *f* skylight; transom; (arch.) bull's-eye; (arch.) clerestory
clarar *va* var. of **aclarar**
clarea *f* mulse, mulled wine
clarear *va* to brighten, light up; (Am.) to pierce through and through; *vn* to dawn; to clear up; *vr* to show through, be transparent (*said of a fabric*); (coll.) to show one's hand, give oneself away
clarecer §34 *vn* to dawn
clarens *m* (*pl:* **-rens**) clarence (*carriage*)
clareo *m* clearing (*of a thicket or woods*)
clarete *m* claret
clareza *f* clarity, clearness
claridad *f* clarity, clearness; brightness, brilliance, glory; blunt remark; **claridades** *fpl* plain language, simple truth
claridoso -sa *adj* (Am.) blunt, plain-talking
clarificación *f* clarification; brightening
clarificador *m* clarifier
clarificadora *f* (Am.) clarifier (*in sugar refining*)
clarificar §86 *va* to clarify; to brighten, light up; to clear (*e.g., a thicket*)
clarífico -ca *adj* bright, resplendent
clarimente *m* (archaic) face lotion
clarimento *m* (paint.) bright color
clarín *m* (mus.) clarion (*kind of trumpet; organ stop*); clarion player; fine cambric; (orn.) tropical thrush (*Myadestes unicolor*); (Am.) sweet pea
clarinada *f* clarion call; (coll.) uncalled-for remark
clarinazo *m* clarion call
clarinero *m* clarion player, bugler
clarinete *m* (mus.) clarinet; clarinetist
clarinetista *mf* clarinetist
clarión *m* chalk
clarioncillo *m* crayon
clarisa *f* Clare (*nun*)
clarividencia *f* clairvoyance (*clear-sightedness; supposed power to see things that are out of sight*)
clarividente *adj* clairvoyant; clear-sighted; *mf* clairvoyant (*person who claims to see things that are out of sight*)
claro -ra *adj* clear; bright; light (*in color*); thin (*liquid*); thin, sparse (*hair*); weak (*tea*); smart; famous, illustrious; light (*beer*); **a las claras** openly, publicly; clearly ‖ **claro** *adv* clearly; **¡claro!** sure!; of course!; **¡claro está!** or **¡claro que sí!** sure!, of course ‖ *m* gap, break; space, interval; glade, clearing; light (*window or opening*); skylight; (naut.) break (*in clouds*); **de claro en claro** obviously; from one end to the other; **pasar la noche de claro en claro** to not sleep a wink all night; **poner** or **sacar en claro** to explain, clear up; to copy (*a rough draft*); **claro de luna** brief moonlight (*on a dark night*) ‖ *f* white of egg; bald spot; thinly woven piece of cloth; temporary let-up or break (*in rain*) ‖ (*cap.*) *f* Clara, Clare
claror *m* brightness, splendor; **claror de luna** moonlight
claroscuro *m* (paint.) chiaroscuro; combination of fine and heavy strokes in penmanship
clarucho -cha *adj* (coll.) watery, thin
clase *f* class; classroom; **clases** *fpl* noncommissioned officers, warrant officers; **altas clases** upper classes; **fumarse la clase** (coll.) to cut class; **primera clase** (naut. & rail.) first class; **segunda clase** (naut. & rail.) second class; **tercera clase** (naut. & rail.) third class; **clase alta** upper class; **clase baja** lower class; **clase de cámara** or **clase intermedia** (naut.) cabin class; **clase de tropa** (mil.) noncommissioned officers; **clase media** middle class; **clase obrera** working class; **clases pasivas** pensioners; **clase turista** (aer. & naut.) tourist class
clasicismo *m* classicism
clasicista *adj* classicistic; *mf* classicist
clásico -ca *adj* classic, classical; outstanding; regular, everyday; *m* classic (*author*); classicist
clasificación *f* classification
clasificador -dora *adj* classifying; filing; *m* filing cabinet; (min.) classifier
clasificar §86 *va* to classify
clasismo *m* class discrimination
clasista *adj* (pertaining to) class; *mf* advocate of class discrimination
claudicación *f* limping, limp
claudicar §86 *vn* to limp; to bungle; (coll.) to back down
Claudio *m* Claude, Claudius

claustra *f* cloister
claustral *adj* cloistral
claustro *m* cloister; (anat.) claustrum; faculty (*of a school*)
claustrofobia *f* (path.) claustrophobia
cláusula *f* clause (*in a contract or other document*); (gram.) sentence; **cláusula de evicción de saneamiento** (law) warranty clause
clausulado -da *adj* choppy (*style*); *m* clauses, series of clauses
clausular *va* to close, finish; to terminate (*a contract*)
clausura *f* confinement, monastic life; adjournment, close; closing
clausurar *va & vr* to adjourn; to close
clava *f* club; (naut.) scupper; (anat.) clava
clavadista *mf* (Am.) diver
clavadizo -za *adj* nail-studded
clavado -da *adj* studded with nails; exact, precise; just right; stopped (*said of a watch*); sharp, e.g., **a las cinco clavadas** at five o'clock sharp; *m* (Am.) dive; **echar un clavado** (Am.) to take a dive
clavadura *f* pricking a horse's foot (*with horseshoe nail*)
clavar *va* to nail; to drive (*a nail*); to stick (*a dagger, a punch, etc.*); to prick (*a horse in shoeing*); to set (*a precious stone*); to fix (*eyes, attention, etc.*); (coll.) to cheat; *vr* (coll.) to get cheated; (Am.) to dive; **clavárselas** (Am.) to get drunk
clavaria *f* nail mould; (bot.) goatsbeard
clavazón *f* nails, stock of nails
clave *f* key (*to a code, puzzle, etc.*); (mus.) clef; (arch.) keystone; **echar la clave** to close, to wind up (*a deal, speech, etc.*); **clave de fa** (mus.) bass clef; **clave de sol** (mus.) treble clef; **clave telegráfica** (telg.) code word; *m* (mus.) harpsichord; *adj* key
clavel *m* (bot.) pink, carnation; **clavel coronado** (bot.) garden pink, grass pink; **clavel de China** (bot.) China pink; **clavel de las Indias** (bot.) French marigold; **clavel de ramillete** or **clavel de San Isidro** (bot.) sweet william; **clavel reventón** carnation, double-flowered carnation
clavelito *m* (bot.) dogbane
clavelón *m* (bot.) marigold
clavellina *f* (bot.) pink; **clavellina de pluma** (bot.) garden pink, grass pink
claveque *m* rock crystal (*cut to imitate a diamond*)
clavero -ra *mf* keeper of the keys; treasurer; *m* (bot.) clove tree; *f* nail hole; nail mould, heading stamp; line of boundary stones or landmarks
claveta *f* peg, wooden peg
clavete *m* tack; (mus.) plectrum
clavetear *va* to stud, to trim with studs, gold or silver tacks, etc.; to tip, to put a tip on (*a cord, string, ribbon, etc.*); to wind up, to settle
clavicordio *m* (mus.) clavichord
clavícula *f* (anat.) clavicle
claviculado -da *adj* (zool.) claviculate
clavicular *adj* clavicular
claviforme *adj* (bot. & zool.) clavate
clavija *f* pin, peg, dowel; treenail; (mach.) pintle; (mus.) peg (*of string instrument*); (elec.) plug; **apretar las clavijas a** (coll.) to put the screws on; **clavija de piso** (elec.) floor plug; **clavija hendida** cotter pin
clavijero *m* peg, hook, hanger; (mus.) pegbox (*e.g., of a guitar*); (mus.) wrest plank (*of piano*); (telp.) plug
clavillo or **clavito** *m* brad, tack; pin, rivet (*e.g., to hold scissors together*); (cook.) clove
clavo *m* nail; spike; corn (*on foot*); sharp pain; keen sorrow; headache; scab; (vet.) pastern tumor; (cook.) clove; (min.) rich vein; (Am.) drug on the market; **dar en el clavo** (coll.) to hit the nail on the head; **de clavo pasado** self-evident; easy; **remachar el clavo** (coll.) to make a bad situation worse; (coll.) to argue for a statement already proved; **clavo de alambre** wire nail; **clavo de especia** clove (*flower*); **clavo de herrar** horse nail, horseshoe nail; **clavo romano** brass-headed nail
claxon *m* klaxon
cleistógamo -ma *adj* (bot.) cleistogamous
clemátide *f* (bot.) clematis, virgin's-bower
clemencia *f* clemency
clemente *adj* clement; (*cap.*) *m* Clement
Cleón *m* Cleon
clepsidra *f* water clock, clepsydra
cleptomanía *f* kleptomania
cleptomaníaco -ca or **cleptómano -na** *adj & mf* kleptomaniac
clerecía *f* clergy; priesthood
clerical *adj* clerical; *m* clerical, clericalist
clericalismo *m* clericalism
clericato *m* or **clericatura** *f* clergy, priesthood
clerigalla *f* (scornful) priesthood, priests
clérigo *m* cleric, clergyman; (hist.) clerk (*scholar*); **clérigo de misa** priest
clerizón *m* chorister, acolyte
clerizonte *m* fake cleric; shabby priest
clero *m* clergy
clerofobia *f* priest hatred
clerófobo -ba *adj* priest-hating; *mf* priest hater
cleveíta *f* (mineral.) cleveite
cliché *m* cliché (*timeworn phrase or idea*)
cliente *mf* client; customer; patient (*of a physician*); guest (*of a hotel*)
clientela *f* clientele; customers; patronage, protection
clima *m* climate; (geog.) zone, country, clime; **clima artificial** air conditioning
climatérico -ca *adj* climacteric; (coll.) ill-humored; *m* climacteric
climaterio *m* climacteric
climático -ca *adj* climatic
climatización *f* air conditioning
climatizar §76 to air-condition
climatología *f* climatology
clímax *m* (*pl:* **-max**) (rhet.) climax
clin *f* var. of **crin**
clincha *f* (box.) clinch
clínico -ca *adj* clinical; *mf* clinician; (archaic) person asking for deathbed baptism; *f* clinic; private hospital; **clínica de reposo** convalescent home, nursing home
clinómetro *m* clinometer
clinopodio *m* (bot.) calamint
Clío *f* (myth.) Clio
clípeo *m* (archeol., bot. & zool.) clypeus
clíper *m* (naut. & aer.) clipper
cliqueteo *m* click, clicking
clisado *m* (print.) plating
clisar *va* (print.) to plate
clisé *m* (print.) cliché, plate; (print.) electrotype; (phot.) plate (*positive or negative*)
clistel *m* or **clister** *m* (med.) clyster, enema
clisterizar §76 *va* to clyster, to give an enema to; *vr* to give oneself an enema
clitelo *m* (zool.) clitellum
Clitemnestra *f* (myth.) Clytemnestra
clitómetro *m* clinometer
clítoris *m* (anat.) clitoris
clivoso -sa *adj* (poet.) sloping
clo *m* cluck
cloaca *f* sewer; (zool.) cloaca
clocar §95 *vn* to cluck
Clodoveo *m* Clovis
Cloe *f* Chloe
clónico -ca *adj* clonic
clono *m* (path.) clonus
clopemanía *f* var. of **cleptomanía**
cloque *m* boat hook; harpoon to catch tuna fish
cloquear *va* to harpoon (*tuna fish*); *vn* to cluck
cloqueo *m* cluck, clucking
cloquera *f* broodiness (*of a hen*)
cloquero *m* tuna-fish harpooner
cloral *m* (chem.) chloral
clorato *m* (chem.) chlorate; **clorato de potasio** (chem.) potassium chlorate
clorhidrato *m* (chem.) hydrochlorate
clorhídrico -ca *adj* (chem.) hydrochloric
clórico -ca *adj* (chem.) chloric
Cloris *f* (myth.) Chloris
clorita *f* (mineral.) chlorite
clorítico -ca *adj* chloritic
clorito *m* (chem.) chlorite
cloro *m* (chem.) chlorine
clorofila *f* (bot. & biochem.) chlorophyll
clorofílico -ca *adj* chlorophyllous
clorofilina *f* (biochem.) chlorophyllin
clorofórmico -ca *adj* chloroformic

cloroformización *f* (med.) chloroformization, chloroforming
cloroformizar §76 *va* (med.) to chloroform
cloroformo *m* (chem.) chloroform
cloromicetina *f* (pharm.) chloromycetin
cloropicrina *f* (chem.) chloropicrin
cloroplasto *m* (bot.) chloroplast
cloropreno *m* (chem.) chloroprene
clorosis *f* (bot. & path.) chlorosis; **clorosis de Egipto** (path.) hookworm disease
cloroso -sa *adj* (chem.) chlorous
clorótico -ca *adj* chlorotic
clortetraciclina *f* (pharm.) chlortetracycline
clorurar *va* to chloridize, to convert into a chloride
cloruro *m* (chem.) chloride; **cloruro amónico** (chem.) ammonium chloride; **cloruro de cal** (chem.) chloride of lime; **cloruro de calcio** (chem.) calcium chloride; **cloruro de etilo** (chem.) ethyl chloride; **cloruro mercúrico** (chem.) mercuric chloride
Cloto *f* (myth.) Clotho
club *m* (*pl:* **clubs**) club; **club náutico** yacht club
clubista *mf* club member
clueco -ca *adj* broody; (coll.) decrepit; *f* brooder (*hen*)
cluniacense *adj & m* Cluniac
cllo. abr. of **cuartillo**
cm. abr. of **centímetro** or **centímetros**
C.M.B. or **c.m.b.** abr. of **cuyas manos beso**
Cnosos *f* Knossos
coa *f* sharp stick used by Indians for tilling; (Am.) hoe; (Am.) jail slang
coacción *f* coercion, compulsion, coaction; enforcement
coaccionar *va* to force, to compel
coacervación *f* piling, heaping
coacervar *va* to pile, to heap up
coacreedor -ra *mf* cocreditor
coactar *va* to coerce, to force
coactivo -va *adj* coercive, compelling
coacusado -da *adj* jointly accused; *mf* codefendant
coadjutor -tora *mf* coadjutor; *f* coadjutrix
coadjutoría *f* coadjuvancy
coadministrador *m* coadministrator
coadunación *f* or **coadunamiento** *m* close union, coadunation
coadunar *va & vr* to join closely together
coadyutor *m* coadjutor
coadyuvante *m* state's attorney; (med.) adjuvant
coadyuvar *va* to help, aid; **coadyuvar a** + *inf* to help to + *inf; vn* to contribute
coagente *mf* coagent, associate
coagulación *f* coagulation; curdling
coagulador -dora *adj* coagulating, coagulative
coagulante *adj* coagulating, coagulative; *m* coagulant
coagular *va & vr* to coagulate; to curdle
coagulina *f* (biochem.) coagulin
coágulo *m* (physiol.) coagulum, clot
coala *m* (zool.) koala
coalescencia *f* coalescence
coalescente *adj* coalescent
coalición *f* coalition
coalicionista *mf* coalitionist
coaligar §59 *vr* var. of **coligar**
coalla *f* (orn.) woodcock
coana *f* (anat.) choana
coapóstol *m* fellow apostle
coaptación *f* coaptation
coartación *f* limitation, restriction; (med.) coarctation; obligation to be ordained within a limited time in order to enjoy a benefice
coartada *f* alibi; **probar la coartada** to prove an alibi
coartar *va* to limit, restrict
coate -ta *adj & mf* (Am.) var. of **cuate**
coatí *m* (*pl:* **-tíes**) (zool.) coati
coautor -tora *mf* coauthor, fellow author
coaxial *adj* coaxial
coba *f* (coll.) trick; (coll.) cajolery; (coll.) chat
cobaltar *va* to plate with cobalt
cobáltico -ca *adj* (chem.) cobaltic
cobaltina *f* (mineral.) cobaltite or cobaltine
cobalto *m* (chem.) cobalt
cobarde *adj* cowardly; timid, faint-hearted; dim (*sight*); *mf* coward
cobardear *vn* to be cowardly; to be timid, faint-hearted
cobardía *f* cowardice; timidity, faint-heartedness
cobaya *m* or **cobayo** *m* (zool.) guinea pig
cobeligerante *m* cobelligerent
cobertera *f* lid, potlid; procuress
cobertizo *m* shed
cobertor *m* bedcover, bedspread
cobertura *f* cover; covering; ceremony of conferring title on grandee of Spain (*which consists of his putting his hat on in the presence of king*)
cobija *f* imbrex tile; short mantilla; blanket; (Am.) horse blanket; **cobijas** *fpl* (Am.) bedclothes; **cobija eléctrica** electric blanket
cobijamiento *m* covering, closing
cobijar *va* to cover, to close; to lodge; to shelter; **en todo lo que el sol cobija** under the sun
cobijo *m* covering, closing; lodging (*without meals*); shelter, protection
cobista *adj* (coll.) fawning, flattering; *mf* (coll.) fawner, flatterer
Coblenza *f* Coblenz
cobo *m* (zool.) purse crab; (Am.) blanket
cobra *f* (hunt.) retrieve, retrieval; rope for yoking oxen; mares hitched to tread grain; (zool.) cobra
cobrable or **cobradero -ra** *adj* collectable; recoverable
cobrador *m* collector; conductor, trolley conductor; retriever (*dog*)
cobranza *f* collection; cashing; retrieval (*of game*)
cobrar *va* to recover (*something lost*); to collect; to cash; to charge; to acquire, get, win; to pull in (*a rope*); (hunt.) to retrieve; (Am.) to dun; **cobrar afición, odio, etc. a** to take a liking, dislike, etc. for; **cobrar ánimo** to take courage; **cobrar carnes** to put on flesh; **cobrar fuerzas** to gain strength; *vn* to get hit, e.g., **vas a cobrar** you're going to get hit; *vr* to recover (*e.g., from fear*); to come to
cobre *m* copper; brasses (*kitchen utensils*); **cobres** (mus.) brasses; **batir el cobre** (coll.) to hustle, work with energy; **mostrar el cobre** (Am.) to show one's bad side; **cobre quemado** copper sulfate; **cobre verde** malachite
cobreado -da *adj* copperplated; *m* copperplating
cobreño -ña *adj* copper
cobrería *f* copper work; copperworks
cobrero *m* coppersmith
cobrizo -za *adj* copper-colored; cupreous
cobro *m* collection; cashing; **poner en cobro** to put in a safe place; **ponerse en cobro** to withdraw to a safe place
Coburgo Coburg
coca *f* (bot. & pharm.) coca; little, round berry; woman's hair on one side of part in the center; (coll.) head; (coll.) rap on the head with the knuckles; kink, knot (*in a rope*); (Am.) shell, rind; **de coca** (Am.) free; (Am.) in vain; **coca de Levante** (bot.) India berry tree
cocada *f* coconut candy, coconut bar
cocaína *f* cocaine
cocainismo *m* (path.) cocainism
cocainización *f* cocainization
cocainizar §76 *va* to cocainize
cocar §86 *va* (coll.) to make a face at, to make faces at; (coll.) to cajole; (coll.) to make eyes at, to flirt with
coccíneo -a *adj* purple
cocción *f* cooking, boiling; baking, burning (*of brick*)
cóccix *m* (*pl:* **-cix**) (anat.) coccyx
coceador -dora *adj* kicking (*animal*)
coceadura *f* or **coceamiento** *m* kicking
cocear *vn* to kick; (coll.) to balk, to resist
cocedero -ra *adj* easy to cook, boil, or bake; *m* cookery, boiling room
cocedizo -za *adj* easy to cook, boil, or bake
cocedor *m* workman in charge of boiling syrup (*for making wine*); cookery, boiling room
cocedura *f* var. of **cocción**
cocer §30 *va* to cook; to boil; to bake (*bread, etc.*); to fire (*bricks*); to brew, to seethe; to di-

gest; to ret; *vn* to cook; to boil; to ferment; to seethe; *vr* to be in great sorrow; to be greatly inconvenienced; **no cocérsele a uno el pan** (coll.) to become intensely impatient
cocido -da *adj* (coll.) experienced, skilled; *m* olla, Spanish stew
cociente *m* (math.) quotient; **cociente intelectual** intelligence quotient
cocimiento *m* cooking, boiling; baking; decoction; bath for dyeing
cocina *f* kitchen; cuisine, cooking; stove; pottage of greens; **cocina de campaña** camp kitchen; **cocina de presión** pressure cooker; **cocina económica** kitchen range; **cocina sin fuego** fireless cooker
cocinar *va* to cook; (Am.) to bake; *vn* (coll.) to meddle
cocinero -ra *mf* cook
cocinilla *f* kitchenette; chafing dish; cooker; fireplace; **cocinilla sin fuego** fireless cooker; *m* (coll.) meddler
Cocito *m* (myth.) Cocytus
cóclea *f* endless screw; (anat.) cochlea
coclear *adj* cochlear
coclearia *f* (bot.) scurvy grass
coco *m* (bot.) coco, coconut palm or tree; coconut; coconut husk or shell; (bact.) coccus; percale; India berry; (ent.) scale insect; (orn.) white ibis; topknot, chignon; (coll.) bogeyman; (coll.) face, grimace; (Am.) derby hat; **hacer cocos** (coll.) to make a face, to make faces; (coll.) to cajole; (coll.) to make eyes, to flirt; **ser un coco** (coll.) to be ugly as the devil
cocobacilo *m* (bact.) coccobacillus
cocobolo *m* (bot.) sea grape; (bot.) cocobolo (*Dalbergia retusa*)
cocodriliano -na *adj & m* (zool.) crocodilian
cocodrilo *m* (zool.) crocodile
cocolmeca *f* (bot.) greenbrier
cócora *adj* (coll.) boresome, annoying; *mf* (coll.) bore
cocoso -sa *adj* gnawed by scale insects
cocotal *m* coconut grove
cocote *m* var. of **cogote**
cocotero *m* (bot.) coco, coconut palm or tree
coctel *m* or **cóctel** *m* cocktail; cocktail party
coctelera *f* cocktail shaker
cocuma *f* (Am.) roast corn on the cob
cocuyo *m* (bot.) ironwood; (ent.) fire beetle
cochambre *m* (coll.) filthy, stinking thing; (coll.) filthiness, dirtiness
cochambrería *f* (coll.) lot of filthy, stinking things
cochambrero -ra or **cochambroso -sa** *adj* (coll.) filthy and stinking
cocharro *m* wooden or stone cup, crock or bowl
cochastro *m* sucking wild boar
coche *m* carriage; coach; car; taxi; hog; **arrastrar coche** (coll.) to set up a coach, to live in style; **caminar en el coche de San Francisco** to go or to ride on shank's mare; **echar coche** to set up a coach; **coche automotor** rail car; **coche bar** (rail.) club car; **coche bomba** fire engine; **coche celular** Black Maria, prison van; **coche cuna** baby carriage; **coche de alquiler** cab, hack; **coche de carreras** (aut.) racing car; **coche de correos** (rail.) postal car, railroad mail car; **coche de deporte** (aut.) pleasure car; **coche de equipajes** (rail.) baggage car; **coche de mercancías** (rail.) freight car; **coche de muchos caballos** (aut.) high-powered car; **coche de paseo** (aut.) passenger car; **coche de plaza** or **de punto** hack; **coche de serie** (aut.) stock car; **coche de turismo** (aut.) touring car; **coche de viajeros** (rail.) passenger car; **coche fúnebre** or **mortuorio** hearse; **coche motor** motor coach; **coche usado** used car
cochear *vn* to drive a coach; to go driving
coche-bar *m* (*pl:* **coches-bares**) (rail.) club car
coche-cama *m* (*pl:* **coches-camas** or **coches-cama**) (rail.) sleeping car
cochecillo *m* little coach; wheel chair; **cochecillo para inválidos** wheel chair; **cochecillo para niño** baby carriage
coche-comedor *m* (*pl:* **coches-comedores**) (rail.) diner, dining car
coche-correo *m* (*pl:* **coches-correo**) (rail.) postal car, railroad mail car
coche-fumador *m* (*pl:* **coches-fumadores**) (rail.) smoker, smoking car
coche-habitación *m* (*pl:* **coches-habitación**) trailer
cochera *f* see **cochero**
coche-restaurante *m* (*pl:* **coches-restaurantes** or **coches-restaurante**) (rail.) diner, dining car
cocheril *adj* (coll.) (pertaining to a) coach; coachman's
cochero -ra *adj* easily boiled or cooked; *m* coachman; coach driver; **cochero de punto** hackman; *f* coachman's wife; coach house; livery stable; garage; carbarn
cocherón *m* large coach house; engine house, roundhouse
coche-salón *m* (*pl:* **coches-salones** or **coches-salón**) (rail.) parlor car, chair car
cochevira *f* lard
cochevís *m* (orn.) crested lark
cochifrito *m* fricassee of lamb or goat
cochinada *f* (coll.) piggishness, filthiness; (coll.) dirty trick
cochinata *f* (naut.) rider
cochinchina *f* Cochin (*fowl*); **la Cochinchina** Cochin China; **cochinchina enana** Cochin Bantam
cochinería *f* (coll.) piggishness, filthiness; (coll.) coarseness, baseness
cochinero -ra *adj* for hogs (*said of food*)
cochinilla *f* (ent.) cochineal insect; (zool.) wood louse; cochineal (*dyestuff*); **cochinilla de humedad** (zool.) sow bug; **cochinilla de la laca** (ent.) lac insect; **cochinilla de San José** (ent.) San Jose scale
cochinillo *m* sucking pig
cochino -na *adj* (coll.) piggish, dirty, filthy; (coll.) stingy; *mf* hog; (coll.) pig, dirty person; *m* (ichth.) oldwife; (metal.) pig; *f* sow; trollop (*slovenly woman*)
cochiquera *f* (coll.) var. of **cochitril**
cochite hervite *adv, adj & m* helter-skelter
cochitril *m* (coll.) pigsty; (coll.) den, filthy room, hovel
cochizo *m* (min.) rich vein
cocho -cha *mf* (dial.) hog
cochura *f* cooking, boiling, baking; batch of dough
coda *f* (carp.) corner block (*in form of triangular prism*); (mus.) coda
codadura *f* (hort.) layer
codal *adj* (pertaining to the) elbow; *m* elbowpiece (*of armor*); frame (*of saw*); strut, prop, shore, trench brace
codaste *m* (naut.) sternpost
codazo *m* nudge, poke with the elbow; **dar codazo a** (Am.) to tip, tip off
codear *vn* to elbow; (Am.) to sponge, sponge one's way; *vr* to hobnob; **codearse con** to hobnob with
codeína *f* (chem.) codein or codeine
codelincuencia *f* complicity
codelincuente *mf* accomplice
codeo *m* elbowing, nudging; (Am.) sponging
codera *f* elbow patch; itch on the elbow; (naut.) stern fast
codesera *f* growth of cytisus
codeso *m* (bot.) flatpod; (bot.) hairy cytisus
codeudor -dora *mf* codebtor
códice *m* codex
codicia *f* covetousness, cupidity, greed
codiciable *adj* covetable
codiciador -dora *adj* coveting; *mf* coveter
codiciar *va & vn* to covet
codicilar *adj* codicillary
codicilo *m* (law) codicil
codicioso -sa *adj* covetous, greedy, grasping; eager, anxious; **berserk** (*bull*); (coll.) hardworking, industrious
codificación *f* codification
codificar §86 *va* to codify
código *m* code; codex; Justinian code; **código civil** civil law; **código de honor** code of honor; **código de Justiniano** Justinian code; **código de señales** signal code; **código de señales marítimas** marine code; **código in-**

ternacional (telg.) international code; **código penal** penal code; **código telegráfico** telegraph code
codillo *m* knee (*of quadrupeds*); stirrup; (mach.) elbow; angle iron; bend; stump (*remaining on trunk after branch has been cut*); codille (*in game of omber*); **jugársela a uno de codillo** (coll.) to outwit someone; **tirar al codillo a** (coll.) to do everything possible to ruin (*someone*)
codo *m* elbow (*of arm or sleeve*); (mach.) elbow; cubit; **alzar** or **empinar el codo** (coll.) to drink, to crook the elbow; **dar de codo a** (coll.) to nudge; (coll.) to spurn; **hablar por los codos** (coll.) to talk too much; **hasta los codos** (coll.) up to the elbows; **mentir por los codos** (coll.) to lie like a trooper; **roerse los codos de hambre** (coll.) to be hard up, be in great want
codón *m* leather dock for horse's tail
codoñate *m* preserved quinces
codorniz *f* (*pl:* **-nices**) (orn.) quail
coeducación *f* coeducation
coeducacional *adj* coeducational
coeficiencia *f* common cause; cooperation, joint effort
coeficiente *m* (math. & phys.) coefficient; **coeficiente de dilatación** (phys.) coefficient of expansion; **coeficiente diferencial** (math.) differential coefficient; *adj* coefficient
coercer §91 *va* to coerce, to restrain
coerción *f* coercion, restraint; (phys.) coercive force
coercitivo -va *adj* coercive, restraining
coetáneo -a *adj & mf* contemporary
coeterno -na *adj* coeternal
coevo -va *adj* coeval
coexistencia *f* coexistence
coexistente *adj* coexistent
coexistir *vn* to coexist
coextender §66 *vr* to coextend
coextensión *f* coextension
coextensivo -va *adj* coextensive
cofa *f* (naut.) top
cofia *f* coif; hair net; (arm.) coif (*pad under helmet*)
cofiador *m* (law) joint bondsman or surety
cofiezuela *f* small coif; small hair net
cofín *m* basket, fruit basket
cofosis *f* (path.) cophosis, deafness
cofrada *f* sister, member
cofrade *mf* member, fellow member; *m* brother (*of a confraternity, etc.*); *f* sister (*of a confraternity, etc.*)
cofradía *f* confraternity, brotherhood, sisterhood; union, association
cofre *m* coffer, chest, trunk; (fort.) coffer; (ichth.) trunkfish; **cofre de equipajes** trunk (*of automobile*)
cofrero -ra *mf* trunk maker or dealer
cofto -ta *adj & mf* var. of **copto**
cogedero -ra *adj* ready to be picked; *m* handle; *f* rod for gathering esparto grass; box for catching bees; fruit picker (*pole with catch on end*)
cogedizo -za *adj* easy to pick
cogedor -dora *mf* picker, gatherer; *m* dustpan; coal shovel, ash shovel
cogedura *f* picking, gathering
cogegotas *m* (*pl:* **-tas**) drip pan
coger §49 *va* to pick, gather, collect; to seize, take hold of; to catch; to get; to overtake; to find; to take up, absorb; to hold; to cover, occupy; *vn* to be, to be located; (coll.) to fit; *vr* to get caught; (Am.) to steal; **cogerse los dedos** to burn one's fingers
cogetrapos *m* (*pl:* **-pos**) ragpicker, rag dealer
cogida *f* (coll.) picking, gathering, harvest; (taur.) hook (*with the horns*)
cogido *m* fold, gather (*in cloth*)
cogitabundo -da *adj* pensive, meditative
cogitativo -va *adj* cogitative (*possessing power of thought*)
cognación *f* blood relationship via the female line; relationship
cognado -da *adj & mf* cognate
cognaticio -cia *adj* cognatic
cognición *f* cognition (*process of knowing*)
cognomento *m* epithet, appellation
cognoscitivo -va *adj* cognitive
cogollo *m* heart (*of lettuce*); head (*of cabbage*); shoot (*of a plant*); top (*of tree*); (ent.) harvest fly; (fig.) cream, pick
cogombrillo *m* var. of **cohombrillo**
cogombro *m* (archaic) var. of **cohombro**
cogón *m* (bot.) cogon grass
cogorda *f* (bot.) bottle gourd
cogorza *f* (coll.) drunk, drunkenness
cogotazo *m* blow on the back of the neck
cogote *m* back of the neck; crest at back of helmet; **ser tieso de cogote** (coll.) to be stiff, be haughty
cogotera *f* havelock; sun curtain (*for horse's neck*)
cogotudo -da *adj* thick-necked; (coll.) proud, stiff-necked; (coll.) very rich; *m* (Am.) nouveau riche
cogucho *m* coarse sugar
cogujada *f* (orn.) crested lark
cogujón *m* point, tip, corner (*of a pillow, bag, etc.*)
cogujonero -ra *adj* with points or corners (*like those of a pillow*)
cogulla *f* cowl (*monk's hood and garment together*); **cogulla de fraile** (bot.) monkshood
cogullada *f* pendulous fold of skin under neck of hog
cohabitación *f* living together; cohabitation
cohabitar *vn* to dwell or live together; to cohabit
cohecha *f* (agr.) plowing just before sowing
cohechador -dora *adj* bribing; *mf* briber
cohechar *va* to bribe (*e.g., a judge*); (agr.) to plow just before sowing; *vn* to take a bribe
cohecho *m* bribing; (agr.) plowing season
cohen *mf* soothsayer; procurer
coheredera *f* coheiress
coheredero *m* coheir
coherencia *f* coherence
coherente *adj* coherent; (bot.) coherent
cohesión *f* cohesion; (phys.) cohesion
cohesivo -va *adj* cohesive
cohesor *m* (rad.) coherer
cohete *m* skyrocket; rocket; blasting fuse; (coll.) wind (*in intestines or being expelled*); **cohete de salvamento** (naut.) lifesaving rocket; **cohete de señales** (aer.) flare; *adj* (Am.) drunk
cohetear *va* (Am.) to blast
cohetería *f* rocketry
cohetero -ra *mf* maker or seller of skyrockets and fireworks; rocketeer
cohibición *f* restraint, restriction
cohibir §99 *va* to restrain, restrict, check
cohobación *f* cohobation, redistillation
cohobar *va* (chem.) to cohobate, redistil
cohobo *m* deerskin
cohollo *m* var. of **cogollo**
cohombral *m* cucumber patch
cohombrillo *m* (bot.) small cucumber; **cohombrillo amargo** (bot.) squirting cucumber
cohombro *m* (bot.) cucumber (*plant and fruit*); cucumber-shaped fritter; **cohombro de mar** (zool.) sea cucumber
cohonestar *va* to palliate, to gloss over, to rationalize
cohorte *f* cohort
coigual *adj & mf* coequal
coima *f* rake-off of operator of a gambling house; concubine; (Am.) bribe
coime *m* croupier; score keeper at billiards
coimero *m* croupier
coincidencia *f* coincidence; **en coincidencia con** in agreement with
coincidente *adj* coincident
coincidir *vn* to coincide; to come together; to agree
coinquilino -na *mf* joint tenant, cotenant
coinquinar *va* to stain, soil; *vr* to become sullied
cointeresado -da *adj* jointly interested; *mf* party having a joint interest
coipo or **coipu** *m* (zool.) coypu
coirón *m* (bot.) ichu
coito *m* coition, coitus
coja *f* see **cojo**
cojear *vn* to limp, to halt; to wobble (*said, e.g., of a table*); (coll.) to slip, to lapse (*into vice or error*); (fig.) to limp (*said of verse*); **saber**

C

de qué pie cojea alguien to know someone's weakness
cojera *f* limp, lameness
cojijo *m* bug; peeve
cojijoso -sa *adj* peevish, querulous
cojín *m* cushion
cojincillo *m* pad
cojinete *m* small cushion; sewing cushion; bearing; pillow block; (rail.) chair; **cojinete de balas** ball bearing; **cojinete de cono** cone bearing; **cojinete de rodillos** roller bearing
cojinillo *m* little cushion; holder (*to seize something hot*)
cojitranco -ca *adj* (scornful) mean and lame
cojo -ja *adj* lame, halt; crippled; wobbly (*table*); game (*leg*); shaky, unsound (*argument*); *mf* lame person; cripple; *f* (coll.) lewd woman
cojón *m* testicle
cojudo -da *adj* not castrated
cojuelo -la *adj* lame, crippled; *mf* cripple
cok *m* var. of **coque**
col. abr. of **colonia** & **columna**
col *f* (bot.) cabbage; **coles** *fpl* cabbage (*for eating*); **col de Bruselas** (bot.) Brussels sprouts; **col de Laponia** (bot.) Russian turnip; **col marina** (bot.) sea kale
col.ª abr. of **colonia** & **columna**
cola *f* tail; tail end; end seat; end, bottom (*e.g., of the class*); trail, train (*of a gown*); queue (*line of people*); glue; (fig.) tail (*e.g., of a comet, a coat*); **colas** *fpl* (min.) tailings; **a la cola** (coll.) behind; **hacer cola** (coll.) to stand in line, to queue; **tener** or **traer cola** (coll.) to have serious consequences; **cola de caballo** horsetail; (bot.) horsetail; **cola de gato** (meteor.) cat's-tail (*cirrus*); **cola del dragón** (astr.) dragon's tail; **cola del pan** bread line; **cola de milano** or **de pato** dovetail; **cola de perro** (bot.) crested dog's-tail; **cola de pescado** isinglass (*gelatin*); fish glue; **cola de rata** (bot.) bottle brush, field horsetail; **cola de retal** or **de retazo** (paint.) size, sizing; **cola de tijera** (orn.) frigate bird; **cola de zorra** (bot.) meadow foxtail; **cola de zorrillo** (bot.) hop tree; **cola negra** (zool.) blacktail, mule deer
colaboración *f* collaboration; contribution (*to a journal or symposium*)
colaboracionista *mf* collaborationist
colaborador -dora *adj* collaborating; *mf* collaborator; contributor
colaborar *vn* to collaborate; to contribute
colación *f* collation (*comparison; light lunch*); conferring (*e.g., of a degree*); parish land; **sacar a colación** (coll.) to bring up, make mention of; **traer a colación** (coll.) to bring in, to bring up; (coll.) to adduce as proof; (coll.) to lug in irrelevantly
colacionador -dora *mf* collator
colacionar *va* to collate
colactánea *f* foster sister
colactáneo *m* foster brother
colada *f* buck (*lye; bleached clothing*); bucking; cattle run; gulch; (metal.) tap; (coll.) good sword; **salir en la colada** (coll.) to come to light, be shown up, be exposed
coladera *f* strainer, colander
coladero *m* strainer, colander; narrow pass; (min.) winze, ore chute; (coll.) easy school, pipe course
coladizo -za *adj* runny
colador *m* strainer, colander
coladora *f* woman who bucks clothes
coladura *f* straining; (coll.) nonsense, lying
colágeno *m* (biochem.) collagen
colagogo -ga *adj* & *m* (med.) cholagogue
colaina *f* cup shake, ring shake
colambre *f* var. of **corambre**
colanilla *f* door or window bolt
colaña *f* low partition; solid or closed stair railing
colapez *f* or **colapiscis** *f* isinglass (*gelatin*)
colapsible *adj* collapsible
colapso *m* (path. & fig.) breakdown, collapse; **colapso nervioso** nervous breakdown
colapsoterapia *f* collapse therapy
colar *va* to confer (*a degree or an ecclesiastical benefit*); **§77** *va* to strain; to pour; to cast; to drive, bore; to sink (*a shaft*); to bleach (*washed clothes*) in hot lye, to buck; to pass off (*a bad coin*); **colar el hueso por** (coll.) to squeeze oneself through; *vn* to ooze, to run; to squeeze through; to come in (*said, e.g., of air through a narrow opening*); to slip in (*said of a remark*); (coll.) to drink wine; **no colar** (coll.) to not be believed; **colar a fondo** (naut.) to sink; *vr* to seep, percolate; to slip or sneak in; to slip through; to slip, make a slip; to talk nonsense, to lie; **colarse de gorra** (coll.) to crash the gate
colateral *adj* collateral; *mf* collateral (*relative*); *m* (com.) collateral
colativo -va *adj* collative; cleansing
colcótar *m* (chem.) colcothar
colcrén *m* cold cream
colcha *f* bedspread, counterpane, quilt
colchado -da *adj* quilted, padded; *m* quilting; lay (*in ropemaking*)
colchadura *f* quilting; (naut.) laying (*of ropes*)
colchar *va* to quilt; (naut.) to lay (*strands of rope*)
colchero -ra *mf* quilt maker
colchón *m* mattress; **colchón de aire** air mattress; **colchón de muelles** bedspring, spring mattress; **colchón de pluma** feather mattress; **colchón de tela metálica** wire bed, bedspring; **colchón de viento** air mattress
colchonería *f* wool shop; mattress, pillow, and cushion shop
colchonero -ra *mf* mattress maker
colchoneta *f* long cushion (*for a sofa or bench*)
coleada *f* wag of the tail; (Am.) throwing a bull by twisting its tail
coleador -dora *adj* tail-wagging
coleadura *f* wagging the tail; (taur.) twisting the bull's tail; (aer.) fishtail
colear *va* (taur.) to grab (*a bull*) by the tail; (Am.) to throw (*a bull*) by twisting its tail; (Am.) to nag, harass; (Am.) to trail after (*a person*); (Am.) to flunk (*a student*); (Am.) to be approaching (*a certain age*); *vn* to wag the tail; (aer.) to fishtail; (Am.) to sway (*said of a train*); **todavía colea** (coll.) it's still unsettled
colección *f* collection; (path.) abscess, gathering
coleccionador -dora *mf* collector (*e.g., of coins*)
coleccionar *va* to collect (*e.g., coins*)
coleccionista *mf* collector (*e.g., of coins*)
colecistectomía *f* (surg.) cholecystectomy
colecisto *m* (anat.) cholecyst
colecistostomía *f* (surg.) cholecystostomy
colecta *f* assessment; purse, money collected for charity; (eccl.) collect; (eccl.) collection
colectación *f* collection (*e.g., of taxes*)
colectar *va* to collect (*e.g., taxes*)
colecticio -cia *adj* new, green, untrained; omnibus (*volume*)
colectividad *f* collectivity; whole; group; community, whole community; collective ownership
colectivismo *m* collectivism
colectivista *adj* collectivistic; *mf* collectivist
colectivización *f* collectivization
colectivizar **§76** *va* to collectivize; *vr* to become collectivized
colectivo -va *adj* collective; group; (gram.) collective
colectomía *f* (surg.) colectomy
colector *m* collector (*e.g., of taxes*); trap, catch basin; sewer; (elec.) commutator; (elec.) collector; **colector de admisión** intake manifold; **colector de escape** exhaust manifold
colecturía *f* collectorship; collector's office; tax office
colédoco *m* (anat.) common bile duct
colega *mf* colleague
colegatario -ria *mf* (law) joint legatee, colegatary
colegiación *f* association, organization into an association
colegiado -da *adj* collegiate
colegial *adj* collegiate, college; *m* collegian
colegiala *f* collegian, co-ed
colegiar *vr* to form an association
colegiata *f* collegiate church
colegiatura *f* scholarship, fellowship

colegio *m* college; school, academy; student body; **Colegio de cardenales** College of Cardinals; **colegio electoral** electoral college; polls
colegir §72 *va* to gather, collect; to infer, to conclude
colegislador -dora *adj* colegislative
coleo *m* var. of **coleadura**
coleóptero -ra *adj* (ent.) coleopterous; *m* (ent.) coleopteran
coleorriza *f* (bot.) coleorhiza
colera *f* tail ornament (*for a horse*)
cólera *f* (physiol.) bile; anger, rage, choler; gummed white cotton fabric; **montar en cólera** to blow up, to hit the ceiling; *m* (path.) cholera; **cólera asiático** (path.) Asiatic cholera; **cólera de las gallinas** (vet.) chicken cholera; **cólera de los cerdos** (vet.) hog cholera; **cólera esporádico** (path.) cholera nostras; **cólera infantil** (path.) cholera infantum; **cólera morbo** (path.) cholera morbus; **cólera nostras** (path.) cholera nostras
colérico -ca *adj* choleric (*irascible*); choleraic (*pertaining to cholera*); sick with cholera; *mf* choleric or irritable person; person suffering from cholera
coleriforme *adj* choleriform
colerina *f* (path.) cholerine
colesterina *f* (biochem.) cholesterin
colesterol *m* (biochem.) cholesterol
coleta *f* pigtail; queue, cue; (coll.) postscript; (Am.) burlap; **cortarse la coleta** to quit the ring, give up bullfighting; to quit; **traer** o **tener coleta** (coll.) to lead to results of some moment
coletazo *m* lash, blow with the tail
coleteo *m* flop, flopping
coletero *m* (orn.) wren
coletillo *m* sleeveless jacket
coleto *m* buff jacket; (coll.) body, one's body, oneself; **decir para su coleto** (coll.) to say to oneself; **echarse al coleto** (coll.) to eat up, to drink up; (coll.) to read from cover to cover
coletudo -da *adj* (Am.) brazen, insolent
colgadero -ra *adj* fit to be hung up, fit to be kept; *m* hanger, hook; clothes rack
colgadizo -za *adj* hanging; lean-to, penthouse; *m* lean-to, penthouse
colgado -da *adj* pending, unsettled; drooping; **dejar colgado** (coll.) to frustrate, to disappoint; **quedarse colgado** (coll.) to be frustrated, to be disappointed
colgador *m* (print.) peel; clothes hanger
colgadura *f* hangings, drapery, tapestry
colgajo *m* rag, tatter; fruit hung up for keeping; (surg.) torn tissue (*used to heal over a wound*)
colgandero -ra *adj* hanging, suspended
colgante *adj* hanging; suspension; *m* hanger; drop, pendant; festoon; king post
colgar §79 *va* to hang; to drape, to adorn with hangings; to flunk; to give a birthday present to; to attribute, to blame; (coll.) to hang (*e.g., a criminal*); *vn* to hang; to dangle; to droop; to depend; (telp.) to hang up; **colgar de** to hang from; to hang on (*e.g., a nail*)
colibacilo *m* (bact.) coli
colibacilosis *f* (path.) colibacillosis
coliblanco -ca *adj* white-tailed
colibrí *m* (*pl:* **-bríes**) (orn.) humming bird
colicano -na *adj* white-tailed
cólico -ca *adj* (anat. & path.) colic; *m* (path.) colic; *f* (path.) upset stomach
colicuación *f* melting, fusion; (path.) colliquation
colicuar *va* to melt, dissolve
colicuecer §34 *va* var. of **colicuar**
coliche *m* (coll.) open house
coliflor *f* (bot.) cauliflower; (path.) cauliflower excrescence
coligación *f* connection, union; alliance
coligado -da *adj* bound together; allied; *mf* ally, confederate
coligadura *f* or **coligamiento** *m* var. of **coligación**
coligar §59 *vr* to join forces, make common cause
colilla *f* butt, stump (*of cigar*)
colillero -ra *mf* cigar-butt picker
colimación *f* (astr. & opt.) collimation
colimador *m* (opt.) collimator
colimbo *m* (orn.) grebe
colín -lina *adj* bobtailed (*horse or mare*); *m* (orn.) bobwhite; **colín de Virginia** (orn.) bobwhite
colina *f* hill, knoll; cabbage seed; cabbage nursery; (biochem.) choline
colinabo *m* (bot.) rutabaga
colindante *adj* adjacent, contiguous, neighboring
colindar *vn* to be adjacent, be contiguous
colineta *f* pretty dish of sweets; (Am.) macaroon
colino *m* cabbage seed; cabbage nursery
colinoso -sa *adj* hilly
coliquecer §34 *va* var. of **colicuar**
colirio *m* collyrium, eyewash
colirrábano *m* (bot.) kohlrabi
colirrojo *m* (orn.) redstart
colisa *f* (arti.) revolving platform; (arti.) swivel gun
coliseo *m* coliseum; (*cap.*) *m* Coliseum, Colosseum
colisión *f* collision; chafing, abrasion; bruise, bump
colista *mf* (hum.) queuer, person standing in line
colitigante *mf* colitigant
colitis *f* (path.) colitis
colmadamente *adv* in abundance
colmado -da *adj* abundant, full, overflowing; *m* sea-food restaurant; food store
colmar *va* to fill to overflowing; to fill, to stock; to fill in, to fill up; to crowd; to fulfill (*e.g., one's hopes*); to overwhelm; **colmar de** to shower with, to overwhelm with; **colmar el ojo** to fill the eye
colmena *f* beehive
colmenar *m* apiary
colmenero -ra *mf* beekeeper
colmenilla *f* (bot.) morel
colmillada *f* var. of **colmillazo**
colmillar *adj* (pertaining to an) eyetooth, tusk
colmillazo *m* bite with an eyetooth; gash made with a tusk
colmillejo *m* small eyetooth; small tusk
colmillo *m* eyetooth, canine tooth; tusk (*e.g., of elephant*); **enseñar los colmillos** (coll.) to show one's teeth; (coll.) to stiffen, show spirit; **escupir por el colmillo** (coll.) to boast, brag, bully; **tener el colmillo retorcido** (coll.) to be keen, be wide-awake
colmilludo -da *adj* having big eyeteeth; big-tusked; (coll.) keen, sharp-witted
colmo -ma *adj* filled to overflowing; *m* overflow, overflowing; (coll.) height, limit; thatch, thatched roof; topping (*e.g., of a dish of ice cream*); **a colmo** in abundance; **eso es el colmo** (coll.) that's the limit; **llegar a colmo** (coll.) to attain perfection; **llenar con colmo** to fill to overflowing; **para colmo de** to top off, as a finishing touch to
colobo *m* (zool.) guereza (*African monkey*)
colocación *f* placing; location; placement; investment; position, employment, job
colocar §86 *va* to place, to put; to locate; to invest; to find a place or position for; to set (*a trap*); to find an outlet for (*a product*); to lay (*a keel*); *vr* to get placed, find a job; to sell; (sport) to place (*said of a horse in a race*)
colocasia *f* (bot.) taro
colocolo *m* colocolo (*South American wildcat*); singing mouse of Chile; (Chile) imaginary fish-shaped or lizard-shaped monster hatched from a rotten egg
colocutor -tora *mf* collocutor, conferee; party (*to a conversation*)
colodión *m* (chem.) collodion
colodra *f* milk bucket; wine bucket; drinking horn; **ser una colodra** (coll.) to be a toper
colodrillo *m* back of neck
colofón *m* colophon; (fig.) finishing touch
colofonia *f* colophony, rosin
coloidal *adj* colloidal
coloide *adj* & *m* (chem.) colloid
coloideo -a *adj* colloid, colloidal
Colombia *f* Colombia; **la Colombia Británica** British Columbia

colombianismo *m* Colombianism
colombiano -na *adj & mf* Colombian
colombino -na *adj* Columbian (*pertaining to Columbus*); (*cap.*) *f* Columbine
colombio *m* (chem.) columbium
colombo *m* (pharm.) calumba
colombófilo -la *mf* pigeon fancier
colon *m* (anat.) colon; (gram.) main clause; (gram.) colon, semicolon; **colon imperfecto** (gram.) dependent clause; **colon perfecto** (gram.) independent clause, main clause
Colón *m* Columbus; (*l.c.*) *m* colon (*monetary unit of Costa Rica and El Salvador*)
colonato *m* colonialism
colonia *f* colony; cologne; silk ribbon (*about an inch and a half wide*); community, development; (Am.) sugar plantation; (*cap.*) *f* Cologne; **la Colonia del Cabo** Cape Colony; **colonia veraniega** summer colony
coloniaje *m* (Am.) colonial period; (Am.) colonial system; (Am.) slavery
colonial *adj* colonial; overseas; **coloniales** *mpl* imported foods
colonialismo *m* colonialism
colonialista *adj* colonial (*country*)
colónico -ca *adj* colonic
colonización *f* colonization; land settlement
colonizador -dora *adj* colonizing; *mf* colonizer, colonist
colonizar §76 *va & vn* to colonize, to settle
colono *m* colonist, settler; colonial; farmer; tenant farmer; (Am.) Indian peasant
coloquial *adj* colloquial
coloquíntida *f* (bot.) colocynth
coloquio *m* colloquy, talk, conference
color *m* color; coloring; paint; rouge; **colores** *mpl* colors (*flag*); **de color** colored (*not black or white; of some other race than the white*); tan (*e.g., shoes*); **en todo color** in full color; **mudar de color** to change color (*to turn pale; to blush*); **sacar los colores a** to make blush; **salirle a uno los colores** to blush; **so color de** under color of, under pretext of; **verlo todo de color de rosa** to see everything through rose-colored glasses; **color al óleo** (paint.) oil color; **colores complementarios** complementary colors; **colores de anilina** aniline dyes; **color local** (lit. & paint.) local color; **color muerto** o **quebrado** faded color, wan color
coloración *f* coloration, coloring
colorado -da *adj* colored; red, reddish; off-color (*joke*); colored, specious; **ponerse colorado** (coll.) to blush
coloradote -ta *adj* (coll.) ruddy, sanguine, blowzy
colorante *adj & m* coloring
colorar *va* to color; to dye; to stain
colorativo -va *adj* coloring
coloratura *f* (mus.) coloratura
colorear *va* to color; (fig.) to color, to palliate; *vn* to redden, turn red (*said, e.g., of ripening fruit*)
colorete *m* rouge; **ponerse colorete** to rouge, to make up
colorido -da *adj* colorful; *m* coloring; (fig.) coloring
colorimetría *f* colorimetry
colorímetro *m* colorimeter
colorín *m* (orn.) linnet; bright color
colorir §53 *va* to color; (fig.) to color; *vn* to take on color
colorista *mf* colorist
colosal *adj* colossal
colosense *adj & mf* Colossian
coloso *m* colossus; **coloso de Rodas** Colossus of Rhodes
colostomía *f* (surg.) colostomy
colquicina *f* (chem.) colchicine
cólquico *m* (bot.) colchicum, autumn crocus; (pharm.) colchicum
Cólquida, la Colchis
coludir *vn* to be in collusion
columbario *m* columbarium
columbino -na *adj* columbine, dovelike; simple, innocent
columbio *m* var. of **colombio**
columbrar *va* to glimpse, descry; to guess
columbrete *m* (naut.) reef
columela *f* (arch., anat., bot. & zool.) columella
columelar *adj* canine (*tooth*); *m* canine tooth
columna *f* column; **quinta columna** fifth column; **columna adosada** (arch.) engaged column; **columna cerrada** (mil.) close column; **columna de dirección** (aut.) steering column; **columna embebida** (arch.) engaged column; **columna entorchada** (arch.) wreathed column; **columna entregada** (arch.) engaged column; **columna mingitoria** public urinal; **columna rostral** rostral column; **columna salomónica** (arch.) twisted column; **columnas de Hércules** Pillars of Hercules; **columna vertebral** (anat.) vertebral column, spinal column; **columna volante** (mil.) flying column
columnación *f* (arch.) columniation
columnador *m* tabulator (*of typewriter*)
columnario -ria *adj* columnar
columnata *f* (arch.) colonnade; (arch.) columniation
columnista *mf* columnist
columpiar *va* to swing; *vr* to swing; to seesaw; (coll.) to swing, sway, swagger
columpio *m* swing; seesaw; (Am.) dip in the road
coluro *m* (astr.) colure
colusión *f* collusion
colusorio -ria *adj* collusive
colutorio *m* gargle
coluvie *f* (archaic) gang of thugs; sewer, mudhole
colza *f* (bot.) colza, rape
colla *f* collet (*of armor*); squally weather preceding monsoons; (naut.) last packing of oakum; row of fish traps
collada *f* pass (*through mountains*); (naut.) steady blow
collado *m* hill, height; pass (*through mountains*)
collar *m* necklace; cord or chain (*hung around neck to hold insignia*); dog collar, horse collar; collar, band (*placed on neck of a prisoner*); frill, ring (*of feathers of different colors around neck of bird*); (mach.) collar
collarejo *m* small necklace
collarín *m* stock (*worn by clergy*); collar (*of a coat*); frill (*around neck of bird or animal*); (arch.) gorgerin
collarino *m* (arch.) gorgerin
collazo *m* farmhand (*who has been given some land to work for himself*); bondsman, serf
colleja *f* (bot.) corn salad
collera *f* horse collar; collar (*breast harness*); chain gang; (Am.) pair of cuff links; **collera de yugo** oxbow
collerón *m* fancy horse collar
collón -llona *adj* (coll.) cowardly; *mf* (coll.) coward
collonada *f* (coll.) cowardice, cowardly act
collonería *f* (coll.) cowardice
coma *f* (gram.) comma (*used also for the decimal point in Spanish*); (arch.) miserere, misericord; **sin faltar una coma** (coll.) in minutest detail; *m* (path.) coma; **coma vigil** (path.) coma vigil
comabacilo *m* (bact.) comma bacillus
comadre *f* midwife; mother or godmother (*with respect to each other*); gossip; (coll.) woman friend (*of another woman*); (coll.) go-between
comadrear *vn* (coll.) to gossip, to go around gossiping; (Am.) to enjoy oneself
comadreja *f* (zool.) weasel
comadreo *m* (coll.) gossip, gossiping
comadrería *f* (coll.) gossiping, idle gossip
comadrero -ra *adj* (coll.) gossipy; *mf* (coll.) gossip (*person*)
comadrón *m* accoucheur, man midwife; gynecologist
comadrona *f* midwife
comal *m* (Am.) round earthenware griddle (*for corncakes*)
comalia or **comalía** *f* (vet.) dropsy
comalido -da *adj* sickly
comandancia *f* command (*position or function; territory; troops, ships, etc. under one who commands*); commander's office; (mil.) majority

comandanta *f* (coll.) wife of commander, commandant, or major; (nav.) flagship
comandante *m* (mil.) commander; (mil.) commandant; (mil.) major; **comandante en jefe** commander in chief
comandar *va* (mil. & nav.) to command
comandita *f* (com.) silent partnership
comanditar *va* (com.) to invest in (*an undertaking*) as a silent partner
comanditario -ria *adj* silent; silent-partnership; *mf* silent partner
comando *m* (mil.) command; (mil.) commando; control; **comando a distancia** remote control
comarca *f* region, territory, province
comarcal *adj* regional, provincial
comarcano -na *adj* regional; bordering, neighboring
comarcar §86 *va* to line up (*trees*) at equal distances in every direction; *vn* to border
comatoso -sa *adj* comatose
comátula *f* (zool.) feather star
comba *f* see **combo**
combadura *f* bending, curving, warping, bulging; bend, belly, sag; camber
combar *va* to bend, to curve; *vr* to bend, to curve, to warp, to bulge, to sag
combate *m* combat, fight; struggle; **fuera de combate** hors de combat; **triunfar por fuera de combate** (box.) to win by a knockout
combatido -da *adj* aggressive, militant
combatiente *adj* combatant; *m* combatant; (orn.) ruff
combatir *va* to combat, to fight; to beat, to beat upon; to harass; *vn* to combat; to struggle; *vr* to combat, to fight
combatividad *f* combativeness
combativo -va *adj* combative
combés *m* open space; (naut.) half deck
combinación *f* combination; combination (*underwear*); plan, scheme; **combinación de trenes** (rail.) connection
combinador *m* (elec.) controller
combinar *va* to combine, to bring together; to work out; (chem.) to combine; *vr* to combine; (chem.) to combine
combinatorio -ria *adj* combinatory; (math.) combinatorial
combleza *f* mistress (*of a married man*)
combo -ba *adj* bent, warped, crooked; *m* stand for casks; *f* bend, curve, warp, bulge; skipping rope; game of skipping rope; camber (*of road*); **hacer combas** (coll.) to sway, to swing; **saltar a la comba** to jump rope, to skip rope
comboso -sa *adj* bent, curved, arched, bulging
comburente *adj* supporting combustion; *m* supporter of combustion
combustibilidad *f* combustibility
combustible *adj* combustible; *m* combustible; fuel
combustión *f* combustion; **poner en combustión** to inflame, to stir up, to agitate; **combustión espontánea** spontaneous combustion
combusto -ta *adj* burnt
comedero -ra *adj* eatable; *m* manger, feed trough; dining room; (Am.) pasture; (Am.) hangout; **limpiarle a uno el comedero** (coll.) to deprive someone of his livelihood
comedia *f* comedy; play, drama; theater; comedia (*Spanish verse drama*); (fig.) farce; (fig.) drama; **hacer la comedia** (coll.) to pretend, make believe; **comedia cómica** comedy (*humorous play*); **comedia de capa y espada** cloak-and-sword play; **comedia de carácter** comedy of character; **comedia de costumbres** comedy of manners; **comedia de enredo** comedy of intrigue; **comedia de figurón** Spanish drama of the seventeenth century depicting a ridiculous or extravagant vice or character; **comedia devota** Spanish mystery play (*based on Eucharist*)
comediante -ta *mf* hypocrite; *m* actor; *f* actress, comedienne
comediar *va* to divide into equal parts, to divide in half
comedido -da *adj* courteous, polite; moderate, frugal; (Am.) meddlesome; (Am.) obliging
comedimiento *m* courtesy, politeness; moderation; (Am.) meddlesomeness
comedio *m* middle; interval
comediógrafo -fa *mf* playwright; comedian (*writer*)
comedión *m* dull, tiresome play
comedir §94 *vr* to be courteous; to be moderate, control oneself; (Am.) to meddle; (Am.) to be obliging; **comedirse a** + *inf* (Am.) to offer to, to volunteer to + *inf*
comedón *m* (path.) blackhead
comedor -dora *adj* heavy-eating, hungry; *m* dining room; eating place, restaurant; dining-room suite; **comedor de beneficencia** soup kitchen
comedorcito *m* dinette
comegente *m* (slang) man-eater
comején *m* (ent.) white ant, termite
comejenera *f* nest of white ants; (Am.) dive, den
comendador *m* knight commander; commander (*of a military order*); prelate of an order, Mercedarian prelate
comendadora *f* mother superior, Mercedarian mother superior
comendatario *m* (eccl.) commendatary, commendator
comendaticio -cia *adj* (eccl.) commendatory (*letter*)
comendatorio -ria *adj* commendatory (*letter or document*)
comendero *m* (hist.) commendator
comensal *mf* retainer, dependent, servant; table companion; fellow diner; (biol.) commensal
comensalía *f* house companionship, table companionship
comentador -dora *mf* commentator
comentar *va* to comment on, to expound; *vn* to comment; (coll.) to gossip
comentario *m* commentary; **comentarios** *mpl* (coll.) chit-chat, gossip
comentarista *mf* commentator
comento *m* comment; commentary; fiction, falsehood; deceit, cheat
comenzante *adj* beginning; *mf* beginner
comenzar §31 *va & vn* to begin, to start, to commence; **comenzar a** + *inf* to begin to + *inf*; **comenzar** + *ger* to begin + *ger*; **comenzar por** + *inf* to begin by + *ger*
comer *m* food; *va* to eat; to feed on; to gnaw, to gnaw away; to corrode; to consume; to fade; to enjoy (*an income*); (checkers & chess) to take; to itch; **sin comerlo ni beberlo** (coll.) without having anything to do with it; **tener qué comer** (coll.) to have enough to live on; **comer vivo** (coll.) to have it in for; *vn* to eat; to dine, have dinner; to itch; **comer de todo** to eat everything; *vr* to be eaten; to eat up; to bite (*one's nails*); (coll.) to consume (*money*); to skip, skip over; to nullify; **comerse unos a otros** (coll.) to be at loggerheads
comerciable *adj* marketable; sociable
comercial *adj* commercial
comercialidad *f* marketability
comercialización *f* commercialization
comercializar §76 *va* to commercialize
comerciante *adj* trading, of traders, of merchants; *mf* trader, merchant; **comerciante al por mayor** wholesaler; **comerciante al por menor** retailer; **comerciante comisionista** commission merchant; *m* tradesman
comerciar *vn* to deal, to trade; to have dealings
comercio *m* commerce, trade; business; business interests; business center; store, shop; firm; intercourse, illicit intercourse; **comercio de artículos de regalo** gift shop; **comercio exterior** foreign trade; **comercio interior** domestic commerce; **comercio sexual** sexual intercourse; **comercio social** social intercourse
comestible *adj* eatable, comestible; *m* food, foodstuff, comestible
cometa *m* (astr.) comet; *f* kite
cometario -ria *adj* (pertaining to a) comet
cometer *va* to entrust; to commit (*an undertaking to someone; a mistake, a sin, a crime*); to employ (*a figure of speech*)
cometido *m* assignment, commission, duty; commitment; purpose

comezón *f* itch; (fig.) itch
comible *adj* (coll.) fit to eat
comicastro *m* ham, ham actor
comicial *adj* comitial
comicidad *f* comedy, comicalness
comicios *mpl* comitia; election; voting; **acudir a los comicios** to go to the polls
cómico -ca *adj* comic or comical; dramatic; *mf* comedian; actor; **cómico de la legua** strolling actor, barnstormer; ham; *f* comedienne; actress
comida *f* see **comido**
comidilla *f* repast; (coll.) hobby; (coll.) talk, gossip; **comidilla de la ciudad, del pueblo** or **de la vecindad** (coll.) talk of the town
comido -da *adj* fed; finished eating; **estar comido** to have finished eating; **comido por servido** (coll.) unprofitable, not worth while; *f* eating; food; meal; dinner; **comida corrida** (Am.) table d'hôte; **comidas y camas** board and lodging
comienzo *m* beginning, start; **a comienzos de** around the beginning of (*e.g., the month*); **dar comienzo** to have its (or their) beginnings
comilitón *m* var. of **conmilitón**
comilitona *f* (coll.) spread, feast
comilón -lona *adj* (coll.) hearty, heavy-eating, voracious; *mf* (coll.) big eater; *f* (coll.) big meal, hearty meal, spread
comillas *fpl* quotation marks
cominear *vn* (coll.) to fuss around like a woman (*said of a man*)
cominería *f* (coll.) fussiness
cominero *adj masc* (coll.) fussy (*man*); *m* (coll.) fussy fellow, betty
Cominform *f* Cominform
cominillo *m* (bot.) cockle, darnel
comino *m* (bot.) cumin; cuminseed; **no valer un comino** (coll.) to be not worth a continental; **comino rústico** (bot.) laserwort
Comintern *f* Comintern
comiquear *vn* to put on amateur plays
comiquería *f* (coll.) group of ham actors; (coll.) educational farce
comiquillo *m* ham, ham actor
comisar *va* to attach, to seize; to confiscate
comisaría *f* commissariat; (Am.) police station
comisariato *m* commissariat
comisario *m* commissary; commissioner; commissar; (mil.) commissary; **alto comisario** high commissioner; **comisario de a bordo** (naut.) purser
comiscar §86 *va* (coll.) var. of **comisquear**
comisión *f* commission; committee; errand
comisionado -da *adj* commissioned; *mf* commissioner; committeeman
comisionar *va* to commission
comisionista *mf* commission agent; commission merchant; *adj* commission, working on a commission
comis.º abr. of **comisario**
comiso *m* attachment, seizure; confiscation; confiscated goods
comisquear *va* (coll.) to nibble at, keep nibbling at
comistión *m* commixture
comistrajo *m* (coll.) hodgepodge, mess
comisura *f* (anat., bot. & zool.) commissure; corner (*of lips, eyelids, etc.*)
comité *m* committee
comitente *adj & mf* constituent
comitiva *f* retinue, suite
cómitre *m* (naut.) galley boatswain
comiza *f* (ichth.) barbel
como *adv* as; like; how; so to speak, as it were; about; *conj* as; when; if; as soon as; so that; as long as; inasmuch as; that; **así como** as soon as; **la manera como** the way that; **tan luego como** as soon as; **como no** unless; **como no sea** unless it be; **como no sea para** + *inf* except to + *inf,* unless it be to + *inf;* **como que** because, inasmuch as; **como quien dice** so to speak; **como quiera que** however; since, inasmuch as; (archaic) although
cómo *adv* how?; why?; what?; how!; how, e.g., **no sé cómo explicar lo que hizo** I don't know how to explain what he did; **¿a cómo es . . . ?** how much is . . . ?; **¿cómo así?** how so?; **¿cómo no?** why not?; **¡cómo no!** (Am.) of course!
cómoda *f* see **cómodo**
comodable *adj* (law) susceptible of being lent
comodante *mf* (law) lender by commodation
comodatario -ria *mf* borrower by commodation
comodato *m* (law) commodation; (law) commodatum
comodidad *f* convenience; comfort; interest, advantage
comodidoso -sa *adj* (Am.) self-seeking
comodín *m* wild card, joker; gadget, jigger; excuse, alibi
comodista *adj* self-centered; selfish; comfort-loving
cómodo -da *adj* convenient, handy; comfortable (*person or thing*); comfort-loving; *f* commode, bureau, chest of drawers
comodón -dona *adj* (coll.) comfort-loving
comodoro *m* commodore
comoquiera *adv* anyway; **comoquiera que** however
comp.ª abr. of **compañía**
compacción *f* compactness
compacidad or **compactibilidad** *f* compressibility, contractility
compacto -ta *adj* compact; close (*e.g., weave*)
compadecer §34 *va* to pity, to feel sorry for; *vr* to harmonize; **compadecerse con** to harmonize with; **compadecerse de** to pity, to feel sorry for
compadecido -da *adj* sympathetic
compadraje *m* cabal, clique
compadrar *vn* to become a godfather; to become friendly; to be congenial
compadrazgo *m* compaternity; cabal, clique
compadre *m* father or godfather (*with respect to each other*); (coll.) friend, companion
compadrear *vn* (coll.) to be close friends; (Am.) to show off
compadrería *f* friendship, companionship
compadrito *m* (Am.) bully
compaginación *f* arrangement, ordering; (print.) paging
compaginador *m* (print.) pager
compaginar *va* to arrange, to put in order, to bring together; (print.) to page, page up, make up; *vr* to fit, agree, gee
companage *m* or **compango** *m* cold cuts, cold dish
compaña *f* (coll.) company; (archaic) family
compañerismo *m* good fellowship, comradeship, companionship
compañero -ra *mf* companion; mate; partner; **compañero de armas** companion-at-arms, comrade in arms; **compañero de cama** bedfellow; **compañero de cuarto** or **de habitación** roommate; **compañero de juego** playfellow, playmate; **compañero de trabajo** fellow worker; **compañero de viaje** fellow traveler (*communist sympathizer*); *f* helpmeet (*wife*)
compañía *f* company; society; (com., mil. & theat.) company; **hacerle compañía a una persona** to keep someone company; **compañía anónima** (com.) stock company; **compañía comanditaria** or **en comandita** (com.) commandite (*partnership with one or more silent partners*); **compañía de desembarco** (nav.) landing force; **Compañía de Jesús** Society of Jesus; **compañía del ahorcado** (coll.) unsteady or inconstant companion; **compañía de la legua** (theat.) strolling players; **compañía de seguros** insurance company; **compañía matriz** parent company
comparable *adj* comparable
comparación *f* comparison; (gram.) comparison
comparado -da *adj* comparative
comparador *m* (coll.) comparer; (phys.) comparator
comparar *va* to compare
comparativo -va *adj* comparative; (gram.) comparative; *m* (gram.) comparative; *f* (gram.) conjunction of comparison
comparecer §34 *vn* (law) to appear
compareciente *mf* (law) party appearing, party hereto
comparencia *f* (law) appearance
comparendo *m* (law) summons

C

comparición *f* (law) appearance; (law) summons
comparsa *f* (theat.) supernumeraries, extras; masquerade; *mf* (theat.) supernumerary, extra; (coll.) quiet person
comparte *mf* (law) joint party
compartidor -dora *mf* sharer, participant
compartimiento *m* division, distribution; compartment; (rail.) compartment; **compartimiento estanco** (naut.) watertight compartment
compartir *va* to divide; to share (*e.g., an opinion*)
compás *m* compass (*for showing directions*); compass or compasses (*for drawing curves, etc.*); (mus.) time, measure; (mus.) beat; (mus.) bar, measure; rule, measure; jurisdiction of a monastery; **a compás** (mus.) in time; **al compás de** in step with; **fuera de compás** (mus.) out of time, off beat; **llevar el compás** (mus.) to keep time; **perder el compás** (mus.) to get out of time; **compás de calibres** caliper compass, calipers; **compás de división** dividers; **compás mayor** (mus.) duple measure; **compás menor** (mus.) compound duple or quadruple time
compasado -da *adj* measured, moderate, prudent
compasar *va* to measure with a compass; to fit, to cut to size, to adapt or adjust with precision; (mus.) to mark off (*a composition*) in measures or bars
compasible *adj* pitiful; compassionate
compasillo *m* (mus.) compound duple or quadruple time
compasión *f* compassion; **mover a compasión** to move to compassion; **¡por compasión!** for pity's sake
compasionado -da *adj* passionate
compasivo -va *adj* compassionate
compaternidad *f* compaternity
compatibilidad *f* compatibility
compatible *adj* compatible
compatricio -cia or **compatriota** *mf* compatriot, fellow countryman
compatrón *m* var. of **compatrono**
compatrono -na *mf* joint patron
compeler *va* to compel; **compeler a** + *inf* to compel to + *inf*
compendiador -dora *adj* summarizing; *mf* summarizer
compendiar *va* to summarize, condense
compendiariamente *adv* in brief, in a word
compendio *m* compendium; **en compendio** in brief, in a word
compendioso -sa *adj* compendious
compendista *mf* writer of a compendium or digest; summarizer
compendizar §76 *va* var. of **compendiar**
compenetración *f* interpenetration, compenetration; mutual understanding
compenetrar *vr* to interpenetrate, to compenetrate; to have the same thoughts and feelings; to understand thoroughly; (Am.) to be convinced; **compenetrarse de** to absorb, take in
compensación *f* compensation; (com.) clearing; (sport) handicap (*in boat races*)
compensador -dora *adj* compensating; *m* compensator; compensating pendulum
compensar *va* to compensate; to compensate for, make up for; *vn* to compensate; *vr* to be compensated for
compensativo -va *adj* compensative
compensatorio -ria *adj* compensatory
competencia *f* competence or competency; adequacy, sufficiency; dispute; competition; area, domain, field; (law) competence or competency; **a competencia** in emulation, vying with each other; **de la competencia de** in the domain or bailiwick of; **en competencia de** in competition with; **sin competencia** unmatched (*e.g., prices*)
competente *adj* competent; adequate, sufficient; reliable; (law) competent
competer *vn* to be incumbent, to belong
competición *f* competition
competidor -dora *adj* competing; *mf* competitor
competir §94 *vn* to compete
compilación *f* compilation
compilador -dora *mf* compiler
compilar *va* to compile
compinche *mf* (coll.) chum, crony, pal
complacedero -ra or **complacedor -dora** *adj* pleasing
complacencia *f* complaisance; pleasure, satisfaction, complacency
complacer §34 *va* to please, to humor; *vr* to be pleased; **complacerse con, de** or **en** to be pleased with, take pleasure in, delight in; **complacerse** + *inf* or **en** + *inf* to be pleased to + *inf*, to take pleasure in + *ger*
complacido -da *adj* complacent, satisfied
complaciente *adj* complaisant; pleasing, agreeable; nice; indulgent
complacimiento *m* var. of **complacencia**
complejidad *f* complexity
complejo -ja *adj* complex; *m* complex; (psychol.) complex; **complejo B** (biochem.) B complex; **complejo de Electra** (psychoanal.) Electra complex; **complejo de Edipo** (psychoanal.) Oedipus complex; **complejo de inferioridad** inferiority complex
complementar *va* to complement
complementario -ria *adj* complementary
complemento *m* complement, addition; accessory; perfection, completion; (gram., math. & mus.) complement; **complemento directo** (gram.) direct object; **complemento indirecto** (gram.) indirect object
completamiento *m* completion
completar *va* to complete; to perfect
completas *fpl* see **completo**
completivo -va *adj* complemental; finished, perfect
completo -ta *adj* complete; full (*e.g., trolley car*); **completas** *fpl* (eccl.) compline, completory
complexidad *f* complexity
complexión *f* constitution; complexion
complexionado -da *adj* constituted; **bien complexionado** strong, robust; **mal complexionado** weak, frail
complexional *adj* constitutional
complexo -xa *adj* complex
complicación *f* complication
complicado -da *adj* complicated, complex
complicar §86 *va* to complicate; to involve; *vr* to become complicated; to become entangled or involved
cómplice *mf* accomplice, accessory
complicidad *f* complicity
complot *m* (*pl:* **-plots**) complot, plot, intrigue
complotar *vn* to complot, plot, intrigue
complutense *adj* (pertaining to) Alcalá de Henares; *mf* native or inhabitant of Alcalá de Henares; (*cap.*) *f* Complutensian Polyglot (*Bible polyglot printed in 1513-1517 in Alcalá de Henares*)
componado -da *adj* (her.) compone
compondré *1st sg fut ind of* **componer**
componedor -dora *mf* composer; compositor, typesetter; mender, repairer; arbitrator; **amigable componedor** (law) arbitrator; *m* (print.) stick, composing stick
componenda *f* compromise, deal; settlement; reconciliation
componente *adj* component; *m* component; member (*person*); *f* (mech.) component
componer §69 *va* to compose; to compound; (mus., lit. & print.) to compose; to make, to constitute; to arrange, to put in order; to mend, to repair; to adorn, to trim, to deck out; to pacify, to reconcile; to settle; (coll.) to strengthen, restore; (coll.) to settle (*the stomach*); to scheme up; (Am.) to set (*a bone*); *vn* to compose; *vr* to compose oneself; to get dressed; to make up (*with paint, powder, etc.; to become friends again*); **componerse de** to be composed of; **componerse con** to settle with, come to terms with; **componérselas** (coll.) to manage, to make out, to come to terms
componible *adj* adjustable; reparable, mendable; conciliable
comporta *f* grape basket or bucket
comportable *adj* bearable, tolerable
comportamentismo *m* (psychol.) behaviorism

comportamentista *adj* behavioristic; *mf* behaviorist
comportamiento *m* comportment, behavior, deportment
comportar *va* to bear, tolerate; (Am.) to entail; *vr* to comport oneself, to behave
comporte *m* behavior; bearing, carriage
comportería *f* grape-basket or grape-bucket business or shop
comportero -ra *mf* grape-basket or grape-bucket maker or dealer
composición *f* composition; settlement, compromise; agreement; composure; **hacer una composición de lugar** to size up the situation; to lay one's plans; **composición de fuerzas** (mech.) composition of forces
compositivo -va *adj* compositive, constituent; (gram.) combining (*particle*)
compositor -tora *mf* (mus.) composer; (Am.) trainer (*of race horses or fighting cocks*)
compostelano -na *adj* (pertaining to) Santiago de Compostela; *mf* native or inhabitant of Santiago de Compostela
compostura *f* composition, form, structure; agreement, settlement, adjustment; composure; circumspection; neatness, sleekness; repair, repairing; adulteration
compota *f* compote, preserves, sauce (*of fruit*)
compotera *f* compote, compotier
compound *adj indecl* (elec. & mach.) compound
compra *f* purchase, buy; shopping; day's marketing; **hacer compras** or **ir de compras** to go shopping
comprable, compradero -ra or **compradizo -za** *adj* purchasable
comprador -dora *adj* buying; *mf* buyer, purchaser; shopper
comprar *va* to buy, to purchase; (fig.) to buy, buy off (*by bribing*); **comprar a** or **de** to buy from; *vn* to shop
compraventa *f* transaction, buying and selling; second-hand business; (law) bargain
comprendedor -dora *adj* understanding
comprender *va* to understand; to comprehend; to comprize
comprensibilidad *f* comprehensibility
comprensible *adj* comprehensible, understandable
comprensión *f* comprehension, understanding; inclusion
comprensivo -va *adj* understanding; comprehensive; **comprensivo de** inclusive of
comprensor -sora *adj* inclusive, embracing; (theol.) blessed
compresa *f* (med.) compress; **compresa fría** (med.) cold pack; **compresa higiénica** sanitary napkin
compresibilidad *f* compressibility
compresible *adj* compressible
compresión *f* compression; (pros.) synaeresis
compresivo -va *adj* compressive
compresor -sora *adj* compressing; *m* compressor; (anat., mach. & surg.) compressor; *f* (mach.) compressor
comprimario -ria *mf* (theat.) singer playing second or supporting roles
comprimido -da *adj* compressed; flattened; *m* (pharm.) tablet
comprimir *va* to compress; to repress, to restrain; *vr* to become compressed, to flatten out; to control oneself
comprobable *adj* provable, verifiable
comprobación *f* checking, verification; proof; **comprobación de averías** trouble shooting
comprobante *adj* proving, verifying; *m* proof; certificate, voucher, warrant, claim check
comprobar §77 *va* to check, verify; to prove
comprofesor -sora *mf* colleague
comprometedor -dora *adj* (coll.) compromising
comprometer *va* to compromise, to involve, to bind; to endanger; to force, to oblige; to agree to entrust (*a matter to a third party*); *vr* to become compromised; to compromise oneself· to commit oneself; to become engaged; **comprometerse a** + *inf* to promise to + *inf*, to obligate oneself to + *inf*
comprometido -da *adj* awkward, embarrassing
comprometimiento *m* adjustment; danger, predicament; pledge, promise
compromisario -ria *mf* arbitrator, umpire; *m* electoral delegate
compromiso *m* compromise (*e.g., of a lawsuit*); engagement, appointment; commitment; pledge; compromising situation; embarrassment; betrothal; (canon law) compromise; **estar en compromiso** to be questioned, be in doubt; **poner en compromiso** to bring into question, cast doubt on
comprovincial *adj & m* (eccl.) comprovincial
comprovinciano -na *mf* comprovincial
comps. abr. of **compañeros**
compuerta *f* floodgate, sluice, lock; hatch, half door; draw (*of a drawbridge*); scapulary, shoulder strap (*to which cross was hung*)
compuestamente *adv* neatly, trimly; in an orderly fashion
compuesto -ta *adj* compound; composite; (gram.) compound; bedecked; composed, calm, circumspect; (arch.) Composite; *pp of* **componer;** *m* compound; composite; (chem.) compound; *f* (bot.) composite
compulsa *f* collating; (law) authentic copy
compulsación *f* collating
compulsar *va* to collate; (law) to make an authentic copy of
compulsión *f* compulsion
compulsivo -va *adj* compulsive, compulsory
compunción *f* compunction; sorrow, pity
compungido -da *adj* grieved, sorrowful, remorseful
compungir §42 *va* to make remorseful; *vr* to feel remorse, be remorseful
compungivo -va *adj* pricking, stinging
compurgación *f* (law) compurgation
compurgar §59 *va* (law) to try by compurgation; (Am.) to finish serving (*one's time in jail*)
compuse *1st sg pret ind of* **componer**
computación *f* computation
computar *va & vn* to compute
computista *mf* computer
cómputo *m* computation
comulgante *mf* (eccl.) communicant
comulgar §86 *va* to administer communion to; *vn* to take communion
comulgatorio *m* communion rail, altar rail; communion window (*in a nunnery*)
común *adj* common; (gram.) common; **común de dos** (gram.) common (*noun*); **común de tres** (gram.) common (*adjective or adjectival ending in Latin*); *m* community; commonalty; water closet; **el común de las gentes** the general run of people, the common run of people; **en común** in common; **por lo común** commonly
comuna *f* commune; (dial.) main irrigation channel; (*cap.*) *f* Commune
comunal *adj* common; communal, community; *m* commonalty, common people
comunero -ra *adj* popular (*well-liked*); *m* shareholder, joint owner; **comuneros** *mpl* commoners (*in pasture lands*)
comunicable *adj* communicable; sociable, communicative, companionable
comunicación *f* communication; report, paper; rhetorical question; **comunicaciones** *fpl* communications (*telephone, mail, etc.*)
comunicado *m* communiqué; letter to the editor; official notice
comunicador -dora *adj* communicating
comunicante *adj* communicant; communicating; *mf* communicant; writer (*person who writes to inform or request*)
comunicar §86 *va, vn & vr* to communicate
comunicativo -va *adj* communicative
comunidad *f* community; **comunidades** *fpl* popular uprisings (*especially in Castile under Charles I*); **de comunidad** jointly; **Comunidad Británica de Naciones** British Commonwealth of Nations; **comunidad de bienes** joint ownership
comunión *f* communion; political party; (eccl.) Communion; **comunión de los santos** (eccl.) communion of saints
comunismo *m* communism
comunista *adj* communist, communistic; *mf* communist
comunistizante *adj* communistically inclined; *mf* fellow traveler

comunistizar §76 *va* to communize; *vr* to become communistic
comunistoide *adj* fellow-traveling; *mf* fellow traveler
comunizar §76 *va* to communize
comuña *f* maslin (*mixture of wheat and rye*)
con *prep* with; in spite of; to, e.g., **amable con ella** kind to her; of: **soñar con** to dream of; **con** + *inf* by + *ger;* in spite of + *ger;* **con que** whereupon; and so; **con tal (de) que** provided that; **con todo** however, nevertheless
conación *f* (psychol.) conation
conato *m* endeavor, effort, try; attempt; (law) attempt, assault
concadenación *f* concatenation
concadenar *va* to concatenate, to link together
concambio *m* exchange
concanónigo *m* fellow canon
concatenación *f* concatenation
concatenar *va* to concatenate, to link together
concausa *f* concause, joint cause
concavidad *f* concavity
cóncavo -va *adj* concave; *m* & *f* concave, concavity, cavity
cóncavoconvexo -xa *adj* concavo-convex
concebible *adj* conceivable
concebir §94 *va* & *vn* to conceive
concedente *adj* conceding, concessive
conceder *va* to concede, admit; to grant
concedidamente *adv* admittedly, avowedly, concededly
concejal *m* alderman; councilman
concejala *f* alderman's wife; councilman's wife; councilwoman
concejil *adj* (pertaining to the) council; common, public
concejo *m* town council; town hall; council meeting; foundling
concento *m* harmonious singing
concentrabilidad *f* faculty of concentration
concentración *f* concentration
concentrado -da *adj* concentrated; uncommunicative
concentrar *va* to concentrate; to center; to restrain, conceal; *vr* to concentrate; to center
concéntrico -ca *adj* concentric or concentrical
concentuoso -sa *adj* harmonious
concepción *f* conception; Immaculate Conception; feast of the Immaculate Conception; **Inmaculada Concepción** Immaculate Conception
conceptear *vn* to be full of conceits, to be witty
conceptible *adj* conceivable
conceptismo *m* (lit.) conceptism
conceptista *adj* & *mf* (lit.) conceptist
conceptivo -va *adj* conceptive
concepto *m* concept; conceit, fancy, witticism; opinion, judgment; cause, reason; **¿bajo qué concepto?** from what point of view?, for what reason?; **en concepto de** under the head of; **tener buen concepto de** or **tener en buen concepto** to hold in high esteem, to have a high opinion of
conceptual *adj* conceptual
conceptualismo *m* (philos.) conceptualism
conceptualista *adj* (philos.) conceptualistic; *mf* (philos.) conceptualist
conceptuar §33 *va* to deem, to judge; **conceptuar a uno de** or **por** to deem someone to be
conceptuoso -sa *adj* witty, sententious, epigrammatic
concernencia *f* respect, connection, concern
concerniente *adj* relative, applicable; **concerniente a** concerning
concernir §43 *va* to concern
concertadamente *adv* in concert, in harmony
concertante *adj* contracting; (mus.) concertante; *m* (mus.) concertante; (mus.) finale (*of an act of an opera*)
concertar §18 *va* to concert; to arrange (*e.g., a marriage, peace*); to reconcile; to harmonize; to bargain for; to conclude (*an agreement*); to rouse (*game*); to mend, to repair; to set (*a broken bone*); to make agree; (gram.) to make agree; *vn* to concert; to harmonize; to agree; (gram.) to agree; *vr* to become reconciled, to come to terms; to harmonize; to agree; (Am.) to hire out
concertina *f* (mus.) concertina
concertino *m* (mus.) concertmaster
concertista *mf* (mus.) performer, soloist; (mus.) manager
concerto *m* (mus.) concerto
concesible *adj* grantable, concessible
concesión *f* concession, admission; grant
concesionario *m* concessionaire; dealer
concesivo -va *adj* concessive; (gram.) concessive
concia *f* forbidden section of woodland
conciencia *f* conscience; consciousness; awareness; **a conciencia** conscientiously; **en conciencia** in all conscience; **conciencia doble** (psycopath.) double consciousness
concienzudo -da *adj* conscientious, thorough
concierto *m* concert, agreement, harmony; (mus.) concert; (mus.) concerto; **de concierto** in concert
conciliable *adj* conciliable, reconcilable
conciliábulo *m* conciliabule
conciliación *f* conciliation; likeness, congruity; favor, esteem, protection
conciliador -dora *adj* conciliatory; *mf* conciliator
conciliar *adj* (pertaining to a) council; *m* council member; *va* to conciliate, to reconcile; to win; *vr* to win (*e.g., friendship*)
conciliativo -va *adj* conciliative
conciliatorio -ria *adj* conciliatory
concilio *m* (eccl.) council; council decrees; **concilio de Nicea** Nicene Council; **concilio de Trento** Council of Trent; **concilio ecuménico** (eccl.) ecumenical council
concisión *f* concision, conciseness
conciso -sa *adj* concise
concitación *f* agitation, incitement
concitador -dora *adj* inciting, stirring; *mf* agitator, inciter
concitar *va* to stir up, agitate, incite
concitativo -va *adj* inciting
conciudadano -na *mf* fellow citizen
conclave *m* or **cónclave** *m* conclave; (eccl.) conclave
conclavista *m* conclavist
concluir §41 *va* to conclude; to convince; to silence, to overwhelm; (fencing) to disarm (*an adversary*) by catching the hilt of his sword; *vn* & *vr* to conclude, to end; **concluir de** + *inf* to finish + *ger*
conclusión *f* conclusion; **en conclusión** in conclusion
conclusivo -va *adj* concluding, final
concluso -sa *adj* (law) closed, concluded (*said of a trial*)
concluyente *adj* conclusive, convincing
concoide *f* (geom.) conchoid
concoideo -a *adj* conchoidal; (mineral.) conchoidal
concoloro -ra *adj* concolorous
concomer *vr* (coll.) to shrug one's shoulders, to give a shrug, to fidget with an itch
concomimiento or **concomio** *m* (coll.) shrug, shrug of the shoulders, fidgets
concomitancia *f* concomitance
concomitante *adj* & *m* concomitant
concomitar *va* to accompany, work with, go with
concón *m* (orn.) tawny owl
concordación *f* harmonizing, combining, coördination
concordador -dora *adj* conciliating; *mf* conciliator
concordancia *f* concordance, agreement; (gram. & mus.) concord; **concordancias** *fpl* concordance (*list of words with references*)
concordante *adj* concordant
concordar §77 *va* to harmonize; to reconcile; (gram.) to make agree; *vn* to agree; (gram.) to agree; **concordar con** to agree with; (gram.) to agree with
concordata *f* or **concordato** *m* concordat; (eccl.) concordat
concorde *adj* in agreement
concordia *f* concord, harmony; agreement, settlement; double finger ring; **de concordia** by common consent
concreado -da *adj* (theol.) innate
concreción *f* concretion; (geol. & path.) concretion

concrecionar *va & vr* to concrete, to form into a mass, to form into concretions
concrescencia *f* concrescence; (biol.) concrescence; (path.) concretion
concretar *va* to concrete, make concrete; to specify; to explain; to thicken; to boil down (*a statement*); *vr* to limit oneself, to confine oneself; **concretarse a** + *inf* to limit oneself or confine oneself to + *inf*
concretera *f* (Am.) concrete mixer
concreto -ta *adj* concrete; *m* concretion; concrete; **en concreto** finally, to sum up
concubina *f* concubine
concubinario -ria *adj & m* concubinary
concubinato *m* concubinage
concúbito *m* coitus, concubitus
concuerda; por concuerda O.K. (*said of a true copy*)
conculcación *f* treading, trampling; violation
conculcar **§86** *va* to tread upon, trample under foot; to break, violate
concuñada *f* sister-in-law (*wife of one's husband's or wife's brother*)
concuñado *m* brother-in-law (*husband of one's wife's or husband's sister*)
concupiscencia *f* concupiscence
concupiscente *adj* concupiscent
concupiscible *adj* concupiscible
concurrencia *f* concurrence; attendance; crowd, gathering; competition, contest
concurrente *adj* concurrent; competing; *mf* contender
concurrido -da *adj* crowded, full of people
concurrir *vn* to concur; to gather, come together; to coincide (*in time*); to contend, to compete; **concurrir con** to come in with, to contribute (*e.g., money*)
concursado *m* (law) insolvent debtor
concursante *mf* competitor
concursar *va* (law) to declare insolvent
concurso *m* concourse, crowd; concurrence, backing, coöperation; contest, competition; show, exhibition (*with prizes*); (law) insolvency proceedings; **fuera de concurso** not competing; **concurso de acreedores** (law) meeting of creditors; **concurso hípico** horse show
concusión f concussion; extortion, shakedown; (path.) concussion
concusionario -ria *mf* extortioner
concha *f* shell; tortoise shell; shellfish; oyster; lower millstone; horseshoe bay; concha (*cigar*); sheltered inlet (*on seacoast*); (theat.) prompter's box; (anat.) concha; (arch.) conch, concha; **meterse en su concha** to retire into one's shell; **salir de la concha** to come out of one's shell; **tener muchas conchas** (coll.) to be sly, to be cunning; **concha de peregrino** scallop shell; (zool.) scallop; **concha de perla** mother-of-pearl
conchabanza *f* comfort; (coll.) ganging up
conchabar *va* to join, to unite; to mix (*wools of different qualities*); (Am.) to hire; (Am.) to get (*a job*); *vr* (coll.) to gang up; (Am.) to hire out
conchabero *m* (Am.) pieceworker
conchabo *m* (Am.) hiring; (Am.) hiring out; (Am.) work
conchado -da *adj* (zool.) shelled, shelly
conchesta *f* (dial.) snowdrift
conchil *m* (zool.) murex
conchudo -da *adj* (zool.) shelled, shelly; (coll.) sly, cunning, crafty
conchuela *f* (ent.) Mexican bean beetle
condado *m* earldom, countship; county
condal *adj* of an earl or count
conde *m* earl, count; gypsy chief; (dial.) foreman; **condes** *mpl* earl and countess, count and countess
condecoración *f* decoration (*especially with medal, badge, or ribbon; medal, badge, or ribbon itself*)
condecorar *va* to decorate (*with honors, medals, etc.*)
condena *f* sentence; penalty; transcript of sentence; **condena judicial** (law) conviction
condenación *f* condemnation; (theol.) damnation
condenado -da *adj* condemned; damned; (Am.) shrewd, clever; *mf* condemned; damned
condenador -dora *adj* condemning, incriminating; *mf* condemner
condenar *va* to condemn; to damn; to convict; to block up or shut off (*e.g., a window*); to close up, to padlock; **condenar a** + *inf* to condemn to + *inf; vr* to condemn oneself, confess one's guilt; to be damned (*to hell*)
condenatorio -ria *adj* condemnatory
condensación *f* condensation
condensador -dora *adj* condensing; *m* condenser; **condensador de derivación** or **de paso** (elec.) by-pass condenser; **condensador de placa** (rad.) plate condenser; **condensador de rejilla** (rad.) grid condenser; **condensador de sintonía** (rad.) tuning condenser; **condensador electrolítico** (rad.) electrolytic condenser; **condensador fijo** (elec.) fixed condenser; **condensador sintonizador** (rad.) tuning condenser; **condensador variable** (elec.) variable condenser
condensar *va* to condense; *vr* to condense, become condensed
condesa *f* countess; **condesa viuda** dowager countess
condescendencia *f* acquiescence, consent
condescender **§66** *vn* to acquiesce; **condescender a** to accede to; **condescender con** to yield to; **condescender en** + *inf* to acquiesce in + *ger*, to agree to + *inf*
condescendiente *adj* acquiescent, obliging
condestable *m* constable (*commander of armed forces in Middle Ages*); (nav.) deck petty officer, gunner
condestablesa *f* constable's wife
condestablía *f* constableship, constablewick
condición *f* condition, state; status, station, position; standing; circumstance; nature, temperament, character; **condiciones** *fpl* condition, state; aptitude, disposition; **a condición (de) que** on condition that, provided that; **tener condición** to have a bad temper
condicionado -da *adj* conditioned; conditional
condicional *adj* conditional; (gram.) conditional
condicionamiento *m* conditioning; adjustment; agreement
condicionar *va* to condition; to adjust; to prepare; (textiles) to condition; *vn* to agree, to fit
condigno -na *adj* condign (*punishment, censure*); appropriate, worthy; **condigno de** in accord with
cóndilo *m* (anat.) condyle
condimentación *f* seasoning
condimentar *va* to season, to treat with a condiment
condimento *m* condiment
condiscípulo *m* condisciple, fellow student
condolencia *f* condolence
condoler **§63** *vr* to condole, to sympathize; **condolerse de** to sympathize with, feel sorry for
condolido -da *adj* sad, sorrowful, touched
condominio *m* (law) joint ownership or possession; dual control, condominium
condómino *mf* (law) joint owner
condonación *f* condonation, forgiveness
condonante *adj* condoning, forgiving
condonar *va* to condone, to forgive
cóndor *m* (orn.) condor; **cóndor de California** (orn.) California condor
condotiero *m* condottiere
condrila *f* (bot.) gum succory
condrioma *m* (biol.) chondriome
condriosoma *m* (biol.) chondriosome
condrología *f* chondrology
conducción *f* leading, guiding; direction; conduction; transportation; piping; transfer, conveyance; (aut.) driving; agreement (*on prices or wages*); (phys. & physiol.) conduction; **conducción a derecha** or **a la derecha** (aut.) right-hand drive; **conducción a izquierda** or **a la izquierda** (aut.) left-hand drive; **conducción de noche** night driving; **conducción interior** (aut.) closed car
conducencia *f* conduction; transfer, conveyance
conducente *adj* conducive; leading
conducir **§38** *va* to lead, guide; to conduct, manage, direct; to convey, transport; to drive

(*a carriage, auto, etc.*); to hire, employ; *vn* to lead; to conduce, be suitable; *vr* to conduct oneself, behave
conducta *f* conduct, direction, management; guidance; conduct, behavior; convoy, conveyance; commission to enlist and bring in recruits; agreement made by a town with a doctor to attend its sick; **mejorar de conducta** to mend one's ways
conductancia *f* (elec.) conductance; **conductancia mutua** (elec.) mutual conductance
conductero *m* conductor of a convoy
conductibilidad *f* conductibility
conductible *adj* conductible
conductividad *f* conductivity
conductivo -va *adj* conductive
conducto *m* conduit, pipe; (elec.) conduit; (anat.) duct, canal; mediation, agency; channel; intermediary; **por conducto de** through; **conducto alimenticio** (anat.) alimentary canal; **conducto auditivo** (anat.) auditory canal; **conducto biliar** (anat.) bile duct; **conducto cístico** (anat.) cystic duct; **conducto de desagüe** sewer; (naut.) drain; **conducto de humo** flue; **conducto eyaculador** (anat.) ejaculatory duct; **conducto radicular** (anat. & dent.) root canal; **conducto regular** (mil.) channel; **conducto torácico** (anat.) thoracic duct
conductor -tora *adj* conducting, leading, guiding; (phys.) conductive; *m* conductor, leader, guide, mentor; driver, motorist; (phys. & rail.) conductor; (rail.) engineman, engine driver; (Am.) driver, teamster; **conductor huésped** (mus.) guest conductor
condueño *mf* part owner, joint owner
conduerma *f* (Am.) deep sleep, stupor
conduje *1st sg pret ind of* **conducir**
condumio *m* (coll.) grub, victuals; (coll.) food to eat with bread
conduplicado -da *adj* (bot.) conduplicate
conduplicación *f* (rhet.) reduplication
condutal *m* gutter, rain gutter
conduzco *1st sg pres ind of* **conducir**
conectador *m* connector; (elec.) connector; (elec.) outlet
conectar *va* to connect
conectivo -va *adj* connective
coneja *f* female rabbit
conejal *m* or **conejar** *m* rabbit warren
conejero -ra *adj* rabbit, rabbit-hunting; *mf* rabbit breeder; *f* burrow; rabbit warren; large cave; (coll.) joint, dive
conejillo *m* little rabbit; **conejillo de Indias** (zool.) guinea pig, cavy; (fig.) guinea pig
conejo *m* (zool.) rabbit; **conejo de Noruega** (zool.) lemming
conejuno -na *adj* (pertaining to a) rabbit; *f* cony, rabbit fur
conexidades *fpl* adjuncts, appurtenances
conexión *f* connection; **conexión en cascada** (elec.) cascade connection; **conexión en delta** (elec.) delta connection; **conexión en estrella** (elec.) star connection
conexionar *va* to connect; to put in touch; to compare, relate; *vr* to connect; to get in touch
conexivo -va *adj* connective
conexo -xa *adj* connected
conf. abr. of **confesor**
confabulación *f* confabulation; connivance, plotting, scheming, leaguing
confabulador -dora *mf* confabulator; conniver, plotter, schemer
confabular *vn* to confabulate; *vr* to connive, to plot, to scheme, to league together
confalón *m* gonfalon
confaloniero *m* gonfalonier
confección *f* making, confection; concoction; tailoring, suit making; ready-made suit; **confeccíon a medida** made-to-order suit
confeccionado -da *adj* ready-made
confeccionar *va* to make (*e.g., a suit of clothes*); to make up (*a prescription*)
confeccionista *mf* ready-made clothier
confederación *f* confederation, confederacy, alliance, league
confederado -da *adj & mf* confederate
confederar *va & vr* to confederate
confederativo -va *adj* confederative
conferencia *f* conference; interview; lecture; **conferencia en la cumbre** summit conference
conferenciante *mf* lecturer; conferee
conferenciar *vn* to confer, hold an interview
conferencista *mf* (Am.) lecturer
conferir §62 *va* to confer, bestow, award; to compare; *vn* to confer; to lecture
confesa *f* see **confeso**
confesado -da *mf* (coll.) penitent
confesante *adj* confessing; *mf* confessor (*of guilt, fault, sin, etc.*)
confesar §18 *va* to confess; (eccl.) to confess (*sins; a sinner*); **confesar de plano** to confess openly; **confesar haber** + *pp* to confess having + *pp; vn & vr* to confess; (eccl.) to confess; **confesar** or **confesarse a** to confess to (*God*); **confesarse con** to confess to (*a priest*)
confesión *f* confession; faith, religion, denomination; **confesión de Augsburgo** Augsburg Confession
confesional *adj* confessional
confesionario *m* confessional; rule or code of confession
confesionista *mf* Confessionist, Lutheran
confeso -sa *adj* confessed; converted (*Jew*); *mf* converted Jew; *m* lay brother; *f* widow who has become a nun
confesonario *m* confessional
confesor *m* confessor (*believer; priest*)
confeti *m* confetti
confiabilidad *f* trustworthiness, reliability
confiable *adj* trustworthy, reliable
confiadamente *adv* trustingly, confidently
confiado -da *adj* confiding, unsuspecting; self-confident, haughty
confiador *m* var. of **cofiador**
confianza *f* confidence; self-confidence; familiarity, informality; **de confianza** reliable; **en confianza** trustingly; in confidence
confianzudo -da *adj* (coll.) overfriendly, overfamiliar, presumptuous; (Am.) meddlesome
confiar §90 *va* to entrust, confide; to give confidence to; **confiar algo a** or **en uno** to entrust something to someone; *vn & vr* to trust; **confiar** or **confiarse de** or **en** to trust in, rely on
confidencia *f* confidence; secret; **hacer confidencias a** to confide in
confidencial *adj* confidential
confidente -ta *adj* trustworthy, faithful; *mf* confident, confidant; informer, detective; spy, secret agent; *m* love seat; *f* confidante
configuración *f* configuration
configurar *va* to form, to shape
confín *adj* bordering; *m* confine, border, boundary; **los confines** the confines
confinación *f* var. of **confinamiento**
confinado -da *adj* confined (*kept in confines under surveillance*); *m* prisoner
confinamiento *m* confinement (*restraint under surveillance*)
confinante *adj* bordering
confinar *va* to confine (*to restrain within limits*); *vn* to border; **confinar con** to border on; *vr* to shut oneself up, to keep onself confined
confinidad *f* nearness, proximity
confirmación *f* confirmation
confirmadamente *adv* firmly, surely, approvingly
confirmador -dora or **confirmante** *adj* confirming, confirmatory; *mf* confirmer
confirmar *va* to confirm
confirmativo -va *adj* confirmative
confirmatorio -ria *adj* confirmatory
confiscación *f* confiscation
confiscar §86 *va* to confiscate
confitado -da *adj* hopeful, confident
confitar *va* to candy; to preserve; to sweeten
confite *m* candy, bonbon, confection; **confites** *mpl* candy; **morder en un confite** (coll.) to be very close, to be very intimate
confitería *f* confectionery; confectionery store
confitero -ra *mf* confectioner; *f* candy box; candy jar
confitura *f* confection, confiture, preserve
conflación *f* melting, smelting
conflagración *f* conflagration

conflagrar *va* to set fire to, to burn
conflátil *adj* fusible
conflicto *m* conflict; struggle, anguish; fix, jam
confluencia *f* confluence
confluente *adj* confluent; *m* confluence (*of rivers*)
confluir §41 *vn* to flow together, to come together, to crowd, to meet
conformación *f* conformation
conformador *m* hat block; shoe tree; grader, road shaper
conformar *va* to conform; to adjust, harmonize; to shape; to block (*a hat*); *vn* to conform, to agree; *vr* to conform, to comply, to yield; **conformarse a** or **con** to resign oneself to, to submit to
conforme *adj* according, in agreement; conformable; **conforme con** in agreement with; resigned to; *adv* depending on circumstances; O.K.; **conforme a** according to, in accordance with; *conj* as; in proportion as, in the way that; as soon as; *m* approval
conformemente *adv* conformably; in agreement
conformidad *f* conformity, conformance; shape; compliance; forbearance; **de conformidad con** in accordance with, in agreement with; **en conformidad con** in compliance with
conformismo *m* conventionality; conformism
conformista *mf* conformist
confort *m* comfort
confortable *adj* comforting; comfortable (*e.g., chair, bed, room*)
confortación *f* comfort, consolation; strength, invigoration
confortador -dora *adj* comforting, consoling; *mf* comforter, consoler
confortamiento *m* var. of **confortación**
confortante *adj* comforting; tonic; *mf* comforter; *m* tonic; mitt
confortar *va* to comfort, console; to strengthen, enliven, invigorate
confortativo -va *adj* comforting, consoling; *m* comfort, consolation
conforte *m* var. of **confortación**
confr. abr. of **confesor**
confracción *f* breaking, fracture
confraternal *adj* confraternal
confraternar *vn* to be brotherly
confraternidad *f* confraternity
confraternizar §76 *vn* to be brotherly; to fraternize
confricación *f* rubbing; (path.) chafing; masturbation; Lesbianism
confricar §86 *va* to rub
confrontación *f* confrontation; propinquity; natural affinity, innate sympathy
confrontar *va* to confront (*to bring face to face; to compare*); *vn* to border; to get along, to agree; **confrontar con** to border on; to get along with, to agree with; *vr* to get along, to agree; **confrontarse con** to confront, to face; to get along with, to agree with
confucianismo *m* Confucianism
confucianista *adj & mf* Confucianist
confuciano -na *adj & mf* Confucian
Confucio *m* Confucius
confulgencia *f* combined brilliance
confundible *adj* confusable
confundimiento *m* confusion, bewilderment
confundir *va* to confuse; to mix, mix together, mix up; to confound; *vr* to become confused; to mix, to fuse; to become lost, become mingled (*e.g., in a crowd*)
confusión *f* confusion; **confusión de lenguas** (Bib.) confusion of tongues
confuso -sa *adj* confused; **en confuso** confusedly, in confusion
confutación *f* confutation
confutador -dora *adj* confutative; *mf* confuter
confutar *va* to confute
confutatorio -ria *adj* confutative
conga *f* see **congo**
congelación *f* congealing; freezing
congelador *m* freezer
congeladora *f* deep-freeze
congelamiento *m* var. of **congelación**
congelante *adj* freezing, refrigerant
congelar *va* to congeal; to freeze; (com.) to freeze (*assets, credits, etc.*); *vr* to congeal; to freeze
congelativo -va *adj* refrigerant
congénere *adj* congeneric; *m & f* congener; fellow
congenial *adj* congenial
congeniar *vn* to be congenial, to get along
congénito -ta *adj* congenital
congerie *f* congeries
congestión *f* congestion; (path.) congestion
congestionar *va* to congest; (path.) to congest; *vr* to congest, become congested
congestivo -va *adj* congestive
conglobación *f* conglobation; (fig.) concentration, integration
conglobar *va & vr* to conglobate, to form in a round mass
conglomeración *f* conglomeration
conglomerado -da *adj & m* conglomerate
conglomerar *va & vr* to conglomerate
conglutinación *f* conglutination
conglutinante *adj* conglutinant
conglutinar *va & vr* to conglutinate
conglutinativo -va *adj* conglutinative
congo -ga *adj & mf* Congo; *m* (zool.) congo monkey; (*cap.*) *m* Congo; **el Congo Belga** Belgian Congo; **el Congo Francés** French Congo; *f* (ent.) large poisonous ant; (zool.) hutia conga; (zool.) hutia carabali
congoja *f* anguish, grief
congojar *va & vr* var. of **acongojar**
congojoso -sa *adj* distressing; in anguish
congoleño -ña or **congolés -lesa** *adj & mf* Congoese or Congolese
congosto *m* canyon, narrow pass
congraciador -dora *adj* ingratiating
congraciamiento *m* ingratiation
congraciar *va* to win, win over; *vr* to win; **congraciarse con** to ingratiate oneself with
congratulación *f* congratulation
congratular *va* to congratulate; **congratular de** or **por** to congratulate on; *vr* to congratulate oneself, to rejoice
congratulatorio -ria *adj* congratulatory
congregación *f* congregation
congregacionalismo *m* congregationalism; Congregationalism
congregacionalista *adj* Congregational, Congregationalist; *mf* Congregationalist
congreganista *adj* congregational
congregar §59 *va & vr* to congregate
congresal *mf* (Am.) var. of **congresista**
congresional *adj* congressional, Congressional
congresista *mf* delegate; member of congress; *m* congressman; *f* congresswoman
congreso *m* congress; meeting, convention; intercourse; **Congreso de los Diputados** Congress (*of Spanish or Spanish American Cortes*)
congrí *m* (Am.) rice and bean stew
congrio *m* (ichth.) conger, conger eel; (coll.) saphead, dope
congrua *f* see **congruo**
congruencia *f* congruence; congruity; (math.) congruence; (geom.) congruity
congruente *adj* congruent; appropriate; (geom.) congruent, congruous
congruo -grua *adj* congruous; *f* supplementary emolument; adequate income for one who is about to be ordained a priest
conicidad *f* conicity
conicina *f* (chem.) coniine
cónico -ca *adj* conic or conical; *f* (math.) conic section
conidio *m* (bot.) conidium
conidióforo *m* (bot.) conidiophore
conífero -ra *adj* (bot.) coniferous; *f* (bot.) conifer
coniforme *adj* coniform, cone-shaped
conirrostro -tra *adj* (orn.) conirostral
conivalvo -va *adj* (zool.) cone-shelled
coniza *f* (bot.) fleawort
conjetura *f* conjecture
conjeturador -dora *adj* guessing; *mf* guesser
conjetural *adj* conjectural
conjeturar *va & vn* to conjecture, to guess, to surmise
conjuez *m* (*pl:* **-jueces**) cojudge

conjugación *f* conjugation; (biol. & gram.) conjugation
conjugado -da *adj* (bot. & math.) conjugate; *f* (bot.) conjugate
conjugar §59 *va* to conjugate; (biol. & gram.) to conjugate; *vr* to conjugate, to be joined, be fused; (biol. & gram.) to conjugate
conjunción *f* conjunction; combination; (astr., astrol. & gram.) conjunction; **conjunción coordinante** (gram.) coördinating conjunction; **conjunción disyuntiva** (gram.) alternative conjunction; **conjunción dubitativa** (gram.) dubitative conjunction; **conjunción subordinante** (gram.) subordinating conjunction
conjuntado -da *adj* (theat.) well integrated
conjuntamente *adv* conjointly
conjuntar *va* to combine, to bring together
conjuntiva *f* see **conjuntivo**
conjuntival *adj* conjunctival
conjuntivitis *f* (path.) conjunctivitis
conjuntivo -va *adj* conjunctive; (gram.) conjunctive; *f* (anat.) conjunctiva
conjunto -ta *adj* conjoint, conjunct; joined, allied, related; joint; *m* whole, entirety, ensemble; group; unit; (mus.) ensemble (*whole effect of united performance*); (theat.) chorus; **de conjunto** general; united; **en conjunto** as a whole; **en su conjunto** in its entirety
conjura or **conjuración** *f* conspiracy, plot
conjurado -da *mf* conspirator
conjurador *m* conjurer (*one who entreats*)
conjuramentar *va* to swear in; *vr* to take an oath
conjurante *mf* conjurer (*one who entreats*)
conjurar *va* to swear in; to conjure (*to entreat*); to conjure away; *vn* to conspire, to plot; *vr* to conspire, to plot; to join in a conspiracy
conjuro *m* conjuration (*magic form of words*); conjuration of evil spirits; adjuration, entreaty
conllevador -dora *mf* co-worker; fellow sufferer
conllevancia *f* cooperation; mutual toleration
conllevar *va* to coöperate in bearing (*a task, burden, etc.*); to bear, tolerate (*a person*); to suffer (*adversity*)
conmemorable *adj* commemorable
conmemoración *f* commemoration; **en conmemoración de** in commemoration of
conmemorar *va* to commemorate
conmemorativo -va *adj* commemorative, memorial
conmemoratorio -ria *adj* commemoratory
conmensurabilidad *f* commensurability
conmensurable *adj* commensurable; commensurate
conmensuración *f* commensuration
conmensurar *va* to make commensurate, to commensurate
conmigo with me, with myself
conmilitón *m* companion-at-arms, fellow soldier
conminación *f* commination
conminar *va* to threaten; to threaten with punishment
conmiseración *f* commiseration
conmistión *f* commixture
conmisto -ta *adj* commingled
conmixtión *f* var. of **conmistión**
conmixto -ta *adj* var. of **conmisto**
conmoción *f* commotion, disturbance; shock; arousing, stirring; excitement
conmocionado -da *adj* jolted, shocked, stunned
conmoración *f* (rhet.) repetition, elaboration
conmovedor -dora *adj* stirring, moving, touching
conmover §63 *va* to stir, stir up; to move, to touch, to affect; to shake, to upset; *vr* to be moved, be touched, be affected
conmutable *adj* commutable
conmutación *f* commutation; (elec. & law) commutation
conmutador *m* (elec.) change-over switch, commutating switch; (elec.) commutator; **conmutador de cuatro terminales** (elec.) four-way switch; **conmutador de tres terminales** (elec.) three-way switch; **conmutador de doble caída** (elec.) double-throw switch
conmutar *va* to commute; (elec.) to commutate; (law) to commute
conmutativo -va *adj* commutative
conmutatriz *f* (*pl:* **-trices**) (elec.) converter
connacional *m* fellow countryman
connatural *adj* connatural, inborn, inherent
connaturalización *f* adaptation, acclimation
connaturalizar §76 *va* to make connatural; *vr* to become accustomed, become acclimated
connivencia *f* connivance
connivente *adj* conniving; (anat. & bot.) connivent
connotación *f* connotation; distant relationship
connotado -da *adj* (Am.) notable, outstanding; *m* distant relationship
connotar *va* to connote
connotativo -va *adj* connotative
connovicio -cia *mf* fellow novice, beginner, or apprentice
connubio *m* (poet.) marriage
connumerar *va* to mention; to connumerate
cono *m* (geom. & bot.) cone; **cono de poleas** cone pulley; **cono de proa** nose cone (*of a rocket*); **cono de sombra** (astr.) umbra; **cono de viento** (aer.) wind sock
conocedor -dora *adj* knowing, expert; *mf* connoisseur, judge
conocencia *f* (law) confession
conocer §32 *va* to know (*by reasoning or learning; by perception or the senses; to be acquainted with, to recognize*); to meet, to get to know; to tell, to distinguish; to know carnally; (law) to try (*a case*); *vn* to know; **conocer de** or **en** to know, to have a knowledge of; **conocer de** (law) to try (*a case*); *vr* to know oneself; to know each other; to meet, to meet each other, to get acquainted
conocible *adj* knowable
conocido -da *adj* familiar, well-known; illustrious, distinguished; *mf* acquaintance
conocimiento *m* knowledge; understanding; consciousness; acquaintance; (com.) bill of lading; **conocimientos** *mpl* knowledge; **hablar con pleno conocimiento de causa** to know what one is talking about; **obrar con conocimiento de causa** to know what one is doing, know what one is up to; **perder el conocimiento** to lose consciousness; **poner en conocimiento** to inform, to let know; **por su real conocimiento** (Am.) for real money; **recobrar el conocimiento** to regain consciousness; **venir en conocimiento de** to come to know, to find out, take cognizance of; **conocimiento de embarque** (com.) bill of lading
conoidal *adj* conoidal
conoide *adj* conoid; *m* (geom.) conoid
conoideo -a *adj* conoidal, cone-shaped
conopeo *m* canopy (*fixed over shrine or carried over exalted personage*)
conopial *adj* see **arco**
conozco *1st sg pres ind of* **conocer**
conque *adv* and so, so then, well; *m* (coll.) condition, terms, understanding
conquense *adj* (pertaining to) Cuenca; *mf* native or inhabitant of Cuenca, Spain
conquífero -ra *adj* conchiferous
conquiforme *adj* shell-shaped, conchiform
conquiliología *f* conchology
conquiliólogo -ga *mf* conchologist
conquista *f* conquest (*act; person or thing*); **conquista normanda** Norman Conquest
conquistable *adj* conquerable; easy to get, attainable
conquistador -dora *adj* conquering; *mf* conqueror; *m* lady-killer; conquistador (*Spanish conqueror in America in the sixteenth century*); **el Conquistador** the Conqueror (*William I of England, James I of Aragon, Alfonso I of Portugal*)
conquistar *va* to conquer (*by force of arms*); to win over; **conquistar algo a alguien** to win something from someone
Conrado *m* Conrad
conrear *va* to work over; to grease (*wool*); to plow a second time
conreinado *m* coreign
conreinar *vn* to reign jointly

consabido -da *adj* well-known, above-mentioned
consagración *f* consecration
consagrado -da *adj* consecrate, consecrated; hallowed (*ground*); sanctioned, established, time-honored; stock (*phrase*)
consagrante *adj* consecrating; *mf* consecrator
consagrar *va* to consecrate; to devote; to dedicate; to deify, to apotheosize; to authorize (*a new word or meaning*); *vr* to devote oneself (*e.g., to study*); to consecrate oneself; to make a name for oneself; **consagrarse a** + *inf* to devote oneself to + *inf*
consanguíneo -a *adj* consanguineous
consanguinidad *f* consanguinity
consciente *adj* conscious
conscripción *f* (mil.) conscription
conscripto *m* (mil.) draftee
consectario -ria *adj* next, adjoining; *m* corollary
consecución *f* obtaining, acquisition, attainment
consecuencia *f* consequence; consistency; **en consecuencia** accordingly; **guardar consecuencia** to remain consistent; **por consecuencia** consequently; **sacar en consecuencia** to prove, to show; **traer a consecuencia** to bring in, bring up
consecuente *adj* consecutive; consistent; *m* (log. & math.) consequent
consecutivo -va *adj* consecutive; (gram.) consecutive
conseguimiento *m* var. of **consecución**
conseguir §82 *va* to get, obtain; to bring about; **conseguir** + *inf* to succeed in + *ger*
conseja *f* story, fairy tale; cabal, conciliabule
consejero -ra *adj* advisory; *m* counselor, adviser; councilor; *f* counselor's wife; female adviser
consejo *m* advice, counsel; council; town or city council; board; **consejos** *mpl* advice; **tomar consejo** to take counsel, **un consejo** a piece of advice; **consejo de estado** council of state; **consejo de familia** board of guardians; **consejo de guerra** council of war; court-martial; **consejo de ministros** council of ministers, cabinet; **Consejo de Seguridad** Security Council
consenciente *adj* blinking at evil
consenso *m* consensus
consensual *adj* (law) consensual
consentido -da *adj* complaisant, indulgent (*husband*); pampered, spoiled; (Am.) proud, haughty
consentidor -dora *adj* acquiescent, yielding; (coll.) pampering; *mf* acquiescent person; (coll.) pamperer; *m* cuckold
consentimiento *m* consent
consentir §62 *va* to allow, permit, tolerate; to admit; to pamper, spoil; *vn* to consent; to believe; to weaken, become loose (*said, e.g., of a piece of furniture or its parts*); **consentir** + *inf* to believe, to think that + *ind*, e.g., **consentí morir helado** I thought that I was freezing to death; **consentir con** to be indulgent with; **consentir en** to consent to; **consentir en** + *inf* to consent to + *inf; vr* to begin to split or crack up; (Am.) to be proud
conserje *m* janitor, concierge, porter
conserjería *f* janitorship, janitor's quarters; porter's desk, conciergerie
conserva *f* conserve, preserves; preserved food; pickles; (naut.) convoy; **navegar en conserva** or **en la conserva** (naut.) to sail in a convoy; **conservas alimenticias** canned goods; **conserva trojezada** minced preserves
conservación *f* conservation; maintenance, upkeep; preservation; self-preservation; **conservación de la energía** (phys.) conservation of energy; **conservación de la masa** (phys.) conservation of mass; **conservación de la materia** (phys.) conservation of matter; **conservación de suelos** soil conservation
conservador -dora *adj* preservative; (pol.) conservative; *mf* (pol.) conservative; *m* conservator; curator
conservadorismo *m* var. of **conservadurismo**
conservaduría *f* curatorship
conservadurismo *m* conservatism; British Conservative Party
conservar *va* to conserve, keep, maintain; to preserve; **bien conservado** well-preserved; *vr* to keep; to take good care of oneself
conservatismo *m* (Am.) conservatism
conservativo -va *adj* preservative
conservatorio -ria *adj* conservatory; *m* conservatory, conservatoire; (Am.) conservatory (*greenhouse*)
conservera *f* see **conservero**
conservería *f* preserve making
conservero -ra *adj* preserve, canning (*business, industry, etc.*); *mf* preserver, preserve maker; canner; *f* cannery
considerabilísimo -ma *adj super* very great, quite considerable
considerable *adj* considerable; large, great
consideración *f* consideration; **cargar** or **fijar la consideración en** to consider carefully, to look into thoroughly; **en consideración** under consideration; **en consideración a** in consideration of; **ser de consideración** to be of importance, be of concern; **tomar en consideración** to take into consideration
consideradamente *adv* carefully, watchfully
considerado -da *adj* considered; considerate; respected, esteemed
considerando *m* whereas; **considerando que** whereas
considerar *va* to consider; to treat with respect
consigna *f* order; slogan; (mil.) watchword; (rail.) checkroom
consignación *f* consignment; (com.) consignment; **a consignación** (com.) on consignment
consignador *m* (com.) consignor
consignar *va* to consign; to assign; to tell, relate; to point out; to indicate, state; (com.) to consign
consignatario *m* consignatary; (com.) consignee
consigo with him, with her, with them, with you; with himself, with herself, with themselves, with yourself, with yourselves
consiguiente *adj* consequent; consequential; resultant; **ir** or **proceder consiguiente** to act consistently; *m* consequence, result; (log.) consequent; **por consiguiente** or **por el consiguiente** consequently, therefore
consiliario -ria *mf* counselor, adviser
consistencia *f* consistence or consistency
consistente *adj* consistent; consisting
consistir *vn* to consist; **consistir en** to consist in; to consist of; **consistir en** + *inf* to consist in + *ger*
consistorial *adj* consistorial; *m* member of a consistory; councilman
consistorio *m* consistory; town council; town hall; **Consistorio divino** Throne of God
cons.º abr. of **consejo**
consocio -cia *mf* copartner; companion, comrade, fellow member
consola *f* console, console table; bracket; (arch., mus. & rad.) console
consolación *f* consolation; (cards) consolation (*fine paid by loser*)
consolador -dora *adj* consoling; *mf* consoler
consolar §77 *va* to console
consolativo -va or **consolatorio -ria** *adj* consolatory
consólida *f* (bot.) comfrey; **consólida real** (bot.) delphinium, field larkspur
consolidación *f* consolidation
consolidado -da *adj* bonded (*debt*); **consolidados** *mpl* consolidated annuities
consolidar *va* to consolidate; to fund, to refund; to put together, to repair; *vr* to consolidate
consonancia *f* consonance or consonancy; harmony; rhyme; **en consonancia con** in accordance with
consonantado -da *adj* rhymed
consonante *adj* consonant; consonantal; rhyming; *m* rhyme word; *f* (gram.) consonant
consonántico -ca *adj* consonantal
consonar §77 *vn* to rhyme; (mus.) to be in harmony; to be harmonious

cónsone *adj* consonous, harmonious; *m* (mus.) chord
cónsono -na *adj* consonous, harmonious
consorcio *m* consortium; partnership; fellowship, harmony
consorte *mf* consort; companion, partner; **consortes** *mpl* (law) colitigants; (law) accomplices
conspicuo -cua *adj* distinguished, outstanding, conspicuous
conspiración *f* conspiracy
conspirado *m* conspirer, conspirator
conspirador -dora *mf* conspirer, conspirator
conspirar *vn* to conspire; **conspirar a** + *inf* to conspire to + *inf*
conspuir §41 *va* to decry, run down
Const. abr. of **Constitución**
constancia *f* constancy, steadiness; certainty; proof; (Am.) written evidence, documentary proof; **dejar constancia de** to prove, to establish
constante *adj* constant; clear, certain; *f* (math. & phys.) constant
constantemente *adv* constantly; surely, with certainty; regularly
Constantino *m* Constantine
Constantinopla *f* Constantinople
Constanza *f* Constance (*feminine proper name*)
constar *vn* to be clear, be certain; to be shown, be on record; to have the right rhythm (*said of verse*); **hacer constar** to state, to reveal; **constar de** to consist of, be composed of
constatación *f* proof, establishment (*of a fact*)
constatar *va* to state, show, establish, prove
constelación *f* (astr. & astrol.) constellation; climate, atmosphere; epidemic
constelar *va* to fill, cover, sprinkle
consternación *f* consternation
consternar *va* to dismay, terrify, consternate
constipación *f* cold, cold in the head; **constipación de vientre** constipation
constipado *m* cold, cold in the head
constipar *va* to cause (*someone*) to catch cold, to give a cold to; to constipate; to close or constrict (*pores or tissues*); to stop up (*nasal passages*); *vr* to catch cold; to become constipated
constitución *f* constitution
constitucional *adj* constitutional; *mf* constitutionalist
constitucionalidad *f* constitutionality
constituidor -dora *adj* constitutive
constituir §41 *va* to constitute; to set up, to establish; **constituir en** to force into; *vr* to constitute oneself; **constituirse en** or **por** to set oneself up as
constitutivo -va *adj & m* constituent
constituyente *adj* constituent; component; (pol.) constituent; *m* constituent; component; **constituyentes** *fpl* (pol.) constituent assembly
const.l abr. of **constitucional**
constreñidamente *adv* constrainedly
constreñimiento *m* constraint, compulsion
constreñir §74 *va* to constrain, to force; to compress, to oppress; to bind, make costive, constipate
constricción *f* constriction; (med.) constriction
constrictivo -va *adj* constrictive; styptic
constrictor -tora *adj* constricting; (med.) styptic; *m* (anat.) constrictor; (med.) styptic
constringente *adj* constringent
construcción *f* construction; structure, building; (gram.) construction; **construcción de buques, construcción naval** shipbuilding
constructivo -va *adj* constructive
constructor -tora *adj* constructing, building; construction (*e.g., company*); *mf* constructor, builder; **constructor de buques** shipbuilder
construir §41 *va* to construct; (geom. & gram.) to construct
constuprar *va* to defile, corrupt
consubstanciación *f* (theol.) consubstantiation
consubstancial *adj* consubstantial
consubstancialidad *f* consubstantiality
consuegra *f* mother-in-law of one's child
consuegro *m* father-in-law of one's child
consuelda *f* (bot.) comfrey; (bot.) prickly or rough comfrey; **consuelda mayor** (bot.) comfrey; **consuelda media** (bot.) bugle, bugleweed; **consuelda real** (bot.) field larkspur; **consuelda sarracena** (bot.) goldenrod (*Solidago virgaurea*)
consuelo *m* consolation; joy, comfort; **sin consuelo** inconsolably; (coll.) to excess, without limit; (*cap.*) *f* Consuelo (*woman's name*)
consueta *m* (theat.) prompter
consuetudinario -ria *adj* customary, consuetudinary; *mf* habitual sinner
cónsul *m* consul; **cónsul general** consul general
cónsula *f* consul's wife
consulado *m* consulate; consulship; **consulado general** consulate general
consular *adj* consular
consulesa *f* (coll.) consul's wife
consulta *f* consulting; consultation; opinion (*of lawyer, doctor, etc.*)
consultación *f* consultation
consultante *adj* consulting
consultar *va* to consult; to take up, to discuss; to advise; to hand down an opinion on; *vn* to consult
consultivo -va *adj* consultative
consultor -tora *adj* consulting; *mf* consultant
consultorio *m* information bureau; doctor's office, clinic
consumación *f* consummation; termination, extinction; **la consumación de los siglos** the end of the world
consumado -da *adj* consummate; fulfilled; *m* consommé
consumar *va* to consummate
consumero *m* (slang) tax collector (*at city gates*); (slang) guard stationed to prevent smuggling
consumible *adj* consumable
consumición *f* consumption; drink (*bought in a café or restaurant*)
consumido -da *adj* (coll.) weak, thin, emaciated, worn-out; (coll.) worrying, fretful
consumidor -dora *adj* consuming; *mf* consumer; customer (*of a café or restaurant*)
consumimiento *m* consumption, destruction
consumir *va* to consume; to take (*the Eucharist*); (coll.) to harass, vex, wear down; *vr* to consume, waste away, languish; to long, to yearn; (coll.) to become harassed or vexed
consumo *m* consumption (*e.g., of food*); consumers; **consumos** *spl* octroi, tax on provisions (*being brought into town*)
consunción *f* consumption, destruction; (path.) consumption
consuno; de consuno in accord, together
consuntivo -va *adj* consumptive, consuming
consustanciación *f* var. of **consubstanciación**
consustancial *adj* var. of **consubstancial**
consustancialidad *f* var. of **consubstancialidad**
contabilidad *f* calculability; accountancy, accounting, bookkeeping
contabilista *mf* accountant, bookkeeper
contabilizar §76 *va* to enter (*in ledger, on score card, etc.*)
contable *adj* countable; *m* accountant, bookkeeper
contactar *vn* to contact, be in contact
contacto *m* contact; (elec.) contact; **poner en contacto con** to put in contact or touch with; **ponerse en contacto con** to reach, to get in touch with
contactor *m* (elec.) contactor
contadero -ra *adj* countable; *m* narrow passage (*through which only one person or animal can pass at a time*)
contado -da *adj* scarce, rare; **contados -das** *adj pl* a few; **al contado** cash, for cash; **de contado** immediately, right away; **por de contado** naturally, of course
contador *m* counter; accountant; cash register; (law) auditor, receiver; meter (*for gas, water, electricity*); **contador automático** slot meter; **contador de abonado** house meter; **contador de centelleo** (phys.) scintillation counter; **contador de Geiger** (phys.) Geiger counter; **contador kilométrico** (aut.) speed-

ometer, odometer; **contador público titulado** certified public accountant
contaduría *f* accountancy; accountant's office; auditorship; (theat.) box office
contagiar *va* to affect by contagion; (fig.) to infect; (fig.) to communicate (*e.g., an emotion*); *vr* to become affected by contagion; (fig.) to become infected; **contagiarse de** to catch (*a disease*) by contagion
contagio *m* contagion
contagiosidad *f* contagiousness
contagioso -sa *adj* contagious
contal *m* string of beads for counting
contaminación *f* contamination; (philol.) contamination; (fig.) stain, blot
contaminador -dora *adj* contaminating
contaminar *va* to contaminate; to corrupt (*a text*); to profane, to break (*the law of God*); *vr* to become contaminated
contante *adj* ready (*money*)
contar §77 *va* to count; to rate, consider; to charge, to debit; to tell, to relate; **dejarse contar diez** (box.) to take the count; **tiene sus días contados** or **sus horas contadas** his days are numbered; **contar . . . años** to be . . . years old; **contar una cosa por hecha** to consider a thing as good as done; *vn* to count; **a contar desde** beginning with; **contar con** to count on, rely on; to reckon with; **contar con** + *inf* to count on + *ger*, to expect to + *inf;* **contar con** or **por los dedos** to count on one's fingers
contario *m* var. of **contero**
contemperar *va* var. of **atemperar**
contemplación *f* contemplation; leniency, condescension; **gastar contemplaciones con** (coll.) to humor
contemplador -dora *adj* contemplating, contemplative; *mf* contemplator
contemplar *va* to contemplate; to be lenient to, to be condescending towards; *vn* to contemplate
contemplativo -va *adj* contemplative; lenient
contemporaneidad *f* contemporaneousness
contemporáneo -a *adj* contemporaneous; contemporary; *mf* contemporary (*person or thing*)
contemporización *f* temporizing, temporization
contemporizador -dora *adj* temporizing; *mf* temporizer
contemporizar §76 *vn* to temporize
contén *m* curb; *2nd sg impv of* **contener**
contención *f* containment; containing, checking; contention, strife, emulation; (law) suit, litigation
contencioso -sa *adj* contentious; (law) contentious
contendedor *m* contestant
contender §66 *vn* to contend, to contest
contendiente *adj* contending; *mf* contestant, contender
contendor *m* var. of **contendedor**
contendré *1st sg fut ind of* **contener**
contenencia *f* suspension in flight of birds of prey; (dancing) side step with pause
contener §85 *va* to contain; *vr* to contain oneself
contengo *1st sg pres ind of* **contener**
contenido -da *adj* moderate, restrained; *m* contents; content
contenta *f* see **contento**
contentadizo -za *adj* easy to please; **bien contentadizo** easy to please; **mal contentadizo** hard to please
contentamiento *m* contentment
contentar *va* to content; (com.) to indorse; **ser de buen contentar** (coll.) to be easy to please; **ser de mal contentar** (coll.) to be hard to please; *vr* to be contented; **contentarse con** or **de** + *inf* to be satisfied with + *ger* or to + *inf*
contento -ta *adj* contented, glad; **no caber de contento** (coll.) to be bursting with joy; *m* contentment; **a contento** to one's satisfaction; *f* gift or treat to please someone; (com.) indorsement; (mil.) certificate of good conduct; (law) release
contera *f* tip (*e.g., of umbrella*); refrain; **por contera** (coll.) finally, at the end
contérmino -na *adj* conterminous
contero *m* (arch.) beading, beadwork
conterráneo -a *adj* of the same country; *m* fellow countryman; *f* fellow country woman
contertuliano -na or **contertulio -lia** *mf* party-goer, fellow member (*of a social group*)
contesta *f* (Am.) chat, conversation; (Am.) answer
contestable *adj* answerable
contestación *f* answer, reply; dispute, altercation; **contestación a la demanda** (law) answer, plea; **mala contestación** back talk, sauce
contestar *va* to answer; to confirm (*a witness, the deposition of a witness*); **contestar el timbre, la puerta, el teléfono, una carta, una pregunta, a una persona** to answer the bell, the door, the telephone, a letter, a question, a person; *vn* to answer; to agree; **contestar a** to answer (*e.g., a letter*)
conteste *adj* (law) confirming another witness; **estar contestes** to be in agreement
contexto *m* interweaving; interweaving of words; context
contextuar §33 *va* to back with quotations
contextura *f* contexture; contexture of human body
conticinio *m* dead of night
contienda *f* contest, fight, dispute
contigo with thee, with you
contigüidad *f* contiguity
contiguo -gua *adj* contiguous
continencia *f* continence
continental *adj* continental; *m* office for local messages; local message
continente *adj* continent; *m* container; mien, countenance; bearing; continent; **Continente antártico** Antarctic Continent; **Continente Negro** Dark Continent
contingencia *f* contingency
contingente *adj* contingent; *m* contingent; share; quota; (mil.) contingent
contingible *adj* possible
continuación *f* continuation; continuance; **a continuación** later on, below; **a continuación de** right after; right behind
continuadamente *adv* continuously
continuador -dora *adj* continuing; *mf* continuer, continuator
continuar §33 *va* to continue; *vn* to continue; **continuar** + *ger* to continue to + *inf*, to continue + *ger*; **continuará** to be continued (*said e.g., of a serial*); **continuar con** to continue with; to adjoin; *vr* to continue; **continuarse con** to connect with
continuativo -va *adj & f* (gram.) continuative
continuidad *f* continuity
continuo -nua *adj* continual; continuous; persevering; (mach.) endless; **a la continua** continuously; **de continuo** continuously; **continuo** *adv* continuously; *m* continuum; yeoman of the guard; **continuo espacio-temporal** or **continuo espacio tiempo** (phys.) space-time continuum
contómetro *m* comptometer
contonear *vr* to strut, to swagger
contoneo *m* strut, swagger
contorcer §87 *vr* to twist oneself, to writhe
contorción *f* twisting, writhing, contortion
contornado -da *adj* (her.) contourné
contornar or **contornear** *va* to go around; to trace the contour of, to outline
contorneo *m* encircling; outline, outlining
contorno *m* contour, outline; **contornos** *mpl* environs; **en contorno** around, round about
contorsión *f* contortion
contorsionista *mf* contortionist
contra *prep* against; facing; *m* con (*opposite opinion*); (mus.) organ pedal; **contras** *mpl* lowest bass of organ; *f* (coll.) trouble, inconvenience; (fencing) counter; (Am.) play-off; (Am.) gift, extra (*to a customer*); **en contra de** against; **ir en contra de** to run counter to; **llevar la contra a** (coll.) to oppose, to disagree with
contraabertura *f* (surg.) counteropening
contraalmirante *m* rear admiral
contraamura *f* (naut.) preventer
contraantena *f* (rad.) counterpoise
contraaproches *mpl* (fort.) counterapproach

contraárbol *m* (mach.) countershaft
contraarmiños *mpl* (her.) ermines, counter-ermine
contraatacar §86 *va & vn* to counterattack
contraataguía *f* secondary cofferdam
contraataque *m* counterattack; **contraataques** *mpl* (fort.) fortified line of defense
contrabajo *m* (mus.) contrabass, double bass; (mus.) contrabassist
contrabajón *m* (mus.) double bassoon
contrabajonista *mf* double-bassoon player
contrabalancear *va* to counterbalance
contrabalanza *f* counterbalance; contrast
contrabandear *vn* to smuggle
contrabandista *adj* (pertaining to) contraband, smuggling; *mf* contrabandist, smuggler
contrabando *m* contraband; smuggling; **pasar de contrabando** to smuggle, to smuggle in; **contrabando de guerra** contraband of war
contrabarrera *f* (taur.) inner barrier; (taur.) second row of seats
contrabasa *f* pedestal
contrabatería *f* (mil.) counterbattery
contrabatir *va* (mil.) to fire back at (*enemy's battery*)
contrabolina *f* (naut.) auxiliary bowline
contrabóveda *f* (arch.) inverted vault or arch
contrabovedilla *f* (naut.) upper counter
contrabracear *va* to counterbrace
contrabranque *m* (naut.) stemson
contrabraza *f* (naut.) auxiliary brace
contrabrazo *m* drag link (*of steering gear*)
contrabrazola *f* (naut.) headledge
contracaja *f* (print.) upper right-hand corner of case for little-used type
contracalle *f* parallel side street
contracambio *m* exchange; (com.) re-exchange
contracanal *m* branch channel
contracarril *m* (rail.) guardrail
contracarta *f* var. of **contraescritura**
contracción *f* contraction; (econ.) recession
contracédula *f* counter decree
contracepción *f* contraception
contraceptivo -va *adj & m* contraceptive
contracifra *f* key to a cipher
contraclave *f* (arch.) voussoir next to keystone
contracodaste *m* (naut.) inner sternpost
contracorriente *f* countercurrent, crosscurrent; (fig.) backwash; **a contracorriente** upstream
contractable *adj* contractible
contráctil *adj* contractile; contractible, shrinkable
contractilidad *f* contractility
contractivo -va *adj* contractive
contracto -ta *adj* (gram.) contract
contractual *adj* contractual
contractura *f* contraction; (arch. & path.) contracture
contracuartelado -da *adj* (her.) counterquartered
contracurva *f* reverse curve
contrachapado *m* plywood
contradanza *f* contradance
contradecir §37 *va* to contradict; *vr* to contradict oneself
contradicción *f* contradiction
contradiciendo *ger of* **contradecir**
contradictor -tora *adj* contradictory (*person*); *mf* contradicter
contradictorio -ria *adj* contradictory; *f* (log.) contradictory
contradicho -cha *pp of* **contradecir**
contradigo *1st sg pres ind of* **contradecir**
contradije *1st sg pret ind of* **contradecir**
contradique *m* counterdike
contradiré *1st sg fut ind of* **contradecir**
contradriza *f* (naut.) auxiliary halyard
contradurmiente *m* (naut.) clamp
contraeje *m* (mach.) countershaft
contraelectromotriz *adj fem* counter electromotive
contraemboscada *f* counterambush
contraer §88 *va* to contract; to condense (*an idea*); (gram.) to contract; *vr* to contract; to be restricted; (Am.) to work hard, to apply oneself
contraescalón *m* riser (*of stairs*)
contraescarpa *f* (fort.) counterscarp
contraescota *f* (naut.) auxiliary sheet
contraescotín *m* (naut.) auxiliary topsail sheet
contraescritura *f* (law) countermand; (law) deed of invalidation
contraespía *mf* counterspy
contraespionaje *m* counterespionage
contraestimulante *m* (med.) counterstimulant
contrafagot *m* (mus.) contrafagotto, double bassoon
contrafajado -da *adj* (her.) counterfessed
contrafallar *va & vn* to overtrump
contrafallo *m* overtrump
contrafase *f* (rad.) push-pull amplification; **en contrafase** (rad.) push-pull
contrafigura *f* counterpart; (theat.) counterpart
contrafilo *m* back edge near the tip (*of a weapon*)
contraflorado -da *adj* (her.) counterflory
contrafoque *m* (naut.) foretopmast staysail
contrafoso *m* (theat.) subcellar; (fort.) outer ditch
contrafuerte *m* girth strap (*for saddletree*); stiffener for shoe (*inner strip of leather*); spur (*of mountain range*); (arch.) abutment, buttress, counterfort; (fort.) outwork, outer fort
contrafuga *f* (mus.) counterfugue
contragolpe *m* counterstroke; (path.) contrecoup; (mach.) return stroke; kickback; (box.) counter
contraguardia *f* (fort.) counterguard
contraguía *f* front left-hand animal in a team of four
contrahacedor -dora *adj* counterfeiting, imitative, fake; *mf* counterfeiter, imitator, fake; impersonator
contrahacer §55 *va* to counterfeit, imitate, copy; to forge; to feign; to mimic, impersonate; to pirate (*a book*); *vr* to feign
contrahago *1st sg pres ind of* **contrahacer**
contraharé *1st sg fut ind of* **contrahacer**
contrahaz *f* (*pl:* **-haces**) wrong side (*of cloth*)
contrahecho -cha *adj* counterfeit, faked; hunchbacked, deformed; *mf* hunchback; *pp of* **contrahacer**
contrahechura *f* counterfeit, fake
contrahice *1st sg pret ind of* **contrahacer**
contrahierba *f* (bot.) contrayerva; precaution
contrahilo; a contrahilo across the grain
contrahuella *f* riser (*of stairs*)
contraigo *1st sg pres ind of* **contraer**
contraindicación *f* (med.) contraindication
contraindicante *adj* (med.) contraindicating; *m* (med.) contraindicant
contraindicar §86 *va* (med.) to contraindicate
contrainteligencia *f* counterintelligence
contrairritación *f* (med.) counterirritation
contrairritante *adj & m* (med.) counterirritant
contraje *1st sg pret ind of* **contraer**
contralateral *adj* contralateral
contralecho; a contralecho (mas.) laid vertically
contralmirante *m* var. of **contraalmirante**
contralor *m* comptroller
contralto *m* (mus.) contralto (*voice*); *mf* (mus.) contralto (*person*)
contraluz *f* view against the light; **a contraluz** against the light
contramaestre *m* foreman; (naut.) boatswain; (nav.) warrant officer, petty officer; (orn.) tropic bird; **segundo contramaestre** (naut.) boatswain's mate; **contramaestre mayor de cargo** (nav.) chief petty officer
contramalla or **contramalladura** *f* double fishing net
contramandar *va* to countermand
contramandato *m* countermand
contramangas *fpl* oversleeves
contramanivela *f* drag link
contramano; a contramano the wrong way, in the wrong direction
contramarca *f* countermark
contramarcar §86 *va* to countermark
contramarco *m* (carp.) sash
contramarcha *f* countermarch; turning back; reverse, reversal; (naut.) evolution, maneuver; (mach.) fast and loose pulleys

contramarchar *vn* to countermarch; to turn back; to go into reverse, run in reverse
contramarea *f* (naut.) opposing tide
contramedida *f* countermeasure
contramesana *f* (naut.) aftermast
contramina *f* (mil.) countermine
contraminar *va* (mil. & fig.) to countermine
contramuralla *f* (fort.) countermure
contramuro *m* (arch.) low secondary wall; (fort.) countermure
contranatural *adj* unnatural
contraofensiva *f* (mil.) counteroffensive
contraorden *f* countermand, cancellation
contrapalado -da *adj* (her.) counterpaly
contrapalanquín *m* (naut.) auxiliary clew garnet
contrapar *m* rafter; eaves board
contraparte *f* counterpart (*complement*)
contrapartida *f* (com.) correction in double-entry bookkeeping
contrapás *m* half step (*in contredanse*); contredanse (*of Catalonia*)
contrapasamiento *m* going over to the other side, joining the other side
contrapasar *vn* to go over to the other side; (her.) to be counterpassant
contrapaso *m* back step; (mus.) counter passage
contrapeado *m* plywood
contrapear *va* (carp.) to place (*boards*) together with grains at right angles
contrapelo; a contrapelo against the hair; against the grain; backwards, the wrong way; **a contrapelo de** counter to, against
contrapesar *va* to offset, equalize, compensate, counterpoise, counterbalance
contrapeso *m* counterpoise, counterbalance, counterweight; makeweight (*to complete weight of meat, fish, etc.*); (rail.) counterbalance (*of locomotive wheel*)
contrapeste *m* pest preventive, remedy for the pest
contrapilastra *f* (carp.) astragal; (arch.) counterpilaster
contrapondré *1st sg fut ind of* **contraponer**
contraponer §69 *va* to set in front; to compare; to oppose; **contraponer a** to set up against; *vr* to be opposed, be opposite
contrapongo *1st sg pres ind of* **contraponer**
contraposición *f* contraposition; **en contraposición de** as contrasted with
contrapozo *m* counterblast
contrapresión *f* back pressure
contraproducente *adj* unproductive, self-defeating
contraproposición *f* counterproposition
contrapropuesta *f* counterproposal
contraprueba *f* (engraving) counterproof; (print.) second proof
contrapuerta *f* storm door; vestibule door; (fort.) counterport
contrapuesto -ta *pp of* **contraponer**
contrapunta *f* false edge (*of sword*); (mach.) tailstock
contrapuntante *mf* (mus.) counterpoint singer
contrapuntar *vr* var. of **contrapuntear**
contrapuntear *va* (mus.) to sing in counterpoint; *vn* to be sarcastic; *vr* to be sarcastic, to use abusive language; to be sarcastic to each other
contrapuntista *mf* (mus.) contrapuntist
contrapuntístico -ca *adj* (mus.) contrapuntal
contrapunto *m* (mus.) counterpoint
contrapunzar §76 *va* to rivet with a punch
contrapunzón *m* counterpunch; punch; nailset
contrapuse *1st sg pret ind of* **contraponer**
contraquilla *f* (naut.) keelson
contraria *f* see **contrario**
contrariar §90 *va* to oppose; to counteract, thwart; to annoy, provoke
contrariedad *f* contrariness, contrariety; opposition; interference, obstacle; annoyance, bother; disagreement, clash
contrario -ria *adj* contrary; opposite, opposed; hostile; harmful; *mf* enemy; opponent; rival; *m* opposite, contrary; contradiction; obstacle; **al contrario de** unlike; **en contrario** to the contrary; **por el** or **lo contrario** on the contrary; *f* contrary (*opposite*); **llevar la contraria a** (coll.) to oppose, to disagree with
contrarreclamación *f* counterclaim
contrarreconocimiento *m* (mil.) counterreconnaissance
contrarreferencia *f* cross reference
contrarreforma *f* counterreformation; (*cap.*) *f* Counter Reformation
contrarregistro *m* control (*of an account; of a scientific experiment*)
contrarreguera *f* lateral drain, cross ditch
contrarréplica *f* rejoinder; (law) rejoinder
contrarrestar *va* to resist, offset, counteract; (sport) to return (*a ball*)
contrarresto *m* resistance, counteraction; (sport) player who returns the ball
contrarretablo *m* (eccl.) altar slab
contrarrevolución *f* counterrevolution
contrarriel *m* (rail.) guardrail
contrarroda *f* (naut.) stemson
contrarronda *f* (mil.) counterround
contrarrotura *f* (vet.) plaster, poultice
contrasellar *va* to counterseal
contrasello *m* (hist.) counterseal
contrasentido *m* countersense, misinterpretation, mistranslation; contradiction; nonsense, piece of nonsense
contraseña *f* countersign, countermark; baggage check; (mil.) countersign, watchword; **contraseña de salida** (theat.) check
contrastar *va* to resist; to assay; to check (*weights and measures*); *vn* to resist; to contrast; **contrastar a, con** or **contra** to face up to
contraste *m* resistance; assay; assayer; assayer's office; assayer's seal; contrast; (naut.) sudden shift in the wind
contrata *f* contract
contratación *f* trade, commerce; deal, transaction; contract (*document*)
contratante *adj* contracting; *mf* contractor; covenanter, contracting party
contratar *va* to contract for; to engage, hire, take on
contratiempo *m* misfortune, disappointment, contretemps; (mus.) contretemps; **a contratiempo** (mus.) off beat
contratista *mf* contractor
contrato *m* contract; **contrato de compraventa** deal, bargain, contract
contratorpedero *m* (nav.) torpedo-boat destroyer
contratreta *f* counterplot
contratrinchera *f* var. of **contraaproches**
contratuerca *f* lock nut, jam nut
contravalación *f* (fort.) contravallation
contravalar *va* (fort.) to build a contravallation around or in front of
contravapor *m* back-pressure steam; **dar contravapor a** to reverse (*a steam engine*)
contravención *f* contravention, infringement, infraction
contravendré *1st sg fut ind of* **contravenir**
contraveneno *m* counterpoison; antidote; (fig.) antidote
contravengo *1st sg pres ind of* **contravenir**
contravenir §92 *vn* to act contrary; **contravenir a** to contravene, to infringe
contraventana *f* window shutter (*inside or outside*)
contraventar *va* to brace, to guy
contraventor -tora *adj* contravening; *mf* contravener
contravidriera *f* storm sash
contravine *1st sg pret ind of* **contravenir**
contraviniendo *ger of* **contravenir**
contrayente *adj* marriage-contracting; *mf* contracting party (*to a marriage*)
contrayerba *f* var. of **contrahierba**
contrecho -cha *adj* crippled, maimed
contribución *f* contribution; tax; **contribución de sangre** military service; **contribución directa** direct tax; **contribución indirecta** indirect tax; **contribución industrial** excise tax; **contribución territorial** land tax
contribuidor -dora *adj* contributory; taxpaying; *mf* contributor; taxpayer

contribuir §41 *va & vn* to contribute; **contribuir a** + *inf* to contribute to + *ger*
contribulado -da *adj* afflicted, grieved
contributario -ria *mf* fellow taxpayer
contributivo -va *adj* contributive, tax
contribuyente *adj* contributing; taxpaying; *mf* contributor; taxpayer
contrición *f* contrition
contrincante *m* opponent, rival, competitor
contristar *va* to sadden
contrito -ta *adj* contrite
control *m* check, control; control experiment; **control a cascada** (elec.) cascade control; **control de fuego** (nav.) fire control; **control de la frecuencia** (rad.) frequency control; **control de la natalidad** or **de los nacimientos** birth control; **control de volumen** (rad.) volume control; **control remoto** remote control
controlable *adj* controllable
controlar *va* to check, audit, control
controversia *f* controversy
controversista *mf* controversialist
controvertible *adj* controvertible
controvertir §62 *va* to controvert, dispute
contubernio *m* cohabitation; concubinage; vicious alliance
contumacia *f* contumacy; (law) contempt
contumaz *adj* (*pl:* **-maces**) contumacious; germ-bearing, disease-carrying; (law) guilty of contempt
contumelia *f* contumely
contumelioso -sa *adj* contumelious
contundencia *f* forcefulness, impressiveness
contundente *adj* bruising; forceful, impressive
contundir *va* to contuse, to bruise
conturbación *f* disquiet, anxiety, worry
conturbar *va* to disquiet, to upset, to trouble
contusión *f* contusion
contusionar *va* var. of **contundir**
contuso -sa *adj* bruised
contutor *m* coguardian
contuve *1st sg pret ind of* **contener**
convalecencia *f* convalescence
convalecer §34 *vn* to convalesce; to recover, get out of danger
convaleciente *adj & mf* convalescent
convalidación *f* confirming, confirmation
convalidar *va* to confirm
convección *f* (phys.) convection
convecino -na *adj* neighboring; *mf* fellow neighbor
conveler *vr* to twitch
convencedor -dora *adj* convincing; *mf* convincer
convencer §91 *va* to convince
convencible *adj* convincible
convencimiento *m* conviction; (act of) convincing
convención *f* convention
convencional *adj* conventional; *m* member of a convention
convencionalidad *f* conventionality
convencionalismo *m* conventionalism
convendré *1st sg fut ind of* **convenir**
convengo *1st sg pres ind of* **convenir**
convenible *adj* docile, compliant; reasonable, fair
conveniencia *f* propriety; fitness, suitability; advantage; agreement, conformity; convenience; **conveniencias** *fpl* property, income; perquisites; proprieties
convenienciero -ra *adj* selfish, thinking only of one's own convenience; comfort-loving
conveniente *adj* proper; fit, suitable; advantageous, profitable; convenient
convenio *m* covenant, pact; (com.) bankruptcy settlement
convenir §92 *vn* to be suitable, be becoming, be necessary, be important; to agree; to convene; **convenir** + *inf* to be important to + *inf;* **convenir en** + *inf* to agree to + *inf;* **conviene a saber** namely, to wit; *vr* to agree, come to an agreement; **convenirse en** + *inf* to agree to + *inf*
conventícula *f* or **conventículo** *m* conventicle
conventillo *m* (Am.) tenement house
convento *m* convent; monastery
conventual *adj & m* conventual
conventualidad *f* life in a convent or monastery; assignment to a convent or monastery
convergencia *f* convergence; concurrence, concordance
convergente *adj* convergent
converger §49 *vn* var. of **convergir**
convergir §42 *vn* to converge; to concur, concord
conversa *f* see **converso**
conversable *adj* conversable
conversación *f* conversation
conversacional *adj* conversational
conversador -dora *adj* conversing; *mf* conversationalist
conversar *vn* to converse; to live, dwell; to deal, traffic; (mil.) to wheel about
conversible *adj* var. of **convertible**
conversión *f* conversion; (alchem. & elec.) transformation; (rhet.) epistrophe; (mil.) conversion (*wheeling*); **conversión de la deuda** refunding of public debt
conversivo -va *adj* conversive
converso -sa *adj* converted; *mf* convert; *m* lay brother; *f* lay sister; (coll.) conversation, chat
conversor *m* (rad.) converter
convertibilidad *f* convertibility
convertible *adj* convertible
convertidor *m* (elec. & metal.) converter; (elec.) transformer; **convertidor Bessemer** Bessemer converter; **convertidor de frecuencia** (elec.) frequency converter; **convertidor de par** (aut.) torque converter; **convertidor sincrónico** (elec.) synchronous converter
convertiplano *m* (aer.) convertiplane
convertir §62 *va* to convert; to turn; *vr* to convert; to become converted; **convertirse en** to turn into, to become
convexidad *f* convexity
convexo -xa *adj* convex
convicción *f* conviction
convicto -ta *adj* convinced; convicted, found guilty; *mf* convict
convidado -da *mf* guest; *f* (coll.) treat (*to a drink*)
convidador -dora *adj* inviting; *mf* host
convidar *va* to invite; to treat; **convidar a** + *inf* to invite to + *inf;* to move to, to incite to + *inf;* **convidar a uno con una cosa** to offer something to someone; *vr* to volunteer one's services
convincente *adj* convincing
convine *1st sg pret ind of* **convenir**
conviniendo *ger of* **convenir**
convite *m* invitation; party, banquet; treat; **convite a escote** Dutch treat
convivencia *f* (act of) living together, life together
conviviente *adj* living together; *mf* companion
convivir *vn* to live together; **convivir con** to exist side by side with
convocación *f* convocation
convocador -dora *adj* summoning, convoking; *mf* convoker, convocator
convocar §86 *va* to convoke; to call (*a meeting, strike, etc.*)
convocatorio -ria *adj* summoning, convoking; *f* call, notice of a meeting
convolución *f* convolution
convolutado -da *adj* (bot.) convolute
convolvuláceo -a *adj* (bot.) convolvulaceous
convólvulo *m* (bot.) convolvulus; (ent.) measuring worm
convoy *m* convoy; (coll.) retinue; cruet stand; train, railway train
convoyar *va* to convoy
conv.te abr. of **conveniente**
convulsión *f* convulsion; (path.) convulsion
convulsionar *va* to convulse
convulsivo -va *adj* convulsive
convulso -sa *adj* convulsed, convulsive
convulsoterapia *f* (med.) convulsive treatment, shock treatment
conyugal *adj* conjugal
cónyuge *mf* spouse, consort, mate; **cónyuges** *mpl* couple, husband and wife
coñac *m* (*pl:* **-ñacs**) cognac
coolí *m* (*pl:* **-líes**) coolie
cooperación *f* coöperation

cooperador -dora *adj* coöperative; *mf* coöperator, co-worker
cooperar *vn* to coöperate; **cooperar a** + *inf* to coöperate in + *ger*
cooperario *m* coöperator, co-worker
cooperativo -va *adj* coöperative; *f* coöperative, coöperative society
coopositor -tora *mf* fellow competitor (*e.g., for a professorship*)
cooptación *f* coöptation
cooptar *va* coöpt
coordenado -da *adj* (math.) coördinate; *f* (math.) coördinate; **coordenadas cartesianas** (math.) Cartesian coördinates
coordinación *f* coördination
coordinado -da *adj* & *f* var. of **coordenado**
coordinador -dora *adj* coördinating; *mf* coördinator
coordinamiento *m* var. of **coordinación**
coordinante *adj* coördinating
coordinar *va* & *vn* to coördinate
coordinativo -va *adj* coördinative
copa *f* goblet, wineglass, cup, bowl; vase; crown (*of hat*); treetop; brazier; copa (*liquid measure equal to about a gill*); drink; sundae; (arch.) vase (*kind of finial*); roof or vault (*of a furnace*); playing card (*representing a bowl*) equivalent to heart; (sport) cup; (fig.) cup (*of sorrow, misfortune, etc.*); (*cap.*) *f* (astr.) Cup; **copas** *fpl* bosses of bridle; card suit corresponding to hearts; **tomarse una copa** to take a drink; **copa de oro** (bot.) California poppy
copado -da *adj* copped, crested; high-topped, bushy; *f* (orn.) crested lark
copaiba *f* (bot.) copaifera (*tree*); (pharm.) copaiba, copaiba balsam
copal *m* copal
copar *va* to cover (*the whole bet*); to sweep (*all posts in an election*); (mil.) to cut off and capture
coparticipación *f* joint partnership, copartnership, fellowship
copartícipe *mf* joint partner, copartner
copayero *m* (bot.) copaifera (*tree*)
cope *m* close-woven part of fishing net
copear *vn* to sell wine and liquor by the glass; to have a drink, to drink
copela *f* cupel
copelación *f* cupellation
copelar *va* to cupel
Copenhague *f* Copenhagen
copépodo -da *adj* & *m* (zool.) copepod
copera *f* cupboard, closet for glassware
copernicano -na *adj* & *mf* Copernican
Copérnico *m* Copernicus
copero *m* cupbearer; cabinet for wineglasses
copeta *f* small glass, small cup
copete *m* pompadour; tuft; forelock (*of horse*); crest (*of feathers; of a mountain*); top (*finial on piece of furniture*); topping (*e.g., of a dish of ice cream*); (carp.) triangular side of a hip roof; snobbishness; **de alto copete** important, aristocratic; **tener mucho copete** to be haughty, to be high-hat
copetudo -da *adj* copped, tufted; high, lofty; (coll.) haughty, snobbish; *f* (orn.) lark; (bot.) marigold
copey *m* (bot.) star-of-night; Ecuadoran bitumen
copia *f* abundance, plenty; copy; **copia al carbón** carbon copy; **copia del expediente académico** (educ.) transcript; **copia fiel** true copy
copiador -dora *adj* copying; *mf* copier, copyist; *m* letter book, letter file; duplicator, copying machine; *f* (mach.) copying lathe
copiante *mf* copier, copyist
copiar *va* to copy; to copy down
copihue *m* (bot.) Chilean bellflower (*Lapageria rosea*)
copiloto *m* (aer.) copilot
copilla *f* var. of **chofeta**
copiosidad *f* copiousness, abundance
copioso -sa *adj* copious, abundant; hearty (*meal*)
copista *mf* copyist, copier
copla *f* couplet; stanza; ballad, popular song; **coplas** *fpl* (coll.) verse, poetry; **coplas de ciego** (coll.) doggerel
coplear *vn* to compose or sing ballads
coplero -ra or **coplista** *mf* ballad vendor; poetaster
copo *m* flake; cot; bundle of cotton, flax, hemp, etc. (*to be spun*); bottom of purse net; fishing with purse net; **copo de nieve** snowflake
copón *m* large goblet, large cup; (eccl.) ciborium, pyx
coposesión *f* joint ownership
coposesor -sora *mf* joint owner
coposo -sa *adj* bushy, high-topped; flaky, woolly
copra *f* copra
copretérito *m* (gram.) imperfect (*indicative*)
coproducción *f* coproduction
coprolito *m* (pal.) coprolite
copropietario -ria *mf* joint owner
cóptico -ca *adj* Coptic
copto -ta *adj* Coptic; *mf* Copt (*person*); *m* Coptic (*language*)
copudo -da *adj* bushy, thick-topped (*tree or shrub*)
cópula *f* copula; (anat., gram., law, log. & med.) copula; (arch.) cupola
copulación *f* copulation
copular *vr* to copulate
copulativo -va *adj* copulative; *f* (gram.) copulative conjunction
coque *m* coke
coqueluche *f* (path.) whooping cough
coquera *f* head of a top; cavity or hollow in a stone; coke bin
coqueta *adj* coquettish, flirtatious; *f* coquette, flirt; roll, small loaf; blow on the palm of the hand with a ruler; dressing table
coquetear *vn* to flirt, to coquet; to try to please everybody
coqueteo *m* coquetting, flirting
coquetería *f* flirtation, coquetry; affectation, artificiality
coquetilla *f* little coquette
coquetismo *m* coquetry
coquetón -tona *adj* (coll.) coquettish, kittenish; *m* (coll.) ladykiller
coquificar §86 *va* to coke
coquina *f* (zool.) coquina, wedge shell
coquinero *m* (orn.) scaup, scaup duck
coquito *m* grimace made to make a baby laugh; cocoanut candy; (bot.) coquito, coquito palm; (orn.) Inca dove
coquizar §76 *va* & *vn* to coke
coráceo -a *adj* var. of **coriáceo**
coracero *m* cuirassier; (coll.) strong cigar
coracina *f* small breastplate
coracoideo -a *adj* coracoidal
coracoides *adj* coracoid; *m* (*pl:* **-des**) (anat.) coracoid
coracha *f* leather bag
corada *f* entrails
coraje *m* anger; mettle, spirit
corajina *f* (coll.) fit of anger
corajudo -da *adj* (coll.) ill-tempered
coral *adj* (mus.) choral; *m* (mus.) choral, chorale; (zool.) coral (*polyp, calcareous secretion, color, etc.*); (bot.) coral-bead tree; (bot.) coral vine; **corales** *mpl* coral beads; *f* (zool.) coral snake
coralero -ra *mf* worker or dealer in corals
coralífero -ra *adj* coralliferous
coralígeno -na *adj* coralligenous
coralilla *f* (bot.) pimpernel; (zool.) king snake
coralillo *m* (zool.) coral snake
coralino -na *adj* coralline; *f* (bot. & zool.) coralline
corambre *f* hides, skins; wine skin
corambrero *m* dealer in hides and skins
Corán *m* Koran
coránico -ca *adj* Koranic
coranvobis *m* (*pl:* **-bis**) (coll.) fat solemn-looking person
coraza *f* armor (*protective covering*); (arm. & zool.) cuirass; armor plate; (sport) guard, protector
coraznada *f* pith or marrow of pine tree; stew of animal hearts
corazón *m* heart; core; courage; (fig.) heart; **de corazón** heartily, sincerely; **decirle a uno el corazón una cosa** to have a presentiment of something; **hacer de tripas corazón** to pluck up courage; **llevar el co-**

razón en la mano to wear one's heart upon one's sleeve; **no tener corazón para** + *inf* to not have the heart to + *inf;* **partir** or **quebrantar el corazón de** to break the heart of; **corazón atlético** (path.) athlete's heart; **corazón grasoso** (path.) fatty heart
corazonada *f* impulsiveness; presentiment, hunch; (coll.) entrails
corazoncillo *m* (bot.) St.-John's-wort
corbachada *f* lash with a pizzle
corbacho *m* pizzle (*used as a whip*)
corbata *f* necktie, cravat; scarf; flap (*of a tire*); bow and streamer (*of a banner*); **corbata a la inglesa** ascot, ascot tie; **corbata a la mariposa** or **corbata de lazo** bow tie; **corbata de nudo corredizo** four-in-hand tie
corbatería *f* necktie shop
corbatero -ra *mf* necktie maker or dealer
corbatín *m* bow tie
corbato *m* cooler, cooling bath (*of a still*)
corbeta *f* (naut.) corvette, barque
corbona *f* basket
Córcega *f* Corsica
corcel *m* steed, charger
corcesca *f* barbed spear
corcino *m* small deer, young deer
corcova *f* hump, hunch
corcovado -da *adj* humpbacked, hunchbacked; *mf* humpback, hunchback
corcovar *va* to bend, to crook
corcovear *vn* to buck (*said of a horse*)
corcoveta *f* small hump; *mf* (coll.) humpback
corcovo *m* buck (*of a horse*); (coll.) crookedness
corcusido *m* (coll.) rough darning, rough patch
corcusir *va* (coll.) to darn or mend roughly
corcha *f* cork bark; cork bucket (*for cooling wine*); (naut.) laying of a rope
corchar *va* (naut.) to lay (*strands of rope*)
corche *m* cork-soled shoe
corchea *f* (mus.) quaver, eighth note
corchero -ra *adj* cork; *f* cork bucket (*for cooling wine*)
corcheta *f* eye (*of hook and eye*); rabbet (*in doorframe*)
corchete *m* hook and eye; hook (*of hook and eye*); (carp.) bench hook; bracket; horizontal brace; (print.) overrun; constable
corcho *m* cork; cork wine cooler; cork, cork stopper; cork-soled clog; cork box (*for carrying food*); cork mat; (angling) cork (*float*); beehive; **corcho bornizo** virgin cork; **corcho segundero** cork of second barking; **corcho virgen** virgin cork
corchoso -sa *adj* corky
corchotaponero -ra *adj* cork, cork-making, stopper-making (*industry*)
corda *f* (dial.) mountain range; **estar a la corda** (naut.) to be close-hauled, to be lying to
cordado -da *adj & m* (zool.) chordate
cordaje *m* cordage; strings of guitar; (naut.) rigging
cordal *m* (mus.) tailpiece (*of stringed instrument*); *f* wisdom tooth
cordato -ta *adj* cordate; (archaic) prudent, judicious
cordel *m* cord, string; five steps; cattle run; **a cordel** in a straight line; **cordel de la corredera** (naut.) log line
cordelado -da *adj* corded (*ribbon*)
cordelazo *m* lash with a rope
cordelejo *m* string; bantering; **dar cordelejo** to make fun, to banter
cordelería *f* cordmaking; cordage; cord shop; (naut.) rigging
cordelero -ra *mf* cordmaker, cord dealer
cordellate *m* grogram
cordera *f* ewe lamb; (fig.) lamb (*meek woman*)
cordería *f* cordage
corderilla *f* little ewe lamb
corderillo *m* lambskin (*dressed with wool on it*)
corderino -na *adj* (pertaining to a) lamb; *f* lambskin
cordero *m* lamb; lambskin (*dressed with wool on it*); (fig.) lamb (*meek fellow*); (*cap.*) *m* Lamb (*Christ*); **Divino Cordero** or **Cordero de Dios** Lamb of God; **cordero lechal** yeanling; **cordero pascual** paschal lamb; **cordero recental** sucking lamb
corderuela *f* little ewe lamb
corderuelo *m* little lamb
corderuna *f* lambskin
cordezuela *f* small cord or rope
cordíaco -ca *adj* var. of **cardíaco**
cordial *adj* cordial; middle (*finger*); *m* **cordial**, tonic
cordialidad *f* cordiality
cordiforme *adj* heart-shaped
cordila *f* (ichth.) young of the tunny
cordilla *f* guts of sheep (*fed to cats*)
cordillera *f* mountain range, chain of mountains
cordillerano -na *adj* Cordilleran
cordita *f* cordite
Córdoba *f* Cordova; (*l.c.*) *m* cordoba (*monetary unit of Nicaragua*)
cordobán *m* cordovan (*leather*)
cordobana; andar a la cordobana (coll.) to go naked
cordobanero *m* cordovan tanner
cordobés -besa *adj & mf* Cordovan
cordón *m* cordon (*cord or ribbon worn as ornament*); lace, lacing; milled edge of coin; strand (*of rope or wire*); (anat. & elec.) cord; (arch.) cordon, stringcourse, belt course; (fort., her., hort. & mil.) cordon; **cordones** *mpl* (mil.) aiguillettes; **cordón bleu** first-rate cook; **cordón espermático** (anat.) spermatic cord; **cordón sanitario** sanitary cordon; **cordón umbilical** (anat.) umbilical cord
cordonazo *m* blow with a cord or rope; **cordonazo de San Francisco** (naut.) autumn equinoctial storm
cordoncillo *m* rib, ridge; braid, piping; milling (*of coins*)
cordonería *f* cordmaking, ropemaking; lacemaking; lacework
cordonero -ra *mf* cordmaker, ropemaker; lacemaker
cordura *f* prudence, wisdom
corea *f* (path.) chorea; dance with singing; (*cap.*) *f* Corea or Korea; **la Corea del Norte** North Korea; **la Corea del Sur** South Korea
coreano -na *adj & mf* Corean or Korean; *m* Corean or Korean (*language*)
corear *va* to compose (*music*) for chorus; to accompany with a chorus, to choir; to answer in chorus; to join in singing (*a song*); to fawningly agree with (*someone's opinion*); *vn* to choir
corecico or **corecillo** *m* sucking pig
coreo *m* (pros.) choreus; (mus.) harmony
coreografía *f* choreography
coreográfico -ca *adj* choreographic
coreógrafo -fa *mf* choreographer
coreópsida *f* (bot.) coreopsis, calliopsis
corezuelo *m* sucking pig; skin of roast piglet
cori *m* (bot.) St.-John's-wort
coriáceo -a *adj* coriaceous
coriámbico -ca *adj & m* choriambic
coriambo *m* choriamb
coriandro *m* (obs.) var. of **cilantro**
coribante *m* Corybant (*priest of Cybele*)
corifeo *m* coryphaeus; (fig.) leader
coriláceo -a *adj* (bot.) corylaceous
corimbo *m* (bot.) corymb
corimboso -sa *adj* corymbose or corymbous
corindón *m* (mineral.) corundum
coríntico -ca *adj* Corinthian
corintio -tia *adj & mf* Corinthian
Corinto *f* Corinth
Coriolano *m* Coriolanus
corión *m* (embryol. & zool.) chorion; (anat. & zool.) corium
corista *mf* chorist; *m* choir priest; (theat.) chorus man; *f* (theat.) chorus girl, chorine
corito -ta *adj* naked; bashful, timid; *m* workman who carries the wine from press to vats; grape-treader
coriza *f* (path.) coryza; (prov.) sandal
corladura *f* gold varnish
corlar or **corlear** *va* to coat with gold varnish
corma *f* stocks (*for punishment*); annoyance, bother
cormo *m* (bot.) corm
cormofita *f* (bot.) cormophyte
cormorán *m* (orn.) cormorant
cornac *m* (*pl:* **-nacs**) or **cornaca** *m* mahout

cornáceo -a *adj* (bot.) cornaceous
cornada *f* thrust with horns; (fencing) upward thrust
cornadiza *f* stanchion (*for cattle*)
cornado *m* old copper coin; **no valer un cornado** (coll.) to be not worth a continental
cornadura *f* horns
cornal *m* strap for yoking oxen
cornalina *f* (mineral.) carnelian
cornalón *adj masc* big-horned (*said of a bull*)
cornamenta *f* horns, antlers
cornamusa *f* (mus.) bagpipe; (mus.) horn shaped like a French horn; (naut.) chock
cornatillo *m* horn-shaped olive
córnea *f* see **córneo**
corneador -dora *adj* butting, horning
corneal *adj* corneal
corneana *f* (geol.) hornfels
cornear *va* to butt, to horn
cornecico, cornecillo or **cornecito** *m* little horn
corneja *f* (orn.) crow, daw; (orn.) carrion crow; (orn.) scops owl
cornejo *m* (bot.) dogwood, cornel tree; **cornejo florido** (bot.) flowering dogwood; **cornejo hembra** (bot.) red dogwood; **cornejo macho** (bot.) cornelian cherry
Cornelia *f* Cornelia
cornelina *f* var. of **cornalina**
Cornelio *m* Cornelius
córneo -a *adj* horny, corneous; *f* (anat.) cornea; **córnea cónica** (path.) keratoconus; **córnea opaca** (anat.) sclera
cornerina *f* var. of **cornalina**
corneta *f* (mus.) bugle; (mus.) cornet; swineherd's horn; troop of horse; pennant; (mil.) cornet (*cavalry officer who carried flag*); **corneta acústica** ear trumpet; **corneta de llaves** cornet-à-pistons; **corneta de monte** hunting horn; *m* bugler; cornetist
cornete *m* (anat.) turbinated bone
cornetilla *f* hot pepper
cornetín *m* (mus.) cornet; cornetist
cornezuelo *m* (bot. & pharm.) ergot; crescent-shaped olive
corniabierto -ta *adj* with wide-spread horns
cornial *adj* horn-shaped
corniapretado -da *adj* with close-set horns
corniblanco -ca *adj* white-horned
cornicabra *f* (bot.) terebinth tree; crescent-shaped olive; (bot.) wild fig
córnico -ca *adj* Cornish; *m* Cornish (*language*)
cornicorto -ta *adj* short-horned
corniforme *adj* horn-shaped
cornigacho -cha *adj* with horns turned downward
cornígero -ra *adj* (poet.) horned
cornija *f* var. of **cornisa**
cornijal *m* corner (*of a cushion, building, etc.*); (eccl.) altar napkin
cornijón *m* (arch.) entablature; outer corner (*of a building*)
cornijuelo *m* (bot.) shadbush
cornil *m* var. of **cornal**
cornillo *m* (bot.) shadbush
corniola *f* var. of **cornalina**
cornisa *f* cornice (*of snow on a ridge*); (arch.) cornice
cornisamento or **cornisamiento** *m* (arch.) entablature
cornisón *m* var. of **cornijón**
corniveleto -ta *adj* with high, straight horns
corno *m* (bot.) dogwood; (mus.) horn; **corno inglés** (mus.) English horn
Cornualles *m* Cornwall
cornucopia *f* cornucopia; sconce with mirror
cornudilla *f* (ichth.) hammerhead
cornudo -da *adj* horned, antlered; cuckold; *m* cuckold
cornúpeta *adj* cornupete; *m* (coll.) bull
coro *m* chorus; choir; choir loft; (mus., arch. & theol.) choir; **a coros** alternately, responsively; **de coro** by heart; **hacer coro a** to echo; **coro mixto** mixed chorus
corocha *f* (ent.) vine fretter
corografía *f* chorography
corográfico -ca *adj* chorographic or chorographical
corógrafo -fa *mf* chorographer
coroideo -a *adj* choroid
coroides *adj & f* (anat.) choroid
corojo *m* or **corojo de Guinea** (bot.) African oil palm
corola *f* (bot.) corolla
corolario *m* corollary
corona *f* crown; wreath, garland; coronet; halo; tonsure; (astr., elec. & meteor.) corona; (dent.) crown; (vet.) coronet (*of horse's pastern*); crown (*coin*); **ceñir** or **ceñirse la corona** to assume the crown; **Corona austral** (astr.) Corona Australis; **Corona boreal** (astr.) Corona Borealis; **corona de flores** wreath, floral wreath; **corona de laurel** wreath, laurel wreath; **corona mural** (hist.) mural crown; **corona nupcial** bridal wreath
coronación *f* coronation, crowning; termination, completion
coronado *m* tonsured cleric; (bot.) aster, China aster
coronal *adj* coronal
coronamento or **coronamiento** *m* termination, completion; (arch.) crest, coping, top, crown; (naut.) taffrail
coronar *va* to crown; to cap, to top; (checkers) to crown
coronario -ria *adj* coronary; fine (*gold*); *f* second-hand wheel (*of clock or watch*)
corondel *m* (print.) column rule
coronel *m* colonel; (arch.) top molding; (her.) crown
coronela *f* colonel's wife
coronelato *m* (Am.) colonelcy
coronelía *f* colonelcy
coronilla *f* crown (*of head*); **andar** or **bailar de coronilla** (coll.) to grind away, to be hard at it; **dar de coronilla** (coll.) to bump one's head on the ground; **estar hasta la coronilla** (coll.) to be fed up
coronio *m* (chem.) coronium
coroza *f* conical paper hat worn as a mark of infamy; farmer's straw cape
corozo *m* (bot.) African oil palm; (bot.) cohune; cohune nut
corpa *f* (min.) lump of crude ore
corpachón *m* or **corpanchón** *m* (coll.) big body, big carcass; carcass of fowl
corpazo *m* (coll.) big body, big carcass
corpecico, corpecillo or **corpecito** *m* bodice, waist
corpiño *m* little body; bodice, waist; (Am.) brassière
corporación *f* corporation; association
corporal *adj* corporal, bodily; *m* (eccl.) corporal (*cloth*)
corporativo -va *adj* corporate, corporative
corpóreo -a *adj* corporeal
corpudo -da *adj* corpulent
corpulencia *f* corpulence
corpulento -ta *adj* corpulent; thick, heavy
Corpus *m* (eccl.) Corpus Christi
corpuscular *adj* corpuscular
corpúsculo *m* (bot. & physiol.) corpuscle; (chem. & phys.) corpuscle, particle; **corpúsculo de Malpighi** (anat.) Malpighian corpuscle
corral *m* corral, stockyard; barnyard; fishpond; open-air theater; blank left by a student in taking notes; **hacer corrales** (coll.) to play truant; **corral de madera** lumberyard; **corral de vacas** (coll.) pigpen (*place that is filthy or littered up*)
corralada *f* large corral
corralero -ra *adj* (pertaining to a) corral, barnyard; *mf* manure seller; *f* Andalusian dance and song; (dial.) hussy
corraliza *f* yard, court, corral
correa *f* leather strap, thong; leatheriness; (aer.) belt; (carp.) purlin; (mach.) belt, belting; (bot.) correa, native fuchsia; **correas** *fpl* duster made of strips of leather; **besar la correa** (coll.) to eat humble pie; **tener correa** (coll.) to take a kidding goodnaturedly; (coll.) to be tough; **correa conductora** belt conveyor; **correa de seguridad** (aer. & aut.) safety belt; **correa de ventilador** (aut.) fan belt; **correa de zapatos** leather shoestring; **correa transmisora** drive belt; **correa transportadora** belt conveyor

correaje *m* belts, belting
correal *m* deerskin (*used in garments*)
correar *va* to draw out (*wool*)
correazo *m* lash with a leather strap
correcalles *m* (*pl:* **-lles**) (coll.) loafer
correcamino *m* (orn.) road runner
corrección *f* correction; correctness
correccional *adj & m* correctional
correctivo -va *adj* corrective; (gram.) adversative; (gram.) restrictive; *m* corrective
correcto -ta *adj* correct
corrector -tora *adj* correcting, corrective; *m* corrector, correcting device; (print.) corrector, proofreader; superior, abbot (*in monastery of St. Francis of Paula*)
corredera *f* track, slide, rail, tongue, guide; shutter (*in a peephole*); upper millstone; race track; street; (mach.) slide valve; (ent.) roach; (naut.) log (*chip and line*); (naut.) log line; (surv.) target; **de corredera** sliding (*e.g., door*)
corredizo -za *adj* slide; sliding; slip
corredor -dora *adj* running; (orn.) ratite; *mf* runner; (sport) runner; (sport) racer; *m* corridor; porch, gallery; (com.) broker; (mil.) scout; (mil.) raider; (fort.) covert way; **corredor de apuestas** bookmaker, professional betting man; **corredor de bodas** (coll.) matchmaker; **corredor de noticias** (coll.) gossip; **corredor de posta** postrider; **Corredor Polaco** Polish Corridor; *f* (orn.) ratite
corredura *f* overflow
correduría *f* (com.) brokerage
correería *f* strap making; strap shop
correero -ra *mf* strap maker or seller
corregencia *f* coregency
corregente *mf* coregent
corregibilidad *f* corrigibility
corregible *adj* corrigible
corregidor -dora *adj* correcting; *m* corregidor (*Spanish magistrate; chief magistrate of Spanish town*); *f* wife of a corregidor
corregimiento *m* office of corregidor; district governed by a corregidor
corregir **§72** *va* to correct; to temper, to lessen; *vr* to mend one's ways
corregüela or **correhuela** *f* (bot.) lesser bindweed; (bot.) knotgrass; **corregüela hembra** (bot.) mare's-tail
correinado *m* coreign
correjel *m* shoe leather, sole leather
correlación *f* correlation
correlacionar *va & vr* to correlate
correlativo -va *adj & m* correlative
correligionario -ria *mf* coreligionist, coreligionary; colleague, confederate
correncia *f* (coll.) looseness of the bowels; (coll.) bashfulness
correndilla *f* (coll.) short run, dash
correntío -a *adj* running; (coll.) free and easy, agile; *f* (coll.) looseness of the bowels
correntón -tona *adj* gadabout; jolly, full of fun
correntoso -sa *adj* (Am.) swift, rapid (*stream*)
correo *m* courier, postman; mail; post office; mail train; (law) accomplice; **correos** *mpl* postal service; **echar al correo** to mail, to post; **correo aéreo** air mail; **correo marítimo** packet boat; **correo urgente** special delivery
correón *m* large leather strap
correoso -sa *adj* leathery, tough
correr *va* to run, to race (*a horse*); to run (*a risk*); to traverse, travel over; to overrun; to chase, pursue; to slide; to turn (*a key*); to draw (*a curtain*); to embarrass; to confuse; to auction; to have (*e.g., the same fate or lot*); (slang) to cut (*class*); (naut.) to furl, unfurl (*a sail*); (naut.) to outride (*a storm*); to rob, get by robbery; (taur.) to fight (*a bull*); (Am.) to throw (*a person*) out; **correrla** (coll.) to carouse around at all hours of the night ‖ *vn* to run; to race; to flow; to blow; to pass, elapse; to pass, be accepted; to circulate, be common, be common talk; **a todo correr** at full speed; **a todo turbio correr** no matter how bad things are; **que corre** current (*e.g., month*); **correr a** to sell at or for; **correr a** + *inf* to run to + *inf;* **correr a cargo de** or **por cuenta de** to be under, be under the administration of; **correr con** to be in charge of, to be on good terms with; to defray (*an expense*); **correr por** to sell at or for; to be in the care or the hands of; *vr* to turn (*right or left*); to become embarrassed; to become confused; to be ashamed; to slide, to glide, to slip; to run (*said of a candle or a color*); to go too far
correría *f* excursion; raid, foray
correspondencia *f* correspondence; communication, contact (*between two places*); connection, interchange (*of road, subway, etc.*); agreement, harmony; **correspondencia urgente** special delivery
corresponder *vn* to correspond; to communicate (*said, e.g., of two rooms*); **corresponder a** to return, reciprocate (*affection, a favor, etc.*); to belong to, to concern; **corresponderle a uno** + *inf* to be up to someone to + *inf*, to be the turn of someone to + *inf; vr* to correspond (*to write to each other*); to be in agreement or harmony
correspondiente *adj* correspondent; corresponding; respective; *mf* correspondent
corresponsal *mf* correspondent
corresponsalía *f* post of newspaper correspondent
corretaje *m* brokerage
corretear *va* (coll.) to run up and down, to race around; *vn* (coll.) to hang around; (coll.) to romp, to race around
correteo *m* (coll.) hanging around; (coll.) romping
corretora *f* nun who directs the choir
correvedile *mf* or **correveidile** *mf* (*pl:* **-le**) (coll.) gossip, mischief-maker; (coll.) go-between, pimp
correverás *m* (*pl:* **-rás**) (coll.) mechanical toy
corrido -da *adj* in excess (*said of a weight or measure*); cursive; experienced; flowing, fluent; in sequence, continuous, unbroken; abashed, confused; (coll.) wise, sharp; (Am.) fixed-price (*meal*); **de corrido** fluently, unhaltingly; offhand; *m* shed along the wall of a corral; (Am.) ballad, street ballad; *f* race; bullfight; course, run, travel; **de corrida** fast, without stopping; **corrida de banco** (Am.) run on the bank; **corrida de toros** bullfight
corriente *adj* running (*water*); current; ordinary, common; regular, usual; well-known; permissible; fluent; good-natured; **corriente y moliente** (coll.) regular ‖ *adv* all right, O.K. ‖ *m* current month; **al corriente** on time, promptly; **estar al corriente (de)** to be posted (on), be informed (about), be aware (of); **poner al corriente (de)** to acquaint (with), to inform (about); **tener al corriente (de)** to keep (*someone*) posted (on), keep (*someone*) informed (about) ‖ *f* current, stream; (elec.) current; (fig.) current, stream; **dejarse llevar de la corriente, irse con** or **tras la corriente** (fig.) to follow the crowd; **llevarle a uno la corriente** (coll.) to kowtow to someone; **seguir la corriente** (fig.) to follow the crowd; to follow the line of least resistance; **ir** or **navegar contra la corriente** to go against the tide, to fight an uphill battle; **corriente alterna** or **alternativa** (elec.) alternating current; **corriente continua** (elec.) direct current; **corriente de aire** draft; **corriente de filamento** (rad.) filament current; **corriente de convección** (elec.) convection current; **corriente de Foucault** (elec.) eddy current, Foucault current; **Corriente del Golfo** Gulf Stream; **corriente del Japón** Japan current; **corriente de placa** (rad.) plate current; **corriente de rejilla** (rad.) grid current; **corriente de saturación** (phys.) saturation current; **corriente parásita** (elec.) eddy current; (rad.) static, interference; **corriente sanguínea** blood stream
corrientemente *adv* fluently; flatly, plainly
corrigendo -da *mf* inmate of a jail or reformatory
corrillero -ra *mf* loafer, lounger, idler
corrillo *m* huddle, clique
corrimiento *m* running, sliding, gliding; watery discharge, rheum; embarrassment, shyness; vine blight (*from frost, rain, etc.*); landslide; (elec.) creepage; **corrimiento de fase** (elec.) phase lag

corrincho *m* gathering of riffraff
corrivación *f* corrivation, construction that channels several streams together
corro *m* group or circle of people; ring (*space*); ring-around-a-rosy; **escupir en corro** to butt into the conversation; **hacer corro** to make room, to make an open space; **hacer corro aparte** to start a separate ring or faction; **corro de bruja** or **de brujas** fairy ring (*circle formed in grass by growth of certain fungi*)
corroboración *f* strengthening; corroboration
corroborante *adj & m* corroborant
corroborar *va* to strengthen; to corroborate
corroborativo -va *adj* corroborative
corrobra *f* var. of **alboroque**
corroer §78 *va* to corrode; (fig.) to corrode (*to prey upon, eat away at*); *vr* to corrode
corrompedor -dora *adj* corrupting; *mf* corrupter
corromper *va* to corrupt; to spoil; to rot; to bribe; to seduce; (coll.) to annoy, disturb, inconvenience; *vn* to smell bad; *vr* to become corrupted; to spoil, to become spoiled; to rot
corrosal *m* (bot.) soursop
corrosible *adj* corrodible, corrosible
corrosión *f* corrosion; (geol.) erosion
corrosivo -va *adj & m* corrosive
corr.te abr. of **corriente**
corrugación *f* contraction, shrinkage; wrinkling (*of skin*); corrugation
corrugado -da *adj* corrugated
corrugar §59 *va* to corrugate
corrumpente *adj* corrupting, corruptive; (coll.) annoying, bothersome
corrupción *f* corruption; corruptness; stink, stench
corruptela *f* corruption; abuse
corruptibilidad *f* corruptibility
corruptible *adj* corruptible
corruptivo -va *adj* corruptive
corruptor -tora *adj & mf* var. of **corrompedor**
corrusco *m* (coll.) piece of bread, crust of bread
corsa *f* see **corso**
corsario -ria *adj* (naut.) privateering; *mf* (croquet) rover (*player*); *m* (naut.) corsair (*pirate; pirate ship; privateer*); *f* (croquet) rover ball
corsé *m* corset
corsear *vn* (naut.) to privateer, to cruise as a privateer
corsetería *f* corset shop; corset business, corset manufacturing
corsetero -ra *mf* corset maker or dealer
corso -sa *adj & mf* Corsican; *m* Corsican (*dialect*); (naut.) privateering; (Am.) drive, promenade; **armar en corso** (naut.) to arm as a privateer; **ir a corso** (naut.) to cruise as a privateer; **llevar** or **traer a corso** to transport posthaste; *f* (naut.) day's voyage; (dial.) sled, drag
corta *f* see **corto**
cortaalambres *m* (*pl:* **-bres**) wire cutter; cold chisel
cortabolsas *m* (*pl:* **-sas**) (coll.) pickpocket
cortacallos *m* (*pl:* **-llos**) corncutter
cortacésped *m* lawn mower
cortacigarros *m* (*pl:* **-rros**) cigar cutter
cortacircuitos *m* (*pl:* **-tos**) (elec.) fuse
cortacorriente *m* (elec.) switch
cortada *f* see **cortado**
cortadero -ra *adj* easy to cut; *f* blacksmith's chisel; beekeeper's knife
cortadillo *m* drinking cup; **echar cortadillos** (coll.) to speak with affectation; (coll.) to drink wine
cortado -da *adj* proportioned; choppy (*style*); (Am.) hard up; *m* drinking cup; cup of coffee with a touch of milk; caper, cabriole (*in dancing*); *f* (Am.) cut; **cortada de pelo** (Am.) haircut
cortador -dora *adj* cutting; *m* cutter (*person who cuts out garments, etc.*); butcher; (anat.) cutter (*incisor*); *f* cutter, cutting machine; slicing machine; mower; cutting board
cortadura *f* cutting; cut; slit, slash; clipping, cutout; (fort.) parapet; (geog.) cut (*between mountains*); **cortaduras** *fpl* cuttings, trimmings, parings, shreds
cortafrío *m* cold chisel
cortafuego *m* (forestry) fireguard; fire wall
cortahielos *m* (*pl:* **-los**) icebreaker, iceboat
cortalápices *m* (*pl:* **-ces**) pencil sharpener
cortamente *adv* scantily, sparingly; curtly
cortante *adj* cutting, sharp; *m* butcher; butcher knife, cleaver
cortapapeles *m* (*pl:* **-les**) paper cutter, paper knife
cortapicos *m* (*pl:* **-cos**) (ent.) earwig; **cortapicos y callares** (coll.) little children should be seen and not heard
cortapiés *m* (*pl:* **-piés**) (coll.) cut or slash at the legs
cortapisa *f* trimming (*made of different material from dress*); charm, wit; terms, conditions (*of a gift*); difficulty, interference
cortaplumas *m* (*pl:* **-mas**) penknife, pocketknife
cortapuros *m* (*pl:* **-ros**) cigar cutter
cortar *va* to cut; to cut away, to trim; to clip; to cut down; to cut off; to cut out, omit; to cut short, to stop; to cut up; to carve; to engrave; to cleave, chop, hew, hack; to dock; to prune; (elec.) to cut off (*the current*); (aut.) to cut off (*the ignition*); (Am.) to pick, to harvest; **cortar bien** to pronounce (*a language*) well; to read (*verse*) well; **cortar mal** to pronounce (*a language*) poorly; to read (*verse*) poorly; **cortar por la mitad** to bisect ‖ *vn* to cut; to be cutting (*said of wind or cold*); **cortar de vestir** to cut cloth, cut a pattern; (coll.) to gossip, talk evil ‖ *vr* to become confused, become speechless; to chap, to crack (*said of skin*); to curdle, turn sour
cortarrenglón *m* marginal stop (*of typewriter*)
cortatubos *m* (*pl:* **-bos**) pipe cutter (*tool*)
cortaúñas *m* (*pl:* **-ñas**) nail clippers, nail cutters
cortavidrios *m* (*pl:* **-drios**) glass cutter
cortaviento *m* windshield
corte *m* cut; cutting; edge (*of knife, sword, book*); cross section; cut, fit (*of a garment*); piece of material (*for a suit, trousers, etc.*); cutting room (*of military tailor*); reconciliation; (elec.) break; **corte de pelo** haircut; **corte de pelo a cepillo** crew cut; **corte de traje** suiting ‖ *f* court; yard; stable, fold; (Am.) court (*of justice*); **Cortes** *fpl* Parliament; **darse corte** (Am.) to put on airs; **hacer la corte a** to pay court to (*a person in power, a woman*); **la Corte** the Capital (*Madrid*); **corte celestial** Heaven; **Corte Suprema** (Am.) Supreme Court
cortedad *f* shortness; smallness; scantiness; dullness; bashfulness, shyness; **cortedad de medios** or **recursos** lack of funds
cortejador -dora *adj* courting, wooing, courtly; *m* courter, wooer, courtier
cortejar *va* to escort, attend, court; to woo, to court (*a woman*)
cortejo *m* court, courting; courtship; homage; cortege; entourage; gift, treat; (coll.) beau, paramour
cortero *m* (Am.) day laborer
cortés *adj* courteous, gracious, polite
cortesana *f* see **cortesano**
cortesanazo -za *adj* overpolite, obsequious
cortesanía *f* courtliness, courtesy; fawning, flattery
cortesano -na *adj* of the court, courtlike; courtly, courteous; fawning, flattering; *m* courtier; fawner; flatterer; *f* courtesan
cortesía *f* courtesy, graciousness, politeness; expression of respect at end of a letter; title of honor; grace, favor; gift, present; (com.) days of grace; (print.) blank space at end or beginning of a chapter; bow; curtsy; **hacer una cortesía** to make a bow; to curtsy; **por cortesía** by courtesy
corteza *f* bark; peel, skin, rind; crust; coarseness, crudeness; (anat. & bot.) cortex; (orn.) sand grouse; **corteza del cascarillo** (pharm.) cinchona bark
cortezón *m* heavy bark or crust
cortezudo -da *adj* barky, corticated; crude, crusty, unpolished
cortezuela *f* thin bark; thin peel, skin, or rind
corticado -da *adj* corticate, corticated
cortical *adj* cortical

corticotropina *f* (physiol. & pharm.) corticotropin
cortijada *f* group of farmhouses
cortijero -ra *mf* farmer; *m* farm boss
cortijo *m* farmhouse, farm; **alborotar el cortijo** (coll.) to raise a row, cause a riot
cortil *m* barnyard
cortina *f* curtain; shade, screen; (fort.) curtain; **correr la cortina** to pull the curtain aside (*to reveal something hidden*); **cortina de bambú** (fig.) bamboo curtain; **cortina de hierro** (fig.) iron curtain; **cortina de humo** smoke screen; **cortina de muelle** sustaining wall (*of a dike*)
cortinaje *m* set of curtains, pair of curtains
cortinal *m* fenced-in and cultivated field near a farm or village
cortinilla *f* shade, window shade; carriage curtain
cortinón *m* big heavy curtain
cortiña *f* (prov.) garden patch
cortisona *f* or **cortisono** *m* (physiol. & pharm.) cortisone
corto -ta *adj* short; small; scant, wanting; slight; dull; bashful, shy; speechless; stingy; **a la corta o a la larga** sooner or later; **desde muy corta edad** from earliest childhood; **corto de alcances** limited, short-witted; **corto de manos** slow (*at work*); **corto de oído** hard of hearing; **corto de resuello** short of breath, short-winded; **corto de vista** shortsighted; *f* clearing, cutting, cutting or felling of trees; **corto** *adv* short
cortocircuitar *va* (elec.) to short-circuit
cortocircuito *m* (elec.) short circuit; **poner en cortocircuito** (elec.) to short-circuit; **ponerse en cortocircuito** (elec.) to short-circuit, be short-circuited
cortometraje *m* (mov.) short
cortón *m* (ent.) mole cricket
coruja *f* (orn.) barn owl
corulla *f* (naut.) cordage room (*in a galley*)
corundo *m* var. of **corindón**
Coruña, La Corunna
coruñes -ñesa *adj* (pertaining to) Corunna; *mf* native or inhabitant of Corunna
coruscación *f* flash of a meteor; (poet.) coruscation
coruscante *adj* flashing, sparkling
coruscar §86 *vn* (poet.) to coruscate
corusco -ca *adj* (poet.) coruscating
corva *f* see **corvo**
corvadura *f* bend; curvature; (arch.) bend of an arch or vault
corvato *m* young crow, young rook
corvecito *m* little crow, little rook
corvejón *m* gambrel, hock; spur (*of a cock*); (orn.) cormorant
corvejos *mpl* gambrel, hock
corveta *f* curvet
corvetear *vn* to curvet
córvidos *mpl* (orn.) Corvidae
corvino -na *adj* corvine; *f* (ichth.) corvina; **corvina blanca** (ichth.) croaker; **corvina negra** (ichth.) black drum, drumfish
corvo -va *adj* arched, curved, bent; *m* pothook; (ichth.) corvina; *f* ham, bend or back of knee; (vet.) curb
corzo -za *mf* (zool.) roe deer
corzuelo *m* wheat left in the husk
cosa *f* thing; **a cosa hecha** as good as done, sure-fire; **como si tal cosa** (coll.) as if nothing had happened; **en cosa de** in a matter of; **no . . . alguna cosa** or **no . . . cosa** nothing; **no . . . gran cosa** not much, not very much; **no haber tal cosa** to be not so; **no ser gran cosa** to be of no importance, to not amount to much; **otra cosa** something else; **¿qué cosa?** what's new?; **¿qué es cosa y cosa?** what's the answer to this?; **cosa corta** pittance, trifle; **cosa de** a matter of; **cosa de cajón** matter of course; **cosa de entidad** something worth while; **cosa del otro jueves** (coll.) something unheard-of; (coll.) something out of date; **cosa de mieles** (coll.) something exquisite; **cosa de nunca acabar** bore, something tiresome; **cosa de oír** something worth hearing; **cosa de reír** laughing matter; **cosa de risa** something to laugh at; **cosa de ver** something worth seeing; **cosa en sí** (philos.) Ding an sich, thing-in-itself; **cosa nunca vista** (coll.) something unheard-of; **cosa perdida** hopeless or incorrigible person; **cosa rara** strange thing; strange to say; **cosas de** doings of, tricks of; **cosas del mundo** ups and downs; **cosas de viento** (coll.) frivolities; **cosa seria** serious matter; the real thing, a worthwhile proposition; **cosa y cosa** puzzle, riddle
cosaco -ca *adj & mf* Cossack; *m* brute
cosario -ria *adj* traveled, frequented; *m* carrier, messenger, deliveryman; hunter
coscar §86 *vr* (coll.) to shrug one's shoulders, to give a shrug
coscarana *f* (dial.) cracknel
coscoja *f* (bot.) kermes, kermes oak; dry leaves of kermes oak
coscojal *m* or **coscojar** *m* field of kermes oak
coscojita *f* var. of **coxcojilla**
coscojo *m* kermes, kermes berry; **coscojos** *mpl* iron bosses of horse's bit
coscón -cona *adj* (coll.) sly, crafty
coscoroba *f* (orn.) coscoroba
coscorrón *m* bump on the head, contusion
cosecante *f* (trig.) cosecant
cosecha *f* harvest, crop; harvest time; (fig.) crop (*e.g., of lies*); **de su cosecha** (coll.) of one's own invention, out of one's own head; **cosecha de vino** vintage
cosechadora *f* harvester (*machine*)
cosechar *va* to harvest, reap, gather; (Am.) to grow; *vn* to harvest
cosechero -ra *mf* harvester, reaper; vintner
coselete *m* corselet (*armor*); pikeman; (zool.) corselet (*thorax of insect*)
coseno *m* (trig.) cosine; **coseno verso** (trig.) coversed sine
cose-papeles *m* (*pl:* **-les**) stapler
coser *va* to sew; to rivet together; to lace (*a belt*); to join, unite closely; to stab; **coser a preguntas** to riddle with questions; **coser a puñaladas** (coll.) to cut or slash to pieces; *vn* to sew; **ser coser y cantar** (coll.) to be a cinch; *vr* **coserse con** or **contra** (coll.) to become closely united or associated with
cosetada *f* quick step, run
cosicosa *f* var. of **quisicosa**
cosido *m* sewing; **cosido de cama** sheet, quilt, and blanket stitched together
cosidura *f* (naut.) lashing
cosignatario -ria *adj & mf* cosignatory
cosmético -ca *adj & m* cosmetic
cosmogonía *f* cosmogony
cosmogónico -ca *adj* cosmogonic or cosmogonical
cosmografía *f* cosmography
cosmográfico -ca *adj* cosmographic or cosmographical
cosmógrafo -fa *mf* cosmographer
cosmología *f* cosmology
cosmológico -ca *adj* cosmological
cosmólogo -ga *mf* cosmologist
cosmonauta *m* cosmonaut
cosmopolita *adj* cosmopolitan; *mf* cosmopolitan; cosmopolite
cosmopolitismo *m* cosmopolitanism
cosmorama *m* cosmorama
cosmos *m* cosmos (*universe*); (bot.) cosmos
coso *m* enclosure for bullfighting; main street; (ent.) wood borer
cospe *m* chop, hack
cospel *m* blank (*from which to stamp coin*)
cosque *m* (coll.) bump on the head, contusion
cosquilladizo -za *adj* peevish, touchy
cosquillar *va* (archaic) to tickle
cosquillas *fpl* ticklishness; **buscarle a uno las cosquillas** (coll.) to try to annoy someone; **hacerle a uno cosquillas** (coll.) to stir up someone's curiosity; (coll.) to worry or scare someone; **no sufrir cosquillas** or **tener malas cosquillas** (coll.) to be impatient, be touchy
cosquillear *va* to tickle; to tease; to arouse the curiosity of; to make apprehensive; *vr* to become curious; to become annoyed; to enjoy oneself, to have a good time
cosquillejas *fpl* ticklishness
cosquilleo *m* tickling, tickling sensation

cosquilloso -sa *adj* ticklish; (fig.) touchy, ticklish
costa *f* cost, price; board and wages; coast; shore, bank; edge iron (*of shoemaker*); **costas** *fpl* (law) costs; **a costa de** at the expense of; **a toda costa** at any price; **barajar la costa** to sail close to shore; **condenar en costas** (law) to sentence to pay the costs; **ir** or **navegar costa a costa** to sail along the coast; **Costa Brava** Mediterranean coast from Pals to Tordera in province of Gerona, Spain; **Costa del Atlántico** Atlantic Coast; **Costa de los Esclavos** Slave Coast; **Costa del Pacífico** Pacific Coast; **Costa de Marfil** Ivory Coast; **Costa de Oro** Gold Coast; Côte-d'Or (*in France*); **Costa Firme** Spanish Main; **costa marítima** seacoast
costado *m* side (*of human body, of a ship*); (mil.) flank; (Am.) station platform; (min.) side face (*of a gallery*); **costados** *mpl* stock, ancestors
costal *adj* (anat.) costal; *m* bag, sack; tamper, stamper; **estar hecho un costal de huesos** (coll.) to be nothing but skin and bones; **costal de los pecados** human body (*full of sin*)
costalada *f* or **costalazo** *m* blow on the back or side (*from a fall*)
costalejo *m* small sack
costalero *m* (prov.) public errand boy; bearer of image of saint in Easter procession in Seville
costanero -ra *adj* coastal; sloping; *f* slope; **costaneras** *fpl* rafters
costanilla *f* short steep street
costar §77 *va & vn* to cost; **costar trabajo** + *inf* to be hard to + *inf;* **cueste lo que cueste** the cost what it may
costarricense *adj* Costa Rican
costarriqueño -ña *adj & mf* Costa Rican
coste *m* cost, price; **a coste y costas** at cost
costear *va* to defray the cost of; to sail along the coast of; *vn* to sail along the coast; *vr* to pay for itself; to pay one's way
costeño -ña *adj* coastal; coasting; *mf* (Am.) coast dweller
costero -ra *adj* coastal; *m* slab (*outside piece cut from log*); side wall (*of blast furnace*); *f* side of a bale or package; fishing season; coast; slope
costezuela *f* slight slope
costilla *f* rib; (anat., bot. & naut.) rib; (carp.) fur; (coll.) wealth, property; (coll.) rib (*wife, better half*); stave; rung; **costillas** *fpl* back, shoulders; **calentar** or **medir las costillas a** (coll.) to thrash, beat, cudgel; **costilla cervical** (anat.) cervical rib; **costillas falsas** (anat.) false ribs; **costillas flotantes** (anat.) floating ribs; **costillas verdaderas** (anat.) true ribs
costillaje *m* or **costillar** *m* (anat.) ribs; ribbing, framework; (carp.) furring; lagging (*of a tunnel*)
costilludo -da *adj* (coll.) broad-shouldered, heavy-set
costo *m* cost; (bot.) sawwort; costusroot; **a costo y costas** at cost; **costo de la vida** cost of living; **costo hortense** (bot.) costmary; **costo, seguro y flete** (com.) cost, insurance, and freight
costoso -sa *adj* costly, expensive; grievous
costra *f* scab, crust, scale; snuff (*of candle wick*); scab (*on a cut or wound*); **costra láctea** (path.) infantile impetigo
costrada *f* crumb pie
costroso -sa *adj* scabby, crusty, scaly
costumbre *f* custom; **de costumbre** usually; usual; **tener por costumbre** + *inf* to be in the habit of + *ger*
costumbrista *adj* (*novel, writer, painting, painter*) depicting regional manners, customs, scenes, etc.; *mf* writer who depicts regional manners and customs
costura *f* sewing, needlework; tailoring; seam; (mach.) seam, joint; (naut.) splice; **alta costura** fashion designing, haute couture; high fashion, high style; **de costura francesa** full-fashioned (*hose*); **sentar las costuras** to press the seams; **sentarle a uno las costuras** (coll.) to take someone to task
costurera *f* seamstress, dressmaker
costurero *m* sewing table; sewing room; sewing case
costurón *m* large seam; coarse seam; big scar
cota *f* coat of arms; coat of mail; quota, share; elevation; (top.) bench mark; (top.) datum level; **cota de armas** coat of arms, tabard; **cota de malla** coat of mail
cotana *f* mortise; mortise chisel
cotangente *f* (trig.) cotangent
cotanza *f* coutances (*fine linen*)
cotarra *f* side of a ravine
cotarrera *f* (coll.) gossip, gossipy woman (slang) prostitute
cotarro *m* night lodging for beggars and tramps; side of a ravine; **alborotar el cotarro** (coll.) to stir up a row; **andar de cotarro en cotarro** (coll.) to fool around from one place to another
cotejar *va* to compare, collate
cotejo *m* comparison, collation
cotense *m* (Am.) coarse hemp
coterráneo -a *adj & mf* var. of **conterráneo**
cotí *m* (*pl:* **-tíes**) bedtick, ticking
cotidiano -na *adj* daily, everyday, quotidian
cótila *f* (anat.) cotyla, acetabulum
cotiledón *m* (bot. & embryol.) cotyledon
cotiledóneo -a *adj* (bot.) cotyledonous
cotiloideo -a *adj* (anat.) cotyloid
cotilla *mf* (coll.) tattletale; *f* (archaic) corselet, corset
cotillear *vn* to gossip
cotilleo *m* gossip
cotillo *m* face (*of a hammer*)
cotillón *m* cotillion
cotín *m* (sport) backstroke (*in returning a ball*)
cotiza *f* dent (*for the warp*); (her.) cotise; (Am.) Indian sandal
cotización *f* quotation (*of a price*); current price, price list; quota; dues
cotizante *adj* dues-paying; *mf* dues payer
cotizar §76 *va* to quote (*a price*); to prorate; to cry out (*prices*) in the stock exchange; *vn* to collect dues; to pay dues
coto *m* enclosed pasture; preserve; landmark; boundary; (ichth.) sculpin; (pharm.) coto, coto bark; (zool.) howling monkey; (slang) churchyard; (slang) hospital; (Am.) goiter; **poner coto a** to check, to put a stop to; **coto social** workers' benefit society
cotón *m* cotton (*fabric*)
cotona *f* (Am.) man's work shirt; (Am.) sleeveless shirt; (Am.) blouse; (Am.) **chamois jacket**
cotonada *f* calico, print
cotoncillo *m* (paint.) button of maulstick
cotonía *f* dimity
cotorra *f* (orn.) parrot; (orn.) parakeet; (orn.) magpie; (coll.) chatterbox; (Am.) overnight hangout
cotorrear *vn* (coll.) to chatter, to gossip, to gabble
cotorreo *m* (coll.) chattering, gossip, gabble
cotorrera *f* female parrot; (coll.) chatterbox
cotorrón -rrona *adj* trying to be young, affecting youth
cototo *m* (Am.) bump
cotral *m & f* var. of **cutral**
cotudo -da *adj* cottony, hairy; (Am.) goitrous
cotufa *f* Jerusalem artichoke (*tuber of the plant*); tidbit, delicacy; **hacer cotufas** (Am.) to be fastidious; **pedir cotufas en el golfo** (coll.) to ask for the moon
coturnado -da *adj* buskined
coturno *m* buskin; **calzar el coturno** to write in the sublime style; to write tragedies; **de alto coturno** lofty, elevated, sublime
cotutor *m* coguardian
covacha *f* small cave; (Am.) cubbyhole; (Am.) shanty
covachuela *f* small cave; (archaic) office of crown minister (*in vaulted basement corridors of Royal Palace in Madrid*)
covachuelista *m* or **covachuelo** *m* (coll.) clerk; (coll.) government clerk
covanilla *f* or **covanillo** *m* basket for gathering grapes
covezuela *f* small cave
coxa *f* (ent.) coxa

coxal *adj* coxal; *m* (anat.) coxa
coxalgia *f* (path.) coxalgia
coxálgico -ca *adj* coxalgic
coxcojilla or **coxcojita** *f* hopscotch; **a coxcojita** hippety-hoppety
coxcox; a coxcox hippety-hoppety
coxis *m* (*pl:* **-xis**) var. of **cóccix**
coxofemoral *adj* coxofemoral
coy *m* (naut.) hammock, cot
coyote *m* (zool.) coyote, prairie wolf
coyunda *f* strap for yoking oxen; marriage; tyranny; sandal string
coyuntero *m* var. of **acoyuntero**
coyuntura *f* conjuncture, juncture; turn, chance, opportunity; (anat.) joint, articulation; **en coyuntura** at the right time
coz *f* (*pl:* **coces**) kick; butt (*of gun*); kick, recoil (*of gun*); ebb, reflux; kickback; big end (*of pole or mast*); (coll.) insult, churlishness; **dar coces** to kick; **tirar coces** to kick; (coll.) to kick (*to resist, to complain*)
C.P.B. or **c.p.b.** abr. of **cuyos pies beso**
cps. abr. of **compañeros**
crabrón *m* (ent.) hornet
crac *m* crash; **hacer crac** to crash, to fail; **crac financiero** crash, failure in business
Cracovia *f* Cracow
crampón *m* crampon, calk, climbing iron
cramponado -da *adj* (her.) cramponee
cran *m* (print.) nick
craneal or **craneano -na** *adj* cranial
cráneo *m* (anat.) skull, cranium
craneología *f* craniology
craneometría *f* craniometry
craneotomía *f* (surg.) craniotomy
crápula *f* drunkenness; licentiousness
crapuloso -sa *adj* drunken; licentious
crascitar *vn* to crow, to croak
crasia *f* crasis, temperament, constitution
crasiento -ta *adj* greasy
crasis *f* (*pl:* **-sis**) crasis; (gram.) crasis
crasitud *f* fatness, corpulence
craso -sa *adj* thick, coarse; fat, greasy; gross, crass (*error, ignorance, etc.*); (*cap.*) *m* Crassus
crasuláceo -a *adj* (bot.) crassulaceous
cráter *m* crater; (elec. & mil.) crater; (*cap.*) *m* (astr.) Crater
crátera *f* crater (*vessel*)
cratícula *f* wicket through which nuns receive communion
crea *f* crea (*linen fabric*)
creación *f* creation; **la Creación** the Creation
creacionismo *m* (philos. & theol.) creationism
creador -dora *adj* creative; *mf* creator; **el Creador** the Creator
crear *va* to create; *vr* to build up (*e.g., a clientele*); to trump up (*an excuse*)
creativo -va *adj* creative
crecedero -ra *adj* growing; large enough to allow for growth (*said of child's clothes*)
crecepelo *m* hair restorer
crecer §34 *vn* to grow, increase; to rise, to swell (*said of a stream or flood*); **crecer como la mala hierba** to grow wild; *vr* to assume more authority or importance; to get bolder and more daring
creces *fpl* increase, extra, excess; **con creces** in abundance, in excess; **de creces** growing (*said of a child*)
crecido -da *adj* large, big, grown; swollen; **crecidos** *mpl* wide stitches (*in knitting*); *f* freshet, flood
creciente *adj* crescent; growing, increasing; (phonet.) rising (*diphthong*); *m* (her.) crescent; **creciente de la luna** (astr.) crescent (*increasing moon*); *f* freshet, flood; **creciente del mar** (naut.) high tide, flood tide
crecimiento *m* growth, increase; rise (*in value*)
crec.te abr. of **creciente**
credencia *f* credence, sideboard; (eccl.) credence
credencial *adj* & *f* credential; **credenciales** *fpl* credentials
credibilidad *f* credibility
crediticio -cia *adj* (pertaining to) credit
crédito *m* credit; (com. & educ.) credit; **abrir crédito a** (com.) to give credit to; **a crédito** (com.) on credit; **dar crédito a** to give credence or credit to; to credit, to do credit to
credo *m* creed; credo; (mus.) credo; **con el credo en la boca** (coll.) with one's heart in one's mouth; **en un credo** (coll.) in a trice; **que canta el credo** (coll.) with an air of importance
credulidad *f* credulity
crédulo -la *adj* credulous
creedero -ra *adj* believable; **creederas** *fpl* (coll.) credulity; **tener buenas creederas** (coll.) to be too gullible
creedor -dora *adj* credulous
creencia *f* belief; credence; creed, persuasion
creer §35 *va* & *vn* to believe, to think; **¡ya lo creo!** (coll.) I should say so!; **creer en** to believe in (*e.g., God*); *vr* to believe; to believe oneself to be; **¡que te crees tú eso!** (iron.) you think so!
crehuela *f* crea (*linen fabric*)
creíble *adj* credible, believable
crema *f* cream; cold cream; shoe polish; (gram.) diaeresis; (fig.) cream (*e.g., of society*); **crema de afeitar** shaving cream; **crema de menta** crème de menthe; **crema desvanecedora** vanishing cream
cremación *f* cremation
cremallera *f* (mach.) rack; rack rail; zipper; **cremallera y piñón** rack and pinion
cremástico -ca *adj* chrematic, economic; *f* chrematistics, economics
crematorio -ria *adj* & *m* crematory
cremera *f* creamer
cremería *f* (Am.) creamery
cremómetro *m* creamometer, cremometer
cremona *f* espagnolette, casement bolt; *m* Cremona (*violin*)
crémor *m* cream of tartar; **crémor tártaro** cream of tartar
cremoso -sa *adj* creamy
crena *f* (anat. & bot.) crenation
crenado -da *adj* (bot.) crenate
crencha *f* part (*of hair*); hair on each side of part
creosol *m* (chem.) creosol
creosota *f* creosote
creosotar *va* to creosote
crep *m* o **crepé** *m* crepe
crepitación *f* crepitation, crackling; (med.) crepitation
crepitante *adj* crepitant, crackling
crepitar *vn* to crepitate, to crackle
crepuscular *adj* crepuscular
crepusculino -na *adj* crepusculine, twilight
crepúsculo *m* twilight
cresa *f* egg of queen bee; maggot; flybow
crescendo *m* (mus.) crescendo
Creso *m* (biog. & fig.) Croesus
cresol *m* (chem.) cresol
crespilla *f* (bot.) morel
crespina *f* hair net
crespo -pa *adj* curled, crispy; curly; angry, vexed; turgid (*style*)
crespón *m* crape; **crespón de la China** crepe de Chine; **crespón fúnebre** crape; mourning band
cresta *f* crest (*of bird, of wave, of mountain, of helmet*); (anat., arch., bot., mach. & zool.) crest; **alzar** or **levantar la cresta a** (coll.) to cut short, to mortify; **cresta de gallo** cockscomb; (bot.) cockscomb, yellow rattle
crestado -da *adj* crested
crestería *f* (fort.) battlement; (arch.) openwork cornice, cresting
crestillo *m* (bot.) clematis
crestomatía *f* chrestomathy
crestón *m* large crest; crest (*of helmet*); (min.) outcrop
crestudo -da *adj* heavy-crested; haughty
creta *f* chalk; (*cap.*) *f* Crete
cretáceo -a *adj* cretaceous; (geol.) Cretaceous; *m* (geol.) Cretaceous
cretácico *m* (geol.) Cretaceous
cretense *adj* & *mf* Cretan
crético -ca *adj* Cretan, Cretic; *m* cretic (*metrical foot*)
cretinismo *m* (path.) cretinism
cretino -na *adj* cretinic; *mf* cretin
cretona *f* cretonne
creyente *adj* believing; *mf* believer
creyón *m* crayon

crezneja *f* var. of **crizneja**
cría *f* raising, rearing; breeding; keeping (*of bees*); brood, litter; suckling; nursing; fledgling; **cría caballar** horse breeding
criada *f* see **criado**
criadero -ra *adj* fruitful, prolific; *m* nursery, tree nursery; breeding place; fish hatchery; (min.) seam, vein; **criadero de ostras** oyster bed
criadilla *f* testicle (*of animal*); potato, tuber; small roll (*of bread*); **criadilla almizclada** (bot.) red truffle; **criadilla de tierra** (bot.) truffle
criado -da *adj* bred; **bien criado** well-bred; **mal criado** ill-bred; *mf* servant; *f* female servant, maid; wash bat; **criada de servir** housemaid
criador -dora *adj* creative; fruitful, abounding; nurturing; *mf* breeder, raiser; keeper (*of bees*); creator; *f* wet nurse
criaduelo -la *mf* little servant
criamiento *m* care, upkeep, maintenance
crianza *f* raising, rearing; nursing; lactation; breeding, manners; **buena crianza** good breeding; **mala crianza** bad breeding
criar **§90** *va* to raise, rear, bring up; to breed, to grow; to nurse, nourish; to foster; to fatten (*an animal*); to create; **criar carnes** to put on fat, put on weight
criatura *f* creature; little creature (*child, baby*); creature (*person owing his position to another*)
criba *f* screen, sieve; (min.) jig
cribado *m* screening, sieving
cribador -dora *adj* screening, sieving; *mf* screener, siever, screen tender
cribar *va* to screen, to sieve
cribo *m* screen, sieve
criboso -sa *adj* sievelike
cric *m* (*pl:* **crics**) jack, lifting jack; **cric de cremallera** ratchet jack
cricoides *adj* (anat.) cricoid; *m* (*pl:* **-coides**) (anat.) cricoid
cricquet *m* (sport) cricket
Crimea *f* Crimea
crimen *m* crime; **crimen de guerra** war crime; **crimen de lesa majestad** lese majesty
criminación *f* crimination
criminal *adj* criminal; *mf* criminal; **criminal de guerra** war criminal
criminalidad *f* criminality
criminalista *mf* criminal lawyer; penologist, criminalist
criminar *va* to criminate
criminología *f* criminology
criminológico -ca *adj* criminological
criminólogo -ga *mf* criminologist
criminoso -sa *adj* criminal; *mf* criminal; (Am.) slanderer
crimno *m* wheat or spelt meal
crin *f* mane; horsehair; **crin vegetal** vegetable horsehair
crinado -da *adj* (poet.) long-haired
crinito -ta *adj* crinite (*comet*)
crinoideo -a *adj* (zool.) crinoid; *m* (zool.) crinoid, sea lily
crinolina *f* crinoline (*cloth*); (Am.) crinoline (*skirt*)
crío *m* (coll.) nursing infant; (coll.) infant
criogénico -ca *adj* cryogenic; *f* cryogenics
criógeno -na *adj* cryogenic; *m* cryogen
criohidrato *m* (chem.) cryohydrate
criolita *f* (mineral.) cryolite
criología *f* cryology
criollismo *m* (Am.) native character; (Am.) advocacy of native manners and customs and things in general
criollo -lla *adj* & *mf* Creole; native (*in Latin America*); hundred-per-cent Argentine, Colombian, Venezuelan, etc.
criómetro *m* cryometer
crioscopia *f* cryoscopy
crioscopio *m* cryoscope
crióstato *m* cryostat
crioterapia *f* (med.) cryotherapy
cripta *f* crypt; (anat.) crypt
criptogámico -ca *adj* cryptogamic
criptógamo -ma *adj* cryptogamous; *f* (bot.) cryptogam
criptografía *f* cryptography
criptográfico -ca *adj* cryptographic
criptógrafo -fa *mf* cryptographer (*person*); *m* cryptograph (*device*)
criptograma *m* cryptogram
criptón *m* (chem.) krypton
crique *m* var. of **cric**
cris *m* (*pl:* **crises**) creese (*dagger*)
crisálida *f* (ent.) chrysalis
crisantema *f* or **crisantemo** *m* (bot.) chrysanthemum
Criseida *f* (myth.) Chryseis; (myth.) Cressida (*in medieval redaction*)
crisis *f* (*pl:* **-sis**) crisis; depression (*economic*); mature judgment; **crisis de llanto** outburst of tears, fit of weeping; **crisis de vivienda** housing shortage; **crisis ministerial** cabinet crisis; **crisis nerviosa** nervous breakdown
crisma *m* & *f* (eccl.) chrism; *f* (slang) bean, head
crismal *adj* & *m* (eccl.) chrismal
crismera *f* chrismatory
crismón *m* chrismon
crisoberilo *m* (mineral.) chrysoberyl
crisol *m* crucible; (fig.) crucible
crisolada *f* charge of a crucible
crisólito *m* (mineral.) chrysolite
crisopacio *m* var. of **crisoprasa**
crisopeya *f* chrysopoeia (*transmuting into gold*)
crisoprasa *f* (mineral.) chrysoprase
Crisóstomo, San Juan Saint John Chrysostom
crisotilo *m* (mineral.) chrysotile
crispadura *f* or **crispamiento** *m* twitching
crispar *va* to cause to twitch; *vr* to twitch
crispatura *f* twitching
crispir *va* to grain, to marble
crista *f* (her.) crest
cristal *m* crystal (*glass; glass ornament*); (chem., mineral. & rad.) crystal; pane of glass; mirror, looking glass; crystal glass, flint glass; (poet.) crystal (*water*); **cristal cilindrado** plate glass; **cristal de patente** (naut.) bull's-eye (*glass in ship's side, deck, etc.*); **cristal de reloj** crystal, watch crystal; **cristal de roca** crystal, rock crystal; **cristal hilado** spun glass, glass wool; **cristal líquido** liquid crystal; liquid glass; **cristal tallado** cut glass
cristalera *f* China closet; sideboard; glass door
cristalería *f* glasswork; glassworks; glass store; glassware; closet of glassware
cristalino -na *adj* crystalline; *m* (anat.) crystalline lens
cristalito *m* (mineral.) crystallite
cristalización *f* crystallization
cristalizador *m* crystallizer (*vessel*)
cristalizar **§76** *va* & *vr* to crystallize
cristalofísica *f* physics of crystalline substances
cristalografía *f* crystallography
cristalográfico -ca *adj* crystallographic or crystallographical
cristaloide *m* crystalloid
cristaloideo -a *adj* crystalloid
cristaloquímica *f* chemistry of crystalline substances
cristel *m* var. of **clister**
Cristián *m* Christian (*man's name*)
cristianamente *adv* Christianly, in a Christian manner
cristianar *va* (coll.) to christen, baptize
cristiandad *f* Christendom; Christianity (*conformity to Christian religion*); missionary's flock
cristianesco -ca *adj* Christian, imitating the Christian (*said of something Moorish*)
cristianísimo -ma *adj* Most Christian (*sovereign*)
cristianismo *m* Christianity; christening, baptism
cristianización *f* Christianization
cristianizar **§76** *va* to Christianize
cristiano -na *adj* Christian; *mf* Christian; *m* soul, person; Spanish (*language*); (coll.) watered wine
cristino -na *mf* Cristino (*partisan of Maria Christina*); (*cap.*) *f* Christine

Cristo *m* Christ; crucifix; **donde Cristo dió las tres voces** (coll.) in the middle of nowhere; **poner como un cristo** (coll.) to abuse, to beat up
Cristóbal *m* Christopher
cristofué *m* (orn.) Venezuelan greenfinch
cristus *m* (*pl:* **-tus**) christcross; **no saber el cristus** (coll.) to be very ignorant
crisuela *f* drip pan (*of lamp*)
criterio *m* criterion; judgment, discernment
crítica *f* see **crítico**
criticador -dora *adj* criticizing, faultfinding; *mf* criticizer, faultfinder
criticar §86 *va* to criticize
criticastro *m* criticaster
criticismo *m* (philos.) criticism
crítico -ca *adj* critical; (Am.) faultfinding; *m* critic; (coll.) pedant; *f* criticism; critique; gossip; **alta crítica** high criticism; **crítica textual** textual criticism
criticón -cona *adj* (coll.) censorious, faultfinding; *mf* (coll.) critic, faultfinder
critiquizar §76 *va* (coll.) to overcriticize
crizneja *f* braid of hair; rope of osiers or rushes
Croacia *f* Croatia
croar *vn* to croak (*said of frogs*)
croata *adj* & *mf* Croatian; *m* Croatian (*language*)
crocante *m* almond brittle, peanut brittle
croceína *f* (chem.) crocein
crocino -na *adj* (pertaining to) saffron; *f* (chem.) crocin
crocitar *vn* to crow, to croak
croché *m* crochet, crochet work
crochet *m* (box.) hook
cromado -da *adj* chrome, chromium-plated; *m* chromium plating
cromañón *m* (anthrop.) Cro-Magnon
cromañonense *adj* (anthrop.) Cro-Magnon
cromar *va* to chrome (*to plate with chromium*)
cromático -ca *adj* chromatic; (mus.) chromatic; *f* chromatics
cromatina *f* (biol.) chromatin
cromatismo *m* chromatism
cromato *m* (chem.) chromate
cromatóforo *m* (biol.) chromatophore
crómico -ca *adj* (chem.) chromic
crominancia *f* (phys.) crominance
cromismo *m* (bot.) chromatism
cromita *f* (mineral.) chromite
cromito *m* (chem.) chromite
cromo *m* (chem.) chromium, chrome; chromo (*picture*)
cromóforo *m* (chem.) chromophore
cromógeno -na *adj* chromogenic; *m* (chem.) chromogen
cromolitografía *f* chromolithography; chromolithograph (*picture*)
cromolitografiar §90 *va* to chromolithograph
cromolitográfico -ca *adj* chromolithographic
cromolitógrafo -fa *mf* chromolithographer
cromoplasma *m* (biol.) chromoplasm
cromoplasto *m* (bot.) chromoplast
cromoscopio *m* (telv.) chromoscope, color tube
cromosfera *f* (astr.) chromosphere
cromoso -sa *adj* (chem.) chromous
cromosoma *m* (biol.) chromosome; **cromosoma sexual** (biol.) sex chromosome
cromotipia *f* chromotypy or chromotypography
cromotipografía *f* chromotypography
cromotipográfico -ca *adj* chromotypographic
crónica *f* see **crónico**
cronicidad *f* chronicity, chronic nature
crónico -ca *adj* chronic; inveterate (*vices*); longstanding; *f* chronicle; news, news chronicle, feature story; **Crónicas** *fpl* (Bib.) Chronicles
cronicón *m* brief chronicle
cronista *mf* chronicler; reporter, feature writer; **cronista de radio** newscaster, radio newscaster
cronístico -ca *adj* (pertaining to a) chronicle; chronicler's
cronógrafo -fa *mf* chronographer; *m* chronograph
cronología *f* chronology
cronológico -ca *adj* chronologic or chronological
cronologista *mf* or **cronólogo -ga** *mf* chronologist
cronometrador -dora *mf* (sport) timekeeper
cronometraje *m* (sport) clocking, timing
cronometrar *va* (sport) to clock, to time
cronometría *f* chronometry
cronómetro *m* chronometer; stop watch
Cronos *m* (myth.) Cronus
cronoscopio *m* chronoscope
croqueta *f* croquette
croquis *m* (*pl:* **-quis**) sketch
croscitar *vn* to crow, to croak
crosse *f* (sport) lacrosse; **jugar a la crosse** to play lacrosse
crótalo *m* (zool.) rattlesnake; castanet
crotón *m* (bot.) croton
crotorar *vn* to rattle (*said of a stork or crane*)
cruce *m* cross, crossing; crossroads; intersection; exchange (*e.g., of letters*); (elec.) crossed wires (*short*); **cruce a nivel** (rail.) grade crossing; **cruce de palabras** (philol.) blending; **cruce en trébol** cloverleaf, cloverleaf intersection (*in a highway*)
crucera *f* withers (*of horse*)
crucería *f* (arch.) boss (*in Gothic vaulting*)
crucero *m* (eccl.) crucifer, cross-bearer; crossroads; railroad crossing; timber; crosspiece; (nav.) cruiser; (naut. & aer.) cruise, cruising; (arch.) transept; (arch.) crossing (*where transept crosses nave*); (*cap.*) *m* (astr.) Southern Cross; **crucero a nivel** (rail.) grade crossing
cruceta *f* crosspiece (*e.g., of trelliswork*); (mach.) crosshead (*of connecting rod*); (naut.) crosstree
crucial *adj* crucial; (surg.) crucial
cruciata *f* (bot.) crosswort
cruciferario *m* (eccl.) crucifer, cross-bearer
crucífero -ra *adj* (bot.) cruciferous; *f* (bot.) crucifer
crucificado -da *adj* crucified; **el Crucificado** the Crucified (*Christ*)
crucificar §86 *va* to crucify; (coll.) to crucify (*to torture, torment*)
crucifijo *m* crucifix
crucifixión *f* crucifixion; (*cap.*) *f* Crucifixion
cruciforme *adj* cruciform, cross-shaped
crucigrama *m* crossword puzzle
crucigramista *mf* crossworder
crucillo *m* pushpin
cruda *f* see **crudo**
crudelísimo -ma *adj super* very or most cruel
crudeza *f* rawness, crudeness; unripeness; hardness (*of water*); roughness, severity, harshness; (coll.) blustering; **crudezas** *fpl* undigested food, indigestible food
crudo -da *adj* raw, crude; unripe; unbleached (*linen*); hard (*water*); raw (*weather*); **estar crudo** (Am.) to have a hangover; **medio crudo** rare (*meat*); *m* burlap; *f* (Am.) hangover
cruel *adj* cruel; intense (*cold*); fierce, bitter, bloody (*struggle, battle*)
crueldad *f* cruelty
cruento -ta *adj* bloody
crujía *f* corridor, hall; block, row of houses; ward, hospital ward; bay (*space between two walls*); (naut.) midship gangway; **pasar** or **sufrir una crujía** (coll.) to have a hard time of it; **crujía de piezas** suite of rooms
crujidero -ra *adj* crackling; creaking; chattering, clattering; rustling
crujido *m* crackle; creak; chatter, clatter; rustle
crujiente *adj* var. of **crujidero**
crujir *vn* to crackle; to creak; to chatter, clatter; to rustle
crúor *m* (physiol.) cruor; (poet.) blood
crup *m* (path.) croup
crupal *adj* croupous
cruposo -sa *adj* croupy
crural *adj* (anat.) crural
crustáceo -a *adj* crustaceous; (zool.) crustaceous, crustacean; *m* (zool.) crustacean
crústula *f* var. of **cortezuela**
cruz *f* (*pl:* **cruces**) cross; tails (*of a coin*); withers (*of quadruped*); (math.) plus sign; (naut.) crown (*of anchor*); (print.) dagger; top of trunk (*where horizontal branches begin*); (fig.) cross (*suffering, burden*); **de la cruz a la fecha** from beginning to end; **en cruz** crosswise; cross-shaped; in quarters; (her.)

quarterly; **Cruz del Sur** (astr.) Southern Cross; **cruz de Malta** Maltese cross; (bot.) scarlet lychnis; **cruz de San Andrés** Saint Andrew's cross; **cruz gamada** gammadion, fylfot, swastika; **cruz latina** Latin cross; **cruz potenzada** (her.) potent cross; **cruz roja** red cross; **Cruz Roja** Red Cross; **cruz trebolada** (her.) tréflé cross, botony cross; **cruz y raya** (coll.) I have my fill, that's enough
cruzado -da *adj* crossed; cross (*breed*); twilled; double-breasted; **con los brazos cruzados** with arms crossed, idle; *m* crusader; knight; *f* crusade; crossroads, intersection
cruzamiento *m* crossing; cross-breeding; (elec.) cross; **cruzamiento retrógrado** backcross
cruzar §76 *va* to cross; to cut across; to honor with the cross, confer the cross on; to twill; to exchange (*correspondence*); (naut.) to cruise, cruise over; **cruzarle a uno la cara** to lash someone in the face; *vn* to cross; to fold over (*said of clothing when it is full*); to cruise; *vr* to cross in front; to cross each other; to cross one another's path; to take the cross (*to join a crusade*); **cruzarse con** to pass (*e.g., another automobile*); **cruzarse de brazos** to cross one's arms, remain idle, do nothing
cs. abr. of **céntimos & cuartos**
csardas *f* (mus.) czardas
c.ta abr. of **cuenta**
cte. abr. of **corriente**
ctetología *f* ctetology
c.to abr. of **cuarto**
cts. abr. of **céntimos & cuartos**
c/u abr. of **cada uno**
cuaba *f* (bot.) Jamaica rosewood; (Am.) gyp
cuaco *m* (Am.) yucca flour; (Am.) horse
cuad. abr. of **cuadrado**
cuaderna *f* (naut.) frame; **cuaderna de escuadra** (naut.) square frame; **cuaderna maestra** (naut.) midship frame; **cuaderna sesgada** (naut.) cant frame
cuadernal *m* double or triple block
cuadernillo *m* (eccl.) liturgical calendar; quinternion
cuaderno *m* notebook; folder; (print.) quaternion; **cuaderno de bitácora** (naut.) logbook; **cuaderno de hojas cambiables** or **sueltas** loose-leaf notebook
cuadra *f* see **cuadro**
cuadrada *f* see **cuadrado**
cuadradamente *adv* exactly, fully
cuadradillo *m* ruler; plotting paper; square iron bar; gusset (*of shirt*); lump (*of sugar*)
cuadrado -da *adj* square; quadrate; perfect, complete; square-shouldered; *m* (geom. & math.) square; quadrate; ruler; clock (*in stockings*); gusset (*of shirt*); die (*for making coins*); (print.) quadrat; **de cuadrado** perfectly; full-faced (*view*); **dejar de cuadrado** to sting to the quick; **cuadrado mágico** magic square; *f* (mus.) breve
cuadragenario -ria *adj & mf* quadragenarian
cuadragesimal *adj* Quadragesimal
cuadragésimo -ma *adj & m* fortieth; *f* (eccl.) Lent; (eccl.) Quadragesima
cuadral *m* (carp.) angle brace
cuadrangular *adj* quadrangular; *m* (baseball) home run
cuadrángulo -la *adj* quadrangular; *m* quadrangle
cuadrantal *m* quadrantal (*liquid measure*)
cuadrante *m* fourth part of an inheritance; dial, face (*of watch, clock, etc.*); (astr. & geom.) quadrant; (carp.) angle brace; **cuadrante de sintonía** (rad.) tuning dial; **cuadrante solar** sundial
cuadranura *f* radial crack in trees (*sign of rotting*)
cuadrar *va* to square; to form into a square; to please; (math.) to square; (math.) to determine the square of; (taur.) to line up, to square off (*the bull*); **cuadrar** + *inf* (Am.) to be pleasing to + *inf*; *vn* to square, to conform; *vr* to stand at attention, to square one's shoulders; (coll.) become solemn, to assume a serious air
cuadratín *m* (print.) quadrat
cuadratura *f* (astr., elec. & math.) quadrature; **cuadratura del círculo** (math.) quadrature of the circle; (coll.) impossibility
cuadrete *m* small square
cuadricenal *adj* done every forty years
cuadríceps *m* (anat.) quadriceps; *adj* quadricipital
cuadrícula *f* quadrille ruling
cuadricular *adj* squared, in squares; *va* to graticulate, to quadrille
cuadrienal *ajd & f* quadrennial
cuadrienio *m* quadrennium, period of four years
cuadrífido -da *adj* (bot.) quadrifid
cuadrifilar *adj* four-wire
cuadrifoliado -da *adj* four-leaf
cuadrifolio -lia *adj* four-leaf; *m* (arch.) quatrefoil
cuadriforme *adj* quadriform
cuadriga *f* (hist.) quadriga
cuadrilátero -ra *adj* quadrilateral; *m* quadrilateral; (box.) ring
cuadriliteral or **cuadrilítero -ra** *adj* quadriliteral, four-letter
cuadrilongo -ga *adj* oblong, rectangular; *m* oblong, rectangle; (mil.) rectangular formation
cuadrilla *f* group, party, crew, troup, gang, squad; quadrille; (taur.) cuadrilla, quadrille; **cuadrilla de demolición** demolition squad
cuadrillar *vn* (Am.) to quadrille
cuadrillazo *m* (Am.) surprise attack; **dar cuadrillazo a** (Am.) to gang up on
cuadrillero *m* chief, leader, foreman; (orn.) tanager
cuadrillo *m* bolt, quarrel (*arrow*)
cuadrimestre *adj & m* var. of **cuatrimestre**
cuadrimotor *m* (aer.) four-motor plane
cuadringentésimo -ma *adj & m* four-hundredth
cuadrinomio *m* (alg.) quadrinomial
cuadripartido -da *adj* quadripartite
cuadriplaza *m* (aer.) four-seater
cuadriplicar §86 *va* var. of **cuadruplicar**
cuadrisílabo -ba *adj & m* var. of **cuatrisílabo**
cuadriviario -ria *adj* four-lane
cuadrivio *m* crossroads (*of four roads*); quadrivium (*four upper subjects of medieval seven liberal arts*)
cuadrivista *m* scholar trained in the quadrivium
cuadríyugo *m* four-horse chariot
cuadro -dra *adj* square ‖ *m* square; picture, painting; frame (*of picture, door, bicycle, etc.*); flower bed, patch; table, outline; staff, personnel; (lit.) picture; (mil.) square; (mil.) cadre; (print.) platen; (sport) team; (theat.) scene; (coll.) sight, mess; **a cuadros** checked; **en cuadro** square, e.g., **ocho pulgadas en cuadro** eight inches square; **en cuadro** (coll.) topsy-turvy; **estar** or **quedarse en cuadro** to be all alone in the world; to be on one's uppers; (mil.) to be skeletonized; **cuadro al óleo** oil painting; **cuadro conmutador** (elec. & telp.) switchboard; **cuadro de contador** (elec.) meter panel; **cuadro de costumbres** (lit.) sketch of manners and customs; **cuadro de distribución** (elec. & telp.) switchboard; **cuadro de mandos** panelboard; **cuadro de vidrio** pane of glass; **cuadro indicador** score board; (elec.) annunciator; **cuadro vivo** tableau ‖ *f* hall, large room; dormitory, ward; stable; croup, rump; (naut.) quarter; (Am.) block of houses, square
cuadrúmano -na *adj* (zool.) quadrumanous; *m* (zool.) quadrumane
cuadrupedal *adj* quadrupedal
cuadrúpedo -da *adj* quadruped; (coll.) doltish; *m* quadruped; (coll.) dolt
cuádruple *adj & m* quadruple
cuadrúplex *m* (telg.) quadruplex system
cuadruplicación *f* quadruplication
cuadruplicar §86 *va* to quadruplicate, to quadruple; *vr* to quadruple
cuádruplo -pla *adj & m* var. of **cuádruple**
cuaga *f* (zool.) quagga
cuajada *f* see **cuajado**
cuajadillo *m* fancy work on silk
cuajado -da *adj* dumfounded; *m* mincemeat; *f* curd; cottage cheese
cuajadura *f* curdling, coagulation
cuajaleche *m* (bot.) bedstraw, cheese rennet

cuajamiento *m* var. of **cuajadura**
cuajar *m* (zool.) rennet bag; *va* to curd, to curdle, to coagulate; to thicken, to jelly; to overdeck; (coll.) to please, to suit; *vn* (coll.) to jell, take shape; (coll.) to take hold, catch on, succeed; (Am.) to prattle; *vr* to curd, to curdle, to coagulate; to thicken, to jelly; to sleep soundly; (coll.) to become crowded
cuajarón *m* clot, grume
cuajilote *m* (bot.) tropical American tree (*Parmentiera edulis*)
cuajo *m* rennet; curdle; rennet bag; thickening (*of cane juice*); idle chatting; recess (*in school*); **de cuajo** by the roots
cuakerismo *m* var. of **cuaquerismo**
cuákero -ra *adj & mf* var. of **cuáquero**
cual *adj & pron rel* as, such as; **el cual** which, who; **por lo cual** for which reason; **cual . . . tal** like . . . like, e.g., **cual el padre, tal el hijo** like father like son; just as . . . so, e.g., **cual es Pedro, tal es Juan** just as Peter is, so is John, John is like Peter; *adv* as; **cual si** as if; *prep* like
cuál *adj & pron interr* which, what, which one; how!; **cuál . . . cuál** some . . . some
cualicho *m* (Am.) evil spirit, demon
cualidad *f* quality; characteristic
cualímetro *m* qualimeter
cualitativo -va *adj* qualitative
cualquier *adj indef* (*pl:* **cualesquier**) apocopated form of **cualquiera,** used only before nouns and adjectives
cualquiera (*pl:* **cualesquiera**) *pron indef* anyone; *pron rel* whichever; whoever; *adj indef* any; *adj rel* whichever; *m* anybody, nobody (*person of no account*).
cuan *adv* as
cuán *adv* how, how much
cuando *conj* when; in case (that); although; since; **aún cuando** even though; **de cuando en cuando** from time to time; **cuando más** at most; **cuando menos** at least; **cuando mucho** at most; **cuando quiera** whenever; *prep* (coll.) at the time of
cuándo *adv* when?, e.g., **¿cuándo llegará?** when will he arrive?; when, e.g., **no sé cuándo llegará** I don't know when he will arrive; **¿de cuándo acá?** since when?; how come?; **cuándo . . . cuándo** sometimes . . . sometimes
cuandoquiera *adv* any time; **cuandoquiera que** whenever
cuantía *f* quantity; importance, distinction; **de mayor cuantía** first-rate; grave, serious; **de menor cuantía** second-rate; of minor seriousness
cuantiar §90 *va* to estimate, to appraise
cuántico -ca *adj* (phys.) quantum
cuantidad *f* quantity
cuantificar §86 *va* to quantify
cuantimás *adv* (coll.) at least
cuantímetro *m* quantimeter
cuantioso -sa *adj* numerous, large, substantial
cuantitativo -va *adj* quantitative
cuanto -ta *adj & pron rel* as much as, whatever; **unos cuantos** some few; **cuanto** as much as, all that (which): **cuantos** as many as, all those who, everybody who; **cuanto** *adv* as soon as; as long as; **en cuanto** as soon as; while; insofar as; **en cuanto a** as to, as for; **por cuanto** inasmuch as; **por cuanto . . . por tanto** inasmuch as . . . therefore; **cuanto antes** as soon as possible; **cuanto más . . . tanto más** the more . . . the more, e.g., **cuanto más tiene tanto más desea** the more he has the more he wants; **cuanto más** at least; **cuanto más que** all the more because; **cuanto y más** at least; **cuanto y más que** all the more because; *m* (*pl:* **-ta**) (phys.) quantum
cuánto -ta *adj & pron interr* how much; **cuántos** how many; **cuánto** *adv interr* how, how much; how long; how long ago; **cada cuánto** how often
cuaquerismo *m* Quakerism
cuáquero -ra *adj & mf* Quaker; *f* Quakeress
cuarcífero -ra *adj* quartziferous
cuarcita *f* (mineral.) quartzite
cuarenta *adj & m* forty; **acusarle a uno las cuarenta** (coll.) to give someone a piece of one's mind
cuarentavo -va *adj & m* fortieth
cuarentena *f* forty, two score; quarantine; Lent; forty days, months, years, etc.; suspension of approval
cuarentón -tona *adj* forty-year-old; *mf* person forty years old
cuaresma *f* Lent; Lenten sermons
cuaresmal *adj* Lenten
cuaresmario *m* Lenten sermons
cuarta *f* see **cuarto**
cuartago *m* nag, pony
cuartal *m* dry measure equal to 5.60 liters; dry measure equal to 17.50 liters; quarter loaf of bread
cuartán *m* dry measure equal to 18.08 liters; oil measure equal to 4.15 liters
cuartana *f* (path.) quartan
cuartanal *adj* quartan
cuartanario -ria *adj* suffering from quartan
cuartazos *m* (scornful) fat slob
cuartear *va* to quarter; to divide; to zigzag over (*a road*); to bid a fourth higher for; to take the fourth place in (*a game*); (Am.) to whip, to lash; (naut.) to box (*the compass*); *vn* (taur.) to step aside, to dodge; (Am.) to compromise; *vr* to crack, split; (taur.) to step aside, to dodge
cuartel *m* quarter; section, ward (*of a city*); lot (*of ground*); flower bed; (her.) quarter; (mil.) barracks; (mil.) quarter (*clemency to conquered enemy*); (naut.) hatch (*door over hatchway*); (coll.) house, home; **cuarteles** *mpl* (mil.) quarters; **no dar cuartel a** to give no quarter to; **cuartel de bomberos** engine house, firehouse; **cuartel de la salud** (coll.) refuge, haven; **cuartel general** (mil.) headquarters
cuartelada *f* mutiny, military uprising
cuartelar *va* (her.) to quarter
cuartelero -ra *adj* barrack, soldier; *m* soldier charged with policing the barracks
cuartelesco -ca *adj* barrack, soldier
cuartelillo *m* (mil.) barracks; police station
cuarteo *m* quartering; dividing; dodging; crack, split
cuartera *f* dry measure equal to about 70 liters; land measure equal to about 30 acres; log, piece of lumber
cuarterada *f* land measure equal to about 7 sq. mi.
cuarterola *f* quarter cask
cuarterón -rona *mf* quadroon; *m* quartern, fourth; quarter pound; panel (*of a door*); wicket (*small door in larger one*)
cuarteta *f* quatrain with the rhyme abba; quatrain with second and fourth lines rhymed
cuartete *m* or **cuarteto** *m* quatrain (*poem*); quartet (*group of four*); (mus.) quartet or quartette
cuartilla *f* pastern (*of horse*); quarter sheet of paper; sheet of paper; quarter arroba; dry measure equal to 13.87 liters; liquid measure equal to 4.033 liters
cuartillo *m* dry measure equal to 1.156 liters; liquid measure equal to 0.504 liters
cuartilludo -da *adj* long-pasterned (*horse*)
cuartizo *m* quartersawed timber
cuarto -ta *adj* fourth; quarter ‖ *m* fourth; quarter; quarter-hour; room, bedroom; **cuartos** *mpl* (coll.) money, cash; **de tres al cuarto** of little importance; **echar su cuarto a espadas** (coll.) to butt into the conversation; **en cuarto** quarto (*said of a volume*); **hacer cuartos a** to quarter; **no tener un cuarto** (coll.) to not have a cent; **por cuarto cuartos** (coll.) for a song, for practically nothing; **tener buenos cuartos** (coll.) to be strong and husky; **cuarto creciente** first quarter (*of moon*); **cuarto de aseo** lavatory; **cuarto de baño** bathroom; **cuarto de dormir** bedroom; **cuarto de estar** living room; **cuarto de huésped** spare room, guest room; **cuarto de juegos** playroom, nursery; **cuarto delantero** forequarter; **cuarto de luna** (astr.) quarter; **cuarto menguante** last quarter (*of

moon); **cuarto obscuro** (phot.) darkroom; **cuarto trasero** (cook.) rump (*e.g., of a cow*) ‖ *f* fourth, fourth part, quarter; (mus.) fourth; (naut.) point, rhumb (*of compass card*); four of a kind (*in cards*); span (*of hand*); (Am.) horse whip
cuartón *m* quartersawed timber; square field
cuartucho *m* shack, hovel
cuarzo *m* (mineral.) quartz
cuarzoso -sa *adj* quartzose or quartzous
cuascle *m* (Am.) horse blanket
cuasi *adv* almost; quasi
cuasia *f* (bot. & pharm.) quassia; **cuasia de Jamaica** (bot. & pharm.) bitterwood, Jamaica quassia
cuasicontrato *m* (law) quasi contract
cuasidelito *m* (law) quasi delict
cuasimodo *m* (eccl.) Quasimodo
cuate -ta *adj* (Am.) twin; (Am.) chummy; *mf* (Am.) twin; (Am.) chum, pal
cuaternario -ria *adj* quaternary; (chem.) quaternary; (geol.) Quaternary; *m* (geol.) Quaternary
cuaterno -na *adj* quaternary
cuatí *m* (*pl:* **-tíes**) var. of **coatí**
cuatralbo -ba *adj* having four white feet
cuatrero *m* horse thief, cattle thief, rustler
cuatricromía *f* four-color reproduction, four-color process
cuatriduano -na *adj* four-day-long
cuatrienio *m* var. of **cuadrienio**
cuatrifilar *adj* four-wire
cuatrillizo -za *mf* quadruplet
cuatrillo *m* lansquenet (*card game*)
cuatrillón *m* British quadrillion; septillion (*in U.S.A.*)
cuatrimestre *adj* four-month; *m* four months
cuatrimotor *adj masc* four-motor
cuatrinca *f* foursome; four of a kind (*in cards*)
cuatripartito -ta *adj* var. of **cuadripartido**
cuatrirreactor *m* (aer.) four-engine jet plane
cuatrisílabo -ba *adj* quadrisyllabic; *m* quadrisyllable
cuatro *adj* four; **las cuatro** four o'clock; *m* four; fourth (*in dates*); (mus.) quartet (*of voices*); **más de cuatro** (coll.) quite a number (*of people*)
cuatrocentista *adj* fifteenth-century; *m* (f.a.) quattrocentist
cuatrocientos -tas *adj & m* four hundred
cuatrodoblar *va* to quadruplicate
cuatropea *f* sales tax on horses; quadruped; cattle market place
Cuatro Vientos Madrid airport
cuba *f* cask, barrel; tub, vat; stack (*of blast furnace*); bucket (*of turbine*); (coll.) tub (*fat person*); (coll.) toper; **estar hecho una cuba** (coll.) to be tanked up; **cuba del flotador** float chamber (*of carburetor*); **cuba de riego** street sprinkler
cubaje *m* (Am.) cubing
cubanismo *m* Cubanism
cubanizar §76 *va* to Cubanize
cubano -na *adj & mf* Cuban
cubeba *f* (bot. & pharm.) cubeb
cubera *f* (ichth.) snapper
cubería *f* cooperage; cooper's shop
cubero *m* cooper
cubertura *f* var. of **cobertura**
cubeta *f* keg, small cask or barrel; pail, small bucket; toilet bowl; cup or cistern (*of barometer*); (chem. & phot.) tray (*of glass, hard rubber, etc.*); (phot.) cuvette; (mus.) pedestal (*of harp*); (Am.) high hat; **cubeta de aceite** (mach.) oil well; **cubeta de goteo** drip pan
cubeto *m* small pail or bucket, small tub
cúbica *f* see **cúbico**
cubicación *f* cubing; cubic measure
cubicar §86 *va* to determine the volume of; (math.) to cube
cúbico -ca *adj* cubic, cubical; (cryst. & math.) cubic; (math.) cube (*root*); *f* cubica (*fabric*)
cubículo *m* cubicle
cubierta *f* see **cubierto**
cubiertamente *adv* secretly, under cover
cubierto -ta *pp of* **cubrir** ‖ *m* cover, roof, shelter; cover (*place for one person at table*); knife, fork, and spoon; tray with napkin for serving bread and cakes; meal (*at a fixed price*); table d'hôte; **a cubierto de** under cover of (*e.g., darkness*); protected from (*e.g., the rain*); **bajo cubierto** under cover, indoors ‖ *f* cover; envelope; casing; roof; paper cover (*of a book*); shoe (*of a tire*); hood (*of motor*); (naut.) deck; **bajo cubierta** under separate cover; **entre cubiertas** (naut.) between decks; **cubierta alta** (naut.) upper deck; **cubierta corrida** flush deck; **cubierta de aterrizaje** (nav.) flight deck; **cubierta de cama** bedcover; **cubierta de guindaste** (naut.) spar deck; **cubierta de mesa** table cover; **cubierta de paseo** (naut.) promenade deck; **cubierta de salón** (naut.) saloon deck; **cubierta de vuelo** (nav.) flight deck; **cubierta principal** (naut.) main deck
cubija *f* (Am.) blanket
cubijar *va* var. of **cobijar**
cubil *m* lair, den (*of wild animals*); bed (*of stream*)
cubilar *m* lair, den; sheepfold; *vn* to take shelter overnight (*said of sheep and shepherd*)
cubilete *m* (cook.) copper pan or mold; pannikin; juggler's goblet, dicebox; mince pie; (Am.) high hat; (bot.) yellow pond lily; intrigue, wirepulling
cubiletear *vn* to juggle; to scheme, to intrigue; (Am.) to dabble in politics
cubileteo *m* jugglery
cubiletero *m* juggler; copper pan or mold
cubilote *m* (found.) cupola
cubilla *f* (ent.) oil beetle
cubillo *m* (ent.) oil beetle; earthen water jug
cubismo *m* (f.a.) cubism
cubista *adj & mf* (f.a.) cubist
cubital *adj* cubital
cúbito *m* (anat.) cubitus
cubo *m* bucket; hub (*of wheel*); socket (*of a candelabrum; of a wrench*); bayonet socket; reserve water tank (*for mill*); cube; (arch.) dado; (mach.) barrel, drum; (math.) cube; (Am.) finger bowl
cuboides *adj* (anat.) cuboid; *m* (*pl:* **-boides**) (anat.) cuboid, cuboid bone
cubreasiento *m* (aut.) seat cover
cubrebandeja *f* tray cloth
cubrecabeza *f* helmet (*e.g., of aviator*)
cubrecadena *f* chain guard
cubrecama *f* counterpane, bedspread
cubrecorsé *m* corset cover, underbodice
cubrefuego *m* curfew
cubrejunta *f* (carp.) fish
cubremantel *m* fancy tablecloth
cubreneumático *m* (aut.) tire cover
cubrenuca *f* havelock; neckguard
cubreobjeto or **cubreobjetos** *m* (*pl:* **-tos**) cover glass, cover slip (*for microscopic preparations*)
cubrepantalones *mpl* overalls
cubreplatos *m* (*pl:* **-tos**) dish cover
cubrerrueda *f* mudguard
cubresexo *m* G string, cache-sexe
cubretablero *m* (aut.) cowl
cubretetera *f* cozy, tea cozy
cubrimiento *m* covering
cubrir §17, 9 *va* to cover, cover over, cover up; to cover (*a mare*); (mil.) to cover (*e.g., a retreat*); *vr* to cover oneself; to become covered; to put one's hat on; to cover (*to settle a debt*)
cuca *f* see **cuco**
cucamonas *fpl* (coll.) fawning, wheedling
cucaña *f* greased pole to be walked on or climbed (*as a game*); (coll.) cinch
cucañero -ra *mf* (coll.) parasite, hanger-on
cucar §86 *va* to wink; to make fun of; to sight (*game*); (Am.) to excite, stir up; *vn* to go off on a run (*said of cattle when bitten by flies*)
cucaracha *f* (ent.) cockroach, roach; (zool.) wood louse, pill bug
cucarachero -ra *adj* (Am.) amorous, lecherous; *f* cockroach trap
cucarda *f* cockade
cuclillas; ponerse en cuclillas to squat, to crouch
cuclillo *m* (orn.) cuckoo; (orn.) yellow-billed cuckoo; cuckold; **cuclillo de las lluvias** (orn.) yellow-billed cuckoo
cuco -ca *adj* crafty, sly; (coll.) nice, cute; *mf* crafty, sly person; *m* India berry; bogeyman;

(ent.) caterpillar; (orn.) cuckoo; (coll.) gambler; *f* (bot.) chufa; (ent.) caterpillar; (coll.) gambling woman; **mala cuca** (coll.) vicious, evil person
cucú *m* (*pl:* **-cúes**) cuckoo (*call of cuckoo*)
cuculado -da or **cuculiforme** *adj* cowled, cowl-like, cucullate
cuculí *f* (*pl:* **-líes**) (Am.) wild pigeon (*Melopelia meloda*); **jugar la** or **hasta la cuculí** (Am.) to shoot the works
cuculla *f* cowl; hood
cucúrbita *f* (archaic) retort
cucurbitáceo -a *adj* (bot.) cucurbitaceous
cucurucho *m* paper cone, cornet; ice-cream cone
cucuy *m* or **cucuyo** *m* var. of **cocuyo**
cuchara *f* spoon; ladle; scoop; trowel; dipper (*of power shovel*); (Am.) pickpocket; **media cuchara** (coll.) mediocre person; **meter su cuchara** (coll.) to meddle, to butt in, to put in one's oar; **cuchara de café** teaspoon; **cuchara de sopa** tablespoon
cucharada *f* spoonful; ladleful; scooping; **meter su cucharada** (coll.) to meddle, to butt in; **cucharada de café** teaspoonful; **cucharada de sopa** tablespoonful
cucharadita *f* teaspoon; teaspoonful
cucharal *m* shepherd's goatskin spoon bag
cucharear *va* to spoon, to ladle out; (hort.) to sprinkle
cucharero -ra *mf* spoon maker or dealer; *m* spoon rack
cuchareta *f* small spoon; Andalusian wheat; (orn.) shoveler; (vet.) liver rot, sheep rot
cucharetear *vn* (coll.) to stir the pot; (coll.) to meddle
cucharetero -ra *mf* maker of wooden ladles; dealer in wooden ladles; *m* spoon rack; petticoat fringe
cucharilla *f* small spoon, teaspoon; ladle (*of tinsmith*); liver disease of hogs; (surg.) curette
cucharón *m* large spoon; soup ladle, dipper; scoop; (orn.) spoonbill; (mach.) bucket; **despacharse con el cucharón** (coll.) to take care of oneself, to look out for number one; **cucharón de quijadas** grab bucket, clamshell bucket
cucharro *m* (naut.) harpings, buttocks
cuchichear *va & vn* to whisper
cuchicheo *m* whispering
cuchichero -ra *mf* whisperer
cuchichiar *vn* to call or cry (*said of partridge*)
cuchilla *f* knife, cutting tool; large knife, cleaver; blade (*of razor, of sword*); hogback, mountain ridge, runner (*of skate, sled, sleigh*); (elec.) blade (*of switch*); (poet.) sword; (archaic) halberd; **cuchilla de carnicero** butcher knife
cuchillada *f* slash, hack, gash; **cuchilladas** *fpl* quarrel, fight; slashes (*ornamental slits in garment*); **dar cuchillada** (coll.) to be the hit of the town (*said of a show*)
cuchillar *adj* (pertaining to a) knife; knifelike
cuchilleja *f* small knife or blade
cuchillería *f* cutlery; cutler's shop
cuchillero *m* cutler; iron band or clasp
cuchillo *m* knife; knife edge; gore (*in garment*); lower tusk (*of wild boar*); (carp.) upright; (naut.) triangular sail; **pasar a cuchillo** to put to the sword, put to death; **cuchillo de armadura** (arch.) gable frame; **cuchillo de cocina** kitchen knife; **cuchillo de monte** hunting knife; **cuchillo de vidriero** putty knife; **cuchillo puñal** bowie knife
cuchipanda *f* (coll.) merry feast
cuchitril *m* hole, corner, den, hut
cuchuchear *vn* to whisper; (coll.) to gossip
cuchufleta *f* (coll.) joke, joking, fun
cuchufletear *vn* (coll.) to joke, make fun
cuchufletero -ra *adj* (coll.) joking, funmaking; *mf* (coll.) joker, funmaker
cuchumbo *m* (Am.) dicebox; (Am.) dice (*game*)
cudú *m* (*pl:* **-dúes**) (zool.) kudu
cuelga *f* bunch of fruit hung up for keeping; (coll.) birthday present
cuelgacapas *m* (*pl:* **-pas**) cloak hanger
cuelmo *m* candlewood
cuellicorto -ta *adj* short-necked
cuellierguido -da *adj* stiff, haughty
cuellilargo -ga *adj* long-necked
cuello *m* neck; collar; shirt collar; **levantar el cuello** (coll.) to be on one's feet again (*after poverty or misfortune*); **cuello blando** soft collar; **cuello de camisa** shirtband, neckband; **cuello de cisne** gooseneck; **cuello de pajarita** or **cuello doblado** wing collar; piccadilly; **cuello duro** stiff collar; **cuello postizo** detachable collar
cuenca *f* wooden bowl; socket (*of eye*); valley; basin, river basin, watershed; **cuenca de captación** catchment area or basin; **cuenca de polvo** dust bowl
cuencano -na *adj* (pertaining to) Cuenca; *mf* native or inhabitant of Cuenca, Ecuador
cuenco *m* earthen bowl; hollow
cuenda *f* end or tie of a skein
cuenta *f* count, calculation; account; bill; bead (*of rosary*); check (*in a restaurant*); **abonar en cuenta a** to credit to the account of; **a cuenta** or **a buena cuenta** on account; **adeudar en cuenta a** to charge with, to charge to the account of; **a fin de cuentas** after all, in the last analysis; **ajustar cuentas con** (coll.) to settle accounts with; **caer en la cuenta** (coll.) to see, get the point; to realize; **cargar en cuenta a** to charge with, charge to the account of; **correr por cuenta de** to be under, be under the administration of; **dar buena cuenta de sí** to give a good account of oneself; **dar cuenta de** to use up, destroy; **darle cuenta a uno de una cosa** to give an account of something to someone; **darse cuenta de** (coll.) to realize, become aware of; **de cuenta** of importance; **de cuenta y riesgo de** for the account and risk of; **echar la cuenta sin la huéspeda** (coll.) to reckon without one's host; **en cuenta con** in account with; **en resumidas cuentas** to sum up, in short; **hacer cuenta de** to count on; to esteem; **hacer cuenta que** (coll.) to suppose that, to assume that; **llevar cuentas** to keep accounts; **más de la cuenta** too long; too much; **no tener cuenta con** to have nothing to do with; **perder la cuenta de** to lose account of; **por la cuenta** apparently; **por mi cuenta** to my way of thinking; **tener en cuenta** to take into account, bear in mind; **tener cuenta** to be worth while; **tomar en cuenta** to take into account, give credit for; **tomar por su cuenta** to take upon oneself, assume responsibility for; **vamos a cuentas** (coll.) let's settle this; **cuenta corriente** current account; charge account; checking account; **cuenta de gastos** expense account; **cuenta de la vieja** (coll.) counting on one's fingers; **cuenta en participación** joint account; **cuentas a cobrar** accounts receivable; **cuentas del gran capitán** account overdrawn; **cuentas galanas** (coll.) illusions, idle dreams; **cuentas por pagar** accounts payable; *interj* careful!, look out!
cuentacorrentista *mf* depositor, person with a checking account
cuentadante *mf* trustee
cuentagotas *m* (*pl:* **-tas**) dropper, medicine dropper
cuentahilos *m* (*pl:* **-los**) cloth prover, yarn tester; (coll.) pedant, hairsplitter
cuentakilómetros *m* (*pl:* **-tros**) (aut.) speedometer, odometer
cuentamilla *f* (naut.) log (*chip and line*); speedometer, odometer
cuentapasos *m* (*pl:* **-sos**) pedometer, odometer
cuentero -ra *adj* (coll.) gossipy; *mf* (coll.) gossip
cuentezuela *f* small account
cuentista *adj* (coll.) gossipy; *mf* (coll.) gossip; storyteller; story writer, short-story writer
cuento *m* story, tale; short story; prop, support; tip, ferrule; count; (coll.) evil story, gossip; (coll.) trouble, disagreement; (archaic) million; **contar cuentos** to tell tales; **degollar el cuento a** (coll.) to cut into the story of; **dejarse de cuentos** (coll.) to come to the point; **despachurrar** or **destripar el cuento a** (coll.) to butt into and finish the

story of; (coll.) to thwart the plans of; **ése es el cuento** (coll.) that's the gist of the matter; **estar en el cuento** to be well-informed; **hablar en el cuento** to speak to the point; **¡puro cuento!** pure fiction!; **quitarse de cuentos** (coll.) to come to the point; **sin cuento** countless; **traer a cuento** to bring up (*a subject*); **venir a cuento** (coll.) to be opportune; **cuento de hadas** fairy tale; **cuento del tío** or **del tocomocho** (Am.) gyp, swindle; **cuento de nunca acabar** (coll.) endless story, endless affair; **cuento de penas** (coll.) hard-luck story; **cuento de viejas** (coll.) wild story, nonsense; old wives' tale; **cuento largo** (fig.) long story

cuentón -tona *adj* (coll.) gossipy; *mf* (coll.) gossip

cuera *f* (archaic) leather jacket

cuercíneo -a *adj* (bot.) quercine

cuercitrón *m* (bot.) black oak, quercitron

cuerda *f* see **cuerdo**

cuerdezuela *f* var. of **cordezuela**

cuerdo -da *adj* sane; wise, prudent; *f* cord, rope, string; watch spring; (act or effect of) winding a watch or clock; fishing line; string of galley slaves (*tied together*); hanging (*execution by hanging*); (anat.) cord, tendon; (aer., anat., eng. & geom.) chord; (mus.) string; (mus.) voice (*bass, tenor, contralto, soprano*); (path.) stricture (*of urethra*); **acabarse la cuerda** to run down, e.g., **se acabó la cuerda** the watch ran down; **aflojar la cuerda** to ease up; **apretar la cuerda** to tighten up, become more severe; **bajo cuerda** secretly; underhandedly; **dar cuerda a** to wind (*a watch or clock*); to give free rein to, to give rope to; **por debajo de cuerda** secretly; underhandedly; **sin cuerda** unwound, rundown; **cuerda de piano** piano wire; **cuerda de presos** chain gang; **cuerda de suspensión** shroud, shroud line (*of parachute*); **cuerda de tripa** (mus.) catgut; **cuerda de volatinero** acrobat's rope; **cuerda espinal** (anat.) spinal cord; **cuerda floja** slack rope; **cuerda freno** or **cuerda guía** (aer.) dragrope; **cuerdas vocales** (anat.) vocal cords; **cuerda tesa** tightrope

cuerezuelo *m* var. of **corezuelo**

cuerna *f* vessel made of a horn; trumpet made of a horn, huntinghorn; antler

cuernecillo *m* (bot.) bird's-foot trefoil, babies'-slippers

cuerno *m* horn (*curved and extended growth; material*); (anat.) cornu; (ent.) horn (*antenna*); (fig.) horn (*of moon*); (mil.) wing; (mus. & naut.) horn; (vet.) callosity; **en los cuernos del toro** (coll.) in great danger; **levantar hasta los cuernos de la luna** (coll.) to praise to the skies; **saber a cuerno quemado** (coll.) to be unpleasant, be distasteful; **cuerno de Amón** (anat. & pal.) cornu ammonis; **cuerno de caza** huntinghorn; **cuerno de ciervo** hartshorn; (pharm.) hartshorn; **cuerno de la abundancia** horn of plenty; **Cuerno de Oro** Golden Horn; **cuerno de yunque** horn of an anvil; **cuerno inglés** (mus.) English horn; *interj* upon my word!

cuero *m* pelt, rawhide; leather; wine bag, wineskin; (coll.) toper; (Am.) whip; **en cueros** or **en cueros vivos** stark naked; **cuero cabelludo** scalp; **cuero de suela** sole leather; **cuero en verde** rawhide

cuerpear *vn* (Am.) to duck, to dodge

cuerpecillo *m* small body; corselet

cuerpo *m* body; substance; bulk; volume (*book*); trunk; waist; build (*of a person*); corpus (*of writings, laws, etc.*); corps, staff; corpse; (mil.) corps; (print.) point; (racing) length; **a cuerpo descubierto** unprotected; manifestly; **dar con el cuerpo en tierra** (coll.) to fall flat on the ground; **de cuerpo entero** full-length (*picture*); **de medio cuerpo** half-length (*picture*); **descubrir el cuerpo** to drop one's guard; to stick one's neck out; **en cuerpo** or **en cuerpo de camisa** in shirt sleeves; **estar de cuerpo presente** to be on view, to lie in state; to be present in person; **falsear el cuerpo** to dodge, to duck; **hacer del cuerpo** (coll.) to have a movement of the bowels; **hurtar el cuerpo** to dodge, to duck; **sacar el cuerpo** (Am.) to dodge, to duck; **tomar cuerpo** to grow (*said, e.g., of a rumor*); **cuerpo a cuerpo** hand to hand; **cuerpo astral** (theosophy) astral body; **cuerpo calloso** (anat.) corpus callosum; **cuerpo celeste** heavenly body; **cuerpo compuesto** (chem.) compound; **cuerpo de administración militar** (mil.) quartermaster corps; **cuerpo de aviación** air corps; **cuerpo de baile** corps de ballet; **cuerpo de bomberos** fire brigade, fire company; **cuerpo de ejército** (mil.) army corps; **cuerpo de guardia** (mil.) guard; (mil.) post of the guard; **cuerpo de inclusión** (path.) inclusion body; **cuerpo del delito** (law) corpus delicti; **cuerpo de redacción** editorial staff; **cuerpo de sanidad** sanitary corps; **cuerpo diplomático** diplomatic corps; **cuerpo extraño** foreign matter (*in an organism*); **cuerpo lúteo** (embryol.) corpus luteum; **cuerpo simple** (chem.) simple substance, element; **cuerpo volante** (mil.) flying column

cuerudo -da *adj* (Am.) slow, sluggish; (Am.) heavy-skinned; (Am.) thick-skinned, long-suffering

cuerva *f* female rook

cuervo *m* (orn.) raven; (*cap.*) *m* (astr.) Raven; **cuervo marino** (orn.) cormorant; **cuervo merendero** (orn.) rook

cuesco *m* stone (*of fruit*); millstone (*of olive-oil mill*); (min.) dross, scoria; (coll.) noisy windiness; **cuesco de lobo** (bot.) puffball; **cuesco grande de lobo** (bot.) giant puffball

cuesta *f* hill, slope; charity solicitation, charity drive; **a cuestas** on one's back or shoulders; **hacérsele a uno cuesta arriba** to be repugnant to a person; **hacérsele a uno cuesta arriba** + *inf* to find it hard to + *inf;* **ir cuesta abajo** to go downhill, be on the decline; **cuesta abajo** downhill; **cuesta arriba** uphill

cuestación *f* charity solicitation, charity drive

cuestezuela *f* little hill or slope

cuestión *f* question; affair, matter; dispute, quarrel; **andar en cuestiones** to wrangle; **en cuestión de** in a matter of; **cuestión batallona** controversial question, moot question; **cuestión candente** burning question; **cuestión de tormento** torture; **cuestión palpitante** burning question

cuestionable *adj* questionable

cuestionar *va* to question, controvert, dispute

cuestionario *m* questionnaire

cuesto *m* hill

cuestor *m* quaestor; solicitor for charity

cuestuario -ria or **cuestuoso -sa** *adj* lucrative, profitable

cuestura *f* quaestorship

cuetear *vr* (Am.) to go off, to blow up; (Am.) to get drunk; (Am.) to croak, to kick the bucket

cueto *m* fortified eminence; peak, rocky peak

cueva *f* cave; cellar; den (*of thieves or wild animals*)

cuévano *m* hamper, pannier (*especially for grapes*)

cueza *f* or **cuezo** *m* mortar trough

cufifo -fa *adj* (Am.) tipsy, fuddled

cugujada *f* (orn.) crested lark

cugulla *f* cowl

cuicacoche *m* (orn.) long-billed thrasher

cuico -ca *adj* (Am.) outside, foreign, strange; *m* (Am.) cop

cuida *f* girl who takes care of a younger girl (*in school*)

cuidado *m* care; concern; worry; **correr al cuidado de** to be the concern of, to be the lookout of; **de cuidado** dangerously; **estar con cuidado** to be worried, to be afraid; **estar de cuidado** (coll.) to be dangerously ill; **pierda Vd. cuidado** don't worry, forget it; **salir de cuidado** to be delivered; **tener cuidado** to be careful; *interj* look out!, beware! **¡cuidado con . . . !** look out for . . . !, beware of . . . !; **¡cuidado me llamo!** (coll.) look out for me!, you'd better behave!

cuidadora *f* (Am.) chaperon, nurse, caretaker

cuidadoso -sa *adj* careful, watchful, anxious, concerned

C

cuidar *va* to care for, watch over, take care of, take good care of; *vn* **cuidar de** to take care of; **cuidar de** + *inf* to care to + *inf; vr* to take care of oneself (*i.e., one's health, comforts, etc.*); **cuidarse de** to care about (*e.g., what people say*); **cuidarse de** + *inf* to be careful to + *inf;* to be careful about + *ger*
cuido *m* care (*e.g., of the house, the garden*)
cuino *m* (Am.) short-legged pig
cuita *f* trouble, worry, sorrow
cuitado -da *adj* troubled, worried; timid, shy
cuitamiento *m* timidity, shyness
cuja *f* bedstead; lance bucket
cují *m* (bot.) huisache
cujón *m* var. of **cogujón**
culantrillo *m* (bot.) maidenhair; **culantrillo bastardo** or **menor** (bot.) maidenhair spleenwort; **culantrillo de pozo** (bot.) maidenhair, Venus's-hair
culantro *m* (bot.) coriander
culata *f* haunch, buttock; butt (*of gun*); breech (*of cannon*); (elec.) keeper, yoke (*of magnet*); (mach.) head (*of cylinder*)
culatada *f* kick, recoil (*of firearm*)
culatazo *m* kick, recoil (*of firearm*); blow with the butt of a gun
culcusido *m* rough darning, rough patch
culebra *f* (zool.) snake; coil (*of still*); (coll.) sudden disturbance; (coll.) joke, trick; **saber más que las culebras** (coll.) to be foxy; **culebra de anteojos** (zool.) cobra; **culebra de cascabel** (zool.) rattlesnake; **culebra de herradura** (zool.) horseshoe snake
culebrazo *m* joke, trick
culebrear *vn* to wiggle, to wriggle, to wriggle along; to wind, to meander; to zigzag
culebreo *m* wiggling, wriggling; winding, zigzagging
culebrilla *f* (path.) tetter; rocking staff (*of loom*); crack (*in barrel of gun*); (bot.) green dragon
culebrino -na *adj* snaky, snake-like; *f* (mil.) culverin
culebrón *m* large snake; (coll.) crafty fellow; (coll.) evil woman
culeco -ca *adj* (Am.) home-loving
culén *m* (bot.) basil
culero -ra *adj* lazy; *m* diaper; *f* dirt spot in child's underpants; patch on seat of pants or drawers
culí *m* (*pl:* **-líes**) coolie
culiblanco *m* (orn.) wheatear, stonechat
culinario -ria *adj* culinary
culinegro -gra *adj* (coll.) black-rumped
culipandear *vr* (Am.) to shrink, to draw back in fear
culminación *f* culmination; height; (astr.) culmination
culminante *adj* culminant, predominant, top
culminar *va* to finish; to round out; *vn* to culminate; (astr.) to culminate; **culminar con** to end with, to wind up with
culo *m* seat, behind; anus; buttocks (*of animal*); bottom (*e.g., of a jar*); **volver el culo** (coll.) to run away; **culo de mal asiento** (coll.) restless person, fidgety person; **culo de vaso** (coll.) imitation stone
culombio *m* (elec.) coulomb
culón -lona *adj* big-rumped; *m* (coll.) retired soldier
culote *m* base (*of a projectile*); base (*of vacuum tube or incandescent lamp*)
culpa *f* blame, guilt, fault; **echar la culpa a uno de una cosa** to put the blame on someone for something; **tener la culpa** to be wrong, to be to blame; **tener la culpa de** to be to blame for; **Vd. tiene la culpa** it's your fault
culpabilidad *f* culpability, guiltiness
culpabilísimo -ma *adj super* very or most culpable or guilty
culpable *adj* culpable, blamable, guilty; *mf* culprit
culpación *f* inculpation, blame
culpado -da *adj* guilty; *mf* culprit
culpar *va* to blame, censure, accuse; *vr* to take the blame
cultalatiniparla *f* (hum.) euphuistic speech, macaronic speech
cultedad *f* (hum.) affectation, fustian
culteranismo *m* euphuism, cultism
culterano -na *adj* euphuistic, Gongoristic; *mf* euphuist, cultist
cultero -ra *adj* (hum.) high-flown
cultiparlar *vn* to speak in a euphuistic manner
cultiparlista *adj* euphuistic in speech; *mf* euphuist in speech
cultipicaño -ña *adj* mock-euphuistic, burlesquely euphuistic
cultismo *m* cultism (*Gongorism*); learned word
cultivable *adj* cultivable
cultivación *f* cultivation, tilling
cultivador -dora *adj* cultivating, farming; *mf* cultivator, farmer; *f* cultivator (*implement*)
cultivar *va* to cultivate; (bact.) to culture
cultivo *m* cultivation; farming; (bact.) culture; **cultivo de secano** dry farming; **cultivo de tejidos** (bact.) tissue culture
culto -ta *adj* cultivated, cultured; euphuistic; (philol.) learned; *m* worship; cult; cultus; **culto a la personalidad** personality cult
cultor -tora *adj* worshipful; worshiping; *mf* worshiper
cultura *f* culture; cultivation; **cultura física** physical culture; **cultura taurina** training as a bullfighter
cultural *adj* cultural
culturar *va* to cultivate, to till
cumarú *m* (bot.) coumarou
Cumas *f* Cumae (*ancient city of Italy*)
cumbre *f* summit; (fig.) acme, pinnacle; (naut.) ridgepole; *adj* top, greatest, crowning
cumbrera *f* summit; ridgepole, ridgepiece; lintel, doorhead
cúmel *m* kümmel
cumiche *m* (Am.) baby (*youngest member of a family*)
cumínico -ca *adj* (chem.) cumic
cuminol *m* (chem.) cuminole, cumaldehyde
cumís *m* kumiss
cúmplase *m* approval; (Am.) decree
cumpleaños *m* (*pl:* **-ños**) birthday
cumplefaltas *m* (*pl:* **-tas**) substitute, replacement (*person*)
cumplidamente *adv* fully, completely
cumplidero -ra *adj* expiring (*by a certain date*); necessary
cumplido -da *adj* full, complete; full (*said of a garment*); courteous, correct; *m* attention, courtesy, correctness; compliment; present; **deshacerse en cumplidos** to be overobsequious
cumplidor -dora *adj* reliable, trustworthy
cumplimentar *va* to compliment, congratulate; to pay a complimentary visit to; to execute (*an order*); to fill out (*a form, a questionnaire*)
cumplimentero -ra *adj* (coll.) effusive, full of compliments
cumplimiento *m* fulfillment; perfection; compliment; courtesy, correctness; formality; **de** or **por cumplimiento** as a matter of pure formality
cumplir *va* to execute, perform, fulfill; to keep (*a promise*); **cumplir años** to have a birthday; **cumplir . . . años** to be . . . years old, to reach the age of . . .; **cumplir una condena** to serve a term; **cumplir a una persona** + *inf* to behoove someone to + *inf,* to be necessary or important for someone to + *inf; vn* to fall due; to expire; to finish one's military service; to keep one's promise, to fulfill one's obligation; **por cumplir** as a mere formality; **cumpla yo, y tiren ellos** do right and fear no man; **cumplir con** to fulfill (*an obligation*); to fulfill one's obligation to; **cumplir por** to act on behalf of; to pay the respects of, e.g., **cumpla Vd. por mí** pay my respects; *vr* to come true, be fulfilled; to fall due; **cúmplase** approved
cumquibus *m* (coll.) boodle, wherewithal
cumucho *m* (Am.) crowd, heap
cumular *va* to cumulate
cumulativo -va *adj* cumulative
cúmulo *m* heap, cumulus; lot, great many; (meteor.) cumulus, thunderhead
cumulocirro *m* (meteor.) cumulo-cirrus
cumuloestrato *m* (meteor.) cumulo-stratus
cúmulonimbo *m* (meteor.) cumulo-nimbus

cuna *f* cradle; foundling home or asylum; (naut. & constr.) cradle; (fig.) cradle (*place of birth or origin*); family, lineage, birth; **cunas** *fpl* cat's cradle
cunar *va* to cradle, rock in a cradle
cundido *m* provision of olive oil, vinegar, and salt given to shepherds; olive oil, cheese, and honey given to children to make them eat bread
cundir *vn* to spread; to swell, puff up; to increase, multiply
cuneado -da *adj* (bot.) cuneate
cunear *va* to cradle, rock in a cradle; *vr* (coll.) to rock, to swing, to sway
cuneco -ca *mf* (Am.) baby (*youngest member of a family*)
cuneiforme *adj* cuneiform; (anat.) cuneiform; *m* (anat.) cuneiform; (bot.) cuneate
cuneo *m* rocking, swinging; (naut.) rolling
cúneo *m* (hist.) cuneus; (mil.) wedge
cunero -ra *adj* (taur.) unknown, unpedigreed (*bull*); (pol.) outside (*candidate*); *mf* foundling; *f* cradle rocker (*in royal palace*)
cuneta *f* ditch, gutter; catch drain
cunicultor -tora *adj* rabbit-raising; *mf* rabbit raiser or breeder
cunicultura *f* rabbit raising, rabbit breeding
cuña *f* wedge; paving stone in the form of truncated pyramid; (anat.) cuneiform; (print.) quoin; (coll.) backing, support; (coll.) backer; **ser buena cuña** (coll.) to push one's way in, to take up a lot of room
cuñada *f* sister-in-law
cuñadía *f* affinity, relationship by marriage
cuñado *m* brother-in-law
cuñete *m* keg; firkin
cuño *m* die for stamping coins, medals, etc.; stamp (*made by die*); (mil.) wedge; (fig.) mark, stamp
cuociente *m* (archaic) var. of **cociente**
cuodlibético -ca *adj* quodlibetic or quodlibetical
cuodlibeto *m* quodlibet; (coll.) witticism, joke
cuota *f* quota; share; rate; fare; tuition, tuition fee; **cuota de inmigración** immigration quota
cuotidiano -na *adj* var. of **cotidiano**
cupe *1st sg pret ind of* **caber**
cupé *m* coupé (*automobile and carriage*); **cupé comercial** business coupé; **cupé deportivo** sport coupé
cupido *m* gallant lover; cupid (*winged baby, symbol of love*); (*cap.*) *m* (myth.) Cupid
cupla *f* coupling; (mech.) couple; **cupla motora** (mech.) torque
cuplé *m* popular song
cupletista *f* popular singer (*woman*)
cupo *m* quota, share; *3d sg pret ind of* **caber**
cupón *m* coupon
cupón-respuesta *m* reply coupon
cupresáceo -a or **cupresíneo -a** *adj* (bot.) cupressineous
cupresino -na *adj* (poet.) cypress
cúprico -ca *adj* coppery; (chem.) cupric
cuprífero -ra *adj* cupriferous
cuprita *f* (mineral.) cuprite
cuproníquel *m* cupronickel
cuproso -sa *adj* (chem.) cuprous
cúpula *f* (arch., anat. & nav.) cupola; (arch.) dome; (bot. & zool.) cupule; **cúpula de arena** (rail.) sand dome; **cúpula de toma de vapor** (rail.) steam dome
cupulífero -ra *adj* (bot.) cupuliferous
cupulino *m* (arch.) cupola (*lantern over dome*)
cuquería *f* craftiness, slyness; (coll.) niceness, cuteness
cuquillo *m* (orn.) cuckoo
cura *m* curate; parish priest; (coll.) priest; **este cura** (coll.) I; *f* cure; care, treatment (*of a wound*); **no tener cura** (coll.) to be hopeless, be incorrigible; **ponerse en cura** to undergo treatment; **primera cura** first aid; **tener cura** to be curable; **cura de aguas** water cure; **cura de almas** care of souls; **cura de reposo** rest cure; **cura de urgencia** first aid
curabilidad *f* curability
curable *adj* curable
curaca *m* (Am.) boss, chief
curación *f* treatment; healing; cure, curing
curadillo *m* (ichth.) codfish
curado -da *adj* dry, hardened
curador -dora *mf* caretaker, overseer; healer; curer; (law) guardian
curaduría *f* (law) guardianship
cúralotodo *m* (*pl:* **-do**) var. of **sánalotodo**
curalle *m* (falc.) casting
curandería *f* or **curanderismo** *m* quackery
curandero -ra *mf* quack, healer
curar *va* to treat (*a sick person*); to heal; to cure (*a disease, an evil, a sick person; meat, fish, hides, etc.*); to season (*wood*); to see (*someone*) through an illness; to dress (*a wound*); *vn* to cure; to recover; **curar de** to recover from; to take care of; to care about, to mind, to pay attention to; *vr* to take treatment; to cure oneself; to cure; to recover; to season; (Am.) to get drunk; **curarse de** to recover from, to get over; **curarse en salud** to be forewarned
curare *m* curare
curarizar §76 *va* to curarize
curasao *m* curaçao (*liqueur*)
curatela *f* var. of **curaduría**
curativo -va *adj* & *f* curative
curato *m* curacy; parish
curazao *m* curaçao (*liqueur*); (*cap.*) *f* Curaçao
curbaril *m* (bot.) courbaril
cúrcuma *f* turmeric, curcuma root; curcumin
curcuncho -cha *adj* (Am.) stooped, hunchbacked; (Am.) annoyed, upset
curcusilla *f* var. of **rabadilla**
curda *f* see **curdo**
Curdistán, el Kurdistan
curdo -da *adj* Kurdish; *mf* Kurd; *m* Kurdish (*language*); *f* (coll.) drunkenness
cureña *f* gun carriage; gunstock in the rough; stay of crossbow; **a cureña rasa** (fort.) without a parapet, without breastwork; (coll.) without shelter
cureñaje *m* gun carriages
curesca *f* waste left after combing cloth
cureta *f* (surg.) curette
curetaje *m* (surg.) curettage
curia *f* (hist.) curia; care, carefulness; (law) bar; **Curia romana** Roman Curia
curial *adj* curial; *m* attorney; court clerk
curialesco -ca *adj* legalistic, hairsplitting (*style, etc.*)
curiana *f* (ent.) cockroach
curie *m* (phys.) curie
curiel *m* (Am.) guinea pig
curieterapia *f* curietherapy
Curiles *fpl* Kurile Islands
curio *m* (chem.) curium
curiosear *va* (coll.) to pry into; *vn* (coll.) to snoop, to pry around; (coll.) to browse around
curioseo *m* (coll.) snooping, prying; (coll.) browsing
curiosidad *f* curiosity; curio; neatness, cleanness; care, diligence
curioso -sa *adj* curious; odd, rare, quaint; neat, clean, tidy; careful, diligent; (Am.) cute; *mf* busybody
Curlandia *f* Courland
curricán *m* (fishing) spinning tackle; (Am.) plug
currinche *m* cub reporter; (coll.) hit playwright
curro -rra *adj* (coll.) sporty, flashy
curruca *f* (orn.) whitethroat; **curruca de cabeza negra** (orn.) blackcap; **curruca de los pantanos** (orn.) marsh warbler
currutaco -ca *adj* (coll.) dudish, sporty; *m* (coll.) dude, sport
cursado -da *adj* skilled, versed; taken (*as a course in school*)
cursante *adj* attending; *mf* student
cursar *va* to haunt, to frequent; to devote oneself to; to take, to attend; to study; to facilitate; to send, to circulate; to forward
cursería *f* cheapness, flashiness, vulgarity; (coll.) group of cheap flashy people
cursi *adj* (coll.) cheap, vulgar, flashy
cursilería *f* var. of **cursería**
cursillista *mf* student taking a short course
cursillo *m* short course (*in school*); short series of lectures
cursivo -va *adj* cursive; *f* cursive; italics
curso *m* course; price, quotation, current rate;

circulation, currency; program, series; textbook; **cursos** *mpl* loose bowels; **dar curso a** to forward; to give course to (*e.g., tears*); **en curso de impresión** in press; **curso académico** academic year; **curso legal** legal tender
cursor *m* (elec.) sliding contact; (mach.) slide; indicator (*of slide rule*); **cursor de procesiones** marshal
curtación *f* (astr.) curtation
curtido *m* tanning; tanning bark; **curtidos** *mpl* tanned leather; (Am.) pickles
curtidor *m* tanner
curtidura *f* tanning
curtiduría *f* tannery
curtiembre *f* (Am.) tannery
curtiente *adj* tanning; *m* tanning material
curtimiento *m* tanning; tan
curtir *va* to tan (*hides*); to tan, to sunburn; to harden, to inure; to season or harden by exposure to the weather; **estar curtido en** to be skilled or expert in; *vr* to become tanned, become sunburned; to become hardened, become inured; to become weather-beaten
curubu *m* (bot.) passionflower (*of Colombia*)
curuca *f* (orn.) barn owl, screech owl
curucú *m* (orn.) quetzal; (Am.) snake-bite poisoning
curucucú *m* (Am.) snake-bite poisoning
curuguá *m* (bot.) cassabanana
curuja *f* var. of **curuca**
curul *adj* curule
curupay *m* (bot.) curupay
cururú *m* (*pl:* **-rúes**) (zool.) Surinam toad
curva *f* see **curvo**
curvadura *f* (arch.) curvature of an arch or vault; (med.) painful exhaustion
curvatón *m* slight curve; (naut.) gusset, gusset stay
curvatubos *m* (*pl:* **-bos**) pipe bender
curvatura or **curvidad** *f* curvature
curvilíneo -a *adj* curvilinear; (coll.) curvaceous (*woman*)
curvímetro *m* curvometer
curvo -va *adj* curve, curved, bent; *f* curve, bend; (rail.) crossover; **curva de frecuencias** (statistics) frequency curve; **curva de nivel** contour line; **curva isobárica** (meteor.) isobar
cusca *f* (Am.) jag, drunk; (Am.) slattern, slut
cuscurro *m* end crust, crouton
cuscús *m* var. of **alcuzcuz**
cúscuta *f* (bot.) dodder
cusir *va* (coll.) var. of **corcusir**
cusita *adj* & *mf* (Bib.) Cushite
cusma *f* var. of **cuzma**
cúspide *f* peak (*of a mountain*); cusp, tip, apex; (anat.) cusp (*of a tooth*); (anat.) cuspid (*tooth*); (geom.) vertex (*of cone or pyramid*); (fig.) apex, top, extreme
cuspídeo -a *adj* cuspidate
custodia *f* custody, care; guard (*in charge of a prisoner*); shrine; (eccl.) monstrance; **custodia preventiva** protective custody
custodiar *va* to guard, watch over
custodio *m* guard, custodian
cusumbe *m* or **cusumbo** *m* var. of **coatí**
cususa *f* (Am.) rum
cutáneo -a *adj* cutaneous
cúter *m* (naut.) cutter (*sailboat with one mast*)
cutí *m* (*pl:* **-tíes**) bedtick, ticking
cuticolor *adj* cuticolor
cutícula *f* (anat. & bot.) cuticle
cuticular *adj* cuticular
cutina *f* (biochem.) cutin
cutinización *f* (bot.) cutinization
cutio *m* work, labor
cutir *va* to knock, to strike
cutirreacción *f* (med. & vet.) cutireaction
cutis *m* & *f* skin (*of human body, especially the face*); **cutis anserina** goose flesh
cutitis *f* (path.) dermatitis
cutización *f* (physiol.) cutization
cutral *m* old worn-out ox; *f* old cow that no longer bears
cutre *adj* miserly, stingy; *mf* miser, skinflint
cuy *m* (Am.) cavy
cuyo -ya *adj rel* whose; *m* (coll.) beau, lover
cuz *interj* here, here! (*to call a dog*)
cuzcuz *m* var. of **alcuzcuz**
cuzo *m* (prov.) doggie
cuzma *f* (Am.) sleeveless shirt or tunic of palm, cork, or wool fiber (*worn by South American Indians*)
cuzqueño -ña *adj* (pertaining to) Cuzco; *mf* native or inhabitant of Cuzco
CV abr. of **caballo de vapor**
c/v or **c/vta.** abr. of **cuenta de venta**
czar *m* var. of **zar**
czarevitz *m* var. of **zarevitz**
czariano -na *adj* var. of **zariano**
czarina *f* var. of **zarina**

Ch

Ch, ch *f* fourth letter of the Spanish alphabet
cha *m* (*pl:* **chaes**) (Am.) tea
chabacanada or **chabacanería** *f* crudeness, vulgarity
chabacano -na *adj* awkward, clumsy; crude, cheap; *m* (Am.) apricot
chabola *f* hut, shack, shanty
chacal *m* (zool.) jackal
chacanear *va* (Am.) to spur, to goad
chacarero -ra *mf* (Am.) farm laborer, field worker
chacarrachaca *f* (coll.) racket, wrangling, row, brawl
chacate *m* (bot.) chacate
chacina *f* dried beef; pork seasoned for sausages
chacó *m* (*pl:* **-cós**) shako
chacolí *m* (*pl:* **-líes**) chacolí (*sour wine of Vizcaya, Spain*)
chacolotear *vn* to clatter (*said of loose horseshoe*)
chacoloteo *m* clattering (*of loose horseshoe*)
chacona *f* (mus.) chaconne
chaconada *f* jaconet (*thin cotton fabric*)
chaconero -ra *mf* chaconne writer or dancer
chacota *f* fun, noisy laughter, racket; **echar a chacota** (coll.) to sneer at; **hacer chacota de** (coll.) to make fun of
chacotear *vn* to laugh and make a lot of noise
chacoteo *m* noisy laughter
chacotero -ra *adj* loud-laughing; *mf* loud or noisy laugher, noisemaker
chacra *f* (Am.) small farm; (Am.) field marked off for cultivation
chacuaco -ca *adj* (Am.) ugly, repugnant; (Am.) crude, boorish; *m* (Am.) silver-smelting furnace; (Am.) cigar butt
chacha *f* (coll.) lass; (coll.) nursemaid
chachalaca *f* (orn.) chachalaca; (Am.) chatterbox (*person*)
chachalaquero -ra *adj* (Am.) loquacious, talkative
cháchara *f* (coll.) chatter, idle talk; **cháchaaras** *fpl* junk
chacharear *vn* (coll.) to chatter, to prate
chacharero -ra *adj* (coll.) chattering; *mf* (coll.) chatterbox
chacho *m* (coll.) boy, lad
chafaldete *m* (naut.) clew line
chafaldita *f* (coll.) jest, banter
chafalditero -ra *adj* (coll.) jesting, bantering
chafalmejas *mf* (*pl:* **-jas**) (coll.) dauber (*poor painter*)
chafalonía *f* old plate
chafallar *va* (coll.) to botch
chafallo *m* (coll.) botch, poor patch
chafallón -llona *adj* (coll.) botching; *mf* botcher
chafandín *m* pompous empty head
chafar *va* to flatten; to wrinkle, to rumple, to muss; (coll.) to cut short
chafariz *m* (*pl:* **-rices**) top of monumental fountain from which water spouts
chafarotazo *m* blow or stroke with a cutlass
chafarote *m* cutlass; (coll.) sword
chafarrinada *f* blot, stain, spot; daub (*poor painting*)
chafarrinar *va* to blot, stain, spot
chafarrinón *m* blot, stain, spot; **echar un chafarrinón a** (coll.) to be rude to; (coll.) to throw mud at
chaflán *m* chamfer; (arch.) cant
chaflanar *va* to chamfer
chagrén *m* or **chagrín** *m* shagreen
chah *m* shah
chaira *f* steel (*for sharpening knives*); shoemaker's blade
chajá *m* (*pl:* **-jaes**) (orn.) screamer, crested screamer
chal *m* shawl
chalado -da *adj* (coll.) addlebrained; (coll.) madly in love
chalán -lana *adj* horse-dealing; *mf* horse dealer; trader; (Am.) broncobuster, horsebreaker; *f* scow, flatboat, barge
chalanear *va* to drive (*deals*) shrewdly; (Am.) to break (*horses*); *vn* to dicker, to horse-trade
chalaneo *m* shrewd dealing, horse trading
chalanería *f* shrewdness in dealing, horse trading
chalanesco -ca *adj* horse-trading, sharp-dealing
chalar *vr* (dial.) to lose one's head; **chalarse por** (dial.) to become mad or crazy about
chalate *m* (Am.) skinny old nag
chalaza *f* (bot. & embryol.) chalaza
chaleco *m* vest, waistcoat; **chaleco salvavidas** life preserver
chalet *m* (*pl:* **chaletes**) chalet; villa
chalí *m* challie or challis
chalina *f* bow tie with long ends, scarf
chalón *m* shalloon
chalote *m* (bot.) shallot, scallion
chalupa *f* (naut.) shallop, small two-master; lifeboat; (Am.) corncake
chalupero *m* boatman, skipper; rower
chama *f* (slang) swapping, trading
chamaco -ca *mf* (Am.) urchin, youngster, kid
chamada *f* brushwood; (dial.) streak of bad luck
chamagoso -sa *adj* dirty, filthy; common, tawdry; (Am.) botched
chamal *m* (Am.) chiripá; (bot.) edible Dioön
chamán *m* shaman
chamar *va* (slang) to swap
chamara or **chamarasca** *f* brushwood; brush fire
chamarilear *va* var. of **chamar**
chamarilero -ra *mf* junk dealer, old-clothes dealer
chamarillero -ra *mf* junk dealer, old-clothes dealer; *m* gambler
chamarillón -llona *mf* poor player (*at cards*)
chamariz *m* (*pl:* **-rices**) (orn.) greenfinch
chamarón *m* (orn.) bottle tit, long-tailed titmouse
chamarra *f* sheepskin jacket
chamarreta *f* loose jacket
chamba *f* (coll.) fluke, scratch (*e.g., in billiards*)
chambelán *m* chamberlain; (Am.) atomizer, spray
chambergo -ga *adj* Schomberg (*regiment, uniform, etc., which existed in Madrid at time of Charles II*); *m* broad-brimmed soft hat; (orn.) reedbird; *f* narrow silk ribbon
chamberguilla *f* (dial.) narrow silk ribbon
chamberí *adj* (*pl:* **-ríes**) (Am.) showy, flashy
chamberinada *f* (Am.) ostentation, flashiness
chambilla *f* stone wall surmounted by iron grating
chambón -bona *adj* (coll.) clumsy, awkward (*in games*); unskillful; lucky; *mf* (coll.) foozler, bungler
chambonada *f* (coll.) clumsiness; (coll.) foozle; fluke, stroke of luck
chambonear *vn* to play awkwardly, to foozle
chamborote *adj* (Am.) long-nosed
chambra *f* house blouse or tunic, negligee
chambrana *f* trim (*around a door, window, etc.*); (Am.) shouting, uproar
chamburgo *m* (Am.) pool, stagnant water
chamburo *m* (bot.) papaw tree
chamicera *f* strip of burned woodland
chamico *m* (bot.) jimson weed, thorn apple; **dar chamico a** (Am.) to bewitch, seduce

chamiza *f* (bot.) chamiso; brush used as firewood
chamizo *m* half-burned tree; half-burned log or stick; chamiso-thatched hut; (coll.) hangout, joint
chamorra *f* see **chamorro**
chamorrar *va* (coll.) to shear (*the head*)
chamorro -rra *adj* (coll.) with head shorn, with hair cut; *f* (coll.) shorn head
champán *m* sampan; champagne (*wine*)
champaña *m* champagne (*wine*); **la Champaña** Champagne
champañizar §76 *va* to make sparkling, make effervescent, champagnize
champar *va* (coll.) to talk meanly to, to remind (*someone*) of a favor
champiñón *m* mushroom
champú *m* (*pl:* **-púes**) shampoo
champurrar *va* (coll.) to mix, mix in
chamuscado -da *adj* (coll.) touched, infected (*with a vice or passion*)
chamuscar §86 *va* to singe, to scorch; (Am.) to undersell
chamusco *m* singe, singeing
chamusquina *f* singe, singeing; (coll.) quarrel, row; **oler a chamusquina** (coll.) to look like a fight; (coll.) to be heresy
chanada *f* (coll.) trick, deceit
chanca *f* var. of **chancla**
chancar §86 *va* (Am.) to crush (*stones*)
chancear *vn & vr* to joke, to jest
chancero -ra *adj* joking, jesting, merry
canciller *m* chancellor
chancillería *f* chancery (*court of equity*)
chancla *f* worn-out shoe, shoe worn down at the heel; slipper
chancleta *f* slipper; **en chancleta** in slippers, in shoes without heels; *mf* (coll.) good-for-nothing
chancletazo *m* blow with slipper
chancletear *vn* to go about in slippers, to go about clattering one's slippers
chancleteo *m* clatter of slippers
chanclo *m* clog (*shoe with wooden sole*); overshoe, rubber
chanco *m* stilt
chancro *m* (path.) chancre
chancroso -sa *adj* chancrous
cháncharras máncharras *fpl* (coll.) subterfuge; **andar en cháncharras máncharras** (coll.) to beat about the bush
chanchería *f* (Am.) pork butcher's shop
chancho -cha *adj* (Am.) dirty, piggish; *m* (Am.) pig
chanchullero -ra *adj* (coll.) crooked; *mf* (coll.) crooked person
chanchullo *m* (coll.) crookedness; **andar en chanchullos** (coll.) to be up to some crookedness
chanfaina *f* stew of chopped lungs
chanflón -flona *adj* misshapen, crude
changador *m* (Am.) public errand boy
changarro *m* (Am.) little shop
chango -ga *adj* (Am.) quick, skilful; (Am.) sporty; (Am.) dull, stupid; *mf* (Am.) house servant; (Am.) monkey
changote *m* (found.) bloom
changüí *m* (*pl:* **-güíes**) (coll.) trick, deception; (slang) idle talk; **dar changüí a** (coll.) to trick
chantaje *m* blackmail
chantajista *mf* blackmailer
chantar *va* to put on; to stick, push, or force on; (coll.) to tell (*someone something*) straight from the shoulder; *vr* to put on, to clap on (*e.g., one's hat*)
chantillón *m* pattern, templet
chanto *m* (prov.) flagstone
chantre *m* cantor, precentor
chantría *f* precentorship
chanza *f* joke, jest; **de chanza** jokingly, in fun
chanzoneta *f* chansonnette; (coll.) joke, jest
chanzonetero *m* chansonnier
chao *m* chow (*dog*)
chapa *f* sheet, plate; veneer; flush (*on cheek*); rouge; (coll.) judgment, good sense; (Am.) lock; **chapas** *fpl* (game of) tossing coins; **chapa de patente** or **chapa matrícula** (aut.) license plate
chapado -da *adj* lined or covered with sheets or sheeting (*of metal*); veneered; nice, fine; **chapado a la antigua** old-fashioned
chapalear *vn* to splash; to clatter (*said of loose horseshoe*)
chapaleo *m* splashing; clatter (*of loose horseshoe*)
chapaleta *f* (hyd.) clack valve
chapaleteo *m* splash, splashing (*of water on the shore*); patter (*of rain*)
chapapote *m* (Am.) tar; chapapote, Mexican asphalt
chapar *va* to cover or line with metal sheeting; to veneer; to let go, to smack down (*something disagreeable*); to plate (*with gold or silver*)
chaparra *f* (bot.) kermes oak; chaparral (*thicket*)
chaparrada *f* downpour
chaparral *m* chaparral
chaparrear *vn* to rain hard, to pour
chaparreras *fpl* (Am.) chaps (*cowboy trousers*)
chaparro *m* (bot.) chaparro; chaparral (*thicket*); short, chubby person
chaparrón *m* downpour; (Am.) shower (*e.g., of insults*)
chapatal *m* mudhole
chapeado -da *adj* lined or covered with sheets or sheeting (*of metal*); veneered; *m* veneer; plywood
chapear *va* to cover or line with metal sheeting; to veneer; *vn* to clatter (*said of a loose horseshoe*)
chapecar §86 *va* (Am.) to braid, to plait; (Am.) to string (*garlic, onions, etc.*)
chapeo *m* (coll.) hat
chapera *f* (mas.) board with wooden cleats (*for climbing*)
chapería *f* sheet metal; sheet-metal work
chaperón *m* (archaic) chaperon (*hood*)
chapeta *f* red spot on the cheek
chapetón -tona *adj* (Am.) awkward, green; *mf* (obs.) newly arrived and green Spanish soldier (*in Latin America*); (archaic) Spanish or European new arrival (*in Latin America*); *m* (Am.) silver disk (*on riding harness*)
chapetonada *f* (Am.) greenhornism (*of a foreigner*); (obs.) illness of Spanish or European new arrivals in Latin America (*from change of climate*)
chapín -pina *adj* (Am.) clubfooted; *m* chopine (*clog worn especially by women*); sandal, slipper, dance slipper; (bot.) lady's-slipper; (ichth.) trunkfish
chapinazo *m* blow with a clog
chápiro *m* (Am.) silver disk (*on riding harness*); **¡por vida del chápiro!, ¡por vida del chápiro verde!** or **¡voto al chápiro!** (coll.) good grief!
chapista *mf* tinsmith; (aut.) body and fender repairman; **chapista carrocero** (aut.) body and fender repairman
chapistería *f* tinsmithing, sheet-metal work; body and fender repair shop
chapitel *m* (arch.) spire; (arch.) capital; (naut.) agate socket (*of needle*)
chapitón -tona *adj* (Am.) new (*in a job*): *mf* (Am.) novice; (Am.) newly arrived European in South America
chapitonada *f* (Am.) inexperience
chapó *m* (*pl:* **-pós**) four-hand pool or billiards; four-hand match
chapodar *va* to trim, to clear of branches
chapodo *m* branch trimmed from a tree
chapón *m* large blot (*of ink*)
chapona *f* house blouse or tunic
chapotear *va* to moisten, to sponge; *vn* to splash
chapoteo *m* sponging; splashing
chapucear *va* to botch, bungle
chapucería *f* botch, bungle, patchwork
chapucero -ra *adj* rough, crude; bungling, clumsy; cheating; *mf* bungler; amateur, dabster; *m* blacksmith; junk dealer
chapulín *m* (Am.) grasshopper
chapurrar *va* to jabber (*a language*); to jumble (*in conversation*); (coll.) to mix, to mix in
chapurrear *va* to jabber (*a language*); *vn* to jabber
chapurreo *m* jabbering

chapuz *m* (*pl:* **-puces**) duck, ducking (*sudden dip under water*); botch; bungling
chapuza *f* botch, bungle
chapuzar §76 *va, vn & vr* to duck
chapuzón *m* ducking (*sudden dip under water*)
chaqué *m* cutaway coat, morning coat
chaquehue *m* (Am.) corn grits
chaqueta *f* jacket
chaquete *m* backgammon
chaquetudo *m* (ent.) potato beetle
chaquira *f* (Am.) glass bead
charabán *m* char-à-banc
charada *f* charade
charadrio *m* var. of **alcaraván**
charamusca *f* (Am.) candy twist; **charamuscas** *fpl* (Am.) brushwood, firewood
charanga *f* (mus.) brass band
charango *m* (Am.) bandurria (*kind of lute*)
charanguero -ra *adj* rough, crude; bungling, clumsy; *mf* bungler; *m* (prov.) peddler; (prov.) small coast-trading boat
charca *f* pool
charcal *m* puddly spot
charco *m* puddle; **pasar el charco** (coll.) to cross the pond (*the ocean*)
charla *f* (coll.) chat, chatting; (coll.) talk, lecture; (coll.) chatter, prattle; (orn.) missel thrush; **charla de chimenea** fireside chat
charlador -dora *adj* (coll.) prattling, garrulous; (coll.) gossiping; *mf* (coll.) prattler, chatterbox; (coll.) gossip
charladuría *f* prattling, small talk; gossip
charlar *vn* (coll.) to chat; (coll.) to chatter, to prattle
charlatán -tana *adj* prattling, garrulous; gossiping; charlatan; *mf* prattler, chatterbox; gossip; charlatan
charlatanear *vn* (coll.) to chatter, to prattle; (coll.) to gossip
charlatanería *f* loquacity, garrulity
charlatanismo *m* loquacity, garrulity; charlatanism
charlotear *vn* (coll.) to chatter, to prattle; (coll.) to gossip
charloteo *m* (coll.) chatter, prattle; (coll.) gossip
charneca *f* (bot.) mastic tree
charnecal *m* growth of mastic trees
charnela *f* hinge; (mach.) knuckle; (zool.) hinge (*of bivalve shell*); **charnela de dirección** (aut.) steering knuckle
charneta *f* (coll.) var. of **charnela**
charol *m* varnish, polish; patent leather; (Am.) painted metal tray; **calzarse las de charol** (Am.) to hit the jack pot; **darse charol** (coll.) to brag, to blow one's own horn
charola *f* (Am.) painted metal tray; (Am.) large eye, ugly big eye
charolado -da *adj* shiny
charolar *va* to varnish, polish, enamel, japan
charolista *mf* varnisher, polisher, gilder
charpa *f* pistol belt; sling (*to support hurt arm*)
charquear *va* (Am.) to jerk (*beef*); (Am.) to slash, to cut to pieces; (Am.) to malign, vilify
charquetal *m* puddly spot
charqui *m* (Am.) jerked beef
charrada *f* boorishness; country dance; (coll.) overfancy work or adornment
charrán *m* rascal
charranada *f* piece of rascality
charranear *vn* to be a rascal
charranería *f* rascality
charrasca *f* (hum.) dangling or trailing sword; (coll.) folding knife
charrascal *m* var. of **carrascal**
charrasco *m* (hum.) dangling or trailing sword
charreada *f* (Am.) rodeo
charrería *f* overfancy work or adornment
charretera *f* epaulet; garter; buckle (*of garter*); (coll.) shoulder pad (*for carrying water*)
charro -rra *adj* coarse, ill-bred; of Salamanca; (coll.) showy, flashy, loud; (coll.) overfancy; **estar** or **ir bien charro** (coll.) to be flashily dressed; *mf* peasant, rustic; peasant of province of Salamanca; *m* (Am.) Mexican horseman in fancy riding costume
charrúa *f* (naut.) small tugboat
chartreuse *m* chartreuse
chasca *f* see **chasco**
chascar §86 *va* to click (*the tongue*); to crunch (*food*); to swallow; *vn* to crack (*to break with a sharp noise*)
chascarrillo *m* (coll.) snappy story
chascás *m* (mil.) schapska
chasco -ca *adj* (Am.) crinkly; crinkly-haired; *m* trick, joke; disappointment; **dar un chasco a** to play a trick on; **llevarse chasco** to be disappointed; *f* small branches cleaned from a tree
chascón -cona *adj* (Am.) disheveled; (Am.) bushy-haired
chasis *m* (*pl:* **-sis**) (aut. & rad.) chassis; (phot.) plateholder
chasponazo *m* scratch or dent made by a grazing bullet
chasquear *va* to crack (*e.g., a whip*); to play a trick on; to disappoint; to fail to keep (*a promise*); *vn* to crack (*to break with a sharp noise*); (Am.) to chatter (*said of teeth*); *vr* to come to naught; to become disappointed
chasqui *m* (Am.) Indian courier
chasquido *m* swish, crack of a whip; crack, cracking sound (*of something breaking*)
chata *f* see **chato**
chatarra *f* slag containing some iron; junk, scrap iron; **chatarra de acero** scrap steel
chatarraje *m* junk, scrap iron
chatarrería *f* junk yard
chatarrero -ra *mf* junk dealer, scrap-iron dealer
chatedad *f* (coll.) flatness
chato -ta *adj* flat; flat-nosed; blunt; (Am.) commonplace, humdrum; *m* (coll.) wine cup, wineglass; *f* scow, barge; bedpan; flatcar
chatón *m* large stone (*in its setting*)
chatre *adj* (Am.) all dressed up; *m* (Am.) short skirt
chau *interj* (Am.) so long!
chaucha *f* (Am.) small change, chicken feed; (Am.) bean; (Am.) early potato; (Am.) poverty; *adj* (Am.) poor, miserable
chauche *m* red-lead floor paint
chaul *m* blue Chinese silk
chauvinismo *m* chauvinism
chauvinista *adj* chauvinistic; *mf* chauvinist
chaval -vala *adj* (coll.) young; *m* (coll.) lad; *f* (coll.) lass
chavasca *f* var. of **chasca**
chaveta *f* (mach.) cotter, cotter pin, forelock; (mach.) key; **perder la chaveta (por)** (coll.) to go out of one's head (for)
chavetera *f* (mach.) keyway, key seat
chavo *m* (Am.) cent; (Am.) 350 sq. meters
chayote *m* (bot.) chayote (*plant and fruit*)
chayotera *f* (bot.) chayote (*plant*)
chaza *f* (sport) stopping the ball; (sport) mark where ball was stopped; **hacer chazas** to walk on the hind feet (*said of a horse*)
chazador *m* (sport) stop (*player*); (sport) marker
chazar §76 *va* (sport) to stop or interfere with (*the ball*); (sport) to mark (*the spot where ball was stopped*)
che *interj* (Am.) hey!, say!
checo -ca *adj & mf* Czech; *m* Czech (*language*); (*cap.*) *f* Checa (*Soviet secret police*)
checoeslovaco -ca *adj & mf* Czecho-Slovak or Czecho-Slovakian
Checoeslovaquia *f* Czecho-Slovakia
checoslovaco -ca *adj & mf* Czecho-Slovak or Czecho-Slovakian
Checoslovaquia *f* Czecho-Slovakia
chechén *m* (Am.) poison ivy
chécheres *mpl* (Am.) trinkets, junk
Chefú Chefoo
cheira *f* var. of **chaira**
chelín *m* shilling; schilling
chepa *f* (coll.) hunch, hump
cheque *m* check; **cheque certificado** certified check; **cheque de viajeros** traveler's check
Cherburgo *f* Cherbourg
cherna *f* or **cherno** *m* (ichth.) giant perch, dusky perch; (ichth.) grouper
cherva *f* (bot.) castor-oil plant
cheurón *m* (her.) chevron; (arch.) chevron molding
cheuronado -da *adj* (her.) chevrony

chía *f* (hist.) short mourning cloak; (hist.) cowl worn as a mark of nobility; (bot.) chia (*any of several species of Salvia of Mexico*); chia seed; chia (*beverage*)
chibalete *m* (print.) composing cabinet
chibuquí *m* (*pl:* **-quíes**) chibouk
chicada *f* herd of sickly and underdeveloped sheep; childishness, childish act
chicalote *m* (bot.) Mexican poppy
chicana *f* baffle plate; (Am.) chicanery; (Am.) quibbling
chicaneada *f* (Am.) piece of chicanery
chicaneo *m* (Am.) chicane, chicanery
chicanería *f* (Am.) chicanery
chicanero -ra *mf* (Am.) chicaner; (Am.) shyster lawyer
chicle *m* chicle (*gumlike substance*); chewing gum; **chicle de burbuja, chicle de globo,** or **chicle hinchable** bubble gum
chiclear *vn* to chew gum
chicloso -sa *adj* (Am.) gummy, sticky
chico -ca *adj* small, little; *mf* child, youngster; *m* lad, little fellow; (coll.) young fellow; (coll.) my boy, old man; *f* lass, little girl; (coll.) my dear
chicoco -ca *mf* (coll.) husky youngster; (Am.) dwarf
chicolear *vn* (coll.) to make compliments; *vr* (Am.) to enjoy oneself
chicoleo *m* (coll.) compliment (*to a woman*)
chicoria *f* (bot.) chicory
chicorro *m* (coll.) husky guy
chicorrotico -ca, chicorrotillo -lla or **chicorrotito -ta** *adj* (coll.) small, tiny
chicorrotín -tina *adj* (coll.) small, tiny; *mf* (coll.) tiny child, tot
chicotazo *m* (Am.) lash, blow with a whip
chicote -ta *mf* (coll.) husky youngster; *m* (coll.) cigar; (coll.) cigar stub; (Am.) whip; (naut.) piece of rope, end of rope
chicotear *va* (Am.) to lash, whip, flog; (Am.) to dispatch, to kill; (Am.) to splash stucco on (*a wall*)
chicozapote *m* (bot.) sapodilla
chicuelo -la *adj* small, little; *m* little boy; *f* little girl
chicha *f* chicha, corn liquor; (coll.) meat; **de chicha y nabo** (coll.) insignificant, worthless; **ni chicha ni limonada** (coll.) neither fish nor fowl
chícharo *m* pea; (Am.) poor cigar; (Am.) apprentice
chicharra *f* (ent.) locust, harvest fly; kazoo; (coll.) chatterbox; (Am.) buzzer, noisy tool; **cantar la chicharra** (coll.) to be hot and sultry
chicharrar *va* to scorch; to bother, to bedevil
chicharrear *vn* (Am.) to chirp (*said of a cicada*)
chicharrero *m* (coll.) hot place or region
chicharro *m* cracklings (*residue of hogs' fat*); (ichth.) caranx
chicharrón *m* cracklings (*residue of hogs' fat*); burned or scorched food; (coll.) person scorched by the sun
chiche *f* (Am.) infant's toy; (Am.) trinket; (Am.) breast; (Am.) wet nurse
chichear *va, vn & vr* to hiss
chicheo *m* hiss, hissing
chichigua *f* (Am.) wet nurse; (Am.) shade tree; (Am.) small change; (Am.) trifle
chichisbeo *m* ardent wooing; ardent suitor
chichón -chona *adj* (Am.) joking; (Am.) large-breasted; *m* bump or lump on the head
chichonera *f* (coll.) wadded hat (*to protect a child's head from bumps*)
chifla *f* hissing; whistling; whistle; paring knife; **estar de chifla** (Am.) to be in a bad humor
chifladera *f* whistle
chiflado -da *adj* (coll.) daffy; *mf* (coll.) nut; (coll.) crank
chifladura *f* hissing; whistling; (coll.) daffiness; (coll.) whim, craze, wild idea
chiflar *va* to hiss (*e.g., an actor*); to gulp down (*wine or liquor*); to pare (*leather*); *vn* to whistle; (Am.) to sing (*said of birds*); *vr* (coll.) to become unbalanced; **chiflarse con** (coll.) to be or get nutty about
chiflato *m* whistle
chifle *m* whistle; bird call (*instrument*); powder flask, powder horn; (Am.) horn used to carry water
chiflete *m* whistle
chiflido *m* whistle; whistling sound
chiflo *m* whistle
chiflón *m* (Am.) cold blast (*of air*); (Am.) rapids; (Am.) flume; (Am.) slide of loose stone (*in a mine*)
chigre *m* (naut.) winch; (dial.) cider shop
chilaba *f* jelab or jellaba
chilaquiles *mpl* (Am.) casserole of tortillas, tomatoes, and chili
chilar *m* field of chilies
chile *m* (bot.) chili (*plant and fruit*); **chile con carne** (Am.) chile con carne or chili con carne; (*cap.*) *m* Chile
chilenismo *m* Chileanism
chileno -na or **chileño -ña** *adj & mf* Chilean
chilindrina *f* (coll.) trifle; (coll.) joke, funny story; (coll.) jest, banter
chilindrinero -ra *adj* (coll.) joking, storytelling; *mf* (coll.) joker, storyteller
chilindrón *m* Pope Joan (*card game*)
chilipuca *f* Sieva bean (*seed or bean*)
chiltipiquín *m* (bot.) chili (*plant and fruit*)
chilla *f* (hunt.) fox call, hare call; clapboard; (Am.) small fox
chillado *m* clapboard roof
chillador -dora *adj* shrieking, squeaking, screaming, squealing; *mf* screamer, squealer
chillar *vn* to shriek; to screech; to creak, to squeak; to hiss, to sizzle; to scream (*said of colors*); (hunt.) to call (*with fox call, etc.*); (Am.) to squeal (*to turn informer*); **no chillar** (Am.) to not say a word; *vr* (Am.) to be piqued, be offended
chillería *f* shrieks, screams, outcries; screaming and scolding
chillido *m* shriek, scream
chillo *m* (hunt.) fox call, hare call
chillón -llona *adj* (coll.) shrieking, screaming; shrill, screechy; high-pitched; loud (*color*); *m* lath nail; **chillón real** large nail, spike
chimachima *m* (orn.) chimachima
chimango *m* (orn.) chimango
chimenea *f* chimney, smokestack; fireplace, hearth; stovepipe, stovepipe hat; vent (*of parachute*); (naut.) funnel; (min.) shaft; stove; **caer por la chimenea** (coll.) to come unexpectedly and without effort; **chimenea francesa** fireplace, fireplace and mantel
chimpancé *m* (zool.) chimpanzee
chimuelo -la *adj* (Am.) toothless; *mf* (Am.) toothless person
china *f.* see **chino**
chinampa *f* artificial garden reclaimed from a lake (*near Mexico city*)
chinanta *f* chinanta (*Philippine weight, equal to 13 pounds 12 ounces*)
chinarro *m* large pebble, stone
chinazo *m* blow with a stone
chincapino *m* (bot.) chinquapin
chinchar *va* (coll.) to bother, to annoy; (coll.) to kill
chincharrazo *m* blow with the flat of a sword
chincharrero *m* buggy place; fishing smack
chinche *m & f* (ent.) bedbug; (ent.) bug; thumbtack; (coll.) bore, tiresome person; (Am.) grouch; **caer** or **morir como chinches** (coll.) to die like flies
chincheta *f* thumbtack
chinchilla *f* (zool.) chinchilla (*animal and fur*)
chinchín *m* street music; ballyhoo; (bot.) bottle gourd; (Am.) drizzle
chinchorrería *f* (coll.) mischievous gossip, mischievous piece of gossip; (coll.) impertinence, bother; (coll.) hoax
chinchorrero -ra *adj* (coll.) mischievous, gossipy; (coll.) impertinent, importunate
chinchorro *m* sweep net; small rowboat; hammock; (Am.) flock, drove
chinchoso -sa *adj* (coll.) boring, tiresome
chiné *adj* Chiné (*fabric*)
chinela *f* slipper; clog
chinelón *m* big slipper, high slipper
chinero *m* china closet

chinesco -ca *adj* Chinese; **chinescos** *mpl* (mus.) bell tree
chingar §59 *va* (coll.) to tipple (*wine or liquor*); (Am.) to bother, harass; (Am.) to bob; *vn & vr* (coll.) to tipple; (Am.) to misfire; (Am.) to fail
chinguirito *m* (Am.) cheap rum; (Am.) swig (*of liquor*)
chinito -ta *mf* (Am.) dearie
chino -na *adj* Chinese; *mf* Chinese; (Am.) half-breed (*cross between non-white races*); *m* Chinaman; Chinese (*language*); (Am.) boy, newsboy; **me es chino** it's Greek to me; *f* Chinese woman; china, porcelain; China silk; pebble; game of guessing which hand holds a pebble; (bot.) chinaroot; (Am.) half-breed maidservant; (Am.) top, spinning top; **la China** China
chinoamericano -na *adj* Sino-American
chinuco *m* Chinook (*Indian; language*); chinook (*wind*)
chiolita *f* (mineral.) chiolite
chipé *f* truth, goodness; **de chipé** (coll.) first-class, excellent
chipén *m* activity, excitement; **de chipén** (coll.) first-class, excellent
chipichipi *m* (Am.) mist, drizzle
chipirón *m* (zool.) squid
Chipre *f* Cyprus
chipriota or **chipriote** *adj & mf* Cypriote or Cyprian
chiqueadores *mpl* (Am.) medicated paper disks stuck on the temples to cure headache; (Am.) paper or tortoise-shell spangles (*old female adornment in Mexico*)
chiquero *m* pigsty; bull pen; (theat.) dressing room
chiquichaque *m* sawyer; noise of chewing
chiquiguao *m* (zool.) snapper, snapping turtle
chiquigüite *m* or **chiquihuite** *m* (Am.) reed basket
chiquilicuatro *m* (coll.) meddler, schemer
chiquilín -lina *mf* (Am.) tot, little youngster
chiquillada *f* childish prank, mischievousness
chiquillería *f* (coll.) crowd of small fry, crowd of youngsters
chiquillo -lla *mf* child, youngster
chiquirritico -ca, chiquirritillo -lla or **chiquirritito -ta** *adj* (coll.) small, tiny
chiquirritín -tina or **chiquitín -tina** *adj* (coll.) tiny; *mf* (coll.) tiny child, tot
chiquito -ta *adj* small, tiny; **andarse en chiquitas** (coll.) to beat about the bush; *mf* little one
chiribita *f* spark; (bot.) daisy; **chiribitas** *fpl* (coll.) spots in front of the eyes; **echar chiribitas** (coll.) to blow up, hit the ceiling
chiribitil *m* garret; hovel; (coll.) crib, cubbyhole
chirigota *f* (coll.) joke, joking, fun
chirigotero -ra *adj* (coll.) joking, funmaking
chirimbolo *m* (coll.) utensil, tool, implement, vessel; **chirimbolos de cocina** (coll.) kitchenware
chirimía *f* (mus.) hornpipe; *mf* hornpipe player
chirimoya *f* cherimoya (*fruit*)
chirimoyo *m* (bot.) cherimoya; **chirimoyo del Senegal** (bot.) sweetsop
chirinola *f* boys' game of bowling; trifle; **estar de chirinola** (coll.) to be in good spirits
chiripa *f* fluke, scratch (*in billiards*); (coll.) lucky stroke, piece of luck, fluke
chiripá *m* (Am.) chiripá (*blanket wrapped around waist and hips and thighs*)
chiripear *va* to win (*points*) by a fluke
chiripero *m* winner by a fluke; (coll.) lucky fellow
chirivía *f* (bot.) parsnip (*plant and root*); (orn.) wagtail
chirla *f* (zool.) small clam
chirlador -dora *adj* ranting
chirlar *vn* (coll.) to rant
chirlata *f* (coll.) gambling joint (*where stakes are copper and small silver coins*)
chirle *adj* (coll.) tasteless, insipid; *m* sheep manure, goat manure
chirlo *m* slash in the face; long scar on the face
chirlomirlo *m* tidbit; (orn.) thrush
chirlota *f* (orn.) meadow lark, eastern meadow lark
chirona *f* (coll.) jug, jail
chirriadero -ra or **chirriador -dora** *adj* hissing; creaking, squeaking; shrieking (*bird*)
chirriante *adj* hissing; creaking, squeaky
chirriar §90 *vn* to hiss, sizzle; to creak, squeak; to shriek (*said of birds*); to chirp (*said of crickets*); (coll.) to sing out of tune; (coll.) to be out of tune, to play out of tune (*said of a musical instrument*); *vr* (Am.) to go on a spree; (Am.) to shiver
chirrido *m* hiss, sizzle; creak, squeak; shrieking (*of birds*); chirping (*of crickets*)
chirrío *m* (coll.) var. of **chirrido**
chirrión *m* squeaky tumbrel
chirrionero *m* tumbrel driver
chirula *f* (mus.) fipple flute or pipe
chirumen *m* (coll.) judgment, acumen, brains
chis *interj* sh-sh!, hush!; **¡chis, chis!** hey!, pst!
chiscón *m* (coll.) hut, hovel
chischás *m* clash of swords
chisgarabís *m* (coll.) meddler, schemer
chisguete *m* (coll.) drink or swallow of wine; (coll.) squirt; **echar un chisguete** (coll.) to take a swig
chisma *f* (archaic) gossip
chismar *vn* (archaic) var. of **chismear**
chisme *m* gossip, piece of gossip; (coll.) trinket, gadget, jigger; **chismes** *mpl* gossip; articles, equipment (*e.g., for writing, shaving, etc.*); **chisme de vecindad** (coll.) idle talker, chatterbox
chismear *vn* to gossip
chismería *f* gossip, gossiping; cattiness
chismero -ra *adj & mf* var. of **chismoso**
chismografía *f* (coll.) gossiping, fondness for gossip
chismorrear *vn* (coll.) to gossip
chismorreo *m* (coll.) gossip, gossiping
chismoso -sa *adj* gossipy; catty; *mf* gossip
chispa *f* see **chispo**
chispazo *m* flying spark; burn from a spark; straw (*token, indication*); (coll.) gossip, tale, piece of gossip
chispeante *adj* sparkling (*writing, imagination, person*); (Am.) drizzly
chispear *vn* to spark; to sparkle; to drizzle; (fig.) to sparkle
chispero -ra *adj* sparking, sparkling (*firecracker*); *m* blacksmith; junk dealer; (rail.) spark arrester; (coll.) denizen of the Madrid underworld
chispo -pa *adj* (coll.) tipsy; *m* (coll.) swallow, drink; *f* spark; sparkle (*tiny diamond*); drop (*small amount*); lightning; (fig.) sparkle, wit; (coll.) drunk, drunken spree; (Am.) false rumor (bot.) coreopsis; **chispas** *fpl* sprinkle (*of rain*), e.g., **caen chispas** it is sprinkling; **¡chispas!** blazes!; **coger una chispa** (coll.) to go on a drunk; **dar chispa** (Am.) to work, to click; **echar chispas** (coll.) to blow up, hit the ceiling; (Am.) to be all dressed up; **ser una chispa** (coll.) to be a little hustler; **chispa de entrehierro** (elec.) jump spark
chispoleto -ta *adj* lively, wide-awake
chisporrotear *vn* (coll.) to spark, to sputter
chisporroteo *m* (coll.) sparking, sputtering
chisposo -sa *adj* sparking, sputtering
chisquero *m* leather bag (*fastened to belt*); pocket lighter
chistar *vn* to speak, be about to speak; **no chistar** to not say a word; **sin chistar ni mistar** (coll.) without saying a word
chiste *m* witticism; joke, funny thing; **caer en el chiste** (coll.) to get wise, to get the point; **contar un chiste** to tell a joke; **dar en el chiste** (coll.) to guess right, to do the right thing
chistera *f* fish basket; top hat; (sport) cesta, wickerwork racket
chistoso -sa *adj* witty; funny; *mf* wit (*person*)
chistu *m* var. of **chirula**
chita *f* (anat.) anklebone; boys' quoits; **a la chita callando** (coll.) in silence; (coll.) stealthily, secretly; **dar en la chita** (coll.) to hit the nail on the head; **tirar a dos chitas** (coll.) to try to kill two birds with one stone

chitar *vn* var. of **chistar**
chiticalla *mf* (coll.) clam, tight-lipped person; *f* (coll.) secret
chiticallando *adv* (coll.) in silence; (coll.) stealthily, secretly; **a la chiticallando** (coll.) in silence; (coll.) stealthily, secretly
chito *m* piece of wood on which stakes or bets are placed; **irse a chitos** (coll.) to bum around; *interj* sh-sh!, hush!
chitón *m* (zool.) chiton; *interj* sh-sh!, hush!
chivarras *fpl* (Am.) shaggy kid breeches
chivatazo *m* (slang) squealing, peaching
chivateado -da *adj* (Am.) cash (*payment*)
chivatear *va* (Am.) to cheat, deceive; *vn* (Am.) to give the war cry; *vr* (Am.) to get scared
chivato *m* (zool.) kid; (slang) squealer; (Am.) helper, apprentice
chivetero or **chivital** *m* fold for kids
chivo -va *mf* (zool.) kid; *m* billy goat; tank for the lees of olive oil
cho *interj* whoa!
chocador -dora *adj* shocking; *mf* shocker
chocante *adj* shocking; scurrilous; (Am.) tiresome
chocar §86 *va* to shock; to aggravate, irritate; (slang) to please; **¡chóquela!** or **¡choque Vd. esos cinco!** (coll.) shake! (*i.e., shake hands!*); *vn* to shock; to collide; to clash, to fight; **chocar con** to collide with; to clash with
chocarrear *vn & vr* to tell coarse jokes
chocarrería *f* coarse joke; scurrility
chocarrero -ra *adj* coarse, scurrilous; *mf* coarse joker
choclar *vn* to drive the ball through the hoop (*in croquet*)
choclo *m* clog (*shoe with wooden sole*); (Am.) low shoe; (Am.) ear of corn
choclón *m* driving ball through the hoop (*in croquet*)
choco *m* small cuttlefish
chocolate *m* chocolate; **chocolate a la española** thick chocolate (*beverage*); **chocolate a la francesa** thin chocolate (*beverage*)
chocolatera *f* see **chocolatero**
chocolatería *f* chocolate factory; chocolate shop
chocolatero -ra *adj* fond of chocolate; *mf* chocolate maker; chocolate dealer; *f* chocolate pot; (orn.) spoonbill
chocolatín *m* cake of chocolate
chocha *f* see **chocho**
chochaperdiz *f* (*pl:* **-dices**) (orn.) woodcock
chochear *vn* to dote, become childish; (coll.) to dote, be infatuated
chochera *f* dotage; doting act or word; **ser la chochera de** (Am.) to be the choice of, be the foible of
chochez *f* (*pl:* **-checes**) dotage; doting act or word
chochín *m* young or baby woodcock; (orn.) wren
chochita *f* (orn.) wren
chocho -cha *adj* doddering; doting; *m* lupine (*seed*); cinnamon candy; **chochos** *mpl* candy to quiet a child; *f* (orn.) woodcock; **chocha de mar** (ichth.) shrimpfish
chofe *m* lung
chófer *m* chauffeur; driver
chofeta *f* fire pan (*for lighting cigars*)
cholo -la *adj* (Am.) Indian; (Am.) half-breed (*Indian and white*); (Am.) half-civilized (*Indian*); *mf* (Am.) Indian; (Am.) half-breed; (Am.) half-civilized Indian; (Am.) boor, rustic; (Am.) coward; (Am.) darling; *m* (Am.) black dog; *f* (coll.) noodle, head; (coll.) brains, ability
cholla *f* (coll.) noodle, head; (coll.) brains, ability; (bot.) cholla; (Am.) calm, apathy, dullness
chomite *m* (Am.) coarse wool; woolen skirt (*worn by Mexican Indian women*)
chompa *f* (Am.) sweater; (Am.) iron bar; (Am.) hand drill
chonta *f* (bot.) tucuma'
chopa *f* (ichth.) chopa, rudder fish; (naut.) topgallant poop
chopal *m*, **chopalera** or **chopera** *f* grove of black poplars
chopo *m* (bot.) black poplar; (coll.) musket, gun; **chopo blanco** (bot.) white poplar; **chopo de Italia** (bot.) Lombardy poplar; **chopo de la Carolina** (bot.) Carolina poplar; **chopo del Canadá** o **de Virginia** (bot.) cottonwood; **chopo lombardo** (bot.) Lombardy poplar
chopontil *m* (zool.) snapper, snapping turtle
choque *m* shock; impact, collision; (elec., med. & fig.) shock; (elec.) choke, choke coil; (mil.) clash, skirmish; (naut.) chock; **choque de agua, choque de ariete** water hammer; **choque glótico** (phonet.) glottal stop
choquezuela *f* (anat.) kneepan
chorcha *f* (orn.) woodcock
chordón *m* var. of **churdón**
choricería *f* sausage shop
choricero -ra *mf* sausage maker or dealer; *f* (mach.) sausage filler
chorizo *m* smoked pork sausage; ropewalker's pole
chorla *f* (orn.) sand grouse
chorlito *m* (orn.) golden plover; (coll.) scatterbrains; **chorlito blanco** (orn.) sanderling; **chorlito de manchas acaneladas** (orn.) solitary sandpiper; **chorlito de mar** (orn.) red phalarope; **chorlito de mar apizarrado** (orn.) northern phalarope; **chorlito dorado** (orn.) American golden plover; **chorlito gris** (orn.) black-bellied plover; **chorlito gritón peleador** (orn.) killdeer; **chorlito palmeado de pico largo** (orn.) stilt sandpiper; **chorlito pardo mayor** or **patiamarilla** (orn.) lesser yellowlegs; **chorlito playero** (orn.) black-bellied plover; **chorlito playero manchado** (orn.) spotted sandpiper; **chorlito siberiano** (orn.) Pacific golden plover; **chorlito verde** (orn.) American golden plover
chorlo *m* (mineral.) schorl, tourmaline; (mineral.) aluminum silicate; (orn.) curlew; (orn.) spotted sandpiper; (Am.) great-great-great-grandchild; **chorlo blanco nadador** (orn.) Wilson's phalarope; **chorlo de las playas** (orn.) surfbird; **chorlo grande de patas amarillas** (orn.) greater yellowlegs; **chorlo gris pecho negro** (orn.) black-billed plover; **chorlo gris pico largo** (orn.) long-billed dowitcher; **chorlo manchado** (orn.) spotted sandpiper; **chorlo menor de patas amarillas** (orn.) lesser yellowlegs; **chorlo nadador de pies lobados** (orn.) red phalarope; **chorlo pampa** (orn.) American golden plover; **chorlo real** (orn.) greater yellowlegs; **chorlo rojizo** (orn.) knot (*Calidris canutus rufus*); **chorlo rojizo de mar** (orn.) red phalarope
chorrada *f* (coll.) extra dash (*of a liquid*)
chorreado -da *adj* with dark vertical stripes (*said of cattle*)
chorreadura *f* spurting, spouting, gushing; dripping; (coll.) trickling; stain from constant dripping
chorreante *adj* dripping
chorrear *vn* to spurt, to spout, to gush; to drip; (coll.) to trickle
chorreo *m* spurting, spouting, gushing; dripping; (coll.) trickling
chorreón *m* gushing; dripping; stain from dripping; trickle
chorrera *f* spout, channel; mark left by running water; cut, gulley; rapids (*in a stream*); jabot; knight's, magistrate's, or pilgrim's pendant; (Am.) string, stream (*of things*)
chorretada *f* (coll.) squirt, sudden gush; (coll.) extra dash (*of a liquid*); **hablar a chorretadas** (coll.) to pour forth words
chorrillo *m* (coll.) constant stream (*e.g., of money*); **irse por el chorrillo** (coll.) to follow the current (*to do what others do*); **sembrar a chorrillo** (agr.) to sow with a funnel; **tomar el chorrillo de** + *inf* (coll.) to get the habit of + *ger*
chorro *m* spurt, jet; stream, flow; **a chorros** in abundance; **chorro de arena** sandblast; **chorro de voz** fullness of voice
chorroborro *m* (coll.) flood
chorrón *m* dressed hemp
chortal *m* puddle from a surface spring
chotacabras *m* (*pl:* **-bras**) (orn.) goatsucker, nighthawk
chotear *va* (Am.) to make fun of

chotis *m* schottische (*dance and music*)
choto -ta *mf* sucking kid; lamb
chotuno -na *adj* sucking (*kid*); weak, sickly (*lamb*); **oler a chotuno** to smell like a goat
chova *f* (orn.) rook; (orn.) Cornish chough; **chova pinariega** (orn.) alpine chough
chovinismo *m* var. of **chauvinismo**
chovinista *adj & mf* var. of **chauvinista**
choz *f* blow, surprise; **dar** or **hacer choz a** to surprise
choza *f* hut, cabin, lodge
chozno -na *mf* great-great-great-grandchild
chozo *m* small hut, small cabin
chozpar *vn* to caper, to gambol (*said of small animals*)
chozpo *m* caper, gambol
chozpón -pona *adj* capering, gamboling, frisky
chozuela *f* small hut, small cabin, shanty
christmas *m* (*pl:* **-mas**) Christmas card
chubasco *m* squall, shower, storm; (naut.) threatening cloud; temporary upset (*in one's plans*); **aguantar el chubasco** to weather the storm; **chubasco de agua** (naut.) rainstorm; **chubasco de nieve** blizzard; **chubasco de viento** (naut.) windstorm
chubascoso -sa *adj* showery, squally
chubasquería *f* (naut.) mass of threatening clouds on the horizon
chubasquero *m* raincoat
chucero *m* (mil.) pikeman
chucrut *m* or **chucruta** *f* sauerkraut
chucha *f* (coll.) female dog, bitch; (coll.) drunk, spree; (coll.) idleness; (Am.) opossum
chuchaqui *m* (Am.) hangover
chuchear *va* to trap (*small game*); *vn* to whisper
chuchería *f* trinket, knickknack; tidbit, delicacy; (hunt.) trapping small game
chuchero -ra *adj* (hunt.) for trapping small game; *m* (Am.) switch tender
chucho *m* (coll.) dog; (*cap.*) *m* child Jesus; (*l.c.*) *interj* get out of here! (*said to a dog*); down! (*said to restrain a dog*)
chuchumeco -ca *adj* (Am.) stunted, dwarfish; *mf* (coll.) little runt
chueco -ca *adj* (Am.) crooked, bent; (Am.) bow-legged; *f* stump (*of tree*); head of bone; hockey; hockey ball; (coll.) joke, trick
chueta *mf* (Balearic Islands) Chueta (*descendant of Christianized Jews*)
chufa *f* (bot.) chufa (*plant and tuber*)
chufar *va* to scoff at; *vn & vr* to scoff
chufería *f* orgeat shop
chufero -ra *mf* orgeat vendor; chufa vendor
chufeta *f* fire pan (*for lighting cigars*); (coll.) joke, jest
chufleta *f* (coll.) joke, jest
chufletear *vn* (coll.) to joke, to jest
chufletero -ra *adj* (coll.) joking, jesting; *mf* (coll.) joker, jester
chula *f* see **chulo**
chulada *f* vulgarity; light-heartedness, light-hearted remark
chulama *f* (slang) girl
chulamo *m* (slang) boy
chulapo -pa or **chulapón -pona** *adj* (coll.) smart, pert; *mf* (coll.) sporty person (*in lower classes of Madrid*)
chulear *va* (Am.) to flirt with
chulería *f* ease, charm, sparkle; flashiness, snap; group of sporty people (*in lower classes of Madrid*)
chulesco -ca *adj* smart, pert, sporty
chuleta *f* chop, cutlet; (carp.) fill-in; (coll.) slap, smack; (coll.) crib, pony
chulo -la *adj* flashy, snappy; foxy; (Am.) pretty, good-looking; *m* sporty fellow (*in lower classes of Madrid*); pimp; (taur.) attendant on foot; butcher's helper; *f* flashy dame (*in lower classes of Madrid*)
chumacera *f* (mach.) pillow block, journal bearing; (naut.) strip of wood through which tholepins are driven and whose purpose is to protect the gunwale; (naut.) rowlock, oarlock
chumbera *f* (bot.) prickly pear
chunga *f* (coll.) jest, fun; **estar de chunga** (coll.) to be in a jesting mood
chungar §59 *vr* (coll.) to jest, to joke
chunguear *vr* (coll.) var. of **chungar**
chunguero -ra *adj* (coll.) joking, full of fun

chupa *f* (mil.) frock; **poner como chupa de dómine** (coll.) to upbraid, to abuse
chupada *f* see **chupado**
chupadero -ra *adj* sucking; *m* teething ring
chupado -da *adj* (coll.) lean, skinny; **chupado de cara** (coll.) lantern-jawed; *f* suck, sucking; pull (*on a cigar*)
chupador -dora *adj* sucking; absorbent; *mf* (Am.) smoker; (Am.) heavy drinker; *m* teething ring
chupadura *f* suck, sucking
chupaflor *m* (Am.) hummingbird
chupaleta *f* (Am.) lollipop
chupamieles *m* (bot.) bugloss
chupamirto *m* (orn.) hummingbird
chupar *va* to suck; to absorb; to milk, to sap (*someone's wealth*); (Am.) to smoke; (Am.) to guzzle, to drink; *vn* to suck; *vr* to lose strength, to decline; to smack (*one's lips*)
chuparrosa *m* (Am.) hummingbird
chupatintas *mf* (*pl:* **-tas**) (coll.) office drudge
chupeta *f* short frock; (naut.) roundhouse; **chupeta de escala** (naut.) companion
chupete *m* pacifier (*rubber nipple for a baby*); (Am.) lollipop; **de chupete** (coll.) splendid, fine
chupetear *va & vn* to keep sucking gently
chupeteo *m* gentle steady sucking
chupetín *m* jerkin, waistcoat
chupetón *m* hard suck
chupín *m* short suck
chupón -pona *adj* (coll.) sucking; (coll.) swindling; *mf* (coll.) swindler; *m* (bot.) sucker; (mach.) sucker (*piston*)
chupóptero *m* (hum.) parasite, sponger
chuquisa *f* (Am.) party girl
churdón *m* (bot.) raspberry (*plant and fruit*); raspberry jam
chureca *f* (bot.) sweet pea
churla *f* or **churlo** *m* seroon
churra *f* see **churro**
churrasco *m* (Am.) barbecue
churrasquear *va* (Am.) to barbecue
churre *m* (coll.) thick, dirty grease; (coll.) dirt, grease, filth
churretada *f* large dirty spot (*on hands or face*); mass of dirty spots (*on hands or face*)
churrete *m* dirty spot (*on hands or face*)
churretoso -sa *adj* full of dirty spots
churriana *f* (slang) prostitute
churriburri *m* (coll.) var. of **zurriburri**
churriento -ta *adj* greasy
churrigueresco -ca *adj* (arch.) churrigueresque; flashy, loud, tawdry
churriguerismo *m* (arch.) churriguerism (*excess of ornamentation*)
churriguerista *m* (arch.) churriguerist
churro -rra *adj* coarse (*wool*); coarse-wooled (*sheep*); *mf* coarse-wooled sheep; *m* cucumber-shaped fritter; (coll.) botch; *f* (orn.) sand grouse
churrullero -ra *adj* gossipy, loquacious; *mf* gossip, chatterbox
churruscar §86 *va* to burn (*food*); *vr* to burn, become burnt (*said of food*)
churrusco *m* burnt toast
churumbel *m* (coll.) child, youngster
churumbela *f* (mus.) flageolet; (Am.) maté cup
churumo *m* (coll.) juice, substance
chus *interj* here, here! (*to call a dog*); **no decir chus ni mus** to not say boo
chuscada *f* drollery, pleasantry
chusco -ca *adj* droll, funny; *m* (Am.) mongrel (*dog*)
chusma *f* galley slaves; mob, rabble
chuspa *f* (Am.) bag
chusquel *m* (slang) house dog
chutar or **chutear** *va* to kick (*a football*)
chuva *f* (zool.) spider monkey
chuza *f* (Am.) strike (*in bowling*)
chuzar §76 *va* (Am.) to prick, to wound
chuzo *m* pike; (Am.) whip; **echar chuzos** (coll.) to boast, to brag; (coll.) to storm, to rage; **llover chuzos** (coll.) to rain pitchforks
chuzón -zona *adj* sly, crafty; witty, clever, adroit (*in conversation*)
chuzonada *f* var. of **bufonada**
chuzonería *f* joke, trick

D

D, d *f* fifth letter of the Spanish alphabet
D. abr. of **don**
D.ª abr. of **doña**
dable *adj* possible, feasible
daca give me, hand over to me; **andar al daca y toma** (coll.) to be at cross purposes
dacio -cia *adj & mf* Dacian; **la Dacia** Dacia
dación *f* (law) yielding, handing over
dactilado -da *adj* finger-shaped
dactilar *adj* var. of **digital**
dactílico -ca *adj* dactylic
dactiliografía *f* dactyliography
dactiliología *f* dactyliology
dáctilo *m* dactyl
dactilográfico -ca *adj* typewriting
dactilógrafo -fa *mf* typist, typewriter; *m* typewriter (*machine*)
dactilograma *m* dactylogram, fingerprint
dactilología *f* dactylology, sign language
dactiloscopia *f* dactyloscopy
dactiloscópico -ca *adj* dactyloscopic
dadaísmo *m* Dadaism
dádiva *f* gift, present
dadivar *va* to give a present to, make gifts to
dadivosidad *f* generosity, liberality
dadivoso -sa generous, liberal
dado -da *adj* given; **dado que** given that; provided that, as long as; *m* die; (arch.) dado; (mach.) block; **dados** *mpl* dice; **el dado está tirado** (coll.) the die is cast; **cargar los dados** to load the dice; **correr el dado** (coll.) to be in luck; **dados cargados** loaded dice
dador -dora *adj* giving; *mf* giver, donor; bearer (*of a letter*); drawer (*of a bill of exchange*)
Dafne *f* (myth.) Daphne
daga *f* dagger; line of bricks in a kiln; **llegar a las dagas** (coll.) to get to the real difficulty
daguerrotipar *va* to daguerreotype
daguerrotipo *m* daguerreotype
dala *f* (naut.) pump dale
dalia *f* (bot.) dahlia
Dalila or **Dálila** *f* (Bib.) Delilah
Dalmacia *f* Dalmatia
dálmata *adj & mf* Dalmatian
dalmático -ca *adj* Dalmatian; *f* dalmatic (*vestment*)
daltonismo *m* (path.) Daltonism
dalla *f* scythe
dallador *m* mower, grass mower (*with scythe*)
dallar *va* to cut (*grass*) with the scythe
dalle *m* scythe
dama *f* lady, dame; lady of honor; king (*in checkers*); queen (*in chess and cards*); mistress, concubine; (found.) dam; (theat.) leading lady; **damas** *fpl* checkers; **muy dama** ladylike; **señalar dama** to crown a man (*in checkers*); **soplar la dama a** (checkers) to huff the king of; (coll.) to cut out (*a rival*); to beat (*someone*) to it; **dama cortesana** courtesan; **dama de noche** (bot.) night jasmine; **dama joven** (theat.) young lead
damado -da *adj* checkered
damajuana *f* demijohn
damascado -da *adj* damask; damascene
damasceno -na *adj & mf* Damascene
damasco *m* damask (*fabric*); (bot.) damson (*tree and fruit*); **Damasco** *f* Damascus
damasina *f* light damask, damassin
damasquillo *m* light damask, damassin; (dial.) apricot
damasquina *f* see **damasquino**
damasquinado -da *adj* damascene; *m* damascene (*steel or iron with water marking; incrustation of gold or silver wire and enamel in steel or copper*)
damasquinar *va* to damascene
damasquino -na *adj* Damascene; damascene; *f* (bot.) French marigold
damería *f* nicety, prudery; caution, circumspection
damero *m* checkerboard
damisela *f* young lady, damsel; courtesan
damnación *f* damnation
damnificar §86 *va* to damage, hurt, injure
Damocles *m* or **Dámocles** *m* (myth.) Damocles
Damón *m* (myth.) Damon
Dánae *f* (myth.) Danae
Danaides *fpl* (myth.) Danaides
Danao *m* (myth.) Danaus
danchado -da *adj* (her.) dentelated
dandismo *m* dandyism
danés -nesa *adj* Danish; *mf* Dane; *m* Danish (*language*)
dango *m* (orn.) gannet
dánico -ca *adj* Danish
Daniel *m* Daniel
danta *f* (zool.) tapir
dantelado -da *adj* (her.) dentelated
dantesco -ca *adj* Dantesque
danubiano -na *adj* Danubian
Danubio *m* Danube
danza *f* dance; dancing; habanera; mess, row; **armar una danza** (coll.) to start a row; **meter en la danza** (coll.) to drag into a deal or scheme, to involve; **baja danza** allemande; **danza de cintas** Maypole dance; **danza de espadas** sword dance; (coll.) quarrel, row; **danza de la muerte** dance of death; **danza macabra** danse macabre
danzador -dora *adj* dancing; *mf* dancer
danzante *adj* dancing; *mf* public dancer; (coll.) hustler; (coll.) scatterbrain, meddler
danzar §76 *va* to dance; *vn* to dance; (fig.) to dance; (coll.) to butt in
danzarín -rina *adj* dancing; *mf* dancer, fine dancer; (coll.) scatterbrain, meddler
danzón *m* danzón (*Cuban dance*)
dañable *adj* harmful; reprehensible
dañado -da *adj* bad, wicked; spoiled, tainted; damned; *mf* person damned
dañar *va* to hurt; to damage, to harm; to spoil; *vr* to become damaged; to spoil
dañino -na *adj* harmful, destructive; evil, wicked
daño *m* hurt; damage, harm; (Am.) witchcraft, enchantment; **a daño de** at the risk of; **en daño de** to the harm or detriment of; **hacerse daño** to hurt oneself
dañoso -sa *adj* harmful, injurious
dar §36 *va* to give; to cause; to yield; to hit, to strike; to strike, e.g., **el reloj da las tres** the clock is striking three; to deal (*cards*); to overtake, to attack (*said of fever, pain, etc.*); to wish (*e.g., good morning*); to take (*a walk, ride*); to promulgate; **dar a conocer** to make known; **dar de** to paint with (*e.g., varnish*); to smear with (*e.g., butter*); **dar de beber** to give something to drink; **dar de bofetones** to beat with a stick; **dar de comer a** to give something to eat to, to feed; **dar de palos** to slap in the face; **darle a uno por** + *inf* to get the idea of + *ger*, e.g., **a todos los niños de la vecindad les dió por jugar a la pelota** all the children in the neighborhood got the idea of playing ball; **dar por** to consider as; **dar prestado** to lend; **dar que decir** to give rise to complaint or criticism; **dar que hablar** to cause a lot of talk; to give rise to complaint or criticism; **dar que hacer** to cause annoyance or trouble; **dar que pensar** to set (*a person thinking*); to give rise to suspicion; **dar que sentir** to cause sorrow, to

cause harm; **dar, que van dando** (coll.) to hand it back, to return blow for blow, to return insult for insult; **dar y tomar** to discuss ‖ *vn* to fall; to occur, to arise; to strike, e.g., **dan las tres** it is striking three o'clock; **el reloj acaba de dar** the clock has just struck; to tell, intimate, e.g., **me da el corazón que** my heart tells me that; **dar a** to overlook, to face, to open on; **dar con** to meet, encounter, run into; to hit upon, to come upon; **dar de espaldas** to fall on one's back; **dar de sí** to stretch, to give; **dar en** to hit; to overlook; to fall into; to run into; to catch on to (*a joke*); to be bent on; **dar en** + *inf* to begin to + *inf;* to be bent on + *ger;* **dar en qué pensar** to give rise to suspicion; **dar sobre** to overlook; **dar tras** to pursue hotly; **dar y tomar sobre** to discuss, argue about ‖ *vr* to give oneself up; to yield, to give in; to occur, be found; **darse a** to give oneself over to, to devote oneself to; **darse a conocer** to make a name for oneself, to make oneself known; to get to know each other; **darse contra** to run into; **dárselas de** to pose as; **darse por** to be considered as; to consider oneself (or itself) as; **darse por aludido** to take the hint; **darse por entendido** to understand, to show an understanding; to be appreciative, to show appreciation; to be responsive; **darse por vencido** to give in, to give up

dardabasí *m* (*pl:* **-síes**) (orn.) kite, hawk

Dardanelos *mpl* Dardanelles

dardanio -nia *adj* Dardan, Dardanian

dárdano -na *adj & mf* Dardan, Dardanian; (*cap.*) *m* (myth.) Dardanus

dardo *m* dart; small lance; cutting remark; (arch.) dart; (ichth.) dace

dares y tomares *mpl* (coll.) give and take; (coll.) disputes, quarrels; **andar en dares y tomares con** (coll.) to quarrel with

Darío *m* Darius

dársena *f* inner harbor, dock

darviniano -na *adj* Darwinian, Darwinist

darvinismo *m* Darwinism

darvinista *mf* Darwinian, Darwinist

dasocracia *f* forestry

dasocrático -ca *adj* forest, forestry

dasonomía *f* forestry

dasonómico -ca *adj* forest, forestry

data *f* date; (com.) item; outlet of reservoir; **de larga data** of long standing; **estar de mala data** (coll.) to be in a bad humor

datación *f* dating

datar *va* to date; *vn* to date; **datar de** to date from

dataría *f* datary (*office*)

datario *m* datary (*cardinal*)

dátil *m* date (*fruit*); (zool.) date shell

datilado -da *adj* datelike

datilera *f* (bot.) date palm

datismo *m* (rhet.) excess of synonyms

dativo -va *adj & m* (gram.) dative

dato *m* datum; basis, fact

datura *f* (bot.) datura

daturina *f* (pharm.) stramonium

dauco *m* (bot.) wild carrot; (bot.) bishop's-weed

David *m* David

davídico -ca *adj* Davidic, Davidical

daza *f* (bot.) sorghum

D.D.T. *m* symbol of **diclorodifeniltricloroetano**

de *prep* (to express possession) of, -'s, e.g., **el coche de Juan** the car of John, John's car; **este coche es de Vd.** this car is yours; (to indicate membership) of, e.g., **la gente de la aldea** the people of the village; **los miembros de la academia** the members of the academy; (to express association), e.g., **gente de teatro** theater people; **médico de hospital** hospital physician; (to denote occupation or office) as, e.g., **trabaja de ingeniero** he works as an engineer; **está de presidente** he is acting as chairman, he is chairman now; (to express material) of, e.g., **un anillo de acero** a ring of steel; **medias de seda** silk stockings; (to indicate price), e.g., **el precio del sombrero es de seis dólares** the price of the hat is six dollars; (to express source or origin), e.g., **sal de mar** sea salt; **café de moca** Mocha coffee; (to express quality, characteristic, nature, or kind), e.g., **el señor de traje negro** the gentleman in the black suit; **casa de dos pisos** two-story house; **motor de cuatro cilindros** four-cylinder motor; **dolor de muelas** toothache; **discurso de elección** election speech; (to express dimension or size), e.g., **un viaje de cien kilómetros** a one-hundred-kilometer trip; **un buque de mil toneladas** a one-thousand-ton ship; (to express manner), e.g., **de buena gana** willingly; **de golpe** suddenly; (to express contents, what is contained) of, e.g., **un vaso de cerveza** a glass of beer; (to indicate the point of departure) from, e.g., **de París a Madrid** from Paris to Madrid; **salió de Londres esta mañana** he left London this morning; (to indicate time of occurrence) in, e.g., **de día** in the daytime; **de noche** in the nighttime; (to indicate the driving force), e.g., **máquina de vapor** steam engine; **bomba de hidrógeno** hydrogen bomb; (to indicate the purpose of an object), e.g., **banco de ahorros** savings bank; **máquina de coser** sewing machine; (to express cause) with, of, e.g., **temblar de miedo** to tremble with fear; **morir de hambre** to die of hunger; (to indicate the agent with the passive voice) by, e.g., **querido de todos** loved by everybody; **acompañado de un guía** accompanied by a guide; (between words in apposition), e.g., **la ciudad de Méjico** the city of Mexico; **el año de 1963** the year of 1963; **el pobre de mi hermano** my poor brother; (between words in apposition in interjectional phrases), e.g., **¡desgraciados de nosotros!** unhappy we!; (after **un millón, millones, un billón, billones,** etc.), e.g., **dos millones de habitantes** two million inhabitants; (after **hablar, opinar, pensar,** etc.) about, e.g., **no hemos hablado de ella** we did not speak about her; (with a following infinitive after certain verbs) to, e.g., **se alegró de vernos** he was glad to see us; (with a following infinitive after certain adjectives) to, e.g., **el ruso es difícil de aprender** Russian is hard to learn; **esta agua no es buena de beber** this water is not good to drink; (with a following infinitive to express condition) if, unless, e.g., **de haberlo sabido yo** if I had known it; **de no venir él** unless he comes; (after a comparative and before a numeral) than, e.g., **más de doscientos** more than two hundred; (to indicate the position of part of the body) on, e.g., **estar de rodillas** to be on one's (his, her, etc.) knees; **caer de cara** to fall on one's (his, her, etc.) face; **acostarse de lado** to lie on one's (his, her, etc.) side; (to form prepositional phrases with certain adverbs), e.g., **antes de las seis** before six o'clock; **cerca de la iglesia** near the church; **de a** (to express rate, value, weight, etc.), e.g., **un billete de a cinco dólares** a five-dollar bill; **un jamón de a veinte-cinco kilos** a twenty-five-kilogram ham; **de entre** from between; through, out of (*e.g., one's hands*)

dé *1st sg pres subj of* **dar**

dea *f* (poet.) goddess

deambular *vn* to ambulate, to stroll

deambulatorio *m* (arch.) ambulatory

deán *m* (eccl.) dean

deanato or **deanazgo** *m* (eccl.) deanship

debajo *adv* below, underneath; **debajo de** under, below, underneath

debate *m* debate; altercation, fight

debatir *va* to debate; to battle, to fight; *vn* to debate; *vr* to struggle

debe *m* (com.) debit

debelación *f* conquering, conquest

debelador -dora *adj* conquering; *mf* conqueror

debelar *va* to conquer, subdue

deber *m* duty; debt; school work, homework; **últimos deberes** last rites; *va* to owe; *v aux* must; **deber** + *inf* must, have to, ought to, should + *inf* (*to express necessity or obligation*); **deber de** + *inf* must + *inf* (*to express conjecture*); *vr* to be dedicated, be committed; **deberse a** to be due to

debidamente *adv* duly

D

debido -da *adj* just, reasonable, due, proper; **debido a** due to
débil *adj* weak; (gram.) weak (*vowel; verb*)
debilidad *f* weakness, debility; **debilidad mental** mental deficiency
debilitación *f* or **debilitamiento** *m* debilitation
debilitar *va* to debilitate; *vr* to weaken, become weak
debitar *va* (com.) to debit
débito *m* debit; **débito conyugal** conjugal obligation (to have offspring)
debó *m* (*pl:* **-boes**) scraper (*for skins*)
Débora *f* Deborah
debutante *m* debutant (*man*); *f* debutante (*woman*)
debutar *vn* to make one's debut
década *f* decade
decadencia *f* decadence
decadente *adj* decadent; *mf* (lit.) decadent
decadentismo *m* (lit.) decadence
decadentista *adj* & *mf* (lit.) decadent
decaedro *m* (geom.) decahedron
decaer §28 *vn* to decay; to fail, weaken, sink; (naut.) to drift from the course
decágono -na *adj* & *m* (geom.) decagon
decagramo *m* decagram
decaigo *1st sg pres ind of* **decaer**
decaimiento *m* decay; decline, weakness
decalaje *m* unwedging, unkeying; unscotching (*of a wheel*); shift; (elec.) phase shift; (aer.) stagger; **decalaje de escobillas** (elec.) brush shift
decalcomanía *f* decalcomania
decalescencia *f* (metal.) decalescence
decalitro *m* decaliter
decálogo *m* decalog
decalvante *adj* (med.) decalvant
decalvar *va* to shave the head of (*as punishment*)
decámetro *m* decameter
decampar *vn* to decamp
decanato *m* deanship; deanery; (eccl.) deanship
decano -na *adj* senior; *m* dean (*of a school*); (fig.) dean
decantación *f* decantation
decantar *va* to decant; to exaggerate, puff up; to exalt, to extol; *vn* **decantar por** to back up, support
decapar *va* to oxidize and clean the surface of (*a metal*)
decapitación *f* decapitation
decapitar *va* to decapitate
decápodo -da *adj* & *m* (zool.) decapod
decárea *f* decare
decasílabo -ba *adj* decasyllable, decasyllabic; *m* decasyllable
decastéreo *m* decastere
decatlo or **decatlón** *m* (sport) decathlon
deceleración *f* deceleration
decelerar *va, vn* & *vr* to decelerate
decembrino -na *adj* (pertaining to) December
decena *f* see **deceno**
decenal *adj* decennial
decenario -ria *adj* (pertaining to) ten; *m* decade; ten-bead rosary
decencia *f* decency, propriety; dignity; cleanliness, tidiness
decenio *m* decade
deceno -na *adj* & *m* tenth; *f* ten, about ten; (period of) ten days; (mus.) tenth (*interval and organ stop*); **las decenas** the tens (*the numbers 10, 20, 30, etc.*)
decentar §18 *va* to cut the first slice of; to begin to lose (*e.g., health*); *vr* to get bedsores
decente *adj* decent, proper; dignified; clean, decent-looking; respectable
decenvir *m* decemvir
decenviral *adj* decemviral
decenvirato *m* decemvirate
decenviro *m* decemvir
decepción *f* disappointment; deception
decepcionar *va* to disappoint
deceso *m* (obs.) decease, death
deciárea *f* deciare
decibel *m*, **decibelio** or **decíbelo** *m* (phys.) decibel
decible *adj* utterable, to be told
decidero -ra *adj* mentionable; **decideras** *fpl* (coll.) fluency
decidido -da *adj* decided; determined
decidir *va* to decide; to persuade; to decide on; **decidir a** + *inf* to persuade to + *inf; vn* to decide; **decidir** + *inf* to decide to + *inf; vr* to decide; **decidirse a** + *inf* to decide to + *inf*
decidor -dora *adj* facile, fluent, witty; *mf* pleasant talker, wit
deciduo -dua *adj* (bot. & zool.) deciduous
deciestéreo *m* decistere
decigramo *m* decigram
decilitro *m* deciliter
decillón *m* British decillion
décima *f* see **décimo**
decimación *f* decimation
décimacuarta *adj* & *f* var. of **décimocuarta**
decimal *adj* & *m* decimal
decimalizar §76 *va* to decimalize
décimanona *adj* & *f* var. of **décimonona**
décimanovena *adj* & *f* var. of **décimonovena**
décimaoctava *adj* & *f* var. of **décimoctava**
décimaquinta *adj* & *f* var. of **décimoquinta**
décimaséptima *adj* & *f* var. of **décimoséptima**
décimasexta *adj* & *f* var. of **décimosexta**
décimatercera *adj* & *f* var. of **décimotercera**
décimatercia *adj* & *f* var. of **décimotercia**
decímetro *m* decimeter
décimo -ma *adj* tenth; *m* tenth; tenth part of a lottery ticket; *f* tenth; (mus.) tenth; Spanish ten-line stanza of octosyllables with the following rhyme scheme: abba - accddc
décimoctavo -va *adj* eighteenth; *f* (mus.) eighteenth
décimocuarto -ta *adj* fourteenth; *f* (mus.) fourteenth
décimonono -na *adj* nineteenth; *f* (mus.) nineteenth (*interval and organ stop*)
décimonoveno -na *adj* nineteenth; *f* (mus.) nineteenth (*interval and organ stop*)
décimoquinto -ta *adj* fifteenth; *f* (mus.) fifteenth
décimoséptimo -ma *adj* seventeenth; *f* (mus.) seventeenth
décimosexto -ta *adj* sixteenth; *f* (mus.) sixteenth
décimotercero -ra *adj* thirteenth; *f* (mus.) thirteenth
décimotercio -cia *adj* thirteenth; *f* (mus.) thirteenth
decir *m* saying; say-so; **al decir de** according to; **decir de las gentes** talk (*unfavorable*) ‖ §37 *va* to say, to tell; to talk (*e.g., nonsense*); to speak (*the truth*); to show, reveal; to call; to read, e.g., **el artículo cuatro dice así . . .** article four reads thus . . .; **como quien dice** or **como si dijéramos** so to speak; **como quien no dice nada** and this is important; **como dijo el otro** as the fellow said; **ello dirá** we shall see; **el qué dirán** what people say; **es decir** that is to say; **mejor dicho** rather; **no hay más que decir** there is nothing more to do about it; **no decir ni malo ni bueno** to make no answer; **no digamos** as one might say; **por decirlo así** so to speak; **por decir mejor** rather, in other words; **¿qué dice?** what is it, e.g., **¡María! — ¿Qué dice, mamá?** Mary! What is it, mama?; **querer decir** to mean; **que digamos** to speak of, e.g., **no llueve que digamos** it isn't raining to speak of; what we might call, e.g., **no estaba muy limpio que digamos** he was not what we might call very clean; **decir entre sí** to say to oneself; **decir** + *inf* to say that + *ind*, e.g., **decía tener muchos amigos en Madrid** he said he had many friends in Madrid; **decirle a uno cuántas son cinco** (coll.) to tell a person what's what, to speak one's mind to a person; **decirle a uno que** + *subj* to tell someone to + *inf;* **decir misa** to say mass; **decir para sí** to say to oneself; **decir por decir** to talk for talk's sake; **decir que sí** to say yes; **decírselo a uno deletreado** (coll.) to spell it out to a person; **¡diga!** hello! (*on answering telephone*); **¡digo, digo!** say!, listen! ‖ *vn* to suit, to fit; **¿porqué dice?** why do you ask?, e.g., **Yo soy de Madrid. ¿Porqué dice?** I'm from Madrid. Why

do you ask?; **Vd. dirá** say when; **decir bien a** to suit, go well on; **decir con** to harmonize with; **decir mal a** to not suit, to not go well on ‖ *vr* to be said, to be told; to be called; to call oneself; **se dice** it is said, they say
decisión *f* decision
decisivo -va *adj* decisive
declamación *f* declamation
declamador -dora *adj* declaiming; *mf* declaimer
declamar *va & vn* to declaim
declamatorio -ria *adj* declamatory
declarable *adj* declarable
declaración *f* declaration; (bridge) bid
declaradamente *adv* manifestly, clearly
declarante *mf* declarant; (bridge) bidder
declarar *va* to declare; *vn* to declare; (law) to testify, to make a statement; *vr* to declare oneself; to arise, occur, take place, break out
declarativo -va *adj* declarative
declaratorio -ria *adj* declaratory
declinable *adj* declinable
declinación *f* declination; fall, decline; (astr. & magnetism) declination; (gram.) declension
declinar *va* to decline, refuse; (gram.) to decline; *vn* to decline, to turn down or away; to abate, diminish; to degenerate; (gram.) to decline
declinatoria *f* (law) declinatory plea
declinatorio *m* declinatory compass
declive *m* descent, declivity; slope (*amount of sloping*); **en declive** (fig.) on the decline
declividad *f* declivity
declivio *m* var. of **declive**
decocción *f* decoction; (pharm.) decoction
decoloración *f* decolorization, loss of color
decolorar *va* to decolorize; *vr* to lose color
decollaje *m* (aer.) take-off
decollar *vn* (aer.) to take off
decomisar *va* to confiscate, seize
decomiso *m* confiscation, seizure
decoración *f* decoration; memorizing, memorization; (theat.) set, scenery; **decoraciones** *fpl* (theat.) scenery; **decoración interior** interior decoration
decorado -da *adj* decorated; *m* decoration; (theat.) décor, scenery; memorizing
decorador -dora *mf* decorator
decorar *va* to decorate; to memorize
decorativo -va *adj* decorative
decoro *m* decorum; honor, respect
decoroso -sa *adj* decorous, decent; honorable, respectful
decrecer §34 *vn* to decrease, diminish
decreciente *adj* decreasing, diminishing; (phonet.) falling (*diphthong*)
decrecimiento *m* decrease, diminution
decremento *m* decrement, decrease; (rad.) decrement
decrémetro *m* (rad.) decremeter
decrepitación *f* crackling
decrepitar *vn* to crackle
decrépito -ta *adj* decrepit
decrepitud *f* decrepitude; decline; **en la decrepitud** on the decline
decrescendo *m* (mus.) decrescendo
decretal *adj* decretal; *f* decretal; **decretales** *fpl* decretals
decretalista *m* (theol.) decretalist
decretar *va* to decree
decretero *m* list of decrees
decretista *m* decretist
decreto *m* decree
decreto-ley *m* decree law
decretorio -ria *adj* (med.) critical
decúbito *m* (med.) decubitus; (path.) decubitus (*ulcer*)
decumbente *adj* decumbent; (bot.) decumbent
decuplar *va* to decuple
decuplicar §86 *va* to decuple
décuplo -pla *adj & m* decuple, tenfold
decuria *f* decury
decurrente *adj* (bot.) decurrent
decursas *fpl* arrears
decurso *m* course (*of time*)
decuso -sa or **decusado -da** *adj* decussate; (bot.) decussate
dechado *m* example, sample, model, standard; sampler (*embroidered cloth*)
dedada *f* touch (*small quantity, e.g., of honey, picked up on finger*); flip of finger; **dar una dedada de miel a** (coll.) to feed the hopes of
dedal *m* thimble; thimbleful; fingerstall
dedalera *f* (bot.) foxglove
Dédalo *m* (myth.) Daedalus; (*l.c.*) *m* labyrinth
dedeo *m* (mus.) finger dexterity
dedicación *f* dedication; dedicatory inscription on a building
dedicante *mf* dedicator
dedicar §86 *va* to dedicate (*e.g., a church, a monument, a book, one's life*); to autograph (*a book, a photograph*); to devote (*e.g., one's time*); *vr* to devote oneself
dedicativo -va *adj* dedicative
dedicatorio -ria *adj* dedicatory; *f* dedication (*e.g., of a book*); autograph, inscription (*in a book, on a photograph*)
dedil *m* fingerstall
dedillo *m* small finger; **jugar al dedillo** (coll.) to cheat in weighing; **saber al dedillo** (coll.) to have at one's finger tips
dedo *m* finger; toe; finger's breadth, finger; (coll.) bit; **alzar el dedo** (coll.) to raise one's hand (*in taking an oath, etc.*); **cogerse los dedos** to burn one's fingers; **el dedo de Dios** the hand of God; **estar a dos dedos de** + *inf* (coll.) to be within an ace of + *ger*; **irse de entre los dedos** (coll.) to slip between the fingers; **no tener dos dedos de frente** (coll.) to have no brains; **poner el dedo en la llaga** to put one's finger on the sore spot; **poner los cinco dedos en la cara a** (coll.) to slap in the face; **tener en la punta de los dedos** (coll.) to have at one's finger tips; **dedo anular** ring finger; **dedo auricular** little finger; **dedo cordial, de en medio,** or **del corazón** middle finger; **dedo gordo** thumb; big toe; **dedo índice** index finger, forefinger; **dedo mayor** middle finger; **dedo médico** ring finger; **dedo meñique** little finger; **dedo mostrador** index finger, forefinger; **dedo pulgar** thumb; big toe; **dedo saludador** index finger, forefinger
dedolación *f* (surg.) dedolation
dedolar §77 *va* (surg.) to cut (*skin*) obliquely
deducción *f* deduction; derivation; (mus.) diatonic scale
deducible *adj* deducible; deductible
deducir §38 *va* to deduce; to deduct; (law) to allege
deductivo -va *adj* deductive
deduje *1st sg pret ind of* **deducir**
deduzco *1st sg pres ind of* **deducir**
defalcar §86 *va* var. of **desfalcar**
defasar *va* (elec.) to dephase
defecación *f* defecation
defecar §86 *va* to defecate, purify, refine; *vn* to defecate
defección *f* defection; insurrection; mean quirk
defeccionar *vn & vr* (Am.) to defect, desert
defectible *adj* unsure; faulty, defective
defectivo -va *adj* defective; (gram.) defective
defecto *m* defect; shortage, lack, absence; **defectos** *mpl* (print.) sheets left over or sheets lacking (*after printing*); **en defecto de** for lack of, in default of; **defecto de masa** (phys.) mass defect
defectuosamente *adv* imperfectly
defectuoso -sa *adj* defective, faulty
defeminación *f* masculinization
defendedero -ra *adj* defensible
defendedor -dora *mf* defender
defender §66 *va* to defend; to protect; to delay, interfere with; (law) to defend; (archaic) to forbid, prohibit; *vr* to defend oneself; to get along
defendible *adj* defensible
defenestración *f* defenestration; violent dismissal or discharge
defensa *f* defense; (law & sport) defense; (naut.) skid; fender, guard; horn (*of bull*); tusk (*of elephant*); (Am.) bumper (*of automobile*); **defensa en profundidad** (mil.) defense in depth; *m* (football) back
defensión *f* defense, protection
defensivo -va *adj* defensive; *m* defense, protection; *f* defensive; **estar a la defensiva** to be on the defensive

D

defensor -sora *adj* defending; *mf* defender; (law) counsel for the defense
defensoría *f* (law) defense (*as a practice or service*)
defensorio *m* written defense
deferencia *f* deference
deferente *adj* deferential; (anat.) deferent
deferir §62 *va* (law) to refer, transfer, delegate; *vn* to defer; **deferir a** to defer to (*e.g., the wishes of someone*)
deficiencia *f* deficiency, defect
deficiente *adj* deficient, defective
déficit *m* (*pl:* **-cit**) deficit; lack, shortage
deficitario -ria *adj* (pertaining to a) deficit, deficiency; lacking
definible *adj* definable
definición *f* definition; outcome; decision, verdict; (opt.) definition
definido -da *adj* definite; defined, sharp
definidor -dora *adj* defining; *mf* definer; *m* (eccl.) definitor
definir *va* to define; to determine, to settle; (paint.) to finish, to complete; *vr* (Am.) to clarify one's political position
definitivo -va *adj* definitive; **en definitiva** definitively; in short
deflación *f* (econ.) deflation
deflagración *f* (chem.) deflagration
deflagrar *vn* (chem.) to deflagrate
deflector *m* deflector, baffle; (naut.) deflector
deflegmar *va* (chem.) to dephlegmate
deflexión *f* deflection
defoliación *f* defoliation
deformación *f* deformation; (mach.) strain; (rad.) distortion
deformado -da *adj* deformed; out of shape
deformar *va* to deform; *vr* to become deformed
deforme *adj* deformed
deformidad *f* deformity; crude error; great offense, enormity
defraudación *f* defrauding; robbing, cheating; defeat; interception (*e.g., of light*)
defraudador -dora *mf* defrauder
defraudar *va* to defraud, to cheat; to disappoint; to defeat (*e.g., one's hopes*); to cut off (*light*); **defraudar algo a uno** to cheat someone out of something
defuera *adv* outside; **por defuera** outside, on the outside
defunción *f* death, demise
degaullista *adj & mf* de Gaullist
degeneración *f* degeneration; degeneracy; **degeneración amiloidea** (path.) amyloid degeneration; **degeneración grasosa** (path.) fatty degeneration; **degeneración hialina** (path.) hyaline degeneration
degenerado -da *adj & mf* degenerate
degenerar *vn* to degenerate
degenerativo -va *adj* degenerative
deglución *f* swallowing, deglutition
deglutir *va & vn* to swallow
degollación *f* throat-cutting, massacre; décolletage; **degollación de los inocentes** slaughter of the innocents
degolladero *m* neck, throttle; slaughterhouse; scaffold (*for capital punishment*); décolletage
degollado *m* décolletage, low neck; (orn.) rose-breasted grosbeak
degollador -dora *adj* throat-cutting; *mf* executioner
degolladura *f* throat-cutting; décolletage; joint (*between bricks*)
degollante *mf* (coll.) bore, fool
degollar §19 *va* to cut in the throat, to cut in the neck; to kill, massacre; to cut (*a dress*) low in the neck; to spoil, to murder (*a performance, drama, etc.*); to bore, become obnoxious to
degollina *f* (coll.) slaughter, butchery
degradación *f* degradation (*demotion; depravity*); (geol.) degradation
degradante *adj* degrading
degradar *va* to degrade (*to demote, to demean; to deprave, to debase*); (geol.) to degrade; (mil.) to break
degüello *m* throat-cutting, massacre, slaughter; slender part, neck
degustación *f* tasting
degustar *va* to taste (*e.g., wines*); to savor
dehesa *f* pasture land, meadow; (taur.) range
dehesar *va* to convert into pasture
dehesero *m* keeper of pasture land
dehiscencia *f* (biol. & bot.) dehiscence
dehiscente *adj* dehiscent
deicida *adj* deicidal; *mf* deicide (*person*)
deicidio *m* deicide (*act*)
deidad *f* deity; (coll.) beauty
deificación *f* deification
deificar §86 *va* to deify; *vr* (theol.) to become deified (*by divine union*)
deífico -ca *adj* deific
deiforme *adj* (poet.) godlike
Deípara *adj* Deipara (*pertaining to the Virgin Mary*)
deísmo *m* deism
deísta *adj* deistic; *mf* deist
deja *f* jut, projection
dejación *f* abandonment, relinquishment; **hacer dejación de** to abandon
dejadez *f* laziness, negligence; untidiness, slovenliness; fatigue, low spirits
dejado -da *adj* lazy, negligent; untidy, slovenly; dejected, low-spirited, listless; **dejado de la mano de Dios** vile, infamous, beyond redemption; bungling; *f* (sport) easy short return (*of ball*)
dejamiento *m* abandonment, relinquishment; laziness; untidiness; dejection
dejar *va* to leave; to abandon; to yield, produce; to appoint; to lend; **dejar** + *inf* to let + *inf*, to permit + *inf;* to let be + *pp*, *e.g.,* **dejar oír la voz** to let one's voice be heard; **dejar caer** to drop, let fall; **dejar feo a** (coll.) to slight; **dejar fresco a** (coll.) to discomfit, leave in the lurch; **dejar por** to leave as, to consider as; **dejar por** or **que** + *inf* to leave to be + *pp*, e.g., **dejó mucho trabajo por hacer** he left a lot of work to be done; **dejar ver** to show, to make it plain ‖ *vn* to stop; **no dejar de** + *inf* to not fail to + *inf;* **dejar de** + *inf* to stop or cease + *ger;* to fail to + *inf* ‖ *vr* to be careless or slovenly; to grow (*a beard, a mustache*); **dejarse** + *inf* to allow oneself to + *inf;* to allow oneself to be + *pp;* **dejarse a** to give oneself over to, to be devoted to; to yield to; **dejarse de** to cut out (*talk, nonsense*); to stop asking (*questions*); to stop making (*compliments*); to put aside (*doubts*); **dejarse de** + *inf* to stop + *ger;* **dejarse decir** to let slip (*in conversation*); **dejarse ver** to show up; to be evident, be easily seen
dejillo *m* accent (*of a region*); aftertaste
dejo *m* abandonment; end, stop; accent (*of a region*); slovenliness, neglect; aftertaste; (fig.) touch, aftertaste; drop (*in voice*)
del contraction of **de** and **el**
delación *f* accusation, denunciation, information
delantal *m* apron; workman's apron
delante *adv* before, in front, ahead; **delante de** before, in front of, ahead of
delantero -ra *adj* front; head; first; *m* postilion; nosing (*of stair tread*); (sport) forward; *f* front, front part; fore skirt; front (*of garment*); front row; front edge (*of book*); lead, advantage; cowcatcher; (taur.) front row (*of tendido bajo, i.e., third row counting barrera and contrabarrera*); **coger la delantera a** or **tomar la delantera a** to get ahead of, to outstrip; to get a start on; **tomar la delantera** to take the lead; **delanteras** *fpl* overalls
delatable *adj* accusable
delatar *va* to accuse, denounce, inform on; to reveal, divulge
delator -tora *adj* accusing, informing; *mf* accuser, denouncer, informer
dele *m* (print.) dele
deleble *adj* eradicable
delectación *f* delectation
delegación *f* delegation; (com.) branch; (Am.) police station
delegado -da *mf* delegate; (com.) agent, representative
delegar §59 *va* to delegate
deleitabilísimo -ma *adj super* very or most delectable
deleitable *adj* delectable

deleitación *f* or **deleitamiento** *m* delectation, delight
deleitar *va* to delight; *vr* to delight, to take delight; **deleitarse con** or **en** to delight in, to take delight in; **deleitarse en** + *inf* to delight in or to take delight in + *ger*
deleite *m* delight
deleitoso -sa *adj* delightful, delicious
deletéreo -a *adj* deleterious, noxious
deletreador -dora *adj* spelling; *mf* speller
deletrear *va* to spell; to decipher; to interpret; *vn* to spell; to decipher
deletreo *m* spelling
deleznable *adj* perishable, fragile; crumbly; slippery; frail, unstable
deleznar *vr* to slip, slide
délfico -ca *adj* Delphian or Delphic
delfín *m* dauphin; (zool.) dolphin; (*cap.*) *m* (astr.) Dolphin
delfina *f* dauphiness
Delfos *f* Delphi
delga *f* (elec.) commutator bar
delgadez *f* thinness, leanness, slenderness; delicateness, tenuity, lightness; acuity, ingenuity
delgado -da *adj* thin, lean, slender, slim, lank; delicate, tenuous, light; acute, ingenious; (agr.) poor, exhausted; *m* flank (*of an animal*); (naut.) dead rise
delgaducho -cha *adj* thinnish, lanky
deliberación *f* deliberation
deliberadamente *adv* deliberately
deliberante *adj* deliberative
deliberar *va* to deliberate; **deliberar** + *inf* to come to a decision to + *inf; vn* to deliberate
deliberativo -va *adj* deliberative; (coll.) opinionated
delicadez *f* delicateness; touchiness; laziness
delicadeza *f* delicacy, delicateness; acuity, ingenuity; scrupulousness
delicado -da *adj* delicate; acute, ingenious; touchy, hard to please; cautious, scrupulous
delicia *f* delight
delicioso -sa *adj* delicious, delightful
delictivo -va or **delictuoso -sa** *adj* criminal
delicuescencia *f* deliquescence
delicuescente *adj* deliquescent
delimitación *f* delimitation
delimitar *va* to delimit
delincuencia *f* guilt, criminality, delinquency
delincuente *adj* guilty, criminal, delinquent; *mf* guilty person, criminal, delinquent
delineación *f* delineation
delineador -dora *adj* delineating; *mf* delineator, designer
delineamento or **delineamiento** *m* delineation
delineante *adj* delineating, drafting; *mf* delineator, draftsman
delinear *va* to delineate, to outline
delinquimiento *m* transgression, guilt, delinquency
delinquir **§39** *vn* to transgress, be guilty, be delinquent
delio -lia *adj* & *mf* Delian
deliquio *m* swoon, faint
delirante *adj* delirious
delirar *vn* to be delirious, to rave, to rant; to talk nonsense
delirio *m* delirium; nonsense
delírium tremens *m* (path.) delirium tremens
delito *m* crime, transgression; **delito de incendio** arson; **delito de lesa majestad** lese majesty
Delos *f* Delos
delta *f* delta; *m* & *f* delta (*of a river*)
deltoides *adj* deltoid (*triangular*); (anat.) deltoid; *m* (anat.) deltoid, deltoid muscle
deludir *va* to delude
delusor -sora *adj* delusive; *mf* deluder
delusorio -ria *adj* delusive, delusory
demacración *f* emaciation
demacrar *va* & *vr* to waste away
demagogia *f* demagoguery or demagogy
demagógico -ca *adj* demagogic
demagogo -ga *mf* demagog
demanda *f* demand; petition; claim; complaint; undertaking; begging; charity box (*carried by beggars*); lawsuit; quest (*of the Holy Grail*); (elec.) load; **ir en demanda de** to go looking for; **tener demanda** to be in demand; **demanda máxima** (elec.) peak load
demandadero -ra *mf* messenger (*in convents and prisons*); outside errand boy or girl
demandado -da *mf* (law) defendant
demandador -dora *mf* claimant, solicitor; (law) complainant, plaintiff
demandante *mf* (law) plaintiff, complainant
demandar *va* to demand; (law) to sue, file a suit against
demarcación *f* demarcation
demarcador -dora *adj* demarcating; *mf* demarcator
demarcar **§86** *va* to demarcate
demás *adj indef* other, rest of the, e.g., **la demás gente** the rest of the people; **estar demás** to be useless; to be in the way, be unwanted; **lo demás** the rest; **por lo demás** furthermore, besides; *pron indef* others; **los** or **las demás** the others, the rest; *adv* besides; **por demás** in vain; too, too much; **demás de** besides, in addition to
demasía *f* excess, superabundance, surplus; boldness, audacity; insolence, outrage; evil, guilt, wrong; **en demasía** too, too much, excessively
demasiadamente *adv* too, too much, excessively
demasiado -da *adj* & *pron indef* too much; **demasiados -das** *adj* & *pron indef pl* too many; **demasiado** *adv* too; too much, too hard
demasiar *vr* (coll.) to go too far, to exceed the bounds of reason
demediar *va* to divide in half; to reach the middle of; to use up half of; *vn* to be divided in half
demencia *f* dementia, insanity; **demencia precoz** (path.) dementia praecox
dementar *va* to drive crazy; *vr* to go crazy
demente *adj* demented, insane; *mf* lunatic, crazy person; *m* madman
demérito *m* demerit, unworthiness
demeritorio -ria *adj* undeserving
Deméter *f* or **Demetria** *f* (myth.) Demeter
demisión *f* yielding, submission, humility
demiurgo *m* (philos.) Demiurge
democracia *f* democracy
demócrata *adj* democratic; *mf* democrat
democrático -ca *adj* democratic
democratización *f* democratization
democratizar **§76** *va* & *vr* to democratize
Demócrito *m* Democritus
Demogorgón *m* (myth.) Demogorgon
demografía *f* demography
demográfico -ca *adj* demographic or demographical
demoledor -dora *adj* demolishing, destructive; *mf* demolisher
demoler **§63** *va* to demolish
demolición *f* demolition
demonche *m* (coll.) devil
demoníaco -ca *adj* demoniac or demoniacal; demonic; *mf* demoniac
demonio *m* demon; devil; **estar hecho un demonio** (coll.) to be wild, be crazy as the devil; **estudiar con el demonio** (coll.) to be full of devilishness
demonismo *m* demonism
demonolatría *f* demonolatry
demonología *f* demonology
demonomancia *f* demonomancy
demontre *m* (coll.) devil; *interj* the deuce!, the devil!
demora *f* delay; (naut.) bearing
demorar *va* to delay; *vn* to delay, tarry, linger; to be delayed; (naut.) to bear
Demóstenes *m* Demosthenes
demostrabilidad *f* demonstrability
demostrable *adj* demonstrable
demostración *f* demonstration
demostrador -dora *adj* demonstrating; *mf* demonstrator; *m* hand (*of clock*); gnomon (*of sundial*)
demostrar **§77** *va* to demonstrate; **demostrar** + *inf* to demonstrate that + *ind*
demostrativo -va *adj* demonstrative; (gram.) demonstrative; *m* (gram.) demonstrative
demótico -ca *adj* demotic

demudación *f* change, alteration; change of countenance
demudar *va* to change, to alter; to cloak, to disguise; *vr* to change, be changed; to change countenance, to color suddenly
demulcente *adj & m* demulcent
demulsibilidad *f* (chem.) demulsibility
demulsionar *va* (chem.) demulsify
denario -ria *adj* denary; *m* denarius
dendriforme *adj* dendriform
dendrita *f* (anat., physiol. & mineral.) dendrite
dendrítico -ca *adj* dendritic or dendritical
dendrografía *f* dendrography
dendroide *adj* dendroid
dendrómetro *m* dendrometer
denegación *f* denial, refusal
denegar §29 *va* to deny, to refuse; (law) to deny, to refuse
denegrecer §34 *va* to blacken, to darken; *vr* to become black, to turn dark
denegrido -da *adj* blackish
dengoso -sa *adj* overnice, prudish, affected
dengue *m* overniceness, prudery; cape with long points; sardine boat; (path.) dengue
denguero -ra *adj* overnice, prudish
denigración *f* defamation, revilement; insult
denigrante *adj* defamatory; insulting; *mf* defamer; insulter
denigrar *va* to defame, revile, sully; to insult
denigrativo -va *adj* defamatory; insulting
denodado -da *adj* brave, daring, bold
denominación *f* denomination
denominadamente *adv* distinctly, markedly
denominador -dora *adj* denominating; *mf* denominator; *m* (math.) denominator
denominar *va* to name, to indicate, to denominate
denominativo -va *adj* denominative; (gram.) denominative; *m* (gram.) denominative
denostadamente *adv* insultingly, abusively
denostador -dora *adj* insulting; *mf* insulter, abuser
denostar §77 *va* to insult, abuse
denostoso -sa *adj* insulting
denotación *f* denotation
denotar *va* to denote
denotativo -va *adj* denotative
densidad *f* density; darkness; confusion; (fig.) solidity, fullness, substance; **densidad de flujo** (phys.) flux density
densimetría *f* densimetry
densímetro *m* densimeter
denso -sa *adj* dense; dark; confused; thick, crowded; (fig.) solid, full, rich
dentado -da *adj* toothed, dentate; (philately) perforated; *m* gear; teeth; (philately) perforation; **dentado de peine** (philately) comb perforation
dentadura *f* denture, set of teeth; **ablandarle a uno la dentadura** (coll.) to punch someone in the teeth, to knock someone's teeth out; **dentadura artificial** denture, set of artificial teeth
dental *adj* dental; (phonet.) dental; *m* tooth of threshing machine; moldboard (*of plow*); *f* (phonet.) dental
dentalización *f* (phonet.) dentalization
dentalizar §76 *va* (phonet.) to dentalize; *vr* (phonet.) to become dentalized
dentar §18 *va* to tooth, furnish with teeth; (philately) to perforate; **sin dentar** (philately) imperforate; *vn* to teethe
dentario -ria *adj* dental; *f* (bot.) toothwort
dentejón *m* yoke for oxen
dentelaria *f* (bot.) leadwort
dentellado -da *adj* denticulate; serrulate; bitten with the teeth; (arch.) denticulate; (her.) dentelated; *f* biting; bite; tooth mark; **a dentelladas** with the teeth
dentellar *vn* to chatter (*said of teeth*)
dentellear *va* to nibble, nibble at
dentellón *m* cam, tooth (*of lock*); (arch.) tooth (*of toothing*); (arch.) dentil
dentera *f* tooth edge; envy; eagerness, great desire; **dar dentera** to set the teeth on edge; to make eager or impatient
dentezuelo *m* little tooth
dentición *f* dentition, teething
denticulación *f* denticulation
denticulado -da *adj* denticulate
denticular *adj* denticular
dentículo *m* little tooth; (arch.) dentil; (bot. & zool.) dentation
dentífrico -ca *adj* tooth (*paste, etc.*); *m* dentifrice
dentilabial *adj & f* (phonet.) dentilabial
dentilingual *adj & f* (phonet.) dentilingual
dentina *f* (anat.) dentine
dentirrostro -tra *adj* dentirostral or dentirostrate; *m* (orn.) dentiroster
dentista *mf* dentist
dentistería *f* dentistry
dentística *f* (Am.) dentistry
dentivano -na *adj* (vet.) having long, wide teeth
dentón -tona *adj* having large, uneven teeth; *m* (ichth.) dentex
dentro *adv* inside, within; **por dentro** on the inside; **dentro de** inside, within; **dentro de poco** shortly; **dentro en** on the inside of; **dentro o fuera** (coll.) yes or no
dentudo -da *adj* having large, uneven teeth
denudación *f* denudation
denudar *va* to denude, lay bare; *vn* to be denuded; to be stripped of bark
denuedo *m* bravery, daring
denuesto *m* insult, abuse
denuncia *f* proclamation, announcement; foretelling; denunciation
denunciación *f* denunciation
denunciador -dora *mf* denouncer, denunciator
denunciante *mf* denouncer
denunciar *va* to proclaim; to foretell; to denounce, to denunciate, to squeal on; (dipl. & min.) to denounce
denunciatorio -ria *adj* denunciatory
denuncio *m* (min.) denouncement, denunciation
deontología *f* deontology; **deontología médica** medical ethics
deparar *va* to provide, furnish; to present
departamental *adj* departmental
departamento *m* department; compartment; naval district (*in Spain*); (rail.) compartment; apartment
departidor -dora *adj* conversing; *mf* converser, conversationalist
departir *vn* to chat, to converse
depauperación *f* impoverishment; weakening, exhaustion, depletion
depauperar *va* to pauperize, to impoverish; to weaken, exhaust, deplete; *vr* to become weakened, become exhausted
dependencia *f* dependence, dependency; branch, branch office; affair, charge, agency; relationship; friendship; employees, clerks; **dependencias** *fpl* accessories
depender *vn* to depend; **depender de** to depend on or upon
dependienta *f* female employee, clerk, store clerk
dependiente *adj* dependent; (pertaining to a) branch; *mf* dependent; employee, clerk, store clerk
depilación *f* depilation
depilar *va* to depilate
depilatorio -ria *adj & m* depilatory
deplorable *adj* deplorable
deplorar *va* to deplore
depondré *1st sg fut ind of* **deponer**
deponente *adj* (gram.) deponent; *mf* (law) deponent; *m* (gram.) deponent verb
deponer §69 *va* to set aside, to put aside, to remove, to take down; to remove from office, to depose; to lay down (*arms*); (law) to depose, to depone; *vn* to have a movement (*of bowels*); (law) to depose, to depone; (Am.) to vomit
depongo *1st sg pres ind of* **deponer**
depopulador -dora *adj* devastating; *mf* destroyer, plunderer
deportación *f* deportation
deportado -da *mf* deportee
deportante *mf* sport fan; sportsman
deportar *va* to deport
deporte *m* sport; outdoor recreation
deportismo *m* sport, sports; love of sport or sports; participation in sports

deportista *adj* (pertaining to) sport; sporting; *mf* sport fan; *m* sportsman; *f* sportswoman
deportivo -va *adj* (pertaining to) sport, sports
deposición *f* deposition, deposal; removal (*from office*); bowel movement; (law) deposition
depositador -dora *adj* depositing; *mf* depositor
depositante *mf* depositor
depositar *va* to deposit; to store; to entrust; to confide; to check (*baggage*); to bond (*merchandise*); to commit (*a person*); to place (*a corpse*) in a receiving vault; (law) to free (*a young person*) from parental restraint; *vr* to deposit, to settle
depositaría *f* depository; public treasury; trust
depositario -ria *adj* depository; (pertaining to a) deposit; *mf* depositary, repository; *m* public treasurer
depósito *m* depot, warehouse; deposit; stack (*of books in a library*); dump; reservoir; tank; well (*of a fountain pen*); (mil.) depot; **en depósito** on deposit; **depósito anatómico** morgue; **depósito comercial** bonded warehouse; **depósito de agua** reservoir; water tank; **depósito (judicial) de cadáveres** morgue; **depósito de cereales** grain elevator; **depósito de equipajes** (rail.) checkroom; **depósito de gasolina** (aut.) gas tank; **depósito de locomotoras** (rail.) roundhouse; **depósito de municiones** munition dump
depravación *f* depravation, depravity
depravado -da *adj* depraved
depravador -dora *adj* depraving; *mf* depraver
depravar *va* to deprave; *vr* to become depraved
deprecación *f* entreaty, prayer
deprecante *adj* entreating, imploring
deprecar §86 *va* to entreat, to implore
deprecativo -va *adj* deprecative; (gram.) imperative; *m* (gram.) imperative (*with supplication or entreaty*)
deprecatorio -ria *adj* deprecatory
depreciación *f* depreciation (*in value*)
depreciar *va & vn* to depreciate (*to diminish in value*)
depredación *f* depredation; embezzlement; (law) depredation
depredador -dora *adj* depredating; predatory; *mf* depredator; predator
depredar *va* to depredate; to embezzle
depresión *f* depression; drop, dip; (path.) depression; (meteor.) depression, low; recess, recession (*e.g., in a wall*)
depresivo -va *adj* depressive
depresor -sora *adj* depressing; *mf* depressor; *m* (anat., physiol. & surg.) depressor; **depresor de la lengua** (med.) tongue depressor
deprimente *adj* depressive; depressing; depressant; *m* (med.) depressant
deprimido -da *adj* depressed, flattened; weakened; receding (*e.g., forehead*)
deprimir *va* to depress, to compress; to push in; to belittle; to humiliate; to weaken; *vr* to be or become depressed or compressed; to be or become humiliated; to be weakened, to become weak; to recede
depuesto -ta *pp of* **deponer**
depuración *f* purification; purging
depurar *va* to purify, refine, cleanse; to purge; *vr* to be or become purified, to be cleansed
depurativo -va *adj & m* (med.) depurative
depuse *1st sg pret ind of* **deponer**
derecera *f* straight road, straight path
derecha *f* see **derecho**
derechamente *adv* directly, straight; wisely, justly; properly
derechazo *m* blow with the right (*hand*); (box.) right
derechero -ra *adj* right, just, sure; *m* tax collector; *f* straightaway, straight road
derechismo *m* rightism
derechista *adj & mf* rightist
derecho -cha *adj* right; right-hand; right-handed; straight; standing, upright; *m* law; right; grant, privilege, exemption; road, path; right side (*e.g., of cloth*); **derechos** *mpl* dues, duties, fees, taxes; **según derecho** by right, by rights; **derecho canónico** canon law; **derecho civil** civil law; **derecho consuetudinario** common law; **derecho de asilo** right of asylum; **derecho de gentes** international law; **derecho de reunión** right of assembly; **derecho de propiedad literaria** copyright; **derecho de subscripción** (com.) right; **derecho de visita** right of search; **derecho divino** divine right; **derecho internacional** international law; **derecho romano** Roman law; **derechos civiles** civil rights; **derechos consulares** consular fees; **derechos de aduana** customhouse duties; **derechos de almacenaje** storage (*costs*); **derechos de autor** royalty; **derechos del hombre** rights of man; **derechos naturales** natural rights; **derechos reservados** copyright; *f* right hand; right-hand side; (pol.) right; **a derechas** right, rightly; **a la derecha** right, on the right, to the right; **derecho** *adv* directly, straight; rightly, wisely; **todo derecho** straight ahead
derechura *f* rightness, rectitude; directness, straightness; servants' wages; **en derechura** directly, straight; right away, without delay; with determination, steadfastly
deriva *f* (aer. & naut.) drift; (gun.) drift compensation; **ir a la deriva** (naut.) to drift, to be adrift
derivación *f* derivation; (gram., math. & med.) derivation; (gun.) drift; (elec.) shunt, shunt connection; **en derivación** (elec.) shunt, shunted; **derivación regresiva** (philol.) back formation
derivado -da *adj* derived; derivative; (gram.) derivative; (elec.) shunt, derived; *m* derivative, by-product; **derivado regresivo** (philol.) back formation, *f* (math.) derivative
derivador *m* (elec.) graduator
derivar *va* to derive; to turn (*e.g., one's attention*); to guide, to lead; (elec.) to shunt; *vn & vr* to derive, to be derived; (aer. & naut.) to drift
derivativo -va *adj & m* (gram. & med.) derivative
derivo *m* derivation, origin
derivómetro *m* (aer. & naut.) drift meter
dermalgia *f* (path.) skin neuralgia
dermatitis *f* (path.) dermatitis
dermatoesqueleto *m* (zool.) exoskeleton
dermatografía *f* (path.) dermatographia; dermatography (*description of skin*)
dermatología *f* dermatology
dermatológico -ca *adj* dermatological
dermatólogo -ga *mf* dermatologist
dermatosis *f* (path.) dermatosis
dermesto *m* (ent.) larder beetle
dérmico -ca *adj* dermic, dermal
dermis *f* (anat.) dermis, cutis
dermografía *f or* **dermografismo** *m* (path.) dermographia or dermographism
-dero -ra *suffix adj* -able, e.g., **casadero** marriageable; **comedero** eatable; -ible, e.g., **hacedero** feasible; *suffix m* used to indicate the place where something is performed, e.g., **desembarcadero** landing place; **lavadero** washing place; **picadero** riding school
derogación *f* abolition, elimination; decrease, deterioration, derogation
derogar §59 *va* to destroy, abolish, modify, reform (*a law, custom, etc.*)
derogatorio -ria *adj* abolishing, modifying, repealing
derrabadura *f* cutting or pulling out the tail; wound left after cutting tail
derrabar *va* to cut or pull out the tail of, to dock
derrama *f* apportionment of a tax; special tax
derramadero *m* dumping ground, dumping place; weir, spillway
derramado -da *adj* extravagant, prodigal, lavish
derramamiento *m* pouring, spilling, shedding; spreading, scattering, publishing; lavishing, wasting; waterflow, dispersion
derramar *va* to pour out, to spill, to shed; to spread, scatter, publish; to lavish, to waste; to apportion (*e.g., taxes*); *vr* to run over, to overflow; to spread, spread out; to open, flow, empty (*said of a stream*)
derramasolaces *mf* (*pl:* **-ces**) wet blanket

derrame *m* pouring, spill, shed; spread, dispersion; lavishing, waste; overflow; leakage; (arch.) splay, chamfering; slope; outlet; (med.) discharge, effusion
derramo *m* (arch.) splay, chamfering, flare, flanging
derrapar *vn* to skid
derredor *m* circumference; **al** or **en derredor** around, round about; **al** or **en derredor de** around; **por todo el derredor** all around, in every direction
derrelicción *f* dereliction, abandonment
derrelicto *m* (naut.) derelict (*ship*)
derrelinquir §39 *va* to forsake, to abandon
derrenegar §29 *vn* (coll.) to be a hater; **derrenegar de** (coll.) to be a hater of, to hate, loathe, detest
derrengado -da *adj* twisted, bent, crooked; lame, crippled, out of shape
derrengadura *f* crookedness; lameness, sore back
derrengar §29 or **§59** *va* to break the back of, to cripple; to bend, make crooked; (dial.) to knock (*fruit*) from tree with a stick
derrengo *m* (dial.) stick for knocking fruit from tree
derreniego *m* (coll.) curse, blasphemy
derretido -da *adj* madly in love; *m* concrete
derretimiento *m* melting, thawing; intense love, mad passion
derretir §94 *va* to melt, to thaw; to squander; (coll.) to change (*money*); *vr* to melt, to thaw; to be or fall madly in love; to be very susceptible, to fall in love easily; (coll.) to be worried, uneasy, or impatient
derribador -dora *adj* overthrowing; *mf* overthrower; *m* feller (*in abattoir*)
derribar *va* to demolish, destroy, tear down, knock down; to wreck; to fell; to overthrow; to subdue (*an emotion or passion*); to bring down, shoot down; to bring down, humiliate; *vr* to fall down, tumble down; to throw oneself on the ground
derribo *m* demolition, wrecking, overthrow; felling; bringing down (*of an enemy plane*); **derribos** *mpl* debris, rubble
derrocadero *m* rocky precipice
derrocamiento *m* flinging, throwing down, overthrow; demolition; ousting
derrocar §86 or **§95** *va* to throw from a rock or precipice; to demolish, tear down, knock down; to overthrow, bring down, humble, oust
derrochador -dora *adj* squandering; *mf* squanderer, wastrel
derrochar *va* to waste, squander
derroche *m* waste, squandering, extravagance, profusion
derrota *f* rout, defeat; route, road, way; (naut.) course
derrotado -da *adj* threadbare, shabby
derrotar *va* to rout, put to flight; to defeat; to wear, wear out; to squander, waste; to ruin; *vr* (naut.) to drift from the course
derrote *m* upward thrust with the horns
derrotero *m* (naut.) ship's course, navigation route; route, course
derrotismo *m* defeatism
derrotista *adj* & *mf* defeatist
derrubiar *va* & *vr* to wash away, to wear away
derrubio *m* washout; alluvium
derruir §41 *va* to tear down, to raze, to destroy, to ruin
derrumbadero *m* precipice, crag; hazard, risky business
derrumbamiento *m* plunge, headlong plunge; collapse, cave-in; (eng.) wrecking; **derrumbamiento de tierra** landslide
derrumbar *va* to throw headlong; *vr* to plunge headlong; to crumble, collapse; to fall in, cave in
derrumbe *m* precipice; fall; landslide; cave-in; (eng.) wrecking
derrumbo *m* precipice
derviche *m* dervish
des- *prefix* de-, e.g., **descornar** dehorn; **destronar** dethrone; dis-, e.g., **desconfiar** distrust; **descubrir** discover; un-, e.g., **desgraciado** unfortunate; **desigual** unequal; **desabotonar** unbutton; **desenganchar** unhook; under-, e.g., **desnutrido** underfed
desabarrancar §86 *va* to pull out of a ditch; to extricate
desabastecer §34 *va* to deprive of supplies or provisions
desabejar *va* to remove the bees from
desabillé *m* deshabille
desabollador *m* dent remover (*tool*)
desabollar *va* to knock the dents out of, to straighten, to flatten; *vr* to flatten out
desabollonar *va* var. of **desabollar**
desabonar *vr* to drop one's subscription
desabono *m* cancellation of subscription, discontinuance of subscription; damage, harm (*through gossip*)
desabor *m* tastelessness, insipidity
desabordar *vr* (naut.) to get clear of a ship; (naut.) to get clear of each other (*said of two ships which have run afoul of each other*)
desaborido -da *adj* tasteless, insipid; flimsy, insignificant; (coll.) dull, witless; *mf* (coll.) dull, witless person
desabotonar *va* to unbutton; *vn* to blossom, to bloom
desabrido -da *adj* tasteless, insipid, unseasoned; rough, unpleasant, uneven; gruff, surly; unseasonable, inclement; kicking, hard-kicking (*said of a gun*)
desabrigado -da *adj* lightly dressed; unsheltered; uncovered, unprotected, defenseless
desabrigar §59 *va* to uncover, bare, undress; to deprive of shelter or protection; *vr* to uncover oneself, to undress, to take off clothing; to be deprived of shelter or protection
desabrigo *m* uncovering; lack of covering or clothing; lack of protection; unprotected place; abandonment, desertion
desabrillantar *va* to deprive of luster; *vr* to lose luster
desabrimiento *m* lack of seasoning, insipidity, flatness; bitterness, despondency; harshness; recoil (*of firearms*)
desabrir *va* to give a bad taste to; to embitter; *vr* to become embittered
desabrochar *va* to unsnap, to unbutton, to unfasten, to unclasp; to reveal; *vr* to become unfastened; (coll.) to unbosom oneself; **desabrocharse con** (coll.) to unbosom oneself to, to open up one's heart to
desacalorar *vr* to cool off; (fig.) to cool off (*from anger*)
desacatador -dora *adj* disrespectful, irreverent; *mf* disrespectful or irreverent person
desacatamiento *m* disrespect, irreverence
desacatar *va* to treat disrespectfully, to be disrespectful toward, to be irreverent toward
desacato *m* disrespect, irreverence, contempt
desacedar *va* to remove the roughness from
desaceitado -da *adj* unoiled
desaceitar *va* to remove the oil from
desaceleración *f* deceleration
desacelerar *va* & *vr* to decelerate
desacerar *va* to remove or wear away the steel from; *vr* to lose its steel surface or edge (*said, e.g., of a tool*)
desacertado -da *adj* wrong, unwise; wide of the mark
desacertar §18 *vn* to be wrong
desacidificar §86 *va* to remove the acidity from; to neutralize (*an acid*)
desacierto *m* error, mistake, blunder
desacobardar *va* to free of fear, to stiffen
desacomodado -da *adj* inconvenient; troublesome; out of service, unemployed; not well-to-do
desacomodamiento *m* inconvenience
desacomodar *va* to inconvenience, disturb; to discharge, dismiss; *vr* to lose one's job
desacomodo *m* discharge, dismissal
desacompañamiento *m* abandonment, lack of company
desacompañar *va* to abandon, leave the company of
desaconsejado -da *adj* ill-advised
desaconsejar *va* to dissuade, try to dissuade
desacoplar *va* to disconnect, to uncouple
desacordado -da *adj* discordant; (mus.) out of tune, inharmonious; (paint.) inharmonious (*in color*), out of proportion

desacordar §77 *va* to put out of tune; *vr* to get out of tune; to become forgetful
desacorde *adj* discordant, inharmonious, incongruous
desacorralar *va* to take out of a corral or inclosure; (taur.) to bring (*a bull*) out into the ring or into an open field; (coll.) to get (*someone*) out of a hole or jam
desacostumbrado -da *adj* unaccustomed, unusual
desacostumbrar *va* to break of a habit or custom, to wean away
desacotar *va* to lay open (*a pasture or field*); to refuse, reject; *vn* to withdraw from a conference or deal
desacoto *m* opening a pasture or field
desacreditar *va* to discredit, bring discredit on; *vn* to discredit, to bring discredit
desacuerdo *m* discord, disaccord, disagreement; error, mistake; forgetfulness, forgetting; derangement; unconsciousness
desaderezar §76 *va* to disarrange, to ruffle, to upset; *vr* to become disarranged, be put in disorder
desadeudar *va* to free from debt; *vr* to get out of debt
desadormecer §34 *va* to awaken; to free from numbness; *vr* to awaken, get awake; to get free of numbness
desadornar *va* to remove the ornaments or decorations from; *vr* to be unadorned
desadorno *m* lack of ornaments, lack of decoration
desadvertido -da *adj* inattentive; unnoticed
desadvertimiento *m* inadvertence
desadvertir §62 *va* to fail to notice, to not notice, to be unaware of
desafear *va* to make less ugly, to remove the ugliness of; *vr* to become less ugly, to lose one's or its ugliness
desafección *f* disaffection, dislike
desafectar *va* to dislike
desafecto -ta *adj* disaffected; opposed; *m* disaffection, dislike
desaferrar *va* to loosen, let go, unfasten; to make (*a person*) change his mind; (naut.) to raise (*the anchors*)
desafiadero *m* secret dueling ground
desafiador -dora *adj* challenging, defiant; *mf* challenger; duelist; feudist
desafiar §90 *va* to challenge, dare, defy; to oppose, to face, to rival, to compete with; **desafiar a** + *inf* to challenge to + *inf; vn* to feud; *vr* to challenge each other; to compete
desafición *f* disaffection, dislike
desaficionar *va* to cause to dislike; *vr* to become disliked; **desaficionarse de** to lose one's liking for
desafilar *va* to dull, make dull; *vr* to dull, become dull
desafinación *f* dissonance, being out of tune
desafinadamente *adv* out of tune
desafinado -da *adj* out of tune, flat
desafinar *va* to put out of tune; to play or sing out of tune; *vn* to get out of tune; to play or sing out of tune; (coll.) to speak indiscreetly; *vr* to get out of tune; to play or sing out of tune
desafío *m* challenge, dare; rivalry, competition
desaforado -da *adj* disorderly, outrageous, impudent; huge, colossal, enormous; *mf* rowdy
desaforar §77 *va* to encroach upon the rights of; *vr* to forget oneself, to act in an outrageous manner
desaforrar *va* to take the lining out of
desafortunadamente *adv* unfortunately
desafortunado -da *adj* unfortunate, unlucky
desafuero *m* excess, outrage, lawlessness
desagarrar *va* (coll.) to let go of, to loosen one's hold on
desagraciado -da *adj* graceless, ungraceful
desagraciar *va* to make ungraceful, to deprive of charm
desagradable *adj* disagreeable
desagradar *va* to displease; **desagradar** + *inf* to displease (*someone*) to + *inf*, to not like to + *inf; vn* to displease; *vr* to be displeased; **desagradarse de** to be displeased at
desagradecer §34 *va* to be ungrateful for, to be unappreciative of
desagradecido -da *adj* ungrateful; **desagradecido a** ungrateful for (*a kindness*); **desagradecido con** or **para con** ungrateful to (*a person*)
desagradecimiento *m* ungratefulness, ingratitude
desagrado *m* displeasure
desagraviar *va* to make amends to, to indemnify
desagravio *m* amends, compensation, indemnification
desagregación *f* disintegration; (geol.) disintegration
desagregar §59 *va & vr* to disintegrate
desaguadero *m* drain, outlet; (fig.) drain (*source of expense*)
desaguador *m* drain, outlet; irrigation drain
desaguar §23 *va* to drain, empty; to waste, squander; *vn* to flow, to empty; *vr* to drain, be drained; to vomit; to have a movement (*of bowels*)
desaguazar §76 *va* to drain, to empty
desagüe *m* drainage, sewerage; drain, outlet
desaguisado -da *adj* illegal, unreasonable; *m* wrong, offense, outrage
desaherrojar *va* to unshackle
desahijar *va* to separate young cattle from (*the dams*); *vr* to swarm
desahitar *vr* to get rid of indigestion
desahogado -da *adj* forward, brazen, impudent; clear, free, roomy; comfortable, in comfortable circumstances; (naut.) free-running, free-sailing
desahogar §59 *va* to relieve, give comfort to; to give rein to (*desires, passions, etc.*); *vr* to ease one's discomfort, to take it easy, to get comfortable; to get out of trouble or worry, to recover; to let oneself go; to unbosom oneself, to open up one's heart; **desahogarse de** to unbosom oneself of; **desahogarse en** to burst forth in (*e.g., insults*)
desahogo *m* brazenness, impudence; ample room; comfort; ease; comfortable circumstances; outlet, relief; recovery; unbosoming, unburdening
desahuciado -da *adj* hopeless
desahuciar *va* to deprive of hope, to give up hope for; to oust, evict, dispossess; *vr* to lose all hope
desahucio *m* ousting, eviction, dispossession
desahumado -da *adj* weak, vapid (*liquor*)
desahumar *va* to free of smoke
desainadura *f* (vet.) loss of fat from overwork
desainar §75 *va* to remove the fat from; to lessen the thickness or substance of; *vr* to lose fat
desairadamente *adv* ungracefully; scornfully
desairado -da *adj* slighted, snubbed; unattractive; unsuccessful
desairar *va* to slight, disregard, overlook, snub
desaire *m* ungracefulness, unattractiveness, lack of charm; slight, rebuff, disregard, snub
desaislar §75 *va* to join, connect; *vr* to be no longer separated or isolated; to come out of seclusion
desajustar *va* to put out of order; *vr* to get out of order; to disagree, to fail to agree
desajuste *m* being out of order, disorder; disagreement
desalabanza *f* belittling, disparagement
desalabar *va* to belittle, disparage
desalabear *va* to straighten (*a warped board*)
desalabeo *m* straightening
desalado -da *adj* hasty, anxious, eager
desalar *va* to desalt, remove the salt from; to clip the wings of; *vr* to hasten, to rush; **desalarse por** + *inf* to be eager to + *inf*, to yearn to + *inf*
desalazón *f* desalting, removal of salt
desalbardar *va* to remove the packsaddle from
desalentadamente *adv* with discouragement; faintly, feebly
desalentar §18 *va* to put out of breath; to discourage; *vr* to become discouraged
desalfombrar *va* to remove the rugs or carpets from
desalforjar *va* to take out of the saddlebags; *vr* (coll.) to loosen one's clothes (*because of heat*)

desalhajar *va* to remove the furniture from, to remove the appointments from (*a room*)
desaliento *m* discouragement; faintness, weakness
desalineación *f* disalignment, lack of alignment
desalinear *va* to put out of line or alignment, to disalign
desaliñado -da *adj* slovenly, dirty; careless, neglectful
desaliñar *va* to disarrange, to make slovenly, to dirty; *vr* to become disarranged, to become slovenly, become dirty
desaliño *m* slovenliness, dirtiness; carelessness, neglect; **desaliños** *mpl* long earrings
desalivar *vn & vr* to salivate
desalmado -da *adj* cruel, inhuman, merciless, soulless
desalmamiento *m* cruelty, inhumanity, soullessness
desalmar *va* to weaken; to disturb, upset; *vr* to become disturbed, to get upset; **desalmarse por** to have a longing for, to crave
desalmenado -da *adj* without merlons, stripped of merlons
desalmidonar *va* to remove the starch from
desalojamiento *m* dislodging, eviction, ejection
desalojar *va* to dislodge, to evict, to eject, to oust; to empty, to clear (*of people*); *vn* to leave, move out or away
desalojo *m* var. of **desalojamiento**
desalquilado -da *adj* unrented, vacant
desalquilar *va* to stop renting, to vacate; *vr* to be unrented, be vacant
desalterar *va* to calm, to quiet; *vr* to become calm, become quiet; to quench one's thirst
desalumbrado -da *adj* dazzled, dazed; unsure
desalumbramiento *m* blindness; loss of knack, unsureness
desamable *adj* unlovable
desamado -da *adj* unloved
desamador -dora *adj* hating; *mf* hater
desamar *va* to cease loving, to dislike, to hate, to detest
desamarrar *va* to untie, unlash; (naut.) to unmoor; to unbend (*a rope*); *vr* to part; to come loose, get loose
desamasado -da *adj* undone, detached
desamigado -da *adj* unfriendly, estranged
desamistar *vr* to fall out, to quarrel, to become estranged
desamoblar §77 *va* to remove the furniture from
desamoldar *va* to change the form of; to throw out of proportion
desamontonar *va* to take apart, take away (*things piled in a heap*); to squander
desamor *m* coldness, indifference; hatred
desamorado -da *adj* unloving, cold-hearted, loveless
desamorar *va* to alienate the affections of; *vr* to stop loving
desamoroso -sa *adj* loveless, cold, scornful
desamorrar *va* (coll.) to make (*a person*) talk, to cheer (*a person*) up
desamortajar *va* to unshroud
desamortización *f* freedom from mortmain
desamortizar §76 *va* to free from mortmain
desamotinar *vr* to withdraw from a mutiny
desamparadamente *adv* without protection, helplessly
desamparador -dora *adj* forsaking; *mf* forsaker, deserter
desamparar *va* to abandon, forsake, leave; (law) to give up, to release
desamparo *m* abandonment, helplessness, lack of protection
desamueblado -da *adj* unfurnished
desamueblar *va* to remove the furniture from
desanalfabetizar §76 *va* to teach (*a person*) to read and write
desanclar or **desancorar** *va* (naut.) to weigh the anchor of; *vn* (naut.) to weigh anchor
desandar §20 *va* to retrace, go back over (*the road traveled*)
desandrajado -da *adj* ragged, in tatters
desanduve *1st sg pret ind of* **desandar**
desangramiento *m* excessive bleeding; complete draining
desangrar *va* to bleed copiously; to drain, draw a large amount of water from; (fig.) to bleed, impoverish; *vr* to bleed copiously, lose a great amount of blood
desangre *m* bleeding; drain, draining
desanidar *va* to dislodge, to oust; *vn* to leave the nest
desanimación *f* discouragement, low spirits, downheartedness
desanimadamente *adv* with discouragement, downheartedly
desanimar *va* to discourage, dishearten; *vr* to become discouraged, become disheartened
desánimo *m* discouragement, low spirits
desanublar *va* to brighten; to clarify; *vr* to get bright, to clear up
desanudar *va* to untie; to disentangle, clear up
desaojadera *f* charmer, woman who cures the evil eye
desaojar *va* to dispel the evil eye for
desapacibilidad *f* unpleasantness, disagreeableness
desapacible *adj* unpleasant, disagreeable
desapadrinar *va* to disapprove, disavow
desaparear *va* to separate (*the two of a pair*)
desaparecer §34 *va* to cause to disappear; *vn & vr* to disappear
desaparecido -da *adj* missing; extinct; **desaparecidos** *mpl* missing persons
desaparecimiento *m* disappearance
desaparejar *va* to unharness, unhitch; (naut.) to unrig
desaparición *f* disappearance
desaparroquiar *va* to remove from a parish; to drive customers away from; *vr* to lose one's parish; to lose customers
desapasionado -da *adj* dispassionate
desapasionar *va* to free of passion, love, or fondness; *vr* to overcome one's passion; to become indifferent or unconcerned; **desapasionarse de** to overcome one's passion for
desapegar §59 *va* to unglue; to loosen, detach; *vr* to come loose; to become indifferent
desapego *m* coolness, indifference, dislike
desapercibidamente *adv* without notice, without warning
desapercibido -da *adj* unprovided, wanting; unnoticed
desapercibimiento *m* unpreparedness
desapestar *va* to disinfect (*a person contaminated with the plague*)
desapiadado -da *adj* merciless, pitiless
desaplacible *adj* disagreeable
desaplicación *f* lack of application; idleness, laziness
desaplicado -da *adj* lazy, idle
desaplicar §86 *va* to make lazy or idle; *vr* to become lazy or idle
desaplomar *va* to put out of plumb; *vr* to get out of plumb
desapoderado -da *adj* headlong, impetuous; wild, violent
desapoderamiento *m* dispossession; depriving of power or authority
desapoderar *va* to dispossess; to deprive of power or authority; *vr* to become dispossessed; **desapoderarse de** to lose possession of
desapolillar *va* to free of moths; *vr* (coll.) to go out in the cold, to go out after being long indoors
desaporcar §86 *va* to remove the piled-up earth from around (*a plant*)
desaposentar *va* to drive out of one's room or quarters; to cast aside; *vr* to give up one's room or quarters
desaposesionar *va* to dispossess
desapoyar *va* to deprive of support
desapreciar *va* to depreciate (*to lessen the value of; to belittle*)
desaprecio *m* depreciation (*drop in value; belittling*)
desaprender *va* to unlearn; *vn* to forget what one has learned
desaprensar *va* to remove the gloss from (*fabrics*); to ease, to free

desaprensión *f* freedom from worry or fear, unapprehensiveness; unscrupulousness
desaprensivo -va *adj* unapprehensive, unworried; unscrupulous
desapretar §18 *va* to loosen; to relieve; (print.) to unlock; *vr* to loosen one's clothing
desaprisionar *va* to free from jail, to free from shackles; *vr* to extricate oneself, to get free
desaprobación *f* disapproval, deprecation
desaprobar §77 *va* to disapprove, to deprecate; *vn* to disapprove
desapropiación *f* or **desapropiamiento** *m* divestment, surrender (*of property*)
desapropiar *va* to divest, deprive; **desapropiar a una persona de** to divest or deprive a person of; *vr* to divest oneself; **desapropiarse de** to divest oneself of, to surrender, to transfer (*property*)
desapropio *m* var. of **desapropiación**
desaprovechado -da *adj* unproductive; lazy, indifferent
desaprovechamiento *m* ill use, poor use; unimprovement
desaprovechar *va* to make no use of, to use to no advantage; *vn* to lose one's advantage, to slip back
desapuntalar *va* to remove the props, supports, or shoring from
desapuntar *va* to unstitch; to put (*a gun or cannon*) out of aim
desaquellar *vr* (coll.) to be or feel discouraged
desarbolar *va* (naut.) to unmast, to dismast; to clear of trees
desarbolo *m* (naut.) unmasting a ship
desarenar *va* to clear of sand
desareno *m* clearing of sand
desarmable *adj* demountable
desarmador *m* hammer (*of gun*); (Am.) screwdriver
desarmadura *f* or **desarmamiento** *m* disarmament
desarmar *va* to disarm; to dismount, take apart, undo; to calm, to temper, to dissipate; (naut.) to lay up, to decommission; *vn* to disarm
desarme *m* disarmament; dismounting, dismantling; (naut.) decommissioning
desarraigar §59 *va* to uproot, root out, dig up; to extirpate, exterminate; to evict, throw out; to make (*a person*) change his opinion
desarraigo *m* uprooting; extermination
desarrancar §86 *vr* to withdraw (*from a group or association*)
desarrapado -da *adj* var. of **desharrapado**
desarrebozadamente *adv* openly, frankly, without concealment
desarrebozar §76 *va* to unmuffle, to uncover, to reveal
desarrebujar *va* to disentangle; to clarify, elucidate; to unbundle (*a person*); *vr* to unbundle oneself
desarreglado -da *adj* intemperate; unruly, disorderly, slovenly; out of order
desarreglar *va* to disarrange, to put out of order; *vr* to become disarranged, to get out of order
desarreglo *m* disarrangement, disorder, confusion, bad order
desarrendamiento *m* discontinuance of rent; voiding of a lease
desarrendar §18 *va* to unbridle; to stop renting; *vr* to shake off the bridle; to be unrented
desarrimar *va* to separate, to remove; to dissuade
desarrimo *m* lack of support
desarrollable *adj* developable
desarrollar *va* to unroll, unfold, unwind, unfurl; to develop; (math. & phot.) to develop; *vn* to unroll, unfold, unwind; to develop; *vr* to unfold, to develop; to take place
desarrollo *m* unrolling, unfolding, unwinding; development; (math. & phot.) development
desarropar *va* to unclothe, undress; *vr* to take one's clothes off, to undress
desarrugadura *f* unwrinkling
desarrugar §59 *va & vr* to unwrinkle
desarrumar *va* (naut.) to break out, to unstow; (naut.) to unload (*in order to examine hull*)
desarticulación *f* disarticulation; (surg.) disarticulation
desarticular *va* to disarticulate; to take apart; to tear apart, to break up; (surg.) to disarticulate; *vr* to disarticulate
desartillar *va* to remove the gun from (*a boat or fort*)
desarzonar *va* to unsaddle, to unhorse
desasado -da *adj* without handles; with broken handles
desaseado -da *adj* dirty, unclean, untidy
desasear *va* to make dirty, to leave untidy
desasegurar *va* to make uncertain; to make unsteady, to remove the supports from; to cancel the insurance on
desasentar §18 *va* to remove, move away; *vn* to displease, be disliked; to be unbecoming; *vr* to stand up, get up from one's seat
desaseo *m* dirtiness, uncleanliness, untidiness
desasgo *1st sg pres ind of* **desasir**
desasimiento *m* loosening, releasing; detachment, disinterest
desasimilación *f* (physiol.) disassimilation
desasimilar *va* (physiol.) to disassimilate; *vr* to be disassimilated
desasir §22 *va* to let go; to loosen, unfasten; *vr* to let loose; to come loose; **desasirse de** to let go; to give up; to get rid of
desasistir *va* to abandon, forsake
desasnar *va* (coll.) to give good manners to, to polish; *vr* (coll.) to acquire good manners
desasociable *adj* unsociable
desasociar *va* to disassociate (*two or more persons*)
desasosegadamente *adv* uneasily, worriedly, anxiously
desasosegar §29 *va* to disquiet, worry, disturb; *vr* to become disquieted, to worry, to get upset
desasosiego *m* disquiet, worry, anxiety
desastado -da *adj* hornless
desastar *va* to dehorn
desastrado -da *adj* unfortunate, unlucky; shabby, ragged; *mf* shabby person, ragged person
desastre *m* disaster; **ir al desastre** to go to pieces, to fall apart (*said, e.g., of a business*)
desastroso -sa *adj* unfortunate, disastrous
desatacar §86 *va* to unfasten, undo, unbutton
desatadamente *adv* freely, without restraint
desatado -da *adj* loose; mad, wild; fierce, violent
desatadura *f* untying, unfastening, loosening; solving, resolving
desatancar §86 *va* to unclog, to open up; *vr* to get out of the mud, get out of a rut
desatar *va* to untie, undo, unfasten; to solve, unravel; *vr* to come untied; to break loose (*said, e.g., of a storm*); to lose all reserve or restraint; to go too far, to forget oneself; to talk without restraint; **desatarse en** to burst forth in (*e.g., insults*)
desatascar §86 *va* to pull out of the mud, to pull out of a rut; to unclog; to extricate, release from a tight spot or difficulty; *vr* to get out of the mud, get out of a rut
desataviar §90 *va* to strip of adornment or ornaments, to disarray
desatavío *m* slovenliness, uncleanliness, disarray
desate *m* unrestraint, unrestrained talk; flood (*e.g., of words*); **desate del vientre** loose bowels
desatención *f* inattention, disregard; disrespect, discourtesy
desatender §66 *va* to pay no attention to, take no notice of; to slight, disregard
desatentado -da *adj* injudicious, thoughtless, unwise; extreme, severe, out of proportion
desatentar §18 *va* to cause to lose the sense of touch; to confuse, to perplex; *vr* to lose one's sense of touch; to become confused or perplexed
desatento -ta *adj* inattentive, disregardful; impolite, unmannerly
desaterrar §18 *va* (min.) to clear of rubbish and debris; (Am.) to move away, to clear away (*earth or mud*)

D

desatesorar *va* to spend (*one's treasure or hoardings*)
desatiento *m* loss of sense of touch; confusion, perplexity, uneasiness, worry
desatierre *m* (min.) dumping ground; (Am.) removal of earth or mud
desatinado -da *adj* unwise, foolish; wild, crazy; unruly, in disorder, confused; *mf* fool, blunderer
desatinar *va* to confuse, bewilder; *vn* to act or talk foolishly; to lose one's bearings; *vr* to lose one's bearings
desatino *m* folly, foolishness, nonsense; tactlessness, awkwardness, irrelevancy
desatolondrar *va* to bring to; *vr* to come to
desatollar *va* to pull out of the mud, to pull out of a rut; *vr* to get out of the mud, get out of a rut
desatontar *vr* to recover from being stunned
desatorar *va* (naut.) to break out, to unstow; (min.) to clear of rubbish or debris
desatornillar *va* to unscrew
desatracar §86 *va* (naut.) to move away (*one boat from alongside another*); *vn* (naut.) to keep away from the coast; *vr* (naut.) to move away, to push off
desatraer §88 *va* to separate, detach
desatraigo *1st sg pres ind of* **desatraer**
desatraillar §75 *va & vr* var. of **destraillar**
desatraje *1st sg pret ind of* **desatraer**
desatrampar *va* to unclog
desatrancar §86 *va* to unbolt, unbar; to unclog
desatufar *vr* to get out of the close air (*e.g., of a crowded room*); (fig.) to cool off, to quiet down
desaturdir *va & vr* to rouse from a daze or stupor
desautoridad *f* want of authority
desautorización *f* withdrawal of authority
desautorizado -da *adj* unauthorized; discredited
desautorizar §76 *va* to deprive of authority or credit
desavahado -da *adj* free of clouds, mist, or steam; free, easy, calm
desavahamiento *m* airing; uncovering, cooling
desavahar *va* to air, ventilate; to let cool off, let the steam out of; *vr* to unburden oneself, to brighten up
desavecindado -da *adj* unoccupied, deserted
desavecindar *vr* to move, to move to another place
desavendré *1st sg fut ind of* **desavenir**
desavenencia *f* discord, disagreement, hostility
desavengo *1st sg pres ind of* **desavenir**
desavenido -da *adj* contrary, disagreeable; incompatible
desavenir §92 *va* to make hostile, bring disagreement among, sow discord among; *vr* to disagree; **desavenirse con** or **de** to disagree with
desaventajado -da *adj* disadvantageous
desaventura *f* misfortune
desaviar §90 *va* to mislead, lead astray; to deprive of needs or equipment; *vr* to be misled, to go astray; to be without necessary equipment
desavine *1st sg pret ind of* **desavenir**
desaviniendo *ger of* **desavenir**
desavío *m* leading astray, going astray; inconvenience, want of equipment
desavisado -da *adj* unadvised, uninformed
desavisar *va* to give different advice to, give new advice to
desayudar *va* to keep help from, to keep (*a person*) from being helped
desayunado -da *adj* with breakfast over; **estar desayunado** to have had breakfast
desayunar *vn* to breakfast; *vr* to breakfast; to receive the first news; **desayunarse con** to have breakfast on; **desayunarse de** to receive the first news of
desayuno *m* breakfast, light breakfast; breakfasting
desazogar §59 *va* to remove the quicksilver from
desazón *f* tastelessness, insipidity; displeasure, bitterness, annoyance; discomfort, indisposition; unfitness for cultivation
desazonado -da *adj* indisposed; displeased; unfit for cultivation
desazonar *va* to make tasteless; to displease, annoy, embitter; *vr* to be displeased, annoyed, or embittered; to be indisposed, to feel ill; to become tasteless
desazufrar *va* to desulfurize
desbabar *vn & vr* to drivel, to slobber
desbagar §59 *va* to extract (*flaxseed*) from the capsules
desbancar §86 *va* (naut.) to clear of benches; to win the bank from; to cut out, to supplant
desbandada *f* disbandment; **a la desbandada** helter-skelter, in confusion
desbandar *vr* to run away, to flee in disorder; to disband; (mil.) to desert the colors
desbarahustar *va* var. of **desbarajustar**
desbarahuste *m* var. of **desbarajuste**
desbarajustar *va* to throw into confusion or disorder; *vr* to get out of order, to break down
desbarajuste *m* confusion, disorder
desbaratadamente *adv* in confusion, in disorder
desbaratado -da *adj* (coll.) corrupt, debauched
desbaratador -dora *mf* destroyer
desbaratamiento *m* ruin, destruction, downfall, upset
desbaratar *va* to spoil, disrupt, ruin, destroy; to waste, squander; to debunk; (mil.) to rout, throw into confusion; *vn* to talk nonsense; *vr* to talk or act unreasonably, to be unbalanced
desbarate *m* disruption, ruin, destruction; debunking; loose bowels; **desbarate de vientre** loose bowels
desbarato *m* ruin, destruction
desbarbado -da *adj* beardless
desbarbar *va* to cut the roots, vanes, or filaments of, to trim; (coll.) to shave; *vr* (coll.) to shave, get shaved
desbarbillar *va* to cut off the rootlets of (*young vines*)
desbardar *va* to unthatch
desbarnizar §76 *va* to remove the varnish from
desbarrancadero *m* (Am.) precipice
desbarrancar §86 *va* to level (*uneven ground*); (Am.) to throw over a precipice; *vr* (Am.) to fall over a precipice
desbarrar *va* to unbar; (Am.) to clear of mud; *vn* (sport) to throw the bar with all one's might but without taking aim; to slip away; to steal away; to talk nonsense, to act foolishly
desbarretar *va* to unbar, unbolt; to remove the lining of (*shoes*)
desbarrigado -da *adj* small-bellied
desbarrigar §59 *va* (coll.) to slash in the belly, to rip open the belly of
desbarro *m* slip, blunder; slipping away; nonsense, folly
desbastador *m* dressing chisel
desbastadura *f* roughdressed effect
desbastar *va* to work or shape roughly, to roughdress, to scabble; to consume, waste, weaken; to polish, take off the rough edges of, educate; *vr* to take on polish
desbaste *m* roughdressing; roughdressed state
desbastecido -da *adj* without provisions or supplies
desbautizar §76 *va* to change the name of; *vr* (coll.) to lose one's temper, become very impatient or angry
desbazadero *m* wet, slippery place
desbeber *vn* (coll.) to urinate
desbecerrar *va* to wean calves from (*their mothers*)
desbloquear *va* to break the blockade of, to relieve the blockade of; (com.) to unfreeze
desbloqueo *m* relieving a blockade; (com.) unfreezing
desbocado -da *adj* wide-mouthed (*said of a gun*); nicked (*said of a tool*); neckless (*jug*); runaway (*horse*); loose, licentious; (coll.) foulmouthed; (coll.) loosemouthed; *mf* (coll.) foulmouthed person
desbocamiento *m* running away; licentiousness; (coll.) abusiveness, insulting language, obscenity

D

desbocar §86 *va* to break the mouth or spout of; *vn* to empty (*said of a river*); to run, to open, to end (*said of a street*); *vr* to break loose, to run away (*said of a horse*); to burst forth in insults, to swear, to curse; to become debauched, to lead a life of violence
desbonetar *vr* (coll.) to take one's cap off
desboquillar *va* to remove or break the mouth, stem, or nozzle of
desbordamiento *m* overflowing, inundation; violence (*of conduct*)
desbordante *adj* overflowing
desbordar *vn* to overflow; *vr* to overflow; to lose one's self-control, to yield to evil
desborde *m* overflowing, inundation
desbornizar §76 *va* to remove the cork from (*a tree*)
desborrar *va* to burl; (prov.) to strip of shoots
desbozalar *va* unmuzzle
desbragado -da *adj* (coll.) without pants; (scornful) ragged, shabby; *mf* (scornful) ragged person
desbravar *va* to break in, to tame; *vn & vr* to become less wild; to abate, to moderate; to cool off, calm down; to lose strength (*said of liquors*)
desbravecer §34 *vn & vr* to become less wild; to abate, to moderate; to cool off, calm down; to lose strength (*said of liquors*)
desbrazar §76 *vr* to wave the arms with violence
desbrevar *vr* to lose body and strength (*said of wine*)
desbridamiento *m* unbridling; (surg.) débridement, removal of lacerated or contaminated material
desbridar *va* to unbridle; (surg.) to débride
desbriznar *va* to cut or divide into small parts; to chop up, to mince (*meat*); to remove the strings from (*vegetables*); to pull the stamens from (*saffron*)
desbroce *m* var. of **desbrozo**
desbrozar §76 *va* to clear of brush or underbrush, to clear of rubbish, to clean up
desbrozo *m* clearing of brush or underbrush, clearing of rubbish
desbrujar *va* to wear away, to destroy
desbuchar *va* to disgorge (*said of birds*); to tell (*secrets*); to remove the maw from (*a bird*); to remove the fat from
desbulla *f* oyster shell
desbullador -dora *mf* oyster opener, oyster vendor; *m* oyster fork
desbullar *va* to open (*an oyster*)
descabal *adj* incomplete, imperfect
descabalamiento *m* removal of parts, loss of parts, damage
descabalar *va* to make incomplete, to take away or lose parts of, to damage
descabalgadura *f* dismounting, alighting from a horse
descabalgar §59 *va* to dismount (*a gun*); to knock (*a gun*) out by destroying the carriage; *vn* to dismount, to alight from a horse
descabellado -da *adj* disheveled; rash, preposterous, wild
descabellar *va* to dishevel, to muss, to rumple; (taur.) to kill (*the bull*) by piercing the base of its brain with the sword; *vr* to become disheveled, to become mussed
descabello *m* (taur.) killing the bull by piercing the base of its brair with the sword
descabestrar *va* to unhalter
descabezado -da *adj* rash, wild, crazy
descabezamiento *m* beheading; quandary
descabezar §76 *va* to behead; to top (*e.g., a tree*); (coll.) to be about to get the best of (*e.g., a task*); **descabezar el sueño** to nod, to doze; *vn* to adjoin, to border; *vr* to shed the grain (*said of cereals*); to rack one's brain
descabritar *va* to wean goats from (*the mother*)
descabullir §26 *vr* to slip away, to sneak away; to avoid facing a problem; to refuse to face realities; **descabullirse de** to wriggle out of (*e.g., a difficulty*)
descachar *va* (Am.) to dehorn
descacharrado -da *adj* (Am.) dirty, ragged
descachazar §76 *va* (Am.) to skim froth from (*cane juice*)
descaderado -da *adj* narrow-hipped
descaderar *va* to injure the hips of; *vr* to injure one's hips
descadillar *va* to cut off the loose threads of (*the warp*)
descaecer §34 *vn* to decline, fade away
descaecimiento *m* weakness, debility; despondency, dejection
descafilar *va* to clean and smooth (*old bricks and stones*)
descalabazar §76 *vr* (coll.) to rack one's brain
descalabrado -da *adj* wounded in the head; worsted; **salir descalabrado** to come out the loser, to lose out
descalabradura *f* bump in the head; scab on the head
descalabrar *va* to hit, to hurt, to hit in the head; to damage, to ruin; *vr* to hurt one's head
descalabro *m* misfortune, damage, loss
descalandrajar *va* to tear to shreds
descalcador *m* (naut.) ravehook
descalcar §86 *va* (naut.) to remove oakum from (*seams*)
descalce *m* undermining
descalcez *f* barefootedness
descalificación *f* disqualification; (sport) disqualification
descalificar §86 *va* to disqualify (*to deprive of a right, etc.*); (sport) to disqualify
descalzar §76 *va* to take off (*footwear*); to take the shoes or stockings off (*a person*); to remove wedges or chocks from; to dig under, to undermine; *vr* to take off one's shoes and stockings; to take off one's gloves; to take off (*shoes or gloves*); to lose a shoe (*said of a horse*); to become discalced (*said of a friar*); **descalzarse de risa** to split one's sides with laughter
descalzo -za *adj* barefoot, unshod; discalced (*said, e.g., of a friar*); seedy, down at the heel
descamación *f* desquamation
descamar *vr* to desquamate
descambiar *va* to exchange back again
descaminadamente *adv* off the road; mistakenly, wrongly
descaminado -da *adj* off the road; lost, misguided; ill-advised
descaminar *va* to lead astray, to mislead, to misguide; to declare contraband; to seize (*smuggled goods*); to punish for smuggling; (Am.) to waylay, to hold up; *vr* to go astray, to get lost; to run off the road
descamino *m* leading astray; going astray; running off the road; nonsense; lack of tact; seizure of smuggled goods; smuggled goods seized
descamisado -da *adj* shirtless, ragged; poor, wretched; *m* ragamuffin; poor person; wretch; **Descamisados** *mpl* Spanish liberals of 1820; (Am.) followers of General Perón around 1950
descamisar *va* to remove the shirt of, to strip; to hull, to husk; (found.) to remove the mold from; (Am.) to ruin
descampado -da *adj* free, open, clear; **en descampado** in the open country
descampar *va* to clear (*a piece of land*); *vn* to stop work; to stop raining
descanar *va* (Am.) to thin out the gray hairs from
descansadamente *adv* easily, without trouble; tranquilly, calmly, peacefully
descansadero *m* stage, stopping place, resting place
descansadillo *m* (aut.) footrest
descansado -da *adj* easy; rested, refreshed; tranquil, unworried
descansapié *m* or **descansapiés** *m* (*pl:* **-piés**) (aut.) footrest
descansar *va* to help, to give a hand to; to rest (*e.g., one's head*); to support, to hold up; *vn* to rest; to be quiet; to stop work; to lie down; to lie (*be buried*); to rest, to lean; to sleep; to not worry; to lie fallow; **descansar en** to trust in
descansillo *m* landing (*of stairs*)
descanso *m* rest, quiet, stillness, peace; ease, relief; aid, help; landing (*of stairs*); (mach.) seat, bench, support, bracket; (mil.) parade rest; (theat.) intermission; **rest** (*peace of*

death); (Am.) bridge; (Am.) water closet; **a discreción descanso** (mil.) at ease; **en su lugar descanso** (mil.) parade rest; **descanso dominical** Sunday observance
descantar *va* to clear of stones
descantear *va* to smooth the angles or corners of, to round off; to splay, to chamfer, to edge
descanterar *va* to remove the crust, corners, or ends of
descantillar *va* to break off, to pare off, to chip off; to deduct, to subtract; to speak ill of
descantillón *m* gauge, pattern, rule, templet; square
descantonar *va* to pare off, to chip off; to take off (*corners*); to subtract
descañonar *va* to pluck; to shave against the grain; (coll.) to fleece, to swindle; (coll.) to break, to win the pot from
descaperuzar §76 *va* to unhood, to uncowl; *vr* to take off one's hood, cowl, or hunting cap
descaperuzo *m* taking off one's hood, cowl, or hunting cap
descapillar *va* to take off the hood of
descapiruzar §76 *va* (Am.) to dishevel, to muss the hair of; (Am.) to rumple, to crumple; (Am.) to dull (*velvet*) by rubbing the wrong way
descapitalizar §76 *va* to deprive (*a town or city*) of its status as capital
descapotable *adj & m* (aut.) convertible
descapotar *va* to lower the top of (*an automobile*)
descapsulador *m* bottle opener
descarado -da *adj* impudent, shameless; saucy
descaramiento *m* impudence, shamelessness; sauciness
descarar *vr* to speak or behave in an impudent manner; to be saucy; **descararse a pedir** to have the nerve to ask for; **descararse con** to speak insolently to, to behave insolently towards
descarbonatar *va* to decarbonate, remove carbonic acid from
descarburación *f* decarbonization
descarburador -dora *adj* decarbonizing
descarburar *va* to decarbonize
descarga *f* unloading; discharge, firing (*of a gun, etc.*); clearing (*of a ship*); unburdening; (com.) discount; (elec.) discharge; **descarga de aduana** clearance through customhouse; **descarga superficial** (elec.) surface leakage
descargadero *m* unloading place, wharf
descargador *m* unloader; (naut.) lighterman; (ord.) wormer
descargadura *f* bone that a butcher takes out of a piece of meat
descargar §59 *va* to unload; to ease (*one's conscience*); to shoot, to fire, to discharge; to free; to dump; to take the flap and bones from (*loin*); to deal, to inflict (*e.g., blows*); to clear, to acquit; to free (*e.g., of a debt*); (com.) to take up (*a draft*); (elec.) to discharge; (naut.) to brace (*a lee*); (naut.) to clear (*the sails or yards*); **descargar un golpe en, contra,** or **sobre** to strike a blow at; *vn* to empty (*said of a river*); to open (*said of a hall, walk, street, etc.*); to burst (*said of a storm*); *vr* to unburden oneself; to resign; **descargarse de** to get rid of; to clear oneself of (*a charge*); to resign from; **descargarse con** or **en una persona de una cosa** to unload something on someone
descargo *m* unloading; discharge, acquittal; acquittance (*of a debt*); receipt, release; (law) deposition favorable to defendant
descargue *m* unloading
descariñar *vr* to become cool, become indifferent
descariño *m* coolness, indifference
descarnadamente *adv* plainly, frankly, to the point
descarnado -da *adj* lean, thin, spare; bare; bony, cadaverous; **la descarnada** Death
descarnador *m* (dent.) scraper
descarnadura *f* removal of flesh
descarnar *va* to remove the flesh from; to wear down, wear away; to chip; to detach from the things of this world; *vr* to lose flesh
descaro *m* effrontery, impudence
descarriamiento *m* var. of **descarrío**
descarriar §90 *va* to misguide, lead astray; to separate (*cattle*); *vr* to go astray; to go wrong
descarrilador -dora *adj* derailing; *mf* derailer; **descarrilador de trenes** train wrecker
descarriladura *f* or **descarrilamiento** *m* derailment
descarrilar *vn* to derail, to jump the track; (coll.) to get off the track, wander from the point; *vr* to derail, to jump the track
descarrío *m* going astray; ruin, damnation
descartar *va* to reject, cast aside; to discard; *vr* to discard; to shirk, evade; **descartarse de** to shirk, evade (*e.g., a commitment*)
descarte *m* rejection, casting aside; discarding; discard (*cards discarded*); shirking, evasion
descasado -da *adj* jumbled, mixed up
descasamiento *m* annulment (*of marriage*); divorce
descasar *va* to annul the marriage of; to disturb, to disturb the arrangement of; (print.) to change the arrangement of (*pages of a folio*); *vr* to separate by an annulment of marriage; to become disarranged
descascar §86 *va* to peel, to shell; *vr* to break to pieces; to chatter, to bluster
descascarar *va* to peel, to shell; *vr* to peel off, to shell off
descascarillado *m* hulling, shelling
descascarillar *va & vr* to hull, to shell
descaspar *va* to remove the dandruff from
descasque *m* decortication (*especially of cork tree*)
descastado -da *adj* ungrateful, ungrateful to one's own
descastamiento *m* ingratitude
descastar *va* to exterminate (*destructive animals and insects*); *vr* to become depraved, to turn ingrate
descatolizar §76 *va* to cause to give up Catholicism; *vr* to give up Catholicism
descaudalado -da *adj* ruined, penniless
descebar *va* to unprime (*a firearm*)
descendencia *f* descent (*family tree; issue*)
descendente *adj* descending, descendent, down
descender §66 *va* to lower, take down, bring down; to descend, go down (*e.g., stairs*); *vn* to descend, go down, get down; to run, to flow; to be derived; to decline; (mus.) to descend; **descender a** to descend to, to stoop to; **descender a** + *inf* to go or come down to + *inf;* **descender de** to descend from
descendiente *mf* descendant
descendimiento *m* descent, lowering
descensión *f* descent, descending
descenso *m* descent (*act of descending; downward course in station, value, etc.*); decline, falling off; drop (*in temperature*); (path.) hernia, rupture, prolapse (*of uterus*)
descentrado -da *adj* off center, out of plumb
descentralización *f* decentralization
descentralizador -dora *adj* decentralizing
descentralizar §76 *va* to decentralize
descentrar *va* to put off center; *vr* to get off center, to get out of line
desceñido -da *adj* loose, loose-fitting
desceñidura *f* unbelting, ungirding; loosening or removal of a belt, etc.
desceñir §74 *va* to unbelt, ungird; to take off (*a belt, etc.*)
descepar *va* to pull up by the roots; to exterminate; (naut.) to remove the stocks from (*an anchor*)
descerar *va* to cut away the dry combs from (*a beehive*)
descercar §86 *va* to destroy or tear down the wall or fence of; to raise the siege of; to force the enemy to raise the siege of
descerco *m* raising a siege
descerebrar *va* to brain, to dash out the brains of
descerezar §76 *va* to pulp (*coffee berry*)
descerrajado -da *adj* (coll.) wicked, evil, corrupt
descerrajadura *f* lock-breaking
descerrajar *va* to break or tear off the lock of; (coll.) to shoot, discharge (*a shot*)
descerrar §18 *va* to open

descerrumar *vr* to wrench its joints (*said of a horse*)
descervigar §59 *va* to twist the neck of (*an animal*); *vr* to humble oneself
descifrable *adj* decipherable
descifrador *m* decipherer; decoder
descifrar *va* to decipher; to decode
descifre *m* deciphering; decoding
descimbramiento *m* (arch.) removal of centers
descimbrar *va* (arch.) to remove the center of (*e.g., an arch*)
descimentar *va* to demolish the foundations of
descinchar *va* to ungird
descivilizar §76 *va* to uncivilize, to make uncivilized; *vr* to become uncivilized
desclasificación *f* (sport) disqualification
desclasificar §86 *va* (sport) to disqualify
desclavador *m* nail puller
desclavar *va* to remove the nails from, to unnail; to take (*a precious stone*) out of its setting
desclorurar *va* to remove sodium chloride from; to remove salt from (*the diet*)
descoagular *va* to dissolve (*a clot*)
descobajar *va* to pull the stem from (*grapes*)
descobijar *va* to uncover, to open; to deprive of shelter
descocado -da *adj* forward, insolent
descocar §86 *va* to clear (*trees*) of insects; *vr* to clean itself of fleas, etc. (*said of birds and other animals*); (coll.) to be impudent; (coll.) to act or speak insolently
descocer §30 *va* to digest
descoco *m* (coll.) impudence, insolence
descochollado -da *adj* (Am.) ragged, in tatters
descodar *va* (dial.) to unstitch, to rip
descoger §49 *va* to extend, spread, unfold
descogollar *va* to strip (*a tree*) of shoots; to take the heart out of (*vegetables*)
descogotado -da *adj* (coll.) low-necked
descogotar *va* to break the neck of; to dehorn (*a stag*)
descohesor *m* (rad.) decoherer
descolar *va* to dock, crop, or cut the tail off (*an animal*); to cut off the fag end of (*cloth*); (Am.) to slight; (Am.) to dismiss (*an employee*)
descolchar *va* (naut.) to untwist (*a cable*)
descolgar §79 *va* to take down; to unhook; to take down the draperies, hangings, etc. in; *vr* to slip down; to come down; to come on suddenly, to show up unexpectedly; **descolgarse con** (coll.) to come out with suddenly, to blurt out; **descolgarse de** or **por** to slip down (*e.g., a wall*)
descoligado -da *adj* unattached, unfederated
descolmar *va* to strike (*with a strickle*); to level off; to diminish
descolmillar *va* to pull out the eyeteeth or the fangs of
descolocado -da *adj* out of place, in the wrong place
descolón *m* (coll.) slight
descoloración *f* decolorization, color removal
descoloramiento *m* discoloring, discoloration
descolorar *va & vr* to discolor
descolorido -da *adj* discolored, faded, off color
descolorimiento *m* discoloring, discoloration
descolorir *va & vr* to discolor
descollado -da *adj* haughty; outstanding
descollamiento *m* var. of **descuello**
descollante *adj* outstanding
descollar §77 *vn* to stand out, excel
descombrar *va* to disencumber, to clear of obstacles
descombro *m* disencumbrance, clearing of obstacles
descomedido -da *adj* immoderate, excessive; rude, disrespectful, impolite
descomedimiento *m* rudeness, disrespect, impoliteness
descomedir §94 *vr* to be rude, be disrespectful
descomer *vn* (coll.) to have a movement of the bowels
descomodidad *f* inconvenience
descompadrar *va* (coll.) to break up the friendship of; *vn* (coll.) to be no longer friends, to fall out
descompaginar *va* to disorganize, to upset
descompás *m* excess, immoderateness
descompasado -da *adj* extreme, immoderate, out of all reason
descompasar *vr* to be extreme, be immoderate
descompletar *va* to make incomplete, to break (*e.g., a set of dishes*)
descompondré *1st sg fut ind of* **descomponer**
descomponer §69 *va* to decompose; to disturb, upset, discompose, disorganize; to put out of order; to alienate, set at odds; *vr* to decompose; to become distorted (*said of the face*); to fall to pieces (*with regard to health*); to get out of order; to lose one's temper; **descomponerse con** to fall out with
descompongo *1st sg pres ind of* **descomponer**
descomposición *f* decomposition; disturbance, disorder, disorganization; discomposure; discord
descompostura *f* decomposition; disorder, disorganization; untidiness; impudence, brazenness
descompresión *f* decompression
descompuesto -ta *adj* impudent, brazen, impolite; angry, exasperated; out of order; *pp of* **descomponer**
descompuse *1st sg pret ind of* **descomponer**
descomulgado -da *adj* wicked, perverse, evil
descomulgar §59 *va* to excommunicate
descomunal *adj* extraordinary, enormous, monstrous
desconceptuar §33 *va* to discredit; *vr* to become discredited
desconcertado -da *adj* unrestrained, wicked; out of order; disconcerted
desconcertador *m* disturber, tinkerer
desconcertar §18 *va* to put out of order, to disturb; to dislocate; to surprise, to disconcert, to baffle; *vr* to get out of order; to become dislocated; to become disconcerted; to get upset; to become estranged
desconcierto *m* disrepair, disorder; disagreement; unrestraint, imprudence; mismanagement; looseness of bowels
desconcordia *f* discord, disunion, disagreement
desconchabar *vr* (Am.) to become dislocated, to get out of joint
desconchado *m* scaly wall; chip, chipped place (*e.g., in china*)
desconchar *va & vr* to scale off, to chip, to chip off
desconectar *va* to detach; (elec. & mach.) to disconnect; *vr* to become detached; (elec. & mach.) to become disconnected
desconexión *f* disconnection
desconfiado -da *adj* distrustful, suspicious
desconfianza *f* distrust
desconfiar §90 *vn* to have no confidence; **desconfiar de** to have no confidence in, to distrust
desconformar *vn* to dissent, disagree; *vr* to disagree, to not go well together
desconforme *adj* disagreeing
desconformidad *f* nonconformity, unconformity, disconformity; disagreement
descongelación *f* melting, defrosting
descongelador *m* defroster
descongelar *va, vn & vr* to melt, to defrost; (com.) to unfreeze
descongestión *f* removal or lessening of congestion
descongestionar *va* to remove or lessen the congestion of; *vr* to become less congested
descongojar *va* to relieve, to console
desconocedor -dora *adj* ignorant
desconocer §32 *va* to not know, be ignorant of; to not recognize; to disown, disavow, deny; to slight, overlook, pretend not to know, disregard, ignore; to have nothing to do with; to fail to see; *vr* to be or become unrecognizable, to be or become quite changed; to be unknown
desconocidamente *adv* unknowingly
desconocido -da *adj* unknown; unrecognizable; ungrateful; strange, unfamiliar; quite changed, quite different; *mf* unknown, unknown person

desconocimiento *m* ignorance; disregard; ingratitude
desconozco *1st sg pres ind of* **desconocer**
desconsentir §62 *va* to not consent to, to not acquiesce in
desconsideración *f* inconsiderateness
desconsiderado -da *adj* ill-considered; inconsiderate
desconsiderar *va* to be inconsiderate of; to fail to consider
desconsolación *f* grief, disconsolateness
desconsolado -da *adj* disconsolate, grief-stricken; disordered; weak (*said of the stomach*)
desconsolador -dora *adj* distressing
desconsolar §77 *va* to grieve, to distress; *vr* to grieve, be distressed
desconsuelo *m* grief, disconsolation, disconsolateness; neediness, helplessness; stomach disorder
descontable *adj* discountable
descontaminación *f* decontamination
descontaminar *va* to decontaminate
descontar §77 *va* to discount; to deduct; to rebate; to take for granted
descontentadizo -za *adj* hard to please, easily displeased
descontentamiento *m* discontentment, displeasure; disagreement, unfriendliness
descontentar *va* to dissatisfy, to displease; *vr* to be dissatisfied, to be displeased
descontento -ta *adj* discontent, discontented, displeased; *m* discontent, displeasure
descontinuación *f* discontinuation
descontinuar §33 *va* to discontinue
descontinuo -nua *adj* discontinuous
desconvendré *1st sg fut ind of* **desconvenir**
desconvengo *1st sg pres ind of* **desconvenir**
desconvenible *adj* incongruous, incompatible, discrepant
desconveniencia *f* unsuitableness; incongruity; inconvenience
desconveniente *adj* unsuitable; incongruous; inconvenient
desconvenir §92 *vn* to disagree; to be incongruous; to not match; *vr* to disagree; to be incongruous
desconversable *adj* unsociable, retiring
desconvidar *va* to cancel an invitation to; to take back (*something promised*)
desconvine *1st sg pret ind of* **desconvenir**
desconviniendo *ger of* **desconvenir**
descopar *va* to top (*a tree*)
descorazonamiento *m* broken-heartedness; discouragement, dejection
descorazonar *va* to tear out the heart of; to dishearten, discourage; *vr* to become disheartened or discouraged
descorchador *m* decorticator (*person or machine*); corkscrew
descorchar *va* to remove the bark or cork from (*cork oak*); to uncork; to break open (*a beehive*) in order to extract honey; to break open, to break into
descorche *m* removal of bark or cork
descordar §77 *va* to unstring (*e.g., a musical instrument*)
descorderar *va* to separate lambs from (*mother*) in order to form new flocks
descornamiento *m* dehorning
descornar §77 *va* to dehorn; *vr* (coll.) to rack one's brains in vain
descorrear *va* to shed or rub the velvet off (*the antlers*); *vn & vr* to shed or rub the velvet off the antlers (*said, e.g., of a young deer*)
descorrer *va* to run back over; to draw (*e.g., a curtain*); *vn & vr* to flow, to run off
descorrimiento *m* flow, flowing away
descortés *adj* discourteous, impolite
descortesía *f* discourtesy, impoliteness
descortezador *m* decorticator
descortezadura *f* removal of bark; bark removed
descortezamiento *m* removal of bark
descortezar §76 *va* to strip off the bark of; to take off the crust of; to hull, to shell; (coll.) to polish, to civilize; *vr* (coll.) to become polished
descortezo *m* removal of bark
descortinar *va* (mil.) to demolish (*a curtain*)
descosedura *f* rip, ripping
descoser *va* to unstitch, to rip; **descoser la boca** to reveal a secret; *vr* to loose one's tongue; (coll.) to break wind
descosido -da *adj* indiscreet, imprudent; unconnected, desultory; slovenly, disorderly, immoderate, wild; **como un descosido** (coll.) wildly; **reír como un descosido** to laugh like a wild man; *m* open seam, tear, rip
descostar *vr* to move away
descostillar *va* to beat in the ribs, to bruise the ribs of; *vr* to fall flat on one's back
descostrar *va* to remove the crust from
descotar *va* to cut low in the neck
descote *m* low neck, low cut (*around neck*)
descoyuntamiento *m* dislocation; great fatigue, exhaustion
descoyuntar *va* to dislocate; to annoy, to bore; *vr* to become dislocated, to get out of joint
descrecencia *f* decrease, decreasing
descrecer §34 *vn* to decrease, diminish
descrecimiento *m* decrease, diminution
descrédito *m* discredit
descreer §35 *va* to disbelieve, discredit; to deny due credit to; *vn* to disbelieve
descreído -da *adj* unbelieving; *mf* unbeliever, disbeliever
descreimiento *m* unbelief, disbelief
descremadora *f* cream separator
descremar *va* to skim (*milk*)
descrestar *va* to remove the crest or comb of
descrianza *f* incivility, coarseness, rudeness
descriar §90 *vr* to spoil, deteriorate, waste away
describir §17, 9 *va* to describe
descripción *f* description
descriptible *adj* describable
descriptivo -va *adj* descriptive
descriptor -tora *adj* descriptive; *mf* describer
descrismar *va* to remove the chrism from; (coll.) to wallop in the head, to break the skull of; *vr* (coll.) to lose one's temper; (coll.) to rack one's brain; (coll.) to break one's skull
descristianar *va* to remove the chrism from; (coll.) to wallop in the head, to break the skull of; *vr* (coll.) to break one's skull
descristianizar §76 *va* to dechristianize; *vr* to become dechristianized
descrito -ta *pp of* **describir**
descruce *m* uncrossing
descruzar §76 *va* to uncross, remove from a crossed position
descto. abr. of **descuento**
descuadernar *va* to unbind, take the binding off (*a book*); to undo, upset, put out of order; *vr* to get loose, come unbound
descuadrillado *m* (vet.) sprain in the haunch
descuadrillar *vr* to have a sprain in the haunches (*said of a horse*)
descuajar *va* to liquefy, to dissolve (*something clotted, coagulated, etc.*); to uproot, pull up by the roots; to eradicate (*a vice*); (coll.) to dishearten, discourage; *vr* to liquefy, be dissolved
descuajaringar §59 *vr* (coll.) to collapse, be broken down with fatigue; (Am.) to fall to pieces
descuaje *m* or **descuajo** *m* pulling up by the roots, grubbing, clearing away underbrush
descuartizamiento *m* quartering; dividing into pieces, carving; quartering (*punishment*)
descuartizar §76 *va* to quarter; to divide into pieces, to carve; to quarter (*as punishment*)
descubierta *f* see **descubierto**
descubiertamente *adv* clearly, openly, manifestly
descubierto -ta *pp of* **descubrir**; *adj* uncovered, bareheaded; under fire, under accusation; bare (*said, e.g., of a field*); *m* exposition of the holy sacrament; deficit, shortage; **al descubierto** (com.) short; openly; in the open; **en descubierto** (com.) overdrawn; **vender al descubierto** (com.) to sell short; *f* open pie, pie without top crust; (mil.) reconnoitering; (naut.) scanning horizon at sunrise and sunset; (naut.) morning and evening inspection of rigging; **a la descubierta** in the open; openly; reconnoitering

descubridero *m* lookout, eminence commanding a vast expanse
descubridor -dora *adj* discovering; *mf* discoverer; *m* (mil.) scout
descubrimiento *m* discovery; unveiling
descubrir §17, 9 *va* to discover, find out; to uncover, expose to view, lay open, reveal; to invent; to unveil (*a statue*); *vr* to take off one's hat, cap, etc.; to be discovered; to be uncovered; **descubrirse a** or **con** to open one's heart to
descuello *m* distinction, excellence; excessive height; haughtiness, loftiness
descuento *m* discount; deduction, rebate
descuerar *va* (Am.) to flay, to skin; (Am.) to flay, to criticize
descuernacabras *m* strong cold north wind
descuerno *m* (coll.) affront, slight
descuidado -da *adj* careless, negligent; dirty, slovenly; unaware, off guard
descuidar *va* to neglect, overlook; to free of worry; to distract, divert; *vn* to not bother, to not worry; *vr* to be distracted, be diverted; to not bother, to not worry; to become careless; **descuidarse de** to not bother about; **descuidarse de** + *inf* to neglect to + *inf;* **descuidarse de sí mismo** to neglect oneself
descuidero -ra *mf* sneak thief
descuido *m* carelessness, neglect, negligence; oversight, mistake, slip; thoughtlessness, faux pas, slight; **al descuido** with studied carelessness; **con descuido** without thinking
descuitado -da *adj* carefree
descular *va* to break the bottom of (*e.g., a bottle*)
descumbrado -da *adj* smooth, without a crest or peak; clean, free
deschavetar *vr* (Am.) to get rattled, to lose one's head
deschuponar *va* to strip (*a tree*) of shoots and suckers
desde *prep* since, from; after; **desde aquí** from here; **desde entonces** since then, ever since; **desde entonces a esta parte** since that time; **desde hace** for, e.g., **está aquí desde hace tres meses** he has been here for three months; **desde . . . hasta** from . . . to; **desde luego** at once; doubtless, of course; **desde que** since
desdecir §37 *vn* to degenerate, to slip back; to differ; to decline; *vr* to retract; **desdecirse de** to retract, take back (*something said*)
desdén *m* disdain, scorn, contempt; **al desdén** with studied carelessness, with studied neglect
desdentado -da *adj* toothless, edentate; *m* (zool.) edentate
desdentar §18 *va* to pull the teeth of
desdeñable *adj* despicable, contemptible
desdeñadamente *adv* scornfully, disdainfully
desdeñador -dora *adj* scornful, disdainful; *mf* scorner, disdainer
desdeñar *va* to scorn, to disdain; *vr* to be disdainful; **desdeñarse de** to loathe; **desdeñarse de** + *inf* to not deign to + *inf*
desdeñoso -sa *adj* scornful, disdainful
desdevanar *va* to unwind
desdibujado -da *adj* poorly drawn, badly outlined (*said of a drawing or a character in a book*)
desdibujar *vr* to become blurred, become clouded
desdicha *f* see **desdicho**
desdichado -da *adj* unfortunate, unlucky; miserable, unhappy, wretched; (coll.) backward, timid; *mf* wretch
desdicho -cha *pp of* **desdecir;** *f* misfortune; indigence, misery
desdigo *1st sg pres ind of* **desdecir**
desdije *1st sg pret ind of* **desdecir**
desdinerar *va* to impoverish
desdiré *1st sg fut ind of* **desdecir**
desdoblamiento *m* unfolding; splitting; elucidation; **desdoblamiento de la personalidad** disintegration of the personality
desdoblar *va & vr* to unfold, spread open; to split; to divide, break down
desdorar *va* to remove the gold from, remove the gilding from; to damage, sully (*e.g., reputation*); *vr* to lose its gold or gilding; to become damaged or sullied (*said, e.g., of reputation*)
desdoro *m* blemish, blot, stigma
desdoroso -sa *adj* damaging (*to reputation, etc.*)
deseabilidad *f* desirability
deseable *adj* desirable
deseador -dora *mf* desirer, wisher
desear *va* to desire, wish; **desear** + *inf* to desire to, to wish to + *inf*
desecación *f* drying, desiccation
desecador -dora *adj* desiccating; *m* drying room; dryer, desiccator
desecamiento *m* var. of **desecación**
desecante *adj* desiccant; *m* desiccant, drier
desecar §86 *va* to dry, drain, desiccate; *vr* to dry up, drain, desiccate
desecativo -va *adj* desiccative
desechable *adj* disposable
desechadamente *adv* contemptibly, despicably
desechar *va* to cast aside, throw out; to think little of, to underrate; to blame, to censure; to drop (*an employee*); to turn (*a key to open door*)
desecho *m* remainder, residue; débris, rubbish, offal; castoff; contempt, low opinion; **desecho de hierro** scrap iron
desedificación *f* bad example
desedificar §86 *va* to set a bad example for, to give a bad example to
desegregación *f* desegregation
desegregar §59 *va* to desegregate
deselectrización *f* (elec.) discharge, discharging
deselectrizar §76 *va* (elec.) to discharge (*a body*)
desellar *va* to unseal
desembalaje *m* unpacking
desembalar *va* to unpack
desembaldosar *va* to remove the bricks or paving tiles from (*a floor, a room, etc.*)
desembalse *m* loss of water in a dam
desembanastar *va* to take out of a basket; (coll.) to draw (*e.g., a sword*); to talk indiscreetly about; *vr* to break out, to break loose (*said of an animal*); (coll.) to alight from a carriage
desembarazado -da *adj* free, open; easy, unrestrained
desembarazar §76 *va* to disembarrass, to disengage; to clear (*a road*); to empty (*a room*); *vr* to free oneself; to be cleared; to be emptied; **desembarazarse de** to get rid of
desembarazo *m* freedom; ease, naturalness, lack of restraint; (Am.) delivery, accouchement; **con desembarazo** readily, comfortably; quickly
desembarcadero *m* wharf, pier, landing place
desembarcar §86 *va* to debark, disembark, unload; *vn* to debark, disembark, land, go ashore; to leave ship; (coll.) to alight; to end (*said of a staircase at landing*); *vr* to debark, disembark, land, go ashore
desembarco *m* debarkation, disembarkation, landing; landing (*of stairs*)
desembargar §59 *va* to free, to disengage; (law) to raise the attachment or seizure of
desembargo *m* (law) raising of an attachment or seizure
desembarque *m* debarkation, disembarkation, unloading
desembarrancar §86 *va & vn* to float (*said of a ship that ran aground*)
desembarrar *va* to clear of mud
desembaular §75 *va* to take out of a trunk; (coll.) to unburden oneself of
desembebecer §34 *vr* to come to, to recover one's senses
desembelesar *vr* to recover from one's amazement or stupefaction
desemblantado -da *adj* with changed countenance, with changed expression
desemblantar *vr* to change countenance, to color suddenly
desembocadero *m* exit, opening, outlet; mouth (*e.g., of river*)
desembocadura *f* mouth (*e.g., of river*); opening, outlet (*e.g., of street*); (Am.) channel (*between islands*)

desembocar §86 *vn* to flow, to empty; to end; **desembocar en** to flow or empty into; to end at (*said of a street*)
desembojar *va* to remove (*cocoons*) from rearing bushes
desembolsar *va* to empty out of a purse; to disburse, to pay out
desembolso *m* payment, expenditure; outlay; disbursement
desemboque *m* var. of **desembocadero**
desemborrachar *va & vr* to sober up
desemboscar §86 *va* to drive out of the woods; to bring out of ambush; *vr* to come out of the woods; to come out of ambush
desembotar *va* to remove the dullness from, to sharpen, to make sharp; *vr* to lose its dullness, to sharpen, to become sharp
desembozar §76 *va* to unmuffle, unmask; *vr* to unmuffle, unmask; to show one's true colors
desembozo *m* unmuffling, unmasking
desembragar §59 *va* (mach.) to disengage, to unclutch; (mach.) to disconnect (*e.g., a shaft*); *vn* to throw the clutch out
desembrague *m* (mach.) disengaging, disengagement
desembravecer §34 *va* to tame, domesticate; to calm, pacify; *vr* to become tame, to become domesticated
desembravecimiento *m* taming, domestication; calming
desembrazar §76 *va* to take (*something*) off the arm; to hurl (*a weapon*)
desembriagar §59 *va & vr* to sober up
desembridar *va* to unbridle
desembrollar *va* (coll.) to unravel, untangle
desembrozar §76 *va* var. of **desbrozar**
desembuchar *va* to disgorge (*said of birds*); to tell (*secrets*)
desemejante *adj* dissimilar, unlike; **desemejante de** unlike
desemejanza *f* dissimilarity, unlikeness, disagreement
desemejar *va* to disfigure, make look bad, change; *vn* to be unlike, to not look alike
desempacar §86 *va* to unpack, unwrap (*merchandise*); *vr* to cool off, calm down
desempachar *va* to relieve of indigestion; to free of timidity or bashfulness; *vr* to be relieved of indigestion; to get rid of one's timidity or bashfulness
desempacho *m* ease, calmness, unconcern
desempalagar §59 *va* to rid of nausea; *vr* to get rid of nausea
desempañar *va* to remove the blur, steam, smear, etc. from (*glass*); to remove the swaddling clothes from
desempapelar *va* to unwrap; to remove the paper from (*a wall, room, etc.*)
desempaque *m* unpacking, unwrapping
desempaquetar *va* to unpack, to unwrap
desemparejar *va* to unmatch, make unlike, uneven or unequal
desemparentado -da *adj* without relatives
desempastelar *va* (print.) to distribute (*mixed type*)
desempatar *va* to break the tie between, to break (*a tie vote*)
desempate *m* breaking the tie
desempedrar §18 *va* to remove the paving stones from, to unpave; (coll.) to pound (*the pavement*); **ir desempedrando la calle** (fig.) to dash down the street
desempegar §59 *va* to remove the pitch from
desempeñado -da *adj* clear, out of debt
desempeñar *va* to redeem, to recover, to take out of pawn or hock; to free from debt, to free from a commitment; to get (*a person*) out of a jam; to fulfill, carry out, accomplish; to fill (*a function*); to play (*a rôle*); *vr* to get out of a jam; to get out of debt
desempeño *m* redeeming a pledge; taking out of hock; payment (*of a debt*); discharge, fulfilment; performance, acting of a part
desempeorar *vr* to recover, to recover one's strength
desemperezar §76 *vn & vr* to shake off one's laziness
desempernar *va* to unbolt
desempleo *m* unemployment
desemplomar *va* to remove the lead from; to remove the seals from; (dent.) to take the filling out of; *vr* to come out (*said of a filling*)
desemplumar *va* to pluck, to take the feathers out of
desempolvadura *f* dusting, removal of dust or powder
desempolvar *va* to dust, to dust off; to renew; to brush up on; *vr* to brush up
desempolvoradura *f* var. of **desempolvadura**
desempolvorar *va* to dust, to dust off
desemponzoñar *va* to free from the effects of poison; to free of poison
desempotrar *va* to remove, take out (*something fixed or plugged in a wall*)
desempozar §76 *va* to remove from a well
desenalbardar *va* to remove the packsaddle from; to unharness
desenamorar *va* to destroy the love or affection of; *vr* to become cold or indifferent
desenastar *va* to take the handle or shaft off (*a tool, weapon, etc.*)
desencabalgar §59 *va* to dismount (*a gun*)
desencabestrar *va* to disentangle the feet of (*an animal*) from the halter
desencadenamiento *m* unchaining, unleashing; outbreak
desencadenar *va* to unchain, unleash, let loose; *vr* to be unchained, to break loose, to break out, to break forth
desencajamiento *m* dislocation; disjointedness; ricketiness, run-down appearance
desencajar *va* to dislocate; to throw out of joint, to disconnect; *vr* to get out of joint, become dislocated; to become contorted (*said of face or part of face*)
desencaje *m* var. of **desencajamiento**
desencajonamiento *m* unboxing, unpacking; (taur.) removal of bulls from box
desencajonar *va* to take out of a box, to unpack; to take (*bulls*) out of a box
desencalabrinar *va* to free of dizziness
desencalcar §86 *va* to loosen (*what was caked or packed*)
desencallar *va* to set (*a stranded ship*) afloat
desencaminar *va* to mislead, to lead astray
desencantamiento *m* disenchantment; disillusionment
desencantar *va* to disenchant; to disillusion; *vr* to become disenchanted; to become disillusioned
desencantaración *f* drawing lots
desencantarar *va* to draw (*lots*) from an urn; to exclude (*a name or names*) from balloting
desencanto *m* var. of **desencantamiento**
desencapillar *va* (naut.) to take the rigging from, to unrig
desencapotar *va* to take the cloak off (*a person*); to make (*a horse*) keep his head up; (coll.) to reveal, to manifest; *vr* to take off one's cloak; to keep its head up (*said of a horse*); to clear up (*said of sky*); to cool off, calm down
desencaprichar *va* to make (*a person*) give in; *vr* to give in, to give up a pet idea
desencarcelar *va* to free from jail, to set at liberty
desencarecer §34 *va* to lower the price of; *vn & vr* to come down (*in price*)
desencarnar *va* to keep (*dogs*) from eating game; to lose one's liking for; to disembody; *vr* to cast off the body, to die
desencastillar *va* to drive out of a castle; to reveal, make appear, show; to cause (*a person*) to fall from power, favor, etc.
desencerrar §18 *va* to unclose; to free from confinement; to reveal, to disclose
desencintar *va* to remove the ribbons from; to remove the curb of (*a sidewalk*)
desenclavar *va* to remove the nails from, to unnail; to expel or drive out forcibly
desenclavijar *va* to pull the pegs or pins out of; to let go, to disconnect
desencoger §49 *va* to spread out, to unfold; *vr* to lose one's timidity or bashfulness
desencogimiento *m* ease, naturalness
desencoladura *f* ungluing
desencolar *va* to unglue; *vr* to come unglued

desencolerizar §76 *va & vr* to calm down, to cool off
desenconar *va* to allay (*an inflammation*); to calm (*a person; a person's rancor or ill will*); *vr* to abate; to calm down; to soften up, get soft
desencono *m* allayment; calming, mitigation
desencordar §77 *va* to unstring (*e.g., a musical instrument*)
desencordelar *va* to unstring
desencorvar *va* to straighten
desencovar §77 *va* to get (*especially an animal*) out of a cave; to free of a risk or danger
desencrespar *va & vr* to uncurl, to unfrizzle
desencuadernado -da *adj* back on one's feet (*after fatigue or a beating*)
desencuadernar *va* to unbind, take the binding off (*a book*); *vr* to get loose, come unbound
desenchufar *va* to unplug, to disconnect
desendemoniar *va* to drive evil spirits out of; *vr* to be free of evil spirits
desendiablar *va* to drive evil spirits out of
desendiosar *va* to humble the vanity of, to bring down to earth
desenfadaderas *fpl* (coll.) resources, resourcefulness; **tener buenas desenfadaderas** (coll.) to be resourceful; (coll.) to be easygoing
desenfadado -da *adj* free, clear; ample, spacious; carefree, casual
desenfadar *va* to free of anger or annoyance; *vr* to cool off, calm down
desenfado *m* ease, freedom, naturalness; casualness; cheek, effrontery
desenfaldar *va* to untuck
desenfardar or **desenfardelar** *va* to unpack, to open
desenfilada *f* (mil.) defilade
desenfilar *va & vr* (fort. & mil.) to defilade
desenfocado -da *adj* out of focus
desenfoque *m* putting out of focus, distortion
desenfrailar *va* (prov.) to top (*a tree*); *vn* to leave the monastic life, become secularized; (coll.) to take a vacation; (coll.) to be freed, be emancipated; *vr* to leave the monastic life, become secularized
desenfrenado -da *adj* unbridled, licentious, wanton
desenfrenamiento *m* var. of **desenfreno**
desenfrenar *va* to unbridle, remove the bit from; *vr* to yield to vice and evil; to fly into a passion; to break loose (*said, e.g., of a storm*)
desenfreno *m* unruliness, licentiousness, wantonness; **desenfreno de vientre** loose bowels, diarrhea
desenfundar *va* to unsheathe
desenfurecer §34 *va* to quiet the anger of; *vr* to calm down, cool off
desenganchar *va* to unhook, unpin, unfasten; to uncouple; to unhitch, to unharness; *vr* to come unhooked, to come unfastened
desengañadamente *adv* openly, sincerely; (coll.) badly, poorly, carelessly
desengañador -dora *adj* disillusioning, disappointing
desengañar *va* to undeceive, disabuse; to disillusion; *vr* to become disillusioned
desengaño *m* disabusal; disillusionment; disappointment; plain fact, plain truth
desengarrafar *va* to release one's grip on
desengarzar §76 *va* to take out of a setting; to loosen, to disconnect
desengastar *va* to take (*e.g., a precious stone*) out of its setting
desengomar *va* to ungum; to unsize (*silk*)
desengoznar *va* to unhinge; to disconnect, upset, throw out of gear; *vr* to contort the body (*as in certain dances*)
desengranar *va & vr* to unmesh, disengage
desengrane *m* unmeshing, disengaging
desengrasar *va* to take the grease out of; *vn* (coll.) to get thin; (coll.) to take away the greasy taste by eating olives, fruit, etc.
desengrase *m* removal of grease
desengraso *m* (Am.) dessert
desengrosar §77 *va* to make thin, lean, or fine; *vr* to become thin, lean, or fine
desengrudar *va* to scrape or rub the paste off
desenhebrar *va* to unthread; (fig.) to unravel
desenhornar *va* to take out of the oven
desenjaezar §76 *va* to unharness, to take the trappings off (*a horse*)
desenjalmar *va* to take the packsaddle off (*a horse, mule, etc.*)
desenjaular *va* to take out of the cage; to take out of jail or out of confinement
desenlabonar *va* var. of **deseslabonar**
desenlace *m* outcome; denouement (*of drama*)
desenladrillar *va* to take up the bricks or tiles from (*floor*)
desenlazar §76 *va* to untie; to solve; to unravel (*plot of play*); *vr* to untie, come untied; to unfold (*said of plot of play*)
desenlodar *va* to clear of mud
desenlosar *va* to take up the flagstones in (*a room, patio, etc.*)
desenlutar *va* to make (*a person*) give up mourning; *vr* to give up mourning
desenmallar *va* to take (*fish*) out of the net
desenmarañar *va* to disentangle; to unravel
desenmascaradamente *adv* barefacedly
desenmascaramiento *m* unmasking; exposure, exposé
desenmascarar *va* to unmask; to expose; *vr* to unmask, take one's mask off
desenmohecer §34 *va* to clear of rust; *vr* to become clear of rust
desenmudecer §34 *va* to free of a speech impediment; *vn* to get rid of a speech impediment; to break a long silence
desenojar *va* to free of anger, to allay the anger of; *vr* to cool off, calm down; to amuse oneself
desenojo *m* coolness, calmness, freedom from anger
desenredar *va* to disentangle, resolve; to clear up, straighten out; *vr* to extricate oneself
desenredo *m* disentanglement; denouement (*of plot*)
desenrollar *va & vr* to unroll, unwind, unreel, unfurl
desenroscar §86 *va & vr* to untwine; to unscrew
desensamblar *va & vr* to disjoint
desensañar *va* to calm, to pacify; *vr* to calm down, to cool off
desensartar *va* to unstring, to unthread
desensebar *va* to strip of fat; *vn* to change one's pursuits to break the monotony; (coll.) to take away the greasy taste by eating olives, fruit, etc.
desenseñamiento *m* ignorance
desenseñar *va* to unteach (*something learned wrongly*)
desensibilización *f* desensitization
desensibilizar §76 *va* to desensitize; *vr* to become desensitized
desensillar *va* to unsaddle (*a horse*)
desensoberbecer §34 *va* to humble, to lessen the pride of; *vr* to become humbled, to lose one's pride
desensortijado -da *adj* uncurled; dislocated
desentablar *va* to rip the boards or planks from; to disturb, upset, confuse; to break off (*a friendship, bargain, etc.*)
desentalingar §59 *va* (naut.) to unbend (*a cable*)
desentarimar *va* to take up the inlaid floor or parquetry in
desentender §66 *vr* to not participate; to affect ignorance; **desentenderse de** to take no part in, to renounce; to detach oneself from, free oneself from; to pay no attention to; to affect ignorance of
desenterrador *m* exhumer
desenterramiento *m* unearthing, disinterment; (fig.) unearthing; (fig.) recall, recalling
desenterrar §18 *va* to unearth, disinter; to dig up; (fig.) to unearth, to dig up; (fig.) to remember, recall
desentierramuertos *mf* (*pl:* **-tos**) (coll.) defamer of the dead
desentoldar *va* to take the awning from; to strip of adornment
desentonación *f* var. of **desentono**
desentonadamente *adv* out of tune
desentonado -da *adj* out of tune, flat; inharmonious
desentonamiento *m* var. of **desentono**

D

desentonar *va* to humble the pride of; *vn* to be out of tune; to clash, to be out of harmony; *vr* to talk loud and disrespectfully
desentono *m* false note, dissonance; rude tone of voice
desentornillar *va* to unscrew
desentorpecer §34 *va* to free of numbness; to polish, give a polish to (*a person*); *vr* to get rid of numbness, be freed of numbness; to take on a polish
desentrampar *va* (coll.) to free of debts; *vr* (coll.) to get out of debt
desentrañamiento *m* disembowelment, evisceration; giving one's all for love
desentrañar *va* to disembowel, to eviscerate; to dig deeply into, to figure out; *vr* to give one's all to one's beloved
desentrenado -da *adj* (sport) out of training
desentrenamiento *m* (sport) lack of training
desentrenar *vr* (sport) to be out of training, to slip
desentristecer §34 *va* to cheer, comfort, banish the sadness of
desentronizar §76 *va* to dethrone; to deprive of power, favor, or standing
desentumecer §34 *va* to take out the numbness of, to relieve of numbness; *vr* to shake off the numbness
desentumecimiento *m* freedom from numbness
desentumir *va & vr* var. of **desentumecer**
desenvainar *va* to unsheathe; to stretch out (*the claws*); (coll.) to show, expose
desenvelejar *va* (naut.) to strip of sails
desenvendar *va* to unbandage
desenvergar §59 *va* (naut.) to unbend (*a sail*)
desenviolar *va* to bless or purify (*a holy place that was desecrated*)
desenvoltura *f* ease, free and easy manner; fluency; lewdness (*chiefly in women*)
desenvolvedor -dora *adj* scrutinizing, curious, prying; *mf* investigator, curious person
desenvolver §63 & §17, 9 *va* to unroll, unfold; to unwrap; to develop (*e.g., a theme, one's mind, an industry*); to disentangle, unravel, clear up; *vr* to be forward, be too bold; to extricate oneself; to unroll; to develop, to evolve; to be unraveled, be cleared up
desenvolvimiento *m* unfolding; elucidation; development
desenvuelto -ta *pp of* **desenvolver;** *adj* easy, free and easy; fluent; bold, daring; forward, brazen
desenzarzar §76 *va* to pull out of the brambles; (coll.) to separate and reconcile (*quarrelers*); (Am.) to clear (*a field*) of brambles
deseo *m* desire, wish; **coger a deseo** to succeed in gratifying one's desire for; **venir en deseo de** to desire, to want
deseoso -sa *adj* desirous
desequido -da *adj* very dry, too dry
desequilibrado -da *adj* unbalanced; (fig.) unbalanced
desequilibrar *va* to unbalance; *vr* to become unbalanced
desequilibrio *m* disequilibrium, imbalance, unbalanced condition; unbalanced mental condition
deserción *f* desertion; (law) forfeiture (*of right of appeal*)
deserrado -da *adj* free of error
desertar *va* to desert; (law) to forfeit (*right of appeal*); *vn* to desert; **desertar a** to go over to; **desertar de** to desert
desértico -ca *adj* desert
desertor *m* (mil. & fig.) deserter
deservicio *m* disservice
deservir §94 *va* to disserve, do an ill turn to
desescarchador *m* defroster
deseslabonar *va* to cut the links of, to unlink
desespaldar *va* to wrench the back of, break the back of; to take the back off or out of (*e.g., a chair*); *vr* to wrench one's back, to break one's back
desespañolizar §76 *va* to free of Spanish influence; *vr* to become free of Spanish influence; to give up one's Spanish nationality
desesperación *f* despair, desperation; **ser una desesperación** (coll.) to be unbearable
desesperado -da *adj* desperate, despairing; hopeless (*e.g., condition*); *mf* desperate person
desesperante *adj* despairing; exasperating, maddening
desesperanza *f* hopelessness
desesperanzado -da *adj* hopeless
desesperanzar §76 *va* to make hopeless, to deprive of hope; to discourage; *vr* to lose hope
desesperar *va* to make hopeless, to deprive of hope, to drive to despair; (coll.) to exasperate, to drive wild; *vn* to be hopeless, to lose hope, to be driven to despair, to despair; (coll.) to be exasperated, be driven wild
desespero *m* var. of **desesperación**
desestalinización *f* destalinization
desestalinizar §76 *va & vn* to destalinize
desestancar §86 *va* to open (*something stopped up*); (com.) to open the market to, to make free of duty, to raise the monopoly on
desestanco *m* opening, clearing
desestañado *m* untinning, detinning; unsoldering
desestañar *va* to untin, to detin; to unsolder; *vr* to detin; to come unsoldered
desesterar *va* to remove the mats from (*floor, stairs*)
desesterilizar §76 *va* to desterilize (*gold*)
desestero *m* removal of mats; season for removing mats
desestima or **desestimación** *f* low regard, disesteem; refusal, rejection
desestimar *va* to hold in low regard, to disesteem; to refuse, to reject
deséxito *m* failure
desexualizar §76 *va* to desexualize
desfachatado -da *adj* (coll.) impudent, brazen, shameless
desfachatez *f* (coll.) impudence, brazenness, shamelessness
desfajar *va* to ungird, to unbind
desfalcador -dora *mf* defaulter
desfalcar §86 *va* to remove part of, to lop off; to embezzle; to bring down in standing or favor; *vn* to embezzle, to defalcate
desfalco *m* removal, lopping off; embezzlement, defalcation
desfallecer §34 *va* to weaken, to debilitate; *vn* to fall away, grow weak; to faint, faint away; **desfallecer de ánimo** to lose courage
desfallecido -da *adj* faint, fainting, languid
desfalleciente *adj* languishing, failing
desfallecimiento *m* weakening, debilitation; languor; faint, fainting
desfasaje *m* (elec.) phase displacement
desfasar *vn* (elec.) to be out of phase; to be out of tune; to not fit
desfavorable *adj* unfavorable
desfavorecer §34 *va* to disfavor; to disfigure
desfibrar *va* to remove the fibers from
desfiguración *f* or **desfiguramiento** *m* disfigurement; deformation; alteration; distortion
desfigurar *va* to disfigure; to cloud, to darken; to disguise (*voice*); to change, to alter; to distort, misrepresent; *vr* to change countenance
desfijar *va* to pull off, to detach
desfiladero *m* defile, pass
desfilar *vn* to defile, march in review, parade; (coll.) to file by or out
desfile *m* defiling, marching in review, parade
desflecar §86 *va* to remove the flakes from (*wool*) or frettings of (*cloth*)
desflemar *va* (chem.) to dephlegmate; *vn* to expel phlegm
desflocar §95 *va* var. of **desflecar**
desfloración *f* or **desfloramiento** *m* defloration, deflowering
desflorar *va* to deflower; to treat superficially
desflorecer §34 *vn & vr* to lose flowers, to wither
desflorecimiento *m* loss of flowers, withering
desfogar §59 *va* to vent, make an opening in (*e.g., a furnace*); to slake (*lime*); (fig.) to vent (*e.g., one's anger*); to give loose rein to (*a horse*); *vn* (naut.) to break into rain and wind (*said of threatening clouds*); *vr* to vent one's anger, to blow off steam
desfogonar *va* to burst the vent of (*a gun*); *vr* to burst (*said of vent of gun*)

desfogue *m* vent; (Am.) drain hole (*in large aqueduct*); venting of emotions, venting of anger
desfollonar *va* to trim (*a plant*)
desfondamiento *m* (sport) collapse
desfondar *va* to break or remove the bottom of; to stave in; (naut.) to bilge, to knock in the bottom of (*a ship*); (agr.) to dig up (*the soil*) to a great depth; *vr* (naut.) to bilge; (sport) to collapse
desfonde *m* (agr.) digging the soil to a great depth
desforestación *f* deforestation
desforestar *va* to deforest
desformar *va* to deform
desforrar *va* to remove the lining of; to strip
desfortalecer §34 *va* to dismantle, to demolish (*a fort*); to deprive a fortress of (*its garrison*)
desfrenar *va* to unbridle; *vn* (aut.) to take the breaks off; *vr* to yield to one's emotions or passions; to break loose (*said, e.g., of a storm*)
desfruncir §50 *va* to unfold, to spread out
desgaire *m* slovenliness; affected carelessness; scornful attitude; **al desgaire** carelessly, with affected carelessness; scornfully
desgajadura *f* tearing, breaking; splitting of a branch from a tree
desgajar *va* to tear off, to break off; to split off (*a branch*); *vr* to come off, to come loose, to break off, to break away; **desgajarse el cielo** to become stormy, to rain hard
desgaje *m* tearing, breaking, splitting
desgalgadero *m* rocky slope; cliff, precipice
desgalgar §59 *va* to throw headlong; *vr* to fall headlong, to rush headlong
desgalichado -da *adj* (coll.) sloppy, ungainly
desgana *f* lack of appetite; indifference; boredom, disgust; unwillingness; **a desgana** unwillingly, reluctantly
desganado -da *adj* not hungry; indifferent
desganar *va* to make indifferent; *vr* to lose one's appetite; to become indifferent; to be bored
desganchar *va* to lop or tear the branches off (*a tree*)
desgano *m* var. of **desgana**
desgañitar *vr* (coll.) to struggle and scream; (coll.) to scream oneself hoarse
desgarbado -da *adj* graceless, ungainly, uncouth
desgargantar *vr* (coll.) to shout oneself hoarse
desgargolar *va* to ripple (*flax or hemp*); to remove (*a board*) from a groove or notch
desgaritar *vn* to lose the way, to go astray; *vr* to lose the way, to go astray; to get separated from the fold; to abandon an undertaking
desgarrado -da *adj* torn, ripped; tattered; shameless, barefaced, licentious
desgarradura *f* var. of **desgarrón**
desgarramiento *m* tearing, rending
desgarrar *va* to tear, to rend; to cough up; *vr* to withdraw, retire
desgarre *m* tear, rent
desgarro *m* tear, rent; outburst; boldness, barefacedness, effrontery; boasting, braggadocio
desgarrón *m* large tear or rip; shred, tatter
desgasificar §86 *va* to degas, to degasify
desgastar *va* to abrade, consume, wear away; to weaken, spoil, vitiate; *vr* to wear away, lose one's strength, decline
desgaste *m* abrasion, attrition, wear, wearing down, fray, fraying
desgausamiento *m* degaussing
desgausar *va* to degauss
desgaznatar *vr* (coll.) to shout oneself hoarse
desglazador *m* defroster
desglosar *va* to obliterate a note in (*a writing*); to set aside (*a question*); to detach (*a page or pages*); to break down, to analyse
desglose *m* obliteration of a note or gloss; separation; detachment; breakdown, analysis
desgobernado -da *adj* ungovernable, uncontrollable
desgobernar §18 *va* to upset the government of; to misgovern; to dislocate (*bones*); (naut.) to steer poorly; *vn* (naut.) to steer poorly; *vr* to go through contortions (*as in certain dances*)
desgobierno *m* mismanagement, maladministration, misgovernment; dislocation
desgolletar *va* to break the neck of (*e.g., a bottle*); to loosen or remove (*clothing around the neck*)
desgomar *va* to ungum; to unsize (*silk*)
desgonzar §76 *va* to unhinge; to disconnect, upset, throw out of gear; *vr* to be disconnected, upset, or thrown out of gear
desgoznar *va & vr* var. of **desengoznar**
desgracia *f* misfortune, bad luck; disfavor, disgrace; lack of charm or grace; unpleasantness, gruffness; **caer en desgracia** (coll.) to be in disfavor, to lose favor; **correr con desgracia** to have no luck; **por desgracia** unfortunately
desgraciado -da *adj* unfortunate; unhappy; graceless, ungraceful; ungracious, unpleasant, disagreeable; *mf* wretch, unfortunate
desgraciar *va* to displease; to spoil; *vr* to spoil; to decline, to degenerate; to fall out; to fail, to fall through
desgramar *va* to pull up the grass in (*a field*)
desgranador -dora *adj* shelling, threshing; *mf* sheller, thresher; *f* threshing machine
desgranar *va* to remove the grain from, to remove or pick the grapes from (*a bunch of grapes*), to shell (*e.g., peas*); to thresh; to sift (*powder*); *vr* to fall from the ear, to drop from the bunch; to shell, to seed; to come loose (*said of beads*); to wear away (*said of vent of firearms*)
desgrane *m* shelling, picking; coming loose (*of grain, grapes, beads, etc.*); threshing
desgranzar §76 *va* to separate the chaff from; (paint.) to give (*colors*) the first grinding
desgrasar *va* to remove the grease from (*e.g., wool*)
desgrase *m* removal of grease
desgravación *f* lowering of duties or taxes; removal of lien or mortgage
desgravar *va* to lower duties or taxes on; to remove a lien or mortgage on
desgreñar *va* to dishevel; *vr* to get disheveled; to pull each other's hair, to get into a fight
desguace *m* roughhewing, roughdressing; taking down, disassembling of a boat
desguarnecer §34 *va* to remove the ornaments from, to strip of trimmings; to strip down, to remove the accessories from; to unharness; to unman (*a fortress*); to disarm (*an opponent*)
desguarnecimiento *m* stripping; disarming
desguazar §76 *va* to roughhew or roughdress (*timber*); to take down, to break down (*a ship*)
desguince *m* knife for cutting rags in paper mills; dodge, dodging
desguindar *va* (naut.) to lower, bring down; *vr* to slide down
desguinzar §76 *va* to cut (*rags, in paper mills*)
deshabillé *m* deshabille or dishabille
deshabitado -da *adj* uninhabited, unoccupied
deshabitar *va* to move out of; to abandon, to desert (*a town or region*)
deshabituación *f* disuse, disusage
deshabituar §33 *va* to make unaccustomed, to disaccustom; *vr* to become unaccustomed, become disaccustomed
deshacedor -dora *adj* undoing; *mf* undoer; **deshacedor de agravios** righter of wrongs
deshacer §55 *va* to undo; to take apart; to untie, to open; to consume, diminish, destroy; to carve, cut up; to wear away; to put to flight, to rout; to melt, dissolve; to violate (*a treaty*); to right (*wrongs*); *vr* to get out of order, to break, to break to pieces; to go to pieces, to melt (*in the mouth*); to strive hard; to grow weak; to disappear; to be grieved, to be impatient; to bump, to bruise; **deshacerse de** to get rid of; **deshacerse en** to burst into (*tears*); to lavish (*praise, flattery*); **deshacerse por** + *inf* to strive hard to + *inf*
deshago *1st sg pres ind of* **deshacer**
deshaldo *m* spring trimming of honeycombs
deshambrido -da *adj* famished, starving
desharé *1st sg fut ind of* **deshacer**
desharrapado -da *adj* ragged, shabby
desharrapamiento *m* raggedness, shabbiness, poverty, indigence

D

deshebillar *va* to unbuckle
deshebrar *va* to ravel, to unthread; to tear to shreds
deshecha *f* see **deshecho**
deshechizar §76 *va* to take the spell or curse off (*a person*); to disappoint
deshechizo *m* breaking a spell or curse; disappointment
deshecho -cha *pp of* **deshacer;** *adj* strong, violent, hard; great, good (*luck*); *f* feint, simulation, sham, pretense; polite farewell; way-out; l'envoi (*of a poem*); **a la deshecha** with dissimulation; **hacer la deshecha** to feign, to pretend; (Am.) to pretend to be uninterested
deshelador *m* (aer.) deicer
deshelar §18 *va & vr* to melt, to thaw; to defrost; (aer.) to deice
desherbar §18 *va* to pull, pull up (*weeds*); to weed (*e.g., a field*)
desheredación *f* disinheritance
desheredado -da *adj* disinherited; underprivileged
desheredamiento *m* var. of **desheredación**
desheredar *va* to disinherit; *vr* to disgrace one's family, be a disgrace to one's family
deshermanar *va* to make unlike, to unmatch; *vr* to fail as a brother
desherrar §18 *va* to unchain, unshackle; to unshoe (*a horse*)
desherrumbrar *va* to clean of rust, to take the rust off; *vr* to get free of rust
deshice *1st sg pret ind of* **deshacer**
deshidratación *f* dehydration
deshidratar *va & vr* to dehydrate
deshielo *m* thaw, thawing; defrosting
deshierba *f* weeding
deshilachado *m* removal of ravels or frayings
deshilachar *va* to pull ravels or frayings from (*a fabric*); *vr* to fray
deshilado -da *adj* in a file; **a la deshilada** in file, in single file; clandestinely; *m* drawn work, openwork, hemstitching
deshiladura *f* unweaving; reduction of rags to a pulp (*in paper manufacturing*); pulp (*for manufacturing paper*)
deshilar *va* to unweave leaving a fringe; to shred (*meat*); to distract (*a swarm of bees*) to a new hive; *vn* to get thin
deshilo *m* distracting bees to new hive
deshilvanado -da *adj* disconnected, loose, incoherent, desultory
deshilvanar *va* (sew.) to unbaste, untack
deshincar §86 *va* to pull out, to pull up (*something driven in*)
deshinchar *va* to deflate (*a balloon, news, etc.*); to give vent to (*anger, annoyance, etc.*); *vr* to go down (*said of a swelling, tumor, etc.*); (coll.) to become deflated (*in self-esteem*)
deshinchazón *m* abatement of swelling
deshipnotizar §76 *va* to dehypnotize
deshipotecar §86 *va* to cancel the mortgage on, to free of mortgage
deshojador *m* stripper of leaves, defoliator
deshojadura *f* defoliation
deshojar *va* to defoliate, to strip the leaves off (*a plant or tree*); to tear the leaves out of (*a book*); *vr* to defoliate
deshoje *m* fall of leaves
deshollejar *va* to peel, pare, skin (*e.g., grapes*); to shell (*e.g., beans*)
deshollinadera *f* long-handled brush or broom
deshollinador -dora *adj* chimney-sweeping; *mf* chimney sweep, chimney sweeper; (coll.) scrutinizer; *m* long-handled brush or broom
deshollinar *va* to clean, to sweep (*a chimney*); to clean (*walls and ceiling*) with long-handled brush; (coll.) to scrutinize
deshonestar *vr* to act unbecomingly or indecently
deshonestidad *f* immodesty, indecency
deshonesto -ta *adj* immodest, indecent
deshonor *m* dishonor
deshonorar *va* to dishonor; to deprive of office or occupation; to deface, disfigure; *vr* to be dishonored
deshonra *f* dishonor, disgrace; dishonorable act; **tener a deshonra** to consider dishonorable
deshonrabuenos *mf* (*pl:* **-nos**) (coll.) slanderer; (coll.) black sheep
deshonradamente *adv* dishonorably, disgracefully
deshonrador -dora *adj* dishonorable, disgraceful; *mf* dishonorer, disgracer; *m* seducer
deshonrar *va* to dishonor, to disgrace; to violate, to seduce (*a woman*); to insult, defame; to scorn, despise
deshonrible *adj* (coll.) shameless, contemptible; *mf* (coll.) shameless person, contemptible person
deshonroso -sa *adj* dishonorable, ignominious, indecent
deshora *f* inopportune time, inconvenient time; **a deshora** or **a deshoras** inopportunely, at an inconvenient time; without preparation
deshornar *va* var. of **desenhornar**
deshospedamiento *m* refusal of lodging, inhospitality
deshospedar *va* to deprive of lodging, to refuse lodging to
deshuesadora *f* pitter (*device*)
deshuesar *va* to bone; to stone, to take the pits out of (*fruit*)
deshumanar *vr* to become dehumanized
deshumanización *f* dehumanization
deshumanizar §76 *va* to dehumanize
deshumedecedor -dora *adj* dehumidifying; *m* dehumidifier
deshumedecer §34 *va* to dehumidify, to dry up; *vr* to become dehumidified, to dry up
deshumidificar §86 *va* to dehumidify
desiderátum *m* (*pl:* **-rata**) desideratum
desidia *f* laziness, indolence
desidioso -sa *adj* lazy, indolent; *mf* lazy person
desierto -ta *adj* desert; deserted; *m* desert; wilderness; **predicar en desierto** (coll.) to preach to deaf ears; **Desierto Arábigo** *or* **de Arabia** Arabian Desert; **Desierto de Libia** Libyan Desert; **Desierto de Sahara** Sahara Desert
designación *f* designation, selection
designar *va* to plan (*a piece of work*); to designate, to appoint, to select
designio *m* design, purpose, plan
desigual *adj* unequal; rough, uneven, irregular, jerky; arduous, difficult; changeable, inconstant
desigualar *va* to make unequal; *vr* to become unequal; to get ahead
desigualdad *f* inequality; roughness, unevenness
desilusión *f* disillusion, disillusionment; disappointment
desilusionar *va* to disillusion; to disappoint; *vr* to be disillusioned; to be disappointed
desimanación *f* demagnetization
desimanar *va* to demagnetize; *vr* to become demagnetized
desimantación *f* var. of **desimanación**
desimantar *va & vr* var. of **desimanar**
desimpondré *1st sg fut ind of* **desimponer**
desimponer §69 *va* (print.) to break up the imposition of (*a form*)
desimpongo *1st sg pres ind of* **desimponer**
desimpresionar *va* to undeceive; to remove the impression of; *vr* to be undeceived; **desimpresionarse de** to free one's mind of
desimpuesto -ta *pp of* **desimponer**
desimpuse *1st sg pret ind of* **desimponer**
desinclinar *va* to disincline; *vr* to disincline, be disinclined
desincorporar *va & vr* to separate, to break up
desincrustante *m* disincrustant
desincrustar *va* to disincrust
desinencia *f* (gram.) termination, ending, desinence; **desinencia casual** (gram.) case ending
desinfección *f* disinfection
desinfectante *adj & m* disinfectant
desinfectar *va* to disinfect; *vr* to become disinfected
desinfestar *va* to disinfest
desinficionar *va & vr* var. of **desinfectar**
desinflación *f* or **desinflado** *m* deflation
desinflamación *f* decrease of inflammation, loss of inflammation

desinflamar *va* to remove the inflammation from; *vr* to lose its inflammation (*said of a wound, part of body, etc.*)
desinflar *va* to deflate; (coll.) to deflate (*a person*); *vr* to become deflated; (coll.) to be or become deflated
desinsacular *va* to draw lots on (*certain names*)
desinsectación *f* fumigation, freeing of insects
desinsectar *va* to fumigate, to free of insects
desintegración *f* disintegration
desintegrar *va & vr* to disintegrate
desinterés *m* disinterestedness
desinteresado -da *adj* disinterested, impartial; uninterested
desinteresar *vr* to lose interest
desintonizar §76 *va* (rad.) to put out of tune; (rad.) to tune out
desinvernar §18 *va* (mil.) to take out of winter quarters; *vn & vr* (mil.) to go out of or to leave winter quarters
desistencia *f* or **desistimiento** *m* desistence; (law) waiving a right
desistir *vn* to desist; (law) to waive a right; **desistir de** to desist from, to give up; **desistir de** + *inf* to stop, leave off + *ger*
desjarretadera *f* hooked knife for hamstringing or hocking animals
desjarretar *va* to hamstring, to hock; (coll.) to weaken, to bleed to excess
desjarrete *m* hamstringing, hocking
desjugar §59 *va* to draw the juice from
desjuiciado -da *adj* devoid of judgment, senseless
desjuntar *va & vr* to disjoin, to sever, to separate
deslabonar *va* to unlink; to disconnect; to destroy; *vr* to come unlinked; to be disconnected; to be destroyed; to retire, to withdraw
desladrillar *va* var. of **desenladrillar**
deslamar *va* to clear of mud, to remove silt from
deslastrar *va* (naut.) to unballast, to remove the ballast from
deslatar *va* to remove the laths from
deslavado -da *adj* barefaced; *mf* barefaced person
deslavadura *f* superficial washing; fading, weakening
deslavar *va* to wash superficially; to fade, weaken, take the life out of
deslavazar §76 *va* var. of **deslavar**
deslazar §76 *va & vr* var. of **desenlazar**
desleal *adj* disloyal
deslealtad *f* disloyalty
deslechugar §59 *va* to prune (*e.g., vines*); to strip leaves from; to trim off (*shoots*)
deslechuguillar *va* var. of **deslechugar**
desleidura *f* or **desleimiento** *m* dilution, thinning; dissolving
desleír §73 *va* to dilute, to diffuse; to dissolve; to thin (*paint*); to be diffuse or prolix in (*thought*); *vr* to become diluted; to dissolve
deslendrar §18 *va* to clean the nits out of (*hair*)
deslenguado -da *adj* shameless, foul-mouthed, scurrilous
deslenguamiento *m* (coll.) shamelessness, impudence, indecency
deslenguar §23 *va* to cut the tongue of, to cut out the tongue of; *vr* (coll.) to blab, talk too much; (coll.) to speak or act shamelessly or indecently
desliar §90 *va* to untie, unpack; to separate the refuse from (*the juice, in making wine*); (fig.) to unravel; *vr* to come untied
desligadura *f* untying, unbinding, loosening; unraveling, disentangling
desligar §59 *va* to untie, to unbind; to unravel, to disentangle; to excuse, to exempt; to absolve from ecclesiastical censure; (mus.) to play or sing (*something*) staccato; *vr* to come loose, to come untied; to become disentangled
deslindador *m* surveyor
deslindamiento *m* determination of boundaries, demarcation; explanation, defining
deslindar *va* to bound, to mark the boundaries of; to explain, to define
deslinde *m* var. of **deslindamiento**
deslingar §59 *va* (naut.) to unsling
desliñar *va* to clean (*fulled cloth, before sending it to the press*)
deslío *m* decanting new wine
desliz *m* (*pl:* **-lices**) sliding, slipping; slide (*smooth surface*); backslide; peccadillo, slip
deslizable *adj* sliding; weak, fragile, brittle
deslizadero -ra *adj* slippery; *m* slide, slippery spot; launching way; *f* (mach.) slide, guide
deslizadizo -za *adj* slippery
deslizador *m* (aer.) glider
deslizamiento *m* sliding, slipping; skid, skidding; **deslizamiento de tierra** landslide
deslizante *adj* sliding, gliding; slipping; skidding
deslizar §76 *va* to slide, make slide; to let slip (*a remark*); *vn* to slide, glide; to slip; *vr* to slide, glide; to slip; to skid; to slip out (*said of a remark*); to slip away, sneak away; to backslide, slide back (*e.g., into a vice*)
deslomadura *f* breaking the back; (vet.) aponeurositis of the loins
deslomar *va* to strain or break the back of; *vr* to strain or break one's back, to work oneself to death
deslucido -da *adj* quiet, unshowy; dull, undistinguished
deslucimiento *m* tarnishing, dulling; lack of brilliance, dullness; lack of charm, grace, distinction; ungracefulness, uncouthness, failure
deslucir §60 *va* to tarnish, to dull the luster of, to deprive of charm, grace, distinction; to discredit
deslumbrador -dora *adj* dazzling; bewildering, baffling
deslumbramiento *m* glare, dazzling; bewilderment, bafflement
deslumbrante *adj* dazzling; bewildering, baffling
deslumbrar *va* to dazzle; to bewilder, to baffle; *vr* to be dazzled; to be bewildered, be baffled
deslustrado -da *adj* dull, flat; frosted, ground (*glass*)
deslustrador -dora *adj* tarnishing, dulling; *mf* tarnisher
deslustrar *va* to tarnish, to dull, to dim; to frost (*glass*); to discredit; *vr* to tarnish, dull, dim
deslustre *m* tarnishing, dulling; dullness, dimness; dinginess; discredit, stain, stigma
deslustroso -sa *adj* ugly, unbecoming; disgraceful
desluzco *1st sg pres ind of* **deslucir**
desmadejamiento *m* enervation, weakness
desmadejar *va* to enervate, weaken; *vr* to become enervated, become weakened
desmadrado -da *adj* abandoned by the mother, motherless (*said of animals*)
desmadrar *va* to wean (*young cattle*)
desmagnetizar §76 *va* to demagnetize; *vr* to become demagnetized
desmajolar §77 *va* to pull up (*new vines*) by the root; to untie, to loosen (*shoes*)
desmalladura *f* undoing or cutting meshes
desmallar *va* to undo or cut the meshes of (*a net*)
desmamar *va* to wean
desmamonar *va* to cut the young shoots off (*a tree or vine*)
desmán *m* excess, misbehavior; mishap, misfortune; (zool.) desman
desmanar *vr* to stray from the flock or herd
desmanchar *va* (Am.) to clean of spots, to remove spots from (*clothing*)
desmandado -da *adj* disobedient, intractable, out of hand
desmandar *va* to cancel, countermand, revoke; to revoke (*a legacy, bequest*); *vr* to be impudent and ill-mannered; to go away, to keep apart; to stray from the flock or herd; to get out of hand
desmanear *va* to unfetter, to unshackle
desmangar §59 *va* to take off the handle of
desmanotado -da *adj* (coll.) shy, awkward, unhandy
desmantecar §86 *va* to take the butter out of
desmantelado -da *adj* dilapidated
desmantelamiento *m* dismantling; dilapidation

desmantelar *va* to dismantle; to dilapidate; (naut.) to unmast; (naut.) to unrig; *vr* to dilapidate (*to fall into disrepair or partial ruin*)
desmaña *f* clumsiness, awkwardness, laziness, bungling
desmañado -da *adj* clumsy, awkward, lazy; bungled
desmarrido -da *adj* languid, exhausted
desmarrir §53 *vr* to become exhausted; to grow sad
desmatar *va* to grub, dig up
desmayado -da *adj* languid, colorless, apathetic; dull (*color*)
desmayar *va* to dishearten, to depress; *vn* to lose heart; to falter; *vr* to faint
desmayo *m* depression; faltering; faint, fainting fit; (bot.) weeping willow; **sin desmayo** unfaltering; unfalteringly
desmazalado -da *adj* weak, weakened; downcast, dispirited
desmedido -da *adj* excessive; limitless, boundless
desmedir §94 *vr* to be impudent, to forget oneself
desmedrado -da *adj* run-down
desmedrar *va* to impair; *vn* to decline; *vr* to deteriorate
desmedro *m* impairment, deterioration, decline
desmejora *f* or **desmejoramiento** *m* impairment, deterioration, decline
desmejorar *va* to impair, to spoil; *vn* to decline, lose one's health; *vr* to be impaired, be spoiled; to decline, lose one's health; lose one's charm and attractiveness; (coll.) to grow thin, weak, old
desmelar §18 *va* to remove the honey from (*hive*)
desmelenar *va* to dishevel, to muss; *vr* to become disheveled, become mussed
desmembración *f* or **desmembramiento** *m* dismemberment
desmembrar §18 *va* to dismember; *vr* to become dismembered, to break up
desmemoria *f* forgetfulness, poor memory
desmemoriado -da *adj* forgetful, having a weak memory, having no memory
desmemoriar *vr* to become forgetful, to lose one's memory
desmenguar §23 *va* to lessen, to diminish, to break off
desmentida *f* contradiction, denial; **dar una desmentida a** to give the lie to
desmentido *m* (coll.) contradiction, denial
desmentir §62 *va* to belie; to give the lie to; to conceal (*e.g., evidence*); *vn* to be out of line, to be off level; *vr* to make an about-face, to contradict oneself
desmenudear *va & vn* (Am.) to sell at retail
desmenuzable *adj* crumbly
desmenuzamiento *m* crumbing, crumbling, shredding
desmenuzar §76 *va* to crumb, to crumble, to shred; to examine closely, to criticize severely; *vr* to crumb, to crumble, to shred
desmeollamiento *m* removal of marrow or pith
desmeollar *va* to take the marrow or pith from
desmerecedor -dora *adj* unworthy, undeserving
desmerecer §34 *va* to be or become unworthy of (*praise, reward, etc.*); to detract from, to spoil; *vn* to lose worth, to decline in value; to compare unfavorably; **desmerecer de** to compare unfavorably with
desmerecimiento *m* unworthiness
desmesura *f* immoderation, lack of restraint, excess
desmesurado -da *adj* disproportionate, extreme, excessive; insolent, impudent; *mf* insolent person, impudent person
desmesurar *va* to disturb, to put out of order; *vr* to be impudent, to be insolent, to go too far
desmigajar *va* to crumble, to grind up; to crumb; *vr* to crumble, to break up; to crumb
desmigar §59 *va* to crumble, to crumb (*bread*); *vr* to crumble, to crumb
desmilitarización *f* demilitarization
desmilitarizar §76 *va* to demilitarize
desmineralización *f* (med.) demineralization
desmirriado -da *adj* (coll.) lean, exhausted, emaciated, run-down
desmocha or **desmochadura** *f* topping; dehorning; cutting, excision
desmochar *va* to top (*a tree*); to dehorn (*a bull*); to cut (*a literary work, musical composition, etc.*)
desmoche *m* var. of **desmocha**
desmocho *m* toppings (*e.g., of trees*)
desmodular *va* (rad.) to demodulate
desmogar §59 *vn* to cast the horns (*said, e.g., of deer*)
desmogue *m* casting of horns
desmolado -da *adj* toothless
desmonetización *f* demonetization
desmonetizar §76 *va* to demonetize
desmontable *adj* demountable, detachable; *m* (aut.) tire iron
desmontadura *f* clearing; leveling; demounting; dismounting
desmontaje *m* (mach.) demounting, disassembling, takedown
desmontar *va* to clear (*land, woods*); to level (*ground*); to level off (*piles of earth, etc.*); to tear down; to dismount, take apart; to uncock (*a firearm*); to knock out (*enemy's guns*); to unhorse, to throw (*a rider*); *vn & vr* to dismount, to alight
desmonte *m* clearing; leveling; felling of trees; felled trees; brush; cut (*for a canal, highway, or railroad*)
desmoñar *va* to undo the hairknot of (*a woman*); *vr* to come loose, to get loose (*said of a hairknot*)
desmoralización *f* demoralization
desmoralizador -dora *adj* demoralizing
desmoralizar §76 *va* to demoralize; *vr* to become demoralized (*said of an army*)
desmorecer §34 *vr* to feel deeply or intensely; to stifle, to choke
desmoronadizo -za *adj* crumbly
desmoronamiento *m* wearing away; crumbling, decline, decay
desmoronar *va* to wear down, to wear away; *vr* to wear down, to wear away; to crumble, decline, decay
desmostar *vr* to lose must (*said of grapes*)
desmotadera *f* burler (*woman*); **desmotadera de algodón** cotton gin
desmotador -dora *mf* burler; *f* burling machine; **desmotadora de algodón** cotton gin
desmotar *va* to burl (*wool*); to gin (*cotton*)
desmovilización *f* demobilization
desmovilizar §76 *va* to demobilize
desmullir §26 *va* to undo, to spoil (*something soft or fluffy*)
desmurador *m* mouser (*cat*)
desnacionalización *f* denationalization
desnacionalizar §76 *va* to denationalize
desnarigado -da *adj* noseless; small-nosed
desnarigar §59 *va* to cut off the nose of; to punch or bang in the nose; *vr* to bump one's nose
desnatadora *f* cream separator
desnatar *va* to skim, to separate cream from; to cream, to take the choicest part of; to remove scum from; (found.) to remove the slag from
desnaturalización *f* denaturalization; (chem.) denaturation
desnaturalizado -da *adj* denaturalized; (chem.) denatured; unnatural (*parent, child*)
desnaturalizar §76 *va* to denaturalize; to denature, to pervert; (chem.) to denature; *vr* to become denaturalized; to lose one's citizenship
desnazificación *f* denazification
desnazificar §86 *va* to denazify
desnegar §29 *vr* to take back what one said, to retract
desnervar *va* to enervate
desnevado -da *adj* clear of snow
desnevar §18 *vn* to melt, to thaw
desnieve *m* melting, thaw
desnitrificación *f* denitrification
desnitrificar §86 *va* to denitrify
desnivel *m* unevenness, difference of level, drop

desnivelación *f* unleveling; unevenness, difference of level
desnivelar *va* to make uneven; *vr* to become uneven
desnortado -da *adj* (Am.) aimless
desnucar **§86** *va* to dislocate or to break the back of the neck of; to kill (*an animal*) by a blow on the back of the neck; *vr* to dislocate one's neck, to break one's neck
desnudamente *adv* nakedly; clearly, openly, without concealment
desnudar *va* to undress; to lay bare, to denude, to strip; to draw (*the sword*); (coll.) to fleece; **desnudar a un santo para vestir a otro** (coll.) to rob Peter to pay Paul; *vr* to undress, to get undressed; to become evident, be revealed; **desnudarse de** to free oneself of, to cast aside (*e.g., bad habits*); to get rid of; to shed (*leaves, flowers, etc.*)
desnudez *f* nakedness, bareness, nudity
desnudismo *m* nudism
desnudista *mf* nudist; *f* stripteaser
desnudo -da *adj* naked, bare, nude; penniless; clear, evident; *m* (f.a.) nude
desnutrición *f* underfeeding, undernourishment, malnutrition
desnutrido -da *adj* underfed, undernourished
desnutrir *vr* to become undernourished, to suffer from undernourishment
desobedecer **§34** *va & vn* to disobey
desobediencia *f* disobedience; **desobediencia civil** civil disobedience
desobediente *adj* disobedient
desobligar **§59** *va* to free of an obligation; to antagonize, to alienate, to offend, to disoblige
desobstrucción *f* removal of obstructions or obstacles
desobstruir **§41** *va* to free, to clear of obstructions, to clear of obstacles, to move obstacles out of the way of; *vr* to become free of obstructions, to open up
desobstruyente *adj & m* (med.) deobstruent
desocupación *f* unemployment; leisure
desocupado -da *adj* free, vacant, empty; unemployed; idle; free, not busy; *mf* unemployed, unemployed person
desocupar *va* to clear, to empty, vacate (*a place or space*); to take out, remove; to leave unoccupied; *vn* (coll.) to be delivered (*said of a woman*); *vr* to become clear, empty, vacated; to become unoccupied, become idle
desodorante *adj & m* deodorant
desodorar *va* to deodorize
desodorización *f* deodorization
desodorizar **§76** *va* to deodorize
desoigo *1st sg pres ind of* **desoír**
desoír **§64** *va* to not hear, to not heed, to be deaf to
desojar *va* to break the eye of (*e.g., of a needle*); *vr* to look hard, to strain one's eyes
desolación *f* desolation
desolado -da *adj* desolate; disconsolate
desolador -dora *adj* desolating; *mf* desolater
desolar **§77** *va* to desolate, lay waste; *vr* to be desolate, be disconsolate
desoldar **§77** *va* to unsolder; *vr* to come unsoldered
desolladero *m* slaughterhouse; (coll.) gyp store, gyp hotel; (coll.) gambling joint
desollado -da *adj* (coll.) brazen, impudent, shameless
desollador -dora *adj* skinning, flaying; fleecing; *mf* skinner, flayer; fleecer; *m* (orn.) butcher bird
desolladura *f* skinning, flaying; damage, hurt; scratch, bruise; fleecing, extortion
desollar **§77** *va* to flay, to skin; to do great harm to; (fig.) to fleece; **desollar vivo** (coll.) to skin alive; (coll.) to flay (*to criticize severely*)
desollón *m* (coll.) scratch, bruise
desopilación *f* freeing or curing of obstructions, deoppilation
desopilante *adj* screamingly funny
desopilar *va* to free or cure of obstructions; to make howl with laughter; *vr* to become freed or cured of obstructions; to roar with laughter
desopilativo -va *adj & m* (med.) deoppilative, deobstruent
desopinado -da *adj* discredited
desopinar *va* to discredit, to defame
desopresión *f* freedom from oppression
desoprimir *va* to free from oppression
desorbitado -da *adj* out of proportion; popeyed (*from fear, terror, etc.*); crazy
desorden *m* disorder
desordenado -da *adj* disordered, disorderly, wild, unruly
desordenamiento *m* disorder, confusion
desordenar *va* to disorder, to throw into disorder, to put out of order; *vr* to get out of order; to be unruly or unmanageable; to go too far, to exceed all reason
desorejado -da *adj* (coll.) abject, infamous; (Am.) off tune (*said of a singer*); (Am.) brazen, shameless
desorejamiento *m* cutting off ears
desorejar *va* to cut off the ears of
desorganización *f* disorganization
desorganizadamente *adv* in a disorganized fashion
desorganizador -dora *adj* disorganizing; *mf* disorganizer
desorganizar **§76** *va* to disorganize; *vr* to be or become disorganized
desorientación *f* leading astray, going astray; confusion; (psychopath.) disorientation
desorientar *va* to cause (*a person*) to lose his bearings or his way; to lead astray; to confuse; *vr* to lose one's bearings, to lose one's way; to go astray; to become confused
desorillar *va* to cut the selvage off, cut the border off, cut the edge off
desortijado -da *adj* (vet.) sprained, dislocated
desortijar *va* (agr.) to hoe or weed for the first time
desosar **§40** *va* var. of **deshuesar**
desovar *vn* to spawn (*said of fish*); to oviposit (*said of insects*)
desove *m* spawning; spawning season; oviposition
desovillar *va* to unravel, disentangle; (fig.) to unravel, disentangle; to give heart to, to encourage; *vr* to become unraveled or disentangled, to be cleared up or solved
desoxidable *adj* deoxidizable
desoxidación *f* deoxidization
desoxidante *adj* deoxidizing; *m* deoxidizer
desoxidar *va* to deoxidize; *vr* to become deoxidized
desoxigenación *f* deoxygenation
desoxigenante *m* deoxidizer
desoxigenar *va* to deoxygenate, to deoxidize; *vr* to become deoxygenated, to become deoxidized
desozonizar **§76** *va* to deozonize
despabiladeras *fpl* snuffers
despabilado -da *adj* wide-awake; (fig.) wide-awake
despabilador -dora *mf* snuffer; *m* snuffers
despabiladura *f* snuffing, snuff (*of a wick*)
despabilar *va* to trim, to snuff (*candle*); to snitch; (coll.) to dispatch (*a meal*); to dissipate (*a fortune*); (coll.) to dispatch, to kill; to brighten up, make alert; *vr* to brighten up, to become alert; to wake up; (Am.) to leave, go away
despacio *adv* slowly; at leisure; (Am.) in a low voice; *interj* easy there!; *m* (Am.) delay
despacioso -sa *adj* slow, sluggish
despacito *adv* (coll.) slowly, gently; *interj* easy!
despachaderas *fpl* (coll.) surly reply; (coll.) resourcefulness; **tener buenas despachaderas** (coll.) to not beat about the bush
despachado -da *adj* (coll.) brazen, impudent; ready, quick, resourceful
despachador -dora *adj* dispatching, shipping; *mf* dispatcher
despachante *m* (Am.) clerk, employee; **despachante de aduana** (Am.) customhouse broker
despachar *va* to dispatch, to expedite; to send, to ship; to decide, to settle; to dismiss, to discharge; to hurry; to sell; to wait on (*customers*); to attend to (*correspondence*); (coll.) to dispatch, to kill; *vn* to hurry, be expeditious; to come to a decision; to work, be employed; *vr* to hurry; (coll.) to be delivered (*said of a*

woman); **despacharse a su gusto** to speak one's mind
despacho *m* dispatch, expedition; shipping; dismissal; office, study, store, shop; dispatch, message; (law) mandamus; **estar al despacho** to be under consideration, to be pending; **tener buen despacho** to be capable and energetic; **despacho de aduana** clearance; **despacho de billetes** ticket office; **despacho de localidades** box office
despachurramiento *m* (coll.) smashing, squashing, crushing; (coll.) mangling, butchering; (coll.) squelching
despachurrar *va* (coll.) to smash, squash, crush; (coll.) to mangle, butcher, murder (*e.g., a speech*); (coll.) to squelch
despajadura *f* winnowing
despajar *va* to winnow (*grain*); (min.) to sift
despaldar *va & vr* var. of **desespaldar**
despaldilladura *f* breaking the back or shoulder of an animal
despaldillar *va* to break the back or shoulder of (*an animal*)
despaletillar *va* to break the back or shoulder of; (coll.) to pound in the back
despalillador -dora *mf* stripper (*of tobacco, etc.*)
despalilladura *f* stripping (*of tobacco, etc.*)
despalillar *va* to strip (*tobacco*); to separate (*grapes or raisins*) from the stalk, to stem
despalmador *m* (naut.) careenage, careening place; hoof-paring knife
despalmadura *f* (naut.) careenage (*cleaning and calking*); chamfering, beveling; paring a horse's hoof; parings (*of hoofs*)
despalmar *va* (naut.) to careen, to clean and calk (*bottom of a ship*); to chamfer, to bevel; to pare (*horse's hoof*); to pull up (*grass*)
despalme *m* paring a horse's hoof; cut or slash (*in tree trunk to bring down tree*)
despampanador -dora *mf* pruner of vines
despampanadura *f* pruning vines
despampanante *adj* (coll.) dumfounding, upsetting, disturbing; (coll.) stunning, terrific
despampanar *va* to prune (*vines*); to trim the suckers and shoots off (*vines*); (coll.) to astound, dumfound; *vn* (coll.) to open one's heart, to talk freely; *vr* (coll.) to give oneself a hard bump, to fall and hurt oneself
despampanillar *va* to prune (*vines*)
despamplonar *va* to thin the stems and shoots of; *vr* to sprain one's hand
despancación *f* (Am.) husking
despancar §86 *va* (Am.) to husk (*corn*)
despancijar *va* (coll.) to disembowel, to rip open the belly of; *vr* (coll.) to be disemboweled
despanzurrar *va* (coll.) to disembowel, to rip open the belly of; to smash; to slay, to kill; *vr* (coll.) to be disemboweled
despapar *vn* to raise its head too high (*said of a horse*)
desparecer §34 *vn* to disappear
desparedar *va* to remove the walls or partitions from
desparejar *va* to break the pair of
desparejo -ja *adj* rough, uneven; inconstant, fickle
desparpajar *va* to take apart in a bungling way, to take apart sloppily; *vn & vr* (coll.) to talk nonsense, to rave
desparpajo *m* (coll.) pertness, flippancy; (coll.) impudence, effrontery; (Am.) disorder
desparramado -da *adj* broad, open
desparramador -dora *adj & mf* spendthrift
desparramamiento *m* spreading, scattering, spilling; squandering, extravagance
desparramar *va* to spread, to scatter, to spill; to squander; *vr* to spread, to scatter, to spill, to be spilled; to make merry, to have a wild time
despartidor -dora *adj* separating; *mf* separator, divider
despartimiento *m* separation, division; reconciliation
despartir *va* to part, separate, divide, dispart; to reconcile, to make peace between; *vr* to separate, dispart
desparvar *va* (agr.) to pile up (*threshed grain*) for winnowing
despasar *va & vr* (naut.) to unreeve
despatarrada *f* (coll.) split (*in dancing*); **hacer la despatarrada** (coll.) to stretch out, feigning illness or death
despatarrar *va* (coll.) to make (*a person*) open his legs wide; to dumfound; *vr* (coll.) to open one's legs wide; (coll.) to fall to the ground or floor with legs widespread; to lie motionless
despatillado *m* (carp.) cut to make a tenon
despatillar *va* (carp.) to tenon; (naut.) to break off the fluke of (*an anchor*); to shave off the side whiskers of; *vr* to shave off one's side whiskers
despavesaderas *fpl* (Am.) snuffers
despavesadura *f* snuffing
despavesar *va* to snuff (*candle*); to blow the ashes off (*embers*)
despavonar *va* to remove the bluing from (*iron or steel*)
despavorido -da *adj* terrified, frightened
despavorir §53 *vn & vr* to be terrified, be aghast
despeado -da *adj* footsore
despeadura *f* or **despeamiento** *m* footsoreness
despear *vr* to bruise one's feet, to get one's feet sore
despectivo -va *adj* depreciatory, disparaging, contemptuous; (gram.) pejorative
despechadamente *adv* spitefully
despechar *va* to spite; to drive to despair; (coll.) to wean; *vr* to be spited; to despair
despecho *m* spite; despair; (Am.) weaning; **a despecho** unwillingly; **a despecho de** in spite of, despite; **por despecho** out of spite
despechugadura *f* carving the breast of a fowl; (coll.) baring one's breast
despechugar §59 *va* to carve the breast of (*a fowl*); *vr* (coll.) to uncover one's breast, to go with bare breast
despedazamiento *m* breaking to pieces, tearing to pieces, falling to pieces; abuse, ruination, destruction
despedazar §76 *va* to break to pieces, to tear to pieces; to ruin (*a reputation*); to break (*one's heart, the law*); *vr* to break or fall to pieces; **despedazarse de risa** to split one's sides laughing
despedida *f* farewell, leave-taking; leave, parting; dismissal, discharge; conclusion (*of a letter*); envoi (*to a poem*)
despedimiento *m* farewell; parting; dismissal
despedir §94 *va* to throw, to hurl; to emit, send forth, send out; to dismiss, to discharge; to see off; (fig.) to banish (*suspicion*); **despedir en la puerta** to see to the door; *vr* to take leave, say good-by; to give up one's job; **despedirse a la francesa** to take French leave; **despedirse de** to take leave of, say good-by to
despedregar §59 *va* to clear of stones
despegable *adj* detachable
despegado -da *adj* (coll.) harsh, unpleasant, gruff, surly
despegadura *f* loosening, detaching; opening
despegar §59 *va* to loosen (*something glued or sealed*); to detach; to open; *vn* (aer.) to take off; *vr* to get loose; to become alienated; **despegarse con** to not suit, to not go well with
despego *m* coolness, indifference; (coll.) gruffness; ingratitude
despegue *m* (aer.) take-off
despeinado -da *adj* uncombed, unkempt
despeinar *va* to take down the hair of; to muss the hair of; *vr* to take down one's hair; to muss one's hair
despejado -da *adj* clear, cloudless; unobstructed; easy, unconstrained; bright, sprightly, vivacious
despejar *va* to free, to clear; to clear up, to clarify, to explain; (math.) to find (*an unknown quantity*); *vr* to be free and easy, to be sprightly; to be amused; to clear up (*said of the weather*); to come out of a fever
despejo *m* clearing; grace, ease, sprightliness; talent, ability, understanding
despelotar *va* to dishevel; *vr* to get plump
despeluzar §76 *va* to muss the hair of; to make the hair of (*a person*) stand on end;

(Am.) to take everything from, to clean out; *vr* to be mussed; to stand on end (*said of the hair*)
despeluznante *adj* frightful, horrifying
despeluznar *va & vr* var. of **despeluzar**
despellejadura *f* skinning, flaying; scratch, bruise; (fig.) maligning, roasting
despellejar *va* to skin, flay; (fig.) to malign, to gossip about, to roast
despenar *va* to console; (coll.) to kill; (Am.) to make hopeless
despendedor -dora *adj & mf* spendthrift, prodigal
despender *va* to spend; to waste, squander, misspend
despensa *f* pantry, larder; (naut.) storeroom; provisions; daily marketing; office of steward, butlership
despensería *f* office of steward, butlership
despensero -ra *mf* steward, butler, dispenser; (naut.) storekeeper
despeñadamente *adv* hastily; audaciously, boldly
despeñadero -ra *adj* steep, precipitous; *m* crag, cliff, precipice; risk, danger
despeñadizo -za *adj* steep, precipitous
despeñamiento *m* var. of **despeño**
despeñar *va* to hurl over a cliff, to fling down a precipice; *vr* to hurl oneself over a cliff; to fall headlong; to plunge down; to plunge downward (*into vice, evil, etc.*); **despeñarse de un vicio a otro** to plunge downward from one vice to another
despeño *m* hurling over a cliff; plunge, plunge over a cliff; headlong fall; ruin, damnation; failure, collapse (*e.g., of a business*)
despepitado *m* (Am.) pitted preserved fruit
despepitadora *f* (Am.) cotton gin
despepitar *va* to seed, to remove the seeds from; (Am.) to stone (*fruit*); (Am.) to core (*an apple*); *vr* to scream in anger, to rush about screaming; (coll.) to strive, to struggle; **despepitarse por** (coll.) to be mad about
despercudir *va* to clean, to wash; *vr* (Am.) to brighten up
desperdiciado -da or **desperdiciador -dora** *adj & mf* spendthrift, prodigal
desperdiciar *va* to waste, squander; to fail to take advantage of, to miss
desperdicio *m* waste, squandering; leftover, residue; **desperdicios** *mpl* waste products; by-products; rubbish; **no tener desperdicio** (coll.) to be useful, to be fine; (iron.) to be fine
desperdigamiento *m* separation, scattering
desperdigar §59 *va* to separate, scatter
desperecer §34 *vr* to be extremely eager, to be burning
desperezar §76 *va* to shake off (*sleep*) by stretching; *vr* to stretch, to stretch one's arms and legs
desperezo *m* stretching, stretching the arms and legs
desperfeccionar *va* to impair, to damage
desperfecto *m* flaw, blemish, imperfection; slight damage
desperfilar *va* (paint.) to soften the lines of; (mil.) to camouflage the outlines of (*trenches, defenses, etc.*)
despernado -da *adj* weary, tired of walking
despernar §18 *va* to cut or injure the legs of; *vr* to cut or injure one's legs
despersonalización *f* depersonalization
despertador -dora *mf* awakener; *m* alarm clock; admonition, warning
despertamiento *m* awakening
despertar §18 *va* to awaken, to wake up; to arouse, to stir up; *vn & vr* to awaken, to wake up
despesar *m* displeasure, sorrow, regret
despestañar *va* to pluck the eyelashes of; *vr* to look hard, to strain one's eyes; (Am.) to go without sleep
despezar §31 *va* to taper (*a pipe or tube*); (arch.) to divide (*a stone wall, arch, vault, etc.*) into constituent parts
despezo *m* taper, tapering; (mas.) face of stone joining another; (arch.) division of stone wall, arch, or vault
despezonar *va* to take the umbo or nipple off (*a lemon, lime, etc.*); to divide, separate; *vr* to come off (*said of an umbo, nipple, end of an axle or spindle, etc.*)
despezuñar *vr* to become useless (*said of a horse's foot*); (Am.) to run, to rush; **despezuñarse por** to be eager about or for
despiadado -da *adj* unmerciful, merciless, ruthless
despicar §86 *va* to satisfy (*a person who was offended*); *vr* to be satisfied, to be requited
despichar *va* to squeeze dry; *vn* (slang) to croak, to die
despidiente *m* stick holding a hanging scaffold away from wall; **despidiente de agua** flashing
despido *m* dismissal, discharge, layoff
despierto -ta *adj* wide-awake; **soñar despierto** to daydream
despiezo *m* (arch.) division of stone wall, arch, or vault
despilaramiento *m* (Am.) removal of shoring (*in a mine*)
despilarar *va* (Am.) to remove the shoring from (*a mine*)
despilfarrado -da *adj* shabby, ragged; wasteful, prodigal; *mf* wasteful person, prodigal
despilfarrador -dora *adj* spendthrift, wasteful; *mf* spendthrift
despilfarrar *va* to squander, to squander recklessly, to waste; *vr* (coll.) to go on a spending spree
despilfarro *m* squandering, lavishness; waste, wastefulness, extravagance; shabbiness, slovenliness
despimpollar *va* to trim the useless shoots off (*a vine*)
despinces *mpl* burling tweezers
despinochar *va* to husk (*corn*)
despintar *va* to take the paint off (*e.g., a wall*); to distort, upset, reverse, disfigure, spoil; (Am.) to turn (*one's glance, one's eyes*) away; *vn* to slip back, to decline; **despintar de** to discredit (*e.g., one's ancestors*); *vr* to wash off, to fade; **no despintársele a uno** (coll.) to not fade from one's memory
despinte *m* (Am.) inferior ore
despinzadera *f* burler (*woman*); burling iron
despinzar §76 *va* to burl
despinzas *fpl* burling tweezers
despiojar *va* to delouse; (coll.) to free of misery; *vr* to be deloused
despioje *m* or **despiojo** *m* delousing
despique *m* satisfaction, requital
despistar *va* to throw off the scent, to throw off the track; *vr* to run off the track, run off the road
despiste *m* throwing off the scent; running off the track; losing one's way
despitonado -da or **despitorrado -da** *adj* (taur.) with a cracked or broken horn
despizcar §86 *va* to crush, break up, grind up; *vr* to be crushed, be broken up, be ground up; to bend all one's efforts
desplacer *m* displeasure; §34 *va* to displease
desplanchar *va* to wrinkle, rumple, muss (*something that was ironed*); *vr* to wrinkle, rumple, muss
desplantación *f* uprooting, eradication
desplantador *m* trowel, garden trowel
desplantar *va* to uproot; to turn or move (*something*) from the vertical; *vr* to turn or move from the vertical; to lose one's upright posture (*in dancing or fencing*)
desplante *m* irregular posture (*in dancing and fencing*); (Am.) boldness, impudence, boasting
desplatar *va* to remove the silver from
desplate *m* separation or removal of silver
desplayado *m* (Am.) sandy beach
desplayar *vn* to recede, recede from the beach (*said of the sea*)
desplazado -da *adj* displaced (*person*); *mf* displaced person
desplazamiento *m* displacement (*of a volume of water*); motion, move; movement; shift
desplazar §76 *va* to displace (*a volume of water*); to take the place of; *vr* to move; to shift
desplegadura *f* spreading out, unfolding; explanation; unfurling

desplegar §29 *va* to spread, lay out, unfold; to display; to elucidate, explain; to unfurl; (mil.) to deploy; *vr* to spread out, open, unfold; (mil.) to deploy
despleguetear *va* to clip the tendrils from (*vines and runners*)
despliegue *m* spreading out, unfolding; display; unfurling; (mil.) deployment
desplomar *va* to put or knock out of plumb; *vr* to get out of plumb, to lean over; to topple over, to collapse; to fall over in a faint; (fig.) to crumble (*said, e.g., of a throne*); (aer.) to pancake
desplome *m* leaning; toppling, collapse; falling in a faint; crumbling, downfall; (arch.) overhang; (aer.) pancaking; **en desplome** (arch.) overhanging
desplomo *m* leaning
desplumadura *f* plucking, deplumation
desplumar *va* to pluck, deplume; (coll.) to fleece (*by deception or in gambling*); *vr* to molt
desplume *m* plucking; (coll.) fleecing
despoblación *f* depopulation
despoblado *m* deserted spot, wilderness; holding up, waylaying; **en despoblado** at a deserted spot, in the wilds
despoblar §77 *va* to depopulate, to dispeople; to despoil, lay waste; *vr* to become depopulated
despoetizar §76 *va* to divest of poetry, deprive of poetic qualities
despojador -dora *adj* despoiling, plundering; *mf* despoiler, plunderer
despojar *va* to strip, divest, despoil; to dispossess; *vr* to undress; **despojarse de** to take off (*a piece of clothing*); to give up, to relinquish, to divest oneself of
despojo *m* despoilment, despoliation; dispossession; plunder, spoils, booty; prey, victim; head, pluck, and feet of slaughtered animals; giblets; parts of wings, legs, head, and neck of fowl; **despojos** *mpl* leavings, scraps; mortal remains; second-hand building materials; (geol.) debris
despolarización *f* (chem. & phys.) depolarization
despolarizador -dora *adj* depolarizing; *m* (chem. & phys.) depolarizer
despolarizar §76 *va* (chem. & phys.) to depolarize
despoletar *va* to defuse (*a mine or bomb*)
despolvar *va* to dust, to remove the dust or powder from
despolvorear *va* to dust, dust off; to scatter, dissipate; (Am.) to dust, sprinkle
despopularización *f* loss of popularity
despopularizar §76 *va* to make unpopular; *vr* to become unpopular
desportilladura *f* chipping; chip, nick
desportillar *va* to chip, to chip the edge of, to chip the mouth or neck of (*a pitcher, bottle, etc.*); *vr* to chip, chip off
desposado -da *adj* handcuffed, manacled; recently married; *mf* newlywed
desposar *va* to marry (*to join as husband and wife*); *vr* to be betrothed, to get engaged; to get married
desposeer §35 *va* to dispossess, to divest; *vr* to give up one's property; **desposeerse de** to divest oneself of
desposeimiento *m* dispossession
desposorios *mpl* betrothal, engagement; nuptials, marriage
despostador *m* (Am.) carver (*of slaughtered animals*)
despostar *va* (Am.) to cut up, carve up (*slaughtered animals*)
desposte *m* (Am.) carving, quartering
déspota *m* despot
despótico -ca *adj* despotic
despotismo *m* despotism; **despotismo ilustrado** enlightened despotism
despotizar §76 *va & vn* to tyrannize
despotricar §86 *vn & vr* (coll.) to talk without restraint, to rant
despotrique *m* (coll.) wild talk, ranting
despreciable *adj* despicable, contemptible
despreciador -dora *adj* scornful, contemptuous
despreciar *va* to despise, to scorn; to rebuff, to slight; to forget, to forgive, to overlook; to cast aside, to reject; *vr* to not deign; **despreciarse de** + *inf* to not deign to + *inf*
despreciativo -va *adj* depreciative, contemptuous
desprecio *m* scorn, contempt; slight, rebuff
desprender *va* to loosen; to detach; to give off, send out, emit, release, liberate; *vr* to loosen, to come loose; to come forth, to issue; **desprenderse de** to give up; to be clear from, be deduced from
desprendido -da *adj* generous, disinterested
desprendimiento *m* loosening, coming loose, detachment; emission, release, liberation; landslide; generosity, disinterestedness
despreocupación *f* impartiality, lack of bias; relaxation, unconcernedness; unconventionality
despreocupado -da *adj* impartial, unbiased; relaxed, carefree, unconcerned, unworried; unconventional; (Am.) sloppy, slovenly
despreocupante *adj* relaxing
despreocupar *vr* to divert one's mind, to forget one's worries, to relax
desprestigiar *va* to run down, to disparage; *vr* to lose one's reputation or standing, to lose caste
desprestigio *m* disparagement; loss of reputation, unpopularity
desprevención *f* improvidence, unpreparedness
desprevenido -da *adj* unprepared, off one's guard; **coger a una persona desprevenida** to catch somebody unawares
desproporción *f* disproportion
desproporcionado -da *adj* disproportional or disproportionate
desproporcionar *va* to disproportion
despropositado -da *adj* nonsensical, absurd
despropósito *m* nonsense, absurdity
desproveer §35 & §17, 9 *va* to deprive of essentials, deprive of supplies
desprovisto -ta *pp of* **desproveer;** *adj* unprovided, deprived, devoid
despueble *m* or **despueblo** *m* depopulation
después *adv* after, afterwards; later; next; **después de** after; next to; **después de** + *inf* after + *ger;* **después (de) que** after
despulgar §59 *va* to remove the fleas from
despulido -da *adj* ground (*e.g., glass*)
despulir *va* to remove the polish from
despulpador *m* pulper (*machine*)
despulpar *va* to pulp (*to deprive of pulp*)
despulsar *va* to take the breath of, to lay low; *vr* to be eager
despumación *f* skimming
despumadera *f* skimmer
despumar *va* to skim
despuntado -da *adj* dull, blunt
despuntadura *f* dulling, blunting
despuntar *va* to dull, to blunt; to nip, nibble (*grass*); to cut away the dry combs of (*a beehive*); (naut.) to double (*e.g., a cape*); *vn* to begin to sprout or bud; to come on, to dawn (*said of the day, the morning, etc.*); to stand out; **despuntar en** or **por** to show an aptitude in or for; *vr* to become dull, be blunted
despunte *m* var. of **despuntadura**
desquejar *va* (hort.) to slip (*to take cuttings from*)
desqueje *m* (hort.) slipping
desquerer §70 *va* to stop caring for, to no longer want
desquerré *1st sg fut ind of* **desquerer**
desquiciamiento *m* unhinging; upsetting, unsettling
desquiciar *va* to unhinge; to upset, unsettle, turn upside down, perturb; (coll.) to undermine, overthrow, deprive of favor or standing; *vr* to come unhinged; to become upset, to collapse
desquicio *m* (Am.) confusion, disorder, anarchy, ruin, destruction
desquijaramiento *m* breaking the jaws
desquijarar *va* to break the jaws of; *vr* to break one's jaws; **desquijararse de risa** (coll.) to laugh uproariously
desquijerar *va* (carp.) to tenon

desquilatar *va* to reduce the fineness of (*a gold alloy*); to devaluate, lower the value of
desquise *1st sg pret ind of* **desquerer**
desquitar *va* to retrieve, to recoup; to avenge; *vr* to retrieve a loss, win back one's money; to take revenge, get even; **desquitarse con** to get back at
desquite *m* retrieving, recovery; avenging, revenge, retaliation; (sport) return game, return match
desrabotar *va* to cut off the tail of (*especially sheep*)
desramar *va* to strip of branches
desranchar *vr* to leave, to decamp; (mil.) to disperse, break up (*said of soldiers in the same barracks or mess*)
desraspadora *f* stemming machine (*in wine making*)
desraspar *va* to stem (*grapes*)
desrastrojar *va* to remove the stubble from
desratización *f* deratting
desratizar §76 *va* to derat
desrazonable *adj* (coll.) unreasonable
desreglar *va & vr* var. of **desarreglar**
desrelingar §59 *va* (naut.) to detach the boltropes from (*sails*)
desreputación *f* (coll.) dishonor, discredit
desrielar *vn* (Am.) to jump the track
desriñonar *va* to break the back of, to cripple
desrizar §76 *va* to uncurl; (naut.) to unfurl, to let out by means of the reef points; *vr* to uncurl
desroblar *va* to unclinch, to unrivet
destacado -da *adj* outstanding, distinguished
destacamento *m* (mil.) detachment
destacar §86 *va* to emphasize, to highlight, to point up; to make stand out (*in a painting*); (mil.) to detail; *vn* (fig.) to stand out, be distinguished; *vr* to stand out, to project; (fig.) to stand out, be distinguished
destaconar *va* to wear down the heels of (*shoes*)
destajador *m* forging hammer
destajar *va* to arrange for, to contract for; to cut (*cards*)
destajero -ra or **destajista** *mf* pieceworker, jobber
destajo *m* piecework; job, contract; **a destajo** by the piece, by the job, on contract; eagerly, diligently; **hablar a destajo** (coll.) to talk too much
destalinización *f* destalinization
destalinizar §76 *va & vn* to destalinize
destalonar *va* to remove the heels from, to wear down the heels of; to detach (*a coupon*); to detach the coupon from; to level (*the hoofs of a horse*)
destallar *va* to prune useless stems or shoots from
destapacorona *m* (Am.) bottle opener
destapada *f* open pie, pie without top crust
destapadero *m* (elec.) knockout
destapador *m* bottle opener
destapadura *f* uncovering; uncorking; revelation
destapar *va* to uncover, take the cover or lid off; to open; to unplug, uncork; to reveal; *vr* to get uncovered; to throw off one's covers (*in bed*); **destaparse con** to open one's heart to
destapiado *m* place where mud walls have been torn down
destapiar *va* to tear down the mud walls around
destapizar §76 *va* to remove the hangings or draperies from; to take up the carpet from; *vn* to remove the hangings or draperies; to take up the carpet
destaponar *va* to unstop, to uncork (*to remove the stopper or cork from; to open up*)
destarar *va* to deduct the tare on
destartalado -da *adj* shabby, disordered; poorly furnished, poorly equipped
destartalo *m* (coll.) shabbiness, disordered condition
destazador *m* carver (*of slaughtered animals*)
destazar §76 *va* to cut up, carve up (*slaughtered animals*)
destechadura *f* unroofing
destechar *va* to unroof
destejar *va* to remove the tiles from the roof of, to untile; to remove the tiles from the coping of (*a wall*)
destejer *va* to unweave, unknit, unbraid; to upset, undo, disturb
destellar *va* to flash (*light, sparks, etc.*); *vn* to sparkle, to flash, to beam, to twinkle
destello *m* sparkle, flash, beam; (fig.) flash (*e.g., of insight*)
destemplado -da *adj* irregular, agitated (*pulse*); disagreeable, unpleasant (*e.g., voice*); out of tune; (f.a.) inharmonious
destemplanza *f* intemperance; inclemency (*of weather*); irregularity, agitation (*of the pulse*); indisposition; lack of moderation, excess
destemplar *va* to disturb the order or harmony of; to untune, put (*a musical instrument*) out of tune; to untemper, deprive (*a metal*) of temper; to steep, to infuse; *vr* to get out of tune; to lose its temper (*said of metal*); to become irregular (*said of the pulse*); to get excited; (Am.) to be on edge (*said of teeth*)
destemple *m* dissonance; slight indisposition; upset, disturbance; untempering
destentar §18 *va* to remove temptation from, to lead away from temptation
desteñir §74 *va* to discolor; to fade (*a color*); *vn & vr* to fade
desternillar *vr* to break one's cartilage or gristle; **desternillarse de risa** to split one's sides with laughter
desterradero *m* wilderness, waste, desert
desterrado -da *adj* exiled, banished; *mf* exile
desterrar §18 *va* to exile; to banish (*e.g., sadness*); to remove earth from (*roots*); *vr* to go into exile; to withdraw from the world
desterronador *m* (agr.) roller harrow
desterronar *va* to crush, to crumble (*soil, earth*), to crush the lumps of earth of (*a field*), to harrow
destetadera *f* weaning device attached to teats of cows
destetar *va* to wean; to separate (*a child*) from the comforts of home; to deprive of affection; *vr* to be weaned; to be separated from the comforts of home; **destetarse con** to have been brought up on
destete *m* weaning
desteto *m* weaned cattle; stable of weaned mules
destiempo; a destiempo inopportunely, untimely, out of season
destiento *m* shock, surprise
destierre *m* removal of dirt from ore
destierro *m* exile; wilderness, waste
destilable *adj* distillable
destilación *f* distillation; (physiol.) flow of humors; **destilación fraccionada** (chem.) fractional distillation
destiladera *f* still, distiller; filter; scheme, stratagem; (Am.) water filter
destilado *m* distillate
destilador -dora *adj* distilling; to be distilled; *mf* distiller; *m* water filter; still, alembic
destilar *va* to distill; to filter; to exude; *vn* to distill; *vr* to filter; to exude
destilatorio -ria *adj* distilling; *m* distillery; still, alembic
destilería *f* distillery, distilling plant
destinación *f* destination (*act of destining; purpose*)
destinar *va* to destine; to assign; to designate; **destinar a** + *inf* to destine (*e.g., money*) to + *inf;* **destinar para** to destine for
destinatario -ria *mf* addressee; consignee; recipient (*e.g., of homage, applause*)
destino *m* destiny; destination (*place to which a person is going or a thing is being sent; setting apart for a purpose*); office, employment; place of employment; **con destino a** bound for; (*cap.*) *m* (myth.) Destiny
destiño *m* blackish empty part of honeycomb
destiranizado -da *adj* free from tyranny
destitución *f* destitution, depriving; dismissal
destituíble *adj* removable
destituir §41 *va* to deprive; to dismiss, dismiss from office
destocar §86 *va* to take the hat or cap off (*a person*); *vr* to take off one's hat or cap

D

destorcedura *f* untwisting
destorcer §87 *va* to untwist; to straighten (*something bent*); *vr* to untwist, become untwisted; (naut.) to drift, get off the course
destornillado -da *adj* inconsiderate, rash, mad, out of one's head
destornillador *m* screwdriver; **destornillador de trinquete** ratchet screwdriver
destornillamiento *m* unscrewing
destornillar *va* to unscrew; *vr* to unscrew; (fig.) to lose one's head, to act or talk like a wild man
destoser *vr* to cough (*in getting ready to talk or to attract attention*)
destostar §77 *vr* to turn white again (*after sunburn*)
destrabar *va* to detach, loosen, separate; to untie, unfetter
destraillar §75 *va* to uncouple, to unleash (*hounds*); *vr* to be unleashed
destral *m* hatchet
destraleja *f* little hatchet
destralero *m* hatchet maker or vendor
destramar *va* to undo the warp of, to unweave
destrejar *vn* to proceed with skill or dexterity
destrenzar §76 *va* to unbraid, to unplait
destreza *f* skill, dexterity
destrincar §86 *va* (naut.) to unlash
destripacuentos *m* (*pl:* **-tos**) (coll.) interrupter, butter-in
destripamiento *m* disembowelment; crushing, mangling
destripar *va* to gut, disembowel; to take the insides out of (*e.g., a pillow*); to crush, to mangle; (coll.) to spoil (*a story, by interrupting and revealing its outcome*)
destripaterrones *m* (*pl:* **-nes**) (coll.) clodhopper
destrísimo -ma *adj super* very or most skilful
destriunfar *va* to force (*another player*) to play trumps
destrizar §76 *va* to break to pieces, to tear to shreds; *vr* to get angry, to be greatly distressed
destrocar §95 *va* to swap back again
destrón *m* blind man's guide
destronamiento *m* dethronement; overthrow
destronar *va* to dethrone; to overthrow
destroncadora *f* stump puller
destroncamiento *m* detruncation; chopping down; dislocation; ruination; exhaustion
destroncar §86 *va* to detruncate; to chop off, to chop down; to lop off; to maim, dislocate; to ruin, to bring to ruin; to exhaust, wear out; to interrupt; *vr* to be exhausted, be worn out
destrozar §76 *va* to break to pieces, to shatter, to destroy; to squander; to annihilate, wipe out (*e.g., an army*)
destrozo *m* destruction; havoc; annihilation, massacre
destrozón -zona *adj* hard on clothing
destrucción *f* destruction
destructibilidad *f* destructibility
destructible *adj* destructible
destructividad *f* destructiveness
destructivo -va *adj* destructive
destructor -tora *adj* destructive; *mf* destroyer; *m* (nav.) destroyer
destrueco or **destrueque** *m* return of an exchange; re-exchange
destruíble *adj* destructible
destruidor -dora *adj* destructive; *mf* destroyer
destruir §41 *va* to destroy; *vr* (alg.) to cancel each other
desubstanciar *va* var. of **desustanciar**
desucación *f* extraction of juice
desucar §86 *va* to extract the juice from
desudación *f* wiping off sweat
desudar *va* to wipe the sweat off
desuellacaras *m* (*pl:* **-ras**) (coll.) scraper (*unskilful barber*); (coll.) scamp, scalawag
desuello *m* skinning, flaying; fleecing; boldness, shamelessness; **ser un desuello** (coll.) to be highway robbery (*said of exorbitant prices*)
desuetud *f* desuetude
desulfuración *f* desulfurization
desulfurar *va* to desulfurize
desuncir §50 *va & vr* to unyoke
desunión *f* disunion
desunir *va* to take apart; to separate; to disunite; *vr* to come apart; to separate; to disunite
desuñar *va* to tear out the nails, claws, or fangs of; to pull up the dead roots of (*a plant*); *vr* (coll.) to work one's fingers to the bone; (coll.) to work hard and skilfully with one's hands; (coll.) to plunge into vice, gambling, thievery, etc.
desurcar §86 *va* to remove the furrows from, take out the furrows of
desurdir *va* to remove the warp from, to unweave; to frustrate, to nip (*a plot*) in the bud
desusado -da *adj* out of use, out of date, obsolete; uncommon; rusty (*out of practice*)
desusar *va* to disuse, to stop using; *vr* to be no longer used, to go out of date
desuso *m* disuse; desuetude; **caído en desuso** obsolete
desustanciar *va* to deprive of substance, deprive of strength, weaken
desvahar *va* (agr.) to clean out the dry and withered parts of (*a plant*)
desvaído -da *adj* gaunt, tall and lanky; dull (*said of colors*)
desvainar *va* to shell (*beans, peas, etc.*)
desvalido -da *adj* destitute, helpless
desvalijador *m* robber, highwayman
desvalijamiento *m* theft of contents of a valise, trunk, etc.; robbery, plunder
desvalijar *va* to steal the contents of (*a valise, trunk, etc.*); to rob, plunder
desvalijo *m* var. of **desvalijamiento**
desvalimiento *m* abandonment, helplessness, disfavor
desvalorar *va* to devalue
desvalorización *f* devaluation
desvalorizar §76 *va* to devalue
desván *m* garret, loft; **desván gatero** cockloft
desvanecedor *m* (phot.) mask
desvanecer §34 *va* to cause to disappear or vanish, to dispel, to dissipate (*e.g., smoke, doubt, suspicion*); to break up (*e.g., a conspiracy*); to banish, cast aside (*a thought, idea, recollection*); to mask (*part of a photographic print*); *vr* to disappear, vanish; to be dissipated, to evanesce; to evaporate; to faint, to swoon; (rad.) to fade
desvanecido -da *adj* faint; proud, haughty, vain
desvanecimiento *m* disappearance, evanescence, dissipation; pride, haughtiness, vanity; faintness, giddiness, dizziness; fainting spell; (rad.) fading, fade-out
desvarar *va* to slide, to slip; (naut.) to refloat, set afloat (*a grounded ship*)
desvariado -da *adj* raving, delirious, crazy; disordered, nonsensical; long and wild (*said of branches of trees*)
desvariar §90 *vn* to rave, rant, be delirious
desvarío *m* delirium, craziness; nonsense, wild idea, extravagance; inconstancy; caprice, whim; monstrosity
desvedar *va* to permit, to allow, to remove the prohibition from
desvelado -da *adj* wakeful, awake, sleepless; watchful, vigilant; anxious, worried, fearful
desvelamiento *m* var. of **desvelo**
desvelar *va* to keep awake; to reveal; *vr* to keep or stay awake, to go without sleep, to pass a sleepless night; to be watchful or vigilant; **desvelarse por** to be anxious about, be greatly concerned about
desvelo *m* wakefulness, lack of sleep; watchfulness, vigilance; anxiety, concern
desvenar *va* to remove the vein or filaments from; to strip (*tobacco*); to extract (*the ore*) from the veins; to arch the cannon of (*a horse's bit*)
desvencijado -da *adj* rickety, falling apart
desvencijar *va* to break, loosen, take apart
desvendar *va* to unbandage; *vr* to come unbandaged
desveno *m* port, tongue groove (*of horse's bit*)
desventaja *f* disadvantage
desventajoso -sa *adj* disadvantageous

desventar §18 *va* to vent, let the air out of
desventura *f* misfortune
desventurado -da *adj* unfortunate; faint-hearted; stingy; *mf* faint-hearted person; miser
desvergonzado -da *adj* unabashed, impudent; shameless; *mf* shameless person
desvergonzar §98 *vr* to be impudent or insolent; **desvergonzarse con** to be impudent or insolent to
desvergüenza *f* impudence, insolence; shamelessness
desvestir §94 *va* & *vr* to undress
desvezar §76 *va* to make unaccustomed; *vr* to become unaccustomed
desviación *f* deflection, deviation; detour; (med.) extravasation; (rad. & telv.) drift
desviacionismo *m* deviationism
desviacionista *mf* deviationist (*communist who does not hew to the party line*)
desviadero *m* (rail.) siding, turnout
desviado -da *adj* astray; off the track; devious
desviar §90 *va* to turn aside, to turn away, to deviate, to deflect; to dissuade, to sway; (rail.) to switch; to parry, ward off (*in fencing*); *vr* to turn aside, be deflected, to deviate, to swerve, to branch off; to be dissuaded
desvío *m* deflection, deviation; coldness, indifference, dislike; detour, turnout; (rail.) siding, sidetrack; wall support (*for hanging scaffolding*)
desvirar *va* to pare off the edges of (*a sole*); to trim (*a book*); (naut.) to unwind (*a cable or rope, on a capstan*)
desvirgar §59 *va* to deflower, to ravish
desvirtuar §33 *va* to weaken, detract from, spoil; *vr* to decline; to spoil, to become spoiled
desvitalización *f* devitalization
desvitalizar §76 *va* to devitalize
desvitrificar §86 *va* to devitrify; *vr* to become devitrified
desvivir *vr* to be eager, be anxious; **desvivirse por** to long for, be crazy about; **desvivirse por** + *inf* to be eager to, be anxious to + *inf*
desvolvedor *m* wrench, screw key
desvolver §63 & §17, 9 *va* to change, change the form of; to turn up (*the soil*); to loosen, to unscrew (*a nut or screw*)
desvuelto -ta *pp of* **desvolver**
desyemar *va* to remove the buds from; to remove the yolk from
desyerba *f* weeding; weeding hoe
desyerbar *va* var. of **desherbar**
desyugar §59 *va* to unyoke
deszocar §86 *va* to put (*a foot*) out of commission; (arch.) to remove the socle from (*a column*); *vr* to put one's foot out of commission
deszumar *va* to squeeze the juice out of
detall *m* retail; **al detall** retail, at retail
detalladamente *adv* in detail
detallar *va* to detail, to particularize, to tell in detail; to retail, to sell at retail
detalle *m* detail, particular; detailed account; (f.a.) detail; (Am.) retail; **en detalle** in detail
detallista *mf* person fond of detail; painter or writer skilled in detail; retailer
detasa *f* (rail.) rebate
detección *f* detection; (elec. & rad.) detection
detectar *va* to detect; (elec. & rad.) to detect
detective *m* detective
detectivesco -ca *adj* detective
detector -tora *adj* detecting; *m* detector; (elec. & rad.) detector; **detector a** or **de cristal** (rad.) crystal detector; **detector a válvula** (rad. & telv.) vacuum-tube detector; **detector de galena** (rad.) galena detector; **detector de mentiras** lie detector; **detector de minas** mine detector; *f* (rad. & telv.) vacuum-tube detector
detén *2d sg impv of* **detener**
detención *f* detainment, detention; delay; care, thoroughness; **detención ilegal** (law) detainer
detendré *1st sg fut ind of* **detener**
detenedor -dora *adj* stopping; *mf* detainer, stopper; *m* (mach.) arrester, catch
detener §85 *va* to stop, to check, to hold, to hold back; to detain, to arrest; to dam, to dam up; to keep, retain, reserve; **detener el aliento** to hold one's breath; *vr* to stop; to delay, to tarry, to linger, to pause; **detenerse a** + *inf* to stop to + *inf*; **¡detente, bala!** stop, bullet! (*words on the breast patch of the Carlists*)
detengo *1st sg pres ind of* **detener**
detenidamente *adv* carefully, thoroughly
detenido -da *adj* lengthy; timid, hesitant; mean, stingy, niggardly; careful, thorough; slow, dilatory; *mf* prisoner
detenimiento *m* var. of **detención**
detentación *f* (law) deforcement
detentador *m* (law) deforciant
detentar *va* to hold (*a position, title, etc.*); (law) to deforce
detergente *adj* & *m* detergent
deterger §49 *va* to deterge
deterioración *f* var. of **deterioro**
deteriorar *va* & *vr* to deteriorate
deterioro *m* deterioration
determinabilidad *f* determinability
determinable *adj* determinable
determinación *f* determination
determinado -da *adj* determined, resolute; determinate; certain; (gram.) definite (*article*)
determinante *adj* determinant; *m* determinant; (biol., log. & math.) determinant
determinar *va* to determine; to cause, bring about; to lead; **determinar a (una persona) a** + *inf* to lead or induce (*a person*) to + *inf*; **determinar** + *inf* to decide to + *inf*; *vr* to determine, to decide; **determinarse a** + *inf* to decide to + *inf*
determinativo -va *adj* determinative; (gram.) determinative
determinismo *m* (philos.) determinism
determinista *adj* & *mf* (philos.) determinist
detersión *f* detersion
detersivo -va *adj* & *m* detersive
detersorio -ria *adj* & *m* var. of **detergente**
detestable *adj* detestable
detestación *f* cursing; detestation
detestar *va* to curse; to detest; **detestar** + *inf* to hate to + *inf*, e.g., **detesto salir con la lluvia** I hate to go out in the rain; *vn* to detest; **detestar de** to detest
detienebuey *m* (bot.) restharrow
detiento *m* start, shock, upset
detonación *f* detonation; knock (*of an internal-combustion engine*)
detonador *m* detonator
detonante *adj* detonating
detonar *vn* to detonate
detorsión *f* sprain, twisting of a ligament, muscle, limb, or joint
detracción *f* detraction
detractar *va* to defame, vilify
detractor -tora *adj* detractive, disparaging; *mf* detractor, disparager
detraer §88 *va* to detract, take away; to defame, vilify
detraigo *1st sg pres ind of* **detraer**
detraje *1st sg pret ind of* **detraer**
detrás *adv* behind; **por detrás de** behind the back of; **detrás de** behind, back of
detricción *f* detrition
detrimento *m* damage, harm, loss, detriment
detrítico -ca *adj* (geol.) detrital
detrito *m* detritus, debris, dirt; (geol.) detritus
detritus *m* (*pl:* **-tus**) var. of **detrito**
detuve *1st sg pret ind of* **detener**
Deucalión *m* (myth.) Deucalion
deudo -da *mf* relative; *m* relationship, kinship; duty, obligation; *f* debt; indebtedness; (Bib.) debt (*sin*); **llenarse de deudas** to get deeply in debt; **deuda activa** asset, credit; **deuda de honor** or **deuda de juego** debt of honor; **deuda flotante** floating debt; **deuda pasiva** liability, debit; **deuda pública** public debt
deudor -dora *adj* indebted; *mf* debtor; **deudor hipotecario** mortgagor; **deudor moroso** delinquent (*in payment*)
deuterio *m* (chem.) deuterium
deuterión *m* (chem.) deuteron
Deuteronomio *m* (Bib.) Deuteronomy
deutón *m* (chem.) deuton (*i.e., deuteron*)
deutoplasma *m* (biol.) deutoplasm
devalar *vn* (naut.) to drift, to drift from the course

D

devaluación *f* devaluation
devaluar §33 *va* to devalue
devanadera *f* winding frame
devanado *m* winding; (elec.) winding
devanador -dora *adj* winding; *m* core (*of a ball of yarn*); (Am.) winding frame
devanar *va* to wind, to spool, to roll; *vr* (Am.) to double up with laughter; (Am.) to writhe with pain
devanear *vn* to rave, talk nonsense; to fritter away one's time, to loaf around
devaneo *m* raving, nonsense, madness; loafing; flirtation
devastación *f* devastation
devastador -dora *adj* devastating; *mf* devastator
devastar *va* to devastate
develación *f* revelation, discovery; unveiling (*of, e.g., a statue*)
develar *va* to reveal, uncover; to unveil (*e.g., a statue*)
devendré *1st sg fut ind of* **devenir**
devengar §59 *va* to earn (*wages*); to draw (*interest*)
devengo *m* earning; amount earned, earnings; *1st sg pres ind of* **devenir**
devenir §92 *vn* to happen; (philos.) to become
deviación *f* var. of **desviación**
devine *1st sg pret ind of* **devenir**
devoción *f* devotion
devocionario *m* prayer book
devolución *f* return, restitution; (eccl.) devolution
devolutivo -va or **devolutorio -ria** *adj* (law) returnable
devolver §63 & §17, 9 *va* to return, give back, send back; to requite, to pay back; (coll.) to vomit; *vr* (Am.) to return, come back
devoniano -na *adj & mf* Devonian; (geol.) Devonian
devónico -ca *adj* (geol.) Devonic, Devonian
devorador -dora *adj* devouring; *mf* devourer
devorante *adj* devouring
devorar *va* to devour; (fig.) to devour
devotería *f* (coll.) sanctimony, sanctimoniousness
devoto -ta *adj* devout; devoted; devotional; *mf* devotee; *m* object of devotion or worship
devuelto -ta *pp of* **devolver**
dexiocardia *f* var. of **dextrocardia**
dextrina *f* (chem.) dextrin or dextrine
dextrocardia *f* (anat.) dextrocardia
dextrógiro -ra *adj* (phys.) dextrogyrous
dextrorrotatorio -ria *adj* (phys.) dextrorotatory
dextrorso -sa *adj* (bot.) dextrorse
dextrosa *f* (biochem.) dextrose
deyección *f* (physiol.) dejection; (geol.) ejecta, ejection
dezmable *adj* tithable
dezmatorio *m* tithing; place where tithes are collected
dezmeño -ña *adj* (pertaining to) tithe
dezmería *f* tithe land
dezmero -ra *adj* (pertaining to) tithe; *mf* tither
D.F. abr. of **Distrito Federal**
d/f abr. of **días fecha**
dg. abr. of **decigramo** or **decigramos**
Dg. abr. of **decagramo** or **decagramos**
dho. abr. of **dicho**
di *2d sg impv of* **decir**
dí *1st sg pret ind of* **dar**
día *m* day; daytime; daylight; **días** *mpl* birthday; **a días** once in a while; **al día** a day, per day; up to date; **alcanzar en días** (coll.) to survive (*another person*); **al otro día** on the following day; **buenos días** good morning; **¡cualquier día!** I should say not!; **dar los buenos días a** to pass the time of day with; **dar los días a** to wish (*someone*) many happy returns of the day; to congratulate (*someone*) on his saint's day; **de día** in the daytime, in the daylight; **el día menos pensado** (coll.) when least expected; **el mejor día** some fine day; **en cuatro días** in a few days; **en días de Dios, en días del mundo** or **en los días de la vida** never; **en el día** nowadays; the same day; **en pleno día** in broad daylight; **en su día** in due time; **entrado en días** advanced in years; **ocho días** a week; **poner al día** to bring up to date; **ponerse al día** to catch up (*in one's debts*); **quince días** two weeks, a fortnight; **tener sus días** to have one's day, to be up in years; **un día sí y otro no** every other day; **vivir al día** to live from hand to mouth; **día de acción de gracias** Thanksgiving, Thanksgiving Day (*in U.S.A.*); **día de años** birthday; **día de año nuevo** New Year or New Year's Day; **día de asueto** day off, time off; **día de ayuno** fast day; **día de carne** meat day; **día de ceniza** Ash Wednesday; **día de Colón** Columbus Day; **día de cutio** or **de hacienda** workday; **día de engañabobos** the 28th of December, celebrated like April Fools' Day; **día de gracias** Thanksgiving Day (*in U.S.A.*); **día de guardar** (eccl.) holyday, holyday of obligation; **día de hogar** or **de huelga** day off; **día de inauguración** (f.a.) private viewing; **día de joya** court day; **día del idioma** anniversary of death of Cervantes (*23d of April*); **día del juicio** Day of Judgment; **día de la raza** Columbus Day, Discovery Day; **día de los caídos** Memorial Day; **día de los (santos) inocentes** (eccl.) Holy Innocents' Day (*December 28, popularly celebrated like April Fools' Day*); **día de pescado** fish day; **día de precepto** (eccl.) holyday, holyday of obligation; **día de ramos** Palm Sunday; **día de Reyes** Twelfth-night; **día de San Martín** Martinmas; **día de todos los santos** All Saints' Day; **día de trabajo** workday, weekday; **día de vigilia** fast day; **día diado** fixed day; **día feriado** (law) court holiday; holiday, day off; **día festivo** holiday; **día hábil** working day, business day; (law) court day; **día laborable** workday, weekday; **día lectivo** school day; **día onomástico** saint's day, birthday; **día puente** day taken off because it falls between two holidays; **días de demora** or **de estadía** (naut.) lay days; **días de gracia** (coll.) days of grace; **día útil** workday
diabasa *f* (mineral.) diabase
diabetes *f* (path.) diabetes
diabético -ca *adj & mf* diabetic
diabetómetro *m* diabetometer
diabla *f* (coll.) she-devil; carding machine; **a la diabla** (coll.) carelessly, any old way
diablear *vn* (coll.) to play pranks
diablesa *f* (coll.) she-devil
diablesco -ca *adj* diabolical, devilish
diablillo *m* imp; person disguised as devil; (coll.) schemer; **diablillo de Descartes** Cartesian devil, diver, or imp
diablo *m* devil; (mach.) devil; (billiards & pool) bridge, rest, cue rest; **¡diablos!** the devil!; **ahí será el diablo** (coll.) there will be the devil to pay; **como el diablo** (coll.) like the devil; **darse al diablo** (coll.) to get angry, go wild; **del diablo, de los diablos, de mil diablos,** or **de todos los diablos** a hell of a; **llevarse el diablo** (coll.) to turn out badly; **pobre diablo** (coll.) poor devil; **diablo cojuelo** tricky devil; **diablo encarnado** devil incarnate; **diablo marino** (ichth.) scorpene; **diablo punzante** (zool.) moloch; **diablos azules** (Am.) blue devils (*delirium tremens*)
diablura *f* devilment, deviltry (*mischief; daring*)
diabólico -ca *adj* diabolic, diabolical, devilish; (coll.) devilish (*very bad; mischievous*)
diabolín *m* chocolate drop
diabolismo *m* diabolism (*doctrine*)
diábolo *m* yo-yo
diacatolicón *m* (pharm.) purgative electuary
diacitrón *m* candied citron, candied lemon peel
diacodión *m* (pharm.) diacodion
diaconado *m* deaconry, diaconate
diaconal *adj* deaconal, diaconal
diaconato *m* deaconry, diaconate
diaconía *f* diaconia; deacon's house
diaconisa *f* deaconess
diácono *m* deacon
diacrítico -ca *adj* (gram. & med.) diacritic or diacritical

diacronía *f* diachrony
diacrónico -ca *adj* diachronic
diadelfo -fa *adj* (bot.) diadelphous
diadema *f* diadem; tiara (*ornamental coronet worn by women*)
diademado -da *adj* (her.) diademed
diado -da *adj* fixed (*day*)
diafanidad *f* diaphanousness, translucency
diafanizar §76 *va* to make diaphanous
diáfano -na *adj* diaphanous
diáfisis *f* (anat. & bot.) diaphysis
diaforesis *f* (med.) diaphoresis
diaforético -ca *adj* diaphoretic or diaphoretical; *m* diaphoretic
diafragma *m* diaphragm; **diafragma iris** (opt.) iris diaphragm
diafragmático -ca *adj* diaphragmatic
diagnosis *f* (*pl:* **-sis**) (bot., zool. & med.) diagnosis
diagnosticar §86 *va* to diagnose
diagnóstico -ca *adj* diagnostic; *m* diagnostic; diagnosis
diagonal *adj* diagonal; *f* diagonal; diagonal cloth
diágrafo *m* diagraph
diagrama *m* diagram
diagramático -ca *adj* diagrammatic
diálaga *f* (mineral.) diallage
dialectal *adj* dialectal
dialectalismo *m* dialecticism
dialéctico -ca *adj* dialectic or dialectical; sophistical; *m* dialectic (*philosopher*); dialectician; *f* dialectic, dialectics; sophistry
dialecto *m* dialect
dialectología *f* dialectology
dialicarpelar *adj* (bot.) dialycarpous
diálisis *f* (*pl:* **-sis**) dialysis
dialítico -ca *adj* dialytic
dializador *m* (physical chem.) dialyzer
dializar §76 *va* to dialyze
dialogal *adj* dialogic
dialogar §59 *va* to write in the form of a dialogue; *vn* to talk, to converse
dialogismo *m* (rhet.) dialogism, Wellerism
dialogístico -ca *adj* interlocutory, dialogistic
dialogizar §76 *vn* to dialogue, to converse
diálogo *m* dialogue; friendly relations
dialoguista *mf* dialogist (*writer*)
dialtea *f* (pharm.) marsh-mallow ointment
diamagnético -ca *adj & m* diamagnetic
diamagnetismo *m* diamagnetism
diamantado -da *adj* diamondlike
diamantar *va* to make shine or sparkle like diamonds
diamante *m* diamond; **diamante en bruto** diamond in the rough; (fig.) diamond in the rough; **diamante negro** black diamond (*carbon diamond*); **diamante rosa** rose diamond
diamantífero -ra *adj* diamantiferous
diamantino -na *adj* (pertaining to or like a) diamond; (poet.) hard, unshakable
diamantista *mf* diamond cutter; diamond merchant
diamela *f* (bot.) Arabian jasmine
diametral *adj* diametric, diametrical, diametral
diámetro *m* diameter
diana *f* (mil.) reveille; bull's-eye; (*cap.*) *f* (myth.) Diana; **hacer diana** to hit the bull's-eye or to score a bull's-eye
dianche *m* (coll.) devil; *interj* (coll.) the deuce!, the devil!
diandro -dra *adj* (bot.) diandrous
diantre *m* (coll.) devil; *interj* (coll.) the dickens!, the deuce!
diapalma *f* (pharm.) diapalma
diapasón *m* (mus.) diapason; (mus.) tuning fork; (mus.) pitch pipe; (mus.) finger board (*e.g., of violin*); **bajar el diapasón** (coll.) to lower one's voice, to change one's tune; **subir el diapasón** (coll.) to raise one's voice; **diapasón normal** (mus.) diapason normal
diapédesis *f* (physiol.) diapedesis
diapente *m* (ancient mus. & ancient pharm.) diapente
diapositiva *f* (phot.) diapositive; slide, lantern slide
diaprea *f* small round plum
diaquilón *m* (pharm.) diachylon
diario -ria *adj* daily; (Am.) street (*clothes*); *a* **diario** daily, everyday; *m* daily (*paper*); diary; daily household expenses, daily ration; day book; **diario de navegación** (naut.) log book; **diario hablado** (rad.) newscast
diarismo *m* (Am.) journalism
diarista *mf* diarist; *m* newspaperman
diarrea *f* (path.) diarrhea
diartrosis *f* (*pl:* **-sis**) (anat.) diarthrosis
diascordio *m* (pharm.) diascordium
diasén *m* (pharm.) senna purgative
diáspero *m* (mineral.) jasper
Diáspora *f* (Bib. & fig.) Diaspora
diásporo *m* (mineral.) diaspore
diaspro *m* var. of **diáspero**
diastasa *f* (biochem.) diastase
diastásico -ca *adj* (biochem. & surg.) diastasic
diastasis *f* (surg.) diastasis
diástilo *m* (arch.) diastyle
diástole *f* (physiol. & gram.) diastole
diastólico -ca *adj* diastolic
diastrofismo *m* (geol.) diastrophism
diatérmano -na *adj* (phys.) diathermanous
diatermia *f* (med.) diathermy
diatérmico -ca *adj* (med. & phys.) diathermic
diatesarón *m* (ancient mus., ancient pharm. & rel.) diatessaron
diatésico -ca *adj* diathetic
diátesis *f* (med.) diathesis
diatomáceo -a *adj* diatomaceous
diatomea *f* (bot.) diatom
diatónico -ca *adj* (mus.) diatonic
diatriba *f* diatribe
dibásico -ca *adj* (chem.) dibasic
dibujante *mf* sketcher, illustrator; *m* draftsman; *f* draftswoman
dibujar *va* to draw, to design; to sketch; to depict, to outline; *vr* to be outlined; to come to the surface (*said, e.g., of something concealed or hidden*)
dibujo *m* drawing; sketch; depiction; design; **no meterse en dibujos** (coll.) to attend to one's own business; **dibujo animado** animated cartoon
dicacidad *f* wittiness, sharpness, sarcasm
dicasio *m* (bot.) dichasium
dicaz *adj* (*pl:* **-caces**) witty, sharp, sarcastic
dicción *f* word; diction
diccionario *m* dictionary; **Diccionario de Autoridades** dictionary of Spanish Academy, whose first edition appeared from 1726 to 1739
diccionarista *mf* lexicographer
dic.ᵉ abr. of **diciembre**
dicentra *f* (bot.) dicentra, bleeding heart
diciembre *m* December
diciendo *ger of* **decir**
diclino -na *adj* (bot.) diclinous
diclorodifeniltricloroetano *m* (chem.) dichlorodiphenyl-trichloroethane
dicloruro *m* (chem.) dichloride, bichloride
dicotiledón *adj* (bot.) dicotyledonous; *m* (bot.) dicotyledon
dicotiledóneo -a *adj* (bot.) dicotyledonous
dicotomía *f* dichotomy; (astr., biol., bot. & log.) dichotomy; split fees (*among doctors*)
dicotómico -ca *adj* dichotomic
dicótomo -ma *adj* dichotomous
dicroico -ca *adj* dichroic
dicroísmo *m* dichroism
dicromático -ca *adj* dichromatic
dicromatismo *m* dichromatism
dicromato *m* (chem.) dichromate, bichromate
dictado *m* dictation; title of dignity or honor; **dictados** *mpl* dictates; **escribir al dictado** to take dictation; to take down (*something dictated*)
dictador *m* dictator
dictadora *f* dictaphone, dictating machine
dictadura *f* dictatorship
dictáfono *m* dictaphone
dictamen *m* dictum, opinion, judgment
dictaminar *va* to pass judgment on; *vn* to pass judgment
díctamo *m* (bot.) dittany; **díctamo blanco** (bot.) fraxinella
dictar *va* to dictate; to promulgate (*a law*); to inspire, to suggest; (Am.) to give (*a course*); (Am.) to deliver (*a lecture*); *vn* to dictate
dictatorial *adj* dictatorial (*pertaining to a dictator; imperious, overbearing*)

D

dictatorio -ria *adj* dictatorial (*pertaining to a dictator*)
dicterio *m* taunt, insult
dictógrafo *m* dictograph
dicha *f* see **dicho**
dicharachero -ra *adj* (coll.) vulgar, obscene, foul-mouthed
dicharacho *m* (coll.) vulgarity, obscenity
dichero -ra *adj* (coll.) witty; *mf* (coll.) wit
dicho -cha *adj* said; **mejor dicho** rather; *pp of* **decir; tener una cosa por dicha** to consider a matter settled; **dicho y hecho** no sooner said than done; *m* saying; pledge, promise of marriage; witticism, bright remark; (coll.) insulting remark; **dicho de las gentes** talk (*unfavorable*); *f* happiness, luck; **a dicha** or **por dicha** by chance
dichón -chona *adj* (Am.) sharp, sarcastic
dichoso -sa *adj* happy; fortunate, lucky; (coll.) annoying, tiresome; (iron.) lucky
didáctico -ca *adj* didactic or didactical; *f* didactics
didáctilo -la *adj* didactylous
didelfo -fa *adj & m* (zool.) didelphian
didimio *m* (chem.) didymium
dídimo -ma *adj* (bot. & zool.) didymous; *m* didymus (*testicle*)
Dido *f* (myth.) Dido
diecinueve *adj* nineteen; **las diecinueve** seven P.M.; *m* nineteen; nineteenth (*in dates*)
diecinueveavo -va *adj & m* nineteenth
dieciochavo -va *adj & m* eighteenth
dieciocheno -na *adj* eighteenth
dieciochesco -ca *adj* eighteenth-century
dieciochismo *m* eighteenth-century style or character
dieciochista *adj* eighteenth-century
dieciocho *adj* eighteen; **las dieciocho** six P.M.; *m* eighteen; eighteenth (*in dates*)
dieciséis *adj* sixteen; **las dieciséis** four P.M.; *m* sixteen; sixteenth (*in dates*)
dieciseisavo -va *adj* sixteenth; *m* sixteenth; **en dieciseisavo** sextodecimo (*book*)
dieciseiseno -na *adj* sixteenth
diecisiete *adj* seventeen; **las diecisiete** five P.M.; *m* seventeen; seventeenth (*in dates*)
diecisieteavo -va *adj & m* seventeenth
diedro *adj masc* (geom.) dihedral
Diego *m* James
dieléctrico -ca *adj & m* dielectric
diente *m* (anat.) tooth; tooth (*of saw, comb, rake, etc.*); tusk, fang; cog; **aguzar los dientes** to whet one's appetite; **apretar los dientes** to set one's teeth (*to prepare to resist*); **a regaña dientes** loathingly, with repugnance; **armado hasta los dientes** (coll.) armed to the teeth; **dar diente con diente** (coll.) to shake all over (*from fear or cold*); **decir entre dientes** (coll.) to mutter, to mumble; **de dientes afuera** (coll.) in bad faith; **enseñar los dientes** (coll.) to show one's teeth; **estar a diente** (coll.) to be famished; **hablar entre dientes** to chew one's words (*so as to be unintelligible*); (coll.) to mutter, to mumble; **mostrar los dientes** (coll.) to show one's teeth; **tener buen diente** to be a hearty eater; **tomar** or **traer entre dientes** (coll.) to have a grudge against; to speak ill of; **diente artificial** false tooth; **diente canino** (anat.) canine tooth, eye tooth; **diente de ajo** clove of garlic; (coll.) large, misshapen tooth; **diente de leche** milk tooth; **diente de león** (bot.) dandelion; **diente de lobo** burnisher; **diente de muerto** (bot.) grass pea; **diente de perro** sculptor's dented chisel; (arch.) dogtooth; (bot.) dogtooth violet; (sew.) featherstitch; (coll.) crude sewing; **diente incisivo** (anat.) incisor; **diente mamón** baby tooth; **diente molar** (anat.) molar, back tooth; **dientes de leche** baby teeth
dientimellado -da *adj* nick-toothed
dientudo -da *adj* var. of **dentudo**
diéresis *f* (*pl:* **-sis**) diaeresis
Diesel *m* Diesel engine or motor
dieseléctrico -ca *adj* Diesel-electric
dieselización *f* equipment with Diesel engines, Dieselization
diesi *f* (mus.) diesis; (mus.) sharp
diestro -tra *adj* right; skilful, dexterous, handy; dexter; sagacious, shrewd; sly, artful; favorable, propitious; (her.) dexter; **a diestro y siniestro** right-and-left, wildly; *m* skilful fencer; bullfighter on foot; matador; bridle; *f* right hand; **juntar diestra con diestra** to join forces
dieta *f* diet (*regular food and drink; assembly*); (law) day's trip of ten leagues; **dietas** *fpl* per diem (*allowance*); pay, compensation (*e.g., of a legislator*); **estar a dieta** to be on a diet; **poner a dieta** to put on a diet; **dieta láctea** milk diet
dietar *va* to diet, to put on a diet
dietario *m* family budget; chronicler's record book
dietético -ca *adj* dietetic, dietary; *f* dietetics
dietista *mf* dietician or dietitian
diez *adj* ten; **las diez** ten o'clock; *m* (*pl:* **dieces**) ten; tenth (*in dates*); decade (*of Ave Marias*)
diezmal *adj* decimal
diezmar *va* to decimate; to tithe
diezmero -ra *mf* tither, collector of tithes
diezmesino -na *adj* ten-month
diezmilésimo -ma *adj & m* ten thousandth
diezmilímetro *m* tenth of a millimeter
diezmo *m* tithe
difamación *f* defamation
difamador -dora *adj* defaming; *mf* defamer
difamar *va* to defame
difamatorio -ria *adj* defamatory
difásico -ca *adj* (elec.) diphase, two-phase
diferencia *f* difference; (log.) differentia; **a diferencia de** unlike; **partir la diferencia** to split the difference; **diferencia de potencial** (phys.) difference of potential
diferenciación *f* differentiation
diferenciador -dora *adj* differentiating
diferencial *adj* differential; *m* (mach.) differential; *f* (math.) differential
diferenciar *va* to differentiate; (math.) to differentiate; *vn* to differ, to dissent; *vr* to differ, be different; to differentiate, become differentiated; to distinguish oneself; (bot.) to differentiate
diferendo *m* difference, disagreement
diferente *adj* different
diferir §62 *va* to defer, postpone, delay, put off; *vn* to differ, be different
difícil *adj* difficult, hard; **difícil de contentar** hard to please
dificílimo -ma *adj super* very or most difficult
difícilmente *adv* with difficulty
dificultad *f* difficulty; objection
dificultador -dora *adj* objecting, pessimistic; *mf* objector, pessimist
dificultar *va* to put obstacles in the way of, to make difficult; to consider difficult; **dificultar que** + *subj* to consider it difficult or unlikely that; *vn* to raise difficulties or objections; *vr* to become difficult
dificultosamente *adv* with difficulty
dificultoso -sa *adj* troublesome, difficult; (coll.) ugly, homely; (coll.) objecting, pessimistic
difidación *f* diffidation, declaration of war
difidencia *f* distrust
difidente *adj* distrustful
dífilo -la *adj* (bot.) diphyllous
difluencia *f* diffluence
difluente *adj* diffluent
difluir §41 *vn* to flow away, to dissolve
difracción *f* diffraction
difractar *va* to diffract; *vr* to be diffracted
difractivo -va *adj* diffractive
difrangente *adj* diffractive
difteria *f* (path.) diphtheria
diftérico -ca *adj* diphtherial or diphtheritic
difteritis *f* (path.) diphtheritis
difteroide *adj* diphtheroid
difuminar *va* var. of **esfuminar**
difumino *m* var. of **esfumino**
difundido -da *adj* widespread, widely known
difundir *va* to diffuse, to disseminate, to spread; to divulge, to publish; (rad.) to broadcast; *vr* to spread
difuntear *va* to kill, to slay; *vr* **to get killed,** to die

difunto -ta *adj & mf* deceased; **difunto de taberna** dead-drunk; *m* corpse
difusibilidad *f* diffusibility
difusible *adj* diffusible
difusión *f* diffusion, dissemination, spread; diffuseness; (anthrop., chem. & phys.) diffusion; (rad.) broadcasting; **difusión normal** standard broadcasting
difusionismo *m* (anthrop.) diffusionist theory
difusivo -va *adj* diffusive
difuso -sa *adj* diffuse; broad, extended; prolix, wordy
difusor -sora *adj* diffusing; radiating; *m* diffuser
digerible *adj* digestible
digerir §62 *va* (physiol. & chem.) to digest; (fig.) to digest (*to think over, to try to understand; to bear, to put up with*); *vr* to digest
digestibilidad *f* digestibility
digestible *adj* digestible
digestión *f* digestion; **de mala digestión** indigestible
digestivo -va *adj & m* digestive
digesto *m* (law) digest
digestor *m* digester (*closed vessel*)
digitación *f* (mus.) fingering
digitado -da *adj* digitate; (bot.) digitate; (mus.) fingered
digital *adj* digital; *f* (bot. & pharm.) digitalis
digitalina *f* (chem. & pharm.) digitalin
digitígrado -da *adj & m* (zool.) digitigrade
dígito *m* (arith.) digit; (astr.) digit or point
dignación *f* condescension
dignar *vr* to deign, condescend; **dignarse** + *inf* to deign to + *inf*, to condescend to + *inf*
dignatario *m* dignitary, official
dignidad *f* dignity; dignitary
dignificación *f* dignification
dignificar §86 *va* to dignify; *vr* to become dignified
digno -na *adj* worthy, deserving; dignified; suitable, fitting; **digno de** + *inf* worthy of + *ger*
digo *1st sg pres ind of* **decir**
digrafía *f* or **dígrafo** *m* digraph
digrama *m* digram
digresión *f* digression; (astr.) digression
digresivo -va *adj* digressive
dije *1st sg pret ind of* **decir;** *m* amulet, charm, trinket; (coll.) jewel (*person*); (coll.) person all dressed-up; (coll.) handy person; **dijes** *mpl* boasting, bragging
dilaceración *f* dilaceration
dilacerar *va* to dilacerate, to tear to pieces; to damage (*honor, pride, etc.*)
dilación *f* delay
dilapidación *f* dilapidation, squandering
dilapidar *va* to dilapidate, to squander
dilatabilidad *f* dilatability
dilatable *adj* dilatable
dilatación *f* dilation, dilatation, expansion, distention; diffuseness, prolixity; calm, serenity, tranquility in sorrow or grief
dilatado -da *adj* vast, extensive, extended, numerous; diffuse, prolix
dilatador -dora *adj* dilating; *m* (anat. & surg.) dilator
dilatar *va* to dilate, expand; to defer, postpone; to spread (*e.g., fame*); (Am.) to delay; *vn* (Am.) to delay; *vr* to dilate, expand; to be deferred, be postponed; to spread; to be diffuse or prolix; (Am.) to delay
dilatativo -va *adj* dilative
dilatómetro *m* (phys.) dilatometer
dilatorio -ria *adj* (law) dilatory; *f* delay
dilección *f* true love
dilecto -ta *adj* dearly beloved
dilema *m* dilemma; (log.) dilemma
diletante *adj & mf* dilettante
diletantismo *m* dilettanteism
diligencia *f* diligence; stagecoach; caution, dispatch, speed; (coll.) errand; **hacer una diligencia** (coll.) to do an errand; (coll.) to have a bowel movement
diligenciar *va* to take steps to accomplish; to hasten
diligenciero *m* agent, representative
diligente *adj* diligent; prompt, quick
dilogía *f* ambiguity, double meaning
dilucidación *f* elucidation
dilucidador -dora *adj* elucidating; *mf* elucidator
dilucidar *va* to elucidate
dilucidario *m* commentary, exposition
dilución *f* dilution
diluente *m* thinner; (med.) diluent
diluído -da *adj* dilute
diluir §41 *va* to dilute; to thin; *vr* to dilute, become diluted
diluvial *adj* (geol.) Recent
diluviano -na *adj* diluvian, diluvial; (geol.) Recent
diluviar *vn* to rain hard, to pour
diluvio *m* deluge; (fig.) deluge; **el Diluvio** (Bib.) the Deluge, the Flood
dimanación *f* springing; origination
dimanar *vn* to spring, spring up; **dimanar de** to spring from, arise from, originate in
dimensión *f* dimension; **cuarta dimensión** (math.) fourth dimension
dimensional *adj* dimensional
dimensionar *va* to determine the proportions of, to determine the size of
dimes *mpl;* **andar en dimes y diretes con** (coll.) to bicker with
dimetría *f* (med.) dimetria
dímetro *m* (pros.) dimeter
diminución *f* diminution
diminuir §41 *va, vn, & vr* to diminish, to decrease
diminutamente *adv* sparingly; minutely
diminutivo -va *adj* diminishing; (gram.) diminutive; *m* (gram.) diminutive
diminuto -ta *adj* diminutive, tiny; defective, imperfect; (mus.) diminished
dimisión *f* demission, resignation
dimisionario -ria *adj* resigning; *mf* person resigning
dimisorias *fpl* (eccl.) dimissory letters; **dar dimisorias a** (coll.) to kick out, to fire; **llevar dimisorias** (coll.) to get kicked out, to get fired
dimitente *adj* resigning, retiring; *mf* person resigning
dimitir *va* to demit, to resign, to resign from; *vn* to demit, to resign
dimorfismo *m* dimorphism
dimorfo -fa *adj* dimorphous
din *m* (coll.) dough, money
dina *f* (phys.) dyne; (*cap.*) *f* Dinah
Dinamarca *f* Denmark
dinamarqués -quesa *adj* Danish; *mf* Dane; *m* Danish (*language*)
dinámico -ca *adj* dynamic; (fig.) dynamic; *f* dynamics
dinamismo *m* (philos.) dynamism
dinamista *adj* dynamistic; *mf* dynamist
dinamita *f* dynamite
dinamitar *va* to dynamite
dinamitazo *m* dynamite explosion
dinamitero -ra *adj* dynamiting; *m* dynamiter
dínamo *f* dynamo
dinamoeléctrico -ca *adj* dynamoelectric
dinamometría *f* (mech.) dynamometry
dinamométrico -ca *adj* dynamometric
dinamómetro *m* dynamometer
dinamotor *s* (elec.) dynamotor
dinasta *m* dynast
dinastía *f* dynasty
dinástico -ca *adj* dynastic or dynastical
dinastismo *m* loyalty to a dynasty
dinerada *f* or **dineral** *m* large amount of money
dinerario -ria *adj* monetary
dinerillo *m* (coll.) small amount of money
dinero *m* money; currency; wealth; **dinero contante** cash; **dinero contante y sonante** ready cash, spot cash; **dinero de bolsillo** pocket money; **dinero trocado** change
dineroso -sa *adj* rich, moneyed
dinga *f* dingey, dinghy
dingo *m* dingo (*wild dog*)
dinornis *m* (pal.) dinornis
dinosaurio *m* (pal.) dinosaur
dinoterio *m* (pal.) dinothere
dintel *m* (arch.) lintel, doorhead; threshold
dintelar *va* to provide with a lintel; to build in the form of a lintel

diocesano -na *adj & m* diocesan
diócesi *f* or **diócesis** *f* (*pl:* **-sis**) diocese
Diocleciano *m* Diocletian
diodo *m* (electron.) diode
Diógenes *m* Diogenes
dioico -ca *adj* (biol. & bot.) diecious or dioecious
Diomedes *m* (myth.) Diomedes
dionea *f* (bot.) Venus's-flytrap
dionisia *f* bloodstone; **Dionisias** *fpl* Dionysia (*festivals*)
dionisíaco -ca *adj* Dionysiac; **dionisíacas** *fpl* Dionysia (*festivals*)
Dionisio *m* Dionysius; Denis; **San Dionisio** Saint Denis
Dionisios *m* or **Dionisos** *m* (myth.) Dionysos or Dionysus
dioptra *f* sight (*of an instrument*); diopter, alidade
dioptria *f* (opt.) diopter (*unit*)
dióptrico -ca *adj* dioptric or dioptrical; *f* dioptrics
diorama *m* diorama
diorámico -ca *adj* dioramic
diorita *f* (mineral.) diorite
dios *m* god; (*cap.*) *m* God; **a la buena de Dios** (coll.) without cunning or malice; **estar con Dios** to be in heaven; **llamar a Dios de tú** to be wonderful, to be first-class; to be too familiar with everybody, to call everybody by his first name; **pasar las de Dios es Cristo** to go through fire and water; **permita Dios** God grant; **¡por Dios!** goodness!, for heaven's sake!; **¡válgame Dios!** bless me!, so help me God!; **¡vaya con Dios!** off with you!, be gone!; good-bye!; God's will be done!; **¡vive Dios!** by Jove!; **dios de los rebaños** or **de los pastores** shepherd god (*Pan*); **Dios mediante** God willing
diosa *f* goddess; (fig.) goddess (*very beautiful woman*)
dioscoreáceo -a *adj* (bot.) dioscoreaceous
Dioscuros or **Dióscuros** *mpl* (myth.) Dioscuri
diostedé *m* (orn.) toucan
dióxido *m* (chem.) dioxide; **dióxido de azufre** (chem.) sulfur dioxide
dipétalo -la *adj* (bot.) dipetalous
diplejía *f* (path.) diplegia; **diplejía espástica** (path.) cerebral palsy
diploclamídeo -a *adj* (bot.) diplochlamydeous
diplococo *m* (bact.) diplococcus
diplodoco *m* (pal.) diplodocus
diploma *m* diploma
diplomacia *f* diplomacy; **diplomacia del dólar** dollar diplomacy
diplomado -da *adj* having a diploma, graduate; *mf* diplomate, graduate
diplomático -ca *adj* diplomatic; *mf* diplomat, diplomatist; **diplomático de carrera** career diplomat; *f* diplomatics (*branch of paleography; diplomacy*)
diplopía *f* (med.) diplopia
dipolar *adj* dipolar
dipolo *m* (chem. & phys.) dipole
dipsomanía *f* (path.) dipsomania
dipsomaníaco -ca *adj* dipsomaniacal; *mf* dipsomaniac
dipsómano -na *adj & mf* dipsomaniac
díptero -ra *adj* (zool.) dipterous, dipteran, dipteral; (arch.) dipteral; *m* (zool.) dipteran; (arch.) dipteros (*building*)
díptica *f* diptych (*tablet*)
díptico *m* diptych (*picture*)
diptongación *f* diphthongization
diptongar §59 *va & vr* to diphthongize
diptongo *m* diphthong
diputación *f* deputation; congress
diputado -da *mf* deputy; **diputado** *f* deputy, congresswoman
diputador -dora *adj & mf* constituent
diputar *va* to delegate, commission, depute; to deputize; to designate
dique *m* dike, dam, mole, jetty; dry dock; (dent.) dam; (geol.) dike; (fig.) check, stop, bar; **dique de carena** dry dock; **dique de caucho** or **goma** (dent.) rubber dam
Dirce *f* (myth.) Dirce
dirceo -a *adj* Dircaean
diré *1st sg fut ind of* **decir**
dirección *f* direction; course, trend, tendency; management, administration; address; directorship; office, administration office; guidance; (aut.) steering; **perder la dirección** to lose control of the car; **dirección de tiro** (nav.) fire control; **dirección obligatoria** or **única** one way
direccional *adj* directional
directivo -va *adj* directive, managing; *mf* director, manager; *f* board of directors, management
directo -ta *adj* direct; straight; (gram.) direct
director -tora *adj* guiding, directing, leading; managing, governing; *mf* director, manager; editor (*of a paper*); principal (*of a school*); (mus.) conductor; **director de escena** stage manager; **director de funeraria** funeral director; **director espiritual** spiritual director; **director general** director-general; *f* directress
directorial *adj* directorial
directorio -ria *adj* directory, directive; directorial; *m* directory (*body of directors; book of names*); directorate, directorship, board of directors; directive; (*cap.*) *m* Directoire
directriz *f* (*pl:* **-trices**) directive; (geom.) directrix
dirigente *mf* leader, head, director, executive
dirigible *adj & m* dirigible
dirigir §42 *va* to direct, to manage; to turn; to steer (*an automobile*); to dedicate (*a work*); to address (*a letter; one's words, a speech, etc.*); *vr* to go, to betake oneself; to turn; **dirigirse a** to address oneself to, to address (*a person*); to apply to
dirigismo *m* state planning, state control
dirimente *adj* annulling
dirimible *adj* annullable
dirimir *va* to dissolve, annul; to solve (*a difficulty*); to settle (*a controversy*)
disanto *m* holy day, religious feastday
discantar *va* (mus.) to descant; *vn* to descant, to comment at length; (mus.) to descant
discante *m* descant; (mus.) descant; (coll.) folly
discar §86 *va & vn* (telp.) to dial
disceptación *f* disceptation, debate, discussion
disceptar *vn* to discept, debate, discuss
discernible *adj* discernible, perceptible
discernidor -dora *adj* discerning; *mf* discerner
discerniente *adj* discerning; discriminating
discernimiento *m* discernment; (law) commitment
discernir §43 *va* to discern, distinguish; (law) to entrust, to commit; *vn* to discern, distinguish
disciplina *f* discipline; teaching, instruction; whip, scourge
disciplinable *adj* disciplinable; pliant, teachable
disciplinado -da *adj* disciplined; many-colored (*said of flowers*)
disciplinal *adj* disciplinal
disciplinar *va* to discipline; to teach, instruct; to whip, to scourge
disciplinario -ria *adj* disciplinary
disciplinazo *m* lash
discipulado *m* discipleship; teaching, instruction; disciples, pupils
discipular *adj* discipular
discípulo -la *mf* pupil, student; disciple
disco *m* disk; record (*of phonograph*); (sport) discus; (astr., bot. & zool.) disk; (coll.) same old record, same old song; **disco de cola** (rail.) tail light; **disco de goma** washer (*e.g., for a spigot*); **disco de identificación** (mil.) identification tag; **disco de larga duración** long-playing record; **disco de Petri** Petri dish; **disco de señales** (rail.) semaphore; **disco explorador** (telv.) scanning disk; **disco rayado** (Am.) fixed idea; **disco selector** (telp.) dial
discóbolo *m* discus thrower
discófilo -la *mf* discophile, record lover
discoidal *adj* discoidal, disk-shaped
díscolo -la *adj* wayward, ungovernable, intractable; mischievous
discoloro -ra *adj* (bot.) discolor
discómano -na *mf* (coll.) var. of **discófilo**
disconforme *adj* disagreeing

disconformidad *f* nonconformity, unconformity, disconformity; disagreement
discontinuación *f* discontinuation
discontinuar §33 *va* to discontinue
discontinuidad *f* discontinuity
discontinuo -nua *adj* discontinuous
disconvendré *1st sg fut ind of* **disconvenir**
disconvengo *1st sg pres ind of* **disconvenir**
disconveniencia *f* unsuitableness; incongruity; inconvenience
disconveniente *adj* unsuitable; incongruous; inconvenient
disconvenir §92 *vn* to disagree; to be incongruous; to not match; *vr* to disagree; to be incongruous
disconvine *1st sg pret ind of* **disconvenir**
discordancia *f* discordance; (geol.) discordance
discordante *adj* discordant; (geol.) discordant
discordar §77 *vn* to disaccord; to be out of tune; to discord, to disagree; **discordar de** to disagree with
discorde *adj* discordant, opposed, in disagreement; (mus.) discordant, dissonant, out of tune
discordia *f* discord, disagreement
discoteca *f* (phonograph) record cabinet; record library
discrasia *f* (path.) dyscrasia
discreción *f* discretion; wit, sagacity; witticism; **a discreción** at discretion; (mil.) unconditionally (*at the mercy of an opponent*)
discrecional *adj* discretionary
discrepancia *f* discrepancy; dissent, disagreement; (mus.) discord
discrepante *adj* discrepant; dissenting, disagreeing; (mus.) discordant
discrepar *vn* to differ, disagree
discretear *vn* to try to be clever
discreteo *m* attempt at cleverness, attempted cleverness
discreto -ta *adj* discreet (*circumspect, cautious*); witty, sagacious; discrete (*separate; composed of distinct parts; marked by discretion*); (math. & med.) discrete
discretorio *m* (eccl.) council of seniors; (eccl.) council chamber
discrimen *m* hazard, risk, peril; difference
discriminación *f* discrimination; **discriminación racial** racial discrimination
discriminante *adj* discriminant, discriminating; *f* (math.) discriminant
discriminar *va* to discriminate, to distinguish; (Am.) to discriminate against; *vn* to discriminate
discriminativo -va *adj* discriminative
discromatopsia *f* (path.) dyschromatopsia
discromía *f* (path.) dyschroa
disculpa *f* excuse, apology
disculpable *adj* excusable; pardonable
disculpadamente *adv* pardonably
disculpar *va* to excuse; to offer as an excuse; (coll.) to pardon, to overlook; *vr* to excuse oneself, to apologize; **disculparse con** to make excuses to, to apologize to; **disculparse de** to make excuses for, to apologize for
discurrir *va* to invent, contrive; to infer, conjecture; *vn* to ramble, roam; to flow; to occur, take place; to think, reason; to discourse
discursear *vn* (coll.) to make a speech, to harangue
discursista *mf* great talker, idle talker
discursivo -va *adj* meditative
discurso *m* discourse, speech; course (*of time*); (gram.) speech; **discurso de la corona** King's Speech, Queen's Speech; **discurso de sobremesa** after-dinner speech
discusión *f* discussion; argument; **discusión de mesa redonda** round-table discussion
discutible *adj* disputable, debatable
discutidor -dora *adj* argumentative; *mf* arguer
discutir *va* to discuss; to argue about or over; to contradict, oppose; *vn* to discuss; to argue; **discutir sobre** to argue about or over
disecable *adj* dissectible
disecación *f* var. of **disección**
disecado -da *adj* (bot.) dissected (*leaf*)
disecador -dora *mf* var. of **disector**
disecar §86 *va* to dissect; to stuff (*dead animal*); to mount (*dead plant*); (fig.) to dissect
disección *f* dissection; anatomy; stuffing (*of dead animals*); mounting (*of dead plants*); (fig.) dissection (*critical analysis*)
disector -tora *mf* dissector
diseminación *f* dissemination; scattering
diseminador -dora *adj* disseminating, spreading; *mf* disseminator, spreader
diseminar *va* to disseminate; to scatter; *vr* to scatter
disensión *f* dissension; dissent
disenso *m* dissent, disagreement
disentería *f* (path.) dysentery; **disentería amibiana** (path.) amoebic dysentery
disentérico -ca *adj* dysenteric
disentimiento *m* dissent, disagreement
disentir §62 *vn* to dissent
diseñador -dora *mf* designer, sketcher
diseñar *va* to draw, design, sketch, outline
diseño *m* drawing, design, sketch, outline
disépalo -la *adj* (bot.) disepalous
disertación *f* dissertation, disquisition
disertador -dora *adj* disquisitive
disertante *adj* disquisitive, inquisitive; *mf* disquisitor, investigator; speaker
disertar *vn* to discourse in detail; **disertar acerca de** or **sobre** to discourse in detail on
diserto -ta *adj* fluent, eloquent
disestesia *f* (path.) dysesthesia
disfagia or **disfagía** *f* (path.) dysphagia
disfasia *f* (med.) dysphasia
disfavor *m* disfavor
disformar *va & vr* var. of **deformar**
disforme *adj* deformed; huge, monstrous
disformidad *f* deformity; hugeness, monstrousness
disforzar §52 *vr* (Am.) to be affected, prudish, finical
disfraz *m* (*pl:* **-fraces**) disguise
disfrazar §76 *va* to disguise
disfrutar *va* to enjoy, to have the benefit of, to take advantage of, to use; *vn* **disfrutar de** to enjoy, to have the use of; **disfrutar con** to enjoy, take enjoyment in (*e.g., music*)
disfrute *m* enjoyment, benefit, use
disfumar *va* var. of **esfumar**
disfumino *m* var. of **esfumino**
disfunción *f* (med.) dysfunction
disgregación *f* disintegration
disgregador -dora *adj* disintegrating; *mf* disintegrator
disgregar §59 *va* to disintegrate; *vr* to disintegrate; to disperse, break up
disgregativo -va *adj* disintegrating, disintegrative
disgustado -da *adj* tasteless, insipid, disagreeable; sad, sorrowful; displeased
disgustar *va* to displease; **disgustar** + *inf* to displease (*someone*) to + *inf*, to not like to + *inf; vr* to be displeased; to fall out; **disgustarse con** to be displeased at or with; to fall out with; **disgustarse de** to be displeased at or with; to be bored with, to be tired of
disgusto *m* disgust; annoyance, bother; worry, sorrow, grief; unpleasantness, quarrel, difference; **a disgusto** against one's will
disgustoso -sa *adj* unpleasant, disagreeable; tasteless
disidencia *f* dissidence; opposition; (eccl.) dissent
disidente *adj* dissident, dissentient; *mf* dissenter, dissident, dissentient; opponent
disidir *vn* to dissent; (eccl.) to dissent
disilábico -ca *adj* dissyllabic
disílabo -ba *adj* dissyllabic; *m* dissyllable
disimetría *f* dissymmetry
disimétrico -ca *adj* dissymmetric, dissymmetrical, unsymmetrical
disímil *adj* dissimilar
disimilación *f* dissimilation
disimilar *adj* dissimilar; *va & vr* to dissimilate
disimilitud *f* dissimilitude, dissimilarity
disimulación *f* dissimulation, dissembling
disimulado -da *adj* furtive, underhand, hypocritical; **a lo disimulado** or **a la disimulada** underhandedly; **hacer la disimulada** (coll.) to feign ignorance

disimular *va* to dissimulate, to dissemble; to disguise; to pardon, excuse; *vn* to dissimulate, to dissemble
disimulo *m* dissimulation, dissembling; tolerance, indulgence
disipación *f* dissipation; (fig.) dissipation (*dissolute way of life*)
disipado -da *adj* dissipated; spendthrift, prodigal; *mf* dissipated person, debauchee; spendthrift
disipador -dora *adj & mf* spendthrift
disipar *va* to dissipate; *vr* to dissipate, be dissipated, evanesce, disappear; to dissipate one's energies
dislalia *f* (med.) dyslalia
dislate *m* nonsense, absurdity
dislocación *f* dislocation; (geol.) dislocation, slip
dislocadura *f* dislocation
dislocar §86 *va* to dislocate; to displace; *vr* to dislocate
disloque *m* (coll.) top notch, tops
dismenorrea *f* (path.) dysmenorrhea
disminución *f* diminution
disminuir §41 *va, vn, & vr* to diminish, to decrease
disnea *f* (path.) dyspnea
disociación *f* dissociation
disociador -dora *adj* dissociative
disociar *va & vr* to dissociate
disolubilidad *f* dissolubility
disoluble *adj* dissoluble
disolución *f* dissolution; (fig.) dissolution (*e.g., of a family, partnership, government, treaty, contract*); dissoluteness, dissipation
disolutivo -va *adj* dissolutive
disoluto -ta *adj* dissolute; *mf* debauchee
disolvente *adj* dissolvent; demoralizing; *m* dissolvent, solvent
disolver §63 & §17, 9 *va* to dissolve; (law) to dissolve; to ruin, destroy; *vn* to dissolve; *vr* to dissolve
disón *m* (mus.) dissonance, discord
disonancia *f* dissonance; **hacer disonancia** to be out of harmony
disonante *adj* dissonant; *m* dissonant tone
disonar §77 *vn* to be discordant, to lack harmony, to disagree; to sound bad; to be objectionable, to cause surprise
dísono -na *adj* dissonant
dispar *adj* unlike, unequal, different, disparate; odd (*that does not match*)
disparada *f* (Am.) sudden flight; **a la disparada** (Am.) at full speed, like a shot; (Am.) in mad haste; **de una disparada** (Am.) at once, right away; **tomar la disparada** (Am.) to take to one's heels, to run away
disparadamente *adv* hastily; absurdly, nonsensically
disparadero *m* trigger; **poner en el disparadero** (coll.) to drive mad, to drive to distraction
disparador *m* shooter; trigger; escapement (*of watch*); release (*on a camera*); (naut.) anchor tripper; **poner en el disparador** (coll.) to drive mad, to drive to distraction; **disparador de bombas** (aer.) bomb release
disparar *va* to shoot; to throw, to hurl; *vn* to talk nonsense; *vr* to dash away, dash off, rush away; to go off (*said, e.g., of a gun*); to be beside oneself
disparatado -da *adj* absurd, nonsensical; frightful, awful
disparatador -dora *adj* idle, nonsensical; *mf* idle talker
disparatar *vn* to talk nonsense, to blunder
disparate *m* foolish remark; crazy idea; piece of foolishness; blunder, mistake; (coll.) outrage
disparatorio *m* lot of nonsense, lot of hot air
disparejo -ja *adj* uneven, unequal, different, disparate; rough, broken
disparidad *f* disparity
disparo *m* shot, discharge, firing; absurdity, nonsense; (mach.) release, trip, start; **cambiar disparos** to exchange shots
dispendio *m* waste, squandering
dispendioso -sa *adj* expensive
dispensa *f* dispensation
dispensable *adj* dispensable
dispensación *f* dispensation
dispensador -dora *adj* dispensing; *mf* dispenser
dispensar *va* to dispense; to dispense with; to exempt, excuse; to pardon, absolve; **dispensar de** + *inf* to excuse from + *ger;* **dispensar que** + *subj* to excuse for + *ger*, e.g., **dispénseme que le detenga** excuse me for keeping you
dispensaría *f* (Am.) dispensary
dispensario *m* dispensary; **dispensario de alimentos** soup kitchen
dispensatorio *m* dispensatory (*book on medicines; dispensary*)
dispepsia *f* (path.) dyspepsia; **dispepsia ácida** (path.) acid dyspepsia; **dispepsia atónica** (path.) atonic dyspepsia; **dispepsia catarral** (path.) catarrhal dyspepsia; **dispepsia fermentativa** (path.) fermentative dyspepsia; **dispepsia flatulenta** (path.) flatulent dyspepsia; **dispepsia nerviosa** (path.) nervous dyspepsia
dispépsico -ca or **dispéptico -ca** *adj & mf* dyspeptic
dispermia *f* (biol.) dispermy
dispersar *va & vr* to disperse
dispersión *f* dispersion, dispersal; (phys.) dispersion
dispersivo -va *adj* dispersive
disperso -sa *adj* dispersed, scattered, separated; preoccupied
dispirema *f* (biol.) dispireme
displacer §34 *va* (obs.) to displease
displicencia *f* coolness, indifference; discouragement; ill humor; contemptuousness
displicente *adj* disagreeable; peevish, fretful, ill-humored
dispnea *f* var. of **disnea**
dispondré *1st sg fut ind of* **disponer**
disponer §69 *va* to dispose, arrange, line up, prepare; to direct, order, decree; **disponer** + *inf* to arrange to + *inf*, to provide for + *ger; vn* to dispose; **disponer de** to dispose of, to assign for a use; to make use of, make use of the services of, have at one's disposal; *vr* to prepare oneself, get ready; to line up; to get ready to die, to make one's will; **disponerse a** or **para** + *inf* to get ready to + *inf*
dispongo *1st sg pres ind of* **disponer**
disponibilidad *f* availability; **disponibilidades** *fpl* quick assets, available assets
disponible *adj* available, disposable
disposición *f* disposition, arrangement; layout; disposal; inclination, aptitude; preparation; elegance; predisposition; state of health; **a la disposición de** at the disposal of, at the service of; **estar en disposición de** + *inf* to be ready to + *inf;* to be in the mood to + *inf;* **última disposición** last will and testament
dispositivo -va *adj* dispositive; *m* device, apparatus
disprosio *m* (chem.) dysprosium
dispuesto -ta *pp of* **disponer;** *adj* comely, graceful; skilful, sprightly; ready, prepared; **bien dispuesto** well, in good health; well-disposed, favorable; **mal dispuesto** ill, indisposed; ill-disposed, unfavorable
dispuse *1st sg pret ind of* **disponer**
disputa *f* dispute, disputation; fight, struggle; contest; **sin disputa** beyond dispute
disputador -dora *adj* disputant; disputatious; *mf* disputant, disputer
disputable *adj* disputable, debatable
disputar *va* to dispute, to question; to debate, to argue over; to fight for; *vn* to dispute; to debate, to argue; to fight, to struggle
disquero -ra *mf* phonograph record dealer
disquiria *f* (path.) dyschiria
disquisición *f* disquisition
disruptivo -va *adj* (elec.) disruptive
distal *adj* (anat.) distal
distancia *f* distance; (fig.) distance (*coldness, unfriendliness*); **a distancia** at a distance; **distancia focal** (opt.) focal distance, focal length
distanciar *va* to place at a distance, to put further apart; to distance, to outdistance
distante *adj* distant

distar *vn* to be far, be distant; to be different; **distar de** + *inf* to be far from + *ger*
distender §66 *va* to distend; *vr* to distend; to unwind, to run down; to relax
distensibilidad *f* distensibility
distensible *adj* distensible
distensión *f* distension; relaxation of tension
dístico -ca *adj* (bot.) distichous; *m* distich
distinción *f* distinction; distinctness; **a distinción de** in distinction from or to
distingo *m* distinction; qualification, reservation
distinguible *adj* distinguishable
distinguido -da *adj* distinguished; polished, refined, urbane
distinguir §44 *va* to distinguish
distintivo -va *adj* distinctive; *m* badge, insignia; distinctive mark; distinction
distinto -ta *adj* distinct; different
distocia *f* (med.) dystocia
dístomo -ma *adj* (zool.) distomatous
distorsión *f* distortion; (rad. & fig.) distortion
distorsionar *va* to distort, twist, turn
distracción *f* distraction; diversion, amusement; seduction; embezzlement, misappropriation
distraer §88 *va* to distract (*e.g., the attention*); to divert, amuse, entertain; to divert, to draw off; to lead astray, to seduce; to embezzle
distraído -da *adj* distracted, absent-minded; dissolute, licentious; (Am.) careless, slovenly
distraigo *1st sg pres ind of* **distraer**
distraimiento *m* var. of **distracción**
distraje *1st sg pret ind of* **distraer**
distribución *f* distribution; electric supply system; (mach.) timing gears; (mach.) valve gears; **distribución de frecuencias** (statistics) frequency distribution
distribuidor -dora *adj* distributing; *mf* distributor; *m* (aut.) distributor; (mach.) slide valve; (print.) ink roller; **distribuidor automático** vending machine, slot machine; *f* (agr.) spreader (*e.g., of fertilizer*)
distribuir §41 *va* to distribute
distributivo -va *adj & m* distributive
distrito *m* district; (rail.) section; **distrito federal** federal district; **distrito postal** postal zone
distrofía *f* (path.) dystrophy; **distrofía muscular progresiva** (path.) muscular dystrophy
distrófico -ca *adj* dystrophic
disturbar *va* to disturb
disturbio *m* disturbance
disuadir *va* to dissuade; **disuadir de** + *inf* to dissuade from + *ger*
disuasión *f* dissuasion
disuasivo -va *adj* dissuasive
disuelto -ta *pp of* **disolver**
disulfato *m* (chem.) disulfate
disulfuro *m* (chem.) disulfide
disuria *f* (path.) dysuria
disvulnerabilidad *f* disvulnerability
disyunción *f* disjunction; (log.) disjunction
disyunta *f* (mus.) disjunct motion
disyuntivo -va *adj* disjunctive; *f* dilemma, disjunctive
disyuntor *m* (elec.) circuit breaker
dita *f* surety, bondsman; security, bond
ditá *m* (bot.) dita (*tree and bark*)
ditaína *f* (chem.) ditamin or ditamine
diteísmo *m* ditheism
diteísta *adj* ditheistic; *mf* ditheist
diterpeno *m* (chem.) diterpene
ditirámbico -ca *adj* dithyrambic
ditirambo *m* dithyramb
ditisco *m* (ent.) water beetle
dítono *m* (mus.) ditone
diuca *f* (orn.) South American sparrow (*Fringilla diuca*); *m* (Am.) teacher's pet
diuresis *f* (path.) diuresis
diurético -ca *adj & m* (med.) diuretic
diurno -na *adj* day, diurnal; *m* (eccl.) diurnal; **diurnos** *mpl* (ent.) butterflies (*as distinct from moths*); **diurnas** *fpl* (orn.) diurnal birds of prey
diuturnidad *f* diuturnity, long duration
diuturno -na *adj* diuturnal, lasting
diva *f* see **divo**
divagación *f* rambling, wandering, digression, divagation
divagador -dora *adj* rambling, wandering; discursive; *mf* rambler, wanderer
divagar §59 *vn* to ramble, wander, digress, divagate
diván *m* divan (*Turkish council and room where it meets; low sofa; collection of poems*); **diván arca** box couch; **diván cama** day bed
divaricación *f* divarication
divaricado -da *adj* (bot.) divaricate
divergencia *f* divergence or divergency
divergente *adj* divergent
divergir §42 *vn* to diverge
diversidad *f* diversity; plenty, abundance
diversificación *f* diversification
diversificar §86 *va* to diversify; *vr* to diversify, produce diversity
diversiforme *adj* diversiform
diversión *f* diversion; (mil.) diversion
diverso -sa *adj* diverse, different; **diversos -sas** *adj pl* several, various, many
diverticular *adj* diverticular
diverticulitis *f* (path.) diverticulitis
divertículo *m* (anat. & path.) diverticulum
diverticulosis *f* (path.) diverticulosis
divertido -da *adj* amusing, funny; (Am.) tipsy
divertimiento *m* diversion; distraction; (mus.) divertissement
divertir §62 *va* to divert, to amuse; (mil.) to divert; *vr* to be amused, to have a good time, to enjoy oneself, to celebrate; **divertirse en** + *inf* to amuse oneself + *ger*, to enjoy + *ger*
dividendo *m* (math. & com.) dividend
divididero -ra *adj* divisible
dividir *va* to divide; *vr* to divide; to separate, part company
divieso *m* (path.) boil
divinal *adj* (poet.) divine
divinatorio -ria *adj* divining, divinatory
divinidad *f* divinity; beauty (*person*)
divinizar §76 *va* to divinize, deify; to sanctify; to extol, to exalt
divino -na *adj* divine; (fig.) divine; **a lo divino** written or revised in sacred form
divisa *f* emblem; badge; heraldic device; motto; hope, goal, ideal; monetary standard; divisional coin; currency, foreign exchange; (taur.) colored bow to distinguish bull of each owner
divisar *va* to descry, to espy; (her.) to vary
divisibilidad *f* divisibility
divisible *adj* divisible
división *f* division; (math. & mil.) division
divisional *adj* divisional
divisionario -ria *adj* divisional
divisivo -va *adj* divisive
divisor -sora *adj* dividing; *mf* divider; *m* (math.) divisor; **común divisor** (math.) common divisor; **máximo común divisor** (math.) greatest common divisor; **divisor de fase** (elec.) phase splitter; **divisor de voltaje** (rad.) voltage divider
divisorio -ria *adj* dividing; *m* (print.) copyholder; *f* dividing line; (geog.) divide; (mus.) bar, bar line; **divisoria continental** continental divide
divo -va *adj* (poet.) divine, godlike; *m* (poet.) god; (mus.) opera star; *f* (poet.) goddess; (mus.) diva
divorciar *va* to divorce (*a married couple*); (fig.) to divorce; *vr* to divorce, get divorced; **divorciarse de** to divorce, to get a divorce from
divorcio *m* divorce; divergency (*in opinions*)
divulgable *adj* revealable
divulgación *f* disclosure; divulgation, publicity; popularization
divulgador -dora *adj* divulging; *mf* divulger, revealer
divulgar §59 *va* to divulge, to disclose, to publish abroad
diyambo *m* diiamb
dizque (Am.) probably, probably not, e.g., **él dizque lo hizo** (Am.) he probably did it; *m* (coll.) gossip, piece of gossip
dl. abr. of **decilitro** or **decilitros**
Dl. abr. of **decalitro** or **decalitros**
dm. abr. of **decímetro** or **decímetros**
Dm. abr. of **decámetro** or **decámetros**

D.ⁿ abr. of **don**
dna. abr. of **docena**
do *adv & conj* (archaic) where
dobla *f* doubling; old Spanish gold coin
dobladillar *va* to hem, to border
dobladillo *m* hem, border; heavy knitting thread
doblado -da *adj* thickset, stocky; uneven, rough; double-dealing, deceitful; *m* (mov.) dubbing
doblador *m* (mach.) bender (*of a pipe, rail, etc.*)
doblaje *m* (mov.) dubbing
doblamiento *m* doubling, folding, creasing, bending
doblar *va* to double, to fold, to crease, to bend; (naut.) to double (*a cape*); to turn, to round (*a corner*); to cause (*a person*) to change his opinion or intentions; (mov.) to dub (*a film in another language*); (Am.) to shoot down; (bridge) to double; *vn* to turn (*e.g., to the right or left*); to toll; (theat. & mov.) to double, to stand in; (bridge) to double; *vr* to double, to fold, to crease, to bend; to bow, to stoop; to yield, give in; to become uneven or rough
doble *adj* double, two-fold; thick, heavy; thickset, stocky; two-faced, deceitful; *adv* double, doubly, e.g., **doble culpable** doubly guilty; *mf* (theat. & mov.) double, stand-in; *m* fold, crease; toll, knell; margin (*in stock market*); beer glass (*of a quarter liter*); **al doble** doubly
doblegable *adj* easily folded; pliant, pliable
doblegadizo -za *adj* easily folded, easily bent
doblegar §59 *va* to fold, to bend; to brandish, flourish; to sway, dominate, force to yield; to force (*a person*) to change his plans; *vr* to fold, to bend; to yield, to give in
doblemente *adv* doubly; deceitfully
doblero *m* (prov.) pretzel
doblete *adj* medium; *m* doublet (*false stone*); (philol.) doublet; (bridge) doubleton; (baseball) two-bagger, two-base hit
doblez *m* (*pl:* **-bleces**) fold, crease; cuff (*of trousers*); *m & f* double-dealing, duplicity
doblón *m* doubloon; **escupir doblones** (coll.) to make a vain display of wealth; **doblón de a ocho** piece of eight; **doblón de vaca** tripe
doblonada *f* pile of money; **echar doblonadas** (coll.) to exaggerate one's wealth
doboquera *f* blowgun, blowpipe
dócar *m* dogcart (*two-wheeled vehicle with two transverse seats back to back*)
doce *adj* twelve; **las doce** twelve o'clock; *m* twelve; twelfth (*in dates*)
doceañista *m* maker or follower of the Spanish Constitution of 1812
doceavo -va *adj & m* var. of **dozavo**
docena *f* see **doceno**
docenal *adj* sold by the dozen
docenario -ria *adj* made of twelve
docencia *f* teaching; (Am.) teaching staff
doceno -na *adj* twelfth, dozenth; *f* dozen; **docena del fraile** baker's dozen (*thirteen*)
docente *adj* educational, instructional, teaching
docetismo *m* Docetism
dócil *adj* docile; ductile, soft
docilidad *f* docility; ductility
docimasia *f* docimasy
docimástico -ca *adj* docimastic; *f* docimastic art
Doct. abr. of **Doctor**
docto -ta *adj* learned; (philol.) learned; *mf* scholar
doctor -tora *mf* doctor; **doctor angélico** Angelic Doctor (*Thomas Aquinas*); *f* (coll.) woman doctor; (coll.) doctor's wife; (coll.) bluestocking
doctorado *m* doctorate; doctorship (*learning*); studies leading to the doctorate
doctoral *adj* doctoral
doctoramiento *m* conferring the doctor's degree; taking the doctor's degree
doctorando -da *mf* candidate for the doctor's degree
doctorar *va* to give the doctor's degree to; (taur.) to authorize (*a novice*) to kill the bull, making him a full-fledged matador; *vr* to get the doctor's degree, to graduate as a doctor; (taur.) to become a full-fledged matador
doctrina *f* doctrine; teaching, instruction; wisdom, learning; preaching the Gospel; catechism; **doctrina cristiana** Christian doctrine; Institute of the Brothers of the Christian Schools; **doctrina de Monroe** Monroe Doctrine
doctrinador -dora *adj* teaching; *mf* teacher
doctrinal *adj* doctrinal; *m* manual of rules and precepts
doctrinar *va* to indoctrinate, to teach, to instruct
doctrinario -ria *adj & mf* doctrinaire
doctrinarismo *m* doctrinairism
doctrinero *m* teacher of Christian doctrine; (Am.) curate, parish priest
doctrino *m* orphan (*being raised in an asylum*); **parecer un doctrino** (coll.) to have a scared look
documentación *f* documentation; **documentación del buque** ship's papers
documentado -da *adj* documented, well-documented; well-informed; vouched-for
documental *adj* documental or documentary; *m* (mov.) documentary (*film*)
documentalista *mf* producer of documentary films
documentar *va* to document
documento *m* document; **documento de prueba** (law) exhibit
docum.ᵗᵒ abr. of **documento**
dodecaédrico -ca *adj* (geom.) dodecahedral
dodecaedro *m* (geom.) dodecahedron
dodecágono -na *adj* (geom.) dodecagonal; *m* (geom.) dodecagon
Dodecaneso, el the Dodecanese Islands
dodecasílabo -ba *adj* dodecasyllabic; *m* dodecasyllabic verse
dodó *m* (*pl:* **-does**) (orn.) dodo
dogal *m* halter, noose, hangman's rope; oppression, tyranny; **estar con el dogal a la garganta** or **al cuello** to be in a jam, to be in a tight spot
dogaresa *f* dogaressa, doge's wife
dogma *m* dogma
dogmático -ca *adj* dogmatic or dogmatical
dogmatismo *m* dogmatism
dogmatista *mf* propounder of heretical doctrines
dogmatizador *m* or **dogmatizante** *m* dogmatist
dogmatizar §76 *va & vn* to dogmatize
dogo -ga *mf* bulldog
dogre *m* dogger (*fishing boat*)
doladera *f* chip ax, broad ax; cooper's adze
dolador *m* hewer; stonecutter
doladura *f* shavings; chips
dolaje *m* wine absorbed by the cask
dolamas *fpl* or **dolames** *mpl* (vet.) hidden defects (*of a horse*); (Am.) complaint, indisposition (*of a person*)
dolar §77 *va* to hew (*wood or stone*)
dólar *m* dollar
dolencia *f* ailment, complaint, indisposition
doler §63 *va* to ache, to hurt, to pain; to grieve, to distress; to concern, be of concern to; **dolerle a uno el dinero** (coll.) to hate to spend money; **dolerle a uno** + *inf* to pain or grieve a person to + *inf; vn* to ache, to hurt, to pain; *vr* to complain; **dolerse con** to complain or lament to; **dolerse de** to complain about or of; to feel sorry for; to repent (*e.g., one's sins*)
dolicocéfalo -la *adj* (anthrop.) dolichocephalic
dolido -da *adj* complaining; grieved, hurt
doliente *adj* suffering, aching; ill, sick; sorrowful, sad; *mf* sufferer, sick person; mourner
dolmen *m* dolmen
dolménico -ca *adj* dolmenic
dolo *m* guile, deceit, fraud
dolobre *m* stone hammer
dolomía or **dolomita** *f* (mineral.) dolomite
dolomítico -ca *adj* dolomitic
dolor *m* ache, pain; grief, sorrow; regret, repentance; **Nuestra Señora de los Dolores** Mary of the Sorrows; **Dolores** *f* Dolores (*woman's name*); **dolor de cabeza** headache; **dolor de costado** pneumonia; **dolor de muelas** toothache; **dolor de oído** earache; **dolor de viudo** o **viuda** passing sorrow; **dolores**

de **Nuestra Señora** (eccl.) Dolors of Mary, sorrows of the Virgin Mary; **dolores del parto** to labor pains
dolora *f* short sentimental and philosophic ballad, invented by Campoamor about 1846
dolorido -da *adj* sore, aching, painful; heartsick, grieving, disconsolate; *m* (dial.) chief mourner
doloroso -sa *adj* painful; pitiful, dolorous; **Dolorosa** *f* (f.a.) Sorrowing Mary; (coll.) weeping woman
doloso -sa *adj* guileful, deceitful, fraudulent
doma *f* taming, breaking; check, restraint
domable *adj* tamable, controllable
domador -dora *adj* taming; *mf* tamer; horsebreaker
domadura *f* taming; mastering, subduing
domar *va* to tame, to break, to break in; to master, to conquer, to subdue
dombo *m* dome
domeñable *adj* tamable, controllable, governable
domeñar *va* to tame, domesticate; to master, to subdue
domesticable *adj* domesticable
domesticación *f* domestication
domesticar §86 *va & vr* to domesticate
domesticidad *f* domesticity
doméstico -ca *adj* domestic; household; *mf* domestic (*servant*)
domestiquez *f* tameness
Domiciano *m* Domitian
domiciliar *va & vr* to domicile; to domiciliate
domiciliario -ria *adj* domiciliary; *mf* resident
domicilio *m* domicile; dwelling; **adquirir** or **contraer domicilio** to take up one's abode; **domicilio social** (com.) home office, company office
dominación *f* domination, dominance; (mil.) eminence, high ground; (sport) chinning; **dominaciones** *fpl* dominations (*high order of angels*)
dominador -dora *adj* dominating, controlling; domineering; *mf* dominator, ruler
dominancia *f* (biol.) dominance
dominante *adj* dominant; domineering; (astrol., biol. & mus.) dominant; *f* (mus.) dominant
dominar *va* to dominate; to domineer; to check, refrain, subdue, control; to handle perfectly (*a language*); to have a thorough knowledge of; *vn* to dominate; to domineer; *vr* to control oneself
dominativo -va *adj* dominating
dómine *m* Latin teacher; pedant; dominie, pedagogue
domingada *f* Sunday celebration, Sunday festival
domingo *m* Sunday; **guardar el domingo** to keep the Sabbath; **Santo Domingo** Saint Dominic; Santo Domingo (*city*); **domingo de adviento** Advent Sunday; **domingo de carnaval** Shrove Sunday; **domingo de cuasimodo** Quasimodo, Low Sunday; **domingo de la santísima trinidad** Trinity Sunday; **domingo de lázaro** or **de pasión** Passion Sunday; **domingo de ramos** Palm Sunday; **domingo de resurrección** Easter Sunday
dominguero -ra *adj* (coll.) Sunday
dominguillo *m* tumbler (*toy figure*)
dominguito *m* (orn.) yellowbird
dominica *f* see **dominico**
domínica *f* Sunday, Sabbath
dominical *adj* (pertaining to) Sunday; (pertaining to the) Sabbath; feudal (*fees*)
dominicano -na *adj* Dominican (*pertaining to Saint Dominic and to the Dominican Republic*); *mf* Dominican
dominico -ca *adj* Dominican (*pertaining to Saint Dominic*); *mf* Dominican; *f* (bot.) red periwinkle; **la Dominica** Dominica (*one of Lesser Antilles*)
dominio *m* dominion; domain; mastery (*e.g., of a foreign language*); (law) fee (*ownership*); **dominio absoluto** (law) fee simple; **dominio del aire** air supremacy; **dominio directo** (law) dominium directum; **dominio eminente** (law) eminent domain; **dominio público** (law) public domain; **dominio útil** (law) dominium utile
dominó *m* (*pl:* **-nós**) domino (*cloak with mask*); dominoes (*game*); set of dominoes
dómino *m* dominoes (*game*); set of dominoes
dom.º abr. of **domingo**
domo *m* (arch.) dome
dompedro *m* (bot.) four-o'clock, marvel-of-Peru
don *m* gift, present; natural gift, talent, faculty; Don (*Spanish title used before masculine Christian names, formerly given only to noblemen, now more widely used*); **don de acierto** tact, knack for doing the right thing; **don de errar** knack for doing the wrong thing; **don de gentes** charm, magnetism, winning manners; **don de lenguas** linguistic facility; **don de mando** ability to command; **Don Juan** Don Juan (*legendary Spanish nobleman; seducer of women*)
dona *f* (Am.) gift, legacy; **donas** *fpl* wedding presents given to the bride by the bridegroom
donación *f* donation; foundation, endowment
donada *f* lay sister
donado *m* lay brother
donador -dora *mf* giver, donor; **donador de sangre** blood donor
donaire *m* cleverness; bon mot, witticism; nimbleness, gracefulness
donairoso -sa *adj* clever; witty; nimble, graceful
Donaldo *m* Donald
donante *mf* donor; **donante de sangre** blood donor
donar *va* to give, donate
donatario *m* donee, donatory
donatismo *m* Donatism
donatista *adj & m* Donatist
donativo *m* gift, donation
doncel *m* bachelor (*young knight*); virgin (*man*); *adj* mild, mellow (*said, e.g., of wine*)
doncella *f* maiden, virgin; maid of honor; housemaid; lady's maid; (bot.) sensitive plant; (Am.) felon, whitlow; **Doncella del Lago** Lady of the Lake (*of Arthurian legend*); **Doncella de Orleáns** Maid of Orleans
doncellez *f* maidenhood, virginity
doncellona or **doncellueca** *f* maiden lady, spinster
donde *conj* where; wherein, in which; wherever; **por donde** whereby; **por donde quiera** anywhere, everywhere; **donde no** otherwise, if you don't; *prep* (Am.) at or to the house, store, office of
dónde *adv* where?, e.g., **¿dónde vive?** where does he live?; where, e.g., **dígame dónde vive** tell me where he lives; **¿a dónde?** where?, whither? **a dónde** where, whither; **¿de dónde?** whence?, from where?; **de dónde** whence, from where; **¿por dónde?** for what cause?, for what reason?; which way?
dondequiera *adv* anywhere; **dondequiera que** wherever
dondiego *m* fop, dandy, sport; (bot.) four-o'clock, marvel-of-Peru; **dondiego de día** (bot.) morning-glory; **dondiego de noche** (bot.) four-o'clock, marvel-of-Peru
donillero *m* sharper, smooth cheat
donjonado -da *adj* (her.) turreted
donjuán *m* (bot.) four-o'clock, marvel-of-Peru
donjuanesco -ca *adj* like Don Juan, philandering
donjuanismo *m* Don Juanism
donosidad *f* grace, wit, witticism
donoso -sa *adj* graceful, witty; (iron.) fine
donostiarra *adj* (pertaining to) San Sebastián; *mf* native or inhabitant of San Sebastián
donosura *f* gracefulness, wittiness, elegance
doña *f* doña (*Spanish title used before Christian names of married women or widows*)
doñear *vn* (coll.) to chase skirts, hang around women
dopa *f* (biochem.) dopa; **dopa oxidasa** (biochem.) dopaoxidase
doquier or **doquiera** *conj* wherever; **por doquier** on all sides, everywhere
dorada *f* see **dorado**
doradilla *f* (bot.) scale fern
doradillo *m* fine brass wire; (orn.) wagtail; satinwood

dorado -da *adj* gilt; golden; *m* gilt, gilding; (ichth.) dorado; (*cap.*) *m* (astr.) Dorado; **dorados** *mpl* gold or gilt trimmings (*on furniture*); **dorado de altura** (ichth.) dolphin; *f* (ichth.) gilthead
dorador *m* gilder
doradura *f* gilding
doral *m* (orn.) flycatcher
dorar *va* to cover with gold, to gild; to gold-plate; (cook.) to brown; (fig.) to sugar-coat; *vr* to become golden (*said, e.g., of horizon*); (cook) to turn brown
Dorcas *f* (Bib.) Dorcas
Dordoña *f* Dordogne
dórico -ca *adj* Doric; *m* Doric (*dialect*)
Dóride, la Doris
dorio -ria *adj* & *mf* Dorian
dormán *m* dolman (*of Turks, hussars, etc.*)
dormida *f* see **dormido**
dormidero -ra *adj* soporific; *m* sleeping place of cattle; *f* (bot.) opium poppy; **dormideras** *fpl* (coll.) sleepiness; **tener buenas dormideras** (coll.) to be a ready sleeper, to go to sleep easily
dormido -da *adj* asleep; dormant; slow, dull; **dormido sobre** relying on, confident in; *f* sleeping period (*of silkworm*); night's resting place (*of animals and birds*); night's sleep; (Am.) lodging for the night
dormidor -dora *adj* sleepy; *mf* sleeper
dormilón -lona *adj* (coll.) sleepy; *mf* (coll.) sleepyhead; *f* earring; armchair for napping; (bot.) mimosa, sensitive plant
dormir §45 *va* to put to sleep; (coll.) to sleep off (*e.g., wine*); *vn* to sleep; to stay overnight; **dormir sobre** to sleep over; *vr* to sleep; to go to sleep, to fall asleep; to go to sleep (*to become numb*)
dormirlas *m* hide-and-seek
dormitar *vn* to doze, to nap
dormitivo -va *adj* & *m* (med.) dormitive
dormitorio *m* dormitory; bedroom suit
dornajo *m* small round trough
dornillo *m* small trough; wooden bowl; wooden spittoon
Dorotea *f* Dorothy
dorsal *adj* dorsal; *m* (sport) number (*worn on front or back of shirt*)
dorsiflexión *f* dorsiflexion
dorso *m* back, dorsum
dorsolumbar *adj* dorsolumbar
dorsoventral *adj* dorsoventral
dos *adj* two; **las dos** two o'clock; *m* two; second (*in dates*); **en un dos por tres** (coll.) in a flash, in a second; **para entre los dos** between the two of us; **dos de mayo** national holiday of Spain, in commemoration of May 2, 1808, when the War of Independence against Napoleon I was begun
dosalbo -ba *adj* with two white feet (*said of a horse*)
dosañal *adj* biennial, two-year
doscientos -tas *adj* & *m* two hundred
dosel *m* canopy, dais
doselera *f* valance, drapery (*of canopy*)
doselete *m* (arch.) canopy (*over statue, tomb, etc.*)
dosificación *f* dosing, dosage; proportioning
dosificador *m* proportioner, mixing apparatus
dosificar §86 *va* to dose (*a medicine*); to proportion (*ingredients*)
dosimetría *f* dosimetry
dosimétrico -ca *adj* dosimetric
dosímetro *m* dosimeter
dosis *f* (*pl:* **-sis**) dose; **dosis de paciencia** dose of patience
dotación *f* dowry; endowment; (aer.) crew; (sport) crew (*of oarsmen*); (naut.) complement; staff, personnel; equipment
dotal *adj* dotal; (pertaining to) endowment
dotar *va* to dower, give a dowry to; to endow; to equip; to man (*e.g., a ship*); to staff (*e.g., an office*); to fix the wages of; (fig.) to endow
dote *m* & *f* dowry, marriage portion; *m* stock of counters (*for playing cards*); *f* endowment, talent, gift; **dotes de mando** leadership, ability to command
dovela *f* (arch.) voussoir
dovelaje *m* (arch.) voussoirs of an arch
doxología *f* doxology; **gran doxología** greater doxology; **pequeña doxología** lesser doxology
doy *1st sg pres ind of* **dar**
dozavado -da *adj* twelve-sided, twelvefold
dozavo -va *adj* & *m* twelfth; **en dozavo** duodecimo, twelvemo
d/p abr. of **días plazo**
draba *f* (bot.) whitlow grass
dracma *f* drachm, drachma; (pharm.) dram, drachm
Dracón *m* Draco
draconiano -na *adj* Draconian; (fig.) Draconian; draconian
draga *f* dredge, dredging machine; dredger (*boat*)
dragado *m* dredging
dragadora *f* dredge
dragaje *m* var. of **dragado**
dragaminas *m* (*pl:* **-nas**) (nav.) mine sweeper
dragar §59 *va* to dredge
drago *m* (bot.) dragon tree
dragomán *m* dragoman, interpreter
dragón *m* dragon (*fabulous animal*); (bot.) snapdragon; (ichth.) greater weever; (mil.) dragoon; (her.) wivern; (zool.) dragon, flying dragon; (vet.) dragon (*in horse's eye*); feed hole in reverberatory furnace; **dragón marino** (ichth.) greater weever; **dragón verde** (bot.) green dragon; **dragón volador** (zool.) flying dragon
dragona *f* dragoness; (mil.) shoulder knot; sword tassel
dragonado -da *adj* (her.) dragonné; *f* dragonnade
dragonal *m* var. of **drago**
dragoncillo *m* (mil.) dragon (*musket*); (bot.) tarragon
dragonear *vn* (Am.) to boast; (Am.) to flirt; **dragonear de** (Am.) to pass oneself off as; (Am.) to boast of being
dragontea *f* (bot.) green dragon
dragontino -na *adj* (pertaining to a) dragon
drama *m* drama (*play; genre; event or events in real life*)
dramamina *f* (pharm.) dramamine
dramático -ca *adj* dramatic; *mf* dramatist; actor; *f* dramatic art; drama (*genre*)
dramatismo *m* drama, dramatic effect
dramatizable *adj* dramatizable
dramatización *f* dramatization
dramatizar §76 *va* to dramatize
dramaturgia *f* dramaturgy
dramaturgo *m* dramaturgist
drapear *va* to drape
drástico -ca *adj* drastic; (med.) drastic
dravidiano -na *adj* & *mf* Dravidian; *m* Dravidian (*language*)
dren *m* drain (*ditch, pipe, etc.*); (surg.) drain; **dren en cigarrillo** (surg.) cigarette drain
drenaje *m* drainage; (surg.) drainage
drenar *va* to drain
Dresde *f* Dresden
dríada or **dríade** *f* (myth.) dryad
driblar *va* & *vn* (sport) to dribble
dril *m* drill, denim; (zool.) drill (*baboon*)
drino *m* (zool.) long-nosed tree snake
driza *f* (naut.) halyard
drizar §76 *va* (naut.) to hoist (*the yards*)
dro. abr. of **derecho**
droga *f* drug, medicine; trick, deceit; bother, annoyance; (Am.) bad debt; (Am.) drug on the market; **drogas mágicas, milagrosas** or **prodigiosas** wonder drugs
drogmán *m* var. of **dragomán**
droguería *f* drysaltery; drug business; drug store
droguero -ra *mf* drysalter; druggist
droguete *m* drugget
droguista *mf* drysalter; druggist; cheat, impostor
drolático -ca *adj* spicy, ribald
dromedario *m* dromedary; heavy animal; (coll.) brute (*person*)
dromógrafo *m* dromograph
dromomanía *f* (psychopath.) dromomania
dromotrópico -ca *adj* (physiol.) dromotropic
drope *m* (coll.) cur (*contemptible fellow*)
drosera *f* (bot.) sundew; (pharm.) drosera

droseráceo -a *adj* (bot.) droseraceous
drosófila *f* (ent.) drosophila
drosómetro *m* drosometer
druida *m* druid
druidesa *f* druidess
druídico -ca *adj* druidic or druidical
druidismo *m* druidism
drupa *f* (bot.) drupe, stone fruit
drupáceo -a *adj* (bot.) drupaceous
druso -sa *adj* Drusean; *mf* Druse; *f* (bot. & mineral.) druse
dúa *f* (min.) gang of workmen
dual *adj* dual; (gram.) dual; *m* (gram.) dual
dualidad *f* duality
dualismo *m* dualism
dualista *adj* dualistic; *mf* dualist
duba *f* earthen wall or enclosure
dubio *m* (law) doubtful point, doubt
dubitable *adj* doubtful, dubious
dubitación *f* dubitation, doubt
dubitativo -va *adj* dubitative
ducado *m* duchy, dukedom; ducat; **gran ducado** grand duchy
ducal *adj* ducal
ducentésimo -ma *adj & m* two-hundredth
dúctil *adj* ductile; (fig.) ductile, manageable, easy to handle
ductilidad *f* ductility
ductivo -va *adj* conducive
ducha *f* see **ducho**
duchar *va* to douche; to give a shower bath to; *vr* to douche; to take a shower bath
ducho -cha *adj* skilful, expert, experienced; *f* douche; shower bath; stripe; (med.) irrigation; **ducha en alfileres** needle bath
duda *f* doubt; **sin duda** beyond doubt; no doubt; without doubt
dudable *adj* doubtable, doubtful
dudar *va & vn* to doubt; **dudar de** to doubt; **dudar en** + *inf* to hesitate in + *ger*, to hesitate to + *inf*; **dudar haber** + *pp* to doubt having + *pp*
dudoso -sa *adj* doubtful, dubious
duela *f* stave (*of barrel*); **duela del hígado** (zool.) fluke, liver fluke
duelaje *m* var. of **dolaje**
duelista *m* duelist
duelo *m* grief, sorrow, affliction; mourning, bereavement; mourners; effort, strain; duel; **sin duelo** with abundance; **duelo judiciario** (hist.) judicial duel, trial or ordeal by battle
duende *m* elf, goblin, ghost; gold and silver cloth
duendo -da *adj* tame, gentle
dueñesco -ca *adj* (coll.) duennalike
dueño -ña *mf* owner, proprietor; **¡mi adorado dueño!** my beloved mistress! (*addressed to the woman one loves*); **ser dueño de** to own, to be master of; **ser dueño de** + *inf* to be free to, be at liberty to + *inf*; **hacerse dueño de** to take possession of; to master; **dueño de sí mismo** self-controlled; *m* landlord, master; *f* landlady, housekeeper, mistress; duenna; matron; (Am.) sweetheart; **dueña de casa** housewife
duermevela *m* (coll.) doze, light sleep; (coll.) fitful sleep; **a duermevela** (coll.) dozing, half-asleep
duerna *f* trough
duerno *m* (print.) double sheet (*folded together*)
duetista *mf* (mus.) duettist
dueto *m* (mus.) short duet
dugón *m* or **dugongo** *m* (zool.) dugong
dula *f* land irrigated from common ditch; common pasture land
dulcamara *f* (bot.) bittersweet
dulce *adj* sweet; rich; fresh (*water*); soft, ductile (*metal*); mild, gentle, pleasant; *m* candy, piece of candy; preserves; **dulces** *mpl* candy; **dulce de almíbar** preserved fruit; **un dulce** a piece of candy
dulcedumbre *f* sweetness
dulcémele *m* (mus.) dulcimer
dulcería *f* candy store, confectionery shop
dulcero -ra *adj* (coll.) sweet-toothed; *mf* confectioner; *f* candy dish, preserve dish
dulcificacion *f* sweetening; dulcification, mollification
dulcificante *m* (cook.) sweetening, sweetener
dulcificar §86 *va* to sweeten; to dulcify, mollify, appease; *vr* to sweeten, turn sweet
dulcinea *f* (coll.) sweetheart; ideal; (*cap.*) *f* Dulcinea (*peasant girl, Don Quijote's ideal*)
dulcísono -na *adj* (poet.) sweet-toned
dulía *f* dulia, worship of angels and saints
dulzaina *f* see **dulzaino**
dulzainero *m* flageolet player
dulzaino -na *adj* (coll.) too sweet, too rich; *f* (mus.) flageolet; (coll.) mess of sweets, mess of sweet food
dulzamara *f* var. of **dulcamara**
dulzarrón -rrona or **dulzón -zona** *adj* (coll.) too sweet, sickening, cloying
dulzor *m* sweetness; sweetness, pleasantness, gentleness
dulzura *f* sweetness; mildness (*e.g., of the weather*); sweetness, pleasantness, gentleness
duma *f* duma; (bot.) doom palm, doum palm
dumdum *f* dumdum, dumdum bullet
duna *f* dune
Dunquerque *m & f* Dunkirk
dúo *m* pair; (mus.) duet
duodecenal *adj* duodecennial
duodecimal *adj & m* duodecimal
duodécimo -ma *adj & m* twelfth
duodécuplo -pla *adj* duodecuple
duodenal *adj* duodenal
duodenectomía *f* (surg.) duodenectomy
duodeno -na *adj* twelfth; *m* (anat.) duodenum
duomesino -na *adj* two-month
dup.do abr. of **duplicado**
dúplex *m* duplex telegraphy; (metal.) duplex process
dúplica *f* (law) defendant's answer
duplicación *f* duplication, doubling
duplicadamente *adv* doubly
duplicado *m* duplicate; **por duplicado** in duplicate
duplicador -dora *adj* duplicating; *m* duplicator
duplicar §86 *va* to duplicate; to double; to repeat; (law) to answer (*plaintiff's reply*); *vr* to double
duplicata *f* duplicate
dúplice *adj* (obs.) double, duplex
duplicidad *f* duplicity; doubleness
duplo -pla *adj & m* double
duque *m* duke; (coll.) fold in mantilla; **gran duque** grand duke; (orn.) eagle owl; **duque de alba** (naut.) cluster of piles
duquesa *f* duchess; **gran duquesa** grand duchess; **duquesa viuda** dowager duchess
dura *f* see **duro**
durabilidad *f* durability
durable *adj* durable, lasting
duración *f* duration; endurance
duradero -ra *adj* lasting, serviceable
duraluminio *m* duralumin
duramadre *f* or **duramáter** *f* (anat.) dura mater
duramen *m* (bot.) duramen
durante *prep* during
duraplastia *f* (surg.) duraplasty
durar *vn* to last; to continue, to remain; to wear (*said of clothes*)
durativo -va *adj* durative; (gram.) durative, progressive
duraznero *m* (bot.) peach tree
duraznilla *f* peach (*fruit*)
duraznillo *m* (bot.) persicary, lady's-thumb
durazno *m* (bot.) peach tree; peach (*fruit*)
durbar *m* durbar
durdo *m* (ichth.) ballan, ballan wrasse
dureno *m* (chem.) durene
Durero, Alberto Albrecht or Albert Dürer
dureza *f* hardness; roughness; harshness; dullness (*in understanding*); (phys.) hardness (*of vacuum tube*); (med.) callosity; **dureza de corazón** hardheartedness; **dureza de oído** tone deafness; loss of hearing; **dureza de vientre** costiveness
durián *m* durian or durion (*fruit of Durio zibethinus*)
durillo *m* (bot.) laurustine; (bot.) dogwood
durina *f* (vet.) dourine
durmiente *adj* sleeping; *mf* sleeper; **dormir más que los siete durmientes** (coll.) to sleep all the time, to be a sleepyhead; **la**

Bella durmiente Sleeping Beauty; *m* girder, stringer, sleeper; (Am.) tie, crosstie; (Am.) steel bar (*to fasten a door*)
duro -ra *adj* hard; hard-boiled (*egg*); harsh, rough; unbearable; indifferent, cruel; stubborn, obstinate; stingy; inclement, stormy; (phys.) hard (*ray; vacuum tube*); (Am.) drunk; **estar muy duro con** to be hard on; **ser duro de pelar** (coll.) to be hard to deal with; (coll.) to be hard to get, to be hard to put across; **duro de corazón** hard-hearted; **duro de oído** tone-deaf; hard of hearing; **duro de oreja** hard of hearing; **duro** *adv* hard; *m* dollar (*Spanish coin worth 5 pesetas*); *f* (coll.) durability; **de mucha dura** (coll.) strong, durable (*cloth, clothing, etc.*)
durra *f* (bot.) durra
duruculi *m* (zool.) night ape
duunvir *m* duumvir
duunviral *adj* duumviral
duunvirato *m* duumvirate
duunviro *m* duumvir
dux *m* (*pl:* **dux**) doge
d/v abr. of **días vista**

E

E, e *f* sixth letter of the Spanish alphabet
E. abr. of **este** (*oriente*)
e *conj* (used for **y** before a word beginning with the vowel sound **i**) and
ea *interj* hey!
ebanista *m* cabinetmaker
ebanistería *f* cabinetwork, cabinetmaking; cabinetmaker's shop
ébano *m* (bot.) ebony (*tree and wood*)
ebenáceo -a *adj* (bot.) ebenaceous
ebonita *f* ebonite
ebriedad *f* inebriety
ebrio -bria *adj* drunk; (fig.) blind (*e.g., with anger*); *mf* drunk
ebrioso -sa *adj* drinking; tipsy; *mf* drinker
ebulición *f* or **ebullición** *f* boiling, ebullition; bubbling; **en ebulición** in ferment
ebullómetro *m* ebulliometer
ebulloscopio *m* ebullioscope
eburnación *f* (path.) eburnation
ebúrneo -a *adj* (pertaining to) ivory
eccehomo *m* eccehomo; wretch, wreck (*person*)
ec.co abr. of **eclesiástico**
Ecequiel *m* (Bib.) Ezekiel (*prophet and book*)
-ecer *suffix v* -ish, e.g., **empobrecer** impoverish; **establecer** establish; **perecer** perish; and many other verbs, e.g., **entristecer** sadden; **parecer** appear
-ecillo -lla *suffix dim* var. of **-illo** and attached to monosyllables ending in a consonant, e.g., **panecillo** roll; **pececillo** little fish; to dissyllables with radical **ie** or **ue** and ending in **o** or **a**, e.g., **muestrecilla** small sample; **piedrecilla** little rock; and to dissyllables ending in **ia, io,** and **ua**, e.g., **gloriecilla** touch of glory; **fragüecilla** little forge
-ecito -ta *suffix dim* var. of **-ito** and attached to monosyllables ending in a consonant (including **y**), e.g., **florecita** little flower; **bueyecito** little ox; to dissyllables with radical **ie** or **ue** and ending in **o** or **a**, e.g., **piedrecita** little rock; **cuerpecito** little body; and to dissyllables ending in **ia, io,** and **ua**, e.g., **biestecita** little beast; **lengüecita** little tongue
eclampsia *f* (path.) eclampsia
eclecticismo *m* eclecticism
ecléctico -ca *adj & mf* eclectic
Eclesiastés, el (Bib.) Ecclesiastes
eclesiástico -ca *adj* ecclesiastic or ecclesiastical; *m* ecclesiastic; **el Eclesiástico** (Bib.) Ecclesiasticus
eclesiastizar §76 *va* to transfer to ecclesiastical use or possession
eclímetro *m* clinometer
eclipsar *va* (astr. & fig.) to eclipse; (fig.) to outshine; *vr* (astr. & fig.) to be eclipsed; (fig.) to disappear
eclipse *m* (astr. & fig.) eclipse; **eclipse de Luna** lunar eclipse; **eclipse de Sol** solar eclipse; **eclipse parcial** partial eclipse; **eclipse total** total eclipse
eclipsis *f* (*pl:* **-sis**) (gram.) ellipsis
eclíptico -ca *adj* ecliptic or ecliptical; *f* ecliptic
eclisa *f* (rail.) fishplate
eclisar *va* (rail.) to fish
écloga *f* var. of **égloga**
eclosión *f* opening, blossoming, birth
eco *m* echo; rumbling; (*cap.*) *f* (myth.) Echo; **hacer eco** to correspond, be proportional; to attract attention; **tener eco** to spread, catch on, get popular
ecoico -ca *adj* echoic
ecolalia *f* (psychol.) echolalia
ecología *f* ecology
ecólogo *m* ecologist
economato *m* stewardship, guardianship; commissary (*store*)
economía *f* economy; want, misery; **economías** *fpl* savings; **economía dirigida** or **planificada** planned economy; **economía doméstica** home economics; **economía política** political economy, economics
económico -ca *adj* economic or economical; thrifty, saving; miserly, niggardly
economista *mf* economist
economizador *m* (mach.) economizer
economizar §76 *va & vn* to economize; to save
ecónomo *m* supply priest; ecclesiastical administrator; guardian; steward
ecrán *m* (mov.) screen; (phot.) filter
ectasia *f* (path.) ectasia
éctasis *f* (pros.) ectasis
ectoblasto *m* (embryol.) ectoblast
ectodermo *m* (embryol.) ectoderm
ectoparásito *m* (zool.) ectoparasite
ectopia *f* (path.) ectopia
ectoplasma *m* (biol. & spiritualism) ectoplasm
ectropión *m* (path.) ectropion
ecuación *f* (math., astr. & chem.) equation; **ecuación cuadrática** (alg.) quadratic equation; **ecuación de primer grado** (alg.) linear equation; **ecuación de segundo grado** (alg.) quadratic equation; **ecuación diferencial** (math.) differential equation; **ecuación personal** personal equation; **ecuación simultánea** (alg.) simultaneous equation
ecuador *m* equator; **el Ecuador** Ecuador
ecuánime *adj* calm, composed, equanimous; impartial
ecuanimidad *f* equanimity; impartiality
ecuatorial *adj* equatorial; *m* (astr.) equatorial (*instrument*)
ecuatorianismo *m* Ecuadorianism
ecuatoriano -na *adj & mf* Ecuadoran, Ecuadorian
ecuestre *adj* equestrian
ecuménico -ca *adj* ecumenic or ecumenical
ecúmeno *m* inhabited part of the earth
ecuóreo -a *adj* (poet.) of the sea, aequorial
eczema *m & f* (path.) eczema
eczematoso -sa *adj* eczematous
echacantos *m* (*pl:* **-tos**) (coll.) empty-headed fellow
echacorvear *vn* (coll.) to pimp, to procure
echacorvería *f* (coll.) pimpery, procuring
echacuervos *m* (*pl:* **-vos**) (coll.) pimp, procurer; (coll.) cheat, gyp
echada *f* see **echado**
echadera *f* wooden shovel (*for putting bread in oven*)
echadero *m* place to rest, place to stretch out
echadillo -lla *adj & mf* (coll.) foundling
echadizo -za *adj* waste, discarded; spread around secretly; sent to spy; *mf* foundling; spy
echado -da *adj* lying down; (Am.) lazy, indolent, idle; *m* (min.) dip in vein; *f* throw; man's length (*stretched out on ground*); (Am.) boast, falsehood
echador -dora *adj* throwing, hurling; (Am.) boastful, bragging; *mf* (Am.) braggart; *m* waiter who pours coffee
echadura *f* setting (*of hens*); **echadura de pollos** brood of chicks
echalumbre *m* (orn.) junco
echamiento *m* throwing, hurling, throwing away
echapellas *m* (*pl:* **-llas**) wool soaker
echaperros *m* (*pl:* **-rros**) beadle who keeps dogs out of church
echar *va* to throw, cast, fling, throw away, throw out; to discharge, dismiss; to pour; to give out, issue, send forth, emit, publish; to

swallow, to take; to smoke (*cigar, cigaret*); to attribute, ascribe; to turn (*key*); to deliver (*speech, sermon, etc.*); to utter (*curses*); to put on (*a play*); to put forth, to begin to have or grow (*hair, teeth, shoots, etc.*); to impose, levy (*tax*); to acquire (*a stomach, bad disposition, etc.*); to deal (*cards*); to tell (*a fortune*); to mate, to couple (*male and female animals*); to cast (*a glance*); to shed (*blood*); to lay (*blame*); **echar abajo** to overthrow, demolish, ruin, destroy; to break down; **echar a pasear** (coll.) to dismiss harshly, to dismiss without ceremony; **echar a perder** to spoil, to ruin; **echar de menos** to miss; **echarla de** (coll.) to claim to be, to boast of being; **echarlo todo a rodar** (coll.) to upset everything, to spoil everything; (coll.) to fly off the handle; **echar menos** to miss ‖ *vn* to sprout; **echar a** + *inf* to begin to + *inf;* to burst out + *ger;* **echar a perder** to spoil, to ruin; **echar de ver** to notice; **echar por** to take up, go into (*a profession*); to turn toward (*the right or left*); to go down (*a road*) ‖ *vr* to throw or hurl oneself; to lie down, stretch out; to fall (*said of the wind*); to set (*said of a hen*); to throw on (*a wrap*); **echarse a** + *inf* to begin to + *inf;* to burst out + *ger;* **echarse a morir** (coll.) to give up in despair; **echarse a perder** to spoil, to be ruined; **echarse atrás** to back out; **echarse de ver** to be noticeable, to be easy to see; **echárselas de** to claim to be, to boast of being; **echarse sobre** to rush at, to fall upon

echarpe *m & f* sash
echazón *f* throwing; (naut.) jettison
echiquier *m* Exchequer
echona *f* (Am.) sickle
edad *f* age; **corta edad** youth, youthfulness; **de edad** older, e.g., **una señora de edad** an older woman; **en edad de quintas** of draft age; **mayor edad** majority; **menor edad** minority; **¿qué edad le echa Vd.?** how old do you think he is?; **¿qué edad tiene Vd.?** how old are you?; **edad antigua** ancient times; **edad crítica** change of life (*in women*); **edad de bronce** (myth.) bronze age; **edad de discreción** age of discretion; **edad de la máquina** machine age; **edad del bronce** (archeol.) Bronze Age; **edad del hielo** (geol.) ice age; **edad del hierro** (archeol.) Iron Age; **edad de oro** (myth.) golden age; **edad de piedra** (archeol.) Stone Age; **edad de plata** (myth.) silver age; **edad escolar** school age; **Edad Media** Middle Ages; **edad mental** (psychol.) mental age; **edad viril** prime of life
edafología *f* edaphology, soil science
edda *f* (lit.) Edda
edecán *m* aide-de-camp
edelweiss *f* (bot.) edelweiss
edema *m* (path.) edema
edematoso -sa *adj* edematous
edén *m* (Bib. & fig.) Eden
edénico -ca *adj* Edenic
edición *f* publication; edition; **la segunda edición de** the spit and image of; **edición crítica** critical edition; **edición diamante** (print.) diamond edition; **edición diplomática** diplomatic edition; **edición príncipe** first edition, editio princeps
edicional *adj* publishing
edicto *m* edict
edificación *f* building, construction; buildings; edification
edificador -dora *adj* building; edifying; *mf* builder
edificante *adj* edifying
edificar §86 *va* to build, construct, erect; to edify
edificativo -va *adj* edifying
edificatorio -ria *adj* building, constructing
edificio *m* building, edifice
edil *m* aedile, edile; councilman
Edimburgo *f* Edinburgh
Edipo *m* (myth.) Oedipus
Edita *f* Edith
editar *va* to publish
editor -tora *adj* publishing; *mf* publisher; editor (*writer of editorials*)
editorial *adj* publishing; editorial; *m* editorial; *f* publishing house
editorialista *mf* editor, editorial writer
editorializar §76 *vn* (Am.) to editorialize
Edmundo *m* Edmund
-edor -dora *suffix adj* -ing, e.g., **aprendedor** learning; **bebedor** drinking; *suffix mf* -er, e.g., **aprendedor** learner; **bebedor** drinker
edrar *va* (agr.) to dig (*vineyards*) the second time
edredón *m* eider down; quilt; feather pillow
eduardiano -na *adj* Edwardian
Eduardo *m* Edward
educable *adj* educable
educación *f* education; breeding; good manners; **educación de adultos** adult education; **educación física** physical education
educacional *adj* educational
educador -dora *adj* educating, training; *mf* educator
educando -da *adj & mf* student, pupil
educar §86 *va* to educate, to train; to rear, bring up
educativo -va *adj* educative
educción *f* eduction; exhaust (*of steam engine*)
educir §38 *va* to educe, bring out
eductor *m* steam ejector
eduje *1st sg pret ind of* **educir**
edulcoración *f* (pharm.) sweetening; (Am.) softening of water
edulcorar *va* (pharm.) to sweeten; (Am.) to soften (*water*)
eduzco *1st sg pres ind of* **educir**
Eetes *m* (myth.) Aeëtes
EE.UU. abr. of **Estados Unidos**
efectismo *m* striving for effect, sensationalism
efectista *adj* sensational, theatrical; *mf* sensationalist
efectivamente *adv* really, actually; effectively; sure enough
efectividad *f* effectiveness; (mil.) permanent status
efectivo -va *adj* real, actual; regular, permanent (*employment*); effective; **hacer efectivo** to carry out; to cash (*a check*); *m* cash; **efectivos** *mpl* (mil.) effectives, troops; **en efectivo** in cash; **efectivo en caja** cash in hand
efecto *m* effect; end, purpose; commercial document; article; (billiards) English; **efectos** *mpl* effects, property, merchandise; assets; **a efectos de** for the purpose of; **a efectos de** + *inf* for the purpose of + *ger;* **a ese** or **tal efecto** for that purpose; **al efecto** for the purpose; **de doble efecto** (mach.) double-acting; **de simple efecto** (mach.) single-acting; **en efecto** sure enough; **llevar a efecto** or **poner en efecto** to carry out, to put into effect; **por efecto de** as a result of; **surtir efecto** to have the desired effect, to work; **efecto de Doppler** (phys.) Doppler effect; **efecto de empaquetamiento** (phys.) packing effect; **efectos a pagar** bills payable; **efectos a recibir** bills receivable; **efectos de consumo** consumers' goods; **efectos sanitarios** plumbing fixtures; **efectos sonoros** (mov. & rad.) sound effects; **efecto útil** (mech.) efficiency, output
efectuación *f* accomplishment
efectuar §33 *va* to effect, carry out; *vr* to be carried out, to take place
efedrina *f* (pharm.) ephedrine
efélide *f* freckle, ephelis
efeméride *f* anniversary; **efemérides** *fsg* event, date; **efemérides** *fpl* ephemerides; diary, journal, record; **efemérides astronómicas** ephemerides
efemérido *m* (ent.) ephemerid
efémero *m* (bot.) stinking iris
efendi *m* effendi
eferente *adj* (physiol.) efferent
efervescencia *f* effervescence
efervescente *adj* effervescent
efesino -na or **efesio -sia** *adj & mf* Ephesian
Éfeso *f* Ephesus
eficacia *f* effectiveness, efficacy
eficaz *adj* (*pl:* **-caces**) effective, effectual, efficacious
eficiencia *f* efficiency; (mech.) efficiency
eficiente *adj* efficient

efigie *f* effigy; **ahorcar en efigie** to hang in effigy; **quemar en efigie** to burn in effigy
efímero -ra *adj* ephemeral; *f* (ent.) May fly
eflorecer §34 *vr* (chem.) to effloresce
eflorescencia *f* (bot. & chem.) efflorescence
eflorescente *adj* (bot. & chem.) efflorescent
efluvio *m* effluvium; **efluvio eléctrico** luminous discharge, brush discharge
Efraín *m* (Bib.) Ephraim
efugio *m* evasion, subterfuge
efusión *f* effusion; (fig.) warmth, effusion; **efusión de sangre** bloodshed
efusivo -va *adj* effusive; (geol. & fig.) effusive
egida or **égida** *f* (myth. & fig.) aegis
egílope *m* (bot.) egilops, wild grass; (bot.) European wild oat; (path.) egilops
egipcíaco -ca or **egipciano -na** *adj & mf* Egyptian
egipcio -cia *adj & mf* Egyptian; *m* Egyptian (*language*)
egiptano -na *adj & mf* Egyptian; (obs.) gypsy
Egipto *m* Egypt; (myth.) Aegyptus
egiptología *f* Egyptology
egiptológico -ca *adj* Egyptological
egiptólogo -ga *mf* Egyptologist
égira *f* var. of **hégira**
Egisto *m* (myth.) Aegisthus
eglantina *f* (bot.) eglantine, sweetbrier
eglefino *m* (ichth.) haddock
égloga *f* eclogue
egocéntrico -ca *adj & mf* egocentric
egoísmo *m* egoism
egoísta *adj* egoistic; *mf* egoist
ególatra *adj* self-worshiping
egolatría *f* self-worship
Egospótamos *m* (hist.) Aegospotami
egotismo *m* egotism
egotista *adj* egotistic or egotistical; *mf* egotist
egregio -gia *adj* distinguished, eminent
egresar *va* (Am.) to withdraw (*money*); *vn* (Am.) to leave, go away; (Am.) to graduate
egreso *m* debit; (Am.) departure; (Am.) graduation
egrisar *va* to polish (*diamonds*)
eh *interj* eh!
eíder *m* (orn.) eider, eider duck
einsteinio *m* (chem.) einsteinium
eje *m* axis; axle, shaft; axletree; (math.) axis; (fig.) core, crux, main point; (*cap.*) *m* Axis (*Fascist bloc*); **eje de apoyo** knife edge (*of scale beam*); **eje de balancín** (mach.) rocker, rockershaft; **eje de carretón** axletree; **eje delantero** front axle; **eje de levas** (mach.) camshaft; **eje flotante** (mach.) floating axle; **eje óptico** (opt. & cryst.) optical axis; **eje principal** major axis; main shaft; **eje Roma-Berlín** Rome-Berlin axis; **eje trasero** rear axle
ejecución *f* execution; carrying out; (law) attachment, distraint
ejecutable *adj* feasible, practicable; (law) suable for debt, distrainable
ejecutante *adj* executing; *mf* performer, executant; (law) distrainor
ejecutar *va* to execute; to perform; to carry out; (law) to distrain
ejecutivamente *adv* promptly, with dispatch
ejecutivo -va *adj* executive; insistent, imperative; *m* (Am.) executive
ejecutor -tora *adj* executive; *mf* executive; executor; distrainor; **ejecutor de la justicia** executioner; **ejecutor testamentario** executor (*of a will*); **ejecutora testamentaria** executrix
ejecutoria *f* see **ejecutorio**
ejecutoría *f* (law) office of distrainor
ejecutoriar *va* to confirm; (law) to obtain (*a judgment*) in one's favor
ejecutorio -ria *adj* (law) executory; *f* pedigree, letters patent of nobility; decree
ejemplar *adj* exemplary; *m* exemplar; pattern; model; sample; example; precedent; copy (*of a book or magazine*); example (*warning to others*); **sin ejemplar** without precedent; as a special case; **ejemplar de cortesía** complimentary copy; **ejemplar muestra** sample copy
ejemplaridad *f* exemplary behavior, exemplary quality or character
ejemplarizar §76 *va* (Am.) to set an example to; (Am.) to illustrate with an example
ejemplificación *f* exemplification, illustration
ejemplificar §86 *va* to exemplify, illustrate
ejemplo *m* example, instance; **dar ejemplo** to set an example; **por ejemplo** for example, for instance; **seguir el ejemplo de** to follow the example of; **sin ejemplo** unexampled
ejercer §91 *va* to practice, exercise; to exert; *vn* to practice; to hold office; **ejercer de** to practice as (*e.g., a lawyer*), to work as (*e.g., a newspaperman*)
ejercicio *m* exercise, drill; exertion; practice; tenure (*of office*); fiscal year; balance sheet; **hacer ejercicio** to take exercise; (mil.) to drill; **ejercicio antiaéreo** air-raid drill; **ejercicio económico** budget period; **ejercicios espirituales** spiritual retreat
ejercitación *f* exercise, practice
ejercitante *adj* exercising; *mf* incumbent; exercitant (*in a spiritual retreat*)
ejercitar *va* to exercise; to practice; to drill, to train; *vr* to exercise; to practice
ejército *m* army; (fig.) army; arm (*of national defense*); **los tres ejércitos** the three arms of the service; **ejército del aire** air force; **ejército de Salvación** Salvation Army; **ejército permanente** standing army
ejidatario -ra *mf* (Am.) squatter, settler on public land
ejido *m* commons, public land, communal farm
ejión *m* (arch.) corbel piece, purlin
-ejo -ja *suffix dim & pej* e.g., **caballejo** little horse, nag; **librejo** cheap book, poor book; **medianejo** fair to middling
ejote *m* (Am.) tender bean pod
el *art def masc* (*pl:* **los**) the; *pron dem masc* the one, that, e.g., **el de mi hermano** that of my brother
él *pron pers masc* he, him, it
elaboración *f* elaboration; working; development
elaborado -da *adj* elaborate, high-wrought; finished (*product*)
elaborar *va* to elaborate; (physiol.) to elaborate; to work (*e.g., wood*)
elación *f* haughtiness; magnanimity, nobility; pomposity (*of style*)
elasmobranquio *m* (ichth.) elasmobranch
elástica *f* see **elástico**
elasticidad *f* elasticity
elástico -ca *adj* elastic; *m* elastic; *f* knit undershirt; **elásticas** *fpl* (Am.) suspenders
elastificar §86 *va* to make elastic, to elasticize
elastina *f* (biochem.) elastin
elaterina *f* (chem.) elaterin
elaterio *m* (bot.) squirting cucumber
elayómetro *m* oleometer, elaeometer
elche *m* apostate, renegade
Eldorado *m* El Dorado
eleagnáceo -a *adj* (bot.) elaeagnaceous
eleático -ca *adj & mf* Eleatic
eleborastro *m* (bot.) helleboraster
eléboro *m* (bot. & pharm.) hellebore; **eléboro negro** (bot.) Christmas rose, winter rose
elección *f* election; choice, free election; (theol.) election
eleccionario -ria *adj* (Am.) (pertaining to an) election, electoral
electivo -va *adj* elective
electo -ta *adj & m* elect
elector -tora *adj* electing; *mf* elector; *m* elector (*German prince*)
electorado *m* electorate
electoral *adj* electoral
electorero *m* heeler, henchman
Electra *f* (myth.) Electra
electricidad *f* electricity; **electricidad estática** static electricity; **electricidad vítrea** vitreous electricity
electricista *mf* electrician
eléctrico -ca *adj* electric or electrical
electrificación *f* electrification
electrificar §86 *va* to electrify
electriz *f* (*pl:* **-trices**) electress (***wife or widow** of an elector of old German Empire*)
electrizable *adj* electrifiable
electrización *f* electrification
electrizador -dora *adj* electrifying

electrizar §76 *va* to electrify; (fig.) to electrify; *vr* to become electrified
electro *m* amber; electromagnet; electrum (*alloy*)
electroafeitadora *f* electric shaver
electrobomba *f* motor-driven pump
electrocardiógrafo *m* electrocardiograph
electrocardiograma *m* electrocardiogram
electrocirugía *f* electrosurgery
electrocución *f* electrocution
electrocutar *va* to electrocute
electrochoque *m* electroshock
electrodinámico -ca *adj* electrodynamic; *f* electrodynamics
electrodo or **eléctrodo** *m* electrode; **electrodo de calomel** (physical chem.) calomel electrode
electrodoméstico -ca *adj* household-electric
electrofónico -ca *adj* electrophonic
electróforo *m* (phys.) electrophorus
electrógeno -na *adj* generating electricity; *m* electric generator
electroimán *m* electromagnet
electrólisis *f* electrolysis
electrolítico -ca *adj* electrolytic
electrólito *m* electrolyte
electrolización *f* electrolyzation
electrolizar §76 *va* to electrolyze
electrología *f* science or study of electricity
electromagnético -ca *adj* electromagnetic
electromagnetismo *m* electromagnetism
electrometalurgia *f* electrometallurgy
electrometría *f* electrometry
electrométrico -ca *adj* electrometric
electrómetro *m* electrometer
electromotor -tora or **-triz** (*pl:* **-trices**) *adj* electromotive; *m* electromotor, electric motor
electrón *m* (phys. & chem.) electron; **electrón voltio** (*pl:* **electrones voltios**) (phys.) electron volt
electronegativo -va *adj* electronegative
electroneumático -ca *adj* (mus.) electropneumatic
electrónico -ca *adj* electronic; *f* electronics
electrón-voltio *m* (*pl:* **electrones-voltios** or **electrón-voltios**) (phys.) electron volt
electropositivo -va *adj* electropositive
electroquímico -ca *adj* electrochemical; *f* electrochemistry
electroscopio *m* (phys.) electroscope
electroshockterapia *f* (med.) electro-convulsive treatment
electrostático -ca *adj* electrostatic; *f* electrostatics
electrotecnia *f* electrical engineering, electrotechnics
electrotécnico -ca *adj* electrotechnical
electroterapia *f* electrotherapy
electrotipar *va* to electrotype
electrotipia *f* electrotypy
electrotipo *m* electrotype
electrotrén *m* electric train
electuario *m* electuary
elefancía *f* (path.) elephantiasis
elefancíaco -ca *adj & mf* elephantiac
elefanta *f* female elephant
elefante *m* elephant; (coll.) jumbo; **elefante blanco** (fig.) white elephant; **elefante de mar** (zool.) walrus; **elefante marino** (zool.) sea elephant, elephant seal
elefantiasis *f* or **elefantíasis** *f* (path.) elephantiasis
elefantino -na *adj* elephantine
elegancia *f* elegance; style
elegante *adj* elegant; stylish; *mf* fashion plate (*person*)
elegantizar §76 *va* to make elegant, to give style to
elegía *f* elegy
elegíaco -ca *adj* elegiac
elegibilidad *f* eligibility
elegible *adj* eligible
elegido -da *adj & mf* elect, chosen
elegir §72 *va* to elect; to choose, select; **elegir** + *inf* to choose to + *inf*
élego -ga *adj* elegiac
elemental *adj* elemental; elementary
elemento *m* element; member; (anat. & biol.) element; (chem.) element, simple substance; (elec.) cell (*of a battery*); **los cuatro elementos** the four elements (*fire, air, water, and earth*); **los elementos** the elements (*first principles; atmospheric forces*); means, resources; **estar en su elemento** to be in one's element; **elemento calentador** (elec.) heating element; **elemento de caldeo** (rad.) heating element; **elemento de compuestos** (gram.) combining form, word element; **elemento primario** (elec.) primary cell; **elemento secundario** (elec.) secondary cell; **elemento trazador** (phys.) tracer element
elemí *m* (*pl:* **-míes**) elemi
Elena *f* Helen, Elaine; **Santa Elena** Saint Helena (*British island and colony in South Atlantic*)
elenco *m* list, table, catalogue; personnel; (theat.) cast
eleómetro *m* oleometer, elaeometer
eleusino -na *adj & mf* Eleusinian
elevación *f* elevation; (arch. & astr.) elevation; (eccl.) Elevation; **elevación a potencias** (math.) involution
elevacristales *m* (*pl:* **-les**) (aut.) window regulator
elevado -da *adj* high, elevated; lofty, sublime
elevador -dora *adj* elevating; *m* elevator; **elevador de granos** grain elevator; **elevador de tensión** (elec.) booster
elevaje *m* raising, rearing
elevamiento *m* elevation, exaltation
elevar *va* to elevate; (math.) to raise (*to a power*); **elevar hasta las nubes** to praise to the skies; *vr* to rise, ascend; to be elevated or exalted; to become vain or conceited
elfino -na *adj* elfin
elfo *m* elf
Elí *m* (Bib.) Eli
Elías *m* (Bib.) Elijah; Ellis, Eliot, Elliot
elidir *va* to strike out, nullify; to elide (*a sound*)
elijación *f* (pharm.) seething
elijar *va* (pharm.) to seethe
eliminación *f* elimination; (physiol.) elimination
eliminador -dora *adj* eliminating; *mf* eliminator; **eliminador de baterías** (rad.) battery eliminator
eliminar *va* to eliminate; (math. & physiol.) to eliminate
eliminatoria *f* (sport) elimination match, race, etc.
elipse *f* (geom.) ellipse
elipsis *f* (*pl:* **-sis**) (gram.) ellipsis
elipsógrafo *m* ellipsograph
elipsoide *m & f* (geom.) ellipsoid
elíptico -ca *adj* (geom. & gram.) elliptic or elliptical
elíseo -a *adj* Elysian; (*cap.*) *m* (Bib.) Elisha; (myth. & fig.) Elysium
elisio -sia *adj* Elysian; *m* (myth. & fig.) Elysium
elisión *f* elision
élitro *m* elytrum, shard (*of beetle*)
elixir or **elíxir** *m* elixir; **elixir paregórico** (pharm.) paregoric
elocución *f* elocution; diction, style
elocuencia *f* eloquence
elocuente *adj* eloquent
elogiable *adj* praiseworthy
elogiador -dora *adj* eulogistic; *mf* eulogist
elogiar *va* to praise, laud, eulogize
elogio *m* praise, eulogy; **elogios** *mpl* praise
elogioso -sa *adj* eulogistic
Eloísa *f* Eloise, Héloïse
elongación *f* (astr.) elongation
elote *m* (Am.) ear of green corn, ear of roasting corn
elucidación *f* elucidation
elucidar *va* to elucidate
eludible *adj* avoidable, escapable
eludir *va* to elude, evade; **eludir** + *inf* to avoid + *ger*
elzevir *m* (bibliog. & print.) Elzevir
elzeviriano -na *adj* Elzevir, Elzevirian
elzevirio *m* var. of **elzevir**
ella *pron pers fem* she, her, it; (coll.) trouble, e.g., **aquí fué ella** here's where the trouble was; **mañana será ella** the trouble will come tomorrow

ello *pron pers neut* it; (coll.) trouble, e.g., **aquí fué ello** here's where the trouble was; **ello es que** the fact is that; *adv* really, indeed; **ello no** by no means, not at all; **ello sí** most certainly; *m* (psychoanal.) id
ellos, ellas *pron pers pl* they, them
E.M. abr. of **Estado Mayor**
Em.ª abr. of **Eminencia**
Ema *f* Emma
emaciación *f* emaciation
emanación *f* emanation; **emanación del radio** (chem.) radium emanation
emanar *vn* emanate
emancipación *f* emancipation
emancipador -dora *adj* emancipating; *mf* emancipator
emancipar *va* to emancipate; *vr* to become emancipated; (coll.) to take too much liberty, to go too far
Emanuel *m* (Bib.) Immanuel
emasculación *f* emasculation
emascular *va* to emasculate
embabiamiento *m* (coll.) fascination, amazement, stupefaction
embabucar §86 *va* var. of **embaucar**
embachar *va* to pen (*sheep for shearing*)
embadurnador -dora *adj* daubing; *mf* dauber
embadurnamiento *m* daub, daubing
embadurnar *va* to daub, to bedaub, to besmear; *vn* to daub
embaidor -dora *adj* tricky, deceptive; *mf* trickster, deceiver, cheat
embaimiento *m* trickery, deception
embaír §53 *va* to trick, to deceive
embajada *f* embassy; ambassadorship; diplomatic message; (coll.) errand, mission; **buena embajada** (iron.) fine proposition
embajador *m* ambassador; **embajadores** *mpl* ambassador and wife
embajadora *f* ambassadress; ambassador's wife
embajatorio -ria *adj* ambassadorial
embalador *m* packer
embalaje *m* packing; package; (sport) sprint
embalamiento *m* packing; (sport) sprint
embalar *va* to pack; *vn* to beat the sea with oars to scare fish into the nets; (sport) to sprint; (aut.) to step on the gas; *vr* to race (*said of a motor*)
embaldosado *m* tile paving
embaldosar *va* to pave with tile
embalsadero *m* swamp, marsh
embalsamador -dora *adj* embalming; *mf* embalmer
embalsamamiento *m* embalming, embalmment
embalsamar *va* to embalm (*a corpse; to perfume the air*); *vr* to be or become perfumed; (Am.) to get full of pus
embalsar *va* to dam, to dam up; to put on a raft; (naut.) to sling, to hoist; *vr* to dam up
embalse *m* dam; damming; water dammed up; (naut.) slinging
embalumar *va* to load down, to overload; *vr* to take on too much, to overload oneself with work
emballenado *m* whalebone framework
emballenar *va* to bone, to stiffen with whalebones or stays
emballestado -da *adj* (vet.) foundered; *m* (vet.) founder
embanastar *va* to put into a basket; to overcrowd; *vr* to be overcrowded
embancar §86 *vn* to sail over the shoals; *vr* (found.) to stick to the walls of the furnace; (Am.) to silt up, to become dammed up
embanderar *va* to bedeck with flags or banners
embanquetar *va* (Am.) to put sidewalks on (*streets*)
embarazada *adj fem* pregnant; *f* pregnant woman
embarazadamente *adv* with difficulty
embarazador -dora *adj* embarrassing, disturbing
embarazar §76 *va* to embarrass, interfere with, hold up; to make pregnant; *vr* to be obstructed; to become pregnant
embarazo *m* embarrassment, interference, obstruction; timidity, awkwardness; pregnancy; indigestion
embarazoso -sa *adj* embarrassing; inconvenient, harmful; complicated, hard to solve
embarbar *va* (taur.) to throw (*the bull*) by seizing both horns
embarbascar §86 *vr* to become entangled in roots (*said of a plow*); to become entangled or confused
embarbecer §34 *vn* to grow a beard
embarbillado *m* (carp.) rabbet, rabbeting
embarbillar *va* (carp.) to rabbet
embarcación *f* boat, ship, vessel; embarkation (*of people*); **embarcación de alijo** tender
embarcadero *m* pier, wharf; (rail.) platform
embarcador *m* shipper
embarcar §86 *va* to embark; to ship; (fig.) to embark, to launch (*in an enterprise*); **embarcar agua** to ship water; *vn* to entrain; *vr* to embark, to go aboard; (naut.) to sign up, to ship; (fig.) to embark, become entangled (*in an enterprise*)
embarco *m* embarkation (*of people*)
embardar *va* to thatch
embargar §59 *va* to embargo; to paralyze; (law) to seize, to attach
embargo *m* indigestion; embargo; (law) seizure, attachment; **sin embargo** nevertheless, however
embarnecer §34 *vn* to get fat
embarnecimiento *m* fattening
embarnizadura *f* varnish, varnishing
embarnizar §76 *va* to varnish
embarque *m* shipment (*of goods*)
embarrada *f* (Am.) blunder
embarrador -dora *adj* cheating, scheming; *mf* cheat, schemer
embarradura *f* mud splash; smear, stain; (dial.) plastering; (Am.) vilification
embarrancar §86 *va* to run aground; to run into a ditch; to tie up, entangle, compromise; *vn* to run aground; to run into a ditch; *vr* to run into a ditch; to get tied up, get stuck
embarrar *va* to splash with mud; to smear, stain, bedaub; to pry up, lift with a bar; (dial.) to plaster; (Am.) to vilify; (Am.) to involve; **embarrarla** (Am.) to spoil everything; *vr* to take refuge in the trees (*said of partridges*)
embarrilador *m* packer of barrels
embarrilar *va* to barrel, to put in barrels
embarrotar *va* to bar, to fasten with bars
embarullador -dora *adj* (coll.) muddling; *mf* (coll.) muddler
embarullar *va* (coll.) to mix up, make a mess of; (coll.) to do carelessly, to do in a disorderly way
embasamiento *m* (arch.) foundation
embastar *va* to baste, to stitch; to put (*cloth*) in embroidering frame
embaste *m* basting, stitching
embastecer §34 *vn* to become fat; *vr* to become coarse
embate *m* blow, sudden attack; surf, dashing (*of waves*); gust (*of wind*); fresh summer sea breeze; impact; **embates de la fortuna** sudden changes of fortune
embaucador -dora *adj* deceptive, tricky; *mf* deceiver, trickster, swindler
embaucamiento *m* deception, trickery
embaucar §86 *va* to deceive, to trick, to bamboozle
embaulado -da *adj* crowded, packed, jammed
embaular §75 *va* to put into a trunk; (coll.) to gulp down
embausamiento *m* amazement, stupefaction
embayar *vr* (Am.) to get wrought up over nothing
embazadura *f* brown dye; astonishment, wonder
embazar §76 *va* to dye brown; to embrown; to astound; to embarrass, hinder; *vn* to be dumfounded; *vr* to get bored; to become surfeited
embebecer §34 *va* to entertain, to amuse, to enchant; *vr* to be enchanted; to be astounded
embebecimiento *m* enchantment; astonishment
embebedor -dora *adj* absorbent
embeber *va* to absorb, to soak up; to saturate, to soak; to take up, shorten; to fit, fit in; to insert; to imbed; to include; to contain; *vn* to shrink, contract; *vr* to be enchanted; to be

astounded; to become absorbed or immersed; to become well versed
embebido -da *adj* contracted, elided (*vowel*); (arch.) engaged (*column*)
embecadura *f* (arch.) spandrel
embelecador -dora *adj* deceiving, cheating; *mf* imposter, cheat
embelecar §86 *va* to deceive, cheat, bamboozle
embeleco *m* fraud, imposition; bore; **embelecos** *mpl* cuteness
embeleñar *va* to dope, to stupefy; to charm, to fascinate
embelesador -dora *adj* charming, fascinating, entrancing
embelesamiento *m* charm, fascination, rapture, enchantment
embelesar *va* to charm, fascinate, enrapture; *vr* to be charmed, be fascinated, be enraptured
embeleso *m* delight, charming thing; entrancement
embellaquecer §34 *vr* to become sly, to get deceitful
embellecedor -dora *adj* embellishing, beautifying; *m* (aut.) hubcap
embellecer §34 *va* to embellish, to beautify
embellecimiento *m* embellishment, beautification
embermejar or **embermejecer §34** *va* to dye red, make red; to make blush; *vn* to turn red or reddish; *vr* to blush
emberrenchinar or **emberrinchar** *vr* (coll.) to fly into a rage, to become raving mad
embestida *f* attack, assault; (coll.) touch (*for loan or handout*)
embestidor -dora *adj* attacking; *m* (coll.) beat, sponger
embestidura *f* attack, assault
embestir §94 *va* to attack, to assail; to hit, to strike; (coll.) to touch, to accost for a loan or handout; (coll.) to charge; *vn* (coll.) to rush forth, to charge, to attack; **embestir con** or **contra** to rush upon; to crash into
embetunar *va* to black, blacken; to bituminize; to cover with tar
embicar §86 *va* (naut.) to top (*a yard*); (Am.) to tilt, to turn over (*in order to empty*); (Am.) to fit, insert; *vn* (Am.) to run aground
embijar *va* to paint vermilion; (Am.) to dirty, to smear
embisagrar *va* to hinge
embizcar §86 *vn & vr* to be or to become cross-eyed
emblandecer §34 *va* to soften, placate, mollify; *vr* to soften, yield; to be moved to pity
emblanquecer §34 *va* to bleach, to whiten; *vr* to turn white
emblanquecimiento *m* bleaching, whitening
emblema *m* emblem
emblemático -ca *adj* emblematic or emblematical
embobamiento *m* fascination, amazement
embobar *va* to fascinate, hold in suspense; *vr* to be fascinated, to stand gaping; **embobarse con, de** or **en** to be fascinated at, to gape at
embobecer §34 *va* to make foolish, to make silly; *vr* to become foolish, to get silly
embocadero *m* mouth, outlet, narrow channel
embocado -da *adj* mild, smooth (*said of wine*)
embocadura *f* nozzle; mouthpiece (*of musical instrument*); skill in playing wind instrument; tip (*of cigarette*); bit (*of bridle*); taste (*of wine*); passage, narrows (*from sea into a river*); stage entrance; (arch.) proscenium arch
embocar §86 *va* to put in the mouth; to put (*into or through a narrow passage*); to undertake, to take on; (coll.) to gulp down; (coll.) to try to put over (*something false*); **embocarle algo a uno** (coll.) to force something on someone; (coll.) to spring something on someone; *vn & vr* to go or enter (*into or through a narrow passage*)
embocinado -da *adj* trumpet-shaped
embodegar §59 *va* to store, store away (*wine, olive oil, etc.*)
embojar *va* to place bushes in (*shelves for silkworm rearing*)
embojo *m* bush (*of southernwood, scrub oak, etc., for silk worms*)
embolada *f* stroke (*of piston*)
embolado *m* (theat.) minor rôle; bull with wooden balls on horns; (coll.) trick, deception
embolador -dora *mf* (Am.) shoeblack, shoeshine
embolar *va* to fit or equip (*bull's horns*) with wooden balls; to size (*for gilding*); to shine, polish (*shoes*)
embolectomía *f* (surg.) embolectomy
embolia *f* (path.) embolus, clot; (path.) embolism; **embolia aérea** (path.) air bends
embolismal *adj* embolismic
embolismar *va* (coll.) to gossip about, carry tales about; (Am.) to stir up, incite
embolismático -ca *adj* confused, muddled, incomprehensible
embolísmico -ca *adj* embolismic
embolismo *m* embolism (*to regularize calendar*); confusion, complication; mess, entanglement; (coll.) gossip, lie, fraud
émbolo *m* (mach.) piston; (path.) embolus, clot; **émbolo buzo** (mach.) plunger
embolsar *va* to pocket, to take in
embolso *m* pocketing
embonada *f* (naut.) sheathing
embonar *va* to improve; (naut.) to sheathe; (Am.) to fertilize
embono *m* (naut.) sheathing
emboñigar §59 *va* to smear with cow dung
emboque *m* passage through a small opening; (coll.) cheat, deception, hoax; (coll.) fooling, trifling, idle talk
emboquillar *va* to put a tip on (*a cigarette*); to prepare (*a hole*) for blasting; to cut an entrance in (*a shaft or tunnel*); (Am.) to point or chink (*joints*)
embornal *m* (naut.) scupper
emborrachador -dora *adj* intoxicating
emborrachamiento *m* (coll.) drunkenness
emborrachar *va* to intoxicate; *vr* to become intoxicated, to get drunk; to be blinded (*by passion*); to run, to run together (*said of colors*); **emborracharse con** or **de** to get drunk on (*e.g., gin*)
emborrar *va* to stuff, to pad; to card a second time; (coll.) to gulp down
emborrascar §86 *va* to stir up, to aggravate; *vr* to get stormy; to fail (*said of a business*); (Am.) to peter out (*said of a mine*)
emborrazamiento *m* larding a fowl
emborrazar §76 *va* to lard (*a fowl*)
emborricar §86 *vr* (coll.) to get all confused; (coll.) to fall madly in love
emborrizar §76 *va* to give first combing to (*wool*); (prov.) to bread (*food for frying*); (prov.) to sugar-coat (*cake*)
emborronador -dora *adj* blotting, scribbling; *mf* scribbler
emborronar *va* to blot, to cover with blots, to scribble: *vr* to blot, to become blotted
emborrullar *vr* (coll.) to squabble or wrangle loudly
emboscada *f* ambush, ambuscade; **caer en una emboscada** to fall into an ambush; to fall into a trap
emboscado *m* draft dodger
emboscadura *f* var. of **emboscada**
emboscar §86 *va* to ambush, put in hiding for surprise attack; *vr* to ambush, lie in ambush; to hide in the woods, go deep into the woods; to dodge work, to dodge responsibilities by taking an easy job
embosquecer §34 *vn* to become wooded
embostar *va* to fertilize with manure; (Am.) to plaster (*walls*) with a mixture of earth and manure
embotado -da *adj* blunt, dull; (Am.) black-pawed
embotadura *f* bluntness, dullness
embotamiento *m* dulling; dullness
embotar *va* to blunt, to dull; (fig.) to dull, stupefy, enervate, weaken; to put (*tobacco*) in a jar; (Am.) to put leather sheathes on (*the spurs of a game cock*); *vr* to get dull; (coll.) to put on boots
embotellado -da *adj* prepared (*speech*); *m* bottling; bottleneck
embotellador -dora *adj* bottling; *mf* bottler; *f* bottling machine

embotellamiento *m* bottling; bottling up; traffic jam
embotellar *va* to bottle; to tie up; (nav.) to bottle up
emboticar §86 *vr* (Am.) to stuff oneself with medicine
embotijar *va* to put or keep in jugs; (mas.) to pave (*a surface*) with a layer of jugs to support a tile floor; *vr* (coll.) to swell, to puff up; (coll.) to get angry
embovedar *va* to arch, to vault; to enclose in a vault
embozadamente *adv* cautiously, equivocally
embozado -da *adj* wrapped up, disguised; obscure, puzzling, equivocal; *mf* person with muffled or concealed face
embozalar *va* to muzzle
embozar §76 *va* to cover (*the face*) with cloak or muffler; to muffle; to muzzle; to dissemble, to disguise; *vr* to muffle oneself up, to pull one's cloak over one's face
embozo *m* muffler, part of cloak held over the face; folded part of sheet touching the face; cunning, slyness, faked concern; **con embozo** with caution, with concealment; **de embozo** disguised; **quitarse el embozo** (coll.) to remove one's mask, to lay one's cards on the table; **sin embozo** openly, frankly
embrace *m* curtain clasp
embracilado -da *adj* constantly carried around in someone's arms (*said of a child*)
embragar §59 *va* to engage by means of the clutch; (mach.) to connect (*e.g., a shaft*); (naut.) to sling; *vn* to throw the clutch in
embrague *m* clutch; throwing in the clutch; **embrague de cono** cone clutch; **embrague de mordaza** dog clutch, jaw clutch
embravecer §34 *va* to enrage, infuriate; *vn* to get strong, gather strength (*said of plants*); *vr* to get angry; to swell, get rough (*said of sea*); **embravecerse con** o **contra** to get angry at or with
embravecido -da *adj* angry, furious; wild, rough
embravecimiento *m* anger, fury, rage
embrazadura *f* grasp, clasping; clasp of shield
embrazar §76 *va* to fasten (*shield*) to left arm; *vn* (mach.) to mesh, engage (*said of gears*)
embreadura *f* tarring; caulking with tar or pitch
embrear *va* to cover or soak with tar or pitch; to caulk with tar or pitch
embregar §59 *vr* to quarrel, to wrangle
embreñar *vr* to hide in the brambles
embriagador -dora *adj* intoxicating
embriagar §59 *va* to intoxicate; to transport, to enrapture; *vr* to get drunk
embriaguez *f* intoxication, drunkenness; rapture
embridar *va* to bridle; to govern, check, restrain
embriogenia *f* (biol.) embryogeny
embriogénico -ca *adj* embryogenic
embriología *f* embryology
embriológico -ca *adj* embryologic or embryological
embriólogo -ga *mf* embryologist
embrión *m* (biol., bot. & fig.) embryo; **en embrión** in embryo
embrional *adj* embryonal
embrionario -ria *adj* embryonic
embroca *f* poultice
embrocación *f* (med.) embrocation
embrocar §86 *va* to turn over to empty; to place upside down; to wind on a bobbin; to tack (*soles of shoes*) to the last; (taur.) to catch between the horns; *vr* (Am.) to put (*a garment*) on over the head; (Am.) to fall on one's face
embrochalado *m* header, header beam
embrochalar *va* to support with a crossbeam, to frame with a header beam
embrolla *f* (coll.) var. of **embrollo**
embrollador -dora *adj* embroiling, confusing; *mf* embroiler, troublemaker
embrollar *va* to embroil
embrollo *m* embroilment; imbroglio; lie, trick, deception; impasse, muddle, awkward situation
embrollón -llona *adj* & *mf* (coll.) var. of **embrollador**
embrolloso -sa *adj* (coll.) tangled, confusing
embromado -da *adj* annoyed; misty, hazy; (Am.) sick, ill; (Am.) in trouble
embromador -dora *mf* jokester; trickster; tease
embromar *va* to joke with, to make fun of; to tease; to cheat, deceive; to delay, hold up; *vr* (Am.) to dally, loiter; (Am.) to be bored
embroquelar *vr* to shield oneself, to defend oneself
embroquetar *va* to skewer the legs of (*fowl*)
embrujado -da *adj* bewitching
embrujamiento *m* bewitchment
embrujar *va* to bewitch
embrujo *m* spell, charm; charmer
embrutecedor -dora *adj* brutalizing, stupefying
embrutecer §34 *va* to brutalize, to stupefy
embrutecimiento *m* brutalization, stupefaction
embuchacar §86 *va* (Am.) to wound (*a fighting cock*) in the craw; (Am. slang) to make pregnant; (Am.) to keep (*a secret*)
embuchado *m* pork sausage; blind, subterfuge; fraudulent voting
embuchar *va* to stuff (*an animal*) with minced meat, to cram the maw of (*an animal*); (coll.) to gulp down
embudador -dora *mf* funneler
embudar *va* to put a funnel in; to trick; to snare, ensnare
embudista *adj* tricky, scheming; *mf* trickster, schemer
embudo *m* funnel; trick, fraud; (mil.) shell hole; **embudo de bomba** (mil.) bomb crater
embullamiento *m* (Am.) var. of **embullo**
embullar *va* to key up, excite; *vr* to become keyed up, become excited
embullo *m* (Am.) excitement, revelry
emburriar *va* (dial.) to push
emburujar *va* to make lumpy; to pile up, to jumble; *vr* to get lumpy; (Am.) to wrap oneself up, to be wrapped up
embuste *m* lie, trick, fraud; **embustes** *mpl* trinkets, baubles
embustear *vn* to be always lying, to be tricky all the time
embustería *f* (coll.) trick, imposture, deceit
embustero -ra *adj* lying; tricky; *mf* liar; trickster
embutidera *f* rivet set
embutido -da *adj* recessed, flush; *m* inlay, marquetry; sausage; (Am.) lace embroidery
embutidor *m* nail set; rivet set
embutir *va* to insert; to stuff, pack tight; to shrink, condense; to inlay; to set flush; to hammer, to fashion (*sheet metal*); to countersink; (naut.) to worm; (coll.) to gulp down, to cram; *vr* to squeeze in; (coll.) to stuff oneself
emelga *f* var. of **amelga**
emenagogo -ga *adj* & *m* (med.) emmenagogue
emergencia *f* emergence; emergency; happening, incident; (bot.) emergence
emergente *adj* emergent
emerger §49 *vn* to emerge; to surface (*said of a submarine*)
emeritense *adj* (pertaining to) Mérida; *mf* native or inhabitant of Mérida
emérito -ta *adj* emeritus, retired
emersión *f* emersion; surfacing (*of a submarine*); (astr.) emersion
emético -ca *adj* emetic; *m* emetic; tartar emetic
emétrope *mf* emmetrope
emetropía *f* emmetropia
E.M.G. abr. of **Estado Mayor General**
emigración *f* emigration; migration
emigrado -da *mf* émigré
emigrante *adj* & *mf* emigrant
emigrar *vn* to emigrate; to migrate
emigratorio -ria *adj* (pertaining to) emigration; migratory
Emilia *f* Emily
eminencia *f* eminence; (eccl.) Eminence
eminente *adj* eminent
emir *m* emeer, emir

emisario -ria *mf* emissary
emisión *f* emission; issuance; broadcast; (com.) issue; **emisión seriada** (rad.) serial
emisionario -ria *adj* (com.) issuing
emisivo -va *adj* emissive
emisor -sora *adj* emitting; broadcasting; *m* radio transmitter; wireless transmitter; *f* broadcasting station
emitir *va* to emit, send forth; to broadcast; to utter, express; to issue, give out; (com.) to issue
Em.mo abr. of **Eminentísimo**
emoción *f* emotion
emocionadamente *adv* with emotion, with feeling
emocional *adj* emotional
emocionalismo *m* emotionalism
emocionante *adj* moving, stirring, touching; thrilling
emocionar *va* to move, to stir, to touch, to stir the heart of; *vr* to be moved, be moved to pity
emoliente *adj & m* emollient
emolumento *m* emolument
emotividad *f* emotion, expression of emotion
emotivo -va *adj* emotive; emotional
empacadizo -za *adj* (Am.) touchy, easily angered
empacado -da *adj* (Am.) grim, gruff; (Am.) stubborn
empacador -dora *adj* packing, crating; (Am.) balky, stubborn; *f* packing machine, baling machine
empacar §86 *va* to pack, to crate; (Am.) to anger; *vr* to balk, get balky; to be stubborn; to get rattled, become confused; (Am.) to get angry
empacón -cona *adj* (Am.) stubborn; (Am.) balky
empachado -da *adj* awkward, backward, fumbling; surfeited, upset; (naut.) cluttered (*said of deck*)
empachar *va* to hinder, impede; to disguise; to overload, surfeit, upset, give indigestion to; *vr* to be embarrassed, to blush; to be upset, have indigestion
empacho *m* hindrance, obstacle; surfeit, indigestion; embarrassment, bashfulness
empachoso -sa *adj* surfeiting, sickening; shameful
empadrar *vr* to be too attached to one's father or one's parents (*said of a child*)
empadronador *m* census taker
empadronamiento *m* census; taking of census; registration
empadronar *va* to register, take the census of (*inhabitants for police, taxes, voting, etc.*); *vr* to register, be counted in the census
empajada *f* straw and bran soaked together for horses
empajar *va* to fill or cover with straw; to pack with straw; to bottom (*a chair*) with straw or rush; (Am.) to roof with straw; *vr* (coll.) to feather one's nest; (Am.) to get more than enough
empajolar §77 *va* to fumigate with a sulphur match (*the inside of jugs, casks, etc., that have been washed*)
empalagamiento *m* var. of **empalago**
empalagar §59 *va* to surfeit, pall, cloy; to bore, weary, annoy
empalago *m* surfeit, cloying; bore, annoyance
empalagoso -sa *adj* sickening, sickeningly sweet; mawkish; fawning; *mf* fawning bore
empalamiento *m* impalement
empalar *va* to impale
empaliada *f* bunting
empaliar *va* to decorate with bunting
empalizada *f* stockade, fence, palisade
empalizar §76 *va* to stockade, to fence, to fence in
empalmadura *f* var. of **empalme**
empalmar *va* to join, connect, couple, splice; to combine; to palm (*a card*); *vn* to connect, make connections; to bisect; **empalmar con** to follow, to succeed; *vr* to hold a knife hidden between one's palm and sleeve
empalme *m* joint, connection, coupling, splice; combination; palming; (elec.) joint; (rail.) junction, connection
empalmillar *va* to welt (*a shoe*)
empalmo *m* (arch.) lintel
empalomado *m* loose-stone dam, dam of dry masonry
empalomar *va* (naut.) to sew (*boltrope and sail*)
empalletado *m* (naut.) mattress barricade
empampar *vr* (Am.) to get lost on the pampas
empanada *f* see **empanado**
empanadilla *f* pie; folding carriage step
empanado -da *adj* without windows or openings, unlighted, unventilated; breaded; *f* pie, meat pie, vegetable pie; fraud, concealment
empanar *va* (cook.) to bread; to sow with wheat; *vr* (agr.) to be choked with too much seed
empandar *va* to bend, to make sag; *vr* to bend, to sag
empandillar *va* to slip (*two or more cards together*) in order to cheat; to dupe, to hoax
empanizado *m* (Am.) bread crumbs
empanizar §76 *va* (Am.) to bread (*e.g., a cutlet*)
empantanar *va* to flood, to swamp; to hold up, obstruct; *vr* to become flooded, become swamped
empañado -da *adj* misty; flat (*said, e.g., of voice*)
empañadura *f* swaddling, swaddling clothes
empañar *va* to swaddle; to dim, dull, blur, fog; to tarnish, to sully; *vr* to dim, dull, blur, fog; to film, to mist; to become sad or gloomy
empañetar *va* (Am.) to plaster
empañicar §86 *va* (naut.) to hand, to furl
empapagayar *vr* to act like a parrot; to curve one's nose like the beak of a parrot
empapamiento *m* soaking, saturation; ecstasy, trance
empapar *va* to soak, saturate; to soak up; to drench, soak in, penetrate; *vr* to soak; to be soaked; (coll.) to be surfeited; **empaparse en** to soak in, to soak up, to saturate; to be imbued with
empapelado *m* paper, papering, paper hanging; paper lining
empapelador -dora *mf* paper hanger
empapelar *va* to wrap up in paper; to paper; to line with paper; to wallpaper
empapirotar *va & vr* to dress up, to dress elaborately
empapuciar or **empapujar** *va* (coll.) to stuff, to feed too much
empaque *m* packing; (coll.) look, appearance, mien; solemnness, stiffness; (Am.) nerve, brazenness
empaquetado -da *adj* snappily dressed; *m* (mach.) packing
empaquetador -dora *mf* packer; *f* packing machine
empaquetadura *f* packing; gasket
empaquetar *va* to pack; to jam, stuff, pack; to dress up; (mach.) to pack
emparamentar *va* to adorn, bedeck
emparchar *va* to apply plaster to; (naut.) to stop up (*a leak*) with rope mat
emparedado -da *mf* recluse; *m* sandwich
emparedamiento *m* immurement, confinement; prison; cloister
emparedar *va* to wall in, to immure, to confine
emparejadura *f* equaling, evening, matching
emparejamiento *m* matching; smoothing, leveling; evening up
emparejar *va* to pair, to match; to even, make even; to smooth, to level off; to close (*a door*) flush; *vn* to come up, catch up, come abreast; **emparejar con** to catch up with; to be even with; *vr* to pair, to match
emparentado -da *adj* related by marriage; related
emparentar §18 *vn* to become related by marriage; **emparentar con** to marry into (*e.g., a rich family*)
emparrado *m* arbor, bower
emparrar *va* to embower
emparrillado *m* grate, grating, grillage, grid
emparrillar *va* to grill; *vr* (Am.) to go to bed
emparvar *va* to heap (*grain*) for thrashing
empastador -dora *mf* (Am.) bookbinder; *m* paste brush

empastadura *f* filling (*of a tooth*); (Am.) binding (*of a book*)
empastar *va* to cover or fill with paste; to bind (*a book*) with stiff covers; to fill (*a tooth*); (f.a.) to impaste; *vr* (Am.) to be covered with underbrush
empaste *m* filling (*of a tooth*); binding in stiff boards; (paint.) harmony of colors
empastelamiento *m* (print.) pieing
empastelar *va* (coll.) to settle in a hurry without regard to right or wrong; (coll.) to botch (*a word or words in typing*); (print.) to pie
empatar *va, vn & vr* to tie (*in games and elections*); **empatársela a uno** to tie someone (*in games and elections*)
empate *m* tie, draw; (Am.) penholder
empatía *f* (psychol.) empathy
empavar *va* (Am.) to kid, to razz
empavesada *f* (naut.) armings, waistcloths
empavesado *m* soldier provided with a shield; dressing of a ship, bunting
empavesar *va* to bedeck with flags or bunting; to dress (*a ship*); to veil (*a monument for ceremony of unveiling*)
empavón -vona *adj* (Am.) easily kidded
empavonar *va* to blue (*iron or steel*); (Am.) to grease; *vr* (Am.) to dress up
empecatado -da *adj* incorrigible, evil-minded, devilish; ill-starred, unlucky
empecer §34 *va* (archaic) to damage, hurt; *vn* to stand in the way
empecimiento *m* (archaic) damage; obstacle
empecinado -da *adj* stubborn; *m* pitch maker
empecinamiento *m* stubbornness
empecinar *va* to dip in pitch; to fill with mud; *vr* (Am.) to be stubborn, to persist
empedernido -da *adj* hardened, hard-hearted; inveterate
empedernir §53 *va* to harden; *vr* to harden, get hard; to become hard-hearted
Empédocles *m* Empedocles
empedrado -da *adj* cloud-flecked; pock-marked; (Am.) black-spotted (*horse*); *m* paving; stone paving
empedrador *m* stone paver
empedramiento *m* stone paving; pile of stones at base of bridge pier
empedrar §18 *va* to pave with stones; to sprinkle, to bespatter
empega *f* pitch; mark made with pitch on sheep
empegado *m* tarpaulin
empegadura *f* coat of pitch; coating with pitch
empegar §59 *va* to cover or coat with pitch; to mark (*sheep*) with pitch
empego *m* marking sheep with pitch
empeguntar *va* to mark (*sheep*) with pitch
empeine *m* pubes; instep; vamp; (bot.) cotton flower; (bot.) liverwort; (path.) tetter
empeinoso -sa *adj* tetterous
empelar *vn* to grow hair; to have like coats (*said of two or more horses*)
empelazgar §59 *vn* (coll.) to get into a quarrel
empelechar *va* to cover or line with marble; to lay (*slabs of marble*)
empelotar *vr* (coll.) to get all tangled up or confused; to get involved in a row; (Am.) to strip, to take all one's clothes off
empeltre *m* (hort.) side graft
empella *f* vamp, upper
empellar *va* to push, shove, jostle
empellejar *va* to cover with skins, to line with skins
empeller §46 *va* var. of **empellar**
empellón *m* push, shove; **a empellones** roughly, violently
empenachar *va* to adorn with plumes, to plume
empenaje *m* (aer.) empennage
empenta *f* prop, stay, shoring
empentar *va* (min.) to wall, wall up; (dial.) to push, shove
empeñado -da *adj* bitter, heated (*dispute*); persistent, determined
empeñar *va* to pawn; to pledge; to involve; to force, engage, compel; to begin (*a battle, dispute, etc.*); *vr* to bind oneself; to insist; to go in debt; to start (*said of a battle, dispute, etc.*); (naut.) to risk running aground; **empeñarse en** to engage in (*e.g., a battle, dispute*); to persist in, to insist on; to go in debt to the amount of; **empeñarse en** + *inf* to insist on + *ger;* **empeñarse por** to intercede for or in behalf of
empeñero -ra *mf* (Am.) pawnbroker
empeño *m* pledge, obligation, engagement; pawn; pawnshop; persistence, insistence; perseverance; eagerness, determination; endeavor, effort; favor, protection; pledge, backer, patron; **con empeño** eagerly, with determination
empeñoso -sa *adj* (Am.) eager, determined; (Am.) diligent
empeoramiento *m* impairment, worsening
empeorar *va* to make worse, impair; *vn & vr* to get worse
empequeñecer §34 *va* to dwarf, to make smaller, to diminish; to belittle
empequeñecimiento *m* diminution, lessening; belittling
emperador *m* emperor; **emperadores** *mpl* emperor and empress
emperatriz *f* (*pl:* **-trices**) empress
emperchar *va* to hang on a clothes rack; *vr* to be caught in a snare
emperdigar §59 *va* to prepare; to brown (*meat*); to broil (*partridges*)
emperejilar *va & vr* (coll.) to dress up, to dress fancily
emperezar §76 *va* to make lazy; to delay, to slow down; *vr* to be or become lazy
empergaminar *va* to bind with parchment
empericar §86 *vr* (Am.) to get drunk
emperifollar *va & vr* to dress up gaudily, to spruce up
empernar *va* to bolt, to bolt together
empero *conj* but; however
emperrada *f* tresillo (*card game*)
emperramiento *m* obstinacy, stubbornness
emperrar *vr* (coll.) to be or get obstinate or stubborn; (Am.) to cry, to burst out crying
empetro *m* (bot.) samphire
empezar §31 *va & vn* to begin; **empezar a** + *inf* to begin to + *inf*, to begin + *ger;* **empezar por** + *inf* to begin by + *ger*
empicar §86 *vr* to become too fond, to become infatuated, to be taken in
empicotadura *f* pillorying
empicotar *va* to pillory
empiece *m* (coll.) beginning
empiema *m* (path.) empyema; (surg.) operation to drain empyema
empilar *va* to pile, pile up
empilonar *va* (Am.) to pile up (*dried tobacco leaves*)
empinado -da *adj* high, lofty; stiff, stuck-up; (her.) saltant, salient; *f* (aer.) zooming; **irse a la empinada** to rear (*said, e.g., of a horse*)
empinadura *f* or **empinamiento** *m* elevation, raising; rising, towering
empinar *va* to raise, lift; to raise and tip over; (coll.) to crook (*the elbow*); (aer.) to zoom; *vn* (coll.) to drink, be a toper; *vr* to stand on tiptoe; to rear (*said, e.g., of a horse*); to rise high, to tower; (aer.) to zoom; (Am.) to overeat
empingorotado -da *adj* of high and influential social standing; proud, haughty
empingorotar *va* (coll.) to put on top; *vr* (coll.) to get up, to climb up (*e.g., on a table or chair*); (coll.) to be proud, be haughty
empino *m* (arch.) vertex of a cross vault
empiñonado *m* candied pine-nut kernel
empíreo -a *adj* empyrean or empyreal; *m* empyrean
empireuma *m* (chem.) empyreuma
empírico -ca *adj* empiric or empirical; *mf* empiricist
empirismo *m* empiricism
empirista *mf* empiricist
empitonar *va* (taur.) to catch with the horns
empizarrado *m* slate roof
empizarrar *va* to slate, to roof with slate
emplastadura *f* or **emplastamiento** *m* application of plasters; application of make-up or paint; make-up
emplastar *va* to apply a plaster to; to put make-up on; to smear up; (coll.) to tie up (*a deal*); *vr* to put on make-up; to smear oneself up

E

emplastecer §34 *va* (paint.) to smooth with filler
emplástico -ca *adj* sticky
emplasto *m* plaster, poultice; unsatisfactory compromise or settlement; (coll.) splotch (*on clothing or body*); (coll.) weakling; (coll.) misfit (*person*); patch, tire patch
emplástrico -ca *adj* var. of **emplástico**
emplazamiento *m* summoning; (law) summons; emplacement, location, site
emplazar §76 *va* to summons; (law) to summon; to place, locate
empleado -da *mf* clerk; employee
emplear *va* to employ, to engage; to use, use up; **estarle a uno bien empleado** (coll.) to serve someone right; *vr* to be employed; to busy oneself; **empleársele bien a uno** (coll.) to serve someone right
empleita *f* plaited strand of esparto grass; (Am.) straw hat
empleitero -ra *mf* plaiter and vender of esparto grass
emplenta *f* section of mud wall made in one form; wall plastered on only one side; masonry with rubble between the facings
empleo *m* employ, employment; use; public office; (mil.) rank
empleomanía *f* (coll.) zeal or eagerness to hold public office; (Am.) excessive number of people eager to hold public office
emplomado *m* lead roof
emplomador *m* leadworker
emplomadura *f* leadwork, leading; lead covering, lead lining; (Am.) plumbing
emplomar *va* to lead; to cover or roof with lead; to line with lead; to place a lead seal on (*e.g., a bale*); (Am.) to fill (*a tooth*)
emplumar *va* to put a feather or feathers on; to tar and feather; to thrash; **emplumarlas** (Am.) to flee, beat it; *vn* to fledge, to get feathers
emplumecer §34 *vn* to fledge, to get feathers
empobrecedor -dora *adj* impoverishing
empobrecer §34 *va* to impoverish; to weaken; *vn & vr* to become poor or impoverished
empobrecimiento *m* impoverishment
empodrecer §34 *vn & vr* to rot
empolvado -da *adj* (Am.) rusty (*out of practice*)
empolvar *va* to cover with dust; to powder, to put powder on; *vr* to become covered with dust; to become covered with powder; (Am.) to get rusty (*in knowledge or skill*)
empolvoramiento *m* covering with dust; powdering
empolvorar *va* var. of **empolvar**
empolvorizar §76 *va* var. of **empolvar**
empollado -da *adj* (coll.) shut-in; **ir bien empollado** (coll.) to be primed for an examination
empolladura *f* brooding; brood; brood of bees
empollar *va* to brood, hatch (*eggs*); (coll.) to bone up on; *vn* to breed (*said of insects*); (coll.) to grind, to study hard; **empollar sobre** (coll.) to bone up on
empollón -llona *mf* (scornful) grind (*student*)
emponchado -da *adj* (Am.) poncho-wearing; (Am.) suspicious-looking
emponzoñador -dora *adj* poisoning; *mf* poisoner
emponzoñamiento *m* poisoning
emponzoñar *va* to poison; to corrupt
empopar *va* (naut.) to turn (*the stern*) toward the wind; *vn* (naut.) to be down by the stern; (naut.) to sail before the wind
emporcar §95 *va* to soil, to dirty; *vn* to get soiled, get dirty
emporio *m* emporium; center of culture
empotrado -da *adj* built-in; set-in, recessed
empotramiento *m* planting, embedding, fastening; interlocking; (carp.) abutment, abutting joint
empotrar *va* to plant, embed, recess, fix in a wall; to scarf, to splice; *vn & vr* to interlock
empozar §76 *va* to throw or put into a well; to soak (*flax*); *vn* to form into puddles; *vr* (coll.) to fail to be carried out
empradizar §76 *va* to convert into pasture land
emprendedor -dora *adj* enterprising
emprender *va* to undertake; **emprenderla con** (coll.) to pester, to squabble with, to have it out with; **emprenderla para** (coll.) to set out for
empreñar *va* to impregnate, make pregnant; *vr* to become pregnant
empresa *f* enterprise, undertaking; motto, device; concern, company, firm; **la empresa** management (*as distinguished from labor*); **empresa anunciadora** advertising agency; **empresa constructora** building concern; **empresa de tranvías** traction company
empresario -ria *mf* contractor; industrialist, business leader; manager; theatrical manager; impresario; **empresario de circo** showman; **empresario de pompas fúnebres** undertaker; **empresario de publicidad** advertising man
emprestar *va* to borrow; (slang) to lend
empréstito *m* loan, government loan
emprima *f* first fruits
emprimado *m* second combing of wool
emprimar *va* to give a second combing to (*wool*); (paint.) to prime; (coll.) to hoodwink, to dupe, to defraud
empringar §59 *va & vr* var. of **pringar**
empuchar *va* to buck (*skeins of thread*)
empujador -dora *adj* pushing; *m & f* pusher; **empujadora niveladora** bulldozer
empujar *va* to push, to shove; to dismiss; to replace; *vn* to push, to shove; **empujad** or **empujar** push (*word on public door*)
empujatierra *f* bulldozer
empuje *m* push; thrust; (fig.) push, energy, enterprise; (phys.) thrust
empujón *m* push, hard shove; rapid progress; **a empujones** (coll.) roughly, violently; (coll.) by fits and starts; **tratar a empujones** (coll.) to push around
empulgadura *f* bending the bow of a crossbow; tenseness of string of crossbow
empulgar §59 *va* to bend the bow of (*a crossbow*); to fill with fleas
empulguera *f* wing of crossbow; **empulgueras** *fpl* thumbscrew (*instrument of torture*)
empuntar *va* to put a point on; **empuntarlas** (Am.) to beat it, run away
empuñadura *f* hilt (*of sword*); first words of a story; (Am.) handle (*e.g., of an umbrella*)
empuñar *va* to clutch, to grasp; to obtain (*a job*); **empuñar el cetro** to start to reign, to ascend the throne
empuñidura *f* (naut.) earing
empurpurar *va* to empurple
emú *m* (*pl:* **emúes**) (orn.) emu
emulación *f* emulation
emulador -dora *adj* emulative, emulating; *mf* emulator
emular *va & vn* to emulate; **emular con** to emulate, vie with
emulgente *adj* emulgent
émulo -la *adj* emulous; *mf* rival, emulator
emulsión *f* emulsion
emulsionamiento *m* emulsification
emulsionar *va* to emulsify
emulsivo -va *adj* emulsive
emulsor *m* emulsor, emulsifier
emunción *f* excretion
emuntorio -ria *adj & m* emunctory
en *prep* at, e.g., **estuvo en el teatro anoche** he was at the theater last night; in, e.g., **está en Madrid ahora** he is now in Madrid; **escribió la carta en francés** he wrote the letter in French; into, e.g., **entró en el cuarto silenciosamente** he came quietly into the room; by, e.g., **le conocí en el andar** I knew him by his walk; of, e.g., **pensaba en mis dos hermanos** I was thinking of my two brothers; on, e.g., **puso el libro en la mesa** he put the book on the table
enaceitar *va* to oil, grease; to spot with oil; *vr* to become oily or rancid
enacerar *va* to steel, make steely, harden
enagua *f* petticoat, underskirt; **enaguas** *fpl* petticoat
enaguachar *va* to spill water over, to soak with water, to flood; to upset the stomach of; *vr* to become upset (*from excessive eating or drinking*)

enaguar §23 *va* to spill water over, to flood
enaguazar §76 *va* to flood; *vr* to flood, become flooded
enagüillas *fpl* short skirt, kilt
enajenable *adj* alienable
enajenación *f* alienation; rapture; distraction, absence of mind; **enajenación mental** mental derangement
enajenamiento *m* var. of **enajenación**
enajenar *va* to transport, enrapture; to alienate, dispose of (*property*); to alienate (*a friend*); *vr* to be transported, enraptured; **enajenarse de** to get rid of (*property*); to become alienated from (*a friend*)
enálage *f* (gram.) enallage
enalbar *va* to make white-hot in a forge
enalbardar *va* to saddle, to put a packsaddle on; to dip in a batter; to lard (*a fowl*)
enalmagrado -da *adj* vile, despicable
enalmagrar *va* to color with red ocher
enaltecer §34 to exalt, extol; *vr* to be exalted, be extolled
enaltecimiento *m* exaltation, exalting, extolling
enamarillecer §34 *vn & vr* to become or to turn yellow
enamoradamente *adv* lovingly
enamoradizo -za *adj* susceptible (*to love*)
enamorado -da *adj* in love, lovesick; susceptible (*to love*); *mf* sweetheart; *m* lover
enamorador -dora *adj* wooing, love-making; *mf* wooer, love-maker, suitor
enamoramiento *m* love, love-making; falling in love
enamorar *va* to enamor, to inspire love in; to make love to; *vr* to fall in love; **enamorarse de** to fall in love with
enamoricar §86 *vr* (coll.) to trifle in love, to be slightly in love
enamoriscar §86 *vr* (dial. & Am.) var. of **enamoricar**
enanchar *va* (coll.) to widen
enangostar *va & vr* to narrow
enanismo *m* dwarfism, nanism
enano -na *adj* dwarfish; *mf* dwarf
enante *f* (bot.) water fennel
enarbolar *va* to hoist, raise on high, hang out (*e.g., a flag*); to brandish (*e.g., a sword*); *vr* to get angry; to rear
enarcar §86 *va* to arch; to hoop (*barrels*)
enardecer §34 *va* to inflame, to fire, to excite; *vr* to get excited; to become inflamed (*said, e.g., of a sore*)
enardecimiento *m* inflaming; excitement; inflammation (*e.g., of a sore*)
enarenación *f* sanding; coat of plaster (*in final preparation for painting a wall*)
enarenar *va* to sand, throw sand on; (min.) to mix fine sand with (*silver ore*) to speed amalgamation; *vn* (naut.) to run aground
enarmonar *va* to stand up; *vr* to rear
enarmónico -ca *adj* (mus.) enharmonic
enartrosis *f* (anat.) enarthrosis
enastado -da *adj* horned; antlered
enastar *va* to put a handle on, to put a shaft on
enastillar *va* to put a handle on
encabalgamiento *m* gun carriage; (pros.) enjambement
encabalgar §59 *va* to provide with horses; *vn* to rest, to lean
encaballado *m* (print.) pieing, jumbling (*of type and lines*)
encaballar *va* to overlap; (print.) to pi; *vn* to rest, to lean; *vr* to overlap; (print.) to be pied
encabellecer §34 *vr* to grow hair
encabestradura *f* (vet.) halter sore (*on pastern*)
encabestrar *va* to put (*a halter*) on; to lead by a halter; to subdue, to win over; *vr* to get a front leg entangled in the halter
encabezado *m* process of fortifying wines
encabezamiento *m* census, tax list, tax rate; heading, headline, title; caption; opening words (*of a document*); **encabezamiento de factura** billhead
encabezar §76 *va* to draw up (*a tax list*); to head, to lead; to put a heading or title to; to fortify (*wine*); (carp.) to scarf, to join; *vr* to compromise, to settle
encabillar *va* to dowel, to pin
encabrahigar §59 *va* var. of **cabrahigar**
encabriar *va* to put in the rafters for (*the roof*)
encabritar *vr* to rear (*said of a horse*); (aer. & naut.) to shoot up, to nose up
encachado *m* stone or concrete lining of bed of stream or sewer, riprap
encachar *va* to line with stones or concrete (*the bed of a stream, trench, or sewer*), to riprap
encadar *vr* to get scared, become intimidated
encadenación *f* chaining; connecting, connection; concatenation
encadenado *m* (arch.) buttress
encadenadura *f* or **encadenamiento** *m* var. of **encadenación**
encadenar *va* to chain, to enchain, to put in chains; to brace, to buttress; (mas.) to bond; to connect, tie together, bind; to tie down, immobilize; *vr* to be linked together, to hang together
encajador *m* enchaser; enchasing tool
encajadura *f* inserting, insertion, fitting; recess, groove, socket
encajar *va* to put, to insert; to enchase; to fit, make fit; to put in (*a joke or remark*); to put in (*a joke or remark*) inopportunely; to tell (*a story*) at the wrong time; to put away (*money*); to give, let go (*e.g., a blow*); (coll.) to throw, to hurl; **encajar una cosa a uno** (coll.) to force something on someone, to palm off something on someone; (coll.) to force someone to listen to something; *vn* to fit, to close right (*said, e.g., of a door*); to be fitting or appropriate; **encajar con** or **en** to fit into, to fit, to match; *vr* (coll.) to put on (*a garment*); to squeeze, to squeeze one's way; (coll.) to intrude, butt in
encaje *m* insertion; fitting, matching; recess, groove, socket; lace; inlay, mosaic; fit, look, appearance; **encaje de bolillos** bobbin lace, bone lace, pillow lace; **encaje de Malinas** malines, Mechlin lace
encajero -ra *mf* lacemaker; lace dealer
encajetillar *va* to put (*cigarettes or tobacco*) in packages or packs
encajonado *m* cofferdam; (mas.) coffer
encajonamiento *m* boxing, crating; narrowing (*of a stream or river*)
encajonar *va* to box, to case, to crate; to squeeze in or through; to dovetail; to coffer; to buttress; *vr* to narrow, to run through a narrow channel or ravine; to squeeze in or through
encalabozar §76 *va* (coll.) to throw into jail
encalabrinar *va* to make dizzy (*said, e.g., of an odor*); to rattle, to fluster; *vr* (coll.) to get stubborn, to get a fixed idea in one's mind
encalada *f* metal ornament on harness
encalado *m* var. of **encaladura**
encalador -dora *mf* whitewasher; *m* lime pit, lime vat
encaladura *f* whitewashing; (agr.) liming
encalar *va* to whitewash; to lime (*hides*); (agr.) to lime; to sprinkle with lime, to treat with lime
encalmado -da *adj* (naut.) becalmed; (com.) quiet (*market*)
encalmadura *f* (vet.) overheating
encalmar *vr* (vet.) to be overheated; (naut.) to be becalmed
encalostrar *vr* to be sick with colostration, to get sick from the first milk
encalvecer §34 *vn* to become bald
encalladero *m* (naut.) shoal, sand bank
encalladura *f* running aground
encallar *vn* to run aground; to fail; to get entangled in a deal
encallecer §34 *vn* to get corns, get calluses; *vr* to get corns, get calluses; to become callous, become hardened
encallejonar *va & vr* to run down an alley or narrow passage
encamación *f* (min.) shoring, support
encamar *va* to stretch out on the ground or the floor; *vr* (coll.) to take to bed; to lie down, to hide (*said of game*); to bend over, to droop (*said of grain*)

encamarar *va* to store (*grain or fruit*)
encambijar *va* to store and distribute (*water*)
encambrar *va* var. of **encamarar**
encambronar *va* to hedge with brambles; to reinforce with iron
encaminadura *f* or **encaminamiento** *m* directing, forwarding
encaminar *va* to set on the way, to show the way to; to forward; to direct (*e.g., one's energies, one's attention*); **encaminar a** + *inf* to guide or direct (*someone*) to + *inf; vr* to set out, to be on one's way
encamisada *f* (mil.) camisade, night attack; night masquerade
encamisar *va* to put a shirt on (*a person*); to put slip covers on; to hide, conceal, disguise; *vr* to put one's shirt on; (mil.) to make a camisade or night attack
encamo *m* hiding place (*of game*)
encampanado -da *adj* bell-shaped
encanalar *va* to pipe, to channel
encanalizar **§76** *va* var. of **encanalar**
encanallamiento *m* corruption, depravity
encanallar *va* to corrupt, to deprave; *vr* to become corrupt, to get depraved; to associate with low company, to keep bad company
encanar *vr* to stiffen with anger (*said of an infant*)
encanastar *va* to put in a basket
encancerar *vr* to have cancer; to become cancerous
encandecer **§34** *va* to make white-hot, to make incandescent
encandelar *vn* to blossom with catkin
encandiladera *f* (coll.) procuress, bawd
encandilado -da *adj* (coll.) stiff, erect; (coll.) cocked (*hat*)
encandiladora *f* (coll.) var. of **encandiladera**
encandilamiento *m* glare
encandilante *adj* sparkling; dazzling
encandilar *va* to dazzle; (fig.) to dazzle, bewilder; (coll.) to stir (*a fire*); *vr* to sparkle, to flash (*said of eyes*)
encanecer **§34** *va* (poet.) to turn white; *vn & vr* to become gray or gray-haired; to become old; to become moldy
encanijamiento *m* weakening, emaciation
encanijar *va* to make sick or weak; *vr* to get sickly, become emaciated
encanillar *va* to wind on a spool
encantación *f* var. of **encantamento**
encantado -da *adj* satisfied, delighted; (coll.) absent-minded, in a trance; (coll.) empty and spacious, rambling (*said of a house*); *mf* (coll.) person on whom a spell has been cast
encantador -dora *adj* enchanting, charming, delightful; *mf* charmer; **encantador de serpientes** snake charmer; *m* enchanter; *f* enchantress
encantamento or **encantamiento** *m* spell; enchantment, charm, delight
encantar *va* to cast a spell on, to bewitch; to enchant, charm, delight; **encantar a uno** + *inf* to enchant, charm, delight someone to + *inf*
encantarar *va* to put into a jar or ballot box
encante *m* auction, public sale; auction house
encanto *m* var. of **encantamento**
encantorio *m* (coll.) var. of **encantamento**
encantusar *va* (coll.) to wheedle, to coax
encanutar *va* to shape like a tube; to put in a tube; to put (*a cigarette*) in a holder
encañada *f* gorge, ravine
encañado *m* water pipe; trellis of reeds
encañador -dora *mf* silk winder
encañar *va* to pipe; to drain with pipes; to prop up (*plants*) with reeds; to wind on a spool; *vn & vr* to form stalks (*said of cereals*)
encañizada *f* reed fence; reed fence to catch fish, weir
encañizar **§76** *va* to set up frame for (*silkworms*); to line (*a vault*) with a web of reeds and rope
encañonar *va* to pipe; to wind on a spool; to plait, to fold; to tip in (*a sheet of paper in a book*); *vn* to fledge out
encapachadura *f* pile of bags full of olives for pressing
encapachar *va* to put (*e.g., olives*) in bags for pressing
encapar *va* to put a cloak on; *vr* to put on one's cloak
encapazar **§76** *va* var. of **encapachar**
encaperuzar **§76** *va* to put a hood on; *vr* to put on one's hood
encapillar *va* to put a hood or cowl on; to hood (*a falcon*); (naut.) to rig (*the yards*); (min.) to start a new gallery in; **lo encapillado** (coll.) what one has on; *vr* (coll.) to put on (*a garment, especially over the head*)
encapirotar *va* to put a hood on; *vr* to put on one's hood
encapotado -da *adj* overcast, overclouded
encapotadura *f* or **encapotamiento** *m* grim look, frown
encapotar *va* to cloak; *vr* to put on one's cloak; to look grim, to frown; to become overcast, become overclouded; to pull the mouth down too close to the chest (*said of a horse*)
encaprichar *vr* to persist in one's whims; **encapricharse con** or **en** to whimsically set one's mind upon; **encapricharse por** (coll.) to be or become infatuated with
encapuchar *va* to put a cowl or hood on; *vr* to put one's cowl or hood on
encapuzar **§76** *va* to put a cowl on; *vr* to put on one's cowl
encaracolado *m* spiral adornment
encaracolar *va* to give a spiral shape or form to
encarado -da *adj* faced, featured, favored; **bien encarado** well-featured, well-favored; **mal encarado** ill-featured, ill-favored
encaramar *va* to raise, lift up, elevate; to praise, extol; (coll.) to elevate, dignify, exalt; *vr* to climb; to get on top; to rise, rise up; (Am.) to blush
encaramiento *m* aiming, pointing; facing, encounter
encarar *va* to aim, to point; to face (*a problem, question, etc.*); *vn & vr* to come face to face; **encararse a** or **con** to face, confront, stand up to
encaratular *vr* to put on a mask, to mask oneself
encarcavinar *va* to put in a grave, to bury; to suffocate, asphyxiate; to choke with a foul odor
encarcelación *f* or **encarcelamiento** *m* incarceration, imprisonment
encarcelar *va* to jail, incarcerate, imprison; (carp.) to clamp (*glued parts*); to plaster in, to imbed in mortar; (naut.) to woold; *vr* to stay indoors
encare *m* aiming
encarecer **§34** *va* to raise the price of; to raise (*the price or cost*); to extol; to overrate; to urge; **encarecer que** + *subj* to urge to + *inf; vn & vr* to rise in price
encarecidamente *adv* insistently, eagerly
encarecimiento *m* increase; extolling, overrating; **con encarecimiento** insistently, eagerly
encargado -da *mf* representative, person in charge, agent; **encargado de negocios** chargé d'affaires; **encargado de vía** (rail.) roadmaster, supervisor
encargamiento *m* duty, obligation
encargar **§59** *va* to entrust; to urge, to warn; to order (*goods*); to summon; to ask for, to request; **encargar algo a uno** to entrust someone with something, to put someone in charge of something; **encargar que** + *subj* to entrust with + *ger;* to urge to + *inf; vr* to take charge; **encargarse de** to be in charge of, to take charge of, to undertake; **encargarse de** + *inf* to take charge of + *ger*, to undertake to + *inf*
encargo *m* charge, commission, job, assignment, responsibility; warning; order; request; employment, office; **ni de encargo** (coll.) as if made to order
encariñamiento *m* endearment
encariñar *va* to awaken love or affection in; *vr* to become fond; **encariñarse con** to become fond of, become attached to
encarna *f* feeding entrails to hunting dogs
encarnación *f* incarnation; (theol.) Incarnation; (f.a.) flesh color, incarnadine
encarnadino -na *adj* reddish, pink
encarnado -da *adj* incarnate; red; flesh-colored, incarnadine; *m* flesh color, incarnadine

encarnadura *f* (surg.) healing characteristics of flesh; slash, cut (*of weapon*); feeding on entrails of game
encarnamiento *m* (med.) incarnation
encarnar *va* to incarnate, to embody; to bait (*fishhook*); to flesh (*hunting dog*); to mix, incorporate; to represent, to play; (f.a.) to give color of flesh to (*a statue*); *vn* to become incarnate; to incarn, heal over; to leave a strong impression; to be thrust into the flesh; to eat the entrails of game (*said of hunting dogs*)
encarne *m* first entrails given to hunting dogs
encarnecer §34 *vn* to grow fat, put on flesh
encarnizadamente *adv* cruelly; fiercely, bitterly
encarnizado -da *adj* bloody, blood-shot; fierce, bitter, hard-fought
encarnizamiento *m* anger, fury; cruelty; fierceness, bitterness (*e.g., of a combat*)
encarnizar §76 *va* to flesh (*a hunting dog*); to anger, infuriate; *vr* to be greedy for flesh (*said of animals*); to get angry, be infuriated; to fight bitterly; **encarnizarse con** or **en** to be merciless to, to treat inhumanly
encaro *m* stare, staring; aim, aiming; blunderbuss; rest for cheek (*on gunstock*)
encarpetar *va* to put in a portfolio, to file away; to table, to pigeonhole
encarrilar or **encarrillar** *va* to put back on the rails; to put on the right track, to set right; to guide, direct; *vr* to get stuck and slip off the pulley
encarroñar *va & vr* to rot
encarrujado -da *adj* curled, kinky; fluted; *m* fluting, shirring, gathering
encarrujar *vr* to curl, coil, kink
encartar *va* to outlaw, proscribe; to enroll, register; to register for taxes; to insert, slip in (*a card*); (cards) to lead (*a suit that can or must be followed*); *vr* (cards) to be unable to discard
encarte *m* leading a suit that can or must be followed; order of cards at end of hand
encartonador *m* bookbinder
encartonar *va* to put cardboard on, to cover or protect with cardboard; to bind (*books*) in boards
encasamento or **encasamiento** *m* (arch.) fascia
encasar *va* to set (*broken bone*)
encascabelar *va* to adorn with bells
encascotar *va* to fill with rubble, to mix with rubble
encasillado *m* set of pigeonholes; pattern of squares; list of government candidates
encasillar *va* to pigeonhole; to classify, sort out; to assign (*a candidate*) to a voting district
encasquetar *va* to stick (*a hat, cap, etc.*) on the head; to put (*an idea*) in someone's mind; to put in (*a remark*); *vr* to stick (*a hat, cap, etc.*) on one's head; to get (*an idea*) deeply rooted in one's mind
encasquillador *m* (Am.) horseshoer
encasquillar *va* to put a tip on; (mach.) to bush; (Am.) to shoe (*a horse*); *vr* to stick, get stuck (*said of a gun or a bullet in a gun*)
encastar *va* to improve (*breed*) by crossing; *vn* to breed
encastillado -da *adj* castellated; haughty, proud
encastillamiento *m* fortification with castles; withdrawal to a castle; scaffolding; stubborn adherence to one's opinion
encastillar *va* to fortify with castles; to pile up; to assemble a scaffold in order to build (*a building or other structure*); to build queen cells in (*beehives*); *vn* to build queen cells; *vr* to stick, to get stuck; to shut oneself up in a castle; to take to the hills; to proudly ensconce oneself; to stick to one's opinion, to refuse to give in
encastrar *va* (mach.) to engage, to mesh
encastre *m* (mach.) engaging, meshing; socket; groove; insert
encatusar *va* var. of **engatusar**
encauchado *m* (Am.) rubber-lined fabric; (Am.) rubber-lined poncho
encauchar *va* to cover with rubber
encausar *va* to prosecute, to sue
encauste *m* var. of **encausto**
encausticar §86 *va* to wax (*a floor*)
encáustico -ca *adj* (f.a.) encaustic; *m* furniture polish, floor polish
encausto *m* (f.a.) encaustic
encauzamiento *m* channeling; guiding, directing; direction
encauzar §76 *va* to channel (*a stream*); to guide, direct
encavar *vr* to hide, to hide in a cave, burrow, etc. (*said of game*)
encebadamiento *m* surfeit (*of an animal*)
encebadar *va* to surfeit (*an animal*); *vr* to surfeit
encebollado *m* beef stew with onions
encebollar *va* to season heavily with onions
encefálico -ca *adj* encephalic
encefalitis *f* (path.) encephalitis
encéfalo *m* (anat.) encephalon
encefalomielitis *f* (path.) encephalomyelitis
encefalopatía *f* (path.) encephalopathy
enceguecer §34 *va* (Am.) to blind; *vn & vr* (Am.) to go blind
encelado -da *adj* (Am.) madly in love
encelajar *vr* to be covered with bright-colored clouds
encelamiento *m* jealousy
encelar *va* to make jealous; *vr* to become jealous; to be in rut
enceldar *va* to put in a cell
encella *f* cheese mold; basket
encellar *va* to mold (*cheese*)
encenagado -da *adj* mixed with mud
encenagamiento *m* getting muddied; wallowing in vice
encenagar §59 *vr* to get into the mud; to become muddied; to wallow in vice
encencerrado -da *adj* wearing a bell (*said of an animal*)
encencerrar *va* to bell, put a bell on (*cattle*)
encendaja *f* dried brush, kindling
encendedor -dora *adj* lighting, kindling; *m* lighter; sparker, igniter; (elec.) starter (*of fluorescent light*); **encendedor automático** cigarette lighter, cigar lighter
encender §66 *va* to light, kindle, set fire to, ignite; to turn on (*lights, radio, etc.*); to burn (*e.g., the tongue*); to instigate, stir up, excite; *vr* to be kindled, catch fire, ignite; to burn; to be stirred up, become excited; to blush
encendidamente *adv* ardently, keenly, eagerly
encendido -da *adj* bright, high-colored, inflamed; red, flushed; keen, enthusiastic; *m* (aut.) ignition
encendimiento *m* lighting, kindling, ignition; burning; glow, incandescence; ardor, intensity
encenizar §76 *va* to cover with ashes; *vr* to get covered with ashes
encentador -dora *adj* beginning
encentadura *f* or **encentamiento** *m* beginning, start
encentar §18 *va* to begin; to cut the first slice of; *vr* to get bedsores
encentrar *va* to center
encepador *m* stocker (*of a gun*)
encepadura *f* stocking; (carp.) tie joint
encepar *va* to put in the stocks; to stock (*a gun*); (naut.) to stock (*the anchor*); (carp.) to fasten or join with ties; *vn* to take deep root; *vr* to take deep root; (naut.) to be fouled on the anchor (*said of a cable*)
encepe *m* taking deep root
encerado -da *adj* waxy, wax-colored; hard (*said of a boiled egg*); *m* oilcloth; tarpaulin; wax sticking plaster; blackboard; waxing (*of floors and furniture*)
encerador -dora *mf* floor waxer (*person*); *f* floor-waxing machine
enceramiento *m* waxing
encerar *va* to wax; to smear with wax; to stiffen with wax; to thicken (*lime*); *vn & vr* to turn yellow, to ripen (*said of grain*)
encernadar *va* to cover with ashes, to plaster with ashes
encerotar *va* to wax (*thread*)
encerradero *m* sheepfold; pen for bulls before fight

E

encerradura *f* or **encerramiento** *m* locking up, confinement; encirclement; jail, lockup; retreat, retirement
encerrar §18 *va* to shut in, lock in, lock up, confine; to encircle; to contain, to include; to involve, imply; *vr* to stay in the house; to lock oneself in; to go into seclusion
encerrona *f* (coll.) voluntary confinement; (coll.) trap; **dar una encerrona a** (coll.) to gang up on (*in gambling*); **hacer la encerrona** (coll.) to go into brief voluntary confinement
encespedar *va* to sod, to cover with sod
encestar *va* to put in a basket; (basketball) to put (*the ball*) through the basket
encía *f* (anat.) gum
encíclica *f* encyclical
enciclopedia *f* encyclopedia; **enciclopedia ambulante** or **viviente** walking encyclopedia
enciclopédico -ca *adj* encyclopedic
enciclopedismo *m* encyclopedism
enciclopedista *mf* encyclopedist
encierro *m* locking up, confinement; encirclement; inclusion; inclosure; prison, lockup; solitary confinement; (taur.) pen for bulls before fight; (taur.) driving bulls into pen before fight; retreat, retirement
encima *adv* above, overhead, at the top; besides, in addition; at hand, upon us; with you, e.g., **¿Tiene Vd. encima diez pesetas?** Do you have ten pesetas with you?; **de encima** (Am.) in the bargain; **echarse encima** to take upon oneself; **pasar por encima** to push right through; to push one's way to the top; **por encima** hastily, superficially; **por encima de** above, over; in spite of, against the will of; **quitar de encima a uno** to free one from, to take off one's shoulders; **quitarse de encima a** to shake off, get rid of; **encima de** on, upon; above, over
encimar *va* to put on top, to raise high; (Am.) to throw in; *vr* to rise above
encimero -ra *adj* top; superficial
encina *f* (bot.) holm oak, evergreen oak
encinal *m* or **encinar** *m* woods of oak, oak grove
encinilla *f* (bot.) germander
encino *m* (Am.) var. of **encina**
encinta *adj* pregnant, enceinte
encintado -da *adj* beribboned; *m* curb, curbing
encintar *va* to ribbon, beribbon; to install curbs in (*a street*)
encismar *va* to sow discord among
encizañador -dora *mf* var. of **cizañador**
encizañamiento *m* var. of **cizañamiento**
encizañar *va* var. of **cizañar**
enclaustrar *va* to cloister; to hide away
enclavación *f* nailing
enclavadura *f* pricking a horse's foot; groove, mortise; nails, nailing
enclavamiento *m* lock, locking; (med.) enclavement; (rail.) interlocking system (*of signals*)
enclavar *va* to nail; to prick (*a horse's foot*); to pierce, transfix; to lock; to enclave; (coll.) to deceive, cheat
enclave *m* (geog.) enclave
enclavijar *va* to pin, to dowel; to peg (*a string instrument*)
enclenque *adj* weak, feeble, sickly; *mf* sickly person
enclítico -ca *adj* (gram. & obstet.) enclitic; *m* (gram.) enclitic
enclocar §95 *vn & vr* to brood
encloquecer §34 *vn* var. of **enclocar**
encobar *vn & vr* to brood
encobertado -da *adj* (coll.) covered with a bedspread
encobijar *va* var. of **cobijar**
encobrado -da *adj* coppery
encobrar *va* to coat with copper
encoclar §77 *vn & vr* var. of **enclocar**
encocorar *va* (coll.) to annoy greatly; *vr* (coll.) to be greatly annoyed
encochado -da *adj* coach-riding
encodillar *vr* to hole up in a bend of the burrow (*said of a ferret or hare*)
encofrado *m* (min.) planking, timbering; (min.) planked gallery; form (*for concrete*)
encofrar *va* (min.) to plank, to timber; to build a form for (*concrete*)
encoger §49 *va* to shrink, contract; to intimidate, discourage; to let (*one's shoulders*) droop; *vn* to shrink, shrivel; *vr* to shrink, contract; to be bashful or timid; to cringe; **encogerse de hombros** to shrug one's shoulders
encogido -da *adj* timid, bashful
encogimiento *m* shrinking, shrinkage; timidity, bashfulness; crouch, crouching; **encogimiento de hombros** shrug, shrug of the shoulders
encogollar *vr* to climb to the treetops (*said of game*); to be proud, be haughty
encohetar *va* to harass (*an animal*) with firecrackers; *vr* (Am.) to get raving mad; (Am.) to get drunk
encojar *va* to cripple, to lame; *vr* to become lame; (coll.) to fall ill, to feign illness
encolado *m*, **encoladura** *f* or **encolamiento** *m* gluing; sizing; clarification (*of wine*)
encolar *va* to glue; to size; to throw out of reach; to clarify (*wine*); *vr* to be thrown out of reach, to be out of reach
encolerizar §76 *va* to anger, irritate; *vr* to become angry
encomendado *m* vassal of a knight commander
encomendamiento *m* charge, commission
encomendar §18 *va* to entrust, commend, commit; to knight; *vn* to hold a knight commandery or encomienda; *vr* to commend oneself, to commit oneself; to send regards
encomendero *m* encomendero (*holder of an encomienda*)
encomiable *adj* praiseworthy
encomiador -dora *adj* praising; *mf* encomiast
encomiar *va* to praise, to eulogize
encomiasta *m* encomiast
encomiástico -ca *adj* encomiastic
encomienda *f* charge, commission; praise, commendation; protection, favor; (eccl.) commendam; encomienda (*a Spanish dignity and estate; land in America and inhabiting Indians granted to Spanish colonists*); knight's cross (*of military orders*); (Am.) parcel-post package; **encomiendas** *fpl* regards, compliments; **en encomienda** (eccl.) in commendam
encomio *m* encomium
encompadrar *vn* (coll.) to become related as godfather and father; (coll.) to become close friends
enconado -da *adj* bitter, unfriendly
enconamiento *m* soreness, sore spot; rancor, ill will
enconar *va* to make sore, inflame; to poison (*someone's mind*); to irritate, aggravate, provoke; to rankle; *vr* to get sore, become inflamed; to become irritated or provoked; to rankle; (Am.) to filch, to snitch; **enconarse con** to be provoked at or with
enconchado -da *adj* (Am.) inlaid with pearl or mother-of-pearl
enconchar *vr* (Am.) to draw back into one's shell, to keep aloof
encongar §59 *vr* (Am.) to get furious
encono *m* rancor, ill will
enconoso -sa *adj* sore, sensitive; harmful; rancorous, malevolent
encontradizo -za *adj* bobbing up all the time; **hacerse el encontradizo** to try to be met (seemingly) by chance
encontrado -da *adj* opposite, opposing, contrary; hostile; **estar encontrado con** to be at odds with; **estar encontrados** to be at odds
encontrar §77 *va* to meet, to encounter; to find; *vn* to collide; *vr* to meet, to meet each other; to find oneself, to be found, to be situated, to be; to conflict; **encontrarse con** to meet, run into, run across, encounter; **encontrarse con que** to find to one's surprise that
encontrón *m* or **encontronazo** *m* jolt, collision
encopetado -da *adj* conceited, boastful; of noble descent, aristocratic; (Am.) drunk
encopetar *va* to raise (*the hair*) high over the forehead; *vr* to rise high over the forehead; to be conceited, to boast
encorachar *va* to put in a leather bag
encorajar *va* to give courage to; *vr* to fly into a rage
encorajinar *vr* (coll.) to get angry, fly into a rage

encorar §77 *va* to cover with leather, to wrap in leather; to grow new skin over (*a sore*); *vn & vr* to grow new skin, to heal
encorazado -da *adj* covered with a cuirass; covered with leather
encorchar *va* to hive (*bees*); to cork (*bottles*)
encorchetar *va* to put hooks or clasps on; to fasten with hooks or clasps; to clamp
encordadura *f* strings (*of a musical instrument*)
encordaje *m* stringing (*of musical instrument or tennis racket*)
encordar §77 *va* to string (*musical instrument, tennis racket, etc.*); to bind, to wrap (*with ropes, etc.*)
encordelar *va* to string; to tie with strings or cords
encordonar *va* to cord, to tie with cords
encorecer §34 *va* to grow new skin over (*a sore*); *vn* to grow new skin, to heal
encoriación *f* healing (*of a sore or wound*)
encornado -da *adj* horned; **bien encornado** with good horns; **mal encornado** with poor horns
encornadura *f* horns, set of horns
encornudar *va* to cuckold, to make a cuckold of; *vn* to grow horns
encorozar §76 *va* (Am.) to smooth up (*a wall*)
encorralar *va* to corral (*cattle*)
encorrear *va* to strap, to tie with a strap or straps
encorsetar *va & vr* to put a corset on, to lace a corset on tight
encortinar *va* to put curtains on; to provide with curtains
encorvada *f* stoop, bending; buck, bucking; cancan (*dance*); (bot.) hatchet vetch; **hacer la encorvada** (coll.) to malinger
encorvadura *f* or **encorvamiento** *m* bending, curving, curvature
encorvar *va* to bend, to curve; *vr* to bend over, to stoop; to buck; to be biased, be partial
encostalar *va* to bag, put in bags
encostillado *m* lagging (*in a mine or tunnel*)
encostradura *f* crust; (arch.) incrustation (*e.g., of marble*); whitewashing
encostrar *va* to cover with crust, to put crust on; to incrust (*e.g., marble*); *vr* to crust; to form a scab
encovadura *f* placing in the cellar; locking away, hiding
encovar §77 *va* to put in the cellar; to keep, to lock away, to hide away; *vr* to hole up, to hide away
encrasar *va* to thicken; to fertilize
encrespado -da *adj* curly; rough, choppy; *m* curling the hair
encrespador *m* curling iron; hair curler
encrespadura *f* curling the hair
encrespamiento *m* curling; standing on end (*of hair*); roughness (*of waves*)
encrespar *va* to curl; to set (*the hair*) on end; to ruffle (*feathers*); to stir up (*the waves*); to anger; *vr* to curl; to stand on end; to become rough (*said of waves*); to become entangled; to bristle, to get angry
encrestado -da *adj* haughty, arrogant
encrestar *vr* to stiffen the crest or comb; to be haughty
encrucijada *f* crossroads; street intersection; ambush; chance to do harm
encrudecer §34 *va* to make raw or sore; to irritate, exasperate; *vr* to get raw
encruelecer §34 *va* to excite to cruelty, make cruel; *vr* to become cruel; to get furious
encuadernación *f* (b.b.) binding; bookbinding; bindery; **encuadernación a la holandesa** half binding; **encuadernación en pasta** cardboard binding
encuadernador -dora *mf* bookbinder; *m* clip, pin
encuadernar *va* to bind (*a book*); **sin encuadernar** unbound
encuadramiento *m* framing; encompassment
encuadrar *va* to frame; to fit in, to insert; to include; to encompass; (Am.) to summarize; *vn* to fit
encuadre *m* film adaptation (*of play, novel, etc.*); (mov. & telv.) frame; (telv.) vertical hold
encuarte *m* extra draft horse
encubar *va* to cask, to vat (*wine, etc.*); (min.) to shore up (*a shaft*)
encubertar §18 *va* to trap, to caparison; to trap in mourning; to trap for war
encubierta *f* see **encubierto**
encubiertamente *adv* secretly; slyly, deceitfully; cautiously
encubierto -ta *pp of* **encubrir;** *f* fraud, deceit
encubridizo -za *adj* easily hidden, easily concealed
encubridor -dora *mf* concealer; (law) accessory after the fact
encubrimiento *m* concealment; (law) complicity
encubrir §17, 9 *va* to hide, conceal; to keep under cover; to feign, pretend; to include, comprise, involve; (law) to harbor, screen, conceal; *vr* to hide; to conceal one's identity, to disguise oneself
encuentro *m* meeting, encounter; clash, collision; find; joint; game, match; (print.) space, blank (*for insertion of letter of different color*); (mil.) encounter; **llevarse de encuentro** (Am.) to knock down, run over; (Am.) to drag down to ruin; **mal encuentro** unlucky encounter, foul play; **salir al encuentro a** to go to meet; to oppose, take a stand against; to get ahead of; **encuentro fronterizo** border clash
encuerar *va* (Am.) to strip, to undress; (Am.) to fleece
encuesta *f* inquiry; poll; survey (*e.g., of public opinion*)
encuevar *va & vr* var. of **encovar**
encuitar *vr* to grieve
enculatar *va* to cover (*a beehive*)
encumbrado -da *adj* high, lofty; stately, sublime; mighty, influential
encumbramiento *m* elevation, height, eminence; exaltation
encumbrar *va* to raise, elevate; to exalt, to honor, to dignify; to extol; to climb to the top of; *vr* to rise; to be highly honored; to be proud, be haughty; to tower; to be magniloquent
encunar *va* to put in the cradle; to catch between the horns
encureñar *va* to put on the gun carriage
encurtido *m* pickle
encurtir *va* to pickle (*fruit and vegetables*)
enchancletar *va* to put slippers on; to drag (*one's shoes*) like slippers
enchapado *m* veneer, overlay, plating
enchapar *va* to veneer, to overlay, to plate
encharcada *f* pool, puddle
encharcamiento *m* pooling, puddling
encharcar §86 *va* to turn into a pool or puddle; to upset (*the stomach*); *vr* to turn into a pool or puddle; to wallow in vice
enchavetar *va* (mach.) to key
enchilada *f* (tresillo) stake in the pot; (Am.) corn cake seasoned with chili
enchilado *m* (Am.) shellfish stew with chili sauce; (bot.) chanterelle; (orn.) western meadow lark
enchilar *va* (Am.) to season with chili; (Am.) to anger; (Am.) to disappoint
enchinar *va* to pave with pebbles; (Am.) to curl (*hair*); *vr* to be covered with goose flesh
enchinarrar *va* to pave with cobbles
enchiquerar *va* to shut in the bull pen; (coll.) to jail
enchironar *va* (coll.) to jail
enchivar *vr* (Am.) to fly into a rage
enchufable *adj* fitting; plug-in
enchufamiento *m* fitting; connecting; merging
enchufar *va* to fit (*a pipe*); to connect (*two pipes*) together; (elec.) to connect, to plug in; to fit together; to merge (*two businesses*); *vn* to fit (*said of a pipe*); *vr* to merge
enchufe *m* fitting; male end (*of pipe*); joint (*of two pipes*); (elec.) connector, plug and jack, plug and receptacle; (elec.) plug; (elec.) receptacle; (coll.) political sinecure; **tener enchufe** (coll.) to have a drag, to have pull; **tener un enchufe** (coll.) to have a sinecure

enchufismo *m* (coll.) political sinecurism, holding an extra job through political influence
enchufista *mf* (coll.) political sinecurist, holder of an extra job through political influence
enchuletar *va* (carp.) to fill in
ende; por ende therefore
endeble *adj* feeble, weak; worthless; fragile, flimsy
endeblez *f* feebleness, weakness; worthlessness; fragility, flimsiness
endécada *f* eleven years
endecágono -na *adj* (geom.) hendecagonal; *m* (geom.) hendecagon, undecagon
endecasílabo -ba *adj* hendecasyllabic; *m* hendecasyllable
endecha *f* dirge; assonanced seven-syllabled quatrain; **endecha real** assonanced seven-syllabled quatrain whose last line is hendecasyllabic
endechadera *f* weeper, professional mourner
endechar *va* to sing a dirge to; *vr* to grieve, to mourn
endehesar *va* to put to pasture
endejas *fpl* (mas.) toothing
endemia *f* endemic
endémico -ca *adj* endemic
endemoniado -da *adj* possessed of the devil; furious, violent, wild; (coll.) devilish, fiendish; *mf* person possessed
endemoniar *va* to possess with the devil; (coll.) to anger, irritate; *vr* (coll.) to be angered or irritated
endentado -da *adj* (her.) serrated, indented
endentar §18 *va* to mesh, to engage; to tooth, furnish with teeth; to key; *vn* to mesh, to engage
endentecer §34 *vn* to teethe
enderezadamente *adv* straight, honestly
enderezado -da *adj* favorable, fitting, opportune; straight; fair, right
enderezador -dora *mf* good manager, person who knows how to straighten things out; *m* straightener (*tool*)
enderezamiento *m* straightening; standing
enderezar §76 *va* to straighten; to stand up; to cock; to put in order, to regulate; to fix, to punish; to direct; to dedicate; (aer.) to flatten out; *vn* to go straight; *vr* to straighten; to stand up, to straighten up; to get back on a sound footing; to go straight; to go, to make one's way, to head; (aer.) to flatten out; **enderezarse a** + *inf* to take steps to + *inf*
enderrotar *va & vn* (naut.) to head
endeudar *vr* to run into debt; to acknowledge indebtedness
endevotado -da *adj* pious, devout; fond, devoted
endiablada *f* see **endiablado**
endiabladamente *adv* horribly
endiablado -da *adj* devilish; ugly, deformed; annoying, pestiferous; (Am.) complicated, difficult; (Am.) dangerous, risky; *f* noisy masquerade
endiablar *va* to entangle, confuse; to bewitch; (coll.) to pervert, to corrupt; *vr* to be furious, be in a rage; (coll.) to be perverted or corrupted
endíadis *f* (rhet.) hendiadys
endibia *f* (bot.) endive
endilgar §59 *va* (coll.) to direct, send; (coll.) to help, to guide; (coll.) to hasten, expedite; (coll.) to spring, let go, unload (*something unpleasant*); *vr* (coll.) to slip away, slip out
Endimión *m* (myth.) Endymion
endino -na *adj* (coll.) wicked, vile
endiosamiento *m* pride, conceit, vanity; absorption, abstraction
endiosar *va* to deify; *vr* to be stuck-up; to be absorbed (*e.g., in reading*)
endocardio *m* (anat.) endocardium
endocarditis *f* (path.) endocarditis
endocarpio *m* (bot.) endocarp
endocrino -na *adj & f* (physiol.) endocrine
endocrinología *f* endocrinology
endodermo *m* (bot.) endodermis
endoesqueleto *m* (zool.) endoskeleton
endogamia *f* endogamy, inbreeding; (biol.) endogamy
endogénesis *f* (biol.) endogeny
endógeno -na *adj* endogenous
endolinfa *f* (anat.) endolymph
endomingado -da *adj* (worn on) Sunday; dressed in one's Sunday clothes
endomingar §59 *vr* to dress up in one's Sunday clothes
endomisio *m* (anat.) endomysium
endoparásito *m* (zool.) endoparasite
endoplasma *m* (biol.) endoplasm
endorsar *va* var. of **endosar**
endorso *m* var. of **endoso**
endosante *mf* indorser
endosar *va* to indorse; to unload (*a task or something unpleasant*)
endosatario -ria *mf* indorsee
endoscopio *m* (med.) endoscope
endose *m* (Am.) var. of **endoso**
endoselar *va* to hang with a canopy or dais
endosmosis *f* or **endósmosis** *f* (phys., chem. & physiol.) endosmosis
endoso *m* indorsement
endospermo *m* (bot.) endosperm
endospora *f* (bot. & bact.) endospore
endotecio *m* (bot.) endothecium
endotelio *m* (anat.) endothelium
endotérmico -ca *adj* (chem.) endothermic
endriago *m* fabulous monster
endrino -na *adj* sloe-colored; *m* (bot.) sloe, blackthorn; *f* sloe (*fruit*)
endrogar §59 *vr* (Am.) to run into debt
endulzadura *f* sweetening; mitigation
endulzar §76 *va* to sweeten; to soften, mitigate, make bearable
endurador -dora *adj* saving, stingy
endurancia *f* (sport) endurance
endurar *va* to harden; to suffer, endure; to delay, put off; to save; *vr* to harden, get hard
endurecer §34 *va* to harden; to inure; *vr* to harden; to become inured; to become hardened or cruel
endurecido -da *adj* hard, strong; inured, experienced; hard-hearted; tenacious, obstinate; (phys.) hard (*ray*)
endurecimiento *m* hardening; hardness; hardheartedness; tenacity, obstinacy; **endurecimiento arterial** (path.) hardening of the arteries
enea *f* var. of **anea**
eneágono *m* (geom.) nonagon
Eneas *m* (myth.) Aeneas
enebral *m* growth of juniper trees
enebrina *f* juniper berry
enebro *m* (bot.) juniper; **enebro de la miera** (bot.) cade
enechado -da *adj & mf* foundling
Eneida *f* Aeneid
enejar *va* to put an axle or axles on; to fasten to the axle
eneldo *m* (bot.) dill
enema *f* (med.) enema; **enema de bario** or **enema opaca** (med.) barium enema
enemigo -ga *adj* enemy; inimical, hostile; *mf* enemy, foe; **el enemigo malo** the Evil One; **el enemigo número uno** the enemy number one; **enemigo jurado** sworn enemy; **enemigo público** public enemy; *f* enmity, ill will, hatred
enemistad *f* enmity
enemistar *va* to estrange, to make enemies of; *vr* to become enemies; **enemistarse con** to become estranged from
éneo -a *adj* (poet.) bronze, aënean
energético -ca *adj* (phys.) (pertaining to) energy; (elec.) (pertaining to) power; *f* energetics
energía *f* energy; **energía actual** (phys.) kinetic energy; **energía atómica** (phys.) atomic energy; **energía blanca** water power; **energía cinética** (phys.) kinetic energy; **energía eléctrica** electric power; **energía hidráulica** water power; **energía libre** (phys.) free energy; **energía potencial** (phys.) potential energy; **energía radiante** (phys.) radiant energy; **energía térmica** steam-generated power; **energía viva** (phys.) kinetic energy
enérgico -ca *adj* energetic
energúmeno -na *mf* energumen; wild person, crazy person
enero *m* January

enervación *f* enervation; weakening; effemination, effeminacy
enervador -dora *adj* enervating
enervamiento *m* enervation
enervar *va* to enervate; to weaken; to effeminate
enésimo -ma *adj* (math.) nth
enfadadizo -za *adj* irritable, peevish
enfadar *va* to annoy, to anger, to bother; *vr* to be annoyed, get angry
enfado *m* annoyance; anger, irritation; trouble, bother
enfadoso -sa *adj* annoying, bothersome
enfaldador *m* large pin for tucking up or fastening skirt
enfaldar *va* to lop off the lower branches of; *vr* to tuck up one's skirt
enfaldo *m* tucked-up skirt; hollow made by holding up skirt to carry something
enfangar §59 *va* to muddy, cover with mud; *vr* to sink in the mud; to get involved in dirty business; to be sunk in vice
enfardar *va* to bale, to pack
enfardelador -dora *mf* packer
enfardeladura *f* bundling; packing
enfardelar *va* to bundle; to bale, to pack
énfasis (*pl:* **-sis**) *m & f* emphasis; *m* bombast, affectation
enfático -ca *adj* emphatic
enfermar *va* to sicken, make sick; *vn* to sicken, get sick; **enfermar del corazón** to have heart trouble
enfermedad *f* sickness, illness, disease; **enfermedad bronceada** or **enfermedad de Addison** (path.) Addison's disease; **enfermedad carencial** deficiency disease; **enfermedad del mosaico** (plant path.) mosaic disease; **enfermedad del sueño** (path.) sleeping sickness; **enfermedad de Parkinson** (path.) Parkinson's disease; **enfermedad de pecho** (path.) tuberculosis, consumption; **enfermedad de radiación** (path.) radiation sickness; **enfermedad mental** mental disease; **enfermedad por carencia** (med.) deficiency disease; **enfermedad profesional** occupational disease; **enfermedad venérea** veneral disease
enfermera *f* see **enfermero**
enfermería *f* infirmary; sanitarium; (naut.) sick bay; patients, sufferers
enfermero -ra *mf* nurse; **enfermera ambulante** visiting nurse
enfermizo -za *adj* sickly; unhealthy (*e.g., climate*)
enfermo -ma *adj* sick, ill; sickly; **caer enfermo** to take sick; **enfermo de amor** lovesick; *mf* patient; **el enfermo de Europa** the Sick Man of Europe (*Turkey*)
enfermoso -sa *adj* (Am.) sickish, sickly
enfermucho -cha *adj* (coll.) sickish
enfervorizador -dora *adj* inspiring, encouraging
enfervorizar §76 *va* to inspire, encourage
enfeudación *f* (law) enfeoffment (*act and instrument*)
enfeudar *va* (law) to enfeoff (*to give as a fief*)
enfielar *va* to balance (*scales*)
enfiestar *vr* (Am.) to have a good time, to be on a lark
enfilado -da *adj* (her.) enfiled; *f* (mil.) enfilade
enfilamiento *m* enfilade, alignment
enfilar *va* to enfilade, to line up; to string (*e.g., pearls*); to aim; to go down, go up (*e.g., the street*); (mil.) to enfilade
enfisema *m* (path.) emphysema
enfistolar *va & vr* to turn into a fistula
enfiteusis *m & f* (law) emphyteusis
enfiteuta *mf* emphyteuta
enfitéutico -ca *adj* emphyteutic
enflacar §86 *vn* to get thin
enflaquecer §34 *va* to make thin; to weaken; *vn* to get thin; to flag, grow spiritless; *vr* to get thin, lose weight
enflaquecimiento *m* loss of flesh, loss of weight; weakening
enflautado -da *adj* (coll.) inflated, pompous
enflautador -dora *mf* (coll.) procurer, bawd
enflautar *va* to blow up, inflate; (coll.) to cheat, deceive; (coll.) to procure
enflechado -da *adj* with the arrow ready to shoot (*said of a bow*)
enfloración *f* enfleurage
enflorar *va* to flower, adorn with flowers
enfocamiento *m* focusing
enfocar §86 *va* to focus; (fig.) to size up; *vr* to focus; **enfocarse a** + *inf* to focus one's attention on + *ger*
enfoque *m* focus, focusing; **approach** (*to a problem*)
enfosado *m* var. of **encebadamiento**
enfoscar §86 *va* (mas.) to patch or fill with mortar; to trim with mortar; *vr* to become grumpy; to become immersed in business; to get cloudy
enfrailado -da *adj* cloistered; monkish
enfrailar *va* to make a monk or friar of; *vn & vr* to become a monk or friar
enfranque *m* shank (*of the sole of a shoe*)
enfranquecer §34 *va* to enfranchise, to set free
enfrascamiento *m* entanglement, involvement
enfrascar §86 *va* to bottle; *vr* to become entangled, become involved; to be overloaded with work; to be having a lot of fun
enfrenador -dora *mf* bridler
enfrenamiento *m* bridling; checking, restraining; (mach.) braking
enfrenar *va* to bridle; to check with the bit or bridle; (mach.) to brake; to check, restrain
enfrentamiento *m* confrontation; opposition; alignment
enfrentar *va* to confront, to put face to face; to face; to meet (*opposition*); *vn* to be opposite each other, to be facing; **enfrentar con** to be opposite, to be across from; *vr* to meet face to face; **enfrentarse con** to confront; to face, to stand up to, to cope with
enfrente *adv* in front, opposite; **enfrente de** in front of, opposite; against, opposed to
enfriadera *f* bottle cooler, wine cooler, ice pail
enfriadero *m* cooling place; cold storage
enfriador -dora *adj* cooling; *m* cooling place
enfriamiento *m* cooling, refrigeration; (path.) cold
enfriar §90 *va* to cool, to make cold, to chill; to temper; (Am.) to kill; *vn* to cool off, to turn cold; *vr* to cool off, to turn cold; to be tempered
enfroscar §86 *vr* to become entangled, become involved
enfullar *va* (coll.) to make (*a game*) crooked
enfundadura *f* casing, sheathing
enfundar *va* to sheathe, to put (*e.g., a pillow*) in its case; to stuff, to fill; to contain; to muffle (*a drum*)
enfurción *f* var. of **infurción**
enfurecer §34 *va* to infuriate, enrage; *vr* to rage, become infuriated
enfurecimiento *m* infuriation
enfurruñamiento *m* sulk, sulkiness
enfurruñar *vr* (coll.) to sulk; (dial.) to get cloudy
enfurtir *va* to full (*cloth*); to felt
engabanado -da *adj* overcoated, wearing an overcoat
engace *m* union, connection
engafar *va* to bend (*crossbow*); to hook; to half-cock (*a gun*)
engaitador -dora *adj* (coll.) beguiling, deluding, cozening, humbugging
engaitar *va* (coll.) to beguile, delude, cozen, humbug
engalanar *va* to adorn, bedeck; (naut.) to dress
engalgar §59 *va* to scotch (*a wheel*); (naut.) to back (*an anchor*)
engallado -da *adj* straight, erect; haughty
engallador *m* checkrein
engalladura *f* var. of **galladura**
engallar *va* to stand up straight and haughty; *vr* to stand up straight and haughty; to raise the head held close to the chest (*said of a horse*)
enganchador *m* (rail.) brakeman; recruiting officer
enganchamiento *m* hooking, coupling; inveigling; recruiting
enganchar *va* to hook; to couple; to hang or catch on a hook; to hitch; (coll.) to inveigle; to inveigle into enlisting, to recruit; *vn* to be

E

hooked; to get caught (*e.g., on a hook*); *vr* to be hooked; to get caught (*e.g., on a hook*); to enlist
enganche *m* hooking; hook; inveigling; enlisting; recruiting of labor; (rail.) coupler, coupling
engañabobos (*pl:* **-bos**) *mf* (coll.) bamboozler; *m* (coll.) bamboozle
engañadizo -za *adj* easily deceived, deceivable
engañador -dora *adj* deceptive; winsome; *mf* cheat
engañapastores *m* (*pl:* **-res**) (orn.) goatsucker
engañar *va* to deceive, fool, cheat; to while away (*time*); to ward off (*hunger, sleep*); to make appetizing; *vr* to deceive oneself; to be mistaken
engañifa *f* (coll.) trick, cheat; (coll.) catchpenny
engaño *m* deceit, fraud; falsehood; mistake, misunderstanding; **llamarse a engaño** (coll.) to claim deception, to back out because of misrepresentation
engañoso -sa *adj* deceitful; deceptive
engarabatar *va* to hook; to make crooked; *vr* to get crooked
engarabitar *vn* (coll.) to climb; *vr* (coll.) to climb; to get stiff or numb (*from cold*)
engarbar *vr* to perch high (*said of birds*)
engarbullar *va* (coll.) to mix up, entangle
engarce *m* linking; enchasing; setting
engargantadura *f* meshing (*of gears*)
engargantar *va* to put into the throat; *vn* to mesh, to engage; *vr* to mesh, to engage; to put one's foot in the stirrup up to the instep
engargante *m* meshing (*of gears*)
engargolado *m* groove for sliding door; tongue-and-groove joint
engargolar *va* to groove, to mortise; to fit (*pipes*)
engaritar *va* to equip with sentry boxes; (coll.) to trick
engarnio *m* (coll.) var. of **plepa**
engarrafar *va* (coll.) to grapple, to seize tightly
engarrar *va* to seize
engarro *m* seizing, seizure
engarzadura *f* var. of **engarce**
engarzar §76 *va* to link, to wire (*jewels*); to enchase; to curl
engastador -dora *mf* enchaser, setter
engastar *va* to enchase, to set, to mount
engaste *m* enchasing; setting, mounting; flat pearl
engatado -da *adj* thievish
engatar *va* (coll.) to cheat, to take in
engatillado -da *adj* having a high, thick neck (*said of a horse or bull*); *m* (mach.) flat-lock seaming, grooved seaming
engatillar *va* to clamp, to cramp; to fit (*floor beams*); to joint (*sheets of metal*) with flat-lock seams
engatusador -dora *adj* (coll.) wheedling, coaxing; *mf* (coll.) wheedler, coaxer
engatusamiento *m* (coll.) wheedling, coaxing, blandishment
engatusar *va* (coll.) to wheedle, to coax, to blandish; **engatusar para que** + *subj* to inveigle into + *ger*
engavetar *va* (Am.) to pigeonhole
engavillar *va* var. of **agavillar**
engazar §76 *va* to link, to wire (*jewels*); to enchase; to curl; to dye in the cloth; (naut.) to strap (*blocks*)
engendrador -dora *adj* engendering, begetting, generating; *mf* begetter, generator
engendramiento *m* engendering, generation, begetting
engendrar *va* to engender, beget; (geom.) to generate
engendro *m* foetus; stunt (*animal or plant*); botch, bungle; (coll.) runt; (coll.) clownish person; **mal engendro** (coll.) unruly youth, young tough
engeridor *m* (hort.) grafter; grafting knife
engibar *va* to make humpbacked
englandado -da or **englantado -da** *adj* (her.) acorned
englobar *va* to include, lump together
engolado -da *adj* (her.) engouled
engolfar *vn* to go far out on the ocean; *vr* to go far out on the ocean; to become deeply absorbed, to be lost in thought; to let oneself go
engolillado -da *adj* wearing a ruff; wearing a lawyer's collar; (coll.) proud of observing old styles
engolondrinar *va* (coll.) to make vain or conceited; *vr* (coll.) to be or get vain or conceited; (coll.) to have a trifling love affair
engolosinador -dora *adj* alluring, tempting
engolosinar *va* to allure, to tempt; *vr* to take a liking; **engolosinarse con** to take a liking for
engollamiento *m* presumption, vanity
engolletar *vr* (coll.) to be vain or conceited
engomado -da *adj* starchy; (Am.) spruce, all dressed up; *m* gumming (*of a postage stamp*); gummy paste
engomadura *f* gumming; first coat which bees give to their hives
engomar *va* to gum (*fabrics, papers, etc.*)
engorar §19 *va* to addle
engorda *f* (Am.) fattening; (Am.) animals being fattened
engordadero *m* fattening sty; fattening time; fodder for fattening
engordador -dora *adj* fattening; *mf* fattener
engordar *va* to fatten; *vn* to get fat; (coll.) to fatten, get fat (*rich*)
engorde *m* fattening
engorro *m* obstacle, nuisance, bother
engorroso -sa *adj* annoying, bothersome
engoznar *va* to hinge, to fasten with hinges
Engracia *f* Grace
engranaje *m* gearing, gears, gear; (fig.) bond, connection; **engranaje de distribución** (aut.) timing gears; **engranaje de marcha atrás** (aut.) reverse gear; **engranaje de tornillo sin fin** worm gear; **engranaje diferencial** differential gear
engranar *va* to gear; to unite, to interlock; *vn* to gear
engrandar *va* var. of **agrandar**
engrandecer §34 *va* to enlarge, amplify, magnify; to enhance; to extol; to elevate, to exalt; *vr* to be exalted
engrandecimiento *m* enlargement, amplification; enhancement; praise; exaltation
engrane *m* gear, gearing; mesh, meshing
engranerar *va* to store (*grain*)
engranujar *vr* to become pimply; (coll.) to go to the bad
engrapador -dora *m & f* stapler
engrapar *va* to clamp, to cramp
engrasación *f* greasing, lubrication
engrasadera *f* grease cup
engrasado *m* var. of **engrase**
engrasador -dora *adj* grease, greasing; *mf* greaser; *m* grease cup; oiler (*of wool*)
engrasamiento *m* var. of **engrasación**
engrasar *va* to grease, lubricate; to smear or stain with grease; to foul; to dress (*cloth*); to fertilize; *vr* to get smeared or stained with grease; to foul
engrase *m* greasing, lubrication; grease
engravar *va* to gravel, to spread gravel over
engravecer §34 *va* to make heavy; *vr* to get heavy
engredar *va* to clay, to chalk
engreído -da *adj* vain, conceited
engreimiento *m* vanity, conceit
engreír §73 *va* to make vain or conceited; *vr* to become vain or conceited
engreñado -da *adj* disheveled
engrescar §86 *va* to goad into fighting; to stir to merriment; *vr* to pick a fight; to be stirred to merriment, to join the merriment
engrifar *va* to curl, to crisp, to crimp; to make (*hair*) stand on end; *vr* to curl up; to stand on end; to rear
engrillar *va* to shackle, to put in irons; *vr* to shoot, sprout (*said of potatoes*)
engrilletar *va* to shackle, to fetter; (naut.) to shackle (*two lengths of chain*)
engringar §59 *vr* to imitate the ways of foreigners (*especially Americans and Englishmen*)
engrosamiento *m* broadening; increase, enlargement

engrosar §77 *va* to thicken, broaden; to enlarge; *vn* to get fat; *vr* to thicken, broaden; to become enlarged, to swell
engrudador -dora *mf* paster; *m* pasting brush or tool
engrudamiento *m* pasting
engrudar *va* to paste
engrudo *m* paste; belt dressing
engruesar *vn* to get fat
engrumecer §34 *vr* to clot, to curdle
engualdrapar *va* to caparison
enguantar *va & vr* to put gloves on
enguatar *va* to line or interline with raw cotton
enguedejado -da *adj* in long locks; wearing long locks; (coll.) proud of one's long locks
enguijarrado *m* cobblestone paving
enguijarrar *va* to pave with cobblestones
enguillar *va* (naut.) to wind (*a heavy rope*) with a thin rope
enguillotar *vr* to rush in eagerly, to get involved
enguirnaldar *va* to enwreathe, to garland; to trim, bedeck
enguizgar §59 *va* to incite, stimulate
engullidor -dora *mf* gulper, gobbler
engullir §26 *va* to gulp down; (fig.) to swallow (*nonsense*)
engurrio *m* sadness, melancholy
enhacinar *va* var. of **hacinar**
enharinar *va* to cover with flour, to smear with flour
enhastiar §90 *va* to cloy; to annoy, to bore
enhastillar *va* to put arrows in (*a quiver*)
enhatijar *va* to close or shut (*a beehive*) with esparto netting
enhebillar *va* to put a buckle on (*a strap*)
enhebrar *va* to thread (*a needle*); to string (*e.g., pearls*); (coll.) to rattle off (*e.g., lies*)
enhenar *va* to cover with hay
enherbolar *va* to poison (*arrows, etc.*) with herbs
enhestador *m* raiser, hoister
enhestadura *f* or **enhestamiento** *m* erection, raising, hoisting
enhestar §18 *va* to erect, stand straight; to hoist, raise high; *vr* to stand straight or upright; to rise high
enhielar *va* to mix with gall, to make bitter
enhiesto -ta *adj* erect, straight, upright, raised
enhilar *va* to thread; to arrange in order, to marshal (*ideas*); to line up; to direct; *vn* to move
enhorabuena *adv* safely, luckily; all right, O.K.; **enhorabuena que** + *subj* it is all right that . . . ; *f* congratulations; **dar la enhorabuena a** to congratulate
enhoramala *adv* in an evil hour, under an unlucky star, unluckily; **enviar** or **mandar enhoramala** to send to the devil; **nacer enhoramala** to be born to an unhappy fate; **vete enhoramala** go to the devil
enhorcar §86 *va* to string (*onions or garlic*)
enhornar *va* to put into an oven
enhuecar §86 *va* var. of **ahuecar**
enhuerar *va, vn, & vr* to addle; (fig.) to addle
enigma *m* enigma, puzzle, riddle
enigmático -ca *adj* enigmatic or enigmatical
enigmatista *mf* person who talks in enigmas or riddles
enjablar *va* to insert (*barrelhead*) in croze
enjabonado *m* or **enjabonadura** *f* soaping, washing
enjabonar *va* to soap; to lather; (coll.) to soft-soap; (coll.) to abuse, upbraid
enjaezar §76 *va* to trap, to put trappings on, to harness
enjaguadura *f* var. of **enjuagadura**
enjaguar §23 *va* var. of **enjuagar**
enjalbegado *m* whitewashing
enjalbegador -dora *adj* whitewashing; *mf* whitewasher
enjalbegadura *f* whitewashing
enjalbegar §59 *va* to whitewash; to paint (*the face*); *vr* to paint one's face
enjalma *f* light packsaddle
enjalmar *va* to put (*a packsaddle*) on; *vn* to make packsaddles
enjalmero *m* packsaddle maker or dealer
enjambradera *f* cell of queen bee; bee which hums as signal for swarming
enjambradero *m* swarmer (*place where bees swarm*)
enjambrar *va* to swarm (*bees*); to empty (*a hive*); *vn* to swarm (*in order to form new colony*); to increase greatly, to multiply abundantly
enjambrazón *f* swarming (*of bees*)
enjambre *m* swarm; (fig.) swarm
enjaquimar *va* to put the headstall on (*an animal*)
enjarciar *va* (naut.) to rig
enjardinar *va* to arrange (*trees or flowers*) as in a garden; to turn or convert into a garden; *vr* to spend the day in the garden
enjaretado *m* grating, lattice work
enjaretar *va* to run (*a string, cord, ribbon, etc.*) through a casing or hem; to coerce; (coll.) to put across, to spring (*something unpleasant*); (coll.) to rush headlong through; *vr* (coll.) to insinuate oneself
enjarrar *vr* (Am.) to stand akimbo
enjaular *va* to cage; to jail, imprison; (min.) to load in the cage
enjebar *va* to steep (*cloth*) in lye before dyeing; to whiten with a thin coat of plaster; (Am.) to soap
enjebe *m* alum; lye; plaster whitening
enjergar §59 *va* (coll.) to launch, to manage to get (*something*) started, to start (*something*) on a shoestring; (coll.) to string along (*words*) without rhyme or reason
enjertación *f* var. of **injertación**
enjertar *va* var. of **injertar**
enjerto *m* grafted plant; mixture, conglomeration
enjimelgar §59 *va* (naut.) to fish (*a mast, beam, etc.*)
enjoyar *va* to bejewel; to embellish; to set with precious stones
enjoyelado -da *adj* wrought into jewels; bejeweled
enjoyelador *m* setter, jeweler
enjuagadientes *m* (*pl:* **-tes**) mouthwash
enjuagadura *f* rinse, rinsing; wash
enjuagar §59 *va* to rinse, rinse out (*mouth, kettle, etc.*)
enjuagatorio *m* rinse, rinsing; wash, rinsing water; washbowl; mouthwash
enjuague *m* rinse, rinsing; wash, rinsing water; washbowl; mouthwash; plot, scheme
enjugador *m* drier; clotheshorse
enjugamanos *m* (*pl:* **-nos**) towel
enjugaparabrisas *m* (*pl:* **-sas**) windshield wiper
enjugar §59 *va* to dry; to wipe, to wipe off; (fig.) to wipe out (*e.g., a debt*); *vr* to get thin, lose weight
enjuiciamiento *m* examining, judging; (law) suit; (law) trial; (law) sentence
enjuiciar *va* to examine, take under advisement, pass judgment on; (law) to sue; (law) to try; (law) to sentence
enjulio or **enjullo** *m* cloth beam, warp rod (*of loom*)
enjuncar §86 *va* to cover with rush; to tie with rush ropes
enjundia *f* axunge; substance; force, vigor
enjundioso -sa *adj* fatty, greasy; substantial; (dial.) annoying, boring
enjunque *m* (naut.) heavy ballast, pig-iron ballast, kentledge
enjuta *f* see **enjuto**
enjutar *va* to dry (*e.g., plaster*)
enjutez *f* dryness
enjuto -ta *adj* lean, skinny; dry (*eyes; weather*); reserved, quiet, stolid; **enjutos** *mpl* brushwood; crackers, tidbits (*to excite thirst*); *f* (arch.) spandrel; (arch.) pendentive
enlabiador -dora *mf* humbug, bamboozler
enlabiar *va* to humbug, to bamboozle, to take in; to bring one's lips to, to press one's lips against
enlabio *m* humbug, bamboozle
enlace *m* lacing, linking, connection; liaison; relationship; marriage; engagement, betrothal; (chem.) linkage; (rail.) connection; (rail.)

crossover; **enlace domiciliario** (Am.) house service
enlaciar *va, vn & vr* to wither; to rumple
enladrillado *m* brick paving, brick pavement; bricklaying; brickwork
enladrillador *m* brick paver, bricklayer
enladrilladura *f* var. of **enladrillado**
enladrillar *va* to pave with bricks; to brick
enlagunar *va & vr* to flood
enlajado *m* (Am.) flagstone
enlajar *va* (Am.) to pave with flagstones
enlamar *va* to cover with silt
enlanado -da *adj* woolly
enlardar *va* (cook.) to baste
enlatado *m* canning
enlatar *va* to can; (dial. & Am.) to put a tin roof on, to roof with tin
enlazador -dora *adj* linking, connecting; *mf* connecter
enlazadura *f* or **enlazamiento** *m* var. of **enlace**
enlazar §76 *va* to lace, to enlace, to link, to connect; to lasso; *vn* to connect (*said, e.g., of two trains*); *vr* to be linked, be connected; to connect, to interlock; to get married; to become related by marriage
enlechar *va* to grout
enlegajar *va* to arrange (*papers*) in a file; to file (*papers*)
enlegamar *va* to cover with mud; *vr* to get covered with mud; to silt up
enlejiar §90 *va* to put (*clothes*) in lye; (chem.) to dissolve (*an alkaline substance*) in water
enlenzar §31 *va* to strengthen (*woodwork, especially, wood carvings*) with adhesive tape
enlerdar *va* to slow down, to dull
enlevaje *m* (rowing) spurt
enligar §59 *va* to smear with birdlime; *vr* to be caught with birdlime
enlistonado *m* laths, lathing
enlistonar *va* to lath, to batten
enlizar §76 *va* to add leashes to (*a loom*)
enlobreguecer §34 *va* to make dark; *vr* to get dark
enlodadura *f* or **enlodamiento** *m* muddying; muddiness
enlodar *va* to muddy, soil with mud; to plaster with mud; (chem.) to lute (*a joint, porous surface, etc.*); to seal with mud; to vilify, defame; *vr* to get muddied, be soiled with mud
enlodazar §76 *va* to muddy, bemire; *vr* to mire, mire up
enloquecedor -dora *adj* maddening
enloquecer §34 *va* to drive crazy, to madden, to distract; *vn* to go crazy; to become barren (*said of trees*)
enloquecimiento *m* madness, insanity
enlosado *m* flagstone paving
enlosador *m* flagstone paver
enlosar *va* to pave with flagstone
enlozado -da *adj* (Am.) enameled; *m* (Am.) enameling; (Am.) enamelware
enlozanar *vr* to be fresh, be luxuriant
enlozar §76 *va* (Am.) to enamel (*especially iron*)
enlucido *m* plaster, coat of plaster; plastering
enlucidor *m* plasterer
enlucimiento *m* plastering; polishing
enlucir §60 *va* to plaster (*walls*); to polish (*metal*)
enlustrecer §34 *va* to brighten, to shine
enlutado -da *mf* person dressed in mourning; *m* mourning (*especially drapery*)
enlutar *va* to put in mourning, to dress in mourning; to darken; to sadden; *vr* to be in mourning, to dress in mourning
enllantar *va* to put a rim or tire on (*a wheel*)
enllentecer §34 *va & vr* to soften
enllocar §95 *vn & vr* var. of **enclocar**
enmaderación *f* wood construction, timber work; shoring
enmaderado *m* wood construction, timber work; timber
enmaderamiento *m* wood construction, timber work
enmaderar *va* to cover with boards or timber
enmadrar *vr* to become excessively fond of one's mother
enmagrecer §34 *va* to make thin or skinny; *vn & vr* to get thin or skinny
enmalecer §34 *va* to harm, spoil, corrupt
enmalezar §76 *vr* to become overgrown with brush
enmallar *vr* to get caught in the meshes of the net (*said of a fish*)
enmangar §59 *va* to put a handle on
enmantar *va* to put a blanket on, to cover with a blanket; to cover up, to wrap up; *vr* to be melancholy
enmantecado *m* (orn.) cowbird
enmarañador -dora *adj* entangling
enmarañamiento *m* tangle; entanglement, confusion
enmarañar *va* to tangle; to entangle, confuse, mix up; *vr* to get tangled; to become entangled or confused; to fall out, become enemies; to turn dark, turn cloudy
enmarar *vr* (naut.) to reach the high sea, to get out of sight of land
enmarcar §86 *va* to frame
enmaridar *vn & vr* to marry, to take a husband
enmarillecer §34 *vr* to turn pale, to turn yellow
enmaromar *va* to tie with a rope
enmasar *va* to mass (*troops*)
enmascarado *m* mask, person wearing a mask
enmascaramiento *m* camouflage
enmascarar *va* to mask; (fig.) to mask, disguise; *vr* to put on a mask, to masquerade
enmasillar *va* to putty
enmatar *vr* to hide in the bushes (*said of game*)
enmelar §18 *va* to add honey to, to smear with honey; to sweeten; *vn* to make honey
enmendación *f* emendation, correction
enmendador -dora *mf* corrector, emender
enmendadura *f* emendation, correction
enmendar §18 *va* to emend, to correct; to amend; to make amends for; *vr* to amend, to reform, to go straight
enmienda *f* emendation, correction; amendment; amends; **enmiendas** *fpl* (agr.) amendment
enmohecer §34 *va* to make moldy; to rust; to cast aside, neglect; to dull (*e.g., the memory*); *vr* to get moldy; to rust; to fade away, disappear
enmohecimiento *m* getting moldy, moldiness; rusting; disappearance
enmollecer §34 *va & vr* to soften
enmondar *va* var. of **desliñar**
enmontar *vr* (Am.) to be overgrown with weeds and brush
enmordazar §76 *va* var. of **amordazar**
enmostar *va* to stain with grape juice; *vn* to become stained with grape juice
enmudecer §34 *va* to hush, to silence; *vr* to be silent, to keep silent; to lose the power of speech
enmuescar §86 *va* to notch; to mortise
enmugrecer §34 *va* to soil, to cover with dirt
enmustiar *va & vr* to wither
enneciar *vr* to become foolish, get stupid
ennegrecer §34 *va* to dye black, to blacken; *vn* to turn black; *vr* to turn black; to be dark or black (*said, e.g., of the future*)
ennegrecimiento *m* blackening, turning black
ennoblecedor -dora *adj* ennobling
ennoblecer §34 *va* to ennoble; to adorn, embellish; *vr* to become ennobled
ennoblecimiento *m* ennoblement; nobility; fame, glory
ennudecer §34 *vn* to stop growing, to wither
en.º abr. of **enero**
enodio *m* fawn, young deer
enojada *f* (Am.) anger, fit of anger
enojadizo -za *adj* ill-tempered, irritable
enojar *va* to anger, make angry; to annoy, vex; *vr* to get angry; **enojarse con** or **contra** to become angry with (*a person*); **enojarse de** to become angry at (*a thing*)
enojo *m* anger; annoyance, bother; **enojos** *mpl* annoyance, bother
enojón -jona *adj* (Am.) irritable, touchy
enojoso -sa *adj* annoying, bothersome, vexatious
enología *f* oenology
enológico -ca *adj* oenological
enómetro *m* oenometer
Enona *f* (myth.) Oenone

enorgullecer §34 *va* to make proud, to fill with pride; *vr* to be proud, to swell with pride; **enorgullecerse de** to pride oneself on or upon; **enorgullecerse de** + *inf* to pride oneself on + *ger*, to boast of + *ger*
enorgullecimiento *m* pride
enorme *adj* enormous; (coll.) terrific
enormidad *f* enormity
enotecnia *f* wine making; oenology
enotécnico -ca *adj* wine-making
enquiciar *va* to hang (*a door or window*); to put in order; to fasten, make firm
enquillotrar *vr* (coll.) to fall in love
enquiridión *m* handbook, manual, enchiridion
enquistamiento *m* encystment
enquistar *va & vr* to encyst
enrabiar *va* to enrage; *vn* to get or have rabies; *vr* to become enraged
enraizar §97 *vn* to take root
enramada *f* arbor, bower; decoration made of branches; shelter made of branches
enramado *m* (min.) lining made of branches; (naut.) frames (*of a ship*)
enramar *va* to intertwine (*branches*); to adorn with branches; to spread branches, flowers over (*a room, street, etc.*); (naut.) to set up (*the frames of a ship under construction*); *vn* to sprout branches; *vr* to hide in the branches
enramblar *va* to tenter (*cloth*)
enrame *m* intertwining or adorning with branches; **de enrame** climbing
enranciar *va* to make rancid; *vr* to become rancid
enrarecer §34 *va* to rarefy, make less dense; to make scarce; *vn* to become scarce; *vr* to rarefy, become less dense; to become scarce
enrarecimiento *m* rarefaction; scarceness, scarcity
enrasado -da *adj* plain; flush
enrasamiento *m* leveling, grading
enrasar *va* to make even or flush; to level, to grade; *vn* to be even or flush
enrase *m* leveling, grading; (mas.) leveling course
enratonar *vr* (coll.) to get sick from eating mice (*said of cats*)
enrayar *va* to put spokes in (*a wheel*); to scotch (*a wheel*) with a spoke
enredadera *adj fem* (bot.) climbing; *f* (bot.) vine, climbing plant; (bot.) bindweed
enredador -dora *mf* (coll.) gossip, tattler; (coll.) meddler, busybody
enredar *va* to catch in a net; to set (*snares, nets, or traps*); to tangle up; to involve, entangle; to start (*e.g., a fight*); to interweave, intertwine; to compromise, endanger; to alienate; *vn* to be frisky, to romp around; *vr* to get tangled up; to get involved or entangled; (coll.) to have an affair
enredijo *m* (coll.) tangle
enredista *mf* (Am.) var. of **enredador**
enredo *m* tangle; entanglement, complication; mischievous lie; restlessness, friskiness; plot (*e.g., of a play*)
enredón -dona *adj* scheming; *mf* schemer
enredoso -sa *adj* tangled, entangled, full of difficulties
enrejado *m* grating, lattice, trellis; lacing; bamboo curtain; openwork embroidery; **enrejado de alambre** wire netting
enrejalar *va* to pile (*bricks, boards, etc.*) alternately crisscross
enrejar *va* to put grates or grating on (*e.g., a window*); to grate, to lattice; to fence or surround with a grating; to share, fasten the share on (*a plow*); to cut (*feet of oxen or horses*) with plowshare; to pile (*bricks, boards, etc.*) alternately crisscross
enrevesado -da *adj* var. of **revesado**
enriado *m* retting
enriador -dora *mf* retter
enriamiento *m* retting
enriar §90 *va* to ret
enrieladura *f* laying rails; rails, tracks
enrielar *va* to make into ingots; to pour into the ingot mold; (Am.) to lay rails on (*a road*); to put on the rails; (fig.) to put on the right track
enripiar *va* to fill with rubble, to riprap
Enrique *m* Henry
enriquecedor -dora *adj* enriching, fertilizing
enriquecer §34 *va* to enrich; to enhance; to adorn; *vn* to get rich, to prosper; *vr* to become enriched; to get rich, to prosper
enriquecimiento *m* enrichment
enriqueño -ña *adj* of or like Henry II of Castile
Enriqueta *f* Henrietta, Harriet
Enriquito *m* Harry
enriscado -da *adj* craggy, full of cliffs
enriscar §86 *va* to raise; *vr* to rise; to hide or take refuge among the rocks
enristrar *va* to couch (*the lance*); to string (*e.g., onions*); to go straight to; to straighten out (*a difficulty*); (Am.) to recruit
enristre *m* couching the lance
enrizamiento *m* curling
enrizar §76 *va & vr* to curl
enrocamiento *m* rock fill, riprap
enrocar §95 *va* to put (*flax, hemp, wool, etc.*) on the distaff; §86 *va & vn* (chess) to castle; (croquet) to roquet
enroco *m* (Am.) var. of **enroque**
enrodar §77 *va* to subject to torture by the wheel
enrodelado -da *adj* armed with a buckler or shield
enrodrigar §59 *va* to prop, prop up (*plants*)
enrodrigonar *va* to prop up, to tie up (*plants*)
enrojar *va* to redden, make red; to heat (*furnace or oven*); *vr* to redden, turn red
enrojecer §34 *va* to redden, make red; to make red-hot; to make blush; *vn* to blush; *vr* to redden, turn red; to get red-hot; to flush; to get sore
enrojecido -da *adj* reddened; flushed; sore
enrolar *va* to enroll
enrollado *m* volute; (elec.) winding
enrollar *va* to wind, coil, reel, roll up, enroll; to pave with cylindrical stones
enromar *va* to blunt, to dull; *vr* to become blunt, get dull
enronquecer §34 *va* to make hoarse; *vn & vr* to grow hoarse
enronquecimiento *m* hoarseness
enroñar *va* to cover with scabs; to touch with filth; to rust, make rusty; *vr* to rust, get rusty
enroque *m* (chess) castling
enroscadamente *adv* twisting, coiling
enroscadura *f* twisting, coiling; twist, coil, convolution
enroscar §86 *va* to twist, to coil; to twist in, to screw in; *vr* to twist, to coil, to curl
enrubiador -dora *adj* bleaching
enrubiar *va* to make blond, to bleach (*hair*); *vr* to turn blond, to bleach
enrubio *m* bleaching; bleaching lotion
enrudecer §34 *va* to make rough or crude; to make dull or stupid
enruinecer §34 *vn* to become debased, to get worse and worse
enrular *va* (Am.) to curl (*hair*)
ensabanada *f* var. of **encamisada**
ensabanado *m* first coat of plaster
ensabanar *va* to wrap up in a sheet; (mas.) to apply the first coat of plaster to
ensacador -dora *mf* bagger; *m* bagging machine
ensacar §86 *va* to bag, to put in a bag
ensaimada *f* twisted coffee cake
ensalada *f* salad; hodgepodge; **ensalada de frutas** fruit salad; **ensalada repelada** mixed salad
ensaladera *f* salad bowl
ensaladilla *f* assorted candy; setting of varicolored jewels; hodgepodge
ensalmador -dora *mf* bonesetter; powwow (*person*)
ensalmar *va* to set (*a bone*); to powwow, to heal by incantation
ensalmista *m* powwow (*person*)
ensalmo *m* powwow, incantation (*for curing*); **por ensalmo** as if by magic
ensalobrar *vr* to turn salty or briny
ensalzamiento *m* extolling; exaltation
ensalzar §76 *va* to extol; to exalt, elevate
ensambenitar *va* to put the sanbenito on (*a person*)

ensamblador *m* joiner, assembler
ensambladora *f* (carp.) jointer
ensambladura *f* joining, assembling; joint; **ensambladura a cola de milano** dovetail joint; **ensambladura a media madera** halved joint; **ensambladura de caja y espiga** mortise-and-tenon joint; **ensambladura de inglete** miter joint; **ensambladura de lengüeta y ranura** tongue-and-groove joint; **ensambladura de pasador** pin-connected joint; **ensambladura enrasada** flush joint; **ensambladura francesa** scarf, scarf joint
ensamblaje *m* joining, assembling; joint, union; stolen fragments of another author's works
ensamblar *va* to join, connect, assemble, fit together; (carp.) to joint; **ensamblar a caja y espiga** to mortise; **ensamblar a cola de milano** to dovetail
ensamble *m* var. of **ensambladura**
ensanchador -dora *adj* widening, expanding, stretching; *m* expander, stretcher; reamer; glove stretcher; **ensanchador de neumáticos** tire spreader
ensanchamiento *m* extension, expansion
ensanchar *va* to widen, enlarge, extend; to ease, let out (*close-fitting garment*); to unburden (*one's heart*); *vn* to be high and mighty; to get fat; *vr* to widen, to expand; to be high and mighty
ensanche *m* widening, extension; extent; fold in seam (*for subsequent enlargement of garment*); extension (*e.g., of a street*); suburban development; **ensanche de banda** (rad.) band spread
ensandecer **§34** *vn* to get silly, to get simple, become feeble-minded
ensangostar *va* var. of **angostar**
ensangrentado -da *adj* bloody, blood-stained, gory
ensangrentamiento *m* staining with blood; bathing in blood
ensangrentar **§18** *va* to stain with blood; to bathe in blood; *vr* to rage, get furious, go wild; to rise up in sanguinary factions; **ensangrentarse con** or **contra** to be cruel to, to try to hurt
ensañado -da *adj* angry, irritated; merciless, vengeful; cruel, ferocious
ensañamiento *m* extreme cruelty, barbarity, brutality; (law) aggravation
ensañar *va* to anger, enrage; *vr* to exult in cruelty; to rage (*said, e.g., of a disease*); **ensañarse en** to exult in hurting (*a defenseless person*)
ensarnecer **§34** *vn* to get the itch
ensartar *va* to string (*e.g., beads*); to thread; (coll.) to pierce, to run through, e.g., **el toro le ensartó el cuerno** the bull ran its horn through him; to rattle off (*e.g., lies*); *vr* to squeeze in
ensay *m* (*pl:* **-sayes**) var. of **ensaye**
ensayador *m* assayer; rehearser
ensayalar *vr* to wear sackcloth
ensayar *va* to try, try on, try out; to test; to assay; to rehearse; **ensayar a** + *inf* to teach to + *inf*, to train to + *inf*; *vr* to practice; **ensayarse a** + *inf* to practice + *ger*, to rehearse + *ger*
ensaye *m* assay (*of metals*)
ensayismo *m* essay (*literary genre*)
ensayista *mf* essayist; (Am.) assayer
ensayo *m* trying, testing; trial, test; (lit.) essay; assay; practice, exercise; rehearsal; (chem.) analysis; **ensayo de coro** choir practice; **ensayo general** (theat.) dress rehearsal
ensebar *va* to tallow, to rub or smear with tallow; (coll.) to grease
enseguida *adv* at once, immediately
enselvado -da *adj* wooded
enselvar *va* to place in the woods; *vr* to hide in the woods; to become wooded
ensenada *f* inlet, cove
ensenar *va* to embosom; (naut.) to run (*a boat*) into an inlet or cove
enseña *f* standard, ensign, colors
enseñable *adj* teachable
enseñado -da *adj* trained, educated, informed; housebroken (*dog, cat*); trained (*hunting dog*)
enseñamiento *m* teaching; education, instruction; (archaic) teaching, precept
enseñante *adj* teaching
enseñanza *f* teaching; education, instruction; lesson (*instructive event or warning example*); **segunda enseñanza** or **enseñanza media** secondary education (*education in high school or liceo*); **enseñanza objetiva** object teaching; **enseñanza primaria** or **primera** primary education; **enseñanza secundaria** secondary education; **enseñanza superior** higher education
enseñar *va* to teach, to train; to show, to point out; **enseñar a** + *inf* to teach to + *inf*, to teach how to + *inf*; **enseñar algo a alguien** to teach someone something; *vn* to teach
enseñoreamiento *m* seizure, possession
enseñorear *va* to put in possession; *vr* to take possession; to control oneself; **enseñorearse de** to take possession of
enserar *va* to cover with matweed
enseres *mpl* household goods, implements, utensils, equipment
enseriar *vr* (Am.) to become serious
ensiforme *adj* sword-shaped; (anat., bot. & zool.) ensiform
ensilaje *m* ensilage, silage
ensilar *va* to ensilage
ensillado -da *adj* saddle-backed; *f* saddleback (*hill*)
ensilladura *f* saddling; back of horse where saddle fits; curve of the back
ensillar *va* to saddle
ensimismamiento *m* engrossment, self-absorption, deep thought
ensimismar *vr* to lose oneself, to become absorbed in thought; (Am.) to be proud, be boastful
ensoberbecer **§34** *va* to make proud; *vr* to become proud; to become insolent; to swell, get rough (*said of the sea*)
ensoberbecimiento *m* pride, haughtiness
ensogar **§59** *va* to fasten or bind with a rope; to wrap (*a bottle*) in ropework
ensolerar *va* to fix stools to (*beehives*)
ensolver **§63** & **§17**, 9 *va* to include, contain; to shorten, contract; (med.) to resolve, clear up
ensombrecer **§34** *va* to darken, cloud; *vr* to become sad and gloomy
ensombrerado -da *adj* (coll.) wearing a hat, with hat on
ensopar *va* to dip, to dunk; to steep, to soak
ensordecedor -dora *adj* deafening
ensordecer **§34** *va* to deafen, make deaf; (phonet.) to unvoice; *vn* to become deaf; to play deaf, to not answer; *vr* (phonet.) to unvoice
ensordecimiento *m* (act of) deafening; deafness
ensortijamiento *m* curling; curls, ringlets, kinks
ensortijar *va* to curl, to kink; to clasp (*one's hands*); to ring (*e.g., a swine's snout*); *vr* to curl, to kink
ensotar *vr* to go into a thicket, to hide in the bush
ensuciador -dora *adj* staining, soiling; defiling
ensuciamiento *m* staining, soiling; defilement
ensuciar *va* to dirty, stain, soil, smear; to sully, defile; *vn* to soil; **ensuciar en** to soil (*one's bed or one's clothes*); *vr* to soil oneself; (coll.) to take bribes; **ensuciarse en** to soil (*one's bed or one's clothes*)
ensuelto -ta *pp of* **ensolver**
ensueño *m* dream; daydream
ensullo *m* var. of **enjulio**
entablación *f* boarding, planking; flooring; church register
entablado *m* wooden framework; flooring (*of boards*)
entabladura *f* boarding, planking
entablamento *m* board roof
entablar *va* to board, board up; (surg.) to splint; to start (*e.g., a conversation*); to bring (*e.g., a suit or action*); to set up (*the men on checkerboard or chessboard*); *vr* to settle (*said of wind*)

entable *m* boarding, planking; position of men (*on checkerboard or chessboard*); (Am.) business, undertaking; (Am.) circumstances, setting
entablerar *vr* (taur.) to hug the fence, to stick close to the barrier (*said of bull*)
entablillar *va* (surg.) to splint; (Am.) to cut (*chocolate*) into blocks or tablets
entablón -blona *adj* (Am.) blustering, browbeating; *mf* (Am.) bully
entablonado *m* planking
entado -da *adj* (her.) enté; **entado en punta** (her.) enté en point
entalamadura *f* arched cover (*of cart or wagon*)
entalamar *va* to cover (*a wagon*) with an arched canvas cover
entalegar §59 *va* to bag, put in a bag; to hoard (*money*)
entalingadura *f* (naut.) clinch
entalingar §59 *va* (naut.) to clinch (*cable*) to the anchor
entallador *m* sculptor, carver; engraver; fitter
entalladura *f* or **entallamiento** *m* sculpture, carving; engraving; slot, groove, mortise; gash, slash
entallar *va* to sculpture, to carve; to engrave; to notch, make a cut in; to slot, to groove, to mortise; to tailor, to fit (*a garment*); *vn* to fit (*said of clothing*); to take shape, to fill out; (coll.) to fit, go well, be appropriate
entallecer §34 *vn & vr* to shoot, to sprout
entallo *m* intaglio
entapizada *f* rug, carpet; (fig.) carpet (*e.g., of daisies*)
entapizar §76 *va* to tapestry; to hang (*e.g., with tapestry*); to cover (*walls, chairs, etc.*) with a fabric; to overgrow (*said of weeds, etc.*)
entarascar §86 *va & vr* to dress up too fancily
entarimando *m* hardwood floor, inlaid floor
entarimar *va* to put a hardwood floor or inlaid floor on or over; *vr* (coll.) to put on airs
entarquinamiento *m* (agr.) reclamation by siltation
entarquinar *va* to fertilize with silt; to smear or soil with mud or slime; to reclaim (*a swamp*) with silt
entarugado *m* paving of wooden blocks
entarugar §59 *va* to pave with wooden blocks
entasia *f* (path.) entasia
éntasis *f* (arch.) entasis
ente *m* being; (coll.) guy, queer duck
entecado -da or **enteco -ca** *adj* sickly, weakly
entejar *va* to tile, to cover with tile
entelarañado -da *adj* cobwebby, full of cobwebs
entelequia *f* (philos.) entelechy
entelerido -da *adj* shaking with cold or fright; (Am.) frail, sickly
entelo *m* (zool.) entellus
entena *f* (naut.) lateen yard
entenado -da *mf* stepchild
entenallas *fpl* small vise, hand vise
entendederas *fpl* (coll.) brains; **tener malas entendederas** (coll.) to have no brains
entendedor -dora *adj* understanding, intelligent; *mf* understanding person; **al buen entendedor, pocas palabras** a word to the wise is enough
entender *m* opinion, understanding; **a mi entender** or **según mi entender** in my opinion, according to my understanding; §66 *va* to understand; to intend, to mean; to believe; *vn* to understand; **entender de** to be experienced as (*e.g., a carpenter*); to have authority to pass on, to be a judge of; **entender de razones** to listen to reason; **entender en** to be familiar with; to deal with, take care of; to have authority to pass on; *vr* to be understood; to be meant; to understand each other; to have a secret understanding; to know what one is up to; **entenderse con** to get along with; to have an understanding with; to concern
entendidamente *adv* skilfully, knowingly
entendido -da *adj* expert, skilled, trained, learned; **los entendidos** well-informed persons, informed sources; **no darse por entendido** to pay no attention, to pretend not to understand
entendimiento *m* understanding; (philos.) understanding
entenebrecer §34 *va* to darken, make dark; *vr* to get dark
entente *f* (dipl.) entente
enterado -da *adj* informed, fully informed; (Am.) conceited, haughty; *m* insider
enteralgia *f* (path.) enteralgia
enterar *va* to inform, acquaint; *vn* (Am.) to get better, recover; *vr* to understand; to find out; **enterarse de** to find out about, learn about, become aware of; to understand
entercar §86 *vr* to get stubborn
enterectomía *f* (surg.) enterectomy
entereza *f* entirety, completeness; perfection; integrity, fairness; firmness, constancy, fortitude; strictness, rigor; **entereza virginal** virginity
entérico -ca *adj* enteric
enterísimo -ma *adj super* most complete; (bot.) entire
enteritis *f* (path.) enteritis
enterizo -za *adj* solid, in one piece
enternecedor -dora *adj* affecting, touching, moving
enternecer §34 *va* to touch, to move to pity; *vr* to be touched, to be moved to pity
enternecidamente *adv* compassionately, tenderly
enternecimiento *m* pity, compassion
entero -ra *adj* whole, entire, complete; honest, upright; sound, vigorous; firm, energetic; (coll.) strong, heavy (*fabric*); not castrated; (arith.) whole, integral; (bot.) entire; *m* (arith.) integer; **por entero** wholly, entirely, completely
enterohepatitis *f* (path.) enterohepatitis; **enterohepatitis infecciosa** (vet.) blackhead, infectious enterohepatitis
enterología *f* enterology
enterostomía *f* (surg.) enterostomy
enterotomía *f* (surg.) enterotomy
enterrador *m* gravedigger; (ent.) burying beetle
enterramiento *m* interment, burial; grave; tomb
enterrar §18 *va* to inter, bury; (fig.) to bury (*to conceal by covering; to abandon, to forget*); to outlive, to survive; *vr* (fig.) to be buried, to hide away
enterronar *va* to cover with clumps of earth
entesamiento *m* stretching, tightness, tautness
entesar §18 *va* to stretch, tighten, make taut
entestado -da *adj* stubborn, obstinate
entestecer §34 *va & vr* to stiffen
entibación *f* shoring, timbering
entibador *m* (min.) timberman
entibar *va* (min.) to prop up, shore up; *vn* to rest, lean
entibiadero *m* cooling room, cooling bath
entibiar *va* to make lukewarm; to temper, moderate; *vr* to become lukewarm; to cool down, cool off
entibo *m* (min.) timber, timbering; foundation, support; (arch.) abutment
entidad *f* entity; organization; consequence, importance, moment
entierramuertos *m* (*pl:* **-tos**) gravedigger
entierro *m* interment, burial; grave; tomb; funeral; buried treasure
entiesar *va* to stiffen
entigrecer §34 *vr* to get mad, to fly into a rage
entimema *m* (log.) enthymeme
entinar *va* to put into a vat; to put (*wool*) in the degreasing bath
entintado *m* (print.) inking
entintar *va* to ink; to ink in; to stain with ink; to dye
entinte *m* (print.) inking
entizar §76 *va* to chalk (*billiard cue*)
entiznar *va* to soil with soot; to stain, to spot; to defame
entoldado *m* covering with awnings; tent, group of tents (*on beach front*)
entoldamiento *m* covering with awnings
entoldar *va* to cover with an awning; to adorn with hangings; *vr* to become overcast, get cloudy; to be proud and haughty

E

entomizar §76 *va* to tie esparto cord on (*boards to be plastered*)
entomología *f* entomology
entomológico -ca *adj* entomologic or entomological
entomólogo -ga *mf* entomologist
entonación *f* intoning; intonation; blowing of bellows; (phonet.) intonation
entonadera *f* bellows lever (*of an organ*)
entonado -da *adj* haughty, arrogant; (mus.) harmonious, in tune; *m* (phonet.) toning
entonador -dora *mf* bellows blower (*person*)
entonamiento *m* var. of **entonación**
entonar *va* to intone; to intonate; to sing (*something*) in tune; to blow (*an organ*) with bellows; to harmonize (*colors*); (mus., paint. & phot.) to tone; to tone up (*the body*); *vn* to sing in tune; *vr* to put on airs, be puffed up with pride
entonces *adv* then; and so; **de entonces acá** since then, since that time; **en aquel entonces** at that time; **pues entonces** well then
entonelar *va* to put in casks, to put in barrels
entongar §59 *va* (Am.) to pile up (*boxes and packing cases*); (Am.) to pile up in rows
entono *m* intoning; haughtiness, arrogance
entontecer §34 *va* to make foolish or silly; *vn & vr* to become foolish or silly
entontecimiento *m* foolishness, silliness
entorchado -da *adj* (arch.) wreathed; *m* wreathed cord; bullion (*twisted fringe of uniform*); **ganar los entorchados** to win one's stripes
entorchar *va* to twist (*candles*) to make a torch; to wreathe or twine (*a string or cord*) with silk or wire
entorilar *va* to drive (*a bull*) into the pen
entornado -da *adj* half-closed, on the jar
entornar *va* to upset; to half-close (*door; eyes*); *vr* to upset, to be upset
entornillar *va* to twist, to twist into a spiral; to screw, to screw on, to screw up
entorpecer §34 *va* to stupefy; to dull, benumb; to obstruct, delay, slow up; to make (*e.g., a piece of machinery*) stick; *vr* to stick, get stuck
entorpecimiento *m* stupefaction; dulling, benumbing; obstruction, delay; sticking, jamming
entortadura *f* or **entortamiento** *m* bending; crookedness
entortar §77 *va* to bend, make crooked; to make blind in one eye; *vr* to bend, get crooked
entosigar §59 *va* to poison
entozoario *m* (zool.) entozoan
entrado -da *adj* (Am.) meddling, self-assertive; **entrado en años** advanced in years; *f* entry, entrance; accession; entree; admission; arrival; beginning; hand (*at cards*); receipts; income; entry, entrance hall; (com.) entry; (cook.) entree; admission ticket; (elec.) input; (theat.) house (*audience; size of audience*); gate (*number of people paying admission; amount they pay*); (coll.) short call; (Am.) onslaught, rain (*e.g., of blows*); (Am.) down payment; **dar entrada a** to admit; to give an opening or chance to; (naut.) to give right of entry to (*a ship*); **mucha entrada** good house, good turnout; **entrada de explotación** operating revenue; **entrada de pavana** (coll.) twaddle, bombast; **entrada de taquilla** gate (*number of people paying admission; amount they pay*); **entrada general** (theat.) top gallery; **entrada llena** full house
entradón *m* (sport) big gate (*large attendance*)
entrador -dora *adj* (Am.) energetic, lively, hustling; (Am.) intruding, self-assertive
entramado -da *adj* half-timbered; *m* timber framework
entramar *va* to build the framework for, to make half-timbered
entrambos -bas *adj & pron indef* both
entrampar *va* to trap; to trick; (coll.) to entangle; (coll.) to burden with debt; *vr* to get trapped; (coll.) to become entangled; (coll.) to run into debt
entrante *adj* entering; incoming, inbound; next, coming; (math. & mil.) re-entering; *mf* entrant; **entrantes y salientes** (coll.) hangers-on; *m* (naut.) flood tide

entraña *f* internal part; heart, center; **entrañas** *fpl* entrails; (fig.) entrails (*e.g., of the earth*); heart, feeling, will; (fig.) temper, disposition
entrañable *adj* close, intimate; deep-felt
entrañar *va* to bury deep, to enwomb; to contain, involve; *vr* to be buried deep, be enwombed; to become very close or intimate
entrañoso -sa *adj* intimate, inmost
entrapada *f* crimson cloth (*for hangings and upholstery*)
entrapajar *va* to wrap up with rags, to bandage with rags
entrapar *va* to powder (*the hair*) to remove grease and dirt; to puff up (*the hair*) with powder and grease; (agr.) to fertilize (*a root*) with old rags; *vr* to get full of dust and dirt; to be dulled by grit
entrapazar §76 *va* to cheat, swindle
entrar *va* to bring in, to show in; to attack; to invade, take by force; to influence, to impress; (naut.) to overtake; *vn* to enter, go in, come in;, to attack; to empty (*said of a river*); to have entree; to begin; to begin to be felt; to rise (*said of wind, tide, etc.*); to be understandable; **entrar a** + *inf* to go in to + *inf;* to begin to + *inf;* **entrar a matar** (taur.) to go in for the kill; **entrar bien** to be suitable; **entrar en** to enter; to enter into; to fit in or into; to take up, adopt; **entrar en el número de** to be counted among; **entrar por** to follow (*e.g., a custom, fashion*)
entre *prep* between; among; in the course of; **entre manos** at hand, in hand; **entre mí** to myself; **entre que** while; **entre tanto** meanwhile, in the meantime; **entre tú y yo** between you and me
entreabierto -ta *adj* half-open, ajar; *pp of* **entreabrir**
entreabrir §17, 9 *va* to half-open (*door; eyes*)
entreacto *m* entr'acte; small cigar
entreancho -cha *adj* neither broad nor narrow
entrecalle *f* (arch.) space between moldings
entrecanal *f* (arch.) fillet (*between two flutings*)
entrecano -na *adj* graying (*hair; person*)
entrecarril *m* (Am.) gage (*of rails*)
entrecasco *m* var. of **entrecorteza**
entrecavar *va* to loosen the earth around (*e.g., root of vine*); (dial.) to clear of weeds, to weed
entrecejo *m* space between eyebrows; frown; **con entrecejo** with a frown; **arrugar el entrecejo, fruncir el entrecejo** or **ponerse de entrecejo** to knit or to wrinkle one's brow, to frown
entrecierre *m* interlock; (elec.) interlocking connector
entrecinta *f* (arch.) collar beam
entreclaro -ra *adj* lightish, clearish
entrecogedura *f* catching, seizing; squeezing, overcoming
entrecoger §49 *va* to catch, seize; to press hard, to put down, to silence
entrecomar *va* to set off between commas, to set off between quotation marks
entrecoro *m* (eccl.) chancel
entrecortado -da *adj* intermittent, broken
entrecortadura *f* partial cut; intermittent interruption
entrecortar *va* to cut here and there; to break into now and then, to cut off from time to time
entrecorteza *f* ingrown bark (*defect in timber resulting from growing together of two branches*)
entrecruzar §76 *va & vr* to intercross; to interlace, interweave; to interbreed
entrecubierta *f* or **entrecubiertas** *fpl* (naut.) between-decks
entrecuesto *m* loin, sirloin; backbone (*of an animal*)
entrechocar §86 *vr* to collide, to clash
entrechoque *m* collision, clash
entredicho *m* interdiction, prohibition; (law) injunction; **estar en entredicho** to be under suspicion; **poner en entredicho** to cast doubt on
entredoble *adj* of medium thickness or weight

E

entredós *m* (sew.) insertion; entre-deux, console placed between two windows; (print.) long primer
entrefilete *m* short feature, special item (*in a newspaper*)
entrefino -na *adj* medium, of medium quality
entreforro *m* (naut.) parceling
entrega *f* delivery; surrender; fascicle, instalment, issue, number (*of a magazine, etc.*); abandon; (mas.) tailing; **por entregas** in instalments
entregamiento *m* delivery
entregar §59 *va* to deliver; to surrender, hand over; to betray; to fit, insert, embed; **entregarla** (coll.) to die; *vr* to give in, to surrender; to devote oneself; to abandon oneself, to yield; **entregarse de** to take charge of, take possession of
entreguismo *m* (Am.) political defeatism
entrehierro *m* (phys.) air gap; (phys.) pole gap (*of cyclotron*); (elec.) spark gap; **entrehierro de chispa amortiguada** (elec.) quenched gap
entrelargo -ga *adj* fairly long
entrelazado da *adj* (her.) interlaced, interfretted; *m* interlace, interlacery
entrelazar §76 *va* to interlace, interweave, entwine
entrelínea *f* writing between the lines, interlineation; (print.) space, lead
entrelinear *va* to write between the lines
entreliño *m* space between rows of trees or vines
entrelistado -da *adj* with colored stripes
entreluces *mpl* twilight; dawn
entrelucir §60 *vn* to show through; to shine dimly
entreluzco *1st sg pres ind of* **entrelucir**
entremediar *va* to put between or in the midst of
entremedias *adv* in between; in the meantime; **entremedias de** between; among, in the midst of
entremés *m* side dish, hors d'oeuvre; interlude; (theat.) interlude (*inserted in a mystery*); (theat.) short scene or farce (*inserted in an auto or between two acts of a comedia*)
entremesear *va* to enliven (*a conversation*); *vn* to play in an entremés
entremesil *adj* (pertaining to an) entremés
entremesista *mf* writer or actor of entremeses
entremeter *va* to put in, insert; to fold (*a diaper*); *vr* to butt in, intrude, meddle
entremetido -da *adj* meddlesome; *mf* meddler, intruder
entremetimiento *m* interposition, insertion; meddlesomeness, intrusion
entremezcladura *f* intermingling, intermixing, intermixture
entremezclar *va & vr* to intermingle, to intermix
entremiche *m* (naut.) carling
entremiso *m* cheese vat, cheese shelf
entremorir §45 & §17, 9 *vn* to flicker, die out, burn out
entrenador *m* (sport) trainer, coach
entrenamiento *m* (sport) training, coaching
entrenar *va & vr* (sport) to train, to coach
entrencar §86 *va* to put rods or crosstrees in (*beehive*)
entreno *m* (sport) training
entrenudo *m* (bot.) internode
entrenzar §76 *va* to plait, braid (*hair*)
entreoído -da *pp of* **entreoír;** *adj* half-heard; **saber de** or **por entreoídas** (coll.) to know from having heard some talk about
entreoigo *1st sg pres ind of* **entreoír**
entreoír §64 *va* to hear vaguely, to hear something said about
entreordinario -ria *adj* middling
entrepalmadura *f* (vet.) ulcerous sore (*on horse's hoof*)
entrepanes *mpl* unsown ground (*amidst sown areas*)
entrepañado -da *adj* paneled
entrepaño *m* panel (*e.g., of door*); shelf; (arch.) pier (*wall between two openings*)
entreparecer §34 *vr* to show through; to have some resemblance
entrepaso *m* rack pace (*of horse*)
entrepeines *mpl* comb wool
entrepelado -da *adj* pied, parti-colored (*said of a horse*)
entrepelar *va* to pluck irregularly; *vn* to be pied or parti-colored (*said of horses*)
entrepernar §18 *vn* to intertwine the legs
entrepierna *f* or **entrepiernas** *fpl* (anat.) side of thigh between the legs; crotch; patches in the crotch of trousers or drawers; (Am.) bathing trunks
entrepiso *m* mezzanine, entresol; (min.) intermediate gallery
entreplanos *m* (*pl:* **-nos**) (aer.) gap
entreplanta *f* mezzanine
entrepuente *m* or **entrepuentes** *mpl* (naut.) between-decks
entrepunzadura *f* dull shooting pains
entrepunzar §76 *vn* to have dull shooting pains
entrerraído -da *adj* worn in spots, threadbare in spots
entrerrenglón *m* space between lines, interline; (print.) space, lead
entrerrenglonadura *f* writing between the lines, interlineation
entrerrenglonar *va* to write between the lines
entrerriel *m* gage (*of railroad*)
entrerrosca *f* (mach.) nipple
entresaca or **entresacadura** *f* picking out, selection; sifting; thinning, pruning
entresacar §86 *va* to pick out, select; to sift, cull; to thin out (*e.g., trees*); to prune (*branches*)
entresijo *m* (anat. & zool.) mesentery; arcanum, secret; obstacle; **tener muchos entresijos** to be complicated, be hard to figure out; to be cautious, be mysterious
entresuelo *m* mezzanine, entresol; (theat.) first balcony
entresurco *m* space between furrows
entretalla or **entretalladura** *f* bas-relief
entretallar *va* to carve, engrave; to carve or cut in bas-relief; to make openwork in; to intercept, obstruct; *vr* to fit together
entretanto *adv* meanwhile; *m* meanwhile, meantime; **por entretanto** in the meantime
entretecho *m* (Am.) attic, garret
entretejedor -dora *adj* interweaving
entretejedura *f* interweaving
entretejer *va* to interweave
entretejimiento *m* var. of **entretejedura**
entretela *f* (sew.) interlining; **entretelas** *fpl* (coll.) heartstrings, inmost being
entretelar *va* (sew.) to interline
entretelones *mpl* events behind the scenes, persons behind the scenes
entretén *2d sg impv of* **entretener**
entretención *f* (Am.) entertainment, amusement
entretendré *1st sg fut ind of* **entretener**
entretenedor -dora *adj* entertaining; *mf* entertainer
entretener §85 *va* to entertain, amuse; to keep amused; to delay, put off; to make bearable, to allay (*pain*); to while away (*the time*); to deceive; to maintain, to keep up; **entretener el hambre** (coll.) to take a bite in order to stave off hunger till mealtime; (coll.) to try to forget one's hunger; *vr* to be amused, to amuse oneself; **entretenerse con** or **en** + *inf* to amuse oneself + *ger*
entretengo *1st sg pres ind of* **entretener**
entretenido -da *adj* entertaining, amusing; (rad.) undamped, continuous (*waves*); *f* entertainment; kept woman; **dar la entretenida a** or **dar con la entretenida a** to keep talking in order to avoid granting a request
entretenimiento *m* entertainment, amusement; maintenance, upkeep
entretiempo *m* spring or autumn (*the season between the seasons, i.e., between summer and winter*); **de entretiempo** lightweight (*coat*)
entretuve *1st sg pret ind of* **entretener**
entreuntar §75 *va* to oil on the surface, oil lightly
entreveía *1st sg imperf ind of* **entrever**
entrevenar *vr* to spread through the veins
entreventana *f* (arch.) pier (*wall between two windows*)

entreveo *1st sg pres ind of* **entrever**
entrever §93 *va* to glimpse, descry; to guess, divine, suspect
entreverar *va* to mix in, to intermingle; *vr* to be intermixed, to intermingle; (Am.) to get mixed together without order; (Am.) to clash in hand-to-hand combat (*said of two forces of cavalry*)
entrevero *m* (Am.) intermingling; (Am.) jumble, confusion; (Am.) hand-to-hand combat between two forces of cavalry
entrevía *f* (rail.) gage
entrevista *f* see **entrevisto**
entrevistar *vr* to have an interview; **entrevistarse con** to interview, to talk with
entrevisto -ta *pp of* **entrever;** *f* interview
entripado -da *adj* in the belly; not cleaned (*said of a dead animal*); *m* bellyache; (coll.) anger, veiled displeasure
entristecedor -dora *adj* saddening
entristecer §34 *va* to sadden; to make gloomy; *vr* to sadden, become sad
entristecimiento *m* sadness, gloominess
entrojar *va* to garner (*grain*)
entrometer *va & vr* var. of **entremeter**
entrometido -da *adj & mf* var. of **entremetido**
entrometimiento *m* var. of **entremetimiento**
entronar *va* to enthrone
entroncamiento *m* relationship, connection; connection, junction (*of rail lines*)
entroncar §86 *va* to show or prove the relationship between; *vn* to be related, be connected; to connect (*said of two or more rail lines*); **entroncar con** to be or become related to
entronerar *va* (billiards) to pocket (*a ball*); *vr* to be pocketed, to fall into a pocket
entronización *f* enthronement; exaltation; popularization
entronizar §76 *va* to enthrone; to exalt; to promote, popularize; *vr* to be enthroned; to seize power; to become the vogue; to be puffed up with pride
entronque *m* var. of **entroncamiento**
entropía *f* (thermodynamics) entropy
entruchada *f* or **entruchado** *m* (coll.) decoy, trick, intrigue
entruchar *va* (coll.) to decoy, to trick
entruchón -chona *mf* (coll.) decoy, trickster
entrujar *va* to store (*especially olives*); (coll.) to pocket
entubar *va* to pipe; to install new tubes in (*a boiler*); (min.) to case, to line (*a shaft*)
entuerto *m* wrong, injustice, insult; **entuertos** *mpl* afterpains
entullecer §34 *va* to stop, check; *vn & vr* to become crippled, become paralyzed
entumecer §34 *va* to benumb, make numb; *vr* to become numb, to go to sleep (*said of limbs*); to swell, to surge
entumecimiento *m* numbness, deadness, torpor; swell, swelling
entumir *vr* to become numb, to go to sleep (*said of a limb*)
entunicar §86 *va* (paint.) to plaster for frescoing
entupir *va* to block, clog, stop up; to compress; *vr* to become blocked, clogged, or stopped up
enturbiamiento *m* muddiness; confusion, disorder
enturbiar *va* to stir up, to muddy; to obscure, to confuse, to derange; *vr* to get muddy; to become deranged or disordered
entusiasmar *va* to enthuse, enrapture; *vr* to enthuse, be enthusiastic
entusiasmo *m* enthusiasm
entusiasta *adj* enthusiastic; *mf* enthusiast
entusiástico -ca *adj* enthusiastic
enucleación *f* (surg.) enucleation
enuclear *va* to enucleate
énula campana *f* (bot.) elecampane
enumeración *f* enumeration
enumerador -dora *mf* enumerator; **enumerador censal** census taker
enumerar *va* to enumerate
enumerativo -va *adj* enumerative
enunciación *f* enunciation
enunciado *m* enunciation, statement
enunciar *va* to enounce, enunciate
enunciativo -va *adj* enunciative; (gram.) declarative
enuresis *f* (path.) enuresis
envainador -dora *adj* sheathing
envainar *va* to sheathe
envalentonamiento *m* boldness, daring; encouragement
envalentonar *va* to embolden, to encourage; *vr* to pluck up
envalijar *va* to put or pack in a valise
envanecer §34 *va* to make vain; *vr* to become vain; **envanecerse con, de, en,** or **por** to swell with pride at
envanecimiento *m* vanity, conceit
envaramiento *m* numbness, stiffness
envarar *va* to benumb, stiffen
envarbascar §86 *va* to infect (*water*) with mullein to stun the fish
envasado *m* packing, bottling, canning
envasador -dora *adj* packing; *mf* packer, filler; *m* large funnel
envasar *va* to pack, to package, to bottle, to can; to sack (*grain*); to insert; to thrust, push, poke (*a sword*); to drink (*e.g., wine*) to excess; *vn* to drink to excess; *vr* to stab oneself; to stab each other
envase *m* packing, bottling, canning; package, container, bottle, jar, can; **envase de hojalata** tin can
envedijar *vr* to get tangled; (coll.) to get into a fist fight
envejecer §34 *va* to age, make old; *vn* to age, grow old; to go out-of-date; to last a long time; *vr* to age, grow old; to go out-of-date
envejecido -da *adj* old, aged; tried, experienced
envejecimiento *m* aging; age
envenenador -dora *adj* poisoning; *mf* poisoner
envenenamiento *m* poisoning; **envenenamiento plúmbico** lead poisoning
envenenar *va* to poison; (fig.) to put an evil interpretation on (*someone's words or deeds*); (fig.) to envenom, to embitter; *vr* to take poison
enverar *vn* to turn golden-red (*said of ripening fruit*)
enverdecer §34 *vn & vr* to turn green, be covered with verdure
enverdecimiento *m* turning green; verdure
envergadura *f* breadth (*of sails*); (aer.) span, wingspread; spread (*of wings of bird*); (fig.) spread, compass, reach
envergar §59 *va* (naut.) to bend (*the sails*)
envergue *m* (naut.) sail rope, roband
enverjado *m* lattice, trellis, grillwork, grating
envero *m* golden red (*of ripening fruit*); golden-red grape
envés *m* wrong side; (coll.) back, shoulders
envesado -da *adj* showing the back side; *m* fleshy side of hide or skin
envestir §94 *va* var. of **investir**
enviada *f* fishing scow
enviadizo -za *adj* sent, regularly sent
enviado *m* messenger; envoy; **enviado extraordinario** envoy extraordinary
enviajado -da *adj* sloping, oblique
enviar §90 *va* to send; to ship; **enviar a** + *inf* to send to + *inf*
enviciamiento *m* corruption, vitiation; addiction
enviciar *va* to corrupt, vitiate, spoil; *vn* to have abundant leaves and little fruit; *vr* to become addicted, to become overfond; **enviciarse con** or **en** to become addicted to, to become overfond of
envidador -dora *mf* bidder, bettor (*at cards*)
envidar *va* to bid against, to bet against; *vn* to bid, to bet
envidia *f* envy; desire
envidiable *adj* enviable
envidiar *va* to envy, to begrudge; to desire
envidioso -sa *adj* envious; covetous, greedy
envigado *m* beams, joists
envigar §59 *va* to install the beams in (*a building*); *vn* to install the beams
envilecedor -dora *adj* debasing, degrading
envilecer §34 *va* to vilify, debase; *vr* to be debased, to degrade oneself; to cringe, grovel
envilecimiento *m* vilification, debasement, degradation; cringing, groveling

envinado -da *adj* (Am.) wine-colored
envinagrar *va* to put vinegar in or on; *vr* to sour, to turn sour
envinar *va* to put wine in (*water*)
envío *m* sending, shipment, remittance; autograph, inscription (*in a book*)
envión *m* push, shove
envirotado -da *adj* stiff, stuck-up
enviscamiento *m* smearing with birdlime
enviscar §86 *va* to incite, provoke, stir up; to smear (*branches*) with birdlime; *vr* to be caught or stuck with birdlime
envite *m* stake; side bet; offer, invitation; push, shove; (bridge) bid; **al primer envite** at the start, right off
enviudar *vn* to become widowed, to become a widow or widower
envoltorio *m* bundle; wrapping; knot (*in cloth from mixture of different kind of wool*)
envoltura *f* cover, wrapper, envelope; swaddling clothes; (aer. & bot.) envelope
envolvedor -dora *mf* wrapping clerk, wrapper; *m* wrapping, cover; bed, cot, or table used for swaddling children
envolvente *adj* (mil.) encircling; *f* cover, housing
envolver §63 & §17, 9 *va* to wrap, wrap up; to swaddle; to wind; to imply, mean; to involve; to floor (*an opponent*); to surround; (mil.) to encircle; *vr* to wrap up; to become involved; to have an affair
envolvimiento *m* wrapping, envelopment; involvement; winding; wallowing place (*for animals*); (mil.) encirclement
envuelto -ta *pp of* **envolver**
enyerbar *vr* (Am.) to be overgrown with grass, be covered with grass
enyesado *m* plastering; treatment of wine with gypsum; treatment of soil with gypsum
enyesadura *f* plastering
enyesar *va* to plaster; to mix plaster with; (surg.) to put in a plaster cast; to treat (*wine or soils*) with gypsum
enyugar §59 *va* to yoke
enzainar *vr* (coll.) to look askance, to look sidewise; (coll.) to become untrustworthy, to turn traitor
enzalamar *va* (coll.) to provoke, to incite
enzamarrado -da *adj* wearing an undressed sheepskin jacket
enzarzar §76 *va* to throw into the brambles, to cover with brambles; to involve, involve in a dispute; to set hurdles for (*silkworms*); *vr* to get entangled in brambles; to get involved, get involved in a dispute
enzima *f* (biochem.) enzyme
enzímico -ca *adj* enzymatic
enzootia *f* (vet.) enzoötic
enzunchar *va* to bind with hoops or iron bands
enzurdecer §34 *vn* to become left-handed
enzurizar §76 *va* to sow discord among
enzurronar *va* to bag; (coll.) to put inside
eoceno -na *adj & m* (geol.) Eocene
eoliano -na *adj* (geol.) aeolian
eólico -ca *adj* Aeolian; (geol.) aeolian; *m* Aeolic (*dialect*)
Eólide, la Aeolis
eolio -lia *adj & mf* Aeolian; *adj & m* Aeolic (*dialect*)
eolítico -ca *adj* (archeol.) eolithic
Eolo *m* (myth.) Aeolus
eón *m* aeon; (Gnosticism) aeon
Eos *f* (myth.) Eos
eosina *f* (chem.) eosin
epacta *f* epact
epactilla *f* liturgical calendar
epazote *m* (bot.) Mexican tea
E.P.D. abr. of **en paz descanse**
epéndimo *m* (anat.) ependyma
epéntesis *f* (*pl:* **-sis**) (gram.) epenthesis
epentético -ca *adj* epenthetic
eperlano *m* (ichth.) smelt
épica *f* see **épico**
epicáliz *m* (*pl:* **-lices**) (bot.) epicalyx
epicarpio *m* (bot.) epicarp
epicedio *m* epicedium
epiceno -na *adj* (gram.) epicene
epicentro *m* epicenter
epicíclico -ca *adj* epicyclic
epiciclo *m* (astr. & geom.) epicycle
epicicloide *f* (geom.) epicycloid
épico -ca *adj* epic or epical; (fig.) epic, heroic, sublime; *m* epic poet; *f* epic poetry
epicotilo *m* (bot.) epicotyl
Epicteto *m* Epictetus
epicureísmo *m* Epicureanism
epicúreo -a *adj* Epicurean; epicurean; *mf* Epicurean; epicurean, epicure
Epicuro *m* Epicurus
epidemia *f* epidemic
epidemial *adj* var. of **epidémico**
epidemicidad *f* epidemicity
epidémico -ca *adj* epidemic or epidemical
epidemiología *f* epidemiology
epidemiólogo -ga *mf* epidemiologist
epidérmico -ca *adj* epidermal
epidermis *f* (anat.) epidermis
epidota *f* (mineral.) epidote
Epifanía *f* (eccl.) Epiphany; (*l.c.*) *f* epiphany (*apparition*)
epífisis *f* (*pl:* **-sis**) (anat.) epiphysis
epífito -ta *adj* epiphytic; *f* (bot.) epiphyte
epifonema *f* (rhet.) epiphonema
epifora *f* (path.) epiphora
epigástrico -ca *adj* epigastric
epigastrio *m* (anat. & zool.) epigastrium
epigea *f* (bot.) epigaea; **epigea rastrera** (bot.) trailing arbutus
epigénico -ca *adj* (geol.) epigene
epiglotis *f* (anat.) epiglottis
epígono *m* follower, disciple
epígrafe *m* epigraph; inscription; motto, device; title; headline
epigrafía *f* epigraphy
epigráfico -ca *adj* epigraphic
epigrafista *mf* epigrapher
epigrama *m* epigram
epigramatario -ria *adj* epigrammatic; *mf* epigrammatist; *m* collection of epigrams
epigramático -ca *adj* epigrammatic
epilepsia *f* (path.) epilepsy
epiléptico -ca *adj & mf* epileptic
epilogación *f* epilogue
epilogal *adj* epilogic; compendious
epilogar §59 *va* to recapitulate, sum up
epilogismo *m* (astr.) computation
epílogo *m* epilogue; (rhet.) peroration
epinicio *m* song of victory
epiplón *m* (anat. & zool.) epiploön, omentum
Epiro, el Epirus
episcopado *m* episcopacy, episcopate
episcopal *adj* episcopal; Episcopal
episcopalismo *m* (eccl.) episcopalism; Episcopalianism
episcopalista *adj & mf* Episcopalian
episcopologio *m* catalogue of bishops
episódico -ca *adj* episodic or episodical
episodio *m* episode
epispástico -ca *adj & m* (med.) epispastic
epistaxis *f* (path.) epistaxis
epistemología *f* epistemology
epistemológico -ca *adj* epistemological
epistilo *m* (arch.) epistyle
epístola *f* epistle; (eccl.) Epistle
epistolar *adj* epistolary
epistolario *m* volume of letters; (eccl.) epistolary
epistolero *m* (eccl.) epistler
epitafio *m* epitaph
epitalamio *m* epithalamium
epitelial *adj* epithelial
epitelio *m* (anat.) epithelium
epitelioma *m* (path.) epithelioma
epítema *m* (med.) epithem
epíteto *m* epithet
epítimo *m* (bot.) clover dodder
epitomar *va* to epitomize
epítome *m* epitome
epizootia *f* epizoötic
epizoótico -ca *adj* epizoötic
E.P.M. abr. of **en propia mano**
época *f* epoch, age, time; (astr. & geol.) epoch; **formar** or **hacer época** to be epoch-making; **época glacial** (geol.) ice age; **época victoriana** Victorian age
epoda *f* or **epodo** *m* epode
epónimo -ma *adj* eponymous
epopeya *f* epic, epic poem; (fig.) epic

épsilon *f* epsilon
epsomita *f* (mineral.) epsomite
equiángulo -la *adj* (geom.) equiangular
equidad *f* equity; (law) equity; equableness (*of disposition*); reasonableness (*in prices or other terms*)
equidistancia *f* equidistance
equidistante *adj* equidistant
equidistar *vn* to be equidistant
equidna *f* (zool.) echidna
équido *m* (zool.) equid
equilátero -ra *adj* equilateral
equilibración *f* equilibration
equilibrado -da *adj* sensible, prudent
equilibrar *va* to balance, equilibrate; to balance (*the budget*); *vr* to balance, equilibrate
equilibrio *m* equilibrium, balance, equipoise; balancing (*of the budget*); **equilibrio europeo** or **equilibrio político** (dipl.) balance of power
equilibrista *adj* equilibristic; *mf* equilibrist, balancer, ropedancer
equimosis *f* (*pl:* **-sis**) black-and-blue mark, ecchymosis
equino -na *adj* equine; *m* equine; (arch. & zool.) echinus
equinoccial *adj* equinoctial; *f* equinoctial (*line*)
equinoccio *m* (astr.) equinox; **equinoccio otoñal** or **de otoño** (astr.) autumnal equinox; **equinoccio vernal** or **de primavera** (astr.) vernal equinox
equinococo *m* (zool.) echinococcus
equinodermo *m* (zool.) echinoderm
equipaje *m* baggage; piece of baggage; equipment; (naut.) crew; (mil.) baggage train; **equipaje de mano** hand baggage
equipar *va* to equip, fit out; to equip and provision (*a ship*)
equiparación *f* comparison; equalization
equiparar *va* to compare; to equalize, make equal or like
equipier *m* (*pl:* **-piers**) teammate
equipo *m* equipment, outfit; set; unit; crew; (sport) team; **equipo de novia** trousseau; **equipo de radio** radio set; **equipo de urgencia** first-aid kit
equiponderancia *f* equality in weight
equiponderar *vn* to be equal in weight
equipotencial *adj* (phys.) equipotential
equisetáceo -a *adj* (bot.) equisetaceous
equiseto *m* (bot.) equisetum, horsetail; **equiseto menor** (bot.) bottle brush, field horsetail
equitación *f* equitation, horsemanship
equitativo -va *adj* equitable
equivaldré *1st sg fut ind of* **equivaler**
equivalencia *f* equivalence
equivalente *adj & m* equivalent
equivaler §89 *va* to be equivalent to, to be equal to; *vn* to be equivalent, to be equal
equivalgo *1st sg pres ind of* **equivaler**
equivocación *f* mistakenness; mistake
equivocadamente *adv* mistakenly, by mistake
equivocado -da *adj* mistaken, wrong
equivocar §86 *va* to mistake; to mix (*to confuse completely*); *vr* to be mistaken, to make a mistake; to miss one's calling; **equivocarse con** to be mistaken for; **equivocarse de** to be mistaken in; **me equivoqué de camino** I took the wrong road; **se equivocó de casa** he went to the wrong house
equívoco -ca *adj* equivocal; *m* equivocation, ambiguity; pun; mix-up
equivoquista *mf* punster; equivocator
-era *suffix f* see **-ero**
era *f* era, age, period; (geol.) era; threshing floor; vegetable patch, garden bed; mixing board; **era arqueozoica** (geol.) Archeozoic era; **era atómica** atomic age; **era común** Common Era; **era cristiana** or **era de Cristo** Christian Era; **era de hortalizas** vegetable garden; **era vulgar** Vulgar Era; *1st sg imperf ind of* **ser**
eral *m* two-year-old bull
erar *va* to lay out patches or beds in (*a garden*)
erario *m* state treasury
erasmiano -na *adj & mf* Erasmian
Erasmo *m* Erasmus
Erato *f* (myth.) Erato
erbio *m* (chem.) erbium
Erebo *m* (myth.) Erebus (*underworld*)
erección *f* erection; establishment; tension; (physiol.) erection
eréctil *adj* erectile
erectilidad *f* erectility
erector -tora *adj* erecting; *mf* erector, builder
eremita *m* eremite, hermit
eremítico -ca *adj* eremitic; solitary
eremitorio *m* location of a hermitage or hermitages
erepsina *f* (biochem.) erepsin
eres *2d sg pres ind of* **ser**
eretismo *m* (physiol.) erethism
ergástula *f* or **ergástulo** *m* (hist.) slave prison
ergio *m* (phys.) erg
ergosterol *m* (pharm.) ergosterol
ergotina *f* (pharm.) ergotin
ergotismo *m* ergotism (*sophistry*); (plant path.) ergot; (path.) ergotism
ergotizar §76 *vn* to ergotize, argue sophistically
erguen *m* (bot.) argan tree
erguimiento *m* raising, straightening
erguir §47 *va* to raise, lift up, straighten; *vr* to swell with pride
-ería *suffix f* -ery, e.g., **cervecería** brewery; **tontería** foolery; **mojigatería** priggery; -ry, e.g., **carpintería** carpentry; **joyería** jewelry; **pedantería** pedantry; -ing, e.g., **barbería** barbering; **ingeniería** engineering; -ness, e.g., **niñería** childishness; **tontería** foolishness; and many other words, without a corresponding suffix in English, indicating a place where something is made or sold, e.g., **librería** bookstore; **zapatería** shoemaker's shop; shoe store
erial or **eriazo -za** *adj* unplowed, uncultivated; *m* unplowed land, uncultivated land
erica *f* (bot.) heath, heather
ericáceo -a *adj* (bot.) ericaceous
Erico *m* Eric
erigir §42 *va* to erect, build; to establish; to elevate; *vr* to be elevated; **erigirse en** to be elevated to; to set oneself up as, to pose as
Erín *f*; **la Verde Erín** (poet.) Erin
erina *f* (surg.) tenaculum
eringe *f* (bot.) field eryngo
Erinia *f* (myth.) Erinys
erío -a *adj & m* var. of **erial**
erisipela *f* (path.) erysipelas
erisipeloide *f* (path.) erysipeloid
erístico -ca *adj* eristic; *f* eristic (*art of disputation*)
eritema *m* (path.) erythema
eritreo -a *adj & mf* Eritrean; Erythraean; (*cap.*) *f* Eritrea
eritrina *f* (chem.) erythrin
eritrita *f* (mineral.) erythrite
eritroblasto *m* (anat.) erythroblast
eritrocito *m* (anat.) erythrocyte
eritroxiláceo -a *adj* (bot.) erythroxylaceous
erizado -da *adj* spiny, bristly, bristling; **erizado de** bristling with
erizar §76 *va* to set on end, make bristle; **estar erizado de** to bristle with (*e.g., difficulties*); *vr* to stand on end, to bristle
erizo *m* (zool.) hedgehog; (bot.) thistle; bur (*prickly involucre, e.g., of chestnut*); (mach.) pinwheel; (mach.) urchin (*of weaving machine*); cheval-de-frise (*along top of wall*); (coll.) harsh, unruly person; **erizo de mar** or **erizo marino** (zool.) sea urchin
erizón *m* (bot.) blue genista; **erizones** *mpl* (bot.) spiny yellow genista (*Genista horrida*)
ermit. abr. of **ermitaño**
ermita *f* hermitage
ermitaño -ña *mf* hermit; *m* eremite; (zool.) hermit crab
ermitorio *m* var. of **eremitorio**
Ernesto *m* Ernest
-ero -ra *suffix adj* e.g., **aduanero** customhouse; **guerrero** warlike; *suffix mf* -er, e.g., **carcelero** jailer; **extranjero** foreigner; **molinero** miller; *suffix m* -eer, e.g., **bucanero** buccaneer; **cañonero** cannoneer; **ingeniero** engineer; -ier, e.g., **alabardero** halberdier; **bombardero** bombardier; **cajero** cashier; **gondolero** gondolier; -ary, e.g., **granero** granary; and in many other words, without a

corresponding suffix in English, indicating the place where something is kept, e.g., **azucarero** sugar bowl; **tintero** inkwell; *suffix f* -ary, e.g., **abejera** apiary; **pajarera** aviary; and in many other words, without a corresponding suffix in English indicating the place where something is kept, e.g., **ensaladera** salad bowl; **sombrerera** hat box
erogación *f* distribution (*of property or wealth*); (Am.) gift, charity
erogar §59 *va* to distribute (*property, wealth*); to cause, give rise to
Eros *m* (myth.) Eros
erosión *f* erosion; (geol.) erosion
erosionar *va & vr* to erode
erosivo -va *adj* erosive; *m* erosive substance or agent
erotema *f* (rhet.) rhetorical question
erótico -ca *adj* erotic; *f* erotic poetry
erotismo *m* erotism
erotomanía *f* (path.) erotomania
erotómano -na *adj & mf* erotic
errabundo -da *adj* wandering
erradicable *adj* eradicable
erradicación *f* eradication
erradicar §86 *va* to eradicate
erradizo -za *adj* wandering; stumbling, fumbling
errado -da *adj* mistaken; unwise, unbecoming
erraj *m* fine coal made of crushed olive stones
errante *adj* wandering, roving; nomadic
errar §48 *va* to miss (*a target, one's calling*); (archaic) to fail; *vn* to wander; to err, be wrong or mistaken; *vr* to err, be wrong or mistaken
errata *f* erratum; printer's error
errático -ca *adj* wandering; (geol.) erratic
errátil *adj* wavering, fallible
erróneo -a *adj* erroneous
erronía *f* grudge, dislike; (archaic) incredulity; (archaic) stubbornness
error *m* error, mistake; **salvo error u omisión** barring error or omission; **error craso** blunder, break
erso -sa *adj & m* Erse
erubescencia *f* modesty, blushing; erubescence
erubescente *adj* red, blushing; erubescent
eructación *f* var. of **eructo**
eructar *vn* to belch, eruct; (coll.) to brag
eructo *m* belch, belching, eructation
erudición *f* erudition, learning
erudito -ta *adj* erudite, learned, scholarly; *mf* scholar, savant; **erudito a la violeta** highbrow, intellectual fourflusher
eruginoso -sa *adj* rusty
erumpir *vn* to erupt (*said of volcano*)
erupción *f* eruption; bursting forth, outburst; (path. & dent.) eruption
eruptivo -va *adj* eruptive
erutar *vn* var. of **eructar**
eruto *m* var. of **eructo**
ervato *m* var. of **servato**
ervilla *f* var. of **arveja**
es *3d sg pres ind of* **ser**
Esaú *m* (Bib.) Esau
esbatimentar *va* (paint.) to draw or paint a shadow in; *vn* to cause a shadow
esbatimento *m* (paint.) shade or shadow
esbeltez *f* or **esbelteza** *f* gracefulness, slenderness, elegance, litheness
esbelto -ta *adj* graceful, slender, well-built, svelte
esbirro *m* bailiff, constable; myrmidon, minion of the law
esbozar §76 *va* to sketch, outline
esbozo *m* sketch, outline
escabechado -da *adj* (coll.) with dyed hair; (coll.) painted, with painted face
escabechar *va* to pickle; (coll.) to flunk; (coll.) to kill, to slay, to stab to death; to dye (*the hair*); *vr* to dye one's hair; **escabecharse las canas** to dye one's hair
escabeche *m* pickle; pickled fish; hair dye
escabechina *f* (coll.) ravage, destruction
escabel *m* stool; footstool; (fig.) stepping stone (*means of advancement*)
escabiosa *f* see **escabioso**
escabiosis *f* (path.) scabies
escabioso -sa *adj* scabious, mangy; *f* (bot.) scabious; **escabiosa de Indias** (bot.) sweet scabious; **escabiosa mordida** (bot.) blue scabious
escabro *m* (vet.) scabs (*on sheep*); (plant path.) scaly bark
escabrosidad *f* scabrousness; harshness, roughness
escabroso -sa *adj* scabrous, risqué; harsh, rough, bumpy
escabuche *f* weeding hoe
escabullimiento *m* slipping or sneaking away, escape
escabullir §26 *vr* to slip away, to clear out, to sneak away, to escape
escacado -da *adj* (her.) checky
escachar *va* to squash, crush
escacharrar *va* to break (*an earthen pot*); to spoil, damage, ruin
escachifollar *va* var. of **cachifollar**
escafandra *f* or **escafandro** *m* diving suit, diving outfit; **escafandra espacial** space helmet
escafandrista *mf* diver
escafilar *va* var. of **descafilar**
escafoides *m* (anat.) scaphoid
Escafusa *f* Schaffhausen
escajo *m* var. of **escalio**
escala *f* ladder, stepladder; scale (*graduated line*); call (*of a boat*); port of call; stop (*of airplane*); (mus.) scale; **en escala de** on a scale of (*e.g., an inch to a mile*); **en grande escala** on a large scale; **en pequeña escala** on a small scale; **hacer escala en** (naut.) to call at; **escala cromática** (mus.) chromatic scale; **escala de cuerda** rope ladder; **escala de Jacob** (Bib.) Jacob's ladder; (bot.) Jacob's-ladder; **escala de jarcia** (naut.) Jacob's ladder; **escala de los vientos** wind scale; **escala de travesaños** peg ladder; **escala de viento** (naut.) rope ladder; **escala diatónica** (mus.) diatonic scale; **escala mayor** (mus.) major scale; **escala menor** (mus.) minor scale; **escala móvil** (econ.) sliding scale (*e.g., of salaries*)
escalabrar *va & vr* var. of **descalabrar**
escalada *f* escalade, scaling; climbing
escalador -dora *adj* burglarious; *mf* scaler, climber; burglar, housebreaker
escalafón *m* roster, register (*showing position, seniority, merits, etc.*)
escalamera *f* (naut.) rowlock, oarlock
escalamiento *m* scaling (*ascent by or as by ladder; measurement by a scale*); burglary
escálamo *m* (naut.) thole, tholepin
escalar *va* to escalade, to scale (*a wall*); to enter by scaling; to break in, to break through (*e.g., a wall*); to burglarize; to climb; to open the gates of (*a sluice, trench, channel, etc.*); to slit and clean (*a fish or other animal*) for curing or salting; *vn* to climb; (fig.) to make one's way up by fair means or foul; (naut.) to call; *vr* to escalate
escalatorres *mf* (*pl:* **-rres**) steeplejack, human fly
Escalda *m* Scheldt (*river*)
escaldado -da *adj* (coll.) cautious, wary, scared; (coll.) loose, lewd (*woman*)
escaldadura *f* scald, scalding
escaldar *va* to scald; to make red-hot; *vr* to be scalded; to chafe
escaldo *m* skald (*ancient Scandinavian bard*)
escaleno -na *adj* (geom. & anat.) scalene; *m* (anat.) scalenus
escalenoedro *m* (cryst.) scalenohedron
escalentamiento *m* (vet.) sorefoot
escalera *f* stairs, stairway; ladder; (cards) sequence; (poker) straight; **de escalera abajo** of the servants, from below stairs; **por la escalera abajo** down the stairs; **escalera ascensora** (Am.) moving stairway, escalator; **escalera automática** escalator; **escalera de caracol** winding stairs; **escalera de escape** fire escape; **escalera de ganchos** hook ladder; **escalera de gato** cat ladder; **escalera de husillo** winding stairs; **escalera de incendio** fire ladder; **escalera de mano** ladder; **escalera de papagayo** peg ladder; **escalera de salvamento** fire escape; **escalera de**

E

servicio service stairs, back stairs; **escalera de tijera** or **escalera doble** stepladder; **escalera espiral** spiral staircase; **escalera excusada** or **falsa** private stairs (*to bedrooms and apartments*); **escalera extensible** extension ladder; **escalera hurtada** secret stairway; **escalera interior** back stairs; **escalera mecánica** escalator; **escalera movible** ladder; **escalera móvil** or **rodante** moving stairway, escalator
escalerilla *f* low step; car step; short ladder; sequence of three or five (*in cards*); rack (*for pinion*); (vet.) mouth prop, jaw lever (*for exploring horse's mouth*)
escalerista *m* (Am.) stairbuilder
escalerón *m* large stairway; peg ladder
escaleta *f* frame for lifting carriages
escalfado -da *adj* blistered (*said of plastered wall*); poached (*egg*)
escalfador *m* barber's metal pitcher (*for heating water*); chafing dish; painter's torch
escalfar *va* to poach (*eggs*); to burn, to bake (*bread*) brown
escalfarote *m* hair-lined or hay-lined shoe or boot
escalfeta *f* var. of **chofeta**
escalinata *f* stone step, front step
escalio *m* wasteland to be cultivated
escalmo *m* (naut.) thole; heavy wedge
escalo *m* burglary, breaking in; digging for escape, digging for forcible entry
escalofriado -da *adj* chilly, chilled
escalofriante *adj* chilling; frightening, hair-raising
escalofriar §90 *va* to cause (*someone*) to shudder
escalofrío *m* chill
escalón *m* step, rung; tread (*of step*); (fig.) echelon, step, stage, grade; (fig.) stepping stone (*to fulfill an ambition*); (mil.) echelon; (rad.) stage; **en escalones** irregularly, unevenly (*made or cut*)
escalona *f* (bot.) scallion
escalonar *va* to place at intervals, to space out, to spread out; to stagger (*e.g., working hours*); to mark off (*at intervals*); (mil.) to echelon
escalonia or **escaloña** *f* var. of **escalona**
escalpar *va* to scalp
escalpelo *m* (surg.) scalpel
escama *f* (zool. & bot.) scale; resentment, grudge; fear, suspicion
escamado -da *adj* (coll.) fearful, distrustful; *m* scalework; *f* embroidery in scalework
escamadura *f* scaling
escamar *va* to scale; (coll.) to frighten, to shake the confidence of; *vr* to scale; (coll.) to be scared, to lose confidence
escamel *m* sword-maker's anvil
escamocho *m* leavings (*of food and drink*)
escamón -mona *adj* fearful, apprehensive
escamonda *f* pruning
escamondadura *f* pruned branches
escamondar *va* to prune (*a tree*); (fig.) to trim, to prune
escamondo *m* var. of **escamonda**
escamonea *f* (bot. & pharm.) scammony
escamonear *vr* (coll.) to lose confidence, become suspicious
escamoso -sa *adj* scaly, squamous
escamotar *va* to make disappear by sleight of hand; to palm (*a card*); to whisk out of sight, to cause to vanish; to snitch, to swipe; *vr* to disappear
escamoteable *adj* retractable
escamoteador -dora *mf* prestidigitator; thief, swindler
escamotear *va & vr* var. of **escamotar**
escamoteo *m* sleight of hand; palming; snitching, swiping
escampado -da *adj* free, open, clear; *f* break in rain, clear spell
escampar *va* to clear out; *vn* to stop raining; to ease up, to stop
escampavía *f* (naut.) scout; (naut.) revenue cutter, coast guard cutter
escampo *m* emptying, clearing out; end of rain
escamudo -da *adj* scaly
escamujar *va* to prune (*especially olive trees*); to clear out (*branches*)
escamujo *m* pruning, clearing out of branches
escancia *f* pouring, serving, or drinking wine
escanciador -dora *mf* one who passes the wines or other drinks
escanciar *va* to pour, to serve, to drink (*wine*); *vn* to drink wine
escanda *f* (bot.) spelt (*wheat*)
escandalar *m* (naut.) compass room (*in a galley*)
escandalera *f* (coll.) commotion, excitement
escandalizador -dora *adj* scandalizing; *mf* scandalizer
escandalizar §76 *va* to scandalize; to outrage; *vr* to be scandalized; to be angered or irritated
escandalizativo -va *adj* scandalous
escándalo *m* scandal; shameful conduct, bad example; commotion, uproar; surprise, wonder; **causar escándalo** to make a scene
escandaloso -sa *adj* scandalous; turbulent, violent, restless; *f* (naut.) gafftopsail; **echar la escandalosa** (coll.) to use harsh words, to scold abusively
escandallar *va* (naut.) to sound; to sample (*a product*)
escandallo *m* (naut.) sounding lead; sampling (*of a product*); (com.) cost accounting; **echar el escandallo** (naut.) to take soundings
escandelar *m* var. of **escandalar**
escandia *f* (bot.) emmer
Escandinavia *f* Scandinavia
escandinavo -va *adj & mf* Scandinavian
escandio *m* (chem.) scandium
escandir *va* to scan (*verse*)
escansión *f* scansion
escantillar *va* to measure off, to lay off
escantillón *m* pattern, templet; rule, gage
escaña *f* var. of **escanda**
escaño *m* settle, bench with back for two or more people; seat (*in parliament*); (Am.) park bench
escañuelo *m* footstool
escapada *f* escape, flight; escapade; run, quick trip; **en una escapada** at full speed
escapadita *f* quick getaway; flying trip
escapamiento *m* var. of **escapada**
escapar *va* to save, preserve, to free; to drive (*a horse*) hard; *vn* to escape; to slip away, to flee, to run away; **escapar a** to escape (*e.g., death*); *vr* to escape; to slip away, to flee, to run away; to escape, to leak (*said of gas, water, etc.*); **escaparse a** to escape from (*a person*); to escape (*death*); **escaparse de** to escape from (*e.g., jail*); **escapársele a uno** to let slip, to say inadvertently; to miss, to not notice; to escape one's notice
escaparate *m* show window; cabinet (*for displaying curios or specimens*)
escaparatista *mf* window dresser
escapatoria *f* escape, getaway; (coll.) subterfuge, evasion; (fig.) escape (*from responsibilities, duties, etc.*)
escape *m* escape; flight; leak; exhaust; exhaust valve; escapement (*of a watch*); **a escape** at full speed, on the run; **escape de áncora** (horl.) anchor escapement; **escape de rejilla** (rad.) grid leak; **escape libre** (mach.) cutout
escapismo *m* escapism
escapista *adj & mf* escapist
escapo *m* (arch., bot. & zool.) scape
escápula *f* (anat.) scapula, shoulder blade
escapular *adj* scapular; *va* (naut.) to double or to round (*a cape*)
escapulario *m* scapular, scapulary
escaque *m* square (*of checkerboard or chessboard*); (her.) square; **escaques** *mpl* chess
escaqueado -da *adj* checkered
escara *f* see **escaro**
escarabajear *va* (coll.) to harass, to worry; *vn* to crawl around, to swarm; to scrawl, to scribble
escarabajeo *m* (coll.) harassment, worry
escarabajo *m* (ent.) scarab, black beetle; (f.a.) scarabaeus; flaw (*in fabric or casting*); (coll.) runt; **escarabajos** *mpl* (coll.) scribbling, scrawl; **escarabajo de agua** (ent.) water beetle; **escarabajo enterrador** (ent.) burying beetle; **escarabajo estercolero** (ent.) dor, dorbeetle; **escarabajo patatero** (ent.)

potato beetle or bug; **escarabajo pelotero** (ent.) tumblebug; **escarabajo sepulturero** (ent.) burying beetle
escarabajuelo *m* (ent.) vine beetle
escaramucear *vn* var. of **escaramuzar**
escaramujo *m* (bot.) dog rose (*plant and fruit*); (zool.) barnacle (*Pollicipes cornucopia*)
escaramuza *f* skirmish
escaramuzador *m* skirmisher
escaramuzar §76 *vn* to skirmish
escarapela *f* cockade; quarrel ending in hair pulling or fisticuffs
escarapelar *vn & vr* to quarrel, to wrangle (*said of women*); **escarapelársele a uno el cuerpo** to have goose flesh
escaravia *f* (bot.) skirret
escarbadientes *m* (*pl:* **-tes**) toothpick
escarbador *m* scraper, scratcher; pryer; plugging chisel
escarbadura *f* scraping, scratching
escarbaorejas *m* (*pl:* **-jas**) earpick
escarbar *va* to scratch, to scratch up (*the ground*); to dig into; to poke (*the fire*); to pick (*teeth, ears, etc.*); to pry into
escarbo *m* scraping, scratching
escarcela *f* large pouch; game bag; cuisse or cuish (*of armor*)
escarceo *m* evasion, digression; (naut.) small bubbling waves (*due to currents*); **escarceos** *mpl* prancing
escarcina *f* cutlass
escarcha *f* frost, hoarfrost
escarchado -da *adj* frosted; *m* frost-like embroidery of gold or silver; *f* (bot.) ice plant
escarchar *va* to frost, to put frosting on (*e.g., a cake*); to dilute (*potter's clay*); to spangle; *vn* to be frost, e.g., **esta noche ha escarchado** last night there was frost
escarche *m* frost-like embroidery of gold and silver
escarcho *m* (ichth.) red surmullet
escarda *f* weeding; weeding time; weeding hoe
escardadera *f* weeder (*woman*); weeding hoe
escardador -dora *mf* weeder (*person*); *m* weeding hoe
escardadura *f* weeding
escardar or **escardillar** *va* to weed, to weed out
escardillo *m* dibble, weeding hoe; flicker in the dark
escariador *m* reamer
escariar *va* to ream
escarificación *f* (agr. & surg.) scarification
escarificador *m* (agr.) scarifier, cultivator, harrow; (surg.) scarifier, scarificator
escarificar §86 *va* (agr. & surg.) to scarify; (surg.) to remove the dead skin from
escarioso -sa *adj* (bot.) scarious
escarizar §76 *va* (surg.) to remove the dead skin from
escarlador *m* comb polisher
escarlata *adj* scarlet; *f* scarlet (*color and cloth*); (path.) scarlet fever
escarlatina *f* (path.) scarlatina, scarlet fever; crimson woolen fabric
escarmenar *va* to comb (*wool, silk, etc.*); to take away (*money or something else*) as punishment; to cheat a little at a time
escarmentar §18 *va* to punish severely; *vn* to learn by experience, to learn one's lesson; **escarmentar en cabeza ajena** to learn by another person's mistakes; **escarmentar en cabeza propia** to learn by one's own mistakes
escarmiento *m* punishment, penalty; lesson, example, warning; caution, wisdom
escarnecedor -dora *adj* scoffing, ridiculing; *mf* scoffer
escarnecer §34 *va* to scoff at, to make fun of, to ridicule
escarnecidamente *adv* scoffingly, mockingly
escarnecimiento or **escarnio** *m* scoffing, derision, gibe
escaro -ra *adj* duck-toed; *m* (ichth.) scarus, parrot fish; *f* (path.) slough
escarola *f* (bot.) endive; head of endive; (archaic) ruff, frill
escarolado -da *adj* ruffled, frilled, curled
escarolar *va* var. of **alechugar**
escarótico -ca *adj & m* (med.) escharotic
escarpa *f* scarp, escarpment; (fort.) scarp, escarpment
escarpado -da *adj* steep; rough, rugged, craggy
escarpadura *f* scarp, escarpment; cliff, bluff; solleret (*of armor*)
escarpar *va* to scarp, to escarp; to rasp (*sculpture*)
escarpe *m* var. of **escarpadura**
escarpelo *m* rasp; (surg.) scalpel
escarpia *f* tenterhook; meat hook; spike
escarpiador *m* clamp, staple (*to fasten a pipe to a wall*)
escarpidor *m* large-toothed comb
escarpín *m* pump (*slipperlike shoe*); sock (*worn over stocking or other sock*)
escarpión; en escarpión in the form of a tenterhook
escartivana *f* var. of **cartivana**
escarza *f* (vet.) sore hoof (*from nail*)
escarzano *adj masc* segmental (*arch*)
escarzar §76 *va* to clear (*a hive*) of black combs; to bend (*a stick*) into an arc by means of cords
escarzo *m* black comb without honey; removal of honey from hive; floss silk; punk
escasear *va* to give sparingly; to save, to spare, to avoid; to bevel, to cut at an angle; *vn* to be scarce, to become scarce
escasero -ra *adj* (coll.) sparing; (coll.) saving, frugal; (coll.) stingy; *mf* (coll.) skinflint
escasez *f* scarcity, shortness; want, need; stinginess
escaso -sa *adj* scarce; little, slight; scanty; parsimonious, frugal; stingy; scant, e.g., **media hora escasa** a scant half-hour; **escaso de** scant of, short of
escatimar *va* to scrimp; **escatimar a uno la comida** to scrimp someone for food; *vn* to scrimp
escatimoso -sa *adj* sly, scrimpy, mean
escatología *f* scatology; (theol.) eschatology
escatológico -ca *adj* scatological; eschatological
escavanar *va* to loosen and weed (*the ground*)
escayola *f* scagliola; stucco
escayolar *va* to overlay with scagliola; to stucco; (surg.) to put in a plaster cast
escena *f* scene; stage; incident, episode; **poner en escena** to stage (*a play*)
escenario *m* stage; setting; background
escénico -ca *adj* scenic (*pertaining to a stage or to stage effects*)
escenificación *f* staging, portrayal; adaptation for the stage
escenificar §86 *va* to stage, to portray; to adapt for the stage
escenografía *f* scenography
escenográfico -ca *adj* scenographic or scenographical
escenógrafo -fa *adj* scenographic; *mf* scenographer
escepticismo *m* scepticism
escéptico -ca *adj* sceptic or sceptical; *mf* sceptic
esciente *adj* knowing
escila *f* (bot.) squill; (*cap.*) *f* (geog. & myth.) Scylla; **estar entre Escila y Caribdis** to be between Scylla and Charybdis
escinco *m* (zool.) skink
escindible *adj* fissionable
escindir *va* to split
Escipión *m* Scipio
escirro *m* (path.) scirrhus
escirroso -sa *adj* scirrhous
escisión *f* scission, fission; splitting; schism; (biol.) fission; (surg.) excision
escita *adj & mf* Scythian
Escitia, la Scythia
escítico -ca *adj* Scythian
esclarea *f* (bot.) clary
esclarecedor -dora *adj* enlightening; ennobling
esclarecer §34 *va* to brighten, to light up; to explain, to elucidate; to enlighten; to ennoble; *vn* to dawn
esclarecidamente *adv* illustriously, nobly; brilliantly
esclarecido -da *adj* illustrious, noble; manifest, obvious

E

esclarecimiento *m* illumination; explanation, elucidation; enlightenment; ennoblement
esclavina *f* pelerine; tippet; pilgrim's cloak
esclavista *adj* proslavery; *mf* advocate of slavery
esclavitud *f* slavery
esclavización *f* enslavement
esclavizar §76 *va* to enslave
esclavo -va *adj* enslaved; **esclavo de su palabra** faithful to one's word; *mf* slave; (fig.) slave, drudge
esclavón -vona *adj & mf* var. of **eslavón**
esclavonio -nia *adj & mf* var. of **eslavonio;** (*cap.*) *f* var. of **Eslavonia**
esclerénquima *m* (bot.) sclerenchyma
esclerocio *m* (bot.) sclerotium
esclerodermia *f* (path.) scleroderma
escleroma *m* (path.) scleroma
esclerómetro *m* sclerometer
esclerosis *f* (*pl:* **-sis**) (path. & bot.) sclerosis; **esclerosis en placas** or **esclerosis múltiple** (path.) multiple sclerosis
escleroso -sa *adj* sclerous; (path.) sclerotic
esclerótico -ca *adj & f* (anat.) sclerotic
esclerotitis *f* (path.) sclerotitis
esclerotomía *f* (surg.) sclerotomy
esclusa *f* lock, floodgate, sluice; **esclusa de aire** (eng.) caisson
esclusada *f* lockful; flood of water released to swell a river
esclusero *m* lock tender
esc.º abr. of **escudo**
escoa *f* (naut.) point of greatest curvature (*of a ship's rib*)
escoba *f* broom; (bot.) broom
escobada *f* sweep; quick sweeping
escobadera *f* woman sweeper
escobajo *m* old broom; grape stem (*with grapes removed*)
escobar *m* field of broom; *va* to sweep with a broom
escobazar §76 *va* to sprinkle with a wet broom
escobazo *m* blow with a broom; sweep
escobén *m* (naut.) hawsehole
escobera *f* see **escobero**
escobería *f* broom factory; broom store
escobero -ra *mf* broom maker or vendor; *f* (bot.) Spanish broom
escobeta *f* brush, small broom
escobilla *f* brush, whisk, small broom; sweepings of gold or silver (*e.g., in a mint*); (bot.) teasel (*plant and bur*); (elec.) brush; **escobilla de afeitar** or **de barba** shaving brush; **escobilla de carbón** (elec.) carbon brush
escobillado *m* (Am.) brush (*in dancing*)
escobillar *va* to brush
escobillón *m* push broom; boiler-flue cleaner; (gun.) swab
escobina *f* chips from drilling; filings
escobo *m* broom thicket, brushwood
escobón *m* long-handled broom; short-handled broom; scrubbing brush; (bot.) broom
escocedura *f* chafing, chafed skin
escocer §30 *va* to chafe; to annoy, to displease; *vn* to smart, to sting; *vr* to feel sorry; to chafe, become chafed
escocés -cesa *adj* Scotch; *mf* Scot; *m* Scotchman; Scotch (*dialect; whiskey*); *f* (mus.) écossaise
escocia *f* (arch.) scotia; codfish; (*cap.*) *f* Scotland; **la Nueva Escocia** Nova Scotia
escocimiento *m* smarting or stinging sensation; chafed skin
escoda *f* bushhammer
escodadero *m* place where deer rub the velvet off their antlers
escodar *va* to bushhammer, to carve or trim (*stone*) with bushhammer, to shake or rub (*the antlers*) to free them of velvet; (prov.) to cut off the tail of
escofieta *f* hair net
escofina *f* rasp
escofinar *va* to rasp
escofión *m* net headpiece
escogedor -dora *adj* choosing, selecting; *mf* chooser, selector
escoger §49 *va* to choose, to select
escogidamente *adv* cleverly, wisely; completely, in an excellent manner; carefully
escogido -da *adj* selected; choice, select; **los escogidos** (theol.) the elect
escogimiento *m* choosing, selecting
escolanía *f* choirboys' school or association (*in Catalonia*)
escolano *m* choirboy (*pupil*)
escolapio -pia *adj* pertaining to the Scuole Pie (*religious schools founded in Rome in the seventeenth century*); *m* Escolapio, Piarist
escolar *adj* (pertaining to) school, scholastic; *m* pupil, scholar; §77 *vn & vr* to squeeze one's way
escolástica *f* see **escolástico**
escolasticismo *m* scholasticism; (philos.) scholasticism
escolástico -ca *adj & mf* scholastic; *f* scholasticism
escólex *m* (*pl:* **escólex**) (zool.) scolex
escoliador *m* scholiast
escoliar *va* to comment, to gloss (*a text*)
escoliasta *m* scholiast
escolimado -da *adj* (coll.) weak, sickly
escolimoso -sa *adj* (coll.) impatient, restless
escolio *m* scholium
escoliosis *f* (path.) scoliosis
escolopendra *f* (zool.) scolopendra, centipede; (bot.) hart's-tongue
escolta *f* escort; attendant; (aer. & nav.) escort
escoltar *va* to escort, to attend
escollar *vn* (Am.) to hit a reef, to run aground on a reef; (Am.) to fail
escollera *f* rock fill; jetty, breakwater; row of rocks jutting out of the sea
escollo *m* reef, rock; (fig.) pitfall; (fig.) stumbling block
escolloso -sa *adj* dangerous, risky; thorny (*problem*)
escombra *f* clearing, clearing out
escombrar *va* to clear, to clear out
escombrera *f* dump, spoil bank
escombro *m* rubbish, debris; (ichth.) mackerel; **escombros** *spl* rubbish, debris; (min.) deads
escomer *vr* to wear away
esconce *m* corner, angle
escondedero *m* hiding place
esconder *m* hide-and-seek; *va* to hide; to harbor, to contain; *vr* to hide; to lurk
escondidamente *adv* secretly, hiddenly
escondido -da *adj* hidden, out of the way; **a escondidas** secretly, on the sly; **a escondidas de** without the knowledge of; **en escondido** secretly, on the sly
escondillas; a escondillas hiddenly, on the sly
escondimiento *m* hiding, concealment
escondite *m* hiding place; hide-and-seek; **jugar al escondite** to play hide-and-seek
escondrijo *m* hiding place; nook
esconzado -da *adj* angular
escopeta *f* shotgun; **aquí te quiero, escopeta** (coll.) now or never; **escopeta blanca** gentleman hunter; **escopeta de aire comprimido** air rifle; **escopeta de dos cañones** double-barreled shotgun; **escopeta de viento** air rifle; **escopeta negra** professional hunter
escopetar *va* (min.) to clear the earth from (*a gold mine*)
escopetazo *m* gunshot; gunshot wound; sudden bad news; (Am.) sarcasm, insult
escopetear *va* to shoot at with a shotgun; *vr* to shoot at each other with shotguns; **escopetearse a** (coll.) to shower each other with, e.g., **se escopeteaban a lisonjas** they showered each other with flattery; **se escopeteaban a improperios** they showered each other with insults
escopeteo *m* firing a shotgun; gunfire
escopetería *f* soldiers armed with shotguns; gunfire
escopetero *m* soldier armed with a shotgun, musketeer; gunner; armed guard; gunsmith
escopladura *f* chisel cut, notch, mortise
escopleadora *f* mortising machine
escopleadura *f* var. of **escopladura**
escoplear *va* to chisel
escoplo *m* turning chisel, woodworking chisel
escopolamina *f* (chem.) scopolamine
escora *f* (naut.) level line; (naut.) shore; (naut.) list

escorar *va* (naut.) to shore; *vn* (naut.) to list; (naut.) to reach low tide
escorbútico -ca *adj & mf* scorbutic
escorbuto *m* (path.) scorbutus, scurvy
escorchar *va* to flay, to skin
escordio *m* (bot.) water germander
escoria *f* scoria, dross, slag; (fig.) trash, dregs; (petrog.) scoria
escoriáceo -a *adj* scoriaceous
escorial *m* slag dump; lava bed; abandoned mine; **El Escorial** El Escorial (*town in central Spain*); the Escorial or the Escurial (*monastery, palace, and royal mausoleum at El Escorial, built in sixteenth century*)
escoriar *va* var. of **excoriar**
escorificar §86 *va* to scorify
escorpena or **escorpina** *f* (ichth.) scorpene
Escorpio *m* (astr.) Scorpio
escorpioide *f* (bot.) scorpion grass
escorpión *m* (ent.) scorpion; scorpion (*scourge; ancient catapult*); (ichth.) scorpion fish; (*cap.*) *m* (astr.) Scorpio; **tener lengua de escorpión** to have a biting tongue
escorrozo *m* (coll.) pleasure, enjoyment
escorzado *m* var. of **escorzo**
escorzar §76 *va* (f.a.) to foreshorten
escorzo *m* (f.a) foreshortening
escorzón *m* (zool.) toad
escorzonera *f* (bot.) viper's-grass
escoscar §86 *va* to remove the dandruff from; to hull, to shell; *vr* to shrug one's shoulders
escota *f* (naut.) sheet; **escota mayor** (naut.) mainsheet
escotado -da *adj* sharp, pointed; low-necked; *m* low neck (*in a dress*); armhole (*in armor*); (theat.) large trap door; notch, recess
escotadura *f* low neck (*in dress*); armhole (*in armor*); (theat.) large trap door; notch, recess
escotar *va* to cut (*something*) to fit; to draw water from (*e.g., a river*) through a drain or trench; *vn* to club together, to go Dutch
escote *m* low neck; tucker; share, quota, scot; **ir a escote** or **pagar a escote** to go Dutch
escotero -ra *adj* traveling light (*i.e., without baggage*); *f* (naut.) sheet hole; (naut.) chock
escotilla *f* (naut.) hatchway
escotillón *m* hatchway, bulkhead, trap door (*e.g., to a cellar*); (theat.) trap door; (naut.) small hatchway
escotín *m* (naut.) topsail sheet
escotismo *m* Scotism
escozor *m* smarting or stinging sensation; sorrow, grief
escriba *m* scribe (*teacher of Jewish law*)
escribanía *f* court clerkship; court clerk's office; portable writing desk; writing materials
escribano *m* court clerk; lawyer's clerk; clerk; (archaic) scrivener; (archaic) notary; **escribano del agua** (ent.) whirligig beetle
escribido -da *pp of* **escribir,** used only in expression **leído y escribido** (coll.) posing as learned
escribidor *m* (coll.) poor writer
escribiente *mf* clerk, office clerk; writer; **escribiente a máquina** typist
escribir *m* writing; **§17,** 9 *va & vn* to write; *vr* to enroll, to enlist; to write to each other; **no escribirse** to be impossible to describe, to be impossible to say
escriño *m* straw hamper; jewel case; hiding place; (prov.) cup of acorn
escrit.ª abr. of **escritura**
escrita *f* see **escrito**
escritilla *f* lamb's fry
escrito -ta *pp of* **escribir;** *adj* streaked; *m* writing; document, manuscript; (law) writ, brief; **por escrito** in writing; *f* (ichth.) spotted skate
escritor -tora *mf* writer
escritorcillo -lla *mf* writer of no account
escritorio *m* writing desk, escritoire; (print.) desk with sloping top; office; **escritorio ministro** office desk; **escritorio norteamericano** roll-top desk
escritura *f* writing; handwriting, script; (law) indenture, instrument; (law) sworn statement; (law) deed; **escritura al tacto** touch typewriting; **escritura a máquina** typewriting; **escritura de riesgo** (naut.) marine-insurance policy; (*cap.*) *f* Scripture; **Sagrada Escritura** Holy Scripture
escriturar *va* (law) to establish by affidavit, to execute (*e.g., a sale*) by means of a deed; to book (*e.g., an actor for a play*)
escriturario -ria *adj* (law) notarial; *m* Scripturist
escrnía. abr. of **escribanía**
escrno. abr. de **escribano**
escrófula *f* (path.) scrofula
escrofularia *f* (bot.) figwort
escrofuloso -sa *adj* scrofulous
escrotal *adj* scrotal
escroto *m* (anat.) scrotum
escrupulillo *m* slight scruple; jinglet
escrupulizar §76 *vn* to scruple, have scruples; to be overcautious
escrúpulo *m* scruple; (pharm.) scruple
escrupulosidad *f* scrupulosity, scrupulousness
escrupuloso -sa *adj* scrupulous
escrutación *f* scrutiny, examination
escrutador -dora *adj* searching; *mf* examiner, inspector; teller of votes, inspector of election returns
escrutar *va* to scrutinize; to count (*votes*)
escrutinio *m* scrutiny; inspection of election returns, counting of votes
escrutiñador -dora *mf* examiner, inspector, censor
escuadra *f* (carp.) square; triangle (*of draftsman*); bracket; angle iron, angle brace, gusset; squad, gang; (mil.) squad; (nav.) squadron; **a escuadra** square, at right angles; **falsa escuadra** bevel square; **fuera de escuadra** out of square; **escuadra de agrimensor** cross-staff; **escuadra falsa** bevel square
escuadración *f* squaring
escuadrar *va* (carp.) to square
escuadreo *m* squaring, quadrature
escuadría *f* dimensions of cross section
escuadrilla *f* (nav. & aer.) escadrille
escuadrón *m* flock, swarm; (mil.) squadron (*of cavalry*)
escuadronista *m* (mil.) cavalry tactician
escualidez *f* squalor; paleness, emaciation
escuálido -da *adj* squalid; pale, emaciated, thin
escualo *m* (ichth.) spiny dogfish
escualor *m* squalor
escucha *f* listening; chaperon (*in convents*); (mil.) scout, vedette; **estar de escucha** (coll.) to eavesdrop; *mf* listener
escuchador -dora *adj* listening
escuchar *va* to listen to; to heed, to mind; *vn* to listen; *vr* to speak with pompous deliberation, to be pleased at the sound of one's own voice
escuchimizado -da *adj* feeble, exhausted
escudar *va* to shield
escuderaje *m* shield service
escuderear *va* to wait on, to attend
escudero *m* shield-bearer, esquire; nobleman; lady's page; shield maker
escuderón *m* (coll.) fourflusher
escudete *m* escutcheon; (sew.) gusset; (carp.) escutcheon, escutcheon plate (*around keyhole*); (bot.) white water lily
escudilla *f* bowl
escudo *m* shield, buckler; (bot., her. & fig.) shield; (zool.) shield, scute, scutum; coat of arms; escutcheon, escutcheon plate (*around keyhole*); (naut.) backboard; **escudo de armas** coat of arms; **escudo térmico** heat shield (*of space capsule*)
escudriñador -dora *adj* scrutinizing, prying; *mf* scrutinizer, prier
escudriñamiento *m* scrutinizing, scrutiny
escudriñar *va* to scrutinize, to pry into
escuela *f* school; **hacer escuela** to start or found a school; to set a fashion; **escuela comercial** business college; **escuela de artes y oficios** trade school; **escuela de graduados** graduate school; **escuela de ingenieros de montes** forestry school; **escuela del hogar y profesional de la mujer** school of home economics; **escuela de párvulos** kindergarten; **escuela de verano** summer school; **escuela dominical** Sunday school; **Escuela Naval Militar** Naval Academy

(U.S.A.); Royal Naval College (Brit.); **escuela normal** normal school; **escuela para enfermeras** school of nursing; **escuela parroquial** parochial school; **escuela preparatoria** preparatory school
escuelante *m* (Am.) schoolboy; *f* (Am.) schoolgirl; *mf* (Am.) teacher
escuelero -ra *mf* (Am.) pupil; (Am.) teacher
escuerzo *m* (zool.) toad; (coll.) sickly-looking person
escueto -ta *adj* free, unencumbered; plain, bare, unadorned
escuintle *m* (Am.) mutt; (Am.) brat
Esculapio *m* (myth.) Aesculapius; (fig.) Aesculapian (*any physician*)
esculcar §86 *va* (Am.) to search, to frisk
esculpidor *m* sculptor; engraver
esculpir *va* to sculpture, to carve; to engrave
escultismo *m* scoutcraft, outdoor activities
escultista *mf* scout, athlete; *m* outdoorsman
escultor *m* sculptor
escultora *f* sculptress
escultórico -ca *adj* sculptural
escultura *f* sculpture
escultural *adj* sculptural, sculpturesque, statuesque
escuna *f* (naut.) schooner
escupetina *f* var. of **escupitina**
escupidera *f* cuspidor, spittoon; (prov. & Am.) chamber pot
escupidero *m* spitting place, place full of spit; (fig.) seat of scorn, embarrassing position
escupido -da *adj* the spit and image of, e.g., **María es escupida la madre** Mary is the spit and image of her mother; *m* spit, spittle
escupidor -dora *adj* spitting all the time; *mf* great spitter; *m* (prov. & Am.) cuspidor, spittoon; (Am.) round mat
escupidura *f* spit, spittle; fever blister or sore
escupir *va* to spit; to cast aside with scorn; to throw off; (fig.) to spit, to spit forth; *vn* to spit; **escupir a** to scoff at
escupitajo *m* (coll.) spit, spittle
escupitina *f* (coll.) spit, spittle; (coll.) spitting, constant spitting
escupitinajo *m* (coll.) var. of **escupitajo**
escupo *m* spit, spittle
escurar *va* to scour (*cloth*) before fulling
escurialense *adj* pertaining to El Escorial (*town*) and to the Escorial (*building*)
escurra *m* scoundrel, rascal
escurreplatos *m* (*pl:* **-tos**) dish rack, draining rack
escurribanda *f* (coll.) subterfuge, evasion; (coll.) looseness of bowels; (coll.) running (*of a sore*); (coll.) scuffle
escurridero *m* drainpipe, drain hole, outlet; drainboard; slippery place; (phot.) rack for drying plates
escurridizo -za *adj* slippery
escurrido -da *adj* narrow-hipped; wearing tight-fitting skirts; (Am.) abashed, ashamed
escurridor *m* colander; dish rack, draining rack; (phot.) rack for drying plates
escurriduras or **escurrimbres** *fpl* lees, dregs
escurrimiento *m* draining; dripping; (elec.) creepage; (fig.) slip
escurrir *va* to drain (*a vessel; a liquid; dishes*); to wring, to wring out; to slip; *vn* to drip, to ooze, to trickle; to slip, to slide; to be slippery; *vr* to drip, to ooze, to trickle; to slip, to slide; to escape, to slip away; to slip out (*said of a remark*); **escurrirse de entre las manos** to slip out of or through one's hands
escusalí *m* (*pl:* **-líes**) little apron
Escútari *m* Scutari
escutelado -da *adj* (bot., zool. & orn.) scutellate
escutelo *m* (bot. & zool.) scutellum
escutiforme *adj* scutiform, scutate
Esdras *m* (Bib.) Esdras
esdrujulear *vn* to use proparoxytones all the time
esdrujulizar §76 *va* to give a proparoxytonic accent to
esdrújulo -la *adj* (gram.) proparoxytonic; (*verse*) whose last word is accented on antepenult; *m* (gram.) proparoxytone
ese, esa *adj dem* (*pl:* **esos, esas**) that; **ese** *f* s (*letter*); S-shaped link (*of chain*); sound hole (*in violins*); **hacer eses** to zigzag, to reel (*from too much drink*)
ése, ésa *pron dem* (*pl:* **ésos, ésas**) that one; *f* your city
esecilla *f* little link
esencia *f* essence; gasoline; (chem.) essence; **en esencia** in essence; **quinta esencia** quintessence; **esencia de pera** banana oil
esencial *adj* & *m* essential
esfacelar *vr* (path.) to sphacelate
esfacelo *m* (path.) sphacelus
esfágnea *f* (bot.) sphagnum
esfena *f* or **esfeno** *m* (mineral.) sphene
esfenoidal *adj* sphenoidal
esfenoides *m* (anat.) sphenoid, sphenoid bone
esfera *f* (geom.) sphere; (fig.) sphere (*range, surroundings*); (poet.) sphere (*sky, heavens*); dial (*e.g., of clock*); **esfera armilar** armillary sphere; **esfera celeste** sphere, celestial sphere; **esfera de actividad** sphere of action; **esfera de influencia** (dipl.) sphere of influence
esferal *adj* var. of **esférico**
esfericidad *f* sphericity
esférico -ca *adj* sperical; *m* (sport) ball
esferilla *f* little sphere, little ball
esferoidal *adj* spheroidal
esferoide *m* (geom.) spheroid
esferómetro *m* spherometer
esférula *f* spherule
esfigmógrafo *m* (physiol.) sphygmograph
esfinge *f* sphinx; (fig.) sphinx (*mysterious person*); (fig.) sly, vengeful woman; (ent.) hawk moth
esfínter *m* (anat.) sphincter
esforrocinar *va* to trim runners from (*trunk of vine*)
esforrocino *m* (bot.) sarmentum or runner growing from trunk of vine
esforzado -da *adj* vigorous, courageous, enterprising
esforzador -dora *adj* encouraging
esforzar §52 *va* to strengthen, to invigorate; to encourage; *vr* to exert oneself; **esforzarse a, en** or **por** + *inf* to strive to + *inf*
esfragístico -ca *adj* sphragistic; *f* sphragistics
esfuerzo *m* effort; vigor, spirit, courage; stress
esfumado -da *adj* (paint.) sfumato
esfumar *va* (f.a.) to stump; (paint.) to tone down, to soften; *vr* to disappear, to fade away
esfuminar *va* (f.a.) to stump
esfumino *m* (f.a.) stump
esgarrar *va* to try to cough up (*phlegm*); to tear, rend; *vn* to clear one's throat
esgrafiado *m* (f.a.) sgrafitto
esgrafiar *va* (f.a.) to decorate with sgraffito
esgrima *f* fencing (*art*)
esgrimidor *m* fencer
esgrimidura *f* fencing (*act*)
esgrimir *va* to wield; to brandish; to swing (*e.g., a new argument*); *vn* to fence
esgrimista *mf* (Am.) fencer; (Am.) gyp, panhandler
esguazable *adj* fordable
esguazar §76 *va* to ford
esguazo *m* fording; ford
esgucio *m* (arch.) cavetto
esguín *m* (ichth.) samlet, parr
esguince *m* dodge, duck; feint; frown, scornful look; sprain, twist (*of a joint*)
esguízaro -ra *adj* & *mf* Swiss; **pobre esguízaro** (coll.) wretch, ragamuffin
eslabón *m* link (*of chain*); (fig.) link; steel (*for striking fire from flint; for sharpening knives*); **eslabón perdido** missing link (*between man and monkey*)
eslabonador -dora *adj* linking, interlinking
eslabonamiento *m* linkage, linking; interlinking, stringing together, sequence
eslabonar *va* to link; to interlink, to string together; *vr* to link
eslalom *m* slalom
eslavo -va *adj* Slav; Slavic; *mf* Slav; *m* Slavic (*language*)
eslavoeclesiástico *m* Church Slavic or Slavonic (*language*)
eslavón -vona *adj* & *mf* Slav

eslavonio -nia *adj & mf* Slavonian; (*cap.*) *f* Slavonia
eslinga *f* (naut.) sling
eslingar §59 *va* (naut.) to sling
eslizón *m* (zool.) seps
eslora *f* (naut.) length; **esloras** *fpl* (naut.) binding strakes (*of deck*)
eslovaco -ca *adj & mf* Slovak or Slovakian; *m* Slovak (*language*)
Eslovaquia *f* Slovakia
Eslovenia *f* Slovenia
esloveno -na *adj & mf* Slovene or Slovenian; *m* Slovenian (*language*)
esmaltado *m* enameling
esmaltador -dora *mf* enameler
esmaltadura *f* var. of **esmaltado**
esmaltar *va* to enamel; to adorn with bright colors; to adorn, to embellish
esmalte *m* enamel; enamel work; (anat.) enamel; smalt (*pigment and color*); (her.) tincture; **esmalte alveolado** or **tabicado** cloisonné; **esmalte campeado** or **vaciado** champlevé; **esmalte de uñas** or **esmalte para las uñas** nail polish
esmaltín *m* smalt
esmaltina *f* (mineral.) smaltite
esméctico -ca *adj* smectic
esmerado -da *adj* careful, painstaking
esmeralda *f* emerald
esmeraldino -na *adj* emerald (*in color*)
esmerar *va* to polish, to brighten; *vr* to take pains, to use great care; to get results; **esmerarse en** or **por** + *inf* to strive to + *inf*, to take pains to + *inf*
esmerejón *m* (orn.) goshawk; (orn.) merlin; small-caliber gun
esmeril *m* emery; small-caliber gun
esmerilador *m* grinder (*workman*)
esmeriladora *f* emery wheel, grinder
esmerilar *va* to grind, to polish with emery
esmerillón *m* swivel
esmero *m* great care; cleanliness, neatness
Esmirna *f* Smyrna
esmirriado -da *adj* var. of **desmirriado**
esmoladera *f* grindstone
esmoquin *m* var. of **smoking**
esnob *adj* snobbish; *mf* (*pl:* **esnobs**) snob
esnobismo *m* snobbery, snobbishness
esnordeste *m* east-northeast
eso *pron dem neut* that; **a eso de** about (*e.g., six o'clock*); **por eso** therefore, for that reason; **eso es** that's it; that is
esófago *m* (anat.) esophagus
esópico -ca *adj* Aesopian or Aesopic
Esopo *m* Aesop
esotérico -ca *adj* esoteric
esotro -tra *adj & pron dem* (archaic) that other
esotropia *f* (path.) esotropia
espabiladeras *fpl* snuffers
espabilar *va* to trim, to snuff (*candle*)
espaciado -da *adj* scattered; *m* (print.) spacing
espaciador *m* space bar
espacial *adj* spatial; (pertaining to) space
espaciamiento *m* spacing; expatiation
espaciar §90 (Am.) & **regular** *va* to space; to scatter, to spread; (print.) to space; (print.) to lead; *vr* to enlarge, to expatiate; to relax, to amuse oneself
espacio *m* space; room; period, interval; (mus.) interval; (print.) space; delay, slowness; **por espacio de** in the space of (*e.g., a year*); **espacio de almacenaje** storage space; **espacio de chispa** (elec.) spark gap (*of spark plug*); **espacio de pelo** (print.) hair space; **espacio euclidiano** (geom.) Euclidean space; **espacio exterior** outer space; **espacio vital** Lebensraum
espaciosidad *f* spaciousness
espacioso -sa *adj* spacious, roomy; slow, deliberate
espachurrar *va* var. of **despachurrar**
espada *f* sword; playing card (*representing a sword*) equivalent to spade; (ichth.) swordfish; **espadas** *fpl* card suit corresponding to spades; **entre la espada y la pared** between the devil and the deep blue sea; **envainar la espada** to sheathe the sword; **medir las espadas** to measure swords; **espada de Damocles** sword of Damocles; **espada de dos filos** two-edged sword; *m* swordsman; (taur.) matador
espadachín *m* swordsman, skilled swordsman; bully
espadador -dora *mf* scutcher, hemp or flax beater
espadaña *f* (bot.) cattail, bulrush, reed mace (*Typha latifolia*); bell gable; **espadaña fina** (bot.) flagon
espadañada *f* spewing of blood; abundance, large number
espadañal *m* meadow full of cattail
espadañar *va* to spread out (*the tail feathers*)
espadar *va* to swingle, to scutch
espadarte *m* (ichth.) swordfish
espadería *f* sword cutlery, sword shop
espadero *m* swordmaker, swordsmith, sword dealer
espádice *m* (bot.) spadix
espadilla *f* scull (*oar*); swingle; ace of spades; bodkin (*for lady's hair*); red insignia of order of Santiago
espadillar *va* to swingle
espadín *m* rapier
espadón *m* (coll.) brass hat (*in army and elsewhere*); (coll.) braggart soldier; eunuch
espadrapo *m* var. of **esparadrapo**
espagírico -ca *adj* metallurgic; spagyric, iatrochemical; *f* metallurgy; spagyric, iatrochemistry
espahí *m* (*pl:* **-híes**) spahi
espalar *va* to shovel (*e.g., snow*)
espalda *f* back; **espaldas** *fpl* back, shoulders; (mil.) rearguard; **a espaldas** or **a espaldas vueltas** treacherously; **a espaldas de** behind, back of (*a building*); **cargado de espaldas** round-shouldered; **dar de espaldas** to fall on one's back; **echarse a las espaldas** to forget about (*a worry, duty, etc.*); **echarse sobre las espaldas** to take on, to assume as a responsibility; **hablar por las espaldas de** to talk behind the back of; **no sacarle espaldas al trabajo** to keep one's shoulder to the wheel; **tener buenas espaldas** (coll.) to have broad shoulders; **volver las espaldas a** to turn a cold shoulder to
espaldar *m* back; backplate (*of armor*); back (*of chair*); shell, shield (*of turtle*); espalier, trellis; **espaldares** *mpl* wall hangings
espaldarazo *m* accolade; slap on the back; **dar el espaldarazo a** to approve, to validate, to recognize
espaldarcete *m* épaulière (*of armor*)
espaldarón *m* backplate (*of armor*)
espaldear *va* (naut.) to dash against the stern of (*a ship*)
espalder *m* stern rower (*in galley*)
espaldera *f* espalier, trellis; trellised wall
espaldilla *f* (anat.) scapula, shoulder blade; back (*of jacket*)
espalditendido -da *adj* (coll.) stretched out on one's back
espaldón *m* (carp.) mortise; (fort.) intrenchment
espaldonar *vr* (mil.) to hide from enemy fire
espaldudo -da *adj* broad-shouldered, heavy-set
espalera *f* espalier, trellis
espalmadura *f* parings (*of hoofs*)
espalmar *va* var. of **despalmar**
espalto *m* (paint.) dark glaze
espantable *adj* frightful, terrible
espantada *f* stampede (*flight*); cold feet
espantadizo -za *adj* shy, scary
espantador -dora *adj* frightening
espantajo *m* scarecrow (*figure; person*); (fig.) scarecrow, bugaboo
espantalobos *m* (*pl:* **-bos**) (bot.) bladder senna
espantamoscas *m* (*pl:* **-cas**) fly chaser; flytrap; fly net
espantapájaros *m* (*pl:* **-ros**) scarecrow (*figure*)
espantar *va* to scare, to frighten; to frighten away, to chase away; *vr* to become scared, to become frightened; to marvel, to wonder
espanto *m* fright, terror, consternation; threat; (Am.) ghost, spook
espantoso -sa *adj* frightful; awful, fearful, astounding

España *f* Spain; **la Nueva España** New Spain (*Mexico in colonial period*); **las Españas** Spain and the countries of Spanish America
español -ñola *adj* Spanish; **a la española** in the Spanish fashion or manner; *mf* Spaniard; *m* Spanish (*language*); **los españoles** the Spanish (*people*); *f* Spanish woman; **La Española** Hispaniola (*Santo Domingo*)
españolado -da *adj* Spanish-looking; *f* Spanish sort of remark, Spanish mannerism; (scornful) Spanish take-off (*by foreigners*)
españolar *va & vr* (coll.) var. of **españolizar**
españolería *f* var. of **españolada**
españoleta *f* ancient Spanish dance; (Am.) espagnolette
españolismo *m* love of Spain, Spanish patriotism; Spanish nature or essence; Hispanicism
españolización *f* Hispaniolization
españolizar §76 *va* to make Spanish or like Spanish; to make (*a word*) Spanish; *vr* to become Spanish, to adopt Spanish customs
esparadrapo *m* court plaster, sticking plaster
esparaván *m* (vet.) spavin; (orn.) sparrow hawk
esparavel *m* mortarboard, hawk; casting net
esparceta *f* (bot.) sainfoin
esparciata *adj & mf* Spartan
esparcidamente *adv* separately; here and there; merrily, freely
esparcido -da *adj* merry, gay, open, candid
esparcidor -dora *adj* scattering, spreading; relaxing, diverting; *mf* scatterer, spreader
esparcilla *f* (bot.) spurry, corn spurry; (bot.) sainfoin
esparcimiento *m* scattering, spreading; spreading abroad, dissemination; relaxation, diversion; joviality, openness, frankness; **esparcimiento de banda** (rad.) band spread
esparcir §50 *va* to scatter, to spread; to spread abroad; to relax, to divert; *vr* to scatter, to spread; to spread abroad; to disperse; to relax, to take it easy
esparragado *m* dish of asparagus
esparragador -dora *mf* asparagus grower
esparragar §59 *vn* to grow asparagus
espárrago *m* (bot.) asparagus (*plant and its shoots*); tent or awning pole; peg ladder; stud bolt; **espárragos** *mpl* asparagus (*for eating*)
esparragón *m* double-thread silk cloth
esparraguero -ra *mf* asparagus grower or dealer; *f* (bot.) asparagus (*plant*); asparagus bed; asparagus dish
esparrancado -da *adj* with one's legs wide apart; too wide apart or open
esparrancar §86 *vr* (coll.) to spread one's legs wide apart
Esparta *f* Sparta
Espártaco *m* Spartacus
espartal *m* esparto field
espartano -na *adj & mf* Spartan; (fig.) Spartan
esparteña *f* matweed sandal
espartería *f* esparto wear (*cordage, shoes, baskets, mats*); esparto-wear shop or business
espartero -ra *mf* esparto-wear maker or dealer
espartilla *f* horsebrush of esparto grass
espartizal *m* esparto field
esparto *m* (bot.) esparto or esparto grass
esparver *m* (orn.) sparrow hawk
espasmo *m* (path.) spasm; **espasmo cínico** (path.) cynic spasm
espasmódico -ca *adj* spasmodic, convulsive
espasticidad *f* (path.) spasticity
espástico -ca *adj* spastic
espata *f* (bot.) spathe
espatarrada *f* (coll.) var. of **despatarrada**
espático -ca *adj* (mineral.) spathic
espato *m* (mineral.) spar; **espato calizo** (mineral.) calcspar; **espato de Islandia** (mineral.) Iceland spar; **espato flúor** (mineral.) fluor spar; **espato pesado** (mineral.) heavy spar, barite
espátula *f* spatula; palette knife; putty knife; (orn.) shoveler, spoonbill; (bot.) stinking iris, gladdon
espatulado -da *adj* spatulate
espatulomancía *f* spatulamancy
espaviento *m* fuss, excitement
espavorido -da *adj* terrified, frightened
especia *f* spice
especiado -da *adj* spicy
especial *adj* special, especial; **en especial** especially
especialidad *f* specialty, speciality
especialista *adj & mf* specialist
especialización *f* specialization
especializar §76 *va, vn & vr* to specialize
especiar *va* to spice
especie *f* species; kind, sort; matter; objection, pretext, show, appearance; news, rumor; **en especie** in kind (*in goods or produce*); **escapársele a uno una especie** to be indiscreet, to talk too much; **la especie** the species (*mankind*); **soltar una especie** to try to draw a person out; **especies sacramentales** (eccl.) species
especiería *f* spice store; spicery (*spices*); spice business; grocery store
especiero -ra *mf* spice dealer; *m* spice box
especificación *f* specification
especificar §86 *va* to specify; to itemize
especificativo -va *adj* specificative; (gram.) restrictive
específico -ca *adj* specific; *m* specific (*medicine*); patent medicine
espécimen *m* (*pl:* **especímenes**) specimen
especiosidad *f* neatness, beauty; speciosity, speciousness
especioso -sa *adj* neat, beautiful; specious
especiota *f* (coll.) crazy idea; (coll.) hoax, fake news
espectacular *adj* spectacular
espectáculo *m* spectacle; **dar un espectáculo** to create a scene, to make a scene
espectador -dora *adj* watching; *mf* spectator
espectral *adj* spectral, ghostly; (phys.) spectral, spectrum
espectro *m* specter, phantom, ghost; (phys.) spectrum; **espectro de radio** radio spectrum; **espectro magnético** magnetic curves
espectrógrafo *m* spectrograph; **espectrógrafo de masa** or **de masas** (phys.) mass spectrograph
espectroscopia *f* spectroscopy
espectroscópico -ca *adj* spectroscopic
espectroscopio *m* spectroscope
especulación *f* contemplation; speculation; (com.) speculation; report, account, statement
especulador -dora *adj* speculating; *mf* speculator
especular *adj* specular; *va* to view, inspect, contemplate; to speculate about or on; *vn* to speculate; (com.) to speculate; (coll.) to manage to improve one's lot
especulativo -va *adj* speculative; *f* (philos.) faculty of speculation or reason
espéculo *m* (med. & surg.) speculum
espejado -da *adj* mirrorlike, smooth or bright (*as a mirror*); mirrored
espejar *va* var. of **despejar**
espejear *vn* to shine, to sparkle
espejeo *m* var. of **espejismo**
espejería *f* mirror shop
espejero *m* mirror maker or dealer
espejismo *m* (opt. & fig.) mirage
espejo *m* mirror, looking glass; (fig.) mirror; model; **espejo de cuerpo entero** pier glass, full-length mirror; **espejo de falla** (geol.) slickenside; **espejo de los incas** (mineral.) obsidian; **espejo de retrovisión** (aut.) rear-view mirror; **espejo de Venus** (bot.) Venus's-looking-glass; **espejo de vestir** pier glass, full-length mirror; **espejo retrovisor** (aut.) rear-view mirror; **espejo ustorio** burning glass
espejuelo *m* small looking glass; (mineral.) selenite; candied citron or pumpkin; (arch.) rose window with openings filled with selenite; (vet.) chestnut; (fig.) mirage; **espejuelos** *mpl* spectacles; lenses of spectacles
espeleología *f* speleology
espeleólogo -ga *mf* speleologist
espelta *f* (bot.) spelt
espélteo -a *adj* (pertaining to) spelt
espelunca *f* cave, cavern
espeluzar §76 *va & vr* var. of **despeluzar**

espeluznante *adj* hair-raising
espeluznar *va & vr* var. of **despeluzar**
espeluzno *m* (coll.) chill, terror
espeque *m* prop, support; lever, handspike
espera *f* wait, waiting; restraint, composure; respite; delay; (law) stay; (carp.) notch; (hunt.) blind, hunter's blind; **en espera** waiting; **en espera de** waiting for, while waiting for; **no tener espera** to be of the greatest urgency, to be unpostponable
esperador -dora *adj* expectant
esperantista *adj & mf* Esperantist
esperanto *m* Esperanto
esperanza *f* hope; hopefulness; **tener puesta su esperanza en** to pin one's faith on; **esperanza de vida** life expectancy
esperanzado -da *adj* hopeful (*having hope*)
esperanzador -dora *adj* hopeful (*causing or giving hope*)
esperanzar §76 *va* to give hope to, to make hopeful
esperanzoso -sa *adj* hopeful (*having great hope*)
esperar *va* to hope for; to hope; to expect; to await, to wait for; **ir a esperar** to go to meet; *vn* to hope; to wait; **esperar** + *inf* to hope to + *inf;* **esperar a que** + *subj* to wait until + *ind;* **esperar desesperando** to hope against hope; **esperar en** to put one's hope or trust in; **esperar que** + *fut ind* or *pres subj* to hope that + *fut ind;* **esperar sentado** to have a good wait, to wait for nothing; *vr* to expect
esperezar §76 *vr* to stretch, to stretch one's arms and legs
esperezo *m* stretching, stretching the arms and legs
esperinque *m* (ichth.) smelt
esperma *f* sperm; **esperma de ballena** spermaceti
espermaceti *m* spermaceti
espermático -ca *adj* spermatic
espermatofita *f* (bot.) spermatophyte
espermatorrea *f* (path.) spermatorrhea
espermatozoide *m* or **espermatozoo** *m* (zool.) spermatozoön
espermófita *f* var. of **espermatofita**
espermogonio *m* (bot.) spermogonium
espernada *f* open link (*at end of chain*)
esperón *m* (naut.) spur (*ram of war vessel*); (Am.) long wait
esperonte *m* (fort.) spur
esperpento *m* (coll.) fright (*ugly person or thing*); nonsense, absurdity
espesador *m* thickener
espesamiento *m* thickening (*act*)
espesante *m* thickening (*substance*)
espesar *m* thickness, depth (*of woods*); *va* to thicken; to make closer, to weave tighter; *vr* to thicken, to become thick or thicker
espesativo -va *adj* thickening
espeso -sa *adj* thick; heavy (*liquid*); dirty, greasy, untidy
espesor *m* thickness; (coll.) thickness (*of a liquid or gas*)
espesura *f* thickness; shock of hair; thicket; dirtiness, greasiness, untidiness
espetaperro; a espetaperro or **a espetaperros** (coll.) at full speed
espetar *va* to spit, to skewer; to pierce, to pierce through, to transfix; **espetarle a uno una cosa** (coll.) to spring something on someone; *vr* to be stiff and solemn; (coll.) to steady oneself, to settle, to settle down
espetera *f* scullery, kitchen rack
espetón *m* poker; iron pin; large pin; spit; poke, jab; (ichth.) needlefish
espía *mf* spy; tattletale, squealer; *m* (coll.) cop (*policeman*); *f* (naut.) warping; (naut.) warp
espiar §90 *va* to spy on; *vn* to spy; (naut.) to warp a ship; *vr* (naut.) to warp a ship
espibia *f*, **espibio** *m* or **espibión** *m* (vet.) sprain in the neck (*of horse*)
espicanardi *f* or **espicanardo** *m* (bot.) spikenard
espiciforme *adj* (bot.) spiciform
espícula *f* (anat., bot. & zool.) spicule
espicular *adj* spicular or spiculate
espichar *va* to prick; *vn* (coll.) to die; *vr* (Am.) to get thin
espiche *m* prick (*pointed weapon or instrument*); (naut.) peg, spigot
espichón *m* prick, stab (*wound*)
espiga *f* (bot.) spike, ear; (archeol. & surg.) spica; (carp.) tenon, pin, peg; (mach.) tongue; brad; clapper (*of bell*); stem (*of a key*); shank (*e.g., of a rivet*); fuse (*of a bomb*); (naut.) masthead; **espiga de la Virgen** (astr.) Spica; **espigas comprobadoras** (elec.) testing prongs
espigadera *f* gleaner
espigado -da *adj* spiky; ripe, seeded; spindly; tall, grown-up; (bot.) spicate
espigador -dora *mf* gleaner
espigadura *f* gleaning
espigar §59 *va* to glean; (fig.) to glean; to tenon, to pin, to dowel; *vn* to ear, to form ears (*said of cereals*); *vr* to grow tall
espigo *m* stem, shank
espigón *m* sting; point of a sharp tool or nail; sharp ear or spike; ear of corn; peak; breakwater
espigueo *m* gleaning; gleaning time
espiguilla *f* (bot.) spikelet; tape, fringe; (bot.) meadow grass
espina *f* thorn, spine; fishbone; (anat., bot. & zool.) spine; (fig.) thorn; doubt, uncertainty; **dar mala espina a** (coll.) to worry, to make anxious; **estar en espinas** (coll.) to be on pins and needles; **sacarse la espina** (coll.) to get even, make up a loss; **espina blanca** (bot.) cotton thistle; **espina de pescado** herringbone (*in fabrics*); **espina de pez** fishbone; **espina dorsal** (anat.) spinal column; **espina santa** or **vera** (bot.) Christ's-thorn, Jerusalem thorn
espinaca *f* (bot.) spinach; **espinacas** *fpl* spinach (*for eating*)
espinadura *f* prick, pricking
espinal *adj* spinal
espinapez *m* herringbone (*in hardwood or tile floor*); thorny matter, difficulty
espinar *m* thorny spot; (fig.) thorny matter; *va* to prick (*said of thorns*); to protect (*trees*) with thorn bushes; (fig.) to sting, to provoke; *vn* to prick
espinazo *m* (anat.) backbone; (arch.) keystone
espinel *m* trawl, trawl line
espinela *f* (mineral.) spinel
espíneo -a *adj* made of thorns; thornlike
espinera *f* (bot.) hawthorn
espineta *f* (mus.) spinet
espingarda *f* small cannon; long Moorish shotgun; (coll.) tall ungainly woman
espinilla *f* (anat.) shinbone; (path.) blackhead
espinillera *f* (sport) shin guard; greave, jambe
espinillo *m* (bot.) Jerusalem thorn, horse bean; (bot.) huisache
espino *m* (bot.) hawthorn; **espino artificial** barbed wire; **espino albar** or **blanco** (bot.) hawthorn; **espino cerval** or **hediondo** (bot.) buckthorn; **espino negro** (bot.) blackthorn
espinochar *va* to husk (*e.g., corn*)
espinosismo *m* Spinozism
espinosista *adj* Spinozistic; *mf* Spinozist
espinoso -sa *adj* thorny; bony (*fish*); spinous, spinose; (fig.) thorny; *m* (ichth.) stickleback
espínula *f* spinule
espiocha *f* pickaxe
espión *m* spy
espionaje *m* spying, espial; espionage
espira *f* turn (*of helix or spiral*); (elec.) turn (*of a winding*); (geom. & zool.) spire; (arch.) surbase (*of a pedestal*)
espiración *f* breathing; exhalation, expiration
espiráculo *m* (zool.) spiracle
espirador -dora *adj* (physiol.) expiratory
espiral *adj* spiral; *f* spiral spring; (horol.) hairspring; (geom.) spiral
espirante *adj & f* (phonet.) spirant
espirar *va* to breathe, to breathe out (*an odor*); to encourage; *vn* to breathe; to exhale; (poet.) to blow gently
espirea *f* (bot.) spiraea
espirilo *m* (bact.) spirillum
espiritado -da *adj* (coll.) ghostlike (*extremely thin*)

E

espiritar *va* to possess with the devil; (coll.) to stir, to disturb, to upset; to waste away; *vr* to be possessed with the devil; (coll.) to be stirred, disturbed, or upset; to waste away
espiritismo *m* spiritualism, spiritism
espiritista *adj* spiritualistic, spiritistic; *mf* spiritualist, spiritist
espiritoso -sa *adj* spirited; spirituous
espiritrompa *f* (zool.) proboscis (*of insects*)
espíritu *m* spirit; mind; ghost; (gram.) breathing (*in ancient Greek*); **espíritus** *mpl* spirits, demons; **espíritu de cuerpo** esprit de corps; **espíritu de equipo** spirit of teamwork; **Espíritu Santo** Holy Ghost, Holy Spirit; **dar, despedir** or **exhalar el espíritu** to breathe one's last
espiritual *adj* spiritual; energetic, lively; keen, susceptible, soulful; *f* spiritual (*religious song*)
espiritualidad *f* spirituality; energy, liveliness; keenness, susceptibility, soulfulness
espiritualismo *m* spiritualism (*as opposed to materialism*)
espiritualista *adj* spiritualistic; *mf* spiritualist
espiritualización *f* spiritualization
espiritualizar §76 *va* to spiritualize
espirituoso -sa *adj* var. of **espiritoso**
espirogira *f* (bot.) spirogyra
espirómetro *m* spirometer
espiroqueta *f* (bact.) spirochete
espita *f* tap, cock (*for a cask*); (coll.) tippler
espitar *va* to tap (*a cask or barrel*)
espito *m* peel (*hanger used for drying paper*)
esplácnico -ca *adj* splanchnic
esplendente *adj* (poet.) splendent
esplender *vn* (poet.) to shine
esplendidez *f* splendor; abundance; magnificence, show, pomp; generosity, lavishness; resplendence
espléndido -da *adj* splendid; abundant; magnificent; generous, lavish; resplendent
esplendor *m* splendor
esplendoroso -sa *adj* resplendent, magnificent; (poet.) brilliant, shining
esplenectomía *f* (surg.) splenectomy
esplénico -ca *adj* (anat.) splenetic, splenic
esplenio *m* (anat.) splenium; (anat.) splenius; bandage, compress
esplenitis *f* (path.) splenitis
espliego *m* (bot.) lavender (*plant and dried flowers and leaves*)
esplín *m* melancholy, hypochondria
esplique *m* bird snare
espodumeno *m* (mineral.) spodumene
espolada *f* prick with spur; **espolada de vino** (coll.) shot of wine
espolazo *m* var. of **espolada**
espoleadura *f* spurgall
espolear *va* to spur; (fig.) to spur on
espoleta *f* fuse (*of a bomb*); wishbone; **espoleta de explosión retardada** delayed-action fuse; **espoleta de percusión** percussion fuse; **espoleta de proximidad** proximity fuse; **espoleta de tiempos** time fuse
espolín *m* spur (*fastened with pin instead of straps*); shuttle for brocading flowers on silk; flowered brocade; (bot.) feather grass
espolinar *va* to brocade with flowers
espolio *m* despoliation; (eccl.) spolium
espolique *m* or **espolista** *m* groom who walks in front of master's horse
espolón *m* spur (*on leg of cock; of range of mountains*); fetlock (*projection on back of horse's leg*); spur, beak (*ram of war vessel*); mole, dike; jetty; cutwater (*of ship or bridge*); (arch.) buttress; (arti.) trail spade; (carp.) spur; (naut.) stem (*of bow*); (coll.) chilblain
espolonada *f* violent onslaught of horsemen
espolvorear *va* to dust (*to remove dust from; to sprinkle dust on*); to sprinkle (*e.g., sugar*); *vr* to dust off, come off (*said of dust*)
espolvorizar §76 *va* to dust, sprinkle with dust
espondaico -ca *adj* spondaic
espondeo *m* spondee
espóndil *m* (anat.) spondyl
espondilitis *f* (path.) spondylitis
espóndilo *m* var. of **espóndil**
espongina *f* (biochem.) spongin
esponja *f* sponge; (coll.) sponge, sponger; **beber como una esponja** to drink like a fish; **tirar la esponja** (coll.) to throw up (or in) or to toss up (or in) the sponge (*to acknowledge defeat*); **esponja de baño** bath sponge
esponjado -da *adj* proud, puffed up; (coll.) fresh, healthy; *m* brittle sugar bar (*made of white of egg and sugar, used to sweeten water*)
esponjadura *f* puffing up, fluffiness; conceit; (found.) flaw in casting
esponjar *va* to puff up, to make fluffy; *vr* to puff up, to become fluffy; (fig.) to be puffed up, be conceited; (coll.) to look fresh, to glow with health
esponjera *f* sponge tray, sponge rack
esponjosidad *f* sponginess
esponjoso -sa *adj* spongy
esponsales *mpl* betrothal, engagement
esponsalicio -cia *adj* (pertaining to a) betrothal, engagement
espontanear *vr* to own up; to open one's heart
espontaneidad *f* spontaneity
espontáneo -a *adj* spontaneous; (bot. & biol.) spontaneous; *m* (taur.) spectator who jumps into the ring to fight the bull
espontón *m* spontoon
espontonada *f* salute with a spontoon, blow with a spontoon
espora *f* (biol.) spore
esporádico -ca *adj* sporadic
esporangio *m* (bot.) sporangium
esporidio *m* (bot.) sporidium
esporo *m* var. of **espora**
esporocarpo *m* (bot.) sporocarp
esporofila *f* (bot.) sporophyll
esporofito *m* (bot.) sporophyte
esporozoo -a *adj* & *m* (zool.) sporozoan
esportada *f* basketful
esportilla *f* small two-handled basket
esportillero *m* carrier (*workman*); errand boy, street porter
esportillo *m* basket made of esparto grass; **coger el esportillo a** (coll.) to catch the attention of
espórula *f* (bot.) sporule
esporulación *f* (biol.) sporulation
esposa *f* see **esposo**
esposado -da *adj* & *mf* var. of **desposado**
esposar *va* to handcuff
esposo -sa *mf* spouse; *m* husband; *f* wife; **esposas** *fpl* manacles, handcuffs
esprue *m* & *f* (path.) sprue
espuela *f* spur; (fig.) spur (*incitement, stimulus*); **calzar espuela** to be a knight; **calzar la espuela a** to knight; **echar la espuela** (coll.) to take a nightcap together; **espuela de caballero** (bot.) delphinium, rocket larkspur; **espuela de galán** (bot.) Indian cress, garden nasturtium
espuerta *f* two-handled basket (*for carrying earth, rubble, etc.*); **a espuertas** in abundance
espulgabueyes *m* (*pl:* **-yes**) (orn.) oxpecker, beefeater
espulgadero *m* place where beggars clean themselves of lice or fleas
espulgar §59 *va* to delouse, to clean of lice or fleas; to examine closely, to scrutinize
espulgo *m* removal of lice or fleas; close examination, scrutiny; choice, careful selection
espuma *f* foam, spume, froth; scum; (fig.) cream; **crecer como (la) espuma** (coll.) to grow like weeds; (coll.) to have a meteoric rise; **espuma de caucho** foam rubber; **espuma de jabón** lather; **espuma de mar** (mineral.) meerschaum; **espuma de nitro** wall saltpeter
espumadera *f* skimmer; spray nozzle
espumador -dora *mf* skimmer
espumaje *m* foaminess, frothiness; scumminess
espumajear *vn* to froth at the mouth
espumajo *m* var. of **espumarajo**
espumajoso -sa *adj* foamy, frothy
espumante *adj* foaming, frothing; sparkling (*wine*)
espumar *va* to skim; *vn* to foam, to froth; to sparkle (*said of wine*); to grow or increase rapidly
espumarajear *vn* var. of **espumajear**
espumarajo *m* froth, frothing at the mouth; **echar espumarajos por la boca** (coll.) to froth at the mouth

espúmeo -a *adj* var. of **espumoso**
espumero *m* salina (*deposit of crystallized salt*)
espumilla *f* voile; (Am.) meringue
espumillón *m* heavy silk fabric
espumoso -sa *adj* foamy, frothy; scummy; lathery; sparkling (*wine*)
espundia *f* (path.) leishmaniasis; (vet.) cancerous ulcer (*of horses*)
espurio -ria *adj* spurious
espurrear or **espurriar** *va* to sprinkle with water by squirting from the mouth
esputar *va & vn* to spit
esputazo *m* splotch of spit
esputo *m* spit, saliva; sputum
esq. abr. of **esquina**
esquebrajar *va & vr* var. of **resquebrajar**
esqueje *m* (hort.) cutting, slip
esquela *f* note; announcement; death note; death notice; **esquela de defunción** or **esquela mortuoria** death note; death notice
esquelético -ca *adj* skeletal; thin, wasted
esqueleto *m* skeleton; (fig.) skeleton (*thin person; sketch, outline*); (Am.) blank form; **en esqueleto** incomplete, unfinished
esquema *m* scheme, schema, diagram; (philos.) schema
esquemático -ca *adj* schematic
esquematismo *m* schematism
esquematizar §76 *va* to sketch, to outline, to diagram
esquena *f* backbone; spine (*of a fish*)
esquenanto *m* (bot.) camel grass
esquero *m* leather bag (*fastened to belt*)
esquí *m* (*pl:* **esquís**) ski; skiing; (aer.) skid; **esquí acuático** water ski; water skiing; **esquí remolcado** skijoring
esquiador -dora *adj* ski; *mf* skier
esquiar §90 *vn* to ski
esquíbala *f* (path.) scybalum
esquiciar *va* to sketch
esquicio *m* sketch
esquifada *f* skiffload, boatload
esquifar *va* (naut.) to fit out, to man
esquifazón *f* (naut.) outfit, boat's crew
esquife *m* skiff; small boat, jolly boat; (arch.) cylindrical vault, barrel arch
esquiismo *m* skiing
esquila *f* hand bell; sacring bell, squilla; cowbell; sheepshearing; (bot.) squill; (ent.) whirligig beetle; (zool.) squill, mantis crab
esquilador -dora *mf* sheepshearer (*person*); *f* sheepshearer (*machine*)
esquilar *va* to shear, to fleece
esquileo *m* shearing, sheepshearing
esquilimoso -sa *adj* (coll.) fastidious, squeamish
esquilmar *va* to harvest; to impoverish; to drain, to exhaust (*the soil*); to steal, carry away; (fig.) to drain (*a source of wealth*)
esquilmo *m* harvest, farm produce; (fig.) harvest
Esquilo *m* Aeschylus
esquilón *m* large hand bell
esquimal *adj* Eskimoan; *mf* Eskimo
esquina *f* corner; (Am.) country store; **a la vuelta de la esquina** around the corner; **hacer esquina** to be on a corner (*said of a building*)
esquinado -da *adj* having a corner or corners; sharp-cornered; unsociable, intractable; piqued; angry
esquinal *m* angle iron, knee brace, gusset
esquinancia *f* var. of **esquinencia**
esquinante *m* or **esquinanto** *m* var. of **esquenanto**
esquinar *va* to be on the corner of, to form a corner with; *vn* **esquinar con** to be on the corner of, to form a corner with; *vr* to quarrel, to fall out; **esquinarse con** to quarrel with, to fall out with
esquinazo *m* (coll.) corner; (Am.) serenade; **dar esquinazo a** (coll.) to shake off; (coll.) to leave in the lurch
esquinco *m* var. of **escinco**
esquinela *f* greave, jambe
esquinencia *f* (path.) quinsy
esquinera *f* corner piece (*of furniture*)
Esquines *m* Aeschines
esquinudo -da *adj* sharp-cornered
esquinzar §76 *va* var. of **desguinzar**
esquirla *f* splinter (*of stone, glass; of bone*)
esquirol *m* scab, strikebreaker; (dial.) squirrel
esquisto *m* (geol.) schist; **esquisto aluminoso** alum schist
esquistoso -sa *adj* schistose or schistous
esquitar *va* to remit, to cancel (*a debt*)
esquite *m* (Am.) popcorn
esquivada *f* evasion, dodge; **esquivada lateral** (box.) side step
esquivar *va* to avoid, to shun, to evade; to dodge, to side-step; *vr* to withdraw, to shy away; to dodge, to side-step
esquivez *f* aloofness, gruffness, scorn
esquivo -va *adj* aloof, gruff, scornful; fleeting, elusive
esquizado -da *adj* mottled (*marble*)
esquizocarpio *m* (bot.) schizocarp
esquizofrenia *f* (path.) schizophrenia
esquizofrénico -ca *adj & mf* schizophrenic
esquizomiceto *m* (bot.) schizomycete
essudeste or **essueste** *m* east-southeast
estabilidad *f* stability
estabilísimo -ma *adj super* very or most stable
estabilización *f* stabilization
estabilizador -dora *adj* stabilizing; *mf* stabilizer (*person*); *m* stabilizer (*device*)
estabilizar §76 *va* to stabilize; *vr* to become stabilized
estable *adj* stable; *mf* steady or permanent guest (*e.g., at a boarding house*)
establear *va* to accustom to the stable; *vr* to become accustomed to the stable
establecedor -dora *adj* founding; *mf* founder
establecer §34 *va* to establish; to institute; *vr* to become a resident, to take up residence; to set up in business
establecimiento *m* establishment; place of business; settlement; ordinance, decree, statute; **Establecimientos de los Estrechos** Straits Settlements (*in Malay Peninsula*)
establero *m* stableman, groom
establo *m* stable; **establos de Augías** (myth.) Augean Stables
estabulación *f* stabling
estabular *va* to stable, to raise in a stable
estaca *f* stake, pale, picket; (hort.) cutting, stem cutting; club, cudgel; spike; (min.) claim
estacada *f* stockade, palisade; lists (*tilting field*); dueling ground; (fig.) predicament; **dejar en la estacada** to leave in the lurch; **quedar** or **quedarse en la estacada** to succumb in a duel, on the field of battle, etc.; to lose out; to fail hopelessly
estacar §86 *va* to tie (*an animal*) to a stake; to stake off; *vr* to stand stiff as a pole
estacazo *m* blow with a stake or a club; reverse, setback
estación *f* station; season; stop; resort; (astr. & eccl.) station; **vestir con la estación** to dress according to the season; **estación balnearia** bathing resort; **estación central** (elec.) power plant; **estación de aparcamiento** (aut.) parking station, parking lot; **estación de bandera** (rail.) flag station; **estación de cabeza** (rail.) terminal station; **estación de carga** freight station; **estación de clasificación** (rail.) classification yard; **estación de empalme** or **enlace** (rail.) junction; **estación de fin de línea** (rail.) terminal; **estación de fuerza** (elec.) power plant; **estación de gasolina** gas station, filling station; **estación de la seca** dry season; **estación de las lluvias** rainy season; **estación de paso** (rail.) way station; **estación de radiodifusión** (rad.) broadcasting station; **estación de servicio** (aut.) service station; **estación difusora** or **emisora** (rad.) broadcasting station; **estación elevadora** pumping station; **estaciones de la cruz** (eccl.) stations of the cross; **estación extrema** (rail.) terminal station; **estación gasolinera** gas station, filling station; **estación telefónica** telephone exchange; **estación termoeléctrica** steam power plant
estacional *adj* seasonal; stationary
estacionalidad *f* seasonal characteristic, seasonal demand

E

estacionamiento *m* stationing; (aut.) parking
estacionar *va* to station; (aut.) to park; *vn* (aut.) to park; *vr* to station oneself; to be stationed; to remain stationary; (aut.) to park; **se prohibe estacionarse** (aut.) no parking
estacionario -ria *adj* stationary; *mf* (archaic) stationer (*bookseller*)
estacionero -ra *mf* visitor to shrines in search of indulgences
estacte *f* oil of myrrh
estacha *f* (naut.) hawser; towline, harpoon rope
estada *f* stop, stay
estadal *m* linear measure of about 3.3 meters; blessed ribbon worn about the neck; **estadal cuadrado** square measure of about 11.2 square meters
estadia *f* (surv.) stadia
estadía *f* sitting (*e.g., before a painter*); (com.) demurrage; (Am.) stay
estadillo *m* register, roll, roster; (mil.) muster roll
estadio *m* stadium; stage, phase; furlong
estadista *m* statesman; statistician
estadístico -ca *adj* statistical; *m* statistician; *f* statistics
estadiunense *adj & mf* var. of **estadounidense**
estadizo -za *adj* stagnant (*water*); heavy, stifling (*air*)
estado *m* state, condition, station; status; state, government, country; statement, report; staff; **en estado (interesante)** or **en estado de buena esperanza** in the family way, pregnant; **los tres estados** the three estates (*noblemen, clergymen, and common people*); **Estados Unidos** *msg* or **los Estados Unidos** *mpl* the United States *ssg;* **mudar de estado** or **tomar estado** to take a wife; to go into the church; **estado civil** marital status; **estado de ánimo** state of mind; **estado de cosas** state of affairs; **estado de cuenta** (com.) statement; **estado de guerra** martial law; **estado de sitio** state of siege; **estado honesto** spinsterhood; **estado libre asociado** commonwealth; **Estado Libre de Irlanda** Irish Free State; **Estado Libre del Congo** Congo Free State; **Estado Libre de Orange** Orange Free State; **estado llano** commons, common people; **estado mayor** (mil.) staff; **estado mayor conjunto** (mil.) joint chiefs of staff; **estado mayor general** (mil.) general staff; **estados bálticos** Baltic States; **Estados Berberiscos** Barbary States; **estados generales** (hist.) States-General (*in France*); **Estados Malayos** Malay States; **Estados Malayos Federados** Federated Malay States; **estado sólido** (phys.) solid state; **estado tapón** buffer state
estado-policía *m* (*pl:* **estados-policías**) police state
estadounidense or **estadunidense** *adj* American, United States; *mf* American (*native or inhabitant of the United States*)
estafa *f* trick, swindle; swindling; stirrup
estafador -dora *mf* cheat, swindler
estafar *va* to defraud, to swindle; to overcharge
estafermo *m* revolving figure of an armed man, used as target in a game; dumfounded person; (coll.) simpleton
estafeta *f* post, courier; post office; branch post office; diplomatic mail; messenger
estafetero *m* postmaster; post-office clerk
estafetil *adj* post, courier; post-office
estafilococo *m* (bact.) staphylococcus
estafiloma *m* (path.) staphyloma
estafisagria *f* (bot.) stavesacre
estagnación *f* var. of **estancamiento**
estagnar *va* var. of **estancar**
estajanovismo *m* var. of **stajanovismo**
estala *f* (naut.) call, stop
estalación *f* class, category
estalactita *f* stalactite
estalagmita *f* stalagmite
estalladura *f* blowout
estallar *vn* to burst, to explode; to break out (*said, e.g., of a fire, a revolution, a war*); to break forth (*said of anger*); to burst with anger
estallido *m* report, explosion; crack, crash; outbreak (*e.g., of war*); **dar un estallido** to crash, to explode
estambrar *va* to spin or weave (*wool*) into worsted
estambre *m* worsted, woolen yarn; (bot.) stamen; (fig.) thread, course (*of life*)
Estambul *f* Stambul, Istanbul
estamento *m* estate (*each of four represented in Cortes of Aragon*)
estameña *f* tammy cloth, estamene
estameñete *m* light tammy cloth
estaminado -da *adj* (bot.) staminate (*having stamens and no pistils*)
estamíneo -a *adj* worsted; (bot.) stamineous
estaminífero -ra *adj* (bot.) staminate, staminiferous
estaminodio or **estaminodo** *m* (bot.) staminode or staminodium
estampa *f* print, stamp, engraving; swage; press, printing; track, footstep; aspect; **la propia estampa de** the very image of; **parecer la estampa de la herejía** (coll.) to be a sight, to be a mess (*to be ugly, to be shabbily dressed*); **estampa de Navidad** Christmas card
estampación *f* printing, stamping, engraving; swaging; embossing; (b.b.) tooling; **estampación en seco** (b.b.) blind tooling
estampado *m* printing, stamping, engraving; swaging; print, cotton print
estampador *m* stamper, engraver
estampar *va* to print, to stamp, to engrave; to swage; to sink (*e.g., one's foot in the mud*); to fix, to engrave (*on the mind*); (b.b.) to tool; (coll.) to dash, to slam; **estampar en seco** (b.b.) to blind-tool
estampería *f* stamp or print shop or business
estampero -ra *mf* stamp or print maker or dealer
estampía; de estampía suddenly, unexpectedly
estampida *f* crash, explosion, report (*of a gun*); (Am.) stampede
estampido *m* crash, explosion, report (*of a gun*)
estampilla *f* stamp, seal; rubber stamp (*of signature*); (Am.) stamp (*postage or revenue*)
estampillado *m* stamping; rubber-stamping
estampillar *va* to stamp; to rubber-stamp
estancación *f* stagnation; deadlock; state monopoly
estancamiento *m* stagnation; (fig.) stagnation, deadlock
estancar §86 *va* to stanch, to stem, to check; to hold up, to stall, to suspend (*a deal*); to deadlock; to corner (*a product*); to monopolize (*said particularly of the state*); *vr* to stagnate; to be a state monopoly
estancia *f* stay; room; dwelling; day in hospital; cost of day in hospital; stanza; (Am.) country place; (Am.) cattle ranch; (Am.) truck farm
estanciero *m* (Am.) farmer, rancher
estanco -ca *adj* stanch, watertight; **estanco al aire** airtight; *m* monopoly, state monopoly; cigar store, government store (*for sale of stamps, tobacco, matches, etc.*); archives; (Am.) liquor store
estándar *m* (Am.) standard
estandardización *f* standardization
estandardizar §76 *va* to standardize
estandarización *f* var. of **estandardización**
estandarizar §76 *va* var. of **estandardizar**
estandarte *m* standard, banner
estandartización *f* var. of **estandardización**
estandartizar §76 *va* var. of **estandardizar**
estangurria *f* (path.) strangury; catheter
estannato *m* (chem.) stannate
estánnico -ca *adj* (chem.) stannic
estannoso -sa *adj* (chem.) stannous
estanque *m* reservoir, basin; pond, pool
estanquero -ra *mf* storekeeper (*in store of government monopolies*); tobacconist; *m* reservoir attendant
estanquidad *f* watertightness
estanquillero -ra *mf* storekeeper (*in store of government monopolies*); tobacconist

estanquillo *m* government store, cigar store; (Am.) small shop; (Am.) tavern
estantal *m* (mas.) abutment
estantalar *va* to brace, to prop, to support
estante *adj* being, residing; fixed, permanent; *m* shelf; shelving; open bookcase; post, upright
estantería *f* shelving; book stacks
estantigua *f* phantom, hobgoblin; (coll.) lank, dirty and ragged person, big scarecrow
estantío -a *adj* inactive, stationary; slow, dull, lukewarm
estañado *m* tinning
estañador *m* tinman, tinner; soldering iron
estañadura *f* tinning; tinwork
estañar *va* to tin; to tin-plate; to solder
estañero *m* tinsmith; tinman (*dealer*)
estaño *m* (chem.) tin
estapedio *m* (anat.) stapedius
estaquero *m* year-old buck or doe
estaquilla *f* peg, pin, dowel; brad; spike
estaquillador *m* pegging awl
estaquillar *va* to peg, to fasten with pegs
estar §51 *v aux* (used with gerund to form the progressive form) to be, e.g., **le estoy escribiendo una carta** I am writing him a letter ‖ *vn* to be; to be in; to be ready; **¿a cuántos estamos?** what day of the month is it today?; **¿dónde estamos?** what have we come to?, can you imagine it?; **¡está bien!** all right!; **estamos a** today is (*a certain day of the month*); **estar a** to cost (*a certain amount*); **estar a dos velas** (coll.) to be hard up; **estar al caer** (coll.) to be about to happen; (coll.) to be about to strike (*the hour*); **estar a la que salta** (coll.) to be always ready to make the most of things; **estar a matar** (coll.) to be bitter enemies; **estar a obscuras** (coll.) to be in the dark (*ignorant*); **estar bien** to be well; **estar bien con** to be on good terms with; **estar con** to have an interview with; to agree with; to have (*a disease*); **estar con ánimo de** + *inf* to have a mind to, to have a notion to + *inf;* **estar de** to be (*for the time being*); **estar de caza** to be hunting, to be on a hunting trip; **estar de más** (coll.) to be de trop, to be in the way; (coll.) to be unnecessary; (coll.) to be idle; **estar de prisa** to be in a hurry; **estar de viaje** to be on a trip, to be traveling; **estar en** to understand, to be on to; to cost (*a certain amount*); **estar en ánimo de** + *inf* to have a mind to, to have a notion to + *inf;* **estar en grande** to have one's way in everything; to live in luxury; **estar en que** to be sure that; **estar en todo** to have a finger in everything; **estar mal** to be ill; **estar mal con** to be on bad terms with; **estar para** + *inf* to be about to + *inf;* **estar por** to be for, to be in favor of; **estar por** + *inf* to be in favor of + *ger;* to remain to be + *pp*, e.g., **la carta está por escribir** the letter remains to be written; to be about to (*e.g., happen*); to have a mind to, to have a notion to + *inf;* **estar que** + *ind* to be fairly + *ger*, e.g., **estaba que brincaba** he was fairly leaping (*e.g., with enthusiasm*); **estar sobre sí** to be wary, to be cautious; **¿está Vd.?** do you understand? ‖ *vr* to stay (*e.g., home*); to keep (*quiet*); **estarse de charla** to linger to chat; **estarse de más** (coll.) to be idle
estarcido *m* stencil (*letters and designs*)
estarcir §50 *va* to stencil
estarna *f* (orn.) gray partridge
estatal *adj* (pertaining to the) state
estátice *m* (bot.) thrift, sea pink
estático -ca *adj* static; dumfounded, speechless; *f* (mech.) statics
estatidad *f* statehood
estatificación *f* nationalization (*of property*)
estatificar §86 *va* to nationalize (*property*)
estatismo *m* static state; statism
estatista *adj & mf* statist
estatización *f* (Am.) nationalization (*of property*)
estatizar §76 *va* (Am.) to nationalize (*property*)
estatocisto *m* (zool.) statocyst
estatolito *m* (zool.) statolith
estator *m* (mach. & elec.) stator
estatorreactor *m* (aer.) ram-jet engine
estatoscopio or **estatóscopo** *m* (phys.) statoscope
estatua *f* statue; **ahorcar en estatua** to hang in effigy; **quedarse hecho una estatua** (coll.) to stand aghast, to be struck with amazement; **estatua de la Libertad** Statue of Liberty; **estatua orante** (sculp.) orant statue; **estatua yacente** (sculp.) jacent statue
estatuar §33 *va* to statue, to make a statue of; to adorn with statues
estatuario -ria *adj* statuary; *m* statuary (*person*); *f* statuary (*art*)
estatúder *m* stadholder
estatuderato *m* stadholderate or stadholdership
estatuilla *f* statuette
estatuir §41 *va* to establish, arrange, prove
estatuita *f* statuette
estatura *f* stature
estatutario -ria *adj* statutory
estatuto *m* statute
estaurolita *f* (mineral.) staurolite
estay *m* (naut.) stay; **estay mayor** (naut.) mainstay
este, esta *adj dem* (*pl:* **estos, estas**) this; *m* east; east wind
éste, ésta *pron dem* (*pl:* **éstos, éstas**) this one; *f* this city (*where I am*)
esté *1st sg pres subj of* **estar**
esteapsina *f* (biochem.) steapsin
estearato *m* (chem.) stearate
esteárico -ca *adj* (chem.) stearic
estearina *f* (chem.) stearin
estearopteno *m* (chem.) stearoptene
esteatita *f* (mineral.) steatite
esteatitoso -sa *adj* (mineral.) steatitic
esteatopigia *f* (anthrop.) steatopygia
esteba *f* (naut.) steeve (*used for stowing bales of wool*); (bot.) meadow spear grass
Esteban *m* Stephen
estebar *va* to pack (*cloth*) in the dye kettle
estefanita *f* (mineral.) stephanite
estegomía *f* (ent.) stegomyia
estegosauro *m* (pal.) stegosaurus
estela *f* wake (*of a ship*); trail (*of a heavenly body, rocket, etc.*); (arch. & bot.) stele; (bot.) lady's-mantle
estelar *adj* stellar, sidereal; star
estelario -ria *adj* stellar; *f* (bot.) lady's-mantle
estelífero -ra *adj* (poet.) starry
estelión *m* (zool.) tarente; toadstone
estelón *m* toadstone
estema *m* (zool.) stemma (*simple eye of insect*)
estemple *m* (min.) stemple
esténico -ca *adj* (med.) sthenic
estenocardia *f* (path.) stenocardia
estenografía *f* stenography
estenográfico -ca *adj* stenographic
estenógrafo -fa *mf* stenographer
estenosis *f* (path.) stenosis, stricture
estenotipia *f* stenotypy; stenotype (*letter or group of letters*)
estenotipiadora *f* stenotype (*machine*)
Estentor *m* (myth.) Stentor
estentóreo -a *adj* stentorian
estepa *f* steppe, barren plain; (bot.) rockrose
estepar *m* field of rockroses
estepilla *f* (bot.) white-leaved rockrose
estequiología *f* stoichiology
estequiometría *f* stoichiometry
éster *m* or **ester** *m* (chem.) ester
Ester *f* Esther
estera *f* mat, matting; (mach.) apron; **esteras** *fpl* caterpillar tread; **cargado de esteras** (coll.) out of patience
esterar *va* to cover with a mat or mats; *vn* (coll.) to dress for winter ahead of time
estercoladura *f* or **estercolamiento** *m* dunging, manuring
estercolar *m* dunghill; §77 *va & vn* to dung, to manure
estercolero *m* dung collector; dunghill
estercolizo -za *adj* dungy, mucky
estercóreo -a *adj* stercoraceous
estercuelo *m* manuring, fertilizing
esterculiáceo -a *adj* (bot.) sterculiaceous
estéreo *m* stere
estereóbato *m* (arch.) stereobate

E

estereocinema *m* (mov.) three-D
estereocromía *f* stereochromy
estereofonía *f* stereophony
estereofónico -ca *adj* stereophonic
estereofotografía *f* stereophotography
estereografía *f* stereography
estereográfico -ca *adj* stereographic or stereographical
estereograma *m* stereogram
estereoisomería *f* (chem.) stereoisomerism
estereometría *f* stereometry
estereopsis *f* stereopsis
estereóptico *m* stereopticon
estereoquímico -ca *adj* stereochemical; *f* stereochemistry
estereoscopia *f* stereoscopy
estereoscópico -ca *adj* stereoscopic
estereoscopio *m* stereoscope
estereotipar *va* to stereotype; (fig.) to stereotype
estereotipia *f* stereotype; stereotypy
estereotipo *m* stereotype
estereotomía *f* stereotomy, stonecutting
estereotropismo *m* (biol.) stereotropism
estereovisión *f* stereovision
esterería *f* mat shop; mat business
esterero -ra *mf* mat maker or dealer; mat repairer, mat layer
estéril *adj* sterile; futile
esterilidad *f* sterility; futility
esterilización *f* sterilization
esterilizador -dora *mf* sterilizer; *m* sterilizer (*apparatus*)
esterilizar §76 *va* to sterilize; *vr* to become sterile
esterilla *f* small mat; straw mat; gold or silver plait; canvas; **esterilla de alambre** wire mesh
esterlín *m* bocasine, colored buckram
esterlina *adj fem* sterling (*pound*)
esternal *adj* (anat.) sternal
esternón *m* (anat.) sternum, breastbone
estero *m* matting; time for laying matting; estuary; tideland; (Am.) stream; (Am.) swamp
esterquero or **esterquilinio** *m* dunghill
estertor *m* stertor, râle, rhonchus; death rattle; **estertor agónico** death rattle
estertoroso -sa *adj* stertorous
estesiómetro *m* esthesiometer
esteta *mf* aesthete
estético -ca *adj* aesthetic, aesthetical; *mf* aesthetician; *f* aesthetics
estetoscopia *f* (med.) stethoscopy; stethoscopic findings
estetoscópico -ca *adj* stethoscopic
estetoscopio *m* (med.) stethoscope
esteva *f* plow handle, stilt
estevado -da *adj* bowlegged
estevón *m* var. of **esteva**
estezado *m* var. of **correal**
estiaje *m* low water
estiba *f* rammer; place for packing wool in bags; (naut.) stowage
estibador *m* (naut.) stevedore, longshoreman
estibar *va* to pack, to stuff; (naut.) to stow
estibia *f* var. of **espibia**
estibina *f* (chem.) stibine
estibio *m* (chem.) stibium
estibonio *m* (chem.) stibonium
estiércol *m* dung, manure
estigio -gia *adj* Stygian; (*cap.*) *f* (myth.) Styx
estigioso -sa *adj* Stygian, gloomy, mysterious
estigma *m* (bot., hist., path., zool. & fig.) stigma; **estigmas** *mpl* stigmata (*marks resembling the wounds on the body of Christ*)
estigmatismo *m* (opt. & path.) stigmatism
estigmatización *f* stigmatization
estigmatizado *m* (eccl.) stigmatic (*person bearing marks suggesting the wounds of Christ*)
estigmatizador -dora *adj* stigmatizing; *mf* stigmatizer
estigmatizar §76 *va* to stigmatize
estilar *va* to draw up (*a document*); to affect, to be given to; *vn & vr* to be in style; **estilarse** + *inf* to be the style to + *inf*
estilete *m* stiletto; stylet; style (*of a recording instrument*); (surg.) stylet
estilicidio *m* stillicide, dripping; (med.) stillicidium
estilismo *m* (lit.) excessive attention to style
estilista *mf* stylist; designer
estilístico -ca *adj* stylistic; *f* stylistics
estilita *adj* (eccl. hist.) stylitic; *m* (eccl. hist.) stylite
estilización *f* stylization; designing
estilizar §76 *va* to stylize; to design
estilo *m* style; stylus; gnomon; (bot. & print.) style; **al estilo de** in the style of; **de estilo** period (*chair, furniture, etc.*); **por el estilo** like that, of the kind; **por el estilo de** like; **estilo antiguo** (chron.) Old Style; **estilo culto** (lit.) euphuistic style; **estilo directo** (gram.) direct discourse; **estilo imperio** (f.a.) Empire; **estilo indirecto** (gram.) indirect discourse; **estilo llano** (lit.) simple style; **estilo nuevo** (chron.) New Style
estilográfico -ca *adj* stylographic; fountain-pen (*e.g., ink*); *f* fountain pen
estilógrafo *m* stylograph
estiloides *adj* (anat.) styloid
estima *f* esteem; (naut.) dead reckoning
estimabilidad *f* estimableness
estimabilísimo -ma *adj super* very or most estimable
estimable *adj* estimable, highly esteemed; appreciable
estimación *f* estimation, esteem; estimate
estimador -dora *adj* appreciative; estimating
estimar *va* to esteem; to estimate; to think, to believe; (coll.) to like, to be fond of; **estimar en poco** to hold in low esteem; *vr* to have great esteem for oneself; to esteem each other
estimativo -va *adj* respectful; *f* judgment; moral perception; instinct
estimulación *f* stimulation
estimulante *adj* stimulating, stimulant; *m* stimulant
estimular *va & vn* to stimulate; **estimular a** + *inf* to stimulate to + *inf*
estímulo *m* stimulus
estinco *m* var. of **escinco**
estío *m* summer
estipe *m* (bot. & zool.) stipe
estipendiar *va* to stipend, to give a stipend to
estipendiario -ria *adj & mf* stipendiary
estipendio *m* stipend; salary, wages
estípite *m* (arch.) pedestal in form of inverted truncated rectangular pyramid; (bot.) stipe
estipticar §86 *va* (med.) to constrict
estipticidad *f* stypticity, astringency
estíptico -ca *adj* styptic; constipated; mean, stingy; *m* styptic
estípula *f* (bot.) stipule
estipulación *f* stipulation
estipulado -da *adj* (bot.) stipulate
estipular *adj* (bot.) stipular; *va* to stipulate
estipulilla *f* (bot.) stipel
estira *f* currier's knife
estirable *adj* stretchy, stretchable
estiracáceo -a *adj* (bot.) styracaceous
estiradamente *adv* scarcely, hardly; violently; tensely
estirado -da *adj* stuck-up; soberly dressed; prim; (coll.) closefisted, pennypinching; **estirado en frío** (metal.) hard-drawn
estirador *m* stretcher
estirajar *va* (coll.) var. of **estirar**
estirajón *m* (coll.) var. of **estirón**
estiramiento *m* stretching; drawing (*of metals*)
estirar *va* to stretch; to draw (*metal or wire*); to iron lightly; (fig.) to stretch (*money*); (fig.) to stretch out (*a speech, job, appointment, etc.*); *vr* to stretch; to put on airs
estirazar §76 *va* (coll.) var. of **estirar**
estireno *m* (chem.) styrene
Estiria *f* Styria
estirón *m* jerk, tug; **dar un estirón** (coll.) to grow up quickly
estirpe *f* stock, race, family; pedigree; strain (*of a family*)
estítico -ca *adj* var. of **estíptico**
estivación *f* (bot. & zool.) aestivation
estivada *f* brushland turned up and burned in preparation for cultivation
estival *adj* aestival, summer
estivo -va *adj* (poet.) var. of **estival**

esto *pron dem neut* this; **en esto** at this point
estocada *f* thrust, stab, lunge; stab wound; deathblow; (fig.) blow (*something which causes suffering*); **estocada caída** (taur.) stab on the side
estocafís *m* unsplit smoked codfish
Estocolmo *f* Stockholm
estofa *f* quilted material; quality, class
estofado -da *adj* ornamented; *m* stew
estofador -dora *mf* quilter
estofar *va* to quilt; to size (*wood carvings*) for gilding; to distemper (*burnished gold*); to stew
estoicismo *m* stoicism; Stoicism
estoico -ca *adj* stoic, stoical; Stoic, Stoical; *mf* stoic; Stoic
estola *f* stole
estolidez *f* stupidity, imbecility
estólido -da *adj* stupid, imbecile
estolón *m* (eccl.) deacon's stole; (bot. & zool.) stolon
estoma *m* (anat., bot. & zool.) stoma
estomacal *adj* stomachic; (pertaining to the) stomach; *m* (med.) stomachic
estomagar §59 *va* to upset, give indigestion; to pall, to cloy; (coll.) to annoy, to vex
estómago *m* stomach; **revolver el estómago** to turn the stomach; **tener buen estómago** or **mucho estómago** (coll.) to be thick-skinned; (coll.) to have an easy conscience; **estómago de avestruz** (coll.) cast-iron stomach, iron digestion
estomatical *adj* stomachic
estomático -ca *adj* stomatic (*pertaining to the mouth*)
estomaticón *m* stomach plaster
estomatitis *f* (path.) stomatitis
estomatología *f* stomatology
estomatoplastia *f* (surg.) stomatoplasty
estonio -nia *adj & mf* Estonian; *m* Estonian (*language*); (*cap.*) *f* Estonia
estopa *f* tow; burlap; (mach.) packing; (naut.) oakum; **estopa de acero** steel wool; **estopa de algodón** cotton waste
estopada *f* tow for spinning
estopear *va* (naut.) to calk with oakum
estopeño -ña *adj* (pertaining to or made of) tow
estoperol *m* tow wick; (naut.) clout nail; (Am.) brass-headed tack
estopilla *f* fine part of flax or hemp; lawn, cambric; cheesecloth
estopín *m* blasting cap, exploder
estopón *m* coarse tow
estopor *m* (naut.) stopper
estoposo -sa *adj* (pertaining to) tow; towlike
estoque *m* rapier; tip of a sword; (bot.) sword lily, corn flag, gladiolus
estoqueador *m* swordsman; matador
estoquear *va* to stab with sword or rapier
estoqueo *m* thrusting, stabbing
estor *m* blind, shade, window shade
estoraque *m* (bot.) storax (*tree and balsam*)
estorbador -dora *adj* hindering, obstructing; annoying
estorbar *va* to hinder, to obstruct; to annoy, to inconvenience; **estorbarle a uno lo negro** (coll.) to dislike reading, to be illiterate; *vn* (coll.) to be in the way; **estorbar** + *inf* to prevent one from + *ger*
estorbo *m* hindrance, obstruction; annoyance
estorboso -sa *adj* hindering, obstructing; annoying
estornija *f* washer (*under linchpin*)
estornino *m* (orn.) starling; **estornino de los pastores** (orn.) grackle, myna
estornudar *vn* to sneeze
estornudo *m* sneeze, sneezing
estornutativo -va or **estornutatorio -ria** *adj* sternutative
estotro -tra *adj & pron dem* (archaic) this other
estovar *va* var. of **rehogar**
estoy *1st sg pres ind of* **estar**
estrábico -ca *adj* strabismal or strabismic
estrabismo *m* (path.) strabismus; **estrabismo convergente** (path.) cross-eye
Estrabón *m* Strabo
estrabotomía *f* (surg.) strabotomy
estracilla *f* rag; brown paper
estrada *f* road, highway; **batir la estrada** (mil.) to reconnoiter; **estrada encubierta** (fort.) covert way
Estradivario *m* Stradivarius; (*l.c.*) *m* Stradivarius (*violin*)
estrado *m* dais; stage, lecture platform; podium (*of orchestra conductor*); drawing room; drawing-room furniture; baker's table; **estrados** *mpl* court rooms; **citar para estrados** (law) to subpoena
estrafalario -ria *adj* (coll.) slovenly, sloppy; (coll.) wild, extravagant, outlandish; *mf* (coll.) screwball
estragado -da *adj* corrupt, depraved
estragador -dora *adj* corrupting, depraving
estragamiento *m* corruption, depravation
estragar §59 *va* to corrupt, to deprave, to vitiate, to spoil
estrago *m* damage, ruin, havoc; destruction, devastation; corruption; **estragos** *mpl* damage, ruin, havoc
estragón *m* (bot.) tarragon
estrambote *m* couplet, triplet, etc. (*at end of poem, especially a sonnet*)
estrambótico -ca adj (coll.) odd, queer, freakish
estramonio *m* (bot.) stramonium
estrangol *m* (vet.) strangullion
estrangul *m* (mus.) mouthpiece, reed
estrangulación *f* strangulation; (path. & surg.) strangulation; (mach.) choke, choking
estrangulador *m* throttle; (aut.) choke
estrangular *va* to strangle; (path. & surg.) to strangulate; (mach.) to choke; (mach.) to throttle; *vr* to strangle
estranguria *f* (path.) strangury
estrapalucio *m* (coll.) breakage, crash; (coll.) rumpus, fracas
estraperlear *vn* to deal in the black market, to be a black-market dealer
estraperlismo *m* black-market dealing; black marketeers
estraperlista *adj* black-market; *mf* black marketeer
estraperlo *m* black market
estrapontín *m* folding seat, flap seat (*in automobile, train, theater, etc.*); (aut.) jump seat
Estrasburgo *f* Strasbourg
estratagema *f* stratagem; craftiness
estratega *m* strategist
estrategia *f* strategy, strategics; **alta estrategia** (mil.) grand strategy
estratégico -ca *adj* strategic or strategical; *m* strategist, militarist
estratego *m* var. of **estratega**
estratificación *f* stratification
estratificar §86 *va & vr* to stratify
estratigrafía *f* stratigraphy
estratigráfico -ca *adj* stratigraphic
estrato *m* layer; (meteor.) stratus; (anat. & geol.) stratum
estratocúmulo *m* (meteor.) strato-cumulus
estratosfera *f* stratosphere
estratosférico -ca *adj* stratospheric
estratovisión *f* stratovision
estrave *m* (naut.) stem knee
estraza *f* rag
estrechamiento *m* narrowing; tightening; closer relations; rapprochement
estrechar *va* to narrow; to tighten; to hem in; to press, to pursue; to bring closer together; to force, to compel; to hug, to embrace; **estrechar la mano a** to grasp the hand of, to shake hands with; *vr* to contract; to squeeze; to come closer together; to hug, to embrace; to retrench; **estrecharse con** to persuade by friendly entreaty; **estrecharse en** to squeeze into; **estrecharse en los gastos** to cut down expenses; **estrecharse la mano** to shake hands
estrechez *f* narrowness; tightness; closeness, intimacy; strictness, austerity; want, poverty; urgency; trouble, jam; **hallarse en gran estrechez** to be in a jam, to be in dire straits; **estrechez de miras** (fig.) narrowness, narrow outlook
estrecho -cha *adj* narrow; tight; close, intimate; stingy; strict, rigid, austere; exact, punctual, conscientious; poor, indigent; mean-

E

spirited; **estrecho de conciencia** strict, austere, strait-laced; **estrecho de medios** in straitened circumstances; *m* fix, predicament; strait; channel; **poner en estrecho de** + *inf* to force to + *inf;* **estrecho de Gibraltar** Strait of Gibraltar; **estrecho de la Florida** Florida Strait; **estrecho de la Sonda** Sunda Strait; **estrecho de Magallanes** Strait of Magellan

estrechón *m* flapping (*of sails*); (coll.) handclasp, handshake

estrechura *f* narrowness, narrow passage; closeness, intimacy; strictness, austerity; trouble, jam

estregadera *f* scrubbing brush; scraper, foot scraper

estregadero *m* place on which animals rub themselves (*as deer rub their antlers*); place for washing and scrubbing clothes

estregadura *f* or **estregamiento** *m* rubbing, scrubbing, scouring

estregar **§29** *va* to rub hard, to scrub, to scour

estregón *m* hard rub, rough rub

estrella *f* star; (elec.) star; (mov.) star (*man or woman*); (print.) star, asterisk; (fig.) star (*person who stands out; destiny, fortune; white spot on forehead of horse*); **con estrellas** after sunset, before sunrise; **nacer con estrella** to be favored by fortune; **poner sobre las estrellas** to praise to the skies; **tener estrella** to be favored by fortune; **tener buena estrella** to be lucky; **tener mala estrella** to be unlucky; **ver las estrellas** (coll.) to see stars; **estrella de Belén** Star of Bethlehem; (bot.) Star-of-Bethlehem; **estrella de los Alpes** (bot.) edelweiss; **estrella de mar** (zool.) starfish; (bot.) aster, China aster; **estrella de rabo** comet; **estrella doble** (astr.) double star; **estrella enana** (astr.) dwarf star; **estrella fija** (astr.) fixed star; **estrella filante** or **fugaz** shooting star; **estrella polar** (astr.) polestar; **estrella poligonal** (geom.) star polygon; **estrellas y listas** Stars and Stripes; **estrella vespertina** evening star

estrelladera *f* (cook.) slice, turnover

estrelladero *m* egg pan (*of pastry cooks*)

estrellado -da *adj* starred, star-spangled; star-shaped; fried (*said of eggs*); star-faced (*said of horses*)

estrellamar *f* (zool.) starfish

estrellar *adj* star, starry; *va* to star, to spangle with stars; to fry (*eggs*); (coll.) to shatter, to dash to pieces; *vr* to be spangled with stars; to crash; (fig.) to crash

estrellato *m* (theat.) stardom

estrellero -ra *adj* holding its head high (*said of a horse*)

estrellizar **§76** *va* to beautify with stars

estrellón *m* large star; star (*kind of fireworks*); (coll.) stroke of luck; (Am.) collision, shock

estremecer **§34** *va* to shake; to rend (*the air*); (fig.) to shake, to perturb; *vr* to shake, to shiver, to shudder

estremecimiento *m* shaking, shiver, shivering, shuddering

estrena *f* gift of appreciation; (archaic) first use; (archaic) wedding, marriage

estrenar *va* to use or wear for the first time; to perform (*a play*) for the first time; to show (*a movie*) for the first time; to try out (*something new*); *vr* to make one's start, to appear for the first time; to make the day's first transaction; to open (*said of a play or movie*)

entrenista *mf* (theat.) first-nighter

estreno *m* beginning, debut; first performance, première; **estreno de una casa** housewarming

estrenque *m* heavy esparto rope

estrenuidad *f* strenuousness, activity; vigor, enterprise

estrenuo -nua *adj* strenuous, active, vigorous

estreñido -da *adj* constipated; stingy

estreñimiento *m* constipation

estreñir **§74** to bind, to constipate; **estreñir el bolsillo** (coll.) to be tight, to be stingy; *vr* to become constipated

estrepada *f* pull, pull in unison (*on a rope; on the oars*)

estrépito *m* noise, racket, uproar, crash; show, ostentation, fuss

estrepitoso -sa *adj* noisy, boisterous, deafening; notorious; shocking

estreptococia *f* (path.) streptococcic infection

estreptocócico -ca *adj* streptococcic

estreptococo *m* (bact.) streptococcus

estreptomicina *f* (pharm.) streptomycin

estreptotricina *f* (pharm.) streptotrichin

estría *f* stria, flute, groove; (arch. & med.) stria

estriación *f* striation

estriado -da *adj* striated, grooved, fluted

estriadura *f* fluting, striation

estriar **§90** *va* to striate, to flute, to groove; *vr* to become fluted or grooved

estribación *f* (geog.) spur, counterfort

estribadero *m* prop, support

estribar *va* to rest on, to press down on; to fasten; *vn* to rest, to lean; to be based; **estribar en** + *inf* to be based on + *inf*

estribera *f* stirrup

estribería *f* stirrup factory or shop

estriberón *m* stepping stone; (mil.) temporary road

estribillo *m* burden, refrain, chorus; initial theme (*of a poem*); pet word or phrase

estribo *m* stirrup; (arch.) abutment, buttress; footboard; (aut.) running board; (mach.) brace, stay, stirrup; (carp.) joist hanger, cross prop; (geog.) spur, counterfort; (anat.) stapes; (taur.) white stirrup board at base of fence (*used to help a man escape over the fence*); (fig.) support, foundation; **perder los estribos** to talk nonsense; to lose one's head, fly off the handle; **tenerse en los estribos** to keep a steady head

estribor *m* (naut.) starboard

estricnina *f* (chem.) strychnine

estricote; al estricote hither and thither, from pillar to post

estricto -ta *adj* strict, severe; narrow (*meaning of a word*)

estrictura *f* (path.) stricture

estridencia *f* stridence

estridente *adj* strident

estridor *m* stridence; (path.) stridor

estridulación *f* stridulation; (zool.) stridulation

estridular *vn* to stridulate

estriduloso -sa *adj* stridulant, stridulous; (path.) stridulous

estrige *f* (orn.) barn owl; (orn.) little owl

estrinque *m* var. of **estrenque**

estro *m* inspiration (*of poet or artist*); rut, heat; orgasm; (ent.) botfly

estróbilo *m* (bot.) strobile; (zool.) strobile, strobila

estrobo *m* (naut.) grommet, becket

estroboscopio *m* stroboscope

estrobotrón *m* (electron.) strobotron

estrofa *f* strophe

estrófico -ca *adj* strophic

estrógeno *m* (biochem.) estrogen

estroma *m* (anat., biol. & bot.) stroma

Estrómboli *m* Stromboli

estrona *f* (biochem.) estrone

estronciana *f* (chem.) strontia

estroncianita *f* (mineral.) strontianite

estroncio *m* (chem.) strontium

estropada *f* var. of **estrepada**

estropajear *va* (mas.) to rub down or to scour (*a plastered wall*) in order to remove loose particles or dust

estropajeo *m* (mas.) rubbing or scrubbing a plastered wall

estropajo *m* esparto scrubbing brush; rag for scrubbing, mop, dishcloth; (bot.) luffa, dishcloth gourd; **servir de estropajo** (coll.) to do the dirty work, to be treated with indifference

estropajoso -sa *adj* (coll.) ragged, slovenly; (coll.) tough, leathery (*said, e.g., of meat*); (coll.) stammering

estropear *va* to abuse, to mistreat; to spoil, to ruin; to cripple, to maim; (mas.) to stir (*mortar*) a second time; *vr* to spoil, go to ruin; to fail

estropeo *m* abuse, mistreatment; damage; crippling

estropicio *m* (coll.) breakage, crash; (coll.) havoc, ruin; (coll.) rumpus, fracas
estructura *f* structure
estructuración *f* construction, organization
estructural *adj* structural
estructurar *va* to construct, to organize
estruendo *m* crash; confusion, uproar; (coll.) pomp; (Am.) detonating rocket
estrujador -dora *adj* squeezing; *f* squeezer; wine press
estrujadura *f* or **estrujamiento** *m* squeezing, pressing, crushing; mashing, bruising; (metal.) extrusion
estrujar *va* to squeeze, to press, to crush; to mash, to rumple, to bruise; (coll.) to drain, to exhaust; (metal.) to extrude
estrujón *m* squeezing, pressing, crushing; last pressing of grapes; (coll.) crush, jam
estruma *f* (path.) struma (*scrofula; goiter*)
estrumoso -sa *adj* strumous
estuación *f* flow of tide, flood tide
estuante *adj* hot, burning
Estuardo, María Mary Stuart
estuario *m* estuary; tideland
estucador *m* stucco plasterer
estucar §86 *va* to stucco
estuco *m* stucco
estuche *m* box, case; casket, jewel case; slipcase; sheath (*for scissors*); (coll.) handy fellow; **estuche de afeites** vanity case, compact
estudiado -da *adj* affected, mannered, studied
estudiador -dora *adj* (coll.) very studious
estudiantado *m* student body
estudiante *mf* student
estudiantil *adj* (coll.) (pertaining to a) student, college
estudiantino -na *adj* (coll.) student; **a la estudiantina** (coll.) like a student, like students; *f* group of students; student serenade; carnival masquerade in student disguise
estudiantón *m* (scornful) dull grind
estudiar *va* to study; to hear (*someone's lesson; an actor recite his lines*); to design; (f.a.) to copy (*nature or a model*); *vn* to study; **estudiar para médico** to study to become a doctor
estudio *m* study; studio; (mov. & rad.) studio; designing, planning; survey; (mus.) étude; **altos estudios** advanced studies
estudiosidad *f* studiousness
estudioso -sa *adj* studious; *m* student, scholar
estufa *f* stove; heater; foot stove; steam cabinet, steam room; hothouse; dryer; **estufa de desinfección** sterilizer
estufador *m* stewing pan
estufero *m* var. of **estufista**
estufilla *f* hand muff; foot stove; chafing dish
estufista *m* stovemaker; stove or heater repairman or dealer
estulticia *f* silliness, foolishness
estulto -ta *adj* silly, foolish
estuoso -sa *adj* hot, burning
estupefacción *f* stupefaction (*daze*); (coll.) stupefaction (*great amazement*)
estupefaciente *adj & m* (med.) narcotic, stupefacient
estupefactivo -va *adj* stupefying
estupefacto -ta *adj* stupefied, dumfounded
estupendo -da *adj* stupendous, wonderful; (coll.) famous, distinguished
estupidez *f* (*pl:* **-deces**) stupidity
estúpido -da *adj & mf* stupid
estupor *m* stupor; amazement, surprise
estuprador *m* rapist, violator
estuprar *va* to rape, to violate
estupro *m* rape, violation
estuque *m* var. of **estuco**
estuquería *f* stuccoing; stucco work
estuquista *m* stucco plasterer, stuccoist
esturar *va & vr* to burn, to parch, to scorch
esturgar §59 *va* to smooth off and finish (*pottery*)
esturión *m* (ichth.) sturgeon; **esturión blanco** (ichth.) white sturgeon, beluga
estuve *1st sg pret ind of* **estar**
ésula *f* (bot.) spurge
esvarar *vn & vr* to slide, to slip
esvarón *m* slide, slip
esvástica *f* var. of **svástica**
esviaje *m* skew
-eta *suffix dim* e.g., **aleta** fin; **historieta** anecdote; **placeta** small public square
etalaje *m* bosh (*of blast furnace*)
etamín *m* or **etamine** *m* etamine (*fabric*)
etano *m* (chem.) ethane
etapa *f* stage; (mil.) campaign or marching ration; (mil.) stage (*of journey*); (rad.) stage; **a pequeñas etapas** by easy stages; **de etapa única** single-stage
etcétera *f* the character &, which means **y lo demás; hacer por etcéteras** (coll.) to dash off
-ete *suffix dim & pej* e.g., **caballerete** dude; **lugarete** hamlet; **vejete** little old fellow
Etelredo *m* Ethelred
éter *m* aether or ether (*heavens; upper regions*); (phys.) aether or ether (*hypothetical medium*); (chem.) ether (R_2O)
etéreo -a *adj* aethereal or ethereal; (phys.) aethereal or ethereal; (chem.) ethereal
eterificación *f* (chem.) etherification
eterificar §86 *va* (chem.) etherify
eterización *f* (med.) etherization
eterizar §76 *va* to etherize
eternal *adj* eternal
eternidad *f* eternity
eternizable *adj* worthy of being immortalized
eternizar §76 *va* to eternize; to make endless, to prolong endlessly; *vr* to be endless or interminable; to never finish
eterno -na *adj* eternal
etesio -sia *adj & m* etesian
ético -ca *adj* ethic or ethical; (path.) consumptive; *mf* (path.) consumptive; *m* ethicist, moralist; *f* ethics
etileno *m* (chem.) ethylene
etílico -ca *adj* ethylic
etilo *m* (chem.) ethyl
étimo *m* var. of **étimon**
etimología *f* etymology, **etimología popular** folk etymology, popular etymology
etimológico -ca *adj* etymological
etimologista *mf* etymologist
etimologizar §76 *va* to etymologize (*a word*); *vn* to etymologize; (coll.) to pose as an etymologist
etimólogo -ga *mf* etymologist
étimon *m* (philol.) etymon
etiología *f* aetiology
etíope *adj & mf* Ethiopian; *m* (old chem.) ethiops
Etiopía *f* Ethiopia
etiópico -ca *adj* Ethiopic, Ethiopian; *m* Ethiopic (*language*)
etiopio -pia *adj & mf* Ethiopian
etiqueta *f* etiquette; formality; tag, label; formal dress, formal clothes; **de etiqueta** full-dress, formal; **estar de etiqueta** to have become cool toward each other; **etiqueta menor** semiformal dress
etiquetar *va* to tag, to label
etiquetero -ra *adj* ceremonious, formal; full of compliments
etiquez *f* (path.) consumption
etites *f* (mineral.) eaglestone
etmoides *adj & m* (anat.) ethmoid
Etna, el Mount Etna
étneo -nea *adj* Etnean
étnico -ca *adj* ethnic or ethnical; (gram.) gentilic
etnografía *f* ethnography
etnográfico -ca *adj* ethnographic or ethnographical
etnógrafo -fa *mf* ethnographer
etnología *f* ethnology
etnológico -ca *adj* ethnologic or ethnological
etnólogo -ga *mf* ethnologist
Etolia, la Aetolia
etopea or **etopeya** *f* (rhet.) ethopoeia
etrurio -ria *adj & mf* Etrurian
etrusco -ca *adj & mf* Etruscan; *m* Etruscan (*language*)
etusa *f* (bot.) fool's-parsley
E.U. abr. of **Estados Unidos**
E.U.A. abr. of **Estados Unidos de América**
Eubea *f* Euboea
eucaína *f* (pharm.) eucaine
eucalipto *m* (bot.) eucalyptus

eucaliptol *m* eucalyptol
Eucaristía *f* (eccl.) Eucharist
eucarístico -ca *adj* Eucharistic
Euclides *m* Euclid
euclidiano -na *adj* Euclidean; **no euclidiano** non-Euclidean
eucologio *m* (eccl.) euchology
eucrasia *f* (med.) eucrasia
eudemonismo *m* eudaemonism
eudiómetro *m* eudiometer
eufémico -ca *adj* euphemistic
eufemismo *m* euphemism
eufemístico -ca *adj* euphemistic
eufonía *f* euphony
eufónico -ca *adj* euphonic
eufono -na *adj* euphonious
euforbiáceo -a *adj* (bot.) euphorbiaceous
euforbio *m* (bot.) euphorbia, spurge; (pharm.) euphorbia (*dried herb*); (pharm.) euphorbium (*gum resin*)
euforia *f* (psychol.) euphoria; moment of glory; endurance, fortitude
eufórico -ca *adj* euphoric
eufrasia *f* (bot.) eyebright, euphrasy
Éufrates *m* Euphrates
Eufrosina *f* (myth.) Euphrosyne
eufuísmo *m* euphuism
eufuísta *adj* euphuistic; *mf* euphuist
eufuístico -ca *adj* euphuistic
eugenesia *f* eugenics
eugenésico -ca *adj* eugenic
Eugenia *f* Eugenia
Eugenio *m* Eugene
Euménides *fpl* (myth.) Eumenides
eunuco *m* eunuch
eupatorio *m* (bot.) eupatorium, boneset
eupepsia *f* (med.) eupepsia
eupéptico -ca *adj* eupeptic
Eurasia *f* Eurasia
eurasiano -na *adj & mf* Eurasian
eureka *interj* eureka!
Eurídice *f* (myth.) Eurydice
Eurípides *m* Euripides
euritmia *f* (f.a.) eurhythmy; (med.) normal rhythm of pulse
eurítmico -ca *adj* (f.a.) eurhythmic; (med.) normal, regular
euro *m* east wind
Europa *f* Europe; (myth.) Europa
europeidad *f* or **europeísmo** *m* Europeanism
europeizante *adj* Europeanizing; *mf* (Am.) advocate of European manners and customs
europeizar §76 *va* to Europeanize; *vr* to become Europeanized
europeo -a *adj & mf* European
europio *m* (chem.) europium
éuscaro -ra or **eusquero -ra** *adj & m* Basque (*language*)
Eustaquio *m* Eustace
éustilo *m* (arch.) eustyle
eutanasia *f* euthanasia; (med.) euthanasia, mercy killing
euténica *f* euthenics
Euterpe *f* (myth.) Euterpe
eutiquiano -na *adj & mf* Eutychian
eutrapelia *f* moderation (*in one's diversions*); simple pastime; lightheartedness
eutrapélico -ca *adj* moderate, simple; lighthearted
eutropelia *f* var. of **eutrapelia**
Eva *f* Eve
evacuación *f* evacuation; **evacuación de basuras** garbage disposal
evacuado -da *mf* evacuee
evacuante *adj & m* (med.) evacuant
evacuar *va* to evacuate; (mil.) to evacuate; to transact (*a deal*), to do (*an errand*); to drain (*a sore or humor*); to make (*a visit*); to carry out, to execute; **evacuar el vientre** to have a movement of the bowels; *vn* (mil.) to evacuate; to have a movement of the bowels
evacuativo -va *adj & m* (med.) evacuant
evacuatorio -ria *adj* evacuant; *m* public urinal
evadido -da *adj* escaped; *mf* escapee
evadir *va* to avoid; to evade; *vr* to evade; to flee, to escape
evagación *f* distraction; digression
evaluación *f* evaluation
evaluador -dora *adj* evaluating
evaluar §33 *va* to evaluate
evanescente *adj* evanescent; (bot.) evanescent
evangélico -ca *adj* evangelic or evangelical
Evangelio *m* gospel; Gospel, Evangel; (*l.c.*) *m* (coll.) gospel, gospel truth; **evangelios** *mpl* Gospel booklet with relics, worn around the neck of children; **decir** or **hablar el evangelio** to speak the gospel truth
evangelismo *m* evangelism
evangelista *m* gospeler, singer of the Gospel; (Am.) penman, scrivener, public writer; (*cap.*) *m* Evangelist
evangelistero *m* singer of Gospel in High Masses
evangelización *f* evangelization
evangelizador -dora *adj* evangelizing; *mf* evangelizer, evangelist
evangelizar §76 *va & vn* to evangelize
Evang.º abr. of **Evangelio**
Evang.ta abr. of **Evangelista**
evaporable *adj* evaporable
evaporación *f* evaporation
evaporado -da *adj* scatterbrained
evaporador -dora *adj* evaporating; *m* evaporator (*apparatus*)
evaporar *va* to evaporate; *vr* to evaporate (*change into vapor; vanish, disappear*)
evaporizar §76 *va, vn & vr* to vaporize
evasión *f* escape; evasion
evasivo -va *adj* evasive; *f* evasion
evección *f* (astr.) evection
evento *m* chance event, happening; **a todo evento** for any eventuality
eventual *adj* eventual, contingent
eventualidad *f* eventuality, contingency
eversión *f* destruction, ruin, desolation; (med.) eversion
evicción *f* (law) eviction, dispossession in virtue of an antecedent right
evidencia *f* evidence; obviousness; **en evidencia** in evidence; (coll.) in the open
evidenciar *va* to evidence, to make evident
evidente *adj* evident
evisceración *f* (surg.) evisceration
evitable *adj* avoidable, preventable
evitación *f* avoidance
evitar *va* to avoid, to shun; to keep off (*e.g., dust*); to prevent; **evitar** + *inf* to avoid + *ger*
eviterno -na *adj* unending, imperishable
evo *m* (poet.) age, aeon; (theol.) eternity
evocación *f* evocation
evocador -dora *adj* evoking; evocative
evocar §86 *va* to evoke
evolución *f* evolution; (biol., philos., mil. & nav.) evolution; change (*in attitude, plans, conduct, etc.*)
evolucionar *vn* to evolve; (mil. & nav.) to perform evolutions or maneuvers; to change (*in attitude, plans, conduct, etc.*)
evolucionismo *m* (biol.) evolution, evolutionism
evolucionista *adj* evolutionist, evolutionistic, evolutionary; *mf* evolutionist
evolutivo -va *adj* evolutionary
evónimo *m* (bot.) spindle tree, wahoo
ex *adj* ex- (*former*), e.g., **ex ministro** ex-minister; **su ex mujer** his ex-wife
ex abrupto (Lat.) abruptly, brashly; *m* abruptness, brash remark
exacción *f* exaction, requirement, demand; levy
exacerbación *f* exacerbation
exacerbar *va* to exacerbate; *vr* to become exacerbated
exactitud *f* exactness; punctuality
exacto -ta *adj* exact; punctual, faithful; complete
exactor *m* taxgatherer
exageración *f* exaggeration
exagerado -da *adj* exaggerated; exaggerating
exagerador -dora *adj* exaggerating; *mf* exaggerator
exagerar *va* to exaggerate
exaltación *f* exaltation
exaltado -da *adj* exalted; hot-headed, extreme
exaltar *va* to exalt; *vr* to become excited or wrought-up
examen *m* examination; **sufrir un examen** to take an examination
examinador -dora *mf* examiner

examinando -da *mf* examinee
examinar *va* to examine; to inspect; *vr* to take an examination; **examinarse de** to take an examination in; **examinarse de ingreso** to take entrance examinations
exangüe *adj* bloodless, anemic; exhausted, worn-out; dead
exanimación *f* exanimation
exánime *adj* exanimate, lifeless, in a faint
exantema *m* (path.) exanthema
exantemático -ca *adj* exanthematic
exasperación *f* exasperation
exasperar *va* to exasperate
Exc.ª abr. of **Excelencia**
excandecencia *f* anger, exasperation
excandecer §34 *va* to enrage, to incense; *vr* to become enraged
excarcelación *f* release from custody
excarcelar *va* to release (*a prisoner*)
excava *f* (agr.) removal of soil around a plant
excavación *f* excavation
excavador -dora *adj* excavating; *mf* excavator (*person*); *m* (dent. & surg.) excavator; *f* excavator, power shovel
excavar *va* to excavate; (agr.) to remove soil from around (*a plant*)
excave *m* digging, excavation
excedencia *f* excess; leave; leave pay
excedente *adj* excessive; excess, in excess; on leave; *m* excess, surplus; government employee on leave; **excedentes** *mpl* surplus property
exceder *va & vn* to exceed, to excel; **exceder de** to exceed; *vr* to exceed; to go too far, to go to extremes; **excederse a sí mismo** (coll.) to outdo oneself
excelencia *f* excellence or excellency; **por excelencia** par excellence; (*cap.*) *f* Excellency (*title*)
excelente *adj* excellent
excelsitud *f* loftiness, sublimity
excelso -sa *adj* lofty, elevated, sublime; **el Excelso** the Most High
excéntrica *f* see **excéntrico**
excentricidad *f* eccentricity; (coll.) eccentricity (*oddity, peculiarity*)
excéntrico -ca *adj* eccentric; erratic; (coll.) eccentric (*odd, peculiar*); *mf* (coll.) eccentric; *f* (mach.) eccentric
excepción *f* exception; **a excepción de** with the exception of
excepcional *adj* exceptional
excepcionar *va* (law) to protest against, to deny the validity of
excepto *prep* except
exceptuar §33 *va* to except; to exempt
excerpta or **excerta** *f* excerpt
excesivo -va *adj* excessive
exceso *m* excess; (fig.) excess (*abuse; eating or drinking too much*); **en** or **por exceso** to excess (*too much*); **exceso de equipaje** excess baggage; **exceso de peso** excess weight; **exceso de velocidad** speeding
excipiente *m* (pharm.) excipient
excisión *f* (surg.) excision
excitabilidad *f* excitability
excitable *adj* excitable
excitación *f* excitation, excitement; (phys. & physiol.) excitation
excitador -dora *adj* exciting; *m* (elec.) exciter (*for producing jump sparks*)
excitante *adj* exciting; stimulating; *m* (physiol.) excitant; (med.) stimulant
excitar *va* to excite; (elec. & physiol.) to excite; *vr* to become excited
excitativo -va *adj* excitative
excitatriz *f* (*pl:* **-trices**) (elec.) exciter (*for producing a magnetic field*)
exclamación *f* exclamation
exclamar *va & vn* to exclaim
exclamativo -va or **exclamatorio -ria** *adj* exclamatory
exclaustración *f* secularization
exclaustrado -da *mf* secularized ecclesiastic
exclaustrar *va* to secularize (*a monk*)
excluir §41 *va* to exclude
exclusión *f* exclusion; **con exclusión de** to the exclusion of
exclusiva *f* see **exclusivo**
exclusive *adv* exclusively
exclusividad *f* exclusive feature; exclusiveness; **con exclusividad** exclusively
exclusivismo *m* exclusivism
exclusivista *adj* exclusive, clannish; *mf* exclusivist
exclusivo -va *adj* exclusive; *f* turndown, rejection; sole right, special privilege; exclusive news release
Exc.^{mo} abr. of **Excelentísimo**
excogitar *va* to excogitate, to think out
ex combatiente *m* ex-serviceman, veteran
excomulgado -da *adj* excommunicated; (coll.) pert, saucy; *mf* excommunicant, excommunicated person
excomulgador *m* excommunicator
excomulgar §59 *va* to excommunicate; to anathematize; (coll.) to proscribe, to ostracize; (coll.) to flay, to treat harshly
excomunión *f* excommunication
excoriación *f* excoriation, skinning
excoriar *va* to excoriate, to skin; *vr* to be excoriated; to skin oneself (*e.g., on the arm*)
excrecencia *f* excrescence
excrecente *adj* excrescent
excreción *f* (physiol.) excretion; evacuation
excremental *adj* excremental
excrementar *vn* to have an evacuation
excrementicio -cia *adj* excremental; (physiol.) waste (*matter*)
excremento *m* excrement
excrescencia *f* var. of **excrecencia**
excreta *f* (physiol.) excreta
excretar *va* (physiol.) to excrete; *vn* to eject the excrements
excretorio -ria *adj* (physiol.) excretory; *m* toilet
exculpación *f* exculpation, exoneration
exculpar *va* to exculpate, to exonerate
excursión *f* incursion; excursion
excursionismo *m* excursioning; touring
excursionista *adj* (pertaining to an) excursion; *mf* excursionist
excusa *f* excuse; basket with lid; **buscar excusa** to look for an excuse; **excusa es decir** it is unnecessary to say
excusabaraja *f* basket with lid
excusable *adj* excusable; avoidable
excusadamente *adv* unnecessarily
excusado -da *adj* exempt; unnecessary; reserved, set apart; *m* water closet, toilet
excusador -dora *adj* excusing; *m* substitute, vicar
excusalí *m* (*pl:* **-líes**) little apron
excusapecados *mf* (*pl:* **-dos**) indulgent person
excusar *va* to excuse; to avoid, to shun, to prevent; to exempt; to make unnecessary, to replace; **excusarle a uno de algo** to excuse someone for something; **excusar** + *inf* to not have to + *inf; vr* to excuse oneself; to apologize; **excusarse de** + *inf* to decline to + *inf*
excusión *f* (civil law) discussion
execrable *adj* execrable
execración *f* anathematization; execration
execrador -dora *adj* execrating; *mf* execrator
execrando -da *adj* execrable
execrar *va* to anathematize; to execrate
execratorio -ria *adj* execratory
exedra *f* (arch.) exedra
exégesis *f* (*pl:* **-sis**) exegesis
exegético -ca *adj* exegetic or exegetical
exención *f* exemption
exencionar *va* to exempt
exentamente *adv* freely; frankly, simply
exentar *va* to exempt
exento -ta *adj* exempt; clear, open, unobstructed; free, disengaged; deprived
exequátur *m* (*pl:* **-tur**) exequatur
exequias *fpl* obsequies, exequies
exequible *adj* attainable, feasible
exergo *m* exergue
éxeunt (Lat.) exeunt (*they go out*)
exfoliación *f* exfoliation
exfoliador -dora *adj* tear-off
exfoliar *va & vr* to exfoliate
exhalación *f* exhalation; shooting star; flash of lightning; fume, vapor
exhalar *va* to exhale, to emit (*gases, odors*); to breathe forth (*sighs, complaints*); **exhalar el**

E

último suspiro to breathe one's last; *vr* to exhale; to breathe hard (*from overexertion*); to hurry; to have a craving
exhaustivo -va *adj* exhaustive
exhaustizar §76 *vr* to become exhausted
exhausto -ta *adj* exhausted; (coll.) wasted away
exheredación *f* disinheritance
exheredar *va* to disinherit
exhibición *f* exhibition; exhibit
exhibicionismo *m* (psychol.) exhibitionism
exhibicionista *mf* exhibitionist
exhibir *va* to exhibit; (law) to exhibit (*a document*); *vr* (coll.) to show oneself, to like to be seen
exhilarante *adj* exhilarating; laughing (*gas*)
exhortación *f* exhortation
exhortador -dora *adj* exhorting; *mf* exhorter
exhortar *va* to exhort; **exhortar a** + *inf* to exhort to + *inf*
exhortativo -va *adj* exhortative
exhortatorio -ria *adj* exhortatory
exhorto *m* (law) letters rogatory
exhumación *f* exhumation
exhumador -dora *mf* exhumer
exhumar *va* to exhume
exigencia *f* exigency, requirement, demand
exigente *adj* exacting, exigent, demanding
exigible or **exigidero -ra** *adj* exigible, requirable; payable on demand
exigir §42 *va* to exact, to require, to demand, to call for; **exigir** + *inf* to require (*something*) to be + *pp*
exigüidad *f* exiguity, exiguousness; meagreness, smallness, scantiness
exiguo -gua *adj* exiguous; meagre, small, scanty
exilado -da *adj & mf* exile
exilar *va* to exile
exilio *m* exile
eximente *adj* (law) exempting
eximio -mia *adj* select, choice, superior, distinguished
eximir *va* to exempt; **eximir de** + *inf* to exempt from + *ger*
exina *f* (bot.) extine (*of pollen*)
exinanición *f* inanition, exinanition
exinánido -da *adj* exhausted, debilitated
existencia *f* existence; **existencias** *fpl* (com.) stock; **en existencia** (com.) in stock
existencial *adj* existentialist
existencialismo *m* (philos.) existentialism
existencialista *adj & mf* existentialist
existente *adj* existing, existent, extant
existimación *f* judgment, opinion
existimar *va* to judge, to deem, to esteem
existimativo -va *adj* putative
existir *vn* to exist
existista *adj* (Am.) me-too; *mf* (Am.) me-tooer
éxit (Lat.) exit (*he or she goes out*)
éxito *m* outcome, result; success; hit (*successful stroke, performance, etc.*); **éxito de librería** best seller (*book*); **éxito de taquilla** box-office hit, good box office; **éxito de venta** best seller; **éxito rotundo** smash hit
exitoso -sa *adj* (Am.) successful
ex libris *m* (*pl:* **-bris**) ex libris, bookplate
exobiología *f* exobiology
éxodo *m* exodus; (*cap.*) *m* (Bib.) Exodus
exodoncia or **exodontología** *f* exodontia
exoftalmía *f* (path.) exophthalmos or exophthalmia
exoftálmico -ca *adj* exophthalmic
exoftalmos *m* var. of **exoftalmía**
exogamia *f* exogamy; (biol.) exogamy
exógeno -na *adj* exogenous
exoneración *f* exoneration; discharge, dismissal; defecation
exonerar *va* to exonerate (*to relieve of an obligation*); to discharge; *vn* to defecate
exónfalo *m* (path.) exomphalos
exorable *adj* exorable
exorar *va* to beg, to entreat
exorbitancia *f* exorbitance or exorbitancy
exorbitante *adj* exorbitant
exorcismo *m* exorcism
exorcista *mf* exorcist; *m* exorcist (*priest*)
exorcistado *m* (eccl.) third minor order
exorcizar §76 *va* to exorcise
exordio *m* exordium
exornación *f* adornment, embellishment
exornar *va* to adorn, to embellish
exorno *m* adornment, embellishment
exosfera *f* exosphere
exósmosis *f* (physical chem. & physiol.) exosmosis
exospora *f* (bot.) exospore
exosqueleto *m* (zool.) exoskeleton
exostoma *m* (bot.) exostome
exostósico -ca *adj* exostotic
exostosis *f* (*pl:* **-sis**) (bot. & path.) exostosis
exoteca *f* (zool.) exotheca
exotecio *m* (bot.) exothecium
exotérico -ca *adj* exoteric
exotérmico -ca *adj* (chem.) exothermic
exoticidad *f* exoticity
exótico -ca *adj* exotic; striking, stunning
exotiquez *f* exoticalness, exoticism
exotismo *m* exoticism
exotospora *f* (biol.) exotospore
exotoxina *f* (biochem.) exotoxin
exotropía *f* (path.) exotropia
expandir *va & vr* to spread, extend, expand
expansibilidad *f* expansibility
expansible *adj* expansible
expansión *f* expansion; expansiveness; relief, recreation, rest
expansionar *va* to expand (*e.g., production*); *vr* to expand; to open one's heart; to enjoy oneself, to relax, to take it easy
expansionismo *m* expansionism
expansionista *adj & mf* expansionist
expansivo -va *adj* expansive; (fig.) expansive
expatriación *f* expatriation
expatriado -da *adj* expatriate; *mf* expatriate, displaced person
expatriar §90 & **regular** *va* to expatriate; *vr* to expatriate, to leave one's country
expectación *f* expectancy; (med.) expectation; **expectación de vida** life expectancy
expectante *adj* expectant
expectativa *f* expectation, expectancy; **estar en la expectativa de** to be expecting, to be on the lookout for; **expectativa de vida** expectation of life
expectoración *f* expectoration
expectorante *adj & m* expectorant
expectorar *va & vn* to expectorate
expedición *f* expedition; shipment; issuance; (fig.) expedition
expedicionario -ria *adj* expeditionary; *mf* expeditionist, member of an expedition
expedidor -dora *mf* sender, shipper; *m* dispenser (*device*)
expediente *m* expedient; expedition; (law) action, proceedings; dossier; record; reason, motive; supply, provision; **formar** or **instruir expediente a** to impeach (*a public official*); **expediente académico** (educ.) record
expedienteo *m* red tape; (law) execution (*of papers, etc.*)
expedir §94 *va* to send, to ship, to remit; to issue; to expedite
expeditar *va* (Am.) to expedite
expeditivo -va *adj* expeditious
expedito -ta *adj* free, easy, ready, expeditious; clear, open
expeler *va* to expel, to eject
expendedor -dora *adj* spending; dealing, trading; vending; *mf* dealer, agent, retailer; ticket agent; distributer of counterfeit money
expendeduría *f* cigar store, retail store (*for sale of state-monopolized articles*); **expendeduría de billetes** (Am.) ticket office
expender *va* to expend; to sell on a commission; to sell at retail; to circulate (*counterfeit money*)
expendición *f* commission selling; retailing
expendio *m* expense; (Am.) shop, store; (Am.) ticket office; (Am.) retailing
expensar *va* (Am.) to defray (*expenses*)
expensas *fpl* expenses; **a expensas de** at the expense of
experiencia *f* experience (*practical knowledge gained by doing or living through things; something experienced, event participated in*); experiment; **aprender con su propria experiencia** to learn by experience
experimentación *f* experimentation

experimentado -da *adj* experienced
experimentador -dora *adj* experimenting; *mf* experimenter
experimental *adj* experimental
experimentalismo *m* experimentalism
experimentar *va* to test, to try, to try out; to experience, undergo, feel; *vn* to experiment
experimentativo -va *adj* experimental
experimento *m* experience; experiment
experto -ta *adj & m* expert
expiable *adj* expiable
expiación *f* expiation, atonement; cleansing, purification
expiar §90 *va* to expiate, to atone for; to cleanse, to purify
expiativo -va *adj* expiative, expiatory
expiatorio -ria *adj* expiatory
expilar *va* to rob, to despoil
expillo *m* (bot.) feverfew
expiración *f* expiration
expirante *adj* expiring
expirar *vn* to expire (*to emit the breath; to die; to come to an end*)
explanación *f* leveling, grading; explanation, elucidation
explanada *f* esplanade; (fort.) esplanade
explanar *va* to level, to grade; to explain, to elucidate
explantación *f* (biol.) explantation
explayar *va* to extend, to enlarge; *vr* to extend, to spread out; to discourse at large; **explayarse con** to unbosom oneself to
expletivo -va *adj* expletive
explicable *adj* explicable, explainable
explicación *f* explanation, explication; **pedir explicaciones** to demand an explanation
explicaderas *fpl* (coll.) way of explaining; **tener buenas explicaderas** (coll.) to have a way of explaining things
explicador -dora *mf* explainer, commentator
explicar §86 *va* to explain; to expound; *vr* to explain oneself; to understand, e.g., **ahora me lo explico** now I understand it
explicativo -va *adj* explanatory, explicative
explicatorio -ria *adj* explanatory, explicatory
explícito -ta *adj* explicit
exploración *f* exploration; (mil.) scouting; (telv.) scanning
explorador -dora *adj* exploring; exploratory; (telv.) scanning; *mf* explorer; *m* (mil.) scout; boy scout; (med.) explorer (*instrument*); (telv.) scanning disk
exploramiento *m* exploration
explorar *va & vn* to explore; (telv.) to scan; (mil.) to scout
explorativo -va *adj* explorative
exploratorio -ria *adj* exploratory
explosímetro *m* explosimeter
explosión *f* explosion; combustion (*e.g., of gasoline in a motor*); (phonet.) explosion
explosivo -va *adj* explosive; (phonet.) explosive; *m* explosive; *f* (phonet.) explosive
explosor *m* exploder, blasting machine
explotable *adj* workable; exploitable
explotación *f* running, operation; working; exploitation
explotador -dora *adj* running, operating; exploiting; *mf* operator; exploiter
explotar *va* to run, to operate (*e.g., a railroad*); to work (*a mine*); to exploit; *vn* to explode
expoliación *f* spoliation; (rhet.) repetition, elaboration
expoliador -dora *adj* spoliating; *mf* spoliator
expoliar *va* to spoliate, to despoil
expolio *m* spoliation
expondré *1st sg fut ind of* **exponer**
exponencial *adj* (math.) exponential
exponente *adj* explaining, expounding; *m* exponent; (alg.) exponent
exponer §69 *va* to expose; to abandon (*a child*); to expound; to show; to put (*a corpse*) on view; (eccl.) to expose (*the Host*); *vn* (eccl.) to expose the Host; *vr* to expose oneself (*e.g., to a danger*)
expongo *1st sg pres ind of* **exponer**
exportación *f* export, exportation; exports
exportador -dora *adj* exporting; *mf* exporter
exportar *va & vn* to export
exposición *f* exposition; exposure (*exposing or being exposed; position as to points of compass*); (rhet.) exposition; (phot.) exposure; show, fair, exposition; **exposición universal** world's fair
exposímetro *m* (phot.) exposure meter, light meter
expositivo -va *adj* expositive
expósito -ta *adj* exposed or abandoned (*child*); *mf* foundling
expositor -tora *adj* expository; *mf* exponent; expositor, expounder, commentator; exhibitor
expremijo *m* cheese vat, cheese shelf
exprés *adj* express (*train*); *m* express train; caffè espresso; (Am.) express company
expresable *adj* (Am.) expressible
expresado -da *adj* above-mentioned
expresamente *adv* expressly
expresar *va* to express; to specify; *vr* to express oneself
expresión *f* expression; squeezing; (math.) expression; **expresiones** *fpl* regards
expresionismo *m* (f.a.) expressionism
expresionista *adj & mf* expressionist
expresividad *f* expressiveness
expresivo -va *adj* expressive; kind, affectionate
expreso -sa *adj* expressed; express (*clear, definite; for a particular purpose; train, car, elevator, etc.*); *m* express (*train; fast shipment*) (Am.) express company
exprimible *adj* expressible
exprimidamente *adv* stiffly; primly, prudishly; with affectation; grudgingly
exprimidera *f* or **exprimidero** *m* squeezer; **exprimidera de naranjas** orange squeezer
exprimido -da *adj* lean, skinny; stiff, stuck-up; prim, prudish; affected, overprecise
exprimidor *m* wringer; squeezer
exprimir *va* to express, to squeeze, to press out; to wring, wring out; to express vividly; (Am.) to empty (*a firearm*)
ex profeso *adv* on purpose, expressly
expropiación *f* expropriation
expropiador -dora *mf* expropriator
expropiar *va* to expropriate
expuesto -ta *adj* dangerous, hazardous; *pp of* **exponer**
expugnable *adj* expugnable, pregnable
expugnación *f* taking by storm
expugnar *va* to take by storm
expulsador -dora *mf* ejector
expulsanieves *m* (*pl:* **-ves**) snowplow
expulsar *va* to expel, to expulse, to drive out
expulsión *f* expulsion
expulsivo -va *adj* expulsive
expulsor *m* ejector (*of firearm*)
expurgación *f* expurgation
expurgar §59 *va* to expurgate
expurgatorio -ria *adj* expurgatory
expurgo *m* expurgation; expurgated parts (*of a book*); elimination of green and damaged grapes before pressing
expuse *1st sg pret ind of* **exponer**
exquisitez *f* exquisiteness; excellence; affectation
exquisito -ta *adj* exquisite; consummate, excellent; genteel; affected
exsicación *f* exsiccation
exsomático -ca *adj* exsomatic
exstrofia *f* (path.) exstrophy
éxtasi *m* var. of **éxtasis**
extasiar §90 & regular *va* to delight, to enrapture; *vr* to go into ecstasies, to become enraptured
éxtasis *m* (*pl:* **-sis**) ecstasy
extático -ca *adj* ecstatic
extemporal *adj* unseasonable
extemporaneidad *f* unseasonableness; untimeliness
extemporáneo -a *adj* unseasonable; untimely, inopportune; (pharm.) magistral
extender §66 *va* to extend, to stretch out, to spread, to spread out; to draw up (*a document*); *vr* to extend, to stretch out, to spread, to spread out; to go on and on (*talking, explaining, etc.*); (coll.) to be puffed up; **extenderse a** or **hasta** to reach, to amount to
extendidamente *adv* in detail, at great length
extensible *adj* stretchy, extensible

extensión *f* extension, extent, extensity; expanse; range; (psychol.) extensity; (telp.) extension
extensivo -va *adj* extensive; (agr.) extensive; **hacer extensivos a** to extend (*congratulations, good wishes, etc.*) to; **hacerse extensivo a** to extend to
extenso -sa *adj* extended, vast, extensive; **por extenso** in detail, at great length
extensor -sora *adj* extending; extensile; *m* (anat.) extensor; chest or muscle exerciser; **extensor de cubiertas** (Am.) tire spreader
extenuación *f* extenuation, emaciation, weakening
extenuante *adj* weakening, debilitating
extenuar §33 *va* to extenuate, to emaciate, to weaken
extenuativo -va *adj* emaciating, weakening
exterior *adj* exterior, external, outer, outside, outward; foreign; *m* exterior, outside; appearance, bearing; **al exterior** or **a lo exterior** on the outside; outwardly; **del exterior** from abroad; **en el exterior** on the outside; abroad; **en exteriores** (mov.) on location
exterioridad *f* exteriority, externality; externals, outward appearance, outward show; **exterioridades** *fpl* show, pomp
exteriorista *adj* outgoing, outgiving (*e.g., nature, personality*); *mf* extrovert
exteriorización *f* revelation, manifestation; (surg.) temporary removal (*of an internal organ*); (psychol.) doubling of personality
exteriorizar §76 *va* to reveal, to make manifest; *vr* to unbosom one's heart
exteriormente *adv* on the outside; outwardly, seemingly
exterminable *adj* exterminable
exterminador -dora *adj* exterminating; *mf* exterminator (*person*); *m* exterminator (*apparatus*)
exterminar *va* to exterminate
exterminio *m* extermination
externado *m* day school
externo -na *adj* external, outside; (anat.) external; *mf* day scholar, day pupil; day-school pupil
extima *f* (anat.) extima
extina *f* (bot.) extine
extinción *f* extinction; elimination, obliteration
extinguible *adj* extinguishable
extinguir §44 *va* to extinguish, to quench, to put out, to wipe out; to carry out, to fulfil; to spend, to serve (*a period of time*); *vr* to go out, to be extinguished; to become extinct
extintivo -va *adj* extinctive; (law) extinctive
extinto -ta *adj* extinguished; extinct; (Am.) dead, deceased
extintor -tora *adj* extinguishing; *m* fire extinguisher; **extintor de espuma** foam extinguisher; **extintor de granada** fire grenade
extirpación *f* extirpation
extirpador -dora *adj* extirpating; *mf* extirpator; *m* (agr.) cultivator
extirpar *va* to extirpate
extorno *m* (ins.) premium adjustment (*based on modification of policy*)
extorsión *f* extortion; damage, harm
extorsionar *va* to extort; to damage, harm
extra *adj* extra; **extra de** (coll.) besides, in addition to; *mf* (theat.) extra; *m* extra (*of a newspaper*); (coll.) extra (*gratuity*)
extrabronquial *adj* extrabronchial
extrabucal *adj* extrabuccal
extrabulbar *adj* extrabulbar
extracapsular *adj* extracapsular
extracardíaco -ca *adj* extracardial
extracción *f* extraction; number drawing (*in lottery*); **extracción de raíces** (math.) extraction of roots, evolution
extracelular *adj* extracellular
extracístico -ca *adj* extracystic
extracorriente *f* (elec.) extra current
extracorto -ta *adj* (rad.) ultrashort
extractador -dora *mf* abstractor
extractar *va* to abstract (*a writing*)
extractivo -va *adj* extractive; extractable
extracto *m* abstract (*of a writing*); (pharm.) extract; **extracto de índigo** indigo extract; **extracto de malta** malt extract
extractor -tora *mf* extractor; *m* extractor (*apparatus*); **extractor de aire** ventilator; **extractor de rueda** (aut.) wheel puller
extracurricular *adj* extracurricular
extradición *f* extradition
extraditable *adj* extraditable
extradós *m* (arch.) extrados
extraelevado -da *adj* (rad.) ultrahigh
extraembrionario -ria *adj* extraembryonic
extraente *adj* extracting; *mf* extractor
extraer §88 *va* to extract; to pull; (math.) to extract (*a root*)
extraeuropeo -a *adj* outside of Europe, non-European
extrafino -na *adj* extrafine
extrafuerte *adj* heavy-duty
extragenital *adj* extragenital
extrahepático -ca *adj* extrahepatic
extraigo *1st sg pres ind of* **extraer**
extraje *1st sg pret ind of* **extraer**
extrajudicial *adj* extrajudicial
extralegal *adj* extralegal
extralimitación *f* overstepping, taking advantage
extralimitar *vr* to overstep, to go too far
extramedular *adj* extramedullary
extrameridiano -na *adj* extrameridional
extramural *adj* extramural
extramuros *adv* beyond the walls, outside the town or city
extranjería *f* alienism, alienship
extranjerismo *m* xenomania; borrowing, foreignism
extranjerizar §76 *va* to mix foreign customs with; *vr* to become mixed with foreign customs
extranjero -ra *adj* foreign; *mf* foreigner; **extranjero enemigo** enemy alien; *m* foreign land; **del extranjero** from abroad; **en el extranjero, por el extranjero** abroad
extranjía *f* (coll.) alienship; **de extranjía** (coll.) foreign; (coll.) strange, unexpected
extranjis; de extranjis (coll.) foreign; (coll.) strange, unexpected; (coll.) secretly
extraña *f* see **extraño**
extrañación *f* or **extrañamiento** *m* banishment, expatriation
extrañar *va* to banish, to expatriate; to surprise; to find strange, to be surprised at; (dial. & Am.) to miss; **extrañar** + *inf* to surprise to + *inf*, e.g., **me extrañó encontrar a Vd. aquí** it surprised me to find you here; *vn* to be strange; *vr* to be surprised; to wonder; to refuse; **extrañarse de** + *inf* to be surprised to + *inf*
extrañez *f* or **extrañeza** *f* strangeness, peculiarity; estrangement; wonder
extraño -ña *adj* foreign; strange; extraneous; **extraño a** unconnected with; *mf* foreigner; stranger; *f* (bot.) China aster
extraoficial *adj* unofficial
extraordinario -ria *adj* extraordinary; extra; *m* extra dish; extra number (*of a periodical*); special mail
extrapélvico -ca *adj* extrapelvic
extrapiramidal *adj* extrapyramidal
extraplacentario -ria *adj* extraplacental
extraplano -na *adj* extra-flat
extrapolación *f* (math.) extrapolation
extrapolar *adj* extrapolar; *va & vn* (math.) to extrapolate
extrapulmonar *adj* extrapulmonary
extrarradio *m* outer edge of town
extrarrápido -da *adj* (phot.) extra-fast
extrasensorial *adj* extrasensory
extraseroso -sa *adj* extraserous
extrasístole *f* (med.) extrasystole
extraterreno -na *adj* extramundane
extraterrestre *adj* extraterrestrial; (astr.) extraterrestrial
extraterritorial *adj* extraterritorial
extraterritorialidad *f* extraterritoriality
extrauterino -na *adj* extrauterine
extravagancia *f* extravagance, folly, wildness, nonsense
extravagante *adj* extravagant, foolish, wild, nonsensical; in transit (*said of mail in post office*); **extravagantes** *fpl* (canon law) Extravagants or Extravagantes
extravagar §59 *vn* to ramble, to talk nonsense

extravaginal *adj* (anat. & bot.) extravaginal
extravasación *f* extravasation
extravasar *va* to extravasate; *vr* (physiol.) to extravasate
extravascular *adj* extravascular
extravenar *va & vr* to exude through the veins
extraventricular *adj* extraventricular
extraversión *f* (psychol.) extroversion or extraversion
extraviadamente *adv* astray; beside oneself; at random, wandering
extraviar §90 *va* to lead astray; to mislead; to mislay, to misplace; *vr* to go astray; to wander; to get lost; to be wrong; to get out of line or out of alignment
extravío *m* misleading; misplacement; going astray; loss; misconduct; error, wrong; (coll.) annoyance
extrema *f* see **extremo**
extremadamente *adv* extremely
extremado -da *adj* extreme, excessive; consummate
extremar *va* to carry far, carry to the limit; *vr* to exert oneself to the utmost; **extremarse en** + *inf* to strive hard to + *inf*
extremaunción *f* (eccl.) extreme unction
extremeño -ña *adj* frontier; Estremenian; *mf* frontier dweller; Estremenian
extremidad *f* extremity; end, tip; **la última extremidad** one's last moment (*death*); **extremidades** *fpl* extremities (*hands and feet*)
extremismo *m* extremism
extremista *mf* extremist
extremo -ma *adj* extreme; ultimate; utmost; critical, desperate; *m* end, extremity, tip; extreme; point (*of a conversation, letter, etc.*); great care; winter pasture, winter grazing; (football) end; **al extremo de** to the point of; **con, de, en** or **por extremo** extremely; **de extremo a extremo** from one end to the other; **hacer extremos** to gush, be demonstrative; **pasar de un extremo a otro** to go from one extreme to the other; **extremo muerto** dead end; *f* (coll.) extremity (*extreme need*); (coll.) end, final moment (*of life*); (coll.) extreme unction
extremosidad *f* effusiveness, gushiness
extremoso -sa *adj* extreme; demonstrative, effusive; forthright
extrínseco -ca *adj* extrinsic
extrofia *f* var. of **exstrofia**
extrorso -sa *adj* (bot.) extrorse
extroversión *f* (path.) extroversion
extrovertido -da *mf* extrovert
extrusión *f* (metal.) extrusion
exuberancia *f* exuberance
exuberante *adj* exuberant
exuberar *vn* to exuberate
exudación *f* exudation
exudado *m* exudate
exudar *va & vn* to exude
exulceración *f* chafing, slight ulceration
exulcerar *va & vn* to chafe, to ulcerate lightly
exultación *f* exultation
exultar *vn* to exult
exutorio *m* (med.) issue, artificial ulcer (*for discharge of pus*)
exvoto *m* ex-voto, votive offering
eyaculación *f* (physiol.) ejaculation
eyaculador -dora *adj* (physiol.) ejaculatory
eyacular *va & vn* (physiol.) to ejaculate
eyector *m* (mach.) ejector
-ez *suffix f* -hood, e.g., **niñez** childhood; **viudez** widowhood; -ness, e.g., **altivez** haughtiness; **madurez** ripeness; **pequeñez** smallness; -ty, e.g., **aridez** aridity; **fluidez** fluidity; **rapidez** rapidity
-eza *suffix f* -ness, e.g., **grandeza** bigness; greatness; **ligereza** lightness; **limpieza** cleanliness; -ty, e.g., **certeza** certainty; **pureza** purity
Ezequías *m* (Bib.) Hezekiah
Ezequiel *m* (Bib.) Ezekiel (*prophet and book*)

F

F, f *f* seventh letter of the Spanish alphabet
F. abr. of **fulano**
fab. abr. of **fabricante**
f.a.b. abr. of **franco a bordo**
fabada *f* Asturian bean soup with pork and sausage
Fabián *m* Fabian
fabiano -na *adj & mf* Fabian
fabla *f* imitation of Old Spanish
fabordón *m* (mus.) faux-bourdon
fábrica *f* manufacture; factory, plant, mill; building; fabric; masonry; invention; church rate; church funds; vestry, church board; **de fábrica** (pertaining to or made of) masonry; **fábrica de la moneda** mint; **fábrica de montaje** assembly plant
fabricación *f* fabrication, manufacture; **fabricación en serie** mass production
fabricador -dora *mf* fabricator, inventor, schemer
fabricante *mf* manufacturer; *m* factory owner, plant owner, mill owner
fabricar §86 *va* to fabricate, to manufacture; to devise, invent, bring about, forge
fabricoide *m* fabricoid
fabril *adj* manufacturing
fabriquero *m* manufacturer, factory owner; charcoal burner (*person*); churchwarden
fabuco *m* beechnut, mast (*food for animals*)
fábula *f* fable; rumor, gossip; talk (*e.g., of the town*); story, lie; plot, story, tale; **la Fábula** mythology; **fábulas milesias** Milesian tales
fabulador *m* var. of **fabulista**
fabulario *m* collection of fables, book of fables
fabulista *mf* fabulist
fabuloso -sa *adj* fabulous
faca *f* cutlass, falchion
facción *f* faction; feature; factious group; battle; **facciones** *fpl* features (*face*); **estar de facción** (mil.) to be on duty
faccionar *va* to incite to rebellion; *vr* to rebel
faccionario -ria *adj* factional; *mf* partisan, factionalist
faccioso -sa *adj* factious; rebellious; *mf* partisan; rebel
faceto -ta *adj* (Am.) affected, smart; (Am.) finicky; *f* facet; (arch., zool. & fig.) facet
facial *adj* facial; face; intuitive
facie *f* (cryst.) face
facies *f* (med.) face (*indicating a certain disease*); (biol.) facies
fácil *adj* easy; facile; pliant, yielding, docile; probable, likely; loose, wanton; **poco fácil a** not given to
facilidad *f* ease, easiness, facility; **facilidades** *fpl* facilities (*conveniences, means*); **facilidades de pago** easy payments
facílimo -ma *adj super* very or most easy
facilitación *f* facilitation; furnishing, providing
facilitar *va* to facilitate, to expedite; to furnish, to provide; (coll.) to oversimplify
facilitón -tona *adj* (coll.) brash, bumbling; *mf* (coll.) bumbler
facineroso -sa *adj* wicked, villainous; *mf* villain, rascal; criminal
facistol *m* lectern, choir desk
facón *m* (Am.) dagger; **pelar el facón** (Am.) to pull a knife
faconazo *m* (Am.) stab
facóquero *m* (zool.) wart hog
facsímil *m* var. of **facsímile**
facsimilar *adj* facsimile; *va* to facsimile, to make a facsimile of
facsímile *m* facsimile; **a facsímile** in facsimile
fact.a abr. of **factura**
factaje *m* carriage, conveyance, delivery
factible *adj* feasible, doable
facticio -cia *adj* factitious
factitivo -va *adj* (gram.) causative
factor *m* commission merchant; baggageman; freight agent; factor (*element that helps to bring about a result*); (biochem., biol., law, math. & physiol.) factor; **factor de potencia** (elec.) power factor; **factor Rh** (biochem.) Rh factor
factoraje *m* factorage (*business of commission merchant*)
factoría *f* factory (*trading post in a foreign country*); factorage (*business of commission merchant*); (Am.) factory; (Am.) foundry
factorial *f* (math.) factorial
factótum *m* (coll.) factotum; (coll.) busybody; (coll.) confidant
factura *f* form, execution, workmanship; manufacture; invoice, bill; **según factura** as per invoice; **factura consular** consular invoice; **factura simulada** pro forma invoice
facturación *f* invoicing, billing; checking (*of baggage*)
facturar *va* (com.) to invoice, to bill; to check (*baggage*)
fácula *f* (astr.) facula
facultad *f* faculty; power; permission; option; knowledge, skill; school (*of a university*); (med.) strength, resistance; **facultad de altos estudios** school of advanced studies, graduate school
facultar *va* to empower, to authorize
facultativo -va *adj* (pertaining to a) faculty; of a doctor; facultative, optional; (biol.) facultative; *m* doctor (*physician or surgeon*)
facundia *f* eloquence, fluency; gift of gab
facundo -da *adj* eloquent, fluent; talkative
facha *f* (coll.) appearance, look; **ponerse en facha** (coll.) to get ready, be prepared; (naut.) to lie to; **facha a facha** face to face; *m & f* (coll.) ridiculous figure
fachado -da *adj*; **bien fachado** (coll.) good-looking; **mal fachado** (coll.) bad-looking; *f* façade; frontage; title page; (coll.) front, presence; **hacer fachada con** to face, overlook
fachear *vn* (naut.) to lie to
fachenda *f* (coll.) boasting, ostentation; *m* (coll.) boaster, show-off
fachendear *vn* (coll.) to boast, to show off
fachendista, fachendón -dona or **fachendoso -sa** *adj* (coll.) boastful, ostentatious; *mf* (coll.) boaster, show-off
fachinal *m* (Am.) marsh, marshland
fachoso -sa or **fachudo -da** *adj* ill-favored, funny-looking; boastful, ostentatious
fada *f* fairy, witch
faena *f* task, job, chore; work, toil; stunt; (taur.) windup; (taur.) stunt, skill, trick (*of bullfighters on a cattle-raising farm*); (mil.) fatigue, fatigue duty; (Am.) extra work, overtime; (Am.) morning work in the field; (Am.) gang of laborers
faenero *m* (Am.) farm hand
faenza *f* faïence
faetón *m* phaeton; (*cap.*) *m* (myth.) Phaethon
fagáceo -a *adj* (bot.) fagaceous
fagocito *m* (physiol.) phagocyte
fagocitosis *f* phagocytosis
fagot *m* (*pl:* **-gotes**) (mus.) bassoon; bassoonist
fagotista *m* (mus.) bassoonist
faisán *m* (orn.) pheasant; **faisán de Mogolia** (orn.) Mongolian pheasant; **faisán dorado** (orn.) golden pheasant; **faisán plateado** (orn.) silver pheasant

faisana *f* hen pheasant
faisanería *f* pheasant preserve, pheasantry
faisanero -ra *mf* pheasant raiser
faja *f* sash, girdle, belt; bandage; strip, band; sheet; zone; newspaper wrapper; plaster border (*of door or window*); lane (*of highway*); strip (*of landing field*); (arch. & surg.) fascia; (her.) fesse; (naut.) reef band; (rad.) channel; **faja abdominal** abdominal supporter; **faja de desgarre** (aer.) rip panel; **faja divisora** parting strip (*of a road*); **faja medical** supporter
fajado *m* mine timber
fajadura *f* wrapping; bandaging; swaddling; (naut.) parceling
fajamiento *m* wrapping; bandaging; swaddling
fajar *va* to wrap; to bandage; to swaddle; to put a wrapper on (*a newspaper or magazine*); (Am.) to beat, to thrash; (Am.) to give (*a slap, a whipping*); (Am.) to attack, jump on; *vr* to put on a sash or belt
fajardo *m* meat pie, mince pie
fajeado -da *adj* striped, banded, fasciated
fajero *m* knitted swaddling band; dealer in sashes, belts, etc.; clerk who wraps newspapers for mailing
fajín *m* sash (*badge of distinction*)
fajina *f* fagot, fascine; shock, rick; toil, task, chore; (fort.) fascine; (mil.) call to mess; (archaic) call to quarters; **meter fajina** to blab, to jabber
fajinada *f* (fort.) fascine work
fajo *m* bundle; **fajos** *mpl* swaddling clothes
fajol *m* (bot.) buckwheat
fajón *m* large sash; large strip or band; plaster border (*of door or window*)
fakir *m* var. of **faquir**
falacia *f* deceit; perfidy; (log.) fallacy
falange *f* phalanx; (anat. & zool.) phalanx; (iron.) array (*of people*); (poet.) army; (*cap.*) *f* (pol.) Falange
falangero *m* (zool.) phalanger
falangeta *f* (anat.) phalangette
falangia *f* (ent.) daddy longlegs
falangiano -na *adj* phalangeal
falangio *m* var. of **falangia**
falangista *adj & mf* Falangist
falansterio *m* phalanstery
falaris *f* (orn.) coot
falárope *m* (orn.) phalarope
falaz *adj* (*pl:* **-laces**) deceitful; perfidious; fallacious, deceptive, misleading
falbalá *m* (*pl:* **-laes**) (archaic) square flap sewed in the rear slit of the skirt of a coat; ruffle, flounce
falca *f* warp (*in a board*); (naut.) washboard; (dial.) wedge; (Am.) small still
falcado -da *adj* falcate
falce *f* sickle; curved knife; (anat.) falx
falciforme *adj* falciform
falcinelo *m* (orn.) glossy ibis
falcón *m* (arti.) falcon
falconete *m* (arti.) falconet
falda *f* skirt, dress; flap, fold; lap; loin (*e.g., of beef*); brim (*of hat*); foothill, lower slope (*of a mountain*); (arm.) skirt; (coll.) skirt (*woman*); **cosido** or **pegado a las faldas de** tied to the apron strings of
faldamenta *f* or **faldamento** *m* skirt; ugly, long skirt
faldar *m* (arm.) skirt (*of tasses*)
faldear *va* to climb (*a hill*); (Am.) to wind one's way up (*a hill*)
faldellín *m* short skirt; underskirt
faldero -ra *adj* skirt; lap; lady-loving; *m* lap dog; *f* skirt maker
faldeta *f* small skirt; (theat.) stage screen
faldicorto -ta *adj* short-skirted
faldilla *f* flap of a saddle; **faldillas** *fpl* skirts, coattails; (Am.) petticoat
faldistorio *m* faldstool
faldón *m* coattail; shirttail; skirt, tail; flap; saddle flap; top millstone; triangular slope (*of a hip roof*)
faldriquera *f* var. of **faltriquera**
faldulario *m* or **faldumenta** *f* trailing clothing
falena *f* (ent.) geometrid
falencia *f* fallacy, mistake; falsehood; (Am.) failure, bankruptcy
falencioso -sa *adj* fallacious, erroneous; false
falibilidad *f* fallibility
falible *adj* fallible
fálico -ca *adj* phallic
falina *f* (biochem.) phallin
falismo *m* phallicism or phallism
falo *m* phallus
falsabraga *f* (fort.) low outer rampart
falsada *f* swoop (*of bird of prey*)
falsario -ria *adj* falsifying; lying; *mf* falsifier, crook; liar
falsarregla *f* bevel square; guide lines (*for writing*)
falsarrienda *f* checkrein
falseamiento *m* falsification; counterfeit; forgery
falsear *va* to falsify; to misrepresent, to fake; to counterfeit; to forge; to pick (*a lock*); to bevel; to pierce (*armor*); *vn* to sag, buckle; to give, give way; to flag; to be out of tune
falsedad *f* falsehood; falsity
falseo *m* bevel; beveling
falsete *m* plug, tap; small door; falsetto (*voice*)
falsetista *m* falsetto (*person*)
falsía *f* falsity, treachery, duplicity
falsificación *f* falsification; counterfeit; forgery; fake
falsificador -dora *mf* falsifier; counterfeiter; forger; faker
falsificar §86 *va & vn* to falsify; to counterfeit; to forge; to fake
falsilla *f* guide lines (*for writing*)
falso -sa *adj* false; counterfeit; vicious (*horse*); *m* patch, reinforcement; (philately) forgery (*forged stamp*); **coger en falso** to catch in a lie; **de falso** or **en falso** without proper support; **envidar de falso** or **en falso** to bluff (*in betting*); (fig.) to invite half-heartedly; **sobre falso** without proper support
falta *f* see **falto**
faltante *adj* wanting, missing
faltar *va* to offend, to insult; *vn* to be missing; to be lacking, be wanting; to be short, fall short; to run out; to fail; to be absent; to be unfaithful; to die; to be impudent; to slip; to lack, need, be in need of, e.g., **me falta dinero** I lack money, I need money; **¡no faltaba más!** the very idea!, that's the last straw!; **faltar a** to go back on (*e.g., a promise*); **faltar a la clase** to cut class, be absent from class; **faltar a la verdad** to fail to tell the truth; **faltar a una cita** to break an appointment; **faltar . . . para** to be . . . to, e.g., **faltan diez minutos para las dos** it is ten minutes to two; **falta un cuarto para la una** it is a quarter to one; **faltar poco para** + *inf* to be near + *ger*, e.g., **falta poco para terminarse el año** the year is near ending; **faltar poco para que** + *subj* to come near + *ger*, e.g., **poco faltó para que cayese en el estanque** he came near falling into the pool; **faltar por** + *inf* to remain to be + *pp*, e.g., **faltan por escribir tres cartas** three letters remain to be written
falto -ta *adj* short, lacking, wanting; mean, lowly; short (*weight or measure*); (Am.) dull, stupid; **falto de** short of, lacking ‖ *f* lack, want; shortage; fault, mistake; misdemeanor, misdeed; flaw, defect; absence, cut; (sport) fault; **a falta de** for want of; **echar en falta** to miss; **hacer buena falta** to be badly needed; **hacer falta** to be needed, be necessary; to be lacking, be missing; to fail, to miss; to need, e.g., **me hacían falta esos papeles** I needed those papers; to miss, e.g., **Vd. me ha hecho mucha falta** I have missed you very much; **hacer falta** + *inf* to be necessary to + *inf;* **sin falta** without fail; **falta de ortografía** misspelling; **falta de pie** (tennis) foot fault
faltón -tona *adj* (coll.) dilatory, remiss
faltoso -sa *adj* (coll.) non compos mentis; (Am.) quarrelsome
faltriquera *f* pocket; handbag; **rascar** or **rascarse la faltriquera** (coll.) to cough up
falúa *f* (naut.) harbor felucca, tender
falucho *m* (naut.) felucca
falla *f* see **fallo**
fallada *f* (cards) ruff

fallar *va* to ruff, to trump; (law) to judge, pass judgment on; *vn* to fail, to miss; to sag, weaken; to miss fire; to break down; (law) to judge, pass judgment
falleba *f* espagnolette, door bolt
fallecer §34 *vn* to decease, die; to fail, expire, run out
fallecido -da *adj* deceased, late
fallecimiento *m* decease, death; failure, expiration
fallero -ra *adj & mf* absentee (*worker or employee*); *f* queen of the falla (*in Valencia, Spain*)
fallido -da *adj* unsuccessful, sterile; uncollectible; without standing; bankrupt
fallo -lla *adj* (dial.) weak, faint; (Am.) silly, simple; **estar fallo a** to be out of (*cards of a certain suit*); *m* decision; short suit; (law) judgment, verdict; **tener fallo a** or **de** to be out of (*cards of a certain suit*); *f* defect; failure, breakdown; (geol. & min.) fault; (archaic) faille (*woman's scarflike headdress*); spectacular bonfire in Valencia on the eve of Saint Joseph's Day (*March 19th*)
fama *f* fame; reputation; rumor; (Am.) bull's-eye (*center of target and shot which hits it*); **correr fama** to be rumored; **es fama** it is rumored, it is said
famélico -ca *adj* famished, hungry, starving
familia *f* family; **en familia** en famille, in the family circle
familiar *adj* familiar; (pertaining to the) family, e.g., **lazos familiares** family ties; colloquial; **ser familiar a** to be familiar to; *m* familiar; member of the family; member of the household; household servant; acquaintance; familiar spirit; (eccl.) familiar; **familiar dependiente** dependent
familiaridad *f* familiarity
familiarización *f* familiarization
familiarizar §76 *va* to familiarize; *vr* to become familiar; to become too familiar; **familiarizarse con** to familiarize oneself with, to become familiar with
famoso -sa *adj* famous; (coll.) famous (*excellent, first-rate*); (coll.) some, e.g., **famoso tarambana** (coll.) some crackpot
fámula *f* (coll.) maidservant
fámulo *m* famulus; (coll.) servant
fanal *m* beacon, lighthouse; lantern; bell glass, bell jar, glass cover; lamp shade; (fig.) torch, guide
fanático -ca *adj* fanatic or fanatical; *mf* fanatic; (sport) fan
fanatismo *m* fanaticism; (sport) fans
fanatizador -dora *mf* spreader of fanaticism
fanatizar §76 *va* to make fanatical
fandango *m* fandango; disorder, topsy-turvy; (coll.) dance; (Am.) carousal
fandanguear *vn* (coll.) to carouse around
fandulario *m* var. of **faldulario**
faneca *f* (ichth.) bib
fanega *f* fanega (*1.58 bu. in Spain*); **fanega de tierra** fanegada (*1.59 acres in Spain*)
fanegada *f* fanegada (*1.59 acres in Spain*); **a fanegadas** (*coll.*) in great abundance
fanerógamo -ma *adj* (bot.) phanerogamous; *f* (bot.) phanerogam
fanfarrear *vn* var. of **fanfarronear**
fanfarria *f* (coll.) bluster, bragging; fanfare (*loud show; flourish of trumpets or hunting horns*); (mus.) fanfare; *m* (coll.) blusterer, braggart
fanfarrón -rrona *adj* (coll.) blustering, bragging; (coll.) flashy, trashy; *mf* (coll.) blusterer, braggart, sword rattler
fanfarronada *f* bluster, bravado, fanfaronade
fanfarronear *vn* to bluster, to brag
fanfarronería *f* (coll.) blustering, bragging, fanfaronading, sword rattling
fanfurriña *f* (coll.) pet, fit of peevishness
fangal *m* or **fangar** *m* quagmire, mudhole
fango *m* mud, mire; (fig.) mud; **llenar de fango** (fig.) to sling mud at
fangoso -sa *adj* muddy, miry; soft and sticky
fanón *m* (eccl.) fanon
fantaseador -dora *adj* daydreaming; *mf* daydreamer, dreamer
fantasear *va* to dream of; *vn* to fancy, to daydream; **fantasear de** to boast of being
fantasía *f* fantasy; fancy; imagery; (coll.) vanity, conceit; (naut.) dead reckoning; (mus.) fantasy, fantasia; **fantasías** *fpl* pearls, string of pearls; **de fantasía** fancy, colored; fancy, imitation (*e.g., jewelry*); **tocar por fantasía** (Am.) to play by ear
fantasioso -sa *adj* (coll.) vain, conceited
fantasma *m* phantom; stuffed shirt; (telv.) ghost; **fantasma magnético** magnetic curves; *f* scarecrow, hobgoblin
fantasmagoría *f* phantasmagoria
fantasmagórico -ca *adj* phantasmagorial or phantasmagoric
fantasmal *adj* phantasmal
fantasmón -mona *adj* (coll.) conceited; *mf* (coll.) stuffed shirt; *m* scarecrow
fantástico -ca *adj* fantastic; fanciful; conceited
fantoche *m* marionette, puppet; (coll.) nincompoop; (coll.) whippersnapper; (fig.) puppet
fañado -da *adj* one-year-old (*animal*)
faquín *m* porter, errand boy
faquir *m* fakir
farachar *va* to swingle, to scutch
farádico -ca *adj* faradic
faradímetro *m* faradmeter
faradio *m* (elec.) farad
faradismo *m* faradism; (med.) faradism
faradización *f* (med.) faradization
faradizar §76 *va* (med.) to faradize
faralá *m* (*pl:* **-laes**) ruffle, flounce; (coll.) frill
farallón *m* cliff, headland; (min.) outcrop
faramalla *f* (coll.) claptrap; (coll.) sham, fake; (Am.) trash, rubbish; *mf* (coll.) gossip, schemer, cheat
faramallero -ra or **faramallón -llona** *adj* (coll.) gossiping, scheming, cheating; *mf* (coll.) gossip, schemer, cheat
farándola *f* farandole (*dance*); (dial.) ruffle, flounce
farándula *f* farandole (*dance*); confusion, web of lies; (coll.) wicked gossip; (Am.) jam (*of people*), buzz (*of voices*); (archaic) acting; company of actors, company of barnstormers
farandulear *vn* (coll.) to boast, to brag, to show off
farandulero -ra *adj* (coll.) gossiping, scheming; cheating; (pertaining to the) theater; *mf* (coll.) gossip, schemer, cheat; comedian, player
Faraón *m* Pharaoh; (*l.c.*) *m* faro (*card game*)
faraónico -ca *adj* Pharaonic
faraute *m* herald, messenger; prologue (*actor*); (coll.) busybody
farda *f* tax levied on Jews and Moors (*in Spain*); bundle of clothing; notch, mortise
fardacho *m* (zool.) lizard
fardaje *m* var. of **fardería**
fardar *va* to supply with clothes
fardel *m* bag (*carried over shoulder*); bundle; (coll.) slob
fardela *f* (orn.) shearwater; **fardela del Atlántico** (orn.) Manx shearwater
fardería *f* pile of bundles
fardo *m* bundle
farellón *m* cliff, headland
farfalá *m* (*pl:* **-laes**) ruffle, flounce
farfallear *vn* (dial.) to stammer, stutter
farfallón -llona *adj* (coll.) jabbering, spluttering; (coll.) hasty, bungling
farfalloso -sa *adj* (dial.) stammering, stuttering
fárfara *f* (bot.) coltsfoot; pellicle (*of eggshell*); **en fárfara** immature; half done
farfolla *f* husk, cornhusk; (coll.) sham, fake
farfulla *f* (coll.) sputtering; *mf* (coll.) sputterer; *adj* (coll.) sputtering
farfulladamente *adv* (coll.) sputteringly
farfullador -dora *adj* (coll.) sputtering; *mf* (coll.) sputterer
farfullamiento *m* (coll.) sputtering, gibbering
farfullar *va* (coll.) to sputter through (*e.g., a lesson*); (coll.) to stumble through (*a task*); *vn* (coll.) to sputter, to gibber
farfullero -ra *adj & mf* (coll.) var. of **farfullador**
fargallón -llona *adj* (coll.) hasty, bungling; (coll.) slovenly, untidy; *mf* (coll.) botcher, bungler

farillón *m* var. of **farallón**
farináceo -a *adj* (bot.) farinaceous
faringe *f* (anat.) pharynx
faríngeo -a *adj* pharyngeal
faringitis *f* (path.) pharyngitis
faringoscopia *f* pharyngoscopy
faringoscopio *m* pharyngoscope
farinoso -sa *adj* var. of **harinoso**
farisaico -ca *adj* pharisaic or pharisaical; Pharisaic
farisaísmo *m* pharisaism; Pharisaism
fariseo *m* pharisee; Pharisee; (coll.) tall, lanky good-for-nothing
farmacéutico -ca *adj* pharmaceutic or pharmaceutical; *mf* pharmacist, druggist; *f* pharmaceutics
farmacia *f* pharmacy, drug store; **farmacia de guardia** drug store open overtime, drug store open all night
fármaco *m* drug, medicine
farmacognosia *f* pharmacognosy
farmacología *f* pharmacology
farmacólogo -ga *mf* pharmacologist
farmacopea *f* pharmacopoeia
farmacopola *m* pharmacist, pharmacopolist
farmacopólico -ca *adj* pharmaceutical
faro *m* lighthouse, beacon; floodlight; lantern; (aut.) headlight, headlamp; (fig.) beacon; **faro aéreo** air beacon; **faro piloto** (aut.) spotlight; **faros de carretera** (aut.) bright lights; **faros de cruce** (aut.) dimmers; **faros de población** or **de situación** (aut.) parking lights
farol *m* lantern; lamp, light; street lamp; (rail.) headlight; (taur.) farol (*pase in which bullfighter swirls cape over his shoulders*); (coll.) conceited fellow; **farol de tope** (naut.) headlight
farola *f* street light, lamppost; beacon, lighthouse
farolazo *m* blow with a lantern; (Am.) swig, drink
farolear *vn* (coll.) to boast, to brag
faroleo *m* (coll.) boasting, bragging
farolería *f* (coll.) boasting, bragging; lamp or lantern shop
farolero -ra *adj* (coll.) boasting, bragging; *mf* (coll.) boaster, braggart; *m* lamp or lantern maker or dealer; lamplighter
farolillo *m* (bot.) Canterbury bell; (bot.) balloon vine, heartseed
farolito *m* small lantern; (bot.) winter cherry; **farolito de enredadera** (bot.) balloon vine, heartseed
farolón -lona *adj* (coll.) boasting, bragging; (coll.) *mf* boaster, bragger; *m* (coll.) large lamp or lantern
farota *f* (coll.) minx, vixen
farotón -tona *adj* (coll.) cheeky, brazen; *mf* (coll.) cheeky person
farpa *f* point of a scallop
farpado -da *adj* scalloped
farra *f* (ichth.) salmon trout; (Am.) revelry, spree
fárrago *m* farrago, hodgepodge
farragoso -sa *adj* confused, disordered
farraguista *mf* muddlehead
farro *m* peeled barley; spelt wheat
farruco -ca *adj* (coll.) bold, fearless; *mf* (coll.) Galician abroad, Asturian abroad; *f* farruca (*Spanish gypsy dance*)
farruto -ta *adj* (Am.) sickly
farsa *f* (theat.) farce; company of players; crude play, grotesque play; (fig.) farce, absurdity; (fig.) humbug
farsanta *f* (archaic) farce actress
farsante *adj* & *mf* (coll.) fake, humbug; *m* (archaic) farce actor
farseto *m* quilted jacket (*worn under armor*)
farsista *mf* author of farces
fas; por fas o por nefas rightly or wrongly, in any event
fasces *fpl* fasces
fascia *f* (anat. & surg.) fascia
fascial *adj* fascial
fasciculado -da *adj* fascicled
fascículo *m* fascicle or fasciculus (*of printed book*); (anat.) fascicle or fasciculus; (bot.) fascicle
fascinación *f* fascination; bewitchment, spell
fascinador -dora *adj* fascinating; *mf* fascinator
fascinante *adj* fascinating
fascinar *va* to fascinate; to bewitch; to cast a spell on, by a look, to cast the evil eye on
fascismo *m* fascism; (*cap.*) *m* Fascism
fascista *adj* & *mf* fascist; (*cap.*) *adj* & *mf* Fascist
fascólomo *m* (zool.) wombat
fase *f* phase; (astr., biol., elec. & phys.) phase; **en fase** (elec.) in phase; **fuera de fase** (elec.) out of phase; **fase partida** (elec.) split phase
faseolina *f* (biochem.) phaseolin
fásoles *mpl* (bot.) beans, string beans
fastidiar *va* to cloy, to sicken; to annoy, to bore; to disappoint; *vr* to get bored; to make a fool of oneself
fastidio *m* squeamishness; annoyance, boredom; profound dislike
fastidioso -sa *adj* cloying, sickening; annoying, boring; annoyed, displeased
fastigio *m* apex, tip, summit; (anat.) fastigium; (arch.) pediment, fastigium
fasto -ta *adj* happy, fortunate; *m* pomp, magnificence, show; **fastos** *mpl* fasti
fastoso -sa or **fastuoso -sa** *adj* vain, pompous; magnificent
fatal *adj* fatal; unfortunate; inevitable; bad, evil
fatalidad *f* fatality; fate; misfortune
fatalismo *m* fatalism
fatalista *adj* fatalistic; *mf* fatalist
fatalmente *adv* fatally; inevitably; badly, poorly
Fata Morgana *f* (meteor.) Fata Morgana
fatídico -ca *adj* fatidic; fateful
fatiga *f* fatigue; hardship; hard breathing; (mech. & physiol.) fatigue; **fatigas** *fpl* nausea
fatigador -dora or **fatigante** *adj* var. of **fatigoso**
fatigar §59 *va* to fatigue, to tire, to weary; to annoy, to harass; to rack (*one's brains*); *vr* to tire, get tired, tire oneself out
fatigoso -sa *adj* fatiguing, tiring; (coll.) trying, tedious
fatuidad *f* fatuity; conceit
fatuo -tua *adj* fatuous; conceited
faucal *adj* faucal
fauces *fpl* (anat.) fauces
fauna *f* fauna; (*cap.*) *f* (myth.) Fauna
fáunico -ca *adj* faunal
fauno *m* (myth.) faun
fáustico -ca *adj* Faustian
fausto -ta *adj* happy, fortunate; *m* pomp, magnificence, show; (*cap.*) *m* Faust
faustoso -sa *adj* magnificent
fautor -tora *mf* abetter, accomplice, instigator
favila *f* (poet.) ember, spark
favo *m* (path.) favus
favonio *m* (poet.) zephyr
favor *m* favor; (fig.) favor (*gift, token, ribbon*); **favores** *mpl* favors (*of a woman*); **a favor de** under cover of; with the aid of, by means of; in favor of; in behalf of; **estar en favor** to be in favor; **hágame Vd. el favor de** + *inf* do me the favor of + *ger;* **por favor** please; **tener a su favor** to have under one's wing; **vender favores** to peddle influence
favorable *adj* favorable
favorecedor -dora *adj* favoring; *mf* favorer; customer
favorecer §34 *va* to favor
favoritismo *m* favoritism
favorito -ta *adj* & *mf* favorite
favoso -sa *adj* favose
faya *f* faille (*silk cloth*)
fayanca *f* unstable posture; **de fayanca** carelessly
faz *f* (*pl:* **faces**) face; aspect; obverse; **faz a faz** face to face
F.C. or **f.c.** abr. of **ferrocarril**
fe *f* faith; fidelity; certificate; testimony, witness; **¡a fe mía!** upon my faith!; **a la buena fe** with simplicity, guilelessly; **dar fe de** to attest, to certify; **de buena fe** in good faith; **de mala fe** in bad faith; **hacer fe** to be valid, have validity; **la fe del carbonero** simple faith; **¡por mi fe!** upon my faith!; **tener fe en** to have faith in; **fe de bautismo** certificate of baptism; **fe de erratas** errata, list

F

of errata; **fe de nacimiento** birth certificate; **fe de óbito** death certificate
fealdad *f* ugliness
Febe *f* (myth.) Phoebe; (poet.) Phoebe (*moon*)
febeo -a *adj* (poet.) Phoebean
feble *adj* weak, feeble; lacking in weight or fineness (*said of a coin or alloy*); *m* foible, weak point
feb.º abr. of **febrero**
Febo *m* (myth.) Phoebus; (poet.) Phoebus (*sun*)
febrero *m* February
febricitante *adj* feverish
febrífugo -ga *adj* & *m* febrifuge
febrígeno -na *adj* fever-producing
febril *adj* febrile, feverish
fecal *adj* fecal
fecalito *m* (path.) fecalith
fécula *f* starch; fecula; dregs; **fécula de maranta** arrowroot (*starch*)
feculento -ta *adj* feculent (*foul, fecal*); starchy
feculoso -sa *adj* starchy
fecundación *f* fecundation; (biol.) fecundation
fecundador -dora *adj* fecundating
fecundar *va* to fecundate; (biol.) to fecundate
fecundativo -va *adj* fecundative
fecundidad *f* fecundity
fecundizar §76 *va* to fecundate, to fertilize
fecundo -da *adj* fecund
fecha *f* see **fecho**
fechación *f* dating
fechador *m* (Am.) canceling stamp
fechar *va* to date
fecho -cha *adj* issued, executed; *f* date; day; **con fecha de** under date of; **¿cuál es la fecha de hoy?** what is the date?; **de antigua fecha** or **de larga fecha** of long standing; **hasta la fecha** to date
fechoría *f* misdeed, villainy
federación *f* federation
federal *adj* & *mf* federal
federalismo *m* federalism
federalista *adj* & *mf* federalist
federar *va* to federate; to federalize
federativo -va *adj* federative
Federica *f* Frederica
Federico *m* Frederick
Fedra *f* (myth.) Phaedra
feérico -ca *adj* fairy, fairylike
fehaciente *adj* authentic
felá *m* (*pl:* **-laes**) fellah
felandrio *m* (bot.) water fennel
feldespático -ca *adj* feldspathic or feldspathose
feldespato *m* (mineral.) feldspar
felice *adj* (poet.) happy
felicidad *f* felicity, happiness; luck, good luck
felicísimo -ma *adj super* very or most happy
felicitación *f* felicitation, congratulation
felicitar *va* to felicitate, congratulate; to wish happiness to
félido -da *adj* feline; *m* (zool.) felid
feligrés -gresa *mf* parishioner, church member
feligresía *f* parish (*members of parish*); country parish
felino -na *adj* (zool. & fig.) feline; *m* (zool.) feline
Felipe *m* Philip
feliz *adj* (*pl:* **-lices**) happy; lucky; felicitous
felodermo *m* (bot.) phelloderm
felógeno *m* (bot.) phellogen
felón -lona *adj* perfidious, treacherous, felonious; *mf* wicked person, felon
felonía *f* perfidy, treachery; (feud.) felony
felpa *f* plush; (coll.) drubbing; (coll.) sharp reprimand
felpado -da *adj* plushy, velvety
felpar *va* to cover with plush; (poet.) to carpet (*e.g., with grass or flowers*)
felpilla *f* chenille
felpón *m* (prov.) coarse velvet; (prov.) hard beating
felposo -sa *adj* felted; plushy
felpudo -da *adj* plushy, velvety, downy; *m* mat, plush mat
felsita *f* (mineral.) felsite
f.e.m. abr. of **fuerza electromotriz**
femenil *adj* feminine, womanly
femenino -na *adj* feminine; (bot.) female; (gram.) feminine; *m* (gram.) feminine; **el eterno femenino** (lit.) the eternal feminine
fementido -da *adj* false, treacherous, unfaithful
feminidad *f* femininity
feminismo *m* feminism
feminista *adj* feminist, feministic; *mf* feminist
femoral *adj* femoral
fémur *m* (anat.) femur, thighbone; (ent.) femur
fenacetina *f* (pharm.) phenacetin
fenaquistiscopio *m* phenakistoscope
fenda *f* crack, split
fenecer §34 *va* to finish, to close; *vn* to die; to come to an end
fenecimiento *m* finish, termination; death
fenianismo *m* Fenianism
feniano -na *adj* & *m* Fenian
fenice *adj* & *mf* Phoenician
fenicio -cia *adj* & *mf* Phoenician; (*cap.*) *f* Phoenicia
fénico -ca *adj* (chem.) carbolic, phenic
fenileno *m* (chem.) phenylene
fenilo *m* (chem.) phenyl
fénix *m* (*pl:* **-nix** or **-nices**) (myth. & fig.) phoenix; **el fénix de los ingenios** Lope de Vega
fenobarbital *m* (pharm.) phenobarbital
fenocristal *m* (geol.) phenocryst
fenogreco *m* (bot.) fenugreek
fenol *m* (chem.) phenol
fenolftaleína *f* (chem.) phenolphthalein
fenología *f* phenology
fenomenal *adj* phenomenal; (fig.) phenomenal
fenomenalismo *m* (philos.) phenomenalism
fenómeno *m* phenomenon; (philos.) phenomenon; (coll.) monster, freak
fenomenología *f* (philos.) phenomenology
fenotiacina *f* (chem.) phenothiazine
fenotipo *m* (biol.) phenotype
feo -a *adj* ugly; **feo** *adv* (Am.) bad, e.g., **oler feo** to smell bad; *m* (coll.) slight; **dejar feo a** or **hacer un feo a** (coll.) to slight
feote -ta *adj* very ugly, hideous
feracidad *f* fertility, feracity
feral *adj* cruel, bloody, feral
feraz *adj* (*pl:* **-races**) fertile, feracious
féretro *m* bier, coffin
feria *f* fair; market; market-day crowd; deal, agreement; weekday; rest, repose; day off, holiday; (Am.) change; (Am.) tip; **ferias** *fpl* holiday gift to servants or the poor; **revolver la feria** (coll.) to upset the applecart
feriado -da *adj* see **día**
ferial *adj* week (*day*); *m* market; market place
feriante *adj* fairgoing; *mf* fairgoer
feriar *va* to buy, to sell, to exchange; to buy at the fair; to make a gift to; *vn* to take off, take a few days off
ferino -na *adj* wild, savage, ferine
fermata *f* (mus.) pause
fermentable *adj* fermentable
fermentación *f* fermentation; (fig.) fermentation
fermentador -dora *adj* fermenting
fermentante *adj* fermentive
fermentar *va* & *vn* to ferment; (fig.) to ferment
fermentativo -va *adj* fermentative
fermento *m* ferment
fermio *m* (chem.) fermium
fernandina *f* (archaic) farandine (*fabric*)
Fernando *m* Ferdinand
Fern.do abr. of **Fernando**
feroce *adj* (poet.) var. of **feroz**
ferocidad *f* ferocity
ferocísimo -ma *adj super* very or most ferocious
feróstico -ca *adj* (coll.) irritable, unruly; (coll.) very ugly
feroz *adj* (*pl:* **-roces**) ferocious
ferrar §18 *va* to trim with iron, to cover with iron; to stamp or punch
ferrato *m* (chem.) ferrate
férreo -a *adj* ferreous; iron; tough, strong
ferrería *f* ironworks, foundry
ferrete *m* sulfate of copper; iron stamp or punch

ferretear *va* to trim with iron, to cover with iron; to stamp or punch; to work with iron
ferretería *f* ironworks; hardware; hardware store
ferretero -ra *mf* hardware dealer
férrico -ca *adj* (chem.) ferric
ferrificar §86 *vr* to turn into iron
ferrizo -za *adj* iron
ferro *m* (naut.) anchor
ferroaluminio *m* ferroaluminum
ferrocarril *m* railroad, railway; **ferrocarril aéreo** elevated railway; **ferrocarril de circunvalación** belt line; **ferrocarril de cremallera** rack railway; **ferrocarril de sangre** animal-drawn railway; **ferrocarril de vapor** steam railroad; **ferrocarril de vía angosta** narrow-gauge railway; **ferrocarril de vía normal** standard-gauge railway; **ferrocarril elevado** elevated railway; **ferrocarril funicular** funicular railway; **ferrocarril subterráneo** subway; **ferrocarril urbano** street railway
ferrocarrilero -ra *adj & m* (Am.) var. of **ferroviario**
ferrocerio *m* ferrocerium
ferrocianuro *m* (chem.) ferrocyanide
ferroconcreto *m* ferroconcrete
ferrocromo *m* ferrochrome or ferrochromium
ferrohormigón *m* ferroconcrete
ferromagnético -ca *adj* (phys.) ferromagnetic
ferromanganeso *m* ferromanganese
ferrón *m* ironworker
ferroníquel *m* ferronickel
ferroprusiato *m* (chem.) ferroprussiate
ferroso -sa *adj* ferrous; (chem.) ferrous
ferrotipia *f* (phot.) ferrotype (*process*)
ferrotipo *m* (phot.) ferrotype, tintype
ferrotungsteno *m* ferrotungsten
ferrovía *f* railway
ferrovial *adj* (pertaining to the) railroad, railway
ferroviario -ria *adj* (pertaining to the) railroad, railway, rail; *m* railroader
ferrugiento -ta *adj* iron, irony
ferruginoso -sa *adj* ferruginous; iron (*water*)
fértil *adj* fertile; (fig.) fertile
fertilidad *f* fertility
fertilizable *adj* fertilizable
fertilización *f* fertilization; **fertilización cruzada** (bot. & biol.) cross-fertilization
fertilizador -dora *adj* fertilizing; *mf* fertilizer
fertilizante *adj* fertilizing; *mf* fertilizer; *m* fertilizer (*e.g., manure*)
fertilizar §76 *va* to fertilize; *vr* to become fertile, become fertile again
férula *f* ferule; authority, rule; (bot.) giant fennel; (surg.) splint; **estar bajo la férula de** to be under the thumb of
feruláceo -a *adj* (bot.) ferulaceous
ferventísimo -ma *adj super* very or most fervent
férvido -da *adj* fervid (*hot, boiling; vehement*); burning (*thirst, fever*)
ferviente *adj* fervent
fervor *m* fervor
fervorín *m* short prayer
fervorizar §76 *va* to incite, inflame, inspire
fervoroso -sa *adj* fervent, fervid
festejar *va* to fete, entertain, honor; to court, woo; to celebrate; (Am.) to beat, thrash; *vr* to enjoy oneself, have a good time
festejo *m* feast, entertainment; courting, wooing; ovation, celebration; (Am.) revelry; **festejos** *mpl* public festivities
festín *m* feast, banquet
festinación *f* (Am.) hurry, haste
festinar *va* (Am.) to hurry, hasten
festival *m* festival, music festival
festividad *f* witticism; festivity; holiday
festivo -va *adj* witty; humorous; festive; festal, festival; (lit.) burlesque
festón *m* festoon
festonar or **festonear** *va* to festoon
fetal *adj* fetal
feticida *adj* feticidal; *mf* killer of a fetus
feticidio *m* feticide (*act*)
fetiche *m* fetish
fetichismo *m* fetishism
fetichista *adj* fetishistic; *mf* fetishist
fetidez *f* fetidity, foulness
fétido -da *adj* fetid, foul
fetiquismo *m* var. of **fetichismo**
feto *m* (embryol.) fetus
fetor *m* var. of **hedor**
feúco -ca or **feúcho -cha** *adj* very ugly, repulsive
feudado -da *adj* feudatory (*held as a fief*)
feudal *adj* feudal; feudalistic
feudalidad *f* feudality; feudalism
feudalismo *m* feudalism
feudatario -ria *adj & m* feudatory
feudista *m* (law) feudist
feudo *m* (law) feud; (law) fief; **feudos** *mpl* (hum.) bailiwick; **feudo franco** (law) freehold
fez *m* fez
fiable *adj* trustworthy, reliable
fiado -da *adj* trusting; **al fiado** on credit, on trust; **en fiado** on bail
fiador -dora *mf* bail (*person*); bondsman; **salir fiador por** to go bail for; *m* fastener; trigger; catch, pawl, stop; tumbler (*of a lock*); (Am.) chin strap
fiambrar *va* to prepare (*food*) for serving cold
fiambre *adj* cold, cold-served (*food*); (coll.) old, stale, out-of-date (*e.g., news*); *m* cold lunch, cold food; (coll.) stale news; **fiambres** *mpl* cold cuts; **de fiambre** (coll.) on credit, borrowed
fiambrera *f* lunch basket; dinner pail, lunch pail; portable food warmer
fiambrería *f* (Am.) delicatessen store; (Am.) grillroom
fianza *f* guarantee, surety; bond; bail (*guarantee and person giving guarantee*); **fianza carcelera** bail (*guarantee*)
fiar §90 *va* to guarantee, go surety for; to give credit to; to entrust, confide; to sell on credit; *vn* to trust; **fiar en** to trust in, put one's trust in; *vr* to trust; **fiarse a** or **de** to trust in, rely on
fiasco *m* fiasco
fíat *m* fiat
fibra *f* fiber; grain (*of wood*); (bot.) fibril (*root hair*); (min.) vein; (fig.) fiber, strength, vigor; **fibras del corazón** heartstrings (*deepest feelings*); **fibras de vidrio** fiberglas
fibravidrio *m* fiberglas
fibrilación *f* (path.) fibrillation
fibrilla *f* (anat. & bot.) fibril
fibrina *f* (bot. & physiol.) fibrin
fibrinógeno *m* (physiol.) fibrinogen
fibrinoso -sa *adj* fibrinous
fibrocartílago *m* (anat.) fibrocartilage
fibroide *adj* fibroid; *m* (path.) fibroid
fibroideo -a *adj* fibroid
fibroína *f* (biochem.) fibroin
fibroma *m* (path.) fibroma
fibroso -sa *adj* fibrous
fíbula *f* (anat. & archeol.) fibula
fibular *adj* fibular
ficción *f* fiction; (law) fiction
ficcionario -ria *adj* fictional
fice *m* (ichth.) hake
ficología *f* phycology
ficticio -cia *adj* fictitious
ficha *f* chip; domino (*piece*); slug; counter; token; filing card; record; police record; (elec.) plug; (Am.) check; (Am.) bad actor; **llevar ficha** to have a police record; **ser una buena ficha** (Am.) to be a sly fox; **ficha antropométrica** anthropometric chart; **ficha catalográfica** card, index card (*of a library*)
fichador -dora *mf* file clerk
fichar *va* to play (*a domino*); to file (*e.g., cards*); to make the anthropometric chart of; (coll.) to black-list
fichero *m* card index, filing cabinet, file case
fidecomiso *m* var. of **fideicomiso**
fidedigno -na *adj* reliable, trustworthy
fideero -ra *mf* vermicelli maker or dealer, spaghetti maker or dealer
fideicomisario -ria *adj & mf* (law) fideicommissary
fideicomiso *m* (law) fideicommissum; trusteeship (*of the UN*)
fideicomitente *mf* (law) fideicommissioner

fidelería *f* (Am.) vermicelli factory, spaghetti factory
fidelidad *f* fidelity; punctiliousness; **alta fidelidad** (rad.) high fidelity
fidelísimo -ma *adj super* very or most faithful
fideo *m* (coll.) skinny person; **fideos** *mpl* vermicelli
Fidias *m* Phidias
fiduciario -ria *adj & mf* fiduciary
fiebre *f* (path. & fig.) fever; **fiebre aftosa** (vet.) aphthous fever; **fiebre amarilla** (path.) yellow fever; **fiebre cerebral** (path.) brain fever; **fiebre continua** (path.) continued fever; **fiebre de garrapatas** (path.) tick fever; **fiebre de las Montañas Rocosas** (path.) Rocky Mountain spotted fever; **fiebre del heno** (path.) hay fever; **fiebre de Tejas** (vet.) Texas fever; **fiebre entérica** (path.) enteric fever; **fiebre láctea** (path.) milk fever; **fiebre ondulante** (path.) undulant fever; **fiebre paratifoidea** (path.) paratyphoid fever; **fiebre puerperal** (path.) puerperal fever; **fiebre reumática** (path.) rheumatic fever; **fiebre sextana** (path.) sextan; **fiebre tifoidea** (path.) typhoid fever; **fiebre tifoidea ambulante** or **ambulatoria** (path.) walking typhoid fever
fiel *adj* faithful; honest, trustworthy; exact; punctilious; sincere; *m* public inspector, inspector of weights and measures; pointer (*of scales*); pin (*of scissors*); **en fiel** balanced, in balance; **los fieles** the faithful; **fiel de romana** inspector of weights in a slaughterhouse
fielato *m* inspector's office; octroi (*office*)
fieltrar *va* to felt
fieltro *m* felt; felt hat, felt coat, felt rug
fiemo *m* (prov.) dung, manure
fiera *f* see **fiero**
fierabrás *m* (coll.) bully, spitfire; (coll.) little terror, brat
fierecilla *f* shrew
fiereza *f* fierceness, ferocity; cruelty; ugliness, deformity
fiero -ra *adj* fierce; terrible; cruel; ugly; tremendous; proud, haughty; **fieros** *mpl* boasts, threats; **echar** or **hacer fieros** to bluster; *f* wild animal; (taur.) bull; fiend (*person*); **ser una fiera para** (coll.) to be a fiend for (*e.g., work*)
fierro *m* (Am.) var. of **hierro**
fiesta *f* feast, holy day; holiday; festivity, celebration, party; **fiestas** *fpl* holidays, vacation; **aguar la fiesta** (coll.) to be a kill-joy; **estar de fiesta** (coll.) to be in a good mood, to be in a holiday mood; **hacer fiesta** to take off (*from work*); **hacer fiestas (a)** to fawn (on); **la fiesta brava** the fierce sport (*bullfighting*); **no estar para fiestas** (coll.) to be in no mood for joking; **por fin de fiesta** to top it off; **se acabó la fiesta** (coll.) let's drop it, that'll do; **tengamos la fiesta en paz** (coll.) cut it out; **fiesta de guardar** holy day; **fiesta de la hispanidad** or **fiesta de la raza** Columbus Day, Discovery Day; **fiesta del árbol** Arbor Day; **fiesta de precepto** holy day; **fiesta de todos los santos** All Saints' Day; **fiesta fija** or **inmoble** (eccl.) immovable feast; **fiesta movible** (eccl.) movable feast; **fiesta nacional** national holiday; national sport (*bullfighting*); **fiesta onomástica** saint's day, birthday; **fiesta simple** (eccl.) simple; **fiestas navideñas** Christmas holidays; **fiestas nemeas** Nemean games; **fiestas órficas** Orphic mysteries
fiestero -ra *adj* gay, merry, jolly; *mf* jolly person, merrymaker; party-goer
fígaro *m* barber; short jacket; (coll.) meddler, schemer
figle *m* (mus.) ophicleide; ophicleidist
figón *m* cheap eating house
figonero -ra *mf* keeper of a cheap eating house
figulino -na *adj* figuline
figura *f* figure; face, countenance; face card; (arith., geom., log. & rhet.) figure; (mus.) note (*showing length of sound*); (theat.) character; **hacer figura** to cut a figure; *m* (coll.) pompous fellow; *mf* sorry figure
figuración *f* figuration; representation; (mus.) figuration; (theat.) supers, extras; (Am.) role in society, distinguished role in society
figurado -da *adj* figurative (*language, style, etc.*); imaginary, illusory
figuranta *f* (theat.) figurante
figurante *m* (theat.) figurant
figurar *va* to figure, depict, trace; to represent; to feign; *vn* to figure (*to participate, appear, be conspicuous*); to be in the limelight; *vr* to figure, to imagine
figurativo -va *adj* figurative
figurería *f* grimace, face
figurero -ra *adj* (coll.) grimacing, fond of grimacing; *mf* (coll.) grimacer; maker or seller of small figures or statuettes
figurilla or **figurita** *f* figurine; marionette; *mf* (coll.) silly little runt
figurín *m* dummy, model, lay figure; fashion plate (*design; person*)
figurina *f* figurine
figurón *m* (coll.) stuffed shirt, pretentious nobody; **figurón de proa** (naut.) figurehead
fija *f* see **fijo**
fijacarteles *m* (*pl:* **-les**) billposter
fijación *f* fixation; fixing, fastening; posting; (chem., phot., psychoanal. & psychol.) fixation; **fijación del complemento** (bact.) complement fixation; **fijación del nitrógeno** (chem.) nitrogen fixation; **fijación de precios** price fixing
fijado *m* (phot.) fixing
fijador -dora *adj* fixing; *m* carpenter who hangs doors and windows; (mas.) pointer; (phot.) fixing bath; sprayer; hair set, hair spray
fijamárgenes *m* (*pl:* **-nes**) marginal stop (*of typewriter*)
fijapeinados *m* (*pl:* **-dos**) hair set, hair spray
fijar *va* to fix; to fasten; to paste, to glue; to drive (*a stake*); to post (*bills*); to set (*a date; the hair*); to establish (*e.g., residence*); (phot.) to fix; *vr* to become fixed, to settle; to notice; **fijarse en** to notice, to pay attention to; to imagine; **fijarse en** + *inf* to be intent on + *ger*
fijativo -va *adj & m* fixative
fijeza *f* firmness, solidity; steadfastness; fixity; **mirar con fijeza** to stare at
Fijí *m* Fiji (*islands*)
fijiano -na *adj & mf* Fijian
fijo -ja *adj* fixed; agreed upon; firm, solid, secure; fast; permanent; stationary; sure; determined; **de fijo** surely, without doubt; *f* hinge; trowel; **a la fija** (Am.) surely, without doubt; **ésa es la fija** (coll.) it is a sure thing; **ésta es la fija** this is it (*i.e., what is feared or hoped for*)
fil *m* (archaic) inspector of weights in a slaughter house; **estar en fil** or **en un fil** to be equally balanced, be alike; **fil derecho** leapfrog
fila *f* row, line, tier; file; rank; (coll.) hatred, dislike; **cerrar las filas** (mil.) to close ranks; **en fila** in a row; in single file; **en filas** (mil.) in active service; **llamar a filas** (mil.) to call to the colors; **pasarse a las filas de** to go over to; **ponerse en fila** to line up; **romper filas** (mil.) to break ranks; **salirse de la fila** to get out of line; **fila india** single file, Indian file
filacteria *f* phylactery; (f.a.) phylactery
Filadelfia *f* Philadelphia
filadelfiano -na *adj & mf* Philadelphian
filadiz *m* floss silk
filamento *m* filament; (bot. & elec.) filament
filamentoso -sa *adj* filamentous
filandria *f* (zool.) filander
filandro *m* (zool.) philander
filantropía *f* philanthropy
filantrópico -ca *adj* philanthropic or philanthropical
filántropo -pa *mf* philanthropist
filar *va* (naut.) to ease out, pay out slowly (*a cable*)
filaria *f* (zool.) filaria
filariasis *f* or **filariosis** *f* (path.) filariasis
filarmonía *f* love of harmony or music
filarmónico -ca *adj & mf* philharmonic
filástica *f* (naut.) rope yarn

filatelia *f* philately
filatélico -ca *adj* philatelic; *mf* philatelist
filatelista *mf* philatelist
filatería *f* fast talking (*to deceive*); prolixity
filatero -ra *adj* fast-talking (*to deceive*); prolix; *mf* fast talker; great talker
filatura *f* spinning; spinning mill
Filemón *m* (myth. & Bib.) Philemon
fileno -na *adj* (coll.) delicate, tiny
filete *m* filet or fillet (*of meat or fish*); narrow hem; small spit; snaffle bit; welt (*of shoe*); edge, rim; thread (*of screw*); (arch. & b.b.) fillet; (print.) ornamental bar or line
fileteado *m* threads (*of a screw*); (b.b.) tooling
filetear *va* to fillet; (b.b.) to tool; to thread (*e.g., a screw*)
fileteo *m* threading
filetón *m* heavy bullion (*for embroidering*)
filfa *f* (coll.) hoax, fake
filheleno -na *adj & mf* philhellene
filiación *f* filiation; description, characteristics; (mil.) regimental register
filial *adj* filial; *f* (com.) affiliate, subsidiary
filiar *va* to register; *vr* to enroll; to enlist
filibote *m* (naut.) flyboat
filibustear *vn* to filibuster (*to act as a military freebooter or buccaneer*)
filibusterismo *m* filibusterism
filibustero *m* filibuster (*freebooter, buccaneer*)
filicida *adj* filicidal; *mf* filicide (*person*)
filicidio *m* filicide (*act*)
filiforme *adj* filiform
filigrana *f* filigree; watermark (*in paper*); delicacy; cutie (*attractive child or young girl*); (bot.) lantana; (fig.) fancy work
filigranado -da *adj* var. of **afiligranado**
filili *m* (*pl:* **-líes**) (coll.) peach, honey (*fine person or thing*)
filio *m* (ent.) phyllium
filipéndula *f* (bot.) spirea filipendula, dropwort
filipense *adj & mf* Philippian
filípico -ca *adj* (poet.) Philippic; *f* philippic; (*cap.*) *f* (hist.) Philippic (*of Demosthenes; of Cicero*)
filipichín *m* moreen
filipino -na *adj* Filipine, Filipino, or Philippine; *mf* Filipino; **Filipinas** *fpl* Philippines (*islands*)
Filipo *m* Philip (*e.g., of Macedonia*); (poet.) Philip
Filipos *f* Philippi
Filis *f* Phyllis; (*l.c.*) *f* (poet.) charm, grace, delicacy; trinket, charm
filisteísmo *m* Philistinism
filisteo -a *adj* (Bib. & fig.) Philistine; *m* (Bib. & fig.) Philistine; tall, heavy fellow
filita *f* (mineral.) phyllite
film *m* (*pl:* **films**) film, moving picture; **film de bulto** or **film en relieve** three-dimensional film
filmación *f* filming
filmar *va & vr* to film
fílmico -ca *adj* (mov.) (pertaining to) film
filmoteca *f* film library
filo *m* edge, cutting edge; dividing line; ridge; (biol.) phylum; **al filo de** at, about (*e.g., sunset, ten o'clock*); **dar filo a, dar un filo a** or **sacar el filo a** to sharpen; **pasar al filo de la espada** to put to the sword; **por filo** exactly; **filo del viento** (naut.) direction of the wind
filobús *m* trolley bus, trackless trolley
filocladio *m* var. of **cladodio**
filocomunista *adj & mf* procommunist
filodio *m* (bot.) phyllode
filófago -ga *adj* phyllophagous
filogénesis *f* (biol.) phylogenesis
filogenia *f* (biol.) phylogeny
filogénico -ca *adj* phylogenic, phylogenetic
filología *f* philology
filológico -ca *adj* philological; *f* philology
filólogo -ga *mf* philologian, philologist
filolumenista *mf* matchbox collector
filomanía *f* (bot.) phyllomania
filomela *f* (poet.) philomela, philomel, or Philomel (*nightingale*); (*cap.*) *f* (myth.) Philomela
filomena *f* (poet.) philomela, philomel, or Philomel (*nightingale*)
filomeno *m* (orn.) cedarbird
filón *m* vein, seam, lode; (fig.) gold mine; **filón ramal** (min.) feeder
filópodo -da *adj & m* (zool.) phyllopod
filosa *f* see **filoso**
filoseda *f* silk and woolen cloth, silk and cotton cloth; schappe
filoso -sa *adj* (Am.) sharp, sharp-edged; *f* (bot.) hypocist
filosofador -dora *adj* philosophizing; *mf* philosophizer
filosofar *vn* to philosophize
filosofastro *m* philosophaster
filosofear *vn* var. of **filosofar**
filosofía *f* philosophy; **filosofía moral** moral philosophy
filosófico -ca *adj* philosophic or philosophical
filósofo -fa *mf* philosopher
filotaxia *f* (bot.) phyllotaxis
filote *m* (Am.) corn silk
filoxera *f* (ent.) phylloxera
filtrable *adj* filterable
filtración *f* filtration; leak, leakage; (fig.) leak (*of funds*)
filtrado *m* filtering; filtrate
filtrador -dora *adj* filtering; *mf* filterer; *m* filter
filtraje *m* filtering
filtrar *va* to filter, to filtrate; *vn* to leak (*said, e.g., of water or of roof*); *vr* to filter, to filtrate; (fig.) to disappear, to leak away (*said of money*)
filtro *m* filter; seaside fresh-water spring; philter, love potion; (elec. & opt.) filter; **filtro de bandas** (elec.) band filter, band-pass filter; **filtro de paso alto** (elec.) high-pass filter; **filtro de paso bajo** (elec.) low-pass filter; **filtro de paso de banda** (elec.) band filter, band-pass filter; **filtro paso inferior** (elec.) low-pass filter; **filtro paso superior** (elec.) high-pass filter
filtrónico -ca *adj* (pertaining to a) filter
filtro-prensa *m* (*pl:* **filtros-prensas**) filter press
filudo -da *adj* (Am.) sharp
fílum *m* (biol.) phylum
filván *m* featheredge (*on sharpened tool*)
fillós *mpl* fritter
fimbria *f* border (*of a skirt*); fringe
fimo *m* dung, manure
fimosis *f* (path.) phimosis
fin *m* (& *f*) end; end, purpose; **a fin de** + *inf* in order to + *inf;* **a fin de cuentas** after all; **a fin de que** in order that, so that; **a fines de** at the end of, toward the end of, late in (*a period of time*); **al fin** finally; **al fin del mundo** far, far away; **al fin y a la postre** or **al fin y al cabo** after all, in the end; **dar fin a** to put an end to, to stop; **dar fin de** to put an end to, to destroy, to wipe out; **en fin** finally, in a word, in short; well; **poner fin a** to put an end to, to stop; **por fin** finally, in a word, in short; **sin fin** endless; endlessly; **un sin fin de** no end of; **fin de semana** weekend
finado -da *adj* deceased, late; *mf* deceased
final *adj* final; *m* end; (mus.) finale; **por final** finally; *f* (sport) finals; **final de partida** windup (*of a game*)
finalidad *f* end, purpose
finalismo *m* (philos.) finalism
finalista *mf* (philos. & sport) finalist
finalizar §76 *va* to end, terminate; (law) to execute (*a deed, contract, etc.*); *vn* to end, terminate
finamiento *m* end, conclusion; decease
financiación *f* financing
financiamiento *m* (Am.) financing
financiar *va* to finance
financiero -ra *adj* financial; *mf* financier
finanzas *fpl* finances
finar *vn* to die; *vr* to long, to yearn
finca *f* property, piece of real estate; (Am.) farm, ranch; **buena finca** (coll.) sly fellow, bad egg; **finca cafetera** coffee plantation
fincabilidad *f* real estate
fincar §86 *vn* to buy up real estate; (Am.) to reside, rest, be found; *vr* to buy up real estate
finchado -da *adj* (coll.) conceited, vain
finchar *vr* (coll.) to be conceited
finear *va* to pole (*a boat*)

F

Fineas *m* Phineas
finés -nesa *adj* Finnic; Finnish; *mf* Finn (*member of any Finnic-speaking people; native of Finland*); *m* Finnic language
fineza *f* fineness; favor, kindness; little gift; (bridge) finesse
fingido -da *adj* false, deceptive; fake, sham; affected
fingidor -dora *adj* false, fake; *mf* faker
fingimiento *m* feigning, faking, pretense
fingir §42 *va* to feign, pretend, fake; *vn* to feign, pretend; **fingir** + *inf* to feign to, to pretend to + *inf; vr* to feign to be, to pretend to be
finible *adj* endable, terminable
finiquitar *va* to settle, to close (*an account*); (coll.) to finish, wind up
finiquito *m* settlement, closing (*of an account*); **dar finiquito a** to settle, close out; (coll.) to finish, wind up
finir *vn* (archaic & Am.) to end
finisecular *adj* fin-de-siècle
finítimo -ma *adj* bordering, neighboring
finito -ta *adj* finite
Finlandia *f* Finland
finlandés -desa *adj* Finnish; *mf* Finn, Finlander; *m* Finnish (*language*)
fino -na *adj* fine; sheer; thin, slender; thin (*cloth, paper, sole of shoe, etc.*); pure (*water*); courteous, polite; cunning, shrewd; fond, true
finoúgrio -gria *adj* Finno-Ugric
finta *f* feint (*fake threat*)
fintar *vn* to feint
finura *f* fineness, excellence; courtesy, politeness; (aer.) fineness ratio
finústico -ca *adj* (coll.) overpolite, obsequious
finustiquería *f* (coll.) overpoliteness, obsequiousness
fiñana *m* black-bearded wheat
fiord *m* or **fiordo** *m* fiord
fioritura *f* trimming, adornment
firma *f* signature; (act of) signing; firm; **con mi firma** under my hand; **firma en blanco** blank signature
firmal *m* brooch
firmamento *m* firmament
firmán *m* firman
firmante *adj* signatory; *mf* signer, signatory
firmar *va & vn* to sign
firme *adj* firm, steady; hard, solid; staunch, unswerving; (com.) steady (*market*); **¡firmes!** (mil.) attention!; *adv* firmly, steadily; *m* roadbed; **de firme** hard; steadily; **en firme** (com.) firm; **en lo firme** in the right
firmeza *f* firmness; steadiness, constancy
firmón *m* shyster who will sign anything
firuletes *mpl* (Am.) finery, frippery
fiscal *adj* fiscal, (pertaining to a) treasury; *m* treasurer; district attorney, public prosecutor; busybody, informer
fiscalía *f* office of treasurer; office of district attorney
fiscalización *f* control, inspection; prosecution; prying, informing
fiscalizar §76 *va* to control, to inspect; to oversee, superintend; to prosecute; to pry into, to talk about (*somebody's conduct*)
fisco *m* state treasury, exchequer
fisga *f* fishgig, fish spear; snooping; banter, raillery; (dial.) grain of spelt; (dial.) spelt bread; **hacer fisga a** to make fun of
fisgador -dora *adj* mocking, scoffing; *mf* mocker, scoffer
fisgar §59 *va* to fish with a spear, to harpoon; to pry into, to spy on; *vn* to snoop; to mock, to scoff; *vr* to mock, to scoff
fisgón -gona *mf* (coll.) jester; (coll.) busybody
fisgonear *va* (coll.) to keep prying into (*other people's business*)
fisgoneo *m* (coll.) constant prying, constant nosiness
fisible *adj* fissionable
físico -ca *adj* physical; (Am.) finicky, prudish; *mf* physicist; *m* physique, look, appearance; (archaic & dial.) physician; *f* physics; **física nuclear** nuclear physics
físicoquímico -ca *adj* physicochemical; *mf* physicochemist; *f* physicochemistry
físil *adj* fissile, fissionable
fisiocracia *f* physiocracy
fisiócrata *adj* physiocratic; *mf* physiocrat
fisiocrático -ca *adj* physiocratic
fisiografía *f* physiography
fisiográfico -ca *adj* physiographic
fisiógrafo -fa *mf* physiographer
fisiología *f* physiology; **fisiología vegetal** plant physiology
fisiológico -ca *adj* physiological
fisiólogo -ga *mf* physiologist
fisión *f* (phys.) fission
fisionable *adj* fissionable
fisionar *va & vr* to split
fisionomía *f* physiognomy
fisioterapia *f* physiotherapy
fisíparo -ra *adj* (biol.) fissiparous
fisípedo -da *adj & m* (zool.) fissiped
fisirrostro -tra *adj* (orn.) fissirostral
fisonomía *f* physiognomy
fisonómico -ca *adj* physiognomic or physiognomical
fisonomista *mf* physiognomist
fisónomo -ma *mf* physiognomist
fisostigmina *f* (chem.) physostigmine
fistol *m* sly fellow; (Am.) necktie pin
fistra *f* (bot.) bishop's-weed
fístula *f* fistula; (path.) fistula; (mus.) reed
fistular *adj* fistular; *va* to make fistulous
fistuloso -sa *adj* fistulous
fisura *f* (anat., path. & min.) fissure; **fisura del paladar** cleft palate
fita *f* sketch, drawing (*of animated cartoon*)
fitina *f* (chem.) phytin
fitófago -ga *adj* (zool.) phytophagous
fitogeografía *f* phytogeography
fitografía *f* phytography
fitográfico -ca *adj* phytographic or phytographical
fitógrafo -fa *mf* phytographer
fitolacáceo -a *adj* (bot.) phytolaccaceous
fitología *f* botany, phytology
fitopatología *f* (bot. & med.) phytopathology
fitoplancton *m* (*biol.*) phytoplankton
fitotomía *f* phytotomy
flabelado -da *adj* flabellate
flabeliforme *adj* flabelliform
flabelo *m* (eccl., bot., & zool.) flabellum
flaccidez *f* flaccidity; softness
fláccido -da *adj* flaccid; soft
flaco -ca *adj* thin, skinny; weak; **flaco de cabeza** befuddled, confused; *m* weak spot, foible
flacucho -cha *adj* (coll.) thinnish
flacura *f* thinness, skinniness; weakness
flagelación *f* flagellation
flagelado -da *adj* (bot. & biol.) flagellate; *m* (bot.) flagellate
flagelador -dora *adj* flagellant; *mf* flagellator
flagelante *adj & mf* flagellant; *m* Flagellant
flagelar *va* to scourge, to whip, to flagellate; to flay, criticize severely
flagelo *m* scourge, whip; (biol.) flagellum; (fig.) scourge, calamity
flagrancia *f* (poet.) blazing, flaming
flagrante *adj* (poet.) blazing, flaming; occurring; **en flagrante** in the act
flagrar *vn* (poet.) to blaze, flame
flama *f* flame; reverberation
flamante *adj* bright, flaming; brand-new, spick-and-span
flamberga *f* (archaic) rapier, flamberg
flameante *adj* flamboyant; (arch.) flamboyant
flamear *va* to flame (*to sterilize with flame*); *vn* to flame; to flame with anger; to wave, flutter
flamen *m* (*pl:* **flámines**) (hist.) flamen
flamenco -ca *adj* Flemish; buxom; Andalusian gypsy (*dance, song, etc.*); (coll.) gypsyish, flashy, snappy; *mf* Fleming; *m* Flemish (*language*); Andalusian gypsy dance, song, or music; (orn.) flamingo; **los flamencos** the Flemish (*people*)
flamenquilla *f* small platter; (bot.) marigold
fláimeo -a *adj* flamelike
flamero *m* torch holder, torch stand
flamígero -ra *adj* (poet.) flaming, flamelike; (arch.) flamboyant
flámula *f* streamer; (bot.) banewort
flan *m* custard, soufflé; blank (*from which to stamp coin*)

flanco *m* flank, side; (fort., mach., mil. & nav.) flank; (aut.) sidewall (*of tire*); **coger por el flanco** (coll.) to catch off guard; **conocerle o saberle a uno el flanco** to know someone's weak side
Flandes *f* Flanders
flanear *vn* to loaf, loaf around
flanqueador -dora *adj* flanking; *mf* flanker; *m* (mil.) flanker
flanqueamiento *m* var. of **flanqueo**
flanquear *va* to flank
flanqueo *m* flanking
flaquear *vn* to weaken, to flag, to give way; to become faint; to lose heart
flaqueza *f* thinness, skinniness; weakness, lack of strength; weakness, failing
flato *m* flatus, gas; (Am.) gloominess, melancholy
flatoso -sa *adj* flatulent, windy; (Am.) gloomy, melancholy
flatulencia *f* flatulence
flatulento -ta *adj* flatulent
flatuosidad *f* flatulence, windiness
flatuoso -sa *adj* var. of **flatoso**
flauta *f* (mus.) flute; **flauta del dios Pan** or **flauta de Pan** (mus.) Panpipe, Pan's pipes; *m* flautist, flutist
flautado -da *adj* flutelike; *m* (mus.) flute (*organ stop*)
flauteado -da *adj* flutelike, sweet
flautear *vn* to flute, play a flute
flautero -ra *mf* flute maker
flautillo *m* (mus.) shawm
flautín *m* (mus.) piccolo
flautista *mf* flautist, flutist
flavo -va *adj* fallow
flébil *adj* (poet.) sad, tearful, plaintive
flebitis *f* (path.) phlebitis
flebosclerosis *f* (path.) phlebosclerosis
flebotomía *f* phlebotomy, bloodletting
flebotomiano *m* phlebotomist
fleco *m* fringe; ragged edge; bangs; **flecos** *mpl* gossamer
flecha *f* arrow; sag, dip (*of cable*); (aer.) sweepback; (fort.) flèche; (mach.) shaft; **la flecha del parto** Parthian shot; **flecha de mar** (zool.) squid
flechador *m* archer, bowman
flechadura *f* (naut.) ratlines
flechar *va* to draw or stretch (*the bow*); to wound with an arrow; to kill with an arrow; (coll.) to infatuate; *vn* to be bent or stretched (*said of a bow in position to shoot an arrow*)
flechaste *m* (naut.) ratline
flechazo *m* arrow shot; arrow wound; (coll.) sudden passion, love at first sight
flechería *f* stock of arrows; shower of arrows
flechero -ra *adj* lovable, winsome; (Am.) tenacious, persevering; *mf* archer; arrow maker; *m* bowman; quiver
flegmonoso -sa *adj* var. of **flemonoso**
fleje *m* iron hoop or strap
flema *f* (physiol. & fig.) phlegm; **gastar flema** to be phlegmatic; to be slow to anger
flemático -ca *adj* phlegmatic or phlegmatical
fleme *m* veterinarian's fleam
flemón *m* (path.) phlegmon; (path.) gumboil
flemonoso -sa *adj* phlegmonous
flemoso -sa *adj* phlegmy
flemudo -da *adj* phlegmatic, lazy
fleo *m* (bot.) timothy
flequillo *m* bangs
Flesinga *f* Flushing
fletador *m* (naut.) charterer
fletamento *m* (naut.) chartering; (naut.) charter party
fletante *mf* shipowner
fletar *va* (naut.) to charter (*a ship*); (naut.) to load (*e.g., cattle*); (Am.) to hire (*a horse, carriage, etc.*); *vr* (Am.) to beat it, get out
fletcherismo *m* Fletcherism
flete *m* (naut.) freight, cargo; (naut.) freightage; (Am.) freight (*carried on land*); **falso flete** (naut.) dead freight
flexibilidad *f* flexibility
flexible *adj* flexible; soft (*hat*); *m* (elec.) cord, flexible cord; soft hat
flexión *f* flection; (gram.) flection, inflection
flexional *adj* (gram.) flectional, inflectional
flexo *m* gooseneck (*of a lamp*)
flexor -xora *adj* bending, flexing; *m* (anat.) flexor
flexuoso -sa *adj* flexuous
flictena *f* (path.) phlyctena, bulla
flinflanear *vn* to tinkle
flinflaneo *m* tinkling
flirt *m* flirting
flirtación *f* flirtation
flirteador -dora *adj* flirtatious; *mf* flirt (*person*)
flirtear *vn* to flirt
flirteo *m* flirting, flirtation
flocadura *f* fringe trimming
floculento -ta *adj* (chem.) flocculent
floema *m* (bot.) phloem
flogístico -ca *adj* (path. & old chem.) phlogistic
flogisto *m* (old chem.) phlogiston
flogopita *f* (mineral.) phlogopite
flojear *vn* to slacken, ease up, idle; to weaken
flojedad *f* looseness, slackness; limpness; laxity laziness; weakness
flojel *m* nap (*of cloth*); down, soft feathers
flojera *f* (coll.) var. of **flojedad**
flojo -ja *adj* loose, slack; limp; lax, lazy, dilatory, languid; weak; light (*wind*); sagging, unsupported (*prices*); thin, poor (*writing*); (Am.) fearful, timid; **flojo de muelles** (coll.) incontinent (*unable to restrain natural evacuation*)
floqueado -da *adj* trimmed with fringe
flor *f* flower; blossom; flowers of wine; grain (*of leather*); (chem.) flowers; (fig.) bouquet, compliment; (fig.) flower (*choicest part*); **a flor de** at or near the surface of; even with; **a flor de agua** at water level; **andarse a la flor del berro** (coll.) to lead a life of pleasure; **dar en la flor** to get the knack; **decir flores a** to say pretty things to, to flirt with; **de mi flor** (coll.) excellent, magnificent; **echar flores a** to say pretty things to, to flirt with; **en flor** in flower, in blossom; **la flor de la canela** (coll.) the tops; **la flor y nata de** the flower of, the cream of; **flor de amor** (bot.) amaranth; **flor de antimonio** (chem.) flowers of antimony; **flor de azufre** (chem.) flowers of sulphur; **flor de calentura** (bot.) milkweed; **flor de embudo** (bot.) calla; **flor de harina** flour; **flor de la cera** (bot.) wax plant (*Hoya carnosa*); **flor de la edad** flower of life, bloom of youth; **flor de la maravilla** (bot.) tigerflower; (coll.) delicate convalescent; **flor de la oreja** sacred ear or sacred earflower; **flor de la Pascua** (bot.) poinsettia; **flor de la Trinidad** (bot.) pansy; **flor de la vida** flower of life, prime of life; (bot.) cotton rose; **flor de lazo** (bot.) tiger lily; **flor del campo** wild flower; **flor de lis** fleur-de-lis (*royal coat of arms of France*); (her.) fleur-de-lis; (bot.) jacobean lily; **flor de lis florenzada** (f.a.) fleur-de-lis; **flor del sol** (bot.) sunflower; **flor de mano** paper flower, artificial flower; **flor de príncipe** (bot.) red periwinkle; **flor de un día** (bot.) tigerflower; **flor de una hora** (bot.) flower of an hour; **flores cordiales** sudorific flowers; **flores de cantueso** (coll.) triviality
flora *f* flora; (*cap.*) *f* (myth.) Flora
floración *f* flowering, florescence
florado -da *adj* flowered; *f* (dial.) blossom time (*for beekeepers*)
floral *adj* floral
florar *vn* to flower, blossom, bloom
florcita *f* (Am.) little flower; **andar de florcita** (Am.) to stroll around with a flower in one's buttonhole, to loaf around
flordelisado -da *adj* (her.) fleury
floreado -da *adj* flowered; floury
florear *va* to flower, to decorate with flowers; to embellish with florid language; to stack (*cards*); to bolt (*flour*); to sort out; *vn* to quiver (*said of the tip of a sword*); to twang away (*on a guitar*); (coll.) to throw bouquets, to pay compliments
florecer §34 *vn* to flower, blossom, bloom; to flourish; *vr* to become moldy
florecido -da *adj* moldy; blooming
floreciente *adj* florescent, inflorescent, flowering; flourishing
florecimiento *m* flowering, blossoming, blooming; continued prosperity

F

Florencia *f* Florence (*Italian city; feminine given name*)
florentino -na *adj & mf* Florentine
florentísimo -ma *adj super* very or most flourishing
floreo *m* idle talk; bright remark; quivering (*of tip of sword*); steady twanging (*of a guitar*); (mus.) flourish; **andarse con floreos** (coll.) to beat about the bush
florería *f* (Am.) florist's shop
florero -ra *adj* flattering, jesting; *mf* flatterer, jester; florist; *m* vase; flowerpot; potted flower; flower stand, jardiniere; (f.a.) flower piece; *f* flower girl
florescencia *f* (bot.) florescence, inflorescence
floresta *f* woods, grove; rural scene, rural setting; anthology
florestero *m* forest guard or warden
floreta *f* border or reinforcement on the edge of a girth
floretazo *m* stroke with a foil
florete *adj* first-class, superfine; *m* foil, fencing foil; medium-grade cotton fabric
floretear *va* to flower, to decorate with flowers; *vn* to fence
floretista *m* fencer
floricina *f* (chem.) phlorizin
floricultor -tora *mf* floriculturist, florist
floricultura *f* floriculture
Florida, la see **florido**
floridano -na *adj & mf* Floridan or Floridian
floridez *f* wealth of flowers, abundance of flowers; floweriness (*e.g., of style*)
florido -da *adj* flowery, florid, full of flowers; choice, select; (lit.) flowery, florid; **la Florida** Florida
florífero -ra *adj* floriferous
florilegio *m* anthology
florín *m* florin (*coin*)
floripondio *m* (bot.) floripondio; splotchy floral adornment; (lit.) floweriness, flowery style or language
florista *mf* florist; maker or seller of artificial flowers
floristería *f* flower shop
florón *m* large flower; (arch. & f.a.) finial; (arch.) rosette; (print.) tailpiece, vignette
floronado -da *adj* (her.) fleury (*said of a cross*)
flósculo *m* (bot.) floscule, floret
flosculoso -sa *adj* flosculous
flota *f* (naut., nav. & aer.) fleet; (fig.) fleet (*of cars, trucks, etc.*); **flota de guerra** navy; **flota en naftalina** (naut.) moth-ball fleet
flotabilidad *f* floatability; buoyancy
flotable *adj* floatable; navigable for rafts and logs
flotación *f* flotation; buoyancy; (metal.) flotation
flotador -dora *adj* floating; *mf* floater; *m* float (*e.g., of fish line*); (aer., bot. & mach.) float
flotadura *f* floating, flotation
flotaje *m* log driving
flotamiento *m* floating, flotation; log driving
flotante *adj* floating; flowing (*e.g., beard*)
flotar *vn* to float; to wave (*said, e.g., of a flag*)
flote *m* floating; **a flote** afloat; (fig.) on one's feet; **poner a flote** to float; **ponerse a flote** to get out of a jam
flotilla *f* flotilla
flox *m* (bot.) phlox
fluctuación *f* fluctuation; wavering, hesitation; (biol. & med.) fluctuation
fluctuante *adj* fluctuant
fluctuar §33 *vn* to fluctuate; to bob up and down; to wave; to waver; to be in danger
fluctuoso -sa *adj* fluctuating, wavering
fluencia *f* flowing, running; source, spring; fluency; (elec.) creepage
fluente *adj* fluid, flowing; bleeding (*hemorrhoids*)
fluidez *f* fluidity; fluency (*of language or style*)
flúido -da *adj* fluid; fluent (*language, style*); *m* fluid
fluir §41 *vn* to flow
flujo *m* flow, discharge, flux; looseness (*of bowels*); (chem., metal., phys. & path.) flux; (naut.) flow, rising tide; **flujo blanco** (path.) whites; **flujo de reír** constant laughing; **flujo de risa** fit of noisy laughter; **flujo de vientre** loose bowels; **flujo magnético** magnetic flux; **flujo y reflujo** ebb and flow
flujómetro *m* (phys.) fluxmeter
fluminense *adj* (pertaining to) Rio de Janeiro; *mf* native or inhabitant of Rio de Janeiro
flúor *m* (chem.) fluorin or fluorine; (chem.) flux
fluoresceína *f* (chem.) fluorescein
fluorescencia *f* fluorescence
fluorescente *adj* fluorescent
fluorhídrico -ca *adj* (chem.) hydrofluoric
fluórico -ca *adj* fluoric
fluorina or **fluorita** *f* (mineral.) fluorite, fluor, fluor spar
fluorización *f* fluoridation (*of drinking water*); (geol.) fluoridation
fluorizar §76 *va* to fluoridate
fluoroscopia *f* fluoroscopy
fluoroscópico -ca *adj* fluoroscopic
fluoroscopio *m* fluoroscope
fluoruro *m* (chem.) fluoride
fluvial *adj* fluvial
flux *m* flush (*e.g., in poker*); (Am.) suit of clothes; **estar a flux** (Am.) to be penniless; **hacer flux** (coll.) to blow in everything without settling accounts; **tener flux** (Am.) to be lucky; **flux real** royal flush
fluxión *f* (math. & path.) fluxion; (path.) congestion; (path.) cold in the head; **fluxión de muelas** (path.) swollen cheek, abscessed tooth; **fluxión de pecho** (path.) inflammation of the lungs, pneumonia
fluyente *adj* fluid, flowing; fleeting
f.º abr. of **folio**
fo *interj* pew!
fobia *f* phobia
foca *f* (zool.) seal; **foca de trompa** (zool.) sea elephant; **foca fraile** (zool.) monk seal
focal *adj* focal
focalización *f* focalization
focense *adj & mf* Phocian
Fócida, la Phocis
focino *m* goad used to drive an elephant
foco *m* (math., med., phys., opt., seismol. & fig.) focus; center (*e.g., of vice*); core (*of an abscess*); source of light; (coll.) electric light, electric-light bulb; **fuera de foco** out of focus
fóculo *m* small hearth
focha *f* (orn.) European coot
fodolí *adj* (*pl:* **-líes**) meddlesome
foena *f* fish spear
fofo -fa *adj* fluffy, soft, spongy
fofoque *m* (naut.) middle jib
fogaje *m* fumage, hearth money (*tax*); (Am.) blush, flush; (Am.) fire, blaze
fogarada *f* blaze, fire, bonfire; (dial.) rash, eruption
fogaril *m* cresset
fogarizar §76 *va* to start fires or bonfires in
fogata *f* blaze, bonfire; (mil.) mine, fougasse
fogón *m* firebox; cooking stove; (arti.) vent; (naut.) cookhouse; (Am.) gathering of soldiers and civilians around a fire; **fogón eléctrico** electric burner
fogonadura *f* (naut.) mast hole
fogonazo *m* powder flash
fogonero or **fogonista** *m* fireman (*of furnace, boiler, locomotive, etc.*)
fogosidad *f* fire, dash, spirit
fogoso -sa *adj* fiery, impetuous, spirited, vehement
foguear *va* to scale (*a gun*); to accustom to the smell of gunpowder; to inure; (coll.) to look daggers at
fogueo *m* target practice
foguezuelo *m* little fire
foja *f* (orn.) European coot; (law) leaf, sheet
fol. abr. of **folio**
folgo *m* foot-warming bag
folía *f* light music, popular music
foliáceo -a *adj* foliaceous
foliación *f* foliation (*of the leaves of a book*); (bot. & geol.) foliation
foliado -da *adj* (bot.) foliate
foliar *adj* foliar; *va* to foliate, to folio (*the leaves of a book*)
foliatura *f* foliature; foliation
folicular *adj* follicular
foliculario *m* (coll.) pamphleteer, news writer
foliculina *f* (biochem.) folliculin

folículo *m* (anat. & bot.) follicle
folio *m* folio (*leaf of a book*); (bookkeeping) folio; (print.) running head; **al primer folio** right off the bat; **de a folio** (coll.) enormous, tremendous; **en folio** in folio; **folio atlántico** atlas folio
folíolo *m* (bot.) foliole
folklore *m* folklore
folklórico -ca *adj* folkloric, (pertaining to) folklore
folklorista *mf* folklorist
folla *f* mixture, hodgepodge; (theat.) medley
follada *f* puff-paste pie
follaje *m* foliage; gaudy ornament; fustian; (arch.) foliage
follajería *f* (arch. & f.a.) foliation
follar *va* to foliate (*to shape like a leaf*); §77 *va* to blow with bellows; *vr* to break wind without making a noise
follero or **folletero** *m* bellows maker or dealer
folletín *m* newspaper serial (*usually printed at bottom of page*)
folletinesco -ca *adj* serial; serial-like; exciting, intriguing
folletinista *mf* serial writer
folletista *mf* pamphleteer
folleto *m* pamphlet, brochure, tract, booklet
folletón *m* var. of **folletín**
follón -llona *adj* lazy, careless, indolent; arrogant, blustering, cowardly, worthless; *mf* lazy loafer; good-for-nothing; *m* noiseless rocket
fomentación *f* (med.) fomentation
fomentador -dora *adj* fomenting; promoting; *mf* fomenter; promoter
fomentar *va* to foment (*e.g., hatred*); to promote, encourage, foster; to warm; to enliven; (med.) to foment
fomento *m* fomentation; promotion, encouragement, fostering; improvement, development; warmth; (med.) fomentation
fon *m* (phonet.) phone
fonda *f* inn, restaurant
fondable *adj* (naut.) fit for anchoring
fondado -da *adj* reinforced in the heads (*said of a barrel*); (Am.) heeled, well-heeled
fondeadero *m* (naut.) anchorage (*place*)
fondeado -da *adj* (Am.) heeled, well-heeled
fondear *va* (naut.) to sound; to search (*a ship*); to scrutinize, examine closely; *vn* (naut.) to cast anchor; *vr* (Am.) to save up for a rainy day
fondeo *m* (naut.) search; (naut.) anchorage, casting anchor
fondero -ra *mf* (Am.) innkeeper
fondillón *m* dregs of a refilled cask; old Alicante wine
fondillos *mpl* seat (*of trousers*)
fondista *mf* innkeeper, restaurant keeper
fondo *m* bottom; back, rear; background; ground (*of a piece of cloth*); head (*of a barrel, boiler, etc.*); depth (*e.g., of a house*); fund; (anat.) fundus; (sport) distance, endurance; (fig.) bottom (*essence*); (fig.) fund, reservoir (*great amount*); **fondos** *mpl* funds (*money*); **a fondo** thoroughly; **a fondo perdido** without expecting to get the money back; **bajos fondos sociales** scum of the earth; underworld; **colar a fondo** (naut.) to sink; **dar fondo** (naut.) to cast anchor; **doble fondo** (naut.) double bottom; **echar a fondo** (naut.) to sink; **en el fondo** at bottom; **entrar en el fondo de** to get to the bottom of; **estar en fondos** to have funds available; **irse a fondo** (naut.) to founder; to fail (*said of a business venture*); **tener buen fondo** to be good-natured; **tener mal fondo** to be ill-natured; **fondo de amortización** sinking fund; **fondo falso** false bottom; **fondo rotativo** revolving fund; **fondo vitalicio** life annuity
fondón -dona *adj* (coll.) flabby, pursy
fonducho *m* cheap eating house
fonema *m* (phonet.) phoneme
fonémico -ca *adj* phonemic; *f* phonemics
fonético -ca *adj* phonetic; *f* phonetics
fonetista *mf* phonetician
fónico -ca *adj* phonic; *f* phonics
fonil *m* (naut.) large wooden funnel
fonje *adj* soft, fluffy
fono *m* earphone; phone
fonocaptor *m* (elec.) pickup
fonografía *f* phonography
fonográfico -ca *adj* phonographic
fonógrafo *m* phonograph
fonograma *m* phonogram
fonolita *f* (mineral.) phonolite
fonología *f* phonology
fonológico -ca *adj* phonologic or phonological
fonólogo -ga *mf* phonologist
fonoscopio *m* phonoscope
fontal *adj* fontal
fontana *f* (dial. & poet.) fountain
fontanal *adj* fontal; *m* spring; place abounding in springs
fontanar *m* spring
fontanela *f* (anat.) fontanel
fontanería *f* pipelaying; plumbing; water supply system, water department
fontanero -ra *adj* (pertaining to a) fountain; *m* pipelayer; plumber and electrician
fontículo *m* (med.) var. of **exutorio**
foque *m* (naut.) jib; (coll.) piccadilly (*collar*)
foquillo *m* flashlight bulb
foquito *m* flashlight bulb; dial light
forajido -da *adj* fugitive; *mf* fugitive, outlaw; bandit, malefactor
foral *adj* statutory
foramen *m* foramen; hole in nether millstone; (anat. & bot.) foramen
foraminíferos *mpl* (zool.) foraminifera
foráneo -a *adj* strange, foreign; *mf* stranger, outsider
forastero -ra *adj* outside, strange; *mf* outsider, stranger
forbante *m* pirate, freebooter
forcejar or **forcejear** *vn* to struggle; to contend
forcejeo or **forcejo** *m* struggle, struggling; resistance, opposition
forcejón *m* violent effort, violent tug
forcejudo -da *adj* husky, robust
fórceps *m* (*pl:* **-ceps**) (obstet. & zool.) forceps
forcipresión *f* or **forcipresura** *f* (surg.) forcipressure
forense *adj* forensic, legal
forero -ra *adj* statutory; *m* leaseholder
forestal *adj* (pertaining to a) forest
forestería *f* (Am.) forestry
forillo *m* (theat.) small back cloth (*seen through opening in backdrop*)
forja *f* forge; forging; concocting; ironworks, foundry; silversmith's forge; mortar; **forja a la catalana** Catalan forge or furnace
forjador -dora *adj* forging; *mf* forger; maker; smith, blacksmith
forjadura *f* forging
forjar *va* to forge; to build (*with stone and mortar*); (fig.) to forge (*e.g., lies*); **forjar a martinete** to drop-forge; *vr* to think up, to dream up
forma *f* form; shape; way; format; **de esta forma** in this way, in this wise; **de forma** of distinction; **de forma que** so that, with the result that; **en debida forma** in due form; **en forma** in form; (sport) in form
formación *f* formation; training; bullion, twisted fringe; (elec., geol. & mil.) formation; **formación de palabras** word formation; **formación en masa** (mil.) mass formation
formador -dora or **-triz** (*pl:* **-trices**) *adj* forming; *mf* former
formaje *m* cheese mold or vat
formal *adj* formal; serious (*matter*); sedate, settled; reliable; express, definite
formaldehido *m* (chem.) formaldehyde
formalidad *f* formality; seriousness; reliability
formalina *f* (chem.) formalin
formalismo *m* formalism; red tape
formalista *adj* formalistic; *mf* formalist
formalizar §76 *va* to formalize; to formulate; to put in final form; to legalize; *vr* to become serious; to take offense
formar *va* to form; to train, educate; (elec.) to form (*plates of storage battery*); *vn* to form; to form a line; to embroider with chenille; *vr* to form; to form a line, stand in line, fall in; to take form; to grow, develop
formativo -va *adj* formative
formato *m* format

F

formatriz *adj fem* see **formador**
formejar *va* (naut.) to tie up (*a ship*); (naut.) to clear the decks of (*a ship*)
formero *m* (arch.) formeret, wall rib
formiato *m* (chem.) formate
fórmico -ca *adj* formic
formidable *adj* formidable; terrific
formidoloso -sa *adj* timorous; frightful, horrible
formillón *m* hat block
formol *m* (chem.) formol
formón *m* chisel; punch
fórmula *f* formula: prescription; recipe; **por fórmula** as a matter of form
formulación *f* formulation
formulador -dora *mf* formulator
formular *adj* formulary; *va* to formulate
formulario -ria *adj* formulary; formal; *m* formulary; form; (pharm.) formulary; **formulario de pedido** order blank
fornicación *f* fornication
fornicador -dora *adj* fornicating; *mf* fornicator
fornicar **§86** *vn* to fornicate
fornicario -ria *adj* fornicating; *mf* fornicator
fornicio *m* fornication
fornido -da *adj* robust, husky
fornitura *f* (print.) type melted down to complete a font; **fornituras** *fpl* (mil.) cartridge belt
foro *m* (hist. & law) forum; (law) emphyteusis; bar (*legal profession*); back, rear (*of stage*); **por tal foro** on such condition
forragatear *va* (coll.) to scribble, to scribble all over
forraje *m* forage; (coll.) hodgepodge
forrajeador -dora *adj* foraging; *m* forager
forrajear *va & vn* to forage
forrajero -ra *adj* forage; *f* forage rope; aiglet, lanyard; shoulder braid
forrar *va* to line; to cover (*book, umbrella, etc.*); (paint.) to stretch (*a canvas*); *vr* (Am.) to stuff oneself
forro *m* lining; cover; (her.) fur; (naut.) planking, sheathing; **no conocer ni por el forro** (coll.) to not know in the slightest; **no haber visto ni por el forro** (coll.) to have seen neither hide nor hair of; **ni por el forro** (coll.) not by a long shot; **forro de freno** (aut.) brake lining
forsitia *f* (bot.) forsythia
fortachón -chona *adj* (coll.) burly, husky, tough
fortalecedor -dora *adj* fortifying, strengthening
fortalecer **§34** *va* to fortify, to strengthen
fortalecimiento *m* fortification, strengthening; fortifications; tonic, fortifier
fortaleza *f* fortitude; strength, vigor; firmness; fortress, stronghold; **fortaleza volante** (aer.) flying fortress
forte *interj* (naut.) avast!
fortepiano *m* (mus.) pianoforte
fortificación *f* fortification
fortificador -dora *adj* fortifying
fortificante *adj* fortifying; *m* fortifier, tonic
fortificar **§86** *va & vn* to fortify
fortín *m* small fort; bunker
fortísimo -ma *adj super* very or most strong
fortuitez *f* fortuity
fortuito -ta *adj* fortuitous
fortuna *f* fortune; storm, tempest; **de fortuna** makeshift; **por fortuna** fortunately
fortunón *m* (coll.) windfall, great piece of luck
forúnculo *m* var. of **furúnculo**
forzado -da *adj* forced; forcible (*e.g., entry*); (fig.) forced (*e.g., smile*); hard (*labor*); *m* galley slave, convict
forzador *m* forcer; ravisher, violator
forzal *m* back (*of a comb*)
forzamiento *m* forcing
forzar **§52** *va* to force; (agr.) to force; **forzar a** + *inf* or **forzar a que** + *subj* to force to + *inf*
forzosamente *adv* necessarily; violently, by force
forzoso -sa *adj* inescapable, unavoidable; strong, husky, robust; hard (*labor*); forced (*e.g., landing, march*); *f* (coll.) squeeze (*pressure to do something*); **hacer la forzosa a** (coll.) to put the squeeze on
forzudo -da *adj* strong, husky, robust
fosa *f* grave; (anat.) fossa; (aut.) pit; **fosa de los leones** (Bib.) lions' den; **fosa séptica** septic tank
fosal *m* cemetery; (prov.) grave
fosar *va* to dig a ditch around; to moat
fosco -ca *adj* cross, sullen; dark; (naut.) threatening; *f* haze; (dial.) thicket, jungle
fosfatar *va* to phosphatize
fosfático -ca *adj* phosphatic
fosfato *m* (chem. & agr.) phosphate; **fosfato cálcico** (chem.) calcium phosphate
fosfaturia *f* (path.) phosphaturia
fosfeno *m* (physiol.) phosfene
fosfina *f* (chem.) phosphine
fosfito *m* (chem.) phosphite
fosfonio *m* (chem.) phosphonium
fosforar *va* to phosphorate
fosforecer **§34** *vn* to phosphoresce
fosforero -ra *mf* match vendor; *m* matchbox holder; *f* matchbox
fosforescencia *f* phosphorescence
fosforescente *adj* phosphorescent
fosfórico -ca *adj* (chem.) phosphoric
fosforita *f* (mineral.) phosphorite
fósforo *m* (chem.) phosphorus; match; (coll.) brilliance, talent; (*cap.*) *m* (poet.) Phosphor (*morning star*); **fósforo de seguridad** safety match
fosforoscopio *m* phosphoroscope
fosforoso -sa *adj* (chem.) phosphorous
fosfurado -da *adj* (chem.) phosphureted
fosfuro *m* (chem.) phosphide
fosgeno *m* (chem.) phosgene
fósil *adj & m* fossil: (fig.) fossil
fosilífero -ra *adj* fossiliferous
fosilización *f* fossilization
fosilizar **§76** *vr* to fossilize
foso *m* fosse, pit, hole; (fort.) fosse, moat; (theat.) pit
fótico -ca *adj* photic
fotingo *m* (coll.) jalopy, low-price car
fotio *m* (phys.) phot
foto *f* photo
fotoactínico -ca *adj* photoactinic
fotocalco *m* photoprint
fotocelda or **fotocélula** *f* (elec.) photocell
fotocincografía *f* photozincography
fotocinesis *f* (physiol.) photokinesis
fotocinético -ca *adj* photokinetic
fotoconductividad *f* (elec.) photoconductivity
fotocopia *f* photocopy
fotocromía *f* photochromy, color photography
fotocromo *m* photochrome
fotodesintegración *f* (phys.) photodisintegration
fotodinámico -ca *adj* photodynamic; *f* photodynamics
fotodrama *m* photoplay
fotoeléctrico -ca *adj* photoelectric
fotoelectrón *m* (physical chem.) photoelectron
fotoesfera *f* var. of **fotosfera**
fotofija *m* (sport) photo-finish camera
fotofobia *f* (path.) photophobia
fotogénico -ca *adj* (biol. & phot.) photogenic
fotógeno -na *adj* (biol.) photogenic; *m* (chem.) photogen
fotograbado *m* photoengraving
fotograbador -dora *mf* photoengraver
fotograbar *va* to photoengrave
fotografía *f* photograph (*picture*); photography (*art or process*); photograph gallery; **fotografía al magnesio** flashlight photograph; **fotografía en colores** color photography; **fotografía en relieve** photorelief
fotografiar **§90** *va* to photograph; to depict in photographic detail; *vn* to photograph
fotográfico -ca *adj* photographic
fotógrafo -fa *mf* photographer
fotogrametría *f* photogrammetry
fotogramétrico -ca *adj* photogrammetric or photogrammetrical
fotolaboratorio *m* photographic laboratory
fotólisis *f* photolysis
fotolitografía *f* photolithography; photolithograph
fotolitografiar **§90** *va* to photolithograph

fotomecánico -ca *adj* photomechanical
fotometría *f* photometry
fotómetro *m* photometer; light meter
fotomicrografía *f* photomicrography
fotomontaje *m* photomontage
fotón *m* (phys.) photon
fotoperiodismo *m* photojournalism
fotopila *f* (elec.) photovoltaic cell
fotoquímico -ca *adj* photochemical; *f* photochemistry
fotorreconocimiento *m* photoreconnaissance
fotorrelieve *m* photorelief
fotosensible or **fotosensitivo -va** *adj* photosensitive
fotosfera *f* (astr.) photosphere
fotosíntesis *f* (bot. & chem.) photosynthesis
fotospectroscopio *m* photospectroscope
fotostatar *va & vn* to photostat
fotostático -ca *adj* photostatic
fotóstato *m* photostat
fototactismo *m* or **fototaxis** *f* (biol.) phototaxis
fototelegrafía *f* phototelegraphy
fototelegrafiar §90 *va & vn* to phototelegraph
fototelégrafo *m* phototelegraph
fototerapia *f* phototherapeutics or phototherapy
fototipia *f* phototypy
fototipo *m* phototype
fototipografía *f* phototypography
fototropismo *m* (biol.) phototropism
fototubo *m* (elec.) phototube
fotovoltaico -ca *adj* photovoltaic
fóvea *f* fovea; (bot.) fovea; **fóvea central** (anat.) fovea centralis, central depression (*of retina*)
Fr. abr. of **Fray**
fra. abr. of **factura**
frac *m* (*pl:* **fraques**) swallow-tailed coat, full-dress coat, tails
fracasar *vn* to fail; to break to pieces
fracaso *m* failure; collapse, crash
fracción *f* fraction; faction, party; (math.) fraction; **fracción compleja** (math.) complex fraction; **fracción compuesta** (math.) compound fraction; **fracción continua** (math.) continued fraction; **fracción decimal** (math.) decimal fraction; **fracción impropia** (math.) improper fraction; **fracción periódica** (math.) periodic fraction; **fracción propia** (math.) proper fraction
fraccionado -da *adj* fractional
fraccionador -dora *adj* fractionating
fraccionamiento *m* breaking up, dismemberment; fractionization; (chem.) fractionation
fraccionar *va* to break up; to fractionize; (chem.) to fractionate
fraccionario -ria *adj* fractionary; fractional; fractional (*currency*)
fractura *f* fracture; breaking in, housebreaking; (geol. & surg.) fracture; **fractura complicada** (surg.) compound fracture; **fractura conminuta** (surg.) comminution, comminuted fracture
fracturar *va & vr* to fracture; to break open
fraga *f* (bot.) raspberry; thicket of brambles
fragancia *f* fragrance; good name
fragante *adj* fragrant; occurring; **en fragante** in the act
fragaria *f* (bot.) strawberry (*plant and fruit*)
fragata *f* (naut.) frigate; (orn.) frigate bird; **fragata ligera** (naut.) corvette
frágil *adj* fragile; frail; loose (*morally*); (Am.) poor, in want
fragilidad *f* fragility; frailty; looseness; lapse, moral lapse
fragmentación *f* fragmentation; (biol.) fragmentation
fragmentar *va* to break into fragments; *vr* to fragment
fragmentario -ria *adj* fragmentary
fragmento *m* fragment
fragor *m* crash, din, uproar
fragoroso -sa *adj* noisy, thundering
fragosidad *f* roughness, unevenness; thickness, denseness (*of a forest*); rough road; brambly path
fragoso -sa *adj* rough, uneven; brambly; noisy, thundering
fragua *f* forge; (fig.) hotbed; (fig.) fuel (*that feeds a passion*)
fraguado *m* setting, hardening
fraguador -dora *adj* scheming; *mf* schemer
fraguar §23 *va* to forge; (fig.) to forge (*e.g., lies*); (fig.) to hatch, brew, scheme; *vn* to set (*said, e.g., of cement*)
fragura *f* var. of **fragosidad**
fraile *m* friar; tuck (*at bottom of robe or skirt*); (print.) friar; (Am.) priest, cleric; (Am.) bagasse; **fraile de misa y olla** (coll.) friarling; **fraile negro** Black Friar (*Dominican*); **fraile rezador** (ent.) mantis, praying mantis
frailear *va* (dial.) to trim close to the trunk
frailecillo *m* little friar; (orn.) puffin
frailengo -ga or **fraileño -ña** *adj* (coll.) friary, monkish; priestlike
frailería *f* (coll.) friars
frailero -ra *adj* of a friar; (coll.) fond of priests, pious
frailesco -ca *adj* (coll.) var. of **frailengo**
frailía *f* priesthood
frailillos *mpl* (bot.) wake-robin
frailuco *m* (coll.) wretched little friar
frailuno -na *adj* (coll.) friarish; (Am.) priest-loving, clerical-minded
frambesia *f* (path.) yaws, frambesia
frambuesa *f* raspberry (*fruit*)
frambueso *m* (bot.) raspberry, raspberry bush
frámea *f* dart, javelin
francachela *f* (coll.) feast, spread; (coll.) carousal, high time; (Am.) excessive familiarity
francachón -chona *adj* (Am.) overfamiliar
francalete *m* strap with buckle
francés -cesa *adj* French; **a la francesa** in the French fashion or manner; **despedirse, irse** or **marcharse a la francesa** (coll.) to take French leave; *m* Frenchman; French (*language*); **el francés antiguo** Old French; **los franceses** the French (*people*); *f* Frenchwoman
francesada *f* typical French remark; French invasion of Spain in 1808
francesilla *f* French roll; (bot.) turban buttercup
Francfort del Main Frankfurt am Main
Francfort del Oder Frankfurt an der Oder
Francia *f* France
franciano *m* French (*dialect of Île de France*)
francio *m* (chem.) francium
Francisca *f* see **francisco**
franciscano -na *adj & mf* Franciscan
francisco -ca *adj & mf* Franciscan; (*cap.*) *m* Francis; *f* Frances
francmasón *m* Freemason
francmasonería *f* Freemasonry
francmasónico -ca *adj* Freemasonic
Fran.co abr. of **Francisco**
franco -ca *adj* frank; liberal, generous; free, open (*road*); gratis; loamy, rich (*soil*); Frankish; **franco a bordo** free on board; **franco de porte** postpaid; *mf* Frank; *m* franc; Frankish (*language*); tax-free days (*in a fair*)
francoalemán -mana *adj* Franco-German
francobordo *m* (naut.) freeboard
francocanadiense *adj* French-Canadian; *mf* French Canadian
Franco Condado, el Franche-Comté
francófilo -la *adj & mf* Francophile
francófobo -ba *adj & mf* Francophobe
francolín *m* (orn.) black partridge, francolin
francoprovenzal *adj & m* Franco-Provençal
francote -ta *adj* (coll.) frank, open-hearted, wholehearted
francotirador *m* franc-tireur; sniper
Francho *m* Frank
franchote -ta or **franchute -ta** *mf* (coll.) Frenchy
franela *f* flannel; **franela de algodón** cotton flannel
frangente *m* accident, mishap
frangible *adj* frangible
frangir §42 *va* to break up, to break to pieces
frangollar *va* (coll.) to bungle, dash off
frangollo *m* porridge, stew, mash; (coll.) mess, botch
frangollón -llona *adj* (Am.) bungling; *mf* (Am.) bungler
frángula *f* (bot.) alder buckthorn

F

franja *f* fringe; strip, band
franjar or **franjear** *va* to fringe
franqueamiento *m* var. of **franqueo**
franquear *va* to exempt; to grant; to enfranchise; to open, to clear (*the way*); to cross, get over; to free (*a slave*); to frank (*a letter*); *vr* to yield; to unbosom oneself; **franquearse a** or **con** to open one's heart to
franqueo *m* freeing, liberation; postage; franking (*of a letter*); **franqueo concertado** postal permit
franqueza *f* frankness; liberality, generosity; freedom
franquía *f* (naut.) sea room; **estar en franquía** (naut. & coll.) to be in the open; **ponerse en franquía** (naut. & coll.) to get in the open
franquicia *f* franchise; exemption, tax exemption; **franquicia postal** franking privilege
franquista *mf* supporter of General Franco
fraque *m* var. of **frac**
frasca *f* twigs, brushwood; (Am.) rumpus, excitement
frasco *m* bottle, flask; jar (*e.g., of olives*)
frase *f* phrase; sentence; idiom; **gastar frases** (coll.) to talk all around the subject, to talk without coming to the point; **frase compleja** (gram.) complex sentence; **frase hecha** saying, proverb; fixed or set expression, cliché; **frase musical** (mus.) phrase
frasear *va* to phrase; (mus.) to phrase; (coll.) to adorn with phrases; *vn* (coll.) to talk without saying anything
fraseo *m* phrasing; (mus.) phrasing
fraseología *f* phraseology; verbosity
frasquera *f* bottle carrier, bottle frame, cellaret
frasqueta *f* (print.) frisket
fratás *m* plastering trowel
fratasar *va* to smooth with plastering trowel
fraterna *f* see **fraterno**
fraternal *adj* fraternal, brotherly
fraternar *va* to reprimand sharply
fraternidad *f* fraternity, brotherhood
fraternización *f* fraternization
fraternizar **§76** *vn* to fraternize
fraterno -na *adj* fraternal, brotherly; *f* sharp reprimand
fratría *f* phratry
fratricida *adj* fratricidal; *mf* fratricide (*person*)
fratricidio *m* fratricide (*act*)
fraude *m* fraud
fraudulencia *f* fraudulence or fraudulency
fraudulento -ta *adj* fraudulent
fray *m* Fra
frazada *f* blanket
freático -ca *adj* phreatic
frecuencia *f* frequency; **alta frecuencia** high frequency; **baja frecuencia** low frequency; **con frecuencia** frequently; **frecuencia intermedia** (rad.) intermediate frequency; **frecuencia modulada** (rad.) frequency modulation; **frecuencia muy alta** (rad. & telv.) very high frequency; **frecuencia ultraalta** or **ultraelevada** (*rad.*) ultrahigh frequency
frecuencímetro *m* (elec.) frequency meter
frecuentación *f* frequentation
frecuentador -dora *mf* frequenter
frecuentar *va* to repeat, do over and over again; to frequent
frecuentativo -va *adj & m* (gram.) frequentative
frecuente *adj* frequent; common
fregadero *m* sink, kitchen sink
fregado -da *adj* (Am.) annoying, bothersome; (Am.) bold, daring; (Am.) stubborn; *m* rubbing; scrubbing; mopping; (coll.) mess; (coll.) rumpus, row
fregador -dora *mf* dishwasher; *m* sink; dishcloth; mop
fregadura *f* or **fregamiento** *m* rubbing; scrubbing; scouring; mopping; dishwashing
fregar **§29** *va* to rub; to scrub; to scour; to mop; to wash (*dishes*); (Am.) to annoy, bother; *vr* (Am.) to be bad off, be in a bad way
fregatriz *f* (*pl:* **-trices**) var. of **fregona**
fregazón *f* var. of **fregadura**
fregona *f* kitchenmaid, dishwasher
fregonil *adj* (coll.) (pertaining to a) kitchenmaid, dishwasher
freidura *f* frying
freiduría *f* fried-fish store
freila *f* nun of a military order; (archaic) lay sister
freile *m* knight of a military order; priest of a military order
freimiento *m* var. of **freidura**
freír **§73 & §17,** 9 *va* to fry; (coll.) to bore to death; *vn* to fry; **al freír será el reír** he laughs best who laughs last; **dejarle a uno freír en su aceite** (coll.) to let someone stew in his own juice; *vr* to fry; (coll.) to be bored to death; **freírsela a uno** (coll.) to scheme to deceive someone
fréjol *m* var. of **frijol**
frémito *m* roar
frenada *f* or **frenado** *m* braking
frenaje *m* braking; **frenaje de regeneración** (elec.) regenerative braking
frenar *va* to check, hold back, restrain; to brake
frenazo *m* sudden braking
frenería *f* bridle making; harness shop
frenero *m* bridle maker or dealer; (rail.) brakeman
frenesí *m* (*pl:* **-síes**) frenzy
frenético -ca *adj* phrenetic; fanatic; mad, frantic
frénico -ca *adj* phrenic; (anat.) phrenic
frenillar *va* var. of **afrenillar**
frenillo *m* (anat.) frenum; muzzle; (naut.) tarred rope; (naut.) bobstay; **no tener frenillo** or **no tener frenillo en la lengua** (coll.) to not mince one's words, to be too outspoken
frenitis *f* (path.) phrenitis
freno *m* bit; bridle; brake; (fig.) brake, curb, check, restraint; **hablar sin freno** to rave, to talk like a wild man; **morder el freno** to champ the bit; **tascar el freno** to champ the bit; (fig.) to bear with impatience; **freno de aire** air brake; **freno de cinta** band brake; **freno de cono** cone brake; **freno de contrapedal** coaster brake; **freno de estacionamiento** (aut.) parking brake; **freno de mano** hand brake; **freno de pedal** or **freno de pie** foot brake; **freno de puerta** door check; **freno hidráulico** hydraulic brake; **freno neumático** air brake
frenología *f* phrenology
frenológico -ca *adj* phrenological
frenologista *mf* or **frenólogo -ga** *mf* phrenologist
frenopatía *f* (path.) phrenopathy
frental *adj* frontal
frente *m & f* front (*e.g., of a building*); *m* obverse; (fort., mil. & pol.) front; (mil.) front rank, front line; *f* brow, forehead, face, head, front; **a frente** straight ahead; **al frente** in front; (com.) carried forward (*to opposite page*); **al frente de** in charge of; **arrugar la frente** to knit the brow, to frown; **con la frente levantada** (coll.) calmly; (coll.) brazenly; **de frente** forward; straight ahead; abreast; **del frente** (com.) carried forward (*from opposite page*); **en frente** in front, opposite; **en frente de** in front of, opposite; against, opposed to; **hacer frente a** to face; **llevar de frente** to carry forward, go right ahead with; **frente a** in front of; **frente a frente** face to face; **frente caliente** (meteor.) warm front; **frente de ondas** (phys.) wave front; **frente frío** (meteor.) cold front; **frente por frente de** right opposite
frentón -tona *adj* var. of **frontudo**
freo *m* channel, strait
freón *m* freon
fres *m* fringe
fresa *f* (bot.) strawberry (*plant and fruit*); ruff, fraise; countersinking bit; cutter (*of milling machine*); reamer; (dent.) burr
fresado *m* countersinking; milling; reaming
fresadora *f* milling machine
fresal *m* strawberry patch
fresar *va* to adorn or trim with friezes; to countersink, to mill, to ream
fresca *f* see **fresco**
frescachón -chona *adj* bouncing, buxom; (naut.) brisk (*wind*), moderate (*gale*)

fresical *adj* slightly salted; **frescales** *mf* (coll.) forward sort of person
frescamente *adv* recently, of late; offhand; brazenly
frescar §86 *vn* (naut.) to blow up (*said of the wind*)
fresco -ca *adj* fresh; cool; buxom, ruddy; calm, unruffled; light (*cloth or clothing*); wet (*paint*); (naut.) strong (*breeze*); (coll.) fresh, cheeky ‖ *m* coolness, fresh air; fresh fish; fresh bacon; (f.a.) fresco (*art; picture*); (Am.) cool drink; **al fresco** in the night air; in the open air; (f.a.) in fresco; **dejar fresco** (coll.) to leave in the lurch; **estar fresco** (coll.) to be in a fine pinch; **hacer fresco** to be cool (*said of the weather*); **pintar al fresco** (f.a.) to fresco; **quedar fresco** (coll.) to be in a fine pinch; **quedarse tan fresco** (coll.) to show no offense, to be unconcerned; **tomar el fresco** to get some fresh air ‖ *f* fresh air; cool time of the day (*early morning or evening*); (coll.) blunt remark, piece of one's mind; **tomar la fresca** to get some fresh air; **salir con la fresca** to go out in the cool of the morning
frescor *m* freshness; cool, coolness; (paint.) flesh color
frescote -ta *adj* (coll.) buxom, plump and rosy
frescura *f* freshness; cool, coolness; greenness (*of a spot or region*); calmness, coolness; unconcern, offhand manner; sharp reply; (coll.) cheek
fresero -ra *mf* strawberry seller; *f* (bot.) strawberry (*plant*)
fresnal *adj* ash, ashen
fresneda *f* growth of ash trees
fresnillo *m* (bot.) fraxinella
fresno *m* (bot.) ash, ash tree; ash (*wood*)
fresón *m* Chilean strawberry (*fruit*); large strawberry
fresquedal *m* cool, damp, green spot
fresquera *f* see **fresquero**
fresquería *f* (Am.) ice-cream parlor
fresquero -ra *mf* fresh-fish peddler; *f* food cabinet, meat closet; icebox
fresquilla *f* flat-shaped peach
fresquísimo -ma *adj super* very or most fresh
fresquista *mf* frescoer
freteado -da *adj* (her.) fretted
freudiano -na *adj & mf* Freudian
freudismo *m* Freudianism
frey *m* Fra
frez *f* dung
freza *f* dung; spawning; spawning season; spawn, roe; feeding season of silkworms; hole dug by an animal
frezada *f* blanket
frezar §76 *vn* to dung; to spawn; to feed (*said of silkworms*); to root or scratch
friabilidad *f* friability
friable *adj* friable
frialdad *f* coldness, frigidity; nonsense, stupidity; carelessness, laxity; (path.) impotence; (path.) frigidity (*abnormal sexual indifference*); (fig.) coldness, frigidity; (fig.) coolness
friático -ca *adj* chilly; awkward, stupid
fricación *f* rubbing; (phonet.) fricative sound
fricandó *m* fricandeau
fricar §86 *va* to rub
fricasé *m* fricassee; **guisar a la fricasé** to fricassee
fricativo -va *adj & f* (phonet.) fricative
fricción *f* rub, rubbing; massage; (mech.) friction; (pharm.) rubbing liniment; (fig.) friction
friccional *adj* frictional
friccionar *va* to rub; to massage
friega *f* rubbing, massage; (Am.) annoyance, bother; (Am.) beating, whipping
friera *f* chilblain on the heel
frígano *m* (ent.) caddis fly
Frigia *f* see **frigio**
frigidez *f* frigidity; (path.) frigidity (*abnormal sexual indifference*)
frígido -da *adj* (poet.) cold, frigid
frigio -gia *adj & mf* Phrygian; (*cap.*) *f* Phrygia
frigorífero *m* freezing chamber
frigorífico -ca *adj* refrigerating; cold-storage; *m* refrigerator; (Am.) packing house, cold-storage plant
frigorizar §76 *va* to freeze
frijol *m* or **fríjol** *m* (bot.) kidney bean; **frijol caballero** or **de Antibo** (bot.) hyacinth bean; **frijol de media luna** (bot.) Lima bean; **frijol de ojos negros** (bot.) black-eyed bean; **frijol iztagapa** (bot.) civet bean, Sieva bean
frijolear *va* (Am.) to bother, annoy
frijolizar §76 *va* (Am.) to bewitch
fringilago *m* (orn.) great titmouse
fringílido -da *adj* (orn.) fringilloid; *m* (orn.) fringillid
frío -a *adj* cold, frigid; colorless, dull, weak; (fig.) cold, frigid; (fig.) cool; (fig.) cold (*remote from what one is looking for*); *m* cold, coldness; **fríos** *mpl* chills and fever; **no darle a una persona frío ni calentura** (coll.) to leave a person indifferent; **hacer frío** to be cold (*said of the weather*); **tener frío** to be cold (*said of a person*); **tomar frío** to catch cold
friolento -ta *adj* chilly
friolero -ra *adj* chilly; *f* trifle, trinket; snack, bite
frisa *f* frieze (*woolen cloth*); (fort.) fraise
frisador -dora *mf* friezer (*of cloth*)
frisadura *f* friezing (*of cloth*)
frisar *va* to frieze, to frizz (*cloth*); to rub; to pack, to line; to fit, to fasten; (naut.) to calk; *vn* to get along, to agree; to approach; **frisar con** or **en** to border on
frisio -sia *adj & mf* Frisian; *m* Frisian (*language*); (*cap.*) *f* Friesland
friso *m* (arch.) frieze; wainscot, dado
frísol *m* var. of **frijol**
frisón -sona *adj & mf* Frisian; *m* Frisian (*language*)
frisuelo *m* fritter; (bot.) kidney bean
frita *f* see **frito**
fritada *f* fry
fritado *m* fritting (*of materials for glass*)
fritanga *f* fry
fritar *va* to frit (*materials for glass*)
fritilaria *f* (bot. & ent.) fritillary
frito -ta *pp of* **freír;** *adj* fried; (coll.) bored to death, worried to death; *m* fry; *f* frit
fritura *f* var. of **fritada**
frivolidad *f* frivolity
frivolité *f* (sew.) tatting; **hacer frivolité** (sew.) to tat
frívolo -la *adj* frivolous
friz *f* flower of beech tree
fronda *f* (bot.) frond; (surg.) sling-shaped bandage; **frondas** *fpl* frondage
fronde *m* (bot.) frond (*of a fern*)
frondescencia *f* (bot.) frondescence
frondescente *adj* frondescent
frondosidad *f* frondage
frondoso -sa *adj* leafy; woodsy; shady; luxuriant
frontal *adj* frontal; *m* frontal; (anat., arch. & eccl.) frontal
frontalera *f* front (*of a bridle*); yoke pad (*for oxen*)
frontera *f* see **frontero**
fronterizo -za *adj* frontier, border; bordering; opposite
frontero -ra *adj* front; frontier, border; facing, opposite; *m* child's frontlet or brow pad; frontier commander; *f* frontier, border; frontage; front wall; binder of frail basket
frontil *m* yoke pad (*for oxen*)
frontín *m* (Am.) front (*of bridle*); (Am.) fillip
frontino -na *adj* marked in the face (*said of an animal*)
frontis *m* (*pl:* **-tis**) façade, front
frontispicio *m* frontispiece (*of a book*); (arch.) frontispiece; (coll.) face
frontón *m* gable (*over door or window*); (arch.) pediment; (sport) wall used in pelota; (sport) frontón, pelota court or building
frontudo -da *adj* big-browed; broad-faced
frotación *f* rubbing
frotador -dora *adj* rubbing; *mf* rubber; *m* (elec.) brush
frotadura *f* rubbing
frotamiento *m* rubbing; (mech.) friction
frotar *va & vr* to rub
frote *m* var. of **frotadura**
frotis *m* (*pl:* **-tis**) (bact.) smear
fructífero -ra *adj* fructiferous; fruitful
fructificación *f* fructification

fructificar §86 *vn* to fructify
fructosa *f* (chem.) fructose
fructuosidad *f* fruitfulness
fructuoso -sa *adj* fruitful, fructuous
frufrú *m* frou-frou, swishing, rustling (*of silk*)
frugal *adj* temperate (*in eating and drinking*)
frugalidad *f* temperance, sobriety
frugívoro -ra *adj* frugivorous
fruición *f* enjoyment, gratification, fruition; wicked joy, evil satisfaction (*in another's sorrow or trouble*)
fruir §41 *vn* to enjoy oneself, be gratified
fruitivo -va *adj* enjoyable
frunce *m* pleat; (sew.) shirr, shirring, gathering
fruncido -da *adj* frowning; stern, grim, gruff; *m* pleat; (sew.) shirr, shirring, gathering
fruncimiento *m* wrinkling; deceit, cheating; (sew.) shirring, gathering
fruncir §50 *va* to wrinkle, contract, pucker, pleat; to knit (*eyebrows*); to curl, purse (*lips*); to conceal, disguise (*truth*); (sew.) to shirr, to gather; *vr* to be shocked, to affect modesty
fruslera *f* see **fruslero**
fruslería *f* trifle, trinket; (coll.) futility, triviality
fruslero -ra *adj* frivolous, futile, trifling; *f* brass or copper turnings or chips
frustración *f* frustration
frustráneo -a *adj* unprofitable, vain
frustrar *va* to frustrate, to thwart; *vr* to be frustrated
frústula *f* (bot.) frustule
fruta *f* fruit (*e.g., apple, pear, strawberry*); (coll.) fruit (*result*); **frutas** *fpl* fruit, e.g., **me gustan las frutas** I like fruit; **fruta de hueso** stone fruit; **fruta del tiempo** fruit in season; **fruta de sartén** fritter, pancake; **fruta nueva** novelty; **fruta prohibida** forbidden fruit
frutaje *m* (paint.) fruit piece
frutal *adj* fruit (*tree*); *m* fruit tree
frutar *vn* to bear fruit
frutecer §34 *vn* (poet.) to bear fruit
frutera *f* see **frutero**
frutería *f* fruit store
frutero -ra *adj* fruit (*boat, dish, etc.*); *mf* fruiterer, fruit vendor; *m* fruit dish; doily for covering fruit; tray of imitation fruit; fruit cabinet; tilt-top fruit table; (paint.) fruit piece; *f* fruitwoman
frutescente *adj* frutescent
frútice *m* (bot.) shrub, frutex
fruticoso -sa *adj* fruticose
fruticultura *f* fruitgrowing, cultivation of fruit trees
frutilla *f* India berry (*used as bead for rosaries*); Chilean strawberry; (Am.) trichinosis
frutillar *m* (Am.) strawberry patch
frutillero *m* (Am.) strawberry grower; (Am.) strawberry hawker
fruto *m* (bot.) fruit (*part containing seeds*); (fig.) fruit (*result; product*), e.g., **el fruto de mucho trabajo** the fruit of much effort; **los frutos de la tierra** the fruits of the earth; **frutos** *mpl* produce, commodities; **sacar fruto** to derive benefit; **sin fruto** (coll.) fruitlessly, in vain; **fruto de bendición** legitimate offspring; **fruto del pan** breadfruit
ftaleína *f* (chem.) phthalein
ftálico -ca *adj* (chem.) phthalic
ftalina *f* (chem.) phthalin
ftiocol *m* (biochem.) phthiocol
fu *interj* spit! (*of cat*); faugh!, fie!; **ni fu ni fa** (coll.) neither one thing nor the other
FUA abr. of **frecuencia ultraalta**
fucáceo -a *adj* (bot.) fucaceous
fúcar *m* nabob, tycoon
fucilar *vn* to flash with sheet lightning; to flash, to shine
fucilazo *m* heat lightning, sheet lightning
fuco *m* (bot.) rockweed
fucsia *f* (bot.) fuchsia
fucsina *f* (chem.) fuchsin
fucha *interj* (Am.) ugh!, pew!
fué *3d sg pret ind of* **ir** *and* **ser**
fuego *m* fire; light (*to light a cigar, cigaret, etc.*); firing; light, beacon, lighthouse; hearth, home; burning sensation; rash, skin eruption; cold sore, fever blister; **a fuego y hierro** or **a fuego y sangre** without mercy, without quarter; violently, sweeping straight ahead; **abrir fuego** to open fire; **apagar los fuegos** (mil.) to quiet the enemy's fire; (coll.) to upset or get the best of an opponent; **dar fuego a** to give a light to; (naut.) to bream (*a ship's bottom*); **echar fuego** (coll.) to blow up, hit the ceiling; **echar fuego por los ojos** to look daggers; **entre dos fuegos** between two fires; **estar hecho un fuego** to be all stirred up; to be burning with anger; **hacer fuego** to fire, to shoot; **jugar con fuego** to play with fire; **levantar fuego** to stir up a row; **marcar a fuego** to brand; **meter a fuego y sangre** to lay waste; **pegar fuego a** to set fire to, to set on fire; **poner a fuego y sangre** to lay waste; **prender fuego a** to set fire to, to set on fire; **prenderse fuego** to catch fire, to catch on fire; **romper el fuego** to open fire; to stir up a row; **fuego de contacto** (arti.) contact firing; **fuego de San Antón** or **fuego de San Marcial** (path.) Saint Anthony's fire; **fuego de Santelmo** St. Elmo's fire; **fuego fatuo** ignis fatuus; **fuego graneado** drumfire; **fuego griego** Greek fire; **fuego nutrido** drumfire; **fuegos artificiales** fireworks; **fuegos en los labios** cold sore, fever blister; *interj* (mil.) fire!; **¡fuego de Dios!** or **¡fuego de Cristo!** confound it!
fueguino -na *adj & mf* Fuegian
fuelle *m* bellows; pucker, wrinkle, fold; folding carriage top; clouds over mountaintop, wind clouds; (phot.) bellows (*of folding camera*); (rail.) flexible cover (*between two cars of a vestibule train*); (coll.) gossip, talebearer
fuente *f* fountain; spring; running water (*in the house*); public hydrant; font, baptismal font; platter, tray; (fig.) source; **beber en buenas fuentes** (coll.) to be well-informed, to be well supplied with information; **fuente de alimentación** (elec.) source of current; (rad.) power pack; **fuente de beber** drinking fountain; **fuente de gasolina** gasoline pump; **Fuente de la juventud** Fountain of Youth; **fuente de poder** (elec.) source of current; (rad.) power pack; **fuente de sodas** soda fountain; **fuente luminosa** or **mágica** illuminated fountain; **fuente pieria** Pierian spring; **fuentes bien informadas** well-informed sources; **fuentes fidedignas** reliable sources; **fuentes termales** hot springs; **fuente surtidora** (elec.) source of current; (rad.) power pack
fuer; a fuer de as a, on the score of, by way of
fuera *adv* out, outside; away, out of town; **de fuera** outside; **desde fuera** from the outside; **por fuera** on the outside; **fuera de** outside, outside of; away from, out of; aside from; in addition to; **fuera de que** aside from the fact that; **fuera de sí** beside oneself
fuereño -ña *mf* (Am.) stranger, hick, yokel
fuero *m* law, statute; power, jurisdiction; code of laws; exemption, privilege; **fueros** *mpl* (coll.) pride, arrogance; **fuero interior** or **interno** conscience, inmost heart
fuerte *adj* strong; bad, severe; intense; rough; harsh; loud; hard; heavy; (gram.) strong (*vowel; verb*); **hacerse fuerte** to stick to one's guns; (mil.) to hole up, to dig in; *adv* loud; hard; heavily; *m* fort; forte, strong point
fuerza *f* force; strength; power; main body (*e.g., of an army*); literal meaning; **fuerzas** *fpl* (mil. & nav.) forces; **a fuerza de** by dint of, by force of; **a fuerza de brazos** or **de puños** (coll.) by hard work; **a la fuerza** by force, forcibly; **a viva fuerza** by main strength; **cobrar fuerzas** to recover one's strength; **en fuerza de** because of, on account of; **hacer fuerza** to strain, struggle; to be strained; to convince, persuade; **hacer fuerza de remos** to pull hard on the oars; **hacer fuerza de vela** (naut.) to crowd on sail; **mandar fuerza** to have great influence; **por fuerza** perforce, necessarily; by force; **ser fuerza** + *inf* to be necessary to + *inf;* **fuerza aérea** air force; **fuerza animal** animal power; **fuerza centrífuga** centrifugal force; **fuerza centrípeta** centripetal force; **fuerza**

coercitiva (phys.) coercive force; **fuerza contraelectromotriz** (elec.) back electromotive force, counter electromotive force; **fuerza de agua** water power; **fuerza de las señales** (rad.) signal strength; **fuerza de sangre** animal power; **fuerza electromotriz** electromotive force; **fuerza hidráulica** water power; **fuerza mayor** (law) force majeure, act of God; **fuerza motriz** motive power; **fuerza pública** police; **fuerza vital** vital force, vital principle; **fuerza viva** (phys.) kinetic energy
fuetazo *m* (Am.) lash
fuete *m* (Am.) whip, horsewhip
fufar *vn* to spit (*said of a cat*)
fuga *f* flight; leak; ardor, vigor; (mus.) fugue; **apelar a la fuga** or **darse a la fuga** to take flight, to run away, to be on the run; **poner en fuga** to put to flight; **ponerse en fuga** to take to flight
fugacidad *f* fugacity, evanescence
fugada *f* gust of wind
fugar §59 *vr* to flee, run away, escape
fugaz *adj* (*pl:* **-gaces**) fleeting, transitory, fugacious; (bot.) fugacious
fugitivo -va *adj & mf* fugitive
fuguillas *m* (*pl:* **-llas**) (coll.) hustler
fui *1st sg pret ind of* **ir** *and* **ser**
fuina *f* (zool.) stone marten, beech marten
ful *adj* (slang) bogus, sham
fulano -na *mf* so-and-so; **fulano de tal** John Doe; **fulano, sutano y mengano** Tom, Dick, and Harry; **fulano y mengano** John Doe and Richard Roe
fular *m* foulard
fulcro *m* (bot., ent., ichth. & mach.) fulcrum
fulero -ra *adj* (coll.) useless, unsatisfactory
fulgente *adj* fulgent, resplendent
fúlgido -da *adj* bright, resplendent; *m* (chem.) fulgide
fulgor *m* splendor, brilliance
fulgurante *adj* shining, dazzling, fulgurant
fulgurar *vn* to flash, to fulgurate
fulgurita *f* fulgurite
fulguroso -sa *adj* fulgurous
fúlica *f* (orn.) coot; **fúlica negra** (orn.) European coot
fuliginoso -sa *adj* fuliginous
fulmicotón *m* guncotton
fulminación *f* fulmination
fulminante *adj* fulminant; sudden; (med.) fulminant
fulminar *va* to strike with lighting; to strike dead; to fulminate, to thunder (*censure, threats, etc.*); to hurl, hurl forth; to brandish; *vn* to fulminate
fulminato *m* (chem.) fulminate; **fulminato mercúrico** (chem.) mercury fulminate
fulmíneo -a *adj* fulminous
fulmínico -ca *adj* fulminic
fulminoso -sa *adj* fulminous
fullear *vn* (coll.) to cheat
fulleresco -ca *adj* of crooks
fullería *f* cheating; trick, trickery
fullero -ra *adj* cheating, crooked; tricky; *mf* cheat, crook; tricky person; **fullero de naipes** cardsharp
fullona *f* (coll.) row, quarrel, wrangle
fumable *adj* smokable; (Am.) acceptable
fumada *f* puff (*of smoke*); Am. smoking
fumadero *m* smoking room; **fumadero de opio** opium den
fumador -dora *adj* smoking; *mf* smoker; **fumador de opio** opium smoker
fumagina *f* (plant path.) fumagine
fumar *va* to smoke (*e.g., a cigar*); *vn* to smoke; **se prohibe fumar** no smoking; **fumar en pipa** to smoke a pipe; *vr* (coll.) to squander; (coll.) to cut (*class*)
fumarada *f* puff, blast (*of smoke*); pipeful (*of tobacco*)
fumaria *f* (bot.) fumitory
fumariáceo -a *adj* (bot.) fumariaceous
fumarina *f* (chem. & pharm.) fumarine
fumarola *f* fumarole
fumífero -ra *adj* (poet.) smoking, smoke-producing
fumífugo -ga *adj* smokeless, smoke-dispersing
fumigación *f* fumigation; **fumigación aérea** crop dusting
fumigador -dora *mf* fumigator (*person*); *m* fumigator (*apparatus*)
fumigante *m* fumigant (*substance used for fumigation*)
fumigar §59 *va* to fumigate
fumígeno -na *adj* smoke-producing; *m* smoke producer (*apparatus*)
fumista *m* stove or heater repairman or dealer
fumistería *f* stove or heater shop
fumívoro -ra *adj* smokeless, smoke-consuming
fumorola *f* var. of **fumarola**
fumosidad *f* smokiness
fumoso -sa *adj* smoky
funambulesco -ca *adj* funambulatory; fantastic, extravagant
funambulía *f* ropewalking, ropedancing
funámbulo -la *mf* ropewalker, ropedancer
función *f* function; operation; duty, office, position; show, performance; **entrar en funciones** (coll.) to take office, to take up one's duties; **estar en funciones** (coll.) to be in office; (coll.) to be in session; **función de aficionados** amateur theatricals; **función de títeres** puppet show; **función potencial** (math.) potential function; **función secundaria** side show; **función trigonométrica** trigonometric function
funcional *adj* functional
funcionalismo *m* functionalism
funcionamiento *m* functioning; working, running, performance
funcionar *vn* to function; to work, to run
funcionario *m* functionary, official, public official, civil servant
funcionarismo *m* bureaucracy; job seeking
funcionero -ra *adj* (coll.) officious, self-important; (coll.) fussy
fund. abr. of **fundador**
funda *f* case, sheath, envelope, cover, slip; slip cover; holdall; **funda de almohada** pillowcase; **funda de asientos** seat cover; **funda de gafas** spectacle case; **funda de neumático** tire cover; **funda de pistolas** pistol case, holster
fundación *f* foundation
fundadamente *adv* with good reason; on good authority
fundador -dora *adj* founding; *mf* founder
fundamental *adj* fundamental; foundation
fundamentalismo *m* (rel.) fundamentalism
fundamentalista *mf* (rel.) fundamentalist
fundamentar *va* to lay the foundations of or for; to found, establish
fundamento *m* foundation; basis; grounds, reason; seriousness, reliability, trustworthiness; weft, woof
fundar *va* to found; to base; **fundar en** or **sobre** to found on or upon; to base on or upon; *vr* to be founded; to be based; **fundarse en** to base one's opinion on
fundente *adj* fusing; melting, molten; *m* (chem. & metal.) flux; (med.) dissolvent
fundería *f* smelter; foundry
fundible *adj* fusible
fundición *f* founding; smelting; fusion; smelter; foundry; forge; cast iron; (print.) font; **fundición gris** gray iron
fundidor *m* founder, smelter, foundryman
fundillo *m* (Am.) behind; (Am.) knockout (*beautiful woman*); **fundillos** *mpl* (Am.) seat (*of trousers*)
fundilludo -da *adj* (Am.) big-seated (*trousers*); (Am.) big-rumped; *m* (Am.) man, male; (Am.) easy mark, simp
fundir *va* to found (*a metal; a statue*); to smelt; to fuse; to melt; to mix (*paint*); to burn out (*an electric filament*); (Am.) to ruin; *vr* to smelt; to fuse; to melt; (fig.) to fuse, merge, blend; (Am.) to ruin oneself; (Am.) to be or become ruined
fundo *m* (law) country property
fundón *m* (Am.) long case or sheath; (Am.) riding habit
fúnebre *adj* funeral; funereal, gloomy
funeral *adj* funeral; funereal; *m* funeral (*often without the corpse*); **funerales** *mpl* funeral; **funeral de corpore insepulto** funeral (*with corpse present*)

funerala; a la funerala (mil.) with arms inverted (*as a token of mourning*)
funerario -ria *adj* funerary; funeral; *m* funeral director, mortician; *f* undertaking establishment; funeral parlor
funéreo -a *adj* (poet.) funereal
funestar *va* to soil, tarnish, profane, violate
funestidad *f* (Am.) calamity
funesto -ta *adj* fatal, ill-fated; sad, sorrowful; baneful (*e.g., influence*)
fungible *adj* expendable, consumable; (law) fungible
fungicida *adj* fungicidal; *m* fungicide
fungir §42 *vn* (Am.) to act, function; (Am.) to loiter, to loaf; (Am.) to pinch hit
fungo *m* (path.) fungus
fungoideo -a *adj* fungoid
fungología *f* fungology
fungosidad *f* fungosity; (path.) fungosity
fungoso -sa *adj* fungous
funiculado -da *adj* (bot.) funiculate
funicular *adj* & *m* funicular
funículo *m* (anat., bot. & zool.) funiculus; (arch.) cable molding
fuñique *adj* slow, shy; dull, heavy
furente *adj* wild, raging
furcífero -ra *adj* forked; (zool.) furciferous
fúrfura *f* (path.) furfur
furfuráceo -a *adj* furfuraceous; (bot.) furfuraceous
furgón *m* van, wagon; (rail.) baggage car, freight car, boxcar; (rail.) caboose
furgoneta *f* light truck, delivery truck
furia *f* fury (*anger; violence; haste; angry person*); (*cap.*) *f* Fury; **a toda furia** like fury; **estar dado a las furias** to be in a fury
furibundo -da *adj* furious, enraged, frenzied
furiente *adj* var. of **furente**
furierismo *m* Fourierism
furioso -sa *adj* furious; tremendous; (her.) charging, leaping
furo -ra *adj* shy, diffident; (dial.) wild, untamed; *m* orifice (*in sugar mold*)
furor *m* furor, rage; **entrar** or **montar en furor** to fly into a rage; **hacer furor** to be the rage; **furor uterino** (path.) nymphomania
furriel *m* or **furrier** *m* fourrier (*quartermaster*); manager of the royal stables
furtivo -va *adj* furtive; clandestine, sneaky
furúnculo *m* (path.) boil, furuncle
furunculoso -sa *adj* furunculous
fusa *f* (mus.) demisemiquaver, thirty-second note
fusca *f* see **fusco**
fuscina *f* (biochem.) fuscin
fusco -ca *adj* fuscous, dark brownish-gray; *f* (orn.) black scoter
fusé *m* (horol.) fusee
fuselado -da *adj* streamlined; *m* streamlining
fuselaje *m* (aer.) fuselage
fuselar *va* (aer.) to streamline
fusente *adj* receding (*tide*)
fusibilidad *f* fusibility
fusible *adj* fusible; *m* (elec.) fuse; **fusible de cartucho** (elec.) cartridge fuse
fusiforme *adj* fusiform, spindle-shaped
fusil *m* gun, rifle; **fusil ametrallador** automatic rifle; **fusil de aguja** needle gun (*of Dreyse*); **fusil de chispa** flintlock (*musket*)
fúsil *adj* fusible
fusilamiento *m* shooting, execution
fusilar *va* to shoot, to execute; (coll.) to plagiarize
fusilazo *m* gunshot, rifle shot; heat lightning, sheet lightning
fusilería *f* guns, rifles; body of fusileers; fusillade
fusilero -ra *adj* (pertaining to a) gun, rifle; *m* fusileer; **fusilero de montaña** (mil.) chasseur
fusión *f* fusion; melting; (fig.) fusion; **fusión de empresas** (com.) merger; **fusión de voces** (philol.) blending
fusionar *va* & *vr* to fuse, to merge
fusionismo *m* (pol.) fusionism
fusionista *adj* & *mf* fusionist
fusique *m* bottle-shaped snuffbox; (coll.) tight-fitting garment
fuslina *f* smelter
fusor *m* smelting ladle
fusta *f* brushwood, twigs; coachman's whip; riding whip; (naut.) lateen-rigged vedette
fustal *m*, **fustán** *m* or **fustaño** *m* fustian (*coarse cloth*)
fustazo *m* lash
fuste *m* wood, timber; stem, shaft; saddletree; shank (*of bolt or rivet*); importance, substance, character; **fuste delantero** saddlebow
fustete *m* (bot.) fustic (*Cotinus coggygria; Chlorophora tinctoria and its wood*); (bot.) smoke tree, Venetian sumac (*Cotinus coggygria*)
fustigación *f* lashing, whipping; severe censure
fustigar §59 *va* to lash, to whip; to censure severely
fustina *f* smelter; (chem.) fustin
fut. abr. of **futuro**
fútbol *m* football; **fútbol asociación** association football, soccer
futbolista *m* football player; soccer player
futbolístico -ca *adj* (pertaining to) football
futesa *f* trifle, triviality
fútil *adj* futile (*unimportant*); trifling, inconsequential, frivolous
futileza *f* (Am.) futility
futilidad *f* futility (*unimportance*); frivolousness
futre *m* (Am.) dude, dandy
futura *f* see **futuro**
futurismo *m* futurism
futurista *adj* futuristic; *mf* futurist
futuro -ra *adj* future; *m* future; (gram.) future; (coll.) fiancé; **futuros** *mpl* (com.) futures; *f* (law) reversion (*right of succeeding to an estate*); (coll.) fiancée
Fz. abr. of **Fernández**

G

G, g *f* eighth letter of the Spanish alphabet
g. abr. of **gramo** or **gramos**
G. abr. of **gracia**
gabacho -cha *adj & mf* Pyrenean; (coll.) Frenchy; (Am.) gringo; *m* (coll.) Frenchified Spanish
gabán *m* overcoat, greatcoat
gabardina *f* gabardine; raincoat (*generally with belt*)
gabarra *f* barge; lighter; fishing sloop
gabarrero *m* bargeman; lighterman
gabarro *m* flaw, defect (*in a fabric*); filling, badigeon; pip (*disease of fowl*); bother; mistake (*in calculating*); (geol.) nodule
gabazo *m* var. of **bagazo**
gabela *f* tax; burden
gabinete *m* office (*of doctor, dentist, lawyer*); studio, study; boudoir; laboratory; cabinet (*of government; collection, display; private room*); **de gabinete** parlor, theoretical (*person*); **gabinete de aseo** washroom, lavatory, toilet; **gabinete de lectura** reading room
gabinetero *m* laboratory caretaker
gablete *m* gable (*over door or window*)
Gabriel *m* Gabriel
gacel *m* male gazelle
gacela *f* (zool.) gazelle
gaceta *f* gazette; sagger (*fire-clay box*); (Am.) newspaper; **mentir más que la gaceta** (coll.) to lie like a trooper
gacetero -ra *mf* news vendor, seller of newspapers; *m* gazeteer; newspaper man
gacetilla *f* gossip column, town talk (*in a newspaper*); short news item; (coll.) gossip (*person*)
gacetillero *m* gossip columnist
gacetín *m* (Am.) box (*of type-holding tray*)
gacetista *mf* newspaper reader; newsmonger
gacha *f* see **gacho**
gacheta *f* spring catch (*of lock*); paste
gacho -cha *adj* turned down; drooping, flopping; slouch (*hat*); with horns curved downward; *f* watery mass or mush; (Am.) earthenware bowl; **gachas** *fpl* pap, mush, porridge; (coll.) mud; (prov.) caresses; **a gachas** on all fours; **hacerse unas gachas** (coll.) to be mushy; **gachas de avena** oatmeal
gachón -chona *adj* (coll.) nice, cute; (prov.) spoiled, pampered
gachonada *f* (coll.) cuteness, charm
gachonear *va* (coll.) to flirt with; *vn* (coll.) to be cute
gachonería *f* (coll.) var. of **gachonada**
gachumbo *m* (Am.) fruit shell (*used to make cups and other vessels*)
gachupín -pina, gachupo -pa or **gachuzo -za** *mf* Spanish settler in America
gádido *m* (ichth.) gadid
gaditano -na *adj* (pertaining to) Cádiz; *mf* native or inhabitant of Cádiz
gadolinio *m* (chem.) gadolinium
gaélico -ca *adj* Gaelic; *mf* Gael; *m* Gaelic (*language*)
gafa *f* see **gafo**
gafar *va* to hook, to snatch with a hook, the claws, etc.
gafe *m* (coll.) hoodoo, jinx
gafedad *f* (path.) claw hand; (path.) anesthetic leprosy
gafete *m* hook and eye
gafo -fa *adj* claw-handed; (Am.) footsore; *f* hook (*for bending crossbow*); clamp, cramp; temple (*sidepiece of a pair of spectacles*); **gafas** *fpl* can hooks; spectacles, glasses; **unas gafas** a pair of glasses; **gafas de sol, gafas para sol, gafas parasoles** sunglasses
gago -ga *adj* (Am.) stuttering
gaguear *vn* (Am.) to stutter
gaguera *f* (Am.) stuttering
gaicano *m* (ichth.) remora
gaita *f* hornpipe; bagpipe; silly answer; chore, hard task; (coll.) neck; **estar de gaita** (coll.) to be in a gay mood; **templar gaitas a** (coll.) to humor; **gaita gallega** bagpipe
gaitería *f* flashy dress, gaudy dress
gaitero -ra *adj* (coll.) flashy, gaudy, showy; (coll.) garrulous; *m* bagpipe player
gaje *m* (archaic) gage (*e.g., of battle*); **gajes** *mpl* wages, salary; **gajes del oficio** (hum.) cares of office, unpleasant part of a job
gajo *m* branch of tree (*especially when broken off*); small stem (*of bunch of grapes*); bunch; kernel; slice (*e.g., of orange*); prong, tine (*e.g., of pitchfork*); spur (*of hills*); (bot.) lobe (*of leaf*); **gajo de nuez** nutmeat
gajoso -sa *adj* branched, branchy; stemmed; pronged
gala *f* festive dress or array; charm, elegance; choice, favorite; (poet.) pomp, show, splendor; (Am.) fee, tip; **galas** *fpl* finery, regalia; wedding presents; gifts, talents; beauties (*of diction, style, etc.*); **de gala** gala; full-dress; **hacer gala de** or **tener a gala** to make a show of; to take pride in, to glory in
Galaad *m* (Bib.) Gilead; Galahad (*of Round Table*)
galabardera *f* (bot.) dog rose (*plant and fruit*)
Galacia *f* Galatia
galactagogo -ga *adj & m* (med. & vet.) galactagogue
galáctico -ca *adj* (astr.) galactic
galactita or **galactites** *f* (mineral.) galactite
galactómetro *m* galactometer
galactosa *f* (chem.) galactose
galafate *m* slick thief; slicker; laborer; constable
galaico -ca *adj* Galician
galaicoportugués -guesa *adj & m* Galician-Portuguese
galán *m* fine-looking fellow; gallant, lover, suitor, ladies' man; (theat.) principal character; **primer galán** (theat.) leading man; **segundo galán** (theat.) second lead; **galán de noche** (bot.) night jasmine; **galán joven** (theat.) juvenile
galancete *m* (theat.) juvenile
galanga *f* (bot.) taro; (bot.) galingale (*Alpinia officinarum and rhizome*)
galano -na *adj* spruce, smartly dressed; graceful, elegant; rich, tasteful; (Am.) mottled
galante *adj* gallant, attentive to women; coquettish (*woman*); loose (*woman*)
galanteador -dora *adj* love-making; *m* gallant, lover, love-maker, flirt
galantear *va* to court, woo, make love to, flirt with
galanteo *m* courting, wooing, flirting
galantería *f* gallantry; charm, elegance; liberality, generosity
galantina *f* (cook.) galantine
galanura *f* charm, elegance
galapagar *m* place full of tortoises; breeding place for tortoises
galápago *m* (zool.) tortoise (*of genera Clemmys and Emys*); moldboard (*of plow*); centering arch; ingot (*of copper, lead, or tin*); hatch batten; brick mold; light saddle; (mil.) testudo, galapago; (coll.) sly fellow; **las Galápagos** the Galápagos Islands
galapaguera *f* tortoise pond
galapo *m* top, laying top (*used in making rope*)
galardón *m* reward, prize
galardonador -dora *adj* rewarding; *mf* rewarder

G

galardonar *va* to reward
gálata *adj & mf* Galatian
Galatea *f* (myth.) Galatea
galaxia *f* (mineral.) galactite; (astr.) galaxy
galayo *m* peak, cliff
galbana *f* (coll.) laziness, shiftlessness
galbanado -da *adj* galbanum-colored, yellowish
galbanero -ra *adj* (coll.) var. of **galbanoso**
gálbano *m* galbanum; **dar gálbano a** (coll.) to lead on, to deceive
galbanoso -sa *adj* (coll.) lazy, shiftless, indolent
gálbula *f* (bot.) galbulus, cone of cypress
galdrufa *f* (dial.) top, spinning top
galeato *adj masc* defensive (*preface*)
galeaza *f* (naut.) galleass
galega *f* (bot.) goat's-rue
galena *f* see **galeno**
galénico -ca *adj* Galenic
galenismo *m* Galenism
galeno -na *adj* (naut.) gentle, soft (*breeze*); (*cap.*) *m* Galen; (coll.) Galen (*physician*); (*l.c.*) *f* (mineral.) galena
gáleo *m* (ichth.) dogfish; (ichth.) swordfish
galeón *m* (naut.) galleon
galeota *f* (naut.) galiot
galeote *m* galley slave
galera *f* covered wagon; ward (*of hospital*); women's jail; row of reverberatory furnaces; line (*dividing two parts of fraction*); (carp.) jack plane; (naut. & print.) galley; (zool.) squilla, mantis crab; **galeras** *fpl* rowing on a galley (*as punishment*)
galerada *f* wagonload; (print.) galley, full galley; (print.) galley proof
galerero *m* driver of a covered wagon
galería *f* gallery; back porch; bay window; (ent.) bee moth; (fort., min., naut. & theat.) gallery; **hablar para la galería** (coll.) to play to the gallery; **galería de pinturas** picture gallery; **galería de popa** (naut.) stern gallery; **galería de tiro** shooting gallery; **galería fotográfica** photographic gallery; **galería visitable** manhole
galerín *m* (print.) galley
galerita *f* (orn.) crested lark
galerna *f* or **galerno** *m* stormy blast from the northwest (*on northern coast of Spain*)
Gales *f* Wales; **el país de Gales** Wales; **la Nueva Gales del Sur** New South Wales
galés -lesa *adj* Welsh; *m* Welshman; Welsh (*language*); **los galeses** the Welsh (*people*); *f* Welsh woman
galfarro *m* bum, loafer
galgo -ga *adj* (Am.) sweet-toothed; *mf* (coll.) gadabout; *m* greyhound; (fig.) greyhound (*ocean liner*); **galgo ruso** Russian wolfhound; *f* greyhound bitch; rolling stone; rash, mange; ankle ribbon; stretcher on which the poor are carried to the cemetery; hub brake (*on a wagon*); millstone for grinding olives; (Am.) gage (*of wire, sheet metal, etc.*)
galgueño -ña or **galguesco -ca** *adj* (pertaining to a) greyhound
gálgulo *m* (orn.) blue magpie
Galia, la Gaul
galibar *va* to fashion (*part of ship*) according to a template
gálibo *m* pattern, template; (naut.) template; (rail.) gabarit; (fig.) elegance
galicado -da *adj* Gallic, full of Gallicisms
galicanismo *m* (eccl.) Gallicanism
galicano -na *adj* (eccl.) Gallican; Gallic
Galicia *f* Galicia (*of Poland and of Spain*)
galiciano -na *adj & mf* Galician (*of Poland and of Spain*)
galicismo *m* Gallicism
galicista *adj* French, gallicizing; *mf* gallicizer, user of gallicisms
gálico -ca *adj* Gallic; (chem.) gallic; *m* (path.) syphilis
galicoso -sa *adj & mf* syphilitic
galileo -a *adj & mf* Galilean; **el Galileo** the Galilean, the Man of Galilee; *f* galilee (*porch*); (*cap.*) *f* Galilee
galillo *m* (anat.) uvula
galimatías *m* rigmarole, gibberish
galináceo -a *adj* var. of **gallináceo**
galio *m* (chem.) gallium; (bot.) bedstraw
galiparla *f* Frenchified Spanish
galiparlista *m* var. of **galicista**
galipodio *m* galipot or gallipot (*oleoresin*)
galo -la *adj* Gallic; *mf* Gaul; *m* Gaulish (*language*)
galocha *f* clog, wooden shoe
galomanía *f* Gallomania
galón *m* gallon; galloon; braid, stripe; (mil.) chevron
galoneadura *f* galloons, trimming
galonear *va* to trim with galloons or braid
galonero -ra *mf* galloon or braid maker or dealer
galonista *m* (coll.) student of a military academy who is allowed to wear the chevrons of corporal or sergeant as a reward
galop *m* or **galopa** *f* galop (*dance*)
galopante *adj* galloping
galopar *va* (Am.) to gallop (*a horse*); *vn* to gallop; to galop
galope *m* gallop; **a galope** or **de galope** at a gallop; in great haste; **a galope tendido** at full speed, on the run
galopeado -da *adj* hasty, sketchy; *m* (coll.) buffeting, punching, beating
galopear *vn* to gallop
galopillo *m* kitchen boy, scullion
galopín *m* ragamuffin; scoundrel; scullion; wise guy; (naut.) cabin boy; (coll.) loafer
galopo *m* scoundrel
galorromano -na *adj* Gallo-Roman
Galván *m* Gawain (*of Round Table and the Amadis of Gaul*)
galvánico -ca *adj* galvanic
galvanismo *m* galvanism
galvanización *f* galvanization
galvanizar §76 *va* to galvanize; (fig.) to galvanize
galvano *m* (print.) electroplate
galvanocauterio *m* (med.) galvanocautery
galvanometría *f* galvanometry
galvanométrico -ca *adj* galvanometric
galvanómetro *m* galvanometer
galvanoplastia *f* galvanoplasty; electroplating
galvanoplástico -ca *adj* galvanoplastic; *f* galvanoplastics
galvanoscopio *m* galvanoscope
galvanotropismo *m* (biol.) galvanotropism
galladura *f* tread (*of an egg*)
gallarda *f* see **gallardo**
gallardear *vn & vr* to be graceful, elegant, gallant
gallardete *m* pennant, streamer; **gallardete azul** (naut.) blue ribbon (*prize*)
gallardetón *m* broad pennant with two tails
gallardía *f* gracefulness, elegance, gallantry, bravery; generosity; nobility
gallardo -da *adj* graceful, elegant, gallant, brave; generous; noble; fierce (*storm*); *f* galliard (*dance*)
gallareta *f* (orn.) European coot; **gallareta de pico blanco** (orn.) North American coot
gallarito *m* (bot.) lousewort (*Pedicularis sylvatica*)
gallarón *m* (orn.) little bustard
gallaruza *f* (archaic) hooded cloak
gallear *va* to tread (*said of a cock*); *vn* to stand out, excel; (coll.) to yell and threaten
gallegada *f* Galicians; Galicianism; Galician dance
gallego -ga *adj & mf* Galician (*of Spain*); *m* Galician (*dialect*)
gallegoportugués -guesa *adj & m* var. of **galaicoportugués**
galleguismo *m* Galicianism (*of Galicia, Spain*)
galleo *m* rough spot in a casting (*from rapid cooling*)
gallero -ra *adj* (Am.) cockfighting; *m* breeder of gamecocks; *f* cockpit
galleta *f* hardtack, ship biscuit, ship bread; cracker; biscuit; little pitcher; briquet (*of anthracite*); (coll.) slap
gallina *f* hen; **acostarse con las gallinas** (coll.) to go to bed with the chickens; **estar como gallina en corral ajeno** (coll.) to be like a fish out of water; **gallina brahma** brahma (*chicken*); **gallina ciega** blindman's buff; **gallina de agua** (orn.) coot; **gallina de Guinea** guinea hen; **gallina de río** (orn.)

coot; **gallina Guinea** or **pintada** guinea hen; **gallina sorda** (orn.) woodcock; *mf* chicken-hearted person; *adj* chicken-hearted
gallináceo -a *adj* (orn.) gallinaceous
gallinazo -za *mf* (orn.) turkey buzzard; *f* hen dung
gallinería *f* flock of hens; chicken market; cowardice
gallinero -ra *mf* chicken dealer, poultry dealer; *m* hencoop, henhouse; paradise, top gallery; poultry basket; madhouse
gallineta *f* (orn.) European coot; (orn.) woodcock; (Am.) guinea hen
gallipato *m* (zool.) Spanish newt, European salamandrid (*Pleurodeles waltlii*)
gallipava *f* large hen
gallipavo *m* (orn.) turkey; (coll.) sour note
gallipollo *m* cockerel
gallipuente *m* bridge without railing
gallístico -ca *adj* (pertaining to a) cock
gallito *m* somebody (*person of importance*); **gallito del lugar** cock of the walk; **gallito del rey** (ichth.) peacock fish
gallo *m* cock, rooster; false note, sour note; (coll.) boss; (box.) bantam weight; (ichth.) dory; **tener mucho gallo** (coll.) to be cocky; **gallo de bosque** (orn.) wood grouse; **gallo del corral** cock of the walk; **gallo de pelea** or **de riña** fighting cock, gamecock; **gallo de roca** (orn.) cock of the rock; **gallo en la garganta** frog in the throat; **gallo silvestre** (orn.) capercaillie, wood grouse
gallocresta *f* (bot.) wild sage, vervain sage
gallofa *f* food for pilgrims; alms, charity; vegetables for salad or soup; French roll; liturgical calendar; talk, gossip
gallofar or **gallofear** *vn* to bum, beg, loaf around
gallofero -ra or **gallofo -fa** *adj* bumming, begging, loafing; *mf* bum, beggar, loafer
gallón *m* sod, turf; (arch.) echinus
gallote -ta *adj* (dial. & Am.) cocky
gama *f* gamma; doe, female fallow deer; (mus. & fig.) gamut
gamado -da *adj* formed with four capital gammas; see **cruz**
gamarra *f* martingale
gamarza *f* (bot.) African rue
gamba *f* (zool.) prawn (*Pandalus*)
gámbaro *m* var. of **cámaro**
gambax *m* (*pl:* **gambax**) acton
gamberrada *f* hooliganism
gamberrismo *m* hooliganism, rowdyism; hooligans, rowdies
gamberro -rra *adj & mf* libertine; *m* hooligan, rowdy, hoodlum, roughneck; *f* (dial.) prostitute
gambesina *f* or **gambesón** *m* acton
gambeta *f* crosscaper; caper, prance
gambetear *vn* to caper, to prance
gambeto *m* cloak, mantle; cap used to keep baby's head straight
gambir *m* (pharm.) gambier
gambito *m* gambit
gamboa *f* (bot.) quince
gambota *f* (naut.) counter timber
gambusino -na *mf* (Am.) prospector; (Am.) adventurer, fortune hunter
gamella *f* bow (*of yoke*); feed trough; camlet (*cloth*); (min.) pan
gamellón *m* trough for treading grapes; long ridge
gametangio *m* (bot.) gametangium
gameto *m* (biol.) gamete
gametofita *f* or **gametofito** *m* (bot.) gametophyte
gametogénesis *f* (biol.) gametogenesis
gamo *m* buck, male fallow deer
gamofilo -la *adj* (bot.) gamophyllous
gamogénesis *f* (biol.) gamogenesis
gamón *m* (bot.) asphodel
gamonal *m* field of asphodel; (Am) landlord; (Am.) powerful and abusive landlord; (Am.) political boss
gamonalismo *m* (Am.) bossism
gamonito *m* shoot, sucker
gamopétalo -la *adj* (bot.) gamopetalous
gamosépalo -la *adj* (bot.) gamosepalous
gamuno -na *adj* buck (*skin*)
gamuza *f* (zool.) chamois; chamois (*leather*); vici, vici kid (*leather*)
gamuzado -da *adj* chamois-colored
gana *f* desire; **darle a uno la (real) gana de** + *inf* (coll.) to feel like + *ger*, e.g., **me da la gana de comer** I feel like eating; **de buena gana** willingly; **de gana** in earnest; willingly; **de mala gana** unwillingly; **tener gana** or **ganas de** + *inf* to feel like + *ger*, to have a mind to + *inf;* **tener ganas a** (coll.) to pick a fight with; **venir en gana a** to come into the head of, e.g., **dice lo que le venga en gana** he says whatever comes into his head
ganadería *f* cattle; cattle ranch; cattle raising, animal husbandry; livestock; brand, stock; (taur.) breeding ranch
ganadero -ra *adj* (pertaining to) cattle, livestock; *mf* cattle dealer; cattle breeder; *m* cattleman
ganado *m* cattle, livestock; stock of bees; (coll.) flock or mob of people; **ganado caballar** horses; **ganado cabrío** goats; **ganado de cerda** swine; **ganado de cría** cattle for breeding; **ganado lanar** sheep; **ganado mayor** cows, bulls, horses, and mules; **ganado menor** sheep, goats, etc.; **ganado menudo** young cattle; **ganado merino** merino sheep; **ganado moreno** swine; **ganado ovejuno** sheep; **ganado porcino** swine; **ganado vacuno** cattle, bovine cattle
ganador -dora *adj* winning; hard-working; *mf* winner; earner
ganancia *f* gain, profit; (elec.) gain; (Am.) extra, bonus; **ganancias y pérdidas** (com.) profit and loss
ganancial *adj* (pertaining to) profit
ganancioso -sa *adj* gainful, profitable; winning; *mf* winner
ganapán *m* errand boy, messenger; drudge; penniless fellow; (coll.) coarse fellow
ganapanería *f* drudgery
ganapierde *m & f* giveaway (*game of checkers*); **jugar al** or **a la ganapierde** to play giveaway
ganar *va* to earn; to gain; to win; to reach; to cross; to beat, defeat; to outstrip, win out over; to take over, to win over; **ganar algo a alguien** to win something from someone; **ganar de comer** to earn a living; *vn* to earn; to improve; *vr* to earn (*e.g., a livelihood*); to win over; (Am.) to hide, take refuge; (Am.) to slip away, disappear
ganchada *f* (Am.) favor
ganchero *m* log driver; gentle mount; (Am.) odd-jobber
ganchete *m* small hook; **a medio ganchete** (coll.) half, half-done; **de medio ganchete** carelessly, sloppily
ganchillo *m* crochet, crochet work; crochet needle; **hacer ganchillo** to crochet
gancho *m* hook; fishhook; coaxer, enticer; pimp; (Am.) hairpin; (Am.) lady's saddle; **echar el gancho a** (coll.) to hook in, to land; **tener gancho** (coll.) to have a way with the men; **gancho de botalones** (naut.) gooseneck
ganchoso -sa or **ganchudo -da** *adj* hooked
gándara *f* low wasteland
gandaya *f* (coll.) bumming, loafing, idleness; netting; **andar a la gandaya, buscar** or **correr la gandaya** or **ir por la gandaya** (coll.) to bum one's way, to be a tramp
gandinga *f* (min.) concentrate, washed fine ore
gandujado *m* accordion pleating
gandujar *va* to pleat, shirr, fold
gandul -dula *adj* (coll.) loafing, idling; (coll.) sly, crafty; *mf* (coll.) loafer, idler
gandulear *vn* to loaf, to idle
gandulería *f* (coll.) loafing, idleness
ganeta *f* (zool.) genet
ganforro -rra *mf* (coll.) scoundrel
ganga *f* (min.) gangue; (orn.) pin-tailed sand grouse; (orn.) upland plover; bargain; cinch, snap
ganglio *m* (anat. & path.) ganglion; **ganglio linfático** (anat.) lymph gland or node
ganglionar *adj* ganglionic
gangocho *m* (Am.) burlap
gangosidad *f* snuffliness, nasality
gangoso -sa *adj* snuffling, nasal

G

gangrena *f* (path.) gangrene
gangrenar *va & vr* to gangrene
gangrenoso -sa *adj* gangrenous
gangsterismo *m* gangsterism
ganguear *vn* to snuffle, to talk through the nose
gangueo *m* snuffle, talking through the nose
ganguero -ra *adj & mf* var. of **ganguista**
gánguil *m* (naut.) dump scow; (naut.) fishing sailboat with sweep net; sweep net
ganguista *adj* (coll.) bargain-hunting; (coll.) self-seeking; *mf* (coll.) bargain hunter; (coll.) self-seeker; *m* (coll.) lucky fellow
Ganimedes *m* (myth.) Ganymede
ganoideo -a *adj & m* (ichth.) ganoid
ganoso -sa *adj* desirous; (Am.) spirited (*horse*)
gansa *f* see **ganso**
gansada *f* (coll.) stupidity
gansarón *m* (orn.) goose; tall, lanky fellow
ganso -sa *mf* slob, dope, dullard, rube; *m* (orn.) goose; gander; **ganso bravo** wild goose; **ganso de corbata** (orn.) Canada goose; **ganso monjita** (orn.) barnacle goose; **ganso monjita atlántico** (orn.) American brant (*Branta bernicla hrota*); *f* goose (*female*)
Gante *f* Ghent
gantés -tesa *adj* (pertaining to) Ghent; *mf* native or inhabitant of Ghent
ganzúa *f* picklock (*hook; thief*); (coll.) pumper (*of secrets*)
ganzuar §33 *va* to open with a picklock; (coll.) to pump (*secrets*)
gañán *m* farm hand; rough, husky fellow
gañanía *f* gang of farm hands; lodge for farm hands
gañido *m* yelp, yelping; croak, croaking
gañiles *mpl* (zool.) larynx (*of animal*); gills of tunny fish
gañir §25 *vn* to yelp; to croak; (coll.) to wheeze
gañón *m* or **gañote** *m* (coll.) throat, gullet; (dial.) fritter
garabatada *f* hooking; hookful
garabatear *va* to scribble; *vn* to hook; to beat about the bush; to scribble
garabateo *m* hooking; scribbling
garabato *m* hook; pothook (*hooked rod; scrawl*); dibble, weeding hoe; (coll.) charm, winsomeness; **garabatos** *mpl* awkward movements of hands and fingers; **garabato de carnicero** meathook
garabatoso -sa *adj* full of scribbling; winsome
garabito *m* stall in market place; hook
garage *m* or **garaje** *m* garage
garajista *m* garage man
garambaina *f* gaudy trimming; (coll.) trinket; **garambainas** *fpl* simpering, smirking; scribbling
garante *adj* responsible; *mf* guarantor
garantía *f* guarantee, guaranty
garantir §53 *va* to guarantee
garantizar §76 *va* to guarantee
garañón *m* stud jackass; stud camel; libertine; (Am.) stallion
garapacho *m* carapace; wooden or cork bowl
garapiña *f* sugar-coating, icing; embroidered braid or galloon; (Am.) iced pineapple juice
garapiñar *va* to candy; to sugar-coat, to ice (*e.g., a cake*)
garapiñera *f* ice-cream freezer; cooler (*for wine and other drinks*)
garapita *f* net to catch small fish
garapito *m* (ent.) water bug, back swimmer
garapullo *m* paper dart
garatura *f* scraper (*used in tanning*)
garatusa *f* (coll.) coaxing, wheedling
garbancero -ra *adj* (pertaining to the) chickpea; *mf* chickpea dealer
garbanzal *m* chickpea patch
garbanzo *m* (bot.) chickpea (*plant and seed*); **garbanzo negro** (fig.) black sheep
garbanzuelo *m* (vet.) spavin
garbar *va* to sheaf or sheave
garbear *va* (dial.) to sheaf or sheave; *vn* to put on airs, to be full of pretense
garbera *f* (agr.) shock
garbías *mpl* fried cake made of herbs, cheese, eggs, and flour
garbillador -dora *adj* sieving, screening, riddling; *mf* siever, screener, riddler
garbillar *va* to sieve, to screen, to riddle
garbillo *m* sieve, screen, riddle; screened ore, riddled ore
garbino *m* southwest wind
garbo *m* fine bearing, jaunty air; grace, elegance; gallantry, magnanimity
garbón *m* male partridge
garboso -sa *adj* spruce, natty, sprightly, jaunty; generous
garbullo *m* noise, confusion
garcero *m* (Am.) heronry
garceta *f* (orn.) lesser egret (*Egretta garzetta*); side lock (*of hair*)
gardenia *f* (bot.) gardenia
garduño -ña *mf* (coll.) sneak thief; *f* (zool.) stone marten, beech marten
garete; al garete (naut. & fig.) adrift
garfa *f* claw
garfada *f* clawing
garfear *vn* to hook
garfio *m* hook; gaff; **garfios de trepar** climbing irons
gargajeada *f* var. of **gargajeo**
gargajear *vn* to spit phlegm
gargajeo *m* spitting or ejection of phlegm
gargajiento -ta *adj & mf* var. of **gargajoso**
gargajo *m* phlegm
gargajoso -sa *adj* hawking; *mf* hawker (*of phlegm*)
garganta *f* throat; instep; neck, throat (*e.g., of a river, vase*); gorge, ravine; sheath (*of plow*); (arch.) shaft; (arch.) gorge; (bot.) throat; (mach.) groove (*of a sheave*); **tener buena garganta** to have a good voice, to sing well
gargantada *f* throatful (*e.g., of blood*); (coll.) throatful (*swallow*)
gargantear *va* (naut.) to strap; *vn* to warble
garganteo *m* warble, warbling
gargantilla *f* necklace
gárgara *f* gargling; **gárgaras** *fpl* (Am.) gargle (*liquid*); **hacer gárgaras** to gargle
gargarear *vn* (Am.) var. of **gargarizar**
gargarismo *m* gargling; gargle (*liquid*)
gargarizar §76 *vn* to gargle
gárgol *adj* addle (*egg*); *m* gain, croze (*groove*)
gárgola *f* head of flax; (arch.) gargoyle
garguero or **gargüero** *m* gullet; windpipe
garifo -fa *adj* natty, spruce, showy
gariofilea *f* (bot.) wild carnation
garita *f* watchtower; sentry box; porter's lodge; water closet, privy (*with one seat*); cab (*of truck, power shovel, etc.*); railroad-crossing box; hut, hovel; (Am.) octroi; (Am.) city gate; **garita de centinela** sentry box; **garita de señales** (rail.) signal tower
gariteear *vn* (coll.) to frequent gambling houses, to hang around gambling joints
garitero *m* owner of a gambling house; gambler
garito *m* gambling den; gambling profits
garla *f* (coll.) talk, chatter, prattle
garlador -dora *adj* (coll.) chattering, prattling; *mf* (coll.) chatterer, prattler
garlar *vn* (coll.) to talk, chatter, prattle
garlito *m* fish trap; (coll.) trap, snare; **caer en el garlito** (coll.) to fall into the trap; **coger en el garlito** (coll.) to catch in the act
garlocha *f* goad, goad stick
garlopa *f* (carp.) jointer plane, trying plane
garlopar *va* (carp.) to plane
garlopín *m* (carp.) jack plane, fore plane
garma *f* (dial.) steep slope
garnacha *f* gown, robe (*e.g., of a judge*); company of strolling players; grenache (*grape; wine*)
garniel *m* muleteer's leather bag; muleteer's girdle
Garona *m* Garonne
garra *f* claw, talon; catch, claw, hook; (fig.) claw (*hand*); **caer en las garras de** (coll.) to fall into the clutches of; **echar la garra a** (coll.) to get one's hands on, to arrest; **sacar de las garras de** (coll.) to free from
garrafa *f* carafe, decanter
garrafal *adj* awful, terrific
garrafiñar *va* (coll.) to snatch, snatch away
garrafón *m* carboy, demijohn
garrama *f* (coll.) filching, stealing
garramar *va* (coll.) to filch, to steal
garrancha *f* (bot.) spadix; (coll.) sword

garranchada *f* or **garranchazo** *m* slash, gash
garrancho *m* broken branch
garranchuelo *m* (bot.) crab grass
garrapata *f* (ent.) chigger, cattle tick, sheep tick; (mil.) disabled horse
garrapatear *vn* to scrawl, scribble
garrapatero *m* (orn.) cowbird, buffalo bird
garrapato *m* pothook, scrawl
garrapiñar *va* var. of **garapiñar**
garrapiñera *f* var. of **garapiñera**
garrar or **garrear** *vn* (naut.) to drag the anchor
garrido -da *adj* handsome, spruce, elegant
garroba *f* carob bean
garrobal *m* growth of carob trees
garrobilla *f* chips of carob wood used for staining
garrocha *f* goad, goad stick; (sport) pole (*used in pole vault*)
garrochear *va* var. of **agarrochar**
garrochón *m* (taur.) lance
garrofa *f* carob bean
garrón *m* spur, talon; paw
garrotal *m* plantation of slips or cuttings of olive trees
garrotazo *m* blow with a cudgel
garrote *m* club, cudgel; garrote (*method of execution; iron collar used for this*); (hort.) olive cutting; (Am.) brake; **dar garrote a** to garrote
garrotero -ra *adj* (Am.) stingy; *m* (Am.) brakeman
garrotillo *m* (path.) croup
garrubia *f* (bot.) black-eyed bean; carob bean
garrucha *f* pulley, sheave
garrucho *m* (naut.) cringle
garrudo -da *adj* big-clawed; (Am.) brawny, husky
garrulador -dora *adj* var. of **gárrulo**
garrulería *f* chatter, prattle
garrulidad *f* garrulity, garrulousness
gárrulo -la *adj* chirping; garrulous; noisy (*said of the wind*); *m* (orn.) jay
garúa *f* (Am.) drizzle
garuar §33 *vn* (Am.) to drizzle
garujo *m* concrete
garulla *f* loose grapes; (coll.) mob, rabble
garullada *f* (coll.) mob, rabble
garzo -za *adj* blue; *m* (bot.) agaric; *f* (orn.) heron; (orn.) crane, blue crane; **garza real** (orn.) heron, gray heron (*Ardea cinerea*)
garzón *m* boy; youth, stripling; (orn.) blue crane, great blue heron
garzota *f* (orn.) night heron; plumage, crest
gas *m* gas; **gas amoníaco** (chem.) ammonia gas; **gas carbónico** (chem.) carbonic-acid gas, carbon dioxide; **gas cloacal** sewer gas; **gas combustible natural** natural gas; **gas de aceite** oil gas; **gas de agua** water gas; **gas de alumbrado** illuminating gas; **gas de carbón** or **de hulla** coal gas; **gas de guerra** (mil.) poison gas; **gas de los pantanos** marsh gas; **gas exhilarante** or **hilarante** laughing gas; **gas inerte** (chem.) inert gas; **gas lacrimógeno** tear gas; **gas mostaza** mustard gas; **gas natural** natural gas; **gas pobre** producer gas; **gas raro** (chem.) rare gas; **gas tóxico** (mil.) poison gas; **gas vesicante** blister gas
gasa *f* gauze, chiffon; crepe (*token of mourning*); **gasa antiséptica** antiseptic gauze; **gasa de alambre** wire gauze
gascón -cona *adj* Gascon; boastful; *mf* Gascon
gasconada *f* gasconade
gasconés -nesa *adj & mf* Gascon
gasconismo *m* Gasconism
Gascuña *f* Gascony
gaseamiento *m* gassing
gasear *va* to gas (*to attack, poison, or asphyxiate with gas*); (chem.) to gas
gaseiforme *adj* gasiform
gaseoso -sa *adj* gaseous, gassy; *f* soda water, carbonated water
gasificación *f* gasification
gasificar §59 *va* to gasify; to elate, exalt; *vr* to gasify
gasiforme *adj* var. of **gaseiforme**
gasista *m* gas fitter; gasworker
gasoducto *m* gas pipe line
gasógeno *m* gas generator, gas producer; mixture of benzine and alcohol used for lighting and for removal of spots
gas-oil *m* diesel oil
gasoleno *m* or **gasolina** *f* gasolene or gasoline
gasolinera *f* powerboat, gasoline motor boat; gas station, filling station
gasómetro *m* gasometer; gasholder, gas tank
Gaspar *m* Jasper
gastable *adj* expendable
gastadero *m* (coll.) waster (*way of wasting time, money, patience, etc.*)
gastado -da *adj* used up; worn-out; spent; crummy (*joke*)
gastador -dora *adj & mf* spendthrift; *m* convict; (mil.) sapper, pioneer, axeman
gastadura *f* rub, wear, worn spot
gastamiento *m* waste; wear; consumption
gastar *va* to spend; to waste; to wear; to wear out; to be hard on (*e.g., shoes*); to use up; to lay waste; to always show; to wear (*e.g., a beard*); to keep (*e.g., a carriage*); to play (*a joke*); **gastarlas** (coll.) to act, to behave; *vn* to spend; **gastar de** to spend; *vr* to waste away; to wear; to wear out; to become used up
gasterópodo -da *adj & m* var. of **gastrópodo**
gasto *m* cost, expense; wear; flow, rate of flow; **cubrir gastos** to cover expenses; **hacer el gasto** (coll.) to do most of the talking; (coll.) to be the subject of conversation; **pagar los gastos** to foot the bill; **gastos de conservación** or **de entretenimiento** upkeep, maintenance; **gastos de explotación** operating expenses; **gastos de primer establecimiento** initial expenses, initial costs; **gastos de representación** incidental expenses, allowances; **gastos de sostenimiento** upkeep, maintenance; **gastos menudos** petty expenses
gastoso -sa *adj* spendthrift, extravagant
gastralgia *f* (path.) gastralgia
gastrectomía *f* (surg.) gastrectomy
gástrico -ca *adj* gastric
gastritis *f* (path.) gastritis
gastroenteritis *f* (path.) gastroenteritis
gastroenterología *f* gastroenterology
gastrointestinal *adj* gastrointestinal
gastronomía *f* gastronomy
gastronómico -ca *adj* gastronomic or gastronomical
gastrónomo -ma *mf* gastronome or gastronomer, gourmet
gastrópodo -da *adj & m* (zool.) gastropod
gastrovascular *adj* gastrovascular
gástrula *f* (embryol.) gastrula
gata *f* she-cat; low-hanging cloud on mountainside; (bot.) restharrow; (coll.) woman of Madrid; (Am.) working girl; **a gatas** on all fours; **gata parida** (coll.) skeleton (*skinny person*)
gatada *f* catlike act; cats; litter of cats; sudden turn of a hare when pursued; (coll.) sly trick
gatallón -llona *adj* (coll.) scoundrelly; *mf* (coll.) scoundrel
gatatumba *f* (coll.) fake respect, fake emotion, fake pain
gatazo *m* (coll.) gyp; **dar gatazo a** (coll.) to gyp
gateado -da *adj* catlike; cat-colored; grained; striped; *m* creeping, crawling, climbing; (coll.) scratching, clawing; gateado (*tropical American cabinet wood*)
gateamiento *m* creeping, crawling, climbing; (coll.) scratching, clawing
gatear *va* (coll.) to scratch, to claw; (coll.) to snitch; *vn* to creep, crawl, climb, go on all fours
gatera *f* see **gatero**
gatería *f* (coll.) cats; (coll.) gang of roughnecks; (coll.) hypocrisy, fake humility
gatero -ra *adj* full of cats; *mf* cat dealer; cat lover; *f* cathole; hiding place; (naut.) hawsehole
gatesco -ca *adj* (coll.) catlike, feline
gatillazo *m* click of trigger; **dar gatillazo** (coll.) to be disappointing, to be a flop
gatillo *m* trigger; hammer, cock (*of firearm*); dentist's forceps; clamp; nape (*of bull*); (coll.) little pickpocket

gato *m* (zool.) cat; tomcat; jack, lifting jack; hooking tongs; moneybag; clamp; sly fellow; sneak thief; (coll.) native of Madrid; (Am.) outdoor market; (Am.) hot-water bottle; **dar** or **vender gato por liebre** (coll.) to cheat, to gyp; **gato cazador** mouser; **gato de algalia** (zool.) civet cat; **gato de Angora** Angora cat; **gato de cremallera** rack-and-pinion jack, ratchet jack; **gato de nueve colas** cat-o'-nine-tails; **gato desmurador** mouser; **gato de tornillo** screw jack, jackscrew; **gato encerrado** something fishy (coll.); **gato hidráulico** hydraulic jack; **gato maltés** Maltese cat; **gato manés** Manx cat; **gato montés** (zool.) wildcat; **gato rodante** dolly; **gato volador** or **volante** (zool.) flying cat, flying lemur
gatuno -na *adj* cat, catlike; *f* (bot.) restharrow
gatuña *f* (bot.) restharrow
gatuperio *m* hodgepodge; (coll.) trick, scheme, intrigue
gauchada *f* (Am.) Gaucho stunt, sly trick; (Am.) kindness, favor
gauchaje *m* (Am.) gathering of Gauchos, gang of Gauchos
gauchesco -ca *adj* Gaucho
gaucho -cha *adj* warped, uneven; sly, crafty; coarse, rude; (Am.) Gaucho; *m* (Am.) Gaucho; (Am.) good horseman; *f* (Am.) mannish woman; (Am.) loose woman
gaudeamus *m* (*pl:* **-mus**) (coll.) feasting, celebrating, merrymaking
gaulteria *f* (bot.) gaultheria, wintergreen
gausio *m* (phys.) gauss
gavaje *m* gavage
gavanza *f* dog rose (*flower*)
gavanzo *m* (bot.) dog rose
gaveta *f* drawer, till; (aut.) glove compartment
gavetero *m* furniture maker
gavia *f* ditch, drain; (naut.) topsail; (naut.) maintopsail; (orn.) gull; (min.) gang of basket passers
gavial *m* (zool.) gavial
gaviero *m* (naut.) topman, mastman
gavieta *f* (naut.) mizzenmast crow's-nest, bowsprit crow's-nest
gaviete *m* (naut.) cathead
gavilán *m* (orn.) sparrow hawk; nib (*of pen*); quillon (*of cross guard of sword*); hair stroke (*in writing*); pappus; metal tip (*of a goad*); (Am.) ingrowing nail
gavilla *f* sheaf, bundle; gang of thugs
gavillero *m* row of sheaves
gavina *f* var. of **gaviota**
gavión *m* (fort. & hyd.) gabion; (coll.) big wide hat
gaviota *f* (orn.) gull, herring gull; **gaviota salteadora** (orn.) jaeger
gaviotín *m* (orn.) tern (*Sterna hirundo*)
gavota *f* gavotte (*dance and music*)
gaya *f* see **gayo**
gayadura *f* colored stripes, colored striping
gayar *va* to trim with colored stripes
gayo -ya *adj* gay, bright, showy; *m* (orn.) bluejay; *f* colored stripe; (orn.) magpie
gayola *f* cage; (coll.) jail; (prov.) raised lookout in a vineyard
gayomba *f* (bot.) Spanish broom; (bot.) yellow lupine
gayuba *f* (bot.) bearberry
gayubal *m* bearberry field
gaza *f* (naut.) loop, bend
gazafatón *m* (coll.) var. of **gazapatón**
gazapa *f* (coll.) lie
gazapatón *m* (coll.) bloomer (*in speech*)
gazapera *f* rabbit warren; (coll.) gang, gang of thugs; (coll.) brawl, row; (vet.) distemper (*of cats*)
gazapina *f* (coll.) gang, gang of thugs; (coll.) brawl, row
gazapo *m* young rabbit; sly fellow; slip, error; squatty person; (coll.) big lie
gazmiar *vn* to nibble all the time; *vr* (coll.) to complain
gazmoñada or **gazmoñería** *f* priggishness
gazmoñero -ra or **gazmoño -ña** *adj* priggish, strait-laced, demure; *mf* prig
gaznápiro -ra *mf* gawk, boob
gaznar *vn* var. of **graznar**
gaznatada *f* or **gaznatazo** *m* punch in the gullet
gaznate *m* gullet, throttle; fritter
gaznatón *m* punch in the gullet; fritter
gazné *m* (Am.) large colored kerchief
gazpacho *m* cold vegetable soup, gazpacho
gazuza *f* (coll.) hunger
gea *f* description of the minerals of a region; (*cap.*) *f* (myth.) Gaea
geco *m* (zool.) gecko, tarente
Gedeón *m* (Bib.) Gideon
gedeonada *f* (coll.) platitude, commonplace
gehena *m* (Bib.) Gehenna
géiser *m* geyser
geisha *f* geisha
gel *m* (chem. & phys.) gel
gelación *f* gelation
gelatina *f* gelatin
gelatinificar §86 *va* to gelatinize
gelatinoso -sa *adj* gelatinous
gélido -da *adj* gelid, frigid
gelsemio *m* (bot.) yellow jasmine; (pharm.) gelsemium
gema *f* gem, precious stone; (bot.) bud, gemma; wane (*of board or plank*)
gemación *f* (bot. & zool.) gemmation
gemebundo -da *adj* full of groans
gemelo -la *adj* & *mf* twin; *m* (anat.) gemellus; **gemelos** *mpl* twins; binoculars; cuff links, set of buttons; **Gemelos** *mpl* (astr.) Gemini (*constellation*); **gemelos de campo** field glasses; **gemelos de teatro** opera glasses; **gemelos fraternos** fraternal twins; **gemelos homólogos** or **idénticos** identical twins; **gemelos heterólogos** fraternal twins; *f* (bot.) Arabian jasmine
gemido *m* moan, groan; wail, whine; howl, roar, whistle; (poet.) sigh
gemidor -dora *adj* moaning, groaning; wailing, whining; howling, roaring, whistling
gemífero -ra *adj* gemmiferous, full of gems or precious stones; (bot.) gemmate; (bot. & zool.) gemmiferous
gemificar §86 *vn* (bot.) to gemmate
geminación *f* gemination; (phonet. & rhet.) gemination
geminado -da *adj* geminate
geminar *va* & *vr* to geminate
Géminis *m* (astr.) Gemini (*constellation and sign of zodiac*); (*l.c.*) *m* (pharm.) plaster (*of ceruse and wax*)
gemíparo -ra *adj* (biol.) gemmiparous
gemiquear *vn* (dial. & Am.) to whine
gemiqueo *m* (dial. & Am.) whining
gemir §94 *vn* to moan, groan; to wail, whine; to howl, roar, whistle; to pine away, to grieve
gémula *f* (bot., zool. & biol.) gemmule
gen *m* (biol.) gene
genciana *f* (bot.) gentian (*plant and root*); **genciana amarilla** (bot.) bitterwort
gencianáceo -a *adj* (bot.) gentianaceous
gencianilla *f* (bot.) bitterwort
gendarme *m* gendarme
gendarmería *f* gendarmerie
genealogía *f* genealogy
genealógico -ca *adj* genealogical
genealogista *mf* genealogist
generación *f* generation; **generación espontánea** (biol.) spontaneous generation
generador -dora *adj* generating; *mf* generator; *m* (elec.) generator (*dynamo*); (mach.) generator (*steam boiler, etc.*); **generador de barrido** (telv.) sweep generator
general *adj* general; vast, enormous; widely informed; *m* (mil.) general, general officer; (rel.) general; **en general** or **por lo general** in general; **general de brigada** (mil.) brigadier general; **general de división** (mil.) major general; **general en jefe** (mil.) general in chief; **generales** *fpl* personal data (*such as name, age, nationality*)
generala *f* general's wife; call to arms
generalato *m* generalship; generals of an army
generalero *m* (prov.) customhouse officer
generalidad *f* generality; bulk, majority; Catalan legislative assembly; (prov.) custom duties
generalísimo *m* generalissimo
generalización *f* generalization
generalizador -dora *adj* generalizing

generalizar §76 *va & vn* to generalize; *vr* to become generalized
generar *va* to generate; (elec.) to generate
generativo -va *adj* generative
generatriz *f* (*pl:* **-trices**) (elec. & geom.) generatrix
genérico -ca *adj* generic; (gram.) indefinite (*article*); (gram.) common (*noun*); (gram.) indicating gender (*said of an ending*)
género *m* kind, sort; manner, way; material (*textile fabric*); (biol. & log.) genus; (f.a. & lit.) genre; (gram.) gender; **géneros** *mpl* material, goods, merchandise; **de género** (f.a.) genre, e.g., **pintor de género** genre painter; **género chico** (theat.) one-act comedy; **género de punto** knit goods, knitwear; **género humano** humankind, human race; **género ínfimo** (theat.) light vaudeville; **género novelístico** fiction; **género picaresco** (theat.) burlesque; **género tipo** (biol.) type genus
generosidad *f* generosity
generoso -sa *adj* generous; highborn; brave; excellent, superb; warm (*heart*); generous, rich (*wine*)
genésico -ca *adj* genesic
génesis *f* (*pl:* **-sis**) genesis; **el Génesis** (Bib.) Genesis
geneticista *mf* geneticist
genético -ca *adj* genetic; *f* genetics
genetista *mf* geneticist
geniado -da *adj* tempered; **bien geniado** well-tempered, good-natured; **mal geniado** ill-tempered
genial *adj* inspired, brilliant, genius-like; cheerful, pleasant; temperamental
genialidad *f* peculiarity; genius
geniano -na *adj* (anat. & zool.) genial
geniazo *m* (coll.) strong temper
genicida *adj & mf* var. of **genocida**
genicidio *m* var. of **genocidio**
geniculación *f* geniculation
geniculado -da *adj* geniculate
geniecillo *m* (coll.) strong temper; (f.a.) cupid
genio *m* temper; disposition, temperament; genius; character, force; (myth.) genie, jinni; (coll.) fire, spirit
genioso -sa *adj* ill-natured
genipa *f* (bot.) genipap
genista *f* (bot.) Spanish broom; (bot.) genista
genital *adj* genital; **genitales** *mpl* (anat.) testicles; (anat.) genitals
genitivo -va *adj & m* (gram.) genitive
génitourinario -ria *adj* genitourinary
genízaro -ra *adj & m* var. of **jenízaro**
Genl abr. of **general**
genocida *adj* genocidal; *mf* genocide (*person*)
genocidio *m* genocide (*act*)
genol *m* (naut.) futtock
genoma *m* (biol.) genom
genotipo *m* (biol.) genotype
Génova *f* Genoa
genovés -vesa *adj & mf* Genoese
Genoveva *f* Genevieve, Winifred
gente *f* people; troops; (naut.) complement; (coll.) folks (*relatives*); **de gente en gente** from generation to generation; **hacer gente** to recruit; (coll.) to draw a crowd; **la gente chic** the smart set; **ser gente** (Am.) to be somebody; **gente baja** lower classes, rabble; **gente bien** (coll.) nice people; **gente de alpargata** simple folk; **gente de barrio** loafers; **gente de bien** decent people; **gente de blusa** working people; **gente de bronce** gypsies; **gente de capa negra** (coll.) decent citizens; **gente de capa parda** (coll.) countryfolk; **gente de carda** or **de la carda** (coll.) scoundrels, bullies; **gente de coleta** (coll.) bullfighters; **gente de color** colored people; **gente de escalera abajo** (coll.) underdogs; **gente de gallaruza** (coll.) countryfolk; **gente de gavilla** crooks, thugs; **gente de la cuchilla** (coll.) butchers; **gente de la garra** (coll.) thieves; **gente de la vida airada** bullies, libertines; **gente del bronce** (coll.) lively people; **gente del gordillo** common people, plebeians; **gente del polvillo** (coll.) masons; **gente de pardillo** or **del pardillo** country people, peasants; **gente del rey** convicts; **gente de mal vivir** thugs, underworld; **gente de mar** seafaring people; **gente de medio pelo** people of limited means; **gente de paz** friend (*in answer to "Who is there?"*); **gente de pelo** or **de pelusa** (coll.) well-to-do people; **gente de pluma** (coll.) clerks; **gente de poco más o menos** (coll.) nincompoop, nobody; **gente de razón** (Am.) white people; **gente de seguida** gangsters, bandits; **gente de su majestad** convicts; **gente de toda broza** (coll.) loafers, bums; **gente de trato** tradespeople; **gente de traza** responsible people; **gente forzada** convicts; **gente gorda** (coll.) people of standing; **gente menuda** (coll.) small fry; (coll.) common people; **gente perdida** bums; **gente principal** outstanding people
gentecilla *f* mob, rabble
gentil *adj* gentile, heathen; genteel, elegant; strange, wondrous; terrific; *mf* gentile, heathen
gentileza *f* gentility, elegance, politeness; gallantry; show, splendor; ease, smoothness; **gentilezas** *fpl* beauties, adornments (*of language, style, etc.*)
gentilhombre *m* (*pl:* **gentileshombres**) gentleman (*attendant to person of high rank*); messenger to the king; kind sir, my good man; **gentilhombre de cámara** gentleman in waiting
gentilicio -cia *adj* national; family; (gram.) gentile; *m* (gram.) gentile
gentílico -ca *adj* heathenish
gentilidad *f* or **gentilismo** *m* heathendom
gentilizar §76 *va* to heathenize; *vn* to observe heathen rites
gentío *m* crowd, throng, mob
gentualla or **gentuza** *f* rabble, scum of society
genuflexión *f* genuflection or genuflexion
genuino -na *adj* genuine
geocéntrico -ca *adj* geocentric or geocentrical
geoda *f* (geol.) geode
geodesia *f* geodesy
geodésico -ca *adj* geodesic, geodetic
geodesta *mf* geodesist
geofagía *f* geophagy
geofísico -ca *adj* geophysical; *mf* geophysicist; *f* geophysics
geófita *f* (bot.) geophyte
Geofredo *m* Geoffrey
geognosia *f* geognosy
geografía *f* geography; **geografía física** physical geography; **geografía lingüística** linguistic geography
geográfico -ca *adj* geographic or geographical
geógrafo -fa *mf* geographer
geoide *m* geoid
geología *f* geology
geológico -ca *adj* geologic or geological
geólogo -ga *mf* geologist
geomagnético -ca *adj* geomagnetic
geomancía *f* geomancy
geomántico -ca *adj* geomantic; *mf* geomancer
geómetra *mf* geometer, geometrician; *m* (zool.) geometer, inchworm, measuring worm
geometral *adj* var. of **geométrico**
geometría *f* geometry; **geometría analítica** analytic geometry; **geometría del** or **en el espacio** solid geometry; **geometría euclidiana** Euclidian geometry; **geometría no euclidiana** non-Euclidian geometry; **geometría plana** plane geometry; **geometría proyectiva** projective geometry
geométrico -ca *adj* geometric or geometrical
geométrido *m* (ent.) geometrid
geometrizar §76 *va* to geometrize; *vn* to geometrize; (coll.) to pretend to be a geometrician
geomorfología *f* geomorphology
geopolítico -ca *adj* geopolitical; *f* geopolitics
geoponía *f* geoponics
geopónico -ca *adj* geoponic; *f* geoponics
geoquímica *f* geochemistry
georama *m* georama
georgiano -na *adj & mf* Georgian
geórgica *f* georgic (*poem*)
Georgina *f* Georgiana, Georgina (*woman's name*)
geosinclinal *adj & m* (geol.) geosynclinal
geotactismo *m* or **geotaxia** *f* geotaxis
geotectónico -ca *adj* geotectonic; *f* geotectonics

G

geotérmico -ca *adj* geothermal
geotrópico -ca *adj* geotropic
geotropismo *m* (biol.) geotropism
geraniáceo -a *adj* (bot.) geraniaceous
geranio *m* (bot.) geranium; **geranio de rosa** (bot.) rose geranium; **geranio malva** (bot.) nutmeg geranium
Gerardo *m* Gerald, Gerard
gerbo *m* var. of **jerbo**
gerencia *f* management; managership, directorship; manager's office
gerente *m* manager, director; **gerente de publicidad** advertising manager; **gerente de ventas** sales manager
geriatría *f* geriatrics
geriatra *adj* geriatrical; *mf* geriatrician, geriatrist
geriátrico -ca *adj* geriatrical
gerifalte *m* (orn.) gerfalcon; (slang) thief; **como un gerifalte** superbly
germandrina *f* (bot.) germander, wall germander
germanesco -ca *adj* slang, gypsy
Germania *f* (hist. & fig.) Germania
germanía *f* slang or jargon of gypsies and thieves
germánico -ca *adj* Germanic; *m* Germanic (*group of languages*)
germanio *m* (chem.) germanium
germanismo *m* Germanism
germanista *mf* Germanist
germanización *f* Germanization
germanizar §76 *va & vr* to Germanize
germano -na *adj* Germanic, Teutonic; *mf* German, Teuton; *m* brother-german
germanófilo -la *adj & mf* Germanophile
germanófobo -ba *adj & mf* Germanophobe
germen *m* (bact., biol., embryol. & fig.) germ; **germen plasma** germ plasm
germicida *adj* germicidal; *m* germicide
germinación *f* germination
germinador -dora *adj* germinating; *m* germinator
germinal *adj* germinal; germ
germinante *adj* germinant
germinar *vn* to germinate
germinativo -va *adj* germinative
germón *m* (ichth.) albacore (*Germo alalunga*)
gerontología *f* gerontology
Gertrudis *f* Gertrude
gerundense *adj* (pertaining to) Gerona; *mf* native or inhabitant of Gerona
gerundiada *f* (coll.) bombastic expression
gerundiano -na *adj* (coll.) bombastic
gerundino *m* gerundive (*in Latin grammar*)
gerundio *m* gerund, present participle; (coll.) bombastic writer or speaker
gesta *f* (archaic) gest (*metrical romance; feat, exploit*)
gestación *f* gestation; (fig.) gestation
gestaltismo *m* Gestalt psychology
gestapo *f* Gestapo (*Nazi secret police*)
gestatorio -ria *adj* gestatory; gestatorial (*chair*)
gestear *vn* var. of **gesticular**
gestería *f* crudity, vulgarity
gesticulación *f* face; grimace
gesticular *vn* to make a face, to make faces; to gesture
gestión *f* step, measure; management
gestionar *va* to pursue, prosecute, strive for; to manage; to take steps to attain or to accomplish
gesto *m* face; grimace, wry face; look, appearance; gesture; **estar de buen gesto** to be in a good humor; **estar de mal gesto** to be in a bad humor; **hacer gestos** to make faces; to gesture; **hacer gestos a** to make faces at; to look askance at; **poner gesto** to look annoyed; **gesto de manos** gesture
gestor -tora *adj* managing; *m* manager
gestoría *f* management
gestudo -da *adj* (coll.) cross-looking
Getsemaní *m* (Bib.) Gethsemane
ghetto *m* ghetto
giba *f* hump; (coll.) annoyance, inconvenience
gibado -da *adj* humped, hunchbacked
gibar *va* to hump, to hunch; (coll.) to annoy, bother
gibelino -na *adj & m* Ghibelline
gibón *m* (zool.) gibbon
gibosidad *f* gibbosity
giboso -sa *adj* gibbous, humped
Gibraltar Gibraltar
gibraltareño -ña *adj* (pertaining to) Gibraltar; *mf* native or inhabitant of Gibraltar
giga *f* jig (*dance and music*)
giganta *f* giantess; (bot.) sunflower
gigante *adj* giant, gigantic; *m* giant; giant figure (*in a procession*); (slang) middle finger; **gigante en tierra de enanos** (coll.) little runt; (coll.) big fish in a little pond
giganteo -a *adj* gigantean; *f* (bot.) sunflower
gigantesco -ca *adj* gigantic
gigantez *f* giantism; gigantic size
gigantilla *f* little giantess; big-headed masked figure; little fat girl; little fat woman
gigantismo *m* (path.) giantism or gigantism
gigantón -tona *mf* huge giant; *m* giant figure (*in a procession*); **echar los gigantones a** (coll.) to rake over the coals
gigote *m* chopped-meat stew; **hacer gigote** (coll.) to chop into small pieces
gijonense or **gijonés -nesa** *adj* (pertaining to) Gijón; *mf* native or inhabitant of Gijón
Gil *m* Giles
gilbertio *m* (phys.) gilbert
Gilberto *m* Gilbert
gilí *adj* (*pl:* **-líes**) (coll.) foolish, stupid
gilvo -va *adj* honey-colored
gimnasia *f* gymnastics; **gimnasia sueca** calisthenics, light gymnastics, setting-up exercise
gimnasio *m* gymnasium
gimnasta *mf* gymnast
gimnástico -ca *adj* gymnastic; *f* gymnastics
gímnico -ca *adj* athletic, gymnastic
gimnospermo -ma *adj* gymnospermous; *f* (bot.) gymnosperm
gimnoto *m* (ichth.) electric eel
gimotear *vn* (coll.) to whine
gimoteo *m* (coll.) whining
ginandro -dra *adj* (bot.) gynandrous
ginebra *f* gin (*drink*); bedlam; din; (mus.) xylophone; (*cap.*) *f* Geneva; (myth.) Guinevere; **ginebra holandesa** Holland gin
ginebrada *f* puff-paste pie
ginebrés -bresa or **ginebrino -na** *adj & mf* Genevan or Genevese
gineceo *m* (bot.) gynoecium, gynaeceum; (hist.) gynaeceum (*women's apartments*)
ginecología *f* gynecology
ginecológico -ca *adj* gynecological
ginecólogo -ga *mf* gynecologist
ginesta *f* (bot.) Spanish broom
gineta *f* (zool.) genet
gingidio *m* (bot.) bishop's-weed
gingival *adj* gingival
gingivitis *f* (path.) gingivitis
gínglimo *m* (anat.) ginglymus, hinge joint
gingo *m* (bot.) gingko
giniatría *f* gyniatrics
ginóforo *m* (bot.) gynophore
ginsén *m* (bot.) ginseng (*plant and root*)
gipsófila *f* (bot.) gypsophila, babies'-breath
gira *f* var. of **jira**
girado -da *mf* (com.) drawee
girador -dora *mf* (com.) drawer
giralda *f* weathercock (*in form of person or animal*); **la Giralda** the Giralda (*square tower of cathedral of Seville, Spain, surmounted by bronze statue of Faith, which turns in the wind*)
giraldete *m* (eccl.) sleeveless rochet
giraldilla *f* small weathercock
giramachos *m* (*pl:* **-chos**) tap wrench
girándula *f* girandole
girante *adj* revolving
girar *va* to pay (*a visit*); (com.) to draw; *vn* to turn; to gyrate, to rotate; to revolve; to trade; (com.) to draw
girasol *m* (bot.) sunflower; sycophant
giratorio -ria *adj* revolving; gyratory; *f* revolving bookcase
giravión *m* gyroplane
girino *m* (ent.) whirligig; (obs.) tadpole
giro -ra *adj* (Am.) black-and-white (*cock*); yellow (*cock*); (Am.) cocky; *m* turn; gyration, rotation; revolution; turn, trend, course;

threat, boast; gash, slash; expression; turn (*of phrase*); line (*of business*); trade; (com.) draft; **giro a la vista** (com.) sight draft; **giro electrónico** (phys.) spin, electron spin; **giro postal** money order; *f* var. of **jira**
giroaleta *f* (naut.) gyrofin
girocompás *m* gyrocompass
giroestabilizador *m* (aer. & naut.) gyrostabilizer
girofié *m* (bot.) clove
girola *f* (arch.) apse aisle
girómetro *m* gyrometer
girón *m* var. of **jirón**
girondino -na *adj & m* (hist.) Girondist
giropiloto *m* (aer.) gyropilot
giroplano *m* (aer.) gyroplane
giroscópico -ca *adj* gyroscopic
giroscopio or **giróscopo** *m* gyroscope
girostático -ca *adj* gyrostatic; *f* gyrostatics
giróstato *m* gyrostat
gis *m* (archaic) chalk; (Am.) slate pencil
giste *m* var. of **jiste**
gitanada *f* gypsylike trick; fawning, flattery
gitanear *vn* to lead the life of a gypsy; to fawn, to flatter
gitanería *f* fawning, flattery; band of gypsies; gypsy life; gypsyism
gitanesco -ca *adj* gypsy, gypsyish
gitanismo *m* gypsies; gypsy life, gypsy lore; gypsyism
gitano -na *adj* gypsy; sly, tricky; flattering, honey-mouthed; *mf* gypsy; *m* Gypsy (*language*)
glabro -bra *adj* (bot. & zool.) glabrous
glaciación *f* glaciation, freezing
glacial *adj* glacial; frigid (*zone*); (chem.) glacial; (fig.) cold, indifferent
glaciar *m* glacier
glaciario -ria *adj* glacial
glacis *m* (*pl:* **-cis**) glacis; (fort.) glacis
gladiador *m* or **gladiator** *m* gladiator
gladiatorio -ria *adj* gladiatorial
gladio *m* (bot.) cattail, reed mace; (zool.) gladius
gladíolo *m* (bot.) cattail, reed mace; (bot.) gladiolus; (anat.) gladiolus (*mesosternum*)
glande *m* (anat.) glans penis
glándula *f* (anat. & bot.) gland; **glándula carótida** (anat.) carotid gland; **glándula cerrada** (anat.) ductless gland; **glándula endocrina** (anat.) endocrine gland; **glándula lagrimal** (anat.) lachrymal gland; **glándula mamaria** (anat.) mammary gland; **glándula paratiroides** (anat.) parathyroid gland; **glándula pineal** (anat.) pineal gland; **glándula pituitaria** (anat.) pituitary gland; **glándula prostática** (anat.) prostate gland; **glándula salival** (anat.) salivary gland; **glándula sebácea** (anat.) sebaceous gland; **glándula submaxilar** (anat.) submaxillary gland; **glándula sudorípara** (anat.) sweat gland; **glándula suprarrenal** (anat.) adrenal gland, suprarenal gland; **glándula tiroides** (anat.) thyroid gland
glandular *adj* glandular
glanduloso -sa *adj* glandulous
glasé *m* glacé silk
glaseado -da *adj* glacé; glossy, shiny
glasear *va* to calender, to satin; to glacé (*fruit, leather, etc.*); (paint.) to glaze
glasto *m* (bot.) woad
glauberita *f* (chem.) glauberite
glaucio *m* (bot.) horn poppy
glauco -ca *adj* glaucous; (bot.) glaucous; *m* (zool.) glaucus, sea slug
glaucoma *m* (path.) glaucoma
glaucomatoso -sa *adj* glaucomatous; *mf* sufferer from glaucoma
gleba *f* clod or lump of earth turned over by plow; estate, landed property
glena *f* (anat.) glenoid cavity
glenoideo -a *adj* glenoid
glera *f* gravel pit
glicérico *adj* (chem.) glyceric
glicérido *m* (chem.) glyceride
glicerilo *m* (chem.) glyceryl
glicerina *f* glycerin
glicerol *m* (chem.) glycerol
glicina *f* (bot.) Chinese wistaria; (chem.) glycine
glicogénico -ca *adj* glycogenic
glicógeno *m* (biochem.) glycogen
glicol *m* (chem.) glycol
glifo *m* (arch.) glyph
glioma *m* (path.) glioma
gliptografía *f* glyptography
global *adj* total; global, world-wide
globo *m* globe; balloon; globe, lamp shade; cell (*of dirigible*); **en globo** as a whole; in broad outlines; in bulk; **globo aerostático** balloon; **globo barrera** (mil.) barrage balloon; **globo cautivo** captive balloon; **globo celeste** (astr.) celestial globe; **globo cometa** kite balloon; **globo de fuego** (astr.) bolide; **globo del ojo** (anat.) eyeball; **globo de observación** observation balloon; **globo libre** free balloon; **globo piloto** pilot balloon; **globo sonda** sounding balloon, trial balloon; (fig.) trial balloon (*statement made to test public opinion*); **globo terráqueo** or **terrestre** globe (*earth; map of earth in form of sphere*)
globoso -sa *adj* globose, globate
globular *adj* globular; *va* to make round, to shape like a globe
globulina *f* (biochem.) globulin; **globulina gama** (physiol.) gamma globulin
glóbulo *m* globule; (bot.) globule; (physiol.) corpuscle; **glóbulo blanco** (physiol.) white corpuscle; **glóbulo rojo** (physiol.) red corpuscle
globuloso -sa *adj* globulose
glogló *m* var. of **gluglú**
glomérula *f* (bot.) glomerule
glomérulo *m* (anat.) glomerulus
gloria *f* glory; gloria (*fabric; halo*); ladylock (*pastry*); **estar en sus glorias** (coll.) to be in one's glory; **ganar la gloria** to go to glory (*to die*); **oler a gloria** (coll.) to smell heavenly; **saber a gloria** (coll.) to taste heavenly; (*cap.*) *m* (eccl.) Gloria
gloriar §90 *va* to glory, to glorify; *vr* to glory; **gloriarse de** to glory in (*e.g., one's achievements*); **gloriarse en** to glory in (*e.g., the Lord*)
glorieta *f* arbor, bower, summerhouse; square, public square; traffic circle
glorificable *adj* glorifiable
glorificación *f* glorification
glorificar §86 *va* to glorify; *vr* to be covered with glory; to glory
glorioso -sa *adj* glorious; proud, boastful; *f* (bot.) glory lily; **echar de la gloriosa** to boast of one's exploits, to show off; **la Gloriosa** the Virgin
glosa *f* gloss; gloss (*form of poem*); (mus.) variation
glosador -dora *adj* glossing; glossatorial; *mf* glosser; *m* glossator
glosar *va* to gloss; (Am.) to scold; *vn* to gloss; to find fault
glosario *m* glossary
glose *m* glossing, commenting
glosectomía *f* (surg.) glossectomy
glosis *f* (zool.) glossa
glositis *f* (path.) glossitis
glosopeda *f* (vet.) foot-and-mouth disease
glótico -ca *adj* glottal
glotis *f* (*pl:* **-tis**) (anat.) glottis
glotón -tona *adj* gluttonous; *mf* glutton; *m* (zool.) glutton (*Gulo gulo*)
glotonear *vn* to be gluttonous, to gormandize
glotonería *f* gluttony
gloxínea *f* (bot.) gloxinia
glucina *f* (chem.) glucina
glucinio *m* (chem.) glucinium or glucinum
glucoproteína *f* (biochem.) glycoprotein
glucosa *f* (biochem.) glucose
glucósido *m* (chem.) glucoside
glucosuria *f* (path.) glycosuria
gluglú *m* gurgle, glug; gobble (*of turkey*); **hacer gluglú** to gurgle, to glug
gluglutear *vn* to gobble (*said of a turkey*)
gluma *f* (bot.) glume
gluten *m* gluten
glutenoso -sa *adj* glutenous
glúteo -a *adj* (anat.) gluteal
glutinoso -sa *adj* glutinous
gnatión *m* (anat.) gnathion
gneis *m* (geol.) gneiss

G

gnéisico -ca *adj* gneissic
gnómico -ca *adj* gnomic
gnomo *m* gnome; (myth.) gnome
gnomon *m* gnomon
gnosticismo *m* Gnosticism
gnóstico -ca *adj & mf* Gnostic
gnu *m* var. of **ñu**
goa *f* (metal.) pig, bloom
gob. abr. of **gobierno**
gobelino *m* goblin
gobernable *adj* governable
gobernación *f* governing; government; interior, department of the interior; (Am.) territory
gobernador -dora *adj* governing; *m* governor; *f* woman governor; governor's wife
gobernalle *m* rudder, helm
gobernante *adj* ruling; *mf* ruler; *m* (coll.) self-appointed head
gobernar §18 *va* to govern; to guide, direct; to control, rule; to steer; *vn* to govern; to steer, e.g., **este buque no gobierna bien** this boat does not steer well
gobernoso -sa *adj* (coll.) orderly
gobierna *f* weather vane
gobierno *m* government; governor's office, governor's residence; governorship; management, control, rule; guidance; navigability (*of a ship*); **de buen gobierno** navigable (*ship*); **para su gobierno** for your guidance; **servir de gobierno** (coll.) to serve as guide; **gobierno de monigotes** puppet government; **gobierno doméstico** housekeeping; **gobierno exilado** government in exile; **gobierno local** local government; **gobierno títere** puppet government
gobio *m* (ichth.) gudgeon; (ichth.) goby
gob.no or **gob.o** abr. of **gobierno**
gob.r abr. of **gobernador**
goce *m* enjoyment
gocete *m* (archaic) collar of mail; (archaic) shield of mail for armpit
gocho -cha *mf* (coll.) hog
godesco -ca *adj* gay, merry
godo -da *adj* Gothic; *mf* Goth; Spanish noble; (Am. scornful) Spaniard
Godofredo *m* Godfrey
goecia *f* black magic
gofo -fa *adj* stupid, crude; (paint.) dwarf (*figure*)
gol *m* (football) goal
gola *f* gullet; (arm.) gorget; (fort.) gorge; (mil.) gorget (*military badge*); (arch.) cyma, ogee
goldre *m* quiver (*for arrows*)
goleta *f* (naut.) schooner
golf *m* (sport) golf
golfán *m* (bot.) white water lily
golfear *vn* (coll.) to live the life of a ragamuffin
golfería *f* mob of ragamuffins; knavery
golfín *m* (zool.) dolphin
golfista *mf* (sport) golfer
golfo -fa *mf* little scoundrel, ragamuffin (*of Madrid*); *m* gulf; open sea, main; faro (*game*); chaos, confusion; great number, multitude; (coll.) tramp, bum; **golfo Arábigo** Red Sea; **golfo de Adén** Gulf of Aden; **golfo de Bengala** Bay of Bengal; **golfo de Botnia** Gulf of Bothnia; **golfo de Corinto** Gulf of Corinth; **golfo de Gascuña** Bay of Biscay; **golfo de Méjico** Gulf of Mexico; **golfo de Panamá** Gulf of Panama; **golfo de San Lorenzo** Gulf of St. Lawrence; **golfo de Valencia** Gulf of Valencia; **golfo de Venecia** Gulf of Venice; **golfo de Vizcaya** Bay of Biscay; **golfo Pérsico** Persian Gulf
Gólgota, el (Bib.) Golgotha
Goliat *m* (Bib.) Goliath
golilla *f* gorget, ruff; magistrate's collar; sleeve, collar (*of terra-cotta pipe*); pipe flange; (Am.) necktie; (Am.) erectile bristles (*of fowl*); **ajustar** or **apretar la golilla a** (coll.) to bring to reason; (coll.) to hang, to garrote; *m* (archaic) magistrate; (archaic) civilian
golondrina *f* wanderer; (orn.) swallow; (ichth.) swallow fish; **golondrina cola tijera** (orn.) barn swallow (*Hirundo erythrogastra*); **golondrina de mar** (orn.) tern (*Hydrochelidon*); **golondrina purpúrea** (orn.) purple martin
golondrinera *f* (bot.) swallowwort, celandine
golondrino *m* male swallow; vagabond; deserter; (path.) tumor under armpit
golondro *m* desire, whim; (coll.) sponger; **andar de golondro** (coll.) to have a lot of wild ideas; **campar de golondro** (coll.) to be a sponger, live by one's wits
golosear *vn* var. of **golosinar**
golosina *f* sweet, delicacy, tidbit; eagerness, appetite, greediness; trifle; attraction
golosinar or **golosinear** *vn* to go around nibbling on sweets, to be always indulging in sweets
golosmear *vn* to sniff the cooking
goloso -sa *adj* sweet-toothed; gluttonous; greedy; *mf* gourmand
golpazo *m* bang, heavy blow, stroke, or knock; hard slap; pounding
golpe *m* blow, hit, beat, knock; stroke; bruise, bump; heartbeat; crowd, throng; flap (*of pocket*); trimming; mass, abundance; blow (*misfortune*); surprise, wonder; witticism; high spot; **a golpe seguro** with certainty; **caer de golpe** to collapse; **dar golpe** to make a hit, to be a sensation; **dar golpe a** to taste; **dar golpe en bola** to come off with flying colors; **de golpe** suddenly, all at once; **de golpe y porrazo** or **zumbido** (coll.) slam-bang; **de un golpe** at one stroke, at one time; **matar a golpes** to beat to death; **no dar golpe** to not do a stroke of work; **golpe de agua** water hammer; **golpe de arco** (mus.) bowing; **golpe de ariete** water hammer; **golpe de estado** coup d'état; **golpe de fortuna** lucky hit, stroke of luck; **golpe de gancho** (box.) hook; **golpe de gracia** coup de grâce, finishing stroke; **golpe de mano** (mil.) surprise attack; **golpe de mar** surge, heavy sea; **golpe de ojo** insight; glance; **golpe de pechos** beating one's bosom or breast; **golpe de teatro** dramatic turn of events; **golpe de tijera** scissors kick (*in swimming*); **golpe de tos** coughing spell, fit of coughing; **golpe de viento** (naut.) gust of wind; **golpe de vista** glance, look; **golpe en vago** miss; flop, failure; (baseball) strike; **golpe inverso** (box.) jab; **golpe lateral** (box.) swing; **golpe mortal** deathblow; **golpe teatral** dramatic turn of events
golpeadero *m* spot worn from beating; place struck by falling water; beating sound
golpeador -dora *adj* striking, beating, knocking; *mf* striker, beater, knocker; *m* (Am.) door knocker
golpeadura *f* striking, hitting, beating, knocking
golpear *va* to strike, hit, beat, knock; to bruise, bump; *vn* to beat, to knock; to tick; to knock (*said of an automobile motor*)
golpeo *m* var. of **golpeadura**
golpete *m* door catch, window catch (*to hold door or window open*); **jugar de golpete** (coll.) to cheat in weighing
golpetear *va & vn* to beat, knock, hammer, pound; to rattle
golpeteo *m* beating, knocking, hammering, pounding; rattling
gollería *f* dainty, delicacy; (coll.) favor, extra
golletazo *m* blow on the neck of a bottle (*to open it*); sudden termination of negotiations; (taur.) stab in the lungs
gollete *m* throat, neck; neck (*e.g., of bottle*); neckband (*of religious habit*); **estar hasta el gollete** (coll.) to have enough, to be out of patience; to be full (*of food*); to be stuck
gollizno or **gollizo** *m* gully, ravine
golloría *f* var. of **gollería**
goma *f* gum, rubber; eraser, rubber; elastic, rubber band; tire; mucilage; (path.) gumma; (plant path.) gumming disease; (Am.) hangover; **goma adragante** tragacanth; **goma arábiga** gum arabic; **goma de borrar** eraser, rubber; **goma de mascar** chewing gum; **goma elástica** gum elastic; **goma espumosa** foam rubber; **goma guta** gamboge; **goma laca** shellac; **goma para pegar** mucilage; **goma quino** kino gum

gomaguta *f* gamboge
gomecillo *m* (coll.) blind man's guide
gomero -ra *adj* (pertaining to) gum, rubber; *m* rubber man, rubber producer; rubber-plantation worker; (bot.) gum tree
gomia *f* dragon (*in Corpus Christi procession*); bugaboo, bugbear; (coll.) glutton; waster, destroyer (*agent, cause*)
gomífero -ra *adj* gummiferous, gum-bearing
gomista *mf* dealer in rubber goods
Gomorra *f* (Bib.) Gomorrah or Gomorrha
gomorresina *f* gum resin
gomosería *f* dudishness
gomosidad *f* gumminess; stickiness
gomosis *f* (plant path.) gummosis
gomoso -sa *adj* gummy; (pertaining to) gum; *m* dude, dandy
gónada *f* (anat.) gonad
gonce *m* var. of **gozne**
góndola *f* gondola; (rail.) gondola
gondolero *m* gondolier
gonfalón *m* var. of **confalón**
gonfaloniero *m* var. of **confaloniero**
gongo *m* gong
gongorino -na *adj* Gongoristic; *mf* Gongorist
gongorismo *m* Gongorism
gongorizar §76 *vn* to be Gongoristic, to use Gongorisms
gonia *f* (biol.) gonium
gonidio *m* (bot.) gonidium
goniometría *f* goniometry
goniómetro *m* goniometer; **goniómetro de aplicación** contact goniometer
gonococo *m* (bact.) gonococcus
gonóforo *m* (bot. & zool.) gonophore
gonorrea *f* (path.) gonorrhea
gonorreico -ca *adj* gonorrheal
gorbión *m* var. of **gurbión**
gordal *adj* big, large-size
gordana *f* animal fat
gordiano -na *adj* Gordian
gordiflón -flona or **gordinflón -flona** *adj* (coll.) chubby, pudgy
gordo -da *adj* fat, stout, corpulent, plump; fatty, greasy, oily; big, large; coarse; whopping big; hard (*water*); **hablar gordo** (coll.) to talk big; **se armó la gorda** (coll.) there was a big hullabaloo; *m* fat, suet; (coll.) first prize (*in lottery*)
gordolobo *m* (bot.) mullein, great mullein
gordura *f* fatness, stoutness, corpulence; fat, grease
gorfe *m* deep whirlpool
gorga *f* hawk's meal; whirlpool
gorgojar *vr* var. of **agorgojar**
gorgojo *m* (ent.) grub, weevil; (coll.) dwarf, tiny person
gorgojoso -sa *adj* grubby, weevily
gorgón *m* (Am.) concrete
Gorgona *f* (myth.) Gorgon
gorgonear *vn* to gobble (*said of a turkey*)
gorgóneo -a *adj* Gorgon, Gorgonian
gorgonzola *m* Gorgonzola (*cheese*)
gorgorán *m* grogram
gorgorita *f* little bubble; (coll.) trill
gorgoritear *vn* (coll.) to trill
gorgorito *m* (coll.) trill; **hacer gorgoritos** (coll.) to trill
gorgorotada *f* gulp
gorgotear *vn* to gurgle, burble
gorgoteo *m* gurgle, burble, burbling
gorgotero *m* peddler, hawker
gorguera *f* ruff; (arch.) gorgerin; (arm.) gorget
gorguz *m* (*pl:* **-guces**) javelin; pole used for removing pine cones
gorigori *m* (coll.) mournful singing at a funeral
gorila *m* (zool.) gorilla
gorja *f* gorge, throat; **estar de gorja** (coll.) to be full of joy
gorjal *m* (arm.) gorget; (eccl.) scarf
gorjear *vn* to warble, to trill; *vr* to gurgle (*said of a baby*)
gorjeo *m* warble, trill; warbling; gurgle (*of a baby*)
gorjerete *m* (surg.) gorget
gorra *f* cap; busby; sponging, bumming; **andar de gorra** to sponge; **colarse de gorra** (coll.) to crash the gate; **comer de gorra** to eat at the expense of other people; **hablarse de gorra** (coll.) to bow without speaking, to greet each other without speaking; **vivir de gorra** to live on other people; **gorra de pelo** (mil.) bearskin cap; **gorra de visera** cap
gorrada *f* tipping the hat
gorrear *vn* (Am.) to sponge
gorrero -ra *mf* maker of caps and headwear, dealer in caps and headware; (coll.) sponger
gorretada *f* tipping the hat
gorrilla *f* small cap; peasant's hat
gorrín *m* var. of **gorrino**
gorrinada *f* pigs, drove of pigs; (coll.) piggishness
gorrinera *f* pigpen, pigsty; (coll.) pigpen (*filthy place*)
gorrinería *f* dirt, filth; piggishness
gorrino -na *mf* sucking pig; hog; (fig.) pig
gorrión *m* (orn.) sparrow; **gorrión triguero** (orn.) bunting
gorriona *f* female sparrow
gorrionera *f* (coll.) den of thugs, den of vice
gorrista *adj* sponging; *mf* sponger
gorro *m* cap, bonnet; baby's bonnet; **aguantar el gorro** to give in; **apretarse el gorro** (coll.) to beat it, to duck out; **gorro de dormir** nightcap; **gorro frigio** liberty cap
gorrón -rrona *adj* sponging; *mf* sponger, dead beat; *m* pebble; lazy silkworm; tailings; pivot; (mach.) gudgeon, journal; *f* prostitute
gorronal *m* pebbly spot
gorronear *vn* to sponge
gorullo *m* ball, lump (*e.g., of wool*)
gorupo *m* granny knot
gosipino -na *adj* cotton, cottony
gota *f* drop; (path.) gout; **gotas** *fpl* drops (*medicine*); touch of rum or brandy dropped in coffee; **llover a gotas espaciadas** to sprinkle, to rain in scattered drops; **sudar la gota gorda** (coll.) to work one's head off; **gota a gota** drop by drop
goteado -da *adj* splattered, speckled
gotear *vn* to drip; to dribble; to sprinkle (*to rain in scattered drops*)
goteo *m* dripping; dribbling
gotera *f* leak; drip, dripping; mark left by dripping water; valance; (plant path.) tree disease caused by infiltration of water into trunk; **goteras** *fpl* (coll.) aches, pains; **estar lleno de goteras** (coll.) to be full of aches and pains
goterón *m* big raindrop; (arch.) throat
gótica *f* see **gótico**
goticismo *m* Gothicism
gótico -ca *adj* Gothic; (f.a.) Gothic; (print.) black-letter; noble, illustrious; *m* Gothic (*language*); (f.a.) Gothic; *f* (print.) black letter, Old English
Gotinga *f* Göttingen
gotón -tona *adj & mf* Goth
gotoso -sa *adj* gouty; *mf* gout sufferer
goyesco -ca *adj* (pertaining to) Goya; in the style of Goya
gozar §76 *va* to enjoy, possess; *vn* to enjoy oneself; **gozar de** to enjoy, possess; *vr* to enjoy oneself; to rejoice; **gozarse en** + *inf* to enjoy + *ger*
gozne *m* hinge
gozo *m* joy, rejoicing; blaze from dry chips of wood; **gozos** *mpl* couplets in praise of the Virgin; **brincar** or **saltar de gozo** (coll.) to leap with joy; **no caber en sí de gozo** (coll.) to be beside oneself with joy
gozoso -sa *adj* joyful; **gozoso con** or **de** joyful over
gozque *m* or **gozquejo** *m* little yapper (*dog*)
gr. abr. of **gramo**
Graal *m* var. of **Grial**
grabación *f* engraving; recording (*of phonograph record*); **grabación de alambre** wire recording; **grabación sobre cinta** tape recording
grabado *m* engraving (*act, art, plate, and picture*); picture, print, cut; recording (*of phonograph record*)
grabador -dora *adj* recording; *mf* engraver; *f* recorder; **grabadora de alambre** wire recorder; **grabadora de cinta** tape recorder
grabadura *f* engraving

grabar *va* to engrave; to record (*a sound, a song, a phonograph record, etc.*); (fig.) to engrave (*e.g., on the memory*); **grabar en** or **sobre cinta** to tape-record; *vr* to become engraved (*on the memory*)
grabazón *f* carved onlays
gracejada *f* (Am.) clownishness, cheap comedy
gracejar *vn* to be engaging, be fascinating (*in what one says*); to have a light touch, be witty
gracejo *m* charm, winsome manner; lightness, wit; (Am.) clown
gracia *f* grace (*gracefulness, charm; favor; pardon*); joke, witticism, witty remark; point (*of a joke*); (theol.) grace; (coll.) name, e.g., **¿cuál es su gracia de Vd.?** what is your name?; **gracias** *fpl* thanks; **caer de la gracia de** to get into the bad graces of; **caer en gracia a** to please, be pleasing to; **dar en la gracia de decir** (coll.) to harp on; **de gracia** gratis, gratuitously; **decir dos gracias a uno** (coll.) to tell someone a thing or two; **en gracia a** because of; **estar en gracia cerca de** to be in the good graces of; **hacer gracia** to please, be pleasing; **hacer gracia de algo a uno** to exempt or free someone from something; **hacerle a uno gracia** to strike someone as funny; **las Gracias** (myth.) the Graces; **¡linda gracia!** nonsense!; **no estar de gracia** or **para gracias** to be in no mood for joking; **no verle la gracia a uno** to not think that someone is funny; **pedir una gracia** to ask a favor; **tener gracia** to be funny, be astounding; **gracia de Dios** air and sunshine; daily bread; **gracia de niño** cuteness, brightness (*of a child*); **gracias a** thanks to (*because of; owing to*); **¡gracias!** thanks!; **¡gracias a Dios!** thank heavens!
graciable *adj* gracious, kindly; easy to grant
grácil *adj* gracile, thin, slender; tiny
graciola *f* (bot.) hedge hyssop
graciosamente *adv* gracefully; graciously; wittily; gratis
graciosidad *f* gracefulness; graciousness; wit, wittiness
gracioso -sa *adj* graceful; attractive; gracious; witty; free, gratis, gratuitous; strange; *mf* (theat.) comic, clown; *m* (theat.) gracioso (*gay, comic character in Spanish comedy*)
Graco *m* Gracchus
grada *f* step; row of seats, gradin; grandstand, tiers of seats; grille or wicket in the parlor of a convent; step in front of altar; (agr.) harrow; slip (*inclined plane on which ship is built*); (min.) stope; **gradas** *fpl* stone steps (*in front of building*); **grada de discos** (agr.) disk harrow
gradación *f* gradation; (gram.) comparison (*of adjective*)
gradado -da *adj* stepped
gradar *va* (agr.) to harrow
gradeo *m* (agr.) harrowing
gradería *f* rows of seats (*in an amphitheater or stadium*); bleachers; stone steps (*in front of building, in garden, etc.*); **gradería cubierta** grandstand
gradiente *m* (math. & meteor.) gradient; (Am.) gradient (*slope*)
gradilla *f* small stepladder; tile mold, brick mold; (chem.) tube rack; (eccl.) gradin
gradina *f* gradine
gradinar *va* to carve with a gradine
gradíolo *m* var. of **gladíolo**
grado *m* step; grade, degree; grade (*class in school*); (educ.) degree (*e.g., of bachelor*); (gram., math. & mus.) degree; (mil.) rank; **grados** *mpl* (eccl.) minor orders; **a mal de mi grado** against my wishes, unwillingly; **de buen grado** willingly, gladly; **de grado** willingly, gladly; **de grado en grado** by degrees; **de grado o por fuerza** willy-nilly; **de mal grado** unwillingly; **de su grado** willingly; **en alto grado** to a great extent; **en grado superlativo** or **en sumo grado** in the highest degree; **mal de mi grado** against my wishes, unwillingly; **¡grado a Dios!** thank heavens!
graduable *adj* adjustable
graduación *f* graduation; grading; standing; strength (*of spirituous liquor*); (mil.) rank
graduador *m* (elec.) graduator
gradual *adj* gradual; *m* (eccl.) gradual
graduando -da *adj* graduating; *mf* graduate, candidate for a degree
graduar §33 *va* to graduate; to grade; to regulate (*e.g., a spigot, valve, potentiometer*); to estimate, evaluate, appraise; to graduate (*a student*); **graduar de** to graduate (*a student*) as (*e.g., a bachelor*); (mil.) to give the rank of (*e.g., captain*) to; **graduar de** or **por** to grade as (*good, bad, etc.*); *vr* to graduate, be graduated; **graduarse de** to receive the degree of (*e.g., bachelor*)
grafía *f* spelling; (gram.) graph
gráfico -ca *adj* graphic or graphical; printing; illustrated; picture, camera; *m* diagram; *f* graph; picture
grafila or **gráfila** *f* knurl, milled edge of coin
grafioles *mpl* S-shaped cakes or biscuits
grafito *m* graphite; (archeol.) graffito
grafología *f* graphology
grafomanía *f* graphomania
grafómetro *m* graphometer
grafospasmo *m* writer's cramp
gragea *f* small colored candy; sugar-coated pill
grajear *vn* to caw; to chatter; to gurgle (*said of a baby*)
grajero -ra *adj* (pertaining to the) rook or crow; full of or haunted by rooks or crows
grajiento -ta *adj* (Am.) foul, noisome
grajo -ja *mf* (orn.) rook, crow; **grajo de pico amarillo** (orn.) chough, alpine chough
gral. abr. of **general**
grama *f* (bot.) Bermuda grass; **grama del norte** (bot.) couch grass, quitch; **grama de olor** or **de los prados** (bot.) vernal grass
gramaje *m* weight (*in grams of a sheet of paper one meter square*)
gramal *m* field of Bermuda grass, quitch field
gramalote *m* (bot.) guinea grass
gramalla *f* coat of mail
gramática *f* see **gramático**
gramatical *adj* grammatical
gramático -ca *adj* grammatical; *mf* grammarian; *f* grammar; **gramática parda** (coll.) shrewdness, craftiness
gramatiquear *vn* (coll.) to bore with questions of grammar, to be always correcting someone's grammar
gramatiquería *f* (coll.) grammatical hairsplitting
gramil *m* gauge, marking gauge, joiner's gauge
gramilla *f* scutching board; (bot.) joint grass
gramíneo -a *adj* gramineous
graminívoro -ra *adj* graminivorous
gramión *m* (chem.) gram ion
gramo *m* gram
gramofónico -ca *adj* phonograph
gramófono *m* gramophone
gramola *f* console phonograph; portable phonograph
gramoso -sa *adj* Bermuda-grass
grampa *f* clamp
gran *adj* apocopated form of **grande,** used before nouns of both genders in the singular
grana *f* seeding; seeding time; seed; (ent.) cochineal; kermes (*dyestuff*); red; fine scarlet cloth; **dar en grana** to go to seed; **grana del paraíso** (bot.) cardamon; **grana encarnada** (bot.) pokeberry
granada & **Granada** *f* see **granado**
granadera *f* grenadier's pouch
granadero *m* grenadier
granadilla *f* (bot.) passionflower (*plant and flower*); passion fruit
granadino -na *adj* (pertaining to) Granada; *mf* native or inhabitant of Granada; *m* pomegranate flower; *f* grenadine (*fabric; syrup*)
granado -da *adj* choice, select, distinguished; mature, expert; tall, lanky; *m* (bot.) pomegranate; **granado blanco** (bot.) rose of Sharon; *f* pomegranate (*fruit*); grenade; (*cap.*) *f* Granada; **la Nueva Granada** New Granada; **granada de mano** hand grenade; **granada de metralla** shrapnel; **granada extintora** fire grenade
granalla *f* granulated metal; filings; **granalla de carbón** carbon granules
granangular *adj* (opt.) wide-angle

granar *va* to grain (*powder*); *vn* to seed
granate *m* garnet (*stone and color*); **granate almandino** deep-red garnet; *adj invar* garnet
granazón *f* seeding; **no llegar a granazón** to fall by the wayside
Gran Bretaña, la Great Britain
grande *adj* big, large; great; *m* grandee; **en grande** as a whole; on a grand scale; in a big way; **grande de España** grandee, Spanish grandee
grandevo -va *adj* (poet.) aged, hoary
grandeza *f* bigness, largeness; greatness; grandeur; size; grandeeship; grandees
grandilocuencia *f* grandiloquence
grandilocuente or **grandílocuo -cua** *adj* grandiloquent
grandillón -llona *adj* (coll.) oversize, overgrown
grandiosidad *f* grandeur, magnificence
grandioso -sa *adj* grandiose, grand
grandísono -na *adj* (poet.) high-sounding, resounding
grandor *m* size
grandote -ta *adj* (coll.) pretty big, biggish
grandullón -llona *adj* (coll.) var. of **grandillón**
graneado -da *adj* ground; spattered; heavy and continuous (*firing*)
graneador *m* stipple graver
granear *va* to sow; to grain (*powder; a lithographic stone*); to stipple
granel; a granel at random; loose, in bulk; lavishly, in abundance
granelar *va* to grain (*leather*)
graneo *m* sowing; stippling
granero -ra *adj* (pertaining to) grain; *mf* grain dealer; *m* granary; (fig.) granary (*region*)
granetazo *m* blow with a punch; punch mark
granete *m* center punch
granetear *va* to punch, mark with a punch
granetería *f* grain business
granetero -ra *mf* grain dealer
granévano *m* (bot.) goat's-thorn, tragacanth
granguardia *f* (mil.) grand guard
granífugo -ga *adj* hail-dispersing
granilla *f* grape seed
granillo *m* fine grain; profit, gain
granilloso -sa *adj* granular
granítico -ca *adj* granite; granitic
granito *m* granite; **echar un granito de sal** (coll.) to add spice to what one says
granívoro -ra *adj* granivorous
granizada *f* hailstorm; (fig.) hailstorm; (Am.) ice drink
granizado *m* water ice
granizal *m* (Am.) hailstorm
granizar §76 *va* to hail; to sprinkle; *vn* to hail
granizo *m* hail; (fig.) hail (*abundance*)
granja *f* grange, farm; dairy; country place; **granja escuela** farm school
granjeador -dora *adj* (Am.) ingratiating; *mf* (Am.) ingratiating person
granjear *va* to gain, to earn; to win, win over; *vr* to win, win over; to draw (*applause*)
granjeo *m* gain, profit; winning
granjería *f* farming, husbandry; gain, profit
granjero -ra *mf* farmer; *m* husbandman
grano *m* grain; grape, berry; (path.) pimple; grain (*weight*); **granos** *mpl* grain; **con un grano de sal** with a grain of salt; **ir al grano** (coll.) to come to the point; **grano de belleza** beauty spot; **grano de café** coffee bean; **granos de amor** (bot.) gromwell
granoso -sa *adj* granular (*surface*)
granuja *f* loose grape; grapestone, grapeseed; *m* scoundrel; (coll.) waif, little waif
granujada *f* rascality, deviltry
granujería *f* gang of scalawags; rascality
granujo *m* (coll.) pimple, pustule
granujoso -sa *adj* pimpled, pimply, pustular
granulación *f* granulation
granular *adj* granular; pimply; *va* to granulate; *vr* to granulate; (path.) to granulate
granulita *f* or **granulito** *m* (geol.) granulite
gránulo *m* granule; (bot. & pharm.) granule
granuloso -sa *adj* granular; (path.) granular; *f* (chem.) granulose
granza *f* (bot.) madder; pea coal; **granzas** *fpl* chaff; screenings, siftings; dross
granzón *m* piece of ore that won't pass through sieve; **granzones** *mpl* knots of hay that won't pass through sieve and that are left uneaten by cattle
grañón *m* boiled wheat grains
grao *m* beach, shore
grapa *f* staple; clip, clamp
grasa *f* see **graso**
grasera *f* vessel for fat or grease; (cook.) dripping pan
grasería *f* tallow chandler's shop
grasero *m* slag dump
graseza *f* fattiness, greasiness
grasiento -ta *adj* greasy
grasilla *f* pounce (*fine powder*)
graso -sa *adj* fatty, greasy; (chem.) fatty; *m* fattiness, greasiness; *f* fat, grease; pounce (*fine powder*); (chem.) fat; (Am.) shoe polish, shoe shine; **grasas** *fpl* slag; **grasa de ballena** blubber
grasones *mpl* porridge, wheat porridge
grasoso -sa *adj* fatty, greasy
grasura *f* var. of **grosura**
grata *f* see **grato**
gratar *va* to clean or burnish with a wire brush
gratificación *f* gratification, reward, fee; bonus
gratificador -dora *adj* gratifying; rewarding; tipping; *mf* gratifier; rewarder; tipper
gratificar §86 *va* to gratify; to reward; to tip, to fee
gratil *m* or **grátil** *m* (naut.) leech; (naut.) slings (*middle part of yard*)
gratín *m;* **al gratín** (cook.) au gratin
gratis *adv* gratis
gratisdato -ta *adj* gratis, free
gratitud *f* gratitude
grato -ta *adj* pleasing; free; (Am.) grateful; *f* favor (*letter*); wire brush
gratonada *f* chicken stew
gratuitamente *adv* gratuitously; free, gratis
gratuito -ta *adj* gratuitous
gratulación *f* gratulation
gratular *va* to congratulate; *vr* to rejoice
gratulatorio -ria *adj* gratulatory, congratulatory
grauvaca *f* (geol.) graywacke
grava *f* gravel; crushed stone; **grava provechosa** (min.) pay dirt
gravamen *m* burden, obligation; encumbrance; assessment
gravar *va* to burden, to encumber; to assess (*property*)
gravativo -va *adj* burdensome, heavy; dragging, heavy (*pain*)
grave *adj* heavy (*having weight*); grave, serious, solemn; hard, difficult; annoying; ill, sick; grave, deep, low (*sound*); noble, majestic (*music*); (gram.) paroxytone; (gram.) grave (*accent*)
gravear *vn* to rest, press, weigh
gravedad *f* gravity; (phys. & mus.) gravity; **de gravedad** seriously; **gravedad nula** weightlessness
gravedoso -sa *adj* heavy, pompous
gravela *f* (path.) gravel
grávida *f* see **grávido**
gravidez *f* gravidity
grávido -da *adj* gravid; (poet.) full, loaded, abundant; *f* pregnant woman
gravimetría *f* gravimetry
gravimétrico -ca *adj* gravimetric or gravimetrical
gravitación *f* (phys.) gravitation
gravitacional *adj* gravitational
gravitar *vn* to gravitate; to rest, press; **gravitar sobre** to be a burden to; to encumber; to live on (*another person*)
gravoso -sa *adj* onerous, burdensome, costly; boring, tiresome
graznador -dora *adj* cawing, croaking; cackling
graznar *vn* to caw, to croak; to cackle; to not know what one is talking about; to cackle (*in singing*)
graznido *m* caw, croak; cackle; chatter, jabber; cackle, cackling (*of a singer*)
greba *f* greave
greca *f* see **greco**
Grecia *f* Greece

G

greciano -na or **grecisco -ca** *adj* Grecian
grecismo *m* Grecism
grecizar §76 *va & vn* to Grecize
greco -ca *adj & mf* Grecian, Greek; *f* Grecian fret
grecolatino -na *adj* Greco-Latin
grecorromano -na *adj* Greco-Roman
greda *f* clay, fuller's earth
gredal *adj* clayey; *m* clay pit
gredoso -sa *adj* clayey
gregal *adj* gregarious; *m* northeast wind (*in Mediterranean*)
gregario -ria *adj* gregarious; slavish
gregoriano -na *adj* Gregorian
Gregorio *m* Gregory
greguería *f* shouting, hubbub; **greguerías** *fpl* (lit.) impressionistic imagery in epigrammatic prose
gregüescos *mpl* pantaloons, wide breeches (*worn in sixteenth and seventeenth centuries*)
greguisco -ca *adj* Grecian
greguizar §76 *va* to Grecize
gremial *adj* (pertaining to a) union; *m* guildsman; union man, union member; (eccl.) gremial
gremio *m* guild, corporation; society, association; union, trade union; lap; **gremio solteril** single blessedness
grenchudo -da *adj* long-haired, long-maned
greña *f* shock, tangled mop (*of hair*); entanglement; (prov.) heap of grain to be thrashed; (prov.) first leaves of new shoot; **andar a la greña** (coll.) to pull each other's hair; (coll.) to get into a hot argument
greñudo -da *adj* shock-headed; dishevelled; *m* shy horse
gres *m* sandstone; siliceous clay; stoneware
gresca *f* clamor, uproar; quarrel, row
grey *f* flock; group, party; people, nation; congregation (*of faithful*)
Grial *m* Grail; **Santo Grial** Holy Grail
griego -ga *adj* Greek; *mf* Greek; (coll.) greek (*cheat, sharper*); *m* Greek (*language*); **hablar en griego** (coll.) to talk unintelligibly
grieta *f* crack, crevice, fissure; chap (*in skin*)
grietado -da *adj* crackled; *m* (f.a.) crackle (*cracked surface*); (f.a.) crackleware
grietar *vr* to crack, to split; to become chapped
grietoso -sa *adj* cracky, cracked
grifa *f* see **grifo**
grifería *f* faucets, spigots; spigot shop
grifo -fa *adj* curly, tangled; (Am.) bristly, bristling; (Am.) haughty, arrogant; (Am.) drunk; (Am.) colored; **ponerse grifo** (Am.) to stand on end (*said of hair*); *mf* (Am.) mulatto; (Am.) drug addict; *m* faucet, spigot, cock; (myth.) griffin; (Am.) gas station; *f* hashish, marijuana
grifón *m* large faucet or spigot
grigallo *m* (orn.) capercaillie
grilla *f* female cricket; (rad.) grid; (coll.) lie; **¡ésa es grilla!** (coll.) you expect me to believe that!
grillar *vr* to shoot, sprout
grillera *f* cricket hole; cricket cage
grillero *m* jailer (*who shackles prisoners*); cricket dealer
grillete *m* fetter, shackle
grillo *m* (ent.) cricket; shoot, sprout; drag, obstacle; gyve; **grillos** *mpl* fetters, shackles; **andar a grillos** (coll.) to trifle away one's time; **grillo cebollero** or **real** (ent.) mole cricket
grillotalpa *f* (ent.) mole cricket
grima *f* annoyance, horror; **dar grima a** to annoy, horrify, grate on the nerves of
grimoso -sa *adj* annoying, horrifying
grímpola *f* (naut.) pennant, streamer
gringo -ga *mf* (scornful) foreigner; (Am.) gringo (*Anglo-Saxon*); *m* (coll.) gibberish
griñolera *f* (bot.) rose box
griñón *m* wimple; nectarine
gripal *adj* of grippe, grippal
gripe *f* (path.) grippe
gris *adj* gray; dull, gloomy; *m* gray; (zool.) miniver, Siberian squirrel; (coll.) cold, cold wind; **hacer gris** (coll.) to be sharp, be brisk (*said of weather*)
grisáceo -a *adj* grayish
grisalla *f* (f.a.) grisaille
grisar *va* to polish (*diamonds*)
griseta *f* flowered silk; grisette; (plant path.) tree disease caused by infiltration of water into trunk
grisiento -ta *adj* (Am.) grayish
grisú *m* (*pl:* **-súes**) (min.) firedamp
grita *f* outcry, shout; tumult, hubbub; **dar grita a** (coll.) to hoot at
gritador -dora *adj* crying, shouting, screaming; *mf* crier, shouter, screamer
gritar *vn* to cry out, to shout
gritería *f* or **griterío** *m* outcry, shouting, uproar
grito *m* cry, shout; scream, shriek; **a grito herido** or **pelado** in a loud shriek; **alzar el grito** (coll.) to raise one's voice brazenly; **asparse a gritos** (coll.) to scream wildly (*said of a child*); (coll.) to shout at the top of one's voice; **estar en un grito** to moan in constant pain; **el último grito** (coll.) the latest thing, all the rage; **poner el grito en el cielo** (coll.) to raise the roof, to complain loudly; **poner el grito en el cielo contra** (coll.) to cry out against
gritón -tona *adj* (coll.) shouting, screaming; *mf* (coll.) shouter, screamer
griva *f* (orn.) missel thrush
gro. abr. of **género**
gro *m* grosgrain
groar *vn* to croak (*said of frogs*)
Grocio *m* Grotius
groelandés -desa *adj & mf* var. of **groenlandés**
Groelandia *f* var. of **Groenlandia**
groenlandés -desa *adj* Greenlandic; *mf* Greenlander
Groenlandia *f* Greenland
groera *f* (naut.) rope hole
gromo *m* bud
grosella *f* currant (*fruit*); **grosella silvestre** gooseberry (*fruit*)
grosellero *m* (bot.) currant (*plant*); **grosellero silvestre** (bot.) gooseberry (*plant*)
grosería *f* grossness, coarseness, crudeness; churlishness, rudeness; stupidity; vulgarity
grosero -ra *adj* gross, coarse, rough, crude; churlish, rude; stupid; vulgar; *mf* churl, boor, mucker
grosísimo -ma *adj super* very or most thick or bulky; very coarse; very stout
grosor *m* thickness, bulk
grosulariáceo -a *adj* (bot.) grossulariaceous
grosura *f* fat, suet, tallow; meat, meat diet; parts of animals (*head, legs, intestines, etc.*); coarseness; ordinariness, vulgarity; (obs.) Saturday
grotesco -ca *adj* grotesque (*ridiculous*); (f.a.) grotesque; *m* (f.a.) grotesque
grúa *f* crane, derrick; **grúa corredera** or **corrediza** traveling crane; **grúa de auxilio** wrecking crane; **grúa de caballete** gantry crane; **grúa de tijera** shears (*hoisting device*)
grúa-remolque *m* tow truck
grueso -sa *adj* thick, bulky, heavy, big, gross; coarse, ordinary; stout; rough, heavy (*seas*); heavy (*line; rug, carpet*); *m* thickness; bulk; heavy stroke (*in writing*); **en grueso** in gross or in the gross; *f* gross (*twelve dozen*)
gruir §41 *vn* to crunk (*said of a crane*)
grujidor *m* glazier's nippers; glass cutter
grujir *va* to trim (*glass*) with nippers
grulla *f* (orn.) crane; **grulla de Numidia** (orn.) Numidian crane, demoiselle crane
grullada *f* flock of cranes; (coll.) gang of loafers; (coll.) platitude
grumete *m* (naut.) cabin boy, ship's boy
grumo *m* clot; curd; bunch, cluster; bud; wing tip (*of bird*); (arch.) Gothic finial
grumoso -sa *adj* clotty; curdly; bunchy, clustered
gruñente *adj* grunting; growling; *m* (slang) grunter (*hog*)
gruñido *m* grunt; growl; grumble; creak; (coll.) scolding
gruñidor -dora *adj* grunting; growling; (coll.) grumbling, discontent; *mf* grunter; growler; (coll.) grumbler

gruñimiento *m* grunting; growling; grumbling
gruñir §25 *vn* to grunt; to growl; to grumble; to creak (*said, e.g., of a door*)
gruñón -ñona *adj* (coll.) grumbly, grumpy
grupa *f* croup, rump (*of horse*)
grupada *f* squall
grupera *f* crupper; pillion, cushion back of saddle for baggage
grupeto *m* (mus.) turn, grupetto
grupo *m* group; (mach. & elec.) unit, set; granny knot; **grupo carboxilo** (chem.) carboxyl group; **grupo de carga** (elec.) battery-charging unit or set; **grupo de motor y generador** (elec.) motor generator set; **grupo electrógeno** (elec.) generator unit, generating unit; **grupo motopropulsor** (elec.) electric drive, motor drive; (aer.) power plant; **grupo motor** (aut.) power plant; **grupo sanguíneo** blood group, blood type
gruta *f* grotto; **gruta Coriciana** Corycian Cave
grutesco -ca *adj & m* (f.a.) grotesque
gruyère *m* Gruyère, Swiss cheese
gte. abr. of **gerente**
guaca *f* (Am.) Indian tomb; (Am.) hidden treasure; (Am.) Indian altar
guacal *m* (Am.) crate
guacamayo -ya *adj* (Am.) flashy, sporty; *m* (orn.) macaw
guacamole *m* (Am.) avocado salad
guacia *f* (bot.) acacia (*plant and gum*)
guaco *m* (bot.) guaco; (orn.) curassow
guachapear *va* (coll.) to splash with the feet; (coll.) to botch, bungle; *vn* to clatter, to clank
guacharaca *f* (orn.) chachalaca
guácharo -ra *adj* sickly, dropsical; *m* (orn.) oilbird
guachinango -ga *adj* (Am.) cunning, flattering; *mf* (offensive term used by Cubans) Mexican; *m* (ichth.) red snapper; *f* (Am.) wooden bar (*across a door or window*)
guacho -cha *adj* (Am.) homeless, motherless, orphan; (Am.) odd, unmatched (*e.g., shoe*)
guadafiones *mpl* fetterlock (*shackle*)
guadal *m* bog, swamp; (Am.) bamboo grass; (Am.) dune, sand hill
Guadalupe *f* Guadeloupe
guadamací *m* (*pl:* **-cíes**) embossed leather, stamped leather; **guadamací brocado** gold or silver embossed leather
guadamacil *m* var. of **guadamací**
guadamacilería *f* embossed-leather business; embossed-leather shop
guadamacilero *m* embossed-leather maker or dealer
guadamecí *m* (*pl:* **-cíes**) var. of **guadamací**
guadamecil *m* var. of **guadamací**
guadaña *f* scythe
guadañador -dora *adj* mowing; *f* mowing machine
guadañar *va* to scythe, to mow
guadañero *m* scytheman, mower
guadañeta *f* squid-jigger
guadañil *m* var. of **guadañero**
guadaño *m* harbor boat
guadapero *m* (bot.) wild pear (*tree*); boy who carries food out to the harvestmen
guadarnés *m* harness room; harness keeper
guadijeño -ña *adj* (pertaining to) Guadix; *mf* native or inhabitant of Guadix; *m* poniard
guadua *f* (bot.) guadua (*Guadua latifolia and stems*)
guadual *m* growth of guaduas
guagua *f* trifle, triviality; (Am.) bus; (Am.) paca (*rodent*); (Am.) orange scale (*insect*); **de guagua** (coll.) free, gratis; *mf* (Am.) baby
guagüero -ra *adj* (Am.) paca-hunting (*e.g., dog*); *mf* (Am.) sponger; (Am.) bus driver
guaicán *m* (ichth.) remora
guaira *f* (naut.) leg-of-mutton sail; (Am.) smelting furnace (*of Indians*)
guairabo *m* (orn.) night heron
guairo *m* small vessel with two leg-of-mutton sails
guaita *f* (archaic) night watch, night sentinel
guajada *f* (Am.) nonsense, folly
guajalote *m* (Am.) turkey (*fowl*)
guájar *m & f* or **guájaras** *fpl* craggy section of mountains
guaje *adj* (Am.) foolish, crazy; (Am.) knavish; *m* (Am.) calabash, gourd; (Am.) junk, trinket; (Am.) nobody, good-for-nothing; (Am.) fool; **hacer guaje** (Am.) to deceive
guajear *vn* (Am.) to play stupid
guájete; guájete por guájete (coll.) tit for tat
guajiro -ra *adj* (Am.) rustic, boorish; *mf* white peasant of Cuba; (Am.) peasant, stranger; *f* Cuban peasant song
guajolote *m* (Am.) turkey (*fowl*); (Am.) simpleton
gualda *f* see **gualdo**
gualdado -da *adj* yellow-dyed
gualdera *f* (carp.) bridgeboard, horse; (arti.) trail
gualdo -da *adj* yellow; *f* (bot.) weld, dyer's rocket
gualdrapa *f* housing, trappings; (coll.) dirty rag hanging from clothing
gualdrapazo *m* flap or flapping sound of sail (*against rigging*)
gualdrapear *va* to alternate, to line up in alternation; *vn* to flap (*said of sails*)
gualdrapeo *m* flapping of sails
gualdrapero *m* raggedy fellow
Gualterio *m* Walter
guamá *m* or **guamo** *m* (bot.) guamá
guanábana *f* soursop (*fruit*)
guanábano *m* (bot.) soursop (*tree*)
guanaco *m* (zool.) guanaco
Guanahaní *f* Watling
guanajo -ja *adj* (Am.) dull, stupid; *m* (Am.) turkey
guanana *f* (orn.) blue goose; **guanana blanca** (orn.) lesser snow goose; **guanana prieta** (orn.) tule goose
guando *m* (Am.) handbarrow
guanero -ra *adj* (pertaining to) guano; *m* guano ship; (coll.) guano tycoon; *f* guano deposit; **guaneras** *fpl* guano islands
guango *m* (Am.) pigtail (*of Indian women*)
guanidina *f* (chem.) guanidine
guanín *m* (Am.) base gold
guanina *f* (bot.) stinking weed; (chem.) guanine
guano *m* guano; (bot.) palm tree
guantada *f* or **guantazo** *m* slap
guante *m* glove; **guantes** *mpl* tip, fee; **adobar los guantes a** (coll.) to treat, to tip; **arrojar el guante** to throw down the gauntlet; **echar el guante a** (coll.) to grasp, seize; **echar un guante** to collect for charity; **recoger el guante** to take up the gauntlet; **salvo el guante** (coll.) excuse my glove (*in shaking hands*)
guantelete *m* gauntlet; (surg.) gauntlet
guantera *f* see **guantero**
guantería *f* glove business; glove shop
guantero -ra *mf* glover, glove maker or dealer; *m & f* glove compartment
guañín *m* var. of **guanín**
guañir §25 *vn* (prov.) to squeal (*said of pigs*)
guao *m* (bot.) guao (*Comocladia*); (bot.) sumac; **ser como la sombra del guao** or **tener peor sombra que un guao** (Am.) to be a jinx
guapamente *adv* (coll.) showily; (coll.) boldly; (coll.) very well, fine
guapear *vn* (coll.) to bluster, to act tough; (coll.) to dress in a showy manner, to be sporty
guapetón -tona *adj* (coll.) big and handsome; (coll.) flashy, sporty; (coll.) fearless, dauntless; *m* (coll.) bully, toughy
guapeza *f* (coll.) good looks; (coll.) showiness, flashiness; (coll.) boldness, daring; (coll.) bravado
guapo -pa *adj* (coll.) handsome, good-looking; (coll.) showy, flashy; (Am.) bold, daring; *m* bully; gallant, lady's man; **guapos** *mpl* (dial.) trinkets; **echarla de guapo** (coll.) to bluster, to act tough
guapote -ta *adj* (coll.) kindly, good-natured; (coll.) pretty, nice
guapura *f* (coll.) good looks
guaracha *f* guaracha (*old Spanish dance and music*)
guarache *m* (Am.) sandal; (Am.) tire patch

G

guaraní (*pl:* **-níes**) *adj & mf* Guarani; *m* Guarani (*language*)
guarapo *m* juice of sugar cane; guarapo (*fermented juice of sugar cane*)
guarda *mf* guard, keeper, custodian; (Am.) trolley-car conductor; *m* guard; caretaker **guarda de la aduana** customhouse officer; **guarda forestal** forest ranger; *f* guard, custody; observance (*of a law*); guard (*e.g., of sword*); ward (*of lock or key*); (b.b.) flyleaf; **guardas** *fpl* (b.b.) end paper
guardabarrera *mf* (rail.) gatekeeper
guardabarros *m* (*pl:* **-rros**) splashboard; (aut.) fender, mudguard
guardabosque *m* forest keeper, gamekeeper; (Am.) shortstop
guardabrazo *m* (arm.) brassard
guardabrisa *m* (aut.) windshield; (naut.) glass lamp shade (*for candles*)
guardacabo *m* (naut.) thimble
guardacabras *mf* (*pl:* **-bras**) goatherd
guardacadena *m* chain guard
guardacalor *m* asbestos insulation (*e.g., of a boiler*)
guardacantón *m* spur stone, corner spur stone
guardacarril *m* var. of **contracarril**
guardacartas *m* (*pl:* **-tas**) letter file
guardacartuchos *m* (*pl:* **-chos**) cartridge box
guardacenizas *m* (*pl:* **-zas**) ashpan
guardacoches *m* (*pl:* **-ches**) car watcher
guardacostas *m* (*pl:* **-tas**) revenue cutter, coast guard cutter; **guardacostas** *mpl* coast guard (*service*)
guardador -dora *adj* guarding, protecting; keeping, preserving; observant, regardful, mindful; stingy; *m* guardian; keeper; observer (*e.g., of laws*); (archaic) guardian of the spoils of war
guardaespaldas *m* (*pl:* **-das**) bodyguard
guardaesquinas *m* (*pl:* **-nas**) (coll.) corner loafer
guardafango *m* (aut.) mudguard, fender
guardafrenos *m* (*pl:* **-nos**) (rail.) brakeman, flagman
guardafuego *m* fender, fireguard (*of fireplace*); (naut.) breaming board
guardaguas *m* (*pl:* **-guas**) (naut.) batten to keep water out of portholes
guardagujas *m* (*pl:* **-jas**) switchman
guardainfante *m* farthingale; (naut.) whelps (*of capstan*)
guardajoyas *m* (*pl:* **-yas**) jewel case
guardalado *m* rail, railing (*e.g., of a bridge*)
guardalmacén *mf* storekeeper; warehouseman; (Am.) station master
guardalobo *m* (bot.) poet's cassia
guardalodos *m* (*pl:* **-dos**) (Am.) mudguard
guardamalleta *f* lambrequin, valance; (arch.) bargeboard
guardamancebo *m* (naut.) manrope
guardamano *m* guard of a sword
guardameta *m* (sport) goalkeeper
guardamonte *m* trigger guard; forest keeper; poncho
guardamozo *m* var. of **guardamancebo**
guardamuebles *m* (*pl:* **-bles**) warehouse (*for furniture*); furniture storeroom; palace guard or keeper of furniture
guardamujer *f* (archaic) lady in waiting
guardanieve *m* snowshed
guardapelo *m* locket
guardapesca *m* (naut.) fish warden's boat
guardapolvo *m* cover, cloth (*to protect from dust*); duster (*lightweight coat*); inner lid (*of watch*); flashing, hood (*over door or window*)
guardapuente *m* bridge guard
guardapuerta *f* storm door; portière
guardar *va* to guard; to keep; to preserve, protect; to watch, watch over; to show (*consideration*); to save, e.g., **¡Dios guarde a la Reina!** God save the Queen!; *vn* to keep, to save; **¡guarda!** look out!, watch out!; *vr* to be on one's guard; to keep (*affection, hate, etc.*) for each other; **guardarse de** to guard against, watch out for, look out for; **guardarse de** + *inf* to guard against + *ger*, to take care not to + *inf;* **guardársele a uno** to store up vengeance against someone
guardarraya *f* (Am.) boundary line
guardarriel *m* var. of **contracarril**
guardarrío *m* (orn.) kingfisher
guardarropa *mf* wardrober, keeper of the wardrobe; *m* wardrobe (*room, closet, etc.*); checkroom, cloakroom; (bot.) lavender cotton; check boy; *f* check girl, hat girl
guardarropía *f* (theat.) wardrobe
guardarruedas *m* (*pl:* **-das**) spur stone, corner spur stone; (rail.) wheel guard
guardasilla *f* chair rail
guardatimón *m* (naut.) stern chaser
guardaventana *f* storm window
guardavía *m* (rail.) trackwalker, flagman, lineman
guardavientos *m* (*pl:* **-tos**) chimney pot; windbreak
guardavivo or **guardavivos** *m* (*pl:* **-vos**) bead, corner bead
guardería *f* guard, guardship; **guardería infantil** day nursery
guardesa *f* woman guard; guard's wife
guardia *f* care, protection; guard (*body of armed men; position in fencing*); (naut.) watch; **de guardia** on duty; on guard; **en guardia** on guard; (fencing) on guard; **montar la guardia** to mount guard; **guardia civil** rural police; **guardia de asalto** shock corps; **guardia de corps** bodyguard (*group of guards*); **guardia nacional** national guard; **guardia suiza** Swiss guards; *m* guard, guardsman; **guardia civil** rural policeman; **guardia de corps** bodyguard (*single guard*); **guardia marina** *m* midshipman; **guardia municipal** or **guardia urbano** policeman
guardiacivil *m* rural policeman
guardián -diana *mf* guardian; *m* (eccl.) guardian; (naut.) heavy hawser
guardianía *f* (eccl.) guardianship (*of Franciscans*)
guardilla *f* attic; attic room; end tooth (*of a comb*); (sew.) guard
guardillón *m* loft, attic; top attic
guardín *m* (naut.) tiller cable, tiller chain
guardoso -sa *adj* careful, tidy; thrifty; stingy
guarecer §34 *va* to take in, give shelter or protection to; to keep, preserve; to treat (*a sick person*); *vr* to take refuge, take shelter
guariao *m* (orn.) limpkin
guarida *f* den, lair (*of animals*); shelter; cover, hide-out; haunt, hangout; stamping grounds
guarín *m* sucking pig
guarismo *m* cipher, figure, number
guarne *m* (naut.) turn (*of a cable*)
guarnecedor -dora *adj* trimming; binding; plastering; *mf* trimmer; binder; plasterer
guarnecer §34 *va* to trim; to bind, to edge; to equip, to provide; to stucco, to plaster; to harness; to set (*jewels*); to garrison; to line (*brakes*); to bush (*a bearing*); (cook.) to garnish
guarnecido *m* stucco, plaster
guarnés *m* var. of **guadarnés**
guarnición *f* trimming; binding, edging; provision; stuccoing, plastering; setting (*of jewels*); flounce; garrison (*troops*); guard (*of sword*); lining (*of brakes, clutch, etc.*); packing (*of piston*); (cook.) garnish; **guarniciones** *fpl* harness; fittings, fixtures; **guarniciones de alumbrado eléctrico** electric-light fixtures; **guarniciones de gas** gas fixtures
guarnicionar *va* to garrison
guarnicionería *f* harness making; harness maker's shop
guarnicionero -ra *mf* harness maker or dealer
guarniel *m* muleteer's leather bag
guarnigón *m* young quail
guarnir §53 *va* to trim; (naut.) to reeve, to rig
guaro *m* small parrot; (Am.) rum
guarro -rra *mf* hog
guarte *interj* look out!
guasa *f* see **guaso**
guasca *f* (Am.) rawhide
guasear *vr* (coll.) to joke, jest, kid; **guasearse de** (coll.) to poke fun at
guasería *f* (Am.) dullness, heaviness, timidity; (Am.) coarseness, crudity
guaso -sa *adj* (Am.) coarse, crude, uncouth; *mf* (Am.) peasant; *f* (coll.) dullness, heaviness, churlishness; (coll.) joking, kidding; (ichth.) West Indian jewfish

guasón -sona *adj* (coll.) dull, heavy, churlish; (coll.) funny, comical, humorous; *mf* (coll.) dullard, dolt; (coll.) joker, kidder
guasquear *va* (Am.) to rawhide, to flog
guata *f* wad, padding, raw cotton; (Am.) padded cotton blanket; (Am.) belly, paunch; (Am.) warping, bulging; **echar guata** (Am.) to get fat; (Am.) to become prosperous
guataca *f* (Am.) spade; (Am.) big ear; *m* (Am.) big-eared fellow
guatacudo -da *adj* (Am.) big-eared
Guatemala *f* Guatemala
guatemalteco -ca *adj & mf* Guatemalan
guatemaltequismo *m* Guatemalanism
guateque *m* Cuban shindig; party; afternoon party
guatil *m* (bot.) genipap
guau *m* (bot.) woodbine, Virginia creeper; bowwow (*of dog*); *interj* bowwow!
guay *interj* (poet.) woe!; **tener muchos guayes** to be full of woes; to be full of aches and pains; **¡guay de . . . !** (poet.) woe to . . !; **¡guay de mí!** (poet.) woe is me!
guaya *f* lament, complaint
guayaba *f* guava, guava apple (*fruit*); guava jelly; (Am.) lie, fake; **guayabas** *fpl* (Am.) bulging eyes
guayabera *f* man's short blouse
guayabo *m* (bot.) guava (*tree*)
guayacán *m* or **guayaco** *m* (bot.) guaiacum, lignum vitae
guayacol *m* (chem.) guaiacol
Guayana *f* Guiana; **la Guayana Francesa** French Guiana; **la Guayana Holandesa** Dutch Guiana; **la Guayana Inglesa** British Guiana
guayanés -nesa *adj & mf* Guianan or Guianese
guayín *m* (Am.) light covered carriage
guayina *f* (Am.) station wagon
guayule *m* (bot.) guayule (*shrub and rubber*)
gubarte *m* (zool.) humpback (*whale*)
gubernamental *adj* governmental; government; strong-government (*e.g., advocate*)
gubernativo -va *adj* governmental
gubia *f* (carp.) gouge
guedeja *f* long hair; lion's mane; **guedejas** *fpl* shaggy coat (*of animal*)
guedejón -jona, guedejoso -sa or **guedejudo -da** *adj* long-haired; heavy-maned
güeldo *m* bait consisting of shrimps and other crustaceans
Güeldres Gelderland
güelfo -fa *adj* Guelfic or Guelphic; *m* Guelf or Guelph
güemul *m* (zool.) guemal or guemul (*South American deer: Hippocamelus bisulcus*)
Guepeu *f* Ogpu (*Soviet secret police*)
güero -ra *adj & mf* (Am.) blond
guerra *f* war, warfare; conflict, struggle; billiards; **armar en guerra** (nav.) to commission; **dar guerra** (coll.) to annoy, harass, be troublesome; **entrar en guerra** to go to war; **Gran Guerra** Great War; **guerra a muerte** war to the death; **guerra atómica** atomic war; **guerra bacilar, bacteriana** or **bacteriológica** germ war, germ warfare; **guerra biológica** biological warfare; **guerra blanca** cold war; **guerra civil** civil war; **guerra de Crimea** Crimean War; **guerra de guerrillas** guerrilla warfare; **guerra de la Independencia** War of Independence; **guerra de las dos Rosas** War of the Roses; **guerra del opio** Opium War; **guerra de los Cien Años** Hundred Years' War; **guerra de los Siete Años** Seven Years' War; **guerra de los Treinta Años** Thirty Years' War; **guerra del Peloponeso** Peloponnesian War; **guerra del Transvaal** Boer War; **guerra de nervios** war of nerves; **guerra de ondas** radio jamming; **guerra de precios** price war; **guerra de Troya** (myth.) Trojan War; **guerra entre Norte y Sur** Civil War, War between the States (*in the United States*); **guerra Francoprusiana** Franco-Prussian War; **guerra fría** cold war; **guerra hispanoamericana** Spanish-American War; **Guerra Mundial** World War; **guerra psicológica** psychological warfare; **guerra química** chemical warfare; **guerra relámpago** blitzkrieg; **guerra santa** holy war; **guerra sin cuartel** war without quarter; **guerras púnicas** Punic Wars; **guerra total** total war
guerreador -dora *adj* warlike; warring; *mf* warrior, fighter
guerrear *vn* to war, wage war, fight; to resist, put up an argument
guerrero -ra *adj* (pertaining to) war; warlike; warring; mischievous; *mf* fighter; *m* warrior, fighting man, soldier; *f* tight-fitting military jacket
guerrilla *f* band of skirmishers; band of guerrillas; guerrilla warfare
guerrillear *vn* to skirmish; to fight guerrilla warfare
guerrillero *m* guerrilla; guerrilla leader
guía *mf* guide; leader; adviser, mentor; *m* (mil.) guide; *f* guide; guidance; guidebook, directory; leader (*horse*); road marker (*for snowstorms*); marker (*for river navigation*); handle bar; young shoot (*left on vine for training others*); shoot, sprout; fence (*of a saw*); turned-up end of mustache; customhouse permit; (mach.) guide; (min.) leader; (naut.) guy; (rail.) timetable; (Am.) tip (*of stock, branch, etc.*); **guías** *fpl* reins for driving leader horses; **a guías** driving four-in-hand; **echarse con las guías** or **con guías y todo** to ride roughshod; **guía oficial de España** Spanish government yearbook; **guía sonora** sound track (*of film*); **guía telefónica** telephone directory; **guía vocacional** vocational guidance
guiadera *f* (mach.) guide
guiador -dora *adj* guiding; *mf* guide, leader
guiar §90 *va* to guide, to lead; to steer, to drive; to pilot; to train (*a plant*); *vn* to shoot, to sprout; *vr* to be guided; **guiarse de** or **por** to be guided by, to go by
Guido *m* Guy
guiguí *m* (*pl:* **-guíes**) (zool.) flying squirrel
guija *f* pebble; (bot.) grass pea
guijarral *m* place full of large pebbles and cobbles
guijarreño -ña *adj* full of cobbles, cobbly; hard; flint-hearted; hefty, robust
guijarro *m* large pebble, cobble
guijarroso -sa *adj* full of cobbles, cobbly, rocky
guijeño -ña *adj* gravelly, pebbly; hard-hearted
guijo *m* gravel; (mach.) gudgeon
guijón *m* caries, tooth decay
guijoso -sa *adj* pebbly, gravelly
guileña *f* (bot.) columbine
güilogis *m* (f.a.) guilloche
guilla *f* rich harvest
guillado -da *adj* (coll.) daffy
guilladura *f* (coll.) daffiness, craziness
guillame *m* (carp.) rabbet plane
guillar *vr* to leave, to flee; to become unbalanced
Guillermina *f* Wilhelmina
Guillermo *m* William
güillín *m* var. of **huillín**
Guill.º abr. of **Guillermo**
guillomo *m* (bot.) Juneberry, shadberry, serviceberry
guillote *adj* lazy, idle; simple, credulous; *m* harvester; iron pin
guillotina *f* guillotine; paper cutter; (surg. & law) guillotine; **de guillotina** sash (*window*)
guillotinar *va* to guillotine
guimbalete *m* pump handle
guimbarda *f* (carp.) grooving plane
guinchar *va* to goad, prod, prick
guincho *m* goad, prod; (orn.) American osprey
guinda *f* sour cherry (*fruit*); (naut.) height of masts; **guinda garrafal** sweet cherry (*fruit*)
guindal *m* (bot.) sour cherry (*tree*); (naut.) hawser; (naut.) crane
guindalera *f* sour-cherry orchard
guindaleta *f* (naut.) rope, hempen rope
guindaleza *f* (naut.) hawser
guindamaina *f* (naut.) dipping the colors (*as a salute*)
guindar *va* to hoist, to hang up; (coll.) to win; (coll.) to hang, to string up
guindaste *m* (naut.) jib crane
guindilla *f* small sour cherry; Guinea pepper (*fruit*); *m* (coll.) cop, policeman

guindillo *m* small sour cherry tree; **guindillo de Indias** (bot.) Guinea pepper (*plant*)
guindo *m* (bot.) sour cherry (*tree*); **guindo griego** (bot.) sweet cherry (*tree*)
guindola *f* (naut.) boatswain's chair; (naut.) life buoy; (naut.) log chip
guineo -a *adj* Guinea; Guinean; *m* Guineaman; banana; *f* guinea (*coin*); (*cap.*) *f* Guinea; **la Guinea Española** Spanish Guinea; **la Guinea Francesa** French Guinea; **la Guinea Portuguesa** Portuguese Guinea; **la Nueva Guinea** New Guinea
guinga *f* gingham
guinja *f* jujube
guinjo *m* (bot.) jujube tree
guínjol *m* var. of **guinja**
guinjolero *m* var. of **guinjo**
guiñada *f* wink; (naut.) yaw
guiñador -dora *adj* winking; *mf* winker
guiñadura *f* var. of **guiñada**
guiñapiento -ta *adj* ragged, raggedy
guiñapo *m* rag, tatter; tatterdemalion; reprobate
guiñaposo -sa *adj* var. of **guiñapiento**
guiñar *va* to wink (*an eye*); *vn* to wink; (naut.) to yaw; *vr* to wink at each other
guiño *m* wink; face, grimace; **hacerse guiños** to make faces at each other
guión *m* cross (*carried before prelate in procession*); royal standard; leader (*in a dance; among animals*); hyphen; dash; (mil.) guidon; outline; (mov. & theat.) scenario; (mus.) repeat sign; (rad. & telv.) script; **guión de las codornices** (orn.) corn crake; **guión de montaje** (mov.) cutter's script; **guión de rodaje** (mov.) shooting script
guionista *mf* (mov.) scenarist; (mov.) person who writes titles for a movie in a foreign language; scriptwriter
guipur *m* guipure
güira *f* (bot.) calabash tree
guirigay *m* (coll.) gibberish; hubbub, confusion
guirindola *f* jabot, frill
guirlache *m* almond brittle, peanut brittle
guirnalda *f* garland, wreath; (bot.) globe amaranth
güiro *m* (bot.) bottle gourd; (Am.) musical instrument made of a gourd; (Am.) green corn stalk
guiropa *f* meat stew
guisa *f* manner, wise, way; **a guisa de** like, in the manner of; by way of
guisado *m* stew; meat stew
guisador -dora or **guisandero -ra** *mf* cook
guisante *m* (bot.) pea (*plant and seed*); **guisante de olor** (bot.) sweet pea
guisar *va* to stew, to cook; to arrange, put in order; *vn* to cook
guiso *m* dish; seasoning
guisote *m* hash, poor dish
guita *f* twine; (coll.) money
guitarra *f* (mus.) guitar
guitarrazo *m* blow with a guitar
guitarrear *vn* to play the guitar
guitarreo *m* strumming on the guitar
guitarrería *f* guitar shop, string-instrument shop
guitarrero -ra *mf* guitar maker or dealer; guitarist; guitar enthusiast
guitarresco -ca *adj* (coll.) (pertaining to the) guitar
guitarrillo *m* small four-string guitar
guitarrista *mf* guitarist
guitarro *m* small four-string guitar; (coll.) little runt
guitarrón *m* big guitar; (coll.) sly rascal
guitero -ra *mf* twine maker or dealer
guitón -tona *mf* tramp, bum; (coll.) little scamp, rascal
guitonear *vn* to loaf, to bum around
guitonería *f* loafing, bumming, vagabondage; gang of bums
guizacillo *m* (bot.) hedgehog grass
guizgar §59 *va* var. of **enguizgar**
guizque *m* pole with a hook for reaching things
gula *f* gorging, guzzling; gluttony
gules *mpl* (her.) gules
gulosidad *f* gluttony
guloso -sa *adj* gorging, guzzling; gluttonous
gulusmear *vn* to sniff the cooking
gullería *f* var. of **gollería**
gulloría *f* favor, extra; (orn.) calander
gúmena *f* (naut.) heavy cable
gumía *f* Moorish dagger or poniard
gumífero -ra *adj* var. of **gomífero**
gura *f* (orn.) crowned pigeon
gurbio -bia *adj* curved
gurbión *m* (pharm.) euphorbium; coarse twisted silk
guripa *m* (slang) soldier
guro *m* (slang) bailiff, alguazil
gurriato *m* young sparrow
gurrufero *m* (coll.) ugly old nag
gurrumino -na *adj* weak, run-down; *m* (coll.) doting husband, henpecked husband; *f* uxoriousness
gurrupié *m* croupier; gamester's assistant
gurullada *f* (coll.) gang of loafers
gurullo *m* lump, knot
gurvio -via *adj* var. of **gurbio**
gusanear *vn* to swarm, to teem
gusanera *f* nest of worms; worm pit (*compost heap for breeding worms as food for chickens*); (coll.) ruling passion
gusaniento -ta *adj* wormy, grubby, maggoty
gusanillo *m* small worm; twist of gold, silver, or silk; twist stitch; spur (*of gimlet or bit*); **matar el gusanillo** (coll.) to take a shot of liquor before breakfast
gusano *m* worm; maggot; (fig.) worm (*poor soul, contemptible person*); **matar el gusano** (coll.) to take a shot of liquor before breakfast; **gusano de la conciencia** worm of conscience (*remorse*); **gusano de la manzana** apple worm; **gusano del queso** cheese skipper, cheese hopper; **gusano de luz** glowworm; **gusano de San Antón** wood louse; **gusano de seda** or **de la seda** silkworm; **gusano de tierra** earthworm; **gusano plano** flatworm; **gusano rojo** gapeworm
gusanoso -sa *adj* wormy, grubby
gusarapiento -ta *adj* wormy; dirty, filthy
gusarapo *m* waterworm, vinegar worm
gustable *adj* worth being tasted
gustación *f* tasting; taste
gustadura *f* tasting, sampling
gustar *va* to taste; to try, test, sample; to please, be pleasing to; to like, e.g., **no le gustaron a Juan estas manzanas** John did not like these apples; **gustar** + *inf* to like to + *inf*, e.g., **me gusta viajar** I like to travel; *vn* to like, e.g., **como Vd. guste** as you like; **gustar de** to like, e.g., **gusto de la música** I like music; **gustar de** + *inf* to like to + *inf*, e.g., **gusto de leer** I like to read
gustativo -va *adj* gustative
gustatorio -ria *adj* gustatory
Gustavo *m* Gustavus; **Gustavo Adolfo** Gustavus Adolphus
gustazo *m* (coll.) great pleasure, fiendish pleasure
gustillo *m* slight taste, touch
gusto *m* taste; flavor; liking; pleasure; caprice, whim; **a gusto** at will; as you like it; in comfort; **a gusto de** to the taste of, to the liking of; **con mucho gusto** with pleasure, gladly; **dar gusto a** to please; **encontrarse a gusto** or **estar a gusto** to be comfortable; to like it (*e.g., in the country*); **ser del gusto de** to be to the liking of; **tanto gusto** I was so glad to see you; glad to meet you; **tener gusto en** + *inf* to be glad to + *inf;* **tomar (el) gusto a** to take a liking for
gustoso -sa *adj* tasty; pleasant, agreeable; ready, willing, glad
gutagamba *f* (bot.) garcinia (*Garcinia morella*); gamboge, Ceylon gamboge
gutapercha *f* gutta-percha
gutífero -ra *adj* (bot.) guttiferous
gutural *adj* guttural; (phonet.) guttural
guzla *f* (mus.) gusla (*kind of rebec*)

H

H, h *f* ninth letter of the Spanish alphabet
ha *3d sg pres ind of* **haber;** *interj* ha!
haba *f* (bot.) bean, broad bean; bean (*of coffee, cocoa, etc.*); kernel; voting ball; (vet.) tumor on horse's palate; **son habas contadas** it's a sure thing; **haba caballuna** (bot.) horse bean; **haba de Egipto** (bot.) taro; **haba de las Indias** (bot.) sweet pea; **haba de San Ignacio** St.-Ignatius's-bean; **haba panosa** (bot.) horse bean; **haba tonca** tonka bean
Habacuc *m* (Bib.) Habakkuk
habado -da *adj* having a tumor on the palate (*said of a horse*); dappled (*horse*); mottled (*fowl*)
Habana, La see **habano**
habanero -ra *adj & mf* Havanese; *f* habanera (*dance and music*)
habano -na *adj* Havana (*tobacco; brown*); *m* Havana cigar; **La Habana** Havana
habar *m* bean patch
hábeas corpus *m* (law) habeas corpus
haber *m* salary, wages; (com.) credit, credit side; **haberes** *mpl* property, wealth ‖ §54 *va* to get hold of, to lay hands on; (archaic) to have, to get; **habido -da** taking place, held, e.g., **una conferencia habida en París** a conference held in Paris ‖ *v impers* ago, e.g., **cinco años ha** five years ago; (*3d sg pres ind:* **hay**) there to be, e.g., **mañana habrá función** there will be a show tomorrow; **¿cuánta distancia hay de aquí a . . .?** or **¿cuánto hay de aquí a . . .?** how far is it to . . .?; **no haber que** + *inf* to be unnecessary to + *inf;* to be useless to + *inf;* one should not + *inf;* **no hay de qué** you're welcome, don't mention it; **haber que** + *inf* to be necessary to + *inf* ‖ *v aux* to have, e.g., **he leído la carta** I have read the letter; **haber de** + *inf* must, to be to + *inf*, e.g., **ha de llegar antes de las seis** he is to arrive before six o'clock ‖ *vr* to behave oneself, conduct oneself; **habérselas con** to deal with, to have it out with
haberío *m* beast of burden; cattle
habichuela *f* (bot.) kidney bean, string bean; **habichuela verde** string bean
habiente *adj* (law) having, possessing
hábil *adj* skilful; capable; work (*day*); (law) competent
habilidad *f* skill; ability, capability; feat; scheme, trick
habilidoso -sa *adj* skilful
habilitación *f* qualification; financing; equipment; paymastership; **habilitaciones** *fpl* fixtures (*e.g., of a store*); **habilitación de la bandera** permission (*to a foreign vessel*) to engage in coasting trade
habilitado -da *adj* entitled, qualified; (philately) authorized, legalized; *m* paymaster
habilitador -dora *mf* outfitter, equipper
habilitar *va* to enable, to entitle, to qualify; to pass (*in an examination*); to finance (*a person*); to provide; to equip, fit out; to set up
habitabilidad *f* inhabitability
habitable *adj* inhabitable, habitable
habitación *f* habitation; house, dwelling; room; (biol.) habitat; **habitación del forastero** spare room; **habitación doble** double room; **habitación individual** single room; **habitación para los niños** nursery; **habitación popular** low-cost housing; **habitación salón** suite (*in a hotel*)
habitáculo *m* house, dwelling; hovel
habitador -dora *adj* inhabiting; *mf* inhabitant
habitante *mf* inhabitant
habitar *va* to inhabit, live in; to occupy (*e.g., an apartment*); *vn* to live
habitat *m* (biol.) habitat
hábito *m* habit (*custom; disposition acquired by repetition; dress*); **ahorcar** or **colgar el hábito** (coll.) to leave the priesthood, to doff the cassock, **tener por hábito** + *inf* to be in the habit of + *ger;* **tomar el hábito** to enter religion
habituación *f* habituation
habituado -da *mf* habitué
habitual *adj* habitual; usual, regular
habituar §33 *va* to habituate, accustom; **habituar a** + *inf* to accustom to + *inf;* *vr* to become habituated, become accustomed; **habituarse a** + *inf* to become accustomed to + *inf*
habitud *f* connection, relation
habla *f* speech (*faculty of speaking; manner of speaking; language, dialect; talk or address to a group of people*); **al habla** speaking; in contact, in communication; (naut.) within hailing distance; **¡al habla!** speaking! (*in answer to call of one's name on telephone*); **de habla latina** Romance-language-speaking; **negar** or **quitar el habla a** to not speak to (*because of a quarrel*); **perder el habla** to lose one's speech
hablado -da *adj* spoken; **bien hablado** well-tongued; well-spoken; **mal hablado** ill-tongued
hablador -dora *adj* talkative; gossipy; *mf* talker, chatterbox; gossip
habladuría *f* idle rumor; cut, sarcasm; gossip, piece of gossip
hablanchín -china *adj & mf* (coll.) var. of **hablador**
hablante *adj* speaking; *mf* speaker
hablantín -tina *adj & mf* (coll.) var. of **hablador**
hablar *va* to speak, to talk (*a language*); to talk (*e.g., nonsense*); **hablarlo todo** to spill everything; *vn* to speak, to talk; **dar que hablar** to cause talk; **es hablar por demás** it's wasted talk; **estar hablando** to be almost alive (*said of painting or sculpture*); **no hablar con** to not speak to (*because of a quarrel*); **hablar alto** to speak up; **hablar claro** to talk straight from the shoulder; *vr* to talk to each other; **hablárselo todo** to let nobody get a word in edgewise; to contradict oneself all the time
hablilla *f* story, gossip, piece of gossip
hablista *mf* speaker, good speaker
habón *m* wheal
habré *1st sg fut ind of* **haber**
hacanea *f* sturdy little horse
hacedero -ra *adj* feasible, practicable
hacedor *m* steward, manager; (*cap.*) *m* Maker (*God*)
hacendado -da *adj* landed, property-owning; *mf* property-owner; (Am.) rancher, cattle rancher
hacendar §18 *va* to transfer; **hacendarle a uno con** to transfer (*property*) to someone; *vr* to acquire property
hacendero -ra *adj* sedulous, thrifty; *f* community project or undertaking
hacendista *m* economist; fiscal expert; man of private means
hacendoso -sa *adj* diligent, industrious; thrifty
hacer §55 *va* to make; to do; to pack (*a trunk*); to give (*an order*); to cause; to accustom; to play (*a part*); to play the part of; to act, perform (*a play*); to pretend to be; to imagine (*someone*) to be; to hold, to contain; to have made; to ask (*a question*); **desde hace** for, e.g., **estoy aquí desde hace diez días** I have been here (for) ten days; **estaba allí**

desde hacía dos meses I had been there (for) two months; **hace** ago, e.g., **hace dos semanas** two weeks ago; **hacer con** to provide with; **hacer mucho (tiempo) que** to be a long time since; **hacer . . . que** to be . . . since, e.g., **hace un mes que Juan estuvo aquí** it is a month since John was here; **hacía un mes que Juan había estado aquí** it was a month since John had been here; **mañana hará un mes que Juan estuvo aquí** it will be a month tomorrow since John was here; **hacer** + *inf* to have + *inf*, e.g., **le haré llamar a su puerta** I shall have him knock at your door; to make + *inf*, e.g., **me hizo estudiar** he made me study; to have + *pp*, e.g., **haremos construir una casa** we shall have a house built; for expressions like **hacer calor** to be warm, to be hot (*said of weather*), see the noun ‖ *vn* to act; to matter; **hacer a** to fit; **hacer como que** + *ind* to pretend to + *inf;* **hacer de** to act as, work as; **hacer por** + *inf* to try to + *inf;* **hacer que** + *ind* to pretend to + *inf;* **hacer que** + *subj* to see to it that; to cause to + *inf* ‖ *vr* to make oneself; to become, get to be; to grow; to turn into; to imagine; **hacerse a** + *inf* to become accustomed to + *inf;* **hacerse a una parte** or **a un lado** to step aside, to withdraw; **hacerse con** to seize, get hold of, to make off with; **hacerse chiquito** or **el chiquito** (coll.) to sing small; **hacérsele a uno** + *adj* to strike or impress one as + *adj*, e.g., **lo que Vd. dijo se me hizo difícil de creer** what you said struck me as hard to believe; **hacerse viejo** (coll.) to kill time

hacera *f* var. of **acera**

hacia *prep* toward; near, about; **hacia abajo** downwards; **hacia adelante** forwards; **hacia arriba** upwards; **hacia atrás** backwards; (coll.) the wrong way; **hacia dentro** inwards; **hacia fuera** outwards

hacienda *f* farm, farmstead, country property; property, fortune, possessions; treasury; (Am.) ranch; (Am.) cattle, livestock; **haciendas** *fpl* household chores; **hacienda pública** public finance

hacina *f* (agr.) shock, stack; pile, heap

hacinador -dora *mf* stacker

hacinamiento *m* piling, heaping, stacking

hacinar *va* to pile, heap, stack

hacha *f* heavy wax candle with four wicks, torch, firebrand; axe; battle-axe; thatch; (coll.) expert

hachar *va* to hew with an axe; (Am.) to get the better of (*in an argument*)

hachazo *m* blow or stroke with an axe

hachear *va* to hew with an axe; *vn* to hack with an axe

hachero *m* torch stand; torchbearer; woodcutter; (mil.) sapper

hachich *m* or **hachís** *m* hashish

hacho *m* bunch of resinous wood or of tow and pitch (*for a torch*); beacon (*hill overlooking sea*)

hachón *m* large torch; cresset

hachote *m* (naut.) short, thick candle

hachuela *f* small axe; (Am.) hatchet

hada *f* fairy; (fig.) charmer (*fascinating woman*); (obs.) fate, destiny; **Hadas** *fpl* (myth.) Fates; **hada madrina** fairy godmother

hadado -da *adj* fateful; magic, wonder-working; **bien hadado** lucky; **mal hadado** ill-fated

hadar *va* to foretell; to predestine; to charm, cast a spell on

Hades *m* (myth. & Bib.) Hades

hado *m* fate, destiny

hafiz *m* (*pl:* **-fices**) warden

hafnio *m* (chem.) hafnium

hagiografía *f* hagiography

hagiográfico -ca *adj* hagiographic or hagiographical

hagiógrafo *m* hagiographer

hagiología *f* hagiology

hago *1st sg pres ind of* **hacer**

haiga *m* (slang) sporty-looking car; (slang) sporty-looking person

Haití *m* Haiti

haitiano -na *adj & mf* Haitian

hala *interj* get going!; come, come!, here, here!

halagador -dora *adj* flattering

halagar §59 *va* to cajole, fawn on; to gratify, to attract; to flatter

halago *m* cajolery; gratification; flattery; **halagos** *mpl* flattery, flattering words

halagüeño -ña *adj* attractive, charming; bright, rosy, promising; flattering

halar *va* (naut.) to haul, pull; *vn* (naut.) to pull ahead

halazona *f* (pharm.) halazone

halcón *m* (orn.) falcon; **halcón montano** haggard hawk; **halcón niego** eyas; **halcón palumbario** (orn.) pigeon hawk, merlin; **halcón peregrino** (orn.) peregrine falcon; **halcón peregrino patero** (orn.) duck hawk

halconear *vn* to act and dress brazenly in order to attract men

halconera *f* mew, place for falcons

halconería *f* hawking, falconry

halconero *m* hawker, falconer

halda *f* skirt; packing burlap; **de haldas o de mangas** (coll.) one way or another, right or wrong; **poner haldas en cinta** (coll.) to pull up one's skirts to run; (coll.) to roll up one's sleeves (*for work*)

haldada *f* skirtful

haldear *vn* to dash along with skirts flying

haldeta *f* flap

haldudo -da *adj* full-skirted

hale *interj* get going!

haleche *m* (ichth.) anchovy

Halicarnaso *f* Halicarnassus

halieto *m* (orn.) osprey, fish hawk

halita *f* (mineral.) halite (*rock salt*); (mineral.) websterite (*aluminite*); (petrog.) websterite

hálito *m* halitus, breath, vapor; (poet.) gentle breeze

halitosis *f* halitosis

halo *m* (meteor, f.a. & fig.) halo

halófilo -la *adj* (bot.) halophilous

halófito -ta *adj* (bot.) halophytic; *f* (bot.) halophyte

halogenación *f* halogenation

halógeno *m* (chem.) halogen

haloideo -a *adj & m* (chem.) haloid

halón *m* (meteor.) halo

halozono *m* var. of **halazona**

halterio *m* dumbbell; halter (*of insect*)

haluro *m* (chem.) halide

hallaca *f* var. of **hayaca**

hallado -da *adj* found; **bien hallado** unconstrained; **mal hallado** uneasy, constrained; *f* finding, discovery

hallador -dora *mf* finder

hallar *va* to find; *vr* to find oneself; to be; **no hallarse** to not like it, be annoyed; **hallarse bien con** to be satisfied with; **hallarse en todo** to butt in everywhere; to have one's hand in everything, to be mixed up in everything; **hallárselo todo hecho** to never have to turn a hand

hallazgo *m* finding, discovery; find; reward (*for finding something*), e.g., **cinco dólares de hallazgo** five dollars reward

hallulla *f* or **hallullo** *m* bread baked on embers or hot stones; (Am.) fine bread

hamaca *f* hammock

hamacar §86 *va* (Am.) to swing, to rock

hamadríada *f* (myth.) hamadryad

hámago *m* beebread; nausea, loathing, disgust

hamamelidáceo -a *adj* (bot.) hamamelidaceous

hamamelina *f* (pharm.) witch hazel

hamaquear *va & vr* (Am.) to swing, to rock

hamaquero *m* hammock maker; hammock bearer; hammock hook

hambre *f* hunger; famine; starvation; **entretener el hambre** (coll.) to take a bite to stave off hunger till mealtime; (coll.) to try to forget one's hunger; **matar de hambre** to starve (*a person*) to death; **morir de hambre** to starve to death, to die of starvation; **pasar hambre** to go hungry; **tener hambre** to be hungry; **tener hambre de** to be hungry for, to hunger for

hambreador *m* (Am.) food profiteer

hambrear *va* to starve, to famish; *vn* to starve, to famish, to hunger

hambriento -ta *adj* hungry; **hambriento de** hungry for (*e.g., wealth*)

hambrón -brona *adj* (coll.) starving; *mf* (coll.) starveling
hambruna *f* (Am.) mad hunger
Hamburgo *f* Hamburg
hamburgués -guesa *adj* (pertaining to) Hamburg; *mf* native or inhabitant of Hamburg; *f* hamburger (*sandwich*)
hamita *mf* Hamite
hamo *m* fishhook
hampa *f* vagrancy, rowdyism; (coll.) rowdies
hampesco -ca *adj* vagabond, rowdyish
hampón *m* rowdy, bully, tough
han *3d pl pres ind of* **haber**
hangar *m* (aer.) hangar
hanoveriano -na *adj & mf* Hanoverian
hansa *f* var. of **ansa**
hanseático -ca *adj* var. of **anseático**
hanumán *m* (zool.) langur
haploide *adj & m* (biol.) haploid
haplología *f* (philol.) haplology
haragán -gana *adj* idling, loafing, lazy; *mf* idler, loafer, good-for-nothing
haraganear *vn* to idle, to loaf, to hang around
haraganería *f* idleness, loafing, laziness
harakiri *m* hari-kari
harambel *m* var. of **arambel**
harapiento -ta *adj* ragged
harapo *m* rag, tatter; **andar** or **estar hecho un harapo** (coll.) to be in rags
haraposo -sa *adj* ragged
haré *1st sg fut ind of* **hacer**
harem *m* or **harén** *m* harem
harfango *m* (orn.) snowy owl
harija *f* mill dust, stive
harina *f* flour; **donde no hay harina, todo es mohina** poverty parts good company; **estar metido en harina** (coll.) to be deeply absorbed; (coll.) to be fat, be heavy; **ser harina de otro costal** (coll.) to be a horse of another color; **harina de maíz** corn meal
harinero -ra *adj* (pertaining to) flour; *m* flour dealer; flour bin or chest
harinoso -sa *adj* floury, mealy; farinaceous
harma *f* var. of **alárgama**
harmonía *f* var. of **armonía**
harnero *m* sieve; **estar hecho un harnero** to be riddled with wounds
Haroldo *m* Harold
harón -rona *adj* lazy; balky; *mf* lazy loafer
haronear *vn* to be slow, be lazy, idle around, to dawdle
haronero *m* sieve, sifter
haronía *f* laziness
harpa *f* var. of **arpa**
harpía *f* (coll.) ugly shrew, jade; (coll.) harpy (*rapacious person*); (zool.) harpy bat (*Nyctimene*); (myth.) Harpy
harpillera *f* burlap, bagging, sackcloth
harre *m & interj* var. of **arre**
hartar *va* to stuff, satiate; to satisfy, gratify; to tire, bore; **hartar de** to overwhelm with, deluge with; *vn* to stuff, be satiated; *vr* to stuff, be satiated; to tire, be bored
hartazgo *m* or **hartazón** *m* fill, bellyful; **darse un hartazgo** (coll.) to eat one's fill; **darse un hartazgo de** (coll.) to have or to get one's fill of (*e.g., peanuts, reading, eating*)
harto -ta *adj* full, satiated, fed up; much, very much; **harto de** full of, sick of, fed up with; **harto** *adv* quite, very; enough
hartura *f* fill, satiety; abundance; full satisfaction; **con hartura** in abundance, on a large scale
has *2d sg pres ind of* **haber**
hasta *adv* even; *prep* until, till; to, as far as, up to, down to; as much as; **hasta aquí** so far; **hasta después** good-by, so long; **hasta después de** until after; **hasta la vista** or **hasta luego** good-by, so long; **hasta mañana** see you tomorrow; **hasta no más** to the utmost; **hasta que** until, till; **hasta tanto que** until, till
hastial *m* gable end; (min.) side wall; bumpkin
hastiar §90 *va* to sicken, cloy, surfeit; to annoy, bore
hastío *m* nausea, disgust, surfeit; annoyance, boredom
hastioso -sa *adj* sickening; annoying, boresome
hataca *f* large wooden ladle; rolling pin
hatajar *va & vn* to divide into small herds or flocks; to separate from the herd or flock
hatajo *m* small herd, small flock; (coll.) lot, flock (*e.g., of nonsense*)
hatear *va* (coll.) to pack up; *vn* to get one's outfit together; to bring provisions to shepherds
hatería *f* provisions, supplies, or equipment for several days (*for shepherds, farm hands, miners, etc.*)
hatero -ra *adj* pack (*animal*); *mf* (Am.) rancher; *m* pack carrier
hatijo *m* straw for beehives
hato *m* herd (*of cattle*); flock (*of sheep*); shepherds' hut; provisions for shepherds; everyday outfit; pack, bundle (*of clothes*); ring, clique; gang (*of thugs*); lot, flock (*of nonsense*); (Am.) cattle ranch; **liar el hato** (coll.) to pack, pack up, pack one's baggage; **menear el hato a** (coll.) to beat up; **revolver el hato** (coll.) to stir up trouble
hawaiano -na *adj & mf* Hawaiian; *m* Hawaiian (*language*)
haxix *m* var. of **hachich**
hay *3d sg pres ind of* **haber**
haya *1st sg pres subj of* **haber;** *f* (bot.) beech, beech tree; **La Haya** The Hague
hayaca *f* (Am.) mince pie
hayal *m* or **hayedo** *m* beech forest
hayo *m* (bot.) coca; (Am.) coca leaves prepared for chewing
hayuco *m* beechnut, mast (*food for hogs*)
haz *m* (*pl:* **haces**) bunch, bundle, fagot; sheaf; pencil, beam (*of rays*); (arch.) clustered column; (bot.) fascicle; (mil.) file of soldiers; (mil.) troops drawn up in divisions; *f* (*pl:* **haces**) face; surface (*of the earth*); right side (*e.g., of cloth*); **a sobre haz** on the surface; **en haz y en paz** by common consent; **hacer haz** to be in line, be flush; **ser de dos haces** to be two-faced; *2d sg impv of* **hacer**
haza *f* field (*for crops*)
hazaleja *f* towel
hazaña *f* deed, feat, exploit
hazañería *f* fuss (*trivial perturbation*)
hazañero -ra *adj* fussy, fluttery
hazañoso -sa *adj* gallant, courageous, heroic
hazmerreír *m* (coll.) butt, laughingstock
he *adv* lo, lo and behold; **he aquí** here is, here are, e.g., **he aquí a su hermano** here is your brother; **he allí** there is, there are, e.g., **helos allí** there they are; *1st sg pres ind of* **haber**
hé *2d sg impv of* **haber**
hebdómada *f* week, hebdomad; seven years
hebdomadario -ria *adj* hebdomadal or hebdomadary
Hebe *f* (myth.) Hebe
hebilla *f* buckle; **no faltar hebilla a** (coll.) to be tiptop, to be perfect
hebillaje *m* buckles, set of buckles
hebillero -ra *mf* buckle maker or dealer
hebra *f* thread, fiber; vein; grain (*in wood*); (fig.) thread (*of conversation*); **hebras** *fpl* (poet.) hair; **de una hebra** (Am.) all at once; **estar** or **ser de buena hebra** (coll.) to be strong and husky; **pegar la hebra** (coll.) to strike up a conversation; (coll.) to talk on and on
hebraico -ca *adj* Hebraic
hebraísmo *m* Hebraism
hebraísta *mf* Hebraist (*scholar skilled in Hebrew language and literature*)
hebraizante *adj* Hebraizing; *mf* Hebraist
hebraizar §97 *vn* to Hebraize
hebreo -a *adj & mf* Hebrew; *m* Hebrew (*language*); (coll.) usurer
Hébridas, las the Hebrides; **Nuevas Hébridas** New Hebrides
hebroso -sa *adj* fibrous, stringy
Hécate *f* (myth.) Hecate
hecatombe *f* hecatomb
hect. abr. of **hectárea**
hectárea *f* hectare
héctico -ca *adj & mf* var. of **hético**
hectiquez *f* var. of **hetiquez**
hectocótilo *m* (zool.) hectocotylus
hectógrafo *m* hectograph
hectogramo *m* hectogram
hectólitro *m* hectoliter
hectómetro *m* hectometer

Héctor *m* (myth.) Hector
Hécuba *f* (myth.) Hecuba
hechiceresco -ca *adj* magical
hechicería *f* sorcery, wizardry, witchcraft; (fig.) charm, fascination
hechicero -ra *adj* magic; bewitching, charming, enchanting; *mf* magician, sorcerer; charmer, enchanter; *m* wizard, sorcerer; *f* witch, sorceress
hechizar §76 *va* to bewitch, cast a spell on; (fig.) to bewitch, charm, enchant, delight; *vn* to be charming, to enchant; to practice sorcery
hechizo -za *adj* fake, deceptive; detachable; made, manufactured; fit, suitable; skilful (*work*); (Am.) local, home (*product*); *m* spell, charm; magic, sorcery; (fig.) magic, sorcery, glamour; (fig.) charmer; **hechizos** *mpl* charms (*of a woman*)
hecho -cha *pp of* **hacer;** *adj* accustomed, inured; finished, perfect; ready-made; full-grown; **a lo hecho pecho** make the best out of a bad situation; **estar hecho** to be turned into, to be, to look like; **hecho y derecho** finished, complete; *m* fact; deed, act; matter; event; **de hecho** in fact; (law) de facto; **en hecho de verdad** as a matter of fact; **estar en el hecho de** to catch on to, to get the point of; **hecho consumado** fait accompli; **hecho de armas** feat of arms; **Hechos de los Apóstoles** (Bib.) Acts of the Apostles; **¡hecho!** O.K.!, all right!
hechura *f* make, making; creation, creature; form, shape, cut, build; workmanship; (Am.) drink, treat; **hechuras** *fpl* cost of making; **no tener hechura** to be impracticable
hedentina *f* stench, stink
heder §66 *va* to bore, annoy; *vn* to stink
hediondez *f* stench, stink
hediondo -da *adj* stinking; smelly; annoying, boring; filthy, dirty, obscene; *m* (bot.) bean trefoil; (zool.) skunk
hedonismo *m* hedonism
hedonista *mf* hedonist
hedor *m* stench, stink
Hefestos *m* (myth.) Hephaestus
hegelianismo *m* Hegelianism
hegeliano -na *adj & mf* Hegelian
hegemonía *f* hegemony
hégira *f* var. of **héjira**
heguemonía *f* var. of **hegemonía**
héjira *f* hegira (*Mohammedan era*)
helada *f* see **helado**
Hélade *f* Hellas (*Greece*)
heladería *f* (Am.) ice-cream parlor
heladero -ra *mf* (Am.) ice-cream maker or dealer; *f* (Am.) freezer, refrigerator; (Am.) ice-cream tray
heladizo -za *adj* easily frozen
helado -da *adj* cold; icy; (fig.) frozen (*with fear, surprise, etc.*); (fig.) cold, chilly; *m* cold drink; water ice; ice cream; **helado al corte** brick ice cream; **helado de barquillo** ice-cream cone; *f* freeze, freezing; frost (*freezing condition*); **helada blanca** hoarfrost
helador -dora *adj* freezing; *f* ice-cream freezer
heladura *f* crack in trunk of tree caused by cold
helamiento *m* freeze, freezing
helar §18 *va* to freeze; to congeal, harden; to astonish, dumfound; to discourage; *vn* to freeze; *vr* to freeze; to congeal, harden, set; to become frostbitten
helechal *m* fernland, fernery
helecho *m* (bot.) fern; **helecho acuático** (bot.) water fern, osmunda; **helecho arbóreo** (bot.) tree fern; **helecho florido** (bot.) flowering fern; **helecho macho** (bot.) male fern; **helecho real** (bot.) royal fern
helena & **Helena** *f* see **heleno**
helénico -ca *adj* Hellenic
helenio *m* (bot.) elecampane
helenismo *m* Hellenism
helenista *mf* Hellenist
helenístico -ca *adj* Hellenistic
helenización *f* Hellenization
helenizar §76 *va & vr* to Hellenize
heleno -na *adj* Hellenic; *mf* Hellene; *f* jack-o'-lantern, St. Elmo's fire; (*cap.*) *f* Helen of Troy
helero *m* glacier
Helesponto *m* Hellespont
helgado -da *adj* jag-toothed, snaggle-toothed
helgadura *f* gaps in teeth, uneven teeth
helíaco -ca *adj* (astr.) heliacal
heliantemo *m* (bot.) helianthemum
heliantina *f* helianthin
helianto *m* (bot.) helianthus
hélice *f* helix (*spiral*); (anat., elec. & geom.) helix; screw propeller; screw or propeller (*of boat*); propeller (*of airplane*); (mach.) fly
hélico -ca *adj* helical
helicoidal *adj* helicoidal
helicoide *adj* helicoid; *m* (geom.) helicoid
helicoideo -a *adj* (bot. & zool.) helicoid
Helicón *m* (hist., myth. & fig.) Helicon; (*l.c.*) *m* (mus.) helicon
Helicónides *fpl* (myth.) Muses
heliconio -nia or **-na** *adj* Heliconian; Muses'
helicóptero *m* (aer.) helicopter
helio *m* (chem.) helium
heliocéntrico -ca *adj* heliocentric
heliograbado *m* helioengraving
heliografía *f* heliography
heliógrafo *m* heliograph
Helios *m* (myth.) Helios
helioscopio *m* helioscope
helióstato *m* heliostat
helioterapia *f* heliotherapy
heliotipia *f* heliotype, heliotypy
heliotropio *m* var. of **heliotropo**
heliotropismo *m* (biol.) heliotropism
heliotropo *m* (bot. & mineral.) heliotrope
helipuerto *m* heliport
helmintiasis *f* (path.) helminthiasis
helminto *m* (zool.) helminth
helmintología *f* helminthology
helvecio -cia *adj & mf* Helvetian; **la Helvecia** Helvetia
helvético -ca *adj* Helvetic; *mf* Helvetian
hemático -ca *adj* hematic
hematíe *m* (physiol.) red cell
hematina *f* (physiol.) hematin
hematita or **hematites** *f* (mineral.) hematite
hematocele *m* (path.) hematocele
hematócrito *m* hematocrit
hematopoyesis *f* (physiol.) hematopoiesis
hematosis *f* (physiol.) hematosis
hematoxilina *f* (chem.) hematoxylin
hembra *adj* female, e.g., **un pez hembra** a female fish; (bot. & mach.) female; weak, thin, delicate; *f* female (*human or animal*); eye (*of hook and eye*); nut; strike (*of a lock*); (bot.) female; **hembra de terraja** (mach.) die; **hembra del timón** (naut.) rudder gudgeon; **hembras de la familia** distaff side
hembraje *m* (Am.) female flock or herd
hembrear *vn* to be drawn to the female (*said of animals*); to produce only females, to produce more females than males
hembrilla *f* eyebolt; (mach.) female
hemélitro -tra *adj* hemelytral; *m* (ent.) hemelytron or hemelytrum
hemeralopía *f* (path.) hemeralopia
hemeroteca *f* newspaper and magazine library, periodical library
hemicelulosa *f* (chem.) hemicellulose
hemiciclo *m* hemicycle (*half circle; semicircular structure*); floor (*of legislative body*)
hemicránea *f* (path.) hemicrania
hemiédrico -ca or **hemiedro -dra** *adj* (cryst.) hemihedral
hemiesfera *f* var. of **hemisferio**
hemina *f* (biochem.) hemin; (hist.) hemina
hemíono *m* (zool.) hemionus, kiang
hemiplejía *f* (path.) hemiplegia
hemíptero -ra *adj* (ent.) hemipterous
hemisférico -ca *adj* hemispherical
hemisferio *m* hemisphere; **hemisferios de Magdeburgo** (phys.) Magdeburg hemispheres
hemisferoide *m* (geom.) hemispheroid
hemistiquio *m* hemistich
hemiterpeno *m* (chem.) hemiterpene
hemocianina *f* (biochem.) hemocyanin
hemofilia *f* (path.) hemophilia
hemofílico -ca *adj* hemophilic; *mf* hemophiliac
hemoglobina *f* (biochem.) hemoglobin
hemoleucocito *m* (anat.) hemoleucocyte
hemolisina *f* (immun.) hemolysin

hemólisis *f* (immun.) hemolysis
hemoptisis *f* (path.) hemoptysis
hemorragia *f* (path.) hemorrhage
hemorrágico -ca *adj* hemorrhagic
hemorroidal *adj* hemorrhoidal
hemorroidectomía *f* (surg.) hemorrhoidectomy
hemorroides *fpl* (path.) hemorrhoids
hemorroo *m* (zool.) cerastes, horned viper
hemos *1st pl pres ind of* **haber**
hemostático -ca *adj & m* (med.) hemostatic
hemostato or **hemóstato** *m* hemostat
henaje *m* tedding
henal *m* hayloft
henar *m* hayfield
henchidor -dora *adj* filling; *mf* filler
henchidura *f* filling, stuffing; heave, swell (*of waves*)
henchimiento *m* filling, stuffing; (naut.) piece of wood used to fill in
henchir §94 *va* to fill; to stuff; to heap (*e.g., with favors, insults*); *vr* to be filled; to stuff, stuff oneself
hendedor -dora *adj* cleaving, cracking, splitting
hendedura *f* cleft, crack, split
hender §66 *va* to cleave, crack, split; to cleave (*the air, the water, the clouds, etc.*); to force one's way through; *vr* to cleave, crack, split
hendible *adj* cleavable; fissionable
hendidura *f* var. of **hendedura**
hendiente *m* downstroke of a sword
hendimiento *m* cleaving, cracking, splitting; fission
heneador -dora *adj* tedding; *mf* tedder, haymaker; *m* tedder (*machine*)
henear *va* to ted, to hay
henequén *m* (bot.) henequen (*plant and fiber*)
henificación *f* tedding, haying
henificar §86 *va* to ted, to hay
henil *m* hayloft, haymow
henna *f* henna (*dye*)
heno *m* hay; (bot.) crimson clover; **heno blanco** (bot.) velvet grass
henojil *m* garter
henoteísmo *m* henotheism
henrio *m* (elec.) henry
heñir §74 *va* to knead; **hay mucho que heñir** (coll.) there's still a lot to do
heparina *f* (pharm.) heparin
hepático -ca *adj* hepatic; *f* (bot.) hepatica, liverwort; **hepática estrellada** (bot.) woodruff
hepatitis *f* (path.) hepatitis
hepatización *f* (path.) hepatization
heptaedro *m* (geom.) heptahedron
heptagonal *adj* heptagonal
heptágono -na *adj* heptagonal; *m* (geom.) heptagon
heptámetro *m* heptameter
heptangular *adj* heptangular
heptano *m* (chem.) heptane
heptarquía *f* heptarchy; **la Heptarquía anglosajona** the Heptarchy
heptasilábico -ca *adj* heptasyllabic
heptasílabo -ba *adj* heptasyllabic; *m* heptasyllable
Heptateuco *m* (Bib.) Heptateuch
Hera *f* (myth.) Hera or Here
Heracles *m* (myth.) Heracles
Heráclito *m* Heraclitus
heraldía *f* heraldry (*office or duty of herald*)
heráldico -ca *adj* heraldic; *mf* heraldist; *f* heraldry
heraldo *m* herald
herbáceo -a *adj* herbaceous
herbajar *va* to graze, put to graze; *vn* to graze
herbaje *m* herbage; grazing fee; coarse woolen cloth
herbajear *va & vn* var. of **herbajar**
herbajero *m* renter of pasture
herbar §18 *va* to dress (*hides*) with herbs
herbario -ria *adj* herbal; *m* herbarium (*treatise; room or building*); herbalist, botanist; rumen (*of ruminant*)
herbazal *m* grassland
herbecer §34 *vn* to sprout; to turn green (*with grass*)
herbero *m* gullet (*of ruminants*)
herbicida *m* weed killer
herbífero -ra *adj* herbiferous
herbívoro -ra *adj* herbivorous
herbolario -ria *adj & mf* (coll.) scatterbrain; *m* herbalist (*botanist; herbman*); herb store
herboristería *f* herb store
herborizar §76 *vn* to gather herbs
herboso -sa *adj* herby, grassy
herciano -na *adj* (elec.) Hertzian
Herculano *f* Herculaneum
hercúleo -a *adj* Herculean (*pertaining to Hercules*); herculean (*strong, courageous*)
Hércules *m* (astr. & myth.) Hercules; (*l.c.*) *m* strong man
heredable *adj* inheritable, hereditable
heredad *f* country property, country estate
heredamiento *m* inheritance; landed estate; (law) endowment
heredar *va & vn* to inherit
heredero -ra *adj* inheritable, inheriting; *mf* heir, inheritor; landowner, owner of a country estate; **heredero forzoso** (law) heir apparent; **heredero presuntivo** (law) heir presumptive; *m* heir; *f* heiress
hereditario -ria *adj* hereditary
hereje *mf* heretic
herejía *f* heresy; insult, outrage; (coll.) outrageous price
herén *f* var. of **yero**
herencia *f* inheritance, heritage; estate; (biol.) heredity; **herencia ligada al sexo** (biol.) sex-linkage
heresiarca *m* heresiarch
herético -ca *adj* heretic or heretical
herido -da *adj* hurt (*injured; offended*); wounded; **mal herido** seriously injured, seriously wounded; *mf* injured person, wounded person; **los heridos** the injured, the wounded; *m* wounded soldier; *f* injury, wound; insult, outrage; **renovar la herida** to open an old sore; **tocar en la herida** to sting to the quick
herir §62 *va* to hurt, injure; to wound; to strike; to beat down upon; to play (*a stringed instrument*); to pluck (*a string*); to touch, to move; to offend
herma *m* (hist.) herma
hermafrodismo *m* var. of **hermafroditismo**
hermafrodita *adj* hermaphrodite, hermaphroditic; *m* hermaphrodite
hermafroditismo *m* (biol.) hermaphroditism
hermafrodito *adj & m* var. of **hermafrodita**
hermana *f* see **hermano**
hermanable *adj* brotherly, fraternal; compatible
hermanado -da *adj* like, mated, matched
hermanamiento *m* matching, mating; harmonizing; brotherly union
hermanar *va* to match, to mate; to join, combine; to harmonize (*e.g., opinions*); *vr* to match; to become brothers (*in spirit*)
hermanastra *f* stepsister
hermanastro *m* stepbrother
hermanazgo *m* or **hermandad** *f* brotherhood; sisterhood; sorority; close friendship; conformity, close relationship
hermanear *va* to call (*someone*) brother
hermano -na *adj* sister (*e.g., language*); *mf* mate, twin, companion; *m* brother; **hermanos** *mpl* brother and sister; **medio hermano** half brother; **primo hermano** first cousin; **hermano carnal** blood brother; **hermano de leche** foster brother; **hermano de madre** half brother by the same mother; **hermano de padre** half brother by the same father; **hermano político** brother-in-law; **hermanos de la doctrina (cristiana)** Christian Brothers; **hermanos siameses** Siamese twins; *f* sister; **media hermana** half sister; **prima hermana** first cousin; **ser prima hermana de** (coll.) to be much like; **hermana carnal** blood sister; **hermana de la caridad** Sister of Charity, Sister of Mercy; **hermana de leche** foster sister; **hermana de madre** half sister by the same mother; **hermana de padre** half sister by the same father; **hermana política** sister-in-law
hermenéutico -ca *adj* hermeneutic; *f* hermeneutics
Hermes *m* (myth.) Hermes

hermeticidad *f* airtightness; impenetrability
hermético -ca *adj* hermetic, airtight; impenetrable (*person, secret, etc.*); tight-lipped, tight-mouthed
hermetismo *m* secretiveness, secrecy
Hermíone *f* (myth.) Hermione
hermoseador -dora *adj* beautifying; *mf* beautifier
hermoseamiento *m* beautification, embellishment
hermosear *va* to beautify, embellish
hermosilla *f* (bot.) throatwort
hermoso -sa *adj* beautiful; handsome
hermosura *f* beauty; belle, beauty (*beautiful woman*)
hernia *f* (path.) hernia; **hernia estrangulada** (path.) strangulated hernia
herniado -da *adj* suffering from hernia; *mf* person suffering from hernia
herniar *vr* to herniate; to protrude
herniario -ria *adj* hernial; *f* (bot.) burstwort
hernioso -sa *adj & mf* var. of **herniado**
hernista *m* hernia surgeon
Hero *f* (myth.) Hero
Herodes *m* (Bib.) Herod; **andar** or **ir de Herodes a Pilatos** (coll.) to go from pillar to post, to be driven from pillar to post
herodiano -na *adj* Herodian
Herodías *f* (Bib.) Herodias
Heródoto *m* Herodotus
héroe *m* hero
heroicidad *f* heroicity, heroism; heroic deed
heroico -ca *adj* heroic; (med.) heroic; **a la heroica** in the heroic manner
heroicocómico -ca *adj* heroicomic, mock-heroic
heroína *f* heroine; (pharm.) heroin
heroísmo *m* heroism
herpe *m & f* (path.) herpes
herpético -ca *adj* herpetic
herpetología *f* herpetology
herpil *m* esparto net (*for carrying straw, melons, etc.*)
herrada *f* bucket
herradero *m* branding of cattle; place for branding cattle; (taur.) topsy-turvy bullring
herrador *m* horseshoer, farrier
herradora *f* (coll.) horseshoer's wife
herradura *f* horseshoe; **mostrar las herraduras** to kick; (coll.) to show one's heels
herraj *m* var. of **erraj**
herraje *m* iron fittings, iron trimmings, ironwork, hardware; fine coal made of crushed olive stones
herramental *adj* tool; *m* tool bag, toolbox
herramienta *f* tool; tools, set of tools; (coll.) horns (*of bull*); (coll.) grinders (*teeth*); **herramienta motriz** power tool; **herramientas de dotación** (aut.) tools that come with the car
herrar §18 *va* to shoe (*a horse*); to brand (*cattle*); to trim with ironwork; to hoop (*a barrel*)
herrén *m* mixed fodder (*oats, rye, barley, etc.*)
herrenal *m* or **herreñal** *m* field of mixed grain
herrería *f* blacksmith shop; blacksmithing; ironworks; disturbance, uproar
herrerillo *m* (orn.) blue titmouse; (orn.) great titmouse
herrero *m* blacksmith; iron forger; **herrero de grueso** ironworker; **herrero de obra** steelworker, structural ironworker
herreruelo *m* (orn.) coal titmouse
herrete *m* tip (*of metal*)
herretear *va* to tip, put a metal tip on
herrezuelo *m* small piece of iron
herrín *m* rust
herrón *m* quoit; washer; iron bar (*used in planting*); (Am.) tip (*of spinning top*)
herronada *f* blow with iron bar; hard peck (*with bird's beak*)
herrumbrar *va & vr* var. of **aherrumbrar**
herrumbre *f* rust; taste of iron; (bot.) rust, plant rot
herrumbroso -sa *adj* rusty; (bot.) rusty
hertziano -na *adj* (elec.) Hertzian
herventar §18 *va* to boil
hervidero *m* boiling; boiling spring, bubbling spring; rattle (*e.g., in the chest*); swarm (*of worms, of people, etc.*)
hervidor *m* cooker, boiler
herviente *adj* var. of **hirviente**
hervir §62 *vn* to boil; to boil, to seethe (*said of the sea; of an angry person*); to swarm, to teem
hervor *m* boil, boiling; force, vigor, determination; fire, restlessness (*of youth*); **alzar** or **levantar el hervor** to begin to boil; **hervor de la sangre** skin rash
hervoroso -sa *adj* ardent, fiery, impetuous
hesiense *adj & mf* Hessian
Hesíodo *m* Hesiod
hesitación *f* hesitation
hesitar *vn* to hesitate
Hesperia *f* see **hesperio**
Hespérides *fpl* (myth.) Hesperides (*four nymphs*)
hesperidina *f* (chem.) hesperidin
hesperidio *m* (bot.) hesperidium
hespérido -da *adj* Hesperian (*western*)
hesperio -ria *adj* Hesperian (*of Spain or Italy*); (*cap.*) *f* Hesperia (*Spain or Italy*)
héspero -ra *adj* var. of **hesperio;** (*cap.*) *m* Hesperus (*evening star*)
heteo -a *adj & mf* var. of **hitita**
hetera *f* (hist.) hetaera; courtesan, prostitute
heterocerco -ca *adj* (ichth.) heterocercal
heterocíclico -ca *adj* (chem.) heterocyclic
heteroclamídeo -a *adj* (bot.) heterochlamydeous
heteróclito -ta *adj* heteroclite
heterodinaje *m* (rad.) heterodyning
heterodinar *va & vn* (rad.) to heterodyne
heterodino -na *adj* (rad.) heterodyne; *f* (rad.) heterodyne (*auxiliary oscillator*)
heterodoxia *f* heterodoxy
heterodoxo -xa *adj* heterodox; *mf* heterodox person
heteroecia *f* (biol.) heteroecism
heterofilia *f* (bot.) heterophylly
heterofilo -la *adj* (bot.) heterophyllous
heterogamia *f* heterogamy
heterógamo -ma *adj* (bot.) heterogamous
heterogeneidad *f* heterogeneity
heterogéneo -a *adj* heterogeneous
heterónimo -ma *adj* heteronymous; *m* heteronym
heteroplastia *f* (surg.) heteroplasty
heterótrofo -fa *adj* (biol.) heterotrophic
hético -ca *adj & mf* hectic
hetiquez *f* (path.) consumption
hetmán *m* hetman (*cossack chief*)
heurístico -ca *adj* heuristic
hexacordo *m* (mus.) hexachord
hexaédrico -ca *adj* hexahedral
hexaedro *m* (geom.) hexahedron
hexafluoruro *m* (chem.) hexafluoride
hexagonal *adj* hexagonal
hexágono -na *adj* hexagonal; *m* (geom.) hexagon
hexagrama *m* hexagram
hexametilenotetramina *f* (chem.) hexamethylenetetramine
hexámetro -tra *adj & m* hexameter
hexángulo -la *adj* hexangular
hexano *m* (chem.) hexane
hexapétalo -la *adj* (bot.) hexapetalous
hexápodo -da *adj* hexapod; *m* (ent.) hexapod
Hexateuco *m* (Bib.) Hexateuch
hexosa *f* (chem.) hexose
hez *f* (*pl:* **heces**) (fig.) scum, dregs; **heces** *fpl* lee, sediment, dregs; feces, excrement; (fig.) dregs
Hg. abr. of **hectogramo**
hi *interj* var. of **ji**
Hiadas or **Híades** *fpl* (astr. & myth.) Hyades or Hyads
hialino -na *adj* hyaline (*glassy*); *f* (biochem.) hyaline
hialita *f* (mineral.) hyalite
hialitis *f* (path.) hyalitis
hialoideo -a *adj* hyaloid
hialoides *f* (anat.) hyaloid
hialoplasma *m* (biol.) hyaloplasm
hialotecnia or **hialurgia** *f* glass work
hiante *adj* (pros.) having hiatus
hiato *m* hiatus (*in a text*); (anat., gram. & pros.) hiatus
hibernación *f* (biol.) hibernation
hibernal *adj* hibernal

hibernar *vn* (biol.) to hibernate
hibernés -nesa or **hiberniano -na** *adj & mf* Hibernian
hibérnico -ca *adj* Hibernian
hibisco *m* (bot.) hibiscus
hibridación *f* hybridization
hibridar *va & vn* to hybridize
hibridismo *m* hybridism
híbrido -da *adj & m* hybrid
hicaco *m* (bot.) coco plum (*tree and fruit*)
hice *1st sg pret ind of* **hacer**
Hicsos *mpl* (hist.) Hyksos
hidalgo -ga *adj* noble, illustrious, imperious; *m* nobleman; *f* noblewoman
hidalguete -ta *mf* (coll.) impecunious noble
hidalguez *f* or **hidalguía** *f* nobility
hidalguito -ta *mf* cute little noble
hidantoína *f* (chem.) hydantoin
hidátide *f* (path.) hydatid
hidatídico -ca *adj* hydatid
hidno *m* (bot.) hydnum
hidra *f* hydra (*persistent evil*); (zool.) hydra (*polyp*); (zool.) poisonous sea snake (*Hydrus bicolor*); (*cap.*) *f* (astr. & myth.) Hydra
hidracida *f* (chem.) hydrazide
hidrácido *m* (chem.) hydracid
hidracina *f* (chem.) hydrazine
hidrangea *f* (bot.) hydrangea
hidrargirismo *m* (path.) hydrargyriasis
hidrargiro *m* (chem.) hydrargyrum
hidratación *f* (chem.) hydration
hidratado -da *adj* hydrous
hidratar *va & vr* (chem.) to hydrate
hidrato *m* (chem.) hydrate; **hidrato amónico** (chem.) ammonium hydroxide; **hidrato de carbono** (chem.) carbohydrate; **hidrato de cloral** (chem.) chloral hydrate
hidráulico -ca *adj* hydraulic; *m* hydraulician, hydraulic engineer; *f* hydraulics
hídrico -ca *adj* (chem.) hydric
hidro *m* (aer.) hydroplane
hidroavión *m* (aer.) hydroplane
hidrocarburo *m* (chem.) hydrocarbon
hidrocefalía *f* (path.) hydrocephalus
hidrocéfalo -la *adj* hydrocephalous
hidrocele *m* (path.) hydrocele
hidrodeslizador *m* gliding boat
hidrodinámico -ca *adj* hydrodynamic; *f* hydrodynamics
hidroelectricidad *f* hydroelectricity
hidroeléctrico -ca *adj* hydroelectric
hidrófana *f* or **hidrófano** *m* (mineral.) hydrophane
hidrófido *m* (zool.) sea serpent, sea snake, hydrophid
hidrófilo -la *adj* (chem.) hydrophile or hydrophilic; absorbent; *m* (ent.) water beetle
hidrófita *f* (bot.) hydrophyte
hidrofobia *f* (path.) hydrophobia
hidrofóbico -ca *adj* hydrophobic
hidrófobo -ba *adj* hydrophobic (*suffering from hydrophobia*); *mf* hydrophobe
hidrófono *m* hydrophone
hidrófugo -ga *adj* waterproof
hidrogel *m* (chem.) hydrogel
hidrogenación *f* (chem.) hydrogenation
hidrogenar *va* (chem.) to hydrogenate
hidrogenión *m* (chem.) hydrogen ion
hidrógeno *m* (chem.) hydrogen; **hidrógeno pesado** (chem.) heavy hydrogen
hidrografía *f* hydrography
hidrográfico -ca *adj* hydrographic
hidrógrafo -fa *mf* hydrographer
hidroide *m* (zool.) hydroid
hidrólisis *f* (chem.) hydrolysis
hidrolítico -ca *adj* hydrolytic
hidrolizar §76 *va & vr* (chem.) to hydrolize
hidrología *f* hydrology
hidrólogo -ga *mf* hydrologist
hidromancía *f* hydromancy
hidromántico -ca *adj* hydromantic
hidromecánico -ca *adj* hydromechanical; *f* hydromechanics
hidromedusa *f* (zool.) hydromedusa
hidromel *m* hydromel
hidrometeoro *m* (meteor.) hydrometeor
hidrometría *f* mechanics of water flow
hidrómetro *m* current gauge, water meter
hidromiel *m* var. of **hidromel**
hidrópata *mf* hydropath or hydropathist
hidropatía *f* hydropathy
hidropático -ca *adj* hydropathic
hidropesía *f* (path.) dropsy; (path.) hydrops
hidrópico -ca *adj* dropsical, hydropic; very thirsty; insatiable
hidroplano *m* hydroplane (*boat*); (aer.) hydroplane
hidroponía *f* hydroponics
hidropónico -ca *adj* hydroponic
hidroquinona *f* (chem.) hydroquinone
hidrosfera *f* hydrosphere
hidrosis *f* (path.) hidrosis
hidrosol *m* (chem.) hydrosol
hidrostático -ca *adj* hydrostatic; *f* hydrostatics
hidrostato or **hidróstato** *m* hydrostat
hidrosulfito *m* (chem.) hydrosulfite; **hidrosulfito sódico** (chem.) hydrosulfite, sodium hydrosulfite (*reducing agent*)
hidrosulfuro *m* (chem.) hydrosulfide
hidrotecnia *f* hydrotechny
hidroterapia *f* hydrotherapeutics or hydrotherapy
hidroterápico -ca *adj* hydrotherapeutic
hidrotérmico -ca *adj* hydrothermal
hidrotórax *m* (path.) hydrothorax
hidrotropismo *m* hydrotropism
hidróxido *m* (chem.) hydroxide; **hidróxido de calcio** (chem.) calcium hydroxide; **hidróxido de potasio** (chem.) potassium hydroxide; **hidróxido de sodio** (chem.) sodium hydroxide
hidroxilamina *f* (chem.) hydroxylamine
hidroxilo *m* (chem.) hydroxyl
hidrozoico -ca *adj* hydrozoic, hydrozoan
hidrozoo *m* (zool.) hydrozoan
hidruro *m* (chem.) hydride; **hidruro de litio** (chem.) lithium hydride
hiedra *f* (bot.) ivy; **hiedra terrestre** (bot.) ground ivy; **hiedra venenosa** (bot.) poison ivy
hiel *f* gall, bile; (fig.) bitterness, sorrow; **echar la hiel** (coll.) to strain, to overwork; **hiel de la tierra** (bot.) lesser centaury
hielo *m* ice; frost, cold; astonishment; **romper el hielo** (fig.) to break the ice; **hielo carbónico** dry ice; **hielo flotante** ice pack; **hielo seco** dry ice
hiemación *f* wintering; (bot.) winter blooming
hiemal *adj* winter, hiemal
hiena *f* (zool.) hyena; **hiena manchada** (zool.) spotted hyena; **hiena parda** (zool.) brown hyena; **hiena rayada** (zool.) striped hyena
hienda *f* dung
hierático -ca *adj* hieratic or hieratical
hierba *f* grass; herb; **hierbas** *fpl* grass, pasture; herb poison; vegetable soup (*for monks*); years of age (*said of animals*); **mala hierba** weed; (coll.) wayward young man; **y otras hierbas** (hum.) and many other things; **hierba amargosa** (bot.) ragweed; **hierba amarilla** (bot.) oxeye, oxeye daisy (*Heliopsis*); **hierba artética** (bot.) ground pine; **hierba ballestera** (bot.) white hellebore; **hierba belida** (bot.) buttercup, blisterflower; **hierba buena** (bot.) mint; **hierba callera** (bot.) sedum, orpine; **hierba cana** (bot.) groundsel; **hierba carmín** (bot.) pokeberry, pokeweed; **hierba centella** (bot.) marsh marigold; **hierba de ballesteros** (bot.) white hellebore; **hierba de clavo** (bot.) primrose willow; **hierba de Guinea** (bot.) Guinea grass; **hierba de hechiceros** (bot.) nightshade, black nightshade; **hierba de la culebra** (bot.) green dragon; **hierba de la golondrina** (bot.) celandine; **hierba del ala** (bot.) elecampane; **hierba de la madre** (bot.) toothwort; **hierba de la moneda** (bot.) moneywort; **hierba de la paciencia** (bot.) herb patience, spinach dock; **hierba de la plata** (bot.) honesty; **hierba de la rabia** (bot.) madwort; **hierba de las calenturas** (bot.) hedge hyssop; **hierba de las coyunturas** (bot.) joint fir; **hierba de las cucharas** (bot.) scurvy grass; **hierba de la segur** (bot.) hatchet vetch; **hierba de las golondrinas** (bot.) celandine; **hierba de las heridas** (bot.) selfheal; **hierba del asno** (bot.) evening primrose; **hierba de las quemaduras** (bot.)

groundsel; **hierba de las serpientes** (bot.) star thistle; **hierba de la tos** (bot.) rosette ramonda; **hierba de la Trinidad** (bot.) liverwort; **hierba del burro** (bot.) fireweed (*a wild lettuce*); **hierba del cáncer** (bot.) leadwort; **hierba del hígado** (bot.) liverwort; **hierba del maná** (bot.) manna grass, gloating fescue; **hierba del moro** (bot.) elecampane; **hierba de los canarios** (bot.) chickweed; **hierba de los canónigos** (bot.) corn salad; **hierba de los gatos** (bot.) rosette ramonda; **hierba de los indios** (bot.) comfrey; **hierba de los tiñosos** (bot.) burdock; **hierba del papa** (bot.) cat thyme; **hierba del Paraguay** (bot.) Paraguay tea; **hierba del pobre** (bot.) hedge hyssop; **hierba del Sudán** (bot.) Sudan grass; **hierba del toro** (bot.) hyssop loosestrife; **hierba de París** (bot.) herb Paris, truelove; **hierba de pordioseros** (bot.) traveler's-joy; **hierba de San Benito** (bot.) herb bennet; **hierba de San Cristóbal** (bot.) baneberry; **hierba de San Gerardo** (bot.) goutweed; **hierba de San Juan** (bot.) Saint-John's-wort; **hierba de San Lorenzo** (bot.) wood sanicle; **hierba de San Pablo** (bot.) cowslip, primrose; **hierba de San Pablo mayor** (bot.) oxlip, polyanthus; **hierba de San Roberto** (bot.) red shanks, fox geranium; **hierba de Santa Catalina** (bot.) touch-me-not; **hierba de Santa María** (bot.) costmary; **hierba de Santiago** (bot.) tansy ragwort; **hierba doncella** (bot.) large periwinkle, cut-finger; **hierba elefante** (bot.) elephant grass; **hierba estañera** (bot.) scouring grass, Dutch grass; **hierba fina** (bot.) Rhode Island bent; **hierba fuerte** (bot.) cat thyme; **hierba gatera** (bot.) catmint, catnip; **hierba hedionda** (bot.) jimson weed, thorn apple; **hierba lombriguera** (bot.) tansy; **hierba mate** (bot.) maté, Brazilian holly; **hierba medicinal** herb, medicinal herb; **hierba moli** (myth.) moly; **hierba mora** (bot.) nightshade, black nightshade; **hierba pajarera** (bot.) chickweed; **hierba pastel** (bot.) woad; **hierba peluda** (bot.) rosette ramonda; (bot.) rice cut-grass; **hierba piojera** (bot.) stavesacre; **hierba pulguera** (bot.) fleawort; **hierba puntera** (bot.) houseleek; **hierba Rhodes** (bot.) Rhodes grass; **hierba romana** (bot.) costmary; **hierba sagrada** (bot.) vervain; **hierba santa** (bot.) mint; **hierba sarracena** (bot.) costmary; **hierbas finas** fines herbes (*garnish made of chopped mushrooms, shallots, parsley, etc.*); **hierba tosera** (bot.) rosette ramonda; **hierba turca** (bot.) burstwort; **hierba velluda** (bot.) bulbous buttercup, meadow crowfoot

hierbabuena *f* (bot.) mint

hiero *m* var. of **yero**

hierofanta *m* or **hierofante** *m* hierophant

hieroglífico -ca *adj & m* var. of **jeroglífico**

hierosolimitano -na *adj & mf* var. of **jerosolimitano**

hierro *m* iron; brand (*stamped with hot iron*); **hierros** *mpl* irons (*chains, fetters, etc.*); **a hierro y fuego** without mercy, without quarter; violently, sweeping straight ahead; **llevar hierro a Vizcaya** to carry coals to Newcastle; **machacar en hierro frío** (coll.) to waste one's time (*in trying to change a person's nature*); **marcar con hierro** to brand; **hierro acanalado** corrugated iron; **hierro colado** cast iron; **hierro colado en barras** pig iron; **hierro de desecho** scrap iron; **hierro de marcar** branding iron; **hierro dulce** wrought iron; **hierro especular** (mineral.) specular iron; **hierro fundido** cast iron; **hierro galvanizado** galvanized iron; **hierro ondulado** corrugated iron

hifa *f* (bot.) hypha

higa *f* baby's fist-shaped amulet; scorn, contempt; **dar higa** to miss fire (*said of a gun*); **no dar dos higas por** (coll.) to not care a rap for

higadilla *f* or **higadillo** *m* liver (*of birds, fish, and other small animals*)

hígado *m* (anat.) liver; **hígados** *mpl* (coll.) guts, courage; **echar los hígados** (coll.) to strain, to overwork; **hasta los hígados** (coll.) from the bottom of one's heart; **malos hígados** ill will, hatred; **moler los hígados a** (coll.) to pester; **querer comer los hígados a** (coll.) to have a deep grudge against; **hígado de bacalao** cod liver

Higea or **Higía** *f* (myth.) Hygeia

higiene *f* hygiene; **higiene mental** mental hygiene; **higiene sexual** sex hygiene; **higiene social** social hygiene

higiénico -ca *adj* hygienic

higienista *adj & mf* hygienist; *m* public health doctor

higienización *f* hygienization

higienizar §76 *va* to hygienize, make hygienic

higo *m* fig (*fruit*); (vet.) thrush; **de higos a brevas** (coll.) once in a while; **no dársele a uno un higo de, no dar un higo por, no estimar en un higo** to not care a rap for; **no valer un higo** (coll.) to be not worth a continental; **higo chumbo** or **higo de tuna** prickly pear (*fruit*); **higo zafarí** sweet fig

higrometría *f* hygrometry

higrométrico -ca *adj* hygrometric

higrómetro *m* hygrometer

higroscópico -ca *adj* hygroscopic

higroscopio *m* hygroscope

higuana *f* var. of **iguana**

higuera *f* (bot.) fig tree; **higuera chumba** (bot.) prickly pear; **higuera de Bengala** (bot.) banyan; **higuera de Egipto** (bot.) caprifig, wild fig; **higuera del diablo, del infierno** or **infernal** (bot.) castor-oil plant; **higuera de Indias, de pala** or **de tuna** (bot.) prickly pear; **higuera loca** (bot.) jimson weed

higuereta or **higuerilla** *f* (bot.) castor-oil plant

hija *f* see **hijo**

hijadalgo *f* (*pl:* **hijasdalgo**) var. of **hidalga**

hijastro -tra *mf* stepchild; *m* stepson; *f* stepdaughter

hijo -ja *mf* child; young (*of an animal*); (fig.) child, fruit, result; **cada hijo de vecino** (coll.) every man Jack, every mother's son; **hijo de bendición** legitimate child; good child; **hijo de la cuna** foundling; **hijo del amor** love child; **hijo de leche** foster child; *m* son; native son; **hijos** *mpl* children, descendants; **Hijo de Dios** Son of God; **hijo del agua** good sailor; good swimmer; **Hijo del Hombre** Son of Man (*Jesus*); **hijo de su padre** (coll.) chip off the old block; **hijo de sus propias obras** self-made man; **hijo natural** love child; **hijo político** son-in-law; **hijo pródigo** prodigal son; *f* daughter; native daughter; **hija de Eva** daughter of Eve; **hija política** daughter-in-law

hijodalgo *m* (*pl:* **hijosdalgo**) var. of **hidalgo**

hijuela *f* see **hijuelo**

hijuelero *m* rural postman

hijuelo -la *mf* offspring; *m* little son, little child; (bot.) shoot, sucker; *f* little daughter, little girl; accessory; extra strip (*used to widen a garment*); extra little mattress placed under mattress to fill a hollow; branch drain; branch sewer; side path, crosspath; rural mail service (*off the main highway*); estate (*of decedent*); palm seed; (eccl.) pall (*to cover chalice*)

hila *f* row, line; thin gut; spinning; **hilas** *fpl* lint (*for dressing wounds*); (Am.) cotton waste; **a la hila** in single file

hilable *adj* spinnable, spinning, fit for spinning

hilacha *f* shred, raveling, fraying; **hilachas** *fpl* lint; **mostrar la hilacha** (Am.) to show one's worst side; **hilacha de acero** steel wool; **hilacha de algodón** cotton waste; **hilacha de vidrio** spun glass

hilacho *m* var. of **hilacha; hilachos** *mpl* (Am.) rags, tatters

hilachoso -sa *adj* shreddy, frayed, raveled

hilada *f* row, line; (mas.) course; **hilada atizonada** or **de cabezal** (mas.) header course; **hilada de coronación** (mas.) coping; **hilada de faja** (mas.) stretcher course; **hilada voladiza** (mas.) corbel course

hiladillo *m* braid

hiladizo -za *adj* spinnable

hilado *m* spinning; yarn, thread
hilador -dora *mf* spinner; *f* spinning machine
hilandería *f* spinning (*art*); spinning frame; spinning mill
hilandero -ra *mf* spinner; *m* spinning shop, spinning mill
hilar *va* to spin (*wool, thread, a cocoon, etc.*); to infer, conjecture; *vn* to spin; **hilar delgado** or **fino** (coll.) to hew close to the line; **hilar largo** (coll.) to drag on
hilaracha *f* var. of **hilacha**
hilarante *adj* mirthful, sprightful; laughing (*gas*)
hilaridad *f* hilarity
Hilario *m* Hilary
hilatura *f* spinning
hilaza *f* yarn, thread; uneven thread; coarse thread; **descubrir la hilaza** to show one's true nature
hilera *f* row, line; fine thread, fine yarn; ridgepole; (mach.) drawplate; (mas.) course; (mil.) file; (zool.) spinneret
hilero *m* ripple (*caused by two opposing currents*); stream, current
hilio *m* (anat.) hilum
hilo *m* thread; yarn; filament; string (*e.g., of pearls*); linen, linen fabric; light or thin wire; thin stream (*e.g., of water*); beam (*of light*); edge (*of razor, sword, etc.*); (bot.) hilum; (elec.) wire; (opt.) cross hair, cross wire; (zool.) thread (*of spider*); (fig.) thread (*of a speech, of life, etc.*); **a hilo** uninterruptedly; in line, parallel; **al hilo** along the thread, with the thread; **estar colgado de un hilo** (coll.) to hang by a thread; **irse al hilo** or **tras el hilo de la gente** to follow the crowd (*to do what others do*); **manejar los hilos** to pull strings; **perder el hilo de** to lose the thread of; **tomar el hilo** to pick up the thread (*e.g., of the conversation*); **vivir al hilo del mundo** (coll.) to follow the crowd; **hilo bramante** twine; **hilo cruzado** (opt.) cross hair, cross wire; **hilo de la muerte** end of life; **hilo de masa** (aut.) ground wire; **hilo de medianoche** midnight sharp; **hilo de mediodía** twelve noon sharp; **hilo dental** dental floss; **hilo de retorno** (elec.) return, return wire; **hilo de salmar** twine; **hilo de tierra** (rad.) ground wire; **hilos taquimétricos** (surv.) stadia hairs
hilozoísmo *m* (philos.) hylozoism
hilván *m* (sew.) tacking, basting; basting stitch; (Am.) hem; (Am.) basting thread; **hablar de hilván** (coll.) to jabber along
hilvanar *va* (sew.) to tack, to baste; to outline, to sketch; (coll.) to hurry (*a job*); (Am.) to hem; *vn* (sew.) to tack, to baste
himalayo -ya *adj* Himalayan; **el Himalaya** The Himalaya, The Himalayas
himen *m* (anat.) hymen
himeneo *m* marriage; hymeneal (*wedding song*); (bot.) courbaril; (*cap.*) *m* (myth.) Hymen
himenio *m* (bot.) hymenium
himenóptero -ra *adj* (zool.) hymenopterous; *m* (zool.) hymenopter
Himeto *m* Hymettus
himnario *m* hymnal, hymn book
himno *m* hymn; **himno nacional** national anthem
himnología *f* hymnology
himplar *vn* to roar, to bellow
hin *m* neigh, whinny
hincadura *f* driving, thrusting, sinking
hincapié *m* firm footing; foot stamping; emphasis; **hacer hincapié** (coll.) to take a firm stand; **hacer hincapié en** (coll.) to lay great stress on
hincar §86 *va* to stick, to drive, to thrust, to sink; to go down on, to fall on (*one's knee or knees*); *vr* to kneel, kneel down
hinco *m* post, pole (*sunk in the ground*)
hincón *m* boat post (*for fastening a boat to the shore*)
hincha *f* (coll.) grudge, ill will; *mf* (sport) rooter, fan
hinchable *adj* bubble (*chewing gum*)
hinchado -da *adj* swollen; swollen with pride; pompous, high-flown (*style, language*); *m* inflation (*of a tire*); *f* (sport) rooters, fans
hinchar *va* to swell; to inflate; to pump up; to embroider, exaggerate; *vr* to swell; to swell up, become puffed up (*with pride*)
hinchazón *f* swelling; conceit, vanity; bombast
hinchismo *m* (sport) rooters, fans
hindí *m* Hindi
hindú -dúa *adj & mf* (*pl:* **-dúes -dúas**) Hindu or Hindoo
hinduísmo *m* Hinduism
Hindustán, el var. of **el Indostán**
hindustaní *m* var. of **indostaní**
hiniesta *f* (bot.) Spanish broom
hinojal *m* fennel bed, fennel field
hinojo *m* (bot.) fennel; **de hinojos** kneeling, on one's knees; **hinojo acuático** (bot.) water fennel; **hinojo hediondo** (bot.) dill; **hinojo marino** or **marítimo** (bot.) samphire
hintero *m* kneading table (*of baker*)
hioideo -a *adj* hyoid
hioides *adj* hyoid; *m* (anat.) hyoid or hyoides
hiosciamina *f* (chem.) hyoscyamine
hioscina *f* (chem.) hyoscine
hipabisal *adj* (geol.) hypabyssal
hipálage *f* (rhet.) hypallage
hipar *vn* to hiccough; to pant; to whine; to be worn out; **hipar por** to long for, to want badly
Hiparco *m* Hipparchus
Hipatia *f* Hypatia
hiperacidez *f* hyperacidity
hiperacusia or **hiperacusis** *f* (path.) hyperacusis
hiperbático -ca *adj* hyperbatic
hipérbaton *m* (gram.) hyperbaton
hipérbola *f* (geom.) hyperbola
hipérbole *f* (rhet.) hyperbole
hiperbólico -ca *adj* (geom. & rhet.) hyperbolic
hiperbolismo *m* (rhet.) hyperbolism
hiperbolizar §76 *vn* to hyperbolize
hiperboloide *m* (geom.) hyperboloid
hiperbóreo -a *adj* hyperborean; *mf* hyperborean; (myth.) Hyperborean
hipercinesia *f* (path.) hyperkinesia
hiperclorhidria *f* (path.) hyperchlorhydria
hipercrisis *f* (med.) extreme crisis
hipercrítico -ca *adj* hypercritical; *m* severe critic, captious censor; *f* severe criticism
hiperdulía *f* (theol.) hyperdulia
hiperemia *f* (path.) hyperemia
hiperestesia *f* (path.) hyperesthesia
Hiperión *m* (myth.) Hyperion
hipermetropía *f* (path.) hypermetropia
Hipermnestra *f* (myth.) Hypermnestra
hiperopía *f* (path.) hyperopia
hiperópico -ca *adj* hyperopic
hiperpirexia *f* (path.) hyperpyrexia
hiperpituitarismo *m* (path.) hyperpituitarism
hiperpnea *f* (path.) hyperpnea
hipersensibilidad *f* (path.) hypersensitivity
hipersensible *adj* (path.) hypersensitive
hipertensión *f* (path.) hypertension, high blood pressure
hipertenso -sa *mf* person with high blood pressure
hipertiroidismo *m* (path.) hyperthyroidism
hipertónico -ca *adj* (chem. & physiol.) hypertonic
hipertrofia *f* (biol. & path.) hypertrophy
hipertrofiar *vr* to hypertrophy
hipertrófico -ca *adj* hypertrophic
hípico -ca *adj* hippic, equine, horse
hipido *m* whining
hipismo *m* horse breeding; horse racing
hipnal *m* (chem.) hypnale; (obs.) hypnale (*adder*)
Hipnos *m* (myth.) Hypnos
hipnosis *f* hypnosis
hipnótico -ca *adj & mf* hypnotic; *m* (med.) hypnotic (*sedative*)
hipnotismo *m* hypnotism
hipnotista *mf* hypnotist
hipnotización *f* hypnotization
hipnotizador -dora *adj* hypnotizing; *mf* hypnotizer
hipnotizar §76 *va* to hypnotize
hipo *m* hiccough; longing, keen desire; grudge; (phot.) hypo (*sodium hyposulfite*); **tener hipo contra** to have a grudge against; **tener hipo por** to crave

hipoblasto *m* (embryol.) hypoblast; (bot.) cotyledon of a grass
hipobosco *m* (ent.) horse tick
hipocampo *m* (anat., ichth. & myth.) hippocampus
hipocausto *m* (archeol.) hypocaust
hipocicloide *f* (geom.) hypocycloid
hipoclorito *m* (chem.) hypochlorite
hipocloroso -sa *adj* (chem.) hypochlorous
hipocondría *f* (path.) hypochondria
hipocondríaco -ca *adj & mf* hypochondriac
hipocondrio *m* (anat.) hypochondrium
hipocorístico -ca *adj* hypocoristic
hipocotíleo *m* (bot.) hypocotyl
hipocrás *m* hippocras
Hipócrates *m* Hippocrates
hipocrático -ca *adj* Hippocratic
Hipocrene *f* (myth.) Hippocrene
hipocresía *f* hypocrisy
hipócrita *adj* hypocritical; *mf* hypocrite
hipodérmico -ca *adj* hypodermic
hipodermo -ma *adj* (bot.) hypodermal
hipódromo *m* hippodrome
hipófisis *f* (*pl:* **-sis**) (anat.) hypophysis
hipofosfito *m* (chem.) hypophosphite
hipofosfórico -ca *adj* (chem.) hypophosphoric
hipofosforoso -sa *adj* (chem.) hypophosphorous
hipogástrico -ca *adj* hypogastric
hipogastrio *m* (anat. & zool.) hypogastrium
hipogénico -ca *adj* (geol.) hypogene
hipogeo -a *adj* (bot. & zool.) hypogeous; *m* (arch.) hypogeum
hipogloso -sa *adj* (anat.) hypoglossal; *m* (anat.) hypoglossal; (ichth.) halibut (*Hippoglossus*)
hipogrifo *m* (myth.) hippogriff
hipoide *adj* (mach.) hypoid
Hipólito *m* (myth.) Hippolytus
hipopótamo *m* (zool.) hippopotamus
hiposo -sa *adj* having hiccoughs
hipóstasis *f* (*pl:* **-sis**) (philos. & theol.) hypostasis
hipostático -ca *adj* hypostatic
hipóstilo -la *adj & m* (arch.) hypostyle
hiposulfito *m* (chem.) hyposulfite (*thiosulfate; salt of hyposulfurous acid*); **hiposulfito de sodio** (chem.) sodium hyposulfite ($Na_2S_2O_4$); (chem. & phot.) sodium hyposulfite ($Na_2S_2O_3$)
hiposulfuroso -sa *adj* (chem.) hyposulfurous
hipotálamo *m* (anat.) hypothalamus
hipoteca *f* mortgage; (law) hypothec; **¡buena hipoteca!** or **¡vaya una hipoteca!** (iron.) you can believe it, if you want to!
hipotecación *f* hypothecation
hipotecar §86 *va* to hypothecate, to mortgage
hipotenusa *f* (geom.) hypotenuse
hipotermia *f* (med.) hypothermia
hipótesis *f* (*pl:* **-sis**) hypothesis; **hipótesis nebular** (astr.) nebular hypothesis
hipotético -ca *adj* hypothetic or hypothetical
hipotiroidismo *m* (path.) hypothyroidism
hipotónico -ca *adj* (chem. & physiol.) hypotonic
hipoxantina *f* (chem.) hypoxanthine
hipsometría *f* hypsometry
hipsómetro *m* hypsometer
hircino -na *adj* hircine
hirco *m* (zool.) wild goat
hircocervo *m* (myth.) hircocervus
hiriente *adj* stinging, cutting, offensive
hirma *f* list, selvage
hirsuto -ta *adj* hirsute, bristly; (fig.) harsh, brusque, gruff
hirviendo *adj invar* boiling
hirviente *adj* boiling, seething
hisca *f* birdlime
hiscal *m* three-strand esparto rope
hisopada *f* sprinkling with holy water
hisopar *va* var. of **hisopear**
hisopazo *m* blow with an aspergillum
hisopear *va* to sprinkle with an aspergillum, to asperse
hisopillo *m* mouth swab; (bot.) winter savory
hisopo *m* (bot.) hyssop; (eccl.) aspergillum, hyssop; (Am.) brush, paint brush, shaving brush; **hisopo húmedo** wool fat, wool grease
hispalense *adj & mf* Sevillian
Hispania *f* Hispania
hispánico -ca *adj* Hispanic
hispanidad *f* Spanish nature, essence or spirit; Spanish solidarity, Spanish union
Hispaniola *f* former name of Santo Domingo
hispanismo *m* Hispanicism; Spanish studies, interest in Spanish language and literature
hispanista *mf* Hispanist
hispanizar §76 *va* to Hispanicize
hispano -na *adj* Hispanic, Spanish; Spanish American; *mf* Spaniard; Spanish American
hispanoamericanizar §76 *va* to make Spanish American; *vr* to become Spanish American
hispanoamericano -na *adj* Spanish American (*of America where Spanish is spoken*); Spanish-American (*of Spain and America or of Spain and the United States*); *mf* Spanish American (*native or inhabitant of America where Spanish is spoken*)
hispanoárabe *adj* Spanish-Arab or Spanish-Arabic; Hispano-Moresque
hispanófilo -la *adj & mf* Hispanophile
hispanófobo -ba *adj & mf* Hispanophobe
hispanohablante or **hispanoparlante** *adj* Spanish-speaking; *mf* speaker of Spanish
hispanomarroquí *adj* (*pl:* **-quíes**) Spanish-Moroccan
híspido -da *adj* hispid, bristly, spiny
hispir *va* to puff up, make fluffy; *vn & vr* to puff up, become fluffy
histamina *f* (chem.) histamine
histerectomía *f* (surg.) hysterectomy
histéresis *f* (phys.) hysteresis
histeria *f* (path.) hysteria
histérico -ca *adj* (path.) hysteric or hysterical
histerismo *m* (path.) hysteria
histerotomía *f* (surg.) hysterotomy
histidina *f* (chem.) histidine
histólisis *f* (biol.) histolysis
histología *f* histology
histólogo -ga *mf* histologist
histona *f* (biochem.) histone
historia *f* history; story, tale; painting of a historical subject; **historias** *fpl* (coll.) gossip, meddling; **armar historias** (Am.) to make trouble; **de historia** notorious; **dejarse de historias** (coll.) to come to the point; **la historia antigua** ancient history; **la historia contemporánea** contemporary history; **la historia medieval** or **media** medieval history; **la historia moderna** modern history; **la historia natural** natural history; **pasar a la historia** to become a thing of the past; **picar en historia** to turn out to be serious; **historia de lagrimitas** (coll.) sob story
historiado -da *adj* (arch.) historiated; (f.a.) richly adorned; (f.a.) storied (*painting, tapestry*); (coll.) overadorned
historiador -dora *mf* historian
historial *adj* historical; *m* record, dossier
historiar §90 & regular *va* to tell the history of; to tell the story of; (f.a.) to depict (*a historical event*)
historicidad *f* historicity
histórico -ca *adj* historic, historical
historieta *f* anecdote, brief account; **historieta gráfica** comic strip
historiografía *f* historiography
historiógrafo -fa *mf* historiographer
histrión *m* actor, histrion; juggler, clown, buffoon; fake, humbug
histriónico -ca *adj* histrionic
histrionisa *f* (archaic) actress, ballet dancer
histrionismo *m* histrionics; actors
hita *f* see **hito**
híter *m* (biol.) hyther
hitita *adj & mf* Hittite; *m* Hittite (*language*)
hitleriano -na *mf* Hitlerite
hitlerismo *m* Hitlerism
hito -ta *adj* fixed, firm; adjoining (*house, street*); black (*horse*); *m* landmark, milestone; peg, hob; quoits; aim, goal; **dar en el hito** to hit the nail on the head; **mirar de hito en hito** to eye up and down, to stare at; **mudar de hito** to not be able to keep still; (coll.) to keep trying new ways or methods; *f* brad, small headless cut nail; landmark, milestone
hitón *m* large headless cut nail
hizo *3d sg pret ind of* **hacer**
hizono *m* (chem.) hyzone

Hl. abr. of **hectolitro**
Hm. abr. of **hectómetro**
Hno. abr. of **Hermano**
Hnos. abr. of **Hermanos**
hoazín *m* (orn.) hoatzin
hobachón -chona *adj* (coll.) lumpish (*fat and sluggish*)
hobachonería *f* (coll.) lumpishness
hobo *m* var. of **jobo**
hocicada *f* blow with the snout; blow in the snout
hocicar §86 *va* to nuzzle; (slang) to keep on kissing; *vn* to nuzzle, to grub; to run into a snag; (naut.) to dip (*said of the bow of a ship*)
hocico *m* snout; (coll.) snout (*of person*); (coll.) face, sour face; **caer de hocicos** (coll.) to fall on one's face; **meter el hocico en todo** (coll.) to poke or put one's nose in everything; **poner hocico** (coll.) to make a face
hocicón -cona or **hocicudo -da** *adj* snouty, big-snouted
hocino *m* sickle; dale, glen; gorge, narrows
hociquear *va & vn* var. of **hocicar**
hodómetro *m* var. of **odómetro**
hogaño *adv* (coll.) this year; (coll.) nowadays, at the present time
hogar *m* fireplace, hearth; furnace; bowl (*of tobacco pipe*); home; household; home life; bonfire; **hogar substituto** (Am.) foster home
hogareño -ña *adj* home-loving; *mf* homebody, stay-at-home
hogaza *f* large loaf of bread; cobloaf
hoguera *f* bonfire
hoja *f* leaf (*of plant, book, door, folding door, spring, table, etc.; petal*); pad (*of aquatic plant*); sheet; blank (*sheet of paper*); foil; blade (*of knife, saw, sword, etc.*); runner (*of skates*); pane (*of glass*); veneer; side (*of hog*); sword; slat (*e.g., of Venetian blind*); land cultivated every other year; **desdoblar la hoja** (coll.) to open the subject again; **doblar la hoja** to close the subject for the time being; to change the subject, to digress; **poner como hoja de perejil** (coll.) to give a tongue lashing to; **tener hoja** to be counterfeit; **hoja batiente** casement sash; **hoja clínica** clinical chart; **hoja de afeitar** razor blade; **hoja de embalaje** packing slip; **hoja de encuadernador** (b.b.) end paper; **hoja de estaño** tin foil; **hoja de estudios** (educ.) transcript; **hoja de guarda** (b.b.) flyleaf; **hoja del anunciante** tear sheet; **hoja de lata** tin, tin plate; **hoja de nenúfar** lily pad; **hoja de paga** pay roll; **hoja de parra** fig leaf (*on a statue*); **hoja de pedidos** (com.) order blank; **hoja de plata** silver foil, silver leaf; **hoja de rodaje** (mov.) shooting record or report; **hoja de ruta** waybill; **hoja de servicios** record of service; (mil.) service record; **hoja de trébol** cloverleaf (*intersection*); **hoja maestra** master blade (*of spring*); **hojas alternas** (bot.) alternate leaves; **hojas del autor** (print.) advance sheets; **hoja suelta** leaflet, handbill; (b.b.) flyleaf; **hoja volante** leaflet, handbill
hoja-bloque *f* (*pl:* **hojas-bloque**) (philately) souvenir sheet
hojalata *f* tin, tin plate
hajalatería *f* tinwork; tinsmith's shop; sheet-metal work
hojalatero *m* tinsmith; sheet-metal worker
hojaldrado -da *adj* flaky
hojaldrar *va* to make into puff paste
hojaldre *m & f* puff paste
hojaldrero -ra or **hojaldrista** *mf* puff-paste baker
hojaranzo *m* (bot.) hornbeam; (bot.) oleander, rosebay
hojarasca *f* fallen leaves, dead leaves; excess foliage; vain show, bluff; trash, rubbish; (arch.) foliage
hojaseca *f* (ent.) leaf insect
hojear *va* to leaf through (*a book, a batch of papers*); *vn* to scale off; to flutter (*said of leaves of trees*)
hojilla *f* (Am.) cigaret paper; **hojilla magnética** (phys.) magnetic tracing, magnetic curves
hojoso -sa or **hojudo -da** *adj* leafy
hojuela *f* leaflet; pancake; foil; gold or silver braid; pressed-olive skins; **hojuela de estaño** tin foil
hol. abr. of **holandés**
hola *interj* hey!, ho!; hello!
Holanda *f* Holland; (*l.c.*) *f* fine chambray
holandés -desa *adj* Dutch; **a la holandesa** or **en holandesa** (b.b.) half-bound; *mf* Hollander; *m* Dutchman; Dutch (*language*); **el Holandés errante** the Flying Dutchman; **los holandeses** the Dutch (*people*); *f* Dutch woman
holandeta or **holandilla** *f* linen lining
holgachón -chona *adj* (coll.) ease-loving, idling; *mf* idler, loafer
holgadero *m* hangout
holgado -da *adj* idle, unoccupied; loose, full, roomy; comfortable; free; fairly well-off
holganza *f* idleness; ease, leisure; pleasure, enjoyment
holgar §79 *vn* to idle, to not work; to ease up, rest up; to be of no use, to be unnecessary; to be too loose, to not fit; to be glad; **holgar +** *inf* to be needless to + *inf;* **holgar con** or **de** to be glad at; *vr* to be glad; to be amused; **holgarse con** or **de** to be glad at; **holgarse de +** *inf* to be glad to + *inf*
holgazán -zana *adj* loafing, lazy; *mf* loafer, bum
holgazanear *vn* to loaf, to bum around
holgazanería *f* loafing, bumming, laziness
holgón -gona *adj* pleasure-loving; *mf* lizard, lounge lizard
holgorio *m* (coll.) gaiety, merriment, hilariousness
holgueta *f* (coll.) enjoyment, merriment
holgura *f* enjoyment, merriment; ease, comfort; looseness, fullness; (mach.) play
holmio *m* (chem.) holmium
holocaína *f* (pharm.) holocaine
holocausto *m* holocaust (*burnt offering; complete destruction by fire; wholesale destruction*); sacrifice, offering
holoceno -na *adj* (geol.) Holocene, Recent
holoédrico -ca *adj* (cryst.) holohedral
Holofernes *m* (Bib.) Holofernes
hológrafo -fa *adj & m* var. of **ológrafo**
holoturia *f* (zool.) holothurian, sea cucumber
holladero -ra *adj* traveled, trodden (*part of road*)
holladura *f* treading, trampling
hollar §77 *va* to tread, tread upon; (fig.) to tread under foot, to trample upon
hollejo *m* skin, peel, hull
hollín *m* soot
hollinar *va* (Am.) to make sooty, to soil with soot
holliniento -ta *adj* sooty
hombracho *m* husky big fellow
hombrada *f* manly thing; piece of folly; bravado
hombradía *f* manliness; courage
hombre *m* man; omber (*card game*); (coll.) my boy, old chap; (slang) husband, man; **buen hombre** good-natured fellow; **ser mucho hombre** to be a well-versed man; **ser muy hombre** to be a he-man; **ser todo un hombre** to be a full-grown man; **¡hombre al agua!** or **¡hombre a la mar!** man overboard!; **hombre bueno** man of legal age in good standing; (law) referee, arbiter; **hombre de armas** man-at-arms (*heavily armed soldier on horseback*); **hombre de bien** honest man, honorable man; **hombre de cabeza** man of talent; **hombre de campo** or **del campo** countryman; **hombre de criazón** or **hombre de remensa** serf; **hombre de dinero** man of means; **hombre de distinción** man of distinction; **hombre de estado** statesman; **hombre de fama** man of repute; **hombre de fondo** man of brains, man of great ability; **hombre de fondos** man of property; **hombre de guerra** man-at-arms (*military man*); **hombre de iglesia** man of the church, man of God; **hombre de la calle** man in the street (*average citizen*); **hombre de la situación** (Am.) man of the hour; **hombre del destino** Man of Destiny (*Napoleon*); **hombre de letras** man of letters; **Hombre de los Dolores** Man of Sorrows (*Jesus*); **hombre de mundo**

H

man of the world; **hombre de paja** straw man (*nonentity*); cat's-paw; **hombre de palabra** man of his word; **hombre de pelo en pecho** brave man; **hombre de prendas** man of parts; **hombre de suposición** man of straw; **hombre de veras** matter-of-fact fellow; serious fellow; **hombre hecho** grown man; well-educated man; **hombre mono** missing link; **hombre rana** (*pl:* **hombres rana**) frogman; **hombre viejo** (theol.) old man; *interj* upon my word!, man alive!

hombrear *vn* to try to act full-grown (*said of a boy*); to try to be somebody; to shoulder, push with the shoulder; to be mannish (*said of a woman*); to be a bully; **hombrear con** to strive to equal; *vr* **hombrearse con** to strive to equal

hombrecillo *m* homunculus, little man; (bot.) hop

hombrera *f* shoulder (*of garment*); shoulder padding; (arm.) pauldron; epaulet

hombría *f* manliness; **hombría de bien** honesty, honorableness

hombrillo *m* yoke (*of a shirt*); shoulder piece

hombrituerto -ta *adj* with shoulder raised (*in attitude of boasting*)

hombro *m* shoulder; (print.) shoulder; **a hombros de** on the shoulders of; **arrimar el hombro** to lend a hand, to put one's shoulder to the wheel; **echar al hombro** to take upon oneself; **encoger los hombros** to droop one's shoulders, to let one's shoulders droop (*in patience or resignation*); **encogerse de hombros** to shrug one's shoulders; to droop one's shoulders, to let one's shoulders droop (*in patience or resignation*); to crouch, to shrink with fear; to not answer; **escurrir el hombro** to shirk; **mirar por encima del hombro** to look down upon; **salir en hombros** to be carried off on the shoulders of the crowd; **hombro a hombro** (coll.) shoulder to shoulder

hombrón *m* (coll.) man of parts; (coll.) husky fellow

hombruno -na *adj* (coll.) mannish

homenaje *m* homage (*respect*); testimonial; gift; (feud.) homage; **en homenaje a** in honor of; **rendir homenaje a** to swear allegiance to; **homenaje de boca** lip service

homenajear *va* to honor, to fete

homeópata *adj* homeopathic; *mf* homeopath or homeopathist

homeopatía *f* homeopathy

homeopático -ca *adj* homeopathic

homérico -ca *adj* Homeric

Homero *m* Homer

homicida *adj* homicidal; cruel, inhuman; **homicida de sí mismo** (coll.) suicidal (*destructive of one's own health*); *mf* homicide (*person*)

homicidio *m* homicide (*act*); **homicidio intencional** voluntary manslaughter

homilética *f* homiletics; study of sacred authors

homilía *f* homily

homiliario *m* homiliarium

homilista *m* homilist

hominal *adj* human

hominicaco *m* (coll.) poor sap, nincompoop

homocerco -ca *adj* (ichth.) homocercal

homoclamídeo -a *adj* (bot.) homochlamydeous

homocromía *f* (zool.) protective coloration

homofonía *f* (phonet. & mus.) homophony

homófono -na *adj* (phonet.) homophonous; (mus.) homophonic

homogeneidad *f* homogeneity

homogeneización *f* homogenization

homogeneizar §76 *va* to homogenize

homogéneo -a *adj* homogeneous

homogenización *f* var. of **homogeneización**

homogenizar §76 *va* var. of **homogeneizar**

homógrafo -fa *adj* homographic; *m* homograph

homologación *f* equalization; (law) homologation; (sport) validation

homologar §59 *va* to make equal; (law) to homologate; (sport) to validate (*a record*)

homología *f* homology

homólogo -ga *adj* homologous

homonimia *f* homonymy

homónimo -ma *adj* homonymous; of the same name; *mf* namesake; *m* homonym

homóptero -ra *adj* (ent.) homopterous

homosexual *adj & mf* homosexual

homosexualidad *f* homosexuality

homúnculo *m* (coll.) homunculus; (coll.) guy, fellow

honda *f* see **hondo**

hondazo *m* blow with a sling

hondear *va* (naut.) to sound; (naut.) to unload

hondero *m* (hist.) slinger (*soldier*)

hondigo *m* sling

hondillos *mpl* patches in the crotch of trousers

hondo -da *adj* deep; low; *m* depth; bottom; *f* sling (*for hurling missiles; rope used for hoisting*); slingshot; **hondo** *adv* deep

hondón *m* bottom (*e..g, of a tumbler*); eye (*of needle*); foot piece (*of stirrup*); lowland

hondonada *f* lowland, bottom land

hondura *f* depth, profundity; **meterse en honduras** (coll.) to go beyond one's depth

Honduras *f* Honduras; **la Honduras Británica** British Honduras

hondureñismo *m* Honduranism

hondureño -ña *adj & mf* Honduran

honestar *va* to honor; to palliate, to excuse

honestidad *f* decency, decorum; honesty, uprightness; purity, chastity; modesty; fairness

honesto -ta *adj* decent, proper; honest, upright; pure, chaste; modest; fair, reasonable (*price*)

hongo *m* (bot.) mushroom; derby, bowler

honor *m* honor; honesty; **honores** *mpl* honors; honorary status or position; **en honor a la verdad** to tell the truth; **en honor de** in honor of; **hacer honor a** (coll.) to do or show honor to; (coll.) to honor (*one's signature*); **hacer los honores** to do the honors; **honores de la guerra** honors of war

honorable *adj* honorable (*worthy of honor*); (*cap.*) *adj* Honorable (*title*)

honorario -ria *adj* honorary; *m* honorarium, fee

honorífico -ca *adj* honorific, honorable

honra *f* honor; dignity; **honras** *fpl* memorial service; **tener a mucha honra** to be proud of

honradez *f* honesty

honrado -da *adj* honest, honorable; **honrado a carta cabal** fair and square

honrador -dora *adj* honoring; *mf* honorer

honramiento *m* honoring

honrar *va* to honor; *vr* to be honored; **honrarse de** + *inf* to deem it an honor to + *inf*

honrilla *f* concern (*at what people will say*); **por la negra honrilla** out of concern for what people will say

honroso -sa *adj* honorable (*behavior, position, etc.*)

hopa *f* long cassock; sack in which an executed criminal is placed

hopalanda *f* houppelande

hopear *va* (coll.) to throw out, to kick out; *vn* to wag the tail; to romp, race around

hoplita *m* hoplite

hopo *m* tuft, shock (*of hair*); bushy tail; **seguir el hopo a** ((coll.) to keep right after; **sudar el hopo** (coll.) to work hard, to sweat; **volver el hopo** (coll.) to beat it; *interj* get out of here!

hoque *m* var. of **alboroque**

hora *f* hour; time, e.g., **hora de acostarse** time to go to bed; time (*to die*), e.g., **ya le llegó la hora** or **la última hora** his time has come; **Horas** *fpl* (myth.) Hours; **a buena hora** (coll.) in good time, opportunely; (iron.) too late; **a la hora** on time; **a la hora de ahora** or **a la hora de ésta** (coll.) right now; **a la hora horada** on the dot; **a las pocas horas** within a few hours; **a las pocas horas de** + *inf* a few hours after + *ger;* **dar hora** to fix a time; **dar la hora** to strike (*said of a clock*); to be just right; (coll.) to be a knockout (*said of a beautiful woman*); **de última hora** late (*news*); up-to-date; latest, most up-to-date; **en buen** or **buena hora** or **en hora buena** safely, luckily; all right, O.K.; **en mal** or **mala hora** or **en hora mala** in an evil hour, unluckily; **fuera de horas after**

hours; **hasta altas horas** until late into the night; **las cuarenta horas** (eccl.) forty hours' devotion; **no ver la hora de** (coll.) to be hardly able to wait for; **por horas** by the hour; **¿qué hora es?** what time is it?; **hora cero** (mil.) zero hour; **hora de aglomeración** rush hour; **hora de clase** (educ.) class hour; **hora de comer** mealtime; **hora deshorada** (coll.) fatal hour; **hora de verano** daylight-saving time; **hora de verdad** (taur.) kill; **hora legal** or **oficial** standard time; **horas canónicas** canonical hours; **horas de consulta** office hours (*of a doctor*); **horas de ocio** leisure hours; **hora semestral** semester hour; **horas extraordinarias de trabajo** overtime; **horas menores** (eccl.) little hours; *adv* now
horaciano -na *adj* Horatian
Horacio *m* Horace
horadación *f* drilling, boring, piercing
horadador -dora *adj* drilling, boring, piercing; *mf* driller, borer
horadar *va* to drill, bore, pierce
horado *m* hole; cave, cavern
hora-hombre *f* (*pl:* **horas-hombre**) man-hour
horario -ria *adj* (pertaining to the) hour; *m* hour hand; timetable; clock; face (*of clock or watch*); **horario escolar** roster
horca *f* pitchfork; gallows, gibbet; forked prop (*for plants and trees*); string (*of onions or garlic*); **tener horca y cuchillo** (hist.) to have life-and-death power; (coll.) to be absolute boss, to be a tyrant; **Horcas Caudinas** Caudine Forks
horcado -da *adj* forked, forklike
horcadura *f* upper part of tree trunk; fork (*made by two branches*)
horcajadas; a horcajadas astride, astraddle
horcajadillas; a horcajadillas var. of **a horcajadas**
horcajadura *f* crotch (*formed by two legs or by two branches*)
horcajo *m* fork (*made by two streams*); yoke (*for mules*)
horcate *m* hames (*of harness*)
horco *m* string (*of onions or garlic*)
horcón *m* pitchfork; forked prop
horchata *f* orgeat
horchatería *f* orgeat shop or store
horchatero -ra *mf* orgeat maker or dealer
horda *f* horde
hordiate *m* pearl barley; barley water
horizontal *adj* horizontal; *f* horizontal; **buscar** or **tomar la horizontal** (Am.) to lie down
horizonte *m* horizon; (fig.) horizon
horma *f* form, mold; shoe tree, shoe last; block, hat block; dry wall; **hallar la horma de su zapato** (coll.) to find just the thing; (coll.) to meet one's match; **horma de bota** shoe tree, boot tree
hormaza *f* dry wall
hormazo *m* blow with a block or last; pile of stones
hormiga *f* (ent.) ant; itch; **ser una hormiga** to be very thrifty; **hormiga blanca** (ent.) white ant; **hormiga león** (ent.) ant lion; **hormiga roja** or **silvestre** (ent.) red ant (*Formica rufa*)
hormigo *m* sifted ashes used in smelting quicksilver; **hormigos** *mpl* dessert made of bread crumbs, crushed almonds, and honey; coarse parts of ground wheat
hormigón *m* concrete; **hormigón armado** reinforced concrete; **hormigón hidráulico** hydraulic mortar
hormigonera *f* concrete mixer
hormigoso -sa *adj* (pertaining to the) ant; full of ants; ant-eaten; itchy
hormigueamiento *m* var. of **hormigueo**
hormigueante *adj* swarming; crawly, creepy; teeming
hormiguear *vn* to swarm; to crawl, to creep (*with a sensation of insects*); to teem, to abound
hormigueo *m* swarming; crawling sensation; (coll.) worry, unrest
hormiguero *m* anthill; swarm, mob (*of people*); place swarming with people; pile of burned compost; (orn.) wryneck
hormiguesco -ca *adj* (pertaining to the) ant
hormiguilla *f* itch
hormiguillo *m* line of workmen passing material from one to the other; (vet.) founder
hormilla *f* buttonmold
hormillón *m* hat block
hormón *m* or **hormona** *f* (physiol.) hormone
hormonal *adj* hormonal
hornabeque *m* (fort.) hornwork
hornablenda *f* (mineral.) hornblende
hornacina *f* (arch.) niche
hornacho *m* (min.) horizontal opening; furnace for casting statues
hornachuela *f* hut, cabin
hornada *f* batch, bake (*of bread, bricks, etc.*); (coll.) crop (*of appointments, promotions, etc.*)
hornaguear *va* to dig (*the earth*) for coal
hornaguero -ra *adj* coal; wide, spacious; *f* coal
hornaza *f* jeweler's furnace; (f.a.) glazing yellow
hornazo *m* Easter cake filled with hard-boiled eggs; Easter present to Lenten preacher
hornear *va* (Am.) to bake; *vn* to bake; to be a baker
hornería *f* baking (*trade*); bakery
hornero -ra *mf* baker; *m* (orn.) baker, ovenbird
hornija *f* brushwood
hornijero *m* carrier of brushwood
hornilla *f* kitchen charcoal grate; pigeonhole (*recess for pigeons to nest*)
hornillo *m* small furnace; kitchen stove; fire pot; hot plate; bowl (*of tobacco pipe*); (mil.) fougasse; (min.) blast hole; **hornillo de atenor** athenor (*self-feeding furnace of alchemists*)
horno *m* furnace; kiln; oven; **alto horno** blast furnace; **horno de cal** limekiln; **horno de coque** coke oven; **horno de coquizar** coking oven; **horno de cuba** shaft furnace; **horno de fundición** smelting furnace; **horno de hogar abierto** open-hearth furnace; **horno de ladrillos** brickkiln; **horno de mufla** muffle furnace; **horno de pudelar** puddling furnace; **horno de regeneración** regenerative furnace; **horno de reverbero** or **de tostadillo** reverberatory furnace; **horno Siemens-Martin** open-hearth furnace
horología *f* horology
horologio *m* (eccl.) horologe
horón *m* large round hamper or frail
horondo -da *adj* var. of **orondo**
horópter *m* (opt.) horopter
horoptérico -ca *adj* horopteric
horóptero *m* var. of **horópter**
horoscopar *vn* to make horoscopes
horoscopia *f* horoscopy
horoscopizar §76 *vn* var. of **horoscopar**
horóscopo *m* (astrol.) horoscope; **sacar un horóscopo** (astrol.) to cast a horoscope
horqueta *f* fork, pitchfork; fork (*made by two branches*); (Am.) fork (*in river, road, etc.*)
horquilla *f* fork, pitchfork; forked pole; hairpin; fork (*of bicycle*); cradle (*of French telephone*); step or tread (*of stilts*); (aut.) clutch lever; (mach.) yoke
horrendo -da *adj* horrendous
hórreo *m* granary; (prov.) granary or barn raised on pillars (*for protection from mice and dampness*)
horrero *m* granary keeper or tender
horribilísimo -ma *adj super* very or most horrible
horrible *adj* horrible
horridez *f* horribleness
hórrido -da or **horrífico -ca** *adj* horrible, horrendous
horripilación *f* bristling of the hair; (path.) horripilation
horripilante *adj* hair-raising, terrifying
horripilar *va* to make the hair of (*someone*) stand on end; to terrify; *vn* to terrify; *vr* to be or become terrified
horrisonante or **horrísono -na** *adj* horrisonant
horro -rra *adj* enfranchised; free, untrammeled
horror *m* horror; horrid thing; atrocity; **¡qué horror!** how terrible!; horrors!; **tener en horror** to abhor, hate, detest; **tener horror a** to have a horror of

H

horrorizar §76 *va* to horrify; *vr* to be horrified
horroroso -sa *adj* horrid, horrible; (coll.) hideous, ugly
horrura *f* filth, dirt, dross
hortaliza *f* vegetable
hortatorio -ria *adj* hortatory
hortelano -na *adj* (pertaining to a) garden; *m* gardener; orchardman; (orn.) ortolan; *f* gardener's wife
hortense *adj* (pertaining to a) garden
hortensia *f* (bot.) hydrangea; (bot.) hortensia; (*cap.*) *f* Hortense
hortera *f* wooden bowl; *m* (coll.) store clerk
hortícola *adj* horticultural; *m* horticulturist
horticultor -tora *mf* horticulturist
horticultura *f* horticulture
Hos. abr. of **Hermanos**
hosanna *m & interj* hosanna
hosco -ca *adj* dark; sullen, gloomy; proud, arrogant
hoscoso -sa *adj* rough, bristly
hospedador -dora *mf* host, one who provides lodging
hospedaje *m* lodging; cost of lodging
hospedamiento *m* lodging
hospedar *va* to lodge; *vr* to lodge, stop, put up
hospedería *f* hospice (*maintained by a religious order*); lodging; inn, hostelry
hospedero -ra *mf* host, innkeeper
hospiciano -na *mf* inmate of a poorhouse
hospicio *m* hospice; orphan asylum; poorhouse
hospital *m* hospital; **estar hecho un hospital** (coll.) to be full of aches and pains; (coll.) to be turned into a hospital (*said of a house full of sick people*); **hospital ambulante** (mil.) field hospital; **hospital de aislamiento** isolation hospital; **hospital de campaña** (mil.) field hospital; **hospital de la sangre** poor relations; **hospital de primera sangre** or **de sangre** (mil.) field hospital; **hospital robado** (coll.) bare house (*without furniture or adornments*)
hospitalario -ria *adj* hospitable; *mf* (hist.) hospitaler; (hist.) Hospitaler
hospitalero -ra *mf* hospital manager; hospitaler; hospitable person
hospitalidad *f* hospitality; hospitalization (*stay in a hospital*)
hospitalización *f* hospitalization
hospitalizar §76 *va* to hospitalize
hosquedad *f* darkness; sullenness, gloominess; arrogance
hostal *m* var. of **hostería**
hostelería *f* hotel business; association of hotel keepers
hostelero -ra *mf* innkeeper; hotel keeper
hostería *f* inn, hostelry
hostia *f* sacrificial victim; wafer; (eccl.) wafer, Host
hostiario *m* wafer box; wafer mold
hostiero -ra *mf* wafer maker; *m* wafer box
hostigamiento *m* lashing, scourging; harassment; pestering
hostigar §59 *va* to lash, scourge; to drive, harass; to pester, plague; (Am.) to cloy
hostigo *m* lash; weather-beaten wall; beating of wind and rain
hostigoso -sa *adj* (Am.) cloying, sickening
hostil *adj* hostile
hostilidad *f* hostility; **hostilidades** *fpl* hostilities (*warfare*); **cesar en las hostilidades** to cease hostilities; **romper las hostilidades** to start hostilities
hostilizar §76 *va* to harry, to harass (*an enemy*); to make it hot for, to antagonize
hotel *m* hotel; mansion, villa
hotelero -ra *adj* (pertaining to a) hotel; *mf* hotelkeeper
hotentote -ta *adj & mf* Hottentot
hovero -ra *adj* blossom-colored (*horse*); egg-colored
hoy *adv & m* today; **de hoy a mañana** any time now; **de hoy en adelante** or **de hoy más** from now on, henceforth; **por hoy** for the present; **hoy día** nowadays; **hoy por hoy** at the present time, as of today
hoya *f* hole, pit, ditch; grave; valley; whirlpool; seedbed; (Am.) basin (*of river*); **tener un pie en la hoya** to have one foot in the grave
hoyada *f* low spot, depression
hoyanca *f* (coll.) potter's field, common grave for the poor
hoyo *m* hole; pockmark; grave
hoyoso -sa *adj* holey, full of holes
hoyuela *f* fonticulus, hollow at front of neck
hoyuelo *m* dimple; pitching pennies (*boy's game*); fonticulus, hollow at front of neck
hoz *f* (*pl:* **hoces**) sickle; defile, ravine; narrow pass; (anat.) falx; **de hoz y de coz** (coll.) headlong, recklessly; **la hoz y el martillo** the hammer and sickle; **meter la hoz en mies ajena** to mind other people's business; **hoz del cerebelo** (anat.) falx cerebelli; **hoz del cerebro** (anat.) falx cerebri
hozada *f* stroke with a sickle; grass (or other grain) cut with one stroke of sickle
hozadero *m* place where hogs root up the earth
hozadura *f* hole made by a rooting hog
hozar §76 *va & vn* to root, to nuzzle
hta. abr. of **hasta**
huacal *m* (Am.) var. of **guacal**
huachinango *m* (ichth.) red snapper
huanca *f* (Am.) Indian reed horn
huando *m* (Am.) var. of **guando**
huango *m* (Am.) var. of **guango**
huarache *m* (Am.) var. of **guarache**
huauzontli *m* (Am.) goosefoot
hube *1st sg pret ind of* **haber**
hucha *f* large sheet; chest (*that can be used as a seat*); money box, toy bank; savings, nest egg
huchear *vn* to cry, shout, yelp
huebra *f* day's plowing of a yoke of oxen; pair of mules and plowman hired for a day; fallow
huebrero *m* plowman hired with pair of mules; owner of pair of mules who rents them out by the day
hueca *f* see **hueco**
huecadal *m* var. of **oquedal**
hueco -ca *adj* hollow; soft, fluffy, spongy; vain, conceited; deep, resounding (*voice*); affected, pompous (*style, language*); *m* hollow; interval; opening (*in wall for window, in a row of parked cars, etc.*); socket (*of a bone*); (coll.) opening (*vacancy*); **hueco de la axila** armpit; **hueco de la mano** hollow of the hand; **hueco del ascensor** elevator shaft; **hueco de escalera** stair well; *f* hollow; spiral groove in spindle (*to keep thread from slipping*)
huecograbado *m* photogravure
huélfago *m* (vet.) heaves
huelga *f* rest, leisure, idleness; sport, merriment; pleasant spot; strike (*of workmen*); (mach.) play (*between two parts*); (agr.) fallow (*period of being fallow*); **ir a la huelga** or **ponerse en huelga** to go on strike; **huelga de brazos caídos** sit-down strike; slowdown (*strike*); **huelga de hambre** hunger strike; **huelga de ocupación** sit-down strike; **huelga patronal** lockout; **huelga sentada** sit-down strike
huelgo *m* breath; room, space; play, allowance
huelguista *mf* striker
huelguístico -ca *adj* (pertaining to a) strike
huelveño -ña *adj* (pertaining) to Huelva; *mf* native or inhabitant of Huelva
huella *f* tread, treading; track, footprint; trace, mark; rut; tread (*of stairs*); (aut.) tread (*of tire*); **seguir las huellas de** to follow in the footsteps of; **huella dactilar** or **digital** fingerprint; **huella de sonido** (mov.) sound track
huello *m* walking (*condition of road for walking*); tread, hoofbeat; bottom of hoof
huemul *m* var. of **güemul**
huérfago *m* var. of **huélfago**
huerfanato *m* orphanage
huérfano -na *adj* orphan, orphaned; alone, deserted; *mf* orphan
huero -ra *adj* addle; (fig.) addle; (Am.) blond; **salir huero** (coll.) to turn out bad, to flop; *mf* (Am.) blond
huerta *f* garden, vegetable garden; fruit garden; irrigated region
huertano -na *adj* (pertaining to a) garden; *mf* gardener
huertero -ra *adj* (Am.) (pertaining to a) garden; *mf* (Am.) gardener

huerto *m* orchard; garden, kitchen garden
huesa *f* grave; **tener un pie en la huesa** to have one foot in the grave
huesillo *m* (Am.) dried peach
hueso *m* bone; stone, pit (*of fruit*); (fig.) hard job, drudgery; (Am.) junk, piece of junk; (Am.) good-for-nothing; **huesos** *mpl* bones (*mortal remains*); (coll.) hand; **desenterrar los huesos de uno** to drag someone's skeleton out of the closet; **calarse hasta los huesos** to get soaked to the skin; **estar en los huesos** to be nothing but skin and bones; **la sin hueso** (coll.) the tongue; **no dejarle a uno un hueso sano** (coll.) to pick someone to pieces; (coll.) to beat someone up, to give someone a good thrashing; **no poder con sus huesos** (coll.) to be all in; **soltar la sin hueso** (coll.) to wag one's tongue, to talk too much; (coll.) to pour forth insults; **tener los huesos molidos** to be fagged out; **hueso de la alegría** crazy bone, funny bone; **hueso de la suerte** wishbone; **hueso duro de roer** (coll.) a hard nut to crack; **hueso occipital** (anat.) occipital bone; **hueso temporal** (anat.) temporal bone
huesoso -sa *adj* bony
huésped -peda *mf* guest; lodger; stranger; host; (bot. & zool.) host; (archaic) innkeeper; **echar la cuenta sin la huéspeda** or **no contar con la huéspeda** (coll.) to reckon without one's host; **huésped de honor** guest of honor; *f* hostess
hueste *f* host (*army*); followers
huesudo -da *adj* big-boned
hueva *f* roe (*fish eggs*)
huevar *vn* to begin to lay (*said of birds*)
huevera *f* see **huevero**
huevería *f* egg store
huevero -ra *mf* egg dealer; *m* egg dish; *f* eggcup; oviduct (*of birds*)
huevo *m* egg; (biol.) ovum; **huevo a la plancha** fried egg; **huevo al plato** shirred egg; **huevo de Colón** or **de Juanelo** something that looks hard at first but turns out to be easy; **huevo del té** tea ball; **huevo de zurcir** darning egg or gourd; **huevo de faltriquera** candied egg; **huevo duro** hard-boiled egg; **huevo en agua** soft-boiled egg; **huevo en cáscara** soft-boiled egg; **huevo escalfado** poached egg; **huevo estrellado** or **frito** fried egg; **huevo pasado por agua** soft-boiled egg; **huevos pericos** (Am.) scrambled eggs; **huevos revueltos** scrambled eggs; **huevo tibio** (Am.) soft-boiled egg
huf *interj* var. of **uf**
Hugo *m* Hugh
hugonote -ta *adj* Huguenotic; *mf* Huguenot
huída *f* flight; escape; leak; putlog hole; splay, flare (*at opening of a hole*); shying (*of a horse*)
huidero -ra *adj* fugitive; *m* cover, shelter (*of animals*)
huidizo -za *adj* fugitive; evasive
huilota *f* (orn.) mourning dove
huillín *m* (zool.) Chilean otter
huir §41 *va* to flee, avoid, shun; to duck; *vn* to flee; to fly (*said, e.g., of time*); to slip (*from the memory*); *vr* to flee
huisache *m* (bot.) sponge tree
hujier *m* var. of **ujier**
hule *m* oilcloth, oilskin; rubber; (taur.) blood, goring
hulear *vn* (Am.) to gather rubber
hulero -ra *adj* (Am.) (pertaining to) rubber; *mf* rubber gatherer, rubber worker
hulla *f* coal, soft coal; **hulla azul** tide power; wind power; **hulla blanca** white coal, water power; **hulla grasa** soft coal; **hulla magra** hard coal; **hulla negra** short-flame coal; **hulla seca** hard coal
hullero -ra *adj* (pertaining to) coal; *f* colliery, coal mine
humada *f* smoke signal
humanal *adj* human
humanar *va* to humanize; *vr* to become more human; to become man (*said of Jesus Christ*); **humanarse a** + *inf* (Am.) to condescend to + *inf*
humanidad *f* humanity; (coll.) fatness, corpulence; **las humanidades** the humanities
humanismo *m* humanism
humanista *adj & mf* humanist
humanístico -ca *adj* humanistic
humanitario -ria *adj & mf* humanitarian
humanitarismo *m* humanitarianism
humanizar §76 *va & vr* to humanize; to soften, to cool off, to calm down
humano -na *adj* human (*pertaining to man*); humane (*kind, merciful; civilizing*); *m* human
humarada *f* var. of **humareda**
humarazo *m* var. of **humazo**
humareda *f* cloud of smoke
humazo *m* dense smoke; poison smoke (*to drive rats from a ship*); **dar humazo a** (coll.) to smoke out
Humberto *m* Humbert
humeada *f* (Am.) puff of smoke
humeante *adj* smoky, smoking; steamy, steaming; reeking
humear *va* (Am.) to smoke, to fumigate; *vn* to smoke, give off smoke; to steam; to reek; to last, to persist (*said of traces of a quarrel, disturbance, etc.*); to be conceited, to be puffed up; *vr* to smoke, give off smoke
humectación *f* humidification
humectador *m* humidifier; humidor (*in textile mills*); moistener (*e.g., of stamps*)
humectar *va & vr* var. of **humedecer**
humectativo -va *adj* moistening, humectant
humedad *f* humidity, moisture, dampness; **humedad relativa** (meteor.) relative humidity
humedal *m* moist ground
humedecer §34 *va* to humidify, moisten, dampen; to wet; to soak; *vr* to become moist, become damp; to become wet
húmedo -da *adj* humid, moist, damp; wet
humera *f* (coll.) drunk, spree
humeral *adj* (anat.) humeral; *m* (eccl.) humeral veil
humero *m* smokestack, chimney; (dial.) smokehouse
húmero *m* (anat.) humerus
húmico -ca *adj* (chem.) humic
humifuso -sa *adj* (bot.) humifuse
humildad *f* humility; humbleness
humilde *adj* humble
humillación *f* humiliation; (act of) humbling
humilladero *m* boundary crucifix, calvary, road shrine; prie-dieu
humillador -dora *adj* humiliating; *mf* humiliator
humillante *adj* humiliating
humillar *va* to humiliate; to humble; to bow (*one's head*); to bend (*one's body, knees, etc.*); *vr* to be humble; to humble oneself; to cringe, grovel
humillo *m* (vet.) pig fever; **humillos** *mpl* airs, conceit
humina *f* (biochem.) humin
humo *m* smoke; fume, steam; gauze; **humos** *mpl* airs, conceit; hearths, homes; **a humo de pajas** (coll.) lightly, thoughtlessly; **bajar los humos a** (coll.) to take down a peg; **echar más humo que una chimenea** to smoke like a chimney; **hacer humo** (coll.) to cook; (coll.) to stick around; (coll.) to smoke (*said, e.g., of a fireplace*); **irse todo en humo** to go up in smoke; **parar el humo** (coll.) to split hairs; **subírsele a uno el humo a las narices** (coll.) to get angry, be annoyed; **tragar el humo** to inhale (*in smoking*); **vender humos** (coll.) to scheme by claiming to have the inside track, to peddle influence
humor *m* humor; **buen humor** good humor; **mal humor** bad humor; **seguirle el humor a una persona** to humor a person; **humor ácueo** or **acuoso** (anat.) aqueous humor; **humor vítreo** (anat.) vitreous humor
humorado -da *adj;* **bien humorado** good-humored; **mal humorado** bad-humored; *f* sally, bit of humor, pleasantry; whim
humorismo *m* humor, humorousness
humorista *adj* humorous; *mf* humorist (*writer*)
humorístico -ca *adj* humorous (*writer, cartoon*)
humoroso -sa *adj* full of humor, watery
humoso -sa *adj* smoky; smoking; steamy
humus *m* humus
hundible *adj* sinkable

H

hundimiento *m* sinking; collapse; settling, cave-in; undoing; destruction; crash; disappearance
hundir *va* to sink; to plunge; to overwhelm; to confound, confute; to undo; to destroy, ruin; to crash, shatter; *vr* to sink, collapse; to settle, cave in; to come to ruin, be wiped out; to be turned upside down; to sink (*below the horizon*); (coll.) to vanish, disappear; **aunque se hunda el mundo** (coll.) let the heavens fall, come what may
Hunfredo *m* Humphrey
húngaro -ra *adj & mf* Hungarian; *m* Hungarian (*language*)
Hungría *f* Hungary
húnico -ca *adj* Hunnic
huno -na *adj* Hunnic; *mf* Hun
hupe *f* punk
hura *f* hole, burrow; coarse brush; carbuncle; (bot.) sandbox tree; **hura ruidosa** (bot.) sandbox tree
huracán *m* hurricane; (naut.) hurricane
huracanado -da *adj* hurricane-like, tempestuous
huracanar *vr* to hurricane, to blow like a hurricane
hurañía *f* shyness, diffidence
huraño -ña *adj* shy, diffident, retiring
hurgar §59 *va* to poke; (fig.) to stir up, incite; **peor es hurgallo** (*i.e.*, **hurgarlo**) (coll.) better let it alone, the less said the better; *vn* to poke; **hurgar en** to poke into
hurgón *m* poker; (coll.) thrust, stab
hurgonada *f* poke, poking; (coll.) thrust, stab
hurgonazo *m* thrust with a poker; (coll.) jab, thrust, stab
hurgonear *va* to poke (*the fire*); (coll.) to jab, to stab at
hurgonero *m* poker (*metal rod for stirring fire*)
hurí *f* (*pl:* **-ríes**) houri (*of Mohammedan paradise*)
hurón -rona *adj* (coll.) shy, diffident; *mf* (coll.) prier, snooper; (coll.) shy or diffident person; *m* (zool.) ferret; **hurón menor** (zool.) grison; *f* female ferret
huronear *va & vn* to ferret, hunt with a ferret; (coll.) to ferret, to pry
huronera *f* ferret hole; (coll.) lair, hiding place
huronero *m* ferreter
huroniense *adj & m* (geol.) Huronian
hurra *interj* hurrah!
hurraca *f* var. of **urraca**
hurtacuerpo *m* (Am.) cold shoulder, slight
hurtadillas; a hurtadillas stealthily, on the sly; **a hurtadillas de** unbeknown to
hurtadineros *m* (*pl:* **-nos**) (prov.) bank, toy bank
hurtador -dora *adj* thieving; *mf* thief
hurtar *va* to steal, filch; to cheat (*in weights or measures*); to wear away (*the soil*); to plagiarize; to move away, withdraw; **hurtar a** to steal from; **hurtar el cuerpo** to dodge, to duck; *vr* to withdraw, to hide; **hurtarse a** to hide from, to avoid, to duck
hurto *m* thieving; theft; (min.) driftway; **a hurto** stealthily, on the sly; **coger con el hurto en las manos** to catch with the goods
husada *f* spindleful
húsar *m* (mil.) hussar
husero *m* brow antler (*of a yearling deer*)
husillo *m* screw, worm (*of a press*); spindle; drain, overflow
husita *adj & mf* Hussite
husitismo *m* Hussitism
husma *f* (coll.) snooping; **andar a la husma** (coll.) to go snooping around
husmeador -dora *adj* scenting; (coll.) prying; *mf* scenter; (coll.) prier
husmear *va* to scent, to smell out; (coll.) to pry into; *vn* to become gamy or high, to smell bad (*said of meat*)
husmeo *m* scenting; (coll.) prying
husmo *m* high odor, gaminess; **andarse al husmo** to be on the scent; **estar al husmo** (coll.) to wait for a chance
huso *m* spindle; bobbin; drum (*of windlass*); **ser más derecho que un huso** (coll.) to be as straight as a ramrod; **huso esférico** (geom.) lune; **huso horario** time zone (*between two meridians*)
huta *f* hunter's blind
hutía *f* (zool.) hutia
huy *interj* ouch!
huyente *adj* receding (*forehead*); shifty (*glance*)

I

I, i *f* tenth letter of the Spanish alphabet
-ía *suffix f* see **-ío**
ib. abr. of **ibídem**
iba *1st sg imperf ind of* **ir**
Iberia *f* Iberia
ibérico -ca or **iberio -ria** *adj* Iberian
iberismo *m* Iberism
ibero -ra *adj & mf* Iberian
Iberoamérica *f* Ibero-America
iberoamericano -na *adj & mf* Ibero-American
íbice *m* (zool.) ibex
ibicenco -ca *adj* (pertaining to) Iviza; *mf* native or inhabitant of Iviza
ibídem *adv* (Lat.) ibidem (*in the same place*)
ibis *f* (*pl:* **ibis**) (orn.) ibis
Ibiza *f* Iviza (*Balearic island*)
ibón *m* lake on slopes of Pyrenees
ibseniano -na *adj & mf* Ibsenian
icaco or **icaquero** *m* (bot.) coco plum (*tree and fruit*)
icáreo -a *adj* Icarian
icario -ria *adj* Icarian; (*cap.*) *m* (myth.) Icarius
Ícaro *m* (myth.) Icarus
icástico -ca *adj* natural, plain
iceberg *m* (*pl:* **-bergs**) iceberg
icneumón *m* (zool.) ichneumon; (ent.) ichneumon, ichneumon fly
icnografía *f* (arch.) ichnography
-ico -ca *suffix adj* -ic, e.g., **metálico** metallic; **público** public; **volcánico** volcanic; -ical, e.g., **crítico** critical; **lógico** logical; **músico** musical; para la comparación de **-ic** e **-ical**, véase **-ic** en la parte de inglés-español; (chem.) -ic, e.g., **cúprico** cupric; **sulfúrico** sulfuric; *suffix mf* -ic, e.g., **doméstico** domestic; -ician, e.g., **lógico** logician; **músico** musician; -ist, e.g., **botánico** botanist; **químico** chemist; *suffix m* -ic, e.g., **crítico** critic; **mecánico** mechanic; *suffix f* -ic, e.g., **aritmética** arithmetic; **música** music; -ics, e.g., **física** physics; **política** politics; **-ico -ca** (accented on penult) *suffix adj & m* Aragonese equivalent of **-ito**, sometimes with a touch of sarcasm, e.g., **elegantica** nice and stylish; **inocentico** kind of innocent; **angelico** imp of an angel
icón *m* (eccl.) icon
icono *m* icon (*image, picture*)
iconoclasia *f* or **iconoclasmo** *m* iconoclasm
iconoclasta *adj* iconoclastic; *mf* iconoclast
iconógeno *m* (phot.) developer (*chemical bath or reagent*)
iconografía *f* iconography
iconográfico -ca *adj* iconographic or iconographical
iconólatra *adj* iconolatrous; *mf* iconolater
iconolatría *f* iconolatry
iconología *f* iconology
iconomanía *f* iconomania
iconoscópico -ca *adj* (pertaining to the) iconoscope
iconoscopio *m* (telv.) iconoscope
iconostasio *m* (eccl.) iconostasion
icor *m* (path.) ichor (*from ulcer*)
icoroso -sa *adj* ichorous
icosaedro *m* (geom.) icosahedron
ictericia *f* (path.) icterus, jaundice
ictericiado -da *adj* jaundiced; *mf* person with jaundice
ictérico -ca *adj* icteric; jaundiced; *mf* person with jaundice
ictíneo -a *adj* fish-shaped; *m* submarine boat
ictiófago -ga *adj* ichthyophagous; *mf* ichthyophagist
ictiol *m* (pharm.) ichthyol
ictiología *f* ichthyology
ictiológico -ca *adj* ichthyologic or ichthyological
ictiólogo -ga *mf* ichthyologist
ictiosauro *m* (pal.) ichthyosaur or ichthyosaurus
ictiosis *f* (path.) ichthyosis
ictiosismo *m* (vet.) ichthyosism
ichal *m* field of ichu
icho or **ichú** *m* (bot.) ichu
íd. abr. of **ídem**
ida *f* see **ido**
idea *f* idea; **mudar de idea** to change one's mind; **idea fija** fixed idea
ideación *f* ideation
ideal *adj & m* ideal
idealidad *f* ideality
idealismo *m* idealism
idealista *adj* idealist, idealistic; *mf* idealist
idealístico -ca *adj* (philos.) idealistic
idealización *f* idealization
idealizar §76 *va* to idealize
idear *va* to think up, plan, devise
ideario *m* body of ideas or concepts
ídem *adj & pron* (Lat.) idem
idemista *adj* yes-saying; *mf* yes sayer
idéntico -ca *adj* identic or identical; very similar
identidad *f* identity, sameness
identificación *f* identification
identificar §86 *va* to identify
ideografía *f* ideograph
ideográfico -ca *adj* ideographic or ideographical
ideograma *m* ideogram
ideología *f* ideology
ideológico -ca *adj* ideologic or ideological
ideólogo -ga *mf* ideologist
idílico -ca *adj* idyllic
idilio *m* idyl
idioeléctrico -ca *adj* idioelectric or idioelectrical
idioma *m* language; speech, jargon; **idioma hablado** spoken language
idiomático -ca *adj* idiomatic; linguistic
idiosincrasia *f* idiosyncrasy
idiosincrásico -ca *adj* idiosyncratic
idiota *adj* idiotic; *mf* idiot
idiotez *f* idiocy; **idiotez mogólica** Mongolian idiocy
idiótico *m* idioticon
idiotismo *m* ignorance; idiom; idiocy
idiotizar §76 *va* to drive crazy; *vr* to go crazy
ido -da *adj* wild, scatterbrained; **los idos** the dead; *pp of* **ir**; *f* going; departure; sally; rashness; trail; **de ida y vuelta** round-trip; **idas y venidas** comings and goings
idólatra *adj* idolatrous; *m* idolater; *f* idolatress
idolatrar *va & vn* to idolize; **idolatrar en** to idolize
idolatría *f* idolatry; idolization
idolátrico -ca *adj* idolatrous
ídolo *m* idol; (fig.) idol
idolología *f* science dealing with idols
Idomeneo *m* (myth.) Idomeneus
idoneidad *f* fitness; suitability
idóneo -a *adj* fit; suitable
-idor -dora *suffix adj* -ing, e.g., **seguidor** following; **vividor** living; *suffix mf* -er, e.g., **seguidor** follower; **vividor** liver
idumeo -a *adj & mf* Idumaean or Idumean; (*cap.*) *f* (Bib.) Idumaea
idus *mpl* ides
i.e. abr. of **id est** (Lat.) **esto es, es decir**
-iento -ta *suffix adj* -y, e.g., **hambriento** hungry; **polvoriento** dusty; powdery; **sediento** thirsty; **sudoriento** sweaty

I

Ifigenia *f* (myth.) Iphigenia
igl.ª abr. of **iglesia**
iglesia *f* church; **entrar en la iglesia** to go into the church (*clerical profession*); **ir a la iglesia** to go to church; **llevar a la iglesia** to lead (*a woman*) to the altar; **iglesia colegial** collegiate church; **Iglesia de Inglaterra** Church of England; **Iglesia griega ortodoxa** Greek Orthodox Church; **Iglesia latina** Latin Church; **iglesia militante** church militant; **Iglesia ortodoxa** Orthodox Church; **iglesia triunfante** church triumphant
iglesiero -ra *adj* (Am.) churchgoing; *mf* (Am.) churchgoer
iglú *m* (*pl:* **-glúes**) igloo
ignaciano -na *adj & m* Ignatian, Jesuit
Ignacio *m* Ignatius
ignaro -ra *adj* ignorant
ignavia *f* laziness
ignavo -va *adj* lazy
igneo -a *adj* igneous
ignición *f* ignition
ignícola *adj* fire-worshiping; *mf* fire worshiper
ignífero -ra *adj* igniferous
ignífugo -ga *adj & m* ignifuge
ignito -ta *adj* ignited, inflamed
ignívomo -ma *adj* (poet.) ignivomous
ignominia *f* ignominy
ignominioso -sa *adj* ignominious
ignorancia *f* ignorance
ignorante *adj* ignorant; *mf* ignoramus
ignorar *va* not to know, to be ignorant of
ignoto -ta *adj* unknown
igorrote *adj* Igorot; *m* Igorot or Igorrote
igual *adj* equal; smooth, level, even, uniform; equable, firm, constant; unchanging; indifferent; **me es igual** it is all the same to me, it makes no difference to me; *m* equal; sign of equality; **al igual de** like, after the fashion of; **al igual que** as; like; while, whereas; **en igual de** instead of; **sin igual** matchless, unrivaled; **igual que** as well as
iguala *f* equalization; agreement; annual fee; level
igualación *f* equalization; agreement
igualado -da *adj* with even plumage
igualador -dora *adj* equalizing; leveling; *mf* equalizer; leveler; **igualador de caminos** road planer; **igualador de dientes** jointer (*of saws*)
igualamiento *m* equalization
igualar *va* to equalize; to smooth, to level, to even, to smooth off; to match; to deem equal; to adjust, to face, to fit; (math.) to equate; to joint (*saws*); to set (*a clock or watch*); *vn & vr* to be equal; **igualar a** or **con** or **igualarse a** or **con** to equal, to be equal to
igualdad *f* equality, sameness; smoothness, evenness; **igualdad de ánimo** equability, equanimity
igualitario -ria *adj & mf* equalitarian
igualmente *adv* equally; likewise; (coll.) the same to you
iguana *f* (zool.) iguana
iguanodonte *m* (pal.) iguanodont
igüedo *m* (zool.) buck
ijada *f* flank (*of animal*); loin; stitch (*pain in the side*); **tener su ijada** to have its weak point
ijadear *vn* to pant, to quiver (*from fatigue*)
ijar *m* flank (*of animal*); loin
ilación *f* illation; order, connection
ilapso *m* trance, ecstatic trance
ilativo -va *adj* inferential, illative; *f* illative
Il.ᵉ abr. of **Ilustre**
ilegal *adj* illegal
ilegalidad *f* illegality
ilegibilidad *f* illegibility
ilegible *adj* illegible
ilegitimar *va* to make or prove illegitimate, to illegitimate
ilegitimidad *f* illegitimacy
ilegítimo -ma *adj* illegitimate
íleo *m* (path.) ileus
ileocecal *adj* ileocaecal
íleon *m* (anat.) ileum; (anat.) ilium
ileso -sa *adj* unharmed, unscathed; whole, untouched
iletrado -da *adj* unlettered, uncultured
ilíaco -ca *adj* (anat. & path.) ileac; (anat.) iliac; (myth.) Iliac
Ilíada *f* Iliad
iliberal *adj* illiberal
iliberalidad *f* illiberality
ilicáceo -a *adj* (bot.) ilicaceous
ilíceo -a *adj* oak
ilicíneo -a *adj* (bot.) ilicaceous
ilicitano -na *adj* (pertaining to) Elche; *mf* native or inhabitant of Elche
ilícito -ta *adj* illicit; unlawful; unjust
ilicitud *f* illicitness; unlawfulness; unjustness
iliense *adj* Ilian
ilimitable *adj* illimitable
ilimitado -da *adj* limitless, unlimited
ilinio *m* (chem.) illinium
ilion *m* (anat.) ilium; (anat.) ileum
Ilión *m* (myth.) Ilium or Ilion
ilíquido -da *adj* unliquidated
Iliria *f* see **ilirio**
ilírico -ca *adj* Illyric
ilirio -ria *adj & mf* Illyrian; (*cap.*) *f* Illyria
iliterato -ta *adj* illiterate
Il.ᵐᵒ abr. of **Ilustrísimo**
ilógico -ca *adj* illogical
ilota *mf* Helot; (fig.) helot
ilotismo *m* helotism
iludir *va* to elude, evade
iluminación *f* illumination; (f.a.) illumination; (f.a.) painting in distemper; **iluminación indirecta** indirect lighting
iluminado -da *adj* illuminated; **iluminados** *mpl* Illuminated, Illuminati
iluminador -dora *adj* illuminating; *mf* illuminator
iluminar *va* to illuminate; (f.a.) to illuminate
iluminativo -va *adj* illuminative
iluminismo *m* Illuminism
ilusión *f* illusion; delusion; zeal, enthusiasm, fanaticism; dream; **forjarse** or **hacerse ilusiones** to indulge in wishful thinking, to kid oneself; **ilusión óptica** optical illusion
ilusionar *va* to delude, to beguile; *vr* to be deluded, to have illusions, to indulge in wishful thinking
ilusionismo *m* prestidigitation
ilusionista *mf* illusionist, prestidigitator
ilusivo -va *adj* illusive
iluso -sa *adj* deluded; misguided; visionary
ilusorio -ria *adj* illusory
ilustración *f* illustration; learning; enlightenment; elucidation; illustrated magazine
ilustrado -da *adj* informed, learned; illustrated; enlightened
ilustrador -dora *adj* illustrative; enlightening; explicatory; *mf* illustrator
ilustrar *va* to illustrate; to make famous or illustrious; to shed glory on, to cause to shine; to enlighten; to elucidate; (theol.) to inspire; *vr* to be enlightened; to become famous
ilustrativo -va *adj* illustrative
ilustre *adj* illustrious
ilustrísimo -ma *adj super* very or most illustrious; (eccl.) Most Reverend (*bishop*)
illicitano -na *adj & mf* var. of **ilicitano**
Illmo. abr. of **Ilustrísimo**
-illo -lla *suffix dim* has the force of little, somewhat, rather and often indicates an attitude of indifference or depreciation, e.g., **cigarrillo** cigaret; **coquetilla** little coquette; **cucharilla** small spoon, teaspoon; **chiquillo** youngster; **abatidillo** somewhat downcast
imagen *f* image; picture; **a su imagen** in his own image; **imagen de bulto** statue, image in high relief; **imagen fantasma** (telv.) ghost image; **imagen real** (phys.) real image; **imagen virtual** (phys.) virtual image
imaginable *adj* imaginable
imaginación *f* imagination
imaginar *va, vn & vr* to imagine; **imaginarse** + *inf* to imagine + *ger*
imaginario -ria *adj* imaginary; *mf* painter or sculptor of religious images; *f* (mil.) reserve guard
imaginativo -va *adj* imaginative; *f* imagination; understanding
imaginería *f* fancy colored embroidery; carving or painting of religious images

imaginero *m* painter or sculptor of religious images
imago *m* (zool.) imago
imán *m* (mineral., phys. & fig.) magnet; (fig.) magnetism; imam; **imán de herradura** horseshoe magnet; **imán inductor** (elec.) field magnet
imanación *f* magnetization
imanar *va* to magnetize; *vr* to become magnetized
imantación *f* var. of **imanación**
imantar *va & vr* var. of **imanar**
imbatible *adj* unbeatable
imbatido -da *adj* unbeaten
imbécil *adj & mf* imbecile
imbecilidad *f* imbecility
imbele *adj* weak, feeble; defenseless, unfit to fight
imberbe *adj* beardless
imbibición *f* imbibition
imbornal *m* scupper, drain hole; (naut.) scupper
imborrable *adj* ineffaceable, ineradicable
imbricación *f* imbrication
imbricado -da *adj* imbricate or imbricated
imbuir §41 *va* to imbue; **imbuir de** or **en** to imbue with
imitable *adj* imitable; worthy of imitation
imitación *f* imitation; **a imitación de** in imitation of; **de imitación** imitation, e.g., **joyas de imitación** imitation jewelry; *adj* imitation, e.g., **joyas imitación** imitation jewelry
imitado -da *adj* imitated, copied; like; mock, sham; imitation, e.g., **perlas imitadas** imitation pearls
imitador -dora *adj* imitating, imitative; *mf* imitator
imitar *va* to imitate
imitativo -va *adj* imitative
imoscapo *m* (arch.) apophyge
impacción *f* impact; (dent. & med.) impaction
impaciencia *f* impatience; act or show of impatience
impacientar *va* to make impatient; *vr* to grow impatient
impaciente *adj* impatient
impactado -da *adj* (dent.) impacted
impacto *m* impact; hit; blow; mark (*left by a projectile*); (fig.) impact; **impacto de bala** bullet mark; **impacto directo** direct hit
impagable *adj* unpayable; priceless
impalpabilidad *f* impalpability
impalpable *adj* impalpable
impanación *f* (theol.) impanation
impar *adj* unmatched; (math.) odd, uneven; *m* (math.) odd number
imparcial *adj* impartial; nonpartisan
imparcialidad *f* impartiality; **extremar la imparcialidad** to lean over backward
imparidad *f* oddness, unevenness
imparidígito -ta *adj* (zool.) imparidigitate
imparipinado -da *adj* (bot.) imparipinnate
imparisílabo -ba or **imparisilábico -ca** *adj* (gram.) imparisyllabic
impartible *adj* indivisible
impartir *va* to distribute, transmit; (law) to seek, solicit
impás *m* (bridge) finesse
impasibilidad *f* impassibility, impassivity
impasible *adj* impassible, impassive
impavidez *f* intrepidity, fearlessness
impávido -da *adj* intrepid, fearless, dauntless
impecabilidad *f* impeccability
impecable *adj* impeccable
impedancia *f* (elec.) impedance
impedido -da *adj* crippled, paralytic
impedimenta *f* (mil.) impedimenta
impedimento *m* impediment, obstacle, hindrance; (law) impediment, disability
impedir §94 *va* to prevent; **impedir algo a uno** to prevent someone from doing something; **impedir** + *inf* or **impedir que** + *subj* to prevent or keep from + *ger*
impeditivo -va *adj* preventive, hindering
impeler *va* to impel; **impeler a** + *inf* to impel to + *inf*
impender *va* to spend, to invest
impenetrabilidad *f* impenetrability
impenetrable *adj* impenetrable
impenitencia *f* impenitence
impenitente *adj* impenitent; hardened, inveterate; *mf* impenitent
impensa *f* (law) expense, upkeep expense
impensable *adj* unthinkable
impensado -da *adj* unexpected
imperador -dora *adj* ruling, commanding
imperante *adj* ruling; prevailing; (astrol.) dominant
imperar *vn* to rule, reign, hold sway, prevail
imperativo -va *adj* imperative; imperious, dictatorial; (gram.) imperative; *m* imperative; (gram.) imperative; **imperativo categórico** (philos.) categorical imperative; *f* tone of command, commanding manner
imperatoria *f* (bot.) masterwort
imperceptibilidad *f* imperceptibility
imperceptible *adj* imperceptible
imperdible *adj* unlosable; *m* safety pin
imperdonable *adj* unforgivable, unpardonable
imperecedero -ra *adj* imperishable, undying
imperfección *f* imperfection
imperfectivo -va *adj* (gram.) imperfective
imperfecto -ta *adj* imperfect; (gram.) imperfect; *m* (gram.) imperfect
imperforable *adj* imperforable; (aut.) puncture-proof
imperforación *f* imperforation
imperforado -da *adj* imperforate
imperial *adj* imperial; *f* imperial, upper deck (*of diligence, bus, or trolley car*)
imperialismo *m* imperialism
imperialista *adj* imperialist, imperialistic; *mf* imperialist
impericia *f* inexpertness, unskilfulness
imperio *m* empire; dominion, sway; imperium; **celeste imperio** or **imperio celeste** Celestial Empire (*China*); **estilo imperio** (f.a.) Empire; **Sacro Imperio Romano-Germánico** Holy Roman Empire; **Imperio del sol naciente** Empire of the Rising Sun (*Japan*); **Imperio romano** Roman Empire
imperioso -sa *adj* imperious; imperative
imperito -ta *adj* inexpert, unskilled
impermanencia *f* impermanence
impermanente *adj* impermanent
impermeabilidad *f* impermeability
impermeabilización *f* waterproofing (*action*)
impermeabilizante *m* waterproofing (*material*)
impermeabilizar §76 *va* to make waterproof, to waterproof
impermeable *adj* impermeable; waterproof; impervious; *m* raincoat
impermutable *adj* impermutable; unexchangeable
imperscrutabilidad *f* inscrutability
imperscrutable *adj* inscrutable
impersonal *adj* impersonal; (gram.) impersonal
impersonalidad *f* impersonality
impersonalizar §76 *va* (gram.) to use (*a verb*) impersonally
impersuasible *adj* unpersuadable
impersuasión *f* unpersuadableness
impertérrito -ta *adj* dauntless, intrepid
impertinencia *f* irrelevance; impertinence
impertinente *adj* irrelevant; impertinent; fussy; **impertinentes** *mpl* lorgnette
imperturbabilidad *f* imperturbability
imperturbable *adj* imperturbable, unperturbable, unshakable
imperturbado -da *adj* unperturbed, undisturbed
impétigo *m* (path.) impetigo
impetra *f* permission, allowance
impetración *f* begging, petition; obtaining by entreaty
impetrador -dora *mf* impetrator
impetrar *va* to beg for; to obtain by entreaty
ímpetu *m* impetus; haste, violence; impetuousness
impetuosidad *f* impetuosity
impetuoso -sa *adj* impetuous
impiedad *f* pitilessness; impiety
impiedoso -sa *adj* pitiless
impío -a *adj* pitiless, cruel; impious
impla *f* wimple; material for making wimples
implacabilidad *f* implacability
implacable *adj* implacable

I

implantación *f* implantation; introduction
implantar *va* to implant; to introduce
implaticable *adj* unmentionable, not for conversation
implicación *f* contradiction; implication, complicity
implicar §86 *va* to implicate; to imply; *vn* to stand in the way, to imply contradiction
implícitamente *adv* implicitly, impliedly
implícito -ta *adj* implicit, implied
imploración *f* imploration, supplication, entreaty
implorar *va* to implore
implosión *f* implosion; (phonet.) implosion
implosivo -va *adj & f* (phonet.) implosive
implotar *vn* to burst inwards
implume *adj* featherless, unfeathered; unfledged
impluvio *m* impluvium
impolarizable *adj* impolarizable
impolítico -ca *adj* impolite, discourteous; *f* impoliteness, discourtesy
impoluto -ta *adj* unpolluted
imponderabilidad *f* imponderability, imponderableness
imponderable *adj & m* imponderable
impondré *1st sg fut ind of* **imponer**
imponente *adj* imposing; *mf* depositor
imponer §69 *va* to impose (*one's will, taxes, silence, etc.*); (print.) to impose; (eccl.) to impose (*the hands*); to instruct; to invest; to deposit (*money*); to impute falsely; *vn* to dominate, command respect; *vr* to assume (*e.g., an obligation*); to become trained; to command attention, impel recognition; **imponerse a** to dominate, command respect from; to get the best of; **imponerse de** to learn, find out
impongo *1st sg pres ind of* **imponer**
imponible *adj* taxable
impopular *adj* unpopular
impopularidad *f* unpopularity
impopularizar §76 *va* to make unpopular; *vr* to become unpopular
importación *f* import, importation; imports
importador -dora *adj* importing; *mf* importer
importancia *f* importance; size; concern, seriousness; **ser de la importancia de** to concern
importante *adj* important; large, considerable
importar *va* to import; to be worth, be valued at, amount to; to involve, imply; to concern; *vn* to import; to be important; to matter, make a difference
importe *m* amount
importunación *f* importuning, pestering
importunar *va* to importune
importunidad *f* importunity, annoyance; inopportunity, untimeliness
importuno -na *adj* importunate; inopportune
imposibilidad *f* impossibility
imposibilitar *va* to make unable; to make impossible, to prevent; *vr* to become unable; to become impossible; to become paralyzed
imposible *adj* impossible
imposición *f* imposition (*e.g., of one's will*); investiture; deposit (*of money*); (print.) make-up, imposition; (eccl.) imposition, laying on of hands; **imposición de manos** (eccl.) laying on of hands
impositivo -va *adj* (pertaining to) tax
imposta *f* (arch.) impost; (arch.) fascia; sill
impostor -tora *adj* cheating; slandering; *m* impostor; slanderer; *f* impostress; slanderer
impostura *f* imposture; slander
impotable *adj* undrinkable
impotencia *f* impotence; (path.) impotence
impotente *adj* impotent; (path.) impotent
impracticabilidad *f* impracticability, impassability
impracticable *adj* impracticable, impassable; impractical
impráctico -ca *adj* unpractical, impractical
imprecación *f* imprecation
imprecar §86 *va* to imprecate
imprecatorio -ria *adj* imprecatory
imprecisión *f* imprecision
impreciso -sa *adj* imprecise; vague, indefinite; inexact, inaccurate
impregnación *f* (phys.) impregnation
impregnar *va* (phys.) to impregnate, saturate; *vr* (phys.) to become impregnated, become saturated
impremeditación *f* unpremeditation
impremeditado -da *adj* unpremeditated
imprenta *f* printing; printing shop, printing house; press; printed matter; letterpress; **en imprenta** in press
imprentar *va* (Am.) to press, iron; (Am.) to mark
imprescindible *adj* essential, indispensable
imprescriptible *adj* imprescriptible, inalienable
impresentable *adj* unpresentable
impresión *f* printing; print, edition, issue; presswork; stamp, stamping; impression, impress, footprint; (phot.) print; (fig.) impression; **impresión dactilar** or **digital** fingerprint
impresionabilidad *f* impressionability, impressibility, susceptibility
impresionable *adj* impressionable, impressible
impresionante *adj* impressive; sensational
impresionar *va* to impress; to record (*a phonograph wire, tape or disk*); (phot.) to expose; *vn* to make an impression; *vr* to be impressed
impresionismo *m* (paint., lit. & mus.) impressionism
impresionista *adj* impressionistic; *mf* impressionist
impreso -sa *pp of* **imprimir;** *m* printed paper or book; **impresos** *mpl* printed matter
impresor -sora *adj* printing; *mf* printer (*workman or owner*); *f* wife of printer
imprestable *adj* unlendable
imprevisible *adj* unforeseeable
imprevisión *f* improvidence; oversight
imprevisor -sora *adj* improvident
imprevisto -ta *adj* unforeseen, unexpected; **imprevistos** *mpl* unforeseen expenses, emergencies
imprimación *f* priming; priming material
imprimadera *f* priming tool
imprimador *m* primer
imprimar *va* to prime
imprimátur *m* (*pl:* **-tur**) imprimatur
imprimible *adj* printable
imprimir *va* to impart (*fear, respect, etc.; motion*); §17, 9 *va* to print; to stamp, imprint, impress; to press (*a phonograph record*); to leave (*footprints*); (print.) to print
improbabilidad *f* improbability, unlikelihood
improbable *adj* improbable, unlikely
improbar §77 *va* to disapprove
improbidad *f* dishonesty, improbity
ímprobo -ba *adj* dishonest; arduous
improcedencia *f* lack of rightness; unfitness, untimeliness
improcedente *adj* not right; unfit, untimely
improductivo -va *adj* unproductive; unemployed
impronta *f* stamp, impress, impression; (fig.) stamp, mark
impronunciable *adj* unpronounceable
improperar *va* to insult, to revile
improperio *m* insult, indignity
impropicio -cia *adj* unpropitious, inauspicious
impropiedad *f* impropriety (*especially in language*)
impropio -pia *adj* improper, unsuited; foreign; (math.) improper
improporción *f* disproportion
improporcionado -da *adj* disproportionate
improrrogable *adj* unextendible
impróspero -ra *adj* unsuccessful
impróvido -da *adj* unprepared, improvident
improvisación *f* improvisation, extemporization; meteoric rise, undeserved success; (mus.) impromptu
improvisadamente *adv* unexpectedly, suddenly; extempore
improvisado -da *adj* unexpected, sudden
improvisador -dora *adj* improvising; *mf* improviser
improvisamente *adv* var. of **improvisadamente**
improvisar *va* to improvise, to extemporize; to utter extemporaneously; *vn* to improvise, to extemporize

improviso -sa *adj* unexpected, unforeseen; **al improviso** or **de improviso** unexpectedly, suddenly
improvisto -ta *adj* unexpected, unforeseen; **a la improvista** unexpectedly, suddenly
imprudencia *f* imprudence; **imprudencia temeraria** criminal negligence
imprudente *adj* imprudent
impúber -bera or **impúbero -ra** *adj* impuberate
impublicable *adj* unpublishable
impudencia *f* impudence; shamelessness
impudente *adj* impudent; shameless
impudicia or **impudicicia** *f* immodesty, impudicity
impúdico -ca *adj* immodest
impudor *m* immodesty, shamelessness
impuesto -ta *pp of* **imponer; estar** or **quedar impuesto de** to be informed of or about; *m* tax, impost
impugnable *adj* assailable, vulnerable
impugnación *f* opposition, impugnation
impugnar *va* to oppose, impugn, contest
impulsar *va* to impel; to drive; **impulsar a** + *inf* to impel to + *inf*
impulsión *f* impulsion; impulse, drive
impulsividad *f* impulsiveness
impulsivo -va *adj* impulsive
impulso *m* impulse; (mech.) impulse
impulsor -sora *adj* impelling; *mf* impeller
impune *adj* unpunished
impunemente *adv* with impunity
impunidad *f* impunity
impureza *f* impurity
impurificación *f* defilement
impurificar §86 *va* to make impure, to defile
impuro -ra *adj* impure
impuse *1st sg pret ind of* **imponer**
imputable *adj* imputable
imputación *f* imputation; assignment
imputador -dora *mf* imputer
imputar *va* to impute; to assign; (com.) to credit on account
in- *prefix* in-, e.g., **inconstante** inconstant; **inacción** inaction; **invadir** invade; (*before* **m**) im-, e.g., **inmediato** immediate; un-, e.g., **infeliz** unhappy; **inaudito** unheard-of
inabarcable *adj* unembraceable; that cannot be taken in or encompassed
inabordable *adj* unapproachable
inabrogable *adj* indefeasible
inacabable *adj* interminable
inaccesibilidad *f* inaccessibility
inaccesible *adj* inaccessible
inacción *f* inaction
inacentuado -da *adj* unaccented
inaceptable *adj* unacceptable
inactividad *f* inactivity
inactivo -va *adj* inactive
inadaptabilidad *f* unadaptability, inadaptability
inadaptable *adj* unadaptable, inadaptable
inadaptado -da *adj* unsuited, unsuitable; maladjusted
inadecuación *f* unsuitability; inadequacy
inadecuado -da *adj* unsuited, ill-suited; inadequate
inadmisibilidad *f* inadmissibility
inadmisible *adj* inadmissible; unallowable
inadoptable *adj* unadoptable
inadvertencia *f* inadvertence, oversight
inadvertidamente *adv* inadvertently; carelessly
inadvertido -da *adj* inadvertent, unwitting, inattentive; thoughtless, careless; unseen, unnoticed, unobserved
inafectado -da *adj* unaffected
inagotable *adj* inexhaustible, exhaustless
inaguantable *adj* intolerable, unsufferable
inajenable *adj* inalienable
inalámbrico -ca *adj* (elec.) wireless
inalcanzable *adj* unattainable, unreachable
inalienabilidad *f* inalienability
inalienable *adj* inalienable
inalterabilidad *f* unalterability
inalterable *adj* unalterable
inalterado -da *adj* unaltered
inameno -na *adj* unpleasant, disagreeable
inamisible *adj* unlosable
inamistoso -sa *adj* unfriendly
inamovible *adj* undetachable; built-in; unremovable, irremovable
inamovilidad *f* irremovability; tenure, permanent tenure
inanalizable *adj* unanalyzable
inane *adj* inane
inanición *f* inanition
inanidad *f* inanity
inanimado -da *adj* inanimate
inánime *adj* weak, spiritless, lifeless
inapagable *adj* unextinguishable
inapeable *adj* incomprehensible, inconceivable; stubborn, obstinate
inapelable *adj* unappealable; inevitable, unavoidable
inapercibido -da *adj* unnoticed
inapetencia *f* lack or loss of appetite
inapetente *adj* having no appetite, inappetent
inaplazable *adj* undeferrable
inaplicable *adj* inapplicable
inaplicación *f* inapplication, lack of application; inapplicability
inaplicado -da *adj* lazy, indolent, careless
inapolillable *adj* moth-free, moth-resisting
inapreciable *adj* inestimable; imperceptible; inappreciable
inapto -ta *adj* inapt
inarmónico -ca *adj* unharmonious; unharmonic, inharmonic
inarrugable *adj* wrinkle-free (*fabric*)
inarticulado -da *adj* inarticulate
inartístico -ca *adj* inartistic
inasequibilidad *f* inaccessibility
inasequible *adj* unattainable, inaccessible
inasimilable *adj* unassimilable
inasistencia *f* absence
inastillable *adj* nonshatterable, unshatterable, shatterproof
inatacable *adj* unattackable; unchallengeable, unquestionable; **inatacable por** resistant to, resisting
inatención *f* inattention
inatento -ta *adj* inattentive
inaudible *adj* inaudible
inaudito -ta *adj* unheard-of; astounding, extraordinary; outrageous, monstrous
inauguración *f* inauguration; unveiling
inaugural *adj* inaugural
inaugurar *va* to inaugurate; to unveil (*e.g., a statue*)
inavenible *adj* uncompromising, disagreeable
inaveriguable *adj* unascertainable
inaveriguado -da *adj* not ascertained, not checked
inca *mf* Inca; *m* Inca (*ruler*)
incaico -ca *adj* Inca, Incan
incalculable *adj* incalculable
incalificable *adj* unqualifiable; unspeakable
incalmable *adj* unsubduable
incambiable *adj* unchangeable; unexchangeable
incandescencia *f* incandescence
incandescente *adj* incandescent
incansable *adj* indefatigable, untiring
incantable *adj* unsingable
incapacidad *f* incapacity, inability, incapability
incapacitar *va* to incapacitate; to declare incompetent
incapaz *adj* (*pl:* **-paces**) incapable, unable; incompetent; not large enough; simple, stupid; crude, ignorant; (coll.) impossible, unbearable, frightful
incarceración *f* (path.) incarceration
incasable *adj* unmarriageable; unmarriable; opposed to getting married
incásico -ca *adj* var. of **incaico**
incasto -ta *adj* unchaste
incautación *f* (law) seizure, attachment
incautar *vr;* **incautarse de** to hold (*until claimed*); (law) to seize, to attach
incauto -ta *adj* unwary, heedless, incautious
incendaja *f* kindling
incendiar *va* to set on fire; *vr* to catch fire
incendiario -ria *adj* incendiary; *mf* incendiary, firebug
incendio *m* fire (*conflagration*); consuming passion
incensación *f* (act of) incensing or burning incense
incensada *f* swing of incense burner; flattery

incensar §18 *va* to incense, perfume with incense; (fig.) to incense, to flatter
incensario *m* incensory, censer, incense burner
incensurable *adj* unblamable
incentivo -va *adj & m* incentive
inceremonioso -sa *adj* unceremonious
incertidumbre *f* uncertainty, incertitude
incertísimo -ma *adj super* very or most uncertain
incesable *adj* unceasing
incesante *adj* incessant
incesto *m* incest
incestuoso -sa *adj* incestuous; *mf* incestuous person
incidencia *f* incidence; incident; (geom. & phys.) incidence; **por incidencia** by chance
incidental *adj* incidental
incidente *adj* incident; incidental; *m* incident
incidir *va* to cut, make an incision in; *vn* to fall; to fall into error; **incidir en** or **sobre** to impinge on, to strike
incienso *m* incense; frankincense; (bot.) southernwood; (fig.) incense
incierto -ta *adj* uncertain
incindir *va* to cut, make an incision in
incinerable *adj* incinerable; to be withdrawn from circulation and burned (*said of bank notes*)
incineración *f* incineration; **incineración de cadáveres** cremation
incinerador *m* incinerator
incinerar *va* to incinerate, to cremate
incipiente *adj* incipient
incircunciso -sa *adj* uncircumcised
incircunscripto -ta *adj* uncircumscribed
incisión *f* incision; caesura; incisiveness, sarcasm
incisivo -va *adj* incisive; barbed, caustic; (anat.) incisive; *m* (anat.) incisor
inciso -sa *adj* choppy (*style of writing*); (bot.) incised; *m* sentence; clause; comma
incisorio -ria *adj* incisory
incitación *f* incitation
incitamento or **incitamiento** *m* incitement
incitar *va* to incite; **incitar a** + *inf* to incite to + *inf*
incivil *adj* uncivil
incivilidad *f* incivility
incivilizado -da *adj* uncivilized
inclasificable *adj* unclassifiable
inclaustración *f* entry into a convent or monastery
inclemencia *f* inclemency; **a la inclemencia** exposed, shelterless
inclemente *adj* inclement
inclinación *f* inclination; bent, leaning; bow
inclinado -da *adj* inclined; **bien inclinado** well-disposed, good-natured; **mal inclinado** ill-disposed, ill-natured
inclinar *va* to incline, to bend, to bow; to move, impel, turn; *vn* to incline, bend, bow; **inclinar a** to resemble; *vr* to incline, be inclined, tend; to bow; **inclinarse a** to resemble; to be inclined to; **inclinarse a** + *inf* to be inclined to + *inf*
inclinómetro *m* inclinometer
ínclito -ta *adj* illustrious, distinguished
incluir §41 *va* to include; to inclose
inclusa *f* see **incluso**
inclusero -ra *adj* (coll.) raised as a foundling; *mf* (coll.) foundling
inclusión *f* inclusion; friendship
inclusive *adv* inclusively; *prep* including
inclusivo -va *adj* inclusive, including
incluso -sa *adj* inclosed; *f* foundling home or asylum; **incluso** *adv* inclusively; even; *prep* including
incoación *f* (law) initiation
incoagulable *adj* uncoagulable
incoar *va* (law) to initiate
incoativo -va *adj* (gram.) inchoative
incobrable *adj* irrecoverable; uncollectible
incoercible *adj* incoercible
incógnito -ta *adj* unknown; incognito; *mf* incognito (*person*); *m* incognito (*state*); **de incógnito** incognito; *f* (math. & fig.) unknown quantity
incognoscible *adj* unknowable
incoherencia *f* incoherence
incoherente *adj* incoherent
íncola *m* inhabitant
incoloro -ra *adj* colorless
incólume *adj* unharmed, sound, safe, untouched
incolumidad *f* safeness, security; preservation
incombustibilidad *f* incombustibility
incombustibilización *f* fireproofing
incombustible *adj* incombustible; fireproof; (fig.) cold, indifferent
incombusto -ta *adj* unburned
incomerciable *adj* unsalable, unmarketable; unnegotiable (*that cannot be got past*)
incomible *adj* (coll.) uneatable, inedible
incomodar *va* to incommode, inconvenience; *vr* to become vexed, get annoyed; to inconvenience oneself, to be inconvenienced
incomodidad *f* inconvenience; discomfort, uncomfortableness; anger, annoyance
incómodo -da *adj* inconvenient; uncomfortable; *m* inconvenience; discomfort
incomparable or **incomparado -da** *adj* incomparable
incomparencia *f* failure to appear
incompartible *adj* indivisible; unsharable
incompasivo -va *adj* pitiless, unsympathetic
incompatibilidad *f* incompatibility
incompatible *adj* incompatible; conflicting
incompetencia *f* incompetence or incompetency
incompetente *adj* incompetent
incompetible *adj* unmatchable (*price*)
incomplejo -ja *adj* incomplex, simple
incompleto -ta *adj* incomplete
incomplexo -xa *adj* incomplex, simple
incomponible *adj* unmendable, unrepairable
incomportable *adj* unbearable, intolerable
incomposibilidad *f* unmendable condition; incompatibility
incomposible *adj* unmendable; incompatible
incomprable *adj* unpurchasable
incomprehensibilidad *f* incomprehensibility
incomprehensible *adj* incomprehensible
incomprendido -da *adj* misunderstood
incomprensibilidad *f* incomprehensibility
incomprensible *adj* incomprehensible
incomprensivo -va *adj* unintelligent, ignorant
incompresibilidad *f* incompressibility
incompresible *adj* incompressible
incomunicabilidad *f* incommunicability
incomunicable *adj* incommunicable
incomunicación *f* isolation, solitary confinement
incomunicado -da *adj* incommunicado
incomunicar §86 *va* to isolate, put in solitary confinement; to close, shut off; *vr* to isolate oneself, become isolated
inconcebibilidad *f* inconceivability
inconcebible *adj* inconceivable
inconciliable *adj* irreconcilable
inconcino -na *adj* disarranged, disordered
inconcluso -sa *adj* unfinished
inconcluyente *adj* inconclusive
inconcuso -sa *adj* undeniable, unquestionable
incondicional *adj* unconditional
inconducente *adj* unconducive
inconel *m* inconel
inconexión *f* disconnection; irrelevance
inconexo -xa *adj* unconnected, disconnected; irrelevant
inconfeso -sa *adj* unconfessed
inconfidencia *f* distrust
inconfidente *adj* distrustful
inconforme *adj* in disagreement, out of sympathy
inconfundible *adj* unmistakable
incongelable *adj* uncongealable
incongelado -da *adj* uncongealed, unfrozen
incongruencia *f* incongruity
incongruente *adj* incongruent, incongruous
incongruo -grua *adj* incongruous
inconmensurabilidad *f* incommensurability
inconmensurable *adj* incommensurable, incommensurate
inconmovible *adj* firm, lasting; unyielding, inexorable
inconmutable *adj* immutable; unexchangeable
inconocible *adj* unknowable
inconquistable *adj* unconquerable; unbending

inconsciencia *f* unconsciousness; unawareness, insensibility; inattention, inadvertence
inconsciente *adj* unconscious; unaware, insensible; oblivious; **lo inconsciente** the unconscious
inconsecuencia *f* inconsequence; inconsistency
inconsecuente *adj* inconsequent, inconsequential; inconsistent
inconsideración *f* inconsiderateness
inconsiderado -da *adj* inconsiderate
inconsiguiente *adj* inconsistent
inconsistencia *f* inconsistency
inconsistente *adj* inconsistent
inconsolable *adj* inconsolable
inconsonante *adj* inconsonant
inconstancia *f* inconstancy
inconstante *adj* inconstant
inconstitucional *adj* unconstitutional
inconstitucionalidad *f* unconstitutionality
inconstruíble *adj* unbuildable
inconsútil *adj* seamless
incontable *adj* uncountable, countless
incontaminado -da *adj* uncontaminated
incontenible *adj* irrepressible
incontestable *adj* incontestable, unanswerable, unquestionable
incontestado -da *adj* unquestioned
incontinencia *f* incontinence; (path.) incontinence
incontinente *adj* incontinent; *adv* at once, instantly
incontinenti *adv* at once, instantly
incontrastable *adj* invincible; inconvincible
incontratable *adj* unruly; unsociable; undeniable
incontrolado -da *adj* uncontrolled
incontrovertibilidad *f* incontrovertibility
incontrovertible *adj* incontrovertible
inconvencible *adj* inconvincible
inconvenible *adj* intractable, uncompromising
inconveniencia *f* inconvenience; unsuitability; impoliteness, impropriety; absurdity, nonsense
inconveniente *adj* inconvenient; unsuitable; impolite; *m* obstacle, difficulty; damage
inconversable *adj* unsociable, uncommunicative, surly
inconvertibilidad *f* inconvertibility
inconvertible *adj* inconvertible
incoordinación *f* incoördination
incordio *m* (path.) bubo; (slang) nuisance, boor
incorporación *f* incorporation, embodiment; association, participation
incorporadero *m* (metal.) patio
incorporado -da *adj* sitting up (*from reclining position*); built-in
incorporal *adj* incorporeal, intangible
incorporar *va* to incorporate, to embody; *vr* to incorporate; to sit up (*from reclining position*); to associate, participate; **incorporarse a** to join (*a society*)
incorporeidad *f* incorporealness, incorporeity
incorpóreo -a *adj* incorporeal, bodiless
incorrección *f* incorrectness
incorrecto -ta *adj* incorrect
incorregibilidad *f* incorrigibility
incorregible *adj* incorrigible
incorrupción *f* incorruptness, purity
incorruptibilidad *f* incorruptibility
incorruptible *adj* incorruptible
incorrupto -ta *adj* uncorrupted, incorrupt; pure, chaste
increado -da *adj* uncreated
incredibilidad *f* incredibility
incredulidad *f* incredulity; disbelief
incrédulo -la *adj* incredulous; unbelieving; *mf* unbeliever, disbeliever
increíble *adj* incredible
incrementar *va* to increase
incremento *m* increase, increment; (math.) increment
increpación *f* chiding, rebuke
increpador -dora *adj* chiding; *mf* chider, rebuker
increpar *va* to chide, rebuke
incriminación *f* incrimination; exaggeration of guilt
incriminar *va* to incriminate; to exaggerate the gravity of (*a defect, weakness, misdeed, etc.*)
incristalizable *adj* uncrystallizable
incruento -ta *adj* bloodless
incrustación *f* incrustation; inlay
incrustante *adj* incrustive
incrustar *va* to incrust; to inlay; *vr* to incrust; to become engraved (*in the memory*)
incubación *f* incubation
incubadora *f* incubator
incubar *va & vn* to incubate; *vr* to brew, be brewing
incubo *m* incubus; (med.) incubus
incuestionable *adj* unquestionable
inculcación *f* inculcation; (print.) locking
inculcar §86 *va* to inculcate; (print.) to lock up; *vr* to be obstinate
inculpabilidad *f* inculpability, blamelessness, guiltlessness
inculpable *adj* inculpable, blameless, guiltless
inculpación *f* inculpation
inculpadamente *adv* faultlessly
inculpado -da *adj* faultless, innocent; accused, charged with guilt
inculpar *va* to blame, accuse, inculpate
incultivable *adj* untillable
inculto -ta *adj* uncultivated; untilled; uncultured; uncivilized
incultura *f* lack of cultivation; lack of culture
incumbencia *f* incumbency; duty, obligation; **ser de la incumbencia de** to be within the province of
incumbente *adj* incumbent; (bot. & zool.) incumbent
incumbir *vn* to be incumbent; **incumbir a** to be incumbent on; **incumbir a uno** + *inf* to become incumbent on one to + *inf*
incumplido -da *adj* unfulfilled; unpunctual
incumplimiento *m* nonfulfillment, unfulfillment, breach
incumplir *va* to not fulfill, to fail to fulfill
incunable *adj* incunabular; *m* incunabulum
incurabilidad *f* incurability
incurable *adj & mf* incurable
incuria *f* carelessness, negligence
incurioso -sa *adj* careless, negligent
incurrimiento *m* incurring
incurrir *vn* to become liable; **incurrir en** to incur
incursión *f* incursion, inroad, attack, raid
incusar *va* to accuse
incuso -sa *adj* incuse
indagación *f* investigation
indagador -dora *adj* investigating; *mf* investigator
indagar §59 *va* to investigate
indagatorio -ria *adj* (law) investigatory
indebido -da *adj* undue; illegal, unlawful; improper
indecencia *f* indecency
indecentada *f* shame, infamy
indecente *adj* indecent
indecible *adj* unspeakable, unutterable
indecisión *f* indecision
indeciso -sa *adj* undecided; indecisive
indeclinable *adj* undeclinable; undeniable; (gram.) undeclinable, indeclinable
indecoro *m* indecorum
indecoroso -sa *adj* indecorous, improper
indefectible *adj* unfailing, indefectible
indefendible or **indefensible** *adj* indefensible
indefensión *f* defenselessness
indefenso -sa *adj* undefended, unguarded, defenseless
indefinible *adj* indefinable or undefinable; unexpressible; incomprehensible
indefinido -da *adj* indefinite, vague; limitless
indehiscencia *f* (bot.) indehiscence
indehiscente *adj* (bot.) indehiscent
indelebilidad *f* indelibility
indeleble *adj* indelible
indeliberación *f* lack of deliberation, indeliberation
indeliberado -da *adj* unpremeditated, indeliberate
indelicadeza *f* indelicacy
indelicado -da *adj* indelicate
indemne *adj* undamaged
indemnidad *f* indemnity (*security against damage or loss*)

I

indemnización *f* indemnification; indemnity; **indemnización por despido** severance pay
indemnizar §76 *va* to indemnify; to reimburse
indemostrable *adj* undemonstrable, indemonstrable
independencia *f* independence
independiente *adj* independent; **independiente de** independent of; **independientes entre sí** independent of each other; *mf* independent
independista *adj* (pertaining to) independence; *mf* advocate of independence
independizar §76 *va* to free, emancipate; *vr* to make oneself independent, become independent
indescifrable *adj* indecipherable
indescriptible *adj* undescribable, indescribable
indeseable *adj* undesirable
indeseado -da *adj* unwanted
indesignable *adj* undeterminable
indesmallable *adj* run-proof, hole-proof (*mesh or net*)
indestructibilidad *f* indestructibility
indestructible *adj* indestructible
indeterminabilidad *f* indeterminability
indeterminable *adj* undeterminable, indeterminable
indeterminación *f* indetermination
indeterminado -da *adj* indeterminate
indeterminismo *m* indeterminism
indeterminista *adj* indeterminist, indeterministic; *mf* indeterminist
indevoción *f* indevotion, impiety
indevoto -ta *adj* undevout; not fond, not devoted
indezuelo -la *mf* little Indian
india *f* & **la India** see **indio**
indiada *f* (Am.) gang of Indians
indiana *f* see **indiano**
indianismo *m* Indianism
indianista *mf* Indianist
indiano -na *adj* Spanish American; East Indian; West Indian; *mf* Spanish American; East Indian; West Indian; person back from America with great wealth; **indiano de hilo negro** (coll.) skinflint; *f* printed calico
indicación *f* indication; **por indicación de** at the direction of
indicado -da *adj* set, appointed; obvious, appropriate; **muy indicado** just the thing
indicador -dora *adj* indicating; indicatory; *mf* indicator; *m* indicator; (chem.) indicator; **indicadores de dirección** (aut.) turn signals
indicán *m* (chem. & biochem.) indican
indicante *adj* & *m* indicant
indicanuria *f* (path.) indicanuria
indicar §86 *va* to indicate
indicativo -va *adj* indicative; (gram.) indicative; *m* (gram.) indicative; **indicativo de llamada** (telg.) call letters
indicción *f* indiction
índice *m* index; (math.) index; **índice de compresión** (mach.) compression index; **índice de libros prohibidos** (eccl.) Index; **índice de materias** table of contents; **índice de octano** (chem.) octane number or rating; **índice de oro** (chem.) gold number; **índice de refracción** (phys.) index of refraction; **índice en el corte** thumb index; **índice expurgatorio** (eccl.) Index Expurgatorius; **índice onomástico** index of proper names
indiciar *va* to suspect, surmise; to betoken, indicate
indicio *m* sign, token, indication; **indicios** *mpl* (chem.) traces; (law) evidence; **indicios vehementes** (law) circumstantial evidence
índico -ca *adj* East Indian
indiferencia *f* indifference
indiferente *adj* indifferent
indiferentismo *m* indifferentism
indígena *adj* indigenous; *mf* native
indigencia *f* indigence
indigente *adj* indigent; **los indigentes** the indigent
indigerible *adj* indigestible
indigestar *va* to make (*food*) indigestible; *vr* to have indigestion; to cause indigestion, to be indigestible; to be disliked, be unbearable
indigestibilidad *f* indigestibility
indigestible *adj* indigestible
indigestión *f* indigestion
indigesto -ta *adj* undigested
indignación *f* indignation
indignado -da *adj* indignant
indignar *va* to anger, irritate, make indignant; *vr* to get indignant; **indignarse con** or **contra** to become indignant at (*a person*); **indignarse de** or **por** to become indignant at (*a mean act*); **indignarse de** + *inf* to be or become indignant at + *ger*
indignidad *f* unworthiness; indignity
indigno -na *adj* unworthy; low, contemptible
índigo *m* (bot. & chem.) indigo; indigo (*of the solar spectrum*)
indiligencia *f* negligence, laziness
indino -na *adj* (coll.) saucy, mischievous
indio -dia *adj* Indian; blue; *mf* Indian (*of America or Asia*); *m* (chem.) indium; *f* wealth, riches; **la India** India; **Indias Occidentales** West Indies; **Indias Occidentales Holandesas** Dutch West Indies; **Indias Orientales** East Indies; **Indias Orientales Holandesas** Dutch East Indies
indirecto -ta *adj* indirect; *f* hint, innuendo; **indirecta del padre Cobos** broad hint
indiscernibilidad *f* indiscernibility
indiscernible *adj* indiscernible
indisciplina *f* indiscipline, lack of discipline
indisciplinable *adj* indisciplinable
indisciplinado -da *adj* undisciplined; insubordinate
indisciplinar *va* to disturb the discipline of; *vr* to disregard discipline, become undisciplined
indiscreción *f* indiscretion
indiscreto -ta *adj* indiscreet
indisculpable *adj* inexcusable
indiscutible *adj* unquestionable, indisputable, undeniable
indisolubilidad *f* indissolubility
indisoluble *adj* indissoluble
indispensabilidad *f* indispensability
indispensable *adj* indispensable; unpardonable
indispondré *1st sg fut ind of* **indisponer**
indisponer §69 *va* to upset (*e.g., a plan*); to indispose; **indisponer a una persona con** to prejudice or set a person against; *vr* to become indisposed; **indisponerse con** to fall out with
indispongo *1st sg pres ind of* **indisponer**
indisposición *f* unpreparedness; indisposition; disagreement, unpleasantness
indispuesto -ta *pp* of **indisponer;** *adj* indisposed (*slightly ill*)
indispuse *1st sg pret ind of* **indisponer**
indisputabilidad *f* indisputability
indisputable *adj* indisputable
indistinción *f* indistinctness; identity; lack of distinction
indistinguible *adj* indistinguishable
indistinto -ta *adj* indistinct
individuación *f* individuation
individual *adj* individual; single (*e.g., room*)
individualidad *f* individuality
individualismo *m* individualism
individualista *adj* individualistic; *mf* individualist
individualizar §76 *va* to individualize
individualmente *adv* individually
individuamente *adv* indivisibly, inseparately
individuo -dua *adj* individual; indivisible, inseparable; *mf* (coll.) individual (*person*); *m* individual; member, fellow (*of a society, etc.*); (biol.) individual; **su individuo** one's own self
indivisibilidad *f* indivisibility
indivisible *adj* indivisible
indivisión *f* indivision, entirety, oneness
indiviso -sa *adj* undivided; joint (*property*)
indo -da *adj* & *mf* Hindu; (*cap.*) *m* Indus (*river*)
indoblegable *adj* inflexible, unyielding
indócil *adj* indocile, unteachable
indocilidad *f* indocility, unteachableness
indocto -ta *adj* unlearned, ignorant
indocumentado -da *adj* unidentified, without identifying documents; *mf* nobody (*person of no account*)
indochino -na *adj* & *mf* Indochinese; **la Indochina** Indochina; **la Indochina Francesa** French Indochina
indoeuropeo -a *adj* & *m* Indo-European
indofenol *m* (chem.) indophenol

indogermánico -ca *adj & m* Indo-Germanic
indol *m* (chem.) indole
índole *f* temper, disposition; class, kind
indolencia *f* indolence; absence of pain or suffering
indolente *adj* indolent; (med.) indolent
indoloro -ra *adj* painless
indomable *adj* indomitable; uncontrollable
indomado -da *adj* untamed
indomalayo -ya *adj* Indo-Malayan
indomeñable *adj* var. of **indomable**
indomesticable *adj* untamable
indomesticado -da *adj* undomesticated
indoméstico -ca *adj* untamed; wild, undomesticated
indómito -ta *adj* untamable, indomitable; unruly
indonesio -sia *adj & mf* Indonesian; **la Indonesia** Indonesia
Indostán, el Hindustan
indostanés -nesa *adj* Hindustani; *mf* native or inhabitant of Hindustan
indostaní *m* Hindustani (*language*)
indostánico -ca *adj* Hindustani
indostano -na *adj & mf* var. of **indostanés**
indotación *f* lack of dowry
indotado -da *adj* without a dowry
indoxilo *m* (chem.) indoxyl
indubitable *adj* indubitable, doubtless
indubitado -da *adj* undoubted, certain
inducción *f* (log. & elec.) induction; **inducción electromagnética** (elec.) electromagnetic induction; **inducción mutua** (elec.) mutual induction
inducido *m* (elec.) armature (*of motor or dynamo*); **inducido de tambor** (elec.) drum armature
inducir §38 *va* to induce; (log.) to induce, to infer; (elec.) to induce; **inducir a** + *inf* to induce to + *inf;* **inducir en error** to lead into error
inductancia *f* (elec.) inductance; **inductancia mutua** (elec.) mutual inductance
inductividad *f* inductivity
inductivo -va *adj* inductive
inductor -tora or **-triz** (*pl:* **-trices**) *adj* inducing; inductive; *m* instigator; (elec.) inductor, field
indudable *adj* indubitable, certain, doubtless
induje *1st sg pret ind of* **inducir**
indulgencia *f* indulgence; **indulgencia plenaria** (eccl.) plenary indulgence
indulgenciar *va* to indulge, grant an indulgence to
indulgente *adj* indulgent
indultar *va* to pardon; to free, to exempt
indulto *m* pardon; exemption
indumentario -ria *adj* (pertaining to) clothing; *f* historical study of clothing; garb, clothing, dress
indumento *m* clothing; (bot.) indumentum
induración *f* induration; (med.) induration
indurar *va* (med.) to indurate
indusio *m* (bot.) indusium
industria *f* industry; effort, ingenuity; profession; **de industria** on purpose
industrial *adj* industrial; *m* industrialist
industrialismo *m* industrialism
industrialización *f* industrialization
industrializar §76 *va* to industrialize; *vr* to become industrialized
industriar *va* to train, teach, instruct; *vr* to manage, to get along
industrioso -sa *adj* industrious; hard-working; clever, skilful
induzco *1st sg pres ind of* **inducir**
inedia *f* fasting; inanition
inédito -ta *adj* unpublished; new, unknown
ineducable *adj* uneducable
ineducación *f* lack of education; unmannerliness
ineducado -da *adj* uneducated; ill-bred
inefabilidad *f* ineffability
inefable *adj* ineffable
ineficacia *f* inefficacy
ineficaz *adj* (*pl:* **-caces**) ineffective, ineffectual
ineficiencia *f* inefficiency
ineficiente *adj* inefficient
inelasticidad *f* inelasticity
inelástico -ca *adj* inelastic
inelegancia *f* inelegance or inelegancy
inelegante *adj* inelegant
inelegibilidad *f* ineligibility
inelegible *adj* ineligible
ineluctable *adj* ineluctable
ineludible *adj* inescapable, inevitable
inenarrable *adj* inexpressible, untold
inencogible *adj* unshrinkable
inencontrable *adj* unfindable
inepcia *f* silliness; ineptitude
ineptitud *f* inaptitude, ineptitude; gaucherie
inepto -ta *adj* inapt, inept; gauche
inequidad *f* inequity
inequívoco -ca *adj* unequivocal, unmistakable, unambiguous
inercia *f* inertia; (mech.) inertia; **inercia de la matriz** (med.) inertia
inercial *adj* inertial
inerme *adj* unarmed; (biol.) unarmed
inerte *adj* inert; slow, sluggish; inactive
inerudito -ta *adj* unscholarly
inervación *f* innervation
Inés *f* Agnes
inescrutabilidad *f* inscrutability
inescrutable or **inescudriñable** *adj* inscrutable
inesperable *adj* not to be hoped for, not to be expected
inesperado -da *adj* unexpected, unforeseen
inestabilidad *f* instability
inestable *adj* unstable, instable
inestimabilidad *f* inestimability
inestimable *adj* inestimable
inestimado -da *adj* unestimated; underestimated
inestorbado -da *adj* unchecked; undisturbed
inevitabilidad *f* inevitability
inevitable *adj* inevitable, unavoidable
inexactitud *f* inexactness
inexacto -ta *adj* inexact
inexcusable *adj* inexcusable; indispensable; inescapable, indefeasible
inexhausto -ta *adj* unexhausted
inexistencia *f* inexistence, nonexistence
inexistente *adj* inexistent, nonexistent
inexorabilidad *f* inexorability
inexorable *adj* inexorable
inexperiencia *f* inexperience
inexperto -ta *adj* inexperienced, inexpert
inexpiable *adj* inexpiable
inexplicable *adj* inexplicable, unexplainable
inexplicado -da *adj* unexplained
inexplorado -da *adj* unexplored
inexplosible *adj* unexplosive
inexplotado -da *adj* unexploited
inexpresable *adj* inexpressible
inexpresivo -va *adj* inexpressive
inexpuesto -ta *adj* (phot.) unexposed
inexpugnabilidad *f* inexpugnability, impregnability
inexpugnable *adj* inexpugnable, impregnable; firm, unpersuadable
inextensible *adj* unextendible, unstretchable
inextenso -sa *adj* unextended
inextinguible *adj* inextinguishable, unextinguishable; lasting, perpetual
inextinto -ta *adj* unextinguished
inextirpable *adj* ineradicable
inextricabilidad *f* inextricability
inextricable *adj* inextricable
infacundo -da *adj* ineloquent, not fluent
infalibilidad *f* infallibility
infalible *adj* infallible
infamación *f* defamation
infamador -dora *adj* defaming, slanderous; *mf* defamer
infamante *adj* opprobrious; (law) infamous (*punishment*)
infamar *va* to defame, discredit
infamativo -va *adj* defaming, slanderous
infamatorio -ria *adj* defamatory, libelous
infame *adj* infamous; (coll.) frightful; *mf* scoundrel
infamia *f* infamy
infancia *f* infancy; (fig.) infancy
infando -da *adj* frightful, unmentionable
infanta *f* female infant; infanta
infantado *m* appanage

I

infante *m* infant; infante; (mil.) infantryman; **infante de coro** (eccl.) choirboy; **infante de marina** (mil.) marine
infantería *f* infantry; **infantería de marina** marines, marine corps
infanticida *adj* infanticidal; *mf* infanticide (*person*)
infanticidio *m* infanticide (*act*)
infantil *adj* infantile, infant; innocent; infantile, childlike; children's
infantilismo *m* childishness; infantilism
infanzón *m* nobleman of limited rights
infanzona *f* noblewoman of limited rights
infartación *f* (path.) infarction
infartar *va* (path.) to produce an infarct in
infarto *m* (path.) infarct
infatigabilidad *f* indefatigability
infatigable *adj* indefatigable
infatuación *f* vanity, conceit
infatuar §33 *va* to make vain or conceited; *vr* to become vain or conceited
infausto -ta *adj* unlucky, fatal
infebril *adj* feverless
infección *f* infection; **infección focal** (path.) focal infection
infeccionar *va* to infect
infeccioso -sa *adj* infectious
infectar *va* to infect; *vr* to become infected
infectividad *f* infectivity
infectivo -va *adj* infective
infecto -ta *adj* infected; foul, corrupt
infecundidad *f* sterility, infecundity
infecundo -da *adj* sterile, infecund
infelice *adj* (poet.) var. of **infeliz**
infelicidad *f* infelicity; misfortune
infeliz (*pl:* **-lices**) *adj* unhappy; (coll.) simple, good-hearted; *m* wretch, poor soul
inferencia *f* inference
inferior *adj* inferior; lower; **inferior a** inferior to; lower than; less than, smaller than; *m* inferior
inferioridad *f* inferiority
inferir §62 *va* to infer; to entail, lead to; to cause, inflict; to offer (*e.g., an insult*)
infernáculo *m* hopscotch
infernal *adj* infernal; (coll.) infernal (*very bad, detestable*)
infernar §18 *va* to damn; to vex, irritate
infernillo *m* chafing dish
inferno -na *adj* (poet.) infernal
ínfero -ra *adj* (bot.) inferior, lower, under
infestación *f* infestation
infestar *va* to infest; *vr* to become infested
infesto -ta *adj* (poet.) harmful
inficionamiento *m* infection
inficionar *va* to infect; *vr* to become infected
infidelidad *f* infidelity; unbelievers
infidelísimo -ma *adj super* very or most unfaithful
infidencia *f* faithlessness; treason
infidente *adj* faithless, disloyal; treasonable
ínfido -da *adj* faithless, disloyal
infiel *adj* unfaithful; inaccurate, inexact; infidel; *mf* infidel
infiernillo *m* chafing dish
infierno *m* hell; inferno; hades; chafing dish; **en el quinto infierno** or **en los quintos infiernos** (coll.) far, far away
infigurable *adj* incorporeal; unimaginable
infiltración *f* infiltration
infiltrar *va & vr* to infiltrate
ínfimo -ma *adj* lowest; least; humblest, most abject; meanest, vilest
infinible *adj* interminable
infinidad *f* infinity
infinitesimal *adj* infinitesimal
infinitésimo *m* (math.) infinitesimal
infinitivo -va *adj & m* (gram.) infinitive
infinito -ta *adj* infinite; *m* infinite; (math.) infinity; **a lo infinito** or **hasta lo infinito** ad infinitum; **el infinito** the Infinite (*God*); **infinito** *adv* infinitely, extremely, immensely
infinitud *f* infinitude
infirmar *va* (law) to invalidate
inflación *f* inflation; vanity, conceit
inflacionismo *m* inflationism
inflacionista *adj* inflationary; *mf* inflationist
inflado *m* inflation (*e.g., of a tire*)
inflamabilidad *f* inflammability
inflamable *adj* inflammable, flamable
inflamación *f* inflammation, ignition; enthusiasm, ardor; (path.) inflammation; **inflamación espontánea** spontaneous combustion
inflamado -da *adj* sore, inflamed
inflamar *va* to inflame; to set on fire; *vr* to inflame, become inflamed; to catch fire
inflamatorio -ria *adj* inflammatory
inflamiento *m* var. of **inflación**
inflar *va* to inflate; to exaggerate; to puff up with pride; *vn* to inflate; to be puffed up with pride
inflativo -va *adj* inflating
inflatorio -ria *adj* inflationary
inflexibilidad *f* inflexibility
inflexible *adj* inflexible; unbending, unyielding
inflexión *f* inflection; (geom. & gram.) inflection
infligir §42 *va* to inflict; **infligir a** to inflict on
inflorescencia *f* (bot.) inflorescence (*arrangement*)
influencia *f* influence; (theol.) divine grace
influenciar *va* to influence
influenza *f* (path.) influenza
influir §41 *vn* to influence, to have influence; to have great weight; **influir sobre** or **en** to influence, to have an influence on
influjo *m* influence; (naut.) rising tide
influyente *adj* influential
infolio *m* folio (*book*)
inforciado *m* infortiate
información *f* information; testimonial; (law) brief; (law) investigation, judicial inquiry; **abrir una información** (law) to begin legal proceedings; **a título de información** unofficially
informador -dora *adj* informing; *mf* informer; reporter
informal *adj* informal; unreliable; *m* unreliable fellow
informalidad *f* informality; unreliability
informante *mf* informant
informar *va* to inform; to shape, fill, give form to; *vn* to inform; (law) to plead; **informar contra** to inform against; *vr* to inquire, find out; **informarse de** to inquire into, find out about, investigate
informativo -va *adj* informational, informative; (pertaining to) news
informe *adj* shapeless, formless; *m* information; item of information, piece of information; notice; report; **informes** *mpl* information
informidad *f* shapelessness, formlessness
infortificable *adj* unfortifiable
infortuna *f* (astrol.) adverse influence of stars
infortunado -da *adj* unfortunate, unlucky
infortunio *m* misfortune; mishap
infosura *f* (vet.) founder
infracción *f* infraction, infringement, violation
infraconsumo *m* underconsumption
infracto -ta *adj* firm, steady, unshakable
infractor -tora *adj* violating; *mf* violator, transgressor
infraestructura *f* var. of **infrastructura**
infrahumano -na *adj* subhuman
inframundo *m* underworld
infrangible *adj* infrangible, unbreakable
infranqueable *adj* impassable
infrarrojo -ja *adj & m* infrared
infrascripto -ta or **infrascrito -ta** *adj* undersigned; hereinafter mentioned
infrastructura *f* (rail.) roadbed
infrecuencia *f* infrequence or infrequency
infrecuente *adj* infrequent
infringir §42 *va* to infringe
infructífero -ra *adj* unfruitful; unprofitable
infructuosidad *f* unfruitfulness
infructuoso -sa *adj* fruitless, unfruitful
ínfula *f* infula; **ínfulas** *spl* conceit, airs; **darse ínfulas** to put on airs
infumable *adj* unsmokable; (coll.) unbearable
infundado -da *adj* unfounded, ungrounded, baseless
infundible *adj* infusible
infundio *m* (coll.) story, lie, fib
infundioso -sa *adj* (coll.) lying
infundir *va* to infuse; to instil

infurción *f* ground lease or rent
infurtir *va* to full (*cloth*); to felt
infusibilidad *f* infusibility
infusible *adj* infusible
infusión *f* infusion; sprinkling (*to baptize*); **estar en infusión para** (coll.) to be all set for
infuso -sa *adj* inspired, given (*by God*)
infusorio -ria *adj & m* (zool.) infusorian
ingenerable *adj* ingenerable
ingeniar *va* to think up, conceive, contrive; *vr* to manage; **ingeniarse a** or **para** + *inf* to manage to + *inf;* **ingeniarse a vivir** or **para ir viviendo** to manage to get along
ingeniatura *f* (coll.) ingenuity, cleverness
ingeniería *f* engineering
ingenieril *adj* engineering
ingeniero *m* engineer; **ingeniero de caminos, canales y puertos** government civil engineer; **ingeniero civil** civil engineer; **ingeniero del ejército** army engineer; **ingeniero de minas** mining engineer; **ingeniero de montes** forestry engineer; **ingeniero electricista** electrical engineer; **ingeniero mécanico** mechanical engineer; **ingeniero militar** army engineer; **ingeniero paisajista** landscape engineer; **ingeniero químico** chemical engineer
ingenio *m* talent, creative faculty; skill, wit, cleverness; talented person; apparatus, engine, machine; paper cutter; engine of war; (Am.) sugar mill, sugar plantation; **afilar** or **aguzar el ingenio** to sharpen one's wits
ingeniosidad *f* ingeniousness, ingenuity; wittiness
ingenioso -sa *adj* ingenious; witty
ingénito -ta *adj* unbegotten; innate, inborn
ingente *adj* huge, enormous
ingenuidad *f* ingenuousness
ingenuo -nua *adj* ingenuous; (archaic) freeborn
ingerencia *f* var. of **injerencia**
ingeridura *f* var. of **injeridura**
ingerir §62 *va & vr* var. of **injerir**
ingestión *f* ingestion
Inglaterra *f* England; **la Nueva Inglaterra** New England
ingle *f* (anat.) groin
inglés -glesa *adj* English; **a la inglesa** in the English fashion or manner; *m* Englishman; English (*language*); **el inglés antiguo** Old English; **el inglés básico** Basic English; **el inglés medio** Middle English; **los ingleses** the English (*people*); *f* Englishwoman
inglesar *va* to Anglicize
inglesismo *m* Anglicism
inglete *m* angle of 45°; miter
inglosable *adj* unglossable
ingobernable *adj* ungovernable, uncontrollable, unruly
ingramatical *adj* ungrammatical
ingratitud *f* ingratitude, ungratefulness
ingrato -ta *adj* thankless (*ungrateful; not appreciated; unrewarding*); harsh, unpleasant; hard, cruel; sterile, unproductive (*soil*); *mf* ingrate
ingravidez *f* lightness, tenuousness; weightlessness
ingrávido -da *adj* light, tenuous; weightless
ingrediente *m* ingredient
ingresado -da *mf* admittee, new student
ingresar *va* to enter (*e.g., a child in an orphanage*); to deposit, transfer (*money*); *vn* to enter, become a member; to come in (*said of profits, etc.*); *vr* (Am.) to enlist
ingreso *m* entrance; ingress; admission; entry, receipts; **ingresos** *mpl* income, revenue
íngrimo -ma *adj* (Am.) solitary, alone
inguinal or **inguinario -ria** *adj* inguinal
ingurgitación *f* ingurgitation
ingurgitar *va* to ingurgitate, swallow greedily
ingustable *adj* unpalatable, unsavory
inhábil *adj* unable; unskilful; unqualified, incompetent; unfit
inhabilidad *f* inability, disability; unskilfulness; unfitness
inhabilitación *f* disqualification, incapacitation
inhabilitar *va* to disqualify, to disable, to incapacitate
inhabitable *adj* uninhabitable
inhabitado -da *adj* uninhabited
inhacedero -ra *adj* unfeasible
inhalación *f* (med.) inhalation
inhalador *m* (med.) inhaler
inhalar *va* (med.) to inhale
inherencia *f* inherence
inherente *adj* inherent
inhestar §18 *va & vr* var. of **enhestar**
inhibición *f* inhibition
inhibir *va* to inhibit; (law) to stay (*a judge from further proceedings*); *vr* to stay out, stay on the side lines
inhibitivo -va *adj* inhibitive
inhibitorio -ria *adj* inhibitory
inhiesto -ta *adj* raised, upright
inhonestidad *f* immodesty, indecency
inhonesto -ta *adj* immodest, indecent
inhospedable, inhospitable, inhospital or **inhospitalario -ria** *adj* inhospitable
inhospitalidad *f* inhospitality
inhóspito -ta *adj* inhospitable (*affording no shelter or protection*)
inhumación *f* inhumation
inhumanidad *f* inhumanity
inhumanitario -ria *adj* unphilanthropic
inhumano -na *adj* inhuman, inhumane; (Am.) dirty, filthy
inhumar *va* to inhume
iniciación *f* initiation
iniciado -da *adj & mf* initiate
iniciador -dora *adj* initiating; *mf* initiator
inicial *adj & f* initial
iniciar *va* to initiate; *vr* to be initiated; (eccl.) to receive first orders
iniciativo -va *adj* initiative, initiating; *f* initiative; **tomar la iniciativa** to take the initiative
inicio *m* start, beginning, initiation
inicuo -cua *adj* iniquitous
inigualado -da *adj* unequaled; (math.) uneven
inimaginable *adj* unimaginable, inconceivable
inimicísimo -ma *adj super* very or most inimical or hostile
inimitable *adj* inimitable
ininflamable *adj* uninflammable
ininteligente *adj* unintelligent
ininteligible *adj* unintelligible
ininterrumpido -da *adj* uninterrupted
iniquidad *f* iniquity
iniquísimo -ma *adj super* very or most iniquitous
injerencia *f* interference, meddling
injeridura *f* (agr.) graft, stock of graft
injerir §62 *va* (hort.) to graft; to insert, introduce; to ingest; (Am.) to swallow, take in; *vr* to interfere, to meddle
injertación *f* (hort. & surg.) grafting
injertador *m* (hort.) grafter
injertar *va* (hort. & surg.) to engraft, ingraft, graft
injertera *f* orchard of transplanted seedlings
injerto *m* (hort. & surg.) graft; **injerto cutáneo** (surg.) skin grafting
injuria *f* offense, insult; wrong, abuse; harm, damage
injuriador -dora *adj* offensive, insulting; abusive: *mf* offender, insulter
injuriante *adj* offending, insulting
injuriar *va* to offend, insult; to wrong, abuse; to harm, damage, injure
injurioso -sa *adj* offensive, insulting; abusive; harmful; profane (*language*)
injusticia *f* injustice
injustificable *adj* unjustifiable, unwarrantable
injustificado -da *adj* unjustified
injusto -ta *adj* unjust
inllevable *adj* unbearable, insupportable
inmaculado -da *adj* immaculate; **Inmaculada Concepción** Immaculate Conception
inmadurez *f* immaturity; flightiness
inmanejable *adj* unmanageable, unruly; unwieldy
inmanencia *f* immanence
inmanente *adj* immanent
inmarcesible or **inmarchitable** *adj* unfading; unwithering
inmaterial *adj* immaterial
inmaterialidad *f* immateriality

I

inmaterialismo *m* immaterialism
inmaturo -ra *adj* unripe; immature
inmediación *f* immediacy, immediateness; proximity, nearness; contact; **inmediaciones** *fpl* environs, neighborhood
inmediatamente *adv* immediately
inmediato -ta *adj* immediate; adjoining, close, next; next below; next above; **llegar** or **venir a las inmediatas** (coll.) to get down to brass tacks; **inmediato a** right next to; immediately preceding; immediately following
inmedicable *adj* immedicable, incurable
inmejorable *adj* unimprovable, unsurpassable, superb
inmemorable or **inmemorial** *adj* immemorial
inmensidad *f* immensity
inmenso -sa *adj* immense
inmensurable *adj* immensurable; unmeasurable
inmerecido -da *adj* unmerited, undeserved, unearned
inmergir §42 *va* to immerse; *vr* to be immersed; to immerge
inmérito -ta *adj* unmerited; unjust
inmeritorio -ria *adj* not meritorious, undeserving
inmersión *f* immersion; dip; (surg.) immersion
inmerso -sa *adj* immersed
inmigración *f* immigration
inmigrado -da or **inmigrante** *adj & mf* immigrant
inmigrar *vn* to immigrate
inminencia *f* imminence or imminency
inminente *adj* imminent; early
inmiscible *adj* immiscible
inmiscuir §41 & regular *va* to mix; *vr* to meddle, interfere
inmobiliario -ria *adj* real-estate
inmoble *adj* immovable, unmovable; motionless; firm, constant
inmoderación *f* immoderation
inmoderado -da *adj* immoderate
inmodestia *f* immodesty
inmodesto -ta *adj* immodest
inmódico -ca *adj* excessive
inmolación *f* immolation
inmolador -dora *adj* immolating; *mf* immolator
inmolar *va* to immolate
inmoral *adj* immoral
inmoralidad *f* immorality
inmortal *adj* immortal, deathless; *mf* immortal
inmortalidad *f* immortality
inmortalizar §76 *va* to immortalize
inmortificación *f* immortification, unrestraint, license
inmortificado -da *adj* immortified, unrestrained
inmotivado -da *adj* unmotivated, ungrounded
inmoto -ta *adj* unmoved
inmovible or **inmóvil** *adj* var. of **inmoble**
inmovilidad *f* immovability; immobility
inmovilización *f* immobilization
inmovilizar §76 *va* to immobilize; to bring to a standstill; to tie up (*capital*) in merchandise of slow turnover
inmudable *adj* immutable
inmueble *adj* (law) immovable; *m* property, piece of real estate; **inmuebles** *mpl* immovables, real estate
inmundicia *f* dirt, filth; impurity, indecency
inmundo -da *adj* dirty, filthy; impure, indecent
inmune *adj* free, exempt; immune; **inmune contra** immune to
inmunidad *f* immunity; **inmunidad pasiva** (immun.) passive immunity
inmunización *f* immunization
inmunizar §76 *va* to immunize
inmunología *f* immunology
inmunólogo -ga *mf* immunologist
inmutabilidad *f* immutability
inmutable *adj* immutable
inmutación *f* change, alteration
inmutar *va* to change, to alter; to disturb, upset; *vr* to change, to alter; to change countenance, to be out of countenance; **sin inmutarse** without batting an eye
innatismo *m* innatism
innato -ta *adj* innate, born, inborn; natural
innatural *adj* unnatural
innavegable *adj* unnavigable; unseaworthy
innecesario -ria *adj* unnecessary
innegable *adj* undeniable
innegociable *adj* unnegotiable
innoble *adj* ignoble
innocuo -cua *adj* innocuous
innominable *adj* unnameable
innominado -da *adj* unnamed; anonymous; (anat.) innominate
innovación *f* innovation
innovador -dora *adj* innovating; *mf* innovator
innovamiento *m* innovation
innovar *va* to innovate
innumerabilidad *f* innumerability
innumerable *adj* innumerable
innúmero -ra *adj* numberless, countless
inobediencia *f* inobedience
inobediente *adj* inobedient
inobservable *adj* inobservable, unobservable
inobservancia *f* inobservance, nonobservance
inobservante *adj* unobservant
inocencia *f* innocence
Inocencio *m* Innocent
inocentada *f* (coll.) simple remark, simple thing; (coll.) good-natured blunder; (coll.) practical joke; (coll.) April Fools' joke
inocente *adj & mf* innocent; **coger por inocente** to make an April fool of
inocentón -tona *adj* (coll.) simple, credulous; *mf* (coll.) simple, credulous person, dupe
inocuidad *f* innocuousness
inoculable *adj* inoculable
inoculación *f* inoculation
inoculante *adj* inoculating
inocular *va* to inoculate; (fig.) to contaminate, pervert; *vn* to inoculate; *vr* to be or become inoculated; (fig.) to be contaminated or perverted
inocuo -cua *adj* innocuous
inodoro -ra *adj* inodorous, odorless; *m* deodorizer; water closet, toilet
inofensivo -va *adj* inoffensive
inoficioso -sa *adj* inofficious, inoperative; (law) inofficious
inolvidable *adj* unforgettable
inope *adj* impecunious
inoperable *adj* (surg.) inoperable
inoperancia *f* inactivity, disuse
inoperante *adj* inoperative, ineffectual
inopia *f* poverty
inopinable *adj* indisputable
inopinado -da *adj* unexpected
inoportunidad *f* untimeliness, inopportuneness
inoportuno -na *adj* untimely, inopportune
inordenado -da *adj* disordered, in disorder
inorgánico -ca *adj* inorganic
inorganizado -da *adj* unorganized
inoxidable *adj* inoxidable, inoxidizable; stainless (*steel*)
inquebrantable *adj* unbreakable; unyielding; irrevocable
inquietador -dora *adj* disquieting; *mf* disturber
inquietante *adj* disquieting, disturbing
inquietar *va* to disquiet, to disturb, to worry; to stir up, harass, excite; *vr* to become disquieted, to worry; **inquietarse con, de** or **por** to get upset about, to worry about
inquieto -ta *adj* anxious, worried, restless
inquietud *f* disquiet, disquietude, inquietude, uneasiness, restlessness; concern
inquilinato *m* rent, lease; (Am.) rooming house
inquilino -na *mf* tenant, renter, lessee
inquina *f* aversion, dislike, ill will
inquinamiento *m* contamination
inquinar *va* to contaminate
inquiridor -dora *adj* inquiring; *mf* inquirer
inquirir §56 *va* to inquire, inquire into, investigate; *vn* to inquire
inquisición *f* inquisition; (*cap.*) *f* Inquisition
inquisidor -dora *adj* inquiring; *mf* inquirer, inquisitor; (*cap.*) *m* (eccl.) Inquisitor
inquisitivo -va *adj* investigative
inquisitoriado -da *adj* condemned by the Inquisition
inquisitorial *adj* inquisitorial

inquisitorio -ria *adj* var. of **inquisitivo**
inri *m* I.N.R.I. (*initials of Iesus Nazarenus, Rex Iudaeorum, i.e., Jesus of Nazareth, King of the Jews*); (fig.) brand, stigma, insult
insabible *adj* unknowable
insaciable *adj* insatiable
insaculación *f* balloting by drawing lots
insacular *va* to cast (*ballots*) by drawing lots
insalivación *f* (physiol.) insalivation
insalivar *va* (physiol.) to insalivate
insalubre *adj* unhealthful, insalubrious, unsanitary, insanitary
insalubridad *f* unhealthfulness, unsanitary condition
insalvable *adj* insurmountable
insanable *adj* incurable
insania *f* insanity
insano -na *adj* insane; mad, wild
insatisfecho -cha *adj* unsatisfied
inscribir §17, 9 *va* to inscribe; (geom. & fig.) to inscribe; (law) to record; *vr* to enroll, register
inscripción *f* inscription; enrolment, registration
inscrito -ta *adj* (geom.) inscribed; *pp of* **inscribir**
insecable *adj* indivisible; (coll.) undryable, undrying
insecticida *adj* insecticide, insecticidal; *m* insecticide
insectil *adj* insectile
insectívoro -ra *adj* insectivorous; *m* (zool.) insectivore; *f* (bot.) insectivore
insecto *m* insect
inseguridad *f* insecurity, unsafeness; uncertainty
inseguro -ra *adj* insecure, unsafe; uncertain
inseminación *f* insemination; **inseminación artificial** artificial insemination
inseminar *va* to inseminate
insenescencia *f* agelessness
insensatez *f* insensateness, folly, brainlessness
insensato -ta *adj* insensate (*foolish, blind*)
insensibilidad *f* insensibility; hardheartedness
insensibilizador *m* deadener (*of pain*)
insensibilizar §76 *va* to make insensible; *vr* to become insensible
insensible *adj* insensible; insentient; imperceptible; insensitive; hardhearted
inseparabilidad *f* inseparability
inseparable *adj* inseparable; indetachable; *mf* inseparable; *m* (orn.) lovebird
insepulto -ta *adj* unburied
inserción *f* insertion; (bot. & zool.) insertion
inserir §62 *va* to insert; to graft; to ingest
insertar *va* to insert; *vr* (bot. & zool.) to be inserted
inserto -ta *adj* inserted
inservible *adj* useless
insidia *f* ambush; plotting
insidiador -dora *adj* waylaying; plotting; *mf* waylayer; plotter
insidiar *va* to ambush, waylay; to plot against
insidioso -sa *adj* insidious
insigne *adj* famous, noted, renowned
insignia *f* decoration, badge, device; standard; (naut.) pennant; **insignias** *fpl* insignia
insignificancia *f* insignificance
insignificante *adj* insignificant
insinceridad *f* insincerity
insincero -ra *adj* insincere
insinuación *f* insinuation, intimation, hint
insinuante *adj* insinuating, slick, crafty, engaging
insinuar §33 *va* to insinuate; to suggest, hint at; *vr* to insinuate oneself; to work one's way; to flow, to run; to slip in, to creep in; to ingratiate oneself
insinuativo -va *adj* insinuative
insipidez *f* insipidity
insípido -da *adj* insipid
insipiencia *f* ignorance; lack of wisdom
insipiente *adj* ignorant; unwise
insistencia *f* insistence
insistente *adj* insistent
insistir *vn* to insist; **insistir en** or **sobre** to insist on or upon; **insistir en** + *inf* to insist on + *ger;* **insistir en que** + *subj* to insist that
ínsito -ta *adj* inbred, innate, inherent
insociabilidad *f* unsociability
insociable or **insocial** *adj* unsociable
insolación *f* insolation; (meteor.) insolation; (path.) sunstroke, insolation
insolar *va* to insolate; to expose, to expose to the sun; *vr* to take a sun bath; to get sunstruck
insoldable *adj* incapable of being soldered; irremediable; unmendable
insolencia *f* insolence
insolentar *va* to make insolent; *vr* to become insolent
insolente *adj* insolent; *mf* insolent person
insólito -ta *adj* unusual, unaccustomed
insolubilidad *f* insolubility
insoluble *adj* insoluble; insolvable
insoluto -ta *adj* unpaid
insolvencia *f* insolvency
insolvente *adj* insolvent
insomne *adj* sleepless
insomnio *m* insomnia, sleeplessness
insondable *adj* unfathomable, inscrutable
insonorizar §76 *va* to soundproof
insonoro -ra *adj* soundproof, soundless
insoportable *adj* insupportable, unbearable; extremely annoying
insoslayable *adj* unavoidable
insospechado -da *adj* unsuspected
insostenible *adj* untenable, indefensible; unsustainable
inspección *f* inspection; inspectorship; inspector's office
inspeccionar *va* to inspect
inspector -tora *adj* inspecting; *mf* inspector
inspiración *f* inhalation; inspiration
inspiradamente *adv* inspiredly, with inspiration
inspirador -dora *adj* inspiring; (anat.) inspiratory; *mf* inspirer
inspirante *adj* inspiring
inspirar *va & vn* to inhale, breathe in; to inspire; **inspirar a** + *inf* to inspire to + *inf; vr* to be inspired; **inspirarse en** to be inspired by
inspirativo -va *adj* inspirational
inspiratorio -ria *adj* (anat.) inspiratory
instabilidad *f* var. of **inestabilidad**
instable *adj* var. of **inestable**
instalación *f* installation, instalment; plant, factory; equipment, outfit; arrangements, appointments; fittings; **instalaciones hoteleras** hotel facilities, hotel accommodations; **instalación sanitaria** plumbing
instalador -dora *mf* installer; **instalador de cañería** plumber; **instalador de líneas** lineman; **instalador sanitario** plumber
instalar *va* to install; *vr* to become installed; to settle
instancia *f* instance, request, entreaty; memorial; (law) instance; **a instancia de** at the instance of
instantáneo -a *adj* instantaneous; instant; *f* snapshot
instante *m* instant, moment; **a cada instante** all the time, at every moment; **al instante** right away, immediately; **en un instante** quickly, soon; **por instantes** uninterruptedly; any time
instantemente *adv* insistently, urgently
instar *va* to press, urge; **instar a** + *inf* or **instar a que** + *subj* to urge to + *inf; vn* to insist; to be urgent; **instar para, por** or **sobre** to insist on
instauración *f* restoration; reëstablishment
instaurar *va* to restore; to reëstablish
instaurativo -va *adj* restorative
instigación *f* instigation; **a instigación de** at the instigation of
instigador -dora *adj* instigating; *mf* instigator
instigar §59 *va* to instigate
instilación *f* instillation
instilar *va* to instill
instintivo -va *adj* instinctive
instinto *m* instinct; **instinto de rebaño** herd instinct
institución *f* institution; (law) institution; **instituciones** *fpl* constitution (*of a government*); principles (*of an art or science*)

I

institucional *adj* institutional
instituidor -dora *adj* founding; *mf* founder
instituir §41 *va* to institute, found, establish; to teach, instruct
instituta *f* (law) institutes
instituto *m* constitution, rule (*e.g., of a religious order*); institute; high school; **instituto de segunda enseñanza** or **de enseñanza media** high school
institutor -tora *adj* founding; *mf* founder; teacher, instructor
institutriz *f* (*pl:* **-trices**) governess
instridente *adj* var. of **estridente**
instrucción *f* instruction, education; **instrucción pública** education, educational system; **instrucciones** *fpl* instructions, directions
instructivo -va *adj* instructive
instructor -tora *adj* instructing; *mf* teacher, instructor; *f* instructress
instruído -da *adj* well-educated, well-posted
instruir §41 *va* to instruct; to draw up; **instruir de, en,** or **sobre** to instruct about or on
instrumentación *f* instrumentation
instrumental *adj* instrumental; *m* instruments (*of music, surgery, etc.*); kit of instruments
instrumentar *va* (mus.) to instrument
instrumentista *mf* instrumentalist; instrument maker or dealer
instrumento *m* instrument; (mus.) instrument; (fig.) tool, cat's-paw; **instrumento de boquilla** (mus.) brass wind, brass-wind instrument; **instrumento de cuerda** (mus.) stringed instrument; **instrumento de lengüeta** (mus.) reed, reed instrument; **instrumento de percusión** (mus.) percussion instrument; **instrumento de precisión** precision instrument; **instrumento de punteo** (mus.) plucked instrument (*e.g., harp*); **instrumento de viento** (mus.) wind instrument
insuave *adj* rough; unpleasant, disagreeable
insuavidad *f* roughness; unpleasantness
insubordinación *f* insubordination
insubordinado -da *adj* insubordinate
insubordinar *va* to make insubordinate, incite to insubordination; *vr* to become insubordinate, to rebel
insubsanable *adj* irreparable
insubsistencia *f* impermanence, instability; lack of subsistence; groundlessness
insubsistente *adj* impermanent, unstable; lacking in subsistence; groundless
insubstancial *adj* unsubstantial, insubstantial
insubstancialidad *f* insubstantiality
insubstituíble *adj* irreplaceable
insudar *vn* to toil, to drudge, strive hard
insuficiencia *f* insufficiency, inadequacy; **insuficiencia mitral** (path.) mitral insufficiency
insuficiente *adj* insufficient, inadequate
insuflación *f* insufflation; blowing
insuflador *m* (med.) syringe
insuflar *va* to insufflate; to blow, to blow air in (*e.g., an organ*)
insufrible *adj* insufferable
ínsula *f* island; unimportant place
insulano -na *adj* (archaic) insular; *mf* (archaic) islander
insular *adj* insular; *mf* islander
insularidad *f* insularity
insulina *f* (med.) insulin
Insulindia, la Indonesia
insulínico -ca *adj* (pertaining to) insulin
insulismo *m* (path.) insulin shock
insulsez *f* tastelessness; dullness, heaviness
insulso -sa *adj* tasteless; dull, heavy
insultante *adj* insulting
insultar *va* to insult; to attack unexpectedly and with violence; *vr* to faint
insulto *m* insult; sudden attack; fainting spell; **insulto a superiores** (mil.) insubordination
insumable *adj* exorbitant
insume *adj* expensive
insumergible *adj* unsinkable
insumir *va* (Am.) to consume, use up (*money*); *vn* (Am.) to ooze
insumiso -sa *adj* unsubmissive
insuperable *adj* insuperable
insuperado -da *adj* unbeaten
insurgente *adj & mf* insurgent
insurrección *f* insurrection; (coll.) lack of deference
insurreccional *adj* insurrectionary
insurreccionar *va* to incite to rebellion; *vr* to rise up, to rebel
insurrecto -ta *adj* rebellious; *mf* insurrectionist
insusceptibilidad *f* insusceptibility
insusceptible *adj* insusceptible
insustancial *adj* var. of **insubstancial**
insustancialidad *f* var. of **insubstancialidad**
insustituíble *adj* var. of **insubstituíble**
intacto -ta *adj* intact, undamaged, unbroken
intachable *adj* irreproachable
intangibilidad *f* intangibility, untouchableness
intangible *adj* intangible, untouchable
integérrimo -ma *adj super* very or most complete, honorable, or irreproachable
integrable *adj* (math.) integrable
integración *f* integration
integrado -da *adj* in one piece
integrador *m* integrator
integral *adj* integral; (math.) integral; *f* (math.) integral; (math.) integral sign, sign of integration
integrante *adj* integrant, integral; constituent; *mf* member
integrar *va* to integrate; to form, make up; to reimburse; (math.) to integrate
integridad *f* integrity; virginity
íntegro -gra *adj* integral, whole, complete; honest, upright
integumento *m* integument; mask, disguise
intelección *f* understanding
intelectivo -va *adj* intellective; *f* understanding (*faculty*)
intelecto *m* intellect
intelectual *adj & mf* intellectual
intelectualidad *f* intellectuality; intelligentsia
intelectualismo *m* intellectualism
intelectualoide *m* (coll.) egghead, highbrow
inteligencia *f* intelligence, understanding; collusion; **estar en inteligencia con** to be in collusion with
inteligenciado -da *adj* well-informed
inteligente *adj* intelligent; trained, skilled
inteligibilidad *f* intelligibility
inteligible *adj* intelligible
intemperancia *f* intemperance
intemperante *adj* intemperate
intemperie *f* inclemency (*of weather*); **a la intemperie** in the open air, unsheltered
intemperizar §76 *va* to weather
intempestivo -va *adj* unseasonable, untimely, ill-timed
intemporal *adj* timeless
intención *f* intention; viciousness (*of an animal*); caution; **intenciones** *fpl* intentions (*with respect to marrying*); **con intención** deliberately, knowingly; **de intención** on purpose; **primera intención** (coll.) openness, readiness; (surg.) first intention; **segunda intención** underhandedness; (surg.) second intention
intencionadamente *adv* intentionally
intencionado -da *adj* intentioned, disposed; intentional; picaresque; **bien intencionado** well-intentioned; **mal intencionado** ill-intentioned, ill-disposed
intencional *adj* intentional; inner
intendencia *f* intendance; intendancy; (Am.) mayoralty
intendenta *f* intendant's wife; (Am.) mayor's wife
intendente *m* intendant; **intendente municipal** (Am.) mayor
intensar *va & vr* to intensify
intensidad *f* intensity
intensificación *f* intensification
intensificar §86 *va & vr* to intensify
intensión *f* intensity, intenseness
intensivo -va *adj* intensive
intenso -sa *adj* intense
intentar *va* to try, to attempt; to try out; to intend; (law) to initiate (*e.g., a suit*); **intentar** + *inf* to try to + *inf*
intento *m* intent, purpose; **de intento** on purpose

intentona *f* (coll.) foolhardiness, rash attempt
interacción *f* interaction, interplay
interaliado -da *adj* interallied
interamericanismo *m* inter-Americanism
interamericano -na *adj* inter-American
interandino -na *adj* inter-Andean
intercadencia *f* unevenness, irregularity; harshness; (med.) intercadence
intercalación *f* intercalation
intercalar *adj* intercalary; *va* to intercalate
intercambiable *adj* interchangeable
intercambiar *va & vr* to interchange
intercambio *m* interchange
interceder *vn* intercede
intercelular *adj* intercellular
intercepción *f* or **interceptación** *f* interception
interceptar *va* to intercept
interceptor -tora *adj* intercepting; *mf* interceptor; *m* separator; trap; (aer.) interceptor
intercesión *f* intercession
intercesor -sora *adj* interceding; *mf* intercessor
intercesorio -ria *adj* intercessory
interciso -sa *adj* cut into pieces (*said of a martyr*); **día interciso** (archaic) half holiday (*in the morning*)
intercolonial *adj* intercolonial
intercolumnio *m* (arch.) intercolumniation
intercomunicación *f* intercommunication
intercomunicador *m* intercom
intercomunicar §86 *vr* to intercommunicate
interconectar *va* to interconnect
interconexión *f* interconnection
interconfesional *adj* interdenominational
intercontinental *adj* intercontinental
intercostal *adj* (anat.) intercostal
intercurrente *adj* (path.) intercurrent
intercutáneo -a *adj* intercutaneous
interdecir §37 *va* to interdict
interdental *adj & f* (phonet.) interdental
interdepartamental *adj* interdepartmental
interdependencia *f* interdependence
interdependiente *adj* interdependent
interdicción *f* interdiction
interdicto *m* interdict
interdicho -cha *pp of* **interdecir**
interdigital *adj* interdigital
interdigo *1st sg pres ind of* **interdecir**
interdije *1st sg pret ind of* **interdecir**
interdiré *1st sg fut ind of* **interdecir**
intereje *m* (aut.) wheel base
interés *m* interest; **poner a interés** to put out at interest; **interés compuesto** compound interest; **intereses creados** vested interests; **interés simple** simple interest
interesable *adj* selfish, mercenary
interesado -da *adj* interested; selfish; *mf* interested person, interested party
interesante *adj* interesting
interesar *va* to interest; to give an interest to; to involve; **interesarle a uno** + *inf* to interest someone to + *inf; vn* to be interesting; *vr* to be interested; **interesarse en** or **por** to be interested in, to take an interest in
interescolar *adj* intercollegiate, interscholastic
interesencia *f* attendance
interesente *adj* present
interestadal *adj* interstate
interestelar *adj* interstellar
inter-etapa *adj invar* (rad.) interstage
interfecto -ta *adj* (law) murdered; *mf* (law) murdered person, victim of murder
interferencia *f* interference; (phys. & rad.) interference; **no interferencia** noninterference
interferencial *adj* (phys.) interferential
interferir §62 *va* to interfere with; *vn* to interfere; (phys.) to interfere
interferómetro *m* (phys.) interferometer
interfoliar *va* to interfoliate, to interleave
interfono *m* intercom
intergubernamental *adj* intergovernmental
ínterin *m* (*pl:* **intérines**) temporary incumbency; (eccl.) Interim; *adv* meanwhile; *conj* (coll.) while, until, as long as
interinamente *adv* in the meantime; temporarily
interinar *va* to fill (*a post*) temporarily, to fill in an acting capacity
interinidad *f* temporariness; temporary incumbency
interino -na *adj* temporary, acting, interim
interior *adj* interior; inner, inside; (pertaining to) home; domestic; *m* interior; mind, soul; **interiores** *mpl* entrails, insides; **Interior** City (*word written on an envelope to indicate that the letter is to go to the city in which it is mailed*)
interioridad *f* inwardness; inside; **interioridades** *fpl* family secrets, private matters, inside story
interiorizar §76 *va* to keep well informed, to give inside information to; *vr* to keep well informed; **interiorizarse de** to find out about
interiormente *adv* on the inside; inwardly
interjección *f* (gram.) interjection
interjectivo -va *adj* (gram.) interjectional
interlínea *f* interline; (print.) space, lead
interlineación *f* interlineation
interlineal *adj* interlinear
interlinear *va* to interline; (print.) to space, to lead
interlocutor -tora *mf* interlocutor; speaker, party
interlocutorio -ria *adj* (law) interlocutory
intérlope *adj* interloping (*said of commerce and ships*)
interludio *m* (mus.) interlude
interlunar *adj* interlunar
interlunio *m* (astr.) interlunation
intermaxilar *adj* intermaxillary
intermediar *vn* to stand in the middle; to intermediate
intermediario -ria *adj* intermediary; mediating; *mf* intermediary; mediator; *m* (com.) middleman
intermedio -dia *adj* intermediate, intervening; (phonet.) medial; *m* interval, interim; (theat.) entr'acte, interlude, intermission; (mus.) intermezzo; **por intermedio de** (Am.) by means of
interminable *adj* interminable
intermisión *f* intermission; (path.) intermission
intermiso -sa *adj* interrupted, suspended
intermitencia *f* intermittence or intermittency; (path.) intermission
intermitente *adj* intermittent
intermitir *va* to intermit
internación *f* commitment, internment; penetration, moving inland
internacional *adj* international; (*cap.*) *f* International (*association*); Internationale (*hymn*); **Internacional Comunista** Communist International
internacionalidad *f* internationality
internacionalismo *m* internationalism
internacionalista *mf* internationalist
internacionalización *f* internationalization
internacionalizar §76 *va* to internationalize
internado -da *mf* (mil.) internee; *m* student boarding; boarding students; boarding school
internamiento *m* sending inland; commitment, internment; bedding (*of sick people*)
internar *va* to send inland; to commit, to intern; *vn* to move inland; *vr* to move inland; to worm one's way into another's confidence; to study deeply; to take refuge, hide
internista *mf* (med.) internist
interno -na *adj* internal; inward; inside; boarding; *mf* boarding-school student; **interno de hospital** intern
internodio *m* internode
internuncio *m* internuncio
interoceánico -ca *adj* interoceanic
interocular *adj* interocular
interóseo -a *adj* interosseous
interpaginar *va* to interpage
interparietal *adj* (anat.) interparietal
interparlamentario -ria *adj* interparliamentary
interpelación *f* beseeching; interpellation
interpelar *va* to ask aid or protection of; to ask for explanations; to interpellate
interpenetración *f* interpenetration
interplanetario -ria *adj* interplanetary

I

interpolación *f* interpolation; brief stop (*e.g., in a speech*)
interpolar *adj* interpolar; *va* to interpolate; to stop or interrupt for a moment; (math.) to interpolate
interpondré *1st sg fut ind of* **interponer**
interponer §69 *va* to interpose; to appoint as mediator; *vr* to interpose, stand between, intercede
interpongo *1st sg pres ind of* **interponer**
interposición *f* interposition
interprender *va* to take by surprise
interpresa *f* taking by surprise, surprise action, surprise attack
interpretable *adj* interpretable
interpretación *f* interpretation
interpretador -dora *adj* interpreting; *mf* interpreter
interpretar *va* to interpret
interpretativo -va *adj* interpretative or interpretive
intérprete *mf* interpreter
interpuesto -ta *pp of* **interponer**
interpuse *1st sg pret ind of* **interponer**
interracial *adj* interracial
interregno *m* interregnum
interrogación *f* interrogation; (gram.) question mark, interrogation mark
interrogado -da *adj* questioned; *mf* person questioned, party questioned
interrogante *adj* questioning; interrogative; question (*mark*); *mf* questioner, interrogator; *m* question mark
interrogar §59 *va & vn* to question, to interrogate
interrogativo -va *adj* interrogative; *m* (gram.) interrogative
interrogatorio *m* interrogatory
interrumpidamente *adv* interruptedly
interrumpir *va* to interrupt
interrupción *f* interruption
interruptor -tora *adj* interrupting; *m* (elec.) switch; **interruptor a palanca** (elec.) toggle switch; **interruptor automático** (elec.) circuit breaker; **interruptor de cuchilla** (elec.) knife switch; **interruptor del encendido** (aut.) ignition switch; **interruptor de reloj** (elec.) time switch; **interruptor de rótula** (elec.) toggle switch; **interruptor de una caída** (elec.) single-throw switch; **interruptor de volquete** (elec.) tumbler switch
intersecar §86 *va & vr* to intersect
intersección *f* (geom.) intersection
intersideral *adj* intersidereal
intersticial *adj* interstitial
intersticio *m* interstice; interval
intertrigo *m* (path.) intertrigo
intertropical *adj* intertropical
interuniversitario -ria *adj* interuniversity, intercollegiate
interurbano -na *adj* interurban
intervalo *m* interval; (mus.) interval; **claro intervalo** lucid interval
intervención *f* intervention; supervision, inspection; participation; auditing; (surg.) operation; **no intervención** (dipl.) nonintervention; **intervención de los precios** price control
intervencionista *adj & mf* interventionist
intervendré *1st sg fut ind of* **intervenir**
intervengo *1st sg pres ind of* **intervenir**
intervenir §92 *va* to take up, to work on; to inspect, to supervise; to audit; to offer to pay (*a draft*); to tap (*a telephone line*); (surg.) to operate on; *vn* to intervene; to intercede; to happen; to participate; *vr* to be found (*as a result of inspection*); **intervenírsele a uno** to be found on someone, e.g., **se le intervino una carta secreta** a secret letter was found on him, they found a secret letter on him
interventor *m* election supervisor; (com.) auditor
interviev *m & f* (*pl:* **-vievs**) interview
interviuvador -dora *mf* interviewer
intervievar *va* to interview
intervine *1st sg pret ind of* **intervenir**
interviniendo *ger of* **intervenir**
intervistar *vr* var. of **entrevistar**
interviú *m & f* interview
intervocálico -ca *adj* intervocalic
interyacente *adj* interjacent
interzonal *adj* interzonal or interzone
intestado -da *adj & mf* intestate
intestinal *adj* intestinal
intestino -na *adj* intestine (*internal; domestic*); *m* (anat.) intestine, intestines; **intestino ciego** (anat.) caecum; **intestino delgado** (anat.) small intestine; **intestino grueso** (anat.) large intestine; **intestinos** *mpl* (anat.) intestines
intimación *f* announcement, declaration; intimation (*announcement*)
íntimamente *adv* intimately; deeply
intimar *va* to intimate, to notify, to order; *vn* to become intimate or well-acquainted; *vr* to soak in; to become intimate or well-acquainted
intimidación *f* intimidation
intimidad *f* intimacy; homeyness; privacy
intimidar *va* to intimidate; *vr* to become intimidated
íntimo -ma *adj* intimate; innermost; homey; private
intina *f* (bot.) intine
intitular *va* to entitle; to give a title to; *vr* to give oneself a title, use a title; to be called
intocable *mf* untouchable (*person of lowest caste in India*)
intocado -da *adj* intact, untouched
intolerabilidad *f* intolerability
intolerable *adj* intolerable
intolerancia *f* intolerance
intolerante *adj & mf* intolerant
intonso -sa *adj* unshorn; ignorant, rustic; uncut (*said of a book or magazine*); *mf* ignorant person, rustic
intoxicación *f* (med.) poisoning, intoxication
intoxicar §86 *va* (med.) to poison, intoxicate
intracruce *m* or **intracruzamiento** *m* inbreeding
intradós *m* (arch.) intrados
intraducible *adj* untranslatable
intramolecular *adj* intramolecular
intramural *adj* (anat.) intramural
intramuros *adv* intra muros, within the walls
intramuscular *adj* intramuscular
intranquilidad *f* worry, uneasiness; unrest
intranquilizar §76 *va* to disquiet, to worry; *vr* to become disquieted, to worry
intranquilo -la *adj* worried, uneasy; restless
intransferible *adj* untransferable
intransigencia *f* intransigence or intransigency
intransigente *adj & mf* intransigent, irreconcilable, die-hard
intransitable *adj* impassable
intransitivo -va *adj* (gram.) intransitive
intransmisible *adj* untransmissible
intransmutable *adj* intransmutable
intratabilidad *f* intractability; unsociability
intratable *adj* intractable; unsociable; impassable
intravenoso -sa *adj* intravenous
intrepidez *f* intrepidity
intrépido -da *adj* intrepid
intriga *f* intrigue
intrigante *adj* intriguing, scheming; *mf* intriguer
intrigar §59 *va* to intrigue, to excite the curiosity of; *vn* to intrigue; *vr* to be intrigued
intrincación *f* intricacy
intrincado -da *adj* intricate
intrincamiento *m* intricacy
intrincar §86 *va* to confuse, entangle, complicate
intríngulis *m* (*pl:* **-lis**) (coll.) ulterior motive; (coll.) enigma, conundrum, mystery
intrínseco -ca *adj* intrinsic or intrinsical
introducción *f* introduction; insertion
introducir §38 *va* to introduce; to insert, put in; *vr* to gain access; to interfere, intrude, meddle
introductivo -va *adj* introductory
introductor -tora *adj* introductory; *mf* introducer
introduje *1st sg pret ind of* **introducir**
introduzco *1st sg pres ind of* **introducir**
introito *m* (theat.) prologue; (eccl.) Introit
intromisión *f* insertion; meddling

introrso -sa *adj* (bot.) introrse
introspección *f* introspection
introspectivo -va *adj* introspective
introversión *f* introversion
introverso -sa *adj* introvert
introvertido -da *mf* introvert
intrusar *vr* to seize unlawfully
intrusión *f* intrusion; charlatanry, quackery
intrusismo *m* intrusion; practice of a profession without authority
intruso -sa *adj* intrusive; *mf* intruder, interloper; dishonest practitioner
intubación *f* (med.) intubation
intuición *f* intuition
intuicionismo *m* intuitionism
intuir §41 *va* to intuit; to divine, to guess, to sense
intuitivo -va *adj* intuitive, intuitional
intuito *m* view, glance, look; **por intuito de** in view of
intumescencia *f* swelling, intumescence
intumescente *adj* swelling, intumescent
intususcepción *f* (biol. & path.) intussusception
inulasa *f* (biochem.) inulase
inulina *f* (chem.) inulin
inulto -ta *adj* (poet.) unavenged
inundación *f* inundation, flood
inundar *va* to inundate, to flood
inurbanidad *f* incivility, discourtesy
inurbano -na *adj* uncivil, discourteous
inusitado -da *adj* unusual; out of use
inusual *adj* unusual
inútil *adj* useless
inutilidad *f* uselessness, inutility; incapacity
inutilizado -da *adj* unused, unemployed
inutilizar §76 *va* to make useless; *vr* to become useless; to be disabled
invadeable *adj* unfordable
invadir *va* to invade
invaginación *f* invagination
invaginar *va & vr* to invaginate
invalidación *f* invalidation
invalidar *va* to invalidate; to weaken, make helpless
invalidez *f* invalidity
inválido -da *adj & mf* invalid
invar *m* invar (*alloy*)
invariabilidad *f* invariability
invariable *adj* invariable
invariante *adj & f* invariant
invasión *f* invasion
invasor -sora *adj* invading; *mf* invader
invectiva *f* invective
invectivar *va* to inveigh against
invencibilidad *f* invincibility
invencible *adj* invincible
invención *f* finding; invention; **Invención de la Santa Cruz** (eccl.) Invention of the Cross
invencionero -ra *adj* inventive; cheating; *mf* inventor; cheat
invendible *adj* unsalable
invendido -da *adj* unsold
inventar *va* to invent
inventariar §90 & regular *va* to inventory
inventario *m* inventory
inventivo -va *adj* inventive; *f* inventiveness
invento *m* invention
inventor -tora *adj* inventive; *mf* inventor
inverecundia *f* shamelessness, insolence
inverecundo -da *adj* shameless, insolent
inverisímil *adj* improbable, unlikely
inverisimilitud *f* improbability, inverisimilitude
invernación *f* wintering; hibernation
invernáculo *m* hothouse, conservatory
invernada *f* wintertime; wintering; (Am.) pasture, pasturing, pasture land
invernadero *m* hothouse, conservatory; winter resort; winter pasture
invernal *adj* (pertaining to) winter; *m* (Am.) large winter stable (*in the Andes*)
invernante *mf* winter vacationist
invernar §18 *vn* to winter; to be winter
invernazo *m* rainy season (*in Tropics*)
inverne *m* (Am.) winter pasture (*time*); (Am.) winter fattening
invernizo -za *adj* (pertaining to) winter; wintery
inverosímil *adj* improbable, unlikely
inverosimilitud *f* improbability, inverisimilitude
inversión *f* inversion; investment; subversion, overthrow; (gram.) inverted order
inversionista *adj* (pertaining to) investment; *mf* investor
inverso -sa *adj* inverse, opposite; **a** or **por la inversa** on the contrary; *m* (box.) jab
inversor -sora *adj* inverting, reversing; *m* reversing mechanism; (elec.) reverser
invertasa *f* (biochem.) invertase
invertebrado -da *adj & m* invertebrate
invertido -da *adj* inverted; *mf* (psychiatry) invert
invertina *f* (biochem.) invertase
invertir §62 *va* to invert; to reverse; to invest; to spend
investidura *f* investiture; station, position
investigación *f* investigation
investigador -dora *adj* investigating; *mf* investigator
investigar §59 *va* to investigate
investir §94 *va* to invest (*to vest, install*); **investir de** or **con** to invest with
inveterado -da *adj* inveterate, confirmed
inveterar *vr* to become old; to become chronic
invicto -ta *adj* unconquered
invidente *adj* blind; *mf* blind person
invierno *m* winter; (Am.) rainy season
invigilar *vn* to watch with concern
inviolabilidad *f* inviolability
inviolable *adj* inviolable
inviolado -da *adj* inviolate
invisibilidad *f* invisibility
invisible *adj* invisible; (coll.) hiding; *m* (Am.) hair net; (Am.) invisible hairpin; **en un invisible** in less than no time
invitación *f* invitation
invitado -da *mf* person invited, guest
invitar *va* to invite; **invitar a** + *inf* to invite to + *inf*
invocación *f* invocation
invocador -dora *adj* invoking; *mf* invoker
invocar §86 *va* to invoke
invocatorio -ria *adj* invocatory
involución *f* involution; (biol. & med.) involution; (math.) involution (*assemblage of pairs of collinear conjugate points*)
involucrado -da (bot.) involucrate
involucrar *va* to jumble; to introduce irrelevantly; *vr* to get jumbled
involucro *m* (bot.) involucre
involuntariedad *f* involuntariness
involuntario -ria *adj* involuntary
involuta *f* (arch.) volute; (geom.) involute
invulnerabilidad *f* invulnerability
invulnerable *adj* invulnerable
inyección *f* injection; **inyección hipodérmica** hypodermic injection
inyectable *adj* injectable
inyectado -da *adj* congested, inflamed
inyectar *va* to inject; *vr* to become congested
inyector *m* (mach.) injector
iñiguista *adj* Jesuitic; *mf* Jesuit
-ío -ía *suffix adj* e.g., **bravío** fierce; **cabrío** goatish; *suffix m* indicates a group or collection, e.g., **caserío** group of houses; **gentío** crowd of people; *suffix f* -y, e.g., **filosofía** philosophy; **geología** geology
Ío *f* (myth.) Io
ion *m* (chem. & phys.) ion; **ion hidrógeno** (*pl:* **iones hidrógeno**) (chem.) hydrogen ion
iónico -ca *adj* (chem. & phys.) ionic
ionio *m* (chem.) ionium
ionización *f* ionization
ionizar §76 *va & vr* to ionize
ionosfera *f* ionosphere
iota *f* iota (*Greek letter*)
iotacismo *m* iotacism
ipecacuana *f* (bot.) ipecac or ipecacuanha (*plant, root, and medicine*)
ir §57 *vn* to go; to come, e.g., **ya voy** I'm coming; to move, to walk; to be becoming, to fit, to suit; to be; to be at stake; to involve; **lo que va de** so far (as), e.g., **lo que va de este mes** so far this month; **lo que va de rodaje** so far as the filming has gone; **¡qué va!** of course not!; **¡vaya!** the deuce!; what a . . . !,

e.g., **¡vaya un hombre!** what a man!; **ir a** + *inf* to go to + *inf;* to be going to + *inf* (*expressing futurity*); **ir a buscar** to call for, to go get; **ir a parar en** to end up in; **ir con cuidado** to be careful; **ir con miedo** to be afraid; **ir con tiento** to be watchful; **ir de caza** to go hunting; **ir de pesca** to go fishing; **ir por** to go for, to go after; to follow (*a career*); **ir** + *pp* to be + *pp; vr* to go away; to ooze, to leak; to slip; to wear away; to get old; to break to pieces; to break wind; to lose control of natural evacuations; **la de vámonos** (slang) death; **irse de** to discard; **irse haciendo** to make one's way
ira *f* ire, wrath; **¡ira de Dios!** Lord help us!
iraca *f* (bot.) jipijapa; (Am.) Panama hat
iracundia *f* anger, angriness, wrath
iracundo -da *adj* angry, wrathful, ireful
Irak, el Irak or Iraq
Irán, el Iran
iranés -nesa or **iranio -nia** *adj & mf* Iranian; *m* Iranian (*language*)
iraqués -quesa or **iraquiano -na** *adj & mf* Iraqi; *m* Iraqi (*dialect*)
irascibilidad *f* irascibility
irascible *adj* irascible
Irene *f* Irene
iridáceo -a *adj* (bot.) iridaceous
íride *f* (bot.) gladdon, stinking iris
iridescencia *f* var. of **iridiscencia**
iridescente *adj* var. of **iridiscente**
iridio *m* (chem.) iridium
iridiscencia *f* iridescence
iridiscente *adj* iridescent
iris *m* (*pl:* **iris**) iris, rainbow; (anat. & opt.) iris; (mineral.) noble opal; **iris amarillo** (bot.) sweet flag; **iris de paz** peacemaker; (*cap.*) *f* (myth.) Iris
irisación *f* iridescence
irisado -da *adj* rainbow, rainbow-hued
irisar *va* to iris; *vn* to iridesce
iritis *f* (path.) iritis
irlanda *f* cotton cloth, woolen cloth; Irish linen; (*cap.*) *f* Ireland; **la Irlanda del Norte** or **la Irlanda Septentrional** Northern Ireland
irlandés -desa *adj* Irish; *m* Irishman; Irish (*language*); **los irlandeses** the Irish (*people*); *f* Irishwoman
ironía *f* irony
irónico -ca *adj* ironic, ironical
ironizar §76 *va* to ridicule
iroqués -quesa *adj* Iroquoian; *mf* Iroquoian or Iroquois
irracional *adj* irrational, unreasoning; (math.) irrational
irracionalidad *f* irrationality
irradiación *f* irradiation; influence; (med.) irradiation; (rad.) broadcast
irradiar *va* to radiate; to irradiate; (rad.) to broadcast; *vn* to radiate
irrazonable *adj* unreasonable
irreal *adj* unreal
irrealidad *f* unreality
irrealizable *adj* unrealizable, unattainable
irrebatible *adj* irrefutable
irreconciliable *adj* unreconcilable, irreconcilable
irreconciliado -da *adj* unreconciled
irreconocible *adj* unrecognizable
irrecuperable *adj* irrecoverable, irretrievable
irrecusable *adj* unimpeachable
irredentista *mf* Irredentist
irredento -ta *adj* unredeemed (*region*)
irredimible *adj* irredeemable
irreducible or **irreductible** *adj* irreducible
irreembolsable *adj* not refunded
irreemplazable *adj* unreplaceable, irreplaceable
irreflexión *f* irreflection, rashness
irreflexivo -va *adj* unreflecting, thoughtless
irreformable *adj* irreformable, incorrigible
irrefragable *adj* irrefragable
irrefrenable *adj* unbridled, uncontrollable, irrepressible
irrefutable *adj* irrefutable
irregenerado -da *adj* unregenerate
irregular *adj* irregular; (bot., geom., gram. & mil.) irregular; *m* (mil.) irregular
irregularidad *f* irregularity; (coll.) embezzlement, irregularity
irreligión *f* irreligion
irreligiosidad *f* irreligiousness
irreligioso -sa *adj* unreligious; irreligious
irrellenable *adj* nonrefillable
irremediable *adj* irremediable
irremisible *adj* irremissible, unpardonable
irremovible *adj* irremovable
irremunerado -da *adj* unremunerated
irrenovable *adj* unrenewable
irrenunciable *adj* unrenounceable
irreparable *adj* irreparable
irreprensible *adj* irreprehensible, unexceptionable
irrepresentable *adj* unplayable
irreprimible *adj* irrepressible
irreprochable *adj* irreproachable, faultless
irrescindible *adj* unrescindable
irresistible *adj* irresistible
irresoluble *adj* unsolvable, unworkable
irresolución *f* irresolution, indecision
irresoluto -ta *adj* irresolute
irrespeto *m* (Am.) disrespect
irrespetuoso -sa *adj* disrespectful
irrespirable *adj* unbreathable
irresponsabilidad *f* irresponsibility
irresponsable *adj* irresponsible
irrestañable *adj* unstaunchable
irresuelto -ta *adj* irresolute, wavering, hesitant
irreverencia *f* irreverence
irreverenciar *va* to treat irreverently, to profane
irreverente *adj* irreverent
irreversible *adj* irreversible
irrevocabilidad *f* irrevocability
irrevocable *adj* irrevocable
irrevocado -da *adj* unrevoked
irrigable *adj* irrigable
irrigación *f* irrigation; (med.) irrigation
irrigador *m* irrigator; sprinkler
irrigar §59 *va* to irrigate; (med.) to irrigate
irrisible *adj* laughable, ridiculous
irrisión *f* derision, ridicule; (coll.) butt, laughingstock
irrisorio -ria *adj* ridiculous, derisory; insignificant, ridiculously small
irritabilidad *f* irritability
irritable *adj* irritable
irritación *f* irritation; nullification
irritadamente *adv* angrily, vexedly
irritador -dora *adj* irritating
irritamiento *m* anger, irritation
irritante *adj & m* irritant
irritar *va* to irritate; (law) to irritate, to render null and void; to stir up; *vr* to become irritated, to be exasperated
írrito -ta *adj* (law) null and void
irrogar §59 *va* to cause (*harm or damage*)
irrompible *adj* unbreakable
irruir §41 *va* to raid, to invade; to assault
irrumpir *vn* to burst in, to irrupt; to invade; **irrumpir en** to burst into (*e.g., a room*)
irrupción *f* irruption; invasion
irruptor -tora *adj* irruptive
irunés -nesa *adj* (pertaining to) Irún; *mf* native or inhabitant of Irún
-isa *suffix f* -ess, e.g., **poetisa** poetess; **sacerdotisa** priestess
Isaac *m* Isaac
Isabel *f* Isabella, Elizabeth; **Isabel la Católica** Isabella I, queen of Castile and León
isabelino -na *adj* Isabelline; Elizabethan; light-bay; *mf* Isabelline; Elizabethan; *m* light-bay horse
isabelita *f* (ichth.) isabelita
isagoge *f* isagoge, introduction
Isaías m (Bib.) Isaiah
isalóbara *f* (meteor.) isallobar
iscariote *adj* traitorous; bold, brazen
isíaco -ca *adj* Isiac
isidoriano -na *adj* Isidorian
Isidoro *m* Isidore
isidro -dra *mf* (coll.) hick, yokel, jake
Isis *f* (myth.) Isis
isla *f* island; block (*of houses*); (fig.) island (*hill, grove of trees*); **las Mil Islas** the Thousand Islands; **la Isla de la Reunión** Reunion; **la**

Isla del cabo Bretón Cape Breton Island; **la Isla del Diablo** Devil's Island; **la Isla del Norte** North Island; **la Isla del Príncipe Eduardo** Prince Edward Island; **la Isla del Sur** South Island; **Isla de Man** Isle of Man; **la Isla de Pascua** Easter Island; **Isla de Pinos** Isle of Pines; **isla de seguridad** safety island, safety zone; **islas Afortunadas** (myth.) Fortunate Islands; **islas Aleutas, Aleutianas** or **Aleutinas** Aleutian Islands; **islas Almirantes** Admiralty Islands; **islas Anglonormandas** Channel Islands; **islas Bahamas** Bahama Islands; **islas Baleares** Balearic Islands; **islas Bisayas** Visayan Islands; **Islas Británicas** British Isles; **islas Canarias** Canary Islands; **islas Curiles** Kurile Islands; **islas de Barlovento** Windward Islands; **islas Carolinas** Caroline Islands; **islas de Cabo Verde** Cape Verde Islands; **islas de las Especias** Spice Islands; **islas de la Sociedad** Society Islands; **islas de la Sonda** Sunda Islands; **islas del Canal** Channel Islands; **islas del Dodecaneso** Dodecanese Islands; **islas de los Amigos** Friendly Islands; **islas de (los) Galápagos** Galápagos Islands; **islas de Sotavento** Leeward Islands; **Islas Filipinas** Philippine Islands; **islas Jonias** Ionian Islands; **islas Malvinas** Falkland Islands; **islas Normandas** Channel Islands; **islas Salomón** Solomon Islands; **islas Vírgenes** Virgin Islands; **islas Visayas** Visayan Islands

Islam, el Islam

islámico -ca *adj* Islamic

islamismo *m* Islamism

islamista *adj* Islamistic; *m* Islamist, Islamite

islamita *adj & m* Islamite

islamizar §76 *va, vn & vr* to Islamize

islandés -desa *adj* Icelandic; *mf* Icelander; *m* Icelandic (*language*)

Islandia *f* Iceland

islándico -ca *adj* Icelandic

islario *m* description of islands; map of islands

isleño -ña *adj* (pertaining to an) island; *mf* islander; (in Cuba) Canarian

isleo *m* island; island of ground (*surrounded by other ground of different nature*)

isleta *f* isle, islet

islilla *f* (anat.) collar bone

islote *m* small barren island; large jutting rock (*in sea*)

Ismael *m* (Bib.) Ishmael

ismaelita *mf* Ishmaelite

ismo *m* ism; isthmus

isobárico -ca *adj* isobaric

isobaro -ra *adj* isobaric; *m* (chem.) isobar; *f* (meteor.) isobar

isoclino -na *adj* isoclinal; *f* isoclinal line

Isócrates *m* Isocrates

isocromático -ca *adj* isochromatic

isócrono -na *adj* isochronal, isochronous

isodáctilo -la *adj* isodactylous

isodinámico -ca *adj* isodynamic

isoete *m* (bot.) quillwort

isogloso -sa *adj* isoglossal; *f* isogloss

isogónico -ca *adj* isogonic

isógono -na *adj* isogonic; *f* isogonic line

Isolda *f* (myth.) Iseult

isomería *f* (chem.) isomerism

isomérico -ca *adj* (chem.) isomeric, isomerical

isomerismo *m* (chem.) isomerism

isómero -ra *adj* (chem.) isomeric, isomerical; *m* (chem.) isomer

isométrico -ca *adj* isometric or isometrical

isomorfismo *m* (biol., chem. & mineral.) isomorphism

isomorfo -fa *adj* (biol., chem. & mineral.) isomorphic

isoniacida *f* (pharm.) isoniazid

isoperímetro -tra *adj* isoperimetric or isoperimetrical

isópodo -da *adj & m* (zool.) isopod

isopreno *m* (chem.) isoprene

isoquímeno -na *adj* (meteor.) isocheimenal; *f* (meteor.) isocheim

isósceles *adj* (geom.) isosceles

isotermo -ma *adj* isothermal; *f* isotherm

isótero -ra *adj* isotheral; *f* isothere

isotopía *f* isotopy

isotópico -ca *adj* isotopic

isótopo *m* (chem.) isotope

isotropía *f* (biol. & phys.) isotropy

isotrópico -ca *adj* (biol. & phys.) isotropic

isotropo -pa *adj* (biol. & phys.) isotropic, isotropous

isquiático -ca *adj* (anat.) ischial

isquión *m* (anat.) ischium

Israel *m* Israel

israelí (*pl* **-líes**) *adj & mf* Israeli

israelita *adj & mf* Israelite

israelítico -ca *adj* Israelitish

Istambul *f* Istanbul

istmeño -ña *adj & mf* isthmian

ístmico -ca *adj* isthmian, isthmic

istmo *m* isthmus; (anat.) isthmus; **istmo de Corinto** Isthmus of Corinth; **istmo de Panamá** Isthmus of Panama; **istmo de Suez** Isthmus of Suez

istriar §90 *va & vr* var. of **estriar**

-ita *suffix* see **-ito**

Ítaca *f* Ithaca (*island west of Greece*)

Italia *f* Italy

italianismo *m* Italianism

italianizar §76 *va* to Italianize; *vr* to become Italianized

italiano -na *adj & mf* Italian; **a la italiana** in the Italian fashion or manner; *m* Italian (*language*)

itálico -ca *adj* Italic; (print.) italic; *f* (print.) italic, italics

ítalo -la *adj & mf* (poet.) Italian

itea *f* (bot.) itea

ítem *m* item, article, section; addition

iterable *adj* repeatable

iteración *f* iteration

iterar *va* iterate

iterativo -va *adj* iterative

iterbia *f* (chem.) ytterbia

itérbico -ca *adj* ytterbic

iterbio *m* (chem.) ytterbium

itinerario -ria *adj & m* itinerary

-ito -ta *suffix dim* has the force of little, nice and . . . , cute, dear, humble, somewhat, rather, etc. and is sometimes equivalent to English -y or -ie, e.g., **un poquito** a little bit; **hijita** little daughter; **tempranito** nice and early; **subidito** rather high; **perrito** doggie; **Juanito** Johnny; **Anita** Annie; is often added to adverbs, interjections, etc., e.g., **ahorita** right now; **¡adiosito!** bye-bye!; *suffix adj* -ite, e.g., **bipartito** bipartite; **finito** finite; *suffix adj & mf* **favorito** favorite; *suffix m* (chem.) -ite, e.g., **sulfito** sulfite; *suffix f* (com., explosives, mineral. & pal.) -ite, e.g., **vulcanita** vulcanite; **cordita** cordite; **dolomita** dolomite; **amonita** ammonite; **-ita** *adj & mf* -ite, e.g., **israelita** Israelite; **moscovita** Muscovite

itria *f* (chem.) yttria

ítrico -ca *adj* yttric

itrio *m* (chem.) yttrium

Ixión *m* (myth.) Ixion

ixtle *m* istle (*fiber*)

izado *m* hoisting

izaga *f* land full of rushes or reeds

izaje *m* (Am.) hoisting

izar §76 *va* (naut.) to hoist, haul up; **¡iza!** yo-heave-ho!

-izo -za *suffix adj* expresses the idea of tendency or susceptibility, e.g., **bermejizo** reddish; **enfermizo** sickly; **heladizo** easily frozen; -y, e.g., **cobrizo** coppery; **pajizo** strawy; *suffix m* e.g., **vaquerizo** cattle tender; *suffix f* e.g., **caballeriza** stable

izote *m* (bot.) Adam's-needle, bear grass; (bot.) Spanish dagger

izq.º abr. of **izquierdo**

izquierda *f* see **izquierdo**

izquierdear *vn* to go awry, to go wild, to go astray

izquierdismo *m* leftism

izquierdista *adj & mf* leftist

izquierdizante *adj* leftish; *mf* leftish person

izquierdo -da *adj* left; left-hand; left-handed; crooked; **a la izquierda** left, on the left, to the left; **levantarse del izquierdo** to get out of bed on the wrong side; *f* left hand; left-hand side; (pol.) left

J

J, j *f* eleventh letter of the Spanish alphabet
ja *interj* ha!
jabalcón *m* strut, brace
jabalconar *va* to support with struts, to brace
jabalí *m* (*pl:* **-líes**) (zool.) wild boar; **jabalí de Erimanto** (myth.) Erymanthian boar; **jabalí de verrugas** (zool.) wart hog
jabalina *f* (hist. & sport) javelin; wild sow
jabardear *vn* to swarm (*said of bees*)
jabardillo *m* noisy swarm (*of insects or birds*); (coll.) noisy swarm (*of people*)
jabardo *m* afterswarm; poor swarm, small swarm; (coll.) noisy swarm (*of people*)
jabato *m* young wild boar
jábega *f* sweep net; fishing smack
jabegote *m* sweep-net fisherman
jabeguero -ra *adj* sweep-net; *m* sweep-net fisherman
jabeque *m* (naut.) xebec; (coll.) gash in the face
jabí *m* (*pl:* **-bíes**) (bot.) brasiletto (*tree and wood*); small wild apple; small grape of Granada
jabillo *m* (bot.) sandbox tree
jabladera *f* croze, crozing saw
jable *m* croze (*groove*)
jabón *m* soap; cake of soap; **dar jabón a** (coll.) to softsoap; **dar un jabón a** (coll.) to upbraid, rake over the coals; **jabón blando** soft soap; **jabón de afeitar** shaving soap; **jabón de Castilla** Castile soap; **jabón de tocador** or **de olor** toilet soap; **jabón de piedra** hard soap; **jabón de sastre** French chalk, soapstone; **jabón duro** hard soap; **jabón en polvo** soap powder; **jabón graso** soft soap; **jabón para la barba** shaving soap
jabonado *m* soaping; wash (*clothes washed or to be washed*)
jabonadura *f* soaping; **jabonaduras** *fpl* soapy water; soapsuds; **dar una jabonadura a** (coll.) to upbraid, to rake over the coals, to lambaste
jabonar *va* to soap; (coll.) to upbraid, to rake over the coals
jaboncillo *m* cake of toilet soap; French chalk; (bot.) soapberry, soapberry tree; **jaboncillo de sastre** French chalk
jabonera *f* see **jabonero**
jabonería *f* soap factory; soap store
jabonero -ra *adj* (pertaining to) soap; yellowish, dirty-white (*bull*); *mf* soapmaker; soap dealer; **jabonero de las Antillas** (bot.) chinaberry, wild China tree; *f* soap dish; (bot.) soapwort
jaboneta *f* or **jabonete** *m* cake of toilet soap
jabonoso -sa *adj* soapy
jaca *f* cob, jennet; gamecock
jacal *m* (Am.) hut, shack; (zool.) jackal
jacalero -ra *adj* (Am.) hut-dwelling; *mf* (Am.) hut dweller; **andar de jacalero** (Am.) to go on a spree
jácara *f* see **jácaro**
jacarandá *m* (bot.) jacaranda
jacarandoso -sa *adj* (coll.) gay, carefree; (coll.) sporty
jacarear *vn* to sing merry ballads; (coll.) to go serenading, to go singing in the street; (coll.) to be disagreeable, be offensive
jacarero -ra *adj* serenading; (coll.) gay, merry, witty; *mf* serenader; (coll.) jester, wag, wit
jácaro -ra *adj* braggart; *m* braggart, bully; *f* merry ballad; merry dance or tune; serenaders, night revelers; (coll.) story, argument; (coll.) lie, fake; (coll.) annoyance
jácena *f* girder; header beam
jacerina *f* coat of mail
jacilla *f* mark on the ground (*left by a thing that has stood for a long time*)
jacintino -na *adj* hyacinthine, violet
jacinto *m* (bot.) hyacinth; (mineral.) hyacinth, jacinth; (*cap.*) *m* (myth.) Hyacinthus; **jacinto de penacho** (bot.) tassel hyacinth; **jacinto estrellado** (bot.) Cuban lily, hyacinth of Peru; **jacinto racimoso silvestre** (bot.) grape hyacinth
jaco *m* nag, jade; (orn.) gray parrot; (obs.) coat of mail; (obs.) goatskin jacket
Jacob *m* (Bib.) Jacob
jacobeo -a *adj* of St. James
jacobínico -ca *adj* Jacobinic or Jacobinical
jacobinismo *m* Jacobinism
jacobinizar §76 *va* to Jacobinize; *vn* to boast of or make a show of Jacobinism
jacobino -na *adj & mf* Jacobin
jacobita *mf* pilgrim to Santiago de Compostela; *m* Jacobite
Jacobo *m* James; Jacob
jactancia *f* boasting, bragging; boastfulness
jactancioso -sa *adj* boastful, bragging
jactar *vr* to boast, to brag; **jactarse de** + *inf* to boast of + *ger*
jaculatorio -ria *adj* ejaculatory; *f* ejaculation (*short, sudden prayer*)
jade *m* (mineral.) jade
jadeante *adj* panting, out of breath
jadear *vn* to pant
jadeo *m* panting
jaecero -ra *mf* harness maker
jaez *m* (*pl:* **jaeces**) harness, piece of harness; kind, stripe, quality, character; **jaeces** *mpl* trappings
jaezar §76 *va* var. of **enjaezar**
jafético -ca *adj* Japhetic
jagua *f* (bot.) genipap
jaguar *m* (zool.) jaguar
jaguarzo *m* (bot.) rockrose
jagüey *m* (Am.) reservoir; (Am.) tiny mosquito; (bot.) Indian fig
jaharrar *va* to plaster
jaharro *m* plaster, plastering
Jahel *f* (Bib.) Jael
jai alai *m* jai alai (*Spanish game like rackets*)
jaibería *f* (Am.) slyness, trickiness
Jaime *m* James
jaique *m* hooded cape
jairar *va* to bevel (*leather*)
jaire *m* bevel cut
jalapa *f* (bot.) jalap
jalar *va* (coll.) to pull, to haul; (Am.) to flirt with; *vr* (Am.) to get drunk; (Am.) to beat it, get out
jalbegador -dora *adj & mf* var. of **enjalbegador**
jalbegar §59 *va & vr* var. of **enjalbegar**
jalbegue *m* whitewash; whitewashing; paint, make-up
jaldado -da, jalde or **jaldo -da** *adj* bright-yellow
jalea *f* jelly; **hacerse una jalea** (coll.) to be madly in love
jaleador -dora *adj* cheering; *mf* cheerer
jalear *va* to cheer (*hounds; dancers*); to flirt with; (Am.) to bother, tease; *vn* to dance the jaleo; *vr* to dance the jaleo; to have a noisy time; to dance and sway
jaleo *m* cheering; noisy time, jamboree; jaleo (*vivacious Spanish solo dance*)
jaletina *f* gelatine; calf's foot jelly
jalifa *m* Spanish Moroccan caliph
jalifato *m* Spanish Moroccan caliphate
jalisco -ca *adj* (Am.) drunk; *m* (Am.) straw hat
jalma *f* light packsaddle
jalmería *f* packsaddle work
jalmero *m* packsaddle maker or dealer

jalón *m* stage; (surv.) flagpole, range pole; (Am.) jerk, tug; (Am.) swig, drink; **jalón de mira** (surv.) leveling rod
jalonamiento *m* staking, marking, laying out
jalonar *va* to lay out, stake out, mark out
jalonero *m* (surv.) rodman
jaloque *m* southeast wind
jallullo *m* (prov.) bread baked on embers or hot stones
jamaica *m* Jamaica, Jamaica rum; *f* (bot.) roselle, Jamaica sorrel; (Am.) charity fair; (*cap.*) *f* Jamaica
jamaicano -na *adj & mf* Jamaican
jamar *va* (coll.) to eat
jamás *adv* never; **jamás por jamás** never more
jamba *f* (arch.) jamb; (slang) loose woman; sweetheart
jambaje *m* (arch.) doorframe, window frame
jámbico -ca *adj* var. of **yámbico**
jamelgo *m* (coll.) jade, nag
jamerdana *f* sewer of an abattoir
jamerdar *va* to clean the guts of (*a slaughtered animal*); (coll.) to wash with a lick and a promise
jamete *m* samite
jámila *f* var. of **alpechín**
jamón *m* ham
jamona *adj fem* fat and middle-aged (*woman*); *f* fat and middle-aged woman
jámparo *m* (Am.) canoe, rowboat
jamuga *f* or **jamugas** *fpl* sidesaddle (*in form of folding chair*); **ir en jamugas** to ride sidesaddle
jamurar *va* to scoop out, bail out
jándalo -la *adj & mf* (coll.) Andalusian
jangada *f* (coll.) piece of folly; (coll.) dirty trick; raft; life-saving raft or float
Janículo *m* Janiculum
Jano *m* (myth.) Janus
Jansenio *m* Jansen
jansenismo *m* Jansenism
jansenista *adj* Jansenist, Jansenistic; *mf* Jansenist
Jantipa or **Jantipe** *f* Xanthippe
japón -pona *adj & mf* var. of **japonés; el Japón** Japan
japonense *adj & mf* var. of **japonés**
japonés -nesa *adj & mf* Japanese; *m* Japanese (*language*)
japuta *f* (ichth.) pomfret
jaque *m* check (*in chess*); saddlebag; (coll.) bully; (obs.) smooth hairdo; **dar jaque a** to check (*in chess*); **dar jaque mate a** to checkmate (*in chess*); **en jaque** in check (*in chess*); **estar muy jaque** (coll.) to be full of pep; **tener en jaque** to hold a threat over the head of; **jaque mate** checkmate (*in chess*); *interj* check! (*in chess*); **¡jaque de aquí!** get out of here!
jaquear *va* to check (*in chess*); to harass (*an enemy*); *vn* (coll.) to be a bully
jaqueca *f* headache, sick headache; **dar jaqueca a** (coll.) to bore to death
jaquecoso -sa *adj* boring, tiresome
jaquel *adj* (Am.) blood (*orange*); *m* (her.) square
jaquelado -da *adj* (her.) checky; square-faceted
jaquemar *m* jack (*figure of man which strikes time in a clock*)
jaqueta *f* (archaic & prov.) blouse, jacket
jaquetilla *f* small short loose coat
jaquetón *m* (zool.) man-eater (*shark*); (coll.) bully
jáquima *f* rope headstall
jaquimazo *m* blow with a headstall; (coll.) great disappointment
jara *f* see **jaro**
jarabe *m* syrup; sweet drink; **jarabe de pico** (coll.) empty talk, idle promise, lip service
jarabear *va* to prescribe syrups or potions for; *vr* to take syrups or potions, to take laxatives
jaraíz *m* (*pl:* **-íces**) wine press
jaral *m* growth of rockrose; puzzle, complication
jaramago *m* (bot.) wall rocket
jaramugo *m* tiny fish (*used as bait*)
jarana *f* (coll.) fun, merrymaking; (coll.) rumpus; (coll.) trick, deceit; (Am.) jest, joke; (Am.) small guitar; **ir de jarana** (coll.) to go on a spree, to go merrymaking
jaranear *vn* (coll.) to go on a spree, to go merrymaking; (coll.) to raise a rumpus
jaranero -ra *adj* merrymaking; fun-loving, gay, merry; *m* reveler
jaranista *adj* (Am.) var. of **jaranero**
jarano *m* sombrero
jarazo *m* arrow shot, arrow wound
jarcia *f* bundle; fishing tackle; (coll.) mess, jumble; **jarcias** *fpl* tackle, rigging; **jarcia de firme** or **jarcia muerta** (naut.) standing rigging; **jarcia trozada** junk (*old cable*)
jarciar *va* var. of **enjarciar**
jardín *m* garden, flower garden; park; flaw in an emerald; (baseball) field, outfield; (naut.) privy, latrine; **jardín botánico** botanical garden; **jardín central** (baseball) center field; **jardín de la infancia** kindergarten; **jardín del Edén** (Bib.) Garden of Eden; **jardín derecho** (baseball) right field; **jardín izquierdo** (baseball) left field; **jardín zoológico** zoölogical garden
jardinaje *m* (Am.) gardening
jardinera *f* see **jardinero**
jardinería *f* gardening, landscape gardening
jardinero -ra *mf* gardener; **jardinero adornista** landscape gardener; *m* (baseball) fielder, outfielder; *f* jardiniere; basket carriage; summer trolley car, open trolley car
jardinista *mf* garden expert
jarear *vr* (Am.) to flee, run away; (Am.) to swing, to sway; (Am.) to die of starvation
jareta *f* (sew.) casing
jaretón *m* broad hem
jarife *m* var. of **jerife**
jarifo -fa *adj* natty, spruce, showy
jaripeo *m* (Am.) rodeo
jaro -ra *adj* carroty; red (*hog or boar*); *m* thicket; small oak; (bot.) arum; *f* sharp-pointed arrow; (bot.) rockrose (*Cistus ladaniferus*); **jara blanca** (bot.) white-leaved rockrose
jarocho -cha *adj* brusque, bluff; *mf* brusque, insulting person; (Am.) peasant of Veracruz
jaropar *va* (coll.) to overdose with syrups and drugs; (coll.) to fix up a dose for
jarope *m* syrup; (coll.) nasty potion
jaropear *va* (coll.) to overdose with syrups and drugs; *vr* (coll.) to overdose oneself, take too much medicine
jaropeo *m* (coll.) overdosing oneself, abuse of medicine
jarra *f* pitcher, water pitcher; jug; **en jarras** or **de jarras** with arms akimbo
jarrazo *m* blow with a jar, jug, or pitcher
jarrear *va* to plaster; *vn* (coll.) to draw water or wine with a jug or pitcher; (prov.) to pour, to rain hard
jarrero *m* maker or seller of jars, jugs, etc.
jarrete *m* hock; gambrel; ham
jarretera *f* garter; (*cap.*) *f* Garter (*order; badge of the order*)
jarro *m* pitcher; **echar un jarro de agua (fría) a** (coll.) to pour cold water on
jarrón *m* vase; (arch.) urn
Jartum *f* Khartoum or Khartum
Jasón *m* (myth.) Jason
jaspe *m* (mineral.) jasper
jaspeado -da *adj* marbled, speckled, jaspered; jaspery; *m* marbling, speckling
jaspeadura *f* marbling, speckling
jaspear *va* to marble, to speckle
jaspeo *m* var. of **jaspeadura**
jastial *m* (prov.) var. of **hastial**
jateo -a *adj* fox-hunting; *mf* foxhound
jato -ta *mf* calf
Jauja *f* Cockaigne, Shangrila; **¿estamos aquí o en Jauja?** (coll.) where do you think you are?; **vivir en Jauja** (coll.) to live in the lap of luxury
jaula *f* cage; crate; (elec., mach. & min.) cage; (Am.) open freight car; **jaula de locos** insane asylum; (fig.) madhouse (*place of confusion*)
jauría *f* pack (*of hounds*)
javanés -nesa *adj & mf* Javanese; *m* Javanese (*language*)
Javier *m* Xavier
jayán -yana *mf* big brute of a person
jazarán *m* coat of mail

J

jazmín *m* (bot.) jasmine; **jazmín de Arabia** (bot.) Arabian jasmine; **jazmín de la India** (bot.) gardenia; **jazmín del Cabo** (bot.) Cape jasmine; **jazmín silvestre** (bot.) yellow jasmine
jazz *m* (mus.) jazz
jazz-band *m* jazz band
J.C. abr. of **Jesucristo**
je *interj* var. of **ji**
jebe *m* rock alum; India rubber; (bot.) rubber plant (*Hevea brasiliensis*)
jedive *m* khedive
jefa *f* female head or leader; **jefa de ruta** hostess (*on a bus*)
jefatura *f* chieftaincy, chieftainship; leadership; headquarters
jefe *m* chief, leader, head; boss; (her.) chief; (mil.) field officer; **en jefe** in chief; **mandar en jefe** (mil.) to be commander in chief; **quedar jefe** (Am.) to gamble away everything; **jefe de cocina** chef; **jefe de coro** choirmaster; **jefe de día** (mil.) officer of the day; **jefe de equipajes** (rail.) baggage master; **jefe de estación** (rail.) station agent, stationmaster; **jefe del estado** or **jefe del ejecutivo** chief executive; **jefe de meseros** (Am.) headwaiter; **jefe de redacción** editor in chief; **jefe de ruta** guide; hostess (*on a bus*); **jefe de tren** (rail.) conductor; **jefe supremo** commander in chief
Jefté *m* (Bib.) Jephthah
Jehová *m* Jehovah
jehovismo *m* Jehovism
Jehú *m* (Bib.) Jehu
jeito *m* anchovy net, sardine net
jeja *f* white wheat
jején *m* (ent.) gnat, mosquito
jemal *adj* as long as the distance between tip of thumb and tip of forefinger
jeme *m* space between tip of thumb and tip of forefinger when extended; (coll.) face (*of a woman*)
jenabe *m* or **jenable** *m* mustard
jengibre *m* (bot.) ginger (*plant, root, and spice*)
jeniquén *m* (Am.) henequen
jenízaro -ra *adj* mixed, hybrid; *m* Janizary
Jenofonte *m* Xenophon
jeque *m* sheik
jerapellina *f* old raggedy and torn garment
jerarca *m* hierarch; ruler
jerarquía *f* hierarchy; **de jerarquía** of importance, prominent
jerárquico -ca *adj* hierarchic or hierarchical
jerarquizar §76 *va* to hierarchize
jerbo *m* (zool.) jerboa
jeremíaco -ca *adj* Jeremian or Jeremianic
jeremiada *f* (coll.) jeremiad
Jeremías *m* (Bib.) Jeremiah; (*l.c.*) *mf* (*pl:* **-as**) (coll.) constant complainer
jerez *m* sherry
jerezano -na *adj* (pertaining to) Jerez; *mf* native or inhabitant of Jerez
jerga *f* coarse cloth; straw mattress; jargon; jargon (*of a trade or special group; gibberish*); **en jerga** (coll.) unfinished
jergal *adj* of a trade, of a profession (*said, e.g., of a word or idiom*)
jergón *m* straw mattress; (mineral.) jargon; (coll.) ill-fitting clothes; (coll.) lummox
Jericó *f* Jericho
jerifalte *m* var. of **gerifalte**
jerife *m* shereef
jerifiano -na *adj* sherifian
jerigonza *f* slang; jargon (*of a trade or special group*); (coll.) gibberish, jargon; (coll.) folly, piece of folly
jeringa *f* syringe; enema; gun (*for projecting grease, etc.*); (coll.) plague, annoyance; **jeringa de engrase** or **grasa** grease gun; **jeringa hipodérmica** hypodermic syringe
jeringación *f* syringing; injection; (coll.) plague, annoyance
jeringador -dora *adj* (coll.) plaguing, pestering; *mf* (coll.) plague, pest
jeringar §59 *va* to syringe; to inject; to give an enema to; (coll.) to annoy, bore, molest; *vr* to give oneself an enema; (coll.) to be annoyed
jeringazo *m* injection, shot
jeringuear *va* (Am.) to plague, pester
jeringuilla *f* syringe (*for injecting fluids into body*); (bot.) syringa, mock orange
Jerjes *m* Xerxes
jerofante *m* var. of **hierofanta**
jeroglífico -ca *adj* hieroglyphic or hieroglyphical; *m* hieroglyphic; rebus
jerónimo -ma *adj & m* Hieronymite; (*cap.*) *m* Jerome
jerosolimitano -na *adj* (pertaining to) Jerusalem; *mf* native or inhabitant of Jerusalem
jerpa *f* (hort.) sterile shoot (*of vine*)
jersey *m* jersey (*sweater*)
Jerusalén *f* Jerusalem
Jesé *m* (Bib.) Jesse
Jesucristo *m* Jesus Christ
jesuíta *adj & m* Jesuit; (coll.) Jesuit (*intriguer*)
jesuítico -ca *adj* Jesuitic or Jesuitical; (coll.) Jesuitic or Jesuitical (*crafty*)
jesuitisa *f* Jesuitess
jesuitismo *m* Jesuitism; (coll.) jesuitism (*casuistry*)
Jesús *m* Jesus; bambino (*image of baby Jesus*); **en un decir Jesús** or **en un Jesús** in an instant; **hasta verte, Jesús mío** to the last drop; **¡Jesús, María y José!** my gracious!
jeta *f* pig face; pouched mouth; hog's snout; (coll.) phiz, mug; **estar con tanta jeta** (coll.) to make a long face; **poner jeta** (coll.) to pouch one's lips
jetón -tona or **jetudo -da** *adj* snouted; grim, gruff
Jetró *m* (Bib.) Jethro
Jezabel *f* (Bib.) Jezebel
Jhs. abr. of **Jesús**
ji *interj* he!; **¡ji, ji!** te-hee!; **¡ji, ji, ji!** he, he, he!
jíbaro -ra *adj & mf* (Am.) peasant
jibia *f* (zool.) cuttlefish
jibión *m* cuttlebone
Jibraltar var. of **Gibraltar**
jibraltareño -ña *adj & mf* var. of **gibraltareño**
jícara *f* chocolate cup; (Am.) calabash (*used as cup*)
jicarazo *m* blow with a chocolate cup; poisoning
jícaro *m* (Am.) calabash tree
jicotea *f* (zool.) mud turtle
jifa *f* offal (*of slaughtered animal*)
jiferada *f* blow with a slaughtering knife
jifería *f* slaughtering
jifero -ra *adj* (pertaining to the) slaughterhouse; (coll.) dirty, filthy, vile; *m* slaughtering knife; slaughterer, butcher
jifia *f* (ichth.) swordfish
jifosuro *m* (zool.) xiphosuran
jiga *f* var. of **giga**
jigote *m* var. of **gigote**
jiguilete *m* var. of **jiquilete**
jijallar *m* thicket of saltwort
jijallo *m* (bot.) saltwort
jilguero *m* (orn.) goldfinch, linnet
jimagua *adj & mf* (Am.) twin
jimelga *f* (naut.) fish (*of a mast*)
jimenzar §31 *va* (prov.) to ripple (*flax*)
jimio *m* var. of **simio**
jinestada *f* sauce made of milk, rice flour, dates, spices, etc.
jineta *f* riding with stirrups high and legs bent; sergeant's shoulder knot; (zool.) genet; **tener los cascos a la jineta** (coll.) to be a scatterbrain, to be a harum-scarum
jinete *m* horseman, rider; cavalryman; purebred horse; *f* horsewoman
jineteada *f* (Am.) horsebreaking
jinetear *va* (Am.) to break in (*a horse*); *vn* to ride around on horseback, to show off one's horsemanship; *vr* (Am.) to be puffed up
jinglar *vn* to swing, to rock
jingoísmo *m* jingoism
jingoísta *adj* jingo, jingoist, jingoistic; *mf* jingo, jingoist
jinjol *m* var. of **azufaifa**
jinjolero *m* var. of **azufaifo**
jipato -ta *adj* (Am.) pale, wan; (Am.) insipid
jipi *m* (coll.) Panama hat
jipijapa *f* (bot.) jipijapa; strip of jipijapa straw; *m* jipijapa, Panama hat
jiquilete *m* (Am.) indigo plant

jira *f* slip, strip; picnic, outing; tour; trip; swing, political trip
jirafa *f* (zool.) giraffe
jirel *m* rich caparison
jiride *f* (bot.) gladdon, stinking iris
jirón *m* shred, tatter, tear; pennant; (sew.) facing (*of skirt*); (her.) gyron; (fig.) shred, drop, bit; **hacer jirones** to tear to shreds
jironado -da *adj* shredded, tattered, torn
jiste *m* barm, froth, foam (*of beer*)
jitomate *m* (Am.) tomato
jo *interj* whoa!
Joaquín *m* Joachim
Job *m* (Bib.) Job; (*l.c.*) *m* (*pl:* **jobs**) (fig.) Job (*very patient man*)
jobo *m* (bot.) hog plum, yellow mombin
jocoserio -ria *adj* seriocomic, jocoserious
jocosidad *f* jocosity; jocularity; joke, witticism
jocoso -sa *adj* jocose; jocular
jocotal *m* (bot.) Spanish plum (*tree*)
jocote *m* Spanish plum (*fruit*)
jocoyote *m* (Am.) var. of **socoyote**
jocundidad *f* jocundity
jocundo -da *adj* jocund
jofaina *f* washbowl, basin
jolgorio *m* (coll.) var. of **holgorio**
jolito *m* rest, calm; **en jolito** disappointed
joloano -na *adj* Suluan; *mf* Sulu, Suluan
jollín *m* (coll.) merriment, jollification, uproar
Jonás *m* (Bib.) Jonah
Jonatás *m* Jonathan
Jonia *f* see **jonio**
jónico -ca *adj* Ionian, Ionic; (arch.) Ionic; *mf* Ionian
jonio -nia *adj* Ionian, Ionic; *mf* Ionian; (*cap.*) *f* Ionia
jonrón *m* (baseball) home run
Jordán *m* Jordan (*river*); (fig.) fountain of youth; (fig.) rebirth, regeneration; **ir al Jordán** (coll.) to be rejuvenated, to be born again
Jordania *f* Jordan (*country*)
jordano -na *adj & mf* Jordanian
jorfe *m* sustaining wall; cliff, precipice
Jorja *f* Georgia (*woman's name*)
Jorge *m* George
jorguín *m* wizard, sorcerer
jorguina *f* witch, sorceress
jorguinería *f* witchcraft, sorcery
jornada *f* day's journey; journey, trip, stage; workday (*number of hours of work*); day; session; battle; lifetime, span of life; passing (*death*); summer residence (*of diplomat or diplomatic corps*); undertaking; occasion, circumstance, event; (mil.) expedition; (archaic) act (*of a play*); **a grandes** or **a largas jornadas** by forced marches; **al fin de la jornada** in the end, at the wind-up; **caminar por sus jornadas** to proceed with circumspection; **echar** or **hacer mala jornada** to get nowhere, to make little or no progress; **jornada ordinaria** full time
jornal *m* salary, wage; day's wages; day's work; **a jornal** by the day; **jornal mínimo** minimum wage
jornalar *va* to hire by the day
jornalero *m* day laborer
joroba *f* hump; (coll.) annoyance, bother
jorobado -da *adj* humpbacked, hunchbacked; (coll.) annoyed, bothered, in a jam; *mf* humpback, hunchback
jorobadura *f* (coll.) annoyance, bother
jorobar *va* (coll.) to annoy, bother
jorongo *m* (Am.) poncho; (Am.) woolen blanket
jorrar *va* (archaic) to tow; see **red**
jorro *adj masc* (Am.) poor (*tobacco*); see **red**
jos *mpl* josses (*Chinese household divinities*)
josa *f* unfenced orchard
Josafat *m* (Bib.) Jehoshaphat
José *m* Joseph; **José de Arimatea** (Bib.) Joseph of Arimathea
Josefa or **Josefina** *f* Josephine
Josefo *m* Josephus
Josías *m* (Bib.) Josiah
jostrado -da *adj* banded and round-headed (*shaft*)
Josué *m* (Bib.) Joshua
jota *f* j (*letter*); jota (*Spanish dance*); jot, iota, tittle; vegetable soup; **no entender** or **no saber jota** or **una jota** (coll.) to be completely ignorant, to not know what is going on; **sin faltar una jota** (coll.) in minutest detail
jotacismo *m* use of **j** instead of **g** before **e** and **i**
jovada *f* (prov.) daywork (*of a pair of mules*)
Jove *m* (myth.) Jove
joven *adj* young; **ser joven de esperanzas** (coll.) to have a bright future; *mf* youth, young person; **de joven** as a youth, as a young man (or woman)
jovencísimo -ma *adj super* very young
jovial *adj* jovial; Jovian, Jovelike
jovialidad *f* joviality
joviano -na or **jovio -via** *adj* Jovian
joya *f* jewel, piece of jewelry; diamond brooch; gift, present; (arch. & arti.) astragal; (fig.) jewel (*person or thing*); **joyas** *fpl* trousseau; **joya de familia** heirloom; **joyas de fantasía** costume jewelry
joyante *adj* glossy (*silk*)
joyel *m* small jewel
joyelero *m* jewel case, casket
joyería *f* jewelry; jewelry shop; jewelry business
joyero -ra *mf* jeweler; *m* jewel case, casket; *f* (archaic) embroideress
joyo *m* (bot.) cockle
joyón *m* big, ugly jewel
joyuyo *m* (orn.) wood duck
juaguarzo *m* var. of **jaguarzo**
Juan *m* John; **Buen Juan** (coll.) sap, easy mark; **Juan de Gante** John of Gaunt; **Juan de las viñas** (fig.) puppet; **Juan Español** the Spanish people; the typical Spaniard; **Juan Lanas** (coll.) simpleton, poor devil; **Juan Palomo** (coll.) good-for-nothing
Juana *f* Jane, Jean, Joan; **juanas** *fpl* glove stretcher; **Juana de Arco** Joan of Arc, Jeanne d'Arc; **Juana la papisa** Pope Joan
juanete *m* bunion; high cheekbone; (naut.) topgallant; (naut.) topgallant sail; **juanete de proa** (naut.) foretopgallant sail; **juanete de sobremesana** (naut.) mizzen-topgallant sail; **juanete mayor** (naut.) main-topgallant sail
juanetero *m* (naut.) topman (*in charge of topgallants*)
juanetudo -da *adj* full of bunions
Juanillo *m* Jack, Johnny
Juanita *f* Jenny, Jeannette
Juanito *m* var. of **Juanillo**
juarda *f* stain, spot
juardoso -sa *adj* stained, spotted
jube *m* (arch.) jube, rood screen
jubete *m* mail-covered doublet
jubilación *f* retirement; pension
jubilado -da *adj* retired; *mf* pensioner
jubilamiento *m* var. of **jubilación**
jubilar *adj* jubilee (*e.g., indulgence*); *va* to retire; to pension; (coll.) to throw out, cast off; *vn* to rejoice; to retire; to be pensioned; *vr* to rejoice; to retire; to be pensioned; (Am.) to decline, go to pieces; (Am.) to play truant; (Am.) to be a past master (*in a game, vice, etc.*)
jubilate *m* Jubilate (*third Sunday after Easter*)
jubileo *m* (hist. & eccl.) jubilee; (coll.) great doings, much going and coming; **por jubileo** (coll.) once in a long while
júbilo *m* jubilation
jubiloso -sa *adj* jubilant
jubón *m* jerkin, tight-fitting jacket; **jubón de azotes** (coll.) public whipping
júcaro *m* tropical hardwood tree and its wood (*genus: Terminalia*)
Judá *m* (Bib.) Judah (*son of Jacob; kingdom; tribe*)
judaico -ca *adj* Judaic, Jewish; *f* spine of fossil sea urchin
judaísmo *m* Judaism
judaíta *mf* Judahite; Israelite
judaizante *adj* Judaizing; *mf* Judaizer, Judaist
judaizar §97 *vn* to Judaize; to boast of being a Jew (*said of a person born a Christian*)
Judas *m* (*pl:* **-das**) (Bib. & fig.) Judas; effigy of Judas burned during Holy Week; **estar hecho** or **parecer un Judas** (coll.) to be sloppy, to go around in rags; **Judas Iscariote** (Bib.) Judas Iscariot
Judea *f* Judea

judeo-español -ñola *adj* Judaeo-Spanish; *mf* Judaeo-Spaniard; *m* Judaeo-Spanish (*dialect*)
judería *f* Jewry (*ghetto; race, people*)
judía *f* see **judío**
judiada *f* Jewish act; (coll.) cruelty; (coll.) usury
judiar *m* bean patch
judicatura *f* judicature; judgeship
judicial *adj* judicial (*pertaining to courts, judges, etc.*)
judiciario -ria *adj* astrological; *m* astrologer
judío -a *adj* Jewish; Judean; usurious; *mf* Jew; Judean; usurer; **judío de señal** (hist.) converted Jew wearing distinguishing badge on shoulder; *m* (orn.) common ani; **Judío errante** Wandering Jew; *f* Jewess; (bot.) kidney bean, string bean, haricot; **judía de careta** (bot.) black-eyed bean; **judía de España** or **judía escarlata** (bot.) scarlet runner, kidney bean; **judía de la peladilla** (bot.) Lima bean
Judit *f* Judith
judo *m* judo
juego *m* play, playing; game; gambling; cards (*game*); set; suit, suite; movement, works; motion; play (*of water, light, colors, etc.*); hand (*quota of cards of one player*); (mach.) play; (sport) field, court, alley, etc. (*according to sport*); (sport) game (*certain number of points won*); (fig.) game (*e.g., diplomacy*); **a juego** to match, e.g., **un pañuelo a juego** a handkerchief to match; **conocerle a uno el juego** to be on to someone; **descubrir su juego** (cards & fig.) to show one's hand; **en juego** at stake; **hacer el juego a** to play into the hands of; **hacer juego** to match; **hacer juego con** to match, to go with; **hacer su juego** to have one's way; **no ser cosa de juego** to be no laughing matter; **por juego** in fun, for fun; **verle a uno el juego** to be on to someone; **juego carteado** card game not played for money; **juego de ajedrez** chess, game of chess; **juego de alcoba** bedroom suit; **juego de azar** game of chance; **juego de bolas** (mach.) ball bearing; **juego de bolos** bowling; **juego de compadres** (coll.) collusion; **juego de damas** checkers, game of checkers; **juego de envite** game played for money, gambling game; **juego de escritorio** desk set; **juego de la cuna** cat's cradle; **juego de la pulga** tiddlywinks; **juego del salto** leapfrog; **juego del tres en raya** game similar to tick-tack-toe, which is played with movable pebbles or counters instead of written ciphers and crosses; **juego de manos** juggling, legerdemain, sleight of hand; **juego de naipes** cards, card game; **juego de niños** child's play (*something easy*); **juego de palabras** pun, play on words; **juego de pelota** ball (*game*); pelota; **juego de piernas** footwork (*in sports and dancing*); **juego de por ver** (Am.) game played for fun (*not for money*); **juego de prendas** forfeits, game of forfeits; **juego de suerte** game of chance; **juego de tejo** shuffleboard; **juego de timbres** (mus.) glockenspiel; **juego de vocablos** or **voces** pun, play on words; **juego limpio** fair play; **juego público** gambling house; **juegos de sociedad** parlor games; **juegos ístmicos** Isthmian games; **juegos malabares** juggling, jugglery; flimflam; **juegos olímpicos** (hist.) Olympian games, Olympic games; Olympic games (*of modern times*); **juegos pitios** Pythian games; **juego sucio** (sport) foul play
juerga *f* (coll.) carousal, spree; **ir de juerga** (coll.) to go on a spree; **juerga de borrachera** (coll.) drinking bout, binge
juerguista *adj* (coll.) carousing, roistering; *mf* (coll.) carouser, roisterer
juev. abr. of **jueves**
jueves *m* (*pl:* **-ves**) Thursday; **Jueves gordo** or **lardero** Thursday before Shrove Tuesday; **Jueves santo** Maundy Thursday, Holy Thursday
juez *m* (*pl:* **jueces**) judge; **juez arbitrador** or **árbitro** (law) umpire; **juez de guardia** coroner; **juez de instrucción** examining magistrate; **juez de línea** (football) field judge; **juez de llegada** (sport) goal judge; **juez de palo** (coll.) ignorant judge; **juez de paz** justice of the peace; **juez de salida** (sport) starter; **juez de tiempo** (sport) timekeeper
jugada *f* play; throw, stroke; **mala jugada** mean trick, dirty trick
jugador -dora *mf* player; gambler; **jugador de manos** juggler
jugar §58 *va* to play (*e.g., a card, a knight, a game of chess*); to gamble; to stake, to risk; to gamble away; to wield (*a sword*); to work; to move (*e.g., hands, toes*); to match for, e.g., **jugar a uno las bebidas** to match someone for the drinks; *vn* to play; to gamble; to work; to match; to figure; to come into action (*said of weapons and firearms*); **jugar a** to play (*cards, tennis, etc.*); **jugar con** to toy with (*a person, a person's affections*); to match; **jugar en** to have a hand in; **jugar fuerte** or **grueso** to gamble heavily; *vr* to gamble, to risk (*one's salary, one's life*); to be at stake; **jugarse el todo por el todo** to stake all, to shoot the works
jugarreta *f* (coll.) bad play, poor play; (coll.) mean trick, dirty trick
juglandáceo -a or **juglándeo -a** *adj* (bot.) juglandaceous
juglar *m* (archaic) minstrel, jongleur; (archaic) juggler (*jester, buffoon*)
juglaresco -ca *adj* of minstrels, of jongleurs
jugo *m* juice; gravy; sauce; (fig.) gist, essence, substance; **en su jugo** (cook.) au jus; **sacar el jugo a** (fig.) to get the substance out of; **jugo de muñeca** (coll.) elbow grease; **jugo gástrico** (physiol.) gastric juice; **jugo pancreático** (physiol.) pancreatic juice
jugosidad *f* juiciness; substance, importance
jugoso -sa *adj* juicy; substantial, important
juguete *m* toy, plaything; joke, jest; gay song; (theat.) skit; (fig.) plaything, sport (*e.g., of fortune, passion, wind*); **de juguete** toy, e.g., **soldado de juguete** toy soldier; **por juguete** for fun, in fun; **juguete de movimiento** mechanical toy
juguetear *vn* to play, frolic, romp; (poet.) to blow lightly
jugueteo *m* playing, frolicking, romping
juguetería *f* toy business; toyshop; toys
juguetero -ra *adj* toy (*e.g., industry*); *mf* toy dealer; *m* whatnot, étagère
juguete-sorpresa *m* (*pl:* **juguetes-sorpresa**) jack-in-the-box
juguetón -tona *adj* playful, frisky
juicio *m* judgment; (law) trial; (log. & theol.) judgment; **asentar el juicio** to settle down, to come to one's senses; **el juicio final** or **universal** the Judgment or the Last Judgment; **estar en su cabal juicio** to be in one's right mind; **estar fuera de juicio** to be out of one's mind; **pedir en juicio** (law) to sue; **perder el juicio** to lose one's mind; **juicio de Dios** (hist.) ordeal (*to test guilt or innocence*)
juicioso -sa *adj* judicious, wise
Jul. abr. of **julio**
julán *m* (zool.) piddock
julepe *m* julep; mint julep; (coll.) scolding; (Am.) scare
Julián *m* Julian
juliano -na *adj* Julian; (*cap.*) *m* Julian; **Juliano el Apóstata** Julian the Apostate; *f* Juliana; (*l.c.*) *f* (bot.) damewort
Julieta *f* Juliet
julio *m* July; (phys.) joule; (*cap.*) *m* Julius
julo *m* lead cow, lead mule
juma *f* (Am.) drunk, spree
jumento -ta *mf* ass, donkey; *m* (coll.) ass, fool
jumera *f* (coll.) drunk, spree
Jun. abr. of **junio**
juncáceo -a *adj* (bot.) juncaceous
juncada *f* cylindrical fritter
juncal *adj* willowy, rushy; willowy (*form, body*); (prov.) handsome, elegant; *m* growth of rushes
juncar *m* clump of rushes, growth of rushes
júnceo -a *adj* rushy, rushlike
juncia *f* (bot.) sedge; **vender juncia** (coll.) to boast, to brag
juncial *m* growth of sedge
junciana *f* (coll.) vain show, bluff

juncino -na *adj* rushy
junco *m* junk (*Chinese ship*); rattan (*cane*); (bot.) rush, bulrush (*Juncus effusus*); **junco de esteras** (bot.) rush, bulrush (*Juncus effusus*); **junco de Indias** (bot.) rattan; **junco de laguna** (bot.) bulrush, tule; **junco florido** (bot.) flowering rush; **junco marinero, marino** or **marítimo** (bot.) bulrush, tule; **junco oloroso** (bot.) camel grass
juncoso -sa *adj* rushy
jungla *f* jungle
junio *m* June
júnior *m* (sport) novice
junípero *m* var. of **enebro**
Juno *f* (myth.) Juno
junquera *f* (bot.) rush, bulrush (*Juncus effusus*)
junqueral *m* growth of rushes
junquillo *m* (bot.) jonquil; (bot.) rattan palm; (arch.) bead; (carp.) strip of wood, reglet (*to fill or cover joints*); **junquillo amarillo** (bot.) jonquil; **junquillo de noche** (bot.) gladiolus (*Gladiolus tristis*); **junquillo oloroso** (bot.) jonquil
junquito *m* (orn.) junco
junta *f* see **junto**
juntamente *adv* together; at the same time
juntar *va* to join, unite; to gather, to gather together; to half-close; *vr* to gather, to gather together; to associate closely; to copulate
juntera *f* (carp.) jointer
junterilla *f* (carp.) rabbet plane
junto -ta *adj* joined, united; **juntos -tas** *adj pl* together; *f* meeting, conference; board, council; session; union, junction; seam; joint; washer, gasket; (arch.) joint; (Am.) junction (*of two rivers*); **junta a inglete** (carp.) miter, miter joint; **junta de cardán** (aut.) universal joint; **junta de comercio** board of trade; **junta de sanidad** board of health; **junta universal** (aut.) universal joint; **junto** *adv* together, at the same time; **en** or **por junto** all together, all told; **todo junto** at the same time, all at once; **junto a** near, close to; **junto con** along with, together with
juntura *f* joint, junction, seam; coupling; (anat.) joint
Júpiter *m* (astr. & myth.) Jupiter; **Júpiter tonante** or **tronante** (myth.) the Thunderer, Jupiter Tonans
jura *f* oath; pledge of allegiance
jurado -da *adj* sworn; **tenérsela jurada a** (coll.) to have it in for; *m* jury; juror, juryman
jurador -dora *mf* swearer
juramentar *va* to swear in; *vr* to take an oath, to be sworn in
juramento *m* oath; curse, swearword; **prestar juramento** to take oath; **prestar juramento a** to administer an oath to; **juramento de Hipócrates** Hippocratic oath
jurar *va* to swear; to swear allegiance to; to swear in; *vn* to swear (*to take an oath; to curse*); **jurar** + *inf* to swear to + *inf*, e.g., **juró decir la verdad** he swore to tell the truth; *vr* to swear; **jurársela a uno** or **jurárselas a uno** (coll.) to have it in for someone, to swear to get even with someone
jurásico -ca *adj* & *m* (geol.) Jurassic
jurel *m* (ichth.) caranx, saurel, yellow jack; (Am.) fear, terror; (Am.) drunk, drunkenness
jurero *m* (Am.) false witness
jurídico -ca *adj* juridical
jurisconsulto *m* jurisconsult
jurisdicción *f* jurisdiction
jurisdiccional *adj* jurisdictional
jurisperito *m* legal expert
jurisprudencia *f* jurisprudence
jurista *mf* jurist
juro *m* right of perpetual ownership; **de juro** with certainty, inevitably
jusbarba *f* (bot.) butcher's-broom
justa *f* see **justo**
justador *m* jouster, tilter
justamente *adv* justly; tightly; just; just at that time
justar *vn* to joust, to tilt
justicia *f* justice; rightness; (coll.) execution (*putting to death*); **de justicia** justly, deservedly; **hacer justicia a** to do justice to; **ir por justicia** to go to court, to bring suit; *m* judge, justice; (archaic) bailiff
justiciable *adj* actionable; justiciable
justiciazgo *m* judgeship, justiceship
justiciero -ra *adj* just, fair; stern, righteous
justificable *adj* justifiable
justificación *f* justification; (print.) justification
justificado -da *adj* just, right (*act*); just, upright (*person*)
justificante *m* written proof
justificar §86 *va* to justify; (print.) to justify
justificativo -va *adj* justificatory
justillo *m* waist, underwaist
Justiniano *m* Justinian
justipreciar *va* to estimate with precision
justiprecio *m* precise estimation
justo -ta *adj* just; exact, correct; tight; *mf* righteous person; **los justos** the just; *f* joust; contest; **justo** *adv* just; tight; right, in tune; in straitened circumstances
Jutlandia *f* Jutland
juto -ta *mf* Jute
Juvenal *m* Juvenal
juvenil *adj* juvenile, youthful
juventud *f* youth (*early period of life; early period; young people*)
juvia *f* (bot.) Brazil-nut tree
juzgado *m* court, tribunal
juzgamundos *m* (*pl:* **-dos**) (coll.) faultfinder
juzgar §59 *va* & *vn* to judge; **a juzgar por** judging by or from; **juzgar de** to judge, pass judgment on

K

K, k *f* twelfth letter of the Spanish alphabet
kan *m* khan (*title; caravansary*)
kanato *m* khanate
kantiano -na *adj & mf* Kantian
kantismo *m* Kantianism
kantista *adj & mf* var. of **kantiano**
kc. abr. of **kilociclo**
kepis *m* (*pl:* **-pis**) var. of **quepis**
keratina *f* var. of **queratina**
kermes *m* (*pl:* **-mes**) var. of **quermes**
kermesse *f* var. of **quermese**
keroseno *m* kerosene, coal oil
kg. abr. of **kilogramo**
kgm. abr. of **kilográmetro**
kilate *m* var. of **quilate**
kiliárea *f* kiliare
kilo *m* kilo (*kilogram*)
kiloamperio *m* kiloampere
kilocaloría *f* (phys.) kilogram calorie, kilocalorie
kilociclo *m* kilocycle
kilográmetro *m* kilogrammeter
kilogramo *m* kilogram or kilogramme
kilolitro *m* kiloliter
kilometraje *m* kilometrage, distance in kilometers
kilométrico -ca *adj* kilometric
kilómetro *m* kilometer
kilotonelada *f* kiloton
kilovatio *m* kilowatt
kilovatio-hora *m* (*pl:* **kilovatios-hora**) kilowatt-hour
kilovoltio *m* kilovolt
kimógrafo *m* var. of **quimógrafo**
kimono *m* var. of **quimono**
kindergarten *m* kindergarten
kinescopio *m* (telv.) kinescope
kino *m* var. of **quino**
kiosko *m* var. of **quiosco**
kirguís *m* Kirghiz
Kirie *m* (eccl.) Kyrie
kiwi *m* (orn.) kiwi
kl. abr. of **kilolitro**
klistrón *m* (phys.) klystron
km. abr. of **kilómetro**
kodak *m & f* kodak
kph. abr. of **kilómetros por hora**
krach *m* var. of **crac**
Kremlín *m* Kremlin
kulak *m* kulak (*well-to-do Russian peasant*)
kurdo -da *adj & mf* var. of **curdo**
kv. abr. of **kilovatio**

L

L, l *f* thirteenth letter of the Spanish alphabet
la *art def fem* the; *pron pers fem* her, it; you; *pron dem fem* the one, that, e.g., **la de mi hermano** that of my brother
Labán *m* (Bib.) Laban
lábaro *m* labarum; (hist.) labarum
labela *f* (ent.) labellum
labelo *m* (bot.) labellum
laberíntico -ca *adj* labyrinthine, mazy
laberinto *m* labyrinth, maze; (anat. & mach.) labyrinth; **el laberinto de Creta** (myth.) the Labyrinth
labia *f* (coll.) fluency, smoothness (*in speech*)
labiado -da *adj* (anat., zool. & bot.) labiate; *f* (bot.) labiate
labial *adj & f* labial
labializar §76 *va* (phonet.) to labialize
labiérnago *m* (bot.) phillyrea, mock privet
labihendido -da *adj* harelipped
lábil *adj* liable to slip; unstable; (chem.) labile
labilidad *f* lability
labio *m* lip; lip, brim (*of glass or tumbler*); (anat., bot. & zool.) labium; (mach.) lip; (surg.) lip (*of wound*); (fig.) lips (*words, speech*); **labios** *mpl* (fig.) lips (*words, speech*); **chuparse los labios** to smack one's lips; **lamerse los labios** to lick one's lips; **leer en los labios** to lip-read; **morderse los labios** (coll.) to bite one's tongue; **no morderse los labios** (coll.) to speak out, to be outspoken; **labio inferior** lower lip; **labio leporino** harelip; **labio superior** upper lip
labiodental *adj & f* (phonet.) labiodental
labiolectura *f* lip reading
labioso -sa *adj* (Am.) fluent, smooth
labor *f* labor, work; farm work, farming, tilling; needlework, embroidery, fancywork; sewing school for little girls; thousand tiles, thousand bricks; **labores** *fpl* (min.) workings; **labor blanca** linen work, linen embroidery; **labor de ganchillo** crocheting
laborable *adj* workable; arable, tillable; work (*day*)
laboral *adj* (pertaining to) labor
laborante *adj* working; *m* political henchman
laborar *va* to work; *vn* to work; to scheme
laboratorio *m* laboratory
laborear *va* to work; (min.) to work (*a mine*); *vn* (naut.) to reeve
laboreo *m* working; tilling; (min.) working, exploitation; (naut.) reeving
laboriosidad *f* laboriousness
laborioso -sa *adj* laborious
laborismo *m* British Labour Party
laborista *adj* Labor (*party*); *mf* Laborite
labra *f* working, carving
labrada *f* see **labrado**
labradero -ra *adj* workable; arable, tillable
labradío -a *adj* arable, tillable; *m* tillable soil
labrado -da *adj* worked, wrought, fashioned; carved; figured, embroidered; *m* working, carving; cultivated field; **labrado de madera** wood carving; *f* fallow ground (*to be sown the following year*)
labrador -dora *adj* work; farm; *mf* farmer; peasant; *m* plowman; **el Labrador** Labrador (*in Newfoundland*); *f* (slang) hand
labradoresco -ca *adj* farm, peasant
labradorita *f* (mineral.) labradorite
labrantín *m* small farmer, poor farmer
labrantío -a *adj & m* var. of **labradío**
labranza *f* farming; farm, farm land; work
labrar *va* to work, to fashion; to carve; to till; to plow; to build; to cause, bring about; **sin labrar** crude, unfinished; *vn* to make a lasting impression; *vr* to carve out (*e.g., a future, a fortune*)
labriego -ga *mf* peasant
labro *m* (ichth.) wrasse; (zool.) labrum
labrusca *f* wild grapevine; (bot.) fox grape; (bot.) ivy vine (*Ampelopsis cordata*)
laca *f* lac (*resinous substance; color*); lacquer (*varnish and object coated with lacquer*); **laca de uñas** nail polish; **laca en grano** grained lac, seed-lac; **laco en palo** or **en rama** stick-lac
lacayo *m* lackey, footman, groom; knot of ribbons
lacayuno -na *adj* lackey, servile
lacear *va* to trim or bedeck with bows; to tie with a bow; to drive (*game*) within shot; to trap or snare (*small game*)
lacedemón *adj masc & m* Lacedaemonian
Lacedemonia, la see **lacedemonio**
lacedemónico -ca *adj* Lacedaemonian
lacedemonio -nia *adj & mf* Lacedaemonian; **la Lacedemonia** Lacedaemon
laceración *f* laceration
lacerar *va* to lacerate; (fig.) to damage (*honor, reputation, etc.*); *vn* to have lots of trouble, to be in want
laceria *f* trouble, bother, worry; poverty, want
lacería *f* bows, ornamental bows; (arch.) interlacery
lacerioso -sa *adj* troubled, worried; poor, needy
lacero *m* lassoer, roper; dogcatcher; poacher
lacinia *f* (bot.) lacinia
laciniado -da *adj* (bot.) laciniate
lacio -cia *adj* withered, faded; flaccid, languid; straight, lank (*hair*); **el Lacio** Latium
lacón *m* picnic (*shoulder of pork*)
Laconia *f* see **laconio**
lacónico -ca *adj* laconic
laconio -nia *adj & mf* Laconian; (*cap.*) *f* Laconia
laconismo *m* laconism
lacra *f* mark (*left by illness*); fault, defect; (Am.) sore, ulcer; (Am.) scab
lacrar *va* to lay low, to strike down; to damage, hurt; to seal (*with sealing wax*); *vr* to be stricken
lacre *m* sealing wax
lácrima *f* (archaic) tear; **lácrima cristi** Lachryma Christi (*wine*)
lacrimal *adj* lachrymal, tearful
lacrimatorio -ria *adj & m* lachrymatory
lacrimógeno -na *adj* tear, tear-producing
lacrimoso -sa *adj* lachrymose, tearful
lactación *f* var. of **lactancia**
lactama *f* (biochem.) lactam
lactancia *f* lactation
lactar *va & vn* to suckle
lactasa *f* (biochem.) lactase
lactato *m* (chem.) lactate
lácteo -a *adj* lacteous, milky
lactescencia *f* lactescence
lactescente *adj* lactescent; (bot.) lactescent
lacticinio *m* milk, milk food
lacticinoso -sa *adj* milky
láctico -ca *adj* lactic
lactífero -ra *adj* lactiferous
lactobacilina *f* acidophilus milk
lactoflavina *f* lactoflavin
lactómetro *m* lactometer
lactona *f* (chem.) lactone
lactosa *f* (chem.) lactose
lactumen *m* (path.) milk crust
lacunario *m* var. of **lagunar**
lacustre *adj* lacustrine; (geol.) lacustrine
lacha *f* (ichth.) anchovy; (ichth.) herring; (slang) shame; (dial.) ugly look; **ser de poca lacha** (coll.) to not amount to much
lada *f* (bot.) rockrose
ládano *m* labdanum

L

ladear *va* to tip, to tilt; to bend, to lean; *vn* to tip, to tilt; to bend, to lean; to go down; to turn away, to turn off; to deviate (*said of compass needle*); *vr* to tip, to tilt; to bend, to lean; to be even, be equal; (fig.) to lean (*to an opinion, party, etc.*); (Am.) to fall in love; **ladearse con** (coll.) to go at or to the side of; (coll.) to fall out with
ladeo *m* tipping, tilting; bending, leaning; bent, inclination
ladera *f* see **ladero**
ladería *f* (archaic) small plain on mountainside
ladero -ra *adj* side, lateral; *f* slope, hillside
ladierno *m* var. of **aladierna**
ladilla *f* (ent.) crab louse; **pegarse como ladilla** (coll.) to stick like a leech
ladillo *m* (print.) sidenote
ladino -na *adj* sly, cunning, crafty; fluent; foreign-language-speaking; (Am.) Ladino; *m* Ladin (*Romansh*); Ladino (*mixed Spanish and Hebrew*); (Am.) Ladino
lado *m* side; direction; room, space; mat (*used as side of cart*); favor, protection; (geom.) side; **lados** *mpl* advisers, backers; **al lado de** by the side of; **dejar a un lado** to skip, to leave aside; **de lado** tilted; square, e.g., **ocho pulgadas de lado** eight inches square; **de otro lado** on the other hand; **de un lado** on the one hand; **echar a un lado** to cast aside, to neglect; to wind up, bring to an end; **hacer lado** to make room; **hacerse a un lado** to step aside; **mirar de lado** or **de medio lado** to look askance at; to sneak a look at; **ponerse al lado de** to take sides with; **por el lado de** in the direction of; **por todos lados** on all sides; **tener lado izquierdo** (coll.) to have a lot of courage; **tirar por su lado** to pull for oneself; **lado débil** weak side, weak point; **lado de la epístola** (eccl.) Epistle side; **lado del evangelio** (eccl.) Gospel side
ladón *m* var. of **lada**
ladra *f* barking
ladrador -dora *adj* barking; (coll.) scowling
ladrar *va* to bark (*insults, orders, etc.*); *vn* to bark; (coll.) to bark (*to threaten idly*)
ladrear *vn* to keep on barking
ladrería *f* (path.) leprosy; (vet.) swine cysticercosis
ladrido *m* bark, barking; (coll.) blame, slander
ladrillado *m* brick floor, tile floor
ladrillal *m* brickyard
ladrillar *m* brickyard; *va* to pave with bricks; to brick
ladrillazo *m* blow with a brick
ladrillero -ra *mf* brickmaker; brick dealer; *f* brick mold
ladrillo *m* brick; tile; cake (*e.g., of chocolate*); **ladrillo de fuego** or **ladrillo refractario** firebrick
ladrilloso -sa *adj* brick; brick-red
ladrón -drona *adj* thieving, thievish; *mf* thief; *m* sluice gate; run (*on side of candle*); **ladrón de corazones** lady-killer
ladronear *vn* to go about thieving
ladronera *f* den of thieves; theft, robbery; bank, child's bank; sluice gate; (fort.) machicolation
ladronería *f* thievery; den of thieves; gang of thieves
ladronerío *m* (Am.) gang of thieves; (Am.) wave of thievery
ladronesco -ca *adj* (coll.) thieves'; *f* (coll.) gang of thieves
ladronicio *m* var. of **latrocinio**
ladronzuelo -la *mf* petty thief
lagaña *f* var. of **legaña**
lagar *m* wine press, olive press, apple press; winery; olive farm
lagarada *f* pressing of wine
lagarejo *m* trough for pressing wine; **hacer lagarejos a** (coll.) to squirt grape juice in the face of; **hacerse lagarejo** (coll.) to become bruised or crushed (*said of grapes*); (coll.) to roughhouse
lagarero *m* wine presser, olive presser
lagareta *f* trough for pressing wine; pool, puddle
lagarta *f* female lizard; (ent.) gypsy moth; (coll.) sly woman
lagartado -da *adj* var. of **alagartado**
lagartero -ra *adj* lizard-hunting; *f* lizard hole
lagartija *f* (zool.) green lizard; (zool.) wall lizard
lagartijero -ra *adj* lizard-hunting
lagarto *m* (zool.) lizard; (coll.) sly fellow; **lagarto cornudo** (zool.) horned toad; **lagarto de Indias** (zool.) alligator
lagena *f* (zool.) lagena
lago *m* lake; **el lago de Constanza** Lake of Constance; **Grandes Lagos** Great Lakes; **Gran Lago Salado** Great Salt Lake; **lago de amor** (her.) wake knot; **lago de Aral** Lake Aral; **lago de leones** (archaic) cave or den of lions; **lago de Tiberíades** Sea of Tiberias, Sea of Galilee
lagotear *va & vn* (coll.) to flatter
lagotería *f* (coll.) flattery
lagotero -ra *adj* (coll.) flattering; *mf* (coll.) flatterer
lágrima *f* tear; drop; tear (*of sap or juice*); juice exuded by ripe grapes; **beberse las lágrimas** (coll.) to hold back one's tears; **deshacerse en lágrimas** to weep bitterly; **llorar a lágrima viva** to shed bitter tears; **mover a lágrimas** to move to tears; **lágrima de Salomón** (bot.) lily of the valley; **lágrimas de cocodrilo** crocodile tears; **lágrimas de David** or **de Job** (bot.) Job's-tears
lagrimable *adj* tearful, deplorable
lagrimal *adj* lachrymal; (anat.) lachrymal; *m* (anat.) lachrymal caruncle
lagrimar *vn* to weep
lagrimear *vn* to weep easily, to be tearful; to run (*said of the eyes*)
lagrimeo *m* weeping; flow of tears (*from an illness*)
lagrimón *m* (iron.) tear, big tear
lagrimoso -sa *adj* tearful; watery (*eyes*)
laguna *f* lagoon; lacuna, gap; (anat., bot. & zool.) lacuna
lagunajo *m* puddle, pool
lagunar *m* (arch.) lacunar
lagunero -ra *adj* (pertaining to a) lagoon
lagunoso -sa *adj* full of lagoons
laical *adj* lay, laic
laicismo *m* secularism
laicista *adj & mf* secularist
laicización *f* laicization
laicizar §76 *va* to laicize
laico -ca *adj*, lay, laic; *mf* lay person, laic
laísmo *m* use of **la** and **las** as indirect objects
laísta *mf* user of **la** and **las** as indirect objects
laja *f* slab, flagstone; (naut.) stone flat
lakistas *mpl* Lake poets (*Wordsworth, Coleridge, and Southey*)
lama *m* lama (*Buddhist priest in Tibet*); *f* mud, slime, ooze; surface film; lamé (*fabric*); (bot.) sea lettuce
lamaísmo *m* Lamaism
lamaísta *adj & mf* Lamaist
lamarquismo *m* Lamarckianism or Lamarckism
lamarquista *adj & mf* Lamarckian
lamasería *f* lamasery
lambel *m* (her.) label, lambel
Lamberto *m* Lambert
lambrequín *m* lambrequin; (her.) lambrequin
lambrija *f* worm; (coll.) skinny person
lameculos *mf* (*pl:* **-los**) (coll.) bootlicker
lamedal *m* mudhole
lamedero *m* salt lick
lamedor -dora *adj* licking; *mf* licker; *m* syrup; ruse, chicanery; **dar lamedor** (coll.) to lose at the beginning in order to take in one's opponent
lamedura *f* (act of) licking
lamelar *adj* lamellar
lamelibranquio -quia *adj & m* (zool.) lamellibranch
lamentable *adj* lamentable
lamentación *f* lamentation; **Lamentaciones de Jeremías** (Bib.) Lamentations
lamentador -dora *adj* lamenting, mourning; *mf* lamenter, mourner
lamentar *va, vn & vr* to lament, to mourn; **lamentar** + *inf* to be sorry to + *inf;* **lamentarse de** or **por** to lament, to mourn
lamento *m* lament

lamentoso -sa *adj* lamentable; plaintive, lamenting
lameplatos *mf* (*pl:* **-tos**) (coll.) glutton; (coll.) eater of scraps and leavings
lamer *va* to lick; to lap, lap against; to lick (*said of flames*); *vr* to lick (*e.g., one's lips*)
lamerón -rona *adj* (coll.) sweet-toothed
lametada *f* lick, lap
lametón *m* greedy lick
lamia *f* (ichth. & myth.) lamia
lamiáceo -a *adj* (bot.) lamiaceous
lamido -da *adj* scrawny, wan; prim; worn, frayed; smooth, sleek, glossy; (f.a.) fine; *f* (Am.) lick, licking
lamiente *adj* licking; lambent
lamiero *m* (bot.) dead nettle
lámina *f* lamina, sheet, plate, strip; engraving; copper plate; cut, picture; (anat., bot., geol. & zool.) lamina
laminación *f* lamination
laminadero *m* rolling mill (*factory*)
laminado -da *adj* laminate; laminated; *m* lamination; (metal.) rolling
laminador -dora *adj* laminating; rolling; *m* rolling-mill worker; rolling mill
laminar *adj* laminar; *va* to laminate; to roll (*iron or steel*); (dial.) to guzzle (*sweets*)
laminilla *f* lamella; (bot.) lamella
laminoso -sa *adj* laminose
lamiscar §86 *va* (coll.) to lick greedily
lamoso -sa *adj* muddy, slimy
lampacear *va* (naut.) to swab, to mop
lampadario *m* (eccl.) lampadary (*priest; lamp-post*); floor lamp
lampante *adj* lamp (*oil*)
lampar *vr* var. of **alampar**
lámpara *f* lamp, light; grease spot, oil spot (*on clothing*); bough placed at door as love token; (rad.) vacuum tube; **atizar las lámparas** (coll.) to fill up the glasses again; **lámpara astral** astral lamp; **lámpara de Aladino** Aladdin's lamp; **lámpara de alcohol** spirit lamp; **lámpara de alto** stop light; **lámpara de arco** arc lamp, arc light; **lámpara de bolsillo** flashlight; **lámpara de carretera** (aut.) bright light; **lámpara de cruce** (aut.) dimmer; **lámpara de parada** stop light; **lámpara de pie** floor lamp; **lámpara de seguridad** safety lamp; **lámpara de sobremesa** table lamp; **lámpara de soldar** blowtorch; **lámpara de techo** ceiling light; (aut.) dome light; **lámpara de vapor de mercurio** (elec.) mercury-vapor lamp; **lámpara indicadora** pilot light; **lámpara inundante** floodlight; **lámpara piloto** or **lámpara testigo** pilot light
lamparería *f* lamp shop; lampistry
lamparero -ra *mf* lampmaker, lamp dealer; lampist, lamplighter
lamparilla *f* small lamp; rush candle; night light; (bot.) aspen; (coll.) glass of brandy
lamparín *m* lamp bracket (*used in churches*)
lamparista *mf* var. of **lamparero**
lamparón *m* big lamp; big grease spot; **lamparones** *mpl* (path.) king's evil; (vet.) streptothricosis
lampatán *m* (bot.) chinaroot
lampazo *m* (bot.) burdock; (bot.) toad lily, white water lily; (naut.) swab, mop; **lampazos** *mpl* (path.) rash
lampiño -ña *adj* hairless; beardless
lampista *mf* lampist, lamplighter; *m* plumber, tinsmith, electrician, glazier
lampistería *f* lampistry; shop of plumber, tinsmith, electrician, glazier, etc.
lampo *m* (poet.) flash of light
lamprea *f* (ichth.) lamprey; **lamprea glutinosa** (ichth.) hagfish
lamprear *va* to season with wine, honey, and sour gravy
lampreazo *m* (coll.) lashing, whipping
lamprehuela or **lampreílla** *f* (ichth.) sand pride, mud lamprey
lámpsana *f* (bot.) nipplewort
lana *f* wool; **lana de acero** steel wool; **lana de ceiba** kapok; **lana de escorias** mineral wool, rock wool; **lana de vidrio** glass wool; **lana mineral** mineral wool, rock wool
lanado -da *adj* lanate; *f* (arti.) sponge
lanaje *m* wool (*material and cloth made from it*)
lanar *adj* (pertaining to) wool; wool-bearing
lanaria *f* (bot.) soapwort
lancasteriano -na *adj & mf* Lancastrian
lance *m* cast, throw; catch, haul (*in a net*); play, move, turn, stroke; pass, chance, juncture; incident, event, episode; affair; row, quarrel; (taur.) move with cape; **de lance** cheap, at a bargain; second-hand; **echar buen lance** (coll.) to have a break; **tener pocos lances** (coll.) to be dull and uninteresting; **lance apretado** tight pinch, tight corner; **lance de fortuna** chance, accident; **lance de honor** affair of honor, challenge, duel
lanceado -da *adj* var. of **alanceado**
lancear *va* var. of **alancear**
lancéola *f* (bot.) ribwort
lanceolado -da *adj* (bot.) lanceolate
lancera *f* rack for lances
lancería *f* lances; troop of lancers
lancero *m* lancer, pikeman, spearman; **lanceros** *mpl* lancers (*dance and music*)
lanceta *f* (surg.) lancet
lancetada *f* or **lancetazo** *m* (surg.) lancing
lancetero *m* lancet case
lancinante *adj* piercing (*pain*)
lancinar *va* to lancinate, lacerate, pierce
lancurdia *f* small trout
lancha *f* barge, lighter; cutter; (naut.) longboat; (nav.) launch; snare for partridges; slab, flagstone; (Am.) mist, fog; (Am.) frost; **lancha automóvil** launch, motor launch; **lancha bombardera** or **cañonera** (nav.) gunboat; **lancha de auxilio** lifeboat (*stationed on shore*); **lancha de carreras** speedboat, race boat; **lancha de desembarco** (nav.) landing craft (*LCP*); **lancha de pesca** fishing smack; **lancha obusera** (nav.) gunboat; **lancha salvavidas** lifeboat (*on shipboard*); **lancha torpedera** (nav.) torpedo boat
lanchada *f* boatload
lanchaje *m* lighterage
lanchar *m* flagstone quarry; *vn* (Am.) to freeze
lanchazo *m* blow with a flat stone
lanchero *m* boatman, bargeman, lighterman
lanchón *m* lighter, flatboat
landa *f* swampland, moor
landgrave *m* landgrave
landgraviato *m* landgraviate
landó *m* (*pl:* **-dós**) landau
landre *f* small tumor (*in glands of neck, armpit, groin, etc.*); hidden pocket
landrilla *f* (vet.) tongue worm
lanería *f* wool shop; **lanerías** *fpl* woolens, woolen goods
lanero -ra *adj* (pertaining to) wool; *m* wool stapler; wool warehouse; (orn.) lanner
langarucho -cha *adj* (Am.) var. of **larguirucho**
langaruto -ta *adj* (coll.) var. of **larguirucho**
langosta *f* (ent.) locust; (zool.) spiny lobster; (coll.) scourge; (coll.) wastrel; **langosta a la Termidor** (cook.) lobster thermidor
langostera *f* lobster pot
langostín *m* or **langostino** *m* (zool.) prawn (*Peneus*)
langostón *m* (ent.) green grasshopper
langrave *m* var. of **landgrave**
languedociano -na *adj & mf* Languedocian
languescente *adj* languishing
languidecer §34 *vn* to languish
languidez *f* languor
lánguido -da *adj* languid, languorous
lanífero -ra *adj* (poet.) woolly; (bot.) downy
lanificación *f* or **lanificio** *m* woolwork
lanilla *f* nap; swanskin, canton flannel
lanolina *f* lanolin
lanosidad *f* (bot.) pubescence
lanoso -sa *adj* woolly
lansquenete *m* lansquenet (*foot soldier; card game*)
lantano *m* (chem.) lanthanum
lanudo -da *adj* woolly, fleecy
lanuginoso -sa *adj* lanuginous, downy
lanza *f* lance, pike; lancer, pikeman; wagon pole; nozzle; **medir lanzas** to cross swords; **romper lanzas** to intercede; to clear the way
lanzabombas *m* (*pl:* **-bas**) (aer.) bomb release; (mil.) trench mortar

L

lanzacabos *adj invar* line-throwing, life-saving
lanzacohetes *m* (*pl:* **-tes**) (mil.) rocket launcher
lanzada *f* see **lanzado**
lanzadera *f* shuttle; **parecer una lanzadera** (coll.) to buzz around, to hustle back and forth
lanzadero *m* log path, dragging road
lanzadiscos *m* (*pl:* **-cos**) var. of **lanzaplatos**
lanzado -da *adj* (sport) running (*start*); (naut.) raking, sloping (*mast*); *f* thrust or stroke with a lance
lanzador -dora *mf* thrower, hurler, slinger; **lanzador de lodo** (fig.) mudslinger; *m* (aer.) jettison gear; (baseball) pitcher
lanzaespumas *m* foam extinguisher
lanzafuego *m* linstock, match staff
lanzahélices *m* (*pl:* **-ces**) var. of **lanzaplatos**
lanzahidroplanos *m* (*pl:* **-nos**) (aer.) catapult
lanzallamas *m* (*pl:* **-mas**) (mil.) flame thrower
lanzamiento *m* launch, hurl, throw, fling; launching (*of a boat*); launching, shot (*of a rocket into space*); (law) dispossession; (naut.) steeve; (aer.) jump; (aer.) airdrop; (aer.) release
lanzaminas *m* (*pl:* **-nas**) (mil.) mine thrower; (nav.) mine layer
lanzaplatos *m* (*pl:* **-tos**) (sport) trap (*for throwing clay pigeons into the air*)
lanzar §76 *va* to launch (*an arrow, curses, an offensive, a new product, a boat*); to hurl, to throw, to fling; to cast (*a glance*); to throw up, vomit; to put forth (*flowers, leaves*); to throw (*e.g., the javelin*); to toss, to toss out (*e.g., a remark*); (aer.) to airdrop; (aer.) to release (*a bomb*); (law) to dispossess; *vr* to launch; to hurl oneself, to throw oneself, to rush, to dash; to jump; (sport) to sprint; (aer.) to jump
Lanzarote *m* Lancelot (*of Round Table*)
lanzatorpedos *adj invar* (mil. & nav.) torpedo-launching; *m* (*pl:* **-dos**) (nav.) torpedo tube
lanzazo *m* thrust or stroke with a lance
lanzón *m* short and thick dagger
laña *f* clamp; rivet; green coconut
lañador *m* clamper; riveter (*of chinaware*)
lañar *va* to clamp; to rivet (*chinaware*); (prov.) to split (*a fish*) for salting
laocio -cia *adj & mf* Laotian
Laocoonte *m* (myth.) Laocoön
laosiano -na *adj & mf* var. of **laocio**
lapa *f* vegetable film (*produced by ferns, moss, etc.*); (bot.) burdock; (zool.) limpet
lapachar *m* swamp, marsh
lápade *f* (zool.) limpet
lapicero *m* pencil holder; mechanical pencil
lápida *f* tablet (*slab of stone for an inscription*); **lápida sepulcral** gravestone
lapidación *f* stoning to death, lapidation
lapidar *va* to stone to death, to lapidate
lapidario -ria *adj & m* lapidary
lapídeo -a *adj* stony, lapideous
lapidificación *f* lapidification
lapidificar §86 *va & vr* to lapidify
lapilla *f* (bot.) hound's-tongue
lapislázuli *m* (mineral.) lapis lazuli
lápiz *m* (*pl:* **-pices**) black lead; pencil, lead pencil; **lápiz de labios** lipstick; **lápiz de pizarra** slate pencil; **lápiz de plomo** graphite; **lápiz encarnado** red ocher; **lápiz estíptico** styptic pencil; **lápiz labial** lipstick; **lápiz plomo** graphite; **lápiz rojo** red ocher; **lápiz tinta** indelible lead pencil
lapizar *m* black-lead mine, graphite mine; §76 *va* to pencil
lapo *m* (coll.) blow with the flat of a sword, blow with a cane or stick; (Am.) drink, swig
lapón -pona *adj* Lappish; *mf* Lapp, Laplander (*native or inhabitant*); *m* Lappish (*language*)
Laponia *f* Lapland
lapso *m* lapse (*passing of time; slipping into guilt or error*)
laqueado -da *adj* lacquered; *m* lacquering
laquear *va* to lacquer
Laquesis *f* (myth.) Lachesis
lardar or **lardear** *va* (cook.) to baste; (cook.) to lard
lardo *m* back fat, lard fat
lardón *m* (print.) bite (*white spot*); marginal addition
lardoso -sa *adj* fatty, greasy
lares *mpl* home; **lares y penates** lares and penates (*household gods of Romans*)
larga *f* see **largo**
largada *f* (Am.) start, starting signal (*in a race*)
largamente *adv* at length, at large; at ease, in comfort; generously; long, for a long time
largar §59 *va* to release, let go; to ease, slack, let up on; (coll.) to utter, let out; (naut.) to unfurl; (Am.) to throw; (Am.) to give, strike (*a hard blow*); *vr* to move away; (coll.) to beat it, sneak away; (naut.) to take to sea; (naut.) to come loose (*said of anchor*)
largo -ga *adj* long; generous, liberal; abundant; quick, ready; (coll.) shrewd, cunning; (phonet.) long; (naut.) loose, slack; **largos -gas** *adj pl* long, many (*e.g., years*); **a la larga** lengthwise; in the long run; in the end; at great length; **a lo más largo** at the most; **a lo largo** lengthwise; at great length; far away; **a lo largo de** along; along with; throughout; in the course of; far out in (*e.g., the sea*); **de largo** in a gown, in long robes; **hacerse a lo largo** (naut.) to get in the open sea; **ir para largo** to take a long time; **pasar de largo** to pass along, pass by, pass without stopping; to take a quick look, to be indifferent; to miss; **ponerse de largo** to come out, to make one's debut; **vestir de largo** to wear long clothes; **largo de lengua** loose-tongued; **largo de manos** ready-fisted; **largo de uñas** (coll.) light-fingered; **largo** *adv* abundantly; *m* length; (mus.) largo; **¡largo de aquí!** get out of here!; *f* long billiard cue; **dar largas a** to postpone, put off
largor *m* length
larguero *m* stringer; bolster; (aer.) longeron
largueza *f* length; largess, generosity
larguirucho -cha *adj* (coll.) gangling, lanky
larguísimo -ma *adj super* very long
largura *f* length
largurucho -cha *adj* (coll.) var. of **larguirucho**
lárice *m* (bot.) larch tree
laricino -na *adj* (pertaining to the) larch
laricio *m* var. of **lárice**
laringe *f* (anat.) larynx
laríngeo -a *adj* laryngeal
laringitis *f* (path.) laryngitis
laringología *f* laryngology
laringólogo -ga *mf* laryngologist
laringoscopia *f* laryngoscopy
laringoscópico -ca *adj* laryngoscopic
laringoscopio *m* laryngoscope
larva *f* (ent.) larva; mask; hobgoblin
larvado -da *adj* (path.) larval
larval *adj* larval
las *art def fem pl & pron pers & dem fem pl* see **los**
lasca *f* chip of stone; (dial.) slice
lascar *m* lascar (*East Indian sailor*); §86 *va* to slacken, to pay out; (Am.) to bruise, to fray; *vr* (Am.) to bruise, to fray
lascivia *f* lasciviousness
lascivo -va *adj* lascivious; merry, playful, frisky
laserpicio *m* (bot.) laserwort
lasitud *f* lassitude
laso -sa *adj* tired, weary, exhausted; weak, wan, languid; untwisted (*silk thread*)
lastar *va* to pay up (*money*) for someone else; to suffer (*a punishment*) for someone else
lástima *f* pity; complaint; **dar, hacer** or **poner lástima** to be pitiful; **estar hecho una lástima** to be a sorry sight; **es lástima (que)** it is a pity (that); **¡qué lástima!** what a shame!, what a pity!; **¡qué lástima de saliva!** (coll.) what a waste of breath!
lastimador -dora *adj* hurtful, injurious
lastimadura *f* hurt, injury; bruise
lastimar *va* to hurt, injure; to bruise; to offend, to hurt; to pity; to move to pity; *vr* to hurt oneself; to bruise oneself; **lastimarse de** to complain about; to feel sorry for
lastimero -ra *adj* hurtful, injurious; pitiful, doleful
lastimoso -sa *adj* pitiful
lastón *m* (bot.) fescue grass
lastra *f* slab, flagstone
lastrado or **lastraje** *m* ballasting

lastrar *va* (naut. & aer.) to ballast
lastre *m* rock face; (naut. & aer.) ballast; (fig.) ballast (*steadiness*); (coll.) snack (*before drinking wine*); **lastre de agua** (naut. & aer.) water ballast
lasún *m* var. of **locha**
lat. abr. of **latín** & **latitud**
lata *f* see **lato**
latamente *adv* at great length; broadly
latastro *m* (arch.) plinth
lataz *m* (*pl:* **-taces**) (zool.) sea otter
latebra *f* den, hiding place
latebroso -sa *adj* furtive, secretive
latencia *f* (path.) latent period
latente *adj* latent
lateral *adj* lateral
lateranense *adj* Lateran
látex *m* (*pl:* **-tex**) (bot.) latex
latido *m* bark, yelp; beat, throb
latiente *adj* beating, throbbing
latifundio *m* large, run-down landed estate
latifundista *mf* large landowner
latigazo *m* lash; whipping (*of a cable*); lashing (*severe scolding*); crack of whip; (coll.) drink, swallow
látigo *m* whip, horsewhip; cinch strap; rope used in weighing with a steelyard; long plume around a hat; (coll.) bean pole (*person*)
latigudo -da *adj* (Am.) leathery
latiguear *va* (Am.) to lash; *vn* to crack a whip
latigueo *m* cracking a whip
latiguera *f* cinch strap
latiguillo *m* small whip; (bot.) stolon; (coll.) claptrap (*of an actor*); **de latiguillo** (coll.) claptrap
latín *m* Latin (*language*); (coll.) Latin word or phrase; **bajo latín** Low Latin; **decir** or **echar los latines a** (coll.) to marry, to officiate at the marriage of; (coll.) to bless; **saber latín** or **mucho latín** (coll.) to be very shrewd; **latín clásico** Classical Latin; **latín de cocina** dog Latin, hog Latin; **latín rústico** or **vulgar** Vulgar Latin
latinajo *m* (coll.) dog Latin; (coll.) Latin word or phrase
latinamente *adv* in Latin; in the Latin manner
latinar *vn* to speak or write Latin
latinear *vn* to speak or write Latin; (coll.) to use Latin words and phrases
latinidad *f* Latinity; Latin (*language*); **alta latinidad** period of Classical Latin; **baja** or **ínfima latinidad** Low Latin
latiniparla *f* excessive use of Latin words and phrases
latinismo *m* Latinism
latinista *mf* Latinist
latinización *f* Latinization
latinizar §76 *va* to Latinize; *vn* (coll.) to use Latin words or phrases; *vr* to Latinize
latino -na *adj* Latin; (naut.) lateen; *mf* Latin (*person*)
Latinoamérica *f* Latin America
latinoamericano -na *adj* Latin-American; *mf* Latin American
latir *va* (Am.) to annoy, bore; *vn* to bark, yelp; to beat, throb
latitud *f* latitude; (fig.) latitude (*freedom, scope; climate, region*)
latitudinal *adj* latitudinal
latitudinario -ria *adj & mf* latitudinarian
latitudinarismo *m* latitudinarianism
lato -ta *adj* broad; (fig.) broad (*meaning of a word*); *f* log; batten, lath; tin plate; tin, tin can; (coll.) annoyance, bore; **estar en la lata** (Am.) to be penniless
latón *m* brass; (dial.) hackberry (*fruit*); **latón en hojas** or **planchas** latten; **latón rojo** red brass
latonería *f* brasswork; brassworks; brassware
latonero *m* brassworker, brazier; (dial.) hackberry, nettle tree
latoso -sa *adj* (coll.) annoying, boring
latría *f* (theol.) latria
latrocinio *m* thievery; thievishness
latvio -via *adj & mf* Latvian; (*cap.*) *f* Latvia
laucha *f* (Am.) mouse
laúd *m* (mus.) lute; (naut.) catboat; (zool.) leatherback
laudabilidad *f* laudability
laudable *adj* laudable
láudano *m* (pharm.) laudanum
laudar *va* (law) to render (*a decision*), to make (*an award*)
laudatorio -ria *adj* laudatory; *f* eulogy
laude *f* (archeol.) tombstone; **laudes** *fpl* (eccl.) lauds; **tocar a laudes** (coll.) to sing one's own praises
laudo *m* (law) decision, award, finding
launa *f* sheet of metal; slate clay; splint (*of ancient armor*)
lauráceo -a *adj* (bot.) lauraceous
láurea *f* see **láureo**
laureado -da *adj* laureate; laureled; *mf* laureate; (*cap.*) *f* military cross of Saint Ferdinand
laureando *m* graduate, candidate for a degree
laurear *va* to crown with laurel; to trim or adorn with laurel; to reward, honor, decorate
lauredal *m* growth of laurels
laurel *m* (bot.) laurel; (fig.) laurels (*of fame or victory*); **dormirse sobre sus laureles** to rest or sleep on one's laurels; **laurel cerezo** or **real** (bot.) cherry laurel; **laurel rosa** (bot.) oleander, rosebay
laurentino -na *adj* Laurentian; (geol.) Laurentian; *m* (geol.) Laurentian
láureo -a *adj* (pertaining to) laurel; *f* laurel wreath
lauréola *f* crown of laurel, laurel wreath; halo; (bot.) spurge laurel, daphne; **lauréola hembra** (bot.) mezereon
lauro *m* (bot.) laurel; (fig.) laurels (*fame*)
lauroceraso *m* (bot.) cherry laurel
lauto -ta *adj* rich, sumptuous
lava *f* lava; (min.) washing
lavable *adj* washable
lavabo *m* washstand (*bowl with faucets*); washroom, lavatory; (eccl. & hist.) lavabo; (eccl.) Lavabo (*towel*)
lavacaras *mf* (*pl:* **-ras**) (coll.) fawner, flatterer
lavación *f* wash
lavacoches *m* (*pl:* **-ches**) car washer
lavadedos *m* (*pl:* **-dos**) finger bowl
lavadero *m* laundry; washing place (*by a stream*); washboard; washtub; (min.) buddle; (Am.) placer
lavado -da *adj* (coll.) brazen, impudent; *m* wash, washing; laundry; (med.) lavage; (paint.) wash; **lavado a seco** or **lavado químico** dry cleaning; **lavado cerebral** or **de cerebro** brain washing
lavador -dora *adj* washing; *m* (phot.) washer; *f* washing machine; **lavadora de platos** or **de vajilla** dishwasher; **lavadora mecánica** automatic washer, automatic washing machine
lavadura *f* washing; washings (*dirty water; abraded material*); glove-leather dressing
lavafrutas *m* (*pl:* **-tas**) finger bowl
lavaje *m* wool washing; (surg.) swabbing
lavajo *m* water hole
lavamanos *m* (*pl:* **-nos**) washstand (*stand with basin and pitcher; bowl with faucets*); washbowl
lavamiento *m* wash, washing; enema
lavanco *m* wild duck; (orn.) widgeon (*Anas americana*)
lavanda *f* (bot.) lavender; lavender water
lavandera *f* laundress, laundrywoman, washwoman; (orn.) wagtail; (orn.) sandpiper (*Tringoides hypoleucus*)
lavandería *f* laundry
lavandero *m* launderer, laundryman
lavándula *f* (bot.) lavender
lavaojos *m* (*pl:* **-jos**) eyecup
lavaparabrisas *m* (*pl:* **-sas**) windshield washer
lavaplatos *mf* (*pl:* **-tos**) (coll.) dishwasher in a restaurant; *m* dishwasher (*machine*)
lavar *va* to wash; (mas., min., paint. & fig.) to wash; *vr* to wash
lavativa *f* enema (*liquid and apparatus*); (coll.) bore, bother, annoyance
lavatorio *m* wash; lavatory, washroom; (med.) wash, lotion; (eccl.) Maundy; (eccl.) lavatory
lavazas *fpl* dirty water, wash water
lave *m* (min.) washing
lavotear *va & vr* (coll.) to wash in a hurry
lavoteo *m* (coll.) quick wash

L

laxación *f* laxation, slackening, easing
laxamiento *m* laxation, slackening; laxness
laxante *adj & m* (med.) laxative
laxar *va* to slack, to ease; to loosen (*the bowels*); *vr* to slack, to ease
laxativo -va *adj & m* var. of **laxante**
laxidad or **laxitud** *f* slackness, laxity
laxo -xa *adj* lax (*slack; loose in morals*)
lay *m* lay (*poem*)
laya *f* spade; kind, quality
layador *m* spader, spademan
layar *va* to spade, dig with a spade
Layo *m* (myth.) Laius
lazada *f* bowknot
lazar §76 *va* to lasso
lazareto *m* lazaretto
lazarillo *m* blind man's guide
lazarino -na *adj* leprous; *mf* leper
lázaro *m* raggedy beggar; (*cap.*) *m* Lazarus; **estar hecho un lázaro** to be full of sores
lazaroso -sa *adj & mf* var. of **lazarino**
lazo *m* bow, knot, tie; bow tie; loop; bowknot; lasso, lariat; snare, trap; bond, tie; angle iron, tie bar; topiary design; **armar lazo a** (coll.) to set a trap for; **caer en el lazo** (coll.) to fall into the trap; **tender un lazo a** to lead into a trap; **lazo corredizo** running knot; **lazo de amor** truelove knot; **lazo de unión** (fig.) bond
lazulita *f* (mineral.) lazulite; (mineral.) lapis lazuli
lb. abr. of **libra**
Ldo. abr. of **Licenciado**
le *pron pers* to him, to her, to it; to you; him; you
leal *adj* loyal, faithful; devoted; reliable, trustworthy; *m* loyalist
lealtad *f* loyalty, fidelity; devotion; reliability, trustworthiness
Leandro *m* (myth.) Leander
lebeche *m* (naut.) southwest wind
leberquisa *f* (mineral.) magnetic pyrites
lebrada *f* rabbit fricassee
lebrato or **lebratón** *m* young hare, leveret
lebrel -brela *mf* whippet
lebrero -ra *adj* hare-hunting
lebrillo *m* tub, washtub
lebrón *m* large hare; (coll.) coward; (Am.) wise guy
lebroncillo *m* var. of **lebrato**
lebruno -na *adj* leporine, harelike
lección *f* lesson; reading (*interpretation of a passage*); (eccl.) lection; **dar una lección a** to give or teach a lesson to (*to reprove*); **dar la lección** to recite one's lesson; **echar lección** to assign the lesson; **tomar una lección a** to hear the lesson of
leccionario *m* (eccl.) lectionary
leccionista *mf* private tutor, coach
lecitina *f* (biochem.) lecithin
lectivo -va *adj* school (*day, year, etc.*)
lector -tora *adj* reading; *mf* reader; *m* lector; foreign-language instructor; meter reader; **lector mental** mind reader
lectorado *m* (eccl.) lectorate (*order*); modern-language instruction; professorship
lectoría *f* (eccl.) lectorate (*office*)
lectura *f* reading; public lecture; subject; culture; reading (*interpretation of a passage*); (elec.) playback; **ir con lectura** to know what one is about, to be purposive; **lectura chica** (print.) small pica; **lectura de la mente** mind reading; **lectura gorda** (print.) pica
lecha *f* (ichth.) milt (*secretion and gland*)
lechada *f* grout; slurry; pulp (*for making paper*); whitewash; **lechada de cal** milk of lime
lechal *adj* sucking; milky (*plant*); *m* milk (*of plant*)
lechar *adj* sucking; milky (*plant*); milk (*cow, plant, etc.*); *va* (Am.) to milk; (Am.) to whitewash
lechaza *f* var. of **lecha**
lechazo *m* suckling (*animal*); weaned lamb
leche *f* milk; **como una leche** (coll.) tender (*e.g., meat*); **dar a leche** to farm out (*sheep*); **estar con la leche en los labios** to lack experience; **estar en leche** to be still green or undeveloped (*said of plants and fruit*); (naut.) to be calm; **mamar en la leche** (coll.) to soak up as a child, to learn in childhood; **pedir leche a las cabrillas** to ask for the impossible; **leche condensada** condensed milk; **leche de coco** coconut milk; **leche de gallina** (bot.) star-of-Bethlehem; **leche de magnesia** (pharm.) milk of magnesia; **leche de manteca** buttermilk; **leche desnatada** skim milk; **leche en polvo** milk powder, powdered milk; **leche evaporada** evaporated milk; **leche homogeneizada** homogenized milk; **leche pasterizada** pasteurized milk
lechecillas *fpl* sweetbread; entrails
lechera *f* see **lechero**
lechería *f* dairy, creamery
lechero -ra *adj* milk; milch; (coll.) stingy, grasping; *m* milkman, dairyman; *f* milkmaid, dairymaid; milk can; milk pitcher; **lechera amarga** (bot.) milkwort
lecheruela or **lechetrezna** *f* (bot.) sun spurge
lechigada *f* brood, litter; (coll.) crew, gang, lot
lechillo *m* (bot.) hornbeam, American hornbeam
lechín *m* Andalusian olive (*tree and fruit*); (vet.) watery boil
lechino *m* (surg.) tent; (vet.) watery boil
lecho *m* bed; couch; (mas.) bed; (min.) floor; bed (*of river, road, etc.; base; layer, stratum*); **abandonar el lecho** to get up (*from illness*); **lecho de plumas** (fig.) feather bed (*comfortable situation*); **lecho de roca** bedrock
lecho-litera *m* (*pl:* **lechos-literas**) double-decker (*bed*)
lechón -chona *adj* (coll.) filthy, sloppy; *mf* sucking pig; (coll.) pig (*dirty person*); *m* pig; *f* sow
lechoso -sa *adj* milky; *m* (bot.) papaya (*tree*); *f* papaya (*fruit*)
lechuga *f* (bot.) lettuce; head of lettuce; frill; **lechugas** *fpl* lettuce (*leaves used in salad*); **lechuga romana** (bot.) romaine, romaine lettuce
lechugado -da *adj* lettuce-shaped
lechuguero -ra *mf* lettuce dealer
lechuguilla *f* wild lettuce; frill, ruff; (bot.) corn sow thistle; (bot.) lechuguilla
lechuguino -na *adj* fashionable, stylish; *mf* fashion plate; *m* small lettuce (*before transplanting*); (coll.) young flirt
lechuzo -za *adj* sucking (*mule*); owlish; *m* bill collector; summons server; (coll.) owl-faced fellow; *f* (orn.) barn owl, screech owl; (coll.) owl-faced woman; **lechuza blanca** (orn.) snowy owl
ledo -da *adj* (poet.) gay, merry, cheerful; (*cap.*) *f* (myth.) Leda
leer §35 *va* to read; *vn* to read; to lecture; **leer en** to read (*someone's thoughts*); **leer entre líneas** to read between the lines; *vr* to read, e.g., **este libro se lee con facilidad** this book reads easily
leg. abr. of **legal & legislatura**
lega *f* see **lego**
legacía *f* legateship; commission, message (*entrusted to a legate*)
legación *f* legation
legado *m* legacy; legate
legajar *va* (Am.) var. of **enlegajar**
legajo *m* file, dossier, docket, bundle of papers
legal *adj* legal; right, correct
legalidad *f* legality; rightness, correctness
legalista *adj* legalistic
legalización *f* legalization; authentication
legalizar §76 *va* to legalize; to authenticate (*a document, signature, etc.*)
legamente *adv* as a layman
légamo *m* slime, ooze
legamoso -sa *adj* slimy, oozy
leganal *m* pool of mud, mudhole
légano *m* var. of **légamo**
legaña *f* (path.) bleareye, rheum
legañoso -sa *adj* blear-eyed
legar §59 *va* to send as a legate or deputy; (law & fig.) to bequeath
legatario -ria *mf* (law) legatee, devisee
legenda *f* legend (*saint's life*)
legendario -ria *adj* legendary
legibilidad *f* legibility

legible *adj* legible
legión *f* legion; **constituir legión** to be legion; **legión de Honor** Legion of Honor; **legión extranjera** (mil.) foreign legion
legionario -ria *adj* legionary; *m* legionary; legionnaire
legislación *f* legislation
legislador -dora *adj* legislating, legislative; *mf* legislator
legislar *vn* to legislate
legislativo -va *adj* legislative
legislatura *f* session, term of a legislature; (Am.) legislature
legisperito *m* legalist, legal expert
legista *m* legalist, legal expert; law professor
legítima *f* see **legítimo**
legitimación *f* legitimation
legitimar *va* to legitimate; to establish or prove legally
legitimidad *f* legitimacy; rightness, justice
legitimismo *m* legitimism
legitimista *adj & mf* legitimist
legítimo -ma *adj* legitimate; fair, equitable; genuine; *f* (law) legitim
lego -ga *adj* lay; of a layman, uninformed; *m* layman; lay brother; *f* lay sister
legón *m* (agr.) hoe
legra *f* (surg.) bone scraper, periosteotome
legración *f* (surg.) periosteotomy
legrado *m* scraping of hides
legradura *f* var. of **legración**
legrar *va* to scrape (*hides*); (surg.) to scrape (*a bone*)
legrón *m* (surg.) large bone scraper or periosteotome (*of veterinarian*)
legua *f* league (*measure*); **a la legua, a legua, a leguas, de cien leguas, de mil leguas, de muchas leguas** or **de media legua** far, far away
leguleyo *m* pettifogger
legumbre *f* (bot.) legume; (bot.) vegetable
legumina *f* (biochem.) legumin
leguminoso -sa *adj* leguminous
leíble *adj* legible
leído -da *adj* well-read; **leído y escribido** (coll.) posing as learned; *f* reading
leila *f* Moorish dance
leishmaniosis *f* (path.) leishmaniasis or leishmaniosis
leísmo *m* use of **le** to the exclusion of **lo** and **la**
leísta *mf* user of **le** to the exclusion of **lo** and **la**
leitmotiv *m* (*pl:* **-tivs**) (mus.) leitmotiv; (Am.) fixed idea
lejanía *f* distance, remoteness; distant place
lejano -na *adj* distant, remote
lejas *adj fem pl* distant; **de lejas tierras** from distant lands
lejía *f* lye; (coll.) dressing-down, rebuke
lejiadora *f* washing machine
lejío *m* dyers' lye
lejísimo or **lejísimos** *adv* very far away
lejitos *adv* pretty far, rather far
lejos *adv* far; **a lo lejos** at a distance, in the distance; **de lejos, de muy lejos** or **desde lejos** from a distance; **estar lejos de** + *inf* to be far from + *ger;* **ir lejos** to go far; **lejos de** far from (*e.g., the city, one's mind*); *m* appearance at a distance; glimpse; distant point or spot (*in a painting*); **tener buen lejos** to look good at a distance
lejuelos *adv* var. of **lejitos**
lelilí *m* (*pl:* **-líes**) Moorish war cry
lelo -la *adj* stupid, dull; *mf* simpleton, dolt
lema *m* motto, slogan; theme, lemma
lemnáceo -a *adj* (bot.) lemnaceous
lemniscata *f* (geom.) lemniscate
lemnisco *m* lemniscus; ribbon, fillet; (anat.) lemniscus
lempira *m* lempira (*monetary unit of Honduras*)
lémur *m* (zool.) lemur; **lémures** *mpl* ghosts, apparitions; (myth.) lemures
len *adj* soft, untwisted (*silk or thread*)
lena *f* spirit, vigor
lencería *f* linen goods, dry goods; linen room, linen closet; linen shop, drygoods store; drygoods section (*of a city*)
lencero -ra *mf* linen dealer, drygoods dealer
lendel *m* gin race, gin ring
lendrera *f* fine comb, comb for removing nits or lice; (coll.) head full of lice
lendrero *m* place full of nits or lice
lendroso -sa *adj* nitty, lousy
lene *adj* soft; light; kind, agreeable
lengua *f* (anat.) tongue; (fig.) tongue (*language; bell clapper; animal's tongue used as food*); (fig.) tongue (*of land, of fire, of a shoe*); **andar en lenguas** (coll.) to be gossiped about; **buscar la lengua a** (coll.) to pick a fight with; **con la lengua de un palmo** (coll.) with great eagerness; **dar la lengua** (coll.) to chew the rag; **de lengua en lengua** from mouth to mouth; **echar la lengua por** or **echar la lengua de un palmo por** (coll.) to be eager for, to crave; (coll.) to strive for; **hacerse lenguas de** (coll.) to rave about; **irse** or **írsele a uno la lengua** (coll.) to blab; **mala lengua** (coll.) gossip, evil tongue; **malas lenguas** (coll.) gossips; (coll.) people; **morderse la lengua** to hold one's tongue; **sacar la lengua a** (coll.) to stick one's tongue out at; **soltar la lengua** to blow off steam; **tener en la lengua** (coll.) to have on the tip of one's tongue; **tener la lengua gorda** (coll.) to talk thick; (coll.) to be drunk; **tirar de la lengua a** (coll.) to draw out (*to persuade to talk*); **tomar en lenguas a** (coll.) to gossip about; **tomar lengua** or **lenguas** to pick up news; **trabársele** or **trastrabársele la lengua a uno** to become tongue-tied; **lengua canina** (bot.) hound's-tongue; **lengua cerval** or **cervina** (bot.) hart's-tongue; **lengua de buey** (bot.) ox-tongue; **lengua de ciervo** (bot.) hart's-tongue; **lengua de cordero** (bot.) plantain; **lengua de estropajo** (coll.) jabberer; **lengua de oc** langue d'oc; **lengua de oíl** langue d'oïl; **lengua de perro** (bot.) hound's-tongue; **lengua de trapo** (coll.) jabberer; **lengua franca** lingua franca; **lengua madre** or **matriz** mother tongue (*language from which another language is derived*); **lengua materna** mother tongue (*language naturally acquired by reason of nationality*); **lengua muerta** dead language; **lenguas aglutinantes** agglutinative languages; **lengua santa** Hebrew language; **lenguas modernas** modern languages; **lenguas vivas** living languages, modern languages; **lengua universal** universal language; **lengua vulgar** vernacular
lenguadeta *f* (ichth.) small sole
lenguado *m* (ichth.) sole; (ichth.) flounder (*Paralichthys brasiliensis*)
lenguadoque *m* langue d'oc
lenguaje *m* language; **lenguaje de los signos** sign language
lenguarada *f* var. of **lengüetada**
lenguaraz (*pl:* **-races**) *adj* foul-mouthed, scurrilous; garrulous, loquacious; accomplished in languages; *mf* linguist; (Am.) interpreter
lenguaz *adj* (*pl:* **-guaces**) garrulous
lenguaza *f* (bot.) bugloss
lengüeta *f* large bit; pointer (*of scales*); tongue (*of shoe*); ladyfinger; (anat.) epiglottis; (arch.) buttress; (carp. & mus.) tongue; (mus.) reed (*of reed instrument*); (mach.) feather, wedge; (Am.) paper cutter; (Am.) petticoat fringe; **a lengüeta y ranura** tongue-and-groove
lengüetada *f* licking, lapping
lengüetear *vn* to stick one's tongue out; to flicker, to flutter; (Am.) to jabber
lengüetería *f* (mus.) reedwork, reed stops (*of an organ*)
lengüicorto -ta *adj* (coll.) timid, reserved
lengüilargo -ga *adj* (coll.) foul-mouthed, scurrilous
lengüita *f* (ichth.) tongue-fish
lenidad *f* lenity, lenience
lenificar §86 *va* to soften; to soothe
lenificativo -va *adj* soothing
Leningrado *f* Leningrad
leninismo *m* Leninism
leninista *adj & mf* Leninist or Leninite
lenitivo -va *adj & m* lenitive
lenocinio *m* pandering, procuring
lente *m & f* (opt. & geol.) lens; magnifying glass; **lentes** *mpl* nose glasses; **lente de aumento** magnifying glass; **lente de contacto** or **len-**

te invisible contact lens; **lentes de náriz** or **de pinzas** pince-nez; **lentes polarizantes** polaroid lenses; **lente telefotográfico** telephoto lens; **lente tórica** or **toral** toric lens
lentecer §34 *vn & vr* to soften
lenteja *f* (bot.) lentil (*plant and seed*); pendulum bob, disk; **lenteja acuática** or **de agua** (bot.) lesser duckweed
lentejar *m* field of lentils
lentejuela *f* spangle, sequin; (bot.) lenticel
lenticular *adj* lenticular
lentiscal *m* thicket of mastic trees
lentisco *m* (bot.) mastic tree
lentitud *f* slowness; (fig.) slowness, sluggishness
lento -ta *adj* slow; sticky; low (*fire*)
lenzuelo *m* agr.) sheet for carrying straw
leña *f* firewood, kindling wood; (coll.) beating, drubbing; **cargar de leña** (coll.) to beat, give a drubbing to; **echar leña al fuego** to make things worse, to stir up trouble; **llevar leña al monte** to carry coals to Newcastle
leñador -dora *mf* dealer in kindling wood; woodcutter; *m* woodman, woodsman
leñame *m* wood; stock or provision of firewood
leñatero *m* woodman, woodsman
leñazo *m* (coll.) blow with a cudgel
leñera *f* woodshed
leñero *m* wood dealer; wood purchaser; woodshed
leño *m* log; wood; (coll.) sap, dullard; (poet.) ship, vessel; **dormir como un leño** to sleep like a log; **leño hediondo** (bot.) bean trefoil
leñoso -sa *adj* woody, ligneous
Leo *m* (astr.) Leo
león *m* (zool.) lion; (ent.) ant lion; (fig.) lion (*very brave or strong man*); (*cap.*) *m* Leo (*man's name*); (astr.) Leo; **león de América** (zool.) mountain lion; **león de Nemea** (myth.) Nemean lion; **león marino** (zool.) sea lion
leona *f* lioness; brave, haughty woman
leonado -da *adj* tawny, fulvous
Leonardo *m* Leonard
leonera *f* cage or den of lions; (coll.) dive, gambling joint; attic, lumber room, junk room
leonería *f* boldness, fierceness
leonero *m* keeper of lions; (coll.) keeper of a gambling house
leonés -nesa *adj & mf* Leonese; *m* Leonese (*dialect*)
leónica *f* (anat.) ranine vein
leónida *f* (astr.) Leonid
Leónidas *m* Leonidas
leonino -na *adj* leonine; (law) one-sided (*contract*); *f* (path.) leontiasis
Leonor *f* Eleanor, Leonora, Leonore
leontíasis *f* (path.) leontiasis
leontina *f* watch chain
leopardo *m* (zool.) leopard
leopoldina *f* fob (*short chain*); (mil.) Spanish shako
Leopoldo *m* Leopold
lepe *m* (Am.) flip in the ear; **¡por vida de Lepe!** upon my soul!; **saber más que Lepe** to be very keen and wide-awake
leperada *f* (Am.) foulness, coarseness, vulgarity
lépero -ra *mf* (Am.) coarse person; (Am.) hoodlum
lepidio *m* (bot.) pepper cress
Lépido *m* Lepidus
lepidolita *f* (mineral.) lepidolite
lepidóptero -ra *adj* (ent.) lepidopterous; *m* (ent.) lepidopteron
lepidosirena *f* (ichth.) lepidosiren
lepisma *f* (ent.) bristletail, silverfish
leporino -na *adj* leporine, harelike
lepra *f* (path.) leprosy
leprosería *f* leprosarium
leproso -sa *adj* leprous; *mf* leper
leptofilo -la *adj* (bot.) leptophyllous
leptorrino -na *adj* (anthrop.) leptorrhine
lercha *f* reed on which fish and birds are strung and carried
lerdo -da *adj* slow, sluggish, dull, heavy; coarse, crude; *f* (vet.) tumor in pastern
lerdón *m* (vet.) tumor in pastern
les *pron pers* to them, to you; them, you
lesbianismo *m* Lesbianism
lesbiano -na or **lesbio -bia** *adj & mf* Lesbian; *f* Lesbian (*homosexual woman*)
lésbico -ca *adj* Lesbian
lesión *f* lesion; harm, injury; (path. & law) lesion
lesionar *va* to hurt, injure
lesivo -va *adj* harmful, injurious
lesna *f* awl
lesnordeste *m* east-northeast; east-northeast wind
leso -sa *adj* hurt, damaged, wounded; harmed, injured, offended; perverted; (Am.) simple, foolish
lessueste *m* east-southeast; east-southeast wind
leste *m* (naut.) east
lesueste *m* var. of **lessueste**
letal *adj* lethal
letame *m* manure
letanía *f* litany; (coll.) litany (*repeated series*)
letárgico -ca *adj* lethargic
letargo *m* lethargy
letargoso -sa *adj* lethargic (*producing lethargy*)
Lete *m* (myth.) Lethe (*river*)
leteo -a *adj* Lethean; (*cap.*) *m* (myth.) Lethe (*river*)
lético -ca *adj* Lettish
letificar §86 *va* to cheer, to enliven
letón -tona *adj* Lettish; *mf* Lett; *m* Lettish or Lett (*language*)
Letonia *f* Latvia
letra *f* letter (*of alphabet*); handwriting (*manner of writing*); words (*of a song*); (com.) draft; (print.) type (*character used in printing; such pieces collectively*); (fig.) letter (*literal meaning*); **letras** *fpl* letters (*literature*); (coll.) word, a line (*news, note*); **aceptar una letra** (com.) to accept a bill of exchange; **a la letra** to the letter (*literally*); **a letra vista** (com.) at sight; **bellas letras** belles lettres; **cuatro letras** or **dos letras** (coll.) a line (*short letter or note*); **en letras de molde** in print; **escribir en letra de molde** to print (*to write in letters resembling printed letters*); **las letras y las armas** the pen and the sword; **primeras letras** elementary education, three R's; **tener mucha letra** (coll.) to know one's way around; **letra a la vista** (com.) sight draft; **letra alemana** German script; **letra canina** dog's letter (*trilled r, i.e., rr*); **letra capital** capital letter; **letra de cambio** (com.) bill of exchange, draft; **letra de curia** court hand; **letra de imprenta** (print.) type; **letra de mano** handwriting; **letra de molde** printed letter; **letra futura** (print.) futura, Gothic; **letra gótica** (print.) black letter, Old English; **letra mayúscula** capital letter; **letra menuda** fine print; smartness, cunning; **letra minúscula** small letter; **letra muerta** dead letter (*unenforced law*); **letra negrilla** (print.) boldface; **letra redonda** (print.) roman
letrado -da *adj* lettered (*learned*); (coll.) pedantic; *m* lawyer; *f* (coll.) lawyer's wife
Letrán, San Juan de St. John Lateran (*church*)
letrero *m* label; sign, placard, poster
letrilla *f* short-line verse with a refrain at end of each strophe; (mus.) rondelet
letrina *f* latrine, privy, toilet; (fig.) cesspool (*filthy place*)
letrista *mf* writer of lyrics (*i.e.,* **words of a** *song*); engrosser, calligrapher
leucemia *f* (path.) leukemia
leucina *f* (biochem.) leucine
leucisco *m* (ichth.) dace, roach
leucita *f* (mineral.) leucite
leucobase *f* (chem.) leuco base
leucocitemia *f* (path.) leucocythemia
leucocito *m* (physiol.) leucocyte
leucocitosis *f* (path.) leucocytosis
leucoma *m* (path.) leucoma
leucomaína *f* (biochem.) leucomaine
leucón *m* (zool.) leucon
leucopenia *f* (path.) leucopenia
leucoplasto *m* (bot.) leucoplast
leucorrea *f* (path.) leucorrhea
leudar *va* to leaven, to ferment with yeast; *vr* to rise, become fermented
leudo -da *adj* leavened, fermented

leva *f* weighing anchor; (mil.) levy; (naut.) swell; vane (*of water wheel*); (mach.) cam
levada *f* portion of silkworms moved from one place to another; flourish (*of sword, foil, etc.*); stroke (*of piston*); rise (*of sun, moon, stars*)
levadero -ra *adj* collectible, leviable
levadizo -za *adj* lift (*bridge*)
levador *m* piler (*in paper mill*); tricky thief; (mach.) cam
levadura *f* leaven; leavening; yeast; board; **levadura comprimida** yeast cake; **levadura de cerveza** brewer's yeast, beer yeast; **levadura química** baking soda
levantacarril *m* (rail.) track jack
levantacoches *m* (*pl:* **-ches**) auto jack
levantado -da *adj* elevated, lofty, sublime; proud, haughty; *f* getting up (*from bed*)
levantador -dora *adj* lifting, elevating; *mf* lifter, elevator; insurrectionist, rebel; (coll.) slanderer
levantamiento *m* rise, lift, elevation; insurrection, uprising, revolt; elevation, sublimity; survey; (geol.) upheaval; (mach.) exhaust port; (prov.) settlement (*of an account*); **levantamiento del cadáver** inquest; **levantamiento del censo** or **de los censos** census taking; **levantamiento de planos** or **levantamiento topográfico** surveying
levantar *va* to raise; to lift; to elevate; to straighten; to stir up, rouse, agitate; to adjourn; to clear (*the table*); to break (*camp*); to break up (*housekeeping*); to make (*a survey*); to start (*game*); to bear (*false witness*); to raise (*troops; a siege*); to weigh (*anchor*); *vr* to rise; to get up; to stand up; to straighten up; to rebel, rise up
levantaválvulas *m* (*pl:* **-las**) valve lifter
levantaventana *m* sash lift
levante *m* levanter (*wind*); East, Orient; (*cap.*) *m* Levant; northeastern Mediterranean shores of Spain; region around Valencia, Alicante, and Murcia; **de levante** ready to leave
levantino -na *adj* Levantine; of the northeastern Mediterranean shores of Spain; *mf* Levantine; native or inhabitant of the northeastern Mediterranean shores of Spain
levantisco -ca *adj* (archaic) Levantine; turbulent, restless; *mf* (archaic) Levantine
levar *va* (naut.) to weigh (*anchor*); *vr* (naut.) to set sail
leve *adj* light; slight, trivial, trifling
levedad *f* lightness; trivialness, levity
Leví *m* (Bib.) Levi
leviatán *m* (Bib. & fig.) leviathan
levigación *f* levigation
levigar §59 *va* to levigate (*to mix with water so as to separate finer particles*)
levirato *m* (hist.) levirate
levita *m* (Bib.) Levite; deacon; *f* frock coat
levitación *f* levitation
levítico -ca *adj* Levitical; (*cap.*) *m* (Bib.) Leviticus
levitón *m* heavy frock coat
levógiro -ra *adj* (chem. & opt.) levorotatory
levoglucosa *f* (chem.) levoglucose
levulina *f* (chem.) levuline
levulínico -ca *adj* levulinic
levulosa *f* (chem.) levulose
lewisita *f* (mil.) lewisite
léxico -ca *adj* lexical; m lexicon; wordstock; vocabulary (*e.g., of an author*)
lexicografía *f* lexicography
lexicográfico -ca *adj* lexicographic
lexicógrafo -fa *mf* lexicographer
lexicología *f* lexicology
lexicológico -ca *adj* lexicologic or lexicological
lexicólogo -ga *mf* lexicologist
lexicón *m* lexicon
ley *f* law; loyalty, devotion; norm, standard; fineness (*of a metal*); **a ley de caballero** on the word of a gentleman; **a toda ley** according to principle; with the utmost sincerity; **dar la ley** to set an example; to set the pace, to impose one's will; **de buena ley** sterling, genuine; **tener** or **tomar ley a** to be or become devoted to; **venir contra una ley** to break a law; **ley antigua** Mosaic law; **ley de la selva** law of the jungle; **ley de las fases** (physical chem.) phase rule; **ley del embudo** (coll.) one-sided law; **ley del menor esfuerzo** line of least resistance; **ley de Moisés** law of Moses; **ley del talión** law of retaliation; **leyes suntuarias** sumptuary laws; **ley marcial** martial law; **ley mosaica** Mosaic law; **ley natural** natural law; **ley no escrita** unwritten law; **ley periódica** (chem.) periodic law; **ley sálica** Salic law; **ley seca** dry law
leyenda *f* legend; reading
leyendario -ria *adj* legendary
leyente *adj* reading; *mf* reader
lezna *f* awl
Lía *f* (Bib.) Leah; (*l.c.*) *f* plaited esparto rope; **lías** *fpl* lee, dregs; **estar hecho una lía** (coll.) to be drunk
liana *f* (bot.) liana or liane
lianza *f* (Am.) account, credit (*in a store*)
liar §90 *va* to tie, bind; to tie up, wrap up; to roll (*a cigaret*); (coll.) to embroil, involve; **liarlas** (coll.) to beat it, to duck out; (coll.) to kick the bucket; *vr* to join together, be associated; to have a liaison; (coll.) to become embroiled, become involved; **liárselos** to roll one's own (*i.e., cigarets*)
liara *f* var. of **aliara**
liásico -ca *adj* & *m* (geol.) Liassic
liatón *m* esparto rope
libación *f* libation; (hum.) libation (*alcoholic drink*)
libanés -nesa *adj* & *mf* Lebanese
Líbano, el Lebanon (*republic at east end of Mediterranean*); the Lebanon Mountains
libar *va* to suck; to taste; *vn* to pour out a libation; to imbibe
libelista *m* libeler, lampoonist
libelo *m* libel, lampoon; (law) petition
libélula *f* (ent.) dragonfly
líber *m* (bot.) bast, liber
liberación *f* liberation; quittance; redemption (*e.g., of a mortgage*)
liberador -dora *adj* liberating; *mf* liberator
liberal *adj* liberal; quick, ready; (pol.) liberal; (Am.) liberal (*broad-minded*); *mf* (pol.) liberal
liberalidad *f* liberality
liberalismo *m* liberalism
liberalización *f* liberalization
liberalizar §76 *va* & *vr* to liberalize
liberar *va* to free
liberiano -na *adj* & *mf* Liberian
libérrimo -ma *adj super* very or most free
liberta *f* freedwoman
libertad *f* liberty, freedom; **en libertad** at liberty, at large; **tomarse la libertad de** + *inf* to take the liberty to + *inf;* **tomarse libertades** to take liberties (*to be too familiar*); **libertad de comercio** free trade; **libertad de cultos** freedom of worship; **libertad de empresa** free enterprise; **libertad de enseñanza** academic freedom; **libertad de imprenta** freedom of the press; **libertad de los mares** freedom of the seas; **libertad de palabra** freedom of speech, free speech; **libertad de prensa** freedom of the press; **libertad de reunión** freedom of assembly
libertadamente *adv* brashly, wantonly, impudently
libertado -da *adj* free; bold, daring
libertador -dora *adj* liberating; *mf* liberator
libertar *va* to liberate, to set free; to free; to save, preserve (*from death, jail, etc.*)
libertario -ria *adj* anarchistic; *mf* anarchist
liberticida *adj* liberticidal; *mf* liberticide, destroyer of liberty
libertinaje *m* libertinism
libertino -na *adj* & *mf* libertine
liberto *m* freedman; probationer (*convicted delinquent on probation*)
Libia *f* see **libio**
líbico -ca *adj* Libyan
libídine *f* (psychol.) libido; lust, lewdness
libidinoso -sa *adj* libidinous
libido *f* (psychol.) libido
libio -bia *adj* & *mf* Libyan; **la Libia** Libya
libón *m* bubbling spring; pool
libra *f* pound (*weight, coin*); (*cap.*) *f* (astr.) Libra; **libra esterlina** pound sterling
libración *f* libration; (astr.) libration

L

libraco or **libracho** *m* cheap book, poor book
librado -da *adj* finished, ruined; **bien librado** successful; **mal librado** unsuccessful; *mf* (com.) drawee
librador -dora *mf* deliverer; *m* grocer's scoop; (com.) drawer
libramiento *m* deliverance, exemption; warrant (*for payment of money*)
librancista *m* (com.) holder of a draft
libranza *f* (com.) draft, bill of exchange; **libranza postal** money order
librapié *m* (mech.) foot-pound
librar *va* to free; to save, spare, deliver; to place (*e.g., one's hope*); to pass (*sentence*); to give, to join (*battle*); to decide; (com.) to draw; *vn* to be delivered, to give birth; to expel the placenta; to receive a visitor in the locutory (*said of a nun*); (com.) to draw; **a bien** or **a buen librar** as well as could be expected; **librar bien** to come off well, to succeed; **librar mal** to come off badly, to fail; *vr* to free oneself; to escape; **librarse de buena** (coll.) to get out of a jam, to have a close shave
libratorio *m* locutory
librazo *m* big book; blow with a book
libre *adj* free; single, unmarried; free, outspoken, brash; free, loose, licentious; guiltless, innocent; **libre de porte** postage prepaid, freight prepaid
librea *f* livery (*uniform*); coat (*of deer and other animals*); (coll.) servants; (fig.) livery (*outward appearance*); **llevar librea** to be a servant
librear *va* to sell by the pound
librecambio *m* free trade
librecambista *adj* free-trading; *mf* freetrader
librejo *m* var. of **libraco**
librepensador -dora *adj* freethinking; *mf* freethinker
librepensamiento *m* free thought, freethinking
librería *f* bookstore, bookshop; book business; bookshelf; library; **librería de viejo** second-hand bookshop
libreril *adj* book (*e.g., trade*)
librero *m* bookseller; (Am.) bookshelf, bookcase
libresco -ca *adj* book, bookish
libreta *f* loaf of bread; notebook; **libreta de banco** bankbook
librete *m* foot stove, foot brasier; booklet
libretín *m* booklet
libretista *mf* librettist
libreto *m* (mus.) libretto
librillo *m* tub, washtub; book (*of postage stamps, gold leaf, cigaret paper, etc.*); omasum (*of ruminant*); **librillo de cera** folded wax taper
libro *m* book; omasum (*of ruminant*); **ahorcar los libros** (coll.) to give up studying, to leave school; **a libro abierto** at sight; **el libro de Mormón** the book of Mormon; **hacer libro nuevo** (coll.) to turn over a new leaf; **libro a la rústica** paperbound book; **libro de actas** minute book; **libro de caballerías** romance of chivalry; **libro de caja** cashbook; **libro de cocina** cookbook; **libro de cheques** checkbook; **libro de chistes** joke book; **libro de lance** second-hand book; **libro de mayor venta** best seller; **libro de memoria** memo book; **libro de oro** Golden Book (*of Venetian nobility*); **libro de recuerdos** scrapbook; **libro de teléfonos** telephone book; **libro de texto** textbook; **libro diario** day book; **libro en folio** folio (*book*); **libro en rústica** paperbound book; **libro mayor** ledger; **libro procesional** or **procesionario** processional; **Libros sibilinos** Sibylline Books; **libro talonario** checkbook, stub book
libro-registro *m* (com.) book (*of a company*)
licantropía *f* lycanthropy
licántropo *m* lycanthrope
licencia *f* license (*permission; document showing such permission; abuse of liberty; licentiousness*); licentiate; master's degree; (mil.) furlough; **licencia absoluta** (mil.) discharge; **licencia de matrimonio** marriage license; **licencia poética** poetic license
licenciado -da *adj* licensed; free; pedantic; *mf* licenciate (*person who has a permit to practice a profession; holder of a licentiate or master's degree*); lawyer; (coll.) university student; (mil.) discharged soldier; **licenciado de presidio** freed prisoner; **Licenciado Vidriera** (coll.) namby-pamby
licenciamiento *m* graduation with a licentiate or master's degree; discharge of soldiers
licenciar *va* to license; to confer the degree of master on; (mil.) to discharge; *vr* to receive the master's degree; to be lewd; (mil.) to be discharged
licenciatura *f* licentiate, master's degree; graduation with a licentiate or master's degree; work leading to a licentiate or master's degree
licencioso -sa *adj* licentious
liceo *m* lyceum; lycée
licio -cia *adj & mf* Lycian; (*cap.*) *f* Lycia
licitación *f* bidding
licitador -dora *mf* bidder
licitar *va* to bid on; (Am.) to buy at auction, to sell at auction; *vn* to bid
lícito -ta *adj* licit; just, right; as prescribed
licitud *f* lawfulness; rightness
licnide *f* or **licnis** *m* (bot.) lychnis
licopodio *m* (bot.) ground pine, lycopodium
licor *m* liquor (*spirituous beverage; any liquid*); liqueur (*spirituous liquor sweetened and flavored with aromatic substances*); (pharm.) liquor; **licores espiritosos** or **espirituosos** ardent spirits, spirituous liquors
licorero -ra *mf* (Am.) distiller; (Am.) liquor dealer; *f* cellaret
licorista *mf* distiller; liquor dealer
licoroso -sa *adj* spirituous, alcoholic; generous, rich (*wine*)
lictor *m* (hist.) lictor
licuable *adj* liquefiable
licuación *f* liquefaction; melting; (metal.) liquation
licuador *m* mechanical juice squeezer
licuar *va* to liquefy; to melt; (metal.) to liquate; *vr* to melt
licuefacción *f* liquefaction
licuefacer §55 *va & vr* to liquefy
licuefactible *adj* liquefiable
licuefacto -ta *adj* liquefied
licuescencia *f* liquescence
licuescente *adj* liquescent
licurgo -ga *adj* smart, keen; *m* lawmaker; (*cap.*) *m* Lycurgus
lichera *f* bedcover
lid *f* fight, combat; dispute, argument; **en buena lid** fairly, by fair means
líder *m* leader
lidia *f* & **Lidia** *f* see **lidio**
lidiadero -ra *adj* fighting, fit for fighting; *f* (Am.) quarreling, bickering
lidiador -dora *mf* fighter; *m* bullfighter
lidiar *va* to fight (*bulls*); *vn* to fight, to battle; to face up, to resist; **lidiar con** to contend with, to have to put up with
lidio -dia *adj* Lydian; (mus.) Lydian; *mf* Lydian; *f* fight; bullfight; (*cap.*) *f* Lydia
lidita *f* lyddite (*explosive*); (mineral.) Lydian stone
liebratón *m* var. of **lebrato**
liebre *f* (zool.) hare; coward; **coger una liebre** (coll.) to fall without hurting oneself; **levantar la liebre** (coll.) to do something to attract attention; **liebre de mar** or **liebre marina** (zool.) sea hare; (zool.) porcelain crab
liebrecilla *f* (bot.) bluebottle
Lieja *f* Liége
liendre *f* nit; **cascar** or **machacar las liendres a** (coll.) to beat up, to thrash; (coll.) to rake over the coals
lientera or **lientería** *f* (path.) lientery
lientérico -ca *adj* lienteric
liento -ta *adj* damp, dank
lienza *f* strip of cloth
lienzo *m* linen, linen cloth; linen handkerchief; face or front (*of a wall or building*); (fort.) curtain; (paint.) canvas; **lienzo de la Verónica** veronica (*representing Christ's face*)
liga *f* garter; league; alloy; birdlime; band, rubber band; bond, union; (bot.) mistletoe; **Liga anseática** Hanseatic League; **liga de goma** rubber band
ligación *f* ligation, binding, bond

ligada *f* ligature, tie, bond; (naut.) seizing, lashing
ligado *m* (mus. & print.) ligature
ligador *m* (surg.) ligator
ligadura *f* ligature, tie, bond; (mus. & surg.) ligature; (naut.) seizing, lashing
ligamaza *f* birdlime
ligamen *m* spell said to cause impotency
ligamento *m* ligament; (anat. & zool.) ligament
ligamentoso -sa *adj* ligamentous
ligamiento *m* tie, bond; union, harmony
ligapierna *f* garter
ligar §59 *va* to tie, bind; to alloy; to join, combine; (surg.) to ligate; (fig.) to bind, commit; *vn* (coll.) to flirt, to have an affair; *vr* to league together; (fig.) to become bound or committed
ligazón *f* bond, union; (naut.) futtock
ligereza *f* lightness; speed, rapidity, swiftness; fickleness, flightiness; indiscretion, tactlessness; **ligereza de mano** light touch, skill
ligero -ra *adj* light (*in weight; in arms or equipment; slight, delicate; agile, nimble; unimportant; superficial; flippant; fickle, flighty; cheerful; said also of food, wine, sleep*); weak (*e.g., tea*); **a la ligera** lightly; quickly; simply, unceremoniously; **de ligero** thoughtlessly; rashly; **ligero de cascos** scatterbrained, light-headed; **ligero de lengua** loose-tongued; **ligero de pies** light-footed; **ligero de ropa** scantily clad; **ligero** *adv* (Am.) fast, quickly, rapidly
lignario -ria *adj* ligneous
lignificar §86 *vr* to lignify
lignina *f* (bot.) lignin
lignito *m* (mineral.) lignite
lignocelulosa *f* lignocellulose
ligón *m* hoe
ligroína *f* (chem.) ligroin
lígula *f* (anat.) ligula; (bot. & zool.) ligula or ligule
ligulado -da *adj* ligulate
ligur or **ligurino -na** *adj* & *mf* Ligurian
ligustre *m* flower of privet
ligustrino -na *adj* (pertaining to) privet
ligustro *m* (bot.) privet
lija *f* (ichth.) dogfish; dogfish skin; sandpaper
lijado *m* sanding, sandpapering
lijar *va* to sand, to sandpaper
lila *f* (bot.) lilac (*shrub and flower*); *m* lilac (*color*); (*cap.*) *f* Lille
lilac *f* (*pl:* **lilaques**) (bot.) lilac (*shrub and flower*)
lilaila *f* (coll.) trickiness, cunning; Moorish war cry; (archaic) Berber fabric of silk and wool
lilao *m* (coll.) vain show
liliáceo -a *adj* (bot.) liliaceous
liliputiense *adj* & *mf* Lilliputian
lima *f* file (*tool*); sweet lime; (arch.) hip; (arch.) hip rafter; (bot.) sweet-lime tree; **lima de cola de rata** rattail file; **lima de doble picadura** double-cut file, cross-cut file; **lima delgada** slim file; **lima de mediacaña** half-round file; **lima de picadura sencilla** single-cut file; **lima de uñas** nail file; **lima hoya** (arch.) valley (*of a roof*); **lima muza** smooth file; **lima sorda** dead-smooth file; **lima tesa** (arch.) hip; **lima triangular** three-square file
limador -dora *mf* filer; *f* (mach.) shaper; power-file
limadura *f* filing; **limaduras** *fpl* filings
limalla *f* filings
limar *va* to file; to file down; to polish, touch up; to curtail, cut down; to smooth, smooth over
limatón *m* coarse round file
limaza *f* (zool.) slug
limazo *m* sliminess
limbo *m* edge; (astr., bot. & surv.) limb; (theol.) limbo; (coll.) distraction, diversion; **estar en el limbo** (coll.) to be distraught
Limburgo Limburg
limen *m* threshold; (psychol., physiol. & fig.) threshold
limenso *m* (Am.) honeydew melon
limeño -ña *adj* & *mf* Limean
limero -ra *mf* lime dealer; *m* (bot.) sweet-lime tree; *f* (naut.) rudderhole
limeta *f* long-necked bottle or flask
liminal *adj* (psychol.) liminal
limitación *f* limitation
limitacorrientes *m* (*pl:* **-tes**) (elec.) var. of **limitador de corriente**
limitado -da *adj* limited; dull-witted
limitador *m* limiter; **limitador de corriente** (elec.) clock meter; (elec.) slot meter, coin-operated meter; (elec.) current limiter
limitáneo -a *adj* limitary
limitar *va* to limit; to bound; to cut down, to reduce; **limitar a** + *inf* to limit to + *ger*; *vn* to be contiguous; **limitar con** to border on
limitativo -va *adj* limitative
límite *m* limit; **no tener límites** to know no limit
limítrofe *adj* bordering
limnología *f* limnology
limo *m* slime, mud
limón *m* shaft (*of wagon*); lemon; (arch.) string; (bot.) lemon, lemon tree; (Am.) lime (*fruit of Citrus aurantifolia*); **limón silvestre** May apple (*fruit*)
limonado -da *adj* lemon, lemon-colored; *f* lemonade
limonar *m* lemon grove
limoncillo *m* (bot.) citronella
limoncito *m* (bot.) limeberry, bergamot lime, orangeberry
limoneno *m* (chem.) limonene
limonero -ra *adj* shaft (*horse*); *mf* shaft horse; lemon seller or vendor; *m* (bot.) lemon, lemon tree; (Am.) lime tree (*Citrus aurantifolia*); *f* shaft (*of wagon*); shafts
limonita *f* (mineral.) limonite
limosidad *f* sliminess, muddiness
limosina *f* (aut.) limousine
limosna *f* alms
limosnear *vn* to beg
limosnero -ra *adj* almsgiving, charitable; *m* almsgiver, almoner; alms box; (Am.) beggar; *f* nun who collects alms; alms bag
limoso -sa *adj* slimy, muddy
limpia *f* see **limpio**
limpiabarros *m* (*pl:* **-rros**) scraper, foot scraper
limpiabotas *m* (*pl:* **-tas**) bootblack
limpiacristales *m* (*pl:* **-les**) windshield washer
limpiachimeneas *m* (*pl:* **-as**) chimney sweep
limpiadera *f* brush; plowstaff
limpiadientes *m* (*pl:* **-tes**) toothpick
limpiador -dora *adj* cleaning; *mf* cleaner
limpiadura *f* cleaning; **limpiaduras** *fpl* cleanings
limpiaduría *f* (Am.) dry-cleaning establishment
limpialimas *m* (*pl:* **-mas**) file card (*brush*)
limpiamente *adv* cleanly, in a clean manner; neatly; skillfully, with ease; simply, sincerely; honestly, unselfishly
limpiametales *m* (*pl:* **-les**) metal polish
limpiamiento *m* cleaning
limpianieve *m* snowplow
limpiaoídos *m* (*pl:* **-dos**) earpick
limpiaparabrisas *m* (*pl:* **-sas**) windshield wiper
limpiaparrilla *m* slice bar
limpiapiés *m* (*pl:* **-piés**) (Am.) door mat
limpiapipas *m* (*pl:* **-pas**) pipe cleaner
limpiaplumas *m* (*pl:* **-mas**) penwiper
limpiapozos *mf* (*pl:* **-zos**) cesspool cleaner
limpiar *va* to clean; to cleanse; to exonerate; to clean out, to prune (*a tree*); to shine (*shoes*); (coll.) to snitch; (coll.) to clean out (*someone in gambling*); (coll.) to clean up (*money in gambling*); (mil.) to mop up; **limpiarle a uno cierta cantidad** (coll.) to clean someone out of a certain amount of money; *vr* to clean, to clean oneself
limpiatubos *m* (*pl:* **-bos**) tube cleaner, flue scraper; swab, bailer
limpiaúñas *m* (*pl:* **-ñas**) orange stick, nail cleaner
limpiavía *f* (rail.) pilot, cowcatcher; **limpiavías** *m* (*pl:* **-as**) track cleaner
limpiavidrio *m* windshield wiper
limpidez *f* (poet.) limpidity
límpido -da *adj* (poet.) limpid

limpieza *f* cleaning; cleanness; cleanliness; neatness; ease, skill; chastity; honesty, disinterestedness; fair play; (fig.) house cleaning; **limpieza de bolsa** (coll.) lack of funds; **limpieza en seco** dry cleaning
limpio -pia *adj* clean; cleanly; neat, tidy; pure; chaste; clear, free; **dejar limpio** (coll.) to clean out (*of money*); **en limpio** net; **poner en limpio** to recopy clearly, to make a clear copy of; **quedar limpio** (coll.) to be cleaned out (*of money*); **sacar en limpio** to deduce, understand; to recopy clearly, to make a clear copy of; **limpio de polvo y paja** (coll.) free, for nothing; (coll.) net, after deducting expenses; *f* cleaning; **limpio** *adv* cleanly, in a clean manner; fair; **jugar limpio** to play fair
limpión *m* lick, quick cleaning; (coll.) cleaner; (Am.) dishcloth
lín. abr. of **línea**
lina *f* (Am.) coarse wool
linaje *m* lineage; class, description; **linajes** *mpl* people of high lineage; **linaje humano** humankind; **linaje puro** (biol.) pure line
linajista *m* genealogist
linajudo -da *adj* of high lineage, highborn; *mf* person of high lineage
lináloe *m* (bot.) aloe
linalol *m* (chem.) linaloöl
linar *m* flax field
linaria *f* (bot.) toadflax, snapdragon
linaza *f* flaxseed, linseed
lince *m* (zool.) lynx; keen, shrewd, or discerning person; (*cap.*) *m* (astr.) Lynx; **lince de las estepas** (zool.) caracal; *adj* keen (*sight, eyes*); keen, shrewd, discerning
lincear *va* (coll.) to see into, to see through
linceo -a *adj* lyncean; (poet.) keen (*sight, eyes*)
linchamiento *m* lynching
linchar *va* to lynch
lindante *adj* adjoining, bordering
lindar *vn* to be contiguous; **lindar con** to border on
lindazo *m* boundary
linde *m & f* limit, boundary
lindero -ra *adj* adjoining, bordering; *m* limit, edge; *f* limit, boundary
lindeza *f* prettiness, niceness; harmony, proportion, elegance; funny remark, witticism; (coll.) flirting; **lindezas** *fpl* (coll.) insults
lindo -da *adj* pretty, nice; fine, wonderful; **de lo lindo** a great deal; wonderfully; *m* (coll.) dude, sissy
lindura *f* prettiness, niceness; beauty (*beautiful woman*)
línea *f* line; lines (*outline of a figure, dress, etc.*); figure, waistline; **conservar la línea** to keep one's figure; **en toda la línea** all along the line; **la línea** (geog.) the line (*the equator*); **leer entre líneas** to read between the lines; **línea aclínica** (phys.) aclinic line; **línea agónica** (phys.) agonic line; **línea alámbrica** (elec.) line, wire; **línea de agua** water line; **línea de base** base line; **línea de batalla** line of battle; **línea de circunvalación** (rail.) belt line; (fort.) line of circumvallation; **línea de colimación** line of collimation; **línea de combate** line of battle; **línea de demarcación** (hist.) Line of Demarcation; **línea de empalme** (rail.) branch line; **línea de flotación** water line; **línea de fondo** (tennis) base line; (tennis) service line; **línea de fuego** (mil.) firing line; **línea de fuerza** (phys.) line of force; (elec.) power line; **línea de incidencia** line of incidence; **línea del lado** (tennis) side line; **línea del fuerte** (naut.) level line; **línea del partido** party line (*especially of Communist party*); **línea de media red** or **de mitad** (tennis) center service line; **línea de mira** (arti. & surv.) line of sight; **línea de montaje** assembly line; **línea de puntos** dotted line; **línea de respeto** limit of the marine belt; **línea de saque** or **de servicio** (tennis) service line; **línea de tierra** ground line; **línea de tiro** (mil.) line of fire; **línea férrea** railway; **línea geodésica** (math.) geodesic line; **línea internacional de cambio de fecha** international date line; **línea principal** (telp.) trunk line; **línea punteada** dotted line; **línea suplementaria** (mus.) ledger line, added line; **línea transversal** (geom.) transversal; **línea troncal** (rail.) trunk line
lineal *adj* lineal, linear
lineamento *m* lineament; **lineamentos** *mpl* lineaments (*especially of the face*)
lineamiento *m* lineament; **lineamientos** *mpl* (Am.) general outline, broad outline
linear *adj* linear (*leaf*); *va* to line; to sketch, outline; to delimit; to mark off, mark out
linearidad *f* linearity
linfa *f* (anat. & physiol.) lymph; (poet.) water
linfadenitis *f* (path.) lymphadenitis
linfangitis *f* (path.) lymphangitis
linfático -ca *adj* lymphatic; (fig.) lymphatic
linfocito *m* (anat.) lymphocyte
lingote *m* ingot; slug; (print.) slug; **lingote de hierro** pig iron
linguado -da *adj* (her.) langued
lingual *adj* lingual; (phonet.) lingual; *f* (phonet.) lingual
linguete *m* pawl, dog, ratchet
lingüista *mf* linguist (*person who studies linguistic phenomena*)
lingüístico -ca *adj* linguistic; *f* linguistics
linimento *m* liniment
linina *f* (biol. & chem.) linin
linneano -na *adj* Linnaean or Linnean
lino *m* (bot.) flax; flax fiber; linen; canvas; (poet.) sail
linóleo *m* linoleum
linón *m* lawn (*fabric*)
linotipia *f* linotype
linotipista *mf* linotyper or linotypist
lintel *m* var. of **dintel**
linterna *f* lantern; (arch. & mach.) lantern; (naut.) lantern (*of lighthouse*); **linterna de Aristóteles** (zool.) Aristotle's lantern; **linterna china** Japanese lantern; **linterna eléctrica** flashlight; **linterna mágica** magic lantern; **linterna sorda** dark lantern; **linterna veneciana** Japanese lantern
linternazo *m* blow with a lantern; (coll.) blow, smack
linternero -ra *mf* lantern maker or dealer
linternón *m* big lantern; (naut.) poop lantern
liño *m* row of trees, shrubs, or other plants
liñuelo *m* strand (*of a rope or cable*)
lío *m* bundle, package; batch (*of papers*); (coll.) muddle, mess; (coll.) liaison; **armar un lío** (coll.) to raise a row, stir up trouble; **hacerse un lío** (coll.) to get in a jam; **traer un lío con** (coll.) to have an affair with
lionés -nesa *adj & mf* Lyonese; **a la lionesa** (cook.) lyonnaise (*potatoes*)
liorna *f* (coll.) uproar, hubbub, confusion; (*cap.*) *f* Leghorn (*city*)
lioso -sa *adj* (coll.) scheming, trouble-making; (coll.) knotty, troublesome
lipasa *f* (biochem.) lipase
lipoma *m* (path.) lipoma
liq.ⁿ abr. of **liquidación**
líq.º abr. of **líquido**
liquefacción *f* liquefaction
liquefacer §55 *va & vr* to liquefy
liquefactible *adj* liquefiable
liquefacto -ta *adj* liquefied
liquen *m* (bot. & path.) lichen
liquenina *f* (chem.) lichenin
liquenología *f* lichenology
liquenoso -sa *adj* lichenous
liquidable *adj* liquefiable
liquidación *f* liquefaction; liquidation
liquidador -dora *adj* liquidating; *mf* liquidator; **liquidador de averías** insurance adjuster
liquidámbar *m* (bot.) liquidambar (*tree and liquid*)
liquidar *va & vr* to liquefy; to liquidate
liquidez *f* liquidity
líquido -da *adj* liquid; (com.) net; (phonet.) liquid; *m* liquid; (com.) net; **líquido amoniacal** ammoniacal liquor, ammonia liquor; **líquido imponible** taxable net; *f* (phonet.) liquid
lira *f* (mus.) lyre; inspiration, poetry (*of a given poet*); (*cap.*) *f* (astr.) Lyre or Lyra
lirado -da *adj* lyre-shaped; (bot.) lyrate

liria *f* birdlime
lírico -ca *adj* lyric, lyrical; (theat.) lyric (*musical, operatic*); (Am.) fantastic, utopian; *m* lyric poet; (Am.) visionary, utopian; *f* lyric poetry
lirio *m* (bot.) iris; **lirio amarillo** (bot.) yellow flag; **lirio blanco** (bot.) lily; **lirio de agua** (bot.) calla, calla lily; **lirio de Florencia** (bot.) fleur-de-lis, orris, Florentine iris; **lirio de los valles** (bot.) lily of the valley; **lirio de mar** (zool.) sea lily (*crinoid*); **lirio hediondo** (bot.) stinking iris, gladdon; **lirio tricolor** (bot.) red jasmine
liriodendro *m* (bot.) tulip tree, yellow pine
lirismo *m* lyricism
lirón *m* (zool.) dormouse; (bot.) water plantain; (fig.) sleepyhead
lis *f* (bot.) iris; (bot.) lily
lisa *f* see **liso**
Lisandro *m* Lysander
Lisboa *f* Lisbon
lisboeta, lisbonense or **lisbonés -nesa** *adj* (pertaining to) Lisbon; *mf* native or inhabitant of Lisbon
lisencoísmo *m* Lysenkoism
lisera *f* (fort.) berm
lisiado -da *adj* hurt, abused; crippled; eager, wild (*about something*); *mf* cripple
lisiar *va* to hurt, abuse; to cripple; *vr* to become crippled
lisimaquia *f* (bot.) loosestrife; **lisimaquia roja** (bot.) purple loosestrife, willow herb
lisina *f* (biochem.) lysin or lysine
Lisipo *m* Lysippus
liso -sa *adj* smooth, even; plain, unadorned (*clothes*); simple, plain-dealing; **liso y llano** simple, easy; *m* (min.) smooth face (*of a rock*); *f* (ichth.) spiny loach; (ichth.) gray mullet; (ichth.) striped mullet
lisofobia *f* (psycopath.) lyssophobia
lisol *m* lysol
lisonja *f* flattery; (her.) lozenge
lisonjeador -dora *adj* flattering; pleasing; *mf* flatterer
lisonjear *va & vn* to flatter; to please, delight; *vr* to flatter oneself
lisonjero -ra *adj* flattering; pleasing; *mf* flatterer
lista *f* see **listo**
listado -da *adj* striped
listar *va* to list
listeado -da *adj* var. of **listado**
listel *m* (arch.) listel, fillet; milled edge of coin
listerina *f* listerine
listero *m* timekeeper; roll taker, roll keeper
listeza *f* (coll.) readiness, quickness, alertness, craftiness
listo -ta *adj* ready, prepared; ready, quick, prompt; alert, wide-awake; **estar listo** to be finished (*with a task*); **pasarse de listo** (coll.) to bubble over, to go out on a limb; **más listo que Cardona** (coll.) as quick as lightning; **listo de manos** (coll.) light-fingered ‖ *f* list; roll; strip; colored stripe (*in a fabric*); roll call; **pasar lista** to call the roll; **lista de bajas** casualty list; **lista de comidas** bill of fare; **lista de correos** general delivery; **lista de espera** waiting list; **lista de frecuencia** frequency list (*of words*); **lista de pagos** pay roll; **lista de revista** (mil.) roll call; **lista negra** black list, black book
listón -tona *adj* white-striped, light-striped (*bull*); *m* tape, ribbon; strip (*of wood*); lath; (arch.) listel, fillet
listonado *m* lath, lathing
listonar *va* to build or construct with strips of wood
listoncillo *m* (carp.) bead
lisura *f* smoothness, evenness; candor, simplicity; (Am.) piece of impudence; (Am.) obscenity
lit. abr. of **literalmente**
lita *f* (vet.) tongue worm (*especially in a dog*)
litargirio *m* (chem.) litharge
lite *f* lawsuit
litera *f* litter; berth (*in boat or train*); **litera alta** upper berth; **litera baja** lower berth
literal *adj* literal
literalidad *f* literalness, literality
literalismo *m* literalism
literalista *adj* literalist, literalistic; *mf* literalist
literario -ria *adj* literary
literato -ta *adj* literary (*person*); *mf* literary person, writer
literatura *f* literature; **literatura de escape** escape literature
litiasis *f* (path.) lithiasis
lítico -ca *adj* lithic; (chem.) lithic
litigación *f* litigation
litigante *adj & mf* litigant
litigar §59 *va & vn* litigate
litigio *m* lawsuit, litigation; dispute, argument
litigioso -sa *adj* litigious
litina *f* (chem.) lithia
litio *m* (chem.) lithium
litis *f* (*pl:* **-tis**) lawsuit
litisconsorte *mf* (law) joint litigant
litiscontestación *f* (law) answer to an allegation; (law) litiscontestation
litisexpensas *fpl* (law) costs of a suit
litispendencia *f* (law) pending litigation
litoclasa *f* (geol.) lithoclase
litófago -ga *adj* (zool.) lithophagous
litofotografía *f* lithophotography
litografía *f* lithograph; lithography
litografiar §90 *va* to lithograph
litográfico -ca *adj* lithographic
litógrafo -fa *mf* lithographer
litoideo -a *adj* lithoid
litología *f* (geol. & med.) lithology
litológico -ca *adj* lithologic or lithological
litomarga *f* (mineral.) lithomarge
litopón *m* lithopone
litoral *adj* littoral, coastal; *m* littoral, coast, shore
litorina *f* (zool.) periwinkle
litosfera *f* lithosphere
lítote *f* (rhet.) litotes
litotomía *f* (surg.) lithotomy
litotricia *f* (surg.) lithotrity
litotritor *m* (surg.) lithotrite
litráceo -a *adj* (bot.) lythraceous
litre *m* (bot.) lithi
litro *m* liter
Lituania *f* Lithuania
lituano -na *adj & mf* Lithuanian; *m* Lithuanian (*language*)
lituo *m* (hist.) lituus (*augur's staff; trumpet*)
liturgia *f* liturgy
litúrgico -ca *adj* liturgic or liturgical
liturgista *m* liturgist
liviandad *f* lightness; fickleness; triviality; lewdness
liviano -na *adj* light; fickle; trivial; lewd; *m* leading donkey; **livianos** *mpl* lights, lungs
lividez *f* lividity
lívido -da *adj* livid
Livio *m* Livy
livor *m* lividness; evil, envy, hate; disorder
lixiviador *m* leach (*vessel*)
lixiviar *va & vr* to leach
liza *f* lists (*place of combat*); combat, contest; (ichth.) mullet; **entrar en liza** to enter the lists
lizarol *m* harness shaft (*of loom*)
lizo *m* warp; heddle, leash
Lm. abr. of **lumen**
lo *art def neut* (followed by masc form of adj) the, e.g., **lo hermoso** the beautiful; (the adj can often be translated by corresponding noun ending in -ness), e.g., **lo rápido de sus movimientos** the rapidness of his movements; (followed by adv or inflected adj) how, e.g., **me sorprende ver lo bien que habla Vd. el español** I am surprised to see how well you speak Spanish; **perdieron cuanto tenían a pesar de lo tacaños que eran** they lost all they had in spite of how stingy they were; **lo más** as . . . as, e.g., **lo más temprano posible** as early as possible; *pron pers* him, it; you; (with verb **estar, ser, parecer,** etc., it represents an adj or noun understood and is either not translated or is translated by 'so'), e.g., **estoy cansado pero ella no lo está** I am tired but she is not; **aunque no es rico, quiere parecerlo** although he is not rich, he wants to appear so; *pron dem* that; **de lo que** + *verb* more than + *verb*, e.g., **escri-**

L

be mejor de lo que habla he writes better than he speaks; **todo lo que** all that, e.g., **he perdido todo lo que tenía** I lost all I had; **lo de** the question of, the matter of, e.g., **lo de la guerra fría** the question of the cold war; **lo de que** the fact that, the statement that; **lo de siempre** the same old story; **lo que** what, e.g., **lo que Vd. necesita es ejercicio** what you need is exercise
loa *f* praise; prologue (*of medieval play*); short dramatic poem
loable *adj* laudable, praiseworthy
loador -dora *adj* eulogistic; *mf* eulogizer, eulogist
loar *va* to praise
loba *f* see **lobo**
lobado -da *adj* lobate
lobagante *m* (zool.) lobster (*Homarus*)
lobanillo *m* wen, cyst; gall
lobato *m* wolf cub
lobelia *f* (bot.) lobelia
lobeliáceo -a *adj* (bot.) lobeliaceous
lobero -ra *adj* (pertaining to the) wolf; *m* wolf hunter; *f* thicket infested with wolves
lobezno *m* wolf cub; wolfkin, little wolf
lobina *f* (ichth.) bass, sea bass
lobo -ba *adj* & *mf* (Am.) half-breed; *m* (zool.) wolf; (ichth.) loach; lobe; (coll.) drunk; **coger** or **pillar un lobo** (coll.) to get a jag on; **desollar** or **dormir un lobo** (coll.) to sleep off a drunk; **lobo cerval** or **cervario** (zool.) lynx; **lobo de mar** (ichth.) sea wolf, wolf fish; (coll.) old salt, sea dog (*experienced sailor*); **lobo marino** (zool.) seal; **lobo marsupial** (zool.) thylacine, Tasmanian wolf; **lobo solitario** (fig.) lone wolf; *f* she-wolf; ridge between furrows; soutane, cassock
loboso -sa *adj* full of wolves, infested with wolves
lobotomía *f* (surg.) lobotomy
lóbrego -ga *adj* gloomy (*dark; sad, melancholy*)
lobreguecer §34 *va* to make dark, make gloomy; *vn* to grow dark
lobreguez *f* darkness; gloominess
lobulado -da *adj* lobate, lobed; lobulate; (arch.) foliated
lobular *adj* lobular; lobar
lobulillo *m* lobule
lóbulo *m* lobe; (arch.) foil
lobuno -na *adj* (pertaining to the) wolf, wolfish
locación *f* lease
local *adj* local; (med.) local; *m* rooms, quarters, premises: **local de negocios** place of business; **local prohibido** disorderly house
localidad *f* locality; accommodations (*e.g., on a train*); (theat.) seat
localismo *m* localism
localización *f* localization; location; **localización de averías** trouble shooting
localizar §76 *va* to localize; to locate; to shoot (*trouble*); to limit, to limit the spread of; *vr* to be or become localized; to be located; (coll.) to become acclimated
locatario -ria *mf* renter, tenant
locativo -va *adj* (pertaining to a) lease; (gram.) locative; *m* (gram.) locative
locería *f* (Am.) chinaware; (Am.) set of china dishes; (Am.) pottery
locero -ra *mf* (coll.) var. of **ollero**
loción *f* wash, ablution; (pharm.) lotion
loco -ca *adj* crazy, mad, insane; wild, harum-scarum; awry; wonderful (*luck*); huge (*crop*); loose (*pulley*); (naut.) wild; **estar loco por** (coll.) to be crazy or mad about; **volver loco** to drive crazy; **loco de amor** madly in love; **loco de atar** (coll.) crazy as a bedbug, raving mad; **loco de contento** (coll.) mad with joy; **loco perenne** permanently mad; (coll.) full of fun; **loco rematado** (coll.) crazy as a bedbug, raving mad; *mf* insane person, lunatic, maniac; *m* fool (*jester*)
locoísmo *m* (vet.) loco disease
locomoción *f* locomotion
locomotivo -va *adj* locomotive
locomotor -tora or **-triz** (*pl:* **-trices**) *adj* locomotor; locomotive; **locomotora** *f* (rail.) engine, locomotive; **locomotora de empuje** (rail.) pusher engine; **locomotora de maniobras** (rail.) shifting engine; **locomotora de mercancías** (rail.) freight engine; **locomotora de viajeros** (rail.) passenger engine
locomotora-ténder *f* (*pl:* **locomotoras-ténder**) (rail.) tank engine, tank locomotive
locomóvil *adj* locomobile; *f* locomobile, tractor
locro *m* (Am.) meat and vegetable stew
locuacidad *f* loquacity
locuaz *adj* (*pl:* **-cuaces**) loquacious
locución *f* locution, expression; idiomatic phrase
locuelo -la *adj* (coll.) wild, frisky (*youngster*); *f* speech, way of speaking (*of an individual*)
loculado -da *adj* (bot.) loculate
locular *adj* locular
loculicida *adj* loculicidal
lóculo *m* (bot. & hist.) loculus
locura *f* madness, insanity; madness, folly; **locura de doble forma** (psychopath.) manic-depressive insanity
locutor -tora *mf* (rad.) announcer, commentator
locutorio *m* parlor, locutory (*in a nunnery*); telephone booth
locha *f* or **loche** *m* (ichth.) loach
lodachar *m*, **lodazal** *m* or **lodazar** *m* mudhole
lodo *m* mud; (chem.) lute (*substance used to close or seal a joint, porous surface, etc.*)
lodoñero *m* (bot.) guaiacum, lignum vitae
lodoso -sa *adj* muddy
lofobranquio -quia *adj* & *m* (ichth.) lophobranch
loganiáceo -a *adj* (bot.) loganiaceous
logarítmico -ca *adj* logarithmic or logarithmical
logaritmo *m* (math.) logarithm; **logaritmo vulgar** (math.) common logarithm
logia *f* lodge (*e.g., of Masons*); (arch.) loggia
lógico -ca *adj* logical; *mf* logician; *f* logic
logístico -ca *adj* (mil.) logistic or logistical; *f* (mil.) logistics
logogrifo *m* logogriph
logomaquia *f* logomachy
logotipo *m* (print.) logotype
logrado -da *adj* successful
lograr *va* to get, obtain; to attain; to produce, manage to produce; **lograr** + *inf* to succeed in + *ger*; *vr* to succeed, turn out well
logrear *vn* to be a moneylender; to profiteer
logrería *f* moneylending, usury; profiteering
logrerismo *m* (Am.) peculation
logrero -ra *adj* moneylending, usurious; profiteering; grasping; *mf* moneylender, usurer; profiteer; (Am.) sponger
logro *m* attainment; gain, profit; success; usury; **dar** or **prestar a logro** to lend at usurious rates
loica *f* (orn.) tanager
Loira *m* Loire
loísmo *m* use of **lo** for the accusative, instead of **le**
loísta *mf* user of **lo** for the accusative, instead of **le**
lolardo *m* Lollard
loma *f* long, low hill; **la loma de San Juan** San Juan Hill
lombarda *f* see **lombardo**
Lombardía *f* Lombardy
lombardo -da *adj* & *mf* Lombard; *f* (bot.) drumhead cabbage
lombriguera *f* hole in the ground made by a worm; wormy place; (bot.) tansy
lombriz *f* (*pl:* **-brices**) (zool.) worm, earthworm; (coll.) beanpole (*tall, skinny person*); **lombrices** *fpl* (path.) worms; **lombriz de los niños** (zool.) pinworm, threadworm; **lombriz de tierra** (zool.) earthworm; **lombriz intestinal** (zool.) intestinal worm; **lombriz solitaria** (zool.) tapeworm
lombrosiano -na *adj* Lombrosian
lomear *vn* to arch the back (*said of a horse*)
lomentáceo -a *adj* (bot.) lomentaceous
lomento *m* (bot.) loment
lomera *f* backstrap (*of harness*); ridgepole; (b.b.) backing
lometa *f* hill
lomienhiesto -ta *adj* var. of **lominhiesto**
lomillería *f* (Am.) harness maker's shop
lomillo *m* (sew.) cross-stitch; **lomillos** *spl* pads of packsaddle

lominhiesto -ta *adj* high-backed, high-cropped; (coll.) vain, conceited
lomo *m* back (*of animal, of book, of knife*); ridge between furrows; crease; loin; **lomos** *mpl* ribs; **lomo de asno** (rail.) hump
lomudo -da *adj* broad-backed
lona *f* canvas; (naut.) sailcloth; (poet.) sail; (Am.) burlap
loncha *f* slab, flagstone; slice, strip
londinense or **londonense** *adj* (pertaining to) London; *mf* Londoner
Londres *m* London; **el Gran Londres** Greater London
long. abr. of **longitud**
longanimidad *f* long-suffering, forbearance, magnanimity
longánimo -ma *adj* long-suffering, magnanimous
longaniza *f* pork sausage; (coll.) beanpole (*tall, skinny person*)
longevidad *f* longevity
longevo -va *adj* longevous, aged, very old
longílocuo -cua *adj* long-tongued, talkative
longiloquio *m* long, tiresome conversation
longincuidad *f* remoteness, distance; length (*of time*); length, extension
longincuo -cua *adj* remote, distant
Longino *m* Longinus
longirrostro -tra *adj* longirostral; (pal.) longirostrine
longísimo -ma *adj super* very long
longitud *f* longitude; length; **longitud de onda** (phys.) wave length
longitudinal *adj* longitudinal
longividente *adj* far-seeing, far-sighted
longobardo -da *adj & mf* Longobard
longorón *m* (zool.) piddock
longuera *f* long strip of land
longuetas *fpl* (surg.) bandages
longuísimo -ma *adj super* very long
lonja *f* exchange, market; grocery store; wool warehouse; slice; strap; stone step (*in front of church*); gallery, passageway
lonjear *va* (Am.) to cut (*hide*) into strips
lonjeta *f* bower, summerhouse
lonjista *mf* grocer
lontananza *f* far horizon; (paint.) background; **en lontananza** far away
loor *m* praise
lopiano -na *adj* (pertaining to) Lope de Vega
lopista *mf* authority on Lope de Vega
loquear *vn* to talk nonsense, to act like a fool; to have a high time, to carry on
loquera *f* see **loquero**
loquería *f* (Am.) madhouse, insane asylum
loquero -ra *mf* guard in an insane asylum; *m* (Am.) confusion, pandemonium; (Am.) madhouse (*place of confusion*); *f* insane asylum; (Am.) madness, insanity
loquesco -ca *adj* funny, jolly
loquial *adj* lochial
loquios *mpl* (obstet.) lochia
lorán *m* (naut.) loran
lorantáceo -a *adj* (bot.) loranthaceous
loranto *m* (bot.) mistletoe (*Loranthus*)
lord *m* (*pl:* **lores**) lord; Lord (*title*)
lordosis *f* (path.) lordosis
loredo *m* var. of **lauredal**
Lorena, la Lorraine
lorenés -nesa *adj* Lorrainese; *mf* Lorrainer
Lorenzo *m* Laurence or Lawrence
loriga *f* (arm. & zool.) lorica
loriguillo *m* (bot.) mezereon
loris *m* (*pl:* **-ris**) (zool.) loris; **loris cenceño** (zool.) slow loris
loro -ra *adj* dark-brown; blond; *m* (orn.) parrot; (bot.) cherry laurel; (ichth.) scarus; glass bedpan; (Am.) spy; **loro de mar** (ichth.) peacock fish
lorza *f* pleat, tuck
Lor.zo abr. of **Lorenzo**
los, las *art def pl* the; *pron pers pl* you, them; *pron dem* those, e.g., **los de mi hermano** those of my brother
losa *f* slab, flagstone; grave; **echar** or **poner una losa encima** to shut tight (*so that no news will leak out*)
losado *m* var. of **enlosado**
Losana *f* Lausanne
losange *m* lozenge, diamond; (geom. & her.) lozenge; (baseball) diamond
losangeado -da *adj* lozenged, lozenge-shaped; (her.) lozengy
losanjado -da *adj* (her.) lozengy
losar *va* var. of **enlosar**
loseta *f* small flagstone; **coger en la loseta** (coll.) to trick
lota *f* (ichth.) burbot
lote *m* lot, share, portion; lottery prize; (Am.) lot (*of ground*); (Am.) remnant; (Am.) swallow, swig; (Am.) dunce
lotear *va* (Am.) to divide into lots
lotería *f* lottery; lottery office; lotto (*game*); (fig.) gamble (*risk, chance*); **echar a la lotería** to put up (*money*) on the lottery
lotero -ra *mf* dealer in lottery tickets
lotificar §86 *va* (Am.) to divide into lots
lotiforme *adj* lotiform
lotización *f* (Am.) division into lots, development of new lots
lotizar §76 *va* (Am.) to divide into lots
loto *m* (bot., arch. & myth.) lotus; (bot.) lotus tree; **loto azul** (bot.) blue lotus, Egyptian lotus
lotófago -ga *adj* lotus-eating; *mf* lotus-eater
Lovaina *f* Louvain
lovaniense *adj* (pertaining to) Louvain; *mf* native or inhabitant of Louvain
loxocosmo *m* loxocosm
loxodromia *f* (naut.) loxodrome, rhumb line
loxodrómico -ca *adj* (naut.) loxodromic or loxodromical
loxodromismo *m* loxodromism
loxoftalmía *f* (path.) loxophthalmus
loxótico -ca *adj* loxotic
loxotomía *f* (surg.) loxotomy
loyo *m* (bot.) boletus
loza *f* crockery, earthenware; **loza fina** china, chinaware
lozanear *vn* to be luxuriant; to be full of life; to grow wild; *vr* to be luxuriant; to be full of life; to luxuriate, to take great delight
lozanía *f* verdure, luxuriance; vigor, exuberance; pride, haughtiness
lozano -na *adj* verdant, luxuriant; vigorous, exuberant; proud, haughty
L.S. abr. of **Locus Sigilli** (Lat.) **lugar del sello**
lúa *f* currying mitt; (prov.) saffron bag
lubigante *m* (zool.) lobster (*Homarus*)
lubina *f* var. of **lobina**
lubricación *f* lubrication
lubricador -dora *adj* lubricating; *mf* lubricator; *m* lubricator (*device*)
lubricán *m* dawn
lubricante *adj & m* lubricant
lubricar §86 *va* to lubricate
lubricidad *f* lubricity
lúbrico -ca *adj* lubricous (*slippery; lewd*)
lubrificar §86 *va* to lubricate
Lucano *m* Lucan
Lucas *m* Luke
lucentísimo -ma *adj super* very or most bright or shining
lucera *f* skylight, transom
lucerna *f* chandelier; loophole; (ichth.) flying gurnard; (*cap.*) *f* Lucerne
lucérnula *f* (bot.) corn cockle
lucero *m* Venus (*as morning or evening star*); bright star; light (*in a wall*); star (*in forehead of animal*); brilliance, splendor; **luceros** *mpl* (poet.) eyes; **lucero del alba** or **de la mañana** morning star (*Venus*); **lucero de la tarde** evening star (*Venus*)
Lucía *f* Lucy, Lucia
Luciano *m* Lucian
lucidez *f* lucidity; keenness; (psychol.) lucidity
lucido -da *adj* gracious, generous, magnificent; brilliant, successful; sumptuous, gorgeous
lúcido -da *adj* lucid (*clear, easy to understand*); (med.) lucid
lucidor -dora *adj* shining
lucidura *f* whitewash
luciente *adj* bright, shining, lucent
luciérnaga *f* (ent.) glowworm, firefly
Lucifer *m* Lucifer (*chief rebel angel; Venus as the morning star*); (*l.c.*) *m* overbearing fellow
luciferasa *f* (biochem.) luciferase

L

luciferino -na *adj* Luciferian; *f* (biochem.) luciferin
lucífero -ra *adj* (poet.) shining, dazzling; (*cap.*) *m* Lucifer (*Venus as the morning star*)
lucífugo -ga *adj* (biol.) lucifugous
lucillo *m* tomb, sepulcher
lucimiento *m* brilliancy, luster; show, display, dash; success; **quedar** or **salir con lucimiento** to come off with great success, to come off with flying colors
lucio -cia *adj* bright, shiny; *m* salt pool; (ichth.) pike, luce
lución *m* (zool.) blindworm, slowworm
lucir §60 *va* to illuminate, light up; to show, to display, to put on; to help, benefit; to plaster; to sport (*e.g., a new suit*); *vn* to shine; (fig.) to shine (*to be brilliant, to excel*); *vr* to dress up; to come off well; (fig.) to shine (*to be brilliant, to excel*); (iron.) to flop
lucrar *va* to get, obtain; *vn & vr* to profit; **lucrar de** to profit from, make money on
lucrativo -va *adj* lucrative
Lucrecia *f* Lucrece or Lucretia
Lucrecio *m* Lucretius
lucro *m* gain, profit; **lucros y daños** profit and loss
lucroso -sa *adj* lucrative, profitable
luctuoso -sa *adj* sad, gloomy
lucubración *f* lucubration
lucubrar *va & vn* lucubrate
Lúculo *m* Lucullus
lúcuma *f* canistel (*fruit*)
lucha *f* fight; struggle; wrestling; wrestling match; quarrel; **lucha de clases** class struggle; **lucha de la cuerda** (sport) tug of war; **lucha por la vida** struggle for existence
luchador -dora *mf* fighter; struggler; wrestler
luchar *vn* to fight; to struggle; to wrestle; to quarrel; **luchar por** + *inf* to struggle to + *inf*
lucharniego -ga *adj* night-hunting (*dog*)
ludibrio *m* mockery, scorn, derision
ludimiento *m* rubbing
ludión *m* (phys.) Cartesian devil
ludir *va, vn & vr* to rub, rub together
lúe *f* var. of **lúes**
luego *adv* soon; at once; then; therefore, then; **con tres luegos** (coll.) in a hurry; **desde luego** right away; of course; **hasta luego** good-bye, so long; **luego como** as soon as; **luego de** after, right after; **luego de** + *inf* after + *ger;* **luego que** as soon as
luengo -ga *adj* long
lúes *f* (path.) pestilence; (path.) lues (*syphilis*); **lúes canina** (vet.) distemper
luético -ca *adj* luetic
lugano *m* (orn.) linnet (*Acanthis spinus*)
lugar *m* place, position; site, spot; seat; room, space; village, hamlet; (geom.) locus; **dar lugar** to make room; **dar lugar a** to give rise to; **dar lugar a que** + *subj* to give reason for + *ger;* to give rise to + *ger;* **en lugar de** instead of, in place of; **en primer lugar** in the first place; **hacer lugar** to make room; **hacerse lugar** to make a place for oneself; **no ha lugar** (law) petition refused; **tener lugar** to fit; to take place; **tener lugar de** to take the place of, to serve as; **lugar ciego** (rad.) blind spot; **lugar común** toilet, water closet; commonplace; **lugar de cita** tryst; **lugares estrechos** close quarters; **lugar geométrico** (geom.) locus; **lugar seguro** safe place
lugarejo *m* hamlet
lugareño -na *adj* (pertaining to a) village; *mf* villager
lugarete *m* hamlet
lugarón *m* dull country town
lugartenencia *f* lieutenancy
lugarteniente *m* lieutenant
luge *m* sled
lugre *m* (naut.) lugger
lúgubre *adj* dismal, gloomy, lugubrious
luir §41 *va* (Am.) to rumple, to muss; (Am.) to polish (*pottery*); (naut.) to gall, to wear; *vr* (Am.) to rub, to wear away
Luis *m* Louis; Lewis; **Luis Felipe** Louis Philippe; **Luis Napoleón** Louis Napoleon
luisa *f* (bot.) lemon verbena; (*cap.*) *f* Louisa or Louise
Luisiana, La Louisiana
luisianense *adj & mf* Louisianan
lujación *f* var. of **luxación**
lujar *va* (Am.) to shine, to polish; (Am.) to rub; (Am.) to shine (*shoes*); *vr* to be dislocated
lujo *m* luxury; **de lujo** de luxe; **gastar mucho lujo** to live in high style; **lujo de** excess of, too much, too many
lujoso -sa *adj* luxurious; ostentatious; magnificent
lujuria *f* lust, lechery, luxury
lujuriante *adj* lustful; luxuriant
lujuriar *vn* to lust, to be lustful or lecherous; to couple, to pair (*said of animals*)
lujurioso -sa *adj* lustful, lecherous, lewd; *mf* lecher
lula *f* see **lulo**
luliano -na *adj* Lullian; *mf* Lullianist or Lullist
lulismo *m* philosophy of Raymond Lully
lulista *adj* Lullian; *mf* Lullianist or Lullist
lulo -la *adj* (Am.) lank, slender; *m* (Am.) bundle; *f* (prov.) squid
lulú *m* (*pl:* **-lúes**) spitz dog, Pomeranian
lumaquela *f* (petrog.) lumachel or lumachella
lumbago *m* (path.) lumbago
lumbán *m* (bot.) lumbang
lumbar *adj* lumbar
lumbarización *f* (path.) lumbarization
lumbodinia *f* (path.) lumbodynia
lumbosacro -cra *adj* lumbosacral
lumbrada *f* large fire, blaze
lumbral *m* var. of **umbral**
lumbrarada *f* var. of **lumbrada**
lumbre *f* fire, light; opening, light (*in a wall*); light (*to light a cigar or cigaret*); brightness, brilliance; knowledge, learning; (fig.) light (*of a countenance*); **lumbres** *fpl* tinder box; **a lumbre de pajas** (coll.) in a flash, like a flash; **a lumbre mansa** with slow flame; **echar lumbre** (coll.) to blow one's top; **ni por lumbre** (coll.) not for love or money; **ser la lumbre de los ojos de** to be the apple of the eye of; **lumbre del agua** surface of the water
lumbrera *f* light, source of light; louver (*opening to let in air and light*); skylight; dormer window; (carp.) slit (*in face of plane*); (mach.) port; (min.) ventilating shaft; (naut.) air duct; (fig.) light (*example, shining figure*); **lumbreras** *fpl* eyes; **lumbrera de admisión** (mach.) intake port; **lumbrera de escape** (mach.) exhaust port
lumbrerada *f* var. of **lumbrada**
lumbrical *adj* (anat.) lumbrical
lumbricosis *f* (path.) lumbricosis
lumen *m* (anat., bot. & phys.) lumen; **lumen hora** (*pl:* **lúmenes hora**) (phys.) lumen-hour
luminal *m* (pharm.) luminal
luminar *m* luminary; (fig.) luminary (*person*)
luminaria *f* (eccl.) altar lights; **luminarias** *fpl* lights, illumination (*for decoration*)
lumínico -ca *adj* photic; (pertaining to) light; lighting (*e.g., fixture*)
luminífero -ra *adj* luminiferous
luminiscencia *f* luminescence
luminiscente *adj* luminescent
luminosidad *f* luminosity
luminoso -sa *adj* luminous; (fig.) bright (*e.g., idea*)
luminotecnia *f* lighting engineering
luminotécnico -ca *adj* lighting; *m* lighting engineer
lun. abr. of **lunes**
luna *f* moon; moonlight; plate glass; mirror; lens, glass (*of spectacles*); (coll.) caprice, whim, wild idea; (ichth.) sunfish, moonfish; **dejar a la luna de Valencia** (coll.) to disappoint; **estar de buena luna** to be in a good humor; **estar de mala luna** to be in a bad humor; **ladrar a la luna** (coll.) to bark at the moon; **media luna** half moon; crescent (*shape of moon in first or last quarter; Mohammedanism; Turkish Empire*); **quedarse a la luna de Valencia** (coll.) to be disappointed; **luna creciente** crescent moon; **luna de agua** (bot.) white water lily; **luna de miel** honeymoon; **luna llena** full moon; **luna menguante** waning moon; **luna nueva** new moon
lunación *f* (astr.) lunation
lunado -da *adj* lunate; *f* (Am.) moonlight party

lunanco -ca *adj* with one quarter higher than the other (*said, e.g., of a horse*)
lunar *adj* lunar; *m* mole; polka dot; (fig.) stain, blot; (fig.) stigma; **lunar postizo** beauty spot
lunaria *f* (bot.) lunary; **lunaria menor** (bot.) moonwort
lunático -ca *adj* lunatic; temporarily unbalanced; *mf* lunatic; person temporarily unbalanced; moonstruck person
lunecilla *f* crescent-shaped jewel
lunes *m* (*pl:* **-nes**) Monday; **hacer san lunes** (Am.) to knock off on Monday; (Am.) to knock off on Monday because of a hangover; **lunes de carnaval** Shrove Monday
luneta *f* lens, glass (*of spectacles*); orchestra seat; front tile; lunette (*crescent-shaped ornament*); (arch. & fort.) lunette; (mach.) rest (*of a lathe*); (aut.) rear window
lunetario *m* (Am.) orchestra, parquet
luneto *m* (arch.) lunette
lunfardo *m* (Am.) thief; (Am.) underworld slang, thieves' Latin
lunisolar *adj* (astr.) lunisolar
lúnula *f* (anat. & zool.) lunule; (astr.) moon (*of other planets than the earth*); (geom.) lune; (opt.) meniscus
lupa *f* magnifying glass
lupanar *m* bawdyhouse, brothel
lupanario -ria *adj* (pertaining to a) bawdyhouse
lupercales *fpl* (hist.) Lupercalia
lupia *f* wen, cyst; (metal.) bloom; (Am.) bit, trifle; (Am.) witch doctor, quack; **lupias** *fpl* (Am.) small change
lupino -na *adj* lupine; *m* (bot.) lupine
lupulina *f* (bot.) black medic
lúpulo *m* (bot.) hop, hop vine; **hops** (*dried flowers of hop vine*)
lupus *m* (path.) lupus
luquete *m* slice of orange or lemon used to flavor wine; spot, hole (*in clothing*); bald spot; sulfur match or fuse; (arch.) dome (*of a Byzantine vault*); (Am.) unplowed patch in a fallow
Lurdes *f* Lourdes
lúrida *f* (orn.) golden oriole
lurio -ria *adj* (Am.) mad, crazy; (Am.) madly in love
lurte *m* (prov.) avalanche
lusitanismo *m* Lusitanism
lusitano -na *adj* & *mf* Lusitanian; Portuguese
lustrabotas *m* (*pl:* **-tas**) (Am.) bootblack
lustración *f* lustration
lustral *adj* lustral
lustrar *va* to shine, polish; to lustrate; *vn* to wander, roam
lustre *m* luster, gloss, shine, polish; shoe polish; (fig.) luster (*fame, glory*)
lustrina *f* lustrine; lustring; (Am.) shoe polish
lustro *m* lustrum (*five years*); chandelier; (hist.) lustrum
lustroso -sa *adj* shining, bright, lustrous
lútea *f* see **lúteo**
lutecio *m* (chem.) lutecium
luteína *f* (biochem. & physiol.) lutein
lúteo -a *adj* luteous; muddy, miry; mean, low, vile; *f* (orn.) golden oriole
luteolina *f* (chem.) luteolin
luteoma *m* (path.) luteoma
luteranismo *m* Lutheranism
luterano -na *adj* & *mf* Lutheran
Lutero *m* Luther
lutidina *f* (chem.) lutidine
luto *m* mourning; sorrow, bereavement; **lutos** *mpl* crape, mourning draperies; **aliviar el luto** to go out of deep mourning; **estar de luto** to be in mourning; **medio luto** half mourning; **luto riguroso** deep mourning
lutocaro *m* (Am.) trash cart
lutria *f* (zool.) otter
Luvre *m* Louvre (*museum*)
lux *m* (*pl:* **lux**) (phys.) lux
luxación *f* luxation, dislocation
luxar *va* to luxate, dislocate
Luxemburgo *m* Luxemburg
luxemburgués -guesa *adj* Luxemburgian; *mf* Luxemburger
luz *f* (*pl:* **luces**) light; window, opening, light; guiding light; (coll.) money; **luces** *fpl* enlightenment, culture; **a la luz de** in the light of; **a primera luz** at dawn; **a toda luz** or **a todas luces** everywhere; by all means; **dar a luz** to have a child; to give birth to; to bring out, publish; **echar luz** (coll.) to recover, get stronger; **echar luz sobre** to cast, shed, or throw light on; **entre dos luces** at twilight; (coll.) half-seas over, half drunk; **sacar a luz** to bring to light; **salir a luz** to come to light; to come out, be published; to take place; **ver la luz** to see the light, see the light of day; **luces de Bengala** (aer.) flares; **luces de carretera** (aut.) bright lights; **luces de cruce** (aut.) dimmers; **luz de balizaje** (aer.) marker light; **luz de Bengala** Bengal light; **luz de calcio** calcium light; **luz de frenado** brake light; **luz de magnesio** magnesium light; (phot.) flash bulb, flashlight; **luz de matrícula** license-plate light; **luz del mundo** (theol.) light of the World; **luz de parada** or **paro** stop light; **luz fría** cold light; **luz indicadora** pilot light; **luz negra** (phys.) black light; **luz trasera** tail light
Luzbel *m* Lucifer (*chief rebel angel, Satan*)
luzco *1st sg pres ind of* **lucir**
Lx. abr. of **lux**

Ll

Ll, ll *f* fourteenth letter of the Spanish alphabet
llaga *f* ulcer; sore; torment, cause of pain or sorrow; (mas.) seam
llagar §59 *va* to make sore; to hurt, to wound
llagua *f* var. of **yagua**
llama *f* flame, blaze; marsh, swamp; fiery passion; (zool.) llama; **salir de las llamas y caer en las brasas** to jump out of the frying pan into the fire; **llama manométrica** (phys.) manometric flame; **llama oxidante** (chem.) oxidizing flame; **llama reductora** (chem.) reducing flame
llamada *f* see **llamado**
llamadera *f* goad
llamado -da *adj* so-called; *m* call; *f* call; sign, signal (*to call someone*); knock, ring; reference, reference mark; (mil.) call, call to arms; **tocar** or **batir llamada** (mil.) to sound the call to arms; **llamada a filas** (mil.) call to the colors; **llamada a quintas** draft call
llamador -dora *mf* caller; *m* messenger; knocker; push button
llamamiento *m* call; divine inspiration
llamar *va* to call; to name; to summon; to call upon, to invoke; to attract; **estar llamado a** to have a natural aptitude for; *vn* to knock, to ring; *vr* to be called; (naut.) to veer; **¿cómo se llama Vd.?** what is your name?
llamarada *f* flare-up; flush; (fig.) flare-up, outburst
llamargo *m* marsh, swamp
llamarón *m* (Am.) var. of **llamarada**
llamativo -va *adj* thirst-raising; showy, flashy, gaudy
llamazar *m* marsh, swamp
llambria *f* steep rocky surface, steep face of a rock
llame *m* (Am.) bird net, bird trap
llameante *adj* flaming, blazing, flashing
llamear *vn* to flame, blaze, flash
llampo *m* (Am.) ore; (Am.) stone quarry
llana *f* see **llano**
llanada *f* plain, level ground
llanero *m* plainsman
llaneza *f* plainness, simplicity
llano -na *adj* smooth, even, level; plane; plain, simple; clear, evident; (phonet.) paroxytone; *m* plain; llano (*broad treeless plain*); landing (*of stairs*); side of a sheet of paper; *f* trowel; plain; **a la llana** simply; in the open; **de llano** plainly, openly
llanque *m* (Am.) rawhide sandal
llanta *f* felloe; rim (*of wheel*); tire; (bot.) kale; **llanta de goma** rubber tire; **llanta de oruga** track (*band of caterpillar tractor*)
llantén *m* (bot.) plantain; **llantén menor** (bot.) ribwort
llantera *f* (coll.) blubber, yammer
llantería *f* or **llanterío** *m* (Am.) weeping, wailing
llantina *f* (coll.) var. of **llantera**
llanto *m* weeping, crying; **en llanto** in tears
llanura *f* smoothness, evenness, level; plain; **llanura aluvial** flood plain
llapa *f* var. of **yapa**
llapango -ga *adj* (Am.) barefooted (*Indian*)
llares *fpl* pothanger
llatar *m* (prov.) rail fence
llaupangue *m* (bot.) pink francoa
llauquear *vr* (Am.) to fall to pieces, to come to ruin
llave *f* key; wrench, key; faucet, spigot; (elec.) switch; (print.) bracket; (mus.) key; (fig.) key (*means of solving a problem, secret, etc.; place controlling entrance to a sea, country, etc.*); **debajo de llave** under lock and key; **echar la llave a** to lock; **llave de afinar** (mus.) tuning key or hammer; **llave de cadena** chain tongs or wrench; **llave de caja** socket wrench; **llave de cambio** shift key; **llave de caño** pipe wrench; **llave de cubo** socket wrench; **llave de estufa** damper (*to control draft*); **llave de la mano** span of the hand; **llave del pie** distance from heel to instep; **llave de mandíbulas** or **llave dentada** alligator wrench; **llave de paso** stopcock; passkey; **llave de percusión** or **de pistón** percussion lock; **llave de purga** drain cock; **llave de salto** margin release, margin release key; **llave de tiempo atrasado** (elec.) delayed-time switch; **llave de trinquete** ratchet wrench; **llave espacial** space bar or key; **llave falsa** false key, picklock; **llave inglesa** monkey wrench; **llave maestra** master key, skeleton key; **llave para embutir** (elec.) flush switch, flushmounted switch; **llave para tubos** pipe wrench; **llaves de la iglesia** (eccl.) power of the keys; *adj* key
llavero -ra *mf* keeper of the keys; turnkey; *m* key ring
llavín *m* latchkey
lleco -ca *adj* virgin (*soil*)
llegada *f* arrival
llegar §59 *va* to push, bring up; *vn* to arrive; to happen; to reach; to amount; to be equal; **llegar a** to arrive at; **llegar a** + *inf* to come to, to get to + *inf;* to succeed in + *ger;* **llegar a ser** to become; *vr* to move close, come near; to get, to go
llena *f* see **lleno**
llenado *m* filling
llenador -dora *adj* (Am.) filling (*food*)
llenar *va* to fill; to fill out; to fulfill; to satisfy; to overwhelm; to annoy, bother; *vn* to be full (*said of moon*); *vr* to fill, fill up, become full; (coll.) to stuff oneself; (coll.) to become annoyed; **llenarse a rebosar** to be filled to overflowing; **llenarse de** to get covered with; to be overwhelmed with; to be deeply in (*e.g., debt*)
llenero -ra *adj* full, entire, complete
lleno -na *adj* full; solid; **lleno a rebosar** full to overflowing; *m* fill, plenty; fulness, full enjoyment; perfection, completeness; full moon; full house (*e.g., in a theater*); **de lleno** fully, entirely; squarely; **lleno de la luna** full of the moon; *f* flood
llenura *f* fulness, abundance
llera *f* gravel pit
lleta *f* (bot.) sprout
lleudar *va & vr* var. of **leudar**
lleuque *m* (bot.) plum fir
lleva or **llevada** *f* carrying, conveying; ride; **lleva gratuita** free ride
llevadero -ra *adj* bearable, tolerable
llevar *va* to carry, to take, to lead; to carry away, take away; to yield; to keep (*accounts, books, etc.*); to carry on, to conduct (*correspondence*); to put (*a play on the screen, a program on the air*); to be in charge of, to manage; to lead (*a certain kind of life*); to bear (*arms*); to bear, to stand for; to suffer (*punishment*); to charge (*a certain price*); to take off, sever; to get, obtain; to win; to wear (*clothes*); to have been, e.g., **llevo mucho tiempo aquí** I have been here a long time; **lleva cinco días ausente** he has been absent five days; **llevo dos años de estudiar el español** I have been studying Spanish for two years; (arith.) to carry; **a todo llevar** for all kinds of wear (*said of clothing*); **llevar a** to exceed; to be ahead of (*by a certain distance*), e.g., **este vapor lleva cinco millas al otro** this

steamer is five miles ahead of the other one; to be heavier than (*by a certain weight*), e.g., **este muchacho lleva tres kilogramos a aquél** this boy is three kilograms heavier than that one; to be older than (*by a certain number of days, months, years, etc.*), e.g., **mi hijo lleva al suyo un año** my son is a year older than yours; **llevar a alguien a** + *inf* to take someone to + *inf;* to lead someone to + *inf;* **llevarla hecha** (coll.) to have it all figured out; **llevar las de perder** (coll.) to be in a bad way; **llevar puesto** to wear, to have on (*a garment*); **llevar** + *pp* to have + *pp*, e.g.,**lleva conseguidas muchas victorias** he has won many victories; **no llevarlas todas consigo** (coll.) to be scared ‖ *vn* to lead; to charge; **llevar y traer** (coll.) to go around gossiping ‖ *vr* to carry away; to take, take away; to seize; to carry off; to win, carry off; to get along; **llevarse algo a alguien** to take something away from someone, to steal something from someone; **llevarse bien** to get along together; **llevarse bien con** to get along with, to fit in with; **llevarse mal con** to be on bad terms with

lloradera *f* (coll.) blubbering, yammering
llorador -dora *adj* weeping; *mf* weeper
lloraduelos *mf* (*pl:* **-los**) (coll.) sobber, sniveler, crybaby
lloralástimas *mf* (*pl:* **-mas**) (coll.) sniveling skinflint, poverty-crying penny pincher
lloramico *m* weeping; **lloramicos** *mf* (*pl:* **-cos**) (coll.) crybaby
lloranduelos *m* (*pl:* **-los**) (coll.) var. of **lloraduelos**
llorante *adj* weeping
llorar *va* to weep; to weep over; to mourn; *vn* to weep, to cry; to drip; to water, to run (*said of the eyes*); (plant path.) to weep
lloredo *m* growth of laurels
llorera *f* (coll.) blubber, yammer
llorica *mf* whiner, crybaby
lloriquear *vn* to whimper, to whine
lloriqueo *m* whimper, whimpering, whining
llorisquear *vn* (Am.) var. of **lloriquear**
llorisqueo *m* (Am.) var. of **lloriqueo**
lloro *m* weeping, crying; tears
llorón -rona *adj* weeping, whining; (bot.) weeping; *mf* weeper, whiner; crybaby; *m* (bot.) weeping willow; pendulous plume; *f* weeper, hired mourner
lloroso -sa *adj* weeping, weepy; tearful, sad
llovedero *m* (coll.) rainy spell
llovedizo -za *adj* leaky (*roof*); rain (*water*)
llover §63 *va* to rain (*to send like rain*); *vn* to rain; **como llovido** unexpectedly; **como llovido del cielo** like manna from heaven; **llueva o no** rain or shine; **llueve** it is raining; *vr* to leak (*said of a roof*)
llovido -da *mf* stowaway
llovioso -sa *adj* var. of **lluvioso**
llovizna *f* drizzle
lloviznar *vn* to drizzle
lloviznoso -sa *adj* drizzled, wet from drizzle; (Am.) drizzly
llueca *f* brooding hen
lluvia *f* rain; rain water; (fig.) rain; (fig.) heap, mass, flock; **lluvia de estrellas** star shower; **lluvia de oro** heap of gold, great wealth; (bot.) golden chain, laburnum; (bot.) goldenrod; **lluvia radiactiva** fallout, radioactive fallout
lluviosidad *f* raininess
lluvioso -sa *adj* rainy

M

M, m *f* fifteenth letter of the Spanish alphabet

m. abr. of **mañana, masculino, meridiano, metro** or **metros, milla, minuto** or **minutos** & **muerto**

M. abr. of **Madre (religiosa), Maestro, Majestad, mediano** & **Merced**

m/ abr. of **mi** & **mes**

m^2 abr. of **metro cuadrado** & **metros cuadrados**

M.ª abr. of **María**

maca *f* flaw, blemish; spot, stain; bruise (*on fruit*); fraud, deceit

Macabeo *m* (Bib.) Maccabaeus; **macabeos** *mpl* (Bib.) Maccabees

macábrico -ca or **macabro -bra** *adj* macabre

macaco -ca *adj* (Am.) ugly, misshapen; *mf* (zool.) macaque; **macaco de la India** (zool.) rhesus; *f* (Am.) drunk, jag

macadam *m* macadam

macadamizar §76 *va* to macadamize

macadán *m* var. of **macadam**

macana *f* (Am.) macana (*wooden sword or club*); trick, lie; drug on the market; (Am.) nonsense; (Am.) botch

macanazo *m* (Am.) blow with a macana; (Am.) great nonsense

macanear *vn* (Am.) to exaggerate, boast, joke

macanudo -da *adj* (coll.) stunning, terrific; (Am.) strong, husky; (Am.) swell, grand; (Am.) nonsensical

macar §86 *vr* to rot from bruises (*said of fruit*)

macareo *m* tide rip in a river

macarrón *m* macaroon; (naut.) bulwark; **macarrones** *mpl* macaroni; (naut.) stanchions

macarronea *f* macaronic (*poem*)

macarrónico -ca *adj* macaronic

macasar *m* antimacassar

macear *va* to mace, to hammer, to pound; *vn* to be insistent, to bore

macedón -dona *adj* & *mf* Macedonian

macedonia *f* & **Macedonia** *f* see **macedonio**

macedónico -ca *adj* Macedonian

macedonio -nia *adj* & *mf* Macedonian; *f* macédoine (*salad; medley*); (*cap.*) *f* Macedonia; **macedonia de frutas** fruit salad

macelo *m* slaughterhouse

maceo *m* macing, hammering

maceración *f* maceration

macerador -dora *adj* macerating; *mf* macerater

maceramiento *m* var. of **maceración**

macerar *va* & *vr* to macerate

macerina *f* (Am.) saucer with device to hold chocolate cup

macero *m* macer, macebearer

maceta *f* tool handle; stone hammer, mason's hammer; flowerpot; vase for artificial flowers; (bot.) corymb; **maceta de aforrar** (naut.) serving mallet; **maceta de hojalatero** tinner's hammer

macetero *m* flowerpot stand

macfarlán *m* or **macferlán** *m* inverness, inverness cape

macia *f* var. of **macis**

macicez *f* solidity; massiveness

macilento -ta *adj* wan

macillo *m* hammer (*of piano*)

macis *f* mace (*spice*)

macito *m* tapper (*of a bell, decoherer, etc.*)

macizar §76 *va* to fill in, make solid

macizo -za *adj* solid; massive; (fig.) solid, sound; *m* solid; flower bed; wall space; clump, mass; mountain mass, massif; (aut.) solid tire

macla *f* wooden flail; (mineral.) macle

macle *m* (her.) mascle

maclura *f* (bot.) Osage orange (*plant and fruit*)

macolla *f* cluster, bunch

macollar *vn* & *vr* var. of **amacollar**

macón *m* dry, brown honeycomb

macramé *m* macramé

macrobiótico -ca *adj* macrobiotic; *f* macrobiotics

macrocito *m* (path.) macrocyte

macrocosmo *m* macrocosm

macrofísica *f* macrophysics

macrogameto *m* (biol.) macrogamete

macromolécula *f* macromolecule

macrosmático -ca *adj* (zool.) macrosmatic

macruro -ra *adj* & *m* (zool.) macruran

macsura *f* area reserved in a mosque for caliph and imam

macuache *m* (Am.) ignorant Mexican Indian

macuba *f* maccaboy (*perfumed snuff*); (ent.) musk beetle

macuco -ca *adj* (Am.) strong, husky; (Am.) sly, cunning; (Am.) notable, important; *m* (Am.) overgrown boy

mácula *f* spot; stain, blemish; (anat., astr. & path.) macula; (coll.) deception, trick; **mácula solar** sunspot

macular *va* to spot; (print.) to mackle; *vr* (print.) to mackle

maculatura *f* (print.) mackle; (print.) mackled sheet of paper

macuquero *m* bootleg miner

macuto *m* (Am.) alms basket; (mil.) knapsack

macha *f* (zool.) tellina; (Am.) drunk, drunkenness; (Am.) joke, jest; (Am.) mannish woman

machaca *f* crusher; *mf* (coll.) bore; **¡dale, machaca!** (coll.) cut it out!

machacadera *f* crusher

machacador -dora *adj* crushing; *mf* crusher; *f* crusher (*machine*); **machacadora de martillos** hammer mill

machacamiento *m* crushing, pounding

machacante *m* (mil.) sergeant's aid

machacar §86 *va* to crush, to mash, to pound; *vn* to be insistent, to bore

machacón -cona *adj* boring, tiresome; *mf* bore

machaconería *f* boresomeness, tiresomeness

machada *f* flock of billy goats; (coll.) stupidity

machado *m* hatchet

machamartillo; a machamartillo (coll.) firmly, tightly; blindly, with blind faith

machaqueo *m* crushing, pounding

machaquería *f* tiresomeness, dullness

machaquero -ra *adj* (coll.) boring; *mf* (coll.) bore

machar *va* to crush, grind; *vr* (Am.) to get drunk

mache *m* (phys.) Mache unit

macheta *f* cleaver

machetazo *m* blow or hack with a machete

machete *m* machete; cane knife

machetear *va* var. of **amachetear**

machetero *m* man who clears ground with a machete; cane cutter; (Am.) revolutionary; (Am.) grind (*student*); **machetero de salón** (Am.) parlor revolutionary

machi *m* or **machí** *m* (Am.) medicine man

machihembradora *f* (carp.) machine for cutting tongue and groove; (carp.) mortiser (*machine*)

machihembrar *va* (carp.) to feather; (carp.) to mortise

machina *f* derrick, crane; pile driver

macho *adj* male, e.g., **la comadreja macho** the male weasel; **la flor macho** the male flower; strong, tough; stupid; (bot. & mach.) male; *m* sledge hammer; square anvil; anvil block; abutment, pillar; male (*animal*); he-mule; hook (*of hook and eye*); stupid fellow;

foreigner, Anglo-Saxon; (coll.) blond; pin, peg; (coll.) he-man; (mach.) male piece or part; **macho cabrío** he-goat, billy goat; **macho de aterrajar** (mach.) tap, screw tap; **macho de cabrío** he-goat, billy goat; **macho de terraja** (mach.) tap, screw tap
machón *m* pillar, buttress
machona *adj fem* mannish (*woman*)
machorro -rra *adj* barren, sterile; *f* barren female
machota *f* hammer, mallet; (coll.) mannish woman; **a la machota** (Am.) carelessly, any old way
machote *m* hammer, mallet; rough draft
machucadura *f* or **machucamiento** *m* crushing, pounding; bruise, contusion
machucar §86 *va* to crush, to pound, to bruise
machucón *m* (Am.) crushing; (Am.) bruise
machucho -cha *adj* thoughtful, judicious; elderly
machuelo *m* small he-mule; germ; clove (*of garlic*); (Am.) tap
madama *f* madame; (coll.) missus; (bot.) garden balsam
madamisela *f* young lady, damsel; mademoiselle
madamita *m* (coll.) sissy
madapolán *m* madapollam
madeja *f* skein, hank; mass of hair; (coll.) listless fellow; **hacer madeja** to rope, become ropy; **madeja sin cuenda** (coll.) hopeless tangle; (coll.) muddlehead; (coll.) sloppy fellow
madera *f* wood; piece of wood; lumber, timber; horny part (*of hoof*); (coll.) knack, flair, makings, qualities; **no holgar la madera** (coll.) to work all the time; **saber a la madera** (coll.) to be a chip off the old block; **ser de mala madera** or **tener mala madera** (coll.) to be a lazy loafer; **madera alburente** sapwood; **madera aserradiza** lumber (*cut for use*); **madera contrachapada** plywood; **madera de corazón** heartwood; **madera de raja** split timber; **madera de sierra** lumber (*cut for use*); **madera fósil** lignite; **madera laminada** plywood; **madera plástica** plastic wood; **madera serradiza** lumber (*cut for use*); **maderas preciosas** fancy woods; *m* Madeira, Madeira wine
maderable *adj* timber-yielding
maderada *f* raft, float
maderaje *m* or **maderamen** *m* lumber, woodwork
maderar *va* var. of **enmaderar**
maderería *f* lumberyard
maderero -ra *adj* (pertaining to) lumber; *m* lumberman; carpenter
maderista *m* (Am.) lumberman
madero *m* log, beam; (coll.) dolt; ship, vessel
madianita *mf* (Bib.) Midianite
Madona *f* Madonna; (f.a.) Madonna
mador *m* moisture, slight sweat
madoroso -sa *adj* moist
madrás *m* madras
madrastra *f* stepmother; callous mother; nuisance; (bot.) apple mint
madraza *f* (coll.) doting mother
madre *f* mother; matron; womb; bed (*of river*); main sewer; main irrigation ditch; mother (*of vinegar*); sediment, dregs; (fig.) mother; **futura madre** expectant mother; **sacar de madre a** (coll.) to upset, disturb; **ser la madre del cordero** to be the real cause; **madre adoptiva** foster mother; **madre de Dios** (eccl.) Mother of God; **madre del clavo** clove; **madre de leche** wet nurse; **madre de perlas** (zool.) pearl oyster; **madre patria** mother country, old country; **madre política** mother-in-law; stepmother; **madre tierra** mother earth; *adj* mother, e.g., **lengua madre** mother tongue; **leona madre** mother lioness
madrear *vn* to look like one's mother; (coll.) to keep saying ma (*said of a child*); *vr* to turn, grow sour
madrecilla *f* ovary (*of a bird*)
madreclavo *m* clove of two-year growth
madreña *f* wooden shoe
madreperla *f* (zool.) pearl oyster; mother-of-pearl
madrépora *f* (zool.) madrepore
madrepórico -ca *adj* madreporic
madrero -ra *adj* mother-loving
madreselva *f* (bot.) honeysuckle, trumpet honeysuckle; **madreselva de jardín** (bot.) yellow honeysuckle
madrigado -da *adj* that has sired (*said of a bull*); twice-married (*said of a woman*); (coll.) experienced
madrigal *m* madrigal; (mus.) madrigal
madrigalesco -ca *adj* madrigalian; elegant, overnice
madriguera *f* burrow, den, lair; (fig.) den (*e.g., of thieves*)
madrileño -ña *adj* Madrid, Madrilenian; *mf* Madrilenian
madrina *f* godmother; patroness; protectress; prop, stanchion; shore, brace; strap for yoking two horses; (Am.) leading mare; (Am.) tame herd used to gather and lead untamed cattle; **madrina de bodas** bridesmaid; **madrina de guerra** war mother (*soldier's correspondent*)
madrinazgo *m* godmothership; sponsorship
madrona *f* main sewer; (bot.) toothwort; (coll.) doting mother
madroncillo *m* strawberry (*fruit*)
madroñal *m* growth of arbutus or strawberry trees
madroñera *f* (bot.) arbutus, strawberry tree; growth of arbutus or strawberry trees
madroño *m* (bot.) arbutus, strawberry tree; (bot.) madroño; madroño apple; fruit of strawberry tree; berry-shaped tassel
madrugada *f* dawn; early morning (*before sunrise*); early rising; **de madrugada** early, at the break of day
madrugador -dora *adj* early-rising; *mf* early riser
madrugar §59 *vn* to get up early; to be ahead, to be out in front
madrugón -gona *adj* early-rising; *m* (coll.) very early rising, getting up very early; **dar madrugón** (coll.) to get up very early
maduración *f* ripening; maturation
maduradero *m* place for ripening fruit
madurar *va* to ripen; to mature; to maturate; to think out; *vn* to ripen; to mature; to maturate
madurez *f* ripeness; maturity
maduro -ra *adj* ripe; mature
maese *m* (obs.) messer, master; (obs.) journeyman; **maese coral** prestidigitation, sleight of hand
maestra *f* see **maestro**
maestral *m* northwest wind; queen cell
maestralizar §76 *vn* (naut.) to decline to the northwest (*said of compass*)
maestramente *adv* masterly, in a masterly fashion, skilfully
maestrante *m* member of riding club
maestranza *f* riding club of noblemen; arsenal, armory; navy yard; (Am.) machine shop
maestrazgo *m* mastership (*of a military order*)
maestre *m* master (*of a military order*); (naut.) master; **gran maestre** grand master
maestrear *va* to direct, manage, take over; to cut back slightly (*a grapevine*); (mas.) to screed; *vn* to domineer, to be domineering
maestresala *m* (archaic) chief waiter, taster (*for a nobleman*)
maestría *f* mastery; mastership; trick, deceit; cure; master's degree
maestril *m* queen cell
maestro -tra *adj* masterful, masterly; main, principal; trained, e.g., **perro maestro** trained dog; master, e.g., **llave maestra** master key; **maestro mecánico** master mechanic; **maestros cantores** mastersingers; *m* master; teacher; maestro (*in music, painting, etc.*); (educ.) master; (naut.) mainmast; **gran maestro** grand master (*of Masons*); **maestro aguañón** master builder of water works; **maestro de armas** fencing master; **maestro de capilla** choirmaster; **maestro de ceremonias** master of ceremonies; **maestro de cocina** chef; **maestro de equitación** riding master; **maestro de escuela** elementary schoolteacher; **maestro de esgrima** fencing master; **maestro de obra prima** shoemaker

M

(*who makes shoes*); **maestro de obras** builder, master builder; **maestro de ribera** ship carpenter, shipwright; **maestro de taller** (Am.) master mechanic; *f* teacher; schoolmistress; teacher's wife; elementary school; (mas.) screed, guide line; (fig.) teacher (*such as adversity*); **maestra de escuela** schoolmistress
Magallanes *m* Magellan
magallánico -ca *adj* Magellanic
magancear *vn* (Am.) to bum, to loaf around
magancería *f* cheat, deceit
magancés *adj* evil, treacherous
maganel *m* (archaic) battering ram
maganto -ta *adj* wan, languid, spiritless
maganza *f* (Am.) bumming, loafing
magaña *f* trick, deceit; flaw (*in bore of a gun*)
magarza *f* (bot.) feverfew
magarzuela *f* (bot.) mayweed, stinking camomile
Magdalena *f* Magdalen, Madeleine; (*l.c.*) *f* (fig.) magdalene (*repentant prostitute*); oval-shaped biscuit; **estar hecha una magdalena** (coll.) to be inconsolable; **Santa María Magdalena** (Bib.) Mary Magdalene
magdaleniense *adj* (geol.) Magdalenian
magdaleón *m* (pharm.) cylindrical plaster or poultice
magenta *m* magenta
magia *f* magic; **magia blanca** white magic; **magia negra** black magic
magiar *adj & mf* Magyar; *m* Magyar (*language*)
mágico -ca *adj* magic or magical; *mf* magician; *f* magic
magín *m* (coll.) fancy, imagination; (coll.) keenness, ability
magisterial *adj* teaching
magisterio *m* teaching; teachers; teaching profession; guidance, leadership; solemnity, pomposity
magistrado *m* magistrate
magistral *adj* magistral, magisterial; master; masterly; (fort. & pharm.) magistral; *m* (metal.) magistral
magistratura *f* magistracy
magma *m* magma; (geol. & pharm.) magma
magnanimidad *f* magnanimity
magnánimo -ma *adj* magnanimous
magnate *m* magnate
magnesia *f* (chem.) magnesia
magnesiano -na *adj* magnesian
magnésico -ca *adj* magnesic
magnesio *m* (chem.) magnesium; (phot.) flashlight (*light; photograph*)
magnesita *f* (mineral.) magnesite
magnético -ca *adj* magnetic
magnetismo *m* magnetism; **magnetismo animal** animal magnetism; **magnetismo permanente** (phys.) permanent magnetism; **magnetismo remanente** (phys.) remanent magnetism; **magnetismo terrestre** terrestrial magnetism
magnetita *f* (mineral.) magnetite
magnetización *f* magnetization
magnetizador -dora *adj* magnetizing; *mf* magnetizer
magnetizar §76 *va* to magnetize
magneto *m & f* magneto
magnetoeléctrico -ca *adj* magnetoelectric
magnetofón *m* var. of **magnetófono**
magnetofónico -ca *adj* recording (*tape or wire*)
magnetófono *m* (phys.) magnetophone; wire recorder, tape recorder
magnetómetro *m* magnetometer
magnetón *m* (phys.) magneton
magnetosfera *f* magnetosphere
magnetrón *m* (rad.) magnetron
magnicidio *m* assassination of a great man
magnificación *f* (opt.) magnification; exaltation
magnificador -dora *adj* magnifying; extolling, exalting
magnificar §86 *va* (opt.) to magnify; to extol, to exalt
magníficat *m* Magnificat
magnificencia *f* magnificence
magnificente *adj* magnificent
magnificentísimo -ma *adj super* very or most magnificent
magnífico -ca *adj* magnificent; liberal, lavish
magnitud *f* magnitude; (astr. & math.) magnitude
magno -na *adj* great, e.g., **Alejandro Magno** Alexander the Great
magnolia *f* (bot.) magnolia
mago -ga *adj* magian, magical; Magian; *mf* magian, magician; *m* wizard; Magus, Magian; (zool.) tarsier; **magos de Oriente** Magi, Wise Men of the East
magostar *va* to roast (*chestnuts*) at a picnic
magosto *m* chestnut roast; roast chestnuts; picnic fire for roasting chestnuts
magra *f* see **magro**
magrez *f* thinness, leanness, meagerness
magro -gra *adj* thin, lean, meager; mean, paltry; *m* (coll.) loin of pork; *f* slice of ham; **¡magras!** *interj* (coll.) absolutely no!
magrura *f* var. of **magrez**
maguar *vr* (Am.) to be disappointed
maguer *conj* (obs.) although
magüeta *f* heifer
magüeto *m* young bull
maguey *m* (bot.) maguey
maguillo *m* (bot.) crab apple
magujo *m* (naut.) ravehook
magulladura *f* or **magullamiento** *m* bruise, bruising
magullar *va & vr* to bruise
Maguncia *f* Mainz
magyar *adj & mf* var. of **magiar**
maharajá *m* (*pl:* **-jaes**) maharaja
mahatma *m* mahatma; (theosophy) mahatma
Mahoma *m* Mohammed
mahometano -na *adj & mf* Mohammedan
mahometismo *m* Mohammedanism
mahometista *adj* Mohammedan; *mf* Mohammedan; Christianized Mohammedan who returns to Mohammedanism
mahometizar §76 *va* to Mohammedanize; *vn* to profess Mohammedanism
mahón *m* nankeen
mahona *f* mahone (*Turkish vessel*)
mahonesa *f* mayonnaise; (bot.) Mahon stock, Virginia stock
maicena *f* fine corn flour
maicillo *m* (bot.) gama grass; (Am.) gravel
maído *m* meow
maillechort *m* var. of **melchor**
maimón *m* monkey; **maimones** *mpl* Andalusian soup made with olive oil
Maimónides *m* Maimonides
mainel *m* railing, handrail
maitinada *f* dawn
maitines *mpl* (eccl.) matins
maíz *m* (bot.) maize, Indian corn; **maíz de Guinea** or **maíz morocho** (bot.) Guinea corn, durra; **maíz en la mazorca** corn on the cob
maizal *m* cornfield
majada *f* sheepfold; dung, manure
majadal *m* richly manured land
majadear *vn* to take shelter for the night (*said of sheep*); to manure
majaderear *va* (Am.) to pester, annoy
majadería *f* (coll.) folly, annoyance
majaderillo *m* bobbin for making lace
majadero -ra *adj* stupid, annoying; *mf* dolt, bore; *m* pestle, pounder; bobbin for making lace
majador -dora *adj* crushing, pounding, grinding; *mf* crusher, pounder, grinder
majadura *f* crushing, pounding, grinding
majagranzas *m* (*pl:* **-zas**) (coll.) stupid bore; (coll.) churl, peasant
majagua *f* (bot.) majagua, corkwood
majal *m* school of fish
majamiento *m* var. of **majadura**
majano *m* heap of loose stones (*in a field or at crossroads*)
majar *va* to crush, pound, mash, grind; (coll.) to annoy, harass
majear *va* (Am.) to cheat, deceive; *vn* to be a bully
majenza *f* (coll.) var. of **majeza**
majestad *f* majesty; (*cap.*) *f* Majesty (*title*)
majestoso -sa *adj* majestic
majestuosidad *f* majesty
majestuoso -sa *adj* majestic

majeza *f* (coll.) sportiness, gaudiness; insolence
majo -ja *adj* sporty, gaudy; pretty, nice; insolent; (coll.) all dressed up; *mf* sport (*flashy person*); *m* (coll.) bully
majolar *m* field of English hawthorn
majoleta *f* var. of **marjoleta**
majoleto *m* var. of **marjoleto**
majorca *f* var. of **mazorca**
majuela *f* haw or berry (*of Crataegus monogyna*); shoestring
majuelo *m* (bot.) English hawthorn (*Crataegus monogyna*); young fruit-yielding grapevine
mal *adj* apocopated form of **malo,** used only before masculine singular nouns; *adv* badly, poorly; wrong, wrongly; hardly, scarcely; with difficulty; **mal de fondos** short of money; **mal que bien** any old way; **mal que le pese** in spite of him; *m* evil; harm, damage; wrong; misfortune; disease, sickness; **de mal en peor** from bad to worse; **echar a mal** to scorn, have a poor opinion of; **estar mal** to be ill; **estar mal con** to be on the outs with; **parar en mal** to come to an evil end; **por mal de mis pecados** to my sorrow, unfortunately for me; **tener a mal** to be displeased with, to object to; **mal ardiente** (path.) St. Anthony's fire; **mal caduco** or **mal comicial** (path.) falling sickness; **mal de corazón** (path.) epilepsy; (path.) nausea; **mal de la puna** mountain sickness; **mal de las montañas** mountain sickness; **mal de la tierra** homesickness; **mal de los ardientes** (path.) St. Anthony's fire; **mal de mar** seasickness; **mal de ojo** evil eye; **mal de piedra** (path.) stone, urinary calculi; **mal de rayos** radiation sickness; **mal de vuelo** airsickness; **¡mal haya . . .** ! curses on . . . !
mala *f* see **malo**
malabar *adj & mf* Malabarese; see **juego**
malabárico -ca *adj* Malabarese
malabarismo *m* juggling
malabarista *mf* juggler
malacate *m* (min.) whim (*hoisting machine*); (Am.) bobbin, spindle
malacia *f* (path.) depraved appetite
malacitano -na *adj & mf* var. of **malagueño**
malacología *f* malacology
malacondicionado -da *adj* evil, gruff, surly
malaconsejado -da *adj* ill-advised
malacopterigio -gia *adj & m* (zool.) malacopterygian
malacostráceo -a *adj & m* (zool.) malacostracan
malacostumbrado -da *adj* of bad habits; spoiled, pampered
malacuenda *f* burlap; oakum, tow
málaga *m* Malaga wine
malagradecido -da *adj* (Am.) ungrateful
malagueño -ña *adj* (pertaining to) Malaga; *mf* native or inhabitant of Malaga; *f* malaguena (*song and dance*)
malagueta *f* grains of paradise, melegueta pepper; (bot.) bayberry (*Pimenta acris*)
malamente *adv* badly, poorly; wrong, wrongly
malandante *adj* unfortunate, unlucky
malandanza *f* misfortune, bad luck
malandar *m* home-fed hog
malandrín -drina *adj* evil, wicked; *mf* scoundrel
malanga *f* (bot.) caladium
Malaquías *m* (Bib.) Malachi
malaquita *f* (mineral.) malachite
malar *adj & m* (anat.) malar
malaria *f* (path.) malaria
malasio -sia *adj & mf* Malaysian; **la Malasia** Malaysia
malavenido -da *adj* in disagreement
malaventura *f* misfortune
malaventurado -da *adj* unfortunate
malaventuranza *f* misfortune
malayo -ya *adj & mf* Malay, Malayan; *m* Malay (*language*); (*cap.*) *f* Malaya
malbaratador -dora *adj* underselling; squandering; *mf* underseller; squanderer
malbaratamiento *m* var. of **malbarato**
malbaratar *va* to undersell (*an article*); to squander
malbaratillo *m* second-hand shop
malbarato *m* underselling; squandering
malcarado -da *adj* evil-faced
malcasado -da *adj* mismated; undutiful (*spouse*)
malcasar *va* to mismate; *vn & vr* to be mismated
malcaso *m* treachery, perfidy
malcocinado *m* entrails; butcher shop (*where entrails are sold*)
malcomer *va & vn* to eat poorly, to eat lightly
malcomido -da *adj* underfed
malcontento -ta *adj* discontent; malcontent; *mf* malcontent
malcoraje *m* (bot.) herb mercury
malcorte *m* illegal cutting of timber
malcriado -da *adj* ill-bred
malcriar §90 *va* (coll.) to spoil, pamper
maldad *f* badness, evil, wickedness
maldecidor -dora *adj* slanderous; *mf* detractor, slanderer
maldecir §24 *va* to curse; *vn* to damn, to curse; to detract; **maldecir de** to slander, speak ill of, vilify
maldiciente *adj* cursing; slanderous; *mf* detractor, slanderer
maldición *f* malediction, curse; (coll.) curse, oath
maldigo *1st sg pres ind of* **maldecir**
maldije *1st sg pret ind of* **maldecir**
maldispuesto -ta *adj* indisposed; ill-disposed, unwilling
maldito -ta *adj* wicked; damned, accursed; **no saber maldita la cosa de** (coll.) to not know a single thing about; **maldito lo que me importa** (coll.) I don't give a damn about it; *m* Evil One (*Devil*); **los malditos** the damned; *f* (coll.) tongue; **soltar la maldita** (coll.) to talk without restraint, to talk freely; to pour forth a flood of curses
maleabilidad *f* malleability
maleabilizar §76 *va* to make malleable
maleable *adj* malleable; (coll.) easily spoiled; (coll.) easily led astray
maleante *adj* corrupting; evil, wicked; (coll.) scoffing, malicious; *mf* hoodlum, rowdy; (coll.) scoffer
malear *va* to damage, spoil; to corrupt; *vr* to spoil; to become spoiled; to become corrupt; to sour, turn sour (*said of soil*)
malecón *m* levee, dike; sea wall
maledicencia *f* slander, scandal, evil talk
maleficencia *f* maleficence
maleficiar *va* to damage, harm; to curse, cast a spell on
maleficio *m* curse, spell; witchcraft, black magic
maléfico -ca *adj* maleficent; malevolent; spell-casting; *m* sorcerer
malencarado -da *adj* ill-featured, ill-favored, ugly
malentendido *m* misunderstanding
maleolar *adj* hammer-shaped; (anat.) malleolar
maléolo *m* (anat.) malleolus
malestar *m* malaise, indisposition
maleta *f* valise; **hacer la maleta** to pack up, to get ready for a trip; *m* (coll.) bungler, ham bullfighter
maletero *m* valise maker or dealer; porter, station porter
maletín *m* small bag, satchel; **maletín de grupa** (mil.) saddlebag
malevolencia *f* malevolence
malévolo -la *adj & mf* malevolent
maleza *f* weeds; thicket, underbrush
malformación *f* malformation
malfuncionamiento *m* malfunction
malgastado -da *adj* ill-spent
malgastador -dora *mf* wastrel, squanderer, spendthrift
malgastar *va* to waste, squander
malhablado -da *adj* foul-mouthed, foul-spoken
malhadado -da *adj* ill-starred, unfortunate
malhecho -cha *adj* malformed, deformed; *m* evil deed, misdeed
malhechor -chora *adj* malefactory; *mf* malefactor; *f* malefactress
malherir §62 *va* to injure badly, to wound badly
malhojo *m* vegetable refuse
malhumorado -da *adj* ill-humored
malicia *f* evil; malice; slyness, trickiness; insidiousness; (coll.) suspicion

M

maliciar *va* to suspect; to spoil; *vr* to suspect; to become spoiled
malicioso -sa *adj* evil; malicious; sly, tricky; insidious; suspicious
málico -ca *adj* malic
malignar *va* to vitiate, corrupt; to spoil; *vr* to become vitiated; to spoil
malignidad *f* malignity, malignance
maligno -na *adj* malign, malignant, evil, unkind; (path.) malign, malignant
malilla *f* manilla (*second-best trump*)
Malinas *f* Mechlin or Malines
malintencionado -da *adj* ill-disposed, evil-disposed
malmandado -da *adj* unwilling, disobedient
malmaridada *adj fem* faithless (*wife*); *f* faithless wife
malmeter *va* to waste, squander; to alienate; to lead astray, to misguide
malmirado -da *adj* inconsiderate; disliked
malo -la *adj* bad; poor; evil; naughty, mischievous; sick; in bad shape; wrong; **a malas** on bad terms; **estar de malas** to be out of luck; **lo malo es que** the trouble is that; **por malas o por buenas** willingly or unwillingly; **ser malo de engañar** (coll.) to be hard to trick; **venir de malas** to have bad intentions; **malo con** or **para con** mean to; **malo de** +*inf* hard to +*inf; m* wicked person; **el Malo** the Evil One (*the Devil*); *f* mailbag; mail
malogrado -da *adj* late, ill-fated
malogramiento *m* var. of **malogro**
malograr *va* to miss, to waste; to spoil; *vr* to fail; to turn out badly; to come to an untimely end
malogro *m* failure; loss, waste (*e.g., of time*); disappointment; untimely death
maloliente *adj* malodorous, ill-smelling
malón *m* mean trick; (Am.) surprise attack; (Am.) Indian raid; (Am.) surprise party
malparado -da *adj* hurt, damaged; **salir malparado de** to come out worsted in
malparar *va* to mistreat, put in a bad way
malparir *vn* to miscarry
malparto *m* miscarriage
malpigiáceo -a *adj* (bot.) malpighiaceous
malpraxis *f* malpractice
malquerencia *f* dislike
malquerer §70 *va* to dislike
malquerré *1st sg fut ind of* **malquerer**
malquise *1st sg pret ind of* **malquerer**
malquistar *va* to alienate; *vr* to become alienated
malquisto -ta *adj* estranged; disliked, unpopular
malrotar *va* to squander
malsano -na *adj* unhealthy
malsín *m* evil gossip; troublemaker
malsonante *adj* offensive, obnoxious
malsufrido -da *adj* impatient, unforbearing
malta *m* malt; *f* pitch, tar; (Am.) quality beer; (Am.) jug
maltasa *f* (biochem.) maltase
maltés -tesa *adj & mf* Maltese; *m* Maltese (*language*)
maltosa *f* (chem.) maltose
maltrabaja *mf* (coll.) lazy loafer
maltrapillo *m* (coll.) ragamuffin
maltratamiento *m* maltreatment, ill treatment, abuse
maltratar *va* to maltreat, ill-treat, abuse; to damage, harm, spoil
maltrato *m* var. of **maltratamiento**
maltrecho -cha *adj* battered, damaged, abused
maltusianismo *m* Malthusianism
maltusiano -na *adj & mf* Malthusian
maluco -ca or **malucho -cha** *adj* (coll.) slightly ill, sickish
malva *f* (bot.) mallow; **haber nacido con** or **en las malvas** (coll.) to be of humble birth; **ser una malva** or **como una malva** (coll.) to be meek and mild, to be as gentle as a lamb; **malva arbórea** (bot.) rose mallow, hollyhock; **malva común** (bot.) cheeseflower; **malva de hoja redonda** (bot.) dwarf mallow; **malva de olor** (bot.) nutmeg geranium; **malva loca, real** or **rósea** (bot.) rose mallow, hollyhock
malváceo -a *adj* (bot.) malvaceous
malvado -da *adj* evil, wicked; *mf* evildoer
malvar *m* growth of mallows; *va* to corrupt, to deprave
malvarrosa *f* (bot.) rose mallow, hollyhock
malvasía *f* malmsey (*wine*); malvasia grape
malvavisco *m* (bot.) marsh mallow
malvender *va* to sell at a loss, to undersell
malversación *f* malversation, graft, embezzlement
malversador -dora *mf* grafter, embezzler
malversar *va & vn* to graft, to embezzle
malvezar §76 *va* to give bad habits to; *vr* to get bad habits
malvís *m* (orn.) song thrush, redwing
malviz *m* (*pl:* **-vices**) var. of **malvís**
malla *f* mesh; meshwork, network; mail (*of armor*); meshed or netted fabric; tights; bathing suit; (rad.) grid; **malla de alambre** wire mesh, wire netting
mallar *vn* to make meshing or network; to get caught in the meshes of a net (*said of a fish*)
mallero *m* mesh maker
malletazo *m* (sport) blow or stroke with a mallet
mallete *m* mallet; (naut.) partner; (sport) mallet (*in croquet and polo*)
malleto *m* beating maul (*used in paper mills*)
mallo *m* mallet; pall-mall (*game and alley*)
Mallorca *f* Majorca
mallorquín -quina *adj & mf* Majorcan; *m* Majorcan (*dialect*)
mama *f* (anat.) mamma; (coll.) mama or mamma (*mother*)
mamá *f* (*pl:* **-más**) (coll.) mama or mamma (*mother*)
mamacallos *m* (*pl:* **-llos**) simpleton, fool
mamada *f* sucking; sucking time; suck; (Am.) cinch
mamadera *f* breast pump; (Am.) nipple; (Am.) nursing bottle
mamador -dora *adj* sucking; *mf* sucker; (Am.) souse, drunk
mamalón -lona *adj* (Am.) loafing, sponging
mamama or **mamamama** *f* (Am.) granny, grandmother
mamandurria *f* (Am.) sinecure
mamantón -tona *adj* sucking (*animal*)
mamar *va* to suck; to take in or absorb as a child; (coll.) to swallow; (coll.) to wangle; **mamóla** (coll.) he was taken in; *vn* to suck; *vr* to get drunk; to have (*a scare*); (coll.) to swallow; (coll.) to wangle; **mamarse a uno** (coll.) to get the best of someone; (coll.) to take someone in; (coll.) to do away with someone; **mamarse el dedo** (coll.) to be taken in
mamario -ria *adj* mammary
mamarrachada *f* (coll.) collection of junk; (coll.) piece of folly; (coll.) daub
mamarrachero -ra or **mamarrachista** *mf* (coll.) botcher, dauber
mamarracho *m* (coll.) botch, mess, piece of junk, daub, scarecrow; (coll.) fellow, guy, milksop
mambla *f* mound, knoll
mambrú *m* (*pl:* **-brúes**) (naut.) kitchen funnel or stack
mamelón *m* mound, knoll, hillock; (anat. & bot.) mammilla
mameluco -ca *mf* mameluco, mestizo (*in Brazil*); *m* mameluke (*slave*); Mameluke (*soldier*); dolt, boob; *f* (Am.) prostitute
mamella *f* mammilla (*in neck of a goat*)
mamey *m* (bot.) mammee
mamífero -ra *adj* (zool.) mammalian; *m* (zool.) mammal, mammalian
mamila *f* breast; teat (*of a man*)
mamilar *adj* mammillary
mammón *m* (Bib.) Mammon
mamola *f* chuck (*under the chin*); **hacer la mamola a** to chuck under the chin; (coll.) to make a fool of
mamón -mona *adj* sucking; fond of sucking; *mf* suckling; *m* (bot.) shoot, sucker; (bot.) genip; *f* chuck (*under the chin*)
mamoso -sa *adj* sucking
mamotreto *m* notebook, memo book; (coll.) bulky book, bulky batch of papers; (coll.) piece of junk
mampara *f* screen; folding screen; small door

mamparo *m* (naut.) bulkhead
mamperlán *m* temporary railing
mamporro *m* bump, contusion
mampostear *va* to make or build of rubble
mampostería *f* rubblework
mampostero *m* rubble mason
mampuesto -ta *adj* rubble; *m* rough stone; parapet; (Am.) support for a gun in taking aim; **de mampuesto** spare; emergency; under cover, from a parapet; *f* (mas.) course
mamujar *va & vn* to suck intermittently
mamullar *va* to chew as if sucking; (coll.) to mumble, to mutter
mamut *m* (*pl:* **-muts**) (pal.) mammoth
maná *m* (Bib.) manna; (bot.) manna (*exudate of Fraxinus ornus and other plants*); godsend, salvation (*in form of cheap and abundant food*)
manada *f* flock, herd, pack, drove; handful; (coll.) crowd, mob
manadero -ra *adj* flowing, running; *m* source, spring; shepherd, herdsman
manantial *adj* flowing, running; *m* source, spring; (fig.) source, origin; **manantial de energía** (elec.) source of current
manantío -a *adj* flowing, running
manar *va* to pour forth, to run with; *vn* to pour forth, to run; (fig.) to abound, to run
Manasés *m* (Bib.) Manasseh
manatí *m* (*pl:* **-tíes**) (zool.) manatee, sea cow
manato *m* var. of **manatí**
manaza *f* big hand
mancamiento *m* maiming; lack, want
mancar §86 *va* to maim (*especially in the hand*); *vn* (naut.) to abate, to slack (*said of wind*)
manceba *f* concubine
mancebía *f* brothel; wild oats; licentious living
mancebo *m* youth, young man; bachelor; clerk; helper (*e.g., in drug store or barbershop*)
mancera *f* plow handle
mancerina *f* var. of **macerina**
mancilla *f* spot, blemish
mancillar *va* to spot, blemish; (fig.) to spot, blemish
mancipación *f* enslavement; (law) conveyance, transfer
mancipar *va* to enslave; (law) to convey, transfer
manco -ca *adj* one-handed; one-armed; maimed; defective, faulty; *mf* one-handed person, one-armed person; **el manco de Lepanto** Cervantes; *m* (Am.) old nag
mancome *m* (bot.) sassy or sassywood
mancomún; de mancomún jointly, in agreement
mancomunadamente *adv* jointly, in agreement
mancomunar *va* to unite, combine; to pool; (law) to require joint payment or execution of; *vr* to unite, combine
mancomunidad *f* union, association; commonwealth
mancornar §77 *va* to down (*a young bull*) and hold his horns on the ground; to tie a horn and a front leg of (*a steer*) with a rope; to tie (*two beasts*) together by the horns; (coll.) to join, bring together
mancuerda *f* rack (*torture*)
mancuerna *f* pair tied together; yoke fastened by the horns; **mancuernas** *fpl* (Am.) cuff links
mancha *f* spot, stain; speckle; patch; sketch; (fig.) stain, blot; (Am.) flock, school; **mancha amarilla** (anat.) yellow spot; **mancha ocular** (zool.) eyespot; **mancha solar** sun spot
manchadizo -za *adj* easily spotted or stained
manchar *va* to spot, stain; to speckle; (fig.) to stain, blot; **¡mancha!** wet paint!
manchego -ga *adj* (pertaining to) La Mancha; *mf* native or inhabitant of La Mancha
manchón *m* big spot; patch of heavy growth (*in a field*)
manchoso -sa *adj* (prov.) var. of **manchadizo**
manchú -chúa (*pl:* **-chúes** or **-chús** & **-chúas**) *adj & mf* Manchu; *m* Manchu (*language*)
manchuriano -na *adj & mf* Manchurian
manda *f* offer, gift; bequest, legacy
mandadero -ra *mf* messenger; *m* errand boy; office boy; *f* errand girl
mandado *m* order, command; errand; **hacer un mandado** to run an errand
mandamás *m* (slang) head man, big boss
mandamiento *m* order, command; (Bib.) commandment; (law) writ; **los cinco mandamientos** (coll.) the five fingers of the hand; **los diez mandamientos** (Bib.) the Ten Commandments; **mandamiento de arresto** or **prisión** (law) warrant of arrest
mandante *m* (law) mandator
mandar *va* to order; to command; to send; to bequeath; (Am.) to overlook, to dominate (*e.g., the countryside*); **mandar** + *inf* to order to + *inf*, to have + *inf*, e.g., **me mandó entrar** he had me come in; to order or have + *pp*, e.g., **mandó componer el reloj** he had the watch repaired; **mandar llamar** to send for; *vn* to command, be in command; to be the boss; **mandar decir que** to send word that; **mandar por** to send for; **mande Vd.** I beg your pardon; *vr* to get around (*said of a convalescent*); to be communicating (*said of rooms*); **mandarse con** to communicate with (*another room*); **mandarse por** to use (*e.g., a door, stairway*)
mandarín -rina *adj* mandarin; *m* mandarin; (coll.) official held in low esteem; *f* mandarin or tangerine (*fruit*); Mandarin (*language*)
mandarino *m* (bot.) mandarin (*tree*)
mandarria *f* (naut.) iron maul, sledge hammer
mandatario *m* agent; (law & dipl.) mandatary, mandatory; (Am.) chief executive; **primer mandatario** (Am.) chief executive (*of the country*)
mandato *m* mandate; (law & dipl.) mandate; (eccl.) maundy; (Am.) term (*of office*)
mandíbula *f* jaw; (anat. & zool.) mandible; **reír a mandíbula batiente** to roar with laughter
mandibular *adj* mandibular
mandil *m* apron; leather apron; cleaning rag; apron (*of Freemasons*)
mandilar *va* to wipe or clean (*a horse*) with a rag
mandilete *m* (fort.) cover of a loophole
mandilón *m* (coll.) coward
mandinga *m* (Am.) imp, little rogue
mandioca *f* (bot.) manioc (*plant and starch*)
mando *m* command; drive, control; **mandos** *mpl* controls; **alto mando** high command; **estar al mando** to be in command; **tener el mando y el palo** (coll.) to rule the roost, to be the boss; **tomar el mando** to take command; **mando a distancia** remote control; **mando a mano** hand control; **mando a punta de dedo** finger-tip control; **mando de las válvulas** (mach.) timing gears; **mando doble** (aut.) dual drive; **mando por botón** push-button control; **mando único** (rad.) single control
mandoble *m* two-handed slash or blow (*e.g., with a sword*); sharp reproof
mandolina *f* (mus.) mandolin
mandón -dona *adj* bossy; *mf* bossy person; *m* (Am.) boss, foreman (*in a mine*); (Am.) starter (*in horse race*)
mandrachero *m* keeper of a gambling house
mandracho *m* gambling house
mandrágora *f* (bot.) mandragora or mandrake
mandrágula *f* (coll.) mandragora or mandrake; (coll.) phantom, ghost
mandria *adj* cowardly; trifling, worthless
mandril *m* (mach.) mandrel or mandril; chuck; reamer; punch; (zool.) mandrill; **mandril de ensanchar** (mach.) driftpin
mandrilado *m* boring; reaming; (mach.) drifting
mandrilar *va* to bore (*a cylinder*); to ream; (mach.) to drift (*a hole*)
mandrín *m* (mach.) driftpin
mandrinar *va* var. of **mandrilar**
mandrón *m* stone or wood ball (*used as a missile*); mangonel (*catapult*)
manducación *f* (coll.) eating
manducar §86 *va & vn* (coll.) to eat
manducatoria *f* (coll.) food, sustenance
manea *f* hopple (*rope or chain*)
manear *va* to hobble or hopple (*an animal*); to handle, to wield; (Am.) to trip with a rope

M

manecilla *f* small hand; hand (*of clock or watch*); clasp, book clasp; (print.) index, fist; (bot.) tendril
manejabilidad *f* manageability
manejable *adj* manageable
manejado -da *adj* managed, handled; **bien manejado** (paint.) loose; **mal manejado** (paint.) tight
manejar *va* to manage; to handle, to wield; (equit.) to manage (*a horse*); to drive (*an automobile*); *vr* to manage; to behave; to get around, move about
manejo *m* handling; management; scheming, intrigue; (equit.) manège; (Am.) driving; **manejo a distancia** remote control; **manejo doméstico** housekeeping; **manejos de corte** court intrigues
maneota *f* var. of **manea**
manera *f* see **manero**
manerismo *m* var. of **manierismo**
manero -ra *adj* tame (*falcon*); *f* manner; way; flap; slit (*in skirt*); (f.a. & lit.) manner (*e.g., of Raphael*); **maneras** *fpl* manners; **a la manera de** in the manner of; like; **de manera que** so that; **de ninguna manera** by no manner of means; **en gran manera** to a great degree; extremely; **sobre manera** exceedingly, beyond measure
manes *mpl* manes
manés -nesa *adj* Manx; *m* Manxman; Manx (*language*); **maneses** *mpl* Manx
manezuela *f* small hand; clasp; handle
manga *f* sleeve; hose; portmanteau (*laced together at the ends*); conical cloth strainer; scoop net; air shaft; wind scoop; waterspout; band of armed men; (bridge) game; (eccl.) manga; (naut.) beam (*widest part*); (Am.) crowd, mob; (Am.) cattle chute; (Am.) manga (*poncho*); **mangas** *fpl* profits, extras; **andar manga con hombro** (coll.) to be upside down, to be topsy-turvy; **en mangas de camisa** in shirt sleeves; **estar de manga** (coll.) to be in cahoots; **estar mangas por hombro** (coll.) to be topsy-turvy; **hacer mangas y capirotes** (coll.) to rush ahead without bothering about details; **hacerse** or **ir de manga** (coll.) to be in cahoots; **ser de manga ancha** or **tener manga ancha** to be indulgent, be easy-going; **manga de agua** waterspout, cloudburst; **manga de ángel** angel sleeve; **manga de camisa** shirt sleeve; **manga de jamón** leg-of-mutton sleeve; **manga de riego** watering hose; **manga de viento** whirlwind; **manga marina** waterspout; **manga perdida** sleeve with slit through which the arm projects
mangajarro *m* long, dirty sleeve
mangaje *m* length of hose
mangana *f* lasso
manganear *va* to lasso; (Am.) to vex, annoy
manganeo *m* lassoing
manganesa or **manganesia** *f* (mineral.) manganese dioxide, pyrolusite
manganeso *m* (chem.) manganese
mangánico -ca *adj* manganic
manganilla *f* trick, scheme, deceit
manganita *f* (chem.) manganite
mangano *m* (archaic) mangonel
manganoso -sa *adj* manganous
mangante *m* (coll.) cheat, loafer, good-for-nothing
manglar *m* mangrove swamp
mangle *m* (bot.) mangrove; *f* (mach.) mangle
mango *m* handle; (bot.) mango; **mango de cuchillo** (zool.) razor clam; **mango de escoba** broomstick; (aer.) stick, control stick
mangón *m* retailer; (Am.) corral
mangonada *f* blow or shove with the arm
mangonear *vn* (coll.) to loiter, to loaf around; (coll.) to meddle; (coll.) to dabble; **mangonear en** (coll.) to meddle in; (coll.) to dabble in
mangoneo *m* (coll.) meddling; (coll.) dabbling
mangonero -ra *adj* (coll.) meddlesome
mangorrero -ra *adj* rough, crude (*knife*); (coll.) handled; (coll.) worthless, useless; (coll.) idle, unemployed
mangorrillo *m* plow handle
mangosta *f* (zool.) mongoose
mangostán *m* (bot.) mangosteen (*tree*)
mangosto *m* mangosteen (*fruit*)
mangote *m* (coll.) long, wide sleeve; sleeve protector, cuffette
mangual *m* (mil.) flail, morning star
manguardia *f* wing wall, buttress (*of bridge*)
manguera *f* hose; waterspout; (naut.) funnel, air duct; (naut.) wind sail; **manguera contra incendios** fire hose
manguero *m* hoseman
mangueta *f* fountain syringe; door jamb; lever; neck (*of water-flushed toilet*); (aut.) stub axle
manguita *f* small sleeve; case, sheath
manguitería *f* furriery; fur shop
manguitero *m* furrier
manguito *m* muff; lace half sleeve; sleeve guard or protector; mantle (*of gaslight*); coffee cake; (mach.) sleeve; (mach.) coupling; **manguito para la muñeca** wristlet
maní *m* (*pl:* **-níes** or **-nises**) (bot.) peanut
manía *f* mania; (psychopath.) mania; **manía de grandezas** folie de grandeur, megalomania
maniabierto -ta *adj* open-handed, lavish
maníaco -ca *adj* maniac or maniacal; (psychopath.) manic; *mf* maniac
manialbo -ba *adj* white-footed (*horse*)
manía-melancolía *f* (psychopath.) manic-depressive insanity
maniatar *va* to tie the hands of, to manacle
maniático -ca *adj* maniacal; stubborn; queer; crazy (*enthusiastic*); *mf* maniac
manicomio *m* insane asylum, madhouse
manicordio *m* (mus.) manichord
manicorto -ta *adj* short-handed; (coll.) close-fisted, stingy; *mf* (coll.) skinflint
manicuro -ra *mf* manicure, manicurist; *f* manicure; manicuring
manido -da *adj* worn, stale; hackneyed; hidden, concealed; (Am.) full, swarming; (cook.) high; *f* haunt, hangout, den
manierismo *m* (f.a. & lit.) mannerism
manifacero -ra *adj* (coll.) scheming, meddlesome; *mf* (coll.) schemer, meddler
manifactura *f* manufacture; form, shape
manifestación *f* manifestation; demonstration (*public gathering to exhibit sympathy or opinion*)
manifestante *mf* manifestant; demonstrator
manifestar §18 *va* to manifest, make manifest; (eccl.) to expose (*the Host*); *vn* to demonstrate; *vr* to be or become manifest
manifiesto -ta *adj* manifest; *m* manifesto; (naut.) manifest; (eccl.) exhibition of the Host; **estar de manifiesto** to be manifest; **poner de manifiesto** to make manifest
manigero *m* boss of a gang of farmhands
manigua *f* Cuban jungle or thicket; **coger manigua** (Am.) to blush; **irse a la manigua** (Am.) to revolt
manija *f* handle; crank; clamp, collar; (rail.) coupling
manilargo -ga *adj* long-handed; ready-fisted; generous
manilense or **manileño -ña** *adj* Manila; *mf* native or inhabitant of Manila
maniluvio *m* (med.) hand bath
manilla *f* bracelet; handcuff, manacle; hand (*e.g., of watch*)
manillar *m* handle bar
maniobra *f* handling, operation; maneuver; (fig.) maneuver; (naut.) gear, tackle; **maniobras** *fpl* (rail.) shifting
maniobrabilidad *f* maneuverability
maniobrable *adj* maneuverable
maniobrar *vn* to work with the hands; to maneuver; (rail.) to shift; (fig.) to maneuver
maniobrero -ra *adj* (mil.) maneuvering; (mil.) skilled in maneuvering
maniobrista *adj* (naut.) skilled in maneuvering; *m* (naut.) skilful maneuverer
maniota *f* var. of **manea**
manipodio *m* (coll.) var. of **monipodio**
manipulación *f* manipulation
manipulador -dora *adj* manipulating; *mf* manipulator; *m* (telg.) key, telegraph key
manipular *va* to manipulate; (coll.) to manipulate (*to one's own purpose or advantage*)
manipuleo *m* (coll.) manipulation, maneuvering
manípulo *m* (hist. & eccl.) maniple

maniqueísmo *m* Manicheanism or Manicheism
maniqueo -a *adj & mf* Manichean
maniquete *m* black lace mitten
maniquí (*pl:* **-quíes**) *m* manikin, mannequin; dress form; (fig.) puppet; *f* mannequin, model
manir §53 *va* to keep (*game*) until it is high
manirroto -ta *adj* lavish, prodigal, spendthrift
manita *f* (chem.) mannitol, manna sugar
manivacío -a *adj* (coll.) empty-handed
manivela *f* crank; **manivela de arranque** starting crank
manjar *m* food, dish; tidbit, delicacy; pastime that gives a lift; **manjar blanco** blancmange; creamed chicken
manjorrada *f* (coll.) mess of food
Man. abr. of **Manuel**
mano *f* hand; forefoot; coat (*e.g. of paint*); hand, round (*of a game*); hand (*of clock or watch*); turn; pestle, masher; trunk (*of elephant*); quire (*of paper*); mano, cylindrical grindstone (*for cocoa*); reprimand; **manos** *fpl* labor (*as distinguished from materials*); **abrir la mano** to accept gifts; to be generous; to be more lenient; **a la mano** at hand, on hand; within reach; easy to understand; **a mano** by hand; at hand; artificially; **a mano abierta** open-handedly; **a mano airada** violently; **a mano armada** armed (*e.g., attack*); insistently; **a manos llenas** generously; abundantly; **asentar la mano a** to give a beating; to reprimand; **asidos de la mano** hand in hand; **bajar la mano** to come down (*in price*); **bajo mano** underhandedly; **buenas manos** skill, dexterity; **caer en manos de** to fall into the hands of; **cerrar la mano** to be stingy; **¡dame esa mano!** (coll.) put it here!; **dar de manos** to fall flat on one's face; **dar la mano** to lend a hand; **darse las manos** to join hands; to shake hands (with each other); **de la mano** by hand, by the hand; **de las manos** hand in hand; **de manos a boca** suddenly, unexpectedly; **de primera mano** at first hand; first-hand; **de segunda mano** second-hand; **echar mano a** to seize; **echar mano a la bolsa** to take money out of one's purse; **echar mano de** to resort to; **echar una mano** to lend a hand; to play a game; **en buena mano está** (coll.) after you, you drink first; **escribir a la mano** to take dictation; **escribir a manos de** to write in care of; **estrecharse la mano** to shake hands; **ganarle a uno por la mano** to steal a march on someone; **imponer las manos** (eccl.) to lay hands on; **lavarse las manos de** to wash one's hands of; **llegar a las manos** to come to blows; **malas manos** awkwardness, lack of skill; **mudar de manos** to change hands; **probar la mano** to try one's hand; **salir a mano** (Am.) to come out even; **tener mano con** to have a pull with; **tener mano izquierda** (coll.) to have one's wits about one; **tomar la mano** to begin, to start in; to start the discussion; **untar la mano a** (coll.) to grease the palm of; **venir a las manos** to come to blows; **vivir de la mano a la boca** to live from hand to mouth; **mano a mano** face to face; on an equal footing; **mano de gato** cat's-paw; master hand, master touch (*of a person who has polished or edited the work of another person*); (coll.) make-up; **mano de obra** labor; **mano derecha** right-hand man; **mano de santo** (coll.) sure cure; **mano negra** Black Hand; **manos aguadas** butterfingers; **¡manos a la obra!** to work!, let's get to work!; **manos libres** outside earnings; **manos limpias** (coll.) clean hands; extras, perquisites; **manos muertas** (law) dead hand, mortmain; **mano sobre mano** idly; **manos puercas** (coll.) graft; *m* first to play, e.g., **soy mano** I'm first, I lead
manobre *m* (prov.) hod carrier
manobrero *m* keeper of irrigating ditches
manojo *m* handful, bunch, bundle; (Am.) hand (*of tobacco*); **a manojos** in abundance
manojuelo *m* small bunch or bundle
manolesco -ca *adj* loud, flashy, coarse
manolo -la *mf* Madrid sport; fast liver; (*cap.*) *m* Mannie
manométrico -ca *adj* manometric
manómetro *m* manometer
manopla *f* gauntlet; postilion's whip; (coll.) big hand; (Am.) brass knuckles
manosa *f* (chem.) mannose
manosear *va* to handle, finger; to fiddle with; to muss, rumple; (Am.) to pet, to fondle
manoseo *m* handling, fingering; fiddling; mussing, rumpling; (Am.) petting, fondling
manota *f* big hand
manotada *f* or **manotazo** *m* slap
manoteado *m* var. of **manoteo**
manotear *va* to slap, to smack; *vn* to gesticulate
manoteo *m* slapping; gesticulation
manotón *m* slap
manquear *vn* to be handless; to be one-handed; to be crippled; to pretend to be handless; to act crippled
manquedad *f* or **manquera** *f* lack of one or both hands or arms; crippled condition; defect
mansalva; a mansalva without danger, without running any risk; **a mansalva de** safe from
mansarda *f* mansard, mansard roof
mansedumbre *f* gentleness, mildness, meekness; tameness
mansejón -jona *adj* very gentle or tame
mansera *f* (Am.) vat for cane juice
mansión *f* stay; dwelling, abode; **hacer mansión** to stop, stay, put up; **mansión celestial** heavenly home
mansito *adv* (coll.) softly, quietly
manso -sa *adj* gentle, mild, meek; tame; *m* bellwether; farmhouse; (eccl.) manse
mansurrón -rrona *adj* extremely gentle, extremely meek; extremely tame
manta *f* blanket; large shawl; muffler; (mil.) mantelet; (coll.) beating; (Am.) coarse cotton cloth; (Am.) poncho; **a manta de Dios** copiously; **dar una manta a** (coll.) to toss in a blanket; **tirar de la manta** (coll.) to let the cat out of the bag; **manta de coche** lap robe; **manta de viaje** robe, rug, steamer rug
mantaterilla *f* coarse hempen blanketing
manteador -dora *adj* tossing; *mf* tosser
manteamiento *m* tossing in a blanket
mantear *va* to toss in a blanket; (Am.) to abuse, mistreat; *vn* (prov.) to gad (*said of a woman*)
manteca *f* lard; pomade; butter; (slang) dough (*money*); **como manteca** smooth as butter; **manteca de cacahuete** peanut butter; **manteca de cacao** cocoa butter; **manteca de cerdo** lard; **manteca de coco** coconut butter; **manteca de codo** (coll.) elbow grease; **manteca de puerco** lard; **manteca de vaca** butter
mantecada *f* slice of buttered bread; butter bun
mantecado *m* biscuit; custard ice cream, French ice cream
mantecón *m* (coll.) pampered fellow, mollycoddle
mantecoso -sa *adj* buttery
manteísta *m* student; day student
mantel *m* tablecloth; altar cloth; **levantar el mantel** or **los manteles** to clear the table
mantelería *f* table linen
manteleta *f* mantelet, lady's cape
mantelete *m* (mil.) mantelet; (eccl.) mantelletta; (her.) mantling
mantelillo *m* centerpiece (*of embroidery*)
mantelito *m* lunch cloth
mantelo *m* wide apron
mantellina *f* mantilla (*head scarf*)
mantención *f* (coll.) maintenance
mantendré *1st sg fut ind of* **mantener**
mantenedor *m* presiding officer of a contest
mantener §85 *va* to maintain, to keep; to keep up; *vr* to maintain oneself; to keep, to stay; to remain firm
mantengo *1st sg pres ind of* **mantener**
mantenida *f* (Am.) kept woman
mantenido *m* (Am.) gigolo (*man supported by a woman*)
manteniente; a manteniente with all one's might; with both hands
mantenimiento *m* maintenance; sustenance, food; living
manteo *m* tossing in a blanket; mantle, cloak

M

mantequera *f* see **mantequero**
mantequería *f* creamery
mantequero -ra *adj* (pertaining to) butter; *mf* butter maker or dealer; *f* churn, butter churn; butter dish
mantequilla *f* butter; butterfat; hard sauce; **mantequilla azucarada** hard sauce; **mantequilla derretida** drawn butter
mantequillera *f* (Am.) butter dish
mantequillero *m* (Am.) butter maker or dealer
mantero -ra *mf* blanket maker or dealer
mantés -tesa *adj* (coll.) scoundrely; *mf* (coll.) scoundrel
mantilla *f* mantilla (*head scarf*); horsecloth; (print.) blanket; **mantillas** *fpl* swaddling clothes; **estar en mantillas** (coll.) to be in its infancy (*said of an undertaking*)
mantillo *m* humus, vegetable mold; manure
mantis *f* (ent.) mantis; **mantis religiosa** (ent.) mantis, praying mantis
mantisa *f* (math.) mantissa
manto *m* mantle, cloak; large plain mantilla; mantel (*of fireplace*); robe, gown (*of priest, professor, etc.*); (geol.) stratum; (zool.) mantle; (fig.) cloak
mantón -tona *adj* with drooping wings; *m* shawl; **mantón de Manila** (coll.) embroidered silk shawl
mantuano -na *adj & mf* Mantuan
mantudo -da *adj* with drooping wings
mantuve *1st sg pret ind of* **mantener**
manuable *adj* handy, easy to handle, workable
manual *adj* manual, hand; handy; home; easy; easy-going; *m* manual, handbook; notebook
manubrio *m* handle; crank; (anat., bot. & zool.) manubrium
manucodiata *f* (orn.) bird of paradise
manuela *f* open hack (*used in Madrid*)
manuella *f* (naut.) capstan bar
manufactura *f* manufactory; manufacture
manufacturar *va* to manufacture
manufacturero -ra *adj* manufacturing
manumisión *f* (law) manumission
manumiso -sa *adj* free, emancipated
manumisor *m* manumitter
manumitir *va* (law) manumit
manuscribir §17, 9 *va & vn* to write by hand
manuscrito -ta *adj* manuscript, written by hand; *m* manuscript; *pp of* **manuscribir**
manutención *f* maintenance; board; protection, shelter
manutendré *1st sg fut ind of* **manutener**
manutener §85 *va* (law) to maintain, support
manutengo *1st sg pres ind of* **manutener**
manutisa *f* var. of **minutisa**
manutuve *1st sg pret ind of* **manutener**
manvacío -a *adj* (coll.) var. of **manivacío**
manzana *f* apple (*fruit*); city block, block of houses; knob of a sword; knob (*on furniture*); **manzana asperiega** or **esperiega** cider apple; **manzana de Adán** Adam's apple; **manzana de la discordia** apple of discord, bone of contention; **manzana espinosa** (bot.) thorn apple
manzanal *m* apple tree; apple orchard
manzanar *m* apple orchard
manzanera *f* var. of **maguillo**
manzanil *adj* (pertaining to the) apple
manzanilla *f* (bot. & pharm.) camomile; manzanilla (*small round olive; pale dry sherry*); knob (*on furniture*); tip of chin; pad, cushion (*of foot of clawed animal*); **manzanilla de Indias** manchineel apple (*fruit*); **manzanilla fétida** or **hedionda** (bot.) stinking camomile; **manzanilla loca** (bot.) ringflower, oxeye; (bot.) Spanish or yellow camomile
manzanillo *m* (bot.) manchineel
manzanita *f* little apple; (bot.) manzanita; **manzanita de dama** Neapolitan medlar (*fruit*)
manzano *m* (bot.) apple, apple tree; **manzano enano de San Juan** or **del paraíso** (hort.) paradise, paradise apple
maña *f* see **maño**
mañana *f* morning; **de mañana** early in the morning; **en la mañana** in the morning; **muy de mañana** very early in the morning; **por la mañana** in the morning; **tomar la mañana** to get up early; (coll.) to take a shot of liquor before breakfast; *m* tomorrow; morrow (*future time*); *adv* tomorrow; **¡hasta mañana!** so long until tomorrow!; **pasado mañana** the day after tomorrow
mañanero -ra *adj* morning; early-rising
mañanica or **mañanita** *f* break of day, early morning; woman's knitted bed jacket
mañear *va & vn* to manage craftily
mañerear *vn* (Am.) to dawdle, to dillydally
mañería *f* sterility; feudal right of inheritance from one who dies without legitimate heirs
mañero -ra *adj* clever, shrewd; easy; (Am.) balky, mulish; (Am.) shy, scary
maño -ña *adj* (coll.) Aragonese; (dial. & Am.) dear, darling; *m* (dial. & Am.) brother; *f* skill, dexterity, cleverness; craftiness, cunning; vice, bad habit; bunch (*of flax, hemp, etc.*); (dial.) sauciness; (dial. & Am.) sister; **darse maña** to take care of oneself, to manage; **darse maña para** + *inf* to manage to, to contrive to + *inf*
mañoco *m* tapioca; (Am.) Indian corn meal
mañoso -sa *adj* skilful, clever; crafty, tricky; vicious
mañuela *f* craftiness, trickiness, meanness; **mañuelas** *mf* (*pl:* **-las**) (coll.) tricky person
maorí (*pl:* **-rís** or **-ríes**) *adj & mf* Maori
mapa *m* map; **mapa itinerario** road map; **mapa mundi** world map, map of the world; *f* (coll.) top (*finest of its lot or kind*); **llevarse la mapa** (coll.) to take the prize
mapache *m* (zool.) coon, raccoon
mapamundi *m* world map, map of the world
mapanare *f* (zool.) fer-de-lance; (zool.) bushmaster
mapurite *m* or **mapurito** *m* (zool.) skunk
maque *m* lacquer; (bot.) tree of heaven
maquear *va* to lacquer; (Am.) to varnish
maqueta *f* maquette; mock-up; (print.) dummy (*of a book*)
maquí *m* (*pl:* **-quíes**) (zool.) macaco; (bot.) maqui
maquiavélico -ca *adj* Machiavellian (*pertaining to Machiavelli; crafty, astute*)
maquiavelismo *m* Machiavellianism
maquiavelista *adj & mf* Machiavellian
maquiavelizar §76 *vn* to be Machiavellian
Maquiavelo *m* Machiavelli
maquila *f* multure, miller's toll
maquilar *va* to exact toll for (*a grinding*)
maquilero -ra *mf* collector of miller's toll
maquillador *m* make-up man
maquillaje *m* (theat.) make-up
maquillar *va & vr* to make up
máquina *f* machine; engine; locomotive; edifice, mansion; plan, project; clippers; (lit. & theat.) machine; (fig.) machinery; (coll.) pile, heap, lot; (coll.) bike; **escribir a** or **con máquina** to typewrite; **máquina apisonadora** road roller; **máquina calculadora** computer; **máquina de afeitar** safety razor; **máquina de apostar** betting machine, gambling machine; **máquina de componer** (print.) typesetter; **máquina de coser** sewing machine; **máquina de dictar** dictating machine; **máquina de escribir** typewriter; **máquina de lavar** washing machine; **máquina de sumar** adding machine; **máquina de vapor** steam engine; **máquina de volar** flying machine; **máquina Diesel** Diesel engine; **máquina electrostática** (elec.) static machine; **máquina estenotipiadora** stenotype; **máquina fotográfica** camera; **máquina hiladora** spinning machine; **máquina infernal** infernal machine; **máquina parlante** talking machine; **máquina piloto** (rail.) pilot engine; **máquina sacaperras, tragamonedas** or **tragaperras** slot machine
maquinación *f* machination, scheming, plotting
maquinador -dora *adj* machinating, scheming, plotting; *mf* machinator, schemer, plotter
máquina-herramienta *f* (*pl:* **máquinas-herramientas**) machine tool
maquinal *adj* mechanical; (fig.) mechanical
maquinar *va & vn* to machinate, scheme, plot
maquinaria *f* machinery; applied mechanics; (fig.) machinery

maquinilla *f* winch; clippers; **maquinilla cortapelos** hair clippers; **maquinilla de afeitar** safety razor; **maquinilla de rizar** curling iron
maquinismo *m* (econ.) mechanization
maquinista *mf* machinist; engineer (*who runs an engine*); **primer maquinista** (naut.) engineer officer; **segundo maquinista** (naut.) machinist
mar *m & f* sea; tide, flood; (fig.) sea, e.g., **mar de lágrimas** sea of tears; (fig.) oceans, e.g., **la mar de trabajo** oceans of work; **alta mar** high seas; **a mares** copiously; **arrojarse a la mar** to plunge, take great risks; **baja mar** low tide; **correr los mares** to follow the sea; **de mar a mar** from one end to the other; (coll.) all dressed-up; **echar a la mar** (naut.) to launch; **hablar de la mar** (coll.) to talk wildly; to take up an endless subject; **hacerse a la mar** to put to sea; **la mar de** a lot of, lots of; **meter la mar en un pozo** to attempt the impossible; **meterse mar adentro** to go beyond one's depth; **mar alta** rough sea; **mar Amarillo** Yellow Sea; **mar ancha** high seas; **mar Arábigo** Arabian Sea; **mar Aral** Aral Sea; **mar Báltico** Baltic Sea; **mar Blanco** White Sea; **mar bonanza** calm sea; **mar Cantábrico** Bay of Biscay; **mar Caribe** Caribbean Sea; **mar Caspio** Caspian Sea; **mar de costado** beam sea; **mar de fondo** ground swell; **mar de Galilea** Sea of Galilee; **mar de Irlanda** Irish Sea; **mar de la China** China Sea; **mar de la China Meridional** South China Sea; **mar de la China Oriental** East China Sea; **mar de las Antillas** Caribbean Sea; **mar de las Indias** Indian Ocean; **mar del Coral** Coral Sea; **mar de leva** ground swell; **mar del Japón** Inland Sea, Sea of Japan; **mar del Norte** North Sea; **mar de los Sargazos** Sargasso Sea; **mar del sur** South Seas (*south of the equator*); **mar de Mármara** Sea of Marmara or Marmora; **mar de nubes** cloud bank; **mar de Omán** Gulf of Oman; **mar de Sargazos** Sargasso Sea; **mar Egeo** Aegean Sea (*of ancient times*); **mar Jonio** Ionian Sea; **mar larga** high sea; **mar Latino** Mediterranean Sea; **mar llena** high tide; **mar Mediterráneo** Mediterranean Sea; **mar Muerto** Dead Sea; **mar Negro** Black Sea; **mar Rojo** Red Sea; **mar tendida** swell (*of sea*); **mar Tirreno** Tyrrhenian Sea
marabú *m* (*pl:* **-búes**) (orn.) marabou (*bird and trimming*); (bot.) Cuban weed (*Diegrostachys nutans*)
marabuto *m* Mohammedan hermitage
maraca *f* (Am.) maraca (*dried gourd filled with seeds or pebbles and used for marking rhythm*); (Am.) game played with three dice marked with sun, gold coin (diamond), bowl (heart), star, moon, and anchor; (Am.) harlot
maracá *m* (Am.) maraca (*dried gourd used for marking rhythm*)
maragato -ta *adj* Maragato; *mf* Maragato (*descendant of Celtiberian inhabitants in León, Spain*)
maraña *f* thicket, jungle; silk waste; poor silk cloth; tangle (*of thread, hair, etc.*); complexity, puzzle; trick, scheme; (bot.) kermes oak
marañal *m* field of kermes oak
marañar *va* to tangle; to entangle; *vr* to get tangled; to become entangled
marañero -ra or **marañoso -sa** *adj* intriguing, scheming; *mf* intriguer, schemer; cheat
marañón *m* (bot.) cashew
maraquiana *f* (bot.) marijuana (*Nicotiana glauca*)
marasmo *m* (path.) marasmus; (fig.) depression, stagnation
Maratón *m* Marathon; (l.c.) *m* (sport) marathon
maravedí *m* (*pl:* **-dís, -dises** or **-díes**) maravedi
maravilla *f* wonder, marvel; (bot.) marigold, calendula; (bot.) four-o'clock, marvel-of-Peru; (bot.) ivy-leaved morning-glory; **a las maravillas** or **a las mil maravillas** magnificently; **a maravilla** wonderfully well; **hacer maravillas con** to do wonders with; **por maravilla** rarely, seldom, on occasion
maravillar *va* to astonish, amaze; *vr* to wonder, to marvel; **maravillarse con** or **de** to wonder at, to marvel at
maravilloso -sa *adj* wonderful, marvelous; **lo maravilloso** (lit.) the marvelous, the supernatural
marbete *m* stamp, label; baggage check; edge, border; rope, binding; **marbete engomado** sticker
marca *f* mark; stamp; sign; make; brand; score; height-measuring bar; march (*frontier; territory*); shipping mark; record (*e.g., of endurance*); (naut.) seamark, landmark; **de marca** outstanding; **de marca mayor** or **de más de marca** most outstanding; **marca de agua** watermark (*in paper*); **marca de fábrica** trademark; **marca de máximo calado** (naut.) Plimsoll line; **marca depositada** trademark; **marca de reconocimiento** (naut.) seamark, landmark; **marca de taquilla** box-office record; **marca privativa** trademark; **marca registrada** registered trademark
marcación *f* (naut.) relative bearing; (naut.) taking a ship's bearing
marcado -da *adj* marked, pronounced; *m* (print.) feeding
marcador -dora *adj* marking; branding; *mf* marker; brander; *m* marker; sampler (*embroidered cloth*); (sport) marker (*device for marking, e.g., a tennis court*); (sport) marker, scoreboard; (print.) feeder; (print.) feedboard
marcaje *m* (telp.) dialing; (sport) scoring
marcapaso *m* (med.) pacemaker (*to regulate heartbeat*)
marcar §86 *va* to mark; to stamp; to brand; to embroider; to initial (*e.g., a handkerchief*); to designate; to lay out (*a task*); to point out, to stress; to show (*the hour*); to make (*a score*); to score (*a point*); to dial (*a telephone number*); *vr* to take its bearings (*said of a ship*)
marcasita *f* (mineral.) marcasite
marceador -dora *adj* shearing; *mf* shearer
marcear *va* to shear (*e.g., sheep*); *vn* to be Marchlike, to be rough as March (*said of weather*)
Marcela *f* Marcella
Marcelo *m* Marcellus
marceño -ña *adj* (pertaining to) March
marceo *m* springtime cleaning of honeycombs
marcero -ra *adj* shearing
marcescencia *f* (bot.) marcescence
marcescente *adj* (bot.) marcescent
marcial *adj* martial; plain, simple; (*cap.*) *m* Martial
marcialidad *f* martiality, martialness
marciano -na *adj & mf* Martian
marco *m* frame; standard (*of weights and measures*); framework; size stick (*for measuring foot*); mark (*coin; weight*); (*cap.*) *m* Mark, Marcus; **marco de imprimir** (phot.) printing frame
márcola *f* pruning hook
marconigrama *m* marconigram
Marcos *m* Mark
marcha *f* march; running, functioning; operation; rate of speed; course, path (*e.g., of rays of light*); departure; (mil. & mus.) march; (aut.) speed (*in relation to gears*); (fig.) march, course, progress; (dial.) bonfire; **a toda marcha** at full speed; **batir la marcha** or **batir marcha** (mus.) to strike up a march; **cambiar de marcha** to shift gears; **en marcha** under way; on the march; in motion; **poner en marcha** to start, to launch (*a project*); **ponerse en marcha** to start, to strike out; **primera marcha** (mach.) low gear; **segunda marcha** second (gear); **sobre la marcha** at once, right away; **marcha a rueda libre** (mach.) freewheeling; **marcha atrás** (mach.) reverse; **marcha de ensayo** trial run; **marcha del hambre** hunger march; **marcha directa** (mach.) high gear; **marcha en ralentí** or **en vacío** idling; **marcha forzada** (mil.) forced march; **marcha fúnebre** (mus.) dead march, funeral march; **marcha nupcial** (mus.) wedding march
marchamar *va* to mark at the customhouse
marchamero *m* customhouse marker

marchamo *m* customhouse mark; lead seal
marchante *adj* commercial; *m* dealer, merchant; (Am.) customer
marchapié *m* (naut.) footrope; running board (*of a carriage*)
marchar *vn* to march; to run; to work; to go; to go away, leave; to proceed, come along, progress; (mil.) to march; **marchar en ralentí** or **en vacío** to idle; *vr* to go away, leave
marchitable *adj* easily withered, perishable
marchitamiento *m* withering; languishing
marchitar *va* to wilt, to wither; *vr* to wilt, to wither; (fig.) to wilt, to languish
marchitez *f* withered state; languor
marchito -ta *adj* withered; languid
marchoso -sa *adj* (slang) breezy, jaunty; (prov.) sporty; (prov.) roisterous
Mardoqueo *m* (Bib.) Mordecai
marea *f* (naut.) tide; gentle sea breeze; dew, drizzle; street dirt washed away; **marea alta** high tide; **marea baja** low tide; **marea creciente** or **entrante** flood tide; **marea menguante, saliente** or **vaciante** ebb tide; **marea muerta** neap tide; **marea viva** spring tide
mareado -da *adj* nauseated, seasick, lightheaded
mareaje *m* navigation, seamanship; course (*of a ship*)
mareamiento *m* var. of **mareo**
mareamotor -triz (*pl:* **-trices**) *adj* tide-driven
marear *va* to navigate, sail; to hoist (*sails*); (coll.) to annoy; *vn* (coll.) to be annoying; *vr* to become nauseated, to become seasick; to get giddy; to become damaged at sea (*said of merchandise*)
mareca *f* (orn.) baldpate
marecanita *f* (mineral.) marekanite
marejada *f* ground swell; stirring, undercurrent (*of unrest*); **marejada de fondo** ground swell
maremagno or **mare mágnum** *m* (coll.) mess, confusion; (coll.) omnium-gatherum
maremoto *m* earthquake at sea; bore, tidal bore
mare nóstrum *m* mare nostrum (*our sea, i.e., the Mediterranean*)
mareo *m* nausea: seasickness; plane sickness; (coll.) annoyance
mareógrafo *m* marigraph
marero *adj masc* sea (*breeze or wind*)
mareta *f* surge; rumbling (*of a mob*); agitation, disturbance
maretazo *m* billow
márfaga *f* ticking
marfil *m* ivory; **marfil vegetal** ivory nut
marfileño -ña *adj* (pertaining to) ivory
marfilino -na *adj* (pertaining to) ivory; *f* imitation ivory
marfuz -fuza *adj* (*pl:* **-fuces & -fuzas**) rejected, cast aside; false, deceptive
marga *f* marl; ticking
margal *m* marlpit, marly ground
margallón *m* (bot.) dwarf fan palm
margar §59 *va* to marl
margarita *f* pearl; (bot.) daisy, marguerite; (mineral.) margarite; (naut.) sheepshank (*knot*); (zool.) periwinkle; (*cap.*) *f* Margaret, Marguerite: **echar margaritas a los cerdos** or **a los puercos** to cast pearls before swine; **margarita de los prados** (bot.) English daisy, bachelor's-button; **margarita mayor** (bot.) oxeye daisy
margen *m & f* margin; border, edge; note, marginal note; occasion; **al margen de** aside from; aloof from; outside of; independent of; **andarse por los márgenes** to beat about the bush; **dar margen para** to give occasion for; **dejar al margen** to leave out; **quedar al margen de** to be left on the outside of; **margen de seguridad** margin of safety
marginado -da *adj* (bot.) marginal
marginador *m* marginal stop (*of typewriter*)
marginal *adj* marginal
marginar *va* to write marginal notes in (*a text*); to leave a margin on (*a printed or written sheet*); (Am.) to line (*e.g., the bank of a river*)
marginoso -sa *adj* wide-margined
margoso -sa *adj* marly
margrave *m* margrave
margraviato *m* margraviate
margravina *f* margravine
Marg.ta abr. of **Margarita**
marguera *f* marlpit
marhojo *m* var. of **malhojo**
maría *f* (coll.) white wax taper; (*cap.*) *f* Mary
mariache *m* or **mariachi** *m* rousing type of Mexican popular music; musician who plays this music
mariano -na *adj* Marian; *m* Marion (*man's name*); *f* Marion, Marian, or Marianne
marica *f* (orn.) magpie; jack of diamonds; *m* (coll.) sissy, milksop
maricangalla *f* (naut.) ringtail
Maricastaña; en tiempo or **en tiempos de Maricastaña** in times of yore
maricón *m* (coll.) sissy; sodomite
maridable *adj* conjugal, matrimonial
maridaje *m* married life; (fig.) marriage, union
maridar *va* to combine, join, unite; *vn* to get married; to live as man and wife
maridazo *m* (coll.) doting husband, henpecked husband
maridillo *m* ridiculous little husband; foot stove
marido *m* husband
mariguana *f* (bot.) marijuana (*Cannabis sativa*); **mariguana falsa** (bot.) marijuana (*Nicotiana glauca*)
mariguano *m* (Am.) marihuana addict
mariguanza *f* (Am.) hocus-pocus; (Am.) pirouette; **mariguanzas** *fpl* (Am.) quackery, powwowing; (Am.) clowning
marihuana *f* var. of **mariguana**
marimacho *m* (coll.) mannish woman
marimandona *f* (prov.) bossy woman
marimanta *f* (coll.) hobgoblin, bugaboo
marimarica *m* (coll.) sissy, milksop
marimba *f* (mus.) marimba; (Am.) beating, flogging
marimbero -ra *mf* marimba player
marimoña *f* (bot.) turban buttercup
marimorena *f* (coll.) fight, row
marina *f* see **marino**
marinaje *m* var. of **marinería**
marinar *va* to salt, to marinate (*fish*); to man, to put a new crew on (*a ship*); *vn* to be a sailor
marinear *vn* to be a sailor; to get one's sea legs
marinera *f* see **marinero**
marinería *f* seamanship, sailoring; sailors, ship's crew
marinero -ra *adj* seaworthy, navigable; marine, sea; *m* mariner, seaman, sailor; (zool.) paper nautilus; **a la marinera** or **a lo marinero** sailor-fashion; **marinero de agua dulce** landlubber; **marinero matalote** lubber, landlubber; *f* sailor blouse; middy, middy blouse
marinesco -ca *adj* (pertaining to the) sailor; sailorly; **a la marinesca** sailor-fashion
marinista *mf* seascapist
marino -na *adj* marine, sea; *m* mariner, seaman, sailor; *f* navy (*personnel*); seascape, marine; seaside, shore; fleet; sailing, navigation; **marina de guerra** navy; **marina mercante** merchant marine
Mario *m* Marius
marión *m* (ichth.) sturgeon
marioneta *f* marionette
maripérez *f* hook to fasten frying pan to trivet
mariposa f (ent. & fig.) butterfly; (ichth.) butterfly fish; wing nut; butterfly valve; rushlight; prostitute; (Am.) blindman's buff; **mariposa nocturna** (ent.) moth
mariposear *vn* to be capricious, to be fickle; to flutter around
mariposón *m* (coll.) fickle flirt
mariquita *m* (coll.) sissy, milksop; *f* (ent.) ladybird; (*cap.*) *f* Molly, Polly
marisabidilla *f* (coll.) bluestocking, know-it-all
mariscador -dora *mf* gatherer of shellfish
mariscal *m* (mil.) marshal; veterinarian; blacksmith; **mariscal de campo** (mil.) field marshal; (archaic) major general
mariscala *f* marshaless
mariscalato *m* or **mariscalía** *f* marshalate

mariscar §86 *vn* to gather shellfish
marisco *m* shellfish; **mariscos** *mpl* seafood
marisma *f* marsh, swamp; salt marsh
marismeño -ña *adj* marsh, swamp; marshy, swampy
marismo *m* (bot.) orach
marisqueo *m* shellfishery
marisquería *f* seafood store
marisquero -ra *adj* shellfish; seafood; *mf* catcher of shellfish; shellfish dealer; seafood dealer
marista *adj & mf* (eccl.) Marist
marital *adj* marital
marítimo -ma *adj* maritime; marine, sea
maritornes *f* (*pl:* **-nes**) (coll.) ugly, mannish maidservant, wench
marizápalos *m* (*pl:* **-los**) (coll.) fight, row
marjal *m* marsh, moor, fen
marjoleta *f* haw or berry (*of Crataegus monogyna and C. oxyacantha*)
marjoleto *m* (bot.) English hawthorn (*Crataegus monogyna and C. oxyacantha*)
marlota *f* close-fitting Moorish gown
marlotar *va* to tie, pinch, squeeze; to cut, tear away; (archaic) to squander
marmella *f* var. of **mamella**
marmita *f* pot, boiler; **marmita de gigante** (geol.) pothole
marmitón *m* scullion, kitchen scullion
mármol *m* marble; marver (*for rolling hot glass*)
marmolejo *m* small marble column
marmoleño -ña *adj* (pertaining to) marble
marmolería *f* marble work; marble works
marmolillo *m* spur stone; dolt
marmolista *m* marble worker; marble dealer
marmolización *f* marbling
marmolizar §76 *va & vr* to marble
marmoración *f* stucco
marmóreo -a *adj* marmoreal
marmoroso -sa *adj* marble, marmoreal
marmosete *m* vignette
marmota *f* (zool.) marmot; worsted cap; sleepyhead; sleepy-headed woman; ugly wench; **marmota de Alemania** (zool.) hamster; **marmota de América** (zool.) ground hog, woodchuck
maro *m* (bot.) cat thyme; (bot.) clary
marojal *m* growth of red-berried mistletoes; growth of pubescent oak trees
marojo *m* (bot.) red-berried mistletoe (*Viscum cruciatum*); (bot.) pubescent oak, durmast
maroma *f* rope of hemp or esparto; (Am.) acrobatics
maromear *vn* (Am.) to walk a tightrope, to stunt; (Am.) to sway (*toward one party or the other*)
maromero -ra *mf* (Am.) tightrope walker
marón *m* (ichth.) sturgeon; ram, male sheep
marquear *va* to sow or plant in straight lines
marqueo *m* layout for planting trees
marqués *m* marquis; (coll.) one-eyed fellow; **marqueses** *mpl* marquis and marchioness
marquesa *f* marquise, marchioness; marquee (*over an entrance*); (coll.) one-eyed woman
marquesado *m* marquisate
marquesina *f* marquee (*over an entrance*); locomotive cab
marquesita *f* var. of **marcasita**
marquesota *f* (archaic) high stiff collar
marqueta *f* cake of crude wax
marqueteador *m* worker in marquetry
marquetería *f* marquetry (*inlaid work*); cabinetwork, woodwork
marquiana *f* var. of **maraquiana**
marra *f* gap (*in a row, e.g., of trees*); stone hammer, spalling hammer
márraga *f* ticking
marrajo -ja *adj* malicious, wicked (*bull*); sly, tricky; *m* (ichth.) shark
marramao or **marramáu** *m* caterwaul
marramizar §76 *vn* to caterwaul
marrana *f* see **marrano**
marranada *f* (coll.) piggishness, filthiness
marranalla *f* (coll.) rabble, riffraff
marranchón -chona *mf* pig
marranería *f* (coll.) var. of **marranada**
marranillo *m* little pig; sucking pig
marrano -na *adj* (coll.) dirty, sloppy; base, vile; *mf* hog; *m* male hog, boar; drum (*of water wheel*); timber (*of shaft or well*); (fig.) hog; axle (*of bucket wheel*); (fig.) cur; *f* sow; (coll.) slut
marrar *vn* to miss, fail; to go astray
marras *adv* (coll.) long ago, a long time ago; **de marras** (coll.) of a long time ago; (coll.) well-known; **hacer marras de** (Am.) to be a long time since
marrasquino *m* maraschino
marrazo *m* mattock
marrear *va* to strike with a stone hammer
marrillo *m* short, thick stick
marro *m* quoits (*played with a stone*); dodge, duck; slip, miss; tag (*game*); cat (*used in tipcat*)
marrón *adj invar* maroon (*very dark red*); tan (*shoes*); **marrón -rrona** *adj* (Am.) fugitive, runaway (*slave*); *m* maroon (*very dark red*); stone (*used as sort of quoit*); (Am.) maroon (*fugitive slave, descendant of fugitive Negro slaves in West Indies and Dutch Guiana; explosive*); **marrones** *mpl* marrons (*chestnuts preserved in syrup*)
marronaje *m* (Am.) fugitive slaves
marroquí (*pl:* **-quíes**) *adj & mf* Moroccan; *m* morocco, morocco leather
marroquín -quina *adj, mf & m* var. of **marroquí**
marroquinería *f* morocco-leather dressing; morocco-leather shop
marrubial *m* field of horehound
marrubio *m* (bot.) horehound; **marrubio acuático** (bot.) water horehound; **marrubio blanco** (bot.) white horehound
marrueco -ca *adj & mf* Moroccan; **Marruecos** *m* Morocco; **el Marruecos Español** Spanish Morocco; **el Marruecos Francés** French Morocco
marrullería *f* cajolery, wheedling
marrullero -ra *adj* cajoling, wheedling; *mf* cajoler, wheedler
Marsella *f* Marseilles
marsellés -llesa *adj* (pertaining to) Marseilles; *mf* native or inhabitant of Marseilles; *m* coarse jacket; (*cap.*) *f* Marseillaise (*French national song*)
Marsias *m* (myth.) Marsyas
marsopa or **marsopla** *f* (zool.) porpoise, harbor porpoise, sea hog
marsupial *adj & m* (zool.) marsupial
mart. abr. of **martes**
marta *f* (zool.) pine marten; (*cap.*) *f* Martha; **marta cebellina** (zool.) sable, Siberian sable; sable (*fur*); **marta del Canadá** (zool.) fisher
martagón -gona *mf* (coll.) crafty person; *m* (bot.) Turk's-cap lily
Marte *m* (astr. & myth.) Mars
martellina *f* marteline
martes *m* (*pl:* **-tes**) Tuesday; **martes de carnaval** Shrove Tuesday
martillada *f* blow or stroke with a hammer
martillado *m* (action of) hammering
martillador -dora *adj* hammering; *mf* hammerer
martillar *va* to hammer; to worry, torment
martillazo *m* hard blow with a hammer; (box.) chop
martillear *va* var. of **martillar**
martilleo *m* hammering; (fig.) hammering
martillero *m* (Am.) auctioneer
martillete *m* tinner's hammer
martillo *m* hammer; (anat.) hammer, malleus; (mus.) tuning hammer; auction house; scourge (*person*); **a macha martillo** strongly but crudely (*constructed*); **a martillo** by hammering, with a hammer; **de martillo** wrought, hammered (*metal*); **martillo de agua** (phys.) water hammer (*glass tube*); **martillo de caída** or **martillo pilón** drop hammer; **martillo percusor** or **percutor** (med.) percussion hammer; **martillo perforador** jackhammer; **martillo picador** (*pl:* **martillos picadores**) hammer drill, jackhammer; **martillo sacaclavos** claw hammer
Martín *m* Martin; **llegarle** or **venirle a uno su San Martín** (coll.) to pay for one's wild oats; **San Martín** (coll.) season for killing hogs; **martín cazador** (*pl:* **martín caza-**

M

dores) (orn.) laughing jackass; **martín del río** (orn.) night heron; **martín pescador** (*pl:* **martín pescadores**) (orn.) kingfisher
martina *f* (ichth.) sand cusk, cusk eel
martinete *m* drop hammer; pile driver; hammer (*of piano*); (orn.) night heron; **martinete de báscula** tilt hammer
martingala *f* trick, cunning; **martingalas** *fpl* breeches worn under armor
Martinica, la Martinique
martinico *m* (coll.) goblin, ghost
mártir *mf* martyr
martirio *m* martyrdom
martirizar **§76** *va* to martyrize, to martyr
martirologio *m* martyrology
márts. abr. of **mártires**
martucha *f* (zool.) kinkajou
Maruja *f* (coll.) Mary
marullo *m* surge, swell
marxismo *m* Marxism
marxista *adj & mf* Marxian or Marxist
marzal *adj* (pertaining to) March
marzo *m* March
marzoleta *f* var. of **marjoleta**
marzoleto *m* var. of **marjoleto**
mas *conj* but
más *adv* more; most; longer; faster; rather; **a lo más** at most, at the most; **a más** besides, in addition; **a más de** besides, in addition to; **a más y mejor** hard, copiously; to one's heart's content; **como el que más** as the next one (*i.e., as any or anybody*); **cuando más** at the most; **de más** extra; too much, too many; **en más de** at more than + *numeral;* **en más que** more highly than; for more than; **estar de más** to be unnecessary, be superfluous; to be in the way; **los más de** most of, the majority of; **ni más ni menos** neither more nor less; **no . . . más** no longer; **no . . . más nada** nothing more; **no . . . más que** only; **poco más o menos** little more or less, practically; **por más que** however much, no matter how much; **más bien** rather; **más de** more than + *numeral;* **más que** more than; better than; although; **más y más** more and more, harder and harder; **sin más ni más** (coll.) suddenly, in a rush, just like that, without more ado; *prep* plus; *m* more; plus (*sign*); **tener sus más y sus menos** (coll.) to have one's (or its) good points and bad points
masa *f* mass; dough; mash; nature, disposition; (phys.) mass; (elec.) ground (*e.g., of an automobile*); (Am.) flesh (*e.g., of fruit*); **en masa** in the mass; en masse; mass, e.g., **la inoculación en masa** mass inoculation; **las masas** the masses; **masa crítica** (phys.) critical mass
masacre *m* massacre
masada *f* farmhouse
masadero *m* farmer
masaje *m* massage
masajear *va* to massage
masajista *m* masseur; *f* masseuse
masar *va* to knead; to massage
mascabado -da *adj & m* muscovado
mascada *f* chew; chewing; (Am.) silk handkerchief
mascador -dora *adj* chewing; *mf* chewer, masticator
mascadura *f* chewing; chew; (naut.) fretting, galling (*of a cable*)
mascar **§86** *va* to chew; (coll.) to mumble, to mutter; *vr* (naut.) to fret, to gall
máscara *f* mask; masquerade (*costume*); (fig.) mask; **máscaras** *fpl* masque, masquerade; **arrancar** or **quitar la máscara a** (fig.) to unmask; **quitarse la máscara** (fig.) to take off one's mask; **máscara antigás, máscara contra gases** or **máscara de gases** gas mask; **máscara de cabeza** head shield (*of welder*); **máscara de seguridad** safety mask; **máscara respiratoria** respirator; *mf* (coll.) mask, masquerader, mummer
mascarada *f* masquerade; party of masqueraders
mascarero -ra *mf* costumer
mascareta *f* little mask
mascarilla *f* little mask; half mask; false face (*funny*); death mask; **mascarilla contra gases asfixiantes** gas mask
mascarón *m* large mask; false face; fright (*ugly person*); (arch.) mask; **mascarón de proa** (naut.) figurehead
mascota *f* mascot
mascujada *f* (coll.) mumbling
mascujar *va & vn* (coll.) to chew poorly or hurriedly; (coll.) to mumble, to mutter
masculinidad *f* masculinity
masculinizar **§76** *va* (gram.) to make masculine
masculino -na *adj* masculine; (bot.) male; (gram.) masculine; *m* (gram.) masculine
mascullar *va & vn* (coll.) to mumble, to mutter; (coll.) to chew hurriedly
masecoral *m* or **masejicomar** *m* sleight of hand
masera *f* kneading trough; cover for kneading trough
masería *f* var. of **masada**
masetero *m* (anat.) masseter
masía *f* (prov.) farmhouse; (prov.) farm
másico -ca *adj* (phys.) (pertaining to) mass
masicoral *m* var. of **masecoral**
masicote *m* massicot
masiliense *adj* (pertaining to) Marseilles; *mf* native or inhabitant of Marseilles
masilla *f* putty
masita *f* (mil.) pittance withheld for shoes and clothes; (Am.) cake
maslo *m* root (*of the tail of a quadruped*); stem
masón *m* mess of dough for fowls; Mason
masonería *f* Masonry
masónico -ca *adj* Masonic
masonita *f* (mineral.) masonite; masonite (*fiberboard*)
masoquismo *m* (path.) masochism
masoquista *adj* masochistic; *mf* masochist
mastelerillo *m* (naut.) topgallant mast; **mastelerillo de juanete** (naut.) foretopgallant mast; **mastelerillo de mayor** (naut.) maintopgallant mast
mastelero *m* (naut.) topmast; **mastelero de mayor** (naut.) maintopmast; **mastelero de proa** or **de velacho** (naut.) foretopmast
masticación *f* mastication; (tech.) mastication
masticador *m* masticator (*machine*); salivant bit
masticar **§86** *va* to masticate; to meditate upon; to mumble; to cover with mastic; (tech.) to masticate (*e.g., rubber*)
masticatorio -ria *adj & m* masticatory
mástico *m* var. of **mástique**
mastigador *m* salivant bit
mástil *m* (naut.) mast; (mus.) neck (*of violin*); upright; stalk; stanchion; stem, shaft (*of feather*)
mastín -tina *mf* mastiff; (coll.) dolt, ignoramus; **mastín danés** Great Dane
mástique *m* mastic
mastitis *f* (path.) mastitis
masto *m* (prov.) stock (*on which a graft is made*); male animal, cock
mastodonte *m* (pal.) mastodon
mastoidectomía *f* (surg.) mastoidectomy
mastoideo -a *adj* (anat.) mastoid
mastoides *adj & f* (anat.) mastoid
mastoiditis *f* (path.) mastoiditis
mastranto or **mastranzo** *m* (bot.) horse mint, apple mint
mastuerzo *m* (bot.) cress, peppercress, peppergrass; simpleton, dolt
masturbación *f* masturbation
masturbar *vr* to masturbate
masurio *m* (chem.) masurium
masvale *m* var. of **malvasía**
mat. abr. of **matemática**
mata *f* bush, shrub; blade, sprig; head of hair, crop of hair; brush, underbrush; (bot.) mastic tree; (metal.) matte; **saltar de la mata** (coll.) to come out of hiding; **mata parda** (bot.) chaparro (*oak*); **mata rubia** (bot.) kermes, kermes oak
matabuey *m* (bot.) shrubby hare's-ear
matacabras *m* (*pl:* **-bras**) cold blast from the north
matacán *m* dog poison; nux vomica; cobblestone; (fort.) machicolation
matacandelas *m* (*pl:* **-las**) candle extinguisher

matacandil *m* (bot.) London rocket; (prov.) spiny lobster
matacandiles *m* (*pl:* **-les**) (bot.) star-of-Bethlehem
matachín *m* merry-andrew; dance of merry-andrews; slaughterman; (coll.) bully
matachinada *f* merry-andrewism, clowning; (coll.) concern
matadero *m* abattoir, slaughter house; danger spot; (coll.) drudgery
matador -dora *mf* killer; *m* (taur. & cards) matador; **matador de mujeres** lady-killer
matadura *f* sore, gall
matafuego *m* fire extinguisher; fireman
matagallos *m* (*pl:* **-llos**) (bot.) Jerusalem sage
matajudío *m* (ichth.) striped mullet
matalahuga or **matalahuva** *f* var. of **anís**
mátalas callando *mf* (coll.) schemer
matalobos *m* (*pl:* **-bos**) (bot.) wolf's-bane
matalón -lona *adj* skinny and full of sores (*said of a horse*); *mf* skinny old nag
matalotaje *m* (naut.) ship stores; (coll.) mess, jumble
matalote *adj* & *mf* var. of **matalón;** *m* (naut.) next ship (*forward or astern, in a column of ships*)
matamalezas *m* (*pl:* **-zas**) weed killer
matamoros *m* (*pl:* **-ros**) (coll.) bully, braggart
matamoscas *m* (*pl:* **-cas**) fly swatter; flypaper, piece of flypaper
matanza *f* slaughter, slaughtering, butchering; massacre; slaughtering season; pork products; (coll.) concern
mataperrada *f* (coll.) prank of a street urchin
mataperros *m* (*pl:* **-rros**) (coll.) street urchin; (Am.) harum-scarum
matapiojos *m* (*pl:* **-jos**) (ent.) dragonfly
matapolvo *m* light rain, sprinkling
matapulgas *f* (*pl:* **-gas**) (bot.) horse mint, apple mint
matar *va* to kill; to butcher (*animals for food*); to put out (*a fire, a light*); to slack (*lime*); to lay (*dust*); to dull; to mat (*metal*); to tone down (*a color*); to round off (*e.g., rough edges*); to gall (*a horse*); to spot (*a card*); to play a card higher than; to ruin, to wreck; to slay, to bore to death; (fig.) to kill (*time, hunger, etc.*); *vn* to kill; **estar a matar con** to be very much annoyed at; to be on the outs with; *vr* to kill oneself; to be killed; to drudge, overwork; to be grieved, be disappointed; **matarse con** to quarrel with; **matarse por** to struggle for; **matarse por** + *inf* to struggle to + *inf*
matarife *m* butcher, slaughterman
matarratas *m* rat poison; (coll.) rotgut
matarrubia *f* (bot.) kermes, kermes oak
matasanos *m* (*pl:* **-nos**) (coll.) quack doctor
matasellar *va* to cancel (*stamps*); to postmark
matasellos *m* (*pl:* **-llos**) canceler (*of postage stamps*); postmark
matasiete *m* (*pl:* **-te**) (coll.) bully, braggart
matatías *m* (*pl:* **-as**) (coll.) moneylender, pawnbroker
matazarzas *m* (*pl:* **-zas**) weed killer
mate *adj* dull, flat; *m* checkmate; (bot.) maté (*plant, leaves, and tea*); maté gourd; **dar mate ahogado a** (chess) to stalemate; **mate ahogado** (chess) stalemate; **mate amargo** or **cimarrón** black or bitter maté; **dar mate a** to checkmate; to make fun of, laugh at
matear *va* to plant at regular intervals; to make dull; (Am.) to checkmate; *vr* to sprout (*said of wheat*); to hunt through the bushes (*said of a hunting dog*); (Am.) to drink maté
matemático -ca *adj* mathematical; (coll.) obvious, unquestionable, *mf* mathematician; *f* mathematics; **matemáticas** *fpl* mathematics
Mateo *m* Matthew
materia *f* matter; stuff, material; subject; (path.) matter (*pus*); **en materia de** in the matter of, as regards; **entrar en materia** to go into the matter; **primera materia** raw material; **materia colorante** dyestuff; **materia médica** materia medica (*remedial substances; branch of medicine*); **materia prima** raw material
material *adj* material; physical (*effort*); crude; *m* material; equipment, matériel; (mil.) matériel; (print.) matter, copy; **ser material** (coll.) to be immaterial; **material fijo** (rail.) permanent way; **material móvil** or **rodante** (rail.) rolling stock
materialidad *f* materiality, corporeity; outward appearance; literal meaning; crudeness, coarseness; literalness
materialismo *m* materialism
materialista *adj* materialistic; *mf* materialist; *m* dealer in building material
materialización *f* materialization (*e.g., of thought*)
materializar §76 *va* to materialize (*e.g., thought*); to realize (*profit*); *vr* to become materialistic
maternal *adj* maternal, mother (*e.g., love*)
maternidad *f* maternity; motherhood; maternity (*maternity hospital*)
materno -na *adj* maternal, mother (*e.g., tongue*)
Matías *m* Matthias
matidez *f* dullness, flatness
matihuelo *m* tumbler (*toy figure*)
Matilde *f* Matilda
matinal *adj* matinal, morning
matinée *m* & *f* matinée (*afternoon performance*); dressing gown, wrapper
matitez *f* flatness (*of a sound*)
matiz *m* (*pl:* **-tices**) hue, shade, nuance; (fig.) shade
matizar §76 *va* to blend; to match (*in color*); to shade (*colors, sounds, etc.*); to adorn, bedeck (*e.g., a speech*)
mato *m* var. of **matorral**
matojo *m* (bot.) salsolaceous shrub (*Haloxylon articulatum*)
matón *m* (coll.) bully, browbeater; **matón sopista** (coll.) poverty-stricken bully
matonismo *m* (coll.) bullying, browbeating
matorral *m* thicket, underbrush
matoso -sa *adj* dense, thick, brushy
matraca *f* noisemaker (*wooden rattle*); pestering, harassment; pest, bore; **dar matraca a** (coll.) to jeer at, to taunt
matracalada *f* mob
matracar §86 *vn* (Am.) to pester, be a pest
matraquear *vn* (coll.) to make a racket; (coll.) to jeer, to taunt
matraqueo *m* (coll.) racket; (coll.) jeering, taunting
matraquista *mf* (coll.) jeerer, taunter
matraz *m* (*pl:* **-traces**) flask, matrass; **matraz de lavado** (chem.) wash bottle
matrería *f* cunning, shrewdness
matrero -ra *adj* cunning, shrewd
matriarca *f* matriarch
matriarcado *m* matriarchy
matriarcal *adj* matriarchal
matricaria *f* (bot.) feverfew
matricida *adj* matricidal; *mf* matricide (*person*)
matricidio *m* matricide (*act*)
matrícula *f* register, roll, roster; license; registry; matriculation, registration
matriculado -da *adj* & *mf* matriculate
matricular *va* & *vr* to register, enroll; to matriculate
matrimonesco -ca *adj* (hum.) matrimonial
matrimonial *adj* matrimonial
matrimonialmente *adv* as husband and wife
matrimoniar *vn* to marry, get married
matrimonio *m* matrimony; marriage; married couple; **matrimonio de compañerismo** companionate marriage; **matrimonio de la mano izquierda** left-handed marriage; **matrimonio civil** civil marriage; **matrimonio consensual** common-law marriage; **matrimonio morganático** morganatic marriage; **matrimonio putativo** (canon law) putative marriage; **matrimonio rato** unconsummated marriage
matritense *adj* & *mf* var. of **madrileño**
matriz (*pl:* **-trices**) *adj* main, mother, first; *f* matrix (*womb; mold; impression of phonograph record*); screw nut; original draft; stub (*e.g., of checkbook*); (anat., biol., geol. & math.) matrix
matrona *f* matron; midwife; (coll.) matronly lady; matron (*in jail, custom house, etc.*)
matronal *adj* matronal, matronly
matronaza *f* matron

maturrango -ga *adj* (Am.) clumsy, rough; *mf* poor rider; *f* cajolery, trickery; (coll.) prostitute
Matusalén *m* (Bib. & fig.) Methuselah; **vivir más años que Matusalén** to be as old as Methuselah
matute *m* smuggling; smuggled goods; gambling den
matutear *vn* to smuggle
matutero -ra *mf* smuggler
matutinal or **matutino -na** *adj* matutinal, morning
maula *f* junk, trash; remnant; trick, trickery; *mf* (coll.) tricky person, poor pay, lazy loafer
maulería *f* remnant shop; trickery, trickiness
maulero -ra *mf* remnant dealer; trickster, cheat
maullador -dora *adj* meowing
maullar §75 *vn* to meow
maullido or **maúllo** *m* meow
Mauricio *m* Maurice or Morris; **la isla Mauricio** or **la isla de Mauricio** Mauritius
máuser *m* Mauser
mausoleo *m* mausoleum
maxila *f* (anat. & zool.) maxilla
maxilar *adj* & *m* (anat.) maxillary
máxima *f* see **máximo**
máxime *adv* chiefly, principally, especially
Maximiliano *m* Maximilian
máximo -ma *adj* maximum; top; superlative, superb; *m* maximum; *f* maxim; principle
máximum *m* maximum
maxvelio *m* (elec.) maxwell
may. abr. of **mayúscula**
maya *adj* & *mf* Maya or Mayan; *f* May queen; clown; (bot.) English daisy; (bot.) pinguin
mayador -dora *adj* meowing
mayal *m* flail; horse-drawn shaft of conical stone (*of olive-oil mill*)
mayar *vn* var. of **maullar**
mayear *vn* to be like May (*said of weather*)
mayestático -ca *adj* of majesty, royal
mayido *m* meow
may.^mo^ abr. of **mayordomo**
mayo *m* May; Maypole; **mayos** *mpl* serenading on the eve of May day
mayólica *f* majolica
mayonesa *f* mayonnaise
mayor *adj* greater; larger; older, elder; greatest; largest; oldest, eldest; elderly; major; main (*e.g., street*); high (*altar, mass*); (log. & mus.) major; **ser mayor de edad** to be of age; *m* superior, chief, head; **mayores** *mpl* elders; ancestors, forefathers; (eccl.) major orders; **al por mayor** wholesale; **por mayor** wholesale; summarily; **mayor de edad** major (*person of legal age*); **mayor general** staff officer; *f* (log.) major premise
mayoral *m* foreman, boss; head shepherd; stagecoach driver; (Am.) trolley-car conductor
mayoralía *f* flock, herd; shepherd's wages
mayorana *f* var. of **mejorana**
mayorazga *f* female owner of an entailed estate; heiress to an entailed estate
mayorazgo *m* primogeniture; right of primogeniture; entailed estate descending by primogeniture; heir to an entailed estate; first-born son
mayordoma *f* stewardess, housekeeper; wife of major-domo or steward
mayordomear *va* to manage, administer (*a household or estate*)
mayordomía *f* major-domoship, stewardship
mayordomo *m* major-domo, steward, butler
mayoría *f* superiority; majority (*being of full age; larger number or part*); **alcanzar su mayoría de edad** to come of age; **mayoría de edad** majority
mayoridad *f* superiority; majority (*full age*)
mayorista *adj* wholesale; *m* wholesaler
mayoritario -ria *adj* (pertaining to the) majority
mayormente *adv* chiefly, mainly
mayúsculo -la *adj* capital (*letter*); large; (coll.) tremendous, awful; *f* capital letter
maza *f* mace (*weapon; staff*); maul; hemp brake; drop hammer; pile driver; tup (*of drop hammer or pile driver*); heavy drumstick; hub; thick end of billiard cue; rag tied as a joke on a person's clothes; stick tied to a dog's tail; astounding pronouncement; (coll.) bore; (coll.) oracle; **la maza y la mona** constant companions; **maza de fraga** drop hammer; **maza de gimnasia** Indian club; **maza sorda** (bot.) reed mace
mazacote *m* barilla, kali; concrete; crude piece of work; (coll.) tough, doughy food; (coll.) bore
mazada *f* blow with a mace or club; **dar mazada a** (coll.) to hurt, injure
mazado *m* churning
mazagatos *m* (coll.) rumpus, row, wrangle
mazagrán *m* cold coffee and rum
mazamorra *f* crumbs; thick corn soup; (naut.) mess of broken hardtack
mazapán *m* marchpane or marzipan
mazar §76 *va* to churn (*milk*)
mazarí *m* (*pl:* **-ríes**) floor brick or tile
mazarota *f* (found.) deadhead
mazazo *m* var. of **mazada**
mazdeísmo *m* Mazdaism
mazdeísta *adj* Mazdean; *mf* Mazdaist
mazmorra *f* dungeon, underground dungeon
maznar *va* to knead; to beat (*hot iron*)
mazo *m* mallet, maul; bunch; clapper (*of bell*); stack (*e.g., of cards*); bore
mazonado -da *adj* (her.) masoned
mazonería *f* stone masonry; relief
mazonero *m* stone mason
mazorca *f* spindleful; ear of corn; cocoa bean; (carp.) spindle (*in a baluster*); **comer maíz en** or **de la mazorca** to eat corn on the cob
mazorquera *f* (bot.) selfheal
mazorral *adj* coarse, crude, rough
mazurca *f* (mus.) mazourka or mazurka
m/c abr. of **mi cargo, mi cuenta** & **moneda corriente**
m/cta abr. of **mi cuenta**
m/cte abr. of **moneda corriente**
M.^e^ abr. of **Madre**
me *pron pers & reflex* (used as object of verb) me, to me; myself, to myself
meada *f* urination, water; spot made by urine
meadero *m* urinal
meados *mpl* urine
meaja *f* crumb; **meaja de huevo** tread (*of an egg*)
meajuela *f* slavering chain (*of bit*)
meándrico -ca *adj* meandrous, meandering
meandro *m* meander; (f.a.) meander; wandering speech or writing
mear *va* to urinate on; *vn* & *vr* to urinate
meato *m* (anat.) meatus
meauca *f* (orn.) shearwater
Meca *f* mecca or Mecca (*place sought by many people*); **La Meca** Mecca (*city*); **la Meca del cine** movieland
mecachis *interj* var. of **caramba**
mecánica *f* see **mecánico**
mecanicismo *m* (biol. & philos.) mechanism
mecanicista *adj* (biol. & philos.) mechanistic; *mf* (biol. & philos.) mechanist
mecánico -ca *adj* mechanical; (coll.) low, mean; *m* mechanic; machinist; workman, repairman; driver, chauffeur; *f* mechanics; machinery, works; (coll.) meanness; (coll.) contemptible thing; **mecánicas** *fpl* (coll.) chores, household chores; **mecánica celeste** (astr.) celestial mechanics; **mecánica cuántica** (phys.) quantum mechanics
mecanismo *m* mechanism; **mecanismo de disparo** or **mecanismo gatillo** trigger mechanism
mecanización *f* mechanization
mecanizar §76 *va* to mechanize
mecano -na *adj* & *mf* Meccan; *m* Erector set
mecanografía *f* typewriting; **mecanografía al tacto** touch typewriting
mecanografiar §90 *va* & *vn* to type, to typewrite
mecanográfico -ca *adj* typewriting
mecanógrafo -fa *mf* typist, typewriter
mecanoterapia *f* mechanotherapy
mecapal *m* (Am.) strap of fiber, bark, or leather
mecapalero -ra *mf* (Am.) porter, messenger
mecate *m* (Am.) packthread; (Am.) boor
mecedero *m* stirrer, shaker
mecedor -dora *adj* swinging, rocking; *m* stirrer, shaker; swing; *f* rocker, rocking chair

mecedura *f* swinging, rocking
Mecenas *m* Maecenas; (*l.c.*) *m* (*pl:* **-nas**) (fig.) Maecenas
mecenazgo *m* Maecenasship, patronage
mecer §61 *va* to stir, to shake; to swing, to rock; *vr* to swing, to rock
meconio *m* meconium; poppy juice
mecha *f* wick; fuse, match; tinder; lock of hair; interlarding of bacon; bundle (*of threads*)
mechar *va* (cook.) to lard, to interlard
mechazo *m* (min.) fizzle (*of a blast fuse*); **dar mechazo** to fizzle
mechera *f* shoplifter (*woman*); larding pin
mechero *m* burner; socket (*of candlestick*); pocket lighter; jet; **mechero de gas** gas burner; **mechero de mariposa** fantail (*burner*); **mechero encendedor** pilot, pilot light (*e.g., of a gas stove*)
mechinal *m* putlog hole; (coll.) hovel
mechón *m* shock of hair; tuft, mop, shock
mechoso -sa *adj* thready, towy; shockheaded
medalla *f* medal; medallion
medallero *m* medal cabinet
medallista *mf* medalist (*engraver of medals*)
medallón *m* medallion; locket
médano *m* sandbank, dune
medanoso -sa *adj* sandy, duny
medaño *m* var. of **médano**
media *f* see **medio**
mediacaña *f* trochilus, scotia; gouge; half-round file; curling tongs (*for hair*); (print.) double rule
mediación *f* mediation; (astr., dipl. & mus.) mediation
mediado -da *adj* half-full; half over, e.g., **iba mediada la tarde** the afternoon was half over; **a mediados de** about the middle of
mediador -dora *adj* mediating, mediatorial; *mf* mediator; **mediador de cambio** medium of exchange
medial *adj* (bot. & zool.) median; (phonet.) medial
mediana *f* see **mediano**
medianejo -ja *adj* (coll.) fair to middling
medianería *f* party wall; party-line fence or hedge
medianero -ra *adj* middle, dividing; mediating; *mf* mediator; *m* owner of an adjoining house
medianía *f* halfway; moderate circumstances; mediocrity (*person*); (Am.) partition wall
medianidad *f* var. of **medianía**
medianil *m* sloping land or field; party wall
mediano -na *adj* middling, medium; average, fair, fairly good; (bot. & zool.) median; (coll.) mediocre; *m* (anat.) median; *f* long billiard cue; (geom.) median
medianoche *f* midnight; (*pl:* **mediasnoches**) *f* meat pie
mediante *adj* intervening; **Dios mediante** God willing; *prep* by means of, through
mediar *va* to make half-full; *vn* to be or get halfway; to be half over; to be in the middle; to mediate, to intervene; to elapse; to take place
mediastino *m* (anat.) mediastinum
mediatamente *adv* mediately, indirectly
mediatinta *f* (paint. & phot.) half-tone
mediatizar §76 *va* to control, get control of; to make a puppet of (*a government*)
mediato -ta *adj* mediate
mediator *m* ombre (*card game*)
medible *adj* measurable
médica *f* see **médico**
medicable *adj* medicable
medicación *f* medication
medical *adj* medical
medicamento *m* medicament, medicine; **medicamentos sulfas** (pharm.) sulfa drugs
medicamentoso -sa *adj* medicinal
medicar §86 *va* (archaic) to treat, to medicate (*a patient*); *vr* (archaic) to treat oneself, to doctor oneself
medicastro *m* (coll.) medicaster, quack
medicina *f* medicine (*science and art; remedy*); **medicina del espacio** space medicine; **medicina doméstica** home remedies; **medicina interna** internal medicine; **medicina preventiva** or **profiláctica** preventive medicine; **medicina social** socialized medicine; **medicina veterinaria** veterinary medicine
medicinal *adj* medicinal
medicinamiento *m* treatment, medication
medicinante *m* quack, healer; medical student who treats patients
medicinar *va* to treat (*a sick person*)
medición *f* measuring, measurement; metering
médico -ca *adj* medical; *m* doctor, physician; **médico de cabecera** family physician; **médico de plaza** bullring physician; **médico general** general practitioner; **médico partero** obstetrician; *f* woman doctor; doctor's wife
médicolegal *adj* medicolegal
médicoquirúrgico -ca *adj* medicochirurgical
medicucho *m* (coll.) var. of **medicastro**
medida *f* measurement; measure; step; moderation; (pros.) measure; **a medida de** in proportion to; according to; **a medida que** in proportion as; **en la medida que** to the extent that; **hecho a la medida** custom-made; **llenarse la medida** to drain the cup of sorrow; **tomarle a uno las medidas** to take one's measure; **tomar sus medidas** to size up a situation; **medida para áridos** dry measure; **medida para líquidos** liquid measure
medidamente *adv* with moderation
medidor -dora *adj* measuring; *mf* measurer; *m* gauge; (Am.) meter
mediero -ra *mf* hosier, stocking maker or dealer; stocking knitter; partner (*in farming or stock raising*); (Am.) partner (*in business*)
medieval *adj* medieval
medievalidad *f* medievalism (*medieval quality or nature*)
medievalismo *m* medievalism
medievalista *mf* medievalist
medievo *m* Middle Ages
medina *f* (Arab.) large city, metropolis
medio -dia *adj* half, half a, e.g., **media manzana** half an apple; a half, e.g., **media libra** a half pound; middle, intermediate; medium; medieval (*times*); mean, average; mid, e.g., **a media tarde** in mid afternoon; in the middle of, e.g., **a media comida** in the middle of the meal; **a medias** half-and-half, e.g., **dinero adquirido a medias por dos personas** money acquired half-and-half by two persons; half, e.g., **dueño a medias** half owner; **dormido a medias** half asleep; **ir a medias** to go halves, to go fifty-fifty ‖ **medio** *adv* half, e.g., **medio muerto** half dead; **medio . . . medio** half . . . half ‖ *m* (arith.) half; middle; medium, environment; step, measure; means; medium, spiritualistic medium; (bot. & bact.) medium; (baseball) shortstop; **medios** *mpl* means; (taur.) center (*of ring*); **a medio** half, e.g., **a medio vestir** half dressed; **de medio a medio** half-and-half; smack, plump; completely; **de por medio** half; in between, halfway; **desde en medio de** from the middle of; **echar por en medio** (coll.) to take the bull by the horns; **en medio** in the middle; in the meantime; **en medio de** in the middle of; in the midst of; in spite of; **entrar de por medio** to intercede; **estar de por medio** to mediate; **justo medio** happy medium, golden mean; **meterse de por medio** to intercede; **por medio de** by means of, through; **quitar de en medio** (coll.) to do away with, to get out of the way, to put out of the way; **quitarse de en medio** (coll.) to get out, get out of the way, duck; **tomar los medios** to take measures ‖ *f* stocking; half past, e.g., **las tres y media** half past three; (math.) mean; **dar la media** to strike half past; **media diferencial** (math.) arithmetical mean; **media media** or **media corta** (Am.) sock; **media proporcional** (math.) mean proportional, geometric mean; **medias de cristal** nylons, nylon stockings
mediocre *adj* mediocre, medium
mediocridad *f* mediocrity; mediocre circumstances
mediodía *m* noon, midday; south; (naut.) south wind; **en pleno mediodía** at broad noon; **hacer mediodía** to stop for the noon meal; **mediodía medio** (astr.) mean noon
medioeval *adj* var. of **medieval**

M

medioevo *m* Middle Ages
mediooeste *m* Middle West (*of the U.S.A.*)
medio-oriental *adj* Middle Eastern
mediopaño *m* light wool cloth
mediquillo *m* (coll.) medicaster, quack; Philippine Indian quack
medir §94 *va* to measure; to scan (*verse*); *vn* to measure; *vr* to be moderate, act with moderation
meditabundo -da *adj* meditative
meditación *f* meditation
meditador -dora *adj* meditating, meditative
meditar *va* to meditate; to contemplate, to plan (*e.g., an escape*); *vn* to meditate
meditativo -va *adj* meditative
Mediterráneo -a *adj & m* Mediterranean
médium *mf* (*pl:* **-dium** or **-diums**) medium, spiritualistic medium
mediúmnico -ca *adj* mediumistic
mediumnismo *m* spiritualism
medo -da *adj* Median; *mf* Mede, Median
medra *f* growth, thriving, prosperity
medrador -dora *mf* schemer, person who is on the make
medrana *f* (coll.) fear
medrar *vn* to grow, thrive, prosper; **¡medrados estamos!** now look what's happened!
medregal *m* (ichth.) amberfish, pilot fish
medriñaque *m* medrinaque (*cloth used as padding for women's garments*); short peasant skirt
medro *m* growth, thriving; **medros** *mpl* progress, improvement
medroso -sa *adj* fearful, timid; dreadful, terrible
medula or **médula** *f* (anat.) medulla, marrow; (bot.) medulla, pith; (fig.) marrow, essence, gist; **medula espinal** (anat.) spinal cord; **medula oblonga** or **oblongada** (anat.) medulla oblongata
medular *adj* medullary; (fig.) pithy, marrowy
meduloso -sa *adj* marrowy; (bot.) pithy
medusa *f* (zool.) medusa, jellyfish; (*cap.*) *f* (myth.) Medusa
medusar *va* to frighten, scare
Mefistófeles *m* Mephistopheles
mefistofélico -ca *adj* Mephistophelian
mefítico -ca *adj* mephitic
mefitis *f* mephitis
megaciclo *m* (rad.) megacycle
megáfono *m* megaphone
megalítico -ca *adj* megalithic
megalito *m* (archeol.) megalith
megalocéfalo -la *adj* megalocephalous
megalomanía *f* (psychopath.) megalomania
megalómano -na *adj* megalomaniacal; *mf* megalomaniac
megalosaurio *m* (pal.) megalosaur
mégano *m* var. of **médano**
megaterio *m* (pal.) megathere
megatón *m* or **megatonelada** *f* megaton
mego -ga *adj* meek, gentle
megohmio *m* (elec.) megohm
mehara *m* or **mehari** *m* var. of **meharí**
meharí *m* (*pl:* **-ríes**) mehari (*swift African dromedary*)
mehedí *m* (*pl:* **-díes**) Mahdi
Mej. abr. of **Méjico**
mejana *f* islet (*in a river*)
mejicanismo *m* Mexicanism
mejicano -na *adj & mf* Mexican
Méjico *m* Mexico; **Nuevo Méjico** New Mexico; *f* Mexico City
mejido -da *adj* beaten with sugar and milk (*said of eggs*)
mejilla *f* cheek
mejillón *m* (zool.) mussel
mejor *adj* better; best; highest (*bidder*); *adv* better; best; rather; **a lo mejor** (coll.) like as not; (coll.) worse luck; **mejor dicho** rather; **mejor que** rather than; **mejor que mejor** all the better; **tanto mejor** so much the better
mejora *f* growth, improvement; alteration, renovation; higher bid; additional bequests
mejorable *adj* ameliorable, improvable
mejoramiento *m* amelioration, improvement
mejorana *f* (bot.) sweet marjoram
mejorante *m* ameliorant, improver
mejorar *va* to make better, to improve; to mend; to raise (*a bid*); to leave an additional bequest to; *vn & vr* to get better, to recover; to mend; to clear up (*said of weather*); to get along, to progress
mejoría *f* improvement (*in success, health, etc.*)
mejunje *m* mess, mixture, brew
melado -da *adj* honey-colored; *m* (Am.) thick cane syrup; honey cake sprinkled with seeds; *f* toast dipped in honey; dried marmalade
meladora *f* (Am.) last sugar-boiling pan
meladucha *f* coarse, mealy apple
meladura *f* concentrated cane syrup
meláfido or **meláfiro** *m* (geol.) melaphyre
melámpiro *m* (bot.) cowwheat
melampo *m* (theat.) prompter's candle or light
melancolía *f* melancholy; (path.) melancholia
melancólico -ca *adj* melancholy, melancholic; (path.) melancholic
melancolizar §76 *va* to sadden, to give a melancholy aspect to; *vr* to become sad, become melancholy
melanesio -sia *adj & mf* Melanesian; **la Melanesia** Melanesia
melanita *f* (mineral.) melanite
melanoma *m* (path.) melanoma
melanosis *f* (path.) melanosis
melapia *f* pippin, pearmain
melar *adj* honey-sweet; **§18** *va* to fill (*combs*) with honey; *vn* to become filled with honey; to boil sugar-cane juice clear
melaza *f* molasses
Melburna *f* Melbourne
melca *f* (bot.) sorghum
melcocha *f* taffy, molasses candy
melcochero -ra *mf* maker or seller of molasses candy
melchor *m* German silver, nickel silver; (*cap.*) *m* Melchior
melducha *f* coarse mealy apple
meleagrina *f* (zool.) pearl oyster
Meleagro *m* (myth.) Meleager
melena *f* long lock of hair (*falling over face or eyes*); long hair (*falling over shoulders*); loose hair (*unbound*); mane (*of lion*); forelock (*of horse*); (path.) melena; **andar a la melena** (coll.) to pull each other's hair; (coll.) to get into a hot argument; **estar en melena** (coll.) to have one's hair down; **hacer venir** or **traer a la melena** (coll.) to put the screws on; **venir a la melena** (coll.) to yield, to give in
melenera *f* forehead of an ox; yoke pad
meleno *m* (coll.) peasant, rustic
melenudo -da *adj* shockheaded, bushy-headed
melero -ra *adj* honeyed; *mf* dealer in honey; *m* storage place for honey; *f* damage or rot of melons from rain or hail; (bot.) oxtongue
melgacho *m* (ichth.) spotted dogfish
melgar *m* field of medic or lucerne
melgo -ga *adj* twin
meliáceo -a *adj* meliaceous
mélico -ca *adj* melic
melificado -da *adj* var. of **melifluo**
melificar §86 *va* to make or draw honey from (*flowers*); *vn* to make honey
melifluencia *f* mellifluence
melifluidad *f* mellifluence, mellifluousness
melifluo -flua *adj* mellifluent or mellifluous
meliloto -ta *adj* simple, stupid; *mf* simpleton, dolt; *m* (bot.) melilot, sweet clover
melindre *m* honey fritter; ladyfinger; tape, narrow ribbon; **melindres** *mpl* finickiness, prudery
melindrear *vn* to be finicky, be prudish
melindrería *f* finickiness, prudery
melindrero -ra *adj* var. of **melindroso**
melindrizar §76 *vn* var. of **melindrear**
melindroso -sa *adj* finicky, prudish
melinita *f* melinite
melisa *f* (bot.) lemon balm, garden balm
melito *m* (pharm.) hydromel
melocotón *m* (bot.) peach, peach tree; peach (*fruit*); **melocotón en almíbar** canned peaches
melocotonar *m* peach orchard
melocotonero *m* (bot.) peach tree
melodía *f* melody

melódico -ca *adj* melodic
melodión *m* (mus.) melodeon
melodioso -sa *adj* melodious
melodista *mf* melodist
melodrama *m* melodrama
melodramático -ca *adj* melodramatic
meloe *m* (ent.) oil beetle
melografía *f* art of writing music
meloja *f* honey water
melojar *m* growth of pubescent oak trees
melojo *m* (bot.) pubescent oak, durmast
melolonta *m* (ent.) cockchafer
melomanía *f* melomania, love of music
melómano -na *mf* melomane, melomaniac, music lover
melón *m* (bot.) muskmelon; melon (*fruit*); dolt, ignoramus; (coll.) bald head; (zool.) ichneumon; **catar el melón** (coll.) to sound a person out; (coll.) to see what something is like; **decentar el melón** (coll.) to take a big risk; **melón de agua** watermelon; **melón de costa** (bot.) Turk's-head
melonar *m* melon patch
meloncillo *m* (zool.) ichneumon
melonero -ra *mf* melon raiser or dealer
melonzapote *m* (bot.) papaya, papaw
melopeya *f* (mus.) melopoeia
melosa *f* see **meloso**
melosidad *f* mildness, sweetness, mellowness
melosilla *f* oak blight
meloso -sa *adj* honeyed; mild, sweet, mellow; *f* (bot.) Chilean tarweed
Melpómene *f* (myth.) Melpomene
melsa *f* sloth, phlegm
meltón *m* melton
mella *f* nick, dent, notch; gap, hollow; harm, injury; **hacer mella a** to have an effect on; **hacer mella en** to harm, injure (*e.g., a reputation*)
mellado -da *adj* snaggle-toothed
mellar *va* to nick, dent, notch; to harm, injure (*honor, credit, etc.*); *vr* to nick, dent; to be harmed, be injured
mellizo -za *adj & mf* twin; *f* honey sausage
mellón *m* straw torch
memada *f* (coll.) piece of folly
membrado -da *adj* (her.) membered
membrana *f* (bot. & zool.) membrane; (telp. & rad.) diaphragm; **membrana fónica** (telp.) diaphragm; **membrana mucosa** (anat.) mucous membrane; **membrana pituitaria** (anat.) pituitary membrane; **membrana serosa** (anat.) serous membrane; **membrana timpánica** (anat.) tympanic membrane
membranáceo -a *adj* membranaceous
membranoso -sa *adj* membranous
membrete *m* letterhead; heading; address; invitation; note, memo
membrillar *m* quince-tree orchard; (bot.) quince tree
membrillate *m* quince preserves
membrillero *m* (bot.) quince tree
membrillo *m* (bot.) quince (*tree and fruit*)
membrudo -da *adj* burly, husky
memeches; a memeches (Am.) astride, on horseback
memela *f* (Am.) corn-meal pancake
memento *m* (eccl.) Memento
memez *f* (dial.) folly, nonsense
memiso *m* (bot.) calabur tree
Memnón *m* (myth.) Memnon
memo -ma *adj* simple, foolish; *mf* simpleton, fool
memorable *adj* memorable
memoráculo *m* memorial (*e.g., a monument*)
memorando -da *adj* var. of **memorable**
memorándum *m* (*pl:* **-dum**) memorandum; letterhead (*paper with letterhead*); professional services (*section of newspaper advertisements*); (Am.) certificate of deposit
memorar *va & vr* to remember
memoratísimo -ma *adj super* eternally remembered
memoria *f* memory; memoir; account, record; **memorias** *fpl* memoirs; regards; **de memoria** by heart; (prov.) with one's mouth wide-open; **encomendar a la memoria** to commit to memory; **en memoria de** in memory of; **hablar de memoria** (coll.) to say the first thing that comes to one's mind; **hacer memoria de** to bring up
memorial *m* memorandum book; memorial (*written statement making a petition*); (law) brief; **haber perdido los memoriales** (coll.) to have forgotten, to have lost the thread
memorialista *m* amanuensis
memorión *m* (coll.) terrific memory
memorioso -sa *adj* retentive, of retentive memory
memorístico -ca *adj* (pertaining to) memory
memorizar §76 *va* to memorize
mena *f* (ichth.) picarel; (min.) ore; (naut.) size or thickness of cordage
ménade *f* (hist. & fig.) maenad
menaje *m* household furniture; school supplies
Mencio *m* Mencius
mención *f* mention; **en mención** in question, under discussion; **hacer mención de** to make mention of; **mención honorífica** honorable mention
mencionar *va* to mention
menchevique *m* Menshevik
mendacidad *f* mendacity
mendaz (*pl:* **-daces**) *adj* mendacious; *mf* liar
mendelevio *m* (chem.) mendelevium
mendeliano -na *adj* Mendelian
mendelismo *m* Mendelism, Mendelianism
mendicación *f* begging
mendicante *adj & mf* mendicant
mendicidad *f* mendicancy, mendicity
mendiganta *f* woman beggar
mendigante *adj* begging, mendicant; *mf* beggar, mendicant
mendigar §59 *va* to beg, to beg for; *vn* to beg
mendigo -ga *mf* beggar
mendiguez *f* begging, beggary
mendoso -sa *adj* false, lying; mistaken, wrong
mendrugo *m* crust, crumb (*especially that given to beggars*)
menear *va* to stir; to shake; to wag; to wiggle; to manage; **peor es meneallo** (*i.e.,* **menearlo**) (coll.) better let it alone, the less said the better; *vr* to shake; to wag; to wiggle; (coll.) to hustle, bestir oneself
menegilda *f* (coll.) servant, housemaid
Menelao *m* (myth.) Menelaus
meneo *m* stirring; shaking; wagging; wiggling; hustling; (coll.) drubbing, flogging
menester *m* want, lack; need; job, occupation; **menesteres** *mpl* bodily needs; property; (coll.) tools, implements; **haber menester** to need; **ser menester** to be necessary; **ser menester** + *inf* to be necessary to + *inf*
menesteroso -sa *adj* needy; *mf* needy person
menestra *f* vegetable soup, vegetable stew; (coll.) hodgepodge; **menestras** *fpl* dried vegetables
menestral -trala *mf* artisan, mechanic
menestralería *f* artisanship
menestralía *f* artisans, mechanics (*as a group or class*)
menestrete *m* (naut.) nail puller
Menfis *f* Memphis
meng. abr. of **menguante**
mengano -na *mf* (coll.) so-and-so
mengua *f* diminution; decline, decay; want, lack; poverty; discredit; **en mengua de** to the discredit of; to the detriment of
menguado -da *adj* timid, cowardly; silly, foolish; mean, stingy; fatal; *m* drop stitch
menguamiento *m* var. of **mengua**
menguante *adj* diminishing; declining; waning; *f* decay, decline; low water; ebb tide; **menguante de la luna** waning of the moon
menguar §23 *va* to lessen, diminish; to defame; *vn* to lessen, diminish; to decline, decay; to drop-stitch; to wane (*said of the moon*); to fall (*said of the tide*)
mengue *m* (coll.) devil
menhir *m* (archeol.) menhir
menina *f* young lady in waiting, maid of honor
meníngeo -a *adj* meningeal
meninges *fpl* (anat.) meninges
meningitis *f* (path.) meningitis; **meningitis cerebroespinal** (path.) cerebrospinal meningitis
meningococo *m* (bact.) meningococcus
menino *m* noble page of the royal family

menique *adj & m* (archaic) var. of **meñique**
menisco *m* (anat., opt. & phys.) meniscus
menispermáceo -a *adj* (bot.) menispermaceous
menjuí *m* var. of **benjuí**
menjunje *m* or **menjurje** *m* var. of **mejunje**
menonita *adj & mf* Mennonite
menopausia *f* (physiol.) menopause
menor *adj* less, lesser; smaller; younger; least; smallest; youngest; minor; (log. & mus.) minor; **menor de edad** minor; *m* minor; (eccl.) Minorite; **al por menor** retail; **por menor** retail; in detail, minutely; **menor de edad** minor; *f* (log.) minor premise
Menorca *f* Minorca
menorete; al menorete or **por el menorete** (coll.) at least
menoría *f* inferiority, subordination; minority (*time of being under age*)
menorista *mf* (Am.) retailer, retail dealer
menorquín -quina *adj & mf* Minorcan; *m* Minorcan (*dialect*)
menorragia *f* (path.) menorrhagia
menos *adv* less; fewer; lower; least; fewest; lowest; rather not; **al menos** at least; **a menos que** unless; **a lo menos** at least; **de menos** less, e.g., **un dólar de menos** a dollar less; **echar de menos** or **echar menos** to miss; **en menos que** at less than; **ir a menos** to be scarce; **lo menos** at least; **los** (or **las**) **menos** the fewest; **no poder menos de** + *inf* to not be able to help + *ger;* **no ser para menos** to be good cause, to be good reason, to not be surprising; **por lo menos** at least; **tener a menos** or **en menos** + *inf* to deem it beneath one to + *inf;* **tener en menos** to think little of; **venir a menos** to decay, to decline; **menos de** less than + *numeral;* **¡menos mal!** lucky you!, lucky break!, it might be worse!; **menos mal que** it's a good thing that; **menos que** less than ‖ *prep* less, minus; except; of or to (*in telling time*), e.g., **las dos menos cuarto** a quarter of two ‖ *m* minus (*sign*)
menoscabar *va* to lessen, reduce; to damage, spoil; to discredit
menoscabo *m* lessening, reduction; damage, loss; detriment, discredit
menoscuenta *f* part payment (*of a debt*)
menospreciable *adj* despicable, contemptible
menospreciador -dora *adj* scornful, contemptuous; *mf* scorner, despiser
menospreciar *va* to underestimate, undervalue; to scorn, despise
menospreciativo -va *adj* scornful, contemptuous
menosprecio *m* underestimation, undervaluation; scorn, contempt
mensaje *m* message; errand; **mensaje cifrado** cipher message
mensajería *f* stagecoach, public conveyance; **mensajerías** *fpl* transportation company; express service; express; shipping line; shipping office; **mensajerías** *msg* freight train
mensajero -ra *mf* messenger; *m* harbinger; freight train
menso -sa *adj* (Am.) silly, disagreeable
menstruación *f* menstruation
menstrual *adj* (physiol.) menstrual
menstruar §33 *vn* to menstruate
menstruo -trua *adj* menstruous; *m* menstruation; menses; (chem.) menstruum
menstruoso -sa *adj* menstruous
mensual *adj* menstrual, monthly; *f* monthly, monthly periodical
mensualidad *f* monthly pay, monthly allowance, monthly instalment
ménsula *f* brace, bracket; elbow rest; (arch.) corbel
mensurabilidad *f* mensurability
mensurable *adj* mensurable
mensuración *f* mensuration
mensural *adj* mensural
mensurar *va* to measure
menta *f* (bot.) mint; **menta romana** or **verde** (bot.) spearmint
mentado -da *adj* famed, renowned
mental *adj* mental
mentalidad *f* mentality, psychology
mentalismo *m* mind reading, clairvoyance
mentalista *mf* mind reader, clairvoyant
mentar §18 *va* to name, to mention
mentastro *m* (bot.) horse mint, apple mint
mente *f* mind; **leer mentes** to read minds; **tener en la mente** to have in mind
mentecatería or **mentecatez** *f* simpleness, folly
mentecato -ta *adj* simple, foolish; *mf* simpleton, fool
mentidero *m* (coll.) gathering place to talk and loaf
mentido -da *adj* false, deceptive
mentidor -dora *adj* false, lying; *mf* liar
mentir §62 *va* to disappoint, to fail to keep (*a promise*); *vn* to lie; to be false, be deceptive; to clash (*said of a color*); **¡miento!** my mistake!, my error!
mentira *f* lie; story, fiction; illusion, vanity; mistake, error; (coll.) white spot (*on fingernails*); (Am.) cracking of knuckles; **coger en una mentira** to catch in a lie; **de mentiras** in jest; **parece mentira** it's hard to believe; **mentira inocente** or **oficiosa** white lie
mentirijillas; de mentirijillas in fun, in jest; for fun (*not for money*)
mentirilla *f* fib, white lie; **de mentirillas** in fun, in jest; for fun (*not for money*)
mentirón *m* whopper, big lie
mentiroso -sa *adj* lying; full of mistakes; *mf* liar
mentís *m* (*pl:* **-tís**) insult; lie, flat denial; **dar un mentís a** to give the lie to
mentol *m* (chem.) menthol
mentolado -da *adj* mentholated
mentón *m* chin
mentor *m* mentor; (*cap.*) *m* (myth.) Mentor
menú *m* (*pl:* **-nús**) menu
menuceles *mpl* tithe of minor fruits
menudamente *adv* minutely, in detail; at retail
menudear *va* to do frequently, to repeat frequently; to tell in detail; (Am.) to sell at retail; *vn* to be frequent, to happen frequently; to rain, come down in abundance; to go into detail
menudencia *f* smallness; minuteness; meticulousness; trifle; **menudencias** *fpl* pork products; (Am.) giblets
menudeo *m* constant repetition; detailed account; retail; **al menudeo** at retail
menudero -ra *mf* retailer
menudillo *m* fetlock joint; **menudillos** *mpl* giblets
menudo -da *adj* small, slight; minute; common, vulgar; petty; futile, worthless; meticulous; *m* small change; rice coal; blood and entrails of beef; edible portions of fowl; tithe of minor fruits; **menudos** *mpl* small change; **a menudo** often; **por menudo** in detail; at retail
menuzo *m* bit, fragment, small piece
meñique *adj* little (*finger*); (coll.) little, tiny; *m* little finger
meollar *m* (naut.) spun yarn
meollo *m* (anat.) marrow; (bot.) pith; brain; brains, intelligence; marrow, gist, essence
meolludo -da *adj* marrowy; brainy, intelligent
meón -ona *adj* urinating, constantly urinating; dripping (*e.g., fog*); *f* newborn female infant
meque *m* slap, rap (*with the knuckles*)
mequetrefe *m* (coll.) whippersnapper, jackanapes
merar *va* to mix, to blend
merca *f* (coll.) purchase
mercachifle *m* peddler; small dealer
mercachiflear *vn* (coll.) to deal on a shoestring
mercadear *vn* to deal, to trade
mercader -dera *mf* merchant, dealer; **mercader de grueso** wholesale merchant; *f* tradeswoman; merchant's wife
mercadería *f* commodity; **mercaderías** *fpl* goods, merchandise; ledger
mercado *m* market; market place; **lanzar al mercado** to put on the market; **mercado bursátil** or **de valores** stock market; **Mercado Común Europeo** European Common Market; **mercado negro** black market
mercadotecnia *f* marketing
mercaduría *f* commodity
mercal *m* (Am.) tequila (*liquor*)

mercancía *f* trade, dealing; merchandise; piece of merchandise; **mercancías** *fpl* goods, merchandise; **mercancías** *msg* freight train
mercante *adj* merchant; *m* merchant; (naut.) merchantman
mercantil *adj* mercantile; mercenary
mercantilismo *m* mercantilism
mercantilista *adj & mf* mercantilist
mercar §86 *va* to buy, purchase
merced *f* favor, grace; mercy (*power, discretion*); **a merced** or **a mercedes** without pay, voluntarily; **estar a la merced de** to be at the mercy of; **muchas mercedes** many thanks; **vuestra merced** your grace, your honor, your worship; **merced a** thanks to; **merced de agua** free distribution of irrigating water
mercedario -ria *adj* of the Mercedarians; *mf* Mercedarian
Mercedes *f* Mercedes (*feminine name*)
mercenario -ria *adj* (mil. & fig.) mercenary; *mf* Mercedarian; *m* (mil.) mercenary; day laborer; salaried employee
mercería *f* haberdashery (*notions; notions store*); (Am.) dry-goods store; (Am.) hardware store
mercerizar §76 *va* to mercerize
mercero *m* haberdasher, notions dealer or clerk; (Am.) dry-goods merchant; (Am.) hardware merchant
merciano -na *adj & mf* Mercian
mercología *f* marketing (*transaction of business; study of the phenomena of the transaction of business*)
mercológico -ca *adj* (pertaining to) marketing
merc.s abr. of **mercaderías**
mercurial *adj* mercurial; (astr. & myth.) Mercurial; *m* (pharm.) mercurial; *f* (bot.) herb mercury
mercurialismo *m* (path.) mercurialism
mercúrico -ca *adj* (chem.) mercuric
mercurio *m* (chem.) mercury; (*cap.*) *m* (astr. & myth.) Mercury
mercurioso -sa *adj* (chem.) mercurous
mercurocromo *m* mercurochrome
merdellón -llona *mf* (coll.) sloppy servant
merdoso -sa *adj* (coll.) dirty, filthy
merecedor -dora *adj* deserving
merecer §34 *va* to deserve, to merit; to be worth; to win (*praise*); to attain (*one's goal*); **merecer** + *inf* to deserve to + *inf;* **merecer la pena** to be worth while; *vn* to deserve, be deserving; **merecer bien de** to deserve the gratitude of; *vr* to be fertile (*said of sheep*)
merecido -da *adj* deserved; *m* just deserts; **llevar su merecido** to get what's coming to one
mereciente *adj* deserving
merecimiento *m* desert, merit
merendar §18 *va* to lunch on, to have for lunch; to keep an eye on, to peep at; *vn* to lunch, to have lunch; *vr* to manage to get
merendero *m* lunchroom; summerhouse; picnic grounds
merendilla *f* light lunch
merendona *f* fine layout, fine spread
merengar §59 *va* to whip (*cream*)
merengue *m* meringue
meretriz *f* (*pl:* **-trices**) prostitute, harlot
merey *m* (bot.) cashew
mergánsar *m* or **mergo** *m* (orn.) cormorant
mericarpo *m* (bot.) mericarp
meridiano -na *adj* meridian; bright, dazzling; *m* meridian; **primer meridiano** prime meridian; *f* couch; afternoon nap; meridian, meridian line; **a la meridiana** at noon
meridional *adj* meridional, southern; *mf* meridional, southerner
merienda *f* lunch, light meal, afternoon snack; (coll.) hunchback; **merienda de negros** (coll.) bedlam; **juntar meriendas** (coll.) to join forces; (coll.) to make up
merindad *f* (archaic) royal judgeship of sheepwalks
merino -na *adj* merino; thick and curly (*hair*); *mf* merino (*sheep*); *m* shepherd of merinos; merino (*wool; fabric*); (archaic) royal judge of sheepwalks
meristemo *m* (bot.) meristem
mérito *m* merit, desert; worth, value; **méritos** *mpl* (law) merit; **hacer mérito de** to make mention of; **hacer méritos** to put one's best foot forward
meritorio -ria *adj* meritorious; *m* volunteer worker; learner (*without pay*)
merla *f* (orn.) blackbird
merleta *f* (her.) martlet
merlín *m* (naut.) marline; (*cap.*) *m* Merlin; **saber más que Merlín** to be very smart, to be a wizard
merlo *m* (ichth.) black wrasse; (Am.) simpleton, boob
merlón *m* (fort.) merlon
merluza *f* (ichth.) hake; (coll.) drunk, spree, jag
merma *f* decrease, reduction; (com.) leakage
mermar *va* to decrease, lessen, reduce; *vn* to decrease, diminish, shrink, dwindle
mermelada *f* marmalade
mero -ra *adj* mere; *m* (ichth.) hind, grouper, jewfish; (ichth.) giant perch
merodeador -dora *adj* marauding; *mf* marauder
merodear *vn* to maraud
merodeo *m* marauding
merodista *mf* marauder
merovingio -gia *adj & m* Merovingian
merquén *m* (Am.) mixed salt and chili
mer.s abr. of **mercancías**
meruéndano *m* (prov.) bilberry
mes *m* month; menses; monthly pay; **caer en el mes del obispo** (coll.) to come at the right time; **mes anomalístico** (astr.) anomalistic month; **meses mayores** months preceding harvest; last months of pregnancy; **mes lunar** lunar month
mesa *f* table; desk; counter; food, fare; tableland; landing (*of staircase*); facet; flat side (*of blade or tool*); game (*e.g., of billiards*); court, playing surface; board (*group of officers*); desk (*section of office*); mesa (*flat-topped hill*); **¡a la mesa!** let's eat!; **alzar la mesa** (coll.) to clear the table; **a mesa puesta** with no cost or worry; **estar a mesa y mantel de** to live on, live at the expense of; **hacer mesa gallega** or **limpia** to clean up (*in gambling*); **levantar la mesa** to clear the table; **media mesa** low-price table (*in a restaurant*); **poner la mesa** to set or lay the table; **quitar la mesa** (Am.) to clear the table; **tener a mesa y mantel** to feed, to support; **tener mesa** to keep open house; **mesa de altar** altar; **mesa de batalla** sorting table (*in post office*); **mesa de billar** billiard table; **mesa de cambios** commercial bank; **mesa de consola** console table; **mesa de extensión** extension table; **mesa de guarnición** (naut.) channel; **mesa de juego** gambling table, gaming table; **mesa de milanos** (coll.) scanty fare; **mesa de trucos** pool table; **mesa de té** coffee table, tea table; **mesa franca** open table; **mesa operatoria** (surg.) operating table; **mesa parlante** planchette; **mesa perezosa** drop table; **mesa redonda** common table; table d'hôte, ordinary; **Mesa Redonda** (myth.) Round Table (*at which King Arthur and knights sat*)
mesada *f* monthly pay, monthly allowance
mesadura *f* tearing the hair, pulling hair
mesalina *f* dissolute woman
mesana *f* (naut.) mizzen (*sail; mast*)
mesar *va* to tear, to pull out (*hair*); *vr* to pull each other's hair
mescal *m* (bot.) mescal (*plant and liquor*)
mescolanza *f* (coll.) var. of **mezcolanza**
meseguería *f* harvest watch; assessment to pay for harvest watch
meseguero -ra *adj* (pertaining to the) harvest; *m* harvest watchman; (prov.) vineyard watchman
mesencéfalo *m* (anat.) mesencephalon, midbrain
mesénquima *m* (embryol.) mesenchyme
mesentérico -ca *adj* mesenteric
mesenterio *m* (anat.) mesentery
mesenteritis *f* (path.) mesenteritis
mesera *f* (Am.) waitress
meseraico -ca *adj* var. of **mesentérico**

M

mesero *m* journeyman on monthly wages; (Am.) waiter
meseta *f* landing (*of staircase*); plateau; **meseta de guarnición** (naut.) channel
mesiado *m* var. of **mesiazgo**
mesiánico -ca *adj* Messianic
mesianismo *m* Messianism
Mesías *m* (Bib. & fig.) Messiah
mesiazgo *m* Messiahship
mesilla *f* landing (*of staircase*); sideboard; window sill; mantel, mantelpiece; night table; half-joking scolding
mesillo *m* first menses after childbirth
mesita *f* small table; **mesita portateléfono** telephone table
mesitileno *m* (chem.) mesitylene
mesmedad *f*; **por su misma mesmedad** (coll.) without outside help, all by oneself, all by itself
mesmeriano -na *adj* mesmerian; mesmeric; *mf* mesmerian
mesmerismo *m* mesmerism
mesmerista *mf* mesmerist
mesnada *f* armed retinue; company, band
mesnadero *m* member of an armed retinue
mesoblasto *m* (embryol.) mesoblast
mesocarpio *m* (bot.) mesocarp
mesocéfalo -la *adj* (anthrop.) mesocephalic
mesodermo *m* (bot.) mesoderm
mesofilo *m* (bot.) mesophyll
mesófita *f* (bot.) mesophyte
mesogastrio *m* (anat. & zool.) mesogastrium
mesón *m* inn, tavern; (phys.) meson; (Am.) showcase
mesonaje *m* street or quarter full of taverns
mesonero -ra *adj* (pertaining to an) inn, tavern; *mf* innkeeper, tavern keeper
mesonista *adj* (pertaining to an) inn, tavern
mesorrino -na *adj* (anthrop.) mesorrhine
mesosfera *f* mesosphere
mesotórax *m* (*pl:* **-rax**) (zool.) mesothorax
mesotorio *m* (chem.) mesothorium
mesotrón *m* (phys.) mesotron
mesozoico -ca *adj* & *m* (geol.) Mesozoic
mesquite *m* var. of **mezquite**
mesta *f* (archaic) association of cattle raisers; **mestas** *fpl* confluence (*of two streams*)
mestal *m* growth of shrubs
mesteño -ña *adj* stray; (Am.) wild, untamed (*animal*)
mester *m* (archaic) trade, craft, mystery; (archaic) genre, literary genre; **mester de clerecía** (archaic) clerical verse (*of Spanish literature of thirteenth and fourteenth centuries*); **mester de juglaría** (archaic) minstrelsy, verse of jongleurs (*of Spanish literature beginning with tenth century*)
mesticia *f* sadness
mestizaje *m* crossbreeding
mestizar §76 *va* to crossbreed
mestizo -za *adj* mixed, mongrel; half-blooded; hybrid; *mf* half-breed, half-blood; mestizo; mongrel; hybrid; *m* & *f* (Am.) bran bread
mesto *m* (bot.) false cork oak, bastard cork tree; (bot.) Turkey oak; (bot.) mock privet
mestura *f* maslin
mesura *f* gravity, dignity; politeness, reverence; calm, circumspection, restraint
mesurado -da *adj* grave, dignified; polite, respectful; calm, circumspect, restrained; moderate, temperate
mesurar *va* to moderate, to temper; *vr* to restrain oneself, act with restraint
meta *f* (sport & fig.) goal
metabólico -ca *adj* (physiol. & zool.) metabolic
metabolismo *m* (physiol.) metabolism; **metabolismo basal** (physiol.) basal metabolism
metacarpiano -na *adj* & *m* (anat.) metacarpal
metacarpo *m* (anat.) metacarpus
metacentro *m* metacenter
metacrilato *m* (chem.) methacrylate
metacrílico -ca *adj* methacrylic
metacromatismo *m* (physical chem.) metachromatism
metacronismo *m* metachronism
metafase *f* (biol.) metaphase
metafísico -ca *adj* metaphysical; *m* metaphysician; *f* metaphysics
metafonía *f* (phonet.) metaphony, umlaut
metáfora *f* metaphor; **mezclar las metáforas** to mix metaphors
metafórico -ca *adj* metaphorical
metaforizar §76 *va* to express metaphorically; *vn* to use metaphors
metafrasis *f* (*pl:* **-sis**) metaphrase
metagénesis *f* (biol.) metagenesis
metal *m* metal; brass, latten; quality, condition; timbre (*of voice*); money; (her.) metal; (mus.) brass; **el vil metal** (coll.) filthy lucre; **metal antifricción** antifriction metal; **metal blanco** nickel silver; **metal britannia** Britannia metal; **metal bruto** base metal; **metal campanil** bell metal; **metal común** base metal; **metal de babbitt** Babbitt metal; **metal de campana** bell metal; **metal de imprenta** type metal; **metal desplegado** expanded metal; **metal dúctil** soft metal; **metales alcalinotérreos** (chem.) alkaline-earth metals; **metal inglés** Britannia metal; **metal monel** Monel metal; **metal noble** noble metal
metalado -da *adj* alloyed, impure
metalario *m* metalist, metalworker
metalepsis *f* (*pl:* **-sis**) (rhet.) metalepsis
metalero -ra *adj* (Am.) (pertaining to) metal; *m* (Am.) metalworker
metálico -ca *adj* metallic; *m* metalist, metalworker; hard cash, coin; *f* metallurgy
metalífero -ra *adj* metal-bearing, metalliferous
metalina *f* metaline (*alloy*)
metalista *m* metalist, metalworker
metalistería *f* metalwork
metalización *f* metalization
metalizado -da *adj* (coll.) moneyed, rich; (coll.) money-mad
metalizar §76 *va* to metalize; *vr* to become metalized; to become mercenary; to become rich and hard-hearted
metalografía *f* metallography
metalográfico -ca *adj* metallographic
metaloide *m* nonmetal
metaloideo -a *adj* nonmetallic
metaloterapia *f* metallotherapy
metalurgia *f* metallurgy
metalúrgico -ca *adj* metallurgic; *m* metallurgist; metalworker
metalurgista *m* metallurgist; metalworker
metalla *f* scraps of gold leaf for mending
metámero -ra *adj* (chem. & zool.) metameric; *m* (zool.) metamere
metamórfico -ca *adj* metamorphic
metamorfismo *m* metamorphism
metamorfosear *va* & *vr* to metamorphose
metamorfosis *f* (*pl:* **-sis**) metamorphosis
metano *m* (chem.) methane
metanol *m* (chem.) methanol
metaplasma *m* (biol.) metaplasm
metaplasmo *m* (gram.) metaplasm
metaproteína *f* (biochem.) metaprotein
metasomatismo *m* (geol.) metasomatism
metástasis *f* (*pl:* **-sis**) (path.) metastasis
metatarsiano -na *adj* & *m* (anat.) metatarsal
metatarso *m* (anat. & zool.) metatarsus
metate *m* (Am.) stone on which corn and chocolate are ground
metátesis *f* (*pl:* **-sis**) (philol.) metathesis
metatórax *m* (*pl:* **-rax**) (zool.) metathorax
metazoo *m* (zool.) metazoan
meteco -ca *adj* strange; *mf* stranger, outsider
metedor -dora *mf* smuggler; *m* diaper
meteduría *f* smuggling
metempsicosis *f* or **metempsícosis** *f* (*pl:* **-sis**) metempsychosis
metemuertos *m* (*pl:* **-tos**) stagehand; busybody
metencéfalo *m* (anat.) metencephalon, hindbrain
meteo *m* weather broadcast
meteórico -ca *adj* meteoric; (fig.) meteoric
meteorismo *m* (path.) meteorism, tympanites
meteorito *m* meteorite
meteorizar §76 *va* (path.) to meteorize; *vr* to be affected by the weather (*said of the soil*); (path.) to become meteorized
meteoro or **metéoro** *m* meteor (*atmospheric phenomenon*); weather, kind of weather (*rain, snow, hail, etc.*)

meteorología *f* meteorology
meteorológico -ca *adj* meteorologic or meteorological
meteorologista *mf* or **meteorólogo -ga** *mf* meteorologist
meter *va* to put, to place, to insert; to take in (*a seam*); to smuggle; to make (*noise, trouble*); to cause (*fear*); to start (*a rumor, a row*); to tell (*lies*); to stake (*money*); to pocket (*a pool ball*); to hole (*a golf ball*); (Am.) to strike (*a blow*); *vr* to project, to extend; to butt in, to meddle; to become (*e.g., a soldier*); **meterse a** to set oneself up as; **meterse a** + *inf* to take it upon oneself to + *inf;* **meterse con** to pick a quarrel or fight with; **meterse en** to get into; to plunge into; to empty into (*said of a river*); **meterse en sí mismo** to keep one's own counsel
metesillas *m* (*pl:* **-llas**) stagehand
meticulosidad *f* shyness, fear; meticulousness
meticuloso -sa *adj* shy, fearful; meticulous, scrupulous
metida *f* see **metido**
metidillo *m* diaper
metido -da *adj* full, rich; close, tight; **estar muy metido con** to be on very close terms with; **estar muy metido en** to be deeply involved in; *m* punch, push; strong lye; diaper; loose leaf; (sew.) seam (*edges left after making a seam*); (coll.) harsh dressing-down; *f* pocketing a pool ball; holing a golf ball; (naut.) setting (*of sun, star, etc.*)
metilamina *f* (chem.) methylamine
metilato *m* (chem.) methylate
metileno *m* (chem.) methylene
metílico -ca *adj* (chem.) methylic
metilo *m* (chem.) methyl
metimiento *m* insertion; influence, upper hand
metionina *f* (biochem.) methionine
metódico -ca *adj* methodic or methodical
metodismo *m* Methodism
metodista *adj & mf* Methodist
metodizar §76 *va* to methodize
método *m* method
metodología *f* methodology
metol *m* (chem.) metol
métomentodo *mf* (coll.) meddler, intruder
metonimia *f* (rhet.) metonymy
metonímico -ca *adj* metonymic or metonymical
métopa *f* (arch.) metope
metraje *m* distance in meters; meterage, measuring; (mov.) length of film in meters (*en inglés se usa* footage, *es decir, longitud de película en pies*); **de corto metraje** short (*movie*); **de largo metraje** full-length (*movie*)
metralla *f* grapeshot; shrapnel balls; shrapnel; scrap iron
metrallar *va* var. of **ametrallar**
metrallazo *m* discharge of grapeshot; discharge of shrapnel
metralleta *f* machine gun
metrar *va* to meter, to measure
métrico -ca *adj* metric, metrical; *f* metrics, art of metrical composition
metrificación *f* versification
metrificador -dora *mf* versifier
metrificar §86 *va* to put into verse; *vn* to versify
metrista *mf* metrist, versifier
metritis *f* (path.) metritis
metro *m* meter (*unit; verse*); ruler; tape measure; subway; **metro patrón** standard meter; **metro plegadizo** folding rule
metrología *f* metrology
metronómico -ca *adj* metronomic
metrónomo *m* (mus.) metronome
metrópoli *f* metropolis; mother country; (eccl.) metropolis
metropolitano -na *adj* metropolitan; *m* subway; (eccl.) metropolitan
metrorragia *f* (path.) metrorrhagia
Méx. abr. of **México**
mexicanidad *f* Mexicanism, Mexican spirit
mexicano -na *adj & mf* (Am.) Mexican
México *m* (Am.) Mexico; **Nuevo México** New Mexico; *f* Mexico City
meya *f* (zool.) spider crab
mezcal *m* var. of **mescal**
mezcla *f* mixture; mortar; tweed; **mezcla pobre** (aut.) lean mixture; **mezcla rica** (aut.) rich mixture
mezclable *adj* mixable
mezcladizo *m* maslin
mezclador -dora *mf* mixer; **mezclador automático** combination faucet; *f* concrete mixer
mezcladura *f* or **mezclamiento** *m* mixture
mezclar *va* to mix; to blend; *vr* to mix; to mingle; to take part; to meddle; to intermarry
mezclilla *f* light tweed; (orn.) black-and-white warbler
mezcolanza *f* (coll.) mixture, hodgepodge, medley, jumble
mezquinar *va* (Am.) to be stingy with; *vn* (Am.) to be stingy
mezquindad *f* meanness, stinginess; poverty, need; smallness, tininess; wretchedness
mezquino -na *adj* mean, stingy; poor, needy; small, tiny; wretched, unlucky
mezquita *f* mosque
mezquite *m* (bot.) mesquite
mezzo-soprano *m* mezzo-soprano (*voice*); *f* mezzo-soprano (*woman*)
mg. abr. of **miligramo** or **miligramos**
mho *m* (elec.) mho
mi *adj poss* my; *m* (mus.) mi
mí (used as object of prepositions) *pron pers* me; *pron reflex* me, myself
miaja *f* crumb
mialgia *f* (path.) myalgia
mialmas; como unas mialmas (coll.) with the greatest pleasure
miar §90 *vn* to meow
miasma *m* miasma
miasmático -ca *adj* miasmal or miasmatic
miastenia *f* (path.) myasthenia
miau *m* meow
mica *f* (mineral.) mica
micáceo -a *adj* micaceous
micacita *f* (mineral.) mica schist
micado *m* mikado
micasquisto *m* (mineral.) mica schist
micción *f* micturition
micela *f* (biol. & chem.) micelle
micelar *adj* micellar
micelio *m* (bot.) mycelium
Micenas *f* Mycenae
micénico -ca *adj* Mycenaean
mico *m* long-tailed monkey; (coll.) skinny fellow; (coll.) hoodlum; **dar** or **hacer mico** (coll.) to miss a date, to not keep a date; **dejar hecho un mico** (coll.) to abash, ruffle, upset; **quedarse hecho un mico** (coll.) to be abashed, ruffled, upset
micología *f* mycology
micológico -ca *adj* mycologic or mycological
micólogo -ga *mf* mycologist
micosis *f* (path.) mycosis
micra *f* micron
microanálisis *m* (chem.) microanalysis
microbarógrafo *m* microbarograph
microbiano -na *adj* microbial
micróbico -ca *adj* microbic
microbio *m* microbe
microbiología *f* microbiology
microbiológico -ca *adj* microbiological
microbiólogo -ga *mf* microbiologist
microcéfalo -la *adj* (anthrop. & path.) microcephalic
microcito *m* (path.) microcyte
microclina *f* (mineral.) microcline
micrococo *m* (bact.) micrococcus
microcopia *f* microcopy
microcosmo *m* microcosm
microdisección *f* microdissection
microdonte *adj & m* microdont
microfaradio *m* (elec.) microfarad
microficha *f* microcard
microfilm *m* microfilm
microfilmación *f* or **microfilmaje** *m* microfilming
microfilmar *va* to microfilm
microfísica *f* microphysics
micrófito *m* (bot.) microphyte
microfónico -ca *adj* microphonic
micrófono *m* microphone
microfoto *f* microphotograph

M

microfotografía *f* microphotography; microphotograph
microgameto *m* (biol.) microgamete
micrografía *f* micrography
microgramo *m* microgram
micrometría *f* micrometry
micrométrico -ca *adj* micrometric or micrometrical
micrómetro *m* micrometer
micromilímetro *m* micromillimeter
micromovimiento *m* micromotion
micrón *m* micron
micronesio -sia *adj & mf* Micronesian; **la Micronesia** Micronesia
microonda *f* (phys.) microwave
microorganismo *m* (bact.) microörganism
micropelícula *f* microfilm
micrópilo *m* (bot. & zool.) micropyle
microquímica *f* microchemistry
microscopia *f* microscopy
microscópico -ca *adj* microscopic or microscopical
microscopio *m* microscope; **microscopio electrónico** electron microscope
microscopista *mf* microscopist
microsismo *m* microseism
microsoma *m* (biol.) microsome
microsporangio *m* (bot.) microsporangium
microsporo -ra *adj* microsporous; *f* (bot.) microspore
microsurco *m* microgroove; *adj invar* microgroove
microteléfono *m* (telp.) handset (*telephone with receiver and mouthpiece on same handle*)
micrótomo *m* microtome
micturición *f* micturition
Michigán *m* Michigan
michito *m* (coll.) pussy, pussy cat
micho -cha *mf* (coll.) cat, puss
mida *f* (ent.) plant louse
Midas *m* (myth.) Midas
midriasis *f* (path.) mydriasis
midriático -ca *adj & m* mydriatic
miedo *m* fear; dread; **dar miedo a** to frighten; **de miedo** terrifically; **tener miedo (a)** to be afraid (of); **miedo cerval** intense fear
miedoso -sa *adj* (coll.) afraid, scared
miel *f* honey; molasses; (Am.) syrup; **dejar a media miel** or **con la miel en los labios** (coll.) to spoil the fun for; **hacerse de miel** to be peaches and cream; **miel rosada** (pharm.) honey of rose
mielencéfalo *m* (anat.) myelencephalon
mielgo -ga *adj & mf* twin; *f* plot of ground marked for planting; winnowing fork; (bot.) medic, lucerne; (ichth.) fox shark
mielina *f* (anat.) myelin
mielitis *f* (path.) myelitis
miembro *m* member; limb; **miembro de honor** honorary member; **miembro viril** (anat.) virile member; **miembro** *f* member, female member
mientes *fpl* mind, thought; **caer en mientes** or **en las mientes** to come to mind; **parar** or **poner mientes en** to consider, to reflect on; **traer a las mientes** to bring or to call to mind; **venírsele a uno a las mientes** to come to one's mind, to occur to one
mientras *conj* while; whereas; **mientras más** (or **menos) . . . más** (or **menos**) the more (or the less) . . . the more (or the less), e.g., **mientras más tiene más desea** the more he has the more he wants; **mientras que** while; whereas; **mientras tanto** meanwhile, in the meantime
miera *f* juniper oil; pine turpentine
miérc. abr. of **miércoles**
miércoles *m* (*pl:* **-les**) Wednesday; **miércoles corvillo** (coll.) Ash Wednesday; **miércoles de ceniza** Ash Wednesday
mierra *f* sled, stone drag
mies *f* grain, cereal; harvest time; (fig.) harvest (*of converts to Christianity*); **mieses** *fpl* grain fields
miga *f* bit; crumb (*soft part of bread*); substance; **migas** *fpl* fried crumbs; **hacer buenas migas (con)** to get along well (with); **hacer malas migas (con)** to get along badly (with); **hacerse migas** to be smashed to bits; **tener miga** (coll.) to have a point, to have something to it
migaja *f* crumb; bit; smattering; **migajas** *fpl* crumbs, leavings, offals; **reparar en migajas** (coll.) to bother about trifles
migajón *m* crumb; (coll.) substance
migala *f* (ent.) bird spider
migar §59 *va* to crumb (*bread*); to put crumbs in (*a liquid*)
Mig.[l] abr. of **Miguel**
migración *f* migration
migraña *f* (path.) migraine
migrador -dora or **migratorio -ria** *adj* migratory
Miguel *m* Michael; **Miguel Ángel** Michelangelo
miguelear *va* (Am.) to make love to, to court
migueleño -ña *adj* (Am.) impolite, discourteous
miguelete *m* var. of **miquelete**
Miguelito *m* Mike, Micky
mihrab *m* (*pl:* **mihrabs**) mihrab
mijar *m* field of millet
mijo *m* (bot.) broomcorn millet; **mijo de sol agreste** (bot.) corn gromwell; **mijo gris** (bot.) gromwell
mil *adj & m* thousand, a thousand, one thousand; **a las mil y quinientas** (coll.) at an unearthly hour; **las mil y quinientas** (coll.) a mess of lentils; **las Mil y una noches** the Thousand and One Nights; **mil en grano** (bot.) burstwort
miladi *f* milady
milagrear *vn* to perform miracles
milagrería *f* tale of miracles
milagrero -ra *adj* superstitious; miracle-faking; miracle-working
milagro *m* miracle, wonder; votive offering; (theat.) miracle, miracle play; **colgar el milagro a** to put the blame on; **hacer milagros** to do wonders; **por milagro** for a wonder; **vivir de milagro** to have a hard time getting along; to have had a narrow escape
milagrón *m* (coll.) fuss, excitement
milagroso -sa *adj* miraculous; marvelous, wonderful
milamores *f* (bot.) red valerian
Milán *f* Milan
milanés -nesa *adj & mf* Milanese
milano *m* burr or down of thistle; (orn.) kite; (ichth.) flying gurnard
Milcíades *m* Miltiades
mildeu *m* or **mildiú** *m* (agr.) mildew; **mildeu de la patata** potato mildew or mold
milefolio *m* (bot.) milfoil
milenario -ria *adj* millenial; millenarian; *mf* millenarian; *m* millenium
milenio *m* millenium
milenrama *f* (bot.) yarrow
milenta *adj & m* (coll.) thousand, a thousand
milépora *f* (zool.) millepore
milésimo -ma *adj & m* thousandth, millesimal; *f* mill (*thousandth of monetary unit*)
milesio -sia *adj & mf* Milesian
milés.[s] abr. of **milésimas**
Mileto *f* Miletus
milgranar *m* field of burstwort
milgranos *m* (*pl:* **-nos**) (bot.) burstwort
milhojas *m* (*pl:* **-jas**) var. of **milenrama**
mili *f* (coll.) militia, army
miliamperímetro *m* (elec.) milliammeter
miliamperio *m* (elec.) milliampere
miliar *adj* miliary; (pertaining to a) mile; (path.) miliary
miliario -ria *adj* milliary; (pertaining to a) mile
milibar *m* millibar
milicia *f* militia; soldiery; art of warfare; military service; **milicia nacional** national guard
miliciano -na *adj* military; *m* militiaman
miligramo *m* milligram
mililitro *m* milliliter
milímetro *m* millimeter
milimicrón *m* millimicron
milípedo *m* (zool.) millepede
milipulgada *f* mil (*0.001 inch*)
militante *adj & mf* militant

militar *adj* military; (pertaining to the) army; *m* military man, soldier; *vn* to serve in the army; to go to war, to fight; to struggle; to militate (*for or against*)
militara *f* wife, daughter, or widow of a soldier
militarismo *m* militarism
militarista *adj & mf* militarist
militarización *f* militarization
militarizar §76 *va* militarize
militarón *m* (coll.) old campaigner; (coll.) militarist
militarote *m* (coll.) swashbuckler
miiite *m* soldier
milivoltio *m* (elec.) millivolt
milmillonésimo -ma *adj & m* billionth
miloca *f* (orn.) Tengmalm's owl
milocha *f* kite
milor *m* or **milord** *m* (*pl:* **-lores**) milord
milpa *f* (Am.) cornfield
milpiés *m* (*pl:* **-piés**) (ent.) centipede; (zool.) wood louse
miltoniano -na *adj* Miltonian or Miltonic
milla *f* mile; **milla marina** (naut.) nautical mile, geographical mile
millar *m* thousand; **a millares** by the thousand
millarada *f* thousand, about a thousand; **a millaradas** by the thousand, thousandfold; **echar millaradas** to boast of great wealth
millo *m* (bot.) millet; **millo de escoba** (bot.) broom millet, broomcorn millet
millón *m* million
millonada *f* million, about a million
millonario -ria *adj* millionaire; of a million or more inhabitants; *mf* millionaire
millonésimo -ma *adj & m* millionth
mimar *va* to pet, fondle; to pamper, indulge
mimbar *m* mimbar, Moslem pulpit
mimbral *m* osiery
mimbrar *va* to humble, to overwhelm
mimbre *m & f* osier, wicker, withe; (bot.) osier
mimbrear *vn & vr* to sway
mimbreño -ña *adj* willowy, withy
mimbrera *f* (bot.) osier, osier willow
mimbreral *m* osiery
mimbrón *m* var. of **mimbrera**
mimbroso -sa *adj* wicker
mimeografiar §90 *va* to mimeograph
mimeógrafo *m* mimeograph
mímesis *f* (rhet., biol. & path.) mimesis
mimético -ca *adj* (biol. & mineral.) mimetic
mimetismo *m* (biol.) protective coloration, mimetism
mímico -ca *adj* of mimes; mimic; *m* author of mimes; *f* mimicry; gesticulations; sign language
mimicria *f* (biol.) mimicry
mimo *m* mime; pampering, indulgence; finickiness, fussiness
mimosa *f* see **mimoso**
mimosáceo -a *adj* (bot.) mimosaceous
mimoso -sa *adj* pampered, spoiled; finicky, fussy; *f* (bot.) mimosa; **mimosa púdica** or **vergonzosa** (bot.) mimosa, sensitive plant
mina *f* mine; (min.) seam, vein, lode; lead (*of pencil*); (mil. & nav.) mine; (fig.) mine, storehouse, gold mine; (fig.) sinecure; (Am.) moll; **beneficiar una mina** to work a mine; **encontrar una mina** (fig.) to strike a gold mine; **volar la mina** to break one's silence; **voló la mina** the truth is out; **mina de carbón** coal mine; **mina de oro** gold mine; **mina hullera** coal mine
minado *m* mine working; (nav.) mining (*e.g., of a harbor*)
minador -dora *adj* mining; (nav.) mine-laying; *m* mining engineer; (mil.) miner; (nav.) mine layer
minal *adj* (pertaining to a) mine
minar *va* to mine; to undermine; to consume; to plug away at; (mil. & nav.) to mine; *vn* to mine
minarete *m* minaret
mineraje *m* mining; **mineraje a tajo abierto** strip mining
mineral *adj* mineral; *m* mineral; ore; fountainhead; mine; source, origin
mineralización *f* mineralization
mineralizar §76 *va* to mineralize; *vr* to become mineralized
mineralogía *f* mineralogy
mineralógico -ca *adj* mineralogical
mineralogista *mf* mineralogist
minería *f* mining; mines; miners; mine operators
minero -ra *adj* mining; *m* miner; mine operator; (fig.) source, origin
mineromedicinal *adj* mineral (*water*)
Minerva *f* (myth.) Minerva; (*l.c.*) *f* (eccl.) procession; (print.) small press; **de propia minerva** out of one's own head
mingitorio *m* upright urinal
mingo *m* object ball; **poner el mingo** (coll.) to stand out, excel, distinguish oneself; **tomar el mingo a** (coll.) to tease, to taunt
mingón -gona *adj* (Am.) spoiled (*child*)
miniar *va* to miniate, to illuminate (*a manuscript*); to paint in miniature
miniatura *f* miniature; **en miniatura** in miniature; *adj invar* miniature; toy (*e.g., dog*)
miniaturesco -ca *adj* miniature
miniaturista *mf* miniaturist
miniaturización *f* miniaturization
miniaturizar §76 *va* to miniaturize
minifundio *m* small farm
minim *m* (pharm.) minim
mínima *f* see **mínimo**
minimización *f* diminution, reduction; minimization; minimizing
minimizar §76 *va* to diminish, reduce; to minimize
mínimo -ma *adj* minimum; minimal; tiny, minute; least, smallest; *m* minimum; *f* tiny bit; minim; (mus.) minim
mínimum *m* minimum
minino -na *mf* (coll.) cat, kitty
minio *m* (chem.) minium
ministerial *adj* ministerial; *m* minister
ministerio *m* ministry; cabinet; government; **formar ministerio** to form a government; **ministerio de asuntos exteriores** foreign office; **ministerio de Asuntos Exteriores** Department of State (U.S.A.); Foreign Office (Brit.); **ministerio de Defensa Nacional** Department of Defense (U.S.A.); **ministerio de Hacienda** Treasury Department (U.S.A.); Treasury (Brit.); **ministerio de Justicia** Department of Justice (U.S.A.); Department of the Lord Chancellor (Brit.); **ministerio de la Gobernación** Department of the Interior (U.S.A.); Home Office (Brit.); **ministerio del Aire** Department of the Air Force (U.S.A.); Air Ministry (Brit.); **ministerio del Ejército** Department of the Army (U.S.A.); War Office (Brit.); **ministerio de Marina** Department of the Navy (U.S.A.); Board of Admiralty (Brit.)
ministra *f* woman minister; minister's wife
ministrador -dora *adj & mf* ministrant
ministrante *adj* ministrant; *mf* ministrant; trained nurse
ministrar *va* to administer; to supply; to minister; *vn* to minister
ministril *m* tipstaff; musician; wind instrument; minstrel (*retainer who sang and played for his lord*)
ministro *m* minister; bailiff, constable; (pol., dipl. & eccl.) minister; **primer ministro** prime minister, premier; **ministro de asuntos exteriores** foreign minister; **ministro de Asuntos Exteriores** Secretary of State (U.S.A.); Minister of Foreign Affairs (Brit.); **ministro de Gobernación** Home Secretary (Brit.); **ministro de Hacienda** Chancellor of the Exchequer (Brit.); **ministro de Justicia** Attorney General (U.S.A.); **ministro plenipotenciario** minister plenipotentiary; **ministro sin cartera** minister without portfolio; **ministro** *f* minister (*woman*)
min.º abr. of **ministro**
mino *interj* here, pussy!
minoico -ca *adj* Minoan
minoración *f* lessening, diminution; weakening
minorar *va* to lessen, diminish; to weaken
minorativo -va *adj* lessening, diminishing; laxative; *m* laxative

M

minoría *f* minority (*condition and time of being under age; smaller number or part*)
minoridad *f* minority (*being under age*)
minorista *adj* retail; *m* retailer; cleric holding minor orders
minoritario -ria *adj* (pertaining to the) minority
Minos *m* (myth.) Minos
Minotauro *m* (myth.) Minotaur
minucia *f* trifle; **minucias** *fpl* minutiae; (archaic) minor tithes
minuciosidad *f* minuteness; meticulousness; fussiness
minucioso -sa *adj* minute; meticulous; fussy
minué *m* minuet (*dance and music*)
minuendo *m* (math.) minuend
minuete *m* var. of **minué**
minúsculo -la *adj* small (*letter*); small, tiny; *f* small letter
minuta *f* see **minuto**
minutar *va* to make a draft of, to minute
minutario *m* notary's ledger
minutería *f* minute marks (*on face of clock or watch*); (elec.) automatic time switch (*used in hotel hallways*)
minutero *m* minute hand
minutisa *f* (bot.) sweet william
minuto -ta *adj* minute; *m* minute (*of an hour; of a degree*); *f* first draft, rough draft; memorandum; lawyer's bill; roll, list; bill of fare
miñón *m* border guard, forest guard; (prov.) slag; (prov.) iron ore
miñona *f* (print.) minion
miñoneta *f* (bot.) mignonette
miñosa *f* (zool.) earthworm
mio *interj* pussy, pussy!
mío -a *adj poss* mine, of mine; *pron poss* mine; **de mío** on my own accord; by myself
miocardio *m* (anat.) myocardium
miocarditis *f* (path.) myocarditis
mioceno -na *adj & m* (geol.) Miocene
mioglobina *f* (biochem.) myoglobin
miógrafo *m* myograph
miología *f* myology
mioma *m* (path.) myoma
miope *adj* myopic, near-sighted; (fig.) myopic; *mf* myope
miopía *f* (path.) myopia, near-sightedness
miosis *f* (path.) myosis
miosota *f* (bot.) German madwort
miosotis *m* (bot.) myosotis, forget-me-not; (bot.) German madwort
Miqueas *m* (Bib.) Micah
miquelete *m* miquelet
mira *f* sight; target; object, aim, purpose; level rod; **estar a la mira** to be on the lookout; **estar a la mira de que** to be on the lookout to see that; **poner la mira en** or **tener miras sobre** to have designs on; **mira esférica** globe sight
mirabel *m* (bot.) mock cypress; (bot.) sunflower
mirabolano or **mirabolanos** *m* (bot.) var. of **mirobálano**
mirada *f* see **mirado**
miradero *m* cynosure; concern, thing most watched; lookout, observatory
mirado -da *adj* thoughtful, cautious, circumspect; **bien mirado** well-thought-of; **mal mirado** little liked, looked on with disfavor; *f* glance, look; **apuñalar con la mirada** to look daggers at; **echar una mirada a** to take a look at
mirador -dora *adj* looking, overlooking; *m* watchtower; mirador; bay window, closed porch
miradura *f* glance, look
miraguano *m* (bot.) fan palm, thatch palm; (Am.) kapok
miraje *m* mirage
miramelindos *m* (*pl:* **-dos**) (bot.) balsam
miramiento *m* look; considerateness, regard; care, caution, circumspection; misgiving; **miramientos** *mpl* fuss, bother, worry
miranda *f* belvedere; eminence, vantage point
mirar *va* to look at; to watch; to contemplate, consider; to consider carefully, to be careful about; to esteem, have regard for; **mirar bien** to look with favor on, to like; **mirar mal** to look with disfavor on, to dislike; **mirar por encima** to glance at ‖ *vn* to look; to glance; **¡mira!** look!; look out!; **mirar a** to look at; to glance at; to aim at; to face, overlook; to concern; **mirar a** + *inf* to aim to + *inf;* **mirar por** to look after, to look out for ‖ *vr* to look at oneself; to look at each other; **mirar a sí** to know one's place; **mirarse en ello** to watch one's step; **mirarse en una persona** to be all wrapped up in a person; **mirarse unos a otros** to stand dumbfounded looking at each other
mirasol *m* (bot.) sunflower
miríada *f* myriad (*ten thousand; very great number*)
miriámetro *m* ten thousand meters
miriápodo -da *adj & m* var. of **miriópodo**
miricáceo -a *adj* (bot.) myricaceous
mirificar §86 *va* to exalt, extol
mirífico -ca *adj* marvelous, wonderful
mirilla *f* peephole; (surv.) target; (phot.) finder
miriñaque *m* crinoline; hoop skirt; bauble, trinket; (Am.) cowcatcher
miriópodo -da *adj & m* (zool.) myriapod
mirística *f* (bot.) nutmeg (*tree*)
miristicáceo -a *adj* (bot.) myristicaceous
mirla *f* (orn.) blackbird
mirlamiento *m* self-importance, airs
mirlar *vr* (coll.) to act important, to put on airs
mirlo *m* (orn.) blackbird; (coll.) affected expression of solemnity; **aguantar el mirlo** (coll.) to keep quiet, refuse to answer; **soltar el mirlo** (coll.) to jabber, to scold; **mirlo blanco** (coll.) rare bird; **mirlo de agua** (orn.) water ouzel
mirmecófago -ga *adj* myrmecophagous
mirmecófilo -la *adj* myrmecophilous; *m* (ent.) myrmecophile
mirmecología *f* myrmecology
mirmecólogo -ga *mf* myrmecologist
Mirmidón *m* (myth.) Myrmidon; (*l.c.*) *m* dwarf, tiny fellow
mirobálano *m* (bot.) myrobalan (*tree and fruit*)
mirón -rona *adj* onlooking; nosy, inquisitive; *mf* onlooker; kibitzer; busybody
mirra *f* myrrh
mirrado -da *adj* myrrhed
mirrino -na *adj* myrrhic
mirtáceo -a *adj* (bot.) myrtaceous
mirtino -na *adj* myrtiform
mirto *m* (bot.) myrtle; **mirto de Brabante** (bot.) gale, sweet gale
misa *f* (eccl. & mus.) mass; **cantar misa** to say mass; **como en misa** in dead silence; **decir misa** to say mass; **no saber de la misa la media** (coll.) to not know what it's all about; **oír misa** to hear mass; **misa cantada** High Mass; **misa de campaña** (mil.) mass in the field; outdoor mass; **misa del gallo** Christmas-eve mass; **misa de prima** early mass; **misa de réquiem** requiem mass; **misa mayor** High Mass; **misa rezada** Low Mass
misacantano *m* officiant at Mass, priest who says Mass for the first time
misal *m* (eccl.) missal, Mass book
misantropía *f* misanthropy
misantrópico -ca *adj* misanthropic
misantropismo *m* var. of **misantropía**
misántropo *m* misanthrope
misar *vn* (coll.) to say mass; (coll.) to hear mass
misario *m* (eccl.) acolyte
miscegenación *f* miscegenation
misceláneo -a *adj* miscellaneous; *f* miscellany; miscellanies
miscible *adj* miscible
miserabilísimo -ma *adj super* very or most miserable; very or most stingy
miserable *adj* miserable, wretched; mean, stingy; vile, wicked, despicable; *mf* wretch; cur, cad
miseración *f* pity, mercy
miserando -da *adj* pitiful
miserear *va* (coll.) to scrimp, to begrudge; *vn* (coll.) to be stingy
miserere *m* (eccl. & mus.) Miserere; (path.) ileus
miseria *f* misery, wretchedness; poverty; stinginess; (coll.) trifle, pittance; (slang) lice; **comerse de miseria** (coll.) to live in great poverty

misericordia *f* mercy, compassion; misericord (*dagger*); (arch.) miserere, misericord; (eccl.) misericord (*hall; dispensation*)
misericordioso -sa *adj* merciful
misero -ra *adj* (coll.) mass-loving, church-going
mísero -ra *adj* miserable, wretched; miserly, stingy
misérrimo -ma *adj super* very or most miserable or wretched; very or most miserly
misión *f* mission; food for harvesters; **misiones** *fpl* (eccl.) foreign missions; **ir a misiones** to go away as a missionary
misional *adj* missionary
misionar *va* to spread (*e.g., faith*); to spread the faith to; *vn* to conduct a mission, do missionary work
misionario *m* envoy, missionary; (eccl.) missionary
misionero -ra *adj* missionary; *m* (eccl.) missionary
Misisipí *m* Mississippi (*river and state*)
misivo -va *adj & f* missive
mismamente *adv* (coll.) exactly
mismísimo -ma *adj super* selfsame, very same
mismo -ma *adj & pron indef* same; own, very; self, e.g., **ella misma** herself; myself, yourself, himself, itself, e.g., **yo mismo** I myself; **su padre mismo** his father himself; **en España misma** in Spain itself; **así mismo** in like manner, likewise, also; **casi lo mismo** much the same; **lo mismo** the same thing; just the same; **lo mismo me da** (coll.) it's all the same to me; **por lo mismo** for the same reason, for that very reason; **mismo . . . que** same . . . as; **mismo** *adv* right, e.g., **ahora mismo** right now; **aquí mismo** right here; **en España mismo** right in Spain; **desde Sevilla mismo** right from Seville
misogamia *f* misogamy
misógamo -ma *adj* misogamic; *mf* misogamist
misoginia *f* misogyny
misógino -na *adj* misogynous; *mf* misogynist
misoneísmo *m* misoneism
misoneísta *mf* misoneist
mispíquel *m* (mineral.) mispickel
mistagogo *m* (hist.) mystagogue
mistar *vn* to mumble
mistela *f* flavored brandy; sweet wine
misterio *m* mystery; (theat.) mystery, mystery play; **misterios de Eleusis** Eleusinian mysteries
misterioso -sa *adj* mysterious
mística *f* see **místico**
misticismo *m* mysticism
místico -ca *adj* mystic, mystical; *mf* mystic; *m* (naut.) mistic; *f* mystical theology; literary mysticism
misticón -cona *adj* pietistic; *mf* pietist
mistificación *f* var. of **mixtificación**
mistificar §86 *va* var. of **mixtificar**
mistifori *m* (coll.) var. of **mixtifori**
mistilíneo -a *adj* var. of **mixtilíneo**
mistral *m* mistral (*wind*)
mistura *f* var. of **mixtura**
Misurí *m* Missouri (*river and state*)
mita *f* (zool.) mite, cheese mite; (Am.) Indian slave labor
mitad *f* half; middle; **a (la) mitad de** halfway through; **cara mitad** (coll.) better half (*husband and especially wife*); **en la mitad de** in the middle of; **la mitad de** half the, e.g., **la mitad del dinero** half the money; **mentir por la mitad de la barba** (coll.) to tell fish stories; **por la mitad** in the middle, in half; **mitad y mitad** half-and-half
mítico -ca *adj* mythic or mythical
mitigación *f* mitigation
mitigador -dora *adj* mitigating; *mf* mitigator
mitigar §59 *va* to mitigate, allay, appease; *vr* to mitigate
mitigativo -va *adj* mitigative
Mitilene *f* Mytilene
mitin *m* (*pl:* **mitins** or **mítines**) meeting, rally
mito *m* myth
mitología *f* mythology; **mitología nórdica** Norse mythology
mitológico -ca *adj* mythological; *mf* mythologist
mitologista *mf* or **mitólogo -ga** *mf* mythologist
mitón *m* mitt (*glove which leaves the fingers uncovered*)
mitósico -ca *adj* mitotic
mitosis *f* (biol.) mitosis
mitra *f* miter (*e.g., of a bishop; episcopal office or dignity*); chimney pot; (*cap.*) *m* (myth.) Mithras
mitrado -da *adj* mitered; *m* bishop, archbishop; (bot.) miter mushroom
mitral *adj* mitral; (anat.) mitral
mitrar *vn* (coll.) to be mitered, to become a bishop
Mitridates *m* Mithridates
mítulo *m* (zool.) mussel
mixedema *f* (path.) myxedema
mixomatosis *f* (vet.) myxomatosis
mixomiceto *m* (bot.) myxomycete
mixtela *f* var. of **mistela**
mixtificación *f* hoax, mystification
mixtificar §86 *va* to hoax, to mystify
mixtifori *m* (coll.) hodgepodge
mixtilíneo -a *adj* mixtilineal
mixtión *f* mixture
mixto -ta *adj* mixed; *m* compound; match; explosive compound
mixtura *f* mixture; maslin
mixturar *va* to mix
mixturero -ra *adj* mixing; *mf* mixer; *f* (Am.) flower girl
miz *interj* pussy, pussy!
mízcalo *m* (bot.) edible milk mushroom (*Lactarius deliciosus*)
mizo -za *mf* (coll.) cat
m/l abr. of **mi letra**
mm. abr. of **milímetro** or **milímetros**
m/m abr. of **más o menos**
Mm. abr. of **miriámetro** or **miriámetros**
m/n abr. of **moneda nacional**
mnemónico -ca *adj* mnemonic; *f* mnemonics
Mnemosina or **Mnemósine** *f* (myth.) Mnemosyne
mnemotecnia *f* mnemotechny
mnemotécnico -ca *adj* mnemotechnic or mnemotechnical; *f* mnemotechnics
moabita *adj & mf* Moabite
moaré *m* var. of **muaré**
mobiliario -ria *adj* personal (*property*); *m* suit of furniture
moblaje *m* furniture, suit of furniture
moblar §77 *va* to furnish
moca *f* (Am.) mudhole; (Am.) wineglass; *m* Mocha coffee
mocador *m* handkerchief
mocar §86 *va* to blow the nose of; *vr* to blow one's nose
mocarro *m* (coll.) snot
mocasín *m* moccasin; (zool.) moccasin, cottonmouth; **mocasín de agua** (zool.) water moccasin
mocasina *f* moccasin
mocear *vn* to act young; to run around, to sow one's wild oats; to grow up; to run around after women
mocedad *f* youth; wild oats; licentious living
mocejón *m* (zool.) mussel
moceril *adj* youthful
mocerío *m* young people, crowd of young people
mocero *adj masc* woman-crazy; fast-living
mocetón *m* strapping young fellow
mocetona *f* buxom young woman
mocil *adj* youthful
moción *f* motion, movement; inclination, leaning; divine inspiration; motion (*in a deliberative assembly*); **hacer** or **presentar una moción** to make a motion
mocionante *mf* (Am.) mover (*of a proposition*)
mocionar *va* (Am.) to move (*to propose in a deliberative assembly*); *vn* (Am.) to move, make a motion
mocito -ta *adj* quite young; *mf* youngster
moco *m* mucus; snot; candle drippings; snuff (*of candlewick*); slag; **a moco de candil** by candle light; **llorar a moco tendido** (coll.) to cry like a baby; **quitar los mocos a** (coll.) to slap in the face; **moco del bauprés** (naut.)

dolphin striker, martingale; **moco de pavo** crest of a turkey; (bot.) cockscomb; (coll.) trifle
mocoso -sa *adj* snively, snotty; ill-bred, rude; saucy, flip; mean, good-for-nothing; *mf* brat
mocosuelo -la *mf* (coll.) brat; (coll.) meddler, schemer; (coll.) greenhorn
mocosuena; traducir mocosuena (coll.) to translate with cognates, to translate word for word
mochada *f* butt (*with the head*)
mochales; estar mochales (coll.) to be madly in love
mochar *va* to butt; (Am.) to dehorn
mochazo *m* blow with the butt of a gun
mocheta *f* thick or flat edge (*of a tool*); frame (*of door or window*); reëntering angle; (carp.) rabbet
mochete *m* (orn.) sparrow hawk
mochil *m* errand boy for farmers in the field
mochila *f* (mil.) knapsack; haversack; (mil.) ration (*for soldier or his horse*); tool bag; **de mochila** knapsack (*spray, pump, etc.*)
mochín *m* executioner
mocho -cha *adj* blunt, flat; stub-pointed; stub-horned; topped (*tree*); (coll.) cropped, shorn; *m* butt end
mochuelo *m* (orn.) little owl (*Athene noctua*); (print.) omission; **echarle a uno el mochuelo** (coll.) to give someone the worst of a deal; **cargar con el mochuelo** or **tocarle a uno el mochuelo** (coll.) to get the worst of a deal; **mochuelo de los bosques** (orn.) tawny owl
moda *f* fashion, mode, style; **a la moda** fashionable; **a la moda de** after the fashion of, in the style of; **de moda** in fashion, fashionable, popular; **fuera de moda** out of fashion; **pasar de moda** to go out of fashion
modado -da *adj;* **bien modado** (Am.) well-mannered; **mal modado** (Am.) ill-mannered
modal *adj* modal; **modales** *mpl* manners
modalidad *f* modality, way, manner, method; nature; kind
modelación *f* or **modelado** *m* modeling; molding
modelaje *m* modeling; molding; patternmaking
modelar *va* to model; to form, shape; to mold; *vr* to model; **modelarse sobre** to pattern oneself after
modélico -ca *adj* model
modelismo *m* patternmaking; molding
modelista *mf* patternmaker; molder
modelo *m* model; pattern; equal, peer; form, blank; style, e.g., **último modelo** latest style; **modelo vivo** live model; *mf* model, fashion model, mannequin; *adj invar* model, e.g., **una ciudad modelo** a model city
moderación *f* moderation
moderador -dora *adj* moderating; *mf* moderator; *m* (mach., phys. & chem.) moderator
moderante *m* (educ.) moderator
moderantismo *m* moderation; (pol.) conservatism
moderar *va* to moderate; to control, restrain; *vr* to moderate; to control onself, restrain oneself
modernidad *f* modernity
modernismo *m* modernism; neologism
modernista *adj* modernist, modernistic; *mf* modernist
modernización *f* modernization
modernizar §76 *va & vr* to modernize
moderno -na *adj & m* modern
modestia *f* modesty
modesto -ta *adj* modest
modicidad *f* moderateness, reasonableness
módico -ca *adj* moderate, reasonable
modificable *adj* modifiable
modificación *f* modification
modificador -dora *adj* modifying; *mf* modifier
modificante *adj* modifying; *m* (gram.) modifier
modificar §86 *va & vr* to modify
modillón *m* (arch.) modillion
modismo *m* idiom
modista *mf* dressmaker, modiste; **modista de sombreros** milliner
modistería *f* dressmaking; (Am.) ladies' dress shop
modistilla *f* (coll.) poor or unskilled dressmaker; seamstress, dressmaker's helper
modisto *m* ladies' tailor
modo *m* mode, manner, way, method; (gram.) mood or mode; (mus.) mode; **al modo** or **a modo de** like, in the manner of, on the order of; **al modo español** in the Spanish manner; **a mi modo** in my own way; **de buen modo** politely; **de ese modo** at that rate; **del mismo modo que** in the same way as; **de mal modo** impolitely, rudely; **de modo que** so that; so, and so; **de ningún modo** by no means; **de todos modos** at any rate, anyhow; **de un modo u otro** in one way or another, somehow; **en cierto modo** after or in a fashion; **por modo de** as, by way of; **sobre modo** extremely; **uno a modo de** a sort of, a kind of; **modo conjuntivo** (gram.) compound conjunction; **modo de ser** nature, disposition; **modo imperativo** (gram.) imperative mood; **modo indicativo** (gram.) indicative mood; **modo potencial** (gram.) potential mood; **modo subjuntivo** (gram.) subjunctive mood
modorra *f* see **modorro**
modorrar *va* to make drowsy, make heavy; *vr* to get drowsy, fall asleep; to become flabby (*said of fruit*)
modorrilla *f* (coll.) third night watch
modorro -rra *adj* drowsy, heavy; dull, stupid; flabby (*fruit*); poisoned by mercury (*in a mine*); (vet.) giddy; *f* drowsiness, heaviness; (vet.) gid, staggers
modoso -sa *adj* quiet, well-behaved
modrego *m* (coll.) awkward fellow, clumsy fellow
modulación *f* modulation; **modulación de altura** or **de amplitud** (rad.) amplitude modulation; **modulación de fase** (rad.) phase modulation; **modulación de frecuencia** (rad.) frequency modulation
modulado -da *adj* well-modulated; sweet, harmonious
modulador -dora *adj* modulating; *mf* modulator; *m* (rad.) modulator
modular *adj* modular; *va & vn* to modulate
módulo *m* modulus (*standard, norm*); module (*of a coin or medal*); (arch., hyd. & mach.) module; (phys.) modulus; (mus.) modulation
moduloso -sa *adj* harmonious
moer *m* moire; mohair
mofa *f* scoffing, jeering, mocking; **hacer mofa de** to scoff at, jeer at, make fun of
mofador -dora *adj* scoffing, jeering, mocking; *mf* scoffer, jeerer, mocker
mofadura *f* var. of **mofa**
mofar *vn & vr* to scoff, jeer, mock; **mofarse de** to scoff at, jeer at, make fun of
mofeta *f* (min.) blackdamp; mofette (*from a mine or from past volcanic activity*); (zool.) skunk, polecat
moflete *m* (coll.) jowl
mofletudo -da *adj* big-jowled, chubby-cheeked
mogate *m* glaze; **a** or **de medio mogate** carelessly
mogato -ta *adj & mf* var. of **mojigato**
mogol -gola *adj & mf* Mongol, Mongolian; **el gran Mogol** the Great Mogul; *m* Mongolian (*language*)
Mogolia, la Mongolia; **la Mogolia Exterior** Outer Mongolia; **la Mogolia Interior** Inner Mongolia
mogólico -ca *adj* Mongolian
mogolismo *m* Mongolism
mogoloide *adj & mf* Mongoloid
mogollón *m* sponging; **comer de mogollón** (coll.) to sponge
mogón -gona *adj* one-horned, single-horned; broken-horned
mogote *m* hummock, knoll; pile of faggots, stack of sheaves; budding antler
mogrollo *m* sponger; (coll.) roughneck
moharra *f* tip (*of lance, mast, etc.*); (Am.) spear (*for bullfighting*)
moharrache *m* or **moharracho** *m* clown
mohatra *f* fake sale; cheat
mohecer §34 *va & vr* var. of **enmohecer**
moheda *f* or **mohedal** *m* bramblewood, jungle
mohicano -na *adj & mf* Mohican

mohiento -ta *adj* moldy, musty, mildewed
mohín *m* face, grimace, pouting
mohíno -na *adj* sad, gloomy; annoyed, peeved; black, black-nosed (*horse, cow, etc.*); *mf* hinny; *m* lone player (*against whom the rest gang up*); (orn.) blue magpie; *f* annoyance, displeasure
moho *m* (bot.) mold; rust, verdigris; laziness, sloth; **no criar moho** (coll.) to get no chance to grow stale; **moho del pan** bread mold
mohoso -sa *adj* moldy, musty, mildewed; rusty; stale (*joke*)
Moisés *m* Moses; (*l.c.*) *m* basket used as cradle
mojado -da *adj* wet; drenched, soaked; moist; (phonet.) liquid, mouillé; *m* (Am.) wetback; *f* wetting; drenching, soaking; stab
mojador -dora *adj* wetting; moistening; *mf* wetter; moistener; *m* moistener (*for fingers, stamps, etc.*)
mojadura *f* wetting; drenching, soaking; moistening
mojama *f* dry, salted tuna
mojar *va* to wet; to drench, soak; to dampen, moisten; (coll.) to stab; *vn* to dunk; **mojar en** (coll.) to get mixed up in; *vr* to get wet; to get drenched or soaked
mojarra *f* (ichth.) mojarra; (Am.) broad dagger
mojarrilla *mf* (coll.) jolly person
moje *m* gravy, sauce
mojel *m* (naut.) braided cord or cable
mojera *f* (bot.) whitebeam
mojí *m* (*pl:* **-jíes**) var. of **mojicón**
mojicón *m* muffin, bun; (coll.) punch in the face
mojiganga *f* mummery, masquerade, morris dance; clowning; (coll.) hypocrisy
mojigatería or **mojigatez** *f* hypocrisy; prudishness, sanctimoniousness
mojigato -ta *adj* hypocritical; prudish, sanctimonious; *mf* hypocrite; prude
mojinete *m* coping; ridge (*of roof*); caress, tap on the cheek; (Am.) gable
mojo *m* var. of **moje**
mojón *m* boundary stone, landmark, monument; pile, heap; turd; winetaster; quoits
mojona or **mojonación** *f* var. of **amojonamiento**
mojonar *va* var. of **amojonar**
mojonera *f* boundary, marked boundary; line of boundary stones or landmarks
mojonero *m* gauger
mol *m* (chem.) mol
mola *f* (path.) mole; (hist.) mole (*sacrificial cake*)
molada *f* batch of ground pigment
molal *adj* (chem.) molal
molar *adj* (anat., phys. & path.) molar; *m* (anat.) molar (*tooth*)
molcajete *m* stone mortar standing on a tripod
moldar *va* to mold; to put molding on
moldavo -va *adj & mf* Moldavian
molde *m* mold; matrix, cast, stamp; form, frame; pattern; model, ideal; (print.) form; **de molde** printed; fitting, to the purpose; **venir de molde** to be just right
moldeado *m* molding, casting
moldeador -dora *adj* molding; *m* molder; (carp.) molding machine; *f* (found.) molding machine
moldear *va* to mold; to cast; to put molding on
moldeo *m* molding; casting
moldería *f* molding (*preparation of molds*)
moldura *f* molding (*shaped strip of wood*)
moldurar *va* to put molding on
moldurista *m* molding maker
mole *adj* soft; *m* Mexican dish of meat or turkey cooked with chili and sesame sauce; *f* mass, bulk, heap
molécula *f* (chem. & phys.) molecule
molécula-gramo *f* (*pl:* **moléculas-gramos**) (chem.) gram molecule
molecular *adj* molecular
molecular-gramo *adj* gram-molecular
moledero -ra *adj* for grinding, to be ground; *f* grindstone; (coll.) bother, annoyance
moledor -dora *adj* grinding; (coll.) boring; *mf* grinder; (coll.) bore; *m* grinder, mill, crusher; roller (*of sugar mill*); *f* grinder, crusher
moledura *f* grinding, milling; fatigue, weariness
molejón *m* grindstone
molendero -ra *mf* miller, grinder; *m* chocolate grinder (*person*)
moleño -ña *adj* millstone (*rock*); *f* flint
moler §63 *va* to grind, to mill; to annoy, harass; to tire out, to weary; to wear out, to spoil; (coll.) to chew; **a todo moler** wholeheartedly; **moler a palos** to beat up; *vr* to wear oneself out
molero *m* millstone maker or dealer
molesquina *f* moleskin
molestador -dora *adj* disturbing, annoying; *mf* disturber, annoyer
molestar *va* to molest, disturb; to annoy, bother; to tire, weary; *vr* to be annoyed; to bother; **molestarse con** to bother about or with; **molestarse en** + *inf* to bother to + *inf*, to take the trouble to + *inf*
molestia *f* molestation, annoyance, bother; discomfort, disturbance; unpleasantness, quarrel
molesto -ta *adj* annoying, bothersome; annoyed, bothered; uncomfortable
molestoso -sa *adj* (dial. & Am.) annoying, troublesome
moleta *f* muller; glass polisher; stamp, punch; roller; (print.) ink grinder
moleteado *m* knurl
moletear *va* to knurl
moletón *m* outing flannel, flannelet
molibdato *m* (chem.) molybdate
molibdenita *f* (mineral.) molybdenite
molibdeno *m* (chem.) molybdenum
molibdenoso -sa *adj* (chem.) molybdenous
molíbdico -ca *adj* (chem.) molybdic
molicie *f* softness; flabbiness; fondness for luxury, effeminacy; sensual pleasures
molido -da *adj* worn out, exhausted; see **oro**
molienda *f* grinding, milling; grist; mill; grinding season (*for sugar cane and olives*); (coll.) fatigue, weariness; (coll.) annoyance, bore, bother
molificación *f* softening
molificar §86 *va & vr* to soften
molimiento *m* grinding; fatigue, weariness; discouragement
molinar *m* row of windmills
molinería *f* milling; milling industry; group of mills
molinero -ra *adj* (pertaining to a) mill; for grinding, to be ground; *mf* miller; *f* miller's wife
molinete *m* little mill; ventilating fan; windmill (*paper toy*); turnstile; twirl (*of cane*); brandish, flourish (*of sword*); (hyd.) current meter; (naut.) winch; drum (*of winch*)
molinillo *m* hand mill; chocolate beater; **molinillo de café** coffee grinder
molino *m* mill; grinder; restless person; **luchar con los molinos de viento** to tilt at windmills; **molino harinero** gristmill, flour mill; **molino de sangre** animal-driven mill; hand mill; **molino de viento** windmill (*machine; paper toy*); **molinos de viento** (fig.) windmills (*imaginary enemy*)
Moloc *m* (Bib.) Moloch; (*l.c.*) *m* (zool.) moloch
móloc *m* (Am.) mashed potatoes
molondro or **molondrón** *m* (coll.) lazy lummox
moltura *f* grinding
molusco *m* (zool.) mollusk
molla *f* lean meat; (prov.) soft part of bread
mollar *adj* soft, tender; easily shelled; mushy, pulpy; right, ripe; lean (*meat*); productive, easy; (coll.) gullible, easily taken in
mollear *vn* to give, to yield; to bend
molledo *m* fleshy part (*of leg, arm, etc.*); soft part of bread
molleja *f* gizzard; sweetbread; **criar molleja** (coll.) to grow lazy
mollejón *m* grindstone; (coll.) big fat loafer; (coll.) good-natured fellow
mollera *f* crown (*of head*); brains, sense; head, mind; **tener buena mollera** (coll.) to have a good head on one's shoulders; **cerrado de mollera** stupid· **duro de mollera** (coll.) stubborn, dull
mollero *m* (coll.) lean meat

M

molleta *f* biscuit; brown bread; **molletas** *fpl* snuffers
mollete *m* muffin, French roll; chubby cheek; fleshy part (*of arm*)
molletudo -da *adj* var. of **mofletudo**
mollificar §86 *va* var. of **molificar**
mollino -na *adj* drizzly; *f* drizzle
mollizna *f* drizzle
mollizn̈ar or **molliznear** *vn* to drizzle
momentáneo -a *adj* momentary
momento *m* moment; (mech.) moment; **a cada momento** at every moment, all the time; **al momento** at once; **de momento** present; suddenly; for the present; **de un momento a otro** at any moment; **en un momento** in a moment; **por momentos** continuously; any moment, presently; **momento angular** (mech.) angular momentum; **momento de inercia** (mech.) moment of inertia; **momento magnético** (phys.) magnetic moment; **momento psicológico** psychological moment
momería *f* clowning
momero -ra *adj* clowning; *mf* clown
momia *f* see **momio**
momificación *f* mummification
momificar §86 *va & vr* to mummify
momio -mia *adj* lean, skinny; *m* extra; bargain; **de momio** free, gratis; *f* mummy
momista *mf* bargain hunter
Momo *m* (myth.) Momus; (*l.c.*) *m* face, grimace, clowning; (coll.) caress, fondling; **hacer momos a** (coll.) to make eyes at (*a woman*)
momórdiga *f* (bot.) balsam apple
mona *f* see **mono**
monacal *adj* monachal
monacato *m* monkhood, monasticism
monacillo *m* altar boy, acolyte
monacita *f* (mineral.) monazite
monacordio *m* (mus.) manichord
monada *f* monkeyshine; monkey face, grimace; darling, cute little thing; cuteness; flattery; piece of foolishness; triviality, childishness
mónada *f* (biol., chem., philos. & zool.) monad
monadélfico -ca *adj* (bot.) monadelphous
monadismo *m* (philos.) monadism
monago *m* (coll.) altar boy, acolyte; **llenar el monago** (coll.) to eat
monaguillo *m* var. of **monacillo**
monandria *f* monandry; (bot.) monandry
monándrico -ca *adj* monandrous
monandro -dra *adj* (bot.) monandrous
monaquismo *m* monachism, monasticism
monarca *m* monarch; **los Monarcas de Oriente** the Wise Men of the East
monarquía *f* monarchy; **monarquía absoluta** absolute monarchy; **monarquía constitucional** constitutional monarchy
monárquico -ca *adj* monarchic or monarchical; *mf* monarchist
monarquismo *m* monarchism
monarquista *adj* monarchist, monarchistic; *mf* monarchist
monasterial *adj* monasterial
monasterio *m* monastery
monasticismo *m* var. of **monacato**
monástico -ca *adj* monastic or monastical
monast.º abr. of **monasterio**
Moncenisio *m* Mont Cenis
monda *f* see **mondo**
mondadientes *m* (*pl:* **-tes**) toothpick
mondador -dora *adj* cleaning; peeling, paring; *mf* cleaner; peeler, parer; *f* peeler, peeling machine
mondadura *f* pruning, trimming; **mondaduras** *fpl* peelings, parings
mondaoídos *m* (*pl:* **-dos**) earpick
mondaorejas *m* (*pl:* **-jas**) var. of **mondaoídos**
mondar *va* to clean; to prune, to trim; to peel, to pare, to hull, to husk; to cut the hair of; (coll.) to fleece; *vr* to lose one's hair (*e.g., after an illness*); to pick (*one's teeth*)
mondarajas *fpl* (coll.) peelings
mondejo *m* stuffed tripe
mondo -da *adj* clean, clear, pure; **mondo y lirondo** (coll.) pure, unadulterated; *f* pruning, trimming; parings, peelings; pruning season; clearing of a cemetery for further burials
mondón *m* stripped tree trunk
mondonga *f* (coll.) kitchen wench
mondongo *m* tripe; (coll.) guts
mondonguería *f* tripe shop
mondonguero -ra *mf* tripe dealer
mondonguil *adj* (coll.) (pertaining to) tripe
monear *vn* (coll.) to be a monkey, to make faces; (Am.) to boast
moneda *f* money; coin; mint; **la Moneda** Santiago, the government of Chile; **pagar en la misma moneda** to pay back in one's own coin; **moneda corriente** currency; (coll.) everyday matter, common knowledge; **moneda falsa** counterfeit; **moneda imaginaria** money of account; **moneda menuda** change; **moneda metálica** or **sonante** metal money, specie; **moneda suelta** change
monedaje *m* coining, minting; seigniorage
monedar or **monedear** *va* to coin, to mint
monedero *m* moneyer; moneybag; change purse; **monedero falso** counterfeiter
monegasco -ca *adj & mf* Monegasque
monería *f* monkeyshine; cuteness; triviality, childishness
monesco -ca *adj* (coll.) apish
monetario -ria *adj* monetary
monetización *f* monetization
monetizar §76 *va* to monetize
monfí *m* (*pl:* **-fíes**) (hist.) Moorish highwayman (*in Andalusia*)
mongol -gola *adj & mf* var. of **mogol**
mongólico -ca *adj* var. of **mogólico**
mongolismo *m* var. of **mogolismo**
moniato *m* var. of **buniato**
monicaco *m* (coll.) whippersnapper
monición *f* monition; remonstrance
monigote *m* lay brother; rag figure, stuffed form; botched painting, botched statue; (coll.) boob, sap; (fig.) puppet
moniliforme *adj* moniliform; (bot. & zool.) moniliform
monillo *m* waist, bodice
monipodio *m* (coll.) illegal deal, collusion, cabal
monís *f* trinket; **monises** *mpl* (coll.) money, dough
monismo *m* (philos.) monism
monista *adj* monist, monistic; *mf* monist
mónita *f* (coll.) smoothness, slickness
monitor *m* monitor; (hyd., naut. & rad.) monitor; (zool.) monitor, monitor lizard
monitorio -ria *adj* monitorial; monitory; *m* monitory; threat of excommunication; *f* monitory
monja *f* nun; **monjas** *fpl* lingering sparks in a burned piece of paper
monje *m* monk; recluse, anchorite; (orn.) great titmouse; **monje negro** Black Monk (*Benedictine*)
monjía *f* monkhood
monjil *adj* nunnish, nun's; *m* nun's dress; (archaic) mourning dress; angel sleeve
monjío *m* nunhood; taking the veil
mono -na *adj* (coll.) cute, cute little, nice; (Am.) red (*hair*); *m* (zool.) monkey, ape; mimic; (fig.) monkey (*in gestures*); squirt, whippersnapper; coveralls; (taur.) attendant on foot; (Am.) pile of fruit or vegetables (*in a store or market*); **estar de monos** (coll.) to be on the outs; **meter los monos a** (Am.) to scare the life out of; **mono araña** (zool.) spider monkey; **mono aullador, mono chillón** (zool.) howling monkey; **mono de Gibraltar** (zool.) Barbary ape; *f* (zool.) Barbary ape; female monkey; (coll.) copycat, ape; (taur.) guard for right leg; (coll.) drunk (*person*); (coll.) drunkenness; (coll.) hangover; **dormir la mona** (coll.) to sleep it off, to sleep off a drunk; **pillar una mona** (coll.) to go on a jag; **pintar la mona** (coll.) to act important; **quedarse como** or **quedarse hecho una mona** (coll.) to be disconcerted, to lose countenance
monoatómico -ca *adj* monoatomic
monobásico -ca *adj* (chem.) monobasic
monocarpelar *adj* monocarpellary
monocarril *m* var. of **monorriel**
monócero -ra *adj* monocerous; (*cap.*) *m* (astr.) Monoceros
monoceronte *m* or **monocerote** *m* (myth.) unicorn

monocilíndrico -ca *adj* single-cylinder
monoclínico -ca *adj* (cryst.) monoclinic
monocordio *m* (mus.) monochord
monocotiledón *m* (bot.) monocotyledon
monocroico -ca *adj* monochroic
monocromático -ca *adj* monochromatic
monocromía *f* monochromy
monocromo -ma *adj & m* monochrome
monocular *adj* monocular
monóculo -la *adj* monocular (*having only one eye*); *m* monocle; (surg.) monoculus
monocultura *f* (agr.) monoculture, cultivation of a single crop
monodia *f* (mus.) monody
monódico -ca *adj* monodic
monofásico -ca *adj* (elec.) monophase, single-phase
monofilo -la *adj* (bot.) monophyllous
monofisita *mf* (rel.) Monophysite
monofónico -ca *adj* monophonic
monogamia *f* monogamy; (zool.) monogamy
monogámico -ca *adj* monogamic
monogamista *adj* monogamist, monogamistic; *mf* monogamist
monógamo -ma *adj* monogamous; monogamistic; *mf* monogamist
monogenismo *m* (anthrop.) monogenism
monogenista *mf* monogenist
monógino -na *adj* (bot.) monogynous
monografía *f* monograph
monográfico -ca *adj* monographic; special (*course, theme, subject*)
monografista *mf* monographer
monograma *m* monogram
monoico -ca *adj* (bot.) monoecious
monolítico -ca *adj* monolithic
monolito *m* monolith
monologar §59 *vn* to engage in a monologue, to soliloquize
monólogo *m* monologue
monologuista *mf* monologuist
monomanía *f* monomania; **monomanía de grandezas** folie des grandeurs, megalomania
monomaníaco -ca or **monómano -na** *adj* monomaniacal; *mf* monomaniac
monometálico -ca *adj* (chem.) monometallic
monometalismo *m* monometallism
monometalista *adj & mf* monometallist
monomio *m* (alg.) monomial
monono -na *adj* (coll.) sweet, darling, cute
monopastos *m* (*pl:* **-tos**) sheave
monopatín *m* scooter (*child's vehicle*)
monopétalo -la *adj* (bot.) monopetalous
monoplano *m* (aer.) monoplane
monoplaza *m* (aer.) single-seater
monoplejía *f* (path.) monoplegia
monopolio *m* monopoly
monopolista *mf* monopolist
monopolización *f* monopolization
monopolizador -dora *adj* monopolizing; monopolistic; *mf* monopolizer
monopolizar §76 *va* to monopolize
monóptero -ra *adj* (arch.) monopteral
monorriel *m* monorail
monorrimo -ma *adj* monorhymed
monosabio *m* (taur.) costumed ring servant of picador
monosacárido *m* (chem.) monosaccharide
monosépalo -la *adj* (bot.) monosepalous
monosilábico -ca *adj* monosyllabic
monosílabo -ba *adj* monosyllabic; *m* monosyllable
monospastos *m* (*pl:* **-tos**) var. of **monopastos**
monospermo -ma *adj* (bot.) monospermous
monóstrofe *f* monostrophe
monote *m* (coll.) person transfixed (*with amazement, terror, etc.*); (coll.) pedant; (prov.) disturbance, riot
monoteico -ca *adj* monotheistic
monoteísmo *m* monotheism
monoteísta *adj* monotheist, monotheistic; *mf* monotheist
monotipia *f* (print.) monotype (*machine; method*)
monotipista *mf* monotyper
monotipo *m* (print.) monotype (*machine*)
monotonía *f* monotony
monótono -na *adj* monotonous
monotrema *adj & m* (zool.) monotreme
monovalente *adj* (chem. & bact.) monovalent
monóxido *m* (chem.) monoxide
monroísmo *m* Monroeism, Monroe Doctrine
Mons. abr. of **Monseñor**
monseñor *m* monseigneur; (eccl.) monsignor
monserga *f* (coll.) gibberish
monstruo *m* monster; **el monstruo de la naturaleza** Lope de Vega; **monstruo de Gila** (zool.) Gila monster
monstruosidad *f* monstrosity
monstruoso -sa *adj* monstrous
monta *f* mounting; sum, total; stud farm; account, e.g., **de poca monta** of little account, of little importance; (mil.) call to horse
montacargas *m* (*pl:* **-gas**) freight elevator, hoist
montacarros *m* (*pl:* **-rros**) automobile dealer
montada *f* see **montado**
montadero *m* horse block
montado -da *adj* mounted (*on horseback; in position for use; in a setting*); *m* horseman, trooper; *f* port, tongue groove (*of horse's bit*)
montador *m* mounter; horse block; fitter, erector, installer; (mov.) cutter
montadura *f* mounting; harness (*of a riding horse*); setting (*of a precious stone*)
montaje *m* montage; setting up; (mach.) mounting, assembly; (rad.) hookup; **montajes** *mpl* (arti.) mount
montanear *vn* to eat acorns and mast (*said of hogs*)
montanera *f* oak forest, acorn pasture for hogs; feeding of hogs on acorns; acorn-feeding season
montanero *m* forest ranger
montano -na *adj* (pertaining to a) mountain; montane
montantada *f* boasting; crowd, multitude
montante *m* post, upright; strut; transom; broadsword; amount; (arch.) mullion; *f* flood tide
montantear *vn* to wield the broadsword; to boast, to meddle
montantero *m* (archaic) fighter with a broadsword
montaña *f* mountain; forested region; **la Montaña** the province of Santander, Spain; **montaña de hielo** iceberg; **montaña rusa** roller coaster, switchback; **Montañas Rocosas** or **Roqueñas** Rocky Mountains, Rockies
montañero -ra *adj* mountaineering; *mf* mountain climber
montañés -ñesa *adj* (pertaining to a) mountain, highland; mountain-dwelling; (pertaining to) la Montaña; *mf* mountaineer, highlander; native or inhabitant of la Montaña; *m* dialect of la Montaña
montañesismo *m* fondness for mountains
montañeta *f* hill, small mountain
montañismo *m* mountaineering, mountain climbing
montañoso -sa *adj* mountainous
montañuela *f* var. of **montañeta**
montaplatos *m* (*pl:* **-tos**) dumbwaiter
montar *va* to mount; to get on; to ride (*a horse, a bicycle, a person's shoulders, etc.*); to set up, establish (*a service*); to amount to; to cock (*a gun*); to set (*a precious stone*); to cover (*a mare*); to wind (*a clock*); to fine (*for trespassing of cattle, etc.*); (mach.) to mount, to assemble; (elec.) to hook up; (mil.) to mount (*guard*); (naut.) to mount (*a certain number of cannon*); (naut.) to command (*a ship*); (naut.) to round (*a cape*); *vn* to mount; to get on top; to ride; to weigh, be important; **tanto monta** it's all the same; **¡montas!** (coll.) come now!; *vr* to mount; to get on top
montaraz (*pl:* **-races**) *adj* backwoods; wild, untamed; *m* warden, forester
montazgar §59 *va* to collect cattle toll from
montazgo *m* toll for passage of cattle
monte *m* mount, mountain; woods, woodland; obstruction, interference; backwoods, brush, wild country; bank, kitty; monte (*card game*); widow (*in card playing*); (coll.) dirty mop of hair; **andar a monte** (coll.) to take to the woods; (coll.) to be out of circulation; **el monte Ábila** Jebel Musa (*opposite Gibraltar*); **el**

M

monte Blanco Mont Blanc; **el monte Carmelo** Mount Carmel; **el monte de los Olivos** Mount Olive; **el monte Etna** Mount Aetna; **el monte Olivete** Mount Olivet; **el monte Palatino** the Palatine Hill; **el monte Parnaso** Mount Parnassus; **el monte Pelado** Mount Pelée; **el monte Sinaí** Mount Sinai; **monte alto** forest; **monte bajo** thicket, brushwood; **monte de piedad** pawnshop; **monte de Venus** (anat.) mons Veneris; **monte pío** pension fund (*for widows and orphans*); mutual benefit society; **montes Apalaches** Appalachian Mountains; **montes Balcanes** Balkan Mountains; **montes Grampianos** Grampian Hills; **montes Himalaya** Himalaya Mountains; **montes Laurentinos** Laurentian Mountains; **montes Urales** Ural Mountains

montea *f* hunting, beating the wood (*to rouse game*); stonecutting; (arch.) rise (*of an arch*); working drawing

montear *va* to hunt, to track down; to make a working drawing of; to arch, to vault

montecillo *m* mount, hillock

montenegrino -na *adj & mf* Montenegrin

montepío *m* pension fund (*for widows and orphans*); mutual benefit society

montera *f* cloth cap; skylight; head (*of boiler of a still*); huntress, huntswoman; bullfighter's hat; (naut.) moonsail

monterería *f* cap shop

monterero -ra *mf* cap maker or dealer

montería *f* hunt; hunting; big-game hunting; hunting party; (paint.) hunting scene; **andar de montería** to go hunting

monterilla *f* (naut.) moonsail

montero *m* hunter, huntsman

montés or **montesino -na** *adj* wild (*cat, goat, etc.*)

montículo *m* var. of **montecillo**

montilla *m* montilla (*a pale dry sherry*)

monto *m* sum, total

montón *m* pile, heap; crowd; (coll.) lot, great deal, great many; **a montones** (coll.) in abundance; **a, de** or **en montón** (coll.) together, taken together; **ser del montón** (coll.) to be quite ordinary; **montón de robo** widow (*at cards*); **montón de tierra** (coll.) feeble old person

montonera *f* (Am.) squad of mounted insurgents

montuno -na *adj* wooded; (Am.) rustic; (Am.) wild, untamed

montuoso -sa *adj* woody, wooded; rugged; hilly

montura *f* mount (*riding horse*); seat, saddle; harness (*of a riding horse*); mounting (*of precious stone, gun, telescope, etc*); frame (*of spectacles*); (mach.) mounting, assembly

monumental *adj* monumental

monumento *m* monument

monzón *m & f* monsoon

monzónico -ca *adj* monsoonal

moña *f* doll; mannequin (*lay figure*); ribbon, hair ribbon; bow of ribbons; (coll.) drunk

moño *m* topknot (*of hair, of ribbons; of feathers of certain birds*); top, crest; (Am.) forelock (*of horse*); (Am.) whim, caprice; **moños** *mpl* frippery; **ponerse moños** (coll.) to put on airs

moñón -ñona or **moñudo -da** *adj* topped, crested

moquear *vn* to snivel, to have a runny nose

moqueo *m* sniveling, runny nose

moquero *m* pocket handkerchief

moqueta *f* moquette

moquete *m* punch in the face, punch in the nose

moquetear *va* to punch in the nose; *vn* (coll.) to snivel all the time

moquillo *m* watery discharge (*from nose in cold weather*); (vet.) distemper; (vet.) pip

moquita *f* watery nose

mor *m* love; **por mor de** for love of; because of

mora *f* see **moro**

morabito *m* Mohammedan hermit; Mohammedan hermitage

moráceo -a *adj* (bot.) moraceous

moracho -cha *adj & m* light mulberry (*color*)

morado -da *adj & m* mulberry (*color*); *f* abode, house, dwelling; stay, sojourn

morador -dora *adj* dwelling, living; *mf* dweller, resident

moradux *m* var. of **almoraduj**

moraga *f* sheaf, bundle; fish fry

moral *adj* moral; *m* (bot.) black mulberry (*tree*); *f* morals (*ethics; conduct*); morale (*e.g., of soldiers*); (coll.) moral (*e.g., of a fable*)

moraleja *f* moral (*e.g., of a fable*)

moralidad *f* morality; moral (*e.g., of a fable*); morality play

moralista *m* moralist (*teacher or writer*)

moralizador -dora *adj* moralizing; *mf* moralizer

moralizar §76 *va & vn* to moralize

morapio *m* (coll.) red wine

morar *vn* to live, dwell

moratorio -ria *adj* moratory; *f* moratorium

moravo -va *adj & mf* Moravian

morbidez *f* (paint.) morbidezza

morbididad *f* morbidity (*sick rate*)

mórbido -da *adj* (paint.) soft, delicate, mellow; morbid

morbífico -ca *adj* morbific or morbifical

morbilidad *f* var. of **morbididad**

morbo *m* disease, illness; **morbo comicial** (path.) epilepsy; **morbo gálico** (path.) syphilis; **morbo regio** (path.) jaundice

morbosidad *f* morbidity

morboso -sa *adj* morbid, diseased

morcajo *m* maslin, mixture of wheat and rye

morcella *f* spark from a candle

morciguillo *m* var. of **murciélago**

morcilla *f* see **morcillo**

morcillero -ra *mf* maker or seller of blood puddings; (coll.) gagging actor, adlibber

morcillo -lla *adj* reddish-black (*horse*); *m* fleshy part of arm; *f* black pudding, blood pudding; (coll.) gag (*interpolation by an actor*)

morcón *m* large blood pudding; (coll.) short stocky person; (coll.) sloppy person

mordacidad *f* mordacity; mordancy

mordaga *f* (coll.) drunk, drunkenness

mordaz *adj* (*pl:* **-daces**) mordacious; burning, corrosive; mordant; (fig.) mordacious, mordant, sarcastic

mordaza *f* gag; clamp, jaw; pincers, tongs; pipe vise; (fig.) gag; **poner la mordaza a** to gag (*to silence*); **mordaza dental** (surg.) gag

mordedor -dora *adj* biting; (fig.) biting, sarcastic; *mf* biter

mordedura *f* bite

mordelón *m* (Am.) bribe-taking officer, crooked cop

mordente *m* mordant; (mus.) mordent

morder §63 *va* to bite; to nibble; to snatch; to wear away, wear down; to eat away; to gossip about, to ridicule; (Am.) to graft; *vn* to bite; to take hold; (Am.) to graft

mordicación *f* biting, stinging

mordicante *adj* burning, corrosive; mordant, sarcastic

mordicar §86 *va & vn* to bite, to sting

mordicativo -va *adj* biting, corrosive

mordido -da *adj* wasted, worn; *m* (coll.) nibble, bite; *f* (Am.) bite; (Am.) petty graft, racket

mordiente *m* mordant

mordihuí *m* (*pl:* **-huíes**) (ent.) grub, weevil

mordimiento *m* var. of **mordedura**

mordiscar §86 *va* to nibble at, to gnaw at; to champ; *vn* to nibble, to gnaw away; to champ

mordisco *m* nibble, bite

mordisquear *va & vn* var. of **mordiscar**

moreda *f* (bot.) black mulberry tree; growth of white mulberries

morena *f* see **moreno**

morenez *f* brownness, darkness

morenillo *m* paste of powdered charcoal and vinegar used by sheepshearer to treat cuts

moreno -na *adj* brown, dark brown; dark, dark-complexioned; (coll.) colored; (Am.) mulatto: *mf* (coll.) colored person; (Am.) mulatto; *m* brunet; *f* brunette; brown bread; rick (*of new-mown hay*); (geol.) moraine; (ichth.) moray; (path.) piles

morenote -ta *adj* very dark

morera *f* (bot.) white mulberry (*tree*)

moreral *m* growth of white mulberry trees
morería *f* Moorish quarter; Moorish land
moretón *m* (coll.) bruise, black-and-blue mark
morfa *f* (plant path.) citrus scab
morfea *f* (path.) morphea
Morfeo *m* (myth.) Morpheus
morfema *m* (gram.) morpheme
morfina *f* (chem.) morphine
morfinismo *m* (path.) morphinism
morfinomanía *f* drug habit
morfinómano -na *adj* addicted to drugs; *mf* drug addict
morfogénesis *f* morphogenesis
morfógeno -na *adj* (embryol.) morphogenic
morfología *f* (biol. & gram.) morphology
morfológico -ca *adj* morphologic or morphological
morga *f* foul-smelling juice that oozes from a heap of olives; (bot.) India berry tree
Morgana *f* (myth.) Fata Morgana, Morgan le Fay
morganático -ca *adj* morganatic
moribundo -da *adj* moribund, dying; *mf* moribund, dying person
moriche *m* (bot.) mirity palm
moridero *m* (Am.) unhealthy spot
moriego -ga *adj* Moorish
morigeración *f* moderation, temperance
morigerado -da *adj* moderate, temperate
morigerar *va* to moderate, restrain
morilla *f* (bot.) morel
morillero *m* var. of **mochil**
morillo *m* firedog, andiron
morina *f* (chem.) morin
morir §45 & §17, 9 *va* to die (*e.g., a painful death*); *vn* to die; to die away; **morir ahogado** to drown, to die by drowning; **morir de risa** to die laughing; **morir de viejo** to die of old age; **morir helado** to freeze to death; **morir por** to be crazy about, to pine for; **morir quemado** to burn to death; **morir vestido** (coll.) to die a violent death; *vr* to die; to be dying; to die out; to go to sleep (*said of a leg or arm*); **morirse por** to be crazy about, to pine for; **morirse por** + *inf* to be dying to + *inf*
morisco -ca *adj* Morisco, Moorish; *mf* Moor converted to Christianity (*after the Reconquest*); (Am.) Morisco (*offspring of mulatto and Spaniard*)
morisma *f* Mohammedanism; Moors, crowd of Moors
morisqueta *f* Moorish trick; mean trick; unsalted boiled rice
morito *m* (orn.) glossy ibis
morlaco -ca *adj* acting silly or ignorant; *m* (taur.) bull, big bull; **morlacos** *mpl* (Am.) dough, cash
morlón -lona *adj* acting silly or ignorant
mormón -mona *mf* Mormon; *m* (zool.) mormon, mandrill
mormónico -ca *adj* Mormon
mormonismo *m* Mormonism
moro -ra *adj* Moorish; Moslem; unbaptized; (coll.) unwatered (*wine*); dappled, spotted (*horse*); *mf* Moor; Moslem; Moro (*Mohammedan Malay of Philippine Islands*); **moro de paz** peaceful person; **moros en la costa** (coll.) trouble in the offing; *f* black mulberry (*fruit*); white mulberry (*fruit*); blackberry, brambleberry (*fruit*); (law) delay
morocada *f* butt of a ram
morocho -cha *adj* (Am.) strong, robust; (Am.) dark
morojo *m* fruit of strawberry tree
morón *m* mound, knoll; moron
moroncho -cha *adj* var. of **morondo**
morondanga *f* (coll.) hodgepodge
morondo -da *adj* stripped, bare (*of hair, leaves, etc.*)
morónico -ca *adj* moronic
moronismo *m* moronism
morosidad *f* slowness, tardiness; delinquency
moroso -sa *adj* slow, tardy, dilatory; delinquent
morquera *f* (bot.) winter savory
morra *f* top, crown (*of head*); mora (*game*); purr (*of cat*); **andar a la morra** (coll.) to come to blows; *interj* here pussy!
morrada *f* butt, butting; punch, slap
morral *m* nose bag; knapsack; game bag; wallet (*bag for traveling*); (coll.) boor, rustic
morralla *f* small fish; rabble, trash
morrillo *m* boulder; fat of neck (*of an animal*); (coll.) thick neck
morriña *f* (vet.) dropsy; (coll.) blues, melancholy, loneliness; **morriña de la tierra** (coll.) homesickness; **morriña negra** (vet.) blackleg
morriñoso -sa *adj* rachitic, sickly; (coll.) blue, melancholy, lonely
morrión *m* morion; helmet
morrionera *f* (bot.) wayfaring tree
morro *m* knob; knoll; pebble; snout; bulwark; ward (*of a lock*); **estar de morro** or **morros** (coll.) to be on the outs; **poner morro** to pucker one's lips, make a snout
morrocotudo -da *adj* (coll.) strong, heavy, thick; (coll.) weighty (*matter, business*); (Am.) rich; (Am.) big, enormous; (Am.) monotonous (*writing or work of art*)
morrón *adj* knotted (*flag*); *m* (coll.) crash, collision
morroncho -cha *adj* (prov.) mild, gentle
morrongo -ga or **morroño -ña** *mf* (coll.) cat
morrudo -da *adj* snouted; thick-lipped
morsa *f* (zool.) walrus; (Am.) vise
morsana *f* (bot.) bean caper
mortadela *f* Bologna sausage
mortaja *f* shroud, winding sheet; (carp.) mortise; (Am.) cigarette paper
mortal *adj* mortal; hard, killing, deadly; sure, definitive, conclusive; deathly pale; mortally ill, at death's door; *m* mortal
mortalidad *f* mortality (*mortal nature; death rate*)
mortandad *f* mortality, massacre, butchery
mortecino -na *adj* dead; dying; weak, failing; **hacer la mortecina** (coll.) to play dead, play possum
morterada *f* bowlful, batch (*mixed at one time in a mortar*); discharge of a mortar
morterete *m* small mortar (*used for salvos and public festivities*); floating candle
mortero *m* mortar (*bowl; mixture of lime, etc.*); (arti.) mortar; **mortero de trinchera** (arti.) trench gun or mortar
morteruelo *m* noise-making hemisphere (*toy*); fricassee of hog's liver
mortífero -ra *adj* deadly
mortificación *f* mortification
mortificador -dora or **mortificante** *adj* mortifying
mortificar §86 *va & vr* to mortify
mortuorio -ria *adj* mortuary; funeral; *m* funeral
morucho *m* (taur.) young bull with wooden balls on horns
morueco *m* tup, ram
mórula *f* (embryol.) morula
moruno -na *adj* Moorish
morusa *f* (coll.) cash, money
Mosa *m* Meuse
mosaico -ca *adj* Mosaic (*of Moses*); (f.a.) mosaic; *m* tile; paving tile; (aer., f.a., & telv.) mosaic; **mosaico del tabaco** (plant path.) tobacco mosaic; **mosaico de madera** (f.a.) marquetry
mosaísmo *m* Mosaism
mosca *f* (ent.) fly; fly (*used in fishing*); imperial (*beard*); (coll.) cash, dough; (coll.) bore, nuisance; (coll.) disappointment; (Am.) sponger, parasite; **moscas** *fpl* sparks; **aflojar la mosca** (coll.) to shell out, to fork out; **papar moscas** (coll.) to gape, to gawk; **soltar la mosca** (coll.) to shell out, to fork out; **mosca abeja** (ent.) bee fly; **mosca borriquera** (ent.) horse tick; **mosca de burro** or **de caballo** (ent.) horsefly; **mosca de España** (ent.) Spanish fly; **mosca de la aceituna** (ent.) olive fly; **mosca de la carne** (ent.) flesh fly, meat fly; **mosca de las cerezas** (ent.) cherry fruit fly; **mosca de las frutas** (ent.) fruit fly; **mosca del olivo** (ent.) olive fly; **mosca del queso** (ent.) cheese fly; **mosca del vinagre** (ent.) vinegar fly, fruit fly; **mosca de mayo** (ent.) May fly; **mosca de sierra** (ent.) sawfly; **mosca de un día** (ent.) May fly; **mosca mediterránea** (ent.) fruit fly; **mosca muer-**

M

ta (coll.) hypocrite; **mosca picadora de los establos** (ent.) stable fly; **moscas blancas** snowflakes; **moscas volantes** muscae volitantes, spots before the eyes; *m* (box.) flyweight
moscabado -da *adj & m* var. of **mascabado**
moscarda *f* (ent.) flesh fly; (ent.) blowfly, bluebottle; egg of queen bee
moscardear *vn* to lay eggs (*said of queen bee*)
moscardino *m* (zool.) dormouse
moscardón *m* (ent.) botfly; (ent.) flesh fly; (ent.) hornet; (coll.) bore, annoyance (*person*)
moscareta *f* (orn.) flycatcher
moscarrón *m* var. of **moscardón**
moscatel *m* muscatel (*grape or wine*); (coll.) bore, nuisance
moscella *f* var. of **morcella**
mosco *m* (ent.) mosquito
moscón *m* large fly; (ent.) bluebottle; (ent.) flesh fly; (bot.) maple; (coll.) sly fellow
moscona *f* brazen woman, hussy
mosconear *va* to bore, bother, annoy; *vn* to make a nuisance of oneself
Moscovia *f* Muscovy
moscovita *adj & mf* Muscovite; *f* (mineral.) muscovite
moscovítico -ca *adj* Muscovitic
Moscú *f* Moscow
Mosela *m* Moselle
mosén *m* (prov.) father (*priest*); (obs.) sir (*title given to member of lesser nobility in Aragon*)
mosqueador *m* flyflap; (coll.) tail (*of horse or other animal*)
mosquear *va* to shoo (*flies*); to answer sharply; to beat, to whip; *vr* to shake off annoyances; to take offense
mosqueo *m* chasing flies; resentment
mosquero *m* flyflap, flytrap; fly swatter; flypaper
mosquerola or **mosqueruela** *f* (hort.) muscadine (*pear*)
mosqueta *f* (bot.) Japan globeflower; **mosqueta silvestre** (bot.) dog rose
mosquetazo *m* musket shot, musket wound
mosquete *m* musket
mosquetería *f* musketry (*troops; shooting*)
mosquetero *m* musketeer; (theat.) spectator with standing room in pit
mosquetón *m* snap hook, spring hook
mosquil or **mosquino -na** *adj* (pertaining to a) fly
mosquitera *f* or **mosquitero** *m* mosquito net or netting; fly net
mosquito *m* (ent.) mosquito; gnat; (coll.) tippler
mostacera *f* or **mostacero** *m* mustard pot
mostacilla *f* mustard-seed shot; tiny bead
mostacho *m* mustache; (coll.) spot on the face; (naut.) shroud (*of bowsprit*)
mostachón *m* macaroon
mostachoso -sa *adj* mustachioed
mostagán *m* (coll.) wine
mostajo *m* (bot.) whitebeam
mostaza *f* (bot.) mustard; mustard seed (*seed; dust shot*); mustard (*powder or paste*); **hacer la mostaza** (coll.) to give a bloody nose to each other (*said of boys*); **subírsele la mostaza a las narices** (coll.) to fly into a rage; **mostaza blanca** (bot.) white mustard; **mostaza de los alemanes** horseradish; **mostaza silvestre** (bot.) charlock
mostazal *m* mustard patch
mostazo *m* (bot.) mustard; strong, sticky must
mostear *vn* to yield must; to put must into vats; to mix must with old wine
mostela *f* (agr.) sheaf
mostelera *f* place where sheaves are stacked
mostellar *m* (bot.) whitebeam
mostillo *m* mustard sauce (*made of must and mustard*)
mosto *m* must (*unfermented juice*); **mosto de cerveza** wort
mostrado -da *adj* accustomed, inured
mostrador -dora *adj* showing, pointing; *mf* shower, pointer; *m* counter (*in a store*); bar; dial (*of clock*)
mostrar §77 *va* to show; *vr* to show; to show oneself to be
mostrear *va* to spot, to splash
mostrenco -ca *adj* unclaimed, ownerless; (coll.) homeless; (coll.) stray (*animal*); (coll.) slow, dull; (coll.) fat, heavy; *mf* (coll.) dolt, dullard
mota *f* speck, mote; burl, knot; hill, rise; fault; (Am.) powder puff
motacila *f* (orn.) wagtail
mote *m* riddle, enigma; device, emblem; nickname; (Am.) stewed corn
motear *va* to speck, speckle; to dapple, mottle
motejador -dora *adj* name-calling; scoffing; *mf* name-caller; scoffer
motejar *va* to call (*someone*) names; to scoff at, to ridicule; **motejar de** to brand as
motejo *m* name-calling; scoffing
motel *m* motel (*roadside hotel for motorists*)
motete *m* (mus.) motet
motil *m* var. of **mochil**
motilar *va* to shear (*the head*)
motilidad *f* (biol.) motility
motilón -lona *adj* hairless; short-haired; *m* (coll.) lay brother
motín *m* mutiny, uprising
motivación *f* motivation; rationalization
motivar *va* to motivate; to explain, to rationalize
motivo -va *adj* motive; *m* motive, reason; (f.a. & mus.) motif, motive; **con motivo de** because of; on the occasion of; **de su motivo** on his own accord; **motivo conductor** (mus.) leitmotif
moto *m* guidepost, landmark; *f* (coll.) motorcycle
motobomba *f* power pump; fire engine, fire truck
motocamión *m* motor truck
motocicleta *f* motorcycle
motociclismo *m* motorcycling
motociclista *mf* motorcyclist
motociclo *m* motorcycle
motocultivo *m* mechanical farming
motocultor *m* power cultivator
motocultura *f* var. of **motocultivo**
motódromo *m* motordrome
motogrúa *f* truck crane
motolito -ta *adj* simple, stupid; **vivir de motolito** to live on others, be a sponger; *f* (orn.) wagtail
motón *m* (naut.) block, pulley; **a rechina motón** stretched to the breaking point (*said of a cable*)
motonáutico -ca *adj* (pertaining to the) motorboat; *f* (art and science of) motorboating
motonautismo *m* (sport) motorboating
motonave *f* motor ship
motonería *f* (naut.) tackle, set of blocks or pulleys
motoneta *f* scooter, motor scooter; light three-wheel truck
motoniveladora *f* motor grader
motopropulsor -sora *adj* (elec.) motor-driven; (aer.) motor-and-propeller (*e.g., unit*)
motor -tora or **-triz** (*pl:* **-trices**) *adj* motor, motive; (anat.) motor; *m* motor; engine; **primer motor** (philos.) prime mover; **motor a chorro** or **a retropropulsión** (aer.) jet engine; **motor cohete** rocket motor; **motor de arranque** (aut.) starter, starting motor; **motor de combustión** combustion engine; **motor de combustión interna** or **motor de explosión** internal-combustion engine; **motor de cuatro tiempos** four-cycle engine; **motor de dos tiempos** two-cycle engine; **motor de gas** gas engine; **motor de inducción** (elec.) induction motor; **motor de jaula de ardilla** (elec.) squirrel-cage motor; **motor Diesel** Diesel engine or motor; **motor fuera de borda** outboard motor; **motor sincrónico** (elec.) synchronous motor; **motor térmico** heat engine; **motora** *f* small motorboat
motor-convertidor *m* (*pl:* **motores-convertidores**) (elec.) motor converter
motor-generador *m* (*pl:* **motores-generadores**) (elec.) motor generator
motorismo *m* motoring; motorcycling; motorcycle racing
motorista *mf* motorist; motorcyclist; motorcycle racer; *m* highway motorcycle policeman; (Am.) motorman, trolley motorman

motorización *f* motorization
motorizar §76 *va* to motorize
motosegadora *f* power mower
motosierra *f* power saw
motovelero *m* (naut.) motor sailer
motril *m* errand boy
mousse *f* (cook.) mousse
movedizo -za *adj* moving; shaky, unsteady; quick, shifting; fickle, inconstant
movedor -dora *adj* moving; *mf* mover
mover §63 *va* to move; to stir; to wag (*tail*); to stir up; to use (*influence, pull*); to abort; **mover a alguien a** + *inf* to move someone to + *inf*, to prompt someone to + *inf*; *vn* to abort, miscarry; to bud, sprout; (arch.) to spring (*said of an arch or vault*); *vr* to move; to be moved
movible *adj* movable; changeable, fickle; (astr.) movable
móvil *adj* movable; mobile; moving; changeable, fickle; *m* moving body; cause, motive, incentive
movilidad *f* mobility; fickleness; susceptibility; transportation
movilización *f* mobilization
movilizar §76 *va, vn & vr* to mobilize
movimiento *m* movement; motion; moving; (f.a. & lit.) movement; (mus.) movement (*tempo*); **en movimiento** in motion; **movimiento browniano** (phys.) brownian movement; **movimiento continuo** perpetual motion; **movimiento de resistencia** resistance movement; **movimiento de vaivén** alternating motion; **movimiento ondulatorio** (phys.) wave motion; **movimiento paralelo** (mus.) parallel motion; **movimiento perdido** lost motion; **movimiento periódico** (phys.) periodic motion; **movimiento perpetuo** perpetual motion
moyana *f* bran biscuit for sheep dogs; (coll.) lie
moyuelo *m* fine bran
moza *f* see **mozo**
mozalbete *m* lad, young fellow
mozallón *m* strapping young workman
mozancón *m* strapping young fellow
mozancona *f* tall buxom lass
mozárabe *adj* Mozarabic; *mf* Mozarab (*Christian in Moslem Spain*)
moznado -da *adj* (her.) disarmed
mozo -za *adj* young, youthful; single, unmarried; *m* youth, lad; servant, waiter; porter; cloak hanger; **buen mozo** or **real mozo** good-looking, good-looking fellow; **mozo de caballerías** o **caballos** stable boy, hostler; **mozo de café** waiter; **mozo de cámara** (naut.) cabin boy; **mozo de campo y plaza** farm-and-house boy; **mozo de ciego** blind man's guide; **mozo de cocina** kitchen hand; **mozo de cordel** public errand boy; **mozo de cuadra** stable boy; **mozo de cuerda** public errand boy; **mozo de espada** bullfighter's servant; **mozo de espuelas** groom who walks in front of master's horse; **mozo de esquina** public errand boy; **mozo de estación** station porter; **mozo de estoques** (taur.) sword handler (*of matador*); **mozo de hotel** bellboy, bellhop; **mozo de paja y cebada** hostler at an inn; **mozo de restaurante** waiter; *f* girl, lass; wench, kitchen wench; mistress; wash bat; last hand, last game; **buena moza** or **real moza** good-looking, good-looking girl or woman; **moza de taberna** barmaid
mozo-faquín *m* (*pl:* **mozos-faquines**) porter
mozuelo -la *mf* youngster; *m* young fellow; *f* young girl
m/p abr. of **mi pagaré**
M.P.S. abr. of **Muy Poderoso Señor**
mr. abr. of **mártir**
m/r abr. of **mi remesa**
mrd. abr. of **merced**
Mro. abr. of **Maestro**
mrs. abr. of **maravedises & mártires**
M.S. abr. of **manuscrito**
m.ˢ a.ˢ abr. of **muchos años**
M.SS. abr. of **manuscritos**
mtd. abr. of **mitad**
mu *m* moo (*of cow*); *f* bye-bye (*sleep*); **ir a la mu** to go bye-bye
muaré *m* moire or moiré; *adj invar* moiré
mucamo -ma *mf* (Am.) servant, house servant
múcara *f* (naut.) shoal; (naut.) foul waters
muceta *f* hood (*e.g., of one holding a doctor's degree*); (eccl.) mozzetta
mucilaginoso -sa *adj* mucilaginous
mucilago or **mucílago** *m* mucilage
mucina *f* (biochem.) mucin
mucoide *m* (biochem.) mucoid
mucosa *f* see **mucoso**
mucosidad *f* mucosity; mucus
mucoso -sa *adj* mucous; *f* (anat.) mucosa
mucronato -ta *adj* mucronate
múcura *f* (Am.) water pitcher; (Am.) dolt, thickhead; (Am.) opossum
mucus *m* mucus
muchacha *f* see **muchacho**
muchachada *f* boyish prank, girlish prank; group of boys, group of girls; noisy crowd of youngsters
muchachear *vn* to act like a boy, act like a girl
muchachería *f* boyish prank, girlish prank; noisy crowd of youngsters
muchachez *f* boyishness, girlishness
muchachil *adj* boyish, girlish
muchacho -cha *adj* (coll.) boyish, girlish, youthful; *mf* (coll.) youth, young person; servant; *m* boy; *f* girl; maid; **muchacha de servir** servant girl
muchachón *m* overgrown boy
muchedumbre *f* crowd, multitude; flock (*of persons or things*); mob, rabble
mucho -cha *adj & pron* (*comp & super:* **más**) much, a lot of, a great deal of; a long (*time*); **muchos -chas** *adj & pron pl* (*comp & super:* **más**) many; **mucho** *adv* (*comp & super:* **más**) much, a lot, a great deal; hard; often; a long time; (coll.) yes, indeed; **con mucho** by far; **ni con mucho** or **ni mucho menos** not by a long shot, not by any means; **por mucho que** however much, no matter how much; **sentir mucho** to be very sorry; **ser mucho que no** + *subj* to be unlikely that . . . not, e.g., **mucho será que no llueva esta mañana** it is unlikely that it will not rain this morning; **mucho más** much more; **mucho que sí** (coll.) yes, indeed, *m* much; **tener en mucho** to hold in high esteem, to make much of; **tener mucho de** to take after
muda *f* see **mudo**
mudable *adj* changeable; fickle, inconstant
mudada *f* (Am.) change of clothes
mudadizo -za *adj* var. of **mudable**
mudanza *f* change; moving; inconstancy, fickleness; figure (*in a dance*); **estar de mudanza** to be moving (*from one house to another*); **hacer mudanza** or **mudanzas** to be changeable; to be fickle (*especially in love*)
mudar *m* (bot.) giant calotropis; *va* to change; to move; to shed, to molt; to change (*one's voice; said of a boy*); *vn* to change; **mudar de** to change (*clothing, location, one's mind, opinion*); *vr* to change; to change clothing or underclothing; to move; to move away; to have a movement of the bowels; **mudarse de** to change (*clothing, location, one's mind, one's opinion, etc.*)
mudéjar *adj* Mudejar; (arch.) Mudejar; *mf* Mudejar (*Mohammedan living under Spanish Christian king*)
mudez *f* dumbness, muteness; prolonged silence
mudo -da *adj* dumb, silent, mute; (gram.) mute (*letter*); (phonet.) voiceless, surd; *mf* mute (*person*); *f* change; change of voice; change of clothes; molt, molting; molting season; cosmetic; nest of birds of prey; **estar de muda** to be changing one's voice (*said of a boy*); **estar en muda** (coll.) to keep mum
mueblaje *m* var. of **moblaje**
mueble *adj* movable; *m* piece of furniture; cabinet (*e.g., of a radio*); **muebles** *mpl* furniture; **muebles de estilo** period furniture
mueblería *f* furniture factory, furniture store
mueblero -ra *adj* (pertaining to) furniture
mueblista *adj* (pertaining to) furniture; *mf* furniture maker, furniture dealer
mueca *f* face, grimace; **hacer muecas** to make faces

M

muecín *m* var. of **almuecín**
muela *f* millstone; grindstone; water for running a mill; mound, knoll; (anat.) back tooth, grinder; (bot.) grass pea; **haberle salido a uno la muela del juicio** to have cut one's wisdom teeth (*to be shrewd*); **muela cordal** wisdom tooth; **muela de esmeril** emery grinder, emery wheel; **muela del juicio** wisdom tooth; **muela de molino** millstone
muelo *m* stack of grain
muellaje *m* wharfage
muelle *adj* soft; easy, luxurious; *m* spring; pier, wharf, dock; chatelaine (*clasp worn at woman's waist*); (rail.) freight platform; **muelle de válvula** valve spring; **muelle real** (horol.) mainspring
muérdago *m* (bot.) mistletoe (*Viscum album*)
muerdo *m* (coll.) bite; (coll.) bit
muergo *m* (zool.) razon clam; wheat smut
muermo *m* (vet.) glanders; (bot.) muermo (*tree and wood*)
muermoso -sa *adj* glanderous
muerte *f* death; murder; Death (*skeleton with scythe*); **a muerte** to death, to the death; **dar la muerte a** to put to death; **de mala muerte** crummy, not much of a; **de muerte** implacably; hopelessly (*e.g., ill*); **estar a la muerte** to be at death's door; **tomarse la muerte por su mano** to take one's life in one's hands; **muerte civil** civil death, loss of rights; **muerte chiquita** (coll.) nervous shudder
muerto -ta *pp of* **morir** and **matar;** *adj* dead; flat, dull; slaked (*lime*); (elec.) dead; (rad.) dead-end; **estar muerto por** (coll.) to be crazy about; **muerto de** dying of (*e.g., hunger*); *mf* dead person, corpse; *m* dummy (*at cards*); **muertos** *mpl* (coll.) piles (*driven in ground*); **cargar con el muerto** (coll.) to be left holding the bag; **echar el muerto a** to put the blame on; **hacer** or **hacerse el muerto** to play possum; (coll.) to play deaf, to affect ignorance; **levantar un muerto** to vote using the name of a dead person; **tocar a muerto** to toll
muesca *f* notch, nick; (carp.) mortise
muestra *f* sample; sign (*in front of shop, hotel, etc.*); model, specimen; face, dial (*of watch or clock*); sampler; bearing; fag end of cloth (*with name of manufacturer*); set (*of dog in presence of game*); show, sign, indication; (mil.) review; (philately) specimen; **dar muestras de** to show signs of; **estar de muestra** to set (*said of a hunting dog*); **pasar muestra** to check carefully; (mil.) to review
muestrario *m* sample book, collection of samples
muestreo *m* (statistics) sampling
muévedo *m* abortion (*aborted fetus*)
muezín *m* var. of **almuecín**
mufla *f* muffle (*of a furnace*)
muftí *m* (*pl:* **-tíes**) mufti (*Mohammedan legal expounder*)
muga *f* landmark, boundary; spawning; fecundation of roe
mugido *m* moo, low; bellow; roar
mugidor -dora *adj* mooing, lowing; bellowing; roaring
múgil *m* var. of **mójol**
mugir **§42** *vn* to moo, to low; to bellow; to roar
mugre *f* dirt, filth
mugriento -ta *adj* dirty, filthy
mugrón *m* (hort.) layer (*of vine*); shoot, sprig, sucker
mugronar *va* (hort.) var. of **amugronar**
mugroso -sa *adj* var. of **mugriento**
muguete *m* (bot.) lily of the valley
muharra *f* var. of **moharra**
mujer *f* woman; wife; **ser mujer** to be a grown woman; **tomar mujer** to take a wife; **mujer de digo y hago** husky woman; **mujer de gobierno** housekeeper; **mujer del arte** or **de mal vivir** prostitute; **mujer de su casa** good manager (*of household*); **mujer fatal** vamp, vampire; **mujer mundana, perdida** or **pública** prostitute; **mujer policía** (*pl:* **mujeres policías**) policewoman
mujercilla *f* woman of no account; sissy
mujeriego -ga *adj* womanly; womanish; fond of women; **ir** or **montar a la mujeriega** or **a mujeriegas** to ride sidesaddle; *m* skirts, flock of women
mujeril *adj* womanly; womanish
mujerío *m* skirts, flock of women
mujerona *f* big strapping woman; matron
mujerzuela *f* woman of no account
mújol *m* (ichth.) mullet, striped mullet
mula *f* mule, she-mule; trash, junk; (Am.) ingrate, traitor; **en mula de San Francisco** on shank's mare; **hacer la mula** (coll.) to shirk, to back down, to back out
mulada *f* drove of mules
muladar *m* dungheap; trash heap; filth, corruption
muladí *m* (*pl:* **-díes**) Spaniard who embraced Mohammedanism
mular *adj* (pertaining to the) mule
mulata *f* see **mulato**
mulatero *m* mule hirer; muleteer
mulato -ta *adj & mf* mulatto; *f* (zool.) **grapsoid**
mulero *m* mule boy
muleta *f* crutch; prop, support; light lunch; (taur.) muleta (*staff with red flag*); (zool.) unio; **tener muletas** (coll.) to be as old as the hills
muletada *f* drove of mules
muletero *m* var. of **mulatero**
muletilla *f* cross-handle cane; braid frog; pet word, pet phrase; (taur.) muleta (*staff with red flag*)
muletillero -ra *mf* person always using pet words or phrases
muleto *m* young mule
muletón *m* swan's-down
mulilla *f* small mule; (zool.) eleven-banded armadillo; **mulillas de arrastre** (taur.) team of mules that drags dead bull from the arena
mulo *m* mule or hinny; **mulo castellano** mule (*offspring of male ass and mare*)
mulso -sa *adj* honeyed
multa *f* fine
multar *va* to fine
multicelular *adj* multicellular
multicolor *adj* many-colored, multicolored
multicopista *adj* duplicating, copying; *m* duplicator, copying machine
multidentado -da *adj* multidentate
multiempleo *m* (coll.) moonlighting
multifacético -ca *adj* many-sided
multifásico -ca *adj* var. of **polifásico**
multifilar *adj* multiple-wire
multifloro -ra *adj* (bot.) multiflorous, many-flowered
multiforme *adj* multiform
multigrafiar **§90** to multigraph
multigrafo *m* multigraph
multigrávida *adj fem* multiparous
multilateral *adj* multilateral (*participated in by more than two nations*)
multilátero -ra *adj* multilateral (*many-sided*)
multimillonario -ria *mf* multimillionaire
multípara *adj fem* multiparous; *f* multipara
múltiple *adj* multiple, manifold; *m* (mach.) manifold; **múltiple de admisión** intake manifold; **múltiple de escape** exhaust manifold
multiplete *m* (phys.) multiplet
múltiplex *adj* (rad. & telg.) multiplex
multiplicable *adj* multipliable
multiplicación *f* multiplication
multiplicador -dora *adj* multiplying; *mf* multiplier; *m* (math.) multiplier
multiplicando *m* (math.) multiplicand
multiplicar **§86** *va, vn & vr* to multiply
multíplice *adj* multiple, manifold
multiplicidad *f* multiplicity
múltiplo -pla *adj* multiple, manifold; (elec. & math.) multiple; *m* (elec. & math.) multiple; **mínimo común múltiplo** (math.) least common multiple; **en múltiplo** (elec.) in multiple
multipolar *adj* (anat. & elec.) multipolar or multipole
multiseccional *adj* multisectional, multistage
multitud *f* multitude
multivalvo -va *adj* multivalve
mullido -da *adj* fluffy, soft; ready, all set; *m* soft filling or stuffing (*for cushions, etc.*)

mullir §26 *va* to fluff, to soften; to beat up, to shake up (*a bed*); to ready, to get into shape; (agr.) to loosen (*the earth*) around a stalk; *vr* to become fluffy; to be beaten up or shaken up; **mullírselas a una persona** (coll.) to punish a person; (coll.) to be wise to a person
mullo *m* (ichth.) red mullet; (Am.) glass bead
mundanal *adj* var. of **mundano**
mundanalidad *f* worldliness
mundanear *vn* to be worldly-minded
mundanería *f* worldliness, sophistication; worldly behavior
mundanesco -ca *adj* worldly; *f* worldliness; worldly people
mundanidad *f* worldliness
mundanismo *m* worldliness; cosmopolitanism
mundanista *adj* worldly; cosmopolitan; *mf* worldly person; cosmopolitan
mundano -na *adj* mundane, worldly; loose (*woman*)
mundial *adj* world-wide, world
mundialmente *adv* throughout the world
mundicia *f* cleanness, cleanliness
mundificación *f* cleansing, purification
mundificar §86 *va* to cleanse, purify
mundificativo -va *adj* (med.) cleansing
mundillo *m* arched clotheshorse; cushion for making lace; warming pan; (bot.) cranberry tree, guelder-rose, snowball; world (*e.g., of politics, scholars, etc.*)
mundinovi *m* var. of **mundonuevo**
mundo *m* world; Saratoga trunk; savoir-vivre; (coll.) flock; (bot.) guelder-rose, snowball; **así va el mundo** so it goes; **correr mundo** to travel, go traveling; **desde que el mundo es mundo** (coll.) since the world began; **echar al mundo** to bring into the world; to bring forth, to create; **echarse al mundo** to debauch oneself; to become a prostitute; **el otro mundo** the other world (*future life*); **gran mundo** high society; **medio mundo** (coll.) half the world (*a lot of people*); **morir para el mundo** to give up the world, to go into seclusion; **Nuevo Mundo** New World; **tener mundo** or **mucho mundo** (coll.) to be experienced, be sophisticated; **todo el mundo** everybody; **ver mundo** to travel, to see the world; **mundo elegante** society, high society; **Mundo novísimo** Oceania
mundología *f* worldly experience, worldliness
mundonuevo *m* peep show, portable cosmorama
munición *f* munition, ammunition; supplies; load, charge (*of a gun*); buckshot; **de munición** (mil.) G.I., government issue; (coll.) done hurriedly; **municiones de boca** (mil.) food, provisions; **municiones de guerra** (mil.) war supplies; **munición menuda** bird shot
municionamiento *m* military supplies, ordnance stores
municionar *va* to munition, to supply with ammunition
municionero -ra *mf* supplier; *f* pouch for shot
municipal *adj* municipal; *m* policeman
municipalidad *f* municipality
municipalización *f* municipalization
municipalizar §76 *va* to municipalize
munícipe *m* citizen; councilman
municipio *m* municipality; council, town council
munidad *f* susceptibility (*to infection*)
munificencia *f* munificence
munificente or **munífico -ca** *adj* munificent
muniquense or **muniqués -quesa** *adj* (pertaining to) Munich; *mf* native or inhabitant of Munich
munitoria *f* art of fortification
muñeca *f* (anat.) wrist; doll; (coll.) doll (*tiny woman; pretty but silly girl*); manikin, dress form; stone marker; pounce bag; tea bag; (mach.) puppet; **menear las muñecas** (coll.) to hustle at a job; **muñeca de trapo** rag baby, rag doll; **muñeca parlante** talking doll
muñeco *m* doll (*toy puppet representing a male child or small animal*); puppet, manikin, dummy; effeminate fellow; (coll.) lad, little fellow; (fig.) puppet; **tener muñecos en la cabeza** to have an exaggerated opinion of oneself, to build castles in Spain
muñequear *vn* to fence from the wrist
muñequera *f* bracelet or strap (*for wrist watch*)
muñequería *f* (coll.) overdressing, exaggerated finery; (coll.) flock of youngsters
muñequilla *f* rubbing or polishing rag or bag; (mach.) pin; (mach.) chuck; (Am.) young ear of corn
muñidor *m* beadle; heeler, henchman; author, maker
muñir §25 *va* to summon; (pol.) to fix, to rig
muñón *m* stump (*of amputated limb*); (arti.) trunnion; (carp.) dowel; (mach.) gudgeon, journal; **muñón de dirección** (aut.) steering knuckle
muñonera *f* (arti.) trunnion plate; journal box, bearing
muradal *m* var. of **muladar**
murajes *mpl* (bot.) pimpernel
mural *adj* mural
muralla *f* wall, rampart; **Gran muralla** or **muralla de la China** Chinese Wall
murallón *m* large wall, heavy wall
murar *va* to wall, surround with a wall
murceguillo or **murciégalo** *m* var. of **murciélago**
murciélago *m* (zool.) bat; (ichth.) gurnard
murecillo *m* (anat.) muscle
murena *f* (ichth.) moray
murga *f* foul-smelling juice coming from a heap of olives; (coll.) band of street musicians; (coll.) tin-pan band; **dar murga a** (coll.) to bother, annoy
murgón *m* (ichth.) samlet, parr
múrgula *f* (bot.) morel
muriático -ca *adj* muriatic
muriato *m* (chem.) muriate
múrice *m* (zool.) murex; (poet.) murex, purple
muriente *adj* dying; faint (*e.g., light*)
murino -na *adj* & *m* (zool.) murine
murmujear *va* & *vn* (coll.) to murmur
murmullar *vn* to murmur
murmullo *m* murmur; whisper; ripple; rustle; (med.) murmur (*e.g., of heart*)
murmuración *f* gossip, gossiping
murmurador -dora *adj* murmuring; gossiping; *mf* murmurer; gossip
murmurante *adj* murmuring, rippling
murmurar *va* to murmur, to mutter; to murmur at; *vn* to murmur, to mutter; to whisper; to purl, to ripple; to rustle; (coll.) to gossip
murmureo *m* murmuring sound
murmurio *m* murmur; ripple; rustle
muro *m* wall; rampart; **muro de contención** dam; **muro de los lamentos** Wailing Wall; **muro supersónico** sonic barrier
murria *f* see **murrio**
múrrino -na *adj* murrhine
murrio -rria *adj* sad, dejected, sullen, morose; *f* (coll.) sadness, dejection, sullenness
murta *f* (bot.) myrtle; myrtle berry
murtal *m* or **murtela** *f* growth of myrtles
murtón *m* myrtle berry
murucuyá *f* (*pl:* **-yaes**) (bot.) passionflower
murueco *m* var. of **morueco**
musa *f* muse; (*cap.*) *f* (myth.) Muse; **soplarle a uno la musa** (coll.) to be inspired to write verse; (coll.) to be lucky at gambling
musáceo -a *adj* (bot.) musaceous
musaraña *f* (zool.) shrew, shrewmouse; bug, worm; floating speck in the eye; (coll.) misshapen figure; **mirar a las musarañas** (coll.) to stare vacantly; **pensar en las musarañas** (coll.) to be absent-minded; **musaraña de agua** (zool.) water shrew
muscardina *f* (zool.) muscardine
muscaria *f* (orn.) flycatcher
muscarina *f* (chem.) muscarine
muscícapa *f* var. of **muscaria**
muscínea *f* (bot.) bryophyte
musco -ca *adj* dark-brown; *m* (bot.) moss
muscular *adj* muscular
musculatura *f* musculature; muscularity
músculo *m* (anat.) muscle; (zool.) finback, razorback
musculoso -sa *adj* muscular
muselina *f* muslin
museo *m* museum; **museo de cera** waxworks
muserola *f* noseband
musgaño *m* (zool.) white-toothed shrew

musgo -ga *adj* dark-brown; *m* (bot.) moss; **musgo de Irlanda** (bot.) Irish moss; **musgo de Islandia** (bot.) Iceland moss; **musgo de roble** (bot.) oak moss; **musgo marino** (bot.) coralline; **musgo terrestre** (bot.) club moss
musgoso -sa *adj* mossy; moss-covered
música *f* see **músico**
musical *adj* musical
musicalidad *f* musicianship
music-hall *m* cabaret, burlesque show
músico -ca *adj* musical; *mf* musician; **músico mayor** bandmaster; *f* music; band; (coll.) noise, racket; **con buena música se viene** (coll.) that's a fine how-de-do; **con la música a otra parte** (coll.) get out, don't bother me; **música celestial** (coll.) nonsense, moonshine, piffle; **música clásica** classical music; **música coreada** choral music; **música de baile** dance music; **música de cámara** chamber music; **música de campanas** chimes; **música de danza** dance music; **música de fondo** background music; **música de iglesia** church music; **música de programa** program music; **música de salón** chamber music; **música instrumental** instrumental music; **música mundana** music of the spheres; **música negra** jazz music; **música popular** popular music; **música rítmica** music of stringed instruments; **música sacra** or **sagrada** sacred music; **música vocal** vocal music
musicógrafo -fa *mf* musicographer
musicología *f* musicology
musicológico -ca *adj* musicological
musicólogo -ga *mf* musicologist
musiquero *m* music cabinet
musitar *va & vn* to mumble, whisper
musivo *adj masc* mosaic (*gold*)
muslera *f* (arm.) cuisse or cuish
muslim or **muslime** *adj & mf* Moslem, Muslem or Muslim
muslímico -ca *adj* Moslemic, Mussulmanic
muslo *m* (anat.) thigh; drumstick (*of cooked chicken, turkey, etc.*)
musmón *m* (zool.) mouflon
musola *f* (ichth.) smooth hound
musquerola *f* var. of **mosquerola**
mustaco *m* cake made with must
mustango *m* (Am.) mustang
mustela *f* (ichth.) dog shark (*Mustelus vulgaris*); (zool.) weasel
mustio -tia *adj.* sad, gloomy; withered; (Am.) hypocritical
musulmán -mana *adj & mf* Mussulman
muta *f* pack of hounds
mutabilidad *f* mutability
mutación *f* mutation; change of weather, unsettled weather; (theat.) change of scene; (biol. & phonet.) mutation
mutacional *adj* mutational
mutante *m* (biol.) mutant
mutarrotación *f* (chem.) mutarotation
mutilación *f* mutilation
mutilado -da *adj* crippled; *mf* cripple; **mutilado de guerra** war cripple
mutilador -dora *adj* mutilating; *mf* mutilator
mutilar *va* to mutilate; to cripple
mútilo -la *adj* mutilated, armless; incomplete
mutis *m* (theat.) exit; **hacer mutis** (theat.) to exit; to say nothing, to keep quiet
mutismo *m* mutism; silence
mutual *adj* mutual
mutualidad *f* mutuality; mutual aid; mutual benefit society
mutualismo *m* mutualism
mutualista *adj* mutualistic; mutual-benefit-society; *mf* mutualist; member of a mutual benefit society
mutuante *mf* lender
mutuario -ria or **mutuatario -ria** *mf* borrower
mútulo *m* (arch.) mutule
mutuo -tua *adj* mutual; *m* (law) mutuum
muy *adv* very; very much, frequently; too, e.g., **está muy ocupado para poder dedicarse a los deportes** he is too busy to be able to devote himself to sports; very much of a, e.g., **muy mujer** very much of a woman; **muy de noche** late at night; **muy señor mío** Dear Sir
muz *m* (*pl:* **muces**) (naut.) upper extremity of cutwater
muza *f* see **muzo**
muzárabe *adj & mf* var. of **mozárabe**
muzo -za *adj* dead-smooth; *f* dead-smooth file

N

N, n *f* sixteenth letter of the Spanish alphabet; (*l.c.*) *f* (alg.) n (*indefinite number*)
n. abr. of **nacido & noche**
n/ abr. of **nuestro**
N. abr. of **Norte**
naba *f* (bot.) rape, cole
nabab *m* or **nababo** *m* nabob
nabal or **nabar** *adj* (pertaining to the) turnip; *m* turnip field
nabería *f* heap of turnips; turnip soup; turnip stand (*e.g., in a market*)
nabí *m* (*pl:* **-bíes**) Moorish prophet
nabicol *m* (bot.) turnip
nabina *f* rapeseed, turnip seed
nabiza *f* rape rootlets; rape oil; **nabizas** *fpl* turnip greens, turnip leaves
nabo *m* (bot.) turnip (*plant and root*); newel (*of winding stairs*); (naut.) mast; root of tail (*of quadrupeds*); **tener la cabeza más pelada que un nabo** to be as bald as a billiard ball; **nabo del diablo** (bot.) water fennel, water dropwort; **nabo de Suecia** (bot.) Swedish turnip; **nabo gallego, gordo** or **redondo** (bot.) rape, cole
Nabot *m* (Bib.) Naboth
Nabucodonosor *m* (Bib.) Nebuchadnezzar
nácar *m* mother-of-pearl, nacre
nácara *f* (Am.) kettle-drum
nacarado -da *adj* mother-of-pearl (*in material or appearance*)
nacáreo -a or **nacarino -na** *adj* mother-of-pearl (*in nature or appearance*)
nacatamal *m* (Am.) meat-filled tamale
nacela *f* (aer.) nacelle; (arch.) scotia; (anat.) fossa navicularis
nacencia *f* growth, tumor
nacer §34 *vn* to be born; to bud, to begin to grow; to arise, take rise, originate, spring up, appear; to dawn; *vr* to bud, to shoot; to split (*said of seams*)
nacido -da *adj* natural, innate; apt, proper, fit; **bien nacido** of noble birth; **mal nacido** lowborn; **nacida** *adj fem* née or nee; *m* human being, offspring; growth, boil
naciente *adj* nascent; incipient, recent; resurgent; rising (*sun*); (chem.) nascent; *m* east; **nacientes** *fpl* source, headwaters
nacimiento *m* birth; origin, growth, beginning; lineage, descent; crèche (*Nativity scene*); spring (*of water*); **de nacimiento** from birth
nación *f* nation; **de nación** by birth; from birth; **la nación más favorecida** (dipl.) most favored nation; **naciones del Eje** Axis nations; **Naciones Unidas** United Nations; **nación miembro** (*pl:* **naciones miembros**) member nation
nacional *adj* national; domestic (*product*); *mf* national; *m* militiaman
nacionalidad *f* nationality
nacionalismo *m* nationalism
nacionalista *adj* nationalist, nationalistic; *mf* nationalist
nacionalización *f* nationalization
nacionalizar §76 *va* to nationalize; to naturalize
nacionalsocialismo *m* National Socialism
nacionalsocialista *adj & mf* National Socialist
nacista *adj & mf* Nazi
naco *m* (Am.) rolled leaf of tobacco
nacrita *f* (mineral.) kaolinite
nacho -cha *adj* snub-nosed
nada *f* nothingness; *pron indef* nothing, not anything; very little; **de nada** don't mention it, you're welcome; **en nada** almost; *adv* not at all; well then; **nada más** only; **nada menos que** not less than
nadada *f* (Am.) swim
nadaderas *fpl* water bladder, water wings
nadadero *m* swimming place
nadador -dora *adj* swimming, floating; *mf* swimmer; *m* (Am.) float (*to hold up fishing nets*)
nadar *vn* to swim; to float; to fit loosely or too loosely; **nadar en** to revel in; **nadar en riqueza** to be rolling in wealth; **nadar en suspiros** to be full of sighs; **nadar entre dos aguas** to swim under water, to float under the surface; to carry water on both shoulders
nadear *va* to destroy, wipe out
nadería *f* trifle
nadie *m* nobody (*person of no importance*); **ser un don nadie** (coll.) to be a nonentity; *pron indef* nobody, not anybody, no one
nadir *m* (astr. & fig.) nadir
nado; a nado swimming, floating; **pasar a nado** to swim across
nafa *f* orange flower
nafta *f* naphtha; (Am.) gasoline
Naftalí *m* (Bib.) Naphtali
naftaleno *m* or **naftalina** *f* (chem.) naphthalene or naphthaline
naftol *m* (chem.) naphthol
nagual *m* (Am.) sorcerer, wizard; (Am.) inseparable companion (*said of an animal*)
naguas *fpl* petticoat
Nahúm *m* (Bib.) Nahum
naife *m* diamond of the first water
naipe *m* playing card; deck of cards; **naipes** *mpl* cards (*game*); **cortar el naipe** to cut the cards; **darle a uno el naipe** (coll.) to have good luck, to be a lucky player; **darle a uno el naipe por** (coll.) to have a knack for, e.g., **no le da el naipe por el tenis** he does not have a knack for tennis; **jugar a los naipes** to play cards; **pandillar el naipe** (slang) to stack the cards; **tener buen naipe** to be lucky (*in gambling*); **tener mal naipe** to be unlucky (*in gambling*); **naipe de figura** face card
naipesco -ca *adj* card, pertaining to cards
naire *m* mahout, elephant keeper
naja *f* (zool.) naja; **salir de naja** (slang) to scram, to beat it
nalga *f* buttock, rump
nalgada *f* shoulder, ham; blow on the buttocks, blow with the buttocks
nalgar *adj* gluteal, pertaining to the buttocks
nalgatorio *m* (coll.) posterior, buttocks
nalgudo -da *adj* with a big posterior
nana *f* (coll.) grandma; (Am.) child's nurse; lullaby, cradlesong
nanear *vn* to waddle
nanquín *m* nankeen or nankin
nansa *f* bow net, bag net; fish pond
nansú *m* nainsook
nao *f* ship, vessel
naonato -ta *adj* born on shipboard
napa *f* (Am.) sheet of underground water
napea *f* (myth.) wood nymph
napelo *m* (bot.) monkshood, wolf's-bane
Napoleón *m* Napoleon; (*l.c.*) *m* napoleon (*coin*)
napoleónico -ca *adj* Napoleonic
Nápoles *f* Naples
napolitano -na *adj* Neapolitan; *mf* Neapolitan (*person*); *m* Neapolitan (*dialect*)
naque *m* pair of strolling comedians
naranja *f* orange; **media naranja** (arch.) cupola; (coll.) sidekick; (coll.) better half; **naranja cajel** Seville or sour orange; **naranja de ombligo** navel orange; **naranja mandarina** mandarin orange; **naranja roja** or **sanguínea** blood orange; **naranja tangerina** tangerine

naranjado -da *adj* orange, orange-colored; *f* orangeade; orange juice; orange marmalade; coarse act or remark, vulgarity
naranjal *m* orange grove
naranjero -ra *adj* orange; orange-sized; *mf* orange vender; *m* (prov.) orange tree
naranjilla *f* green orange for preserving
naranjo *m* (bot.) orange tree; (coll.) boob
Narbona *f* Narbonne
narbonense or **narbonés -nesa** *adj* (pertaining to) Narbonne; *mf* native or inhabitant of Narbonne
narceína *f* (chem.) narceine
narcisismo *m* (psychoanal.) narcissism
narciso *m* (bot.) narcissus; fop, dandy; (*cap.*) *m* (myth.) Narcissus; **narciso trompón** (bot.) daffodil
narcosis *f* narcosis
narcótico -ca *adj & m* narcotic
narcotina *f* (chem.) narcotine
narcotismo *m* narcotism
narcotizar §76 *va* to narcotize, to dope
nardo *m* (bot. & pharm.) nard; (bot.) tuberose; spikenard (*of the ancients*); **nardo marítimo** (bot.) sea daffodil
narguile *m* hookah, narghile
narigada *f* (Am.) pinch of snuff
narigón -gona *adj* big-nosed; *mf* big-nosed person; *m* big nose
narigudo -da *adj* big-nosed; nose-shaped; *mf* big-nosed person
nariguera *f* nose ring
nariz *f* (*pl:* **-rices**) nose; nostril; sense of smell; bouquet (*of wine*); **hablar por las narices** to talk through the nose; **sonarse las narices** to blow one's nose; **tabicarse las narices** to hold one's nose; **tener agarrado por las narices** to lead by the nose; **nariz aguileña** aquiline nose; **nariz helénica** Grecian nose
narizón -zona *adj* (coll.) big-nosed
narizota *f* big ugly nose
narrable *adj* narratable
narración *f* narration
narrador -dora *adj* narrating; *mf* narrator
narrar *va* to narrate
narrativo -va *adj* narrative; *f* narrative (*story; skill in storytelling*)
narria *f* sled, sledge; drag (*sledge for conveying heavy bodies*); (coll.) big heavy woman
narval *m* (zool.) narwhal
N.ª S.ª abr. of **Nuestra Señora**
nasa *f* bow net, bag net; fish basket; bread basket; flour box
nasal *adj & f* nasal
nasalidad *f* nasality
nasalización *f* nasalization
nasalizar §76 *va* to nasalize
nasardo *m* (mus.) nasard
nasica *f* (zool.) proboscis monkey
naso *m* (coll.) big nose
nástico -ca *adj* (plant physiol.) nastic
nata *f* see **nato**
natación *f* swimming
natal *adj* natal; native; *m* birth; birthday
natalicio -cia *adj* natal; *m* birthday; birth
natalidad *f* natality, birth rate; **natalidad dirigida** planned parenthood
Natán *m* (Bib.) Nathan
Natanael *m* (Bib.) Nathanael
natátil *adj* natant; (bot.) natant, aquatic
natatorio -ria *adj* natatorial
naterón *m* cottage cheese
natillas *fpl* custard
natío -a *adj* natural, native; *m* birth; nature; **de su natío** naturally
natividad *f* birth, nativity; Christmas; Nativity (*festival commemorating birth of Christ, the Virgin Mary, or John the Baptist*)
nativo -va *adj* native; natural; natural-born; innate
nato -ta *adj* born, e.g., **criminal nato** born criminal; *f* cream; élite, best part; skim, scum; **natas** *fpl* whipped cream with sugar; **nata y flor** cream (*e.g., of society*)
natrolita *f* (mineral.) natrolite
natrón *m* (mineral.) natron
natura *f* genital organs; (archaic) nature
natural *adj* natural; native; (mus.) natural; *mf* native; *m* temper, disposition, nature; **al natural** au naturel; rough, unfinished; live (*e.g., program*); **del natural** (f.a.) from life, from nature
naturaleza *f* nature; nationality; genitals, female genitals; temperament, disposition; **segunda naturaleza** second nature; **naturaleza muerta** (f.a.) still life
naturalidad *f* naturalness; nationality
naturalismo *m* naturalism
naturalista *adj* naturalist, naturalistic; *mf* naturalist
naturalización *f* naturalization
naturalizar §76 *va* to naturalize; *vr* to become naturalized; to naturalize (*to live like the natives in a foreign country*)
naturalmente *adv* naturally; of course
naturopatía *f* naturopathy
naufragar §59 *vn* to be wrecked, to sink, to be shipwrecked; to fail
naufragio *m* shipwreck; failure, ruin
náufrago -ga *adj* shipwrecked; *mf* shipwrecked person; *m* (ichth.) shark
náusea *f* nausea, sickness, disgust; **dar náuseas a** to sicken, to disgust; **tener náuseas** to be nauseated, to be sick at one's stomach
nauseabundo -da *adj* nauseous, nauseating, loathsome, sickening
nauseado -da *adj* nauseated, sick
nausear *vn* to nauseate, to sicken, to become disgusted
nauseativo -va or **nauseoso -sa** *adj* var. of **nauseabundo**
Nausica or **Nausícaa** *f* (myth.) Nausicaä
nauta *m* mariner, sailor
náutico -ca *adj* nautical; *f* nautics
nautilo *m* (zool.) nautilus
nava *f* hollow plain between mountains
navacero -ra *mf* gardener in sandy marshland
navaja *f* folding knife; razor; tusk of wild boar; pocketknife, penknife; (zool.) razor clam; (coll.) evil tongue; **navaja de afeitar** razor; **navaja de injertar** grafter, grafting knife, grafting instrument; **navaja de seguridad** safety razor
navajada *f* or **navajazo** *m* slash, gash (*made with folding knife or razor*)
navajero *m* razor case; cloth for cleaning razor; cup for cleaning razor; knife wielder; razor wielder
navajo *m* pool of rain water
naval *adj* nautical; naval; **naval militar** naval
navarro -rra *adj & mf* Navarrese; *m* Navarrese (*dialect*); (*cap.*) *f* Navarre
navazo *m* pool of rain water; garden in sandy marshland
nave *f* ship, vessel; aisle (*of a shop, factory, store, etc.*); commercial ground floor; hall, shed, bay, building; **quemar las naves** to burn one's boats; **nave central** (arch.) nave; **nave del desierto** ship of the desert (*camel*); **Nave de San Pedro** Roman Catholic Church; **nave lateral** (arch.) aisle (*of nave*); **nave principal** (arch.) nave
navecilla *f* small ship; (eccl.) navicula (*censer*)
navegabilidad *f* navigability
navegable *adj* navigable (*said of a river, canal, etc.*)
navegación *f* navigation; sea voyage; **navegación a vela** sailing
navegador -dora or **navegante** *adj* navigating; *mf* navigator
navegar §59 *va* to navigate, to sail; *vn* to navigate, to sail; to move about
navegatorio -ria *adj* navigational
navel *f* (*pl:* **-vels**) navel orange
naveta *f* small ship; (eccl.) navicula (*censer*); small drawer
navícula *f* small ship; (bot.) navicula
navicular *adj* navicular, boat-shaped; *m* (anat.) navicular
Navidad *f* Christmas; Christmas time; **contar** or **tener muchas Navidades** to be pretty old; **¡Felices Navidades!** Merry Christmas!
navidal *m* Christmas card
navideño -ña *adj* Christmas, of Christmas
naviero -ra *adj* ship, shipping; *m* shipowner; outfitter

navío *m* ship, vessel; **Navío Argo** (astr.) Argo Navis; **navío de alto bordo** ship of the line; **navío de guerra** warship, ship of war; **navío de línea** ship of the line
náyade *f* (myth.) naiad
nazareno -na *adj* Nazarene; *mf* Nazarene; *m* penitent in Passion Week processions; **el Nazareno** or **el Divino Nazareno** the Nazarene
nazareo -a *adj & mf* Nazarene
Nazaret Nazareth
nazi *adj & mf* Nazi
nazificar §86 *va* to Nazify
nazismo *m* Nazism or Naziism
názula *f* cottage cheese
N.B. abr. of **nota bene**
nébeda *f* (bot.) catnip, catmint
nebí *m* (*pl:* **-bíes**) var. of **neblí**
nebladura *f* (agr.) damage from fog; (vet.) gid
neblí *m* (*pl:* **-blíes**) (orn.) stone falcon, merlin (*Falco aesalon*)
neblina *f* fog, mist
neblinoso -sa *adj* foggy, misty
nebreda *f* juniper plantation
nebrina *f* juniper berry
nebrisense *adj* pertaining to Lebrija; *mf* native or inhabitant of Lebrija
nebular *adj* (astr.) nebular
nebulización *f* nebulization
nebulizar §76 *va & vn* to nebulize
nebulón *m* scheming hypocrite
nebulosa *f* see **nebuloso**
nebulosidad *f* nebulosity, nebulousness; cloudiness; cloud, shadow; gloominess, sullenness
nebuloso -sa *adj* nebulous, cloudy, misty, hazy, vague; gloomy, sullen; (astr.) nebulous, nebular; *f* (astr.) nebula; **nebulosa espiral** (astr.) spiral nebula
necear *vn* to talk nonsense; to foolishly persist
necedad *f* foolishness, stupidity, folly
necesario -ria *adj* necessary: *f* water closet, privy
neceser *m* toilet case; sewing kit; **neceser de belleza** vanity, vanity case; **neceser de costura** workbasket
necesidad *f* necessity; need, want, starvation; urination, defecation; **de** or **por necesidad** of necessity
necesitado -da *adj* necessitous, poor, needy; **estar necesitado de** to be in need of; *mf* poor or needy person
necesitar *va* to require, necessitate; to need; **necesitar** + *inf* to have to, to need to + *inf; vn* to be in need; **necesitar de** to need, be in need of; *vr* to be needed, be necessary
necio -cia *adj* foolish, stupid, crazy; unwise, rash; stubborn, bullheaded; (Am.) touchy; *mf* fool; bullheaded person
necrocomio *m* morgue
necrología *f* necrology
necromancia or **necromancía** *f* necromancy
necromántico -ca necromantic; *m* necromancer
necrópolis *f* (*pl:* **-lis**) necropolis
necropsia or **necroscopia** *f* var. of **autopsia**
necrosis *f* (*pl:* **-sis**) (path. & bot.) necrosis
néctar *m* (myth., bot. & fig.) nectar
nectáreo -a *adj* nectareous
nectarino -na *adj* nectarine; *f* (orn.) honey creeper
nectario *m* (bot.) nectary
necturo *m* (zool.) mud puppy
neerlandés -desa *adj* Netherlandish, Dutch; *mf* Netherlander; *m* Dutchman; Netherlandish or Dutch (*language*); *f* Dutchwoman
nefando -da *adj* infamous, abominable
nefario -ria *adj* nefarious, heinous
nefasto -ta *adj* ominous, fatal, tragic
nefoscopio *m* nephoscope
nefralgia *f* (path.) nephralgia
nefrectomía *f* (surg.) nephrectomy
nefridio *m* (embryol.) nephridium
nefrita *f* (mineral.) nephrite
nefrítico -ca *adj* nephritic
nefritis *f* (path.) nephritis
nefrolito *m* (path.) nephrolith
nefrotomía *f* (surg.) nephrotomy
negable *adj* deniable
negación *f* negation; denial; refusal
negado -da *adj* unfit, incompetent; dull, indifferent
negador -dora *adj* denying; refusing; *mf* denier; refuser
negar §29 *va* to deny; to refuse; to prohibit; to disown, disclaim; to conceal; **negar haber** + *pp* to deny having + *pp; vn* to deny; (Am.) to misfire (*said of firearms*); *vr* to avoid; to refuse; to deny oneself to callers; **negarse a** to refuse (*something*); **negarse a** + *inf* to refuse to + *inf;* **negarse a sí mismo** to deny oneself, to practice self-denial
negativa *f* see **negativo**
negativismo *m* negativism
negativo -va *adj* negative; *m* (phot.) negative; *f* negative; denial; refusal; (phot.) negative
negatrón *m* (chem.) negatron
negligencia *f* negligence
negligente *adj* negligent
negociabilidad *f* negotiability
negociable *adj* negotiable
negociación *f* negotiation; matter, subject
negociado *m* department, bureau; business, affair
negociador -dora *adj* negotiating; *mf* negotiator
negociante *m* dealer, trader, businessman
negociar *va* to negotiate; to dicker for; *vn* to negotiate, to trade, to deal
negocio *m* business; affair, transaction, deal; job, work; profit; (Am.) store; (Am.) kitchen; **evacuar un negocio** to conclude a deal; **hacer su negocio** to look out for oneself
negocioso -sa *adj* businesslike
negondo *m* (bot.) box elder
negra *f* see **negro**
negral *adj* blackish
negrear *vn* to turn black, to be blackish
negrecer §34 *vn* to become black
negrería *f* Negroes, group of Negroes
negrero -ra *adj* slave-trading; (fig.) slave-driving; *mf* slave trader, slave driver; (fig.) slave driver; (Am.) friend of Negroes; *m* slave-trading vessel
negreta *f* (orn.) black scoter; (print.) boldface
negrilla *f* (zool.) black conger eel; (print.) boldface; (plant path.) fumagine
negrillera *f* plantation of elms, elm grove
negrillo *m* (bot.) elm tree; (prov.) blight; (Am.) black silver ore; (Am.) linnet
negrito -ta *mf* Negrito (*member of certain dwarfish Negroid peoples*); *f* (print.) blackface
negro -gra *adj* black; dark; gloomy, dismal; unhappy, fatal, evil, wicked; Negro; (coll.) broke, without means; **pasar las negras** (coll.) to be having a terrible time; *mf* (Am.) dear, darling; *m* black (*color, person*); **negro animal** boneblack; **negro de humo** lampblack; **negro de marfil** ivory black; **negro de platino** platinum black; *f* black (*woman or girl*); (mus.) quarter note; (Am.) honey, sweetheart
negroide or **negroideo -a** *adj* Negroid
negror *m* or **negrura** *f* blackness
negruzco -ca *adj* blackish, dark
neguijón *m* caries, tooth decay
neguilla *f* (bot.) corn cockle; corn cockle seed; (bot.) love-in-a-mist; age mark (*in horse's mouth*); cunning, rascality
neguillón *m* (bot.) corn cockle
negundo *m* (bot.) box elder
Negus *m* (*pl:* **-gus**) Negus (*emperor of Ethiopia*)
Nehemías *m* (Bib.) Nehemiah
neis *m* (geol.) gneiss
nelumbio *m* (bot.) nelumbo
nema *f* seal (*of a letter*)
nematelminto *m* (zool.) nemathelminth
nematocisto *m* (bot.) nematocyst
nematoda *m* (zool.) nematode
neme *m* (Am.) asphalt
nemeo -a *adj* Nemean
Némesis *f* (myth.) Nemesis
nemoroso -sa *adj* woody; sylvan; leafy
Nemrod *m* (Bib. & fig.) Nimrod
nena *f* (coll.) baby (*girl*)
nene *m* (coll.) baby (*boy*); villain
neneque *mf* (Am.) wretch, weakling
nenúfar *m* (bot.) white water lily; **nenúfar amarillo** (bot.) spatterdock, yellow water lily

neo *m* (chem.) neon
neocatolicismo *m* Neo-Catholicism
neocatólico -ca *adj & mf* Neo-Catholic
neocelandés -desa *adj* New Zealand; *mf* New Zealander
neoclasicismo *m* neoclassicism
neoclásico -ca *adj* neoclassic; *mf* neoclassicist
neodimio *m* (chem.) neodymium
neoescocés -cesa *adj & mf* Nova Scotian
neoescolasticismo *m* Neo-Scholasticism
neófito -ta *mf* neophyte
neofobia *f* aversion to the new
neogranadino -na *adj* pertaining to New Granada (*formerly Colombia and Panama*); *mf* native or inhabitant of New Granada
neoguineano -na *adj & mf* New Guinean
neoiterbio *m* (chem.) neoytterbium
neolatino -na *adj* Neo-Latin
neolítico -ca *adj* neolithic
neología *f* neology
neologismo *m* neologism
neologista or **neólogo -ga** *mf* neologist
neomejicano -na *adj & mf* New Mexican
neomenia *f* new moon; first day of the new moon
neomicina *f* (pharm.) neomycin
neón *m* (chem.) neon
neoplasia *f* or **neoplasma** *m* (path.) neoplasm
neoplatonicismo *m* Neo-Platonism
neopreno *m* neoprene
neosalvarsán *m* neosalvarsan
neotenia *f* (biol.) neoteny
neotomismo *m* Neo-Thomism
neoyorquino -na *adj* New York; *mf* New Yorker
neozoico -ca *adj* Neozoic
Nepal, el Nepal
nepalés -lesa *adj & mf* Nepalese; *m* Nepali (*language*)
nepalí *m* Nepali (*language*)
nepente *m* or **nepenta** *f* nepenthe (*magic potion*); (bot.) nepenthe
neperiano -na *adj* Napierian
nepote *m* relative and favorite of the Pope; (*cap.*) *m* Nepos
nepotismo *m* nepotism
neptúneo -a *adj* (poet.) Neptunian
neptúnico -ca *adj* (geol.) Neptunian
neptunio *m* (chem.) neptunium
Neptuno *m* (myth. & astr.) Neptune
nequicia *f* iniquity, perversity
nereida *f* (myth.) Nereid
Nereo *m* (myth.) Nereus
nerol *m* (chem.) nerol
Nerón *m* Nero
nervadura *f* nervation, ribbing; (bot. & ent.) nervure
nerval *adj* nerval
nérveo -a *adj* nerve, nerval
nerviación *f* nervation, nervure
nervino -na *adj & m* nervine
nervio *m* (anat. & bot.) nerve; rib (*of insect's wing*); (fig.) nerve (*physical and mental vigor*); string (*of musical instrument*); (arch.) rib in intrados of a vault; fillet (*rib in back of binding of a book*); (naut.) stay, span rope; **tener nervio** to be steadfast; **nervio auditivo** (anat.) auditory nerve; **nervio ciático** (anat.) sciatic nerve; **nervio medial** (bot.) midrib; **nervio olfativo** (anat.) olfactory nerve; **nervio óptico** (anat.) optic nerve
nerviosidad *f* nervosity; nervousness
nerviosismo *m* nervousness
nervioso -sa *adj* nervous; vigorous, energetic, sinewy; nerve (*tonic; tissue; disease*)
nervosidad *f* nervosity; flexibility, ductility; (bot.) nervation; potency (*of an argument*)
nervoso -sa *adj* var. of **nervioso**
nervudo -da *adj* strong-nerved, vigorous, energetic, sinewy
nervura *f* ribbing, backbone (*of book*); (bot.) nervation
nesciencia *f* nescience
nesga *f* (sew.) gore
nesgar §59 *va* to gore, to cut (*cloth*) on the bias
Neso *m* (myth.) Nessus
néspera *f* (bot.) medlar tree
Néstor *m* (myth.) Nestor
nestoriano -na *adj & mf* Nestorian
neto -ta *adj* pure, clean, neat; (com.) net; *m* (arch.) dado
neuma *m* (mus.) neume; *m & f* (rhet.) expression by nods, signs, or interjections
neumático -ca *adj* pneumatic; *m* tire, pneumatic tire; **neumático acordonado** cord tire; **neumático balón** balloon tire; **neumático de cordones** or **de cuerdas** cord tire; **neumático de recambio** or **de repuesto** spare tire; *f* pneumatics
neumococo *m* (bact.) pneumococcus
neumonía *f* (path.) pneumonia; **neumonía doble** (path.) double pneumonia
neumónico -ca *adj* pneumonic
neumotórax *m* (path. & med.) pneumothorax
neuralgia *f* (path.) neuralgia
neurastenia *f* (path.) neurasthenia
neurasténico -ca *adj & mf* neurasthenic
neurectomía *f* (surg.) neurectomy
neuritis *f* (path.) neuritis
neurocirugía *f* neurosurgery
neuroglia *f* (anat.) neuroglia
neurología *f* neurology
neurológico -ca *adj* neurological
neurólogo -ga *mf* neurologist
neurona *f* (anat.) neuron or neurone
neurópata *mf* neuropath
neuropatía *f* neuropathy
neuropático -ca *adj* neuropathic
neuropsiquiatría *f* neuropsychiatry
neuroquirúrgico -ca *adj* neurosurgical
neurosis *f* (*pl:* **-sis**) (path.) neurosis; **neurosis de ansiedad** (psychoanal.) anxiety neurosis; **neurosis de guerra** (path.) shell shock
neurótico -ca *adj & mf* neurotic
neutoniano -na or **neutónico -ca** *adj* Newtonian
neutral *adj & mf* neutral
neutralidad *f* neutrality
neutralismo *m* neutralism
neutralista *adj & mf* neutralist
neutralización *f* neutralization
neutralizar §76 *va* neutralize
neutrino *m* (phys.) neutrino
neutro -tra *adj* neuter; neutral (*e.g., in color*); (bot., chem., elec., phonet. & zool.) neutral; (gram.) neuter; (gram.) intransitive
neutrón *m* (phys.) neutron
nevada *f* see **nevado**
nevadilla *f* (bot.) whitlowwort
nevado -da *adj* snow-covered; snow-white; *f* snow, snowfall
nevar §18 *va* to make snow-white; *vn* to snow
nevasca *f* snowfall; snowstorm, blizzard
nevatilla *f* (orn.) wagtail
nevazo *m* snowfall
nevazón *f* (Am.) snowfall
nevera *f* see **nevero**
nevería *f* ice-cream parlor
nevero -ra *mf* ice dealer; ice-cream storekeeper; *m* place of perpetual snow; perpetual snow; *f* icebox, refrigerator; icehouse; **nevera eléctrica** electric refrigerator
nevisca *f* light snowfall, flurry; sleet
neviscar §86 *vn* to snow lightly; to sleet
nevoso -sa *adj* snowy
nexo *m* nexus; *adv* (slang) nix (*no*)
ni *conj* neither, nor; **ni . . . ni** neither . . . nor; **ni . . . siquiera** not even
niacina *f* (chem.) niacin
niara *f* straw rick
nibelungo *m* (myth.) Nibelung
Nicaragua *f* Nicaragua; (*l.c.*) *f* (bot.) balsam apple
nicaragüense or **nicaragüeño -ña** *adj & mf* Nicaraguan
Nicea *f* Nicaea
niceno -na *adj & mf* Nicene
Nicolás *m* Nicholas; **San Nicolás** Saint Nicholas; Santa Claus
nicotina *f* nicotine
nicotínico -ca *adj* nicotinic
nicromo *m* nichrome
nictalopía *f* nyctalopia
nicho *m* niche
nidada *f* nest (*of eggs*); brood, hatch
nidal *m* nest (*where hen lays eggs*); nest egg; haunt; source, basis, foundation
nidificar §86 *vn* to nest, to build a nest or nests

nido *m* nest; haunt; home; source; (fig.) nest (*of thieves, machine guns, etc.*); **caerse de un nido** (coll.) to be an easy mark; **de nido de abeja** honeycomb (*coil, radiator, etc.*)
niebla *f* fog, mist, haze; mildew; (fig.) fog, confusion; **hay niebla** it is foggy; **niebla artificial** smoke screen; **niebla meona** dripping fog
niel *m* niello
nielado *m* nielloing
nielar *va* to niello
nieto -ta *mf* grandchild; *m* grandson; **nietos** *mpl* grandchildren; *f* granddaughter
nietzscheano -na *adj & mf* Nietzschean
nietzschismo *m* Nietzscheism or Nietzscheanism
nieve *f* snow; (telv.) snow (*snowlike pattern*); (poet.) snow (*pure whiteness*); (slang) snow (*cocaine, heroin*); (Am.) water ice; **nieve carbónica** (chem.) carbon dioxide snow
Níger *m* Niger
Nigeria *f* Nigeria
nigola *f* (naut.) ratlin
nigromancia or **nigromancía** *f* necromancy
nigromante *m* necromancer
nigromántico -ca *adj* necromantic; *mf* necromancer
nigua *f* (ent.) chigoe, sand flea
nihilismo *m* nihilism
nihilista *adj* nihilistic; *mf* nihilist
Nilo *m* Nile; **Nilo Azul** Blue Nile
nilón *m* nylon
nimbar *va* to encircle with a halo
nimbo *m* nimbus, halo; (meteor.) nimbus
nimboso -sa *adj* cloudy, stormy, rainy
nimiamente *adv* excessively
nimiedad *f* excess, superfluity; fussiness, fastidiousness; trifle; (coll.) timidity
nimio -mia *adj* excessive; fussy, fastidious; stingy; small, negligible, worthless; (coll.) timid
ninfa *f* (myth., ent. & fig.) nymph; **ninfa marina** mermaid (*expert woman swimmer*)
ninfea *f* (bot.) white water lily
ninfo *m* (coll.) fop, dandy
ninfomanía *f* (path.) nymphomania
ningún *adj indef* apocopated form of **ninguno,** used only before masculine singular nouns and adjectives
ninguno -na *adj indef* no, not any; **de ninguna manera** by no means; *pron indef masc & fem* none, not any; neither, e.g., **ninguna de estas dos formas** neither of these forms; **ninguno** *pron indef* nobody, no one
Nínive *f* Nineveh
ninivita *adj* Ninevitical or Ninevitish; *mf* Ninevite
niña *f* see **niño**
niñada *f* childishness
niñato *m* unborn calf (*of butchered cow*)
niñear *vn* to act like a child
niñera *f* see **niñero**
niñería *f* childishness; trifle
niñero -ra *adj* child-loving, fond of children; *mf* dandler; *f* nursemaid, dry nurse
niñeta *f* pupil (*of the eye*)
niñez *f* childhood; childishness; (fig.) infancy; **segunda niñez** second childhood
niño -ña *adj* young, inexperienced; childlike, childish; *mf* child; **desde niño** from childhood; **niño azul** blue baby; **niño de la piedra** foundling; **niño expósito** foundling; **niño prodigio** infant prodigy; **niño travieso** imp; *m* child, boy; **niño bonito** fop, dandy, playboy; **niño de coro** (eccl.) choirboy; **niño de la bola** child Jesus, bambino; (coll.) lucky fellow; **niño de teta** suckling, babe in arms; **niño explorador** boy scout; **niño Jesús** child Jesus; bambino (*image of baby Jesus*); **niño gótico** fop, dandy, playboy; **niño zangolotino** (coll.) grown boy who passes as a child; *f* child, girl; (anat.) pupil (*of the eye*); **niña exploradora** girl scout; **niña del ojo** (coll.) apple of one's eye
Níobe *f* (myth.) Niobe
niobio *m* (chem.) niobium
nipa *f* (bot.) nipa palm
nipón -pona *adj & mf* Nipponese
níquel *m* (chem.) nickel
niquelado *m* or **niqueladura** *f* nickel plate
niquelar *va* to nickel-plate
niquelina *f* (mineral.) niccolite
niquiscocio *m* (coll.) trifle
nirvana, el nirvana or Nirvana
níscalo *m* (bot.) var. of **mízcalo**
níspero *m* (bot.) medlar (*tree and fruit*); (bot.) sapodilla; **níspero del Canadá** (bot.) shadberry, shadbush; **níspero del Japón** (bot.) loquat
níspola *f* medlar (*fruit*)
nistagmo *m* (path.) nystagmus
nitidez *f* brightness, clearness; sharpness
nítido -da *adj* bright, clear; sharp (*said of a photograph*)
nitón *m* (chem.) niton
nitración *f* (chem.) nitration
nitral *m* niter or saltpeter bed
nitrar *va* to nitrate, to nitrify
nitrato *m* (chem.) nitrate; **nitrato amónico** (chem.) ammonium nitrate; **nitrato de Chile** Chile saltpeter; **nitrato de plata** (chem.) silver nitrate; **nitrato de potasio** (chem.) potassium nitrate
nitrería *f* saltpeter works
nítrico -ca *adj* (chem.) nitric
nitrificación *f* nitrification
nitrificar §86 *va* to nitrify
nitrilo *m* (chem.) nitrile
nitrito *m* (chem.) nitrite
nitro *m* saltpeter, niter (*potassium nitrate*); **nitro de Chile** saltpeter, niter, Chile saltpeter (*sodium nitrate*)
nitrobacterias *fpl* (agr.) nitrobacteria
nitrobenceno *m* or **nitrobencina** *f* (chem.) nitrobenzene
nitrocal *f* nitrolime
nitrocelulosa *f* nitrocellulose
nitrogenado -da *adj* nitrogenous
nitrógeno *m* (chem.) nitrogen
nitroglicerina *f* nitroglycerine
nitrólico -ca *adj* (chem.) nitrolic
nitrómetro *m* nitrometer
nitrosilo *m* (chem.) nitrosyl
nitroso -sa *adj* (chem.) nitrous
nitruro *m* (chem.) nitride
nivel *m* level; **a nivel** at grade; **estar a un nivel** to be on the same footing; **nivel de aire** or **de burbuja** spirit level; **nivel del mar** sea level; **nivel de vida** standard of living
nivelación *f* leveling
nivelada *f* (surv.) sight
nivelador -dora *adj* leveling; *mf* leveler; *f* grader, road scraper
nivelar *va* to level; to even, to make even; to grade; to take the level of, to survey; to balance (*the budget*); *vr* to become level
níveo -a *adj* (poet.) snowy
nivoso -sa *adj* snowy
nixtamal *m* (Am.) corn steeped in lime water to make tortillas
Niza *f* Nice
nizardo -da *adj* (pertaining to) Nice; *mf* native or inhabitant of Nice
N.º abr. of **número**
no *adv* not; no; **¿no?** is it not so?; **¿cómo no?** why not?; of course, certainly; **creer que no** to think not, to believe not; **ya no** no longer; **no bien** no sooner; **no más que** not more than; only; **no sea que** lest; **no . . . sino** only; **no . . . ya** no longer
nobabia *f* (aer.) dope
nobelio *m* (chem.) nobelium
nobiliario -ria *adj* nobiliary; *m* peerage book, peerage list
nobilísimamente *adv super* very or most nobly
nobilísimo -ma *adj super* very or most noble
noble *adj* noble; *m* noble, nobleman; noble (*Spanish and English coin*)
nobleza *f* nobility
noblote -ta *adj* noble, generous
noca *f* (zool.) spider crab
nocaut *m* (box.) knockout
nocedal *m* var. of **nogueral**
nocente *adj* harmful; guilty
noción *f* notion, rudiment
nocivo -va *adj* noxious, harmful
noctambulación *f* noctambulation
noctambulismo *m* noctambulism

N

noctámbulo -la *adj* nighttime; night-wandering; *mf* nighthawk, night owl; nightwalker
nocturno -na *adj* night, nocturnal; lonely, sad, melancholy; *m* (mus.) nocturne
nocharniego -ga *adj* night-hunting (*dog*)
noche *f* night, nighttime; darkness; **a buenas noches** (coll.) in the dark; **a prima noche** or **a primera noche** shortly after dark; **buenas noches** good evening; good night; **de noche** at night, in the nighttime; **de la noche a la mañana** overnight; unexpectedly, suddenly; **esta noche** tonight; **hacer noche en** to spend the night in; **hacerse de noche** to grow dark; **muy de noche** late at night; **por la noche** at night, in the nighttime; **noche buena** Christmas Eve; **noche de bodas** wedding night; **noche de estreno** (theat.) first night; **noche de uvas** New Year's Eve; **noche intempestiva** (poet.) far into the night; **noche toledana** sleepless night; **noche vieja** New Year's Eve; watch night
nochebuena *f* Christmas Eve; (bot.) poinsettia
nochebueno *m* Christmas cake; Yule log
nocherniego -ga *adj* night-wandering
nochizo *m* (bot.) wild hazel
nodal *adj* nodal
nodo *m* (astr., med. & phys.) node
No-Do *m* (mov.) abr. of **Noticiario y Documentales** newsreel; newsreel theater
nodriza *f* wet nurse; (aut.) vacuum tank; (naut.) tender
nodular *adj* nodular
nódulo *m* nodule; (anat., geol. & min.) nodule
Noé *m* (Bib.) Noah
Noemí *f* Naomi
nogada *f* sauce of ground walnuts and spice for fish
nogal *m* (bot.) English walnut; walnut (*wood*); **nogal ceniciento** or **nogal de Cuba** (bot.) butternut; **nogal de la brujería** (bot.) witch hazel; **nogal negro** (bot.) black walnut
nogalina *f* walnut stain
noguera *f* (bot.) English walnut
noguerado -da *adj* walnut-colored
nogueral *m* walnut grove
nogueruela *f* (bot.) spurge
nómada or **nómade** *adj* nomad, nomadic; *mf* nomad
nomadismo *m* nomadism
nombradamente *adv* expressly
nombradía *f* fame, renown, reputation
nombrado -da *adj* famous, well-known
nombramiento *m* naming; appointment; (mil.) commission
nombrar *va* to name; to appoint; (mil.) to commission
nombre *m* name; fame, reputation; nickname; watchword; (gram.) noun; **dar el nombre** to give the watchword; **del mismo nombre** (elec.) like (*poles of a magnet*); **de nombres contrarios** (elec.) unlike (*poles of a magnet*); **en nombre de** in the name of; **hacerse un nombre** to make a name for oneself; **mal nombre** nickname; **no tener nombre** to be unspeakable; **poner nombre a** to give a name to; to set a price on; **por nombre de** by the name of; **nombre apelativo** or **común** (gram.) common noun; **nombre colectivo** (gram.) collective noun; **nombre comercial** firm name; **nombre de lugar** place name; **nombre de pila** first name, Christian name; **nombre de soltera** maiden name; **nombre postizo** alias; **nombre propio** (gram.) proper noun; **nombre substantivo** (gram.) noun; **nombre supuesto** alias; **nombre y apellido** full name
nomenclador *m* or **nomenclátor** *m* catalogue of names; technical glossary; nomenclator
nomenclatura *f* nomenclature
nomeolvides *f* (*pl:* **-des**) (bot.) forget-me-not; (bot.) German madwort
nómina *f* list, roll; pay roll; **nómina de sueldos** pay roll
nominación *f* naming, nomination; appointment
nominador -dora *adj* nominating; *mf* nominator
nominal *adj* nominal; noun, substantive
nominalismo *m* nominalism
nominalista *mf* nominalist
nominar *va* to name; to appoint
nominativo -va *adj* nominative (*having person's name*); (gram.) nominative; *m* (gram.) nominative
nominilla *f* voucher
nómino *m* nominee
nomparell *m* (print.) nonpareil
non *adj* (math.) odd, uneven; *m* (math.) odd number; **andar de nones** (coll.) to be idle; **estar de non** (coll.) to be unmatched; to be useless; **quedar de non** (coll.) to be alone, to be without a companion
nona *f* see **nono**
nonada *f* trifle, nothing
nonagenario -ria *adj & mf* nonagenarian
nonagésimo -ma *adj & m* ninetieth
nonágono *m* (geom.) nonagon
nonato -ta *adj* unborn, still nonexistent; ill-born; born by Caesarean operation
noningentésimo -ma *adj & m* nine hundredth
nonio *m* vernier; slide rule
nono -na *adj & m* ninth; *f* (eccl.) nones; **nonas** *fpl* (hist.) nones
non séquitur *m* non sequitur (*unfounded conclusion*)
nopal *m* (bot.) prickly pear; **nopal castellano** (bot.) Indian fig; **nopal de la cochinilla** (bot.) cochineal fig
noque *m* tanning vat
noquear *va* (box.) to knock out
noquero *m* tanner, leather dresser
norabuena *f* congratulation; *adv* fortunately
Noráfrica *f* North Africa
noramala *adv* var. of **enhoramala**
noray *m* (naut.) bollard, mooring
norcoreano -na *adj & mf* North Korean
nordestada *f* northeaster
nordestal *adj* northeast; northeastern; northeasterly
nordeste *m* northeast; northeaster; *adj* northeast; northeastern
nordestear *vn* (naut.) to turn from north toward east (*said of compass*)
nórdico -ca *adj* Nordic; Norse (*e.g., mythology*); *mf* Nordic; *m* Norse (*old Scandinavian language*)
nordista *m* Northerner (*in U.S. Civil War*)
nordoccidental *adj* northwestern
noria *f* chain pump, Persian wheel; Ferris wheel; (coll.) treadmill (*futile drudgery*)
norma *f* norm, standard; rule, regulation, method; (carp. & mas.) square
normal *adj* normal, standard; perpendicular, *f* normal school; perpendicular
normalidad *f* normality, normalcy
normalista *mf* normal-school student
normalización *f* normalization, standardization; regulation
normalizar §76 *va* to normalize, standardize; to regulate
normalmente *adv* normally; perpendicularly
Normandía *f* Normandy
normando -da *adj* Norman; (arch.) Normanesque; *mf* Norman; *m* Norman French (*dialect*); Norseman, Northman
normánico *m* Norman French (*dialect*)
normano -na *adj & mf* var. of **normando**
Norna *f* (myth.) Norn
nornordeste *m* or **nornoreste** *m* north-northeast
nornoroeste *m* or **nornorueste** *m* north-northwest
noroccidental *adj* northwestern
noroeste *m* northwest; northwester; *adj* northwest; northwestern
noroestear *vn* (naut.) to turn from north toward west (*said of compass*)
nortada *f* norther, north wind
norte *m* north; north wind; North Pole; North Star; (fig.) lodestar, polestar (*guide*)
norteafricano -na *adj & mf* North African
Norteamérica *f* North America
norteamericano -na *adj & mf* North American; American (*i.e., of the U.S.A.*)
nortear *vn* (naut.) to steer to the north; (naut.) to turn northerly (*said of the wind*)
norteño -ña *adj* northern
nórtico -ca *adj* northern

noruego -ga *adj & mf* Norwegian; *m* Norwegian (*language*); (*cap.*) *f* Norway
norueste *m & adj* var. of **noroeste**
noruestar *vn* var. of **noroestear**
nos *pron pers & reflex* (used as object of verb) us, to us; ourselves, to ourselves; each other, to each other; *pron pers* (used as object of preposition in Biblical language) us; (fictitious plural, used as subject of verb or object of preposition, by high dignitaries of church and court) we; us
nosocomial *adj* (Am.) (pertaining to a) hospital
nosocomio *m* (Am.) hospital, public-health center
nosotros -tras *pron pers* (used as subject of verb and object of preposition; plural of modesty sometimes used by writers) we; us
nostalgia *f* nostalgia, homesickness
nostálgico -ca *adj* nostalgic, homesick
nota *f* see **noto**
notabilidad *f* notability (*quality; person*)
notabilísimo -ma *adj super* very or most notable
notable *adj* notable, noteworthy; *mf* notable, worthy
notación *f* notation
notar *va* to note, to notice, to annotate; to dictate; to criticize; to discredit
notaría *f* profession of notary; notary's office
notariado -da *adj* notarized; *m* profession of notary
notarial *adj* notarial
notariato *m* title of notary; practice of a notary
notario *m* notary, notary public
noticia *f* news; notice, information; knowledge; notion, rudiment; **una noticia** a news item; **noticia remota** vague notion, vague recollection; **noticias de actualidad** news of the day; **noticias de última hora** late news
noticiar *va* to notify, give notice to; to give notice of
noticiario -ria *adj* (pertaining to) news; *m* up-to-the-minute news; newsreel; (rad.) newscast; **noticiario cinematográfico** newsreel; **noticiario deportivo** sports news; **noticiario gráfico** picture page (*in a newspaper*); **noticiario teatral** theater news, theater page
noticiero -ra *adj* (pertaining to) news; *m* newsman; late news
notición *m* (coll.) big news, wild or fantastic story
noticioso -sa *adj* informed; learned, widely informed; (Am.) (pertaining to) news; (Am.) newsy; *m* (Am.) news item; (Am.) news report
notificación *f* notification
notificar §86 *va* to notify (*to give notice of or to*); to report on; **notificar a una persona una cosa** to notify a person of something
noto -ta *adj* well-known; illegitimate; *m* south wind; *f* note; mark, grade (*in school*); check (*e.g., in a restaurant*); (mus.) note; **caer en nota** to get talked about, to cause a scandal; **tomar nota de** to take note of; **nota de adorno** (mus.) grace note; **nota marginal** marginal note; **nota tónica** (mus.) keynote
notocordio *m* (biol.) notochord
notoriedad *f* notoriety (*being well known or famous*)
notorio -ria *adj* notorious (*well-known*); evident, manifest
nóumeno *m* (philos.) noumenon
nov. abr. of **noviembre**
nova *f* (astr.) nova
novación *f* (law) novation
novador -dora *adj* innovating; *mf* innovator
noval *adj* newly broken (*said of land*)
novar *va* (law) to novate
novatada *f* hazing; beginner's blunder
novato -ta *adj* beginning; *mf* beginner; freshman
novator -tora *mf* innovator
novecientos -tas *adj & m* nine hundred
novedad *f* newness, novelty; surprise; happening; news; change; inconstancy; failing health; **novedades** *fpl* fashions; **hacer novedad** to unexpectedly cause great surprise; to make drastic changes; **sin novedad** as usual; without anything happening; safe; well
novedoso -sa *adj* novel; innovating; (Am.) fictional
novel *adj* new, inexperienced, beginning; *m* beginner
novela *f* novel, romance; story, lie; **novela caballista** cowboy story, novel of western life; **novela de clave** roman à clef; **novela policíaca** or **policial** detective story; **novela por entregas** serial
novelador -dora *mf* novelist
novelar *va* to novelize; *vn* to write novels; to tell stories
novelería *f* curiosity; fondness for fiction; worthless fiction
novelero -ra *adj* curious, fond of novelty; fond of fiction; gossipy; inconstant, fickle
novelesco -ca *adj* novelistic; fictional; like a novel, romantic, fantastic
novelista *mf* novelist
novelístico -ca *adj* fictional, (pertaining to the) novel; *f* fiction, novel; treatise on the novel
novelizar §76 *va* to novelize, to fictionalize
novembrino -na *adj* (pertaining to) November
noveno -na *adj & m* ninth; *f* (eccl.) novena
noventa *adj & m* ninety
noventavo -va *adj & m* ninetieth
noventón -tona *adj & mf* nonagenarian
novia *f* fiancée; bride; **novia de guerra** war bride
noviazgo *m* engagement, courtship
noviciado *m* novitiate, apprenticeship; (eccl.) novitiate
novicio -cia *adj* inexperienced, beginning; *mf* novice, beginner, apprentice; (eccl.) novice
noviembre *m* November
novilunio *m* new moon
novilla *f* heifer
novillada *f* drove of young cattle; fight with young bulls
novillero *m* herdsman who cares for young cattle; stable for young cattle; pasture ground for young cattle; (taur.) aspiring fighter, untrained fighter; (coll.) truant
novillo *m* young bull; (coll.) cuckold; **novillos** fight with young bulls; **hacer novillos** to play truant
novio *m* suitor; fiancé; bridegroom; **novios** *mpl* engaged couple; bride and groom
novísimo -ma *adj super* newest, latest, most recent; *m* each of the last stages of man: death, judgment, hell, and heaven; **Novísima** *f* revised code of Spanish law (*1805*)
novocaína *f* novocaine
noyó *m* (*pl:* **-yoes**) noyau (*a cordial*)
nro. abr. of **nuestro**
N.S. abr. of **Nuestro Señor**
N.S.J.C. abr. of **Nuestro Señor Jesucristo**
ntro. abr. of **nuestro**
nubado -da *adj* clouded; cloud-shaped; *f* local shower; abundance, plenty
nubarrada *f* var. of **nubada**
nubarrón *m* large black cloud, storm cloud
nube *f* cloud (*fog suspended in air; crowd, multitude, flock; shadow in precious stones; sorrow, gloom*); light lace head scarf; white spot on cornea; **andar** or **estar por las nubes** to be sky-high (*in price*); **poner a uno por las nubes, subir a uno a las nubes** or **hasta las nubes** to praise someone to the skies; **subir a las nubes** to go sky-high (*in price*); **nube correo** scud; **nube de lluvia** rain cloud; **nube de polvo** dust cloud; **nube de verano** summer shower; (fig.) passing annoyance
nubiense *adj & mf* Nubian
núbil *adj* nubile, marriageable
nubilidad *f* nubility, marriageability
nublado -da *adj* cloudy; **está nublado** it is cloudy; *m* storm cloud; impending danger; multitude; abundance; **aguantar el nublado** to suffer resignedly, to take a disappointment resignedly; **descargar el nublado** to rain, snow, or hail hard; to unburden one's anger in explosive words
nublar *va & vr* var. of **anublar**
nublo -bla *adj* cloudy; *m* storm cloud; bunt, wheat smut
nubloso -sa *adj* cloudy; adverse, unfortunate

N

nubosidad *f* cloudiness; (meteor.) percentage of cloudiness (*at a given time*); (meteor.) cloud rate (*in a given period*)
nuboso -sa *adj* var. of **nubloso**
nuca *f* nape
nucifraga or **nucífraga** *f* (orn.) nutcracker
nucleado -da *adj* (bot.) nucleate
nuclear *adj* (phys.) nuclear
nucleario -ria *adj* nuclear, nucleate
nucleasa *f* (biochem.) nuclease
nucleico -ca *adj* nucleic
nucleína *f* (biochem.) nuclein
nucleínico -ca *adj* nucleic
núcleo *m* core, nucleus; kernel (*of nut*); stone (*of fruit*); (chem.) ring, nucleus; (elec.) core (*of an electromagnet*); (anat., biol. & phys.) nucleus; **núcleo bencénico** (chem.) benzene ring or nucleus
nucléolo *m* (biol.) nucleolus
nucleón *m* (phys.) nucleon
nucleónico -ca *adj* nucleonic; *f* nucleonics
nudillo *m* knuckle; knot in stockings; dowel, plug (*e.g., in a wall*); **dar con la badila en los nudillos a** to rap the knuckles of
nudismo *m* nudism
nudista *mf* nudist
nudo -da *adj* nude, naked; *m* knot; tie, union, bond; crux; node, plot, tangle; difficulty; crisis (*in drama*); juncture, center, point of crossing; (bot.) node; (naut.) knot; **cortar el nudo gordiano** (myth. & fig.) to cut the Gordian knot; **hacérsele a uno un nudo en la garganta** to get a knot in one's throat; **nudo corredizo** slip knot
nudosidad *f* knottiness; knot
nudoso -sa *adj* knotted, knotty
nuecero -ra *mf* walnut vender, nut vender
nuégado *m* nougat
nuera *f* daughter-in-law
nuestrama *f* mistress
nuestramo *m* master
nuestro -tra *adj poss* our; *pron poss* ours; **los nuestros** our friends, our men, our side
nueva *f* see **nuevo**
Nueva Delhi *f* New Delhi
nuevamente *adv* newly, recently; **again**
Nueva Orleáns *f* New Orleans
Nueva York *m & f* New York; **el Gran Nueva York** Greater New York
Nueva Zelanda *f* New Zealand
nueve *adj* nine; **las nueve** nine o'clock; *m* nine; ninth (*in dates*)
nuevo -va *adj* new; **de nuevo** again, anew; **¿qué hay de nuevo?** what's new?; **nuevo flamante** brand-new; *mf* novice; freshman; *f* news, fresh news
nuevomejicano -na *adj & mf* New Mexican
Nuevo Méjico *m* New Mexico
nuez *f* (*pl:* **nueces**) walnut; nut; Adam's apple; nut or frog (*of violin bow*); **apretar a uno la nuez** (coll.) to choke someone to death; **nuez de agallas** oak gall; **nuez de betel** betel nut; **nuez de cola** kola nut; (pharm.) kola; **nuez de especia** (bot.) nutmeg; **nuez de la garganta** Adam's apple; **nuez de marfil** ivory nut; **nuez dura** (bot.) hickory; hickory nut; **nuez encarcelada** (bot.) pecan (*tree and fruit*); **nuez moscada** (bot.) nutmeg; **nuez vómica** (bot.) nux vomica (*tree and seed*)
nueza *f* (bot.) bryony
nulamente *adv* with no effect
nulidad *f* nullity; incapacity; (coll.) nobody, person of no importance
nulo -la *adj* null, void, worthless
núm. abr. of **número**
Numancia *f* Numantia
numantino -na *adj & mf* Numantine or Numantian
numen *m* deity; inspiration
numerable *adj* numerable
numeración *f* numeration
numerador -dora *adj* numbering; *m* numerator; numbering; (math.) numerator; *f* numbering machine
numeral *adj* numeral
numerar *va* to numerate; to number; to calculate
numerario -ria *adj* numerary; *m* cash, coin, specie
numérico -ca *adj* numerical
número *m* number; lottery ticket; size (*e.g., of shoes*); (gram.) number; **números** *mpl* (poet. & mus.) numbers; **los Números** (Bib.) Numbers; **de número** regular (*said of members of an association*); **el mayor número** most, the majority; **los números centenares** the hundreds (*100, 200, 300, etc.*); **mirar por el número uno** to look out for number one (*oneself*); **sin número** without number, countless; **número arábigo** Arabic numeral; **número atómico** (chem.) atomic number; **número atrasado** back number (*of a newspaper, magazine*); **número cardinal** cardinal number; **número concreto** concrete number; **número de cetano** (chem.) cetane number; **número de guarismo** Arabic numeral; **número de masa** (phys.) mass number **número entero** whole number; **número equivocado** (telp.) wrong number; **número fraccionario** fractional number; **número impar** or **número non** odd number; **número másico** (phys.) mass number; **número mixto** mixed number; **número ordinal** ordinal number; **número par** even number; **número quebrado** fractional number; **número redondo** round number; **número romano** Roman numeral
numeroso -sa *adj* numerous
númida *adj & mf* Numidian
numídico -ca *adj* Numidian
numisma *m* coin, money
numismático -ca *adj* numismatic; *mf* numismatist; *f* numismatics
numulario *m* money broker
nunca *adv* never; **nunca jamás** never more
nunciatura *f* nunciature
nuncio *m* messenger; forerunner, harbinger; nuncio; **nuncio apostólico** nuncio, papal nuncio
nupcial *adj* nuptial
nupcialidad *f* marriage rate, nuptiality
nupcias *fpl* nuptials, marriage; **casarse en segundas nupcias** to marry the second time
nutación *f* (astr. & bot.) nutation
nutra or **nutria** *f* (zool.) otter
nutricio -cia *adj* nutritious, nutritive
nutrición *f* nutrition; (biol.) nutrition
nutrido -da *adj* great, intense, robust, vigorous, steady; full, abounding, rich, heavy
nutrimento or **nutrimiento** *m* nutriment, nourishment
nutrir *va* to nourish, to feed; to fill to overflowing; to supply, to stock; *vr* to be enriched
nutritivo -va *adj* nutritive, nutritious
nutriz *f* (*pl:* **-trices**) wet nurse

Ñ

Ñ, ñ *f* seventeenth letter of the Spanish alphabet
ñagaza *f* var. of **añagaza**
ñajú *m* (bot.) okra or gumbo
ñámbar *m* (bot.) Jamaica rosewood
ñame *m* (bot.) yam (*vine and root*)
ñandú *m* (*pl:* **-dúes**) (orn.) nandu, American ostrich
ñandutí *m* (Am.) fine Paraguayan linenware
ñangotar *vr* (Am.) to squat, to squat down
ñaño -ña *adj* (Am.) close, intimate; (Am.) spoiled, overindulged; *m* (Am.) elder brother; *f* (Am.) elder sister; (Am.) nursemaid; (Am.) dear
ñapa *f* (Am.) lagniappe, something thrown in; **de ñapa** (Am.) in the bargain
ñaque *m* junk, pile of junk
ñaruso -sa *adj* (Am.) pock-marked
ñeque *adj* (Am.) drooping (*eyes*); (Am.) strong, vigorous; *m* (Am.) energy, pep; (Am.) slap, blow; **tener mucho ñeque** (Am.) to be full of pep
ñilhue *m* (Am.) sow thistle
ñiquiñaque *m* (coll.) trash (*person or thing*)
ñisca or **ñizca** *f* (Am.) bit, fragment
ñoclo *m* macaroon
ñolombre *m* (Am.) old peasant; **¡viene ñolombre!** (Am.) here comes the bogeyman!
ñongo -ga *adj* (Am.) slow, lazy, timid; (Am.) shapeless
ñoñería *f* timid act, whiny remark
ñoñez *f* timid act, whiny remark; timidity, whininess
ñoño -ña *adj* (coll.) timid and whiny; *mf* timid and whiny person
ñorbo *m* (Am.) passionflower
ñu *m* (zool.) brindled gnu, blue wildebeest
ñudillo *m* var. of **nudillo**
ñudo *m* knot
ñudoso -sa *adj* var. of **nudoso**
ñufla *mf* (Am.) good-for-nothing; *m* (Am.) worthless object
ñuñu *m* (bot.) blue-eyed grass
ñuto -ta *adj* (Am.) ground to dust or powder

O, o *f* eighteenth letter of the Spanish alphabet
o *conj* or; **o . . . o** either . . . or
oasis *m* (*pl:* **-sis**) oasis
ob. abr. of **obispo**
obcecación *f* obfuscation
obcecar §86 *va* to obfuscate, blind
obduración *f* obduracy
obedecedor -dora *adj* obeying, obedient; *mf* obeyer
obedecer §34 *va & vn* to obey; **obedecer a** to yield to, be due to, be in keeping with, arise from
obediencia *f* obedience; **a la obediencia** your obedient servant; **dar la obediencia a** to be submissive to
obediente *adj* obedient
obelisco *m* obelisk; (print.) dagger
obencadura *f* (naut.) shrouds
obenque *m* guy; **obenques** *mpl* (naut.) shrouds
obertura *f* (mus.) overture
obesidad *f* obesity
obeso -sa *adj* obese
óbice *m* hindrance, obstacle
obispado *m* bishopric
obispal *adj* episcopal
obispalía *f* palace of a bishop; bishopric
obispar *vn* to become a bishop, to be appointed bishop; to get married (*said of a woman*); *vr* to be disappointed; (coll.) to die
obispillo *m* boy bishop (*boy dressed as a bishop*); rump, croup (*of a fowl*); large pork sausage
obispo *m* bishop; **obispo sufragáneo** suffragan bishop; **obispo universal** Universal Bishop
óbito *m* decease, demise
obituario *m* obituary; (eccl.) obituary
objeción *f* objection
objetante *adj* objecting; *mf* objector; **objetante de conciencia** conscientious objector
objetar *va* to object; to raise (*difficulties, objections, etc.*); to set up, offer, present (*an opposing argument*); **no tener nada que objetar** to have no objections to make
objetividad *f* objectivity
objetivo -va *adj* objective; (gram.) objective; *m* objective (*end, aim*); (opt.) objective
objeto *m* object; subject matter; (gram.) object; **al objeto de** with the object of; **objetos de cotillón** favors (*small gifts such as streamers, noisemakers, hats, toy balloons*)
oblación *f* oblation
oblada *f* offering of bread on the occasion of a requiem
oblato -ta *adj & mf* (eccl.) oblate; *f* (eccl.) oblation
oblea *f* wafer; pill, tablet; **estar hecho una oblea** (coll.) to be nothing but skin and bones
obleera *f* wafer holder or box
oblicuángulo -la *adj* oblique-angled
oblicuar *va* to cant, to slant; *vn* to oblique; (mil.) to oblique
oblicuidad *f* obliquity; **oblicuidad de la eclíptica** (astr.) obliquity of the ecliptic
oblicuo -cua *adj* oblique
obligación *f* obligation; bond; debenture; **obligaciones** *fpl* family responsibilities; **correr obligación a** to be under obligation to
obligacionista *mf* bondholder
obligado -da *adj* obliged, grateful; submissive; (mus.) obbligato; *m* city or town contractor or supplier; (mus.) obbligato
obligar §59 *va* to obligate; to oblige; to force; **obligar a** + *inf* to obligate to + *inf;* to oblige to + *inf*; to force to + *inf*; **obligar a que** or **para que** + *subj* to oblige to + *inf;* to force to + *inf; vr* to obligate oneself, to bind oneself; **obligarse a** + *inf* to obligate oneself to + *inf*
obligatorio -ria *adj* obligatory
obliteración *f* lack of memory; cancellation (*of postage stamps*); (med.) obliteration
obliterar *va* to cancel, to obliterate (*a postage stamp*); (med.) to obliterate
oblongo -ga *adj* oblong
ob.° abr. of **obispo**
oboe *m* (mus.) oboe; (mus.) oboist
oboísta *mf* (mus.) oboist
óbolo *m* mite (*small contribution*)
obpo. abr. of **obispo**
obra *f* work; building, construction; repair work; hearth (*of blast furnace*); **obras** *fpl* construction; repairs, alterations; **buena obra** charity, good works; **meter en obra** or **poner por obra** to undertake, to set to work on; **obra de** a matter of (*e.g., ten minutes*); **obra de consulta** reference work; **obra de El Escorial** (coll.) endless undertaking; **obra de manos** handwork; **obra de romanos** herculean task, Trojan task; immense, lasting piece of work; **obra maestra** masterpiece; **obra muerta** (naut.) rail, freeboard, upper works; **obra pía** charity; religious foundation; (coll.) profit, useful effort; **obra prima** shoemaking; **obras de campo** (fort.) fieldwork; **obra segunda** shoe repairing; **obras públicas** public works; **obra viva** (naut.) quickwork (*submerged part of ship when loaded*)
obrada *f* day's labor, day's plowing; land measure (*varying between 39 and 54 ares*)
obrador -dora *adj* working; *mf* worker; *m* workman; shop, workshop; *f* working woman
obradura *f* charge or pressing of an olive-oil mill
obraje *m* manufacture; mill, woolen mill
obrajero *m* foreman, superintendent
obrar *va* to build; to work, perform; to work (*e.g., wood*); *vn* to work; to act, operate, proceed; to be; to have a movement of the bowels; **obra en mi poder** I have at hand, I have in my possession; **obrar en contra de** to work against
obrepción *f* (law) concealment of the truth
obrepticio -cia *adj* obreptitious
obrera *f* see **obrero**
obrería *f* status of workman; money for church repairs; churchwarden's office or warehouse
obrerismo *m* laborism; labor; labor movement
obrerista *adj* (pertaining to) labor; *mf* laborist, laborite
obrero -ra *adj* working; (pertaining to) labor; *m* workman; worker; churchwarden; **los obreros** labor (*as distinguished from management*); *f* working woman; (ent.) worker
obrero-patronal *adj* labor-management
obrizo -za *adj* pure, refined (*gold*)
obscenidad *f* obscenity
obsceno -na *adj* obscene
obscuración *f* darkness, obscurity
obscurantismo *m* obscurantism
obscurantista *adj & mf* obscurantist
obscurecer §34 *va* to darken; to dim, becloud; to discredit, to dim; to cloud, confuse; (paint.) to shade; *vn* to grow dark; *vr* to grow cloudy, to cloud over; to become dimmed; (coll.) to fade away, fade out
obscurecimiento *m* darkening, obscuration; clouding; fading; (paint.) shading
obscuridad *f* obscurity; darkness; gloominess
obscuro -ra *adj* obscure; dark; gloomy; uncertain, dangerous; (paint.) dark, shaded; **a obscuras** in the dark; (fig.) in the dark; *m* dark; (paint.) dark, shading; **hacer obscuro** to be dark (*because of night or clouds*)
obsecración *f* obsecration
obsecuencia *f* obedience, submissiveness

obsecuente *adj* obedient, submissive
obseder *va* to obsess
obsequiado -da *mf* recipient; guest of honor
obsequiador -dora *adj* fawning; *mf* fawner, flatterer
obsequiante *adj* fawning; *mf* fawner, flatterer; *m* suitor
obsequiar *va* to fawn over, flatter, pay attentions to; to present; to give; to court, to woo
obsequio *m* fawning, flattery, obsequiousness; gift; attention, courtesy; **en obsequio de** in honor of; out of consideration for
obsequiosidad *f* obsequiousness; kindness, courtesy
obsequioso -sa *adj* obsequious; obliging, courteous
observable *adj* observable
observación *f* observation
observador -dora *adj* observant; *mf* observer
observancia *f* observance; deference, respectfulness (*toward elders or superiors*); **poner en observancia** to enforce in a most conscientious fashion
observante *adj* observant
observar *va* to observe
observatorio *m* observatory
obsesión *f* obsession
obsesionante *adj* obsessing, haunting, harassing
obsesionar *va* to obsess
obsesivo -va *adj* obsessive
obseso -sa *adj* obsessed, possessed
obsidiana *f* (mineral.) obsidian
obsidional *adj* (pertaining to a) siege; obsidional (*coins; crown*)
obstaculizar §76 *va* to prevent; to obstruct
obstáculo *m* obstacle
obstante *adj* standing in the way; **no obstante** however, nevertheless; in spite of; **no obstante** + *inf* in spite of + *ger*
obstar *vn* to stand in the way; **obstar a** or **para** to hinder, check, oppose
obstetricia *f* obstetrics
obstétrico -ca *adj* obstetrical; *m* obstetrician; *f* obstetrics
obstinación *f* obstinacy
obstinado -da *adj* obstinate
obstinar *vr* to be obstinate; **obstinarse en** + *inf* to be obstinate in + *ger*, to persist in + *ger*
obstrucción *f* obstruction; (path.) stoppage
obstruccionismo *m* obstructionism
obstruccionista *adj & mf* obstructionist
obstructivo -va *adj* obstructive
obstructor -tora *adj* obstructing, obstructive
obstruir §41 *va* to obstruct, to interfere with; to block (*e.g., a doorway*); to stop up (*e.g., a pipe*)
obtemperar *va* to obey, yield to
obtención *f* (act of) obtaining, obtainment, obtention
obtendré *1st sg fut ind of* **obtener**
obtener §85 *va* to obtain; to keep, preserve
obtengo *1st sg pres ind of* **obtener**
obtenible *adj* obtainable
obturación *f* obturation, stopping, plugging
obturador -triz (*pl:* **-dores -trices**) *adj* stopping, plugging; *m* stopper, plug; (aut.) choke; (aut.) throttle; (phot.) shutter, obturator; (surg.) obturator; **obturador de guillotina** (phot.) drop shutter
obturar *va* to obturate, to plug, to stop up; (aut.) to throttle
obtusángulo -la *adj* obtuse-angled
obtuso -sa *adj* obtuse; (fig.) obtuse
obtuve *1st sg pret ind of* **obtener**
obué *m* var. of **oboe**
obús *m* howitzer; shell; plunger (*of tire valve*)
obvención *f* extra, bonus
obvencional *adj* incidental
obverso -sa *adj* obverse
obviar §90 & regular *va* to obviate; to remove (*e.g., doubts*); *vn* to stand in the way
obvio -via *adj* obvious; unnecessary
obyecto *m* objection
obyurgación *f* objurgation
oca *f* (orn.) goose; (bot.) oca; royal goose (*game*)
ocarina *f* (mus.) ocarina
ocasión *f* occasion, opportunity, chance; bargain; **aprovechar la ocasión** to improve the occasion; **asir, coger** or **tomar la ocasión por el copete, por la melena** or **por los cabellos** (coll.) to take time by the forelock; **con ocasión de** on the occasion of; **de ocasión** second-hand; **en varias ocasiones** on several occasions
ocasionado -da *adj* dangerous; exposed, subject, liable; annoying, provocative
ocasional *adj* occasional; causal; causing; responsible (*cause*); accidental, incidental
ocasionar *va* to cause, to occasion; to stir up; to endanger
ocaso *m* west; setting (*of a heavenly body*); sunset; decline; end, death
occidental *adj* occidental; western; Occidental; *mf* Occidental
occidentalización *f* westernization
occidentalizar §76 *va* to westernize; to Occidentalize
occidente *m* occident; (*cap.*) *m* Occident
occipital *adj* occipital; *m* (anat.) occipital, occipital bone
occipucio *m* (anat.) occiput
occisión *f* violent death
occiso -sa *adj* killed; *mf* person killed, victim
Oceanía, la Oceania
oceánico -ca *adj* oceanic; *mf* South Sea Islander
Oceánidas *fpl* (myth.) Oceanids
océano or **oceano** *m* ocean; (fig.) ocean (*vast expanse of anything*); (*cap.*) *m* (myth.) Oceanus; **gran Océano** Pacific Ocean; **océano Antártico** Antarctic Ocean; **océano Ártico** Arctic Ocean; **océano Atlántico** Atlantic Ocean; **océano Austral** Antarctic Ocean; **océano Glacial del Norte** Arctic Ocean; **océano Glacial del Sur** Antarctic Ocean; **océano Índico** Indian Ocean; **océano Pacífico** Pacific Ocean
oceanografía *f* oceanography
oceanográfico -ca *adj* oceanographic or oceanographical
oceanógrafo -fa *mf* oceanographer
ocelado -da *adj* ocellate
ocelo *m* (zool.) ocellus (*simple eye of some invertebrates; eyelike spot on wings of certain birds*)
ocelote *m* (zool.) ocelot
ocena *f* (path.) ozena
ociar *vn & vr* to idle, to loiter
ocio *m* idleness, leisure; distraction, pastime
ociosidad *f* idleness
ocioso -sa *adj* idle; useless; *mf* idler
oclocracia *f* mob rule, ochlocracy
ocluir §41 *va* (chem. & dent.) to occlude; *vr* (dent.) to occlude
oclusal *adj* (anat. & dent.) occlusal
oclusión *f* (chem., dent., med. & phonet.) occlusion
oclusivo -va *adj* occlusive; *f* (phonet.) occlusive
ocotal *m* (Am.) pine grove
ocote *m* (Am.) ocote pine, torch pine; (Am.) ocote torch
ocozol *m* (bot.) sweet gum
ocre *m* (mineral.) ocher; **ocre amarillo** yellow ocher; **ocre rojo** red ocher
ocroso -sa *adj* ocherous
octaédrico -ca *adj* octahedral
octaedro *m* (geom.) octahedron
octagonal *adj* octagonal
octágono -na *adj* octagonal; *m* octagon
octanaje *m* (chem.) octane number; **de alto octanaje** high-octane
octano *m* (chem.) octane
octava *f* see **octavo**
Octaviano *m* Octavian
octavilla *f* handbill; eight-syllable verse
octavín *m* (mus.) piccolo
Octavio *m* Octavius
octavo -va *adj* eighth; *mf* octoroon; *m* eighth; **en octavo** octavo (*said of a volume*); *f* (mus., pros. & eccl.) octave; (pros.) hendecasyllabic octave, rhymed abababcc
oct.^e^ abr. of **octubre**
octeto *m* (mus.) octet or octette
octillón *m* British octillion
octingentésimo -ma *adj & m* eight hundredth
octobrino -na *adj* (pertaining to) October

O

octogenario -ria *adj & mf* octogenarian
octogésimo -ma *adj & m* eightieth
octogonal *adj* var. of **octagonal**
octógono -na *adj & m* var. of **octágono**
octosilábico -ca *adj* octosyllabic
octosílabo -ba *adj* octosyllabic; *m* octosyllable (*verse*)
octóstilo -la *adj* (arch.) octastyle
octubre *m* October
óctuple *adj & m* octuple
octuplicar §86 *va & vr* to octuple
óctuplo -pla *adj & m* var. of **óctuple**
oculado -da *adj* big-eyed
ocular *adj* ocular; *m* (opt.) eyeglass, eyepiece, ocular
oculista *mf* oculist
oculística *f* ophthalmology
óculo *m* (arch.) oculus, œil-de-bœuf
ocultación *f* occultation; hiding, concealment; (astr.) occultation
ocultante *adj* blinding (*e.g., smoke*)
ocultar *va* to hide, conceal; **ocultar una cosa a** or **de una persona** to hide a thing from a person; *vr* to hide; **ocultársele a uno** to be hidden from one
ocultismo *m* occultism
ocultista *mf* occultist
oculto -ta *adj* hidden, concealed; occult; **de oculto** incognito; stealthily; **en oculto** secretly
ocupación *f* occupation; occupancy; employment
ocupacional *adj* occupational
ocupado -da *adj* busy; occupied; pregnant
ocupador -dora *adj* occupying; *mf* occupier
ocupante *adj* occupying; *mf* occupant; **ocupantes** *mpl* occupying forces
ocupar *va* to occupy; to busy, keep busy; to employ; to bother, annoy; to attract the attention of; *vr* to become occupied; to be busy; to become preoccupied; **ocuparse con, de** or **en** to be busy with, be engaged in; to pay attention to; **ocuparse de** + *inf* to bother to + *inf*, to take the trouble to + *inf*
ocurrencia *f* occurrence; witticism; bright idea; **ocurrencia de acreedores** (law) meeting of creditors
ocurrente *adj* witty
ocurrir *vn* to occur, to happen; to come; to occur (*to come to mind*); **ocurrir a** to have recourse to; **ocurrírsele a uno** + *inf* to occur to one to + *inf*
ochavado -da *adj* eight-sided
ochavar *va* to make eight-sided, to make octagonal
ochavear *vn* (coll.) to be stingy
ochavo *m* octagon, octagonal building
ochavón -vona *mf* (Am.) octoroon
ochenta *adj & m* eighty
ochentavo -va *adj & m* eightieth
ochenteno -na *adj* eightieth; *f* eighty
ochentón -tona *adj & mf* (coll.) octogenarian
ocho *adj* eight; **las ocho** eight o'clock; *m* eight; eighth (*in dates*)
ochocientos -tas *adj & m* eight hundred; **el Ochocientos** the Nineteenth Century
ochotona *f* (zool.) pika
oda *f* ode
odalisca *f* odalisque
odeón *m* odeum
Odesa *f* Odessa
odiable *adj* hateful
odiar *va* to hate
Odín *m* (myth.) Odin
odio *m* hatred; **tener odio a** to hate
odiosidad *f* odiousness, hatefulness; hatred
odioso -sa *adj* odious, hateful
Odisea *f* (myth.) Odyssey; (*l.c.*) *f* (fig.) odyssey
Odiseo *m* (myth.) Odysseus
Odoacro *m* Odoacer
odómetro *m* odometer, taximeter; pedometer
odontalgia *f* (path.) odontalgia, toothache
odontálgico -ca *adj* odontalgic
odontoblasto *m* (anat.) odontoblast
odontoceto -ta *adj & m* (zool.) odontocete
odontología *f* odontology
odontológico -ca *adj* odontological
odontólogo -ga *mf* odontologist
odorante *adj* odorous, fragrant
odorífero -ra *adj* odoriferous
odre *m* goatskin wine bag; (coll.) drunk, drunkard
odrería *f* wineskin shop
odrero *m* wineskin maker or dealer
odrezuelo *m* small wineskin
odrina *f* oxskin wine bag
OEA *f* OAS (*Organization of American States*)
oerstedio *m* (elec.) oersted
oesnoroeste *m* or **oesnorueste** *m* west-northwest
oessudoeste *m* or **oessudueste** *m* west-southwest
oeste *m* west; west wind
Ofelia *f* Ophelia
ofendedor -dora *adj* offending; *mf* offender
ofender *va & vn* to offend; to harm; *vr* to take offense
ofensa *f* offense
ofensivo -va *adj* offensive; *f* offensive; **en la ofensiva** on the offensive; **tomar la ofensiva** to take the offensive; **ofensiva de paz** peace offensive
ofensor -sora *adj* offending; *mf* offender
oferente *adj* offering; *mf* offerer
oferta *f* offer; gift, present; **oferta y demanda** supply and demand
ofertorio *m* (eccl.) offertory
oficial *adj* official; *m* official, officer; skilled workman; clerk, office worker; journeyman; (mil. & nav.) commissioned officer; **oficial de complemento** (mil.) reserve officer; **oficial general** (mil.) general officer
oficiala *f* craftswoman, skilled working woman
oficialía *f* clerkship; status of journeyman
oficialidad *f* officers, body of officers; official nature
oficiante *m* (eccl.) officiant
oficiar *va* to announce officially in writing; to celebrate (*mass*); to officiate at; *vn* (eccl.) to officiate; **oficiar de** (coll.) to act as, behave as
oficina *f* office; pharmacist's laboratory; shop; (fig.) factory (*e.g., of lies*); **oficinas** *fpl* offices (*parts of house devoted to household work*); **oficina de objetos perdidos** lost-and-found department; **oficina matriz** home office
oficinal *adj* (pharm.) officinal
oficinesco -ca *adj* office, clerical; bureaucratic
oficinista *mf* clerk, office worker
oficio *m* office, occupation; rôle, function; craft, trade; memo, official note; (eccl.) office; **buenos oficios** (dipl.) good offices; **de oficio** officially; professional; (sport) professional; **desempeñar el oficio de** to play the rôle of; **Santo Oficio** Holy Office, Inquisition; **tomar por oficio** (coll.) to take to, to keep at; **oficio de difuntos** (eccl.) office of the dead; **oficio público** public office; **oficio servil** common labor
oficiosidad *f* diligence; complaisance, obligingness; officiousness
oficioso -sa *adj* diligent; obliging; officious, meddlesome; profitable; unofficial; (dipl.) officious
ofidio -dia *adj & m* (zool.) ophidian
Ofir *m* (Bib.) Ophir
ofita *f* (mineral.) ophite
Ofiuco *m* (astr.) Ophiucus
ofrecedor -dora *mf* offerer
ofrecer §34 *va* to offer; *vn* to offer; **ofrecer** + *inf* to offer to + *inf; vr* to offer; to offer oneself; to happen; **ofrecerse a** + *inf* to offer to + *inf*
ofreciente *adj & mf* var. of **oferente**
ofrecimiento *m* offer, offering; **ofrecimiento de presentación** introductory offer
ofrenda *f* offering; gift
ofrendar *va* to make offerings of; to contribute, make a contribution of
oftalmía *f* (path.) ophthalmia
oftálmico -ca *adj* ophthalmic
oftalmología *f* ophthalmology
oftalmológico -ca *adj* ophthalmological
oftalmólogo -ga *mf* ophthalmologist
oftalmoscopia *f* ophthalmoscopy
oftalmoscopio *m* ophthalmoscope
ofuscación *f* or **ofuscamiento** *m* obfuscation, blindness, bewilderment, confusion
ofuscar §86 *va* to obfuscate, dazzle, confuse

ogaño *adv* var. of **hogaño**
ogro *m* ogre; (coll.) ogre (*person*)
Oh *interj* O!, Oh!
óhmetro *m* var. of **ohmímetro**
óhmico -ca *adj* ohmic
ohmímetro *m* (elec.) ohmmeter
ohmio *m* (elec.) ohm
oíble *adj* audible
oída *f* hearing; **de** or **por oídas** by hearsay
oídio *m* (bot. & plant path.) oïdium, powdery mildew
oído *m* hearing (*sense*); (anat.) ear; (arti.) vent, priming hole; **abrir los oídos** to lend an ear; **abrir tanto oído** or **tanto el oído** to be all ears; **aguzar los oídos** to prick up one's ears; **al oído** by listening; confidentially; **dar oídos** to lend an ear, to listen favorably; **decir al oído** to whisper; **de oído** by ear; **entrar por un oído y salir por el otro** to go in one ear and out the other; **hacer oídos de mercader** to turn a deaf ear; **pegarse al oído** to stick in one's ears (*said, e.g., of a song*); **prestar el oído** or **los oídos** (coll.) to lend an ear; **prestar oído a** (coll.) to give ear to; **regalar el oído a** (coll.) to tickle the ear of, to flatter; **ser todo oídos** (coll.) to be all ears; **tener oído** or **buen oído** to have a good ear (*for music*); **tener oído para la música** to have an ear for music; **oído medio** (anat.) middle ear
oidor -dora *mf* hearer; *m* (archaic) judge
oidoría *f* (archaic) judgeship
oigo *1st sg pres ind of* **oír**
oír §64 *va* to hear; to listen to; to attend (*lectures*); **¡ahora lo oigo!** the first I've heard about it!; **oír + *inf*** to hear + *inf*, e.g., **oí entrar a mi hermano** I heard my brother come in; to hear + *ger*, e.g., **oí cantar a la muchacha** I heard the girl singing; to hear + *pp*, e.g., **oí tocar la campana** I heard the bell rung; **oír decir que** to hear that, to hear it said that; **oír hablar de** to hear about, to hear tell of; *vn* to hear; to listen; **¡oiga!** the idea!, the very idea!; *vr* to like to hear oneself talk
oíslo *mf* (coll.) darling; *f* (coll.) beloved wife
ojada *f* (Am.) skylight; (Am.) putlog hole
ojal *m* buttonhole; eyelet; grommet
ojalá *interj* God grant!, would to God!
ojaladera *f* buttonhole maker
ojalador -dora *mf* buttonhole maker
ojaladura *f* set of buttonholes
ojalar *va* to sew buttonholes in
ojalatero *m* (coll.) armchair partisan, stay-at-home well-wisher (*in a civil war*)
ojaranzo *m* (bot.) hornbeam
ojeada *f* glance; **echar una ojeada a** to cast a glance at; **buena ojeada** eyeful
ojeador *m* (hunt.) beater of game
ojear *va* to eye, stare at; to hoodoo, cast the evil eye upon; to start, to rouse (*game*); to frighten, to startle
ojén *m* anisette
ojeo *m* (hunt.) beating for game
ojera *f* eyecup, eyeglass; **ojeras** *fpl* rings under the eyes
ojeriza *f* grudge, ill will
ojeroso -sa *adj* with rings under the eyes
ojerudo -da *adj* with heavy rings or dark circles under the eyes
ojete *m* eyelet, eyehole; (coll.) behind
ojetear *va* to make eyelets in
ojetera *f* strip of eyelets (*for lacing, e.g., a corset*); stamp or punch to make metal eyelets
ojialegre *adj* (coll.) bright-eyed
ojienjuto -ta *adj* (coll.) dry-eyed, tearless
ojigallo *m* (Am.) wine spiked with brandy
ojigarzo -za *adj* (coll.) var. of **ojizarco**
ojillo *m* eyelet, grommet
ojimel *m* or **ojimiel** *m* (pharm.) oxymel
ojimoreno -na *adj* (coll.) brown-eyed
ojinegro -gra or **ojiprieto -ta** *adj* (coll.) black-eyed
ojirrisueño -ña *adj* (coll.) bright-eyed
ojituerto -ta *adj* cross-eyed
ojiva *f* (arch.) ogive; **ojiva de lanceta** (arch.) lancet, lancet arch
ojival *adj* ogival; (arch.) ogival
ojizaino -na *adj* (coll.) squint-eyed, squinty
ojizarco -ca *adj* (coll.) blue-eyed
ojo *m* (anat.) eye; (fig.) eye (*e.g., of needle, cheese, tools; center of flower; round window; glance, look; watchful look; way of thinking, appreciation*); bow (*of key*); opening, well (*of stairs*); span, bay (*of bridge*); spring (*of water*); speck of grease (*in soup*); size (*of type*); face (*of type*); scrubbing (*with soap*); **abrir el ojo** to keep one's eyes open; **abrirle los ojos a uno** to open someone's eyes (*to disabuse someone*); **abrir los ojos** to open one's eyes (*to become disillusioned*); to have an eye to the main chance; **a cierra ojos** half-asleep; recklessly, rashly; **a los ojos de** in the eyes of; **a ojo** by sight, by guess; **a ojos vistas** visibly, openly; **con buenos ojos** favorably; **costar un ojo de la cara** to cost a mint, to cost a gold mine; **dar en los ojos** to be self-evident; **delante de los ojos de uno** before one's eyes; **de ojos almendrados** almond-eyed; **echar el ojo a** (coll.) to have an eye on (*to regard with desire*); **hacer del ojo** to wink at each other (*to indicate a secret understanding*); **hacerse ojos** to look sharply; **hasta los ojos** up to one's ears (*e.g., in love, in work*); **más ven cuatro ojos que dos** two heads are better than one; **mirar con ojos de carnero degollado** to make sheep's eyes (at); **no pegar el ojo** (coll.) to not sleep a wink all night; **no quitar los ojos de** to not take one's eyes off; **poner los ojos en blanco** to roll one's eyes; **saltar a los ojos** to be self-evident; **tener los ojos en** to have an eye on, to keep an eye on; **valer un ojo de la cara** to be worth a mint; **ojo avizor** eagle eye; **ojo clínico** or **médico** medical aptitude, ability to diagnose; **ojo de buey** (arch.) bull's-eye; (bot.) oxeye; **ojo de gato** tiger-eye (*gem*); (mineral.) cat's-eye; **ojo de la cerradura** keyhole; **Ojo del Toro** (astr.) Bull's-eye; **ojo de pavo real** (ent.) peacock butterfly (*Vanessa io*); **ojo de poeta** or **de Venus** (bot.) black-eyed Susan (*Thunbergia alata*); **ojo eléctrico** electric eye; **ojo mágico** (rad.) magic eye; **ojo por ojo** an eye for an eye; **ojos saltones** or **reventones** bulging eyes; *interj* beware!; look out!; attention!; **¡mucho ojo!** be careful!, watch out!; **¡ojo con . . . !** beware of . . . !; look out for . . . !; **¡ojo, mancha!** fresh paint!
ojoso -sa *adj* eyey, full of eyes, full of holes
ojuelos *mpl* sparkling eyes; spectacles
ola *f* wave, billow; surge, swell (*e.g., of a crowd of people*); **ola de calor** heat wave; **ola de frío** cold wave; **ola de marea** tidal wave
olaje *m* var. of **oleaje**
ole *m* or **olé** *m* bravo; *interj* bravo!
oleáceo -a *adj* (bot.) oleaceous
oleada *f* big wave; beating of the waves; surge, swell (*of a crowd of people*); wave (*e.g., of strikes*); big crop of olive oil
oleaginosidad *f* oiliness
oleaginoso -sa *adj* oily, oleaginous
oleaje *m* surge, rush of waves; rough sea
olear *va* to administer extreme unction to; *vn* to surge, to swell (*said of the sea*); *vr* to grease oneself (*for wrestling*)
oleario -ria *adj* oily
oleastro *m* (bot.) wild olive
oleato *m* (chem.) oleate
oleaza *f* watery dregs in olive-oil mill
olécranon *m* (anat.) olecranon
oledero -ra *adj* odorous
oledor -dora *adj* smelling; (Am.) fawning
oleico -ca *adj* (chem.) oleic
oleícola *adj* olive-growing, olive-oil-producing
oleicultor -tora *mf* olive grower, olive-oil producer
oleicultura *f* olive growing, production of olive oil
oleífero -ra *adj* (bot.) oleiferous
oleína *f* (chem.) olein
óleo *m* oil; holy oil; oil, oil painting
oleoducto *m* pipe line
oleografía *f* oleograph
oleomargarina *f* oleomargarin or oleomargarine
oleómetro *m* oleometer
oleorresina *f* oleoresin
oleosidad *f* oiliness
oleoso -sa *adj* oily

oler §65 *va* to smell; to look into, pry into; to sniff, sniff out (*e.g., a secret*); *vn* to smell, to be fragrant, to smell bad; **no oler bien** (coll.) to look suspicious; **oler a** to smell of, smell like; to reek with; to smack of; **oler donde guisan** (coll.) to know one's way around, to have an eye on the main chance
olfacción *f* olfaction
olfatear *va* to smell, scent, sniff; (coll.) to scent (*trouble, a good deal, etc.*)
olfateo *m* smell, smelling, scent
olfativo -va *adj* olfactory
olfato *m* smell, sense of smell; scent (*smell left in passing*); keenness, keen insight
olfatorio -ria *adj* olfactory
olíbano *m* frankincense
oliente *adj* smelling, odorous
oliera *f* (eccl.) chrismal (*vessel*)
oligarca *m* oligarch
oligarquía *f* oligarchy
oligárquico -ca *adj* oligarchic or oligarchical
oligisto *m* (mineral.) oligist
oligoceno -na *adj & m* (geol.) Oligocene
Olimpia *f* (geog.) Olympia
Olimpíada *f* Olympiad
olímpicamente *adv* haughtily, boastfully
olímpico -ca *adj* Olympian; Olympic; haughty, boastful
olimpiónico *m* winner in the Olympian games
Olimpo, el (geog., myth. & fig.) Mount Olympus
Olinto *f* Olynthus
oliscar §86 *va* to smell, scent, sniff; to investigate; *vn* to smell bad (*said of spoiled meat*)
olisquear *va* (coll.) to smell, scent, sniff; (coll.) to investigate
oliva *f* (bot.) olive (*tree and fruit*); olive (*color*); (anat.) olive; (orn.) barn owl; (fig.) olive branch, peace
oliváceo -a *adj* olivaceous
olivar *adj* olive; *m* olive grove; *va* to trim off the lower branches of; *vr* to bubble in baking (*said of bread*)
olivarda *f* (orn.) green goshawk; (bot.) elecampane
olivarero -ra *adj* olive (*growing, industry, etc.*); *mf* olive grower
olivastro *m* (bot.) wild olive; **olivastro de Rodas** (bot.) aloe
olivera *f* (bot.) olive tree
Oliverio *m* Oliver
olivero *m* olive storage
olivífero -ra *adj* (poet.) grown with olive trees
olivillo *m* (bot.) phillyrea, mock privet
olivino *m* (mineral.) olivine
olivo *m* (bot.) olive (*tree*); **tomar el olivo** (taur.) to duck behind the barrier; (slang) to beat it; **olivo silvestre** (bot.) wild olive
olmeda *f* or **olmedo** *m* elm grove
olmo *m* (bot.) elm
ológrafo -fa *adj & m* holograph
olomina *f* (ichth.) minnow
olor *m* odor; promise, hope; **estar al olor** (coll.) to be on the scent; **tener en mal olor** to hold in bad odor; **olor de santidad** odor of sanctity
olorizar §76 *va* to perfume
oloroso -sa *adj* odorous, fragrant
olote *m* (Am.) cob, corncob
olvidadizo -za *adj* forgetful; ungrateful; **hacerse olvidadizo** or **el olvidadizo** to pretend to be forgetful
olvidado -da *adj* forgetful; ungrateful; **estar olvidado** (coll.) to be ancient history
olvidar *va & vn* to forget; **olvidar** + *inf* to forget to + *inf; vr* to forget oneself; **olvidarse de** to forget; **olvidarse de** + *inf* to forget to + *inf;* **olvidársele a uno** to forget, e.g., **se me olvidó mi pasaporte** I forgot my passport; **olvidársele a uno** + *inf* to forget to + *inf*, e.g., **se me olvidó cerrar la ventana** I forgot to close the window
olvido *m* forgetfulness; oblivion; **enterrar en el olvido** to cast into oblivion
olla *f* pot, kettle; stew; eddy, whirlpool; (coll.) stomach; **recordar las ollas de Egipto** to remember happier days; **olla carnicera** large kettle, boiler; **olla de fuego** (mil.) incendiary grenade; **olla de grillos** (coll.) pandemonium; **olla de** or **a presión** pressure cooker; **olla podrida** Spanish stew (*made of meat, fowl, sausage, vegetables, etc.*)
ollao *m* (naut.) eyelet hole (*of sail*)
ollar *adj* soft (*stone*); *m* horse's nostril
ollería *f* pottery; earthenware shop
ollero -ra *mf* potter; dealer in earthenware
olluco *m* var. of **ulluco**
olluela *f* small pot or kettle
omaso *m* (zool.) omasum
omatidio *m* (zool.) ommatidium
ombligo *m* navel, umbilicus; umbilical cord; (fig.) center, heart; **ombligo de Venus** (bot.) Venus's-navelwort
ombliguero *m* navel bandage for infants
ombliguismo *m* belly dancing
ombría *f* shade, shady place
ombú *m* (*pl:* **-búes**) (bot.) umbra tree
omega *f* omega
omental *adj* omental
omento *m* (anat.) omentum
ómicron *f* (*pl:* **omícrones**) omicron
ominar *va* to omen, to presage
ominoso -sa *adj* ominous
omisión *f* omission; neglect
omiso -sa *adj* neglectful, remiss, careless
omitir *va* to omit; to overlook, neglect; **no omitir esfuerzos** to spare no efforts; **omitir** + *inf* to omit + *ger*
ómnibus *m* (*pl:* **-bus**) bus, omnibus; **ómnibus de dos pisos** double-decker; *adj* accommodation (*train*)
omnímodo -da *adj* all-embracing, all-inclusive
omnipotencia *f* omnipotence
omnipotente *adj* omnipotent
omnipresencia *f* omnipresence
omnipresente *adj* omnipresent
omnisapiente *adj* omniscient
omnisciencia *f* omniscience
omnisciente or **omniscio -cia** *adj* omniscient
omnívoro -ra *adj* omnivorous; *m* omnivore
omóplato *m* (anat.) shoulder blade
-ón -ona *suffix aug & pej* e.g., **cortinón** big heavy curtain; **hombrón** husky fellow; **mujerona** strapping big woman; **solterona** old maid; *suffix pej* e.g., **mandón** bossy; **respondón** saucy; **tragón** gluttonous; *suffix m* used to form nouns which denote result of action expressed by verb, e.g., **empujón** push; **resbalón** slide, slip; **salpicón** splash; *suffix dim* e.g., **callejón** lane, alley; **plumón** down; **ratón** mouse; **volantón** fledgling
onagra *f* (bot.) evening primrose
onagro *m* (zool.) onager
Onán *m* (Bib.) Onan
onanismo *m* onanism
once *adj* eleven; **las once** eleven o'clock; **estar a las once** (coll.) to be crooked (*said, e.g., of a part of clothing*); **hacer** or **tomar las once** (coll.) to take a bite or snack in the forenoon; *m* eleven; eleventh (*in dates*); (football) eleven (*team*)
oncear *va* to weigh out by ounces
onceavo -va *adj & m* var. of **onzavo**
oncejera *f* snare to catch birds
oncejo *m* (orn.) black martin, European swift
onceno -na *adj & m* eleventh
oncijera *f* var. of **oncejera**
oncología *f* oncology
onda *f* wave; flicker; curl, wave (*in hair*); (phys.) wave; (sew.) scallop; **de toda onda** (rad.) all-wave; **onda amortiguada** (elec.) damped wave; **onda corta** (rad.) short wave; **onda de choque** (aer.) shock wave; blast wave (*of a nuclear explosion*); **onda electromagnética** (phys.) electromagnetic wave; **onda herciana** or **hertziana** (elec.) Hertzian wave; **onda larga** (rad.) long wave; **onda luminosa** (phys.) light wave; **onda media** or **normal** (rad.) standard broadcast wave; **onda portadora** or **portante** (rad.) carrier wave; **ondas cerebrales** (med.) brain waves; **ondas continuas** or **ondas entretenidas** (rad.) continuous waves; **ondas encefálicas** (med.) brain waves; **onda sonora** (phys.) sound wave
ondatra *m* (zool.) muskrat
ondeado -da *adj* wavy; *m* waving, waviness
ondeante *adj* waving, undulating; flowing

ondear *va* to wave (*e.g., the hair*); *vn* to wave; to ripple; to flow; to flicker; to be wavy; *vr* to wave, to sway, to swing
ondeo *m* waving, rippling; flickering; swaying
ondina *f* (myth.) undine
ondisonante *adj* (poet.) babbling, rippling
ondógrafo *m* ondograph
ondoso -sa *adj* wavy
ondulación *f* undulation; wave; wave motion; **ondulación al agua** water wave; **ondulación permanente** permanent wave
ondulado -da *adj* undulate, rippled, wavy; rolling (*e.g., country*); corrugated; *m* wave (*in hair*); **ondulado al agua** finger wave
ondulante *adj* undulant; waving
ondular *va* to wave (*the hair*); *vn* to undulate; to wriggle
ondulatorio -ria *adj* undulatory
oneroso -sa *adj* onerous; (law) onerous
Onfala *f* (myth.) Omphale
ónice *m* or **ónique** *m* (mineral.) onyx
oniromancia or **oniromancía** *f* oneiromancy
ónix *m* (mineral.) onyx
onomancia or **onomancía** *f* onomancy
onomástico -ca *adj* onomastic; of proper names; *m* saint's day, birthday; *f* onomasticon, list of proper names; study of proper names
onomatología *f* onomatology
onomatopeya *f* onomatopoeia
onomatopéyico -ca *adj* onomatopeic or onomatopoetic
onomatopeyismo *m* (Am.) onomatopoeia
onoquiles *f* (bot.) alkanet, dyer's alkanet
ontina *f* (bot.) white sage
ontogenia *f* ontogeny
ontología *f* ontology
ontológico -ca *adj* ontological
ontologismo *m* (theol.) ontologism
ONU *f* UN (*United Nations*)
onubense *adj* (pertaining to) Huelva; *mf* native or inhabitant of Huelva
onz. abr. of **onza**
onza *f* ounce; (zool.) ounce; **onza de oro** Spanish doubloon
onzavo -va *adj & m* eleventh
oocito *m* (biol.) oöcyte
ooforectomía *f* (surg.) oöphorectomy
ooforitis *f* (path.) oöphoritis
oogonio *m* (bot.) oögonium
oolítico -ca *adj* oölitic
oolito *m* (mineral.) oölite
oología *f* oölogy
oosfera *f* (bot.) oösphere
oósporo -ra *adj* (bot.) oösporous; *m* (bot.) oöspore
opacar §86 *va* (Am.) to cloud, darken; *vr* (Am.) to become cloudy, to become obscure
opacidad *f* opacity; sadness, gloominess
opaco -ca *adj* opaque; sad, gloomy
opado -da *adj* swollen, puffed
opalescencia *f* opalescence
opalescente *adj* opalescent
opalino -na *adj* opaline
ópalo *m* (mineral.) opal
opción *f* option; (com.) option
ópera *f* (mus.) opera; **ópera bufa** (mus.) opera buffa; (mus.) opéra bouffe, comic opera; **ópera cómica** (mus.) comic opera; **ópera espiritual** (mus.) oratorio; **ópera semiseria** (mus.) light opera; **ópera seria** (mus.) grand opera
operable *adj* operable; practical, feasible; (surg.) operable
operación *f* operation; **operación cesárea** (surg.) Caesarean operation
operacional *adj* operational
operado -da *mf* patient operated on
operador -dora *adj* operating, operative; *mf* operator; (surg.) operator, operative surgeon; (telg. & telp.) operator
operante *adj* operating, active
operar *va* (surg.) to operate on (*a person or a part of body*); **operar a uno de una cosa** (surg.) to operate on someone for something; *vn* to work; to operate (*said, e.g., of a drug or medicine*); (com., mil., nav. & surg.) to operate; *vr* (surg.) to be operated on
operario -ria *mf* operative (*worker; laborer*); *m* workman; *f* working woman
operativo -va *adj* operative
operatorio -ria *adj* operating, working; (surg.) operating, operative
opérculo *m* (bot. & zool.) operculum
opereta *f* (mus.) operetta
operista *mf* opera singer; (Am.) composer of operas
operístico -ca *adj* operatic
operoso -sa *adj* laborious
opiáceo -a *adj* opiate (*containing opium; bringing sleep; quieting*)
opiado -da *adj & m* opiate
opiático -ca *adj* var. of **opiáceo**
opiato -ta *adj, m & f* opiate
opilación *f* (path.) obstruction; (path.) amenorrhea; (path.) dropsy
opilar *va* to obstruct; *vr* to have amenorrhea
opilativo -va *adj* obstructive, constipating
opimo -ma *adj* rich, fruitful, abundant
opinable *adj* moot
opinar *vn* to opine; to judge, pass judgment
opinión *f* opinion, view, judgment; reputation, public image; **cambiar** or **mudar de opinión** to change one's mind; **casarse con su opinión** (coll.) to stick to one's opinion; **ser de opinión que** to be of the opinion that; **opinión pública** public opinion
opio *m* (pharm.) opium
opíparo -ra *adj* sumptuous, magnificent (*banquet*)
oploteca *f* museum of ancient weapons, museum of arms
opobálsamo *m* balm of Gilead (*resin*)
opondré *1st sg fut ind of* **oponer**
oponente *adj* (anat.) opponent
oponer §69 *va* to put up, to offer (*e.g., resistance*); to juxtapose; **oponer una cosa a otra** to oppose something to something else, to set up something against something else; *vr* to oppose each other; to face each other, be juxtaposed; **oponerse a** to oppose, be opposed to; to be against, to resist; to compete for (*e.g., a professorship*)
opongo *1st sg pres ind of* **oponer**
oponible *adj* opposable
opopónace *f* (bot.) Hercules' allheal
opopónaco *m* (pharm.) opopanax
oporto *m* port (*wine*)
oportunidad *f* opportuneness; opportunity; occasion; **oportunidades** *fpl* opportune remarks, witticisms; **aprovechar la oportunidad** to seize the opportunity; **con toda oportunidad** in due time, in ample time
oportunismo *m* opportunism
oportunista *adj* opportunistic; *mf* opportunist
oportuno -na *adj* opportune; witty
oposición *f* opposition; competitive examinations
oposicionista *adj & mf* (pol.) oppositionist
opositor -tora *adj* rivaling, competing; *mf* opponent; competitor (*for a position*)
opoterapia *f* organotherapy
opresión *f* oppression; pressure
opresivo -va *adj* oppressive
opresor -sora *adj* oppressive; *mf* oppressor
oprimir *va* to oppress; to squeeze, to press
oprobiar *va* to defame, to revile
oprobio *m* opprobrium
oprobioso -sa *adj* opprobrious
opsonina *f* (bact.) opsonin
optar *va* to assume (*an office*); *vn* to opt; **optar a** or **por** to opt or decide in favor of, to choose; **optar a** or **por** + *inf* to decide to + *inf*, to choose to + *inf*
optativo -va *adj* optative, optional; (gram.) optative; *m* (gram.) optative (*mood*)
óptico -ca *adj* optic, optical; *mf* optician; *f* optics; optician's office; optical store; stereoscope
óptimamente *adv* to perfection
optimates *mpl* worthies, grandees
optimismo *m* optimism
optimista *adj* optimistic; *mf* optimist
óptimo -ma *adj super* very good, best, optimum
optometría *f* optometry
optometrista *mf* optometrist
optómetro *m* optometer
opuesto -ta *pp of* **oponer**; *adj* opposite, contrary; (bot.) opposite
opugnación *f* attack, assault; refutation

O

opugnador -dora *adj* attacking, assaulting; *mf* attacker
opugnar *va* to attack, to lay siege to; to oppugn
opulencia *f* opulence
opulento -ta *adj* opulent
opúsculo *m* short work, opuscule
opuse *1st sg pret ind of* **oponer**
oque; de oque (coll.) gratis
oquedad *f* hollow; (fig.) hollowness
oquedal *m* growth of tall trees without underbrush
oqueruela *f* kink in thread
ora; *conj* **ora . . . ora** now . . . then, now . . . now
oración *f* oration; speech; prayer; hour of prayer; (gram.) sentence; (gram.) clause; **oraciones** *fpl* prayers, call to prayer; **hacer oración** to pray; **oración compuesta** (gram.) compound sentence; **oración dependiente** (gram.) clause; (gram.) dependent clause; **oración dominical** Lord's prayer; **oración fúnebre** funeral oration; **oración principal** (gram.) main sentence; **oración simple** (gram.) simple sentence; **oración subordinada** (gram.) dependent clause, subordinate clause
oracional *adj* (gram.) sentential, (pertaining to the) sentence; *m* prayer book
oráculo *m* oracle; (fig.) oracle (*wise person; wise answer*); **oráculo délfico** Delphic oracle
orador -dora *mf* orator, speaker; petitioner; **orador de plazuela** soapbox orator; **orador de sobremesa** after-dinner speaker; *m* preacher
oraje *m* rough weather
oral *adj* oral
orangista *m* Orangeman
orangután *m* (zool.) orang-outang
orante *adj* (f.a.) orant, in the posture of prayer
orar *vn* to pray; to speak, make a speech; **orar por** to pray for
orate *mf* lunatic; (coll.) crazy person, wild person
oratorio -ria *adj* oratorical; *m* oratory (*small chapel*); (mus.) oratorio; *f* oratory
orbe *m* orb; world; (ichth.) globefish
orbicular *adj* orbicular
órbita *f* (anat., astr., phys. & fig.) orbit; **fuera de sus órbitas** (coll.) out of one's head
orbital *adj* orbital
orca *f* (zool.) killer whale
Órcadas *fpl* Orkney Islands
orcaneta *f* (bot.) alkanet, dyer's alkanet; **orcaneta roja** (bot.) alkanet, dyer's alkanet
orco *m* (zool.) killer whale; (poet.) Hades, the lower world; (*cap.*) *m* (myth.) Orcus
orchilla *f* (bot. & chem.) archil
órdago; de órdago (coll.) swell, real, e.g., **un discurso de órdago** a swell speech; **una bofetada de órdago** a real smack on the face
ordalías *fpl* (hist.) ordeal (*trial by fire, water, etc.*)
orden *m* order (*way one thing follows another; formal or methodical arrangement; peace, quiet; class, category*); (arch., biol., gram. & math.) order; (eccl.) order (*sixth sacrament*); (mil.) order (*formation*); **en orden** in order; **en orden a** with regard to; **llamar al orden** to call to order; **poner en orden** to put in order; **por su orden** in order (*of succession*); **orden de batalla** (mil.) order of battle, battle array; **orden de colocación** (gram.) word order; **orden de la misa, orden del culto** (eccl.) ordinal; **orden del día** order of the day (*in a legislative body*); **orden de marcha** working order; **Orden Nuevo** (pol.) New Order ‖ *f* order (*command; honor society; fraternal organization*); (eccl.) order (*monastic brotherhood; grade or rank of Christian ministry*); (mil.) order (*command*); (theol.) order (*any of nine grades of angels*); **a la orden de** (com.) to the order of; **estar a la orden del día** to be the order of the day (*i.e., the prevailing custom*); **estar a las órdenes de** to be at the service of; **sagradas órdenes** (eccl.) holy orders; **por orden de** by order of; **orden de allanamiento** (law) search warrant; **orden de caballería** order of knighthood; **orden de la Jarretera** (Brit.) Order of the Garter; **orden del Cister** Cistercian Order; **orden del día** (mil.) order of the day; **orden de San Agustín** Augustinian Order; **órdenes mayores** (eccl.) major orders; **órdenes menores** (eccl.) minor orders; **órdenes sagradas** (eccl.) holy orders
ordenación *f* order; ordering; auditor's office; (arch. & paint.) ordinance, balance; (eccl.) ordination; **ordenación de montes** forestry; **ordenación urbana** city planning
ordenado -da *adj* orderly; *f* (geom.) ordinate
ordenador *m* chief auditor; computer
ordenamiento *m* ordering, arrangement; law, decree; set of laws
ordenancista *adj* strict, rigid; *mf* martinet
ordenando or **ordenante** *m* (eccl.) ordinand
ordenanza *f* ordinance (*law, decree*); order, system; command; (arch. & paint.) ordinance; **ser de ordenanza** (coll.) to be the rule; *m* errand boy; (mil.) orderly
ordenar *va* to arrange; to order; (eccl.) to ordain; **ordenar** + *inf* to order to + *inf; vr* (eccl.) to become ordained, to take orders; **ordenarse de sacerdote** to become ordained as priest
ordeña *f* (Am.) milking
ordeñadero *m* milk pail
ordeñador -dora *adj* milking; *mf* milker; *f* milk maid; milking machine
ordeñar *va* to milk; to strip (*e.g., olives*) from a branch by a milking motion
ordeño *m* milking; **a ordeño** with milking motion; stripping olives from the branch
ordiate *m* barley water
ordinal *adj* orderly; ordinal; *m* ordinal
ordinariez *f* (coll.) coarseness, crudeness
ordinario -ria *adj* ordinary; daily (*expenses*); *m* ordinary (*judge; bishop*); daily household expenses; delivery man; **de ordinario** ordinarily; **ordinario de la misa** (eccl.) ordinary, Ordinary of the Mass
ordo *m* (eccl.) ordinal
ordoviciense *adj & m* (geol.) Ordovician
oréada or **oréade** *f* (myth.) Oread
orear *va* to air; *vr* to become aired, to dry in the air; to take an airing
oreas *m* (*pl:* **-as**) (zool.) eland
orégano *m* (bot.) wild marjoram
oreja *f* (anat.) ear, outer ear; flap (*of shoe*); flatterer; gossip; (mach.) lug, flange, ear; **aguzar las orejas** to prick up one's ears; **apearse por las orejas** (coll.) to take a tumble (*from a horse*); (coll.) to give a stupid answer; **bajar las orejas** (coll.) to come down from one's perch; **calentar a uno las orejas** (coll.) to dress someone down; **con las orejas caídas** or **gachas** (coll.) crestfallen; **con las orejas tan largas** all ears; **descubrir** or **enseñar las orejas** (coll.) to show the cloven hoof, to give oneself away; **mojar la oreja** to be looking for a fight; **tirar la oreja** or **las orejas, tirar de la oreja a Jorge** (coll.) to play cards for money; **ver las orejas al lobo** to be in great danger; **oreja de fraile** (bot.) asarabacca; **oreja de mercader** deaf ears; **oreja de monje** (bot.) Venus's-navelwort; **oreja de oso** (bot.) auricula, bear's-ear; **oreja de ratón** (bot.) snowberry; **oreja marina** (zool.) abalone
orejano -na *adj* unbranded (*cattle*)
orejeado -da *adj* (coll.) listening, ready to answer
orejear *vn* to shake or wiggle the ears; to act reluctantly; to whisper
orejera *f* earflap, earcap, earlap; earmuff; earthboard (*of plow*)
orejeta *f* lug
orejón *m* strip of dried peach; pull on the ear; dog's-ear (*of page of book*); (fort.) orillion
orejudo -da *adj* long-eared, big-eared
orejuela *f* little ear; handle (*of tray*)
orenga *f* (naut.) floor timber; (naut.) frame
oreo *m* breeze, fresh air; airing
oreoselino *m* (bot.) mountain parsley
Orestes *m* (myth.) Orestes
orfanato *m* orphanage
orfanatorio *m* (Am.) orphanage

orfandad *f* orphanage, orphanhood; abandonment, neglect
orfebre *m* goldsmith, silversmith
orfebrería *f* gold or silver work
orfelinato *m* (Am.) orphanage
Orfeo *m* (myth.) Orpheus
orfeón *m* glee club, choral society
orfeonista *mf* member of a glee club or choral society
órfico -ca *adj* Orphean, Orphic; **órficas** *fpl* Orphic mysteries
orfo *m* (ichth.) sea bream
organdí *m* (*pl:* **-díes**) organdy
organero *m* organ maker, organ builder
organicismo *m* (biol., med. & philos.) organicism
organicista *adj & mf* organicist
orgánico -ca *adj* organic
organillero -ra *mf* organ-grinder
organillo *m* barrel organ, hand organ, hurdy-gurdy
organismo *m* organism; agency, organization; (biol.) organism; **organismo cimógeno** (biol.) zymogenic organism; **organismo patógeno** (biol.) pathogenic organism
organista *mf* (mus.) organist
organización *f* organization; **organización científica del trabajo** scientific management
organizador -dora *adj* organizing; *mf* organizer
organizar §76 *va & vr* to organize
órgano *m* (mus. & physiol.) organ; part (*of a machine*); (bot.) organ-pipe cactus; organ (*means, instrument; medium*); **órgano de campanas** (mus.) carillon, glockenspiel; **órgano de cilindro** (mus.) barrel organ; **órgano de la voz** (anat.) vocal organ; **órgano de lengüetas** (mus.) reed organ; **órgano de los sentidos** (physiol.) sense organ; **órgano de manubrio** hand organ, street organ; **órgano móvil** (mach.) moving part; **órgano sensorio** (physiol.) sense organ; **órganos genitales** (anat.) genital organs
organografía *f* organography
organología *f* organology
organoterapia *f* organotherapy
orgánulo *m* (biol.) tiny organism
orgasmo *m* (physiol.) orgasm
orgástico -ca *adj* orgasmic or orgastic
orgia or **orgía** *f* orgy; **orgias** or **orgías** *fpl* orgies (*of ancient Greece*)
orgiástico -ca *adj* orgiastic
orgullo *m* haughtiness; pride
orgulloso -sa *adj* haughty, conceited; proud
oribe *m* goldsmith
orientable *adj* adjustable
orientación *f* orientation; prospect, exposure; bearings; (naut.) trimming the sails
orientador -dora *adj* leading; *mf* leader
oriental *adj* oriental; eastern; Oriental; *mf* Oriental
orientalismo *m* Orientalism
orientalista *mf* Orientalist
orientalizar §76 *va* to Orientalize
orientar *va* to orient, to orientate; to guide, direct; (naut.) to trim (*a sail*); *vr* to orient oneself, to find one's bearings
oriente *m* east; source, origin; youth; east wind; orient (*luster of the pearl*); (*cap.*) *m* Orient; **Cercano Oriente** Near East; **Extremo Oriente** or **Lejano Oriente** Far East; **gran oriente** grand lodge (*of Masons*); **Próximo Oriente** Near East; **Oriente Medio** Middle East
orificación *f* (dent.) gold filling
orificador *m* (dent.) plugger
orificar §86 *va* (dent.) to fill with gold
orífice *m* goldsmith
orificio *m* orifice, hole
oriflama *f* oriflamme
orifrés *m* orphrey
origen *m* origin; extraction, descent; **en el origen** at the beginning
Orígenes *m* Origen
original *adj* original; queer, odd, quaint; *m* original; character, queer duck; **de buen original** on good authority; **original de imprenta** (print.) copy
originalidad *f* originality; queerness, oddness, quaintness
originar *va & vr* to originate, to start
originario -ria *adj* originating, native; original
orilla *f* border, edge; margin; bank, shore; sidewalk; fresh breeze; shoulder (*of road*); **orillas** *fpl* (Am.) outskirts; **a la orilla** near, on the brink; **salir a la orilla** to manage to get through
orillar *va* to put a border or edge on; to trim; to settle, to arrange; *vn & vr* to skirt the edge, come up to the shore
orillo *m* list, selvage
orín *m* rust; **orines** *mpl* urine; **tomarse de orín** to get rusty
orina *f* urine
orinal *m* chamber pot, urinal; **orinal del cielo** (coll.) rainy place, rainy region
orinar *va* to pass, to urinate (*e.g., blood*); *vn & vr* to urinate
oriniento -ta *adj* rusty
orinque *m* (naut.) buoy rope
oriol *m* (orn.) oriole
Orión *m* (astr.) Orion
oriundez *f* origin
oriundo -da *adj & mf* native; **ser oriundo de** to come from, to hail from
orla *f* border, edge, margin; fringe, trimming; (her.) orle
orlador -dora *mf* borderer, edger
orladura *f* border, edge, trimming
orlar *va* to border, to put an edge on; to trim, trim with a fringe
Orleanista *adj & mf* Orleanist
orlo *m* Alpine horn; (arch.) plinth; (mus.) horn stop (*of an organ*)
ormesí *m* (*pl:* **-siés**) watered silk fabric
ormino *m* (bot.) wild sage
orn. abr. of **orden**
ornado -da *adj* ornate
ornamentación *f* ornamentation
ornamental *adj* ornamental
ornamentar *va* to ornament, adorn, decorate
ornamento *m* ornament; adornment; **ornamentos** *mpl* (eccl.) ornaments
ornato *m* adornment, show
ornitodelfo -fa *adj & m* (*zool.*) monotreme, ornithodelphian
ornitología *f* ornithology
ornitológico -ca *adj* ornithological
ornitólogo -ga *mf* ornithologist
ornitomancia or **ornitomancía** *f* ornithomancy
ornitorrinco *m* (zool.) duckbill, ornithorhyncus
orno *m* (bot.) manna ash
oro *m* gold; playing card (*representing a gold coin*) equivalent to diamond; **oros** *mpl* card suit corresponding to diamonds; **de oro y azul** (coll.) all dressed up; **poner de oro y azul** (coll.) to rake over the coals; **ponerle colores al oro** to gild the lily; **oro batido** gold foil, gold leaf; **oro coronario** fine gold; **oro de ley** standard gold; **oro en barras** bullion; **oro en libritos** gold leaf; **oro molido** ormolu; **oro mosaico** or **musivo** mosaic gold
orobanca *f* (bot.) broomrape
orobancáceo -a *adj* (bot.) orobanchaceous
orobias *m* fine incense
orogenia *f* orogeny
orogénico -ca *adj* orogenic
orografía *f* orography
orográfico -ca *adj* orographic or orographical
orología *f* orology
orómetro *m* orometer
orondo -da *adj* big-bellied (*bottle*); hollow, puffed up; (coll.) pompous; (Am.) calm, unflustered
oropel *m* tinsel; brass foil; accomplishment (*in some social art or grace*); flowery speech; (fig.) tinsel; **gastar mucho oropel** (coll.) to put on a front
oropelar *va* to tinsel, to trim with tinsel; to fake
oropelero -ra *mf* tinsel maker or dealer; flamboyant orator
oropelesco -ca *adj* tinselly, tawdry
oropéndola *f* (orn.) golden oriole
oropimente *m* (mineral.) orpiment

oroya *f* basket of rope railway
orozuz *m* (bot.) licorice
orquesta *f* (mus.) orchestra; (theat.) orchestra (*space occupied by musicians*); **orquesta de cámara** chamber orchestra; **orquesta de cuerda** string orchestra; **orquesta típica** regional orchestra (*which plays music typical of its place of origin*)
orquestación *f* orchestration
orquestal *adj* orchestral
orquestar *va* to orchestrate
orquestina *f* small orchestra
orquidáceo -a *adj* (bot.) orchidaceous
órquide *f* (bot.) orchis
orquídea *f* (bot.) orchid
orquitis *f* (path.) orchitis
orre; en orre loose, in bulk
ortega *f* (orn.) sand grouse
orticón *m* (telv.) orthicon
ortiga *f* (bot.) nettle; **ser como unas ortigas** (coll.) to be a grouch; **ortiga de mar** (zool.) sea nettle, jellyfish; **ortiga hedionda** (bot.) hedge nettle
ortigal *m* nettle field
ortivo -va *adj* (astr.) ortive
orto *m* rise (*of sun or star*)
ortoclasa *f* var. of **ortosa**
ortocromático -ca *adj* (phot.) orthochromatic
ortodoncia *f* orthodontia
ortodoxia *f* orthodoxy
ortodoxo -xa *adj* orthodox
ortoepia *f* orthoëpy
ortoépico -ca *adj* orthoëpic
ortofonía *f* orthophony
ortogénesis *f* (biol.) orthogenesis
ortognato -ta *adj* orthognathous
ortogonal *adj* orthogonal
ortografía *f* (gram. & geom.) orthography
ortografiar §90 *va & vn* to spell
ortográfico -ca *adj* orthographic or orthographical
ortógrafo -fa *mf* orthographer
ortología *f* orthoëpy
ortológico -ca *adj* orthoëpic
ortólogo -ga *mf* orthoëpist
ortopedia *f* orthopedics
ortopédico -ca *adj* orthopedic; *mf* orthopedist
ortopedista *mf* orthopedist
ortóptero -ra *adj* (ent.) orthopterous; *m* (ent.) orthopteran
ortorrómbico -ca *adj* (cryst.) orthorhombic
ortosa *f* (mineral.) orthoclase
ortotropismo *m* (bot.) orthotropism
ortótropo -pa *adj* (bot.) orthotropous
oruga *f* (bot.) rocket; rocket sauce; (ent.) caterpillar; (mach.) caterpillar (*device moving on endless belts*)
orujo *m* bagasse of grapes or olives
orvallar *vn* (dial.) to drizzle
orvalle *m* (bot.) wild sage
orvallo *m* (dial.) drizzle, dew
orza *f* gallipot, crock; (naut.) luffing; (naut.) luff; **orza central de deriva** (naut.) centerboard
orzaga *f* (bot.) orach
orzar §76 *vn* (naut.) to luff, to round to
orzaya *f* nursemaid
orzuelo *m* (path.) sty; snare (*to catch birds*); trap (*to catch wild animals*)
orzura *f* (chem.) minium
os *pron pers & reflex* (used as object of verb and corresponds to **vos** and **vosotros**); you, to you; yourself, to yourself; yourselves, to yourselves; each other, to each other; *interj* shoo!
osa *f* (zool.) she-bear; **Osa mayor** (astr.) Great Bear, Ursa Major; **Osa menor** (astr.) Little Bear, Ursa Minor; **el Osa** Ossa, Mount Ossa
osadía *f* boldness, daring
osado -da *adj* bold, daring
osambre *m* or **osamenta** *f* skeleton; bones
osar *m* ossuary, charnel house; *vn* to dare; **osar** + *inf* to dare + *inf*, to dare to + *inf*
osario *m* ossuary, charnel house
oscense *adj* (pertaining to) Huesca; *mf* native or inhabitant of Huesca
oscilación *f* oscillation; fluctuation; wavering, hesitation
oscilador -dora *adj* oscillating; *m* oscillator; (rad.) oscillator; **oscilador de relajación** (elec.) relaxation oscillator
oscilante *adj* oscillating, oscillatory
oscilar *vn* to oscillate; to waver, hesitate; (phys.) to oscillate
oscilatorio -ria *adj* oscillatory
oscilógrafo *m* (phys.) oscillograph
oscilograma *m* (phys.) oscillogram
osciloscopio *m* (phys.) oscilloscope
oscino -na *adj & f* (orn.) oscine
oscitación *f* gaping, yawning, oscitancy
oscitancia *f* careless oversight
osco -ca *adj & mf* Oscan; *m* Oscan (*language*)
osculación *f* (geom.) osculation
osculador -dora *adj* (geom.) osculatory
osculatorio -ria *adj* osculatory
osculatriz *f* (*pl:* **-trices**) (geom.) osculatrix
ósculo *m* osculation, kiss; (zool.) osculum (*of a sponge*)
oscurantismo *m* var. of **obscurantismo**
oscurantista *adj & mf* var. of **obscurantista**
oscurecer §34 *va, vn & vr* var. of **obscurecer**
oscurecimiento *m* var. of **obscurecimiento**
oscuridad *f* var. of **obscuridad**
oscuro -ra *adj & m* var. of **obscuro**
osear *va* var. of **oxear**
Oseas *m* (Bib.) Hosea
osecico, osecillo or **osecito** *m* little bone
óseo -a *adj* osseous, bony
osera *f* bear's den
osero *m* ossuary
osezno *m* cub or whelp of a bear
osezuelo *m* little bone
Osián *m* Ossian
osiánico -ca *adj* Ossianic
osianismo *m* Ossianism
osículo *m* (anat.) ossicle
osificación *f* ossification
osificar §86 *va & vr* to ossify
osífraga *f* or **osífrago** *m* (orn.) ossifrage
Osiris *m* (myth.) Osiris
osmanlí (*pl:* **-líes**) *adj & m* Osmanli
osmio *m* (chem.) osmium
ósmosis *f* (chem. & physiol.) osmosis
osmótico -ca *adj* osmotic
-oso -sa *suffix adj* -ous, e.g., **famoso** famous; **maravilloso** marvelous; -ful, e.g., **doloroso** painful; **espantoso** frightful; -y e.g., **jugoso** juicy; **rocoso** rocky; (chem.) -ous, e.g., **nitroso** nitrous; **sulfuroso** sulfurous
oso *m* (zool.) bear; **hacer el oso** (coll.) to make a fool of oneself; (coll.) to be overdemonstrative (*in love*); **oso bezudo** (zool.) sloth bear; **oso blanco** (zool.) polar bear; **oso colmenero** (zool.) honey badger; **oso del Tibet** (zool.) black bear; **oso gris** (zool.) grizzly bear; **oso hormiguero** (zool.) ant bear, anteater; **oso lavador** (zool.) coon, raccoon; **oso marino** (zool.) fur seal (*Callorhinus alascanus*); **oso marítimo** (zool.) polar bear; **oso negro** (zool.) black bear; **oso pardo** (zool.) brown bear
ososo -sa *adj* bony, osseous
osta *f* (naut.) guy, vang
ostaga *f* (naut.) tie
oste *interj* var. of **oxte**
osteítis *f* (path.) osteitis
ostensible *adj* visible, manifest
ostensión *f* show, manifestation; (eccl.) ostension
ostensivo -va *adj* ostensive; clear, obvious
ostensorio *m* (eccl.) monstrance
ostentación *f* showing; ostentation
ostentador -dora *adj* ostentatious; *mf* ostentatious person
ostentar *va* to show; to display, make a show of; *vr* to show off; to boast
ostentativo -va *adj* ostentatious
ostento *m* portent, prodigy
ostentoso -sa *adj* ostentatious
osteoblasto *m* (anat.) osteoblast
osteolita *f* (mineral.) osteolite
osteología *f* osteology
osteológico -ca *adj* osteological
osteólogo -ga *mf* osteologist
osteoma *m* (path.) osteoma
osteomalacia *f* (path.) osteomalacia
osteomielitis *f* (path.) osteomyelitis

osteópata *mf* osteopath, osteopathist
osteopatía *f* osteopathy
osteopático -ca *adj* osteopathic
osteotomía *f* (surg.) osteotomy
ostial *m* mouth of a harbor; pearl-growing shell; pearl fishery
ostiario *m* (eccl.) ostiary
ostión *m* large oyster
ostra *f* (zool.) oyster; **ostra perlera** (zool.) pearl oyster
ostráceo -a *adj* oyster; (zool.) ostraceous
ostracismo *m* ostracism
ostral *m* oyster bed, oyster farm
ostrera *f* see **ostrero**
ostrería *f* oysterhouse
ostrero -ra *adj* (pertaining to the) oyster; *m* oysterman; oyster bed, oyster farm; (orn.) oyster bird; *f* oysterwoman; (dial.) oyster bed
ostrícola *adj* oyster-raising, oyster-growing
ostricultura *f* oyster culture
ostro *m* large oyster; south; south wind; (zool.) purple (*mollusk and purple dye*)
ostrogodo -da *adj & mf* Ostrogoth
ostugo *m* corner; bit, whit
osudo -da *adj* bony
osuno -na *adj* bearish, bearlike
otacústico -ca *adj* otacoustic
otalgia *f* (path.) otalgia
otálgico -ca *adj* otalgic
O.T.A.N., la Nato (*North Atlantic Treaty Organization*)
otáñez *m* (coll.) old nobleman or esquire who served and accompanied a lady
O.T.A.S.E., la Seato (*Southeast Asia Treaty Organization*)
-ote -ta *suffix aug* e.g., **animalote** big animal; **grandote** biggish; **terminote** big word; **manota** big hand; *suffix dim* e.g., **camarote** stateroom, cabin; **islote** small barren island
oteador -dora *adj* watchful, spying; *mf* watcher, spy, lookout
otear *va* to survey, look down upon or over; to watch, keep an eye on
Otelo *m* Othello
otero *m* hillock, knoll
oteruelo *m* mound, hummock
otitis *f* (path.) otitis
oto *m* (orn.) tawny owl
otocisto *m* (zool.) otocyst
otoesclerosis *f* var. of **otosclerosis**
otolaringología *f* otolaryngology
otología *f* otology
otólogo -ga *mf* otologist
otomán *m* ottoman (*corded silk fabric*)
otomano -na *adj & mf* Ottoman; *f* ottoman (*sofa*)
Otón *m* Otto
otoñada *f* autumn time; autumn pasturage
otoñal *adj* autumnal, autumn, fall
otoñar *vn* to spend the autumn; to grow in autumn; *vr* (agr.) to soften up from autumn rains (*said of the ground*)
otoñizo -za *adj* autumnal
otoño *m* autumn, fall; fall crop of hay
otorgadero -ra *adj* grantable
otorgador -dora *adj* granting; *mf* grantor
otorgamiento *m* consent; grant; granting, conferring; approval; (law) execution of a document
otorgante *mf* grantor; (law) maker (*of a deed*)
otorgar §59 *va* to agree to; to grant, to confer; (law) to execute (*e.g., a deed*)
otorrea *f* (path.) catarrh of the ear
otorrinolaringología *f* otorhinolaryngology
otorrinolaringólogo -ga *mf* otorhinolaryngologist
otosclerosis *f* (path.) otosclerosis
otoscopia *f* otoscopy
otoscopio *m* otoscope
otramente *adv* otherwise; in a different way
otro -tra *adj indef* other, another; *pron indef* other one, another one; **algún otro** someone else, somebody else; **al otro día** on the next day; **al otro día de** + *inf* on the day after + *ger;* **como dijo el otro** as someone said; **el otro día** the other day; the next day; **¡ésa es otra!** (coll.) that's a fine thing!; **ser muy otro** (coll.) to be quite changed; **¡otra!** (theat.) encore; **otro tanto** as much, the same thing
otrora *adv* formerly, of yore
otrosí *adv* furthermore
ova *f* (bot.) sea lettuce; (arch.) egg (*in egg-and-dart ornaments*); **ovas** *fpl* roe
ovación *f* ovation
ovacionar *va* to give an ovation to
ovado -da *adj* ovate; oval; impregnated (*fowl*)
oval or **ovalado -da** *adj* oval
ovalar *va* to make oval
oválico -ca *adj* oval, oval-shaped
óvalo *m* oval; (arch.) egg (*in egg-and-dart ornaments*)
ovante *adj* victorious, triumphant
ovar *vn* to lay eggs
ovárico -ca *adj* ovarian
ovario *m* (anat. & bot.) ovary; (arch.) egg-ornamented molding
ovariotomía *f* (surg.) ovariotomy
ovaritis *f* (path.) ovaritis
ovecico, ovecillo or **ovecito** *m* small egg
oveja *f* ewe, female sheep; **oveja negra** (fig.) black sheep; **oveja perdida** (fig.) lost sheep
ovejero -ra *adj* (pertaining to) sheep; *mf* sheep raiser; *m* shepherd; *f* shepherdess
ovejuela *f* young ewe
ovejuno -na *adj* (pertaining to) sheep
overo -ra *adj* blossom-colored (*horse*); egg-colored; *f* ovary of a bird
ovetense *adj* (pertaining to) Oviedo; *mf* native or inhabitant of Oviedo
ovezuelo *m* small egg
ovículo *m* (arch.) oviculum
Ovidio *m* Ovid
óvido -da *adj & m* ovine; **óvidos** *mpl* (zool.) Ovidae
oviducto *m* (anat.) oviduct
oviforme *adj* oviform
ovil *m* sheepcote
ovillar *va* to wind up (*e.g., wool*); to sum up; *vn* to form into a ball; *vr* to curl up into a ball
ovillo *m* ball of yarn; ball, heap; tangled ball; **hacerse un ovillo** (coll.) to cower, to recoil; (coll.) to get all tangled up (*in speech*)
ovino -na *adj & m* ovine
ovio -via *adj* var. of **obvio**
ovíparo -ra *adj* oviparous
oviscapto *m* (zool.) ovipositor
ovoide or **ovoideo -a** *adj* ovoid
óvolo *m* (arch.) ovolo
ovoso -sa *adj* full of roe
ovovivíparo -ra *adj* ovoviviparous
ovulación *f* (biol.) ovulation
ovular *adj* ovular
óvulo *m* (biol. & bot.) ovule
ox *interj* shoo! (*to scare away fowl*)
oxalato *m* (chem.) oxalate
oxalidáceo -a *adj* (bot.) oxalidaceous
oxálico -ca *adj* oxalic
oxalme *m* brine mixed with vinegar
oxe *interj* var. of **ox**
oxear *va & vn* to shoo
oxfordiano -na *adj & mf* Oxfordian
oxfordiense *adj & m* (geol.) Oxfordian
oxhídrico -ca *adj* (chem.) oxyhydrogen
oxhidrilo *m* (chem.) hydroxyl
oxiacanto -ta *adj* thorny; *f* (bot.) hawthorn, whitethorn
oxiacetilénico -ca *adj* oxyacetylene
oxidable *adj* oxidizable
oxidación *f* oxidation
oxidante *adj* oxidizing; *m* (chem.) oxidizer
oxidar *va* to oxidize; *vr* to oxidize; to get rusty; (fig.) to get rusty (*said of one's knowledge of a subject*)
óxido *m* (chem.) oxide; **óxido amarillo** yellow oxide; **óxido de aluminio** (chem.) aluminum oxide; **óxido de carbono** (chem.) carbon monoxide; **óxido de cinc** (chem.) zinc oxide; **óxido de hierro** (chem.) iron oxide; **óxido de mercurio** (chem.) mercuric oxide; **óxido nitroso** (chem.) nitrous oxide
oxigenación *f* oxygenation
oxigenar *va* oxygenate; *vr* (chem.) to become oxygenated; to take the air, to go out for fresh air
oxígeno *m* (chem.) oxygen
oxigonio -nia *adj* (geom.) acute-angled
oxihemoglobina *f* (biochem.) oxyhemoglobin

oximel *m* or **oximiel** *m* (pharm.) oxymel
oxirrino -na *adj* (zool.) oxyrhine
oxítono -na *adj & m* (phonet.) oxytone
oxizacre *m* bittersweet drink
oxoniense *adj & mf* Oxonian
oxozono *m* (chem.) oxozone
oxte *interj* get out!, beat it!; **sin decir oxte ni moxte** (coll.) without opening one's mouth
oye *3d sg pres ind & 2d sg impv of* **oír**
oyente *mf* hearer; listener (*to radio*); auditor (*in school*)
oyes *2d sg pres ind of* **oír**
ozona *f* var. of **ozono**
ozonizar §76 *va & vr* to ozonize
ozono *m* (chem.) ozone
ozonosfera *f* ozonosphere, ozone layer
ozonuro *m* (chem.) ozonide
ozostomía *f* (path.) ozostomia

P

P, p *f* nineteenth letter of the Spanish alphabet
P. abr. of **Padre, Papa & Pregunta**
p.ª abr. of **para**
P.A. abr. of **Por ausencia & Por autorización**
pabellón *m* pavilion; bell tent; flag, banner; stack (*of guns*); building (*e.g., of an exposition*); canopy (*over bed, throne, altar*); summerhouse; (anat. & arch.) pavilion; (mus.) bell (*of wind instrument*); (naut.) flag, colors; protection; **pabellón de conveniencia** (naut.) flag of convenience; **pabellón nacional** national flag
pabilo or **pábilo** *m* wick; snuff (*of candle*)
pabilón *m* flax or wool hanging from distaff
pablar *vn* (hum.) to jabber
Pablo *m* Paul; **¡guarda, Pablo!** (coll.) careful there!
pábulo *m* pabulum; (fig.) support, encouragement, fuel
paca *f* (zool.) spotted cavy; bale
pacana *f* (bot.) pecan (*tree and fruit*)
pacanero *m* (bot.) pecan (*tree*)
pacatería or **pacatez** *f* mildness, gentleness
pacato -ta *adj* mild, gentle
pacay *m* (*pl:* **-cayes** or **-caes**) (bot.) pacay (*tree and fruit*)
pacedero -ra *adj* pasturable
pacedura *f* pasture
pacense *adj* (pertaining to) Badajoz; *mf* native or inhabitant of Badajoz
paceño -ña *adj* (pertaining to) La Paz (*Bolivia*); *mf* native or inhabitant of La Paz
pacer §34 *va* to pasture, graze; to gnaw, eat away; *vn* to pasture, graze
paciencia *f* patience; almond cooky
paciente *adj & mf* patient; *m* (gram.) patient, recipient of an action
pacienzudo -da *adj* patient, long-suffering
pacificación *f* pacification; peace, calm, quiet
pacificador -dora *adj* pacifying; *mf* pacifier, peace-maker
pacificar §86 *va* to pacify; *vn* to sue for peace; *vr* to calm down
pacífico -ca *adj* pacific; (*cap.*) *adj & m* Pacific (*ocean*)
pacifismo *m* pacifism
pacifista *adj* pacifist, pacifistic; *mf* pacifist
paco *m* (zool.) paco, alpaca; (mineral.) paco; Moorish sniper; sniper; (*cap.*) *m* Frank
pacón *m* (bot.) soap tree
pacotilla *f* goods carried by seamen or officers free of freight; merchandise; bother, annoyance; deal, venture; trash, junk; **hacer la pacotilla** (coll.) to pack up; **hacer su pacotilla** (coll.) to make a cleanup; **ser de pacotilla** to be shoddy, to be poorly made
pacotillero -ra *mf* (Am.) peddler
pactar *va* to agree to, to agree upon; *vn* to come to an agreement; to temporize
pacto *m* pact, covenant
pachá *m* (*pl:* **-chaes**) var. of **bajá**
pachón -chona *adj* (Am.) woolly, shaggy; *m* pointer (*dog*); phlegmatic fellow, sluggard
pachorra *f* (coll.) sluggishness, indolence
pachorrudo -da *adj* (coll.) sluggish, indolent
pachucho -cha *adj* overripe; weak, drooping
pachulí *m* (*pl:* **-líes**) (bot.) patchouli
padecer §34 *va* to suffer; to endure; to be victim of (*a mistake, illusion, etc.*); *vn* to suffer; **padecer con** or **de** to suffer from
padecimiento *m* suffering
padilla *f* small frying pan; bread oven
padrastro *m* stepfather; bad father; obstacle; hangnail; (mil.) eminence, high ground
padrazo *m* (coll.) indulgent father
padre *m* father; stallion, sire; (eccl.) father; **padres** *mpl* parents; ancestors; **de padre y muy señor mío** (coll.) hard, terrific (*e.g., beating*); **santos padres** fathers of the church; **padre de la patria** Father of his Country; (hum.) Solon (*legislator*); **padre de pila** godfather; **padre político** father-in-law; step-father; **Padre Santo** Holy Father; **Padres apostólicos** Apostolic Fathers; **padres conscriptos** conscript father; **padres de la iglesia** fathers of the church; *adj* (Am.) swell, grand
padrear *vn* to resemble one's father; to breed (*said of a male animal*)
padrenuestro *m* (*pl:* **padrenuestros**) Lord's Prayer; paternoster (*prayer and bead*)
padrillo *m* (Am.) stallion
padrina *f* godmother
padrinazgo *m* godfathership; sponsorship, patronage
padrino *m* godfather; sponsor; second (*in a duel*); **padrinos** *mpl* godfather and godmother; **padrino de boda** best man, groomsman
padrón *m* poll, census; pattern, model; memorial column; note of infamy; (coll.) indulgent father; (Am.) stallion
padrote *m* (Am.) pimp, procurer; (Am.) gigolo
paella *f* saffron-flavored stew of chicken, seafood, and rice with vegetables
paf *interj* bang!
pafión *m* (arch.) soffit
pág. abr. of **página**
paga *f* pay, payment; wages, salary; fine; requital; **buena paga** good pay (*person*); **mala paga** poor pay (*person*)
pagable *adj* payable
pagadero -ra *adj* payable; *m* time of payment, term, grace
pagado -da *adj* pleased, cheerful; **estamos pagados** we're quits; **pagado de sí mismo** self-satisfied, conceited
pagador -dora *adj* paying; *mf* payer; paymaster; paying teller
pagaduría *f* disbursement office, paymaster's office
pagamento or **pagamiento** *m* payment
paganismo *m* paganism
paganizar *va & vn* to paganize
pagano -na *adj & mf* pagan; *m* (coll.) easy mark, scapegoat
pagar §59 *va* to pay; to pay for; to return (*e.g., a kindness, a visit*); **pagarla** or **pagarlas** (coll.) to pay for it; *vn* to pay; **a luego pagar** cash, for cash; *vr* to become fond, become enamored; to yield to flattery; to boast, make a show; to be satisfied
pagaré *m* promissory note, I.O.U.
pagd.º abr. of **pagado**
pagel *m* (ichth.) red surmullet
página *f* page; (fig.) page (*of history*)
paginación *f* pagination
paginar *va* to page
pago *adj* (coll.) paid; *m* payment; district, region (*especially of vineyards or olive groves*); **en pago de** in payment of or for; **pago a la entrega** cash on delivery; **pago a plazos** installment payment, installment plan
pagoda *f* pagoda
pagote *m* (coll.) easy mark, scapegoat
pagro *m* (ichth.) porgy
paguro *m* (zool.) hermit crab
paila *f* large pan
pailebote *m* (naut.) small sleek schooner
painel *m* panel
pairar *vn* (naut.) to lie to
pairo *m* (naut.) lying to

país *m* country, land; back of fan; (f.a.) landscape; **el país de Gales** Wales; **el País Vasco** the Basque Country; **los Países Bajos** the Low Countries (*Belgium, The Netherlands, and Luxemburg*); The Netherlands (*Holland*); **país satélite** satellite country
paisaje *m* landscape; (f.a.) landscape
paisajista *mf* landscape painter, landscapist
paisajístico -ca *adj* (pertaining to) landscape
paisana *f* see **paisano**
paisanaje *m* peasantry; civilians; fellow citizenship
paisano -na *adj* of the same country; (Am.) rustic, boorish; *mf* peasant; *m* countryman; civilian; (orn.) road runner; **de paisano** in civies; *f* countrywoman
paisista *mf* landscape painter
paja *f* straw; chaff (*husk of wheat, oats, rye, etc.*); trash, rubbish, chaff, deadwood; **en un quítame allá esas pajas** (coll.) in a jiffy; **no dormirse en las pajas** (coll.) to not let the grass grow under one's feet; **no importar una paja** to be of no utter use or importance; **no levantar paja del suelo** to not lift a hand, to not do a stroke of work; **paja centenaza** rye straw; **paja de madera** excelsior; **paja pelaza** beaten barley straw; **¡pajas!** no less so!
pajado -da *adj* straw-colored; *f* chaff (*to be used as fodder*)
pajar *m* haystack, hayrick, straw loft
pájara *f* paper kite; paper rooster; bird; crafty female; **pájara pinta** game of forfeits
pajarear *vn* to go out to catch birds; to loaf around; (Am.) to shy (*said of a horse*)
pajarel *m* (orn.) redpoll
pajarera *f* see **pajarero**
pajarería *f* flock of birds, large number of birds; bird store; pet shop
pajarero -ra *adj* (coll.) bright, cheerful; (coll.) bright-colored, gaudy; *m* bird dealer, bird fancier; *f* aviary; large bird cage
pajarilla *f* (bot.) columbine; paper kite; paper rooster; milt, spleen (*of hog*)
pajarita *f* paper kite; paper rooster; bow tie; wing collar, piccadilly; (bot.) toadflax, snapdragon; **pajarita de las nieves** (orn.) wagtail
pájaro *m* bird; crafty fellow; expert; **matar dos pájaros de una pedrada** to kill two birds with one stone; **pájaro bobo** (orn.) penguin; **pájaro carpintero** (orn.) woodpecker; **pájaro de cuenta** (coll.) big shot; **pájaro gato** (orn.) catbird; **pájaro gordo** (coll.) big shot; **pájaro mosca** (*pl:* **pájaros moscas**) (orn.) hummingbird; **pájaro polilla** (orn.) kingfisher; **pájaro sastre** (orn.) tailorbird; **pájaro trompeta** (orn.) trumpeter; **pájaro verdugo** (orn.) butcherbird
pajarota or **pajarotada** *f* hoax, canard
pajarote *m* large bird
pajarraco or **pajaruco** *m* ugly big bird; (coll.) sly fellow, sneaky fellow
pajaza *f* fodder refuse
pajazo *m* (vet.) spot or scar on cornea of horse
paje *m* page; valet; dressing table; (naut.) cabin boy; **paje de hacha** linkboy
pajear *vn* to feed well on straw; (coll.) to act, behave
pajecillo *m* washstand
pajel *m* var. of **pagel**
pajera *f* see **pajero**
pajería *f* straw store; (coll.) bore, annoyance
pajero -ra *mf* straw dealer; *f* straw loft
pajil *adj* (pertaining to a) page (*boy*)
pajilla *f* cigarette; cigarette rolled in corn husk; lock spring
pajita *f* straw, drinking straw
pajizo -za *adj* straw, strawy; straw-colored
pajolero -ra *adj* annoying, pestiferous; voluble, convivial
pajón *m* coarse straw
pajoso -sa *adj* strawy, full of straw
pajote *m* straw mat for covering plants
pajuela *f* short straw; sulphur match or fuse; (Am.) match; (Am.) gold or silver toothpick
pajuncio *m* (scornful) page (*boy*)
pajuno -na *adj* var. of **pajil**
pajuz *m* or **pajuzo** *m* rotted straw used for manure
Pakistán, el Pakistan
pakistanés -nesa *adj* Pakistani
pakistaní (*pl:* **-níes**) *adj & mf* var. of **pakistano**
pakistano -na *adj & mf* Pakistani
pal *m* (her.) pale
pala *f* shovel; blade (*of hoe, spade, oar, etc.*); scoop; racket; upper (*of shoe*); scraper; setting (*of precious stones*); flat surface (*of tooth*); leaf (*of hinge*); paddle; peel (*of baker*); cake turner; (mil. & nav.) shoulder strap; (coll.) cunning, craftiness; bucket (*of power shovel*); **meter la pala** (coll.) to be slick, to be crooked; **pala de doble concha** clamshell bucket, grab bucket; **pala mecánica** power shovel
palabra *f* word; speech; words (*of a song*); (*cap.*) *f* (theol.) Word (*second person of Trinity*); **bajo su palabra** on one's word; **cruzar palabras con** to exchange words with; to have words with; **cuatro palabras** a word, a few words; **dar la palabra a** to give the floor to; **dar palabra y mano** to give one's word; to give one's word in marriage; **dar su palabra** to give one's word; **decir a medias palabras** to hint at; **de palabra** by word of mouth; **dirigir la palabra a** to address; to direct one's words to; **dos palabras** a word, a few words; **en una palabra** in a word; **pedir la palabra** to ask for the floor; **remojar la palabra** (coll.) to wet one's whistle; **sobre su palabra** on one's word; **tener la palabra** to have the floor; **tener palabras** to have words, to have words with each other; **tomar la palabra** to take the floor; **tomarle a una persona la palabra** to take a person at his word; **trabarse de palabras** to have words, get into an argument; **última palabra** last word; (fig.) last word (*most up-to-date style; thing that cannot be improved*); **usar de la palabra** to speak, make a speech; **venir contra su palabra** to go against one's word; **palabra clave** key word; **palabra de Dios** Word of God; **palabra de enchufamiento** portmanteau word; **palabra de matrimonio** promise of marriage; **palabra esdrújula** (phonet.) proparoxytone; **palabra llana** (phonet.) paroxytone; **palabras al aire** (coll.) hot air; **palabras cruzadas** word square; crossword puzzle; **palabras mayores** words (*angry words, quarrel*); *interj* hey!, say!; word of honor!
palabrada *f* wordiness, flow of words; vulgarity (*word*)
palabreja *f* minor word, incidental word
palabreo *m* (coll.) chatter
palabrería *f* (coll.) wordiness; (coll.) empty promises
palabrerío *m* (Am.) wordiness, windiness, hot air
palabrero -ra *adj* wordy, windy; *mf* windbag
palabrimujer *adj masc* (coll.) female-voiced; *m* (coll.) fellow with a female voice
palabrista *adj & mf* var. of **palabrero**
palabrita *f* pointed word; **palabritas mansas** *mf* honey-tongued schemer
palabrón -brona *adj* wordy, windy
palabrota *f* vulgarity (*word*)
palaciano -na *adj* (pertaining to the) palace, court
palaciego -ga *adj* (pertaining to the) palace, court; *m* courtier
palacio *m* palace; mansion; building; **Palacio de la Alborada** official residence of the chief executive of Brazil, in Brasilia; **Palacio de la Moneda** official residence of the chief executive of Chile, in Santiago; **palacio municipal** city hall
palacra or **palacrana** *f* gold nugget
palada *f* shovelful; stroke (*of an oar*)
paladar *m* (anat.) palate; (fig.) palate (*taste; gourmet*); **paladar blando** (anat.) soft palate; **paladar duro** (anat.) hard palate
paladear *va* to taste, to relish; to clean the mouth or palate of (*an animal*); to rub the palate of (*a baby*) with something sweet; to take a liking for; *vn* to show a desire for suck-

ing (*said of a baby*); *vr* to taste; **paladearse con** to taste, to relish
paladeo *m* tasting, relishing
paladial *adj & f* (phonet.) palatal
paladín *m* paladin
paladino -na *adj* public, open; *m* paladin
paladio *m* (chem.) palladium
paladión *m* palladium (*protection*); (*cap.*) *m* (myth.) Palladium
palado -da *adj* (her.) paly
palafito *m* (archeol.) palafitte, lake dwelling
palafrén *m* palfrey; groom's horse
palafrenero *m* groom, stableboy; equerry
palahierro *m* shaft socket of a millstone
palamallo *m* pall-mall (*game*)
palamedea *f* (orn.) screamer
palamenta *f* (naut.) oarage, set of oars
palanca *f* (mach. & mech.) lever; pole (*for carrying a weight*); crowbar; (fort.) outwork made of stakes and earth; (fig.) soul, prime mover; (Am.) friend with pull; **palanca de cambio** (aut.) gearshift lever; **palanca de gancho** cant hook; **palanca de mando** (aer.) control stick; **palanca de mayúsculas** shift key (*of typewriter*); **palanca portatipos** type bar (*of typewriter*)
palancada *f* move made with a lever, leverage
palancana or **palangana** *f* washbowl
palanganero *m* washstand (*stand with basin and pitcher*)
palangre *m* boulter, trawl, trotline
palangrero *m* boulterer, trawler
palanquera *f* stockade; (fort.) log rampart
palanquero *m* leverman; (archaic) blower of bellows; (Am.) brakeman; (Am.) timberman
palanqueta *f* jimmy; dumbbell; lever; (nav.) bar shot; (Am.) honeyed popcorn
palanquilla *f* billet (*square iron rod*)
palanquín *m* errand boy, porter; palankeen or palanquin; (naut.) double tackle
Palas *f* (myth.) Pallas; **Palas Atenea** (myth.) Pallas Athene
palasán *m* (bot.) rattan, rotang
palastro *m* sheet iron, plate steel; plate of lock
palatal *adj* palatal; (phonet.) palatal; *f* (phonet.) palatal
palatalización *f* palatalization
palatalizar §76 *va & vr* to palatalize
palatina *f* see **palatino**
palatinado *m* palatinate; (*cap.*) *m* Palatinate
palatino -na *adj* (anat.) palatal; palatine; Palatine; *m* Palatine; **el Palatino** the Palatine; *f* tippet (*scarf*)
palatizar §76 *va* to palatalize
palatosquisis *f* cleft palate
palay *m* paddy (*rice in husk*)
palazo *m* blow with a shovel
palazón *m* woodwork, timber
palco *m* (theat.) box; (theat.) bench, row of seats; **palco de platea** (theat.) parquet box; **palco escénico** (theat.) stage
paleador *m* shoveler; stoker
palear *va* to beat, to pound; to shovel
palenque *m* paling, palisade; arena; (fig.) arena; **tener la vida en un palenque** (coll.) to be in great danger
palentino -na *adj* (pertaining to) Palencia; *mf* native or inhabitant of Palencia
paleobotánica *f* paleobotany
paleografía *f* paleography
paleográfico -ca *adj* paleographic
paleógrafo -fa *mf* paleographer
paleolítico -ca *adj* paleolithic
paleontología *f* paleontology
paleontólogo -ga *mf* paleontologist
paleoterio *m* (pal.) palaeothere
paleozoico -ca *adj & m* Paleozoic
palería *f* draining, drainage
palero *m* shovel maker or dealer; drainer; shoveler; (mil.) pioneer, sapper
palestino -na *adj & mf* Palestinian; (*cap.*) *f* Palestine
palestra *f* palaestra; wrestling; struggle, dispute
paléstrico -ca *adj* palaestric
palestrita *m* wrestler
paleta *f* small shovel; fire shovel; trowel; paddle; blade, bucket, vane; (anat.) shoulder blade; (paint.) palette, pallet; (Am.) lollipop; **de paleta** ready, at hand; **en dos paletas** (coll.) in a jiffy
paletada *f* trowelful; blow with a shovel; **en dos paletadas** (coll.) in a jiffy
paletazo *m* blow with a shovel or trowel; side thrust with the horn
paletear *va* to beat (*hides*); *vn* to row without advancing; to go around without advancing (*said of paddle wheel*)
paletero *m* two-year-old fallow deer
paletilla *f* (anat.) shoulder blade; sternum cartilage; **poner la paletilla en su lugar a** (coll.) to rake over the coals
paleto *m* fallow deer; rustic, yokel
paletó *m* (*pl:* **-toes**) (archaic) overcoat, paletot
paletón *m* bit or web (*of key*)
paletoque *m* man's doublet or jacket
pali *adj & m* Pali
palia *f* (eccl.) altar cloth; (eccl.) pall, pallium
paliacate *m* (Am.) bandanna
paliación *f* palliation
paliadamente *adv* secretly, hiddenly
paliar §90 & **regular** *va* to palliate
paliativo -va *adj & m* palliative
paliatorio -ria *adj* concealing, veiling
palidecer §34 *vn* to pale, turn pale
palidez *f* paleness, pallor
pálido -da *adj* pale, pallid
paliducho -cha *adj* palish
palillero -ra *mf* toothpick maker or dealer; *m* toothpick holder
palillo *m* knitting-needle holder; toothpick; drumstick; tobacco stem; bobbin (*for making lace*); **palillos** *mpl* pins (*sometimes used in billiards*); chopsticks; castanets; (coll.) rudiments; (coll.) trifles
palimpsesto *m* palimpsest
palíndromo -ma *adj* palindromic; *m* palindrome
palingenesia *f* palingenesis
palingenésico -ca *adj* palingenetic
palinodia *f* backdown, recantation, palinode; **cantar la palinodia** to eat crow
palio *m* (anat., eccl. & hist.) pallium; cloak, mantle; baldachin, dais, canopy; (hist.) prize (*silk cloth*) for winning a horse race
palique *m* (coll.) chit-chat, small talk
paliquear *vn* (coll.) to chat, gossip
palisandro *m* (bot.) palisander, Brazilian rosewood
palitroque *m* stick
paliza *f* beating
palizada *f* fenced-in enclosure; stockade; embankment
palma *f* palm (*of hand*); (bot.) palm (*tree and leaf*); sole (*of hoof*); (fig.) palm; **palmas** *fpl* clapping, applause; **andar en palmas** to be highly esteemed; **batir palmas** to clap, applaud; **llevarse la palma** to bear the palm, to carry off the palm; **palma brava** (bot.) fan palm (*Corypha minor*); **palma de cera** (bot.) wax palm; **palma indiana** (bot.) coconut palm; **palma loca** (bot.) yucca; **palma real** (bot.) royal palm
palmáceo -a *adj* (bot.) palmaceous
palmacristi *f* (bot.) palma Christi
palmado -da *adj* palmate; (bot. & zool.) palmate; (slang) broke; *f* slap; hand, applause, clapping; **dar palmadas** to clap hands
palmar *adj* (anat.) palmar; clear, evident; *m* palm grove; fuller's thistle; *vn* (coll.) to die
palmario -ria *adj* clear, evident
palmatoria *f* ferule; candlestick
palmeado -da *adj* palmate; (bot. & zool.) palmate
palmear *va* (print.) to level (*a form*); (Am.) to pat, to slap; *vn* to clap; *vr* (naut.) to go aloft hand over hand
palmense *adj* (pertaining to) Las Palmas; *mf* native or inhabitant of Las Palmas, Canary Islands
palmeo *m* measuring by spans or palms
pálmer *m* micrometer caliper
palmera *f* elephant's ear (*cake*); (bot.) date palm; **palmera de betel** (bot.) betel palm; **palmera de las Antillas** (bot.) royal palm; **palmera de sombrilla** (bot.) talipot; **palmera enana** or **de abanico** (bot.) dwarf fan palm

P

palmeral *m* grove of date palms
palmero *m* palmer (*pilgrim from Holy Land*); caretaker of palm trees
palmesano -na *adj* (pertaining to) Palma; *mf* native or inhabitant of Palma, Majorca
palmeta *f* ferule; blow with a ferule
palmetazo *m* blow with a ferule; severe scolding
palmiche *m* (bot.) royal palm; nut of royal palm; (Am.) Palm Beach (*fabric*)
palmífero -ra *adj* (poet.) palmiferous
palmilla *f* blue woolen cloth; inner sole
palmípedo -da *adj & f* (zool.) palmiped
palmitato *m* (chem.) palmitate
palmitieso -sa *adj* flat-hoofed (*horse*)
palmito *m* (bot.) palmetto, dwarf fan palm; sprout (*of palm*); (coll.) face (*of a woman*); (coll.) slender figure (*of a woman*)
palmo *m* span, palm; **crecer a palmos** (coll.) to grow by leaps and bounds; **dejar con un palmo de narices** (coll.) to disappoint; **tener medido a palmos** to know every inch of
palmotear *vn* to clap
palmoteo *m* clapping; striking with a ferule
palo *m* stick; whack, blow with a stick; staff; handle; (naut.) mast; wood; execution on gallows; suit (*at cards*); (print.) hook or stroke (*of an ascender or descender*); (her.) pale; **dar palos de ciego** to lay about, to swing wildly; **de tal palo tal astilla** like father like son; **servir del palo** to follow suit; **palo áloe** aloes, aloes wood; **palo brasil** brazilwood; **palo campeche** logwood; **palo de áloe** aloes, aloes wood; **palo de barranco** (bot.) American hornbeam; **palo de Campeche** logwood; **palo de Cuba** (bot.) fustic; **palo de escoba** broomstick; **palo de hierro** (bot.) ironwood; **palo de jabón** soapbark, quillai bark; **palo de hule** (bot.) rubber tree; **palo de lanza** (bot.) lancewood; **palo de las Indias** lignum vitae (*wood*); **palo del Brasil** brazilwood; **palo de mesana** (naut.) mizzenmast; **palo de planchar** ironing board; **palo de rosa** (bot.) tulipwood (*tree and wood*); **palo de trinquete** (naut.) foremast; **palo dulce** licorice root; **palo en alto** big stick (*military or political coercive power*); **palo mayor** (naut.) mainmast; **palo santo** lignum vitae (*wood*)
paloma *f* (orn.) pigeon, dove; (fig.) dove, meek person, easy-going person; prostitute; (naut.) sling of yard; (slang) high collar; (slang) brandy and soda; **palomas** *fpl* whitecaps; **paloma brava** (orn.) stock dove; **paloma buchona** pouter (*pigeon*); **paloma capuchina** (orn.) capuchin (*pigeon*); **paloma colipava** (orn.) fantail; **paloma de pitahaya** (orn.) white-winged dove; **paloma emigrante** (orn.) passenger pigeon; **paloma mensajera** homing pigeon; **paloma silvestre** (orn.) stock dove; **paloma torcaz** (orn.) ringdove, wood pigeon; **paloma triste** (orn.) mourning dove; **paloma volcanera** (orn.) wood pigeon (*Columba fasciata*); **paloma zorita, zura, zurana** or **zurita** (orn.) rock dove
palomadura *f* (naut.) boltrope tie
palomar *adj* hard-twisted (*twine*); *m* pigeon house, dovecot
palomariego -ga *adj* domestic (*pigeon*)
palomear *vn* to hunt pigeons, to shoot pigeons; to breed pigeons
palomera *f* see **palomero**
palomería *f* pigeon shooting
palomero -ra *mf* pigeon breeder or fancier, pigeon seller; *f* small pigeon house; bleak spot
palometa *f* (mach.) pillow block; (ichth.) pomfret; (ichth.) weever; (ichth.) palometa (*Parona signata*)
palomilla *f* doveling; small butterfly; white horse; back (*of horse*); wall bracket; (bot.) alkanet (*Alkanna tinctoria*); (bot.) fumitory; (ent.) grain moth; (mach.) pillow block, journal bearing; (print.) galley rack; **palomillas** *fpl* whitecaps
palomina *f* pigeon droppings; (bot.) fumitory
palomino *m* young stock dove; palomino (*horse*); (coll.) dirty spot on shirttail
palomita *f* doveling; (Am.) piece of popcorn; (Am.) darling; **palomitas** *fpl* (Am.) popcorn
palomo *m* cock pigeon; (orn.) ringdove
palor *m* pallor
palotada *f* stroke with a drumstick; **no dar palotada** (coll.) to not do or say the right thing; (coll.) to be dilatory
palote *m* stick, drumstick; scribbled downstroke
paloteado *m* stick dance; (coll.) noisy scuffle
palotear *vn* to knock sticks together; to wrangle
paloteo *m* noise of sticks knocking together; (coll.) noisy scuffle
palpabilidad *f* palpability
palpable *adj* palpable
palpación *f* touching, feeling; groping; (med.) palpation
palpadura *f* or **palpamiento** *m* touching, feeling; groping
palpar *va* to touch, to feel; to grope through; to find self-evident; (med.) to palpate; *vn* to grope
pálpebra *f* eyelid
palpebral *adj* palpebral
palpitación *f* palpitation
palpitante *adj* palpitating; throbbing; thrilling; burning, of the moment (*said of an event, issue, etc.*)
palpitar *vn* to palpitate, to throb; to flash, to break forth (*said of an emotion*)
pálpito *m* thrill, excitement; (Am.) presentiment
palpo *m* palpus, feeler
palta *f* (Am.) avocado (*fruit*)
palto *m* (Am.) avocado tree
palúdico -ca *adj* marshy; marsh, malarial
paludismo *m* (path.) malaria
palurdo -da *adj* rustic, boorish; *mf* rustic, boor
palustre *adj* marshy, boggy; *m* trowel
pallador *m* (Am.) wandering minstrel
pallaquear *va* (Am.) var. of **pallar**
pallar *va* to extract (*metal*) from ore
pallete *m* (naut.) fender mat, cargo mat
pallón *m* assay button (*of gold or silver*)
pamela *f* woman's wide-brimmed straw hat; picture hat; (*cap.*) *f* Pamela (*woman's name*)
pamema *f* (coll.) trifle, bagatelle; (coll.) bunkum, humbug; (coll.) flattery
pampa *f* pampa; **La Pampa** the Pampas
pámpana *f* vine leaf; **tocar** or **zurrar la pámpana a** (coll.) to drub, to thrash
pampanada *f* juice of vine shoots
pampanaje *m* large growth of tendrils or shoots; froth, bluff; show, tinsel
pampanilla *f* loincloth; kilt worn by Indians
pampanito *m* (ichth.) pompano
pámpano *m* tendril; vine leaf; (ichth.) gilthead
pampanoso -sa *adj* full of tendrils
pampelmusa *f* var. of **pamplemusa**
pampero -ra *adj & mf* (Am.) pampean; *m* (Am.) pampero (*southwest wind from the Andes over the pampas*)
pampirolada *f* garlic sauce; (coll.) nonsense, simpleness
pamplemusa *f* (bot.) shaddock (*tree and fruit*); (bot.) grapefruit (*tree and fruit*)
pamplina *f* (bot.) chickweed; (bot.) large-flowered hypecoum; (coll.) nonsense, trifle, silly remark; **pamplina de agua** (bot.) brookweed; **pamplina de canarios** (bot.) chickweed
pamplinada *f* (coll.) nonsense, trifle
pamplinero -ra or **pamplinoso -sa** *adj* simple, silly
pamporcino *m* (bot.) cyclamen, sowbread
pamposado -da *adj* (coll.) idle, lazy
pampringada *f* toast dipped in gravy; (coll.) nonsense, triviality
pan *m* bread; loaf, loaf of bread; wheat; food; pie dough; cake (*e.g., of soap, wax*); gold foil or leaf, silver foil or leaf; (*cap.*) *m* (myth.) Pan; **panes** *mpl* grain, breadstuff; **a pan y agua** on bread and water; **buscar pan de trastrigo** (coll.) to be looking for trouble; **como el pan bendito** (coll.) as easy as pie; **de pan llevar** arable, tillable (*land*); **ganarse el pan** to earn one's livelihood; **llamar al pan pan y al vino vino** to call a spade a spade; **venderse como pan bendito** (coll.) to sell like hot cakes; **pan ázimo** unleavened bread; **pan bazo** brown bread; **pan candeal** white bread; **pan casero** homemade bread;

pan de azúcar sugar loaf (*mass of sugar; hat; hill*); **pan de cuco** (bot.) stonecrop; **pan de gluten** gluten bread; **pan del día** fresh bread; **pan de munición** army bread; prison bread; **pan de oro** gold leaf, gold foil; **panes de la proposición** (Bib.) shewbread; **pan porcino** (bot.) sowbread; **pan negro** black bread; **pan rallado** bread crumbs; **pan tierno** fresh bread; **pan y quesillo** (bot.) shepherd's-purse
pana *f* plush, velveteen, corduroy; (naut.) flooring board; (aut.) breakdown; **pana abordonada** or **acanillada** corduroy
pánace *f* (bot.) Hercules' allheal
panacea *f* panacea
panadear *va* to make (*flour*) into bread; *vn* to make bread, to be in the bread business
panadeo *m* making bread
panadería *f* bakery; baking business
panadero -ra *mf* baker; **panaderos** *mpl* clog dance
panadizo *m* (path.) felon, whitlow; (coll.) sickly person
panado -da *adj* breaded, bread-crumbed; flavored with toast
panal *m* honeycomb; hornet comb; lemon-flavored meringue
panamá *m* (*pl:* **-maes**) panama, panama hat; (*cap.*) *m* Panama (*country*); *f* Panama, Panama City
panameño -ña *adj & mf* Panamanian
panamericanismo *m* Pan-Americanism
panamericanista *mf* Pan-Americanist
panamericano -na *adj* Pan-American
panarábico -ca *adj* Pan-Arabian
panario -ria *adj* (pertaining to) bread
panarizo *m* var. of **panadizo**
panarra *m* (coll.) lazy simpleton
panatela *f* long thin spongecake
Panateneas *fpl* (hist.) Panathenaea
panática *f* (naut.) store of bread
panatier *m* var. of **panetero**
panca *f* (Am.) cornhusk
pancada *f* contract for lump sale
pancarpia *f* garland of flowers
pancarta *f* placard, poster
pancellar *m* or **pancera** *f* (arm.) belly plate
pancista *adj* weaseling, non-committal; *mf* weaseler
pancrático -ca *adj* var. of **pancreático**
páncreas *m* (*pl:* **-creas**) (anat.) pancreas
pancreático -ca *adj* pancreatic
pancreatina *f* (biochem.) pancreatin
pancromático -ca *adj* panchromatic
pancho *m* (ichth.) spawn of sea bream; (coll.) paunch, belly; (*cap.*) *m* (Am.) Frank
panda *m* see **pando**; *f* see **pando**
pandanáceo -a *adj* (bot.) pandanaceous
pandear *vn & vr* to warp, to bulge, to buckle, to sag, to bend
pandectas *fpl* (com.) index book; (*cap.*) *fpl* Pandects
pandemia *f* pandemic
pandémico -ca *adj* pandemic
pandemonio o **pandemónium** *m* pandemonium (*place*)
pandeo *m* warping, bulging, buckling, sagging, bending
pandera *f* (mus.) tambourine
panderada *f* tambourines; tambourine players; (coll.) nonsense
panderazo *m* blow with a tambourine
pandereta *f* (mus.) tambourine
panderete *m* (mus.) tambourine; brick wall in which bricks are laid on edge
panderetear *vn* to celebrate playing the tambourine, to sing and dance and play the tambourine
pandereteo *m* celebrating and playing the tambourine, singing and dancing and playing the tambourine
panderetero -ra *mf* tambourine player; tambourine maker or dealer
pandero *m* (mus.) tambourine; paper kite; (coll.) jabberer, silly chatterbox
pandiculación *f* stretching, pandiculation
pandilla *f* party, faction; gang, band; picnic, excursion; stacking cards
pandillaje *m* banding together; leaguing, intriguing
pandillar *va* to form into bands or gangs; **pandillar el naipe** (slang) to stack the cards
pandillero or **pandillista** *m* gang leader
pando -da *adj* bulging; slow-moving; slow, deliberate; *m* plain between two mountains; *f* gallery of a cloister; **panda** *m* (zool.) panda; **panda gigante** (zool.) giant panda
pandorada *f* evil, misfortune
pandorga *f* kite; (coll.) fat, lazy woman
panecillo *m* roll, manchet, crescent; crescent (*crescent-shaped object*)
panegírico -ca *adj* panegyrical; *m* panegyric
panegirista *mf* panegyrist
panegirizar **§76** *va* to panegyrize, to eulogize
panel *m* panel; (elec.) panel; (naut.) removable floor board
panela *f* prism-shaped cake; corncake; (her.) poplar leaf (*on a shield*)
panenteísmo *m* (theol.) panentheism
panera *f* granary; bread basket; (dial.) bread tray
panero *m* baker's basket; round mat
paneslavismo *m* Pan-Slavism
paneslavista *adj* Pan-Slav or Pan-Slavic; *mf* Pan-Slavist
panetela *f* (cook.) panada; panetella (*cigar*)
panetería *f* pantry of royal palace
panetero -ra *mf* pantler
Panfilia *f* Pamphylia
panfilismo *m* extreme gentleness, great mildness
pánfilo -la *adj* slow, sluggish; discouraged; *mf* sluggard
panfletista *mf* pamphleteer
panfleto *m* pamphlet
pangelín *m* (bot.) angelin
pangénesis *f* (biol.) pangenesis
pangermanismo *m* Pan-Germanism
pangermanista *adj* Pan-German, Pan-Germanic; *mf* Pan-German
pangolín *m* (zool.) pangolin
panhelénico -ca *adj* Panhellenic
panhelenismo *m* Panhellenism
paniaguado *m* (archaic) servant, minion; (coll.) protégé, favorite
pánico -ca *adj* panic, panicky; *m* panic
panícula *f* (bot.) panicle
paniculado -da *adj* (bot.) paniculate
panicular *adj* pannicular
panículo *m* (anat.) panniculus; **panículo adiposo** (anat.) panniculus adiposus
paniego -ga *adj* bread-eating; wheat-bearing; *m* (dial.) charcoal bag
panificación *f* panification, making bread
panificar **§86** *va* to make (*flour*) into bread; to convert (*pasture land*) into wheat fields
panique *m* (zool.) flying fox
panislamismo *m* Pan-Islamism
panislamista *adj* Pan-Islamic; *mf* Pan-Islamist
panizal *m* field of foxtail millet; (dial.) foam on cider
panizo *m* (bot.) Italian millet, foxtail millet; (Am.) gangue; **panizo de las Indias** (bot.) Indian corn; **panizo negro** (bot.) sorghum
panjí *m* (*pl:* **-jíes**) (bot.) China tree
panocha *f* ear of grain; ear of corn; (bot.) panicle; bunch of small fish fried with tails sticking together; bunch of fruit hung up for keeping; (Am.) panocha (*brown sugar; candy made from it*)
panoja *f* ear of grain; ear of corn; (bot.) panicle; bunch of small fish fried with tails sticking together; bunch of fruit hung up for keeping
panol *m* var. of **pañol**
panoli *m* (slang) simpleton
panoplia *f* panoply; wall trophy; study of ancient weapons
panorama *m* panorama
panorámico -ca *adj* panoramic
panoso -sa *adj* mealy
panqué *m* or **panqueque** *m* pancake
pantagruélico -ca *adj* Pantagruelian or Pantagruelic
pantalón *m* trousers; **pantalones** *mpl* trousers, pants, pantaloons; **calzarse** or **ponerse los pantalones** (coll.) to wear the pants, to

P

wear the trousers (*said of a wife*); **pantalón de agua** (aer.) emergency water ballast bag (*built in two sections and resembling a pair of trousers suspended at the waist, each leg being full of water and the valve being at the lower end of each leg*); **pantalón de salvamento** (naut.) breeches buoy; **pantalones de equitación** riding breeches; **pantalones de golf** golf trousers, knickerbockers; **pantálon rana** coveralls

pantalla *f* lamp shade; fire screen; motion-picture screen; television screen; person standing in front of another, person standing in the way; blind (*person concealing another's actions*); (phys.) screen; (fig.) screen (*moving pictures*); (Am.) fan; **llevar a la pantalla** to put (*a play*) on the screen; **servir de pantalla a** to be a blind for (*someone*); **pantalla acústica** (rad.) baffle; **pantalla de chimenea** fire screen; **pantalla fluorescente** (phys.) fluorescent screen; **pantalla plateada** silver screen (*movies*); **pantalla televisora** television screen

pantanal *m* swampland

pantanizar §76 *vr* to become marshy or swampy; to dam up

pantano *m* bog, marsh, swamp; dam, reservoir; trouble, obstacle, morass; **Pantanos Pontinos** Pontine Marshes

pantanoso -sa *adj* marshy, swampy; muddy; knotty, difficult

pantasana *f* seine

panteísmo *m* pantheism

panteísta *adj* pantheistic; *mf* pantheist

panteístico -ca *adj* pantheistic

panteón *m* pantheon; mausoleum; cemetery

pantera *f* (zool.) panther (*Panthera pardus*)

pantógrafo *m* pantograph; (elec.) pantograph

pantómetra *f* pantometer

pantomima *f* pantomime

pantomímico -ca *adj* pantomimic

pantomimo *m* pantomimist

pantoque *m* (naut.) bilge

pantorrilla *f* calf (*of leg*)

pantorrillera *f* padded stocking

pantorrilludo -da *adj* thick-calved

pantoténico -ca *adj* pantothenic

pantufla *f* slipper, house slipper

pantuflazo *m* blow with a slipper, slippering

pantuflo *m* var. of **pantufla**

panza *f* paunch; belly (*e.g., of a vase*); (zool.) paunch, rumen (*of ruminant*); **panza de burra** (coll.) dark overcast (*sky*)

panzada *f* push with the belly; (coll.) bellyful

panzón -zona *adj* big-bellied; *m* big belly

panzudo -da *adj* big-bellied, paunchy

pañal *m* diaper; shirttail; **pañales** *mpl* swaddling clothes; infancy; early stages

pañalón *m* (coll.) sloppy-looking person

pañería *f* dry goods; cloths; dry-goods store, dry-goods department (*of a store*); cloth store, cloth department

pañero -ra *adj* dry-goods, cloth; *mf* dry-goods dealer, clothier

pañete *m* light, thin cloth; **pañetes** *mpl* trunks (*worn by fishermen*); breechcloth (*of crucifix*)

pañito *m* small cloth; **pañito de adorno** doily

pañizuelo *m* var. of **pañuelo**

paño *m* cloth; paper (*e.g., of needles*); breadth (*of cloth*); spot (*on face*); growth over eye; blur (*in mirror, precious stone, etc.*); hanging, drapery; (naut.) sailcloth, canvas; (Am.) shawl, kerchief; **al paño** (theat.) off-stage; **conocer el paño** (coll.) to know one's business, to know what one is up to; **poner el paño al púlpito** (coll.) to hold forth, to speak ex cathedra; **paño de adorno** antimacassar; **paño de altar** altar cloth; **paño de arrás** arras; **paño de cáliz** (eccl.) chalice veil; **paño de cocina** washrag, dishcloth; **paño de lágrimas** recourse, stand-by, helping hand; **paño de limpiar** cleaning rag; **paño de manos** towel; **paño de mesa** tablecloth; **paño de tumba** crape; **paño mortuorio** pall, hearsecloth; **paño pardillo** sacking, cheap coarse cloth; **paños calientes** (coll.) half measures; **paños menores** underclothing

pañol *m* (naut.) storeroom

pañolería *f* handkerchief shop; handkerchief business

pañolero -ra *mf* handkerchief maker or seller; *m* (naut.) storekeeper, yeoman

pañoleta *f* fichu; triangular plot of ground

pañolón *m* large shawl, scarf

pañoso -sa *adj* ragged, in rags; *f* (coll.) cloak, cloth cape

pañuelo *m* handkerchief; shawl; **pañuelo de bolsillo** or **de la mano** pocket handkerchief; **pañuelo de hierbas** bandana; **pañuelo para el cuello** scarf

papa *f* potato; (coll.) fake, hoax; (coll.) food, grub; (Am.) snap, cinch; **papas** (coll.) pap; **echar papas** (Am.) to fib, to lie; **no saber ni papa** (Am.) to not know a thing; **papa de caña** (bot.) Jerusalem artichoke; *m* pope; (coll.) papa; **papa negro** black pope

papá *m* (*pl:* **-pás**) (coll.) papa; **papás** *mpl* papa and mama

papable *adj* papable; eligible

papacito *m* (Am.) papa, daddy

papada *f* double chin; dewlap

papadilla *f* flesh under the chin

papado *m* papacy

papafigo *m* (orn.) figpecker; (orn.) golden oriole

papagaya *f* female parrot

papagayo *m* (orn.) parrot; (bot.) Joseph's-coat; (bot.) caladium; (ichth.) wrasse, peacock fish; (ichth.) roosterfish, papagallo; chatterbox; **papagayo de noche** (orn.) oilbird

papahigo *m* winter cap (*covering head, ears, and neck*)

papahuevos *m* (*pl:* **-vos**) (coll.) simpleton; (Am.) big-headed dwarf (*in a procession*)

papaína *f* (biochem.) papain

papal *adj* papal; *m* (Am.) potato field

papalino -na *adj* papal; *f* sunbonnet; (coll.) drunk (*spell of drinking*)

papamoscas *m* (*pl:* **-cas**) (orn.) flycatcher; (coll.) simpleton

papanatas *m* (*pl:* **-tas**) (coll.) simpleton, gawk

papandujo -ja *adj* (coll.) too soft, overripe

papar *va* to eat without chewing; (coll.) to eat; (coll.) to pay little attention to, to pass over hurriedly

páparo *m* gawk, gump

paparote -ta *mf* simpleton, boob

paparrabias *mf* (*pl:* **-bias**) (coll.) grouch, crab

paparrasolla *f* hobgoblin

paparrucha *f* (coll.) hoax; (coll.) trifle, inconsequentiality

paparruchada *f* (Am.) triviality, bagatelle

papasal *m* trifle, pastime

papatoste *m* var. of **papanatas**

papaveráceo -a *adj* (bot.) papaveraceous

papavientos *m* (*pl:* **-tos**) (orn.) goatsucker

papaya *f* papaya (*fruit*)

papayo *m* (bot.) papaya (*tree*)

pápaz *m* (used by African Moors) Christian priest

papazgo *m* papacy

papel *m* paper; piece of paper; rôle, part; character, figure; **desempeñar** or **hacer un papel** to play a rôle; **hacer papel** to cut a figure, to be somebody; **hacer buen papel** to make a good showing, to come out all right; **hacer el papel de** to play the rôle of; **hacer gran papel** to splurge, to cut a wide swath; **hacer mal papel** to come out badly, to fail; **tener buenos papeles** to have good backing; to be in the right; **traer los papeles mojados** (coll.) to bear false news; **papel alquitranado** tar paper; **papel biblia** Bible paper; **papel buscapolos** (elec.) pole-determining paper; **papel carbón** carbon paper; **papel cebolla** onionskin; **papel continuo** paper in rolls; **papel corrugado** corrugated paper; **papel cuché** art paper; **papel de barba** (theat.) rôle of an old man; **papel de barbas** untrimmed paper; **papel de calcar** tracing paper; **papel de cartas** letter paper; **papel de China** India paper; **papel de cúrcuma** (chem.) curcuma paper, turmeric paper; **papel de empapelar** or **de entapizar** wallpaper; **papel de escribir** writing paper; **papel de esmeril** emery paper; **papel de estaño** tin foil; **papel de estraza** brown wrapping paper; **papel de excusado** toilet paper;

papel de filtro filter paper; **papel de fumar** cigarette paper; **papel de lija** sandpaper; **papel de luto** mourning paper; **papel de marquilla** drawing paper; **papel de música** music paper; **papel de oficio** foolscap; **papel de ozono** (chem.) ozone paper; **papel de periódico** newsprint; **papel de seda** onionskin; tissue paper; **papel de segundón** second fiddle; **papel de tornasol** litmus paper; **papel higiénico** toilet paper; **papel mojado** scrap of paper; (coll.) trifle, triviality; **papel moneda** paper money; **papel pergamino** parchment paper; **papel pintado** wallpaper; **papel rayado** ruled paper; **papel satinado** glazed paper; **papel secante** blotting paper; **papel sepia** (phot.) sepia paper; **papel viejo** waste paper; **papel vitela** vellum paper; **papel volante** printed leaflet, handbill
papelear *vn* to look through papers; (coll.) to cut a figure, make a show
papelejo *m* scrap of paper
papeleo *m* looking through papers; red tape
papelera *f* see **papelero**
papelería *f* stationery store; scattered paper, mess of papers
papelerío *m* lot of paper; scattered paper, mess of papers
papelero -ra *adj* boastful, showy; (pertaining to) paper; *mf* paper manufacturer, paper dealer, stationer; *m* (bot.) paper mulberry; (Am.) paper boy; *f* paper case; writing desk; lot of papers; wastebasket
papeleta *f* slip of paper; card, file card; pawn ticket; examination paper; ballot; (coll.) tough problem; **no saberse la papeleta** to not know one's business; **papeleta de empeño** or **del monte** pawn ticket; **papeleta de fichero** filing card
papeletizar §76 *va* to abstract on slips of paper or cards
papelillo *m* cigarette; paper (*of powdered medicine*)
papelina *f* tall drinking glass; poplin
papelista *m* papermaker, paper manufacturer; paper dealer, stationer; paper hanger; archivist
papelón -lona *adj* (coll.) bluffing, four-flushing; *mf* (coll.) bluffer, fourflusher; *m* worthless piece of paper; thin cardboard; (Am.) crystallized cane syrup
papelonear *vn* (coll.) to bluff, to four-flush
papelorio *m* mess of paper or papers
papelote *m* worthless paper, worthless piece of paper; (Am.) kite, child's kite
papel-prensa *m* newsprint
papelucho *m* var. of **papelote**
papera *f* goiter; mumps; **paperas** *fpl* scrofula
papero *m* pap pot; pap
papialbillo *m* (zool.) genet
papiamento *m* Curaçao Creole (*language of Curaçao and other Netherlands colonies of South America*)
papila *f* (anat. & bot.) papilla; **papila del gusto** (anat.) taste bud
papilar *adj* papillary
papilionáceo -a *adj* (bot.) papilionaceous
papiloma *m* (path.) papilloma
papilla *f* pap; guile, deceit
papillote *m* hair twisted in curlpaper; *f* (cook.) papillote, paper wrapper
papín *m* homemade sweet cake
papión *m* (zool.) papion
papiráceo -a *adj* papyraceous
papiro *m* (bot.) papyrus; papyrus (*strip of pith of this plant; record written on papyrus*)
papirolada *f* var. of **pampirolada**
papirotada *f* fillip; (coll.) folly, piece of stupidity
papirotazo *m* fillip
papirote *m* fillip; (coll.) nincompoop
papisa *f* popess; **Juana la papisa, la papisa Juana** Pope Joan
papismo *m* papistry, popery
papista *adj* & *mf* papist
papístico -ca *adj* papistic or papistical
papo *m* craw, maw; dewlap; puff (*in a dress*); (bot.) pappus; **papo de viento** (naut.) pocket in partly opened sail
papón *m* bogeyman
paporrear *va* to whip, to flog
papú -púa (*pl:* **-púes** & **-púas**) *adj* & *mf* Papuan
Papuasia, la Papua
papudo -da *adj* big-crawed; goitery
papujado -da *adj* full-gorged; swollen, puffed up
pápula *f* (path.) papule
papuloso -sa *adj* papulose
paq. abr. of **paquete**
paquear *va* to snipe at; *vn* to snipe
paquebote *m* packet boat
paqueo *m* sniping
paquete -ta *adj* (coll.) chic, dolled up; (Am.) insincere, self-important; *m* package, parcel, bundle, bale; packet boat; (coll.) sport, dandy; **en paquete aparte** under separate cover, in a separate package; **paquete de planchas fotográficas** film pack; **paquete regalo** (*pl:* **paquetes regalos**) gift package; **paquetes postales** parcel post (*service*)
paquetería *f* smallwares, notions
paquetero -ra *adj* packing, wrapping; *mf* parcel maker, wrapper; general distributor of bundles of newspapers; *m* (dial.) smuggler
paquidermo -ma *adj* (zool.) pachydermous; *m* (zool.) pachyderm
paquisandra *f* (bot.) pachysandra
Paquistán, el Pakistan
Paquita *f* Fanny
par *adj* like, similar, equal; (math.) even ‖ *m* pair, couple; principal rafter; peer (*equal; nobleman*); (elec. & mech.) couple; (math.) even number; **a pares** in twos; **al par** equally; jointly; at the same time; **de par en par** wide-open; completely; overtly; **en par de** on par with, equal to; **sin par** peerless, matchless, unequaled; **par de fuerzas** (mech.) couple; **¿pares o nones?** odd or even? (*guessing game*); **par motor** (mech.) torque; **par térmico** (elec.) thermocouple; **par termoeléctrico** (elec.) thermoelectric couple ‖ *f* par; **a la par** equally; jointly; at the same time; (com.) at par; **a la par con** abreast with; **a la par que** as well as; while, at the same time that; **bajo la par** (com.) below par or under par; **sobre la par** (com.) above par
para *prep* to, for; towards; compared to; by (*a certain time*); **para** + *inf* in order to + *inf;* about to + *inf;* **para con** towards; **para mí** for me; to myself; **para que** in order that, so that; **¿para qué?** for what reason?
pára *3d sg pres ind of* **parar**
parabién *m* congratulation; **dar el parabién a** to congratulate
parábola *f* parable; (geom.) parabola
parabólico -ca *adj* parabolic; (geom.) parabolic
paraboloide *m* (geom.) paraboloid
parabrisa *m* or **parabrisas** *m* (*pl:* **-sas**) windshield; **parabrisas panorámico** (aut.) wraparound windshield
paracaídas *m* (*pl:* **-das**) parachute; **salvarse en paracaídas** to parachute to safety; **paracaídas piloto** pilot chute
paracaidismo *m* parachute jumping
paracaidista *mf* parachutist; *m* (mil.) paratrooper
Paracelso *m* Paracelsus
paracentesis *f* paracentesis
paracleto or **paráclito** *m* Paraclete
paracronismo *m* parachronism
parachispas *m* (*pl:* **-pas**) spark arrester; (elec.) spark arrester
parachoques *m* (*pl:* **-ques**) (rail.) bumper, bumping post; (aut.) bumper
parada *f* see **parado**
paradera *f* sluice gate, floodgate; fishing seine
paradero *m* end; whereabouts; stopping place; (Am.) railroad station
paradiclorobenceno *m* (chem.) paradichlorobenzene
paradigma *m* (gram. & fig.) paradigm
paradina *f* scrub pasture with sheep pens
paradisíaco -ca *adj* paradisiacal
paradislero *m* hunter on the watch; newsmonger

parado -da *adj* slow, spiritless, witless; idle, out of work, unemployed; stopped; closed; (Am.) straight, standing; (Am.) proud, stiff; **salir mejor parado** to come off better ‖ *f* stop; end; stay, suspension; shutdown; stake (*in gambling*); dam; stall (*for cattle*); stud farm; parry (*in fencing*); relay (*of horses*); post (*for keeping horses for relays*); (mil.) parade, dress parade, review; (mus.) pause; **doblar la parada** to double the stakes; to double one's bid; **salir a la parada a** to go to meet; **parada de taxi** taxi stand; **parada en cuarta** (fencing) parry of or in carte or quarte; **parada en primera** (fencing) parry of or in prime; **parada en segunda** (fencing) parry of or in seconde; **parada en tercera** (fencing) parry of or in tierce
paradoja *f* see **paradojo**
paradójico -ca *adj* paradoxical
paradojo -ja *adj* paradoxical; *f* paradox
parador -dora *adj* stopping; heavy-betting; *mf* heavy bettor; *m* inn, wayside inn, hostelry; **parador de turismo** motel
paraestatal *adj* government-coöperating, government-affiliated (*e.g., agency*)
parafina *f* paraffin
parafraseador -dora *adj* paraphrasing; *mf* paraphraser
parafrasear *va* to paraphrase
paráfrasis *f* (*pl:* **-sis**) paraphrase
parafraste *m* paraphrast
parafrástico -ca *adj* paraphrastic
paragoge *f* (gram.) paragoge
paragógico -ca *adj* paragogic
paragolpes *m* (*pl:* **-pes**) (rail.) buffer, bumper
paragrafía *f* (path.) paragraphia
parágrafo *m* paragraph
paragranizo *m* canvas cover to protect crops from hail
paraguas *m* (*pl:* **-guas**) umbrella
paraguatán *m* (bot.) Central American madder (*Sickingia tinctoria*)
Paraguay, el Paraguay
paraguaya *f* see **paraguayo**
paraguayano -na *adj & mf* Paraguayan
paraguayo -ya *adj & mf* Paraguayan; *f* flat-shaped peach
paragüería *f* umbrella store
paragüero -ra *mf* umbrella maker; umbrella vendor; *m* umbrella stand
parahuso *m* pump drill
paraíso *m* paradise; paradise (*top gallery of theater*); **paraíso de los bobos** (coll.) air castles; **paraíso terrenal** paradise, garden of Eden
paraje *m* place, spot; state, condition
parajismero -ra *adj* grimacing
parajismo *m* face, grimace
paral *m* putlog; (naut.) ground ways
paraláctico -ca *adj* parallactic
paralaje *f* parallax
paralar *va* to putlog
paralasis *f* (*pl:* **-sis**) var. of **paralaje**
paralaxi *f* var. of **paralaje**
paraldehido *m* (chem.) paraldehyde
paralela *f* see **paralelo**
paralelar *va* to parallel, to compare
paralelepípedo *m* (geom.) parallelepiped or parallelepipedon
paralelismo *m* parallelism
paralelizar §76 *va* to parallel, to compare
paralelo -la *adj* parallel; *m* (geog. & fig.) parallel; **en paralelo** (elec.) in parallel; *f* (geom. & fort.) parallel; **paralelas** *fpl* (sport) parallel bars
paralelogramo *m* (geom.) parallelogram
paralipómenos *mpl* (Bib.) Paralipomena
paralipsis *f* (*pl:* **-sis**) (rhet.) paralipsis
parálisis *f* (*pl:* **-sis**) paralysis; **parálisis agitante** (path.) paralysis agitans; **parálisis cerebral infantil** (path.) cerebral palsy; **parálisis infantil** (path.) infantile paralysis
paraliticar §86 *vr* to become paralyzed
paralítico -ca *adj & mf* paralytic
paralización *f* paralization
paralizador -dora *adj* paralyzing
paralizar §76 *va* to paralyze; (fig.) to paralyze; *vr* to become paralyzed
paralogismo *m* (log.) paralogism
paralogizar §76 *va* to try to convince with specious arguments; *vr* to paralogize
paramagnético -ca *adj* paramagnetic
paramagnetismo *m* paramagnetism
paramecio *m* (zool.) paramecium
paramentar *va* to adorn, bedeck; to caparison; to face, to surface
paramento *m* adornment, ornament; hangings; caparison; face, surface; **paramentos sacerdotales** (eccl.) liturgical vestments
paramera *f* bleak, barren country
parámetro *m* (math.) parameter
páramo *m* high barren plain; bleak windy spot; (Am.) cold drizzle
parancero *m* birdcatcher
parangón *m* comparison
parangona *f* (print.) paragon
parangonar *va* to compare
paranieves *m* (*pl:* **-ves**) snow fence
paraninfo *m* assembly hall, auditorium; speaker at opening exercises (*of a university*); bringer of joy; (poet.) best man, groomsman
paranoia *f* (path.) paranoia
paranoico -ca *adj & mf* paranoiac
paranoya *f* var. of **paranoia**
paranza *f* hunter's hut or blind
parapetar *va* to fortify with parapets; *vr* to fortify oneself with parapets; to protect oneself
parapeto *m* parapet; (fort.) parapet
paraplejía *f* (path.) paraplegia
parapléjico -ca *adj & mf* paraplegic
parapoco *mf* (*pl:* **parapoco**) (coll.) numskull
parapsicología *f* parapsychology
parar *m* lansquenet (*card game*); *va* to stop; to check; to change; to prepare; to put up, to stake; to parry; to order; to get, acquire; to fix (*attention*); (hunt.) to point (*game*); (print.) to set; (Am.) to prick up (*ears*); *vn* to stop; to put up (*e.g., in a hotel*); **sin parar** right away; **parar en** to become; to run to (*said of a train or rail line*); **parar a las manos de** or **en poder de** to come into the hands of; *vr* to stop; to stop work; to turn, to become; to be ready for danger; to stand up on end (*said, e.g., of hair*); (Am.) to stand up; **pararse a** + *inf* to stop to + *inf*, to pause to + *inf;* **pararse en** to pay attention to
pararrayo or **pararrayos** *m* (*pl:* **-yos**) lightning rod; lightning arrester; **pararrayo de cuernos** horn lightning arrester
parasanga *f* parasang
parasceve *m* parasceve
paraselene *f* (meteor.) paraselene
parasicología *f* var. of **parapsicología**
parasimpático -ca *adj & m* (anat. & physiol.) parasympathetic
parasíntesis *f* (gram.) parasynthesis
parasismo *m* var. of **paroxismo**
parasitario -ria *adj* parasitic
parasiticida *adj & m* parasiticide
parasítico -ca *adj* parasitic
parasitismo *m* parasitism
parásito -ta *adj* parasitic; (elec.) stray; *m* (biol. & fig.) parasite; **parásitos atmosféricos** (rad.) atmospherics, static
parasito -ta *adj & m* var. of **parásito**
parasitología *f* parasitology
parasitológico -ca *adj* parasitological
parasitólogo -ga *mf* parasitologist
parasol *m* parasol; (bot.) umbel
parata *f* step terrace
paratífico -ca or **paratifoide** *adj* paratyphoid
paratifoidea *f* (path.) paratyphoid fever
paratiroideo -a *adj* parathyroid
paratiroides *adj & m* parathyroid
paratopes *m* (*pl:* **-pes**) (rail.) bumper, bumping post
paraulata *f* (orn.) Venezuelan thrush
paraván *m* screen
paraviento *m* screen; bicycle windshield (*of celluloid*)
parca *f* & **Parcas** *fpl* see **parco**
parce *m* reward card (*in school*)
parcela *f* plot, piece of ground; particle
parcelación *f* or **parcelamiento** *m* parceling (*of land*)
parcelar *va* to parcel, to divide into lots
parcial *adj* partial; partisan; *mf* partisan

parcialidad *f* partiality; faction, party; clique; partisanship; sociability, friendliness
parcidad *f* var. of **parquedad**
parcimonia *f* var. of **parsimonia**
parcionero -ra *adj* participant; *mf* participant; accomplice
parcísimo -ma *adj super* very or most frugal; very or most moderate
parco -ca *adj* frugal, sparing; moderate; *f* (poet.) death; **Parcas** *fpl* (myth.) Parcae, Fates
parcha *f* (bot.) passionflower
parchar *va* (Am.) to mend, to patch
parchazo *m* large plaster; (naut.) bang of a sail against mast or yard; (coll.) gyp, swindle; **pegar un parchazo a** (coll.) to gyp, to swindle
parche *m* plaster, sticking plaster; patch; drum; drumhead; daub, botch, splotch; **pegar un parche a** (coll.) to gyp, to swindle; **parche poroso** porous plaster
parchesí *m* parcheesi
parchista *m* (coll.) sponger
pardal *adj* rustic; *m* (orn.) linnet; (orn.) swallow; (zool.) leopard; (zool.) camelopard; (bot.) wolfsbane; (coll.) sly fellow
pardear *vn* to be drabbish, to appear drab
pardejón -jona *adj* (Am.) drabbish
pardela *f* (orn.) small sea gull
pardiez *interj* (coll.) by Jove!
pardillo -lla *adj* drab; *m* (orn.) redpoll, linnet; (coll.) sly fellow
pardisco -ca *adj* var. of **pardusco**
pardo -da *adj* brown; drab; dark; cloudy; dull, flat (*voice*); dark (*beer*); (Am.) mulatto; *mf* (Am.) mulatto; *m* brown; drab; (zool.) leopard
pardusco -ca *adj* drabbish, grayish
pareado -da *adj* in the form of a couplet, rhymed; *m* couplet
parear *va* to pair; to match; (taur.) to thrust banderillas in; *vr* to pair off
parecencia *f* resemblance, likeness
parecer *m* opinion; look, mien, countenance; **a mi parecer** to my mind, in my opinion; **por el bien parecer** for appearance, to save appearances; §34 *vn* to appear; to show up; to look, to seem; **a lo que parece or al parecer** apparently; **cambiar** or **mudar de parecer** to change one's mind; **me parece que sí** I guess so, so it seems to me; **¿qué le parece?** what do you think?, what is your opinion?; **según parece** apparently; **parecer** + *inf* to seem to + *inf; vr* to look alike, to resemble each other; **parecerse a** to look like
parecido -da *adj* like, similar; **parecidos -das** *adj pl* alike, e.g., **estas casas son parecidas** these houses are alike; **bien parecido** good-looking; **mal parecido** ill-favored, hard-looking; **parecido a** like, e.g., **esta casa es parecida a la otra** this house is like the other one; *m* similarity, resemblance, likeness
pared *f* wall; **dejar pegado a la pared** (coll.) to nonplus; **entre cuatro paredes** shut in, withdrawn; **hasta la pared de enfrente** (coll.) to the limit, with all one's might; **pared maestra** main wall; **pared medianera** partition wall, party wall; **pared por medio** partition wall; next door; **pared supersónica** sonic barrier
paredaño -ña *adj* adjoining, separated by a wall
paredón *m* wall standing amid ruins; thick wall
paregórico -ca *adj* & *m* paregoric
pareja *f* see **parejo**
parejero -ra *adj* even, equal; (Am.) servile, cringing; *m* (Am.) steed, race horse
parejo -ja *adj* equal, like; even, smooth; **por parejo** or **por un parejo** alike, on a par; *f* pair, couple; dancing partner (*male or female*); **parejas** *fpl* pair (*of cards*); **correr parejas** or **a las parejas** to be abreast, arrive together; to go together, match, be equal; **correr parejas con** to keep up with, to keep abreast of
parejura *f* equality, similarity; evenness, smoothness
paremia *f* paroemia, proverb
paremiología *f* paroemiology
paremiólogo -ga *mf* paroemiologist

parénesis *f* (*pl:* **-sis**) admonition, exhortation
parenético -ca *adj* admonitory
parénquima *m* (anat. & bot.) parenchyma
parenquimatoso -sa *adj* parenchymatous
parental *adj* parental
parentela *f* kinsfolk, relations
parenteral *adj* parenteral
parentesco *m* relationship; bond, tie
paréntesis *m* (*pl:* **-sis**) (gram.) parenthesis; (fig.) parenthesis, break, interval; **dentro de un paréntesis** or **entre paréntesis** in parentheses; **entre paréntesis** or **por paréntesis** parenthetically; by the way
parentético -ca *adj* parenthetic or parenthetical
pareo *m* pairing; matching
paresa *f* peeress
paresia or **paresis** *f* (path.) paresis
parético -ca *adj* & *mf* paretic
pargo *m* (ichth.) porgy; **pargo colorado** (ichth.) dog snapper; **pargo criollo** or **guachinango** (ichth.) red snapper, muttonfish, mutton snapper
parhelia *f* var. of **parhelio**
parhélico -ca *adj* parheliacal or parhelic
parhelio *m* (meteor.) parhelion
parhilera *f* ridgepole
paria *mf* & **parias** *fpl* see **pario**
paría *f* peerage
parián *m* (Am.) market
parición *f* parturition time of cattle
parida *adj fem* recently delivered; *f* woman recently delivered
paridad *f* parity; comparison
paridera *adj* prolific (*female*); *f* parturition; parturition time; parturition place
paridora *adj* prolific (*female*)
pariente -ta *adj* related; *mf* relative; (coll.) spouse
parietal *adj* parietal; (anat., bot. & zool.) parietal; *m* (anat.) parietal
parificación *f* exemplification
parificar §86 *va* to exemplify, to show by comparison
parigual *adj* & *m* like, equal
parihuela *f* or **parihuelas** *fpl* handbarrow; stretcher
pario -ria *adj* & *mf* Parian; **paria** *mf* pariah (*of low caste of India and Burma*); outcast, pariah; **parias** *fpl* tribute, homage; (anat.) placenta
paripé *m* (slang) arrogance, haughtiness; **dar el paripé a** (slang) to cajole, deceive; **hacer el paripé** (slang) to put on airs
paripinado -da *adj* (bot.) paripinnate
parir *va* to bear, to give birth to, to bring forth; *vn* to give birth; to lay eggs; to come forth, to come to light; to express oneself, to talk well
Paris *m* (myth.) Paris
París *m* Paris
parisiense *adj* & *mf* Parisian
parisilábico -ca or **parisílabo -ba** *adj* parisyllabic
parisino -na *adj* (coll.) Parisian
paritario -ria *adj* labor-management (*board*)
parla *f* ease, facility in speaking; chatter, gossip
parlador -dora *adj* chattering, gossiping; *mf* chatterbox, gossip
parladuría *f* chatter, gossip, talk
parlaembalde *mf* (*pl:* **parlaembalde**) (coll.) chatterbox
parlamentar *vn* to talk, chat; to parley
parlamentario -ria *adj* parliamentary; *mf* parliamentarian
parlamentarismo *m* parliamentarism
parlamento *m* parliament; parley; speech; (theat.) speech; **Parlamento Largo** (hist.) Long Parliament
parlanchín -china *adj* (coll.) chattering, jabbering; *mf* (coll.) chatterer, jabberer; *m* (orn.) garden warbler
parlante *adj* talking
parlar *vn* to speak with facility; to chatter, to gossip, to talk too much; to talk (*said, e.g., of a parrot*)
parlatorio *m* talk, chat; parlor
parlería *f* loquacity, garrulity; gossip; (poet.) song of birds; (poet.) babbling of brooks

P

parlero -ra *adj* loquacious, garrulous; gossipy; singing, song (*bird*); expressive (*eyes*); babbling (*brook or spring*)
parleta *f* (coll.) chat, idle talk, gabble
parlón -lona *adj* (coll.) talkative; *mf* (coll.) talker
parlotear *vn* (coll.) to prattle, jabber
parloteo *m* (coll.) prattle, jabber
Parménides *m* Parmenides
parmesano -na *adj & mf* Parmesan; *m* Parmesan (*cheese*)
parnasiano -na *adj* Parnassian
parnaso *m* Parnassus (*collection of poems*); **el Parnaso** Mount Parnassus
parné *m* (slang) dough, cash
paro *m* shutdown, work stoppage; lockout; (orn.) titmouse; (Am.) throw (*of dice*); **paro carbonero** (orn.) great titmouse; **paro forzoso** layoff, unemployment
parodia *f* parody, travesty
parodiar *va* to parody, to travesty
paródico -ca *adj* parodical
parodista *mf* parodist
parola *f* (coll.) fluency, volubility; (coll.) chat, idle talk
parolero -ra *adj* (coll.) chattering, jabbering
pároli *m* paroli, leaving one's stake and winnings in the pot
parolina *f* (coll.) var. of **parola**
paronimia *f* paronymy
parónimo -ma *adj* paronymous; *m* paronym
paronomasia *f* paronomasia
parótida *f* (anat.) parotid; **parótidas** *fpl* (path.) mumps
parotideo -a *adj* (anat.) parotid, parotidean; (path.) parotitic
paroxismal *adj* paroxysmal
paroxismo *m* paroxysm; (path.) paroxysm
paroxítono -na *adj & m* (phonet.) paroxytone
parpadear *vn* to blink, to wink; to flicker
parpadeo *m* blinking, winking; flicker
párpado *m* eyelid
parpar *vn* to quack
parque *m* park; parking; parking space; parking lot; park, garden (*for wild animals*); equipment, outfit; (mil.) park; **parque de atracciones** amusement park; **parque de incendios** fire station; **parque de recreo** pleasure ground; amusement park; **parque para caballos** paddock; **parque zoológico** zoölogical garden
parquear *va* var. of **aparquear**
parquedad *f* frugality; moderation
parqueo *m* (Am.) parking
parquet *m* market, stock market
parra *f* (bot.) grapevine; earthen jar; **subirse a la parra** (coll.) to blow up, to hit the ceiling
parrado -da *adj* spreading
parrafada *f* (coll.) confidential interview
parrafeada *f* (Am.) confidential chat
parrafear *vn* to chat confidentially
parrafeo *m* confidential chat
párrafo *m* paragraph; (coll.) chat; **echar párrafos** (coll.) to gossip away; **echar un párrafo** (coll.) to chat, have a chat; **párrafo aparte** (coll.) changing the subject
parragón *m* assayer's standard silver bar
parral *m* vine arbor, grape arbor; place full of vine arbors; wild, untrimmed vineyard; large earthen jar for honey
parranda *f* (coll.) spree, party; **andar de parranda** (coll.) to go out on a spree, to go out to celebrate
parrandear *vn* (coll.) to go out on a spree, to go out to celebrate
parrandero -ra *adj* (coll.) reveling; *mf* (coll.) reveler
parrandista *mf* (coll.) reveler, carouser
parrar *vn* to spread out (*said of trees and plants*)
parricida *adj* patricidal; parricidal; *mf* patricide (*person*); parricide (*person*)
parricidio *m* patricide (*act*); parricide (*act*)
parrilla *f* grill, gridiron, broiler; grate, grating; earthen jug; grille (*e.g., of auto*); grill, grillroom; **asar a la parrilla** to broil
parriza *f* wild grapevine
parro *m* (orn.) duck
párroco *m* parson, parish priest
parrocha *f* (ichth.) small sardine; canned sardine
parrón *m* wild grapevine
parroquia *f* parish; parochial church; clientele, customers
parroquial *adj* parochial
parroquialidad *f* parochialism
parroquiano -na *adj* parochial, parish; *mf* parishioner; customer
parsi *adj* Parsic; *mf* Parsee or Parsi; *m* Parsee or Parsi (*dialect*)
parsimonia *f* parsimony; moderation
parsimonioso -sa *adj* parsimonious; moderate
parsismo *m* Parseeism
parte *f* part; share; party; side; direction; (theat. & mus.) part; (law) party; **partes** *fpl* parts, gifts, talent; faction; parts, genitals; **a parte de** apart from; **de buena parte** on good authority; **de la parte de** on the part of; **de un mes a esta parte** for about a month (*past*); **de parte a parte** from one end to the other, through and through; from one to the other; **de parte de** on the side of; on behalf of; **echar a mala parte** to look upon with disapproval; to use (*a word or phrase*) improperly; **en buena parte** in good part (*without taking offense*); **en ninguna parte** nowhere; **en parte** in part; **hacer las partes de** to act on behalf of; **la mayor parte** most, the majority; **por la mayor parte** for the most part; **por mi (su) parte** for or on my (his) part; **por otra parte** in another direction; elsewhere; on the other hand; **por todas partes** everywhere; **salva sea la parte** (coll.) excuse me for not mentioning where (*i.e., in what part of the body*); **tener parte con una mujer** to have intercourse with a woman; **tomar a mala parte** to look upon with disapproval; to use (*a word or phrase*) improperly; **tomar parte en** to take part in; **parte actora** (law) prosecution; plaintiff; **parte alicuanta** (math.) aliquant part; **parte alícuota** (math.) aliquot part; **parte de la oración** or **parte del discurso** (gram.) part of speech; **parte del león** lion's share; **parte de por medio** small-part actor; **partes contratantes** (dipl.) contracting parties; **parte por parte** in full; **partes naturales, pudendas** or **vergonzosas** privates, private parts; *m* dispatch, communiqué; **dar parte a** to inform; *adv* part, partly
parteaguas *m* (*pl:* **-guas**) divide, ridge; **parteaguas continental** continental divide
partear *va* to assist (*a woman*) in childbirth
parteluz *m* (*pl:* **-luces**) (arch.) mullion, sash bar
partencia *f* departure
partenogénesis *f* (biol.) parthenogenesis
partenogenético -ca *adj* parthenogenetic
Partenón *m* Parthenon
partenueces *m* (*pl:* **-ces**) nutcracker
partera *f* midwife
partería *f* midwifery
partero *m* accoucheur, man midwife
parterre *m* flower bed
partesana *f* (archaic) halberd
Partia *f* Parthia
partible *adj* divisible, separable
partición *f* partition, division
particionero -ra *adj & mf* participant
participación *f* communication, notification; participation; share (*in a lottery ticket*)
participante *adj* notifying; participant; *mf* notifier; participant; accomplice
participar *va* to communicate; to inform; **participar una cosa a una persona** to notify or inform a person of something; *vn* to participate; **participar de** to partake of; **participar en** to partake in, to participate in
partícipe *adj & mf* participant
participial *adj* participial
participio *m* (gram.) participle; **participio activo** or **de presente** (gram.) present participle; **participio pasivo** or **de pretérito** (gram.) past participle, perfect participle
pártico -ca *adj* Parthian
partícula *f* particle; (eccl., gram. & phys.) particle; **partícula nobiliaria** nobiliary particle; **partícula prepositiva** (gram.) prefix

particular *adj* particular; peculiar; private, personal; *m* particular (*item, point*); matter, subject; individual; private individual; **en particular** in particular; in private
particularidad *f* particularity; intimacy
particularización *f* particularization; specialization
particularizar §76 *va & vn* to particularize; *vr* to be distinguished, to stand out; **particularizarse en** + *inf* to specialize in + *ger*
partida *f* see **partido**
partidamente *adv* separately
partidario -ria *adj* partisan; *mf* partisan, supporter
partidismo *m* partisanship
partidista *adj & mf* partisan
partido -da *adj* generous, open-handed; (her.) party ‖ *m* (pol.) party; decision; profit, advantage; step, measure; deal, agreement; protection, support; match (*prospective partner in marriage*); district, county; area or circuit under care of a physician or surgeon; (sport) team; (sport) game, match; (sport) handicap, odds; (dial.) room; (Am.) part (*in hair*); **sacar partido de** to derive profit from; **tomar partido** to make up one's mind, take a stand, take sides; **partido conservador** (pol.) conservative party; **partido de desempate** (sport) play-off ‖ *f* departure; entry, item; certificate; party, group, band, gang; band of guerrillas; game; hand (*of cards*); set (*of tennis*); lot, shipment; (fig.) departure (*death*); (coll.) behavior; (Am.) part (*in hair*); **buena partida** (coll.) good turn; **echar una partida** to play a game (*e.g., of cards*); **mala partida** (coll.) mean trick; **partida de bautismo** certificate of baptism; **partida de campo** picnic; **partida de caza** hunting party; **partida de defunción** death certificate; **partida de matrimonio** marriage certificate; **partida de nacimiento** birth certificate; **partida de pesca** fishing party; **partida doble** (com.) double entry; **partida serrana** (coll.) dirty trick, double cross; **partida sencilla** or **simple** (com.) single entry
partidor *m* divider, separator, cleaver, splitter; (math.) divisor; **partidor de tensión** (rad.) voltage divider
partidura *f* part (*in hair*)
partija *f* small part; partition
partil *adj* (astrol.) partile
partimento or **partimiento** *m* partition, division
partiquino -na *mf* (mus.) singer of small parts
partir *va* to divide; to distribute; to share; to split, split open; to break, crack; to gash; (math.) to divide; (coll.) to upset, disconcert; *vn* to start, depart, leave, set out; to make up one's mind; **a partir de** beginning with; **partir a** + *inf* to start out to, to depart to + *inf;* **partir de** to reckon from; *vr* to become divided or split; to crack, to split
partisano -na *mf* (mil.) partisan
partitivo -va *adj* partitive; (gram.) partitive
partitura *f* (mus.) score
parto -ta *adj & mf* Parthian; *m* childbirth, delivery, labor; newborn child; product, offspring; prospect; brain child; **el parto de los montes** a great cry, but little wool; **estar de parto** to be in labor; **parto del ingenio** brain child
parturición *f* parturition
parturienta or **-te** *adj* parturient (*woman*); *f* woman in confinement
párulis *m* (*pl:* **-lis**) (path.) gumboil; (path.) phlegmon
parva *f* see **parvo**
parvada *f* heaps of unthreshed grain; flock, covey
parvedad *f* smallness, minuteness; light breakfast (*on fast days*)
parvero *m* long pile of grain for winnowing
parvidad *f* var. of **parvedad**
parvificar §86 *va* to make small; to diminish, lessen
parvo -va *adj* small, little; *f* light breakfast (*on fast days*); heap of unthreshed grain; heap, pile
parvulez *f* smallness; simpleness, innocence
parvulista *mf* kindergartner, kindergarten teacher
párvulo -la *adj* small, tiny; simple, innocent; humble, timid; *mf* child, tot; kindergartner (*child*)
pasa *f* see **paso**
pasable *adj* passable, fair
pasacalle *m* quickstep; (mus.) lively march; (mus.) passacaglia
pasacaminos *m* (*pl:* **-nos**) runner (*of carpet*)
pasacólica *f* (path.) upset stomach
pasada *f* see **pasado**
pasadero -ra *adj* passable; fair, good enough; *f* stepping stone; colander; walkway, catwalk; (naut.) spun yarn
pasadía *f* subsistence, fair subsistence; (Am.) picnic in the country
pasadillo *m* two-face embroidery
pasadizo *m* passage, corridor, hallway, alley; catwalk
pasado -da *adj* past; gone by; overripe, spoiled; stale; overdone; burned out; out-of-date, antiquated; (gram.) past; **lo pasado, pasado** let bygones be bygones; **pasado de maduro** overripe; *m* past; (mil.) deserter; (gram.) past; **pasados** *mpl* ancestors; **pasado próximo** recent past; *f* passage, passing; weft thread; **de pasada** in passing, hastily; **mala pasada** (coll.) mean trick
pasador -dora *adj* smuggling; *mf* smuggler; *m* door bolt; bolt, pin (*e.g., of hinge*); hatpin; brooch; stickpin; safety pin; strainer; colander; (naut.) marlinspike; **pasador de enganche** (rail.) coupling pin; **pasador de horquilla** cotter pin
pasadura *f* passage, transit; convulsive sobbing (*of a child*)
pasagonzalo *m* (coll.) tap, slight tap, flick
pasaje *m* passage; fare; fares; passengers; (mus.) passage; (naut.) strait; **cobrar el pasaje** to collect fares; **de pasaje** passenger
pasajero -ra *adj* passing, fleeting; common, frequented (*road, street, etc.*); migratory (*bird*); *mf* passenger; **pasajero no presentado** no-show (*passenger who fails to notify the company that he is not going to use his reservation*)
pasajuego *m* (sport) return of a serve
pasamanar *va* to passement, to trim with lace
pasamanería *f* passementerie, lace; passementerie or lace shop; lacemaking
pasamanero -ra *mf* passementerie maker or dealer
pasamano *m* passement, lace; handrail; (naut.) gangway
pasamiento *m* passage, transit
pasamontaña *m* or **pasamontañas** *m* (*pl:* **-ñas**) balaclava helmet, cap comforter, ski mask
pasante *adj* (her.) passant; *m* tutor; docent; assistant (*of a teacher, lawyer, or doctor*); **pasante de pluma** barrister's clerk
pasantía *f* tutorage, tutorship; docentship; assistantship
pasapán *m* (coll.) gullet
pasapasa *m* legerdemain
pasaportar *va* to issue a passport to
pasaporte *m* passport; (mil.) transportation (*for a soldier*); (fig.) passport
pasar *m* livelihood; **un buen pasar** enough to get along on ‖ *va* to pass; to cross, go through or over; to take across; to send, transfer, transmit; to slip in (*contraband*); to spend; to swallow; to excel; to stand, stand for, overlook; to undergo, to suffer; to go through (*a book*); to dry in the sun; to tutor, give private lessons in; to study with and assist (*a doctor or lawyer*); **pasar en blanco, en claro** or **por alto** to disregard; to omit, leave out, skip; **pasarlo** to be (*said of health*); to get along; to live; **pasarlo bien** to enjoy oneself, to have a good time ‖ *vn* to pass; to go; to pass away; to pass over (*said, e.g., of a fit of anger*); to happen; to last, to do; to spread; to get along; to yield; to come in, e.g., **pase Vd.** come in; **ir pasando** to manage to get along; **pasar a** + *inf* to go on to + *inf;* to stop by to + *inf;* **pasar a ser** to become; **pasar de** to go beyond, to exceed; to go above; **to get beyond being;**

P

pasar de + *inf* to go beyond + *ger;* **pasar de . . . años** to be more than . . . years old; **pasar por** to pass by, down, through, over, etc.; to pass as, to pass for; to stop or call at; **pasar por encima** to push right through; to push one's way to the top; **pasar sin** to do without; **pasar y traspasar** to pass back and forth ‖ *vr* to pass; to go; to excel; to pass over (*said, e.g., of a fit of anger*); to get along; to pass away; to take an examination; to leak; to be porous; to go too far; to become overripe, become overcooked, become tainted; to rot; to melt; to burn out; to not fit, to be loose (*said of a key, of a screw, etc.*); **pasarse al enemigo** to go over to the enemy; **pasarse de** + *adj* to be too + *adj;* **pasarse de** + *noun* to become + *noun;* **pasársele a uno** to forget, e.g., **se me pasó lo que me dijo Vd.** I forgot what you told me; **pasársele a uno** + *inf* to forget to + *inf*, e.g., **se me pasó abrir la ventana** I forgot to open the window; **pasarse por** to stop or call at; **pasarse sin** to to do without

pasarela *f* footbridge; catwalk; gangplank

pasarríos *m* (*pl:* **-rríos**) (zool.) basilisk, lizard

pasatapas *m* (*pl:* **-pas**) (elec.) bushing (*of a transformer*)

pasatiempo *m* pastime

pasavante *m* (nav.) safe-conduct

pasavolante *m* hasty act, thoughtlessness

pascua *f* Passover; Easter; Twelfth-night; Pentecost; Christmas; **pascuas** *fpl* Christmas holiday (*from Christmas to Twelfth-night*); **dar las pascuas** to wish a Happy New Year; **estar como una pascua** or **unas pascuas** (coll.) to be bubbling over with joy; **¡Felices Pascuas!** Merry Christmas!; **santas pascuas** (coll.) there's no choice, I give up; **Pascua de flores** Easter; **Pascua del Espíritu Santo** Pentecost; **Pascua de Navidad** Christmas; **Pascua de Resurrección** or **Pascua florida** Easter; **Pascuas navideñas** Christmas holiday (*from Christmas to Twelfth-night*)

pascual *adj* paschal

pascueta *f* (bot.) fireweed (*a wild lettuce*)

pascuilla *f* first Sunday after Easter

pase *m* pass (*permit; manipulation of mesmerist; free ticket*); exequatur; feint (*in fencing*); (taur.) pass (*move in which bullfighter, after inciting bull with muleta, allows him to pass by*); **pase de cortesía** complimentary ticket

paseante *adj* strolling; *mf* stroller; **paseante en corte** (coll.) loafer

pasear *va* to walk (*a child, a horse*); to promenade, show off; to cast (*a glance*); *vn* to take a walk; to go for a ride; **enviar** or **mandar a uno a pasear** (coll.) to send someone on his way, to dismiss a person without ceremony; *vr* to take a walk; to go for a ride; to wander, ramble; to take it easy; **pasearse a caballo** to go horseback riding; **pasearse en automóvil** to take an automobile ride; **pasearse en bicicleta** to go bicycling; **pasearse en canoa** to go boating; **pasearse en coche** to go for a ride

paseata *f* (coll.) walk, ride

paseíllo *m* processional entrance of the bullfighters

paseo *m* walk, stroll, promenade; ride; drive; avenue; **dar un paseo** to take a walk; to take a ride; **echar, enviar** or **mandar a uno a paseo** (coll.) to send someone on his way, to dismiss a person without ceremony; **ir de paseo** to go walking, to go out for a walk; to go for a ride; **sacar a paseo** to take out for a walk; to take out for a ride; **paseo de caballos** bridle path; **paseo de la cuadrilla** (taur.) processional entrance of the bullfighters

pasero -ra *adj* pacing, walking (*horse*); *mf* raisin seller; *f* drying of fruit; drying hurdle, drying room

pasibilidad *f* passibility, sensibility

pasible *adj* passible, sensible; deserving

pasicorto -ta *adj* making short steps

pasiega *f* nurse

pasiflora *f* (bot.) passionflower

pasifloráceo -a *adj* (bot.) passifloraceous

pasilargo -ga *adj* making long steps

pasillo *m* short step; passage, corridor; (sew.) basting stitch; (theat.) short piece, sketch

pasión *f* passion; (*cap.*) *f* (rel. & f.a.) Passion; **tener pasión por** to have a passion for

pasional *adj* passional

pasionaria *f* (bot.) passionflower (*plant and flower*)

pasionario *m* (eccl.) Passion songbook

pasioncilla *f* passing emotion; ugly grudge

pasionero *m* (eccl.) Passion singer; priest assigned to a hospital

pasionista *m* (eccl.) Passion singer

pasitamente *adv* gently, softly

pasito *m* short step; *adv* gently, softly

pasitrote *m* short trot

pasividad *f* passivity, passiveness

pasivo -va *adj* passive; retirement (*pension*); (gram.) passive; *m* (com.) liabilities; (com.) debit side (*of an account*)

pasmar *va* to chill; to frostbite; to stun, benumb; to dumfound, astound; *vr* to chill; to become frostbitten; to be astounded; to get lockjaw; to become dull or flat (*said, e.g., of colors*)

pasmarota or **pasmarotada** *f* (coll.) feigned spasm; (coll.) exaggerated show of surprise

pasmarote *m* (coll.) flabbergasted person

pasmo *m* (path.) cold; (path.) lockjaw, tetanus; astonishment; wonder, prodigy; **de pasmo** astonishingly

pasmón -mona *adj* open-mouthed, gawky; *mf* gawk

pasmoso -sa *adj* astounding; awesome

paso -sa *adj* dried (*fruit*) ‖ *m* step, pace; step (*of stairs*); gait, walk; go (*in traffic*); passing; passage; step, measure, démarche; permit, pass; strait; footstep, footprint; incident, happening; basting stitch; exequatur; pitch (*of propeller, nut, screw*); (elec.) pitch; (rad.) stage; (theat.) short piece, sketch, skit; **abrir paso** to open a path or way; to clear the way; **abrirse paso** to make one's way; **a buen paso** at a good pace or rate, hurriedly; **a cada paso** at every step, at every turn; **a dos pasos de** a short distance from; **a ese paso** at that rate; **aflojar el paso** (coll.) to slow down; **alargar el paso** (coll.) to hasten one's steps; **al paso** in passing, on the way; (chess) en passant; **al paso que** while, whereas; **al paso que vamos** at the rate we are going; **a paso de caracol** at a snail's pace; **a paso de carga** with leaps and bounds; **a paso de tortuga** at a snail's pace; **apretar** or **avivar el paso** (coll.) to hasten one's steps; **avanzar a grandes pasos** to make great or rapid strides; **buen paso** high living; **caminar a paso fino** to single, to single-foot; **ceder el paso** to step aside, to make way, to stay back, to keep clear, to let pass; **dar paso a** to give rise to; **dar pasos** to take steps; **dar un paso** to take a step; **de paso** in passing; at the same time; **de paso para** on the way to; **estar de paso** to be passing through; **llevar el paso** to keep step; **marcar el paso** (mil.) to mark time; (Am.) to obey humbly; **por sus pasos contados** in the usual way; **romper paso** to break step; **salir al paso a** to run into, to waylay; to buck, oppose; to confront; **salir del paso** (coll.) to get out of a jam, get out of a difficulty; **seguir los pasos a** to keep an eye on, to check; **seguir los pasos de** (fig.) to follow the footsteps of; **volver sobre sus pasos** to retrace one's steps; **paso a nivel** (rail.) grade crossing; **paso a paso** step by step; **paso de ambladura** or **andadura** amble; **paso de ganado** cattle crossing; **paso de ganso** (mil.) goose step; **pasa doble** (mil.) military march, quickstep; **paso en falso** slip, false step; **paso fino** single-foot (*of a horse*); **paso ligero** pitapat; (mil.) double time, double-quick; **paso polar** (elec.) pole pitch; **pasos de gigante** (sport) giant's stride; **paso único** (aut.) one line, single line ‖ *f* raisin; kink (*of Negro's hair*); (naut.) channel; **estar hecho una pasa** (coll.) to be all dried up, to be full of wrinkles; **pasa de Corinto** currant ‖ **paso** *adv* gently, softly; **¡paso!** easy there!

pasodoble *m* (mil.) military march, quickstep

pasoso -sa *adj* (Am.) porous; (Am.) sweaty

pasote *m* var. of **pazote**

paspa *f* (Am.) crack in the lips (*from cold and wind*)
paspié *m* (mus.) passepied (*music and dance*)
pasquín *m* pasquinade, lampoon; billboard
pasquinada *f* squib, lampoon
pasquinar *va* to pasquinade, to lampoon
pasta *f* paste, dough, pie crust, soup paste; mash; pulp (*for making paper*); cardboard; (b.b.) board binding; filling (*of a tooth*); (mineral. & ceramics) paste; (coll.) dough (*money*); cookie; **pastas** *fpl* noodles, macaroni, spaghetti, etc.; **de buena pasta** kindly, well-disposed; **media pasta** (b.b.) half binding; **pasta de hígado de ganso** pâté de foie gras; **pasta dentífrica** tooth paste; **pasta española** (b.b.) marbled leather binding, tree calf; **pasta seca** cookie
pastadero *m* pasture land
pastaflora *f* sponge cake
pastar *va* to lead to the pasture; *vn* to graze
pasteca *f* (naut.) snatch block
pastel *m* pie; pastry roll; meat pie; pastel (*drawing; crayon*); pastil or pastille (*pastel for crayons; crayon*); settlement, pacification; cheat, trick (*in shuffling cards*); (coll.) plot, deal; (bot.) woad; (print.) pi; (print.) smear
pastelear *vn* to temporize, to weasel
pastelejo *m* small pie
pastelería *f* pastry; pastry shop; pastry cooking
pastelero -ra *mf* pastry cook; (coll.) easy-going person, weaseler
pastelillo *m* tart, cake; pat (*e.g., of butter*); **pastelillo de hígado de ganso** pâté de foie gras
pastelista *mf* pastelist
pastelito *m* patty
pastelón *m* meat pie
pastenco -ca *adj* newly weaned (*cattle*)
pasterización *f* pasteurization
pasterizar §76 *va* to pasteurize
pastero *m* workman who throws crushed olives into pressing bags
pasteurizar §76 *va* var. of **pasterizar**
pastilla *f* tablet, lozenge, drop; dab (*soft mass*); cake (*of soap, chocolate, etc.*)
pastinaca *f* (bot.) parsnip; (ichth.) sting ray
pastizal *m* pasture for horses
pasto *m* pasture; grass; food, nourishment; (fig.) food (*e.g., for thought, gossip*); **a pasto** to excess; in abundance; **a todo pasto** freely, without restriction; **de pasto** ordinary, everyday
pastor *m* shepherd; **el Buen Pastor** (Bib.) the Good Shepherd; **pastor protestante** pastor, protestant minister
pastora *f* shepherdess; (bot.) poinsettia
pastoral *adj* pastoral; *f* (eccl. & lit.) pastoral; (mus.) pastoral or pastorale
pastorear *va* to shepherd (*flocks or souls*)
pastorela *f* shepherd's song; pastoral (*lyric poem*); (lit.) pastourelle
pastoreo *m* shepherding, pasturing
pastoría *f* shepherding; shepherds
pastoricio -cia or **pastoril** *adj* pastoral
pastosidad *f* pastiness, doughiness; mellowness
pastoso -sa *adj* pasty, doughy; mellow (*voice*); (paint.) pastose
pastura *f* pasture; fodder
pasturaje *m* pasturage, pasture land; pasturing fee
pata *f* paw, foot, leg; pocket flap; leg (*of furniture*); (hum.) leg (*of human being*); (orn.) duck (*female of drake*); **a cuatro patas** (coll.) on all fours; **a la pata llana** plainly, frankly; **enseñar la pata** (coll.) to show the cloven hoof, to give oneself away; **estirar la pata** (coll.) to kick the bucket; **meter la pata** (coll.) to butt in, to upset everything, to put one's foot in it; **sacar la pata** (coll.) to show the cloven hoof, to give oneself away; **salir** or **ser pata** or **patas** to be a tie; to be tied; **saltar a la pata coja** to hop; **tener mala pata** to be unlucky; **pata de araña** (mach.) oil groove; **pata de cabra** crowbar; **pata de gallina** radial crack in trees (*sign of rot*); **pata de gallo** crow's-foot (*at corner of eye*); (coll.) bull, blunder; (coll.) absurdity, piece of nonsense; **pata de palo** peg leg (*leg and person*); **pata es la traviesa** tit for tat; **pata galana** (coll.) game leg; (coll.) lame person; **pata hendida** cloven hoof; **patas arriba** (coll.) on one's back, upside down; (coll.) topsy-turvy;
patas *m* (*pl:* **-tas**) (coll.) devil
pataco -ca *adj* churlish; *mf* churl; *f* (bot.) Jerusalem artichoke
patada *f* kick; stamp, stamping (*of foot*); (coll.) step; (coll.) footstep, track; **a patadas** (coll.) on all sides; **dar la patada a** to kick out
patagio *m* (zool.) patagium
patagón -gona *adj* Patagonian; (coll.) big-footed; *mf* Patagonian
patagónico -ca *adj* Patagonian
patagorrilla *f* or **patagorrillo** *m* haslet (*dish*)
patalear *vn* to kick; to stamp the feet
pataleo *m* kicking; stamping
pataleta *f* (coll.) feigned fit or convulsion
patán *adj masc* (coll.) churlish, boorish, loutish; *m* (coll.) churl, boor, lout; (coll.) villager, peasant
patanería *f* (coll.) churlishness, boorishness, loutishness
pataplún *interj* ker-plunk!
patarata *f* foolishness, simpleness; affectation; overpoliteness
pataratero -ra *adj* simple; affected; overpolite
patarráez *m* (*pl:* **-rraíces**) (naut.) preventer shroud
patata *f* (bot.) potato; **patata de caña** (bot.) Jerusalem artichoke; **patatas fritas** fried potatoes; **patatas majadas** mashed potatoes
patatal *m* or **patatar** *m* potato patch
patatear *vr* to flunk
patatero -ra *adj* (pertaining to the) potato; potato-eating; (coll.) up from the ranks; *mf* potato seller
patatús *m* (coll.) fainting fit
pateadura *f* or **pateamiento** *m* kicking, stamping; noisy protest; (coll.) severe dressing down
patear *va* (coll.) to kick; (coll.) to trample on, tread on; (coll.) to treat roughly; *vn* (coll.) to stamp one's foot (*in anger*); (coll.) to bustle around, to make a fuss; (Am.) to kick (*said of a gun*)
patela *f* (anat., archeol. & zool.) patela; (zool.) limpet
patelar *adj* (anat.) patellar
patélula *f* (bot.) patella
patena *f* large medal worn around the neck by peasant women; (eccl.) paten
patentar *va* to patent
patente *adj* patent, clear, evident; *f* grant, privilege, warrant; **de patente** (Am.) excellent, first-class; **patente de circulación** (aut.) owner's license; **patente de corso** (naut.) letters of marque; **patente de invención** patent; **patente de sanidad** (naut.) bill of health
patentizar §76 *va* to make evident, to reveal
pateo *m* (coll.) kicking, stamping
páter *m* (mil.) padre; **páter familias** (Roman law) paterfamilias
paternal *adj* paternal; fatherly; paternalistic
paternalismo *m* paternalism
paternidad *f* paternity; fatherhood; **paternidad literaria** authorship
paterno -na *adj* paternal
paternóster *m* (*pl:* **paternóster**) paternoster; big tight knot
pateta *m* (coll.) devil; (coll.) cripple (*in feet or legs*)
patético -ca *adj* pathetic
patetismo *m* pathos
patiabierto -ta *adj* (coll.) bowlegged
patialbillo *m* (zool.) genet
patialbo -ba or **patiblanco -ca** *adj* white-footed
patibulario -ria *adj* of the scaffold; horrifying, hair-raising
patíbulo *m* scaffold (*for executions*)
paticojo -ja *adj* (coll.) lame, crippled
patidifuso -sa *adj* (hum.) silly, stunned, agape, flabbergasted
patiecillo *m* small patio
patiestevado -da *adj* bandy-legged, bowlegged
patihendido -da *adj* cloven-footed, cloven-hoofed

patilla *f* small paw or foot; chape (*of buckle*); pocket flap; (naut.) compass; (elec.) connecting lead (*of a vacuum tube*); (Am.) watermelon; **patillas** *fpl* sideburns, side whiskers; **patillas** *m* (coll.) the devil

patilludo -da *adj* bewhiskered

patín *m* small patio; (orn.) petrel; skate; skid, slide, runner; (aer.) skid; (elec.) contact shoe; (rail.) base (*of rail*); (naut.) skiff; **patín de cola** (aer.) tail skid; **patín de cuchilla** or **de hielo** ice skate; **patín de ruedas** roller skate

pátina *f* patina

patinadero *m* skating rink

patinador -dora *mf* skater; **patinador de fantasía** fancy skater; **patinador de figura** figure skater

patinaje *m* skidding; skating; **patinaje artístico** figure skating; **patinaje de fantasía** fancy skating; **patinaje de figura** figure skating

patinar *va* to patinate, give an artificial patina to; *vn* to skate; to skid; to slip, to spin

patinazo *m* skid, sudden skid; slipping, spinning

patinejo *m* small patio

patinete *m* scooter (*child's vehicle*)

patinillo *m* small patio

patio *m* patio, court, yard; campus; (metal.) patio; (rail.) yard, switchyard; (theat.) orchestra; **patio de carga** (rail.) freight yard; **patio de maniobras** (rail.) switchyard; **patio de recreo** playground

patipollo *m* duckling

patiquebrar §18 *va* to break the leg of (*an animal*); *vr* to break a leg

patita *f* small paw or foot; **poner de patitas en la calle** (coll.) to throw out, to bounce

patitieso -sa *adj* (coll.) paralyzed (*in feet or legs*); (coll.) dumfounded; stiff, haughty; lifeless, dead

patito *m* duckling, young duck; **el Patito Feo** the Ugly Duckling

patituerto -ta *adj* crooked-legged; (coll.) crooked, lopsided, misshapen

patizambo -ba *adj* knock-kneed

pato *m* (orn.) duck, drake; **el pato Donaldo** Donald Duck; **pagar el pato** (coll.) to be the goat; **pato almizclado** (orn.) Muscovy duck; **pato bobo** (orn.) booby; **pato canelo** (orn.) sheldrake; **pato cuchareta** (orn.) shoveler (*Spatula clypeata*); **pato chiquito** (orn.) teal, blue-winged teal; **pato de flojel** (orn.) eider, eider duck; **pato mandarín** (orn.) mandarin duck; **pato marrueco** (orn.) widgeon; **pato negro** (orn.) black scoter; **pato pelucón** (orn.) canvasback; **pato picazo** (orn.) widgeon; **pato real** (orn.) mallard; **pato sierra** (orn.) goosander, merganser; **pato silbador** (orn.) widgeon; **pato silvestre** (orn.) mallard; **pato zarcel** (orn.) blue-winged teal

patochada *f* (coll.) blunder, stupidity

patogénesis *f* or **patogenia** *f* pathogenesis or pathogeny

patogénico -ca *adj* pathogenic

patógeno -na *adj* pathogenic (*producing disease*)

patojo -ja *adj* crooked-legged, waddling (*like a duck*); *mf* (Am.) young person

patología *f* pathology; **patología vegetal** plant pathology

patológico -ca *adj* pathologic or pathological

patólogo -ga *mf* pathologist

patón -tona *adj* (coll.) big-footed, big-pawed

patoso -sa *adj* smart-alecky

patota *f* (Am.) gang of young thugs

Patr. abr. of **Patriarca**

patraña *f* (coll.) fake, humbug, hoax

patrañero -ra *mf* (coll.) fake, humbug (*person*)

patrañoso -sa *adj* (coll.) fake

patria *f* see **patrio**

patriarca *m* patriarch

patriarcado *m* patriarchate; patriarchy

patriarcal *adj* patriarchal; *f* patriarch's church; patriarchate (*territory*)

patriciado *m* patriciate

patricio -cia *adj* patrician; (Am.) American-born; *m* patrician

patrimonial *adj* patrimonial

patrimonialidad *f* (eccl.) birthright

patrimonio *m* patrimony

patrio -tria *adj* native, home; paternal; *f* country (*land where one is a citizen*); mother country, fatherland, native land; birthplace; (fig.) home (*e.g., of the arts*); **patria celestial** heavenly home; **patria chica** native heath

patriota *mf* patriot

patriotería *f* (coll.) spread-eagleism, exaggerated patriotism

patriotero -ra *adj* (coll.) spread-eagle, exaggeratedly patriotic; *mf* (coll.) spread-eagleist

patriótico -ca *adj* patriotic

patriotismo *m* patriotism

patrístico -ca *adj* patristic; *f* patristics

patrocinador -dora *adj* sponsoring; *mf* sponsor, patron; (rad. & telv.) sponsor

patrocinar *va* to favor, sponsor, patronize; (rad. & telv.) to sponsor

patrocinio *m* favor, sponsorship, patronage; (rad. & telv.) sponsorship

Patroclo *m* (myth.) Patroclus

patrología *f* patrology

patrón -trona *mf* sponsor, protector; patron saint; *m* patron; landlord; owner, master; boss, foreman; host; skipper (*of a boat*); pattern; standard (*of measure, of money*); stock (*on which a graft is made*); **patrón oro** gold standard; **patrón picado** stencil (*sheet to make letters and designs*); *f* patroness; landlady; owner, mistress; hostess; (naut.) galleon ranking next to flagship

patronal *adj* patronal; employers'

patronar *va* var. of **patronear**

patronato *m* employers' association; foundation; board of trustees; patronage; **patronato de turismo** organization to encourage touring

patronazgo *m* var. of **patronato**

patronear *va* to skipper

patronía *f* skippership

patronímico -ca *adj* & *m* patronymic

patrono -na *mf* sponsor, protector; employer; *m* patron; landlord; boss, foreman; lord of the manor; **los patronos** management; *f* patroness; landlady

patrulla *f* (aer., mil. & nav.) patrol; gang, band

patrullaje *m* (aer., mil. & nav.) patrolling

patrullar *va* & *vn* (aer., mil. & nav.) to patrol

patrullero -ra *adj* (pertaining to) patrol; *m* (naut.) patrol ship

patuá *m* (*pl:* **-tuaes**) patois

patudo -da *adj* (coll.) big-footed, big-pawed

patués *m* patois

patulea *f* (coll.) disorderly soldiers; (coll.) mob, gang of roughnecks; (coll.) group of noisy brats

patullar *vn* to stamp around; (coll.) to make a fuss, to hustle around; (coll.) to chat

paují *m* (*pl:* **-jíes**) (orn.) cashew bird

paujil *m* var. of **paují**

paúl *m* bog, marsh

paular *m* bog, marsh; *vn* (coll.) to talk, chat; **ni paula ni maula** doesn't even open his mouth; **sin paular ni maular** without saying boo

paulatino -na *adj* slow, gradual

paulilla *f* (ent.) grain moth

paulina *f* & **Paulina** *f* see **paulino**

paulinista *adj* & *mf* Paulinist

paulino -na *adj* Pauline; *f* decree of excommunication; (coll.) censure, reproof; (coll.) poison-pen letter; (*cap.*) *f* Pauline

paulonia *f* (bot.) paulownia

pauperismo *m* pauperism

paupérrimo -ma *adj super* very or most poor

pausa *f* pause; slowness, delay; (gram.) pause; (mus.) rest

pausado -da *adj* slow, calm, deliberate; **pausado** *adv* slowly, calmly, deliberately

pausar *va* & *vn* to slow down

pauta *f* ruler; guide lines (*for writing*); guideline, rule, guide, standard, model; (mus.) ruled staff; **marcar la pauta a** to set the pace for

pautada *f* (mus.) musical staff

pautador *m* paper ruler (*person*)

pautar *va* to rule (*paper*); to give directions for

pava *f* (orn.) turkey hen; furnace bellows; Paul Jones (*dance*); (coll.) dull, colorless woman; **pelar la pava** (coll.) to make love at a window; **pava real** (orn.) peahen
pavada *f* flock of turkeys; (coll.) dullness, inanity
pavana *f* pavan (*dance and music*)
pavear *vn* (Am.) to talk nonsense; (Am.) to make love at a window
pavero -ra *mf* turkey raiser and dealer; *m* Andalusian broad-brimmed hat
pavés *m* pavis, large shield; **alzar** or **levantar sobre el pavés** to elevate to leadership, to glorify
pavesa *f* ember, spark; **estar hecho una pavesa** (coll.) to be weak and exhausted; **ser una pavesa** (coll.) to be meek and mild
pavesada *f* var. of **empavesada**
pavezno *m* young turkey
pavía *f* (bot.) pavy, clingstone peach (*tree and fruit*)
pávido -da *adj* (poet.) timid, fearful
pavimentación *f* paving
pavimentar *va* to pave
pavimento *m* paving, pavement
paviota *f* (orn.) sea gull
pavipollo *m* young turkey
pavisoso -sa *adj* dull, graceless
pavita *f* (orn.) sunbird, sun bittern
pavitonto -ta *adj* stupid, foolish
pavo *m* (orn.) turkey; turkey cock; (coll.) dull, colorless fellow; **comer pavo** (coll.) to be a wallflower; **ponerse hecho un pavo** (slang) to blush; **pavo de matorral** (orn.) brush turkey; **pavo real** (orn.) peacock
pavón *m* bluing, browning, bronzing (*of iron or steel*); (orn.) peacock; (ent.) peacock butterfly; (*cap.*) *m* (astr.) Peacock
pavonado -da *adj* dark-blue; gun-metal; *m* bluing, browning, bronzing (*of iron or steel*); *f* (coll.) stroll, short walk; (coll.) show, vain display
pavonar *va* to blue, to brown, to bronze (*iron or steel*)
pavonear *vn & vr* to strut, swagger, show off
pavoneo *m* strutting, swaggering
pavor *m* fear, terror
pavorde *m* (eccl.) provost
pavordear *vn* to swarm (*said of bees*)
pavordía *f* (eccl.) provostship
pavoroso -sa *adj* frightful, terrible
pavura *f* var. of **pavor**
paya *f* (Am.) improvised song, accompanied on the guitar
payasada *f* clownishness, clownish stunt, clownish remark
payasear *vn* (Am.) to be clownish
payasería *f* (Am.) clownishness; (Am.) clown's life
payaso *m* clown; laughingstock
payés -yesa *mf* Catalan peasant
payo -ya *adj* rustic, peasant; *m* churl, gump
payuelas *fpl* (path.) chicken pox
paz *f* (*pl:* **paces**) peace; peacefulness; (eccl.) pax (*ceremony and tablet*); **¡a la paz de Dios!** (coll.) God be with you!; **dejar en paz** to leave alone; **descansar en paz** to rest in peace; **estar en paz** to be even; to be quits; **hacer las paces con** to make peace with, to come to terms with; **no dar paz a** to give no rest to; **poner en paz** or **poner paz entre** to reconcile; **salir en paz** (coll.) to break even (*in gambling*); *interj* peace!, quiet!
pazguatería *f* simpleness, doltishness
pazguato -ta *adj* simple, doltish; *mf* simpleton, dolt
pazote *m* (bot.) wormseed, Mexican tea
pazpuerca *adj fem* (coll.) sluttish; *f* (coll.) slut
pbro. abr. of **presbítero**
pche or **pchs** *interj* pshaw!
P.D. abr. of **posdata**
P.e abr. of **Padre**
pea *f* drunkenness, drunken spree
peaje *m* toll
peajero *m* toll collector, tollkeeper
peal *m* foot (*of stocking*); knitted legging; (coll.) good-for-nothing
peán *m* (hist.) paean
peana or **peaña** *f* base, pedestal, stand; hat block; window sill; altar step
peatón *m* walker, pedestrian; rural postman
pebete *m* punk, joss stick; fuse; (coll.) stinker (*thing*)
pebetero *m* perfume censer
pebrada *f* sauce of pepper, garlic, parsley, and vinegar
pebre *m & f* sauce of pepper, garlic, parsley, and vinegar; pepper; (Am.) mashed potatoes
peca *f* freckle
pecable *adj* peccable
pecado *m* sin; (coll.) devil; **de mis pecados** of mine; **por mal de mis pecados** to my sorrow, unfortunately for me; **siete pecados capitales** seven deadly sins; **pecado capital** capital sin; **pecado mortal** mortal sin; **pecado original** (theol.) original sin; **pecado venial** venial sin
pecador -dora *adj* sinning, sinful; *mf* sinner; *f* (coll.) prostitute
pecaminoso -sa *adj* sinful
pecante *adj* sinning; excessive
pecar §86 *vn* to sin; to go astray; **pecar de** + *adj* to be too + *adj*
pecarí *m* (*pl:* **-ríes**) (zool.) peccary
pécari *m* var. of **pecarí**
pecblenda *f* var. of **pechblenda**
pece *m* ridge between furrows; *f* mud or mortar for walls or other building
pececico, pececillo or **pececito** *m* little fish
peceño -ña *adj* pitchy
pecera *f* fish globe, fish bowl
pecezuela *f* small piece
pecezuelo *m* little foot; little fish
peciento -ta *adj* pitchy (*in color*)
peciluengo -ga *adj* long-stalked
pecina *f* fishpool; slime
pecinal *m* slime hole, swamp
pecinoso -sa *adj* slimy
pecio *m* (naut.) flotsam
peciolado -da *adj* petiolate
pecíolo *m* (bot. & zool.) petiole
pécora *f* head of sheep; **buena pécora** or **mala pécora** (coll.) schemer (*generally a woman*)
pecorea *f* cattle stealing; marauding, looting; hanging around, staying out
pecorear *va* to steal (*cattle*); *vn* to maraud, to loot
pecoso -sa *adj* freckly, freckle-faced
pecten *m* (zool.) pecten
pectina *f* (chem.) pectin
pectinado -da *adj* pectinate
pectíneo -a *adj* pectinate; (anat.) pectineal; *m* (anat.) pectineus
pectinibranquio -quia *adj* (zool.) pectinibranchian
pectoral *adj* pectoral; *m* pectoral; breastplate (*of Jewish high priest*); (pharm.) pectoral; (eccl.) pectoral cross
pecuario -ria *adj* (pertaining to) cattle
peculado *m* peculation
peculiar *adj* peculiar
peculiaridad *f* peculiarity
peculio *m* (law) peculium; small fund, small savings
pecunia *f* (coll.) cash, dough
pecuniario -ria *adj* pecuniary
pechar *va* to pay as a tax; to fulfill; to take on (*a disagreeable burden or responsibility*); (Am.) to bump or push with the chest; (Am.) to drive one's horse against; (Am.) to strike for a loan; *vn* **pechar con** to take on (*a disagreeable burden or responsibility*)
pechblenda *f* (mineral.) pitchblende
peche *m* pilgrim's scallop; *adj* (Am.) thin, sickly
pechera *f* see **pechero**
pechería *f* taxes; tax roll
pechero -ra *adj* taxable; *mf* taxpayer; commoner, plebeian; *m* bib; *f* shirt front, shirt bosom; vestee; chest protector; bib (*of apron*); breast strap (*of harness*); (coll.) bosom
pechiblanco -ca *adj* white-breasted
pechicolorado *m* (orn.) redpoll, linnet
pechina *f* pilgrim's scallop; (arch.) pendentive
pechirrojo *m* (orn.) redpoll
pechisacado -da *adj* (coll.) vain, arrogant
pecho *m* (anat.) chest; breast, bosom; teat; heart, courage; slope, hill; voice, strength of

voice; tax, tribute; **abrir el pecho** to unbosom oneself; **a pecho abierto** frankly; **a pecho descubierto** unprotected, unarmed; openly, frankly; **dar el pecho** to nurse, to suckle; (coll.) to face it out; **de dos pechos** double-breasted; **descubrir el pecho** to unbosom oneself; **de un solo pecho** single-breasted; **echar el pecho al agua** (coll.) to put one's shoulder to the wheel; (coll.) to speak out; **en pechos de camisa** (Am.) in shirt sleeves; **entre pecho y espalda** deep, in the heart; **tomar a pecho** to take to heart; **tomarse a pechos** (Am.) to take seriously, to make an issue of; (Am.) to take offense at; **¡pecho al agua!** take heart!, put your shoulder to the wheel!; **pecho amarillo** (orn.) yellowthroat, Maryland yellowthroat; **pecho de pichón** (path.) pigeon breast
pechuelo *m* small breast
pechuga *f* breast (*of fowl*); (coll.) breast, bosom; (coll.) slope, hill; (Am.) brass, cheek; (Am.) treachery, perfidy
pechugón -gona *adj* (coll.) big-chested; (Am.) brazen, forward; *mf* (Am.) sponger; *m* slap or blow on the chest; fall on the chest; hard push, strong effort
pechuguera *f* deep cough
pedagogía *f* pedagogy
pedagógico -ca *adj* pedagogic or pedagogical
pedagogo -ga *mf* pedagogue; mentor
pedaje *m* toll
pedal *m* pedal, treadle; (mus.) pedal; **pedal de freno** (aut.) brake pedal; **pedal suave** or **celeste** (mus.) soft pedal
pedalear *vn* to pedal
pedalero *m* (mus.) pedal board, pedal keyboard
pedáneo -a *adj* (law) petty, puisne
pedanía *f* district
pedante *adj* pedantic; *mf* pedant; *m* (archaic) home tutor
pedantear *vn* to be pedantic
pedantería *f* pedantry
pedantesco -ca *adj* pedantic
pedantismo *m* pedantry
pedato -ta *adj* (bot.) pedate
pedazo *m* piece; **a pedazos** in pieces; **caerse a pedazos** to fall apart; (coll.) to be broken-down, to let oneself go to pieces; (coll.) to be kindly, be unsuspecting; (coll.) to be fagged out; (coll.) to be stumbly, to be awkward; **hacer pedazos** (coll.) to break to pieces; **hacerse pedazos** (coll.) to fall to pieces; (coll.) to strain, wear oneself out, overexercise; **morirse por sus pedazos** (coll.) to be madly in love; **ser un pedazo de pan** (coll.) to be kindly, be the quintessence of kindness; **pedazo de alcornoque, de animal** or **de bruto** (coll.) dolt, imbecile, good-for-nothing; **pedazo del alma, de las entrañas** or **del corazón** (coll.) darling, apple of one's eye (*child*); **pedazo de pan** crumb (*small amount*); song (*small price*)
pedazuelo *m* small piece, bit
pederasta *m* pederast
pederastia *f* pederasty
pedernal *m* flint (*variety of quartz; piece used for striking fire*); flintiness; flint-hearted person
pedernalino -na *adj* flinty; (fig.) flinty
pedestal *m* pedestal
pedestre *adj* pedestrian; (fig.) pedestrian
pedestremente *adv* on foot; (fig.) in a pedestrian manner
pedestrismo *m* pedestrianism; walking; foot racing; cross-country racing
pedestrista *mf* walker; foot racer; cross-country racer
pediatra *mf* pediatrician
pediatría *f* pediatrics
pediátrico -ca *adj* pediatric
pedicelo *m* (bot. & zool.) pedicel
pedicoj *m* jump, hop (*on one foot*)
pedicular *adj* pedicular
pedículo *m* (bot.) pedicle
pedicuro -ra *mf* pedicure (*person*)
pedido *m* request; (com.) order; **a pedido** on request; **pedido de ensayo** (com.) trial order
pedidor -dora *adj* insistent, importunate
pedidura *f* asking, begging
pedigón -gona *adj* (coll.) insistent, importunate
pedigüeño -ña *adj* insistent, demanding, bothersome
pediluvio *m* foot bath
pedimento *m* petition; (law) claim, bill
pedio -dia *adj* (anat.) (pertaining to the) foot
pedipalpo *m* (zool.) pedipalpus
pedir §94 *va* to ask, to ask for; to request; to demand, require; to need; to ask for the hand of, to ask for in marriage; to order (*merchandise*); (gram.) to govern; **pedir algo a alguien** to ask someone for something; **pedir prestado a** to borrow from; *vn* to ask; to beg; (law) to bring claim, bring suit; **a pedir de boca** opportunely; as desired; **venir a pedir de boca** to be just the thing; to come at the right time
pedo *m* wind, flatulence; **andar pedo** (Am.) to be drunk
pedorrero -ra *adj* flatulent; *f* flatulence; **pedorreras** *fpl* tights
pedorreta *f* sound made to imitate the breaking of wind
pedorro -rra *adj* flatulent
pedrada *f* stoning; hit or blow with a stone; mark or bruise made by a stone; rosette, bow (*for hair or hat*); (coll.) hint, taunt; **como pedrada en ojo de boticario** (coll.) apropos, just in time; **matar a pedradas** to stone to death
pedral *m* (naut.) stone used to hold a net or cable in place
pedrea *f* stoning; fight with stones; hailing
pedregal *m* stony ground
pedregoso -sa *adj* stony, rocky; suffering from gallstones; *mf* sufferer from gallstones
pedrejón *m* boulder
pedreñal *m* flintlock, firelock
pedrera *f* quarry, stone quarry
pedreral *m* packsaddle for carrying stones
pedrería *f* precious stones, jewelry
pedrero *m* stonecutter; slinger
pedreta or **pedrezuela** *f* small stone
pedrisca *f* var. of **pedrisco**
pedriscal *m* stony ground
pedrisco *m* shower of stones, stoning; heap of loose stones; hailstones; hailstorm
pedrisquero *m* hailstorm
pedriza *f* stony spot; stone fence
Pedro *m* Peter; **Pedro el Ermitaño** Peter the Hermit; **Pedro el Grande** Peter the Great
pedroche *m* stony ground
pedrusco *m* rough stone, boulder
pedunculado -da *adj* pedunculate
peduncular *adj* peduncular
pedúnculo *m* (anat., bot. & zool.) peduncle, stalk
peer §35 *vn & vr* to break wind
pega *f* sticking; pitch varnish; drubbing; catch question (*in an examination*); (coll.) trick, joke; (ichth.) remora; (min.) firing a blast; (orn.) magpie; **de pega** (slang) fake; **pega reborda** (orn.) shrike
pegadillo *m* little patch, little plaster; (Am.) lace; **pegadillo de mal de madre** (coll.) bore, nuisance
pegadizo -za *adj* sticky; contagious; sponging, parasitic; false, imitation
pegado *m* patch, sticking plaster
pegador *m* paper hanger; billposter; (min.) blaster
pegadura *f* sticking
pegajosa *f* see **pegajoso**
pegajosidad *f* stickiness
pegajoso -sa *adj* sticky; catching, contagious; alluring, tempting; (coll.) soft, gentle, mellow; (coll.) mushy; *f* (bot.) marvel-of-Peru
pegamento or **pegamiento** *m* sticking, joining; glue, cement
pegamoscas *m* (*pl:* **-cas**) (bot.) catchfly
pegapega *f* (bot.) bedstraw
pegar §59 *va* to stick, to paste; to fasten, attach, tie; to post (*bills*); to set (*fire*); to transmit, communicate (*a disease*); to beat; to let go (*a blow, slap, etc.*); to let out (*a cry*); to take (*a jump, a run*); to sew on (*a button*); **no pegar el ojo** (coll.) to not sleep a wink all night; **pegar un tiro a** to shoot; *vn* to stick, to catch;

to take root, take hold; to cling; to join, be contiguous; to make an impression; to fit, to match; to be fitting; to pass, be accepted; to beat; to knock; to stumble; *vr* to stick, to catch; to take root, take hold; to burn to the bottom of the pan; to hang on, stick around; to be catching (*said of a disease*); **pegársela a uno** (coll.) to make a fool of someone
pegarropa *m* (bot.) beggar's-lice
pegásides *fpl* (myth.) Muses
Pegaso *m* (myth. & astr.) Pegasus
pegata *f* (coll.) cheat, swindle, fraud
pegmatita *f* (petrog.) pegmatite
pego *m* cheating by sticking two cards together; **dar** o **tirar el pego** to make two cards stick together; (coll.) to dazzle, to cheat
pegote *m* pitch plaster; sticking plaster; (coll.) sticky mess; (coll.) hanger-on, sponger; (coll.) crude addition (*to a writing or a work of art*)
pegotear *vn* (coll.) to hang around, to sponge
pegotería *f* (coll.) hanging around, sponging
pegual *m* (Am.) saddle strap with ring at each end
peguera *f* pitch pit (*in which pine wood is burned to yield pitch*); place for heating pitch for marking sheep
peguero *m* pitch maker or dealer
pegujal *m* small fund; small holdings; fund of knowledge
pegujalejo *m* tiny holdings
pegujalero *m* small farmer
pegujar *m* var. of **pegujal**
pegujarero *m* var. of **pegujalero**
pegujón *m* or **pegullón** *m* lump or ball of wool or hair
pegunta *f* pitch mark on sheep
peguntar *va* to mark (*sheep*) with pitch
pehuén *m* (bot.) monkey puzzle
peina *f* var. of **peineta**
peinado -da *adj* combed; groomed; effeminate; (lit.) overnice; *m* hairdo, coiffure; **peinado al agua** finger wave; *f* combing
peinador -dora *mf* hairdresser; *m* wrapper, dressing gown, peignoir; *f* combing machine
peinadura *f* combing; combings
peinar *va* to comb; to riffle (*cards*); *vr* to comb one's hair
peinazo *m* (carp.) rail (*e.g., of a door*)
peine *m* comb; instep; reed (*of a loom*); (coll.) sly fellow, tricky fellow; (zool.) pecten; **a sobre peine** lightly, slightly; **peine de balas** cartridge clip; **peine de pastor** or **de Venus** (bot.) lady's-comb
peinera *f* see **peinero**
peinería *f* comb factory or shop
peinero -ra *mf* comb maker or dealer; *f* comb case
peineta *f* ornamental comb, back comb
peinetero -ra *mf* comb maker or dealer
Peipín *m* Peiping
p.ej. abr. of **por ejemplo**
peje *m* fish; (coll.) slicker, slick guy; **peje ángel** (ichth.) angelfish; **peje araña** (ichth.) scorpion fish; **peje diablo** (ichth.) scorpene
pejebuey *m* (zool.) manatee
pejegallo *m* (ichth.) roosterfish
pejemuller *m* (zool.) manatee
pejepalo *m* unsplit smoked codfish
pejerrey *m* (ichth.) atherine
pejesapo *m* (ichth.) angler
pejiguera *f* (coll.) bother, nuisance
p.ejm. abr. of **por ejemplo**
pekinés -nesa *adj & mf* var. of **pequinés**
pela *f* barking (*e.g., of a cork oak*)
pelada *f* see **pelado**
peladero *m* place for scalding slaughtered hogs or fowl; (coll.) den of cardsharps; (Am.) wasteland
peladilla *f* sugar almond; pebble
peladillo *m* (bot.) clingstone peach (*tree and fruit*); **peladillos** *mpl* wool stripped from the pelt
pelado -da *adj* bare; bald; barren; peeled; poor, penniless; even (*ten, twenty, hundred, etc.*); (Am.) ill-bred; *f* pelt, sheepskin (*stripped of wool*)
pelador -dora *adj* peeling; *mf* peeler
peladura *f* peeling, barking
pelafustán -tana *mf* (coll.) good-for-nothing
pelagallos *m* (*pl:* **-llos**) (coll.) tramp, bum
pelagatos *m* (*pl:* **-tos**) (coll.) wretch, outcast, ragamuffin
pelágico -ca *adj* pelagic
pelagra *f* (path.) pellagra
pelagroso -sa *adj* pellagrous
pelaire *m* wool carder
pelairía *f* wool carding
pelaje *m* coat, fur, pelage; (coll.) stripe (*sort, type*)
pelambrar *va* var. of **apelambrar**
pelambre *m* batch of hides to be fleshed; steeping liquid; hair; hair scraped from skins; lack of hair, bare spots
pelambrera *f* fleshing room; bushiness, hairiness; (path.) alopecia
pelambrero *m* flesher, steeper
pelamen *m* (coll.) var. of **pelambre**
pelamesa *f* scuffle, hair-pulling scuffle; bunch of hair
pelandusca *f* (coll.) prostitute, whore
pelantrín *m* small farmer; (Am.) pauper
pelar *va* to cut (*hair*); to pluck, pull out (*hair, feathers*); to peel, skin, husk, hull, shell, bark; to show (*the teeth*); (coll.) to clean out (*in gambling*); (Am.) to beat, to thrash; (Am.) to slander; *vr* to peel off; to lose one's hair; to get a haircut; (Am.) to clear out, make a getaway; **pelárselas** (coll.) to be efficient, expeditious, enthusiastic; (coll.) to kick the bucket (*to die*); **pelárselas por** (coll.) to crave; **pelárselas por** + *inf* to crave to + *inf*
pelarela *f* (path.) alopecia
pelarruecas *f* (*pl:* **-cas**) (coll.) woman who makes a living spinning
pelasgo -ga *adj & mf* Pelasgian
pelaza or **pelazga** *f* (coll.) quarrel, row
peldaño *m* step (*of stairs*)
pelea *f* fight; quarrel; struggle; **pelea de gallos** cockfight
peleador -dora *adj* fighting; quarrelsome; *mf* fighter
pelear *vn* to fight; to quarrel; to struggle; *vr* to fight, fight each other; to part company
pelechar *va* (coll.) to keep in food and clothing; *vn* to shed (*said of animals*); to get new hair; to fledge; (coll.) to be better off, to take a turn for the better
pelele *m* stuffed figure (*of straw and rags*); baby's knitted sleeping suit; (coll.) simpleton, laughingstock, lightweight
Peleo *m* (myth.) Peleus
peleón -ona *adj* (coll.) pugnacious, quarrelsome; (coll.) cheap, ordinary (*wine*); *m* (coll.) cheap wine; *f* (coll.) row, scuffle, altercation, fracas
pelerina *f* pelerine
pelete *m* punter (*in gambling*); (coll.) poor fellow, nobody; **en pelete** naked
peletería *f* furriery; fur shop; (Am.) shoe store
peletero -ra *mf* furrier; (Am.) shoe dealer, shoe merchant; *m* (Am.) shoe salesman
pelgar *m* (coll.) var. of **pelagallos**
peliagudo -da *adj* furry, long-haired; (coll.) arduous, ticklish; (coll.) tricky
peliblanco -ca *adj* white-haired
peliblando -da *adj* soft-haired
pelicano -na *adj* gray-haired
pelícano *m* (orn.) pelican
pelicorto -ta *adj* short-haired
película *f* pellicle; film; (phot. & mov.) film; motion picture; (Am.) blunder, break; **película de dibujo** (mov.) animated cartoon; **película de largo metraje** (mov.) full-length film; **película de seguridad** (phot.) safety film; **película en carretes** (phot.) roll film; **película en colores** (phot. & mov.) color film; **película en paquetes** (phot.) film pack; **película hablada** (mov.) talking film; **película sonora** (mov.) sound film
pelicular *adj* pellicular, filmy
peliculero -ra *adj* moving-picture; *mf* scenario writer; *m* movie actor; *f* movie actress
peligrar *vn* to be in danger
peligro *m* danger, peril, risk; **correr peligro** to be in danger; **fuera de peligro** out of danger; **ponerse en peligro de paz** to be alerted for war; **peligro amarillo** yellow peril

peligrosidad *f* dangerousness
peligroso -sa *adj* dangerous, perilous
pelilargo -ga *adj* long-haired
pelillo *m* (coll.) trifle, trifling difference; **echar pelillos a la mar** (coll.) to bury the hatchet; **no pararse en pelillos** (coll.) to not bother about trifles, to pay no attention to small matters; **no tener pelillos en la lengua** (coll.) to speak right out
pelilloso -sa *adj* (coll.) touchy
pelinegro -gra *adj* black-haired
Pelión, el Pelion; **levantar el Pelión sobre el Osa** to heap Pelion upon Ossa
pelirrojo -ja *adj* red-haired, redheaded; *mf* redhead
pelirrubio -bia *adj* fair-haired, blond; *m* blond; *f* blonde
pelitieso -sa *adj* straight-haired, stiff-haired
pelitre *m* (bot.) bertram, pellitory of Spain
pelitrique *m* (coll.) trifle, trinket
pelma *m* (coll.) flat mass; undigested food; *mf* (coll.) lump, poke, sluggard; (slang) easy mark
pelmacería *f* slowness, heaviness, pokiness
pelmazo *m* flat mass; undigested food; (coll.) lump, poke, sluggard
pelo *m* hair; down (*on skin, fruit, etc.*); nap (*of cloth*); grain (*in wood*); fiber, filament; coat (*of animal*); flaw (*in precious stones*); raw silk; color (*of horse*); kiss (*in billiards*); split (*in hoof*); hair or thread (*caught on tip of a pen*); cross hair (*of optical instrument*); hair trigger; hairspring (*of watch*); trifle; **al pelo** with the hair, with the nap; (coll.) perfectly, to the point; **a medios pelos** (coll.) tipsy; **a pelo** with the hair, with the nap; (coll.) timely, in good time; **con todos sus pelos y señales** chapter and verse; **contra pelo** backwards; against the hair or nap; (coll.) inopportunely; **cortar un pelo en el aire** to be sharp, be keen; **de medio pelo** (coll.) four-flushing; (coll.) trifling; **echar pelos a la mar** (coll.) to bury the hatchet; **en pelo** bareback; **escapar por un pelo** to escape by a hairbreadth, to have a narrow escape; **estar hasta por encima de los pelos** (coll.) to have one's fill, to be fed up; **hacer el pelo a** to do the hair of; to fix the hair of; **hacerse el pelo** to do one's hair; to fix one's hair; to have one's hair cut; **no tener pelo de tonto** (coll.) to be wide-awake; **no tener pelos en la lengua** (coll.) to be outspoken, to not mince words; **ponerle a uno los pelos de punta** to make one's hair stand on end; **relucirle a uno el pelo** (coll.) to be sleek, be well fed; **tomar el pelo a** (coll.) to make fun of, to make a fool of; **venir a pelo** to come in handy; **venir al pelo a** to suit perfectly; **pelo a la garçonne** shingle; **pelo arriba** against the hair; **pelo de camello** camel's hair; **pelo de cofre** or **de Judas** red hair; redhead (*person*); **pelos absorbentes** (bot.) root hair; **pelos de la estadia** (surv.) stadia hairs; **pelos y señales** (coll.) minutest details
pelón -lona *adj* bald, hairless; (coll.) dull, stupid; (coll.) poor, penniless; *m* (Am.) dried peach; *f* (path.) alopecia; (Am.) prostitute; (Am.) death
pelonería *f* (coll.) want, poverty
pelonía *f* (path.) alopecia
Pélope *m* (myth.) Pelops
peloponense *adj* & *mf* Peloponnesian
peloponesíaco -ca *adj* Peloponnesian
Peloponeso *m* Peloponnesus
pelosilla *f* (bot.) mouse-ear
peloso -sa *adj* hairy
pelota *f* ball; ball game; handball; (Am.) boat made of cowhide; **dejar en pelota** (coll.) to strip; (coll.) to clean out, leave penniless; **en pelota** stripped, naked; **estar la pelota en el tejado** (coll.) to be up in the air, to be of uncertain outcome; **no tocar pelota** (coll.) to not get to the root of the difficulty; **pelota acuática** (sport) water polo; **pelota de viento** football, basketball (*inflated with air*); **pelota medicinal** medicine ball; **pelota rodada** (baseball) grounder; **pelota vasca** (sport) pelota
pelota-base *f* baseball
pelotari *mf* pelota player
pelotazo *m* blow or hit with a ball
pelote *m* goat's hair
pelotear *va* to audit (*an account*); *vn* to knock a ball around (*without playing a game*); to wrangle, to argue; **pelotear con** to play ball with (*e.g., a pillow*)
pelotera *f* (coll.) brawl, row
pelotería *f* heap of balls; pile of goat's hair
pelotero *m* ball maker; ballplayer; (coll.) brawl, row
pelotilla *f* pellet; ball of wax and broken glass attached to end of scourge; **hacer la pelotilla a** (coll.) to soft-soap
pelotillero -ra *adj* fawning, cringing
pelotón *m* large ball; ball of hair; gang, crowd; (mil.) platoon; **pelotón de fusilamiento** firing squad; **pelotón de los torpes** (mil.) awkward squad
peltraba *f* (slang) game bag
peltre *m* spelter, pewter
peltrería *f* pewter factory; pewter business
peltrero *m* pewterer, pewter worker or dealer
peluca *f* wig; (coll.) wig (*one who wears a wig; severe reprimand*)
pelucón -cona *adj* wig-wearing; bewigged; (Am.) conservative; *m* big bushy wig; *f* gold doubloon
peluche *m* plush
peludo -da *adj* hairy, shaggy, furry; *m* bast mat
peluquería *f* hairdresser's (shop), barbershop
peluquero -ra *mf* hairdresser, barber; wigmaker
peluquín *m* scratchwig; peruke
pelusa *f* down; fuzz, nap; (coll.) jealousy, envy (*of a child*)
pelusilla *f* fuzz; (bot.) mouse-ear
pelviano -na *adj* pelvic
pelvímetro *m* pelvimeter
pelvis *f* (*pl:* **-vis**) (anat.) pelvis
pella *f* pellet; puff (*of pastry*); rough casting; tender head of cauliflower; raw lard; (orn.) gray heron; (coll.) sum of money, debt, theft; **hacer pella** (slang) to play hooky
pellada *f* pellet; batch of mortar or plaster
pelleja *f* hide; skin; undressed sheepskin; (coll.) prostitute
pellejería *f* leather dressing; skinnery; skins, hides; (Am.) jam, trouble
pellejero -ra *mf* leather dresser; skinner
pellejina *f* small skin
pellejo *m* skin; pelt, rawhide; peel, rind; wineskin; (fig.) hide, skin (*life*); (coll.) sot, drunkard; **dar, dejar** or **perder el pellejo** (coll.) to die; **estar** or **hallarse en el pellejo de otro** to be in somebody else's shoes; **no tener más que el pellejo** (coll.) to be nothing but skin and bones; **salvar el pellejo** (coll.) to save one's skin
pellejudo -da *adj* flabby, baggy
pelleta *f* var. of **pelleja**
pelletería *f* var. of **pellejería**
pelletero *m* var. of **pellejero**
pellica *f* robe or coverlet of fine furs; small dressed skin; jacket of fine skins
pellico *m* shepherd's jacket (*made of skins*)
pellijero *m* var. of **pellejero**
pellín *m* (bot.) antarctic or mountain beach
pelliquero *m* maker of shepherd's jackets
pelliza *f* pelisse; (mil.) dolman
pellizcar §86 *va* to pinch; to nip; to take a pinch of; *vr* (coll.) to long, to pine
pellizco *m* pinch; nip; bit, pinch; **pellizco de monja** cookie
pello *m* fine fur jacket
pellón *m* or **pellote** *m* fur cloak or robe
pelluzgón *m* bunch or tuft of hair
pena *f* see **peno**
penable *adj* penal, punishable
penachera *f* crest; plume, panache
penacho *m* crest; plume, panache; arrogance, haughtiness; (bot.) tassel
penachudo -da *adj* crested, plumed
penachuelo *m* small crest; small plume
penadamente *adv* painfully, with great effort
penadilla *f* narrow-mouthed drinking vessel
penado -da *adj* afflicted, grieved; arduous, difficult; narrow-mouthed (*vessel*); *mf* convict
penal *adj* penal; *m* penitentiary

penalidad *f* trouble, hardship; punishability; (law) penalty
penalista *mf* penologist
penante *adj* suffering, afflicted; *m* (coll.) suitor
penar *va* to penalize; to punish; *vn* to suffer; to linger (*although suffering or dying*); to suffer, to be tormented (*in Hell*); **penar por** to pine for, to long for; *vr* to grieve, to sorrow
penates *mpl* penates
penca *f* pulpy leaf (*e.g., of cactus*); pulpy part (*of leaf*); cowhide (*used for flogging*); **coger una penca** (Am.) to get drunk; **hacerse de pencas** (coll.) to let oneself be coaxed
pencazo *m* lash with a cowhide
penco *m* (bot.) Indian fig; (coll.) jade, hack, nag; (Am.) boor
pencudo -da *adj* having pulpy leaves
pendanga *f* jack of diamonds; (coll.) prostitute
pendejo *m* pubes (*hair*); (coll.) coward; (Am.) fool
pendencia *f* dispute, quarrel, fight; (law) pending litigation
pendenciar *vn* to dispute, quarrel, fight, wrangle
pendenciero -ra *adj* quarrelsome; *mf* wrangler
pendenzuela *f* little dispute or quarrel
pender *vn* to hang, dangle; to depend; to be pending
pendiente *adj* pendent, hanging, dangling; pending; under way; awaiting, expecting; **estar pendiente de** to depend on; to hang on (*e.g., someone's words*); to be in process of; *m* earring, pendant; watch chain; *f* slope, grade; dip, pitch; curve (*of a graph*)
pendil *m* woman's mantle; **tomar el pendil** (coll.) to leave, go away
péndol *m* (naut.) boot-topping
péndola *f* pendulum (*of clock*); clock (*with pendulum*); queen post; bridging brace; feather; pen, quill
pendolaje *m* (naut.) right of seizure
pendolario *m* penman
pendolear *vn & vr* to dangle, to swing
pendolero -ra *adj* (coll.) loose, dangling, sloppy
pendolista *mf* copyist, calligrapher; *m* penman
pendolón *m* large pendulum; king post
pendón *m* banner, standard, pennon; (bot.) shoot, tiller; (coll.) slattern
pendonear *vn* (coll.) var. of **pindonguear**
pendular *adj* of a pendulum
péndulo -la *adj* pendent, hanging; *m* pendulum; clock; **péndulo compensado** or **de compensación** compensation pendulum; **péndulo de segundos** seconds pendulum; **péndulo de torsión** torsion pendulum; **péndulo matemático** mathematical pendulum
pene *m* (anat.) penis
peneca *mf* (Am.) first-grade pupil; *f* (Am.) first grade (*in school*)
penela *f* flatboat, canal boat
Penélope *f* (myth.) Penelope
peneque *adj* (coll.) drunk
penetrabilidad *f* penetrability
penetrable *adj* penetrable
penetración *f* penetration; (fig.) penetration, insight; **penetración pacífica** (pol.) peaceful penetration
penetrador -dora *adj* keen, penetrating
penetrante *adj* penetrating; (fig.) penetrating
penetrar *va* to penetrate; to pierce; to grasp, fathom; to see through (*someone's intentions*); *vn* to penetrate; **penetrar en, entre** or **por entre** to penetrate into; *vr* to grasp, fathom; to realize; to become convinced; **penetrarse de** to become impregnated with; to become imbued with
penetrativo -va *adj* penetrative
pénfigo *m* (path.) pemphigus
penicilina *f* (pharm.) penicillin
penígero -ra *adj* (poet.) winged, feathered
penillanura *f* (geol.) peneplain
península *f* peninsula; **Península Balcánica** or **de los Balcanes** Balkan Peninsula; **península del Labrador** Labrador; **Península Ibérica** Iberian Peninsula; **península Malaya** or **de Malaca** Malay Peninsula
peninsular *adj & mf* peninsular
penique *m* penny
penisla *f* var. of **península**
penit. abr. of **penitente**
penitencia *f* penitence; penance; **hacer penitencia** to do penance; to eat sparingly; to take potluck
penitenciado -da *adj* punished by the Inquisition; punished; *mf* (Am.) convict
penitencial *adj* penitential; *m* (eccl.) penitential, penitential book
penitenciar *va* to impose penance on; to punish
penitenciaría *f* penitentiary; (eccl.) penitentiary
penitenciario -ria *adj* penitentiary; *m* (eccl.) penitentiary (*officer*)
penitenta *f* penitent woman; female confessant
penitente *adj & mf* penitent
pennado -da *adj* pennate
penninervio -via *adj* (bot.) penninervate
peno -na *adj & mf* Carthaginian ‖ *f* punishment; penalty; pain; hardship, toil; sorrow, grief; effort, trouble; choker (*jeweled collar*); (orn.) penna; **penas** *fpl* (Am.) ghosts; **a penas** hardly; **a duras penas** with great difficuty; **merecer la pena** to be worth while; **¡qué pena!** what a pity!; **so pena de** under penalty of; **última pena de la vida** death; **valer la pena** to be worth while; **valer la pena** + *inf* to be worth while to + *inf*, e.g., **no vale la pena ir al teatro esta noche** it isn't worth while to go to the theater this evening; **valer la pena de** + *inf* to be worth + *ger*, e.g., **aquella ciudad no vale la pena de visitarse** that city is not worth visiting; **pena capital** capital punishment; **pena infamante** loss of civil rights, banishment; **pena de muerte** death penalty, capital punishment; **pena de la vida** capital punishment
penol *m* (naut.) yardarm, peak
penología *f* penology
penológico -ca *adj* penological
penologista *mf* **penólogo -ga** *mf* penologist
penoso -sa *adj* arduous, difficult; suffering, afflicted; (coll.) conceited; (Am.) shy, timid
pensado -da *adj* deliberate, thought-out; **bien pensado** advised, wise; **de pensado** on purpose; **mal pensado** evil-minded; foolish, unwise
pensador -dora *adj* thinking; *m* thinker
pensamiento *m* thought; suspicion; (bot.) pansy; **en un pensamiento** in a twinkling, in a jiffy; **ni por pensamiento** not even in thought
pensar §18 *va* to think; to think over; to think of (*a card, a number, etc.*); to feed (*animals*); **pensar** + *inf* to intend to + *inf;* to almost + *inf;* **pensar de** to think of (*to have a certain opinion of*); *vn* to think; **sin pensar** unexpectedly; **pensar en** to think of (*to direct one's thoughts to*); **pensar en** + *inf* to think of + *ger; vr* to think; **pensárselo mejor** to think better of it, to change one's mind
pensativo -va *adj* pensive, thoughtful
pensel *m* (bot.) turnsole
penseque *m* (coll.) oversight, inadvertence
pensil *adj* pensile; *m* enchanted garden
Pensilvania *f* Pennsylvania
pensilvano -na *adj & mf* Pennsylvanian
pensión *f* pension, annuity; allowance; boarding house; board; fellowship (*for study*); grant-in-aid; bother, disadvantage; burden; **pensión completa** room and board
pensionado -da *mf* pensioner; fellow; *m* dormitory; boarding school
pensionar *va* to pension; to burden
pensionario *m* pensionary, magistrate
pensionista *mf* pensioner; boarder; pupil of a boarding school; **medio pensionista** day boarder (*in a school*)
pentaclo *m* pentacle
pentadáctilo -la *adj* pentadactyl
pentaedro *m* (geom.) pentahedron
pentagonal *adj* pentagonal
pentágono -na *adj* pentagonal; *m* (geom.) pentagon; **el Pentágono** the Pentagon (*building of U.S. Department of Defense in Washington*)
pentágrama or **pentagrama** *m* (mus.) staff, musical staff
pentámero -ra *adj* (bot. & zool.) pentamerous
pentámetro -tra *adj & m* pentameter
pentano *m* (chem.) pentane

pentarquía *f* pentarchy
pentasílabo -ba *adj* pentasyllabic; *m* pentasyllable
Pentateuco *m* (Bib.) Pentateuch
pentatlo *m* (sport) pentathlon
pentatónico -ca *adj* pentatonic
pentavalente *adj* (chem.) pentavalent
Pentecostés *f* Pentecost
pentodo or **péntodo** *m* (elec.) pentode
pentosa *f* (chem.) pentose
pentosana *f* (chem.) pentosan
penúltimo -ma *adj* penultimate; next to last; *f* (phonet.) penult
penumbra *f* penumbra; semidarkness, half-light
penuria *f* penury (*dearth*)
Penyab *m* Punjab
peña *f* rock, boulder; cliff; peen (*of hammer*); club, group, circle; **durar por peñas** to last a long time
peñascal *m* spiry terrain, rocky country
peñasco *m* spire of rock, pinnacle, crag; strong silk; (zool.) murex; (anat.) petrous portion (*of temporal bone*)
peñascoso -sa *adj* rocky, craggy
peño *m* (dial.) foundling
peñol *m* var. of **peñón**
péñola *f* pen, quill
peñón *m* rock, spire; **peñón de Gibraltar** Rock of Gibraltar
peón *m* pedestrian; foot soldier; laborer; pawn (*in chess*); man (*in checkers*); top, peg top; spindle, axle; hive; (taur.) attendant, assistant; (Am.) farm hand; **peón caminero** road laborer; **peón de albañil** or **de mano** hod carrier; **peón ferrocarrilero** (rail.) section hand
peonada *f* day's work of a laborer; gang of laborers
peonaje *m* gang of laborers; squad of foot soldiers
peonería *f* day's plowing
peonía *f* (bot.) peony; (bot.) rosary pea; (obs.) land in conquered territory given to an infantryman to settle on
peonza *f* whip top, whipping top; (coll.) noisy little squirt; **a peonza** (coll.) on foot
peor *adj & adv* worse; worst; **peor que peor** worse and worse
peoría *f* worseness; worsening
pepa *f* (Am.) seed (*e.g., of apple*); (Am.) marble; (*cap.*) *f* Jo, Jozy
Pepe *m* Joe
pepián *m* var. of **pipián**
Pepillo or **Pepín** *m* Joe
pepinar *m* cucumber patch
pepinillo *m* (bot.) gherkin (*Cucumis anguria and fruit; small cucumber used for pickles*); **pepinillo del diablo** (bot.) squirting cucumber
pepino *m* (bot.) cucumber; **no dársele a uno un pepino de** or **por** (coll.) to not care about, to not give a fig for
pepita *f* pip (*small seed*); melon seed; nugget; (vet.) pip; **no tener pepita en la lengua** (coll.) to speak freely, to speak without restraint; (*cap.*) *f* Jozy
Pepito *m* Joe
pepitoria *f* giblet fricassee with egg sauce; medley, hodgepodge
pepitoso -sa *adj* pippy (*full of pips*); suffering from pip
peplo *m* (hist.) peplum
pepón *m* (bot.) watermelon
pepona *f* large paper doll
pepónide *f* (bot.) pepo
pepsina *f* (biochem.) pepsin
péptico -ca *adj* peptic
péptido *m* (biochem.) peptide
peptizar §76 *va* (chem.) to peptize
peptona *f* (biochem.) peptone
pequén *m* (orn.) burrowing owl (*of Chile*)
pequeñez *f* (*pl:* **-ñeces**) smallness; infancy; trifle; (fig.) smallness
pequeñín *m* little one, baby, child
pequeño -ña *adj* little, small; young; low, humble; **en pequeño** briefly, in a word; on a small scale
pequeñuelo -la *adj* very small, tiny; very young; *mf* baby, tot
pequín *m* pekin; (*cap.*) *m* Pekin
pequinés -nesa *adj* Pekinese; *mf* Pekinese (*native of Pekin; dog*)
pera *f* pear (*fruit*); goatee, imperial; cinch, sinecure; pear-shaped bulb (*of camera shutter, auto horn, etc.*); (elec.) pear-shaped switch; **partir peras con** (coll.) to be on intimate terms with; **ponerle a uno las peras a cuatro** or **a ocho** (coll.) to put the squeeze on someone
perada *f* pear jam; pear brandy
peral *m* (bot.) pear, pear tree
peraleda *f* orchard of pear trees
peraltar *va* (arch.) to stilt; (rail.) to bank, to superelevate
peralte *m* (arch.) stilt; (arch.) height, rise; (rail.) superelevation
peralto *m* (geom.) height
perantón *m* (bot.) mock cypress; large fan; (coll.) tall person
perborato *m* (chem.) perborate
perca *f* (ichth.) perch; **perca de mar** (ichth.) sea bass
percal *m* percale
percalina *f* percaline
percance *m* mischance, misfortune; **percances** *mpl* perquisites
percatar *vr* to be on one's guard; **percatarse de** to notice, to become aware of, to suspect; to beware of, to guard against
percebe *m* (zool.) barnacle (*Pollicipes cornucopia*); (coll.) fool, ignoramus
percebimiento *m* var. of **apercibimiento**
percentil *m* percentile
percepción *f* perception; percept; collection
perceptibilidad *f* perceptibility; collectability
perceptible *adj* perceptible; collectable
perceptivo -va *adj* perceptive (*having the faculty of perceiving*); perceptual (*pertaining to perception*)
perceptor -tora *adj* percipient; *mf* percipient; collector (*e.g., of taxes*)
Perceval *m* Percival
percibidero -ra *adj* perceptible
percibir *va* to perceive; to collect
percibo *m* collecting, collection
perclorato *m* (chem.) perchlorate
percloruro *m* (chem.) perchloride
percocería *f* small piece of hammered silverware
percuciente *adj* percutient, percussive
percudir *va* to tarnish, to dull; to spread through; *vr* to spot with mildew (*said of clean wash*)
percusión *f* percussion; (med.) percussion
percusor *m* (med.) percussor (*person who strikes; percussion hammer*); firing pin
percutir *va* to percuss
percutor *m* firing pin
percha *f* perch, pole, roost; clothes tree; coat hanger; coat hook; barber pole; napping (*of cloth*); snare (*to catch birds*); perch for a falcon; (naut.) spar, rough log; (ichth.) perch; **estar en percha** to be in the bag
perchar *va* to nap (*cloth*)
perchero *m* rack, clothes rack
percherón -rona *adj & mf* Percheron
perchón *m* poorly pruned shoot (*of vine*)
perchonar *vn* to leave poorly pruned shoots on the vine; to lay snares for game
perdedero *m* cause of loss; gambling den; den of vice; rabbit's burrow
perdedor -dora *adj* losing; *mf* loser
perder §66 *va* to lose; to waste, squander; to miss (*e.g., a train, an opportunity*); to flunk (*a course*); to ruin; to spoil; *vn* to lose; to fade; *vr* to lose one's way, get lost, go astray; to miscarry; to sink, go to the bottom; to become ruined; to spoil, get spoiled; to fall into disuse; to lose one's virtue (*said of a woman*); **perderse en** to fall all over oneself in (*e.g., excuses*); **perderse por** to be madly in love with
perdición *f* perdition; loss; unbridled passion; outrage; ruination
pérdida *f* loss; waste; damage, ruination; **estar** or **ir a pérdidas y ganancias** to share profit and loss; **no tener pérdida** (coll.) to be easy to find; **pérdidas blancas** (path.) whites
perdidamente *adv* madly, wildly; uselessly

perdidizo -za *adj* supposed to be lost; **hacer perdidizo** (coll.) to hide; (coll.) to drop, to lose (*on purpose*); **hacerse perdidizo** (coll.) to lose on purpose (*in a game*); **hacerse el perdidizo** (coll.) to make oneself scarce
perdido -da *adj* stray, wild (*bullet*); wide, loose (*sleeve*); countersunk; fruitless, unsuccessful; dissolute; off, spare, idle (*hours*); absent, distracted; confirmed, inveterate; **perdido por** mad about; *m* profligate, rake; (print.) extra printing (*to make up for spoiled sheets*); **al perdido** carelessly, sloppily
perdidoso -sa *adj* losing, unlucky; easily lost
perdigar §59 *va* to brown, to broil slightly; (coll.) to make ready, prepare
perdigón *m* young partridge; decoy partridge; shot; (coll.) profligate; (coll.) heavy loser (*in gambling*); (coll.) failure (*student who failed*); **perdigón zorrero** buckshot
perdigonada *f* shot with bird shot; wound caused by bird shot
perdigonera *f* pouch for shot
perdiguero -ra *adj* partridge-hunting; *m* pointer, setter; game dealer
perdimiento *m* loss, waste, ruin
perdis *m* (*pl:* **-dis**) (coll.) rake, good-for-nothing
perditancia *f* (elec.) leakage conductance, leakance
perdiz *f* (*pl:* **-dices**) (orn.) partridge; **perdiz blanca** (orn.) rock ptarmigan; **perdiz, o no comerla** (coll.) whole hog or none; **perdiz pardilla** (orn.) gray partridge; **perdiz real** or **roja** (orn.) red-legged partridge
perdón *m* pardon, forgiveness; (coll.) burning drop of oil, wax, etc.; **con perdón** by your leave
perdonable *adj* pardonable
perdonador -dora *adj* forgiving; *mf* pardoner; *m* (eccl.) pardoner
perdonar *va* to pardon, forgive, excuse; **no perdonar** to not miss, to not omit
perdonavidas *m* (*pl:* **-das**) (coll.) bully
perdulario -ria *adj* careless, sloppy; vicious, incorrigible
perdurable *adj* lasting, long-lasting; everlasting; *f* durance, everlasting (*a material*)
perdurar *vn* to last, last a long time, survive
perecear *va* (coll.) to put off, delay (*out of laziness, indifference, etc.*)
perecedero -ra *adj* perishable; mortal; *m* (coll.) misery, extreme want; danger spot
perecer §34 *vn* to perish; to suffer, become exhausted; to be in great want; **perecer ahogado** to drown; *vr* to pine; **perecerse de risa** to be dying of laughter; **perecerse por** to pine for, to be dying for; to be mad about (*e.g., a woman*)
perecimiento *m* perishing, end, death
pereda *f* orchard of pear trees
peregrinación *f* or **peregrinaje** *m* peregrination; pilgrimage
peregrinar *vn* to peregrinate; to go as a pilgrim; to journey through life
peregrinidad *f* rareness, strangeness
peregrino -na *adj* wandering, traveling; peregrine, foreign; rare, strange; singular; beautiful, excellent; mortal; migratory (*bird*); *mf* pilgrim
perejil *m* (bot.) parsley; (coll.) frippery, tawdry dress or ornaments; **perejiles** *mpl* (naut.) pennants and banners hoisted to bedeck a ship; (coll.) handles (*titles, etc.*); (coll.) frippery; **perejil de mar** (bot.) samphire; **perejil de monte** (bot.) mountain parsley; **perejil de perro** (bot.) fool's-parsley; **perejil marino** (bot.) samphire
perenal *adj* var. of **perenne**
perencejo *m* var. of **perengano**
perendeca *f* (coll.) prostitute
perendengue *m* earring; trinket, cheap ornament
perene *adj* var. of **perenne**
perengano -na *mf* so-and-so
perenne *adj* perennial; (bot.) perennial
perennidad *f* perenniality
perentoriedad *f* peremptoriness; urgency
perentorio -ria *adj* peremptory; urgent
perero *m* fruit parer
pereza *f* laziness; slowness
perezoso -sa *adj* lazy; slow, dull, heavy; *mf* lazybones; sleepyhead; *m* (zool.) sloth
perfección *f* perfection; **a la perfección** to perfection
perfeccionamiento *m* perfection, improvement
perfeccionar *va* to perfect, improve
perfeccionista *mf* perfectionist
perfectibilidad *f* perfectibility
perfectible *adj* perfectible
perfectivo -va *adj* perfective
perfecto -ta *adj* perfect; (gram.) perfect; *m* (gram.) perfect
perfidia *f* perfidy
pérfido -da *adj* perfidious
perfil *m* profile; side view; cross section; thin stroke (*in writing*); trimming; outline, sketch; skyline; (iron mfg.) shape; **perfiles** *mpl* finishing touches; courtesies; **perfil aerodinámico** (aer.) streamlining
perfilado -da *adj* long and thin (*face*); well-formed (*nose*); delicate (*features*); streamlined
perfiladura *f* profiling, outlining; outline
perfilar *va* to profile, to outline; to perfect, to polish, to finish; *vr* to be outlined; to show one's profile, to stand sideways; (coll.) to dress up
perfoliado -da *adj* (bot.) perfoliate; *f* (bot.) hare's-ear
perfoliata *f* (bot.) hare's-ear
perfolla *f* cornhusk
perforación *f* perforation; drilling, boring; puncture; punch
perforador -dora *adj* perforating; drilling; *mf* perforator; *m* (telg.) perforator; *f* pneumatic drill, compressed-air drill, rock drill; (mach.) perforator
perforante *adj* perforating; armor-piercing
perforar *va* to perforate; to drill, to bore; to puncture; to punch (*e.g., card*)
perforista *mf* keypuncher
performance *f* (sport) performance
perfumadero *m* perfuming pan
perfumador -dora *mf* perfumer; *m* perfuming pan; perfume atomizer
perfumar *va* to perfume
perfume *m* perfume
perfumear *va* var. of **perfumar**
perfumería *f* perfumery
perfumero -ra or **perfumista** *mf* perfumer
perfunctorio -ria *adj* perfunctory
perg. abr. of **pergamino**
pergal *m* leather paring for sandal thongs
pergaminero *m* parchment-maker, parchment seller
pergamino *m* parchment
Pérgamo *f* Pergamum
pergeniar *va* to comprehend, to know thoroughly
pergenio *m* (coll.) appearance, looks
pergeñar *va* to execute; to perform with skill; to grasp thoroughly
pergeño *m* (coll.) appearance, looks
pérgola *f* pergola; roof garden
peri *f* (myth.) peri
periantio *m* (bot.) perianth
pericardíaco -ca *adj* pericardiac
pericardio *m* (anat.) pericardium
pericarditis *f* (path.) pericarditis
pericarpio *m* (bot.) pericarp, seedcase, seed vessel
pericia *f* skill, expertness
pericial *adj* expert; *m* expert; customhouse officer
Pericles *m* Pericles
periclitar *vn* to be in jeopardy, to be unsound or shaky
perico *m* periwig; large asparagus; large fan; queen of clubs; (naut.) mizzen-topgallant sail; (orn.) parakeet; (slang) chamber pot; (*cap.*) *m* Pete; **perico de los palotes** anybody, so-and-so; **perico entre ellas** (coll.) lady's man; **perico ligero** (zool.) sloth
pericón -cona *adj* fit for all uses (*said of a horse or mule*); *m* large fan; queen of clubs
pericráneo *m* (anat.) pericranium
peridoto *m* (mineral.) chrysolite, peridot
perieco -ca *adj* perioecic; **periecos** *mpl* perioeci

periferia *f* periphery; surroundings
periférico -ca *adj* peripheral
perifollo *m* (bot.) chervil; **perifollos** *mpl* (coll.) finery, frippery; **perifollo oloroso** (bot.) sweet cicely, sweet fern
perifonear *va* to broadcast
perifonía *f* broadcasting
perífono *m* broadcasting apparatus
perifrasear *vn* to periphrase
perífrasi *f* or **perífrasis** *f* (*pl:* **-sis**) periphrase or periphrasis
perifrástico -ca *adj* periphrastic
perigallo *m* loose skin under the chin; bright-colored hair ribbon; sling made of twine; (coll.) tall, lanky person; (naut.) topping lift
perigeo *m* (astr.) perigee
periginia *f* perigyny
perihelio *m* (astr.) perihelion
perilustre *adj* very illustrious
perilla *f* pear-shaped figure or ornament; goatee, imperial; pommel (*of saddlebow*); knob; lobe (*of ear*); **de perilla** or **de perillas** (coll.) apropos, to the point
perillán -llana *adj* rascally, crafty; *m* rascal, crafty fellow
perillo *m* scalloped cookie
perímetro *m* perimeter
perimisio *m* (anat.) perimysium
perínclito -ta *adj* illustrious, heroic
perineal *adj* perineal
perineo *m* (anat.) perineum
perineurio *m* (anat.) perineurium
perinola *f* teetotum; pear-shaped figure or ornament; (coll.) pert little woman
perioca *f* argument, summary
periodicidad *f* periodicity; regularity
periódico -ca *adj* periodic; periodical; *m* periodical; newspaper
periodismo *m* newspaper work, journalism
periodista *mf* journalist; *m* newspaperman; *f* newspaperwoman
periodístico -ca *adj* (pertaining to the) newspaper, journalistic
periodización *f* division into periods
período *m* period; (gram.) compound sentence; (phys.) cycle; **período de incubación** (path.) incubation period; **período glacial** (geol.) glacial period; **período lectivo** term (*in school*); **período medio** (phys.) half life (*of radioactive substance*)
periodontal *adj* periodontal
periostio *m* (anat.) periosteum
periostitis *f* (path.) periostitis
peripatético -ca *adj* Peripatetic; (coll.) ridiculous, wild (*in one's opinions*); *m* Peripatetic
peripato *m* Peripateticism; Peripatetics
peripecia *f* peripeteia, vicissitude
periplo *m* periplus (*voyage around coast or island; account of such voyage*); trip, journey
períptero -ra *adj* (arch.) peripteral
peripuesto -ta *adj* (coll.) dudish, all spruced up, sporty
periquear *vn* to be too free, take too much liberty (*said of a woman*)
periquete *m* (coll.) jiffy; **en un periquete** (coll.) in a jiffy
periquillo *m* sugarplum
periquito *m* (orn.) parakeet; (naut.) skysail; **periquito de Australia** (orn.) budgerigar, zebra parakeet
periscio -cia *adj* periscian; **periscios** *mpl* periscii
periscópico -ca *adj* periscopic
periscopio *m* periscope
perisodáctilo -la *adj* & *m* (zool.) perissodactyl
perisología *f* pleonasm, verbiage
peristalsis *f* (*pl:* **-sis**) (physiol.) peristalsis
peristáltico -ca *adj* peristaltic
peristaltismo *m* var. of **peristalsis**
peristilo *m* (arch.) peristyle
perístole *f* (physiol.) peristole, peristalsis
perístoma *m* (bot.) peristome
peritación *f* work of an expert
peritaje *m* work of an expert; expert's fee; training course for experts
perito -ta *adj* skilled, skilful; expert; *m* expert
peritoneal *adj* peritoneal
peritoneo *m* (anat.) peritoneum
peritonitis *f* (path.) peritonitis
perjudicador -dora *adj* harmful, injurious; *mf* harmer, injurer
perjudicar §86 *va* to harm, damage, impair, prejudice
perjudicial *adj* harmful, injurious, prejudicial
perjuicio *m* harm, injury, damage, prejudice; **en perjuicio de** to the detriment of; **sin perjuicio de** without affecting
perjurador -dora *adj* perjured; *mf* perjurer
perjurar *vn* to commit perjury; to swear, be profane; *vr* to commit perjury; to perjure oneself
perjurio *m* perjury
perjuro -ra *adj* perjured; *mf* perjurer; *m* perjury
perla *f* pearl; (fig.) pearl, jewel (*person or thing*); (pharm.) pearl, capsule; (f.a.) pearl; **de perlas** perfectly; **perla de ampolla** blister pearl
perlado -da *adj* pearled; pearly
perlático -ca *adj* palsied, paralyzed; *mf* paralytic
perlería *f* collection of pearls
perlero -ra *adj* (pertaining to the) pearl
perlesía *f* (path.) palsy, paralysis
perlífero -ra *adj* pearl-bearing
perlino -na *adj* pearl, pearl-colored
perlita *f* (metal. & petrog.) perlite; (mineral.) phonolite
perlongar §59 *va* to sail along; *vn* to sail along the coast; (naut.) to pay out a cable
permaloy *m* permalloy
permanecer §34 *vn* to stay, remain
permaneciente *adj* staying; permanent
permanencia *f* permanence; stay, sojourn; **permanencias** *fpl* (educ.) study hours
permanente *adj* permanent; *f* permanent (*wave*); **permanente en frío** cold wave (*in hair*)
permanganato *m* (chem.) permanganate; **permanganato de potasio** (chem.) potassium permanganate
permangánico -ca *adj* permanganic
permansión *f* var. of **permanencia**
permeabilidad *f* permeability
permeable *adj* permeable
permeancia *f* (elec.) permeance
pérmico -ca *adj* & *m* (geol.) Permian
permisible *adj* permissible
permisión *f* permission
permisivo -va *adj* permissive
permiso *m* permission; permit; time off; tolerance (*in coinage*); leave; **con permiso** on leave; excuse me; **de permiso** on leave; **permiso de circulación** (aut.) owner's license; **permiso de conducir** (aut.) driver's license
permisor -sora *adj* var. of **permitidor**
permistión *f* mixture, concoction
permitidero -ra *adj* permissible
permitidor -dora *adj* permitting
permitir *va* to permit, to allow; **permitir** + *inf* to permit or allow to + *inf;* to enable to + *inf;* **permitir que** + *subj* to permit or allow to + *inf;* *vr* to be permitted; to allow oneself (*e.g., a criticism*); **no se permite fumar** no smoking; **permitirse** + *inf* to take the liberty to + *inf*
permuta *f* barter, exchange
permutable *adj* exchangeable; permutable
permutación *f* interchange, exchange; permutation; (math.) permutation
permutar *va* to interchange; to barter; to permute
pernada *f* kick; leg (*of some object*)
pernaza *f* big leg, thick leg
perneador -dora *adj* strong-legged
pernear *vn* to kick, shake the legs; (coll.) to fuss, to hustle, to fret
perneo *m* (dial.) hog market
pernera *f* leg (*of trousers*)
pernería *f* (naut.) stock of bolts
perneta *f* small leg; **en pernetas** barelegged
pernete *m* small bolt, pin, peg
perniabierto -ta *adj* bowlegged
pernicioso -sa *adj* pernicious
pernil *m* thigh (*of animal*); leg (*of trousers*)
pernio *m* hinge
perniquebrar §18 *va* to break the leg or legs of; *vr* to break one's leg or legs

pernituerto -ta *adj* crooked-legged
perno *m* bolt; eye (*of hook-and-eye hinge*); **perno de expansión** expansion bolt; **perno roscado** screw bolt
pernoctar *vn* to spend the night, to spend the night away from home
pernotar *va* to note, observe
pero *conj* but, yet; *m* (bot.) permain; (coll.) but, objection; (coll.) fault, defect; **poner pero a** (coll.) to find fault with
perogrullada *f* (coll.) platitude, inanity
perol *m* kettle (*in form of hemisphere*)
perón *m* (Am.) pear-shaped apple
peroné *m* (anat.) fibula
peroneo -a *adj* fibular
peroración *f* peroration; (coll.) harangue
perorar *vn* to perorate; (coll.) to orate
perorata *f* harangue, declamation, tiresome speech
peroxiácido *m* (chem.) peroxyacid
peróxido *m* (chem.) peroxide; **peróxido de hidrógeno** (chem.) hydrogen peroxide; **peróxido de plomo** (chem.) lead dioxide (O_2Pb)
perpendicular *adj & f* perpendicular
perpendicularidad *f* perpendicularity
perpendículo *m* plumb bob; pendulum; (geom.) altitude of a triangle
perpetración *f* perpetration
perpetrador -dora *mf* perpetrator
perpetrar *va* to perpetrate
perpetua *f* see **perpetuo**
perpetuación *f* perpetuation
perpetuar §33 *va* to perpetuate; *vr* to be perpetuated
perpetuidad *f* perpetuity
perpetuo -tua *adj* perpetual; life; *f* (bot.) globe amaranth; **perpetua amarilla** (bot.) everlasting flower; **perpetua encarnada** (bot.) globe amaranth
perpiaño *m* (mas.) bondstone, perpend
Perpiñán *f* Perpignan
perplejidad *f* perplexity; worry, anxiety
perplejo -ja *adj* perplexed; worried, anxious; baffling, perplexing
perpunte *m* pourpoint (*quilted doublet*)
perquirir §56 *va* to seek out, investigate
perra *f* see **perro**
perrada *f* pack of dogs; drudgery; (coll.) dirty trick, meanness, treachery
perrengue *m* (coll.) irascible fellow, grouch; (coll.) Negro
perrera *f* doghouse, kennel; tantrum; drudgery; (coll.) poor pay (*person*)
perrería *f* pack of dogs; gang of thieves; angry word; (coll.) dirty trick, meanness, treachery
perrero *m* beadle who keeps dogs out of church; master of the hounds; dog fancier; dogcatcher
perrezno *m* puppy
perrillo -lla *mf* puppy; *m* trigger
perrito *m* doggie
perro -rra *adj* (coll.) wicked, mean; (coll.) hard, bitter, troublesome; (Am.) rash, stubborn; (Am.) selfish, stingy; *m* dog; (mach.) dog, pawl; **a otro perro con ese hueso** tell that to the marines; **el perro del hortelano** dog in the manger; **perro ardero** squirrel dog; **perro caliente** (slang) hot dog; **perro cobrador** retriever; **perro chico** (coll.) copper coin (*five centimes*); **perro dalmático** coach dog; **perro de aguas** spaniel; **perro de ajeo** bird dog, retriever; **perro de lanas** poodle; **perro de muestra** pointer, setter; **perro de pastor** sheep dog, shepherd dog; **perro de San Bernardo** Saint Bernard; **perro faldero** lap dog; **perro hiena** (zool.) Cape hunting dog; **perro jabalinero** boarhound; **perro lebrel** whippet; **perro lebrero** rabbit dog; **perro lobero** wolf dog; **perro lulú** spitz dog; **perro maestro** trained dog; **perro marino** (ichth.) dogfish, shark; **perro ovejero** sheep dog, shepherd dog; **perro pastor alemán** German shepherd dog; **perro policía** police dog; **perro pomerano** Pomeranian (*dog*); **perro raposero** foxhound; **perro rastrero** trackhound; **perro viejo** (coll.) wise old owl; *f* bitch; tantrum; (coll.) drunk, drunkenness
perro-lazarillo *m* (*pl:* **perros-lazarillo**) Seeing Eye dog
perroquete *m* (naut.) topgallant mast
perruno -na *adj* canine, dog; *f* dog bread, dog cake
persa *adj & mf* Persian; *m* Persian (*language*)
persecución *f* pursuit; persecution; annoyance, harassment
persecutorio -ria *adj* (pertaining to) persecution; persecutional
Perséfone *f* (myth.) Persephone
perseguidor -dora *mf* pursuer; persecutor; *f* (Am.) hangover
perseguimiento *m* var. of **persecución**
perseguir §82 *va* to pursue; to persecute; to annoy, harass
Perseida *f* (astr.) Perseid
Perseo *m* (myth. & astr.) Perseus
persevante *m* pursuivant, pursuivant of arms
perseverancia *f* perseverance
perseverante *adj* persevering
perseverar *vn* to persevere; **perseverar en** + *inf* to persevere in + *ger*
persiano -na *adj & mf* Persian; *f* flowered silk; slatted shutter; (aut.) louver; **persiana de tiro** or **persiana interior americana** Venetian blind
persicaria *f* (bot.) persicary, lady's-thumb; (bot.) prince's-feather
pérsico -ca *adj* Persian; *m* (bot.) peach (*tree and fruit*)
persignar *vr* to cross oneself, make the sign of the cross; to make the first sale of the day; (coll.) to cross oneself in surprise
pérsigo *m* (bot.) peach (*tree and fruit*)
persistencia *f* persistence or persistency
persistente *adj* persistent
persistir *vn* to persist; **persistir en** + *inf* to persist in + *ger*
persona *f* person; personage; (gram. & theol.) person; **personas** *fpl* people; **conjunta persona** spouse (*man or wife*); **de persona a persona** tête à tête, man to man; **en persona** in person; **en la persona de** in the person of; **hacer de su persona** (coll.) to have a bowel movement; **por persona** per capita; **por su persona** in person; **primera persona** (gram.) first person; **segunda persona** (gram.) second person; **tercera persona** (gram.) third person; **persona agente** (gram.) agent; **persona desplazada** displaced person; **persona grata** persona grata; **persona jurídica** (law) juristic person; **persona paciente** (gram.) recipient of the action
personada *adj* (bot.) personate (*corolla*)
personado *m* (eccl.) benefice without jurisdiction; (eccl.) incumbent of a benefice without jurisdiction
personaje *m* personage; (theat.) personage, character; somebody (*person of importance*)
personal *adj* personal; *m* personnel, staff, force; staff expenses (*of an office*)
personalidad *f* personality; (law) personality; **personalidad desdoblada** split personality
personalismo *m* selfishness; personality
personalista *adj* selfish, self-seeking
personalización *f* personalization
personalizar §76 *va* to personalize; to make personal remarks about; (gram.) to make (*an impersonal verb*) personal; *vr* to become personal
personar *vr* var. of **apersonar**
personería *f* solicitorship; (law) personality
personero *m* solicitor; delegate
personificación *f* personification
personificar §86 *va* to personify
personilla *f* (coll.) queer little person
personudo -da *adj* husky
perspectivo -va *adj* perspective; *m* expert in perspective; *f* perspective; outlook, prospect; appearance; deceptive appearance; **perspectiva lineal** linear perspective
perspicacia or **perspicacidad** *f* perspicacity, discernment; keen sight
perspicaz *adj* (*pl:* **-caces**) perspicacious, discerning; keen-sighted
perspicuidad *f* perspicuity
perspicuo -cua *adj* perspicuous
perspiración *f* perspiration
perspirar *vn* to perspire
persuadidor -dora *mf* persuader

persuadir *va* to persuade; **persuadir a** + *inf* to persuade to + *inf;* **persuadir a que** + *subj* to persuade to + *inf; vr* to become persuaded or convinced
persuasible *adj* credible, plausible
persuasión *f* persuasion
persuasivo -va *adj* persuasive; *f* persuasion, persuasiveness
persuasor -sora *mf* persuader
pertenecer §34 *vn* to belong; to pertain, to concern; *vr* to be independent
pertenecido *m* property
perteneciente *adj* pertaining
pertenencia *f* property; ownership; appurtenance, accessory; province, domain; **ser de la pertenencia de** to be under the ownership of; to be in the bailiwick or province of
pértiga *f* pole, rod, staff; (sport) pole (*used in pole vault*)
pertigal *m* pole, rod, staff
pértigo *m* tongue (*of wagon*)
pertiguería *f* office of verger
pertiguero *m* verger
pertinacia *f* pertinacity; persistence (*e.g., of a disease*)
pertinaz *adj* (*pl:* **-naces**) pertinacious; persistent (*e.g., headache*)
pertinencia *f* pertinence, relevance
pertinente *adj* pertinent, relevant
pertrechar *va* to supply, provide, equip; to prepare, to implement
pertrechos *mpl* supplies, provisions, equipment; tools; **pertrechos de guerra** ordnance
perturbación *f* perturbation; disturbance; upset
perturbadamente *adv* in confusion
perturbado -da *adj* insane; *mf* insane person
perturbador -dora *adj* perturbing; disturbing; *mf* perturber; disturber
perturbar *va* to perturb; to disturb; to upset, disconcert; to confuse, interrupt
Perú, el Peru
peruanismo *m* Peruvianism
peruano -na *adj & mf* Peruvian
peruétano *m* (bot.) wild pear; end, tip, projection
perulero -ra *adj & mf* Peruvian; *mf* person who has returned wealthy from Peru; *m* round earthen jug with small mouth
Perusa *f* Perugia
peruviano -na *adj & mf* Peruvian
perversidad *f* perversity
perversión *f* perversion; (psycopath.) perversion
perverso -sa *adj* perverse; profligate, depraved; *mf* profligate
pervertido -da *adj* (psychopath.) perverse; *mf* (psychopath.) pervert
pervertidor -dora *adj* perverting, depraving; *mf* perverter
pervertimiento *m* perversion, corruption
pervertir §62 *va* to pervert; *vr* to become perverted
pervigilio *m* sleeplessness, wakefulness
pervinca *f* (bot.) periwinkle
pervivencia *f* persistence, survival
pervulgar §59 *va* to divulge, proclaim
peryódico -ca *adj* (chem.) periodic
peryoduro *m* (chem.) periodide
pesa *f* weight (*of scales, clock, gymnasium, etc.*); **tirar la pesa** (sport) to put the shot; **pesas y medidas** weights and measures
pesacartas *m* (*pl:* **-tas**) letter scales
pesada *f* see **pesado**
pesadez *f* heaviness; clumsiness, slowness; annoyance; tiresomeness, dullness; harshness; (phys.) gravity
pesadilla *f* nightmare; (fig.) nightmare
pesado -da *adj* heavy; clumsy, sluggish, slow; tiresome, dull; harsh; *f* quantity weighed at one time
pesador -dora *mf* weigher
pesadumbre *f* sorrow, grief; trouble; weight, heaviness
pesaje *m* weighing; paddock
pesalicores *m* (*pl:* **-res**) hydrometer
pésame *m* condolence; **dar el pésame por** to present one's condolences for, to extend one's sympathy for or on
pesante *adj* having weight
pesantez *f* (phys.) gravity
pesar *m* sorrow, regret; **a pesar de** in spite of; *va* to weigh; to grieve, to make sorry; (fig.) to weigh; **mal que me (le, etc.) pese** whether I (you, etc.) like it or not; **pesar** + *inf* or **pesar de** + *inf* to be sorry that + *ind,* e.g., **me pesa haber firmado esa protesta** I am sorry that I signed that protest; **pesar sus palabras** to weigh one's words; **pese a** in spite of; **pese a que** in spite of the fact that; **pese a quien pese** regardless, whether they like it or not; *vn* to weigh; to have weight; to be heavy; to cause sorrow, cause regret; (fig.) to weigh (*to have influence, be important*)
pesario *m* (med.) pessary
pesaroso -sa *adj* sorrowful, regretful
pesca *f* fishing; catch (*of fish*); **ir de pesca** to go fishing; **llevar de pesca** to take (*someone*) fishing; **pesca de bajura** offshore fishing; **pesca de gran altura** deep-sea fishing
pescada *f* (ichth.) hake; dried and cured fish
pescadería *f* fish market; fish store; fish stand
pescadero -ra *mf* fish dealer; fishmonger; *f* fishwoman
pescadilla *f* (ichth.) codling; (ichth.) weakfish; **pescadilla de red** or **pescadilla real** (ichth.) pescadilla (*Sagenichthys ancylodon*)
pescado *m* fish (*that has been caught*); salted codfish
pescador -dora *adj* fishing; *mf* fisher; *m* fisherman; (ichth.) angler; *f* fisherwoman
pescante *m* coach box; (aut.) front seat; jib (*of derrick*); (naut.) davit; (theat.) trap door
pescar §86 *va* to fish; to catch (*fish*); to fish for; to fish out; (elec.) to fish; (coll.) to manage to get; (coll.) to catch, catch up (*e.g., in a lie*); *vn* to fish
pescozada *f* or **pescozón** *m* slap in the neck, slap on the head
pescozudo -da *adj* thick-necked
pescuezo *m* neck; haughtiness
pescuño *m* colter wedge (*of plow*)
pese see **pesar**
pesebre *m* crib, rack; manger; (Am.) crèche
pesebrera *f* row of mangers; mangers
pesebrón *m* boot (*of a coach*)
peseta *f* peseta (*Spanish monetary unit*); **cambiar la peseta** (coll.) to get sick and vomit
pésete *m* curse
pesetero -ra *adj* greedy, grasping; (costing a) peseta
pesia *interj* confound it!
pesiar *vn* to curse
pesillo *m* small scales (*for weighing coins*)
pesimismo *m* pessimism
pesimista *adj* pessimistic; *mf* pessimist
pésimo -ma *adj super* very bad, abominable, miserable
peso *m* weight; scale, balance; burden, load; judgment, good sense; (fig.) weight (*importance; burden*); peso (*Spanish American monetary unit*); **a peso de dinero, oro** or **plata** at a very high price; **caerse de su peso** to be self-evident; **de peso** of due weight; of sound judgment, serious, important; **en peso** in the air; entirely; on the fence; **llevar el peso de la batalla** to bear the brunt of the battle; **reducir peso** to reduce (*to lose weight, e.g., by exercising*); **peso atómico** (phys.) atomic weight; **peso en vivo** live weight; **peso específico** (phys.) specific gravity; **peso fuerte** (box.) heavyweight; **peso gallo** (box.) bantamweight; **peso ligero** or **liviano** (box.) lightweight; **peso mediano** or **medio** (box.) middleweight; **peso mediano fuerte** or **peso medio fuerte** (box.) light heavyweight; **peso mediano ligero** or **peso medio ligero** (box.) welterweight; **peso molecular** (phys.) molecular weight; **peso mosca** (box.) flyweight; **peso muerto** dead weight; (aer.) dead load; **peso pesado** (box.) heavyweight; **peso pesado ligero** (box.) light heavyweight; **peso pluma** (box.) featherweight
pésol *m* pea
pesón *m* balance, scales
pesor *m* (prov. & Am.) weight, gravity
pespuntador -dora *mf* backstitcher

pespuntar *va & vn* to backstitch
pespunte *m* backstitch, backstitching
pespuntear *va & vn* var. of **pespuntar**
pesquera *f* see **pesquero**
pesquería *f* fishery (*business; place*); fishing
pesquero -ra *adj* fishing (*boat, industry, etc.*); *m* fishing boat; *f* fishery; fishing ground; weir, garth
pesquis *m* acumen, keenness
pesquisa *f* inquiry, investigation; *m* (Am.) cop, policeman
pesquisador -dora *mf* investigator
pesquisante *adj* investigating, investigative
pesquisar *va* to inquire into, to investigate
pestalociano -na *adj* (educ.) Pestalozzian
pestaña *f* eyelash; flange; fluke (*of anchor*); edging (*lace*); index tab; (aut.) tire rim; **pestañas** *fpl* (bot.) cilia; **no mover pestaña** to not bat an eye; **no pegar pestaña** (coll.) to not sleep a wink; **pestañas vibrátiles** (biol.) cilia
pestañear *vn* to wink, to blink; **no pestañear ante un peligro** to not flinch in the face of a danger; **sin pestañear** without batting an eye
pestañeo *m* winking, blinking
pestañoso -sa *adj* with long eyelashes; (biol.) ciliate
peste *f* pest, plague; epidemic; stink, stench; corruption, depravity; evil; (coll.) wealth, abundance; (Am.) head cold; (Am.) smallpox; **decir** or **hablar pestes de** (coll.) to talk against, to criticize; **echar pestes (contra)** (coll.) to fume (at); **peste blanca** white plague (*tuberculosis*); **peste bubónica** (path.) bubonic plague
pestífero -ra *adj* pestiferous; stinking, noxious
pestilencia *f* pestilence
pestilencial *adj* pestilential, pestiferous
pestilencioso -sa *adj* pestilential (*having to do with pestilence*)
pestilente *adj* pestilent, pestiferous
pestillo *m* bolt (*of a lock*); door latch; **pestillo de golpe** night bolt, spring bolt
pestiño *m* honey fritter
pestorejazo *m* var. of **pestorejón**
pestorejo *m* var. of **cerviguillo**
pestorejón *m* blow on the back of the neck
pesuña *f* hoof; dry dirt stuck on a person's feet
pesuño *m* toe, digit (*half of cloven hoof*); **pesuño falso** dewclaw
petaca *f* cigar case; tobacco pouch; leather-covered chest; leather-covered hamper; (Am.) trunk; **petacas** *fpl* (Am.) big hips (*of a woman*)
pétalo *m* (bot.) petal
petanque *m* silver ore
petar *va* (coll.) to please
petardear *va* to blow open with petards; to swindle, to take in; *vn* (aut.) to backfire
petardeo *m* swindling; (aut.) backfire
petardero *m* petardeer; swindler
petardista *mf* swindler, cheat
petardo *m* petard; bomb; swindle, cheat; **pedir un petardo a** (coll.) to swindle
petate *m* sleeping mat; bedding (*of service man or prisoner*); (coll.) luggage; (coll.) cheat; (coll.) poor soul; **liar el petate** (coll.) to pack up and get out; (coll.) to kick the bucket
petenera *f* Andalusian popular song
petequia *f* (path.) petechia
petera *f* (coll.) brawl, row; stubbornness, temper
peteretes *mpl* (coll.) sweets, tidbits
peterrear *vn* (coll.) to crackle
peticano or **peticanon** *m* (print.) double pica
petición *f* petition; plea; request; (law) claim, bill; **petición de mano** formal betrothal; **petición de principio** (log.) petitio principii
peticionar *va* (Am.) to petition
peticionario -ria *mf* petitioner
petifoque *m* (naut.) flying jib
petigrís *m* squirrel (*fur*)
petillo *m* stomacher
petimetra *f* showy or gaudy woman
petimetre *m* dude, sport, dandy
petirrojo *m* (orn.) redbreast
petitorio -ria *adj* petitionary; *m* (coll.) tiresome and repeated demand; drug catalogue; *f* (coll.) petition
peto *m* breastplate; plastron; peen; (zool.) plastron; (taur.) mattress covering (*to protect horses*); (ichth.) wahoo
petral *m* breastband, breast collar
Petrarca *m* Petrarch
petraria *f* petrary, ballista
petrarquesco -ca *adj* Petrarchan, Petrarchian
petrarquismo *m* Petrarchism
petrel *m* (orn.) petrel; **petrel de la tempestad** (orn.) stormy petrel; **petrel gigante** (orn.) giant fulmar
pétreo -a *adj* stony; rocky
petrificación *f* petrifaction or petrification
petrificar §86 *va & vr* to petrify
petrífico -ca *adj* petrifactive, petrifying
Petrogrado *f* Petrograd
petrografía *f* petrography
petrolato *m* (pharm.) petrolatum
petróleo *m* petroleum; **petróleo combustible** fuel oil; **petróleo crudo** crude oil; **petróleo de alumbrado** kerosene; **petróleo de hogar** or **de horno** furnace oil; **petróleo lampante** kerosene
petrolero -ra *adj* (pertaining to) oil, petroleum; incendiary; radical; *mf* oil dealer, kerosene dealer; incendiary; radical; *m* oil man; (naut.) oil tanker; pétroleur; *f* pétroleuse
petrolífero -ra *adj* petroliferous
petrología *f* petrology
petroquímico -ca *adj* petrochemical
petroso -sa *adj* petrous; (anat.) petrous
petulancia *f* flippancy, pertness, insolence
petulante *adj* flippant, pert, insolent
petunia *f* (bot.) petunia
peucédano *m* (bot.) hog's-fennel
peyorativo -va *adj* depreciatory; (gram.) pejorative
pez *m* (*pl:* **peces**) fish; long heap (*e.g., of wheat*); (coll.) reward, just desert; (rel.) fish (*symbol*); (fig.) fish (*good swimmer*); **como un pez en el agua** (coll.) snug as a bug in a rug; **salga pez o salga rana** (coll.) blindly, hit or miss; **pez aguja** (ichth.) garfish; **pez ballesta** (ichth.) triggerfish; **pez caimán** (ichth.) garfish, alligator gar; **pez cofre** (ichth.) cowfish; **pez de color** goldfish; **pez de plata** (ent.) silverfish; **pez de rey** (ichth.) atherine; **pez de San Pedro** (ichth.) dory; **pez eléctrico** (ichth.) electric ray; **pez elefante** (ichth.) elephant fish, **pez espada** (ichth.) swordfish; **pez gallo** (ichth.) elephant fish; **pez gordo** (coll.) big shot, tycoon; **pez hoja** (ichth.) paddle fish; **pez limón** (ichth.) amber jack (*Seriola lalandi*); **pez luna** (ichth.) sunfish, moonfish; **pez martillo** (ichth.) hammerhead; **pez mujer** (zool.) manatee; **pez palo** dried codfish; **pez saltador** (ichth.) skipjack; **pez sierra** (ichth.) sawfish; **pez vela** (ichth.) sailfish; **pez víbora** (ichth.) stingbull; **pez volador** flying fish; (ichth.) flying gurnard; **pez zorro** (ichth.) tiger shark ‖ *f* pitch, tar; meconium; **pez griega** or **rubia** rosin
pezolada *f* fag end
pezón *m* stem; nipple, teat; pivot; pin (*of key*); point (*of land*); umbo (*of lemon, lime, etc.*)
pezonera *f* nipple shield; linchpin
pezpalo *m* var. of **pejepalo**
pez-papagayo *m* (*pl:* **peces-papagayos**) (ichth.) parrot fish
pezpita *f* or **pezpítalo** *m* (orn.) wagtail
pezuelo *m* fringe at end of cloth
pezuña *f* hoof
P.G.M. abr. of **Primera Guerra Mundial**
pi *f* (math.) pi
piache; tarde piache (coll.) too late
piada *f* peeping, chirping; (coll.) mimic phrase or expression
piador -dora *adj* peeping, chirping; (coll.) begging
piadoso -sa *adj* merciful; pitiful; pious, devout
piafar *vn* to paw, to stamp (*said of a horse*)
piale *m* (Am.) throwing a lasso
piamadre *f* or **piamáter** *f* (anat.) pia mater
Piamonte, el Piedmont
piamontés -tesa *adj & mf* Piedmontese

P

pian *m* (path.) pian
pianino *m* upright piano
pianista *mf* pianist; piano manufacturer; piano dealer
pianístico -ca *adj* pianistic; (pertaining to the) piano
piano *m* piano; **gran piano** grand piano; **piano cuadrado** square piano; **piano de cola** grand piano; **piano de manubrio** piano organ, street piano; **piano de media cola** baby grand; **piano de mesa** square piano; **piano recto** or **vertical** upright piano
pianoforte *m* (mus.) pianoforte
pianola *f* pianola
piar §90 *vn* to peep, to chirp; (coll.) to cry, whine
piara *f* herd (*of swine*); drove (*of mules, etc.*)
piariego -ga *adj* herd-owning
piastra *f* piaster
pica *f* pike; pikeman; (taur.) goad; stonecutter's hammer; (path. & vet.) pica, vitiated appetite; (Am.) pique, resentment
picabueyes *m* (*pl:* **-yes**) (orn.) oxpecker, beef-eater
picacero -ra *adj* magpie-chasing (*said of a hawk*)
picacho *m* sharp peak
picada *f* see **picado**
picadero *m* riding school; (taur.) training field (*for picadors*); boat skid, boat block
picadillo *m* hash; minced pork (*for sausages*)
picado -da *adj* perforated; traced in perforations; pitted; cut (*tobacco*); cracked (*ice*); piqued; choppy (*sea*); *m* mincemeat; (aer.) dive; *f* peck; bite (*of insect or fish*); (surv.) line of stakes; staking out; (Am.) path, trail; (Am.) narrow ford; (Am.) dive; (Am.) knock (*at door*); **echar una picada a** (Am.) to hit for a loan
picador *m* horsebreaker; picador (*mounted bullfighter who thrusts a goad into bull*); worker with a pick; operator of pneumatic tool; chopping block; (slang) picklock (*thief*); **picador de limas** (mach.) file cutter
picadora *f* tobacco-shredding machine; **picadora de carne** meat chopper
picadura *f* bite, prick, sting; nick, cut; puncture; cut tobacco; (dent.) slight cavity
picafigo *m* (orn.) figpecker
picaflor *m* or **picaflores** *m* (*pl:* **-flores**) (orn.) hummingbird
picagallina *f* (bot.) chickweed
picagrega *f* (orn.) shrike
picahielos *m* (*pl:* **-los**) ice pick
picajón -jona or **picajoso -sa** *adj* (coll.) touchy, peevish
pical *m* crossroads
picamaderos *m* (*pl:* **-ros**) (orn.) green woodpecker
picana *f* (Am.) goad
picanear *va* (Am.) to goad; (Am.) to stir up, goad on
picante *adj* biting, pricking, stinging; piquant; racy; (Am.) highly seasoned; *m* acrimony, mordancy; piquancy; (Am.) highly seasoned sauce
picaño -ña *adj* lazy, shameless, ragged; *m* patch (*on shoe*)
picapedrero *m* stonecutter, quarrier
picapica *f* itch-producing vegetable powder, leaves, etc.
picapinos *m* (*pl:* **-nos**) (orn.) great spotted woodpecker
picapleitos *m* (*pl:* **-tos**) (coll.) quarrelsome fellow; (coll.) pettifogger, shyster
picaporte *m* latch; latchkey; knocker, door knocker
picaposte *m* (orn.) woodpecker
picapuerco *m* (orn.) spotted woodpecker (*Dryobates medius*)
picar §86 *va* to prick, pierce, puncture; to punch (*a ticket*); to sting; to bite; to burn; to peck; to nibble, pick at; to pit, to pock; to mince, chop up, cut up; to stick, to poke; to spur; to goad; (sew.) to pink; to perforate; to harass, pursue; to itch; to tame; to stipple; to roughen; to pique, annoy; (taur.) to goad ‖ *vn* to itch; to burn (*said of sun*); to nibble; to have a smattering; to put on the finishing touches; to catch, be catching; to pick up (*said of business*); (coll.) to bite (*to be caught, as by a trick*); (coll.) to move along; (aer.) to dive; **picar en** to nibble at; to be somewhat of a; to dabble in; **picar muy alto** (coll.) to aim high, to expect too much ‖ *vr* to become moth-eaten; to prick, to begin to turn sour; to begin to rot; to become decayed (*said of a tooth*); to become ripply (*said of surface of sea*); to swoop down; to become piqued, to take offense; **picarse de** to boast of being
picaraza *f* (orn.) magpie
picardear *va* to train in knavishness; *vn* to be a knave or rascal; to play tricks; to be mischievous; *vr* to go bad, to acquire bad habits
picardía *f* knavery, crookedness; scheming, trickiness; mischief; vileness, lewdness; gang of crooks; **la Picardía** Picardy; **picardías** *fpl* insults
picardihuela *f* prank, mischievousness
picardo -da *adj & mf* Picard; *m* Picard (*dialect*)
picaresco -ca *adj* roguish, rascally; picaresque; rough, coarse, crude; (coll.) witty, humorous, gay; *f* gang of rogues; rascality
picaril *adj* roguish, rascally
pícaro -ra *adj* roguish, crooked; scheming, tricky; low, vile; mischievous; *mf* rogue, crook; schemer; *m* (lit.) picaro; **pícaro de cocina** scullion, kitchen boy
picarón -rona *adj* (coll.) roguish, mischievous; *mf* rogue, picaroon; *m* (Am.) cruller
picarrelincho *m* (orn.) green woodpecker
picatoste *m* buttered toast; fried bread
picazo -za *adj* piebald; *m* piebald (*horse*); jab, jab with a pike or spear; (coll.) peck; (orn.) young magpie; *f* (orn.) magpie; **picaza chillona** or **manchada** (orn.) shrike; **picaza marina** (orn.) flamingo
picazón *f* itch; itching; (coll.) annoyance, displeasure
píceo -a *adj* piceous, pitchy; *f* (bot.) spruce, spruce tree
Picio *m*; **más feo que Picio** ugly as the devil
pick-up *m* pickup; phonograph
picnóstilo *m* (arch.) pycnostyle
pico *m* beak, bill; spout (*of pitcher*); beak (*of anvil*); corner (*e.g., of handkerchief*); nib, tip, sharp point; peak; pick, pickax; talkativeness; pile, lot (*of money*); (coll.) mouth; (elec.) peak; (naut.) bill (*of anchor*); (naut.) peak (*of a sail*); (naut.) bow, prow; (orn.) woodpecker; **andar a picos pardos** (coll.) to loaf around; **callar el pico** (coll.) to shut up, to keep one's mouth shut; **darse el pico** to bill (*said, e.g., of doves*); **hincar el pico** (coll.) to kick the bucket; **perder por el pico** (coll.) to talk too much for one's good; **tener mucho pico** (coll.) to talk too much, to tell all one knows; **y pico** odd, e.g., **doscientos y pico** two hundred odd; a little after, e.g., **a las dos y pico** a little after two o'clock; **pico barreno** or **carpintero** (orn.) woodpecker; **pico cangrejo** or **pico de cangreja** (naut.) gaff, spanker gaff; **pico de cigüeña** (bot.) stork's bill, heron's-bill; **pico de marfil** (orn.) ivorybill; **pico de oro** (fig.) silver-tongue; **pico duro** (orn.) grosbeak, pine grosbeak; **pico gordo** (orn.) hawfinch, grosbeak; **pico tijera** (orn.) skimmer, shearwater; **pico verde** (orn.) green woodpecker
picocarpintero *m* (orn.) woodpecker
picón -cona *adj* with upper teeth projecting (*said of a horse*); (Am.) touchy, sensitive; *m* kidding, teasing; charcoal for brasiers; broken rice
picor *m* smarting of the palate (*from something eaten*); itch, itching
picoso -sa *adj* pock-marked
picota *f* pillar or column on which heads of executed criminals were displayed; pillory; peak, point, spire; (naut.) cheek (*of pump*); **poner en picota** to hold up to public scorn
picotada *f* or **picotazo** *m* peck; sting
picote *m* goat's-hair cloth; glossy silk
picotear *va* to peck; *vn* to toss the head (*said of a horse*); (coll.) to chatter, jabber, gab; *vr* (coll.) to wrangle (*said of women*)
picotella *f* (orn.) nuthatch
picotería *f* (coll.) chattering, jabbering
picotero -ra *adj* (coll.) chattering, jabbering; *mf* chatterer, jabberer; *m* (orn.) waxwing

picotijera *m* (orn.) skimmer, shearwater
picotillo *m* rough goat's-hair cloth
picozapato *m* (orn.) shoebill
picrato *m* (chem.) picrate
pícrico -ca *adj* picric
picto -ta *adj* Pictish; *mf* Pict
pictografía *f* pictograph, picture writing
pictográfico -ca *adj* pictographic
pictórico -ca *adj* pictorial
picuda *f* see **picudo**
picudilla *f* crescent olive; (orn.) rail; (ichth.) picudilla
picudo -da *adj* beaked; pointed; long-snouted; (coll.) jabbering; *m* poker, rapier; (ent.) boll weevil; *f* (ichth.) barracuda
pichana *f* (Am.) broom
pichel *m* pewter tankard
pichihuén *m* (ichth.) walking fish
pichincha *f* (Am.) bargain, lucky break
pichón -chona *mf* (coll.) darling; *m* young pigeon; **pichón de paso** (Am.) passenger pigeon
pidientero *m* beggar
pidón -dona *adj* (coll.) var. of **pedigüeño**
pie *m* foot; footing; foothold; base, stand; stem (*of goblet*); foot (*unit of length; measure of verse*); footboard; trunk; young tree; sediment; foundation; origin; cause, reason; last player; foot, bottom (*of page*); caption; (theat.) cue; **a cuatro pies** on all fours; **al pie de** near; about, almost; **al pie de fábrica** (com.) at the factory; **al pie de la letra** literally; **al pie de la obra** (com.) delivered; **andar, caminar** or **ir con pie** or **pies de plomo** (coll.) to move with caution; **a pie** on foot, walking; **a pie enjuto** dryshod; without risk; without effort; **a pie juntillas, a pie juntillo,** or **a pies juntillos** with feet together; firmly, steadfastly; **buscar cinco** (or **tres**) **pies al gato** (coll.) to be looking for trouble; **dar pie a** to give cause for; **de a pie** foot (*soldier*); **del pie a la mano** at any moment; **de pie** or **de pies** standing; up and about; firm, steady; firmly, steadily; permanently; **de pies a cabeza** from head to foot; **en pie** standing; up and about; firm, steady; firmly, steadily; permanently; on the hoof; **en pie de guerra** on a war footing; **hacer pie** to have a good footing; **ir a pie** to go on foot, to walk; **írsele a uno los pies** to slip (*e.g., on the ice*); (fig.) to slip, to blunder; **irse por pies** or **por sus pies** to get away (*from another person*); **morir al pie del cañón** to die in the harness, to die with one's boots on; **nacer de pie** or **de pies** to be born with a silver spoon in one's mouth; **no dar pie con bola** (coll.) to keep on making mistakes, to make one mistake after another; **perder pie** to lose one's footing; **poner pies con cabeza** (coll.) to turn upside down; **ponerse de pie** or **en pie** to rise, to stand up; **tenerse en pie** to stay on one's feet, to remain standing; **volver pies atrás** to retrace one's steps; **pie calcáneo** (path.) clubfoot; **pie contrahecho** (path.) splayfoot; **pie de amigo** prop, support; **pie de atleta** (path.) athlete's foot; **pie de banco** silly remark; **pie de cabra** crowbar; (zool.) barnacle (*Pollicipes cornucopia*); **pie de carnero** (naut.) Samson post; **pie de guerra** war footing, war-time footing; **pie de imprenta** (print.) imprint, printer's mark; **pie de león** (bot.) lion's-foot; (bot.) edelweiss; **pie derecho** upright, stanchion; **pie de rey** caliper square, slide caliper; **pie de tabla** board foot; **pie de trinchera** (path.) trench foot; **pie marino** sea legs; **pie plano** (path.) flatfoot; **pie quebrado** (poet.) short line; **pie talo** (path.) clubfoot; **pie zambo** (path.) splayfoot
pie-bujía *f* (*pl:* **pies-bujías**) foot-candle
piececillo or **piececito** *m* little foot
piecezuela *f* little piece
piecezuelo *m* little foot
piedad *f* piety; pity, mercy
piedra *f* stone; rock; block; footstone; flint; heavy hailstone; (path.) stone; **a piedra y lodo** tight-shut; **de piedra en seco** dry-stone; **lanzar la primera piedra** to cast the first stone; **no dejar piedra por mover** to leave no stone unturned; **no dejar piedra sobre piedra** to raze to the ground, to wipe out; **poner la primera piedra** to lay the corner stone; **piedra angular** cornerstone; (fig.) cornerstone, keystone; **piedra arenisca** sandstone; **piedra azul** (chem.) bluestone; **piedra berroqueña** milestone; **piedra calaminar** (mineral.) calamine; **piedra caliza** limestone; **piedra de afilar** grindstone; **piedra de albardilla** copestone; **piedra de alumbre** (mineral.) alum rock, alum stone; **piedra de amolar** grindstone; **piedra de chispa** flint; **piedra de escándalo** bone of contention, object of indignation; **piedra de granizo** hailstone; **piedra de la luna** (mineral.) moonstone; **piedra de molino** millstone; **piedra de pipas** (mineral.) meerschaum; **piedra de toque** (mineral. & fig.) touchstone; **piedra filosofal** philosopher's stone; **piedra fina** precious stone; **piedra franca** freestone; **piedra fundamental** foundation stone; **piedra imán** loadstone; **piedra infernal** lunar caustic (*silver nitrate*); **piedra lipis** copper sulfate; **piedra melodreña** whetstone; **piedra meteórica** meteoric stone; **piedra miliar** or **miliaria** milestone; (fig.) milestone; **piedra pómez** pumice, pumice stone; **piedra preciosa** precious stone; **piedra viva** solid rock; **piedra voladora** millstone for grinding olives
piedrezuela *f* little stone
piel *f* skin; hide, pelt; fur; leather; peel, skin (*of fruit*); leather (*e.g., used to bind books*); **dar** or **soltar la piel** (coll.) to die; **ser de la piel del diablo** (coll.) to be a limb of the devil or of Satan, to be a harum-scarum; **piel de cabra** goatskin; **piel de foca** sealskin; **piel de gallina** goose flesh; **piel roja** *m* (*pl:* **pieles rojas**) redskin (*American Indian*)
piélago *m* sea; high sea; countless number
pie-libra *f* (*pl:* **pies-libras**) (mech.) foot-pound
piemia *f* var. of **pioemia**
pienso *m* feed, feeding (*in the stable*); **ni por pienso** by no means, don't think of it
pie-poundal *m* (mech.) foot-poundal
piérides *fpl* (myth.) Muses
pierio -ria *adj* Pierian
pierna *f* leg; post, upright; branch or leg (*of a compass*); downstroke (*of a letter*); (mach.) fork, shank; **a pierna suelta** or **tendida** (coll.) at ease, carefree; **dormir a pierna suelta** or **tendida** (coll.) to sleep soundly; **en piernas** barelegged; **estirar la pierna** (coll.) to lie down on the job; (coll.) to kick the bucket; **estirar** or **extender las piernas** to stretch one's legs, to go for a walk; **ser una buena pierna** (Am.) to be good-natured, be a good fellow
piernitendido -da *adj* with legs extended
piesgo *m* var. of **piezgo**
pietismo *m* Pietism
pietista *mf* Pietist
pieza *f* piece (*part, e.g., of a machine; single musical composition; play, drama; gun, cannon; man in checkers, chess, etc.; coin*); piece or article (*of clothing, of furniture*); space (*in time or place*); room; disappointment; **buena pieza** hussy; sly fox; **de una pieza** in one piece, solid; (Am.) honest, upright; **quedarse en una pieza** or **hecho una pieza** (coll.) to stand motionless, to be dumfounded; **pieza de recambio** spare part, extra; **pieza de recibo** reception room; **pieza de repuesto** spare part, extra; **pieza de respeto** special room, spare room; **pieza de tesis** thesis play; **pieza polar** (elec.) pole piece
piezgo *m* foot of a hide (*used to carry a liquid*); wineskin
piezoelectricidad *f* piezoelectricity
piezoeléctrico -ca *adj* piezoelectric
piezómetro *m* piezometer
pífano *m* fife; fifer
pifia *f* (billiards) miscue; (coll.) miscue, slip; **hacer pifia** to wheeze (*said of a voice or wind instrument*)
pifiar *va* (billiards) to make a miscue of (*a stroke*); *vn* (billiards) to miscue; to wheeze in playing the flute
pigargo *m* (orn.) fish hawk
Pigmalión *m* (myth.) Pygmalion
pigmentación *f* (biol.) pigmentation

P

pigmentar *va* to pigment; *vr* to pigment, become pigmented
pigmentario -ria *adj* pigmentary
pigmento *m* pigment
pigmeo -a *adj & mf* pygmy
pignoración *f* pledge, pledging; pawning; security
pignorar *va* to pledge; to pawn; to put up as security
pigre *adj* slothful, lazy
pigricia *f* sloth, laziness
pigro -gra *adj* var. of **pigre**
pihua *f* sandal
pihuela *f* jess (*on hawk's leg*); obstacle, hindrance; **pihuelas** *fpl* shackles, fetters
pijama *m* pajamas
pijota *f* var. of **pescadilla**
pila *f* basin; trough; sink; font, holy-water font; pile, heap; (elec., her. & phys.) pile; (elec.) battery, cell; **sacar de pila a** to stand godfather for; **pila atómica** (phys.) atomic pile; **pila de bicromato** (elec.) bichromate cell; **pila de gravedad** (elec.) gravity cell; **pila de linterna** flashlight battery; **pila húmeda** or **líquida** (elec.) wet cell, wet battery; **pila seca** (elec.) dry cell, dry battery; **pila voltaica** (elec.) voltaic battery, voltaic pile
pilada *f* batch of mortar; cloth fulled at one time; pile, heap
pilar *m* basin, bowl (*of fountain*); pillar; stone post, milestone; (fig.) pillar (*person*); *va* to pound, crush (*grain*)
pilastra *f* (arch.) pilaster
pilatero *m* fuller (*of cloth*)
Pilatos *m* Pilate
píldora *f* pill; (coll.) bad news; **dorar la píldora** (coll.) to gild the pill
pildorero *m* pill roller (*device*)
píleo *m* cardinal's biretta
pilero *m* workman who kneads potter's clay with his feet
pileta *f* basin, bowl (*of sink*); sink; small font or stoup; **pileta de natación** swimming pool
pilocarpina *f* (chem.) pilocarpine
pilón *m* pylon; water basin, drinking trough; loaf of sugar; mortar, pestle; counterpoise (*in olive press*); drop hammer; drop or ball (*of steelyard*); **pilón abrevadero** watering trough
piloncillo *m* (Am.) brown sugar
pilonero -ra *adj* (coll.) newsmongering; *mf* (coll.) newsmonger
pilongo -ga *adj* thin, lean; peeled and dried (*chestnut*)
pílori *m* pillory, stocks
pilórico -ca *adj* pyloric
píloro *m* (anat.) pylorus
pilosidad *f* pilosity
piloso -sa *adj* pilose, hairy, of hair
pilotaje *m* piling, pilework; (naut. & aer.) pilotage
pilotar *va* to pilot
pilote *m* pile (*for building*)
pilotear *va* to pilot; (Am.) to back, support
piloto *m* (aer., naut. & fig.) pilot; (naut.) mate, first mate; (ichth.) pilot fish; (Am.) hail fellow well met; **piloto de prueba** (aer.) test pilot; **piloto de puerto** harbor pilot
piltraca or **piltrafa** *f* skinny flesh; loot; **piltracas** or **piltrafas** *fpl* scraps, scraps of food; (Am.) rags, old clothes
pillada *f* (coll.) rascality
pillador -dora *adj* pillaging, plundering; thieving; *mf* pillager, plunderer; thief
pillaje *m* pillage, plunder
pillar *va* to pillage, plunder; to catch; (coll.) to catch (*e.g., in a lie*)
pillastre *m* or **pillastrón** *m* (coll.) rogue, rascal, big rascal
pillear *vn* (coll.) to be a rascal, act like a rascal
pillería *f* (coll.) rascality; (coll.) gang of scalawags
pillete *m* (coll.) little scamp
pillín *m* (coll.) little scamp; **pillín de aúpa** (coll.) sporty little devil
pillo -lla *adj* (coll.) roguish, rascally; (coll.) sly, crafty; (coll.) licentious; *m* (coll.) rogue, rascal, scalawag; (coll.) crafty fellow; (orn.) ibis
pilluelo *m* (coll.) scamp, little scamp
pimental *m* pepper patch
pimentero -ra *mf* pepper seller; *m* (bot.) pepper, black pepper; pepperbox; **pimentero falso** (bot.) pepper tree or shrub
pimentón *m* large pepper; cayenne pepper, red pepper; paprika
pimienta *f* pepper, black pepper; allspice, pimento; (bot.) allspice tree; **comer pimienta** (coll.) to get angry; **ser como una pimienta** (coll.) to be alert, be wide-awake; **tener mucha pimienta** (coll.) to be away up (*in price*); **pimienta de agua** (bot.) smartweed; **pimienta de Chiapas** or **de Tabasco** grains of paradise; **pimienta inglesa** allspice, pimento; **pimienta loca** or **silvestre** (bot.) chaste tree; **pimienta negra** black pepper
pimiento *m* (bot.) pepper, black pepper; (bot.) Guinea pepper; **pimiento de cornetilla** (bot.) chili; hot pepper, chili
pimpante *adj* smart, spruce
pimpido *m* (ichth.) dogfish
pimpín *m* boys' pinching game
pimpina *f* (Am.) earthen water jug with long spout
pimpinela *f* (bot.) salad burnet
pimplar *va* (coll.) to drink (*wine*)
pimpleo -a *adj* of the Muses
pimpollada *f* or **pimpollar** *m* grove or planting of young trees
pimpollear *vn* to sprout, to bud
pimpollecer §34 *vn* var. of **pimpollear**
pimpollejo *m* small sucker, shoot, or sprout
pimpollo *m* sucker, shoot, sprout; rosebud; young tree; (coll.) handsome child; (coll.) handsome young person
pimpolludo -da *adj* full of suckers, shoots, or buds
pina *f* see **pino**
pinabete *m* (bot.) fir tree
pinacoide *m* (cryst.) pinacoid
pinacoteca *f* picture gallery
pináculo *m* pinnacle; (arch. & fig.) pinnacle
pinado -da *adj* (bot.) pinnate
pinar *m* pine grove, pinery
pinarejo *m* small pine grove
pinariego -ga *adj* (pertaining to the) pine
pinastro *m* (bot.) pinaster, cluster pine
pinatar *m* growth of young pines
pinatífido -da *adj* (bot.) pinnatifid
pinatisecto -ta *adj* (bot.) pinnatisected
pinaza *f* (naut.) pinnace
pincarrasca *f* (bot.) Aleppo pine
pincarrascal *m* grove of Aleppo pines
pincarrasco *m* var. of **pincarrasca**
pincel *m* brush; (fig.) brush (*painter; style of painting*); painting; pencil, beam (*of light, etc.*); **pincel aéreo** air brush; **pincel de pelo de camello** camel's-hair brush
pincelación *f* (med.) penciling
pincelada *f* stroke (*with a brush*); touch, finish, flourish
pincelar *va* to paint; to paint a portrait of; to picture; (med.) to pencil
pincelero -ra *mf* maker of brushes, dealer in brushes, seller of brushes; *m* brush case
pincelote *m* coarse brush
pincerna *mf* cupbearer, server of drinks
pinciano -na *adj* (pertaining to) Valladolid; *mf* native or inhabitant of Valladolid
pincha *f* kitchenmaid
pinchadura *f* or **pinchamiento** *m* prick, puncture
pinchar *va* to prick, jab, pierce, puncture; to stir up, provoke; **no pinchar ni cortar** to have no influence, be of no account
pinchaúvas *m* (*pl:* **-vas**) (coll.) grape thief (*at market*); (coll.) cur, contemptible fellow; (slang) necktie pin, stickpin
pinchazo *m* prick, jab; puncture; prodding, provocation; **a prueba de pinchazos** (aut.) puncture-proof
pinche *m* scullion, kitchen boy; helper, apprentice
pincho *m* thorn, prick; prod (*pointed object*)
pinchón *m* (orn.) chaffinch
pinchudo -da *adj* thorny, prickly
pindárico -ca *adj* Pindaric
Píndaro *m* Pindar

Pindo *m* Pindus
pindonga *f* (coll.) gadabout (*woman*)
pindonguear *vn* (coll.) to gad about (*said of a woman*)
pineal *adj* pineal
pineda *f* pine grove; braid for garters
pingajo *m* (coll.) rag, tatter
pingajoso -sa *adj* ragged, tattered
pinganello *m* icicle
pinganitos; en pinganitos (coll.) in prosperity, in a high place
pingar §59 *vn* to drip; to jump
pingo *m* (coll.) rag, tatter; (coll.) ragamuffin; (coll.) horse; (Am.) nag; **pingos** *mpl* (coll.) cheap duds (*of female*); **andar, estar** or **ir de pingo** (coll.) to gad about (*said of a woman*)
pingorota *f* summit, pinnacle
pingorote *m* (coll.) end, tip, projection
pingorotudo -da *adj* (coll.) high, lofty, elevated
pingotear *vn* (Am.) to frolic, gambol
pingue *m* (naut.) turret steamer, pinkie
pingüe *adj* oily, greasy, fat; rich, abundant, fertile, profitable
pingüedinoso -sa *adj* fatty; juicy, greasy
pingüica *f* (bot.) manzanita (*Arctostaphylus pungens*)
pingüino *m* (orn.) penguin
pinguosidad *f* fat, fattiness, greasiness
pinífero -ra *adj* (poet.) full of pines, pine-bearing
pinillo *m* (bot.) ground pine; (bot.) mock cypress; **pinillo oloroso** (bot.) ground pine
pinino *m* (Am.) var. of **pinito**
pinito *m* first step; **hacer pinitos** to begin to walk; (fig.) to take the first steps
pinjante *m* pendant (*jewel*); (arch.) pendant
pinnado -da *adj* var. of **pinado**
pinnípedo -da *adj & m* (zool.) pinniped
pino -na *adj* steep; *m* (bot.) pine, pine tree; first step; **en pino** standing; **hacer pinos** to begin to walk; (fig.) to take the first steps; **pino albar** (bot.) Scotch pine; **pino araucano** (bot.) monkey puzzle; **pino carrasco** or **carrasqueño** (bot.) Aleppo pine; **pino cembro** (bot.) Swiss pine; **pino doncel** (bot.) Italian stone pine; **pino marítimo** (bot.) cluster pine, pinaster; **pino negral** (bot.) larch, Corsican pine; **pino negro** (bot.) Swiss mountain pine; **pino piñón** (bot.) piñon; **pino piñonero** (bot.) stone pine (*Pinus pinea*); **pino pudio** (bot.) larch; **pino rodeno** (bot.) cluster pine, pinaster; **pino salgareño** (bot.) larch, Corsican pine; **pino tea** (bot.) pitch pine ‖ *f* felloe (*section of rim of wheel*); pointed or conical mound
pinocha *f* pine needle
Pinocho *m* Pinocchio
pinole *m* pinole (*powder used in making chocolate*)
pinoso -sa *adj* piny
pinsapal *m* grove of Spanish firs
pinsapo *m* (bot.) Spanish fir
pinta *m* see **pinto**; *f* see **pinto**
pintacilgo *m* var. of **jilguero**
pintada *f* see **pintado**
pintadera *f* pastry tube
pintadillo *m* var. of **jilguero**
pintado -da *adj* spotted, mottled; tipsy; accented (*with a written accent*); (dial.) pockmarked; **estar** or **venir pintado** or **como pintado** to be just the thing; **el más pintado** (coll.) the aptest one, the shrewdest one; (coll.) the best one; *m* painting (*act*); *f* (orn.) guinea hen; (ichth.) sierra
pintamonas *mf* (*pl:* **-nas**) (coll.) dauber (*poor painter*)
pintar *va* to paint; to draw (*a letter, an accent mark, etc.*); to picture, depict; to exaggerate; to amount to; to put a written accent on; to spread icing or a design on (*a cake*) with pastry tube; **pintarla** (coll.) to put it on, to put on airs; *vn* to paint; to begin to turn red, begin to ripen; (coll.) to show, to turn out; **pintar como querer** to indulge in wishful thinking; *vr* to paint, to paint oneself, put on make-up; to begin to turn red, begin to ripen; to imagine; **pintarse solo para** (coll.) to show great aptitude for
pintarrajar or **pintarrajear** *va* (coll.) to daub; *vr* (coll.) to be daubed
pintarrajo *m* (coll.) daub (*badly painted picture*)
pintarroja *f* (ichth.) dogfish
pintear *vn* to drizzle
pintiparado -da *adj* similar; **pintiparado a** similar to, like, just like; **pintiparado para** just the thing for
pintiparar *va* to liken, make like; (coll.) to compare
pinto -ta *adj* (Am.) pinto; *m* (Am.) pinto (*bean*); **estar entre Pinto y Valdemoro** (coll.) to be half-seas over; *f* spot, mark, sign; dot; pint; lines near edge of Spanish playing card showing suit; **pinta** *m* (coll.) scoundrel
pintojo -ja *adj* spotted, mottled
pintón -tona *adj* ripening (*said of grapes*); medium-baked (*brick*); *m* (ent.) corn borer
pintor -tora *mf* painter (*artist; artisan*); **pintor de brocha gorda** painter, house painter; (coll.) dauber; **pintor de mala muerte** (coll.) dauber; **pintor paisajista** landscape painter
pintoresco -ca *adj* picturesque
pintoresquismo *m* picturesqueness
pintorrear *va* (coll.) to daub; *vr* (coll.) to be daubed
pintura *f* painting; paint; **hacer pinturas** (coll.) to prance; **no poder ver ni en pintura** to not be able to stand the sight of; **pintura a la aguada** (f.a.) water color; **pintura al agua** cold-water paint; **pintura al encausto** (f.a.) encaustic painting; **pintura al fresco** (f.a.) fresco; **pintura al óleo** (f.a.) oil painting; **pintura al pastel** (f.a.) pastel (*drawing*); **pintura al temple** (f.a.) tempera; **pintura alumínica** aluminum paint; **pintura bronceada** bronze paint; **pintura de aceite** oil paint; **pintura de aluminio** aluminum paint
pinturero -ra *adj* (coll.) showy, conceited; *mf* (coll.) show-off
pínula *f* (opt.) sight
pinza *f* clothespin; spring clamp; **pinzas** *fpl* pincers (*tool; claws of crab, etc.*); tweezers; (dent. & surg.) forceps; **pinza hemostática** hemostat
pinzón *m* (orn.) finch; (orn.) chaffinch; pump handle; **pinzón real** (orn.) bullfinch
pinzote *m* (naut.) whipstaff; (naut.) pintle
piña *f* fir cone, pine cone; knob; plug; cluster, knot; (bot.) pineapple; (metal.) pina or piña (*residuary cone of silver*); (naut.) wall knot; **piña de ratón** (bot.) pinguin
piñal *m* (Am.) pineapple plantation, pinery
piñata *f* pot; hanging pot of candy which is broken by blindfolded children with a stick at a masked ball the first Sunday of Lent
piñón *m* (mach. & orn.) pinion; piñon (*seed*); (bot.) physic nut; **piñón de Indias** (bot.) physic nut; **piñón de linterna** (mach.) lantern pinion; **piñón diferencial** (aut.) pinion gear
piñonata *f* shredded-almond preserves
piñonate *m* pine-kernel candy
piñoncillo *m* (orn.) pinion (*of wing*)
piñonear *vn* to click (*said of a gun being cocked*); (coll.) to become a young man, to reach the age of puberty; (coll.) to become an old fool, to become flirtatious (*said of a mature man*)
piñoneo *m* click (*of a gun being cocked*)
piñonero *m* (orn.) bullfinch
piñuela *f* figured silk; cypress nut; (bot.) pinguin
piñuelo *m* var. of **erraj**
pío -a *adj* pious; merciful, compassionate; pied, dappled (*horse*); *m* peeping, chirping (*of chickens*); (coll.) intense desire; (*cap.*) *m* Pius; **no decir ni pío** to not breathe a word, to say absolutely nothing
piocha *f* jeweled head adornment; artificial flower made of feathers; pick, pickax
pioemia *f* (path.) pyaemia
piogenia *f* (path.) formation of pus
piogénico -ca or **piógeno -na** *adj* pyogenic
piojento -ta *adj* lousy
piojería *f* lousiness; lousy place; (coll.) misery, poverty

piojillo *m* bird louse, plant louse; **matar el piojillo** (coll.) to carry on an underhanded business
piojo *m* (ent.) louse; bird louse; **como piojos en costura** (coll.) packed in like sardines; **piojo de mar** (zool.) whale louse; **piojo pegadizo** (ent.) crab louse; (coll.) hanger-on, pest, parasite; **piojo resucitado** (coll.) upstart, parvenu
piojoso -sa *adj* lousy; mean, stingy
piojuelo *m* little louse; green fly, plant louse
piola *f* (naut.) houseline
pión, piona *adj* peeping, chirping
pionero -ra *adj* pioneering; *mf* pioneer
pionía *f* seed of coral tree, bucare beans
piornal *m* or **piorneda** *f* growth of Spanish broom
piorno *m* (bot.) Spanish broom; (bot.) cytisus
piorrea *f* (path.) pyorrhea
pipa *f* pipe (*for smoking tobacco*); wine cask, hogshead; butt (*liquid measure*); pip (*of orange, melon, etc.*); (arti.) fusee; (mus.) pipe, reed; **fumar en pipa** to smoke a pipe; **pipa de espuma de mar** meerschaum pipe; **pipa de paz** pipe of peace; **pipa de riego** watering cart; **pipa de tierra** clay pipe
pipar *vn* to smoke a pipe
piperáceo -a *adj* (bot.) piperaceous
pipería *f* casks, hogsheads; (naut.) water barrels, supply barrels
piperina *f* (chem.) piperine
pipeta *f* pipette
pipí *m* (*pl:* **-píes**) (orn.) honey creeper, pitpit
pipián *m* ragout of chicken and mutton with bacon and crushed almonds
pipiar §90 *vn* to peep, to chirp
pipiolo *m* (coll.) novice, greenhorn; (coll.) brat, urchin
pipirigallo *m* (bot.) sainfoin
pipirijaina *f* (coll.) company of strolling players
pipiripao *m* (coll.) sumptuous party
pipiritaña or **pipitaña** *f* boy's flute made of green cane
pipistrela *f* (zool.) bat
pipo *m* (orn.) lesser spotted woodpecker
piporro *m* (coll.) bassoon
pipote *m* keg
pique *m* pique, resentment; zeal, eagerness; (ent.) chigger; (naut.) crotch; spade (*playing card*); (Am.) shaft (*of mine*); **piques** *mpl* spades (*suit of playing cards*); **a pique** steep, jagged; (naut.) apeak; **a pique de** + *inf* in danger of + *ger;* on the verge of + *ger;* **echar a pique** (naut.) to sink (*a ship*); (fig.) to ruin, destroy; **irse a pique** (naut.) to sink; (fig.) to become ruined or destroyed; **tener un pique con** to be piqued at
piqué *m* piqué (*fabric*)
piquera *f* bung, bunghole; taphole; outlet or iron runner (*of blast furnace*); burner
piquería *f* troop of pikemen
piquero *m* pikeman; (orn.) booby
piqueta *f* pick, pickax; mason's hammer
piquetaje *m* staking out
piquete *m* sharp jab; small hole; survey pole; stake, picket; (mil.) picket; (Am.) pen, yard (*for animals*); (Am.) edge (*of scissors*); **piquete de ejecución** firing squad; **piquete de huelguistas** picket; **piquete de salvas** firing squad
piquetero *m* (min.) tool boy
piquetilla *f* gad, wedge; mason's pickaxe
piquillo *m* small beak or bill; picot
piquituerto *m* (orn.) crossbill
pira *f* pyre
piragón *m* var. of **pirausta**
piragua *f* pirogue; (sport) shell, single shell; (Am.) tailflower; (Am.) aroid
piragüero -ra *mf* person who steers a pirogue
piragüista *m* (sport) oarsman
piral *m* fabulous butterfly which lived in fire; (ent.) moth; **piral de la vid** (ent.) vine moth
piramidal *adj* pyramidal
pirámide *f* pyramid; **la gran Pirámide** the Great Pyramid; **las Pirámides** the Pyramids
Píramo *m* (myth.) Pyramus
piranga *f* (orn.) redbird, scarlet tanager
pirano *m* (chem.) pyran
pirata *m* pirate; hard-hearted wretch; *adj* piratical
piratear *vn* to pirate, to practice piracy
piratería *f* piracy; robbery; cruelty
pirático -ca *adj* piratical
pirausta *f* fabulous butterfly which lived in fire
pirca *f* (Am.) dry-stone wall
pirco *m* (Am.) succotash
pirenaico -ca *adj* Pyrenean
Pireo, el Peiraeus, Piraeus
pirético -ca *adj* pyretic
piretología *f* pyretology
pirexia *f* (path.) pyrexia
piribenzamina *f* (pharm.) pyribenzamine
pírico -ca *adj* (pertaining to) fire or fireworks
piridina *f* (chem.) pyridine
piriforme *adj* pyriform, pear-shaped
pirinaico -ca *adj* var. of **pirenaico**
pirineo -a *adj* Pyrenean; **Pirineos** *mpl* Pyrenees
pirita *f* (mineral.) pyrites; **pirita de cobre** (mineral.) copper pyrites; **pirita de hierro** or **pirita marcial** (mineral.) iron pyrites
piritoso -sa *adj* pyritic, pyritous
pirlitero *m* (bot.) English hawthorn (*Crataegus monogyna*)
pirobolista *m* (mil.) mine builder
piroelectricidad *f* pyroelectricity
pirófago -ga *adj* fire-eating; *mf* fire-eater
piróforo *m* (chem.) pyrophorus
pirogálico -ca *adj* pyrogallic
pirogalol *m* (chem.) pyrogallol
pirograbado *m* pyrography, pyrogravure
pirolusita *f* (mineral.) pyrolusite
piromancia or **piromancía** *f* pyromancy
piromanía *f* pyromania
pirómetro *m* pyrometer
piropear *va* (coll.) to flatter, to compliment, to flirt with
piropeo *m* (coll.) flattery, flirtation
piropo *m* garnet, carbuncle; (coll.) flattery, compliment, flirtatious remark
piróscafo *m* steamship
piroscopio *m* (phys.) pyroscope
pirosfera *f* pyrosphere
pirosis *f* (path.) pyrosis
pirotecnia *f* pyrotechnics
pirotécnico -ca *adj* pyrotechnic or pyrotechnical; *m* pyrotechnist, powder maker, fireworks manufacturer
piroxena *f* or **piroxeno** *m* (mineral.) pyroxene
piroxilina *f* pyroxylin
Pirra *f* (myth.) Pyrrha
pirrar *vr* (coll.) to long, to be eager; **pirrarse por** (coll.) to long for, to be eager for
pírrico -ca *adj* pyrrhic; Pyrrhic
Pirro *m* Pyrrhus
pirrol *m* (chem.) pyrrole
pirrónico -ca *adj* Pyrrhonistic; *mf* Pyrrhonist
pirronismo *m* Pyrrhonism
pirueta *f* pirouette
piruétano *m* (bot.) wild pear
piruetear *vn* to pirouette
piruja *f* flip young woman
pirul *m* (Am.) pepper tree
pirulí *m* (*pl:* **-líes**) candy on a stick, lollipop
pisa *f* tread, trampling, stamping; pressing of olives or grapes; volley of kicks
pisada *f* tread; footstep (*sound or mark*); footprint; trampling; **seguir las pisadas de** to walk in the steps of, to follow in the footsteps of
pisadera *f* (Am.) tread (*of stairs*)
pisador -dora *adj* high-stepping, prancing; *m* grape-treader
pisadura *f* treading; footstep
pisapapeles *m* (*pl:* **-les**) paperweight
pisar *va* to trample, tread on, step on, stamp on; to tamp, pack down; to tread, to press with the feet; to lie on or over, to cover part of; to ram; to infringe on; to cover (*a female bird*); (fig.) to tread all over, to abuse; (mus.) to pluck (*strings*); to strike (*keys*); *vn* to be right above (*said of one floor with respect to another*); **pisar firme** (Am.) to step high, be out on top; *vr* (Am.) to fail, to be disappointed
pisasfalto *m* pissasphalt, mineral tar
pisaúvas *m* (*pl:* **-vas**) grape-treader

pisaverde *m* (coll.) fop, coxcomb, dandy
piscator *m* almanac
piscatorio -ria *adj* piscatorial
piscicultor -tora *mf* pisciculturist, fish breeder
piscicultura *f* pisciculture, fish culture, fish breeding
piscifactoría *f* fish hatchery
pisciforme *adj* pisciform, fish-shaped
piscina *f* fishpool, fishpond; swimming pool; (eccl.) piscina; **revolver la piscina** (Am.) to stir up trouble
Piscis *m* (astr.) Pisces
piscívoro -ra *adj* piscivorous, fish-eating
pisco *m* Peruvian brandy; (Am.) brandy jug; (Am.) turkey
piscolabis *m* (*pl:* **-bis**) (coll.) snack, bite, treat
pisicorre *f* (Am.) station wagon
pisiforme *adj* pisiform, pea-shaped; (anat.) pisiform
Pisístrato *m* Pisistratus
piso *m* tread, treading; floor, flooring; floor, story; surface (*e.g., of a road*); apartment, flat; rent; (aut.) tread (*of tire*); (geol.) stage; (min.) level; **buscar piso** to look for a place to live; **piso alto** upper floor, top floor; **piso bajo** ground floor, first floor; **piso principal** main floor, second floor
pisón *m* tamper, rammer
pisonear *va* var. of **apisonar**
pisotear *va* to trample, to tramp on, to tread under foot; (fig.) to tread all over, to abuse
pisoteo *m* trampling; abuse
pisotón *m* heavy tread on someone's foot
pista *f* track; trace, trail; clew; race track; alley (*of bowling alley*); (aer.) runway; **estar sobre una pista** to be on the scent; **seguir la pista a** (coll.) to be on the trail of; **pista de aterrizaje** (aer.) landing field; **pista de despegue** (aer.) takeoff field; **pista de patinar** skating rink; **pista sonora** sound track
pistachero *m* (bot.) pistachio (*tree*)
pistacho *m* pistachio (*nut*)
pistadero *m* pestle, crusher, squeezer
pistar *va* to crush, to squeeze
pistero *m* drinking cup (*for invalids*)
pistilado -da *adj* (bot.) pistillate
pistilo *m* (bot.) pistil
pisto *m* chicken broth (*for the sick*); vegetable cutlet; jumbled speech or writing; mess (*unpleasant state of affairs*); **a pistos** (coll.) sparingly, scantily; **darse pisto** (coll.) to put on airs
pistola *f* pistol; sprayer, gun, nozzle; rock drill; pistole (*coin*); **pistola ametralladora** submachine gun; **pistola de arzón** horse pistol; **pistola engrasadora** grease gun
pistolera *f* holster
pistolerismo *m* gangsterism
pistolero *m* pistol-shooting gangster; operator of a rock drill
pistoletazo *m* pistol shot
pistolete *m* pistolet, pocket pistol
pistón *m* (mach. & mus.) piston; percussion cap
pistonear *vn* to knock (*said of an internal-combustion engine*)
pistoneo *m* knock, knocking (*of an internal-combustion engine*)
pistonudo -da *adj* (coll.) stunning, grand
pistoresa *f* poniard, short dagger
pistraje *m* or **pistraque** *m* slops
pistura *f* crushing, squeezing
pita *f* (bot.) American aloe, century plant; pita, pita fiber, pita thread; hiss, hissing; glass marble; hen
pitaco *m* stem of century plant
pitada *f* whistle, sound of a whistle; impropriety; whistling, hissing; (Am.) puff (*on a cigar, etc.*)
Pitágoras *m* Pythagoras
pitagórico -ca *adj & mf* Pythagorean
pitahaya *f* (bot.) cereus, night-blooming cereus
pitancería *f* distribution of doles or rations; place of distribution of doles or rations
pitancero *m* distributor of doles or rations; choir superintendent; (eccl.) steward
pitanga *f* (bot.) Surinam cherry (*Eugenia uniflora*)
pitanza *f* dole, ration; price; (coll.) daily bread
pitaña *f* var. of **legaña**
pitañoso -sa *adj* var. of **legañoso**
pitar *va* to distribute the dole to; to pay, pay off; to whistle disapproval of (*a bullfighter*); *vn* to blow a whistle, to whistle; to blow the horn, to honk; (coll.) to talk nonsense; **no pitar** (coll.) to not be in vogue, to not be popular
pitarra *f* var. of **legaña**
pitarroso -sa *adj* var. of **legañoso**
pitazo *m* whistle, whistling; honk (*of horn*)
pitecántropo *m* (anthrop.) pithecanthropus
pitezna *f* trigger (*of a trap*)
Pitias *m* (myth.) Pythias
pitido *m* whistle, whistling
pitillera *f* cigarette maker (*woman*); cigarette case
pitillo *m* cigarette
pítima *f* saffron poultice; (coll.) drunk, drunkenness
pitio -tia *adj* Pythian
pitío *m* var. of **pitido**
pitipié *m* scale (*with graduated spaces*)
pitiriasis *f* (path.) pityriasis
pitirre *m* (orn.) kingbird
pito *m* whistle; horn, auto horn; fife; fifer; cigarette; jackstone; (ent.) tick; (orn.) woodpecker; earthen vessel containing water which produces a whistling sound when air is blown into spout; **hacer un pito catalán a** (Am.) to thumb one's nose at; **no dársele a uno un pito de** (coll.) to not care or to not give a damn for, e.g., **no se me da un pito de lo que dice** I don't care a damn for what he says; **no tocar pito en** (coll.) to have no hand in; **no valer un pito** (coll.) to be not worth a damn; **pito real** (orn.) green woodpecker; **pitos flautos** (coll.) foolery, folly
pitoflero -ra *mf* (coll.) punk musician; (coll.) gossip, busybody
pitómetro *m* (hyd.) pitometer
pitón *m* lump, protuberance; sprig, young shoot; tenderling, budding horn; tip (*of horn*); nozzle, spout; (zool.) python; (*cap.*) *m* (myth.) Python
pitonisa *f* pythoness; witch, siren
pitorra *f* (orn.) woodcock
pitorrear *vr* (coll.) to jeer, scoff
pitorreo *m* (coll.) jeering, scoffing
pitorro *m* nozzle, spout
pitpit *m* (orn.) pitpit
pitreo *m* var. of **pitaco**
Pitsburgo *f* Pittsburgh
pituco -ca *adj* (Am.) thin, weak, feeble; (Am.) dandyish; *m* (Am.) dandy, dude
pituita *f* pituite, mucus, phlegm
pituitario -ria *adj* pituitary
pituitoso -sa *adj* pituitous
pituso -sa *adj* tiny, cute; *mf* tot
piular *vn* to peep, chirp
piulido *m* peeping, chirping
piune *m* (bot.) Chilean medicinal tree (*Lomatia ferruginea*)
piuquén *m* (orn.) Chilean wild brant
piuria *f* (path.) pyuria
pivotar *vn* to pivot
pivote *m* pivot
píxide *f* (eccl.) pyx
pixidio *m* (bot.) pyxidium
piyama *m* var. of **pijama**
pizarra *f* shale, slate; slate (*for roofs; for writing on*); blackboard (*of any material*)
pizarral *m* shale bed
pizarreño -ña *adj* slaty, slate-colored; shaly
pizarrería *f* slate quarry, shale quarry
pizarrero *m* slater
pizarrín *m* slate pencil
pizarrón *m* large slate; **pizarrón anotador** score board
pizarroso -sa *adj* slate-colored; full of slate
pizate *m* var. of **pazote**
pizca *f* (coll.) mite, whit, jot; **ni pizca** (coll.) not a bit
pizcar §86 *va* (coll.) to pinch
pizco *m* (coll.) pinch, pinching
pizmiento -ta *adj* pitch-colored
pizpereta or **pizpireta** *adj* brisk, lively, smart (*woman*)
pizpirigaña *f* boys' pinching game

P

pizpita *f* or **pizpitillo** *m* (orn.) wagtail
placa *f* plaque (*badge of an order*); plaque, tablet; plate, slab, sheet; (anat., elec., phot., rad. & zool.) plate; (Am.) spot, scab; **placa acribillada** (bot.) sieve plate; **placa de cuarzo** (elec.) quartz plate; **placa de matrícula** (aut.) license plate; **placa giratoria** turntable (*for locomotives, etc.; of phonograph*)
placabilidad *f* placability
placable *adj* placable
placaminero *m* (bot.) persimmon
placativo -va *adj* placatory
placear *va* to retail (*foodstuffs*); to reveal, make known
placebo *m* (eccl. & med.) placebo
placel *m* (naut.) sandbank, reef; pearl-fishery
pláceme *m* congratulation; **dar el pláceme a** to congratulate; **estar de plácemes** to be in luck
placenta *f* (anat., bot. & zool.) placenta
placentario -ria *adj* placental; *m* (zool.) placental
placentero -ra *adj* pleasant, agreeable
placer *m* (min.) placer; (naut.) sandbank, reef; pearl-fishery; pleasure; **a placer** at one's convenience; §67 *va* to please; **que me place** willingly, with pleasure
placero -ra *adj* public, market-place; *mf* market vendor; loafer, town gossip
placeta or **placetuela** *f* small public square
placibilidad *f* agreeableness
placible *adj* agreeable
placidez *f* placidity
plácido -da *adj* placid
placiente *adj* pleasing, agreeable
plácito *m* opinion, judgment
plafón *m* (arch.) soffit
plaga *f* plague; pest; scourge, calamity; abundance; sore, ulcer; clime, region; point (*of compass*)
plagado -da *adj* plagued, infested; smitten
plagar §59 *va* to plague, infest; **plagar de minas** to sow with mines; *vr* to become plagued or infested
plagiar *va* to plagiarize; (Am.) to abduct, kidnap
plagiario -ria *adj* plagiaristic; *mf* plagiarist
plagio *m* plagiarism; (Am.) abduction, kidnaping
plagioclasa *f* (mineral.) plagioclase
plagiostomo -ma *adj* & *m* (ichth.) plagiostome
plagiotropismo *m* (bot.) plagiotropism
plagiotropo -pa *adj* (bot.) plagiotropic
plaid *m* plaid
plan *m* plan; level, height; (med.) régime; (min.) mine floor; (naut.) floor timber; **plan de estudios** or **plan escolar** curriculum; **plan quinquenal** five-year plan
plana *f* see **plano**
planada *f* plain, level ground
planador *m* planisher
planco *m* (orn.) gannet, solan
plancton *m* (biol.) plankton
plancha *f* plate, sheet (*of metal*); gangplank; iron, flatiron; ironing; horizontal suspension (*in gymnastics*); (print.) plate; (coll.) blunder, break; (Am.) flatcar; (Am.) dental plate; **a la plancha** grilled; **tirarse una plancha** to make a break, to put one's foot in it; **plancha de blindaje** armor plate; **plancha de caldera** boiler plate; **plancha de sastre** tailor's goose; **plancha portainstrumentos** (aut.) instrument panel
planchada *f* gangplank; (arti.) apron
planchado *m* ironing, pressing
planchador -dora *mf* ironer; *f* ironer (*machine*)
planchar *va* to iron, to press (*clothing*); *vn* (Am.) to be a wallflower
planchear *va* to plate, to cover with metal plates or sheets
plancheta *f* (surv.) plane table
planchón *m* large or heavy plate (*of metal*); (Am.) glacier
planeación *f* planning; planing
planeador *m* (aer.) glider
planear *va* to plan, to outline; to plane (*a board*); *vn* (aer.) to volplane, to glide
planeo *m* planning; (aer.) volplane, gliding
planera *f* (bot.) planer tree
planeta *m* (astr. & astrol.) planet
planetario -ria *adj* planetary; (mach.) planetary; *m* planetarium
planetesimal *adj* & *m* planetesimal
planetícola *mf* dweller on another planet
planetista *m* astrologer
planetoide *m* (astr.) planetoid
planga *f* (orn.) gannet, solan
planicidad *f* flatness
planicie *f* level ground, plain
planificar §86 *va* to plan
planilla *f* (Am.) list, roll, schedule; (Am.) panel (*of candidates for office*); (Am.) ballot; (Am.) commutation ticket (*for trolleys and busses*)
planimetría *f* planimetry
planimétrico -ca *adj* planimetric or planimetrical
planímetro *m* planimeter
planisferio *m* planisphere
plankton *m* var. of **plancton**
plano -na *adj* plane; level; smooth, even; flat ‖ *m* plan; map; plane; (aer.) plane, wing; (b.b.) board; **caer de plano** to fall flat; **cantar de plano** (coll.) to make a clean breast of it; **de plano** clearly, plainly, flatly; flat; **levantar un plano** (surv.) to make a survey; **primer plano** foreground; **plano acotado** contour map; **plano de cola** (aer.) tail plane; **plano de deriva** (aer.) tail fin; **plano de dirección** (aer.) vertical stabilizer; **plano de incidencia** (opt.) plane of incidence; **plano de nivel** datum plane, datum level; **plano de profundidad** (aer.) horizontal stabilizer; **plano de prueba** (phys.) proof plane; **plano focal** (opt.) focal plane; **plano inclinado** (mech.) inclined plane; cable railway ‖ *f* flat country, plain; trowel; cooper's plane; handwriting (*of a beginner*); (print.) page; **a plana renglón** or **a plana y renglón** line for line; just right; **corregir** or **enmendar la plana a** to find fault with; to excel; **primera plana** first page; **plana curvada** drawknife; **plana mayor** (mil.) staff
planocóncavo -va *adj* plano-concave
planoconvexo -xa *adj* plano-convex
planta *f* (bot.) plant; sole (*of foot*); foot; planting; plan; project; floor; floor plan, ground plan; roster (*of an office staff*); stance (*in fencing and dancing*); plant, factory; **de planta** from the ground up; **echar plantas** to swagger, to bully; **tener buena planta** (coll.) to make a fine appearance; **planta baja** ground floor; **planta del sortilegio** (bot.) witch hazel; **planta de maceta** or **de tiesto** potted plant; **planta noble** ground floor; **plantas de adorno** (hort.) ornamental plants; **planta siempre verde** (bot.) evergreen
plantación *f* planting; plantation
plantador -dora *mf* planter; (Am.) planter (*colonist*); *m* dibble; *f* planter (*machine*)
plantagináceo -a *adj* (bot.) plantaginaceous
plantaina *f* var. of **llantén**
plantaje *m* plants, planting
plantar *adj* (anat.) plantar; *va* to plant; to establish, to found; (coll.) to plant (*a blow*); (coll.) to jilt; (coll.) to throw (*into the street, into prison*); to leave dumfounded; *vr* to stand, take a stand; (coll.) to balk (*said of an animal*); (coll.) to land, to get, to arrive; to gang together
plantario *m* seedbed
plante *m* ganging together
planteamiento *m* planning; establishment, execution; statement, exposition; framing (*of a question*)
plantear *va* to plan, to outline (*e.g., a deal*); to establish, to execute, to carry out; to state, to set up, to expound, to pose; to raise (*a question*); *vn* (archaic) to weep, sob, whine
plantel *m* nursery, nursery garden; establishment, plant (*educational institution*); group, gathering
plantificación *f* planning; (coll.) planting a blow; throwing, hurling (*e.g., into the street, jail, etc.*)

plantificar §86 *va* to plan, to outline; (coll.) to plant (*a blow*); (coll.) to throw (*into the street, into prison*); *vr* (coll.) to get, to arrive
plantígrado -da *adj & m* (zool.) plantigrade
plantilla *f* plantlet, young plant; insole; reinforced sole (*of stocking or sock*); model, pattern, template; staff (*e.g., of employees*); roster (*of office force*); plan, design; ladyfinger (*cake*); **echar plantillas al calzado** to half-sole shoes; **ser de plantilla** to be on the regular staff
plantillar *va* to put insoles in (*shoes*); to reinforce the sole of (*a stocking or sock*)
plantillero -ra *adj* swaggering; *mf* swaggerer, bully
plantío -a *adj* planted; ready to be planted; *m* planting, growth, patch
plantista *m* landscape gardener; (coll.) swaggerer, bully
plantón *m* shoot (*to be transplanted*); graft, cion; guard, watchman; soldier punished with extra guard duty; waiting, standing around; **dar un plantón** to be long in coming, to keep someone waiting; **estar de** or **en plantón** (coll.) to stand around (*for a long time*); **llevarse un plantón** (coll.) to be kept standing
planudo -da *adj* flat-bottomed
plañidero -ra *adj* weeping, mournful; *f* weeper, professional mourner, hired mourner
plañido or **plañimiento** *m* lamentation, wailing, weeping
plañir §25 *va* to lament, grieve over; *vn* to lament, grieve, bewail
plaqué *m* plate, plating (*of gold or silver*)
plaquear *va* to plate, to silver-plate
plaqueta *f* (anat.) plaquette, blood platelet
plaquín *m* hauberk, coat of mail
plasma *m* (anat., phys. & physiol.) plasma; **plasma sanguíneo** blood plasma; *f* (mineral.) plasm
plasmación *f* molding, shaping
plasmador -dora *adj* creative; *mf* molder, creator; (*cap.*) *m* Creator
plasmar *va* to mold, shape
plasmático -ca *adj* plasmatic
plasmodio *m* (biol.) plasmodium
plasmólisis *f* (physiol.) plasmolysis
plasmoquina *f* (pharm.) plasmochin
plasmosoma *m* (pharm.) plasmosome
plasta *f* paste, soft mass; flattened object, flattened mass; (coll.) poor job, bungle
plaste *m* sizing, filler
plastecer §34 *va* to size, to fill
plastecido *m* sizing, filling
plástica *f* see **plástico**
plasticidad *f* plasticity
plástico -ca *adj* plastic; *m* plastic (*substance*); *f* plastic (*art of modeling*); plastic arts
plastificar §86 *va & vr* to plasticize
plastilina *f* plasticine
plastrón *m* (fencing) plastron
plata *f* (chem.) silver; silver (*coin or coins*); wealth; money; **como una plata** (coll.) clean, shining; **en plata** (coll.) briefly, to the point; (coll.) plainly; (coll.) in sum; **quedarse sin plata** to be broke; **plata agria** (mineral.) stephanite; **plata alemana** German silver; **plata córnea** (mineral.) horn silver; **plata de piña** spongy silver; **plata dorada** silver gilt; **plata labrada** silverware; **plata roja** ruby silver
platabanda *f* border, edge; flower bed; (arch.) flat molding; splice plate, fishplate
plataforma *f* platform; (rail.) platform car, flatcar; (rail.) roadbed; (rail.) turntable; (geog.) platform; (mach.) index plate; (fig.) platform (*statement of policy of political party*); **plataforma giratoria** (rail.) turntable
platal *m* (coll.) lot of money
platalea *f* (orn.) pelican
platanáceo -a *adj* (bot.) platanaceous
platanal *m* or **platanar** *m* plantation of plantains
platanero -ra *adj* (pertaining to the) banana; *m* (bot.) plantain, banana
plátano *m* (bot.) plantain, banana (*Musa paradisiaca and fruit*); (bot.) plane tree; **plátano de occidente** (bot.) American plane tree; **plátano de oriente** (bot.) plane tree; **plátano falso** (bot.) sycamore maple; **plátano guineo** (bot.) banana
platea *f* (theat.) orchestra, parquet
plateado -da *adj* silver-plated; silver (*in color*); *m* silver plating; silver (*color*)
plateador *m* silver plater
plateadura *f* silver plating; silver (*used in plating*)
platear *va* to coat or plate with silver
platel *m* platter, tray
platelminto *m* (zool.) platyhelminth
platén *m* platen (*of typewriter*)
plateresco -ca *adj* (arch.) plateresque
platería *f* silversmith's shop; trade of silversmith
platero *m* silversmith; jeweller; **platero de oro** goldsmith
plática *f* talk, chat; talk, informal lecture; sermon; **libre plática** (naut.) pratique
platicar §86 *va* to talk over (*a matter*); to discuss; to preach; *vn* to talk, to chat; to discuss; to preach
platija *f* (ichth.) plaice
platilla *f* thin middling linen
platillo *m* plate; saucer; pan (*of scales*); stew; extra dish (*in a monastery*); subject of gossip; (mus.) cymbal; **platillo volador** or **volante** flying saucer
platina *f* platen; stage (*for microscope*); (chem.) platinum; (print.) imposing table
platinar *va* to platinize
platiniridio *m* platiniridium
platino *m* (chem.) platinum
platinocianuro *m* (chem.) platinocyanide
platinoide *m* platinoid
platinotipia *f* (phot.) platinotype
platirrino -na *adj & m* (zool.) platyrrhine
plato *m* dish; plate; course (*at meals*); daily fare; pan (*of scales*); subject of gossip; (arch.) ornamented metope; (mach.) plate, disk; (mach.) chuck; (poker) pot; **comer en un mismo plato** (coll.) to be close friends; **entre dos platos** with much bowing and bending; **hacer plato** to pass the food; **nada entre dos platos** (coll.) much ado about nothing; **ser plato de segunda mano** (coll.) to feel neglected, to be left out in the cold; **plato de segunda mano** (coll.) discard, castoff; **plato frutero** fruit dish; **plato fuerte** main course; **plato giratorio** turntable (*of phonograph*); **plato sopero** soup dish; **plato trinchero** trencher (*wooden platter*); dish
plató *m* (*pl:* **-tós**) (mov.) set
platón *m* large plate; (Am.) washbowl, basin; (Am.) platter; (*cap.*) *m* Plato
platónico -ca *adj* Platonic
platonismo *m* Platonism
platonista *mf* Platonist
platudo -da *adj* (Am.) rich, well-to-do
platuja *f* var. of **platija**
plausibilidad *f* praiseworthiness; acceptability, agreeableness
plausible *adj* praiseworthy; acceptable, agreeable, pleasing
plausivo -va *adj* applauding
plauso *m* var. of **aplauso**
plaustro *m* (poet.) cart, wagon
plautino -na *adj* Plautine
Plauto *m* Plautus
playa *f* beach, shore, strand; **playa de baños** bathing beach; **playa infantil** sand pile (*for children to play in*)
playado -da *adj* beach-lined
playazo *m* long, wide beach
playero -ra (pertaining to the) beach; *mf* fishmonger; **playero turco** (orn.) ruddy turnstone; *f* fishwoman; Andalusian song; beach shoe
playón *m* large beach
playuela *f* small beach
plaza *f* plaza, square; market, market place; town, city; fortified town or city; space, room; yard; office, employment; character, reputation; place, seat; **sacar a plaza** (coll.) to bring out into the open; **sentar plaza** (mil.) to enlist; **un cuatro plazas** a four-seater; **plaza de armas** (mil.) parade ground; (Am.)

P

public square; **plaza de gallos** cockpit (*for cockfights*); **plaza de toros** bull ring; **plaza fuerte** (fort.) stronghold, fortress, garrison; **plaza mayor** main square; **plaza montada** mounted soldier
plazco or **plazgo** *1st sg pres ind of* **placer**
plazo *m* term, time, extension; time limit; date of payment; instalment; **a largo plazo** long-range; (com.) long-term; **a plazo** on credit, on time; in instalments; **en breve plazo** within a short time; **vender a plazo** to sell on credit; to sell short
plazoleta *f* small square; small square or plaza in a public walk or garden
plazuela *f* small square
ple *m* handball
pleamar *f* (naut.) high tide, high water
plébano *m* parish priest
plebe *f* plebs, common people; (hist.) plebs
plebeísmo *m* plebeianism
plebeyez *f* (coll.) plebeianism
plebeyo -ya *adj & mf* plebeian
plebiscitario -ria *adj* (pertaining to a) plebiscite, plebiscitary
plebiscito *m* plebiscite
pleca *f* (print.) thin line or rule
plectognato -ta *adj & m* (zool.) plectognath
plectro *m* (mus.) plectrum; (poet.) inspiration
plegable *adj* folding; pliable
plegadamente *adv* in folds; confusedly; wholesale
plegadera *f* paper folder, paper knife
plegadizo -za *adj* folding; pliable
plegado *m* var. of **plegadura**
plegador -dora *adj* folding; *mf* folder; *m* folder, folding machine
plegadura *f* fold; plait, pleat, crease
plegamiento *m* fold; plait, pleat, crease; (geol.) fold
plegar §29 *va* to fold; to plait, to pleat, to crease; to fold over; *vr* to yield, give in
plegaria *f* prayer; noon call to prayer
pleguería *f* folds, plaits
pleguete *m* (bot.) tendril
pleistoceno -na *adj & m* (geol.) Pleistocene
pleita *f* plaited strand of esparto grass
pleiteador -dora *mf* pleader, litigant
pleitear *va & vn* (law) to plead, to litigate
pleitista *adj* litigious; *mf* litigious person
pleito *m* litigation, lawsuit; dispute, quarrel; fight, battle; **pleito de acreedores** bankruptcy proceedings; **pleito homenaje** (feud.) homage
plenamar *f* var. of **pleamar**
plenario -ria *adj* plenary
plenilunio *m* full moon
plenipotencia *f* full powers
plenipotenciario -ria *adj & mf* plenipotentiary
plenitud *f* plenitude, fullness; **plenitud de los tiempos** fullness of time
pleno -na *adj* full; joint (*session*); **en plena bahía** out in the bay, in the open bay; **en plena calle** in the middle of the street, right in the street; **en plena cara** right in the face, smack in the face; **en plena carrera** in the middle of the race; in full career; **en plena ciudad** in the heart of the city; **en plena cosecha** in the middle of the harvest; **en plena faena** in the midst of his (her, your, etc.) task; **en plena guerra** in the midst of war; **en plena intriga** in the midst of plotting; **en plena juventud** in the flower of youth; **en plena marcha** in full swing; **en plena noche** in the depth of night; **en plena retirada** in full retreat; **en plena temporada** at the height of the season; **en plena urbe** in the heart of the city; **en plena vista** in plain sight, in full view; **en pleno bloqueo** at the height of the blockade; **en pleno campo** in the open country; **en pleno día** in broad daylight; **en pleno invierno** in the deep (or depth) of winter, in midwinter; **en pleno mar** in the open sea; **en pleno mediodía** at broad noon, at high noon; **en pleno río** in midstream; **en pleno trabajo** in the thick of work; **en pleno verano** at the height of summer, in midsummer; **en pleno viento** in the full force of the wind; exposed to the wind on all sides; **en pleno vigor** in full vigor; in full swing; *m* plenum; full meeting (or session); (bowling) strike
pleocroísmo *m* (cryst.) pleochroism
pleonasmo *m* pleonasm
pleonástico -ca *adj* pleonastic
pleópodo *m* (zool.) swimmeret, pleopod
plepa *f* (coll.) mess (*person or thing full of defects*)
plesiosauro *m* (pal.) plesiosaur
pletina *f* iron plate, flange, shim
pletismógrafo *m* (physiol.) plethysmograph
plétora *f* plethora; superabundance; (path.) plethora
pletórico -ca *adj* plethoric; **pletórico de** overflowing with
pleura *f* (anat. & zool.) pleura
pleural *adj* pleural
pleuresía *f* (path.) pleurisy
pleurítico -ca *adj* pleuritic
pleuritis *f* (path.) pleuritis
pleurodinia *f* (path.) pain in the side
pleurodonto -ta *adj* (zool.) pleurodont
pleuronecto -ta *adj & m* (ichth.) pleuronectid
pleuroneumonía *f* (path.) pleuropneumonia
plexiglás *m* plexiglass
plexo *m* (anat. & zool.) plexus; **plexo solar** (anat.) solar plexus
Pléyade *f* Pleiad; **Pléyades** *fpl* (myth & astr.) Pleiades
plica *f* (law) escrow; (mus. & path.) plica
pliego *m* sheet (*of paper*); folder; cover, envelope; sealed letter or document; bid, specifications; **pliego cerrado** (naut.) sealed orders; **pliego de comprobar** (print.) proof; **pliego de condiciones** bid, specifications; **pliego de prensa** (print.) page proof; **pliego de principios** (print.) proof of front matter
pliegue *m* fold, pleat, crease; (geol.) fold; **pliegue acordeonado** or **en acordeón** (sew.) accordion pleat; **pliegue de tabla** (sew.) box pleat
plieguecillo *m* small sheet; small fold; small folder
Plinio *m* Pliny; **Plinio el Antiguo** Pliny the Elder; **Plinio el Joven** Pliny the Younger
plinto *m* (arch.) plinth; baseboard
pliocénico -ca or **plioceno -na** *adj & m* (geol.) Pliocene
plisado *m* pleat; pleating
plisar *va* to pleat
plomada *f* carpenter's lead pencil; plummet; plumb bob; sinker or sinkers (*of a fishing net*); scourge tipped with lead balls; (naut.) sounding lead
plomar *va* to seal with lead
plomazo *m* shot, gunshot
plomazón *f* cushion (*of goldsmith or silversmith*)
plombagina *f* plumbago, graphite
plomería *f* lead roofing; leadwork; plumbing
plomero *m* lead worker; plumber
plomífero -ra *adj* plumbiferous; *mf* (coll.) bore, nuisance
plomizo -za *adj* leaden; lead-colored
plomo *m* (chem.) lead; lead (*piece of lead; plumb bob, plummet; bullet*); sinker; (elec.) fuse; (coll.) bore; **a plomo** plumb, perpendicularly; (coll.) just right; **caer a plomo** to fall flat; **plomo azul** blue lead (*pigment*)
plomoso -sa *adj* var. of **plomizo**
Plotino *m* Plotinus
plugo *3d sg pret ind of* **placer**
pluma *f* feather; feathers; quill; plume; pen; penmanship; writer; (fig.) pen; (Am.) faucet; **dejar correr la pluma** to write away, to write for dear life; **escribir a vuela pluma** to write freely, to let onself go (*in writing*); **vivir de la pluma** to live by one's pen; **pluma esferográfica** (Am.) ball point pen; **pluma estilográfica** or **pluma fuente** (*pl:* **plumas fuente**) fountain pen; **pluma secundaria** (orn.) secondary feather
plumado -da *adj* feathered; *f* flourish, stroke (*of pen*); penful
plumafuente *f* fountain pen
plumaje *m* plumage; plumes, crest
plumajería *f* abundance of plumes
plumajero *m* plumist, feather dresser

plumazo *m* feather pillow, feather mattress; stroke (*of pen*); **de un plumazo** (coll.) with one fell stroke
plumazón *m* plumage, abundance of plumes; crest
plumbado -da *adj* sealed with a lead seal
plumbagina *f* var. of **plombagina**
plumbagináceo -a *adj* (bot.) plumbaginaceous
plúmbeo -a *adj* lead; heavy as lead
plúmbico -ca *adj* lead; (chem.) plumbic
plumeado *m* (f.a.) hatching
plumear *va* (f.a.) to hatch
plumeo *m* (f.a.) hatching
plúmeo -a *adj* feathery
plumería *f* or **plumerío** *m* feathers, wealth of feathers
plumerillo *m* (bot.) milkweed
plumero *m* penholder (*rack*); duster, feather duster; school companion (*box for pens and pencils*); **plumeros** *mpl* (bot.) goldenrod
plumífero -ra *adj* (poet.) feathered
plumilla *f* small feather, plumelet; point (*of fountain pen*); (bot.) plumule; **plumilla inglesa** (print.) script
plumión *m* (orn.) plumule
plumista *m* scrivener, clerk; feather or plume maker or dealer
plumón *m* (orn.) plumule; down; feather bed
plumoso -sa *adj* downy, feathery, plumose
plúmula *f* (bot.) plumule
plural *adj* (gram.) plural; manifold; *m* **(gram.)** plural; **plural de modestia (gram.)** editorial plural; **plural mayestático** (gram.) royal plural
pluralidad *f* plurality; **a pluralidad de votos** by a majority of votes
pluralizar §76 *va* to pluralize
plus *m* extra, bonus; **plus marca** *f* (sport) record
pluscuamperfecto -ta *adj & m* (gram.) pluperfect
plusmarca *f* (sport) record
plusmarquista *adj* (sport) record-breaking; *mf* (sport) record breaker
plusvalía *f* increased value, appreciation
Plutarco *m* Plutarch
plúteo *m* shelf, bookshelf; (hist.) pluteus
Pluto *m* (myth.) Plutus
plutocracia *f* plutocracy
plutócrata *mf* plutocrat
plutocrático -ca *adj* plutocratic
Plutón *m* (myth. & astr.) Pluto
plutoniano -na *adj* Plutonian
plutónico -ca *adj* (geol.) plutonic; **(myth. &** geol.) Plutonic
plutonio *m* (chem.) plutonium
Plutos *m* (myth.) Pluto
pluvial *adj* pluvial; rain
pluviómetro *m* pluviometer, rain gauge
pluviosidad *f* rainfall; raininess
pluvioso -sa *adj* pluvious, rainy
pneumático -ca *adj* var. of **neumático**
pno. abr. of **pergamino**
p.º abr. of **pero**
P.º abr. of **Pedro**
poa *f* (naut.) bridle
pobeda *f* white-poplar grove
población *f* population; village, town, city
poblacho *m* shabby old town or village
poblado -da *adj* populated; thick, bushy; *m* community
poblador -dora *adj* founding, settling; *mf* founder, settler
poblano -na *mf* (Am.) townsman, villager
poblar §77 *va* to people, populate; to found, settle, colonize; to stock (*a farm, a fishpond, a beehive*); to plant (*e.g., with trees*); *vn* to settle, colonize; to multiply, be prolific; *vr* to become full, covered, or crowded
poblazo *m* var. of **poblacho**
poblezuelo *m* small village
pobo *m* (bot.) white poplar
pobre *adj* poor; **más pobre que las ratas** or **una rata** (coll.) poor as a church mouse; **pobre de espíritu** poor in spirit; **¡pobre de mí!** poor me!; **pobre de solemnidad** poor as a church mouse; *mf* beggar, pauper; *m* poor man; poor devil
pobrería *f* var. of **pobretería**
pobrero *m* distributor of alms
pobrete -ta *adj* poor; wretched; (coll.) sorry-looking; *mf* wretch, unfortunate; *f* (coll.) prostitute
pobretear *vn* (coll.) to play poor, to act poor
pobretería *f* poor, poor people; beggars; poverty, wretchedness
pobreto *m* wretch, unfortunate
pobretón -tona *adj* poor, needy; *m* poor man
pobreza *f* poverty, want; poorness; vow of poverty
pobrezuelo -la *adj* poorish
pobrismo *m* poor, poor people; beggars
pócar *m* poker
pocero *m* well digger, well driller; cesspool cleaner
poceta *f* (Am.) basin, bowl
pocilga *f* pigpen; (fig.) pigpen
pocillo *m* sump, catch basin; chocolate cup
pócima *f* potion, concoction
poción *f* potion, dose
poco -ca *adj* little; few, e.g., **hay poca gente aquí** there are few people here; **pocos -cas** *adj pl* few; **poco** *adv* little; **poco** + *adj* un-, e.g., **poco inteligente** unintelligent; **a poco** shortly, shortly afterwards; **a poco de** + *inf* shortly after + *ger;* **dentro de poco** shortly; **en poco** almost; **estar en poco que** + *subj* to come near + *ger;* **otro poco** a little more; **por poco** almost, nearly; **tener en poco** to hold in low esteem, be scornful of; **un poco** a little; **un poco de** a little; **unos pocos** a few; **poco a poco** little by little; **¡poco a poco!** easy there!
póculo *m* drinking cup or glass
pocha *f* see **pocho**
pochi *adj* (Am.) short, too short
pocho -cha *adj* faded, discolored; overripe; rotten; (Am.) chubby; *mf* (Am.) U.S.-born Mexican; *f* (Am.) lie, trick, cheat
poda *f* pruning; pruning season
podadera *f* pruning knife or hook, billhook
podador -dora *adj* pruning; *mf* pruner
podagra *f* (path.) gout, podagra
podar *va* to prune
podazón *f* pruning season
podenco *m* hound
podenquero *m* keeper of the hounds
poder *m* power; hands; (law) power of attorney, proxy; **a poder de** by dint of; **caer en poder de** (mil.) to fall to; **de poder a poder** hand to hand; **el cuarto poder** the fourth estate (*the press, journalism*); **en poder de** in the power of; in the hands of; **obra en mi poder** I have at hand, I have in my possession; **plenos poderes** full powers; **por poderes** by proxy; **poder adquisitivo** or **poder de adquisición** purchasing power; **poder aéreo** air power; **poder aéreo atómico** atomic air power ‖ **§68** *vn* to be possible; to be able, to have power or strength; **a más no poder** as hard as possible; **hasta más no poder** to the utmost; **no poder con** to not be able to stand, to not be able to manage; **no poder más** to be exhausted, to be all in; **no poder menos de** + *inf* to not be able to help + *ger;* **poder mucho** to have power or influence; **poder poco** to have little power or influence ‖ *v aux* **poder** + *inf* to be able to + *inf*, may, can, might, could + *inf;* **no poder ver** to not be able to stand
poderdante *mf* (law) constituent
poderhabiente *mf* (law) attorney, proxy
poderío *m* power, might; wealth, riches; sway, jurisdiction
poderoso -sa *adj* powerful, mighty; wealthy, rich
podiatra *mf* podiatrist
podiatría *f* podiatry
podio *m* (arch.) podium
podódromo *m* race track (*for foot races*)
podofilino *m* (pharm.) podophyllin
podofilo *m* podophyllum
podofilotoxina *f* (chem.) podophyllotoxin
podómetro *m* pedometer
podón *m* large pruning hook, large billhook
podre *m & f* pus, corruption
podré *1st sg fut ind of* **poder**
podrecer §34 *va, vn & vr* to rot
podrecimiento *m* var. of **podredura**

podredumbre *f* corruption, putrefaction; pus; gnawing sorrow
podredura or **podrición** *f* corruption, putrefaction
podridero *m* var. of **pudridero**
podrido -da *adj* rotten, putrid
podrigorio *m* (coll.) person full of aches and pains
podrimiento *m* var. of **pudrimiento**
podrir *va, vn & vr* var. of **pudrir** and used only in the *inf & pp*
poema *m* poem; **poema en prosa** prose poem; **poema sinfónico** (mus.) symphonic poem
poemático -ca *adj* poetic
poesía *f* poetry; poem; **bella poesía** (fig.) fairy tale (*untrue story*); **poesías órficas** Orphic hymns
poeta *m* poet
poetastro *m* poetaster
poético -ca *adj* poetic or poetical; *f* poetics
poetisa *f* poetess
poetizar §76 *va & vn* to poetize
poíno *m* gantry, barrelstand
poiquilotermo -ma *adj* (zool.) poikilothermal
polaco -ca *adj* Polish; *mf* Pole; **los polacos** the Polish; *m* Polish (*language*); *f* Polish dance
polacra *f* (naut.) polacre
polaina *f* legging
polar *adj* pole; polar; *f* polestar
polaridad *f* polarity
polarímetro *m* polarimeter
polariscopio *m* polariscope
polarización *f* polarization; **polarización de rejilla** (rad.) grid bias
polarizador -dora *adj* polarizing; *m* (opt.) polarizer
polarizar §76 *va* to polarize; *vr* to become polarized; to concentrate
polaroide *m* polaroid
polca *f* (mus.) polka
polcar §86 *vn* to polka, dance the polka
polea *f* pulley; (naut.) tackle
poleadas *fpl* porridge
poleame *m* (naut.) set of pulleys, tackle
polémico -ca *adj* polemic or polemical; *f* polemic (*controversy*); polemics (*art*)
polemista *mf* polemist
polemizar §76 *vn* to start a polemic
polemoniáceo -a *adj* (bot.) polemoniaceous
polemonio *m* (bot.) Greek valerian, Jacob's-ladder
polen *m* (bot.) pollen
polenta *f* polenta
poleo *m* cold wind, cold blast; (bot.) pennyroyal; (coll.) bombast, strutting
poleví *m* (*pl:* **-víes**) var. of **ponleví**
poliandria *f* polyandry; (bot.) polyandry
poliándrico -ca *adj* polyandrous
poliandro -dra *adj* (bot.) polyandrous
poliarquía *f* polyarchy
polibásico -ca *adj* (chem.) polybasic
polibasita *f* (mineral.) polybasite
policárpico -ca *adj* (bot.) polycarpic or polycarpous
pólice *m* thumb
policía *f* police; policing; politeness; cleanliness, neatness; body of ordinances regarding public order; **policía militar** military police; **policía secreta** secret police; **policía urbana** street cleaning; *m* policeman
policíaco -ca *adj* (pertaining to the) police; detective (*story*)
policial *adj* (pertaining to the) police; detective (*story*); *m* policeman
Policiano *m* Politian
policitación *f* unaccepted promise or offer
policlínica *f* polyclinic
policopia *f* multigraph
policromar *va* to polychrome
policromía *f* polichromy
policromo -ma *adj* polychrome
polichinela *m* punchinello; (*cap.*) *m* Punch
polidipsia *f* (path.) excessive thirst
Polidoro *m* (myth.) Polydorus
polidrupa *f* (bot.) berry (*of strawberry, blackberry, etc.*)
poliédrico -ca *adj* polyhedral
poliedro *m* (geom.) polyhedron
polietileno *m* (chem.) polyethylene
polifacético -ca *adj* (fig.) many-sided
polifagia or **polifagía** *f* (path.) polyphagia
polifásico -ca *adj* (elec.) polyphase, multiphase
Polifemo *m* (myth.) Polyphemus
polifilético -ca *adj* polyphyletic
polifonía *f* (mus. & phonet.) polyphony
polifónico -ca or **polífono -na** *adj* polyphonic
polígala *f* (bot.) milkwort; **polígala de Virginia** (bot.) snakeroot
poligamia *f* polygamy
poligámico -ca *adj* polygamic
polígamo -ma *adj* polygamous; *mf* polygamist
poligenismo *m* polygenism
poliglota *f* see **poligloto**
poliglotía *f* knowledge of many languages
poligloto -ta *adj & mf* polyglot; *f* polyglot Bible
poligonal *adj* polygonal
polígono -na *adj* polygonal; *m* (geom.) polygon
poligrafía *f* polygraphy
polígrafo *m* polygraph (*prolific writer; copying machine*); ball point pen; (med.) polygraph
polilla *f* (ent.) moth, clothes moth; (ent.) carpet moth; moths; (fig.) ravager, destroyer; **polilla de los museos de historia natural** (ent.) museum beetle; **polilla de los paños** (ent.) carpet moth; **polilla de los tapices** (ent.) carpet beetle
polillera *f* (bot.) moth mullein
polimatía *f* wide learning
polimería *f* polymerism
polimerización *f* polymerization
polimerizar §76 *va & vr* to polymerize
polímero -ra *adj* polymeric; *m* (chem.) polymer
Polimnia *f* (myth.) Polyhymnia
polimorfismo *m* polymorphism
polimorfo -fa *adj* polymorphous
polín *m* roller; skid
polinesio -sia *adj & mf* Polynesian; **la Polinesia** Polynesia
polineuritis *f* (path.) polyneuritis
polínico -ca *adj* pollinic or pollinical
poliinífero -ra *adj* polliniferous
polinio *m* (bot.) pollinium
polinización *f* (bot.) pollination; **polinización cruzada** (bot.) cross-pollination
polinizar §76 *va* to pollinate
polinómico -ca *adj* polynomial
polinomio *m* (alg.) polynomial
polinosis *f* (path.) pollinosis, hay fever
polinuclear *adj* polynuclear
polio *m* (bot.) poly; *f* (path.) polio
poliomielitis *f* (path.) poliomyelitis
polipasto *m* tackle
polipero *m* (zool.) polypary
polipétalo -la *adj* (bot.) polypetalous
pólipo *m* (zool.) polyp; (path.) polyp or polypus
polipodio *m* (bot.) polypody, sweet fern
polisarcia *f* (path.) polysarcia, obesity
polisemia *f* polysemy
polisémico -ca or **polisemo -ma** *adj* polysemous
polisilábico -ca *adj* polysyllabic
polisílabo -ba *adj* polysyllabic; *m* polysyllable
polisíndeton *m* (rhet.) polysyndeton
polisintético -ca *adj* polysynthetic
polisón *m* bustle (*of woman's dress*)
polispasto *m* var. of **polipasto**
polista *adj* polo-playing; *mf* poloist, polo player
polistilo -la *adj* (arch.) polystyle; (bot.) polystylous; *m* (arch.) polystyle
polistireno *m* (chem.) polystyrene
Politburó *m* Politburo
politécnico -ca *adj* polytechnic
politeísmo *m* polytheism
politeísta *adj* polytheistic; *mf* polytheist
política *f* see **político**
politicastro *m* petty politician, corrupt politician
político -ca *adj* political; tactful; polite, courteous; -in-law, e.g., **padre político** father-in-law; *mf* politician; *f* politics; policy; manners, politeness, courtesy; **política de acorralamiento** policy of encirclement; **política de café** parlor politics; **política de campanario** (coll.) petty politics; **política de cerco** policy of encirclement; **política de la**

buena vecindad Good Neighbor Policy; política del palo en alto policy of the big stick; política de partido party politics; política de poder power politics; política exterior foreign policy
politicón -cona *adj* overpolite, obsequious; fond of politics
politiquear *vn* (coll.) to dabble in politics, to play politics; (coll.) to chatter politics
politiqueo *m* (coll.) dabbling in politics; (coll.) political chatter
politiquería *f* political chicanery
politiquero -ra *mf* political schemer
politiquilla *f* parlor politics
politiquillo *m* parlor politician
politonal *adj* polytonal
politonalidad *f* (mus.) polytonality
poliuria *f* (path.) polyuria
polivalencia *f* (bact. & chem.) polyvalence, multivalence
polivalente *adj* (bact. & chem.) polyvalent, multivalent
póliza *f* check, draft; contract, policy; tax stamp; custom-house permit; admission ticket; lampoon; **póliza de seguro** insurance policy; **póliza dotal** endowment policy
polizón *m* bum, tramp; stowaway
polizonte *m* (coll.) cop, policeman
polo *m* support, foundation; water ice on a stick, popsicle; polo (*Andalusian dance*); (hist.) polo (*corvée exacted from Philippine natives by Spanish*); (astr., geog., biol., elec. & math.) pole; (sport) polo; **polo acuático** or **de agua** (sport) water polo; **polo norte magnético** North Magnetic Pole; **polo sur magnético** South Magnetic Pole
polonés -nesa *adj* Polish; *mf* Pole; *m* Polish (*language*); *f* polonaise (*overdress*); (mus.) polonaise
Polonia *f* Poland
polonio *m* (chem.) polonium
poltrón -trona *adj* idle, lazy, comfort-loving; *f* easy chair; (fig.) sinecure
poltronería *f* idleness, laziness
poltronizar §76 *vr* to idle, loaf, get lazy
polución *f* (path.) pollution; **polución voluntaria** self-polution
poluto -ta *adj* dirty, filthy
Pólux *m* (myth. & astr.) Pollux
polvareda *f* cloud of dust; rumpus
polvera *f* compact, powder case
polvificar §86 *va* to pulverize
polvillo *m* fine dust
polvo *m* dust; powder; pinch (*e.g., of snuff*); **polvos** *mpl* dust; powder; **en polvo** powdered; **hacer polvo a** (coll.) to overcome, destroy, wipe out; **morder el polvo** to bite or lick the dust; **sacudir el polvo a** (coll.) to give a beating to, to beat up; (coll.) to show up, refute; **tomar el polvo** (Am.) to beat it, disappear; **tomar un polvo** to take a pinch of snuff; **polvo de cantárida** (pharm.) cantharides; **polvo dentífrico** tooth powder; **polvos blancos faciales** face powder; **polvos calmantes** sleeping powder; **polvos de arroz** rice powder; **polvos de baño** bath powder; **polvos de estaño** putty powder; **polvos de gas** bleaching powder; **polvos de la madre Celestina** (coll.) hocus-pocus; prestidigitation; **polvos de Seidlitz** Seidlitz powder; **polvos de talco** talcum powder
pólvora *f* powder, gunpowder; fireworks; bad humor; briskness, liveliness; **correr como pólvora en reguero** to spread like wildfire; **gastar la pólvora en salvas** to fuss around for nothing; **ser una pólvora** (coll.) to be a live wire; **pólvora de algodón** guncotton; **pólvora gigante** giant powder; **pólvora sin humo** smokeless powder; **pólvora sorda** noiseless powder; (fig.) sneak, underhanded fellow
polvoreamiento *m* dusting, sprinkling
polvorear *va* to dust, sprinkle with dust or powder
polvoriento -ta *adj* dusty; powdery
polvorín *m* fine powder; powder magazine; powder flask; (Am.) spitfire; (Am.) tick
polvorista *m* powder maker; fireworks manufacturer
polvorizable *adj* var. of **pulverizable**
polvorización *f* pulverization
polvorizar §76 *va* to dust, sprinkle with dust or powder; to pulverize
polvoroso -sa *adj* dusty; **poner pies en polvorosa** (coll.) to take to one's heels, to beat it
polla *f* pullet; (orn.) coot; (orn.) water hen, moor hen, gallinule; (coll.) lassie; stake, kitty; **polla de agua** (orn.) corn crake
pollada *f* hatch, covey; broadside
pollancón -cona *mf* large chicken; *m* (coll.) overgrown boy
pollastre *m* (coll.) sly fellow
pollastro -tra *mf* grown chicken; *m* (coll.) sly fellow
pollazón *f* hatch, brood
pollera *f* see **pollero**
pollería *f* poultry shop, poultry market; poultry business; poultry; young people, younger set
pollero -ra *mf* poulterer; *m* poultry yard; *f* poultry yard; chicken coop; gocart; (Am.) skirt
pollino -na *mf* ass, donkey; (fig.) jackass
pollito -ta *mf* chick; (coll.) chick, chicken (*young person*); **pollito unicolor** (orn.) Baird's sandpiper
pollo *m* chicken; young bee; (fig.) chicken (*young person*); sly fellow
polluelo -la *mf* chick; *m* (bot.) saltwort
poma *f* apple; smelling bottle; pomander
pomáceo -a *adj* (bot.) pomaceous
pomada *f* pomade
pomar *m* orchard, apple orchard
pomarada *f* apple orchard
pomarrosa *f* (bot.) rose apple
pomelo *m* (bot.) pomelo, shaddock; (bot.) grapefruit (*tree and fruit*)
pomeranio -nia or **pomerano -na** *adj & mf* Pomeranian
pómez *f* pumice stone
pomífero -ra *adj* (poet.) pomiferous
pomo *m* (bot.) pome; pommel (*of hilt of sword*); flacon; pomander; (dial.) bouquet; **pomo de puerta** doorknob
pomología *f* pomology
pompa *f* see **pompo**
pompático -ca *adj* pompous
pompear *vn* to make a show, be pompous; *vr* (coll.) to strut; (coll.) to move with pomp and ceremony
Pompeya *f* Pompeii
pompeyano -na *adj & mf* Pompeian
Pompeyo *m* Pompey
pompo -pa *adj* (Am.) dull; *f* pomp; soap bubble; swell, bulge; billowing or ballooning (*of clothes*); spread (*of peacock's tail*); (naut.) pump; **pompa de jabón** soap bubble; **pompa fúnebre** funeral; **pompas térmicas** (aer.) rising air currents
pompón *m* pompon
pomponear *vr* (coll.) to strut; (coll.) to move with pomp and ceremony
pomposidad *f* pomposity
pomposo -sa *adj* pompous; high-flown, highfalutin
pómulo *m* (anat.) cheekbone
pon *2d sg impv of* **poner**
poncí *m* (*pl:* **-cíes**) var. of **poncidre**
poncidre *m* or **poncil** *m* (bot.) citron (*tree and fruit*)
Poncio *m* Pontius
ponchada *f* bowlful of punch; (Am.) contents of a poncho (*held together by its four corners*); (Am.) portion, batch
ponchadura *f* (Am.) blowout; (Am.) strike-out
ponchar *va & vr* (Am.) to puncture, to blow out; (Am.) to strike out (*in baseball*)
ponche *m* punch (*drink*); **ponche de huevo** eggnog
ponchera *f* punch bowl
poncho -cha *adj* lazy, careless, easy-going; (Am.) chubby; *m* poncho; greatcoat
ponderable *adj* ponderable; (fig.) ponderable
ponderación *f* weighing; pondering; circumspection; balance, equilibrium; exaggeration; **sin ponderación** without the slightest exaggeration
ponderado -da *adj* tactful, prudent

ponderador -dora *adj* pondering; balancing; exaggerating
ponderal *adj* in weight, ponderal
ponderar *va* to weigh; to ponder, ponder over; to balance; to exaggerate; to praise to the skies; to weight (*statistically*)
ponderativo -va *adj* exaggerating
ponderosidad *f* ponderosity; gravity, seriousness, circumspection
ponderoso -sa *adj* ponderous, heavy; grave, serious, circumspect
pondré *1st sg fut ind of* **poner**
ponedero -ra *adj* placeable; egg-laying; *m* nest; nest egg
ponedor -dora *adj* egg-laying; trained to rear on hind legs (*said of a horse*); *m* bidder
ponencia *f* paper, report; (law) report; (law) post of reporter
ponente *m* (law) reporter, referee
ponentino -na or **ponentisco -ca** *adj* occidental, western; *mf* occidental, westerner
poner §69 *va* to put, place, lay, set; to arrange, dispose; to put in (*a remark*); to put on (*a play*); to set (*a table*); to assume, suppose; to impose (*a law, tax, etc.*); to wager, to stake; to lay (*eggs*); to set down, put down (*in writing*); to take (*time*); to cause (*e.g., fear*); to make, to turn; (aut.) to go in (*e.g., high gear*); **poner a** + *inf* to set (*someone*) to + *inf;* **poner a uno de** to treat someone as a; to set someone up as a; **poner en claro** to clear up, explain; **poner en limpio** to make a clean copy of, to recopy; **poner por encima** to prefer, to put ahead ‖ *vr* to put oneself; to become, to get, to turn; to set (*said of sun, stars, etc.*); to dress, dress up; to get spotted; to get, reach, arrive; to put on (*hat, coat, etc.*); **ponerse a** + *inf* to set out to, to begin to + *inf;* **ponerse al tanto de** to catch on to; **ponerse bien** to get along, become successful; **ponerse bien con** to get in with, get on the good side of; **ponerse tan alto** to take offense, to become hoity-toity
pongo *m* (zool.) orang-outang; (Am.) Indian servant; (Am.) gully, ravine; *1st sg pres ind of* **poner**
ponientada *f* steady west wind
poniente *m* west; west wind
ponimiento *m* placing, laying, setting
ponleví *m* (*pl:* **-víes**) shoe with high wooden heel
ponqué *m* (Am.) poundcake
pontaje *m* bridge toll, pontage
pontana *f* slab or flagstone on the bed of a stream
pontazgo *m* bridge toll
pontear *va* to build a bridge over; *vn* to build bridges
pontederiáceo -a *adj* (bot.) pontederiaceous
pontezuela *f* or **pontezuelo** *m* small bridge
póntico -ca *adj* Pontic
pontificado *m* pontificate; papacy
pontifical *adj* pontifical; **de pontifical** (coll.) in full dress; *m* pontifical (*book*); **pontificales** *mpl* pontificals
pontificar §86 *vn* (coll.) to pontificate
pontífice *m* (hist. & eccl.) pontiff, pontifex; **el Sumo Pontífice** or **el Pontífice Romano** (eccl.) the Sovereign Pontiff, the Supreme Pontiff (*the Pope*)
pontificio -cia *adj* pontifical
pontil *m* punty
pontín *m* pontin (*Philippine coasting vessel*)
pontino -na *adj* between two holidays
ponto *m* (poet.) sea; (*cap.*) *m* (myth.) Pontus; **el Ponto** Pontus (*country*); **Ponto Euxino** Euxine Sea, Pontus Euxinus (*ancient name of Black Sea*)
pontocón *m* kick
pontón *m* pontoon; pontoon bridge; log bridge; old ship tied up at a wharf and used as warehouse, hospital, or prison; hulk (*old ship used as prison*); **pontón flotante** pontoon bridge, floating bridge
pontonero *m* (mil.) pontonier
ponzoña *f* poison; (fig.) poison
ponzoñoso -sa *adj* poisonous
popa *f* (naut.) poop, stern; **a popa, en popa** (naut.) abaft
popamiento *m* scorn; fondling, caressing
popar *va* to scorn, despise; to fondle, caress
pope *m* pope (*of Greek Orthodox Church*)
popel *adj* (naut.) sternmost
popelina *f* poplin
poplíteo -a *adj* (anat.) popliteal
popote *m* (Am.) straw for brooms; (Am.) straw or tube (*for drinking*)
populachería *f* cheap popularity, appeal to the mob; rabble rousing
populachero -ra *adj* of the people, people's, popular; cheap, vulgar; rabble-rousing; *mf* rabble rouser
populacho *m* populace, mob, rabble
popular *adj* popular
popularidad *f* popularity
popularización *f* popularization
popularizar §76 *va* to popularize; *vr* to become popular
populazo *m* var. of **populacho**
populeón *m* poplar ointment
populismo *m* Populism
populista *m* Populist
populoso -sa *adj* populous
popurrí *m* (*pl:* **-rríes**) (mus.) potpourri, medley
poquedad *f* paucity, slightness, scantiness; scarcity; timidity; trifle
póquer *m* poker
poquísimo -ma *adj super* very little; **poquísimos -mas** *adj super pl* few, very few
poquito -ta *adj* very little; timid, shy; diminutive, slight; **a poquito** little by little; **a poquitos** in small quantities; **de poquito** (coll.) timid, inept; **un poquito (de)** a little bit (of)
por *prep* by; through, over; by way of, via; in (*e.g., the morning; Spain*); for; for the sake of, on account of; in exchange for, in place of; as; about (*e.g., Christmastime*); out of (*e.g., ignorance*); times, e.g., **tres por cuatro** four times three; **estar por** + *inf* to be on the point of + *ger*, be ready to + *inf;* to be still to be + *pp*, e.g., **la carta está por escribir** the letter is still to be written; **ir por** to go for, to go after; to follow (*a career*); **por ciento** per cent; **por entre** among, between; **por que** because; in order that; **por qué** why; **por** + *adj* + **que** however + *adj*, e.g., **por rico que sea** however rich he may be; **por** + *inf* in order to + *inf;* because of + *ger*
porcachón -chona or **porcallón -llona** *adj* (coll.) dirty, hoggish; *mf* (coll.) big hog; (coll.) fat slob
porcelana *f* porcelain; **porcelana mandarina** mandarin porcelain; **porcelana paria** Parian, Parian porcelain
porcentaje *m* percentage
porcentual *adj* percentage
Porcia *f* Portia
porcino -na *adj* porcine; *m* little pig; bruise, bump
porción *f* portion
porcionero -ra *adj & mf* participant
porcionista *mf* shareholder, participant; boarding-school pupil
porcipelo *m* (coll.) bristle
porciúncula *f* Franciscan jubilee (*celebrated August second*)
porcuno -na *adj* porcine; hoggish
porche *m* porch, portico
pordiosear *vn* to beg, to go begging
pordioseo *m* begging
pordiosería *f* begging, beggary
pordiosero -ra *adj* begging, mendicant; *mf* beggar
porfía *f* persistence, stubbornness, obstinacy; **a porfía** in emulation, in competition
porfiado -da *adj* persistent, stubborn, obstinate; opinionated
porfiador -dora *adj* persistent; *mf* persistent person, fighter
porfiar §90 *vn* to persist; to argue stubbornly; **porfiar en** + *inf* to persist in + *ger*
porfídico -ca *adj* porphyritic
pórfido *m* porphyry
porfioso -sa *adj* var. of **porfiado**
porfolio *m* picture folder
poricida *adj* (bot.) poricidal
pormenor *m* detail, particular
pormenorizar §76 *va* to detail, tell in detail; to itemize

pornografía *f* pornography
pornográfico -ca *adj* pornographic
pornógrafo -fa *mf* pornographer
poro *m* pore
pororó *m* (Am.) popcorn
pororoca *f* (Am.) tide rip (*in Río de la Plata*)
porosidad *f* porosity
poroso -sa *adj* porous
poroto *m* (Am.) bean, string bean; (Am.) runt, little runt; **tomar los porotos** (Am.) to eat, have something to eat
porque *conj* because; in order that
porqué *m* (coll.) why, reason, motive; (coll.) quantity, amount, share; (coll.) dough, money, wherewithal
porquecilla *f* small sow
porquera *f* wild boar's lair
porquería *f* (coll.) dirt, filth; (coll.) crudity; (coll.) trifle; (coll.) botch; (coll.) junk (*poor or harmful food*)
porqueriza *f* pigsty, pigpen
porquerizo or **porquero** *m* swineherd
porquerón *m* (coll.) catchpole
porqueta *f* (zool.) wood louse
porquezuelo -la *mf* piglet, little pig
porra *f* see **porro**
porráceo -a *adj* porraceous, leek-green
porrada *f* blow, bump; thwack, slap; (coll.) stupidity; pile, heap
porrazo *m* clubbing; blow; bump
porrear *vn* (coll.) to be importunate, make a nuisance of oneself
porrería *f* (coll.) folly, stupidity; (coll.) dullness, slowness
porreta *f* green leaves of leeks, garlic, or onions; **en porreta** (coll.) naked
porretada *f* pile, heap
porrilla *f* forge hammer; (vet.) osseous tumor in the joints
porrillo *m* mason's hammer; **a porrillo** (coll.) in abundance
porrina *f* small, green crop; green leaves of leeks
porrino *m* leek seed; leek ready for transplanting
porro -rra *adj* (coll.) dull, stupid; *m* (bot.) leek; *f* club, bludgeon; maul; (coll.) bore, nuisance; (coll.) boasting; (Am.) knot, entanglement (*of hair*); (Am.) rooters, backers; **mandar a la porra** (coll.) to send (*someone*) on his way, to dismiss without ceremony
porrón -rrona *adj* (coll.) slow, heavy, sluggish; *m* earthen jug; wine bottle with a long side spout
porta- *combining form* bearer, e.g., **portaestandarte** color bearer; handle, e.g., **portalimas** file handle; hanger, e.g., **portacaño** pipe hanger; -holder or holder, e.g., **portaplacas** plateholder; **portapapeles** paper holder; rack, e.g., **portabotellas** bottle rack; socket, e.g., **portalámparas** lamp socket; -stand or stand, e.g., **portatintero** inkstand; **portarretorta** retort stand
porta *f* (naut.) porthole; (fort.) cover of a loophole; (football) goal
portaalmizcle *m* (zool.) musk deer
portaaviones *m* (*pl:* **-nes**) aircraft carrier, airplane carrier, flattop
portabandera *f* (mil.) socket for flagpole
portabombas *m* (*pl:* **-bas**) (aer.) bomb carrier
portabotellas *m* (*pl:* **-llas**) bottle rack, bottle carrier
portabrocas *m* (*pl:* **-cas**) drill chuck, drill holder
portacaja *f* drum strap
portacandado *m* hasp
portacaño *m* pipe hanger
portacartas *m* (*pl:* **-tas**) pouch, mailbag
portacojinete *m* diestock
portachuelo *m* mountain pass
portada *f* see **portado**
portadilla *f* (print.) bastard title, half title
portadiscos *m* (*pl:* **-cos**) turntable
portado -da *adj;* **bien portado** well-dressed; well-behaved; **mal portado** poorly dressed; badly behaved; *f* front, façade; portal; title page; cover (*of magazine*); **falsa portada** (print.) half title
portador -dora *adj* (rad.) carrier (*wave*); *mf* carrier, bearer; (com.) bearer; **portador de gérmenes** (med.) carrier; *m* waiter's tray; *f* pannier or box (*carried on each side of beast's back*)
portaequipaje *m* (aut.) trunk
portaequipajes *m* (*pl:* **-jes**) baggage rack
portaescobillas *m* (*pl:* **-llas**) (elec.) brush holder
portaestandarte *m* (coll.) color bearer
portaféretro *m* pallbearer
portafusible *m* (elec.) cutout, cutout base
portafusil *m* sling (*of a rifle*)
portaguantes *m* (*pl:* **-tes**) (aut.) glove compartment
portaguión *m* (mil.) guidon
portahachón *m* torchbearer
portaherramienta *m* (mach.) chuck
portaherramientas *m* (*pl:* **-tas**) toolholder
portainstrumentos *adj* see **plancha**
portaje *m* var. of **portazgo**
portal *m* vestibule, entrance hall; porch, portico; arcade; town or city gate; portal (*of a tunnel*); (Am.) crèche
portalada *f* portal; large gate
portalámparas *m* (*pl:* **-ras**) (elec.) socket, lamp holder; **portalámparas de bayoneta** bayonet socket; **portalámparas de cadena** pull socket, chain-pull socket; **portalámparas de llave giratoria** key socket; **portalámparas de rosca** screw socket
portalápiz *m* (*pl:* **-pices**) pencil holder
portaleña *f* door board; (naut.) porthole
portalero *m* tax collector (*at city gates*)
portalibros *m* (*pl:* **-bros**) book straps (*for schoolbooks*)
portalón *m* gate; (naut.) gangway (*opening in side of ship*)
portamantas *m* (*pl:* **-tas**) blanket straps, blanket holder
portamanteo *m* portmanteau
portaminas *m* (*pl:* **-nas**) mechanical pencil
portamira *m* (surv.) rodman
portamonedas *m* (*pl:* **-das**) pocketbook, purse
portaneumático *m* (aut.) tire rack
portante *adj* (rad.) carrier (*wave*); *m* pace (*in which feet on same side are lifted and put down together*); **tomar el portante** (coll.) to leave, get out
portantillo *m* easy pace
portanuevas *mf* (*pl:* **-vas**) newsmonger
portañola *f* (naut.) porthole
portañuela *f* fly (*of trousers*); (Am.) carriage door
portaobjetivo *m* nosepiece (*of microscope*)
portaobjeto *m* slide (*for microscope*); stage (*of microscope*)
portaollas *m* (*pl:* **-llas**) potholder
portapapeles *m* (*pl:* **-les**) brief case; paper holder, paper stand
portapaz *m & f* (eccl.) pax
portapechos *m* (*pl:* **-chos**) (Am.) brassière
portaplacas *m* (*pl:* **-cas**) (phot.) plateholder
portapliegos *m* (*pl:* **-gos**) brief case
portaplumas *m* (*pl:* **-mas**) penholder (*handle*)
portar *va* (Am.) to carry, to bear; (hunt.) to retrieve; *vn* (naut.) to fill (*said of a sail*); *vr* to behave, to conduct oneself
portarremos *m* (*pl:* **-mos**) oarlock, rowlock; **portarremos exterior** outrigger (*of a racing shell*)
portarretorta *f* retort stand
portarriendas *m* (*pl:* **-das**) terret
portasenos *m* (*pl:* **-nos**) brassière
portateléfono *adj* see **mesita**
portátil *adj* portable
portatintero *m* inkstand
portatipos *adj* see **palanca**
portatostadas *m* (*pl:* **-das**) toast rack
portaútil *m* toolholder
portaválvula *m* (rad.) socket
portavasos *m* (*pl:* **-sos**) glass stand, glass rack
portaventanero *m* door and window maker
portaviandas *m* (*pl:* **-das**) dinner pail
portaviento *m* bustle pipe
portaviones *m* (*pl:* **-nes**) var. of **portaaviones**
portavoz *m* (*pl:* **-voces**) megaphone; (fig.) mouthpiece (*person, newspaper, etc.*)

P

portazgar §59 *va* to collect toll from
portazgo *m* toll, road toll
portazguero *m* tollkeeper
portazo *m* bang or slam (*of door*)
porte *m* carrying, portage; carrying charge, freight; postage; behavior, conduct; dress, bearing; nobility; size, capacity; (Am.) birthday present; **porte concertado** mailing permit; **porte pagado** postage prepaid, freight prepaid
porteador *m* carrier
portear *va* to carry, to transport (*for a price*); *vn* to slam; *vr* to migrate (*said especially of birds*)
portento *m* prodigy, wonder
portentoso -sa *adj* portentous, extraordinary
porteño -ña *adj* (pertaining to) Buenos Aires; (pertaining to) Valparaíso; pertaining to any large South American city with a port; *mf* native or inhabitant of Buenos Aires, Valparaíso, or any large South American city with a port
porteo *m* carrying, portage
portera *f* see **portero**
portería *f* porter's lodge; job of porter; main door (*of a convent*); (naut.) portholes
portero -ra *mf* doorkeeper; gatekeeper; (sport) goalkeeper; *m* porter, janitor; doorman; *f* portress, janitress
portezuela *f* little door; door (*of carriage, automobile, etc.*); pocket flap
pórtico *m* portico, porch; little gate; (arch.) portico, piazza
portier *m* (*pl:* **-tiers**) portiere, door curtain
portilla *f* (naut.) porthole; private cart road, private cattle pass; fly (*of trousers*)
portillera *f* private cart road, private cattle pass
portillo *m* gap, breach, opening; notch, nick; wicket (*of larger door or gate*); gate (*in fence or wall; of bird cage*); narrow pass (*between hills*); private or side entrance; (fort.) postern
portón *m* large door or gate; vestibule door, inner door
portorriqueño -ña *adj & mf* var. of **puertorriqueño**
portuario -ria *adj* (pertaining to a) port, harbor, dock; *m* dock hand, dock worker
Portugal *m* Portugal
portugués -guesa *adj & mf* Portuguese; **los portugueses** the Portuguese (*people*); *m* Portugese (*language*)
portuguesada *f* (coll.) exaggeration
portuguesismo *m* Lusitanism
portulano *m* collection of harbor charts
porvenir *m* future; (fig.) promise
porvida *interj* by the living God! (*to express threat or anger*)
pos; en pos de after, behind; in pursuit of
posa *f* knell, toll; pause during burial for singing responsory; **posas** *fpl* buttocks
posada *f* home, dwelling; inn, wayside inn; lodging; boarding house; camp; traveling case containing knife, fork, and spoon
posadero -ra *mf* innkeeper; *m* reed or esparto-grass mat (*used as a seat*); **posaderas** *fpl* buttocks
posante *adj* smooth-sailing (*boat*)
posar *va* to put down (*a load or burden*) in order to rest or catch one's breath; *vn* to put up, to lodge; to alight, to perch; to pose (*for a photograph; as a model*); *vr* to alight, to perch; to settle (*said of sediment, dust, etc.*); to rest
posaverga *f* (naut.) yard prop
posbélico -ca *adj* postwar
poscafé *m* after-dinner cordial
poscombustión *f* (aer.) afterburning
poscomunión *f* Postcommunion
posdata *f* postscript
posdatar *va* (coll.) to add a postscript to (*a letter*)
pose *f* pose (*position of body; affectation*); (phot.) exposure, time exposure
poseedor -dora *mf* owner, possessor; holder (*e.g., of a record*)
poseer §35 *va* to own, to possess, to hold; to have a mastery of (*e.g., a foreign language*); *vr* to control oneself
poseído -da *adj* possessed; *mf* person possessed; *m* private farm land
Poseidón *m* (myth.) Poseidon
posesión *f* possession; **tomar posesión de** to take up (*a post, an assignment*)
posesionar *va* to give possession to; *vr* to take possession
posesionero *m* pasture-owning cattleman
posesivo -va *adj* possessive; (gram.) possessive; *m* (gram.) possessive
poseso -sa *adj* possessed; *mf* person possessed
posesor -sora *mf* owner, possessor
posesorio -ria *adj* possessory
posfecha *f* postdate
posfechar *va* to postdate
posfijo *m* (gram.) postfix
posgraduado -da *adj & mf* var. of **postgraduado**
posguerra *f* postwar period
posibilidad *f* possibility; means, property; aptitude, ability
posibilitar *va* to make possible
posible *adj* possible; **hacer todo lo posible** to do one's best; **posibles** *mpl* means, income, property
posición *f* position; standing; (law) deposition; (mil.) fortified position
positiva *f* see **positivo**
positivar *va* (phot.) to make a positive of
positivismo *m* positivism
positivista *adj* positivistic; *mf* positivist
positivo -va *adj* positive; **de positivo** positively, beyond a doubt; *m* (gram.) positive; *f* (phot.) positive
pósito *m* public granary; cooperative; **pósito pío** public granary run for charity
positrón *m* (phys.) positron
positura *f* position, state, disposition
posliminio *m* var. of **postliminio**
posma *f* (coll.) dullness, sloth; *mf* (coll.) snail (*person*); *adj* (coll.) dull, slothful, sluggish
posmeridiano -na *adj* var. of **postmeridiano**
poso *m* sediment, dregs; grounds; rest, quiet, calm
posología *f* posology
posón *m* reed or esparto-grass mat (*used as a seat*)
pospalatal *adj & f* var. of **postpalatal**
pospelo; a pospelo against the lay of the hair, against the nap; (coll.) violently, forcibly
pospierna *f* thigh (*of an animal*)
pospondré *1st sg fut ind of* **posponer**
posponer §69 *va* to subordinate; to think less of, to hold in less esteem
pospongo *1st sg pres ind of* **posponer**
posposición *f* subordination
pospuesto -ta *pp of* **posponer**
pospuse *1st sg pret ind of* **posponer**
posquemador *m* (aer.) afterburner
posta *f* relay (*of post horses*); posthouse; stage; stake, wager (*at cards*); slice (*of meat or fish*); commemorative poster; (arch.) Vitruvian scroll; (archaic) post, military post; **a posta** (coll.) on purpose; **correr la posta** to ride post; **por la posta** riding post; (coll.) posthaste; *m* postrider, courier
postal *adj* postal; *f* postal, postal card
postcomunión *f* var. of **poscomunión**
postdata *f* var. of **posdata**
postdiluviano -na *adj* postdiluvian
poste *m* post, pole, pillar; punishment in school consisting in standing for a time on a given spot; (sport) starting or finishing marker (*of a race*); **dar poste a** (coll.) to keep (*someone*) waiting; **llevar poste** (coll.) to be kept waiting; (coll.) to stand for hours in front of one's sweetheart's house; **oler el poste** (coll.) to smell a rat; **ser un poste** (coll.) to be lumpish; (coll.) to be very deaf; **poste de alumbrado** lamppost; **poste de amarre** (aer.) mooring mast; **poste de llegada** (sport) winning post; **poste de partida** (sport) starting post; **poste de teléfonos** telephone post; **poste de telégrafo** telegraph pole; (fig.) beanpole (*tall, thin person*); **poste distribuidor de gasolina** gasoline pump; **poste indicador** road sign; **poste telegráfico** telegraph pole
postelero *m* (naut.) skid, fender

postema *f* abscess; bore, tiresome person; (coll.) grudge
postemero *m* (surg.) lancet
postergación *f* delay, postponement; holding back, passing over
postergar §59 *va* to delay, postpone; to hold back, to pass over
postería *f* or **posterío** *m* (Am.) posts, poles, row of posts
posteridad *f* posterity; posthumous fame
posterior *adj* posterior, back, rear; back (*tooth*); later, subsequent; (phonet.) back; **posterior a** later than
posterioridad *f* posteriority; **con posterioridad** subsequently, later on; **con posterioridad a** subsequent to, later than
posteta *f* sheets of paper used for packing books; (b.b.) signature, section
postgraduado -da *adj & mf* postgraduate
postguerra *f* postwar period
posthipnótico -ca *adj* posthypnotic
postigo *m* wicket (*small door in larger one*); shutter; postern (*small or back door or gate*)
postila *f* note, comment
postilar *va* to annotate (*a text*)
postilla *f* scab
postillón *m* postilion, postboy
postilloso -sa *adj* scabby, full of scabs
postimagen *f* (psychol.) afterimage
postimpresionismo *m* postimpressionism
postimpresionista *mf* postimpressionist
postín *m* (coll.) show, vanity, arrogance; **darse postín** (coll.) to put on airs
postizo -za *adj* false, artificial; detachable (*collar*); *m* switch, false hair; *f* castanet
postliminio *m* (law) postliminy
postludio *m* (mus.) postlude
postmeridiano -na *adj* postmeridian
postnatal *adj* postnatal
postónico -ca *adj* (phonet.) posttonic
postoperatorio -ria *adj* postoperative
postor *m* bidder (*at an auction*); **mayor** or **mejor postor** highest bidder
postorbital *adj* postorbital
postpalatal *adj & f* (phonet.) postpalatal
postprandial *adj* postprandial
postración *f* prostration; **postración nerviosa** nervous prostration
postrador -dora *adj* prostrative; *m* kneeling stool
postrar *va* to prostrate; to weaken, exhaust; *vr* to prostrate oneself; to be prostrated
postre *adj* last, final; **a la postre** or **al postre** at last, finally; **a la postre de** after; *m* dessert; last to play; **postres** *mpl* dessert; **llegar a los postres** to arrive late or too late
postremero -ra or **postremo -ma** *adj* last
postrer *adj* apocopated form of **postrero,** used only before masculine singular nouns and adjectives
postrero -ra *adj* last; *mf* last, last one
postrimer *adj* apocopated form of **postrimero,** used only before masculine singular nouns and adjectives
postrimerías *fpl* latter part; last stages of man: death, judgment, hell, and heaven
postrimero -ra *adj* last
póstula or **postulación** *f* postulation, petition; nomination; (eccl.) postulation
postulado *m* postulate; **postulado de las paralelas** (math.) parallel postulate
postulador *m* (eccl.) postulator
postulanta *f* (rel.) postulant
postulante *mf* petitioner; *m* (rel.) postulant
postular *va* to postulate, seek, demand, claim; to nominate; (eccl.) to postulate
póstumo -ma *adj* posthumous
postura *f* posture; stand, attitude; stake, wager; bid; pact, agreement; egg; eggs; egg-laying; transplanting; transplanted plant; **postura del sol** sunset
potabilidad *f* potability, potableness
potabilizar §76 *va* (Am.) to make potable or drinkable
potable *adj* potable, drinkable
potación *f* potation
potaje *m* pottage; mixture (*drink*); mixture, jumble; jumbled speech; **potajes** *mpl* vegetables
potajería *f* garden vegetables; storeroom for garden vegetables
potala *f* anchor stone; tub (*clumsy boat*)
potar *va* to correct and mark (*weights and measures*); to drink
potasa *f* (chem.) potash; **potasa cáustica** (chem.) caustic potash
potásico -ca *adj* potassic, potassium
potasio *m* (chem.) potassium
pote *m* pot; jug; flowerpot; **a pote** in abundance; **pote de la cola** glue pot
potencia *f* potency; power; (math., mech., opt. & phys.) power; (arti.) reach; (min.) thickness of a vein; **lo último de potencia** to the best of one's power; **potencia de choque** striking power; **potencia de fuego** (mil.) fire power; **potencia de salida sin distorsión** (elec.) undistorted output; **potencias A B C** A.B.C. powers (*Argentina, Brazil, and Chile*); **Potencias centrales** or **centroeuropeas** Central Powers; **potencia motora** or **motriz** motive power; **potencia mundial** world power
potenciación *f* (math.) involution
potencial *adj* potential; (gram.) potential; *m* potential; (elec., gram., math. & phys.) potential; **potencial humano** man power
potencialidad *f* potentiality
potenciar *va* to harness (*water power; a person's energy, interest, enthusiasm*); (math.) to raise (*to a power*)
potenciómetro *m* (elec.) potentiometer
potentado *m* potentate
potente *adj* potent, powerful; (coll.) big, huge
potentila *f* (bot.) potentilla
potenza *f* (her.) tau cross
potera *f* pulldevil
poterna *f* (fort.) postern
potestad *f* power; potentate; (math.) power; **potestades** *fpl* Powers (*sixth order of angels*); **patria potestad** (law) patria potestas
potestativo -va *adj* (law) facultative, optional
potingue *m* (hum.) dose, concoction
potísimo -ma *adj* very powerful
potista *mf* (coll.) toper, hard drinker, soak
potosí *m* pile of money; gold mine (*source of great wealth*)
potra *f* filly; (path.) scrotal hernia; (coll.) rupture; **tener potra** (coll.) to be lucky
potrada *f* herd of colts
potranca *f* young mare
potrear *va* (coll.) to bother, harass
potrero -ra *adj* of or for a colt or colts; *m* colt tender; pasture for colts; (coll.) rupture specialist; (Am.) cattle ranch
potril *m* pasture for colts
potrilla *f* filly; *m* (coll.) chipper old fellow
potrillo *m* (Am.) colt
potro *m* colt; wooden horse (*punishment*); obstetrical chair; stocks (*to sling a horse for shoeing*); pit for dividing a beehive; pest, great annoyance; **potro de madera** horse, vaulting horse
potroso -sa *adj* ruptured; (coll.) fortunate, lucky
poundal *m* (phys.) poundal
poya *f* fee for baking in public oven; hemp bagasse
poyar *vn* to pay the baking fee
poyata *f* shelf, bracket; cupboard, closet
poyo *m* stone bench built against the wall at the front door; judge's fee
poza *f* puddle; pool for breaking hemp
pozal *m* pail, bucket; coping or curbstone of a well; sump, catch basin
pozanco *m* puddle or pool along a river after a flood
pozar §76 *vn* to dig, to grub
pozo *m* well; pit; eddy, whirlpool; fish tank (*on a boat*); (min.) shaft; (naut.) hold; (Am.) pool, puddle; (Am.) spring, fountain; **pozo abisinio** driven well, drivewell; **pozo airón** bottomless pit; **pozo artesiano** artesian well; **pozo de aire** (aer.) air pocket; **pozo de ciencia** fountain of knowledge (*person*); **pozo de lanzamiento** launching silo; **pozo de lobo** (mil.) foxhole; **pozo negro** cesspool; **pozo séptico** septic tank
pozuela *f* small puddle

P

pozuelo *m* small well; sump, catch basin
PP. abr. of **Padres**
P.P. abr. of **porte pagado & por poder**
p.p.do abr. of **próximo pasado**
prácrito or **pracrito** *m* Prakrit
práctica *f* see **práctico**
practicable *adj* practicable
practicaje *m* pilotage
practicanta *f* prescription clerk; nurse
practicante *mf* prescription clerk; hospital nurse, hospital intern; *m* intern; surgeon (*for minor surgery*)
practicar §86 *va* to practice; to bring about; to make, to cut (*a hole*); *vn & vr* to practice
práctico -ca *adj* practical; skilful, practiced; practicing (*e.g., churchman*); *m* practitioner, medical practitioner; (naut.) pilot; **práctico de puerto** harbor pilot; *f* practice; skill; **prácticas** *fpl* studies, apprenticeship, training
practicón -cona *mf* (coll.) old hand, practician
pradal *m* meadow, pasture
pradejón *m* small meadow
pradeño -ña *adj* (pertaining to a) meadow
pradera *f* meadowland; large meadow; prairie
pradería *f* meadowland
praderoso -sa *adj* (pertaining to a) meadow
prado *m* meadow, pasture; mall, walk, promenade; **a prado** grazing in the field; **prado de guadaña** meadow mowed annually
Praga *f* Prague
pragmático -ca *adj* pragmatic or pragmatical; *f* pragmatic sanction
pragmatismo *m* (philos.) pragmatism
pragmatista *adj & mf* (philos.) pragmatist
pral. abr. of **principal**
pralte. abr. of **principalmente**
prandial *adj* prandial
prao *m* proa (*Malay sailing boat*)
praseodimio *m* (chem.) praseodymium
prasio *m* (mineral.) prase
prasma *m* prasine, dark green agate
pratense *adj* pratal, living or growing in meadows
pravedad *f* depravity, wickedness
pravo -va *adj* depraved, wicked
Praxiteles *m* Praxiteles
pre *m* (mil.) daily pay
preadamita *m* preadamite
preadamítico -ca *adj* preadamic
preadaptación *f* (biol.) preadaptation
preámbulo *m* preamble; evasion; **no andarse** or **no detenerse en preámbulos** (coll.) to come to the point
preamplificador *m* (rad.) preamplifier
prebélico -ca *adj* prewar
prebenda *f* prebend; (coll.) sinecure; **prebendas** *fpl* patronage, political patronage
prebendado *m* prebend, prebendary
prebendar *va* to confer a prebend on
prebostal *adj* provostal, provost's
prebostazgo *m* provostship
preboste *m* provost
precalentar §18 *va* to preheat
precámbrico -ca *adj & m* (geol.) Pre-Cambrian
precariedad *f* precariousness
precario -ria *adj* precarious
precaución *f* precaution; **precauciones contra accidentes** accident prevention
precaucionado -da *adj* precautionary
precaucionar *vr* to be cautious, take precautions
precautelar *va* to guard against, take precautions against
precaver *va* to try to prevent; to protect, to save; *vn & vr* to be on one's guard; **precaverse contra** or **de** to provide against, to guard against
precavido -da *adj* cautious, precautious
precedencia *f* precedence or precedency
precedente *adj* preceding, precedent; *m* precedent
preceder *va & vn* to precede
precelente *adj* most excellent
preceptista *adj* preceptive; *mf* preceptist
preceptivo -va *adj* preceptive, mandatory; *f* rules, principles; **preceptiva literaria** rules of composition, principles of writing
precepto *m* precept; order, injunction
preceptor -tora *mf* teacher, Latin teacher; *m* preceptor; *f* preceptress
preceptoral *adj* preceptorial
preceptoril *adj* (scornful) preceptorial
preceptuar §33 *va* to lay down as a precept, to prescribe
preces *fpl* prayers, supplications
precesión *f* (mech.) precession; (rhet.) reticence; **precesión de los equinoccios** (astr.) precession of the equinoxes
preciado -da *adj* valued, esteemed; precious, valuable; proud, boastful
preciador -dora *mf* appraiser
preciar *va* to appraise, estimate; *vr* to boast; **preciarse de** to boast of being; **preciarse de** + *inf* to boast of + *ger*
precinta *f* strap, band; seal; corner patch or reinforcement; (naut.) parceling
precintar *va* to strap, bind; to seal
precinto *m* strapping, binding; seal; sealing strap; strap, band
precio *m* price; value, worth; esteem, credit; **al precio de** at the cost of; **a precio de coste** at cost; **a precios regalados** dirt-cheap; **no tener precio** to be priceless; **poner a precio** to offer a reward for; **poner precio a** to fix a price for; **precio de factura** invoice price; **precio de mercado** market price; **precio de situación** (Am.) cut price; **precio mínimo fijado** upset price; **precio tope** ceiling price
preciosidad *f* preciousness; beauty, charming thing
preciosismo *m* (lit.) preciosity
precioso -sa *adj* precious; valuable; witty, keen; (coll.) pretty
preciosura *f* (Am.) beauty, charming thing
precipicio *m* precipice; violent fall; ruin, destruction
precipitación *f* precipitation; (chem. & meteor.) precipitation; (fig.) precipitation, precipitance; **precipitación acuosa** rainfall
precipitadamente *adv* hastily, headlong
precipitadero *m* precipice, cliff
precipitado -da *adj* precipitant, precipitous; *m* (chem.) precipitate
precipitante *adj* precipitating; *m* (chem.) precipitant
precipitar *va* to precipitate; to rush, throw headlong, hurl; to hasten; (chem.) to precipitate; *vr* to rush, throw oneself headlong; (chem.) to precipitate
precípite *adj* teetering, about to fall
precipitina *f* (immun.) precipitin
precipitoso -sa *adj* risky, dangerous; precipitous, rash, reckless
precipitrón *m* (elec.) precipitron
precipuo -pua *adj* chief, principal
precisar *va* to state precisely, to specify; to fix, determine with precision; to need; **precisar a** + *inf* to force or oblige to + *inf*; *vn* to be necessary, be important; to be urgent; **precisar de** to need
precisión *f* necessity, obligation; precision; **precisiones** *fpl* data
preciso -sa *adj* necessary; precise
precitado -da *adj* aforesaid, above-mentioned
precito -ta *adj & mf* damned
preclaro -ra *adj* illustrious, famous
precocidad *f* precocity, precociousness
precognición *f* precognition
precolombino -na *adj* pre-Columbian
preconcebir §94 *va* to preconceive
preconcepción *f* preconception
preconfeccionado -da *adj* ready-made
preconización *f* preconization; (eccl.) preconization
preconizar §76 *va* to preconize, to commend publicly, to proclaim; (eccl.) to preconize
preconocer §32 *va* to know in advance, to foreknow
preconozco *1st sg pres ind of* **preconocer**
precordial *adj* (anat.) precordial
precoz *adj* (*pl:* **-coces**) precocious; untimely
precursor -sora *adj* precursory, preceding, preliminary; *mf* precursor, forerunner; **el precursor de Cristo** the Forerunner (*John the Baptist*)

predador -dora or **predator -tora** *adj* predacious, predatory
predecesor -sora *mf* predecessor
predecir §37 *va* to predict, foretell
predefinición *f* (theol.) predetermination
predefinir *va* (theol.) to predetermine
predestinaciano -na *adj & mf* predestinarian
predestinación *f* predestination; (theol.) predestination
predestinado -da *adj* predestined; *mf* (theol.) predestinate
predestinador -dora *adj & mf* predestinarian
predestinar *va* to predestine, to predestinate
predeterminación *f* predetermination
predeterminar *va* to predetermine
predial *adj* predial, real, landed; attached to the land
prédica *f* sermon, protestant sermon; harangue
predicable *adj* preachable; predicable; *m* (log.) predicable
predicación *f* preaching, preachment
predicaderas *fpl* (coll.) gift of preaching
predicado *m* predicate
predicador -dora *adj* preaching; *mf* preacher; *m* pulpit orator; (ent.) praying mantis; (coll.) sermonizer
predicamento *m* (log.) predicament, category; esteem, reputation
predicante *adj & mf* predicant
predicar §86 *va* to preach; to praise to the skies; to scold, to preach to; to predicate; *vn* to preach; to predicate
predicativo -va *adj* predicative
predicción *f* prediction; **predicción del tiempo** weather forecasting
predictor *m* predictor; (aer.) predictor
predicho -cha *pp de* **predecir**
predifunto -ta *adj* predeceased
predigerir §62 *va* to predigest
predigestión *f* predigestion
predigo *1st sg pres ind of* **predecir**
predije *1st sg pret ind of* **predecir**
predilección *f* predilection
predilecto -ta *adj* favorite, preferred
predio *m* property, estate; **predio rústico** farmstead; **predio urbano** town property; country dwelling
prediré *1st sg fut ind of* **predecir**
predispondré *1st sg fut ind of* **predisponer**
predisponer §69 *va* to predispose
predispongo *1st sg pres ind of* **predisponer**
predisposición *f* predisposition
predispuesto -ta *adj* predisposed, biased, prejudiced; *pp of* **predisponer**
predispuse *1st sg pret ind of* **predisponer**
predominación *f* predomination
predominancia *f* predominance
predominante *adj* predominant
predominar *va* to predominate; *vn* to predominate; to stand out; **predominar a** or **sobre** to tower over
predominio *m* predominance, superiority
preelección *f* preëlection
preelectoral *adj* preëlectoral; preëlection
preelegir §72 *va* to elect beforehand; (theol.) to predestine
preemción *f* var. of **preempción**
preeminencia *f* preëminence
preeminente *adj* preëminent
preempción *f* preëmption
preenfriar §90 *va* to precool
preescolar *adj* preschool
preestablecer §34 *va* to preestablish
preestreno *m* (mov.) preview
preexcelso -sa *adj* most high, most sublime
preexistencia *f* preëxistence
preexistente *adj* preëxistent
preexistir *vn* to preëxist
prefabricar §86 *va* to prefabricate
prefacio *m* preface
prefación *f* prologue, introduction
prefecto *m* prefect; mayor; governor
prefectura *f* prefecture
preferencia *f* preference; **de preferencia** preferably
preferencial *adj* (econ.) preferential
preferente *adj* preferential; preferable, preferred
preferentemente *adv* chiefly; preferably
preferible *adj* preferable
preferir §62 *va* to prefer; **preferir** + *inf* to prefer to + *inf*
prefiguración *f* prefiguration, foreshadowing
prefigurar *va* to prefigure, to foreshadow
prefijación *f* prefixing
prefijar *va* to prefix, to prearrange, to predetermine; (gram.) to prefix
prefijo -ja *adj* (gram.) prefixed; *m* (gram.) prefix
prefinición *f* setting a time limit
prefinir *va* to set a time limit for
prefloración *f* (bot.) praefloration
prefoliación *f* (bot.) praefoliation
preformación *f* preformation
prefulgente *adj* brilliant, resplendent
pregón *m* proclamation, public announcement
pregonar *va* to proclaim, to announce publicly; to hawk (*merchandise; news; a secret*); to praise openly; to outlaw, proscribe
pregonería *f* office of common crier or town crier
pregonero -ra *adj* proclaiming, divulging; *mf* divulger; auctioneer; *m* common crier, town crier
preguerra *f* prewar period
pregunta *f* question; **andar, estar** or **quedar a la cuarta pregunta** (coll.) to be penniless; **coser a preguntas** to riddle with questions; **dejarse de preguntas** to stop asking questions; **hacer una pregunta** to ask a question
preguntador -dora *adj* questioning; inquisitive; *mf* questioner
preguntar *va* to ask, to question; *vn* to ask, to inquire; **preguntar por** to ask after or for; *vr* to ask oneself; to wonder
preguntón -tona *adj* (coll.) inquisitive; *mf* (coll.) inquisitive person
pregustador *m* taster, king's taster
pregustar *va* to taste (*food and drink before it is served to a king*)
prehistoria *f* prehistory
prehistórico -ca *adj* prehistoric or prehistorical
preignición *f* preignition
preinsertar *va* to preinsert
prejudicio or **prejuicio** *m* prejudgment; prejudice
prejuzgar §59 *va* to prejudge
prelacía *f* prelacy
prelación *f* preference
prelada *f* prelatess
prelado *m* prelate
prelaticio -cia *adj* prelatic, prelatish
prelatura *f* prelature
preliminar *adj & m* preliminary; **preliminares** *mpl* front matter (*of a book*)
prelucir §60 *vn* to shine ahead, to shine forth
preludiar *va* to prelude; (mus.) to try out (*an instrument or the voice*); *vn* to prelude; (mus.) to prelude; (mus.) to run over the scales
preludio *m* prelude; (mus.) prelude
prelusión *f* introduction, prelusion
preluzco *1st sg pres ind of* **prelucir**
premarital *adj* premarital
prematuro -ra *adj* premature; (law) impubic
premédico -ca *adj* premedical
premeditación *f* premeditation
premeditado -da *adj* premeditated
premeditar *va* to premeditate
premiador -dora *adj* rewarding; *mf* rewarder
premiar *va* to reward; to give an award to
premidera *f* treadle of a loom
premio *m* reward; prize; premium; **a premio** at a premium, with interest; **premio gordo** (coll.) first prize (*especially in Christmas lottery*); **premio Nóbel** Nobel prize; Nobel prize winner
premiosidad *f* tightness, closeness; bothersomeness; strictness; slowness, heaviness
premioso -sa *adj* tight, close; troublesome, bothersome; strict, rigid; slow, heavy, dull
premiso -sa *adj* presupposed, anticipated; sent in advance; (law) preceding; *f* (law & log.) premise; mark, token, clue; **premisa mayor** (log.) major premise; **premisa menor** (log.) minor premise
premolar *adj & m* (anat.) premolar
premonitorio -ria *adj* premonitory

P

premonstratense *adj & m* (eccl.) Premonstratensian
premoriencia *f* (law) predecease
premoriente *adj & mf* (law) predeceased
premorir §45 & §17, 9 *vn* (law) to die first, to predecease
premostratense *adj & m* var. of **premonstratense**
premuerto -ta *pp of* **premorir;** *adj* predeceased
premura *f* pressure, haste, urgency
premuroso -sa *adj* pressing, urgent
prenatal *adj* prenatal
prenda *f* pledge; security; pawn; jewel, household article (*especially if offered for sale*); garment, article of clothing; gift, talent; darling, loved one; **prendas** *fpl* forfeits (*game*); **dar en prenda** to pawn; **en prenda** in pawn; **en prenda de** as a pledge of, as proof of; **prenda de vestir** garment, article of clothing
prendador -dora *adj* pawning, pledging; *mf* pawner, pledger
prendamiento *m* pawning, pledging; fancy
prendar *va* to pawn, to pledge; to charm, to captivate; *vr* to take a liking, fall in love; **prendarse de** to take a liking to or for, to fall in love with; **prendarse de amor** to fall in love
prendedero *m* fillet, brooch, bandeau; stickpin
prendedor *m* catcher; fillet, brooch, bandeau; stickpin
prendedura *f* tread (*of an egg*)
prender *va* to seize, grasp; to catch, imprison; to catch (*e.g., on a hook*); to dress up; to pin, pin together; to fasten; *vn* to catch; to take root; to catch fire; to turn out well; **prender en** to catch on (*e.g., a hook*); *vr* to dress up; to be fastened; **prenderse en** to catch hold of
prendería *f* second-hand shop
prendero -ra *mf* second-hand dealer
prendido -da *adj* dressed up; (Am.) constipated; (Am.) drunk; **bien prendido** well dressed, well gotten up; **ir prendido en** (Am.) to be involved in; **mal prendido** poorly dressed; *m* adornment, woman's headdress; pattern pricked on parchment for bobbin lace; piece of bobbin lace; **prendido de flores** bouquet
prendimiento *m* seizure, capture; catching; rooting, taking root
prenombre *m* praenomen
prenotar *va* to note in advance
prensa *f* press; printing press; vise; (fig.) press, newspapers; (phot.) printing frame; **dar a la prensa** to publish; **entrar en prensa** to go to press; **meter en prensa a uno** to put the squeeze on someone; **tener buena** (or **mala**) **prensa** to have a good (or bad) press; **prensa de filtrar** filter press; **prensa de imprenta** printing press; **prensa de vino** wine press; **prensa estopa** (mach.) stuffing box; **prensa hidráulica** hydraulic press; **prensa rotativa** (print.) rotary press; **prensa taladradora** drill press
prensado *m* pressing; luster, gloss (*from pressing*)
prensador -dora *adj* pressing; *mf* presser, press operator
prensadura *f* pressing, pressure
prensaestopas *m* (*pl:* **-pas**) (mach.) stuffing box
prensalimones *m* (*pl:* **-nes**) lemon squeezer
prensar *va* to press
prensil *adj* prehensile
prensión *f* prehension
prensista *m* (print.) pressman
prensor -sora *adj & f* (orn.) psittacine
prenunciar *va* to announce in advance, to presage
prenuncio *m* advance announcement, presage
preñado -da *adj* pregnant; sagging, bulging (*wall*); (fig.) pregnant; *m* pregnancy; fetus
preñar *va* (Am.) to make pregnant, to impregnate
preñez *f* pregnancy; fullness; threat, impending danger; inherent confusion
preocupación *f* preoccupation; preoccupancy; prejudice
preocupadamente *adv* with preoccupation; with prejudice
preocupante *adj* worrisome
preocupar *va* to preoccupy; *vr* to become preoccupied; to be prejudiced; **preocuparse con** or **por** to become preoccupied with; **preocuparse de** + *inf* to be concerned with + *ger*
preopinante *mf* previous speaker, first speaker
preopinar *vn* to give one's opinion earlier, to give one's opinion first
preordinación *f* preordination
preordinar *va* to preordain
prep. abr. of **preposición**
prepalatal *adj & f* (phonet.) prepalatal
preparación *f* preparation
preparado *m* (pharm.) preparation
preparador -dora *mf* preparer; preparator
preparamento or **preparamiento** *m* preparation
preparar *va* to prepare; **preparar a** or **para** + *inf* to prepare (*someone*) to + *inf; vr* to prepare, to get ready; **prepararse a** or **para** + *inf* to prepare to + *inf*, to get ready to + *inf*
preparativo -va *adj* preparative; *m* preparative, preparation
preparatorio -ria *adj* preparatory
preponderancia *f* preponderance
preponderante *adj* preponderant
preponderar *vn* to preponderate; to prevail
prepondré *1st sg fut ind of* **preponer**
preponer §69 *va* to put before, to prefer
prepongo *1st sg pres ind of* **preponer**
preposición *f* preposition
preposicional *adj* prepositional
prepositivo -va *adj* prepositive
prepósito *m* chairman, president; (eccl.) provost
prepositura *f* chairmanship, presidency; (eccl.) provostship
preposteración *f* reversal, upset
preposterar *va* to reverse, upset
prepóstero -ra *adj* reversed, upset, out of order, inopportune
prepotencia *f* prepotency; haughtiness, pride
prepotente *adj* prepotent; haughty, overbearing
prepucio *m* (anat.) prepuce, foreskin
prepuesto -ta *pp de* **preponer**
prepuse *1st sg pret ind of* **preponer**
prerrafaelismo *m* Pre-Raphaelitism
prerrafaelista *adj & m* Pre-Raphaelite
prerrogativa *f* prerogative
prerromanticismo *m* preromanticism
presa *f* see **preso**
presado -da *adj* pale-green; *f* reservoir
presagiar *va* to presage, forebode, betoken
presagio *m* presage, omen, token
presagioso -sa, presago -ga or **présago -ga** *adj* foreboding, betokening
presb. abr. of **presbítero**
presbicia *f* (path.) presbytia, far-sightedness
presbiope *adj* presbyopic; *mf* presbyope
presbiopía *f* (path.) presbyopia
présbita or **présbite** *adj* presbytic, far-sighted; *mf* presbyte
presbiterado *m* priesthood
presbiteral *adj* sacerdotal, priestly
presbiterato *m* var. of **presbiterado**
presbiterianismo *m* Presbyterianism
presbiteriano -na *adj & mf* Presbyterian
presbiterio *m* presbytery
presbítero *m* presbyter; priest
presciencia *f* prescience, foreknowledge; **presciencia divina** (theol.) foreknowledge
presciente *adj* prescient
prescindible *adj* dispensable
prescindir *vn;* **prescindir de** to leave aside, leave out, disregard; to do without, dispense with; **prescindir de** + *inf* to avoid + *ger;* to do without + *ger*
prescribir §17, 9 *va* to prescribe; (law) to acquire by uninterrupted possession; *vn* to prescribe; to become invalid by default
prescripción *f* prescription; (law & med.) prescription; **prescripción adquisitiva** (law) acquisitive prescription
prescriptible *adj* prescriptible
prescripto -ta or **prescrito -ta** *pp of* **prescribir**
presea *f* gem, jewel
preselector *m* (telp.) preselector

presencia *f* presence; show, display; **en presencia de** in the presence of; **presencia de ánimo** presence of mind
presencial *adj* actual, in person
presenciar *va* to witness, be present at
presentable *adj* presentable
presentación *f* presentation; introduction; appearance (*e.g., of a new automobile, book*); **a presentación** (com.) on presentation
presentado -da *mf* presentee; *m* (eccl.) presentee
presentador -dora *mf* presenter; bearer
presentalla *f* votive offering
presentáneo -a *adj* quick-acting
presentar *va* to present; to introduce (*one person to another*); **presentar armas** (mil.) to present arms; *vr* to present oneself; to appear; to introduce oneself
presente *adj* present; **al presente** or **de presente** at present; **hacer presente** to notify of, to remind of; **la presente** this letter; **mejorando lo presente** present company excepted; **por el, la** or **lo presente** for the present; **tener presente** to bear or keep in mind; *m* present, gift; person present; (gram.) present; *interj* here!, present! (*in answering roll call*)
presentemente *adv* at present, now
presentero *m* (eccl.) sponsor
presentimiento *m* presentiment
presentir §62 *va* to have a presentiment of
presepio *m* manger; stable
presera *f* (bot.) bedstraw
presero *m* keeper or tender of an irrigation ditch
preservación *f* preservation
preservador -dora *adj* preserving; *mf* preserver
preservar *va* to preserve, protect
preservativo -va *adj & m* preservative; preventive
presidario *m* var. of **presidiario**
presidencia *f* presidency; chairmanship; president's residence; president's office
presidencial *adj* presidential
presidencialista *adj* presidential
presidenta *f* president's wife; president (*woman*); chairwoman
presidente *m* president; chairman; **presidente electo** president-elect
presidiar *va* to garrison
presidiario *m* convict
presidio *m* garrison; penitentiary; citadel, fortress; prisoners, convicts; imprisonment; hard labor; aid, help; presidium
presidir *va* to preside over; to dominate; *vn* to preside
presilla *f* loop, fastener; clip; buttonhole stitching; shoulder strap (*of lady's garment*)
presión *f* pressure; **a presión** on draught (*beer*); **presión arterial** blood pressure; **presión atmosférica** atmospheric pressure, air pressure; **presión de inflado** tire pressure; **presión osmótica** osmotic pressure; **presión sanguínea** blood pressure
presionar *va* to press (*a button*); to put pressure on (*a person*)
preso -sa *adj* imprisoned; *mf* prisoner; convict; **coger preso a** or **poner preso a** to take prisoner; *f* seizure, capture; catch, prey; booty, spoils; dam; trench, ditch, flume; bit, morsel; talon, fang, tusk, claw; fishweir; (sport) hold, grip, grapple; **hacer presa** to seize, to hold tight; to take hold; to seize (*a chance, advantage, etc.*); **ser presa de** to be a victim of; to be a prey to; **presa de caldo** chicken broth
prest *m* var. of **pre**
prestación *f* lending; loan; service; (feudal law) service
prestadizo -za *adj* lendable
prestado -da *adj* lent, loaned; **dar prestado** to lend; **pedir** or **tomar prestado** to borrow
prestador -dora *adj* lending; *mf* lender
prestamera *f* (eccl.) benefice, church living
prestamero *m* (eccl.) incumbent of a benefice or church living
prestamista *mf* moneylender, pawnbroker
préstamo *m* lending; borrowing; loan; borrow, borrow pit; **dar a préstamo** to loan; **recibir en préstamo** or **tomar a préstamo** to borrow; **préstamo lingüístico** loan word, borrowing
prestancia *f* excellence, elegance, noble bearing
prestante *adj* excellent, elegant, noble
prestar *va* to lend, to loan; to give (*ear; help; news*); to pay (*attention*); to do (*a favor*); to render (*a service*); to take (*oath*); to keep (*silence*); to show (*patience*); *vn* to be useful; to give (*said, e.g., of a piece of cloth*); *vr* to lend oneself, to lend itself
prestatario -ria *adj* borrowing; *mf* borrower
preste *m* celebrant of high mass; (obs.) priest; **el Preste Juan** or **el Preste Juan de las Indias** Prester John
presteza *f* celerity, quickness
prestidigitación *f* prestidigitation
prestidigitador -dora *mf* prestidigitator
prestigiador -dora *adj* fascinating, captivating; *mf* faker, impostor
prestigiar *va* to accredit, sanction, glorify, lend luster to
prestigio *m* prestige; good standing; spell, fascination; illusion (*of sleight of hand*)
prestigioso -sa *adj* captivating, spellbinding; deceptive, illusory; famous, renowned
prestimonio *m* loan
prestiño *m* var. of **pestiño**
presto -ta *adj* quick, prompt, ready; nimble; **presto** *adv* right away
presumible *adj* presumable
presumido -da *adj* assuming, conceited, vain; *mf* vain pretender, would-be
presumir *va* to presume; *vn* to be conceited, to boast; **presumir de** + *adj* to boast of being + *adj*
presunción *f* presumption; conceit, vanity; (law) presumption
presuntivo -va *adj* presumptive
presunto -ta *adj* supposed, presumptive
presuntuosidad *f* conceit, vanity, priggery
presuntuoso -sa *adj* conceited, vain, priggish; *mf* conceited person, prig
presupondré *1st sg fut ind of* **presuponer**
presuponer §69 *va* to presuppose; to budget
presupongo *1st sg pres ind of* **presuponer**
presuposición *f* presupposition
presupuestal *adj* budgetary
presupuestar *va* to budget
presupuestario -ria *adj* budgetary
presupuesto -ta *adj* presupposed, estimated; *pp of* **presuponer;** *m* reason, motive; supposition; budget; estimate
presupuse *1st sg pret ind of* **presuponer**
presura *f* anxiety, worry; speed, quickness; zeal, ardor, persistence
presurizar §76 *va* (aer.) to pressurize
presuroso -sa *adj* speedy, quick, hasty; zealous, persistent
pretal *m* breastband, breast collar
pretencioso -sa *adj* conceited, vain; pretentious, showy
pretender *va* to pretend to, to claim; to try to do, to try for; **pretender** + *inf* to try to + *inf;* to claim to + *inf*
pretendido -da *adj* pretended
pretendienta *f* pretender, claimant (*woman*)
pretendiente *mf* pretender, claimant; office seeker; *m* suitor
pretensión *f* pretension; presumption; pursuit, effort
pretensioso -sa *adj* var. of **pretencioso**
pretenso -sa *adj* var. of **pretendido**
pretensor -sora *mf* pretender, claimant
preterición *f* preterition; (law & rhet.) preterition; **con preterición de** omitting, passing over
preterir §62 *va* to overlook, disregard; (law) to not mention (*an heir in a will*)
pretérito -ta *adj* past; (gram.) past, preterit; *m* past; (gram.) past, preterit; **pretérito imperfecto** (gram.) imperfect; **pretérito indefinido** (gram.) preterit, past absolute; **pretérito perfecto** (gram.) present perfect; **pretérito anterior** (gram.) past anterior, second pluperfect
pretermisión *f* pretermission
pretermitir *va* to pretermit
preternatural *adj* preternatural

pretextar *va* to pretext, to use as a pretext
pretexto *m* pretext
pretil *m* parapet, railing (*of stone, brick, metal*); walk or road along a parapet; (Am.) ledge
pretina *f* girdle, belt; waistband
pretinazo *m* blow with a girdle
pretinero -ra *mf* maker of girdles, belts, or waistbands
pretónico -ca *adj* (gram.) pretonic
pretor *m* praetor; black water in places where tunnies are found
pretorial *adj* praetorian
pretorianismo *m* praetorianism, military interference in politics
pretoriano -na *adj & m* praetorian
pretorio -ria *adj* praetorian; *m* (hist.) praetorium; (Am.) front steps
preuniversitario -ria *adj* preuniversity
prevaldré *1st sg fut ind of* **prevaler**
prevalecer §34 *vn* to prevail; to take root; to thrive; **prevalecer sobre** to prevail against or over
prevaleciente *adj* prevailing
prevaler §89 *vn* (archaic) to prevail; *vr* **prevalerse de** to avail oneself of, to take advantage of
prevalezco *1st sg pres ind of* **prevalecer**
prevalgo *1st sg pres ind of* **prevaler**
prevaricación *f* collusion, connivance; transgression; (law) prevarication
prevaricador -dora *mf* transgressor; (law) prevaricator
prevaricar §86 *vn* to collude, connive; to play false; to transgress; (law) to prevaricate; (coll.) to rave, to be delirious
prevaricato *m* corrupt practice; (law) prevarication
prevención *f* preparation; prevention; foresight; warning; prejudice; stock, supply; jail, lockup; (mil.) guardhouse; **a prevención** in case of emergency; **a prevención de que** ready in case that; **a** or **de prevención** spare; emergency
prevendré *1st sg fut ind of* **prevenir**
prevengo *1st sg pres ind of* **prevenir**
prevenidamente *adv* in advance, beforehand
prevenido -da *adj* prepared, ready; foresighted, forewarned; stocked, full
prevenir §92 *va* to prepare, make ready; to forestall, prevent, anticipate; to overcome; to warn; to prejudice, predispose; *vn* to come up (*said, e.g., of a storm*); *vr* to get prepared, get ready; to come to mind; **prevenirse a** or **contra** to prepare against or for (*e.g., danger*); **prevenirse con** or **de** to provide oneself with; **prevenírsele a uno** to come to someone's mind
preventivo -va *adj* preventive; warning
prever §93 *va* to foresee
previne *1st sg pret ind of* **prevenir**
previniendo *ger of* **prevenir**
previo -via *adj* previous, foregoing, preceding; preliminary; after, with previous, subject to, e.g., **previo acuerdo** subject to agreement
previsible *adj* foreseeable
previsión *f* prevision, foresight; foresightedness; forecast; **previsión del tiempo** weather forecasting; **previsión social** social security
previsor -sora *adj* far-seeing, foresighted, previsional
previsto -ta *pp of* **prever**
prez *m & f* honor, glory, worth
Príamo *m* (myth.) Priam
priapismo *m* (path.) priapism
Príapo *m* (myth.) Priapus
priesa *f* (archaic) var. of **prisa**
prieto -ta *adj* darking, black; stingy, mean; tight; compact; (Am.) dark-complexioned
prima *f* see **primo**
primacía *f* primacy; primateship; **detener la primacía** to hold the top place
primacial *adj* primatial; superior, supreme
primado -da *adj* primatial; *m* (eccl.) primate; primacy; *f* (coll.) gypping, rooking
primal -mala *adj & mf* yearling; *m* silk cord or braid
primario -ria *adj* primary; *m* (elec.) primary (*coil or winding*)
primate *m* worthy; (zool.) primate
primavera *f* spring, springtime; flowered silk; (bot.) cowslip, primrose; (orn.) robin (*Turdus migratorius*); (fig.) prime; **primavera de la China** (bot.) primrose, Chinese primrose
primaveral *adj* (pertaining to) spring
primazgo *m* cousinship; primacy
primear *vr* (coll.) to call each other cousin (*said of kings and noblemen*)
primer *adj* apocopated form of **primero,** used only before masculine singular nouns and adjectives
primerísimo -ma *adj super* very first
primerizo -za *adj* beginning; *mf* beginner, novice; *f* primipara
primero -ra *adj* first; former; early; primary; prime; raw (*material*); (arith.) prime; **de primero** at the outset; **primero** *adv* first (*in the first place; rather*); *m* first; **a primeros de** around the beginning of (*e.g., the month*)
primevo -va *adj* oldest
primicerio -ria *adj* first, top (*in rank or order*); *m* cantor, precentor
primicia *f* first fruits; **primicias** *fpl* (fig.) first fruits, beginnings
primicial *adj* primitial
primichón *m* silk skein
primigenio -nia *adj* original, primitive
primilla *f* pardon for the first offense
primípara *f* (obstet.) primipara
primista *m* small trader (*in stock market*)
primitivo -va *adj* primitive; *m* (f.a.) primitive
primo -ma *adj* first; prime (*excellent*); skillful; raw (*material*); (arith.) prime; **primo** *adv* in the first place; *mf* cousin; (coll.) booby, sucker, dupe; **primo carnal** or **primo hermano** first cousin, cousin-german; *f* early morning; bonus, bounty, subsidy; (eccl.) prime; (eccl.) first tonsure; (ins.) premium; (mil.) first quarter of the night; (mus.) treble (*string*)
primogénito -ta *adj & mf* first-born
primogenitura *f* primogeniture; birthright
primor *m* care, skill, elegance; beauty
primordial *adj* primordial
primorear *vn* to do a beautiful job, to perform with elegance
primoroso -sa *adj* careful, skillful, elegant; fine, exquisite
primuláceo -a *adj* (bot.) primulaceous
princesa *f* princess; princess royal; princesse dress; **princesa viuda** dowager princess
principada *f* (coll.) abuse of authority, petty tyranny
principado *m* princedom; principality; **principados** *mpl* (rel.) principalities
principal *adj* principal, main, chief; first, foremost; essential, important; famous, illustrious; (mus.) first; *m* principal, head, chief; main floor, second floor; (com. & law) principal; (mil.) main guard; (theat.) second balcony
principalidad *f* primacy, superiority, supremacy
principalmente *adv* above all else: principally
príncipe *m* prince; prince royal; **príncipes** *mpl* prince and princess; **portarse como un príncipe** to live like a prince; **príncipe consorte** prince consort; **príncipe de Asturias** heir apparent of the King of Spain; **príncipe de Gales** Prince of Wales; **príncipe de la Iglesia** Prince of the Church (*cardinal*); **príncipe de la paz** Prince of Peace (*Manuel de Godoy*); **príncipe de la sangre** prince of the blood; **príncipe de las tinieblas** Prince of Darkness; **príncipe de los ingenios** Cervantes; **príncipe negro** Black Prince; *adj* princeps, first (*edition*)
principela *f* (archaic) fine woolen fabric
principesco -ca *adj* princely
principiador -dora *adj* beginning; *mf* beginner
principianta *f* apprentice (*woman*)
principiante *adj* beginning; *mf* beginner, apprentice; novice, greenhorn
principiar *va, vn & vr* to begin; **principiar a** + *inf* to begin to + *inf*
principio *m* start, beginning; principle; source, origin; (chem.) principle; (cook.) entree; **principios** *mpl* front matter (*of a book*); **a principios de** around the beginning of (*e.g., the month*); **al principio** or **a los principios in**

the beginning, at first; **en principio** in principle; **en un principio** at the beginning; **por principio** on principle; **tener, tomar** or **traer principio de** to come or arise from; **principio de admiración** (gram.) inverted exclamation point; **principio de interrogación** (gram.) inverted question mark
principote *m* (coll.) upstart, parvenu
pringada *f* slice of bread dipped in gravy; grease spot
pringamoza *f* (bot.) nettle
pringar §59 *va* to dip or soak in grease; to dip in boiling fat (*as punishment*); to spot or stain with grease; (coll.) to wound, make bleed; (coll.) to slander, run down; (Am.) to splash, spatter; *vn* (coll.) to participate, meddle; (Am.) to drizzle; *vr* to peculate
pringón -gona *adj* (coll.) greasy; *m* (coll.) smearing oneself with grease; (coll.) grease spot
pringoso -sa *adj* greasy
pringote *m* hodgepodge
pringue *m & f* grease, fat; grease spot
pringuera *f* dripping pan
priodonte *m* or **prionodonte** *m* (zool.) giant armadillo
prior *m* prior; curate
priora *f* prioress
prioral *adj* of a prior or prioress
priorato or **priorazgo** *m* priorate; priory
prioridad *f* priority
prioste *m* steward (*of a brotherhood*)
prisa *f* hurry, haste; urgency; fight; crush, crowd; **a prisa** or **de prisa** quickly, hurriedly; **a toda prisa** with the greatest speed; **correr** or **dar prisa** to be urgent; **correrle prisa a uno** + *inf* to be in a hurry to + *inf*, e.g., **no le corre prisa cumplir su cometido** he is not in a hurry to do his job; **dar prisa a** to rush, to hurry; **darse prisa** to hurry, make haste; **estar de prisa** or **tener prisa** to be in a hurry; **tener prisa en** or **por** + *inf* to be in a hurry to + *inf*
priscal *m* night shelter for cattle
prisión *f* seizure, capture; arrest; imprisonment; prison; bond, union; **prisiones** *fpl* chains, shackles, fetters; **reducir a prisión** to incarcerate
prisionero -ra *mf* (mil.) prisoner (*soldier or civilian*); (fig.) captive (*of love or passion*); **prisionero de guerra** prisoner of war; *m* setscrew; stud bolt
prisma *m* (geom., opt. & cryst.) prism; (fig.) mirage; **prisma de Nicol** (opt.) Nicol prism
prismático -ca *adj* prismatic; **prismáticos** *mpl* prism binocular
priste *m* (ichth.) sawfish
prístino -na *adj* pristine; primeval; pure, clear, transparent
prisuelo *m* muzzle for ferrets
priv. abr. of **privilegio**
privación *f* privation
privada *f* see **privado**
privadamente *adv* privily, privately
privadero *m* cesspool cleaner
privado -da *adj* private; *m* favorite (*at court*); *f* privy, cesspool; pile of dirt
privanza *f* favor at court
privar *va* to deprive; to forbid, prohibit; *vn* to be in vogue; to prevail; to be in favor (*especially at court*); *vr* to deprive oneself; **privarse de** to give up; **privarse de** + *inf* to give up + *ger*
privativo -va *adj* privative; private, personal, peculiar; (gram.) privative; **privativo de** peculiar to
privilegiadamente *adv* in a privileged way, with special consideration
privilegiar *va* to privilege, to grant a privilege to
privilegio *m* privilege; **privilegio de invención** patent
pro *m & f* profit, advantage; **¡buena pro!** good appetite!; **de pro** of note, of worth; **el pro y el contra** the pros and the cons; **en pro de** pro, in behalf of
proa *f* (naut.) prow; (aer.) nose
proal *adj* forward, (pertaining to the) prow
pro-alemán -mana *adj & mf* pro-German
probabilidad *f* probability, likelihood
probabilismo *m* (philos.) probabilism
probable *adj* probable, likely
probación *f* probation
probado -da *adj* tried, tested; sorely tried; proved
probador -dora *mf* tester; taster; sampler; fitter; *m* tester (*device*); **probador de baterías** (elec.) battery tester; **probador de válvulas** (rad.) tube tester
probadura *f* sampling, tasting
probanza *f* (law) inquiry; (law) proof, evidence
probar §77 *va* to prove; to test; to try; to try on; to try out; to taste; to sample (*e.g., wine*) to fit; to suit, to agree with; **no probar** to not touch, to keep away from (*liquor*); *vn* **probar a** + *inf* to try to + *inf*; **probar de** to taste, take a taste of; *vr* to try on (*a suit of clothes*)
probatorio -ria *adj* probatory, probative; probational; *f* (law) time allowed for producing evidence
probatura *f* (coll.) trial, test
probeta *f* test tube; pressure gauge; beaker; powder prover
probidad *f* probity
problema *m* problem
problemático -ca *adj* problematic or problematical
probo -ba *adj* honest; fair, just
probóscide *f* (zool. & ent.) proboscis
proboscidio -dia *adj & m* (zool.) proboscidian
proc. abr. of **procesión**
procacidad *f* impudence, boldness
procaz *adj* (*pl:* **-caces**) impudent, bold
procedencia *f* origin, source; point of origin, point of departure; propriety
procedente *adj* coming, originating; proper
proceder *m* conduct, behavior; *vn* to proceed; to originate; to behave; to be proper; **proceder** + *inf* to be proper to + *inf*; **proceder a** + *inf* to proceed to + *inf*; **proceder contra** to proceed against, take action against; **proceder de** to proceed from, come from
procedimiento *m* procedure; proceeding; process; (law) proceedings; **procedimiento tricromo** three-color process
procela *f* (poet.) storm, tempest
proceloso -sa *adj* stormy, tempestuous
prócer *adj* high, lofty; *m* hero, leader, dignitary
procerato *m* heroic rôle, leadership
proceridad *f* height, loftiness; vigor, growth
prócero -ra or **procero -ra** *adj* high, lofty
proceroso -sa *adj* imposing, solemn, big and impressive-looking
procesable *adj* actionable, indictable
procesado -da *adj* legal; accused; *mf* accused, defendant
procesal *adj* legal
procesamiento *m* (law) prosecution; (law) indictment
procesar *va* (law) to sue, to prosecute; (law) to indict
procesión *f* procession; parade
procesional *adj & m* processional
procesionaria *f* (ent.) processional or processionary moth
procesionario *m* processional
procesionista *adj* (coll.) parade-loving; *mf* (coll.) parade lover, parade fan
proceso *m* process (*of time*); progress; (anat. & biol.) process; (law) suit, lawsuit; (law) trial; (med.) course, development (*of a disease*); **proceso verbal** (Am.) minutes, proceedings
procio *m* (chem.) protium
Proción *m* (astr.) Procyon
proclama *f* proclamation, manifesto; marriage banns
proclamación *f* proclamation; acclamation
proclamar *va* to proclaim; to acclaim
proclítico -ca *adj & m* (gram.) proclitic
proclive *adj* inclined, disposed, evil-disposed
proclividad *f* proclivity, evil proclivity
Procne *f* var. of **Progne**
procomún *m* or **procomunal** *m* public welfare, social welfare
procónsul *m* proconsul
proconsulado *m* proconsulate
proconsular *adj* proconsular
procrastinar *va* to procrastinate

procreación *f* procreation
procreador -dora *adj* procreative; *mf* procreator
procreante *adj* procreative
procrear *va* to procreate
proctología *f* proctology
proctoscopio *m* proctoscope
procumbente *adj* (bot.) procumbent
procura *f* power of attorney; attorneyship; business acumen
procuración *f* careful management; power of attorney; proxy; law office; attorneyship, solicitorship
procurador *m* solicitor, attorney; proxy; procurator (*for a monastery*)
procuradora *f* procuratrix (*especially for a nunnery*)
procuraduría *f* law office; proctorship; attorneyship, solicitorship
procurar *va* to strive for; to manage (*e.g., real estate*) as attorney; to yield, to produce; **procurar** + *inf* to try to, strive to + *inf*
procurrente *m* large peninsula
Procustes *m* or **Procusto** *m* (myth.) Procrustes
prodición *f* treachery
prodigalidad *f* prodigality
prodigar §59 *va* to lavish; to squander, to waste; to spread widely; *vr* to be a show-off
prodigio *m* prodigy
prodigiosidad *f* prodigiousness; excellence
prodigioso -sa *adj* prodigious, marvelous; fine, excellent
pródigo -ga *adj* lavish; prodigal; *mf* prodigal; (law) prodigal
prodrómico -ca *adj* prodromal
pródromo *m* (path.) prodrome
producción *f* production; crop, yield, produce; **producción en masa** or **en serie** mass production
producente *adj* productive; producing
producir §38 *va* to produce; to yield, to bear; to cause, bring about; *vr* to explain oneself; (Am.) to take place, happen
productividad *f* productivity
productivo -va *adj* productive
producto *m* product; proceeds; (chem. & math.) product; **producto alimenticio** foodstuff
productor -tora *adj* producing; *mf* producer
produje *1st sg pret ind of* **producir**
produzco *1st sg pres ind of* **producir**
proejar *vn* to resist with all one's might; to row against the current or the wind
proel *adj* (naut.) (pertaining to the) bow; *m* (naut.) bow oar, bowman
proemial *adj* proemial, prefatory, introductory
proemio *m* proem, preface, introduction
proeza *f* prowess; feat, stunt
prof. abr. of **profeta**
profanación *f* profanation
profanador -dora *adj* profanatory; *mf* profaner
profanamiento *m* var. of **profanación**
profanar *va* to profane
profanidad *f* profanity; indecency, immodesty
profano -na *adj* profane; worldly; indecent, immodest; lay; *mf* profane; worldly person; layman
profecía *f* prophecy; **las Profecías** (Bib.) the Prophets
proferir §62 *va* to utter
profesar *va & vn* to profess
profesión *f* profession
profesional *adj* professional; *mf* professional; practitioner
profesionalismo *m* professionalism
profeso -sa *adj & mf* (rel.) professed
profesor -sora *mf* teacher; professor; **profesor adjunto** associate professor; **profesor agregado** assistant professor; **profesor de intercambio** exchange professor; **profesor honorario** emeritus professor; **profesor numerario** or **titular** full professor; **profesor visitante** visiting professor
profesorado *m* professorship; professorate; faculty; teaching staff; teaching profession
profesoral *adj* professorial
profeta *m* prophet; **el Profeta** the Prophet (*Mohammed*)
profetal or **profético -ca** *adj* prophetic
profetisa *f* prophetess
profetizador -dora *adj* prophesying; *mf* prophesier
profetizar §76 *va & vn* to prophesy
proficiente *adj* progressing
proficuo -cua *adj* profitable, useful
profiláctico -ca *adj & m* prophylactic; preventive; *f* hygiene
profilaxis *f* prophylaxis
prófugo -ga *adj & mf* fugitive; *m* (mil.) slacker, draft dodger
profundidad *f* depth; profundity; (geom.) altitude, height
profundizar §76 *va* to deepen, make deeper; to fathom, go deep into, get to the bottom of; *vn* to go deep into things; *vr* to deepen, become deep
profundo -da *adj* profound; deep; *m* profundity; (poet.) sea, deep; hell, underworld
profusión *f* profusion
profuso -sa *adj* profuse
progenerado -da *adj* illustrious, distinguished; ahead of the times
progenie *f* lineage, descent, parentage
progenitor *m* progenitor
progenitura *f* lineage, descent; primogeniture; right of primogeniture
progesterona *f* (biochem.) progesterone
progimnasma *m* (rhet.) preparatory exercise
proglótide *f* or **proglotis** *f* (zool.) proglottid
prognatismo *m* prognathism
prognato -ta *adj* prognathous
Progne *f* (myth.) Procne; (*l.c.*) *f* (poet.) swallow
prognosis *f* (*pl:* **-sis**) forecast (*especially of weather*); prognosis
programa *m* program; **programa continuo** (mov.) continuous showing; **programa de estudios** curriculum; **programa doble** (mov.) double feature; **programa vivo** (rad.) live program
programación *f* programing
programar *va* to program
programático -ca *adj* (pertaining to a) program
progresar *vn* to progress
progresión *f* progression; (math.) progression; **progresión aritmética** arithmetical progression; **progresión geométrica** geometric progression
progresista *adj & mf* (pol.) progressive
progresivo -va *adj* progressive
progreso *m* progress; **progresos** *mpl* progress (*of a disease, of a pupil, etc.*); **hacer progresos** to make progress
prohibición *f* prohibition; **prohibición de virar a la derecha** (aut.) no right-hand turn
prohibicionista *adj & mf* prohibitionist
prohibir §99 *va* to prohibit, to forbid; **se prohíbe escupir** no spitting; **se prohíbe fijar carteles** post no bills; **se prohíbe fumar** no smoking; **se prohíbe el paso** no thoroughfare; **se prohíbe la entrada** keep out; **prohibir** + *inf* to forbid to + *inf*
prohibitivo -va *adj* prohibitive
prohibitorio -ria *adj* prohibitory
prohijación *f* adoption
prohijador -dora *mf* adopter
prohijamiento *m* var. of **prohijación**
prohijar §99 *va* to adopt
prohombre *m* master (*of a guild*); leader; top man (*of a group*); (coll.) big shot
proís *m* (naut.) stone or post (*for fastening a boat*); (naut.) cable (*for tying up a boat*)
prójima *f* (coll.) slut, jade
prójimo *m* fellow man, fellow creature, neighbor; (coll.) fellow
pról. abr. of **prólogo**
prolán *m* (biochem.) prolan
prolapso *m* (path.) prolapse
prole *f* offspring, progeny
prolegómeno *m* prolegomenon
prolepsis *f* (*pl:* **-sis**) (rhet.) prolepsis
proletariado *m* proletariat
proletario -ria *adj & m* proletarian
proletarizar §76 *va* to proletarianize; *vr* to become proletarianized
proliferación *f* proliferation
prolífero -ra *adj* (bot.) proliferous

prolificación *f* prolificacy
proliferante *adj* proliferating
proliferar *vn* (biol.) to proliferate; to proliferate
prolífico -ca *adj* prolific
prolijidad *f* tediousness; fussiness, fastidiousness; dullness, tiresomeness, rudeness
prolijo -ja *adj* too long, tedious; overcareful, fussy, fastidious; dull, tiresome, rude
prolina *f* (biochem.) proline
prologar §59 *va* to write a preface to or for; *vn* to prologuize
prólogo *m* prologue; preface
prologuista *mf* writer of prologues
prolonga *f* (arti.) prolonge
prolongación *f* prolongation, extension
prolongadamente *adv* at great length
prolongado -da *adj* prolonged; long
prolongamiento *m* var. of **prolongación**
prolongar §59 *va* to prolong, to extend; (geom.) to produce; *vr* to extend
proloquio *m* maxim, aphorism
prolusión *f* var. of **prelusión**
promanar *vn* to arise, originate
promecio *m* var. of **prometio**
promediar *va* to divide into two equal parts; to average; *vn* to mediate; to be half over
promedio *m* average, mean; middle
promesa *f* promise; pious offering; (fig.) promise (*something giving hope of success*)
prometedor -dora *adj* promising; *mf* promiser
Prometeo *m* (myth.) Prometheus
prometer *va* to promise; **prometer** + *inf* to promise to + *inf*; *vn* to promise; to give promise; *vr* to expect; to become engaged; **prometérselas felices** or **muy buenas** (coll.) to be too hopeful, to be overconfident
prometido -da *adj* engaged, betrothed; *m* fiancé; promise; *f* fiancée
prometiente *adj* promising
prometimiento *m* promise
prometio *m* (chem.) promethium
prominencia *f* prominence
prominente *adj* prominent, outstanding
promiscuar *vn* to eat meat and fish in the same meal during Lent and other fast days; to act inconsistently
promiscuidad *f* promiscuity; promiscuous intercourse; ambiguity
promiscuo -cua *adj* promiscuous; ambiguous
promisión *f* promise
promisorio -ria *adj* promissory
promoción *f* promotion; advancement; class, year, crop (*of persons promoted*)
promontorio *m* height, elevation; promontory, headland; bulky, unwieldly thing; (anat.) promontory
promotor -tora or **promovedor -dora** *adj* promotive; *mf* promoter
promover §63 *va* to promote; to further, to advance
promulgación *f* promulgation; publication, open declaration
promulgador -dora *adj* promulgating; *mf* promulgator; announcer
promulgar §59 *va* to promulgate; to proclaim, to publish abroad
pronación *f* (physiol.) pronation
pronador *m* (anat.) pronator
pronefros *m* (embryol.) pronephros
proneidad *f* proneness
prono -na *adj* prone
pronombre *m* pronoun; **pronombre complementario** object pronoun; **pronombre demostrativo** demonstrative pronoun; **pronombre indefinido** or **indeterminado** indefinite pronoun; **pronombre interrogativo** interrogative pronoun; **pronombre personal** personal pronoun; **pronombre posesivo** possessive pronoun; **pronombre relativo** relative pronoun; **pronombre sujeto** subject pronoun
pronominado -da *adj* (gram.) reflexive (*verb*)
pronominal *adj* (gram.) pronominal; (gram.) reflexive (*verb*)
pronosticable *adj* foretellable, predictable
pronosticación *f* prognostication
pronosticador -dora *adj* prognostic, prognosticating; *mf* prognosticator
pronosticar §86 *va* to prognosticate, to foretell
pronóstico *m* prognostic; almanac; (med.) prognosis; **de pronóstico gravísimo** in a serious condition; **de pronóstico reservado** in a critical condition
prontitud *f* promptness, promptitude; keenness, wittiness
pronto -ta *adj* quick, speedy; prompt; ready; **pronto** *adv* right away, soon; promptly; early; **lo más pronto posible** as soon as possible; **tan pronto como** as soon as; *m* jerk; (coll.) impulse, sudden impulse, fit of anger; **al pronto** right off; **de pronto** suddenly; hastily, without thinking; down (*payment*); **por de pronto** or **por lo pronto** for the present, provisionally
prontuario *m* notebook; compendium, handbook
prónuba *f* (poet.) bridesmaid
pronunciable *adj* pronounceable
pronunciación *f* pronunciation
pronunciado -da *adj* marked, pronounced; sharp (*curve*); steep (*hill*); bulky; *mf* rebel, insurgent
pronunciador -dora *adj* pronouncing; *mf* pronouncer
pronunciamiento *m* insurrection, uprising; (law) decree
pronunciar *va* to pronounce; to utter; to deliver, make (*a speech*); to decide on; *vr* to rebel; to declare oneself
propagación *f* propagation
propagador -dora *adj* propagating; *mf* propagator
propaganda *f* propaganda; advertising
propagandismo *m* propagandism
propagandista *adj* & *mf* propagandist
propagandístico -ca *adj* (pertaining to) propaganda
propagar §59 *va* to propagate; to spread, to extend; to broadcast; *vr* to propagate; to spread, to extend
propagativo -va *adj* propagative
propalación *f* spreading (*e.g., of rumors*)
propalador -dora *mf* divulger
propalar *va* to divulge, to spread
propano *m* (chem.) propane
propao *m* (naut.) breastwork
proparoxítono -na *adj* & *m* (phonet.) proparoxytone
propasar *vr* to go too far, to take undue liberty
propender *vn* to incline, tend, be inclined; **propender a** + *inf* to tend to + *inf*, to be inclined to + *inf*
propensión *f* propensity, liking; predisposition, susceptibility
propenso -sa *adj* inclined, prone, disposed
propi *f* (slang) tip
propiciación *f* propitiation
propiciador -dora *adj* propitiating; *mf* propitiator
propiciar *va* to propitiate; (Am.) to support, favor, sponsor
propiciatorio -ria *adj* propitiatory; *m* mercy seat; prie-dieu
propicio -cia *adj* propitious
propiedad *f* property; ownership; proprietorship; (f.a.) naturalness, likeness; **es propiedad** copyrighted; **propiedad horizontal** one-floor ownership in an apartment house; **propiedad literaria** copyright
propienda *f* listing attached to cheeks of an embroidery frame
propietario -ria *adj* proprietary; *m* proprietor; *f* proprietress
propilo *m* (chem.) propyl
propina *f* tip, fee; **de propina** (coll.) in the bargain
propinación *f* treat, invitation to drink; prescription or administration of medicine
propinar *va* to offer (*a drink*); to prescribe or administer (*medicine*); (coll.) to give (*e.g., a beating, a hard time*); *vr* to treat oneself to (*a drink*)
propincuidad *f* propinquity
propincuo -cua *adj* near, contiguous
propio -pia *adj* proper, suitable; peculiar, characteristic; natural; same; himself, herself, etc., e.g., **el propio capitán** the captain himself;

own, e.g., **mi propio hermano** my own brother; **el suyo propio** his very own; proper, e.g., **China propia** China proper; *m* messenger; native; **propios** *mpl* public lands, public property
propóleos *m* propolis, bee glue
propón *2d sg impv of* **proponer**
propondré *1st sg fut ind of* **proponer**
proponedor -dora *adj* proposing, propounding; *mf* proponent, propounder
proponente *adj* proposing, propounding
proponer §69 *va* to propose; to propound; to name, to present (*a candidate*); *vr* to plan; **proponerse** + *inf* to propose to + *inf*
propongo *1st sg pres ind of* **proponer**
proporción *f* proportion; opportunity; (math.) proportion; **proporciones** *fpl* proportions (*size; dimensions*)
proporcionable *adj* proportionable
proporcionado -da *adj* proportionate; proportioned; fit, suitable
proporcional *adj* proportional
proporcionalidad *f* proportionality
proporcionar *va* to proportion; to furnish, provide, supply, give; to adapt, adjust
proposición *f* proposition; **proposición dominante** (gram.) main clause, principal clause
propósito *m* aim, purpose, intention; subject matter; **a propósito** by the way; apropos, fitting; in place; **a propósito de** apropos of; **de propósito** on purpose; **fuera de propósito** irrelevant, beside the point, out of place
propuesto -ta *pp of* **proponer;** *adj* proposed; *f* proposal, proposition
propugnáculo *m* fortress; (fig.) bulwark
propugnar *va* to defend; to protect; to advocate
propulsa *f* repulse
propulsante *m* propellant
propulsar *va* to repulse; to propel, to drive; to promote
propulsión *f* repulse; propulsion; **propulsión a chorro** or **de chorro, propulsión a escape** or **de escape, propulsión por reacción** jet propulsion; **propulsión a cohete** rocket propulsion
propulsor -sora *adj* propellent, propulsive; *m* propellent; (rail. & fig.) booster; propeller
propuse *1st sg pret ind of* **proponer**
pror. abr. of **procurador**
prora *f* (poet.) prow
prorrata *f* prorate, quota; **a prorrata** pro rata
prorratear *va* to prorate, to apportion
prorrateo *m* apportionment; **a prorrateo** pro rata
prórroga or **prorrogación** *f* prorogation
prorrogar §59 *va* to prorogue; to defer, postpone
prorrumpir *vn* to spurt, shoot forth; to break forth, burst out
prosa *f* prose; (coll.) chatter, idle talk
prosado -da *adj* prose, in prose
prosador -dora *mf* prose writer; (coll.) chatterbox
prosaico -ca *adj* prose, prosaic; (fig.) prosaic, prosy
prosaísmo *m* prosaism, prosiness
prosapia *f* ancestry, lineage
proscenio *m* proscenium
proscribir §17, 9 *va* to proscribe, to outlaw
proscripción *f* proscription, exile, outlawry
proscripto -ta *pp of* **proscribir;** *mf* exile, outlaw
proscriptor -tora *adj* proscriptive; *mf* proscriber
proscrito -ta *pp & mf* var. of **proscripto**
prosector *m* prosector
prosecución *f* continuation, prosecution; pursuit
proseguir §82 *va* to continue, carry on; *vn* to continue
proselitismo *m* proselytism
prosélito *m* proselyte
prosénquima *f* (bot.) prosenchyma
Proserpina *f* (myth.) Proserpina or Proserpine
prosificación *f* prosification
prosificar §86 *va* to prosify, put into prose
prosimiano -na *adj & m* (zool.) prosimian
prosista *mf* prose writer; (coll.) chatterbox
prosístico -ca *adj* (pertaining to) prose
prosita *f* short piece of prose
prosodia *f* orthoëpy; prosody (*study of quantity in Greek and Latin verse*)
prosódico -ca *adj* orthoëpic; prosodic; stress (*accent*)
prosodista *mf* orthoëpist, phonologist
prosopopeya *f* (rhet.) prosopopoeia; (coll.) airs, pomposity, solemnity
prospección *f* prospecting (*for gold, oil, etc.*)
prospectar *va & vn* to prospect
prospecto *m* prospectus
prospector -tora *mf* prospector
prosperado -da *adj* prosperous (*rich*)
prosperar *va* to prosper, make prosper; *vn* to prosper, to thrive
prosperidad *f* prosperity
próspero -ra *adj* prosperous, thriving
próstata *f* (anat.) prostate
prostatectomía *f* (surg.) prostatectomy
prostático -ca *adj* prostatic, (pertaining to the) prostate; *m* prostate sufferer
prosternar *vr* to prostrate oneself
próstesis *f* (gram.) prosthesis
prostético -ca *adj* (gram.) prosthetic
prostíbulo *m* brothel
próstilo *m* (arch.) prostyle
prostitución *f* prostitution
prostituir §41 *va* to prostitute; *vr* to prostitute oneself; to become a prostitute
prostituta *f* prostitute
prosudo -da *adj* (Am.) pompous, solemn, formal; (Am.) domineering
protactinio *m* var. of **protoactinio**
protagonista *mf* protagonist
protagonizar §76 *va* to play the leading role of
Protágoras *m* Protagoras
protalo or **prótalo** *m* (bot.) prothallium
prótasis *f* (*pl:* **-sis**) (gram.) protasis
protección *f* protection; **protección aduanera** protective tariff; **protección civil** civil defense
proteccionismo *m* protectionism; protection of animals and plants
proteccionista *adj & mf* protectionist
protector -tora or **-triz** (*pl:* **-trices**) *adj* protective; *m* protector; *f* protectress
protectorado *m* protectorate
protectoría *f* protectorship, protectorate
protectorio -ria *adj* protective
proteger §49 *va* to protect
protegida *f* protégée
protegido *m* protégé
proteico -ca *adj* (biochem.) proteid, protein; (fig.) protean; (myth.) Protean
proteido *m* (biochem.) proteid
proteína *f* (biochem.) protein
Proteo *m* (myth. & fig.) Proteus
proterozoico -ca *adj & m* Proterozoic
protervia or **protervidad** *f* perversity
protervo -va *adj* perverse
prótesis *f* (gram. & surg.) prothesis or prosthesis
protesta *f* protest; protestation; **promise**, pledge; (law) protest
protestación *f* protestation; profession (*e.g., of faith*)
protestante *adj & mf* protestant; Protestant
protestantismo *m* Protestantism
protestar *va* to protest, asseverate; to profess (*one's faith*); (com.) to protest; *vn* to protest; **protestar de, contra** or **por** to protest (*to object to*)
protesto *m* (com.) protest
protético -ca *adj* (gram. & surg.) prothetic or prosthetic
protio *m* var. of **procio**
protoactinio *m* (chem.) protoactinium
protocolar *adj* protocolary; *va* to protocol
protocolizar §76 *va* to protocol
protocolo *m* protocol
protógina *f* (geol.) protogine
protomártir *m* protomartyr
protón *m* (phys. & chem.) proton
protonema *m* (bot.) protonema
protonotario *m* (eccl.) prothonotary
protoplasma *m* (biol.) protoplasm
protoplásmico -ca *adj* protoplasmic
protórax *m* (*pl:* **-rax**) (ent.) prothorax

prototipo *m* prototype
protozoario -ria or **protozoo -a** *adj* protozoan; *m* (zool.) protozoan, protozoön
protozoología *f* protozoölogy
protráctil *adj* protractile
protuberancia *f* protuberance; **protuberancias solares** (astr.) solar protuberances
protuberante *adj* protuberant
protutor *m* (law) guardian
prov.ª abr. of **provincia**
provecto -ta *adj* old, ripe
provecho *m* advantage, benefit; profit, gain; advance, progress; **¡buen provecho!** good luck!; good appetite!; **de provecho** useful, just right; decent
provechoso -sa *adj* advantageous, beneficial; profitable; useful
proveedor -dora *mf* supplier, provider, purveyor; steward
proveeduría *f* stewardship; storehouse
proveer §35 & §17, 9 *va* to provide, furnish; to supply; to resolve, settle; to confer, bestow; (law) to decree; *vn* to provide; **proveer a** to provide for; *vr* to have a movement of the bowels; **proveerse de** to provide oneself with
proveído *m* (law) interlocutory decree
proveimiento *m* provisioning
provena *f* (hort.) layer (*of vine*)
provendré *1st sg fut ind of* **provenir**
provengo *1st sg pres ind of* **provenir**
proveniente *adj* coming, originating, arising
provenir §92 *vn* to come, originate, arise
provento *m* product, yield
Provenza, la Provence
provenzal *adj & mf* Provençal; *m* Provençal (*language*)
proverbiador *m* book of proverbs
proverbial *adj* proverbial
proverbiar *vn* (coll.) to use proverbs
proverbio *m* proverb; **Proverbios** *mpl* (Bib.) Proverbs
proverbista *mf* (coll.) proverbialist
provicero *m* prophet, diviner
providencia *f* providence, foresight; (*cap.*) *f* Providence
providencial *adj* providential
providenciar *va* to make provision for; to settle, arrange
providente *adj* provident; prudent
próvido -da *adj* provident, watchful; favorable, propitious
provincia *f* province; **en provincias** in the provinces (*not in Madrid*); **las Provincias Vascongadas** the Basque Provinces; **Provincias Marítimas** Maritime Provinces (*of Canada*)
provincial *adj* provincial; *m* (eccl.) provincial
provincialismo *m* provincialism
provincianismo *m* provinciality
provinciano -na *adj & mf* provincial
provine *1st sg pret ind of* **provenir**
proviniendo *ger of* **provenir**
provisión *f* provision; **provisiones** *fpl* provisions
provisional *adj* provisional
proviso; al proviso right away, at once
provisor *m* provider; (eccl.) vicar general
provisora *f* stewardess (*in a convent*)
provisorato *m* stewardship
provisoría *f* stewardship; storeroom, pantry (*in a convent*)
provisorio -ria *adj* provisory, provisional
provisto -ta *pp of* **proveer**
provitamina *f* (biochem.) provitamin
provocación *f* provocation
provocador -dora *adj* provoking; provocative; *mf* provoker
provocante *adj* provocative
provocar §86 *va* to provoke; to forward, promote; to move, to incite, to tempt; **provocar a** + *inf* to provoke to + *inf;* to move to + *inf*, to tempt to + *inf; vn* to provoke; (coll.) to vomit
provocativo -va *adj* provocative
proxeneta *mf* go-between
proximal *adj* (anat.) proximal
próximamente *adv* soon, in the near future; proximately; approximately
proximidad *f* proximity; **proximidades** *fpl* neighborhood
próximo -ma *adj* next; near, neighboring; proximate, close; early; **próximo pasado** last (*month*)
proyección *f* projection; influence, distinction; **proyección cónica** conic projection; **proyección de Mercátor** (geog.) Mercator's projection
proyectar *va* to project (*a bullet; a film; a scheme*); to plan; to design (*e.g., a building*); (geom.) to project; **proyectar** + *inf* to plan to + *inf; vr* to project, stick out; to be projected, to fall (*said of a shadow*)
proyectil *m* projectile, missile; **proyectil buscador del blanco** homing missile; **proyectil dirigido** or **teleguiado** guided missile
proyectista *mf* projector, designer, planner; project administrator
proyectivo -va *adj* projective
proyecto *m* project; **proyecto de ley** bill (*in a legislative body*)
proyector *m* projector, searchlight; (mov.) projection machine
proyectura *f* (arch.) projection
prudencia *f* prudence
prudencial *adj* prudential
prudenciar *vr* (Am.) to be restrained, to hold oneself in
prudente *adj* prudent
prueba *f* proof; trial, test; examination; fitting (*e.g., of a suit of clothes*); sample (*of food or drink*); (math., phot. & print.) proof; (law) evidence, proof; (Am.) acrobatic stunt; (Am.) sleight of hand; **a prueba** on approval, on trial; perfect; **a prueba de** proof against; -proof, e.g., **a prueba de ácidos** acidproof; **a prueba de calor** heatproof; **poner a prueba** to put to the proof, to put to the test; **prueba de aptitud** aptitude test; **prueba de consolación** (sport) consolation match; **prueba de indicios** (law) circumstantial evidence; **prueba de inteligencia** intelligence test; **prueba directa** (law) direct evidence; **prueba indiciaria** (law) circumstantial evidence; **prueba indirecta** (law) indirect evidence; **prueba mental** mental test; **prueba plena** (law) convincing proof; **pruebas de planas** (print.) page proof; **pruebas de primeras** (print.) first proof; **pruebas de segundas** (print.) galley proof; **prueba semiplena** (law) imperfect proof
pruebista *mf* (Am.) acrobat
pruriginoso -sa *adj* pruriginous
prurigo *m* (path.) prurigo
prurito *m* itch; (path.) pruritus; (fig.) eagerness, urge, itch (*to do something*); **sentir el prurito de** + *inf* to itch to + *inf*
Prusia *f* Prussia
prusianismo *m* Prussianism
prusiano -na *adj & mf* Prussian
prusiato *m* (chem.) prussiate
prúsico -ca *adj* prussic
ps. abr. of **pesos**
P.S. abr. of **Post Scriptum** (Lat.) **posdata**
pseudohermafroditismo *m* var. of **seudohermafroditismo**
pseudomorfismo *m* (mineral.) pseudomorphism
pseudónimo *m* var. of **seudónimo**
psicastenia *f* (path.) psychasthenia
psicoanálisis *m* psychoanalysis
psicoanalista *mf* psychoanalyst
psicoanalítico -ca *adj* psychoanalytic or psychoanalytical
psicoanalizar §76 *va* to psychoanalyze
psicodinámico -ca *adj* psychodynamic; *f* psychodynamics
psicofísica *f* psychophysics
psicognostia *f* psychognosis
psicología *f* psychology; **psicología experimental** experimental psychology; **psicología infantil** child psychology
psicológico -ca *adj* psychologic or psychological
psicólogo -ga *mf* psychologist
psicometría *f* psychometry
psicométrico -ca *adj* psychometric
psiconeurosis *f* (*pl:* **-sis**) (path.) psychoneurosis

P

psicópata *mf* psychopath
psicopatía *f* psychopathy
psicopático -ca *adj* psychopathic
psicopatología *f* psychopathology
psicosis *f* (*pl:* **-sis**) (path.) psychosis; **psicosis de guerra** war psychosis, war scare; **psicosis maníacodepresiva** (psychopath.) manic-depressive insanity
psicosomático -ca *adj* psychosomatic
psicotecnia or **psicotécnica** *f* psychotechnology
psicoterapia *f* psychotherapy
psicrómetro *m* psychrometer
psilosis *f* (path.) psilosis (*fall of hair; sprue*)
psique *f* or **psiquis** *f* cheval glass; psyche (*soul, mind*); (*cap.*) *f* (myth.) Psyche
psiquiatra *mf* or **psiquíatra** *mf* psychiatrist
psiquiatría *f* psychiatry
psiquiátrico -ca *adj* psychiatric
psiquiatro *m* var. of **psiquiatra**
psíquico -ca *adj* psychic or psychical
psitacismo *m* psittacism
psitacosis *f* (path.) psittacosis, parrot disease
P.S.M. abr. of **por su mandato**
psoas *m* (anat.) psoas
psoriasis *f* (path.) psoriasis
pta. abr. of **pasta** & **peseta**
pte. abr. of **parte** & **presente**
pteridófita *f* (bot.) pteridophyte
pterodáctilo *m* (pal.) pterodactyl
ptialina *f* (path.) ptyalin
ptialismo *m* (path.) ptyalism
ptolemaico -ca *adj* Ptolemaic
Ptolomeo *m* var. of **Tolomeo**
ptomaína *f* (biochem.) ptomaine
Pto. Rico abr. of **Puerto Rico**
pu *interj* ugh!
púa *f* point, sharp point, prick, barb; tine, prong; needle (*of phonograph*); tooth (*of comb*); thorn; spine or quill (*of porcupine*); sting (*of pain or remorse*); (hort.) graft; (mus.) plectrum; (coll.) tricky person
puado *m* (set of) teeth, prongs
puar §33 *va* to put teeth on (*e.g., a comb*)
púber -bera or **púbero -ra** *adj* pubescent; *mf* person who has attained puberty
pubertad *f* puberty
pubes *m* (*pl:* **-bes**) var. of **pubis**
pubescencia *f* pubescence
pubescente *adj* pubescent
pubescer §34 *vn* to reach the age of puberty
pubiano -na or **púbico -ca** *adj* pubic
pubis *m* (*pl:* **-bis**) (anat.) pubes (*lower part of abdomen; hair covering it*); (anat.) pubis (*part of innominate bone*)
publicación *f* publication
publicano *m* (hist.) publican
publicar §86 *va* to publish; to publicize; (eccl.) to publish
publicata *f* certificate of publication
publicidad *f* publicity; advertising; **en publicidad** publicly; **publicidad de lanzamiento** advance publicity
publicista *mf* publicist
publicitario -ria *adj* (pertaining to) publicity, advertising; publishing
público -ca *adj* public; *m* public; audience; **en público** in public; *f* public examination or defense of thesis
pucha *f* (Am.) small bouquet
puchada *f* flour poultice; hogwash; thin mortar
puchera *f* (coll.) stew
pucherazo *m* blow with a pot or kettle; **dar pucherazo** (coll.) to count votes that weren't cast
puchero *m* pot, kettle; stew; (coll.) daily bread; (coll.) pout, pouting; **hacer pucheros** (coll.) to pout, to screw up one's face (*in crying or weeping*); **volcar el puchero** (coll.) to count votes that weren't cast
puches *mpl & fpl* porridge, gruel, pap
pucho *m* (Am.) fag end, remnant; (Am.) stump (*of cigar*); (Am.) trifle, trinket; (Am.) baby (*youngest member of a family*)
pude *1st sg pret ind of* **poder**
pudelación *f* (found.) puddling
pudelador *m* (found.) puddler
pudelaje *m* (found.) puddling
pudelar *va* (found.) to puddle
pudendo -da *adj* ugly, shameful, obscene; private (*parts*)
pudibundez *f* affected modesty
pudibundo -da *adj* modest, shy
pudicicia *f* chastity; modesty
púdico -ca *adj* modest, shy, chaste
pudiendo *ger of* **poder**
pudiente *adj* powerful; well-off, well-to-do; **poco pudiente** not so well-off, poorer; *mf* person of means; **los pudientes** the well-to-do
pudín *m* pudding
pudinga *f* (geol.) pudding stone
pudor *m* modesty, shyness; virtue, chastity
pudoroso -sa *adj* modest, shy
pudrición *f* rot, rotting; **pudrición roja** plant rot
pudridero *m* place of decomposition; compost heap; temporary vault (*for a corpse*)
pudrigorio *m* (coll.) var. of **podrigorio**
pudrimiento *m* rot, rotting
pudrir (*pp:* **podrido**) *va* to rot, putrefy; to worry; *vn* to be dead and buried; *vr* to rot, putrefy; to be worried, be harassed; to languish (*e.g., in jail*)
puebla *f* planting the seed of a vegetable
pueble *m* (min.) gang of workmen
pueblerino -na *adj* rustic, village, plebeian
pueblo *m* town, village; people, nation; common people; **pueblo de Dios** or **de Israel** children of Israel
puente *m* bridge; (aut.) rear axle; (naut.) deck; (mus. & naut.) bridge; (mus.) tailpiece; (cards) bender, bridge; **hacer un puente de plata a** (coll.) to smooth the way for, make it easy for; **hacer puente** to take the intervening day off; **puente aéreo** airlift, air bridge; **puente basculante** bascule bridge; **puente cantilever** cantilever bridge; **puente colgante** suspension bridge; **puente de barcas** boat bridge, pontoon bridge; **puente de engrase** (aut.) grease lift, grease rack; **puente delantero** (aut.) front axle, front-axle assembly; **puente de los suspiros** Bridge of Sighs; **puente de suspensión** suspension bridge; **puente flotante** (aut.) floating axle, **puente giratorio** swing drawbridge; **puente levadizo** drawbridge, lift drawbridge; **puente suspendido** hanging scaffold; **puente transbordador** transporter bridge; **puente trasero** (aut.) rear axle, rear-axle assembly; **puente voladizo** cantilever bridge
puentecilla *f* (mus.) bridge; (mus.) tailpiece
puentezuela *f* small bridge
puerco -ca *adj* dirty, filthy; piggish, hoggish; coarse, mean; lewd; slovenly; *m* (zool.) hog; **puerco de mar** (zool.) sea hog; **puerco espín** or **espino** (zool.) porcupine; **puerco jabalí, montés** or **salvaje** (zool.) wild boar; **puerco marino** (zool.) dolphin; *f* (zool.) sow; (zool.) wood louse; (path.) scrofula; (fig.) slattern; (fig.) slut; (fig.) selfish woman; **puerca montés** or **salvaje** sow of wild boar
puericia *f* childhood
puericultura *f* puericulture; child care
pueril *adj* puerile
puerilidad *f* puerility, childishness
puérpera *f* puerpera, woman who has just given birth to a child
puerperal *adj* puerperal
puerperio *m* (obstet.) puerperium
puerro *m* (bot.) leek, scallion
puerta *f* door, doorway; gate, gateway; (*cap.*) *f* Porte (*Turkey*); **puertas** *fpl* (coll.) octroi, tax on provisions (*entering a town*); **a puerta cerrada** or **a puertas cerradas** behind closed doors; **dar a uno con la puerta en la cara** or **las narices** (coll.) to slam the door in someone's face; **de puerta en puerta** from door to door; **de puertas para adentro** indoors; **fuera de puertas** outdoors, out of doors; **Sublime Puerta** Sublime Porte (*Turkey*); **tomar la puerta** to leave, go away; **puerta abierta** (dipl.) open door; **puerta cochera** porte-cochere; **puerta de corredera** sliding door; **puerta excusada** or **puerta falsa** back door, side door; **puerta giratoria** revolving door; **puerta plegadiza** folding

door; **Puertas de Hierro** Iron Gates (*on the Danube*); **puerta trasera** back door; **puerta vidriera** glass door
puertaventana *f* window shutter
puertezuela *f* little door
puertezuelo *m* small port or harbor
puerto *m* port, harbor, haven; mountain pass; (fig.) haven, refuge; **puerto aéreo** airport; **Puerto Arturo** Port Arthur; **puerto bri-gantino** Corunna; **puerto de arribada** (naut.) port of call; **puerto de depósito** bonded port; **Puerto de España** Port of Spain (*in Trinidad*); **puerto de matrícula** port of registry; **puerto franco** free port; **puerto marítimo** harbor, port; **Puerto Príncipe** Port-au-Prince; **puerto seco** frontier customhouse
puertorriqueño -ña *adj & mf* Puerto Rican
pues *adv* then, well; yes, certainly; why; anyhow; **pues que** since; *conj* for, since, because, inasmuch as; *interj* (coll.) well!, then!
puesta *f* see **puesto**
puestero -ra *mf* vendor, seller (*at a booth or stand*); *m* (Am.) tender of livestock (*on a ranch*)
puesto -ta *pp of* **poner; puesto que** since, inasmuch as; (archaic) although ‖ *adj* placed, put, set; dressed ‖ *m* place; booth, stand; post, position; office; station; barracks; blind (*for hunters*); **puesto de socorros** first-aid station; ‖ *f* setting; laying; putting; stake (*at cards*); **a puesta del sol, a puestas del sol** at sunset; **primera puesta** (mil.) new outfit (*given to a recruit*); **puesta a masa** (aut.) grounding (*of a wire*); **puesta a punto** completion, carrying out, perfection; adjustment; keeping in shape; **puesta a tierra** (elec.) grounding; **puesta de largo** coming out, social debut; **puesta en libertad** liberation, setting free; **puesta en marcha** starting; launching
puf *m* pouf (*circular ottoman*); *interj* ugh!
pufino *m* (orn.) shearwater
púgil *m* pugilist
pugilar *adj* pugilistic; *m* Hebrew manual of the Scriptures
pugilato or **pugilismo** *m* pugilism
pugilista *m* pugilist
pugilístico -ca *adj* pugilistic
pugna *f* fight, battle; struggle, conflict; **en pugna** at issue; **en pugna con** at odds with
pugnacidad *f* pugnacity
pugnante *adj* fighting, hostile; struggling
pugnar *vn* to fight; to struggle; to strive, persist; **pugnar para** or **por** + *inf* to struggle to + *inf*
pugnaz *adj* (*pl:* **-naces**) pugnacious
puja *f* push, effort; bid; **sacar de la puja** (coll.) to beat, get ahead of; (coll.) to get (*someone*) out of a jam; **vender a la puja** to auction
pujador -dora *mf* bidder
pujame *m* or **pujamen** *m* (naut.) foot (*of a sail*)
pujamiento *m* flow of humors or blood
pujante *adj* mighty, puissant, vigorous
pujanza *f* might, puissance, vigor
pujar *va* to push (*e.g., a project*); to raise, bid up (*a price*); *vn* to struggle, to strain; to falter; to grope (*for words*); (coll.) to snivel
pujavante *m* butteris, hoof parer
pujo *m* (path.) tenesmus; straining; irresistible impulse (*to laugh or cry*); eagerness, strong desire; (coll.) attempt
pulcritud *f* neatness, tidiness; circumspection
pulcro -cra *adj* neat, tidy, trim; circumspect
pulchinela *m* punchinello; (*cap.*) *m* Punch
pulga *f* flea; small top (*toy*); **de malas pulgas** peppery, hot-tempered, hot-headed; **hacer de una pulga un camello** or **un elefante** (coll.) to make a mountain out of a molehill; **no aguantar pulgas** (coll.) to stand for no nonsense; **pulga de mar** (zool.) beach flea, sand hopper
pulgada *f* inch
pulgar *m* thumb; shoot left on vine; **menear los pulgares** to uncover one's cards gradually; (coll.) to do fast fingerwork; **por sus pulgares** (coll.) on one's own hook, all by oneself
pulgarada *f* fillip (*with thumb*); pinch (*of salt, tobacco, etc.*); inch
pulgarcito *m* little thumb; (*cap.*) *m* Tom Thumb
pulgón *m* (ent.) plant louse
pulgoso -sa *adj* full of fleas
pulguera *f* place full of fleas; wing of crossbow; (bot.) fleawort
pulguillas *m* (*pl:* **-llas**) (coll.) touchy fellow
pulicán *m* dentist's forceps
pulidez *f* neatness; polish
pulido -da *adj* pretty; neat; polished; clean, spotless
pulidor -dora *adj* polishing; finishing; *mf* polisher; *f* polishing machine
pulimentar *va* to polish
pulimento *m* polish; **pulimento para muebles** furniture polish
pulir *va* to polish; to finish; (fig.) to give a polish to; *vr* to polish; to dress up, get dressed; (fig.) to take on a polish
pulmón *m* (anat.) lung; **pulmón de acero** or **pulmón de hierro** iron lung; **pulmón marino** (zool.) jellyfish
pulmonado -da *adj* pulmonate
pulmonar *adj* pulmonary
pulmonaria *f* (bot.) lungwort
pulmonía *f* (path.) pneumonia; case or attack of pneumonia; **coger una pulmonía** to get pneumonia
pulmoníaco -ca *adj* pneumonic; *mf* person sick with pneumonia
pulmotor *m* pulmotor
pulpa *f* pulp
pulpejo *m* soft flesh (*of finger, ear, etc.*)
pulpería *f* (Am.) grocery store, general store
pulpero *m* octopus fisher; (Am.) grocer, storekeeper
pulpeta *f* slice of meat
púlpito *m* pulpit; (fig.) pulpit
pulpo *m* (zool.) octopus
pulposo -sa *adj* pulpy
pulque *m* (Am.) pulque
pulquería *f* (Am.) pulque tavern or bar; (Am.) pulque still
pulquero -ra *mf* (Am.) pulque dealer
pulquérrimo -ma *adj super* very or most neat or tidy; very or most circumspect
pulsación *f* pulsation, throb, beat; strike, striking; touch (*of pianist or typist*); (phys. & physiol.) pulsation
pulsada *f* pulsation, beat (*of pulse*)
pulsador -dora *adj* pulsating; push (*key, pedal, etc.*); *m* push button
pulsar *va* to play (*piano, harp, guitar*); to strike (*a key*); to feel or take the pulse of; to sound out, examine; (Am.) to feel the weight of (*by lifting*); *vn* to pulsate, throb, beat
pulsátil *adj* pulsatile
pulsatila *f* (bot.) pasqueflower
pulsativo -va *adj* pulsative
pulsear *vn* to hand-wrestle
pulsera *f* bracelet; wristlet, watch strap; side lock (*of hair*); (surg.) wrist bandage; **pulsera de pedida** engagement bracelet
pulsímetro *m* pulsimeter
pulsista *adj* expert on the pulse; *mf* pulse expert (*physician*)
pulso *m* pulse; steadiness, steady hand; tact, care, caution; (Am.) bracelet; (Am.) wrist watch; **a pulso** with hand and wrist; by main strength, the hard way; freehand (*drawing*); (Am.) straight, at one gulp; **de pulso** tactful; **sacar a pulsos** (coll.) to carry out against odds; **sin pulso** lifeless; **tomar a pulso** (Am.) to drink (*something*) straight, to drink (*something*) with one swig; **tomar el pulso a** to feel or take the pulse of; (fig.) to look into, to scrutinize
pulsómetro *m* pulsometer
pulsorreactor *m* (aer.) ram-jet engine
pultáceo -a *adj* pultaceous; (med.) gangrened
pulular *vn* to pullulate
pulverizable *adj* pulverizable
pulverización *f* pulverization; atomizing; spraying
pulverizador -dora *adj* pulverizing; *mf* sprayer (*person*); *m* spray, sprayer
pulverizar **§76** *va* to pulverize; to atomize; to spray; *vr* to pulverize

P

pulverulento -ta *adj* dusty; powdery
pulla *f* dig, cutting remark; indecency, filthy remark; (orn.) gannet
pullista *mf* scoffer, giber; foul-mouthed person
pum *interj* bang!
puma *m* (zool.) puma, cougar, panther
pumita *f* pumice stone
puna *f* (Am.) bleak tableland in Andes; (Am.) mountain sickness
punción *f* (surg.) puncture
puncionar *va* (surg.) to puncture
puncha *f* prickle, thorn, sharp point
punchar *va* to prick, puncture
punches *mpl* (Am.) popcorn
pundonor *m* point of honor; dignity, face
pundonoroso -sa *adj* punctilious, scrupulous; haughty, dignified
pungimiento *m* prick; sting
pungir §42 *va* to prick; to sting
pungitivo -va *adj* pricking; stinging
punible *adj* punishable
punición *f* punishment
púnico -ca *adj* Punic; (fig.) Punic
punitivo -va *adj* punitive
punta *f* point (*sharp end*); tip, end; butt (*of cigar*); nail; point, cape, headland; horn (*of bull*); tine, prong (*of antlers*); tip (*of tongue*); touch, tinge, trace; souring (*of wine*); (hunt.) pointing; style, graver; **puntas** *fpl* point lace; **de punta** on end; on tiptoe; **de punta en blanco** in full armor; (coll.) in full regalia; **estar de punta (con)** to be at odds (with); **hacer punta** to be or go first; to be opposed; to stand out; to knit; **sacar punta a** to put a point on, to sharpen; (coll.) to give a malicious twist to; **tener en la punta de los dedos** to have at one's finger tips; **punta de combate** war head (*of a torpedo*); **punta de chispa** (elec.) spark point; **punta de diamante** diamond point (*for cutting*); **punta de Europa** Europa Point; **punta de lanza** spearhead; (fig.) spearhead; **punta de París** wire nail; **punta de vidriar** glazier's point
puntación *f* pointing (*of Hebrew and Arabic letters*)
puntada *f* (sew.) stitch; hint; (Am.) stitch (*in the side*)
puntal *m* prop, support; stay, stanchion; elevation; (naut.) depth of hold; (fig.) backing, support; (Am.) bite, snack
puntapié *m* kick; **echar a puntapiés** (coll.) to kick out; **mandar a puntapiés** (coll.) to have an ascendancy over
puntar *va* to mark with dots or points; to point (*Hebrew or Arabic letters*)
puntazo *m* (Am.) jab, stab
punteado -da *adj* dotted; *m* dotting; **dotted** line; plucking the guitar; *f* dotting
puntear *va* to dot, to mark with dots or points; to pluck, to play (*a guitar*); to engrave or paint with dots; (sew.) to stitch; *vn* (naut.) to tack
puntel *m* pontil, punty
punteo *m* emphasis, great stress (*to drive home a point*); dots; (mus.) plucking
puntera *f* see **puntero**
puntería *f* aim, aiming; markmanship
puntero -ra *adj* sharpshooting; *m* pointer; stonecutter's chisel; hand (*of watch, clock, etc.*); punch; head, leader (*of a parade*); (mus.) finger pipe, chanter (*of bagpipe*); *f* toe, toe patch (*on shoe or stocking*); leather tip (*on shoe*); (coll.) kick
punterola *f* (min.) miner's pick, poll pick
puntiagudo -da *adj* sharp-pointed
puntilla *f* brad, finishing nail; narrow lace edging; point (*of fountain pen*); (carp.) tracing point; dagger; **dar la puntilla a** to stick the dagger in; (coll.) to finish off, destroy, ruin; **de** or **en puntillas** on tiptoe; **ponerse de puntillas** (coll.) to stick to one's opinion; **puntilla francesa** finishing nail
puntillazo *m* (coll.) kick
puntillero *m* puntillero, dagger man (*bullfighter who gives coup de grâce with dagger*)
puntillo *m* small point; punctilio; (mus.) dot, point
puntillón *m* (coll.) kick
puntilloso -sa *adj* punctilious, scrupulous
puntiseco -ca *adj* dry at the tips (*said of a plant*)
puntizón *m* (print.) frisket hole or mark
punto *m* point, dot; stitch, loop (*in knitting*); mesh; jot, mote; cabstand, hackstand; gun sight; hole (*in a belt*); break (*in mesh or net*); punctilio, point of honor; (gram.) period; (math., print. & sport) point; (fig.) point (*place; moment; feature; main idea; purpose; mark or quality*); **a buen punto** opportunely; **al punto** at once, instantly; **a punto** opportunely; ready; **a punto de** on the point of; **a punto fijo** precisely, with certainty; **a punto largo** roughly; **a punto que** just as, just when; **bajar de punto** to decline; **dar en el punto** to hit the nail on the head, find the trouble; **de medio punto** (arch.) semi-circular; **de punto** knitted; by the minute; **de todo punto** completely, entirely; **dos puntos** (gram.) colon; **en buen punto** fortunately; **en punto** sharp, on the dot, exactly, e.g., **son las dos en punto** it is two o'clock sharp; **en punto a** with regard to; **hasta el punto que** to the extent that; **poner los puntos sobre las íes** (coll.) to dot one's i's; **poner punto final a** to wind up, to bring to an end; **subir de punto** to grow, increase; to get worse; **tener a punto** to have ready; **punto capital** crux; **punto ciego** (anat.) blind spot; **punto de admiración** exclamation mark or point; **punto de aguja** knitting, knitwork; **punto de cadeneta** lock stitch; **punto de congelación** freezing point; **punto de costado** sharp pain across the heart; **punto de ebulición** or **ebullición** boiling point; **punto de encaje** lace; **punto de fuga** vanishing point; **punto de fusión** melting point; **punto de ganchillo** crocheting; **punto de gracia** funny side; **punto de honor** point of honor; **punto de la vista** (perspective) vanishing point; **punto de Hungría** herringbone (*in hardwood or tile floor*); **punto de malla** netting, netted fabric; **punto de media** knitwork, stockinet; **punto de mira** aim; center of attraction; **punto de partida** starting point, point of departure; **punto de rocío** (physical chem.) dew point; **punto de saturación** saturation point; **punto de vista** point of view; **¡punto en boca!** mum's the word!; **punto focal** (math.) focal point; **punto interrogante** question mark; **punto menos** almost; **punto menos que** almost; **punto muerto** dead center; (rad.) dead end; (fig.) stalemate, deadlock; **punto por punto** in detail; **puntos cardinales** cardinal points; **puntos suspensivos** suspension points; **puntos y rayas** (telg.) dots and dashes; **punto y coma** (construed as a masculine singular noun in Spanish) semicolon
puntoso -sa *adj* full of points; punctilious, scrupulous; haughty, dignified
puntuación *f* punctuation; mark, grade (*in school*); (sport) points, scoring
puntual *adj* punctual; certain, sure; exact; suitable
puntualidad *f* punctuality; certainty, sureness; exactness; suitability
puntualizado -da *adj* detailed, circumstantial
puntualizar §76 *va* to fix in the memory, to fix in one's mind; to detail, to give a detailed account of; to finish, to perfect; to draw up
puntualmente *adv* punctually; with precision; in detail
puntuar §33 *va & vn* to punctuate; (sport) to score
puntuoso -sa *adj* punctilious, scrupulous; haughty, dignified
puntura *f* puncture, prick; (print.) register point
punzada *f* prick; shooting pain; pang (*e.g., of remorse*)
punzador -dora *mf* puncher; *f* punching machine
punzadura *f* prick, puncture
punzante *adj* sharp, pricking; barbed, biting, caustic
punzaorejas *m* (*pl:* **-jas**) (ent.) earwig
punzar §76 *va* to prick, puncture, punch; to sting; to grieve; *vn* to sting
punzó *adj invar & m* poppy-red, flaming red

punzón *m* punch; pick; graver, burin; budding horn, tenderling; tip (*of horn*); **punzón de trazar** scriber
puñada *f* punch; **dar de puñadas a** to strike with the fist, to punch
puñado *m* handful; (fig.) handful; **a puñados** in abundance, by handfuls
puñal *m* poniard, dagger; deep grief
puñalada *f* stab (*with a dagger*); blow, sudden sorrow; **coser a puñaladas** (coll.) to cut to pieces; **puñalada de misericordia** coup de grâce; **puñalada por la espalda** or **puñalada trapera** stab in the back
puñalejo *m* small poniard or dagger
puñalero *m* maker or seller of poniards or daggers
puñera *f* double handful
puñetazo *m* punch; bang with the fist; **a puñetazos** with the fists
puñete *m* punch; bracelet
puño *m* fist; grasp; fistful, handful; handle (*e.g., of umbrella*); hilt; head (*of cane*); punch; cuff; wristband; (naut.) corner (*of sail*); **a puño cerrado** with the fist; firmly; **como un puño** (coll.) whopping big; (coll.) tiny, microscopic; **de puños** strong, valiant; **de su propio puño** or **de su puño y letra** in his own hand; **meter en un puño** (coll.) to flabbergast; **por sus puños** by oneself, on one's own; **ser como un puño** (coll.) to be close-fisted; (coll.) to be small (*in stature*); **tener en un puño** to have (*someone*) scared; **un puño de casa** (coll.) a little bit of a house, a tiny house; **puño de bastón** head of a cane
puoso -sa *adj* jagged; rough
pupa *f* pimple, pustule; fever blister; (ent.) pupa; child's word to express pain; **pupa coartada** (ent.) coarctate pupa; **pupa libre** (ent.) incomplete pupa; **pupa obtecta** (ent.) true pupa
pupal *adj* (ent.) pupal
pupario *m* (ent.) puparium
pupila *f* see **pupilo**
pupilaje *m* pupilage, wardship; boarding house; board (*cost*); boarding (*e.g., of a dog*); (aut.) storage
pupilar *adj* pupillary (*pertaining to a ward*); (anat.) pupillary
pupilero -ra *mf* boarding-house keeper
pupilo -la *mf* boarder; orphan, ward; pupil; *f* (anat.) pupil; **tener pupila** (coll.) to be quick, to be smart
pupinización *f* (elec.) Pupin system
pupitre *m* writing desk
puposo -sa *adj* pimply, pustulous
pupuso -sa *adj* (Am.) stubby, chubby; (Am.) swollen; (Am.) proud, haughty; (Am.) rich, wealthy
puque *adj* rotten (*egg*); (Am.) sickly
puquio *m* (Am.) spring or pool of fresh, clear water
puré *m* purée; **puré de patatas** mashed potatoes; **puré de tomates** stewed tomatoes
purear *vn* (coll.) to smoke cigars
pureza *f* purity
purga *f* purge; purgative, physic; drainings; drain valve
purgación *f* purge, purgation; **purgaciones** *fpl* (path.) gonorrhea
purgador -dora *adj* purging; *mf* purger
purgante *adj & m* purgative
purgar §59 *va* to purge; to physic; to drain; to purify, refine; to expiate; to control, to check (*passions*); to clear away (*suspicion*); *vn* to drain; to atone; *vr* to take a physic; to drain; to unburden oneself
purgativo -va *adj* purgative
purgatorio -ria *adj* purgatorial; *m* (theol. & fig.) purgatory; **tener en el purgatorio** to torture, to torment
puridad *f* purity; secrecy; **en puridad** openly, frankly; in secret
purificación *f* purification
purificadero -ra *adj* purifying, cleansing
purificador -dora *adj* purifying; *m* (eccl.) purificator; (eccl.) altar napkin
purificar §86 *va* to purify; *vr* to purify; to become purified
Purim *m* (rel.) Purim
purina *f* (chem.) purine
Purísima *f* Virgin Mary
purismo *m* purism
purista *adj* purist, puristic; *mf* purist
puritanismo *m* Puritanism
puritano -na *adj* puritan; puritanic; Puritan; *mf* puritan; Puritan
puro -ra *adj* pure; sheer; clear (*sky*); solid (*gold*); out-and-out, outright; **de puro** completely, totally; **de puro** + *adj* because of being + *adj*; *m* cigar
púrpura *f* purple; (poet.) blood; **púrpura de Tiro** Tyrian purple; **púrpura visual** (biochem.) visual purple
purpurado -da *adj* purple; *m* (eccl.) cardinal
purpurar *va* to purple; to dress in purple
purpúrea *f* see **purpúreo**
purpurear *vn* to purple, to have a purple tinge
purpúreo -a *adj* purple; *f* (bot.) burdock
purpurino -na *adj* purple; *f* (chem.) purpurin; bronze powder
purrela *f* poor wine, small wine
purriela *f* (coll.) junk, piece of junk
purulencia *f* purulence or purulency
purulento -ta *adj* purulent
pus *adj invar* (Am.) puce (*color*); *m* pus
puse *1st sg pret ind of* **poner**
pusilánime *adj* pusillanimous
pusilanimidad *f* pusillanimity
pústula *f* (bot. & path.) pustule
pustulación *f* pustulation
pustuloso -sa *adj* pustular
puta *f* whore, harlot
putaísmo *m* whoredom, harlotry; brothel
putañear *vn* (coll.) to whore around, to chase after lewd women
putañero *adj masc* (coll.) whoring, lewd
putativo -va *adj* spurious; putative
putear *vn* (coll.) var. of **putañear**
putero *adj masc* (coll.) var. of **putañero**
putesco -ca *adj* (coll.) whorish
putpurri *m* (mus.) potpourri, medley
putrefacción *f* putrefaction
putrefactivo -va *adj* putrefactive
putrefacto -ta *adj* rotten, putrid
putrescente *adj* putrescent
putrescible *adj* putrescible
putrescina *f* (biochem.) putrescine
putridez *f* putridity, rottenness
pútrido -da *adj* putrid, rotten
puya *f* goad, steel point; spur (*of cock*); (bot.) puya
puyazo *m* jab or wound with a goad; (fig.) jab, dig
puyo *m* (Am.) woolen poncho
puzol *m* or **puzolana** *f* (geol.) pozzolana

P

Q

Q, q *f* twentieth letter of the Spanish alphabet
q. abr. of **que**
q.b.s.m. abr. of **que besa su mano**
q.b.s.p. abr. of **que besa sus pies**
q.d.D.g. abr. of **que de Dios goce**
q.D.g. abr. of **que Dios guarde**
q.D. tenga en s.g. abr. of **que Dios tenga en su gracia**
q.^{e} abr. of **que**
q.e.g.e. abr. of **que en gloria esté**
q.e.p.d. abr. of **que en paz descanse**
q.e.s.m. abr. of **que estrecha su mano**
q.^{n} abr. of **quien**
qq. abr. of **quintales**
q.s.g.h. abr. of **que santa gloria haya**
quántum *m* (*pl:* **quanta**) (phys.) quantum
que *pron rel* that, which; who, whom; **el que** he who; which, the one which; who, the one who; *adv* than; *conj* that; for, because; let, e.g., **que entre** let him come in; **a que** (coll.) I bet that; **que no** and not; **que no** + *subj* without + *ger;* **que . . . que** whether . . . or
qué *adj & pron interr* what, which; what!; what a!; how!; **¿a qué?** why?; **sin qué ni para qué** without rhyme or reason; **¡qué de!** how much!, how many!; **¿qué más da?** what's the difference?; **¿qué tal?** how?; hello, how's everything?
quebracho *m* (bot.) quebracho, breakax
quebrada *f* see **quebrado**
quebradero *m* (obs.) breaker; **quebradero de cabeza** (coll.) worry, concern
quebradizo -za *adj* brittle, fragile; frail, delicate
quebrado -da *adj* weakened; bankrupt; ruptured; rough, winding; fractional; *mf* bankrupt; *m* (math.) fraction; (Am.) tobacco leaf full of holes; *f* gorge, ravine, gap; failure, bankruptcy; (Am.) brook
quebrador -dora *adj* breaking; *mf* breaker; lawbreaker
quebradura *f* breaking; fissure, slit; (path.) rupture
quebraja *f* crack, slit, fissure
quebrajar *va* to crack, to slit, to split
quebrajoso -sa *adj* brittle, fragile; full of cracks, splintery
quebramiento *m* var. of **quebrantamiento**
quebrantable *adj* breakable
quebrantador -dora *adj* breaking; crushing; *mf* breaker, crusher; *f* crusher (*machine*)
quebrantadura *f* var. of **quebrantamiento**
quebrantahuesos *m* (*pl:* **-sos**) (orn.) osprey, sea eagle; (orn.) lammergeier, bearded vulture; (coll.) bore, pest
quebrantamiento *m* breaking, breach; fracture, rupture; exhaustion, fatigue
quebrantaolas *m* (*pl:* **-las**) old ship used as a breakwater
quebrantapiedras *m* (*pl:* **-dras**) (bot.) burstwort
quebrantar *va* to break; to break in (*a colt*); to break open; to break out of; to grind, crush; to soften, mollify; (fig.) to break (*a contract, a will, the law, someone's heart*); *vr* to break; to become broken
quebrantaterrones *m* (*pl:* **-nes**) (coll.) clodhopper
quebranto *m* break, breaking; heavy loss; great sorrow; discouragement
quebrar §18 *va* to break; to bend, to twist; to crush; to overcome; to temper, soften; to dull, darken (*the countenance*); *vn* to break; to fail; to weaken, give in; **quebrar con** to break with (*e.g., a friend*); *vr* to break; to become broken; to weaken; to become ruptured
quebrazas *fpl* flaws or tiny cracks in the blade of a sword
queche *m* smack, ketch
quechemarín *m* (naut.) coasting lugger
quechua *adj & mf* var. of **quichua**
queda *f* see **quedo**
quedada *f* stay, sojourn; (naut.) lull
quedar *vn* to remain; to stay; to be left; to be left over; to stop, leave off; to turn out; to be; to be found, to be located; **quedar a** + *inf* to remain + *ger*, e.g., **quedar a deber** to remain owing; **quedar bien** or **mal** to acquit oneself well or badly; **quedar en** to agree on; **quedar en** + *inf* to agree to + *inf;* **quedar en que** to agree that; **quedar por** or **sin** + *inf* to remain to be + *pp*, e.g., **aún queda más de la mitad del ferrocarril por construir** more than half of the railroad still remains to be built; *vr* to remain; to stay; to stop; to be; to be left; to put up (*e.g., at a hotel*); **quedarse con** to keep, to take; **quedarse tan fresco** (coll.) to show no offense, to be unconcerned
quedito *adv* softly, gently
quedo -da *adj* quiet, still; gentle; *f* curfew; **quedo** *adv* softly, in a low voice; gropingly; **a quedo** or **de quedo** easy, slowly
quehacer *m* work, task, chore
queja *f* complaint, lament; whine, moan; (law) complaint
quejar *vr* to complain, lament; to whine, moan; **quejarse de** to complain about or of; **quejarse de** + *inf* to complain of + *ger;* **quejarse de haber** + *pp* to complain of having + *pp*
quejicoso -sa *adj* complaining, whining, whiny
quejido *m* complaint, whine, moan
quejigal *m* or **quejigar** *m* grove of gall oaks
quejigo *m* (bot.) gall oak
quejigueta *f* (bot.) dwarf oak of Morocco and southern Spain (*Quercus humilis*)
quejilloso -sa *adj* complaining, whining
quejoso -sa *adj* complaining, querulous
quejumbre *f* complaining, whine, moan
quejumbroso -sa *adj* complaining, whining, whiny
quela *f* (zool.) chela
quelícero *m* (ent.) chelicera
quelite *m* (bot.) pigweed
quelonio -nia *adj & m* (zool.) chelonian
quelpo *m* (bot.) kelp
quema *f* fire, burning; **a quema ropa** point-blank; **de quema** distilled; **hacer quema** (Am.) to hit the mark; **huir de la quema** to get out of danger; to dodge responsibility
quemada *f* see **quemado**
quemadero -ra *adj* for burning, to be burned; *m* stake (*for burning convicts*); incinerator (*for burning dead animals or damaged food*)
quemado -da *adj* burned; burnt out; (Am.) angry; (Am.) colored, dark; *m* burnt brush, burnt thicket; (coll.) fire, something burning, something burnt; **oler a quemado** (coll.) to smell of fire; *f* burnt brush, burnt thicket; (Am.) fire
quemador -dora *adj* burning; incendiary; *mf* burner; *m* burner; **quemador de gas** gas burner; **quemador de petróleo** oil burner
quemadura *f* burning; burn; sunburn; scald; smut (*plant disease*)
quemajoso -sa *adj* burning, smarting
quemar *va* to burn; to scald; to kindle, set on fire; to parch, scorch; to frostbite; to sell too cheap; *vn* to burn, be hot; *vr* to burn; to be burning up; (coll.) to fret, become impatient; (coll.) to be warm, be hot (*to be about to find something sought for*)
quemarropa; a quemarropa point-blank

quemazón *f* burning; burn; intense heat; (coll.) itch, smarting; (coll.) cutting remark; (coll.) pique, anger; (hum.) bargain sale; (Am.) mirage on the pampas
quenopodiáceo -a *adj* (bot.) chenopodiaceous
quenopodio *m* (bot.) chenopod, goosefoot
quepis *m* (*pl:* **-pis**) (mil.) kepi
quepo *1st sg pres ind of* **caber**
querargirita *f* (mineral.) cerargyrite
queratina *f* (zool.) keratin
queratógeno -na *adj* keratogenous
querella *f* complaint; quarrel, dispute; (law) complaint
querellado -da *mf* (law) defendant
querellador -dora or **querellante** *adj & mf* (law) complainant
querellar *vr* to complain; to whine; (law) to file a complaint, bring suit
querelloso -sa *adj* querulous; quarrelsome
querencia *f* fondness, liking; attraction; love of home; haunt (*of animals*); (taur.) favorite spot or refuge (*of a bull in the arena*); (coll.) favorite spot, perch
querencioso -sa *adj* homing, home-returning; favorite (*haunt or spot*); (coll.) affectionate
querendón -dona *adj* (Am.) affectionate
querer *m* love, affection; liking, fondness; **§70** *va* to wish, want, desire; to like; to love; **como quiera** anyhow, anyway; **como quiera que** whereas; since, inasmuch as; no matter how; **cuando quiera** any time; **donde quiera** anywhere; **que quiera, que no quiera** whether he wishes to or not; **sin querer** unwillingly; unintentionally; **querer bien** to love; **querer más** to prefer; *v aux* **querer** + *inf* to wish, want or desire to + *inf;* will + *inf;* to be about to, to be trying to + *inf*, e.g., **quiere llover** it is trying to rain; **querer decir** to mean; **querer más** + *inf* to prefer to + *inf*, would rather + *inf*
queresa *f* var. of **cresa**
querido -da *adj* dear; *mf* lover; paramour; (coll.) dearie; *f* mistress
quermes *m* (*pl:* **-mes**) (ent.) kermes insect; kermes (*dyestuff*); **quermes mineral** (chem.) kermes mineral
quermés *f* or **quermese** *f* bazaar (*for some charitable purpose*); village or country fair
querocha *f* var. of **cresa**
querochar *vn* to lay eggs (*said of bees and other insects*)
Queronea *f* Chaeronea
queroseno *m* var. of **keroseno**
querré *1st sg fut ind of* **querer**
quersoneso *m* chersonese; **el quersoneso de Tracia** the Chersonese (*Gallipoli Peninsula*)
querub *m* or **querube** *m* (poet.) cherub
querúbico -ca *adj* cherubic
querubín *m* (Bib., f.a. & theol.) cherub
querva *f* var. of **cherva**
quesadilla *f* cheese cake; sweet pastry
quesear *vn* to make cheese
quesera *f* see **quesero**
quesería *f* cheese-making season; cheese factory; cheese shop or store
quesero -ra *adj* caseous, cheesy; *mf* cheesemonger; cheesemaker; *f* cheese board; cheese mold; cheese tub; cheese dish; cheese factory
quesillo *m* heart of artichoke; **quesillo helado** brick ice cream
quesiqués *m* var. of **quisicosa**
queso *m* cheese; **queso de bola** Edam cheese; **queso de cerdo** headcheese; **queso de Edam** Edam cheese; **queso de Gruyère** Swiss cheese; **queso de higos** (Am.) fig paste; **queso de Holanda** Dutch cheese; **queso de Limburgo** Limburger; **queso de Roquefort** Roquefort cheese; **queso helado** brick ice cream; **queso parmesano** Parmesan cheese
queteno *m* (chem.) ketene
quetona *f* (chem.) ketone
quetosa *f* (chem.) ketose
quetzal *m* or **quetzale** *m* (orn.) quetzal; quetzal (*monetary unit of Guatemala*)
quevedos *mpl* pince-nez
quezal *m* (orn.) quetzal
quiá *interj* oh, no!
quianti *m* Chianti (*wine*)
quiasma *m* (rhet.) chiasmus; (anat. & biol.) chiasma
quicial *m* hinge-pole; hanging stile; pivot hole (*for hinge-pole*)
quicialera *f* hinge-pole; hanging stile
quicio *m* pivot hole (*for hinge-pole*); doorjamb; (Am.) front steps (*of a house*); **fuera de quicio** out of order; **sacar de quicio** to put out of order; **sacar de quicio** to unhinge (*a person*)
quichua *adj* Quechuan; *mf* Quechua; *m* Quechuan (*language*)
quid *m* quiddity, gist, core
quídam *m* (coll.) so-and-so; (coll.) nobody
quiebra *f* break; crack, fissure; damage, loss; bankruptcy
quiebrahacha *f* (bot.) breakax
quiebro *m* bending back at the waist; (mus.) trill; (taur.) dodge
quien *pron rel* who, whom; he who, she who; someone who, anyone who
quién *pron interr* who, whom; **¿Quién es quién?** Who's Who (*book of biographies*); **quién . . . quién** one . . . another
quienquiera *pron indef* anyone, anybody; **quienquiera que** whoever, whomever
quién vive *m* (mil.) challenge
quiescencia *f* (gram.) quiescence
quiescente *adj* (gram.) quiescent
quietación *f* quieting
quietador -dora *adj* quieting, calming; *mf* quieter
quietar *va & vr* var. of **aquietar**
quiete *f* hour of recreation (*after eating*)
quietismo *m* quietism
quietista *adj & mf* quietist
quieto -ta *adj* quiet, still, calm; virtuous
quietud *f* quiet, stillness, calm
quijada *f* (anat.) jaw, jawbone; (mach.) jaw
quijal *m* or **quijar** *m* (anat.) jaw; (anat.) grinder, molar tooth
quijarudo -da *adj* big-jawed
quijera *f* cheek strap; cheek of crossbow
quijo *m* (min.) quartz (*gold or silver ore*)
quijones *m* (*pl:* **-nes**) (bot.) aromatic herb (*Scandix australis*)
quijotada *f* (coll.) quixotism, quixotic deed
quijote *m* (arm.) cuisse; croup (*of horse*); (fig.) Quixote (*quixotic person*)
quijotear *vn* to act quixotically
quijotería *f* quixotry, quixotism
quijotesco -ca *adj* quixotic
quijotil *adj* of the Quixote (*the romance*)
quijotismo *m* quixotism; ridiculous pride or vanity
quilatador *m* assayer
quilatar *va* var. of **aquilatar**
quilate *m* carat; **quilates** *mpl* (fig.) weight in gold; **por quilates** (coll.) in small amounts, sparingly
quilatera *f* pearl gauge
quilífero -ra *adj* chyliferous
quilificación *f* (physiol.) chylification
quilificar **§86** *va & vr* (physiol.) to chylify
quilma *f* sack, bag
quilo *m* (physiol.) chyle; kilo (*kilogram*); **sudar el quilo** (coll.) to slave, to be a drudge
quilográmetro *m* var. of **kilográmetro**
quilogramo *m* var. of **kilogramo**
quilolitro *m* var. of **kilolitro**
quilométrico -ca *adj* var. of **kilométrico**
quilómetro *m* var. of **kilómetro**
quiloso -sa *adj* chylous
quilla *f* (aer., naut. & bot.) keel; (orn.) breastbone; **dar de quilla** (naut.) to keel over; **falsa quilla** (naut.) false keel; **poner en quilla** (naut.) to put on the stocks
quillay *m* (bot.) soapbark tree (*of Chile*)
quillotranza *f* (coll.) sorrow, bitterness
quillotrar *va* (coll.) to incite, stir up; (coll.) to make love to; (coll.) to charm, captivate; (coll.) to consider, think over; (coll.) to adorn, deck; *vr* (coll.) to fall in love; (coll.) to deck oneself out; (coll.) to complain
quillotro *m* (coll.) incitement; (coll.) sign, token; (coll.) love making, love affair; (coll.) problem, puzzler; (coll.) adornment, finery; (coll.) friend, favorite
quimafila *f* (bot.) pipsissewa

Q

quimbombó *m* (*pl:* **-boes**) var. of **quingombó**
quimera *f* (myth., f.a. & fig.) chimera; quarrel, dispute
quimérico -ca or **quimerino -na** *adj* chimeric or chimerical
quimerista *adj* visionary; quarrelsome; *mf* visionary; wrangler
quimerizar §76 *vn* to indulge in chimeras
quimiatría *f* chemiatry
químico -ca *adj* chemical; *mf* chemist; *f* chemistry; **química del carbono** organic chemistry; **química física** physical chemistry; **química fisiológica** physiological chemistry; **química inorgánica** inorganic chemistry; **química mineral** or **orgánica** organic chemistry
quimicultura *f* tank farming
quimificación *f* (physiol.) chymification
quimificar §86 *va* (physiol.) chymify
quimiocirugía *f* chemosurgery
quimiosfera *f* chemosphere
quimiosíntesis *f* chemosynthesis
quimiotaxis *f* (biol.) chemotaxis
quimioterapia *f* chemotherapy
quimismo *m* chemism
quimista *m* var. of **alquimista**
quimo *m* (physiol.) chyme
quimógrafo *m* kymograph
quimoso -sa *adj* chymous
quimón *m* kimono cotton
quimono *m* kimono
quimosina *f* (biochem.) rennin
quina *f* (pharm.) cinchona, Peruvian bark; keno (*in lotto*); **quinas** *fpl* quinas (*arms of Portugal*); double fives (*in dice*)
quinal *m* (naut.) preventer shroud
quinaquina *f* var. of **quina**
quinario -ra *adj* quinary; *m* quinary; five-day devotion
quincajú *m* (*pl:* **-júes**) var. of **quincayú**
quincalla *f* hardware; costume jewelry
quincallería *f* hardware business; hardware store; hardware factory; gift shop
quincallero -ra *mf* hardware merchant; hardware maker
quincayú *m* (*pl:* **-yúes**) (zool.) kinkajou
quince *adj* fifteen; **las quince** three P.M.; *m* fifteen; fifteenth (*in dates*); **dar quince y falta a, dar quince y raya a** (coll.) to be a thousand times better than or superior to
quinceañero -ra *adj* fifteen-year-old; *mf* fifteen-year-old person
quinceavo -va *adj & m* var. of **quinzavo**
quincena *f* see **quinceno**
quincenal *adj* biweekly, fortnightly
quincenario -ria *adj* biweekly, fortnightly; *mf* person who spends one fortnight after another in jail
quinceno -na *adj* fifteenth; *mf* fifteen-month-old mule; *f* two weeks, fortnight; two weeks' pay; (mus.) fifteenth (*interval and organ stop*)
quincineta *f* (orn.) lapwing
quinconce *m* (Am.) var. of **quincunce**
quincuagena *f* fifty
quincuagenario -ria *adj & mf* quinquagenarian
quincuagésimo -ma *adj & m* fiftieth; *f* (eccl.) Quinquagesima
quincunce *m* (hort.) quincunx
quindécimo -ma *adj & m* fifteenth
quindenial *adj* fifteen-year
quindenio *m* fifteen-year period, fifteen years
quinescopio *m* var. of **kinescopio**
quingentésimo -ma *adj & m* five-hundredth
quingo *m* (Am.) zigzag, twist, turn
quingombó *m* (*pl:* **-boes**) (bot.) okra or gumbo (*plant and fruit*)
quiniela *f* pelota game of five; soccer lottery; numbers game; daily double
quinientos -tas *adj & m* five hundred
quinina *f* (chem.) quinine
quinismo *m* (path.) cinchonism
quino *m* kino; (bot.) cinchona; (pharm.) cinchona, Peruvian bark
quínoa *f* (bot.) South American pigweed (*Chenopodium quinoa*)
quínola *f* four of a kind (*at cards*); **quínolas** *fpl* reversi (*old card game*)
quinolillas *fpl* var. of **quínolas**
quinqué *m* student lamp, oil lamp, Argand lamp; (coll.) insight, perspicacity
quinquefolio *m* (bot.) cinquefoil
quinquenal *adj* quinquennial, five-year
quinquenervia *f* (bot.) ribwort
quinquenio *m* quinquennium, five-year period
quinquerreme *f* quinquereme
quinquillería *f* var. of **quincallería**
quinquillero -ra *mf* var. of **quincallero**
quinta *f* see **quinto**
quintacolumnista *mf* fifth columnist
quintador *m* draft or induction official
quintaesencia *f* quintessence
quintaesenciar *va* to refine, purify; to extract the quintessence of
quintal *m* quintal (*46 kg.*); **quintal métrico** quintal (*100 kg.*)
quintalada *f* (naut.) primage, hat money
quintaleño -ña *adj* capable of holding a quintal
quintalero -ra *adj* weighing a quintal
quintana *f* villa, country house
quintante *m* (astr.) quintant
quintañón -ñona *adj & mf* (coll.) centenarian
quintar *va* to draw (*one*) out of five; (mil.) to draft, to induct; to plow for the fifth time; *vn* to reach the fifth day (*said, especially, of the moon*); to bid a fifth higher (*at an auction*)
quintería *f* farmhouse, grange
quinterna *f* keno (*in lotto*)
quinterno *m* quinternion (*section of five sheets of paper*); keno (*in lotto*)
quintero *m* farmer; farm hand
quinteto *m* (mus.) quintet; quintet (*group of five*)
Quintiliano *m* Quintilian
quintilo *m* quintile
quintilla *f* five-line stanza of eight syllables and two rhymes; any five-line stanza with two rhymes
quintillizo -za *mf* (coll.) quint, quintuplet
quintillo *m* game of ombre played by five players
quintillón *m* British quintillion
quintín *m* quintin (*fine fabric*); **armar la de San Quintín** to raise a rumpus
quinto -ta *adj* fifth; *m* fifth; lot (*of ground*); pasture; (mil.) draftee; *f* villa, country house; (mil.) draft, induction; five of a kind (*at cards*); (mus.) fifth; **ir a quintas** to be drafted; **redimirse de las quintas** to be exempted from the draft
quintuplicación *f* quintuplication
quintuplicar §86 *va & vr* to quintuple
quíntuplo -pla *adj & m* quintuple, fivefold
quinua *f* var. of **quínoa**
quinzavo -va *adj & m* fifteenth
quiñón *m* share; lot, plot (*of arable land*)
quiñonero *m* part owner
quío -a *adj & mf* Chian; **Quío** *f* Chios (*island*)
quiosco *m* kiosk, summerhouse; stand; **quiosco de periódicos** newsstand; **quiosco de música** bandstand; **quiosco de necesidad** public toilet, comfort station
quiosquero *m* newsstand man
quipos *mpl* quipu (*colored cords and knots used by ancient Peruvians instead of writing*)
quiquiriquí *m* (*pl:* **-quíes**) cock-a-doodle-doo; (coll.) cock of the walk
quiragra *f* (path.) gout in the hand
quirinal *adj* Quirinal; (*cap.*) *m* Quirinal
quirófano *m* operating room
quirografía *f* chirography
quirográfico -ca *adj* chirographic
quirógrafo -fa *mf* chirographer; *m* chirograph
quiromancia or **quiromancía** *f* chiromancy, palmistry
quiromántico -ca *adj* chiromantic or chiromantical, of palmistry, of palmists; *mf* chiromancer, palmist
Quirón *m* (myth.) Chiron
quiropodia *f* chiropody
quiropodista *mf* chiropodist
quiropráctico -ca *adj* chiropractic; *mf* chiropractic, chiropractor; *f* chiropractic (*method of treatment*)
quiropractor *m* chiropractor
quiropraxia *f* chiropractic (*method of treatment*)

quiróptero -ra *adj & m* (zool.) chiropteran
quiroteca *f* glove
quirúrgico -ca *adj* surgical
quirurgo *m* surgeon
quiscal *m* (orn.) grackle
quiscamote *m* (bot.) cuckoopint
quise *1st sg pret ind of* **querer**
quisicosa *f* (coll.) puzzler (*thing which puzzles*)
quisquilla *f* trifle, triviality, quibble; (zool.) shrimp; **quisquillas** *fpl* hairsplitting; **dejarse de quisquillas** to stop fussing; **pararse en quisquillas** to bicker, to make a fuss over nothing
quisquillosidad *f* triviality; touchiness; fastidiousness; hairsplitting
quisquilloso -sa *adj* trifling; touchy; fastidious; hairsplitting
quistar *vr* to get along well, to be well liked
quiste *m* (bot., path. & zool.) cyst
quístico -ca *adj* (path.) cystic
quisto -ta *adj* liked; **bien quisto** well-liked; well-received; **mal quisto** disliked; unwelcome
quita *f* see **quito**
quitación *f* salary, income; (law) acquittance, release
quitador -dora *adj* removing; *mf* remover
quitaguas *m* (*pl:* **-guas**) umbrella
quitaipón *m* var. of **quitapón**
quitalodos *m* (*pl:* **-dos**) scraper, foot scraper
quitamanchas *mf* (*pl:* **-chas**) clothes cleaner, spot remover (*person*); *m* clothes cleaner, spot remover (*material*)
quitameriendas *f* (*pl:* **-das**) (bot.) meadow saffron, autumn crocus
quitamiedos *m* (*pl:* **-dos**) handrail, railing, rope
quitamotas *mf* (coll.) fawner, flatterer, bootlicker
quitanieve *m* or **quitanieves** *m* (*pl:* **-ves**) snowplow
quitanza *f* quittance
quitapelillos *mf* (*pl:* **-llos**) (coll.) fawner, flatterer, lickspittle
quitapesares *m* (*pl:* **-res**) (coll.) solace, comfort; (coll.) outdoor relaxation
quitapiedras *m* (*pl:* **-dras**) pilot, cowcatcher
quitapintura *f* paint remover
quitapón *m* headstall ornament for mules; **de quitapón** detachable, removable
quitar *va* to remove; to take away; to dispel; to clear (*the table*); to free; to save (*work or effort*); to take (*time*); to parry (*in fencing*); to prevent; **quitar** + *inf* to keep (*someone*) from + *ger;* **quitar algo a algo** to take something off something, to remove something from something, e.g., **quitaron dos carros al tren en Medina del Campo** they took two cars off the train at Medina del Campo; **quitar algo a uno** to remove something from someone; to take something away from someone; *vr* to take off (*hat, article of clothing, etc.*); to tip (*one's hat*); to come out (*said of a spot or stain*); to give up (*a vice*); to withdraw; **de quita y pon** detachable, removable; **¡quita allá!** or **¡quite allá!** don't tell me!
quitasol *m* parasol
quitasolillo or **quitasolillos** *m* (*pl:* **-llos**) (bot.) marsh pennywort
quitasueño *m* (coll.) worry, anxiety (*that dispels sleep*)
quite *m* removal; hindrance; dodge, dodging; parry (*in fencing*); (taur.) attracting the bull from a man in danger
quiteño -ña *adj* (pertaining to) Quito; *mf* native or inhabitant of Quito
quitina *f* (chem.) chitin
quitinoso -sa *adj* chitinous
quito -ta *adj* free, exempt; *f* (law) acquittance, release
quitón *m* (hist. & zool.) chiton
quitrín *m* (Am.) two-wheel carriage
quizá or **quizás** *adv* maybe, perhaps
quórum *m* (*pl:* **-rum**) quorum

R

R, r *f* twenty-first letter of the Spanish alphabet
R. abr. of **reprobado** (*en examen*), **respuesta, Reverencia** & **Reverendo**
raba *f* cod roe used as bait
rabada *f* hind quarter, rump
rabadán *m* head shepherd
rabadilla *f* (anat.) coccyx; (orn.) uropygium
rabanal *m* radish patch
rabanero -ra *adj* (coll.) short (*skirt*); (coll.) shameless, indecent; *mf* radish seller; *f* shameless woman, indecent woman; hors d'oeuvre dish, small oval dish
rabanete *m* small radish
rabanillo *m* sharpness (*of turning wine*); (bot.) jointed charlock; (coll.) sullenness; (coll.) eagerness, keenness
rabaniza *f* radish seed
rábano *m* (bot.) radish; **tomar el rábano por las hojas** (coll.) to be entirely wrong, to be on the wrong track; **rábano picante** or **rusticano** (bot.) horseradish; **rábano silvestre** (bot.) jointed charlock
rabárbaro *m* var. of **ruibarbo**
rabazuz *m* licorice extract
rabear *vn* to wag the tail; (naut.) to vibrate at the stern
rabel *m* (mus.) rebec; (hum.) backside
rabelesiano -na *adj* & *mf* Rabelaisian
rabeo *m* wagging the tail
rabera *f* tail end, breech; tang (*of a utensil*); handle (*of crossbow*); chaff
raberón *m* topped part of tree trunk
rabí *m* (*pl:* **-bíes**) rabbi
rabia *f* anger, rage; (path.) rabies; **tener rabia a** (coll.) to have a grudge against
rabiacana *f* (bot.) wake-robin
rabiar *vn* to rage, to rave; to get mad; to moan with pain; to have rabies; **a rabiar** like the deuce; **picar que rabia** to sting like the deuce; **rabiar por** to be dying for; **rabiar por** + *inf* to be dying to + *inf*
rabiatar *va* to tie together by the tail
rabiazorras *m* (coll.) east wind
rabicán apocopated form of **rabicano**
rabicano -na *adj* white-tailed
rábico -ca *adj* (med. & vet.) rabic
rabicorto -ta *adj* short-tailed; wearing a short dress
rábido -da *adj* var. of **rabioso;** *f* Moroccan monastery
rabieta *f* (coll.) tantrum, conniption
rabihorcado *m* (orn.) frigate bird
rabijunco *m* (orn.) tropic bird
rabilargo -ga *adj* long-tailed; *m* (orn.) blue magpie
rabillo *m* (bot.) leafstalk; (bot.) flower stalk; mildew spots (*on cereals*); (bot.) bearded darnel; tip; **con el rabillo del ojo** out of the corner of one's eye
rabínico -ca *adj* rabbinic or rabbinical
rabinismo *m* rabbinism
rabinista *mf* rabbinist
rabino *m* rabbi
rabioles *mpl* (cook.) ravioli
rabión *m* rapids (*in a river*)
rabioso -sa *adj* rabid, mad
rabisalsera *adj fem* (coll.) pert, flippant
rabiza *f* tip of fishing rod; (naut.) short piece of rope, end of rope
rabo *m* tail; (bot.) flower stalk; (fig.) tail, train; **con el rabo del ojo** out of the corner of one's eye; **rabo de junco** (orn.) red-billed tropic bird; **rabo de zorra** foxtail; (bot.) foxtail; **rabos de gallo** (meteor.) cocktail, mare's-tail (*cirrous clouds*); **rabo verde** (Am.) old rake
rabón -bona *adj* bobtail; *f* (Am.) canteen woman; **hacer rabona** (coll.) to play hooky
rabopelado *m* (zool.) opossum
raboseada or **raboseadura** *f* mussing, fretting, fraying, tampering
rabosear *va* to muss, fret, fray, tamper with
raboso -sa *adj* raggedy, frayed
rabotada *f* swish of the tail; (coll.) coarse remark, coarseness
rabotear *va* to cut off the tail of
raboteo *m* cropping of sheep's tails; tail-cropping time
rabudo -da *adj* long-tailed, large-tailed
rábula *m* pettifogger
racamenta *f* or **racamento** *m* (naut.) parral or parrel
racel *m* (naut.) run
racial *adj* racial
racima *f* grapes left on vines (*at vintage*)
racimal *adj* in bunches, in clusters
racimar *va* to pick (*a vine*) of grapes left after vintage; *vr* to cluster, to bunch
racimo *m* bunch; cluster; (bot.) raceme
racimoso -sa *adj* bunchy, full of bunches; (bot.) racemose
racimudo -da *adj* with large bunches
raciocinación *f* ratiocination
raciocinar *vn* to ratiocinate
raciocinio *m* reason; argument; ratiocination
ración *f* ration; portion; allowance; (mil.) ration; (eccl.) cathedral prebend; **ración de hambre** starvation wages, pittance
racionabilidad *f* reason, intelligence
racional *adj* rational; (math.) rational; *m* (eccl.) rational
racionalidad *f* rationality
racionalismo *m* rationalism
racionalista *adj* rationalistic; *mf* rationalist
racionalización *f* (com. & math.) rationalization
racionalizar **§76** *va* (math.) to rationalize
racionamiento *m* rationing
racionar *va* to ration; (mil.) to ration
racionero *m* distributor of rations; (eccl.) prebendary
racionista *mf* person who lives on an allowance or ration; *m* (theat.) utility man
racismo *m* racism
racista *adj* & *mf* racist
racha *f* (naut.) squall, gust of wind; (coll.) streak, streak of luck; split, crack; large chip (*of wood*)
rada *f* (naut.) road, roadstead
Radamanto *m* (myth.) Rhadamanthus
radar *m* (elec.) radar
radaroscopio or **radarscopio** *m* radarscope
radiación *f* radiation
radiactividad *f* radioactivity
radiactivo -va *adj* radioactive
radiado -da *adj* radiate; (bot. & zool.) radiate; *m* (zool.) radiate
radiador -dora *adj* radiating; *m* radiator
radial *adj* radial; (Am.) (pertaining to) radio; *m* (math.) radian
radián *m* (math.) radian
radiante *adj* radiant; (phys.) radiant; (fig.) radiant (*joyful, smiling*); *m* (astr.) radiant; (math.) radian
radiar *va* to radio; to broadcast; to irradiate; *vn* to radiate
radicación *f* (math.) evolution; taking root
radical *adj* radical; (bot., chem., math., philol. & pol.) radical; *mf* (pol.) radical; *m* (chem., math. & philol.) radical; **radical hidroxilo** (chem.) hydroxyl radical
radicalismo *m* radicalism

radicante *adj* rooted; situated; **radicante en** (mil.) based on
radicar §86 *vn* to take root; to be located; *vr* to take root; to settle, settle down
radicícola *adj* (zool.) radicolous, radicicolous
radicoso -sa *adj* radicular, rooty
radícula *f* (bot.) radicle
radiestesia *f* dowsing
radiestesista *adj* dowsing; *mf* dowser
radio *m* edge, outskirts; radius (*e.g., of action*); spoke, rung (*of wheel*); (anat. & geom.) radius; (chem.) radium; *m & f* radio (*broadcasting; set; message*); **en la radio** on the radio
radío -a *adj* wandering
radioactividad *f* var. of **radiactividad**
radioactivo -va *adj* var. of **radiactivo**
radioaficionado -da *mf* radio amateur, radio fan, radio ham
radioastronomía *f* radioastronomy
radiobiología *f* radiobiology
radiobrújula *f* radio compass
radiocarbono *m* (phys.) radioactive carbon
radiocomunicación *f* radio communication
radiodiagnosis *f* or **radiodiagnóstico** *m* X-ray diagnosis
radiodifundir *va & vn* to broadcast, to radiobroadcast
radiodifusión *f* broadcasting, radiobroadcasting
radiodifusor -sora *adj* radiobroadcasting; *f* radiobroadcasting station
radiodirigido -da *adj* radio-controlled
radioelemento *m* (chem.) radioactive element, radioelement; **radioelemento indicador** (phys.) tracer element
radioemisora *f* radiobroadcasting station
radioescucha *mf* radio listener; radio monitor
radioestación *f* radio station
radiofaro *m* radio beacon
radiofonema *m* (rad. & telv.) commercial (*paid advertisement*)
radiofonía *f* (phys. & rad.) radiophony
radiofónico -ca *adj* radiophonic
radiófono *m* (phys. & rad.) radiophone
radiofonógrafo *m* radiophonograph
radiofoto *f* radiophoto
radiofrecuencia *f* (rad.) radio frequency
radiofusión *f* (Am.) broadcasting, radiobroadcasting
radiogoniometría *f* radiogoniometry
radiogoniómetro *m* radiogoniometer
radiografía *f* radiograph; radiography
radiografiar §90 *va* to radiograph; to wireless
radiográfico -ca *adj* radiographic
radiograma *m* radiogram
radiogramófono *m* radiophonograph
radiogramola *f* radiophonograph
radioguía *f* radio range beacon
radioisótopo *m* radioisotope
radiolario *m* (zool.) radiolarian
radiolocalización *f* radiolocation
radiología *f* radiology
radiólogo -ga *mf* radiologist
radiómano -na *mf* (coll.) radio fan
radiomecánico *m* radio serviceman
radiomensaje *m* radio message
radiometría *f* radiometry
radiómetro *m* radiometer
radioonda *f* radio wave
radiopaco -ca *adj* radiopaque
radioperturbación *f* (rad.) jamming
radioquímica *f* radiochemistry
radiorrecepción *f* reception, radio reception
radiorreceptor -tora *adj* receiving, radio-receiving; *m & f* radio receiver, receiving set
radiorreparaciones *fpl* radio repairs
radiorreparador *m* radio repairman
radioscopia *f* radioscopy
radiosensitivo -va *adj* radiosensitive
radioseñal *f* radio signal
radioso -sa *adj* radiant
radiosonda *m & f* (meteor.) radiosonde
radioteatro *m* theater of the air
radiotecnia *f* radiotechnology
radiotécnico *m* radiotechnician
radiotelefonear *va* to radiotelephone
radiotelefonía *f* radiotelephony
radioteléfono *m* radiotelephone
radiotelegrafía *f* radiotelegraphy, wireless
radiotelegrafiar §90 *va* to radiotelegraph, to wireless
radiotelegrafista *mf* wireless operator
radiotelégrafo *m* radiotelegraph
radiotelescopio *m* radio telescope
radioterapia *f* radiotherapy
radiotermia *f* radiothermy
radiotorio *m* (chem.) radiothorium
radiotransmisión *f* radio transmission
radiotransmisor *m* radio transmitter
radiotrón *f* radiotron
radiovisión *f* radiovision, television
radioyente *mf* radio listener
radón *m* (chem.) radon
rádula *f* (zool.) radula
raedera *f* scraper (*tool*)
raedizo -za *adj* easily scraped or scratched
raedor -dora *adj* scraping; *mf* scraper; *m* strickle
raedura *f* scraping; **raeduras** *fpl* scrapings
raer §71 *va* to scrape, scrape off; to smooth, to level; to wipe out, to extirpate; *vr* to become worn, become frayed, wear away
rafa *f* (arch.) buttress; irrigation ditch; (vet.) crack in hoof; (min.) skewback (*cut in rock*)
Rafael *m* Raphael
rafaelesco -ca *adj* Raphaelesque
ráfaga *f* gust, puff; gust of wind; burst (*e.g., of machine-gun fire*); light cloud (*indicating a change in the weather*); flash of light; (rad.) jingle
rafania *f* (path.) raphania
rafe *m* (arch.) eaves; (anat. & bot.) raphe
rafear *va* to reinforce with buttresses
rafia *f* (bot.) raffia (*palm and fiber*)
Raf.[l] abr. of **Rafael**
raglán *m* raglan
ragua *f* top of sugar cane
rahez *adj* (*pl:* **-heces**) low, vile, contemptible
raiceja *f* rootlet
raicilla *f* (bot.) radicle; rootlet
raicita *f* (bot.) radicle
raído -da *adj* threadbare; barefaced
raigal *adj* (pertaining to a) root
raigambre *f* intertwined roots; (fig.) deeprootedness
raigo *1st sg pres ind of* **raer**
raigón *m* large root; (anat.) root (*of tooth*); **raigón del Canadá** (bot.) Kentucky coffee tree
rail *m* (*pl:* **raíles**) rail (*of a track*)
raimiento *m* scraping; barefacedness, brazenness
Raimundo *m* Raymond
raíz *f* (*pl:* **-íces**) root; (bot., gram. & math.) root; **a raíz de** close to the root of; even with; right after, hard upon; **cortar de raíz** to nip in the bud; **de raíz** by the root; completely; **echar raíces** to take root; **raíz cuadrada** (math.) square root; **raíz cúbica** (math.) cube root; **raíz de remolacha** beet root
raja *f* crack, split; splinter, chip; slice; coarse cloth; **hacer rajas** to divide up; **hacerse rajas** (coll.) to break to pieces
rajá *m* (*pl:* **-jaes**) rajah
rajabroqueles *m* (*pl:* **-les**) (coll.) bully
rajadera *f* cleaver
rajadillo *m* sliced sugared almonds
rajadizo -za *adj* easily split
rajadura *f* crack, split
rajar *va* to split, to cleave; to crack; to slice; *vn* (coll.) to boast, to lie about one's feats; (coll.) to chatter, to jabber; *vr* to split, to cleave; to crack; (slang) to give up, to back down, to break one's promise
rajatabla; a rajatabla (coll.) at any cost, regardless; (Am.) promptly, vigorously
rajeta *f* varicolored light cloth
rajuela *f* small crack; rough stone
ralea *f* kind, quality; (coll.) breed, ilk; prey (*of birds of prey*)
ralear *vn* to become sparse, become thin; to yield thin bunches (*said of grapevines*); to show one's real make-up or nature, to be true to form
raleón -ona *adj* predatory, raptorial
raleza *f* sparsity, thinness
ralo -la *adj* sparse, thin; *m* (orn.) rail
ralladera *f* or **rallador** *m* (cook.) grater
ralladura *f* mark left by grater; gratings

R

rallar *va* to grate; (coll.) to grate on, annoy
rallo *m* grater; scraper; rasp; sprinkling nozzle (*of water pot*); unglazed porous jug (*for cooling water by evaporation*)
rallón *m* arrow with a cutting crosshead (*to be shot from a crossbow*)
rama *f* branch, bough; (fig.) branch (*e.g., of a family, of learning*); (print.) chase; **andarse por las ramas** (coll.) to beat about the bush; **en rama** crude, raw; in the grain; (b.b.) in sheets, unbound
ramada *f* foliage, branches; arbor; (Am.) covering, shed
Ramadán, el Ramadan
ramaje *m* foliage, branches
ramal *m* strand (*e.g., of a rope*); branch; (rail.) branch line; halter
ramalazo *m* lash; mark left by a lash; mark left by a blow in the face; mark or spot (*caused by disease or sickness*); sharp pain; blow, sudden sorrow
ramalear *vn* to be easily led by the halter
ramazón *f* cut branches, pile of branches
rambla *f* dry ravine; tenter, tentering machine; boulevard, avenue
ramblar *m* confluence of dry ravines
ramblazo or **ramblizo** *m* bed of a torrent
rameado -da *adj* branched, flowered (*design*)
rameal or **rámeo -a** *adj* ramal, rameal
ramera *f* whore, harlot
ramería *f* brothel; whoredom
ramial *m* ramie patch, ramie field
ramificación *f* ramification
ramificar §86 *va & vr* to ramify
ramilla *f* sprig, twig; (fig.) small help, slight boost
ramillete *m* bouquet; (bot.) cluster; epergne, centerpiece; flower piece; pretty dish of sweets; collection; **ramillete de Constantinopla** (bot.) sweet william
ramilletero -ra *mf* maker or seller of bouquets; *m* flower vase; potted flower; *f* flower girl
ramina *f* ramie (*fiber*)
ramio *m* (bot.) ramie
ramito *m* small branch
ramiza *f* cut branches; work made of branches
ramnáceo -a *adj* (bot.) rhamnaceous
ramo *m* branch, limb; cluster, bouquet; string of onions; line (*of goods, business, etc.*); branch (*e.g., of a science*); touch, slight attack (*of a disease*); **ramo de olivo** olive branch
ramojo *m* brushwood, small wood, dead wood
ramón *m* browse; trimmed twigs; (bot.) hackberry; (*cap.*) *m* Raymond
ramonear *vn* to trim twigs; to browse
ramoneo *m* trimming twigs; trimming time; browsing
ramoso -sa *adj* ramous, branchy
rampa *f* ramp; cramp; (aer.) apron
rampante *adj* (her.) rampant
rampiñete *m* (arti.) vent drill or gimlet
ramplón -plona *adj* heavy, coarse (*said of shoes*); vulgar, common; *m* calk (*of horseshoe*)
ramplonería *f* coarseness; vulgarity
rampojo *m* grape stem (*with grapes removed*)
rampollo *m* (hort.) cutting
Ramsés *m* Rameses
ramulla *f* small branches cleaned from a tree; brushwood, small wood, dead wood
rana *f* (zool. & rail.) frog; **ranas** *fpl* (path.) ranula; **no ser rana** (coll.) to be adept, to be a past master; **rana arbórea** (zool.) tree frog; **rana de zarzal** (zool.) peeper; **rana marina** or **pescadora** (ichth.) angler; **rana toro** (zool.) bullfrog; **rana voladora** (zool.) flying frog
ranacuajo *m* var. of **renacuajo**
rancajada *f* uprooting
rancajo *m* splinter in the flesh
ranciar *va & vr* var. of **enranciar**
rancidez *f* or **ranciedad** *f* rankness, rancidity, staleness; oldness, antiquity
rancio -cia *adj* rank, rancid, stale; old (*wine*); old, ancient; (fig.) old, old-fashioned; *m* rancidness; rancid bacon; greasiness of cloth
rancioso -sa *adj* var. of **rancio**
rancheadero *m* settlement of huts
ranchear *va* (Am.) to sack, pillage; *vn & vr* to build huts, form a settlement
rancheo *m* (Am.) sacking, pillage
ranchería *f* settlement, hamlet
ranchero *m* messman; (Am.) rancher, ranchman
rancho *m* mess; messmates; camp; meeting, gathering; thatched hut; (Am.) ranch; (naut.) stock of provisions; **hacer rancho** (coll.) to make room; **hacer rancho aparte** (coll.) to go one's own way, to be a lone wolf; **rancho de Santa Bárbara** (naut.) rudder chamber
randa *f* lace trimming, netting; *m* (coll.) pickpocket
randado -da *adj* trimmed with lace
randera *f* lacemaker, lacewoman
Randolfo *m* Randolph
ranero *m* frogland, frog pond
rangífero *m* (zool.) reindeer
rango *m* rank; class, nature; (Am.) quality (*high social standing*); (Am.) pomp, splendor
rangua *f* socket, pivot bearing
Rangún *f* Rangoon
raní *f* (*pl:* **-níes**) ranee, rani
ranilla *f* frog (*of hoof*)
ránula *f* (path. & vet.) ranula
ranunculáceo -a *adj* (bot.) ranunculaceous
ranúnculo *m* (bot.) ranunculus, crowfoot; (bot.) field buttercup, blister plant
ranura *f* groove, slot; **a ranura y lengüeta** groove-and-tongue
ranurador -dora *adj* grooving; *f* grooving machine, slotting machine
ranurar *va* to groove, to slot
ranzón *m* ransom money
raña *f* thicket, copse; hook for catching octopuses and mollusks
raño *m* oyster rake; (ichth.) hogfish, scorpion fish
rapa *f* olive blossom
rapabarbas *m* (*pl:* **-bas**) (coll.) barber
rapabolsas *m* (*pl:* **-sas**) (coll.) pickpocket
rapaceja *f* lassie
rapacejo *m* laddie; flounce, edging
rapacería *f* rapacity; childishness, childish prank
rapacidad *f* rapacity
rapado *m* (Am.) shave, close haircut
rapador -dora *adj* scraping; *mf* scraper; *m* (coll.) barber
rapadura *f* shave, close haircut
rapagón *m* stripling, beardless young fellow
rapamiento *m* var. of **rapadura**
rapante *adj* thieving; (her.) rampant
rapapiés *m* (*pl:* **-piés**) snake, serpent (*kind of firecracker*)
rapapolvo *m* (coll.) dressing-down, sharp reprimand
rapar *va* to shave; to shave close, to crop; to scrape; (coll.) to snatch, filch; *vr* to shave; (Am.) to lead (*e.g., an easy life*)
rapavelas *m* (*pl:* **-las**) (slang) sexton, altar boy
rapaz (*pl:* **-paces**) *adj* thievish; rapacious; raptorial; *m* young boy, lad; **rapaces** *fpl* (zool.) Raptores
rapaza *f* young girl, lass
rapazada *f* childishness, childish prank
rapazuelo -la *mf* urchin, youngster
rape *m* (coll.) quick shave, quick haircut; (ichth.) angler; **al rape** cut very close
rapé *m* snuff (*tobacco*)
rapidez *f* rapidity
rápido -da *adj* rapid; *m* (rail.) express; **rápidos** *mpl* rapids (*in a river*)
rapiego -ga *adj* of prey (*said of a bird*)
rapingacho *m* (Am.) cheese omelet
rapiña *f* rapine; robbery, thievery
rapiñador -dora *adj* stealing, plundering; *mf* robber, plunderer
rapiñar *va* (coll.) to steal, to plunder
rapista *m* (coll.) barber
rapo *m* turnip (*root*)
rapónchigo *m* (bot.) rampion
rapóntico *m* var. of **ruipóntico**
raposa *f* (zool.) fox; female fox; (coll.) fox (*person*); **raposa de mar** (ichth.) thresher, thresher shark
raposear *vn* to be foxy, to be sly as a fox

raposeo *m* foxiness, cunning
raposera *f* fox hole, fox burrow
raposería *f* foxiness, cunning
raposino -na *adj* (pertaining to the) fox, foxy
raposo *m* male fox; (coll.) fox, foxy fellow; (coll.) easy-going, slipshod fellow; **raposo ferrero** (zool.) blue fox
raposuno -na *adj* var. of **raposino**
rapsoda *m* (hist.) rhapsodist
rapsodia *f* (mus. & lit.) rhapsody
rapsódico -ca *adj* rhapsodic or rhapsodical
rapsodista *m* (lit.) rhapsodist
raptar *va* to abduct; to kidnap
rapto *m* rapture; abduction; kidnaping; faint, swoon
raptor -tora *mf* kidnaper; *m* abductor, ravisher
rapuzar §76 *va* to trim, prune
raque *m* beachcombing; arrack (*liquor*); **andar** or **ir al raque** to go beachcombing
raquear *vn* to beachcomb
Raquel *f* Rachel
raqueo *m* beachcombing
raqueril *adj* beachcombing
raquero -ra *adj* piratical; *m* pirate; beachcomber; dock rat
raqueta *f* (sport) racket; (sport) battledore; (sport) battledore and shuttlecock, badminton; racket, snowshoe; rake (*of croupier*); (bot.) wall rocket
raquetazo *m* stroke (*with a racket*)
raquetero -ra *mf* racket maker or seller
raquetón *m* (sport) crosse (*racket used in lacrosse*)
raquialgia *f* (path.) rachialgia
raquídeo -a *adj* rachidian
raquis *m* (*pl:* **-quis**) (anat. & bot.) rachis
raquítico *adj* (path.) rachitic, rickety; rickety, flimsy, weak, miserable
raquitis *f* (path.) rachitis, rickets
raquitismo *m* (path.) rickets
raquitomía *f* (surg.) rachitomy
raquítomo *m* (surg.) rachitome
rara *f* see **raro**
raramente *adv* rarely, seldom; oddly, strangely
rarefacción *f* rarefaction
rarefacer §55 (has no compound tenses) *va & vr* to rarefy
rarefacto -ta *adj* rarefied, thin
rareza *f* rarity; rareness; queerness, funniness, oddness, strangeness; curiosity; peculiarity
raridad *f* rarity; (phys.) rarity, thinness, tenuity
rarificar §86 *va & vr* to rarefy
raro -ra *adj* rare; odd, strange; thin, sparse; *f* (orn.) South American passerine (*Phytotoma rara*)
ras *m* evenness; **a ras** close, even, flush; **a ras de** even with, flush with; **ras con ras** or **ras en ras** flush, on a level; grazing
rasa *f* see **raso**
rasadura *f* leveling with a strickle
rasamente *adv* clearly, openly
rasante *adj* grazing; flush; *f* grade line
rasar *va* to strickle, to smooth off with a strickle; to graze, to skim; *vr* to clear up
rascacielos *m* (*pl:* **-los**) skyscraper
rascacio *m* (ichth.) scorpene
rascadera *f* scraper; (coll.) currycomb
rascador *m* scraper; rasp; huller, sheller; ornamental hairpin
rascadora *f* street sweeper
rascadura *f* scraping; scratching, scratch
rascalino *m* (bot.) dodder
rascamiento *m* var. of **rascadura**
rascamoño *m* ornamental hairpin; (bot.) zinnia
rascapiés *m* (*pl:* **-piés**) scraper, foot scraper
rascar §86 *va* to scrape; to scuff; to scratch; to scrape clean; **llevar** or **tener con que rascar** (coll.) to be sorely hurt; *vn* (Am.) to itch; *vr* to pick (*a sore*); (Am.) to get drunk
rascatripas *mf* (*pl:* **-pas**) (coll.) scraper (*fiddler*)
rascazón *f* itch, itching
rascle *m* coral-fishing gear
rascón -cona *adj* sharp, acrid; *m* (orn.) rail; **rascón de agua** (orn.) crake
rascuñar *va* var. of **rasguñar**
rascuño *m* var. of **rasguño**
rasera *f* strike, strickle; (carp.) small plane; (cook.) spatula, turner
rasero *m* strike, strickle; **medir por un rasero** to treat with strict impartiality
rasete *m* satinet
rasgado -da *adj* wide-open, bright (*window*); wide-open (*mouth*); large (*eyes*); (Am.) outspoken; (Am.) generous; *m* tear, rip, rent
rasgador -dora *adj* tearing, ripping
rasgadura *f* tearing, tear, rip
rasgar §59 *va* to tear; to rip; *vr* to become torn
rasgo *m* flourish, stroke (*of pen*); trait, characteristic; feat, deed; flash of wit, bright remark; **rasgos** *mpl* features; **a grandes rasgos** in bold strokes
rasgón *m* tear, rip, rent
rasgueado *m* var. of **rasgueo**
rasguear *va* to thrum, to twang (*e.g., a guitar*); *vn* to make flourishes (*with a pen*)
rasgueo *m* thrumming, twanging (*e.g., on a guitar*)
rasguñar *va* to scratch; to sketch, outline
rasguño *m* scratch; sketch, outline
rasguñuelo *m* slight scratch
rasilla *f* camleteen; floor tile
rasión *f* shaving; grating
raso -sa *adj* smooth, flat, level, even; clear, cloudless; common, plain (*e.g., soldier*); backless (*chair*); skimming the ground; (coll.) brazen, shameless; *m* flat country; satin; **al raso** in the open air, in the open country; *f* thinness, thin spot (*in a fabric*); tableland; satin
rasoliso *m* satin
raspa *f* beard (*of ear of corn*); stalk, stem (*e.g., of a bunch of grapes*); spine, backbone (*of a fish*); cob (*with kernels removed*); shell, rind; hair or thread (*caught on tip of a pen*)
raspador *m* scraper
raspadora *f* street sweeper
raspadura *f* scraping; erasure; (Am.) pan sugar; **raspaduras** *fpl* scrapings
raspaje *m* (surg.) scraping
raspajo *m* grape stem (*with grapes removed*)
raspamiento *m* scraping
raspante *adj* abrasive; sharp (*wine*)
raspar *va* to scrape, scrape off; to scratch, scratch out; to graze; to bite (*said, e.g., of wine*); to take away, steal
raspear *vn* to scratch (*said of a pen*)
raspilla *f* (bot.) madwort, German madwort
raspón *m* (Am.) scratch, bruise; (Am.) scolding; (Am. coll.) involvement, complicity; (Am.) peasant's straw hat; **de raspón** askance
rasposo -sa *adj* rough; (Am.) stingy
rasqueta *f* scraper, wall scraper, shave hook; (Am.) currycomb
rasquetear *va* (Am.) to currycomb
rastacueril *adj* upstart
rastel *m* railing
rastillador -dora *mf* var. of **rastrillador**
rastillar *va* var. of **rastrillar**
rastra *f* rake; harrow; drag (*sledge for conveying heavy bodies*); string of dried fruit, string of onions; something trailing; track, trail; outcome entailing a penalty; shadow (*inseparable companion*); (naut.) drag, grapnel; **a rastra, a rastras** or **a la rastra** dragging; unwillingly; **caminar a rastras** to crawl; **llevar a rastra** to drag, to drag along; **pescar a la rastra** to trawl
rastracueros *m* (*pl:* **-ros**) big hide operator; upstart; boaster, show-off; sharper, adventurer
rastrallar *vn* var. of **restallar**
rastreador -dora *adj* tracking; *m* dredge; (nav.) mine sweeper
rastrear *va* to trail, to track, to trace; to scent; to drag; to dredge; to check into; to sell (*meat*) at the wholesale market; (nav.) to sweep (*e.g., a harbor for mines*); *vn* to rake; to skim the ground, to fly low
rastrel *m* var. of **ristrel**
rastreo *m* dragging, dredging; tracking (*e.g., of a satellite*)
rastrero -ra *adj* dragging, trailing; low-flying; low-hanging; abject, groveling, cringing; base, low; (bot.) creeping; *m* slaughterhouse employee; *f* (naut.) lower studding sail
rastrillada *f* rakeful; (Am.) track, footprint
rastrillador -dora *mf* raker; *f* rake (*on wheels*)
rastrillaje *m* raking

R

rastrillar *va* to rake; to hatchel, to comb (*flax, hemp, etc.*)
rastrillo *m* rake; hatchel, hackle, flax comb; battery (*of flintlock*); ward (*of key or lock*); rack (*of manger*); grating, iron gate; (fort.) portcullis; (rail.) cowcatcher
rastro *m* rake; harrow; trace, vestige; track, trail; scent; slaughterhouse; wholesale meat market; **el Rastro** the rag fair (*of Madrid*); **rastro de condensación** (aer.) contrail, vapor trail
rastrojal *m* stubble field
rastrojar *va* (agr.) to stubble, to clear of stubble
rastrojera *f* stubble field; stubble pasture; stubble-pasturing time or season
rastrojo *m* (agr.) stubble
rasura *f* shaving; scraping; **rasuras** *fpl* argol, crude tartar
rasuración *f* shaving; scraping
rasurar *va & vr* to shave
rata *f* (zool.) rat; female rat; female mouse; **rata blanca** (zool.) white rat; **rata de agua** (zool.) water rat; **rata de alcantarilla** (zool.) brown rat; **rata de campo** (zool.) meadow rat; **rata del trigo** (zool.) hamster; **rata de monte** or **rata silvestre** (zool.) vesper mouse; *m* (coll.) sneak thief
ratafía *f* ratafia or ratafee
ratania *f* (bot.) rhatany (*plant and root*)
rataplán *m* rub-a-dub
rata por cantidad *adv* pro rata
ratear *va* to decrease proportionately; to apportion, to distribute proportionately; to filch, to snitch; *vn* to crawl, to creep
ratel *m* (zool.) ratel
rateo *m* apportionment
rateramente *adv* basely, vilely
ratería *f* baseness, vileness, meanness; petty theft; petty thievery
ratero -ra *adj* thievish; dragging, trailing; low-flying; base, vile; *mf* sneak thief, pickpocket
ratificación *f* ratification
ratificar §86 *va* to ratify
ratigar §59 *va* to fasten the load in (*a cart*) with a rope
rátigo *m* cartload
ratina *f* ratiné (*fabric*)
Ratisbona *f* Ratisbon
rato *m* short time, short while, little while; nice time; long time; male rat; **a ratos** from time to time; **a ratos perdidos** in spare time, in one's leisure hours; **buen rato** pleasant time; (coll.) large amount; **de rato en rato** from time to time; **largo rato** a long time, a long while; **pasar el rato** (coll.) to waste one's time; **pasar un mal rato** to have a wretched time; **un rato** awhile
ratón *m* (zool.) mouse; (naut.) rock that rubs and cuts cables; **el ratón Miguelito** Mickey Mouse; **ratón almizclero** (zool.) muskrat; **ratón casero** (zool.) house mouse; **ratón de archivo** or **ratón de biblioteca** (coll.) bookworm (*person*); **ratón de campo** (zool.) field mouse
ratona *f* female mouse
ratonar *va* to eat (*e.g., cheese, bread*) full of holes (*said of a mouse*); *vr* to get sick from eating mice (*said of a cat*)
ratonero -ra *adj* (pertaining to a) mouse, mousy; *f* mousetrap; mousehole; nest of mice; **caer en la ratonera** (fig.) to fall into the trap
ratonesco -ca or **ratonil** *adj* (pertaining to a) mouse, mousy
rauco -ca *adj* (poet.) raucous, harsh, rough
raudal *m* stream, torrent; sudden abundance, plenty
raudo -da *adj* rapid, swift, impetuous; (poet.) whistling (*wind*)
ravenala *f* (bot.) traveler's tree
ravioles *mpl* var. of **rabioles**
raya *f* stripe; ray (*fine line*); stroke; dash (*in printing, writing, and telegraphy*); crease (*of trousers*); part (*in hair*); boundary line, limit; firebreak; mark, score; (arti.) rifle groove, spiral groove; (ichth.) ray; (phys.) line (*of spectrum*); **a rayas** striped; **doble raya vertical** (print.) parallels; **hacerse la raya** to part one's hair; **pasar de la raya** or **de raya** (fig.) to go too far; **tener a raya** to keep within bounds; **tres en raya** see **juego del tres en raya; raya espinosa** (ichth.) thornback; **rayas de Fraunhofer** (phys.) Fraunhofer lines
rayadillo *m* striped cotton duck
rayado -da *adj* striped; *m* ruling (*of paper*); rifling
rayador *m* (orn.) skimmer; (Am.) umpire; (Am.) storekeeper of company store
rayano -na *adj* bordering; borderline
rayar *va* to rule, to line (*paper*); to stripe; to scratch, score, mark; to cross out; to underscore; to rifle; *vn* to border; to stand out; to begin, arise, come forth (*said of the dawn, day, sun, light*); **rayar con** to border on; to be equal to, to match; **rayar en** to border on
rayo *m* ray, beam; lightning, flash of lightning; thunderbolt; spoke (*of wheel*); (fig.) thunderbolt, stroke of lightning; (fig.) wit (*person*); (fig.) live wire (*person*); (slang) eye; **echar rayos** (coll.) to blow up, hit the ceiling; **rayo lunar** moonbeam; **rayos alfa** (phys.) alpha rays; **rayos beta** (phys.) beta rays; **rayos canales** (phys.) canal rays; **rayos catódicos** (phys.) cathode rays; **rayos cósmicos** (phys.) cosmic rays; **rayos gama** (phys.) gamma rays; **rayos infrarrojos** (phys.) infrared rays; **rayo solar** or **rayo de sol** sunbeam; **rayos ultravioletas** (phys.) ultraviolet rays; **rayos X** X rays; **rayos y truenos** thunder and lightning; **rayo textorio** weaver's shuttle; **rayo violeta** violet ray; *1st sg pres ind of* **raer**
rayón *m* rayon
rayoso -sa *adj* striped
rayuela *f* pitching pennies
rayuelo *m* (orn.) snipe
raza *f* race; breed, strain; quality; crack, slit; ray of light (*coming through a crack*); light stripe (*in a fabric*); cleft in horse's hoof; **de raza** thoroughbred; **raza amarilla** yellow race; **raza blanca** white race; **raza cobriza** brown race; **raza negra** black race; **raza roja** red race
razado -da *adj* woven with light stripes
rázago *m* burlap, sackcloth
razón *f* reason; right, justice; account, story; rate (*quantity measured in proportion to something else*); (math.) ratio; **a razón de** at the rate of; **con razón o sin ella** right or wrong; rightly or wrongly; **dar la razón a** to agree with, to approve; **dar razón** to give information; **dar razón de** to give an account of; **en razón a** or **de** with regard to; **hacer la razón** to answer or return a toast; to join at table; **meter en razón** to bring to reason; **meterse en razón** to listen to reason; **no tener razón** to be wrong; **perder la razón** to lose one's reason, go out of one's mind; to hurt one's cause; **tener razón** to be right; **tomar razón de** to enter in the ledger, to record; **razón de estado** reason of state; **razón de masas** mass ratio; **razón de pie de banco** silly reason; **razón de ser** raison d'être; **razón directa** (math.) direct ratio; **razón geométrica** geometric ratio; **razón inversa** (math.) inverse ratio; **razón social** firm, firm name, trade name
razonable *adj* reasonable; fair, fair-sized
razonablejo -ja *adj* (coll.) reasonable, fair, moderate
razonado -da *adj* reasoned, reasoned out; itemized
razonador -dora *adj* reasoning; *mf* reasoner
razonamiento *m* reasoning
razonar *va* to reason, reason out; to itemize; *vn* to reason
razzia *f* razzia
R.bí abr. of **recibí**
R.D. abr. of **Real Decreto**
Rda. M. abr. of **Reverenda Madre**
Rdo. P. abr. of **Reverendo Padre**
R.e abr. of **récipe**
re- *prefix* (coll.) very, extremely, e.g., **rebién** very well; **redifícil** very difficult
rea *f* & **Rea** *f* see **reo**
reabierto -ta *pp of* **reabrir**
reabrir §17, 9 *va & vr* to reopen

reacción *f* reaction; (rad.) regeneration; **reacción en cadena** (phys.) chain reaction; **reacción reversible** (chem.) reversible reaction
reaccionar *vn* to react
reaccionario -ria *adj & mf* reactionary
reacio -cia *adj* obstinate, stubborn, fractious
reacomodo *m* readjustment
reacondicionamiento *m* reconditioning, overhauling
reacondicionar *va* to recondition, to overhaul
reactancia *f* (elec.) reactance
reactivación *f* reactivation
reactivar *va* to reactivate
reactivo -va *adj* reactive; *m* (chem.) reagent
reactor *m* (elec. & phys.) reactor; **reactor atómico** (phys.) atomic reactor; **reactor de cría** (phys.) breeder reactor; **reactor generador de energía** (phys.) power reactor; **reactor nuclear** (phys.) nuclear reactor
reactor-generador *m* (phys.) breeder reactor
reactualizar §76 *va* to revive, to revitalize
readaptar *va* to readapt
readmitir *va* to readmit
reafilar *va* to resharpen, to regrind
reafirmación *f* reaffirmation
reafirmar *va* to reaffirm
reagravación *f* renewed worsening, worsening anew
reagravar *va* to make worse again; *vr* to get worse again
reagrupar *va & vr* to regroup
reagudo -da *adj* very sharp, keen, acute
reajuste *m* readjustment
real *adj* real; royal; fine, beautiful, handsome, splendid, first-class; royalist; *m* king's tent, general's tent (*in the field*); camp, army camp; fairground; real (*old Spanish coin; Spanish money of account equal to a quarter of a peseta*); **alzar el real** or **los reales** to break camp; **asentar los reales** to encamp; **sentar el real** or **los reales** to settle; to become entrenched
reala *f* var. of **rehala**
realce *m* embossment, raised work, relief; enhancement, lustre, splendor; emphasis; (paint.) high light; **bordar de realce** to embroider in relief; (fig.) to embroider, to exaggerate
realegrar *vr* to be overjoyed
realejo *m* hand organ
realengo -ga *adj* (feud.) royal; unappropriated (*land*)
realera *f* queen cell
realeza *f* royalty
realidad *f* reality; truth, sincerity; **en realidad** actually, in reality; **en realidad de verdad** truly, in truth; **hecho realidad** come true, e.g., **un sueño hecho realidad** a dream come true
realimentación *f* (elec.) feedback
realismo *m* realism; royalism
realista *adj* realistic; royalistic; (coll.) realistic (*practical*); *mf* realist; royalist; (coll.) realist (*practical person*)
realizable *adj* realizable, attainable; salable
realización *f* fulfillment, realization; accomplishment, achievement; production; sale, sellout
realizador *m* (mov.) producer
realizar §76 *va* to fulfill; to carry out, accomplish; to sell, sell out; *vn* to realize (*to sell property for ready money*); *vr* to become fulfilled; to be carried out
realquilar *va & vn* to sublet
realzar §76 *va* to raise, elevate; to emboss; to heighten, set off, enhance; to emphasize; (paint.) to make stand out, to brighten up
reamar *va* to love dearly
reanimar *va* to reanimate, revive, restore; *vr* to reanimate, revive, recover one's spirits
reanudación *f* renewal, resumption
reanudar *va* to renew, to resume; *vr* to be or become renewed or resumed
reaparecer §34 *vn* to reappear
reaparición *f* reappearance
reapertura *f* reopening
reapretar §18 *va* to press or squeeze again; to press hard, to squeeze hard
reaprovisionar *va* to resupply, to replenish
rearar *va* to plow over, plow again
rearmamento *m* var. of **rearme**
rearmar *va & vr* to rearm
rearme *m* rearmament
reasegurar *va* to reinsure
reaseguro *m* reinsurance
reasentamiento *m* resettlement
reasentar §18 *va* to resettle
reasumir *va* to reassume, to resume
reasunción *f* reassumption, resumption
reata *f* rope or strap used to keep animals in single file; single file; front mule; (naut.) woolding; (Am.) rope, lasso; **de reata** in single file; (coll.) in blind submission; (coll.) right away
reatadura *f* tying again; tying tight; tying in single file
reatar *va* to tie again, to rebind; to reattach; to tie tight; to tie in single file
reato *m* (theol.) remaining sin (*after pardon*)
reaventar §18 *va* to winnow again
reavituallar *va & vr* to revictual
reavivar *va* to revive
rebaba *f* burr, fin, rough seam, rough edge; flange, border
rebabar *vr* to ooze out
rebaja *f* rebate; lowering; diminution
rebajado *m* soldier on inactive service
rebajador *m* rabbeting plane; (phot.) bath used to tone down contrasts; **rebajador de rayos** spokeshave
rebajamiento *m* lowering; diminution, reduction; deduction; deflation (*of a person's opinion of himself*)
rebajar *va* to lower; to diminish, reduce; to underbid; to rebate, discount; to deflate (*a person; a person's pride*); (paint.) to tone down; (arch.) to depress (*an arch*); (carp.) to rabbet; (carp.) to scarf, shave down; *vr* to stoop; to humble oneself; to become deflated; to be relieved of military service; (paint.) to become toned down; **rebajarse a** + *inf* to stoop to + *inf*, to condescend to + *inf*
rebajo *m* rabbet, groove; offset, recess
rebalaje *m* stream, current
rebalsa *f* pool, puddle; (path.) stagnated humor
rebalsar *va* to dam, dam back; *vn* to become dammed; *vr* to become dammed; to be held up, become checked; to pile up, accumulate
rebalse *m* damming; stagnation
rebanada *f* slice
rebanador -dora *adj* slicing; *mf* slicer; *f* slicing machine
rebanar *va* to slice; to slice off; to cut (*something*) through
rebanco *m* (arch.) upper socle
rebanear *va* (coll.) to slice
rebañadera *f* grapnel
rebañadura *f* var. of **arrebañadura**
rebañar *va* to gather up; to eat up
rebañego -ga *adj* gregarious, herd
rebaño *m* flock; (fig.) flock
rebañuelo *m* small flock
rebarbativo -va *adj* surly, crabbed, forbidding
rebasadero *m* place for passing; (naut.) safe place for passing
rebasar *va* to exceed, go beyond; to overflow; (naut.) to sail past; *vn* (Am.) to escape, avoid danger; **rebasar de** (naut.) to sail past, sail beyond
rebate *m* fight, encounter
rebatible *adj* refutable; vulnerable
rebatimiento *m* beating; repulsion; resistance; rebuttal, refutation; rebate
rebatiña *f* grabbing, scramble; **andar a la rebatiña** (coll.) to scramble
rebatir *va* to beat again, beat hard; to repel, drive back; to check; to resist; to strengthen, reinforce; to rebut, refute; to rebate, deduct; to parry (*in fencing*)
rebato *m* alarm, call to arms; (fig.) alarm, excitement; (mil.) surprise attack
rebautizar §76 *va* to rebaptize; (coll.) to rebaptize (*to give a new name to*)
Rebeca *f* Rebecca; (*l.c.*) *f* cardigan
rebeco *m* (zool.) chamois
rebelar *vr* to revolt, rebel; to resist; to break away
rebelde *adj* rebellious; stubborn; *m* rebel; (law) defaulter

rebeldía *f* rebelliousness; defiance, stubbornness; (law) default
rebelión *f* rebellion, revolt
rebelón -lona *adj* balky, restive
rebellín *m* var. of **revellín**
rebencazo *m* lash, blow with a whip
rebenque *m* whip (*for flogging galley slaves*); (naut.) ratline; (Am.) riding whip
rebién *adv* (coll.) very well
rebina *f* (agr.) third earthing-up
rebinar *va* (agr.) to earth up for the third time; *vn* (prov.) to meditate
rebisabuela *f* great-great-grandmother
rebisabuelo *m* great-great-grandfather
rebisnieta *f* great-great-granddaughter
rebisnieto *m* great-great-grandson
reblandecer §34 *va & vr* to soften
reblandecimiento *m* softening; **reblandecimiento cerebral** (path.) softening of the brain
rebobinar *va* to rewind
rebocillo or **rebociño** *m* mantilla; shawl
rebollar *m* or **rebolledo** *m* growth of Turkey oaks
rebollidura *f* flaw in the bore of a gun
rebollo *m* (bot.) Turkey oak; (dial.) tree trunk
rebolludo -da *adj* thick-set; shapeless, irregular
rebombar *vn* to resound
reboño *m* mud stopped up in tailrace
reborde *m* flange, rim, collar
rebosadero *m* overflow, overflow pipe; spillway
rebosadura *f* or **rebosamiento** *m* overflow, overflowing
rebosante *adj* overflowing
rebosar *va* to overflow with, burst with (*e.g., joy*); to cause to overflow; *vn* to overflow, run over; to abound, be in abundance; **rebosar de** or **en** to overflow with, burst with (*e.g., joy*); to be rich in (*e.g., oil*); to have an abundance of (*e.g., money*); *vr* to overflow, run over
rebotación *f* (coll.) annoyance, worry, perturbation
rebotadera *f* nap-raising comb
rebotadura *f* bouncing; rebounding
rebotar *va* to bend (*the end or point of something*) back or over; to repel; to teasel; to change or alter in color or quality; (coll.) to annoy, worry, upset; *vn* to bounce; to bounce back, to rebound; *vr* to change in color or quality; to become annoyed, worried, upset
rebote *m* bounce; rebound; bump (*of airplane in rough weather*); **de rebote** indirectly
rebotica *f* back room (*of a drugstore; of any store*)
rebotín *m* second growth of mulberry leaves
rebozar §76 *va* to muffle up (*one's face*); to cover with batter; to disguise (*bad news; evil intentions*); *vr* to muffle up, muffle oneself up
rebozo *m* muffling; muffler; shawl; disguise; **de rebozo** secretly, hiddenly; **sin rebozo** openly, frankly
rebramar *vn* to bellow again, to bellow loudly; to bellow back, answer with a bellow
rebramo *m* answering bellow
rebrotar *vn* to sprout, to shoot
rebrote *m* sprout, shoot, sucker
rebudiar *vn* (hunt.) to grunt (*as a wild boar at bay*)
rebudio *m* grunt (*of a wild boar*)
rebufar *vn* to snort again, to snort loudly
rebufe *m* snort, snorting
rebufo *m* expansion of air around muzzle of a gun
rebujado -da *adj* jumbled, entangled
rebujal *m* cattle in excess of fifty or a multiple of fifty; poor piece of land
rebujar *va* to jumble together; (naut.) to countersink; *vr* to wrap oneself all up
rebujina or **rebujiña** *f* (coll.) bustle, scuffle, mob
rebujo *m* woman's heavy veil or muffler (*for disguise*); clumsy bundle or package
rebultado -da *adj* bulky, massive
rebullicio *m* great bustle, loud uproar
rebullir §26 *vn* to stir, begin to move; to give signs of life; *vr* to stir, begin to move
rebumbar *vn* to whistle, to whistle by (*said of a cannon ball*)
rebumbio *m* (coll.) noise, uproar
reburujar *va* (coll.) to wrap up in a bundle
reburujón *m* clumsy bundle or package
rebusca *f* searching, careful search; gleaning; leavings, refuse
rebuscado -da *adj* affected, unnatural, recherché
rebuscador -dora *adj* searching; gleaning; *mf* searcher; gleaner; dealer in gleanings
rebuscamiento *m* searching, careful searching; excessive elegance, affectation (*in language, bearing, etc.*)
rebuscar §86 *va* to search into; to seek after; to glean
rebusco *m* var. of **rebusca**
rebutir *va* to stuff, to pack; to insert
rebuznador -dora *adj* braying
rebuznar *vn* to bray; (coll.) to talk nonsense
rebuzno *m* braying; (coll.) nonsense
recabar *va* to succeed in getting
recadero -ra or **recadista** *mf* messenger; *m* errand boy, deliveryman; *f* errand girl, delivery woman
recado *m* message; errand; gift, present; daily marketing; compliments, regards; safety, security, precaution; equipment, outfit; **a recado** or **a buen recado** in safety; **dar recados** to send regards; **enviar a un recado** to send on an errand; **mandar recado** to send word; **recado de escribir** writing materials
recaer §28 *vn* to fall again, fall back; to relapse; to backslide; **recaer en** to come to, to fall to (*said, e.g., of an inheritance, an election*); **recaer sobre** to fall upon, devolve upon
recaída *f* relapse; backsliding
recaigo *1st sg pres ind of* **recaer**
recalada *f* (naut.) landfall (*sighting land*); (aer.) homing
recalar *va* to soak, saturate; *vn* (naut.) to sight land
recalcada *f* (naut.) listing, heeling
recalcadamente *adv* close, tight
recalcadura *f* packing, cramming, stuffing
recalcar §86 *va* to press down, to squeeze; to pack, cram, stuff; to stress (*one's words*); *vn* (naut.) to list, to heel; **recalcar en** to stress, lay stress on; *vr* (coll.) to harp on the same string; (coll.) to sprawl; (coll.) to sprain (*e.g., one's wrist*)
recalce *m* hilling; extra felloe used instead of iron tire; underpinning
recalcitrante *adj* recalcitrant
recalcitrar *vn* to wince, back up; to balk, resist
recalentador -dora *adj* superheating; *m* superheater; **recalentador de vapor** superheater
recalentamiento *m* reheating; overheating; superheating
recalentar §18 *va* to reheat, to warm over; to overheat; to superheat; to excite sexually; *vr* to overheat; to become spoiled by the heat (*said of fruit*)
recalescencia *f* (metal.) recalescence
recalmón *m* (naut.) lull (*in wind or sea*)
recalvastro -tra *adj* (coll.) baldpate, baldpated
recalzar §76 *va* to hill (*plants*); to underpin, reinforce; to color (*a drawing or sketch*)
recalzo *m* extra felloe used instead of iron tire; underpinning
recalzón *m* extra felloe used instead of iron tire
recamado *m* raised embroidery
recamador -dora *mf* embroiderer
recamar *va* to embroider in relief
recámara *f* dressing room, wardrobe; equipage, stock of furnishings (*of house of a wealthy person*); chamber, breech (*of a gun*); (min.) blast hole; (coll.) reserve, caution; (Am.) bedroom; (Am.) bedroom furniture
recamarera *f* (Am.) maid, chambermaid
recambiar *va* to exchange again; (com.) to redraw
recambio *m* re-exchange; (com.) re-exchange, redraft; **de recambio** spare (*part, wheel, etc.*)
recamo *m* raised embroidery; frog (*button and loop on garments*)
recancamusa *f* (coll.) ruse, artifice, fraud

recancanilla *f* (coll.) hippety-hop, feigned limping of a child; (coll.) emphasis, stress; (coll.) subterfuge, evasion
recantación *f* recantation
recantar *va* to sing again; *vr* to recant
recantón *m* spurstone, checkstone
recapacitar *va* to run over in one's mind; *vn* to refresh one's memory; to think things over; **recapacitar sobre** to run over in one's mind
recapitalización *f* recapitalization
recapitalizar §76 *va* to recapitalize
recapitulación *f* recapitulation
recapitular *va & vn* to recapitulate
recarga *f* new charge, new tax; (elec.) recharge (*of battery*)
recargado -da *adj* overdone, overwrought
recargar §59 *va* to reload; to overload; to recharge; to overcharge; to resurface (*a road*); to increase (*e.g., tax rate*); to overadorn; (elec.) to recharge; (ins.) to load (*a premium*); *vr* (med.) to have a higher fever
recargo *m* new burden, increased burden; extra charge, new charge; increase (*e.g., of taxes*); penalty (*for late payment of taxes*); (med.) increased fever; **recargo al premio** (ins.) loading, margin
recata *f* retasting
recatado -da *adj* cautious, circumspect; modest, decent
recatar *va* to hide, conceal; to taste again; *vr* to hide; to be reserved, be afraid to take a stand; **recatarse de** + *inf* to be cautious about + *ger*
recatear *va* to haggle over; to sell at retail; (coll.) to avoid, to evade; *vn* to haggle
recatería *f* var. of **regatonería**
recato *m* reserve, caution; modesty, decency
recatón -tona *adj, mf & m* var. of **regatón**
recatonazo *m* blow with the tip of a lance
recatonear *va* var. of **regatonear**
recatonería *f* var. of **regatonería**
recauchaje *m* retreading (*of a tire*)
recauchar *va* to retread, to recap (*a tire*)
recauchutaje *m* var. of **recauchaje**
recauchutar *va* var. of **recauchar**
recaudación *f* tax collecting; sum collected; tax collector's office
recaudador -dora *adj* tax-collecting; *mf* collector, tax collector
recaudamiento *m* tax collecting; job of collector or tax collector; tax collector's district
recaudar *va* to gather, collect (*e.g., taxes*); to hold, guard, watch over
recaudo *m* tax collecting; care, precaution; bail, surety; **a recaudo** or **a buen recaudo** in safety, under guard
recavar *va* to dig again
recazo *m* guard (*of sword*); back (*of knife*)
recebar *va* to gravel, spread gravel over
recebo *m* gravel; liquid added to fill a cask or barrel
recechar *va* var. of **acechar**
rececho *m* var. of **acecho**
recejar *vn* to back up
recelamiento *m* var. of **recelo**
recelar *va* to fear, distrust; to get (*a mare*) in heat; *vn & vr* to fear, be afraid; **recelar de** or **recelarse de** to fear, be afraid of, distrust; **recelarse** + *inf* to be afraid of + *ger*
recelo *m* fear, distrust
receloso -sa *adj* fearful, distrustful
recensión *f* recension; review, book review
recentadura *f* leaven, leavening
recental *adj* sucking (*calf or lamb*)
recentar §18 *va* to leaven (*dough*); *vr* to become renewed
recentín *adj* var. of **recental**
recentísimo -ma *adj super* very or most recent
receñir §74 *va* to regird; to reëncircle; to fasten or tie again
recepción *f* reception; receipt; admission; (law) examination of witnesses; **recepción heterodina** (rad.) heterodyne reception; **recepción por batido** (rad.) beat reception
receptáculo *m* receptacle; shelter, refuge; (bot. & elec.) receptacle
receptador -dora *mf* receptor (*of a fugitive from justice*); receiver (*of stolen goods*)
receptar *va* to receive, welcome; to hide, conceal (*a fugitive from justice*); to hide, conceal, receive (*stolen goods*)
receptividad *f* receptivity; susceptibility (*to disease*)
receptivo -va *adj* receptive; susceptible (*to disease*)
recepto *m* shelter, place of refuge
receptor -tora *adj* receiving; *m* receiver; (telg., telp. & rad.) receiver, receiving set; (law & physiol.) receiver; **receptor de cabeza** headphone; **receptor de toda onda** (rad.) all-wave receiver; **receptor telefónico** (telp.) receiver (*part of phone held to ear*)
receptoría *f* receiver's office; (law) receivership
recercar §86 *va* to fence in, to fence in again; to reëncircle
recésit *m* rest from choir duty
recesivo -va *adj* (biol.) recessive
receso *m* separation, withdrawal; (Am.) recess (*of a legislative body*)
receta *f* recipe; (pharm.) prescription; (com.) order memo; (com.) amount carried forward
recetador *m* (pharm.) prescriptionist
recetar *va & vn* (pharm.) to prescribe; (coll.) to request, beg
recetario *m* prescription book or record; druggist's file; pharmacopoeia; recipe book
recetor *m* public treasurer; (law) receiver
recetoría *f* public treasury
Recia, la see **recio**
recial *m* rapids (*in a river*)
reciario *m* (hist.) retiarius
recibí *m* receipt; received payment
recibidero -ra *adj* receivable
recibidor -dora *adj* receiving; *mf* receiver; receiving teller; ticket collector; *m* anteroom; at-home
recibimiento *m* reception; welcome; anteroom; reception room; hall; parlor, salon; at-home
recibir *va* to receive; to welcome, to go to meet; *vn* to receive, entertain; (rad.) to receive; *vr* to be received, be admitted; **recibirse de** to graduate as, to be admitted to practice as
recibo *m* reception; receipt; anteroom; hall; parlor, salon; at-home; **acusar recibo de** to acknowledge receipt of; **estar de recibo** to be at home (*to callers*); **ser de recibo** to be acceptable
recidiva *f* relapse
recidivismo *m* recidivism
recidivista *mf* recidivist
reciedumbre *f* strength, vigor, endurance
recién *adv* (to be used only before past participles) recently, just, newly, e.g., **recién llegado** newly arrived; (Am.) recently, just now, a little while ago; (Am.) only then; *conj* (Am.) as soon as
reciente *adj* recent
recientemente *adv* recently
recinto *m* area, enclosure, place; (fort.) enceinte
recio -cia *adj* strong, robust; thick, coarse, heavy; harsh, rude; hard, bitter, arduous; severe (*weather*); swift, impetuous; **la Recia** Rhaetia; **recio** *adv* strongly; swiftly; hard; loud
récipe *m* (coll.) prescription; (coll.) scolding, dressing-down
recipiendario *m* newly inducted member
recipiente *adj* receiving, recipient; *m* recipient, vessel, container; receiver or bell glass (*of an air pump*)
recíproca *f* see **recíproco**
reciprocación *f* reciprocation
reciprocar §86 *va & vr* to reciprocate, to match
reciprocidad *f* reciprocity; (com.) reciprocity (*between two countries*)
recíproco -ca *adj* reciprocal; (gram.) reciprocal; *m* (gram.) reciprocal verb; *f* (math.) reciprocal
recitación *f* recitation
recitado *m* (mus.) recitative
recitador -dora *mf* reciter, elocutionist
recital *m* recital; (mus.) recital
recitar *va* to recite; to deliver (*a speech*)
recitativo -va *adj* recitative; (mus.) recitative
reciura *f* strength, vigor; severity (*of weather*)

R

reclamación *f* claim, demand; objection, remonstrance; complaint; reclamation (*protest*); (law) reclamation
reclamante *mf* complainer, objector, protester
reclamar *va* to keep calling; to claim, demand, reclaim; to decoy, lure (*a bird*); (law) to reclaim; **a reclamar** (naut.) atrip; *vn* to cry out, protest, reclaim; (poet.) to resound; *vr* to call to each other (*said of birds*)
reclame *m* (naut.) sheave hole; (naut.) tie block
reclamo *m* decoy bird; lure (*for birds*); bird call; call; allurement, attraction; ad; puff, blurb; reference; (law) reclamation; (naut.) tie block; (print.) catchword
reclavar *va* to nail again
recle *m* rest from choir duty
reclinación *f* reclining, recumbency; leaning
reclinable *adj* reclining (*seat*)
reclinar *va & vr* to recline; to lean
reclinatorio *m* prie-dieu; couch, lounge
recluir §41 *va* to seclude, shut in; to imprison, intern; *vr* to go into seclusion; to be interned
reclusión *f* reclusion, seclusion; imprisonment, internment; prison, penitentiary
recluso -sa *adj* secluded; confined, imprisoned; *mf* prisoner; inmate
reclusorio *m* place of retirement
recluta *f* recruiting; (Am.) roundup; *m* recruit
reclutador -dora *adj* recruiting; *mf* recruiter
reclutamiento *m* recruiting, recruitment; year's recruits
reclutar *va* to recruit; (Am.) to round up (*cattle*)
recobrar *va* to recover; *vr* to recover; to come to
recobro *m* recovery, retrieval; pickup (*of a motor*)
recocer §30 *va* to boil or cook again; to boil or cook to excess; to anneal; *vr* to boil or cook to excess; (fig.) to be burning up inside
recocido -da *adj* expert; *m & f* annealing
recocina *f* back kitchen
recocho -cha *adj* overcooked, overdone; hard-burned (*brick*)
recodadero *m* elbowboard, elbowchair
recodar *vn* to lean, lean with the elbows; to wind, twist, turn; *vr* to lean, lean on the elbows
recodo *m* bend, twist, turn, hook
recogedero *m* collector; collecting basin, drainage area
recogedor -dora *mf* gatherer, collector; harvester; protector, shelterer; *m* rake, scraper; collector, pan, trap
recogegotas *m* (*pl:* **-tas**) drip pan
recogemigas *m* (*pl:* **-gas**) crumb brush
recoger §49 *va* to pick up; to gather, collect; to gather together; to harvest; to suspend; to shorten, tighten, draw in; to withdraw; to put in a safe place, to keep; to take in, to welcome; to confine, to lock up; *vr* to take shelter, take refuge; to withdraw; to retire (*to go to bed*); to go home; to retrench, cut down expenses; **recogerse en sí mismo** to withdraw within oneself
recogido -da *adj* cloistered, recluse; modest, bashful; moderate, temperate; *mf* inmate (*e.g., of poorhouse*); *f* harvest; collection; withdrawal; suspension; inmate of a house of correction for women; **recogida de basuras** trash collection
recogimiento *m* gathering, collection; harvesting; suspension; protection, sheltering; confinement; self-communion; house of correction for women
recolar §77 *va* to strain again
recolección *f* compilation, summary; collection; harvest; retreat; house of retreat; recollection, spiritual meditation
recolectar *va* to gather, gather in; to pick (*cotton*)
recolector *m* collector, tax collector
recolegir §72 *va* to gather, collect
recoleto -ta *adj* self-communing; cloistered, recluse; simple, plain (*in dress*); of retreat (*said, e.g., of a monastery*); *m* (eccl.) Recollect
recomendable *adj* commendable
recomendación *f* recommendation; **recomendación del alma** prayers for the dying
recomendante *mf* recommender
recomendar §18 *va* to recommend; **recomendar** + *inf* to urge to + *inf*
recomendatorio -ria *adj* recommendatory
recomenzar §31 *va* to recommence, to begin again
recompensa *f* recompense, reward
recompensable *adj* recompensable; worthy of reward
recompensación *f* var. of **recompensa**
recompensar *va* to recompense, reward
recompondré *1st sg fut ind of* **recomponer**
recomponer §69 *va* to mend, repair; to recompose
recompongo *1st sg pres ind of* **recomponer**
recomposición *f* mending, repair; recomposition
recompra *f* repurchase
recomprar *va* to repurchase, to buy back
recompuesto -ta *pp of* **recomponer**
recompuse *1st sg pret ind of* **recomponer**
reconcentración *f* or **reconcentramiento** *m* concentration, gathering; concealment; deep thought, absorption
reconcentrar *va* to concentrate, bring together; to conceal; *vr* to gather together; to become absorbed in thought
reconciliable *adj* reconcilable
reconciliación *f* reconcilement or reconciliation
reconciliador -dora *adj* reconciliatory; *mf* reconciler
reconciliar *va* to reconcile; to confess (*a sinner*) summarily; (eccl.) to reconcile; *vr* to become reconciled; to make a slight extra confession
reconcomer *vr* (coll.) var. of **concomer**
reconcomio *m* (coll.) shrug, shrug of the shoulders; (coll.) fear, misgiving
reconditez *f* (*pl:* **-teces**) (coll.) obscurity, mystery
recóndito -ta *adj* recondite
reconducir §38 *va* to lead back; (law) to renew (*a lease*)
reconduje *1st sg pret ind of* **reconducir**
reconduzco *1st sg pres ind of* **reconducir**
reconfortar *va* to comfort again; to comfort, cheer, refresh
reconocedor -dora *mf* examiner, inspector
reconocer §32 *va* to recognize; to admit, to acknowledge; to examine, scrutinize; (mil.) to reconnoiter; *vn* (mil.) to reconnoiter; *vr* to be clear; to confess; to know oneself
reconocible *adj* recognizable
reconocidamente *adv* avowedly, confessedly; gratefully
reconocido -da *adj* recognized; grateful
reconocimiento *m* recognition; gratitude; admission, acknowledgment; examination; (dipl.) recognition; (mil.) reconnaissance; **reconocimiento médico** inquest
reconozco *1st sg pres ind of* **reconocer**
reconquista *f* reconquest
reconquistar *va* to reconquer, to reconquest; to recover
reconsideración *f* reconsideration
reconsiderar *va* to reconsider
reconstitución *f* reconstitution
reconstituir §41 *va* to reconstitute
reconstituyente *adj & m* reconstituent, tonic
reconstrucción *f* reconstruction
reconstructivo -va *adj* reconstructive
reconstructor -tora *adj* reconstructive
reconstruir §41 *va* to rebuild, to reconstruct, to recast
recontamiento *m* recounting, relating
recontar §77 *va* to re-count; to recount, relate
recontento -ta *adj* greatly pleased; *m* great satisfaction
reconvalecer §34 *vn* to convalesce again
reconvención *f* expostulation, remonstrance; (law) reconvention
reconvendré *1st sg fut ind of* **reconvenir**
reconvengo *1st sg pres ind of* **reconvenir**
reconvenir §92 *va* to expostulate with, to remonstrate with; (law) to countercharge; **reconvenirle a uno con, de, por** or **sobre algo** to expostulate or remonstrate with someone about, for, on or upon something
reconversión *f* reconversion
reconvertir §62 *va* to reconvert
reconvine *1st sg pret ind of* **reconvenir**

reconviniendo *ger of* **reconvenir**
recopilación *f* abridgment, summary; compilation; **Novísima Recopilación** revised code of Spanish law (1805)
recopilador -dora *mf* compiler
recopilar *va* to compile
recoquín *m* (coll.) chubby little fellow
record *m* (*pl:* **-cords**) (sport) record; **batir un record** to break a record; **establecer un record** to make a record
recordable *adj* memorable
recordación *f* recollection, remembrance
recordar §77 *va* to remember; to remind; **recordar algo a uno** to remind someone of something; **recordar** + *inf* to remember to + *inf*, e.g., **recordó hacerlo** he remembered to do it; **recordar** + *perf inf* to remember + *ger*, e.g., **recordaba haberlo hecho** he remembered doing it; **recordar que** + *subj* to remind to + *inf*, e.g., **recuérdele Vd. que escriba** remind him to write; *vn* to remember; to get awake; to come to; **si mal no recuerdo** (coll.) if I remember correctly
recordativo -va *adj* reminding, reminiscent; *m* reminder
recordatorio *m* reminder; memento
recordman *m* (*pl:* **-men**) (sport) record holder
recorredor -dora *mf* traveler; **recorredor de la línea** (elec.) lineman; **recorredor de vía** (rail.) trackwalker
recorrer *va* to cross, to traverse, to go over or through; to run over; to look over, look through; to run through (*a book*); to overhaul; (print.) to justify
recorrido *m* trip, run, path, route; stroke (*of piston*); repair; scolding, dressing-down; **de gran recorrido** heavily traveled
recortado -da *adj* (bot.) notched; *m* cutout
recortadura *f* cutting; **recortaduras** *fpl* cuttings, trimmings
recortar *va* to trim, cut off, cut away; to pare off; to cut out (*figures*); to outline; *vr* to stand out, be outlined
recorte *m* cutting; clipping (*from a newspaper*); dodge, duck; (taur.) dodge to avoid the bull's charge; **recortes** *mpl* cuttings, trimmings; **recortes de periódico** or **de prensa** newspaper clippings
recorvar *va & vr* to bend, to bend over; to recurve
recorvo -va *adj* arched, curved, bent
recoser *va* to sew again; to mend
recosido *m* mending
recostadero *m* couch, lounge
recostar §77 *va* to recline; to lean; *vr* to recline; to lean, to lean back, to sit back
recova *f* poultry business; poultry stand; (Am.) shed; (Am.) market; (hunt.) pack of hounds
recovar *va* to buy (*poultry and eggs*) for resale
recoveco *m* turn, bend, twist; subterfuge, trick
recovero -ra *mf* poultry dealer
recre *m* var. of **recle**
recreable *adj* recreative, entertaining
recreación *f* recreation; recess (*in school*)
recrear *va* to re-create; to recreate, amuse; *vr* to recreate, take recreation, amuse oneself
recreativo -va *adj* recreative
recrecer §34 *va* to increase; *vn* to increase; to recur; *vr* to recover one's spirits
recrecimiento *m* increase, growth; recurrence; recovery
recremento *m* (physiol.) recrement
recreo *m* recreation; place of amusement; (Am.) open-air restaurant; (Am.) daytime outdoor band concert
recría *f* breeding in new pastures; reanimation; redemption
recriar §90 *va* to improve (*horses, cattle, etc.*) with new pastures; to fatten away from home; to reanimate, regenerate; to redeem
recriminación *f* recrimination
recriminador -dora *mf* recriminator
recriminar *va* to recriminate (*an accusation*); *vn* to recriminate; **recriminar contra** to recriminate (*an accuser*); *vr* to exchange recriminations
recriminatorio -ria *adj* recriminatory
recrudecer §34 *vn & vr* to break out again, flare up, get worse
recrudecimiento *m* or **recrudescencia** *f* recrudescence
recrudescente *adj* recrudescent
recrujir *vn* to squeak
recruzar §76 *va & vr* to recross
recta *f* see **recto**
rectal *adj* rectal
rectangular *adj* rectangular
rectángulo -la *adj* right, right-angled; *m* (geom.) rectangle
rectificación *f* rectification; reboring
rectificador -dora *adj* rectifying; *mf* rectifier; *m* (chem. & elec.) rectifier; **rectificador de selenio** (elec.) selenium rectifier; *f* grinder
rectificar §86 *va* to rectify; (chem. & elec.) to rectify; to rebore (*a cylinder*); to true up; *vr* to mend one's ways
rectificativo -va *adj* rectifying
rectilíneo -a *adj* rectilinear
rectinervio -via *adj* (bot.) rectinerved
rectitud *f* rectitude, righteousness, correctness; straightness
recto -ta *adj* straight; right (*angle*); right, just, righteous; literal (*meaning*); *m* (anat.) rectum; (anat.) rectus (*muscle*); *f* straight line; (rail.) straightaway; **recta de llegada** (sport) home stretch
rectocele *m* (path.) rectocele
rector -tora *adj* governing, directing, managing; *mf* principal, superior; *m* rector; rector or president (*of a university*)
rectorado *m* principalship; rectorate
rectoral *adj* rectorial
rectorar *vn* to become a rector
rectoría *f* principal's office; rector's office; rectorate; rectory; president's house; leadership
rectriz *f* (*pl:* **-trices**) (orn.) rectrix
recua *f* drove; multitude
recuadrar *va* to graticulate; to print in a box
recuadro *m* (arch.) square, panel; box (*section of printing enclosed in borders*)
recubierto -ta *pp of* **recubrir**
recubrimiento *m* cover, covering; capping, coating; surfacing
recubrir §17, 9 *va* to re-cover; to cover, to cap, to coat; to recap (*a tire*); to surface
recudimiento *m* (law) power to collect rents
recudir *va* to pay (*what is due*); *vn* to come back, to revert
recuelo *m* strong lye; warmed-over coffee
recuento *m* re-count; count; inventory; **recuento de vocabulario** word count; **recuento sanguíneo** (med.) blood count
recuentro *m* var. of **reencuentro**
recuerdo *m* memory, remembrance; souvenir, memento, keepsake; **recuerdos** *mpl* regards
recuero *m* muleteer
recuesta *f* request
recuestar *va* to request
recuesto *m* slope
reculada *f* backing, falling back, recoil; (coll.) backing down
recular *vn* to back up, to fall back; to recoil (*said of a firearm*); (coll.) to back down
reculo -la *adj* tailless (*fowl*)
reculones; a reculones (coll.) backwards, backing up
recuñar *va* (min.) to dig by wedging
recuperable *adj* recoverable
recuperación *f* recuperation, recovery
recuperador -dora *adj* recuperative; *m* (mach.) recuperator; **recuperador de Cowper** (metal.) hot-blast stove
recuperar *va & vr* to recuperate, to recover
recuperativo -va *adj* recuperative
recura *f* comb saw
recurar *va* to tooth (*a comb*)
recurrente *adj* (anat., math. & path.) recurrent; *mf* complainant
recurrir *vn* to resort, have recourse; to revert
recurso *m* recourse; resource, resort; (law) appeal; **recursos** *mpl* resources, means; **recursos naturales** natural resources
recusación *f* refusal, rejection; (law) recusation, challenge
recusar *va* to refuse, reject; (law) to recuse, to challenge
rechazador -dora *adj* repelling; *mf* repeller

R

rechazamiento *m* repulsion; rejection
rechazar §76 *va* to repel, repulse, drive back; to reject
rechazo *m* rebound, recoil; rejection
rechifla *f* catcall, hissing, hooting; (coll.) ridicule, derision
rechiflar *va & vn* to catcall, to hiss; *vr* to ridicule, make fun
rechinador -dora *adj* creaking, squeaking, grating
rechinamiento *m* creaking, squeaking, grating
rechinar *vn* to creak, squeak, grate; to gnash; to balk, be sour, act with bad grace
rechinido or **rechino** *m* var. of **rechinamiento**
rechistar *vn* to speak; **no rechistar** to not say a word
rechoncho -cha *adj* (coll.) chubby, tubby
rechupete; de rechupete (coll.) splendid, fine
red *f* net; netting; network, system (*of railroads, telephones, streets, etc.*); baggage rack; (opt.) grating; (fig.) net, snare; **a red barredera** (fig.) with a clean sweep; **caer en la red** (coll.) to fall into the trap; **red barredera** seine, dragnet; (fig.) dragnet; **red de alimentación** (elec.) feed line, power line; **red de araña** cobweb; **red de canalización** (elec.) distribution main, local supply circuit; **red de difracción** (opt.) diffraction grating; **red de distribución** water main, city water main; (elec.) power line, house current; **red de emisoras** radio network; **red de jorrar** or **de jorro** seine, dragnet; **red radiotransmisora** radio network; **red de salvamento** life net
redacción *f* redaction; writing; editing; editorial staff; newspaper office
redactar *va* to write up, to word; to edit, be the editor of
redactor -tora *mf* writer; editor, newspaper editor
redada *f* casting a net; catch, netful (*of fish*); (coll.) catch, haul, roundup (*e.g., of criminals*)
redaño *m* caul (*the great omentum*); **redaños** *mpl* strength, courage, spirit
redar *va* to net, to haul in
redargución *f* retort; (law) impugnation
redargüir §21 *va* to retort (*an argument*); (law) to impugn
redaya *f* river fishing net
redecilla *f* small net; netting; hair net; (zool.) reticulum, honeycomb stomach
redecir §37 *va* to say over and over again
rededor *m* surroundings; **al rededor** or **en rededor (de)** around
redejón *m* large netting
redel *m* (naut.) loof frame
redención *f* redemption; support, assistance
redendija *f* var. of **rendija**
redentor -tora *adj* redeeming, redemptive; *mf* redeemer; (*cap.*) *m* Redeemer
redeña *f* scoop net, dip net
redero -ra *adj* (pertaining to a) net, reticular; *mf* netmaker; birdcatcher who uses nets; fisherman who uses nets
redescontar §77 *va* to rediscount
redescubierto -ta *pp of* **redescubrir**
redescubrimiento *m* rediscovery
redescubrir §17, 9 *va* to rediscover
redescuento *m* rediscount
redevanar *va* to rewind
redhibición *f* redhibition, cancellation of a purchase because of misrepresentation
redhibir *va* to cancel (*a purchase*) because of misrepresentation
redhibitorio -ria *adj* redhibitory
redición *f* repetition, constant repetition
redicho -cha *adj* (coll.) affected, overprecise (*in speech*); *pp of* **redecir**
rediente *m* (fort.) redan; (arch.) foliated cusp
rediezmar *va* to tithe a second time
rediezmo *m* extra tithe
redifusión *f* rebroadcasting
redigo *1st sg pres ind of* **redecir**
redije *1st sg pret ind of* **redecir**
redil *m* sheepfold
redilar or **redilear** *va* var. of **amajadar**
redimible *adj* redeemable
redimir *va* to redeem; to exempt; to buy back
redingote *m* redingote
rediré *1st sg fut ind of* **redecir**
redistribución *f* redistribution
redistribuir §41 *va* to redistribute
rédito *m* income, revenue, yield
redituable or **reditual** *adj* income-producing
redituar §33 *va* to yield, produce
redivivo -va *adj* resuscitated, revived; *mf* ghost
redoblado -da *adj* stocky, heavy-built; strong, heavy; (mil.) double-quick
redobladura *f* or **redoblamiento** *m* doubling; clinching; repeating, repetition
redoblante *m* (mil.) snare drum; (mil.) snare drummer
redoblar *va* to double; to clinch, bend back or over; to repeat, do over again; *vn* to roll a drum
redoble *m* doubling; clinching; repeating; roll of a drum
redoblegar §59 *va* to double, to bend
redoblón *m* clinch nail, rivet
redolente *adj* aching, paining
redoler §63 *vn* (coll.) to ache, to keep aching
redolor *m* dull pain, dull afterpain
redoma *f* phial, flask, balloon
redomado -da *adj* sly, canny; (coll.) crooked
redonda *f* see **redondo**
redondamente *adv* roundly; around; clearly, plainly, decidedly
redondeamiento *m* rounding; (phonet.) rounding
redondear *va* to round, make round; to round off; to round out; to clear (*an estate*); (phonet.) to round; *vr* to be or become well-off; to be in the clear
redondel *m* (coll.) circle; round cloak; ring (*arena of bull ring*)
redondela *f* (coll.) circle; (Am.) round mat
redondete -ta *adj* roundish
redondez *f* roundness
redondillo -lla *adj* (print.) roman; *f* eight-syllable quatrain with rhyme abba or abab
redondo -da *adj* round; clear, straightforward; definitive; pasture (*land*); (print.) roman; *m* round, ring, circle; (coll.) cash; **caer redondo** to fall senseless; **en redondo** around; clearly, plainly; *f* district, region; pasture; (mus.) whole note, semibreve; (naut.) square sail; **a la redonda** around, roundabout
redondón *m* large circle or sphere
redopelo *m* rubbing the wrong way; (coll.) row, scuffle; **a** or **al redopelo** the wrong way; (coll.) against all reason, violently; **traer al redopelo** (coll.) to ride roughshod over
redova *f* redowa
redro *m* annual ring of the horn (*of sheep or goat*); *adv* (coll.) back, behind
redrojo *m* small bunch of grapes remaining after vintage; late fruit, late blossom; (coll.) little runt, puny child
redropelo *m* var. of **redopelo**
redroviento *m* (hunt.) wind blowing from position of hunter in direction of the game
redruejo *m* var. of **redrojo**
reducción *f* reduction; (mach.) reducer (*to join two pipes or shafts of different sizes*); (Am.) settlement of converted Indians; **reducción al absurdo** reductio ad absurdum
reducible *adj* reducible
reducido -da *adj* reduced, diminished; small; compact; abridged
reducimiento *m* reduction
reducir §38 *va* to reduce; (chem., math., surg. & phot.) to reduce; *vr* to reduce; to confine oneself, to cut down; **reducirse a** to come to, to amount to; **reducirse a + inf** to find oneself forced to + *inf*
reductasa *f* (biochem.) reductase
reducto *m* (fort.) redoubt
reductor -tora *adj* reducing; *m* reducer; (chem. & phot.) reducer
reduje *1st sg pret ind of* **reducir**
redundancia *f* redundance or redundancy
redundante *adj* redundant
redundar *vn* to overflow; to redound; **redundar en** to redound to
reduplicación *f* reduplication; (gram.) reduplication

reduplicado -da *adj* reduplicate; (bot.) reduplicate
reduplicar §86 *va* to reduplicate
reduvio *m* (ent.) assassin bug
reduzco *1st sg pres ind of* **reducir**
reedificación *f* rebuilding
reedificador -dora *mf* rebuilder
reedificar §86 *va* to rebuild
reeditar *va* to republish, to reprint
reeducación *f* reëducation
reeducar §86 *va* to reëducate
reelección *f* reëlection
reelecto -ta *adj* reëlected
reelegible *adj* reëligible
reelegir §72 *va* to reëlect
reembalar *va* to repack
reembarcar §86 *va, vn & vr* to reëmbark, to reship
reembarco *m* reëmbarkation
reembarque *m* reshipment
reembolsar *va* to reimburse; to refund; *vr* to collect, to collect a debt
reembolso *m* reimbursement; refund; **contra reembolso** cash on delivery, collect on delivery
reempacar §86 *va* to repack
reempaquetar *va* (mach.) to repack
reemplazable *adj* replaceable
reemplazante *m* replacement (*person*)
reemplazar §76 *va* to replace
reemplazo *m* replacement; (mil.) substitute; (mil.) replacements
reencaminar *va* to reroute
reencarnación *f* reincarnation
reencarnar *va* to reincarnate; *vn & vr* to become reincarnated
reencender §66 *va* to relight, to rekindle; to reignite
reencuadernación *f* (b.b.) rebinding
reencuadernar *va* (b.b.) to rebind
reencuentro *m* new meeting; collision; clash (*of troops*)
reenganchamiento *m* var. of **reenganche**
reenganchar *va & vr* to reënlist
reenganche *m* reënlistment; bounty for reënlisting
reengendrador -dora *adj* regenerating; *mf* regenerator
reengendrar *va* to regenerate
reensayar *va* to test again, to try out again; to assay again
reensaye *m* second assay
reensayo *m* second test, second tryout, retrial; new rehearsal
reentrar *vn* to reënter
reenviar §90 *va* to forward; to send back
reenvidar *va* to raise (*the bid*)
reenvite *m* raised bid
reescribir §17, 9 *va* to rewrite
reestrenar *va* (theat.) to revive
reestreno *m* (theat.) revival
reexamen *m* or **reexaminación** *f* reëxamination
reexaminar *va* to reëxamine
reexpedición *f* forwarding, reshipment
reexpedir §94 *va* to forward, to reship
reexportación *f* reëxport; reëxportation
reexportar *va* to reëxport
refacción *f* refection, refreshment; repair, repairs; allowance; (coll.) extra, bonus; (Am.) upkeep; (Am.) spare part
refaccionar *va* (Am.) to repair; (Am.) to finance
refaccionario -nia *adj* (com.) accruing from profits that have been plowed back
refaccionista *adj* (Am.) finance; *mf* (Am.) financial backer
refajo *m* skirt; underskirt, slip
refalsado -da *adj* false, deceptive
refección *f* refection, refreshment; repair, repairs
refectorio *m* refectory
referencia *f* reference; account, narration, report; **de referencia** in question
referendario *m* var. of **refrendario**
referéndum *m* (*pl:* **-dums**) referendum
referente *adj* referring; **en lo referente a** with regard to
referible *adj* narratable, tellable
referido -da *adj* said, in question, above-mentioned; **el referido** or **la referida** the said person, the person in question
referir §62 *va* to refer; to tell, narrate, report; *vr* to refer
refertero -ra *adj* quarrelsome
refigurar *va* to imagine anew
reflón; de reflón askance; in passing
refinación *f* refining, refinement
refinadera *f* stone roller for kneading chocolate
refinado -da *adj* refined; fine, distinguished; sly, slick
refinador *m* refiner
refinadura *f* refining
refinamiento *m* refinement (*act of refining; elegance; improvement on something else; exaggerated sense of perfection*); refinement of cruelty
refinar *va* to refine; to polish (*e.g., a writing*)
refinería *f* refinery
refino -na *adj* very fine, extra fine; *m* refining; coffee, cocoa, and sugar exchange; (Am.) brandy
refirmar *va* to support, hold up; to ratify
refitolero -ra *mf* refectioner; (coll.) busybody, meddler; (Am.) fawner
reflectar *va* to reflect
reflector -tora *adj* reflecting; *m* reflector; searchlight
refleja *f* see **reflejo**
reflejar *va* to reflect; to show, reveal; to reflect on; *vn* to reflect; *vr* to be reflected
reflejo -ja *adj* reflected; (gram.) reflexive; (physiol.) reflex; *m* glare; reflection; reflex; (physiol.) reflex; **reflejo condicionado** (psychol.) conditioned reflex or response; **reflejo patelar** or **rotuliano** (med.) patellar reflex, knee jerk; *f* reflexion
reflexible *adj* reflexible
reflexión *f* reflection
reflexionar *va* to reflect on or upon; *vn* to reflect; **reflexionar en** or **sobre** to reflect on or upon
reflexivo -va *adj* reflective; (fig.) reflective; (gram.) reflexive; *m* (gram.) reflexive (*pronoun or verb*)
reflexología *f* study of conditioned reflexes, reflexology
reflorecer §34 *vn* to blossom or flower again; to flourish again, to reflourish
reflorecimiento *m* new blossoming, new flowering; reflourishment
refluente *adj* refluent
refluir §41 *vn* to flow back; to redound
reflujo *m* ebb, reflux
refocilación *f* cheer, exhilaration
refocilar *va* to cheer, exhilarate; to strengthen, fortify; *vr* to be cheered, be exhilarated; to take it easy; to abandon oneself to voluptuous living
refocilo *m* var. of **refocilación**
reforestación *f* reforestation
reforma *f* reform; reformation; renovation, alteration; (*cap.*) *f* (hist.) Reformation; **reforma penitenciaria** prison reform
reformación *f* reformation; re-formation
reformado -da *adj* reformed; Reformed; (archaic) retired (*soldier*); *mf* Reformed
reformador -dora *adj* reforming; *mf* reformer
reformar *va* to reform; to re-form; to mend, repair; to renovate; to revise; to reorganize; to disband (*an organization*); to drop (*an employee*); *vr* to reform; to restrain oneself, to hold oneself in check
reformativo -va *adj* reformative
reformatorio -ria *adj & m* reformatory
reformista *adj & mf* reformist
reforrar *va* to reline
reforzado -da *adj* reinforced; *m* tape, ribbon; braid
reforzador *m* (phot.) intensifier
reforzamiento *m* reinforcing
reforzar §52 *va* to reinforce; to strengthen; to cheer up, encourage; (elec.) to boost; (phot.) to intensify
refracción *f* (phys. & opt.) refraction
refractar *va* to refract
refractario -ria *adj* refractory; rebellious

R

refractivo -va *adj* refractive
refracto -ta *adj* refracted
refractómetro *m* refractometer
refractor -tora *adj* refractive; *m* (opt.) refractor
refrán *m* proverb, saying
refranero *m* collection of proverbs
refranesco -ca *adj* proverbial (*phrases, notions, etc.*)
refrangibilidad *f* refrangibility
refrangible *adj* refrangible
refranista *mf* proverbialist, user of proverbs
refregadura *f* rubbing; rub (*mark*)
refregamiento *m* rubbing
refregar §29 *va* to rub; (coll.) to upbraid, reprove
refregón *m* (coll.) rubbing; (coll.) rub (*mark*); gust of wind
refreír §73 & §17, 9 *va* to fry again, fry well, fry too much; (coll.) to bore stiff
refrenada *f* var. of **sofrenada**
refrenamiento *m* check, restraint
refrenar *va* to rein, curb; to check, restrain
refrendación *f* countersigning; legalization, authentication; visé; (coll.) repetition
refrendar *va* to countersign; to legalize, to authenticate; to visé; (coll.) to repeat, to take again
refrendario *m* countersigner
refrendata *f* countersignature
refrendo *m* countersigning; countersignature
refrentado *m* facing, milling
refrentar *va* to face, grind, mill
refrescador -dora *adj* refreshing; cooling
refrescadura *f* refreshing, refreshment; cooling
refrescamiento *m* var. of **refresco**
refrescante *adj* refreshing; cooling; refrigerant; *m* refrigerant
refrescar §86 *va* to refresh; to renew; to cool, to refrigerate; **refrescar la memoria** to refresh the memory; *vn* to refresh; to rest up; to refresh oneself; to go out for fresh air; (naut.) to blow up (*said of the wind*); *vr* to refresh; to cool off, get cooler; to refresh oneself; to go out for fresh air; (naut.) to blow up (*said of the wind*)
refresco *m* refreshment; soft drink, cold drink; refreshments; **de refresco** anew; fresh (*troops*)
refresquería *f* (Am.) refreshment stand
refriante *m* refrigerant
refriega *f* scuffle, affray, fray
refrigeración *f* refrigeration; cooling; **refrigeración con aire frío** air-cooling; **refrigeración por agua** water-cooling; **refrigeración por aire** air-cooling
refrigerador -dora *adj* refrigerating; *m* refrigerator; ice bucket, cooler
refrigerante *adj* cooling, refrigerant; *m* refrigerant; refrigerator; cooler, cooling bath (*of a still*); cool drink
refrigerar *va* to cool; to refrigerate; to refresh; to air-condition; *vr* to cool off, become cooler
refrigerativo -va *adj* refrigerative
refrigerio *m* cool feeling; relief; refreshment, pick-me-up
refringencia *f* refringency
refringente *adj* refringent
refringir §42 *va* to refract
refrito -ta *pp of* **refreír;** *m* rehash (*especially of a play*)
refucilar *vn* (Am.) to lighten
refuerzo *m* reinforcement; strengthening; bracing; aid, support; **refuerzos** *mpl* (mil.) reinforcements
refugiado -da *mf* refugee
refugiar *va* to shelter; *vr* to take refuge
refugio *m* refuge; hospice; shelter; haunt, retreat; safety zone (*in traffic*); **refugio antiaéreo** air-raid shelter, bomb shelter; **refugio antiatómico** fallout shelter; **refugio a prueba de bombas** bombproof shelter
refulgencia *f* refulgence
refulgente *adj* refulgent
refulgir §42 *vn* to be refulgent, to shine
refundición *f* recast, recasting; revision; adaptation (*e.g., of a play*)
refundidor -dora *mf* recaster, adapter (*e.g., of a play*); reviser
refundir *va* to recast (*metals*); to recast, to adapt (*a play, a novel*); to revise (*a book*); *vn* to redound
refunfuñador -dora *adj* grumbling, growling
refunfuñadura *f* grumbling, growling
refunfuñar *vn* to grumble, to growl
refunfuño *m* var. of **refunfuñadura**
refutación *f* refutation
refutar *va* to refute
regacear *va* to tuck up
regadera *f* watering pot, watering can; irrigating ditch; sprinkler head; street sprinkler
regadero *m* irrigating ditch
regadío -a *adj* irrigable; *m* irrigable land; irrigated land
regadizo -za *adj* irrigable
regador -dora *adj* irrigating; *mf* irrigator; *f* sprinkler
regadura *f* irrigation; sprinkling
regaifa *f* cake; grooved stone of an olive-oil mill
regajal *m* or **regajo** *m* puddle or pool left by a stream; stream, creek
regala *f* (naut.) plank-sheer, gunwale
regalado -da *adj* delicate, dainty; pleasing, delicious; pleasant; *f* royal stable; king's horses
regalador -dora *adj* regaling, entertaining; *mf* regaler, entertainer
regalamiento *m* regalement
regalar *va* to give, to present; to regale; to treat; to caress, to fondle; to give away; to melt; *vr* to regale oneself; to melt
regalejo *m* small gift, little treat
regalero *m* royal purveyor of fruit and flowers
regalía *f* privilege, exemption, perquisite; bonus; (Am.) muff; **regalías** *fpl* regalia (*rights and privileges of king*)
regalicia *f* var. of **regaliz**
regalillo *m* small gift; fur muff
regalismo *m* regalism
regalista *mf* regalist
regaliz *m* or **regaliza** *f* (bot.) licorice; licorice (*candy*)
regalo *m* gift, present; joy, pleasure; regalement; treat, delicacy
regalón -lona *adj* (coll.) comfort-loving, spoiled, pampered; (coll.) soft, easy (*life*)
regante *m* irrigation subscriber; irrigation workman
regañada *f* (dial.) cookie; (Am.) growl, snarl
regañadientes; a regañadientes grumbling, unwillingly
regañamiento *m* growling, snarling; grumbling; (coll.) scolding
regañar *va* (coll.) to scold; *vn* to growl, snarl; to grumble; to quarrel; to split, crack open (*said, e.g., of cherries, chestnuts, bread*)
regañir §25 *vn* to yelp, to yowl
regaño *m* growl, snarl; grumble; burst crust (*of a loaf of bread*); (coll.) scolding
regañón -ñona *adj* (coll.) grumbling, scolding; northeast (*wind*); *mf* (coll.) grumbler, scold
regar §29 *va* to water, sprinkle; to irrigate; to strew, spread, sprinkle; to water (*a region or territory*)
regata *f* irrigating ditch; regatta, boat race
regate *m* dodge, duck; (sport) dribbling; (coll.) subterfuge
regatear *va* to haggle over; to begrudge; to sell at retail; (sport) to dribble; (coll.) to avoid, to evade; *vn* to haggle, to bargain; (sport) to dribble; (coll.) to duck, to dodge; (naut.) to race
regateo *m* haggling, bargaining
regatería *f* retail
regatero -ra *adj* retailing; (coll.) haggling; *mf* retailer
regato *m* var. of **regajal**
regatón -tona *adj* retailing; (coll.) haggling; *mf* retailer; *m* tip, ferrule
regatonear *va* to sell at retail
regatonería *f* retail; retail business
regazar §76 *va* to tuck up
regazo *m* lap; (fig.) lap
regencia *f* regency; regentship
regeneración *f* regeneration; (elec.) feedback
regenerador -dora *adj* regenerating; *mf* regenerator; *m* (mach.) regenerator
regenerar *va & vr* to regenerate

regenerativo -va *adj* regenerative
regenta *f* wife of regent; directress, manageress; woman professor
regentar *va* to direct, to manage; to preside over; to boss
regente *adj* ruling, governing; regent; *mf* regent; *m* director, manager; registered pharmacist; (print.) foreman; professor
regentear *va* to boss, boss over
regicida *adj* regicidal; *mf* regicide (*person*)
regicidio *m* regicide (*act*)
regidor -dora *adj* ruling, governing; *m* alderman, councilman; *f* alderman's wife, councilman's wife; councilwoman
regidoría or **regiduría** *f* office or post of alderman or councilman
régimen *m* (*pl:* **regímenes**) regime, regimen; rate; normal rate; system, regulations, rules; flow; performance; conditions; normal operation; period (*e.g., of bad weather*); (gram.) government; **de régimen** normal, rated; **en régimen de** on the basis of; **régimen alimenticio** diet; **régimen desclorurado** salt-free diet; **régimen lácteo** milk diet; **régimen permanente** (phys.) steady state; **régimen títere** puppet regime
regimentación *f* regimentation
regimental *adj* regimental
regimentar §18 *va* to regiment
regimiento *m* rule, government; aldermen, councilmen; office of alderman or councilman; (mil.) regiment; (naut.) pilot's book of rules
Reginaldo *m* Reginald
regio -gia *adj* royal, regal
regiomontano -na *adj* (pertaining to) Monterrey; *mf* native or inhabitant of Monterrey
región *f* region; **región sombra** (astr.) umbra
regional *adj* regional
regionalismo *m* regionalism
regionalista *adj* regionalistic, regionalist; *mf* regionalist
regionario -ria *adj* regionary
regir §72 *va* to rule, govern; to control; to manage; to guide, steer; to keep (*the bowels*) open; (gram.) to govern; *vn* to prevail, be in force; to work; (naut.) to steer, steer well
registrador -dora *adj* registering; recording; *m* registrar, recorder; inspector; **registrador de la propiedad** recorder of deeds; **registrador de vuelo** (aer.) flight recorder; *f* cash register
registrar *va* to examine, to inspect, to search; to register; to record; to mark with a bookmark; (print.) to register; *vr* to register; to be recorded
registro *m* examination, inspection; registration, registry; recording; entry, record; bookmark; regulator (*of a watch*); inspection box; manhole; damper (*of a stove*); (mus.) stop, organ stop; (mus.) pedal; (print.) register
regla *f* rule; ruler; order; moderation; menstruation; **en regla** in order, in due form; **falsa regla** guide lines (*for writing*); **por regla general** as a general rule; **salir de regla** to go too far; **regla áurea** (arith.) golden rule; **regla de cálculo** slide rule; **regla del paralelogramo** (mech.) parallelogram law; **regla de oro, regla de proporción** or **regla de tres** (arith.) golden rule, rule of proportion, or rule of three
reglable *adj* adjustable
reglado -da *adj* moderate, temperate; regulated
reglamentación *f* regulation; rules
reglamentar *va* to regulate
reglamentario -ria *adj* regular, statutory, prescribed, (pertaining to a) regulation
reglamento *m* regulation; regulations
reglar *adj* (eccl.) regular; *va* to rule (*paper*); to regulate; *vr* to guide oneself, be guided
regleta *f* (print.) lead, leading
regletear *va* (print.) to lead, to space (*lines*)
reglilla *f* slide (*of slide rule*)
reglón *m* level (*of a mason*)
regnícola *adj* native; *mf* native; native writer
regocijado -da *adj* cheering; glad, happy, cheerful
regocijador -dora *adj* cheering
regocijar *va* to cheer, delight, rejoice; *vr* to rejoice
regocijo *m* cheer, joy, gladness, rejoicing
regodear *vr* (coll.) to take delight; (coll.) to joke, to jest
regodeo *m* (coll.) delight; (coll.) diversion, amusement; (coll.) joking, jesting
regojo *m* piece of bread left on table; little runt
regolaje *m* good humor, gentle nature
regoldano -na *adj* wild (*chestnut*)
regoldar §19 *vn* (vulg.) to belch
regoldo *m* (bot.) wild chestnut
regolfar *vn* to flow back, surge back; *vr* to flow back, surge back; to turn, be deflected (*said of the wind*)
regolfo *m* eddy, whirlpool; bay, inlet
regomar *va* (aut.) to retread
regona *f* irrigation canal
regordete -ta *adj* chubby, plump, dumpy
regostar *vr* var. of **arregostar**
regosto *m* var. of **arregosto**
regraciación *f* gratitude
regraciar *va* to show gratitude for
regresar *vn* to return; **regresar a** + *inf* to return to + *inf*
regresión *f* regression
regresivo -va *adj* regressive
regreso *m* return; (eccl.) regress; **de regreso** back
regruñir §25 *vn* to growl, to snarl
reguardar *va* (coll.) to take good care of
regüeldo *m* (vulg.) belch, belching
reguera *f* irrigating ditch
reguero *m* trickle, drip; track, furrow (*left by running water*); irrigating ditch; **ser un reguero de pólvora** to spread like wildfire
reguilete *m* var. of **rehilero**
regulable *adj* adjustable
regulación *f* regulation; control; **regulación del tono** (rad.) tone control; **regulación del volumen sonoro** (rad.) volume control
regulado -da *adj* regular
regulador -dora *adj* regulating; *mf* regulator; *m* throttle (*of locomotive*); (mach. & elec.) regulator; (mach.) governor; **reguladores** *mpl* (mus.) swell; **regulador de bolas** or **de fuerza centrífuga** (mach.) ball governor; **regulador de tensión** (elec.) voltage regulator; **regulador de volumen** (rad.) volume control
regular *adj* regular; fair, moderate, medium; (bot., eccl., geom., gram. & mil.) regular; **por lo regular** as a rule; *m* (eccl. & mil.) regular; *va* to regulate; to put in order; to throttle
regularidad *f* regularity; (rel.) strict observance of the rule
regularización *f* regularization; regulation
regularizar §76 to regularize; to regulate
regularmente *adv* regularly; fairly, moderately
regulativo -va *adj* regulative
régulo *m* regulus; (chem. & metal.) regulus; (orn.) kinglet; (*cap.*) *m* (astr.) Regulus
regurgitación *f* regurgitation
regurgitar *vn* to regurgitate
rehabilitación *f* rehabilitation
rehabilitar *va* to rehabilitate; to renovate, to overhaul; *vr* to become rehabilitated; to get overhauled
rehacer §55 *va* to do over, make over, remake; to rehash; to repair, renovate; *vr* to recover, to rally; to recover oneself
rehacimiento *m* remaking; rehash; repair, renovation
rehago *1st sg pres ind of* **rehacer**
rehala *f* flock of sheep of different owners under the care of one shepherd
rehalero *m* shepherd of a flock of sheep of different owners
reharé *1st sg fut ind of* **rehacer**
rehartar *va* to satiate, to cloy
rehecho -cha *pp of* **rehacer;** *adj* squat, broad-shouldered
rehelear *vn* to taste bitter
reheleo *m* bitterness
rehén *m* hostage; **llevarse en rehenes** to carry off as a hostage; **retener como rehén** to hold as a hostage; **quedar en rehenes** to be held as a hostage
rehenchido *m* filler, filling
rehenchimiento *m* refilling; stuffing, filling
rehenchir §94&§99 *va* to refill; to stuff, to fill

rehendija *f* var. of **rendija**
reherimiento *m* repulse
reherir §62 *va* to repulse, repel; to wound again
reherrar §18 *va* to reshoe (*a horse*)
rehervir §62 *va* to boil again; *vn* to boil again, to boil up; to be madly in love; to be blinded by passion; *vr* to ferment, to turn sour
rehíce *1st sg pret ind of* **rehacer**
rehiladillo *m* narrow ribbon
rehilandera *f* pinwheel (*toy*)
rehilar §99 *va* to twist too hard: *vn* to quiver; to whiz, whiz by
rehilero or **rehilete** *m* dart (*used in game of darts*); shuttlecock; (taur.) banderilla; dig, cutting remark
rehílo *m* quiver, shake
rehogar §59 *va* to cook with a slow fire in butter or oil
rehollar §77 *va* to trample under foot; to tread again
rehoya *f* deep hole
rehoyar *vn* to hollow out an old hole for planting a tree
rehoyo *m* var. of **rehoya**
rehuida *f* fleeing, flight; backtracking (*of game*)
rehuir §41 *va* to flee, to shrink from; to avoid, to decline; to dislike; **rehuir** + *inf* to decline to + *inf;* to dislike to + *inf; vn* to flee, to shrink; to backtrack (*said of game*); *vr* to flee, to shrink
rehumedecer §34 *va* to wet through and through, to soak
rehundir §99 *va* to sink; to deepen; to recast (*a metal*); to squander; *vr* to sink
rehurtar §99 *vr* to flee in an unexpected direction (*said of game*)
rehusar §99 *va* to refuse, turn down; **rehusar** + *inf* to refuse to + *inf*
reidero -ra *adj* (coll.) laughable; **reideras** *fpl* (coll.) laughing mood, spell of laughing
reidor -dora *adj* laughing; *mf* laugher
reimportación *f* reimportation, reimport
reimportar *va* to reimport
reimpresión *f* reprint, reimpression
reimpreso -sa *pp of* **reimprimir**
reimprimir §17, 9 *va* to reprint
reina *f* queen; queen bee; (chess & fig.) queen; **reina claudia** greengage; **reina de belleza** beauty queen; **reina de los ángeles** (ichth.) angelfish (*Angelichthys ciliaris*); **reina de los bosques** (bot.) woodruff (*Asperula odorata*); **reina de los prados** (bot.) meadowsweet; **reina de Sabá** Queen of Sheba; **reina luisa** (bot.) lemon verbena; **reina madre** queen mother; **reina Margarita** (bot.) aster, China aster; **reina mora** hopscotch; **reina regente** queen regent (*in place of absent king*); **reina reinante** queen regent, queen regnant; **reina viuda** dowager queen, queen dowager
reinado *m* reign; **durante el reinado de** in the reign of
reinador -dora *mf* ruler
reinal *m* twisted hemp cord
reinante *adj* reigning; prevailing
reinar *vn* to reign; to prevail
reincidencia *f* backsliding; repetition of an offense; relapse
reincidente *adj* backsliding; *mf* backslider
reincidir *vn* to backslide; to repeat an offense; to relapse
reineta *f* reinette (*type of apple*)
reinfección *f* reinfection
reinfectar *va* to reinfect
reinflar *va* to reinflate
reingresar *vn* to reënter
reingreso *m* reëntry
reinita *f* (orn.) honey creeper; (bot.) pot marigold; (Am.) glowworm, firefly; **reinita cabeza negra** (orn.) blackpoll; **reinita trepadora** (orn.) black-and-white creeper or warbler
reino *m* kingdom; **reino animal** animal kingdom; **reino de los cielos** kingdom of heaven; **reino mineral** mineral kingdom; **Reino Unido** United Kingdom; **reino vegetal** vegetable kingdom
reinoculación *f* reinoculation
reinocular *va & vr* to reinoculate
reinstalación *f* reinstatement, reinstallation
reinstalar *va* to reinstate, reinstall
reintegrable *adj* repayable
reintegración *f* redintegration, restoration, recovery
reintegrar *va* to redintegrate; to restore; to pay back; *vr* to redintegrate; to recover; to return, go back
reintegro *m* restoration, recovery; payment
reinversión *f* reinvestment
reinvertir §62 *va* to reinvest
reír §73 *va* to laugh at or over; *vn* to laugh; (fig.) to laugh (*said of a brook or fountain*); **reír de** to laugh at; *vr* to laugh; (coll.) to tear (*from wear or flimsiness*); **reírse de** to laugh at
reiteración *f* reiteration
reiteradamente *adv* repeatedly
reiterar *va* to reiterate, to repeat
reiterativo -va *adj* reiterative
reivindicable *adj* (law) repleviable
reivindicación *f* (law) replevin; claim, demand; recovery
reivindicar §86 *va* (law) to replevy; to claim, demand (*e.g., one's rights*); to recover, to reclaim; to lay hold of or on
reja *f* grate, grating, grille; plowshare, colter; plowing; (phys.) lattice; **entre rejas** behind bars
rejacar §86 *va* var. of **arrejacar**
rejada *f* var. of **arrejada**
rejado *m* grating
rejal *m* pile of bricks laid on edge and crisscross
rejalgar *m* (mineral.) realgar; noisome material
rejera *f* (naut.) mooring line, painter
rejería *f* ornamental ironwork
rejero *m* ornamental ironworker
rejilla *f* screen; grating; lattice, latticework; latticed window; cane, cane upholstery; (aut.) grille; (rail.) baggage netting; foot stove, foot brasier; fire grate; (rad.) grid; (elec.) grid (*of storage battery*)
rejo *m* sharp point; goad; hob (*for quoits*); iron frame (*of a door*); strength, vigor; (bot.) radicle
rejón *m* spear; dagger; (taur.) lance
rejonazo *m* (taur.) thrust with lance that breaks off in bull's neck
rejoncillo *m* (taur.) small lance
rejoneador *m* (taur.) rejoneador (*mounted bullfighter who breaks lance in neck of bull*)
rejoneadora *f* (taur.) lady rejoneador
rejonear *va* (taur.) to jab (*the bull*) with a lance made to break off in the bull's neck
rejoneo *m* (taur.) jabbing with a lance
rejuela *f* small grate; foot stove, foot brasier
rejuntado *m* (mas.) pointing
rejuntar *va* (mas.) to point
rejuvenecer §34 *va* to rejuvenate; *vn & vr* to rejuvenate, become rejuvenated
rejuvenecimiento *m* rejuvenation
relabra *f* new carving
relabrar *va* to carve again
relación *f* relation; speech, long passage (*in a play*); account; list; (law) report; **relaciones** *fpl* betrothal, engagement; **en relación con** commensurate with; **falsa relación** (mus.) false relation; **relación de ciego** blind man's ballad; **relaciones públicas** public relations
relacionado -da *adj* related
relacionar *va* to relate; *vr* to relate, to be or become related
relai *m* or **relais** *m* (elec.) relay
relajación *f* relaxation; slackening, letup; laxity; rupture, hernia
relajado -da *adj* ruptured; debauched, dissolute, lax, loose
relajador -dora *adj* relaxative; *mf* relaxer
relajadura *f* (Am.) hernia
relajamiento *m* var. of **relajación**
relajante *adj & m* relaxative
relajar *va* to relax; to slacken; to debauch; *vn* to relax; *vr* to relax; to become relaxed; to become debauched; to become ruptured
relajo -ja *adj* (Am.) shy, aloof, gruff; (Am.) fiery, spirited; *m* (Am.) disorder, commotion; (Am.) baseness, vileness, lewdness; (Am.) joke, scorn; **echar a relajo** (Am.) to make fun of
relamer *va* to lick again; *vr* to lick one's lips; to gloat; to relish; to slick oneself up
relamido -da *adj* prim, overnice

relámpago *m* lightning; flash; flash of lightning; flash of wit; **relámpagos** *mpl* lightning; **relámpago de calor** heat lightning; **relámpago difuso** sheet lightning; **relámpago fotogénico** (phot.) flash bulb, flashlight
relampagueante *adj* lightening; flashing
relampaguear *vn* to lighten; to flash, to sparkle
relampagueo *m* lightning; flashing
relance *m* chance, uncertainty; second choice or lot; **de relance** by chance, unexpectedly
relanzar §76 *va* to throw again, to throw hard; to repel, to repulse; to cast (*ballots*) again
relapso -sa *adj* backsliding; *mf* backslider; *m* relapse
relatador -dora *adj* relating, narrating; *mf* relater, narrator
relatar *va* to relate, to report; (law) to report (*a trial*)
relatividad *f* relativity; (phys.) relativity
relativismo *m* relativism
relativo -va *adj* relative; (gram.) relative; *m* (gram.) relative
relato *m* story; statement, report
relator -tora *adj* narrating, reporting; *mf* relator, reporter; *m* (law) court reporter
relatoría *f* (law) office of court reporter
relavar *va* to wash again
relave *m* second washing; **relaves** *mpl* washings (*of ore*)
relazar §76 *va* to tie up
relé *m* var. of **relai**
releer §35 *va* to reread
relegación *f* relegation; banishment, exile; postponement
relegar §59 *va* to relegate; to banish, exile; to postpone, to shelve, to lay aside
relej *m* var. of **releje**
relejar *vn* to batter (*said of a wall*)
releje *m* rut, track; batter (*of a wall*); (path.) sordes
relente *m* night dew, light drizzle; (coll.) impudence, assurance
relentecer §34 *vn & vr* to soften
relevación *f* relief; absolution; emphasis, enhancement, reinforcement; (law) relief
relevante *adj* outstanding
relevar *va* to emboss, make stand out in relief, make stand out; to relieve; to release; to absolve; to replace, to substitute; (mil.) to relieve; *vn* to stand out in relief
relevo *m* (mil.) relief; **relevos** *mpl* (sport) relay race; **relevo de mandos** (mil.) change of command
relicario *m* reliquary; shrine; (Am. & prov.) locket
relicto -ta *adj* (law) left at one's death (*said of an estate*); (biol.) relict
relieve *m* relief (*design standing out from surface*); prominence; (fort.) relief; **relieves** *mpl* leavings, offals; **alto relieve** high relief; **bajo relieve** bas-relief, low relief; **en relieve** in relief; **medio relieve** half relief; **poner de relieve** to point out, to emphasize, to make stand out
religa *f* metal added to an alloy (*to change proportion*)
religar §59 *va* to tie again; to bind more tightly; to alloy again
religión *f* religion; **entrar en religión** to go into the church; **religión natural** natural religion; **religión revelada** revealed religion
religionario -ria *mf* Protestant
religiosidad *f* religiosity, religiousness
religioso -sa *adj & mf* religious
relimar *va* to file again
relimpiar *va* to clean again; to clean thoroughly
relimpio -pia *adj* (coll.) very clean, spick-and-span
relinchador -dora *adj* loud-neighing, neighing frequently
relinchar *vn* to neigh
relinchido or **relincho** *m* neigh, neighing; cry of joy
relindo -da *adj* very pretty
relinga *f* (naut.) boltrope; lead rope (*of fishing net*)
relingar §59 *va* (naut.) to rope (*a sail*); to fasten the lead rope to (*a fishing net*); *vn* (naut.) to rustle
reliquia *f* relic; trace, vestige; ailment; (biol.) relict; **reliquia de familia** heirloom
reló *m* (coll.) var. of **reloj**
reloco -ca *adj* (coll.) downright crazy
reloj *m* watch; clock; meter; **relojes** *mpl* (bot.) stork's-bill; **aprender a conocer el reloj** to learn how to tell time; **como un reloj** like clockwork; **conocer el reloj** to know how to tell time; **estar como un reloj** to be in good shape; **reloj de agua** water clock; **reloj de antesala** grandfather's clock; **reloj de arena** sandglass, hourglass; **reloj de autocuerda** self-winding watch; **reloj de caja** grandfather's clock; **reloj de campana** striking clock; **reloj de carillón** chime clock; **reloj de cuclillo** or **cuco** cuckoo clock; **reloj de cuerda automática** self-winding watch or clock; **reloj de bolsillo** watch, pocket watch; **reloj de estacionamiento** parking meter; **reloj de la muerte** (ent.) deathwatch; **reloj de longitudes** box chronometer; **reloj de ocho días cuerda** eight-day clock; **reloj de péndola** pendulum clock; **reloj de pesas** weight-driven clock; **reloj de pulsera** wrist watch; **reloj de repetición** repeater, repeating watch; **reloj de segundos muertos** stop watch; **reloj de sobremesa** desk clock; **reloj de sol** sundial; **reloj despertador** alarm clock; **reloj de torre** tower clock; **reloj magistral** master clock; **reloj marino** marine chronometer; **reloj para vigilantes** watchman's clock; **reloj registrador** time clock; **reloj registrador de tarjetas** punch clock
relojera *f* see **relojero**
relojería *f* watchmaking, clockmaking; watchmaker's shop or store
relojero -ra *adj* (pertaining to a) watch, clock; watchmaking; *mf* watchmaker, clockmaker; *f* watchcase; watch stand; watch pocket
reluciente *adj* shining, flashing, brilliant
relucir §60 *vn* to shine; (fig.) to shine
reluctancia *f* (elec.) reluctance
reluctante *adj* unruly, unmanageable
reluctividad *f* (elec.) reluctivity
reluchar *vn* to struggle
relujar *va* (Am.) to shine (*shoes*)
relumbrante *adj* dazzling, resplendent
relumbrar *vn* to shine brightly, to dazzle, to glare
relumbre *m* beam, sparkle; flash of bright light; taste of copper or iron (*from having been kept or cooked in copper or iron vessels*)
relumbro *m* var. of **relumbrón**
relumbrón *m* flash of bright light, dazzling brightness, glare; tinsel; **de relumbrón** showy, tawdry; flashily
relumbroso -sa *adj* var. of **relumbrante**
reluzco *1st sg pres ind of* **relucir**
rellanar *va* to level, smooth, or flatten again; *vr* to sprawl in one's seat
rellano *m* landing (*of stairs*); level stretch (*in sloping country*)
rellenable *adj* refillable
rellenar *va* to refill; to fill up; to fill, to stuff; to pad; to point (*e.g., bricks*); to fill out; (coll.) to cram, stuff; *vr* to fill up; (coll.) to cram, stuff, stuff oneself
relleno -na *adj* very full, packed; stuffed; *m* filling, stuffing; forcemeat; padding, wadding; (mach.) packing; (fig.) padding (*of a writing or speech*)
remachado *m* riveting
remachador -dora *adj* riveting; *mf* riveter; *f* riveting machine
remachadura *f* riveting
remachar *va* to clinch (*a driven nail*); to rivet; to confirm, to stress
remache *m* clinching; riveting; rivet
remador -dora *mf* rower
remadura *f* rowing
remallar *va* to mend (*a net or netting; a stocking or run in a stocking*)
remalladora *f* stocking mender (*woman or machine*)
remamiento *m* var. of **remadura**

R

remandar *va* to order over and over again
remanecer §34 *vn* to show up again unexpectedly
remanente *adj* remanent; remnant; *m* remains, remnant, leftover
remanga *f* shrimp trap
remangar §59 *va & vr* var. of **arremangar**
remango *m* var. of **arremango**
remansar *vn & vr* to dam up, to back up
remanso *m* dead water, backwater; still water; sluggishness
remante *adj* rowing; *mf* rower
remar *vn* to row; to toil, struggle
remarcar §86 *va* to mark again
rematadamente *adv* totally, absolutely
rematado -da *adj* bad off, hopeless; **loco rematado** (coll.) crazy as a bedbug, raving mad
rematamiento *m* var. of **remate**
rematante *m* highest bidder
rematar *va* to finish off, kill off; to finish, put an end to; to put the last stitch in; to knock down (*in an auction*); *vn* to end; *vr* to come to ruin; (Am.) to get worse
remate *m* end; closing (*e.g., of an account*); crest, top, finial; highest bid; sale (*at an auction*); (Am.) edge, selvage; **de remate** absolutely, completely, hopelessly; **por remate** finally, in the end
remecedor -dora *adj* shaking, swinging; *m* worker who beats or shakes down olives from the tree
remecer §61 *va & vr* to shake, to swing
remedable *adj* imitable
remedador -dora *adj* imitative; *mf* imitator, mimic
remedar *va* to imitate, copy; to ape, mimic; to mock
remediable *adj* remediable
remediador -dora *adj* remedial
remédialotodo *m* (*pl:* **-dos**) var. of **sánalotodo**
remediar *va* to remedy; to free, to save (*from danger*); to help; to prevent
remediavagos *m* (*pl:* **-gos**) short cut
remedición *f* remeasuring; remeasurement
remedio *m* remedy; help; recourse; amendment, correction; (law) appeal; **no hay remedio** or **más remedio** it can't be helped; **no tener más remedio que** + *inf* to not be able to help + *ger;* **no tener para un remedio** to be penniless; **no tener remedio** to be unavoidable, to be unable to be helped; **sin remedio** inevitable; **remedio heroico** desperate remedy
remedión *m* (theat.) substitute performance
remedir §94 *va* to remeasure
remedo *m* imitation, copy; poor imitation
remellado -da *adj* jagged, dented; ectropic (*eye or lip*); harelipped; *mf* harelipped person
remellar *va* to unhair (*hides*)
remellón -llona *adj & mf* (coll.) var. of **remellado**
remembranza *f* remembrance, recollection
remembrar *va* var. of **rememorar**
rememoración *f* remembering
rememorar *va* to remember, recall
rememorativo -va *adj* commemorative
remendado -da *adj* spotted, patchy
remendar §18 *va* to patch, mend, repair; to darn; to emend, correct; to touch up
remendón -dona *adj* mending, repairing; *mf* mender, repairer; tailor (*who does mending*); shoe mender, shoemaker
rementir §62 *vn* to tell barefaced lies
remero -ra *mf* rower, paddler; *m* oarsman; *f* (orn.) flight feather
remesa *f* remittance; shipment
remesar *va* to remit; to ship; to pluck, pull out (*hair*)
remesón *m* plucking of hair; tuft of hair plucked out; stopping a horse in full gallop
remeter *va* to put back; to put in further; to tuck in (*e.g., the bedclothes*)
remezón *m* (Am.) tremor (*slight earthquake*)
remiel *m* second extraction of sugar from the cane
remiendo *m* patch; repair, mending; retouching; spot; emendation, correction; (print.) job printing, job work; **a remiendos** (coll.) piecemeal; **echar un remiendo a** to put a patch on; **echar un remiendo a la vida** (coll.) to take a bite to eat
rémiges *fpl* (orn.) remiges
remilgado -da *adj* prim and finicky, affected, smirking
remilgar §59 *vr* to be prim and finicky, to smirk
remilgo *m* primness, overniceness, affectation
rémington *m* Remington gun
reminiscencia *f* reminiscence; (philos.) reminiscence
remirado -da *adj* circumspect, discreet
remirar *va* to look at again, to look over again, to review; to look at hard; *vr* to take great pains; to enjoy looking over; to contemplate with pleasure; **remirarse en** to take great pains with
remisible *adj* remissible
remisión *f* remission; reference; **remisión de los pecados** remission of sins
remisivo -va *adj* (pertaining to a) reference
remiso -sa *adj* lazy, indolent, sluggish
remisor -sora *mf* sender, shipper
remitente *adj* remittent; *mf* sender, shipper
remitido *m* personal (*in a newspaper*)
remitir *va* to remit; to forward, send, ship; to refer; to defer, postpone, put off; to pardon, forgive; *vn* to remit, let up; to refer *vr* to remit, let up; to defer, yield
remo *m* oar; leg, arm, wing; toil, labor; (sport) rowing; (sport) crew (*rowing in races*); **al remo** rowing; at hard labor; (*cap.*) *m* (myth.) Remus
remoción *f* removal; dismissal; modification
remodelar *va* (Am.) to remodel
remojadero *m* steeping tub, soaking vat
remojar *va* to soak, to steep, to dip; to celebrate with a drink
remojo *m* soaking, steeping, dipping; **echar en remojo** (coll.) to put off till a more opportune time
remolacha *f* (bot.) beet (*plant and root*); **remolacha azucarera** (bot.) sugar beet; **remolacha forrajera** (bot.) mangel-wurzel
remolar *m* oar maker; oar shop
remolcador -dora *adj* towing; *m* tug, tugboat, towboat
remolcar §86 *va* to tow; to take in tow; to draw or take (*someone*) in
remoler §63 *va* to grind up; (coll.) to bore; *vn* (Am.) to run around with women
remolido *m* (mineral.) ground ore
remolienda *f* (Am.) carousing
remolimiento *m* grinding
remolinar *vn & vr* to whirl about, to eddy
remolinear *va, vn & vr* to whirl about, to eddy
remolino *m* eddy, whirlpool; swirl, whirl; whirlwind; disturbance, commotion; press, throng; cowlick
remolón -lona *adj* soft, lazy, shirky; *mf* quitter, shirker; **hacerse el remolón** to shirk, to back down, to back out; *m* upper tusk of wild boar; point (*of horse's tooth*)
remolonear *vn & vr* to refuse to move, to stand still, to duck work or effort
remolque *m* tow (*act; what is towed; rope, chain*); (aut.) trailer; **tomar a remolque** to take in tow
remondar *va* to clean out, to prune again
remonta *f* shoe repair; patch (*on riding breeches*); restuffing of a saddle; remount cavalry; remount (*supply of horses*); remount-cavalry headquarters
remontamiento *m* (act of) remounting cavalry
remontar *va* to frighten away; to mend, repair (*a saddle, shoes, pants*); to go up (*e.g., a river*); (mil.) to remount; to elevate, raise up; *vn* to go back (*in time*); *vr* to rise, rise up; to soar; to go back (*in time*); to take to the woods (*said of a slave*)
remonte *m* repair, repairing; remounting; rising; soaring
remontista *m* (mil.) remount commissioner
remontuar *m* stem-winder
remoque *m* (coll.) gibe, cut
remoquete *m* punch; nickname; witticism, sarcasm; (coll.) flirting, love-making; **dar remoquete a** (coll.) to embarrass

rémora *f* (ichth.) remora; hindrance, obstacle, obstruction
remordedor -dora *adj* disturbing, causing remorse
remorder §63 *va* to bite again; to sting, prick, cause remorse to; *vr* to show one's worry or trouble
remordimiento *m* remorse
remosquear *vr* (coll.) to become suspicious, become upset; (print.) to become blurred or smeared
remostar *va* to put must into (*old wine*); *vr* to rot (*said of fruit*); to taste sweet (*said of wine*)
remostecer §34 *vr* to rot (*said of fruit*)
remosto *m* adding must to old wine; sweetening, sweetness (*of wine*)
remotamente *adv* remotely; unlikely; vaguely
remoto -ta *adj* remote; unlikely; **estar remoto** to be rusty (*about something once known*)
remover §63 *va* to remove; to disturb, upset; to shake; to stir; to dismiss, discharge; *vr* to remove, move away
removimiento *m* var. of **remoción**
remozamiento *m* rejuvenation
remozar §76 *va* to rejuvenate; *vr* to rejuvenate, become rejuvenated
rempujar *va* (coll.) to push, jostle; (coll.) to push (*e.g., an idea, plan*) through; (hunt.) to drive in a corner
rempujo *m* (coll.) push, jostle; (naut.) sailmaker's palm
rempujón *m* (coll.) push, shove
remuda *f* change, replacement; change of clothes
remudamiento *m* change, replacement
remudar *va* to change again; to change, replace; to transplant
remugar §59 *va* var. of **rumiar**
remullir §26 *va* to fluff, beat up (*e.g., a pillow*)
remuneración *f* remuneration; **remuneración por rendimiento** piece wage
remunerador -dora *adj* remunerating; *mf* remunerator
remunerar *va* to remunerate
remunerativo -va *adj* remunerative
remusgar §59 *va* to guess, suspect
remusgo *m* guess, suspicion; sharp, cold breeze
renacentista *adj* (pertaining to the) Renaissance; *mf* Renaissancist
renacer §34 *vn* to be reborn, to be born again; to bloom again; to recover
renaciente *adj* renascent
renacimiento *m* rebirth; renaissance; (*cap.*) *m* Renaissance
renacuajo *m* (zool.) tadpole, polliwog; (elec.) frog; (coll.) shrimp (*little fellow*)
renadío *m* new crop after haying
renal *adj* renal
Renania *f* Rhineland
renano -na *adj* Rhenish
Renato *m* René
rencilla *f* bicker, feud, quarrel
rencilloso -sa *adj* bickering, feuding, quarrelsome
renco -ca *adj* hipshot, lame
rencor *m* rancor
rencoroso -sa *adj* rancorous
rendaje *m* set of reins and bridles
rendajo *m* var. of **arrendajo**
rendar *va* to plow the second time; (prov.) to weed; (prov.) to imitate
rendibú *m* (*pl:* **-búes**) (archaic) bow, reverence, attention
rendición *f* surrender; submission; fatigue, exhaustion; yield; rendering (*e.g., of justice*)
rendido -da *adj* tired, worn out; attentive, submissive, obsequious; overcome, beaten
rendija *f* crack, split, slit
rendimiento *m* submission; obsequiousness; fatigue, exhaustion; yield; output, performance; (mech.) efficiency
rendir §94 *va* to conquer; to subdue, to overcome; to surrender; to exhaust, wear out; to return, give back; to hand over; to yield, produce; to throw up, vomit; to render, give (*e.g., thanks*); to do (*homage*); *vn* to yield; *vr* to surrender; to yield, give in; to become exhausted, become worn out
rene *f* (anat.) kidney
renegado -da *adj* renegade; (coll.) harsh, gruff, profane; *mf* renegade; *m* ombre (*card game*)
renegador -dora *adj* profane; *mf* swearer
renegar §29 *va* to deny vigorously; to abhor, to detest; *vn* to curse; to apostatize, to become a Mohammedan; (coll.) to utter insults; **renegar de** to deny; to curse; to abhor, to detest
renegociación *f* renegotiation
renegón -gona *adj* (coll.) profane; *mf* (coll.) swearer, inveterate swearer
renegrear *vn* to turn very black
renegrido -da *adj* black-and-blue
RENFE *f* abr. of **Red Nacional de los Ferrocarriles Españoles**
rengífero *m* var. of **rangífero**
rengle *m* or **renglera** *f* row, file, line
renglón *m* line (*of writing or print; of business*); **a renglón seguido** below, right after; **leer entre renglones** to read between the lines
renglonadura *f* ruling, ruled lines
rengo -ga *adj* var. of **renco**
renguear *vn* (Am.) to limp
reniego *m* curse
reniforme *adj* reniform
renil *adj* barren or spayed (*sheep*)
renio *m* (chem.) rhenium
renitencia *f* reluctance, renitency; resistance
renitente *adj* reluctant, renitent; resistant
reno *m* (zool.) reindeer
renombrado -da *adj* renowned, famous
renombre *m* renown; surname, family name
renovable *adj* renewable
renovación *f* renovation; renewal; transformation, restoration; remodeling
renovador -dora *adj* renewing, reviving; *mf* renovator
renoval *m* growth of new sprouts in a clearing
renovar §77 *va* to renovate; to renew; to transform, to restore; to remodel; *vr* to renew, become new again
renovero -ra *mf* usurer, money lender
renquear *vn* to limp
renta *f* rent; annuity; income; private income; public debt; government bonds; **renta nacional** gross national product; **rentas patrimoniales** endowment income; **renta vitalicia** life annuity
rentabilidad *f* (econ.) yield
rentable *adj* income-yielding; *m* income-yielding investment
rentado -da *adj* enjoying an income
rentar *va* to produce, yield (*an income or profit*)
rentero -ra *adj* tributary, tax-paying; *mf* rural tenant, tenant farmer
rentilla *f* game played with six dice, each marked 1, 2, 3, 4, 5, or 6, on only one side
rentista *mf* financier; bondholder; person of independent means
rentístico -ca *adj* financial
rento *m* annual rent; farm
rentoso -sa *adj* income-yielding
renuencia *f* reluctance, unwillingness
renuente *adj* reluctant, unwilling
renuevo *m* sprout, shoot; renewal
renuncia *f* renunciation; resignation; (law) waiver; **hacer renuncia de** to resign (*a post*)
renunciable *adj* renounceable
renunciación *f* renunciation, renouncement
renunciamiento *m* renunciation
renunciar *va* to renounce; to resign; to renege; **renunciar una cosa en otra persona** to renounce something in favor of another person; *vn* to resign; to renege; **renunciar a** to give up (*a plan; the world*); *vr* to give up; **renunciarse a** + *inf* to give up + *ger;* **renunciarse a sí mismo** to deny oneself
renuncio *m* renege; slip, mistake; (coll.) lie; **coger en un renuncio** (coll.) to catch in a lie
renvalsar *va* to rabbet; to shave off, to plane down (*a door or window*)
renvalso *m* rabbet; shaving a door or window to make it fit
reñidamente *adv* bitterly
reñidero *m* cockpit, fighting pit
reñido -da *adj* at variance, on bad terms; bitter, hard-fought
reñidor -dora *adj* quarrelsome; scolding

R

reñidura *f* (coll.) scolding
reñir §74 *va* to scold; to fight; to fight for; *vn* to quarrel, fight; to fall out, be at odds
reo -a *adj* guilty, criminal; **reo** *mf* offender, criminal; (law) defendant; *m* (ichth.) sea trout; **rea** *f* (law) defendant; (Am.) slattern; (*cap.*) *f* (myth.) Rhea
reóforo *m* (elec.) rheophore
reojo; de reojo askance, out of the corner of one's eye; over one's shoulder; (coll.) hostilely, scornfully
reómetro *m* rheometer
reorganización *f* reorganization
reorganizar §76 *va & vr* to reorganize
reorientar *va* to reorient
reóstato *m* (elec.) rheostat
repacer §34 *va* to eat up (*all the pasture*)
repagar §59 *va* to pay too much for
repajo *m* field enclosed with a hedge
repajolero -ra *adj* var. of **pajolero**
repanchigar or **repantigar §59** *vr* to loll, to sprawl out in a chair
repapilar *vr* to glut, to stuff
reparable *adj* reparable; noteworthy; noticeable
reparación *f* repairing, repairs; reparation
reparado -da *adj* strengthened, supplied; squint-eyed; *f* sudden start, sudden shying away (*of a horse*)
reparador -dora *adj* repairing, (pertaining to) repair; restorative; faultfinding; *mf* repairer; restorative; faultfinder; *m* repairman; restorative
reparamiento *m* var. of **reparación & reparo**
reparar *va* to repair, to mend; to make amends for; to restore; to notice, observe; to parry; *vn* to stop; **reparar en** to notice, pay attention to; *vr* to stop; to check oneself, to refrain; (Am.) to rear
reparativo -va *adj* reparative
reparista *adj* (Am.) faultfinding
reparo *m* repairing, repairs; restorative; notice, observation; doubt, objection; shelter, protection; bashfulness; parry; **no tener reparos en** + *inf* to have no hesitation in + *ger;* **poner reparo a** to raise an objection to
reparón -rona *adj* (coll.) faultfinding; *mf* (coll.) faultfinder
repartible *adj* distributable
repartición *f* distribution; deal, dealing
repartidamente *adv* distributively
repartidero -ra *adj* to be distributed, for distribution
repartidor -dora *adj* distributing; *mf* distributor; assessor; dealer
repartimiento *m* distribution; repartition; assessment; dealing
repartir *va* to distribute; to assess; to deal (*cards*)
reparto *m* distribution; delivery; assessment; deal; (theat.) cast; (Am.) real-estate development
repasadera *f* (carp.) finishing plane
repasadora *f* wool comber (*woman*)
repasar *va* to repass; to retrace; to pass by or over again; to revise; to review; to mend (*clothing*); to comb (*dyed wool*); to amalgamate (*silver ore*)
repasata *f* (coll.) reprimand, dressing-down
repaso *m* review; (coll.) reprimand, dressing-down
repastar *va* to feed again; to have fed again; to mix again, to add more flour or water to
repasto *m* extra feeding
repatriación *f* repatriation; return home
repatriado -da *adj* repatriated; sent home; *mf* repatriate
repatriar §90 *va* to repatriate; to send home; *vn & vr* to be repatriated; to go or come home
repavimentar *va* to repave
repechar *vn* to climb, to go up hill
repeche *adj* (Am.) fine, swell, excellent
repecho *m* short steep incline; **a repecho** uphill
repeinado -da *adj* all slicked up
repeinar *va* to comb again; *vr* to do one's hair, to groom one's hair
repeladura *f* second shearing or clipping
repelar *va* to pull out (*hair*); to pull out the hair of; to nibble, to nip; to clip (*e.g., the nails*); (Am.) to scold; (Am.) to anger, irritate; *vr* to feel sorry, to repent
repelente *adj* repellent; (Am.) grim, gruff
repeler *va* to repel, to repulse
repelo *m* twist, turn (*against the grain, nap, etc.*); crooked grain; (coll.) spat, scuffle; (coll.) aversion; (Am.) rag; **repelo de frío** chill
repelón *m* pull on the hair; kink (*in a stocking*); snatch; spurt; **a repelones** (coll.) little by little, with effort; **de repelón** (coll.) swiftly
repeloso -sa *adj* crooked-grained; (coll.) touchy, grouchy
repeluzno *m* (coll.) chill
repellar *va* to splash plaster on (*a wall*)
repensar §18 *va* to think over again
repente *m* (coll.) start, sudden movement; **de repente** suddenly
repentino -na *adj* sudden, unexpected
repentista *mf* (mus.) improviser; (mus.) sight reader; improviser, extemporizer
repentización *f* (mus.) sight reading; improvisation, extemporization
repentizar §76 *vn* (mus.) to perform at sight, to sight-read; to improvise
repentón *m* (coll.) violent start or movement
repeor *adj & adv* (coll.) much worse
repercudida *f* rebound; repercussion
repercudir *va, vn & vr* var. of **repercutir**
repercusión *f* repercussion; reflection (*of light*)
repercusivo -va *adj & m* (med.) repellent
repercutir *va* (med.) to repel; *vn* to rebound; to reëcho, reverberate; **repercutir en** to have a repercussion on; *vr* to reverberate
repertorio *m* repertory; repertoire
repesar *va* to reweigh; to weigh with great care
repeso *m* reweighing; weight office; reweighing charge
repetición *f* repetition; repeating mechanism (*of a watch*); repeating watch; (mus.) repeat
repetidamente *adv* repeatedly
repetidor -dora *adj* repeating; *m* (telp.) repeater
repetir §94 *va* to repeat; *vn* to repeat; (path.) to repeat; *vr* to repeat oneself; (paint. & sculp.) to copy oneself
repicar §86 *va* to chop up, to mince; to ring, to sound; to prick again, sting again; to repique (*in piquet*); *vn* to peal, ring out, resound; *vr* to boast, be conceited
repicotear *va* to adorn with a jagged or wavy edge
repinaldo *m* (hort.) delicious (*large apple*)
repinar *vr* to rise, to soar
repintar *va* to repaint; (print.) to mackle, to blur; *vn* to repaint; *vr* to paint, to use rouge; (print.) to mackle, to blur
repinte *m* repaint
repique *m* chopping, mincing; peal, ringing; repique (*in piquet*); (coll.) squabble
repiquete *m* lively pealing (*of bells*); brisk rapping; clash, skirmish; (naut.) short tack
repiquetear *va* to ring gayly; to beat away at; *vn* to resound, to peal; (mach.) to chatter, clatter; *vr* (coll.) to wrangle, to insult each other
repiqueteo *m* gay ringing or pealing; beating, rapping; (mach.) chatter, clatter
repisa *f* shelf, ledge; console, bracket; **repisa de chimenea** mantelpiece; **repisa de ventana** window sill
repisar *va* to tread again; to tamp, pack down; to cram, to grind into one's head
repiso *m* thin wine
repizcar §86 *va* to pinch
repizco *m* pinch
replantación *f* replanting
replantar *va* to replant
replantear *va* to plan or outline again; to restate; to lay out (*a plan*)
replanteo *m* new plan, new outline; new layout; restatement
repleción *f* repletion, fullness
replegable *adj* folding; (aer.) retractable
replegar §29 *va* to fold over and over; *vr* to fold, fold up; (mil.) to fall back
repletar *va & vr* to stuff, to cram
repleto -ta *adj* replete, full, loaded; fat, chubby

réplica *f* answer, argument, retort; (f.a.) replica; (law) replication
replicador -dora *adj* argumentative; *mf* arguer
replicar §86 *va* to argue against (*e.g., an order*); *vn* to argue back, answer back, retort
replicato *m* answer, argument
replicón -cona *adj* (coll.) saucy, flip
repliegue *m* fold, crease; (mil.) falling back, retirement
repoblación *f* repopulation; restocking; afforestation
repoblar §77 *va* to repopulate; to restock (*e.g., an aquarium*); to afforest
repodar *va* to prune again
repodrir *va & vr* var. of **repudrir** only in the *inf*
repollar *vn & vr* to head (*said, e.g., of a cabbage*)
repollo *m* (bot.) cabbage; head (*e.g., of cabbage*)
repolludo -da *adj* cabbage-headed, round-headed; headed (*e.g., cabbage*); chubby
repolluelo *m* little cabbage; little head (*of cabbage*)
repondré *1st sg fut ind of* **reponer**
reponer §69 *va* to replace, to put back; to restore; to revive (*a play*); to reply, retort; *vr* to recover; to calm down
repongo *1st sg pres ind of* **reponer**
reportación *f* calm, moderation
reportaje *m* reporting; report, news report; **reportaje gráfico** story in pictures; **reportaje radiofónico** (rad.) newscast
reportamiento *m* check, restraint
reportar *va* to check, restrain; to get, obtain; to bring, carry; to transfer (*a drawing to a lithographic stone*); to report; *vr* to restrain or control oneself
reporte *m* report, news report; gossip; transfer (*drawing in lithographic crayon*)
repórter *m* reporter
reporteril *adj* reportorial
reporterismo *m* reporting, news reporting
reportero -ra *mf* reporter; **reportero gráfico** news photographer; **reportero radiofónico** (rad.) newscaster
reportista *mf* transferrer (*of a drawing to a lithographic stone*)
reportorio *m* calendar, almanac
reposadero *m* (metal.) iron runner
reposado -da *adj* reposeful; solemn, grave
reposar *va* to let (*food, a drink, etc.*) settle; **reposar la comida** to rest or take a nap after eating; *vn & vr* to rest; to take a nap; to lie, be at rest (*in the grave*); to settle
reposición *f* replacement; recovery (*e.g., of health*); (theat.) revival
repositorio *m* repository
reposo *m* rest, repose
repostada *f* (prov. & Am.) sharp reply, piece of abuse
repostaje *m* refueling
repostar *va, vn & vr* to stock up; to refuel
repostería *f* pastry shop; pastry-shop equipment; confectionery, pastry making, pastry cooking; pastry-shop employees; pantry
repostero *m* confectioner, pastry cook; king's butler; square cloth or cover ornamented with coat of arms
repregunta *f* (law) cross-examination
repreguntar *va* (law) to cross-examine
reprendedor -dora *adj & mf* var. of **reprensor**
reprender *va* to reprehend, to scold
reprensible *adj* reprehensible
reprensión *f* reprehension, scolding
reprensivo -va *adj* reproachful
reprensor -sora *adj* reproachful; *mf* reprehender, reproacher
represa *f* dam; damming; check, repression; recapture (*of a ship*)
represalia *f* reprisal; retaliation; **represalias** *fpl* reprisal; **tomar represalias** to make reprisals
represaliar *va* to make reprisals on, to retaliate on
represar *va* to dam; to check, repress; to recapture (*a ship*); *vr* to become dammed
representable *adj* representable; performable (*play*)
representación *f* representation; dignity, standing; performance; production; representatives; **en representación de** representing; **representación proporcional** (pol.) proportional representation
representador -dora *adj* representing; *mf* actor, player
representanta *f* actress
representante *adj* representing; *mf* representative; actor, player; (com.) agent, representative
representar *va* to represent; to show, express; to state, declare; to act, perform, play; to appear to be (*so many years old*); *vr* to imagine
representativo -va *adj* representative
represión *f* damming; repression; (psychoanal.) repression
represivo -va *adj* repressive
represor -sora *adj* repressive; *mf* represser
reprimenda *f* reprimand
reprimible *adj* repressible
reprimir *va* to repress
reprobable *adj* reprovable
reprobación *f* reprobation, reproval, reproof; flunk, failure
reprobado -da *adj* failed (*in an exam*); *mf* person who has failed; *adj & mf* var. of **réprobo**
reprobador -dora *adj* reproving; *mf* reprover
reprobar §77 *va* to reprove, to reprobate; to flunk, to fail
reprobatorio -ria *adj* reprobative
réprobo -ba *adj & mf* (theol.) reprobate
reprochable *adj* reproachable
reprochador -dora *adj* reproachful; *mf* reproacher
reprochar *va* to reproach; **reprochar algo a alguien** to reproach someone for something
reproche *m* reproach
reproducción *f* reproduction; breeding
reproducir §38 *va & vr* to reproduce
reproductible *adj* reproducible
reproductivo -va *adj* productive
reproductor -tora *adj* reproductive; reproducing; *mf* reproducer; breeder (*animal*); *m* (mach. & elec.) reproducer
reproduje *1st sg pret ind of* **reproducir**
reproduzco *1st sg pres ind of* **reproducir**
repromisión *f* renewed promise
repropiar *vr* to get balky (*said of a horse*)
repropio -pia *adj* balky (*horse*)
reprueba *f* new proof
reps *m* rep or repp (*fabric*)
reptación *f* crawl, crawling
reptar *vn* to crawl; to be craven, to cringe
reptil *adj & m* (zool. & fig.) reptile
república *f* republic; **la República de Platón** The Republic, The Republic of Plato; **República Árabe Unida** United Arab Republic; **república de las letras** republic of letters; **República Dominicana** Dominican Republic; **república literaria** republic of letters
republicanismo *m* republicanism
republicano -na *adj & mf* republican; *m* patriot
repúblico *m* prominent citizen; statesman; patriot
repudiación *f* repudiation
repudiar *va* to repudiate
repudio *m* repudiation (*of a wife*)
repudrir (*pp:* **repodrido**) *va* to rot completely; (coll.) to irritate, vex; *vr* to rot completely; (coll.) to languish, to pine away
repuesto -ta *pp of* **reponer;** *adj* secluded; spare, extra; *m* stock, supply; serving table; pantry; spare part; **de repuesto** spare, extra
repugnancia *f* repugnance or repugnancy
repugnante *adj* repugnant
repugnar *va* to conflict with; to contradict; to object to, to avoid (*e.g., work*); to revolt, to be repugnant to; *vn* to be repugnant; *vr* to conflict
repujado -da *adj* repoussé; *m* repoussage; repoussé
repujar *va* to do repoussé work on (*metal sheets*); to emboss (*e.g., leather*)
repulgado -da *adj* affected
repulgar §59 *va* (sew.) to hem, to border

R

repulgo *m* (sew.) hem, border; (cook.) fancy edging (*e.g., of a pie or cake*); **repulgo de empanada** trifle, ridiculous scruple
repulido -da *adj* highly polished; all dolled up
repulir *va* to repolish; to dress up, doll up; *vr* to dress up, doll up
repulsa *f* rejection, refusal; reprimand
repulsar *va* to reject, to refuse
repulsión *f* repulsion; rejection, refusal; (phys.) repulsion; (fig.) repulsion (*strong dislike*)
repulsivo -va *adj* (phys. & fig.) repulsive
repullo *m* dart; start, jump
repunta *f* point, cape; touch, sign; (coll.) quarrel, dispute
repuntar *va* (Am.) to round up (*scattered animals*); *vn* to begin to appear; (naut.) to begin to rise; (naut.) to begin to ebb; *vr* to begin to turn sour; (coll.) to fall out
repunte *m* (naut.) rise of tide, ebb of tide
repurgar §59 *va* to repurge
repuse *1st sg pret ind of* **reponer**
reputación *f* reputation, repute
reputado -da *adj;* **bien reputado** highly reputed; **mal reputado** of low repute
reputar *va* to repute; to esteem
requebrador -dora *adj* flirtatious; *mf* flirt
requebrajo *m* cheap flattery; brazen flirtation
requebrar §18 *va* to break more, to recrush; to flatter; to say flattering things to, to flirt with
requemado -da *adj* burnt; tanned, sunburned; *m* black crepe
requemamiento *m* bite, sting
requemar *va* to burn again; to parch; to overcook; to inflame; to bite, sting (*the mouth*); *vr* to become tanned or sunburned; to smolder, to burn within
requemazón *f* bite, sting
requerer §70 *va* (coll.) to love dearly
requerimiento *m* notification; request; summons; urging; checking, examination; requirement; seeking; (law) injunction
requerir §62 *va* to notify; to request; to summon; to urge; to check, examine; to require; to seek, to look for; to reach for; to court, woo, make love to
requesón *m* cottage cheese, pot cheese; curd
requeté *m* Carlist volunteer; Carlist volunteer militia
requete- *prefix* (coll.) very, extremely, e.g., **requetebién** very well, fine; **requetesabroso** extremely tasty
requiebro *m* recrushing; crushed ore; flattery; flattering remarks, flirtation
réquiem *m* (*pl:* **réquiems**) requiem (*mass and music*)
requilorios *mpl* (coll.) waste of time, beating about the bush
requintador -dora *mf* outbidder
requintar *va* to outbid by a fifth; to exceed, surpass; (mus.) to raise or lower by five points
requinto *m* second fifth to be removed; advance of a fifth in bidding; (mus.) fife; (mus.) fifer; (mus.) small guitar
requisa *f* inspection; round of inspection; round (*made by jailer*); (mil.) requisition
requisar *va* to inspect; (mil.) to requisition
requisición *f* (mil.) requisition
requisito -ta *adj* requisite; *m* requisite, requirement; accomplishment (*in some social art or grace*); **requisito previo** prerequisite
requives *mpl* var. of **arrequives**
res *f* head of cattle; beast; **res de vientre** breeding female (*animal*)
resaber §80 *va* to know thoroughly
resabiado -da *adj* wicked, sly, crafty; spoiled, ill-bred (*child*)
resabiar *va* to give a vice or bad habits to; *vr* to contract a vice or bad habits; to relish; to become displeased; to become tasteless
resabido -da *adj* well-known, notorious; pedantic
resabio *m* unpleasant aftertaste; vice, bad habit
resabioso -sa *adj* (Am.) sly, crafty; (Am.) wicked, vicious (*horse*)
resabré *1st sg fut ind of* **resaber**
resaca *f* surge, surf, undertow; (com.) redraft; (slang) hangover; **traer una resaca** (slang) to have a hangover
resacar §86 *va* (naut.) to underrun; (hunt.) to flush out; (com.) to redraw; (coll.) to take out again, to take right out
resalado -da *adj* (coll.) charming, witty
resalar *va* to salt again
resaldré *1st sg fut ind of* **resalir**
resalga *f* brine
resalgo *1st sg pres ind of* **resalir**
resalir §81 *vn* to jut out, project
resalsero *m* rough stretch of sea
resaltar *va* to emphasize; *vn* to bounce, rebound; to jut out, project; to stand out
resalte *m* projection
resalto *m* bounce, rebound; projection
resaludar *va* to return a greeting or salute to
resalutación *f* return greeting or salute
resalvo *m* sapling or staddle (*left in stubbing*)
resallar *va* to weed again
resanar *va* to retouch with gold or gilt; to repair; to patch (*a chipped wall*)
resarcible *adj* indemnifiable
resarcimiento *m* compensation, indemnification, repayment
resarcir §50 *va* to make amends to (*a person*); to repay (*a harm, an insult*); to make up for, to make good (*a loss*); to mend, repair; *vr;* **resarcirse de** to make up for
resbaladero -ra *adj* slippery; *m* slippery place; chute; *f* slide
resbaladizo -za *adj* slippery; skiddy; risky; shaky, treacherous (*memory*)
resbalador -dora *adj* sliding; skiddy
resbaladura *f* mark left from sliding or slipping
resbalamiento *m* slide, slip; skid
resbalar *vn* to slide; to skid; *vr* to slide, to slip; (fig.) to slip, to misstep
resbalera *f* slippery place
resbalón *m* slide, slip; skid, skidding; misstep
resbaloso -sa *adj* slippery
rescaldar *va* var. of **escaldar**
rescatar *va* to ransom, redeem; to rescue; to make up for (*lost time*); to relieve; to atone for; to trade valuables for (*ordinary goods*)
rescate *m* ransom, redemption; rescue; salvage; ransom money; prisoner's base (*children's game*)
rescaza *f* (ichth.) scorpene
rescindir *va* to rescind
rescisión *f* rescission
rescoldera *f* (path.) heartburn
rescoldo *m* embers; smoldering; scruple, doubt; **arder en rescoldo** to smolder
rescontrar §77 *va* (com.) to set off, to offset, to balance
rescripto *m* rescript
rescuentro *m* (com.) offset, balance
resé *1st sg pres ind of* **resaber**
resecación *f* thorough drying, desiccation
resecar §86 *va* to dry up, to dry out; (surg.) to resect; *vr* to dry up, to dry out
resección *f* resection
reseco -ca *adj* very dry, too dry; very lean; *m* dry part (*of a tree; of a honeycomb*)
reseda *f* (bot.) mignonette; (bot.) dyer's rocket
resedáceo -a *adj* (bot.) resedaceous
resegar §29 *va* to mow again
reseguir §82 *va* to edge (*a sword*)
resellar *va* to reseal; to restamp; to recoin; to surcharge; *vr* to become a turncoat
resembrar §18 *va* to resow, to replant
resentido -da *adj* resentful
resentimiento *m* resentment; sorrow, disappointment
resentir §62 *vr* to become weakened, begin to give way; to be resentful; **resentirse de** to begin to feel the bad effects of; to resent; to suffer from; **resentirse por** to resent
reseña *f* sketch, outline; review (*of a book*); newspaper account; (mil.) review
reseñar *va* to sketch, outline; to review (*a book*); to check; (mil.) to review
resepa *1st sg pres subj of* **resaber**
resequido -da *adj* parched, dried up
resero *m* (Am.) cowboy, herdsman; (Am.) livestock dealer
reserpina *f* (pharm.) reserpine
reserva *f* reserve; reservation; (com. & mil.) reserve; **a reserva de** with the intention of;

con or **bajo la mayor reserva** in strictest confidence; **sin reserva** without reservation; **reserva de indios** (U.S.A.) Indian reservation; **reserva mental** mental reservation
reservación *f* reservation
reservado -da *adj* reserved; *m* reservation, reserved place; (rail.) reserved compartment
reservar *va* to reserve; to postpone; to put aside; to exempt; to conceal, keep secret; *vr* to save oneself, to bide one's time; to beware, to be distrustful
reservista *adj* (mil.) reserve; *mf* (mil.) reservist
reservón -vona *adj* (coll.) reserved, retiring, distant
reservorio *m* reservoir
resfriado *m* cold (*e.g., in the head*); watering before plowing; **resfriado común** common cold
resfriador -dora *adj* cooling
resfriadura *f* (vet.) cold
resfriamiento *m* cooling, refrigeration
resfriante *adj* cooling; *m* cooler of a still
resfriar §90 *va* to cool, to chill; to cool off (*e.g., enthusiasm*); *vn* to turn cold; *vr* to catch cold; to cool, to chill; (fig.) to cool off, grow cold
resfrío *m* cold
resguardar *va* to defend; to protect, to shield; *vr* to take shelter; to protect oneself
resguardo *m* defense; protection; guard; guarantee; check, voucher; frontier guard; (naut.) wide berth, sea room
residencia *f* residence, residency; (educ.) residence; (law) impeachment
residencial *adj* residential; residentiary
residenciar *va* to call to account; (law) to impeach
residente *adj* resident, residing; *mf* resident
residir *vn* to reside
residual *adj* residual, residuary
residuo *m* remains, residue; residuum; (math.) remainder
resiembra *f* resowing, replanting
resigna *f* (eccl.) resignation
resignación *f* resignation
resignadamente *adv* resignedly
resignar *va* to resign; **resignar el mando en otra persona** to resign command to another person; *vr* to resign oneself; to become resigned; **resignarse a** + *inf* to resign oneself to + *inf*
resiliencia *f* (mech.) resilience
resina *f* resin, rosin; **resina acaroide** acaroide gum or resin
resinación *f* extraction of resin
resinar *va* to draw resin from
resinato *m* (chem.) resinate
resinero -ra *adj* (pertaining to) resin; *m* resin extractor
resinífero -ra *adj* resiniferous
resinoide *adj* & *m* resinoid
resinoideo -a *adj* resinoid
resinoso -sa *adj* resinous
resistencia *f* resistance; strength; (elec.) resistance; **oponer resistencia** to offer resistance; **resistencia al avance** (aer.) drag; **resistencia de rejilla** (rad.) grid leak; **resistencia pasiva** passive resistance
resistente *adj* resistant; strong, firm
resistero *m* hottest time of the day; heat from glare of sun; spot made hot by glare of sun
resistibilidad *f* resistibility
resistible *adj* resistible
resistidero *m* var. of **resistero**
resistidor -dora *adj* resistant
resistir *va* to resist (*temptation*); to bear, to stand, to withstand; *vn* to resist; **resistir a** to resist (*a contrary force, a desire to laugh*); **resistir a** + *inf* to refuse to + *inf;* to resist + *ger; vr* to resist; to struggle; to bear up; **resistirse a** + *inf* to refuse to + *inf;* to resist + *ger*
resistividad *f* (elec.) resistivity
resistivo -va *adj* resistive
resistor *m* (elec.) resistor
resma *f* ream (*of paper*)
resmilla *f* package of a hundred sheets of letter paper
resnatrón *m* (elec.) resnatron
resobado -da *adj* threadbare, hackneyed
resobrar *vn* to be greatly in excess
resobrina *f* grandniece, great-niece
resobrino *m* grandnephew, great-nephew
resol *m* sun's glare
resolano -na *adj* sunny and sheltered (*from wind*); *f* sunny and sheltered spot
resoluble *adj* resoluble, resolvable
resolución *f* resolution; **en resolución** in sum, in a word
resolutivo -va *adj* & *m* (med.) resolutive
resoluto -ta *adj* resolute; brief, compendious; expert, skillful
resolvente *adj* & *m* resolvent
resolver §63 & §17, 9 *va* to resolve; to decide on; to solve; to dissolve; to analyze, divide; to sum up; **resolver** + *inf* to resolve to + *inf; vr* to resolve; **resolverse a** + *inf* to resolve to + *inf;* **resolverse en** to turn into; **resolverse por** to resolve on or upon
resollar §77 *vn* to breathe; to breathe hard, to pant; to breathe again, breathe freely; to stop for a rest; (coll.) to show up; **no resollar** to not say a word
resonación *f* resounding
resonador *m* resonator; (telg.) sounder
resonancia *f* resonance; echo; (fig.) repercussion; **tener resonancia** to be bruited abroad, to be headlined
resonante *adj* resonant; resounding, echoing
resonar §77 *vn* to resonate; to resound, to echo
resoplar *vn* to puff, to breathe hard; to snort
resoplido or **resoplo** *m* puffing, hard breathing; snort
resorber *va* to resorb
resorcina *f* (chem.) resorcin or resorcinol
resorción *f* resorption
resorte *m* spring; springiness; means; motive; province, scope; (Am.) rubber band; **ser del resorte de** (Am.) to be within the province of; **tocar resortes** to pull wires; **resorte espiral** coil spring
respailar *vn* (coll.) to scurry; **ir respailando** (coll.) to scurry along
respaldar *m* back (*of a seat*); *va* to indorse; (fig.) to indorse; (fig.) to back; *vr* to lean back; to sprawl, sprawl out
respaldo *m* back (*of a seat; of a sheet of paper*); indorsement; backing; (min.) wall of a vein
respectar *va* to concern; **por lo que respecta a** as far as ... is concerned
respectivo -va *adj* respective
respecto *m* respect, reference, relation; **al respecto** in the matter; **bajo ese respecto** in that respect; **con respecto a** or **de, respecto a** or **de** with respect to, with regard to
respeluzar §76 *va* & *vr* var. of **despeluzar**
respetabilidad *f* respectability
respetable *adj* respectable; **a respetable distancia** at a respectable distance; **el más respetable** the oldest
respetador -dora *adj* respectful
respetar *va* to respect
respeto *m* respect; consideration; spare; **campar por su respeto** or **sus respetos** to be self-centered, to be inconsiderate; **de respeto** spare, extra; **estar de respeto** to be all decked out; **ofrecer sus respetos a** to pay one's respects to
respetuosidad *f* respectfulness; awesomeness; humility, obedience
respetuoso -sa *adj* respectful; impressive, awesome; humble, obedient
réspice *m* (coll.) sharp reply; (coll.) sharp reproof
respigador -dora *mf* gleaner
respigar §59 *va* to glean
respigón *m* hangnail; (vet.) sore on heel (*of horse*)
respingado -da *adj* upturned, turned up (*nose*)
respingar §59 *vn* to balk, to shy; (coll.) to curl up (*said of edge of poorly made garment*); (coll.) to resist, to give in unwillingly
respingo *m* balking, shying; wincing; violent shaking; (coll.) gesture of revolt, gesture of revulsion
respingón -gona *adj* (Am.) surly, churlish; upturned, turned up (*nose*)

R

respingoso -sa *adj* balky; (coll.) gruff, sour
respirable *adj* breathable
respiración *f* respiration, breathing; ventilation
respiradero *m* vent, venthole (*in a barrel*); air valve; ventilation shaft; louver; breather, respite; snorkel; (coll.) organ of respiration
respirador -dora *adj* breathing; respiratory; *m* respirator
respirar *va* to breathe; (fig.) to breathe (*e.g., love, kindness*); *vn* to breathe; to leak; to breathe again, breathe freely; to breathe a sigh of relief; to catch one's breath, to stop for a rest; (coll.) to show up; to smell; **no respirar** (coll.) to not breathe a word; **sin respirar** without respite, without letup; **respirar a** to smell of
respiratorio -ria *adj* respiratory
respiro *m* breathing; respite, breather, breathing spell; reprieve, relief; extension of time (*for payment*)
resplandecer §34 *vn* to shine; to flash, to glitter; (fig.) to shine, stand out
resplandeciente *adj* brilliant, radiant; resplendent
resplandecimiento *m* brilliance, radiance
resplandina *f* (coll.) sharp reproof
resplandor *m* brilliance, radiance; glare; resplendence; cosmetic
respondedor -dora *adj & mf* respondent
responder *va* to answer; to clear up, explain away; to answer with (*e.g., an insult*); *vn* to answer; to respond; to reëcho; to correspond, harmonize; to yield, produce; to face; to answer back, be saucy; **responder a** to answer; to match; **responder de** to answer for (*a thing*); **responder por** to answer for (*a person*)
respondón -dona *adj* (coll.) saucy
responsabilidad *f* responsibility
responsabilizar §76 *va* to make responsible; *vr* to take the responsibility
responsable *adj* responsible; **responsable de** responsible for
responsar *va* (coll.) to scold; *vn* to say prayers for the dead
responsear *vn* (coll.) to say prayers for the dead
responsivo -va *adj* responsive
responso *m* (eccl.) prayer for the dead; (coll.) reprimand, scolding
responsorio *m* (eccl.) responsory
respuesta *f* answer, response; (rad.) response; **respuesta comercial** business-reply card
resquebradura *f* crack, split
resquebrajadizo -za *adj* easily cracked or split
resquebrajadura *f* var. of **resquebradura**
resquebrajar *va & vr* to crack, to split
resquebrajo *m* var. of **resquebradura**
resquebrajoso -sa *adj* var. of **resquebrajadizo**
resquebrar §18 *va & vr* to begin to crack or split
resquemar *va* to bite, sting (*the tongue*); to parch; to burn (*food*); *vn* to bite, sting; *vr* to become parched; to become burned; to smolder (*to be furious without showing it*)
resquemazón *f* or **resquemo** *m* bite, sting (*of food*); burnt taste (*of food*); parching; burning
resquemor *m* sorrow, grief; bite, sting (*of food*)
resquicio *m* crack, chink; chance, opportunity, occasion
resta *f* (math.) subtraction; (math.) remainder
restablecer §34 *va* to reëstablish, to restore; *vr* to recover
restablecimiento *m* reëstablishment, restoration; recovery
restallar *vn* to crack (*like a whip*); to crackle
restampar *va* to reprint, to restamp, to reëngrave
restante *adj* remaining; *m* rest, remainder
restañar *va* to stanch (*blood*); to retin; *vn* to crack (*like a whip*); to crackle; to stanch, be stanched; *vr* to stanch, be stanched
restañasangre *f* bloodstone
restaño *m* stanching, stopping; stagnation; gold cloth, silver cloth
restar *va* to deduct; to return (*a ball*); to reduce, take away; (math.) to subtract; **restar a** to take from; *vn* to remain, be left
restauración *f* restoration
restaurador -dora *mf* reviver; restorer
restaurán *m* restaurant
restaurante *adj* restoring; *mf* restorer; *m* restaurant; **restaurante automático** automat
restaurar *va* to restore; to recover
restaurativo -va *adj & m* restorative
restinga *f* (naut.) shoal, bar
restingar *m* (naut.) shoaly spot
restitución *f* restitution, return
restituíble *adj* returnable; restorable
restituidor -dora *adj* restoring; *mf* restorer
restituir §41 *va* to return, give back; to restore; *vr* to return, come back
restitutorio -ria *adj* restitutory
resto *m* rest, remainder, residue; stakes (*at cards*); return (*of ball*); player who returns ball; (math.) remainder; **restos** *mpl* remains, mortal remains; **a resto abierto** (coll.) without limit; **echar** or **envidar el resto** to stake all, to shoot the works; (coll.) to spread oneself, to make the greatest effort; **restos de serie** remnants; **restos mortales** remains, mortal remains
restorán *m* restaurant
restregadura *f* hard rubbing or scrubbing; rub (*mark*)
restregamiento *m* hard rubbing or scrubbing
restregar §29 *va* to rub or scrub hard; *vr* to rub hard
restregón *m* hard rub, rough rub
restribar *vn* to rest heavily, lean heavily
restricción *f* restriction, restraint; **restricción mental** mental reservation
restrictivo -va *adj* restrictive; (gram.) restrictive
restricto -ta *adj* restricted, limited
restringa *f* var. of **restinga**
restringente *adj & m* restringent
restringir §42 *va* to restrict; to constrict, contract
restriñimiento *m* constriction, contraction
restriñir §25 *va* to constrict, contract
resucitación *f* resuscitation
resucitador -dora *adj* resuscitative; *mf* resuscitator
resucitar *va* to resuscitate; to resurrect; (coll.) to resuscitate, revive; *vn* to resuscitate; to resurrect; (coll.) to revive
resudación *f* light sweat, slight perspiration; oozing
resudamiento *m* sweating; seepage
resudar *vn* to sweat or perspire slightly; to dry out; to ooze; *vr* to ooze
resudor *m* light sweat, slight perspiration
resuelto -ta *pp of* **resolver;** *adj* resolute, determined, resolved; quick, prompt
resuello *m* breathing; hard breathing
resulta *f* result; outcome; vacancy; **de resultas de** as a result of
resultado *m* result
resultancia *f* result
resultando *m* (law) finding
resultante *adj* resultant; *f* (mech.) resultant
resultar *vn* to result; to prove to be, to turn out to be; to become; (coll.) to please; **resultar de** to result from; to arise from; **resultar ser** to turn out to be
resumbruno -na *adj* yellowish black (*hawk*)
resumen *m* summary, recapitulation, résumé; **en resumen** in a word, to sum up
resumidamente *adv* in a word, to sum up
resumidero *m* (Am.) drain, sewer
resumir *va* to sum up, summarize; *vr* to be reduced, be transformed
resupe *1st sg pret ind of* **resaber**
resurgimiento *m* resurgence
resurgir §42 *vn* to resurge; to revive; to result
resurrección *f* resurrection; (*cap.*) *f* (theol.) Resurrection
resurtida *f* rebound
resurtir *vn* to rebound, bounce back
retablo *m* series of historical paintings or carvings; (eccl.) altarpiece, retable, reredos
retacar §86 *va* (billiards) to hit (*the ball*) twice
retacería *f* odds and ends (*of cloth*)

retaco *m* short fowling piece; short cue; (coll.) chubby fellow
retacón -cona *adj* (Am.) chubby
retador -dora *adj* challenging; *m* challenger
retaguardia *f* rear guard; **a retaguardia** in the rear; **picar la retaguardia** to pursue the rear guard hotly
retahila *f* string, line
retajar *va* to cut round; to trim the nib of (*a quill pen*)
retal *m* remnant, piece; piece of hide (*for making glue*)
retaladrar *va* to rebore
retallar *va* to retouch (*an engraving*); (arch.) to build ledges or projections in (*a wall*)
retallecer §34 *vn* to sprout again
retallo *m* new sprout; (arch.) ledge, projection
retama *f* (bot.) Spanish broom; **retama de China** (bot.) Spanish broom; **retama de escoba** (bot.) furze; **retama de olor** (bot.) Spanish broom; **retama de tintes** or **de tintoreros** (bot.) dyeweed, woodwaxen; **retama macho** (bot.) Spanish broom; **retama negra** (bot.) furze
retamal *m* or **retamar** *m* growth of Spanish broom; growth of furze
retamero -ra *adj* broomy; furzy
retar *va* to challenge, to dare; (coll.) to blame, find fault with
retardación *f* retardation, delay; deceleration
retardador -dora or **-triz** (*pl:* **-trices**) *adj* retarding, delaying
retardar *va & vr* to retard, to slow down; to decelerate
retardo *m* retard, retardation, delay
retartalillas *fpl* flow of words, garrulity
retasa or **retasación** *f* reappraisement
retasar *va* to reappraise; to reduce the appraisement of (*an object left unsold in an auction*)
retazar §76 *va* to tear to pieces; to separate into small flocks
retazo *m* remnant, piece; scrap; portion, fragment (*e.g., of a speech*)
rete- *prefix* (coll.) very, extremely, e.g., **retebién** very well
retecho *m* eaves
retejar *va* to repair (*a tile roof*), to retile (*a roof*); (coll.) to provide with clothing and footwear
retejer *va* to weave closely or tightly
retejo *m* roof repairing, retiling
retel *m* fishing net
retemblar §18 *vn* to shake, quiver
retén *m* store, stock, reserve; pawl, catch; (mil.) reserve, reserve corps; *2d sg impv of* **retener**
retención *f* retention; stoppage (*of payment of wages, etc.*); amount withheld; (law) retainer
retendré *1st sg fut ind of* **retener**
retener §85 *va* to retain, keep, withhold; to stop (*payment*); to detain, arrest
retengo *1st sg pres ind of* **retener**
retenida *f* guy; (naut.) preventer rope; (naut.) fast
retenimiento *m* retention
retentar §18 *va* to threaten with a relapse
retentiva *f* see **retentivo**
retentividad *f* (phys.) retentivity
retentivo -va *adj* retentive; *f* retentiveness, memory
reteñir §74 *va* to redye; *vn* to ding-dong, to jingle; to ring (*said of the ears*)
retesamiento *m* tightening
retesar *va* to draw or stretch tighter
reteso *m* tightening; breast, slight rise
reticencia *f* half-truth; evasiveness; (rhet.) reticence
reticente *adj* deceptive, misleading; noncommittal
rético -ca *adj & mf* Rhaetian; *m* Rhaetian (*language*)
retícula *f* reticule (*small handbag*); half-tone screen; (opt.) reticule; (*cap.*) *f* (astr.) Reticule
reticulación *f* reticulation
reticulado -da *adj* reticulate
reticular *adj* reticular
retículo *m* reticulum, network; (anat., bot. & zool.) reticulum; (opt.) reticle, spider lines
retienta *f* (taur.) second testing of mettle of young bull
retina *f* (anat.) retina
retiniano -na *adj* retinal
retinitis *f* (path.) retinitis
retinte *m* second dyeing; ding-dong, jingle; (coll.) tone of reproach
retintín *m* ding-dong, jingle; ringing (*in the ears*); (coll.) tone of reproach
retinto -ta *adj* dark-chestnut (*horse*)
retiñir §25 *vn* to ding-dong, to jingle; to ring (*said of the ears*)
retiración *f* withdrawal; (print.) (act of) backing; (print.) form for backing
retirada *f* see **retirado**
retiradamente *adv* secretly; in seclusion
retirado -da *adj* far, distant; retired; *m* (mil.) retired officer; *f* retirement, withdrawal; place of refuge; dry bed (*left by changed course of stream*); (mil.) retreat, retirement; (mil.) retreat (*signal at sunset*); **emprender la retirada, batirse en retirada** or **marchar en retirada** (mil.) to beat a retreat; **en plena retirada** in full retreat
retiramiento *m* retirement
retirar *va* to retire, to withdraw; to take away; to force out; (print.) to back; *vr* to retire, to withdraw; (mil.) to retire
retiro *m* retirement; withdrawal; (eccl.) retreat; (mil.) retirement, pension; **retiro obrero** social security
reto *m* challenge, dare; threat; (Am.) insult
retobado -da *adj* (Am.) saucy; (Am.) stubborn; (Am.) sly, crafty
retobar *va* (Am.) to cover or line with hide; (Am.) to wrap in burlap, leather, or oilcloth; *vr* (Am.) to stand aloof, be unpleasant
retocador -dora *mf* (phot.) retoucher
retocamiento *m* retouching
retocar §86 *va* to retouch; to touch up; to finish, give the finishing touch to; to play back (*a phonograph record*); (phot.) to retouch
retoñar *vn* to sprout, to shoot; to reappear, revive
retoñecer §34 *vn* var. of **retoñar**
retoño *m* sprout, shoot, sucker
retoque *m* retouching; finishing touch; touch (*of sickness*)
retor *m* twilled cotton fabric
rétor *m* rhetor
retorcedura *f* twisting; wringing; writhing
retorcer §87 *va* to twist; to twist together; to wring (*the hands*); (fig.) to twist, misconstrue; *vr* to twist; to writhe
retorcido *m* tutti-frutti
retorcimiento *m* var. of **retorcedura**
retórica *f* see **retórico**
retoricar §86 *va* (coll.) to treat with sophistry or subtleties; *vn* to speak rhetorically; (coll.) to use sophistry or subtleties
retórico -ca *adj* rhetorical; *mf* rhetorician; *f* rhetoric; **retóricas** *fpl* (coll.) sophistries, subtleties
retornamiento *m* return
retornar *va* to return, give back; to back, back up; to twist again; *vn & vr* to return, go back
retornelo *m* (mus.) ritornello
retorno *m* return; barter, exchange; reward, requital; return carriage, return horse, return donkey; (naut.) leading block; **retorno eterno** (philos.) eternal recurrence; **retorno por masa** (elec.) ground return (*e.g., in an automobile or radio*); **retorno por tierra** (elec.) ground return; **retorno terrestre** (elec.) ground
retorromano -na *adj & m* Rhaeto-Romanic
retorsión *f* retorsion; retaliation; twist, misconstruction; (law) retorsion
retorta *f* (chem.) retort
retortero *m* twist, turn; **andar al retortero** (coll.) to bustle around, to worry around; **traer al retortero** (coll.) to push around, to harass; (coll.) to string along, to mislead with false promises and flattery
retortijar *va* to curl up, twist up
retortijón *m* curling up, twisting up; **retortijón de tripas** bellyache, cramps
retostado -da *adj* dark-brown
retostar §77 *va* to toast again; to toast brown

R

retozador -dora *adj* var. of **retozón**
retozadura *f* frolicking, gamboling, romping
retozar §76 *vn* to frolic, gambol, romp; to become aroused or inflamed
retozo *m* frolic, gambol, romping; **retozo de la risa** giggle, titter
retozón -zona *adj* frolicsome, frisky, playful
retracción *f* retraction
retractable *adj* retractable; revocable
retractación *f* retraction, retractation
retractar *va* to retract; (law) to redeem; *vr* to retract; **retractarse de** to retract, take back (*something said*)
retráctil *adj* retractile; (aer.) retractable
retracto *m* (law) prior right to purchase
retractor -tora *adj* retractive; *m* (surg.) retractor
retraducir §38 *va* to retranslate
retraduje *1st sg pret ind of* **retraducir**
retraduzco *1st sg pres ind of* **retraducir**
retraer §88 *va* to bring again, bring back; to dissuade; (law) to redeem; *vr* to withdraw, retire; to keep or stay in retirement; to take refuge; **retraerse a sagrado** to take sanctuary; **retraerse de** to withdraw from, give up, abandon
retraído -da *adj* solitary; reserved, shy; *mf* person who has taken sanctuary
retraigo *1st sg pres ind of* **retraer**
retraimiento *m* withdrawal, retirement; solitude; reserve, shyness; asylum, refuge; sanctum, retreat
retraje *1st sg pret ind of* **retraer**
retranca *f* breeching; (Am.) brake
retranquear *va* to hoist and put (*building stones*) in place
retranqueo *m* hoisting and placing building stones
retranquero *m* (Am.) brakeman
retransmisión *f* rebroadcasting
retransmitir *va* to rebroadcast
retraqueo *m* (arch.) setback
retrasar *va* to delay, retard; to put off; to set or turn back (*a watch or clock*); to slow down (*a watch or clock*); *vn* to be too slow; to be or fall behind (*e.g., in one's studies*); *vr* to delay, be late, be slow, be behind time; to be too slow; to go or be slow (*said of a watch or clock*); **retrasarse en** + *inf* to be late or slow in + *ger*
retraso *m* delay, slowness; lag; **tener retraso** to be late; **retraso de fase** (elec.) phase lag
retratador -dora *mf* var. of **retratista**
retratar *va* to portray; to photograph; to imitate; (fig.) to portray; *vr* to sit for a portrait or photograph; to be photographed
retratería *f* (Am.) photography
retratista *mf* portraitist, portrait painter
retrato *m* portrait; photograph; copy, imitation; portraiture, description; (fig.) picture; **ser el vivo retrato de** to be the living image of
retrechar *vn* to back, back up (*said of a horse*)
retrechería *f* (coll.) slyness, cunning, evasiveness
retrechero -ra *adj* (coll.) sly, cunning, evasive; (coll.) attractive; (Am.) shy (*horse*)
retrepado -da *adj* leaning backward; slanting backward
retrepar *vr* to lean back; to lean back in a chair
retreta *f* (mil.) retreat, tattoo; tattoo (*military parade and celebration after dark*); (Am.) nighttime outdoor band concert
retrete *m* toilet, water closet
retretero *m* lavatory man
retribución *f* repayment, reward; compensation, pay; fee
retribuir §41 *va* to repay, reward, pay back; to pay for
retributivo -va *adj* rewarding
retroactividad *f* retroactivity
retroactivo -va *adj* retroactive
retrocarga; de retrocarga breech-loading
retroceder *vn* to retrocede; to back away; to back out, back down
retrocesión *f* retrocession
retroceso *m* retrocession, backing; recoil (*of a gun*); flare-up (*of a disease*)
retrocohete *m* retrorocket
retrodisparo *m* retrofiring
retroflexión *f* retroflexion; (path.) retroflexion
retrogradación *f* retrogradation; (astr.) retrogradation
retrogradar *vn* (astr.) to retrograde
retrógrado -da *adj* retrograde; (pol.) reactionary; *mf* (pol.) reactionary
retrogresión *f* retrogression
retromarcha *f* (aut.) reverse
retronar §77 *vn* to thunder, to rumble
retropilastra *f* (arch.) pilaster back of a column
retropropulsión *f* (aer.) jet propulsion
retropulsión *f* (obstet. & path.) retropulsion
retrospección *f* retrospect, retrospection
retrospectivo -va *adj* retrospective
retrotracción *f* (law) antedating
retrotraer §88 *va* (law) to antedate, to date back
retrotraigo *1st sg pres ind of* **retrotraer**
retrotraje *1st sg pret ind of* **retrotraer**
retrovender *va* (law) to sell back
retrovendición *f* or **retroventa** *f* (law) selling back
retroversión *f* (path.) retroversion
retrovisor *m* (aut.) rear-view mirror
retrucar §86 *vn* to answer, to reply; (billiards) to kiss
retruco *m* (billiards) kiss
retruécano *m* pun, play on words
retruque *m* var. of **retruco**
retumbante *adj* resounding, rumbling; bombastic, high-flown
retumbar *vn* to resound, to rumble
retumbo *m* resounding, rumble, echo
retundir *va* to even (*the face of a wall*)
retuso -sa *adj* (bot.) retuse
retuve *1st sg pret ind of* **retener**
reuma *m & f* (path.) rheumatism; (path.) rheum
reumático -ca *adj & mf* rheumatic
reumátide *f* (path.) rheumatic dermatosis
reumatismo *m* (path.) rheumatism
reumatoideo -a *adj* rheumatoid
reunificación *f* reunification
reunificar §86 *va* to reunify
reunión *f* reunion, gathering, meeting; assemblage (*of persons or things*)
reunir §75 *va* to join, unite; to assemble, gather together, bring together; to reunite; to combine; to raise (*money*); *vr* to unite; to assemble, gather together, meet, come together; to reunite; to concur, conspire
reuntar §75 *va* to oil again, grease again
revacunación *f* revaccination
revacunar *va* to revaccinate
reválida *f* final examination (*for a degree*)
revalidación *f* ratification, revalidation
revalidar *va* to ratify, revalidate; *vr* to take an examination for a degree
revaloración *f* (econ.) revaluation
revalorar *va* to revalue
revalorización *f* revaluation; reclamation
revalorizar §76 *va* to revalue; to reclaim
revancha *f* revenge, reprisal
revanchista *adj & mf* revanchist
revecero -ra *adj* shifting; *mf* farmhand in charge of relays of oxen
reveedor *m* revisor, inspector
revejecer §34 *vn & vr* to age before one's time
revejido -da *adj* aged before one's time
revelación *f* revelation
revelado -da *adj* revealed; *m* (phot.) development
revelador -dora *adj* revealing; *mf* revealer; *m* (phot.) developer
revelamiento *m* revealment
revelandero -ra *mf* fake who lays claim to divine revelation
revelar *va* to reveal; (phot.) to develop
reveler *va* (med.) to bring about revulsion in
revellín *m* (fort.) ravelin
revenar *vn* to sprout (*after a trimming, topping, or grafting*)
revendedera *f* var. of **revendedora**
revendedor -dora *mf* reseller; retailer; scalper, ticket speculator
revender *va* to resell; to retail
revendré *1st sg fut ind of* **revenir**
revengo *1st sg pres ind of* **revenir**
revenido *m* annealing

revenimiento *m* return (*to a previous state*); shrinking, drying out; souring; (min.) cave-in
revenir §92 *vn* to come back; *vr* to shrink, dry out; to turn sour; to weaken, back down; (min.) to cave in
reveno *m* sprout (*that grows after a trimming, topping, or grafting*)
reventa *f* resale
reventadero *m* rough ground; (coll.) chore, hard task
reventador *m* (theat.) paid hisser
reventar §18 *va* to smash, crush; to burst, explode, blow out; to ruin; to annoy, bore; to work (*a person*) to death; to run (*a horse*) to death; *vn* to burst, explode, blow out; to break (*said of waves*); (coll.) to burst out (*said, e.g., of anger*); (coll.) to die a violent death; (coll.) to croak (*to die*); **reventar por** + *inf* to be bursting to + *inf; vr* to burst, explode, blow out; to be worked to death; to be run to death (*said of a horse*)
reventazón *f* burst, bursting; blowout; dashing of waves
reventón *adj masc* bursting; bulging; *m* burst; steep hill; difficulty, jam; jog; (aut.) blowout
rever §93 *va* to revise, review, inspect; (law) to retry
reverar *va* (naut.) to drive (*a ship*) off the sand (*said of a strong current*)
reverberación *f* reverberation
reverberante *adj* reverberant
reverberar *vn* to reverberate
reverberatorio -ria *adj* reverberatory
reverbero *m* reverberation; reflector; reflecting lamp; street lamp; (Am.) chafing dish
reverdecer §34 *va* to turn green again; *vn* to turn or grow green again; to come to life again, acquire new vigor
reverdeciente *adj* green, turning green; fresh, renewed
reverencia *f* reverence; bow, curtsy; (*cap.*) *f* Reverence (*title*)
reverenciable *adj* worthy of reverence, worshipful
reverenciador -dora *adj* revering
reverencial *adj* reverential
reverenciar *va* to revere, reverence; *vn* to bow, curtsy
reverendísimo -ma *adj super* most reverend
reverendo -da *adj* reverend; (coll.) solemn, serious; **reverendas** *fpl* (eccl.) dimissory letter; fine qualities, sterling qualities
reverente *adj* reverent
reversibilidad *f* reversibility
reversible *adj* reversible
reversión *f* reversion; (biol. & law) reversion
reverso *m* back; wrong side; reverse (*of coin or medal*); **el reverso de la medalla** the entire opposite, the opposite in every respect
reverter §66 *vn* to overflow
revertir §62 *vn* to revert; (law) to revert
revés *m* back, reverse; backhand (*stroke*); counterstroke; wrong side; (fig.) reverse, setback; change of mood; **al revés** wrong side out, inside out; backwards, in the opposite way; **de revés** wrong side out, inside out; backwards, in the opposite way; from left to right; **el revés de la medalla** the entire opposite, the opposite in every respect
revesa *f* (naut.) back water, eddy
revesado -da *adj* complex, intricate; wild, unmanageable
revesar *va* to vomit
revesino *m* reversi (*game of cards*)
revestimiento *m* covering, coating, facing, lining, surfacing
revestir §94 *va* to put on, to don; to cover, coat, face, line, surface, revet; to adorn (*a story*); to disguise; to assume, take on; **revestir con** or **de** to invest with; *vr* to put on vestments; to be haughty or proud; to be carried along; **revestirse con** or **de** to be invested with; to gird oneself with (*e.g., patience*)
reveza *f* var. of **revesa**
revezar §76 *va* to replace, to spell; *vn* to alternate, work in shifts
revezo *m* shifting; shift; relay of a yoke of oxen, mules, etc.

reviejo -ja *adj* very old; *m* withered branch
revientabuey *m* (ent.) buprestid beetle
reviernes *m* Friday after Easter (*each of the first seven*)
revine *1st sg pret ind of* **revenir**
reviniendo *ger of* **revenir**
revirado -da *adj* twisted (*wood*)
revirar *va* to turn, twist; to turn over; (naut.) to veer again; *vn* (naut.) to veer again
revisador -dora *adj* revisory
revisar *va* to revise, review, check; to audit
revisión *f* revision, review, check
revisionismo *m* revisionism
revisionista *adj & mf* revisionist
revisita *f* reinspection
revisor -sora *adj* revisory; *mf* reviewer, examiner; (rail.) conductor, ticket collector; **revisor de cuentas** auditor
revista *f* see **revisto**
revistar *va* (mil.) to review
revistero -ra *mf* reviewer (*of books*); contributor, magazine writer; (Am.) editor of a review or magazine
revisto -ta *pp of* **rever;** *f* review (*reëxamination; survey; magazine; criticism*); (mil. & theat.) review; (law) retrial, new trial; **pasar revista a** to review, go over carefully; (mil.) to review; **suplicar en revista** (law) to appeal
revitalizar §76 *va* to revitalize
revividero *m* silkworm incubator
revivificación *f* revivification
revivificar §86 *va* to revivify
revivir *va* to revive; *vn* to revive, to be revived, to live again
revocable *adj* revocable
revocación *f* revocation
revocador -dora *adj* revoking; *m* plasterer
revocadura *f* plastering, stuccoing; (paint.) edge of canvas covered by frame
revocar §86 *va* to revoke; to dissuade; to drive back, drive away; to plaster, to stucco; *vn* to be driven back or away
revocatorio -ria *adj* revocatory
revoco *m* plastering, stucco; driving back or away; furze cover of a charcoal basket
revolar §77 *vn & vr* to flutter, flutter around; to fly again
revolcadero *m* wallowing place (*of animals*)
revolcar §95 *va* to knock down, to roll over; (coll.) to floor; (coll.) to flunk, to fail; *vr* to wallow; to roll around; to be stubborn
revolcón *m* (coll.) upset, tumble
revolear *vn* to fly around and around
revolotear *va* to fling in the air; *vn* to flutter, flutter around, flit
revoloteo *m* flutter, fluttering
revoltijo or **revoltillo** *m* mass, mess, jumble; twisted mass of guts; confusion
revoltina *f* disturbance, uprising
revoltón *m* vine grub; (arch.) vault; (arch.) turn in a molding
revoltoso -sa *adj* mischievous; winding; complicated; riotous, rebellious; *mf* rioter, rebel
revolución *f* revolution
revolucionar *va* to incite to rebellion; to revolutionize; *vr* to revolt
revolucionario -ria *adj* revolutionary; *mf* revolutionist, revolutionary
revoluto -ta *adj* (coll.) upset; *m* (Am.) panic
revolvedero *m* var. of **revolcadero**
revolvedora *f* (Am.) mixer (*e.g., of concrete*)
revolver §63 & **§17**, 9 *va* to shake; to stir; to turn upside down; to turn around; to wrap up; to disarrange, mess up, mix up; to disturb, upset; to alienate; to retrace (*one's steps*); to swing (*a horse*) around; to revolve, turn over (*in one's mind*) ‖ *vn* to retrace one's steps; to swing around (*said, e.g., of a horseman*) ‖ *vr* to turn around; to retrace one's steps; to toss and turn; to swing around (*said, e.g., of a horseman*); to turn around; (astr.) to revolve (*in an orbit*); to turn stormy; to get rough (*said of the sea*); **revolverse a, contra** or **sobre** to turn and face (*the enemy*); to turn against
revólver *m* revolver
revolvimiento *m* revolving, revolution
revoque *m* plastering, stucco
revotar *vr* to reverse one's vote
revuelco *m* upset, tumble; wallowing

R

revuelo *m* second flight; flying around and around; disturbance; excitement; **de revuelo** lightly, incidentally
revuelto -ta *pp of* **revolver;** *adj* scrambled; easily turned (*horse*); mischievous; complicated; confused, disordered; changeable (*weather*); *f* second turn; fight, row; revolution, revolt; disturbance; turn; turning point; change
revuelvepiedras *m* (*pl:* **-dras**) (orn.) turnstone
revulsar *vn* (Am.) to vomit
revulsión *f* (med.) revulsion
revulsivo -va or **revulsorio -ria** *adj & m* revulsive
rey *m* king; queen bee; (cards, chess & fig.) king; (coll.) swineherd; **reyes** *mpl* king and queen; **el rey intruso** Joseph Bonaparte; **no temer rey ni roque** (coll.) to not be afraid of anything or anybody; **servir al rey** to fight for king and country; **rey de armas** earl marshal; (her.) king of arms; **rey de codornices** (orn.) corn crake; **rey de las aves** king of birds (*eagle*); **rey de los animales** king of beasts (*lion*); **rey de zarza** (orn.) wren; **Reyes Católicos** Catholic Sovereigns (*Ferdinand and Isabella*); **Reyes Magos** Magi, Three Wise Men, Wise Men of the East (*they play the rôle of Santa Claus in Latin countries*); **reyes pastores** Shepherd kings
reyerta *f* quarrel, wrangle
reyezuelo *m* kinglet; (orn.) kinglet, wren; **reyezuelo moñudo** (orn.) goldcrest
rezado *m* prayer; divine service
rezador -dora *adj* praying; *mf* prayer (*person*); *f* (ent.) praying mantis
rezaga *f* rear guard
rezagado -da *mf* straggler, laggard
rezagar §59 *va* to outstrip, leave behind; to put off, postpone; *vr* to stay behind, fall behind
rezago *m* residue, remainder
rezar §76 *va* to pray (*a prayer*); to say (*a prayer, mass, etc.*); (coll.) to say, read; (coll.) to call for, e.g., **el periódico reza agua** the newspaper calls for rain; *vn* to pray; (coll.) to grumble; (coll.) to say, read, e.g., **esta página reza así** this page reads thus; **rezar con** (coll.) to concern, to have to do with
rezno *m* (ent.) bot; (bot.) castor-oil plant
rezo *m* prayer; daily prayer; devotions
rezón *m* grapnel
rezongador -dora *adj* grumbling, growling; *mf* grumbler, growler
rezongar §59 *vn* to grumble, growl
rezonglón -glona *adj & mf* (coll.) var. of **rezongador**
rezongo *m* grumbling, growling
rezongón -gona *adj & mf* (coll.) var. of **rezongador**
rezumadero *m* spot where a vessel oozes; oozing, seepage
rezumar *va* to ooze (*moisture*); *vn* to ooze, to seep; *vr* to ooze, to seep; to leak; (coll.) to seep out, leak out (*said, e.g., of a piece of gossip*)
ría *f* narrow inlet, estuary, fiord
riacho or **riachuelo** *m* rivulet, streamlet
riada *f* flood, freshet; (fig.) flood
riba *f* slope, embankment
ribaldería *f* (archaic) knavery, rascality
ribaldo -da *adj* (archaic) knavish, rascally; *m* (archaic) knave, rascal; bawd, procurer
ribazo *m* slope, embankment
ribazón *f* var. of **arribazón**
ribera *f* bank, shore, beach; riverside; dike, levee; **volar la ribera** (coll.) to be fond of wandering and adventure
ribereño -ña *adj* riverside, riparian; *mf* riversider, riparian
riberiego -ga *adj* sedentary (*sheep*); riparian
ribero *m* dike, levee
ribete *m* edge, trimming, border; addition; embellishment (*to a story*); **ribetes** *mpl* strain, streak, touch
ribeteado -da *adj* irritated (*eyes or eyelids*)
ribetear *va* to edge, trim, border, bind
riboflavina *f* (biochem.) riboflavin
ricacho -cha or **ricachón -chona** *mf* (coll.) vulgar rich person
ricadueña *f* (*pl:* **ricasdueñas**) (archaic) noblewoman, peeress
ricahembra *f* (*pl:* **ricashembras**) (archaic) var. of **ricadueña**
Ricardo *m* Richard
ricial *adj* green (*stubble field*); fresh-grown (*pasture*)
ricino *m* (bot.) castor-oil plant
rico -ca *adj* rich; dear, darling; *mf* rich person; **nuevo rico** nouveau riche
ricohombre *m* (*pl:* **ricoshombres**) (archaic) grandee, nobleman
rictus *m* (*pl:* **-tus**) convulsive grin
ricura *f* (coll.) richness; (coll.) excellence; (coll.) darling, sweetheart
ridiculez *f* ridiculousness, absurdity; touchiness
ridiculizar §76 *va* to ridicule
ridículo -la *adj* ridiculous; touchy; *m* ridiculous situation; reticule; **poner en ridículo** to make a fool of, to expose to ridicule; **ponerse en ridículo** to make a fool of oneself
riego *m* irrigation; watering, sprinkling; irrigation water
riel *m* ingot; curtain rod; (rail.) rail
rielar *vn* to shimmer, to gleam; (poet.) to twinkle
rielera *f* ingot mold
rienda *f* rein; **a rienda suelta** swiftly, violently; with free rein; **aflojar las riendas a** to give rein to; **dar rienda suelta a** to give free rein to; **falsa rienda** checkrein; **soltar las riendas** to let go, to let down the bars; **tener las riendas** to draw rein; **tomar las riendas** to take the reins
riente *adj* laughing; bright, cheerful
riesgo *m* risk, danger; **a riesgo de** + *inf* at the risk of + *ger;* **correr riesgo** to run or take a risk
riesgoso -sa *adj* (Am.) risky
Rif, El Er Rif
rifa *f* raffle; fight, quarrel
rifador *m* raffler; raffle vendor; fighter
rifadura *f* (naut.) splitting (*of a sail*)
rifar *va* to raffle, to raffle off; *vn* to raffle; to fight, quarrel; *vr* (naut.) to split (*said of a sail*)
rifeño -ña *adj* Riffian; *mf* Riff, Riffian
rifirrafe *m* (coll.) squabble, row
rifle *m* rifle
riflero *m* (Am.) rifleman (*soldier*)
rigente *adj* (poet.) rigid
rigidez *f* rigidity; **rigidez cadavérica** rigor mortis
rígido -da *adj* rigid
rigodón *m* rigadoon (*dance and music*)
rigor *m* rigor; (path. & physiol.) rigor; **de rigor** de rigueur; **en rigor** as a matter of fact; **rigor de la muerte** rigor mortis
rigorismo *m* rigorism
rigorista *adj* rigoristic; *mf* rigorist; stickler
rigoroso -sa *adj* var. of **riguroso**
rigurosidad *f* rigorousness; severity
riguroso -sa *adj* rigorous; severe
rija *f* (path.) lachrymal fistula; fight, quarrel
rijador -dora *adj* var. of **rijoso**
rijo *m* lust, sensuality
rijoso -sa *adj* lustful, sensual; quarrelsome
rilar *vn* to shiver; *vr* to shake
rima *f* rhyme; heap, pile; **rimas** *fpl* poems, poetry; **octava rima** (pros.) ottava rima; **tercia rima** (pros.) terza rima; **rima femenina** (pros.) feminine rhyme; **rima masculina** (pros.) masculine rhyme; **rima perfecta** perfect rhyme
rimador -dora *adj* rhyming; *mf* rhymer; rhymester (*maker of poor rhymes or verse*)
rimar *va & vn* to rhyme
rimbombancia *f* resonance, echo; showiness, flashiness
rimbombante *adj* resounding; showy, flashy
rimbombar *vn* to resound, to echo
rimbombe *m* or **rimbombo** *m* resonance, echo; high-sounding word
rimero *m* heap, pile
Rin *m* Rhine; (*l.c.*) *m* Rhine wine
rinal *adj* rhinal
rinanto *m* (bot.) wild sage, vervain sage
rincocéfalo -la *adj & m* (zool.) rhynchocephalian

rincón *m* corner; nook, angle; patch, small piece (*e.g., of land*); bit, end; (coll.) home; **rincón de chimenea** chimney corner
rinconada *f* corner
rinconera *f* corner piece (*of furniture*); corner table; (arch.) wall between corner and window
rinencéfalo *m* (anat.) rhinencephalon
ringla *f* or **ringle** *m* (coll.) var. of **ringlera**
ringlera *f* row, line, tier
ringlero *m* ruled line (*for writing exercise*)
ringorrango *m* (coll.) curlicue (*in writing*); (coll.) frill, frippery
rinitis *f* (path.) rhinitis
rinoceronte *m* (zool.) rhinoceros
rinoplastia *f* (surg.) rhinoplasty
rinoscopia *f* rhinoscopy
rinoscopio *m* rhinoscope
riña *f* fight, scuffle, fray, brawl; **riña de campanario** petty local row; **riña de gallos** cockfight; **riña tumultuaria** free-for-all
riñón *m* (anat.) kidney; (min.) kidney ore; (cook.) kidney; (fig.) heart, center; **riñones** *mpl* back, loins; **tener recubierto** or **bien cubierto el riñón** (coll.) to be well-heeled; **riñón flotante** (path.) floating kidney
riñonada *f* (anat.) cortical tissue (*of kidney*); loins; kidney stew
río *m* river; (fig.) river (*e.g., of blood*); great flow, stream (*of people or things*); **a río revuelto** in confusion, in disorder; **pescar en río revuelto** to fish in troubled waters
riolada *f* (coll.) great flow, stream (*of people or things*)
riolita *f* (mineral.) rhyolite
rioplatense *adj* Platine; *mf* native or inhabitant of the Basin of the River Plate
riostra *f* brace, stay; guy, guy wire
riostrar *va* to brace, to stay
ripia *f* shingle; slab (*outside cut of log*)
ripiar *va* to fill with rubble, to riprap; *vn* to shingle
ripio *m* refuse, debris; rubble, debris; padding (*in writing, speech, or verse*); **no perder ripio** to not miss a word; (coll.) to not miss a trick
ripioso -sa *adj* rubbly; padded (*e.g., verse*)
riqueza *f* wealth, riches; richness; **riquezas** *fpl* wealth, riches; precious objects
riquísimo -ma *adj super* very or most rich
risa *f* laugh, laughter; **caerse** or **desternillarse de risa** to split one's sides with laughter; **dar risa a uno** to make someone laugh; **morirse de risa** to die laughing; **perderse de risas** to be convulsed with laughter; **reventar de risa** to burst with laughter; **tener la risa** to keep from laughing; **risa falsa** feigned laugh; **risa sardesca** or **sardónica** (path.) sardonic grin
risada *f* var. of **risotada**
riscal *m* cragged region
risco *m* cliff, crag; honey fritter
riscoso -sa *adj* cragged
risibilidad *f* risibility
risible *adj* risible, laughable
risica, risilla or **risita** *f* giggle, titter; feigned laugh, false laugh
risol *m* (cook.) rissole
risotada *f* guffaw, horse laugh, boisterous laugh
risotear *vn* to guffaw, to laugh boisterously
risoteo *m* var. of **risotada**
ríspido -da *adj* harsh, gruff
rispo -pa *adj* harsh, gruff; unruly
ristra *f* string of onions, string of garlic; (coll.) string, row, file
ristre *m* lance rest
ristrel *m* rail, heavy rail (*of wood*)
risueño -ña *adj* smiling; (fig.) smiling
rítmico -ca *adj* rhythmic or rhythmical; *f* rhythmics
ritmo *m* rhythm
rito *m* rite; **rito romano** Roman rite
ritón *m* (archeol.) rhyton
ritornello *m* var. of **retornelo**
ritual *adj & m* ritual; **ser de ritual** to be ordained by custom
ritualidad *f* observance of formalities
ritualismo *m* ritualism
ritualista *adj* ritualistic, ritualist; *mf* ritualist
rival *adj & mf* rival
rivalidad *f* rivalry; enmity
rivalizar §76 *vn* to vie, to compete; **rivalizar con** to rival
rivera *f* creek, brook
riza *f* see **rizo**
rizado -da *adj* curly; ripply; *m* curling; curliness; curls; pleats
rizador *m* curling iron; hair curler
rizal *m* var. of **ricial**
rizar §76 *va* to curl; to crimple; to ripple; *vr* to curl, be curly; to ripple
rizo -za *adj* curly; *m* curl, ringlet; ripple; (aer.) loop; (naut.) reef point; **hacer** or **rizar el rizo** (aer.) to loop the loop; **largar rizos** (naut.) to let out the reef; **tomar rizos** (naut.) to take in the reef; *f* barley stubble; stubbly hay left in rack (*by horses*); ravage, destruction
rizófago -ga *adj* (zool.) rhizophagous
rizoforáceo -a *adj* (bot.) rhizophoraceous
rizoide *adj* rhizoid; *m* (bot.) rhizoid
rizoma *m* (bot.) rhizome
rizópodo *m* (zool.) rhizopod
rizoso -sa *adj* curly
rizotomía *f* (surg.) rhizotomy
r.[l] abr. of **real** (*moneda*)
R.[l] abr. of **Real** (*del rey*)
R.M. abr. of **Reverenda Madre**
Rmrz. abr. of **Ramírez**
R.O. abr. of **Real Orden**
ro *interj* **¡ro ro!** bye-bye!, hushaby! (*lullaby word*); *m* (slang) husband
roa *f* (naut.) stem
roano -na *adj* roan
rob *m* fruit jelly
robadera *f* (agr.) harrow
robador -dora *adj* robbing, thieving; *mf* robber, thief
róbalo or **robalo** *m* (ichth.) bass, sea bass; (ichth.) snook
robar *va* to rob, to steal; to abduct; to sweep away, carry away; to make round, to round off; to draw (*a card or domino*); to win over; **robarle algo a alguien** to rob someone of something, to rob or steal something from someone; *vn & vr* to steal
robellón *m* (bot.) field mushroom
Roberto *m* Robert
robezo *m* (zool.) chamois
robín *m* rust
robinete *m* spigot, faucet, cock, valve
robinia *f* (bot.) locust
robinsonismo *m* isolation, independence, self-sufficiency
robladero -ra *adj* made to be clinched or riveted
robladura *f* clinching, riveting
roblar *va* to clinch, to rivet
roble *m* (bot.) British oak; husky person; strong thing or object; strength, bulwark; **roble ahumado** fumed oak; **roble ahorquillado** (bot.) turkey oak (*Quercus catesbaei*); **roble albero** (bot.) British oak, durmast (*Quercus sessiflora*); **roble blanco de América** (bot.) white oak (*Quercus alba*); **roble blanco de California** (bot.) valley or California oak, swamp oak; **roble borne** (bot.) pubescent oak, durmast; **roble carrasqueño** (bot.) gall oak; **roble de fruto grande** (bot.) bur oak, mossy-cup oak; **roble de hojas aliradas** (bot.) overcup oak; **roble de los pantanos** (bot.) pin oak, swamp oak; **roble escarlata** (bot.) scarlet oak; **roble negral, negro** or **villano** (bot.) pubescent oak, durmast; **roble rojo** (bot.) red oak
robleda *f*, **robledal** *m* or **robledo** *m* woods of oak trees
roblizo -za *adj* strong, hard, robust
roblón *m* rivet; ridge (*of tiles*)
roblonar *va & vn* to rivet
robo *m* robbery, theft; draw (*card or cards drawn*); **robo con escalo** burglary
roboración *f* strengthening; corroboration
roborar *va* to strengthen; to corroborate
roborativo -va *adj* strengthening; corroborative
robot *m* (*pl:* **-bots**) robot; (fig.) robot (*person*)
robra *f* var. of **alboroque**
robustecedor -dora *adj* strengthening

R

robustecer §76 *va* to make strong, to strengthen; *vr* to become strong
robustez *f* or **robusteza** *f* robustness
robusto -ta *adj* robust
roca *f* rock; **la Roca** the Rock (*Gibraltar*); **roca de respaldo** (geol. & min.) wall rock; **roca Tarpeya** Tarpeian Rock
rocada *f* rock (*wool or flax on distaff*)
rocadero *m* knob or head (*of a distaff*); conical paper hat worn as a mark of infamy
rocador *m* knob or head (*of a distaff*)
rocalla *f* pebbles; stone chips; large glass bead; (f.a.) rocaille
rocalloso -sa *adj* pebbly, stony
rocambola *f* (bot.) giant garlic, rocambole
roce *m* rubbing; contact, frequent contact
rocero -ra *adj* (dial.) too familiar (*with inferiors*); brush (*wood*)
rociada *f* see **rociado**
rociadera *f* watering can, sprinkling can, sprinkler
rociado -da *adj* dewy; bedewed; *m* spraying; *f* sprinkling; dew; dew-drenched grass given to a horse as medicine; shower (*of stones, bullets*); volley (*of rebukes*)
rociador *m* clothes sprinkler; sprayer; **rociador automático** spray bomb
rociadura *f* or **rociamiento** *m* sprinkling; spraying
rociar §90 *va* to sprinkle (*e.g., water; flowers with water*); to spray; to bedew; to scatter; *vn* to drizzle; to be dew, e.g., **rocía esta mañana** there is dew this morning
rocín *m* hack, nag; draft horse, work horse; (coll.) coarse, stupid fellow; (Am.) draft ox; (Am.) riding horse; **rocín matalón** thin, worn-out horse
rocinante *m* worn-out horse
rocino *m* var. of **rocín**
rocío *m* dew; drizzle; sprinkling; (naut.) spindrift; **rocío de sol** (bot.) sundew
rocíón *m* splash of waves
rococó *adj & m* (f.a.) rococo
rocoso -sa *adj* rocky
rocha *f* clearing
rochela *f* (Am.) noise, racket; **La Rochela** La Rochelle (*city*)
rocho *m* (myth) roc (*bird*)
roda *f* (naut.) stem
rodaballo *m* (ichth.) turbot; (ichth.) brill; (coll.) sly fellow; **rodaballo menor** (ichth.) brill (*Rhombus laevis*)
rodada *f* see **rodado**
rodadero -ra *adj* shaped to roll, ready to roll; easy-rolling, smooth-rolling
rodadizo -za *adj* easy-rolling, smooth-rolling
rodado -da *adj* dapple; rounded, fluent (*period*); scattered (*fragments of ore*); on wheels, rolling; *m* boulder; stray piece of ore; *f* rut, track (*left by wheel*)
rodador -dora *adj* rolling; *m* (ent.) mosquito; (ichth.) sunfish
rodadura *f* rolling; rut; tread
rodaja *f* disk, small wheel, caster; round slice; rowel
rodaje *m* wheels, set of wheels; shooting, filming (*of a moving picture, of a scene, etc.*); **en rodaje** (aut.) being broken in, being run in; (mov.) being filmed
rodal *m* place, spot, patch; cart with solid wheels
rodamiento *m* bearing; tread (*of a tire*); **rodamientos** *mpl* running gear; **rodamiento a bolas** ball bearing; **rodamiento a rodillos** roller bearing
rodánico -ca *adj* (pertaining to the) Rhone
rodano -na *adj & mf* Rhodian
Ródano *m* Rhone
rodante *adj* rolling
rodapelo *m* var. of **redopelo**
rodapié *m* baseboard; drapery around the bottom of a bed, table, etc.
rodaplancha *f* ward (*of a key*)
rodar §77 *va* to roll; to take, to shoot (*a moving picture*); to film; to screen, to project; to drag along; to roll down (*e.g., the stairs*); to turn (*a key*); (Am.) to knock down; *vn* to roll, roll along; to run (*on wheels*); to roll down; to rotate, to revolve; to tumble; to roam, wander about; to prowl; to abound; (aer.) to taxi; **echarlo todo a rodar** (coll.) to upset everything, to spoil everything; (coll.) to fly off the handle; **ir rodando** to come along all right; **rodar por** to go around through (*e.g., stores*) in vain; (coll.) to be at the beck and call of
Rodas *f* Rhodes
rodeabrazo; a rodeabrazo winding up, swinging the arm for a throw
rodeador -dora *adj* surrounding
rodear *va* to surround, go around; to turn around; (Am.) to round up; *vn* to go around; to go a roundabout way; to beat about the bush; *vr* to turn, twist, toss about
rodela *f* buckler, target
rodenal *m* growth of cluster pine trees
rodeno -na *adj* red, reddish; see **pino**
rodeo *m* surrounding; detour, roundabout way; dodge, duck; evasion, subterfuge; roundup; rodeo (*roundup; cowboy exhibition*); **andar con rodeos** to beat about the bush; **dejarse de rodeos** to stop beating about the bush
rodero -ra *adj* (pertaining to a) wheel; *f* track, rut (*left by a wheel*); cart or wagon road across a field
Rodesia, la Rhodesia
rodete *m* knot (*of hair*); padded ring (*for carrying an object on the head*); fifth wheel; belt pulley, band pulley; ward (*of a lock*); (hyd.) drum wheel
rodezno *m* horizontal water wheel; gear that meshes with millstone gear
rodezuela *f* small wheel
rodilla *f* (anat.) knee; padded ring (*for carrying an object on the head*); ward (*of a lock*); floor rag, kitchen rag, mop; **a media rodilla** on one knee; **de rodillas** kneeling, on one's knees; **doblar la rodilla** to get down on one knee; to yield, give in; **hincar la rodilla** to kneel down; to bow one's head, to humble oneself: **hincarse de rodillas** or **ponerse de rodillas** to kneel, kneel down; **rodilla de fregona** (path.) housemaid's knee
rodillada *f* push or blow with the knee; blow on the knee; (act of) kneeling
rodillar *va* to roll
rodillazo *m* push or blow with the knee
rodillero -ra *adj* (pertaining to the) knee; *f* kneepiece, genouillère (*of armor*); knee (*of garment*); kneecap, kneepad (*cover*); baggy knee (*of trousers*); knee injury (*of a horse caused by fall*); (mus.) knee swell (*of organ*)
rodillo *m* roller; rolling pin; road roller; inking roller; platen (*of typewriter*); **rodillo de vapor** steam roller
rodilludo -da *adj* big-kneed
rodio -dia *adj & mf* Rhodian; *m* (chem.) rhodium
rodiota *adj & mf* Rhodian
rodo *m* roller; **a rodo** in abundance
rododafne *f* (bot.) rosebay
rododendro *m* (bot.) rhododendron
rodofíceo -a *adj* (bot.) rhodophyceous
Rodolfo *m* Rudolph; Ralph
rodomiel *m* (pharm.) honey of rose
rodomontada *f* rodomontade
rodopsina *f* (physiol.) rhodopsin
rodora *f* (bot.) rhodora
rodriga *f* prop, stake (*for plants*)
rodrigar §59 *va* to prop, prop up, stake (*plants*)
rodrigazón *f* season for propping plants
Rodrigo *m* Roderick
rodrigón *m* prop, stake (*for plants*); (coll.) old retainer who escorts ladies
roedor -dora *adj* gnawing; (fig.) biting, stinging, consuming; (zool.) rodent; *m* (zool.) rodent
roedura *f* gnawing; nibble; place that has been nibbled
roel *m* (her.) bezant
roela *f* disk of crude gold or silver
roentgenograma *m* roentgenogram
roentgenología *f* roentgenology
roentgenólogo -ga *mf* roentgenologist
roentgenoterapia *f* roentgenotherapy
roer §78 *va* to gnaw, gnaw away at; to pick (*a bone*); to wear away, to wear down
roete *m* (pharm.) pomegranate wine

rogación *f* petition, request; (hist.) rogation; **rogaciones** *fpl* (eccl.) rogations
rogado -da *adj* fond of being coaxed
rogante *adj* suppliant
rogar §79 *va & vn* to beg; to pray; **hacerse de rogar** to like to be coaxed; **rogar por** to plead for; to pray for
rogativo -va *adj* supplicatory; *f* (eccl.) rogation; **rogativas** *fpl* (eccl.) rogations
rogatorio -ria *adj* rogatory
Rogelio or **Rogerio** *m* Roger
rogo *m* (poet.) pyre
roído -da *adj* (coll.) miserly, stingy
roigo *1st sg pres ind of* **roer**
rojal *adj* reddish; *m* reddish earth
rojear *vn* to redden; to become reddish
rojete *m* rouge (*for face*)
rojez *f* redness
rojizo -za *adj* reddish
rojo -ja *adj* red; ruddy; red-haired; Red (*communist*); *mf* Red (*communist*); *m* red; **al rojo** to a red heat; **rojo cereza** cherry red (*of incandescence*); **rojo de Burdeos** Bordeaux red; **rojo de plomo** red lead; **rojo de rubia** (chem.) madder; **rojo turco** Turkey red
rojura *f* redness
rol *m* roll, list; (naut.) muster roll
Rolando *m* Roland
rolar *vn* (naut.) to veer around; (Am.) to associate
Roldán *m* Roland
roldana *f* sheave
rolde *m* circle, ring (*of people*)
rolla *f* collar of a draft horse; child's nurse
rollar *va* to roll, roll up
rollizo -za *adj* round, cylindrical; plump, stocky, stodgy, sturdy; *m* round log
rollo *m* roll; roller, rolling pin; round log; cylindrical stone; cylindrical pillar (*in main square of town*); yoke pad; rôle
rollón *m* mixed bran and flour
rollona *f* (coll.) nurse, child's nurse
Roma *f* see **romo**
romadizar §76 *vr* to catch cold, to have a cold in the head
romadizo *m* cold, cold in the head
romaico -ca *adj & m* Romaic
romana *f* see **romano**
romanador *m* weighmaster
romanar *va* to weigh with a steelyard
romance *adj* Romance (*language*); *m* Romance language; Spanish language; romance of chivalry; octosyllabic verse with alternate lines in assonance; narrative poem in octosyllabic verse; **romances** *mpl* prattle, excuses; **en buen romance** in plain language; **hablar en romance** to speak plainly, to come to the point; **romance de ciego** ballad sung and sold on the streets by a blind man; **romance heroico** or **real** hendecasyllabic verse with alternate lines in assonance
romancear *va* to translate into the vernacular, to translate into Spanish
romanceresco -ca *adj* romantic (*event, story, imagination*)
romancerista *mf* romancist
romancero -ra *mf* romancer, romancist; *m* collection of Old Spanish romances
romancesco -ca *adj* novelistic; romantic
romancillo *m* verse of less than eight syllables with alternate lines in assonance
romancista *mf* romancer; writer in Spanish, writer in the vernacular (*not in Latin*)
romanche *m* Romansh
romanear *va* to weigh with a steelyard; (naut.) to balance; *vn* to weigh more
romaneo *m* weighing with a steelyard
romanero *m* weighmaster
romanesco -ca *adj* Roman; novelistic; romantic
romanía; de romanía (coll.) crestfallen
románico -ca *adj* Romance, Romanic (*language*); (arch.) Romanesque; *m* (arch.) Romanesque
romanillo -lla *adj* round-hand; (print.) roman; *f* (Am.) dining-room screen
romanismo *m* Romanism; Romance philology; Romance-language phenomenon (*root, idiom, characteristic*); (offensive) Romanism (*Catholic religion*)
romanista *mf* Romanist; (offensive) Romanist (*member of the Roman Catholic Church*)
romanística *f* Romance scholarship
romanización *f* Romanization
romanizar §76 *va & vr* to Romanize
romano -na *adj* Roman; romaine (*lettuce*); *mf* Roman; *f* steelyard
romanticismo *m* romanticism; (*cap.*) *m* Romantic Movement
romántico -ca *adj* romantic; *mf* romanticist; romantic
romanza *f* (mus.) romance, romanza
romanzar §76 *va* var. of **romancear**
romaza *f* (bot.) dock, sorrel
rombal *adj* (geom.) rhombic
rombencéfalo *m* (anat.) rhombencephalon, hindbrain
rómbico -ca *adj* (cryst.) rhombic
rombo *m* (geom.) rhomb or rhombus; diamond (*in cards*)
romboedro *m* (geom.) rhombohedron
romboidal *adj* rhomboid, rhomboidal
romboide *m* (geom.) rhomboid
romeo -a *adj* Romaean (*Byzantine Greek*)
romeraje *m* pilgrimage
romeral *m* growth of rosemary
romería *f* pilgrimage; gathering at a shrine on saint's day; crowd, gathering
romeriego -ga *adj* fond of pilgrimages
romero -ra *mf* pilgrim; *m* (bot.) rosemary
romí *adj* (*pl:* **-míes**) see **azafrán**
romo -ma *adj* blunt, dull; flat-nosed; (*cap.*) *f* Rome
rompeátomos *m* (*pl:* **-mos**) (phys.) atom smasher
rompecabezas *m* (*pl:* **-zas**) slung shot; riddle, puzzle; jigsaw puzzle
rompecoches *m* (*pl:* **-ches**) durance, everlasting (*material*)
rompedero -ra *adj* fragile, breakable; *f* iron punch, blacksmith's punch; powder screen
rompedura *f* breaking, breakage
rompeesquinas *m* (*pl:* **-nas**) (coll.) var. of **rompesquinas**
rompegalas *mf* (*pl:* **-las**) (coll.) shabby-looking person
rompehielos *m* (*pl:* **-los**) icebreaker, iceboat
rompehuelgas *mf* (*pl:* **-gas**) strikebreaker
rompenueces *m* (*pl:* **-ces**) nutcracker
rompeolas *m* (*pl:* **-las**) breakwater, mole
romper §17, 9 *va* to break; to tear; to break through; to plow for the first time; **romper el hielo** (fig.) to break the ice; *vn* to break (*said of waves, of the dawn*); to break or burst open (*said of flowers*); to break down; **de rompe y rasga** (coll.) determined; **romper a** + *inf* to suddenly start to + *inf*, to burst out + *ger*, e.g., **romper a llorar** to burst out crying; **romper con** to break with
rompesacos *m* (*pl:* **-cos**) (bot.) goat grass; (bot.) lyme grass
rompesquinas *m* (*pl:* **-nas**) (coll.) corner loafer, corner bully
rompible *adj* breakable
rompido *m* newly broken ground
rompiente *m* reef, rock, shoal
rompimiento *m* break, breakage; breach, crack; (paint.) opening in background; (theat.) open drop scene; (min.) breakthrough
Rómulo *m* (myth.) Romulus
ron *m* (*pl:* **rones**) rum; **ron de laurel** or **de malagueta** bay rum
ronca *f* see **ronco**
roncador -dora *adj* snoring; *mf* snorer; *m* (ichth.) roncador, croaker
roncar §86 *vn* to snore; to roar (*said of wind or sea*); to cry in rutting season; (coll.) to bully, threaten
ronce *m* (coll.) coaxing, cajoling
roncear *vn* to kill time, to fool around; (coll.) to coax, cajole; (naut.) to sail slowly
roncería *f* killing time, fooling around; (coll.) coaxing, cajoling; (naut.) slow sailing
roncero -ra *adj* poky; grouchy; (coll.) coaxing, cajoling; (naut.) slow-sailing
ronco -ca *adj* hoarse, raucous; *m* (ichth.) grunt; *f* rut (*season*); cry of buck in rutting season; halberd; (coll.) bullying; **echar roncas** (coll.) to bully

roncón *m* drone of a bagpipe
roncha *f* welt; black-and-blue mark; (coll.) gyp; round slice
ronchar *va* to crunch; *vn* to make a crunching sound (*said, e.g., of raw potatoes*); to raise welts
ronda *f* night patrol or round; night serenaders; round (*of visits*); (coll.) round (*of cigars or wine*); (Am.) ring-around-a-rosy; **coger la ronda a** to catch in the act; **ronda de matrícula** (nav.) press gang
rondador *m* night watchman; serenader; rounder; prowler
rondalla *f* story, tale; (dial.) serenaders
rondar *va* to go around, fly around; to patrol; (coll.) to hang over, threaten; (coll.) to hang around, to hound; (coll.) to court; (coll.) to go serenading (*young women*); (coll.) to go up to around, e.g., **las temperaturas rondarán los 40 grados** the temperature will go up to around forty degrees; *vn* to patrol by night, go the rounds in the night; to gad about at nighttime; to go serenading; to prowl; (mil.) to make the rounds
rondel *m* rondel
rondeño -ña *adj* (pertaining to) Ronda; *mf* native or inhabitant of Ronda; *f* (mus.) fandango of Ronda
rondín *m* corporal's round (*to visit sentinels*); watchman in a naval arsenal
rondís *m* or **rondiz** *m* face of a precious stone
rondó *m* (*pl:* **-dós**) rondeau; (mus.) rondo
rondón; de rondón brashly
ronquear *vn* to be hoarse
ronquedad *f* raucousness, harshness, hoarseness
ronquera *f* hoarseness (*from a cold*)
ronquido *m* snore, snoring; rasp, rasping sound
ronronear *vn* to purr (*said of a cat or airplane*)
ronroneo *m* purr, purring
ronza; ir a la ronza (naut.) to fall to leeward
ronzal *m* halter; (naut.) double tackle, purchase rope
ronzar **§76** *va* to crunch; (naut.) to move with a lever
roña *f* scab, mange; sticky dirt; pine bark; (bot.) rust; stinginess; stingy person; trickiness; moral infection; **jugar a roña or a la roña** (Am.) to play for fun (*not for money*)
roñada *f* (naut.) garland, grommet
roñería *f* (coll.) stinginess
roñica *mf* (coll.) skinflint
roñoso -sa *adj* scabby, mangy; dirty, filthy; rusty; (coll.) stingy
ropa *f* clothing, clothes; dry goods; **a quema ropa** point-blank; **a toca ropa** at close range; **ropa blanca** linen (*tablecloths, napkins, sheets, towels, shirts, etc.*); **ropa de cama** bed linen (*sheets, pillowcases, etc.*); bedclothes (*blankets, quilts, etc.*); **ropa de cámara** or **de levantar** dressing gown, wrapper, bath robe; **ropa dominguera** Sunday best; **ropa hecha** ready-made clothes; **ropa interior** underwear; **ropas menores** underwear; **ropa sucia** laundry (*clothes to be washed*); **ropa vieja** old clothes; stew made from leftovers
ropaje *m* clothes, clothing; robe, gown; drapery; language
ropálico -ca *adj* (pros.) rhopalic
ropavejería *f* old-clothes shop
ropavejero -ra *mf* old-clothes dealer; *m* old-clothesman
ropería *f* clothing business; clothing store; **ropería de viejo** old-clothes shop
ropero -ra *mf* ready-made clothier; wardrobe keeper; *m* wardrobe, clothes closet; charitable organization for the distribution of old clothes
ropeta *f* var. of **ropilla**
ropilla *f* doublet; **dar una ropilla a** (coll.) to scold mildly, to reprove gently
ropón *m* loose coat; double quilting; (Am.) woman's riding habit
roque *m* rook (*in chess*)
roqueda *f* or **roquedal** *m* rocky place or region
roqueño -ña *adj* rocky; hard as rock
roquería *f* (Am.) rookery (*of seals*)
roquero -ra *adj* rocky, built on rock
roqueta *f* (bot.) roquette, rocket salad
roquete *m* barbed spearhead; ramrod, rammer; (eccl.) rochet
rorcual *m* (zool.) rorqual, finback, razorback
rorro *m* (coll.) baby; (Am.) doll
ros *m* (mil.) Spanish shako
rosa *f* see **roso**
rosáceo -a *adj* rosaceous; (bot.) rosaceous
rosacruz (*pl:* **-cruces**) *adj & mf* Rosicrucian
rosada *f* see **rosado**
rosadelfa *f* (bot.) azalea
rosado -da *adj* rose; rose-colored, rosy; *f* frost
rosal *m* (bot.) rosebush; **rosal de China** or **rosal japonés** (bot.) japonica; **rosal de pitiminí** (bot.) crimson rambler (*plant*); **rosal perruno** or **silvestre** (bot.) dog rose
rosaleda or **rosalera** *f* rosary, rose garden
Rosalía *f* Rosalie
rosar *vr* to turn red, to blush
rosariera *f* (bot.) bead tree
rosariero *m* dealer in rosaries; (coll.) hypocrite
rosario *m* rosary; string (*e.g., of misfortunes*); chain pump; (coll.) backbone; group reciting the rosary; reciting the rosary
rosbif *m* (*pl:* **-bifs**) roast beef
rosca *f* coil, spiral; turn (*of a spiral*); twist, twisted roll; (mach.) thread; nut and bolt, screw and nut; fleshiness; arch ring; (Am.) padded ring (*for carrying an object on the head*); **hacer la rosca a** (coll.) to hound (*a person*); (coll.) to play up to; **hacer la rosca** or **hacer la rosca del galgo** (coll.) to curl up and go to sleep anywhere; **pasarse de rosca** to be or become stripped, to not fit (*said of a screw or nut*); to go too far, to take too much liberty; **rosca de Arquímedes** Archimedes' screw
roscadero *m* (dial.) large hamper
roscado -da *adj* threaded; spiral; *m* threading
roscar **§86** *va* to thread
rosco or **roscón** *m* twisted roll (*of bread*)
Rosellón, el the Roussillon
róseo -a *adj* rose, rosy
roséola *f* (path.) roseola, rose rash; (path.) roseola, German measles
rosero -ra *mf* gatherer of saffron flowers
roseta *f* red spot on the cheek; sprinkling nozzle (*of water pot*); (metal.) rosette; metal tip of steelyard; **rosetas** *fpl* popcorn
rosetón *m* (arch.) rosette; (arch.) rose window, wheel window
rosicler *m* pink of dawn; ruby silver
rosicruciano -na *adj & mf* Rosicrucian
rosillo -lla *adj* light red, pink; roan
rosita *f* little rose; **rositas** *fpl* popcorn; **de rositas** (coll.) free, for nothing
rosmarino -na *adj* light red, pink; *m* (bot.) rosemary
rosmaro *m* var. of **manatí**
roso -sa *adj* red; threadbare; **a roso y velludo** completely, without exception ‖ *f* rose (*flower*); (Am.) rosebush; rose (*rose-shaped ribbon; precious stone; perfume*); red spot (*on skin*); rose diamond; (arch.) rose, rose window; **rosas** *fpl* popcorn; **verlo todo de color de rosa** to see everything through rose-colored glasses; **rosa albardera** (bot.) peony; **rosa de China** (bot.) China rose; **rosa de Damasco** (bot.) damask rose; **rosa de güeldres** (bot.) guelder-rose; **rosa de Jericó** (bot.) rose of Jericho; **rosa de los vientos** (naut.) compass card; **rosa de pitiminí** (hort.) crimson rambler; **rosa de rejalgar** (bot.) peony; **rosa de Siria** (bot.) rose of Sharon; **rosa náutica** (naut.) compass card; **rosa montés** (bot.) peony ‖ *m* rose, pink
rosoli *m* rosolio (*a drink*)
rosolí *m* (bot.) sundew
rosón *m* (ent.) bot
rosqueado -da *adj* spiral, twisted
rosquete *m* coffeecake
rosquilla *f* coffeecake, doughnut, cruller; (ent.) grub; **saber a rosquillas** (coll.) to be gratifying, to be satisfying
rostrado -da *adj* rostrate
rostral *adj* rostral
rostritorcido -da or **rostrituerto -ta** *adj* (coll.) sullen, gruff, morose
rostro *m* beak; face; snout; (anat., naut. & zool.) rostrum; **hacer rostro a** to face up to; to face, to accept; **rostro a rostro** face to face
rostropálido -da *mf* paleface (*white person; so called by American Indians*)

rota *f* see **roto**
rotación *f* rotation; **rotación de cosechas** or **de cultivos** rotation of crops
rotacismo *m* rhotacism
rotador -dora *adj* rotatory; *m* (anat.) rotator
rotar *vn* var. of **rodar**
rotario -ria *adj & m* Rotarian
rotativo -va *adj* rotary; revolving; *m* metropolitan newspaper; *f* (print.) rotary press
rotatorio -ria *adj* rotatory
roten *m* or **rotén** *m* (bot.) rattan; rattan (*cane or staff*)
rotífero -ra *adj* rotiferous; *m* (zool.) rotifer
roto -ta *pp of* **romper;** *adj* broken, shattered; torn; ragged; debauched, licentious; *mf* (in Argentina and Peru) Chilean, poor Chilean; *f* rout, defeat; (bot.) rattan, rattan palm; (naut.) route, course; **de rota** or **de rota batida** with complete loss or destruction; all of a sudden
rotocosido *m* patched clothing
rotograbado *m* rotogravure
rotonda *f* rear of stagecoach; rotunda; (Am.) roundhouse
rotor *m* (mach. & elec.) rotor
rótula *f* lozenge; (anat.) kneecap, kneepan; hinge joint; knuckle
rotulación *f* labeling, lettering; hinge joint
rotular *adj* rotular; *va* to label, to title, to letter
rotulata *f* collection of labels or posters; (coll.) label, title, mark
rotuliano -na *adj* rotulian
rotulista *m* letterer, sign maker, sign painter
rótulo *m* label, title, lettering; show bill, poster
rotunda *f* see **rotundo**
rotundamente *adv* roundly, categorically
rotundidad *f* roundness; rotundity
rotundo -da *adj* round; rotund, full, sonorous; round, peremptory; *f* rotunda
rotura *f* breaking, breakage; breach, opening; (vet.) plaster, poultice
roturación *f* plowing untilled ground; newly plowed untilled ground
roturar *va* to plow, to break (*untilled ground*)
roya *f* (bot.) rust, mildew, plant rot; coir, coconut fiber
royo *1st sg pres ind of* **roer**
roza *f* grubbing, stubbing; clearing
rozadera *f* var. of **rozón**
rozador -dora *mf* stubber
rozadura *f* rubbing; chafing; abrasion; (bot.) punkwood
rozagante *adj* showy, pompous; elegant, magnificent; flowing, sweeping (*gown, robe*)
rozamiento *m* rubbing, friction; (mech. & fig.) friction
rozar §76 *va* to grub, to stub; to clear (*land*); to nibble (*grass*); to cut and gather (*small branches or grass*); to scrape; to graze; to border on; *vn* to graze, graze by; *vr* to interfere (*to strike one foot against another*); to hobnob, to be close, be on close terms; to falter, stammer; to be alike; (naut.) to fret, to gall
roznar *va* to crunch; *vn* to bray
roznido *m* crunch, crunching noise; bray, braying
rozno *m* small donkey
rozo *m* grubbing, stubbing; chips, brush; **ser de buen rozo** (coll.) to have a good appetite
rozón *m* short, broad scythe or sickle
R.P. abr. of **Reverendo Padre**
rs. or **r.**[s] abr. of **reales** (*moneda*)
R.S. abr. of **Real Servicio**
Rte. abr. of **Remite**
rúa *f* village street; wagon road; **hacer la rúa** to walk or ride around town
Ruán *f* Rouen
ruano -na *adj* roan; *f* woolen fabric
rubefacción *f* rubefaction
rubefaciente *adj & m* (med.) rubefacient
Rubén *m* (Bib.) Reuben
rúbeo -a *adj* reddish
rubéola *f* (path.) German measles
ruberoide *m* rubberoid
rubescente *adj* rubescent
rubeta *f* (zool.) peeper, tree toad
rubí *m* (*pl:* **-bíes**) ruby; (horol.) ruby, jewel; (orn.) vermilion flycatcher; **rubí balaje** (mineral.) balas ruby; **rubí de Bohemia** (mineral.) rose quartz; **rubí espinela** (mineral.) ruby spinel; **rubí oriental** (mineral.) Oriental or true ruby
rubia *f* see **rubio**
rubiáceo -a *adj* (bot.) rubiaceous
rubial *adj* reddish (*soil or plant*); *m* madder field
rubiales *mf* (*pl:* **-les**) (coll.) goldilocks
rubicán -cana *adj* rubican
rubicela *f* (mineral.) rubicel
Rubicón *m* Rubicon; **pasar el Rubicón** to cross the Rubicon
rubicundez *f* rubicundity; reddishness
rubicundo -da *adj* rubicund; reddish
rubidio *m* (chem.) rubidium
rubificar §86 *va* to redden, to dye red; (med.) to make (*the skin*) red
rubilla *f* (bot.) woodruff
rubín *m* ruby; rust
rubinejo *m* little ruby
rubio -bia *adj* golden, blond, fair; *m* blond (*man or boy*); (ichth.) red gurnard; **rubio volador** (ichth.) sea robin; *f* blonde (*girl or woman*); station wagon; (coll.) peseta; (bot.) madder (*plant and root*); **rubia platino** platinum blonde; **rubia oxigenada** peroxide blonde
rublo *m* ruble
rubor *m* bright red; flush, blush; bashfulness
ruborizar §76 *va* to make flush, make blush; *vr* to flush, to blush
ruboroso -sa *adj* blushing, bashful
rúbrica *f* rubric; title, heading; flourish (*to a signature*); **ser de rúbrica** (coll.) to be in accordance with ritual or custom
rubricar §86 *va* to add one's flourish to (*a document, with or without one's signature*); to sign and seal; to certify to, to attest
rubrificar §86 *va* to rubricate, make red
rubriquista *m* rubrician
rubro -bra *adj* red; *m* (Am.) title, heading
ruc *m* var. of **rocho**
ruca *f* (bot.) rocket salad
rucio -cia *adj* silver-gray; (coll.) gray-haired
ruche *m* or **rucho** *m* (coll.) donkey
ruda *f* see **rudo**
rudeza *f* coarseness, roughness; rudeness, crudeness; dullness, stupidity; severity
rudimental *adj* rudimental
rudimentario -ria *adj* rudimentary
rudimento *m* rudiment
rudo -da *adj* coarse, rough; rude, crude; dull, stupid; hard, severe; (phonet.) rough (*breathing*); *f* (bot.) rue; **ruda cabruna** (bot.) goat's-rue; **ruda de muros** (bot.) wall rue
rueca *f* distaff; twist, turn; (fig.) distaff, female sex, women
rueda *f* wheel; caster, roller; ring, circle (*of people*); rack (*for torture*); round slice; pinwheel; turn, time; spread (*of peacock's tail*); (ichth.) sunfish; **hacer la rueda** to spread its tail (*said of a peacock*); **hacer la rueda a** (coll.) to keep after; (coll.) to flatter, play up to; **quinta rueda** fifth wheel (*superfluous person or thing*); **rueda catalina** (horol.) escapement wheel; **rueda de alfarero** potter's wheel; **rueda de andar** treadmill; **rueda de cadena** sprocket, sprocket wheel; **rueda de carro** cart wheel; **rueda de corriente media** or **de costado** breast wheel; **rueda de escape** (horol.) escapement wheel; **rueda de esmeril** emery wheel; **rueda de feria** Ferris wheel; **rueda de fuego** pinwheel; **rueda de linterna** (mach.) lantern wheel; **rueda de molino** mill wheel; **rueda dentada** gearwheel; **rueda de paletas** paddle wheel; **rueda de pecho** breast wheel; **rueda de prensa** press conference; **rueda de presos** line-up (*of suspects or criminals*); **rueda de recambio** spare wheel; **rueda de Santa Catalina** (horol.) escapement wheel; **rueda de tornillo sin fin** worm wheel; **rueda de trinquete** (mach.) ratchet wheel; **rueda directriz** (aut.) steering wheel; **rueda hidráulica** water wheel; **rueda inferior** undershot water wheel; **rueda libre** (mach.) freewheel; **rueda loca** idler wheel; **rueda motriz** (mach.) drive wheel, driving wheel, driver; **rueda superior** overshot water wheel

R

ruedecilla *f* caster, roller
ruedero *m* wheelwright
ruedo *m* turn, rotation; edge (*of something round*); round mat; skirt lining; selvage; ring (*arena of bull ring*); (box.) ring; **a todo ruedo** at all events
ruego *m* request, petition, entreaty; prayer
ruezno *m* walnut burr
rufián -fiana *mf* bawd, go-between; *m* pimp; scoundrel; (archaic) hired killer
rufianear *vn* to pander
rufianería *f* pandering
rufianesco -ca *adj* scoundrelly; *f* gang of scoundrels; scoundrelly conduct
rufo -fa *adj* sandy, sandy-haired, rufous; curly, curly-haired; rough, tough
rugar §59 *va & vr* var. of **arrugar**
rugido *m* roar; bellow; rumble (*of intestines*)
ruginoso -sa *adj* rusty
rugir §42 *vn* to roar; to bellow; to rumble; to be said, to come out
rugosidad *f* ruggedness, corrugation, rugosity
rugoso -sa *adj* rugged, corrugated, wrinkled, ridged
ruibarbo *m* (bot. & pharm.) rhubarb (*Rheum palmatum and Rheum officinale*)
ruido *m* noise; repercussion; row, rumpus; **hacer** or **meter ruido** to start a row; to create a stir or a sensation; **querer ruido** to be looking for a fight; **quitarse de ruidos** (coll.) to stay out of trouble; **ruidos de fondo** background noise
ruidoso -sa *adj* noisy, loud; sensational
ruin *adj* base, mean, vile; puny; small, petty, stingy; vicious (*animal*); *m* scoundrel; tip of tail of cat; **en nombrando al ruin de Roma, luego asoma** talk of the Devil and he will appear; **un ruin ido, otro venido** out of the frying pan into the fire
ruina *f* ruin; **estar hecho una ruina** to be a wreck (*said of a person*); **batir en ruina** (mil.) to breach, break through; **amenazar ruina** to begin to fall to pieces
ruinar *va & vr* var. of **arruinar**
ruindad *f* baseness, meanness, vileness; pettiness, stinginess; viciousness
ruinoso -sa *adj* ruinous; tottery, tottering; rundown, useless
ruiponce *m* (bot.) rampion
ruipóntico *m* (bot. & pharm.) rhubarb (*Rheum rhaponticum*)
ruiseñor *m* (orn.) nightingale
rujada *f* (dial.) heavy shower
rular *va & vn* to roll
ruleta *f* roulette (*game; wheel with sharp teeth*); (Am.) tape measure
ruleteo *m* (Am.) cruising (*in search of fares*)
ruletero *m* (Am.) cruiser (*taxi driver cruising in search of fares*)
rulo *m* ball; roller; conical stone (*of olive-oil mill*)
rumanche *m* Romansh
Rumania *f* Rumania
rumano -na *adj & mf* Rumanian; *m* Rumanian (*language*)
rumazón *f* (naut.) overcast horizon
rumba *f* rumba (*dance and music*)
rumbadas *fpl* var. of **arrumbadas**
rumbático -ca *adj* pompous, showy
rumbo *m* bearing, course, direction; (coll.) pomp, show; (coll.) generosity; (her.) rustre; **abatir el rumbo** (naut.) to fall to leeward; **con rumbo a** bound for, in the direction of; **hacer rumbo a** to head for, to sail for; **ir al rumbo** (Am.) to be on the right track; **tener mucho rumbo** to be showy, to be pompous; **rumbo a** bound for; **rumbo de la aguja** (naut.) rhumb; **rumbo verdadero** (naut.) true course
rumbón -bona *adj* (coll.) generous
rumboso -sa *adj* pompous, magnificent; (coll.) generous
rumen *m* (zool.) rumen
rumí *m* (*pl:* **-míes**) (Arab.) Christian
rumia or **rumiación** *f* rumination
rumiador -dora *adj* ruminating; *mf* ruminator
rumiadura *f* rumination
rumiante *adj* (zool. & fig.) ruminant; *m* (zool.) ruminant
rumiar *va & vn* to ruminate; (coll.) to ruminate, meditate
rumión -miona *adj* (coll.) ruminative, brooding; *mf* (coll.) brooder
rumo *m* first hoop of a cask or barrel
rumor *m* rumor; murmur, buzz (*of voices*); rumble
rumorear *va* to rumor, to spread by rumor; *vn* to murmur, buzz, rumble; *vr* to be rumored
rumoroso -sa *adj* noisy, loud, rumbling
runa *f* rune
runcinado -da *adj* (bot.) runcinate
runfla or **runflada** *f* (coll.) string, row; sequence (*of cards*); **echar runflas** (coll.) to bluster
rúnico -ca or **runo -na** *adj* runic
runrún *m* (coll.) rumor; (coll.) murmur, rumble; (coll.) purr; (coll.) rustle
runrunear *vr* to be whispered about, be bruited about; (coll.) to purr; (coll.) to rustle
runruneo *m* rumor, whispering; (coll.) purring; (coll.) rustling
ruñar *va* to croze (*a stave*)
Ruperto *m* Rupert
rupestre *adj* rupestrian
rupia *f* (path.) rupia; rupee
rupicabra or **rupicapra** *f* (zool.) chamois
rupícola *adj* rupicolous, growing or living on rocks; *m* (orn.) cock of the rock
ruptor *m* (elec.) contact breaker
ruptura *f* rupture, break; crack, split; fission; (fig.) rupture, break (*in friendly relations*)
ruqueta *f* (bot.) rocket; (bot.) hedge mustard
rural *adj* rural; small-town, country
rurícola *mf* ruralist
rus *m* (bot.) sumach
rusco *m* (bot.) butcher's-broom
rusel *m* woolen serge
Rusia *f* Russia; **la Rusia Soviética** Soviet Russia; **la Rusia Blanca** White Russia
rusiente *adj* candent
rusificación *f* Russianization
rusificar §86 *va* to Russianize; *vr* to become Russianized
ruso -sa *adj & mf* Russian; *m* Russian (*language*); ulster; **gran ruso** Great Russian; **pequeño ruso** Little Russian; **ruso blanco** White Russian
rusófilo -la *adj & mf* Russophile
rusofobia *f* Russophobia
rusófobo -ba *adj & mf* Russophobe
rusojaponés -nesa *adj* Russo-Japanese
rúst. abr. of **rústica**
rusticación *f* rustication
rustical *adj* rustic, rural
rusticano -na *adj* wild (*plant*)
rusticar §86 *vn* to rusticate
rusticidad *f* rusticity; coarseness, crudeness, clumsiness
rústico -ca *adj* rustic; coarse, crude, clumsy; Vulgar (*Latin*); **a la rústica** or **en rústica** paper-bound; *m* rustic, peasant
rustiquez *f* or **rustiqueza** *f* var. of **rusticidad**
rustro *m* (her.) rustre
Rut *f* Ruth
ruta *f* route; (Am.) spree; **ruta de Birmania** Burma Road
rutabaga *f* (bot.) rutabaga
rutáceo -a *adj* (bot.) rutaceous
Rutenia *f* Ruthenia
rutenio *m* (chem.) ruthenium
ruteno -na *adj & mf* Ruthenian; *m* Ruthenian (*language*)
rutero -ra *mf* var. of **rutista**
rutilante *adj* (poet.) shining, sparkling
rutilar *vn* (poet.) to shine, sparkle
rutilo *m* (mineral.) rutile
rútilo -la *adj* bright, shining, dazzling
rutina *f* routine; (chem.) rutin
rutinario -ria *adj* routine (*method; worker*); *mf* routinist
rutinero -ra *adj* routine (*e.g., method*); *mf* routinist
rutista *mf* experienced driver, driver who knows the roads; *m* long-distance teamster; road bicycle racer
ruzafa *f* garden, park

S

S, s *f* twenty-second letter of the Spanish alphabet
S. abr. of **San, Santo, sobresaliente, & sur**
S.ª abr. of **Señora**
s. a. abr. of **sin año**
sáb. abr. of **sábado**
Sabá Sheba; **reina de Sabá** Queen of Sheba
sábado *m* Saturday; Sabbath (*of the Jews*); witches' Sabbath; **hacer sábado** to do the weekly Saturday housecleaning; **sábado de gloria** or **sábado santo** Holy Saturday
sabalar *m* shad net
sabalera *f* fire grate (*of reverberatory furnace*)
sabalero *m* shad fisherman
sábalo *m* (ichth.) shad; (Am.) tarpon
sabana *f* savanna or savannah
sábana *f* sheet; altar cloth; **pegársele a uno las sábanas** (coll.) to stay in bed late
sabandija *f* bug, insect, worm; (fig.) vermin (*person*); **sabandijas** *fpl* vermin
sabanero -ra *adj* (pertaining to a) savanna; *mf* savanna dweller; *m* (orn.) meadow lark
sabanilla *f* small sheet; woollen spread; napkin, kerchief, hand towel; outer altar cloth; communion cloth
sabañón *m* chilblain; **comer como un sabañón** (coll.) to eat like a pig
sabatario -ria *adj* Sabbatarian; *mf* Sabbatarian (*one who observes Saturday as Sabbath*)
sabático -ca *adj* (pertaining to) Saturday; (pertaining to the) Sabbath; (Jewish hist.) sabbatical
sabatino -na *adj* (pertaining to) Saturday; *f* Saturday mass; Saturday review, Saturday theme (*in schools*)
sabatismo *m* Sabbatarianism
sabatizar §76 *vn* to rest on Saturday, to not work on Saturday
sabedor -dora *adj* informed
sabeísmo *m* Sabaeanism
sabela *f* (zool.) sabella
sabelección *m & f* (bot.) peppergrass
sábelotodo *m* (*pl:* **sábelotodo**) (coll.) know-it-all, wiseacre, wise guy
sabeo -a *adj & mf* Sabaean
saber *m* knowledge, learning; **según mi leal saber y entender** to the best of my knowledge; **§80** *va & vn* to know (*by reasoning or by learning*); to find out; to taste; **a saber** namely, to wit; **hacer saber** to inform, to let know; **no saber cuántas son cinco** or **no saber cuántas son dos y dos** (coll.) to not know what it's all about; **no saber cómo** + *inf* to not know how to, to be at a loss to + *inf;* **no saber dónde meterse** to not know which way to turn; **no sé cuántos** so-and-so, what's his name; **(un) no sé qué** a certain (*something*); **que yo sepa** to my knowledge, as far as I know; **¡y qué sé yo!, ¡y qué sé yo qué más!** and what not, and so forth; **saber a** to taste of, to taste like; to smack of; to know how to get to (*e.g., a person's house*); **saber a poco** to be just a taste, to taste like more; **saber cuántas son cinco** (coll.) to know a thing or two, to know what's what; **saber de** to know, know of, know about, hear of, hear from; to be aware of; **saber lo que es bueno** (coll.) to know the ropes; **saber** + *inf* to know how to, to be able to + *inf; vr* to know; **sabérselo todo** (coll.) to know it all
sabicú *m* (bot.) horseflesh mahogany
sabidillo -lla *adj & mf* (scornful) know-it-all
sabido -da *adj* well-informed; learned; **de sabido** certainly, surely
sabiduría *f* wisdom; knowledge, learning; information; **Sabiduría de Salomón** (Bib.) Wisdom of Solomon (*book of the Apocrypha*)
sabiendas; a sabiendas knowingly, consciously; **a sabiendas de que** knowing that
sabihondez *f* (coll.) affected learning, pretension to wisdom
sabihondo -da *adj* (coll.) know-it-all, wiseacred; *mf* (coll.) know-it-all, wiseacre
sabina *f* see **sabino**
sabinar *m* growth of savins
sabino -na *adj* Sabine; roan (*horse*); *mf* Sabine; *f* (bot. & pharm.) savin
sabio -bia *adj* wise; learned; trained (*animal*); *mf* wise person, scholar, scientist; *m* wise man, sage
sabiondez *f* (coll.) var. of **sabihondez**
sabiondo -da *adj & mf* (coll.) var. of **sabihondo**
sablazo *m* stroke with a saber, wound from a saber; (coll.) sponging; **dar un sablazo a** (coll.) to hit for a loan
sable *m* saber, cutlass; (her.) sable; (coll.) sponging
sableador -dora *mf* sponger; *m* saber wielder; rough soldier
sablear *va* (coll.) to hit for a loan, to sponge on; *vn* (coll.) to try to borrow money, to go around sponging
sablista *mf* (coll.) sponger
sablón *m* coarse sand
saboga *f* (ichth.) small shad
saboneta *f* hunting watch
sabor *m* taste, flavor; (fig.) flavor; **sabores** *mpl* beads on bit (*of bridle*); **a sabor** to one's taste, to one's liking
saborcillo *m* slight taste, touch
saboreamiento *m* flavoring, flavor; tasting, taste; relish, relishing
saborear *va* to flavor; to taste; to savor; to allure, entice; *vr* to smack one's lips; **saborearse con** to taste; to savor
saboreo *m* flavoring; tasting; savoring
saborete *m* slight flavor; slight taste
sabotaje *m* sabotage
saboteador -dora *mf* saboteur
sabotear *va & vn* to sabotage
Saboya, la Savoy
saboyano -na *adj & mf* Savoyard; *f* open skirt; plum pudding
sabré *1st sg fut ind of* **saber**
sabroso -sa *adj* tasty, savory, delicious; (coll.) saltish
sabucal *m* grove of elders
sabuco *m* (bot.) elder
sabueso *m* bloodhound, beagle; (fig.) bloodhound (*detective, sleuth*)
sabugal *m* var. of **sabucal**
sabugo *m* var. of **sabuco**
sábulo *m* coarse sand
sabuloso -sa *adj* sandy, gritty, sabulous
saburra *f* saburra; coat on tongue
saburral *adj* saburral
saburrar *va* to ballast with rocks and sand
saburroso -sa *adj* foul (*mouth or stomach*); coated (*tongue*)
saca *f* extraction; exportation; coarse sack; first draft, first copy; **de saca** (Am.) at full speed; **estar de saca** to be on sale; (coll.) to be marriageable
sacabala *f* (surg.) bullet-extracting forceps; **sacabalas** *m* (*pl:* **-las**) (arti.) bullet screw
sacabocado or **sacabocados** *m* (*pl:* **-dos**) ticket punch; punch; sure thing
sacabolsas *m* (*pl:* **-sas**) swindle
sacabotas *m* (*pl:* **-tas**) bootjack
sacabrocas *m* (*pl:* **-cas**) tack puller, nail puller
sacabuche *m* (bot.) strawberry tomato; (mus.) sackbut (*instrument or player*); (coll.) nincompoop; (naut.) hand pump

sacaclavos *m* (*pl:* **-vos**) nail puller; **sacaclavos de horquilla** claw bar
sacacorchos *m* (*pl:* **-chos**) corkscrew
sacacuartos *m* (*pl:* **-tos**) (coll.) catchpenny, bamboozle
sacadinero or **sacadineros** *m* (*pl:* **-ros**) (coll.) catchpenny, bamboozle; (coll.) bamboozler
sacador -dora *mf* (tennis) server; *m* (print.) delivery table
sacadura *f* (sew.) sloping cut
sacafilásticas *f* (*pl:* **-cas**) priming wire
sacaliña *f* stick, goad stick; trick, cunning
sacamanchas *mf* (*pl:* **-chas**) clothes cleaner, spot remover; dry cleaner; dyer
sacamantas *m* (*pl:* **-tas**) (coll.) delinquent-tax collector
sacamantecas *m* (*pl:* **-cas**) (coll.) Jack the Ripper
sacamiento *m* extraction; removal
sacamolero *m* (coll.) dentist
sacamuelas *mf* (*pl:* **-las**) (coll.) tooth puller; (coll.) charlatan, quack
sacamuertos *m* (*pl:* **-tos**) stagehand
sacanete *m* lansquenet (*card game*)
sacapelotas *m* (*pl:* **-tas**) bullet screw; (fig.) cur
sacaperras *m* (*pl:* **-rras**) (coll.) gambling machine
sacapintura *m* paint remover
sacapotras *m* (*pl:* **-tras**) (coll.) butcher (*surgeon*)
sacapuntas *m* (*pl:* **-tas**) pencil sharpener
sacar §86 *va* to draw, draw out, pull out; to pull up; to take out, get out; to extract, to remove; to stick out (*e.g., one's chest*); to show, bring out, publish; to find out, to solve; to elicit, draw out (*a secret*); to determine; to copy; to take (*a photograph*); to except, to exclude; to quote; to win (*a prize*); to get, obtain; to produce, invent, imitate; to serve (*a ball*); **sacar a bailar** (coll.) to drag in; **sacar adelante** to nurture, rear; **sacar a relucir** (coll.) to bring up unexpectedly; **sacar a volar** to bring out (*especially a bashful person*); **sacar de espesor** to pare down, make thin; **sacar de pobre** to lift out of poverty; **sacar de sí** to drive mad, to make crazy; **sacar en claro** or **en limpio** to deduce, to conclude clearly; to recopy clearly; **sacar mentiroso** to give the lie to
sacarificación *f* saccharification
sacarificar §86 *va* to saccharify
sacarimetría *f* saccharimetry
sacarímetro *m* saccharimeter
sacarino -na *adj* saccharine; *f* (chem.) saccharine
sacaroideo -a *adj* saccharoid
sacarosa *f* (chem.) saccharose, sucrose
sacarruedas *m* (*pl:* **-das**) (aut.) wheel puller
sacasillas *m* (*pl:* **-llas**) (coll.) stagehand
sacatapón *m* corkscrew
sacate *m* var. of **zacate**
sacatrapos *m* (*pl:* **-pos**) (arti.) wad hook, wormer
sacerdocio *m* priesthood
sacerdotal *adj* sacerdotal, priestly
sacerdote *m* priest; **sumo sacerdote** high priest
sacerdotisa *f* priestess
sácere *m* (bot.) maple
saciable *adj* satiable
saciar *va* to satiate
saciedad *f* satiety, satiation
saciña *f* (bot.) white willow
sacio -cia *adj* satiated
saco *m* sack, bag; sackful, bagful; pack (*e.g., of lies*); (mil.) sack, plunder, pillage; serve (*in ball games*); (anat., bot. & zool.) sac; coat; (sew.) sacque; **no echar en saco roto** (coll.) to not forget, to not overlook; **poner a saco** to plunder, to loot; **saco de noche** satchel, handbag, overnight bag; **saco terrero** (fort.) sandbag
sacra *f* see **sacro**
sacramentación *f* administration of sacraments; (theol.) transubstantiation
sacramental *adj* sacramental; *m* sacramental; member of an association devoted to the worship of the sacrament; *f* association devoted to the worship of the sacrament
sacramentar *va* to administer the sacraments to; (theol.) to transubstantiate; (coll.) to conceal, to hide; *vr* (theol.) to transubstantiate
sacramentario -ria *adj & mf* Sacramentarian
sacramento *m* sacrament; **santísimo sacramento** Holy Sacrament; **sacramento del altar** sacrament (*Eucharist*)
sacratísimo -ma *adj super* very or most sacred or holy
sacre *m* (orn. & arti.) saker; thief
sacrificadero *m* place for sacrifice
sacrificador -dora *adj* sacrificing; *mf* sacrificer
sacrificar §86 *va* to sacrifice; to slaughter; *vn* to sacrifice; *vr* to sacrifice, to sacrifice oneself; to devote oneself to God
sacrificatorio -ria *adj* sacrificial
sacrificio *m* sacrifice; **santo sacrificio** mass; **sacrificio del altar** Sacrifice of the Mass
sacrilegio *m* sacrilege
sacrílego -ga *adj* sacrilegious
sacrismoche *m* or **sacrismocho** *m* (coll.) fellow dressed in shabby black clothes
sacrista *m* sexton
sacristán *m* sacristan; sexton; hoops (*for skirt*); **ser gran sacristán** (coll.) to be crafty, to be wily; **sacristán de amén** (coll.) yes man
sacristana *f* sacristan's wife; sexton's wife; nun in charge of sacristy
sacristanía *f* office of sacristan or sexton
sacristía *f* sacristy; office of sacristan or sexton
sacro -cra *adj* sacred; (anat.) sacral; *m* (anat.) sacrum; *f* (eccl.) sacring tablet
sacroilíaco -ca *adj* (anat.) sacroiliac
sacrosanto -ta *adj* sacrosanct
sacudido -da *adj* indocile, intractable; determined, resolute; *f* shake, jar, jolt, jerk, bump; (elec.) shock
sacudidor -dora *adj* shaking, beating; *m* shaker, beater; duster; **sacudidor de alfombras** carpetbeater
sacudidura *f* shake (*especially to remove dust*)
sacudimiento *m* shaking, shake, jolt, jerk
sacudión *m* jolt, jerk
sacudir *va* to shake; to jar, jolt; to rock; to shake off, to throw off; to beat; *vr* to shake, shake oneself; to rock; to shake off; to manage to get along, to wangle through
sacudón *m* (Am.) jolt, jerk
sáculo *m* (anat.) saccule
sachadura *f* weeding
sachar *va* to weed
sacho *m* weeder, weeding tool
sádico -ca *adj* sadistic; *mf* sadist
sadismo *m* sadism
saduceísmo *m* Sadduceism
saduceo -a *adj* Sadducean; *mf* Sadducee, Sadducean
saeta *f* arrow, dart; hand (*of clock or watch*); gnomon; magnetic needle; bud of vine; sacred song; (*cap.*) *f* (astr.) Sagitta
saetada *f* or **saetazo** *m* arrow shot; arrow wound
saetear *va* var. of **asaetear**
saetero -ra *adj* (pertaining to an) arrow; *m* archer, bowman; *f* (fort.) loophole; narrow window
saetilla *f* small arrow; hand (*of watch or clock*); magnetic needle; sacred song, devotional verse; (bot.) arrowhead; (arch.) dart (*in egg-and-dart ornaments*)
saetín *m* millrace, flume; brad; sateen
safari *m* safari
safeno -na *adj* (anat.) saphenous
sáfico -ca *adj & m* Sapphic
Safira *f* (Bib.) Sapphira
Safo *f* Sappho
saga *f* saga; witch, sorceress
sagacidad *f* sagacity
sagapeno *m* sagapenum
sagatí *m* sagathy, sayette
sagaz *adj* (*pl:* **-gaces**) sagacious; keen-scented
sagita *f* (arch.) rise (*of an arch*)
sagitado -da *adj* (bot.) sagittate
sagital *adj* sagittal; (anat. & zool.) sagittal
sagitaria *f* (bot.) arrowhead
sagitario *m* bowman; (*cap.*) *m* (astr.) Sagittarius

ságoma *f* (arch.) pattern, templet
sagrado -da *adj* sacred; *m* asylum, haven, place of refuge; **acogerse a sagrado** to take sanctuary
sagrario *m* sacrarium, sanctuary, shrine; (eccl.) ciborium
sagú *m* (*pl:* **-gúes**) sago (*starch*); (bot.) sago, sago palm
saguaro *m* (bot.) saguaro, giant cactus
saguino *m* (zool.) tamarin
ságula *f* small frock
saguntino -na *adj* (pertaining to) Sagunto; *mf* native or inhabitant of Sagunto
Sahara *m* Sahara
sahariano -na *adj* (pertaining to the) Sahara; *f* tight-fitting military jacket
sahína *f* var. of **zahína**
sahornar *vr* to skin oneself, to scrape or scratch oneself
sahorno *m* skin abrasion, scratch
sahuaro *m* var. of **saguaro**
sahumado -da *adj* bettered, improved; (Am.) drunk
sahumador *m* perfuming pot, incense pot; stretcher, clothes drier
sahumadura *f* smoking, perfuming with smoke or incense
sahumar §99 *va* to smoke, to perfume with smoke or incense
sahumerio or **sahúmo** *m* smoking, perfuming; incense, aromatic smoke
saica *f* saic (*ketch used in the Levant*)
saicar *m* sidecar
saín *m* grease, fat; fish oil; greasiness, grease spot
sainar §75 *va* to fatten
sainete *m* flavor, relish, spice, zest; sauce, seasoning; tidbit, delicacy; elegance; one-act farce
sainetear *vn* to act in a farce
sainetero *m* farce writer
sainetesco -ca *adj* farcical, burlesque
saíno *m* (zool.) peccary
saja *f* incision; leaf stalk of Manila hemp
sajador *m* bleeder; (surg.) scarifier (*instrument*)
sajadura *f* incision; slit, crack
sajar *va* to cut, make an incision in, tap
sajelar *va* to sift and clean (*clay*)
sajía *f* incision
sajón -jona *adj & mf* Saxon
Sajonia *f* Saxony
Sajonia-Coburgo-Gotha *f* Saxe-Coburg-Gotha
sal *f* salt; charm, grace; wit, wittiness; (Am.) bad luck, misfortune; **echar en sal** (coll.) to keep back; **estar hecho de sal** to be full of life, be in a good mood; **sal amoníaca, sal amoníaco** sal ammoniac; **sal ática** Attic salt; **sal común** common salt; **sal de acederas** salt of sorrel; **sal de compás** rock salt; **sal de Epsom** Epsom salt; **sal de la Higuera** Epsom salt; **sales aromáticas** smelling salts; **sal gema** rock salt; **sal marina** sea salt; **sal volátil** sal volatile; *2d sg impv of* **salir**
sala *f* hall; drawing room, living room, sitting room, salon, parlor; (law) bench; **hacer sala** to form a quorum (*in court*); **sala de batalla** sorting room (*in postoffice*); **sala de clase** classroom; **sala de equipajes** baggage room; **sala de enfermos** infirmary; **sala de espectáculos** auditorium; **sala de espera** waiting room; **sala de estar** living room, sitting room; **sala de fiestas** night club; **sala de gálibos** (naut.) mold loft; **sala de hospital** hospital ward; **sala de justicia** court of justice, courtroom; **sala del cine** moving-picture house; **sala de lectura** reading room; **sala de máquinas** engine room; **sala de muestras** showroom; **sala de recepción** or **recibo** reception hall; **sala de recreo** amusement parlor
salabardo *m* scoop net, dip net
salacidad *f* salacity, salaciousness
saladar *m* salt marsh; barren brine-soaked land
saladero *m* salting room, salting house
saladillo -lla *adj* half-salted; *m* half-salted bacon; salted peanut; *f* (bot.) saltbush
Saladino *m* Saladin
salado -da *adj* salt; salty; brine-soaked; witty, facetious; (Am.) expensive; (Am.) unfortunate; *m* (bot.) saltwort
salador -dora *mf* salter (*of meat, fish*); *m* salting room, salting house
saladura *f* salting
salamandra *f* salamander (*stove*); (zool. & myth.) salamander; **salamandra acuática** or **salamandra de agua** (zool.) newt, triton; **salamandra gigante** (zool.) giant salamander, hellbender
salamandria *f* (zool.) gecko, tarente
salamandrino -na *adj* (pertaining to or like the) salamander
salamanqués -quesa *adj* (pertaining to) Salamanca; *mf* native or inhabitant of Salamanca; *f* (zool.) gecko, tarente
salamanquino -na *adj* (pertaining to) Salamanca; *mf* native or inhabitant of Salamanca
Salamina *f* Salamis
salangana *f* (orn.) swift (*Collocalia esculenta*)
salar *va* to salt, to season or preserve with salt; to put too much salt on
salariado *m* payment by means of wages, remuneration in wages
salariar *va* to fix a salary or wages for
salario *m* wages, pay; **salario anual garantizado** guaranteed annual wage; **salario de hambre** starvation wages
salaz *adj* (*pl:* **-laces**) salacious
salazón *f* salting; salt meat, salt fish; salt-meat and salt-fish business
salazonero -ra *adj* salt-meat, salt-fish
salbanda *f* (min.) selvage
salce *m* (bot.) willow
salceda *f* or **salcedo** *m* willow grove, salicetum
salcereta *f* dicebox
salcochar *va* to boil in salt water
salcocho *m* (Am.) food boiled in salt water
salchicha *f* sausage; (fort.) saucisson, large fascine; (mil.) saucisson (*fuse*)
salchichería *f* sausage shop
salchichero -ra *mf* sausage maker or seller
salchichón *m* large sausage; (fort.) saucisson, large fascine
saldar *va* to settle, liquidate; to sell out, to sell out at reduced prices
saldista *m* liquidation broker; remnant salesman
saldo *m* settlement, liquidation; (com.) balance; remnant, leftover; bargain; **saldo acreedor** credit balance; **saldo deudor** debit balance
saldré *1st sg fut ind of* **salir**
saledizo -za *adj* projecting; *m* projection, ledge
salega *f* lick, salt lick
salegar *m* lick, salt lick; §59 *vn* to lick salt
salema *f* (ichth.) gilthead, sheepshead
salep *m* salep
salera *f* stone or block on which salt is placed for cattle
salero *m* saltcellar, saltshaker; salt lick; salthouse, salt storage; (coll.) charm, grace, wit; wit (*person*)
saleroso -sa *adj* (coll.) salty, witty; charming, winsome, lively
salesa *adj & f* Salesian (*of Order of the Visitation*)
salesiano -na *adj & mf* Salesian (*of orders founded by Don Bosco and of Order of the Visitation*)
saleta *f* little hall; royal antechamber; court of appeal
salgada or **salgadera** *f* (bot.) orach, mountain spinach
salgar §59 *va* to salt (*cattle*)
salgareño *adj* see **pino**
salgo *1st sg pres ind of* **salir**
salguera *f* or **salguero** *m* (bot.) willow
salicáceo -a *adj* (bot.) salicaceous
salicaria *f* (bot.) loosestrife, purple loosestrife
salicilato *m* (chem.) salicylate
salicílico -ca *adj* (chem.) salicylic
salicina *f* (chem.) salicin
sálico -ca *adj* Salic
salicor *m* (bot.) saltwort (*Salsola soda*)
salida *f* see **salido**
salidero -ra *adj* gadabout, on the go; *m* way-out, exit
salidizo *m* projection, ledge

S

salido -da *adj* bulging, projecting; in heat (*said of a female*); *f* start; going out, coming out, leaving; departure; way out, exit; check (*to return to theater after intermission*); outlet; recourse, issue, outcome, result; loophole, subterfuge; pretext; outlay, expenditure; projection; outlying fields (*near city gate*); (bridge) lead; (sport) start; (mil.) sally, sortie; (naut.) sudden jerk in starting; (naut.) headway; (coll.) witticism; (com. & fig.) outlet; (elec.) output; **dar la salida** (theat.) to give the cue; **tener buenas salidas** (coll.) to be full of witty remarks; **tener salida** to sell well; to be popular with the boys (*said of young ladies*); **salida de auxilio** or **de socorro** emergency exit; **salida de baño** bathrobe, bathing wrap; **salida de pie de banco** (coll.) nonsense, piece of folly; **salida de sol** sunrise; **salida de teatro** evening wrap; **salida de teatros** after-theater party, after-theater supper; **salida de tono** (coll.) irrelevancy, impropriety; **salida lanzada** (sport) running start

saliente *adj* salient, projecting; outgoing, outbound; rising (*e.g., sun*); *m* east; *f* projection; shoulder (*of a bastion; of a road*)

salífero -ra *adj* saliferous

salificable *adj* (chem.) salifiable

salificación *f* (chem.) salification

salificar §86 *va* (chem.) to salify

salimiento *m* departure

salín *m* salthouse

salina *f* see **salino**

salinero -ra *adj* spotted red and white (*said of a bull*); *mf* saltmaker, salter

salinidad *f* salinity

salino -na *adj* saline; *f* salt mine; salt marsh; salt works

salio -lia *adj & mf* Salian

salir §81 *vn* to go out, come out; to leave, go away; to sail; to get out; to run out, come to an end, be over; to appear, to show, to show up; to come out, come off (*said, e.g., of a stain*); to rise (*said, e.g., of the sun*); to shoot, spring, come up; to project, stand out, stick out; to make the first move, be the first to play; to result, turn out; to be drawn (*in a lottery*); to be elected; to happen, occur; to check, come out right; (bridge) to lead; (theat.) to enter, appear; (naut.) to get ahead (*said of one boat with respect to another*); **salga lo que saliere** (coll.) come what may; **salir a** to come to, to amount to; to resemble, look like; to open into; **salir a** + *inf* to go or come out to + *inf;* **salir adelante** or **avante** to be successful, to win out; **salir al encuentro a** to go to meet; to oppose, take a stand against; to get ahead of; **salir bien en un examen** to pass an examination; **salir con** to come out with (*e.g., an unexpected remark, a claim*); **salir con bien** to be successful; **salir contra** to come out against; **salir de** to cease being; to depart from; to get rid of, to dispose of; to lose one's (*head, judgment, consciousness*); **salir disparado** to start like a shot; **salir pitando** (coll.) to start off on a mad run; (coll.) to blow up, get suddenly angry; *vr* to slip out, to escape; to slip off, to run off; to leak (*said of a liquid or its container*); to boil over; **salirse con la suya** to come out ahead, to have one's way; to carry one's point

salitrado -da *adj* saltpetrous

salitral *adj* saltpetrous; *m* saltpeter bed; saltpeter works

salitre *m* saltpeter (*potassium nitrate*)

salitrera *f* see **salitrero**

salitrería *f* saltpeter works

salitrero -ra *adj* (pertaining to) saltpeter; *mf* saltpeter refiner, saltpeter dealer; *f* saltpeter bed

salitroso -sa *adj* saltpetrous

saliva *f* saliva; **gastar saliva** (coll.) to talk in vain; to prattle; **tragar saliva** (coll.) to suffer an offense or disappointment in silence; (coll.) to be speechless

salivación *f* salivation

salivajo *m* (coll.) spit, expectoration

salival *adj* salivary

salivar *vn* to salivate

salivazo *m* (coll.) spit, expectoration

saliveras *fpl* round knobs on bits of a bridle

salivoso -sa *adj* salivous

salma *f* ton (*in reckoning displacement of vessels*); salma (*Italian, Sicilian, and Maltese measure*); light packsaddle

salmanticense or **salmantino -na** *adj* (pertaining to) Salamanca; *mf* native or inhabitant of Salamanca

salmear *vn* to sing psalms

salmer *m* (arch.) skewback

salmista *m* psalmist (*composer or cantor*); **el Salmista** (Bib.) the Psalmist

salmo *m* psalm; **los Salmos** (Bib.) the Psalms; **salmos penitenciales** (Bib.) penitential psalms

salmodia *f* psalmody; (coll.) singsong, monotonous song

salmodiar *va* to singsong, to sing monotonously; *vn* to sing psalms; to singsong

salmón *m* salmon (*color*); (ichth.) salmon; **salmón zancado** (ichth.) kelt

salmonado -da *adj* salmon-like; salmon (*in color*)

salmoncillo *m* (ichth.) samlet, parr

salmonera *f* salmon net

salmonete *m* (ichth.) red mullet

salmorear *va* (Am.) to lecture, to scold

salmorejo *m* rabbit sauce; salmi

salmuera *f* brine, pickle; briny moisture; salty food or drink

salmuerar *vr* to get sick from too much salt (*said of cattle*)

salobral *adj* saline (*ground*); *m* saline ground

salobre *adj* brackish, saltish

salobreño -na *adj & m* var. of **salobral**

salobridad *f* brackishness, saltiness

salol *m* (chem.) salol

saloma *f* (naut.) chantey

salomador *m* (naut.) chanteyman

salomar *vn* (naut.) to sing chanteys

Salomé *f* (Bib.) Salome

Salomón *m* Solomon; (fig.) Solomon

salomónico -ca *adj* Solomonic; (arch.) twisted (*column*)

salón *m* salon; drawing room; saloon (*e.g., of a steamship*); meeting room; **salón de actos** auditorium, assembly hall; **salón de baile** ballroom; **salón de belleza** beauty parlor; **salón del automóvil** automobile show; **salón del trono** throne room; **salón de pinturas** picture gallery; **salón de recreo** recreation hall; **salón de refrescos** ice-cream parlor; **salón de sesiones** assembly hall; **salón de tertulia** lounge; **salón de ventas** salesroom; **salón social** lounge

saloncillo *m* rest room (*e.g., of a theater*)

salpa *f* (ichth.) gilthead; (zool.) salpa

salpicadero *m* splasher, splashguard

salpicadura *f* splash, splashing, spattering; **salpicaduras** *fpl* indirect results

salpicar §86 *va* to splash, bespatter; to sprinkle; to skip through; *vn* to splash

salpicón *m* salmagundi; (coll.) splash, splashing; (coll.) hash, chopped mixture, hodgepodge; (Am.) cold fruit juice

salpimentar §18 *va* to salt and pepper; (fig.) to sweeten (*to make pleasant and agreeable*)

salpimienta *f* mixture of salt and pepper

salpique *m* splash, spatter

salpresamiento *m* preservation with salt

salpresar *va* to preserve with salt

salpreso -sa *adj* preserved with salt

salpullido *m* rash, eruption; flea bites

salpullir §26 *va* to cause a rash in; to splotch; *vr* to break out

salsa *f* sauce, dressing, gravy; **cocer en su propia salsa** to stew in one's own juice; **salsa blanca** white sauce; **salsa de ají** chili sauce; **salsa de San Bernardo** (coll.) hunger; **salsa de tomate** catsup, ketchup; **salsa francesa** French dressing; **salsa holandesa** hollandaise sauce; **salsa inglesa** Worcestershire sauce; **salsa mahonesa** or **mayonesa** mayonnaise; **salsa tártara** tartare sauce

salsedumbre *f* saltiness

salsera *f* gravy dish, gravy boat; small saucer (*to mix paints*)

salsereta, salserilla or **salseruela** *f* small saucer (*used especially to mix paints*)

salsifí *m* (*pl:* **-fíes**) (bot.) salsify; **salsifí de España** (bot.) viper's-grass; **salsifí de los prados** (bot.) yellow goatsbeard; **salsifí negro** (bot.) viper's-grass
saltabanco or **saltabancos** *m* (*pl:* **-cos**) quack, mountebank; prestidigitator; (coll.) trifler, nuisance
saltabardales *mf* (*pl:* **-les**) (coll.) wild youngster
saltabarrancos *mf* (*pl:* **-cos**) (coll.) jumping jack (*person*)
saltacaballo *m* (arch.) crossette
saltación *f* jumping, leaping; dance, dancing
saltacharquillos *mf* (*pl:* **-llos**) (coll.) youngster who goes jumping and tiptoeing about for effect
saltadero *m* jumping place; fountain, jet
saltadizo -za *adj* brittle, shattery
saltador -dora *adj* jumping, leaping; *mf* jumper, leaper; *m* skipping rope; **saltador del margen** margin release
saltadura *f* chip (*in surface of a stone*)
saltaembanco *m* var. of **saltabanco**
saltamimbres *m* (*pl:* **-bres**) (orn.) sedge warbler
saltamontes *m* (*pl:* **-tes**) (ent.) grasshopper
saltante *adj* saltant
saltaojos *m* (*pl:* **-jos**) (bot.) peony
saltaparedes *mf* (*pl:* **-des**) (coll.) var. of **saltabardales**
saltaperico *m* (bot.) manyroot; (Am.) snake, serpent (*kind of firework*)
saltar *va* to jump, jump over, leap; to skip, skip over; (naut.) to lower (*a cable*); to cover (*a female*); *vn* to jump, leap, hop, skip; to bounce, bound, fly; to shoot up, to spurt; to come loose, to come off, to slip off; to crack, break, burst; to chip; to stick out, to project; to skip a rank (*in being promoted*); to flash in the mind or memory; **saltar a la vista** or **los ojos** to be self-evident; **saltar con** to come out with (*e.g., an irrelevant remark*); **saltar de** to be kicked out of (*a job*); **saltar por** to jump over; *vr* to skip (*in reading or copying*)
saltarelo *m* old Spanish dance based on Italian saltarello
saltarén *m* guitar dance tune; (ent.) grasshopper
saltarín -rina *adj* dancing; *mf* dancer; *m* wild youth, restless young fellow
saltarregla *f* bevel square
saltaterandate *m* long-stitch embroidery
saltatrás *mf* (*pl:* **-trás**) var. of **tornatrás**
saltatriz *f* (*pl:* **-trices**) ballet girl, ballerina
saltatumbas *m* (*pl:* **-bas**) (coll.) burying parson
salteador *m* highwayman, holdup man
salteadora *f* female companion of highwaymen, moll; female robber
salteamiento *m* assault, holdup, highway robbery
saltear *va* to attack, to hold up, to waylay; to overtake suddenly, to take by surprise; to do in fits and starts, to leave for something else; to sauté
salteo *m* var. of **salteamiento**
salterio *m* (mus.) psaltery; rosary; (*cap.*) *m* Psalter
saltero -ra *adj* highland
saltígrado -da *adj* jumping (*said of animals*)
saltimbanco or **saltimbanqui** *m* (coll.) var. of **saltabanco**
salto *m* jump, leap, spring, bound; dive; skip; fall, waterfall; omission (*in reading or copying*); leapfrog; leap (*in promotion or advancement*); palpitation (*of heart*); **a saltos** by leaps; skipping; **de un salto** at one jump; **en un salto** quickly; **ir de un salto a** (Am.) to hurry over to; **por salto** (coll.) skipping, jumping around; **salto a ciegas** leap in the dark; **salto con garrocha** or **salto con pértiga** (sport) pole vault; **salto de altura** (sport) high jump; **salto de ángel** swan dive; **salto de cama** morning wrap, dressing gown; **salto de carnero** bucking; **salto de carpa** jackknife; **salto de esquí** or **con esquí** ski jump; **salto de longitud** (sport) broad jump; **salto de mal año** (coll.) sudden rise in fortune; **salto de mata** flight for fear of punishment; **salto de trucha** tumbling; **salto de vallas** (sport) leaping or clearing a hurdle; **salto de viento** (naut.) sudden shift in the wind; **salto en paracaídas** parachute jump; **salto mortal** somersault; **salto ornamental** fancy dive
saltón -tona *adj* jumping, hopping; projecting; bulging; *m* (ent.) grasshopper; (ent.) maggot
salubérrimo -ma *adj super* very or most salubrious or healthful
salubre *adj* salubrious, healthful
salubridad *f* salubrity; health, public health
salud *f* health; welfare; salvation; **saludes** *fpl* greetings, compliments; **¡a su salud!** to your health!; **beber a la salud de** to drink to the health of; **estar bien de salud** to be in good health; **estar mal de salud** to be in bad health; **gastar salud** to enjoy wonderful health; **vender** or **verter salud** (coll.) to radiate health; *interj* (coll.) greetings!
saludable *adj* healthful, wholesome; salutary
saludador -dora *mf* greeter, saluter; *m* quack, medicine man
saludar *va* to greet, salute, hail, bow to; (mil.) to salute; (mil.) to fire a salute for; (naut.) to dip the flag to; (coll.) to get a smattering of; to treat by incantation of magic; *vn* to salute; to bow
saludo *m* greeting, salute, bow, salutation; (mil.) salute; **saludo final** conclusion (*of a letter*)
salumbre *f* flower of salt
Salustio *m* Sallust
salutación *f* salutation, greeting, bow; **salutación angélica** Angelic Salutation
salutífero -ra *adj* var. of **saludable**
salutista *mf* Salvationist, member of the Salvation Army
salva *f* see **salvo**
salvabarros *m* (*pl:* **-rros**) mudguard
salvable *adj* savable, salvable
salvación *f* salvation
salvadera *f* sandbox (*for sprinkling sand on ink*)
salvado *m* bran
salvador -dora *adj* saving; *mf* savior, saver; lifesaver; rescuer; (*cap.*) *m* Saviour; **El Salvador** El Salvador (*country in Central America*)
salvadoreño -ña *adj & mf* Salvadoran
salvaguardar *va* to safeguard
salvaguardia *f* safeguard, safe-conduct; protection, shelter; *m* bodyguard, safeguard, escort; mark of protection (*on a building in wartime*)
salvajada *f* savagery, brutality
salvaje *adj* wild, uncultivated; savage; stupid; *mf* savage; dolt
salvajería *f* savagery
salvajino -na *adj* wild; savage; gamy (*said of meat*); *f* wild animal; wild animals; game (*flesh of wild animal*); wild-animal skins
salvajismo *m* savagery, savageness
salvamano; a salvamano without danger, without running any risk
salvamanteles *m* (*pl:* **-les**) coaster (*small tray placed under a tumbler*)
salvamento *m* salvation; lifesaving; rescue; rescue work; salvage; safety, place of safety
salvamiento *m* (archaic) var. of **salvamento**
salvante *adj* saving; *prep* saving, except
salvar *va* to save (*shipwrecked person, drowning person, lost soul, etc.*); to salvage; to avoid (*difficulty, inconvenience, etc.*); to clear (*obstacle*); to get around, to overcome (*difficulty*); to go over, to jump over; to cover, get over (*a distance*); to rise above; to except, make an exception of; to notarize (*alterations, emendations, etc.*); to prove legally the innocence of; **salvar las apariencias** to save face, to keep up appearances; *vn* to taste (*in order to prove that food or drink is not poisoned*); *vr* to save oneself; to be saved; **sálvese el que pueda** everyone for himself
salvarsán *m* salvarsan
salvavidas *m* (*pl:* **-das**) life preserver; lifeboat; fender, guard (*in front of electric cars*)
salvedad *f* reservation, qualification
salvia *f* (bot.) sage, salvia

salvilla *f* tray with depressions into which cups and glasses fit; (Am.) cruet stand
salvo -va *adj* safe; omitted, unmentioned; **a salvo** out of danger; **a salvo de** safe from; **dejar a salvo** to set aside, make an exception of; **en salvo** at liberty; out of danger; **poner a salvo** to put in a safe place; **ponerse a salvo** to seek safety, to reach safety; **quedar a salvo** to be safe, be out of danger; to be an exception; **sentirse a salvo** to feel safe ‖ **salvo** *prep* save, except for; **salvo que** unless ‖ *f* greeting, welcome; salvo; oath, solemn promise; salver, tray; ordeal (*test of innocence*); tasting (*of food before serving it, e.g., to a king*); **salva de aplausos** round or burst of applause
salvoconducto *m* safe-conduct
salladura *f* weeding
sallar *va* to weed; to store (*planks*) on skidding
sallete *m* weeder, weeding tool
sámago *m* sapwood
sámara *f* (bot.) samara
samarilla *f* (bot.) ironwort
samario *m* (chem.) samarium
samarita *adj & mf* Samaritan
samaritano -na *adj & mf* Samaritan; **el buen samaritano** (Bib.) the Good Samaritan; *m* Samaritan (*language*)
samaruguera *f* small-mesh fishing net
sambenitar *va* to put the sanbenito on (*a person*); to mark with a note of infamy; to disgrace
sambenito *m* sanbenito; note of infamy; disgrace
samblaje *m* joint, joining
sambuca *f* (mus.) sambuke
samio -mia *adj & mf* Samian
samisén *m* (mus.) samisen
samoano -na *adj & mf* Samoan
Samos *f* Samos
samotracio -cia *adj & mf* Samothracian; (*cap.*) *f* Samothrace
samovar *m* samovar
sampaguita *f* (bot.) Arabian jasmine
sampán *m* sampan
sampsuco *m* (bot.) marjoram
Samuel *m* Samuel
samuga *f* var. of **jamuga**
samurai *m* samurai
san *adj* apocopated form of **santo,** used before masculine names of saints, except Tomás, Tomé, Toribio, and Domingo
sanable *adj* curable
sanador -dora *adj* healing; *mf* healer
sánalotodo *m* (*pl:* **-do**) cure-all
sanapudio *m* (bot.) alder buckthorn; **sanapudio blanco** (bot.) cornel, red dogwood
sanar *va* to cure, to heal; *vn* to heal; to recover
sanativo -va *adj* sanative, curative
sanatorio *m* sanatorium, sanitarium, hospital
sanción *f* sanction; penalty; evil consequence; **pragmática sanción** or **sanción pragmática** pragmatic sanction
sancionar *va* to sanction; to penalize
sancochado *m* parboiling
sancochar *va* to parboil
sancocho *m* parboiled meat; (Am.) stew
sancta *m* fore part of tabernacle; **non sancta** *adj fem* wicked, depraved
sanctasanctórum *m* (*pl:* **-rum**) sanctum sanctorum; arcanum; something highly cherished
Sanctus *m* (*pl:* **-tus**) (eccl. & mus.) Sanctus
sanchopancesco -ca *adj* like Sancho Panza; credulous but shrewd and realistic
sandalia *f* sandal
sandalino -na *adj* (pertaining to) sandalwood
sándalo *m* (bot.) yellow sandalwood; (bot.) bergamot (*a mint*); sandalwood oil; **sándalo blanco** (bot.) sandalwood, white sandalwood; **sándalo rojo** (bot.) red sandalwood
sandáraca *f* sandarac (*resin; realgar*)
sandez *f* (*pl:* **-deces**) folly, nonsense; piece of nonsense
sandía *f* (bot.) watermelon (*plant and fruit*)
sandiar *m* watermelon patch
sandio -dia *adj* foolish, nonsensical, silly
sandunga *f* (coll.) geniality, charm
sandunguero -ra *adj* (coll.) genial, charming
saneado -da *adj* clear, unencumbered
saneamiento *m* guarantee; indemnification; adjustment; sanitation, drainage
sanear *va* to guarantee (*amends or satisfaction*); to make amends for, to indemnify; to make an adjustment for (*damages resulting from defect in thing purchased*); to make sanitary, to drain, to dry up
sanedrín *m* Sanhedrim
sanfrancia *f* (coll.) row, quarrel, dispute
San Gotardo *m* St. Gotthard
sangradera *f* (surg.) lancet; basin for blood; overflow sluice; irrigation ditch
sangrador *m* bloodletter; drain, outlet
sangradura *f* bleeding, bloodletting; inner pit of arm opposite elbow; vein incision; outlet, draining
sangrar *va* to bleed; to drain; to tap (*a furnace; a tree*); to draw resin from; (print.) to indent; (coll.) to filch from; (Am.) to bleed (*to draw or extort money from*); *vn* to bleed; **estar sangrando** to be new or recent; to be plain or evident; *vr* to have oneself bled; to run (*said of colors*)
sangraza *f* contaminated blood
sangre *f* blood; spirit, fire; **a sangre** by animal power, by horsepower; **a sangre caliente** impulsively; **a sangre fría** in cold blood; **a sangre y fuego** without mercy, without quarter; violently, sweeping straight ahead; **bajársele a uno la sangre a los talones** or **helársele a uno la sangre** (coll.) to have one's blood run cold; **pura sangre** *m* thoroughbred; **sangre azul** blue blood; **sangre fría** sang-froid, cold-bloodedness; **sangre torera** bullfighting in the blood
sangría *f* bleeding, bloodletting; outlet, draining; ditch, trench; sangaree; tap (*in a tree*); tapping (*of a furnace*); inner pit of arm opposite elbow; resin cut; pilfering; (print.) indentation; **sangría suelta** free bleeding; constant drain (*on one's resources*)
sangriento -ta *adj* bleeding, bloody; sanguinary; savage (*e.g., insult*); (poet.) blood-red
sanguaza *f* contaminated blood; red vegetable fluid
sangüesa *f* raspberry (*fruit*)
sangüeso *m* (bot.) raspberry, raspberry bush
sanguificación *f* (physiol.) hematosis
sanguificar §86 *va* to produce blood from
sanguijolero -ra *mf* leecher
sanguijuela *f* (zool.) leech; (coll.) leech (*person*); **sanguijuela borriquera** (ent.) horseleech
sanguijuelero -ra *mf* leecher
sanguina *f* see **sanguino**
sanguinario -ria *adj* sanguinary, bloodthirsty; *f* (bot.) bloodroot; (mineral.) bloodstone; **La Sanguinaria** Bloody Mary (*Queen of England*); **sanguinaria del Canadá** (bot.) puccoon; **sanguinaria mayor** (bot.) knotgrass; **sanguinaria menor** (bot.) whitlowwort
sanguíneo -a *adj* sanguineous
sanguino -na *adj* blood; bloody; sanguineous; blood-red; *m* (bot.) mock privet; (bot.) red dogwood; *f* sanguine (*red crayon; drawing in red crayon*)
sanguinolencia *f* bloodiness, sanguinolence
sanguinolento -ta *adj* bloody, sanguinolent
sanguinoso -sa *adj* sanguinous; sanguinary
sanguiñuelo *m* (bot.) red dogwood
sanguisorba *f* (bot.) burnet
sanguisuela or **sanguja** *f* var. of **sanguijuela**
sanícula *f* (bot.) sanicle, self-heal
sanidad *f* healthiness; healthfulness; health; sanitation; **en sanidad** in health, in good health; **sanidad pública** health department
sanidina *f* (mineral.) sanidine
sanie *f* or **sanies** *f* (path.) sanies
sanioso -sa *adj* (path.) sanious
sanitario -ria *adj* sanitary; *m* military health officer
sanjacado *m* sanjak
sanjaco *m* sanjakbeg
sanjuanada *f* picnic on Saint John's day
sanjuanero -ra *adj* ripe by Saint John's day
sanjuanista *m* knight of Saint John of Jerusalem
San Lorenzo *m* St. Lawrence (*river*)

sanmiguelada *f* Michaelmastide
sanmigueleño -ña *adj* ripe by Michaelmas
sano -na *adj* healthy, hale; healthful, salutary; sound; right, correct, sane; earnest, sincere; safe, sure; (coll.) whole, untouched, unharmed, unbroken; **cortar por lo sano** (coll.) to use desperate remedies; **sano de Castilla** (slang) thief in disguise; **sano y salvo** safe and sound
San Petersburgo St. Petersburg
sanrafael *m* (bot.) zinnia
San Salvador *f* San Salvador (*island of Bahamas; capital of El Salvador*)
sanscritista *mf* Sanskritist
sánscrito -ta *adj* & *m* Sanskrit
sanseacabó *interj* (coll.) finished!, O.K.!
sanseviera *f* (bot.) sansevieria
sansimoniano -na *adj* Saint-Simonian; *mf* Saint-Simonian, Saint-Simonist
sansimonismo *m* Saint-Simonianism
sansirolé *mf* (coll.) nincompoop, simpleton
Sansón *m* (Bib. & fig.) Samson
santabárbara *f* (naut.) powder magazine
Santa Elena St. Helena (*British island and colony in South Atlantic*)
santaláceo -a *adj* (bot.) santalaceous
santanderino -na *adj* (pertaining to) Santander; *mf* native or inhabitant of Santander
santelmo *m* St. Elmo's fire
santero -ra *adj* image-worshipping; *mf* caretaker of a sanctuary; beggar carrying saint's image; guard, watcher; (slang) friend of thieves
Santiago *m* James; (Bib.) Saint James; **Santiago el Mayor** (Bib.) Saint James the Greater; **Santiago el Menor** (Bib.) Saint James the Less; *interj* war cry of medieval Spaniards
santiagueño -ña *adj* ripe by St. James's day
santiaguero -ra *adj* (pertaining to) Santiago de Cuba; *mf* native or inhabitant of Santiago de Cuba
santiagués -guesa *adj* (pertaining to) Santiago de Compostela; *mf* native or inhabitant of Santiago de Compostela
santiaguino -na *adj* (pertaining to) Santiago de Chile; *mf* native or inhabitant of Santiago de Chile
santiaguista *adj* pertaining to the Order of St. James; *m* knight of St. James
santiamén *m* (coll.) jiffy, instant, twinkling of an eye; **en un santiamén** (coll.) in a jiffy
santidad *f* sanctity, saintliness, holiness; **su Santidad** his Holiness
santificación *f* sanctification
santificador -dora *adj* sanctifying; *mf* sanctifier
santificar §86 *va* to sanctify, to consecrate, to hallow; to keep (*holy days*); (coll.) to excuse, to justify; *vr* (coll.) to excuse oneself, to justify oneself
santiguada *f* crossing oneself, sign of the cross; (coll.) rough treatment, slap, abuse; **¡para** or **por mi santiguada!** by the rood!, upon my faith!
santiguadero -ra *mf* powwower, quack; *f* powwow, healing with passes and prayers
santiguador -dora *mf* powwower, quack
santiguamiento *m* var. of **santiguada**
santiguar §23 *va* to bless, to make the sign of the cross over; to powwow, to make passes and say prayers over; (coll.) to punish, to slap, to abuse; *vr* to make the sign of the cross, to cross oneself; (Am.) to cross oneself to express surprise
santimonia *f* holiness, sanctity; (bot.) chrysanthemum
santiscario *m* invention; **de mi santiscario** (coll.) of my own invention
santísimo -ma *adj super* very or most holy; livelong (*e.g., day*); *m* Holy Sacrament
santito *m* (coll.) sissy
santo -ta *adj* saint, saintly, holy, blessed; livelong (*e.g., day*); (coll.) simple, artless; **su santa voluntad** his own sweet will; **santa bofetada** fine smack in the face; **santo y bueno** well and good; *mf* saint; *m* image of a saint; saint's day (*celebrated as one's anniversary*); (coll.) picture or engraving of a saint; picture; password, watchword; **a santo de** because of; **alzarse con el santo y la limosna** (coll.) to take the pot, to walk away with the whole thing, to make a clean sweep; **dar el santo** to give the watchword; **desnudar a un santo para vestir a otro** to rob Peter to pay Paul; **írsele a uno el santo al cielo** (coll.) to forget what one was up to; **no es santo de mi devoción** (coll.) I'm not very keen on him; **tener el santo de espaldas** (taur.) to do nothing right, to have a streak of bad luck; **tener santos en la corte** to have a friend at court; **santo titular** patron saint; **santo y seña** password, watchword
Santo Domingo Hispaniola (*island on which are situated Haiti and the Dominican Republic*)
santón *m* pagan ascetic, Mohammedan ascetic, dervish; hypocrite; tycoon; sage
santónico *m* (bot.) santonica
santonina *f* (pharm.) santonin
santoral *m* lives of saints; choir book; calendar of saints' days
santuario *m* sanctuary; shrine; (Am.) buried treasure
santucho -cha *adj* & *mf* (coll.) var. of **santurrón**
santulón -lona *adj* & *mf* (Am.) var. of **santurrón**
santurrón -rrona *adj* sanctimonious; *mf* sanctimonious person
santurronería *f* sanctimony, sanctimoniousness
saña *f* rage, fury; cruelty
sañoso -sa or **sañudo -da** *adj* enraged, furious; choleric
sao *m* (bot.) phillyrea; (Am.) small savannah with clusters of trees and bushes
Saona *m* Saône
sapidez *f* sapidity
sápido -da *adj* sapid, savory
sapiencia *f* sapience, wisdom; (*cap.*) *f.* (Bib.) Wisdom of Solomon
sapiente *adj* sapient, wise; *mf* wise person
sapillo *m* little toad; (path.) ranula
sapina *f* var. of **salicor**
sapindáceo -a *adj* (bot.) sapindaceous
sapindo *m* (bot.) soapberry
sapino *m* (bot.) fir; (bot.) savin
sapo *m* (zool.) toad; (ichth.) toadfish; (coll.) stuffed shirt; (coll.) beast, pest; **echar sapos y culebras** (coll.) to talk nonsense, to utter angry abuses; **sapo marino** (ichth.) angler
saponáceo -a *adj* saponaceous
saponaria *f* (bot.) soapwort, bouncing Bet
saponificable *adj* saponifiable
saponificación *f* saponification
saponificar §86 *va* & *vr* to saponify
saponina *f* (chem.) saponin
saponita *f* (mineral.) saponite
saporífero -ra *adj* saporific
sapotáceo -a *adj* (bot.) sapotaceous
sapote *m* var. of **zapote**
sapotear *va* (Am.) to finger, touch, feel
sapotillo *m* var. of **zapotillo**
saprófago -ga *adj* (zool.) saprophagous
saprófito -ta *adj* (bot.) saprophytic; *m* (biol.) saprophyte
saque *m* serve, service (*e.g., in tennis*); service line; server; (Am.) distillery; **tener buen saque** (coll.) to be a heavy eater and drinker
saqueador -dora *adj* sacking, plundering; *mf* sacker, plunderer
saqueamiento *m* sacking, plunder, pillage, loot
saquear *va* to sack, to plunder, to pillage, to pilfer, to loot
saqueo *m* var. of **saqueamiento**
saquería *f* manufacture of sacks; collection of sacks
saquerío *m* collection of sacks
saquero -ra *adj* packing (*needle*); *mf* maker or vendor of sacks or bags
saquete *m* small sack; (arti.) cartridge bag
saquilada *f* contents of a bag that is not full
S.A.R. abr. of **Su Alteza Real**
Sara *f* Sarah, Sally
saragüete *m* (coll.) soirée at home, informal evening party

sarampión *m* (path.) measles; **sarampión alemán** (path.) German measles; **sarampión negro** (path.) black measles
sarampioso -sa *adj* measly
sarao *m* soirée, evening party
sarape *m* (Am.) serape
sarapia *f* (bot.) tonka bean (*tree and fruit*)
sarapico *m* (orn.) curlew; (orn.) tattler, yellowlegs; (bot.) shooting star
sarcasmo *m* sarcasm
sarcástico -ca *adj* sarcastic
sarcia *f* load, burden
sarcina *f* (bact.) sarcina
sarcocarpio *m* (bot.) sarcocarp
sarcocele *m* (path.) sarcocele
sarcocola *f* sarcocolla (*gum*)
sarcófago *m* sarcophagus
sarcolema *m* (anat.) sarcolemma
sarcología *f* sarcology
sarcoma *m* (path.) sarcoma
sarda *f* see **sardo**
sardana *f* sardana (*Catalonian dance and music*)
sardanapalesco -ca *adj* Sardanapalian
Sardanápalo *m* Sardanapalus
sardesco -ca *adj* small (*said of ass, horse, etc.*); (coll.) coarse, brazen; *m* small ass, pony
sardina *f* (ichth.) sardine; **como sardinas en banasta** or **en lata** (coll.) packed like sardines
sardinal *m* sardine net
sardinel *m* (mas.) rowlock
sardinero -ra *adj* (pertaining to the) sardine; *mf* sardine dealer
sardineta *f* small sardine; pointed two-stripe chevron; cheese extending beyond mold
sardio *m* sard
sardo -da *adj* Sardinian; black, white, and red (*said of cattle*); *mf* Sardinian; *m* Sardinian (*language*); *f* (ichth.) horse mackerel
sardonia *f* (bot.) Sardinian herb
sardónica *f* see **sardónico**
sardónice *f* (mineral.) sardonyx
sardónico -ca *adj* sardonic (*laugh*); (Am.) sardonic, sarcastic; *f* (mineral.) sardonyx
sardonio *m* or **sardónique** *f* var. of **sardónica**
sarga *f* serge; painted wall fabric; (bot.) willow
sargadilla *f* (bot.) saltbush (*Suaeda splendens*)
sargado -da *adj* twilled, serge
sargal *m* willow grove
sargatilla *f* or **sargatillo** *m* (bot.) white willow
sargazo *m* (bot.) sargasso, gulfweed
sargenta *f* sergeant's wife; sergeant's halberd; big coarse woman
sargentear *va* to command as a sergeant; to boss, to manage; *vn* (coll.) to be bossy
sargentería *f* sergeant's drill
sargentía *f* sergeancy
sargento *m* sergeant
sargentona *f* big coarse woman
sargo m (ichth.) sargo; (ichth.) Bermuda bream, silvery porgy
sarguero -ra *adj* (pertaining to the) willow; *mf* painter of wall fabrics
sarilla *f* (bot.) marjoram
sarmentador -dora *mf* gatherer of vine shoots
sarmentar §18 *vn* to gather pruned vine shoots
sarmentazo *m* large vine shoot; blow with a vine shoot
sarmentera *f* gathering vine shoots; storage of vine shoots
sarmentillo *m* slender vine shoot
sarmentoso -sa *adj* running, twining, sarmentous
sarmiento *m* (bot.) vine shoot, running stem, sarmentum
sarna *f* itch, mange, scabies; **más viejo que la sarna** (coll.) old as Methuselah; **sarna de los barberos** barber's itch
sarnoso -sa *adj* itchy, mangy, scabious
sarpullido *m* var. of **salpullido**
sarpullir §26 *va & vr* var. of **salpullir**
sarracénico -ca *adj* Saracenic
sarraceno -na *adj & mf* Saracen
sarracina *f* scuffle, free fight, free-for-all; bloody brawl
Sarre *m* Saar (*river*); Saar or Saarland
sarrés -rresa *adj* (pertaining to the) Saar; *mf* Saarlander
sarria *f* coarse net for carrying straw
sarrieta *f* deep feed bag
sarrillo *m* death rattle; (bot.) arum
sarro *m* incrustation, crust; fur (*e.g., on tongue*); tartar (*on teeth*); (path.) sordes; (bot.) rust, mildew
sarroso -sa *adj* incrusted, crusty; full of tartar
sarta *f* string (*e.g., of beads*); line, file, series
sartal *m* string (*e.g., of beads*)
sartén *f* frying pan; contents of frying pan, frying panful; **saltar de la sartén y dar en las brasas** (coll.) to jump out of the frying pan into the fire; **tener la sartén por el mango** (coll.) to be in control, to have the upper hand
sartenada *f* contents of frying pan, frying panful
sartenazo *m* blow with a frying pan; (coll.) hard blow
sartorio -ria *adj* (anat.) sartorial
sasafrás *m* (bot.) sassafras (*tree and dried root bark*)
sastra *f* female tailor; tailor's wife
sastre *m* tailor
sastrería *f* tailoring; tailor shop
sastresa *f* (dial.) female tailor
Satán *m* or **Satanás** *m* Satan
satánico -ca *adj* satanic or Satanic
satelitario -ria *adj* (pertaining to a) satellite
satélite *m* (astr. & fig.) satellite; (mach.) satellite pinion; (coll.) sheriff, bailiff, constable; *adj* satellite; suburban
satelizar §76 *va* to put into orbit; *vr* to go into orbit, to become a satellite
satén *m* sateen
satinar *va* to satin (*e.g., paper*)
sátira *f* satire
satírico -ca *adj* satiric or satirical; *mf* satirist
satirio *m* (zool.) water rat
satirión *m* (bot.) male orchis; (zool.) water rat
satirizar §76 *va & vn* to satirize
sátiro *m* (myth.) satyr; satyr (*lewd man*)
satisdación *f* (law) bail, surety, security
satisfacción *f* satisfaction; **a satisfacción** satisfactorily; **a satisfacción de** to the satisfaction of
satisfacer §55 *va & vn* to satisfy; *vr* to satisfy oneself, be satisfied, take satisfaction
satisfaciente *adj* satisfying
satisfactorio -ria *adj* satisfactory
satisfago *1st sg pres ind of* **satisfacer**
satisfaré *1st sg fut ind of* **satisfacer**
satisfaz *2d sg impv of* **satisfacer**
satisfecho -cha satisfied; conceited; *pp of* **satisfacer**
satisfice *1st sg pret ind of* **satisfacer**
sativo -va *adj* sown, cultivated
sátrapa *m* satrap; (coll.) crafty fellow; *adj* (coll.) crafty
satrapía *f* satrapy
saturable *adj* saturable
saturación *f* saturation; satiation
saturador -dora *adj* saturating; *mf* saturator; *m* saturator (*apparatus*)
saturar *va* to saturate; to satiate
saturnal *adj* Saturnian; Saturnalian; *f* saturnalia (*orgy*); **saturnales** *fpl* Saturnalia (*festival of Saturn*)
saturniano -na *adj* Saturnian (*pertaining to Saturn; pertaining to a Latin verse*); saturnine
saturnino -na *adj* saturnine
saturnismo *m* (path.) saturnism
Saturno *m* (myth. & astr.) Saturn
sauce *m* (bot.) willow; **sauce blanco** (bot.) white willow; **sauce cabruno** (bot.) sallow, goat willow; **sauce de Babilonia** or **sauce llorón** (bot.) weeping willow
sauceda *f*, **saucedal** *m*, or **saucera** *f* willow grove
saucillo *m* (bot.) knotgrass
saúco *m* (bot.) elder, elderberry; second hoof (*of horses*)
Saúl *m* (Bib.) Saul
Saulo *m* (Bib.) Saul (*original name of apostle Paul*)

sauquillo *m* (bot.) snowball, guelder-rose, cranberry tree
saurio -ria *adj & m* (zool.) saurian
sausería *f* palace larder
sausier *m* chief of palace larder
sautor *m* (her.) saltier
sauz *m* (*pl:* **sauces**) var. of **sauce**
sauzal *m* willow grove
sauzgatillo *m* (bot.) agnus castus, chaste tree
savia *f* sap (*of a plant*); (fig.) sap
sáxeo -a *adj* rocky, stony
saxífraga *f* (bot.) saxifrage
saxifragáceo -a *adj* (bot.) saxifragaceous
saxifragia *f* var. of **saxífraga**
saxofonista *mf* saxophonist
saxofón *m* or **saxófono** *m* (mus.) saxophone
saya *f* skirt; petticoat
sayal *m* sackcloth, coarse woolen cloth; skirt
sayalería *f* weaving of sackcloth
sayalero -ra *mf* weaver of sackcloth
sayalesco -ca *adj* sackcloth
sayalete *m* light flannel for undergarments
sayete *m* short smock
sayo *m* smock frock, tunic; (coll.) garment; **cortar un sayo a** (coll.) to talk behind the back of; **decir para su sayo** (coll.) to say to oneself, to say in one's sleeve
sayón *m* executioner; fierce-looking fellow
sayuela *f* serge shirt
sazón *f* ripeness, maturity; season; time, occasion; taste, relish, seasoning; **a la sazón** at that time; **en sazón** on time, opportunely; ripe, in season
sazonado -da *adj* tasty, seasoned; expressive, witty; *m* seasoning
sazonar *va* to ripen, to mature; to season; *vr* to ripen, to mature
s/c abr. of **su cuenta**
S.C. or **s.c.** abr. of **su casa**
Scherezada *f* Scheherazade
S.D. abr. of **se despide**
SE abr. of **sudeste**
S.E. abr. of **Su Excelencia**
se *pron reflex* himself, to himself; herself, to herself; itself, to itself; themselves, to themselves; yourself, to yourself; yourselves, to yourselves; oneself, to oneself; each other, to each other; *pron pers* (used before the pronouns **lo, la, los,** or **las**) to him, to her, to it, to them, to you
sé *1st sg pres ind of* **saber;** *2d sg impv of* **ser**
sea *1st sg pres subj of* **ser**
s.e., autor abr. of **sin editor, autor** privately printed
sebáceo -a *adj* sebaceous
Sebastián *m* Sebastian
sebastiano *m* var. of **sebestén**
sebe *f* wattle, stockade
sebestén *m* (bot.) sebesten (*tree and fruit*)
sebillo *m* light tallow
sebo *m* tallow; grease, fat, suet
seboso -sa *adj* tallowy; greasy, fatty, suety
seca *f* see **seco**
secácul *m* parsnip (*root*)
secadal *m* dry, barren soil; dry sand bank
secadero -ra *adj* dry, easily kept dry; *m* drying place, drying room
secadillo *m* almond meringue
sacadío -a *adj* capable of drying up, exhaustible
secador -dora *adj* drying; *m* dryer; drying place; hair dryer; *f* clothes dryer
secamente *adv* dryly, curtly; gruffly, harshly, sharply
secamiento *m* drying; drying up, withering
secano *m* unwatered land, dry land; dry sand bank; dryness; **cultivo de secano** dry farming
secansa *f* sequence (*in cards*)
secante *adj* drying, siccative; blotting; (geom. & trig.) secant; *m* siccative; blotting paper; *f* (geom. & trig.) secant
secar §86 *va* to dry, to dry up, to wipe dry; to annoy, bore, vex, tease; *vr* to dry, to get dry; to dry oneself; to get thin; to wither; to be dry, be thirsty; to run dry (*said, e.g., of a well*)
secaral *m* var. of **sequeral**
secarropa *f* clothes drier; **secarropa de travesaños** clotheshorse
secatón -tona *adj* (coll.) dull, inane
secatura *f* dullness, inanity, tiresomeness
sección *f* section; cross section; department (*e.g., of a store*); (arch., geom. & mil.) section; **sección cesárea** (surg.) Caesarean section; **sección cónica** (math.) conic section; **sección de captura** (phys.) capture cross section; **sección de fondo** editorial section (*of a paper*); **secciones cónicas** conic sections (*branch of geometry*); **sección transversal** cross section
seccional *adj* sectional (*e.g., bookcase*)
seccionamiento *m* sectioning
seccionar *va* to section
secesión *f* secession
secesionismo *m* secessionism
secesionista *adj & mf* secessionist
seceso *m* stool, excrement
seco -ca *adj* dry; dried, dried up, withered, dead; arid; lean, lank; plain, unadorned; cold, lukewarm, indifferent; sharp, harsh; straight (*drink*); *m* (Am.) blow, bump; **en seco** high and dry; without cause or reason; without resources; suddenly; *f* drought; dry season; (med.) desquamation; infarction (*of a gland*); dry sand bank; **a secas** merely, simply; **a secas y sin llover** (coll.) without a word of warning
secoya *f* (bot.) sequoia
secreción *f* segregation; (physiol.) secretion
secreta *f* see **secreto**
secretar *va* (physiol.) to secrete
secretaría *f* or **secretariado** *m* secretariat, secretaryship, office of secretary
secretario -ria *adj* confidential, trusted; *mf* secretary; *m* (orn.) secretary bird; *f* secretary's wife
secretear *vn* (coll.) to whisper, to talk confidentially
secreteo *m* (coll.) whispering, confidential talk
secreter *m* secretary (*writing desk*)
secretina *f* (biochem.) secretin
secretista *mf* naturalist; (coll.) whisperer
secret.° abr. of **secretario**
secreto -ta *adj* secret; secretive; *m* secret; secrecy; key (*combination for opening a lock*); soundboard (*of musical instrument*); hiding place, secret drawer or compartment; **en el secreto de las cosas** on the inside; **en secreto** in secret; **secreto a voces** open secret; **secreto de estado** state secret; **secreto de Pulchinela** (coll.) open secret; *f* licentiate's examination; secret investigation; (eccl.) secret (*prayer*); secret police; privy, water closet
secretor -tora or **secretorio -ria** *adj* (physiol.) secretory
secta *f* sect
sectador -dora *adj & mf* var. of **sectario**
sectario -ria *adj* sectarian, denominational; sectary; *mf* sectarian; sectary
sectarismo *m* sectarianism, denominationalism
sectil *adj* sectile
sectilio *m* sectile mosaic
sector *m* sector; (geom., math. & mil.) sector; **sector de distribución** (elec.) house current, power line
secuacidad *f* partisanship
secuaz (*pl:* **-cuaces**) *adj* partisan; *mf* partisan, follower
secuela *f* sequel, result; (med.) sequela, aftermath
secuencia *f* (eccl., mov. & mus.) sequence
secuestración *f* (law) sequestration
secuestrador -dora *adj* kidnaping; *mf* kidnaper
secuestrar *va* to kidnap; (law) to sequester
secuestro *m* kidnaping; (law) sequestration, sequestered property; (med.) sequestrum; umpire, referee
secular *adj* secular; centesimal, e.g., **los años seculares** the centesimal years (*1800, 1900, 2000, etc.*)
secularidad *f* secularity
secularismo *m* secularism
secularista *mf* secularist
secularización *f* secularization
secularizar §76 *va* to secularize; *vr* to become or to be secularized
secundante *mf* seconder; *m* second (*in boxing*)

S

secundar *va* to second, to back
secundario -ria *adj* secondary; *m* (elec.) secondary (*coil or winding*)
secundinas *fpl* afterbirth, secundines
secundípara *adj fem* secundiparous; *f* secundipara
sed *f* thirst; drought, dryness, need for water; (fig.) thirst; **apagar la sed, matar la sed** to quench the thirst; **tener sed** to be thirsty; **tener sed de** to be thirsty for, to thirst for
seda *f* silk; wild boar's bristles; **como una seda** (coll.) smooth as silk; sweet-natured; easy as pie; **de media seda** half-silk; **de toda seda** all silk; **seda conchal** choice silk; **seda encerada** dental floss; **seda floja** floss silk, untwisted silk; **seda joyante** glossy silk
sedación *f* soothing; (med.) sedation
sedadera *f* hackle for dressing flax
sedal *m* fish line, fishing line; (vet.) rowel
sedalino -na *adj* silk; silky; *f* silkaline; schappe; half-silk fabric
sedán *m* (aut.) sedan; **sedán de reparto** delivery truck
sedante *adj & m* sedative
sedar *va* to soothe, quiet, allay
sedativo -va *adj & m* (med.) sedative
sede *f* seat; headquarters; (eccl.) see; **Santa Sede** Holy See; **Sede apostólica** Apostolic See; **sede social** (com.) main office, headquarters
sedear *va* to clean with a bristle brush
Sedecías *m* (Bib.) Zedekiah
sedentario -ria *adj* sedentary
sedente *adj* sitting, seated
sedeño -ña *adj* (pertaining to) silk; bristly; *f* fine tow of flax; fine linen; fiber; horsehair fishing line
sedera *f* see **sedero**
sedería *f* silk stuff, silks; silk business; silk store
sedero -ra *adj* (pertaining to) silk; *mf* silk weaver; silk dealer; *f* bristle brush
sedicente or **sediciente** *adj* so-called, self-styled
sedición *f* sedition
sedicioso -sa *adj* seditious; *mf* seditionary
sediento -ta *adj* thirsty; dry (*land*); anxious, eager
sedimentación *f* sedimentation
sedimentar *va & vr* to sediment, to settle
sedimentario -ria *adj* sedimental or sedimentary; (geol.) sedimentary
sedimento *m* sediment
sedoso -sa *adj* silky
seducción *f* temptation; seduction; bribery; charm, captivation
seducible *adj* seducible
seducir §38 *va* to tempt, lead astray; to seduce; to captivate
seductivo -va *adj* tempting; seductive; captivating
seductor -tora *adj* tempting; seductive; captivating; *mf* tempter; seducer; charmer, captivator
seduje *1st sg pret ind of* **seducir**
seduzco *1st sg pres ind of* **seducir**
sefardí (*pl:* **-díes**) *adj* Sephardic; *mf* Sephardi; **sefardíes** *mpl* Sephardim; *m* language of the Sephardim
sefardita *adj* Sephardic; *mf* Sephardi
segable *adj* ready to be harvested
segada *f* harvest
segadero -ra *adj* ready to be harvested; *f* sickle
segador -dora *adj* harvesting; mowing; *m* harvester, harvestman; (ent.) harvestman, daddy longlegs; *f* harvester (*woman; machine*); mowing machine; **segadora de césped** lawn mower; **segadora trilladora** harvester-thresher, combine
segar §29 *va* to reap, to mow, to harvest; to cut off, to mow down; *vn* to reap, to mow, to harvest
segazón *f* harvest; harvest time
seglar *adj* secular, lay; *m* layman; *f* laywoman
segmentación *f* segmentation
segmental *adj* segmental; (arch. & zool.) segmental
segmentario -ria *adj* segmentary
segmento *m* segment; **segmento de émbolo** piston ring
segoviano -na or **segoviense** *adj* (pertaining to) Segovia; *mf* native or inhabitant of Segovia
segregación *f* segregation; (physiol.) secretion
segregacionista *mf* segregationist
segregar §59 *va* to segregate; to excommunicate; (physiol.) to secrete
segregativo -va *adj* segregative
segrí *m* heavy silk fabric
segueta *f* buhl saw, marquetry saw; hacksaw
seguetear *vn* to saw with a buhl saw
seguida *f* see **seguido**
seguidamente *adv* without interruption, successively; at once, immediately; next, next in order
seguidero *m* guide lines for writing
seguidilla *f* Spanish stanza made up of a quatrain of alternating seven-syllable and five-syllable verses, with the second and fourth verses in assonance, and of three final verses, the first and third of which are five-syllable in assonance and the second seven-syllable; **seguidillas** *fpl* (mus.) seguidillas (*air and dance*)
seguido -da *adj* continued, successive; straight, direct; in a row, running, e.g., **cuatro días seguidos** four days in a row, four days running; **todo seguido** straight ahead; *m* drop stitch in a stocking foot; *f* series, succession, continuation; **de seguida** without interruption, continuously; at once, immediately; in a row, e.g., **cuatro días de seguida** four days in a row; **en seguida** at once, immediately
seguidor -dora *adj* following; homing (*e.g., torpedo*); *mf* follower; *m* guide lines for writing
seguimiento *m* following, pursuit, chase, hunt; continuation
seguir §82 *va* to follow; to pursue; to dog, to hound; to prosecute; to continue; to bring, to institute (*e.g., a suit*); *vn* to go on, to continue; to still be, to be now; **como sigue** as follows; **seguir adelante** to go ahead; **seguir** + *ger* to keep, to continue + *ger; vr* to follow, to ensue; to issue, to spring
según *adv* depending on circumstances; **según que** according as; *prep* according to, as per; *conj* as, according as; **según y como, según y conforme** that depends, depending on circumstances; according as
segunda *f* see **segundo**
segundar *va* to repeat at once; *vn* to come next, to be second; to do it again
segundario -ria *adj* var. of **secundario**
segundero -ra *adj* second (*said of a crop in the same season*); *m* second hand; **segundero central** sweep second hand, sweep-second, center-second
segundilla *f* call bell (*in convents*)
segundillo *m* second serving of bread (*in a convent*)
segundo -da *adj* second; **de segunda mano** second-hand; **segunda intención** double meaning; double dealing; *m* second; **sin segundo** unequaled; *f* double turn (*of lock*); double meaning; (mus.) second (*part; interval*); (aut.) second
segundogénito -ta *adj & mf* second-born
segundogenitura *f* secundogeniture
segundón *m* second son; younger son
seguntino -na *adj* (pertaining to) Sigüenza; *mf* native or inhabitant of Sigüenza
segur *f* axe; sickle
segurador *m* security, bondsman
segureja *f* small hatchet
seguridad *f* security; surety; safety; certainty; sureness; confidence; assurance, guarantee; surety bond; **seguridad colectiva** collective security; **seguridad social** social security
seguro -ra *adj* sure, certain; secure, safe; reliable, dependable; firm, constant; steady, unfailing; **seguro** *adv* surely; *m* assurance, certainty; safety; confidence; insurance; pawl, dog, latch, stop; safety lock (*of breech mechanism*); **a buen seguro, al seguro,** or **de seguro** surely, truly; **en seguro** in safety; **irse del seguro** (coll.) to forget oneself, to cast

prudence aside; **sobre seguro** without risk; **seguro contra accidentes** accident insurance; **seguro de desocupación** unemployment insurance; **seguro de enfermedad** health insurance; **seguro de incendios** fire insurance; **seguro mutuo** mutual insurance; **seguro sobre la vida** life insurance
segurón *m* large axe
seis *adj* six; **las seis** six o'clock; *m* six; sixth (*in dates*)
seisavado -da *adj* hexagonal
seisavar *va* to make hexagonal
seisavo -va *adj* sixth; *m* sixth; hexagon
seiscientos -tas *adj & m* six hundred; **el Seiscientos** the Seventeenth Century
seise *m* singing and dancing choir boy (*six in all*) in Seville cathedral in certain festivals
seiseno -na *adj* sixth
seisillo *m* (mus.) sextuplet
sísmico -ca *adj* var. of **sísmico**
seísmo *m* var. of **sismo**
selacio -cia *adj & m* (ichth.) selachian
selección *f* selection; **selección natural** (biol.) natural selection
seleccionamiento *m* selecting, choosing
seleccionar *va* to select
selecta *f* see **selecto**
selectividad *f* (rad.) selectivity
selectivo -va *adj* selective; (rad.) selective
selecto -ta *adj* select, choice; *f* selection (*of works of different authors*); **selectas** *fpl* analects
selector -tora *adj* selective; selecting, selector; *m* (telp.) selector (*mechanism of dial telephone*)
Selene *f* (myth.) Selene
selenio *m* (chem.) selenium
selenita *mf* moon dweller; *f* (mineral.) selenite
seleniuro *m* (chem.) selenide
selenografía *f* selenography
selenógrafo -fa *mf* selenographer
selenosis *f* (*pl:* **-sis**) white spots on nails
self *f* (elec.) coil, self-induction coil
selfactina *f* self-acting mule (*spinning machine*)
selva *f* forest, woods; jungle; (Am.) selva; **Selva Negra** Black Forest (*in Germany*)
selvático -ca *adj* woodsy; rustic, wild
selvatiquez *f* woodsiness; rusticity, wildness
selvicultura *f* forestry
selvoso -sa *adj* woody, wooded, sylvan
sellador -dora *mf* sealer; stamper
selladura *f* sealing; stamping; stamp, impress
sellaje *m* sealing
sellaporos *m* (*pl:* **-ros**) (paint.) filler
sellar *va* to seal; to stamp; to cover, to close; to finish up
sello *m* seal; stamp; signet; stamp office; wafer; (fig.) seal; **echar** or **poner el sello a** to bring to perfection; **gran sello** great seal; **sello adherido** adhesive stamp; **sello aéreo** air-mail stamp; **sello de correo** postage stamp; **sello de goma** rubber stamp; **sello de Salomón** Solomon's seal; (bot.) Solomon's-seal; **sello de urgencia** special-delivery stamp; **sello fiscal** revenue stamp
semafórico -ca *adj* semaphoric
semaforista *m* (rail.) signalman
semáforo *m* semaphore; traffic light
semana *f* week; week's pay; septenary (*period of seven months, years, etc.*); **entre semana** during the week (*but not on the first or last days*); **semana de pasión** Passion Week; **semana inglesa** working week of five and a half days, working week ending Saturday noon; **semana grande, semana mayor,** or **semana santa** Holy Week; **Semana Santa** book containing Holy Week services and prayers
semanal *adj* weekly
semanalmente *adv* weekly
semanario -ria *adj* weekly; *m* weekly (*publication*)
semanería *f* week work
semanero -ra *adj* engaged by the week; *mf* week worker
semanilla *f* book containing Holy Week services and prayers
semántico -ca *adj* semantic; *f* semantics
semantista *mf* semanticist
semasiología *f* semasiology
semasiológico -ca *adj* semasiological
semblante *m* face, mien, countenance; look, appearance; **componer el semblante** to take on a sober look; to put on a calm appearance; **estar de mal semblante** to frown, to look grouchy; **mudar de semblante** to change color; to take on a different aspect
semblantear *va* (Am.) to look straight in the face
semblanza *f* (biographical) sketch, portrait
sembrada *f* sown ground
sembradera *f* seeder, seeding machine; sowing machine
sembradío -a *adj* ready for sowing, suitable for sowing
sembrado *m* cultivated field, sown ground; **sembrados** *mpl* grain fields
sembrador -dora *adj* seeding, sowing; *mf* seeder, sower; *f* seeder, seeding machine; sowing machine
sembradura *f* seeding, sowing
sembrar §18 *va* to seed; to sow; to spread, to scatter; to sprinkle; *vn* to seed; to sow
semeja *f* similarity, likeness, resemblance; sign, mark
semejable *adj* like, resembling
semejado -da *adj* like
semejante *adj* like, similar; such; (math.) like, similar; **semejantes** *adj pl* alike, e.g., **estos libros son semejantes** these books are alike; **semejante a** like, e.g., **este libro es semejante al otro** this book is like the other one; *m* resemblance, likeness; fellow, fellow man
semejanza *f* similarity, resemblance; simile; **a semejanza de** like, as
semejar *va* to resemble, to be like; *vn & vr* to be alike; **semejar a** or **semejarse a** to resemble, to be like
Semele *f* or **Sémele** *f* (myth.) Semele
semen *m* (bot. & physiol.) semen
semencera *f* seeding, sowing
semencontra *m* (pharm.) santonica
semental *adj* (pertaining to) seed, sowing; stud, breeding (*animal*); *m* sire; stock bull; stallion
sementar §18 *va* to seed, to sow
sementera *f* seeding, sowing; sown land; seedtime, sowing time; (fig.) hotbed
sementero *m* seed bag; seeding, sowing
sementino -na *adj* (pertaining to) seed
semestral *adj* (pertaining to a) semester; six-month
semestre *adj* semestral; six-month; *m* semester; period of six months
semianual *adj* semiannual
semiárido -da *adj* semiarid
semiautomático -ca *adj* semiautomatic
semibola *f* (bridge) little slam
semibreve *f* (mus.) whole note, semibreve
semicabrón *m* satyr
semicadencia *f* (mus.) semicadence
semicapro *m* var. of **semicabrón**
semicilíndrico -ca *adj* semicylindrical
semicircular *adj* semicircular
semicírculo *m* semicircle
semicivilizado -da *adj* semicivilized
semiconductor -tora *adj* (elec.) semiconducting; *m* (elec.) semiconductor
semiconsciente *adj* semiconscious
semiconsonante *adj* semiconsonantal; *f* semiconsonant
semicoque *m* semicoke
semicorchea *f* (mus.) semiquaver, sixteenth note
semiculto -ta *adj* (philol.) semilearned
semidea *f* (poet.) var. of **semidiosa**
semideo *m* (poet.) var. of **semidiós**
semideponente *adj* (gram.) semideponent
semidiámetro *m* (astr. & geom.) semidiameter
semidiesel *m* semi-Diesel engine
semidifunto -ta *adj* half-dead
semidiós *m* demigod
semidiosa *f* demigoddess
semidivino -na *adj* semidivine
semidormido -da *adj* half-asleep
semieje *m* semiaxis
semielíptico -ca *adj* semielliptical

S

semiesfera *f* hemisphere
semiesférico -ca *adj* hemispherical
semiesquina *f* place near the corner; **semiesquina a** around the corner from
semifinal *adj & f* (sport) semifinal
semifluido -da *adj & m* semifluid
semifusa *f* (mus.) sixty-fourth note
semigola *f* (fort.) demigorge
semihombre *m* half-man; pigmy
semilíquido -da *adj & m* semiliquid
semilunar *adj* semilunar
semilunio *m* (astr.) half a lunation
semilla *f* seed; **semilla brincadora** jumping bean; **semilla de césped** grass seed
semillero *m* seed, seed plot; nursery; (fig.) hotbed
seminal *adj* seminal
seminario *m* seminary; seminar; seed plot; nursery; **seminario conciliar** seminary, theological seminary
seminarista *m* seminarist
seminífero -ra *adj* seminiferous
semínima *f* (mus.) crotchet; **semínimas** *fpl* trifles
semínola *adj & mf* Seminole
semioficial *adj* semiofficial
semiología *f* semeiology
semiótico -ca *adj* semeiotic; *f* semeiotics
semipedal *adj* semipedal
semipelagianismo *m* Semi-Pelagianism
semipelagiano -na *adj & m* Semi-Pelagian
semipermeable *adj* semipermeable
semipleno -na *adj* (law) incomplete, imperfect
semipopular *adj* semipopular
Semíramis *f* Semiramis
semi-remolque *m* semitrailer
semirrecto -ta *adj* (geom.) of 45 degrees
semirrígido -da *adj* (aer.) semirigid
semirrubio -bia *adj* rather blond, somewhat blond
semisalvaje *adj* half-savage; *mf* half savage
semisecular *adj* half-century
semiseda *f* half silk
semiseparado -da *adj* semidetached
semisólido -da *adj & m* semisolid
semisuma *f* half
semita *adj* Semitic; *mf* Semite, Semitic
semítico -ca *adj* Semitic; *m* Semitic (*group of languages*)
semitismo *m* Semitism
semitista *mf* Semitist
semitono *m* (mus.) semitone, half tone
semitropical *adj* semitropical
semivivo -va *adj* half-alive
semivocal *adj* semivocalic; *f* semivowel
sémola *f* semolina, groats
semoviente *adj* self-moving; **semovientes** *mpl* stock (*horses, cattle, etc.*)
sempiterno -na *adj* sempiternal, everlasting; *f* durance, everlasting (*a material*); (bot.) globe amaranth
sen *m* (bot. & pharm.) senna
sena *f* six (*in dice*); (bot. & pharm.) senna; **senas** *fpl* double sixes; (*cap.*) *m* Seine
senado *m* senate
senadoconsulto *m* senatus consultum
senador -dora *mf* senator
senaduría *f* senatorship
Senaquerib *m* Sennacherib
senara *f* land allowed to be worked as part wages; yield of such land; commons
senario -ria *adj* senary, sextuple
senatorial or **senatorio -ria** *adj* senatorial
sencillez *f* simplicity, simpleness, plainness, candor
sencillo -lla *adj* simple, plain, unaffected; (bot.) single; *m* change, loose change; (baseball) single
senda *f* path, footpath
senderar or **senderear** *va* to guide or lead by a path; to cut or open a path through; *vn* to take extraordinary measures
sendero *m* path, footpath, byway
sendos -das *adj pl* one each, one to each, e.g., **les dió sendos libros** he gave one book to each of them, he gave each of them a book; **hay tres circuitos recorridos por sendas corrientes** there are three circuits traversed by one current each
séneca *m* wise man, man of wisdom; (*cap.*) *m* Seneca
senectud *f* age, old age
Senegal, el Senegal
senegalés -lesa *adj & mf* Senegalese
senescal *m* seneschal
senescalado *m* seneschalsy (*territory; office*)
senescalía *f* seneschalsy (*office of seneschal*)
senescencia *f* senescence, aging
senescente *adj* senescent, aging
senil *adj* senile
senilidad *f* senility
senilismo *m* premature senility
sénior *m* (sport) star
seno *m* bosom, breast; heart; womb; lap; bay, gulf; trough (*between two waves*); cavity, hollow, recess; asylum, refuge; slack; curvature of slack sail or rope; (anat., bot., zool. & path.) sinus; (arch.) spandrel; (trig.) sine; **en el seno de** in the bosom of, in the heart of; in the midst of, in the presence of; **seno de Abrahán** Abraham's bosom; **seno verso** (trig.) versed sine
sensación *f* sensation; **hacer sensación** to cause a sensation
sensacional *adj* sensational
sensacionalismo *m* sensationalism; (philos.) sensationalism
sensacionalista *mf* (philos.) sensationalist
sensacionismo *m* (philos.) sensationalism
sensacionista *mf* (philos.) sensationalist
sensatez *f* good sense
sensato -ta *adj* sensible
sensibilidad *f* sensibility; sensitivity; (phot. & rad.) sensitiveness, sensitivity
sensibilización *f* sensitization
sensibilizar §76 *va* to sensitize (*e.g., the ear to music*); (phot.) to sensitize
sensible *adj* sensible; perceptible, noticeable, appreciable; sensitive; deplorable, lamentable; (phot. & rad.) sensitive
sensiblería *f* sentimentality, mawkishness
sensiblero -ra *adj* sentimental, mawkish
sensitivo -va *adj* sensitive, sense; sentient; stimulating; *f* (bot.) sensitive plant
sensorio -ria *adj* sensorial, sensory; *m* sensorium
sensual *adj* sensual, sensuous; *mf* sensualist
sensualidad *f* sensuality
sensualismo *m* sensualism; (philos.) sensualism
sensualista *adj & mf* sensualist; (philos.) sensualist
sentada *f* see **sentado**
sentadero *m* place to sit (*stone, board, log, etc.*)
sentadillas; a sentadillas sidesaddle
sentado -da *adj* seated; established, settled; stable, permanent; sedate, judicious; raw; (bot.) sessile; **dar por sentado** to take for granted, to consider as settled; *f* sitting; **de una sentada** at one sitting
sentamiento *m* settling
sentar §18 *va* to seat; to set, to establish; to suit, fit, become, to agree with; *vr* to sit, to sit down; to settle, to settle down; **sentarse a** (coll.) to mark the flesh of, to leave a mark on the skin of, e.g., **se me ha sentado una costura** (coll.) a seam left a mark on my skin
sentencia *f* sentence; (law) sentence
sentenciador -dora *adj* sentencing; *mf* sentencer
sentenciar *va* to sentence; to declare sententiously; to consign (*e.g., to the wastebasket*)
sentencioso -sa *adj* sententious
senticar *m* thicket, brambles
sentido -da *adj* felt, experienced; deep-felt, full of feeling, sensitive; eloquent, convincing; **darse por sentido** to show resentment, to take offense; *m* sense; meaning; direction; (geom. & mech.) sense; **aguzar el sentido** (coll.) to prick up one's ears; **con todos mis cinco sentidos** (coll.) with all my heart and soul; **costar un sentido** (coll.) to cost a fortune; **doble sentido** double-entendre; **en tal sentido** to this effect; **perder el sentido** to faint, to lose consciousness; **poner sus cinco sentidos en** (coll.) to be all eyes and ears for, to be mad about; **recobrar el sentido** to regain consciousness; **sin sentido** meaning-

less; unconscious; **tener puestos sus cinco sentidos en** (coll.) to be all eyes and ears for, to be mad about; **valer un sentido** (coll.) to be worth a fortune; **sentido común** common sense
sentimental *adj* sentimental
sentimentalismo *m* sentimentalism, sentimentality
sentimentalista *adj* sentimental; *mf* sentimentalist
sentimiento *m* sentiment; feeling; sorrow, regret
sentina *f* (naut.) bilge; foul, filthy place; hotbed of vice
sentir *m* feeling; opinion, judgment ‖ §62 *va* to feel; to hear; to regret, to be or feel sorry for; to sense; to recite (*e.g., verse*) with appropriate gestures; **dar que sentir** to give cause for regret; **sentir** + *inf* to regret to, to be or feel sorry to + *inf;* to hear + *inf*, e.g., **le sentí entrar esta mañana** I heard you come in this morning ‖ *vn* to feel; to be sorry, to feel sorry; **sin sentir** inadvertently, without being aware ‖ *vr* to feel, e.g., **me siento enfermo** I feel sick; to feel oneself to be, e.g., **me siento poeta** I feel myself to be a poet; to complain, to be resentful; to crack, be cracked; to begin to decay or rot; (naut.) to spring; **sentirse con** to feel, e.g., **me siento con mucho frío** I feel very cold; **sentirse de** to feel (*e.g., a blow*); to have a pain in, to feel sick in; to resent
seña *f* sign, mark, token; (mil.) password, watchword; **señas** *fpl* address; description; **dar señas de** to show signs of (*e.g., fatigue*); to describe; **hablar por señas** to talk by signs; **hacer señas** to motion; **por las señas** (coll.) to all appearances; **por señas** or **por más señas** (coll.) as a greater proof, specifically; **señas mortales** strong proof; **señas personales** personal description
señá *f* colloquial contraction of **señora,** commonly used before first names
señal *f* sign, mark, token; landmark; bookmark; trace, vestige; scar; signal; signal flag; light, traffic light; image, representation; reminder; pledge; earnest money; mark of distinction; brand; (rad.) signal; **en señal de** in proof of, in token of, as a token of; **ni señal** not a trace left; **señal de alto** stop signal; **señal de brazos** (naut.) arm signal; **señal de carretera** road sign; **señal de disco, señal de guitarra** (rail.) banjo signal; **señal de la cruz** sign of the cross; **señal del código** (naut.) code flag, code pennant; **señal de nieblas** fog signal; **señal de ocupado** (telp.) busy signal; **señal de parada** stop signal; **señal de peligro** danger signal, distress signal; **señal de tráfico** traffic sign; **señal de tramo** (rail.) block signal; **señal digital** fingerprint; **señales de dirección** (aut.) turn signals; **señales de ruta** highway signals; **señales marítimas** flags of the international code of signals; **señal horaria** time signal; **señal luminosa** traffic light; **señal para marcar** (telp.) dial tone; **señal urbana** traffic signal
señaladamente *adv* signally; especially
señalado -da *adj* signal, noted, distinguished
señalamiento *m* designation, pointing out; appointment, date
señalar *va* to mark; to show, indicate; to signal; to point at, to point out; to brand; to designate, determine, fix; to appoint; to sign and seal; to mark down (*points of score in card games*); to scar; to threaten (*a thing*); **señalar con el dedo** to point at, to point out; *vr* to distinguish oneself, to excel
señalero *m* signalman
señalización *f* (rail.) signaling; equipping with signals
señalizar §76 *va* to signal; to equip with signals
señero -ra *adj* solitary; unique
señolear *vn* to hunt with a decoy
señor -ñora *adj* ruling, master, controlling; (coll.) lordly, magnificent; (coll.) fine ‖ *m* sir, mister; gentleman; lord, master, owner; seignior; seigneur (*feudal*); (coll.) father-in-law; **señores** *mpl* Mr. and Mrs.; ladies and gentlemen: **descansar en el Señor** to rest in the Lord; **dormir en el Señor** to sleep in the Lord; **el gran señor** the Grand Turk; **el Señor** the Lord; **morir en el Señor** to die in the Lord; **muy señor mío** Dear Sir; **nuestro Señor** our Lord; **pues señor** well sir (*in telling a story*); **señor de horca y cuchillo** absolute lord, absolute master; (coll.) big shot; **Señor de los ejércitos** Lord of hosts; **señor eminentísimo** (eccl.) Eminence ‖ *f* madam, missus; lady, dame; mistress, owner; wife; (coll.) mother-in-law; **muy señora mía** Dear Madam; **Nuestra Señora** our Lady; **Nuestra Señora de los Dolores** Our Lady of Sorrows, Mary of the Sorrows; **señora de compañía** chaperon; **señora mayor** old lady, dowager
señorada *f* gentlemanly act, ladylike act
señoraje *m* seigniorage
señoreador -dora *adj* ruling; domineering, overbearing; *mf* ruler, master; domineering person
señoreaje *m* seigniorage
señoreamiento *m* domination, rule; mastery; seizure
señorear *va* to dominate, to rule; to master, to control (*e.g., passions*); to lord it over; to seize, take control of; to tower over; to excel; (coll.) to keep calling (*someone*) lord; *vn* to strut, to swagger; *vr* to control oneself; to strut, to swagger; **señorearse de** to seize, take control of
señoría *f* lordship, ladyship (*title and person*); rule, sway; signory (*governing body of medieval Italian city; Italian republic*)
señorial *adj* seigniorial, lordly; noble, majestic; feudal (*fees*)
señoril *adj* seignorial, lordly; majestic, haughty
señorío *m* seigniory; dominion, sway, rule; mastery (*e.g., of passions*); lordliness, majesty, arrogance; nobility, gentry, bon ton
señorita *f* young lady; miss; (coll.) mistress of the house
señorita-torera *f* lady bullfighter
señoritingo *m* (scornful) lordling
señorito *m* master, young gentleman, lordling; (coll.) master of the house; (scornful) playboy
señorón -rona *mf* (coll.) big shot, bigwig
señuelo *m* decoy, lure; bait; enticement
seó *m* (coll.) var. of **seor**
seo *f* (dial.) cathedral
seor *m* contraction of **señor**
seora *f* contraction of **señora**
sepa *1st sg pres subj of* **saber**
sépalo *m* (bot.) sepal
sepancuantos *m* (*pl:* **-tos**) (coll.) punishment, beating, scolding
separable *adj* separable, detachable
separación *f* separation
separado -da *adj* separate; apart; separated; **por separado** separately; under separate cover
separador -dora *adj* separating; *mf* separator; *m* separator (*machine; partition in storage battery*)
separar *va* to separate; to dismiss, discharge; *vr* to separate; to resign; (law) to waive a right
separata *f* offprint
separatismo *m* separatism
separatista *adj & mf* separatist
separativo -va *adj* separative
sepedón *m* (zool.) seps
sepelio *m* burial, interment
sepia *f* (zool.) sepia (*mollusk, secretion, pigment*); *m* sepia (*color; print*)
sepsis *f* (path.) sepsis
septal *adj* septal
sept.^e^ abr. of **septiembre**
septembrino -na *adj* (pertaining to) September
septena *f* see **septeno**
septenario -ria *adj* septenary; *m* seven days
septenio *m* septennate, septennium, septenary
septeno -na *adj* seventh; *f* seven
Septentrión *m* North; (astr.) Great Bear
septentrional *adj* septentrional, northern
septeto *m* (mus.) septet
septicemia *f* (path.) septicemia; **septicemia hemorrágica** (vet.) hemorrhagic septicemia

septicida *adj* (bot.) septicidal
séptico -ca *adj* septic
septiembre *m* September
septífrago -ga *adj* (bot.) septifragal
septillo *m* (mus.) septimole
septillón *m* British septillion
séptimo -ma *adj & m* seventh; *f* sequence of seven (*in cards*); (mus.) seventh
septingentésimo -ma *adj & m* seven hundredth
septisílabo -ba *adj* seven-syllable
septo *m* (anat.) septum
septuagenario -ria *adj & mf* septuagenarian or septuagenary
septuagésimo ma *adj & m* seventieth; *f* (eccl.) Septuagesima, Septuagesima Sunday
septuplicación *f* septuplication
septuplicar §86 *va* to septuple
séptuplo -pla *adj & m* septuple, sevenfold
sepulcral *adj* sepulchral; (fig.) sepulchral
sepulcro *m* sepulcher, tomb, grave; (arch.) sepulcher; **santo sepulcro** Holy Sepulcher; **ser un sepulcro** to be good at keeping a secret; **sepulcro blanqueado** whited sepulcher (*hypocrite*)
sepultar *va* to bury, entomb; (fig.) to bury, hide away; (fig.) to bury, overwhelm, sink; *vr* to be buried (*e.g., in deep thought*)
sepulto -ta *adj* buried
sepultura *f* sepulture (*act and place*); **dar sepultura a** to bury; **estar con un pie en la sepultura** to have one foot in the grave
sepulturera *f* gravedigger's wife
sepulturero *m* gravedigger
sequedad *f* drought, dryness; gruffness, surliness
sequedal *m* or **sequeral** *m* dry, barren soil
sequero *m* unirrigated land; dryness; drying place
sequeroso -sa *adj* dried out; dry, barren
sequete *m* hard biscuit, hardtack; blow, bump; (coll.) gruffness, gruffness in answering
sequía *f* drought
sequillo *m* sweet biscuit
sequío *m* unwatered land; dryness
séquito *m* retinue, entourage, suite, personnel; following, popularity
sequizo -za *adj* dryish
ser *m* being; essence; life; **seres sensitivos** sentient beings; **ser humano** human being; **Ser Supremo** Supreme Being ‖ §83 *v aux* (used with past participle to form passive voice) to be, e.g., **el discurso fué aplaudido por todos** the speech was applauded by everybody ‖ *vn* to be; **a no ser por** if it were not for; **a no ser que** unless; **¡cómo es eso!** what are you up to? (*as a reproof*); **¡cómo ha de ser!** what can you expect? (*to express resignation*); **érase que se era** (coll.) once upon a time; **es a saber** to wit, namely; **es decir** that is to say; **es de creer que** it is to be believed that; **es de esperar que** it is to be hoped that; **no sea que** lest; **o sea** that is to say; **sea lo que sea** or **sea lo que fuere** be that as it may; **si yo fuera Vd.** if I were you; **un sí es, no es** a whit, a jot; **ser de** to belong to; to become of, e.g., **¿qué ha sido de él?** what has become of him; to be (*said of price, material, origin*), e.g., **el precio del sombrero es de seis dólares** the price of the hat is six dollars; **el reloj es de oro** the watch is gold; **ser de** + *inf* to be enough to + *inf;* to be to be + *pp*, e.g., **es de sentir(se) que** it is to be regretted that; **ser de lo que hay** (coll.) to be unequaled, to be among the worst; **ser de ver** to be worth seeing; **ser para** to suit, to be fitting for, to be fit for; **ser para poco** to not amount to much; **soy con Vd.** I'll be right with you; **soy yo** it is I
sera *f* frail, pannier without handles
serado *m* var. of **seraje**
seráfico -ca *adj* seraphic; **hacer la seráfica** to affect modesty
serafín *m* (Bib. & theol.) seraph; person of great beauty
serafina *f* fine baize
seraje *m* frails, panniers
serapino *m* sagapenum
serba *f* serviceberry, sorb (*fruit*)
serbal *m* (bot.) service tree, serviceberry (*tree*); **serbal de los cazadores** (bot.) rowan, mountain ash
Serbia *f* var. of **Servia**
serbo *m* (bot.) service tree
serena *f* see **sereno**
serenar *va* to calm; to pacify; to cool; to settle; *vn* to become calm; *vr* to become calm; to cool; to settle
serenata *f* serenade
serenero *m* woman's headpiece for protection against night air; (Am.) bandanna
serenidad *f* serenity, calm; (*cap.*) *f* Serenity (*title*); **serenidad del espíritu** peace of mind
serenísimo -ma *adj super* very or most serene, calm, or clear; serenissimo (*title of honor*)
sereno -na *adj* serene, calm; clear, cloudless; *m* night watchman (*who polices streets and carries keys to houses on his beat*); night dew, night air; **al sereno** in the night air; *f* serena, night love song; (coll.) night dew, night air; **a la serena** (coll.) in the night air
serete *m* small frail
sergas *fpl* deeds, exploits
sergenta *f* lay sister of the order of Santiago
seriado -da *adj* (rad.) serial
serial *adj* serial, seriate; *m* (rad.) serial; serial lacrimógeno
sérico -ca *adj* silken, seric; serous
sericultor -tora *mf* sericulturist
sericultura *f* sericulture, silk culture
serie *f* series; **de serie** stock, e.g., **coche de serie** stock car; **en serie** mass (*production*); (elec.) series, in series; **fuera de serie** special, unusual; outsize; **Serie Mundial** (baseball) World Series
seriedad *f* seriousness; reliability; sternness, severity; solemnity
serijo or **serillo** *m* small frail
serio -ria *adj* serious; reliable; stern, severe; majestic, solemn; **ir en serio** to become serious; **tomar en serio** to take seriously
Ser.ma or **Serma.** abr. of **Serenísima**
Ser.mo or **Sermo.** abr. of **Serenísimo**
sermón *m* sermon; (fig.) sermon; **sermón de la Montaña** (Bib.) Sermon on the Mount
sermonar *vn* to preach, to preach sermons
sermoneador -dora *adj* sermonizing
sermonear *va* (coll.) to sermonize; *vn* to sermonize
sermoneo *m* (coll.) sermonizing
serna *f* cultivated field
seroja *f* or **serojo** *m* dead leaves; brushwood
serología *f* serology
serón *m* pannier, long narrow frail; **serón caminero** horse pannier
serondo -da *adj* (bot.) serotinous
serosidad *f* (med. & physiol.) serosity
seroso -sa *adj* serous
seroterapia *f* serotherapeutics, serum therapy
serótino -na *adj* var. of **serondo**
serpa *f* (hort.) layer, runner
serpear *vn* var. of **serpentear**
serpentaria *f* (bot.) green dragon; **serpentaria virginiana** (bot.) Virginia snakeroot
serpentario *m* serpentarium; (orn.) secretary bird; (*cap.*) *m* (astr.) Serpent Bearer
serpenteante *adj* winding
serpentear *vn* to wind, meander; to wriggle, to squirm; to gleam, to coruscate
serpenteo *m* winding, meandering; wriggling; coruscation
serpentín *m* coil (*of a still, heater, etc.*); cock of a musket lock; **serpentín enfriador** cooling coil
serpentino -na *adj* serpentine; *f* coiled confetti; (mineral.) serpentine
serpentón *m* large serpent; (mus.) serpent (*wind instrument*)
serpezuela *f* little snake
serpiente *f* serpent; (fig.) snake, serpent (*treacherous person; Satan*); (*cap.*) *f* (astr.) Serpent; **serpiente de cascabel** (zool.) rattlesnake
serpiginoso -sa *adj* serpiginous
serpigo *m* (path.) serpigo
serpol *m* (bot.) wild thyme
serpollar *vn* to sprout, to shoot

serpollo *m* sprout, shoot, sucker
serradizo -za *adj* var. of **aserradizo**
serrado -da *adj* serrate
serrador *m* var. of **aserrador**
serraduras *fpl* sawdust
serrallo *m* seraglio
serranía *f* range of mountains, mountainous country
serraniego -ga *adj* highland, mountain
serranil *m* knife, dagger
serrano -na *adj* highland, mountain; *mf* highlander, mountaineer; *m* (ichth.) sea bass
serrar §18 *va* to saw
serrata *f* (orn.) merganser (*Mergus serrator*)
serrátil *adj* irregular (*pulse*)
serrato *m* (anat.) serratus
serrería *f* sawmill
serreta *f* little saw; cavesson
serretazo *m* jerk on the cavesson; dressing-down, reprimand
serrijón *m* short chain of mountains
serrín *m* sawdust
serriño -ña *adj* mountain; (med.) high and irregular (*pulse*)
serrón *m* large saw; two-handed saw
serruchar *va* (Am.) to saw
serrucho *m* handsaw
serval *m* (zool.) serval; (bot.) service tree
servato *m* (bot.) hog's-fennel
serventesio *m* sirvente (*Provençal moral song*); quatrain with rhyme abab
serventía *f* (Am.) road passing through private property
Servia *f* see **servio**
servible *adj* serviceable, useful
servicial *adj* accommodating, obliging; *m* enema, clyster
serviciar *va* to collect or to pay (*cattle toll, sheepwalk dues, etc.*)
servicio *m* service; enema; chamber pot; (tennis) service, serve; cover (*setting at table for one person*); (Am.) toilet; **de servicio** on duty; **estar en el servicio** (coll.) to serve, to be in the service (*to be a soldier*); **hacer un flaco servicio a** (coll.) to play a dirty trick on; **servicio activo** active service; **servicio de grúa** (aut.) towing service; **servicio de mesa** set of dishes; **servicio de municionamiento** (mil.) ordnance department; **servicio de reparaciones** repair service; **servicio divino** divine service; **servicio informativo** (rad.) news service; **servicio militar** military service; **servicio secreto** secret service; **servicio social** social service
servidero -ra *adj* serviceable, useful; demanding
servidor -dora *mf* servant; humble servant; (tennis) server; **quedo de Vd. atento y seguro servidor** yours respectfully; **servidor de Vd.** your servant, at your service; *m* waiter; suitor; chamber pot; *f* waitress
servidumbre *f* servitude; servants, help; demand; obligation; compulsion; dominance by passion; (law) easement, servitude; **servidumbre de la gleba** serfdom; **servidumbre de luces** (law) right to not have one's windows shut off from light; **servidumbre de paso** (law) right of way; **servidumbre de vía** (rail.) right of way
servil *adj* servile, subservient; *m* (hist.) absolutist
servilismo *m* servility, subservience
servilón -lona *adj* servile; *m* (hist.) absolutist
servilla *f* pump (*low shoe*)
servilleta *f* napkin, serviette; **doblar la servilleta** (coll.) to die
servilletero *m* napkin ring
servio -via *adj & mf* Serbian; *m* Serbian (*language*); (*cap.*) *f* Serbia
serviola *f* (naut.) cathead, anchor beam
servir §94 *va* to serve; to worship; to help, wait on; to fill (*an order*); to favor; to court (*a lady*); (tennis) to serve; **ir servido** to get one's deserts; **para servir a Vd.** at your service; **ser servido de** + *inf* to be pleased to + *inf;* **servir de** to serve (*someone*) as ‖ *vn* to serve; to be useful, to be of use; to follow suit (*in cards*); (tennis) to serve; **¿de** or **para qué sirve . . . ?** what is the good of . . . ?; **¿de** or **para qué sirve** + *inf?* what is the good of + *ger?;* **no servir para nada** to be good for nothing, to be of no use; **servir de** to serve as, to act as; to be used as; **servir para** to be used for, to be good for ‖ *vr* to help oneself, to serve oneself (*e.g., at table*); **servirse** + *inf* to have the kindness to + *inf*, to deign to + *inf;* **servirse de** to make use of; **sírvase** + *inf* please + *inf;* **¡sírvase!** please!
serv.º abr. of **servicio**
servocontrol *m* (aer.) servo control
servocroata *adj & mf* Serbo-Croatian; *m* Serbo-Croatian (*language*)
servodirección *f* (aut.) power steering
servoembrague *m* automatic clutch
servofreno *m* servo brake
servomecanismo *m* servomechanism
servomotor *m* (mach.) servomotor
serv.or abr. of **servidor**
sesada *f* brains (*of an animal*); fried brains
sésamo *m* (bot.) sesame; sesame (*magic word*); **¡sésamo ábrete!** open sesame!
sesamoideo -a *adj* sesamoid or sesamoidal
sesear *vn* to pronounce Spanish c and z like s
sesenta *adj & m* sixty
sesentavo -va *adj & m* sixtieth
sesentón -tona *adj & mf* (coll.) sexagenarian
seseo *m* pronunciation of Spanish c and z like s
seseoso -sa *adj* pronouncing Spanish c and z like s
sesera *f* brain; brainpan
sesga *f* see **sesgo**
sesgadamente *adv* slantingly, obliquely, on the bias
sesgado -da *adj* slanting, oblique; beveled
sesgadura *f* slant, obliquity; bevel; skew
sesgar §59 *va* to gore, to cut (*cloth*) on the bias; to slope, bevel, slant; to skew
sesgo -ga *adj* slanting, sloped, oblique; beveled; severe, stern; calm, placid; *m* slope, slant, obliquity; bias, bevel; skew; compromise; turn; **al sesgo** obliquely, on the bias; *f* gore
sésil *adj* (bot.) sessile
sesión *f* session, sitting; meeting, conference; show (*each showing of a movie*); **abrir la sesión** to open the meeting; **levantar la sesión** to adjourn the meeting; **sesión continua** (mov.) continuous showing; **sesión de espiritistas** séance, spiritualistic séance
sesionar *vn* to be in session
seso *m* brain; brains, intelligence; block (*of stone, brick, or iron*) to steady a pot on the fire; **sesos** *mpl* brains (*for food*); **calentarse** or **devanarse los sesos** to rack one's brain; **levantarse la tapa de los sesos** to blow out one's brains; **perder el seso** to go crazy; **tener sorbido el seso a, tener sorbidos los sesos a** (coll.) to dominate, to have unlimited influence on; to be madly in love with; to be deeply immersed in
sesquiáltero -ra *adj* sesquialteral; *f* (mus.) sesquialtera (*interval; organ stop*)
sesquipedal *adj* sesquipedalian (*measuring a foot and a half; very long, containing many syllables*)
sesteadero *m* shady place where cattle rest
sestear *vn* to siesta, to take a siesta; to rest in the shade (*said of cattle*)
sestil *m* var. of **sesteadero**
sestina *f* sextina (*verse form*)
sesudez *f* braininess
sesudo -da *adj* brainy; wise; (Am.) stubborn
seta *f* bristle; toadstool
setáceo -a *adj* setaceous (*bristlelike*)
setal *m* mushroom bed or patch
set.e abr. of **septiembre**
setecientos -tas *adj & m* seven hundred; **el Setecientos** the Eighteenth Century
setena *f* seven
setenar *va* to select by lot every seventh of; to punish beyond all measure
setenario -ria *adj & m* var. of **septenario**
setenta *adj & m* seventy
setentavo -va *adj & m* seventieth
setentón -tona *adj & mf* (coll.) septuagenarian
setiembre *m* var. of **septiembre**
seto *m* fence; **seto vivo** hedge, quickset
sétter *m* (*pl:* **-ters**) setter (*bird dog*)

S

setuní *m* (*pl:* **-níes**) var. of **aceituní**
seudohermafroditismo *m* pseudohermaphroditism
seudomorfismo *m* (mineral.) pseudomorphism
seudónimo -ma *adj* pseudonymous; *m* pseudonym, pen name
seudópodo *m* (zool.) pseudopod or pseudopodium
Seúl *f* Seoul
s.e.u.o. abr. of **salvo error u omisión**
severidad *f* severity; sternness, strictness; seriousness
Severna *m* Severn
severo -ra *adj* severe; stern, strict; serious
sevicia *f* ferocity, great cruelty
sevicioso -sa *adj* ferocious, extremely cruel, brutal
Sevilla *f* Seville
sevillano -na *adj & mf* Sevillian; **sevillanas** *fpl* sevillanas (*seguidillas of Seville*)
sexagenario -ria *adj & mf* sexagenarian or sexagenary
sexagesimal *adj* sexagesimal
sexagésimo -ma *adj & m* sixtieth; *f* (eccl.) Sexagesima, Sexigesima Sunday
sexángulo -la *adj* (geom.) sexangular; *m* (geom.) sexangle
sexcentésimo -ma *adj & m* six hundredth
sexenal *adj* sexennial, six-year
sexenio *m* sexennium, six years
sexmero *m* township officer
sexmo *m* township
sexo *m* sex; **el bello sexo** the fair sex or the gentle sex; **el sexo barbudo** (Am.) the sterner or the stronger sex; **el sexo débil** the weaker sex; **el sexo feo** or **el sexo fuerte** the sterner sex or the stronger sex
sexología *f* sexology
sexólogo -ga *mf* sexologist
sexta *f* see **sexto**
sextante *m* sextant (*instrument*); (*cap.*) *m* (astr.) Sextant; **sextante de burbuja** bubble sextant
sextavado -da *adj* hexagonal
sextavar *va* to make hexagonal
sexteto *m* (mus.) sextet, sestet
sextil *adj* (astrol.) sextile
sextilla *f* sextain
sextillo *m* (mus.) sextuplet
sextillón *m* British sextillion
sextina *f* sestina (*verse form*); six-line stanza
sexto -ta *adj* sixth; *m* sixth; *f* sequence of six (*in cards*); (mus.) sixth; (eccl.) sext
sextuplicación *f* sextuplication
sextuplicar §86 *va & vr* to sextuple
séxtuplo -pla *adj & m* sextuple, sixfold
sexual *adj* sexual, sex
sexualidad *f* sexuality
S.G.M. abr. of **Segunda Guerra Mundial**
shogún *m* shogun
shogunado *m* shogunate
si *conj* if; whether; I wonder if; **como si** as if; **por si acaso** just in case; **un si es, no es** a whit, a jot, a soupçon; **si acaso** if by chance; **si no** otherwise; *m* (mus.) si
sí *adv* yes; indeed; (gives emphasis to verb and is often equivalent to English auxiliary verb) **él sí habla español** he does speak Spanish; **él no irá pero yo sí** he will not go but I shall; **por sí o por no** in any case; **sí que** certainly; **sí tal** yes indeed, surely; *m* yes; **dar el sí** to say yes (*especially to a proposal for marriage*); *pron reflex* (used as object of prepositions) himself, herself, itself, themselves; yourself, yourselves; oneself; each other, e.g., **independientes entre sí** independent of each other; **de por sí** separately, by oneself, in itself, by itself; **de sí** separately, in itself; **por sí y ante sí** of his own accord; **sobre sí** cautiously; haughtily
siamés -mesa *adj & mf* Siamese; *m* Siamese (*language*); *f* siamoise (*fabric*)
sibarita *adj & mf* Sybarite
sibarítico -ca *adj* Sybaritic
sibaritismo *m* sybaritism
Siberia *f* Siberia
siberiano -na *adj & mf* Siberian
sibil *m* cave; cellar, vault
sibila *f* sibyl
sibilante *adj* sibilant, hissing, whistling; (phonet.) sibilant
sibilino -na or **sibilítico -ca** *adj* sibylline; (fig.) sibylline
siboney *adj & mf* (Am.) Cuban
sicalipsis *f* spiciness, suggestiveness
sicalíptico -ca *adj* spicy, suggestive; ribald
sicamor *m* (bot.) Judas tree
sicano -na *adj* Sicanian
sicario *m* paid assassin
sicastenia *f* var. of **psicastenia**
sicigia *f* (astr.) syzygy
Sicilia *f* Sicily
siciliano -na *adj & mf* Sicilian; *m* Sicilian (*dialect*)
siclo *m* shekel
sicoanálisis *m* var. of **psicoanálisis**
sicoanalista *mf* var. of **psicoanalista**
sicoanalítico -ca *adj* var. of **psicoanalítico**
sicoanalizar §76 *va* var. of **psicoanalizar**
sicodinámico -ca *adj & f* var. of **psicodinámico**
sicofanta *m* or **sicofante** *m* sycophant (*informer; impostor*)
sicofísica *f* var. of **psicofísica**
sicognostia *f* var. of **psicognostia**
sicología *f* var. of **psicología**
sicológico -ca *adj* var. of **psicológico**
sicólogo -ga *mf* var. of **psicólogo**
sicometría *f* var. of **psicometría**
sicométrico -ca *adj* var. of **psicométrico**
sicómoro *m* (bot.) sycamore
sicón *m* (zool.) sycon
siconeurosis *f* (*pl:* **-sis**) var. of **psiconeurosis**
sicono *m* (bot.) syconium or syconus
sicópata *mf* var. of **psicópata**
sicopatía *f* var. of **psicopatía**
sicopático -ca *adj* var. of **psicopático**
sicopatología *f* var. of **psicopatología**
sicosis *f* (*pl:* **-sis**) (path.) psychosis; (path.) sycosis (*skin affection*)
sicosomático -ca *adj* var. of **psicosomático**
sicote *m* (prov. & Am.) personal uncleanliness, smelliness of feet
sicotecnia *f* var. of **psicotecnia**
sicoterapia *f* var. of **psicoterapia**
sicrómetro *m* var. of **psicrómetro**
síc ulo -la *adj & mf* Sicilian; (hist.) Siculian
sideral or **sidéreo -a** *adj* sidereal
siderita *f* (mineral.) siderite; (bot.) ironwort
siderosa *f* (mineral.) siderite
siderosis *f* (path.) siderosis
siderurgia *f* siderurgy; iron and steel industry
siderúrgico -ca *adj* siderurgical; (pertaining to) iron and steel
sidonio -nia *adj & mf* Sidonian
sidra *f* cider
sidrería *f* cider shop
sidrero -ra *adj* (pertaining to) cider
siega *f* reaping; harvest; crop
siembra *f* sowing; seed, seeding; seedtime; sown field
siempre *adv* always; surely; **de siempre** usual; **para siempre** or **por siempre** forever; **por siempre jamás** forever and ever; **siempre que** provided; whenever; **siempre y cuando que** provided
siempreviva *f* (bot.) everlasting flower; **siempreviva mayor** (bot.) houseleek; **siempreviva menor** (bot.) white stonecrop
sien *f* (anat.) temple
siena *m* sienna; **siena tostado** burnt sienna
sienés -nesa *adj & mf* Sienese
sienita *f* (mineral.) syenite
sierpe *f* serpent, snake; wild person; ugly-looking person; wriggler; (hort.) tiller
sierra *f* saw; jagged mountain range, sierra; (ichth.) sawfish; (ichth.) sierra; **sierra abrazadera** lumberman's saw; **sierra bracera** two-handed saw; **sierra de mano** handsaw; **sierra caladora** keyhole saw; **sierra circular** buzz saw, circular saw; **sierra continua** band saw; **sierra de armero** hacksaw; **sierra de bastidor** bucksaw; **sierra de cinta** band saw; **sierra de cortar metales** hacksaw; **sierra de hilo** or **hender** ripsaw; **sierra de punta** compass saw; **sierra de tras-**

dós backsaw; **sierra de través** crosscut saw; **sierra de vaivén** jig saw; **sierra sin fin** band saw
siervo -va *mf* slave; humble servant; **siervo de Dios** servant of God; (coll.) poor devil; **siervo de la gleba** serf
sieso *m* (anat.) fundament
siesta *f* siesta; sleep or rest after eating; hottest time of day; afternoon music in church; **dormir** or **echar la siesta** to siesta, to take a nap after lunch; **siesta del carnero** nap before lunch
siete *adj* seven; **las siete** seven o'clock; **las siete colinas** the Seven Hills (*of Rome*); **las siete maravillas del mundo** the Seven Wonders of the World; *m* seven; seventh (*in dates*); V-shaped tear; (carp.) dog clamp; **más que siete** (coll.) too much
sieteenrama *f* (bot.) septfoil
sietemesino -na *adj* born in seven months; (coll.) puny fellow; (coll.) coxcomb
sieteñal *adj* seven-year-old
sífilis *f* (path.) syphilis
sifilítico -ca *adj & mf* syphilitic
sifón *m* siphon; siphon bottle; siphon water; trap (*in a pipe*)
sifonógamo -ma *adj* (bot.) siphonogamic or siphonogamous; *f* (bot.) siphonogam
sifosis *f* var. of **cifosis**
sifué *m* surcingle
sig.^e abr. of **siguiente**
Sigfrido *m* Siegfried
sigilación *f* sealing, stamping; seal, stamp; concealment
sigilar *va* to seal, to stamp; to conceal, keep silent
sigilo *m* seal; concealment, reserve; **sigilo sacramental** inviolable secrecy of the confessional
sigilografía *f* sigillography
sigiloso -sa *adj* close-lipped, tight-lipped; silent, reserved
sigla *f* initial (*used in an abbreviation*); abbreviation, symbol
siglo *m* century; world (*worldly matters or activities*); age (*long time*); period, epoch, age; times; **en** or **por los siglos de los siglos** world without end, forever and ever; **hasta la consumación de los siglos** until the end of time; **siglo de cobre** (archeol.) Age of Copper; **siglo de hierro** (myth. & fig.) iron age; **siglo de la ilustración** or **de las luces** Age of Enlightenment (*eighteenth century*); **siglo de oro** (myth. & lit.) golden age; **siglo de plata** (myth.) silver age; **siglo dorado** (myth.) golden age; **siglos medios** Middle Ages
sigma *f* sigma
sigmoideo -a *adj* sigmoid
signáculo *m* seal, signet
signar *va* to sign; to put a mark on; to make the sign of the cross over; *vr* to cross oneself
signatario -ria *adj & mf* signatory
signatura *f* library number; signature, sign, stamp, mark; signing; (print.) signature, signature mark; (eccl.) rescript granting indulgence; (mus.) signature, time signature
significación *f* significance; signification
significado -da *adj* known, well-known, important; *m* meaning, signification
significar §86 *va* to signify, to mean; to indicate, to point out, to make known; *vn* to signify, to be important; *vr* to be distinguished
significativo -va *adj* significant; significative
signo *m* sign (*e.g., of rain*); mark; (astr., math., med., mus. & print.) sign; scroll or flourish (*in notary's signature*); mark (*cross made instead of signature*); benediction, sign of the cross; fate, destiny; **signo de admiración** (gram.) exclamation mark; **signo de interrogación** (gram.) question mark; **signo de radicación** (math.) radical sign; **signo diacrítico** (gram.) diacritical mark
siguapa *f* var. of **sijú**
siguiente *adj* following; next
sij *m* (*pl:* **sijs**) Sikh
sijú *m* (*pl:* **-júes**) (orn.) Antillean gnome owl
Sila *m* Sulla (*Roman general*)
sílaba *f* syllable; **última sílaba** (gram.) ultima; **sílaba abierta** (phonet.) open syllable; **sílaba cerrada** (phonet.) closed syllable; **sílaba libre** (phonet.) free syllable; **sílaba trabada** (phonet.) checked syllable
silabar *vn* to syllable
silabario *m* reader with words divided in syllables; syllabary
silabear *va* to syllable, to syllabize, to syllabify; *vn* to syllable
silabeo *m* syllabication, syllabification
silábico -ca *adj* syllabic
sílabo *m* syllabus
silba *f* hiss, hissing
silbador -dora *adj* whistling; hissing; *mf* whistler; hisser
silbante *adj* var. of **sibilante**
silbar *va* to whistle (*a tune*); to blow (*a whistle*); to hiss (*an actor, a play*); *vn* to whistle; to whiz
silbato *m* whistle; whistling or hissing crack (*emitting air or a liquid*)
silbido *m* whistle, whistling, hiss; (rad.) howling, squealing; **silbido de oídos** ringing in the ears
silbo *m* whistle, hiss, whiz
silbón *m* (orn.) widgeon
silboso -sa *adj* whistling, hissing
silenciador *m* silencer (*device for firearms, internal-combustion engines, etc.*); **silenciador de ruidos** (rad.) noise suppressor
silenciar *va* to keep silent about, to avoid mentioning; to silence
silenciero -ra *mf* silencer (*person*)
silencio *m* silence; (mil.) taps (*signal to put out lights*); (mus.) rest; **en silencio** in silence
silencioso -sa *adj* silent, noiseless; still, quiet; *m* (aut.) muffler
Sileno *m* (myth.) Silenus
silente *adj* silent, still, calm, quiet
silepsis *f* (*pl:* **-sis**) (rhet.) syllepsis
silero *m* (agr.) silo
silesiano -na or **silesio -sia** *adj & mf* Silesian
sílex *m* (mineral.) silex
sílfide *f* (myth. & fig.) sylph
silfo *m* (myth.) sylph
silga *f* var. of **sirga**
silgar §59 *va* to tow (*a boat*); *vn* (naut.) to pole
silguero *m* (orn.) linnet
silicato *m* (chem.) silicate
sílice *f* (chem.) silica
silíceo -a *adj* siliceous
silícico -ca *adj* (chem.) silicic
silicio *m* (chem.) silicon
siliciuro *m* (chem.) silicide
silicón *m* (chem.) silicone
silicosis *f* (path.) silicosis
silicua *f* (bot.) silique
silícula *f* (bot.) silicle
silicuoso -sa *adj* (bot.) siliquose or siliquous
silo *m* (agr.) silo; cave, cavern, dark place
Siloé *m* (Bib.) Siloam
silogismo *m* syllogism
silogístico -ca *adj* syllogistic
silogizar §76 *vn* to syllogize
silueta *f* silhouette; **en silueta** in silhouette
siluetear *va* to silhouette
siluriano -na or **silúrico -ca** *adj & m* (geol.) Silurian
siluro *m* (ichth.) sheatfish; self-propelling torpedo
silva *f* miscellany; verse of iambic hendecasyllables intermingled with seven-syllable lines, with some verses rhymed
Silvano *m* Silvan, Sylvanus
silvático -ca *adj* var. of **selvático**
silvestre *adj* wild; uncultivated, rustic; (*cap.*) *m* Silvester or Sylvester
Silvia *f* Sylvia; **silvia blanquinegra** (orn.) black-and-white warbler
silvicultor -tora *mf* forester
silvicultura *f* forestry
silvina *f* (mineral.) sylvite
silvoso -sa *adj* var. of **selvoso**
silla *f* chair; saddle; (eccl.) see; **de silla a silla** tête à tête, two together in private; **silla curul** curule chair; **silla de balanza** (Am.) rocking chair; **silla de cubierta** deck chair; **silla de hamaca** (Am.) rocking chair; **silla de la reina** seat made by two people crossing hands and grasping wrists; **silla de ma-**

nos sedan chair; **silla de montar** saddle, riding saddle; **silla de posta** post chaise; **silla de ruedas** wheel chair; **silla de tijera** folding chair, camp stool; **silla eléctrica** electric chair; **silla giratoria** swivel chair; **Silla peligrosa** Siege Perilous (*at King Arthur's Round Table*); **silla plegadiza** folding chair; **silla poltrona** easy chair, easy armchair; **silla volante** shay (*light carriage*)
sillar *m* ashlar; horseback
sillarejo *m* small ashlar, facing ashlar
sillera *f* see **sillero**
sillería *f* set of chairs; stalls (*in a choir*); ashlar, ashlar masonry; chair factory, chair store; chairmaking, chair business
sillero -ra *mf* chairmaker, chair dealer; *f* (archaic) place for storing sedan chairs
silleta *f* little chair; bedpan; **silletas** *fpl* (prov.) sidesaddle
silletazo *m* blow with a chair
silletero *m* chairman (*one who carries people in a sedan chair or pushes them in a wheel chair*)
silletín *m* little chair; (dial.) stool
sillico *m* chamber pot
sillín *m* light riding saddle; harness saddle; saddle (*e.g., of bicycle*); fancy sidesaddle
sillón *m* armchair, easy chair; sidesaddle; **sillón de hamaca** rocking chair; **sillón de orejas** wing chair; **sillón de ruedas** wheel chair
sima *f* chasm, abyss; (arch.) scotia
simbiosis *f* (biol.) symbiosis
simbiótico -ca *adj* (biol.) symbiotic
simbólico -ca *adj* symbolic or symbolical
simbolismo *m* symbolism
simbolista *adj* symbolistic; *mf* symbolist
simbolización *f* symbolization
simbolizar §76 *va* to symbolize, to symbol
símbolo *m* symbol; adage; mark, device; **Símbolo Atanasiano** Athanasian Creed; **Símbolo de la fe** or **Símbolo de los Apóstoles** Apostles' Creed
Simeón *m* Simeon
simetría *f* symmetry
simétrico -ca *adj* symmetric or symmetrical
simetrizar §76 *va* to symmetrize
simia *f* female ape
símico -ca *adj* simian
simiente *f* seed; germ; semen; **simiente de papagayos** (bot.) bastard saffron
simiesco -ca *adj* apelike, apish
símil *adj* similar; *m* resemblance, similarity; (rhet.) simile
similar *adj* similar
similicuero *m* imitation leather
similiseda *f* imitation silk
similitud *f* similitude
similitudinario -ria *adj* similar
similizar §76 *va* to mercerize
similor *m* similor; **de similor** false, fake, sham
simio *m* (zool.) simian
Simón *m* Simon; (*l.c.*) *m* hack, cab; hackman
simonía *f* simony
simoníaco -ca *adj* simoniacal
simpa *f* (Am.) braid, plait; (Am.) tress
simpar *adj* unequaled, unmatched
simpatectomía *f* var. of **simpaticectomía**
simpatía *f* sympathy; fondness, liking, attachment, affection; friendliness; congeniality; **llevarse la simpatía de** to win the affection of; **tomar simpatía a** to take a liking for
simpática *f* see **simpático**
simpaticectomía *f* (surg.) sympathectomy
simpático -ca *adj* sympathetic; pleasant, agreeable, likable, congenial; (anat., mus., phys. & physiol.) sympathetic; **gran simpático** (anat. & physiol.) sympathetic nervous system; *f* (bot.) phlox
simpatiquísimo -ma *adj super* very or most sympathetic; very or most pleasant, agreeable, or congenial
simpatizador -dora or **simpatizante** *adj* sympathetic; *mf* sympathizer; follower, backer
simpatizar §76 *vn* to be congenial, to get on well together; **simpatizar con** to get on well with, to be friendly toward, to be sympathetic toward
simpétalo -la *adj* (bot.) sympetalous
simple *adj* simple; single; insipid, tasteless; *mf* simple, simpleton; *m* simple (*medicinal plant*); (pharm.) simple
simpleza *f* simpleness, stupidness, dullness; stupidity (*in act or word*)
simplicidad *f* simplicity, simpleness; simpleheartedness
simplicísimo -ma *adj super* very or most simple (*in all senses except that of* unwary, foolish, stupid, *for which* **simplísimo** *is used*)
simplismo *m* simplicity
simplicista *adj* simplistic; *mf* simplist, devotee of simplification
simplificación *f* simplification
simplificar §86 *va* to simplify
simplista *adj* simplistic, oversimplifying; *mf* simplist, person inclined to oversimplify; (med.) simplist, herbalist
simplón -plona *adj* simple-hearted; (coll.) simple, dull; *mf* simple-hearted person
simposio *m* (hist.) symposium
simulación *f* simulation, pretense; malingering
simulacro *m* simulacrum, phantom, vision; image, idol; show, semblance; pretense; sham battle; **simulacro de ataque aéreo** air-raid drill; **simulacro de combate** sham battle; **simulacro de salvamento** lifesaving drill, lifesaving test
simuladamente *adv* feigningly
simulado -da *adj* simulated, pretended, fake; (com.) pro forma
simulador -dora *adj* simulative; *mf* simulator; malingerer
simular *va* to simulate, to feign, to fake; *vn* to malinger; to pretend; **simular** + *inf* to pretend to + *inf*
simultanear *va* to carry out simultaneously; (educ.) to take (*courses of successive years or in different schools*) at the same time
simultaneidad *f* simultaneity
simultáneo -a *adj* simultaneous
simún *m* simoom or simoon
sin *prep* without; without counting; **sin** + *inf* without + *ger*, e.g., **salió sin despedirse** he left without saying good-by; to be + *pp*, e.g., **hay muchas necesidades urgentes sin satisfacer** there are many urgent needs to be satisfied; **sin que** + *subj* without + *ger*, e.g., **entró sin que yo le viese** he came in without my seeing him
sinagoga *f* synagogue
Sinaí, el Sinai (*peninsula*)
sinalagmático -ca *adj* (law) synallagmatic
sinalefa *f* synalepha or synaloepha
sinapismo *m* mustard plaster, sinapism; (coll.) nuisance, bore
sinapsis *f* (*pl:* **-sis**) (biol.) synapsis; (physiol.) synapsis or synapse
sinartrosis *f* (*pl:* **-sis**) (anat.) synarthrosis
sincárpeo -a *adj* (bot.) syncarpous
sincarpo *m* (bot.) syncarp
sincerador -dora *adj* exonerating; *mf* exonerator, defender
sincerar *va* to exonerate, vindicate; *vr* to exonerate oneself, vindicate onself; to speak frankly
sinceridad *f* sincerity
sincero -ra *adj* sincere
sincipucio *m* (anat.) skullcap, sinciput
sinclástico -ca *adj* (math.) synclastic
sinclinal *adj* synclinal; (geol.) synclinal; *m* (geom.) syncline
síncopa *f* (mus. & phonet.) syncopation, syncope
sincopado -da *adj* syncopated
sincopal *adj* syncopal
sincopar *va* (mus. & phonet.) to syncopate; to abridge
síncope *m* (path.) syncope, fainting spell; (phonet.) syncope
sincopizar §76 *va* to make faint, make swoon; *vr* to faint, to swoon
sincrético -ca *adj* syncretic
sincretismo *m* syncretism
sincrisis *f* (rhet.) syncrisis
sincronía *f* synchrony
sincrónico -ca *adj* synchronous; synchronic; (elec.) synchronous

sincronismo *m* synchronism
sincronización *f* synchronization
sincronizador *m* synchronizer
sincronizar §76 *va & vn* to synchronize
síncrono -na *adj* synchronous; (elec.) synchronous
sincronoscopio *m* (elec.) synchronoscope
sincrotrón *m* (phys.) synchrotron
sindéresis *f* discretion, good judgment; (theol.) synteresis
sindicación *f* syndication
sindicado *m* syndicate (*body of syndics*)
sindical *adj* syndical
sindicalismo *m* syndicalism; unionism, trade unionism
sindicalista *adj & mf* syndicalist; unionist, trade unionist
sindicar §86 *va* to accuse, to inform on; to put in trust; to syndicate; *vr* to syndicate
sindicato *m* syndicate; union, labor union, trade union
sindicatura *f* trusteeship; (law) receivership
síndico *m* syndic, trustee; (law) receiver (*in litigation over property or in a bankruptcy*)
sindiós (*pl:* **-diós**) *adj* godless; *mf* godless person, atheist
síndrome *m* (path.) syndrome
sinécdoque *f* (rhet.) synecdoche
sinecura *f* sinecure
sinecurista *mf* sinecurist
sinedrio *m* var. of **sanedrín**
sinéresis *f* (gram.) synaeresis
sinergia *f* synergy
sinestesia *f* (physiol. & psychol.) synesthesia
sinfín *m* endless number, endless amount
sinfinidad *f* (coll.) endless number, infinity
sínfisis *f* (*pl:* **-sis**) (anat. & zool.) symphysis; **sínfisis sacroilíaca** (anat.) sacroiliac joint
sínfito *m* (bot.) comfrey
sinfonía *f* symphony
sinfónico -ca *adj* symphonic
sinfonista *mf* symphonist
Singapur *f* Singapore
singar §59 *vn* (naut.) to pole
singenésico -ca *adj* (bot.) syngenesious
singladura *f* sailing, navigation; boat's speed; (naut.) day (*from noon to noon*); (naut.) day's run
singlar *vn* (naut.) to sail, to travel, to steer
single *adj* (naut.) single
singlón *m* (naut.) yardarm
singular *adj* singular; special; single; (gram.) singular; *m* (gram.) singular; **en singular** in particular
singularidad *f* singularity
singularizar §76 *va* to distinguish, to single out; to put or use in the singular (*a word which is regularly in the plural*); *vr* to distinguish oneself, to stand out; to make oneself conspicuous
singularmente *adv* singularly, strangely; particularly
singulto *m* sob; (path.) hiccup, singultus
sinhueso *f* (coll.) tongue
sinicesis *f* var. of **sinizesis**
sínico -ca *adj* Sinic, Sinitic
siniestra *f* see **siniestro**
siniestrado -da *adj* ill-fated; *m* victim
siniestro -tra *adj* sinister (*on the left; showing ill will; disastrous*); sinistral; (her.) sinister; *m* depravity, perversity; disaster, calamity; *f* left hand, left-hand side
sinistrorso -sa *adj* (bot.) sinistrorse
sinizesis *f* (gram., biol. & path.) synizesis
sinnúmero *m* great amount, great many
sino *conj* but, except; **no . . . sino** only; not . . . but; **no . . . sino que** only; **no sólo . . . sino que** not only . . . but, but also; *m* fate, destiny
sinodal *adj* synodal
sinódico -ca *adj* synodical; (astr.) synodical
sínodo *m* synod; (astr. & astrol.) synod
sinojaponés -nesa *adj* Sino-Japanese
sinología *f* Sinology
sinológico -ca *adj* Sinological
sinólogo -ga *mf* Sinologist
sinonimia *f* synonymy, synonymity; (rhet.) synonymy
sinónimo -ma *adj* synonymous; *m* synonym
sinopsis *f* (*pl:* **-sis**) synopsis
sinóptico -ca *adj* synoptic or synoptical
sinovia *f* (anat.) synovia
sinovial *adj* synovial
sinovitis *f* (path.) synovitis
sinrazón *f* wrong, injustice; unreason, want of reason
sinsabor *m* displeasure, unpleasantness; anxiety, trouble, worry
sinsonte *m* (orn.) mockingbird
sinsubstancia *mf* (coll.) trifler, good-for-nothing
sintáctico -ca *adj* syntactic or syntactical
sintaxis *f* syntax
síntesis *f* (*pl:* **-sis**) synthesis
sintético -ca *adj* synthetic or synthetical
sintetizar §76 *va* to synthesize
sintoísmo *m* Shinto, Shintoism
sintoísta *adj & mf* Shinto, Shintoist
síntoma *m* (med. & fig.) symptom
sintomático -ca *adj* symptomatic
sintonía *f* (elec.) syntony; (rad.) tuning, tune; (rad.) theme song; **sintonía afilada** (rad.) sharp tuning
sintónico -ca *adj* (elec.) syntonic or syntonical
sintonina *f* (biochem.) syntonin
sintonizable *adj* (rad.) tunable
sintonización *f* (rad.) tuning
sintonizador -dora *adj* (rad.) tuning; *m* (rad.) tuner
sintonizar §76 *va* (rad.) to tune; (rad.) to tune in; *vn* to be in tune, to harmonize
sinuosidad *f* sinuosity; hollow
sinuoso -sa *adj* sinuous, winding, wavy; evasive
sinusitis *f* (path.) sinusitis
sinusoidal *adj* sinusoidal
sinusoide *f* (math.) sinusoid
sinvergüencería *f* (coll.) brazenness, shamelessness
sinvergüenza *adj* (coll.) brazen, shameless; *mf* (coll.) scoundrel, rascal, shameless person
Sión *f* Zion
sionista *adj & mf* Zionist
sionismo *m* Zionism
sipedón *m* (zool.) seps
siquiatra *mf* var. of **psiquiatra**
siquiatría *f* var. of **psiquiatría**
siquiátrico -ca *adj* var. of **psiquiátrico**
siquiatro *m* var. of **psiquiatro**
síquico -ca *adj* var. of **psíquico**
siquiera *adv* at least; even; *conj* although, even though; **siquiera . . . siquiera** whether . . . or whether
Siracusa *f* Syracuse
siracusano -na *adj & mf* Syracusan
sirena *f* (aut., phys., myth. & fig.) siren; mermaid; **sirena de la playa** bathing beauty; **sirena de niebla** foghorn
sirenazo *m* blast of a siren or horn
sirenio -nia *adj & m* (zool.) sirenian
sirga *f* (naut.) towrope, towline; line for hauling in seines; **a la sirga** in tow from the shore or bank
sirgar §59 *va* to tow (*a boat*)
sirgo *m* twisted silk; silk fabric
sirguero *m* var. of **jilguero**
Siria *f* see **sirio**
siríaco -ca *adj* Syrian; Syriac; (astr.) Sirian; *mf* Syrian; *m* Syriac (*dialect*)
siringa *f* syrinx (*rustic flute; Panpipe*); (bot.) lilac; (bot.) hevea; (Am.) rubber; (Am.) drunk, spree
siringe *f* syrinx (*vocal organ of birds*)
siringomielia *f* (path.) syringomyelia
siringotomía *f* (surg.) syringotomy
sirio -ria *adj & mf* Syrian; (*cap.*) *m* (astr.) Sirius; (*cap.*) *f* Syria
sirirí *m* (*pl:* **-rís**) (orn.) Couch's kingbird
sirle *m* sheep manure, goat manure
siro -ra *adj & mf* Syrian
siroco *m* sirocco
sirria *f* var. of **sirle**
sirsaca *f* seersucker
sirte *f* rocky shoal; quicksand, syrtis
sirventés *m* sirvente (*Provençal moral song*)
sirvienta *f* maid, servant girl
sirviente *adj* serving; (law) servient; *m* servant; waiter

S

sisa *f* snitching, petty theft; sizing (*for gilding*); (sew.) dart; (archaic) excise
sisador -dora *adj* snitching, thieving; *mf* snitcher, petty thief
sisallo *m* (bot.) saltwort
sisar *va* to snitch, filch; to size (*for gilding*); (sew.) to take in; (archaic) to excise
sisarcosis *f* (anat.) syssarcosis
sisear *va* to hiss (*an actor, speaker, scene*); *vn* to hiss; to sizzle
siseo *m* hiss, hissing; sizzle, sizzling
sisero *m* (archaic) excise collector, exciseman
Sísifo *m* (myth.) Sisyphus
sisimbrio *m* (bot.) sisymbrium, hedge mustard
sísmico -ca *adj* seismic
sismo *m* seism, earthquake
sismografía *f* seismography
sismográfico -ca *adj* seismographic or seismographical
sismógrafo *m* seismograph
sismograma *m* seismogram
sismología *f* seismology
sismológico -ca *adj* seismologic or seismological
sismologista *mf* seismologist
sismómetro *m* seismometer
sisón -sona *adj* (coll.) thieving; *mf* (coll.) petty thief; *m* (orn.) little bustard
sistáltico -ca *adj* systaltic
sistema *m* system; **sistema cegesimal** or **sistema centímetro-gramo-segundo** (phys.) centimeter-gram-second system; **sistema de Copérnico** (astr.) Copernican system; **sistema de Tolomeo** (astr.) Ptolemaic system; **sistema mercantil** mercantile system; **sistema métrico** metric system; **sistema nervioso central** (anat. & physiol.) central nervous system; **sistema nervioso simpático** o **del gran simpático** (anat. & physiol.) sympathetic nervous system; **sistema periódico** (chem.) periodic system; **sistema solar** solar system
sistemático -ca *adj* systematic or systematical; (anat. & physiol.) systemic; *f* systematics
sistematización *f* systematization
sistematizar §76 *va* to systematize
sístilo *m* (arch.) systyle
sístole *f* (gram., biol. & physiol.) systole
sistólico -ca *adj* systolic
sistro *m* (mus.) sistrum
sitiador -dora *adj* besieging; *mf* besieger
sitial *m* chair (*seat of honor, dignity, authority, etc.*); seat
sitibundo -da *adj* (poet.) thirsty
sitiar *va* to surround, hem in; to siege, besiege
sitio *m* place, spot, room; location, site; country place; (Am.) cattle ranch; (Am.) taxicab stand; (mil.) siege; **dejar en el sitio** to kill on the spot; **dejar sitio a** to make room for; **levantar el sitio** (mil.) to raise the siege; **poner sitio a** (mil.) to lay siege to; **quedarse en el sitio** to die on the spot
sito -ta *adj* situated, located
sitología *f* sitology
situación *f* situation, position; location; **pedir situación** (aer.) to ask for bearings
situado *m* income, fixed income
situar §33 *va* to situate, locate, place; to invest, to place (*money*); *vr* to take a position; to settle; (aer.) to get one's bearings
sixtino -na *adj* Sistine
Sixto *m* Sixtus (*name of several popes*)
s.l. abr. of **sin lugar**
S.l.n.a. abr. of **sin lugar ni año**
S.M. abr. of **Su majestad**
smoking *m* (*pl:* **-kings**) tuxedo, dinner coat
S.n abr. of **San**
SO abr. of **sudoeste**
so *prep* under, e.g., **so pena de** under penalty of; *interj* whoa!; (coll.) you . . . !, e.g., **¡so animal!** you beast!
soasar *va* to roast lightly, to roast medium
soba *f* kneading; massage; beating, slapping
sobacal *adj* axillary
sobaco *m* (anat.) armpit, armhole; (arch.) spandrel
sobado -da *adj* rumpled, worn; (cook.) short; (Am.) terrific; *m* kneading
sobadura *f* kneading; massage
sobajadura *f* or **sobajamiento** *m* crushing, rumpling
sobajar *va* to crush, to rumple
sobajeo *m* crushing, rumpling
sobanda *f* lower curve of a cask or barrel
sobaquera *f* armhole (*in clothes*); shield (*for armpit*)
sobaquina *f* sweat under arms
sobar *va* to knead; to massage; to beat, to slap; to cuddle, to pet, to paw, to feel; (coll.) to annoy, be fresh to; (Am.) to tire out (*a horse*)
sobarba *f* noseband
sobarbada *f* sudden check; scolding, dressing-down
sobarbo *m* pallet, pawl; bucket, paddle
sobarcar §86 *va* to carry under the arm; to draw or slide (*clothing*) up to the armpits
sobejos *mpl* leavings
sobeo *m* thong to tie yoke to pole
soberanamente *adv* royally; extremely
soberanear *vn* to domineer, to lord it
soberanía *f* sovereignty; rule, sway; haughtiness
soberano -na *adj* sovereign; superb; *mf* sovereign; *m* sovereign (*coin*)
soberbio -bia *adj* proud, haughty; arrogant, presumptuous; magnificent, superb; fiery; *f* pride, haughtiness; arrogance, presumption; magnificence; frenzy
soberbioso -sa *adj* var. of **soberbio**
sobermejo -ja *adj* dark-red
sobina *f* wooden peg or pin
sobo *m* var. of **soba**
sobón -bona *adj* (coll.) malingering, work-dodging; (coll.) fresh, mushy, spoony
sobordo *m* (naut.) freight list; (naut.) bonus (*paid to crew of freighter in time of war*)
sobornable *adj* corrupt, purchasable
sobornación *f* bribing, bribery
sobornado -da *adj* twisted, out of shape (*said of a loaf of bread*)
sobornador -dora *adj* bribing; *mf* briber
sobornal *m* overload, extra load
sobornar *va* to bribe, to suborn
soborno *m* bribery, subornation; **soborno de testigo** (law) subornation of perjury
sobra *f* extra, excess, surplus; **sobras** *fpl* leavings, offal, leftovers; rubbish, trash; **de sobra** more than enough; superfluous, unnecessary
sobradamente *adv* excessively, too; too well; very well
sobradar *va* to build a garret to
sobradillo *m* penthouse (*sloping roof over window or door*)
sobrado -da *adj* excessive, abundant, more than enough; bold, daring; rich, wealthy; *m* attic, garret; **sobrado** *adv* too
sobrancero -ra *adj* unemployed
sobrante *adj* leftover, remaining, in excess, surplus; *m* leftover, surplus
sobrar *va* to exceed, surpass; *vn* to be more than enough, to be over and above; to be in the way; to be left, to remain
sobrasada *f* high-seasoned Majorcan sausage
sobrasar *va* to add more fire under (*a pot*)
sobre *prep* on, upon, over, above; about; near; after; in addition to; out of, e.g., **en nueve casos sobre diez** in nine out of ten cases; **sobre** + *inf* in addition to + *ger; m* envelope; address; **sobre de ventanilla** window envelope; **sobre monedero** coin container or holder (*for mailing coins*); **sobre ventana** window envelope
sobreabundancia *f* superabundance
sobreabundante *adj* superabundant
sobreabundar *vn* to superabound
sobreaguar §23 *vn & vr* to float
sobrealiento *m* hard breathing
sobrealimentación *f* overfeeding; supercharging
sobrealimentar *va* to overfeed; to supercharge; *vn* to overfeed
sobreañadir *va* to superadd
sobreañal *adj* over a year old
sobrearar *va* to plow over again
sobrearco *m* (arch.) relieving arch
sobreasada *f* var. of **sobrasada**
sobreasar *va* to roast again

sobrebarato -ta *adj* very cheap, extra cheap
sobrebarrer *va* to sweep lightly
sobrebeber *vn* to have another drink, to drink too much
sobrecalentamiento *m* overheating; superheating
sobrecalentar §18 *va* to overheat; to superheat
sobrecalza *f* legging
sobrecama *f* bedspread
sobrecaña *f* (vet.) bony tumor on a horse's leg
sobrecarga *f* overload, extra load; supercharge; packing strap; added annoyance; (philately) surcharge
sobrecargar §59 *va* to overload, to overburden; to overlay; to overcharge; (sew.) to fell; (philately) to surcharge; (aer.) to pressurize
sobrecargo *m* (naut.) supercargo; (Am.) purser; *f* (Am.) air hostess, stewardess
sobrecaro -ra *adj* very dear or expensive
sobrecarta *f* envelope (*for a letter*); (law) second notice
sobreceja *f* forehead right above eyebrows
sobrecejo *m* frown; **poner sobrecejo** to frown
sobrecenar *va* to have as a second supper; *vn* to have a second supper
sobreceño *m* frown
sobrecerco *m* (sew.) welt
sobrecerrado -da *adj* well closed, extra tight
sobrecielo *m* canopy, dais
sobrecincha *f* or **sobrecincho** *m* surcingle
sobreclaustra *f* or **sobreclaustro** *m* quarters above a cloister
sobrecoger §49 *va* to surprise, catch; to scare, terrify; *vr* to be surprised; to be scared; **sobrecogerse de** to be seized with
sobrecogimiento *m* surprise, apprehension; seizure
sobrecomida *f* dessert
sobrecomprimir *va* (aer.) to pressurize
sobrecoser *va* (Am.) to fell, to whip
sobrecrecer §34 *vn* to grow too much
sobrecubierta *f* extra cover or wrapping; jacket (*of a book*); (naut.) upper deck
sobrecuello *m* top collar; stock (*kind of cravat*)
sobredicho -cha *adj* above-mentioned
sobrediente *m* snaggletooth
sobredorar *va* to gold-plate (*especially silver*); to palliate, to extenuate
sobreedificar §86 *va* to build on or over
sobreempeine *m* part of leggings covering instep
sobreentender §66 *va & vr* var. of **sobrentender**
sobreestadía *f* (naut.) extra lay day, demurrage
sobreexceder *va* var. of **sobrexceder**
sobreexcitación *f* overexcitement
sobreexcitar *va* to overexcite; *vr* to become overexcited
sobreexpondré *1st sg fut ind of* **sobreexponer**
sobreexponer §69 *va* to overexpose; (phot.) to overexpose
sobreexpongo *1st sg pres ind of* **sobreexponer**
sobreexposición *f* overexposure; (phot.) overexposure
sobreexpuesto -ta *pp of* **sobreexponer**
sobreexpuse *1st sg pret ind of* **sobreexponer**
sobrefalda *f* overskirt
sobrefaz *f* (*pl:* **-faces**) surface, outside
sobrefrenada *f* var. of **sofrenada**
sobrefusión *f* supercooling
sobregirar *va & vn* (com.) to overdraw
sobregiro *m* (com.) overdraft
sobrehaz *f* (*pl:* **-haces**) surface, outside; cover; superficial appearance
sobreherido -da *adj* slightly hurt or wounded
sobrehilado -da *adj* (sew.) overcast; *m* (sew.) overcast, overcasting
sobrehilar *va* (sew.) to overcast
sobrehilo *m* (sew.) overcast, overcasting
sobrehombre *m* superman
sobrehueso *m* work, trouble, annoyance; (vet.) splint (*tumor and bone*); (vet.) splint bone
sobrehumano -na *adj* superhuman
sobreintendencia *f* var. of **superintendencia**

sobrejalma *f* woolen blanket to put over a packsaddle
sobrejuanete *m* (naut.) royal mast, royal sail
sobrejunta *f* splice plate, butt strap
sobrelecho *m* (arch.) underside of stone
sobrellave *f* double lock
sobrellenar *va* to fill to overflowing
sobrelleno -na *adj* filled to overflowing
sobrellevar *va* to bear, carry; to ease (*the burden of another*); to share (*effort or trouble*); to suffer (*annoyances*) with patience; to overlook, be lenient about (*another's shortcomings*)
sobremando *m* (aut.) overdrive
sobremanera *adv* exceedingly, beyond measure
sobremano *f* (vet.) splint on forehoofs
sobremantel *m* center tablecloth
sobremarcha *f* (aut.) overdrive
sobremesa *f* tablecloth, table cover; sitting at table after eating; **de sobremesa** table, for the table; at table after eating; after-dinner
sobremesana *f* (naut.) mizzen topsail
sobremodo *adv* var. of **sobremanera**
sobremodulación *f* (rad.) overmodulation
sobremundano -na *adj* supermundane
sobrenadante *adj* supernatant
sobrenadar *vn* to float
sobrenatural *adj* supernatural
sobrenaturalismo *m* supernaturalism
sobrenaturalizar §76 *va* to make or treat as supernatural, to supernaturalize
sobrenjalma *f* var. of **sobrejalma**
sobrenombrar *va* to surname; to nickname
sobrenombre *m* surname (*epithet*); nickname, agnomen
sobrentender §66 *va* to understand; *vr* to be understood, be implied
sobrentrenar *va & vr* (sport) to overtrain
sobreorgánico -ca *adj* superorganic
sobrepaga *f* increased pay
sobrepaño *m* upper cloth
sobreparto *m* confinement after childbirth; indisposition after childbirth
sobrepasar *va* to excel, surpass, outdo; to overtake; *vr* to outdo each other; to go too far
sobrepaso *m* amble
sobrepeine *adv* (coll.) lightly, superficially, half
sobrepelliz *f* (*pl:* **-llices**) (eccl.) surplice
sobrepeso *m* overweight
sobrepié *m* (vet.) splint on rear hoofs
sobreplán *m* (naut.) rider
sobrepondré *1st sg fut ind of* **sobreponer**
sobreponer §69 *va* to superpose, put on top; to superimpose; *vr* to control oneself; to triumph over adversity; **sobreponerse a** to win over, to overcome
sobrepongo *1st sg pres ind of* **sobreponer**
sobreprecio *m* extra charge, surcharge
sobreproducción *f* overproduction
sobrepuerta *f* cornice over door; door curtain, portière; overdoor, dessus de porte
sobrepuesto -ta *pp of* **sobreponer;** *adj* appliqué; *m* appliqué; honeycomb formed on full hive; basket or earthen jar turned upside down over hive; (Am.) patch, mend
sobrepujamiento *m* excellence, excelling
sobrepujanza *f* great power, might, strength, or vigor
sobrepujar *va* to excel, surpass
sobrepuse *1st sg pret ind of* **sobreponer**
sobrequilla *f* (naut.) keelson
sobrero -ra *adj* extra, spare
sobrerronda *f* var. of **contrarronda**
sobrerropa *f* overcoat
sobresalario *m* extra pay
sobresaldré *1st sg fut ind of* **sobresalir**
sobresalgo *1st sg pres ind of* **sobresalir**
sobresaliente *adj* projecting; outstanding, conspicuous, excellent; distinguished (*in an examination*); *mf* substitute; understudy
sobresalir §81 *vn* to project, jut out; to stand out, excel
sobresaltar *va* to assail, to rush upon, to storm; to frighten, to startle; *vn* to stand out clearly; *vr* to be frightened, be startled; to start; **sobresaltarse de, con** or **por** to be frightened or startled at
sobresalto *m* fright, scare; start, shock; **de sobresalto** unexpectedly, suddenly

S

sobresanar *vn* to heal on the outside; to try to conceal a defect or shortcoming
sobresano *m* (naut.) tabling; *adv* healing on the outside; with affectation, with concealment
sobresaturación *f* (chem.) supersaturation
sobresaturar *va* to supersaturate
sobrescribir §17, 9 *va* to superscribe; to address (*a letter*)
sobrescrito -ta *adj* superscript; *pp* of **sobrescribir;** *m* superscription; address
sobresdrújulo -la *adj* accented on syllable preceding antepenult
sobreseer §35 *va* (law) to supersede, to stay; *vn* to desist, yield
sobreseguro *adv* without risk
sobreseimiento *m* suspension, discontinuance; (law) stay of proceedings, supersedeas
sobresellar *va* to put a double seal on; to overprint
sobresello *m* double seal; overprint
sobresembrar §18 *va* to sow over, sow a second time
sobresolar §77 *va* to resole; to repave, to put a double floor on
sobrestadía *f* var. of **sobreestadía**
sobrestante *m* foreman, boss
sobresuela *f* new sole
sobresueldo *m* extra wages, extra pay
sobresuelo *m* pavement or floor laid over another
sobretarde *f* late afternoon
sobretendón *m* (vet.) tumor on tendon of horse's leg
sobretensión *f* (elec.) surge
sobretiro *m* offprint
sobretodo *m* overcoat, topcoat; *adv* especially
sobreveedor *m* chief overseer
sobrevendré *1st sg fut ind of* **sobrevenir**
sobrevengo *1st sg pres ind of* **sobrevenir**
sobrevenida *f* sudden and unexpected arrival; supervention
sobrevenir §92 *vn* to happen, take place; to crop up, to set in, to supervene; **sobrevenir a** to come upon, to overtake
sobreverter §66 *vr* to overflow, to run over
sobrevesta or **sobreveste** *f* overtunic; surcoat (*over armor*)
sobrevestir §94 *va* to put (*a garment*) over other clothes
sobrevidriera *f* window screen; window grill; storm window
sobrevienta *f* gust of wind; rage, onslaught; start, surprise, consternation; sudden happening; **a sobrevienta** suddenly, unexpectedly
sobreviento *m* gust of wind; **estar** or **ponerse a sobreviento de** (naut.) to have the wind of
sobrevine *1st sg pret ind of* **sobrevenir**
sobreviniendo *ger of* **sobrevenir**
sobrevista *f* beaver (*of helmet*)
sobreviviente *adj* surviving; *mf* survivor
sobrevivir *vn* to survive; **sobrevivir a** to survive, outlive
sobrexceder *va* to exceed, excel, surpass
sobrexcitación *f* overexcitement
sobrexcitar *va* to overexcite; *vr* to become overexcited
sobriedad *f* sobriety, moderation
sobrina *f* niece
sobrinazgo *m* relationship of nephew or niece; nepotism
sobrino *m* nephew
sobrio -bria *adj* sober, moderate, temperate
soca *f* (agr.) ratoon (*of sugar cane*)
socaire *m* (naut.) lee; (naut.) slatch (*slack part of rope*); **al socaire de** (naut.) under the lee of; (coll.) under the shelter of; **estar** or **ponerse al socaire** (coll.) to shirk, to skulk
socairero *adj masc* (naut.) malingering, shirking
socaliña *f* swindle, swindling
socaliñar *va* to swindle (*e.g., money*)
socaliñero -ra *adj* swindling; *mf* swindler
socalzado *m* underpinning
socalzar §76 *va* to underpin, to shore up
socapa *f* maneuver, subterfuge; **a socapa** clandestinely; cautiously
socapiscol *m* var. of **sochantre**
socarra *f* singe, scorching; craft, cunning
socarrar *va* to singe, scorch
socarrén *m* eaves
socarrena *f* cavity, hollow; space between two rafters
socarrina *f* (coll.) singeing, scorching
socarrón -rrona *adj* sly, cunning, crafty
socarronería *f* slyness, cunning, craftiness
socava *f* undermining; trench around base of plant or tree to hold irrigation water
socavación *f* undermining
socavar *va* to dig under, to undermine; (fig.) to undermine (*e.g., the health*)
socavón *m* cavern; cave-in; (min.) adit, gallery
socaz *m* (*pl:* **-caces**) tailrace
sociabilidad *f* sociability; sociality (*tendency to form social groups*)
sociable *adj* sociable, social; *m* sociable (*carriage*)
social *adj* social; (com.) (pertaining to a) company, e.g., **edificio social** company building
socialismo *m* socialism; **socialismo del estado** state socialism
socialista *adj & mf* socialist
socialización *f* socialization
socializar §76 *va* to socialize
sociedad *f* society; company, firm; **buena sociedad** society (*fashionable people*); **hallarse en sociedad** to be in society; **sociedad anónima** (com.) stock company; **sociedad comanditaria** or **en comandita** (com.) commandite (*partnership with one or more silent partners*); **sociedad de cartera** investment trust; **sociedad de control** (com.) holding company; **sociedad de inversión** investment trust; **Sociedad de las Naciones** League of Nations; **sociedad financiera** investment trust; **sociedad limitada** (com.) limited company; **sociedad secreta** secret society
societario -ria *adj* labor-union; *mf* member of a labor union
socio -cia *mf* partner; companion; member; *m* fellow; (scornful) fellow, guy; **socio capitalista** financial partner; **socio comanditario** (com.) silent partner, sleeping partner; **socio industrial** working partner
sociología *f* sociology
sociológico -ca *adj* sociological
sociólogo -ga *mf* sociologist
socolar *va* (Am.) to clear of brush and small trees
socolor *m* pretext, subterfuge; **socolor de** under the pretext of
socollada *f* flapping (*of sails*); (naut.) pitching
socoro *m* (eccl.) place under the choir
socorredor -dora *adj* helping, aiding; *mf* helper, aid
socorrer *va* to succor, help, aid; to pay on account
socorrido -da *adj* helping, ready; well stocked; handy, useful; worn, trite, hackneyed
socorrista *mf* first-aider, member of a first-aid association
socorro *m* succor, help, aid; payment on account; (mil.) relief; **acudir en socorro de** to come to the aid of, to come to the help of
socoyote *m* (Am.) baby (*youngest child*)
Sócrates *m* Socrates
socrático -ca *adj* Socratic
socrocio *m* saffron poultice
sochantre *m* (eccl.) subchantor, succentor
soda *f* (chem.) soda; soda, soda water
sódico -ca *adj* (chem.) (pertaining to) sodium
sodio *m* (chem. sodium
Sodoma *f* (Bib.) Sodom
sodomía *f* sodomy
sodomita *mf* Sodomite; sodomite
soez *adj* (*pl:* **-eces**) base, vile, mean, crude
sofá *m* (*pl:* **-fás**) sofa; **sofá cama** (*pl:* **sofás cama**) day bed
sofaldar *va* to tuck up, to truss up; to raise, to uncover
sofaldo *m* tucking up, trussing up; raising
sofí *m* (*pl:* **-fíes**) var. of **sufí**
Sofía *f* Sophia; Sofia (*city*)
sofión *m* snort; harsh refusal; blunderbuss
sofisma *m* sophism
sofismo *m* var. of **sufismo**

sofista *adj* sophistic or sophistical; *m* sophist
sofistería *f* sophistry
sofisticación *f* adulteration; falsification
sofisticar §86 *va* to adulterate; to falsify
sofístico -ca *adj* sophistic or sophistical
sofito *m* (arch.) soffit
soflama *f* glow, flicker; blush; deceit, cheating; hypocritical look; (coll.) speech
soflamar *va* to flimflam; to make blush; *vr* to scorch
soflamero -ra *adj* flimflamming, hypocritical; *mf* flimflammer, hypocrite
sofocación *f* choking, suffocation; (coll.) great annoyance, disappointment; blushing
sofocador -dora or **sofocante** *adj* suffocating, stifling
sofocar §86 *va* to choke, suffocate, stifle, smother; to extinguish, quench; (coll.) to bother, harass; to make blush; *vr* to choke, suffocate; to get out of breath; to flush; **sofocarse por** to get excited over
sofocleo -a *adj* Sophoclean
Sófocles *m* Sophocles
sofoco *m* blush, embarrassment; **pasar un sofoco** (coll.) to get into an embarrassing situation
sofocón *m* (coll.) annoyance, disappointment
Sofonías *m* (Bib.) Zephaniah
sofoquina *f* (coll.) intense annoyance or disappointment
sófora *f* (bot.) Japanese pagoda tree
sofreír §73 & §17, 9 *va* to fry lightly
sofrenada *f* saccade, sudden checking of a horse; self-control; severe reprimand
sofrenar *va* to check (*a horse*) suddenly; to control (*a passion*); to reprimand severely
sofrito -ta *pp of* **sofreír**
soga *f* rope, cord, halter; (mas.) stretcher; (mas.) face (*of brick or stone*); **dar soga a** (coll.) to make fun of; **hacer soga** (coll.) to lag behind; *m* sly fellow
soguería *f* rope-making; rope shop; ropes
soguero *m* ropemaker, rope dealer; street porter
soguilla *f* small rope; small braid; *m* errand boy
sois *2d pl pres ind of* **ser**
soja *f* (bot.) soy, soybean
sojuzgador -dora *adj* subjugating; *mf* conqueror
sojuzgar §59 *va* to subjugate, to subdue
sol *m* sun; sunlight; sunny side (*e.g., of bull ring*); (fig.) day; (chem. & mus.) sol.; (ichth.) sole (*Symphurus plagiusa*); sol (*Peruvian monetary unit*); **soles** *mpl* (poet.) eyes; **al sol naciente** at sunrise; (coll.) fawning on someone about to attain a position of influence; **al sol puesto** at sunset; (coll.) late, inopportunely; **arrimarse al sol que más calienta** to know on which side one's bread is buttered; **de sol a sol** from sunrise to sunset; **hacer sol** to be sunny; **morir sin sol, sin luz y sin moscas** (coll.) to die without a friend in the world; **no dejar a sol ni a sombra** (coll.) to give no rest to, to not leave in peace; **tomar el sol** to bask in the sun; (naut.) to shoot the sun, to take the sun's altitude; **sol de las Indias** (bot.) sunflower; **sol de medianoche** midnight sun; **sol medio** (astr.) mean sun
solacear *va* (archaic) var. of **solazar**
solada *f* dregs, sediment
solado *m* paving, tiling; pavement
solador *m* paver, tiler, tile man
soladura *f* paving, tiling; paving material; tiles
solamente *adv* only, solely; **solamente que** provided that, with the proviso that
solana *f* sunny spot; solarium, sun porch, sunroom
solanáceo -a *adj* (bot.) solanaceous
solanera *f* sunburn; hot sunny spot; hot sunshine
solanina *f* (chem.) solanine
solano *m* easterly wind; (dial.) hot stifling wind; (bot.) nightshade
solapa *f* lapel; pretext, pretense; flap (*of jacket of book*); (vet.) sinus (*of a small wound*); **de solapa** (coll.) sneakily
solapado -da *adj* overlapping; cunning, underhanded, sneaky
solapadura *f* (naut.) clincher work (*in the sides of a ship*)
solapar *va* to put lapels on; to overlap; to conceal, cover up; *vn* to overlap (*said of part of a garment*)
solape *m* lapel
solapo *m* lapel; overlapped part or piece; (coll.) chuck under chin; **a solapo** (coll.) sneakily
solar *adj* solar, (pertaining to the) sun; ancestral; *m* lot, plot, ground; manor house, ancestral mansion; noble lineage; §77 *va* to pave, to floor; to sole (*a shoe*)
solariego -ga *adj* ancestral; manorial
solaz *m* (*pl:* **-laces**) solace, consolation; recreation; **a solaz** with pleasure
solazar §76 *va* to solace, console; to amuse, divert; *vr* to be solaced or consoled; to amuse oneself, enjoy oneself
solazo *m* (coll.) scorching sun or sunshine
solazoso -sa *adj* consoling, comforting
soldada *f* pay, wages
soldadesco -ca *adj* soldier, barrack-room; **a la soldadesca** like a soldier, like soldiers; *f* soldiery; soldiership; undisciplined troops
soldado *m* soldier; **soldado de a caballo** cavalryman; **soldado de a pie** infantryman, foot soldier; **soldado de infantería** infantryman; **soldado de marina** marine; **soldado de primera** private first class; **soldado desconocido** unknown soldier; **soldado raso** buck private
soldador *m* solderer; welder; soldering iron
soldadote *m* gruff old campaigner
soldadura *f* solder; soldering; soldered joint; welding; welded joint; **soldadura al arco** arc welding; **soldadura autógena** welding; **soldadura de forja** blacksmith welding; **soldadura eléctrica** electric welding; **soldadura fuerte** hard solder; **soldadura fundente** welding compound; **soldadura oxiacetilénica** oxyacetylene welding; **soldadura por arco** arc welding; **soldadura tierna** soft solder
soldán *m* var. of **sultán**
soldar §77 *va* to solder; to weld; to patch up (*a mistake*); *vr* to knit (*said of bones*)
soleamiento *m* sunning, basking in the sun
solear *va* to sun; *vr* to sun, to sun oneself
solecismo *m* solecism
soledad *f* solitude, loneliness; longing, grieving, sorrow; lonely place; mournful Andalusian tune, song, and dance
soledoso -sa *adj* solitary, lonely; grieving, sorrowing
solejar *m* sunny place
solemne *adj* solemn; (coll.) terrible, downright (*e.g., mistake*)
solemnidad *f* solemnity; formality
solemnización *f* solemnization
solemnizador -dora *adj* solemnizing; *mf* solemnizer
solemnizar §76 *va* to solemnize
solenoide *m* (elec.) solenoid
soleo *m* gathering of fallen olives
sóleo *m* (anat.) soleus
soler *m* (naut.) underflooring; §63 *vn* (used only in pres & imperf ind and with a following inf) to be accustomed to, e.g., **suele venir los lunes** he is accustomed to come on Monday; **suele llover en este tiempo** it generally rains at this time of the year
solera *f* crossbeam, entablature; lumber, timber; stone base (*for uprights*); floor (*of oven*); bottom (*of channel*); lower millstone; mother liquor (*of wine*), mother of the wine; blend of sherry; old vintage sherry; (Am.) curb; (Am.) brick, tile; **de solera** or **de rancia solera** of the good old school, of the good old times
soleraje *m* vintage wine
solercia *f* skill, zeal, shrewdness
solería *f* paving or flooring material; sole leather
solerte *adj* cunning, crafty, shrewd
soleta *f* patch for sole of stocking; (coll.) brazen woman; **tomar soleta** (coll.) to flee, run away, leave
soletar or **soletear** *va* to patch the sole of (*a stocking*)
soletero -ra *mf* stocking mender

S

solevación *m* rising; upheaval; revolt
solevamiento *m* rising; upheaval; (geol.) upthrust
solevantado -da *adj* worried, perturbed
solevantamiento *m* var. of **solevamiento**
solevantar *va* to raise up, to upheave; to rouse, stir up, incite; *vr* to rise up, to upheave; to become aroused, to become stirred up
solevar *va* to raise up, to upheave; to excite to rebellion; *vr* to rise up, to upheave; to revolt
solfa *f* (mus.) sol-fa; solmization; musical notation; music, harmony; (coll.) flogging; **poner en solfa** to put in a ridiculous light
solfeador -dora *mf* (mus.) sol-faer
solfear *va* (mus.) to sol-fa; (coll.) to flog, to beat; to criticize severely; *vn* (mus.) to sol-fa
solfeo *m* (mus.) sol-faing, solfeggio; (coll.) flogging, beating
solferino -na *adj* reddish-purple
solfista *mf* (mus.) sol-faist
solicitación *f* solicitation; wooing, courting; (phys.) attraction
solicitador -dora *adj* soliciting; attracting; *m* solicitor, agent
solicitante *mf* petitioner, solicitor; applicant
solicitar *va* to solicit, to ask for; to apply for; to seek after; to woo, to court, to attract (*e.g., attention*); to pull, to drive; to attend to; (phys.) to attract
solícito -ta *adj* solicitous, careful, diligent; obliging; (coll.) fond, affectionate
solicitud *f* solicitude; request, petition; application; **a solicitud** on request; **a solicitud de** at the request of
solidar *va* to harden, to make firm or solid; to establish, to prove
solidariamente *adj* jointly, conjointly
solidaridad *f* solidarity; (law) joint liability
solidario -ria *adj* solidary, jointly liable; jointly binding; involved; **solidario con** or **de** integral with
solidarizar §76 *va* to make jointly liable; *vr* to become jointly liable; to make common cause
solideo *m* (eccl.) calotte, zucchetto
solidez *f* solidity; strength, soundness; firmness, constancy; soundness of judgment; (geom.) volume
solidificación *f* solidification
solidificar §86 *va & vr* to solidify
sólido -da *adj* solid; strong; sound; firm; *m* solid
soliloquiar *vn* (coll.) to talk to oneself; to soliloquize
soliloquio *m* soliloquy
solimán *m* (alchem.) corrosive sublimate; (*cap.*) *m* Solyman
solio *m* throne with canopy, throne
solípedo -da *adj & m* (zool.) soliped
solipsismo *m* (philos.) solipsism
solista *mf* (mus.) soloist; *adj* (mus.) solo (*e.g., instrument*)
solitario -ria *adj* solitary; *mf* solitary, hermit, recluse; *m* solitaire (*game and diamond*); *f* post chaise; tapeworm
sólito -ta *adj* customary, accustomed
soliviadura *f* lifting; getting up partly
soliviantar *va* to rouse, stir up, incite; *vr* to become aroused, to become stirred up
soliviar *va* to lift, lift up; *vr* to rise partly, to get up partly
solivio *m* lifting; upward pressure; getting up partly
solivión *m* hard jerk to throw or pull something off or away
solo -la *adj* only, sole; alone; lonely; straight (*e.g., whiskey*); (mus.) solo; **a solas** alone, by oneself (*unaided*); **a mis solas** alone, by myself (*in solitude*); *m* (mus.) solo
sólo *adv* only, solely; **con sólo que** provided that
solomillo *m* sirloin
solomo *m* sirloin; loin of pork
Solón *m* Solon; (fig.) Solon
solsticial *adj* solstitial
solsticio *m* (astr.) solstice; **solsticio de invierno** or **solsticio hiemal** (astr.) winter solstice; **solsticio de verano** or **solsticio vernal** (astr.) summer solstice
soltadizo -za *adj* slyly let go of, easily loosened, removable, collapsible
soltador -dora *adj* loosening, unfastening; *mf* dropper; **soltador del margen** margin release (*of typewriter*)
soltar §77 *va* to untie, unfasten, loosen; to let loose, to let go, to set free; to let go of; (coll.) to let out, let slip (*a remark*); to give (*a kick or slap*); to turn on (*water*); to solve, explain; **soltar la lengua** to blow off steam; *vr* to get loose or free; to come loose, come off; to burst out; to loosen up; to acquire ease; to cast aside restraint, to thaw out, to let oneself go; **soltarse a** + *inf* to start out to + *inf*
soltera *f* see **soltero**
soltería *f* singleness; bachelorhood; celibacy
soltero -ra *adj* single, unmarried; *m* bachelor; *f* spinster; **de soltera** née
solterón -rona *adj* (coll.) old and unmarried; *m* (coll.) old bachelor; *f* (coll.) old maid, spinster, maiden lady
soltura *f* looseness; ease, agility, freedom; fluency; dissoluteness, licentiousness; release (*of a prisoner*)
solubilidad *f* solubility
soluble *adj* soluble
solución *f* solution; **solución de continuidad** solution of continuity (*break*)
solucionar *va* to solve, resolve
solutivo -va *adj & m* (med.) laxative
soluto *m* (chem.) solute
solvencia *f* settlement; solution; solvency; reliability
solventar *va* to settle, pay up (*what one owes*); to solve (*a difficulty*)
solvente *adj* solvent; reliable; (chem.) solvent; *m* (chem.) solvent
solver §63 & §17, 9 *va* (archaic) to solve, to explain; (obs.) to absolve
sollado *m* (naut.) orlop
sollamar *va* to scorch, to singe
sollastre *m* scullion (*servant; contemptible person*)
sollastría *f* scullery
sollo *m* (ichth.) sturgeon
sollozar §76 *vn* to sob
sollozo *m* sob
soma *f* (biol.) soma; coarse flour
somalí *mf* (*pl:* **-líes**) Somali
Somalía, la Somaliland
somanta *f* (coll.) drubbing, beating
somatén *m* (Sp. hist.) body of armed vigilantes for defense and for maintaining order; (coll.) hubbub, uproar; *interj* war cry of ancient Catalans
somatenista *m* vigilante (*of a somatén*)
somático -ca *adj* somatic
somatología *f* somatology
sombra *f* shade; shadow; shady side (*e.g., of bull ring*); parasol; darkness; ignorance; ghost, spirit, shade; grace, charm, wit; favor, protection; spot, defect; (fig.) shadow (*appearance*); (coll.) luck; (paint.) umber; **a la sombra** in the shade; (coll.) in jail; **a sombra de tejado** (coll.) stealthily, sneakingly; **hacer sombra** to cast a shadow; **hacer sombra a** to stand in the light of, to outshine; to back, to protect; **ni por sombra** by no means; without any notice; **no ser su sombra** to be but a shadow of one's former self; **no tener sombra de** to not have a bit of; **tener buena sombra** (coll.) to be likeable; to be witty; to bring good luck; **tener mala sombra** (coll.) to be disagreeable, be unpopular; to bring bad luck; **sombras chinescas** (theat.) shadow pantomime, shadow play
sombraje *m* sun screen made of branches and twigs
sombrajo *m* sun screen made of branches and twigs; (coll.) shadow (*made by getting in someone's light*); **hacer sombrajos** (coll.) to get in the light, to get in someone's light
sombrar *va* to shade
sombrático -ca or **sombrátil** *adj* shady; obscure, puzzling
sombreado *m* (f.a.) shading, hatching
sombrear *va* to shade; (f.a.) to shade
sombrerada *f* hatful
sombrerazo *m* large hat; blow with a hat; (coll.) hurried doffing of hat
sombrerera *f* see **sombrerero**

sombrerería *f* hat store; millinery shop; hat factory; hat business
sombrerero -ra *mf* hatter, hat maker, milliner; *f* hatter's wife; bandbox, hatbox
sombrerete *m* little hat; hood, bonnet (*of chimney*); spark catcher (*of locomotive*); cap (*of mushroom*); hubcap
sombrerillo *m* little hat; hat (*held out for alms*); cap (*of mushrooms*); (bot.) Venus's-navelwort
sombrero *m* hat; canopy (*of pulpit*); privilege of keeping hat on in presence of king; cap (*of mushrooms*); **pasar el sombrero** to pass the hat; **sombrero apuntado** cocked hat; **sombrero calañés** Andalusian hat with turned-up brim and low cone-shaped crown; **sombrero castoreño** beaver hat; **sombrero cordobés** low, wide-brim felt halt; **sombrero de cabrestante** (naut.) drum of the capstan; **sombrero de candil** cocked hat; **sombrero de copa** or **de copa alta** top hat, high hat; **sombrero de jipijapa** Panama hat; **sombrero del patrón** (naut.) hat money, primage; **sombrero de muelles** opera hat; **sombrero de paja** straw hat; **sombrero de pelo** (Am.) high hat; **sombrero de teja** shovel hat; **sombrero de tres picos** three-cornered hat; **sombrero flexible** soft hat; **sombrero gacho** slouch hat; **sombrero hongo** derby hat; **sombrero jarano** (Am.) sombrero; **sombrero panamá** Panama hat
sombría *f* see **sombrío**
sombrilla *f* parasol, sunshade; **sombrilla de playa** beach umbrella; **sombrilla protectora** (mil.) umbrella
sombrío -a *adj* shady; somber; gloomy; (f.a.) shaded; *f* shady place
sombroso -sa *adj* shady; shadowy, full of shadows
somero -ra *adj* brief, summary; slight; superficial, shallow; on the surface, just above the surface
someter *va* to force to yield, to subdue, to subject; to submit (*e.g., an argument; a problem for consideration or solution*); *vr* to yield, submit, surrender
sometido -da *adj* submissive, docile, humble
sometimiento *m* submission, subjection
somier *m* (*pl:* **-mieres**) bedspring, spring mattress
somnambulismo *m* var. de **sonambulismo**
somnámbulo -la *adj & mf* var. of **sonámbulo**
somnífero -ra *adj* somniferous
somnílocuo -cua *adj* somniloquous, sleep-talking; *mf* somniloquist, sleep talker
somnolento -ta *adj* sleepy, dozy, drowsy, somnolent; lazy
somnolencia *f* drowsiness, somnolence
somontano -na *adj & mf* Upper Aragonese
somonte; de somonte coarse, rough, unpolished
somorgujador *m* diver
somorgujar *va* to duck, to plunge, to submerge; *vn* to dive; *vr* to duck, to plunge, to submerge; to dive
somorgujo *m* (orn.) dabchick, grebe; **a lo somorgujo** or **a somorgujo** under the water; (coll.) secretly, stealthily; **somorgujo castaño** or **menor** (orn.) dabchick (*Podiceps ruficollis*); **somorgujo moñudo** (orn.) crested grebe
somormujar *va* var. of **somorgujar**
somormujo *m* var. of **somorgujo**
somos *1st pl pres ind of* **ser**
sompesar *va* to heft, try the weight of
son *m* sound, sweet sound; news, rumor; pretext, motive; manner, mode; **¿a qué son?** or **¿a son de qué?** (coll.) for what reason?; **a son de** to the sound of; **bailar a cualquier son** (coll.) to be fickle in one's likes and dislikes; **bailar al son que le tocan** (coll.) to adapt oneself to circumstances; **en son de** in the manner of, by way of, on the score of; **sin son** (coll.) without reason; *3d pl pres ind of* **ser**
sonable *adj* loud, noisy; noted, famous
sonada *f* see **sonado**
sonadera *f* blowing the nose
sonadero *m* handkerchief
sonado -da *adj* talked-about, bruited about; noted, famous; **hacer una que sea sonada** (coll.) to cause a scandal, to cause a lot of talk; *f* (mus.) sonata
sonador -dora *adj* noisemaking; *mf* noisemaker; *m* handkerchief
sonaja *f* jingle, metallic disk (*of tambourine*); **sonajas** *fpl* jingle hoop
sonajero *m* child's rattle
sonambulismo *m* sleepwalking, somnambulism
sonámbulo -la *adj* sleepwalking, somnambulistic; *mf* sleepwalker, somnambulist
sonante *adj* sonant, sounding, jingling; *f* (phonet.) sonorant, syllabic consonant
sonar *m* sonar; **§77** *va* to sound, to ring; to play (*a musical instrument*); to blow (*one's nose*); *vn* to sound, to ring; to be sounded (*said of a vowel, consonant, letter, etc.*); to strike (*said of a clock*); to be mentioned; to be reported or bruited about; to seem; (coll.) to sound familiar; (fig.) to ring, to sound (*a certain way*); **ni suena ni truena** (coll.) cuts no figure; **sonar a** to sound like, to have the appearance of; *vr* to blow one's nose; to be rumored
sonata *f* (mus.) sonata
sonatina *f* (mus.) sonatina
sonda *f* sounding; sounder, plummet, lead; drill; (geol.) annular borer; diamond drill; (surg.) catheter; (surg.) probe; **sonda acústica** sonic depth finder
sondable *adj* fathomable
sondaje *m* boring, drilling, sounding
sondaleza *f* (naut.) lead line, sounding line
sondar or **sondear** *va* to sound (*water, subsoil, a person, a person's intentions*); to drill, make borings in; (surg.) to sound, to probe
sondeo *m* sounding, probing
sonecillo *m* little sound, slight noise; joyous sound, merry tune
sonería *f* pealing of bells; set of bells, carillon; striking mechanism (*of clock*)
sonetear *vn* to write sonnets, to sonneteer
sonetico *m* light sonnet; tapping with the fingers
sonetillo *m* short-line sonnet
sonetista *mf* sonneteer
sonetizar **§76** *vn* to write sonnets, to sonneteer
soneto *m* sonnet
sónico -ca *adj* sonic
sonido *m* sound; report, rumor; literal meaning
soniquete *m* little sound, unpleasant sound, tapping, rapping
sonlocado -da *adj* mad, wild, reckless, foolish
sonochada *f* evening, early part of night; evening watch
sonochar *vn* to watch in the early part of the night
sonómetro *m* sonometer
sonora *f* see **sonoro**
sonoridad *f* sonority
sonorización *f* recording of sound effects on a film; (phonet.) voicing
sonorizar **§76** *va* to record sound effects on (*a film*); (phonet.) to voice; *vr* (phonet.) to voice
sonoro -ra *adj* sonorous; clear, loud, resounding; (phonet.) sonant; *f* (phonet.) sonant
sonoroso -sa *adj* (poet.) sonorous, resounding
sonreír **§73** *vn & vr* to smile
sonriente *adj* smiling; *mf* smiling person
sonrisa *f* smile
sonrisueño -ña *adj & mf* var. of **sonriente**
sonrodar **§77** *vr* to stick or get stuck in the mud (*said of wheels*)
sonrojar or **sonrojear** *va* to make blush; *vr* to blush
sonrojo *m* blush, blushing; word or remark that causes blushing
sonrosado -da *adj* rosy
sonrosar or **sonrosear** *va* to rose-color; to flush; *vr* to become rose-colored; to flush, to blush
sonroseo *m* flush, blush
sonsaca *f* pilfering; enticement; wresting, eliciting
sonsacador -dora *adj* pilfering; enticing; eliciting; *mf* pilferer; enticer; wheedler; pumper (*of secrets*)
sonsacamiento *m* var. of **sonsaca**

S

sonsacar §86 *va* to pilfer; to entice away; to elicit, draw out (*e.g., a secret*); **sonsacar un secreto a alguien** to elicit a secret from someone, to draw a secret out of someone
sonsaque *m* var. of **sonsaca**
sonsonete *m* rhythmical tapping; dull rumbling; singsong; smirking tone
sonsoniche *interj* (slang) hush!, silence!
soñación *f* dream; **ni por soñación** (coll.) by no means, far from it
soñador -dora *adj* dreamy; *mf* dreamer; (fig.) dreamer
soñar §77 *va* to dream; **ni soñarlo** (coll.) not even in dreams; *vn* to dream; to daydream; **soñar con** or **en** to dream of; **soñar con** or **en** + *inf* to dream of + *ger;* **soñar despierto** to daydream
soñarrera *f* (coll.) dreaminess; sleepiness; deep sleep
soñera *f* sleepiness
soñolencia *f* drowsiness, somnolence
soñoliento -ta *adj* sleepy, dozy, drowsy, somnolent; lazy; somniferous
sopa *f* sop (*food soaked in milk, etc.*); soup; **sopas** *fpl* slices of bread to put in soup; **a la sopa boba** (coll.) at other people's expense; **andar** or **ir a la sopa** to beg from door to door; **hecho una sopa** (coll.) soaked to the skin, sopping wet, drenched; **sopa de pastas** noodle soup; **sopa juliana** julienne
sopaipa *f* fritter soaked in honey
sopalancar §86 *va* to lift with a lever
sopalanda *f* student's gown
sopanda *f* brace; joist
sopapear *va* (coll.) to chuck under the chin; (coll.) to abuse
sopapina *f* (coll.) beating, drubbing
sopapo *m* chuck under the chin; (coll.) slap, blow; valve
sopar *va* to steep, soak
sopear *va* to steep, soak; to trample on; to abuse
sopeña *f* cavity under a rock
sopero -ra *adj* (pertaining to) soup; *m* soup dish; *f* soup tureen
sopesar *va* to heft, try the weight of
sopetear *va* to dunk; to abuse
sopeteo *m* dunking
sopetón *m* slap, box; toast soaked in olive oil; **de sopetón** suddenly
sopicaldo *m* thin soup
sopista *adj* poverty-stricken; *mf* beggar, object of charity; *m* student making his way on charity
sopladero *m* vent, air hole
soplado -da *adj* (coll.) overnice; (coll.) conceited, stuck up; *m* blowing; (min.) deep fissure
soplador -dora *adj* blowing; *m* blower; ventilator, blowing fan; vent, air hole; (zool.) blower (*whale*); *f* blower
sopladura *f* blowing; blowhole, air hole
soplamocos *m* (*pl:* **-cos**) (coll.) punch in the nose
soplar *va* to blow; to blow away; to blow up, to inflate; to snitch, to swipe; to prompt; to inspire (*a person; verse, poetry*); to whisper (*e.g., an answer to a pupil*); to tip, to tip off; (coll.) to squeal on; (checkers) to huff; *vn* to blow; (zool.) to blow (*said of a whale*); (coll.) to squeal; **¡sopla!** (coll.) gracious me!; *vr* to be puffed up, be conceited; (coll.) to swill, gulp, gobble
soplete *m* blowpipe, torch; **soplete oxiacetilénico** oxyacetylene torch; **soplete oxhídrico** oxyhydrogen torch
soplido *m* blowing, blast
soplillo *m* blowing fan, ventilator; chiffon, silk gauze; light sponge cake
soplo *m* blowing, blast; breath; puff, gust of wind; instant, moment; (coll.) tip (*secret information*); (coll.) squealing; (coll.) squealer; **soplo de vida** breath of life
soplón -plona *adj* (coll.) tattletale; *mf* (coll.) tattletale, squealer
soplonear *va* (coll.) to squeal on
sopón *m* (coll.) beggar
soponcio *m* swoon, faint, fainting
sopor *m* sleepiness, drowsiness; stupor, lethargy
soporífero -ra *adj* soporiferous, soporific; *m* soporific
soporífico -ca *adj* soporific
soporoso -sa *adj* sleepy; soporose
soportable *adj* bearable, endurable, supportable
soportal *m* porch, portico, arcade
soportar *va* to support, bear, hold up; to suffer, endure
soporte *m* support, bearing, rest, standard; base, stand; hanger; bracket
soprano *mf* soprano (*person*); *m* soprano (*voice*)
sopuntar *va* to put dots under (*a letter or word*)
Sor. abr. of **Señor**
sor *f* (used before names of nuns) sister
sorber *va* to sip, to suck; to absorb, to soak up, to swallow up; **sorber los vientos por** (coll.) to be crazy about; *vr* to overcome, get the best of
sorbete *m* sherbet, water ice
sorbetera *f* ice-cream freezer; (Am.) high hat
sorbetón *m* (coll.) gulp, big gulp of liquor
sorbible *adj* to be sipped, that can be sipped; absorbable
sorbo *m* sip; sipping; swallow, gulp; sniff
Sorbona *f* Sorbonne
sorda *f* see **sordo**
sordera *f* deafness
sordez *f* (phonet.) voicelessness
sordidez *f* sordidness
sórdido -da *adj* sordid
sordina *f* (mus.) damper; (mus.) mute; silencer; **a la sordina** silently, on the quiet
sordino *m* (mus.) fiddle
sordo -da *adj* deaf; silent, mute; muffled, dull; dull (*noise; pain*); veiled (*e.g., hostility*); deaf, indifferent; (math. & phonet.) surd; **a la sorda, a lo sordo** or **a sordas** silently, noiselessly; **sordo como una tapia** (coll.) stone-deaf, deaf as a post; *mf* deaf person; **hacerse el sordo** to pretend to be deaf; to turn a deaf ear; *f* (orn.) snipe; (naut.) hawser used for launching; (phonet.) surd
sordomudez *f* deaf-dumbness, deaf-muteness
sordomudo -da *adj* deaf and dumb, deaf-mute; *mf* deaf-mute
sorgo *m* (bot.) sorghum; **sorgo del Sudán** (bot.) Sudan grass
soríasis *f* (path.) psoriasis
sorna *f* slowness; sluggishness; cunning
soro *m* (bot.) sorus
sorochar *vr* (Am.) to become mountain-sick
soroche *m* (Am.) soroche, mountain sickness; (Am.) flush (*caused by heat, shame, etc.*); (Am.) silver-bearing lead sulfide
sóror *f* (eccl.) sister
sorosis *f* (bot.) sorosis
sorprendente *adj* surprising; unusual, extraordinary
sorprender *va* to surprise; to catch; to discover (*a secret*); **sorprender en el hecho** to catch in the act; *vr* to be surprised
sorpresa *f* surprise; surprise package; **coger** or **tomar de sorpresa** to take by surprise
sorpresivamente *adv* unexpectedly, by surprise
sorpresivo -va *adj* unexpected, sudden, surprising
sorra *f* ballast of coarse gravel; half belly of tunny
sorregar §29 *va* to irrigate by overflow from a higher ditch
sorriego *m* irrigation by overflow from a higher ditch; overflow water
sorrostrada *f* insolence, bluntness; **dar sorrostrada a** to insult, upbraid
sorrostrar *va* to insult, upbraid
sorteamiento *m* var. of **sorteo**
sortear *va* to draw or cast lots for; to choose by lot; to dodge, to evade; to duck through (*traffic*); (taur.) to choose by lot (*the bull one is to fight*); (taur.) to make passes at (*a bull*); *vn* to draw or cast lots
sorteo *m* drawing, casting of lots; choosing by lot; dodging, evasion; (taur.) workout, performance
sortero -ra *mf* soothsayer, fortuneteller
sortiaria *f* fortunetelling by cards
sortija *f* ring; curl; hoop; **sortija de sello** signet ring; **sortija solitario** solitaire (*ring*)
sortijilla *f* ringlet; curl
sortijuela *f* ringlet

sortilegio *m* sorcery, witchery, sortilege
sortílego -ga *mf* fortuneteller; *m* sorcerer; *f* sorceress
S O S *m* (rad.) S O S (*signal of distress*)
sosa *f* see **soso**
sosaina *adj* dull, colorless (*person*)
sosal *m* or **sosar** *m* field of glasswort, field of kelp
sosegado -da *adj* calm, quiet, peaceful
sosegador -dora *adj* calming, quieting; *mf* quieter, appeaser
sosegar §29 *va* to calm, to quiet, to allay; *vn* to become calm, to rest; *vr* to calm down, to quiet down; to become calm, to rest
sosera *f* see **sosero**
sosería *f* insipidity, tastelessness; dullness, inanity, nonsense
sosero -ra *adj* (bot.) soda-yielding; *f* insipidity, tastelessness; dullness, inanity, nonsense
sosia *m* double (*counterpart of another person*)
sosiega *f* rest from work; drink when resting; nightcap
sosiego *m* calm, quiet, serenity
soslayar *va* to place obliquely; to duck (*a question*); to evade (*an evil*)
soslayo -ya *adj* oblique, slanting; **al soslayo** or **de soslayo** obliquely, slantingly; at a slant; askance; **mirada de soslayo** side glance; **pegar de soslayo** to glance against, to hit on the slant
soso -sa *adj* insipid, tasteless; dull, inane; *f* (bot.) glasswort; soda ash; (chem.) soda; **sosa cáustica** (chem.) caustic soda
sosobre *m* or **sosobrejuanete** *m* (naut.) skysail, skysail pole
sospecha *f* suspicion
sospechable *adj* suspicious; suspect
sospechar *va* to suspect; *vn* to suspect, be suspicious; **sospechar de** to suspect, distrust
sospechoso -sa *adj* suspicious; suspect; *m* suspect
sospesar *va* to heft, try the weight of
sosquín *m* side blow; sneak blow or punch
sostén *m* support (*person or thing*); brassière; steadiness (*of ship*); *2d sg impv of* **sostener**
sostendré *1st sg fut ind of* **sostener**
sostenedor -dora *adj* supporting, sustaining; *mf* supporter, sustainer
sostener §85 *va* to support, hold up; to sustain; to maintain; to back, uphold; to bear, stand
sostengo *1st sg pres ind of* **sostener**
sostenido -da *adj & m* (mus.) sharp; **doble sostenido** (mus.) double sharp
sostenimiento *m* support, sustenance, maintenance
sostuve *1st sg pret ind of* **sostener**
sota *f* jack (*in cards*); jade, hussy; *m* (Am.) boss, foreman
sotabanco *m* attic, garret; (arch.) impost, springer, skewback
sotabarba *f* fringe of whiskers (*around chin from ear to ear*)
sotacola *f* crupper
sotacoro *m* var. of **socoro**
sotalugo *m* second hoop (*of cask or barrel*)
sotaministro *m* var. of **sotoministro**
sotana *f* soutane, cassock; (coll.) beating, drubbing
sotanear *va* (coll.) to beat, to drub, to reprimand harshly
sotaní *m* (*pl:* **-níes**) short skirt without folds
sótano *m* basement, cellar
sotaventar or **sotaventear** *vr* (naut.) to fall to leeward
sotavento *m* (naut.) leeward; **a sotavento** (naut.) alee, to leeward
sotechado *m* shed
soteño -ña *adj* growing in groves
soteriología *f* (theol.) soteriology
soterramiento *m* burial, inhumation
soterraño -ña *adj* underground, subterranean
soterrar §18 to bury, inhume; to hide away
sotileza *f* (prov.) leader (*transparent fiber of fishline*); (archaic) subtlety
soto *m* grove; thicket, brush
sotoministro *m* (eccl.) steward
sotreta *m* (Am.) nag
sotrozo *m* (mach.) key; (arti.) linchpin, axle pin; (naut.) foothook staff

sotuer *m* (her.) saltier
soviet *m* (*pl:* **-viets**) soviet
soviético -ca *adj* soviet, sovietic
sovietismo *m* sovietism
sovietización *f* sovietization
sovietizar §76 *va* to sovietize
sovoz; a sovoz sotto voce, in a low tone
soy *1st sg pres ind of* **ser**
soya *f* var. of **soja**
spre. abr. of **siempre**
S.r or **Sr.** abr. of **Señor**
Sra. abr. of **Señora**
Sría. abr. of **secretaría**
Sr.ta or **Srta.** abr. of **Señorita**
S.S. abr. of **Su Santidad**
S.S.a abr. of **Su Señoría**
SS.mo abr. of **Santísimo**
SS.no abr. of **escribano**
S.S.S. abr. of **su seguro servidor**
ss. ss. abr. of **seguros servidores**
S.S.S. y Capellán (coll.) formula written by priests at the end of a letter
Sta. abr. of **Santa**
stajanovismo *m* Stakhanovism
stajanovista *adj & mf* Stakhanovite
Stalingrado *f* Stalingrad
stalinismo *m* Stalinism
stalinista *adj & mf* Stalinist
Sto. abr. of **Santo**
stuka *m* Stuka (*German dive bomber*)
su *adj poss* his, her, its, their, your, one's
Suabia *f* Swabia
suabo -ba *adj & mf* Swabian
suarda *f* stain, spot; suint (*grease of wool*)
suasorio -ria *adj* suasive, persuasive
suave *adj* suave, smooth; mild, meek; gentle; (phonet.) smooth (*breathing*)
suavidad *f* suavity, smoothness; mildness, meekness
suavizador -dora *adj* smoothing, softening, mollifying; *m* razor strop
suavizar §76 to smooth, to ease, to sweeten, to soften, to mollify; to strop (*a razor*)
subacetato *m* (chem.) subacetate
subácido -da *adj* (chem.) subacid
subacuático -ca *adj* underwater, subaquatic
subácueo -a *adj* subaqueous
subafluente *m* tributary
subagente *m* subagent
subalcaide *m* deputy warden
subalimentación *f* undernourishment
subalquilar *va* var. of **subarrendar**
subalternar *va* to subdue, to subject
subalterno -na *adj & mf* subaltern, subordinate
subálveo -a *adj* located under the river bed; *m* place under river bed
subantártico -ca *adj* subantarctic
subarrendador -dora *mf* subletter
subarrendar §18 *va* to sublease; to sublet
subarrendatario -ria *mf* sublessor; sublessee
subarriendo *m* sublease
subártico -ca *adj* subarctic
subasta *f* auction, auction sale; bidding; **sacar a pública subasta** to sell at auction
subastar *va* to auction, sell at auction, auction off; to bid
subatómico -ca *adj* subatomic
subátomo *m* (chem. & phys.) subatom
subcampeón -ona *mf* (sport) runner-up
subcentral *f* (elec.) substation
subclase *f* (biol.) subclass
subclavio -via *adj* (anat.) subclavian
subcolector *m* subcollector, assistant collector
subcomendador *m* deputy commander (*of a military order*)
subcomisión *f* subcommission, subcommittee
subconsciencia *f* subconscious, subconsciousness
subconsciente *adj* subconscious
subcontinente *m* subcontinent
subcontratar *va & vn* to subcontract
subcontratista *mf* subcontractor
subcontrato *m* subcontract
subcostal *adj* (anat. & zool.) subcostal
subcrítico -ca *adj* subcritical
subcutáneo -a *adj* subcutaneous
subdecano *m* subdean
subdelirio *m* (path.) subdelirium

S

subdesarrollado -da *adj* underdeveloped
subdiaconato *m* subdeaconry
subdiácono *m* subdeacon
subdirector -tora *mf* subhead, subdirector
súbdito -ta *adj & mf* subject
subdividir *va & vr* to subdivide
subdivisión *f* subdivision
subdominante *f* (mus.) subdominant
subduplo -pla *adj* (math.) subdouble
subentender **§66** *va* to understand; *vr* be understood, be implied
subeo *m* var. of **sobeo**
suberina *f* (biochem.) suberin
suberoso -sa *adj* subereous
subespecie *f* (biol.) subspecies
subestación *f* (elec.) substation
subestimar *va* to underestimate
subestructura *f* substructure; (rail.) roadbed
subexposición *f* (phot.) underexposure
subfamilia *f* subfamily
subfluvial *adj* underriver
subfusil *m* submachine gun; **subfusil ametrallador** submachine gun
subgénero *m* (biol.) subgenus
subgobernador *m* lieutenant governor
subgrupo *m* subgroup
subida *f* see **subido**
subidero -ra *adj* climbing, for climbing; *m* way up, way to go up
subido -da *adj* high, fine, superior; strong, intense; bright (*color*); high, high-priced; **subido de color** off-color; *f* rise; ascent, acclivity; accession (*e.g., to the throne*)
subidor *m* porter; elevator, lift
subilla *f* awl
subimiento *m* rise
subíndice *m* subindex
subinquilino -na *mf* subtenant
subinspección *f* subinspection
subinspector *m* subinspector
subintración *f* underlapping (*of bone*); overlapping (*of fever*)
subintrar *vn* to come in later; to underlap (*said of a fractured bone*); to overlap (*said of onsets of fever*)
subir *va* to raise; to lift, to lift up; to carry up; to go up (*the stairs, a slope*); to swell, increase; (mus.) to raise the pitch of; *vn* to go up, to come up; to rise; to swell, increase; to get worse; to spread; (mus.) to rise (*said of pitch*); **subir a** + *inf* to go or come up to + *inf;* **subir a** to climb (*e.g., a tree*); **subir a** or **en** to climb to; to get in or into, to climb into; to get on, to mount; *vr* to rise; **subírsele a uno a la cabeza** to go to one's head (*said, e.g., of wine*); **subirse a** or **en** to get into
subitáneo -a *adj* sudden, unexpected
súbito -ta *adj* sudden, unexpected; hasty, impetuous; hurried; **súbito** *adv* suddenly; **de súbito** suddenly
subjefe *m* assistant to the chief, subhead
subjetividad *f* subjectivity
subjetivismo *m* (philos.) subjectivism
subjetivo -va *adj* subjective
subjuntivo -va *adj & m* (gram.) subjunctive
sublevación *f* uprising, revolt
sublevado *m* rebel, insurrectionist
sublevamiento *m* var. of **sublevación**
sublevar *va* to incite to rebellion; to stir up the ire of; *vr* to revolt
sublimación *f* sublimation
sublimado -da *adj* sublimated; exalted; *m* (chem.) sublimate
sublimar *va* to sublimate; to sublime, exalt, elevate; *vr* to be sublimated; to be sublimed, be exalted, be elevated
sublime *adj* sublime; **lo sublime** the sublime
sublimidad *f* sublimity
subliminar *adj & f* (psychol.) subliminal
sublingual *adj* (anat.) sublingual
sublunar *adj* sublunar or sublunary
submarginal *adj* submarginal
submarinista *mf* skin diver
submarino -na *adj* submarine; underwater; *m* submarine
submaxilar *adj* submaxillary
submersión *f* var. of **sumersión**
submicroscópico -ca *adj* submicroscopic
submúltiplo -pla *adj & m* (math.) submultiple
subnormal *adj* subnormal; *f* (geom.) subnormal
subnota *f* footnote to a footnote
suboficial *m* sergeant major; noncommissioned officer
suborbital *adj* suborbital
suborden *m* suborder
subordinación *f* subordination
subordinado -da *adj* subordinate; (gram.) subordinate, subordinating; *mf* subordinate
subordinante *adj* (gram.) subordinating, subordinate
subordinar *va* to subordinate; *vr* to be subordinated
subprefecto *m* subprefect
subprefectura *f* subprefecture
subproducto *m* by-product
subrayar *va* to underline; to emphasize
subreino *m* (biol.) subkingdom
subrepción *f* underhandedness, subreption
subrepticio -cia *adj* surreptitious
subrogación *f* substitution; (law) subrogation
subrogar **§59** *va* to subrogate; **subrogar con** or **por** to replace with
subsanable *adj* excusable; reparable
subsanación *f* excusal, excusing; reparation
subsanar *va* to excuse, overlook; to correct, repair
subsatélite *m* subsatellite
subscapular *adj* (anat.) subscapular
subscribir **§17**, 9 *va* to subscribe; to subscribe to, to endorse; to subscribe to or for (*e.g., bonds*); to sign; **subscribir a uno a** to enter or enroll someone for a subscription to; *vr* to subscribe; **subscribirse a** to subscribe to or for (*e.g., a journal*)
subscripción *f* subscription
subscriptor -tora *mf* subscriber
subscrito -ta *pp de* **subscribir**
subscritor -tora *mf* subscriber
subsecretaría *f* undersecretaryship
subsecretario *m* undersecretary
subsecuente *adj* subsequent
subseguir **§82** *vn & vr* to follow next; **subseguir de** to follow from
subsidiar *va* to subsidize
subsidiario -ria *adj* subsidiary; (law) ancillary
subsidio *m* subsidy; aid, help; **subsidio de vejez** old-age pension; **subsidio por desempleo** or **subsidios de paro** unemployment compensation
subsiguiente *adj* subsequent, succeeding
subsistencia *f* subsistence, sustenance; (philos.) subsistence
subsistente *adj* subsistent; persistent, lasting
subsistir *vn* to subsist
subsolano *m* east wind
subsónico -ca *adj* subsonic
substancia *f* substance; **en substancia** in substance; **substancia gris** (anat.) gray matter
substanciación *f* abridgment, abstraction; (law) trial
substancial *adj* substantial; important; nourishing
substancialidad *f* substantiality
substanciar *va* to abridge, abstract; (law) to try
substancioso -sa *adj* substantial; nourishing; tasty
substantífico -ca *adj* substantial
substantivar *va* (gram.) substantivize; *vr* (gram.) to become substantivized, to be used as a noun
substantivo -va *adj* substantive; (gram.) substantive; *m* (gram.) substantive
substitución *f* replacement; (alg., chem. & law) substitution
substituíble *adj* replaceable
substituidor -dora *adj* substitute, substitutional; *mf* substitute
substituir **§41** *va* to replace, e.g., **substituimos la mantequilla con** or **por la margarina** we replaced butter with margarine; to substitute for, take the place of, e.g., **Juan substituyó a Pedro** John substituted for Peter, John took the place of Peter; **la margarina substituyó a la mantequilla** margarine took the place of butter; *vn* to take someone's or something's place; *vr* to be replaced; to relieve each other

substitutivo -va *adj* substitutive; substitute; *m* substitute (*thing*); **desconfíe de substitutivos** beware of substitutes
substituto -ta *mf* substitute
substracción *f* removal, withdrawal; theft; subtraction
substraendo *m* (math.) subtrahend
substraer §88 *va* to remove, to deduct; to rob, to steal; to subtract; **substraer a** to take away from; to rob from, to steal from; *vr* to withdraw; **substraerse a** to evade, to avoid, to slip away from
substraigo *1st sg pres ind of* **substraer**
substraje *1st sg pret ind of* **substraer**
substrato *m* substratum; (biochem.) substrate
subsuelo *m* subsoil
subsumir *va* to subsume
subsumpción *f* subsumption
subtender §66 *va* (geom. & bot.) to subtend
subtenencia *f* second lieutenancy
subteniente *m* second lieutenant
subtensa *f* (geom.) line subtending, subtense
subterfugio *m* subterfuge
subterráneo -a *adj* subterranean, underground; *m* subterranean (*place*)
subtitular *va* to subtitle
subtítulo *m* subtitle, subhead
subtropical *adj* subtropical
subtrópicos *mpl* subtropics
suburbano -na *adj* outlying, adjacent (*to a city*); suburban; *mf* suburbanite
suburbio *m* suburb; outlying slum
subvención *f* subvention, subsidy
subvencionar *va* to subsidize
subvendré *1st sg fut ind of* **subvenir**
subvengo *1st sg pres ind of* **subvenir**
subvenir §92 *vn* to provide; **subvenir a** to provide for (*e.g., a person's needs*); to meet, defray (*expenses*)
subversión *f* subversion
subversivo -va *adj* subversive
subversor -sora *adj* subversive; *mf* subverter; subversive
subvertir §62 *va* to subvert
subvine *1st sg pret ind of* **subvenir**
subviniendo *ger of* **subvenir**
subyacente *adj* subjacent, underlying
subyugación *f* subjugation
subyugador -dora *adj* subjugating; *mf* subjugator
subyugar §59 *va* to subjugate
succínico -ca *adj* succinic
succino *m* amber
succión *f* sucking; suction
succionador *m* suction cup
succionar *va* to suck, to suck in
sucedáneo -a *adj & m* substitute
suceder *va* to succeed, follow, be the successor of; *vn* to happen; **suceder a** to succeed to (*e.g., a throne*); **suceder con** to happen to; *vr* to follow one another, to follow one after the other
sucedido *m* (coll.) happening, event
sucesión *f* succession; issue, offspring; estate
sucesivamente *adv* successively; **y así sucesivamente** and so on
sucesivo -va *adj* successive; **en lo sucesivo** in the future
suceso *m* event, happening; issue, outcome; course, lapse; **sucesos de actualidad** current events
sucesor -sora *adj* succeeding; *mf* successor; heir
suciedad *f* dirt, filth; dirtiness, filthiness, filthy remark
sucintar *vr* to be precise, be brief
sucinto -ta *adj* succinct
sucio -cia *adj* dirty, filthy; low, base; tainted; blurred; (naut.) foul (*because of hidden rocks*); (sport) foul (*blow*); **sucio** *adv* (sport) foully, unfairly
sucísimo -ma *adj super* very or most dirty or filthy
suco *m* (archaic) juice; (Am.) muddy ground
sucoso -sa *adj* (archaic) juicy
sucre *m* sucre (*monetary unit of Ecuador*)
suctorio -ria *adj* suctorial
súcubo *adj masc* succubine; *m* succubus
sucucho *m* corner, nook
súcula *f* windlass, winch
suculencia *f* succulence or succulency
suculento -ta *adj* succulent
sucumbir *vn* to succumb; (law) to lose
sucursal *adj* branch; *f* branch, branch office
sucusión *f* succussation or succussion
sudadero *m* saddlecloth, saddle blanket; sweating room, sudatorium; handkerchief, sweat cloth; moist ground
Sudáfrica *f* South Africa
sudafricano -na *adj & mf* South African
Sudamérica *f* South America
sudamericano -na *adj & mf* South American
Sudán *m* Sudan; **Sudán Angloegipcio** Anglo-Egyptian Sudan
sudanés -nesa *adj & mf* Sudanese
sudante *adj* sweating; *mf* sweater (*person*)
sudar *va* to sweat; (coll.) to cough up; *vn* to sweat; (coll.) to sweat (*to work hard*)
sudario *m* shroud, winding sheet; (archaic) handkerchief, sweat cloth; (archaic) sweating room
sudatorio -ria *adj* sudatory; *m* (hist.) sudatorium
sudcoreano -na *adj & mf* South Korean
sudeño -ña *adj* southern
sudestada *f* southeaster
sudestal *adj* southeast; southeasterly
sudeste *m* southeast; southeaster (*wind*); **el Sudeste Asiático** or **de Asia** Southeast Asia; *adj* southeast; southeastern
sudetas *mfpl* Sudeten (*people*)
sudetes *mfpl* Sudeten (*people*); *mpl* Sudeten (*mountains*); **región de los Sudetes** Sudetenland
sudista *m* Southerner (*in U.S. Civil War*)
sudoccidental *adj* southwest
sudoeste *m* southwest; southwest wind
sudor *m* sweat; (fig.) sweat, toil; **sudores** (med.) sweat treatment; **chorrear de sudor** to swelter; **sudor frío** cold sweat
sudoriento -ta *adj* sweaty
sudorífero -ra *adj* sudoriferous
sudorífico -ca *adj & m* sudorific
sudoríparo -ra *adj* (anat.) sudoriparous
sudoroso -sa *adj* sweating, sweaty
sudoso -sa *adj* sweaty
sudsudeste *m* south-southeast
sudsudoeste *m* south-southwest
sudueste *m* var. of **sudoeste**
Suecia *f* Sweden; (*l.c.*) *f* suede (*leather*)
sueco -ca *adj* Swedish; *mf* Swede; **hacerse el sueco** (coll.) to pretend to not understand; *m* Swedish (*language*)
suegra *f* mother-in-law; hard crust (*of bread*)
suegro *m* father-in-law
suela *f* sole; sole leather; (ichth.) sole (*Solea vulgaris & Symphurus plagiusa*); leather tip (*of billiard cue*); horizontal beam; **suelas** *fpl* sandals; **de tres, de cuatro** or **de siete suelas** (coll.) downright; **media suela** half sole; **no llegarle a uno a la suela del zapato** (coll.) to not be able to hold a candle to someone
suelda *f* var. of **consuelda**
sueldaconsuelda *m* (bot.) snowberry (*Chiococca alba*)
sueldacostilla *f* (bot.) grape hyacinth
sueldo *m* salary, pay
suelo *m* ground, soil, land; floor, flooring; pavement; bottom; hoof; dregs; end; **arrastrarse por el suelo** (coll.) to crawl, to cringe; **dar consigo en el suelo** to fall down; **echar por los suelos** to ruin; **echarse por los suelos** to be excessively obsequious; **faltarle a uno el suelo** to trip, to fall; **medir el suelo** to stretch out on the ground or on the floor; (coll.) to fall flat on the ground; **no pisar en el suelo** to walk in the clouds, to walk on air; **por el suelo** or **por los suelos** cast off, cast aside; **sin suelo** unlimited; brazenly; **sobre suelo firme** on terra firma; **venir** or **venirse al suelo** to fall to the ground, to collapse, to topple; to fail; **suelo franco** loam; **suelo natal** home country
suelto -ta *adj* loose; free, easy; swift, agile, nimble; fluent, voluble; bold, daring; single (*copy*); blank (*verse*); odd, separate; spare; bulk; **suelto de lengua** loose-tongued; **suelto de manos** ready-fisted; *pp of* **solver;** *m*

small change; news item; *f* release; fetters (*for grazing animals*); relay (*of oxen*); **dar suelta a** to set loose; to give a recess to
sueñecillo *m* nap; **descabezar un sueñecillo** to take a nap
sueño *m* sleep, sleepiness; dream, fancy; (fig.) dream (*something beautiful*); **caerse de sueño** to be overcome with sleep; **conciliar el sueño** to manage to go to sleep; **descabezar el sueño** to doze off; **desperezar el sueño** to shake off sleep by stretching; **echar un sueño** to take a nap; **en sueños** or **entre sueños** dreaming, while dreaming; **espantar el sueño** to scare away or drive away sleep; **ni por sueños** by no means; **no dormir sueño** to not sleep a wink; **tener sueño** to be sleepy; **último sueño** last sleep (*death*); **sueño hecho realidad** dream come true; **sueños dorados** daydreams
suero *m* (biol. & med.) serum; **suero de la leche** serum, whey; **suero terapéutico** serum, antitoxic serum
sueroso -sa *adj* var. of **seroso**
sueroterapia *f* var. of **seroterapia**
suerte *f* luck, fortune, chance; piece of luck; fate, lot; augury; kind, sort; way; trick, feat; grade, quality; (print.) sort; (box.) round; (taur.) play, suerte; (Am.) lottery ticket; **buena suerte** good luck; **de esta suerte** in this way; **de suerte que** so that, with the result that; and so; **echar suertes** to draw lots, to cast lots; **mala suerte** bad luck; **por suerte** by lots; by chance; luckily; **sacar a la suerte** to draw by lots; **tener buena suerte** to be lucky; **tocarle a uno en suerte** to fall to one's lot; **suerte de banderillear** (taur.) planting darts; **suerte de matar** (taur.) death thrust; **suerte de picar** (taur.) lancing the bull
suertero -ra *adj* (Am.) fortunate, lucky; *mf* (Am.) vendor of lottery tickets
sueste *m* southwester or sou'wester (*waterproof hat*)
suéter *m* (*pl:* **-ters**) sweater
Suetonio *m* Suetonius
suévico -ca *adj* Suevian
suevo -va *adj & mf* Suevian
sufí *m* (*pl:* **-fíes**) Sufi
suficiencia *f* sufficiency; fitness, competency; adequacy; **a suficiencia** sufficiently
suficiente *adj* sufficient; fit, competent; adequate
sufijo -ja *adj* (gram.) suffixed; *m* (gram.) suffix
sufismo *m* Sufism
sufra *f* ridgeband
sufragación *f* defrayal or defrayment
sufragáneo -a *adj* suffragan
sufragar §59 *va* to help, support, favor; to defray; *vn* (Am.) to vote
sufragio *m* suffrage; help, succor; (eccl.) suffrage; **en sufragio de** for the benefit of
sufragismo *m* woman suffrage
sufragista *mf* suffragist; woman-suffragist; *f* suffragette
sufrible *adj* sufferable
sufridero -ra *adj* sufferable, endurable; *f* dolly (*in riveting*); iron block or plate for placing under piece to be punched
sufrido -da *adj* long-suffering; serviceable (*color*); complaisant (*husband*); *m* complaisant husband
sufridor -dora *adj* suffering; *mf* sufferer; *m* holder-on (*in riveting gang*)
sufriente *adj* suffering
sufrimiento *m* suffering; sufferance, tolerance
sufrir *va* to suffer; to undergo; to support, hold up; to buck up (*a rivet*); to take (*an examination*); to tolerate; *vn* to suffer
sufusión *f* (path.) suffusion; (path.) cataracts
sugerencia *f* suggestion
sugerente *adj* suggestive
sugerible *adj* suggestible
sugeridor -dora *adj* suggesting
sugerir §62 *va* to suggest; **sugerir** + *inf* to suggest + *ger*
sugestión *f* suggestion; (psychol.) suggestion
sugestionable *adj* suggestible, easily influenced
sugestionador -dora *adj* suggesting, suggestive, influencing
sugestionar *va* to suggest (*by hypnosis*); to influence
sugestivo -va *adj* suggestive, stimulating, striking
suicida *adj* suicidal; *mf* suicide (*person*)
suicidar *va* to force suicide on; *vr* to commit suicide
suicidio *m* suicide (*act*)
suite *f* (mus.) suite
suizo -za *adj & mf* Swiss; *f* fracas, row; (*cap.*) *f* Switzerland
sujeción *f* subjection; surrender; fastening; fastener; (rhet.) rhetorical question
sujetador *m* fastener, clamp, anchor, clip
sujetahilo *m* (elec.) binding post
sujetapapel *m* paper finger (*of typewriter*)
sujetapapeles *m* (*pl:* **-les**) paper clip
sujetar *va* to subject; to subdue; to fasten, hold, tighten; *vr* to subject oneself, to submit; to stick, adhere
sujetatubos *m* (*pl:* **-bos**) pipe clamp
sujeto -ta *adj* subject, liable; fastened; (Am.) able, capable; *m* (gram., med., philos., psychol. & log.) subject; fellow, individual; **buen sujeto** brick, good egg
sulfadiacina *f* (pharm.) sulfadiazine
sulfanilamida *f* (pharm.) sulfanilamide
sulfapiridina *f* (pharm.) sulfapyridine
sulfarsfenamina *f* (pharm.) sulpharsphenamine
sulfas *fpl* (pharm.) sulfas, sulfa drugs
sulfatación *f* sulfation; (elec.) sulfation
sulfatado *m* sulfation
sulfatador *m* (agr.) sprayer (*device*)
sulfatar *va* to sulfate; (elec.) to sulfate; (agr.) to spray (*vines*) with copper sulfate
sulfatiazol *m* (pharm.) sulfathiazole
sulfato *m* (chem.) sulfate; **sulfato de cobre** (chem.) copper sulfate; **sulfato ferroso** (chem.) ferrous sulfate
sulfhídrico -ca *adj* (chem.) sulfhydric or sulphydric
sulfito *m* (chem.) sulfite
sulfonal *m* (pharm.) sulfonal
sulfonamida *f* (chem.) sulfonamide
sulfuración *f* sulfuration
sulfurar *va* to sulfurate; to anger, to annoy; *vr* to get angry, get furious
sulfúreo -a *adj* sulphureous, sulphury
sulfúrico -ca *adj* sulfuric; (chem.) sulfuric
sulfuro *m* (chem.) sulfid or sulfide; **sulfuro de hidrógeno** (chem.) hydrogen sulfide; **sulfuro ferroso** (chem.) ferrous sulfide
sulfuroso -sa *adj* sulfurous; (chem.) sulfurous
sultán *m* sultan; (coll.) sheik (*great lover*)
sultana *f* sultana, sultaness
sultanato *m* sultanate (*government; territory*)
sultanía *f* sultanate (*territory*)
sultánico -ca *adj* sultanic
sulla *f* (bot.) sulla clover, French honeysuckle
suma *f* see **sumo**
sumador -dora *adj* adding; *mf* adder; **sumadora mecánica** adding machine
sumamente *adv* extremely, exceedingly
sumando *m* (math.) addend; added element, contribution
sumar *va* to add, to sum; to sum up; to amount to; *vn* to add; to amount; **sumar y restar** (arith.) to add and subtract; **suma y sigue** add and carry, carried forward; *vr* to add up; **sumarse a** to add up to; to be added to; to adhere to, to become attached to
sumaria *f* see **sumario**
sumariar *va* (law) to indict
sumario -ria *adj* summary; *m* summary, résumé; (law) indictment; *f* (law) indictment (*in military case*)
sumarísimo -ma *adj super* (law) swift, expeditious
sumatrino -na *adj & mf* Sumatran
sumergible *adj* submersible, sinkable; *m* submersible (*boat*)
sumergimiento *m* submersion
sumergir §42 *va & vr* to submerge, submerse
sumerio -ria *adj & mf* Sumerian; *m* Sumerian (*language*)
sumersión *f* submersion
sumidad *f* top, apex, summit
sumidero *m* drain, sewer; sink; sump

sumiller *m* butler (*of royal household*)
sumillería *f* butlership (*in royal household*)
suministración *f* provision, supply
suministrador -dora *adj* providing, supplying; *mf* provider, supplier
suministrar *va* to provide, supply
suministro *m* provision, supply; **suministros** *mpl* (mil.) supplies; **suministro de potencia** (rad.) power supply; **suministros para oficinas** office supplies
sumir *va* to sink; to press down; to overwhelm; (eccl.) to swallow (*the elements of Eucharist*); *vr* to sink; to be sunken (*said, e.g., of cheeks*); (Am.) to shrink, to shrivel; (Am.) to cower; (Am.) to pull down (*e.g., a hat*)
sumisión *f* submission
sumiso -sa *adj* submissive
sumista *adj* compendiary; *mf* summarist; rapid calculator
sumo -ma *adj* high, great, extreme; supreme; **a lo sumo** at most, at the most; **de sumo** completely; **en sumo grado** exceedingly; *f* sum, addition; summary; sum and substance; summa (*of a branch of learning*); **en suma** in short, in a word
súmulas *fpl* compendium of logic
sunción *f* (eccl.) taking of Eucharistic elements (*by priest*)
suncho *m* hoop
suntuario -ria *adj* sumptuary
suntuosidad *f* sumptuousness, sumptuosity
suntuoso -sa *adj* sumptuous
supe *1st sg pret ind of* **saber**
supedáneo *m* pedestal, pedestal of a crucifix
supeditación *f* oppression, subjection
supeditar *va* to hold down, oppress, subject; *vr* to be oppressed, be held in subjection
súper *adj* (coll.) super (*excellent, superfine*)
superable *adj* superable; **difícilmente superable** hard to beat
superabundancia *f* superabundance
superabundante *adj* superabundant
superabundar *vn* to superabound
superación *f* surpassing, excelling; winning, overcoming; superiority
superádito -ta *adj* superadded
superar *va* to surpass, excel; to overcome, conquer
superávit *m* (com.) surplus, superavit
superbomba *f* superbomb
supercapitalización *f* overcapitalization
supercapitalizar §76 *va* to overcapitalize
supercarburante *m* high-test fuel
supercarretera *f* superhighway
superciliar *adj* (anat.) superciliary
superconductividad *f* superconductivity
superconductor *m* (elec.) superconductor
superchería *f* fraud, deceit
superchero -ra *adj* fraudulent, deceitful, tricky; *mf* cheat, trickster
superdominante *f* (mus.) superdominant
supereminente *adj* supereminent
superentender §66 *va* to superintend, to supervise
supererogación *f* supererogation
supererogatorio -ria *adj* supererogatory
superespía *m* superspy
superestado *m* superstate
superestructura *f* superstructure
superfetación *f* superfetation
superficial *adj* superficial; (pertaining to) surface
superficialidad *f* superficiality
superficiario -ria *adj* (law) superficiary
superficie *f* surface; area; outside, exterior; **superficie de caldeo or calefacción** heating surface; **superficie de rodadura** (aut.) tread; **superficie de sustentación or superficie sustentadora** (aer.) airfoil
superfino -na *adj* superfine
superfluencia *f* great abundance
superfluidad *f* superfluity
superfluo -flua *adj* superfluous
superfortaleza *f* (aer.) superfortress, superfort
superfosfato *m* (chem. & agr.) superphosphate
superheterodino -na *adj & m* (rad.) superheterodyne
superhombre *m* superman
superhumeral *m* (eccl.) superhumeral
superintendencia *f* superintendence, superintendency, supervision
superintendente *mf* superintendent, supervisor; **superintendente del patio** (rail.) yardmaster
superior *adj* superior; upper; higher; **superior a** superior to; higher than; more than, greater than, larger than; *m* superior
superiora *f* superioress, mother superior
superiorato *m* superiorship
superioridad *f* superiority; authorities, higher authorities
superlación *f* superlativeness
superlativo -va *adj* superlative; (gram.) superlative; *m* (gram.) superlative
supermercado *m* supermarket
superno -na *adj* supreme, highest, supernal
supernumerario -ria *adj* supernumerary; (mil.) (on the) reserve; *mf* supernumerary
súpero -ra *adj* (bot.) superior, upper
superpista *f* superhighway
superpoblación *f* overpopulation
superpoblar §77 *va* to overpopulate
superpondré *1st sg fut ind of* **superponer**
superponer §69 *va* to superpose
superpongo *1st sg pres ind of* **superponer**
superposición *f* superposition; (geom.) superposition
superpotencia *f* (dipl. & elec.) superpower
superproducción *f* overproduction; superproduction
superpuesto -ta *pp of* **superponer**
superpuse *1st sg pret ind of* **superponer**
superreacción *f* or **superregeneración** *f* (rad.) superregeneration
superregenerativo -va *adj* (rad.) superregenerative
superscripción *f* (pharm.) superscription
supersensible *adj* supersensitive
supersónico -ca *adj* supersonic; *f* supersonics
superstición *f* superstition
supersticioso -sa *adj* superstitious
supérstite *adj* (law) surviving; *mf* (law) survivor
superstructura *f* superstructure
supert.te abr. of **superintendente**
supervención *f* supervention
supervendré *1st sg fut ind of* **supervenir**
supervengo *1st sg pres ind of* **supervenir**
superveniencia *f* var. of **supervención**
supervenir §92 *vn* var. of **sobrevenir**
supervigilancia *f* (Am.) superintendence, supervision
supervigilar *va* (Am.) to superintend, to supervise
supervine *1st sg pret ind of* **supervenir**
superviniendo *ger of* **supervenir**
supervisar *va* to supervise
supervisión *f* supervision
supervisor *m* supervisor
supervivencia *f* survival; (law) survivorship; **supervivencia de los más aptos** (biol.) survival of the fittest
superviviente *adj & mf* var. of **sobreviviente**
supervoltaje *m* (phys.) supervoltage
super-yo *m* (psychoanal.) superego
supinación *f* supination; (anat. & physiol.) supination
supinador *m* (anat.) supinator
supino -na *adj* supine; *m* (gram.) supine
súpito -ta *adj* sudden; (coll.) impatient; (dial.) sly, crafty; (Am.) dumfounded
suplantación *f* supplanting (*by treachery*); fraudulent alteration
suplantar *va* to supplant (*by treachery*); to alter fraudulently (*a document*)
supleausencias *mf* (*pl:* **-cias**) substitute
suplefaltas *mf* (*pl:* **-tas**) (coll.) substitute, fill-in
suplemental *adj* supplemental
suplementario -ria *adj* supplementary; (geom.) supplementary
suplemento *m* supplementing; supplement; excess fare; (gram.) complement; (trig.) supplement; **suplemento ilustrado** illustrated supplement (*e.g., of newspaper*)
suplente *adj & mf* substitute

S

supletorio -ria *adj* additional, supplementary
súplica *f* suppliance, supplication; petition; (law) petition; **a súplica** by request, by petition
suplicación *f* supplication; rolled waffle (*for making cones*); cone (*of dough*); (law) petition to a superior court against its sentence; **a suplicación** by petition
suplicacionero -ra *mf* waffle vendor, cone vendor
suplicante *adj* & *mf* suppliant or supplicant
suplicar §86 *va* & *vn* to supplicate, entreat, implore; (law) to petition (*a superior court*) against its sentence; **suplicar de la sentencia** (law) to petition against the sentence; **suplicar en revista** (law) to apply for a new trial
suplicatoria *f* (law) communication from a court to a superior court
suplicatorio *m* (law) communication from a court to a superior court; (law) communication from a court to the Senate or Congress requesting permission to initiate legal proceedings against a member of the legislative body
suplicio *m* torture; punishment, execution; place of execution; anguish; **último suplicio** capital punishment
suplidor -dora *adj* & *mf* substitute
suplir *va* to supplement, make up for; to replace, take the place of; to cover up (*someone's shortcomings*); (gram.) to understand
supl.te abr. of **suplente**
supón *2d sg impv of* **suponer**
supondré *1st sg fut ind of* **suponer**
suponedor -dora *mf* wrong guesser
suponer *m* (coll.) supposition; §69 *va* to suppose; to assume; to imply, presuppose; to entail; to cause, impose; **suponer** + *inf* to pretend to + *inf;* **suponer que sí** to suppose so; *vn* to have weight, have authority
supongo *1st sg pres ind of* **suponer**
suposición *f* supposition; distinction, high position; imposture, falsehood
supositicio -cia *adj* supposititious
supositivo -va *adj* suppositional
supositorio *m* suppository
supradicho -cha *adj* above-mentioned
supramundano -na *adj* supermundane
supranacional *adj* supranational
supraorbital *adj* (anat.) supraorbital
suprarrenal *adj* (anat.) suprarenal
suprasensible *adj* supersensible
supraspina *f* (anat.) supraspinous fossa
supraspinoso -sa *adj* (anat.) supraspinous
suprema *f* see **supremo**
supremacía *f* supremacy
supremo -ma *adj* supreme; **hora suprema** or **momento supremo** supreme moment (*death*); **sacrificio supremo** supreme sacrifice; *f* Supreme Council of the Inquisition
supresión *f* suppression, elimination, omission
supresivo -va *adj* suppressive
supresor -sora *adj* suppressive; *mf* suppressor
suprimible *adj* suppressible
suprimir *va* to suppress, eliminate, do away with
suprior *m* (eccl.) subprior
sup.te abr. of **suplicante**
supuesto -ta *pp of* **suponer;** *adj* supposed, assumed, hypothetical; **esto supuesto** this being understood; **supuesto que** since, inasmuch as; *m* assumption, hypothesis; **dar por supuesto** to take for granted; **por supuesto** of course, naturally
supuración *f* suppuration
supurante *adj* suppurating, suppurative, runny
supurar *vn* to suppurate
supurativo -va *adj* & *m* suppurative
supuse *1st sg pret ind of* **suponer**
suputación *f* computation, calculation
suputar *va* to compute, to calculate
sur *m* south; south wind
surá *m* surah (*fabric*)
sural *adj* (anat.) sural
Suramérica *f* South America
surcador -dora *adj* ploughing; *m* plowman; *f* plowwoman
surcar §86 *va* to furrow; to plough, to plough through, to cut through; to streak through
surco *m* furrow; wrinkle, rut, cut; groove (*e.g., of a phonograph record*); **echarse en el surco** (coll.) to lie down on the job
surcoreano -na *adj* & *mf* South Korean
surculado -da *adj* (bot.) single-stemmed
súrculo *m* (bot.) single stem
surculoso -sa *adj* (bot.) var. of **surculado**
sureño -ña *adj* southern
surgente *adj* spouting, spurting
surgidero *m* (naut.) anchorage, anchoring place
surgimiento *m* spouting, spurting; rise, appearance
surgir §42 *vn* to spout, spurt; to issue, spring up, come forth; to arise, appear; (naut.) to anchor
suripanta *f* (hum.) chorine; (scornful) slut, jade
surnia *f* (orn.) hawk owl
suroriental *adj* southeastern
surrealismo *m* surrealism
surrealista *adj* surrealist, surrealistic; *mf* surrealist
sursuncorda *m* (coll.) anonymous big shot, big so-and-so
surtida *f* see **surtido**
surtidero *m* conduit, outlet; jet, fountain
surtido -da *adj* assorted; *m* spouting, spurting; assortment; line, supply; **de surtido** in common use, stock; *f* side door; sally, sortie; (fort.) sally port; (naut.) slipway
surtidor -dora *adj* supplying, providing; *mf* supplier, provider; *m* jet, spout, fountain; **surtidor de gasolina** gasoline pump
surtimiento *m* provision, supply
surtir *va* to provide, furnish, stock; **surtir efecto** to have the desired effect, to work; *vn* to spout, spurt, shoot up
surto -ta *adj* quiet, still; anchored
sus *interj* take heart!, get going!
Susana *f* Susan
suscepción *f* assumption, reception
susceptibilidad *f* susceptibility; touchiness; (magnetism) susceptibility
susceptible *adj* susceptible; touchy
susceptivo -va *adj* susceptible
suscitación *f* stirring up, provoking
suscitador -dora *mf* originator, promoter
suscitar *va* to stir up, provoke; to raise (*doubts, a question*)
suscribir §17, 9 *va* & *vr* var. of **subscribir**
suscripción *f* var. of **subscripción**
suscritor -tora *mf* var. of **subscritor**
susidio *m* anxiety, uneasiness, disturbance
susodicho -cha *adj* above-mentioned
suspender *va* to hang; to suspend: to astonish, astound; to postpone; (educ.) to flunk; (educ.) to condition; *vr* to be suspended or stopped; to rear (*said of a horse*)
suspensión *f* suspension; amazement, astonishment; (rhet.) suspension; **suspensión de armas** suspension of arms, suspension of hostilities; **suspensión de fuegos** cease fire
suspensivo -va *adj* suspensive; suspension (*points*)
suspenso -sa *adj* suspended, hanging; baffled, bewildered; (theat.) closed; *m* (educ.) condition; **en suspenso** in suspense, suspended
suspensores *mpl* (Am.) suspenders
suspensorio -ria *adj* suspensory; *m* suspensory, supporter, jockstrap
suspicacia *f* suspicion, distrust; suspiciousness
suspicaz *adj* (*pl:* **-caces**) suspicious, distrustful
suspirado -da *adj* longed for
suspirar *vn* to sigh; **suspirar por** to sigh for, to long for, to covet
suspiro *m* sigh; glass whistle; ladyfinger; (bot.) morning-glory; (mus.) crotchet, quarter rest; **exhalar el último suspiro** to breathe one's last
suspirón -rona *adj* full of sighs
suspiroso -sa *adj* heavy-breathing
sustancia *f* var. of **substancia**
sustanciación *f* var. of **substanciación**
sustancial *adj* var. of **substancial**
sustancialidad *f* var. of **substancialidad**
sustanciar *va* var. of **substanciar**

sustancioso -sa *adj* var. of **substancioso**
sustantífico -ca *adj* var. of **substantífico**
sustantivar *va* var. of **substantivar**
sustantivo -va *adj & m* var. of **substantivo**
sustentable *adj* sustainable, arguable
sustentación *f* sustentation; support, prop; (aer.) lift; (rhet.) suspension
sustentáculo *m* prop, support, stay; holder
sustentador -dora *adj* sustaining; *mf* sustainer, support
sustentamiento *m* sustentation, sustenance
sustentante *adj* sustaining; *m* support; defender (*of a thesis*)
sustentar *va* to sustain, support, feed; to maintain; to defend (*a thesis*)
sustento *m* sustenance, support, food; maintenance
sustitución *f* var. of **substitución**
sustituíble *adj* var. of **substituíble**
sustituir §41 *va & vn* var. of **substituir**
sustitutivo -va *adj & m* var. of **substitutivo**
sustituto -ta *mf* var. of **substituto**
susto *m* scare, fright, dread; **darse un susto** to have a good scare
sustracción *f* var. of **substracción**
sustraendo *m* var. of **substraendo**
sustraer §88 *va & vr* var. of **substraer**
susurración *f* whispering, whispering gossip
susurrador -dora *adj* whispering; *mf* whisperer
susurrar *va* to whisper; *vn* to whisper, murmur, rustle, purl, hum; to be whispered about, be bruited about; *vr* to be whispered about, be bruited about
susurrido *m* murmur, rustle, purling, hum
susurro *m* whisper, murmur, rustle, purling, hum
susurrón -rrona *adj* (coll.) whispering; *mf* (coll.) whisperer
sutás *m* braid
sutil *adj* subtle, subtile; keen, observant
sutileza *f* subtlety, subtility; animal instinct; **sutileza de manos** skill, dexterity, skillful performance; slick pickpocketing
sutilidad *f* subtlety, subtility
sutilizador -dora *adj* hairsplitting; *mf* hairsplitter, quibbler
sutilizar §76 *va* to make thin, to taper; to file, to polish; to discuss with acuity; *vn* to split hairs, to quibble
sutorio -ria *adj* (pertaining to a) shoemaker
sutura *f* (anat., bot., surg. & zool.) suture; **sutura coronal** (anat.) coronal suture
suyo -ya *adj poss* of his, of hers, of yours, of theirs, e.g., **un amigo suyo** a friend of his, of hers, etc.; *pron poss* his, hers, yours, theirs, its, one's; **de suyo** on his (her, etc.) own, on his (her, etc.) own accord: naturally, inherently; **hacer de las suyas** (coll.) to be up to one's old tricks; **los suyos** his (her, your, their) friends; his (her, etc.) men; his (her, etc.) side; **salirse con la suya** to come out ahead, to have one's way; to carry one's point; **ver la suya** (coll.) to have or get one's chance
suzeranía *f* (feud.) suzerainty
suzerano *m* (feud.) suzerain
suzón *m* (bot.) groundsel
svástica *f* swastika

S

T

T, t *f* twenty-third letter of the Spanish alphabet

t. abr. of **tarde**

ta *interj* careful!, easy!; **¡ta, ta!** rat-a-tat!; tut, tut!

taba *f* anklebone; knucklebone (*of sheep*); knucklebones, dibs (*game*); (Am.) jackstones; (Am.) vent in water pipe; **calentársele a uno las tabas** (Am.) to redouble one's efforts; (Am.) to be anxious to get married; **dar** or **darse vuelta la taba** (Am.) to take a turn (*said of fate*); **darle taba a uno** to have a long-drawn-out conversation with someone; **darle** or **pegarle a uno en la taba** (Am.) to hit someone where it hurts; **menear las tabas** (coll.) to hustle about; **tomar la taba** (coll.) to start talking quickly as soon as another stops

tabacal *m* tobacco field

tabacalero -ra *adj* (pertaining to) tobacco; *mf* tobacco grower; tobacconist; tobacco twister

tabacazo *m* (Am.) tobacco potion (*given as poison*)

tabaco *m* tobacco; cigar; snuff; black rot; **tabaco cimarrón** (bot.) marijuana (*Nicotiana glauca*); **tabaco de humo** smoking tobacco; **tabaco de montaña** arnica; **tabaco de pipa** pipe tobacco; **tabaco de polvo** snuff; **tabaco en rama** leaf tobacco, wrappers; **tabaco indio** (bot.) Indian tobacco; **tabaco torcido** twisted tobacco, cigars; **tomar tabaco** to take snuff; *adj invar* (Am.) bold, determined

tabacoso -sa *adj* (coll.) snuffy (*addicted to use of snuff*); tobacco-stained; attacked by black rot

tabalada *f* (coll.) fall on the behind; (coll.) spanking

tabalario *m* (coll.) behind

tabalear *va* to rock, to shake; *vn* to drum with the fingers; *vr* to rock, to shake

tabaleo *m* rocking; drumming

tabanazo *m* (coll.) spanking; (coll.) slap (*in the face*)

tabanco *m* food stand; stand, stall

tabanera *f* place full of horseflies

tábano *m* (ent.) gadfly, horsefly

tabanque *m* treadle wheel (*of potter's wheel*)

tabaola *f* hubbub, uproar

tabaque *m* wicker basket; large tack

tabaquera *f* see **tabaquero**

tabaquería *f* cigar store, tobacco store; tobacco factory

tabaquero -ra *adj* (pertaining to) tobacco; *mf* tobacconist; cigar maker; *f* snuffbox; bowl (*of a tobacco pipe*)

tabaquismo *m* (path.) tobaccoism

tabaquista *mf* tobacco expert; inveterate user of tobacco

tabardete *m* or **tabardillo** *m* (coll.) sunstroke; (coll.) crazy annoying fellow, harum-scarum

tabardo *m* tabard

tabarra *f* (coll.) tiring speech, boring conversation, bore

tabarrera *f* (coll.) terrible bore

tabasco *f* tabasco (*sauce*); *m* (Am.) banana

tabellar *va* to fold (*cloth*) leaving the selvage visible; to mark with a trademark

taberna *f* tavern, saloon

tabernáculo *m* tabernacle; (*cap.*) *m* (Bib.) Tabernacle

tabernario -ria *adj* vulgar, low; (pertaining to a) saloon

tabernera *f* saloonkeeper's wife; barmaid

tabernería *f* saloon business

tabernero *m* saloonkeeper; bartender

tabes *f* (path.) consumption

tabí *m* (*pl:* **-bíes**) tabby, watered fabric

tabica *f* iron or copper plate; riser (*of stairs*); (arch.) covering board

tabicar §86 *va* to wall up; to close up

tabicón *m* thick partition

tábido -da *adj* rotted; wasted by consumption

tabique *m* thin wall, partition; (Am.) brick; **tabique de panderete** brick-on-edge partition; **tabique sordo** wall with air space

tabiquería *f* partitions

tabiquero *m* partition builder

tabla *f* board; table (*list, contents, synopsis in parallel columns, etc.*); slab (*of stone*); sheet of metal; flat diamond; wide part (*of member of body*); garden patch or bed; strip of land; land between two rows of trees; butcher shop; butcher-shop counter; box pleat; calm stretch of river; broad face of log; panel, painting on a board; (anat.) table; (Am.) cake of chocolate; **tablas** *fpl* boards (*stage*); draw, tie; barrier (*bull ring*); **a raja tabla** (coll.) at any cost, regardless; (Am.) promptly, vigorously; **cantarle a uno la tabla** (Am.) to lay down the law to someone; **en las tablas** (Am.) penniless; **escapar en una tabla** to have a narrow escape; **hacer tablas** to be tied, to be deadlocked; **hacer tabla rasa de** to do without; (Am.) to remove obstacles to; **no dar en tablas** (Am.) not to hit the nail on the head; **no saber por dónde van las tablas** to not know what is going on; **quedar tablas** to be tied, to be deadlocked; **salir a las tablas** to go upon the boards (*the stage*); **salir con las tablas** (Am.) to fail; **salvarse en una tabla** to have a narrow escape; **sobre tabla** (Am.) quickly, extemporaneously; **subir a las tablas** to go upon the boards (*the stage*); **tener tablas** to have stage presence, to be at home on the stage; **tabla de juego** gambling house, gambling stand; **tabla de conversión** conversion table; **tabla de la vaca** noisy group; **tabla de lavar** washboard; **tabla de materias** table of contents; **tabla de multiplicar** multiplication table; **tabla de planchar** ironing board; **tabla de salvación** last recourse, lifesaver; **tabla periódica** (chem.) periodic table; **tabla rasa** unpainted board; untrained mind; clean slate; **Tabla Redonda** (myth.) Round Table (*knights of King Arthur*); **tablas alfonsinas** Alphonsine Tables (*astronomical tables prepared by order of Alfonso X of Castile in 1252*); **tablas de la ley** (Bib.) tables of the law; **tablas reales** backgammon

tablachina *f* wooden shield

tablacho *m* sluice, floodgate

tablado *m* flooring; stage; scaffold; bottom boards of a bedstead

tablaje *m* boarding, planking; shed; gambling house

tablajería *f* gambling; butcher shop

tablajero *m* scaffold builder, stand builder; keeper of a gambling house; butcher

tablar *m* group of garden plots; calm stretch of river; sideboard (*of wagon or cart*)

tablazo *m* blow with a board; shoal

tablazón *f* boarding, planking; (naut.) decking, deck flooring

tableado *m* box pleat

tablear *va* to cut into boards; to divide (*e.g., a garden*) into plots or patches; to level or grade (*ground*) with a board or roller; to hammer into plates; to make box pleats in

tablero *m* board; panel; sheet (*of metal, etc.*); top, table top; timber to be sawed; checkerboard, chessboard; counter; gambling house; cutting table (*of tailor*); (wooden) blackboard; (floor) nail; floor (*of bridge*); (elec.) switchboard; (orn.) petrel; **tableros** *mpl* wooden fence or barrier around inside of bull ring; **estar en el tablero** to be exposed to public

view, to be in the limelight; **poner** or **traer al tablero** to risk; **tablero de ajedrez** chessboard; **tablero de damas** checkerboard; **tablero de instrumentos** (aut.) dashboard, instrument panel
tableta *f* small board; floor board; tablet, writing pad; lozenge; cake of chocolate; **tabletas** *fpl* clappers used in begging for hospitals; **estar en tabletas** to be uncertain, to be dubious (*said of the success of a thing*); **quedarse tocando tabletas** (coll.) to be disappointed, to lose all
tableteado *m* rattling sound
tabletear *vn* to rattle
tableteo *m* rattle, rattling
tablilla *f* small board; slat; shingle; bulletin board; tablet, slab; cushion of billiard table between two pockets; (surg.) splint; showcase; **tablillas de encuadernar** (b.b.) pressing boards; **tablillas de San Lázaro** clappers used in begging for hospitals
tablón *m* plank, heavy board; beam; strake
tabloncillo *m* small plank; seat in the last row (*in bull ring*)
tabloza *f* (painter's) palette
tabú *m* (*pl:* **-búes**) tabu or taboo
tabuco *m* hovel, shack, shanty
tabulación *f* tabulation
tabulador *m* tabulator
tabular *adj* tabular; *va* to tabulate
taburete *m* taboret, stool; small velvet-back chair without arms; **taburetes** *mpl* semicircular rows of benches in the pit (*of old Madrid theaters*); **taburete de piano** piano stool
tac *m* tick (*of clock, heart, etc.*)
taca *f* spot, stain; small closet; crucible plate
tacada *f* stroke (*at billiards*)
tacamaca, tacamacha, or **tacamahaca** *f* (bot.) tacamahac (*tree and resin*)
tacana *f* gray silver ore
tacañear *vn* to be stingy; (archaic) to be cunning
tacañería *f* stinginess; (archaic) cunning
tacaño -ña *adj* stingy, miserly; (archaic) cunning, deceitful
tacar §86 *va* to spot, to mark
tacazo *m* stroke with a cue
taceta *f* copper bowl for pouring olive oil from one vessel to another
tacita *f* little cup; demitasse
tácito -ta *adj* tacit; silent; (*cap.*) *m* Tacitus
taciturnidad *f* taciturnity; melancholy
taciturno -na *adj* taciturn; melancholy
taclobo *m* (zool.) tridacna (*bivalve and shell*)
taco *m* bung, plug; wad, wadding; billiard cue; popgun; rammer; pad; block; almanac pad; package; (coll.) snack, bite to eat; (coll.) drink of wine; (coll.) muddle, mess; (coll.) oath; (Am.) heel (*of shoe*); (Am.) sport; (Am.) rolled maize tortilla; **soltar tacos** (coll.) to swear; **taco de alisar** sanding block; **taco de billetes** pad or block of tickets
tacómetro *m* tachometer
tacón *m* heel (*part of shoe that raises heel of foot*)
taconazo *m* kick with the heel
taconear *va* (Am.) to fill, pack, stuff; *vn* to click the heels; to strut
taconeo *m* clicking of the heels (*in walking or dancing*)
táctico -ca *adj* tactical; *m* tactician; *f* tactics; (mil.) tactics; **gran táctica** (mil.) grand tactics
táctil *adj* tactile, tactual
tactismo *m* (biol.) taxis
tactivo -va *adj* tactual
tacto *m* (sense of) touch; skill; touch (*of piano, pianist, typewriter, or typist*); tact; **al tacto** by touch; **tacto de codos** (mil.) alignment shoulder to shoulder; (fig.) perfect union
tacuaco -ca *adj* (Am.) chubby
tacha *f* fault, defect, flaw; large tack
tachadura *f* erasure
tachar *va* to erase; to strike out; to blame, find fault with; (law) to challenge (*a witness*)
tacho *m* (Am.) boiler with round bottom; (Am.) evaporator, sugar pan; (Am.) tin (*sheet*); (Am.) coffee pot, tea pot; **irse al tacho** (Am.) to fail, to collapse, to die
tachón *m* scratch, erasure; ribbon, trimming; gimp nail, gilt-headed tack, silver-headed tack
tachonar *va* to adorn with ribbon or trimming; to adorn with ornamental tacks; to spangle, to stud
tachonería *f* ornamental work with gimp nails
tachoso -sa *adj* defective, faulty
tachuela *f* large-headed tack, hobnail; bowl; (prov.) crook, rascal; (Am.) metal warming bowl; (Am.) tin cup; (Am.) runt, half pint
Tadeo *m* Thaddeus
tafanario *m* (coll.) buttocks, behind
tafetán *m* taffeta; **tafetanes** *mpl* flags, colors; (coll.) finery; **tafetán adhesivo** adhesive tape; **tafetán de heridas** or **tafetán inglés** court plaster
tafia *f* (Am.) tafia or taffia (*rum*)
tafilete *m* morocco, morocco leather, shagreen; sweatband; **tafilete de Levante** Levant morocco
tafiletear *va* to adorn or finish with morocco leather
tafiletería *f* art of dressing morocco leather; morocco-leather shop
tafón *m* (zool.) striated sea gastropod (*Taphon striatus*)
tafurea *f* flat-bottomed boat for transporting horses
tagalo -la *mf* Tagalog; *m* Tagalog (*language*)
tagarnina *f* (bot.) Spanish oyster plant, golden thistle; (coll.) poor cigar
tagarote *m* (orn.) sparrow hawk; scrivener; (coll.) gawk; (coll.) gentleman sponger
tagarotear *vn* to write in a bold sweeping hand
tagide *adj* (poet.) of the Tagus
tagua *f* (bot.) ivory palm; (Am.) coot, mud hen
taguán *m* (zool.) flying squirrel
taha *f* district, region
tahalí *m* (*pl:* **-líes**) baldric; leather box (*to carry the Koran or Christian relics and prayers*)
taharal *m* var. of **tarayal**
taheño -ña *adj* red (*hair*); red-bearded
tahitiano -na *adj & mf* var. of **taitiano**
tahona *f* horse-driven flour mill; bakery
tahonero -ra *mf* miller; baker; *f* miller's wife; baker's wife
tahúr -húra *adj* gambling; cheating; *mf* gambler; cheat
tahurería *f* gaming house, gambling den; gambling; cheating
taicún *m* tycoon (*hereditary lord of Japan*)
taifa *f* faction, party; (coll.) bad lot, gang of bums
tailandés -desa *adj & mf* Thai; *m* Thai (*language*)
Tailandia *f* Thailand
taima *f* slyness, slickness, crookedness; (Am.) sullenness, stubbornness
taimado -da *adj* sly, slick, crafty; (Am.) sullen, gruff
taimar *vr* (Am.) to sulk, be stubborn
taimería *f* slyness, slickness, crookedness
taita m (coll.) daddy
taitiano -na *adj & mf* Tahitian
taja *f* cut, division; shield; saddle frame
tajada *f* see **tajado**
tajadera *f* curved chopping knife; chopping block; cold chisel
tajadero *m* chopping block
tajadilla *f* small slice; chopped lungs; (prov.) slice of orange or lemon eaten as a relish with brandy
tajado -da *adj* steep, sheer; *f* cut, slice; (coll.) hoarseness; (hum.) drunk; (Am.) slash, gash; **hacer tajadas** (coll.) to slash up, to cut to pieces; **sacar tajada** (coll.) to look out for number one
tajador -dora *adj* cutting, chopping; *mf* cutter, chopper; *m* chopping block
tajadura *f* cutting, slicing, chopping
tajalápiz *m* (*pl:* **-pices**) (Am.) pencil sharpener
tajamar *m* cutwater (*of bridge or ship*); (Am.) dike, dam
tajamiento *m* var. of **tajadura**
tajante *adj* cutting, sharp; incisive; complete, total; *m* butcher
tajaplumas *m* (*pl:* **-mas**) penknife
tajar *va* to cut, slice, chop; to sharpen (*pencil*)
tajea *f* culvert, drainpipe

tajo *m* cut; edge; trench; steep cliff; chopping block; block (*on which a condemned person is beheaded*); line of progress (*of gang of reapers, miners, pavers, etc.*); (*cap.*) *m* Tagus
tajón *m* chopping block
tajuela *f* three-legged rustic stool
tajuelo *m* three-legged rustic stool; (mach.) pillow block
tal *adj indef* such, such a; this; *pron indef* so-and-so; such a thing; someone; *adv* so; in such a way; **como tal** as such; **con tal (de) que** provided (that); **el tal** that; that one; that fellow, e.g., **el tal Juan** that fellow John; **no tal** no, no; **¿qué tal?** how?; hello!, how's everything?; **sí tal** yes, indeed; **un tal** a certain; one such; **tal como** just as; **tal cual** such as; an occasional, one or two, a few; so-so, middling, ordinary; **tal para cual** (coll.) two of a kind
tala *f* felling of trees; destruction, havoc; tipcat (*boys' game*); cat (*used in tipcat*); (mil.) abatis; (bot.) Argentine hackberry
talabarte *m* sword belt
talabartería *f* saddlery, harness shop
talabartero *m* saddler, harness maker
talacha *f*, **talache** *m* or **talacho** *m* (Am.) mattock
taladrador -dora *adj* boring, drilling; piercing; *mf* driller; *f* drill, drilling machine; drill press
taladramiento *m* boring, drilling; piercing
taladrante *adj* boring, drilling; piercing; (fig.) penetrating
taladrar *va* to bore, drill, perforate; to pierce; to punch (*a ticket*); to get to the bottom of (*a problem*)
taladro *m* drill; auger; drill hole; drill press; **taladro de mano** hand drill; **taladro de pecho** breast drill; **taladro de trinquete** ratchet drill; **taladro mecánico** drill press
talamera *f* (hunt.) tree in which a decoy is placed
talamete *m* (naut.) forward deck
talámico -ca *adj* thalamic
tálamo *m* bridal bed; (anat. & bot.) thalamus; **tálamo óptico** (anat.) optic thalamus
talán *m* ding-dong
talanquera *f* breastwork, parapet; cover, place of refuge; (fig.) safety; (Am.) reed fence; **desde talanquera** (coll.) without taking any chances oneself
talante *m* performance; mien, countenance; desire, will, pleasure; **de buen talante** in a good mood; with good grace; **de mal talante** in a bad mood; with bad grace
talar *adj* long (*robe or gown*); **talares** *mpl* (myth.) talaria (*of Mercury*); *va* to fell (*trees*); to destroy, lay waste; (dial. & Am.) to prune
talásico -ca *adj* thalassic
talayote *m* (archeol.) talayot (*Balearic tower-shaped stone structure*)
talco *m* tinsel; (mineral.) talc; **talco en polvo** talcum powder
talcoso -sa *adj* talcose
talcualillo -lla *adj* (coll.) fair, fairly good, so-so; (coll.) somewhat better (*in health*)
taled *m* tallith
talega *f* bag, sack; bagful; hair bag; diaper; **talegas** *fpl* (coll.) money, wealth
talegalo *m* (orn.) brush turkey, mound bird
talego *m* big bag, sack; (coll.) big slob; **tener talego** (coll.) to have money tucked away
taleguilla *f* small bag; bullfighter's breeches; **taleguilla de la sal** (coll.) daily household expenses
talento *m* talent
talentoso -sa or **talentudo -da** *adj* talented
Tales *m* Thales
Talía *f* (myth.) Thalia
talio *m* (chem.) thallium
talión *m* talion
talionar *va* to punish by talion
talismán *m* talisman
talismánico -ca *adj* talismanic
talma *f* talma (*large cape or cloak*)
Talmud *m* Talmud
talmúdico -ca *adj* Talmudic
talmudista *m* Talmudist
talo *m* (bot.) thallus
talocha *f* mason's float
talófita *f* (bot.) thallophyte
talofítico -ca *adj* thallophytic
talón *m* (anat.) heel; heel (*part of shoe or stocking that covers heel of foot*); heelpiece; (arch.) heel (*of a timber*); (arch.) talon (*molding*); (aut.) flange, lug (*on a tire*); (mus.) heel (*of violin bow*); (naut.) heel (*of keel*); (rail.) heel (*of frog*); (com.) check, voucher, coupon (*detached, e.g., from a stub*); stub (*e.g., of check*); monetary standard; **a talón** (coll.) on foot; **apretar** or **levantar los talones** (coll.) to take to one's heels; **pisarle a uno los talones** (coll.) to be at one's heels, to tail after someone; (fig.) to keep up with someone; **talón de Aquiles** Achilles' heel (*vulnerable spot*)
talonada *f* kick with the heels
talonario -ria *adj* (pertaining to a) stub; *m* stub book, checkbook
talonazo *m* kick with the heel
talonear *vn* (coll.) to dash along
talonesco -ca *adj* (coll.) (pertaining to the) heel
talpa or **talparia** *f* mole, wen, talpa
talque *m* tasco (*refractory clay*)
talquita *f* talc schist
talud *m* slope, talus
talvina *f* almond-meal porridge
talla *f* cut; carving; engraving; height, stature; size (*of a person, of a dress*); ransom; reward; height-measuring scale; hand (*at cards*); (naut.) purchase block; (surg.) lithotomy; **poner talla contra** to offer a reward for (*e.g., a criminal*)
tallado -da *adj* shaped, formed; *m* carving; engraving; grinding (*of a lens*)
tallador -dora *mf* carver; cutter; engraver; (Am.) dealer, banker (*at cards*); *f* cutter, cutting machine; **talladora de engranajes** (mach.) gear cutter
talladura *f* carving; engraving; cutting
tallar *adj* ready for cutting into lumber (*said of trees or woodland*); *m* woodland ready for first cutting; young growth of trees; planting of young olive trees; *va* to carve; to engrave; to cut (*a precious stone*); to measure the height of; to appraise; to deal (*cards*); to grind (*a lens*); *vn* (Am.) to chat, converse; (Am.) to make love
tallarín *m* noodle
tallarola *f* knife for cutting velvet pile
talle *m* shape, figure, stature; waist (*of body and of garment*); fit; outline, appearance; (Am.) bodice
tallecer §34 *vn & vr* to shoot, to sprout
taller *m* shop, workshop; mill, factory; atelier, studio; laboratory; casters (*for vinegar and oil*); (educ.) workshop; **taller agremiado** closed shop; **taller de cepillado** planing mill; **taller de reparaciones** repair shop; service station; **talleres gráficos** printing establishment; **taller franco** open shop; **taller mecánico** machine shop; **taller penitenciario** workhouse
tallerista *m* shopworker
tallero -ra *mf* (Am.) vegetable dealer
tallista *mf* wood carver, sculptor
tallo *m* stem, stalk; sprout, shoot; (Am.) cabbage; **tallos** *mpl* (Am.) greens, fresh vegetables
tallón *m* ransom; reward
talludo -da *adj* long-stalked; tall, lanky; inveterate; aging, no longer young
tamal *m* (Am.) tamale; (Am.) intrigue
tamanduá *m* (*pl:* **-duaes**) (zool.) tamandua (*arboreal anteater*)
tamañamente *adv* as greatly
tamañito -ta *adj* so small; very small; disconcerted, confused
tamaño -ña *adj* so big; such a big; very big, very large; **abrir tamaños ojos** to open one's eyes wide; **tamaño como** as big as; *m* size; **tamaño extra** oversize; **tamaño natural** full size
támara *f* (bot.) date palm; growth of date palms; **támaras** *fpl* cluster of dates; brushwood
tamaricáceo -a *adj* (bot.) tamaricaceous
tamarilla *f* (bot.) rockrose (*Cistus clusii*)
tamarindo *m* (bot.) tamarind (*tree and fruit*)

tamarisco *m* (bot.) tamarisk
tamariz *m* (*pl:* **-rices**) (bot.) tamarisk
tamarrizquito -ta or **tamarrusquito -ta** *adj* (coll.) tiny, very small
tambaleante *adj* staggering, tottering, reeling
tambalear *vn & vr* to stagger, totter, reel
tambaleo *m* staggering, tottering, reeling
tambanillo *m* (arch.) tympanum
tambarillo *m* chest with arched lid
tambero -ra *adj* (Am.) (pertaining to an) inn; (Am.) (pertaining to) cattle; *mf* (Am.) innkeeper
también *adv* also, too
tambo *m* (Am.) inn, wayside inn; (Am.) dairy; **tambo de tíos** (Am.) shindy, pandemonium
tambor *m* drum (*cylinder*); (arch. & mus.) drum; (sew.) tambour; sieve, screen; (anat.) eardrum; coffee roaster; (Am.) drum (*container*); **a tambor** or **con tambor batiente** with drums beating; in triumph; **bordar a tambor** to tambour; **tambor mayor** (mil.) drum major
tambora *f* bass drum; (Am.) drum
tamborear *vn* to drum with the fingers
tamboreo *m* drumming with the fingers
tamboreta *f* (orn.) tambourine
tamborete *m* (naut.) cap (*used in joining spars*)
tamboril *m* tabor, timbrel, small drum
tamborilada *f* or **tamborilazo** *m* (coll.) bump, bump on one's bottom; (coll.) slap on the head or shoulders
tamborilear *va* to extol, praise to the skies; (print.) to tap with the planer; *vn* to drum
tamborilero *m* taborer, drummer
tamborilete *m* (mus.) taboret; (print.) planer
tamborín *m* tabor, timbrel
tamborino *m* tabor, timbrel; taborer
tamboritear *vn* to drum
tamboritero *m* taborer, drummer
tamborón *m* big bass drum
tambucho *m* (naut.) hood
Tamerlán *m* Tamerlane
Támesis *m* Thames
tamiz *m* (*pl:* **-mices**) sieve
tamizar §76 *va* to sift, to sieve
tamo *m* fuzz, fluff, dust
tamojo *m* var. of **matojo**
tampa *f* (Am.) tangled hair
tampar *va* (Am.) to tangle, confuse
tampoco *adv* neither, not either, e.g., **tampoco vino** or **no vino tampoco** he did not come either; **ni yo tampoco** nor I either
tampón *m* stamp pad
tamposo -sa *adj* (Am.) tangled, confused
tamtam *m* tom-tom
tamujo *m* (bot.) box-leafed broom
tamul *adj & mf* Tamil; *m* Tamil (*language*)
tan. abr. of **tangente**
tan *adv* so; **tan . . . como** or **cuan as . . .** as; **tan siquiera** at least; *m* boom (*of drum*)
tanaceto *m* (bot.) tansy
tanagra *f* (f.a.) Tanagra (*figurine*)
tanato *m* (chem.) tannate
tanda *f* turn; shift, relay; task; coat; layer; game, match (*especially of billiards*); lot, pack, flock; (Am.) show (*each of a continuous series of performances*); (Am.) habit, bad habit
tándem *m* (*pl:* **tándemes**) tandem
tandeo *m* distribution of irrigating water by turns
tanganillas; en tanganillas shaky, tottery
tanganillo *m* temporary prop or support
tángara *m* (orn.) tanager
tangencia *f* tangency
tangencial *adj* tangential
tangente *adj* tangent; (geom.) tangent; *f* (geom., trig. & mus.) tangent; **escapar, escaparse, irse** or **salir por la tangente** (coll.) to resort to subterfuges, to evade the issue
Tánger *f* Tangier
tangerino -na *adj & mf* Tangerine; *f* tangerine (*orange*)
tangibilidad *f* tangibility
tangible *adj* tangible
tango *m* tango (*dance and music*)
tangón *m* (naut.) outrigger, swinging boom
tanguear *vr* (Am.) to change parties
tánico -ca *adj* (chem.) tannic
tanino *m* (chem.) tannin
tano -na *adj & mf* (Am.) Neapolitan, Italian
tanque *m* tank; bee glue; dipper, drinking cup; (mil.) tank; **tanque del inodoro** toilet tank
tanqueta *f* (mil.) small tank
tantalato *m* (chem.) tantalate
tantálico -ca *adj* (chem.) tantalic
tantalio *m* (chem.) tantalum
tantalita *f* (mineral.) tantalite
tántalo *m* (chem.) tantalum; (orn.) wood ibis; (*cap.*) *m* (myth.) Tantalus
tantán *m* tom-tom; clanging (*e.g., of an anvil*)
tantarantán *m* rub-a-dub; (coll.) hard smack
tanteador -dora *mf* score keeper; *m* score board
tantear *va* to compare; to size up, take the measure of; to test, feel, feel out; to sketch, outline; to keep the score of; (Am.) to estimate; *vn* to keep score; (Am.) to grope, feel one's way; **¡tantee Vd.!** (Am.) fancy that!, just imagine!
tanteo *m* comparison; careful consideration; trial, test; feeler; trial and error; score; **al tanteo** (Am.) by sight, by guess
tanto -ta *adj* so much; such a big; as much; *pron* so much; as much; that; **tantos -tas** *adj & pron pl* so many; as many; **tanto** *adv* so much; so hard; so often; so long; as much; **algún tanto** somewhat, a little; **al tanto** at the same price; **al tanto de** because of; **a tanto** so far, to such a pass, to such an extent; **a tantos de** on a certain day in, on such and such a day in (*e.g., June*); **con tanto que** provided (that); **en tanto** or **entre tanto** in the meantime; **en tanto que** whereas, while; **estar al tanto de** to be or keep informed about, be aware of; **no ser para tanto** to be not so bad, to be not so serious; **otros tantos** as many others; **otro tanto** as much, the same thing; **poner al tanto de** to make aware of, to keep informed of; **por el tanto** at the same price; **por lo tanto** therefore; **por tanto** therefore, wherefore; **un tanto** somewhat, rather; **un tanto por ciento** a certain percentage; **y tantos** odd, or more, e.g., **veinte y tantos** twenty odd, twenty or more; **¡tanto bueno!** or **¡tanto bueno por aquí!** so good to see you!; **tanto como** or **cuanto** as much as; as well as; the same thing as; **tanto . . . como** as much . . . as; both . . . and; **tantos . . . como** as many . . . as; **tantos cual, cuanto** or **que** so many that; **tanto más** (or **menos**) **. . . más** (or **menos**) all the more (or less) . . . (in proportion) as . . . more (or less); **tanto más** (or **menos**) **cuanto que** all the more (or less) because; **tanto mayor (mejor, menos** or **peor)** all the more (better, less or worse); **tanto que** as soon as; *m* copy; counter, chip (*to keep score*); point (*in a score*); (Am.) part, portion; **apuntar** or **señalar los tantos** to keep score; **un tanto por cada día de trabajo** so much for each day's work
tanza *f* casting line
tañedor -dora *mf* player, musician
tañer §84 *va* to play (*a musical instrument*); *vn* to drum with the fingers
tañido *m* sound, tone; twang (*e.g., of guitar*); ring; tang (*ringing sound*)
tañimiento *m* playing an instrument
taño *m* tanbark
taoísmo *m* Taoism
taoísta *adj & mf* Taoist
tapa *f* lid, cover, top, cap; head (*of a cylinder, barrel, etc.*); gate (*of sluice*); shirt front; board cover (*of book*); lift or layer (*of heel*); (aut.) valve cap; **tapas** *fpl* (coll.) appetizer, free lunch; **levantarse** or **saltarse la tapa de los sesos** to blow one's brains out; **tapas de cocina** hot appetizers
tapaagujeros *m* (*pl:* **-ros**) var. of **tapagujeros**
tapabarro *m* (Am.) mudguard
tapaboca *f* slap in the mouth; muffler; (coll.) squelch, squelcher; **tapabocas** *m* (*pl:* **-cas**) muffler; (arti.) tampion
tapacete *m* (naut.) sliding awning
tapacubo or **tapacubos** *m* (*pl:* **-bos**) (aut.) hubcap
tapaculo *m* hip (*of dog rose*)
tapada *f* woman who hides her face with mantle or handkerchief

T

tapadera *f* lid, cover, cap; blind (*person who shields another*)
tapadero *m* plug, stopper
tapadillo *m* woman's hiding her face with mantle or handkerchief; (mus.) flute-stop of organ; **de tapadillo** secretly, under cover
tapadizo *m* shed
tapador -dora *adj* covering; *mf* coverer; *m* lid, cover, top; plug, stopper; *f* (Am.) bottle capper
tapadura *f* covering; hiding; stopping, obstructing
tapafunda *f* flap of a holster
tapagoteras *m* (*pl:* **-ras**) (Am.) roofer; (Am.) roofing cement, waterproofing material
tapagujeros *m* (*pl:* **-ros**) (coll.) poor plasterer, awkward mason; (coll.) substitute, makeshift (*person*)
tapajuntas *m* (*pl:* **-tas**) strip or molding covering crack between door frame or window frame and wall; bead (*on corner to protect plaster*)
tápalo *m* (Am.) shawl, muffler
tapamiento *m* var. of **tapadura**
tapanga *f* (Am.) housing, trappings
tapapecho *m* (Am.) chuck (*of beef*)
tapaporos *m* (*pl:* **-ros**) primer, filler
tapar *va* to cover; to cover up, to hide; to conceal (*a fugitive*); to plug, stop, stop up; to shut; to obstruct (*the view*); to wrap up; (Am.) to fill (*a tooth*); (Am.) to crumple, crush; **taparlas** (prov.) to inhale (*in smoking*); *vr* to cover oneself; to wrap up, bundle up
tapara *f* (Am.) gourd; **vaciarse como una tapara** (Am.) to spill everything one knows
tápara *f* var. of **alcaparra**
taparo *m* (bot.) gourd tree
taparrabo *m* loincloth; trunks, bathing trunks
tapera *f* (Am.) ruins; (Am.) shack, hovel
taperujar *vr* (coll.) to wrap one's face all up
taperujo *m* (coll.) badly fitting plug; (coll.) awkward way of covering the face
tapetado -da *adj* dark, dark-brown
tapete *m* rug; runner (*of carpet, lace, etc.*); table scarf; **estar sobre el tapete** to be on the carpet (*i.e., under discussion*); **tapete verde** card table, gambling table, green table
tapetito *m* coaster, mat
tapia *f* mud wall, adobe wall
tapiador *m* mud-wall builder
tapial *m* form or mold for making mud walls; (dial. & Am.) mud wall
tapiar *va* to wall up, to wall in, to inclose with a wall; to close up
tapicería *f* tapestries; upholstery; making of tapestry; tapestry shop; upholstery shop
tapicero *m* tapistery maker; carpet maker; carpet layer; upholsterer
tapido -da *adj* closely woven
tapiería *f* mud walls (*of a house, enclosure, etc.*)
tapioca *f* tapioca
tapir *m* (zool.) tapir
tapiz *m* (*pl:* **-pices**) tapestry; **tapiz gobelino** Gobelin tapestry
tapizado *m* upholstery
tapizar §76 *va* to tapestry; to upholster; to carpet; to cover
tapón *m* stopper, cork; cap; bottle cap; plug, bung; (elec.) fuse; (surg.) tampon; **al primer tapón, zurrapas** (coll.) off to a bad start; **tapón de algodón** (surg.) swab; **tapón de cuba** (coll.) fat, squatty person; **tapón de cubo** (aut.) hubcap; **tapón de desagüe** drain plug; **tapón de llenado** (aut.) gas-tank cap, filler cap; **tapón de radiador** (aut.) radiator cap; **tapón de tráfico** traffic jam; **tapón de vaciado** (aut.) drain plug; **tapón fusible** (elec.) plug fuse
taponado *m* capping, plugging
taponamiento *m* (surg.) tamponage
taponar *va* to plug, stop up; (surg.) to tampon
taponazo *m* pop (*of a cork*)
taponería *f* corks, stoppers; cork factory; cork business; cork store
taponero -ra *adj* (pertaining to) cork; *mf* cork maker; cork dealer
tapsia *f* (bot.) deadly carrot
tapujar *vr* (coll.) to muffle one's face, to cover one's face
tapujo *m* muffler, cover held over the face; (coll.) concealment, subterfuge
taque *m* click (*of a door as it locks or latches*); rap, knock (*at a door*)
taqué *m* (aut.) tappet
taquera *f* rack or stand for billiard cues
taquicardia *f* (path.) tachycardia
taquigrafía *f* tachygraphy; shorthand, stenography; tachygraph
taquigrafiar §90 *va* to stenograph, take down in shorthand
taquigráfico -ca *adj* tachygraphic or tachygraphical; stenographic, shorthand
taquígrafo -fa *mf* tachygraph or tachygrapher; stenographer
taquilita *f* (mineral.) tachylite
taquilla *f* file (*for letters, papers, etc.*); ticket rack; ticket window; ticket office; box office; take, gate (*money collected for a contest, show, etc.*)· (Am.) inn, tavern
taquillero -ra *adj* box-office; *mf* ticket seller, ticket agent
taquimeca *mf* (coll.) shorthand-typist
taquimecanógrafo -fa *mf* shorthand-typist
taquimetría *f* tachymetry
taquimétrico -ca *adj* tachymetric
taquímetro *m* speedometer, tachymeter; (surv.) tachymeter
taquín *m* anklebone
taquisterol *m* (biochem.) tachysterol
taquistoscopio *m* tachistoscope
tara *f* tare (*deduction for weight*); tally (*split stick for recording transactions*); defect; allowance for weight; (Am.) noisemaker (*wooden rattle*); **menos la tara** (coll.) making due allowance for exaggeration
tarabilla *f* millclapper; catch (*to fasten a window*); turnbuckle; (coll.) millclapper, chatterbox; (coll.) jabber, nonsense; **soltar la tarabilla** (coll.) to talk a blue streak
tarabita *f* tongue (*of belt buckle*); (Am.) rope of rope railway
taracea *f* marquetry, inlaid work; inlaid floor
taracear *va* to inlay, to adorn with marquetry
tarado -da *adj* defective
taragallo *m* var. of **trangallo**
taragontía *f* var. of **dragontea**
taraje *m* var. of **taray**
tarambana *adj & mf* (coll.) crackpot
tarando *m* (zool.) reindeer
tarángana *f* cheap blood sausage
tarantela *f* tarantella (*dance and music*)
tarántula *f* (zool.) tarantula; (zool.) **gecko**, tarente
tarantulado -da *adj* var. of **atarantado**
tarar *va* to tare
tarara *f* or **tarará** *m* sound of trumpet
tararear *va & vn* to hum
tarareo *m* hum, humming
tararira *f* (coll.) noisy goings on; *mf* (coll.) blustery person
tarasca *f* dragon (*in Corpus Christi procession*); gluttony; (coll.) ugly wench, hag
tarascada *f* bite; (coll.) tart reply, rude answer
tarascar §86 *va* to bite (*said of a dog*)
taray *m* (bot.) salt cedar
tarayal *m* growth of salt cedars
tarazana *f* or **tarazanal** *m* var. of **atarazana**
tarazar §76 *va* to bite, to tear, or to lacerate with the teeth; to annoy, bother
tarazón *m* slice, chunk
tarbea *f* large hall
tardanza *f* slowness, delay, tardiness
tardar *vn* to be long; to be late; **a más tardar** at the latest; **tardar en** + *inf* to be long in + *ger;* to be late in + *ger;* **tardar . . . en** + *inf* to be . . . in + *ger* or to take . . . to + *inf*, e.g., **tardó dos horas en preparar su lección** he was two hours in preparing his lesson or he took two hours to prepare his lesson; *vr* to be long; to be late
tarde *adv* late; too late; **de tarde en tarde** from time to time; **hacerse tarde** to grow late; **más tarde o más temprano** sooner or later; **para luego es tarde** it's later than you think; (Am.) come on and do it, you'd better hurry up and do it; **tarde o temprano** sooner or later; *f* afternoon, evening; (fig.) evening (*of life*); **buenas tardes** good after-

noon, good evening; **de la tarde a la mañana** overnight; suddenly, in no time; unexpectedly
tardeada *f* (Am.) afternoon party
tardecer §34 *vn* to grow late, to grow dark
tardecica or **tardecita** *f* nightfall, dusk
tardígrado -da *adj* (zool.) tardigrade
tardío -a *adj* late, delayed, tardy; slow; **tardíos** *mpl* late crops
tardo -da *adj* slow; late; slow, dull, dense
tardón -dona *adj* (coll.) slow, poky; *mf* (coll.) poke, slow poke
tarea *f* task, job; work; care, worry
tarifa *f* tariff; price list; rate; fare; (telp.) toll; **tarifa diferencial** (rail.) differential rate; **tarifa proteccionista** protective tariff; **tarifa recargada** extra fare
tarifar *va* to price; *vn* to quarrel, to fall out
tarificación *f* price fixing
tarima *f* stand; platform; stool; low bench; bunk; board
tarja *f* shield, buckler; tally (*split stick for recording transactions*); (coll.) blow, lash; **beber sobre tarja** (coll.) to drink on tick
tarjador -dora *mf* tally keeper
tarjar *va* to tally
tarjero -ra *mf* tally keeper
tarjeta *f* card; place card; title and imprint (*on a map*); (arch.) tablet; **tarjeta de buen deseo** or **tarjeta de felicitación** greeting card; **tarjeta de felicitación de Año Nuevo** New Year's card; **tarjeta de felicitación de Pascuas** Christmas card; **tarjeta de identidad** identity card; **tarjeta de negocios** business card; **tarjeta de visita** calling card, visiting card; **tarjeta navideña** Christmas card; **tarjeta perforada** punch card, punched card; **tarjeta postal** post card, postal card; **tarjeta registradora** timecard
tarjeteo *m* (coll.) exchange of visiting cards
tarjetero *m* card case; card file, card index
tarlatana *f* tarlatan
taro *m* (bot.) taro
tarpeyo -ya *adj* Tarpeian; (*cap.*) *f* Tarpeia
tarpón *m* (ichth.) tarpon
tarquín *m* mire, slime, mud
tarquinada *f* (coll.) rape
Tarquino *m* Tarquin
tarrago *m* (bot.) meadow sage
tarraja *f* var. of **terraja**
tarraya *f* casting net
tarrico *m* (bot.) saltwort
tarro *m* jar; milk pail; (Am.) horn; (Am.) high hat
tarsiano -na *adj* tarsal
tarso *m* (anat. & zool.) tarsus; (*cap.*) *f* Tarsus
tarta *f* tart; pan
tártago *m* (bot.) caper spurge; (coll.) misfortune; (coll.) poor joke, mean trick; **tártago de Venezuela** (bot.) castor-oil plant
tartaja *adj* (coll.) stuttering; *mf* (coll.) stutterer
tartajear *vn* to stutter
tartajeo *m* stuttering
tartajoso -sa *adj* stuttering; *mf* stutterer
tartalear *vn* (coll.) to stagger, to sway; (coll.) to be dumbfounded, be speechless
tartamudear *vn* to stutter, to stammer
tartamudeo *m* (act of) stuttering, stammering
tartamudez *f* (defect of) stuttering, stammering
tartamudo -da *adj* stuttering, stammering; *mf* stutterer, stammerer
tartán *m* Scotch plaid, tartan
tartana *f* tartana (*two-wheeled round-top carriage of Valencia*); rickety old railroad train; (naut.) tartan
tartanero *m* driver of a tartana
tartáreo -a *adj* Tartarean
Tartaria *f* Tartary
tartárico -ca *adj* var. of **tártrico**
tartarizar §76 *va* to tartarize
tártaro -ra *adj* & *mf* Tartar; *m* (chem.) tartar; tartar (*on teeth*); **tártaro emético** (chem.) tartar emetic; (*cap.*) *m* (myth.) Tartarus (*underworld*)
tartera *f* pastry pan; lunch basket, dinner pail
tartrato *m* (chem.) tartrate
tártrico -ca *adj* tartaric
tartufo *m* hypocrite
taruga *f* (zool.) guemal (*Hippocamelus antisiensis*)
tarugo *m* wooden plug; wooden paving block; (Am.) cheat; (Am.) dolt
tarumba *adj* (coll.) confused, rattled; **volver tarumba** (coll.) to rattle; **volverse tarumba** (coll.) to get rattled
tas *m* stake (*small anvil*)
tasa *f* appraisal; measure, standard; rate; moderation; ceiling price
tasación *f* appraisal; regulation; **tasación de costas** (law) taxation
tasadamente *adv* with measure; scantily; (coll.) just right
tasador -dora *adj* appraising; *mf* appraiser; **tasador de avería** insurance adjuster
tasajo *m* jerked beef
tasar *va* to appraise; to regulate; to hold down, keep within bounds; to grudge; (law) to tax (*the costs*)
tasca *f* dive, joint
tascador *m* swingle, scutcher
tascar §86 *va* to swingle, to scutch; to crunch (*grass*); to champ (*the bit*)
tasco *m* stalk of hemp or flax (*after scutching*)
tasconio *m* var. of **talque**
tasmanio -nia *adj* & *mf* Tasmanian; (*cap.*) *f* Tasmania
tasquera *f* (coll.) row, quarrel
tasquil *m* chip, splinter (*of stone*)
tastana *f* hard crust (*of dry earth*); membrane (*dividing the carpels or slices of, e.g., an orange*)
tastaz *m* brass-polishing powder
tasto *m* spoiled taste (*of food*)
tasugo *m* (zool.) badger
tata *m* see **tato**; *f* see **tato**
tatarabuelo -la *mf* great-great-grandparent; *m* great-great-grandfather; *f* great-great-grandmother
tataradeudo -da *mf* remote ancestor
tataranieto -ta *mf* great-great-grandchild; *m* great-great-grandson; *f* great-great-granddaughter
tátaro -ra *adj* & *mf* Tartar, Tatar
tatarrete *m* (coll.) old jar
tate *interj* be careful!, look out!; I get it!, I get you!
tato -ta *adj* stammering, lisping; *m* (dial. & Am.) little brother; (zool.) armadillo; *f* (coll.) nursemaid; (dial. & Am.) little sister; **andar a tatas** (coll.) to toddle; (coll.) to go on all fours; **tata** *m* (dial. & Am.) daddy
tatú *m* (*pl:* **-túes**) (zool.) tatouay
tatuaje *m* tattoo, tattooing
tatuar §33 *va* & *vr* to tattoo
taujel *m* strip of wood, support of an arch
taujía *f* damascene, damascene work
taumaturgia *f* thaumaturgy
taumatúrgico -ca *adj* thaumaturgic or thaumaturgical
taumaturgo -ga *mf* thaumaturge, wonderworker
taurino -na *adj* taurine, bullfighting; *f* (chem.) taurine
Tauro *m* (astr. & geog.) Taurus
taurófilo -la *mf* bullfight fan
taurómaco -ca *adj* bullfighting, tauromachian; *mf* bullfighter, tauromachian
tauromaquia *f* bullfighting, tauromachy
tauromáquico -ca *adj* bullfighting, tauromachic
taurotraumatólogo *m* medical expert on bullfight wounds
tautoga *f* (ichth.) tautog
tautología *f* tautology
tautológico -ca *adj* tautological
tautomería *f* (chem.) tautomerism
tautómero *m* (chem.) tautomer
taxativamente *adv* rigorously
taxativo -va *adj* rigorous; (law) limitative
taxear *vn* (aer.) to taxi
taxi *m* taxi, taxicab; *f* taxi dancer
taxia *f* (biol.) taxis
taxidermia *f* taxidermy
taxidérmico -ca *adj* taxidermal
taxidermista *mf* taxidermist
taxímetro *m* taximeter
taxis *f* (biol. & surg.) taxis

T

taxista *mf* taxi driver
taxonomía *f* taxonomy
taxonómico -ca *adj* taxonomic
taxonomista *mf* taxonomist
taylorismo *m* industrial management, efficiency engineering
taz; taz a taz on an even basis; **taz con taz** (Am.) even, tied
taza *f* cup; basin (*of fountain*); bowl (*of toilet*); cup guard (*of sword*)
tazaña *f* dragon (*in Corpus Christi procession*)
tazar §76 *va & vr* to fray
tazón *m* bowl; (prov.) basin
T.B.O. abr. de **tebeo** (*libro cómico*)
te *pron pers & reflex* (used as object of verb) thee, to thee; you, to you; thyself, to thyself; yourself, to yourself; *f* T square; tee (*pipe*)
té *m* (bot.) tea; (bot.) fireweed; tea (*dried leaves; drink; afternoon reception*); **té bailable** tea dance, thé dansant; **té borde** or **de Méjico** (bot.) Mexican tea; **té del Canadá** (bot.) spiceberry; **té del Paraguay** (bot.) Paraguay tea; **té de Pékoë** pekoe; **té de Pensilvania** (bot.) Oswego tea; **té de Suecia** (bot.) twinflower; **té negro** black tea; **té verde** green tea
tea *f* torch, firebrand
teáceo -a *adj* (bot.) theaceous
teantropía *f* theanthropism
teatral *adj* theatrical
teatralidad *f* theatricality
teatrero -ra *mf* (Am.) theater-goer
teatro *m* theater; (fig.) theater (*e.g., of war*); (fig.) scene (*e.g., of an accident*); **dar teatro a** to ballyhoo; **teatro circular** arena theater, theater-in-the-round; **teatro de estreno** first-run house; **teatro de la ópera** opera house; **teatro de repertorio** stock company; repertory theater
teatrólogo -ga *mf* theater critic; actor; *f* actress
tebaico -ca *adj* Thebaic
tebaína *f* (chem.) thebaine
tebano -na *adj & mf* Theban
Tebas *f* Thebes (*of Egypt; of Greece*)
tebeo -a *adj & mf* Theban; *m* comic book
teca *f* (anat. & bot.) theca; (bot.) teak (*tree and wood*); reliquary
tecla *f* key (*of typewriter, piano, etc.*); touchy subject; **dar en la tecla** (coll.) to get the knack of it; (coll.) to fall into a habit; **tocar una tecla** (coll.) to try to start something; (coll.) to feel one's way; **tecla de cambio** shift key; **tecla de escape** margin release; **tecla de espacios** space bar, space key; **tecla del tabulador** tabulator key; **tecla de retroceso** backspacer; **tecla muerta** dead key; **tecla tabulatoria** tabulating key
teclado *m* keyboard (*of typewriter, piano, etc.*); **teclado manual** (mus.) manual (*of organ*); **teclado pedalero** (mus.) pedal keyboard; **teclado universal** standard keyboard (*of typewriter*)
tecle *m* (naut.) single whip
tecleado *m* fingering
teclear *va* (coll.) to feel out (*a matter, deal, etc.*); *vn* to run one's fingers over the keys, to type, to play the piano; to click; (coll.) to wiggle one's fingers; (coll.) to drum, to thrum
tecleo *m* fingering; touch; click (*of typewriter*)
tecnetio *m* (chem.) technetium
técnica *f* see **técnico**
tecnicidad *f* technicality (*technical character*)
tecnicismo *m* technical terminology; technicality (*technical term*)
técnico -ca *adj* technic, technical; *m* technician; expert; *f* technic or technics (*science of an art; skill*); technique (*method; skill*)
tecnicolor *m* technicolor
tecnocracia *f* technocracy
tecnócrata *mf* technocrat
tecnocrático -ca *adj* technocratic
tecnología *f* technology
tecnológico -ca *adj* technologic or technological
tecnólogo -ga *mf* technologist
tecolote *m* (orn.) eagle owl (*of Central America*); **estar tecolote** (Am.) to be tipsy
tectita *f* (geol.) tektite
tectónico -ca *adj* tectonic; *f* tectonics
techado *m* roof; **bajo techado** under cover, indoors
techador *m* roofer
techar *va* to roof, put a roof on
techo *m* ceiling; roof, cover; (aer.) ceiling; (fig.) roof (*house, home*); (slang) lid (*hat*); **subirse al techo** (coll.) to blow one's top; **techo de paja** thatched roof; **techo de servicio** (aer.) service ceiling
techumbre *f* ceiling; roof
tedero *m* cresset, fire basket
tedeum *m* (*pl:* **tedeum**) Te Deum
tediar *va* to loathe, to be sick of
tedio *m* tedium, ennui, boredom
tedioso -sa *adj* tedious, boresome
teelina *f* (biochem.) theelin
tegmen *m* (bot. & zool.) tegmen
tégula *f* (zool.) tegula
tegular *adj* tegular
tegumentario -ria *adj* tegumentary
tegumento *m* (anat., bot. & zool.) tegument
teína *f* (chem.) theine
teinada *f* cattle shed
teísmo *m* theism
teísta *adj* theistic; *mf* theist
teja *f* roofing tile; shovel hat; (bot.) yew; (bot.) linden; **a teja vana** with a plain tile roof; lightly, without concern; **a toca teja** (coll.) for cash; **de tejas abajo** (coll.) in the natural order, without help from above; (coll.) here below; **de tejas arriba** (coll.) in the supernatural order; (coll.) in the other world; **teja canalón** pantile, gutter tile; **teja de cimacio** pantile; **teja de madera** shingle; **teja romana** pantile
tejadillo *m* top, cover
tejado *m* tile roof; roof; **tejado a cuatro aguas** hip roof; **tejado a dos aguas** double-sloping roof; **tejado de media agua** single-sloping roof; **tejado de vidrio** (fig.) glass-house
tejamaní *m* (*pl:* **-níes**) (Am.) shake (*long shingle*)
tejamanil *m* (Am.) var. of **tejamaní**
tejano -na *adj & mf* Texan
tejar *m* tile works; *va* to tile, to roof with tiles
tejaroz *m* eaves
Tejas *m* Texas
tejavana *f* shed; building with plain tile roof; **a tejavana** lightly, without concern
tejedera *f* weaver (*woman*); (ent.) whirligig beetle
tejedor -dora *adj* weaving; (coll.) scheming; *mf* weaver; (coll.) schemer; *m* (ent.) water strider, water skipper; (orn.) weaver, weaver-bird
tejedura *f* weaving; texture
tejeduría *f* (art of) weaving; weaving mill
tejemaneje *m* (coll.) knack, cleverness; (Am.) scheming
tejer *va* to weave; (fig.) to weave (*a story, a plot*); *vn* to weave; **tejer y destejer** to blow hot and cold, to back and fill
tejera *f* see **tejero**
tejería *f* tile business; tile works, tile kiln
tejero -ra *mf* tile maker; *f* tile works
tejido *m* weave, texture; web; fabric, textile; tissue; (biol.) tissue; (fig.) tissue, web; **tejido adhesivo** (elec.) friction tape; **tejido conjuntivo** or **conectivo** (anat.) connective tissue; **tejido criboso** (bot.) sieve tissue; **tejido de encaje** lace fabric; **tejido de malla** netted fabric; **tejido de media** hosiery fabric; **tejido de punto** knitted fabric, jersey
tejo *m* disk, weight (*in shuffleboard*); quoit; bearing, pillow block; metal disk; (bot.) yew, yew tree
tejocote *m* (bot.) hawthorn; haw (*fruit*)
tejoleta *f* broken tile; brickbat; clapper
tejolote *m* (Am.) stone pestle
tejón *m* (zool.) badger; **tejón de Australia** (zool.) wombat; **tejón de Laponia** (zool.) glutton
tejonera *f* burrow of badgers
tejuela *f* broken tile; brickbat; saddletree
tejuelo *m* small tile; (b.b.) label; (b.b.) lettering; (mach.) pillow block
tela *f* cloth, fabric; skin (*e.g., of an onion*); film; web (*of an insect*); subject, something to talk

about; (b.b.) cloth; (paint.) canvas; (hunt.) canvas enclosure; (slang) dough (*money*); **poner en tela de juicio** to question, to doubt; **tela aislante** (elec.) insulating tape, friction tape; **tela de alambre** wire screen; **tela de araña** spider web, cobweb; **tela de crin** horsehair, haircloth; **tela de esmeril** emery cloth; **tela de punto** stockinet; **tela emplástica** court plaster; **tela metálica** chicken wire; **tela polímita** fabric made of many-colored threads
telada *f* gang, outfit, clique
telamón *m* (arch.) telamon
telangiectasia *f* (path.) telangiectasis
telar *m* loom; frame; embroidery frame; (b.b.) sewing press; (theat.) gridiron
telaraña *f* spider web, cobweb; (fig.) cobweb (*something slight or flimsy*); **mirar las telarañas** (coll.) to be stargazing; **tener telarañas en los ojos** (coll.) to look without seeing, to be blind to what is going on
telarañoso -sa *adj* cobwebby, gossamery
telautógrafo or **teleautógrafo** *m* telautograph
teleaudiencia *f* television audience
telecomunicación *f* telecommunication
telecontrol *m* remote control
telediario *m* television newscast
teledifundir *va & vn* to telecast
teledifusión *f* telecasting; telecast; music by wire; wired wireless
teledifusora *f* television transmitter
teleferaje *m* telpherage
teleferar *va* to telpher
teleférico -ca *adj & m* telpher
telefio *m* (bot.) orpin
telefonar *va & vn* (Am.) var. of **telefonear**
telefonazo *m* (slang) telephone call
telefonear *va & vn* to telephone
telefonema *m* telephone message, telephone call
telefonía *f* telephony; **telefonía inalámbrica** or **sin hilos** wireless telephony
telefónico -ca *adj* telephonic
telefonista *mf* operator, telephonist
teléfono *m* telephone; **teléfono automático** dial telephone; **teléfono inalámbrico** or **sin hilos** wireless telephone; **teléfono público** pay station
telefoto *m* (elec.) telephote (*telectric apparatus*); *f* telephoto (*picture*)
telefotografía *f* telephotography; telephotograph
telefotografiar §90 *va & vn* to telephotograph
telefotográfico -ca *adj* telephoto, telephotographic
telefotógrafo *m* phototelegraph (*apparatus*)
teleg. abr. of **telégrafo** & **telegrama**
telega *f* telega
telegonía *f* (biol.) telegony
telegrafía *f* telegraphy; **telegrafía inalámbrica** or **sin hilos** wireless, wireless telegraphy
telegrafiar §90 *va & vn* to telegraph
telegráfico -ca *adj* telegraphic
telegrafista *mf* telegrapher; telegraphist
telégrafo *m* telegraph; **hacer telégrafos** (coll.) to talk by signs (*said especially of lovers*); **telégrafo de banderas** (nav.) wigwagging; **telégrafo de máquinas** (naut.) engine-room telegraph; **telégrafo sin hilos** wireless telegraph
telegrama *m* telegram
teleguiado -da *adj* guided by remote control
teleimpresor *m* teletype, teleprinter
teleléctrico -ca *adj* telelectric
Telémaco *m* (myth.) Telemachus
telemando *m* remote control
telemecánico -ca *adj* telemechanic; *m* television repairman; *f* telemechanics
telemedición *f* telemetering
telemetrar *va & vn* to telemeter
telemetría *f* telemetry
telemétrico -ca *adj* telemetric
telémetro *m* telemeter; (mil.) range finder
telemisora *f* television transmitter
telencéfalo *m* (anat.) telencephalon
telendo -da *adj* sprightly, lively, spirited
teleobjetivo *m* telephoto lens
teleología *f* teleology
teleológico -ca *adj* teleological
teleósteo -a *adj & m* (ichth.) teleost
telépata *mf* telepathist
telepatía *f* telepathy
telepático -ca *adj* telepathic
telepatista *mf* telepathist
telequinesia *f* telekinesis
telera *f* plow pin; sheepfold (*enclosed in a board fence*); jaw (*of a vise*); transom (*of gun carriage*); (naut.) rack block
telerán *m* (elec.) teleran
telero *m* stake (*of cart or truck*)
telerreceptor *m* television set, television receiver
telescopaje *m* telescoping (*of one object inside another*)
telescopar *va & vr* to telescope
telescópico -ca *adj* telescopic
telescopio *m* telescope; (*cap.*) *m* (astr.) Telescopium; **telescopio de espejo** reflecting telescope
telesilla *f* chair lift (*for skiers*)
telesillas *m* (*pl:* **-llas**) var. of **telesilla**
telespectador -dora *mf* viewer, televiewer
telesquí *m* ski lift, ski tow
telestereoscopio *m* telestereoscope
telestesia *f* telesthesia
telestudio *m* television broadcasting studio
teleta *f* blotting paper, blotter; sieve in a paper mill
teletermómetro *m* telethermometer
teletipia *f* teletypewriter
teletipiadora *f* teletype
teletipista *mf* teletyper
teletipo *m* teletype
teletransmisora *f* television transmitter
teletubo *m* (telv.) picture tube
televidente *mf* viewer, televiewer
televisar *va* to televise
televisión *f* television; **televisión en circuito cerrado** closed-circuit television; **televisión en colores** color television
televiso -sa *adj* (pertaining to) television
televisor -sora *adj* televising; (pertaining to) television; *m* television set; *f* television transmitter
telilla *f* light camelot; film
telina *f* (zool.) clam
telofase *f* (biol.) telophase
telolecito *adj masc* (embryol.) telolecithal
telón *m* (theat.) drop curtain; **telón contra incendios** (theat.) safety curtain; **telón de acero** (fig.) iron curtain; **telón de boca** (theat.) front curtain; **telón de fondo** or **foro** (theat.) backdrop; **telón de seguridad** (theat.) safety curtain
telonero -ra *mf* first actor in a vaudeville program
telurato *m* (chem.) tellurate
telúrico -ca *adj* telluric; (chem.) telluric
telurio *m* (chem.) tellurium
telurita *f* (mineral.) tellurite
telurito *m* (chem.) tellurite
teluroso -sa *adj* (chem.) tellurous
telururo *m* (chem.) telluride
tellina *f* (zool.) clam
telliz *m* (*pl:* **-llices**) horse blanket, saddle cover
telliza *f* bedspread, quilt
tema *m* theme, subject; exercise; contention; (gram.) stem; (mus.) theme; *f* persistence, insistence; fixed idea, mania; grudge; **a tema** in emulation, in competition; **tener tema** to be stubborn; **tener tema a** to have a grudge against
temario *m* agenda
temático -ca *adj* thematic; persistent, insistent; (gram.) (pertaining to the) stem
tembladal *m* quaking bog
tembladero -ra *adj* shaking, trembling; *mf* trembler; *m* quaking bog; *f* jewel mounted on a spiral spring; bowl of very thin metal or glass; (ichth.) torpedo; (bot.) large quaking grass
temblador -dora *adj* shaking, trembling; *mf* trembler; (rel.) trembler (*Quaker*); *m* (elec.) trembler
temblante *adj* shaking, trembling; *m* bracelet
temblar §18 *vn* to shake, tremble, quiver; to shiver; **estar temblando** to teeter

T

tembleque *adj* shaking, trembling; *m* trembler; jewel mounted on a spiral spring
temblequear *vn* (coll.) to shake, to tremble all the time; (coll.) to fake a tremor
temblequeo *m* (coll.) shaking, trembling, constant shaking, constant trembling
tembletear *vn* (coll.) var. of **temblequear**
temblón -blona *adj* (coll.) shaking, tremulous; **hacer la temblona** (coll.) to fake a tremor (*said of a beggar*); *m* (bot.) aspen
temblor *m* tremor, shaking, trembling, quivering; shivering; (path.) tremor; (Am.) earthquake; **temblor de tierra** earthquake
tembloroso -sa or **tembloso -sa** *adj* shaking, tremulous
tembo -ba *adj* (Am.) silly, stupid
temedero -ra *adj* dread, fearful
temedor -dora *adj* fearful, afraid
temer *va* to fear; *vn* to fear; **temer** + *inf* to fear to + *inf;* **temer por** to fear for
temerario -ria *adj* rash, reckless, hasty, foolhardy
temeridad *f* rashness, recklessness, temerity, foolhardiness
temerón -rona *adj* (coll.) blustering; *mf* (coll.) blusterer
temeroso -sa *adj* dread, frightful; timorous, timid; fearful
temescal *m* (Am.) bathhouse
temible *adj* dreadful, terrible, fearful
Temístocles *m* Themistocles
temor *m* fear, dread
temoso -sa *adj* persistent, stubborn
tempanador *m* beekeeper's knife (*used for removing the dome*)
tempanar *va* to put the head on (*a barrel*); to put the cork dome on (*a beehive*)
témpano *m* timbrel, small drum; drumhead, drumskin; head (*of barrel*); flitch (*of bacon*); floe (*of ice*); cork dome (*of beehive*); (arch.) tympan; (mus.) kettledrum; **témpano de hielo** iceberg
temperación *f* tempering
temperadamente *adv* temperately
temperamental *adj* temperamental
temperamento *m* temperament (*peculiar character of a person*); conciliation, compromise; weather, state of the weather; (mus.) temperament
temperancia *f* var. of **templanza**
temperante *adj* temperate (*in indulgence*); conciliatory; (Am.) abstemious; *mf* (Am.) teetotaler
temperar *va* to temper, to soften, to moderate, to calm; (med.) to calm; (mus.) to put in tune (*two or more instruments*); *vn* (Am.) to go to a warmer climate
temperatísimo -ma *adj super* very or most temperate
temperatura *f* temperature; weather; (path.) temperature (*i.e., high temperature, fever*); **temperatura absoluta** (phys.) absolute temperature; **temperatura del cuerpo** body temperature
temperie *f* weather, state of the weather
tempero *m* (agr.) mellowness of soil
tempestad *f* storm, tempest; (orn.) bluebird, western bluebird; **tempestad de arena** sandstorm; **tempestad de lluvia** rainstorm; **tempestades de risas** gales of laughter; **tempestad magnética** (phys.) magnetic storm
tempestear *vn* to storm, be stormy; (coll.) to storm (*to rage, become violent*)
tempestividad *f* opportuneness, timeliness
tempestivo -va *adj* opportune, timely
tempestuoso -sa *adj* stormy, tempestuous; (fig.) stormy, tempestuous
templa *f* (paint.) distemper (*pigment*); (Am.) juice in sugar pan; **templas** *fpl* (anat.) temples
templadera *f* head gate, sluice gate
templado -da *adj* temperate (*in indulgence; in climate*); (lit.) moderate (*style*); lukewarm, medium; (coll.) brave, courageous; (Am.) in love; (Am.) tipsy, drunk; (Am.) austere, severe; **bien templado** good-tempered, well-tempered; (mus.) well-tempered; **mal templado** bad-tempered
templador *m* (mus.) tuning key or hammer; tempering furnace
templadura *f* tempering; moderation; (mus.) tempering
templanza *f* temperance; mildness, temperateness (*of climate*)
templar *va* to temper; to soften; to ease; to dilute; (mus.) to temper; (naut.) to trim (*sails*) to the wind; (paint.) to blend; *vn* to warm up (*said of weather*); *vr* to temper; to be moderate; to moderate (*said of weather*); (Am.) to fall in love; (Am.) to die
Templario *m* Templar, Knight Templar
temple *m* weather, state of the weather; temper (*disposition*); humor; average; dash, boldness; temper (*hardness of steel, glass, etc.*); (mus.) tempering; (paint.) distemper (*art or process*); **al temple** (paint.) in distemper; **estar de buen temple** to be in a good humor; **estar de mal temple** to be in a bad humor
templén *m* temple (*of a loom*)
templete *m* small temple; niche, tabernacle; pavilion; bandstand
templista *mf* (paint.) painter in distemper
templo *m* temple
témpora *f* Ember days; **témporas** *fpl* Ember days
temporada *f* season; period; spell; **de temporada** temporarily; **estar de temporada** to be vacationing
temporal *adj* temporal; temporary; (anat. & gram.) temporal; *m* weather; spell of rainy weather; storm, tempest; (naut.) whole gale; (anat.) temporal bone; **aguantar un temporal** (naut.) to lie to
temporalidad *f* temporality; **temporalidades** *fpl* (eccl.) temporalities
temporalizar **§76** *va* to secularize
temporalmente *adv* temporally; temporarily
temporáneo -a or **temporario -ria** *adj* temporary
temporejar *vn* (naut.) to lie to
temporero -ra *adj* substitute, temporary, provisional; *mf* substitute
temporizar **§76** *vn* to temporize; to putter around
tempranal *adj* early-yielding (*land, crops, etc.*)
tempranamente *adv* early
tempranero -ra *adj* early
temprania *f* (coll.) earliness
tempranilla *f* early grape
tempranito *adv* (coll.) pretty early
temprano -na *adj* early; *m* early crop; **temprano** *adv* early; **temprano y con sol** bright and early
temulencia *f* drunkenness, intoxication
temulento -ta *adj* drunk, intoxicated
ten *2d sg impv of* **tener; ten con ten** (coll.) caution
tena *f* cattle shed
tenacear *va* to tear the flesh of (*a person*) with nippers; to torture; *vn* to persist stubbornly
tenacero *m* maker, dealer, or user of pincers, pliers, or tongs
tenacidad *f* tenacity; (phys.) tenacity
tenacillas *fpl* sugar tongs; hair curler; tweezers; snuffers
tenáculo *m* (surg.) tenaculum
tenada *f* cattle shed
tenallón *m* (fort.) tenaillon
tenante *m* (her.) supporter (*of an escutcheon*)
tenar *adj* & *m* (anat.) thenar
tenaz *adj* (*pl:* **-naces**) tenacious
tenaza *f* tenace (*two high cards of a suit*); (fort.) tenaille; **tenazas** *fpl* pincers, pliers; tongs (*to carry coal, ice, wood, etc.*); pincers (*e.g., of a crab*); (dent.) forceps; **tenazas de chimenea** coal tongs, fire tongs; **tenazas de rizar** curling iron
tenazada *f* hold with pincers, pliers, or tongs; click of pincers or pliers, clink of tongs; hard bite
tenazazo *m* blow with pincers, pliers, or tongs
tenazón; a or **de tenazón** without taking aim; offhand
tenazuelas *fpl* tweezers
tenca *f* (ichth.) tench
tención *f* holding, possession
tendajo *m* var. of **tendejón**

tendal *m* awning; canvas used to catch falling olives; frame for drying clothes; clothes spread out or hung up to dry
tendalera *f* (coll.) litter (*on the floor or ground*)
tendalero *m* drying place, frame for drying clothes
tendear *vn* (Am.) to browse about the stores
tendedera *f* (Am.) clothesline
tendedero *m* var. of **tendalero**
tendedor -dora *mf* spreader, stretcher, tenter, layer, setter; person who hangs or spreads clothes to dry
tendejón *m* little shop; shack; shed
tendel *m* (mas.) chalk line, leveling line; (mas.) layer of mortar
tendencia *f* tendency
tendenciosidad *f* tendentiousness
tendencioso -sa *adj* tendentious
tendente *adj* tending
tender §66 *va* to spread, spread out, stretch out; to extend; to reach out; to offer, to tender; to hang out (*clothes to dry*); to coat (*e.g., with plaster*); to lay (*a cable, a track, etc.*); to throw, to build (*a bridge*); to set (*a trap*); (Am.) to lay out (*a corpse*); *vn* to tend; **tender a** + *inf* to tend to + *inf; vr* to stretch out; to throw one's cards on the table; to run at full gallop; (naut.) to swell; (coll.) to become unconcerned, neglectful
ténder *m* (rail.) tender
tenderete *m* stand, booth; (coll.) litter
tendero -ra *mf* storekeeper, shopkeeper; *m* tent maker
tendezuela *f* little shop
tendido *m* laying (*e.g., of a cable, of a track*); spreading (*e.g., of a curtain of smoke*); hanging, stretching (*of wires*); wires; run of lace; wash (*amount hung up to dry*); batch of bread; coat of plaster; slope of a roof, side of roof; (taur.) uncovered stand, bleachers; (dial.) clear sky; (Am.) bedclothes; **tendido aéreo** overhead wires; **tendido alto** (taur.) upper section (*of seats*); **tendido bajo** (taur.) lower section (*of seats*)
tendinoso -sa *adj* tendinous
tendón *m* (anat.) tendon; **tendón de Aquiles** (anat.) Achilles' tendon
tendré *1st sg fut ind of* **tener**
tenducha *f* or **tenducho** *m* poor little store
tenebrario *m* (eccl.) tenebrae hearse
tenebrosidad *f* darkness, gloom; obscurity
tenebroso -sa *adj* dark, gloomy, tenebrous; dark, shady (*e.g., deal*); obscure (*style, writer*)
tenedero *m* (naut.) place to anchor
tenedor *m* holder; bearer; fork, table fork; (sport) ball boy; **tenedor de acciones** stockholder; **tenedor de bonos** bondholder; **tenedor de libros** bookkeeper; **tenedor de una póliza** (ins.) policyholder
teneduría *f* bookkeeping; **teneduría de libros** bookkeeping
tenencia *f* tenancy, occupancy, tenure; possession; lieutenancy
tener §85 *va* to have; to hold; to keep; to own, possess; to consider; to esteem; to stop; to be the matter with, to ail; **no tenerlas todas consigo** (coll.) to be worried, be scared; **no tener nada que ver con** to have nothing to do with; **no tener sobre qué caerse muerto** (coll.) to not have a cent to one's name; **tener a bien** + *inf* to have the kindness to + *inf;* **tener para sí** to think, to have as one's own opinion; **tener por** to consider as; **tener que** + *inf* to have to + *inf;* **tener que ver con** to have an affair with, to have intercourse with; to have to do with, to deal with; for expressions like **tener hambre** to be hungry, see the noun; *vr* to stop; to catch oneself, to keep from falling; to consider oneself; to fit, to go; **tenerse a** to tend to, attend to; to stick to
tenería *f* tannery
tenesmo *m* (path.) tenesmus
tengo *1st sg pres ind of* **tener**
tenguerengue; en tenguerengue (coll.) teetering
tenia *f* (anat.) taenia; (arch.) taenia, fillet; (zool.) taenia, tapeworm
teniasis *f* (path.) taeniasis
tenicida *adj* taeniacidal; *m* taeniacide
tenida *f* (Am.) meeting, session
tenienta *f* lieutenant; lieutenant's wife
tenientazgo *m* lieutenancy
teniente *adj* holding, having, owning; immature, unripe; mean, miserly; (coll.) hard of hearing; *m* lieutenant; (mil.) lieutenant, first lieutenant; **teniente coronel** (mil.) lieutenant colonel; **teniente general** (mil.) lieutenant general
tenífugo -ga *adj & m* (med.) taeniafuge
tenis *m* (sport) tennis
tenista *mf* tennis player
tenístico -ca *adj* (pertaining to) tennis
tenor *m* tenor, character, import, drift; (mus.) tenor (*person; voice; instrument*); **a este tenor** like this; **a tenor de** in accordance with
tenoriesco -ca *adj* philandering
tenorio *m* lady-killer
tenotomía *f* (surg.) tenotomy
tensar *va* to tighten, to make taut
tensible *adj* tensible
tensión *f* tension; tenseness; (lit.) tenson; (mech.) stress (*molecular resistance to outside forces*): **alta tensión** (elec.) high tension; **baja tensión** (elec.) low tension; **en tensión** (elec.) in series; **tensión arterial** or **sanguínea** (med.) arterial tension; **tensión superficial** (phys.) surface tension
tenso -sa *adj* tense, tight, taut; tense (*person; situation*)
tensón *f* (lit.) tenson
tensor -sora *adj* tensile; *m* tension (*device*); guy; turnbuckle; (anat.) tensor
tentación *f* temptation
tentaculado -da *adj* tentacled
tentacular *adj* tentacular
tentáculo *m* (bot. & zool.) tentacle; **tentáculos** *mpl* (zool.) feelers
tentadero *m* (taur.) testing corral for young bulls
tentador -dora *adj* tempting; *m* tempter; **el tentador** the Tempter (*the Devil*); *f* temptress
tentadura *f* mercury test of silver ore; thrashing, drubbing
tentalear *va* (coll.) to feel for, to examine gropingly
tentar §18 *va* to touch; to feel (*e.g., one's way*); to try, to attempt; to examine; to test, try out (*a person*); to tempt; (surg.) to probe; **tentar a uno a** + *inf* to tempt someone to + *inf*
tentaruja *f* (coll.) mussing, rumpling
tentativo -va *adj* tentative; *f* attempt; preliminary examination; trial, feeler; **tentativa de delito** (law) attempt to commit a crime
ten.te abr. of **teniente**
tente; a tente bonete (coll.) with persistence
tentejuela *f* extreme effort, desperate resistance; **hasta tentejuela** (coll.) to the point of exhaustion
tentemozo *m* prop, support; pole prop; tumbler (*toy*): cheek strap
tentempié *m* (coll.) snack, bite, pick-me-up; tumbler (*toy figure*)
tentenelaire *mf* offspring of mulatto and quadroon; (Am.) half-breed
tentetieso *m* tumbler (*toy*)
tentón *m* (coll.) snatch; **dar un tentón a** (coll.) to snatch at
tenue *adj* tenuous; light, soft; faint, subdued; simple (*style*)
tenuidad *f* tenuity, tenuousness; trifle, triviality
tenzón *f* var. of **tensón**
teñido *m* dyeing; staining
teñidor -dora *mf* dyer; stainer
teñidura *f* dyeing; staining
teñir §74 *va* to color; to dye; to stain; (paint.) to darken
teño -ña *adj* (Am.) light-brown
teobroma *m* (bot.) cacao; chocolate
teobromina *f* (chem.) theobromine
teocali *m* (Am. archeol.) teocalli (*temple*)
teocracia *f* theocracy
teócrata *mf* theocrat
teocrático -ca *adj* theocratic
Teócrito *m* Theocritus
teodicea *f* theodicy
teodolito *m* theodolite
Teodorico *m* Theodoric

T

Teodoro *m* Theodore
Teodosio *m* Theodosius
Teófilo *m* Theophilus
Teofrasto *m* Theophrastus
teogonía *f* theogony
teogónico -ca *adj* theogonic
teologal *adj* var. of **teológico**
teología *f* theology; **no meterse en teologías** (coll.) to keep out of deep water
teológico -ca *adj* theological
teologizar §76 *vn* to theologize; (coll.) to prate like a theologian
teólogo -ga *adj* theological; *mf* theologian; divinity student, theologue
teorema *m* theorem
teoría *f* theory; **teoría atómica** (chem.) atomic theory; **teoría cuántica** or **teoría de los cuanta** (phys.) quantum theory; **teoría del conocimiento** (philos.) theory of knowledge; **teoría electromagnética** (phys.) electromagnetic theory (*of light*); **teoría electrónica** (phys.) electronic theory (*of light*); **teoría germinal** (biol. & path.) germ theory; **teoría ondulatoria** (phys.) undulatory or wave theory (*of light*); **teoría unitaria** (chem.) unitary theory
teórico -ca *adj* theoretic or theoretical; *mf* theoretician; theorist; *f* theory
teorizante *adj* theorizing; *mf* theorist, theorizer
teorizar §76 *va* to theorize on, to deal theoretically with; *vn* to theorize
teoso -sa *adj* resinous
teosofía *f* theosophy
teosófico -ca *adj* theosophic or theosophical
teósofo -fa *mf* theosophist
tepe *m* sod, turf (*used for making walls*)
tepetate *m* (Am.) whitish yellow rock
tepetomate *m* (bot.) manzanita (*Arctostaphylos tomentosa*)
tequila *m* (Am.) tequila (*distilled liquor*)
terapeuta *mf* therapeutist
terapéutico -ca *adj* therapeutic or therapeutical; *f* therapeutics
terapia *f* therapy; **terapia física** physical therapy
teratología *f* teratology
teratológico -ca *adj* teratological
terbio *m* (chem.) terbium
tercena *f* government warehouse (*especially for tobacco*); (Am.) butcher shop
tercenista *mf* government warehouseman; (Am.) butcher, meat dealer
tercer *adj* apocopated form of **tercero**, used only before masculine singular nouns and adjectives
tercera *f* see **tercero**
tercería *f* mediation; pandering, procuring; temporary occupation (*of castle, fort, etc.*); (law) right of third party
tercerilla *f* tercet in arte menor
tercero -ra *adj* third; *mf* third; mediator; go-between; *m* procuror, bawd; referee, umpire; (eccl.) tertiary; (geom.) sixtieth of a second (*of a circle*); *f* tierce (*in cards*); procuress; (mus.) third
tercerol *m* (naut.) third (*e.g., oar*)
tercerola *f* short carbine; small barrel, keg, tierce
tercerón -rona *mf* terceron (*offspring of white person and mulatto*)
terceto *m* tercet; (mus.) trio; trio (*group of three*)
tercia *f* see **tercio**
terciado -da *adj* slanting, crosswise; *m* cutlass, broadsword; broad ribbon
tercianario -ria *adj* suffering from tertian fever; infested with tertian fever; *mf* person suffering from tertian fever
tercianela *f* double-thread silk cloth
terciano -na *adj* tertian; *f* (path.) tertian
terciar *va* to place diagonally; to swing (*e.g., a weapon over one's shoulder*); to divide into three parts; to mix; to plow the third time; *vn* to intercede, to mediate; to take part; to fill in; *vr* to suit, be appropriate; to happen, take place, turn out
terciario -ria *adj* tertiary; (geol.) Tertiary; *m* (geol.) Tertiary
terciazón *f* third plowing
tercio -cia *adj* third; *m* third (*one of three equal parts*); pack (*carried by beast of burden*); corps, troop; harbor guild; (archaic) infantry regiment; **tercios** *mpl* tough limbs; **hacer buen tercio a** to do a good turn; **hacer mal tercio a** to do a bad turn; **hacer tercio** to fill in; **mejorado en tercio y quinto** greatly favored; *f* third; tierce (*in cards*); (eccl.) tierce
terciopelado -da *adj* velvety; *m* velours
terciopelero *m* velvet weaver
terciopelo *m* velvet
terco -ca *adj* stubborn; hard, resistant
terebinto *m* (bot.) terebinth
terebrante *adj* boring, piercing (*pain*)
teredo *m* (zool.) teredo
Terencio *m* Terence
Teresa *f* Theresa
tergiversación *f* tergiversation; slanting, twisting, perversion (*of facts, statements, etc.*)
tergiversador -dora *adj* tergiversating; *mf* tergiversator
tergiversar *va* to slant, to twist (*facts, statements, etc.*); *vn* to tergiversate
teriaca *f* var. of **triaca**
teriacal *adj* var. of **triacal**
teriantrópico -ca *adj* therianthropic
teridófita *f* (bot.) pteridophyte
teriomórfico -ca *adj* theriomorphic
terliz *m* ticking
termal *adj* thermal; steam (*power plant*)
termas *fpl* thermae, hot baths
termatizar §76 *va* (phys.) to thermalize or thermatize
termia *f* (phys.) therm
térmico -ca *adj* thermic; (pertaining to) temperature; steam-generated (*power*)
terminabilidad *f* terminability
terminable *adj* terminable
terminación *f* termination; (gram.) termination, ending
terminacho *m* (coll.) vulgar term; (coll.) blunder, barbarism
terminador -dora *adj* finishing; *mf* finisher; *f* finishing machine
terminajo *m* (coll.) var. of **terminacho**
terminal *adj* terminal; *m* (elec.) terminal; **terminales** *mpl* (Am.) bargains at end of season
terminante *adj* final, definitive, peremptory
terminar *va* to terminate, to end; to finish; *vn* to terminate, to end; **terminar por** + *inf* or **terminar** + *ger* to end by + *ger*; *vr* to terminate, to end; to lead, to issue
terminativo -va *adj* terminative
terminista *mf* phrasemaker
término *m* end, limit; boundary; manner, bearing; term; (arch., log. & math.) term; (*cap.*) *m* (myth.) Terminus; **en buenos términos** on good terms; in other words; **estar en buenos términos con** to be on good terms with; **llevar a término** to carry out; **pasar los términos** to go too far; **medio término** subterfuge, evasion; compromise; **poner término a** to put an end to; **por término medio** on an average; **primer término** foreground; (mov.) close-up; **segundo término** middle distance; **último término** background; **término fatal** (law) deadline; **término medio** average; compromise; (log.) middle term; **término municipal** township
terminología *f* terminology
terminológico -ca *adj* terminological
terminote *m* (coll.) big word
termio *m* (phys.) therm
termión *m* (phys.) thermion
termiónico -ca *adj* thermionic; *f* thermionics
termistor *m* (elec.) thermistor
termita *f* (chem.) thermit; (ent. & fig.) termite
termite *m* (ent.) termite
termitero *m* nest of termites
termito *m* (ent.) termite
termo *m* thermos bottle
termobarógrafo *m* thermobarograph
termobarómetro *m* thermobarometer
termocauterio *m* thermocautery
termodinámico -ca *adj* thermodynamic; *f* thermodynamics
termoelectricidad *f* thermoelectricity
termoeléctrico -ca *adj* thermoelectric or thermoelectrical

termoelectromotor -triz (*pl:* **-trices**) *adj* thermoelectromotive
termoelemento *m* (elec.) thermoelement
termoestesia *f* (physiol.) thermesthesia
termofisión *f* (phys.) thermofission
termofusión *f* (phys.) thermofusion
termogénesis *f* (physiol.) thermogenesis
termógeno -na *adj* thermogenetic
termógrafo *m* thermograph
termoiónico -ca *adj* var. of **termiónico**
termolábil *adj* (biochem.) thermolabile
termólisis *f* (chem. & physiol.) thermolysis
termología *f* thermology
termometría *f* thermometry
termométrico -ca *adj* thermometric
termómetro *m* thermometer; **termómetro centígrado** centigrade thermometer; **termómetro clínico** clinical thermometer; **termómetro diferencial** differential thermometer
termomotor -triz (*pl:* **-trices**) *adj* thermomotive; *m* heat engine
termomultiplicador *m* (phys.) thermomultiplier, thermopile
termonuclear *adj* thermonuclear
termopar *m* (elec.) thermocouple
termopila *f* (phys.) thermopile
Termópilas, las Thermopylae
termoplástico -ca *adj* thermoplastic
termoquímico -ca *adj* thermochemical; *f* thermochemistry
termos *m & f* (*pl:* **-mos**) thermos bottle; **termos de acumulación** (elec.) off-peak hot-water heater; **termos eléctrico** electric hot-water heater
termoscopio *m* thermoscope
termosifón *m* thermosiphon; boiler, hot-water boiler (*for heating rooms or water*)
termostático -ca *adj* thermostatic
termóstato *m* thermostat
termotropismo *m* (biol.) thermotropism
terna *f* three candidates presented for selection; pair of threes (*at dice*); set of dice
ternado -da *adj* (bot.) ternate
ternario -ria *adj* ternary; *m* three days' devotion
terne *adj* (coll.) strong, husky; (coll.) persistent, stubborn; (coll.) bullying; *m* (coll.) bully; (Am.) gaucho knife
ternejal *adj* (coll.) bullying; *m* (coll.) bully
ternejo -ja *adj* (Am.) peppy, energetic
ternejón -jona *adj & mf* (coll.) var. of **ternerón**
ternera *f* calf; veal; **ternera marina** (zool.) sea cow
ternero *m* bull calf
ternerón -rona *adj* (coll.) sentimental, easily moved; *mf* (coll.) sentimental person
terneruela *f* sucking calf
terneza *f* tenderness; fondness, love; **ternezas** *fpl* sweet nothings
ternilla *f* gristle
ternilloso -sa *adj* gristly
ternísimo -ma *adj super* very or most tender
terno *m* suit of clothes; oath, curse; set of three; tern (*in lottery*); (print.) three sheets folded together; (eccl.) group of three priests celebrating high mass; (eccl.) vestments of three priests celebrating high mass; (coll.) piece of luck; **echar ternos** to swear to curse
ternura *f* tenderness; fondness, love
terpeno *m* (chem.) terpene
terpineol *m* (chem.) terpineol
Terpsícore *f* (myth.) Terpsichore
terquear *vn* to be stubborn
terquedad *f* stubbornness, obstinacy, bullheadedness
terracota *f* terra cotta
terrada *f* bitumen
terrado *m* high terrace, flat roof
terraja *f* diestock; modeling board
terraje *m* land rent
terrajero *m* var. of **terrazguero**
terral *adj* land (*breeze*); *m* land breeze
terramicina *f* (pharm.) terramycin
Terranova *f* Newfoundland (*island and province*); *m* Newfoundland (*dog*)
terraplén *m* fill; embankment; terrace, platform; (fort.) earthwork, rampart; (fort.) terreplein
terraplenar *va* to fill, fill in; to embank; to terrace
terráqueo -a *adj* terraqueous (*globe, sphere, planet*)
terrateniente *mf* landholder, landowner
terraza *f* terrace; veranda; flat roof; border, edge (*in garden*); sidewalk café; glazed jar with two handles; (geol.) terrace
terrazgo *m* field for planting; land rent
terrazguero *m* lessee of a field for raising crops
terrazo *m* (paint.) ground, earth (*in a landscape*)
terrear *va* (Am.) to lick (*salt earth*); *vn* to be thinly sown (*said of soil, of a field, of crops*); (Am.) to drag one's feet
terrecer §34 *va* to frighten, terrify
terregoso -sa *adj* cloddy, lumpy
terremoto *m* earthquake
terrenal *adj* earthly, mundane, worldly
terrenidad *f* earthliness
terreno -na *adj* terrestrial; mundane, worldly; *m* land, ground, terrain; plot, lot, piece of land; (geol.) terrane, terrain; (sport) field, course, grounds; (fig.) field, sphere; **ceder terreno** to give ground, to yield ground; **ganar terreno** to gain ground; **medir el terreno** to see how the land lies; **minar el terreno a** to undermine the work of; **perder terreno** to lose ground; **preparar el terreno** to pave the way; **sobre el terreno** on the spot; with data in hand; **terreno de relleno** filled ground, made ground; **terreno echadizo** dump, refuse dump
térreo -a *adj* earthen, earthy
terrero -ra *adj* earthly; of earth; humble; low-flying (*bird*); *m* pile, heap (*of earth, brush, etc.*); mark, target; terrace; public square; alluvium; (min.) dump; **hacer terreros** to make love or to serenade from the street (*in front of lady's house*); *f* steep ground; frail for carrying earth; (orn.) lark
terrestre *adj* terrestrial, land
terrezuela *f* worthless piece of ground
terribilidad *f* terribleness
terribilísimo -ma *adj super* very or most terrible
terrible *adj* terrible; gruff, ill-tempered
terrícola *adj* (bot. & zool.) terricolous; *mf* earth dweller
terrier *m* terrier
terrífico -ca *adj* terrific
terrígeno -na *adj* earthborn
terrino -na *adj* earthy, terrene
territorial *adj* territorial
territorialidad *f* territoriality
territorio *m* territory; **territorio del Labrador** Labrador; **Territorios del Noroeste** Northwest Territories (*of Canada*)
terromontero *m* hill, butte
terrón *m* clod; lump; (coll.) small plot of ground; **terrones** *mpl* farm
terronazo *m* blow with a clod of earth
terror *m* terror; (*cap.*) *m* (hist.) Reign of Terror
terrorífico -ca *adj* terrific, frightful
terrorismo *m* terrorism, frightfulness
terrorista *adj* terrorist, terroristic; *mf* terrorist
terrosidad *f* earthiness; dirtiness
terroso -sa *adj* earthy; dirty
terruño *m* piece of ground; soil; country, native soil
tersar *va* to smooth, to polish, to shine
tersidad *f* var. of **tersura**
Tersites *m* (myth.) Thersites
terso -sa *adj* smooth, glossy, polished; smooth, limpid, flowing (*style*)
tersura *f* smoothness, glossiness, polish; smoothness (*of style*)
tertulia *f* party, social gathering; game room (*in the back of a café*); (Am.) orchestra seat; **estar de tertulia** to go to a party, to sit around and talk; **hacer tertulia** to sit around and talk; to talk (*when one should not, e.g., in class*)
tertuliano -na *adj* party-going; *mf* party-goer, member of a social gathering; (*cap.*) *m* Tertullian
tertuliante *adj* party-going; *mf* party-goer, member of a social gathering

T

tertuliar *vn* (Am.) to go to a party, to sit around and talk
tertulio -lia *adj & mf* var. of **tertuliante**
tertulión *m* big party, big gathering
terzuelo *m* third; (orn.) tercel, male falcon
Tesalia, la Thessaly
tesaliano -na *adj & mf* Thessalian
tesálico -ca *adj* Thessalian
tesaliense, tesalio -lia or **tésalo -la** *adj & mf* var. of **tesaliano**
tesalonicense *adj & mf* Thessalonian
tesalónico -ca *adj & mf* Thessalonian; (*cap.*) *f* Thessalonica
tesar *va* (naut.) to haul taut; *vn* to back, to pull back (*said of oxen*)
tesauro *m* thesaurus
tesela *f* tessera (*in mosaic work*)
teselado -da *adj* tessellate; *m* tessellated paving, mosaic pavement
Teseo *m* (myth.) Theseus
tésera *f* (hist.) tessera
tesis *f* (*pl:* **-sis**) thesis; (mus.) thesis
tesitura *f* attitude, state of mind; (mus.) tessitura
teso -sa *adj* taut, tight, tense; *m* top of a hill; rough spot (*on smooth surface*)
tesón *m* grit, pluck, tenacity
tesonería *f* obstinacy, stubbornness
tesonero -ra *adj* obstinate, stubborn
tesorería *f* treasury; treasurership
tesorero -ra *mf* treasurer
tesoro *m* treasure; treasury; treasure house; thesaurus
Tespis *m* Thespis
test *m* (educ. & psychol.) test
testa *f* head; front; (bot.) testa; (zool.) test or testa; (coll.) head, brains; **testa coronada** crowned head (*sovereign*); **testa de ferro** (coll.) figurehead, dummy, straw man
testáceo -a *adj & m* (zool.) testacean
testación *f* cancellation, erasure
testado -da *adj* testate; *f* blow with the head
testador -dora *mf* testator; *f* testatrix
testadura *f* var. of **testación**
testaférrea *m* or **testaferro** *m* (coll.) figurehead, dummy, straw man
testamentaría *f* testamentary execution; estate, inheritance; meeting of executors
testamentario -ria *adj* testamentary; *m* executor; *f* executrix
testamentifacción *f* or **testamentificación** *f* (law) power to make a will
testamento *m* testament, will; **Antiguo Testamento** Old Testament; **Nuevo Testamento** New Testament; **Viejo Testamento** Old Testament; **testamento nuncupativo** (law) nuncupative will
testar *va* (law) to seize, to attach; (obs.) to erase; (Am.) to underline; *vn* to make a testament or will
testarada *f* blow with the head; (coll.) stubbornness
testarro *m* piece of junk (*old furniture*); wreck (*sickly, useless person*)
testarrón -rrona *adj* (coll.) var. of **testarudo**
testarronería *f* (coll.) great stubbornness
testarudez *f* stubbornness, pig-headedness
testarudo -da *adj* stubborn, pig-headed
teste *m* (anat.) testis
testera *f* front; forehead (*of animal*); crownpiece (*of harness*); back seat (*of coach*); wall (*of furnace*)
testero *m* front; (min.) overhand stope
testicular *adj* testicular
testículo *m* (anat.) testicle
testificación *f* attestation, testification
testifical *adj* of a witness, of witnesses
testificante *adj* testifying
testificar §86 *va & vn* to testify
testificativo -va *adj* testificatory
testigo *mf* witness; **testigo auricular** auricular witness; **testigo de cargo** witness for the prosecution; **testigo de descargo** witness for the defense; **testigo de oídas** auricular witness; **testigo de vista, testigo ocular** or **testigo presencial** eyewitness; **testigos de Jehová** Jehovah's Witnesses; *m* witness (*evidence*); marker; control (*in an experiment*)
testimonial *adj* testificatory; **testimoniales** *fpl* (eccl.) testimonial
testimoniar *va* to attest, to testify to, to bear witness to
testimoniero -ra *adj* false, perjured; hypocritical
testimonio *m* testimony; false accusation; (Bib.) testimony; **en testimonio de lo cual** in testimony whereof
test.[mto] abr. of **testamento**
test.[o] abr. of **testigo**
testolín *m* (ichth.) spotted sea robin
testosterona *f* (biochem.) testosterone
testudinal *adj* (zool.) testudinal
testudíneo -a *adj* testudinous
testudo *m* (hist.) testudo
testuz *m* (*pl:* **-tuces**) nape (*of animal*); forehead (*of animal*)
testuzo *m* var. of **testuz**
tesura *f* var. of **tiesura**
teta *f* teat; breast; hummock, knoll; **dar la teta a** to suckle; **quitar la teta a** to wean; **teta de vaca** conical meringue
tetada *f* feeding, breast feeding
tetania *f* (path.) tetany
tetánico -ca *adj* tetanic
tetanizar §76 *va* to tetanize
tétano or **tétanos** *m* (path.) tetanus
tetar *va* to suckle
tetartoédrico -ca *adj* (cryst.) tetartohedral
tetartoedro *m* (cryst.) tetartohedron
tetera *f* teapot, teakettle
tetero *m* (Am.) nursing bottle
tetigonia *f* (ent.) grouse locust
tetilla *f* nipple (*of male; of nursing bottle*)
Tetis *f* (myth.) Thetis
tetón *m* stub (*of limb of tree*); (naut.) jutting rock
tetraciclina *f* (pharm.) tetracycline
tetracloruro *m* (chem.) tetrachloride
tetracordal *adj* (mus.) tetrachordal
tetracordio *m* (mus.) tetrachord
tetracromía *f* (print.) four-color process
tetradimita *f* (mineral.) tetradymite
tetraédrico -ca *adj* tetrahedral
tetraedro *m* (geom.) tetrahedron
tetraetilo de plomo *m* (chem.) tetraethyl lead
tetragonal *adj* tetragonal
tetrágono *m* (geom.) tetragon
tetralogía *f* (theat.) tetralogy
tetrámetro -tra *adj & m* tetrameter
tetramotor *m* (aer.) four-motor plane
tetrapétalo -la *adj* (bot.) tetrapetalous
tetrarca *m* tetrarch
tetrarquía *f* tetrarchy
tetrasilábico -ca *adj* tetrasyllabic
tetrasílabo -ba *adj* tetrasyllabic; *m* tetrasyllable
tetravalente *adj* (chem.) tetravalent
tétrico -ca *adj* dark, gloomy, sullen
tetril *m* tetryl
tetrodo or **tétrodo** *m* (elec.) tetrode
tetróxido *m* (chem.) tetroxide
tetuaní (*pl:* **-níes**) *adj* (pertaining to) Tetuán; *mf* native or inhabitant of Tetuán
teucali *m* var. of **teocali**
teucro -cra *adj & mf* Teucrian; (*cap.*) *m* (myth.) Teucer
teurgia *f* theurgy
teúrgico -ca *adj* theurgic or theurgical
teurgo *m* theurgist
teutón -tona *adj & mf* Teuton
teutónico -ca *adj* Teutonic; *m* Teutonic (*language*)
textil *adj & m* textile
texto *m* text; textbook; (print.) great primer; **el Sagrado texto** the Bible; **fuera de texto** (b.b.) tipped-in (*e.g., illustration, map*); **grabado fuera de texto** (b.b.) inset, insert
textorio -ria *adj* textile
textual *adj* textual
textualista *m* textualist
textura *f* texture; weaving; (fig.) texture (*structure*)
textural *adj* textural
tez *f* complexion
tezado -da *adj* tan
ti *pron pers* (used as object of preposition) thee; you

tía *f* aunt; old lady; (coll.) coarse woman; (coll.) bawd, prostitute; **no hay tu tía** (coll.) there's no use, there's no chance; **quedar** or **quedarse para tía** (coll.) to be left an old maid; **tía abuela** grandaunt, great-aunt
tialina *f* var. of **ptialina**
tialismo *m* var. of **ptialismo**
tiamina *f* (biochem.) thiamine
tiara *f* tiara
tiazol *m* (chem.) thiazole
Tíber *m* Tiber
tiberio *m* (coll.) noise, hubbub, uproar; (*cap.*) *m* Tiberius
Tibet, el Tibet
tibetano -na *adj & mf* Tibetan; *m* Tibetan (*language*)
tibia *f* see **tibio**
tibial *adj* tibial
tibieza *f* tepidity, lukewarmness; (fig.) tepidity, lukewarmness; (fig.) coolness, coldness
tibio -bia *adj* tepid, lukewarm; (fig.) tepid, lukewarm; *f* (anat.) tibia, shinbone; (mus.) tibia, flute, pipe
tibor *m* large Chinese or Japanese earthen jar; (Am.) chamber pot; (Am.) chocolate cup
tiburón *m* (ichth.) shark
tic *m* (*pl:* **tiques**) (path.) tic; **tic doloroso de la cara** (path.) tic douloureux
Ticiano, El Titian
tictac *m* tick, tick-tock
tiemblo *m* (bot.) aspen, aspen tree
tiempo *m* time; weather; stage; (gram.) tense; (mach.) cycle (*of an internal-combustion engine*); (mus.) tempo; (mus.) movement (*e.g., of a symphony*); **abrir el tiempo** to begin to clear up, to moderate; **al poco tiempo** within a short time; **alzar** or **alzarse el tiempo** to clear up; **a su tiempo** in due time; **a tiempo** in time; **a tiempo que** at the time that; **a tiempo para** + *inf* in time to + *inf;* **a tiempos** at times; **a un tiempo** at the same time; **cargarse el tiempo** to cloud over; **con tiempo** in time; **cuánto tiempo** how long; **darse buen tiempo** to have a good time; **de cuatro tiempos** (mach.) four-cycle; **de dos tiempos** (mach.) two-cycle; **de tiempo en tiempo** from time to time; **de un tiempo a esta parte** for some time, for some time now; **el Tiempo** Father Time; **engañar el tiempo** to kill time; **en los buenos tiempos** in the good old days; **en tiempo** at the right time; **en tiempo de** at the time of; **en tiempo oportuno** in due time; **entretener el tiempo** to kill time, to pass the time away; **fuera de tiempo** untimely, at the wrong time; **ganar tiempo** (coll.) to make time; (coll.) to temporize; **gastar el tiempo** to waste time; **hacer tiempo** to mark time; **hacer buen tiempo** to be clear, to be good weather; **hacer mal tiempo** to be bad weather; **medio tiempo** meantime; **mucho tiempo** a long time; **pasar el tiempo** to fritter away the time; **perder el tiempo** to waste time; **poner a mal tiempo buena cara** to make the best of a bad situation; **tomarse tiempo** to bide one's time; **tiempo de exposición** (phot.) time, exposure time; **tiempo inmemorable** time immemorial, time out of mind; **tiempo inmemorial** (law) time immemorial; **tiempo medio** (astr.) mean time; **tiempo muerto** dull season; **tiempo (solar) verdadero** (astr.) true time
tienda *f* store, shop; tent; tilt (*cloth cover of cart or wagon*); (naut.) awning; **abrir tienda** to set up shop; **alzar** or **levantar tienda** to shut up shop; **ir de tiendas** to go shopping; **tienda de antigüedades** antique shop; **tienda de campaña** army tent; **tienda de descuento** discount house; **tienda de modas** ladies' dress shop; **tienda de objetos de regalo** gift shop; **tienda de oxígeno** (med.) oxygen tent; **tienda de pacotilla** slopshop; **tienda de playa** beach tent; **tienda de raya** company store (*on Mexican ranch*); **tienda de ultramarinos** delicatessen store, grocery store
tienta *f* cleverness, shrewdness· (surg.) probe; sounding rod; (taur.) testing the mettle of a young bull or cow; **andar a tientas** to grope, to grope in the dark; (fig.) to feel one's way
tientaguja *f* sounding rod
tientaparedes *mf* (*pl:* **-des**) groper, groper in the dark
tiento *m* touch; blind man's stick; ropewalker's pole (*for balance*); steady hand; care, caution; (mus.) flourish (*before beginning to play*); (paint.) mahlstick, maulstick; (coll.) blow, hit; (coll.) swig; (zool.) tentacle; **andarse con tiento** to watch one's step; **a tiento** gropingly; with uncertainty; **con tiento** cautiously; **dar tiento a** to test, to try; (coll.) to take a swig from (*a bottle, a jug*); **de tiento en tiento** trying one thing after another; **perder el tiento** to lose one's touch; **por el tiento** gropingly, groping in the dark; **tener a los tientos** (Am.) to keep at hand; (Am.) to keep in sight, to keep an eye on (*a person*); **tener la vida en un tiento** (Am.) to be in great danger; **tomar el tiento a** (coll.) to examine
tierno -na *adj* tender; loving; tearful; soft (*e.g., cushion*)
tierra *f* earth; ground; dirt; land; country; (elec.) ground; **besar la tierra** (coll.) to fall flat on one's face; **caer a tierra** to fall on the ground, to fall on the floor; **dar en tierra con** to upset, overthrow, wreck, ruin; **echar en** or **por tierra** to upset, knock down; to destroy; to overthrow; **echar tierra a** to hush up; **en tierra, mar y aire** on land, on sea, and in the air; **irse a tierra** to topple, to collapse; **la tierra de nadie** (mil.) no man's land; **perder tierra** to lose one's footing; to be swept off one's feet; **poner por tierra** to demolish; **por estas tierras** in these parts; **por tierra** by land, overland; **tomar tierra** to land; to find one's way about; **venir** or **venirse a tierra** to topple, to collapse; **ver tierras** to see the world, to go traveling; **tierra adentro** inland; **tierra de batán** or **de bataneros** fuller's earth; **tierra de Hus** (Bib.) Uz; **tierra de labor** cultivated land; **tierra de ladrillos** brick clay; **tierra de pan llevar** (agr.) wheat land, cereal-growing land; **tierra de pipa** or **pipas** pipe clay; **Tierra de promisión** (Bib.) Land of Promise, Promised Land; **tierra de promisión** (fig.) promised land; **tierra de sombra** umber; **tierra firme** mainland; land, terra firma; **Tierra Firme** Spanish Main; **tierra japónica** (pharm.) terra japonica; **tierra pesada** (mineral.) heavy earth; **Tierra prometida** (Bib.) Promised Land; **tierra prometida** (fig.) promised land; **tierra rara** (chem.) rare earth; **Tierra Santa** Holy Land; **tierras antárticas** Antarctica; **tierra vegetal** vegetable mold
tieso -sa *adj* stiff; tight, taut, tense; strong, well; bold, enterprising; stubborn; stiff, stuck-up; **tenérselas tiesas a** or **con** (coll.) to hold one's ground with, to stand up to; **tenerse tieso** to hold tight; **tieso** *adv* hard
tiesto -ta *adj* stiff; tight, taut, tense; stubborn; **tiesto** *adv* hard; *m* flowerpot; broken piece of earthenware; *f* edge of headings (*of a barrel*)
tiesura *f* stiffness; (fig.) stiffness
tífico -ca *adj* typhous, typhic; typhoid
tifo -fa *adj* (coll.) full, satiated; *m* (path.) typhus; **tifo asiático** (path.) Asiatic cholera; **tifo de América** (path.) yellow fever; **tifo de Oriente** (path.) bubonic plague
tifoideo -a *adj* typhoidal; typhoid
tifón *m* waterspout; typhoon
tifus *m* (path.) typhus; (slang) free seats (*in theater*); **entrar de tifus** (slang) to get in free; **tifus exantemático** (path.) spotted fever, typhus fever; **tifus icteroides** (path.) yellow fever
tigana *f* (orn.) sunbird, sun bittern
tigmotaxia *f* (biol.) thigmotaxis
tigmotropismo *m* (biol.) thigmotropism
tigra *f* female tiger; (Am.) female jaguar
tigre *m* (zool.) tiger; (fig.) tiger (*bloodthirsty person*); (Am.) jaguar; **tigre de Bengala** or **tigre real** Bengal tiger
tigresa *f* tigress
tigrillo *m* (zool.) gray fox
tigrino -na *adj* tigerish, tigrine
tija *f* stem (*of key*)

T

tijera *f* scissors, shears; sawbuck, sawhorse; day's shearing (*of sheep*); gossip; **tijeras** *fpl* scissors, shears; **buena tijera** (coll.) good cutter; (coll.) good eater, trencherman; (coll.) terrible gossip; **hacer tijera** to twist the mouth (*said of a horse*)
tijerada *f* snip, clip, cut (*with scissors*)
tijereta *f* tendril (*of vine*); (ent.) earwig; (orn.) man-of-war bird; (orn.) fork-tailed flycatcher (*Milvulus tyrannus*); **tijeretas** *fpl* small scissors or shears; **¡tijeretas han de ser!** silly obstinacy!
tijeretada *f* or **tijeretazo** *m* var. of **tijerada**
tijeretear *va* to snip, clip, cut (*with scissors*); (coll.) to deal arbitrarily with (*another person's affairs*); *vn* (Am.) to gossip
tijereteo *m* snipping, clipping, cutting; click, clicking (*of scissors*)
tijerilla or **tijeruela** *f* small scissors; tendril (*of vine*)
til *m* (bot.) til
tila *f* (bot.) linden tree; flower of linden tree; linden-blossom tea; **tomar tila** (coll.) to hold one's tongue
tílburi *m* tilbury
tildar *va* to put a tilde or dash over; to erase, strike out; to brand, stigmatize; **tildar de** to brand as
tilde *m & f* tilde (*on letter n*); accent mark; superior dash; blemish, flaw; censure; (phonet.) til; *f* jot, tittle
tildío *m* (orn.) killdee
tildón *m* scratch, erasure
tiliáceo -a *adj* (bot.) tiliaceous
tiliche *m* (Am.) trinket; (Am.) **fragment, piece**
tilichero -ra *mf* (Am.) peddler
tilín *m* ting-a-ling; **hacer tilín** (coll.) to be well liked; **tener tilín** (coll.) to be appealing, be winsome
tilio *m* (bot.) wahoo
tilo *m* (bot.) linden tree
tilla *f* (naut.) part deck
tillado *m* board floor
tillar *va* to floor
timador -dora *mf* thief, swindler
tímalo *m* (ichth.) grayling
timar *va* to snitch; to swindle; *vr* (coll.) to make eyes at each other
timba *f* (coll.) game of chance; (coll.) gambling den; (Am.) belly
timbal *m* (mus.) timbal, kettledrum; (cook.) timbale
timbalear *vn* to play the kettledrum
timbalero *m* kettledrummer
timbrado -da *adj* stamped; **bien timbrado** sonorous (*voice*)
timbrar *va* to stamp; (her.) to timbre
timbrazo *m* loud ring (*e.g., of doorbell*)
timbre *m* seal, stamp; tax stamp; stamp duty or tax; bell, electric bell; snare (*of drum*); test pressure (*of boiler*); deed of glory; (her., phonet., & phys.) timbre; (Am.) postage stamp; **timbres** *mpl* (mus.) glockenspiel; **timbre adherido** adhesive stamp; **timbre nasal** twang
timbrófilo -la *adj & mf* philatelist
timeleáceo -a *adj* (bot.) thymelaeaceous
tímico -ca *adj* thymic (*pertaining to thyme*); thymic, thymus
timidez *f* timidity
tímido -da *adj* timid
timo *m* (coll.) theft, swindle; (coll.) lie; (coll.) catch phrase; (anat.) thymus; (ichth.) grayling; **dar un timo a** (coll.) to cheat, swindle, trick
timocracia *f* timocracy
timocrático -ca *adj* timocratic or timocratical
timol *m* (chem.) thymol
timón *m* beam (*of plow*); (naut. & aer.) rudder; (fig.) helm; **timón de dirección** (aer.) vertical rudder; **timón de profundidad** (aer.) elevator, horizontal rudder
timonear *vn* (naut.) to steer
timonel *m* (naut.) helmsman, steersman
timoneo *m* (naut.) steering
timonera *adj fem* (orn.) rectricial; *f* (naut.) pilot house, wheelhouse
timorato -ta *adj* God-fearing; timid, chicken-hearted
Timoteo *m* Timothy
timpa *f* (metal.) tymp; (metal.) hearth, grate
timpánico -ca *adj* (anat. & med.) tympanic
timpanismo *m* (path.) distention of the abdomen
timpanítico -ca *adj* tympanitic
timpanitis *f* (path.) tympanitis (*inflammation of middle ear*); (path.) tympanites (*distention caused by gas*)
timpanizar §76 *vr* (path.) to become distended with gas
tímpano *m* (arch.) tympanum; (anat.) tympanum, eardrum; (mus.) timpano, kettledrum; (print.) tympan
tina *f* large earthen jar; wooden vat or tub; bathtub; juice oozing from heap of olives
tinaco *m* wooden vat
tinada *f* woodpile, fagot; cattle shed
tinado or **tinador** *m* cattle shed
tinaja *f* large earthen jar
tinajero *m* maker or seller of earthen water jars; stand for earthen water jars
tinajón *m* earthen tank (*to catch rain water*)
tinamú *m* (*pl:* **-múes**) (orn.) tinamou
tincal *m* tincal
tincar §86 *va* (Am.) to fillip
tincazo *m* (Am.) fillip
tinción *f* dyeing
tinelo *m* servants' dining room
tinerfeño -ña *adj* (pertaining to) Teneriffe; *mf* native or inhabitant of Teneriffe
tinge *m* big black owl
tingladillo *m* (naut.) clinker work
tinglado *m* shed; temporary board floor; intrigue, trick
tingle *f* glazier's tool for leading window glass
tinieblas *fpl* darkness; (eccl.) Tenebrae
tinillo *m* reservoir of wine press (*for collecting must*)
tino *m* feel (*for things*); good aim; knack; insight, wisdom; stone tank (*in wool factory*); wine press; (bot.) laurustine; **a buen tino** (coll.) by sight, by guess; **a tino** gropingly; **coger el tino** to get the hang of it, to catch on; **sacar de tino** to wallop; to astound, confound; **sin tino** without moderation, without sense
tinta *f* see **tinto**
tintaje *m* inking (*of press or typewriter*)
tintar *va* to color, to tint
tinte *m* dye; dyeing; dyer's shop, dyeing establishment; (fig.) coloring, false appearance
tinterazo *m* blow with an inkwell
tinterillada *f* (Am.) pettifoggery
tinterillo *m* (coll.) clerk, lawyer's clerk; (Am.) pettifogger
tintero *m* inkstand, inkwell; (print.) ink fountain; **dejar en el tintero** (coll.) to forget, to overlook
tintín *m* clink; jingle
tintinar or **tintinear** *vn* to clink; to jingle
tintineo *m* clink, clinking; jingle, jingling
tinto -ta *adj* red; (Am.) dark-red; *m* red table wine; *f* ink; tint, hue; dyeing; paint (*mixed for painting*); (zool.) ink (*e.g., of squid*); **de buena tinta** (coll.) on good authority; **media tinta** (paint. & phot.) half-tone; **medias tintas** (coll.) vague notions; **tinta china** India ink; **tinta de copiar** copying ink; **tinta de imprenta** printer's ink; **tinta simpática** invisible ink, sympathetic ink
tintóreo -a *adj* tinctorial, dyeing
tintorera *f* see **tintorero**
tintorería *f* dyeing; dyeing establishment; dry-cleaning establishment
tintorero -ra *mf* dyer; dry cleaner; *f* (Am.) female shark
tintura *f* dye; dyeing; rouge; (pharm.) tincture; (fig.) tincture, smattering; **tintura compuesta de alcanfor** (pharm.) paregoric; **tintura de tornasol** litmus solution, litmus; **tintura de yodo** (pharm.) iodine
tinturar *va* to tincture; (fig.) to tincture; (fig.) to give a smattering to
tiña *f* (ent.) beehive spider; (path.) tinea; (path.) ringworm; (coll.) stinginess
tiñería *f* (coll.) stinginess
tiñoso -sa *adj* scabby, mangy; (coll.) stingy
tiñuela *f* (bot.) dodder; (zool.) shipworm

tío *m* uncle; (coll.) old man; (coll.) guy, fellow; **tíos** *mpl* uncle and aunt; **tío abuelo** granduncle, great-uncle
tiocianato *m* (chem.) thiocyanate
tiociánico -ca *adj* thiocyanic
tiofeno *m* (chem.) thiophene
tiónico -ca *adj* thionic
tiosinamina *f* (chem.) thiosinamine
tiosulfato *m* (chem.) thiosulfate
tiosulfúrico -ca *adj* thiosulfuric
tiourea *f* (chem.) thiourea
tiovivo *m* merry-go-round, carrousel
tipejo *m* (coll.) ridiculous fellow, sap
tipiadora *f* typewriter (*machine*); typist
tipiar *va & vn* to type, to typewrite
tipicista *adj* regional, local
típico -ca *adj* typical
tipificar §86 *va* to standardize
tipismo *m* characteristic
tipista *mf* typist, typewriter; linotypist
tiple *mf* soprano (*person*); treble-guitar player; *m* soprano (*voice*); treble guitar; (naut.) one-piece mast
tiplisonante *adj* (coll.) treble, soprano
tipo *m* type; (print.) type; rate (*of exchange, discount, interest*); type (*figure on coin or medal*); shape, figure, build; (coll.) fellow, specimen, guy; **tener buen tipo** to have a good figure; **tipo alemán** (print.) German text; **tipo de ensayo** or **de prueba** eye-test chart; **tipo impositivo** tax rate; **tipo menudo** small print
tipocromía *f* color printing
tipografía *f* typography
tipográfico -ca *adj* typographic or typographical
tipógrafo *m* typographer; type-setting machine
tipolitografía *f* typolithography
tipometría *f* typometry
tipómetro *m* type gauge
tipotelégrafo *m* var. of **teletipo**
típula *f* (ent.) crane fly, daddy-longlegs
tiquete *m* (Am.) ticket
tiquismiquis *mpl* (coll.) fussiness; (coll.) obsequiousness
tiquistiquis *m* (bot.) Philippine soapberry
tira *f* strip; **hecho tiras** (Am.) in rags; **sacar las tiras a** (Am.) to beat up, give a beating to; **tira de películas** film strip; **tira emplástica** (Am.) court plaster; **tiras cómicas** comics, funnies (*in the newspaper*)
tirabala *m* popgun
tirabeque *m* string pea; slingshot
tirabotas *m* (*pl:* **-tas**) boot hook
tirabotón *m* buttonhook
tirabraguero *m* truss (*for a rupture*)
tirabuzón *m* corkscrew; curl, hanging curl, corkscrew curl
tiracantos *m* (*pl:* **-tos**) var. of **echacantos**
tiracol *m* or **tiracuello** *m* baldric
tirada *f* see **tirado**
tiradera *f* long horn-tipped Indian arrow
tiradero *m* hunting post, shooting post
tiradilla *f* catgut
tirado -da *adj* plentiful, given away, dirt-cheap; rakish, long and low (*ship*); cursive (*handwriting*); *m* wire drawing; *f* throw; draft; distance, stretch; time, period; printing; edition, issue, run, circulation; tirade; shooting party, hunting party; (mus.) tirade; **de** or **en una tirada** at one stroke; **tirada aparte** reprint
tirador -dora *mf* thrower; drawer; shooter; shot, good shot; fencer; *m* knob; doorknob, pull; pull chain; (elec.) pull cord, pull chain; slingshot; ruling pen, drawing pen; (print.) pressman; **tirador apostado** sniper; **tirador certero** sharpshooter; **tirador de oro** gold wiredrawer; **tirador de plata** silver wiredrawer; **tirador emboscado** sniper
tirafondo *m* wood screw, lag screw; (surg.) bullet-extracting forceps
tiraje *m* draft; printing, edition; (phot.) printing; (phot.) focal length
tirajo *m* (coll.) tatter, shred
tiralíneas *m* (*pl:* **-as**) ruling pen
tiramiento *m* shooting; tension, stretching
tiramira *f* long, narrow range (*of mountains*); string (*of things*); distance, stretch
tiranía *f* tyranny
tiranicida *adj* tyrannicidal; *mf* tyrannicide (*person*)
tiranicidio *m* tyrannicide (*act*)
tiránico -ca *adj* tyrannic or tyrannical
tiranizar §76 *va & vn* to tyrannize
tirano -na *adj* tyrannous; *mf* tyrant; *m* (orn.) kingbird
tirante *adj* tense, taut, tight; (fig.) tense, strained (*relations*); *m* trace (*of harness*); brace, tie rod; tie beam; **tirantes** *mpl* suspenders; **a tirantes largos** with four horses and two coachmen
tirantez *f* tenseness, tautness, tightness; strain; length
tirapié *m* stirrup (*of shoemaker*)
tirapo *m* (Am.) toy pistol
tirar *va* to throw, cast, fling; to throw away, cast off; to shoot, fire (*e.g., a gun*); to draw, pull, stretch (*e.g., wire*); to draw (*a line*); to squander; to give (*e.g., a kick*); to print; to attract; to tear down, to knock down; (phot.) to print; **a más tirar** or **a todo tirar** at the most ‖ *vn* to draw (*said of a chimney*); to pull; to turn (*to the right, to the left*); to last; to appeal, have an appeal; **ir tirando** (coll.) to get along; **tirad** or **tirar** pull (*word on public door*); **tirar a** to shoot at; to handle (*e.g., the sword*); to shade into, e.g., **tirar a verde** to shade into green, to be greenish; **tirar a** + *inf* to tend to + *inf;* to aspire to + *inf;* **tirar de** to pull, to pull on; to draw (*a sword*); to attract; to boast of being; **tirar de largo** or **tirar por largo** (coll.) to spend lavishly; to estimate rather high than low; **tirar por su lado** to go one's own way, to fend for oneself; **tira y afloja** (coll.) give and take; (coll.) hot and cold ‖ *vr* to rush, throw oneself; to give oneself over; to lie down; **tirársela de** (Am.) to boast of
tiratacos *m* (*pl:* **-cos**) popgun
tiratrón *m* (electron.) thyratron
tiravira *f* parbuckle
tirela *f* striped cloth
tirilla *f* neckband (*of shirt*)
tirio -ria *adj & mf* Tyrian
tiritaña *f* thin silk cloth; (coll.) trifle
tiritar *vn* to shiver
tiritón *m* shiver
tiritona *f* (coll.) fake shiver
tiro *m* throw; shot; gun; charge, load (*of gun*); report (*of gun*); range, rifle range; trace (*of harness*); draft (*of chimney; through a window*); team (*of horses*); flight (*of stairs*); reach; length (*e.g., of piece of cloth*); pull cord, pull chain; hoisting rope; hurt, damage; theft; trick; (min.) shaft; depth of shaft; (sport) drive, shot; (fig.) shot (*marksman; remark aimed at someone*); **tiros** *mpl* sword belt; (Am.) suspenders; **a tiro** within range; within reach; **a tiro de ballesta** (coll.) at a glance, from a distance; **a tiro de fusil** within gunshot; **a tiro de piedra** within a stone's throw; **a tiros** with shots; by shooting; **al tiro** (coll.) right away; **de tiros largos** (coll.) all dressed-up; (coll.) spick-and-span; **errar el tiro** to miss the mark; **hacer tiro a** (coll.) to shoot at (*to aspire to, to aim to get*); **matar a tiros** to shoot to death; **ni a tiros** not for love nor money; **poner el tiro muy alto** to aim high, to hitch one's wagon to a star; **salir el tiro por la culata** (coll.) to backfire; **ser un buen tiro** to be a good shot, be a good marksman; **tiro al blanco** target practice; **tiro al platillo** or **al plato** trapshooting; **tiro al vuelo** trapshooting; **tiro de la pesa** (sport) shot-put; **tiro de aspiración** exhaust draft; **tiro de pichón** trapshooting; **tiro de revés** (sport) backhand drive; **tiro par** team of four mules or horses; (*cap.*) *f* Tyre
tirocinio *m* apprenticeship
tiroidectomía *f* (surg.) thyroidectomy
tiroideo -a *adj* thyroid
tiroides *adj* thyroid; *m* (anat.) thyroid (*gland, cartilage*)
tiroidina *f* (pharm.) thyroid, thyroid extract
Tirol, el the Tyrol
tirolés -lesa *adj & mf* Tyrolese; *m* peddler (*of toys and hardware*); *f* Tyrolienne; yodeling

T

tirón *m* tyro, novice; jerk; tug, pull; (fig.) pull (*attraction*); **de un tirón** all at once, at one stroke; **tres horas de un tirón** three hours at a stretch
tirosina *f* (biochem.) tyrosine
tirosinasa *f* (biochem.) tyrosinase
tirotear *va* to snipe at, to blaze away at; *vr* to fire at each other; to bicker
tiroteo *m* firing, shooting
tirotricina *f* (pharm.) tyrothricin
tiroxina *f* (biochem.) thyroxin
tirreno -na *adj* Tyrrhenian
tirria *f* (coll.) dislike, grudge; **tener tirria a** (coll.) to have a grudge against, to have it in for
tirso *m* (bot. & myth.) thyrsus
tisana *f* tea, infusion
Tisbe *f* (myth.) Thisbe
tísico -ca *adj* phthisical
tisis *f* (path.) phthisis, consumption; **tisis galopante** (path.) galloping consumption
tisú *m* (*pl:* **-súes**) tissue, gold or silver tissue
tisular *adj* (pertaining to) tissue
tít. abr. of **título**
titán *m* titan; titan crane; (*cap.*) *m* (myth.) Titan
titanato *m* (chem.) titanate
Titania *f* Titania
titánico -ca *adj* titanic; (chem.) titanic; (myth.) Titanic
titanio -nia *adj* titanic; *m* (chem.) titanium
titanita *f* (mineral.) titanite
titano *m* (chem.) titanium
titar *vn* (prov.) to gobble (*said of turkey*)
títere *m* marionette, puppet; mania, fixed idea; (coll.) whipper-snapper; (coll.) nincompoop; (fig.) puppet; **títeres** *mpl* puppet show, pantomime; acrobatics; **echar los títeres a rodar** (coll.) to tell them all where to get off at; **hacer títere a** (coll.) to fascinate, enthrall; **no dejar títere con cabeza** or **cara** (coll.) to completely upset the applecart
titerero -ra *mf* var. of **titiritero**
titeretada *f* (coll.) laxity, shabbiness, folly
titerista *mf* var. of **titiritero**
tití *m* (*pl:* **-tíes**) (zool.) marmoset
titilación *f* titillation; quivering; twinkling
titilar *va* to titillate; *vn* to quiver; to twinkle
titileo *m* twinkling
titímalo *m* (bot.) spurge
titirimundi *m* var. of **mundonuevo**
titiritaina *f* (coll.) din of wind instruments; (coll.) noisy merrymaking
titiritar *vn* to shake, to shiver
titiritero -ra *mf* puppeteer; ropewalker, acrobat, juggler
tít.° abr. of **título**
tito *m* (bot.) grass pea; chamber pot; (*cap.*) *m* Titus
titoísmo *m* Titoism
titoísta *adj & mf* Titoist
Titono *m* (myth.) Tithonus
titración *f* (chem.) titration
titrar *va & vn* (chem.) to titrate
titubeante *adj* staggering; tottering; stammering; wavering
titubear *vn* to stagger, totter; to stammer, stutter; to waver, hesitate; **titubear en** + *inf* to waver in + *ger*, to hesitate to + *inf*
titubeo *m* staggering; tottering; stammering; wavering, hesitation
titulación *f* (chem.) titration
titulado -da *adj* titled; so-called; *m* titleholder; titled person; degree holder
titular *adj* titular; official; *m* bearer, holder (*e.g., of a passport*); titleholder; incumbent; headline; *f* (print.) capital letter (*used in a title or headline*); *va* to title, to entitle; (chem.) to titrate; *vn* to receive a title of nobility; (chem.) to titrate; *vr* to receive a title; to be called; to call oneself
titulillo *m* (print.) running head, running title; **andar en titulillos** (coll.) to be a stickler
título *m* title; titled person; regulation; certificate; bond; diploma; degree (*granted by a university*); headline; grade, content (*of ore*); fineness (*of coinage*); strength, concentration (*of alcoholic liquors*); (chem., immun. & physiol.) titer; **títulos** *mpl* qualifications, credentials; **a título de** as a, by way of, on the score of; **a título de información** unofficially; **título de propiedad** (law) title deed
tiza *f* chalk
tizna *f* blackening
tiznadura *f* smudge, stain, spot
tiznajo *m* (coll.) smudge
tiznar *va* to soil with soot; to stain, to spot; to defame; *vr* to become soiled with soot; to get stained or spotted; (Am.) to get drunk
tizne *m & f* soot; *m* half-burned stick, firebrand
tiznón *m* smudge, spot of soot
tizo *m* brand (*partly burned piece of wood*)
tizón *m* brand (*partly burned piece of wood*); bunt, wheat smut; (mas.) header; (fig.) brand (*dishonor*)
tizona *f* (coll.) sword
tizonada *f* or **tizonazo** *m* blow with a firebrand; (coll.) hellfire
tizoncillo *m* bunt, wheat smut
tizonear *vn* to stir up the fire
tizonera *f* charcoal kiln (*made of partly burned wood*)
tlapalería *f* (Am.) paint store, hardware store
tmesis *f* (rhet.) tmesis
tno. abr. of **teléfono**
T.N.T. abr. of **trinitrotolueno**
t.° abr. of **tomo**
toalla *f* towel; pillow sham; **toalla continua** roller towel; **toalla de baño** bath towel; **toalla rusa** Turkish towel; **toalla sin fin** roller towel
toallero *m* towel rack
toalleta *f* small towel; napkin
toar *va* (naut.) to tow
toba *f* (geol.) tufa (*porous limestone*); (geol.) tuff (*volcanic rock*); (dent.) tartar; (bot.) cotton thistle; crust, cover
tobar *m* tufa quarry
tobera *f* (found.) tuyère
Tobías *m* Tobias
tobillera *adj fem* (coll.) flapperish; *f* (coll.) flapper, bobbysoxer; (coll.) subdeb; anklet; (sport) ankle support
tobillo *m* ankle
tobo *m* (Am.) bucket
tobogán *m* toboggan; slide, chute
toboso -sa *adj* tufaceous
toca *f* toque; headdress; veil; cornet (*headdress of Sisters of Charity*)
tocadiscos *m* (*pl:* **-cos**) record player; **tocadiscos automático** record changer
tocado -da *adj* touched (*spoiled; mentally unbalanced*); **tocado de la cabeza** (coll.) touched in the head; *m* hairdo, coiffure; headdress; topknot (*bow of ribbon worn on head*)
tocador -dora *mf* player, performer (*on musical instrument*); *m* boudoir; dressing table; dressing case, toilet case
tocadura *f* hairdo, coiffure; headdress
tocamiento *m* feeling, touching; inspiration
tocante *adj* touching; touching, moving; **tocante a** touching, concerning, with reference to
tocar §86 *va* to feel; to touch; to touch on; to ring; to toll; to strike; to feel, to come to know, to suffer; to do (*the hair*); to touch (*with a touchstone*); (mus.) to play (*an instrument, a composition, a phonograph record*); to beat (*a drum*); (paint.) to touch up ‖ *vn* to touch; **en** or **por lo que toca a** with regard to; **tocar a** to knock at (*a door*); to behoove: to pertain to, to concern; to be related to; to fall to, to fall to the lot of; to be the turn of; to approach (*e.g., the end*); **tocar a** + *inf* to be time to + *inf;* **tocar a uno** + *inf* to be up to someone to + *inf;* **tocar en** to touch at (*a port*); to touch (*land*); to touch on; to approach, border on ‖ *vr* to put one's hat on, cover one's head; to be related (*said of two or more persons*); to touch each other; to become touched (*mentally unbalanced*); to make one's toilet; **tocarse con** to have on, to wear (*on the head*); **tocárselas** (coll.) to beat it, run away
tocasalva *f* var. of **salvilla**
tocata *f* (mus.) toccata; (coll.) drubbing, beating
tocayo -ya *mf* namesake
tocía *f* var. of **atutía**

tocinera *f* see **tocinero**
tocinería *f* bacon and pork shop or stand
tocinero -ra *mf* bacon and pork dealer; *f* pork-salting board or table
tocino *m* bacon; salt pork; (coll.) fast rope skipping; **tocino del cielo** candied yolk of egg
tocio -cia *adj* dwarf (*oak*)
tocoferol *m* (biochem.) tocopherol
tocología *f* tocology, obstetrics
tocólogo -ga *mf* tocologist, obstetrician
tocón *m* stump (*of tree, arm, or leg*)
toconal *m* ground full of stumps; olive grove of new shoots growing from stumps
tocte *m* (bot.) black walnut
tocuyo *m* (Am.) coarse cotton cloth
tochedad *f* roughness, coarseness, crudity
tochimbo *m* (Am.) smelting furnace
tocho -cha *adj* rough, coarse, crude; *m* (found.) bloom, billet
tochura *f* crudity
todabuena or **todasana** *f* (bot.) parkleaves, tutsan
todavía *adv* still, yet; **todavía no** not yet
todo -da *adj* all, whole, every; any; full (*e.g., speed*); *m* whole; everything; **todos** *mpl* all, everybody; **así y todo** even so, anyhow; **ante todo** first of all; **con todo** still, however; **del todo** wholly, entirely; **de todo en todo** through and through, entirely; **jugar el todo por el todo** to stake everything; **por todo** all in all; **ser el todo** (coll.) to be the whole show; **sobre todo** above all, especially; **todo el que** everybody who; **todo lo que** all that; **todos cuantos** all those who
todopoderoso -sa *adj* all-powerful, almighty; **el Todopoderoso** the Almighty (*God*)
tofo *m* (path.) tophus
toga *f* (hist.) toga; gown (*of professor, judge, etc.*)
togado -da *adj* togaed; *m* gownsman
toisón *m* Golden Fleece (*order*); (myth.) Golden Fleece; **toisón de oro** Golden Fleece (*order*); (myth.) Golden Fleece
tojal *m* growth of furze
tojino *m* (naut.) chock; (naut.) round, rundle (*on side of ship*); (naut.) cleat
tojo *m* (bot.) gorse, furze, whin
tolanos *mpl* short hair on back of neck; (vet.) gingivitis
toldadura *f* awning, awnings
toldar *va* to cover with an awning
toldilla *f* (naut.) poop, poop deck
toldo *m* awning; tilt (*cloth covering of cart or wagon*); pride, haughtiness
tole *m* hubbub, uproar; popular clamor (*against something*); **tomar el tole** (coll.) to run away, leave in a hurry; **tole tole** talk, gossip
toledano -na *adj & mf* Toledan
toledo *m* word used by the superstitious instead of thirteen
tolerable *adj* tolerable
tolerancia *f* tolerance; toleration; (mach. & med.) tolerance; tolerance (*in coinage*); **por tolerancia** on suffrance
tolerante *adj* tolerant
tolerantismo *m* toleration; tolerationism
tolerar *va* to tolerate
tolete *m* (naut.) thole, tholepin; (Am.) club, cudgel
tolilo *m* (chem.) tolyl
tolmera *f* place full of tall boulders
tolmo *m* tall boulder
Tolomeo *m* Ptolemy
Tolón *f* Toulon
tolondro -dra *adj* scatterbrained; *mf* scatterbrain; *m* bump, lump; **a topa tolondro** headlong, recklessly
tolondrón -drona *adj* scatterbrained; *m* bump, lump; **a tolondrones** intermittently, piecemeal
Tolosa *f* Toulouse; Tolosa (*town in northern Spain*)
tolteca *adj & mf* Toltec
tolueno *m* (chem.) toluene
toluico -ca *adj* (chem.) toluic
toluidina *f* (chem.) toluidine
toluol *m* (chem.) toluol
tolva *f* hopper; chute
tolvanera *f* dust storm, dust whirl
tolla *f* quagmire, soggy marsh; (Am.) drinking trough
tollina *f* (coll.) beating, drubbing
tollo *m* (hunt.) blind; quagmire; loin of stag; (ichth.) dogfish; (prov.) puddle
tollón *m* narrow pass, narrow road; (bot.) toyon
tom. abr. of **tomo**
toma *f* taking, assumption; seizure, capture; dose; tap; intake, inlet; (elec.) tap, outlet; (elec.) plug; (elec.) terminal; (mov.) take; **toma de antena** (rad.) antenna terminal or connection; **toma de corriente** (elec.) current collecting, current collector; (elec.) tap, outlet; (elec.) plug; **toma de posesión** installation, induction (*into a new office or position*); inauguration (*e.g., of a new president*); **toma de tierra** (aer.) landing; (rad.) ground terminal or connection; **toma directa** (aut.) high gear; **toma media** (elec.) center tap; **toma y daca** *m* give-and-take
toma-corriente *m* or **toma-corrientes** *m* (*pl:* **-tes**) (elec.) current collector; (elec.) tap, outlet; (elec.) plug
tomada *f* seizure, capture
tomadero *m* handle; intake, inlet
tomador -dora *mf* (coll.) thief; (Am.) drinker; *m* (com.) drawee; (naut.) gasket
tomadura *f* taking, assumption; seizure; dose
tomaína *f* (biochem.) ptomaine
tomajón -jona *adj* (coll.) thieving; *mf* (coll.) petty thief
tomar *va* to take; to get; to seize; to take on; to catch (*e.g., cold*); to have (*e.g., breakfast*); **tomar a** to take from; **tomar a bien** to take the right way (*i.e., in the right spirit*); **tomar a mal** to take offense at; **tomarla con** to pick at or on, to fight with; to have a grudge against; **tomarle a uno la risa** to be overcome with laughter; **tomar para sí** to take to oneself; **tomar por** to take for, e.g., **le tomé a Vd. por otra persona** I took you for someone else; **tomar prestado** to borrow; **tomar sobre sí** to take upon oneself; *vn* to take (*to the right, to the left*); **¡toma!** (coll.) why, of course!; (coll.) there you are!; *vr* to take; to have (*e.g., breakfast*); to get rusty; **tomarse con** to pick a quarrel with; **tomarse tiempo** to bide one's time
Tomás *m* Thomas; **Santo Tomás** Saint Thomas; **Santo Tomás de Aquino** Saint Thomas Aquinas; **un Santo Tomás** a doubting Thomas
tomatada *f* fried tomatoes
tomatal *m* tomato patch, tomato field
tomatazo *m* blow with a tomato
tomate *m* (bot.) tomato (*plant and fruit*); (coll.) tear or run (*in stocking*); (Am.) tomatillo; (Am.) cape gooseberry; **tomate de invierno** (bot.) strawberry tomato
tomatero -ra *adj* (pertaining to the) tomato; *mf* tomato raiser or dealer; *f* (bot.) tomato, tomato plant
tomavistas (*pl:* **-tas**) *adj* picture-taking; *m* motion-picture camera; cameraman
toma y daca *m* give-and-take
tombac *m* tombac, Dutch brass
tómbola *f* raffle, charity raffle
tomento *m* coarse tow; (bot.) tomentum
tomentoso -sa *adj* tomentose
tomillar *m* growth of thyme
tomillo *m* (bot.) thyme; **tomillo real** (bot.) savory, winter savory; **tomillo salsero** (bot.) Spanish thyme
tomineja *f* or **tominejo** *m* (orn.) hummingbird
tomismo *m* Thomism
tomista *adj & mf* Thomist
tomiza *f* esparto rope
tomo *m* volume (*one in a set*); bulk; importance, consequence; **de tomo y lomo** of consequence; (coll.) bulky and heavy
tomón -mona *adj & mf* (coll.) var. of **tomajón**
ton. abr. of **tonelada**
ton *m*; **sin ton ni son** without rhyme or reason
tonada *f* air, melody, song
tonadilla *f* light tune; (theat.) musical interlude
tonadillero -ra *mf* composer of musical interludes; popular singer

T

tonal *adj* tonal
tonalidad *f* (mus. & f.a.) tonality
tonar §77 *vn* (poet.) to thunder, to lighten
tondiz *f* var. of **tundizno**
tonel *m* cask, barrel; (aer.) barrel roll; (coll.) tank (*heavy drinker*)
tonelada *f* ton; tun (*measure equivalent to 252 gallons*); (naut.) ton; **tonelada métrica** metric ton
tonelaje *m* tonnage
tonelería *f* barrelmaking, cooperage; barrel factory; barrels, stock of barrels
tonelero -ra *adj* barrel, barrelmaking; *m* barrelmaker, cooper
tonelete *m* keg; short skirt, kilt; tutu, ballet skirt; (arm.) skirt
tonga *f* coat; layer; (Am.) pile
tongada *f* coat; layer; **en una tongada** (coll.) all at once
tongonear *vr* (Am.) to strut, swagger
tongoneo *m* (Am.) strut, swagger
tonicidad *f* tonicity
tónico -ca *adj* tonic; *m* (med.) tonic; **tónico nervioso** nerve tonic; *f* (mus.) keynote, tonic; (phonet.) tonic
tonificación *f* strengthening, invigoration
tonificador -dora or **tonificante** *adj* strengthening, invigorating
tonificar §86 *va* to strengthen, invigorate
tonillo *m* singsong; accent (*of a region*)
tonina *f* (ichth.) tunny; (zool.) dolphin
tonita *f* tonite
tono *m* tone; tune; (f.a., mus., phonet. & physiol.) tone; (mus.) pitch; (mus.) key; (mus.) slide (*of wind instrument*); **a este tono** like this; **a tono con** in tune with, in harmony with; **bajar el tono** to lower one's tone; **dar el tono** to set the standard; **darse tono** (coll.) to put on airs; **de buen tono** stylish, elegant; **de mal tono** vulgar; **estar a tono** (coll.) to be in style; **mudar de tono** to change one's tone; to change one's tune; **poner a tono** to tune up (*a car engine*); **subir** or **subirse de tono** to become haughty; to live in a grand style; **tono mayor** (mus.) major key; **tono menor** (mus.) minor key
tonómetro *m* tonometer
Tonquín, el Tonkin or Tongking
tonsila *f* (anat.) tonsil
tonsilar *adj* tonsillar
tonsilectomía *f* (surg.) tonsillectomy
tonsilitis *f* (path.) tonsillitis
tonsura *f* shearing, clipping; (eccl.) tonsure
tonsurar *va* to shear, to clip; (eccl.) to tonsure
tontada *f* silliness, nonsense
tontaina *adj* (coll.) foolish; *mf* (coll.) fool
tontear *vn* to talk nonsense, to act foolishly
tontedad *f*, **tontera** or **tontería** *f* foolishness, nonsense; triviality
tontillo *m* farthingale, hoop skirt
tontina *f* tontine
tonto -ta *adj* foolish, stupid; **a tontas y a locas** in disorder, haphazard; *mf* fool, dolt; **como tonto en vísperas** (coll.) in a brown study; **hacerse el tonto** (coll.) to play dumb; **tonto de capirote** (coll.) blockhead
tontuna *f* silliness, nonsense
toña *f* tipcat (*boys' game*); cat (*used in tipcat*)
topacio *m* topaz
topada *f* var. of **topetada**
topadizo -za *adj* bobbing up all the time
topar *va* to butt; to bump; to run into, run across, encounter; *vn* to butt; to take a bet; to come out well, to succeed; (coll.) to guess right; **tope donde tope** (coll.) strike where it may; **topar con** to run into, run across, encounter; **topar en** to run into, run across, encounter; to lie, e.g., **en eso topa la dificultad** there's where the trouble lies
tope *m* butt; bumper, buffer; bump, collision; encounter; top; rub, difficulty; scuffle, fight; (mach.) stop, check; (naut.) masthead; (naut.) topmast head; (naut.) topman; (rail.) bumper; **topes** *mpl* (theat.) stage to left of spectator; **ahí está el tope** there's the rub, that's the trouble; **al tope** or **a tope** end to end; flush; **estar hasta los topes** (naut.) to be loaded to the gunwales; (coll.) to be full, to be satiated; **hasta el tope** to the brim; **tope de puerta** doorstop; **tope máximo** ceiling price; *adj* top (*price*); last (*date*)
topera *f* molehill
topetada *f* butt (*e.g., given by head of a goat*); (coll.) butt (*with the head*); **darse de topetadas** (coll.) to butt each other
topetar *va* to butt; *vn* to butt; **topetar con** (coll.) to bump, bump into; (coll.) to run across
topetazo *m* var. of **topetada**
topetear *va* & *vn* var. of **topetar**
topetón *m* butt; bump, collision
topetudo -da *adj* butting (*animal*)
topiario -ria *adj* & *f* topiary
tópico -ca *adj* topical, local; (med.) topical; *m* topic; platitude; (med.) external local application
topinada *f* (coll.) blundering; (coll.) stumbling, awkwardness
topinaria *f* mole, wen, talpa
topinera *f* molehill; **beber como una topinera** to drink like a fish
topo *m* (zool.) mole; (coll.) blunderer; (coll.) stumbler, awkward person; top; **más ciego que un topo** blind as a bat; *adj* (coll.) blundering; (coll.) stumbly, awkward
topografía *f* topography
topográfico -ca *adj* topographic or topographical
topógrafo -fa *mf* topographer
topología *f* (anat. & math.) topology
toponimia *f* toponymy; (anat.) toponymy; toponymics
toponímico -ca *adj* toponymic
topónimo *m* toponym, place name
toponomástica *f* var. of **toponimia**
toque *m* touch; ring; knock; sound; beat (*of drum*); test, check; gist, point; call (*at a port*); (paint.) touch; (coll.) blow; **dar un toque a** (coll.) to put to the test; (coll.) to sound out, to feel out; **toque a muerto** toll, knell; **toque de ánimas** passing bell, burial peal; **toque de corneta** bugle call; **toque de diana** (mil.) reveille; **toque de difuntos** passing bell, burial peal; **toque de queda** curfew; **toque de retreta** (mil.) tattoo; **toque de silbato** whistle
toqueado *m* clapping, stamping, rapping
toquilla *f* triangular kerchief; knitted shawl
tora *f* torah; fireworks in the form of a bull; **la Tora** the Torah
torácico -ca *adj* thoracic
torada *f* drove of bulls
toral *adj* chief, main, principal; *m* unbleached yellow wax; mold for copper bars; copper bar
tórax *m* (*pl:* **-rax**) (anat. & zool.) thorax
torbellino *m* whirlwind; (fig.) whirlwind; (coll.) harum-scarum
torca *f* (geol.) crater, depression
torce *f* loop of necklace or chain
torcecuello *m* (orn.) wryneck
torcedero -ra *adj* crooked; *m* twister (*device*)
torcedor -dora *adj* twisting; *mf* twister; *m* twister, twisting machine; tobacco twister; disappointment, source of disappointment; *f* (ent.) sewer, leaf sewer
torcedura *f* twist, twisting; sprain; dislocation; small wine
torcer §87 *va* to twist; to bend; to turn; to change, turn aside; to twist up, screw up (*one's face*); to turn (*one's ankle*); to twist (*to misconstrue*); to pervert (*the ends of justice*); **andar** or **estar torcido con** (coll.) to be on the outs with; *vn* to turn (*to the right or left*); *vr* to twist; to bend; to sprain, dislocate; to turn; to turn sour; to go crooked, go astray; to turn bad, to fail; **torcérsele a uno la suerte** (Am.) to be out of luck
torcido -da *adj* twisted; crooked; bent; cross (*eyes*); (fig.) crooked (*person or conduct*); (Am.) unlucky; *m* curl (*of hair*); twist (*of cotton, silk, etc.*); twist of candied fruit; look of scorn; *f* wick; curlpaper
torcijón *m* cramps; (vet.) gripes
torcimiento *m* twist, twisting; roundabout way of talking
torculado -da *adj* screw-shaped
tórculo *m* press, screw press
tordella *f* (orn.) missel thrush
tórdiga *f* strip of hide or leather

tordillo -lla *adj* dapple-gray
tordo -da *adj* dapple-gray; *mf* dapple-gray horse; *m* (orn.) thrush; **tordo alirrojo** (orn.) redwing, song thrush; **tordo de agua** (orn.) water ouzel; **tordo de mar** (ichth.) red wrasse; **tordo mayor** (orn.) missel thrush
toreador *m* toreador; (archaic) mounted bullfighter
torear *va* to fight (*bulls*); to banter, tease, string along; *vn* to fight bulls, be a bullfighter
toreo *m* bullfighting
torera *f* see **torero**
torería *f* bullfighters; bullfighters' guild; (Am.) boyish prank
torero -ra *adj* (coll.) (pertaining to) bullfighting; *mf* torero, bullfighter; *f* tight unbuttoned jacket
torés *m* (arch.) torus
torete *m* small bull; (coll.) puzzler, baffling question; (coll.) topic of conversation
tórico -ca *adj* toric; (chem.) thoric
toril *m* (taur.) bull pen
torillo *m* bead, small molding; dowel, pin; (coll.) topic of conversation
torio *m* (chem.) thorium
toriondez *f* rut (*of cattle*)
toriondo -da *adj* ruttish (*cattle*)
torismo *m* Toryism
torita *f* (mineral.) thorite
torloroto *m* shepherd's horn
tormagal *m* or **tormellera** *f* var. of **tolmera**
tormenta *f* storm, tempest; misfortune, adversity; turmoil
tormentila *f* (bot.) bloodroot, tormentil
tormentín *m* (naut.) jib boom
tormento *m* torment; torture; anguish; (hist.) tormentum
tormentoso -sa *adj* stormy; (naut.) storm-ridden (*ship*)
tormera *f* var. of **tolmera**
tormo *m* tall boulder; clod, clump (*of earth*)
torna *f* return; dam; tap; **volver las tornas** to give tit for tat; to turn the tables
tornaboda *f* day after wedding
tornada *f* return; envoy (*stanza ending a poem*); (vet.) gid, water brain
tornadera *f* two-pronged winnowing fork
tornadizo -za *adj* changeable, fickle; renegade; *mf* turncoat, renegade
tornado *m* (meteor.) tornado
tornadura *f* return
tornaguía *f* return receipt
tornalecho *m* bed canopy
tornamiento *m* turn, change
tornapunta *f* prop, brace; strut (*of a gable frame*)
tornar *va* to return, give back; to turn, to make; *vn* to return; to turn; **tornar a** + *inf* verb + again, e.g., **tornó a abrir la puerta** he opened the door again; *vr* to turn, to become
tornasol *m* (bot.) sunflower; (chem.) litmus; iridescence
tornasolado -da *adj* iridescent, changeable (*fabric*)
tornasolar *va* to make iridescent; *vr* to become iridescent
tornátil *adj* turned (*on a lathe*); changeable, fickle
tornatrás *mf* throwback, reversion (*person*); half-breed
tornavía *f* (rail.) turntable
tornaviaje *m* return trip; things brought back from a trip
tornavirón *m* (coll.) slap in the face, smack on the head
tornavoz *m* (*pl:* **-voces**) soundboard, sounding board (*to direct sound to audience*)
torneador *m* turner, lathe operator; tourneyer, jouster
torneaduras *fpl* turnings, chips (*from a lathe*)
tornear *va* to turn, turn up (*on a lathe*); (sport) to curve (*a ball*); *vn* to go around; to tourney; to muse, to meditate
torneo *m* tourney; match, tournament; turning (*on a lathe*); **torneo de tenis** tennis match
tornería *f* turning (*on a lathe*); lathe work; lathe shop, machine shop, turnery
tornero *m* turner, lathe operator
tornillería *f* stock of screws or bolts
tornillero *m* (coll.) deserter (*from army*)
tornillo *m* screw; bolt; vise; clamp; small lathe; (mil.) desertion; **apretar los tornillos a** (coll.) to put the screws on; **faltarle a uno un tornillo** or **tener flojos los tornillos** (coll.) to have a screw loose; **tornillo de Arquímedes** Archimedes' screw; **tornillo de mordazas** jaw vise; **tornillo de ojo** eyebolt; **tornillo de orejas** thumbscrew; **tornillo de presión** setscrew; **tornillo micrométrico** micrometric screw; **tornillo para madera** wood screw; **tornillo para metales** machine screw; **tornillo sin fin** worm gear; **tornillo tensor** turnbuckle
torniquete *m* bell crank; turnstile; turnbuckle (*to fasten a shutter against the wall*); (Am.) fence ratchet (*to stretch wires of fence*); (surg.) tourniquet; **dar torniquete a** to twist the meaning of
torniscón *m* (coll.) slap in the face, smack on the head; (coll.) sharp pinch
torno *m* turn, revolution; lathe; potter's wheel; vise; clamp; winch, windlass; drum; turn (*in a river*); brake (*of carriage*); revolving server (*for passing something through a wall*); **a torno** around; on a lathe; **en torno** around; in exchange; **en torno a** or **de** around; **torno de alfarero** potter's wheel; **torno de hilar** spinning wheel
toro *m* bull; (arch.) molding of convex profile; (anat., bot. & math.) torus; (fig.) bull (*strong, husky fellow*); **toros** *mpl* bullfight; **ciertos son los toros** (coll.) you can depend on that; **correr toros** to fight bulls; **echar** or **soltar el toro a** (coll.) to talk straight off the shoulder to; **toro corrido** (coll.) smart fellow, no easy mark; **toro de lidia** fighting bull; **toro de muerte** (taur.) bull to be fought till killed
torófilo -la *mf* bullfight fan
toroide *m* (geom.) toroid
torón *m* (chem.) thoron; strand (*of cable*)
toronja *f* grapefruit (*fruit*)
toronjil *m* or **toronjina** *f* (bot.) lemon balm, garden balm
toronjo *m* (bot.) grapefruit (*tree*)
toroso -sa *adj* robust, husky
torozón *m* annoyance, worry; (vet.) gripes
torpe *adj* slow, heavy; awkward; dull, stupid; bawdy, lewd; infamous; ugly, crude
torpedeamiento *m* var. of **torpedeo**
torpedear *va* (nav. & fig.) to torpedo
torpedeo *m* torpedoing; (fig.) torpedoing
torpedero *m* (nav.) torpedo boat; (Am.) shortstop
torpedista *m* torpedoist
torpedo *m* (nav., ichth. & rail.) torpedo; (aut.) open car, touring car; **torpedo aéreo** (aer.) aerial torpedo
torpeza *f* torpidity, slowness; awkwardness; dullness, stupidity; bawdiness, lewdness; infamy; ugliness, crudeness
torques *f* (*pl:* **-ques**) torque (*ancient necklace*)
torrar *va* to toast
torre *f* tower; watchtower; castle, rook (*in chess*); (arti. & nav.) turret; (prov.) country house, place in the country, farm; (Am.) chimney of sugar mill; **torre albarrana** watchtower; bartizan; **torre de Babel** Tower of Babel; **torre de burbujeo** bubble tower; **torre de control** (rail.) switch tower; **torre del homenaje** donjon, keep; stronghold; **torre de lanzamiento** launching tower; **torre de mando** (aer.) control tower; (nav.) conning tower; **torre de marfil** (fig.) ivory tower; **torre de señales** signal tower; **torre de viento** castle in the air; **torre de vigía** (naut.) crow's-nest; **torre fraccionadora** fractionating tower; **Torre inclinada** Leaning Tower; **torre maestra** donjon, keep; **torre reloj** clock tower
torrear *va* to fortify with towers or turrets
torrefacción *f* torrefaction; toasting
torrefacto -ta *adj* toasted
torrejón *m* crooked little tower
torrencial *adj* torrential
torrentada *f* flash flood
torrente *m* torrent (*rush of water*); (fig.) torrent
torrentera *f* bed of a torrent; gully

T

torrentoso -sa *adj* (Am.) torrential
torreón *m* (arch.) turret; fortified tower
torrero *m* lighthouseman
torreta *f* (nav.) turret; (nav.) conning tower (*of submarine*)
torreznada *f* large fry of bacon
torreznero -ra *adj* (coll.) lazy, self-indulgent; *mf* (coll.) loafer, idler
torrezno *m* rasher (*slice of bacon*)
tórrido -da *adj* torrid
torrija *f* slice of bread dipped in milk or wine, fried, and sweetened with sugar or honey
torsión *f* torsion; (mech.) torsion
torsional *adj* torsional
torso *m* torso; (f.a.) torso; (paint.) bust
torta *f* cake; (print.) font; (mas.) roughcast; (coll.) slap; **costar la torta un pan** (coll.) to cost a lot more than expected; **ser tortas y pan pintado** (coll.) to be not so bad; (coll.) to be a cinch; **torta a la plancha** griddlecake, hot cake
tortada *f* meat or chicken pie; layer of mortar; batch of mortar
tortazo *m* (coll.) slap, slap in the face
tortedad *f* twisted state
tortero -ra *mf* cake maker; cake dealer; *m* cake box or basket; *f* flat earthenware baking pan; round cake pan; whorl of spinning wheel
torticero -ra *adj* wrong, unjust
torticolis *m* or **tortícolis** *m* (path.) torticollis, wryneck, stiff neck
tortilla *f* omelet; (Am.) tortilla (*corn-meal cake*); **hacer tortilla a** (coll.) to smash or break to pieces; **volverse la tortilla** (coll.) to turn out contrary to expectations; (coll.) to turn against one, e.g., **se volvió la tortilla** fortune turned against him (her, you, etc.); **tortilla a la española** potato omelet; **tortilla a la francesa** plain omelet
tortillo *m* (her.) bezant
tortillón *m* (f.a.) stump
tórtola *f* (orn.) turtledove; (orn.) ringdove
tórtolo *m* male turtledove; (coll.) turtledove (*affectionate person*)
tortor *m* (naut.) twist; (naut.) heaver
tortuga *f* (zool.) tortoise, turtle; **tortuga gigante** (zool.) giant tortoise; **tortuga lagarto** (zool.) mud turtle, snapping turtle
tortuguilla *f* (ent.) Mexican bean beetle
tortuosidad *f* tortuosity, tortuousness
tortuoso -sa *adj* winding, tortuous; (fig.) tortuous, devious
tortura *f* twisted state; torture
torturador -dora *adj* torturing, torturous
torturar *va* to torture
tórulo *m* (ent.) torulus
torva *f* see **torvo**
torvisca *f* var. of **torvisco**
torviscal *m* field of spurge flax
torvisco *m* (bot.) spurge flax
torvo -va *adj* grim, stern, fierce; *f* rain squall, snow squall
torzal *m* cord, twist
torzaldillo *m* light cord, thin twist
torzón *m* var. of **torozón**
torzonado -da *adj* suffering from gripes
torzuelo *m* (orn.) tercel, male falcon
tos *f* (*pl:* **toses**) cough; coughing; **tos convulsiva** or **ferina** (path.) whooping cough; **tos perruna** barking cough
tosca *f* see **tosco**
toscano -na *adj* & *mf* Tuscan; *m* Tuscan (*language; dialect*); **la Toscana** Tuscany
tosco -ca *adj* coarse, rough; uncouth; *f* (geol.) tufa; (geol.) tuff
tosegoso -sa *adj* coughing
toser *va* (coll.) to equal, to beat (*especially in valor*); *vn* to cough; **toser fuerte** to boast
tosidura *f* coughing
tosigar §59 *va* to poison
tósigo *m* poison; grief, sorrow
tosigoso -sa *adj* poisoned; coughing
tosiguero *m* (bot.) poison ivy
tosquedad *f* coarseness, roughness; uncouthness
tostada *f* see **tostado**
tostadera *f* toaster; roaster
tostadero *m* (coll.) oven (*hot place*)
tostado -da *adj* tan, sunburned; brown; *m* toasting; roasting; *f* piece of toast; **dar** or **pegar la** or **una tostada a** (coll.) to cheat, to trick, to harm; **no ver la tostada** (coll.) to see no good in it, to not be able to hand it a thing
tostador -dora *adj* toasting; roasting; burning; *mf* toaster; roaster; *m* toaster (*utensil*); roaster (*utensil*)
tostadura *f* toasting; roasting
tostar §77 *va* & *vr* to toast; to roast; to burn; to tan
tostón *m* roasted chickpea; toast dipped in olive oil; roast pig; scorched piece (*of food*); Mexican silver coin worth 50 centavos
total *adj* & *m* total; overall; *adv* in a word
totalidad *f* totality; whole; **en su totalidad** in its entirety; **la casi totalidad de** almost all of
totalitario -ria *adj* & *mf* totalitarian
totalitarismo *m* totalitarianism
totalización *f* totalization
totalizador *m* totalizer; totalizator, pari-mutuel
totalizar §76 *va* to totalize, to add up; to amount to; *vr* to add up; **totalizarse en** to add up to
tótem *m* (*pl:* **-tems**) totem
totémico -ca *adj* totemic
totemismo *m* totemism
totilimundi *m* var. of **mundonuevo**
totipalmo -ma *adj* (zool.) totipalmate
totovía *f* (orn.) crested lark
totuma *f* calabash (*fruit*)
totumo *m* (bot.) calabash tree; calabash (*fruit and vessel made with it*)
tova *f* var. of **totovía**
toxalbúmina *f* var. of **toxialbúmina**
toxemia *f* (path.) toxemia
toxémico -ca *adj* toxemic
toxialbúmina *f* (biochem.) toxalbumin
toxicar §86 *va* to poison
toxicidad *f* toxicity
tóxico -ca *adj* & *m* toxic
toxicogénico -ca or **toxicógeno -na** *adj* toxicogenic
toxicología *f* toxicology
toxicológico -ca *adj* toxicological
toxicólogo -ga *mf* toxicologist
toxicomanía *f* drug addiction
toxicómano -na *adj* addicted to drugs; *mf* drug addict
toxicosis *f* (*pl:* **-sis**) (path.) toxicosis
toxifobia *f* var. of **toxofobia**
toxina *f* (bact.) toxin
toxofobia *f* (psychopath.) toxiphobia
tozo -za *adj* dwarfish, stumpy; *f* chunk of bark; log with sharp edge
tozolada *f* or **tozolón** *m* blow on the neck
tozudez *f* stubbornness
tozudo -da *adj* stubborn
tozuelo *m* thick neck (*of an animal*)
tpo. abr. of **tiempo**
tr. abr. of **transitivo**
traba *f* tie, bond; clasp, lock; hobble, clog, trammel; obstacle; (law) seizure, attachment; (mas.) bond
trabacuenta *f* mistake (*e.g., in an addition*); dispute, argument
trabadero *m* pastern (*of horse*)
trabado -da *adj* joined, connected; tied, fastened; robust, sinewy; white-footed (*i.e., having white forefeet or a white right forefoot and a white left hind foot*); (phonet.) checked (*syllable*)
trabadura *f* joining, uniting; bond, union
trabajado -da *adj* overworked, worn-out; busy; strained, forced (*e.g., style*)
trabajador -dora *adj* working; industrious, hard-working; *mf* worker, laborer; toiler; *m* workman, workingman; *f* workingwoman
trabajar *va* to work (*e.g., wood*); to till (*the soil*); to bother, disturb; to work, to drive (*a person*); *vn* to work; to strain; to warp; (naut.) to labor (*e.g., in a storm*); **trabajar en** or **por** +*inf* to strive to +*inf*; *vr* to strive, to exert oneself
trabajera *f* (coll.) bother, nuisance, chore
trabajo *m* work; labor (*as contrasted with capital*); trouble; (phys.) work; **trabajos** *mpl* tribulations, hardships; **trabajo a destajo** piece-

work; **trabajo a domicilio** homework (*work done in home of worker*); **trabajo a jornal** timework; **trabajo a tarea** piecework; **trabajo de campaña** or **de campo** field work; **trabajo de mucho aliento** long undertaking; endless task; **trabajo de taller** shopwork; **trabajo de zapa** underhand work; **trabajo motor** (phys.) work developed by a motor, work done by a force; **trabajo resistente** (phys.) work necessary to overcome a resistance, work done against a force; **trabajos de Hércules** (myth.) labors of Hercules; **trabajos forzados** or **forzosos** hard labor (*penal*); **costar trabajo** to take a lot of effort; **costar trabajo** + *inf* to be hard to + *inf;* **pasar trabajos** to have trouble, to have a hard time; **tomarse el trabajo de** + *inf* to take the trouble to + *inf*

trabajoso -sa *adj* hard, arduous, laborious; pale, sickly; labored; (Am.) unpleasant, demanding; (Am.) bothersome, annoying

trabalenguas *m* (*pl:* **-guas**) tongue twister, jawbreaker

trabamiento *m* joining, uniting

trabanca *f* paperhanger's table

trabanco *m* var. of **trangallo**

trabar *va* to join, unite; to catch, seize; to fasten; to fetter; to lock; to check; to thicken; to set (*a saw; the teeth of a saw*); to begin; to join (*battle*); to strike up (*a conversation, friendship, etc.*); (law) to seize, attach; (mas.) to bond; *vn* to take hold; *vr* to become entangled; to jam; to foul; **trabársele la lengua a uno** to become tongue-tied

trabazón *f* union; bond, connection; thickness, consistency; (mas.) bond

trabe *f* beam

trabécula *f* (anat. & bot.) trabecula

trabilla *f* gaiter strap; end stitch, loose stitch

trabón *m* fetter, hopple

trabuca *f* firecracker

trabucación *f* upset; confusion; mix-up; jumble

trabucaire *adj* bold, arrogant, blustering

trabucar §86 *va* to upset, overturn; to confuse, disturb; to mix up (*words, letters, or syllables*); to jumble; *vr* to upset, overturn; to become confused; to become mixed up; to become jumbled

trabucazo *m* shot with a blunderbuss; (coll.) dismay

trabuco *m* blunderbuss; popgun; catapult; **trabuco naranjero** wide-mouthed blunderbuss

trabujar *va* (carp.) to plane across the grain

trabuquete *m* catapult; seine

trac *m* stage fright

traca *f* string of firecrackers; (naut.) strake

tracalada *f* (Am.) crowd, flock

tracalero -ra *adj* (Am.) cheating, tricky; *mf* (Am.) cheat, trickster

tracamundana *f* (coll.) barter; (coll.) uproar, excitement

tracción *f* traction; (mech.) tension; **de tracción de sangre** animal-drawn; **tracción delantera** (aut.) front drive; **tracción en cuatro ruedas** four-wheel drive

tracería *f* (arch.) tracery

Tracia, la see **tracio**

traciano -na *adj & mf* Thracian

tracio -cia *adj & mf* Thracian; **la Tracia** Thrace

tracista *mf* designer; schemer, trickster

tracoma *m* (path.) trachoma

tracomatoso -sa *adj* trachomatous

tractivo -va *adj* tractive

tracto *m* tract, stretch (*in space or time*)

tractocamión *m* tractor-trailer

tractor *m* tractor; **tractor de oruga** or **tractor oruga** caterpillar tractor

tradición *f* tradition; (law) delivery, transfer

tradicional *adj* traditional

tradicionalismo *m* traditionalism

tradicionista *mf* folklorist

traducción *f* translation; **traducción automática** machine translation

traducianismo *m* (theol.) traducianism

traducible *adj* translatable

traducir §38 *va* to translate; to change; to express

traductor -tora *mf* translator

traduje *1st sg pret ind of* **traducir**

traduzco *1st sg pres ind of* **traducir**

traedizo -za *adj* portable, carried, brought, transported

traedor -dora *mf* porter, carrier, bearer

traer §88 *va* to bring; to bring on; to draw, pull, attract; to adduce; to make, keep; to have, carry; to wear; to lead (*a good or bad life*); to hold out (*one's hands*); **traer a mal traer** (coll.) to abuse, treat roughly; **traer y llevar** (coll.) to peddle (*gossip*); *vn* to carry; **traer y llevar** (coll.) to gossip; *vr* to dress; to comport oneself; to be up to; **traérselas** (coll.) to become more and more of a problem;

traeres *mpl* finery

trafagador *m* dealer, trader

trafagante *adj* dealing, trading; *mf* dealer, trader

trafagar §59 *va* to travel over or through; *vn* to traffic, to trade; to travel around; to hustle

tráfago *m* traffic, trade; toil, drudgery, treadmill

trafagón -gona *adj* (coll.) hustling, lively; (coll.) slick, tricky; *mf* (coll.) hustler, live wire

trafalgar *m* cotton lining

trafalmeja or **trafalmejas** (*pl:* **-jas**) *adj* (coll.) rattlebrained; *mf* (coll.) rattlebrain

traficación *f* var. of **tráfico**

traficante *adj* dealing, trading; *mf* dealer, trafficker; *m* tradesman

traficar §86 *vn* to traffic, deal, trade; to travel, go about

tráfico *m* traffic (*trade; movement of people and vehicles*); **tráfico de negros** slave trade

tragaaños *mf* (Am.) well-preserved person

tragable *adj* swallowable

tragacanta *f* or **tragacanto** *m* (bot.) tragacanth (*tree and gum*)

tragacete *m* dart, javelin

tragaderas *fpl* throat; (coll.) gullibility; (coll.) tolerance, indulgence, laxity; **tener buenas tragaderas** (coll.) to be gullible

tragadero *m* throat; gulf, abyss; (coll.) gullibility

tragadieces *m* (*pl:* **-ces**) (Am.) juke box

tragador -dora *adj* swallowing; gluttonous; *mf* swallower; **tragador de leguas** (coll.) great walker

tragahombres *m* (*pl:* **-bres**) (coll.) bully

trágala *m;* **cantarle a uno el trágala** (coll.) to force it down one's throat

tragaldabas *mf* (*pl:* **-bas**) (coll.) glutton; (coll.) easy mark

tragaleguas *mf* (*pl:* **-guas**) (coll.) great walker

tragaluz *m* (*pl:* **-luces**) skylight, bull's-eye; cellar window

tragamallas *mf* (*pl:* **-llas**) (coll.) glutton

tragamonedas *m* (*pl:* **-das**) (coll.) slot machine

tragantada *f* swig, big swig

tragante *m* flue (*of reverberatory furnace*); hopper (*of blast furnace*); (dial.) flume

tragantón -tona *adj* (coll.) voracious, gluttonous; *mf* (coll.) big eater; (coll.) glutton; *f* (coll.) big meal, big spread; (coll.) gulp, effort to swallow; (coll.) strained belief, grudging acquiescence

tragaperras *m* (*pl:* **-rras**) (coll.) slot machine

tragar §59 *va* to swallow; to swallow up; to devour, gulp down; (fig.) to swallow (*to believe too easily; to stand for, to tolerate*); to overlook; **no poder tragar** (coll.) to not be able to stomach; *vn* to swallow; *vr* to swallow up; (fig.) to swallow (*to believe too easily; to stand for, to tolerate*); to overlook

tragasable *m* sword swallower

tragasantos *mf* (*pl:* **-tos**) (coll.) churchified person

tragasopas *mf* (*pl:* **-pas**) (coll.) beggar

tragavenado *f* (zool.) anaconda (*arboreal snake of South America which crushes deer and other animals*)

tragavino *m* funnel

tragavirotes *m* (*pl:* **-tes**) (coll.) stuffed shirt

tragazón *f* (coll.) gluttony

tragedia *f* tragedy

trágico -ca *adj* tragic or tragical; *m* tragedian; *f* tragedienne

tragicomedia *f* tragicomedy
tragicómico -ca *adj* tragicomic or tragicomical
trago *m* swallow; swig; (coll.) misfortune, hard time; (anat.) tragus; (Am.) brandy; **a tragos** (coll.) slowly, by degrees; **echar un trago** (coll.) to have or take a drink
tragón -gona *adj* (coll.) gluttonous; *mf* (coll.) glutton
tragonear *va & vn* (coll.) to keep eating all the time
tragonería or **tragonía** *f* (coll.) gluttony
tragontina *f* (bot.) arum lily
traguear *vn* (coll.) to tipple
trágulo *m* (zool.) chevrotain
traición *f* treachery; treason; act of treason; **a traición** or **a la traición** treacherously; **hacer traición a** to betray; **alta traición** high treason
traicionar *va* to betray
traicionero -ra *adj* treacherous; traitorous, treasonous; *mf* traitor
traído -da *adj* threadbare; **traído y llevado** beaten about, knocked about; *f* carrying, bringing; **traída de aguas** water supply
traidor -dora *adj* treasonous, traitorous; treacherous; *mf* betrayer; *m* traitor; villain (*of a novel or play*); *f* traitress
traigo *1st sg pres ind of* **traer**
traílla *f* leash; lash; road scraper
traillar §75 *va* to scrape, to grade with a scraper
traína *f* deep-sea fish net; net used for fishing sardines
trainera *f* sardine-fishing smack; (sport) long racing rowboat
trainerilla *f* (sport) shell
traíña *f* heavy net used for catching sardines and dragging them to shore
traite *m* napping (*of cloth*)
Trajano *m* Trajan
traje *m* dress, costume; suit; gown; (Am.) mask; **cortar un traje a** (coll.) to gossip about; **vestir su primer traje largo** to come out, to make one's debut; **traje académico** academic costume; **traje a la medida** suit made to order; **traje a presión** pressure suit; **traje de baño** bathing suit; **traje de buzo** diving suit; **traje de calle** street clothes; **traje de ceremonia** or **de etiqueta** dress suit; full dress; evening dress; **traje de faena** working clothes; (mil.) fatigue dress; **traje de luces** bullfighter's costume; **traje de malla** tights; **traje de montar** riding habit; riding clothes; **traje de paisano** civilian clothes; **traje espacial** space suit; **traje hecho** ready-made suit or dress; **traje sastre** lady's tailor-made suit; **traje serio** formal dress; **traje talar** gown, robe (*of a priest*); *1st sg pret ind of* **traer**
trajear *va* to dress, clothe, costume
trajedizo -za *adj* well-dressed
trajín *m* carrying, carting; going and coming; bustle, hustle
trajinante *adj* carrying, carting; *m* carrier, carter, expressman
trajinar *va* to carry, cart, transport; (Am.) to poke into; (Am.) to deceive; *vn* to move around, bustle around; (Am.) to lose patience; *vr* (Am.) to be disappointed
trajinería *f* carrying, carting, cartage
trajinero *m* carrier, carter, expressman
tralla *f* whipcord; lash
trallazo *m* lash; crack (*of a whip*)
trama *f* weft or woof; tram (*twisted silk*); lay (*in ropemaking*); texture; plot, scheme; plot (*of play or novel*); blossoming, blossom (*especially of olive tree*); screen, line screen (*in photoengraving*)
tramador -dora *adj* weaving; plotting, scheming; *mf* weaver; plotter, schemer
tramar *va* to weave; to contrive; to plot, to scheme; to hatch (*a plot*); *vn* to blossom (*said especially of olive trees*)
tramilla *f* twine
tramitación *f* transaction, negotiation; steps, procedure
tramitador -dora *mf* transactor, negotiator
tramitar *va* to transact, negotiate
trámite *m* step, procedure; proceeding
tramo *m* tract, lot; stretch (*of road*); flight (*of stairs*); span (*of bridge*); level (*of canal between locks*); passage (*of writing*)
tramojo *m* band, cord (*used to bind a sheaf*); trouble, sorrow
tramontano -na *adj* tramontane; *f* north; north wind, tramontana; pride, haughtiness, vanity
tramontar *va* to help escape, help get away; *vn* to go over the mountains; to sink behind the mountains (*said of the sun*); *vr* to escape, get away
tramoya *f* stage machinery; scheme, trick, fake
tramoyista *adj* scheming, tricky; *mf* schemer, impostor, humbug; *m* stage machinist; scene shifter, stagehand
trampa *f* trap; trap door; snare, pitfall; flap (*of shop counter*); fly (*of trousers*); trick; bad debt; **armar trampa a** (coll.) to lay a trap for; **caer en la trampa** (coll.) to fall into the trap; **hacer trampas** to cheat; **llevarse la trampa** (coll.) to fall through, to come to naught; **trampa de iones** (telv.) ion trap; **trampa explosiva** (mil.) booby trap
trampal *m* bog, quagmire
trampantojo *m* (coll.) sleight of hand, trick
trampeador -dora *adj & mf* (coll.) var. of **tramposo**
trampear *va* (coll.) to trick, to swindle; *vn* (coll.) to cheat; (coll.) to shift, pull through, manage to get along
trampería *f* trickery, cheating, swindling
trampero *m* trapper
trampilla *f* peephole; door of coalbin; lid (*of a desk*); leaf, hinged leaf (*of table*); fly (*of trousers*)
trampista *adj & mf* var. of **tramposo**
trampolín *m* springboard, diving board; ski jump; (fig.) springboard; **trampolín de acróbata** trampoline
tramposo -sa *adj* tricky, crooked; *mf* trickster, cheat, swindler
tranca *f* beam, pole; bar, crossbar; (Am.) drunk, spree; **a trancas y barrancas** (coll.) through fire and water
trancada *f* big step, long stride; (prov.) blow with a cudgel; **en dos trancadas** (coll.) in a trice
trancahilo *m* stop knot (*on thread or cord*)
trancanil *m* (naut.) waterway
trancar §86 *va* to bar; *vn* (coll.) to stride along
trancazo *m* blow with a cudgel; (coll.) grippe, influenza
trance *m* critical moment; bad situation; trance; (law) judicial writ (*to enforce settlement of debt*); **a todo trance** at any risk, at any cost; **en trance de** in the act of; at the point of (*death*); **último trance** last stage, end (*of life*); **trance de armas** feat in arms
trancelín *m* (archaic) var. of **trencellín**
tranco *m* big step, long stride; threshold; **a trancos** (coll.) pell-mell; **en dos trancos** (coll.) in a trice
trancha *f* tinsmith's stake
tranchete *m* shoemaker's blade
trangallo *m* stick hung from a dog's collar to keep him from lowering his head to smell the ground
tranquear *vn* (coll.) to stride along
tranquera *f* palisade (*fence*); (Am.) gate (*opening to a field, barnyard, etc.*)
tranquero *m* cut stone (*for parts of doorframe*)
tranquil *m* plumb line
tranquilidad *f* tranquillity
tranquilizador -dora *adj* tranquilizing, calming, quieting; *m* (med.) tranquilizer
tranquilizar §76 *va, vn & vr* to tranquilize
tranquilo -la *adj* tranquil, calm
tranquilla *f* feeler, leader (*to elicit a reply*); bar, lug, pin
tranquillo *m* knack
tranquillón *m* maslin, mixture of wheat and rye
transacción *f* settlement, compromise; transaction
transaéreo *m* (aer.) air liner
transalpino -na *adj* transalpine
transandino -na *adj* trans-Andean
transar *vn* (Am.) to yield, to compromise

transatlántico -ca *adj* transatlantic; *m* transatlantic ship, transatlantic liner
transbordador -dora *adj* transshipping; transfer; *m* ferry; transporter bridge; transporter car; **transbordador funicular** funicular
transbordar *va* to transship; to transfer; *vn* to change trains, to transfer
transbordo *m* transshipment; transfer
Transcaucasia, la Transcaucasia
transcendencia *f* var. of **trascendencia**
transcendental *adj* var. of **trascendental**
transcendentalismo *m* (philos.) transcendentalism
transcendentalista *mf* transcendentalist
transcendente *adj* var. of **trascendente**
transcender §66 *va & vn* var. of **trascender**
transceptor *m* (rad.) transceiver
transcontinental *adj* transcontinental
transcribir §17, 9 *va* to transcribe; (mus. & rad.) to transcribe
transcripción *f* transcription; (mus. & rad.) transcription
transcripto -ta var. of **transcrito**
transcriptor *m* transcriber
transcrito -ta *pp of* **transcribir**
transcurrir *vn* to pass, to elapse
transcurso *m* course (*of time*)
transductor *m* (phys.) transducer
transepto *m* (arch.) transept
transeúnte *adj* transient; transitory; *mf* transient; passer-by
transferencia *f* transference; (law) transfer
transferible *adj* transferable
transferidor -dora *mf* transferrer
transferir §62 *va* to transfer; to postpone; (law) to transfer
transfiguración *f* transfiguration; (*cap.*) *f* (Bib. & eccl.) Transfiguration
transfigurar *va* to transfigure; *vr* to become transfigured
transfijo -ja *adj* transfixed
transfixión *f* transfixion; (surg.) transfixion
transflor *m* painting on metal (*generally green on gold*)
transflorar *va* to paint on metal; to copy against the light; *vn* to show through
transflorear *va* to paint on metal
transformable *adj* transformable; (aut.) convertible; *m* (aut.) convertible
transformación *f* transformation; transformation (*wig*)
transformador -dora *adj* transforming; *mf* transformer; *m* (elec.) transformer; **transformador de campanilla** (elec.) doorbell transformer; **transformador de corriente** (elec.) current transformer; **transformador de fuerza** (elec.) power transformer; **transformador de entrada** (rad.) input transformer; **transformador de núcleo de aire** (elec.) air-core transformer; **transformador de núcleo de hierro** (elec.) iron-core transformer; **transformador de poder** or **de potencia** (elec.) power transformer; **transformador de salida** (rad.) output transformer; **transformador de tensión** (elec.) voltage transformer; **transformador elevador** (elec.) step-up transformer; **transformador reductor** (elec.) step-down transformer
transformamiento *m* transformation
transformar *va* to transform; (elec., math. & phys.) to transform; *vr* to transform, to become transformed
transformativo -va *adj* transformative
transformismo *m* (biol.) transformism; (theat.) quick-change acting
transformista *adj* (biol.) transformist, transformistic; *mf* (biol.) transformist; (theat.) quick-change artist
transfregar §29 *va* to rub, rumple
transfretano -na *adj* (located) across the strait, across the inlet
transfretar *va* to cross (*the sea*); *vn* to spread out, to extend
tránsfuga *mf* fugitive; turncoat
tránsfugo *m* fugitive; turncoat
transfundición *f* transfusion
transfundir *va* to transfuse; to transmit, to spread
transfusión *f* transfusion; **transfusión de sangre** (med.) transfusion, blood transfusion
transfusionista *mf* (med.) transfusionist
transfusor -sora *adj* transfusing; *mf* transfuser
transgredir §53 *va* to transgress
transgresión *f* transgression
transgresor -sora *adj* transgressing; *mf* transgressor
transiberiano -na *adj* trans-Siberian
transición *f* transition
transido -da *adj* overcome, paralyzed; mean, cheap, stingy
transigencia *f* (act of) compromising; compromise
transigente *adj* compromising
transigir §42 *va* to settle, to compromise; *vn* to settle, to compromise; to agree; **transigir con** to compromise on; **transigir en** + *inf* to agree to + *inf*
Transilvania, la Transylvania
transilvano -na *adj & mf* Transylvanian
transistor *m* (elec.) transistor
transistorizar §76 *va* to transistorize
transitable *adj* passable, practicable
transitar *vn* to go, to walk; to travel, to journey (*sometimes with stopovers*)
transitivo -va *adj* transitive; (gram.) transitive
tránsito *m* transit; traffic; stop; passage; passing (*of a saint*); transfer; **de tránsito** in transit; transient; **hacer tránsito** to make a stop; **tránsito rodado** vehicular traffic
transitoriedad *f* transitoriness, transiency
transitorio -ria *adj* transitory
Transjordán, el or **Transjordania, la** Trans-Jordan or Transjordania
translación *f* var. of **traslación**
transladar *va* var. of **trasladar**
translaticio -cia *adj* var. of **traslaticio**
translativo -va *adj* var. of **traslativo**
translimitación *f* trespass; armed intervention
translimitar *va* to cross without intending to violate (*a border or frontier*); to go beyond (*any limit*)
translinear *vn* (law) to pass an entail from one line of heirs to another
translucidez *f* translucence or translucency
translúcido -da *adj* translucent
translucir §60 *va, vn & vr* var. of **traslucir**
transmarino -na *adj* transmarine, overseas
transmigración *f* transmigration
transmigrar *vn* to transmigrate
transmisibilidad *f* transmissibility
transmisible *adj* transmissible
transmisión *f* transmission; **transmisión de energía** (elec.) power transmission; **transmisión del pensamiento** thought transference
transmisor -sora *adj* transmitting; *mf* transmitter; *m* (rad., telg. & telp.) transmitter; **transmisor de órdenes** (naut.) engine-room telegraph
transmitir *va & vn* to transmit
transmontano -na *adj* tramontane
transmontar *va, vn & vr* var. of **tramontar**
transmudación *f* or **transmudamiento** *m* var. of **transmutación**
transmudar *va* to move, transfer; to transmute; to persuade, convince
transmutable *adj* transmutable
transmutación *f* transmutation; (alchem. & chem.) transmutation
transmutar *va, vn & vr* to transmute
transoceánico -ca *adj* transoceanic
transónico -ca *adj* transonic
transpacífico -ca *adj* transpacific
transpadano -na *adj* transpadane
transparecer §34 *vn* to show through
transparencia *f* transparence or transparency; slide (*for projection in a projector*)
transparentar *vr* to be transparent; to show through; (fig.) to become transparent
transparente *adj* transparent; translucent; (fig.) transparent; *m* transparency (*picture on some translucent substance*); curtain, window curtain; stained-glass window (*at back of*

altar); **transparente de resorte** window blind or shade
transpiración *f* transpiration; sweat, sweating; (bot. & physiol.) transpiration
transpirar *va* to transpire; to sweat; *vn* to transpire; to sweat; (fig.) to transpire (*to become known, leak out*)
transpirenaico -ca *adj* trans-Pyrenean
transpondré *1st sg fut ind of* **transponer**
transponedor -dora *adj* transposing; *mf* transposer
transponer §69 *va* to transpose; to disappear behind, to go around (*e.g., the corner*); to transplant; (alg.) to transpose; *vr* to set (*said of sun, moon, and stars*); to get sleepy
transpongo *1st sg pres ind of* **transponer**
transportable *adj* transportable
transportación *f* transportation, transporting
transportador -dora *adj* transporting; *mf* transporter; *m* conveyor; (surv.) protractor
transportamiento *m* transport; (fig.) transport (*e.g., of joy*)
transportar *va* to transport; to transfer (*a drawing, design, or pattern*); (mus.) to transpose; (elec.) to transmit; (fig.) to transport; *vr* (fig.) to be in transports, to be carried away
transporte *m* transport; transportation; transfer (*of a drawing, design, or pattern*); (aer. & fig.) transport; (naut.) transport, troopship; (mus.) transportation; (elec.) transmission; **transporte ilícito de armas** (law) carrying concealed weapons; **transportes en común** public conveyances
transportista *mf* transport worker
transposición *f* transposition, transposal; (mus.) transposition
transpuesto -ta *pp of* **transponer;** *f* var. of **traspuesta**
transpuse *1st sg pret ind of* **transponer**
transterminar *va* (law) to transfer to another jurisdiction
transtiberino -na *adj & mf* Trasteverine
transubstanciación *f* transubstantiation
transubstancial *adj* transubstantial
transubstanciar *va & vr* to transubstantiate
transuránico -ca *adj* (chem.) transuranic
transuretral *adj* transurethral
transvasar *va* to decant, to transvase, to pour from one vessel into another
transverberación *f* transfixion, transverberation
transversal *adj* transversal; cross (*e.g., street*); collateral
transverso -sa *adj* transverse
transvestido -da *adj & mf* transvestite
transvestismo or **transvestitismo** *m* transvestitism
tranvía *m* streetcar, trolley, trolley car; trolley line; **tranvía de sangre** horsecar
tranviario -ria *adj* trolley; *m* trolley or transit employee
tranviero *m* trolley or transit employee
tranzadera *f* var. of **trenzadera**
tranzar §76 *va* to cut, rip off; to braid, plait
tranzón *m* plot, lot
trapa *f* tramp, tramping (*of feet*); shouting, uproar; (naut.) spilling line; **trapas** *fpl* (naut.) tackle used to fasten a lifeboat on deck
trapacear *vn* to cheat, swindle
trapacería *f* cheat, swindle; fraud, deceit
trapacero -ra *adj* cheating, swindling; *mf* cheat, swindler
trapacete *m* (com.) sales book
trapacista *adj & mf* var. of **trapacero**
trapajería *f* sails of a ship; (prov.) rags, old clothes
trapajo *m* rag, tatter
trapajoso -sa *adj* ragged, tattered, torn; slovenly, untidy
trápala *adj* (coll.) chattering, jabbering; (coll.) cheating, false; *mf* (coll.) chatterbox, jabberer; (coll.) cheat, trickster; *m* (coll.) garrulity, loquacity; *f* noise, uproar, confusion; clatter (*of running horse*); (coll.) cheating, deceit
trapalear *vn* (coll.) to chatter, jabber; (coll.) to lie, cheat, deceive; to clatter along
trapalón -lona *adj* (coll.) cheating, tricky; *mf* (coll.) cheater, trickster
trapatiesta *f* (coll.) brawl, row, roughhouse
trapaza *f* var. of **trapacería**
trapazar §76 *vn* var. of **trapacear**
trapeador *m* (Am.) mop, floor mop
trapear *va* (Am.) to mop; *vn* (dial.) to snow
trapecial *adj* trapezial; (geom.) trapezoidal
trapecio *m* (sport) trapeze; (anat.) trapezium; (anat.) trapezius; (geom.) trapezoid
trapecista *mf* trapeze performer
trapense *adj & mf* Trappist
trapería *f* rags; rag shop
trapero -ra *adj* see **puñalada;** *mf* ragpicker, rag dealer; junk dealer
trapezoedro *m* (cryst.) trapezohedron
trapezoidal *adj* (geom.) trapezial
trapezoide *m* (anat.) trapezoid; (geom.) trapezium
trapiche *m* sugar mill; press, olive press; ore crusher
trapichear *vn* (coll.) to scheme; to deal at retail
trapicheo *m* (coll.) scheming
trapichero *m* sugar-mill worker
trapiento -ta *adj* ragged, raggedy
trapillo *m* (coll.) second-rate gallant; (coll.) soubrette; (coll.) nest egg, small nest egg (*savings*); **de trapillo** (coll.) in house clothes
trapío *m* (coll.) pertness, flipness; (taur.) spirit (*of bull*)
trapisonda *f* (coll.) brawl, uproar; (coll.) intrigue, scheming
trapisondear *vn* (coll.) to intrigue, to scheme
trapisondista *mf* (coll.) intriguer, schemer
trapista *adj & mf* Trappist; *m* (Am.) ragpicker, ragman
trapito *m* small rag; **trapitos de cristianar** (coll.) Sunday best
trapo *m* rag; cleaning rag; (naut.) canvas, sails; (taur.) bullfighter's bright-colored cape; (taur.) cloth (*of muleta*); (theat.) curtain; (Am.) cloth, fabric; **trapos** *mpl* (coll.) rags, duds; **a todo trapo** (naut. & fig.) full sail; **poner como un trapo** (coll.) to rake over the coals; **sacar los trapos a la colada, a relucir** or **al sol** (coll.) to wash one's dirty linen in public; **soltar el trapo** (coll.) to burst out crying, to burst out laughing; **tirar el trapo** (coll.) to withdraw, to give up; **trapos de cristianar** (coll.) Sunday best
traque *m* crack (*of firecracker*); fuse (*of firecracker*); **a traque barraque** (coll.) at any time, for any reason
tráquea *f* (anat., bot. & zool.) trachea
traqueal *adj* tracheal
traquear *va* to shake, agitate; to rattle; (coll.) to tamper with, fool with; *vn* to crackle; to rattle; (mach.) to chatter
traqueida *f* (bot.) tracheid
traqueítis *f* (path.) tracheitis
traqueo *m* crack, crackle; rattle; (mach.) chattering
traqueotomía *f* (surg.) tracheotomy
traquetear *va & vn* var. of **traquear**
traqueteo *m* var. of **traqueo**
traquido *m* crack (*of firecracker; of something breaking*)
traquita *f* (geol.) trachyte
tras *prep* after; behind; **tras** + *inf* after + *ger;* **tras de** behind; in addition to; *m* (coll.) behind; **¡tras, tras!** rat-a-tat!
trasalcoba *f* (arch.) alcove (*adjoining a bedroom*)
trasalpino -na *adj* var. of **transalpino**
trasaltar *m* space behind altar
trasandino -na *adj* var. of **transandino**
trasanteanoche *adv* three nights ago
trasanteayer or **trasantier** *adv* three days ago
trasatlántico -ca *adj* var. of **transatlántico**
trasbarrás *m* thump, thud
trasbordador -dora *adj & m* var. of **transbordador**
trasbordar *va* var. of **transbordar**
trasbordo *m* var. of **transbordo**
trasca *f* leather thong
trascabo *m* trip, tripping
trascantón *m* spur stone; errand boy, street porter; **a trascantón** unexpectedly; **dar trascantón a** (coll.) to shake off
trascantonada *f* spur stone
trascara *f* (hum.) backside, behind

trascendencia *f* penetration, keenness; importance; result, consequence; (philos.) transcendence
trascendental *adj* far-reaching; highly important, very serious; (philos. & math.) transcendental
trascendente *adj* penetrating; important; (philos. & theol.) transcendent
trascender §66 *va* to go into, to dig up; *vn* to smell, be fragrant; to spread; to come to be known, to leak out
trascendido -da *adj* keen, perspicacious
trascocina *f* scullery (*room near kitchen for coarse work*)
trascolar §77 *va* to strain, percolate; to take through, to take to the other side; *vr* to butt in
trasconejar *vr* to squat, to cower (*said of game*); to be mislaid, get lost
trascordado -da *adj* wrong, mistaken, confused
trascordar §77 *vr* to forget, to confuse
trascoro *m* back choir, retrochoir
trascorral *m* back court, back yard; (coll.) backside
trascorvo -va *adj* crookkneed (*horse*)
trascribir §17, 9 *va* var. of **transcribir**
trascripción *f* var. of **transcripción**
trascripto -ta or **trascrito -ta** var. of **transcrito**
trascuarto *m* back room
trascuenta *f* mistake (*e.g., in an addition*)
trascurrir *vn* var. of **transcurrir**
trascurso *m* var. of **transcurso**
trasdobladura *f* trebling
trasdoblar *va* to treble; to fold three times
trasdoblo *m* triple number
trasdós *m* (arch.) extrados
trasdosear *va* (arch.) to strengthen the back of, to strengthen in the back
trasechar *va* to waylay, to ambush
trasegar §29 *va* to upset, turn topsy-turvy; to transfer, to decant
traseñalar *va* to change the mark on, to put a different mark on
trasero -ra *adj* back, rear; *m* buttock, rump; **traseros** *mpl* (coll.) ancestors; *f* back (*of house, door, etc.*)
trasferencia *f* var. of **transferencia**
trasferible *adj* var. of **transferible**
trasferidor -dora *mf* var. of **transferidor**
trasferir §62 *va* var. of **transferir**
trasfiguración *f* var. of **transfiguración**
trasfigurar *va & vr* var. of **transfigurar**
trasfijo -ja *adj* var. of **transfijo**
trasfixión *f* var. of **transfixión**
trasflor *m* var. of **transflor**
trasflorar *va & vn* var. of **transflorar**
trasflorear *va* var. of **transflorear**
trasfollo *m* (vet.) swollen gambrel
trasfondo *m* background
trasformación *f* var. of **transformación**
trasformador -dora *adj & mf* var. of **transformador**
trasformamiento *m* var. of **transformamiento**
trasformar *va & vr* var. of **transformar**
trasformativo -va *adj* var. of **transformativo**
trasfregar §29 *va* var. of **transfregar**
trasfretano -na *adj* var. of **transfretano**
trasfretar *va & vn* var. of **transfretar**
trásfuga *mf* var. of **tránsfuga**
trásfugo *m* var. of **tránsfugo**
trasfundición *f* var. of **transfundición**
trasfundir *va* var. of **transfundir**
trasfusión *f* var. of **transfusión**
trasfusor -sora *adj & mf* var. of **transfusor**
trasgo *m* goblin, hobgoblin; imp (*mischievous youngster*); **dar trasgo a** to spook, to act the spook in order to frighten
trasgredir §53 *va* var. of **transgredir**
trasgresión *f* var. of **transgresión**
trasgresor -sora *adj & mf* var. of **transgresor**
trasguear *vn* to play spook
trasguero -ra *mf* spook (*person who acts the spook*)
trashoguero -ra *adj* stay-at-home, lazy; *m* fireback; big log (*in fireplace*)
trashojar *va* to leaf through (*a book, a batch of papers*)
trashumación *f* or **trashumancia** *f* moving from winter to summer pasture, moving from summer to winter pasture
trashumante *adj* nomadic (*flocks*)
trashumar *vn* to move from winter to summer pasture, to move from summer to winter pasture (*said of sheep and shepherds*)
trasiego *m* upset, disorder; transfer, decantation
trasijado -da *adj* thin-flanked; skinny, lanky
traslación *f* transfer, translation; postponement; copy, transcription; (mech. & telg.) translation
trasladable *adj* movable, traveling
trasladación *f* var. of **traslación**
trasladador -dora *mf* carrier, mover; **trasladadora de vía** (rail.) track shifter
trasladar *va* to transfer, to translate; to postpone; to copy, to transcribe; to transmit; to move; (mech. & telg.) to translate; *vr* to move (*to another place, job, etc.*); to go, to betake oneself
traslado *m* transfer; copy, transcript; moving; (law) notification
traslapado -da *adj* overlapped; double-breasted
traslapar *va & vn* to overlap
traslapo *m* overlap, overlapping
traslaticio -cia *adj* figurative
traslativo -va *adj* transferring, conveying
traslato -ta *adj* var. of **traslaticio**
traslator *m* (telg. & telp.) translator
traslinear *vn* var. of **translinear**
traslúcido -da *adj* var. of **translúcido**
traslucir §60 *va* to infer, to guess; *vn* to become evident, to leak out; *vr* to be translucent; to become evident, to leak out
traslumbramiento *m* dazzlement; sudden disappearance
traslumbrar *va* to dazzle; *vr* to become dazzled; to disappear suddenly, to vanish
trasluz *m* diffused light; glint, gleam; **al trasluz** against the light
trasluzco *1st sg pres ind of* **traslucir**
trasmallo *m* trammel net
trasmano *mf* second hand (*at cards*); **a trasmano** out of reach; out of the way, remote
trasmañana *adv* day after tomorrow
trasmañanar *va* to put off till tomorrow, to put off from day to day, to procrastinate
trasmarino -na *adj* var. of **transmarino**
trasmatar *va* (coll.) to wish (*someone*) dead, to kill off (*in one's mind*)
trasmigración *f* var. of **transmigración**
trasmigrar *vn* var. of **transmigrar**
trasminante *adj* undermining; (Am.) bitter (*cold*)
trasminar *va* to undermine; to permeate, to seep through; *vr* to seep, be penetrating
trasmisibilidad *f* var. of **transmisibilidad**
trasmisible *adj* var. of **transmisible**
trasmisión *f* var. of **transmisión**
trasmisor -sora *adj & mf* var. of **transmisor**
trasmitir *va & vn* var. of **transmitir**
trasmochar *va* to trim (*a tree*) for firewood
trasmontano -na *adj* var. of **transmontano**
trasmontar *va, vn & vr* var. of **tramontar**
trasmóvil *m* (Am.) mobile unit, radio pickup
trasmudación *f* or **trasmudamiento** *m* var. of **transmutación**
trasmudar *va* var. of **transmudar**
trasmundo *m* afterlife, future life
trasmutable *adj* var. of **transmutable**
trasmutación *f* var. of **transmutación**
trasmutar *va, vn & vr* var. of **transmutar**
trasnochado -da *adj* stale, spoiled (*from standing overnight*); haggard, run-down; stale, hackneyed; *f* last night; sleepless night, nightlong wakefulness; (mil.) night attack
trasnochador -dora *mf* nighthawk, night owl
trasnochar *va* to sleep over (*a problem*); *vn* to spend the night; to spend a sleepless night; to keep late hours, to stay up late
trasnoche *m* or **trasnocho** *m* sleepless night
trasnombrar *va* to change the names of
trasnominación *f* (rhet.) metonymy
trasoigo *1st sg pres ind of* **trasoír**
trasoír §64 *va* to hear wrong

trasojado -da *adj* hollow-eyed, having rings under the eyes; careworn, emaciated
trasoñar §77 *va* to imagine wrongly, to have the wrong idea about, to mistake for reality
trasovado -da *adj* (bot.) obovate
traspadano -na *adj* var. of **transpadano**
traspalar or **traspalear** *va* to shovel, to shovel off; to move, to transfer; (prov.) to weed (*vines*) with a hoe
traspaleo *m* shoveling; transfer
traspapelar *va* to mislay (*among one's papers*); *vr* to become mislaid
trasparecer §34 *vn* var. of **transparecer**
trasparencia *f* var. of **transparencia**
trasparentar *vr* var. of **transparentar**
trasparente *adj & m* var. of **transparente**
traspasador -dora *adj* transgressing; *mf* transgressor
traspasamiento *m* var. of **traspaso**
traspasar *va* to cross, cross over; to send; to transfer; to move; to pierce, transfix; to transgress (*a law*); to pain, grieve; to pierce (*the heart with pain or grief*); *vn* (archaic) to set (*said of the sun*); *vr* to go too far
traspaso *m* crossing; transfer; transgression; goods transferred; cost of transfer; pain, grief; (naut.) strait
traspatio *m* (Am.) back yard
traspeinar *va* to touch up with a comb
traspellar *va* to close, shut
traspié *m* slip, stumble; trip; **dar traspiés** to stumble; (coll.) to slip, go wrong
traspillar *va* to close, shut; *vr* to fail, to decline
traspintar *va* to show (*one card*) and play another; *vr* to show through; (coll.) to turn out differently, turn out wrong, be disappointing
traspiración *f* var. of **transpiración**
traspirar *va & vn* var. of **transpirar**
traspirenaico -ca *adj* var. of **transpirenaico**
trasplantable *adj* transplantable
trasplantación *f* transplantation
trasplantador -dora *adj* transplanting; *mf* transplanter; *m* transplanter (*machine*)
trasplantar *va* to transplant; (surg.) to transplant; *vr* to transplant (*to admit of being transplanted*); to emigrate, settle in another country
trasplante *m* transplant; transplantation
traspolar *adj* transpolar
traspondré *1st sg fut ind of* **trasponer**
trasponedor -dora *adj & mf* var. of **transponedor**
trasponer §69 *va & vr* var. of **transponer**
traspongo *1s sg pres ind of* **trasponer**
traspontín *m* small undermattress; (coll.) backside, behind
trasportable *adj* var. of **transportable**
trasportación *f* var. of **transportación**
trasportador -dora *adj & mf* var. of **transportador**
trasportamiento *m* var. of **transportamiento**
trasportar *va & vr* var. of **transportar**
trasporte *m* var. of **transporte**
trasportín *m* small undermattress
trasportista *mf* var. of **transportista**
trasposición *f* var. of **transposición**
traspuesto -ta *pp of* **trasponer;** *f* transposition; rise, elevation; back (*of house*); hiding, disappearance, flight; hiding place
traspunte *m* (theat.) prompter (*in the wings*)
traspuntín *m* small undermattress; folding seat, flap seat
traspuse *1st sg pret ind of* **trasponer**
trasquero *m* dealer in leather thongs
trasquila *f* lopping, cropping; shearing
trasquilador *m* shearer
trasquiladura *f* var. of **trasquila**
trasquilar *va* to lop, crop; to shear (*sheep*); (coll.) to lessen, reduce, curtail
trasquilimocho -cha *adj* (coll.) close-cropped
trasquilón *m* lopping, cropping; shearing; slash (*with scissors*); (coll.) swindle (*amount swindled*)
trasroscado -da *adj* stripped (*screw or nut*)
trasroscar §86 *vr* to be or become stripped, to not fit (*said of a screw or nut*)
trastabillar *vn* var. of **trastrabillar**
trastada *f* (coll.) dirty trick
trastajo *m* piece of junk
trastazo *m* whack, blow
traste *m* (mus.) fret (*of guitar*); **trastes** *mpl* (Am.) dishes; **dar al traste con** to throw away, do away with, ruin, spoil; **ir fuera de trastes** (coll.) to act like a fool, to talk nonsense; **sin trastes** (coll.) without order, without method
trasteado *m* (mus.) set of frets
trastear *va* to fret (*a guitar*); to play (*a guitar*); to wave the muleta at (*the bull*); (coll.) to manage, to steer; *vn* to shove things around; to talk with sparkle
trastejador -dora *adj* tiling; *m* tiler
trastejadura *f* var. of **trastejo**
trastejar *va* to tile; to overhaul
trastejo *m* tiling; overhauling; shuffle
trasteo *m* waving the muleta; (coll.) management, steering
trastera *f* attic, lumber room
trastería *f* pile of junk; (coll.) mean trick
trasterminar *va* var. of **transterminar**
trastesado -da *adj* stiff, taut (*with milk*)
trastesón *m* fullness of milk (*of an udder*)
trastiberino -na *adj & mf* var. of **transtiberino**
trastienda *f* back room (*behind a store*); (coll.) caution, canniness; (coll.) backside, behind
trasto *m* piece of furniture, utensil; piece of junk; (theat.) set piece; (coll.) good-for-nothing (*person*); (coll.) nuisance (*person*); **trastos** *mpl* tools, implements, utensils; arms, weapons; junk; (taur.) muleta and sword; **trastos de pescar** fishing tackle
trastornable *adj* easily upset
trastornador -dora *adj* upsetting; *mf* upsetter; disturber, agitator
trastornar *va* to upset, overturn; to turn upside down; to upset, disturb; to make dizzy; to persuade
trastorno *m* upset; upheaval, disturbance; (path.) upset, disturbance
trastrabado -da *adj* with white right hind foot and left forefoot, with white left hind foot and right forefoot (*said of a horse*)
trastrabar *vr* to become entangled; **trastrabársele la lengua a uno** to become tongue-tied
trastrabillar *vn* to stumble; to stagger, reel, sway; to stammer, stutter
trastrás *m* (coll.) last but one (*in certain children's games*)
trastrocamiento *m* reversal, change
trastrocar §95 *va* to turn around, to reverse, to change the nature of
trastrueco or **trastrueque** *m* var. of **trastrocamiento**
trastulo *m* toy, plaything; fun, amusement
trastumbar *va* to drop, let fall; to upset
trasudación *f* light sweat; sweating (*of an earthen vessel*)
trasudadamente *adv* with toil and sweat
trasudar *va & vn* to sweat lightly
trasudor *m* light sweat
trasueño *m* blurred dream, vague recollection
trasuntar *va* to copy; to abstract, sum up
trasuntivamente *adv* as a copy; compendiously
trasunto *m* copy; record; likeness, faithful image
trasvasar *va* var. of **transvasar**
trasvenar *vr* to spill; to exude through the veins
trasver §93 *va* to see (*something*) on the other side; to see wrong
trasverberación *f* var. of **transverberación**
trasversal *adj* var. of **transversal**
trasverso -sa *adj* var. of **transverso**
trasverter §66 *vn* to run over, to overflow
trasvinar *vr* to leak, ooze out (*said of wine*); (coll.) to become evident, to leak out
trasvisto -ta *pp of* **trasver**
trasvolar §77 *va* to fly over
trata *f* trade, traffic (*in human beings*); slave trade; **trata de blancas** white slavery; **trata de esclavos** or **de negros** slave trade
tratable *adj* friendly, sociable; tractable, manageable
tratadista *mf* writer of a treatise or treatises

tratado *m* treatise (*book*); treaty (*agreement between nations*); agreement; **Tratado de Varsovia** Warsaw Pact
tratador -dora *mf* mediator
tratamiento *m* treatment; title; **apear el tratamiento** to leave off the title; **dar tratamiento a una persona** to give a person his title (*in speaking to him*); **¿Qué tratamiento se da a un gobernador?** How does one address a governor?; **tratamiento expectante** (med.) expectant treatment
tratante *m* dealer, retailer
tratar *va* to handle; to deal with; to treat; **tratar a uno de** to address someone as; to charge someone with being; **tratar con** or **por** (chem.) to treat with ‖ *vn* to deal; to treat; to try; **tratar con** to deal with; to have an affair with; **tratar de** to deal with; to treat of; to come in contact with; **tratar de** + *inf* to try to + *inf;* **tratar en** to deal in ‖ *vr* to deal; to behave, conduct oneself; to live (*well or badly*); **tratarse con** to have to do with; to have an affair with; **tratarse de** to deal with; to be a question of; **tratarse de** + *inf* to be a question of + *ger*
tratero *m* (Am.) pieceworker
trato *m* treatment; manner, way of acting; deal, agreement; business; title; friendly relations; communion with God; **tener buen trato** to be very nice, be very pleasant; **trato colectivo** collective bargaining; **trato de gentes** savoir-vivre; **trato doble** double-dealing; **¡trato hecho!** (coll.) it's a deal!
trauma *m* (path. & psychopath.) trauma
traumaticina *f* (pharm.) traumaticine
traumático -ca *adj* traumatic
traumatismo *m* (path.) traumatism
traversa *f* bolster (*of a wagon*); (fort.) traverse; (naut.) stay
travertino *m* (mineral.) travertine
través *m* bias, bend, turn; crossbeam; reverse, misfortune; (arch. & fort.) traverse; (naut.) beam (*direction at right angles to keel*); **al** or **a través de** through, across; **dar al través con** to do away with, to destroy; **de través** sidewise; **mirar de través** to squint; to look at out of the corner of one's eye; **por el través** (naut.) on the beam
travesaño *m* crosspiece, crosstimber; bolster (*of bed*); rung (*e.g., of a chair*)
travesar §18 *va & vr* var. of **atravesar**
travesear *vn* to jump around, to romp, to carry on; to be witty, to sparkle; to lead a wild life
travesero -ra *adj* cross, transverse; *m* bolster (*of bed*); *f* cross street
travesío -a *adj* wandering, stray (*sheep*); cross, side (*wind*); *m* crossing, crossover; *f* crossroad; cross street; through road; path; crosswise position; crossing, voyage; distance, passage; profit or loss (*in gambling*); sailor's pay per voyage (*in merchant marine*); (fort.) traverse works; (naut.) cross wind, side wind
travestido -da *adj* disguised
travesura *f* prank, antic, mischief; wit, sparkle, keenness; slick trick
travieso -sa *adj* cross, transverse; keen, shrewd; restless, fidgety, naughty, mischievous; dissolute, debauched; *f* crossing, voyage; rafter, crossbeam; transverse wall; side bet; (min.) cross gallery; (rail.) tie, crosstie
trayecto *m* journey, passage, course
trayectoria *f* trajectory; path (*of a storm*)
traza *f* plan, design; scheme, invention; means; appearance, looks; trace, mark; footprint; streak, trait; (geom.) trace; **darse traza** (coll.) to take care of oneself, to manage; **discurrir trazas para** to contrive schemes for; **tener trazas de** to show signs of; to look like
trazable *adj* traceable
trazado -da *adj* traced, outlined; **bien trazado** well-formed, good-looking; **mal trazado** ill-formed, unattractive; *m* plan, design; outline; graph; appearance, looks; route, layout, (*e.g., of a railroad line*)
trazador -dora *adj* planning, designing; plotting; tracing; (chem. & phys.) tracer; *mf* planner, designer; plotter; tracer; *m* (chem. & phys.) tracer
trazante *adj* (chem. & phys.) tracer
trazar §76 *va* to plan, design; to outline; to trace (*a curve; the characteristics of a person or thing*); to draw (*a line*); to lay out, to plot
trazo *m* trace (*line or figure drawn*); outline; line, stroke; (paint.) fold in drapery; **trazo magistral** heavy stroke (*of pen*)
trazumar *vr* to ooze, to seep
trébedes *mpl or fpl* trivet
trebejar *vn* to romp, frolic, gambol
trebejo *m* plaything; chess piece; **trebejos** *mpl* tools, implements, utensils
Trebisonda *f* Trebizond
trébol *m* (bot.) clover, trefoil; (arch.) trefoil; cloverleaf (*intersection*); club (*playing card*); **tréboles** *mpl* clubs (*suit of playing cards*); **trébol acuático** (bot.) buck bean; **trébol amarillo** (bot.) bird's-foot trefoil; **trébol de agua** (bot.) buck bean; **trébol de Holanda** (bot.) Dutch clover; **trébol encarnado** or **del Rosellón** (bot.) crimson clover; **trébol oloroso** or **real** (bot.) sweet clover; **trébol rampante** (bot.) white clover; **trébol rojo** (bot.) red clover; **trébol sueco** (bot.) alsike, Swedish clover
trebolar *m* (Am.) field of clover
trece *adj* thirteen; **las trece** one P.M.; *m* thirteen; thirteenth (*in dates*); **estarse, mantenerse** or **seguir en sus trece** (coll.) to be persistent; (coll.) to stick to one's opinion
treceavo -va *adj & m* var. of **trezavo**
trecemesino -na *adj* thirteen-month
trecenario *m* thirteen days
treceno -na *adj* thirteenth
trecésimo -ma *adj & m* var. of **trigésimo**
trecientos -tas *adj & m* var. of **trescientos**
trecha *f* trick, wile
trechear *va* (min.) to pass along from one man to the next
trechel *m* spring wheat
trecheo *m* (min.) passing along from one man to the next
trecho *m* stretch (*of space or time*); while; **a trechos** at intervals; **de trecho en trecho** from place to place; from time to time; **muy de trecho en trecho** only once in a while, once in a long while
tredécimo -ma *adj* thirteenth
trefe *adj* weak, shaky; false, fake
trefilado *m* wiredrawing
trefilador -dora *mf* wiredrawer; wireworker; *f* drawplate; wiredrawing machine
trefilaje *m* wiredrawing
trefilar *va* to wiredraw
trefilería *f* wiredrawing; wireworks
trefina *f* (surg.) trephine
trefinar *va* (surg.) to trephine
tregua *f* truce; letup, respite, rest; **dar treguas** to ease up; to not be urgent; **sin tregua** without letup, without respite
treinta *adj* thirty; *m* thirty; thirtieth (*in dates*)
treintaidosavo -va *adj* thirty-second; **en treintaidosavo** thirty-twomo
treintaidoseno -na *adj* thirty-second
treintanario *m* thirty days
treintañal *adj* thirty-year-old
treintavo -va *adj & m* thirtieth
treinteno -na *adj* thirtieth; *f* thirty; thirtieth
treja *f* cushion shot
tremadal *m* quaking bog
tremátodo *m* (zool.) trematode
tremebundo -da *adj* frightful, dreadful
tremedal *m* var. of **tremadal**
tremendismo *m* realistic movement in contemporary Spanish fiction and theater which is characterized by emphasis on suffering, horror, and violence
tremendo -da *adj* frightful, terrible, tremendous; awesome; (coll.) tremendous (*very great, enormous*)
trementina *f* turpentine
tremer *vn* to tremble, to shake
tremés or **tremesino -na** *adj* three-month-old
tremielga *f* (ichth.) torpedo, electric ray
tremó *m* (*pl:* **-mós**) pier glass, trumeau
tremol *m* var. of **tremó**
tremolar *va* to wave; to display, make a show of
tremolina *f* rustling; (coll.) bustle, hubbub, uproar

tremolita *f* (mineral.) tremolite
trémolo *m* (mus.) tremolo
tremor *m* tremor, slight tremor
tremulante, tremulento -ta or **trémulo -la** *adj* tremulous, quivering, flickering
tren *m* train (*succession, e.g., of waves*); outfit, equipment; following, retinue; show, pomp; set; way (*e.g., of life*); (mil.) train, convoy; (rail.) train; **llevar el tren** (sport) to set the pace, lead the way; **tren aerodinámico** (rail.) streamliner; **tren ascendente** (rail.) up train; **tren botijo** (rail.) excursion train; **tren carreta** (coll.) accommodation train; **tren correo** (rail.) mail train; **tren de aterrizaje** (aer.) landing gear; **tren de engranajes** (mach.) set of gears; **tren de excursión** or **de recreo** (rail.) excursion train; **tren de juguete** toy train; **tren de laminadores** train of rolls, rolling mill; **tren delantero** (aut.) front assembly; **tren de mercancías** (rail.) freight train; **tren de ondas** (phys.) wave train; **tren de ruedas** running gear; **tren descendente** (rail.) down train; **tren expreso** (rail.) express train; **tren hospital** (mil.) hospital train; **tren mixto** (rail.) mixed train; **tren ómnibus** (rail.) accommodation train; **tren rápido** (rail.) flyer, fast express; **tren trasero** (aut.) rear assembly
trena *f* sash; burnt silver; twist (*roll*); (prov.) jail
trenado -da *adj* reticulated, latticed
trenca *f* crosspiece (*in beehive*); main root
trencellín *m* (archaic) bejeweled gold or silver hatband
trencilla *f* braid
trencillar *va* to braid
trencillo *m* braid; (archaic) bejeweled gold or silver hatband
treno *m* dirge, threnody; jeremiad
Trento *f* Trent
trenza *f* braid, plait; tress; (Am.) string (*e.g., of garlic*)
trenzadera *f* braided cord or ribbon
trenzado *m* braid, plait; tress; caper (*in dancing*); prance (*of horse*); **al trenzado** carelessly
trenzar §76 *va* to braid, to plait; *vn* to caper, cut capers; to prance
treo *m* (naut.) storm lateen sail; (naut.) storm lateen yard
treonina *f* (biochem.) threonine
trepa *f* climb, climbing; drilling, boring; grain (*in polished wood*); twilled braid; (coll.) somersault; (coll.) slyness, deceit; (coll.) flogging, beating
trepación *f* climbing, creeping
trepado -da *adj* strong, husky (*animal*); *m* twilled braid; perforation (*series of holes, e.g., in stamps*)
trepador -dora *adj* climbing; drilling; (bot.) climbing, creeping; *mf* climber; *m* place to climb; climber (*device*); *f* drilling machine; (bot.) climber, creeper; (orn.) climber
trepajuncos *m* (*pl:* **-cos**) (orn.) marsh warbler
trepanación *f* trepanation
trepanar *va* (mach. & surg.) to trepan
trépano *m* (min. & surg.) trepan
trepante *adj* climbing; sly, deceitful
trepar *va* to climb; to drill, bore; to trim with twilled braid; *vn* to climb; (bot.) to climb, creep; **trepar por** to climb up; *vr* to lean back
trepatroncos *m* (*pl:* **-cos**) (orn.) blue titmouse; (orn.) nuthatch
trepe *m* (coll.) scolding, reprimand; **echar un trepe a** (coll.) to give a scolding to
trepidación *f* trepidation, vibration; (path.) trepidation (*clonus*)
trepidar *vn* to shake, vibrate; (Am.) to fear, hesitate, waver
trépido -da *adj* shaking, shivering, flickering
tres *adj* three; **las tres** three o'clock; *m* three; third (*in dates*); **tres en raya** see **juego del tres en raya**
tresalbo -ba *adj* having three white feet (*said of a horse*)
tresañal or **tresañejo -ja** *adj* three-year-old
tresbolillo; a or **al tresbolillo** (hort.) in quincunxes; (mach.) staggered
trescientos -tas *adj & m* three hundred
tresdoblar *va* to treble; to fold three times
tresdoble *adj & m* triple
tresillear *vn* (coll.) to play ombre
tresillista *mf* ombre player, ombre expert
tresillo *m* ombre (*card game*); living-room suit (*of three pieces*); ring set with three stones; (mus.) triplet
tresnal *m* (agr.) shock, stack
trestanto *adv* three times as much; *m* treble
treta *f* trick, scheme; feint (*in fencing*); (Am.) bad habit
Tréveris *f* Treves
trezavo -va *adj & m* thirteenth
tría *f* sorting; tease (*in fabrics*)
triaca *f* (old med.) theriaca; remedy, cure
triacal *adj* theriacal
triache *m* triage (*inferior grade of coffee*)
tríada or **tríade** *f* triad
triadelfo -fa *adj* (bot.) triadelphous
triandro -dra *adj* (bot.) triandrous
triangulación *f* triangulation
triangulado -da *adj* triangulate
triangular *adj* triangular; *va* to triangulate
triángulo -la *adj* triangular; *m* (geom., mus. & fig.) triangle; (*cap.*) *m* (astr.) Triangle
triar §90 *va* to sort; *vn* to swarm in and out a hive; *vr* to show teases (*said of a fabric*); (prov.) to curdle
triásico -ca *adj & m* (geol.) Triassic
triatómico -ca *adj* (chem.) triatomic
triaxial *adj* triaxial
tríbada *f* tribade
tribadismo *m* tribadism
tribal *adj* tribal
tribásico -ca *adj* (chem.) tribasic
trib.l abr. of **tribunal**
tribraquio *m* (pros.) tribrach
tribu *f* tribe
tribual *adj* var. of **tribal**
tribuir §41 *va* var. of **atribuir**
tribulación *f* tribulation
tríbulo *m* (bot.) caltrop (*Tribulus terrestris*)
tribuna *f* tribune, rostrum, platform; (arch.) tribune; stand, grandstand; gallery (*in a church*); parliamentary eloquence; parliament; **tribuna de la prensa** press box; **tribuna del órgano** (mus.) organ loft; **tribuna de los acusados** (law) dock
tribunado *m* tribunate, tribuneship
tribunal *m* tribunal, court; (fig.) tribunal (*of public opinion, of one's own conscience, etc.*); **tribunal de presas marítimas** prize court; **tribunal de primera instancia** court of the first instance; **tribunal de exámenes** (educ.) examining board; **Tribunal Internacional** International Court; **Tribunal Internacional de La Haya** Hague Court; **Tribunal Permanente de Arbitraje** Permanent Court of Arbitration; **Tribunal Permanente de Justicia Internacional** Permanent Court of International Justice; **Tribunal Supremo** Supreme Court; **tribunal tutelar de menores** juvenile court
tribunicio -cia or **tribúnico -ca** *adj* tribunitian; demagogic
tribuno *m* (hist.) tribune; tribune (*demagogue*)
tributación *f* contribution; tribute; system of taxes, taxation
tributar *va* to pay (*taxes, contributions, etc.*); to pay, to render (*homage, admiration, etc.*)
tributario -ria *adj* tributary; (pertaining to) tax; **ser tributario de** to be indebted to; *mf* tributary; *m* tributary (*stream flowing into larger one or sea*)
tributo *m* tribute; tax; contribution; burden
tricenal *adj* thirty-year
tricentenario *m* tercentenary, tricentennial
tricentésimo -ma *adj & m* three-hundredth
tríceps *m* (anat.) triceps; *adj* (anat.) tricipital
tricésimo -ma *adj & m* var. of **trigésimo**
triciclo *m* tricycle
tricípite *adj* (anat.) tricipital
triclínico -ca *adj* (cryst.) triclinic
triclinio *m* (hist.) triclinium
tricloruro *m* (chem.) trichloride
tricología *f* trichology
tricolor or **tricoloro -ra** *adj* tricolor
tricorne *adj* (poet.) three-horned
tricornio -nia *adj* tricorn, three-horned, three-cornered; *m* tricorn, three-cornered hat

tricot *m* (*pl:* **-cots**) knitted wear; jersey; sweater
tricota *f* (Am.) jersey
tricotomía *f* trichotomy
tricotómico -ca *adj* trichotomic
tricótomo -ma *adj* trichotomous
tricotosa *f* knitting machine
tricroico -ca *adj* trichroic
tricromático -ca *adj* trichromatic
tricromatismo *m* trichromatism
tricromía *f* three-color process; three-color photograph
tricúspide *adj* tricuspid; (anat.) tricuspid; *f* (anat.) tricuspid valve
tridente *adj* trident, tridentate; *m* trident; (hist. & myth.) trident
tridimensional *adj* three-dimensional, tridimensional
triduano -na *adj* three-day
triduo *m* (eccl.) triduum
triedro -dra *adj* trihedral; *m* (geom.) trihedron
trienal *adj* triennial
trienio *m* triennium, triennial
trieñal *adj* var. of **trienal**
trifacial *adj* trifacial
trifásico -ca *adj* (elec.) three-phase
trifenilmetano *m* (chem.) triphenylmethane
trífido -da *adj* trifid
trifilar *adj* (elec.) three-wire
trifloro -ra *adj* three-flowered
trifocal *adj* trifocal
trifoliado -da *adj* (bot.) trifoliate
trifolio *m* (bot.) trifolium
trifoliolado -da *adj* (bot.) trifoliolate
triforio *m* (arch.) triforium
triforme *adj* triform
trifulca *f* (found.) blower mechanism; (coll.) row, squabble
trifurcación *f* trifurcation
trifurcado -da *adj* trifurcate
trifurcar §86 *va & vr* to trifurcate
trigal *m* wheat field
trigémino -na *adj* trigeminal; trigeminous; *m* (anat.) trigeminal nerve
trigésimo -ma *adj & m* thirtieth
trigla *f* (ichth.) red mullet
tríglifo *m* (arch.) triglyph
trigo *m* (bot.) wheat (*plant and grain*); wheat field; (slang) dough, money; **echar por esos trigos** or **por los trigos de Dios** (coll.) to be off the beam; **trigo albarejo** or **albarico** summer wheat; **trigo candeal** bread wheat; **trigo de primavera** spring wheat, summer wheat; **trigo durillo** or **duro** durum; **trigo sarraceno** (bot.) buckwheat
trigon. abr. of **trigonometría**
trigón *m* (mus.) trigon
trigonal *adj* trigonal; (cryst.) trigonal
trígono *m* (astrol. & geom.) trigon
trigonómetra *mf* trigonometer
trigonometría *f* trigonometry; **trigonometría esférica** spherical trigonometry; **trigonometría plana** or **rectilínea** plane trigonometry
trigonométrico -ca *adj* trigonometric or trigonometrical
trigueño -ña *adj* darkish, olive-skinned
triguero -ra *adj* wheat, wheat-growing; *m* wheat dealer, grain merchant; wheat sieve, grain sieve; (orn.) meadow lark; *f* (bot.) wheat grass
trilátero -ra *adj* trilateral
trilingüe *adj* trilingual
trilio *m* (bot.) trillium
trilita *f* (chem.) TNT
trilítero -ra *adj* triliteral
trilito *m* (archeol.) trilithon
trilobado -da *adj* trilobate
trilobites *m* (*pl:* **-tes**) (pal.) trilobite
trilocular *adj* trilocular
trilogía *f* trilogy
trilla *f* (agr.) threshing, threshingtime; (agr.) spike-tooth harrow; (ichth.) red mullet
trilladera *f* (agr.) spike-tooth harrow
trillado -da *adj* beaten (*path*); trite, commonplace
trillador -dora *adj* (agr.) threshing; *mf* (agr.) thresher; *f* (agr.) threshing machine
trilladura *f* (agr.) threshing
trillar *va* (agr.) to thresh; (coll.) to frequent; to abuse, to mistreat
trillizo -za *mf* (coll.) triplet
trillo *m* (agr.) spike-tooth harrow; (agr.) threshing machine
trillón *m* British trillion (*a million million millions*); quintillion (*in U.S.A.*)
trimembre *adj* three-member
trímero -ra *adj* trimerous
trimestral *adj* trimestrial or trimestrial, quarterly
trimestre *m* trimester, quarter; *adj* trimestral, quarterly
trímetro *adj masc & m* trimeter
trimielga *f* var. of **tremielga**
trimotor -tora *adj* three-motor; *m* (aer.) three-motor plane
trinado *m* (mus.) trill, warble
trinador -dora *adj* trilling, warbling; *mf* warbler
trinar *vn* to trill, warble, quaver; (coll.) to get angry, to be beside oneself
trinca *f* triad, trinity; (naut.) rope, cable; (naut.) woolding; (coll.) gang
trincadura *f* (naut.) big two-masted barge
trincaesquinas *m* (*pl:* **-nas**) pump drill
trincafía *f* (naut.) marline
trincafiar §90 *va* (naut.) to marl
trincapiñones *m* (*pl:* **-nes**) (coll.) scatterbrain
trincar §86 *va* to tie fast, to lash; to bind, bind the hands or arms of; to break up, crush; (naut.) to woold; (slang) to kill; *vn* (coll.) to drink, take a drink of liquor; (naut.) to lie to
trincha *f* belt, girdle; gouge
trinchador -dora *adj* carving; *mf* carver
trinchante *m* carver; carving table; carving knife
trinchar *va* to carve, to slice; (coll.) to settle, to settle with an air of finality
trinche *m* (Am.) fork
trinchera *f* (mil.) trench; deep cut (*for a road or railway*); trench coat
trinchero *m* trencher (*wooden platter*); carving table, side table
trinchete *m* shoemaker's blade
trineo *m* sleigh, sled
trinervado -da *adj* (bot.) triple-nerved
tringa *f* (orn.) sandpiper
Trinidad *f* (theol.) Trinity; (*l.c.*) *f* (coll.) trinity; (coll.) inseparable three
trinitario -ria *adj & mf* (eccl.) Trinitarian; *f* (bot.) heartsease, wild pansy; **trinitaria de Méjico** (bot.) tigerflower
trinitrocresol *m* (chem.) trinitrocresol
trinitrotolueno *m* (chem.) trinitrotoluene
trinitrotoluol *m* (chem.) trinitrotoluol
trino -na *adj* trinal, threefold; (astr.) trine; *m* (mus.) trill
trinomio *m* (alg.) trinomial
trinquetada *f* (naut.) sailing under foresail
trinquete *m* (mach.) pawl; (mach.) ratchet; (naut.) foremast; (naut.) foresail; (naut.) foreyard; rackets (*game*); **a cada trinquete** (coll.) at every turn
trinquetilla *f* (naut.) foresail, forestaysail; (naut.) small jib
trinquis *m* (*pl:* **-quis**) (coll.) drink, swig
trío *m* sorting; trio; (mus.) trio
triodo *m* (electron.) triode
trióxido *m* (chem.) trioxide
tripa *f* gut, intestine; belly; filler (*of cigar*); **tripas** *fpl* insides; file, dossier; **flotar tripa arriba** to float on one's back; **hacer de tripas corazón** (coll.) to pluck up courage, to put on a bold front; **tener malas tripas** to be cruel, bloodthirsty
tripada *f* (coll.) bellyful
tripaflavina *f* (pharm.) trypaflavine
tripanosoma *m* (zool.) trypanosome
triparsamida *f* (pharm.) tryparsamide
tripartición *f* tripartition
tripartir *va* to divide into three parts
tripartito -ta *adj* tripartite
tripe *m* shag (*fabric*)
tripería *f* tripery, tripeshop
tripero -ra *mf* tripe seller; *m* (coll.) bellyband
tripétalo -la *adj* (bot.) tripetalous
tripicallero -ra *mf* tripe seller, tripemonger
tripicallos *mpl* tripe

T

tripinado -da *adj* (bot.) tripinnate
triplano *m* (aer.) triplane
triple *adj & m* triple, treble
tripleta *f* three-seated tandem bicycle
triplicación *f* triplication
triplicado -da *adj* triplicate; *m* triplicate; **por triplicado** in triplicate
triplicar §86 *va* to treble, triple, triplicate; to do three times; *vr* to treble, triple
tríplice *adj* triple; (*cap.*) *f* Triple Alliance
triplicidad *f* triplicity
triplo -pla *adj & m* triple, treble
tripo *m* (bot.) mullein, great mullein
trípode *m & f* (hist.) tripod; *m* tripod (*for camera, theodolite, etc.*)
trípol *m* or **trípoli** *m* (mineral.) tripoli, rottenstone
tripolino -na or **tripolitano -na** *adj & mf* Tripolitan
tripolizar §76 *va* to rottenstone
tripón -pona *adj* (coll.) big-bellied, pot-bellied; (Am.) gluttonous
tripsina *f* (biochem.) trypsin
tripso *m* (ent.) thrips
tríptico -ca *adj* (physiol.) tryptic; *m* triptych (*set of three panels; hinged writing tablet*); book or treatise in three parts
triptófano *m* (biochem.) tryptophan
triptongar §59 *va* to pronounce (*three vowels*) as a triphthong
triptongo *m* triphthong
tripudiar *vn* to dance
tripudio *m* dance
tripudo -da *adj* big-bellied, pot-bellied
tripulación *f* crew (*of ship, plane, etc.*)
tripulante *m* crew member
tripular *va* to man (*ship, plane, etc.*); to fit out, equip; to ship on (*a certain vessel*)
trique *m* crack, swish; **a cada trique** (coll.) at every turn
triquíasis *f* (path.) trichiasis
triquina *f* (zool.) trichina
triquinado -da *adj* trichinous, trichinized
triquinosis *f* (path.) trichinosis
triquinoso -sa *adj* trichinous
triquiñuela *f* (coll.) chicanery, evasion, subterfuge
triquita *f* (petrog.) trichite
triquitraque *m* clatter; crack, bang, crash; cracker (*firecracker; paper roll which explodes when pulled at both ends*); **a cada triquitraque** (coll.) at every turn
trirreme *m* (hist.) trireme
tris *m* slight cracking sound; (coll.) trice; (coll.) shave, inch; (coll.) touch; **en un tris** (coll.) almost, within an ace
trisa *f* (ichth.) shad
trisar *va* (Am.) to crack, chip; *vn* to chirp
trisca *f* crushing sound (*made with feet*); noise, rumpus
triscador -dora *adj* noisy, frisky; *m* saw set
triscar §86 *va* to mix, to mingle; to set (*a saw*); *vn* to stamp the feet; to frisk about, romp, caper, prance
trisecar §86 *va* to trisect
trisección *f* trisection
trisemanal *adj* triweekly (*occurring three times a week or every three weeks*)
trisílabo -ba *adj* trisyllabic; *m* trisyllable
trismo *m* (path.) trismus, lockjaw
trispermo -ma *adj* (bot.) trispermous
Tristán *m* (myth.) Tristan or Tristram
triste *adj* sad; dismal, gloomy; mean, low; sorry (*e.g., figure*)
tristeza *f* sadness
tristón -tona *adj* rather sad, wistful
tristura *f* var. of **tristeza**
trisulco -ca *adj* trisulcate
trisulfuro *m* (chem.) trisulfide
tritio *m* (chem.) tritium
tritón *m* merman, expert swimmer; (zool.) eft, newt, triton; (*cap.*) *m* (myth.) Triton
tritono *m* (mus.) tritone
trituración *f* trituration; grinding, pounding
triturador -dora *adj* triturating; *mf* triturator; *f* crusher, crushing machine
triturar *va* to triturate; to abuse, mistreat; to grind, to pound; (fig.) to tear to pieces
triunfada *f* trumping (*at cards*)
triunfador -dora *adj* triumphant; *mf* triumpher, victor, winner
triunfal *adj* triumphal
triunfante *adj* triumphant
triunfar *vn* to triumph; to trump; (coll.) to be lavish, make a great show; **triunfar de** to triumph over; to trump (*opponent's card*)
triunfo *m* triumph; trump; trumping; **costar un triunfo** (coll.) to be a gigantic effort; **en triunfo** in triumph; **sin triunfo** no trump; **triunfo pírrico** Pyrrhic victory
triunviral *adj* triumviral
triunvirato *m* triumvirate
triunviro *m* triumvir
trivalencia *f* (chem.) trivalence or trivalency
trivalente *adj* (chem.) trivalent
trivalvo -va or **trivalvulado -da** *adj* trivalve
trivial *adj* trivial; trite, commonplace; beaten (*path*)
trivialidad *f* triviality; triteness
trivio *m* junction (of three roads); trivium (*three lower subjects of medieval seven liberal arts*)
triza *f* shred, fragment; (naut.) halyard; **hacer trizas** to smash to pieces, to tear to pieces
trizar §76 *va* to break or tear to pieces
trocable *adj* exchangeable
trocada; a la trocada in the opposite way; in exchange
trocadamente *adv* topsy-turvy, in reverse
trocado *m* change; giveaway (*game of checkers*)
trocador -dora *mf* exchanger, barterer
trocaico -ca *adj & m* trochaic
trocamiento *m* exchange; change
trocánter *m* (anat., ent. & zool.) trochanter
trocar *m* (surg.) trocar; §95 *va* to exchange; to barter; to confuse, distort, twist; to vomit; *vr* to change; to change seats
trócar *m* (surg.) trocar
trocatinta *f* (coll.) mistaken exchange
trocatinte *m* changeable color
trocear *va* to divide into pieces, to split up
troceo *m* (naut.) parrel
trociscar §86 *va* to make into troches or lozenges
trocisco *m* (pharm.) troche
trocla *f* pulley
tróclea *f* pulley; (anat.) trochlea
troclear *adj* (anat.) trochlear
troclearío -ria *adj* (bot.) trochlear
troco *m* (ichth.) sunfish
trocoide *f* (geom.) trochoid
trocoideo -a *adj* trochoid
trocha *f* trail, narrow path; (Am.) gauge (*of track*)
trochemoche; a trochemoche (coll.) helter-skelter, pell-mell
trochuela *f* narrow path
trofeo *m* trophy; victory, triumph
trófico -ca *adj* (physiol.) trophic
trofoplasma *m* (biol.) trophoplasm
troglodita *adj* troglodytic; (fig.) troglodytic (*brutal*); (fig.) gluttonous; *m* troglodyte; (fig.) troglodyte (*cruel, brutal person*); (fig.) glutton
troglodítico -ca *adj* troglodytic or troglodytical
troica *f* troika
Troilo *m* (myth.) Troilus
troj *f* or **troje** *f* granary; olive bin
trojero *m* granary keeper or tender
trojezado -da *adj* chopped up, shredded, minced
trola *f* (coll.) deception, lie
trole *m* trolley pole
trolebús *m* trolley bus, trackless trolley
trolero -ra *adj* (coll.) deceptive, false, lying; *mf* (coll.) liar
tromba *f* (meteor.) column, whirl (*of dust, water, etc.*); (fig.) avalanche, rush; **tromba marina** (meteor.) waterspout; **tromba terrestre** (meteor.) tornado
trombina *f* (biochem.) thrombin
trombo *m* (path.) thrombus
trombocito *m* (physiol.) thrombocyte
trombón *m* trombone (*instrument*); trombone, trombonist (*performer*); **trombón de pistones** valve trombone; **trombón de varas** slide trombone
trombosis *f* (path.) thrombosis
trómel *m* (metal.) trommel

trompa *f* (mus.) horn; boy's whistle (*made of onion scape*); humming top; nozzle; trunk (*of elephant*); proboscis (*of certain animals and insects*); vacuum pump; (anat.) tube, duct; (arch.) squinch arch; (found.) trompe; (hum.) proboscis (*person's nose*); (meteor.) whirl, waterspout; (Am.) cowcatcher, pilot (*of locomotive*); **a trompa tañida** at the sound of the trumpet; **a trompa y talega** (coll.) helter-skelter; **trompa de armonía** (mus.) French horn; **trompa de caza** huntinghorn; **trompa de Eustaquio** (anat.) Eustachian tube; **trompa de Falopio** (anat.) Fallopian tube; **trompa de París** or **trompa gallega** jews'-harp; *m* horn player
trompada *f* (coll.) blow or bump with a horn or trumpet; (coll.) bump, collision; (coll.) punch; (naut.) collision, running aground
trompar *vn* to spin a top
trompazo *m* blow with a top; blow or bump with a horn or trumpet; hard bump
trompear *va* (Am.) to bump; *vn* to spin a top
trompero -ra *adj* false, deceptive; *m* top maker, top seller
trompeta *f* trumpet; clarion, bugle; (aut.) axle housing; **trompeta de amor** (bot.) sunflower; *m* trumpet or trumpeter (*player*)
trompetada *f* (coll.) silly remark
trompetazo *m* trumpet blast; (coll.) silly remark
trompetear *va* (coll.) to trumpet; *vn* (coll.) to trumpet, to sound the trumpet
trompeteo *m* trumpeting
trompetería *f* trumpetry, trumpets; trumpets (*of organ*)
trompetero *m* trumpet maker; trumpeter
trompetilla *f* ear trumpet; (bot.) yellow elder, trumpet flower; proboscis (*of mosquito*); conical Philippine cigar; **de trompetilla** buzzing (*mosquito*); **trompetilla acústica** ear trumpet
trompicar §86 *va* to trip, make stumble; (coll.) to promote (*one person*) over another; *vn* to stumble
trompicón *m* or **trompilladura** *f* stumble, stumbling; **a trompicones** by fits and starts
trompillar *va & vn* var. of **trompicar**
trompillo *m* (bot.) trompillo
trompillón *m* (arch.) keystone of a squinch arch
trompis *m* (*pl:* **-pis**) (coll.) punch; **andar a trompis** (coll.) to fight with the fists
trompiza *f* (Am.) fist fight
trompo *m* top (*spinning toy*); man (*at chess*); tub (*clumsy boat*); dolt; (zool.) trochid; **ponerse como un trompo** or **hecho un trompo** (coll.) to eat or drink to excess
trompón *m* big top; bump, collision; (bot.) daffodil; **a** or **de trompón** (coll.) helter-skelter
trompudo -da *adj* (Am.) thick-lipped
trona *f* (mineral.) trona
tronado -da *adj* used, worn; broke, cleaned out; *f* thunderstorm
tronador -dora *adj* thundering; *mf* thunderer; *f* (bot.) yellow elder
tronamenta *f* (Am.) thunderstorm
tronante *adj* thunderous
tronar §77 *va* (Am.) to shoot, to execute; *vn* to thunder; (coll.) to fail, collapse, crash; **por lo que pueda tronar** (coll.) just in case; **tronar con** (coll.) to quarrel with, to break with; **tronar contra** to thunder at; **truena** it is thundering; *vr* (coll.) to fail, collapse, crash; to go to ruin
tronca *f* var. of **truncamiento**
troncal *adj* trunk
troncar §86 *va* to cut off the head of; to cut, slash (*a writing, speech, etc.*)
tronco *m* trunk (*of human or animal body, of tree, of a line or family, of railroad, etc.*); log; team (*of horses*); (anat. & arch.) trunk; (geom.) frustum; (coll.) fathead, sap; **estar hecho un tronco** (coll.) to be knocked out; (coll.) to be sound asleep
troncón *m* trunk (*of human or animal body*); stump
troncha *f* (dial.) cinch, sinecure; (Am.) slice
tronchar *va* to rend, crack, shatter, split
troncho *m* stalk
tronchudo -da *adj* thick-stalked
tronera *f* embrasure, loophole, porthole; louver, small, narrow window; pocket (*of pool table*); *mf* harum-scarum
tronerar *va* var. of **atronerar**
tronero *m* (dial.) thunderhead
trónica *f* gossip
tronido *m* thunderclap; (prov.) show, haughtiness
tronitoso -sa *adj* (coll.) thundering, thunderous
trono *m* throne; (eccl.) shrine; **tronos** *mpl* (eccl.) thrones
tronquista *m* driver, teamster
tronzador *m* two-handed saw; crosscut saw; mechanical saw
tronzar §76 *va* to shatter, break to pieces; to crosscut, to saw transversely; to pleat (*a dress*); to wear out, exhaust
tronzo -za *adj* with one or both ears cropped (*said of a horse*)
troostita *f* (metal.) troostite
tropa *f* troop, flock; (mil.) troops; (mil.) assembly; (Am.) troop, herd, drove; **tropas** *fpl* (mil.) troops; **en tropa** straggling, without formation; **tropa de línea** (mil.) line, regular troops; **tropas de asalto** (mil.) shock troops, storm troops; **tropas francas** (mil.) marauders, guerrillas; **tropas regulares** (mil.) regulars
tropeína *f* (chem.) tropeine
tropel *m* bustle, rush, hurry; hodgepodge, jumble; **de** or **en tropel** in a mad rush
tropelía *f* mad rush; precipitation; outrage; prestidigitation
tropelista *m* prestidigitator
tropeolea *f* (bot.) tropaeolum
tropeolina *f* (chem.) tropaeolin
tropero *m* (Am.) cowboy
tropezadero *m* stumbling place, stumbling block
tropezador -dora *adj* stumbling; *mf* stumbler
tropezadura *f* stumbling
tropezar §31 *va* to hit; to strike; *vn* to stumble; to squabble, wrangle; to slip, to slip into error or wrongdoing; **tropezar con** or **en** to stumble against or over; to trip over; to run into, encounter; to come upon, meet; *vr* to interfere (*said of a horse*)
tropezón -zona *adj* (coll.) stumbly; *m* stumbling; stumbling place; obstacle; **tropezones** *mpl* chopped ham mixed with soup; **a tropezones** (coll.) by fits and starts; falteringly; **dar un tropezón** to stumble, to trip
tropezoso -sa *adj* (coll.) stumbly, faltering
tropical *adj* tropic or tropical
trópico -ca *adj* (rhet.) tropical; *m* (astr. & geog.) tropic; **trópico de Cáncer** tropic of Cancer; **trópico de Capricornio** tropic of Capricorn
tropiezo *m* stumble; stumbling block; slip, error, fault, guilt; cause of guilt; hitch, obstacle; squabble, wrangle
tropina *f* (chem.) tropine
tropismo *m* (biol.) tropism
tropo *m* (mus. & rhet.) trope
tropoesfera *f* var. of **troposfera**
tropología *f* tropology
tropológico -ca *adj* tropologic or tropological
troposfera *f* (meteor.) troposphere
troque *m* knot made in cloth before dyeing to show original color
troquel *m* die (*for stamping coins and medals*)
troquelar *va* to stamp in a die
troquelero *m* diesinker
troqueo *m* trochee
troquilo or **troquillo** *m* trochilus (*scotia*)
trotacalles *mf* (*pl:* **-lles**) (coll.) gadabout, loafer
trotaconventos *f* (*pl:* **-tos**) (coll.) procuress
trotador -dora *adj* trotting
trotamundos *m* (*pl:* **-dos**) globetrotter
trotar *vn* to trot; (coll.) to hustle
trote *m* trot; (coll.) chore; **al** or **a trote** quickly, right away; **para todo trote** (coll.) for everyday wear; **tomar el trote** (coll.) to run away, to dash off; **trote de perro** jog trot
trotil *m* (chem.) trotyl, trinitrotoluene
trotón -tona *adj* trotting; *mf* trotter; *m* horse; *f* chaperone

T

trotonería *f* constant trotting
trotskismo *m* Trotskyism
trotzkista *adj & mf* Trotskyite
trova *f* verse; parody; lyric; love song; (Am.) fib, lie
trovador -dora *adj* troubadour; *m* troubadour; poet; *f* poetess
trovadoresco -ca *adj* troubadour
trovar *va* to misconstrue; to parody; *vn* to write verse
trovero *m* trouvère
trovo *m* popular love song
Troya *f* Troy; **ahí, allí** or **aquí fué Troya** (coll.) all that's left is ruins; **¡arda Troya!** no matter what happens!
troyano -na *adj & mf* Trojan
troza *f* log (*of wood*); (naut.) truss
trozar §76 *va* to break up, to break to pieces; to cut into logs
trozo *m* piece, bit, fragment; block (*of wood*); excerpt, selection
trucaje *m* (mov.) trick photography
trucar §86 *vn* to pocket a ball (*at pool*)
truco *m* trick, device, contrivance; wrinkle; pocketing of ball; **trucos** *mpl* pool (*game*); **truco de naipes** card trick; **trucos malabares** juggling, acrobatics
truculencia *f* truculency
truculento -ta *adj* truculent
trucha *f* (ichth.) trout; three-legged derrick, crab; **trucha arco iris** (ichth.) rainbow trout; **trucha de mar** (ichth.) hogfish; (ichth.) sea trout; **trucha marina** (ichth.) sea trout; **trucha salmonada** (ichth.) salmon trout
truchero -ra *adj* (pertaining to) trout; *m* trout fisherman; trout seller
truchimán -mana *adj* (coll.) slick, sharp; *mf* (coll.) tricky person
truchuela *f* small dry codfish
trueco *m* var. of **trueque**
trueno *m* thunder, thunderclap; shot, report; (coll.) harum-scarum, wild young fellow; (bot.) wax tree (*Ligustrum lucidum*); **escapar del trueno y dar en el relámpago** to jump from the frying pan into the fire; **trueno gordo** finale (*of fireworks*); (coll.) big scandal
trueque *m* barter; exchange; trade-in; **trueques** *mpl* (Am.) change (*money*); **a trueque de** in exchange for, instead of
trufa *f* (bot.) truffle; lie, story, fib
trufador -dora *adj* lying, fibbing; *mf* liar, fibber
trufar *va* (cook.) to fill or stuff with truffles; *vn* to lie, to fib
trufera *f* truffle bed
trufficultura *f* truffle growing
truhán -hana *adj* cheating, crooked, tricky; (coll.) clownish; *mf* cheat, crook, trickster; (coll.) clown, buffoon
truhanada *f* var. of **truhanería**
truhanear *vn* to cheat, swindle; (coll.) to play the buffoon, be clownish
truhanería *f* rascality, crookedness; (coll.) buffoonery; gang of crooks
truhanesco -ca *adj* knavish, crooked, tricky; (coll.) clownish
truísmo *m* truism
truja *f* olive bin
trujal *m* wine press; oil press; oil mill; soda vat (*in soapmaking*)
trujamán -mana *mf* interpreter; *m* adviser, expert
trujamanear *vn* to interpret; to counsel; to deal, to trade
trujamanía *f* interpreting; counseling; dealing, trading
trujimán -mana *mf* var. of **trujamán**
trulla *f* noise, bustle; crowd; trowel
trullo *m* (orn.) teal; vat to catch juice of pressed grapes
truncadamente *adv* with cuts, with omissions
truncado -da *adj* truncate; truncated
truncadura *f* (cryst.) truncation
truncamiento *m* truncation; curtailment
truncar §86 *va* to truncate; to cut off the head of; to cut, slash (*a writing, speech, etc.*); to cut off, leave unfinished
trunco -ca *adj* truncated
trupial *m* (orn.) troupial
truquero *m* keeper of a poolroom
trusas *fpl* trunk hose; (Am.) trunks
tsetsé *f* (ent.) tsetse
T.S.H. abr. of **telefonía sin hilos & telegrafía sin hilos**
tu *poss adj* thy; your
tú *pron pers* thou; you; **a tú por tú** (coll.) disrespectfully; **de tú por tú** intimately; **hablar, llamar** or **tratar de tú** to thou, address as thou, be on close or intimate terms with
tuáutem *m* (*pl:* **-temes**) (coll.) indispensable person; (coll.) sine qua non
tuba *f* (mus.) tuba
Tubalcaín *m* (Bib.) Tubal-cain
tubercular *adj* tubercular
tuberculina *f* (bact.) tuberculin
tuberculización *f* tubercularization
tubérculo *m* (anat. & bot.) tuber, tubercle; (path. & zool.) tubercle
tuberculosis *f* (path.) tuberculosis
tuberculoso -sa *adj* tuberculous; tubercular; *mf* tubercular (*person having tuberculosis*)
tubería *f* tubing; piping, pipes; tubeworks
tuberosa *f* see **tuberoso**
tuberosidad *f* tuberosity
tuberoso -sa *adj* tuberous; *f* (bot.) tuberose
tubícola *adj* (zool.) tubicolous
Tubinga *f* Tübingen
tubo *m* tube; pipe; (anat., elec. & rad.) tube; **tubo acústico** speaking tube; **tubo capilar** capillary, capillary tube; **tubo criboso** (bot.) sieve tube; **tubo de burbuja** bubble tube; **tubo de embocadura de flauta** (mus.) flue pipe; **tubo de ensayo** test tube; **tubo de flauta** (mus.) flue pipe; **tubo de Geissler** (elec.) Geissler tube; **tubo de humo** flue; **tubo de imagen** (telv.) picture tube; **tubo de lámpara** lamp chimney; **tubo de lengüeta** (mus.) reed pipe; **tubo de nivel** gauge glass; **tubo de órgano** (mus.) organ pipe; **tubo de radio** radio tube; **tubo de vacío** (rad.) vacuum tube; **tubo digestivo** (anat.) alimentary canal; **tubo fluorescente** fluorescent lamp; **tubo indicador** gauge glass; **tubo lanzatorpedos** (nav.) torpedo tube; **tubo radiógeno** (rad.) broadcasting tube; **tubo sonoro** chime, tubular chime; **tubo tricolor** (telv.) tricolor tube; **tubo Venturi** (hyd.) Venturi tube
tubocurarina *f* (chem.) tubocurarine
tubulación *f* tubulation
tubulado -da *adj* tubulate
tubular *adj* tubular; *m* bicycle tire
tubuloso -sa *adj* (bot.) tubulous
tubulura *f* (chem.) tubulure
tucán *m* (orn.) toucan; (*cap.*) *m* (astr.) Toucan (*constellation of Southern Hemisphere*)
tucía *f* tutty
Tucídides *m* Thucydides
tudel *m* (mus.) crook (*of bassoon*)
tudesco -ca *adj & mf* German
tueca *f* stump
tueco *m* stump; hollow left by wood-boring insect
tuerca *f* (mach.) nut; **tuerca de aletas** or **de mariposa** (mach.) wing nut; **tuerca de orejetas** (mach.) thumb nut
tuerce *m* twist; (Am.) misfortune
tuercecuello *m* (orn.) wryneck
tuero *m* heavy log; stick, sticks; (Am.) hide-and-seek
tuerto -ta *adj* twisted, crooked, bent; one-eyed; **a tuertas** (coll.) backwards, upside down; crosswise; **a tuertas o a derechas** rightly or wrongly; without reflection; **a tuerto** unjustly; **a tuerto o a derecho** rightly or wrongly; without reflection; *mf* one-eyed person; *m* wrong, harm, injustice; **tuertos** *mpl* afterpains
tueste *m* toast, toasting
tuétano *m* (anat.) marrow; (bot.) pith; **hasta los tuétanos** (coll.) through and through, head over heels
tufarada *f* sharp smell or odor
tufillas *mf* (*pl:* **-llas**) (coll.) spitfire
tufo *m* fume, vapor; sidelock; (geol.) tufa; (coll.) foul odor; (coll.) foul breath; **tufos** *mpl* (coll.) airs, conceit

tufoso -sa *adj* fumy, vaporous; foul; conceited, haughty
tugurio *m* shepherd's hut; hovel
tuición *f* protection, custody
tuina *f* long, loose jacket
tuitivo -va *adj* protective, defensive
tul *m* tulle
Tula *f* Gerty
tularemia *f* (path.) tularemia
Tule *f* Thule; **última Tule** ultima Thule; (*l.c.*) *m* (bot.) tule
tulio *m* (chem.) thulium; (*cap.*) *m* Tully
tulipa *f* (bot.) gillyflower; (bot.) small tulip; tulip-shaped glass globe; bell end (*of a pipe*)
tulipán *m* (bot.) tulip (*plant, bulb, and flower*); (bot.) rose of China (*Hibiscus rosa-sinensis*)
tulipanero or **tulipero** *m* (bot.) tulip tree
tullecer §34 *va* to abuse, mistreat; *vn* to become crippled or paralyzed
Tullerías *fpl* Tuileries
tullidez *f* paralysis
tullido -da *adj* crippled, paralyzed; *mf* cripple
tulliduras *fpl* excreta (*of birds of prey*)
tullimiento *m* paralysis; abuse, mistreatment; stiff tendons
tullir §26 *va* to cripple, paralyze; to abuse, mistreat; *vn* to excrete (*said of birds*); *vr* to become crippled or paralyzed
tumba *f* grave, tomb; monument, tombstone; tumble; arched top; (Am.) clearing, felling of timber
tumbacuartillos *mf* (*pl:* **-llos**) (coll.) old toper, rounder
tumbadillo *m* (naut.) roundhouse
tumbado -da *adj* arched, vaulted
tumbador *m* wrecker; feller, woodsman; wrestler; tumbler; (coll.) masher
tumbadora *f* tree-dozer
tumbaga *f* tombac (*alloy*); tombac ring; ring
tumbagón *m* tombac bracelet
tumbaollas *mf* (*pl:* **-llas**) (coll.) glutton
tumbar *va* to knock down, knock over; (coll.) to stun, knock out; to catch, to trick; (Am.) to clear (*land, woods*); *vn* to fall, tumble; (naut.) to capsize; *vr* (coll.) to lie down, go to bed; to ease up, to give up
tumbilla *f* wooden frame (*to hold a bed warmer*)
tumbo *m* fall, tumble, violent shaking; boom, rumble; critical moment; rise and fall of sea; rough surf; archive; **tumbo de dado** imminent danger
tumbón -bona *adj* (coll.) sly, wily; (coll.) lazy; *mf* (coll.) sly person; (coll.) lazy loafer; *m* coach with arched top; coffer or trunk with rounded lid
tumbonear *vn* (coll.) to loaf around
tumefacción *f* swelling, tumefaction
tumefacer §55 (has no compound tenses) *va* & *vr* to swell, to tumefy
tumefaciente *adj* tumefacient; *m* tumefacient agent
tumefacto -ta *adj* swollen
tumescencia *f* tumescence
tumescente *adj* tumescent
túmido -da *adj* tumid, swollen; (fig.) tumid, pompous, bombastic; bulbous or onion-shaped (*arch or vault*)
tumor *m* (path.) tumor
tumoral *adj* tumorlike
tumoroso -sa *adj* tumorous
tumulario -ria *adj* tumular
túmulo *m* tumulus; catafalque (*with or without corpse*)
tumulto *m* tumult
tumultuar §33 *va* to incite to riot, incite to make a disturbance; *vr* to riot, make a disturbance
tumultuario -ria *adj* tumultuary
tumultuoso -sa *adj* tumultuous
tuna *f* see **tuno**
tunal *m* (bot.) tuna, prickly pear; growth of prickly pears
tunanta *adj fem* crooked, tricky; *f* crook, rascal
tunantada *f* crookedness, trickiness
tunante *adj* bumming, loafing; crooked, tricky; *mf* bum, loafer; crook, rascal
tunantear *vn* to be crooked, be tricky
tunantería *f* crookedness, trickiness
tunar *vn* (coll.) to bum, to loaf
tunda *f* shearing of cloth; (coll.) beating, drubbing
tundear *va* to beat, drub, thrash
tundente *adj* bruising
tundición *f* shearing of cloth
tundidor -dora *adj* cloth-shearing; *mf* cloth shearer; *f* cloth-shearing machine; lawn mower
tundidura *f* shearing of cloth
tundir *va* to shear (*cloth*); to cut, to mow (*grass*); (coll.) to beat, drub, thrash
tundizno *m* short staple wool
tundra *f* tundra
tunear *vn* (coll.) to be crooked, be tricky
tunecí, tunecino -na *adj* & *mf* Tunisian
túnel *m* tunnel; **túnel aéreo** or **aerodinámico** (aer.) wind tunnel; **túnel a presión** (aer.) pressure tunnel
tunera *f* (bot.) prickly pear
tunes *mpl* (Am.) little steps, first steps
Túnez Tunis (*city*); Tunisia (*state*)
túngaro *m* (zool.) agua toad
tungstato *m* (chem.) tungstate
tungsteno *m* (chem.) tungsten
túngstico -ca *adj* (chem.) tungstic
tungstita *f* (mineral.) tungstite
túnica *f* tunic; (anat., bot. & zool.) tunic
tunicado -da *adj* tunicate; *m* (zool.) tunicate
tunicela *f* tunic; (eccl.) tunicle
tunicina *f* (biochem.) tunicin
túnico *m* robe, gown; (Am.) chemise
tuno -na *adj* crooked, tricky; *mf* crook, rascal; *f* (bot.) tuna, prickly pear (*plant and fruit*); group of students; (coll.) bumming, loafing; **correr la tuna** (coll.) to bum, to loaf
tuntún *m* (zool.) hookworm; **al tuntún** or **al buen tuntún** (coll.) wildly, thoughtlessly, without knowing what one is talking about
tuntunita *f* (Am.) tiresome repetition
tupa *f* stuffing, packing; (coll.) stuffing, overeating
tupé *m* toupee; (coll.) cheek, brass, nerve
tupelo *m* (bot.) tupelo
tupi *m* (Am.) coffee house
tupido -da *adj* thick, dense, heavy, compact; dull, stupid; (Am.) abundant
tupinambo *m* var. of **aguaturma**
tupir *va* to pack tight, make compact; *vr* to stuff, eat too much
turacina *f* (biochem.) turacin
turaco *m* (orn.) touraco
turanio *adj* & *mf* Turanian
turba *f* crowd, mob; peat, turf
turbación *f* disturbance, confusion
turbadamente *adv* confusedly, excitedly
turbador -dora *adj* disturbing; *mf* disturber
turbal *m* peat bog
turbamiento *m* var. of **turbación**
turbamulta *f* (coll.) mob, rabble
turbante *m* turban
turbar *va* to disturb, upset, trouble; to stir up; *vr* to become disturbed, to get confused or mixed up
turbera *f* peat bog
turbia *f* see **turbio**
turbidimétrico -ca *adj* turbidimetric
turbidímetro *m* turbidimeter
túrbido -da *adj* var. of **turbio**
turbiedad *f* turbidity, muddiness; confusion, obscurity
turbieza *f* (act of) confusing, bewildering
turbina *f* turbine; **turbina a vapor** steam turbine; **turbina axial** axial-flow turbine; **turbina centrífuga** outward-flow turbine; **turbina centrípeta** inward-flow turbine; **turbina de acción** impulse turbine; **turbina de gas** gas turbine; **turbina de impulsión** impulse turbine; **turbina de reacción** reaction turbine; **turbina de vapor** steam turbine; **turbina hidráulica** hydraulic turbine; **turbina límite** limit turbine; **turbina mixta** mixed-flow turbine; **turbina paralela** parallel-flow turbine; **turbina radial** radial-flow turbine
turbinado -da *adj* turbinate (*inversely conical*); (anat.) turbinate
turbino *m* (pharm.) turpeth
turbinto *m* (bot.) pepper tree or shrub

T

turbio -bia *adj* turbid, muddy, cloudy; troubled, confused; obscure (*language*); **de turbio en turbio** (coll.) drowsy all day (*from having been awake all night*); **turbios** *mpl* dregs, oil dregs; *f* muddiness (*of water*)
turbión *m* squall, heavy shower; thunderstorm; (fig.) rush, sweep; (fig.) hail (*e.g., of bullets*)
turbit *m* (bot.) turpeth
turbobomba *f* turbopump
turbocompresor *m* turbocompressor
turbodínamo *f* turbodynamo
turboeléctrico -ca *adj* turbine-electric
turbogenerador *m* turbogenerator
turbohélice *m* (aer.) turbo-prop
turbomotor *m* turbomotor
turbonada *f* windstorm, thunderstorm
turbopropulsor *m* (aer.) turbo-propeller engine
turborreactor *m* (aer.) turbojet; **turborreactor a postcombustión** (aer.) turbo-ram-jet
turboso -sa *adj* peaty, turfy
turbosoplador *m* turboblower
turbosupercargador *m* turbosupercharger
turboventilador *m* turbofan; turboventilator
turbulencia *f* turbulence or turbulency
turbulento -ta *adj* turbulent
turco -ca *adj* Turkish; (philol.) Turkic; *mf* Turk; *m* Turkish (*language*); (mil.) Turco (*Algerian tirailleur*); **el gran Turco** the Grand Turk (*the Sultan*); **gran turco** (bot.) buckwheat; *f* (coll.) jag, drunk; **coger una turca** (coll.) to go on a jag, to get drunk
turcófilo -la *adj & mf* Turkophile
turcófobo -ba *adj & mf* Turkophobe
turcomano -na *adj* Turkomanic; *mf* Turkoman
turcople *adj & mf* Turko-Greek (*of Turkish father and Greek mother*)
túrdiga *f* strip of hide or leather; sole of a sandal
Turena, la Touraine
turf *m* (*pl:* **turfs**) race track; horse racing; turfmen
turfista *adj* turfy, horsy; *m* turfman
turfístico -ca *adj* racing, horse-racing
turgencia *f* turgidity
turgente *adj* (path. & fig.) turgid; (poet.) raised, elevated, massive
turgescencia *f* turgescence
turgescente *adj* turgescent
túrgido -da *adj* (poet.) raised, elevated, massive
turgita *f* (mineral.) turgite
turibular *va* to incense with the thurible
turibulario *m* (eccl.) thurifer
turíbulo *m* (eccl.) thurible
turiferario *m* (eccl.) thurifer; (coll.) fawner
turificación *f* thurification
turificar §86 *va & vn* to thurify
Turín *f* Turin
Turingia *f* Thuringia
turingiano -na *adj & mf* Thuringian
turión *m* (bot.) turion
turismo *m* touring; tourist business; touring car
turista *mf* tourist
turístico -ca *adj* touring; tourist
Turkmenistán, el the Turkmen Soviet Socialist Republic
turma *f* testicle; **turma de tierra** (bot.) truffle
turmalina *f* (mineral.) tourmaline
turnar *vn* to alternate, to take turns
turneráceo -a *adj* (bot.) turneraceous
turnerita *f* (mineral.) turnerite
turnio -nia *adj* squint, cross (*eyes*); squint-eyed, cross-eyed; (fig.) cross-looking, stern
turno *m* turn, shift; **aguardar turno** to wait one's turn; **a su turno** in his stead; **fuera de turno** out of turn; **por turno** in turn; **por turnos** by turns
turón *m* (zool.) fitch, polecat
turpial *m* var. of **trupial**
turquear *vr* (Am.) to be fagged out
turquesa *f* (mineral.) turquoise; mold; bullet mold
turquesado -da *adj* dark-blue
turquesco -ca *adj* Turkish
Turquestán, el Turkestan; **el Turquestán Chino** Chinese Turkestan; **el Turquestán Ruso** Russian Turkestan
turquí *adj* (*pl:* **-quíes**) deep-blue
Turquía *f* Turkey; **la Turquía de Asia** Turkey in Asia; **la Turquía de Europa** Turkey in Europe; **la Turquía Asiática** Turkey in Asia; **la Turquía Europea** Turkey in Europe
turquino -na *adj* var. of **turquí**
turrar *va* to toast, to roast, to broil
turriculado -da *adj* (zool.) turreted
turrón *m* nougat; (coll.) public office, plum; **romper el turrón** (Am.) to begin to thou each other, to begin to call each other by their first names
turronería *f* nougat shop
turronero -ra *mf* maker or seller of nougats
Turs *f* Tours
turulato -ta *adj* (coll.) stunned, dumbfounded
turumbón *m* (coll.) bump, bump on the head
turuta *f* (coll.) jag, drunk
tus *interj* here, here! (*to call a dog*); **sin decir tus ni mus** (coll.) without saying boo
tusa *f* (Am.) cigar rolled in corn husk; (Am.) corncob; (Am.) corn silk; (Am.) mane (*of horse*); (Am.) pockmark; (Am.) trollop
tusar *vn* (prov. & Am.) to cut, to shear
Túsculo *f* Tusculum
tusícula *f* slight cough
tusilago *m* (bot.) coltsfoot
tusón *m* fleece; unsheared sheepskin; colt under two years old
tusona *f* (prov.) filly under two years old
tusor *m* tussah (*silk*)
tutado -da *adj* (Am.) pock-marked
tutar *vr* (Am.) to become pock-marked
tuteamiento *m* var. of **tuteo**
tutear *va* to thou; to address using the second person singular; to be on close or intimate terms with; *vr* to thou each other; to address each other using the second person singular; to be on close or intimate terms with each other
tutela *f* guardianship, tutelage; protection
tutelar *adj* guardian, tutelar, tutelary; *va* to protect, take under one's wing
tuteo *m* thouing; addressing in the second person singular
tutía *f* var. of **atutía**
tutilimundi *m* var. of **mundonuevo**
tutiplén; a tutiplén (coll.) in abundance, to excess
tutor -tora or **-triz** (*pl:* **-trices**) *mf* guardian, protector; (law) guardian; *m* prop (*for plants*)
tutoría *f* guardianship, tutelage
tutuquear *va* (Am.) to sick (*a dog*)
tuturuto -ta *adj* (Am.) stunned, dumbfounded; *mf* (Am.) go-between
tuturutú *m* (*pl:* **-túes**) bugle call, horn call
tuve *1st sg pret ind of* **tener**
tuyo -ya *adj & pron poss* thine, yours; *f* (bot.) thuja; **tuya articulada** (bot.) sandarac; **tuya de la China** (bot.) China tree
tuza *f* (zool.) gopher, pocket gopher
TV *f* abr. of **televisión**

U

U, u *f* twenty-fourth letter of the Spanish alphabet
U. abr. of **usted**
u *conj* (used for **o** before a word beginning with the vowel sound **o**) or
uapití *m* (*pl:* **-tíes**) (zool.) wapiti
Ubaldo *m* Waldo
ubérrimo -ma *adj super* very or most abundant or fertile
ubicación *f* location, situation, position
ubicar §86 *va* (Am.) to place, locate; *vn & vr* to be located, be situated
ubicuidad *f* ubiquity
ubicuo -cua *adj* ubiquitous
ubiquidad *f* var. of **ubicuidad**
ubiquitario -ria *adj & mf* (eccl.) Ubiquitarian
ubre *f* teat; udder
ubrera *f* (path.) thrush
ucase *m* ukase
-uco -ca *suffix dim & pej* e.g., **ventanucho** ugly little window; **casuca** shack, shanty
ucranio -nia *adj & mf* Ukrainian; *m* Ukrainian (*language*); (*cap.*) *f* Ukraine
-ucho -cha *suffix dim & pej* e.g., **ventanucho** ugly little window; **casucha** shack, shanty
uchuvito -ta *adj* (Am.) drunk
Ud. abr. of **usted**
udómetro *m* udometer
-udo -da *suffix adj* -y, e.g., **carnudo** fleshy; **peludo** hairy; *suffix aug* e.g., **barbudo** long-bearded, heavy-bearded; **cabezudo** big-headed; **zancudo** long-shanked
Uds. abr. of **ustedes**
-uelo -la *suffix dim & pej* indicates smallness with or without concept of ridicule or contempt, e.g., **arroyuelo** rill; **mozuelo** young fellow; **coquetuela** vain coquette; **plazuela** small square
-ueño -ña *suffix adj* -ing, e.g., **halagüeño** charming; **pedigüeño** demanding; **risueño** smiling
uesnorueste *m* var. of **oesnoroeste**
uessudueste *m* var. of **oessudoeste**
ueste *m* var. of **oeste**
uf *interj* pshaw!; humph!; whew!
ufanar *vr* to boast; **ufanarse con** or **de** to boast of, to pride oneself on
ufanía *f* pride, conceit; cheer, satisfaction; smoothness, mastery
ufano -na *adj* proud, conceited, boastful; cheerful, satisfied; easy, smooth, masterly
ufo; a ufo on someone else, at someone else's expense
ujier *m* doorman, usher
ulano *m* (mil.) uhlan
úlcera *f* (path.) sore, ulcer; (bot.) rot; **úlcera de decúbito** bedsore; **úlcera duodenal** (path.) duodenal ulcer; **úlcera gástrica** (path.) gastric ulcer; **úlcera péptica** (path.) peptic ulcer
ulceración *f* ulceration
ulcerar *va & vr* to ulcerate, to fester
ulceroso -sa *adj* ulcerous
ulema *m* ulema
ulero *m* (Am.) rolling pin
ulfilano -na *adj* of Ulfilas (*said of an ancient mode of writing*)
uliginoso -sa *adj* uliginose
Ulises *m* (myth.) Ulysses
ulitis *f* (path.) ulitis
ulmáceo -a *adj* (bot.) ulmaceous
ulmaria *f* (bot.) meadowsweet
ulna *f* (anat.) ulna
ulnar *adj* ulnar
úlster *m* ulster
ulterior *adj* ulterior, later, subsequent
ulteriormente *adv* later, subsequently
ultimación *f* termination, conclusion
últimamente *adv* finally; recently, lately
ultimar *va* to end, finish, terminate, wind up
ultimátum *m* (*pl:* **-mátum** or **-mátumes**) ultimatum; (coll.) definitive decision
ultimidad *f* finality
último -ma *adj* last, latest; excellent, superior; most remote; lowest; final (*said, e.g., of a price*); top (*floor*); late (*hour*); **a última hora** at the eleventh hour; **a últimos de** in the latter part of (*a month*); **a la última** in the latest fashion; **estar a lo último** or **en las últimas** to be up to date, be well-informed; to be near the end, to be on one's last legs; **por último** at last, finally; **última sílaba** (gram.) ultima; **último suplicio** capital punishment
ultra *adv* besides
ultraatmosférico -ca *adj* outer (*space*)
ultrajador -dora *adj* insulting, offensive; *mf* insulter
ultrajar *va* to outrage, insult, offend
ultraje *m* outrage, insult, offense
ultrajoso -sa *adj* outrageous
ultraliberal *adj & mf* ultraliberal
ultramar *m* country overseas; ultramarine (*pigment*); **en ultramar** overseas
ultramarino -na *adj* ultramarine; overseas; *m* ultramarine, ultramarine blue; **ultramarinos** *mpl* delicatessen, overseas foods, groceries
ultramicroscopia *f* ultramicroscopy
ultramicroscópico -ca *adj* ultramicroscopic
ultramicroscopio *m* ultramicroscope
ultramoderno -na *adj* ultramodern
ultramontanismo *m* ultramontanism
ultramontano -na *adj & mf* ultramontane
ultramundano -na *adj* ultramundane, otherworldly
ultramundo *m* other world, future life
ultranza; a ultranza to the death; at any cost, unflinchingly; extreme
ultrarradical *adj* ultraradical
ultrarrápido -da *adj* ultrarapid, extra-fast
ultrarrojo -ja *adj* ultrared, infrared
ultrasónico -ca *adj* supersonic; ultrasonic; *f* ultrasonics
ultratropical *adj* ultratropical
ultratumba *adv* beyond the grave
ultraviolado -da or **ultravioleta** *adj* (phys.) ultraviolet
ultravirus *m* (*pl:* **-rus**) ultravirus
ultrazodiacal *adj* (astr.) ultrazodiacal
úlula *f* (orn.) tawny owl
ululación *f* howl, ululation; hoot (*of owl*); wow (*of phonograph record*)
ululante *adj* ululant
ulular *vn* to ululate; to hoot
ululato *m* howl, ululation; hoot (*of owl*)
-ullo -lla *suffix dim & pej* e.g., **zangandullo** worthless loafer; **ramulla** small wood, dead wood
ulluco *m* (bot.) ulluco (*South American tubercle similar to the potato*)
umbela *f* (bot.) umbel
umbelado -da *adj* umbellate
umbelífero -ra *adj* umbelliferous
umbeliforme *adj* umbellar or umbellate
umbilicado -da *adj* umbilicate
umbilical *adj* umbilical
umbo *m* (anat. & zool.) umbo
umbón *m* umbo (*of shield*)
umbráculo *m* shaded, airy place for plants
umbral *m* threshold; doorsill; (arch.) lintel (*of any opening*); (psychol., physiol. & fig.) threshold; **atravesar los umbrales** to cross the threshold; **estar en los umbrales de** to be on the threshold of; **no atravesar los umbrales** to not darken one's door

U

umbralada *f*, **umbralado** *m*, or **umbraladura** *f* (Am.) threshold
umbralar *va* (arch.) to put a lintel in
umbrático -ca *adj* umbrageous, shady
umbrela *f* (zool.) umbrella (*of jellyfishes*)
umbrío -a *adj* shady; *f* shade, shady place; shady side; **la Umbría** Umbria
umbro -bra *adj* & *mf* Umbrian; *m* Umbrian (*ancient Italic language*)
umbroso -sa *adj* umbrageous, shady
un, una *art indef* a, an; *adj* one (*numeral*); the form **un** is used before a masculine singular noun or an adjective + a masculine singular noun and before a feminine singular noun beginning with accented **a** or **ha**; see **uno**
unánime *adj* unanimous
unanimidad *f* unanimity
unanimismo *m* unanimism
uncial *adj* & *f* uncial
unciforme *adj* unciform; *m* (anat.) unciform
uncinado -da *adj* uncinate
unción *f* unction; **unciones** *fpl* treatment with mercurial ointment
uncir §50 *va* to yoke; to subjugate
undante *adj* (poet.) wavy, undulating
undecágono *m* undecagon
undécimo -ma *adj* & *m* eleventh
undécuplo -pla *adj* eleven times as large or as much
undísono -na *adj* (poet.) babbling, rippling
undívago -ga *adj* (poet.) wavy
undoso -sa *adj* waving, wavy
undulación *f* undulation; wave; wave motion; **undulación permanente** permanent wave
undulante *adj* undulant; waving
undular *vn* to undulate; to wriggle
undulatorio -ria *adj* undulatory
Unesco *f* Unesco
ungido *m* anointed; **el ungido del Señor** The Lord's Anointed
ungimiento *m* anointment
ungir §42 *va* to anoint; (eccl.) to anoint; (coll.) to dub, to name
ungüentario -ria *adj* unguentary; *mf* maker or dealer in unguents; *m* vessel in which unguents are kept
ungüento *m* unguent, ointment, salve; (fig.) salve, flattery
unguiculado -da *adj* ungual, unguiculate
unguinal *adj* ungual
unguis *m* (*pl:* **-guis**) (anat.) unguis or os unguis
úngula *f* (zool. & geom.) ungula
ungulado -da *adj* & *m* ungulate
ungular *adj* ungular
uniato -ta *adj* & *mf* Uniat
uniaxial, uniáxico -ca or **uniaxil** *adj* uniaxial
únicamente *adv* only, solely; uniquely
unicameral *adj* unicameral
unicelular *adj* unicellular
unicidad *f* unity; uniqueness
único -ca *adj* only, sole; unique; one, e.g., **precio único** one price
unicolor *adj* one-color
unicornio -nia *adj* unicorn; *m* (myth. & Bib.) unicorn
unidad *f* unit; unity; **unidad móvil** (rad.) mobile unit
unidireccional *adj* one-way, unidirectional
unido -da *adj* united; smooth; (fig.) close-knit
unifamiliar *adj* one-family, single-family (*e.g., house*)
unificación *f* unification
unificador -dora *adj* unifying
unificar §86 *va* to unify; *vr* to be or become unified
unifloro -ra *adj* (bot.) uniflorous
unifoliado -da *adj* (bot.) unifoliate
uniformar *va* to uniform; to clothe in uniforms; to make uniform; **uniformar una cosa a** or **con otra** to make one thing uniform with another; *vr* to become uniform
uniforme *adj* & *m* uniform
uniformidad *f* uniformity
unigénito -ta *adj* unigenital, only-begotten
unilateral *adj* unilateral
unión *f* union; double finger ring; (mach.) union; (*cap.*) *f* Union (*U.S.A.*); **unión aduanera** customs union; **Unión de Repúblicas Socialistas Soviéticas** Union of Soviet Socialist Republics; **Unión panamericana** Pan American Union; **Unión Soviética** Soviet Union; **Unión Sudafricana** Union of South Africa
unionismo *m* unionism
unionista *mf* unionist
uníparo -ra *adj* (zool. & bot.) uniparous
unípede *adj* uniped
unipersonal *adj* unipersonal; of one person, one-man (*e.g., government*); (gram.) impersonal
unipolar *adj* (elec.) unipolar, single-pole
unir *va* & *vr* to unite, join
unisexual *adj* unisexual
unisón *m* (mus.) instruments or voices in unison
unisonancia *f* monotony (*of an orator*); (mus.) unison
unisonar *vn* to sound or be in unison
unísono -na *adj* (mus.) unison; unisonous; **al unísono** in unison; unanimously; **al unísono de** in unison with
unitario -ria *adj* unitary; (pertaining to a) unit; Unitarian; *mf* Unitarian
unitarismo *m* (eccl.) Unitarianism
unitivo -va *adj* unitive
univalencia *f* (chem.) univalence
univalente *adj* (chem.) univalent
univalvo -va *adj* (zool.) univalve
universal *adj* universal; *m* (log.) universal (*each one of the five predicables*)
universalidad *f* universality; generality
universalismo *m* universalism; Universalism
universalista *mf* universalist; Universalist
universalizar §76 *va* to universalize
universidad *f* university
universitario -ria *adj* (pertaining to a) university; *mf* (Am.) university student, college student; *m* university professor
universo -sa *adj* universal; *m* universe; **universo aislado** (astr.) island universe
univocación *f* univocity
univocar §86 *vr* to have the same meaning
unívoco -ca *adj* univocal
-uno -na *suffix adj* -ine, e.g., **boyuno** bovine; **cervuno** cervine; **lebruno** leporine; **porcuno** porcine; -ish, e.g., **frailuno** friarish; **hombruno** mannish
uno -na *adj* & *pron indef* one, someone, some one; one and the same; one, they, people, e.g., **uno no sabe qué hacer aquí** one does not know what to do here; **a una** of one accord; **de una** at once; **la una** one o'clock; **somos unos** we are one; **una y no más** once is enough; **uno a otro, unos a otros** each other, one another; **uno que otro** one or more, a few; **unos -nas** some, about; a pair of, e.g., **unas gafas** a pair of glasses; **unos tirantes** a pair of suspenders; **unos cuantos** some, a few; **uno y otro** both; *m* one (*numeral*); see **un**
untador -dora *adj* anointing; greasing; *mf* anointer; greaser
untadura *f* anointing, ointment; greasing, grease
untamiento *m* anointing; greasing
untar *va* to anoint; to smear, grease; (coll.) to bribe; *vr* to get smeared; to grease oneself; (coll.) to take care of oneself, look out for oneself
untaza *f* fat
unto *m* grease; fat; ointment; salve, flattery; **unto de botas, unto de zapatos** (Am.) shoe polish; **unto de Méjico** (coll.) bribe money
untoso -sa *adj* var. of **untuoso**
untuosidad *f* greasiness, stickiness
untuoso -sa *adj* unctuous; greasy, sticky
untura *f* var. of **untadura**
uña *f* nail, fingernail, toenail; nail hole (*in blade of penknife*); claw; hoof, talon; sting (*of scorpion*); thorn; scab; hard tumor on eyelid; short tree stump; plectrum (*e.g., for mandolin*); (mach.) claw, gripper; (mach.) pallet (*of pawl*); fluke, bill (*of anchor*); **a uña de caballo** at full gallop, at full speed; **enseñar** or **mostrar las uñas** to show one's teeth; **ser largo de uñas** to have long fingers; **ser**

uña y carne (coll.) to be in cahoots, to be hand in glove; **tener en la uña** to have on the tip of one's fingers; **uña de caballo** (bot.) coltsfoot
uñada *f* scratch, nail scratch; nip, flip
uñarada *f* nail scratch
uñate *m* (coll.) pinch with the nail; chuckfarthing
uñero *m* ingrowing nail; whitlow; thumb notch
uñeta *f* small fingernail; stonecutter's chisel; chuckfarthing
uñetazo *m* nail scratch
uñir §25 *va* (prov.) to yoke
uñoso -sa *adj* long-nailed, long-clawed
upa *interj* up, up!
upas *m* (bot.) upas (*tree and sap*)
upupa *f* (orn.) hoopoe
ural *adj* Ural; **los Urales** the Urals
urálico -ca *adj* Uralian, Uralic
uralita *f* (mineral.) uralite; asbestos roofing material
uraloaltaico -ca *adj* & *m* Ural-Altaic
uranálisis *f* (*pl:* **-sis**) urinalysis
Urania *f* see **uranio**
uránico -ca *adj* (chem.) uranic
uranilo *m* (chem.) uranyl
uraninita *f* (mineral.) uraninite
uranio -nia *adj* Uranian; *m* (chem.) uranium; (*cap.*) *f* (myth.) Urania
uranismo *m* uranism
uranita *f* (mineral.) uranite
urano *m* (chem.) uranium; (*cap.*) *m* (astr. & myth.) Uranus
uranocircita *f* (mineral.) uranocircite
uranofano *m* (mineral.) uranophane
uranografía *f* uranography
uranógrafo -fa *mf* uranographer
uranometría *f* uranometry
uranosferita *f* (mineral.) uranosphaerite
uranospatita *f* (mineral.) uranospathite
uranospinita *f* (mineral.) uranospinite
uranotalita *f* (mineral.) uranothallite
uranotila *f* (mineral.) uranotil
uranotorita *f* (mineral.) uranothorite
urao *m* (mineral.) urao, trona
urato *m* (chem.) urate
urbanidad *f* urbanity
urbanismo *m* city planning
urbanista *adj* city-planning; *m* city planner
urbanístico -ca *adj* urbanistic; *f* city planning
urbanización *f* urbanization; city planning
urbanizar §76 *va* to urbanize; *vr* to become urbanized
urbano -na *adj* urban, city; urbane (*courteous, elegant*); (*cap.*) *m* Urban
urbe *f* big city, metropolis
urca *f* (naut.) hooker, dogger; (zool.) killer whale, orca
urce *m* (bot.) heath
urceolado -da *adj* urceolate
urchilla *f* (bot. & chem.) archil
urdemalas *mf* (*pl:* **-las**) (coll.) intriguer, schemer
urdidera *f* warper (*woman*); warping frame
urdidor -dora *adj* warping; scheming; *mf* warper; *f* warping frame
urdidura *f* warping; scheming
urdiembre *f* or **urdimbre** *f* warp; warping chain; scheme, scheming
urdir *va* to beam (*a warp*); to plot, scheme, conspire
urdú *m* Urdu
urea *f* (biochem.) urea
uredospora *f* (bot.) uredospore
ureido *m* (chem.) ureide
uremia *f* (path.) uremia
urémico -ca *adj* uremic
urente *adj* burning, smarting
uréter *m* (anat. & zool.) ureter
uretra *f* (anat.) urethra
uretral *adj* urethral
uretritis *f* (path.) urethritis
uretroscopia *f* urethroscopy
uretroscopio *m* urethroscope
uretrotomía *f* (surg.) urethrotomy
urgencia *f* urgency; emergency; **de urgencia** emergency; special-delivery
urgente *adj* urgent; special-delivery
urgir §42 *vn* to be urgent; **urgir** + *inf* to be urgent to + *inf*
Urías *m* (Bib.) Uriah
úrico -ca *adj* (chem.) uric
urinación *f* urination
urinal *adj* urinary; *m* urinal (*place*)
urinálisis *f* (*pl:* **-sis**) urinalysis
urinario -ria *adj* urinary; *m* urinal (*place*)
urinífero -ra *adj* uriniferous
urna *f* urn; glass case; ballot box; **ir a las urnas** to go to the polls
-uro *suffix m* (chem.) -ide, e.g., **hidruro** hydride; **sulfuro** sulfide; (zool.) -uran, e.g., **braquiuro** brachyuran; **jifosuro** xiphosuran
uro *m* (zool.) aurochs; (zool.) urus
urocisto *m* (anat.) urocyst
urocromo *m* (biochem.) urochrome
urodelo -la *adj* & *m* (zool.) urodelan
urofeína *f* (biochem.) urophaein or urophein
urogallo *m* (orn.) capercaillie
urogenital *adj* urogenital
urógeno -na *adj* urogenous
urolitiasis *f* (path.) urolithiasis
urolito *m* (path.) urolith
urología *f* urology
urológico -ca *adj* urologic or urological
urólogo -ga *mf* urologist
uromancia or **uromancía** *f* divination by inspection of urine
uropatagio *m* (zool.) uropatagium
uropigal *adj* uropygial
uropigio *m* uropygium
urópodo -da *adj* (zool.) uropodal; *m* (zool.) uropod
uropoiesis *f* or **uropoyesis** *f* uropoiesis
uroscopia *f* uroscopy
urosis *f* (path.) urosis
urotoxia *f* (physiol.) urotoxy
urraca *f* (orn.) magpie
ursiforme *adj* ursiform
ursino -na *adj* ursine
U.R.S.S. abr. of **Unión de Repúblicas Socialistas Soviéticas**
Úrsula *f* Ursula
ursulino -na *adj* & *f* Ursuline
urticáceo -a *adj* (bot.) urticaceous
urticación *f* (med.) urtication
urticante *adj* urticant
urticaria *f* (path.) hives, urticaria, nettle rash
urubú *m* (*pl:* **-búes**) (orn.) black vulture
Uruguay, el Uruguay
uruguayo -ya *adj* & *mf* Uruguayan
urunday *m* (Am.) urunday (*timber tree of genus Astronium*)
usadamente *adv* according to custom
usado -da *adj* used (*customarily employed; worn, partly worn-out; accustomed*); skilled; **al usado** at usance; **poco usado** rare (*word*)
usagre *m* (path.) infantile impetigo; (vet.) mange
usanza *f* use; usage, custom
usar *va* to use, make use of; to follow (*a profession*); *vn* to be accustomed; **usar** + *inf* to be accustomed to + *inf*, e.g., **uso salir de paseo por la mañana** I am accustomed to go out for a walk in the morning; **usar de** to use, resort to, indulge in; **usar de la palabra** to speak, make a speech; *vr* to be the custom
usarcé or **usarced** *mf* (obs.) your honor
usencia *mf* (obs.) your reverence
useñoría *mf* your excellence; *m* your lordship; *f* your ladyship
usgo *m* loathing
usía *mf* your excellence; *m* your lordship; *f* your ladyship
usier *m* var. of **ujier**
usina *f* (Am.) plant, factory; (Am.) powerhouse; **usina mareamotriz** (Am.) tide-driven power plant; **usina térmica** (Am.) steam power plant
uso *m* use; custom, usage; habit, practice; wear, wear and tear; **al uso** according to custom; **el uso hace maestro** practice makes perfect; **en buen uso** (coll.) in good condition; **hacer uso de la palabra** to speak, to make a speech; **uso de razón** discretion, discernment
ustaga *f* (naut.) tie
uste *interj* get away!; **sin decir uste ni muste** (coll.) without saying a word

usted *pron pers* (used with third person of verb) you
ustible *adj* combustible
ustión *f* burning, cauterization
ustorio -ria *adj* burning
usual *adj* usual; sociable; usable
usualmente *adv* usually
usuario -ria *adj* (law) having limited use of a thing; *mf* (law) usuary; user
usucapión *f* (law) usucapion
usucapir *va* (law) to usucapt
usufructo *m* (law) usufruct; uses, fruits
usufructuar §33 *va* to usufruct; to enjoy; *vn* to be productive, be fruitful
usura *f* usury; interest; profit; profiteering; **pagar con usura** to pay back (*a favor, an insult, etc.*) a thousandfold
usurar *vn* var. of **usurear**
usurario -ria *adj* usurious
usurear *vn* to practice usury; to profiteer
usurero -ra *mf* usurer; profiteer
usurpación *f* usurpation
usurpador -dora *adj* usurping; *mf* usurper
usurpar *va* usurp
utensilio *m* utensil; **utensilios** *mpl* (mil.) outfit, equipment
uterino -na *adj* uterine
útero *m* (anat.) uterus, womb
uterotomía *f* (surg.) hysterotomy
útil *adj* useful; (law) lawful, legal (*time*); *m* use; tool; **útiles** *mpl* tools, equipment
utilería *f* (Am.) stage equipment, properties; (Am.) scenic effects
utilero -ra *mf* (Am.) person in charge of properties (*in a theater*); *m* (Am.) property man
utilidad *f* utility, usefulness; profit, earning
utilitario -ria *adj* utilitarian
utilitarismo *m* utilitarianism
utilitarista *adj & mf* utilitarian
utilizable *adj* usable, ready for use, ready for service
utilización *f* utilization
utilizar §76 *va* to utilize; *vr* to serve; **utilizarse con, de** or **en** to make use of; **utilizarse para** to be used for, to be good for
utillaje *m* or **utillería** *f* tools, equipment, outfit
utopia or **utopía** *f* utopia or Utopia
utópico -ca *adj* utopian or Utopian
utopismo *m* utopianism
utopista *adj & mf* utopian or Utopian
utrera *f* heifer between two and three years old
utrero *m* bull between two and three years old
utrícula *f* (bot.) utricle
utricularia *f* (bot.) bladderwort
utrículo *m* (anat.) utricle
UU. abr. of **ustedes**
uva *f* grape; berry of barberry; grapevine; wart on eyelid; uvular tumor; **estar hecho una uva** to be soaked, have a load on; **no entrar por uvas** to not risk interceding; **uva canilla** (bot.) white stonecrop; **uva crespa** (bot.) gooseberry; **uva de Corinto** currant; **uva de gato** (bot.) sedum, white stonecrop; **uva de playa** sea-grape berry; **uva de raposa** (bot.) nightshade; **uva espín** or **espina** (bot.) gooseberry; **uva lupina** (bot.) wolfsbane; **uva marina** (bot.) shrubby horsetail; **uva pasa** raisin; **uvas verdes** (fig.) sour grapes (*of Aesop's fable*); **uva tamínea** or **taminia** (bot.) stavesacre; **uva verga** (bot.) wolfsbane
uvada *f* abundance of grapes, rich crop of grapes
uvaduz *f* (bot.) bearberry
uvaguemaestre *m* (mil.) wagon master
uval *adj* grape-like
uvanita *f* (mineral.) uvanite
uvarovita *f* (mineral.) uvarovite
uvate *m* grape preserves
uve *f* letter V
úvea *f* (anat.) uvea
uveral *m* (Am.) growth of sea grapes
uvero -ra *adj* (pertaining to the) grape; *mf* grape seller; *m* (bot.) sea grape
úvula *f* (anat.) uvula
uvular *adj* (anat. & phonet.) uvular
uvulitis *f* (path.) uvulitis
uxoricida *m* uxoricide (*man*)
uxoricidio *m* uxoricide (*act*)
uxorio -ria *adj* uxorial; uxorious (*excessively fond of and doting on one's wife*)
-uza *suffix pej* e.g., **carnuza** coarse cheap meat; **gentuza** rabble
uzarina *f* (chem.) uzarin
uzbeco -ca *adj & mf* Uzbek or Uzbeg; *m* Uzbek or Uzbeg (*language*)
Uzbekistán, el Uzbekistan
-uzco -ca *suffix adj* -ish, e.g., **blancuzco** whitish; **negruzco** blackish

V

V, v *f* twenty-fifth letter of the Spanish alphabet
V. abr. of **usted, véase & venerable**
V.A. abr. of **Vuestra Alteza**
va *3d sg pres ind of* **ir**
vaca *f* cow; cowhide; beef; gambling pool; **echar las vacas a** (coll.) to put the blame on; **hacer vacas** (Am.) to play truant; **vaca de la boda** (coll.) clown, laughingstock, goat; friend in need; **vaca de leche** milch cow; **vaca de San Antón** (ent.) ladybird; **vaca gruñidora** (zool.) yak; **vaca lechera** milch cow; **vaca marina** (zool.) sea cow; **vacas lecheras** dairy cattle
vacabuey *m* (bot.) sandpaper tree
vacación *f* vacation; vacancy; **vacaciones** *fpl* vacation; **estar de vacaciones** to be on vacation; **marcharse de vacaciones** to go away on a vacation, to leave for a vacation; **vacaciones retribuídas** vacations with pay
vacacionista *mf* vacationist
vacada *f* drove of cattle
vacancia *f* vacancy
vacante *adj* vacant, unoccupied; *f* vacation; vacancy
vacar §86 *vn* to be vacant, to be unfilled; to be idle, to not work, to be unoccupied; **vacar a** to engage in, to attend to; **vacar de** to lack
vacarí *adj* (*pl* **-ríes**) cowhide, made of cowhide
vaccíneo -a *adj* vaccine, vaccinic
vaccínico -ca *adj* var. of **vaccíneo**
vaciadero *m* drain; drainpipe
vaciadizo -za *adj* cast, molded
vaciado -da *adj* hollow-ground; *m* cast, casting; hollow; plaster cast
vaciador *m* emptier; caster, molder; sharpener
vaciamiento *m* emptying; casting, molding
vaciante *m* ebb tide
vaciar §90 & regular *va* to drain, to empty; to cast, to mold; to hollow out; to sharpen on a grindstone; to transcribe; to expatiate upon; *vn* to flow, to empty; to fall (*as a flood, river, etc.*); *vr* (coll.) to blab, to spill all one knows; **vaciarse de** (coll.) to blab, to spill
vaciedad *f* nonsense, folly
vacilación *f* vacillation; unsteadiness; flickering; hesitation
vacilada *f* (Am.) spree, high time; (Am.) drunk
vacilante *adj* vacillating; unsteady; flickering; hesitant
vacilar *vn* to vacillate, to waver; to shake, be unsteady; to flicker; to hesitate; (Am.) to get drunk; **vacilar en** + *inf* to hesitate to + *inf*
vacío -a *adj* empty; hollow; idle; vain, useless, unsuccessful; lacking; proud, presumptuous; barren (*said of cattle*); *m* emptiness; vacancy; side, flank; hollow; lack; void; (phys.) vacuum; **de vacío** idle, light, unloaded; unsucessfully; **en el vacío** in vacuo; **en vacío** unsteadily; in vain; at nothing, in the air; **hacer el vacío a** to isolate, to keep people away from
vaco -ca *adj* vacant; *m* (coll.) ox
vacuidad *f* emptiness; vacuity
vacuna *f* see **vacuno**
vacunación *f* vaccination
vacunar *va* to vaccinate
vacuno -na *adj* bovine; cowhide, made of cowhide; *f* cowpox; vaccine
vacunoterapia *f* vaccine therapy
vacuo -cua *adj* empty; vacant; stupid, empty-headed; *m* hollow; vacuum
vacuola *f* (biol.) vacuole
vadeable *adj* fordable; superable
vadeador *m* guide in fording streams
vadeamiento *m* fording
vadear *va* to ford; to overcome; to sound out; *vr* to behave, conduct oneself
vademécum *m* vade mecum; manual; school companion, school portfolio
vadeo *m* var. of **vadeamiento**
vadera *f* wide ford; (prov.) channel made by a freshet or flood
vado *m* ford; resource, expedient; **al vado o a la puente** (coll.) one way or another; **no hallar vado** to have no solution, to see no way out; **tentar el vado** to look into the matter, to feel one's way
vadoso -sa *adj* fordy, shallow, shoaly
vagabundaje *m* vagabondage; vagrancy
vagabundear *vn* to wander, to roam; to idle, to loaf around
vagabundeo *m* vagabondage
vagabundo -da *adj* vagabond; *mf* vagabond, tramp
vagamundear *vn* var. of **vagabundear**
vagamundo -da *adj & mf* var. of **vagabundo**
vagancia *f* vagrancy; idleness
vagante *adj* vagrant; (Am.) untilled
vagar *m* leisure, idleness; slowness; **andar de vagar** to be at leisure, to be idle; **con vagar** slowly; **§59** *vn* to wander, to roam; to lose one's way; to idle, be idle, be at leisure; to lie around (*said of a thing*); to play (*said of a smile on the face of a person*)
vagaroso -sa *adj* errant, wandering; flitting
vagido *m* (med.) vagitus
vagina *f* (bot. & anat.) vagina
vaginado -da *adj* vaginate
vaginal *adj* vaginal
vaginitis *f* (path.) vaginitis
vagínula *f* (bot. & zool.) vaginula
vagneriano -na *adj & mf* Wagnerian
vago -ga *adj* wandering, roaming; vagabond, idle; lazy; lax, loose; hesitating, wavering; vague; blank (*stare*); (paint.) vaporous, indistinct; *m* vagabond; **en vago** unsteadily; in vain; at nothing, in the air; **poner en vago** to tilt (*e.g., a chair*)
vagón *m* railroad car; moving van on flat car; **vagón cama** sleeping car; **vagón cerrado** boxcar; **vagón cisterna** tank car; **vagón cuadra** cattle van; cattle car; **vagón de carga** freight car; **vagón de cola** caboose; **vagón de mercancías** freight car; **vagón de plataforma** flatcar; **vagón de volteo** dump car; **vagón frigorífico** refrigerator car; **vagón grúa** derrick car; **vagón plano or raso** flatcar; **vagón salón** chair car; **vagón tanque** (rail.) tank car; **vagón tolva** hopper-bottom car; **vagón volquete** dump car
vagonada *f* carload
vagoneta *f* small car; small dump car, tip car; (Am.) delivery truck
vagra *f* (zool.) tapir; (naut.) ribband
vaguada *f* waterway, thalweg
vagueación *f* vagary, flight of fancy
vaguear *vn* to wander, to roam; to be idle, to loaf
vaguedad *f* vagueness; vague remark
vaguemaestre *m* (mil.) wagon master
vaguido -da *adj* dizzy, giddy; *m* dizziness, fainting spell
vagus *m* (anat.) vagus
vahaje *m* gentle breeze
vahar *vn* to emit fumes or vapor; to breathe forth
vaharada *f* exhalation, breathing
vaharera *f* (path.) thrush; (prov.) green melon
vahariento -ta *adj* vaporous
vaharina *f* (coll.) fume, vapor
vahear *vn* to emit fumes or vapor; to breathe forth
vahído *m* dizziness, fainting spell
vaho *m* vapor, fume, steam; breath

vaina *f* sheath, scabbard; knife case; (bot.) pod, shell, husk; (naut.) boltrope tabling, tabling (*e.g., of a flag*); (Am.) casing (*to draw string through*); (Am.) annoyance, nuisance; (Am.) luck, stroke of luck; (Am. slang) intercourse, fornication; **de vaina abierta** quick and ready; **salirse de la vaina** (Am. coll.) to get violent, to lose one's head; **vaina de haba** (Am.) trifle; *mf* (Am.) bore, wretch
vainazas *m* (*pl:* **-zas**) (coll.) sloppy fellow
vainero *m* scabbard-maker
vainica *f* small sheath or scabbard; hemstitch
vainilla *f* small pod; hemstitch; (bot.) vanilla (*plant, bean, and extract*)
vainillar *va* (Am.) to hemstitch
vainillina *f* (chem.) vanillin
vainita *f* (Am.) string bean
vais *2d pl pres ind of* **ir**
vaivén *m* swing, seesaw, backward and forward motion, coming and going, wavering; risk, chance; unsteadiness, inconstancy; (naut.) three-stranded rope or cable
vajilla *f* table service; set of dishes; dishes; **lavar la vajilla** to wash the dishes; **vajilla de oro** gold plate; **vajilla de plata** silverware, silver plate; **vajilla de porcelana** chinaware
val *m* apocopated form of **valle**; *2d sg impv of* **valer**
valaco -ca *adj & mf* Walachian; *m* Walachian (*language*); *f* (Am.) wide hair band
Valaquia *f* Walachia
valar *adj* (pertaining to a) fence, hedge, or stockade
valdense *adj & mf* Waldensian; **valdenses** *mpl* Waldenses
valdepeñero -ra *adj* (pertaining to) Valdepeñas; *mf* native or inhabitant of Valdepeñas
valdgrave *m* waldgrave
valdré *1st sg fut ind of* **valer**
vale *m* bond, promissory note; receipt, voucher; advance note of pardon (*in school*); farewell; (Am.) pal, chum
valedero -ra *adj* valid, binding
valedor -dora *mf* protector, defender; (Am.) friend, companion
valedura *f* (Am.) favor, protection
valencia *f* (chem.) valence, valency
valenciano -na *adj & mf* Valencian; *m* Valencian (*dialect*); f (Am.) cuff (*of trousers*)
valentía *f* valor, bravery; feat, heroic exploit; brag, boast; dash, boldness; bold stroke; **pisar de valentía** to strut
Valentín, San Saint Valentine
valentino -na *adj* Valencian
valentísimo -ma *adj super* very or most valiant; very or most excellent; extremely skilled or finished
valentón -tona *adj* arrogant, boastful; *mf* braggart, boaster; *f* bragging, boasting
valentonada *f* bragging, boasting
valer *m* worth, merit, value ‖ §89 *va* to defend, protect; to favor, patronize; to avail; to bring about, to cause; to amount to; to be worth, be valued at; to be equal to, be equivalent to; to produce, to yield; **no valer un diablo** (coll.) to be not worth a darn; **valer lo que pesa** or **valer tanto como pesa** (coll.) to be worth its (his, her, etc.) weight in gold; **valga lo que valiere** come what may; **¡válgame Dios!** so help me God!, bless my soul ‖ *vn* to have worth; to be worthy; to have force, power, authority; to be valuable; to be valid; to prevail; to hold, to count; to serve as defense; to have influence, to be in favor; **hacer valer** to make felt; to assert (*e.g., one's rights*); to make good (*e.g., a claim*); to turn to account; **más vale** it is better (to); **más vale tarde que nunca** better late than never; **valerle a uno** + *inf* to help someone to + *inf*, to get someone to + *inf*, e.g., **eso le valió ser encarcelado** that got him to be jailed, that got him jailed; **valer para** to be useful for; **valer por** to be equal to, be as good as; **vale tanto como decir** it is as much as to say ‖ *vr* to help oneself, to defend oneself; **no poder valerse** to be helpless; **valerse de** to make use of, to avail oneself of, to take advantage of; **valerse por sí mismo** to help oneself
valeriana *f* (bot.) valerian, setwall; (pharm.) valerian; **valeriana griega** (bot.) Greek valerian
valerosidad *f* bravery, valor; skill
valeroso -sa *adj* brave, valorous; active, effective
valet *m* (*pl:* **-lets**) jack (*in cards*)
valetudinario -ria *adj & mf* valetudinarian
valgo *1st sg pres ind of* **valer**
Valhala, el or **Valhalla, el** (myth.) Valhalla
valí *m* (*pl:* **-líes**) wali
valía *f* value, worth; favor, influence; faction, party; **a las valías** at the highest price; **mayor valía** or **plus valía** increased value, appreciation; unearned increment
validación *f* validation
validar *va* to validate
validez *f* validity; strength, vigor
valido -da *adj* valued, esteemed; influential; *m* prime minister; court favorite
válido -da *adj* valid; strong, robust
valiente *adj* valiant; fine, excellent; terrific; *m* brave fellow; bully
valija *f* valise; mailbag, mailpouch; **valija diplomática** diplomatic pouch
valijero *m* mailbag deliverer
valimiento *m* favor, protection; favoritism, favor at court
valioso -sa *adj* valuable; wealthy; influential
valisoletano -na *adj & mf* var. of **vallisoletano**
valón -lona *adj & mf* Walloon; *m* Walloon (*dialect*); **valones** *mpl* bloomers; *f* Vandyke collar
valor *m* value, worth; meaning, import; efficacy; equivalence; stability, steadiness; resignation; valor, courage; audacity, impudence; (mus.) value; (fig.) asset (*person, thing, or quality worth having*); **valores** *mpl* securities; **valor alimenticio** food value; **valor de rescate** (ins.) surrender value; **valor facial** face value; **valor nominal** (com.) par value, face value
valoración *f* valuation, appraisal
valorar or **valorear** *va* to value, to appraise; to enhance the value of
valorización *f* valorization
valorizar §76 *va* to valorize
valpurgita *f* (mineral.) walpurgite
valquiria *f* (myth.) Valkyrie
vals *m* (*pl:* **valses**) waltz
valsar *vn* to waltz
valuable *adj* ratable, appraisable
valuación *f* valuation, appraisal
valuar §33 *va* to appraise, estimate
valuta *f* (econ.) valuta
valva *f* (biol.) valve
valviforme *adj* valviform, valve-shaped
válvula *f* (anat., mach. & rad.) valve; **sin válvulas** valveless; **válvula corrediza** slide valve; **válvula de admisión** intake valve; **válvula de aguja** needle valve; **válvula de bola** ball valve; **válvula de émbolo** piston valve; **válvula de escape** exhaust valve; **válvula de escape libre** cutout; **válvula de fuerza** (rad.) power tube; **válvula de mariposa** butterfly valve; **válvula de seguridad** safety valve; **válvula en la culata** valve in the head, overhead valve; **válvula mitral** (anat.) mitral valve; **válvula tricúspide** (anat.) tricuspid valve
valvulado -da *adj* valvate
valvular *adj* valvular
valla *f* fence, barricade; obstacle, hindrance; (sport) hurdle; (Am.) cockpit; **valla paranieves** snow fence
valladar *m* fence, barricade; obstacle, hindrance
valladear *va* to fence, to hedge, to fence in
vallado *m* fence, barricade
vallar *adj* (pertaining to a) fence, hedge, or stockade; *va* to fence, to hedge, to fence in
valle *m* valley, vale; river basin; valley dwellings, valley villages; **valle de lágrimas** vale of tears; **valle de Tempe** (hist.) Vale of Tempe
vallico *m* var. of **ballico**
vallisoletano -na *adj* (pertaining to) Valladolid; *mf* native or inhabitant of Valladolid

vamos *1st pl pres ind & impv of* **ir;** *interj* well!; why!; come now!; let's go!; watch out!; stop!
vampiresa *f* vampire (*woman who preys on men*)
vampiro *m* vampire; (zool.) vampire; (fig.) vampire (*extortionist*)
van *3d pl pres ind of* **ir**
vanadio *m* (chem.) vanadium
vanagloria *f* vainglory
vanagloriar §90 & **regular** *vr* to boast; **vanagloriarse de** or **por** to boast of; **vanagloriarse de** + *inf* to boast of + *ger*
vanaglorioso -sa *adj* vainglorious
vanamente *adv* vainly
vandálico -ca *adj* Vandal; vandal
vandalismo *m* vandalism
vándalo -la *adj & mf* Vandal; vandal
Vandea, la the Vendée (*district in western France*)
vandeano -na *adj & mf* Vendean
vanear *vn* to talk idly, to talk nonsense
vanguardia *f* (mil. & fig.) van, vanguard; **vanguardias** *fpl* abutment (*of bridge*); **a vanguardia** in the vanguard; **estar a** or **en vanguardia** to be in the lead, to be out in front
vanguardismo *m* avant-garde
vanguardista *adj* avant-garde
vanidad *f* vanity; pomp; nonsense, inanity; **ajar la vanidad de** (coll.) to take down a peg; **hacer vanidad de** to boast of
vanidoso -sa *adj* vain, conceited
vanilocuencia *f* empty talk
vanílocuo -cua *adj* chattering, wordy; *mf* empty talker or speaker
vaniloquio *m* empty talk
vanistorio *m* (coll.) vain affectation; (coll.) affected person
vano -na *adj* vain; **en vano** in vain; *m* bay, opening in a wall
vánova *f* (dial.) bedspread
vapor *m* steam, vapor; mist, exhalation; vertigo, faintness; steamer, steamboat; **vapores** *mpl* gas (*belched*); hysterics; attack of blues; **al vapor** by steam; at great speed; **vapor de agua** water vapor; **vapor de paletas** or **ruedas** paddle-wheel steamboat; **vapor volandero** tramp steamer
vapora *f* (coll.) steam launch
vaporable *adj* vaporable
vaporación *f* evaporation
vaporar *va & vr* to evaporate
vaporear *va* to evaporate; *vn* to exhale vapors; *vr* to evaporate
vaporización *f* vaporization; (med.) vaporization
vaporizador *m* vaporizer; sprayer, atomizer
vaporizar §76 *va & vr* to vaporize; to spray, to atomize
vaporoso -sa *adj* vaporous, steamy; light, diaphanous, gauzy
vapulación *f* or **vapulamiento** *m* whipping, flogging
vapular *va* to whip, to flog
vapuleamiento *m* var. of **vapulación**
vapulear *va* var. of **vapular**
vapuleo or **vápulo** *m* var. of **vapulación**
vaquería *f* drove of cattle; dairy
vaquerizo -za *adj* (pertaining to) cattle; *mf* cattle tender; *f* winter stable for cattle
vaquero -ra *adj* (pertaining to) cattle; *mf* cattle tender; *m* cowboy, cow hand
vaqueta *f* leather
vaquillona *f* (Am.) heifer
vara *f* twig, stick; pole, staff, rod; wand; shaft (*of carriage*); (bot.) scape; (taur.) thrust with goad; measure of length: 2.8 ft.; **entrar en vara** to gather together to feed on acorns (*said of hogs*); **tener vara alta** to have the upper hand; **vara alcándara** shaft (*of carriage*); **vara alta** upper hand, sway, authority; **vara buscadora** divining rod (*used professedly to discover water or minerals under ground*); **vara de adivinar** divining rod; **vara de Jesé** (bot.) tuberose; **vara de oro** (bot.) goldenrod; **vara de pescar** fishing rod; **vara de San José** (bot.) goldenrod; **vara mágica** divining rod
vara-alta *m* (coll.) boss
varada *f* beaching (*of a boat*); running aground; (prov.) farm workers; farming season; three-month mine work; quarterly mine earnings
varadera *f* (naut.) skid, skeed
varadero *m* shipyard, repair dock
varadura *f* grounding, running aground
varal *m* perch, long pole; horizontal pole with holes in which to fasten the upright side sticks of a cart; (coll.) tall ungainly person
varano *m* (zool.) monitor
varapalo *m* long pole; blow with stick or rod; (coll.) reverse, setback, disappointment
varar *va* to beach (*a boat*); *vn* to run aground; to come to a standstill (*said of business*)
varaseto *m* treillage, espalier
varazo *m* blow with a stick or pole
varbasco *m* (bot.) great mullein
vardasca *f* green twig
vareaje *m* beating down fruit; measuring or sale by the vara
varear *va* to beat, to strike; to knock (*fruit from a tree*); (taur.) to goad; to measure with a vara; to sell by the vara; *vn* to weaken, to get weak
varec *m* (bot.) wrack
varejón *m* long heavy stick
varenga *f* (naut.) floor timber; (naut.) headrail
vareo *m* beating fruit from trees
vareta *f* small twig or stick; lime twig for catching birds; colored stripe; cutting remark; (coll.) hint; **irse de vareta** (coll.) to have diarrhea
varetazo *m* stroke with a stick; side thrust with the horn (*by bull*)
varetear *va* to make stripes in
varetón *m* young stag having antlers without tines
varga *f* steep part of a slope
varganal *m* stake fence, stockade
várgano *m* stake (*of fence*)
vargueño *m* var. of **bargueño**
variabilidad *f* variability
variable *adj* variable; *f* (math.) variable
variación *f* variation
variado -da *adj* varied; variegated
variamente *adv* variously, diversely, differently
variante *adj & f* variant
variar §90 *va* to vary, to change; *vn* to vary, to change, be different; **variar de** or **en opinión** to change one's mind
varice *f* or **várice** *f* (path.) varix; **varices** *fpl* (path.) varicose veins
varicela *f* (path.) varicella, chicken pox
varicocele *m* (path.) varicocele
varicosidad *f* varicosity (*state of being varicose; varix*)
varicosis *f* (path.) varicosis
varicoso -sa *adj* varicose
variedad *f* variety; **variedades** *fpl* variety, vaudeville; miscellanies
varilarguero *m* (taur.) picador
varilla *f* rod, stem, twig; wand; rib (*of umbrella, fan, etc.*); wire spoke; stay (*of corset*); (coll.) jawbone; (Am.) peddler's wares; **varillas** *fpl* frame of sieve or strainer; **varilla de virtudes, varilla mágica** magician's wand, conjurer's wand; **varilla empujadora** tappet rod; **varilla exploradora** divining rod; **varilla levantaválvula** tappet rod
varillaje *m* ribbing, ribs; type bars, basket of type bars (*of a typewriter*); (mech.) linkage
varillero -ra *mf* (Am.) peddler
vario -ria *adj* various, varied; inconstant; undecided; variegated; **varios -rias** *adj pl* various, several; **varios** *mpl* miscellanea, literary miscellany
varioacoplador *m* (rad.) variocoupler
varioloide *f* (path.) varioloid
varioloso -sa *adj* variolous; pock-marked; *mf* pock-marked person
variómetro *m* (elec., meteor. & rad.) variometer
variórum *adj & m invar* variorum
variz *f* (*pl:* **-rices**) var. of **varice**
varón *m* man, male; adult male; man of standing, man of parts; (naut.) rudder pendant; **santo varón** plain artless fellow; **Varón de Dolores** Man of Sorrows (*Jesus*); *adj* male, e.g., **hijo varón** male child

varona *f* woman, female; mannish woman
varonía *f* male issue, male descent
varonil *adj* manly, virile; courageous, vigorous
varraco *m* var. of **verraco**
varraquear *vn* var. of **verraquear**
varraquera *f* var. of **verraquera**
Varsovia *f* Warsaw
varsoviano -na *adj* (pertaining to) Warsaw; *mf* native or inhabitant of Warsaw; *f* varsoviana, varsovienne (*music and dance*)
vas *2d sg pres ind of* **ir**
vasallaje *m* vassalage; liege money
vasallo -lla *adj & mf* vassal
vasar *m* kitchen shelf, kitchen shelving
vasco -ca *adj & mf* Basque (*of Spain and France*); *m* Basque (*language*)
vascón -cona *adj & mf* Basque (*ancient*)
vascongado -da *adj & mf* Basque (*of Spain*); *m* Basque (*language*); **las Vascongadas** the Basque Provinces
vascónico -ca *adj* Basque (*ancient*)
vascuence *adj & m* Basque (*language*); *m* (coll.) gibberish
vascular *adj* (bot. & zool.) vascular
vasculoso -sa *adj* vasculous, vasculose
vasectomía *f* (surg.) vasectomy
vaselina *f* vaseline
vaselinoso -sa *adj* (coll.) full of schmaltz
vasera *f* kitchen shelf; glass rack, glass basket; case for carrying a glass or tumbler
vasija *f* vessel, receptacle, container; dish; wine casks and jars in wine cellar
vasillo *m* cell (*of honeycomb*); (bot.) navelwort, pennywort
vaso *m* glass, tumbler; glassful; receptacle; vase, flower jar; high urinal; horse's hoof; capacity; (naut.) vessel; (anat.) vas, vessel, duct; (bot.) vessel; (arch.) vase; **vaso de engrase** (mach.) grease cup; **vaso de noche** pot, chamber pot; **vaso de papel** paper cup; **vaso excretorio** chamber pot; **vaso lacrimatorio** lachrymal vase; **vaso sanguíneo** (anat.) blood vessel
vasoligadura *f* (surg.) vasoligation
vasomotor -tora *adj* (physiol.) vasomotor
vástago *m* twig, sapling, shoot; scion, offspring; rod, stem; **vástago de émbolo** piston rod; **vástago de válvula** valve stem
vastedad *f* vastness
vasto -ta *adj* vast
vate *m* poet, bard, seer
váter *m* (coll.) toilet, water closet
vatiaje *m* (elec.) wattage
vaticano -na *adj* (pertaining to the) Vatican; (*cap.*) *m* Vatican
vaticinador -dora *adj* prophesying, predicting; *mf* prophet, predicter
vaticinante *adj* prophesying, predicting
vaticinar *va* to prophesy, to predict, to vaticinate
vaticinio *m* prophecy, prediction
vatídico -ca *adj* prophetical; prophesying; *mf* prophet
vatihorímetro *m* (elec.) watt-hour meter
vatímetro *m* (elec.) wattmeter
vatio *m* (elec.) watt
vatio-hora *m* (*pl:* **vatios-hora**) (elec.) watt-hour
vaya *f* scoff, jest, jeer; *1st sg pres subj of* **ir**
Vd. abr. of **usted**
Vds. abr. of **ustedes**
V.E. abr. of **Vuestra Excelencia**
ve *3d sg pres ind & 2d sg impv of* **ver**
vé *2d sg impv of* **ir**
vecera *f* see **vecero**
vecería *f* drove (*especially of hogs*)
vecero -ra *adj* alternating; yielding in alternate years; *mf* person who takes turns; customer; person who waits his turn; *f* drove (*especially of hogs*)
vecinal *adj* (pertaining to the) neighborhood, local, vicinal
vecinamente *adv* nearby, near at hand
vecindad *f* neighborhood, vicinage, vicinity; **hacer mala vecindad** to be a bad neighbor
vecindario *m* neighborhood, community; population
vecino -na *adj* neighboring, near; similar, like; *mf* neighbor; resident, native, citizen
vectación *f* riding (*in vehicle*)
vector *m* (biol. & math.) vector
vectorial *adj* vector, vectorial
veda *f* prohibition; hindrance; closed season; (*cap.*) *m* Veda
vedado *m* game park, game preserve
vedamiento *m* prohibition; hindrance
vedar *va* to forbid, prohibit; to stop, hinder; to veto; **vedar** + *inf* to forbid to + *inf*
vedegambre *m* (bot.) hellebore
vedeja *f* long lock of hair; lion's mane
védico -ca *adj* Vedaic; *m* Vedaic (*language*)
vedija *f* tuft of wool; mat of hair; matted hair; (anat.) pubes
vedijoso -sa or **vedijudo -da** *adj* having tangled hair; tangly
vedismo *m* Vedism
veedor -dora *adj* curious, prying, spying; *mf* prier, spy, busybody; *m* supervisor, overseer; **veedor del tesoro** controller
veeduría *f* inspectorship; inspector's office
vega *f* fertile plain; (Am.) tobacco plantation; (*cap.*) *f* (astr.) Vega
vegetación *f* vegetation; **vegetaciones adenoideas** adenoids
vegetal *adj* vegetal; *m* vegetable (*plant*)
vegetalismo *m* var. of **vegetarianismo**
vegetalista *adj* var. of **vegetariano**
vegetar *vn* to vegetate; to grow; (fig.) to vegetate
vegetarianismo *m* vegetarianism
vegetariano -na *adj & mf* vegetarian
vegetativo -va *adj* vegetative
vegoso -sa *adj* (Am.) damp, wet (*ground*)
veguero -ra *adj* country; *m* farmer; (Am.) tobacco planter
vehemencia *f* vehemence
vehemente *adj* vehement
vehicular *adj* vehicular
vehículo *m* vehicle; **vehículo espacial** space vehicle; **vehículo motor** motor vehicle
veía *1st sg imperf ind of* **ver**
veintavo -va *adj & m* twentieth
veinte *adj* twenty; **a las veinte** (coll.) inopportunely, very late; **las veinte** eight P.M.: *m* twenty; twentieth (*in dates*)
veintena *f* see **veinteno**
veintenario -ria *adj* twenty-year-old
veinteno -na *adj* twentieth; *f* score, twenty
veintenero *m* (eccl.) succentor
veinteñal *adj* twenty-year
veinticinco *adj* twenty-five; *m* twenty-five; twenty-fifth (*in dates*)
veinticuatreno -na *adj* twenty-fourth
veinticuatría *f* (archaic) prefecture
veinticuatro *adj* twenty-four; **las veinticuatro** twelve midnight; *m* twenty-four; twenty-fourth (*in dates*); (archaic) prefect
veintidós *adj* twenty-two; **las veintidós** ten P.M.; *m* twenty-two; twenty-second (*in dates*)
veintidoseno -na *adj* twenty-second
veintinueve *adj* twenty-nine; *m* twenty-nine; twenty-ninth (*in dates*)
veintiocheno -na *adj* twenty-eighth
veintiocho *adj* twenty-eight; *m* twenty-eight; twenty-eighth (*in dates*)
veintiséis *adj* twenty-six; *m* twenty-six; twenty-sixth (*in dates*)
veintiseiseno -na *adj* twenty-sixth
veintisiete *adj* twenty-seven; *m* twenty-seven; twenty-seventh (*in dates*)
veintitrés *adj* twenty-three; **las veintitrés** eleven P.M.; *m* twenty-three; twenty-third (*in dates*)
veintiún *adj* apocopated form of **veintiuno,** used only before masculine nouns and adjectives
veintiuno -na *adj* twenty-one; **las veintiuna** nine P.M.; *m* twenty-one; twenty-first (*in dates*); *f* twenty-one (*card game*)
vejación *f* vexation, annoyance
vejamen *m* vexation, annoyance; sharp criticism
vejar *va* to vex, annoy; to criticize
vejatorio -ria *adj* vexatious, annoying
vejestorio *m* (coll.) old dodo; (archaic) piece of junk
vejeta *f* (orn.) crested lark
vejete *m* (coll.) little old fellow, silly old fellow
vejez *f* oldness; old age; peevishness of old age; platitude, old story; **a la vejez, viruelas** there's no fool like an old fool

vejiga *f* bladder; blister; pock mark; **vejiga de la bilis** (anat.) gall bladder; **vejiga de perro** (bot.) winter cherry; **vejiga natatoria** air bladder, swimming bladder (*of fish*)
vejigatorio -ria *adj* blistering; *m* blister plaster
vejigazo *m* blow with a bladder full of air
vejigoso -sa *adj* full of blisters
vejiguilla *f* small bladder; pustule; (bot.) winter cherry
vela *f* wakefulness; evening (*devoted to some pursuit*); work (*in the evening*); candle; pilgrimage; (eccl.) vigil (*before Eucharist*); sail; sailboat; awning; **a toda vela** full sail; **a vela** under sail; **a vela llena** under full sail; **dar vela** or **darse a la vela** to set sail; **en vela** awake; **estar entre dos velas** to have a sheet in the wind, to be tipsy; **hacerse a la vela** to set sail; **levantar velas** to hoist sails; to set sail; (coll.) to withdraw, give up; **tender las velas** to take advantage of wind and weather; (fig.) to make the most of an opportunity; **vela al tercio** lugsail; **vela (de) cangreja** fore-and-aft sail; **vela de cruz** square sail; **vela de estay** staysail; **vela de mesana** mizzen (sail); **vela latina** lateen sail; **vela mayor** mainsail; **vela romana** Roman candle
velación *f* watching, vigil, wake; (eccl.) veiling at nuptial mass
velacho *m* (naut.) foretopsail
velado -da *adj* veiled, hidden; (phot.) cloudy; *m* husband; *f* wife; vigil, watch, watching; evening, evening party, soirée
velador -dora *adj* watching; *m* watchman, guard; wooden candlestick; pedestal table; (Am.) night table
veladura *f* (paint.) velatura; (phot.) clouding (*of a film*)
velaje *m* or **velamen** *m* (naut.) canvas, sails
velar *adj* & *f* (phonet.) velar ‖ *va* to watch, to watch over; to guard; to keep (*guard or watch*); to wake, hold a wake over; to veil; (fig.) to veil, hide, conceal; to veil (*newly married couple*) at nuptial mass; (phot.) to fog ‖ *vn* to stay awake; to work late, to work in the evening or at night; to be solicitous; to stick out of the water (*said of rocks in sea*); to keep up all night (*said of the wind*); (eccl.) to assist by turns before the Holy Sacrament; **velar por** or **sobre** to watch over; **velar por que** to see to it that ‖ *vr* (phot.) to fog, be light-struck
velarización *f* (phonet.) velarization
velarizar §76 *va* (phonet.) to velarize
velarte *m* broadcloth
velatorio *m* wake (*beside corpse*)
veleidad *f* caprice, whim; inconstancy, fickleness, flightiness
veleidoso -sa *adj* capricious, whimsical; inconstant, fickle, flighty
velejar *vn* (naut.) to sail with sails unfurled, to navigate under sail
velería *f* tallow chandler's store; sail loft
velero -ra *adj* (naut.) swift-sailing; fond of vigils; fond of pilgrimages; *mf* tallow chandler; *m* sailmaker; sailboat, sailer; (aer.) sailplane
veleta *f* vane, weathercock, weather vane; rudder, rudder vane (*of windmill*); bob (*of fishing line*); streamer, pennant; **veleta de manga** (aer.) air sleeve, air sock; *mf* weathercock (*fickle person*)
velete *m* small thin veil
velicación *f* (med.) lancing, opening
velicar §86 *va* (med.) to lance, to open
velicomen *m* cup for drinking toasts
velilla *f* small candle
velillo *m* small veil; gauze embroidered with silver thread
velís *m* (Am.) valise
velmez *m* (*pl:* **-meces**) tunic worn under armor
velo *m* veil; white veil thrown over couple at nuptial mass; taking the veil; humeral veil; (biol.) velum; (phot.) fog; (fig.) veil (*mask, disguise*); (fig.) confusion, perplexity; **correr el velo** to pull aside the curtain, to dispel the mystery; **correr** or **echar el velo sobre** to hush up; **tomar el velo** to take the veil; **velo del paladar** (anat.) velum, soft palate; **velo de monja** nun's veiling
velocidad *f* velocity; speed; **en gran velocidad** (rail.) by express; **en pequeña velocidad** (rail.) by freight; **primera velocidad** (aut.) low gear; **segunda velocidad** (aut.) second; **tercera velocidad** (aut.) high gear; **velocidad con respecto al suelo** (aer.) ground speed; **velocidad de escape** escape velocity (*of a satellite*); **velocidad de régimen** working speed, steady speed; **velocidad de sincronismo** (elec.) synchronous speed; **velocidad sobremultiplicada** (aut.) overdrive
velocímetro *m* speedometer; velocimeter (*to measure speed of projectiles*)
velocípedo *m* velocipede
velódromo *m* velodrome
velógrafo *m* hectograph
velómetro *m* speedometer
velón *m* metal olive-oil lamp
velonera *f* lamp stand, lamp bracket
velonero *m* lamp maker, lamp dealer
velorio *m* party, gathering; wake; taking the veil; (coll.) dull party; (Am.) come-on
velorta *f* var. of **vilorta**
velorto *m* var. of **vilorto**
veloz *adj* (*pl:* **-loces**) swift, rapid; agile, quick
veludillo *m* var. of **velludillo**
veludo *m* plush; velvet
vellera *f* (archaic) depilator (*woman*)
vellido -da *adj* var. of **velloso**
vello *m* down (*on fruit and human body*); velvet (*of antlers of deer*); (anat., bot. & zool.) villus
vellocino *m* fleece; unsheared sheepskin
vellón *m* fleece; unsheared sheepskin; lock of wool; copper and silver alloy; copper coin
vellonero *m* gatherer of fleece
vellora *f* knot on wrong side of cloth
vellorí *m* (*pl:* **-ríes**) broadcloth of undyed wool
vellorín *m* var. of **vellorí**
vellorita *f* (bot.) cowslip; (bot.) English daisy
vellosidad *f* downiness, fuzziness, hairiness
vellosilla *f* (bot.) mouse-ear
velloso -sa *adj* downy, fuzzy, hairy, villous
velludillo *m* velveteen
velludo -da *adj* shaggy, hairy, fuzzy; *m* plush; velvet
vellutero *m* silk worker, plush worker
ven *2d sg impv of* **venir**
vena *f* vein; grain (*in stone*); (fig.) streak; (fig.) poetical inspiration; **coger a uno de vena** to find someone receptive; **darle a uno la vena** (coll.) to be bent on folly; **estar en vena** (coll.) to be all set, to be inspired; (coll.) to be sparkling with wit; **reventarse una vena** to burst a blood vessel; **vena ácigos** (anat.) azygous vein; **vena basílica** (anat.) basilic vein; **vena de agua** underground water passage; **vena de loco** fickle disposition; **vena porta** (anat.) portal vein; **vena yugular** (anat.) jugular vein
venable *adj* salable
venablo *m* javelin, dart; **echar venablos** to burst forth in angry words
venación *f* venation (*arrangement of veins*); (archaic) venation, venery (*hunting*)
venadero *m* place frequented by deer
venado *m* deer, stag
venaje *m* fountainheads (*of a river*)
venal *adj* salable; venal, mercenary; venous
venalidad *f* venality
venático -ca *adj* (coll.) fickle, unsteady, inconstant
venatorio -ria *adj* (pertaining to) hunting, venatic
venatriz, la (myth.) the huntress Diana
vencedero -ra *adj* falling due, maturing
vencedor -dora *adj* conquering; *mf* conqueror, victor
vencejo *m* band, string; (orn.) black martin, European swift
vencer §91 *va* to conquer, vanquish; to surpass, outdo, excel; to surmount, overcome; *vn* to conquer, win out; to twist, bend, turn; (com.) to mature, fall due; to expire; to be up (*said of a period of time*); *vr* to control oneself; (Am.) to wear out, to become worthless
vencetósigo *m* (bot.) swallowwort, tame poison
vencible *adj* conquerable, superable, vincible

vencido -da *adj* conquered, overcome; (com.) mature, due, payable; **estar** or **ir de vencida** to be all in; to be all up; to be finished; to be past or over
vencimiento *m* victory; defeat, vanquishment (*state of being conquered*); (com.) maturity, expiration
venda *f* see **vendo**
vendaje *m* bandage, dressing
vendar *va* to bandage; to blindfold; to blind, to hoodwink
vendaval *m* southeasterly wind from the sea; strong wind
vendedera *f* saleslady, saleswoman
vendedor -dora *adj* selling, vending; *m* salesman; *f* saleslady, saleswoman, salesgirl
vendehumos *mf* (*pl:* **-mos**) (coll.) influence peddler, person who trades on his real or supposed influence
vendeja *f* public sale
vender *va* to sell; to sell out, to betray, to give away; **vender de beber** to sell drinks; **vender de comer** to sell food, to serve meals; *vn* to sell; **¡vendo, vendo, vendí!** going, going, gone!; *vr* to sell oneself; to expose oneself to danger; to sell, be for sale; to give oneself away, to show one's hand; **venderse caro** to be sold dear; to be seldom seen, to be a stranger; to be hard to see; **venderse en** to sell for (*e.g., five dollars*); **venderse por** to pretend to be
vendetta *f* vendetta
vendí *m* (*pl:* **-díes**) certificate of sale
vendible *adj* salable, vendible; marketable
vendimia *f* vintage; (fig.) rich profit
vendimiador -dora *mf* vintager
vendimiar *va* to gather (*grapes*); to reap unjustly, to reap with violence; (coll.) to kill, murder
vendo -da *adj* Wendish; *mf* Wend; *m* Wendish (*language*); selvage; *f* bandage; blindfold; regal fillet
vendré *1st sg fut ind of* **venir**
venduta *f* (Am.) vendue, public sale; (Am.) greengrocery
vendutero -ra *mf* (Am.) auctioneer; (Am.) greengrocer
Venecia *f* Venice (*city*); Venetia (*province or district*)
veneciano -na *adj & mf* Venetian; *m* Venetian (*dialect*)
venencia *f* tube for sampling wines
veneno *m* poison, venom; (fig.) bitterness
venenosidad *f* poisonousness
venenoso -sa *adj* poisonous, venomous
venera *f* scallop shell, cockleshell; pilgrim's scallop shell; knight's badge; spring (*of water*); **empeñar la venera** (coll.) to spare no expense, to go all out
venerabilidad *f* venerability
venerabilísimo -ma *adj super* very or most venerable
venerable *adj* venerable
veneración *f* veneration, worship
venerador -dora *adj* venerating, worshiping; *mf* venerator, worshiper
venerando -da *adj* venerable
venerar *va & vn* to venerate, revere; to worship
venéreo -a *adj* venereal; *m* venereal disease
venero *m* spring (*of water*); source, origin; hour mark (*on sundial*); (min.) lode
véneto -ta *adj & mf* Venetian; *m* sea green
venezolanismo *m* Venezuelanism
venezolano -na *adj & mf* Venezuelan
Venezuela *f* Venezuela
vengable *adj* worthy of revenge, capable of being avenged
vengador -dora *adj* avenging; *mf* revenger, avenger
venganza *f* vengeance, revenge
vengar §59 *va* to avenge; *vr* to take revenge; **vengarse de** to take revenge for; **vengarse en** to take revenge on, to avenge oneself on
vengativo -va *adj* vengeful, vindictive
vengo *1st sg pres ind of* **venir**
venia *f* pardon, forgiveness; permission, leave; bow (*with head*); (law) court decree allowing minors to manage own estates; (Am.) (military) salute
venial *adj* venial
venialidad *f* veniality
venida *f* see **venido**
venidero -ra *adj* coming, future; **en lo venidero** in the future; **venideros** *mpl* successors, posterity
venido -da *adj* come, arrived; **bien venido** welcome; *f* coming; return; flood, freshet; impetuosity, rashness
venir §92 *vn* to come, to go; **lo por venir** the future; **que viene** coming, next; **venga lo que viniere** come what may; **venir** + *ger* to be + *ger;* **venir a** + *inf* to come to + *inf*; to end by + *ger*, to amount to + *ger;* to happen to + *inf*; **venir a que** + *subj* to come in order that; **venir a ser** to turn out to be; **venir bien** to become, fit, suit; **venir de** + *inf* to come from + *ger*, e.g., **vengo de pagar unas cuentas** I come from paying some bills, I have just been to pay some bills; *vr* to ferment; **venirse abajo** to collapse
venoso -sa *adj* venous
venta *f* sale, selling; salesmanship; roadside inn; place in the open, unsheltered spot; **de venta** or **en venta** on sale, for sale; **hacer venta** (coll.) to invite in to have something to eat; **ser una venta** (coll.) to be a dear place; to be in the open, to be unprotected; **venta al descubierto** or **a plazo** (com.) short sale
ventada *f* blast, gust of wind
ventaja *f* advantage; extra pay; odds (*in a game*); (tennis) advantage; **llevar la ventaja a** to be ahead of; to have the advantage of
ventajista *mf* sharper, crook
ventajoso -sa *adj* advantageous
ventalla *f* (mach.) valve; (bot.) valve (*of capsule or legume*)
ventalle *m* fan; nosepiece (*of helmet*)
ventana *f* window (*opening in a wall; windowpane*); sash; nostril; (anat.) fenestra; **echar la casa por la ventana** (coll.) to go to a lot of expense (*to entertain or in other ways*); **tirar por la ventana** to ruin, spoil; **ventana a bisagra** or **ventana batiente** casement; **ventana de guillotina** sliding window, sash window; **ventana de la nariz** nostril; **ventana oval** (anat.) fenestra ovalis; **ventana redonda** (anat.) fenestra rotunda; **ventana salediza** bay window
ventanaje *m* (arch.) fenestration, windows (*of a building*)
ventanal *m* large window, church window
ventanazo *m* slamming a window, window slamming
ventanear *vn* (coll.) to be always at the window
ventaneo *m* (coll.) fondness for being at the window
ventanero -ra *adj* fond of being at the window; *mf* person fond of being at the window; *m* windowmaker; window gazer (*man who likes to look in windows where there are women*); *f* woman who spends a lot of time hanging out of the window; woman flirting from a window
ventanico *m* var. of **ventanillo**
ventanilla *f* small window, opening; window (*of railway car; of a bank; of an envelope*); wicket; ticket window; nostril
ventanillo *m* small window; peephole
ventanuco or **ventanucho** *m* ugly little window
ventar §18 *va* to sniff (*said of animals*); *vn* to blow (*said of the wind*)
ventarrón *m* strong wind, windstorm, gale
venteadura *f* wind shake, split in timber caused by wind; (found.) blowhole
ventear *va* to sniff, to scent (*said of animals*); to air, to dry in the wind; to snoop into, to pry into; *vn* to blow (*said of the wind*); to snoop, to pry about; *vr* to split; to blister (*said of baking bricks*); to become spoiled in the air; (coll.) to break wind
venteo *m* sniffing, scenting; airing; snooping; venthole (*in a barrel*)
ventero -ra *adj* scenting (*said of animals*); *mf* innkeeper, keeper of a roadside inn
ventilación *f* ventilation; (fig.) airing
ventilador *m* ventilator; fan; (naut.) funnel; **ventilador aspirador** exhaust fan
ventilar *va* to ventilate; (fig.) to ventilate, to air

ventisca *f* blizzard; drift (*of snow*)
ventiscar §86 *vn* to snow and blow; to drift (*said of snow*)
ventisco *m* var. of **ventisca**
ventiscoso -sa *adj* snowy and stormy; full of snow drifts
ventisquear *vn* var. of **ventiscar**
ventisquero *m* blizzard; snowdrift; snow-capped mountain; glacier
ventola *f* (naut.) strong blast of wind, strong noisy blast of wind
ventolera *f* strong blast of wind; pinwheel; (coll.) vanity, boasting; (coll.) caprice, wild idea
ventolina *f* (naut.) light fresh wind, light air
ventor -tora *adj* scenting, hunting by scent; *m* pointer (*dog*)
ventorrero *m* windy spot
ventorrillo *m* wretched little roadhouse; lunch house in the country
ventorro *m* wretched little roadhouse
ventosa *f* see **ventoso**
ventosear *vn* to break wind
ventosidad *f* windiness; wind (*in intestines or being expelled*)
ventoso -sa *adj* windy; full of wind (*said of intestines*); causing wind (*in intestines*); *f* cupping glass; vacuum cup (*of tire*); (zool.) sucker; vent, air hole; **pegar una ventosa a** (coll.) to swindle
ventral *adj* ventral
ventrecha *f* belly (*of fish*)
ventregada *f* brood, litter; sudden abundance
ventrera *f* bellyband (*of man or beast*)
ventricular *adj* ventricular
ventrículo *m* (anat. & zool.) ventricle
ventril *m* counterpoise (*in olive-oil mill*)
ventrílocuo -cua *adj* ventriloquial; *mf* ventriloquist
ventriloquia *f* or **ventriloquismo** *m* ventriloquism
ventrón *m* large belly; tripe
ventroso -sa or **ventrudo -da** *adj* big-bellied
ventura *f* see **venturo**
venturado -da *adj* lucky, fortunate
venturanza *f* happiness
venturero -ra *adj* adventurous, vagabond; fortunate; *mf* adventurer
venturímetro *m* (hyd.) Venturi meter
venturina *f* (mineral.) aventurin or aventurine
venturo -ra *adj* future, coming; *f* happiness; luck, chance; risk, danger; (orn.) bluebird (*Sialia mexicana*); **a la ventura** at a venture, at random; at a risk; **por ventura** perhaps, perchance; **probar ventura** to try one's luck
venturón *m* stroke of luck
venturoso -sa *adj* lucky, fortunate
Venus *f* (myth.) Venus; Venus (*very beautiful woman*); *m* (astr.) Venus; (*l.c.*) *f* venery
venustez *f* or **venustidad** *f* beauty, gracefulness
venusto -ta *adj* beautiful, graceful
venza *f* goldbeater's skin
veo *1st sg pres ind of* **ver**
ver *m* sight; appearance; opinion; **a mi ver** in my opinion; **tener buen ver** to have a good appearance ‖ §93 *va & vn* to see; to look at; (law) to hear, to try; **a más ver** so long; **a ver** let's see; **estar por ver** to remain to be seen; **hasta más ver** good-bye, so long; **no poder ver** to not be able to bear, to despise; **no tener nada que ver con** to have nothing to do with; **ser de ver** to be worth seeing; **ver** + *inf* to see + *inf*, e.g., **ví pasar el tren** I saw the train go by; to see + *ger*, e.g., **ví llegar al médico** I saw the doctor arriving; to see + *pp*, e.g., **ví ahorcar al criminal** I saw the criminal hanged; **ver de** + *inf* to try to + *inf;* **ver venir** to see what (*someone*) is up to; to wait and see; **ver y creer** seeing is believing ‖ *vr* to be seen; to be obvious; to see oneself; to see each other; to find oneself, to be; to meet; **ya se ve** of course, certainly; **verse con** to see, to have a talk with
vera *f* edge, border; **veras** *fpl* truth, reality; earnestness; **a la vera de** near, beside; **de veras** in truth; in earnest; **jugar de veras** to play in earnest, to play for keeps
veracidad *f* veracity
veracruzano -na *adj* (pertaining to) Vera Cruz; *mf* native or inhabitant of Vera Cruz
veranada *f* summer season (for pasturing)
veranadero *m* summer pasture
veranar *vn* to summer
veranda *f* veranda; bay window, closed porch
veraneante *adj* summering, summer-vacationing; *mf* summer vacationist, summer resident
veranear *vn* to summer
veraneo *m* summering; **ir de veraneo** to summer, to go on a summer vacation
veranero *m* summer grazing land
veraniego -ga *adj* (pertaining to) summer; sickly in the summer; slight, unimportant
veranillo *m* Indian summer; **veranillo de San Martín** Indian summer
verano *m* summer; (Am.) dry season
verascopio *m* stereo camera; stereo viewer
veratrina *f* (chem.) veratrine
veratro *m* (bot.) hellebore
veraz *adj* (*pl:* **-races**) veracious
verba *f* loquacity, eloquence
verbal *adj* verbal; verb; (gram.) verbal; *m* (gram.) verbal
verbalismo *m* verbalism (*predominance of words over concepts*)
verbasco *m* (bot.) great mullein
verbena *f* (bot.) verbena, vervain; night festival on eve of a saint's day; evening party; soirée; fair, village or country fair; **coger la verbena** (coll.) to get up and take a walk early in the morning
verbenáceo -a *adj* (bot.) verbenaceous
verbenear *vn* to move about, to swarm; to abound
verberación *f* beating, striking, pounding
verberar *va* to beat, strike; to beat against (*said of wind and water*)
verbigracia verbi gratia, for example
verbo *m* (gram.) verb; (*cap.*) *m* (theol.) Word (*second person of Trinity*); **verbo auxiliar** (gram.) auxiliary verb
verborragia or **verborrea** *f* (coll.) verbosity, wordiness
verbosidad *f* verbosity, wordiness
verboso -sa *adj* verbose, wordy
verdacho *m* green earth, terre-verte
verdad *f* truth; **¿verdad?** isn't that so?; **a decir verdad** to tell the truth, as a matter of fact; **a la verdad** in truth; as a matter of fact; **decir cuatro verdades (a)** to speak one's mind (to); **en verdad** truly, really; **faltar a la verdad** to lie; **¿no es verdad?** isn't that so? Esta pregunta, que se hace muy a menudo en la conversación después de aseveraciones de todo género, se traduce al inglés de variadísimas maneras. Si la aseveración es negativa, la pregunta que equivale a **¿no es verdad?** será afirmativa, p.ej., **Vd. no trabaja. ¿No es verdad?** You are not working. Are you? Si la aseveración es afirmativa, la pregunta será negativa y se podrán usar las contracciones con 'not', p.ej., **Vd. trabaja. ¿No es verdad?** You are working. Are you not? o Aren't you? Si la aseveración contiene auxiliar, la pregunta contendrá dicho auxiliar menos el infinitivo, el participio pasado o el participio activo del verbo, p.ej., **Llegará mañana por la mañana. ¿No es verdad?** He will arrive tomorrow morning. Won't he?; **Se lo ha dicho. ¿No es verdad?** She has told you. Hasn't she? Si la aseveración no contiene auxiliar ni una forma de la cópula 'to be', la pregunta contendrá el auxiliar 'do' o 'did' menos el infinitivo del verbo, p.ej., **Vd. habla inglés. ¿No es verdad?** You speak English. Don't you?; **Fueron a Madrid. ¿No es verdad?** They went to Madrid. Didn't they? Si el sujeto de la aseveración es un nombre sustantivo, irá representado en la pregunta con un pronombre personal, p.ej., **María no bebería café. ¿No es verdad?** Mary would not drink coffee. Would she?; **ser verdad** to be true; **verdad desnuda** plain truth
verdadero -ra *adj* true; truthful; real
verdal *adj* green (although ripe)
verdasca *f* green twig or branch
verde *adj* green; young, blooming, vigorous; callow (*youth*); sharp (*reprimand*); gay, merry

V

(*e.g., widow, old man*); shady, off-color; smutty (*person*); **están verdes** (coll.) they're hard to reach or get; **poner verde** (coll.) to abuse, to rake over the coals; *m* green; verdure, foliage; **darse un verde** (coll.) to have a fling, to have a little change; **verde de montaña** or **de tierra** mineral green
verdea *f* greenish wine
verdear *va* to pick for sale (*grapes or olives*); *vn* to look green, to turn green
verdeceledón *m* celadon green
verdecer §34 *vn* to turn green, to grow green
verdecillo *m* (orn.) greenfinch; (orn.) serin
verdegal *m* green field
verdegay *adj & m* light green
verdeguear *vn* to grow green
verdejo -ja *adj* green (although ripe)
verdemar *m* sea green
verdemontaña *m* mineral green (*mineral and color*)
verderol *m* (orn.) greenfinch; (zool.) cockle (*Cardium edule*)
verderón -rona *adj* bright-green; *m* (orn.) greenfinch; (zool.) cockle (*Cardium edule*)
verdete *m* verdigris
verdevejiga *m* bladder green, sap green
verdezuelo *m* (orn.) greenfinch
verdín *m* fresh greenness (*of plants*); mold, pond scum; verdigris; green snuff
verdina *f* see **verdino**
verdinal *m* green spot
verdinegro -gra *adj* dark-green
verdino -na *adj* bright-green; *f* fresh greenness (*of plants*)
verdinoso -sa *adj* moldy, scummy; verdigrisy
verdiseco -ca *adj* half-dried
verdolaga *f* (bot.) purslane
verdón *m* (orn.) greenfinch
verdor *m* verdure; youth
verdoso -sa *adj* greenish
verdoyo *m* fresh greenness
verdugada *f* layer of bricks
verdugado *m* hoop skirt
verdugal *m* thicket, cleared and burned and now covered with growth of young shoots
verdugazo *m* lash with a stick
verdugo *m* twig, shoot, sucker; long slender rapier; scourge, lash; welt; executioner; torment; hoop (*of a ring*); layer of bricks; (orn.) shrike, butcher bird
verdugón *m* large twig; large welt, wale
verduguillo *m* wale on leaves; narrow razor; dueling rapier; earring; half-round strip or fillet; (Am.) stiletto
verdulería *f* greengrocery
verdulero -ra *mf* greengrocer; *f* foul-mouthed woman, fishwife
verdura *f* verdure, verdancy, greenness; smuttiness; (f.a.) verdure (*tapestry*); **verduras** *fpl* vegetables, greens
verdusco -ca *adj* dark-greenish
verecundia *f* var. of **vergüenza**
verecundo -da *adj* var. of **vergonzoso**
vereda *f* path; circular notice sent by messenger; route of traveling preachers; (Am.) sidewalk; **meter por** or **en vereda** to set aright
veredero *m* country messenger over a regular route
veredicto *m* verdict
verga *f* (naut.) yard; penis; steel bow (*of a crossbow*); **verga de abanico** (naut.) sprit; **verga de popa** (naut.) spanker boom; **verga mayor** (naut.) main yard; **vergas en alto** (naut.) ready to sail
vergajo *m* pizzle (*used as a whip*); whip
vergel *m* flower and fruit garden
vergeta *f* var. of **vergueta**
vergeteado -da *adj* (her.) paly
vergonzante *adj* bashful, shamefaced (*beggar*)
vergonzoso -sa *adj* bashful, shy; embarrassing; shameful; private (*parts*); *mf* bashful or shy person; *m* (zool.) armadillo (*species that rolls up in a ball when pursued*)
verguear *va* to whip, to flog
vergüenza *f* shame; bashfulness, shyness; embarrassment; dignity; public punishment; **vergüenzas** *fpl* privates, genitals; **¡qué vergüenza!** for shame!; **tener vergüenza** to be ashamed; **tener vergüenza de** + *inf* to be ashamed to + *inf*; **ser una mala vergüenza** (coll.) to be a shame, to be too bad; **vergüenza torera** (taur.) professional honor or dignity
verguer *m* or **verguero** *m* (prov.) high constable
vergueta *f* rod, stem, twig
vergueteado -da *adj* laid (*paper*)
verguío -a *adj* flexible, leathery (*said of wood*)
vericueto *m* rough uneven ground
verídico -ca *adj* truthful
verificable *adj* verifiable
verificación *f* verification; check; realization; inspection (*of water, gas, and electric meters*); (law) probate (*e.g., of a will*)
verificador -dora *adj* verifying; *m* meter inspector
verificar §86 *va* to verify, to check; to carry out; to inspect (*water, gas, and electric meters*); *vr* to be verified, to prove true; to take place
verificativo -va *adj* corroborative
verija *f* (anat.) pubes
veril *m* (naut.) edge of sandbank or shoal
verilear *vn* (naut.) to sail around a sandbank or shoal
verisímil *adj* likely, probable, versimilar
verisimilitud *f* verisimilitude, probability
verismo *m* verism; truthfulness, spirit of truth
verja *f* grating; iron fence
vermes *mpl* intestinal worms
vermicida *adj* vermicidal; *m* vermicide
vermicular *adj* vermicular
vermiforme *adj* vermiform
vermífugo -ga *adj & m* (med.) vermifuge
verminoso -sa *adj* verminous
vermis *m* (*pl:* **-mis**) (anat.) vermis
vermut *m* (*pl:* **-mutes**) vermouth
vernación *f* (bot.) vernation
vernáculo -la *adj* vernacular
vernal *adj* vernal, spring
vernier *m* (*pl:* **-nieres**) vernier
vero *m* vair (*fur*); **veros** *mpl* (her.) vair
veronal *m* veronal
veronense *adj & mf* Veronese
veronés -nesa *adj & mf* Veronese; **el Veronés** Veronese (*painter*)
verónica *f* (bot.) veronica; veronica (*image of face of Christ impressed on handkerchief of St. Veronica*); (taur.) veronica (*maneuver in which the bullfighter waits for the bull's attack with cape extended in both hands*)
veroniquear *vn* (taur.) to perform veronicas
verosímil *adj* var. of **verisímil**
verraco *m* male hog, boar
verraquear *vn* (coll.) to grunt, to grumble; (coll.) to keep on crying hard
verraquera *f* (coll.) violent crying; (Am.) drunkenness
verriondez *f* rut, heat; withered state; toughness
verriondo -da *adj* rutting, in heat; withered; poorly cooked, tough (*said of vegetables*)
verrón *m* var. of **verraco**
verruga *f* wart; (bot.) wart; (fig.) defect; (coll.) nuisance, bore
verrugo *m* (coll.) miser
verrugoso -sa *adj* warty
versado -da *adj* versed; **versado en** versed in, conversant with
versal *adj & f* capital (*letter*)
versalilla or **versalita** *adj fem & f* small capital (*letter*)
Versalles *f* Versailles
versar *vn* to turn, to go around; to deal; **versar acerca de** or **sobre** to deal with, to treat of; *vr* to become versed
versátil *adj* versatile (*fickle*); (bot. & zool.) versatile
versatilidad *f* versatility (*fickleness*)
versear *vn* (coll.) to versify
versería *f* verses, poems
versicolor *adj* many-colored, variegated
versícula *f* stand for choir books
versiculario *m* chanter of versicles; keeper of choir books
versículo *m* (eccl.) versicle; verse (*in Bible*)
versificación *f* versification
versificador -dora *adj* versifying; *mf* versifier, versemaker

versificar §86 *va & vn* to versify
versión *f* version; translation; (obstet.) version; **versión de los Setenta** (Bib.) Septuagint
versista *mf* versifier; poetaster
verso *m* verse; (print.) verso; **verso alejandrino** Alexandrine; **verso blanco** blank verse; **verso esdrújulo** verse whose last word is accented on antepenult; **verso libre** blank verse; **verso llano** verse whose last word is accented on penult; **versos pareados** couplet, rhymed couplet; **verso suelto** blank verse
versta *f* verst (*Russian measure: 3500 feet*)
vértebra *f* (anat. & zool.) vertebra
vertebración *f* vertebration
vertebrado -da *adj & m* vertebrate
vertebral *adj* vertebral
vertedera *f* moldboard (*of plow*)
vertedero *m* dumping ground, dumping place; weir, spillway
vertedor -dora *adj* emptying, dumping; *m* drain; weir, spillway; pan (*for articles weighed*); (naut.) boat scoop
vertello *m* (naut.) ball (*of parrel*)
verter §66 *va* to pour, to empty; to shed; to dump; to translate; *vn* to flow; *vr* to run, to empty
vertibilidad *f* changeableness
vertible *adj* changeable
vertical *adj* vertical; *m* (astr.) vertical circle; **primer vertical** (astr.) prime vertical; *f* vertical (*line*)
vértice *m* (math. & anat.) vertex
verticilado -da *adj* (bot. & zool.) verticillate
verticilo *m* (bot.) verticil, whorl
vertiente *adj* flowing, pouring; *m & f* slope (*e.g., of a continent or a roof*)
vertiginoso -sa *adj* vertiginous, dizzy, giddy
vértigo *m* vertigo, dizziness; fit of insanity; (vet.) vertigo, staggers
vertimiento *m* emptying; shedding; dumping; flowing
vesania *f* insanity
vesánico -ca *adj* insane; *mf* insane person
vesical *adj* vesical
vesicante *adj & m* vesicant
vesícula *f* (anat., bot., path. & zool.) vesicle; **vesícula biliar** (anat.) gall bladder; **vesícula elemental** or **orgánica** (biol.) cell
vesiculado -da *adj* vesiculate
vesicular *adj* vesicular
vesiculoso -sa *adj* vesiculose
veso *m* (zool.) polecat
Vespasiano *m* Vespasian
vesperal *adj* evening; *m* vesperal (*book*)
Véspero *m* Vesper
vespertilio *m* (zool.) vespertilio (*bat*)
vespertino -na *adj* vespertine, evening; *m* evening sermon; *f* evening discourse at the university; evening sermon
Vesta *f* (myth.) Vesta
vestal *adj* vestal; *f* vestal, vestal virgin
veste *f* (poet.) dress, clothing
Vestfalia *f* Westphalia
vestfaliano -na *adj & mf* Westphalian
vestfálico -ca *adj* Westphalian
vestibular *adj* (anat.) vestibular
vestíbulo *m* vestibule; (anat.) vestibule (*of ear*); (theat.) lobby, foyer
vestido *m* clothing; costume, suit; dress; **vestido de etiqueta** evening clothes, evening dress; **vestido de etiqueta de mujer** or **vestido de noche** evening gown; **vestido de serio** evening clothes, evening dress; **vestido de tarde-noche** cocktail dress; **vestido imperio** Empire gown
vestidura *f* clothing; vestment; **vestiduras** *fpl* vestments, canonicals
vestigial *adj* vestigial
vestigio *m* vestige; track, footprint; (biol.) vestige; (chem.) trace
vestiglo *m* horrible monster
vestimenta *f* clothes; vestment
vestir §94 *va* to clothe, to dress; to adorn, to bedeck; to cover; to disguise; to wear; to put on (*clothing*); to roughcast; **morir vestido** to die a violent death; **vestir el cargo** to look the part ‖ *vn* to dress; to be dressy (*said, e.g., of a material*); **vestir de blanco** to dress in white; **vestir de etiqueta** to dress in evening clothes; **vestir de paisano** to dress in civilian clothes ‖ *vr* to dress, to dress oneself; to be covered; to be up (*from a sick bed*); **vestirse de** to be covered with (*e.g., grass, leaves, clouds*); to assume (*e.g., importance*)
vestuario *m* wardrobe, apparel; dressing room, bathhouse; (mil.) uniform; (theat.) dressing room; checkroom, cloakroom
vestugo *m* sprout of an olive tree
vesubiano -na *adj* Vesuvian
Vesubio, el Vesuvius
veta *f* vein (*in the earth; in wood or stone*); stripe; **descubrir la veta de** (coll.) to be on to
vetado -da veined, striped
vetar *va* to veto
veteado -da *adj* veined, striped; *m* graining
vetear *va* to grain, to stripe
veteranía *f* long service, long experience
veterano -na *adj & mf* veteran
veterinario -ria *adj* veterinary; *mf* veterinary, veterinarian; *f* veterinary medicine, veterinary surgery
vetisesgado -da *adj* diagonal-striped
vetiver *m* (bot.) vetiver
veto *m* veto; prohibition
vetustez *f* great age, antiquity
vetusto -ta *adj* very old, ancient
Veyos *f* Veii
vez *f* (*pl:* **veces**) time; turn; drove; **a la vez** at one time, at the same time; **a la vez que** while, **alguna vez** sometimes; ever, e.g., **¿Ha estado Vd. alguna vez en España?** Have you ever been in Spain?; **a su vez** in turn; on his part; **a veces** at times, sometimes; **cada vez** every time; **cada ves más** more and more; **cada vez que** every time that; **cuántas veces** how often; **de una vez** at one time; once and for all; **de vez en cuando** once in a while; **dos veces más grande que** twice as large as; **en vez de** instead of; **esperar vez** to wait one's turn; **hacer las veces de** to serve as, to take the place of; **las más veces** in most cases, most of the time; **muchas veces** often; **otra vez** again; some other time; **pocas veces** seldom; **rara vez** or **raras veces** seldom, rarely; **repetidas veces** repeatedly, over and over again; **tal cual vez** occasionally; **tal vez** perhaps; **tomar la vez a** (coll.) to get ahead of; **una que otra vez** once in a while; **una vez** once; **una vez que** once; inasmuch as
veza *f* (bot.) vetch, spring vetch
vezar §76 *va* to accustom; *vr* to become accustomed
vg. abr. of **verbigracia & virgen**
v.g. & **v.gr.** abr. of **verbigracia**
vía *f* road, route, way; (rail.) track; rail (*of track*); gauge (*of track*); (anat.) passage, tract; (fig.) way; **cuaderna vía** stanza of mester de clerecía (*thirteenth and fourteenth centuries*) consisting of four single-rhymed Alexandrines; **estar en vías de** + *inf* to be + *ger*, to be engaged in + *ger;* **por la vía de** via; **por vía aérea** by air; **por vía bucal** by mouth, orally; **por vía de** by way of; **vía acuática** waterway; **vía aérea** airway; **vía ancha** (rail.) broad gauge; **Vía Apia** Appian Way; **vía de agua** waterway; (naut.) leak; **vía de circunvalación** (rail.) belt line; **vía ejecutiva** (law) seizure, attachment; **vía estrecha** (rail.) narrow gauge; **vía férrea** railway; **Vía Flaminia** Flaminian Way; **vía fluvial** waterway; **vía húmeda** (chem.) wet way; **Vía láctea** (astr.) Milky Way; **vía muerta** (rail.) siding; **vía normal** (rail.) standard gauge; **vía pública** thoroughfare; **vías de hecho** (Am.) violence; (Am.) assault and battery; **vías de comunicación** communications; **vías urinarias** (anat.) urinary tract; *prep* via, e.g., **vía Nueva York** via New York
viabilidad *f* viability; feasibility
viable *adj* viable; feasible
viadera *f* harness shaft (*of loom*)
viador *m* (theol.) traveler (*to the other world*)
viaducto *m* viaduct
viajador -dora *mf* traveler
viajante *adj* traveling; *mf* traveler; *m* traveling salesman, drummer

viajar *va* to sell on the road; to cover (*a certain territory*) as salesman; *vn* to travel, to journey
viajata *f* (coll.) journey
viaje *m* trip, journey, voyage; way, road; travel book; load on each trip; water supply; (arch.) obliquity; **¡buen viaje!** bon voyage!; **viaje de ida y vuelta** or **viaje redondo** round trip; **viajes por el espacio** space travel
viajero -ra *adj* traveling; *mf* traveler; passenger
vial *adj* (pertaining to a) road, highway; *m* avenue (*of trees, shrubs, etc.*)
vialidad *f* road service, highway service, communications
vianda *f* viand, food
viandante *mf* traveler, itinerant, stroller; tramp
viaraza *f* diarrhea
viaticar §86 *va* (eccl.) to administer the viaticum to; *vr* (eccl.) to receive the viaticum
viático *m* viaticum, travel allowance; (eccl.) viaticum
víbora *f* (zool.) viper; (fig.) viper; **víbora cornuda** (zool.) horned viper; **víbora de agua** (zool.) moccasin
viborera *f* (bot.) viper's bugloss, blueweed
viborezno -na *adj* viperous; *m* young viper
vibración *f* vibration
vibrador *m* vibrator
vibrante *adj* vibrant; (phonet.) trilled; (fig.) vibrant (*e.g., style*); *f* (phonet.) trilled consonant (*Spanish sound of r*)
vibrar *va* to vibrate; to brandish; to throw, to hurl; to roll (*the voice; the letter r*); *vn* to vibrate
vibrátil *adj* vibratile
vibratorio -ria *adj* vibrative, vibratory
vibrio *m* (bact.) vibrio
vibrión *m* (bact.) vibrion
vibrisas or **vibrizas** *fpl* whiskers (*e.g., of cat*); hair in the nostrils
viburno *m* (bot.) viburnum
vicaria *f* see **vicario**
vicaría *f* vicarage, vicarship
vicarial *adj* vicarial
vicariato *m* vicarage, vicarship
vicario -ria *adj* vicarious; (physiol.) vicarious; *mf* vicar; **vicario general** vicar-general; **vicarios** *mpl* (bot.) grape hyacinth; *f* assistant mother superior
vicealmirantazgo *m* vice-admiralty
vicealmirante *m* vice-admiral
vicecanciller *m* vice-chancellor
viceconsiliario *m* vice-counsellor
vicecónsul *m* vice-consul
viceconsulado *m* vice-consulate
vicecristo *m* vice-Christ
vicediós *m* vice-God
vicegerencia *f* vicegerency
vicegerente *adj* vicegerent; assistant; *m* vicegerent; assistant manager
vicegobernador *m* vice-governor
vicenal *adj* vicennial
vicenio *m* twenty years
vicense *adj* (pertaining to) Vich; *mf* native or inhabitant of Vich
Vicente *m* Vincent; **San Vicente** Saint Vincent (*island*)
vicepresidencia *f* vice-presidency
vicepresidencial *adj* vice-presidential
vicepresidente -ta *mf* vice-president; *f* wife of vice-president
vicerrector *m* vice-rector
vicesecretaría *f* vice-secretaryship
vicesecretario -ria *mf* vice-secretary
vicésimo -ma *adj* & *m* twentieth
vicetesorero -ra *mf* vice-treasurer
viceversa *adv* vice versa
vicia *f* (bot.) vetch
viciación *f* vitiation
viciado -da *adj* foul, vitiated
viciar *va* to vitiate, falsify, adulterate; to nullify; (law) to vitiate; *vr* to become vitiated, to give oneself up to vice; to become deeply attached; to warp, become warped
vicio *m* vice; viciousness; defect; overgrowth, luxuriance; **de vicio** from being spoiled; without reason, out of habit; **hablar de vicio** (coll.) to be a chatterbox, to jabber away; **quejarse de vicio** (coll.) to be a chronic complainer; **vicio de dicción** grammatical error, solecism
vicioso -sa *adj* vicious; faulty, defective; strong, robust; licentious; luxuriant, abundant; (coll.) spoiled (*said of a child*)
vicisitud *f* vicissitude
víctima *f* victim; **víctima propiciatoria** scapegoat
victimar *va* to sacrifice; (Am.) to kill, assassinate
victo *m* daily bread
víctor *m* & *interj* var. of **vítor**
victorear *va* var. of **vitorear**
victoria *f* victory; (bot.) victoria; victoria (*carriage*); **victoria pírrica** Pyrrhic victory
victoriano -na *adj* & *mf* Victorian
victorioso -sa *adj* victorious
vicuña *f* (zool.) vicuña (*animal, wool, and cloth*)
vid *f* (bot.) grapevine
vida *f* life; living, livelihood; life span; **con vida** alive; **darse buena vida** to enjoy life; to live comfortably; **de por vida** for life; **en mi (tu, su) vida** never; **escapar con vida** to have a narrow escape; **ganar** or **ganarse la vida** to earn one's living; **hacer por la vida** (coll.) to get a bite to eat; **hacer vida** to live together (*as man and wife*); **jugarse la vida** to take one's life in one's hands; **mudar de vida** to mend one's ways; **pasar la vida** to live frugally, to just about get along; **¡por vida!** please!; by Jove!; **quitarse la vida** to take one's life; **tener siete vidas como los gatos** to have nine lives; **vida airada** licentious living; **vida ancha** loose living; **vida canonical** or **de canónigo** (coll.) life of ease; **vida de bohemio** Bohemianism; **vida de familia** or **de hogar** home life; **vida de perros** dog's life; **vida media** (phys.) half life; **vida privada** private life
videncia *f* clear-sightedness; clairvoyance
vidente *adj* seeing; *mf* person with sight; *m* prophet, seer; *f* seeress
vídeo *m* video
videofrecuencia *f* television frequency
videograbación *f* video-tape recording
videoseñal *f* picture signal, video signal
vidorra *f* (prov.) life of ease
vidorria *f* (Am.) dog's life
vidriado -da *adj* brittle; glazed; *m* glazing; glazed earthenware; dishes
vidriar §90 & **regular** *va* to glaze; *vr* to become glazed; to become glassy
vidriera *f* glass window, glass door; (Am.) shopwindow, show window; **vidriera de colores** or **vidriera pintada** stained-glass window
vidriería *f* glasswork; glassworks; glass store
vidriero *m* glassworker, glazier
vidrio *m* glass; piece of glass; glass vessel; window pane; something delicate or brittle; touchy person; **en vidrio** in vitro; **ir al vidrio** to ride backwards (*in a coach*); **pagar los vidrios rotos** (coll.) to be the goat, to take the blame; **vidrio cilindrado** plate glass; **vidrio de aumento** magnifying glass; **vidrio de color** stained glass; **vidrio de cuarzo** quartz glass; **vidrio de plomo** flint glass; **vidrio de seguridad** safety glass; **vidrio deslustrado** ground glass; **vidrio hilado** spun glass; **vidrio pintado** stained glass; **vidrio soluble** water glass; **vidrio tallado** cut glass
vidriosidad *f* glassiness; brittleness; slipperiness
vidrioso -sa *adj* glassy, vitreous; brittle; slippery; (fig.) touchy; (fig.) glassy (*look in eyes*)
vidual *adj* (pertaining to a) widow; widow's; (pertaining to a) widower; widower's
vidueño or **viduño** *m* quality or kind of grapevine
viejo -ja *adj* old, ancient, antique; antiquated, old-fashioned; worn-out; *m* old man; **el viejo de la montaña** (hist.) the Old Man of the Mountain; **viejo verde** old goat, old rake; *f* old woman
viejón -jona *adj* (Am.) oldish
Viena *f* Vienna; Vienne (*French city*)
vienense *adj* Viennese; (pertaining to) Vienne (*France*); *mf* Viennese; native or inhabitant of Vienne

vienés -nesa *adj & mf* Viennese
vientecillo *m* breeze, light wind
viento *m* wind (*air in motion; strong current of air; air filled with animal odor; vanity, conceit*); air; direction, course; guy; (arti.) windage (*space between projectile and bore of gun*); (coll.) wind (*gas in stomach or bowels*); **beber los vientos por** (coll.) to turn everything upside down for; **ceñir el viento** (naut.) to sail close to the wind; **contra viento y marea** come hell and high water, against all odds; **ir viento en popa** to go very well, to get along famously; **moverse a todos vientos** to be as fickle as the wind; (coll.) to be easily led by the nose; **viento bonancible** (*naut.*) moderate breeze; **viento de cola** (aer.) tail wind; **viento de la hélice** (aer.) slip stream; **viento duro** (naut.) fresh gale; **viento flojito** (naut.) light breeze; **viento flojo** (naut.) gentle breeze; **viento frescachón** (naut.) moderate gale; **viento fresco** (naut.) strong breeze; **viento fresquito** (naut.) fresh breeze; **viento muy duro** (naut.) strong gale; **vientos alisios** trade winds; **vientos altanos** winds blowing alternately offshore and off the sea; **vientos antialisios** antitrades; **viento terral** land breeze; **viento trasero** (aer.) tail wind
vientre *m* belly; bowels; womb; **evacuar, exonerar** or **mover el vientre** to defecate, to stool; **vientre flojo** loose bowels
vier. abr. of **viernes**
viera *f* pilgrim's scallop shell; (zool.) scallop
viernes *m* (*pl:* **-nes**) Friday; **comer de viernes** to fast, to abstain from meat; **Viernes santo** Good Friday
viero *m* road worker
vierteaguas *m* (*pl:* **-guas**) flashing
vietnamés -mesa, vietnamiano -na, vietnamiense, or **vietnamita** *adj & mf* Viet-Namese
viga *f* beam, girder, joist, rafter; press; pressing of olives; **estar contando las vigas** (coll.) to gaze blankly at the ceiling
vigencia *f* force, operation; use, vogue; **en vigencia** in force, in effect
vigente *adj* effective, in force
vigesimal *adj* vigesimal
vigésimo -ma *adj* twentieth; vigesimal; *m* twentieth
vigía *f* watch; watchtower; (naut.) rock, reef; *m* lookout, watch; **vigía de incendios** firewarden
vigiar §90 *va* to watch for, to lie watching
vigilancia *f* vigilance, watchfulness; **bajo vigilancia médica** under the care of a doctor
vigilante *adj* vigilant, watchful; *mf* vigilante; *m* watchman, guard; **vigilante nocturno** night watchman
vigilar *va* to watch over, to look out for; *vn* to watch, keep guard; **vigilar por** or **sobre** to watch over, to care for
vigilativo -va *adj* causing sleeplessness
vigilia *f* vigil; study, night study; eve; wakefulness; (mil.) watch, guard; (eccl.) vigils; **comer de vigilia** to fast, to abstain from meat; **durante la vigilia** while awake
vigitano -na *adj* (pertaining to) Vich; *mf* native or inhabitant of Vich
vigor *m* vigor; **entrar en vigor** to go into effect; **poner en vigor** to put into effect
vigorizador -dora *adj* invigorating; **vigorizador del cabello** hair tonic
vigorizante *adj* invigorating
vigorizar §76 *va* to invigorate; to encourage; *vr* to be invigorated; to be encouraged
vigorosidad *f* vigorousness
vigoroso -sa *adj* vigorous
vigota *f* (naut.) deadeye
viguería *f* set of beams
vigués -guesa *adj* (pertaining to) Vigo; *mf* native or inhabitant of Vigo
vigueta *f* small beam, small girder
vil *adj* vile, base; dastardly; *mf* dastard
vilano *m* pappus, burr or down of the thistle
vileza *f* vileness; infamy
vilipendiador -dora *adj* scornful; vilifying; *mf* scorner; vilifier
vilipendiar *va* to scorn; to vilify
vilipendio *m* scorn; vilification
vilipendioso -sa *adj* contemptible
vilo; en vilo in the air; (fig.) up in the air (*uncertain*)
vilordo -da *adj* lazy, dull, slothful
vilorta *f* reed hoop; clasp ring of plow; washer; game like lacrosse
vilorto *m* reed hoop; crosse for playing vilorta; (bot.) clematis, liana
viltrotear *vn* (coll.) to walk the streets, to gad about
viltrotera *f* (coll.) gadabout (*woman*)
villa *f* town; villa, country or suburban house; **la Villa** or **la Villa del Manzanares** Madrid
Villadiego town in the province of Burgos, Spain; **coger** or **tomar las de Villadiego** to beat it, to run away
villaje *m* small town, village
villanada *f* despicable act
villanaje *m* peasantry; (hist.) villeinage
villancejo or **villancete** *m* var. of **villancico**
villancico *m* carol, Christmas carol; **villancico de Nochebuena** or **de Navidad** Christmas carol
villanciquero -ra *mf* caroler (*one who carols*)
villanchón -chona *adj* rustic, crude
villanela *f* villanelle
villanería *f* villainy; (hist.) villeinage
villanesco -ca *adj* rustic, crude, boorish
villanía *f* humble birth; villainy; vile remark
villano -na *adj* coarse, impolite; base, villainous; *mf* peasant; evil person, villain; (hist.) villain, villein
villar *m* village, hamlet
villazgo *m* village charter; village tax
villoría *f* hamlet, farm
villorín *m* var. of **vellorí**
villorrio *m* small country town
vimbre *m* (bot.) osier; wicker
vimbrera *f* (bot.) osier
vinagrada *f* vinegar water (*a drink*)
vinagre *m* vinegar; (coll.) grouch; **vinagre de madera** wood vinegar
vinagrero -ra *mf* vinegarer; *f* vinaigrette; (bot.) sorrel; (Am.) heartburn; **vinagreras** *fpl* cruet stand
vinagreta *f* vinegar sauce
vinagrillo *m* weak vinegar; vinegar lotion (*a cosmetic*)
vinagroso -sa *adj* vinegary (*taste or disposition*)
vinajera *f* (eccl.) burette, cruet; **vinajeras** *fpl* (eccl.) cruets and tray
vinariego *m* vineyardist
vinario -ria *adj* (pertaining to) wine
vinatería *f* wine trade; wine shop
vinatero -ra *adj* (pertaining to) wine; *m* wine dealer, vintner
vinaza *f* poor thin wine
vinazo *m* strong heavy wine
vincapervinca *f* (bot.) cut-finger, large periwinkle
Vincenas *f* Vincennes
vinculable *adj* (law) entailable
vinculación *f* (law) entailment; continuation
vincular *va* to tie, bind, unite; (law) to entail; to continue, perpetuate; to found (*e.g., hopes*)
vínculo *m* bond; vinculum; (law) entail
vindicación *f* vindication; (law) vindication
vindicador -dora *adj* vindicating; *mf* vindicator
vindicar §86 *va* to avenge; to vindicate; (law) to vindicate
vindicativo -va *adj* vindicative; vindictive
vindicta *f* revenge; **vindicta pública** punishment, justice
vine *1st sg pret ind of* **venir**
vínico -ca *adj* vinic
vinícola *adj* (pertaining to) wine; vinegrowing; *m* vinegrower
vinicultor -tora *mf* vinegrower
vinicultura *f* vinegrowing
viniebla *f* (bot.) hound's-tongue
viniendo *ger of* **venir**
vinífero -ra *adj* wine-producing
vinificación *f* vinification
vinilo *m* (chem.) vinyl
vinillo *m* (coll.) weak wine

V

vino *m* wine; wine party, sherry reception; **bautizar** or **cristianizar el vino** to water wine; **dormir el vino** to sleep off a drunk; **tener mal vino** to be a quarrelsome drunk; **vino cubierto** dark-red wine; **vino de cuerpo** strong-bodied wine; **vino de Jerez** sherry wine; **vino de lágrima** wine from the juice exuded by ripe grapes; **vino del terruño** wine of the locality; **vino de mesa** table wine; **vino de Oporto** port wine; **vino de orujo** thin, second-run wine; **vino de pasto** table wine; **vino de postre** after-dinner wine; **vino de segunda** second-run wine; **vino de solera** old vintage wine; **vino generoso** generous, rich wine; **vino mulso** mulse; **vino seco** dry wine; **vino tinto** red table wine; *3d sg pret ind of* **venir**
vinolencia *f* excessive use of wine
vinolento -ta *adj* too fond of wine
vinosidad *f* vinousness
vinoso -sa *adj* vinous
vinote *m* residue in boiler after distillation of wine
viña *f* vineyard; **ser una viña** (coll.) to be a mine; **tener una viña** (coll.) to have a sinecure
viñadero *m* guard of vineyard
viñador *m* vinedresser, vineyardist; guard of vineyard
viñatero *m* (Am.) vineyardist, winegrower; (Am.) owner of a vineyard
viñedo *m* vineyard
viñero -ra *mf* owner of a vineyard
viñeta *f* vignette
viola *f* (mus. & bot.) viola; **viola de amor** (mus.) viola d'amore; *mf* viola, viola player
violable *adj* violable
violáceo -a *adj* violaceous
violación *f* violation
violado -da *adj & m* violet (*color*)
violador -dora *adj* violating; *mf* violator
violar *m* bed of violets; *va* violate; to tamper with
violencia *f* violence; **no violencia** nonviolence
violentar *va* to do violence to; to break into; *vr* to force oneself
violento -ta *adj* violent
violero *m* (ent.) mosquito
violeta *f* (bot.) violet; (bot.) damewort; **violeta africana** (bot.) African violet; *m* violet (*color; dye*); **violeta de genciana** gentian violet; **violeta de metilo** methyl violet; *adj invar* violet (*color and scent*)
violetera *f* violet vendor, flower girl
violetero *m* small vase
violeto *m* (bot.) clingstone peach
violín *m* violin (*instrument and performer*); bridge, cue rest (*in billiards*); **segundo violín** second violin; **violín de Ingres** avocation, hobby
violinista *mf* violinist
violón *m* (mus.) bass viol (*instrument and performer*); **estar tocando el violón** (coll.) to talk nonsense
violoncelista *mf* violoncellist, cellist
violoncelo *m* (mus.) violoncello, cello
violonchelista *mf* var. of **violoncelista**
violonchelo *m* var. of **violoncelo**
violle *m* violle (*photometric unit*)
viosterol *m* (pharm.) viosterol
vipéreo -a *adj* viperine
viperino -na *adj* viperine; (fig.) viperish; *f* (bot.) viper's bugloss, blueweed; **viperina de Virginia** (bot.) Virginia snakeroot
vira *f* dart; welt (*of shoe*)
virada *f* turn, change of direction; (naut.) tack, tacking
virado *m* (phot.) toning
virador *m* (naut.) viol; (phot.) toning bath
virago *f* mannish woman
viraje *m* turn, change of direction; (phot.) toning; **viraje en horquilla** hairpin bend, hairpin turn
viral *adj* viral
virar *va* (naut.) to wind, twist, heave; (naut.) to veer, to tack; (phot.) to tone; *vn* to turn; (naut.) to veer, to tack
viratón *m* large dart
virazón *f* sea breeze
vireo *m* (orn.) vireo
víreo *m* (orn.) golden oriole
virescencia *f* (bot.) virescence
virescente *adj* virescent
virgen *f* virgin; upright guide in wine or olive press; (*cap.*) *f* (astr.) Virgin; **la Santísima Virgen** the Blessed Virgin; **las islas Vírgenes** the Virgin Islands; **la Virgen María** the Virgin Mary; *adj* virgin
virgiliano -na *adj* Virgilian
Virgilio *m* Virgil
virginal *adj* virginal, maidenly; *m* (mus.) virginal
virgíneo -a *adj* virginal
Virginia *f* Virginia; (*l.c.*) *m* Virginia tobacco
virginiano -na *adj & mf* Virginian
virginidad *f* virginity
virginio *m* (chem.) virginium
virgo *m* virginity; (*cap.*) *m* (astr.) Virgo
vírgula *f* small rod; light dash; comma; (bact.) bacillus (*Vibrio comma*) causing Asiatic cholera
virgulilla *f* fine stroke, light dash; mark, point, sign, accent (*attached to a letter*)
viril *adj* virile; *m* clear glass bell; (eccl.) small monstrance within larger one
virilidad *f* virility
virio *m* (orn.) golden oriole
viripotente *adj* marriageable; strong, vigorous
virol *m* (her.) virole
virola *f* collar, clasp (*e.g., on a knife, sword, etc.*); check ring on a goad; (mach.) ferrule
virolado -da *adj* provided with a clasp; (her.) viroled
virolento -ta *adj* with smallpox; pock-marked; *mf* person with smallpox; pock-marked person
virología *f* virology
virológico -ca *adj* virological
virólogo -ga *mf* virologist
virotazo *m* hit or wound with an arrow
virote *m* iron-pointed arrow; (coll.) young single man about town; (coll.) stuffed shirt
virotillo *m* short upright brace
virotismo *m* arrogance, haughtiness
virreina *f* vice-queen; wife of a viceroy
virreinal *adj* viceregal
virreinato *m* viceroyalty
virrey *m* viceroy, vice-king
virtual *adj* virtual
virtualidad *f* virtuality
virtud *f* virtue; **en virtud de** by or in virtue of; **virtudes cardinales** cardinal virtues
virtuosidad *f* virtuousness; virtuosity
virtuosismo *m* virtuosity
virtuoso -sa *adj* virtuous; *m* virtuoso
viruela *f* (path.) smallpox, variola; (path.) varioloid; pock mark; **viruelas locas** (path.) chicken pox
virulencia *f* virulence
virulento -ta *adj* virulent
virus *m* (*pl:* **-rus**) virus
viruta *f* shaving (*of wood or metal*)
virutilla *f* thin shaving; **virutillas de acero** steel wool
visa *f* visa, visé
visado *m* visa; **visado de tránsito** transit visa
visaje *m* face, grimace, smirk
visajero -ra *adj* grimacing, making faces
visar *va* to visa, to visé; to endorse, to O.K.; (arti. & surv.) to sight
visayo -ya *adj & mf* Bisayan or Visayan
visceral *adj* visceral
vísceras *fpl* viscera
visco *m* (bot.) mistletoe (*Phoradendron*); birdlime; **visco quercino** (bot.) mistletoe (*Viscum album*)
viscosa *f* see **viscoso**
viscosidad *f* viscosity
viscosilla *f* rayon thread
viscoso -sa *adj* viscous; *f* viscose
visera *f* visor (*of helmet, cap, windshield, etc.*); eye-shade; (Am.) blinder, blinker
visibilidad *f* visibility
visible *adj* visible; evident; conspicuous
visigodo -da *adj* Visigothic; *mf* Visigoth
visigótico -ca *adj* Visigothic
visillo *m* window curtain, window shade
visión *f* vision; view; (coll.) scarecrow, sight (*person*); **ver visiones** (coll.) to be seeing things; **visión negra** blackout (*of aviators*)

visionario -ria *adj & mf* visionary
visiotelefonía *f* video telephony
visir *m* vizier, vizir; **gran visir** grand vizier
visita *f* visit; visitor; **hacer una visita** to make a call; **ir de visitas** to go calling; **pagar una visita** to return a call; **tener visita** to have callers; **visita de aspectos** medical inspection of faces of passengers; **visita de cumplido, de cumplimiento** or **de digestión** formal call; **visita de médico** (coll.) short call
visitable *adj* open to visitors
visitación *f* visitation, visit; (*cap.*) *f* Visitation
visitador -dora *adj* visiting; *mf* visitor, frequent visitor; inspector
visitante *adj* visitant; *mf* visitant; visitor; (sport) visitor
visitar *va* to visit; to inspect; *vr* to visit, to call on each other
visiteo *m* frequent exchange of visits, frequent visiting
visitero -ra *adj* (coll.) visiting; (coll.) fond of visits (*said of a doctor*); *mf* (coll.) visitor
visitón *m* (coll.) long tiresome visit
visivo -va *adj* visual
vislumbrar *va* to glimpse; to suspect, surmise; *vr* to glimmer; to loom, appear indistinctly
vislumbre *f* glimpse, glimmer; inkling, surmise; slight resemblance
Visnú *m* Vishnu
viso *m* sheen, gleam, glint; streak, strain; appearance; thin veneer; colored garment under transparent outer garment; eminence, height; **a dos visos** with a double purpose; **de viso** of importance, prominent
visón *m* (zool.) mink
visor *m* (aer.) bombsight; (phot.) finder; (math.) unit vector
visorio -ria *adj* visual; *m* inspection by an expert
víspera *f* eve, day before; forerunner, cause; imminence; **vísperas** *fpl* (eccl.) vespers; **en vísperas de** on the eve of; **víspera de año nuevo** New Year's Eve; **víspera de Navidad** Christmas Eve; **Vísperas sicilianas** (hist.) Sicilian Vespers
vista *f* see **visto**
vistazo *m* look, glance
vistillas *fpl* eminence, high spot; **irse a las vistillas** (coll.) to try to get a look at the cards of one's opponent
visto -ta *adj* evident, obvious; in view of, e.g., **vista la importancia del asunto** in view of the importance of the matter; **bien visto** looked on with approval; **mal visto** looked on with disapproval; **no visto** or **nunca visto** unheard-of, extraordinary; **por lo visto** evidently, as is clear from the above; **visto bueno** approved, authorized, O.K.; **visto que** whereas, inasmuch as, seeing ‖ *pp of* **ver** ‖ *f* sight, vision; view; vista; glance; appearance, comparison; purpose, design; eye, eyes; (law) trial; (law) hearing; **vistas** *fpl* windows, openings; view, outlook; conference; visible parts, parts that show; collar, cuffs, and bosom of shirt; **a la vista** (com.) at sight; **a primera vista** at first sight; **a simple vista** at a glance; with the naked eye; **a vista de** in view of, within view of, in the sight of; compared with; **con vistas a** + *inf* with a view to + *ger;* **de vista** by sight; **doble vista** second sight; **en vista de** in consideration of; **hacer la vista gorda (a)** to pretend not to see; **hasta la vista** good-bye, au revoir, so long; **medir con la vista** to size up (*a person*); **perder de vista** to lose sight of; **saltar a la vista** to be self-evident; **segunda vista** second sight; **tener a la vista** to have at hand, to have received (*a letter*); to keep one's eyes on; **torcer la vista** to squint; **vista cansada** far-sightedness; **vista corta** near-sightedness; **vista de pájaro** bird's-eye view; **vista doble** double vision; **vista en corte** cross-section view; **vista torcida** cross-eye ‖ **vista** *m* customhouse inspector
vistosidad *f* showiness, loudness, flashiness
vistoso -sa *adj* showy, loud, flashy
Vístula *m* Vistula
visual *adj* visual; *f* line of sight, visual line
visualidad *f* pleasure at sight of showy display
visualización *f* visualization
visualizar §76 *va* to visualize
visuauditivo -va *adj* audio-visual
visura *f* visual examination; inspection by an expert
vitáceo -a *adj* (bot.) vitaceous
vital *adj* vital
vitalicio -cia *adj* lifetime; (lasting for) life; (holding an office, etc. for) life; *m* life-insurance policy; lifetime pension, life annuity
vitalicista *mf* life annuitant
vitalidad *f* vitality
vitalismo *m* vitalism
vitalista *adj* vitalistic; *mf* vitalist
vitalización *f* vitalization
vitalizar §76 *va* to vitalize
vitamina *f* vitamine
vitamínico -ca *adj* vitaminic, vitamine
vitando -da *adj* to be avoided; odious, execrable
vitela *f* vellum
vitelino -na *adj* vitelline; *f* (biochem.) vitellin
vitelo *m* vitellus, yolk of an egg
vitícola *adj* viticultural, grape-growing; *mf* viticulturist, grape grower
viticultor -tora *mf* viticulturist, grape grower
viticultura *f* viticulture, grape growing
vitíligo *m* (path.) vitiligo
vito *m* lively Andalusian dance
vitola *f* calipers for bullets; cigar band; measure of size of cigars; mien, appearance
vítor *m* triumphal pageant; panegyric tablet; *interj* hurray!; long live!
vitorear *va* to cheer, to acclaim, to applaud
vitoriano -na *adj* (pertaining to) Vitoria; *mf* native or inhabitant of Vitoria
vitral *m* stained-glass window
vitre *m* light hempen canvas; light canvas
vítreo -a *adj* vitreous; glassy
vitrificable *adj* vitrifiable
vitrificación *f* vitrification
vitrificar §86 *va & vr* to vitrify
vitrina *f* showcase; display cabinet; glass case; (Am.) shopwindow
vitriolar *va* to vitriolize (*to throw vitriol at, to injure with vitriol*)
vitriólico -ca *adj* (chem.) vitriolic
vitriolizar §76 *va* to vitriolize (*to treat or mix with vitriol*)
vitriolo *m* vitriol; **vitriolo azul** blue vitriol; **vitriolo blanco** white vitriol; **vitriolo de plomo** lead sulphate
vitualla *f* victuals, provisions, food, abundance of food, abundance of vegetables
vituallar *va* to provide with food, to provision
vituperable *adj* vituperable
vituperación *f* vituperation
vituperador -dora *adj* vituperating; *mf* vituperator
vituperar *va* to vituperate
vituperio *m* vituperation
vituperioso -sa or **vituperoso -sa** *adj* vituperative
viuda *f* see **viudo**
viudal *adj* (pertaining to a) widower, widow; widower's, widow's
viudedad *f* widow's pension, dower
viudez *f* widowhood; widowerhood
viudo -da *adj* widowed; *m* widower; *f* widow; (bot.) mourning bride, mourning widow, sweet scabious; (orn.) whidah bird; **viuda de pecho rojo** (orn.) paradise whidah bird, paradise weaver; **viuda de marido vivo** or **viuda de paja** grass widow
viva *m* viva; *interj* viva!, long live!
vivac *m* (*pl:* **vivaques**) var. of **vivaque**
vivacidad *f* vigor; keenness; brightness, brilliancy
vivandero -ra *mf* (mil.) sutler; *f* vivandière
vivaque *m* bivouac; guardhouse; (Am.) police headquarters
vivaquear *vn* to bivouac
vivar *m* warren, burrow; aquarium; **vivar de garzas** heronry; *va* (Am.) to cheer, acclaim, hurrah
vivaracho -cha *adj* (coll.) vivacious, lively, frisky
vivario *m* vivarium

vivaz *adj* (*pl:* **-vaces**) long-lived; active, vigorous; vivacious; keen, perceptive; (bot.) perennial
vivencia *f* (philos.) experience
vivera *f* var. of **vivar**
viveral *m* tree nursery
víveres *mpl* food, victuals, provisions
vivero *m* tree nursery; fishpond; (fig.) hotbed
viveza *f* quickness, agility, briskness; ardor, vehemence; keenness, perception; brightness, brilliancy; witticism; sparkle (*in the eyes*); thoughtlessness (*in word or deed*)
Viviana *f* Vivian
vividero -ra *adj* habitable, livable
vivido -da *adj* based on life or experience (*said of writing*)
vívido -da *adj* lively; vivid
vividor -dora *adj* living; long-lived; thrifty; (coll.) opportunistic; *mf* liver; thrifty person; (coll.) opportunist; (slang) thief, crook; *m* sponger, hanger-on
vivienda *f* dwelling; housing; life, way of living; **vivienda remolque** trailer
viviente *adj* living
vivificación *f* vivification
vivificador -dora *adj* vivifying, life-giving
vivificar §86 *va* to vivify, to enliven
vivífico -ca *adj* full of life; springing from life
vivíparo -ra *adj* viviparous
vivir *m* life; living; *va* to live (*an experience or adventure*); to live out (*e.g., one's life, one's old age*); to live in; *vn* to live; **¿quién vive?** (mil.) who goes there?; **¡viva!** viva!, long live!; **vivir de** to live on (*e.g., bread*); **vivir para ver** to live and learn; **vivir y dejar vivir** to live and let live
vivisección *f* vivisection
viviseccionista *mf* vivisectionist
vivisector *m* vivisector
vivisectorio *m* vivisectorium
vivismo *m* philosophy of Luis Vives
vivo -va *adj* alive, living; live; active, effective, in effect; vivid; intense, bright; sharp; acute, keen, deep; ingenious; expressive; quick; raw (*flesh*); modern, living (*language*); **a lo vivo** or **al vivo** vividly; effectively; **dar en lo vivo** to touch to the quick; **de viva voz** viva voce, by word of mouth; **herir en lo vivo** to cut or hurt to the quick; *mf* living person; (coll.) clever person, shrewd person; **los vivos** the living, the quick; **los vivos y los muertos** the quick and the dead; *m* edging, border; rib, corded seam; (arch.) sharp edge; (vet.) mange
vizcacha *f* (zool.) vizcacha or viscacha (*large South American rodent*)
vizcainada *f* Biscayanism; solecism
vizcaíno -na *adj & mf* Biscayan; *m* Biscayan (*language*)
Vizcaya *f* Biscay (*province of northern Spain*); **llevar hierro a Vizcaya** to carry coals to Newcastle
vizcondado *m* viscountcy, viscountship, or viscounty
vizconde *m* viscount; **vizcondes** *mpl* viscount and viscountess
vizcondesa *f* viscountess
V.M. abr. of **Vuestra Majestad**
V.°B.° abr. of **visto bueno**
vocablista *mf* punster
vocablo *m* word, term; **jugar del vocablo** to pun
vocabulario *m* vocabulary
vocabulista *mf* vocabulist, lexicographer
vocación *f* vocation; name given to a church, chapel, or altar in dedication to the Virgin or a saint; (theol.) vocation
vocacional *adj* vocational
vocal *adj* vocal; *mf* voter, director; *f* vowel; **vocal abierta** open vowel; **vocal breve** short vowel; **vocal cerrada** close vowel; **vocal débil** weak vowel; **vocal fuerte** strong vowel; **vocal larga** long vowel; **vocal nasal** nasal vowel; **vocal posterior** back vowel
vocálico -ca *adj* vocalic, vowel
vocalismo *m* (phonet.) vocalism
vocalista *mf* vocalist, singer (*e.g., in a night club*)
vocalización *f* (mus. & phonet.) vocalization
vocalizar §76 *va* (phonet.) to vocalize; *vn* (mus.) to vocalize; *vr* (phonet.) to vocalize
vocativo -va *adj & m* vocative
voceador -dora *adj* vociferating; *mf* vociferator; *m* town crier; (Am.) paper boy
vocear *va* to cry, shout, proclaim; to cheer, hail, acclaim; (coll.) to boast publicly about; *vn* to cry out, to shout
vocejón *m* harsh, rough voice
vocería *f* shouting, uproar; spokesmanship
vocerío *m* shouting, uproar
vocero *m* spokesman, mouthpiece
vociferación *f* vociferation
vociferador -dora *adj* vociferous; *mf* vociferator; barker
vociferante *adj & mf* vociferant
vociferar *va* to shout or vociferate (*e.g., insults*); to announce boastfully; *vn* to shout, to vociferate
vocingleo *m* or **vocinglería** *f* shouting, uproar, shrieking
vocinglero -ra *adj* loudmouthed; loquacious, chattering; *mf* loudmouthed person; chatterer
vodca *m* or **vodka** *m* vodka
vodevil *m* light comedy
vodú *m* (*pl:* **-dúes**) voodoo
voduísmo *m* voodooism
voduísta *adj* voodoo, voodooistic; *mf* voodooist
vol. abr. of **volumen** & **voluntad**
volada *f* see **volado**
voladero -ra *adj* flying; fleeting; floating; *m* precipice; *f* float (*of water wheel*)
voladizo -za *adj* projecting; *m* projection
volado -da *adj* (print.) superior (*letter*); **volado de genio** (Am.) quick-tempered; *m* meringue; *f* short flight; (Am.) trick; (Am.) happening
volador -dora *adj* flying; swinging, hanging; running, swift; *m* rocket; flying fish; (ichth.) flying gurnard
voladura *f* flying through the air; explosion, blast
volandas; en volandas in the air, flying in the air; (coll.) swiftly
volandero -ra *adj* ready to fly, starting to fly; hanging, swinging; accidental, unforeseen; incidental; ephemeral; unsettled; wandering; *f* (mach.) washer; grindstone; (print.) galley slice; (coll.) fib, lie
volandillas; en volandillas var. of **en volandas**
volante *adj* flying; volant; unsettled; (her.) volant; *m* shuttlecock; battledore and shuttlecock; flywheel; steering wheel; balance wheel; coining press; lackey, flunkey; outrider; folded sheet of paper, bill, note; slip (*of paper*); (sew.) ruffle; **en el volante** at the wheel (*of an auto*); **un buen volante** a good driver (*of an auto*); **volante compensador** (horol.) compensating balance; **volante de dirección** (aut.) steering wheel; **volante de reloj** (horol.) balance wheel
volantín -tina *adj* unsettled; *m* fish line; (Am.) kite
volantista *m* (coll.) man at the wheel, driver
volantón -tona *adj* ready to fly, starting to fly; *mf* fledgling
volapié *m* (taur.) suerte in which the matador moves in on the standing bull instead of awaiting the bull's charge; **a volapié** half running, half flying; half walking, half swimming
volar §77 *va* to fly (*to transport in an aircraft*); to blow up, to explode; to rouse (*game*); to exasperate; to blow, to fan; (print.) to raise (*a letter, number, etc.*) to the top of the line; *vn* to fly; to flutter; to fly away; to disappear rapidly; to project, to jut out; to spread rapidly (*said, e.g., of news*); to rise in the air (*said, e.g., of a steeple*); (Am.) to bluff (*in poker*); **volar a** + *inf* to fly to + *inf*; **volar sin motor** (aer.) to glide; *vr* to fly, to fly away
volateo *m* shooting at a flying target; **al volateo** on the wing
volatería *f* birdhunting with decoys; birds; random thoughts; shot in the dark; **de volatería** at random, in the dark
volatero -ra *adj* fickle, inconstant
volátil *adj* volatile
volatilidad *f* volatility

volatilización *f* volatilization
volatilizar §76 *va* to volatilize; *vr* to volatilize; (coll.) to fade away, to disappear (*said, e.g., of money*)
volatín *m* ropewalker; feat of ropewalker
volatinero -ra *mf* ropewalker
volatizar §76 *va* var. of **volatilizar**
volcadero *m* tipple
volcán *m* volcano; (fig.) volcano; **estar sobre un volcán** (fig.) to be on the edge of a volcano
volcanera *f* (orn.) wood pigeon (*Columba fasciata*)
volcánico -ca *adj* volcanic
volcanismo *m* volcanism
volcar §95 *va* to upset, to dump; to overturn; to tip, to tilt; to make dizzy or giddy (*said of a strong odor*); to make (*a person*) change his mind; to tease, to irritate; *vn* to upset; *vr* to turn upside down; **volcarse en** to fall all over oneself in (*e.g., praises*)
volea *f* whippletree; (tennis) volley
volear *va* to volley (*a ball*); to sow (*grain*) by throwing it in the air with the hand
voleo *m* (tennis) volley; reeling punch or blow; **al voleo** throwing the grain in the air with the hand; **del primer voleo** or **de un voleo** (coll.) quickly, at one blow
volframio *m* (chem.) wolfram
volframita *f* (mineral.) wolframite, wolfram
volibol *m* volleyball
volición *f* volition
volitar *vn* to flutter
volitivo -va *adj* volitive, volitional
volquear *vr* to tumble, to roll over
volquete *m* dumpcart, tipcart; dump truck; dumping device
volsco -ca *adj & mf* Volscian
voltaico -ca *adj* voltaic
voltaje *m* (elec.) voltage
voltámetro *m* (phys.) voltameter
voltamperímetro *m* (phys.) voltammeter
voltamperio *m* (elec.) volt-ampere
voltariedad *f* fickleness, inconstancy
voltario -ria *adj* fickle, inconstant
volteador -dora *adj* tumbling; *mf* tumbler, acrobat
voltear *va* to upset, to roll over; to turn around; to move, transform; to build (*an arch or vaulting*); *vn* to roll over, to tumble
voltejear *va* to turn around; *vn* (naut.) to tack; (naut.) to maneuver
volteo *m* upset, rolling over; reversal; tumbling; (Am.) passage, journey; (Am.) scolding, dressing-down
voltereta *f* tumble, somersault; turning up card to determine trump
volterianismo *m* Voltairism or Voltairianism
volteriano -na *adj & mf* Voltairian
volteta *f* var. of **voltereta**
voltímetro *m* (elec.) voltmeter
voltio *m* (elec.) volt
voltizo -za *adj* twisted, curled; fickle, inconstant
volubilidad *f* volubility; fickleness, inconstancy
voluble *adj* voluble (*turning easily*); fickle, inconstant; (bot.) voluble, twining
volumen *m* volume (*book; bulk; mass, e.g., of water*); (geom.) volume; **a todo volumen** (rad.) full volume; **volumen sonoro** volume
volumétrico -ca *adj* volumetric
volúmetro *m* volumeter
voluminoso -sa *adj* voluminous; heavy, huge; bulky
voluntad *f* will; love, fondness; **a voluntad** at will; **de buena voluntad** willingly; **de mala voluntad** unwillingly; **ganarse la voluntad de** to win the favor of; **última voluntad** last wish; (law) last will and testament; **voluntad de hierro** iron will; **voluntad de poder** (philos.) will to power
voluntariado *m* (mil.) volunteering
voluntariedad *f* willfulness, self-will
voluntario -ria *adj* voluntary, willful; *mf* volunteer
voluntarioso -sa *adj* willful, self-willed; determined
voluntarismo *m* (philos.) voluntarism
voluptuosidad *f* voluptuousness
voluptuoso -sa *adj* voluptuous; voluptuary; *mf* voluptuary
voluta *f* (arch.) scroll, volute; (fig.) volute; (zool.) volute (*any of Volutidae*)
volva *f* (bot.) volva
volvedor -dora *adj* (Am.) that runs away to get back home (*said of a horse*); *m* screw driver; **volvedor de machos** tap wrench
volver §63 & §17, 9 *va* to turn; to turn over; to turn upside down; to turn inside out; to return, to give back, to send back; to close; to push or pull (*e.g., a door*) to; to change, transform; to make (*a person*) change his mind; to translate; to vomit; to reflect (*sound*); to plow a second time; to give (*change*) ‖ *vn* to turn; to return, come back; **volver a** + *inf* verb + again, e.g., **volvió a leer ese libro** he read that book again; **volver en sí** to come to; **volver por** to defend, to stand up for; **volver sobre** to go back on (*e.g., one's footsteps, a decision*); **volver sobre sí** to recover one's calm; to take stock of oneself or one's conduct; to recover from a loss ‖ *vr* to become; to turn, to turn sour; to return, come back; to change one's mind; **volverse atrás** to back out, to not keep one's word; **volverse contra** to turn on
volvible *adj* turnable, reversible
volvo or **vólvulo** *m* (path.) volvulus
vómer *m* (anat.) vomer, plowshare bone
vomicina *f* (chem.) vomicine
vómico -ca *adj* vomitive
vomitado -da *adj* (coll.) thin, sickly, pale
vomitador -dora *adj* vomiting; *mf* person who vomits
vomitar *va* to vomit, throw up; to belch forth; to utter (*insults, curses, etc.*); to let out (*e.g., a secret*); (coll.) to disgorge, to cough up (*something unjustly held back or stolen*); *vn* to vomit; (coll.) to disgorge
vomitivo -va *adj & m* vomitive
vómito *m* vomit, vomiting; **vómito negro** (path.) black vomit; **vómitos del embarazo** morning sickness
vomitón -tona *adj* vomiting (*said of a suckling child*); *f* (coll.) violent vomiting
voquible *m* (coll.) word
voracidad *f* voracity
vorágine *f* whirlpool, vortex
voraz *adj* (*pl:* **-races**) voracious; fierce, destructive
vormela *f* (zool.) polecat (*Putorius sarmaticus*)
vórtice *m* vortex; center of a cyclone
vorticela *f* (zool.) vorticella
vos *pron pers* (used as subject of verb and as object of preposition in addressing God, the Virgin Mary, a saint, or a person of high position or authority; takes plural form of verb but is singular in meaning; in popular speech in much of Spanish America is used instead of **tú**) you
vosear *va* to use **vos** in speaking to
voseo *m* use of **vos,** use of **vos** for **tú**
Vosgos *mpl* Vosges
vosotros -tras *pron pers* (used as subject of verb and object of preposition in addressing several persons each of whom would be addressed with **tú** and in the formal language of public speech, diplomatic correspondence, etc.) you
votación *f* voting; (total) vote; **por votación** by choice; **por votación oral** by viva-voce vote; **votación de confianza** vote of confidence; **votación por manos levantadas** show of hands
votador -dora *adj* voting; *mf* voter; swearer
votante *adj* voting; *mf* voter
votar *va* to vow; to vote, to vote for, to vote on; **¡voto a tal!** confound it!; goodness!; upon my soul!; *vn* to vow; to vote; to swear; *vr* to vow
votivo -va *adj* votive
voto *m* vow; curse; votive offering; vote; **votos** *mpl* wishes, good wishes; **echar votos** to swear, to curse; **hacer votos** to wish, to hope; **regular los votos** to tally the votes; **ser or tener voto** to have a vote; to know what one is talking about; **voto activo** right to vote; **voto de amén** or **de reata** (coll.) vote of a yes man; (coll.) yes man; **voto de calidad**

V

casting vote (*in case of a tie*); **voto de confianza** vote of confidence; **voto femenino** woman suffrage; **voto informativo** straw vote; **voto pasivo** eligibility; **voto secreto** secret ballot
voy *1st sg pres ind of* **ir**
voz *f* (*pl:* **voces**) voice; word; (gram. & mus.) voice; **voces** *fpl* outcry; **aclarar la voz** to clear one's throat; **alzar la voz** to raise one's voice, to lift up one's voice; **a media voz** in a low tone; with a gentle hint; **a una voz** with one voice; **a voces** shouting; **a voz en cuello** or **a voz en grito** at the top of one's voice; **correr la voz que** to be rumored that; **dar voces** to shout, to cry out; **de viva voz** viva voce, by word of mouth; **en alta voz** aloud; **en voz** verbally; (mus.) in voice; **en voz baja** in a low tone; **estar a la voz** (naut.) to be within hail, to be within hailing distance; **llevar la voz cantante** (coll.) to have the say, to be the boss; **tomar la voz** to take up the discussion; **voz activa** right to vote; (gram.) active voice; **voz de acarreo** (philol.) borrowing, loan word; **voz pasiva** eligibility; (gram.) passive voice
vozarrón *m* (coll.) harsh, loud voice
voznar *vn* to cackle
vro. abr. of **vuestro**
V.S. abr. of **Vueseñoría**
v.to abr. of **vuelto**
vudú *m* (*pl:* **-dúes**) var. of **vodú**
vuduísmo *m* var. of **voduísmo**
vuduísta *adj & mf* var. of **voduísta**
vuecelencia or **vuecencia** contraction of **vuestra excelencia** your Excellency
vuelco *m* upset, overturning; **dar un vuelco** to upset, to turn over; **darle a uno un vuelco el corazón** (coll.) to have a presentiment or misgiving
vuelillo *m* lace cuff trimming
vuelo *m* flight; flying; wing; spread, fullness, flare; projection; lace cuff trimming; woodland; **al vuelo** at once, in a jiffy; on the wing; scattered at random; (chess) en passant; **alzar el vuelo** to take flight; (coll.) to dash off, to leave in a hurry; **cortarle los vuelos a uno** to cut someone's wings; **de un vuelo** in a flash; in a single flight, without letup; **echar a vuelo las campanas** to ring a full peal; **en un vuelo** in a flash; in a single flight, without letup; **levantar el vuelo** to take flight; to become imaginative; to be proud, haughty; **tirar al vuelo** to shoot on the wing; **tocar al vuelo las campanas** to ring a full peal; **tomar vuelo** to progress, to grow; **vuelo a ciegas** or **vuelo ciego** (aer.) blind flying; **vuelo de distancia** (aer.) long-distance flight; **vuelo de ensayo** or **de prueba** (aer.) test flight; **vuelo espacial** space flight; **vuelo planeado** (aer.) volplane; **vuelo por instrumentos** (aer.) instrument flying; **vuelo rasante** (aer.) hedgehopping; **vuelo sin escala** (aer.) nonstop flight; **vuela sin motor** (aer.) glide, gliding; **vuelo sin parar** (aer.) nonstop flight
vuelto -ta *pp of* **volver;** *m* (print.) verso; (Am.) change (*money*); *f* turn, rotation, revolution; change; harshness; return; change (*money*); clock (*in stocking*); reverse, other side; repetition; burden (*of song*); beating, whipping; ploughing; cuff; cuff trimming; (arch.) interior curve; turning up a card; **a la vuelta** on returning; on the other side of the page, please turn page; **a la vuelta de** at the end of, after; at the turn of; around (*e.g., the corner*); **andar a vueltas con** to clash with; **a vuelta de** about; **a vuelta de correo** by return mail; **a vueltas de** in addition to; **dar cien vueltas a** to get far ahead of, to run rings around; **dar la vuelta** to upset; **dar la vuelta de campana** to turn somersault; **darse una vuelta a la redonda** (coll.) to tend to one's own business; **dar una vuelta** to take a stroll or walk; to make a short trip; to go and take a look; to change one's ways; **dar vuelta** to turn sour (*said of wine*); **dar vuelta a** to reverse, to turn around; **dar vueltas** to circle; to look in vain; to travel around; to keep going over the same subject; to swim, to whirl, to be dizzy; **de vuelta** on returning; **estar de vuelta** to be back; **no hay que darle vueltas** there's no use talking about it; **no tener vuelta de hoja** to be undeniable; **ponerle a uno de vuelta y media** to insult a person; **quedarse con la vuelta** to keep the change; **vuelta de braza** (naut.) timber hitch; **vuelta de cabo** (naut.) hitch; **vuelta de campana** somersault; **vuelta del mundo** trip around the world; **vuelta doble** double turn (*of lock*)
vueludo -da *adj* full (*said of a garment*)
vuesarced contraction of **vuestra merced** your Grace, your Honor
vueseñoría contraction of **vuestra señoría** your Lordship, your Ladyship
vuestro -tra (corresponds to **vos** and **vosotros**) *adj poss* your; *pron poss* yours
vulcanio -nia *adj* Vulcanian; vulcanian
vulcanismo *m* vulcanism
vulcanista *mf* vulcanist
vulcanita *f* vulcanite
vulcanización *f* vulcanization
vulcanizador *m* vulcanizer
vulcanizar §76 *va* to vulcanize
Vulcano *m* (myth.) Vulcan
vulcanología *f* volcanology
vulgacho *m* mob, rabble, populace
vulgar *adj* vulgar; vernacular; common, ordinary; popular
vulgaridad *f* vulgarity, commonness; commonplace
vulgarismo *m* vulgarism (*in language*); (philol.) popular word, popular form
vulgarización *f* vulgarization; popularization
vulgarizador -dora *adj* vulgarizing; *mf* vulgarizer; popularizer
vulgarizar §76 *va* to vulgarize; to popularize; to translate into the vernacular; *vr* to become common; to associate with common people, to grow vulgar
Vulgata *f* Vulgate
vulgo *m* common people; laity; *adv* vulgo, commonly
vulnerabilidad *f* vulnerability
vulnerable *adj* vulnerable
vulneración *f* damage to a reputation; breach (*e.g., of law*)
vulnerar *va* to harm, injure, damage (*e.g., a reputation*); to infringe on; to break (*a law*)
vulnerario -ria *adj & m* (med.) vulnerary
vulpécula or **vulpeja** *f* vixen, she-fox
vulpinita *f* (mineral.) vulpinite
vulpino -na *adj* vulpine; *m* (bot.) plume grass
vultuoso -sa *adj* bloated (*said of the face*)
vulturno *m* hot summer breeze
vulva *f* (anat.) vulva
vulvar *adj* vulvar
vulvitis *f* (path.) vulvitis
V.V. or **VV.** abr. of **ustedes**

W, w *f* called **doble v, v doble,** and **u valona** in Spanish, this letter does not belong to the Spanish alphabet
wagneriano -na *adj & mf* var. of **vagneriano**
wagón *m* var. of **vagón**
wapití *m* (*pl:* **-tíes**) var. of **uapití**
wat *m* (*pl:* **wats**) var. of **vatio**
wáter *m* (coll.) var. of **váter**
water-closet *m* (*pl:* **-sets**) toilet, water closet
water-polista *mf* water polo player
water-polo *m* (sport) var. of **polo acuático**
wattman *m* (*pl:* **-men**) motorman
WC *m* abr. of **water-closet**
wesleyano -na *adj & mf* Wesleyan
Westfalia *f* var. of **Vestfalia**
Westfaliano -na *adj & mf* var. of **Vestfaliano**
whisky *m* whiskey or whisky
wolfram *m* var. of **volframio**
wulfenita *f* (mineral.) wulfenite

X, x *f* twenty-sixth letter of the Spanish alphabet
xantalina *f* (chem.) xanthaline
xantato *m* (chem.) xanthate
xanteína *f* (chem.) xanthein
xanteno *m* (chem.) xanthene
xantina *f* (chem.) xanthin; (biochem.) xanthine
Xantipa *f* var. of **Jantipa**
xantocroide *adj & mf* (anthrop.) xanthochroid
xantodermo -ma *mf* (anthrop.) xanthoderm
xantofila *f* (biochem.) xanthophyll
xantógeno *m* (chem.) xanthogen
xantoma *m* (path.) xanthoma
xantopsia *f* (path.) xanthopsia
xantopsina *f* xanthopsin
xantosis *f* (path.) xanthosis
xantoxilina *f* (chem. & pharm.) xanthoxylin
xenia *f* (bot.) xenia
xeno *m* (chem.) xenon
xenofobia *f* xenophobia, dislike of foreigners
xenófobo -ba *mf* xenophobe
xenogénesis *f* (biol.) xenogenesis
xenón *m* var. of **xeno**
xerófito -ta *adj* (bot.) xerophytic; *f* (bot.) xerophyte
xeroftalmía *f* (path.) xerophthalmia
xifisternón *m* (anat.) xiphisternum
xifoides *adj & m* (anat.) xiphoid
xifosuro *m* var. of **jifosuro**
xilán *m* (chem.) xylan
xilema *m* (bot.) xylem
xileno *m* (chem.) xylene
xilidina *f* (chem.) xylidine
xilobálsamo *m* xylobalsamum
xilófago -ga *adj* xylophagous
xilófono *m* (mus.) xylophone
xilografía *f* xylography (*art*); xylograph (*engraving*)
xilográfico -ca *adj* xylographic or xylographical
xilógrafo -fa *mf* xylographer
xilol *m* (chem.) xylol
xilosa *f* (chem.) xylose
xister *m* (surg.) xyster
x.mo abr. of **diezmo**
xpiano abr. of **cristiano**
Xpo abr. of **Cristo**
xptiano abr. of **cristiano**
Xpto abr. of **Cristo**
Xptóbal abr. of **Cristóbal**
xucul *m* (bot.) purslane (*of Mexico*)
xunde *m* (Am.) basket made of reed or palm

Y

Y, y *f* twenty-seventh letter of the Spanish alphabet
y *conj* and
ya *adv* already; now; finally; at once, right away; **no ya** not only; **no . . . ya** no longer; **¡pues ya!** of course!; **ya no** no longer; **ya que** since, inasmuch as; **ya . . . ya** now . . . again, whether . . . or
yaba *f* (bot.) cabbage tree
yac *m* yak (*Tibetan ox*); (naut.) jack (*flag*)
yacedor *m* herdboy who drives horses out for night grazing
yacente *adj* recumbent, jacent; located; *m* (min.) floor of a vein
yacer §96 *vn* to lie; to rest, lie buried; to graze by night; **yacer con** (coll.) to lie with (*to have sexual intercourse with*)
yacija *f* bed, couch; grave, tomb; **ser de mala yacija** to be restless; to sleep poorly; to be a vagrant
yacimiento *m* bed, deposit, field
yago *1st sg pres ind of* **yacer**
yagua *f* (bot.) yagua (*palm tree: Roystonea borinqueana; broad flat stem of its leaf*)
yaguar *m* var. of **jaguar**
yámbico -ca *adj* iambic
yambo *m* iamb, iambus, iambic
yanacona *m* (Am.) serf; (Am.) sharecropper
yanqui *adj & mf* Yankee, American
Yanquilandia *f* Yankeedom
yanquismo *m* Yankeeism
yantar *m* food; *va & vn* (archaic) to eat
yapa *f* (Am.) lagniappe, bonus, extra, allowance; (min.) mercury added to silver ore; **de yapa** (Am.) extra, in the bargain
yarda *f* yard; yardstick
yardaje *m* yardage
yaro *m* (bot.) arum
yatagán *m* yataghan
yate *m* yacht
yazco or **yazgo** *1st sg pres ind of* **yacer**
ye *f* letter Y
yedra *f* var. of **hiedra**
yegua *f* mare; (Am.) cigar butt
yeguada *f* stud (*collection of horses; place for breeding*)
yeguar *adj* (pertaining to a) mare
yegüería *f* var. of **yeguada**
yegüerizo -za *adj* (pertaining to a) mare; *m* keeper of mares
yegüero *m* keeper of mares
yeísmo *m* pronunciation of Spanish **ll** like **y**
yelmo *m* (arm.) helmet
yema *f* yolk (*of egg*); candied yolk; (anat., bot. & zool.) bud; dead (*e.g., of winter*); (fig.) cream; **dar en la yema** (coll.) to hit the nail on the head; **yema del dedo** finger tip; **yema mejida** eggnog
yemenita *adj & mf* Yemenite
yendo *ger of* **ir**
yente *adj* going; **yentes y vinientes** frequenters, habitués
yeral *m* lentil field
yerba *f* var. of **hierba**
yerbajo *m* weed
yermar *va* to strip, lay waste, leave deserted
yermo -ma *adj* deserted, uninhabited, uncultivated; *m* desert, wilderness; waste land
yerno *m* son-in-law
yero *m* (bot.) tare, lentil, bitter vetch (*Ervum ervilia*)
yerro *m* error, mistake; **yerro de imprenta** typographical error
yerto -ta *adj* stiff, rigid
yervo *m* var. of **yero**
yesal *m* or **yesar** *m* gypsum pit or quarry
yesca *f* punk, touchwood, tinder; fuel (*for passion*); **yescas** *fpl* tinderbox
yesería *f* gypsum kiln; plasterer's shop; plastering
yesero -ra *adj* (pertaining to) gypsum; *mf* gypsum maker or dealer; plasterer
yeso *m* gypsum; chalk; plaster; plaster cast; **yeso blanco** finishing plaster; **yeso de París** plaster of Paris; **yeso negro** rough plaster
yesón *m* chunk of plaster
yesoso -sa *adj* gypseous; chalky
yesquero *m* tinder maker or dealer; tinderbox
yeyuno *m* (anat.) jejunum
yezgo *m* (bot.) danewort, dwarf elder
yo *pron pers* I: **soy yo** it is I; *m* ego; (philos.) I, ego
Yocasta *f* (myth.) Jocasta
yod *f* (philol.) yod
yodado -da *adj* iodized; sea-soaked, sea-burned
yodato *m* (chem.) iodate
yodhídrico -ca *adj* (chem.) hydriodic
yódico -ca *adj* (chem.) iodic
yodismo *m* (path.) iodism
yodo *m* (chem.) iodine
yodoformo *m* (chem.) iodoform
yodoso -sa *adj* (chem.) iodous
yoduro *m* (chem.) iodide
yoga *m* yoga
yogui *m* yogi
yogurt *m* yogurt
yola *f* (sport) shell; (sport) sailboat; (naut.) gig
yubarta *f* (zool.) finback
yuca *f* (bot.) yucca; **yuca brava** (bot.) bitter cassava; **yuca dulce** (bot.) sweet cassava
Yucatán, el Yucatan
yucateco -ca *adj* (pertaining to) Yucatan; *mf* native or inhabitant of Yucatan
yugada *f* day's plowing of a yoke of oxen; yoke of oxen; yoke of land
yugo *m* yoke; burden; marriage tie; (naut.) transom; **sacudir el yugo** to throw off the yoke; **sujetarse al yugo de** to bend under the yoke of, to yield to the ascendancy of
Yugoeslavia *f* Yugoslavia
yugoeslavo -va *adj* Yugoslav, Yugoslavic; *mf* Yugoslav
Yugoslavia *f* Yugoslavia
yugoslavo -va *adj & mf* var. of **yugoeslavo**
yuguero *m* plowboy, plowman
yugular *adj & f* (anat.) jugular; *va* to cut off, to throttle (*a disease, an epidemic*)
Yugurta *m* Jugurtha
yunque *m* anvil; (anat.) anvil, incus; long-suffering person; drudge; **estar al yunque** to be long-suffering
yunta *f* see **yunto**
yuntero *m* plowboy, plowman
yunto -ta *adj* close (*said of furrows*); *f* yoke (*of animals*); **yunto** *adv* close; **arar yunto** to plow close
yusera *f* horizontal stone base in olive-oil mill
yusión *f* (law) precept; (law) jussion, command
yusivo -va *adj* (gram.) jussive
yute *m* (bot.) jute (*plant, fiber, and fabric*)
Yuturna *f* (myth.) Juturna
yuxtalineal *adj* in parallel columns (*said of a translation and its original*)
yuxtapondré *1st sg fut ind of* **yuxtaponer**
yuxtaponer §69 *va* to juxtapose; *vr* to become juxtaposed
yuxtapongo *1st sg pres ind of* **yuxtaponer**
yuxtaposición *f* juxtaposition
yuxtapuesto -ta *pp of* **yuxtaponer**
yuxtapuse *1st sg pret ind of* **yuxtaponer**
yuyo *m* (Am.) weed; (Am.) blister between toes; **yuyos** *mpl* (Am.) greens
yuyuba *f* jujube

Z

Z, z *f* twenty-eighth letter of the Spanish alphabet
za *interj* begone!, get out of here! (*said to a dog*)
zabarcera *f* greengrocer, dealer in fresh fruits and vegetables (*woman*)
zabida or **zabila** *f* (bot.) aloe
zaborda *f* or **zabordamiento** *m* (naut.) running aground
zabordar *vn* (naut.) to run aground
zabordo *m* var. of **zaborda**
zaborro *m* fat fellow, fatty
zabucar §86 *va* to stir by shaking
zabullida *f* var. of **zambullida**
zabullidor -dora *adj & mf* var. of **zambullidor**
zabullidura *f* or **zabullimiento** *m* var. of **zambullidura**
zabullir § 26 *va & vr* var. of **zambullir**
zabuqueo *m* stirring, shaking
zaca *f* (min.) leather bag used for bailing
zacapela or **zacapella** *f* shindy, row, rumpus
Zacarías *m* (Bib.) Zechariah; (Bib.) Zachariah
zacate *m* (Am.) hay, fodder; (Am.) grass; **zacate corredor** (bot.) hyssop loosestrife; **zacate de empaque** (Am.) excelsior
zacategordura *f* (bot.) molasses grass
zacatín *m* old-clothes market
zacear *va* to chase away (*e.g., a dog*); *vn* to lisp
zadorija *f* (bot.) large-flowered hypecoum
zafa *f* see **zafo**
zafado -da *adj* (Am.) alert, wide-awake; (Am.) brazen; *f* loosening, untying; freezing; lightening a ship
zafar *va* to adorn, bedeck; to loosen, untie; to free, to clear; to lighten (*a vessel*); *vr* to slip away, hide away; to slip off, come off (*said of a belt*); **zafarse de** to get out of, to dodge
zafariche *m* shelf for water jugs
zafarrancho *m* (naut.) clearing for action; clearing out, forcible evacuation; (coll.) ravage, destruction; (coll.) row, scuffle; **zafarrancho de combate** (naut.) clearing for battle
zafiedad *f* roughness, coarseness, crudeness, uncouthness
zafio -fia *adj* rough, coarse, crude, uncouth
zafir *m* var. of **zafiro**
zafíreo -a *adj* sapphire (*in color*)
zafirino -na *adj* sapphire (*in color*); *f* (mineral.) sapphirine
zafiro *m* sapphire
zafo -fa *adj* intact, unhurt; (naut.) free, clear; *f* basin, bowl
zafones *mpl* var. of **zahones**
zafra *f* drip jar; oil can; ridgeband; sugar crop; sugar making; sugar-making season; (min.) rubbish, muck
zafre *m* (mineral.) zaffer
zafrero *m* (min.) mucker
zaga *f* rear; load carried in the rear; **a la zaga, a zaga** or **en zaga** behind; **no ir en zaga a** (coll.) to keep up with, be as good as
zagal *m* youth; strapping young fellow; shepherd's helper; footboy; skirt
zagala *f* lass, maiden; shepherdess
zagaleja *f* lassie
zagalejo *m* lad; peasant's skirt
zagalón -lona *mf* big youngster
zagual *m* paddle
zaguán *m* vestibule, entry
zaguanete *m* small vestibule; royal guard, royal escort
zaguero -ra *adj* rear, hind; **no quedar zaguero de** to not be behind, to keep up with; *m* backstop; (*football*) back
zahareño -ña *adj* wild, unsociable, intractable; haggard (*falcon*)
zaharrón *m* clown
zaheridor -dora *adj* reproachful, faultfinding; *mf* faultfinder
zaherimiento *m* reproach; calling down
zaherir §62 *va* to reproach, find fault with; to call down; to pique, to provoke
zahína *f* (bot.) sorghum
zahinar *m* sorghum field
zahonado -da *adj* of a different color in the front (*said of the feet of an animal*)
zahondar *va* to dig; *vn* to sink, sink down (*in the ground*)
zahones *mpl* chaps (*cowboy trousers*); hunting breeches
zahora *f* (dial.) party, feast
zahorar *vn* (dial.) to celebrate, to feast
zahorí *m* (*pl:* **-ríes**) diviner, clairvoyant; keen observer
zahorra *f* (naut.) ballast
zahúrda *f* pigpen; (fig.) pigpen
zaida *f* (orn.) demoiselle
zaino -na *adj* treacherous, false; dark-chestnut (*horse*); black (*cattle*); vicious (*horse*); **a lo zaino** or **de zaino** sidewise, askance
zalá *f* (*pl:* **-laes**) Mohammedan prayer; **hacer la zalá a** (coll.) to fawn over, bow down to
zalagarda *f* ambush, ambuscade; skirmish; snare, trap; (coll.) trick; (coll.) surprise disturbance (*caused by a gang of roughnecks*); mock fight
zalama *f*, **zalamelé** *m* or **zalamería** *f* flattery
zalamero -ra *adj* flattering; *mf* flatterer
zalea *f* unsheared sheepskin, pelt
zalear *va* to drag around, to shake; to chase away (*a dog*)
zalema *f* (coll.) salaam
zaleo *m* dragging, shaking; sheepskin left by fox and brought in by shepherd to account for loss of sheep
zaloma *f* (naut.) var. of **saloma**
zalona *f* large unglazed earthen jug
zallar *va* (naut.) to rig out, to run out
zamacuco *m* (coll.) dullard; (coll.) sullen fellow; (coll.) drunkenness
zamanca *f* (coll.) drubbing, beating
zamarra *f* undressed sheepskin; shepherd's undressed sheepskin jacket
zamarrear *va* to shake with the teeth; (coll.) to ill-treat, abuse, knock around; to pin down, pin to the wall
zamarreo *m* shaking with the teeth; (coll.) ill treatment, abuse
zamarrico *m* sheepskin bag
zamarrilla *f* (bot.) poly
zamarro *m* lambskin, sheepskin; shepherd's undressed sheepskin jacket; (coll.) boor, rustic; (coll.) sly fellow; **zamarros** *mpl* (Am.) chaps, riding breeches
zambaigo -ga *adj* half Negro half Indian; (Am.) half Indian half Chinese
zambarco *m* breast strap (*of harness*); strap with buckle
zambear *vn* to be knock-kneed
zámbigo -ga *adj* knock-kneed
zambo -ba *adj* knock-kneed; *mf* (Am.) zambo; *m* (zool.) papion
zamboa *f* citron (*fruit*)
zambomba *f* (mus.) zambomba; *interj* whew!
zambombazo *m* beating, clubbing
zambombo *m* (coll.) boor, lubber, crude fellow
zamborondón -dona, zamborotudo -da or **zamborrotudo -da** *adj* (coll.) awkward, clumsy, ill-shaped; (coll.) bungling; *mf* (coll.) bungler, botcher
zambra *f* Moorish boat; (coll.) din, uproar; (archaic) Moorish celebration, Moorish hullabaloo

zambucar §86 *va* (coll.) to hide away, to slip away
zambuco *m* (coll.) quick hiding or concealment
zambullida *f* dive, plunge; thrust to the breast (*in fencing*)
zambullidor -dora *adj* diving, plunging; *mf* diver, plunger; *m* (orn.) diver; (orn.) dabchick (*Podilymbus podiceps*)
zambullidura *f* or **zambullimiento** *m* diving, plunging
zambullir §26 *va* to duck, give a ducking to; *vr* to dive, plunge, duck under; to hide
zambullo *m* big chamber pot
Zamora *f*; **no se ganó Zamora en una hora** Rome was not built in a day
zampa *f* pile, bearing pile
zampabodigos *mf* (*pl:* **-gos**) (coll.) var. of **zampatortas**
zampabollos *mf* (*pl:* **-llos**) (coll.) var. of **zampatortas**
zampacuartillos *mf* (*pl:* **-llos**) (coll.) soak, toper
zampalimosnas *mf* (*pl:* **-nas**) (coll.) bum, common bum
zampapalo *mf* (coll.) var. of **zampatortas**
zampar *va* to slip away, to hide away; to gobble down; *vr* to slip away, to hide away
zampatortas *mf* (*pl:* **-tas**) (coll.) glutton; (coll.) boor
zampeado *m* (constr.) pilework and rubble, grillage
zampear *va* to strengthen (*soil*) with a grillage
zampón -pona *adj* (coll.) gluttonous; *mf* (coll.) glutton
zampoña *f* rustic flute, shepherd's pipe; boy's flute made of green cane; (coll.) triviality, nonsense
zampuzar §76 *va* to duck, give a ducking to; to slip away, to hide away
zampuzo *m* ducking; hiding
zamuro *m* (orn.) turkey buzzard
zanahoria *f* (bot.) carrot
zanahoriate *m* var. of **azanahoriate**
zanate *m* (Am.) grackle (*Quiscalus macrourus*)
zanca *f* long leg (*of bird*); (coll.) long leg, shank; horse (*of staircase*); **andar en zancas de araña** (coll.) to resort to subterfuge, to shirk; **por zancas o por barrancas** (coll.) by hook or crook
zancada *f* long stride; **en dos zancadas** (coll.) in a jiffy
zancadilla *f* trip, tripping; (coll.) booby trap, trick; **echarle la zancadilla a uno** to stick out one's foot and trip someone
zancajear *vn* to rush around
zancajera *f* footing of running board
zancajiento -ta *adj* var. of **zancajoso**
zancajo *m* heel; heel bone; heel (*of shoe or stocking*); (coll.) ugly little person; **no llegar a los zancajos** or **al zancajo a** (coll.) to not come up to, to not be the equal of; **roer los zancajos a** (coll.) to talk behind the back of
zancajoso -sa *adj* duck-toed; big-heeled; dirty-heeled; with the heels of one's stockings out
zancarrón *m* (coll.) leg bone stripped of flesh; (coll.) skinny, dirty old fellow; (coll.) ignorant teacher, teacher who does not know his subject
zanco *m* stilt; **en zancos** (coll.) in a lofty station
zancón -cona *adj* (coll.) long-shanked, long-legged
zancudo -da *adj* long-shanked, long-legged; (orn.) wading; *m* (Am.) mosquito; *f* (orn.) wader, wading bird
zandía *f* var. of **sandía**
zanfonía *f* hurdy-gurdy
zangala *f* buckram
zangamanga *f* (coll.) trick
zanganada *f* (coll.) impertinence, impropriety
zangandongo -ga, zangandullo -lla or **zangandungo -ga** *mf* (coll.) worthless loafer
zanganear *vn* (coll.) to drone, to loaf, to idle
zángano *m* (ent.) drone; (fig.) drone, idler, sponger
zangarilleja *f* slattern, trollop
zangarrear *vn* (coll.) to thrum a guitar
zangarriana *f* slight recurring indisposition; (vet.) dropsy; (coll.) gloominess, blues
zangarullón *m* (coll.) var. of **zangón**
zangolotear *va* (coll.) to jiggle; *vn* (coll.) to flit around, to fuss around; *vr* (coll.) to jiggle; (coll.) to flop around, to swing, to slam
zangoloteo *m* (coll.) jiggle, jiggling; (coll.) flitting, fuss, bother; (coll.) slam, rattle
zangolotina *f* grown girl who tries to pass as a child
zangolotino *m* grown boy who tries to pass as a child
zangón *m* (coll.) lanky young loafer
zangotear *va* (coll.) to jiggle, jiggle around
zangoteo *m* (coll.) jiggle, jiggling
zanguango -ga *adj* (coll.) slothful; *mf* (coll.) loafer; *f* (coll.) malingering; (coll.) flattery; **hacer la zanguanga** (coll.) to malinger
zanguayo *m* (coll.) sly lanky fellow
zanja *f* ditch, trench; (Am.) gully; **abrir las zanjas** to lay the foundations
zanjar *va* to dig a ditch or ditches in; to settle, clear up, expedite
zanjón *m* deep ditch, deep drain
zanqueador -dora *adj* waddling; *mf* waddler
zanqueamiento *m* waddling
zanquear *vn* to waddle; to rush around
zanquilargo -ga *adj* long-shanked, long-legged
zanquilla *mf* (coll.) short-legged little runt
zanquituerto -ta *adj* bandy-legged
zanquivano -na *adj* (coll.) spindle-shanked, spindle-legged
zapa *f* spade; sap, trenching; sharkskin; shagreen (*rough skin of certain sharks*); sharkskin finish (*on metal*)
zapador *m* (mil.) sapper
zapalote *m* (bot.) plantain
zapapico *m* mattock, pickax
zapar *va & vn* to mine, to excavate
zaparrada *f* blow with claw, clawing
zaparrastrar *vn* (coll.) to trail one's clothes
zaparrastroso -sa *adj* (coll.) ragged, shabby, filthy; *mf* (coll.) ragamuffin, tatterdemalion
zaparrazo *m* (coll.) var. of **zaparrada**
zapata *f* half boot; shoe (*of a brake; of electric car for taking current from third rail*); (naut.) shoe (*of anchor*); (naut.) false keel
zapatazo *m* blow with a shoe; thud, bump, bang; clatter or rattle of horse's hoofs; (naut.) flapping (*of a sail*); **mandar a zapatazos** (coll.) to have an ascendancy over; **tratar a zapatazos** (coll.) to abuse, ill-treat
zapateado *m* clog dance, tap dance
zapateador -dora *adj* clog-dancing; *mf* clog dancer
zapatear *va* to hit with the shoe; to tap with the feet; to touch repeatedly with the button of the foil; (coll.) to abuse, to ill-treat; *vn* to tap-dance; (naut.) to flap (*said of sails*); *vr* to hold out, hold one's own
zapateo *m* tapping with the feet; tap dance, tap dancing
zapatera *f* see **zapatero**
zapateresco -ca *adj* (hum.) shoemaker's, (pertaining to a) shoemaker
zapatería *f* shoemaking; shoe store; shoemaker's shop
zapateril *adj* shoemaker's, (pertaining to a) shoemaker
zapatero -ra *adj* hard, raw, poorly cooked; spoiled (*olive*); *mf* shoemaker; shoe dealer; **quedarse zapatero** (coll.) to not take a trick; **zapatero de viejo** or **zapatero remendón** shoemaker, shoe repairer, cobbler; *m* (ent.) water strider; (ichth.) cutlass fish; *f* shoemaker's wife
zapateta *f* slap on foot or shoe while jumping; *interj* upon my word!
zapatilla *f* slipper; pump (*low shoe*); gasket; leather washer; washer (*e.g., for a spigot*); chamois washer (*for keys of wind instrument*); leather tip or button (*of a foil*); cloven hoof; **zapatilla de baño** bath or bathing slipper; **zapatilla de la reina** (bot.) large-flowered hypecoum; **zapatilla de señorita** (bot.) ladyslipper
zapatillazo *m* blow with a slipper
zapatillero -ra *mf* maker of slippers, dealer in slippers
zapatito *m* little shoe; **zapatito de la reina** (bot.) butterfly pea

Z

zapato *m* shoe, low shoe; **andar con zapatos de fieltro** to gumshoe; **como tres en un zapato** (coll.) like sardines; (coll.) in straits, hard up; **lamer los zapatos a** (coll.) to lick the boots of; **saber (uno) dónde le aprieta el zapato** (coll.) to know one's own mind; **zapato inglés** low shoe; **zapatos papales** overshoes
zapatón -tona *adj* (Am.) tough, leathery; *m* big shoe; (Am.) overshoe; **zapatones** *mpl* spurs (*for fighting cocks*)
zapatudo -da *adj* wearing clodhoppers; big-hoofed; big-clawed; (mach.) provided or equipped with a shoe
zape *interj* scat!
zapear *va* to chase away (*a cat*); (coll.) to scare away
zapote *m* (bot.) sapodilla; **zapote chico** (bot.) marmalade tree; marmalade plum
zapotillo *m* (bot.) marmalade tree
zapuzar §76 *va* to duck
zaque *m* goatskin, wineskin; (coll.) drunk, drunkard
zaquear *va* to rack from one wineskin to another; to carry in wineskins
Zaqueo *m* (Bib.) Zaccheus
zaquizamí *m* (*pl:* **-míes**) garret, attic; hovel, pigpen
zar *m* czar
zarabanda *f* (mus.) saraband; noise, uproar
zarabandista *mf* composer of sarabands; saraband dancer; noisy person, lively person
zarabutear *va* (coll.) var. of **zaragutear**
zarabutero -ra *adj & mf* (coll.) var. of **zaragutero**
zaragalla *f* fine charcoal
zaragata *f* (coll.) row, fight, scuffle
zaragatería *f* rowdyism, hooliganism
zaragatero -ra *adj* (coll.) rowdyish; *mf* (coll.) rowdy, hooligan
zaragatona *f* (bot.) fleawort
Zaragoza *f* Saragossa
zaragozano -na *adj* (pertaining to) Saragossa; *mf* native or inhabitant of Saragossa
zaragüelles *mpl* breeches; (coll.) coarse bloomers; (dial.) drawers; (bot.) reed grass
zaragutear *va* (coll.) to bungle, to botch
zaragutero -ra *adj* (coll.) bungling; *mf* (coll.) bungler
zaramagullón *m* (orn.) dabchick, grebe
zaranda *f* sieve, screen
zarandador -dora *mf* sifter, winnower
zarandajas *fpl* (coll.) trifles, odds and ends
zarandalí *adj* (*pl:* **-líes**) (prov.) black-spotted (*dove*)
zarandar *va* to sift, to screen, to winnow; to slip or slide along; to select, pick out, separate; (coll.) to take the pick of; (coll.) to jiggle; *vr* to slip or slide along; (coll.) to jiggle
zarandear *va* to sift, to screen, to winnow; (coll.) to jiggle; *vr* to toil, to wear oneself out; (coll.) to jiggle
zarandeo *m* sifting, screening, winnowing; toiling, drudgery; (coll.) jiggle, jiggling
zarandero -ra *mf* var. of **zarandador**
zarandillo *m* small sieve, small screen; (coll.) harum-scarum; (coll.) live wire; **traerle a uno como un zarandillo** (coll.) to keep someone on the go
zarapatel *m* salmagundi
zarapico *m* (bot.) candytuft; (orn.) curlew
zarapito *m* (orn.) curlew
zaratán *m* (path.) cancer of the breast
zaraza *f* gingham, chintz, printed cotton; **zarazas** *fpl* animal poison (*made of powdered glass and poisonous substances*)
zarcear *va* to clean out (*pipes, tubes, etc.*) with brambles; *vn* to hunt in the underbrush (*said of a dog*); to rush back and forth
zarceño -ña *adj* brambly
zarceta *f* (orn.) garganey
zarcillitos *mpl* (bot.) quaking grass
zarcillo *m* eardrop; weeding hoe; (bot.) tendril; (dial.) hoop
zarco -ca *adj* light-blue (*eyes*)
zarevitz *m* czarevitch
zargatona *f* var. of **zaragatona**
zariano -na *adj* czarish
zarigüeya *f* (zool.) opossum
zarina *f* czarina
zarismo *m* czarism
zarista *mf* czarist
zarja *f* var. of **azarja**
zarpa *f* paw, claw (*of beast*); (constr.) projection of footing (*of a wall*); mud sticking to lower part of clothing; (naut.) weighing anchor
zarpada *f* blow with claw, clawing
zarpar *va* (naut.) to weigh (*anchor*); *vn* (naut.) to weigh anchor, set sail
zarpazo *m* blow with claw, clawing; thud, bump
zarposo -sa *adj* mud-splashed, mud-bespattered
zarracatería *f* (coll.) insincere flattery
zarracatín *m* (coll.) sharp dealer
zarramplín *m* (coll.) botcher, bungler
zarramplinada *f* (coll.) botch, bungle
zarrapastra *f* (coll.) mud sticking to lower part of clothing
zarrapastrón -trona or **zarrapastroso -sa** *adj & mf* (coll.) var. of **zaparrastroso**
zarria *f* mud sticking to clothes; thong, leather strap; rag, tatter
zarriento -ta or **zarrioso -sa** *adj* mud-splashed, mud-bespattered
zarza *f* (bot.) blackberry, blackberry bush, bramble
zarzagán *m* cold northeast wind
zarzaganillo *m* stormy northeast wind
zarzahán *m* striped colored silk
zarzal *m* blackberry patch; underbrush, brambles
zarzamora *f* blackberry, brambleberry (*fruit*)
zarzaparrilla *f* (bot.) sarsaparilla (*plant, extract, and drink*)
zarzaparrillar *m* sarsaparilla field
zarzaperruna *f* (bot.) dog rose (*plant and fruit*)
zarzarrosa *f* dog rose (*flower*)
zarzo *m* hurdle, wattle
zarzoso -sa *adj* brambly, bushy
zarzuela *f* (theat.) zarzuela (*Spanish musical comedy with alternating music and dialogue*); **zarzuela grande** three-act zarzuela
zarzuelero -ra *adj* (pertaining to the) zarzuela
zarzuelista *mf* composer of zarzuelas
zas *interj* bang!; **¡zas, zas!** bing, bang!
zascandil *m* (coll.) meddler, schemer
zascandilear *vn* to meddle, to scheme
zata or **zatara** *f* raft
zato *m* piece of bread
zazo -za or **zazoso -sa** *adj* stammering, stuttering
Zebedeo *m* (Bib.) Zebedee
zedilla *f* c cedilla; cedilla
zéjel *m* popular Spanish-Arabic verse form consisting of an initial theme and a number of three-line monorhymed stanzas each followed by a line in rhyme with the initial theme
Zelanda, la Zeeland; **Nueva Zelanda** New Zealand
zelandés -desa *adj & mf* var. of **celandés**
Zelandia, la var. of **la Zelanda**
zenit *m* var. of **cenit**
Zenón *m* Zeno
zepelín *m* zeppelin
zeugma or **zeuma** *f* (rhet.) zeugma
Zeus *m* (myth.) Zeus
zigodáctilo -la *adj & f* (orn.) zygodactyl
zigofiláceo -a *adj* var. of **cigofiláceo**
zigoma *f* var. of **cigoma**
zigomático -ca *adj* var. of **cigomático**
zigomorfo -fa *adj* (biol.) zygomorphic or zygomorphous
zigospora *f* (bot.) zygospore
zigoto *m* var. of **cigoto**
zigzag *m* zigzag
zigzaguear *vn* to zigzag
zimasa *f* (biochem.) zymase
zimo *m* var. of **cimo**
zimógeno *m* var. of **cimógeno**
zimótico -ca *adj* var. of **cimótico**
zinc *m* (*pl:* **zinces**) var. of **cinc**
zipizape *m* (coll.) scuffle, row
zircón *m* var. of **circón**
zircona *f* var. of **circona**
zirconio *m* var. of **circonio**
ziriano *m* Zyrian (*a Finno-Ugric language*)

zis, zas *interj* (coll.) bing, bang!
ziszás *m* zigzag; (fort.) zigzag intrenchment
zoantropía *f* (path.) zoanthropy
zoca *f* see **zoco**
zócalo *m* (arch.) socle; (rad.) socket; (Am.) center of public square
zocatear *vr* to become corky or pithy
zocato -ta *adj* corky, pithy (*fruit*); (coll.) left; (coll.) left-handed; *mf* (coll.) left-handed person
zoclo *m* wooden shoe, clog
zoco -ca *adj* (coll.) left; (coll.) left-handed; *mf* (coll.) left-handed person; *m* wooden shoe, clog; Moroccan market or market place; (arch.) socle; **andar de zocos en colodros** to go from bad to worse; *f* public square
zodiacal *adj* zodiacal
zodíaco *m* (astr.) zodiac
zofra *f* Moorish carpet or rug
zoilo *m* envious critic
zolocho -cha *adj* (coll.) simple, silly; *mf* (coll.) simpleton
zollipar *vn* (coll.) to sob
zollipo *m* (coll.) sob
zoma *f* coarse flour, middling
zompo -pa *adj & mf* var. of **zopo**
zona *f* zone; belt, girdle; **zona a batir** target area; **Zona del Canal** Canal Zone; **zona escolar** school zone; **zona glacial** frigid zone; **zona templada** temperate zone; **zona tórrida** torrid zone; **zona tropical** tropics or Tropics; *m* (path.) zona, zoster, shingles
zonado -da *adj* zoned (*striped*)
zonal *adj* zonal
zoncería *f* insipidity; dullness, inanity, nonsense
zonificación *f* zoning
zonote *m* (Am.) var. of **cenote**
zonula *f* zonule
zonzo -za *adj* insipid, tasteless; dull, inane; *mf* boob, simpleton; *m* (orn.) cedarbird
zonzorrión -rriona *adj* (coll.) dull, inane; *mf* (coll.) dullard, dolt
zoo *m* (coll.) zoo (*zoölogical garden*)
zoocecidia *f* (zool.) zoöcecidium
zoófito *m* (zool.) zoöphyte
zoogeografía *f* zoögeography
zooglea *f* (bact.) zoögloea
zoografía *f* zoögraphy
zoología *f* zoölogy
zoológico -ca *adj* zoölogical
zoólogo -ga *mf* zoölogist
zoometría *f* zoömetry
zoométrico -ca *adj* zoömetric
zoomorfismo *m* zoömorphism
zoonosis *f* (path.) zoönosis
zooplancton *m* (zool.) zoöplankton
zooplastia *f* (surg.) zoöplasty
zooquímico -ca *adj* zoöchemical; *f* zoöchemistry
zoospora *f* (bot.) zoöspore
zoosporangio *m* (bot.) zoösporangium
zootecnia *f* zoötechny
zootomía *f* zoötomy
zootropo *m* zoetrope (*optical toy*)
zopas *mf* see **zopo**
zopenco -ca *adj* (coll.) dull, doltish; *mf* (coll.) dullard, dolt
zopetero *m* slope, embankment
zopilote *m* (orn.) carrion crow, black vulture; **zopilote de montaña** (orn.) turkey buzzard
zopisa *f* pitch, tar; pine tar; ointment of pine tar and wax
zopitas *mf* (*pl:* **-tas**) (hum.) lisper
zopo -pa *adj* crippled; *mf* cripple; **zopas** *mf* (*pl:* **-pas**) (coll.) lisper
zoqueta *f* wooden guard to protect the left hand from the sickle
zoquete *m* block, chunk, end (*of wood*); bit of bread; blockhead, chump; (coll.) fat and ugly little runt
zoquetero -ra *mf* bum
zoquetudo -da *adj* coarse, rough
zoroastriano -na *adj & mf* Zoroastrian
zoroástrico -ca *adj* Zoroastrian
zoroastrismo *m* Zoroastrianism
Zoroastro *m* Zoroaster
zorongo *m* Aragonese kerchief (*folded like bandage around head*); flat chignon
zorra *f* (zool.) fox; female fox; (coll.) foxy person; prostitute; drunkenness; truck, dray; (*cap.*) *f* (astr.) Fox, Vulpecula; **pillar una zorra** (coll.) to get drunk; **zorra de mar** (ichth.) fox shark, thresher shark
zorrastrón -trona *adj* (coll.) crafty, tricky; *mf* (coll.) crafty person, tricky person
zorrera *f* see **zorrero**
zorrería *f* foxiness
zorrero -ra *adj* foxy, sly; slow, tardy; fox-hunting (*dog*); large (*shot*); (naut.) heavy-sailing; *m* royal game warden (*whose duty it was to kill foxes, wolves, birds of prey, and other harmful animals*); *f* fox hole; (coll.) confusion, worry; smoke-filled room
zorrillo *m* (zool.) skunk
zorro *m* (zool.) male fox; fox (*fur*); (coll.) fox, foxy fellow; (coll.) person who plays stupid; **zorros** *mpl* duster; **estar hecho un zorro** (coll.) to be overwhelmed with sleep; (coll.) to be dull and sullen; **hacerse el zorro** (coll.) to pretend ignorance, to pretend not to hear; **zorro azul** (zool.) blue fox; **zorro negro** (zool.) raccoon; **zorro plateado** (zool.) silver fox
zorrocloco *m* (coll.) sly boob; (coll.) caress
zorronglón -glona *adj* (coll.) grumbling; *mf* (coll.) grumbler
zorrullo *m* var. of **zurullo**
zorruno -na *adj* foxlike, foxy
zorzal *m* (orn.) fieldfare; sly fellow; (Am.) simpleton, boob; **zorzal marino** (ichth.) black wrasse
zorzaleño -ña *adj* crescent (*olive*)
zoster *f* (path.) zoster, shingles
zote *adj* simple, stupid; *mf* simpleton, dolt
zozobra *f* capsizing, foundering, sinking; worry, anxiety
zozobrar *va* to sink; to wreck (*a business*); *vn* to capsize, founder, sink; to be in jeopardy; to worry, to fret; *vr* to capsize, founder, sink
zozobroso -sa *adj* worried, anxious, restless
zúa *f* var. of **azud**
zuavo *m* (mil.) Zouave
zubia *f* drain, channel
zucarino -na *adj* sugary, sweet
zueco *m* wooden shoe, clog, sabot; wood-soled or cork-soled shoe
zuela *f* var. of **azuela**
-zuelo -la *suffix dim & pej* var. of **-uelo** and attached to polysyllables ending in **d, e, n, r,** an accented vowel, an unaccented diphthong, or an unaccented vowel in a word with a diphthong in its root, e.g., **pobrezuelo** poorish; **ladronzuelo** petty thief; **mujerzuela** woman of no account; **lengüezuela** little tongue; **piedrezuela** little stone; **huevezuelo** little egg. The radical diphthong sometimes disappears when the suffix is added, e.g., **pontezuelo** small bridge; **tendezuela** little shop; **terrezuela** worthless piece of ground
zuingliano -na *adj & mf* Zwinglian
zulacar §86 *va* to waterproof
zulaque *m* waterproof packing; waterproof paving material
zulaquear *va* var. of **zulacar**
zulú (*pl:* **-lús** or **-lúes**) *adj & mf* Zulu
Zululandia *f* Zululand
zulla *f* (bot.) sulla clover, French honeysuckle; (coll.) excrement (*human*)
zullar *vr* (coll.) to have a movement of the bowels; (coll.) to break wind
zullenco -ca *adj* (coll.) windy, flatulent
zullón -llona *adj* (coll.) windy, flatulent; *m* (coll.) wind, flatulence
zumacal *m* planting of sumachs
zumacar *m* planting of sumachs; *va* to dress or tan with sumach
zumacaya *f* var. of **zumaya**
zumaque *m* (bot.) sumach; (coll.) grape wine; **zumaque del Japón** (bot.) tree of heaven; **zumaque venenoso** (bot.) poison sumach, poison ivy
zumaya *f* (orn.) goatsucker; (orn.) tawny owl; (orn.) secretary bird
zumba *f* bell worn by leading mule; whistle (*toy made to spin on end of a string*); fun, joke; **hacer zumba a** to make fun of

zumbador -dora *adj* buzzing; *m* buzzer; (elec.) buzzer; (Am.) hummingbird
zumbar *va* to make fun of; to let have, e.g., **le zumbó una bofetada** he let him have a slap in the face; *vn* to buzz, to hum; to ring (*said of the ears*); **zumbar a** to be close to, e.g., **le zumban los sesenta años** he is close to sixty years of age; *vr* to make fun of each other; **zumbarse de** to make fun of
zumbel *m* string used to spin a top; (coll.) frown
zumbido *m* buzz, hum; (coll.) blow, smack; **zumbido de ocupación** busy signal (*of telephone*); **zumbido de oídos** (path.) ringing in the ears, tinnitus
zumbo *m* buzz, hum; (Am.) gourd
zumbón -bona *adj* funny, playful, waggish; *mf* wag, jester
zumiento -ta *adj* juicy
zumillo *m* (bot.) green dragon; (bot.) deadly carrot
zumo *m* juice; profit, advantage; **zumo de cepas** or **parras** (coll.) fruit of the vine, wine; **zumo de naranja** orange juice; **zumo de uva** grape juice
zumoso -sa *adj* juicy
zuna *f* Sunna or Sunnah; (dial.) treachery; (dial.) viciousness (*of a horse*)
zunchar *va* to band, to hoop, to fasten with a band or hoop
zuncho *m* band, hoop, ring; **zuncho de botalón** (naut.) boom iron
zuño *m* frown
zupia *f* dregs (*of wine*); wine full of dregs; slop; (fig.) scum, trash
zurano -na *adj* wild (*dove or pigeon*)
zurcido *m* darn, darning; **zurcido invisible** invisible mending
zurcidor -dora *adj* darning; *mf* darner
zurcidura *f* darning
zurcir §50 *va* to darn; to strand; to join, unite; (coll.) to hatch, concoct (*a lie*), to weave (*a tissue of lies*)
zurdazo *m* blow with the left (*hand*); (box.) left
zurdear *vn* to be left-handed
zurdería *f* left-handedness
zurdo -da *adj* left; left-handed; (mach.) left-handed (*e.g., screw*); **a zurdas** with the left hand; the wrong way; *mf* left-handed person
zurear *vn* to coo
zureo *m* cooing
zurito -ta *adj* stock (*dove*); *f* (orn.) stock dove
zuro -ra *adj* wild (*dove or pigeon*); *m* stripped corncob
zurra *f* currying, dressing; scuffle, quarrel; grind (*long hard work or study*); drubbing, thrashing
zurrador *m* leather currier or dresser
zurrapa *f* filament, thread; (coll.) trash, rubbish; (coll.) ugly, skinny young fellow; **con zurrapas** (coll.) in an uncleanly way
zurrapelo *m* (coll.) dressing-down, sharp reprimand
zurrapiento -ta or **zurraposo -sa** *adj* dreggy, turbid, roily
zurrar *va* to curry, to dress (*leather*); to get the best of; to dress down; (coll.) to drub, to thrash; *vr* to have an accident, to dirty oneself; (coll.) to be scared to death
zurriaga *f* whip, lash; (dial.) lark (*bird*)
zurriagar §59 *va* to whip, to horsewhip
zurriagazo *m* whipping, lashing; stroke of bad luck; unexpected abuse, unexpected slight
zurriago *m* whip, lash; strap used to spin a top
zurriar §90 *vn* var. of **zurrir**
zurribanda *f* (coll.) rain of blows; (coll.) scuffle, rumpus, row
zurriburri *m* (coll.) cur, contemptible fellow; (coll.) gang of crooks; (coll.) uproar, confusion
zurrido *m* buzzing, grating noise; (coll.) blow with a stick
zurrir *vn* to buzz, to grate
zurrón *m* shepherd's leather bag; husk; placenta; **zurrón de pastor** (bot.) shepherd's-purse
zurrona *f* (coll.) loose, crooked woman
zurronada *f* bagful
zurrusco *m* burnt toast
zurullo *m* (coll.) soft roll (*of anything*); (coll.) turd
zurumbático -ca *adj* stunned, bewildered
zurupeto *m* (coll.) unregistered broker
zutano -na *mf* (coll.) so-and-so
zuzo *interj* var. of **chucho**
zuzón *m* (bot.) groundsel
zuzunga *f* strainer, colander

SECCIÓN CENTRAL-CENTER SECTION

Vocabularios Temáticos Bilingües Español-Inglés

administración
management

aeronáutica
aeronautics

agricultura
agriculture

alimentos y bebidas
food and beverages

arquitectura y diseño
architecture and design

astronomía y astronáutica
astronomy and astronutics

cinematografía
cinematography

comercio internacional
international trade

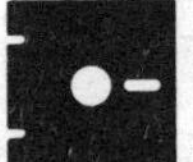

computación e informática
computer science

contabilidad
accounting

deportes
sports

economía
economics

educación y profesiones
education and professions

electrónica
electronics

física
physics

geografía y nacionalidades
geography and nationalities

herramientas y maquinaria
tools and machinery

lenguaje coloquial y modismos de uso frecuente en Estados Unidos
colloquial language and idioms of frecuent use in the United States

matemáticas
mathematics

medicina
medicine

mineralogía y metalurgia
mineralogy and metallurgy

música
music

oficina
office

pintura y escultura
painting and sculpture

psicología y psiquiatría
psychology and psychiatry

química
chemistry

radio y televisión
radio and television

religión
religion

teatro
theater

telecomunicaciones
telecommunications

términos jurídicos
legal terms

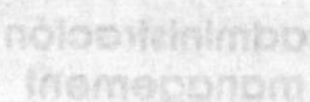

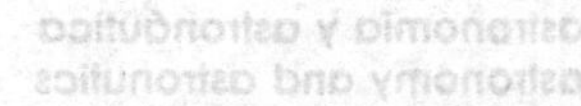

administración
management

actitud *f*	attitude
activo humano	human asset
adiestramiento *m*	training
administración científica	scientific management
administración colegiada	collegial management
administración comparativa	comparative management
administración de contingencia	contingency management
administración de empresas	business administration
administración de operaciones	operations management
administración de sueldos y salarios	wage and salary administration
administración del territorio	territory management
administración o gerencia intermedia	middle management
administración por objetivos (APO)	management by objectives (MBO)
administración situacional o circunstancial	situational management
administrador -dora	administrator, manager
alcance *m*	scope
alta administración o dirección	top management
ambiente *m*	climate, environment
ambiente gerencial	managerial environment
ámbito *m*	environment, scope
ampliación del puesto	job enlargement
amplitud o alcance del control	span of control
amplitud o alcance gerencial	span of management
análisis de la correlación	correlation analysis
análisis de riesgos	risk analysis
análisis del punto de equilibrio	break-even point analysis
análisis transaccional	transactional analysis
antigüedad *f*	length of service
anuncio clasificado	classified advertisement
aptitudes relativas al puesto	job-related skills
árbol de decisiones	decision tree
arte *m*	art
ascenso *m*	promotion
asesoría personal	coaching
auditoría de la administración	management auditing
auditoría operacional	operational audit
auditoría social	social audit
aumento de sueldo	pay increase, raise, promotion
aumento por mérito	merit increase
autoauditoría administrativa	administrative self-audit
autoauditoría de la empresa	enterprise self-audit
autoridad *f*	authority
autoridad desmembrada	splintered authority
autoridad funcional	functional authority
autoridad organizacional	organizational authority
ayuda audiovisual	audiovisual aid

barrera a la comunicación	communication barrier
beneficio *m*	profit
busca *f*	search
búsqueda *f*	search
calidad de la vida laboral (CVL)	quality of working life (QWL)
canal de comercialización	marketing channel
canal de distribución	distribution channel
capacitación *f*	training
capacitación administrativa	management training
capacitación de sensibilidad	sensitivity training
capacitación programada	programmed instruction
cargo *m*	position
carrera *f*	career
carta o gráfica de reemplazo	replacement chart
centralización *f*	centralization
centro de evaluación	assessment center
ciclo comercial	business cyck
ciclo ininterrumpido del liderazgo	leadership continuum
ciencia *f*	science
cierre *m*	shutdown
círculo de control de calidad	quality control circle
cliente *m*	customer
comité *m*	committee
comportamiento organizacional	organizational behavior
comunicación *f*	communication
comunicación ascendente	upward communication
comunicación descendente	downward communication
comunicación transversal	crosswise communication
concepto *m*	concept
consejo de administración	board of directors
control *m*	control, controlling
control con prealimentación	feedforward control
control directo	direct control
coordinación *f*	coordination
costeo directo	direct costing
creatividad *f*	creativity
cuadro *m*	chart
delegación de la autoridad	delegation of authority
demanda *f*	claim
departamentalización *f*	departmentalization
departamento *m*	department
departamento de servicio	service department
desarrollo *m*	development
desarrollo de la administración	management development
desarrollo gerencial	managerial development
desarrollo organizacional	organizational development
desarrollo profesional	career development
descentralización *f*	decentralization
descripción de puesto	job description
desembolso *m*	outlay
desembolso de capital	capital outlay
desempeño *m*	performance
desempeño general	overall performance
desempeño global	overall performance
desempleo *m*	unemployment
despido	dismissal
diferenciación *f*	differentiation
dinámica industrial	industrial dynamics
dirección *f*	leading
diseño del puesto	job design
distribución *f*	distribution
efectividad *f*	effectiveness
efectividad del liderazgo	leadership effectiveness
efectividad en costos	cost effectiveness
efecto halo	halo effect
eficiencia *f*	efficiency
ejecución *f*	implementation
ejecutivo -va	executive
empatía *f*	empathy
empleado de fábrica	plant employee
empleado de oficina	clerical employee
empleado temporal	temporary employee
empleo de tiempo completo	full-time employment
empleo de tiempo parcial	part-time employment
empresario -a	entrepreneur
encuesta *f*	survey
encuesta de mercado	market survey
enfoque de casos o casuístico	case approach
enfoque de contingencia	contingency approach
enfoque de la ciencia de la computación	management science approach

enfoque de la teoría de las decisiones	decision theory approach
enfoque de los papeles gerenciales	group behavior approach, interpersonal behavior approach
enfoque de sistemas	systems approach
enfoque de sistemas sociales comparativos	comparative social systems approach
enfoque de sistemas sociotécnicos	sociotechnical systems approach
enfoque empírico	empirical approach
enfoque matemático	mathematical approach
enfoque operacional	operational approach
enfoque ruta-meta	path-goal approach
enfoque situacional	situational approach
enriquecimiento del puesto	job enrichment
entorno *m*	environment
entrenamiento *m*	training
entrevista *f*	interview
entropía *f*	entropy
entropía negativa	negative entropy
equifinalidad *f*	equifinality
equipo *m*	equipment
estaf *m*	staff
estándar *m*	standard
estrategia *f*	strategy
estrategia compuesta	composite strategy
estrategia de contingencia	contingency strategy
estructura de sueldos	wage structure
ética *f*	ethics
evaluación por colegas	peer rating
evaluación del desempeño	performance evaluation
evaluación de los rasgos	trait appraisal
evaluación gerencial	management appraisal
examen médico	medical examination
éxito *m*	success
expectativa *f*	expectancy
factor clave	key factor
factor de higiene	hygiene factor
fijación o establecimiento de metas	goal setting
fracaso *m*	failure
función *f*	function
gerente *m*	manager
gráfica de Gantt	Gantt chart

gráfico -ca	chart
gráfico -ca de flujo	flow chart
habilidades administrativas	managerial know-how
huelga *f*	strike
implantación *f*	implementation
incapacidad *f*	disability
información en tiempo real	real-time information
informe de ventas	sales report
ingeniería del valor	value engineering
insatisfacción	dissatisfaction
instrucción *f*	instruction
integración *f*	integration, staffing
integración ascendente o retrospectiva	upstream integration
integración descendente o prospectiva	downstream integration
intransferibilidad de la responsabilidad	absoluteness of responsibility
inventario de la administración o administrativo	management inventory
investigación de operaciones	operations research
jerarquía de las necesidades	hierarchy of needs
labor *f*	task
líder *m*	leader
liderazgo *m*	leadership
liderazgo intelectual	intellectual leadership
línea *f*	line
línea de productos	product line
logística de la distribución	distribution logistics
lucro *m*	profit
malla gerencial	managerial grid
manejo de materiales	materials handling
maquiladora *f*	in-bond factory
maquinaria *f*	equipment
marco de referencia o de trabajo	framework
matriz *f*	headquarters
medio *m*	environment
mercado *m*	market
mercado laboral o de trabajo	labor market
mercadotecnia *f*	marketing
meta *f*	goal
misión *f*	mission
modelo de contingencia	contingency model

modificación de la conducta o del comportamiento	behavior modification
motivador *m*	motivation
motivador estratégico	strategic driver
motivo *m*	motive
necesidad de autorrealización	self-actualization need
necesidad de estima o aprecio	esteem need
necesidad de pertenencia	acceptance need, affiliation need
necesidad de seguridad	security need
necesidad fisiológica	physiological need
negociación colectiva	collective bargaining
norma *f*	rule, standard
objetivo *m*	goal, objective
objetivo comprobable, objetivo verificable	verifiable objective
obrero subempleado	underemployed worker
oficina central	headquarters
oficinista	clerical employee
oficio *m*	profession
organigrama *m*	organization chart
organización *f*	organization, organizing
organización formal	formal organization
organización funcional	function organization
organización informal	informal organization
organización lineal	line organization
organización lucrativa	profit organization
organización matricial	matrix organization
organización matricial multidimensional	multidimensional matrix organization
organización multinacional	multinational organization
organización no lucrativa	non-profit organization
papel organizacional, rol organizacional	organizational role
paridad de autoridad y responsabilidad	parity of authority and responsibility
personal *m*	staff
PERT (técnica de evaluación y revisión de programas)	PERT (program evaluation and review technique)
plan de acción	action plan
plan de ahorros	savings plan
planeamiento *m*	planning
planificación *f*	planning
planificación a corto plazo	short-range planning
planificación a largo plazo	long-range planning
planificación a mediano plazo	medium-range planning
planificación de contingencia	contingency planning
planificación estratégica	strategic planning
plan *m*	plan
plan de incentivos	incentive plan
plan de participación en las utilidades	profit-sharing plan
plan de pensiones	pension plan
plan operativo	operating plan
poder *m*	power
política *f*	policy
posición *f*	position
posicionamiento *m*	positioning
prealimentación *f*	feedforward
premisa *f*	premise
prestaciones *fpl*	benefits
presupuesto *m*	budget, forecast
presupuesto básico	milestone budgeting
presupuesto con base cero	zero-base budget
presupuesto de ventas	sales forecast
presupuesto flexible	flexible budget
presupuesto por programa	program budget
presupuesto variable	variable budget
principio *m*	principle
principio de la flexibilidad	flexibility principle
principio del cambio de rumbo	navigational change principle
principio del compromiso	commitment principle
principio del factor limitante	limiting factor principle
principio de la flexibilidad	flexibility principle
procedimiento *m*	procedure
proceso *m*	process
proceso de control	control process
producción en serie o en cadena	serial production
productividad *f*	productivity
producto *m*	product
profesión *f*	profession
programa *m*	program
programación lineal	linear programming

programa de orientación	orientation program
programa de remuneración	compensation program
programa escalonado	staggered program
programa recreativo	recreational program
promedio ponderado	weighted average
promoción *f*	promotion
promoción interna	promotion from within
pronóstico ambiental	environmental forecasting
pronóstico tecnológico	technological forecast
propósito *m*	purpose
proveedor -ra	purveyor, supplier
prueba de habilidad	proficiency test
prueba de inteligencia	intelligence test
puesto *m*	job, position
queja *f*	complaint
racionalidad *f*	rationality
racionalidad limitada	bounded rationality
realimentación *f*	feedback
realización *f*	implementation
recentralización *f*	recentralization
reclutamiento *m*	recruitment
recurso *m*	resource
recursos humanos	human resources
red tiempo-evento	time-event network
refuerzo negativo	negative reinforcement
refuerzo positivo	positive reinforcement
regla *f*	rule
rejilla gerencial	managerial grid
relación escalar	scalar relationship
rendimiento *m*	efficiency
rendimiento sobre la inversión	return on investment
renuncia *f*	resignation
requerimiento *m*	requirement
requisito *m*	requirement
resistencia al cambio	resistance to change
resolución de problemas	problem-solving
responsabilidad *f*	responsibility
responsabilidad directa	accountability
responsabilidad social	social responsibility
resumen presupuestal	budget summary
retroalimentación *f*	feedback
reubicación *f*	relocation
rotación *f*	turnover
rotación de puestos	rotation of jobs
rumor *m*	grapevine, rumor
ruptura de la comunicación	communication breakdown
salario mínimo	minimum wage
satisfacción *f*	satisfaction
satisfactor *m*	satisfaction
sede *f*	headquarters
servicio *m*	service
servicios de información	intelligence services
sindicato *m*	union
sistema *m*	system
sistema abierto	open system
sistema cerrado	closed system
sistema cooperativo	cooperative system
sistema de premios	reward system
sistema de puntos	point system
sistema social	social system
sistema socio-técnico	sociotechnical system
sociedad pluralista	pluralistic society
solicitante de empleo	job applicant
solicitud de empleo	job application
staff *m*	staff
subordinado -da	subordinate
supervisor -sora	supervisor
supuesto *m*	premise
tabla insumo-producto	input-output table
táctica *f*	tactic
tarea *f*	task
técnica administrativa	management technique
técnica Delphi	Delphi technique
tecnología *f*	technology
teoría *f*	theory
teoría de la motivación	theory of motivation
teoría de las necesidades	theory of needs
teoría de la preferencia o la utilidad	preference or utility theory
territorio *m*	territory
toma de decisión	decision-making
tormenta de ideas	brainstorming
trabajo *m*	job, task
trabajo a destajo	piecework
trayectoria profesional	career path
turno *m*	shift
unidad de comando	unity of command
unidad estratégica de negocios (UEN)	strategic business unit (SBU)

universalidad de la administración	**universality of management**
utilidad *f*	**profit**
valuación de puesto	**position evaluation**
variación *f*	**variance**
vendedor -ra (proveedor -ra)	**vendor**
ventaja fiscal	**tax advantage**

aeronáutica
aeronautics

abaniqueo *m*	autoratation, windmilling
abatimiento *m*	drift
abatir	drift
acelerador *m*	throttle
accesorio	accessory
actuación *f*	performance
acuatizaje *m*	alighting
adelanto de la chispa	spark advance
ADF (radiogoniómetro automático)	ADF (automatic direction finder)
aéreo -ra	aerial
aerodeslizador *m*	hovercraft
aerodinámico -ca	aerodynamic
aeródromo *m*	aerodrome, airdrome
aerofaro *m*	aerial beacon
aerolínea *f*	airline
aerología *f*	aerology
aeromarca *f*	air marking
aeronauta *mf*	flyer
aeronáutica *f*	aeronautics; flying
aeronave *f*	aircraft
aeronáutica	aeronautics
aeroplano *m*	aircraft
aeropuerto	airport
aerostación *f*	aerostation
aerostática *f*	aerostatics
aeróstato *m*	aerostat
aerotransportado	airborne
aerotransportista *mf*	air carrier
aerovía *f*	airway
aire de impacto	ram air
alabear	dip wings
alabeos *mpl*	wing-dipping
alcance *m*	range
alerón *m*	aileron
aleta *f* **(de ala)**	flap
aleta *f* **(de tolva)**	gill
aletilla compensadora	trim tab
aletilla compensadora equilibradora	stabilizer
al garete	adrift
almanaque aéreo	air almanac
altímetro *m*	altimeter
altímetro absoluto	altimeter absolute
altitud *f*	altitude
al través	abeam
altura *f*	height
amaraje *f*	alighting
ambigüedad de 180°	ambiguity 180°
amortiguador oleoneumático	oleo-pneumatic shock absorber
analizador de motor	engine analyzer
anemómetro *m*	anemometer
anemoscopio *m*	weather vane
anfibio	amphibian
anfitriona *f*	hostess (ground)
ángulo diedro	dihedral angle
ángulo de ataque	angle of attack
ángulo de incidencia	angle of incidence
ángulo de ladeo o de banqueo	angle of bank
ángulo de planeo	glide angle
anisalobara *f*	anisalobar
antena *f*	aerial
antena anular	loop, antenna
antena de arrastre	trailing, antenna
antena de cuadro	loop antenna
antena de varilla	whip antenna
antiguamiento *m*	aging
aproximación *f*	approach
aproximación directa	approach, straight-in

aproximación fallida	missed approach
aproximación final	approach, final
a prueba de desplome	stall-proof
árbol *m*	axle
arfada *f*	pitch
arfar	pitch
arrachado	gusty
arrastrarse	creep
ascendente *f*	updraft
asientos en tándem	tandem seating
aspa *f*	blade
atenuador de absorción	absorptive attenuator
aterrizaje de panzazo	pancake landing
aterrizaje en tres puntos	full-stall, landing
aterrizaje forzado o forzoso	forced landing
aterrizaje perfecto	full-stall landing
a través	abeam
autogiro *m*	rotorcraft
autorización *f*	clearance
autorización sobre cúspide	on-top clearance
autorizar	clear
autorrotación *f*	autorotation, windmilling
aviación *f*	flying
aviador -ra	aviator, flier, flyer
avión *m*	aircraft
avión de bombardeo	bomber
avión de caza	fighter aircraft
avión de propulsión	jet reactor
avión de reacción	jet reactor
avión de utilidad general	utility aircraft
avión empujador	pusher airplane
avión en miniatura	miniature aircraft
avión sin piloto	drone
avión teleguiado o radiodirigido	drone
avión tractor	puller airplane
avioneta *f*	light aircraft
aviso *m*	advisory
axial, axil	axial
ayudas a la navegación	navigational aids
ayudas náuticas	navigational aids
azafata *f*	cabin attendant, hostess, stewardess
bajar	deplane
balancear	roll
balanceo *m*	roll
balsa inflable	air raft
banquear	bank
banqueo *m*	bank
barniz de aviación	dope
barómetro *m*	barometer
barómetro aneroide	barometer aneroid
barrena *f*	spin
barrena invertida	spin, inverted
bastón *m*	stick
batalla *f*	wheel base
batería de caldeo	heater battery
batería combinada	power pack
batimento *m*	pulse
biela maestra	master rod
bimotor *m*	twin
biplano *m*	biplane
birreactor *m*	twin jet
bolsa de aire	air pocket
bombardero *m*	bomber
borde de ataque	leading edge
borde de salida	trailing edge
botes *mpl*	bouncing
brisa de montaña	mountain breeze
brújula *f*	compass
brújula aperiódica	aperiodic compass
brújula de indicación remota	remoted compass
brújula de inducción terrestre	ground-inductor compass
brújula giromagnética	gyromagnetic compass
brújula Gyrosyn (giroscópicamente sincronizada)	Gyrosyn (gyroscopically synchronized) compass
brújula Magnesyn (magnéticamente sincronizada)	Magnesyn (magnetically synchronized) compass
busca *f* **y salvamento** *m*	search and rescue
cabecear	pitch
cabeceo *m*	pitch
cabina climatizada	pressurized cabin
cabina de mando	flight deck
cabina de presión constante	presssurized cabin
cabinero -ra	cabin attendant
caja *f*	casing
calcular (aproximadamente)	estimate
calzo *m*	chock
cámara *f*	inner tube
campo de aviación	flying field
campo de vuelo	flying field
cangrejear	crab, to
cangrejeo *m*	crabbing
capa de separación	boundary layer
capitán *m*	captain

capotada *f*	nose-over, nosing over
capotar	nose over
carabinero -ra	cabin attendant
carburación *f*	carburation, carburetion
carburador *m*	carbureter, carburetor, carburetter, carburettor
carga axial	axial load
carga terrestre	ground load
carretear	roll
cartilla de desvíos	deviation card
caza *m*	fighter aircraft
caza bombardero *m*	fighter-bomber
cerrado *m*	overcast
cerrado por hielo	ice-bound
cerrado por niebla	fog-bound
cinturón de seguridad	seat belt
circuito de absorción	absorber circuit
circuito de espera	holding pattern
circuito de tránsito	traffic pattern
cirro *m*	cirrus
claro y fuerte	loud and clear
cocina *f*	galley
cojinete axial	axial bearing
cola *f*	tail
colector múltiple	manifold
columna de mando	stick
comandante *m*	commander
combustible *m*	fuel
compartimiento de carga	cargo hold
compás *m*	compass
compensación *f*	trimming
compensador *m*	stabilizer
compensar	stabilize, trim, to
compresor de aire	blower
configuración de aterrizaje	dirty configuration
configuración limpia	clean configuration
cono de hélice	spinner
cono del silencio	cone of silence
contestar repitiendo	call back
control de aeropuerto	airport, control
control de área	area, control
control de ruta	control, route
control de volante	dep control
control terrestre	ground, control
convertiplano *m*	convertiplane
copiloto *m*	copilot
correaje *m* **(del paracaídas)**	harness
corrido del motor	engine run-in
corriente de chorro	jet stream
corriente retrógrada	slipstream

cota *f*	spot height
cuadrícula *f*	grid
cubierta *f*	skin
cubierta de aterrizaje	flight deck
cubierta esforzada	skin, stressed
culata de cilindro	cylinder head
cúmulo *m*	cumulus
cumulonimbo con yunque	anvil cloud
currentilíneo -nea	aerodynamic
curva de nivel	contour
curva loxodrómica	constant-heading line
DAV (despegue y aterrizaje verticales)	VTOL (vertical take-off and landing)
de ala alta	high-wing
de ala baja	low-wing
de Cardán o universal	gimbals
declinación cuadricular	grivation
declinación cuadricular	grivation
declinación *f*	variation
de flanco	abreast
dejamiento en tierra	grounding
dejar en tierra (un avión)	ground, to
de largo alcance	long-range
de paso reversible	reversible-pitch
de paso variable	variable-pitch
de perfilamiento completo	full-feathering
depurador de aire	air cleaner
deriva *f*	drift
deriva de Bellamy	Bellamy drift
derivar	drift
derrota *f*	course, route
derrotero *m*	course line
desbocada (hélice)	over-running
descendente *f*	downdraft
descendente al suelo	downburst
descendente en cascada	downburst
descongelación *f*	deicing
desempeño *m*	performance
deslizamiento hacia adelante	forward slip
deslizamiento lateral	side slip
despegue *m*	getaway
despegue en campo corto	short-field, take-off
despejado	clear
desplegar	deploy
despliegue *m*	deployment
desplomar	stall
desplomarse	stall
desplome *m*	stall

desvío *m* **(de la brújula)**	deviation
de través	abeam
detonación *f*	knocking
de velocidad constante	constant-speed
dirigible no rígido	blimp
dispositivos de gran sustentación	high-lift devices
distancia *f*	range
distancia ortodrónica	great-circle distance
DME (radiotelémetro *m*, **equipo radiotelemétrico)**	DME (distance measuring equipment)
efecto de Coriolis	Coriolis effect
eje *m*	axle
eje de balanceo	axis of roll
eje de cabeceo o de arfada	axis of pitch
eje de guiñada	axis of yaw
eje de inercia	axis of inertia
elevación *f*	elevation
empenaje *m*	empennage, tail
empuje *m*	thrust
encabritada *f*	zoom
encabritarse	zoom
encabritar	zoom
enfriado por aire	air-cooled
enfriado por líquido	liquid-cooled
engelamiento	icing
entrada al circuito	flyway
entrar (a un avión)	board
entrenador *m* **(avión de instrucción)**	trainer
envergadura *f*	wing span
en vuelo	airborne
error de aceleración	acceleration error
escala *f*	stopover
escalonamiento *m*	stacking
escalonar	stack
escucha continua	listening watch
escuchar	read, to
espera *f*	holding
esperar	hold
estabilizador horizontal	stabilizer
estabilizador vertical	fin
estática *f*	static
estatorreactor *m* **(avión, motor)**	ramjet
estima *f*	dead reckoning
estimar	estimate
estrato *m*	stratus
estratopausa *f*	stratopause
estratosfera *f*	stratosphere
estropeador de sustentación	spoiler
estruendo supersónico	supersonic boom
exhibición acrobática en gira	barnstorming
exosfera *f*	exosphere
extender (el tren)	deplyo
extensión *f* **(del tren)**	deployment
extinción de la llama	flameout
factor de carga	load factor
faro de recalada	homing beacon
festonear	bracket, to
festoneo *m*	bracketing
formador *m*	former
frecuencia de corte	cut-off frequency
frecuencímetro de absorción	absorption frequency meter
fuente de alimentación	power pack
fuera de ruta	off-course
fuerte mal tiempo *m*	severe weather
fuerza de inercia	force of inertia
g *f*	g
gasavión *m*	avgas
gasolina de alto octanaje	high-octane gasoline
gasolina de avión	avgas
gasolina *f*	gasoline
giro direccional	directional gyro
giroscopio *m*	gyroscope
giróscopo *m*	gyroscope
giróscopo direccional	directional gyro
globo de barrera	barrage balloon
globo-sonda *m*	sounding balloon
granizada *f*	hailstorm
grupo de cola	empennage
grupo propulsor o motopropulsor	power plant
guiñada *f*	yaw
guiñar	yaw
hachura *f*	hachure
haz *m*	beam
hélice *f*	propeller
hélice de paso ajustable o regulable	adjustable-pitch, propeller
hélice de paso variable	variable-pitch, propeller
hélice de velocidad constante	propeller, constant-speed
helicóptero *m*	chopper, rotorcraft
helicopuerto *m*	heliport
hidroavión *m*	hydroplane
hidroplane *m*	hydroplane
higrómetro *m*	hygrometer
higrómetro de pelo	hair hygrometer

hipódromo *m* holding pattern
hora *f* time
hora estimada de llegada estimated time of arrival
hora estimada de salida estimated time of departure
hora estimada sobre (HES) estimated time over (ETO)
hora media de Greenwich (HMG) Greenwich Mean Time (GMT), universal time (Z)
hora universal universal time (Z)
hora verdadera sobre (HVS) true time over (TTO)
horizonte artificial artificial horizon
horizonte giroscópico artificial gyrohorizon
humedad *f* humidity
humedad absoluta absolute, humidity
humedad relativa relative, humidity
ida al aire go-around
IFR (reglas de vuelo por instrumentos) IFR (instrument flight rules)
imbarrenable spin-safe
impulsor *m* impeller
indesplomable stall-proof
indicador de la temperatura en las culatas cylinder-head temperature indicator
indicador de rumbo heading indicator
indicador de velocidad vertical rate-of-climb indicator
indicador de viraje y ladeo turn-and-bank indicator
indicador radiomagnético (IRM) radiomagnetic indicator (RMI)
inducido *m* armature
ingeniero de vuelo flight engineer
intervalo hipersónico hypersonic range
intervalo subsónico subsonic range
intervalo supersónico supersonic range
intervalo transónico transonic range
isobara *f* isobar
isoterma *f* isotherm
ladear bank, roll
ladearse roll
ladeo *m* bank
larguerillo *m* stringer
larguero *m* longeron
lavabos *mpl* rest room
linea aérea airline
línea agónica o ágona agonic line
linea de cambio de fecha date line
linea de fe lubber line
linea de posición line of position
línea de turbonadas squall line
llanta *f* tire
llegada *f* arrival
lluvia helada freezing rain
loxodromia *f* constant-headingline
luminiscencia anormal abnormal glow
máchmetro *m* Machmeter
malla absorbente absorption mesh
mampero *m* bulwark
manga de aire wind cone, wind sock
manómetro de admisión manifold pressure gauge
manómetro del aceite oil pressure gauge
manómetro del combustible fuel pressure gauge
marcación bearing
marcación magnética magnetic, bearing
marcación relativa relative, bearing
marcación verdadera true, bearing
marcador *m* marker
marcar mark
medidor del gasto de combustible fuel flowmeter
medidor de números mach Machmeter
medidor del par motor torquemeter
medio nublado scattered
medio tonel volado split S
mesoesfera *f* mesosphere
(mezcla) pobre automática auto lean (mixture)
(mezcla) rica automática auto rich (mixture)
monoplano *m* monoplane
monoplaza *m* single-seater
motor *m* engine
motor radial radial engine
motor turbocompuesto engine, turbocompound
médico de aviación flight surgeon
nariz *f* nose
náutico -ca nautical, navigational
navegación a la estima dead reckoning
navegación celeste celestial navigation
navegación estimada dead reckoning
navegación inercial o por inercia inertial navigation
navegación isobárica pressure-pattern navigation
navegación observada o por contacto piloting
navegación polar o de cuadrícula polar navigation

navegación por radio — radio navigation
neumático *m* — tire
nimbo *m* — nímbus, rain cloud
nivel de vuelo — flight level
Norte de cuadrícula — grid north
no viciable en las barrenas — spin-safe
nube de rollo — roll cloud
nube pluviosa — rain cloud
nubes con desarrollo vertical — vetical development clouds
nubes nacaradas — nacreous, clouds
nubes noctilucientes — noctilucent, clouds
número mach o de Mach — Mach number
obsolescencia *f* — aging
ocho cubano — Cuban, eight
ocho paracaidista — parachute, eight
ocho perezoso — lazy, eight
ocho sobre pilones — pylon, eight
oleoamortiguador *m* — oleo
onda de choque — shock wave
onda de radio — radio wave
onda herciana — radio wave
ondámetro de absorción — absorption type wavementer
onda radioeléctrica — radio wave
ondas estacionarias — standing waves
ortodromia *f* — great-circle distance
oscilación fugoidea — phugoid oscillation
pala *f* — blade
paracaidista *mf* — parachutist
paralaje *f* — parallax
paralelo automecoico — standard parallel
par de hélice — propeller torque
paro de reactor — flameout
pasador *m* — wrist pin
paso *m* — pitch
perfil aerodinámico — airfoil section
perfil aeroforme — airfoil section
perfilamiento *m* — feathering
perfilar (la hélice) — feather
pesado de cola — tail-heavy
pesado de nariz — nose-heavy
peso en vacío — empty weight
peso y equilibrio — weight and balance
pierna *f* (de radiofaro) — leg
pilotaje *m* — piloting
pilotar, pilotear — fly
piloto *m* — flier, flyer, pilot
piloto asesor — check pilot
piloto automático — automatic pilot, autopilot
piloto de los bosques — bush pilot
piloto en instrucción — pilot, trainee
piloto temerario — daredevil piloto
planeador *m* — glider
planeamiento previo al vuelo — preflight planning
planear — glide
plano fijo de deriva — fin
polvareda *f* — dust devils
poner combustible a — refuel
portaaviones *m* — aircraft carrier
poscombustión *f* — after firing
posición *f* — attitude
postura *f* — attitude
precesar — precess, to
precesional — precessional
precesión *f* — precession
presión de admisión — manifold pressure
presión en el múltiple — manifold pressure
primer oficial — first officer
proa *f* — nose
procedimientos hablados — voice procedures
prohibición de vuelos — grounding
prohibir el vuelo — ground, to
propulsante *m* — propellant
puerta de flujo giroscópica — gyro flux-gate
puesta de combustible — refueling
pulsación *f* — pulse
pulsorreactor *m* (avión, motor) — pulsejet
punto de apoyo del gato — jack point
punto de comprobación — check point
punto de enfilada — aiming point
punto de espera — holding point
punto de notificación — reporting point
punto de posición — fix
punto de referencia — landmark
punto de rocío — dew point
punto fijo — fix
racha *f* — gust
radar doppler — Doppler radar
radial *m* — radial
radio de acción — radius of action
radioaltímetro *m* — absolute altimeter
radiobaliza *f* — marker
radioemisor *m* — radio transmitter
radiofaro omnidireccional de VHF — VHF omnidirectional radio range
radiofaro en pata de cuervo — crowfoot range
radio faro de recalada — homing beacon
radiofaro de tijera — scissors range n

radiogoniómetro *m*	direction finder
radionavegación *f*	radio navigation
radiorrecepción *f*	radio reception
radiorreceptor *m*	radio receiver
radiotransmisor *m*	radio transmitter
rapidez de engelamiento	icing rate
reacondicionamiento *m*	overhaul
reactor *m* **(avión, motor)**	jet
recalada *f*	homing
recalar	home
régimen de ascenso	rate of climb
régimen de hundimiento	sinking rate
reloj magistral	master clock
remontarse	soart
reparación general	overhaul
repetir	call back
repostamiento *m*	refueling
repostar	refuel
repostarse	refuel
representación gráfica	display
resistencia al avance	drag
retracción *f*	retraction
rodaje lento	creep
rodar, carretear; ladear; ladearse	roll
rodar muy despacio	creep
rosa omnidireccional	omnirose
rotor *m* **(de turbina)**	impeller
ruidos parásitos	static
rumbo de compás	compass, heading
rumbo magnético	heading, magnetic
rumbo *m*	heading
rumbo verdadero	heading, true
ruta *f*	course, route
ruta ortodrómica	great-circle course
sala de estar	lounge
salida *f*	departure
salida de un picado	pull-out
salir (de un avión)	deplane
semimonocasco	semimonocoque
señalización *f*	marking
señalizar	mark
servo *m*	servo
servomando *m*	servo control
servomecanismo *m*	servomechanism
servomotor *m*	servomotor
sextante de burbuja	bubble sextant
sletilla turbulígena	spoiler
sobrealimentador *m*	supercharger
sobrecago *mf*	cabin attendant, steward
sobrecargo *f*	hostess, stewardess
sobrecargo asesor -ra	check purser
sobrecargo mayor	purser
S partida	split S
subir	board
suspensión cardán	gimbals
sustentación *f*	lift
tablas de reducción de visuales	Sight Reduction Tables
tablero de instrumentos	instrument panel
taco hidráulico	hydralic block
tacómetro *m*	tachometer
tanque de aceite	oil tank
techo	ceiling
techo absoluto	absolute, ceiling
techo aerodinámico	aerodynamic, ceiling
tempestad de polvo	dust devils
termómetro del aire en el carburador	carbureter- air temperature indicator
termosfera *f*	thermasphere
tiempo *m*	time
timón de profundidad	elevators
timón direccional	rudder
tirante de arrastre	drag wire
tobera *f*	tail pipe
toma de aire	air intake
toma reguladora de aire	air bleed
tonel volado	snap roll
torbellino de la hélice	slipstream
torre de control	control tower
traje anti-g	anti-g suit
tramo *m*	leg
transceptor *m*	transceiver
transición al vuelo	getaway, transition to flight
transistor tipo A	A-type transistor
transportado por avión	airborne
trayecto *m*	leg
trayecto a favor del viento	down-wind leg
trayecto base	base leg
trayectoria de vuelo	flight path
tren de aterrizaje	gear
tren de aterrizaje triciclo	tricycle landing gear
triángulo del viento	wind triangle
triplano *m*	triplane
tronada *f*	thunderstorm
tropopausa *f*	tropopause
troposfera *f*	troposphere
turbulencia *f*	turbulence
túnel aerodinámico	wind tunnel

turbo-arrancador *m*	turbostarter
turbomotor *m*	turboengine
turbonada *f*	squall
turborreactor *m* **(avión, motor)**	turbojet
turbosina *f*	jet fuel
turboventilador *m*	turbofan
turbulencia en aire claro	clear air turbulence
variación *f*	variation
veleta *f*	weather vane
velocidad de desplome	stalling speed
velocidad mínima de control	minimum control, speed
velocidad vertical	rate of climb
velocímetro *m*	airspeed indicator
ventisca *f*	blizzard
vestíbulo *m* **(de estación)**	concourse
VFR (reglas de vuelo visual)	VFR (visual flight rules)
VHF omnirange	VHF omnidirectional radio range
viento contrario	headwind
viento cruzado	crosswind
viento de costado	crosswind
viento de gradiente	gradient wind
viento en popa	tail wind
viento en proa	headwind
viento geostrófico	geostrophic wind
viento real	true wind
viento relativo	relative wind
viga de armadura	truss
viga *f*	beam
viraje *m*	turn
viraje amplio	shallow, turn
viraje cerrado	steep, turn
viraje de procedimiento	procedure turn
viraje de régimen normal	turn, standard-rate
viraje lento	shallow turn
viraje plano	flat turn
virar	turn
volar	fly
volar a vela	glide
volar en avión de chorro	jet
volar en reactor	jet
vórtice *m*	vortex
vortiginosidad *f*	vorticity
vuelo *m*	flying
vuelo a ciegas	blind flying
vuelo a un solo rumbo	single-heading flight
vuelo a vela	glinding
vuelo de comprobación	test flight
vuelo de fletamento o fletamiento	charter flight
vuelo de punto a punto	point -to point flight
vuelo de remonta	soaring
vuelo directo	through flight
vuelo estacionario	hovering
vuelo por instrumentos	instrument fligt, instrument flying
vuelo loxodrómico	single-heading flight
vuelo ortodrómico	point-to point flight
vuelo recto y nivelado	straight-and-level flight
vuelo transpolar	transpolar flight
vuelta al aire	go-around
vuelta de Immelmann	Immelmann turn
zona bifónica	bisignal zone

agricultura
agriculture

abacá *m*	Manila hemp
abonar	fertilize
abono *m*	fertilizer
abono del suelo	soil dressing
abrevadero *m*	drinking trough, watering place
absentista *m*	absentee landlord
aceituna *f*	olive
acequia	irrigation ditch
administración de ganado lechero	dairy farming
agave *f*	American agave
agavilladora *f*	binder, sheafer
agavillar	bind (into sheaves)
agricultor *m*	farmer, ploughman, plowman
agricultura *f*	agriculture
agro *m*	country
agrónomo *m*	agronomist
agua *m*	water
alfalfa *f*	alfalfa, lucern, lucerne
alforjón *m*	buckwheat
algodón *m*	cotton
alimentos alimenticios	foodstuffs
almiar *m*	hayrick, haystack
alpiste *m*	canary seed
alquería *f*	farmhouse
alubia *f*	bean
animal nocivo	pest
añublo *m*	smut
aparcero *m*	sharecropper
aperos de labranza	agricultural equipment
aporcador *m*	ridger
aporcadora *f*	ridger, ridging plough
aporcar	earth up
aprisco *m*	fold, sheep pen
aprovechamiento del suelo	land use
arado *m*	plough, plow
arar	plough, plow
árbol del hule	rubber tree
árbol frutal	fruit tree
arboricultura *f*	arboriculture
arrancadora de papas (patatas)	potato lifter
arrendamiento *m*	lease, leasing, tenancy
arrendatario *m*	leaseholder, tenant farmer
arveja *f*	pea
aspersión *f*	spreading
atole *m*	meal
avena *f*	oats
avenamiento	drinage
aventadora *f*	winnower, winnowing machine
azada *f*	hoe
azadón *m*	hoe
bancal *m*	terrace
barbechar	fallow
barbecho *m*	fallow
batata *f*	sweet potato
bebedero *m*	drinking trough, watering trough
bieldo *m*	hayfork, pitchfork
binador *m*	weeding fork
binadora *f*	mechanical hoe
boniato *m*	sweet potato
bracero *m*	farm hand
braceros *mpl*	farm laborers
caballeriza *f*	stable
caballón *m*	ridge
cacahuate *m*, **cacahuete** *m*	groundnut, peanut

cacao *m*	cocoa
café *m*	coffee
camote *m*	sweet potato
campesina *f*	countrywoman
campesino *m*	countryman
campiña *f*	countryside
campo *m*	country, countryside, field
campo de coles	cabbage patch
caña de azúcar	sugar cane
canal de riego	irrigation ditch
cáñamo *m*	hemp
capoc *m*	kapok
casa de campo	farmhouse
casco de hacienda	farmhouse
caucho *m*	rubber tree
cavar	dig
cebada *f*	barley
centeno *m*	rye
cereales *mpl*	cereales
cereales forrajeros	fodder grain
cereales secundarios	coarse grain
chacra *f*	farm
chícharo *m*	pea
chiquero *m*	hog pen, pigsty
chufas *fpl*	groundnut
clasificadora *f*	grader, sorter
cobertizo *m*	barn, shed
cobertura del suelo	soil dressing
colono *m*	settler
colza *f*	rape seed
comedero *m*	feeding trough, feed trough
concentración parcelaria	land consolidation
conformadora *f*	grader
cornezuelo de centeno	ergot
corral de aves	chicken run, hen run
cortar	cut
corte *m*	cut, cutting
cosecha *f*	harvest, harvesting
cosechadora de cereales	harvester
cosechar	harvest
cría de animales	animal breeding, animal husbandry
criba *f*	sieve
cuadra *f*	stable
cultivador *m*	farmer
cultivar	cultivate, farm, grow
cultivo de hortalizas	market gardening
cultivo de regadío	irrigated farming
cultivo de secano	dry farming
cultivo extensivo	extensive cultivation

cultivo intensivo	intensive cultivation
cultivo mixto	mixed farming
cultivos *mpl*	crops
dehesa *f*	pasture land
dependencias *fpl*	outbuildings
desbrozar	clear
desmochar	prune
desterronadora *f*	clod crusher
drenaje *m*	drainage
ejido *m*	collective farm
emigración rural	rural exodus
ensilar	ensile, pit
era *f*	threshing floor
erial *m*	wasteland
escarda *f*	weeding hook
escardadora *f*	weeding hoe, weeding machine
escardar *f*	weeder, weed
escardillo *m*	weeder, weeding hook
esparcidora de abono	fertilizer distributor
esparcidora de estiércol	manure spreader
esparcimiento *m*	spreading
establo *m*	cowshed, stable
estar o quedar en barbecho	lie fallow
estercolero *m*	dung heap, manure heap
estiércol *m*	manure
éxodo rural	rural exodus
explotar una finca	manage a farm, run a farm
extensión *f*	spreading
fajina *f*	shocks
fertilizante *m*	fertilizer, manure
fertilizar	fertilize
filoxera *f*	phylloxera
finca *f*	farm
finca ganadera	cattle farm
finca pecuaria	cattle farm
fréjol *m*	bean
frijol *m*	bean
fruta *f*	fruits
fruticultor *m*	fruit grower
fruticultura *f*	fruit growing
frutos *mpl*	fruits
fumigación *f*	fumigate
fumigar	fumigate
gallina clueca	brooder
gallinero *m*	hen house, henroost
ganadero *m*	cattle farmer
ganado *m*	livestock
ganado vacuno	cattle
garbanza *f*	chick-pea
garbanzo *m*	chick-pea
gavilla *f*	sheaf

girasol *m*	sunflower
grada de discos	disk harrow
granero *m*	grain store, granary
granja *f*	farm
granja colectiva	collective farm
granja cooperativa	cooperative farm
granos *mpl*	cereales
guadaña *f*	scythe
guadañadora *f*	mower
guisante *m*	pea
habichuela *f*	bean
hacendado *m*	rancher
hacienda *f*	hacienda
harina *f*	shocks, flour, meal
haz *m*	sheaf
henequén *m*	henequen
henificación *f*	haymaking
henil *m*	hayloft
heno *m*	hay, straw
herbicida *m*	herbicide, weed killer
hierba *f*	grass
hormiga blanca	termite
horquilla *f*	fork
horquilla para heno	hayfork, pitchfork
hórreo *m*	granary
hortaliza *f*	kitchen garden
hortalizas *fpl*	vegetables
hortelano *m*	fruit grower
horticultura *f*	horticulture
hoz *f*	sickle
huerta *f*	market garden, orchard
huerto *m*	market garden, orchard
humus *m*	humus
incubadora *f*	brooder, incubator
industria lechera	dairy industry
ingeniero agrónomo	agronomist
injertar	graft
injerto *m*	graft
insecticida *m*	insecticide
invernadero *m*	glasshouse, greenhouse
irrigación *f*	irrigation
irrigar	irrigate, water
jornalero de campo	farm hand
jornaleros de campo	farm laborers
judía *f*	bean
kapok *m*	kapok
labor *f*	ploughing, plowing
labrador *m*	ploughman, farmer, plowman
labranza *f*	agriculture, farming, husbandry, ploughing, plowing
labrar	farm, plough, till

lactinios *mpl*	dairy products
lagar *m*	winepress
langosta *f*	locust
latifundio *m*	large landed estate, latifundium
laya *f*	spade
layar	dig
lechería	dairy farming
legumbres *fpl*	leguminous plants,vegetables
leguminosas *fpl*	leguminous plants, pulse
lenteja *f*	lentil
lino *m*	flax
lúpulo *m*	hop
maguey *m*	American agave
maíz *m*	corn, maize
maizal *f*	corn field
malas hierbas *f*	weeds
mandioca *f*	manioc
mangle *m*	mangrove
maní *m*	groundnut, peanut
mantequera *f*	churn
mantillo *m*	humus
máquina perforadora	drilling machine
maquinaria agrícola	agricultural machinery
maquinaria para cosechar	harvesting machinery
mate *m*	maté, Paraguay tea
mayal *m*	flail
mazorca *f*	maize cob
mecanización de la agricultura	mechanization of farming
mediero *m*	sharecropper
mejoramiento de animales	animal breeding
mejoramiento del suelo	soil improvement
mercado agrícola	agricultural commodities market
mijo *m*	millet
mildeu *m*, **mildiú** *m*	mildew
milpa *f*	corn field
monocultivo *m*	single-crop farming
motosegadora *f*	power mower
mozo de labranza	farm hand
mullir	loosen
nabo *m*	turnip
ñame *m*	yam
oliva *f*	olive
olivicultura *f*	olive growing
olivo *m*	olive tree
ordeñadora mecánica	milking machine
paja *f*	hay, straw

pajar *m*	haystack, hayrick
pajaza *f*	litter
pala *f*	shovel
panoja *f*	maize cob
papa *f*	potato
parásito *m*	parasite
parcela *f*	lot, parcel, plot
parra *f*	grapevine
pastizal *m*	grassland, pasture land
pasto *m*	grass
pastor *m*	shepherd
pastos *mpl*	pasture land
patata *f*	potato
peón *m*	farm hand
pequeño agricultor	small farmer
pequeño propietario	small landholder
pesebre *m*	crib, feeding rack, manger
pizca *f*	picking
pizcar *f*	pick
pita *f*	American agave
pizcadora de algodón	cotton picker
plaguicida *m*	pesticide
planta *f*	plant
plantación *f*	plantation
plantadora *f*	planter
planta resinosa	resin plant
plantar	plant
plantas forrajeras	forage plants
plantas oleaginosas	oil plants
plantas textiles	textile plants
plantío *m*	plantation
población rural	rural population
pocilga *f*	hog pen, pigsty
poda *f*	pruning
podadera *f*	billhook, brushhook
podar	prun
policultivo *m*	mixed farming
política de colonización o asentamientos	land settlement policy
ponedero *m*	laying house
porqueriza *f*	hog pen, pigsty
pradera *f*	meadow, prairie
prado *m*	meadow
productor *m*	producer
productos agrícolas	agricultural products, farm products
productos lácteos	dairy products
propiedad *f*	estate, holding
pulverizar	spray
rafia *f*	raffia
ranchero *m*	rancher
rancho *m*	ranch
rastra *f*	disk harrow
rastrillar	harrow, rake
rastrillo *m*	rake
rastro *m*	rake
rastrojal *m*	stubble
rastrojo *m*	stubble
recoger	pick
recolección *f*	picking
redil *m*	sheep pen
reforma agraria	agrarian reform, land reform
regadera *f*	sprinkler
regar	irrigate, water
regeneración de tierras	land reclamation
régimen de la propiedad agrícola	land tenure
remolacha azucarera	sugar beet
replantar	plant out, transplant
ricino *m*	castor-oil plant
riego *m*	irrigation
rociar	spray
rodillo *m*	field roller
rodrigar	stake
rodrigón *m*	stake
roedor *m*	rodent
rotación de cultivos	crop rotation
rotura	fellow
roturar	plough up, turn
roya *f*	rust
rozar	clear
sacho *m*	weeding hoe
salvado *m*	bran
sarraceno *m*	buckwheat
segadora *f*	mower
segadora y agavilladora	binder and reaper
segadora de cereales	reaper
segadora y trilladora	combine harvester
segar	mow
sembradora *f*	drilling machine
sembradora de perforar	seed drill
sembrar	sow
semilla *f*	seed
semillero *m*	seed bed
sésamo *m*	sesame
siega *f*	mowing, reaping
siembra al voleo	broadcasting, broadcast sowing
silo para granos	grain silo
silvicultura *f*	silviculture
simiente *m*	seed
sisal *m*	sisal
soja *f*	soya bean, soybean
sorgo *m*	sorghum
soya *f*	soya bean

suelo *m* soil
suelo fértil fertile soil
surco *m* furrow
tabaco *m* tobacco
té *m* tea
templete *m* shed
temporada *f* season
temporada agrícola crop year, farming year
tenencia de tierras land tenure
termita *m* termite
terrateniente *m* landowner
terraza *f* terrace
terrón *m* clod
tienda de cereales grain store
tierra *f* land
tierra arable arable land, tilled land
tierra de labranza arable land
tierra labrantía arable land, tilled land
tierra pobre lean soil, poor soil
tierra de regadío irrigable land
tierra de secano dry soil
tierra de temporal rain soil
tierra yerma barrer
tinglado *m* shed
tizón *m* smut
tomatal *m* tomato patch
trabajadores agrícolas farm laborers
tractor *m* tractor
trasplantar plant out, transplant
trébol clover
trigo *m* buckwheat, wheat
trilla *f* thresh, threshing
trillador *m* thresher
trilladora *f* thresher, threshing machine
trillar thresh
troj *f* barn
troje *f* barn
tubérculos *mpl* tuber crops
tundras del N. de Canadá Barren Lands
tutor *m* stake
uva *f* grape
vaquero *m* cowboy, cowherd
vegetal *m* plant
vendimiador *m* vintager
verduras *fpl* vegetables
vid *f* grapevine
viñador *m* vinegrower
viñatero *m* vinegrower
viñedo *m* vineyard
viticultor *m* vinegrower
viticultura *f* viticulture
vitivinicultura *f* vinegrowing
vivero *m* nursery
yermo *m* barrer, wasteland
yuca *f* cassava, yucca
yute *m* jute
zanahoria *f* carrot

alimentos y bebidas
food and beverages

abstinencia *f*	fasting
acedera *f*	sorrel
aceite *m*	oil
aceite de cacahuate	groundnut oil, peanut oil
aceite de hígado de bacalao	cod-liver oil
aceite de oliva	olive oil
aceituna *f*	olive
aceituna rellena	stuffed olive
acelga *f*	chard
achicoria *f*	chicory
adobar	dress, season
adobo *m*	dressing, seasoning
aguacate *m*	avocado
agua mineral	mineral water
aguaturma *f*	Jerusalem artichoke
ajilimoje *m*	piquant sauce
ajilimójili *m*	piquant sauce
ajo	garlic
albahaca *f*	basil
albaricoque *m*	apricot
alcachofa *f*	artichoke
alcaparra *f*	caper
alforfón *m*	buckwheat
alimentación *f*	feeding
alimentar	nourish
alimento *m*	food
aliño *m*	seasoning
almendra *f*	almond
almuerzo *m*	brunch, lunch
altramuz *m*	lupine
anchoa *f*	anchovy
angula *f*	eel
apetito *m*	appetite
apio *m*	celery
arándano *m*	bilberry, blueberry
arenque *m*	herring
arroz *m*	rice
asado *m*	roast
atún *m*	tuna, tunny
avellana *f*	hazelnut
avena *f*	oats
ayuno *m*	fasting
azúcar *m*	sugar
banano	banana
banquete	banquet
batata *f*	sweet potato
beber	drink
bebida *f*	beverage, drink
bellota *f*	acorn
berenjena *f*	eggplant
berro *m*	cress, watercress
betabel *m*	beet
biftec *m*	beefsteak, steak
bistek *m*	beefsteak, steak
bizcocho *m*	sponge cake
bocadillo *m*	snack
bocado *m*	snack
bollo *m*	bun
boniato *m*	sweet potato
boquerón *m*	anchovy
botana *f*	appetizer
brócol *m*, **brócoli**	broccoli
cacahuate *m*, **cacahuete**	peanut
cacao *m*	cocoa
cacto *m*	cactus
café *m*	coffee
calabacín *m*	zucchini
calabacita *f*	zucchini
calabaza *f*	pumpkin, squash
caldo *m*	broth

camarón *m*	shrimp
camote *m*	sweet potato
canela *f*	cinnamon
cangrejo *m*	crab
caña de azúcar	sugar cane
caqui *m*	persimmon
caracol *m*	snail
cardo *m*	cardoon
cari *m*	curry
carne *f*	meat
carne de vaca	beef
carnes frías	cold cuts, cold meats
caviar *m*	caviar, caviare
cazón *m*	dogfish
cebada *f*	barley
cebiche *m*	marinated raw fish
cebolla *f*	onion
cebolleta *f*	chive
cecina *f*	jerked meat
cena *f*	dinner, supper
cerdo *m*	pork
cereal *f*	cereal
cereza *f*	cherry
cerveza *f*	beer
cerveza de raíz	root beer
cerveza ligera	ale
chabacano *m*	apricot
champán *m*	champagne
champaña *f*	champagne
chayote *m*	chayote
chícharo *m*	pea
chile *m*	chili
chirivía *f*	parsnip
chocolate *m*	chocolate
chongo *m*	milk and syrup sweet
chorizo *m*	smoked pork sausage
chuleta *f*	chop, cutlet
cidra *f*	citron
ciruela *f*	plum
ciruela damascena	damson
ciruela pasa	prune
clarete *m*	claret
clavo *m*	clove
cocada *f*	coconut jam
coco *m*	coconut
coctel *m*, **cóctel**	cocktail
codorniz *f*	quail
col *f*	cabbage
coles de Bruselas	Brussels sprouts
coliflor *f*	cauliflower
colinabo *m*	kohlrabi, Swedish turnip
col rizada	kale
comer	eat
comida *f*	food, lunch, meal
comida enlatada	canned food
comida ligera	fast food
comino *m*	cumin, cummin
compota *f*	compote
condimento *m*	seasoning
conejo *m*	rabbit
consomé *m*	consommé
cordero *m*	lamb
corteza *f*	crust
crema *f*	cream, liqueur
crema agria	sour cream
dátil	date
daza *f*	sorghum
deglutir	swallow
desayuno *m*	breakfast
diente de león	dandelion
dieta *f*	diet
dona *f*	doughnut
dulce de chocolate	fudge
durazno *m*	peach
ejote *m*	green bean, runner bean
elíxir *m*	liqueur
emparedado *m*	sandwich
emparedado con salchicha	hot dog
encurtido *m*	pickle
endibia *f*	endive
eneldo *m*	dill
ensalada *f*	salad
entrada *f*	entrée
entremés *m*	hors d'oeuvre
escabechar	marinate
escarola *f*	endive, escarole
esencia de menta	peppermint
espaguetis *mpl*	spaghetti
espárrago *m*	asparagus
especias *fpl*	spices
espinaca *f*	spinach
estofado *m*	stew
estofado -da	stewed
estragón *m*	tarragon
faisán *m*	pheasant
fiambres *mpl*	cold cuts, cold meats
fideos *mpl*	noodles
filete de pescado	fillet
frambuesa *f*	raspberry
fréjol *m*	bean
fresa *f*	strawberry
frijol *m*	bean
frijol de soya	soybean
fruta *f*	fruit
galletas saladas	crackers
galletitas *fpl*	cookies
gamba *f*	shrimp
garbanzo *m*	chick-pea

gastrónomo -ma	gourmet
glotonería *f*	gluttony, greed
granada *f*	pomegranate
grosella *f*	currant
grosella negra	black currant
guanábana *f*	soursop
guayaba *f*	guava
guineo *m*	banana
guisado *m*	stew
guisado -da	stewed
guisado de cordero	lamb stew
guisante *m*	pea
guisar	cook
guiso *m*	stew
gula *f*	gluttony, greed
haba *f*	broad bean
habichuela *f*	bean
hambre *m*	hunger
hamburguesa *f*	hamburger
helado *m*	ice cream
higo *m*	fig
higo chumbo	tuna
hinojo *m*	fennel
hojuelas de avena	oatmeal
hongo *m*	mushroom
huevo *m*	egg
huevo frito	fried egg, sunny-side up
huevos cocidos	hard-boiled eggs
huevos duros	hard-boiled eggs
huevos escalfados	poached eggs
huevos fritos	fried eggs
huevos pasados por agua	boiled eggs
huevos revueltos	scrambled eggs
jamón *m*	ham
judía verde	French bean, runner bean green bean
jugo *m*	juice
langosta *f*	lobster
laurel *m*	laurel
leche *f*	milk
lechuga *f*	lettuce
lechuga romana	cos lettuce, romaine lettuce
legumbres *fpl*	legumes
legumbres secas	dried legumes
lenteja *f*	lentil
licor *m*	liqueur, liquor
liebre *f*	hare
lima *f*	lemon
limón *m*	lime
limonada *f*	lemonade
litchi *m*	litchi
lomo *m*	loin
lupino *m*	lupine

macarrones *mpl*	macaroni
maíz *m*	corn
malvavisco *m*	marshmallow
mandarina *f*	mandarin
mandioca *f*	manioc
mango *m*	mango
maní *m*	peanut
mantequilla *f*	butter
manzana *f*	apple
margarina *f*	margarine
marinar	marinate
mascar *m*	chew
masticar	chew
mastuerzo *m*	cress
mayonesa *f*	mayonnaise
médula *f*	marrow
melcocha *f*	marshmallow
melocotón *m*	peach
melón *m*	cantaloupe, cantaloup
membrillo *m*	quince
menta *f*	mint
menú *m*	menu
merengue *m*	meringue
merienda *f*	afternoon tea
merienda cena	high tea
merluza *f*	hake
mermelada *f*	jam, marmalade, preserves
miel *m*	honey
miga *f*	crumb
migaja *f*	crumb
mora *f*	mulberry
mora azul *m*	blueberry
morcilla *f*	blood pudding, blood sausage
mostaza *f*	mustard
nabo *m*	turnip
naranja *f*	orange
naranjada *f*	orangeade
néctar *m*	liqueur
nectarina *f*	nectarine
nieve *f*	sherbet
níspero *m*	medlar
nopal *m*	cactus
nuez *f*	walnut, nut
nuez moscada	nutmeg
nutrir	feed, nourish
orégano *m*	oregano
ostión *m*	oyster
ostra *f*	oyster
pan *m*	bread
panecillos *mpl*	biscuits
panque *m*	hot cake, pancake
pan tostado	toast
papas fritas	chips, french fries
papaya *f*	papaya

páprika *f*	paprika
pasa *f*	raisin
pastas *fpl*	pasta, pastries
pastel *m*	cake
pastelillos *mpl*	pastries
pastilla de menta	peppermint
pastinaca *f*	parsnip
patatas fritas	chips, french fries
pato *m*	duck
pavo *m*	turkey
pepinillo *m*	cucumber, gherkin
pepino *m*	cucumber
pera *f*	pear
percebe *m*	goose barnacle
perdiz *f*	partridge
perejil *m*	parsley
perifollo *m*	chervil
perro caliente	hot dog
pescado *m*	fish
picante *m*	red pepper
picar	nibble, pick
pimienta *f*	pepper
pimiento *m*	pimento
pimiento morrón	capsicum
pimiento picante molido	paprika
pimiento rojo	red pepper
piña *f*	pineapple
pizza *f*	pizza
plátano *m*	banana
platillo *m*	dish, plate
plato *m*	dish, plate
plato fuerte	main course
pollo *m*	chicken
ponche *m*	punch
porción *f*	helping, portion
poroto *m*	bean
postre *m*	dessert, sweet
producto alimenticio	foodstuff
productos lácteos	dairy products
pudín *m*	pudding
puerco *m*	pork
puerro *m*	leek
pulpo *m*	octopus
puré de papas; puré de patatas	mashed potatoes
queso *m*	cheese
queso cottage	cottage cheese
rábano *m*	radish
rábano picante	horseradish
ración *f*	helping
rebanada de pan	slice of bread
refresco *m*	soft drink
régimen *m*	diet
relleno *m*	dressing
remolacha *f*	beet, beetroot
repollo *m*	cabbage
repostería *f*	pastry
rosca *f*	roll
roseta de maíz	popcorn
rosquilla *f*	doughnut, roll
ruibarbo *m*	rhubarb
sal *f*	salt
salchicha *f*	hot dog, sausage
salmón *m*	salmon
salsa *f*	dressing, sauce
salsa de tomate	ketchup
salsifí *m*	salsify
sazonar	dress, season
sed *f*	thirst
semilla garapiñada	praline
seta *f*	mushroom
sobrealimentación *f*	overfeeding
solomillo *m*	sirloin
sopa *f*	soup
sorgo *m*	sorghum
soya *f*	soybean
subsistencia *f*	subsistence
sustentar	maintain
tallarines *mpl*	noodles
tangerina *f*	tangerine
tapas *fpl*	appetizer
tarta *f*	pie, tart
tasajo *m*	cured meat
té *m*	tea
té de manzanilla	camomile tea
ternera *f*	veal
tocino *m*	bacon
tomate *m*	tomato
tomillo *m*	thyme
topinambur *m*	Jerusalem artichoke
toronja *f*	grapefruit
torta *f*	cake
tortilla de huevos	omelet
tortuga *f*	turtle
tragar	swallow
trago *m*	drink
trigo *m*	wheat
trufa *f*	truffle
tuétano *m*	marrow
tuna *f*	prickly pear, tuna
uva *f*	grape
uva seca	raisin
vainilla *f*	vanilla
vegetariano -na	vegetarian
verduras *fpl*	vegetables
vinagre *m*	vinegar
vino *m*	liquor
vino blanco	white wine
vino de mesa	wine
vino rosado	rosé wine
vino tinto	red wine
zanahoria *f*	carrot
zumo *m*	juice

arquitectura y diseño
architecture and design

ábaco *m*	abacus
abastecimiento de agua	water supply, water system
ábsida *f*	apse
ábside *m*	apse
acanalar	flute
acanto *m*	acanthus
acera *f*	sidewalk
adobe *m*	sun-dried brick
aguas residuales	sewage
aguja *f*	spire, steeple
aire acondicionado	air conditioning
aislamiento *m*	insulation
aislar	insulate
albañal *m*	sewer
albañil *m*	bricklayer, roughsetter
albañilería de piedra bruta	rubblework
albardilla *f*	coping
alcantarilla *f*	sewer
alcantarillado *m*	sewage system, sewerage
alero *m*	eaves
alféizar *m*	sill, window sill
alicates *mpl*	pliers
aljibe *m*	water tank
almádana *f*	sledgehammer
almena *f*	merlon
alminar *m*	minaret
almohadillado -da	bossed
andamiaje *m*	scaffolding
andamio *m*	scaffold
antepecho *m*	sill, window sill
aparejador *m*	quantity surveyor
apartamento *m*	apartment, flat
apisonadora *f*	steamroller
aplanadora *f*	steamroller
apuntalar	truss
aquitrabe *m*	architrave
arbotante *m*	flying buttress
arcada *f*	arcade, archway
arcilla *f*	clay
arco *m*	arch, archway
arena *f*	sand
argamasa *f*	mortar
arista *f*	arris, odge
armadura *f*	truss
armario *m*	closet
armazón *f*	framework
arquitecto *m*	architect
arquitectónico -ca	architectonic
arquitectura *f*	architecture
arquitrabe *m*	architrave
arroyo *m*	gutter
ascensor *m*	elevator, lift
asfalto *m*	asphalt
aumentar de volumen	bulk
autopista *f*	freeway, thruway, expressway
ayudante de fontanero	plumber's mate
azotea *f*	roof
azulejar	tile
azulejo *m*	mosaic, tile
bajada de aguas	drainpipe
balaustrada *f*	balustrade, railing
balcón *m*	balcony
baldosa *f*	tile
banqueta *f*	sidewalk
bañera *f*	bathtub
baquetilla de hierro	crossbar
barandal *m*	banister
barandilla *f*	banister

barra rod
basamento *m* plinth
base de una columna base
basilica *f* basilica
bastidor metálico metal frame
bloque de oficinas office block
bloque de viviendas apartment block, block of flats
boceto *m* design
borde *m* odge
bordillo *m* curb
bosquejo *m* design
botiquín *m* medicine chest
bóveda *f* cupola
bufar bulk
buhardilla *f* attic
bulldozer *m* bulldozer
buzón *m* mail slot
cabrio *m* joist
calafatear caulk
calafateo *m* caulking
calefacción central central heating
calle *f* driveway
camino *m* driveway, path
camión de volteo dump truk, tip lorry
campanario *m* bell turret
canal *m* gutter
canal del tejado cullis
canalón *m* gutter
canalón del tejado gutter
cancel *m* screen partition
cantero *m* stonecutter
cañería *m* pipes
capa *f* sheet
capa de mortero layer of mortar
capataz *m* foreman
capitel *m* capital
carpintero *m* carpenter, joiner
carretera *f* highway, roadway
carretilla *f* wheelbarrow
casa *f* house
casa particular dwelling house
catedral *f* cathedral
celosía *f* lattice
cemento *m* cement
cenefa *f* baseboard, frieze, skirting board
cenotafio *m* cenotaph
cepillo *m* plane
cerradura *f* bolt
cerrojo *m* bolt
chapa *f* plate, sheet
chapar flash
chimenea exterior chimney
chimenea interior fireplace
cielo razo ceiling
cimborio *m* cupola, dome
cimborrio *m* cupola, dome
cimbra *f* centering
cimientos *mpl* foundations
cincel *m* chisel
cisterna *f* reservoir
cizalla *f* wire cutters
clave *m* keystone
cloaca *f* sewer
cobertizo *m* shed
cocina *f* kitchen
cochera *f* garage
columna *f* column, pillar
columnata *f* colonnade
comborio *m* dome
comedor *m* dining room
con aire acondicionado air-conditioned
concreto *m* concrete
concreto u hormigón armado reinforced concrete
concreto u hormigón presforzado prestressed concrete
conducto de ventilación vent
constructor *m* builder
construir build, construct
contrafuerte *m* buttress
contrahuella *f* riser
cornisa *f* cornice
correa *f* purlin
corredor *m* corridor
cortafrío *m* cold chisel
cortina *f* curtain
cripta *f* crypt
cristalero *m* alazier
crucero *m* transept
cuarto de baño bathroom
cubeta *f* bucket, pail
cubo *m* bucket, pail
cubo del ascensor elevator shaft, lift sharf
cubo de la escalera stairwell
cubrir sheathe
cubrir con tablillas shingle
cuchara *f* trowel
cuezo *m* hod
cuneta *f* ditch, gutter, guttor
cuña de piedra voussoir
cúpula *f* cupola
dado *m* dado, die
decorador *m* decorator
delineante *m* draftsman
depósito de agua reservor
desagüe *m* drain, gutter
destornillador *m* screwdriver

desván *m*	garret
dibujante *m*	draftsman
dibujar	design
dintel *m*	lintel, overdoor, threshold
dique *m*	dike, jetty, mole
diseñador -ra	designer
diseñar	design
diseño *m*	design, designing
divisorio	partition
domo	dome
dovela *f*	voussoir
ducha *f*	shower head
duela *f*	flooorboard
echar los cimientos	lay the foundations
edificar	build, construct
edificio *m*	building
electricista *m*	electrician
elevación *f*	elevation
elevador *m*	elevator, lift
embaldosar	tile
empedrar con guijarros	pebble
empotrar	bed, embed
empuje *m*	thrust
encalar	whitewash
enguijarrar	pebble
enladrillar	brick-paring
enlosar	slab
enlucir	whitewash
enrejado *m*	lattice, railings
entablamiento *m*	entablature
entarimado *m*	parquet
entarimado en espinapez	herrinbone parquet
entepiso *m*	entresol
entramado m	lattice
entrenado *m*	trellis
entresuelo *m*	mezzanine
entreventana *f*	pier
enyesado *m*	plastering
equino -na	echinus
esbozar	design
escala *f*	scale
escalera *f*	staircase
escalera de incendios	fire escape
escalera de mano	ladder
escalón *m*	rung, stair
estría *f*	flute, fluting
estructura *f*	framework
excavación *f*	excavation
excavadora *f*	excavator, mechanical digger
extrados *m*	extrados
fachada *f*	facade
fontaneria *f*	plumbing
fontanero *m*	plumber
forrar	sheathe
forro *m*	sheathing
fosa séptica	septic tank
foso *m*	fosse, moat
friso *m*	friezo
frontispicio *m*	frontispiece
frontón *m*	fronton, pediment
fuste *m*	shaft
gablete *m*	gable
galería *f*	gallery
galería comercial	shopping arcade
galvanizado -da	galvanized
garaje *m*	garage
garita *f*	lookout turret
generador *m*	generator
grapa *f*	cramp
grava *f*	gravel
gravilla *f*	gravel
grifo *m*	faucet, water tap
grúa *f*	crane
gruista *m*	crane driver
guarnición	curbstone
guijarro *m*	pebble, shingle
habitación	dwelling, dwelling house
hemiciclo *m*	hemicycle
herramienta *f*	tools
hierro corrugado	corrugated iron
hilada *f*	course
hilada de ladrillos	brick course, course of bricks
hipóstilo -la	hypostyle
hogar *m* (de chimenea)	hearth
hormigonera *f*	cement mixer
hormigón *m*	concrete
hornacina *f*	recess
hueco *m*	bay, opening
iglesia *f*	church
impermeabilización *f*	waterproofing
impermeabilizar	waterproof
imposta *f*	impost
ingeniero civil	cĭvil engineer
instalación eléctrica	wiring
intercolumnio *m*	intercolumnation
intradós *m*	intrados
jamba *f*	jamb
jambaje de puerta	doorframo
jambaje de ventana	windowframe
jardín de azotea	roof garden
jardinera *f*	window box
jónico -ca	Ionic
ladrillo *m*	brick
lámina *f*	sheet
laminar	flash

lavabo *m*	sink
lavamanos *m*	sink
laya *f*	spade
licencia de construcción	bulding permission
linterna *f*	lantern
listón	lath, batten
llana *f*	float
llave *f*	faucet, spanner, water tap, wrench
llave inglesa	adjustable spanner, monkey wrench
logia	loggia
losa *f*	slab
loseta *f*	tile
lote *m*	batch
luneta *f*	front tile
machacadora *f*	stone crusher
machón *m*	buttress
macizo de flores	flower bed
madera de construcción	timber
maestro de obras	master builder
malecón *m*	dike, jetty, mole
mampara *f*	screen partition
mampostero *m*	stonemason
mansión *f*	residential dwelling
máquina *f*	machine
marco *m*	frame
marco metálico	metal frame
marco de ventana	window frame
mármol *m*	marble
martillo *m*	hammer
materiales de construcción	building materials
mausoleo *m*	mausoleum
mazo *m*	mallet
ménsula *f*	console
metopa *f*	metope
mezcladora de cemento	cement mixer
minarete *m*	minaret
modillón	modillion
módulo	module
moldura *f*	echinus, moulding
moldura ovalada	gadroon
monolítico -ca	monolithic
monolito	molding, monolith
montacargas *m*	freight elevator, goods lift
montante de puerta	post
montante de ventana	mullion
monumento *m*	monument
morada *f*	dwelling
mortero *m*	mortar
mosaico *m*	mosaic, tile
muro *m*	wall
muro de contención	retaining wall
muro divisorio	partition, partition wall
muro maestro	main wall
nave *f*	nave
nave del crucero	arm of the transept
nicho *m*	nicho, recess
nivel *m*	level
nivel de aguas freáticas	water table
nivel de burbuja	spirit level
obelisco *m*	obelisk
obrero *m*	workman
oficial de albañil	master bricklayer
operador de grúa	crane driver
órden dórico	Doric order
orden jónico	Ionic order
ornamentos absidales	apsidal decorations
ortografía *f*	othography
pabellón *m*	pavilion
palacio *m*	palace
pala *f*	shovel, spade
paleta *f*	trowel
palustre *m*	trowel
papel tapiz	wallpaper
pararrayos *m*	lightning rod, lightning
pared *f*	wall
pared exterior	outside wall
parquet *m*	parquet
pasadizo *m*	passage
paso subterráneo	underpass
paso superior	overpass
patio *m*	patio
pavimentar	pave
pechina de bóveda	pendentive
peldaño *m*	rung, step
pendiente *f*	slope
peón de albañil	hod carrier, hodman
perchero *m*	coat rack
perforadora de aire comprimido	pneumatic drill
peristilo *m*	peristyle
permiso de construcción	building permission
perno *m*	bolt
persiana *f*	blind, shutter
picapedrero *m*	stonecutter
pico *m*	pick, pick ax, pickax, pickaxe
piedra angular	qúoin
piedra del bordillo	curbstone
piedra de esquina	quoin
pil *m*	buttress
pilar *m*	pier, pillar

pilastra *f* pilaster
pilón pylon
pilotaje *m* piling
pináculo *m* pinnacle
pintor *m* painter
pinzas *mpl* pliers
piqueta *f* pickaxe
piso *m* flat, floor, story, storey, apartment
piso lujoso penthouse
pizarra *f* slate
placa *f* plate
plafón *m* ceiling
planear design
plano *m* design, plan
planta *f* ground
planta alta upstairs
planta baja downstairs, ground floor
planta baja first floor
platabanda *f* flat moulding
plataforma *f* platform
plomada *f* plumb line
plomería *f* plumbing
plomero *m* plumber
polea *f* pulley
portón *m* gate
poste terminal (en la base) de una escalera newel
pozo de ventilación ventilation shaft
prefabricar prefabricate
promotor promoter
prototipo *m* prototype
proyección ortográfica orthographic projection
proyectar design
proyecto *m* design
puente *m* overpass
puerta *f* door, gate
puerta de entrada front door
puntal *m* pillar, prop, strut
rascacielos *m* skyscraper
regadera *f* shower head
rejilla de ventilación vent
residencia *f* residential dwelling
reticulado -da reticulated
retrete *m* commode, tiolet
revestimiento *m* sheathing
revestimiento del suelo flooring
revestir sheathe
revolvedora *f* concrete mixer
riostra *f* brace, strut
ripia *f* lath, batten
roseta *f* resette
rosetón *m* rose window
rotonda *f* rotunda
sala de estar living room
salón *m* lounge
sendero *m* path
sierra circular circular saw
sillería *f* ashlar
soldador *m* welder
solera *f* sill
soplete *m* blowtorch
soplete oxiacetilénico oxyacetylene torch
sótano *m* basement
suelo cohesivo cohesive soil
tabique *m* brick, partition
tabla *f* board
tablado *m* platform
tabla del suelo floorboard
tablestacado *m* sheet piling
tablilla *f* shingle
tablón *m* board
taladro eléctrico power drill
talud *m* talus
tambor *m* drum, tambour
tanque *m* water tank
tanque séptico septic tank
taracea *f* intarsia, marquetry
techar shingle
techo *m* ceiling, roof
techo plano flat roof
tejadillo *m* coping
tejado *m* eaves, roof
tejado abuhardillado curb roof
teja *f* roof tile, shingle, tile
tejar tile
templo *m* temple
tenazas *fpl* pincers
tendel *m* layer of mortar
terracota *f* terra-cotta
terrazo *m* terrazzo
tímpano *m* tympanum
tina *f* bathtub
tiro (de chimenea) draft, draught
tiro (de escalera) flight
tornapunta *f* prop, stay
torre *f* tower
torrecilla *f* lantern
trabajador *m* workman
trabe *f* girder, beam
tragaluz de puerta o ventana transom
tragaluz de tejado skylight
trasdós *m* extrados
traspalador *m* trowel
trinchera *f* trench

triforio *m*	triforium
triglifo *m*	triglyph
trituradora *f*	stone crusher
trompa *f*	pendentive, squinch
tubería *f*	pipes
tubo *m*	vent
tubo de acero galvanizado	galvanized steel pipe
tubo de desagüe	tile
ubicador *m*	quantity surveyor
umbral *m*	sill, threshold
urbanismo *m*	city planning, town planning
vano *m*	bay, opening
varilla	rod
ventana *f*	window
veranda *f*	veranda, voranda
vidriero *m*	glazier
viga *f*	beam, rafter
viga de apuntalamiento	needle
viga de techo	rafter
viga maestra	girder, main beam
viga principal	girder
viga transversal	crossbeam
vigueta *f*	joist
vivienda *f*	dwelling, dwelling house
vocateja *f*	front tile
volquete *m*	tip lorry
voluta *f*	scroll, volute
yesero *m*	plasterer
yeso *m*	plaster
zapapico *m*	pickax
zócalo *m*	baseboard, skirting board, socle
zona verde	greenbelt

astronomía y astronáutica
astronomy and astronutics

aberración *f*	aberration
aceleración centrípeta	centripetal acceleration
aceleración gravitacional	acceleration to gravity
acimut	azimuth
actividad extravehicular	extravehicular activity
Acuario	Aquarius
aerolito *m*	aerolite
aeronáutica *f*	aeronautics
afelio *m*	aphelion
albedo *m*	albedo
amanecer *m*	daybreak
anillo de Saturno	ring of Saturn
antena omnidireccional	omniantenna
año luz *m*	light-year
apogeo *m*	apogee
ápside	apsis
arco iris	rainbow
Aries	Aries
arqueoastronomía *f*	archeoastronomy
ascensión recta	right ascension
aspecto *m*	aspect
asteroide *m*	asteroid
astro *m*	heavenly body
astrobiología *f*	astrobiology
astrofísica *f*	astrophysics
astrofísico -ca	astrophysicist
astrofotografía *f*	astrophotography
astrofotometría *f*	astrophotometry
astrolabio *m*	astrolabe
astrolito *m*	meteoric stone
astrología *f*	astrology
astrológico -ca	astrologic
astrólogo -ga	astrologer
astrometeorología *f*	astrometeorology
astronauta *mf*	spaceman, astronaut
astronáutica *f*	astronautics
astronave *f*	spaceship
astronomía *f*	astronomy
astronomía con satélites	satellite astronomy
astronómico -ca	astronomic
astrónomo -ma	astronomer
astroquímica *f*	astrochemistry
atmósfera *f*	atmosphere
atraque *m*	dock
aureola *f*	aureole
Auriga *m*	Wagoner
Ballena	Cetus
base de lanzamiento	launch complex
big bang (gran explosión)	big bang
blindaje antimagnético	antimagnetic shield
blindaje térmico	thermal shield
bóveda celeste	celestial vault
Boyero	Bootes
cabeceo *m*	pitch
cabina presurizada	pressurized cabin
cámara de vacío	vacuum chamber
caminata espacial	spatial walk
camino auroral	auroral path
campo magnético	magnetic field
Cáncer	Cancer
Can Mayor *m*	Great Dog
Can Menor *m*	Lesser Dog
Capricornio	Capricorn
carga útil	payload
Carro Mayor	Ursa Major
Carro Menor	Ursa Minor
cauda *f*	tail
cafeida *f*	Cepheid

celda solar	solar cell
célula solar	solar cell
cenit *m*	zenith
centelleo	scintillation
cita espacial	rendezvous
Chochero *m*	Wagoner
cohete *m*	rocket
cohete nuclear	nuclear rocket
cohetería *f*	rocketry
colimación *f*	collimation
combustible	fuel
cometa *m*	comet
compresión *f*	pressure
conjunción *m*	conjunction
conjunto de orientación solar	solar array
constelación *f*	constellation
coordenadas eclípticas	ecliptic coordinates
corona solar	solar corona
cósmico -ca	cosmic
cosmogonía *f*	cosmogony
cosmogónico -ca	cosmogonic
cosmográfico -ca	cosmographic
cosmógrafo *m*	cosmographer
cosmología *f*	cosmology
cosmonauta *mf*	cosmonaut, spaceman
cosmonáutica *f*	cosmonautics
cosmos *m*	cosmos
cromosfera *f*	chromosphere
cuadratura *f*	quadrature
cuarto creciente	waxing moon
cuarto menguante	waning moon
cuasar *m*	quasar
cuerno de la Luna	cusp of the moon
cúmulo estelar	star cluster
despegue *m*	blast-off
detector *m*	sensor
eclipse *m*	eclipse
eclipse anular	annular eclipse
eclipse parcial	partial eclipse
eclipse total	total eclipse
ecuador *m*	equator
efecto de invernadero	greenhouse effect
efecto Doppler	Doppler effect
eje polar	polar axis
eje vertical	yaw axis
empuje *m*	thrust
enana blanca	white dwarf
en dirección al espacio	spaceward
epiciclo *m*	epicycle
equinoccio *m*	equinox
Escorpión	Scorpio
espacio curvado	curved space
espectro luminoso	light spectrum
estratosfera *f*	stratosphere

estrella *f*	star
estrella de neutrones	neutron star
estrella doble	double star
estrella fugaz	shooting star
estrella polar	polestar
estrellas binarias	binary stars
exobiología *f*	exobiology
fase *f*	phase
fase de reingreso	reentry phase
fotosfera *f*	photosphere
fuerza centrífuga	centrifugal force
fuerza centrípeta	centripetal force
galaxia *f*	galaxy
galaxia de Andrómeda	Andromeda galaxy
gas interestelar	interstellar gas
Géminis	Gemini
geofotogrametría *f*	terrestrial photogrammetry
geomagnetismo *m*	geomagnetism
gigante roja *f*	red giant
giroscopio *m*	gyroscope
gravedad cero	zero gravity
gravitación *f*	gravitation
guía telemétrica	celestial guidance
halo *m*	halo
hipersónico *m*	hypersonic
hoyo negro	black hole
inclinación de la órbita	orbit inclination
ingeniería astronáutica	astronautical engineering
ingravidez *f*	weightlessness
ingreso a la atmósfera	atmospheric entry
interplanetario -ria	interplanetary
interrupción de comunicaciones	blackout
ionosfera *f*	ionosphere
Júpiter	Jupiter
lanzacohetes *m*	rocket launcher
Leo	Leo
Libra	Libra
limbo *m*	limb
Luna	Moon
lunación *f*	lunation
Luna creciente	first quarter
Luna menguante	last quarter
Luna nueva	new moon
mácula *f*	macula
magnetómetro *m*	magnetometer
magnetopausa *f*	magnetopause
magnitud *f*	magnitude
mancha *f*	macula
manipuladores remotos	remote manipulators

Marte	Mars
mecánica celeste	celestial mechanics
media Luna	half moon
Mercurio	Mercury
meteorología *f*	meteorology
microgravedad *f*	microgravity
módulo de mando	command module
módulo de reingreso	reentry module
módulo de servicio	service module
motor del cohete	rocket engine
motor de la primera etapa	boost
movimiento orbital	orbital motion
movimiento planetario	planetary movement
nadir *m*	nadir
nave espacial	rocket ship
nave espacial no tripulada	unmanned spacecraft
nave espacial tripulada	crewed spacecraft, manned spacecraft
navegación interplanetaria	astronavigation
nebulosa *f*	nebula
nebulosa anular	annular nebula
nebulosa de Orión	Orion nebula
nebulosa espiral	spiral nebula
Neptuno	Neptune
nodo *m*	node
nova *f*	nova
observatorio orbital	orbital observatory
Ofiuco	Ophiuchus
oposición *f*	opposition
orbe *m*	orb
órbita *f*	orbit
orbitador *m*	orbiter
órbita ecuatorial	equatorial orbit
órbita elíptica	elliptical orbit
órbita estacionaria	stationary orbit
órbita polar	polar orbit
órbita sincrónica	synchronic orbit
Osa Mayor *f*	Great Bear
Osa Menor *f*	Little Bear
paralaje *m*	parallax
perigeo *m*	perigee
perihelio *m*	perihelion
persianas de control térmico	thermal control louvers
Piscis	Pisces
planeta *f*	planet
planetario *m*	planetarium
planetario -ria	planetary
planetoide *m*	planetoid
plataforma de lanzamiento	launching pad
plenilunio *m*	full moon
Pléyades	Pleiades
Plutón	Pluto
polvo cósmico	cosmic dust
posición de vuelo	attitude
precesión de los equinoccios	precession of the equinoxes
propulsión iónica	ion propulsion
propulsión magnética	magnetic propulsion
protoestrella	protostar
proyectil *m*	projectile
proyecto Apolo	Apollo project
proyecto Géminis	Gemini project
proyecto Mercurio	Mercury project
pulsar	pulsar
punto vernal	vernal piont
radiación de alta energía	high-energy radiation
radiación cósmica	cosmic radiation
radioastronomía *f*	radio astronomy
radiotelescopio *m*	radio telescope
rastreador *m*	scanner
rayos cósmicos	cosmic rays
reforzador de gas	gas boom
reloj astronómico	astronomical clock
retrocohetes *m*	retro-rockets
rotación *m*	rotation
Sagitario *m*	Sagittarius
satélite *m*	satellite
satélite científico	scientific satellite
satélite de comunicación	communication satellite
satélite militar	military satellite
satélites meteorológicos	meteorological satellites
Saturno	Saturn
secciones de propulsión de un cohete	rocket staging
sección propulsora	booster section
selenografía *f*	selenography
sensor *m*	sensor
sextante *m*	sextant
sextil *m*	sextile
sextilo *m*	sextile
sistema de acoplamiento	coupling system
sistema de navegación por satélite	satellite navigation system
sistema planetario	planetary system
Skylab *m* **(laboratorio espacial)**	Skylab
Sol *m*	Sun
Spacelab *m* **(laboratorio espacial)**	spacelab

supernova *f*	supernova
tablero fotovoltaico	photovoltaic panel
tanque externo	external tank
Tauro	Taurus
telemetría *f*	telemetering, telemetry
telescópico -ca	telescopic
telescopio astronómico	astronomical telescope
telescopio óptico	optical telescope
Tierra *f*	Earth
tobera *f*	pressure nozzle
tolerancia a la gravedad	tolerance to gravity
transductor *m*	sensor
traslación *f*	translation
trígono *m*	trigon
troposfera *f*	troposphere
unidad astronómica	astronomic unit
universo *m*	universe
Urano	Uranus
uranografía *f*	uranography
uranometría *f*	uranometry
velocidad de escape	escape velocity
velocidad orbital	orbital velocity
ventana de lanzamiento	launching window
Vía láctea *f*	Milky Way
Virgo *m*	Virgo

cinematografía
cinematography

accesorista *m*	property manager, props man
acercamiento *m*	zoom in
actor *m*	actor
actriz *f*	actress
adaptación *f*	adaptation
adaptador *m*	adapter
aficionado -da al cine	movie-goer
agente *mf*	agent
alejamiento *m*	zoom out
altavoz *m*	loudspeaker
amplificador *m*	amplifier
ángulo fotográfico	shooting angle
aparecer progresivamente una imagen	fade in
attrezzista *m*	property manager, props man
autocinema *m*	drive-in
avance *m*	trailer
avances *mpl*	rushes
ayudante del camarógrafo	assistant cameraman
ayudante del director	assistant director
banda sonora	sound track
bobina *f*	reel, spool
bum *m*	boom
cabina de proyección	projection room
cámara *f*	camera
cámara lenta	slow motion
camarógrafo *m*	cameraman
censura *f*	censorship
cineclub *m*	art theater
cine de arte	art theater
cine de estreno	first run cinema
cine de reestreno	second run cinema
cinéfilo -la	movie-goer
cine hablado	talking picture
cinemascopio *m*	cinemascope
cinemateca *f*	film library
cinerama *m*	cinerama
cineteca *f*	film library
clasificación del filme	film rate
cortometraje *m*	short
créditos *mpl*	credits
cuadro *m*	frame
decorador *m*	art director
diálogo *m*	dialogue
dialoguista *mf*	dialogue writer
diapositiva *f*	slide
dibujos animados	cartoons
dirección *f*	direction
disolvencia *f*	fade out
disolverse (en negro) una imagen	fade out
distribuidor *m*	distributor
doblaje *m*	dubbing
doblar	dub
doble *mf*	double
doble exposición *f*	double exposure
doble *f*, **para escenas peligrosas**	stunt woman
doble *m*, **para escenas peligrosas**	stunt man
edición *f*	editing, edition, film cutting
editar	edit
editor -ra	film cutter
efectos especiales	special effects
elenco *m*	cast
ensayo *m*	rehearsal
escena *f*	scene
escenario *m*	floor, set, stage
escenografía *f*	scenery

escenógrafo -fa	set decorator;
estereofónico -ca	stereophonic
estrella de cine	movie star
estreno *m*	premiere, relese
estudio cinematográfico	film studio
estudio de doblaje	dubbing studio
estudio de postsincronización	postsynchronization studio
evaluación de un filme	preview
expresionismo *m*	Expressionism
exteriores *mpl*	exterior
extra *mf*	extra
festival cinematográfico	film festival
filme *m*	film, motion picture, movie, picture
filme prohibido	banned film
filmina *f*	filmstrip
filmoteca *f*	film library
fondo *m*	background
foro *m*	backstage
fotobanda *f*	filmstrip
función doble	double feature, doble bill
grabación del sonido	sound recording
guionista *mf*	scriptwriter
guión *m*	script
industria cinematográfica	film industry
ingeniero de sonido	recording engineer
instrumentar	score
jirafa *f* **(extensión para micrófono)**	boom
largometraje *m*	feature film, full-lenght film
lente *f*	lens
lentes de tercera dimensión	third-dimension lens
luminotécnico *m*	lighting engineer
magnavoz *m*	loudspeaker
maquillaje *m*	makeup
maquinista *m*	stagehan
marquesina *f*	canopy, marquee
metraje *m*	footage
mezcla *f*	mix, mixing
montador *m*	film cutter
montaje *m*	cutting
negativo *m*	negative
noticiario *m*	newsreel
operador de cine	projectionist
orquestar	score
panorámica *f*	pan
pantalla	screen
pantalla panorámica	panoramic screen
papel principal	title role
papel de reparto	bit part
papel secundario	supporting role
parlamentos *mpl*	lines
partitura *f*	score
película *f*	film, motion picture, movie, picture
película animada	motion picture
película apta para mayores de 16 años	A- certifica, rate
película de aventuras	thriller
película en colores	color film
película doblada	dubbed film
película documental	documentary film
película en episodios	serial film
película experimental	experimental film
película muda	silent movie
película del oeste	western picture
película pornográfica	porno film, pornographic film, stag film
película sonora	talkie, talking picture
película de terror	chiller, horror picture
personaje *m*	character
plan de rodaje	shooting schedule
plataforma con ruedas	dolly
premio *m*	award
presentación de un filme a la crítica	preview
primeras pruebas de un filme	rushes
primer plano *m*	close-up
protagonista *mf*	star
protagonista femenina	heroine
protagonista masculino	hero
proyección *f*	projection, screening, showing
proyeccionista *mf*	projectionist
proyector *m*	projector
proyector de cuerpos opacos	opaque projector
proyector de diapositivas	slide projector
proyector de fotobandas	filmstrip projector
realización *f*	direction
realizador -ra	filmmaker
reflector *m*	spotlight
reparto	cast
retroproyector *m*	overhead projector
rodaje *m*	shooting
rodaje en exteriores	location

rollo de película	reel
secretaria de rodaje	script girl
segundo plano *m*	background
simbolismo *m*	symbolism
sonido cuadrafónico	quadraphonic sound
sonido estereofónico	stereophonic sound
sonido magnético	magnetic sound
sonido óptico	optic sound
subtitulaje *m*	subtitling
subtítulos *mpl*	subtitles
taquilla f	box office
tercera dimensión	third-dimension
toma *f*	shot, take
toma de conjunto	long shot
toma desde una grúa	crane shot
toma general	full shot
toma intermedia	medium shot
versión original	original version
villano -na	villain

comercio internacional
international trade

acción *f*	share
acciones *fpl*	stock
acciones de capital	capital stock
acciones de primera	blue chips
acciones preferenciales	blue chips
acciones preferentes	preferred stock
acciones privilegiadas	preferred stock
activo *m*	assets
acuerdo comercial recíproco	reciprocal trade agreement
acumulación de inventarios	stock-pile
adelanto *m*	advanced payment
aduana *f*	customs
aeropuerto *m*	airport
agente marítimo	ship broker
ajuste de cambio	exchange adjustment
alza *m*	upswing, upturn
alza de precios	rise in price
alzas periódicas	escalator clause
análisis *m*	breakdown
año económico	financial year
asalariado *m*	breadwinner
asociación de libre comercio	free trade association
a tanto alzado	on a lump-sum basis
aumento *m*	upswing, upturn
baja de precios	rollback of prices
balance *m*	balance sheet
balanza comercial	balance of trade
balanza de pagos	balance of (international) payments
beneficios adicionales al sueldo	fringe benefits
bienes de capital	capital goods
bienes de consumo	consumer goods
bolsa de productos	commodity exchange
bonanza *f*	boom
bonificación por aumento de producción	incentive wage system
caída de precios	price fall
capital social	capital stock corporate capital
casa matriz	head office, home office, main office
circuito comercial	commercial channels
cliente *mf*	client, customer
comercialización *f*	marketing
comerciante *m*	merchant, tradesman
comercio *m*	commerce, trade, trading
comercio al por mayor	wholesale trade, trading
comercio al por menor	retail trade,
comercio exterior	external trade, foreign trade
comercio interior	home trade, internal trade
comercio internacional	international trade
comercio nacional	domestic trade, inland trade, interior trade
compañia tenedora de acciones	holding company
competencia *f*	competition
competencia desleal	unfair competition
competidor *m*	competitor
competitivo -va	competitive
compra *f*	purchase
comprador *m*	buyer

comprobante *m*	voucher
concesionario *m*	concessionaire, licensed dealer
congelación de precios	price freeze
consumidor *m*	consumer
consumo *m*	consumption
contabilidad *f*	accounting, bookkeeping
contabilidad por partida doble	double-entry bookkeeping
contabilidad por partida simple	single-entry bookkeeping
contable *m*	accountant
contador *m*	accountant
contratación colectiva	collective bargaining
contratiempo *m*	setback
control de precios	price control
crédito en descubierto	accomodation credit
cuenta *f*	bill, check
cuota *f*	quota
cupo *m*	quota
debe *m*	liabilities
débito *m*	debit
déficit *m*	deficit
demanda *f*	demand
depresión *f*	recession
derechos arancelarios	customs duty
desaceleración *f*	recession, slowdown
descomposición *f*	breakdown
despido de obreros	lay off
detallista *mf*	retailer
diario *m*	journal
divisa convertible	hard currency
domicilio social	head office, registered office
dumping *m*	dumping
efectivo en caja	cash on hand
ejercicio económico	trading year
empresa no lucrativa	non-profit corporation
empuje de los costos	cost push
entrega contra reembolso (COD)	cash on delivery (COD)
especulación al alza	bull market
especulación a la baja	bear market
estado de cuentas	statement of accounts
estibador *m*	stevedore
estiba *f*	stowage, stowing
estibar *m*	stow
estimación *f*	estimate, estimation, valuation
estimado *m*	estimate, estimation, valuation
existencias *fpl*	stocks
exportación *f*	exportation, exporter
exportador *m*	exporter
fabricante *m*	manufacturer
factura *f*	invoice
facturación *f*	turnover, volume of business
factura pro forma	pro forma invoice
falla *f*	breakdown
fase baja	down-swing
fase de depresión	down-turn
fase descendente	down-swing
ferrocarril *m*	railroad, railway
fijación de los precios	price fixing
flete *m*	freight
flete aéreo	air freight
flota *m*	fleet
gestión *f*	management
gremio *m*	trade union
haber *m*	assets
importación *f*	import, importation
importador *m*	importer
importe *m*	amount
improvisado	makeshift
impuesto sobre exceso de utilidades	excess profit tax
indemnización *f*	compensation
índice de precios	price index
índice de precios a los consumidores	consumer price index
indización de precios	price indexation
inflación galopante	runaway inflation
ingresos de los factores de producción	factor income
ingresos y egresos	income and expenditure, output and input, receipts and expenditure
insumo-producto *m*	input-output
intermediario *m*	middleman
inundación del mercado con mercancía a un bajo precio	dumping
inventario *m*	inventory, stocktaking
investigación de mercados	market research
letra de cambio	bill of exchange
leyes antimonopolistas	anti-trust laws
libro de caja	cashbook
libro de contabilidad	account book
lonja *f*	commodity exchange
marca registrada	trademark
margen de beneficio	profit margin
marina mercante	merchant navy

matriz *f*	headquarters
mayorista *mf*	wholesaler
mejora *f*	upswing, upturn
mensualidad *f*	monthly payment
mercado *m*	market
mercado favorable al consumidor	buyer's market
mercado libre	open market
mercado nacional	home market
mercado negro	black market
moneda fuerte	hard currency
monopolio *m*	monopoly
monto *m*	amount
muelle *m*	quay
naufragio *m*	shipwreck, wreck
navío mercante	merchant vessel
oferta *f*	offer
oficina central	headquarters
operación comercial	commercial transaction
organización *f*	organization
pagaré *m*	promissory note
pago *m*	payment
pago al contado	cash payment
pago atrasado	oustanding payment, payment in arrears
pago en especie	payment in kind
pago en metálico	payment in specie
pago inicial	down payment
pago a plazos	deferred payment, payment by installments
paro forzoso	lay off
partida *f*	item
pasivo *m*	liabilities
periodo de auge	boom
plan *m*	plan
planificación *f*	planning
poder para negociar	bargaining power
política de austeridad	austerity program
política de ingresos	income policy
política de sostén de precios	price support policy
porción *f*	share
precio *m*	price
precio al contado	cash price
precio de compra	purchase price
precio de costo	cost price
precio de fábrica	factory price, manufacturer's price
precio de garantía	cash price, guaranteed price
precio fijo	fixed price
precio franco a bordo	price free on board
precio garantizado	cash price, guaranteed price
precio inicial	first cost, first price, initial cost, initial price, prime cost
precio al por mayor	wholesale price
precio al por menor	retail price
precio de mercado	market price
precio de paridad	parity price
precio mínimo	minimum price
precio máximo	maximum price
precio neto	net price
precio preferencial	preferential price
precios controlados por el gobierno	administered prices
precio tope	ceiling price
precio por unidad	piece price, unit price
precio de venta	sale price
prestaciones *f*	fringe benefits
presupuesto *m*	budget
previsión *f*	foresight
producción en serie	assembly line
producción para sustitución de importaciones; incautar, depositar	import-replacing production impound
productividad de factores	factor productivity
programa *m*	program, programme
proporción de los encajes en oro en relación con el circulante	gold ratio
provisional	makeshift
puerto *m*	harbor, harbour, port
punto de equilibrio	break even point
recargo *m*	surcharge, surtax
receso económico	down-turn, slump
receso *m*	recession
recibo *m*	receipt
reembolso *m*	refund, repayment
remuneración *f*	remuneration
restricciones de importación	import restrictions
restricciones no selectivas a la importación	non-discriminatory import restrictions
retiro temporal de obreros	lay off
retroceso *m*	setback
saldo de caja	cash balance
saldo negativo	debit balance
saldo pasivo	credit balance
salida *f*	outlet
sede *f*	headquarters
sindicato *m*	union, labor union, trade union

sistema de comercio preferencial	preferential trading system
sistema de salarios con incentivo	incentive wage system
sobreprecio *m*	mark-up, surcharge
sobretasa *f*	surtax
sostén de familia	breadwinner
sueldo neto	take-home pay
suma *f*	sum
tasa preferencial	prime rate
términos del intercambio	terms of trade
todo comprendido	all-inclusive
tonelaje *m*	tonnage
trabajadores sindicalizados	organized labor
tracción de la demanda	demand pull
tratamiento de nación más favorecida	most-favored nation treatment
utilidades de capital	capital gains
valores *mpl*	blue chips, securities
valor nominal	face value
vendedor *m*	dealer
venta *f*	sale
venta al contado	cash sale
venta a granel	bulk sale
venta a plazos	hire-purchase, installment plan
volumen de negocios	volume of business
volumen de ventas	turnover
zona de libre comercio	free-trade area

computación e informática
computer science

aborto *m*	abend
abuelo *m*	grandfather
acarreo *m*	carry
acceder	access
acceso *m*	access
acceso aleatorio	direct access, random access
acceso directo, acceso	direct access
ACK (aceptación)	ACK (acknowledge)
acondicionamiento *m*	conditioning
acoplador *m*	coupler
acoplador acústico	acoustic coupler
activar	enable
actualización *f*	update
actualizar	update
Ada (lenguaje)	Ada (language)
adaptador gráfico	graphics adapter, graphics board
administración de datos	data administration, data administrator
administración de los recursos	facilities management
alfanumérico -ca	alphanumeric
ALGOL (Lenguaje Algorítmico)	ALGOL (Algorithmic Language)
algoritmo *m*	algorithm
alimentador de hojas	sheet feeder
almacenamiento auxiliar, memoria auxiliar	auxiliary storage
almacenamiento y envío	store and forward
almacenamiento masivo	mass storage
almacenamiento principal	main storage
almacenamiento secundario	secondary storage
almacenamiento virtual	virtual storage
almacenamieto borrable	erasable storage
alta prioridad/baja priodidad	foreground/ background
alta resolución	high resolution
amable con el usuario	user-friendly
ambiente *m*	enviroment
análisis de costo/beneficio	cost/benefits analysis
análisis y diseño de sistemas	systems analysis and design
análisis gramatical	parsing
analista *mf*	analyst
analista de negocios	business analyst
analista de sistemas	systems analyst
analista programador	programmer analyst
analizador digital	digital analyzer
analógico -ca	analog
ancho de banda	band width
anfritrión	host
ángstrom *m*	angstrom
anular	delete, erase
aplicación *f*	application
aplicaciones científicas	scientific applications
APL (Lenguaje de Programación.)	APL (A Programming Language)
APT (Herramientas Automáticas Programadas)	APT (Automatic Programmed Tools)
apuntador *m*	pointer
apuntador de datos	data pointer

archivo binario	binary file
archivo (fichero) de transacciones	transaction file
archivo (fichero) plano	flat file
archivo de datos	data file
archivo del sistema	system file
archivo maestro	master file
archivo oculto	hidden file
archivo (fichero) orientado a datos no estructurados	stream-oriented file
archivos (ficheros, registros) "bajo llave"	file (record) locking
área de datos	data area
aritmética de doble precisión	double precision arithmetic
arquitectura de computadoras	coputer architecture
arquitectura de redes	network architecture
arranque en frío	cold-start
arrastre *m*	carry
arreglo *m*	array
arreglo lógico	logic array
arte por computadora	computer art
asesor -ra	consultant
asignación dinámica de memoria	dynamic memory allocation
asíncrono	asynchronous
aterrizaje *m* **(de la cabeza)**	head crash
atrapar	trapping
atributo *m*	attibute
audio *m*	audio
auricular *m*	handset
automatización *f*	automation
automatización de oficinas	office automation
automatizar	automation
AV (almacenamiento virtual)	VS (virtual storage)
baja resolución	low-resolution
balanza *f*	flip-flop
banco de datos	data bank
banco de memoria	memory bank
banda ancha	broadband
banda base	base band
bandera *f*	flag
bandera de acarreo	carry flag
báscula *f*	flip-flop
base de conocimiento	knowledge base
base de datos	data base
base de datos en red	network data base
base de datos relacional	relational data base
BASIC (código de instrucciones simbólicas para)	BASIC (beginners all-porpouse symbolic instruction)
Basic (lenguaje)	Basic (language)
baud *m*, **baudio** *m*	baud
biblioteca de datos	data library
biblioteca de programas de aplicación	application program library
bibliotecario *m*	librarian
biestable	flip-flop
bifurcación condicional	conditional branch
binario -ria	binary
biónico -ca	bionic
bipolar	bipolar
bitácora *f*	log
bit (dígito binario)	bit (binary digit)
8 bits	eight-bit (8 bit)
bloque *m*	block
bloque de control	control block
bloqueo *m*	doadlock
borrable eléctricamente)	only memory
borrar	delete, erase
BPI (bits por pulgada)	BPI (bits per inch)
BPI (bytes por pulgada)	BPI (bytes per inch)
BPS (bits por segundo)	BPS (bits per second)
brazo de acceso	accessarm
BSC (comunicaciones síncronas binarias)	BSC (binary synchronous communications)
BTAM (método básico de acceso de telecomunicaciones)	BTAM (basic telecommunications accesss method)
bulbo *m*	tube
bulbo al vacío	vaccum tube
burbuja (bit de una memoria de burbujas)	bubble
bus	bus
bus de control	control bus
bus de datos	data bus
bus de direcciones	address bus
bus S-100	S-100 bus
búsqueda *f* **(en disco)**	seek
búsqueda binaria	binary search
búsqueda booleana	Boolean search
búsqueda en tablas	table look-up
búsqueda y sustitución	search and replace
byte *m*	byte
cableado *m*	hardwired

cablevisión interactiva	interactive cable tv
CAD (diseño asistido por computadora)	CAD (computer aided design)
CADD (diseño y dibujo asistido por computadora)	CADD (computer aided design and drafting)
CAD/CAM (diseño asistido por computadora/ fabricación asistida por computadora	CAD/CAM (computer aided manufacturing/ computer aided design
cadena *f*	string
CAE (educación asistida por computadora)	CAE (computer aided education)
CAE (ingeniería asistida por computadora)	CAE (computer aided engineering)
caída *f*	crash
caída de un sistema	down
CAI (enseñanza asistida por computadora)	CAI (computer assisted instruction)
caja negra	black box
cajero automático (en bancos)	automatic teller machine
calculadora *f*	calculator
calculadora programable	programmable calculator
calcular	compute
cálculo *m*	calculus
"calidad correspondencia", letra de calidad	letter quality
calidad de transmisión	data integrity
cámara digital	digital camera
CAM (fabricación asistida por computadora)	CAM (computer aided manufactoring)
CAM (memoria díreccionable por el contenido)	CAM (content addressable memory)
campo *m*	field
campo comentario	comment field
campo (o registro) de longitud fija	fixed lenght field record
campo/registro de longitud variable	variable length field/record
canal *m*	canal, channel
canal de E/S	I/O channel
canal de voz	voice-grade
canal multicanalizado o multiplexado	multiplexor channel
canal selector	selector channel
canastilla *f*	bucket
capacidad de cómputo	computer power
capacidad de ejecución	throughput
capacitor *m*	capacitor
cápsula *f*	enclosure
captación *f*	capture
captación de datos	data acquisition, data entry
captación de datos, fuente de	source data capture
carácter	character
caracteres de eco	echoed characters
caracteres de petición	prompts
caracteres gráficos	character graphics
característica	attribute
carga *f*	load
carga en caliente	warm boot
carga/descarga de memoria	rollin/rollout
cargado en frío	cold boot
cargador primario	boot (strap)
CAR (sistema de recuperación asistido por computadora)	CAR (computer assited retrieval system)
cartucho *m*	cartridge
cartucho de cinta	streaming tape, tape cartrige
cartucho de disco	disk cartridge-
casa comercial de sistemas	system house
casa de software	software house
casete *f*	cassette
catálogo	directory
CBX (conmutador computarizado)	CBX (computarized branch exchange)
CCD (dispositivos acoplados por carga)	CCD (charge coupled devices)
celda *f*	cell
celda *f*, **cédula de datos,**	data cell
centro de cómputo	computation center datacenter
centro de información	information center,
chip *m*	chip
cibernética *f*	cybernetics
ciclo *m*	cycle
ciclo de desarrollo de un sistema	system development cycle
ciclo de memoria	cycle time
ciclo de máquina	machine cycle
ciclo de vida de un sistema	system life cycle

ciclo útil de un sistema	system life cycle
CICS (sistema de control de información del cliente)	CICS (customer information control system)
ciencia administrativa	management science
ciencia de las computadoras	computer science
ciencias de la información	information science
cifra *f*	key
cifrado *m*	encryption
cilindro *m*	cylinder
cinta *f*	tape
cinta y disco magnéticos	magnetic disk and tape
circuito *m*	circuit
circuito combinatorio	combinational circuit
circuito digital	digital circuit
circuito electrónico	electronic circuit
circuito impreso	printed circuit
circuito integrado	integrated circuit
circuito local	local loop
circuito lógico	logic circuit
circuito virtual	virtual circuit
clasificación *f*	sort
clasificar	sort
clave *f*	code, key
C (lenguaje de programación)	C (program language)
CML (lógica en modo de corriente)	CML (current mode logic)
CMOS (MOS complementario)	CMOS (complementary MOS)
CMOS (semiconductor complementario, de óxido-metal)	CMOS (complementary metal oxide semiconductor)
COAX (cable coaxial)	COAX (coaxial cable)
COBOL (lenguaje de programación, lenguaje orientado a los negocios comunes	COBOL (common business oriented language)
codificación *f*	coding
codificador-decodificador	CODEC
codificador *m*	coder, encoder
codificar	encode
código *m*	code
código EBCDIC (código extendido de intercambio decimal codificado en binario)	EBCDIC (extended binary coded decimal interchange code)
código binario	binary code
código de Baudot	Baudot code
código de acceso	access code
código de barras	bar code
código de condición	condition code
código de corrección de errores	error correction code
código de datos	data code
código de edición	edit code
código de operación	operation code
código fuente	source code
código objeto	object code
código reentrante	reentrant code
código relocalizable	relocatable code
cola *f*	queue
cola circular	circular queue
columna *f*	column
comando *m*	command
communicación de datos	data communication
COMPACT II (lenguaje)	COMPACT II (language)
comparador *m*	comparator
compatibilidad ANSI	ANSI compatible
compatibilidad *f*	compatibility
compatible con equipo mayor	upward compatible
compatible con equipo menor	downward compatible
compatible directamente	plug compatible
compilación *f*	compiling
compilador cruzado	cross compiler
compilador *m*	compiler
compilar	compile
complementación *f*	complementing
complementar	complement
complemento *m*	complement
componentes *mpl*	components
compresión de datos	data compression
compuerta *f*	gate
compuerta lógica	logic gate
computación *f*	computation, computing
computador *m*	computer
computadora *f*	computer
computadora analógica	analog computer
computadora científica	scientific computer
computadora de propósito general	general purpose computer
computadora digital	digital computer
computadora en una pastilla	computer on a chip
computadora en una tarjeta	single board computer
computadora híbrida	hybrid computer

computadora objeto	object computer	**convetidor de analógico a digital**	analog to digital converter
computadora personal	personal computer	**copia** *f*	dump
computar	compute	**copia efímera**	soft copy
computarizar	computerize	**copia en papel**	hard copy
COM (salida de computadora por microfilm)	COM (computer output microfilming)	**correción de errores**	debugging
comunicación de datos	data communications	**corrector**	debugger
comunicaciones *fpl*	communications	**corregir errores**	debug
comunicaciones asíncronas	asynchronous communications	**correo electrónico**	electronic mail
comunicaciones síncronas	synchronous communications	**corrida** *f*	running
concatenación *f*	concatenation	**corriente** *f*	current
concentrador *m*	concentrator	**corriente continua**	direct current
concepto de programa almacenado	stored program concept	**corte** *m*	cutoff
concurrencia *f*	concurrence	**CP (procesador central)**	CP (central processor)
condensador	capacitor	**CP/M (programa de control para microprocesadores)**	CP/M(control program *for* microprocessors)
conector *m*	connector	**CPS (caracteres por segundo)**	CPS (characters per second)
conector maestro	motherboard	**CPU (unidad central de proceso)**	CPU (central processing unit)
conexión/desconexión al/del sistema	log-on/log-off	**CRC (verificación por redundancia cíclica)**	CRC (cyclical redundancy checking)
configuración	configuration	**cristal de cuarzo**	crystal
conjunto de datos	data set	**CTRL (tecla de control)**	CTRL (control key
conmutación por paquetes	packet switching	**CRU (unidad de registro de comunicaciones)**	CRU (comunications register unit)
conmutador de mensajes	message switch	**CSMAC/CD (acceso múltiple por detección de portadora detección de colisiones)**	CSMA/CD (carrier sense multiple access/collision detection)
conmutador de voz y datos	voice data PABX	**TRC (tubo de rayos catódicos**	CRT (cathode ray tube)
conmutador digital privado	Digital PABX	**cuadro** *m*	frame
consola *f*	console, console device	**cuarteto** *m* **(la mitad de un byte)**	nibble
constante *f*	constant	**cultura general en computación**	computer literacy
consulta *f*	query	**cursor** *m*	cursor
contador *m*	counter	**DAC (convertidor digital analógico)**	DAC (digital to analog converter)
control *m*	control	**D/A (digital-analógico)**	D/A (digital-analog)
control de error	error control	**DASD (dispositivo de- almacenamiento de- acceso directo)**	DASD (direct access storage device)
control de procesos	process control	**dato** *m*	data element
control numérico	numerical control	**datos** *mpl*	data
controlado por comandos	command driven	**datos digitales**	digital data
controlado por menú	menu driven	**datos de prueba**	test data
controlador *m*	controller, driver	**DB/DC (base de datos/comunicación de datos)**	DB/DC (data base/data communication)
conversacional	conversational		
conversión *f*	conversion		
conversor	converter		
convertidor de analógico a digital	A-D converter		
convertidor *m*, **conversor** *m*	converter		

DBS (satélite de transmisión directa) DBS (direct broadcast satellite)
DC (corriente continua, corriente directa) DC (direct current)
DCA (arquitectura para comunicaciones distribuidas DCA (distributed communications architecture)
DCB (decimal codificado en binario) BCD (Binary Coded Decimal)
DCE (equipo de comunicación de datos) DCE (data communications equipment)
decibel *m* decibel
decibelio *m* decibel
decimal *m* decimal
decimal codificado en binario binary coded decimal
decimal empacado packed decimal
decisión *f* decision
decodificador decode, decoder
decrementar decrement
decremento *m* decrement
degradación *f* degradation
demodulación *f* demodulation
demultiplexor *m* demultiplexer
densidad *f* density
densidad de empaque packing density
depuración *f* debugging
depurador *m* debugger
depurar debug
desactivar disable
descarga *f* download, dump
descensores *mpl* descenders
descriptor *m* descriptor
desempacado unpack
desensamblar disassemble
DES (norma de cifrado de datos) DES (data encryption standard)
desplazamiento ciclico cyclic shift
desplazamiento del cursor cursor movement
desplegados *mpl* prompts
detección *f* error control
detección de errores error checking
detector óptico wand
devorador de números number crunching
diagnosis diagnostic
diagnóstico *m* diagnostic
diagnósticos *mpl* diagnostics
diagrama de bloques y organigrama *m* block diagram
diagrama de burbujas bubble chart
diagrama de flujo de datos data *flow* diagram
diagrama de flujo flow chart
dialecto *m* dialect
diccionario de datos data dictionary
digital digital
digitalizar digitize
digitizar digitize
dígito *m* digit
dígito decimal decimal digit
dígito de verificación check digit
dinámico -ca dynamic
diodo emisor de luz light emitting diode
diodo *m* diode
DIP (encapsulado de 2 en línea) DIP (dual in -line package)
direccionamiento directo direct addressing
direccionamiento indirecto indirect addressing
direccionamiento indizado indexed addressing
dirección absoluta absolute address
dirección base base address
dirección efectiva effective address
dirección en memoria real o virtual address
dirección relativa relative address
directiva *f* directive
directorio *m* directory
disco *m* disk
disco de densidad sencillo single density disk
disco de doble cara double-slide disk
disco de doble densidad double density disk
disco de video videodisc
disco duro hard disk
disco fijo fixed disk
disco flexible diskette, floppy disk, flexible disk
disco óptico optical disk
disco Winchester Winchester disk
diseñador de bases de datos data base designer
diseñador -ra de computadoras computer designer
diseño descendente top-down design
disposición de un registro record layout
dispositivo *m*, device
dispositivos de salida output devices
disquete *m* diskette, floppy disk

disquete de doble cara y doble densidad	DSDD diskette (dual side-dual density diskette)
disquete de doble cara	dual-side diskette
disquete de doble densidad	dual density diskette
distribuidor de computadoras	computer vendor
DL/1 (lenguaje de datos 1)	DL/ 1 (data language)
DMA (acceso directo a memoria)	DMA (direct memory access)
DMAC (canal de acceso directo a memoria)	DMAC (direct memory access channel)
doble densidad	double density, dual density
doble golpe	doublestrike
doble precisión	double precision
documentación *f*	documentation
documento *f*	document
documento fuente	source document
documento retornable	turn-around document
DOS (sistema operativo de disco)	DOS (disk operating systems)
DOS-VSE (DOS con almacenamiento virtual ampliado)	DOS/VSE (DOS-virtual storage extended)
DSA (arquitectura de sistemas distribuidos)	DSA (distributed systems architecture)
DTE (equipo terminal de datos)	DTE (data terminating equipment
DTS (servicio terminal digital)	DTS (digital termination service)
ducto, *m*, bus *m*	bus
dúplex *m*	duplex, full-duplex
EAROM (memoria de sólo lectura alterable eléctricamente)	EAROM (eletrically-alterable read-only-memory)
ECL (lógica de acoplamieto por emisor)	ECL (emitter-coupled logic)
eco	echo
edición de textos	text editing
editar	edit
editor *m*	editor
editor de enlace	link editor
editor de texto	editor, text editor
EDP (procesamiento electrónico de datos)	EDP (electronic data processing)
EEPROM (memoria de sólo lectura programable y borrable eléctricamente)	EEPROM (electrically erasable programmable read only memory)
EEROM (memoria de sólo lectura borrable eléctricamente)	EEROM (electrically erasable read only memory)
eficacia de un sistema	effectiveness
EFT (transferençia electrónica de fondos)	EFT (electronic funds transfer)
ejecutor	execute
electricidad *f*	electricity
electrodo *m*	electrode
electrofotográfico -ca	electrophotographic
electrónica *f*	electronics
electrónico -ca	electronic
electrón *m*	electron
electrosensitivo -va	electrosensitive
electrostático *m*	electrostatic
elemento dato	data element
elemento de imagen	picture element
eliminación de rebotes	debouncing
eliminar	delete
empacado/desempacado *m*	pack/unpack
emulación *f*	emulation
emulador *m*	emulator
emular	emulate
encabezamiento	header
encapsular	encapsulate
energizar	energize
enlace de comunicación de datos	data link
enlace de comunicaciones	communication link
en línea	on-line
enmascaramiento *m*	masking
enrollar o desenrollar, vertical u horizontalmente	scrolling
ensamblador cruzado	cross assembler
ensamblador *m*	assembler
entero *m*	integer
entidad *f*	entity
entorno *m*	enviroment
entrada *f*	input
entrar al sistema/salir del sistema	sign on/sign off
envolvencia *f*	word wrap
equipo de comunicación de datos	data communication equipment

equipo *m*	hardware
equipo periférico	peripheral
equipo de registro unitario	unit record equipment
ergonomía *f*	ergonomics
ergonomía del procesamiento de palabras	word processing ergonomics
ergonómico	ergonomic
error *m*	bug, error
error de escritura	write error
error de lectura	read error
error de sintaxis	syntx error
escalonamiento *m*	jaggies
escape de enlace de datos	data link escape
esclavo -va	slave
escritor por percusión	stroke writer
escritura *f*	write
escrutinio *m*	polling
E/S (entrada/salida *f***)**	I/O (input /output)
espaciamiento proporcional	proportional spacing
espacio direccionable en memoria virtual	address space
espacio/tiempo *m*	space/time
especificaciones funcionales	functional specifications
esquema *m*	schema
ESS (sistema electrónico de conmutación)	ESS (electronic switching system)
estación terrena	earth station
estación de trabajo	workstation
estado "completado"	complete state, complete status
estado "en ejecución"	current state, current status
estado sólido	solid state
estilo *m*	stylus
estructura arborescente	tree structure
estructura de datos	data structure
estudio de factibilidad	feasibility study
etiqueta *f*	label
etiqueta de encabezamiento	header (label)
excitador	controller, driver
excitar	energize
extractor *m*	extractor
extraer (de una pila) introducir (en una pila)	push/pop
extraer	pop
facsímil *m*	facsimile
factor de bloque	blocking factor
falla leve	fail soft
FDM(multicanalización, multiplexión por división de frecuencias)	FDM(frequency division multiplexing)
FET (transistor de efecto de campo)	FET(field effect transistor)
fibra óptica	optical fiber
ficha *f*	fiche
fichero binario	binary file
fichero de datos	data file
fichero maestro	master file
fichero oculto	hidden file
fin de archivo	end of file (EOF)
fin de fichero (EOF)	end of file (EOF)
flexible	soft
flip-flop tipo D *m*	D flip-flop
flujo *m*	current
fonema *m*	phoneme
formato *m*	format
formato de un registro	record layout
fórmula *f*	formule
FORTH (FOURTH) (lenguaje)	FORTH (FOURTH) (language)
FORTRAN (traductor de fórmulas)	FORTRAN (formula translator)
fósforo *m*	phosphor
fotocompositor tipográfico	phototypesetter
frecuencia *f*	frequency
frecuencia modulada	frequency modulatior
fuente de alimentación	power supply
fuera de línea	off-line
generación de números aleatorios	random number generation
generación del sistema	sysgen (system generation)
generador de informes	report generator, report writer
generador de programas de aplicación	application generatoı
generador de programas	program generator
gigabyte	gigabyte
GIGO (basura entra basura sale)	GIGO (garbage in/garbage out)
GIS (sistema generalizado de información)	GIS information systen
global	global
grabación digital	digital recording
grabación perpendicular	perpendicular recording
grabadora de casete	cassette recorder

gráfica *f* graph, plot
gráfica de barras bar chart
gráfica de sectores pie chart
gráfica -co por mapa binario bit mapped graphics
graficado *m* graphics
graficado por barrido raster graphics
graficado en color color graphics
graficado por computadora computer graphics
graficador *m* plotter
graficado de la tortuga turtle graphics
graficado por vectores vector graphics
graficador de mesa flatbed plotter
graficador de plumillas pen plotter
graficador de tambor drum plotter
graficador x-y x-y plotter
gráficas comerciales business graphics
grupo de usuarios user group
guía de luz light guide
habilitar enable
habla sintética speech synthesis
hacer cola spooling
hardware *m* hardware
haz de electrones electron beam
HDLC (control de altonivel para el enlace de datos) HDL (high level data link control)
herramientas de desarrollo development tools
HERTZ *m* HERTZ
heurístico *m* heuristic
hexadecimal hexadecimal (hex)
hijo *m* son
HIPO (jerarquía más entrada-proceso-salida) HIPO (hierarchy plus input-process-output)
hoja electrónica electronic spradsheet
hoja electrónica para simulaciones spreadsheet (simulator)
IC (circuito integrado) IC (integrated circuit)
ícono *m* icon
identificación final traile (label)
imitar emulate
implícito default
impresora *f* printer
impresora bidireccional bidirectional printer
impresora de banda band printer
impresora de cadena chain printer
impresora de caracteres character printer
impresora de impacto impact printer
impresora de linea line printer
impresora de matriz matrix printer
impresora de matriz de puntos dot matrix printer
impresora de páginas page printer
impresora de rueda tipo margarita daisy wheel printer
impresora de tambor drum printer
impresora de teletipo teletypewriter
impresora electrostática electrostatic printer
impresora electrónica electronic printer
impresora láser laser print
impresora lógica logic-seeking printer
impresora remota teletype
impresora silenciosa non-impact printer
impresora térmica thermal printer
indicador de acarreo carry flag
índice *m* index
indizado secuencial indexed sequential
información *f* information
informática *f* computer science
informático -ca computer expert, computer scientist
informe *m* report
ingeniería de software software engineering
ingeniero de servicio field engineer, field service representative
ingeniero de sistemas systems engineer
inhibir disable
instrucción *f* command, instruction
instrucción condicional conditonal instruction
instrumentación *f* implementation
integración a mediana escala medium scale integration
integración a muy gran escala very large scale integration
integración a super gran escala super large scale integration
integridad de datos data integrity
inteligencia artificial (IA) artificial intelligence (AI)
inteligencia distribuida distributed intellingence
inteligencia *f* intelligence
inteligible para la máquina machine readable
interactivo -va interactive
interbloqueo *m* doadlcck
intercambio de segmentos swapping
interconexión para sistemas abiertos open systems interconnection
interfaces de software software interfaces

interfaz *f*	interface
interfaz Centronics	Centronics interface
interfaz en serie	serial interface
interfaz hombre/máquina	people/machine interface
interfaz paralela	parallel interfade
interfaz RS-232-C	EIA-RS-232-C
interferencia entre canales	crosstalk
interferencia electromagnética	electromagnetic interference
intérprete *mf*	interpreter
interrupción *f*	interrupt
interruptor *m*	switch
interruptores en cápsulas de circuito integrado	DIP switches
intervalo *m*	range
introducir (en una pila), extraer (de una pila)	push/pop
inversor *m*	inverter
investigación de operaciones	operations research
inyección de impurezas	doping
IPL (inicialización de la computadora), carga del programa de arranque	IPL (initial program load)
IS (sistema de información)	IS (information system)
ISAM (método de acceso secuencial indizado)	ISAM (indexed sequential access method)
iteración *f*	do loop
iteración sin fin	endless loop
iteración siguiente	for next loop
JCL (lenguaje de control de trabajos)	JCL (job control language)
jerárquico *m*	hierarchical
juego de instrucciones	instruction set
KSR (teclado de envío y recepción)	KSR (keyboard send recive)
LASER (amplificación de la luz a partir de la emisión estimulada de radiación)	LASER (light amplification from the stimulated emission of radiation
lazo *m* **(bucle** *m***) de corriente**	current loop
LCD (visualizador de cristal líquido)	LCD (liquid crystal display)
lectora de tarjetas	card reader
lector -ra	reader
lectura *f*	read
LED (diodo emisor de luz)	LED (light emitting diode)
lenguaje nativo	native language
lenguaje conversacional	conversational language
lenguaje de alto nivel	high-level language
lenguaje de bajo nivel	low-level language
lenguaje de comandos	command language
lenguaje de consulta	query language
lenguaje de control de trabajos	job control language
lenguaje de cuarta generación	fourth-generation language
lenguaje de desarrollo de aplicaciones	application development language
lenguaje de descripción de datos	data description language
lenguaje de ensamble	assembly language
lenguaje de máquina	machine language
lenguaje de programación	programming language
lenguaje de programación concurrente	concurrent programming
lenguaje de órdenes	command language
lenguaje declarativo	declarative language
lenguaje fuente	source languaje
lenguaje natural	natural language
lenguaje no orientado a procedimientos	non-procedural language
lenguaje orientado a procedimientos	procedural language
lenguaje orientado al problema	problem-oriented language
lenguaje PL 1, lenguaje de programación/1	PL 1 language, programming language/1
lenguaje simbólico	symbolic language
letra de calidad	letter quality
límite de entrada/salida	I/O bound
límite de procesamiento	process-bound
línea alquilada	leased line
línea de código	line of code
línea de red conmutada	dial-up line
línea de retardo	delay line
línea privada	private line
LISP (procesamiento de listas)	LISP (list processing)
lista de exhibición	display list
llamada condicional	conditional call
llamada *f*, **invocación** *f*	call
llamada por nombre	call by name

llamada por referencia	call by reference
llamada por valor	call by value
llamada por variable	call by variable
llaves de clasificación	sort keys
localiza/modifica	peek/poke
localizar y seleccionar alguna información	retrive
lógica compartida	shared logic
lógica *f*	logic
lógica de un programa	program logic
lógico en comparación con físico	logic vs physical
Logo (lenguaje)	Logo (language)
lo-res (baja resolución)	lo-res (low-resolution)
lote *m*	batch
lote ficticio	shadow-batch
lote remoto; tanda remota	remote batch
LPM (líneas por minuto)	LPM (lines per minute)
LRC (verificación por redundancia longitudinal)	LRC (longitudinal redundancy checking)
LSI (integración *f* a gran escala)	LSI (large scale integration)
macrocomputadora	mainframe
macro *f* (instrucción)	Macro
malla *f*	mesh
mando de bastón	joy stick
manejado por parámetros	parameter-driven
manejador de línea	line driver
manejo de datos	data management
manejo de información	information management
manejo de los recursos de datos	data resource management
dBase II *m*	dBASE II
manejo de los recursos informativos	information resource management
manejo de registros	records management
manejo espacial de datos	spatial data management
mantenimiento de archivos	file maintenance
mantenimiento *m*	maintenance
mantenimiento preventivo	preventive maintenance
mantenimineto de programas	program maintenance
mapa binario	bit map
mapeo *m*	mapping
máquina *f*	engine
máquina de captación a cinta	key-to-tape machine
máquina de captación a disco	key-to-disk machine
máquina de escribir electrónica	electronic typewriter
máquina de escribir con memoria	memory typewriter
máquina perforadora de tarjetas	keypunch machine
máquina para procesamiento de palabras	word processing machine
máquina virtual	virtual machine
marbete *m*	label
marca en cinta	tape mark
marcado y contestación automáticos	autodial/auto answer
marco *m*	frame
máscara *f*	mask
matricial	matrixial
matriz *f*	matrix
matriz de puntos	dot matrix
matriz x-y	x-y matrix
MCP (modulación por codificación de pulsos)	PCM (pulse code modulation)
medio de almacenamiento	storage media
megabyte *m* (un millón de bytes)	megabyte
meg *m* (megabyte)	meg(megabyte)
memoria *f*	memory
memoria asociativa	associative memory
memoria auxiliar	secondary storage
memoria borrable	erasable memory
memoria cíclica	cyclic store
memoria de burbujas	buble memory
memoria de disco	disk memory, disk storage
memoria de lectura/escritura	read/write memory
memoria de núcleos	core memory
memoria de sólo lectura borrable	EROM
memoria dinámica	dynamic memory
memoria inmediata	cache memory
memoria interfaz	buffer store
memoria intermedia	buffer
memoria intermedia de datos	data buffer
memoria no volátil	non-volatile memory
memoria principal	main memory
memoria principal	primary storage
memoria virtual	virtual memory

memoria volátil	volatile memory
mensaje *m*	message
menú *m*	menu
mesa digitalizadora	graphics tablet
método de acceso	access method
método de acceso secuencial	sequential access method
método de base y desplazamiento	base/displacemnet method
metodología de desarrollo de sistemas	system development methodology
mezcla *f*	merge
mezclado *m*	scrambling
mezclador *m*	collator
micro *f* **(microcomputadora)**	micro (microcomputer)
microcasete	stringy floppy
microcomputadora de mesa	desktop computer
microdisquete *m*	microfloppy disk
microelectrónica *f*	microelectronics
microfich *f*	microfiche-microfilm
microfilm	microfiche-microfilm
microforma *f*	microform
micromini *f*	micromini
microprocesador *m*	microprocessor
microteléfono	handset
MICR (reconocimiento de caracteres en tinta magnética)	MICR (magnetic ink character recognition)
mil millones de bytes	gigabyte
minicomputadora *f*	minicomputer
mnemónico	mnemonic
mnemotécnico *m*	mnemonic
módem *m*	modeling
módem *m*	model
(modulador -demodulador)	modem
	modem (modulator-demodulator)
modifica	poke
modo de direccionamiento	address mode
modo de edición	edit mode
modo de visualización	display mode
modo original	native mode
modulación	modulation
módulo *m*	module
momoria cach	cache memory
monitor *m*	monitor
monitor de TP	TP-monitor (tele processing monitor)
monocromático	monochrome
monocromoy, monocromático	monochrome
MOS canal P	MOS (P-channel MOS
MOSFET (transistor de efecto de campo de semiconductor de óxido metal)	MOSFET (metal oxide semiconductor field effect transistor)
MOS (semiconductor de óxido-metal)	MOS (metal oxide semiconductor)
motor de corriente continua	DC motor
MPU (unidad microprocesadora)	MPU (microprecessor unit)
MSI (integración a mediana escala)	MSI (medium scale integration)
MS (milisegundo *m***)**	MS (milisecond)
multicanalización, por división en el tiempo	time-division multiplexing
multicanalización *f*	multiplexing
multicanalización, multiplexión por división en la frecuencia	frequency division multiplexing
multicanizadores estadístico, multiplexor estadístico	stat mux (statical multiplexor)
multicanalizador *m*, **multiplexor** *m*	multiplexor
multiplexión *f*	multiplexing
multiprocesamiento *m*	multiprocessing,
multiprogramación *f*	multiprogramming
multitarea *f*	multitasking
multiusuario *m*	multiuser
multivibrador *m*	flip-flop
MVS (almacenamiento virtual múltiple)	MVS (multiple virtual storage)
NAK (reconocimiento denegado)	NAK (negative acknowledgement)
nanosegundo *m*	nanosecond
nivel de tarjeta	board
nodo *m*	node
no	not
norma para el cifrado de datos	data encryption standard
normas y compatibilidad	standards and compatibility
notación polaca inversa	reverse Polish notation
ns (nanosegundo *m***)**	ns (nanosecond)
núcleo de almacenamiento	core (storage)
núcleo *m*	core

número indeterminado de bytes	gulp
oblea *f*	wafer
ocho bits	eight-bit (8-bit)
ORC (reconocimiento de caracteres ópticos)	OCR (optical character recognition)
octal	octal
octeto	byte
OEX (exclusivo)	OEX (exclusive)
oficina de servicio	sevice bureau
por omisión	default
onda *f*	wave
onda luminosa	lightwave
operaciones *fpl*	operations
operador *m*	operator
operando	operand
o	or
ordenación	sort
ordenador *m*	computer
ordenar	compute
orden *f*	command
organización de servicios de cómputo	computer services organization
OS (sistema operativo)	OS (operating system)
PABX (conmutador telefónico privado automático)	PABX (private automatic branch exchange)
padre *m*	father
paginación excesiva	thrashing
paginación *f*	pagination
página *f*	page
palabra *f*	word
palabra clave, palabra de acceso	password
pantalla *f*	console device
pantalla completa	full-screen
pantalla dividida	split screen
pantalla plana	flat screen
pantalla sensitiva	touch-sensitive screen
procesamiento en paralelo	parallel processing
paquete *m*	package
paquete de discos	disk pack
paquete de software	software package
paquete de tarjetas	card deck
par (de alambres o cables) trenzado	twisted pair
parámetro m	parameter
parámetro implícito	default parameter
parámetros ficticios	dummy parameters
parche *m*	patch

paridad *f*	parity
partición *f*	partition
Pascal (lenguaje *m***)**	Pascal (language)
pase de señal	token passing
paso de un programa	program step
pastilla *f*	chip, enclosure
pastilla lógica	logic chip
por paquete, por separado	bundled/unbundled
PBX (conmutador telefónico privado)	PBX (private branch exchange)
PC (circuito impreso; computadora personal)	PC (printed circuit; personal computer)
PCM (fabricante de hardware compatible por conexión	PCM (plug compatible manufacturer; pulse code modulation
PD (procesamiento de datos)	DP (data processing)
película delgada	thin film
perforación *f*	keypunch
perforadora de tarjetas	card punch
permitir	enable
petición de páginas de memoria	demand paging
pica *f*	pica
picosegundo *m*	picosecond
pie de página	footter
pila *f*	stack
PILOT (aprendizaje o enseñanza a través de interrogatorio programado	PILOT (programmed inquiry learning or teaching)
pista *f*	track
pixel *m*	pixel
plumilla luminosa	light pen
poner en servicio	enable
portadora *f*	carrier
portadora común	common carrier
portadora de datos	data carrier
posicionamiento del cursor	cursor positioning
potencia *f*	power
presentación *f*	display
privacia *f*	privacy
procedimiento *m*	procedure
procesador *m*	processor
procesador central	central processor
procesador de aplicaciones	application processor
procesador de arreglos	array processor
procesador de bases de datos	data base machine

procesador de comunicaciones	front end processor
procesador de datos	data processor
procesador de palabras	word processor
procesador de punto flotante	floating point processor
procesador doble	dual processor
procesador en partes	bit slice processor
procesador en rebanadas	bit slice processor
procesamiento *m*	processing
procesamiento canalizado	pipeline processing
procesamiento centralizado	centralized processing
procesamiento de datos	data processing
procesamiento de imágenes	image processing
procesamiento de información	information processing
procesamiento de palabras	word processing
procesamiento de señales	signal processing
procesamiento descentralizado	decentralized processing
procesamiento digital de señales	digital signal processing
procesamiento distribuido	distributed processing
procesamiento en baja prioridad	background
procesamiento en paralelo	parallel processing
procesamiento paralelo	parallel processing
procesamiento por lotes o por tandas	batch processing
procesamiento por transacción	transaction processing
procesar	process
proceso *m*	process
procesos concurrentes	concurrent processes
programas *mpl*	software
programa concurrente	concurrent program
programa cruzado	cross program
programa de aplicación	application program
IPL (inicialización de la computadora), carga del programa de arranque	IPL (initial program load)
programa de consulta	inquiry program
programa de entrada	input program

programa de inferencia	inference program
programa de utilería	utility program
programa ejecutable	object program
programa "en lata"	canned program
programa fuente	source program
programa objeto	object program
programa para captación de datos	data entry program
programa para computadora	computer program
programa principal de control	master control program
programa que llama	calling program
programable	programmable
programas depuradores	debug programs
programas de diagnóstico	disgnostic programs
programación *f*	programming
programación estructurada	structured programming
programación lineal	linear programming
programación modular	modular programming
programación no numérica	non-numeric programming
programador *m*	programmer
programador de aplicaciones	application programmer
programador de sistemas	systems programmer
programador de software	software programmer
PROM (memoria programable de sólo lectura)	PROM (programmable read only memory)
proposición *f*	statement
proposición condicional	conditional sentence
proposición declarativa	declarative statement
proposición vacía	empty statement
protección de archivos	file protection
protección de la memoria	memory protection
protección del software	software protection
protocolo *m*	protocol
protocolo TTV	TTV protocol
protocolo Xon-Xoff	Xon-Xoff protocol
protocolo x.21	x.21 protocol
protocolo x.25	x.25 protocol
prototipo *m*	prototype
prueba beta	beta test
prueba *f*	testing

prueba de rendimiento	benchmark
publicación de software	software publishing
puerto *m*	port
puesta en marcha	implementation
puntero de datos	data pointer
punto de entrada	entry point
punto fijo	fixed point
punto flotante	floating point
punto muerto	doadlock
punto de verificación y rearranque	checkpoint/restart
QBE (consulta por medio de ejemplos)	QBE (query by example)
RAM dinámica	dynamic RAM
RAM (memoria de lectura/escritura)	RAM (random access memory)
ramificación *f*	branch
ranura de expansión	expansion slot
ranura *f*	slot
rastreador óptico	optical scanner
ratón *m*	mouse
razón de transferencia	transfer rate
RCS (servicio de computadora remota)	RCS (remote computer service)
rearranque *m*	restart
reconocimiento	ACK (acknowledge)
reconocimiento óptico de caracteres	optical character recognition
reconocimiento óptico	optical recognition
reconocimiento de la voz	voice recognition
recuperación *f* **(de datos)**	retrieval
recuperación de datos	data retrieval
recuperar	retrieve
recurso crítico	critical resource
recursos compartidos	shared resource
red *f*	network
red de computadoras	computer network
red de área local	local area network
red en anillo	ring network
red en estrella	star network
registro *m*	record, register
registro de auditoría	audit trail
registro de datos	data register
registro dedicado	dedicated register
registro de dirección	address register
registro específico	dedicated register
registro (o grabación) vertical	vertical recording
registro de índice	index register
regreso de carro	carriage return
relleno *m*	padding
reloj *m*	clock
reloj de tiempo real	real-time clock
rendimiento *m*	performance
resistor *m*	resistor
respaldo *m*	backup
respaldo y restauración	backup and recovery
respuesta por voz	voice response
retardo *m*	delay
retraso *m*	delay
RF (radio frecuencia)	RF (radio frequency)
RGB (monitor de color de alta calidad)	RGB monitor
RJE (entrada remota de trabajo)	RJE (remote job entry)
robo de ciclo	cycle stealing
robot *m*	robot
robótica *f*	robotics
rocío de tinta	ink jet
ROC (reconocimiento óptico de caracteres)	OCR (optical character recognition)
rodillo alimentador	tractor feed
ROM (memoria de sólo lectura)	ROM (read only memory)
RPG (generador de programas de informe)	RPG (report program generator)
RPQ (solicitud de cotización)	RPQ (request for price quotation)
rueda de margarita	daisy wheel
ruido *m*	noise
salida	output
salida de la impresora	printout (printer out)
salto *m*	jump
salto condicional	conditonal jump
satélite *m*	satellite
SDLC (control síncrono de enlace de datos)	SDLC (synchronous data link control)
sección crítica	critical section
secciones o columnas	cut & paste
sectorizado por hardware	hard-sectored
sectorizado por software	soft sectored
sector *m*	sector
secuencia de llamada	calling sequence
seguridad de los datos	data security
seguridad *f*	security
semiconductor *m*	semiconductor
semiconductor de óxido-metal	metal oxide semicondutor (MOS)
semidúplex *m*	half-duplex

semi sumador *m*	half-adder
sensor de marcas	mark sense
separación entre bloques	interblock gap
separación en la lectura/unión en la escritura	scatter read/gather write
separación entre registros	interrecord gap
por separado	unbundled,
	bundled/unbundled
separador *m*	decollator
servicios de información	information services
servidor de archivos	file server
servidor de bases de datos	data base server
servidor de impresora	print server
si, entonces, de lo contrario	if then else
silicio *m*	silicon
simplex *m*	simplex
simulación *f*	simulation
simulado	virtual
sincrónico binario	bisync (binary synchronous)
síncrono	synchronous
sistema *m*	system
Sistema p-UCSD	UCSD p-System
sistema basado en el conocimiento	knowledge-based system
sistema de administración	management system
sistema de apoyo a la administración	management support system
sistema de apoyo de decisiones	decision support system
sistema de archivos	file system
sistema de arranque inmediato	turnkey system
sistema de desarrollo	development system
sistema de desarrollo de aplicaciones	application development system
sistema de información	information system
sistema de información gerencial	management information system
sistema de manejo de bases de datos	data base management system (DBMS)
sistema de manejo de datos	data management system
sistema de planificación	planning systems

sistema de punto de venta	point of sale system
sistema dedicado	dedicated system
sistema empotrado	embedded system
sistema experto	expert system
sistema incorporado	embedded system
sistema operativo	operating system
sistemas *mpl*	systems
SLSI (integración a super gran escala)	SLSI(super large scale integration)
SNOBOL (lenguaje simbólico orientado a cadenas)	SNOBOL (string oriented symbolic language)
soft, flexible	soft
software *m*	software
software de auditoría	audit software
software del sistema	system software
software empacado	packaged software
software en hardware	firmware
software para educación	courseware
sólo lectura	read only
soporte de información	data medium
SSI (integración a pequeña escala	SSI (small scale integration)
SSSD disquete de una sola cara y densidad	SSSD (single side-single density) diskette
STAIRS (sistema de almacenamiento y recuperación de información	STAIRS (storage and information retrieval system)
subesquema *m*	subschema
subíndice *m*	subscript
subrutina *f* (subprograma de llamada)	call routine (subroutine)
sumador de acarreo anticipado	carry look-ahead adder
suma de verificación	hash total
super computadora *f*	super computer
super lenguaje	higher than high-level language
superconductor *m*	superconductor
supercontrolador *m*	supercontroller
superíndice *m*	superscript
supermini *f*	supermini
supervisor *m*	supervisor
tabla *f*	table
tabla de decisiones	decision table
tabla de verdad	truth table
tablero de control para juegos	paddle
tablero digitalizador	digitizer tablet
tablero *m*	board

tableta digitalizadora	digitizer tablet
talud *m*	kerning
tanda *f*	batch
tareas concurrentes	concurrent tasks
tarea	task
tarjeta *f*	board, card
tarjeta base	motherboard
tarjeta electrónica	smart card
tarjeta gráfica	graphics board
tarjeta magnética	magnetic card
tarjeta perforada	punched card
tasa de transferencia	transfer rate
TC telecomunicaciones	TC (telecommunications)
TDM multiplexión por división en el tiempo	TDM (time division multiplexing)
tecla *f*	key
tecla de avance de renglón	line feed key
tecla de cambio de hoja	form feed key
tecla de control	control key
tecla de edición	edit key
tecla de escape, tecla de salida	escape key
tecla de origen	home key
tecla de retorno (de carro)	return key
teclado *m*	keyboard
teclado de membrana	membrane keyboard
teclado qwerty	qwerty keyboard
teclado rápido	N-key rollover
teclado tipo calculadora	keypad
teclas de control del cursor	cursor keys
teclas de funciones	function keys
tecnologías de impresión	printer technologies
telecomunicaciones *fpl*	telecommunications
teleconferencia *f*	teleconferencing
telecopiado *m*	telecopying
teleimpresora *f*	teleprinter
telemática *f*	telematics
teleprocesamiento *m*	teleprocessing
teletexto *m*	teletext
teletipo *m*	teletype
télex *m*	telex
temporización *f*, **secuenciación** *f*	timing
terminal *f*	terminal, workstation
terminal CRT	CRT terminal

terminal de pantalla	CRT terminal, terminal de video
terminal gráfica	graphics terminal
terminal inteligente	intelligent terminal
terminal tonta	dumb terminal
terminal/unidad de visualización de video	video display terminal/unit
texto *m*	text
tiempo compartido	time-sharing
tiempo de (interrupción por descompostura)	downtime
tiempo de acceso	access time
tiempo de caída	decay time
tiempo de conexión	connect time
tiempo de declinación	decay time
tiempo de funcionamiento	uptime
tiempo de respuesta	response time
tiempo real	real-time
tierra *f*	earth
tipo de datos	data type
TMEF (tiempo medio entre fallas)	MTEF (mean time between failures)
toma de decisiones	decision making
topografía de la memoria	mapping
TPI (pistas por pulgada)	TPI (tracks per inch)
trabajo *m*	job
transacción *f*	transaction
transferencia condicional	conditional transfer
transistor *m*	transistor
transistor de efecto de campo	field effect transistor
transmisión de arranque/detención	start/stop transmission
transmisión de datos	data transmission
transmisión en serie	serial transmission
transmisión en un sentido	simplex
transmisor-receptor *m*	transceiver
transparente	trasparent
transpónder *m*	transponder
traslación de bloques	cut & paste
traslape *m*	overlay
TRC (tubo de rayos catódicos	CRT (cathode ray tube)
tren de impresión	train printer
troncal *f*	trunk
TRUA (transmisor, receptor universal asíncrono)	UART (universal asynchronous receiver-transmitter)

TTL (lógica de transistor a transistor)	TTL (transistor-transistor logic)	**velocidad de transferencia de datos**	data transfer rate
tubo *m*	tube	**velocidad de transmisión**	data rate
tubo al vacío	vaccum tube	**velocidad de transmisión digital**	baud rate
UAL (Unidad Aritmética y Lógica)	ALU (Arithmetic Logic Unit)	**ventana** *f*	window
UCP (unidad central de proceso)	CPU(central processing unit)	**verificación de memoria**	memory sniffing
ULA (arreglo lógico configurable)	ULA (uncommitted logic array)	**verificación por redundancia cíclica**	cyclical redundancy checking
unidad aritmética y lógica	arithmetic and logic unit array	**VHSIC (circuito integrado de muy alta velocidad)**	VHSIC (very high speed integrated circuit)
unidad central	central unit	**video** *m*	video
unidad central de procesamiento	central processing unit	**video compuesto**	composite video
unidad de cartucho	cartridge drive	**videotex** *m*	vidiotex
unidad de casete	cassette drive	**videotexto por cable**	cabletext
unidad de cinta	tape drive	**virtual**	virtual
unidad de control	control unit	**visualizador** *m*	display
unidad de disco	disk drive	**visualizador de cristal líquido**	liquid crystal display
unidad de disco o cinta magnética, dispositivo	drive	**visualizador por descarga de gas**	gas discharge display
unión en la escritura	gather write	**visualizador electroluminiscente**	electroluminescent display
UPC (código universal de productos)	UPC (universal product code)	**visualizador de plasma**	gas discharge display, plasma display
UPS (fuente ininterrumpible de poder)	UPS (uninterruptible power supply)	**VLSI (integración a muy gran escala)**	VLSI (very large scale integration)
usuario final	end user	**VM (máquina virtual)**	VM (virtual machine)
usuario -ria	user	**volumen** *m*	volume
usuario terminal	end user	**VRC (verificación por redundancia vertical)**	VRC(vertical redundancy checking)
vaciado *m*	dump	**VTOC (tabla de contenido del volumen)**	VTOC (volume table of contents)
vaciado de memoria	memory dump	**VTR (grabadora de video)**	VTR (video tape recorder)
validación *f*	validity	**y, o y no**	and, or and not
VAN (red de valor agregado)	VAN (value-added network)	**zona de datos**	data area
variable ficticia	dummy variable		
VCR (videocasetera *f***)**	VCR (video cassette recorder)		
vector *m*	vector		

contabilidad
accounting

abono *m*	installment
acciones *fpl*	stocks
acreedor *m*	creditor
activo *m*	assets
activo y pasivo	assets and liabilities
adelanto *m*	advance payment
administración *f*	management
aduana *f*	customs
alquilar	hire-purchase
alza de precios	rise in price
amortización *f*	amortization, redemption
anualidad *f*	annuity
anticipo *m*	advance payment
año financiero	financial year
a precio alzado	on a lump-sum basis
aseguradora *f*	insurance company
asignación *f*	allotment
asociado -da	associate
aumento de precios	rise in price
ayuda *f*	aid
baja de precios	price fall
balance *m*	balance sheet
balanza comercial	balance of trade
balanza de pagos	balance of payments
base del impuesto	basis of assessment
beneficio *m*	fringe benefit; profit
beneficio bruto	gross benefit, gross profit
beneficio *m*	profit
bloqueo de precios	price freeze
bonificación *f*	allowance
bono de la tesorería	treasury bond
canales comerciales	commercial channels
capacidad de generación de utilidades	profit earning capacity
cargo *m*	debit
cargos sociales	social charges
casa matriz	head office
cliente *mf*	client
comerciante *m*	merchant, tradesman
comerciar	commerce, trade, trading
comercio *m*	commerce, trade, trading
comercio al por mayor	wholesale trade
comercio al por menor	retail trade
comercio exterior	external trade, foreign trade
comercio interior	domestic trade, internal trade
comercio internacional	international trade
comercio nacional	home trade, inland trade, interior trade
compañía *f*	company
compañía comercial	trading company
compañía de seguros	insurance company
competencia *f*	competition
competencia desleal	unfair competition
competidor *m*	competitor
competitivo -va	competitive
compra *f*	purchase
comprador -dora	buyer
comprar	hire-purchase
comprobante *m*	voucher
conceder	subsidy
concepto *m*	item
concesionario *m*	concessionaire
congelación de precios	price freeze
consumidor *m*	consumer
contabilidad *f*	accounting
contabilidad por partida doble	double-entry bookkeeping

contabilidad por partida simple	single-entry bookkeeping
contable *mf*	accounting, bookkeeper
contador -ra	accountant
contingencias *fpl*	contingencies
contribución territorial	land tax
contribuyente *mf*	taxpayer
control de precios	price control
cooperativa *f*	cooperative
costo *m*	cost
costo inicial	initial cost
costo primo	prime cost
costos de operación	operating costs
costos diversos	miscellaneous costs
costos fijos	fixed costs
costos indirectos	overhead costs
crédito *m*	credit
crédito a corto plazo	short term credit
cuenta *f*	bill
cuenta de cheques	checking account
cuenta de consumo	check
cuota *f*	quota
débito *m*	debit
déficit *m*	deficit
derecho de aduana	duty
derechos aduanales	customs duty
derechos arancelarios	customs duty
descuento *m*	discount
desembolso	expenditure
detallista *mf*	retailer
deuda consolidada	consolidated debt, funded debt
deuda flotante	floating debt
deudor *m*	debtor
diario *m*	journal
distribución *f*	allotment
distribuidor *m*	dealer
distribuidor autorizado	licensed dealer
domicilio social	registered office
efectivo en caja	cash on hand
ejercicio	trading year
ejercicio fiscal	fiscal year
empresa conjunta	joint-stock company
empresa de intereses compartidos	joint-stock company
empréstito *m*	borrowing
entrega contra reembolso	cash on delivery (C.O.D.)
erogación	expenditure
estado de cuentas	statement of accounts
estimación *f*	estimate, estimation
estimado *m*	estimate
exención de impuestos	tax exemption
existencias *fpl*	stocks
exoneración fiscal	tax exemption
exportación *f*	export, exportation
exportador *m*	exporter
exportar	export
extracción *f*	drawing
fabricante *m*	manufacturer
factura *f*	invoice
factura pro forma	pro forma invoice
fijación de precios	price fixing
fiscalidad *f*	fiscality
fisco *m*	fiscal authorities
ganancia *f*	profit
ganancias *fpl*	earnings
gastos *mpl*	contingencies, expenditures
gastos contingentes	contingent expenses
gastos corrientes	running expenses
gastos de mantenimiento	maintenance costs, upkeep costs
gastos de operación	operating expenses
gastos de transporte	transport costs
gastos generales	overhead, overhead expenses
gastos indirectos	overhead expenses
gerencia *f*	management
gravación *f*	taxation
gravámenes fiscales	fiscal charges
hacienda *f*	exchequer, fiscal authorities
hipoteca *f*	mortgage
importación *f*	import, importation
importador *m*	importer
importar	import
importe *m*	amount
imposición *f*	taxation
impuesto *m*	duty
impuesto al consumo	excise tax
impuesto indirecto	excise tax
impuesto predial	land tax
impuesto progresivo	graduated tax, progressive taxation
impuesto sobre la renta	income tax
impuestos *m*	taxes
impuesto al valor agregado	value-added tax
indemnización *f*	compensation
índice de precios	price index
ingresos *mpl*	income
ingresos y egresos	income and expenditure, output and input, receipts and expenditure

ingresos promedio	average income
integral	all-inclusive
interés *m*	interest
intermediario *m*	middleman
intervención *f*	price control
inventario *m*	inventory
letra de cambio	bill of exchange
libre de impuestos	tax-free
libro de caja	cashbook
libro de contabilidad	account book
libro mayor	ledger
marca registrada	trademark
margen de utilidad	profit margin
mayorista *mf*	wholesaler
mensualidad *f*	monthly payment
monto *m*	amount
nómina *f*	payroll
oficina central	main office
oficina matriz	home office
operación comercial	commercial transaction
organización *f*	organization
otorgar	subsidy
pagaré *m*	promissory note
pago *m*	payment
pago al contado	cash payment
pago a plazos	payment by installments
pago atrasado	oustanding payment, payment in arrears
pago diferido	deferred payment
pago en abonos	payment by installments
pago en metálico	payment in specie
pago en especie	payment in kind
pago inicial	down payment
papel de cuentas	ledger paper
partida *f*	item
pasivo *m*	liabilities
pasivos *mpl*	contingencies
plan *m*	plan
planeamiento *m*	planning
planificación *f*	planning
plazo *m*	installment
prebenda *f*	fringe benefit
precio *m*	price
precio al contado	cash price
precio al por mayor	wholesale price, retail price
precio corriente	market price
precio de compra	purchase price
precio de costo	cost price
precio de fábrica	factory price, manufacturer's price
precio de mercado	market price
precio de venta	sales price
precio fijo	fixed price
precio franco (libre) a bordo	price free on board
precio garantizado	guaranteed price
precio inicial	initial price
precio máximo	ceiling price, maximum price
precio mínimo	minimum price
precio neto	net price
precio por pieza	piece price
precio por unidad	unit price
precio preferencial	preferential price
precio tope	ceiling price, maximum price
prestación *f*	fringe benefit
prestador -ra	lender
prestamista *mf*	lender
préstamo *m*	borrowing, loan
préstamo a corto plazo	short term loan
préstamo a largo plazo	long term loan
préstamo a mediano plazo	medium term loan
prestatario *m*	borrower
presupuesto *m*	budget
previsión *f*	foresight
primer precio	first price
producto interno	national income
programa *m*	program
pronóstico *m*	forecast
prorrateo de gastos	apportionment of expenses
provisión *m*	allowance
recaudador de impuestos	tax collector
recibo *m*	receipt
redención *f*	redemption
redescuento *m*	rediscount
rédito *m*	interest
reembolso *m*	refund, reimbursement, repayment
régimen fiscal	taxation system
remuneración *f*	remuneration
rendimiento *m*	yield
renglón *m*	item
renta *f*	income
rentabilidad *f*	profitability, profit earning capacity
renta nacional	national income
reparto *m*	allotment
resto	balance
retiro *m*	drawing, withdrawal
rotación *f*	turnover
saldo	balance
saldo acreedor	credit balance

saldo de caja	cash balance
saldo deudor	debit balance
salidas *fpl*	outgoings
seguridad social	social security
seguro *m*	insurance
seguro social	social security
sistema tributario	taxation system
sociedad *f*	company, society
sociedad anónima	corporation
sociedad cooperativa	cooperative society
sociedad de responsabilidad limitada	limited-liability company
sociedad en comandita de responsabilidad limitada	limited partnership
socio -cia	partner
socio comanditario	silent partner, sleeping partner
socio de número	full number
socioeconómico -ca	socioeconomic
subsidio *m*	allowance, grant, subsidy
subvención *f*	allowance, grant, subsidy
sucursal *f*	branch
suma *f*	sum
tasa de interés	rate of interest
tenedor de libros	bookkeeper
teneduría de libros	bookkeeping

términos comerciales	terms of trade
tesorería *f*	treasurer's office, treasury
tesorería *f* **(función de)**	treasurership
tesorero -ra	treasurer
tesoro *m*	exchequer, treasury
tesoro público	treasury
todo comprendido	all-inclusive
toma de inventario	stocktaking
tributación *f*	taxation
utilidad *f*	income, profit
utilidad bruta	gross earnings, gross income, gross profit
utilidad gravable	taxable income
utilidad neta	net income
utilidad promedio	average income
valuación *f*	valuation
vencimiento *m*	maturity
vendedor *m*	dealer, vendor
venta *f*	sale
venta abajo del costo	dumping
venta a granel	bulk sale
venta al contado	cash sale
venta a plazos	installment plan
venta desleal	dumping
volumen de negocios	volume of business
volumen de ventas	volume of business
zona de libre comercio	free-trade area

deportes
sports

aficionado -da	amateur, fan
alberca *f*	swimming pool
amagar	feint
amago *m*	feinting
anillas *fpl*	rings
anotar un gol	score a goal
anzuelo *m*	hook
aparatos de gimnasia	gymnastics apparatus
árbitro *m*	referee, umpire
árbitro *m* (en béisbol y tenis)	umpire
área de castigo	penalty area
argollas *fpl*	rings
as *m*	ace
atletismo *m*	athletics
atrapar	catch
automóvil *m*	car
bádminton *m*	badminton
balón *m*	ball
baloncesto *m*	basketball
balón de fútbol	football
balonmano *m*	handball
balonpié *m*	football
balonvolea *m*	volleyball
barra fija	horizontal bar
barras paralelas	parallel bars
basquetbolista *m*	basketball player
bastón *m*	stick
bat *m*, **bate** *m*	bat
bateador *m* **(en béisbol)**	batter
bateador *m* **(en criquet)**	batsman
béisbol *m* **béisbol** *m*	baseball
bicicleta *f*	bicycle
bicimoto *f*	motorbike
bloqueo *m*	blocking
bote de remos	rowboat
boxeador *m*	boxer
boxeo *m*	boxing
brazada *f*	breaststroke
brazo *f*	breaststroke
brida *f*	bridle
caballo de carreras	race horse
cabecera *f*	head
cabezazo *m*	head
cadena *f*	chain
campeón -na	champion
campo *m*	field, pitch
campeonato *m*	championship
campeonato mundial	world championship
cancha *f*	court, field, ground, pitch
cancha de tenis	tennis court
canoa *f*	canoe
caña de pescar	fishing rod
carnada *f*	bait
carrera *f*	race
carrera a campo traviesa	cross-country race
carrera ciclista	cycling race
carrera de caballos	horse race, horse-racing
carrera de cuatrocientos metros con obstáculo	four-hundred meter hurdles race
carrera de fondo	long-distance race
carrera de medio fondo	middle-distance race

carrera de obstáculos	steeplechase
carrera de persecución	chase
carrera de sacos	sack race
carrera de velocidad	race
carrera en carretera	road race
carrera *f* **(en béisbol y cricket)**	run
carrera pedestre	footrace
casco *m*	helmet
casco protector	crash helmet
castigo máximo (en fútbol y hockey)	penalty
cesto	basket
clavadista *mf*	diver
clavar	dive
coche de carreras	racing car
coger	catch
competencia *f*	competition
competencia de clavados	diving competition, diving contest
competencia saltos en esquí	ski jumping competition
competidor -dora	competitor, contestant
concurso de saltos	show jumping competition
corredor -ra	runner
corredor de coches	racing driver
corredor -ra de fondo	long-distance runner
crawl *m*	crawl
cricket *m;* **criquet** *m*	cricket
cuadrilátero *m*	ring
cuerda *f*	line
cuerda de nudos	knotted rope
cuerdas *mpl*	ropes
chutador *m*	kicker
chutar	kick
decatlón *m*	decathlon
defensa derecha	right halfback
defensa extrema derecha	right end
defensa izquierda	left halfback
defensa trasera	fullback
defensor de línea	linesman
deporte de vela	sailing
deporte individual	individual sport
deportes acuáticos	water sports
deportes de invierno	winter sports
deslizador *m*	toboggan
dobles mixtos	mixed doubles
driblar	dribbling
entrenador *m*	coach
entrenador-ra	trainer
entusiasta *mf*	enthusiast
equipo *m*	side, team
equipo de jugadores	line-up
equitación *f*	(horse back) riding
esgrima *f*	fencing
esgrimidor -ra	fencer
esgrimista *mf*	fencer
espada *f*	sword
espalderas *fpl*	wall bars
esprint *m*	sprint
esquí *m*	skiing
esquí acuático	water skiing
esquiador -ra	skier
estabilizador *m* **(en navegación)**	rudder
estadio *m*	stadium
estilo espalda (en natación)	backstroke
estilo libre (en natación)	freestyle
estilo mariposa (en natación)	butterfly stroke
estribo *m*	stirrup
extremo izquierdo	left end
favorito -ta	favorite
finta *f*	feinting
fintar	feint
forma *f*	form
formación en I	I formation
freno *m* **(en equitación)**	bit
frontón *m*	pelota court
fuera de juego	offside, off side
fuera de lugar	offside, off side
fútbol *m*	football
futbolista *m* **(de soccer)**	soccer player
futbolista *m*	football player
fútbol soccer	soccer
gimnasia *f*	gymnastics
golf *m*	golf
gorra *f*	cap
gradería *f*	stand
guante *m*	glove
guante *m* **(en béisbol)**	mitt
guantes de boxeo	boxing gloves
guardabosque derecho	right guard
guardaespaldas *m*	quarterback
guardameta *m*	goalkeeper
guía *m*	guide
hacer el saque de portería (en fútbol)	to take a goal kick
hacer trampa	trap
halteras *fpl*	weights
halterofilia *f*	weight-lifting
handball *m*	handball

hipismo *m*	horse breeding, horse racing
hipódromo *m*	racecourse, racetrack
hockey *m*	hockey
hockey sobre hielo	ice hockey
hockey sobre pasto	field hockey
instructor *m*	manager, instructor
jai-alai *m*	jai-alai
jardinero central	center fielder
jardinero derecho	right fielder
jardinero izquierdo	left fielder
jinete *m*	rider
jockey *m*	jockey
judo *m*	judo
juego *m*	game
juego del volante	badminton
juegos olímpicos	Olympic games
juez de línea	linesman
juez de línea (en rugby)	touch judge
jugador -ra	player
jugador -ra con el saque	server
jugador -ra con el saque (en tenis)	server
jugador del equipo que no batea (en béisbol y cricket)	fielder
jugador de primera base	first baseman
jugador de segunda base	second baseman
jugador de tercera base	third baseman
karate *m*	karate
kayac *m*	kayak
kung -fu *m*	kung-fu
lancha de motor	motorboat
lanzador *m*	pitcher
lanzamiento *m*	throw, throwing
lanzamiento de disco	discus-throwing
lanzamiento de jabalina	javelin throw
lanzamiento de martillo	hammer throw
lanzamiento de peso	putting the shot, shot put
línea de foul	foul line
línea de saque	service line
línea de saque (en tenis)	service line
llave *f* **(en lucha)**	hold, lock
luces *fpl*	lights
lucha *f*	wrestling
luchador *m*	wrestler

lucha grecorromana	Greco-Roman wrestling
malla *f*	net
manejador *m*	manager
maratón *m*	marathon
marcar un gol	kick a goal
marcar un penalty (sanción)	give a penalty
marcha *f*	walk
máscara protectora (en béisbol)	catcher's mask
mástil *m*	mast
mesa *f*	table
monitor *m*	instructor
motocicleta *f*	motorcycle
motor fuera de borda	outboard motor
nadador -ra	swimmer
nado de espalda	backstroke swimming
natación *f*	swimming
obstáculo *m*	fence
obstrucción *f*	blocking
Olimpiada *f*	Olympics
Olimpiada de invierno	winter Olympics
palo *m*	stick
palo de esquiar	ski pole
pantalón de equitación	jodhpurs
pase *m*	pass
patada *f*	kick
patinador -ra	skater
patinador -ra en hielo	ice skater
patinador -ra en ruedas	roller skater
patinaje artístico	figure skating
patinaje sobre hielo	ice skating
patinaje sobre ruedas	roller skating
patines de ruedas	roller skates
patines para hielo	ice skates
pelota *f*	ball
pelota de tenis	tennis ball
penalización *f* **(en golf)**	penalty
penalty *m* **(sanción)**	penalty
pentatlón *m*	pentathlon
pesas *fpl*	weights
pesca *f*	fishing
pescador *m*	fisherman
peso completo	heavy weight
peso gallo	bantamweight
peso ligero	lightweight
peso liviano	lightweight
peso medio	middleweight
peso pesado	heavyweight
peso pesado ligero	light heavyweight
peso pluma	flyweight
pileta *f*	swimming pool
piloto de carreras	racing driver

piloto deslizador	tobogganist
ping-pong *m*	ping-pong
piscina *f*	swimming pool
pista *f*	track
pizarra *f*	scoreboard
plato *m*	home plate
plusmarca *f*	record
plusmarquista *mf*	record holder
polo *m*	polo
polo acuático	water polo
portería *f*	goal post, goalpost
portero *m*	goalkeeper
potro con arzón	side horse, pommel horse
practicar la esgrima	fence
primera base	first base
profesional *mf*	professional
punto decisivo	match point
quilla *f*	keel
quitar el balón (en fútbol y baloncesto)	juggling
relevo estilos (en natación)	medley relay
rally *m*	rally
rallye *m*	rally
raqueta *f*	racket
raqueta de tenis	tennis racket
receptor *m*	catcher
récord *m*	record
recordman *m*	record holder
red *f*	net
réferi *m* **(en boxeo)**	referee
regata *f*	boat race
remo *m*	oar, rowing
riendas *fpl*	reins
ring *m*	ring
romper el saque (en tenis)	to break the service
rugby *m*	rugby
sable *m*	sabre
salto *m*	jumping
salto con garrocha	pole vault
salto con pértiga	pole vault
salto de altura	high jump
salto de longitud	broad jump, long jump
salto en esquí	ski jump
saque *m* **(en fútbol)**	service
saque *m* **(en tenis)**	serve
saque de banda	line out, throw in
saque de banda (en fútbol)	throw-in
saque de banda (en rugby)	line-out
saque de castigo	free kick
saque de centro	center; kick off
saque de esquina	corner, corner kick
saque de portería	goal kick
silla de montar	saddle
simple de caballeros	men's singles
slalom *m*	slalom
squash *m*	squash
tablero *m*	blackboard
tablero de puntuación	scoreboard
tenis *m*	tennis
tenis de mesa	table tennis
terreno *m*	ground
tienda de campaña	tent
tiro *m*	kick
tiro a gol	kick at goal
tiro de castigo o tiro de penalidad (en rugby)	penalty
toque derecho	fight tackle
toque izquierdo	left tackle
torneo futbolístico	football tournament
torpedero *m*	shortstop
traje de judo	judo suit
trampa *f*	trap
transformar un ensayo	convert a try
trapecio *m*	trapeze
triple salto	hop, step and jump, triple jump
trotón *m*	trotter
última jugada	match point
valla *f*	fence
vela *f*	sail
velero *m*	sailboat
velódromo *m*	cycling stadium, velodrome
vóleibol *m*	volleyball
waterpolo *m*	water polo
yate *m*	yacht
zambullir	dive

economía
economics

abastecedor -ra	purveyor
abastecimiento *m*	supply
accesión *f*	accession
acceso *m*	accession
acción *f*	share
acciones *fpl*	shares
accionista *mf*	shareholder, stockholder
acreedor *m*	creditor
activo *m*	assets
activo fijo	fixed assets
acuerdo *m*	understanding
adeudar	be in debt
adquisición *f*	procurement
aduana *f*	customs
ahorro *m*	saving
alivio *m*	relief
amortización *f*	amortization, paying-off
amortizar	amortize, pay off, repay
anualidad *f*	annuity
aportación de fondos	contribution of funds
aprovisionamiento *m*	supply
arancel *m*	tariff
arancel aduanal	customs tariff
arbitraje *m*	arbitration
artículo *m*	article
artículos libres de derechos	free list
asegurador *m*	underwriter
asignación de fondos	allocation of funds
autarquía *f*	autarchy
autofinanciación *f*	self-financing
balanza de comercio	balance of trade
balanza de pagos	balance of payments
banca *f*	bank, banking
banco *m*	bank
barreras arancelarias	tariff barriers
base gravable	basis of assessment
beneficio *m*	profit
beneficio bruto	gross benefit
beneficios *mpl*	profits
bienes *fpl*	goods
bienes de capital	capital goods
bienes de consumo	consumer goods
bienes de equipo	capital goods
bienes falsificados	bogus goods
bienes raíces	real estate
billete *m*	banknote, bill, note
boicot *m*	boycott
bolsa de valores	stock exchange
bono *m*	bond
cambio *m*	change
canasta de divisas	basket of currencies
capital *m*	capital
capital aventurado	venture capital
capital circulante	circulating capital
capital congelado	frozen capital
capital de operación	working capital
capital de riesgo	venture capital
capital disponible	available capital
capital exhibido	exhibit capital
capital inicial	initial capital
capitalismo *m*	capitalism
carta *f*	bill
carta de crédito	letter of credit
cartel *m*	cartel
circuito económico	economic channels
circulante *m*	currency
cobertura *f*	hedge
código de normas	standards code

comercio de compensación	countertrade
comercio dirigido	managed trade
comercio libre	free trade
compañía tenedora	holding company
concentración *f*	concentration
consumidor *m*	consumer
consumo *m*	consumption
contraer deudas	contract debts
contracomercio *m*	countertrade
contribuyente *mf*	taxpayer
convertibilidad *f*	convertibility
corretaje *m*	brokerage
costo *m*	cost
costos de mantenimiento	maintenance costs, upkeep costs
costos de operación	operating costs
costos de transporte	transport costs
costos diversos	miscellaneous costs
costos fijos	fixed costs
costos generales	overhead costs
cotización *f*	quotation
coyuntura económica	economic trend
crédito	credit
crédito a corto plazo	short-term credit
crédito de refuerzo	bridging credit
crédito puente	bridging credit
crisis *f*	recession
cuadro *m*	chart
cuentacorrentista *mf*	account holder
cuenta corriente	current account
cuenta de capital	capital account
cuenta de cheques	checking account
cuentahabiente *mf*	account holder
cheque *m*	check
cheque al portador	check payable to bearer
cheque cruzado	crossed check
cheque de viajero	traveller's check
deflación *f*	deflation
demanda *f*	demand
depreciación *f*	depreciation
depresión *f*	depression
derecho *m*	duty
derecho aduanal	customs duty
derechos *mpl*	duties
derechos especiales de giro	special drawing rights
descuento *m*	discount
desempleado -da	unemployed
desempleo *m*	unemployment
deuda a largo plazo	long-term debt
deuda consolidada	consolidated debt, funded debt
deuda flotante	floating debt
deuda pública	national debt, public debt
deudor *m*	debtor
devaluación *f*	devaluation
dinero *m*	money
dinero en efectivo	cash
dinero líquido	ready money
dinero suelto	change
dividendo *m*	dividend
dividendo acumulado	accrued dividend
dividendos *mpl*	return on investment
divisas *fpl*	foreign exchange
dumping *m*	dumping
econometría *f*	econometrics
economía *f*	economics, economy
economía capitalista	capitalistic economy
economía colectivista	collective economy
economía dirigida	controlled economy
economía liberal	liberal economy
economía mixta	mixed economy
economía planificada	planned economy
economía política	political economy
economía rural	rural economy
economía socialista	socialist economy
económico -ca	economic, economical
economista *mf*	economist
elasticidad del precio	price elasticity
emisión *f*	issue
empresa conjunta	joint venture
empréstito *m*	borrowing
encuesta *f*	survey
encuesta de opinión	opinion poll
endeudarse	run into debt
endosante *mf*	endorser
endoso *m*	endorsement
en vías de desarrollo	developing
equilibrio económico	economic balance
erario *m*	treasury
escasez *f*	scarcity, shortage
especulación *f*	speculation
estabilidad económica	economic stability
estadística *f*	statistics
estadísticamente	statistically
estadístico -ca	statistical
estancamiento *m*	stagnation
estanflación *f*	stagflation
evaluación *f*	appraisal
excedente *m*	surplus
exención fiscal	tax exemption
existencias reguladoras	buffer stocks
factura *f*	invoice
fianza corporativa	corporate bond
fisco *m*	fiscal authorities

fluctuación *f*	fluctuation
fondo de amortización	sinking fund
fondo de contingencias	contingency fund
fondo de operaciones	working capital fund
fondo de reserva	reserve fund
fondo de rotación	revolving fund
fondo regulador	buffer fund
fondo revolvente	revolving fund
fuga de capitales	capital flight
ganancia *f*	profit
ganancias *fpl*	earnings
garantía *f*	collateral, security
gastos *mpl*	expenditures, expenses, outgoings
gastos corrientes	running expenses
gastos de operación	operating expenses
gastos generales	overhead, overhead expenses
gastos imprevistos	contingencies, contingent expenses
gastos sociales	social charges
giro *m*	draft, drawing
gráfico *m*	chart,
gráfica *f*	graph
gravamen *m*	levy
gravámenes fiscales	fiscal charges
habilitación de crédito	allotment
hacienda *f*	fiscal authorities
hipoteca *f*	mortgage
impuesto *m*	tax
impuesto al valor agregado (IVA)	value-added tax
impuesto de importación	import tax
impuesto indirecto	excise tax
impuesto predial	land tax
impuesto progresivo	graduated tax, progressive taxation
impuesto sobre consumo	excise tax
impuesto sobre la renta	income tax
índice *m*	rate
índice de crecimiento	rate of growth
índice de natalidad	birth rate
indización de precios	price indexation
inflación galopante	runaway inflation
información económica	economic data
infraestructura *f*	infrastructure
ingreso bruto	gross income
ingreso gravable	taxable income
ingreso nacional	national income
ingreso neto	net income
ingreso promedio	average income
ingresos *mpl*	income
ingresos del erario	revenue
insumo *m*	input
interés *m*	interest
inundación *f*	dumping
inversión *f*	investment
inversionista *mf*	investor
invertir	invest
investigación económica	economic inquiry, economic survey
leyes aduanales	customs laws
libre de impuestos	tax-free
liquidez *f*	liquidity
macroeconomía *f*	macroeconomics
marca registrada	trademark
materia prima	raw material
M.C.E. (Mercado Común Europeo)	E.E.C. (European Economic Community)
mercado *m*	market
mercado de capital	capital market
mercado de futuros	forward market
mercado de productos disponibles	spot market
mercado negro	black market
mercancías *fpl*	goods
microeconomía *f*	microeconomics
moneda *f*	currency
moneda de reserva	reserve currency
moneda firme	hard currency
moneda nacional	domestic currency, local currency
monedas convertibles	convertible currencies
monopolio *m*	trust
nivel de vida	standard of living
nomenclatura *f*	schedule
obligación *f*	bond, debenture
obligaciones *fpl*	liabilities
obligatoriedad *f*	binding
oferta *f*	supply
orden de pago	debenture, money order
pagar en efectivo	pay in cash
participaciones *fpl*	shares
pasivo *m*	liabilities
plusvalía *f*	appreciation, increase in value, surplus value
poder adquisitivo	buying power, purchasing power
poder de compra	purchasing power
póliza de seguro	policy
prestamista *mf*	lender

préstamo *m* borrowing, loan
préstamo a corto plazo short term loan
préstamo a largo plazo long term loan
préstamo a mediano plazo medium term loan
préstamo atado tied loan
préstamo blando soft loan
prestatario -ria borrower
prima de seguro premium
producción *f* output, production
producir yield
productividad *f* productiveness, productivity
productivo -va producing, productive
producto interno bruto gross domestic product
producto nacional bruto gross national product
productor *m* producer
productos *mpl* products
productos alimenticios foodstuffs
productos básicos commodities
productos de consumo consumer goods
productos de ventas proceeds of sales
productos manufacturados manufactured goods
productos semimanufacturados semifinished goods
productos terminados finished goods
prorrateo de gastos apportionment of expenses
proteccionismo *m* protectionism
proveedor -ra purveyor
tarifa *f* rate
reactivación económica economic recovery
recaudador de impuestos tax collector
recesión *f* recession
redescuento *m* rediscount
rédito *m* interest
redituable interest yielding
redituar yield
regalías *fpl* royalties
régimen fiscal taxation system
rendimiento *m* yield
renta *f* income
rentabilidad *f* income-yield capacity, profitability, profit earning capacity
renta bruta gross income
renta gravable taxable income
renta media average income
renta nacional internal revenue, national income
renta neta net income
reserva *f* reserve
resguardo *m* collateral
revaluación *f* revaluation
saldar una deuda pay off a debt
sector primario primary sector
sector privado private sector
sector público public sector
seguro *m* insurance
seguro de responsabilidad civil liability insurance
sesgo *m* bias
sin dividendos ex-dividend
situación económica economic situation
solicitación de fondos calling up of capital
subdesarrollo *m* underdevelopment
subdesarrollado -da underdeveloped
subempleado -da underemployed
subempleo *m* underemployment
subproducto *m* by-product
subsidio *m* allowance, subsidy
subvención *f* bounty, grant
superávit *m* superavit, surplus
superproducción *f* overproduction
talonario de cheques checkbook
tarjeta de crédito credit card
tasa *f* rate
tasación *f* appraisal
tasa de endeudamiento borrowing rate
tasa de interés rate of interest
tasa de natalidad birth rate
tipo de cambio exchange rate
tipo de cambio acoplado pegged rate
tipo de interés rate of interest
título *m* bond, security
transferencia *f* transfer
tributación *f* taxation
trueque *m* barter
trust *m* trust
utilidad *f* profit
utilidad bruta gross profit
utilidades *fpl* earnings, profits

utilidades brutas	gross earnings	**valor unitario**	unit value
vale *m*	debenture	**vencimiento** *m*	maturity
valor *m*	stock	**vendedor -ra**	vendor
valoración *f*	valuation	**ventaja comparativa**	comparative advantage
valor de paridad	par value		

educación y profesiones
education and professions

abogado -da	advocate, attorney, lawyer
abogado -da defensor -ra	defending counsel, defense lawyer
abogado -da fiscal	district attorney, prosecuting attorney
academia *f*	academy
alumnado *m*	student body
alumno -na	pupil
análisis gramatical	grammatical analysis
anatomía *f*	anatomy
anatomista *mf*	anatomist
anfiteatro *m*	amphitheater
antiguo alumno	old boy
año escolar	school year
apertura de curso	beginning of term
aprender de memoria	learn by heart
aprendizaje *m*	learning
aprobado -da	pass, passing grade
aprobar un examen	to pass an exam, to pass an examination
apuntes *mpl*	rough notes
aritmética *f*	arithmetic
aritmético -ca	arithmetician
arqueología *f*	archaeology
arqueológico -ca	archaeological
arqueólogo -ga	archaeologist
arquitecto -ta	architect
arquitectura *f*	architecture
asignatura *f*	subject
atlas *m*	atlas
aula *m*	classroom
aula magna	lecture theater
ayo *m*	private tutor
ayudante de laboratorio	lab assistant, laboratory assistant
bachillerato *m*	high school, secondary school,
bachiller *mf*	high school graduate
beca *f*	fellowship, grant, scholarship
becario *m*	fellow, scholarship student
becario -ria	grant, holder of a
bedel *m*	beadle
bellas artes	fine arts
biblioteca *f*	library
biología *f*	biology
biólogo -ga	biologist
bioquímica *f*	biochemistry
bioquímico -ca	biochemist
bolígrafo *m*	ballpoint pen
borrador *m*	rough notes, scribbling pad
borrador de pizarrón	eraser
botánica *f*	botany
botanista *mf*	botanist
cardiología *f*	cardiology
cardiólogo -ga	cardiologist
cargo de profesor	professorship
carrera *f*	course of study
cartabón *m*	set square
cartera *f*	satchel
cartografía *f*	cartography
cartógrafo -fa	cartographer
catedrático *m*	lecturer, professor
certificado del bachillerato (E.U.)	high school diploma
certificado del bachillerato (G.B.)	general certificate of education
ciencias naturales	natural sciences
ciencias sociales	social sciences
cirugía *f*	surgery

cirugía plástica o estética	plastic surgery
cirujano *m*	surgeon
cirujano dentista	dental surgeon
ciudad universitaria	university campus
civismo *m*	civics
clase *f*	class
colegial *m*	schoolboy
colegiala *f*	schoolgirl
colegiatura *f*	tuition
colegio *m*	school
colegio diurno	day school
colegio mayor	residence hall
colegio de párvulos	infant school
colegio preescolar	infant school
colegio superior	college
compañero de clase	classmate
compañero de escuela	schoolmate
compás *m*	compass
conferencia *f*	conference, lecture
conferenciante *mf*	lecturer, speaker
conferencista *mf*	speaker, lecturer
consejero -ra médico -ca	medical adviser
consultor -ra	counsel
convocatoria *f*	convocation notice
cuaderno de apuntes	exercise book
cuerpo docente	teaching staff
cultura *f*	culture
cursillo *m*	short course
curso *m*	course
curso escolar	school year
deberes *mpl*	homework
decano *m*	dean
defensor -ra	defender
deletreo *m*	spelling
dentista *mf*	dentist
derecho *m*	law
descanso *m*	playtime, recess
despacho del director	headmaster's study
día lectivo	school day
diccionario *m*	dictionary
dictado *m*	dictation
director *m*	head, headmaster
directora *f*	headmistress
director -ra	principal
disciplina *f*	discipline
discípulo -la	pupil
doctor -ra	doctor
doctorado *m*	doctorate, Ph. D.
doctor -ra en medicina	doctor of medicine
edad escolar	school age
educación *f*	education
educación primaria	primary education
educación secundaria	secondary education
educación superior	higher education, tertiary education
educación universitaria (G.B.)	tertiary education
ejercicio *m*	exercise
embriología *f*	embryology
embriólogo -ga	embryologist
empollón *m*	grind, swot
enciclopedia *f*	encyclopedia
enseñanza *f*	teaching
enseñar	teach
escolaridad *f*	schooling
escritorio *m*	desk
escuadra *f*	set square
escuela *f*	college, school
escuela de artes y oficios	school of arts and crafts, technical school
escuela de comercio	business school
escuela primaria	junior school, primary school
escuela secundaria	secondary school
escuela técnica	technical college
escultor *m*	sculptor
escultora *f*	sculptress
escultura *f*	sculpture
establecimiento de enseñanza	educational institution
estudiante *mf*	student
estudiante *m*	schoolboy
estudiante *f*	schoolgirl
estudiante de medicina	medical student
estudiar	study
ex alumno	old boy
examen *m*	exam
examen escrito	written examination
examen oral	oral examination
examinador -ra	examiner
examinarse	sit an exam
facultad *f*	college, faculty
falta de ortografía	spelling mistake
filosofía *f*	philosophy
filósofo -fa	philosopher
física *f*	physics
física nuclear	nuclear physics
físico -ca	physicist
fisicoquímica *f*	physical chemistry
fisicoquímico -ca	physicochemical
fisiología *f*	physiology
fotografía *f*	photography
fotógrafo -fa	photographer
geógrafo -fa	geographer
geografía *f*	geography
geólogo *m*	geology

geometría *f* geometry
geometría del espacio solid geometry
geometría descriptiva descriptive geometry
geometría plana plane geometry
gis *m* chalk, slate pencil
globo globe
globo terráqueo globe
goma de borrar eraser
graduado *m* graduate
graduarse graduate
gramática *f* grammar
gramática comparada comparative grammar
gramática histórica historical grammar
gramático -ca grammarian
hacer novillos play truant
historia *f* history
historiador -ra historian
historia natural natural history
horario *m* schedule
ingeniería *f* engineering
ingeniería civil civil engineering
ingeniero -ra engineer
ingeniero agrónomo agricultural engineer
ingeniero consultor consulting engineer
ingeniero de minas mining engineer
ingeniero de montes forestry expert
ingeniero de sonido sound engineer
ingeniero militar army engineer
ingeniero naval naval architect
ingeniero químico chemical engineer
inicio de clases beginning of term
inscribirse enrol, enroll
inscripción *f* enrollment
instituto *m* high school, secondary school
instrucción *f* instruction
instructor *m* instructor
internado *m* boarding school
investigador *m* research associate, research fellow
irse de pinta play hooky
jardín de niños kindergarten
jefe del departamento chairman of the department
laboratorio *m* lab, laboratory
lapicero *m* propelling pencil
lápiz *m* pencil
lección *f* lesson
letrado -da lettered
libro de texto text book
licenciado *m* graduate
licenciatura *f* college degree
literata *f* woman of letters
literato *m* man of letters
literatura *f* literature
lógica matemática mathematical logic

maestro -tra teacher
magisterio *m* teachers
mapa *m* map
mapa mural wall map
matemáticas *fpl* math, mathematics
matemáticas aplicadas applied mathematics
matemáticas puras pure mathematics
matemático -ca mathematician
materia *f* subject
material escolar school supplies
matrícula *f* enrollment
matricularse enrol, enroll
medicina *f* medicine
medicina forense forensic medicine
medicina legal legal medicine
medicina veterinaria veterinary medicine
médico -ca physician
médico -ca general general practitioner
médico consultor medical consultant
médico militar army medical officer
médico rural country doctor
mediointernado *m* day student who has lunch at school
memoria *f* memory
memorización *f* memorization, memorizing
memorizar memorize
miembro de número senior associate, senior fellow
mochila *f* satchel
momento de descanso break
música *f* music
músico -ca musician
neurocirugía *f* neurosurgery
neurocirujano -na neurosurgeon
neurología *f* neurology
neurólogo -ga neurologist
odontología *f* odontology
odontólogo -ga odontologist
oficina del director headmaster's office
oftalmología *f* ophthalmology
oftalmólogo -ga ophthalmologist
oposición *f* competitive examination
ortografía *f* spelling
oyente *m* auditor
papel de calca tracing paper
papel carbón carbon paper
papel cuadriculado graph paper
papeleta de examen answer sheet
papel secante blotting paper
paraninfo *m* lecture theater
pasante de abogado assistant lawyer
patio *m* playground
pedagogo -ga pedagogue

periodismo *m*	journalism
periodista *mf*	journalist, reporter
periodista *m*	newspaperman, pressman
periodista *f*	newspaperwoman, presswoman
pintor -ra	painter
pintura *f*	painting
pizarra *f*	blackboard
pizarrín *m*	slate pencil
pizarrón *m*	blackboard
pluma estilográfica	fountain pen
portaminas *m*	propelling pencil
preceptor *m*	private tutor
pregunta *f*	question
presentarse a examen	take an examination
primeras letras	three R's
proceso de enseñanza aprendizaje	teaching-learning process
profesor *m*	lecturer, professor
profesor adjunto	assistant professor, associate professor
profesorado *m*	professorate, professorship
profesoral	professorial
profesor auxiliar	assistant professor
profesor de educación física	gym instructor, gym teacher, games master
profesor huésped	visiting professor
programa de estudios	curriculum
prueba *f*	test
pupitre *m*	desk
química *f*	chemistry
química general	general chemistry
química inorgánica	inorganic chemistry
química orgánica	organic chemistry
químico -ca	chemist
recreo *m*	playtime, recess
rector *m*	president, rector
regla *f*	ruler
regla de cálculo	slide rule
reparto de premios	awards ceremony
repasar	go over, review
repetir curso	repeat a year
residencia universitaria	residence hall
sacapuntas *m*	pencil sharpener
salón de actos	assembly hall
salón de clase	classroom
salón de profesores	staff room
semestre *m*	semester
seminario *m*	seminar
ser reprobado	fail an examination
ser suspendido de un examen	fail an examination
sinodal *mf*	examiner, synodal
subdirector *m*	deputy headmaster
suspenso *m*	failure
tarea *f*	homework
tarima *f*	platform
tesis *f*	thesis
tinta *f*	ink
tintero *m*	inkwell
tiza *f*	chalk
tomar lecciones	take lessons
transportador *m*	protractor
tribunal de exámenes	board of examiners
trimestre *m*	trimester
uniforme del colegio	school uniform
uniforme escolar	school uniform
universidad *f*	college, university
vacaciones escolares	school holidays
veterinario -ria	veterinarian
zoología *f*	zoology
zoólogo -ga	zoologist

electrónica
electronics

acumulador *m*	storage battery
aguja magnética	magnetic needle
alambrado eléctrico	electric wiring
ánodo *m*	anode
aparato *m*	appliance
aparatos eléctricos	electric appliances
aparatos electrodomésticos	electric appliances
batería *f*	set of cells
bobina *f*	coil
bobina primaria	primary coil
bobina secundaria	secondary coil
bomba eléctrica	electric pump
bombardeo con electrones	electron bombardment
bulbo al vacío	vacuum tube
campo magnético	magnetic field
carga *f*	charge
cátodo *m*	cathode
celda *f*	battery
celdas, grupo de	set of cells
choque eléctrico	electric shock
cinemática *f*	kinematics
cinética *f*	kinetics
cinta magnetofónica	magnetic tape
circuito *m*	circuit
circuito cerrado	closed circuit
circuito electrónico	electronic circuit
circuito impreso	printed circuit
circuito sellado	sealed system
conductor *m*	conductor
corriente alterna (ca)	alternating current (ac)
corriente continua (cc)	direct current (dc)
corriente eléctrica	electric current
corriente trifásica	three-phase current
descarga eléctrica	electric shock
devanado *m*	coil
devanar	coil
digital	digital
dinámica *f*	dynamics
diodo *m*	diode
dispositivo *m*	device, gadget
dispositivo electrónico	electronic device
electrocardiograma *m*	electrocardiogram
electroimán *m*	electromagnet
eléctricamente	electrically
electricidad *f*	electricity
electricidad estática	static electricity
electricista *mf*	electrician
eléctrico -ca	electric, electrical
electrificación *f*	electrification
electrificar	electrify
electrizar	electrify, electrize
electroacústica *f*	electroacoustics
electroanálisis *m*	electroanalysis
electrobomba *f*	electric pump
electrocardiografía *f*	electrocardiography
electrocardiógrafo *m*	electrocardiograph
electrocauterio *m*	electrocautery
electrochoque *m*	electroshock
electrocinética *f*	electrokinetics
electrocoagulación *f*	electrocoagulation
electrodinámica *f*	electrodynamics
electrodinámico -ca	electrodynamic
electrodinamómetro *m*	electrodynamometer
electrodo *m*	electrode
electroencefalografía *f*	electroencephalography
electroencefalógrafo *m*	electroencephalograph

electroencefalograma *m*	electroencephalogram	**imán** *m*	magnet
electrófono *m*	electrophone	**impedancia** *f*	impedance
electróforo *m*	electrophorus	**inducción magnética**	magnetic induction
electróforos *mpl*	electrophori	**inducir**	induce
electrólisis *f*	electrolysis	**inductancia** *f*	inductance
electrolítico -ca	electrolytic	**inductivo -va**	inductive
electrólito *m*	electrolyte	**inductor** *m*	inductor
electrolizar	electrolyze	**inductor -ra**	inducing
electromagnético -ca	electromagnetic, magnetoelectric	**instalación eléctrica**	electric fixtures, electric wiring
electromagnetismo *m*	electromagnetism	**magnético -ca**	magnetic
electromecánica *f*	electromechanics	**magnetismo** *m* **(ciencia)**	magnetics
electromecánico -ca	electromechanical	**magnetismo** *m* **(propiedad)**	magnetism
electrometalurgia *f*	electrometallurgy	**magnetizable**	magnetizable
electrometría *f*	electrometry	**magnetizar**	magnetize
electrómetro *m*	electrometer	**magneto** *m*	magneto
electromotor *m*	electric motor, electromotor	**magnetófono** *m*	magnetophone
electromotor -ra	electromotive	**magnetómetro** *m*	magnetometer
electromotriz	electromotive	**magnetoscopio** *m*	magnetoscope
electrón *m*	electron	**magnetrón** *m*	magnetron
electronegativo -va	electronegative	**microondas** *fpl*	microwaves
electrónica *f*	electronics	**microscopio electrónico**	electronic microscope, electron microscope
electrón-volt *m*	electron volt	**motor eléctrico**	electric motor
electropositivo -va	electropositive	**negativo -va**	negative
electroquímico -ca	electrochemical	**ojo eléctrico**	electric eye
electroscopio *m*	electroscope	**onda electromagnética**	electromagnetic wave
electrostática *f*	electrostatics	**pila** *f*	battery
electrostático -ca	electrostatic	**polaridad** *f*	polarity
electrotecnia *f*	electrotechnics	**polarímetro** *m*	polarimeter
electrotécnica *f*	electrotechnics	**polariscopio** *m*	polariscope
electrotécnico -ca	electrotechnical	**polarización** *f*	polarization
electroterapia *f*	electrotherapy	**polarización FF directa**	forward-forward
electrotermia *f*	electrothermy	**polarización RR inversa**	reverse-reverse
electrotérmico -ca	electrothermic	**polarizado** *m*	polarizer
electrotipia *f*	electrotyping	**polarizado -da**	polarized
electrotipo *m*	electrotype	**polarizador -ra**	polarizing
electrovoltio *m*	electron volt	**polarizar**	polarize
electrónico -ca	electronic	**polo** *m*	pole
embobinar	coil	**polo magnético**	magnetic pole
energía *f*	energy	**positivo -va**	positive
estación de microondas	microwave station	**positrón** *m*	positron
estática *f*	statics	**protón** *m*	proton
fijador de nivel	clamper	**radio** *f*	radio
flujo magnético	magnetic flux	**radio orbital**	orbital radio
fuerza electromotriz	electromotive force	**radio de transistores**	transistor radio
galvanizar	electroplate	**rapidez de respuesta, razón de variación**	slew rate
galvanoplastia *f*	electroplating	**recortador** *m*	clipper
generador eléctrico	electric generator	**regulador Zener**	Zener regulator
grabación magnética	tape recording		
grabadora de cinta	tape recorder		
grupo de celdas	set of cells		
haz electrónico	electron beam		

resistencia *f*	resistance
resistor *m*	resistor
satélite *m*	satellite
semiconductor *m*	semiconductor
sistemas de comunicación	communications systems
soldadura de arco	electric welding
soldadura eléctrica	electric welding
telemetría *f*	telemetering
televisión *f*	television
televisión de circuito cerrado	closed-circuit television
transistor *m*	transistor
transistorizado -da	transistorized
tubo al vacío	vacuum tube
tubo electrónico	electron tube
vacío *m*	vacuum
vacío, en el	in a vacuum

física
physics

aberración cromática	chromatic aberration
aberración esférica	spherical aberration
aberración estelar	stellar aberration
aberración monocromática	monochromatic aberration
aceleración centrípeta	acceleration centripetal
aceleración (frecuencia, velocidad) angular	angular acceleration (frequency, velocity)
aceleración (fuerza, energía potencial) gravitacional	gravitational acceleration (force, potential energy)
aceleración radial	radial acceleration
aceleración tangencial	tangential acceleration
aceleración (velocidad constante)	constant acceleration (velocity)
aceleración vectorial	acceleration vector
acelerador de partículas	particle accelerator
acelerador lineal	linear accelerator
acelerador (sección transversal) nuclear	nuclear accelerator (cross section)
acústica física	physical acoustics
acústica fisiológica	physiological acoustics
acústica psicológica	psychological acoustics
aerodinámico -ca	streamlined
afelio *m*	aphelion
aislador *m*	insulator
alcance (radio de acción) del proyectil	range of projectile
altura (de un sonido)	pitch
amortiguamiento *m*	damping
amortiguamiento magnético	magnetic damping
ampere *m* **(s.i.)**	ampere
amperímetro *m*	ammeter
ampérmetro *m*	ammeter
amperio *m*	ampere
amplificación angular	angular magnification
amplificación lateral	lateral magnification
análisis dimensional	dimensional analysis
analizador *m*	analyzer
ancho de banda	bandwidth
ángulo (cambio, diferencia) de fase	phase angle (change, difference)
ángulo (coeficiente, tensión) de Hall	Hall angle (coefficient, voltage)
ángulo (cono, número) de Mach	Mach angle (cone, number)
ángulo crítico	critical angle
ángulo crítico de fricción (de rozamiento)	frictional critical angle
ángulo de dispersión	scattering angle
ángulo (eje, vector) de rotación	rotation angle (axis, vector)
ángulo de paralaje	parallax angle
anillo colector	slip ring
anillo de guardia	guard ring
anillo protector	guard ring
ánodo *m*	anode
antena dipolar	dipole antenna
antinodo *m*	antinode
antipartícula *f*	antiparticle
antiprotón *m*	antiproton
aparejo de poleas	block and tackle
armónicas *fpl*	harmonics
armónicas auditivas	aural harmonics
armónico	overtone
atmósfera *f*	atmosphere
átomo muónico	muonic atom
autoinductancia *f*	self-inductance

balanza de torsión	torsion balance
balanza (péndulo) de torsión	torsion balance (pendulum)
bandas de energía	energy bands
bar *m*	bar
baricentro *m*	baricenter
barn *m* (s.i.)	barn
barnio *m*	barn
barómetro *m*	barometer
barrera de fisión	fission barrier
baryón *m*	baryon
batería *f*	battery
bobina *f*	coil
bobina de campo	field coil
bomba de calor	heat pump
bosón *m*	boson
brazo de palanca	lever arm
bremsstrahlung	bremsstrahlung
brújula *f*	compass
caballaje al freno	brake horsepower
caballo de potencia	horsepower
caída de tensión (de voltaje)	voltage drop
caída libre	free fall
calor	heat
calor específico	specific heat
caloría *f*	calorie
calorimetría *f*	calorimetry
calorímetro *m*	calorimeter
calor latente	latent heat
calor rechazado	rejected heat
cámara de burbujas	bubble chamber
cámara de niebla	cloud chamber
camino libre medio	mean free path
campo conservativo	conservative field
campo desmagnetizador	demagnetizing field
campo de despolarización	depolarization field
campo (espectro) electromagnético	electromagnetic field (spectrum)
campo (estado) estacionario	steady field (state)
campo gravitacional (gravitatorio)	gravitational field
cantidad de calor	quantity of heat
cantidad de movimiento	momentum
cantidad de movimiento angular	angular momentum
cantidad de movimiento lineal	linear momentum
capacidad calorífica	heat capacity
capacidad calorífica específica	specific heat capacity
capacidad calorífica molar (molecular)	molar (molecular) heat capacity
capacitancia *f*	capacitance
capacitor de planos paralelos	parallel-plane capacitor
cara polar	pole face
carga (circulación, conductividad, corriente, fuerza, energía potencial, resistencia) eléctrica	electric charge (circulation, conductivity, current force, potential energy, resistance)
carga (corriente) ligada	bound charge (currents)
carga del electrón	electron charge
carga de polarización	polarization charge
carga de prueba	test charge
carga del electrón	electron charge
carga exploradora (charge)	explorer charge
carga negativa	negative charge
carga por inducción	charging by induction
carga positiva	positive charge
carga puntual	point charge
carga (temperatura) de la fuente	source charge (temperature)
carga testigo	test charge
catástrofe del ultravioleta (radiación ultravioleta)	ultraviolet catastrophe (light)
cátodo *m*	cathode
cavidad (circuito) resonante	resonant cavity (circuit)
cavitación *f*	cavitation
cc pulsante	pulsating dc
centímetro *m*	centimeter
centipoise	centipoise
centro de fuerzas	force center
centro de gravedad (de masa)	center of gravity (of mass)
centro de percusión	center of percussion
cero absoluto	absolute zero
ciclo *m*	cycle
ciclo del motor	engine cycle
ciclo de Otto de cuatro tiempos	four-stroke Otto cycle
ciclo termodinámico	thermodynamic cycle
ciclotrón *m*	cyclotron
cinemática *f*	kinematics
cinemática (mecánica) de la rotación	rotational kinematics (mechanics)
cinemática (mecánica) de la translación	translational kinematics (mechanics)

circuito *m*	network
circuito capacitivo	capacitive circuit
circuito cerrado	loop
circuito de cc	dc circuit
circuito (devanado) del secundario	secondary circuit (winding)
circuito (dipolo, campo, flujo, potencial) eléctrico	electric circuit (dipole, field, flux, potential)
circuito en serie de ca	series ac circuit
circuito (fuente) de ca	ac circuit (source)
circuito inductivo	inductive circuit
circuito LC	LC circuit
circuito LRC	LRC circuit
circuito paralelo de ca	parallel ac circuit
circuito RC	RC circuit
circuito resistivo	resistive circuit
circuito RL	RL circuit
circulación (fuerza, inducción, remanencia, susceptibilidad) magnética	magnetic circulation (force, induction, remanence, susceptibility)
círculo nodal	nodal circle
cizallamiento	shear
coeficiente de amplitud	amplitude coefficient
coeficiente de expansión o dilatación volumétrica	bulk expansion coefficient
coeficiente de rendimiento del refrigerador	refrigerator coefficient of performance
coeficiente de restitución	coefficient of restitution
coeficiente de temperatura de la resistividad	temperature coefficient of resistivity
coeficiente (fuerza) de amortiguamiento	damping coefficient (force)
colimador *m*	collimator
colisión *m*	collision
colisión o choque (dispersión) elástico	elastic collision (scattering)
colisión no elástica	inelastic collision
componente centrípeta de la aceleración	centripetal acceleration component
componente tangencial de la aceleración (velocidad)	tangential acceleration (velocity) component
compresibilidad *f*	compressibility
condensación de gases	condensation of gases
condición (curva) de resonancia	resonance condition (curve)
conducción *f*	conduction
conducción (flujo) de calor	heat conduction (flow)
conductancia *f*	conductance
conductor óhmico	ohmic conductor
conexión en paralelo	parallel connection
conexión en serie	series connection
conmutador *m*	commutator
conservación de la cantidad de movimiento	momentum conservation
conservación de la energía	energy conservation
constante de desintegración en la radiactividad	decay constant in radioactivity
constante (atraso o retardo)	phase constant (lag)
constante de fuerza	force constant
constante de tiempo	time constant
constante (fuerza) del resorte (muelle)	spring constant (force)
constante (rigidez) dieléctrica	dielectric constant (strength)
constante universal de la gravitación	universal gravitational constant
constante universal de los gases	universal gas constant
contador de centelleo	scintillation counter
contador Geiger	Geiger counter
contracción de Fitzgerald-Lorentz	Fitzgerald-Lorentz contraction
contracción de la longitud	length contraction
correlación fotónica	photon correlation
corriente alterna (ca)	alternating current
corriente continua	direct current
corriente de desplazamiento	displacement current
corriente de saturación	saturation current
corriente inducida	induced current
corrientes (inducidas) parásitas	eddy currents
corriente magnetizadora	magnetizing current
corriente (movimiento, tensión) sinusoidal (senoidal)	sinusoidal current (motion, voltage)
corrientes de Foucault	eddy currents
corriente superficial	surface current

corriente (tensión) efectiva (eficaz)	effective current (voltaje)
corriente (tensión) rms (valor eficaz)	rms current (voltage)
corrimiento Doppler	Doppler shift
corte	shear
coulomb *m*	coulomb
cristal dicroico	dichroic crystal
cuantización de la energía	energy quantization
cuanto *m*	quantum
cuanto de carga	charge quantum
cuanto de luz	light quantum
cuark *m*	quark
cuerpo rígido	rigid body
curie *m*	curie
curva de decaimiento	decay curve
curva de magnetización (imanación)	magnetization curve
choque *m*	collision
choque no elástico *m*	inelastic collision
debye *m*	debye
decibel *m* **(s,i)**	decibel
decibelio *m*	decibel
decroísmo *m*	dichroism
defecto de masa	mass defect
deformación unitaria	strain
degradación de la energía	degradation of energy
densidad *f*	density
densidad de carga	charge density
densidad de carga móvil	mobile charge density
densidad de corriente	current density
densidad de energía cinética	kinetic energy density
densidad de energía (líneas) del campo magnético	magnetic field energy density (lines)
densidad de energía potencial	potential energy density
densidad de la energía total	total energy density
densidad (flujo, nivel) de energía	energy density (flux, level)
densidad lineal	linear density
densidad relativa	specific gravity
densidad respecto al área	areal density
desplazamiento *m*	displacement
desplazamiento Doppler	Doppler shift
devanado del primario	primary winding
diagrama de cuerpo libre	free-body diagram
diagrama de fases	phase diagram
diagrama de fasores	phasor diagram
diagrama $P—V$	$P—V$ **diagram**
diagramas de rayos	ray diagrams
diamagnetismo *m*	diamagnetism
día solar medio	mean solar day
dieléctrico -ca	dielectric
diferencial de presión, altura piesométrica	pressure head
diferencia de potencial	potential difference
diferencia de potencial eléctrico	electric potential difference
difracción *f*	diffraction
difracción de dos rendijas (ranuras)	two-slit diffraction
difracción del electrón	electron diffraction
difracción en rendijas (ranuras) múltiples	multislit diffraction
dilación del tiempo	time dilation
dilatación	expansion
dilatación del tiempo	time dilatation
dilatación (expansión) térmica	thermal expansion
dilatación lineal	linear expansion
dina *f*	dyne
dioptría *f*	diopter
dipolo (momento dipolar, campo, flujo, flux) magnético	magnetic dipole (dipole moment, field, flux)
dispersión no elástica *m*	inelastic scattering
distancia (plano) de la imagen	image distance (plane)
distancia (plano) del objeto	object distance (plane)
distorsión de intermodulación	intermodulation distortion
distribución de magnitud de las velocidades	speed distribution
doblete acromático	achromatic doublet
docilidad	compliance
dominio cuántico	quantum domain
dominio (energía, fuerza, cinemática, masa, mecánica, cantidad de movimientos) relativista	relativistic domain (energy, force kinematics, mass, mechanics momentum)
dominio ferromagnético	ferromagnetic domain
dominio no cuántico	non-quantum domain

dominio no relativista	nonrelativistic domain
dualidad partícula-onda	particle-wave duality
ecuación de continuidad	continuity equation
efecto Compton	Compton effect
efecto Doppler	Doppler effect
efecto fotoeléctrico	photoelectric effect
efecto pelicular	skin effect
efecto piel	skin effect
efecto superficial	skin effect
efecto túnel	tunnel effect
efecto Venturi	Venturi effect
eficiencia (interacción, temperatura) termodinámica	thermodynamic efficiency (interaction, temperature)
eigenfrecuencia	eigenfrequency
electrodo *m*	electrode
electroimán *m*	electromagnet
electroimán con núcleo de hierro	iron-core electromagnet
electrón *m*	electron
electrón volt *m*	electron-volt
electrostática *f*	electrostatics
energía cinética	kinetic energy
energía de enlace (amarre o unión)	binding energy
energía de extracción	work function
energía de ionización	ionization energy
energía (cantidad de movimiento) de la rotación	rotation energy (momentum)
energía del punto cero	zero-point energy
energía potencial	potential energy
energía (separación) de disociación	dissociation energy (separation)
energía térmica	thermal energy
enlace covalente	covalent bond
enlace iónico	ionic bond
entropía *f*	entropy
equilibrio *m*	equilibrium
equilibrio estable	stable equilibrium
equilibrio estático	static equilibrium
equilibrio hidrostático	hydrostatic equilibrium
equilibrio inestable	unstable equilibrium
equilibrio neutro	neutral equlibrium
equilibrio térmico	thermal equilibrium
equivalente mecánico del calor	mechanical equivalent of heat
erg *m* **(s.i.)**	erg
ergio *m*	erg
escala centígrada	centigrade scale
esfuerzo unitario	stress
esfuerzo unitario compresión	compressive stress
esfuerzo unitario de tensión (tracción)	tensile stress
esfuerzo unitario uniaxial (aniaxil)	uniaxial stress
espectro continuo	continuous spectrum
espectro discreto	discrete spectrum
espectro de la luz visible	visible light spectrum
espectro de líneas	line spectrum
espectrómetro de prisma	prism spectrometer
espectrómetro de rayos beta	beta ray spectrometer
espectrómetro de rejilla	grating spectrometer
espectroscopia *f*	spectroscopy
espectroscopia de masas	mass spectroscopy
espejo parabólico	parabolic mirror
espejo plano	plane mirror
espín del electrón	spin of electron
espira *f*	loop
espira circular	circular loop
espira circular (plana)	circular (planar) loop
espira de corriente	current loop
estabilidad *f*	stability
estabilidad de la órbita	orbit stability
estado base	ground state
estado cristalino	crystalline state
estado excitado	excited state
estado metaestable	metastable state
estado de un solo objeto	single-object state
estampido *m*	sonic boom
estela *f*	wake
estela ideal	ideal wake
evento (imagen, nivel, objeto, plano) virtual	virtual event (image, level, object, plane)
eventos simultáneos	simultaneous events
expansión	expansion, linear expansion
experimento de la gota de aceite	oil-drop experiment
factor de calidad	quality factor
factor (entrada) de potencia	power factor (input)
factor (valor) Q	Q factor (value)
farad *m* **(s.i.)**	farad
faradio *m*	farad

faraday *m*	faraday
fase *f*	phase
fasor *m*	phasor
fasor de tensión (voltaje) neto reactivo	net reactive voltage phasor
fem	emf
fermión *m*	fermion
ferromagnética *f*	ferromagnetics
ferromagnetismo *m*	ferromagnetism
filtro eléctrico	electric filter
física de la alta energía	high-energy physics
fisión *f*	fission
fluido *m*	fluid
fluido de trabajo	working fluid
fluido incompresible	incompressible fluid
flujo *m*	flux
flujo de masa	mass flux
flujo laminar	laminar flow
flujo turbulento	turbulent flow
flux *m*	flux
foco *m*	focus
forma de onda	wave form
fórmula del fabricante de lentes	lens maker's formula
fotocelda *f*	photocell
fotoelectrón *m*	photoelectron
fotón *m*	photon
fragmento de fisión	fission fragment
franjas *fpl*	fringes
frecuencia armónica	harmonic frequency
frecuencia (resonancia) ciclotrónica	cyclotron frequency (resonance)
frecuencia de corte	cutoff frequency
frecuencia fundamental	fundamental frequency
frecuencia impulsora	driving frequency
frecuencia natural	natural frequency
frecuencia propia	eigenfrequency
frecuencia resonante	resonant frequency
frente de onda	wave front
fricción *f*	friction
fricción cinética	kinetic friction
fricción estática	static friction
fricción fluida	fluid friction
fricción (rozamiento *m***) por contacto**	contact friction
fuente de cc	dc source
fuente de fem	source of emf
fuente estacionaria	steady source
fuerza de atracción	attractive force
fuerza central	central force
fuerza centrífuga	centrifugal force

fuerza centrípeta	centripetal force
fuerza conservativa	conservative force
fuerza contraelectromotriz	counterelectromotive force
fuerza de contacto	contact force
fuerza de Coriolis	Coriolis force
fuerza de corto alcance	short range force
fuerza de empuje	buoyant force
fuerza de fricción cinética por contacto	kinetic contact friction force
fuerza de repulsión	repulsive force
fuerza de restitución	restoring force
fuerza de tensión (tracción *f***)**	tension force
fuerza electromotriz, fem	electromotive force, emf
fuerza ficticia	fictitious force
fuerza normal	normal force
fuerza nuclear débil	weak nuclear force
fuerza nuclear intensa	strong nuclear force
fuerza (radiación) electromagnética	electromagnetic force (radiation)
fuerza (resonancia magnética, reacción, reactor) nuclear	nuclear force (magnetic resonance, reaction, reactor)
fulcro *m*	fulcrum
función de onda	wave function
función de onda independiente de espacio	space-independent wave function
función de onda independiente del tiempo	time-independent wave function
función de trabajo	work function
fusión *f*	fusion
galvanómetro *m*	galvanometer
galvanómetro balístico	ballistic galvanometer
gauss	gauss
gaza *f*	loop
generador eléctrico	electric generator
giroscopio *m*	gyroscope
giróscopo *m*	gyroscope
grados de libertad	degrees of freedom
gramo *m*	gram
gravitación *f*	gravitation
gravitón *m*	graviton
haz de fibras ópticas	fiber optic bundle
haz paralelo	parallel beam
henrio *m*	henry
henry *m* (s.i.)	henry
hertz *m* (s.i.)	hertz

hertzio *m* hertz
hidrodinámica *f* hydrodynamics
histéresis hysteresis
hueco *m* hole
imagen real real image
imán *m* magnet
imanación magnetization
imán permanente permanent magnet
impedancia *f* impedance
ímpetu *m* momentum
impulso (empuje) específico specific impulse (thrust)
incidencia *f* incidence
índice de refracción index of refraction
inducción electromagnética electromagnetic induction
inductancia *f* inductance
inductancia mutua mutual inductance
inductor *m* inductor
inercia *f* inertia
infrarrojo infrared
instrumento de nulos null instrument
intensidad acústica acoustic intensity
intensidad del campo eléctrico electric field strength
intensidad del polo magnético magnetic pole strength
intensidad sonora, sonoridad acoustic intensity, loudness
interacción (radiación) térmica thermal interaction (radiation)
interferencia a través de dos rendijas (ranuras) double-slit interference
interferencia constructiva contructive interference
interferencia destructiva destructive interference
interferencia *f* interference
interferómetro acústico acoustical interferometer
interferómetro estelar stellar interferometer
ionizar ionize
isoterma *f* isotherm
isótopo *m* isotope
joule *m* (s.i.) joule
julio *m* joule
kelvin *m* (s.i.) kelvin
kelvinio *m* kelvin
kilocaloría *f* kilocalorie
kilogramo *m* kilogram
kilómetro *m* kilometer
kilomol *m* kilomole
kilovatio-hora *m* kilowatt hour
kilowatt-hora *m* **(s.i.)** kilowatt hour
láser *m* laser
lazo *m* loop
lente convergente converging lens
lente cilíndrico cylindrical lens
lente de aumento magnifying glass
lenteja de péndulo pendulum bob
lente delgada thin lens
lente divergente diverging lens
lente esférica spherical lens
lente telefoto telephoto lens
lente zoom zoom lens
leptón *m* lepton
ley de la acción y reacción action and reaction law
ley de los gases ideales (o perfectos) ideal-gas law
ley de Newton de la gravitación universal Newton's universal gravitation law
ley del recíproco del cuadrado inverse-square law
leyes de Newton del movimiento Newton's laws of motion
libra *f* pound
licuación liquefaction of gases
licuefacción liquefaction of gases
líneas del campo eléctrico electric field lines
línea de corriente streamline
líneas de corriente current lines
líneas (series) espectrales spectral lines (series)
longitud *f* length
longitud contraída contracted length
longitud de coherencia coherence length
longitud de onda wavelength
longitud (punto) focal, distancia focal focal length (point)
longitud propia proper length
macroestado *m* macrostate
macroestado de equilibrio equilibrium macrostate
magnetismo permanente permanent magnetism
magnetización magnetization
magneto *m* magneto
magnetómetro de bobina exploradora search coil magnetometer
magnetón de Bohr Bohr magneton
magnitud de la velocidad free-stream speed (velocity)
magnitud de la velocidad angular angular speed

magnitud de la velocidad de escape	escape speed
máquina *f*	machine
máquina de Carnot	Carnot engine
máquina de movimiento perpetuo	perpetual motion machine
máquina térmica	heat engine
marco de referencia	frame of reference
marco (sistema) de referencia acelerado (no inercial)	accelerating frameworks
marco sistema de referencia	reference frame
marco o sistema de referencia inercial	inertial reference frame
marco o sistema de referencia no inercial	noninertial reference frame
masa *f*	mass
masa efectiva	effective mass
masa-energía *f*	mass-energy
masa en reposo	rest mass
masa gravitacional (inercial)	gravitational (inertial) mass
masa reducida	reduced mass
material anisotrópico	anisotropic material
material dispersor	dispersive material
material ferromagnético	ferromagnetic material
material isotrópico	isotropic material
material magnético	magnetic material
mecánica *f*	mechanics
mecánica clásica	classical mechanics
mecánica cuántica	quantum mechanics
mecánica del medio continuo	continuum mechanics
mecánica estadística	statistical mechanics
mecánica newtoniana	Newtonian mechanics
mecánica ondulatoria	wave mechanics
medidor Venturi	Venturi meter
medio continuo	continuous medium
medio de propagación	propagation medium
mesa (pista) de aire	air table (track)
mesón *m*	meson
metro *m*	meter
microestado *m*	microstate
microscopio *m*	microscope
microscopio de inmersión en aceite	oil immersion microscope
microscopio electrónico	electron microscope
milímetro *m*	millimeter
modelo de la gota de líquido	liquid drop model
modo *m*	mode
modo (oscilador) armónico	harmonic mode (oscillator)
módulo (deformación unitaria, esfuerzo unitario) de corte	shear modulus (strain, stress)
módulo de rigidez	modulus of rigidity
módulo volumétrico	bulk modulus
momento dipolar	dipole moment
momento dipolar (dipolo eléctrico, campo eléctrico, magnetismo) inducido	induced dipole moment (electric dipole, electric field, magnetism)
momento dipolar eléctrico	electric dipole moment
momento de inercia	moment of inertia
momento de torsión	torque
momento magnético del espín del electrón	electron-spin magnetic moment
motor de combustión externa	external-combustion engine
motor de combustión interna	internal-combustion engine
motor (fuerza, momento de torsión) de reacción	reaction engine (force, torque)
movimiento armónico	harmonic motion
movimiento armónico simple	simple harmonic motion
movimiento browniano	Brownian motion
movimiento circular	circular motion
movimiento de proyectiles	projectile motion
movimiento oscilatorio	oscillatory motion
movimiento	periodic motion
movimiento uniforme	uniform motion
altura (de un sonido)	pitch
nanómetro *m*	nanometer
neón *m*	neon
neutinio *m*	newton
neutrino *m*	neutrino
neutrón *m*	neutron
newton *m* (s.i.)	newton
no cuasiestático	nonquasistatic
nodo *m*	node
notas consonantes	consonant notes
notas disonantes	dissonant notes
núcleo *m*	nucleus
núcleo blanco	target nucleus
núcleo estable	stable nucleus

núcleo residual	residual nucleus
número *f*	number
número cuántico del espín	spin quantum number
número cuántico magnético	magnetic quantum number
número cuántico orbital	orbital quantum number
número cuántico principal	principal quantum number
número de masa atómica	atomic mass number
número (estado) cuántico	quantum number (state)
número de Reynolds	Reynolds number
número (peso *m***) atómico**	atomic number (weight)
número (tren) de onda	wave number (train)
nutación *f*	nutation
objetivo *m*	objective lens
ocular *m*	eye piece lens
ohm *m* **(s.i.)**	ohm
ohmio *m*	ohm
onda *f*	wave
onda de choque	shock wave
onda de materia	matter wave
onda esférica	spherical wave
onda estacionaria	standing wave
onda longitudinal	longitudinal wave
onda monocromática	monocromatic wave
onda multidimensional	multidimensional wave
onda plana	plane wave
onda polarizada	polarized wave
ondas circularmente polarizadas	circularly polarized waves
ondas coherentes	coherent waves
ondas de compresión	compressional waves
ondas linealmente polarizadas	linearly polarized waves
paso (tornillo)	pitch
punto triple	triple point
quark *m* **(s.i.)**	quark
radiación cósmica	cosmic radiation
radiación de cuerpo negro	black body radiation
radiación infrarroja	infrared radiation
radiación por frenado	bremsstrahlung
radiación sincrotrónica	synchrotron radiation
radiactividad *f*	radioactivity
radio de giro	gyration radius
radiotelescopio	radio telescope
rama de un circuito	branch of circuit
ramal de un circuito	branch of circuit
rampa *f*	incline
rapidez angular	angular speed
rapidez de corriente libre	free-stream speed
rapidez (magnitud de la velocidad)	speed
rapidez (velocidad) terminal	terminal speed (velocity)
rayo *m*	ray
rayo paraxial	paraxial ray
rayos gamma	gamma rays
rayos x	x - rays
razón de calores específicos	specific heat ratio
razón de compresión	compression ratio
razón de masas	mass ratio
reacción en cadena	chain reaction
reacción nuclear de desintegración	nuclear decay reaction
reactancia *f*	reactance
reactancia capacitiva	capacitive reactance
reactancia inductiva	inductive reactance
red *f*	network
reflexión *f*	reflection
reflexión difusa	diffuse reflection
reflexión de ondas	reflection of waves
reflexión interna total	total internal reflection
refracción *f*	refraction
regla de la corriente	current rule
regla de la mano derecha	right-hand rule
regla de los circuitos cerrados	loop rule
rejilla (patrón) de difracción	diffraction grating (pattern)
rejilla de reflexión	reflection grating
rejilla de transmisión	transmission grating
rejilla maestra (de reproducción)	master (replica) grating
relación impulso-cantidad de movimiento	impulse-momentum relation
relación masa-energía	mass-energy relation
reloj de cesio	cesium clock
resistencia *f*	resistance
resistencia al avance	drag
resistencia a la radiación	radiation resistance
resistencia equivalente	equivalent resistance
resistencias en paralelo	parallel resistances
resistencia viscosa al avance	viscous drag

resistor *m* resistor
resitividad *f* resitivity
resonador de cavidad cavity resonator
resonancia *f* resonance
resonancia del espín electrónico electron spin resonance
restricción contraint
restricciones que no realizan trabajo workless constraints
reversibilidad *f* reversibility
rotación *f* rotation
rozamiento *m* friction
rozamiento cinético kinetic friction
rozamiento estático static friction
saturación magnética magnetic saturation
sección transversal de colisión o choque collision cross section
segundo (unidad) second (unit)
separación de equilibrio equilibrium separation
serie radiactiva radioactive series
siemens *m* siemens
sincronización *f* synchronization
sistema aislado isolated system
sistema de referencia frame of reference
sistema ligado (enlazado) bound system
slug *m* slug
sobretono *m* overtone
solenoide *m* solenoid
sonido *m* sound
sublimación *f* sublimation
sumidero del fluido sink for fluids
sumidero (fuente) de calor, disipador de calor heat sink (source)
superconductor *m* superconductor
superficie equipotencial equipotential surface
superficie gaussiana Gaussian surface
tangencial shear
tanque (cuba) de ondas ripple tank
telescopio astronómico de refracción astronomical refracting telescope
telescopio de reflexión reflecting telescope
telescopio galileano Galilean telescope
temperatura *f* temperature
temperatura absoluta absolute temperature
temperatura crítica critical temperature
temperatura Kelvin Kelvin temperature
temperatura del sumidero sink temperature
tensión *f* tension
tensión (voltaje) pico (de cresta) peak voltage
tensión (voltaje) pico a pico o cresta a cresta peak-to-peak voltage
teorema de los ejes paralelos parallel-axis theorem
teoría cinética kinetic theory
teoría de los mesones meson theory
teoría general (especial) de la relatividad general (special) theory of relativity
termodinámica *f* thermodynamics
termodinámica del equilibrio equilibrium thermodynamics
termómetro thermometer
termopar *m* thermocouple
tesla *f* tesla
tiempo de decremento en el oscilador amortiguado decay time in damped oscillator
tiempo de vida lifetime
tiempo medio de dispersión mean scattering time
tiempo propio proper time
tono *m* tone
tono combinación combination tone
tono diferencia difference tone
tono modulado modulated tone
tono suma sum tone
paso (tornillo) pitch
toroide *m* toroid
trabajo *m* work
tracción *f* tension, voltage
transductor *m* transducer
translación *f* translation
transformación de Lorentz de la cantidad de movimiento-energía (de la posición-tiempo de la velocidad) Lorentz momentum-energy (position-time, velocity) transformation
transformación galileana de la aceleración (posición, velocidad) Galilean acceleration (position, velocity) transformation
transformador *m* transformer
transición líquido-vapor liquid-vapor transition
translación *f* translation
trayectoria *f* trajectory
trayectoria libre media mean free path

trayectoria parabólica — parabolic trajectory
tubo de flujo — flow tube
tubo de luz — light pipe
tubo de rayos catódicos — cathode-ray tube
ultravioleta — ultraviolet
umbral de audición — threshold of hearing
unidad astronómica — astronomical unit
unidad derivada — derived unit
unidad de masa atómica — atomic mass unit
unidad fundamental — fundamental unit
valencia *f* — valance
vaporización *f* — vaporization
variable de estado — state variable
vatio *m* — watt
vector aceleración — acceleration vector
vector axial (axil) — axial vector
vector de posición — position vector
vector velocidad — velocity vector
velocidad *f* — velocity
velocidad angular de espín — spin angular velocity
velocidad angular de precesión — precessional angular velocity
velocidad de arrastre — drift velocity
velocidad promedio — average velocity
velocidad (tensión) raíz cuadrática media — mean square root speed (voltage)
ventaja (energía) mecánica — mechanical advantage (energy)
vibración *f* — vibration
vibración fundamental — fundamental vibration
vida media — half-life
viscosidad *f* — viscosity
viscosímetro *m* — viscometer
volt *m* (s.i.) — volt
voltaje *m* — tension, voltage
voltímetro *m* — voltmeter
vóltmetro *m* — voltmeter
voltio *m* — volt
vórtice *m* — vortex
watt *m* (s.i.) — watt
weber *m* (s.i.) — weber
weberio *m* — weber

geografía y nacionalidades
geography and nationalities

abra *f*	inlet
acantilado *m*	cliff
afluente *m*	tributary
aforo *m*	flow rate
agrimensura *f*	topography
aguas internacionales	high seas
aguas jurisdiccionales o territoriales	territorial waters
alta mar,	open sea
alta mar	high seas
altiplanicie *f*	plateau
altiplano *m*	plateau
alto -ta	high
altozano *m*	hillock
altura sobre el nivel del mar	height above sea level
antártico *m*	South Pole
arboleda *f*	grove
archipiélago *m*	archipielago
arco volcánico *m*	volcanic arch
arrecife insular	island reef
arrecife *m*	bank, reef
arroyo intermitente	wash
arroyo *m*	creek
arroyuelo *m*	brooklet, creek
ártico *m*	North Pole
atlas *m*	atlas
atolón *m*	atoll
austral o meridional	South Pole
austral	southern
avenida *f*	freshet, swelling
bahía *f*	bay
bajamar *f*	low water
bajío	sandbank

banco *m*	bank
banco de arena	sandbank
banco de hielo	ice floe
banco de roca	bank
barra de arena	sandbar
barranca *f*	ravine
barranco *m*	ravine
bocana *f*	mouth, rivermouth
bocas *fpl*	mouth, rivermouth
boreal	northern
boreal o septentrional	North Pole
bosque *m*	forest, woods
bosquecillo *m*	grove
brazo de mar	inlet
brezal *m*	moorland
brújula *f*	compass rose
cabecera *f*	source
cabo *m*	cape, headland, promontory
cadena montañosa	chain of mountains, ridge, mountain chain, mountain range
caída de agua	waterfall
cala *f*	cove
caleta *f*	creek
campiña *f*	country, countryside
campo *m*	country
canal *m*	canal, channel
cantil *m*	cliff
cañada *f*	ravine
cañón *m*	canyon
capo *f*	bed
cárstico	karstic
carta náutica	chart
cartografía *f*	cartography
cascada *f*	cascade

catarata *f*	catarat, falls, waterfall
catastro *m*	cadastre
cauce *m*	bed, canal, channel, watercourse
caudal *m*	flow rate
caverna *f*	cavern
cayo *m*	key
cenit *m*	zenith
cenote *m*	sink hole
central *mf*	central,middle
cerrito *m*	hillock
cerro pequeño redondo	knoll
césped *m*	lawn
charca *f*	pond
ciénega *f*	bog, marsh
cima *f*	summit, top
círculo polar	polar circle
ciudad *f*	city
clima *m*	climate
colina *f*	hill
collado *m*	knoll
comarca *f*	bounds, region
confín *m*	border
confluente *m*	confluent
continente *m*	continent, mainland, terra firma
cordillera *f*	chain of mountains, mountain range, ridge
cordonazo de San Francisco	autumn equinoctial storm
corriente *f*	current, flow
corriente de agua	watercourse
cosmografía *f*	cosmography
cosmología *f*	cosmology
cosmos *m*	cosmos
costa *f*	coast, littoral, seaboard, shore
cota	benchmark, spot elevation
cráter *m*	crater
crecida *f*	freshet, swelling
cresta *f*	crest, ridge
cuenca *f*	basin
cuesta *f*	slope
cueva *f*	cave
cumbre *f*	summit, top
cúspide *f*	summit, top
delta *m*	delta
demografía *f*	demography
depósitos glaciares	glacial deposits
depósitos de glaciar o glaciales	glacial deposits
desembocadura *f*	mouth, rivermouth
desfiladero *m*	narrow pass, pass
desierto *m*	desert
despeñadero *m*	precipice
divisoria de las aguas	watershed
divisoria continental	continental divide
dolina *f*	sink hole
duna *f*	dune
ecuador *m*	equator
eje terráqueo	earth's axis
ensenada *f*	bay, cove, inlet
entrada de agua dulce en el mar	freshet
escala *f*	scale
escarpa *f*	cliff
esfera terrestre	globe
espolón *m*	spur
estado *m*	state
estanque *m*	pond
este *m*	east
estepa *f*	steppe
estero	tideland
estiaje *m*	low water
estrato *m*	bed
estrecho *m*	strait
estribación *f*	spur
estuario *m*	estuary
falda *f*	crevice, side, slope
falla *f*	fault
filo *m*	ridge
fiordo *m*	fiord
flora *f*	vegetation
flujo *m*	flow
fondeadero *m*	roadstead
fotogrametría *f*	photogrammetry
frente de carbón	bank
frontera *f*	border, frontier
fuente *f*	source
fumarola *f*	fumarole
garganta *f*	gorge
gasto *m*	flow rate
géiser *m*	geyser
gélido	glacial
geodesia *f*	geodesy
geofísica *f*	geophysics
geografía *f*	geography
geografía económica	economic geography
geografía física	physical geography
geoide *m*	geoid
geología *f*	geology
Geomorfología *f*	Geomorphology
geopolítica *f*	geopolitics
glacial	glacial
glaciar *m*	glacier
globo terráqueo	globe
golfo *m*	gulf
grama *f*	lawn
grieta *f*	crevice

hachura *f*	hachure
helado	gelid
helero *m*	glacier
hidrografía *f*	hydrography
hilo de agua	streamlet
iceberg *m*	iceberg
inferior	low, lower
inundación *f*	flood
isla *f*	island
istmo *m*	isthmus
bajo -ja	low, lower
kárstico	karstic
ladera *f*	side, slope
ladera pendiente	bank
lago *m*	lake
lago pequeño	small lake
laguna *f*	lagoon
lagunilla *f*	small lake
landa *f*	moorland
latitud *f*	latitude
lecho *m*	canal, channel, bed
levante *m*	east
levantino -na	eastern
límite *m*	limit
línea divisoria	bounds
línea equinoccial	equinoctial line
litoral *m*	littoral, seaboard, shore
llano *m*	plane
llanura *f*	plane, prairie
lodazal *m*	bog,marsh
loma *f*	low long hill
lomerío *m*	rolling country
lomita *f*	mound
longitud *f*	longitude
macizo *m*	massif
manantial *m*	spring
mapa *m*	map
mapamundi *m*	map of the world
mapamural	wallmap
mar abierto	open sea
marea baja	low water
marea *f*	tide
marejada de fondo	ground swell
maremoto *m*	seaquake
mar *mf*	sea
mar de fondo	ground swell
margen *m*	border
meandro *m*	meander
médano *m*	dune
Mediodía *m*, **Sur** *m*	south
medio *m*	central,middle
meridiano *m*	meridian
meridional	southern
meseta *f*	tableland
meteorología *f*	meteorology

montaña *f*,	mountain
montaña de elevación máxima	highest mountain
monte *m*	mount
montecito *m*	hillock
montículo *m*	mound
mundo *m*	world
nacimiento *m*	source
nación *f*	nation
nivel de referencia	datum level
norte *m*	north, northern
nudo *m*	knot
nuevo -va	new
oasis *m*	oasis
occidental	west, western
occidente *m*	west
océano *m*	ocean
oceanografía *f*	oceanography
oeste *m*	west, western
ola *f*	wave
orientación *f*	orientation
oriental *mf*	eastern
oriente *m*	east
origen *m*	source
orilla *f* **(de mar)**	shore
orilla abrupta de un lago	bank
orografía *f*	orography
otero *m*	knoll
país *m*	country
pantano *m*	swamp
paralelo *m*	parallel
páramo *m*	moor,moorland
parte aguas continental	continental divide
pasaje *m*	pass
paso *m*	pass
paso estrecho	narrow pass
paso *m* **(de montaña)**	col,mountain pass
pasto *m*	lawn
pendiente *f*	slope
península *f*	peninsula
peñasco *m*	rock
peñón *m*	rock
pico *m*	peak
pico de elevación máxima	highest peak
planicie *f*	plane, tableland
planisferio *m*	planisphere
plano *m*	map
plano de referencia	datumplane
playa *f*	beach, shore
pleamar *f*	flood
polo norte	North Pole
polo sur	South pole

poniente	western
pradera *f* **(grande)**	prairie
pradera *f* **(pequeña)**	meadow
precipicio *m*	cliff, precipice
promontorio *m*	headland, promontory
psicografía *f*	psychograpy
pueblo *m*	town
puerto *m*	harbor, harbour, port
punta *f*	headland, point
punto culminante	highest mountain, highest peak
punto topográfico de referencia	benchmark
puntos cardinales	cardinal points
puntos cuadrantales	intercardinal points
quebrada *f*	gorge
rabión *m*	rapids
rada *f*	bay, roadstead
rápido *m*	rapids
raudales *mpl*	flood
región *f*	region
relieve *m*	relief
resaca *f*	undertow
ría *f*	estuary, ria
riachuelo *m*	creek
ribera *f*	shore
ribera *f* **(de río)**	bank
río *m*	river
roca *f*	rock
rosa de los vientos	compass rose
rosa náutica	compass rose
sabana *f*	savanna, savannah
salto *m*	waterfall
selva *f*	forest, woods
selva pluvial	rainforest
selva tropical *f*	rainforest
selva virgen	virgin forest
septentrional	northern
sierra *f*	mountain chain,mountain range
sima *f*	trough
superior	upper
sur *m*	south, southern
temblor *m*	earthquake
témpano *m*	ice floe iceberg
tempestad *f*	tempest
terremoto *m*	earthquake
terremoto submarino	seaquake
terreno *m*	land
terreno agreste	badlands
terreno alomado	rolling country
terreno inundado por la marea	tideland
terreno ondulado	rolling country
Tierra *f*	Earth
tierra *f*	land, shore
tierra firme	mainland, terra firma
tierras aledañas	countryside
tierras malas	badlands
topografía *f*	topography
toponimia *f*	toponymy
tormenta *f*	tempest
tributario *m*	tributary
trinchera *f*	trough
trópico de Cáncer	Tropic of Cancer
trópico de Capricornio	Tropic of Capricorn
tundra *f*	tundra
uadi *m*	wadi
universo *m*	universe
vaguada *f*	trough
valle *m*	valley
vegetación *f*	vegetation
vertiente *f*	slope
vía fluvial, *f*	waterway
vía navegable	
vivero de peces	pond
volcán *m*	volcano
zanja *f*	canal
zenit *m*	zenith
zona de glaciares	glacial zone
zona frígida	frigid zone
zona fronteriza	bounds
zona glacial	glacial zone
zonaplena entre la bajamar y la pleamar	tidal flat
zona templada	temperate zone
zona tórrida	torrid zone

Nacionalidades

abisinio -nia	Abyssinian, Ethiopian
afgano -na	Afghan
africano -na	African
albano -na	Albanian
albanés -sa	Albanian
alemán -na	German
altovoltaico -ca	Upper Voltanian
americano -na	American
andorrano -na	Andorran
antillano -na	Antillean
argelino -na	Algerian
argentino -na	Argentine
arnaúte *mf*	Albanian
asiático -ca	Asian
australiano -na	Australian
austriaco -ca	Austrian
bahamanense *mf*	Bahamian
bahamense *mf*	Bahamian
Bahreini *mf*	bahraini
bangladeshi *mf*	Bangladeshi
barbadense *mf*	Barbadian
barbadiano -na	Barbadian
basuto -ta	Basutolander
basutolandés -da	Basutolander
belga *mf*	Belgian
beninés -sa	Beninese
bhutanés -sa	Bhutanese
bielorruso -sa	Byelorussian
birmano -na	Burmese
boliviano -na	Bolivian
botsuaniano -na	Botswanian
botsuano -na	Botswanian
botswanés -sa	Botswanian
brasileiro -ra	Brazilian
brasileño -ña	Brazilian
británico -ca	British
burundés -sa	Burundian
búlgaro -ra	Bulgarian
caboverdeño -ña	Cape Verdean
caboverdiano -na	Cape Verdean
camboyano -na	Cambodian
camboyense *mf*	Cambodian
camerunense *mf*	Camerounian, Cameroonian
camerunés -sa	Camerounian, Cameroonian
canadiense *mf*	Canadian
ceilánés -sa	Ceylonese
centroafricano -na	Central African
cingalés -sa	Ceylonese
cipriota *mf*	Cypriot
colombiano -na	Colombian
comorense *mf*	Comorian
comoreño -ña	Comorian
congoleño -ña	Congolese
congolés -sa	Congolese
coreano -na	Korean
costarricense *mf*	Costa Rican
costarriqueño -ña	Costa Rican
cubano -na	Cuba
chadeño -ña	Chadian
chadiano -na	Chadian
chadí *mf*	Chadian
checoslovaco -ca	Czechoslovak
chileno -na	Chilean
chino -na	Chinese
chipriota *mf*	Cypriot
dahomense *mf*	Dahomean
dahomeyano -na	Dahomean, Beninese
danés -sa, dánico -ca	Danish
dinamarqués -sa	Dinash
dominicano -na	Dominican
ecuatoguineano -na	Equatorial Guinean
ecuatoguineo -nea	Equatorial Guinean
ecuatoriano -na	Equatorian
egipcio -cia	Egyptian
egipciano -na	Egyptian
emiratounidense *mf*	United-Emiratese
escocés -sa	Scottish
español -la	Spanish
estadounidense *mf*	American
etiope *mf*	Ethiopian
etiope	Abyssinian
etiopiano -na	Abyssinian
fijiano-na	Fijian
fijiense *mf*	Fijian
filipense *mf*	Filipino, Philippine
filipino -na	Filipino, Philippine
finlandés -sa	Finn
fins -sa	Finn
francés -sa	French
gabonense *mf*	Gabonese
gabonés -sa	Gabonese
galo -la	French
galés -sa	Welsh
gambiano -na	Gambian
gambiense *mf*	Gambian
ghanaico -ca	Ghanian
ghanés -sa	Ghanian
granadense *mf*	Grenadian
greciano -na	Greek

greco -ca	Greek
griego -ga	Greek
guatemalense *mf*	Guatemalan
guatemalteco -ca	Guatemalan
guineano -na	Guinean
guineo -nea	Guinean
guineo-bisauta *mf*	Bissauite
guyanés -sa	Guyanese
haitiano -na	Haitian
heleno -na	Greek
helvético -ca	Swiss
hindú	Indian
hispano -na	Spanish
holandés -sa	Dutch, Netherlander
hondureño -ña	Honduran
húngaro -ra	Hungarian
indio -dia (América)	Indian
indio-dia (Indostán)	Indian
indonesio -sia	Indonesian
inglés -sa	Brithish, English
iranio -nia	Persian
iranio -nia (Persia)	Iranian
iraní *mf* **(Irán actual)**	Iranian
iraqués -sa	Dragi
iraquí *mf*	Dragi
islandés -sa	Icelander
israelí *mf*	Israeli
italiano -na	Italian
jamaicano -na	Jamaican
jamaiquino -na	Jamaican
japonés -sa	Japanese
jmer *mf*	Khmer
jordanio -nia	Jordanian
jordano -na	Jordanian
keniano -na	Kenyan
kenyano -na	Kenyan
kuwaití *mf*	Kuwaiti
laosiano -na	Lao
lesotense *mf*	Lesothese
libanés -sa	Lebanese
liberiano -na	Liberian
libio -bia	Libyan
liechtensteniano -na	Liechtensteiner
loasiano -na	Loatian
lucemburgués -sa	Luxemburgian, Luxembourgian
lusitano -na	Portuguese
luso -sa	Portuguese
luxemburgués -sa	Luxemburgian, Luxembourgian
madagascarense *mf*	Madagascan
magiar *mf*	Hungarian
malasio -sia	Malaysian, Malayan
malaui *mf*	Malawian
malawi *mf*	Malawian
malayo -ya	Malayan, Malaysian
maldiviano -na	Maldivian
maldivo -va	Maldivian
malgache *mf*	Madagascan
maliense *mf*	Malian
maltense *mf*	Maltese
maltés -sa	Maltese
malí *mf*	Malian
marfileño -ña	Ivory Coaster
marroquí *mf*	Moroccan
marroquín -na	Moroccan
marrueco -ca	Moroccan
mauriciano -na	Mauritian
mauricience *mf*	Mauritian
mauritano -na	Mauritanian
mexicano -na	Mexican
mogol -la	Mongolian
monegasco -ca	Moraccan, Monegasque
mongol -la	Mongolian
mozambicano -na	Mozambican
mozambiqueño -ña	Mozambican
nauruano -na	Nauruan
neerlandés -sa	Dutch, Netherlander
neozelandés -sa	New Zealander
nepalés -sa	Nepalese
nepalí *mf*	Nepalese
nicaragüense *mf*	Nicaraguan
nigeriano -na	Nigerian
nipón -na	Japanese
norteamericano -na	American
noruego -ga	Norwegian
oceanense *mf*	Oceanian
oceánico -ca	Oceanian
omaní *mf*	Omani
otomano -na	Turkish
panameño -ña	Panamanian
papuano -na	Papuan
papú *mf*	Papuan
paquistano -na	Pakistani
paquistaní *mf*	Pakistani
paraguayano -na	Paraguayan
paraguayo -ya	Paraguayan
persa *mf*	Persian
peruano-na	Peruvian
perulero -ra	Peruvian
pielroja	American Indian
polaco -ca	Polish
polonés -sa	Polish
portorriqueño -ña	Puerto Rican
portugalés -sa	Portuguese
portugués -sa	Portuguese
puertorriqueño -ña	Puerto Rican

qatarí *mf*	Qatari
rhodesiano -na	Rhodesian
rodesiano -na	Rhodesian
ruandés -sa	Rwandese
rumano -na	Romanian
ruso -sa	Russian
salvadoreño -ña	Salvadorian
samoana occidental	Western Samoan
sanmarinense *mf*	San Marinese
sanmarinés -sa	San Marinese
santomense *mf*	Saint-Tomese
saudita *mf*	Saudi Arabian
saudí *mf*	Saudi Arabian
senegalense *mf*	Senegalese
senegalés -sa	Senegalese
serraleonés -sa	Sierra Leonean
siamés -sa	Siamese
singapurés -sa	Singaporean
siriaco -ca	Syrian
sirio -ria	Syrian
somalí *mf*	Somali, Somalian
soviético -ca	Soviet
srilankano -na	Sri-Lankan
sudafricano -na	South African
sudanés -sa	Sudanese
sueco -ca	Swedish
suizo -za	Swiss
surinamense *mf*	Surinamese
surinamés -sa	Surinamese
swazili *mf*	Swazi, Swazilander
tai *mf*	Thailander
tailandés -sa	Thailander
tanzaniano -na	Tanzanian
tedesco -ca	German
tejano -na	Texan
teutón -na	German
thai *mf*	Thailander
tobagoniano -na	Trinidader, Tobagoan
togolés -sa	Togolese
tongano -na	Tongan
tongués -sa	Tongan
trinitario -ria	Trinidader, Tobagoan
tunecino -na	Tunisian
tunecí *mf*	Tunisian
turco -ca	Turkish
turqués -sa	Turkish
ucraniano -na	Ukranian
ucranio -nia	Ukranian
ugandés -sa	Ugandan
uruguayo -ya	Uruguayan
venezolano -na	Venezuelan
vietnameño -ña	Vietnamese
vietnamita *mf*	Vietnamese
vietnamés -sa	Vietnamese
voltense *mf*	Upper Voltanian
yemenita *mf*	Yemenite
yemení *mf*	Yemenite
yugoslavo -va	Yugoslavian
zairense *mf*	Zairian
zairés -sa	Zairian
zairota *mf*	Zairian

Gentilicios estadounidenses

amerindio -dia	American Indian
arizoniano -na	Arizonian
arkansino -na	Arkansan
chicaguense *mf*	Chicagoan
chicagüino *mf*	Chicagoan
dakotano -na	Dakotan
dallasita *mf*	Dallasite
filadelfiano -na	Philadelphian
filadelfiense *mf*	Philadelphian
laredense *mf*	Laredoan
nebraskeno -na	Nebraskan
nebraskeño -ña	Nebraskan
nehampshireño -ña	New Hampshirer
neoamsterdamense *mf*	New Amsterdamer
neocastelense *mf*	Newcastler
neofundlandés -sa	Newfoundlander
neofunlandés -sa	Newfoundlander
neojerseíta *mf*	New Jerseyite
neomexicano -na	New Mexican
neorleanés -sa	New Orleanian
neoyorkino -na	New Yorker
norteño -ña	Northerner
oregonés -sa	Oregonian
pensilvánico	Pennsylvanian
pensilvaniense *mf*	Pennsylvanian
pensilvano -na	Pennsylvanian
sanantoniano -na	San Antonian
sanfranciscano -na	San Franciscan
sureño -ña	Southerner
texano -na	Texan
virginiano -na	Virginian
washingtoniano -na	Washingtonian

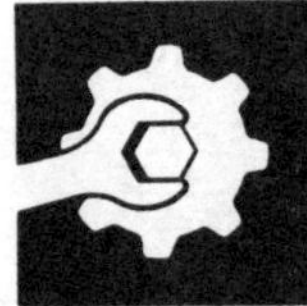

herramientas y maquinaria
tools and machinery

acanalador *m* moulding plane
aceitera *f* oil can
alambre eléctrico cable
alfiler *m* pin
alicates *mpl* pliers, wire cutters
almadena *f* sledgehammer
almocafre *m* weeding hoe
almádana *f* sledgehammer
anaquel *m* shelf
arandela *f* washer
armadura *f* **(de condensador)** plate
articulación *f* link
avellanador *m* countersink
azada *f* hoe
azadón *m* hoe
balde *m* bucket, pail
banco de trabajo workbench
banco *m* bench
banda *f* band
bandeja de pintura paint pan
barrena *f* auger, bit, drill
berbiquí *m* brace
bigornia *f* beakiron, bickern, two-beaked anvil
bobina *f* coil
bobinado *m* winding
bobinadora *f* winding machine
bocel *m* moulding plane
bomba *f* pump
bomba de aire air pump
bomba de engrase grease gun
bote *m* can
broca *f* bit, drill
brocha *f* brush
brocha de pintar paintbrush
buril *m* burin

caballete *m* trestle
cabeza del martillo hammer's head
cable *m* cable
cable de extensión (eléctrica) extension cord
cabrestante *m* lathe, windlass
cabria *f* shears
caja de herramientas toolbox
caldera *f* boiler
caldera de vapor steam boiler
caldero *m* caldron, cauldron
calibrador *m* calipers, gauge, gage
calibrador de mordazas caliper gauge
carretilla *f* wheelbarrow
carretón *m* bogie
cartabón *m* set square, triangle
cautín *m* soldering iron
cepillo *m* plane
cepillo de machihembrar rabbet plane
cigüeñal *m* crank
cilindro *m* cylinder
cincel *m* chisel, cold chisel
cinta métrica tape measure
cizallas *fpl* shears
clavija *f* dowel
clavillo brad
clavo *m* nail
cojinete *m* bearing
compás *m* dividers
compás de vara beam compass, trammel
compresora *f* compressor
contratuerca *f* locknut
cortaalambres *mpl* wire cutters
cortacésped *m* lawnmower

cortafrío *m*	cold chisel
contaplumas *m*	penknife
cortatubos *mpl*	pipe cutter
cortavidrio *m*	glass cutter
cubeta *f*	bucket, pail
cubo *m*	bucket, pail
cuchara *f*	trowel
cuchilla de desbastar	drawknife
cuchillo de podar	pruning knife
cárcel *f*	clamp
dado *m*	block
desmontador para neumáticos	tire lever
desplantador *m*	trowel
destornillador *m*	screwdriver
destral *m*	hatchet
devanadora *f*	winding machine
diamante *m*	glass cutter
embobinado *m*	winding
embobinadora *f*	winding machine
émbolo *m*	piston
empaque *m*	gasket
engranaje *m*	gear
engrane *m*	gear
engrapadora *f*	stapler
engrapadora neumática	pneumatic stapler
engrasadora *f*	grease gun
escala *f*	gauge, gage
escalera *f*	stepladder
escardadera *f*	weeding hoe
escariador *m*	reamer
escoda *f*	brushhammer
escofina *f*	rasp
escoplo *m*	chisel, crosscut chisel
escuadra *f*	square, set square, triangle
eslabón *m*	link
esmeriladora *f*	grinder
espiga *f*	peg
espátula *f*	spatula, tire lever
estante *m*	shelf
flexómetro *m*	tape measure
formón *m*	firmer chisel
formón de mediacaña	firmer gouge
formón *m*	chisel
fresa *f*	milling cutter
fresadora *f*	milling machine
fuelle *m*	bellows
fusible *m*	fuse
garlopa *f*	jack plane, plane
gato *m*	jack
generador *m*	generator
gramil *m*	marking gauge
grapa *f*	staple

grúa *f*	crane
gubia *f*	firmer gouge, gouge
guillame *m*	rabbet plane
hacha *f*	ax
herramienta *f*	tool
herramienta de jardinería	gardening tool
herramientas de mecánico	mechanic's tools
horca *f*, **horquilla** *f*	fork
hoz *f*	sickle
inglete *m*	miter
laminadora *f*	rolling mill
lata *f*	can
lata de pintura	paint can
laya *f*	spade
lezna *f*	awl
licuadora *f*	mixer
lima *f*	file
llana *f*	float, trowel
llave *f*	spanner
llave acodada	elbowed wrench
llave ajustable	wrench
llave ajustable	shifting spanner, monkey wrench
llave de cremallera	rack spanner
llave de cubo	socket wrench, box spanner
llave de dos bocas	double-ended spanner
llave española	spanner
llave inglesa	adjustable spanner
llave inglesa	monkey wrench, shifting spanner
llave para tubos	pipe wrench
llave plana de dos bocas	double-ended wrench
lámpara de soldar	blowlamp
lámpara de soldar	blowtorch
maceta *f*	mallet, small square hammer
macho de roscar	screw tap
machuelo, *m*	screw tap
mandril *m*	chuck
maneral *m*	diestock
manga *f*	hose
mango *m*	handle
manguera *f*	hosepipe
manguera de jardín	garden hose
manguera *f*	hose
maquinaria *f*	machinery
martelina *f*	brushhammer
martillo *m*	hammer
martillo neumático	air hammer, pneumatic hammer
martillo pilón	drop hammer, pile hammer

martinete *m*	pile hammer
matriz *f*	die
mazo *m*	mallet, sledgehammer
metro *m*	yardstick
metro plegable	folding ruler
mezcladora *f*	mixer
molde *m*	mold, mould, cast
montacargas *fpl*	forklift
mordaza *f*	clamp
mordaza *f* (del torno)	jaws
motor *m*	motor
muela de afilar	grindstone
máquina *f*	machine
máquina de coser	sewing machine
máquinas herramientas	machine tools
navaja *f*	penknife
navaja de bolsillo	pocket knife
nivel de agua	water level
nivel de burbuja	spirit level
pala *f*	shovel
palanca *f*	lever
paleta *f*	trowel
papel de esmeril	emery paper
papel de lija	sandpaper
pasador *m*	stud
perforadora *f*	drilling machine, baring machine, punching machine
perno *m*	stud, bolt
pie de rey	calipers
piloteadora *f*	pile hammer
pincetas *fpl*	pincers
pinzas *fpl*	pliers
pinzas ajustables	adjustable pliers
pinzas de boca plana	flat pliers
pinzas de uso múltiple	multipurpose pliers
pinzas pequeñas	pincers
pinzas universales	universal pliers
piqueta *f*	pickax
pisón *m*	rammer
pistón *m*	piston
plana *f*	drawknife
plantador *m*	dibble
plomada *f*	plumb line
podadera *f*	pruning shears
polea *f*	pulley
prensa *f*	clamp, press
punta de trazar	scriber
puntilla *f*	brad
punzón *m*	awl, punch
raedera *f*	scraper
raspador *m*	scraper
rastrillo *m*	rake
rayador *m*	scriber
regadera *f*	watering can
regla *f*	ruler
regla metálica	metal rule
remachadora *f*	riveter
remache *m*	rivet
resistencia *f*	resistance
roblón *m*	rivet
rodamiento *m*	bearing
rodamiento de bolas	roller bearing
rodamiento de rodillos	roller bearing
rodillo *m*	roller
rodillo de pintar	roller
rodillo para pintar	paint roller
rondana	washer
rosca *f*	thread
rueda *f*	wheel
sacabocados *m*	punch
sacaclavos *m*	nail puller
segadora *f*	reaping machine
segadora de pasto	lawnmower
segueta *f*	fretsaw, piercing saw, buhl saw
segueta *f*, **sierra para metales**	hacksaw
sembradora *f*	seed drill
serrucho *m*	handsaw, saw
sierra *f*	saw
sierra circular	buzz saw, circular saw
sierra de arco	bow saw
sierra de calar	compass saw
sierra de contornear	compass saw
sierra de marquetería	scroll saw
sierra eléctrica	power saw
soldador *m*	soldering iron
soldadura *f*	welding
soldadura eléctrica	electric soldering
soplete *m*	blowtorch
soplete de soldar	welding torch
sujetador *m*	clamp
tachuela *f*	tack
taladro *m*	drill,gimlet
taladro de mano	hand drill
taladro eléctrico	power drill, electric drill
taladro neumático	pneumatic hammer
tarraja *f*	diestock
tenazas *fpl*	tongs
tijeras *fpl*	scissors, shears
tijeras de jardín	garden shears
tijeras de podar	pruning shears
tornillo *m*	bolt, screw

tornillo de banco paralelo	parallel vise
torno *m*	windlass, lathe
torno de banco	vise, vice
torno revólver	turret lathe
trituradora *f*	crusher
troquel *m*	die
truck *m*	bogie
trusquín *m*	scribing block
tuerca *f*	nut
varilla *f*	link
válvula *f*	valve
yunque *m*	anvil
zapapico *m*	pickax

lenguaje coloquial y modismos de uso frecuente en Estados Unidos
colloquial language and idioms of frecuent use in the United States

abrir	turn on
acabarse	run out of
a causa de	on account of
acelerar	step up
aclarar	clear up, make clear
acobardarse	shrink
acostarse	lie down
acostarse tarde	stay up
admirar	look up to
aficionado -da	fan
aflojar	let up
agarrar	take hold of
agotado	beat
agotarse	be up, run out of
alcanzar	go around
alegrar	cheer up
al extremo de	to the extent that
a la larga	in the long run
alternarse	take turns
altibajos de fortuna	highs and lows
amigo *m*	buddy, guy, pal
animar	cheer up
apagar	put down, put out, shut off
aparecer	show up
a pesar de	in spite of
apestoso	stinking
aplazar	put off
aprender de memoria	learn by heart
apresurar	step up
apresurarse	shake a leg
apretujar	squeeze
a propósito	by the way
aprovecharse de	take advantage of
armar	put together
arrollar	run over

asaltar	break into, mug
asalto *m*	mug, hold up
asar a la parrilla	barbecue
asir	take hold of
asumir el control	take over
asumir responsabilidad	take charge of
asumir un cargo	take over
atender	wait on
atleta *mf*	jock
a todo trance	at all costs
atorarse	be stuck
atrasarse	fall behind
atropellar	run over
aumentar	build up, step up
aumentar de peso	put on weight
bajar	take down
barbacoa *f*	barbecue
barrio bajo	slum
bastar	go around
botar	throw away
bromear	fool around
burlarse de alguien	make a fool of
buscar	look for
cabello ensortijado	kinky hair
calcular	figure out
cancelar	call off
¡caramba!	heck!
¡caray!	heck!
carecer de importancia	be of no account
carente de carácter	a heel
centro nocturno donde se baila	discotheque
cerrar	shut off, turn off

charlar con	engage in conversation
chica *f*	broad, chick, gal
club de admiradores	fan club
club de fanáticos	fan club
cobarde	chicken
coger	pick up
cohete *m*	firecracker
comer en casa	eat in
compañero *m*	buddy pal
compañero de litera	bunk-mate
completamente	heart and soul
completar	bring about
confundir	mix up
conocer de vista	know by sight
con poco o ningún criterio	narrow-minded
con razón	no wonder
construir	put up
consultar algo con	take something up with
con toda franqueza	fair and square, man to man
con toda honestidad	fair and square
conversar con	engage in conversation
corredor -ra	jogger
correr	jog
crear confianza con	get near to
cuidar	look after
dar a	look out upon
dar hacia	look out upon
dar importancia a	make a point of
dar la espalda	turn one's back
dar la vuelta	turn around
dar lo mejor de uno	go all out
dar lo mismo	all the same
dar por descontado	take for granted
dar por sentado	take for granted
darse cuenta	catch on
darse por vencido	give in
darse prisa	shake a leg
dar una fiesta	throw a party
decir adiós	see off
dedicarse a	devote oneself to
definitivamente	once and for all
de inmediato	at once, in no time at all
dejar a uno tranquilo	leave (someone) alone
dejar cesante	lay off
dejar de	give up
dejar de asistir a	drop out
dejar dicho	leave word
dejar en libertad	let go of
dejar recado	leave word
de moda	in fashion
demoler	tear down
demostrar poco entusiamo	half-hearted
depender de	draw from
depender de (alguien)	be up to (someone)
deponer	throw up
deportista *mf*	jock
de primera	first-rate
derribar	blow down, tear down
derrumbar	blow down
desaparecer	wear off
desarmar	take apart
desaseado	slob
descartar	throw away
descolgar	take down
descomponerse	haywire, konk out
descompuesto -ta	busted
desde el principio	all along
desdeñar	look down
desear	feel like, look forward to
desear vehementemente	have one's heart set on
desembarazarse de algo o de alguien	get out of something
despedir	see off, lay off
despegar	take off
despilfarrar	blow
despreciar	look down
desquitarse	get even
de una vez por todas	once and for all
de vez en cuando	now and again, once in a while
devanarse los sesos	beat one's brains out, rack one's brains
diferenciar	tell apart
dirigirse	be bound for
discoteca *f*	discotheque
discutir	talk over
diseñar	work out
disminuir	let up
disminuir el volumen	turn down
disparar	go off
distinguir entre	tell apart
dólar *m*	buck
dominar	put down
dormilón -na	heavy sleeper
drogadicto -ta	junkie
durar	hold over
en un santiamén	in the twinkling of an eye
echar	throw out
echar raíces	take roots

echar una ojeada	read over
emplear	take on
enamorarse	fall in love
encaminarse	be bound for
encargarse de	take charge of
encender	turn on
en cierto modo	in a way
encontrarse con	run into
en el acto	no time at all, at once
en el fondo	at heart
en general	by and large, on the whole
en libertad	at large
enloquecer	go crazy
en los tiempos que corren	nowadays
en persona	in the flesh
en pleno día	in broad daylight
en punto	on the dot, sharp
en realidad	as a matter of fact
ensamblar	put together
entender	catch on, figure out
entenderse	get along with
entenderse tácitamente	go without saying
en todo caso	in any event
entrar	step in
en un parpadeo	in the twinkling of an eye
en un santiamén	in the twinkling of an eye
en vigor	in force
escaparse	break loose
es cierto	right on
escoger	pick out
escribir unas líneas	drop a line
esmerarse	take pains
esperar	look forward to
esperar desvelándose	wait up for
estar al corriente	be up-to-date
estar al día	be up-to-date
estar de prisa	be in a hurry
estar fuera de casa	stay out
estar involucrado con o en	be in on
estar sumamente ocupado	have one's hand full
estorbar	be in the way
estropeado -da	busted
estropearse	go haywire, konk out
estudiar	take up
estupendo	great, terrific
es verdad	right on
exagerado	outlandish
examinar	look over

excelente	first-rate
excesivo	outlandish
explicar	make clear
explorar	go off
extenuado	beat
extinguir	put out
extralimitarse	go too far
extravagante	outlandish
familiarizarse con	get to know
fanático -ca	fan
flamante	brand new
fracasar	fall through
fuerza *f*	punch
ganar peso	put on weight
gastar	blow
gastarse	wear down, wear out
género musical caracterizado por el sentimiento	soul music
género musical escuchado normalmente en centros nocturnos	disco music
golpe *m*	punch
gorra *f*	bum
gorrón -na	bum
grupo de gente importante	big brass
guardar	put away
hablar con sinceridad	get something off one's chest
hacer adelantar	set forward
hacer alarde	show off
hacer de nuevo	do over
hacer espacio	make room for
hacer jirones	tear up
hacer lugar	make room for
hacer mandados	run errands
hacer novillos	play truant
hacer perder el sentido	knock out
hacer sentir incapaz a uno	pull one to pieces
hacerse entender	get across
hallar	think up
hamburguesa *f*	burger
hasta	up to
hasta cierto punto	in a way
hasta el punto de	as far as, to the extent that
hediondo	stinking
hedor *m*	stink
hermana *f*	sib
hermano *m*	sib
hermano mayor	big brother

hocico *m* mug
holgazán -na bum
holgazanear bum
huevo frito sunny-side up
incitar stir up
indicar point out
inflexible one-track mind
injuriar call names
insistir hold to
interrumpir break in on
intolerante narrow-minded, one-track-minded
inventar think up
investigar look into it
ir a la mitad go fifty-fifty
ir a medias go fifty-fifty
ir a ver escaparates go window shopping
ir al grano get to the point
ir al paso de keep up with
ir más despacio slow down
ir para atrás back up
ir por cuenta de la casa on the house
ir por cuenta del dueño on the house
irse de pinta play hooky
jeta *f* mug
lanzar throw out
lapa *f* leech, sticker
liberarse de algo o de alguien get rid of
librarse de get rid of
librarse de alguien o de algo do away with
lidiar con deal with
lío *m* jam
liquidar sell out
litera *f* bunk
llamar la atención point out
llamar por teléfono call up, give a ring
llegar a un acuerdo come to terms
llenar fill out
llevar a cabo carry out
llevar cuenta de keep track
llevar cuentas keep accounts, keep an account
llevarse bien (con) get along (with)
lograr la independencia break away
madre *f* mommy
mágnífico great, terrific
mala persona stinker
maloliente stinker
malteada *f* milkshake
mamá *f* mommy
mantenerse hold over
mantenerse en calma keep one's head
mantenerse en contacto keep in touch with
mantenerse inmóvil hold still
marcharse sin despedirse take French leave
mariguana *f* **marihuana** *f* pot, grass
matemáticas *fpl* math
medicucho *m* quack
meter la pata put one's foot into it
miedoso -sa chicken
momento preciso high time
moneda de cinco centavos de dólar nickel
moneda de diez centavos de dólar dime
moneda de veinticinco centavos de dólar quarter
mujer *m* broad, chick, gal
música campirana country music
música folklórica folk music
música rock rock music
muy rara vez few and far between, once in a blue moon
necedades *fpl* hot air
no perder la cabeza keep one's head
nuevo -va brand new
obrar como se debe tow the line
ocuparse de see about
oferta *f* sale
padre *m* daddy
pagar cada cual su consumo (en restaurantes, bares, etc.) Go dutch
pan tostado a la francesa French toast
pantalón *m* slacks
pantalón de mezclilla blue jeans
pantalón vaquero jeans
papá *m* daddy
papas fritas a la francesa French fries
papeleo *m* red tape
parapetarse hedge
para siempre for good
parecerse take after
partir la diferencia meet half-way
pasar go through
pasarse grow out of
pasear en automóvil go out for a drive

pelea a tiros	gunfight
perder el control	lose one's head
perder el tiempo	fool around
perder la cabeza	lose one's head
perder la razón	go crazy, go insane
perderse	get lost
periodicucho *m*	rag
permanecer inmóvil	stand still
perseverar	hold, stick to
personalmente	in the flesh
pese a	in spite of
peste *f*	stink
pierna de pollo	drumstick
pillo -lla	thug, wise-cracker
plaga *f*	leech
planear	work out
poner casa	keep house
poner en claro	set right
poner en marcha	get going
poner las cosas en claro	have it out with
ponerse nervioso	get on one's nerves
por dentro	on the inside
por lo pronto	for the time being
por poder	by proxy
por si acaso	just in case
por todas partes	all over
porrista *mf*	cheerleader
posponer	put off
preparar (documentos)	draw up
prescindir (de)	do without
presentar	hand in, set forth
presentar hechos con suma claridad	bring into focus
presentarse	show up
presumir	show off
probar	try out
probarse (ropa, zapatos)	try on
producir	give off
proseguir	stick to
protegerse	hedge
provocar	stir up
psiquiatra *mf*	shrink
puñetazo *m*	punch
quedar bien	becoming
quedarse en casa	stay in
quitarse	grow out of, take off
realizar labores domésticas; poner casa	keep house
recoger	pick up
recordar	bear in mind, keep in mind, look back
recular	back up

recurrir	turn to
rechazar	turn down
refresco de raíces	root beer
rellenar	fill out
rendir	hand in
rendirse	give up
renuente al cambio	one-track-minded
repasar	look over
repentinamente	all at once, all of a sudden
representar	stand for
reprobar (un curso, materia)	flunk
resfriarse	catch a cold
resistir	hold out
resollar	take a breath
resolver	clear up
resultar	come about, turn out, work out
respetar	look up to
retirarse	back out
revelar un secreto	give away
rezagarse	fall behind
robo *m*	hold up
rodeo *m*	roundabout
romper	tear up
rufián *m*	thug
sacar	take out, throw out
sacar el mejor partido posible	make the best of
salir	set forth, set out, step out
salir a caminar	go out for a walk
salir a comer	go out for lunch
salirse con la suya	have one's own way
sano y salvo	safe and sound
seguir	stick to
seleccionar	pick out
sentirse explotado	feel put upon
señalar	point out
ser aficionado a	go in for
ser claro	stand to reason
ser engañado	be taken in
ser espectador	look on
ser fatuo-tua	be conceited
ser lógico	stand to reason
ser presumido -da	be stuck up
ser presuntuoso -sa	be stuck up
ser prominente	stand out
ser rico	be well off
ser timado	be stuck
ser válido	hold good
servir	hold good, wait on
sin la menor duda	clear-cut
sin más ni más	without more ado

sobresalir stand out, stick out
soltar let go of
soltarse break loose
solucionar clear up
soportar put up with
suceder come about
sucio slob
suelto at large
sujeto *m* guy
tal para cual two of a kind
taxista *mf* cabbie
tener aptitud be cut out for
tener compasión de take pity on
tener confianza en sí mismo believe in oneself
tener cuidado look out, watch out
tener éxito make good
tener ganas feel like
tener la lengua larga have a big mouth
tener prisa be in a hurry
tener probabilidad stand a chance
tener que ver con have to do with
tener talento be cut out for
tener una desavenencia fall out
terminar bring about
terminarse be up
tiempo libre time off
tipo *m* guy
tirar throw away
tiroteo *m* gunfight
tocarle a uno be one s turn
tolerar put up with
tomar las cosas con calma take it easy
tomar la delantera take the lead
tomar el pelo play tricks on, tease
tomarse la libertad take the liberty
tomar nota take down
tomar tiempo libre take time off
tonterías *fpl* hot air
toxicómano -na junkie
traer a colación bring up
traerse entre manos be up to (something)
transigir meet half-way
tratar acerca de deal with
tratar de talk over
tratar exclusivamente de negocios stick to business
travieso -sa wise-cracker
tropezar con run across
truco *m* hanky-panky
turnarse take turns
vender sell out
vengarse get even
venir a buscar call for
viajar con rapidez make good time
vigilar keep an eye on
visitar call at, call on, drop by
visitar inesperadamente drop in on
volcar turn over
voltear turn around
vomitar throw up

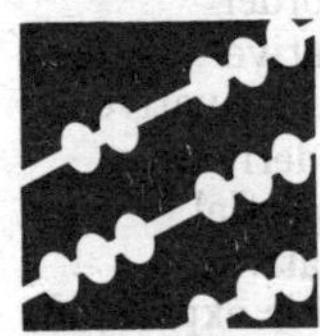

matemáticas
mathematics

abscisa *f*	abscissa
adición *f*	addition
adjunta de una matriz cuadrada	adjoint of a square matrix
ajuste de curvas	curve fitting
álgebra *m*	algebra
antiderivada *f*	antiderivative
antiderivada parcial	anti-partial derivative
anular	annulus
análisis combinatorio	combinatorial analysis
análisis de punto de equilibrio	break-even analysis
ángulo *m*	angle
ángulo agudo	acute angle
ángulo cuadrantal	quadrantal angle
ángulo de dirección	direction angle
ángulo de lados colineales	straight angle
ángulo mitad	half angle
ángulo obtuso	obtuse angle
ángulo recto	right angle
ángulos complementarios	complementary angles
ángulos coterminales	coterminal angles
ángulos suplementarios	supplementary angles
aplicación *f*	mapping
aplicación conforme	conformal mapping
aplicación isogonal	isogonal mapping
aplicar	map
aproximación parabólica	parabolic approximation
aproximación rectangular	rectangular approximation
aproximación trapezoidal	trapezoidal approximation

arco *m*	arc
área *m*	area
argumento de un número complejo	argument of a complex number
arista *f*	edge
aritmética *f*	arithmetic
arreglos *mpl*	arrays
asintota *f*	asymptote
axioma *m*	axiom
cálculo *m*	calculus, computation, circle
característica *f*	characteristic
centro *m*	center
centroide *m*	centroid
cero de una función	zero of a function
cerradura *f*	closure
cicloide *m*	cycloid
cifra *f*	cipher
cifras significativas	significant digits (figures)
cilindro *m*	cylinder
clase modal	modal class
cociente *m*	quotient
cociente de diferencias	difference quotient
coeficiente *m*	coefficient
cofactor *m*	cofactor
combinación *f*	combination
compleción *f*	completeness
complemento *m*	complement
completar el cuadrado	completing the square
componentes de un vector	components of a vector
composición de funciones	composition of functions
computación *f*	computation
concavidad *f*	concavity

condición inicial	initial condition
condiciones en la frontera	boundary conditions
conicoide	conicoid
conjunto *m*	set
conjunto no acotado	unbounded set
conjunto nulo	null set
conjunto poligonal	polygonal set
conjunto solución	solution set
conjunto universal	universal set
conjunto vacío	empty set
conjunto verdad	truth set
conjuntos ajenos	disjoint sets
cono *m*	cone
cono circular recto	right circular cone
cono elíptico	elliptic cone
continuación analítica	analytic continuation
continuidad *f*	continuity
convergencia absoluta	absolute convergence
convergencia condicional	conditional convergence
coordenada *f*	coordinate
coordenadas curvilíneas	curvilinear coordinates
coordenadas polares	polar coordinates
coplanar *m*	coplanar
coplanario *m*	coplanar
corchetes	brackets
corona *f*	annulus
correlación *f*	correlation
corte rama	branch cut
cosecante *m*	cosecant
coseno *m*	cosine
coseno director	direction cosine
cota *f*	bound
cota inferior	lower bound
cota superior	upper bound
cotangente *f*	cotangent
covariancia *f*	covariance
covarianza *f*	covariance
criba de Eratóstenes	sieve of Eratosthenes
cuadrado *m*	square
cuadrante *m*	quadrant
cuadrilátero *m*	quadrilateral
cuartil *m*	quartile
cubo *m*	cube
cuerda focal	focal chord
curva alabeada	twisted curve
curva de contorno	contour curve
curva de frecuencias	frequency curve
curva de tendencia	trend curve
curva suave	smooth curve
curvas integrales	integral curves
datos agrupados	grouped data

decil *m*	decile
decimal o de Briggs	common logarithm
denominador *m*	denominator
dependencia (independencia) lineal	linear dependence (independence)
derivabilidad *f*	differentiability
derivación *f*	differentiation
derivación implícita	implicit differentiation
derivada *f*	derivative
derivada de orden superior	higher order derivative
derivada implícita	implicit derivative
derivada parcial	partial derivative
derivada parcial mixta	mixed partial derivative
desarrollo asintótico	asymtotic expansion
desarrollo de un(a) determinante	expansion of a determinant
desigualdad *f*	inequality
desviación estándar	standard deviation
desviación media	mean deviation
determinante *mf*	determinant
diagrama de dispersión	scatter diagram
diferencia *f*	difference
diferenciabilidad *m*	differentiability
diferencial *f*	differential
directriz *f*	directrix
discontinuidad *f*	discontinuity
discriminante	discriminant
de frecuencias	
distribución	frequency distribution
distribución de probabilidad	probability distribution
distribución exponencial	exponential distribution
distribución jicuadrada	chi-square distribution
distribución normal	normal distribution
distribución normal estándar	standard normal distribution
distribución T	T distribution
distribución uniforme	uniform distribution
divergencia *f*	divergence
dividendo *m*	dividend
división *m*	division
divisor *m*	divisor
doblete *m*	doublet
dominio *m*	domain
dígitos significativos	significant digits
ecuación *f*	equation
ecuación característica	characteristic equation

ecuación cuadrática	quadratic equation
ecuación diferencial	partial differential equation
ecuación diferencial ordinaria	ordinary differential equation
ecuación diferencial parcial	partial differential equation
ecuación exponencial	exponential equation
ecuación fraccionaria	fractional equation
ecuación indicial	indicial equation
ecuación lineal	linear equation
ecuación paramétrica	parametric equation
ecuación polinomial	polynomial equation
ecuación polinómica	polynomial equation
ecuación trigonométrica	trigonometric equation
ecuaciones dependientes	dependent equations
ecuaciones equivalentes	equivalent equations
ecuaciones inconsistentes	inconsistent equations
ecuaciones independientes	independientes equations
ecuaciones simultáneas	simultaneous equations
eigenvalor *m*	eigenvalue
eigenvector *m*	eigenvector
eje	axis, axes
eje conjugado (de una hipérbola)	conjugate axis (of a hyperbola)
eje de simetría	axis of symmetry
eje imaginario	imaginary axis
eje imaginario (real)	imaginary (real) axis
eje mayor (de una elipse)	major axis (of an ellipse)
eje menor (de una elipse)	minor axis (of an ellipse)
eje normal	normal axis
eje polar	polar axis
eje real	real axis
eje transverso (de una hipérbola)	transverse axis (of a hyperbola)
ejes *m*	axis, axes
ejes coordenados	coordinate axes
ejes de coordenadas	coordinate axes
elemento de identidad	
elemento de un conjunto	number of a set
elevar al cuadrado	squaring
elevar al cubo	cubing
elipse *f*	ellipse
elipsoide	ellipsoid
entero *m*	integer
escalar *m*	scalar
esfera *f*	sphere
espacio muestra	sample space
espacio vectorial	vector space
esperanza matemática	mathematical expectation
estadística *f*	statistics
estimaciones sesgadas	biased estimates
estimador *m*	estimator
evento *m* **(estadístico)**	event
eventos mutuamente exclusivos	mutually exclusive events
excentricidad *f*	eccentricity
exponente *m*	exponent
exponente fraccionario	fractional exponent
expresión algebraica	algebraic expression
extrapolación *f*	extrapolation
extremo *m*	extremum, extrema
extremo absoluto	absolute extremum
extremo local	local extemum
	extremum, extrema
factor *m*	factor
factor de amplificación	magnification factor
factor primo	prime factor
factoración *f*	factoring
factorial	factorial
factorización *f*	factoring
foco	focus, foci
focos *m*	focus, foci
forma canónica	canonical form
forma indeterminada	indeterminate form
fracción compleja	complex fraction
fracción común	fraction
frecuencia acumulada	cumulative frequency
frecuencia de clase	class frequencv
frecuencia marginal	marginal frecuency
frecuencia relativa	relative frequency
frontera *f*	boundary
función *f*	function
función acotada	bounded function
función analítica	analytic function
función armónica	harmonic function
función beta	beta function
función compuesta	composite function
función continua	continuous function
función creciente	increasing function
función de área	area function
función de densidad de probabilidad	probability density function
función de error	error function

función de una (de varias) variable(s)	function of one (several) variable(s)
función de valores múltiples	multiple-valued function
función de valores simples	single-valued function
función decreciente	decreasing function
función diferenciable	differentiable function
función entera	entire function
función exponencial	exponential function
función gamma	gamma function
función generadora	generating function
función holomorfa	holomorphic function
función impar	odd function
función inversa	inverse function
función logística	logistic function
función multivaluada	multiple-valued function
función máximo entero	greatest integer function
función objetivo	objective function
función par	even function
función periódica	periodic function
función seccionalmente continua	piecewise continuous function
función senoidal	sine function
función trigonométrica	trigonometric function
función trigonométrica inversa	inverse trigonometric function
función univaluada	single-valued function
función uno a uno	one-to-one function
fórmula binomial	binomial formula
fórmula binómica	binomial formula
fórmula cuadrática	quadratic formula
fórmula del binomio	binomial formula
geometría *f*	geometry
geometría analítica	analytic geometry
gradiente *m*	gradient
grado *m*	degree
grado de un polinomio	degree of a polynomial
grados de libertad	degrees of freedom
gráfica *f*	graph
gráfica circular	circular graph
gráfica de barras	bar graph
graficar *f*	graph
hiperboloide *m*	hyperboloid
hiperboloide elíptico	elliptic hyperboloid
hipotenusa *f*	hypotenuse
hipérbola *f*	hyperbola
hipótesis alterna	alternative hypothesis
histograma *f*	histogram
identidad *f*	identity
i-ésimo	ith, nth, mth
igualdad *f*	equality
incremento *m*	increment
índice *m*	index
índice de sumatoria	index of summation
inducción matemática	mathematical induction
infinito *m*	infinity
integrable *mf*	integrable
integración *m*	integration
integración numérica	numerical integration
integrando *m*	integrand
integral *f*	integral
integral de contorno	contour integral
integral de línea	line integral
integral definida	definite integral
integral doble	double integral
integral impropia	improper integral
integral indefinida	indefinite integral
integral iterada	iterated integral
integral parcial	partial integral
interpolación *f*	interpolation
intersección *f*	intercept
intersección con el eje Y	Y-intercept
intersección con el eje X	X-intercept
intersección de conjuntos	intersection of sets
intervalo *m*	interval, range
intervalo de clase	class interval
intervalo de confianza	confidence interval
invariante *f*	invariant
inversa de una matriz	inverse of a matrix
inverso aditivo	additive inverse
inverso multiplicativo	multiplicative inverse
kernel *m*	kernel
kurtosis *f*	kurtosis
lado inicial	initial side
lado recto	latus rectum
lados rectos	latera recta
lema *f*	lemma
lemniscata *f*	lemniscate
ley asociativa	associative law
ley conmutativa	commutative law
ley de los cosenos	law of cosines
ley de los senos	law of sines
ley distributiva	distributive law
leyes de los exponentes	laws of exponents
llaves *fpl*	braces
logaritmo *m*	logarithm
logaritmo común	common logarithm
logaritmo natural	natural logarithm
logaritmo neperiano	naperian logarithm
longitud de arco	arc length

límite *m*	limit
límite unilateral	one-sided limit
límites de clase	class limits
línea *f*	line
m-simo	ith, nth, *m*th
mantisa *f*	mantissa
manto u hoja de un cono	nappe of a cone
mapear	map
mapeo *m*	mapping
mapeo conforme	conformal mapping
mapeo isogonal	isogonal mapping
marca de clase	class mark
matriz *f*	matrix
matriz acompañante	companion matrix
matriz antisimétrica	skew-symmetric matrix
matriz aumentada	augmented matrix
matriz compañera	companion matrix
matriz de coeficientes	coefficient matrix
matriz diagonal	diagonal matrix
matriz elemental	elementary matrix
matriz idempotente	idempotent matrix
matriz identidad	identity matrix
matriz simétrica	symmetric matrix
matriz triangular	triangular matrix
matriz unitaria	unitary matrix
máxima cota inferior	greatest lower bound
maximizar	maximize
máximo *m*	maximum
máximo común divisor	greatest common divisor
media *f*	mean
media aritmética	arithmetic mean
media geométrica	geometric mean
mediana *f*	median
medida angular	angular measure
medidas de tendencia central	measures of central tendency
miembros de una ecuación	members of an equation
mínima cota superior	least upper bound
minimizar	minimize
mínimo *m*	minimum
minuendo *m*	minuend
moda *f*	mode
modo *m*	mode
módulo *m*	modulus
momios *mpl*	odds
monomio *m*	monomial
muestra *f*	sample
muestra aleatoria	random sample
muestreo *m*	sampling
muestreo con (sin) reemplazo	sampling with (without) replacement
multiplicación *f*	multiplication
multiplicador *m*	multiplier
multiplicando *m*	multiplicand
método de los mínimos cuadrados	method of least squares
n-simo	ith, nth, *m*th
nivel de significación	level of significance
notación científica	scientific notation
notación de sumatoria	summation notation
numerador *m*	numerator
numeral *m*	numeral
núcleo *m*	kernel
número *m*	number
número complejo	complex number
número común denominador	lowest common denominator
número director	direction number
número imaginario	imaginary number
número imaginario puro	pure imaginary number
número índice	index number
número irracional	irrational number
número negativo	negative number
número primo	prime number, primer number
número racional	rational number
número real	real number
números aleatorios	random numbers
números naturales	natural numbers
octante *m*	octant
operación binaria	binary operation
operador laplaciano	Laplacian operator
optimización restringida	constrained optimization
óptimo *m*	optimum
oración abierta	open sentence
ordenada *f*	ordinate
ordenada al origen	Y-intercept
origen *m*	origin
parábola *f*	parabola
paraboloide elíptico	elliptic paraboloid
paraboloide hiperbólico	hyperbolic paraboloid
paralelogramo *m*	parallelogram
parámetro *m*	parameter
pareja ordenada	ordered pair
pareja ordenada de números	ordered pair of numbers
paréntesis *mpl*	parentheses
paréntesis rectangulares	brackets
partición *f*	partition
pendiente *m*	slope

percentil *m*	percentile
pirámide *f*	pyramid
plano *m*	plane
plano complejo extendido	extended complex plane
plano fase	phase plane
polinomio *m*	polynomial
polinomio trigonométrico	trigonometric polynomial
polo *m*	pole
polígono *m*	polygon
polígono convexo	convex polygon
positiva definida (semidefinida)	positive definite (semi-definite)
postulado *m*	postulate
potencia *f*	power
probabilidad *f*	probability
problema con condiciones en la frontera	boundary-value problem
problema enunciado	stated problem
producto *m*	product
producto cartesiano	cartesian product
producto cruz	cross product
producto escalar	scalar product doc product
producto interior	inner product
producto punto	dot product
producto vectorial	vector product
programación lineal	linear programming
progresión aritmética	arithmetic progression
progresión armónica	harmonic progression
progresión geométrica	geometric progression
promedio *m*	average
promedio ponderado	weighted average
proporción *f*	proportion
prueba de hipótesis	test of hypothesis
prueba de la primera (segunda) derivada	first (second) derivative test
punto *m*	point
punto crítico	critical point
punto de inflexión	inflection point
punto decimal	decimal point
punto medio	midpoint
punto silla de montar	saddle point
puntos extremos	end points
quebrado *m*	fraction
racionalización de una fracción	rationalizing a fraction
radián *m*	radian
radical *m*	radical
radicando *m*	radicand
radio *m*	radius, radii
radios *mpl*	radius, radii
radiovector *m*	radius vector
rango de una matriz	rank of a matrix
rango intercuartil	interquartile range
rapidez de cambio	rate of change
razón *f*	ratio
razón de cambio	rate of change
raíces (vectores) latentes	latent roots (vectors)
raíz *f*	root
raíz cuadrada *f*	square root
raíz cuadrática media	root mean square
rearreglo de series	rearrangement of series
recorrido *m*	range
recorrido intercuartil	interquartile range
recta *f*	line
recta secante	secant line
recta tangente	tangent line
rectas paralelas	parallel lines
rectas perpendiculares	perpendicular lines
recíproco *m*	reciprocal
recíproco de un número	reciprocal of a number
redondeo de un número	rounding off a number
región *f*	annulus
región anexa	connected region
región múltiplemente conexa	multiply-connected region
región simplemente conexa	simply-connected region
regla de la cadena	chain rule
regresión *f*	regression
relación *f*	relation
relación de equivalencia	equivalence relation
residuo *m*	remainder, residue
resultante *f*	resultant
rotacional *m*	curl
secante *m*	secant
sección cónica	conic section
segmento rectilíneo dirigido	directed line segment
semiplano *m*	half-plane
seno *m*	sine
serie	series
serie de potencia	power series
serie de signos alternos	alternating series
serie geométrica	geometric series
series *f*	series
sesgo *m*	skewness
sistema binario de numeración	binary number system

sistema de coordenadas cartesianas	cartesian coordinate system
sistema de coordenadas rectangulares	rectangular coordinate system
sistema de los números reales	real number system
situación de puntos	plotting points
subconjunto *m*	subset
sucesión *f*	sequence
sucesión (serie) monótona	monotonic sequence (series)
suma *f*	sum
sumando *m*	addend
sumatoria *f*	summation
superficie *f*	surface
superficie cilíndrica	cylindrical surface
superficie parabólica	parabolic surface
sustracción *f*	subtraction
sustraendo *m*	subtrahend
símbolo de agrupación	symbol of grouping
sólido de revolución	solid of revolution
tabla de conceptos	entry table
tabla de conteo	tally sheet
tabla de contingencia	contingency table
tabla de partidas	entry table
tabla de verdad	truth table
teorema de Pitágoras	Pythagorean theorem
teorema del límite central	central limit theorem
teorema del módulo máximo (mínimo)	maximum (minimum) modulus theorem
teorema del residuo	remainder theorem
teorema del valor medio	mean value theorem
teorema fundamental del cálculo	funndamental theorem of calculus
teorema inverso	converse theorem
teoría del muestreo	sampling theory
términos semejantes	similar terms
tetrahedro *m*	tetrahedron
transformación fraccionaria lineal	fractional linear transformation
transpuesta de una matriz	transpose of a matrix
trapecio *m*	trapezoid
traza de una superficie	trace of a surface
trazo de gráficas	plotting graphs
triángulo *m*	triangle
triángulo oblicuángulo	oblique triangle
triángulo rectángulo	right triangle
trigonometría *f*	trigonometry
trinomios cuadráticos	quadractic trinomials
tríangulos semejantes	similar triangles
unicidad *f*	uniqueness
unión de conjuntos	union of sets
valor absoluto	absolute value
valor acumulado	cumulative value
valor característico	eigenvalue
valor de una función	value of a function
valor esperado	expected value
valor propio	eigenvalue
variable aleatoria	random variable, variate
variable compleja	complex variable
variable continua	continuous variable
variable dependiente	dependent variable
variable discreta	discrete variable
variable estandarizada	standardized variable
variable (proceso) estocástica (o)	stochastic variable (process)
variable independiente	independent variable
variable muda	dummy variable
variancia *f*	variance
varianza *f*	variance
vecindad	neighborhood
vecindad restringida	deleted neighborhood
vector *m*	vector
vector característico	eigen vector
vector de posición	position vector
vector propio	eigen vector
vector unitario	unit vector
vértice *m*	apex, vertex
volumen *m*	volume

medicina
medicine

acceso *m*	access	**aséptico -ca**	aseptic
acceso de tos	coughing fit	**astrágalo** *m*	astragalus
achaque *m*	ailment	**ataque** *m*	attack, fit
acostarse	take to one's bed	**axila** *f*	armpit, axilla
acupuntura *f*	acupuncture	**barro** *m*	blackhead, pimple
afección *f*	affection, disease	**bazo** *m*	spleen
alopatía *f*	allopathy	**bisturí** *m*	bistoury
ampolla *f*	blister	**bronquitis** *f*	bronchitis
amputación *f*	amputation	**bulbo** *m*	medulla
anatomía *f*	anatomy	**cabestrillo** *m*	sling
anemia *f*	anaemia, anemia	**calcáneo** *m*	calcaneus
anestesia *f*	anaesthesia, anesthesia	**calentura** *f*	fever
		callo *m*	callus
anestesiólogo *m*	anesthesiologist	**callo** *m* **(en los pies)**	corn
anestesista *m*	anesthetist	**callosidad** *f*	callosity
angina de pecho	angina pectoris	**cáncer** *m*	cancer
antebrazo *m*	forearm	**cardenal** *m*	bruise
apéndice *m*	appendage, appendix	**carpo** *m*	carpus
apendectomía *f*	appendectomy, appendicectomy	**cartílago tiroideo**	thryroid cartilage
		caso *m*	case
apendicectomía	appendicectomy	**catarro** *m*	catarrh, cold
apendicitis *f*	appendicitis	**catgut** *m*	catgut
apepsia *f*	apepsy	**cayado de la aorta**	aortic arch
apósito *m*	dressing	**cerebro** *m*	brain
apósitos *mpl*	bandages	**ciática** *f*	sciatica
arco aórtico	aortic arch	**cicatriz** *f*	scar
arteria bronquial	bronchial artery	**cicatrización** *f*	cicatrization
arteria carótida	carotid artery	**cirugía** *f*	surgery
arteria iliaca	iliac artery	**cirugía estética**	plastic surgery
arteria mesentérica superior	superior mesenteric artery	**cirugía plástica**	plastic surgery
		cirujano *m*	surgeon
arteria pulmonar	pulmonary artery	**clavícula** *f*	clavicle, collarbone
arterias coronarias	coronary arteries	**clínica** *m*	clinic
arterias pulmonares	pulmonary arteries	**cóccix** *m*	coccyx
arteria subclavia	subclavian artery	**codo** *m*	elbow
artritis *f*	arthritis	**cólera** *m*	cholera
asepsia *f*	asepsis	**columna vertebral**	backbone, spine

coma *m* coma
compresa *f* compress
conmoción *f* (cerebral) concussion
constipado *m* cold
consultorio médico doctor's office
contagio *m* contagion
contusión *f* bruise, contusion
corazón *m* heart
costillas *fpl* ribs
costra *f* scab
coxal *m* hip bone
cráneo *m* skull
cúbito *m* ulna
cuboides *m* cuboid
cura *f* cure
curación *f* cure
chichón *m* bump, swelling
chipote *m* bump, swelling
daño *m* injury
dedos de las manos fingers
dedos de los pies toes
dentista *m* dentist
desmayo *m* faint
diafragma diaphragm
diagnóstico *m* diagnosis
dieta *f* diet
doctor -ra doctor
dolencia *f* complaint
dolor *m* pain
duodeno *m* duodenum
eccema *m* eczema
empeine *m* instep
encamarse take to one's bed
enfermedad *f* disease
enfermedad leve slight illness
enfermera *f* nurse
enfermizo -za sickly
enfermo -ma sick person
enyesado *m* plaster
epidemia epidemic
epidémico epidemic
epidérmico -ca epidermal, epidermic
epidermis *f* epidermis
epífisis *f* epiphysis
epigastrio *m* epigastrium
epiglotis *f* epiglottis
epilepsia *f* epilepsy
epitelio *m* epithelium
epitelioma *m* epithelioma
equimosis *f* bruise, echymosis
erisipela *f* erysipelas
erupción *f* eruption, rash
escalofrío *m* chill
escalpelo *m* scalpel
escarlatina *f* scarlet fever
escayola *f* plaster

esclerosis *f* sclerosis
esguince *m* sprain
esparadrapo *m* sticking plaster
espina dorsal backbone, spine
espinilla *f* blackhead
esqueleto *m* skeleton
estar enfermo be ill, be sick
estar mareado feel sick
esternón *m* breastbone, sternum
estetoscopio *m* stethoscope
estómago *m* stomach
estornudar sneeze
exantema *m* rash
falanges *fpl* phalanges
faringitis *f* pharyngitis
fémur *m* femur
fiebre *f* fever
fiebre amarilla yellow fever
fiebre de Malta Malta fever
fiebre palúdica swamp fever, malaria
fractura *f* fracture
frontal *m* frontal bone
furúnculo *m* boil, furuncle
gangrena *f* gangrene
gasa *f* gauze
ginecólogo *m* gynecologist
glándula suprarrenal adrenal gland, suprarenal gland
gota *f* gout
grano *m* pimple, spot
gripe *f* flu
hemiplejía *f* hemiplegia, hemiplegy
herida *f* wound
herpes zóster *m* shingles
hígado *m* liver
higiene *f* hygiene
hilo de tripa de gato catgut
hinchazón *f* swelling
homeópata *m* homeopath
homeopatía *f* homeopathy
hospital *m* hospital
hueso iliaco ilium
húmero *m* humerus
ictericia *f* icterus, jaundice
iliaco *m* hip bone
incubación *f* incubation
indigestión *f* indigestion
indisposición *f* indisposition, slight illness
indispuesto -ta indisposed, unwell
infarto de miocardio miocardial infaction
injerto *m* graft
instrumental *m* instruments
intervención *m* operation
intestinos *mpl* intestines
iris *m* iris

isquión *m*	ischium
jaqueca *f*	migraine, splitting headache
lesión *f*	injury, lesion
leucemia *f*	leukemia
ligadura *f*	ligature
llaga *f*	wound
lóbulo *m*	lobe
locura *f*	insanity
malaria *f*	malaria
mancha facial	face spot
mandíbula *f*	mandible
maxilar *m*	maxilla
maxilares *mpl*	jawbones
maxilar inferior	mandible
maxilar superior	maxilla
medicina *f*	medicine
medicina forense	forensic medicine
medicina legal	forensic medicine
médico *m*	doctor
médico -ca	physician
médico de cabecera	family doctor
médico familiar	family doctor
médula *f*	marrow
médula oblongada	medulla oblongata
megalocéfalo -la	magalocephalous, megalocephalic
mejorar	get better, improve
metacarpo *m*	metacarpus
metatarso *m*	metatarsus
migraña *f*	migraine, splitting headache
miocardio *m*	myocardium
moretón *m*	bruise
muletas *fpl*	crutches
muñeca *f*	wrist
músculo *m*	muscle
músculo psoas	psoas muscle
muslo *m*	thigh
neoplasia *f*	tumor
neumonía *f*	pneumonia
neuralgia *f*	neuralgia
neurastenia *f*	neurasthenia
neurólogo *m*	neurologist
nuca *f*	nape
occipital *m*	occipital bone
oculista *f*	oculist
odontólogo *m*	odontologist
oftalmólogo *m*	ophthalmologist
omóplato *m*	scapula, shoulder blade
operación *f*	operation
órbita *f*	orbit
órganos internos	insides
orificio uretral	urethral orifice
paciente *m*	patient
paludismo *m*	malaria, swamp fever
páncreas *m*	pancreas
pantorrilla *f*	calf
paperas *fpl*	mumps
parálisis *f*	paralysis
parálisis infantil	poliomyelitis
parietal *m*	parietal bone
parotiditis *f*	mumps
párpado *m*	eyelid
parte postero superior	ilium
partero *m*	obstetrician
pediatra *mf*	pediatrician, pediatrist
pelvis renal	pelvis of the kidney
perder el conocimiento	lose consciousness
peritonitis *f*	peritonitis
peroné *m*	fibula
piel *f*	skin
planta del pie	sole
poliomielitis *f*	poliomyelitis
postilla *f*	scale
prurito *m*	itch
psiquiatra *m*	psychiatrist
pubis *m*	pubis
pulmones *mpl*	lungs
pulmonía *f*	pneumonia
puntos *mpl*	stitches
pupila *f*	pupil
quirófano *m*	operating theatre
quiropráctico *m*	chiropractor
quiropráctica *f*	chiropractic
rabia *f*	rabies
radio *m*	radius
radiografía *f*	X-ray
raquis *m*	spine
raquitismo *m*	rachitis, rickets
rayos X *m*	X-ray
recaída *f*	relapse
recto *m*	rectum
régimen *m*	diet
resfriado *m*	cold
reumatismo *m*	rheumatism
riñones *mpl*	kidneys
rodilla *f*	knee
roña *f*	mange, scab
rótula *f*	kneecap
rubéola *f*	rubella, German measles
rótula *f*	patella
sabañón *m*	chilblain
sacro *m*	sacrum
sala de hospital	hospital ward
sala de operaciones	operating theatre
salud *f*	health

saludable	healthy
sano -na	healthy, wholesome
sarampión *m*	measles
sarna *f*	scabies
sentirse mal	feel sick
septicemia *f*	septicemia, septicaemia
servicios médicos	medical services
S.I.D.A (Síndrome de Inmunodeficiencia Adquirida)	A.I.D.S (Acquired Immunodeficiency Syndrome)
sífilis *f*	syphilis
sillón de dentista	dentist's chair
síncope *m*	syncope
sínfisis del pubis	pubic symphysis
síntoma *m*	symptom
sinusitis *f*	sinusitis
sondeo *m*	probing, sounding
subcostal	subcostal
talón *m*	heel
tarso *m*	tarsus
tela adhesiva	sticking plaster
temporal *m*	temporal bone
tétanos *m*	tetanus
tibia *f*	tibia
tifus *m*	typhus
tisis *f*	phthisis
tobillo *m*	ankle
tocólogo *m*	obstetrician, tocologist
torcedura *f*	sprain, twist
torcerse	sprain
tortícolis *f*	stiff neck, torticollis
torunda *f*	gauze
tosferina *f*, **tos ferina**	whooping cough
transfusión de sangre	blood transfusion
tráquea *f*	trachea, windpipe
traqueotomía *f*	tracheotomy
trasplante *m*	graft, transplant
trastorno *m*	disease
tratamiento *m*	treatment
trepanación *f*	trepanation
trombosis *f*	thrombosis
tronco braquiocefálico	brachiocephalic trunk
tronco celiaco	coeliac artery
tuberculosis *f*	tuberculosis
tumor *m*	tumor, tumour
úlcera *f*	ulcer
uréter *m*	uréter
uretra *f*	urethra
urticaria *f*	hives, urticaria
vacunarse	get vaccinated
varicela *f*	chicken pox; varicella
vejiga *f*	bladder
vena cava inferior	inferior vena cava
vena cava superior	superior vena cava
vena iliaca	iliac vein
vena mesentérica superior	superior mesenteric vein
vena porta	portal vein
venas coronarias	coronary veins
venas pulmonares	pulmonary veins
vena subclavia	subclavian vein
vena yugular externa	external jugular vein
vena yugular interna	internal jugular vein
venda *f*	bandage
vendaje *m*	bandage, dressing
ventrículo *m*	ventricle
verruga *f*	wart
vértebras *fpl*	vertebrae
vértigo *m*	dizziness, vertigo
vesícula biliar	gall bladder
viruela *f*	smallpox
zona *f*	shingles, zone

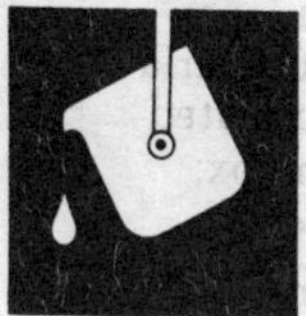

mineralogía y metalurgia
mineralogy and metallurgy

aceite lubricante	lubricating oil
acería *f*	steelworks
acero *m*	steel
acero aleado	alloy steel
acero al níquel	elinvar
acero bruto	crude steel
acero colado	cast steel
acero de aleación	alloy steel
acero de alta velocidad	high-speed steel
acero dulce	soft steel, mild steel
acero duro	hard steel
acero eléctrico	electric steel
acero fundido	ingot steel
acero inoxidable	stainless steel
acero moldeado	moulded steel
acero refractario	refractory steel
acero rápido	high-speed steel
ademe *m*	prop
afinación *f*	refining
afinado *m*	refining
afloramiento *m*	outcrop
agua del suelo	soil water
agua freática	ground water
alambre *m*	wire
alambrón *m*	wire rod
aleación *f*	alloy
alto horno	blast furnace
alúmina *f*	alumina
amalgamación *f*	amalgamation
anegamiento *m*	flooding
antracita *f*	anthracite, coal
apuntalamiento *m*	propping, shoring
apuntalar	prop
árbol de Navidad	Christmas tree
arcilla *f*	clay
arcillera *f*	clay pit
arco *m*	arch
arenisca *f*	sandstone
artesa *f*	trough
arrabio *m*	cast iron, pig iron
asfalto *m*	asphalt
asfixia *f*	asphyxia
bancada *f*	bed
banco de estirar	drawbench
banda *f*	coiled sheet
barra perfilada	profiled bar
barras de hierro redondas	round iron
barrena *f*	auger, borer, drill
barrena de diamante	diamond bit
barrena de rodillos	roller bit
barrenador -ra	auger, borer
barrenadora *f*	drilling machine
barreno *m*	blast hole
barreta *f*	jumper
batea *f*	pan
bauxita *f*	bauxite
bebedero *m*	trough
benceno *m*	benzene
bigotera *f*	slag notch
bocamina *f*	mine entrance, pithead
bolsa *f*	pocket
bóveda *f*	arch, roof
broca *f*	drill
broca del taladro	drill bit
buque cisterna	oil tanker, tank truck, tanker
caballete portapoleas	crown block
cabeza giratoria para inyección de barro	swivel
calcinación *f*	calcination

caldeo *m*	heating
caldero de colar	ladle
calentamiento *m*	heating
cambiador de calor	heat exchanger
camión cisterna	tank truck, tanker
campo *m*	field
campo carbonífero	coal field
campo petrolífero	oil field
cantera *f*	quarry
cantero *m*	stonemason
capa *f*	bed, layer,
carburación *f*	carburization
carburante *m*	fuel
carbón de piedra o mineral	coal
carga *f*	charge, charging, loading
cargador -ra	charger
carro tanque	tank truck, tanker
castina *f*	limestone flux
cementación *f*	cementation, case hardening
cementación al carbono	carburization
cementar	caseharden, fritting sintering
cementita *f*	cementite
changote *m*	bloom
chapa *f*	plate
chapa ondulada	corrugated iron
chatarra *f*	scrap iron
chimenea *f*	stack
colado *m*	casting
colar	cast
colector de polvo	dust catcher
columna de destilación	distillation column
combustible *m*	fuel
compresor -ra	compressor
convertidor *m*	converter
coque *m*	coke
coquería *f*	coking plant
coquificación *f*	cocking
coquización *f*	coking
coquizadora *f*	cocking plant
corte *m*	section
craqueo *m*	cracking
creta *f*	chalk
criolita *f*	cryolite
crisol *m*	crucible
cristal *m*	crystal
crucero *m*	cleavage
cuarzo *m*	quartz
cuba *f*	stack
cubilote *m*	cupola
cucharón *m*	ladle
cuña *f*	wedge
dado *m*	die
defecto *m*	fault
densidad relativa	specific gravity
depuración *f*	purification
depurador *m*	washer
depurador de gases	gas purifier
depósito *m*	reservoir
derrumbamiento *m*	cave-in
derrumbe *m*	cave-in
desbardado *m*	trimming
desbastamiento *m*	trimming
desbaste *m*	bloom
descalzadora *f*	undercutter
descarburación *f*	decarbonization, decarburization
desprendimiento de tierra	landslide
destilación	cracking
destilación fraccionada	fractional distillation, cracking
diseño de herramientas	tooling
electrólisis *f*	electrolysis
electrometalurgia *f*	electrometallurgy
elinvar *m*	elinvar
embutición *f*	stamping, swaging
embutido *m*	pressing
embutir	swage
encofrado *m*	lining, timbering
endurecimiento *m*	hardening
endurecimiento superficial	case hardening
enfriamiento *m*	cooling
entabladura *f*	planking
entibación *f*	propping, shoring
entibación con madera	timbering
entibar	prop
escombrera *f*	tip
escoria *f*	slag
escorial *m*	slag heap
escorificación *f*	scorification, slagging
estampación *f*	stamping
estampado *m*	stamping
estampar	swage
estaño *m*	tin
estañado *m*	tinning
estirado *m*	drawing
estirado de alambres	wiredrawing
estiraje *m*	drawing
estrato *m*	bed, laver stratum
etalaje *m*	bosh
excavación *f*	excavation

exfoliación *f*	exfoliation
exploración preliminar	prospecting
explosión de grisú	firedamp explosion
explosivo *m*	explosive
explotación a cielo abierto	open-air working
explotación de canteras	quarrying
extracción *f*	extraction
extracción de núcleos	sampling
extrudir	extrude
extrusión *f*	extrusion
ferrita *f*	ferrite
filón *m*	vein
filón aurífero	gold reef
fleje *m*	metal strip, metal band
flotación *f*	flotation, floatation
fábrica de acero	steel mill
fábrica de laminación	rolling mill
fogón *m*	hearth
forja *f* **(fundición)**	forge
forjado *m*	forging
forjado en estampa	stamping
forroníquel *m*	ferronickel
fragua *f* **(horno)**	forge
fresado *m*	milling
fritaje *m*	fritting, sintering,
fundente *m*	flux, melting
fundente calcáreo	limestone flux
fundición *f*	foundry
fundición de acero	steelworks
fundición de hierro	ironworks
fundidora *f*	foundry
fundidora de hierro	ironworks
fusión *f*	fusion, smelting
galería *f*	gallery
gambusino *m*	prospector
gamella *f*	pan
ganga *f*	gangue
gas natural	natural gas
gaseamiento *m*	gassing
gasoducto *m*	pipeline
gasóleo *m*	gas oil
gasolina *f*	gasoline, petrol
gasolina de alto octanaje	high-octane gasoline
granito *m*	granite
grava *f*	gravel
gravilla *f*	grits
gredal *m*	clay pit
hematita *f*	hematite, haematite
hematites *fpl*	hematite, haematite
hidrocarburo *m*	hydrocarbon
hierro angular	angle iron
hierro colado	cast iron
hierro dulce	soft iron
hierro en lingotes	pig iron
hierro forjado	wrought iron
hierro pudelado	puddled iron
hierro redondo	round iron
hilera *f*	drawplate drawbench
hogar *m*	hearth
hojalata *f*	tinplate
horadación *f*	boring
horno alto	blast furnace
horno de cuba	shaft furnace
horno de cubilote	cupola furnace
horno de mufla	muffle furnace
horno de refinación	refining furnace
horno de reverbero	reverberatory furnace
horno de solera abierta	open-hearth furnace
horno de tostadillo	reverberatory furnace
horno rotatorio	rotary furnace
hulla *f*	coal
industria del hierro y el acero	iron and steel industry
industria siderúrgica	iron and steel industry
ingeniero de minas	mining engineer
insuflar	insufflate
intoxicación con grisú	gassing
inundación *f*	flooding
inyectar	inject
inyector *m*	tuyeere, nozzle
jaula del laminador	rolling-mill housing
laboreo *m*	mining
laboreo hidráulico	hydraulicking
labrado con herramientas	tooling
labrado con máquinas	machining
lámina acanalada	corrugated iron
lámina enrollada	coiled sheet
laminación *f*	rolling
laminado *m*	rolling
laminador -ra preliminar	blooming mill
lecho *m*	pig bed, layer, stratum
lignito *m*	lignite
limo *m*	loam
lingote de arrabio	cast iron ingot
lingote de hierro	iron ingot
lingotera *f*	ingot mold
lingotero	pig bed
lumbrera *f*	air vent
lámina *f*	sheet

lámpara de Davy	miner's safety lamp
lámpara de seguridad	miner's safety lamp
macla *f*	twining
maclaje *m*	twining
malacate *m*	capstar, hoist
mampostero *m*	stonemason
maquinado *m*	machining
marga *f*	loam, marl
martillo de pilón	pile hammer
martinete *m*	drop hammer
matriz *f*	die
matrizado *m*	die casting
mena *f*	ore, mineral
mena férrea	iron ore
metalurgia de polvos	powder metallurgy
metalurgia *f*	metallurgy
mezclador basculante	tilting mixer
mezcladora de volteo	tilting mixer
mina *f*	mine
mina de carbón	coal mine, colliery
mineral *m*	mineral
mineral férreo	iron ore
mineralogía *f*	mineralogy
minería *f*	mining
minería a cielo abierto	open-pit mining
minero *m*	miner
minero *m* **(del carbón)**	collier
modelado *m*	patternmaking, patterning, modeling
molde *m*	mold, mould
moldeado *m*	molding, moulding
moldeamiento *m*	molding, moulding
montacargas *m*	hoist
muestra *f*	sample
muestreo *m*	sampling
mufla *f*	muffle
mármol *m*	marble
nafta *f*	gasoline, petrol
nitruración *f*	nitriding
nivel *m*	level
nivel freático	water table
núcleo *m*	sample
núcleo de perforación	core sample
octanaje *m*	octane number, octane rating
olefina *f*	olefin
oleoducto *m*	pipeline
orificio de colada	taphole
pala *f*	shovel
palastro *m*	sheet iron
parafina *f*	paraffin
pedrera *f*	quarry
pepita de oro	gold nugget
perfil *m*	shape
perforación *f*	sampling drilling
perforación en barrena	rotary drilling
perforación exploratoria	wildcat
perforación por percusión	percussive drilling
perforación rotatoria	rotary drilling
perforación submarina	offshore drilling
perforadora *f*	drill
perlita *f*	pearlite
petrología *f*	petrology
petróleo *m*	oil
petróleo crudo	crude oil
petróleo sin refinar	crude oil
pica *m*	pick
picapedrero *m*	stonecutter
pico *m*	pick
piedra *f*	stone
piquera *f*	drawhole, iron notch
piso *m*	floor, level
piso de corte	working face
pizarra *f*	slate
plancha *f*	plate
planquilla *f*	billet
planta de coquificación	coking plant
plataforma giratoria	turntable, rotary table
polea móvil	travelling block
polea viajera	travelling block
polimerización *f*	polymerization
pozo *m*	well
pozo de extracción	winding shaft, hoisting shaft
precalentamiento *m*	preheating
prensa *f*	press
prensado *m*	pressing
preparación de menas	ore dressing
producto elaborado	finished product
producto semielaborado	semifinished product
producto semiterminado	semifinished product
producto terminado	finished product
productos férreos	ferrous products
productos petroquímicos	petrochemicals
prospección *f*	prospecting
prospector *m*	prospector
pudelado *m*	puddling
puesto de bombeo	pumping station
pulverización *f*	pulverization
puntal *m*	prop

quebradora *f*	crusher
quemador *m*	burner
queroseno *m*	kerosene
raspaduras *fpl*	shavings
recocer	anneal
recocido *m*	annealing
reducción *m*	reduction
refinación *f*	refining
refinería *f*	refinery
reformación *f*	re-forming
refundición *f*	remelting
regenerador *m*	regenerator
respiradero *m*	air vent
retorta *f*	retort
revenido *m*	tempering
revenir	temper
revestimiento de ladrillo refractario	firebrick lining
revestimiento de una mina	lining
roca *f*	rock
rodillo *m*	roller
sangría *f*	tapping
separación *f*	separation
sinterización *f*	fritting, sintering
sinterizar	frit
socavadora *f*	undercutter
sofocación *f*	suffocation
soldadura autógena	autogenous welding, welding
soldadura blanda	soldering
soldadura dura	brazing
soldadura fuerte	brazing
soldadura por arco	arc welding
soldadura por fusión	welding
solera *f*	crucible, floor
sondeo *m*	boring
sopladura *f*	blowhole
soplete *m*	blowpipe
suajado *m*	swaging
suajar	swage
supercarburante *m*	high-grade gasoline
superficie de trabajo	working face
taladrador -ra	auger, border
taladro *m*	auger, borer
tanque *m*	reservoir
tanque de almacenaje	storage tank
templado *m*	tempering
templar	temper
temple *m*	case hardening, temper
tendido de conductos	pipe laying
testigo de perforación	core sample
tiro de extracción	winding shaft, hoisting shaft
tiro de ventilación	ventilation shaft
tobera *f*	nozzle, tuyeere
tocho *m*	iron ingot
tolva *f*	chute, hopper
torneado *m*	turning
torre de fraccionamiento	fractioning tower
torre de perforación	derrick
tostación *f*	fritting , sintering
tostar	frit
tragante *m*	mouth, throat
trampa *f*	trap
trefilado *m*	wiredrawing
trépano *m*	drill bit, roller bit
trépano de diamante	diamond bit
trituradora *f*	crusher
troquel *m*	die
troquelado *m*	stamping
tubería de perforación	drill pipe
tubería de salida de gases	downcomer
tubo de perforación	drill pipe
turba *f*	peat
turbera *f*	peat bog
turbocompresor -ra	turbocompressor
vacante *f*	vacancy
vaciado *m*	casting
vaciado en matriz metálica	die casting
vaciado en molde metálico	die casting
vaciador *m*	emptier
vaciar	cast
vagón cisterna	tank car
vagoneta *f*	skip, truck
varilla *f*	rod
vástago de perforación	drill stem
vena *f*	vein
veta *f*	pocket, vein
vientre *m*	belly
virutas flp	shavings
yacimiento *m*	deposit, field
yeso *m*	gypsum
zapapico *m*	pick

música
music

acorde *m* chord
acordeón *m* accordion
acústica *f* acoustic
adagio *m* adagio
afinar tune
alegreto *m*, **allegretto** *m* allegretto
alegro *m*, **allegro** *m* allegro
altavoz *m* loudspeaker, speaker
amplificador *m* amplifier
animar, alegrar jazz up
arco *m* bow
aria *m* aria
armonía *f* harmony
armónica *f* harmonica, mouth organ
armonio *m* harmonium, reed organ
armonioso -sa harmonious
arpa *f* harp
arpa eolia Aeolian harp
arpegiar arpeggio
arpegio *m* arpeggio
arreglar para jazz jazz up
atril *m* music stand
baile folklórico folk dance
bajo *m* bass
balada *f* ballad
balalaica *f* balalaika
banda *f* band
bandurria *f* mandola, mandora
banjo *m* banjo
bandoneón *m* concertina
banyo *m* banjo
barítono *m* baritone
batería drums
batuta *f* baton
becuadro *m* natural sign
bemol *m* flat
bemolado -da flat, lowered a semitone
blanca *f* half note
blues *m* blues
bombo *m* bass drum
boquilla mouthpiece
bordón *m* **(cuerda)** bass string
caballete *m* bridge
cadencia *f* cadence
caja de música music box
caja de resonancia sound box
calderón *m* pause
calipso *m* calypso
canción *f* song
canción de cuna lullaby
cantante *mf* singer
cantante de ópera opera singer
cantata *f* cantata
cántico *m* canticle
canto *m* singing
canto y baile flamenco flamenco
capricho *m* capriccio, caprice
caramillo *m* reed, pipe, shawm
castañuelas *fpl* castanets
cavatina *f* cavatina
ceja *f* capotasto, nut
cejilla *f* capotasto, nut
cilindro *m* barrel organ
cítara *f* zither
clarín *m* bugle
clarín (del órgano) clarion
clarinete *m* clarinet
clarinetista *mf* clarinetist, clarinettist

clarinista *mf*	bugler
clave *m*	harpsichord
clavecín *m*	harpsichord
clave de do	C clef: alto clef, tenor clef
clave de fa	F clef: bass clef
clave de sol	G clef, treble clef
clavicordio *m*	harpsichord
comedia musical	musical, musical comedy
compás *m*	bar, time, rhythm
compás de tres por cuatro	three-four time
concierto *m*	concerto
conjunto de música popular	pop group
conjunto jazz	jazz band
contrabajo *m*	contrabass, double bass
contrafagot *m*	double bassoon
contrafuga *f*	counterfugue
contralto *f*	contralto
contrapunto *m*	counterpoint
coral *f*	choral society
corchea *f*	eighth note, quaver
corneta *f*	cornet
cornetín *m*	cornet
corno *m*	horn
corno inglés	English horn, horn
coro *m*	choir, chorus
crótalos *mpl*	castanets
cuarteto *m*	quartet, quartette
cuerda *f*	string
cuerdas *fpl*	strings
D	re
desafinado -da	out of tune
descanso *m*	rest
desentonado -da	out of tune
diapasón *m*	diapason, range, tuning fork
diatónico -ca	diatonic
diesi *m*	sharp
digitación *f*	digitation, fingering
director -ra	conductor
disonancia *f*	disharmony, dissonance
disonante	discordant, dissonant
do	C
doble bemol	double flat
dodecafonía *f*	dodecaphony
dodecafónico -ca	dodecaphonic
dodecafonismo *m*	dodecaphony
dueto *m*	duet
dúo *m*	duo
embocadura *f*	mouthpiece
en sordina	muted
entonar	intone
entonatorio *m*	book of sacred music
escala *f*	scale
escala diatónica	diatonic scale
ese *f*	sound hole
estilo de jazz	blues
estrado *m*	rostrum
estribillo *m*	chorus
fa	F
fagot *m*	bassoon
fantasía *f*	fantasy
flauta *f*	flute
flauta de Pan	pipes of Pan
flauta travesera	German flute, transverse flute
flautín *m*	piccolo
flautista *mf*	flautist, flutist
fuga *f*	fugue
fusa *f*	demisemiquaver, hemidemisemiquaver, thirty-second note
gaita *f*	bagpipes
gama *f*	scale
género musical	musical form
gran ópera	grand opera
guitarra *f*	guitar
guitarra eléctrica	electric guitar
guitarrista *mf*	guitarist
guitarrón *m*	large guitar
himno *m*	anthem, hymn
instrumento de cuerdas	string instrument
instrumento de madera	woodwind instrument
instrumento de percusión	percussion instrument
instrumento de viento	wind instrument
instrumentos de arco	bowed instruments
instrumentos de lengüeta *f*	reed instruments
instrumentos de metal	brass instruments
instrumentos de teclado	keyboard instrument
interludio *m*	interlude
intermedio *m*	interlude, intermezzo
intermezzo *m*	intermezzo
interpretación *f*	interpretation, performance, lowered a semitone
intérprete *mf*	player
jazz *m*	jazz
la	A
larghetto *m*	larghetto
largo *m*	largo

laúd *m*	lute
lengüeta *f*	reed
letra *f* **(de la música vocal)**	lyrics, words
lira *f*	lyre
macillo *m*	hammer
magnavoz *m*	loudspeaker, speaker
mandolina *f*	mandolin, mandoline
mandora *f*	mandola
maraca *f*	maraca
marimba *f*	marimba
martinete *m*	hammer
mástil *m*	neck
mayor	major
melodía *f*	melody
melódico -ca	melodic
melodión *m*	melodeon
melodioso -sa	melodious
melodista *mf*	melodist
melómano -na	music lover
menor	minor
metales *mpl*	brass instruments
metrónomo *m*	metronome
mezzosoprano *f*	mezzosoprano
mi	E
mínima *f*	minim
modelar	modulate
modulación *f*	modulation
modular	modulate
motete *m*	motet
música *f*	music
música andina	Andean music
música barroca	baroque music
música de cámara	chamber music
música electrónica	electronic music
música instrumental	instrumental music
musicalidad *f*	musicality, musicalness, musicianship
música litúrgica	sacred music
música llana	plainsong
música pop	pop music
música religiosa	sacred music
música sacra	sacred music
música vocal	vocal music
músico *m*	musician, player
músico de jazz	jazz men
músicos de jazz	jazzman
musicógrafo -fa	musicographer
musicología *f*	musicology
musicólogo -ga	musicologist
negra con puntillo	dotted, dotted crotchet, quarter note
nota	key

obertura *f*	overture
oboe *m*	oboe
obra *f*	opus
ópera *f*	opera
ópera bufa	opera buffa
ópera cómica	comic opera, opéra comique
ópera semiseria	light opera
opereta *f*	operetta
operístico -ca	operatic
opus *m*	opus
oratorio *m*	oratorio
organillo *m*	barrel organ
órgano *m*	organ
orquesta *f*	orchestra
orquesta filarmónica	philharmonic orchestra
orquestar	score
orquesta sinfónica	symphony orchestra
palillo *m*	drumstick
pandereta *f*	small tambourine
pandero *m*	tambourine
papel pautado	music paper
partitura *f*	score, sheet music
pasacalle *m*	passacaglia
pausa *f*	rest
pedal *m*	pedal
pentagrama *m*	staff, stave
piano *m*	piano
piano de cola	grand piano
piano de concierto	grand piano
pianola *m*	pianola
piccolo *m*	piccolo
pistón *m*	piston
platillos *mpl*	cymbals
plectro *m*	plectrum
preludio *m*	prelude
prima *f* **(cuerda)**	first string
púa *f*	plectrum
puente *m*	bridge
re	D
recitativo *m*	recitative
redonda *f*	whole note
registro *m*	register
registro del órgano	organ stop
retornelo *m*	ritornello
rítmico -ca	rhythmical, rhythmic
ritmo *m*	rhythm
romanza *f*	aria
rondó *m*	rondo
sala de conciertos	music hall
salmo *m*	psalm
salterio *m*	psaltery
saxofón *m*	sax, saxophone
scherzo *m*	scherzo
semibreve *f*	semibreve

semicorchea *f*	semiquaver, sixteenth note
semifusa *f*	hemidemisemiquaver, sixty-fourth note
semitono *m*	semitone
si	B
síncopa *f*	syncopation, syncope
sincopado -da	jazzy
sinfonía *f*	symphony
sintetizador electrónico	electronic synthesizer
sol	G
solfeo *m*	solfeggio, solmization
solo *m*	solo
sonata *f*	sonata
soprano *f*	soprano
sordina *f*	sourdine
sordina *f* (alientos)	mute
sordina *f* (piano)	damper
sostenido *m*	diesis, sharp
suspiro *m*	crotchet rest, quarter rest
taburete de piano	music stool
tambor *m*	drum
tango *m*	tango
teatro de variedades	music hall
teclado *m*	keyboard
teclas *fpl*	keys
tenor *m*	tenor
terceto *m*	trio
timbal *m*	kettledrum, timbal
timbales *mpl*	timpani
tímpano *m*	kettledrum
tímpanos *mpl*	tympani
tocata *f*	toccata
tonalidad	tone
tónica *f*	keynote
tono *m*	pitch, tone
tono mayor	major key
tono menor	minor key
traste *m*	fret
trémolo *m*	tremolo
triángulo *m*	triangle
trío *m*	trio
trombón *m*	trombone
trompa *f*	horn
trompa de caza	hunting horn
trompeta *f*	trumpet, tumpet
valsador -ra	waltzer
valsar	waltz
vals *m*	waltz
válvula *f*	valve
vara *f*	slide
velada musical	musicale
vibráfono *m*	vibraphone
vibrato *m*	vibrato
villancico *m*	carol
viola *f*	viola
violín *m*	violin
violoncelo *m*	cello
xilófono *m*	xylophone
zarzuela *f*	zarzuela

oficina office

acuerdo *m*	agreement
agencia *f*	agency
agenda *f*	agenda
aire acondicionado	air conditioning
alfiler *m*	pin
alimentador automático (de copiadora)	automatic feeder
almacén *m*	warehouse
apartado postal	Post Office Box (P.O.Box)
aprendiz *mf*	apprentice, learner, beginner
apunte *m*	note
archivista *mf*	archivist
archivero *m*	filing cabinet
archivo *m*	file
armario para libros	bookcase
ascenso *m* **(en un empleo)**	promotion
ascensor *m*	elevator, lift
ascensorista *mf*	elevator operator, lift attendant
asistente *mf*	assistant
atlas *m*	atlas
atril *m*	bookrest
audífonos *mpl*	headphones
auricular *m* **(de teléfono)**	receiver
auriculares *mpl*	earphones
auxiliar *mf*	auxiliary
bandeja para papel	paper tray
biblioteca *f*	library
bloc *m*	notebook
bolígrafo *m*	ballpoint
bono *m*	bonus
borrador *m* (esbozo)	draft
botiquín de primeros auxilios	first-aid cabinet
caja *f*	cashier
calefacción *f*	heating
calendario *m*	calendar
cancel *m*	screen partition
carpeta (de papeles)	loose-leaf notebook
carro *m* **(de máquina de escribir)**	carriage
carta *f*	letter
cartel *m*	poster
cenicero *m*	ashtray
cesto de papeles	wastepaper basket; basket
cilindro *m* **(de copiadora)**	drum
cinta *f* **(de máquina de escribir)**	ribbon
cinta magnética	adhesive tape, magnetic tape
cita de negocios	business date
cliente -ta	customer
clip *m*	clip, paper clip
código postal	zip code
cojín entintador	ink pad
compaginador -ra	sorter
compás *m*	compass
compilador *m*	compiler
computador *m*	computer
computadora *f*	computer
conferencia *f*	conference
conmutador *m* **(telefónico)**	switchboard
consejo de administración	board of directors
conserje *m*	porter
consignar	report

contador -ra	accountant, bookkeeper
contrato *m*	contract
convención *f*	convention
convenio *m*	agreement, convention
copiadora *f*	copier, copy machine, photocopier
correspondencia *f*	mail
cristal de exposición (de copiadora)	platten
cuaderno *m*	exercise book
cubierta *f* **(de copiadora)**	cover
cuenta *f*	bill
cuenta de ahorros	savings account
cuenta de cheques	checking account
cuenta de inversiones	investment account
chequera *f*	checkbook
demanda *f*	demand
descanso *m*	break
destinatario -ria	addressee
día de pago	pay day
día feriado	holiday
día hábil	working day
diccionario *m*	dictionary
dirección *f* **(de una carta)**	address
director -ra	director
directorio telefónico	telephone book, telephone directory
elevador *m*	elevator, lift
elevadorista *mf*	lift attendant
empleado -da	employee
enciclopedia *f*	encyclopedia
engrapadora *f*	stapler
escritorio *m*	desk
escuadra *f*	square
estantería *f*	set of shelves
estenógrafo -fa	stenographer
estilográfica *f*	fountain pen
etiqueta *f*	label, tag
etiquetadora *f*	labelling machine
expatriado -da	expatriate
expediente *m*	dossier, file
folleto *m*	booklet
forma impresa	printed format
fotocopiadora *f*	photocopier
franelógrafo *m*	flannelboard
franqueadora *f*	franking machine
gerente *mf*	manager
goma de pegar	glue
grabadora de cinta	tape recorder
grabador de casetes	cassette recorder
grapas *fpl*	staples

guía telefónica	telephone book, telephone directory
guillotina *f*	guillotine, paper cutter
hemeroteca *f*	newspaper library
hombre de negocios	businessman
horas de trabajo	working hours
horas extras	overtime
horas hábiles	working hours
índice *m*	rate
informar	report
informe *m*	report
jefe -fa	boss, chief
junta *f*	meeting
lápiz adhesivo	adhesive stick
lectora de tarjetas	card reader
letra *f*	bill
letra de cambio	bill of exchange
librero *m*	bookcase, bookshelf
licencia *f*	license
línea telefónica	telephone line
lista de correos	general delivery
lista de precios	price list
llamar por teléfono	telephone, phone
magnetófono *m*	recorder
mapa *m*	map, plan
máquina de escribir	typewriter
marbete *m*	label, tag
marcador *m*	marker
mecanógrafo -fa	typist
memorándum o memorando *m*	memorandum
mensaje *m*	message
mensajería *f*	transport office
mensajero *m*	messenger
método *m*	method
mimeógrafo *m*	mimeograph
minuta *f* **(de una junta)**	agenda
mostrador *m*	counter
mujer de negocios	businesswoman
narración *f*; **acto de narrar; parte de un discurso**	narration, narrative
narrador -ra	narrator
navaja *f*	penknife
navaja de bolsillo	pocketknife
negociación *f*	negotiation
negociador -ra	negotiator
negocio *m* **(comercio), (transacción)**	business, trade, deal
nómina *f*	payroll
obligación *f*	duty, obligation; (titulo comercial) bond

ocupación *f*	occupation, profession
oficina *f*	bureau, office
oficina de colocación	employment agency
oficina matriz	headquarters
oficina sede	headquarters
oficinista *mf*	clerk, office worker
orador -ra	speaker
ordenador *m*	computer
organigrama *m*	organization chart
organismo *m*	organization
organización *f*	organization
original *m* **(de un documento)**	original
pagaré *m*	promissory note
pantalla *f* **(de calculadora)**	display
papel *m*	paper
papel calca o de calco	tracing paper
papel carbón	carbon paper
papelera *f*	wastepaper basket
papelería *f* **(materiales)**	stationery
papel secante	blotting paper
patente *f*	patent
patrocinador -ra	sponsor
patrón *m* **(jefe)**	employer
pedido *m*	order
pedido pendiente	pending order
pegamento *m*	glue
perforadora *f*	paper driller
permiso *m* **(autorización)**	permission, permit
personal *m*	personnel, staff
petición *f*	petition
pisapapeles *m*	paperweight
piso *m*	floor
pizarrón *m*	blackboard, board, chalkboard
pizarrón de franela	flannelboard
planisferio *m*	planisphere
plano *m*	plan, map
pluma *f*	pen
pluma fuente	fountain pen
plumón *m*	marker
porcentaje *m*	percentage
portada *f* **(de revista)**	cover
portafolios *m*	attaché case, briefcase
portaminas *m*	propelling pencil
postdata *f*	postscript
póster *m*	poster
premio *m*	reward
presidente del consejo	chairman of the board
presilla *f*	clip, paper clip
prestación *f*	benefit

prestaciones *fpl*	fringe benefits
presupuesto *m*	budget, forecast
prima *f*	bonus
principiante *mf*	learner, beginner
privado *m*	private office
procedimiento *m*	procedure, process
proceso *m*	process
pronóstico de ventas	sales forecast
proporción *f* **(relación)**	ratio
proposición *f*	proposal
protesto (comercial)	protest
proveedor *m*	supplier
proyector de diapositivas	slide projector
proyector de filminas	filmstrip projector
proyector de películas	motion picture projector
puja *f* **(en una subasta)**	bid
radiograma *m*	radiogram
recadero *m*	office boy
recepcionista *mf*	receptionist
receso *m*	coffee-break
recompensa *f*	reward
recordatorio *m*	reminder
recorrido del papel (en copiadora)	paper path
regla de cálculo	slide rule
reloj marcador	time clock
remitente *m* **(de una carta)**	sender
requerimiento *m*	request
retroproyector *m*	overhead projector
reunión *f*	meeting
rollo de papel	paper roll
rotafolios *m*	flipchart
sacapuntas *m*	pencil sharpener
sala de juntas	meeting room
salario *m*	salary
secretario -ria	secretary
sede *f*	headquarters
sello *m*	stamp
sello de goma	rubber seal, rubber stamp
sello fiscal	revenue stamp
seminario *m*	seminar
separador de páginas	bookmark
silla *f*	chair
sillón *m*	armchair
sillón giratorio	swivel chair
silla de ruedas	wheelchair
sobre *m*	envelope
solicitud *f*	requisition, request
subsidiaria *f*	subsidiary
sucursal *f*	branch, branch office

sueldo *m*	wage
supervisor -ra	supervisor
tablero de avisos	bulletin board
tabulador *m* **(de máquina de escribir)**	tabulator
tachuela *f*	stud, tack
taller *m*	shop, workshop
tambor *m* **(de computadora)**	drum
tapa *f* **(de copiadora)**	cover
taquígrafo -fa	shorthand writer
tarjeta de crédito	credit card
tarjeta de presentación	business card
tarjeta de visita	visiting card
tarjeta postal	postcard
tarjetero *m*	card case
tecla f (de calculadora, computadora o máquina de escribir)	key
tecla de retroceso (de máquina de escribir)	back key, back spacer

teclado *m*	keyboard
técnico -ca	technician
telecopiadora *f*	telecopier, telefax
telefonista *mf*	telephone operator
teléfono *m*	phone, telephone
telégrafo *m*	telegraph
telegrama *m*	telegram
teletipo *m*	teleprinter, teletype
tijeras *fpl*	scissors
timbre *m*	stamp
tinta *f*	ink
tintero *m*	inkwell
traducción *f*	translation
traductor -ra	translator
transacción *f*	transaction
transportador *m*	protractor
tratado *m*	treaty
trituradora de papel	shredder
turno de trabajo	shift
vacaciones *fpl*	holidays
ventilador *m*	fan
viaje de negocios	business trip
videograbadora *f*	videotape recorder

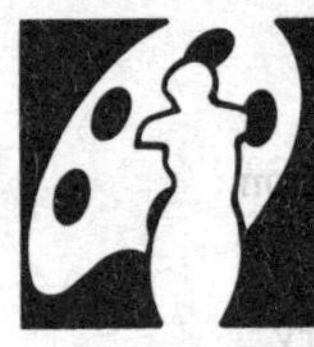

pintura y escultura
painting and sculpture

abstracto -ta	abstract
academia de dibujo	art school
aceite de linaza	linseed oil
acolchado -da	quilted
acolchar	quilt
acuarela	watercolor
acuarelista *mf*	watercolorists
acuatinta *f*	aquatint, aquatinta
acuafortista *mf*	aquafortist
adornado -da	ornate
adornar	ornament
adorno *m*	embellishment, ornament
aguafuerte *m*	etching
aguafuertista *mf*	etcher
alto relieve	high relief
arcilla *f*	clay
arte *m*	art, artistry, workmanship
arte abstracto	abstract art
arte bizantino	Byzantine art
arte clásico	Classical art
arte figurativo	figurative art
arte gótico	Gothic
artista *mf*	artist
art nouveau (arte nuevo)	art nouveau
bajorrelieve *m*	bas-relief, lowrelief
barniz *m*	lacquer
barnizar	lacquer
barro *m*	clay
barroco -ca	Baroque
bastidor	chassis
Bellas Artes *fpl*	Fine Arts
belleza *f*	beauty
bizantino-na	Byzantine
bodegón *m*	still life
bosquejo *m*	sketch
brocha *f*	paintbrush
brochazo *m*	brushstroke
busto *m*	bust
caballete *m*	easel
caliza *f*	limestone
cariátide *f*	caryatid
carlovingio -gia	Carlovingian,Carolingian
cincel *m*	chisel
claroscuro *m*	chiaroscuro
clásico -ca	classical
colección artística	art collection
colección de pinturas	collection of paintings
composición *f*	composition
contorno de rostro	outline
crayón *m*	crayon
cuadro *m*	painting, picture
cubismo *m*	Cubism
cubista *mf*	cubist
dadaísmo *m*	Dadaism
dadaísta	dadaist
damasquinar	inlay
dar laca	lacquer
decoración *f*	decoration, ornamentation
decorar	decorate
decorativo	decorative, ornamental
desnudo *m*	nude
dibujar	draw
dibujo *m*	drawing, sketching
dibujo a lápiz	pencil drawing
dibujo al natural	drawing from nature
dibujo al pastel	pastel drawing
dibujo de paisaje	outline
dibujo industrial	mechanical drawing

diseño *m*	design
diseñar	design
duco *m*	thick paint
Edad Media	Middle Ages
enmarcar	frame
escorzado *m*	foreshortening, foreshortened figure
escuela *f*	school, style
escuela de artes	school of art
escuela de artes y oficios	school of arts and crafts
esculpir	sculpture
esculpir en madera	carve
escultor *m*	sculptor
escultor en mármol	sculptor of marble
escultora *f*	sculptress
escultórico-ca	sculptural
escultura *f*	sculpture
escultura en madera	carving, carved work
escultural	sculptural
estatua *f*	statue
estatua ecuestre	equestrian statue
estatua orante	orant statue
estatuario -ria	statuary
estatua yacente	recumbent statue
estatuilla *f*	statuette
estela *f*	stele
estilo *m*	school, style
estilo barroco	Baroque style
estilo geométrico	geometric style
estilo imperio	Empire style
estilo renacentista	Renaissance style
estucado *m*	stucco, stucco work
estucador *m*	stucco plasterer, stucco worker
estucar	stucco
estuco *m*	stucco
estudio *m*	studio
exposición artística	art collection, art exhibit
expresionismo *m*	Expressionism
figura *f*	shape
figuras de madera	wooden shapes
figurativo -va	figurative
figurina *f*	statuette
forma *f*	form
fresco *m*	fresco
friso *m*	frieze
frontispicio *m*	ornamental front
galería de arte	art museum, collection of paintings, picture gallery
galería de pintura	picture gallery
gótico-ca	Gothic
grabado *m*	engraving, etching
grabado punteado	stipple engraving
grabar	engrave
grabar al aguafuerte	etch
granito *m*	granite
greca *f*	fret
griego -ga	Greek
hemiciclo *m*	hemicycle
iconografía *f*	iconography
iconográfico -ca	iconographic
iconógrafo *m*	iconographer
iconología *f*	iconology
icón *m*	icon
ícono *m*	icon
ilustración *m*	illustration
imagen *f*	image
imaginería *f*	religious imagery
impresionismo *m*	Impressionism
impresionista *mf*	Impressionist
incrustar	inlay
jónico -ca	Ionian, Ionic
laca *f*	lacquer
lápiz *m*	pencil
lápiz de color	colored pencil
lavada *f*	wash
lienzo *m*	canvas
litografía *f*	lithography
litografiar	lithograph
litográfico -ca	lithographic
litógrafo *m*	lithographer
manierismo *m*	mannerism
manierista	manneristic, mannerist
marco *m*	frame
marina *f*	marine, seapiece, seascape
mármol *m*	marble
martillo *m*	hammer
miniatura *f*	miniature
modelo *mf*	model
museo *m*	museum
museo de arte moderno	museum of modern art
museo de cera	wax museum
museo de pintura	art gallery
museo escultórico	art museum
museo pictórico	art museum
naturaleza muerta	still life
naturalismo *m*	Naturalism
neoclásico	Neo-Classical
obra de arte	work of art
óleo *m*	oil
oleografía *f*	oleography
ornado -da	ornate

ornamentación *f*	ornamentation
ornamental	decorative, ornamental
ornamentar	ornament
ornamento *m*	embellishment, ornament
paisaje *m*	landscape
paisajista *mf*	landscapist
paleta *f*	palette
papel *m*	paper
pastel *m*	pastel
pedestal *m*	pedestal
pedestal de mármol	marble pedestal
perfil *m*	profile
periodo barroco	Baroque period
perspectiva *f*	perspective
perspectiva lineal	linear perspective
pinacoteca *f*	pinacotheca
pincel *m*	paintbrush
pincelada *m*	brushstroke
pintar	decorate, paint
pintar al óleo	paint in oils
pintor-ra	painter
pintura *f*	paint, painting, picture
pintura al fresco	fresco
pintura a la aguada	gouache
pintura al temple	size painting, tempera painting
pintura con pistola	spray painting
pintura figulina	painting on earthenware
pintura mural	mural painting
pintura rupestre	cave painting, rupestrian painting
policromía *f*	polychromy
policromo -ma	polychromatic
pórtico *m*	porch, portal, portico
puntillismo *m*	pointillism
puntillista *mf*	pointillist
realismo *m*	realism
Renacimiento *m*	Renaissance
repujado -da	embossed, embossing, repoussé
repujar	emboss
restauración *f*	restoration
restaurador -ra	restorer
restaurar	restore
retablo *m*	altarpiece, retable
retocar	retouch, touch up
retratador-ra	portrait painter
retratar	portray
retratista *mf*	portrait painter
retrato *m*	portrait
retrato de cuerpo entero	full-length portrait
retrato de tamaño natural	life-size portrait
románico-ca	Romanesque
romano -na	Roman
sanguina *f*	sanguine
simbolismo *m*	symbolism
surrealismo *m*	surrealism
surrealista	surrealist, surrealistic
taracear	inlay
terracota *f*	terra-cotta
tela *f*	canvas
toque final	finishing touch
tríptico *m*	triptych
último toque	finishing touch
vaciado *m*	cast, casting

psicología y psiquiatría
psychology and psychiatry

abandonado -da	forsaken
ablación *f*	ablation
abreacción *f*	abreaction
absentismo *m*	absenteeism
abulia *f*	abulia
acaparamiento *m*	hoarding
acceso *m*	access, seizure
acceso de cólera	outburst of temper
acceso de ira	fit of rage
accidente *m*	accident
acción *f*	action
ácido desoxirribonucleico (A.D.N.)	desoxiribonucleic acid (D.N.A.)
acontecimiento *m*	event
acostumbramiento *m*	habituation
acromatopsia (ceguera a los colores)	color blindness
actitud *f*	attitude
actividad *f*	activity, performance
actividad del yo	ego-activity
acto compulsivo	compulsive act
acto fallido	parapraxis
acto impulsivo	impulsive act
actuar	act
acuñación *f*	imprint, imprinting
acusación *f*	accusation
adaptabilidad *f*	adaptability
adaptación *f*	adaptation, adjustment
adherencia de la libido	adhesiveness of the libido
adicción *f*	addiction
adiestramiento autógeno	autogenic training
adolescencia *f*	adolescence
adquirido -da	acquired
adrenalina *f*	adrenalin
adulterio *m*	adultery
adulto *m*	adult
afectivo	affective
afecto *m*	affect
afectuoso -sa	affectionate
afirmación de uno mismo	self-assertiveness
agitación *f*	agitation, restlessness
agotamiento *m*	exhaustion
agotamiento nervioso	nervous breakdown
agresión *f*	aggression
agudo -da	acute
aislamiento autístico	autistic withdrawal
aislamiento sensorial	sensory deprivation
ajuste *m*	adjustment
al azar	at random
alcoholismo *m*	alcoholism
aleatorio -ria	at random
alivio *m*	relief
alucinación *f*	hallucination
alucinación gustativa	hallucination of taste
alucinación olfativa	hallucination of smell
alucinación táctil	tactile hallucination
amaneramiento *m*	mannerism
ambiente químico posnatal	chemical postnatal environment
ambiente químico prenatal	chemical prenatal environment
ambiguo -gua	ambiguous
amenaza *f*	threat
amnesia *f*	amnesia
amnesia posthipnótica	posthypnotic amnesia
amnésico-ca	amnesic
anaclisis *f*	anaclisis
analfabeto -ta	illiterate

análisis de control control analysis
análisis de la conducta behavior analysis
análisis existencial existential analysis
análisis transaccional transactional analysis
analista *mf* analyst
andrógenos *mpl* androgens
angustia *f* anxiety
angustia real realistic anxiety
anímico -ca psychic, psychical
anonimato *m* anonymity
ansiedad *f* anxiety
ansiedad flotante free-floating anxiety
anticatexis *f* anticathexis
anulación retroactiva undoing
apático -ca apathetic
apego *m* attachment
aprender learn
aprieto *m* embarrassment
aptitud *f* aptitude
aptitud para conducir ability to drive
apto -ta fit
arteriosclerosis *f* arteriosclerosis
asistente social psiquiátrico psychiatric social worker
asociación de ideas association of ideas
ataque *m* attack
atención *f* attention
atentado al pudor sexual assault
atento -ta attentive
atenuación *f* attenuation
ausentismo *m* absenteeism
autismo *m* autism
autoacusación self-accusation, self-reproach
autoanálisis *m* self-analysis
autoconcepto *m* self-concept
autoconfianza self-confidence
autoestima *f* self-esteem
autoinducido self-inflicted
automutilación *f* self-mutilation
autorreferencia *f* self-reference
avaro -ra avaricious
aversión *f* aversion
axón *m* axon
balanceo *m* rocking movement
balbuceo *m* babbling
behaviorismo *m* behaviorism
behaviorista *mf* behavioral scientist
biorretroalimentación *f* biofeedback
biorritmo *m* biological rhythm
bizquear squint
bloque afectivo emotional affective block
bloqueo de los impulsos impulse blocking
bloqueo del pensamiento thought blocking
bostezar yawn
brote *m* bout
calmar calm
calmo -ma calm
capacidad jurídica legal capacity
carencia afectiva emotional deprivation
caso fronterizo borderline case
casual contingent
catexis *f* cathexis
cefalalgia headache
cefalea *f* headache
ceguera *f* blindness
censor *m* censor
censura *f* censorship
cerebelo *m* cerebellum
cerebro *m* brain
ciego -ga blind
círculo vicioso vicious circle
clarividencia *f* clairvoyance
cleptomanía *f* kleptomania
cleptomaniaco -ca kleptomaniac
cleptómano -na kleptomaniac
climaterio *m* climacteric
clínico -ca clinician
cociente intelectual intelligence quotient
coeficiente intelectual intelligence quotient
cognoscitivo -va cognitive
coito *m* sexual intercourse
cólera *f* anger
coma *m* coma
complejo *m* complex
complejo de Edipo Oedipus complex
complejo de Electra Electra complex
complejo de inferioridad inferiority complex
complejo punta-onda spine and wave complex
comportamiento *m* behavior
comportamiento elusivo avoidance behavior
comportamiento impulsivo impulsive behaviour
comprobación de la realidad reality-testing
compulsión *f* compulsion
comunidad *f* community
concepto *m* concept
conceptual conceptual

conciencia colectiva collective consciousness
conciencia de sí mismo self-consciousness
conciencia doble double consciousness
concordante concordant
concusión; desorden cerebral funcional debido a un golpe concussion
condensación *f* condensation
condicionamiento *m* conditioning
condicionamiento de Pavlov Pavlovian conditioning
conducta *f* performance, behavior, behaviour
conducta anormal abnormal behavior
conducta sustitutiva substitute behaviour
conductismo *m* behaviorism
conductista *mf* behavioral scientist
conductista behaviorista behavioristic
confesión *f* avowal
confianza en sí mismo self-confidence
conflicto *m* conflict
conflicto intrapsíquico intrapsychic conflict
confuso confused
conocimiento *m* consciousness
consciencia *f* consciousness
consciencia alternante alternating consciousness
consciencia de la significación consciousness of (subjective or objective) importance
consciente conscious
consuelo *m* consolation
contenido latente latent content
contingente contingent
contratransferencia *f* counter-transference
corporal bodily
creatividad *f* creativity
crisis *f* crisis
crisis vertiginosa dizzy spell
cromosoma *m* chromosome
crónico -ca chronic
crujido dental teeth-grinding
cuántum de afecto quota of affect
cuchichear whisper
cuerpo *m* body
cuerpo calloso corpus callosum
cuidado familiar family care
culpable guilty
cura *f* cure
curación *f* cure
curso de la enfermedad course of disease
curso del pensamiento train of thought
chantaje *m* blackmail
chivo expiatorio scapegoat
chochez *f* dotage
chuparse el dedo pulgar thumb-sucking
definición operacional operational definition
deliquio *m* fainting fit
delirio *m* delusion, delirium
delirio de grandeza delusions of grandeur
delirio de influencia delusion of influence
delirio de persecución persecution mania
delirio de referencia delusion of reference
delirio inducido communicated insanity
delírium tremens *m* delirium tremens
demencia *f* insanity
demente crazy, insane, maniac
demostrable testable
dendrita *f* dendrite
dependencia *f* dependence
depresión *f* depression
depresión analítica analytic depression
derivado del inconsciente derivative of the unconscious
derrame *m* stroke
desarrollo del carácter character development
desarrollo psicosexual psychosexual development
descarga afectiva affective discharge
desempeño *m* performance
desfallecido -da faint
desfallecimiento *m* fainting fit
desmayado -da faint
desorden bipolar afectivo bipolar affective disorder
desorden de la personalidad personality disorder
desorden depresivo grave major depressive disorder
desorden mental orgánico organic mental disorder
desorden psicosomático psychosomatic disorder
desorden somatoforme somatoform disorder
despertar *m* awakening
desprecio de sí mismo self-depreciation
destete *m* weaning
destractibilidad *f* distractibility
destreza *f* aptitude
desvanecimiento *m* dizziness
desviación *f* deviation

deterioro *m*	deterioration
determinismo *m*	determinism
disociación	splitting of the object; dissociative disorder
disparidad binocular	binocular disparity
distorsión *f*	distortion
distracción *f*	distraction
distraído -da	absent-minded
dolor *m*	pain
dolor moral	grief
dominar impulsos	master instincts
dopamina *f*	dopamine
edad *f*	age
edad mental	mental age
educación sexual	sexual education
efecto consecutivo	after-effect
ego *m*	ego
egocéntrico	egocentric
egocentrista	egocentric
elaboración psíquica	psychical working over/out
elaboración secundaria	secondary elaboration
elección *f*	choice
electroencefalógrafo *m*	electroencephalograph
electroencefalograma *m* (E.E.G.)	electroencephalogram (E.E.G)
embotado -da	callous
emoción *f*	emotion
emocional	emotional
encéfalo *m*	brain
endocrino -na	endocrine
energía de carga	cathetic energy
enfermedad mental	mental illness
enuresis *f*	bed-wetting
enurético -ca	bed-wetter
envejecimiento *m*	aging
epilepsia *f*	epilepsy
equilibrado -da	balanced
equívoco -ca	equivocal
escapismo *m*	escapism
escisión del objeto	splitting of the object
espasmo respiratorio	breath-holding spell
esquema corporal	body image scheme
esquizofrenia *f*	schizophrenia
esquizofrénico -ca	schizophrenic
esquizoide	schizoid
establecimiento para alcohólicos	hospital for inebriates
estado alterado de conciencia	altered state of consciousness
estado confusional	confusional state
estado crepuscular	twilight state
estado de dependencia	state of dependence
estereotipado -da	stereotyped
estereotipar	stereotype
estereotipo *m*	stereotype
estimular	stimulate
estímulo *m*	stimulus
estímulo incondicionado	unconditioned stimulus
estímulo neutral	neutral stimulus
estímulos *mpl*	stimuli
estrechamiento del campo de la conciencia	narrowing of the field of consciousness
estructuralismo *m*	structuralism
estupor *m*	stupor
etapa anal	anal stage
etapa de operaciones concretas	stage of concrete operations
etapa de operaciones formales	stage of formal operations
etapa fálica	phallic stage
etapa genital	genital stage
etapa oral	oral stage
etapa psicosocial	psychosocial stage
etapa sensomotriz	sensorimotor stage
evento m	event
experiencia sensomotriz	sensorimotor experience
experiencia sensorial variable	variable sensory experience
experimento de campo	field experiment
extorsión *f*	blackmail
extrañamiento *m*	alienation
fantasía *f*	fantasy
farmacodependencia *f*	drug dependence
fijación *f*	fixation
fijación funcional	functional fixity
flujo sanguíneo	blood flow
fobia *f*	phobia
fortuito	contingent
frenología *f*	phrenology
frustración *f*	frustration
fuga *f*	fugue
funcionalismo *m*	functionalism
furor *m*	furor
ganancia de la enfermedad	gain from illness
gen *m*	gene
glándula pituitaria	pituitary gland
glándula suprarrenal	adrenal gland
glándulas endocrinas	endocrine glands
habilidad *f*	ability
hábito *m*	habituation

habituación *f*	habituation
hemisferio *m*	hemisphere
hemisferio cerebral	cerebral hemisphere
herencia *f*	heredity
hermafrodita	hermaphrodite
hipersensibilidad medicamentosa	drug sensitivity
hipnosis *f*	hypnosis
hipocampo *m*	hippocampus
hipófisis *f*	pituitary gland
hipotálamo *m*	hypothalamus
histeria *f*	hysteria
homosexual *mf*	homosexual
homosexualidad *f*	homosexuality
homosexualismo *m*	homosexualism
hospital psiquiátrico	mental hospital
iletrado -da	illiterate
implosión *f*	implosion
impulso *m*	drive, motive
incapacidad civil	deprivation of civil rights
inconsciencia *f*	unconsciousness
inconsciente *m*	unconscious
indiferencia *f*	indifference
indiferente	indifferent
infancia *f*	childhood, infancy
inquietud *f*	restlessness
instinto *m*	instinct
instinto de poderío	instinct to dominate
intención *f*	purpose
intencionado -da	intentional
introspección analítica	analytic introspection
ira *f*	anger
lesbiana *f*	lesbian
lesbianismo *m*	lesbianism
lesión cerebral	brain damage
lesión cerebral orgánica	organic brain damage
libido *f*	libido
ligazón *f*	binding
límites de la conciencia	boundaries of consciousness
lóbulo *m*	lobe
lóbulo frontal	frontal lobe
lóbulo parietal	parietal lobe
loco -ca	crazy
locura *f*	insanity
logoterapia *f*	logotherapy
logro *m*	achievement
ludoterapia en vestidos	costume play therapy
mal de ojo	evil eye
manía de persecución	persecution mania
maniaco -ca	maniac
maniaco-depresivo	manic-depressive
mecanismo de defensa	defense mechanism
mecanismo de desprendimiento	working-off mechanism
medidor de percepción de profundidad	visual cliff
meditación trascendental	transcendental meditation
médula espinal	spinal cord
megacéfalo -la	megacephalic, megacephalous
membrana celular	cell membrane
memoria *f*	memory
memoria anterógrada	anterograde memory
memorizar	memorize
mente *m*	psyche
miedo *m*	fear
migraña *f*	migraine
modelo psicodinámico freudiano	Freud's psychodynamic model
monocigótico -ca	monozygotic
motivación *f*	motivation
motivo *m*	drive, motive
móvil *m*	drive, motive
movimiento aparente	apparent movement
neobehaviorismo *m*	neobehaviorism
neoconductismo *m*	neobehaviorism
neofreudiano -na	neo-Freudian
nervio motor	motor nerve
nervio trigémino	trigeminal nerve
nervios sensoriales	sensory nerves
neumoencefalografía *f*	air encephalography
neurastenia *f*	neurasthenia
neurólogo -ga	neurologist
neurona motora	motor neuron
neuronas sensoriales	sensory neurons
neurosis *f*	neurosis
neurosis cardiaca	cardiac neurosis
neurosis de angustia	anxiety neurosis
neurosis de ansiedad	anxiety neurosis
neurosis de renta	compensation neurosis
neurosis de transferencia	transference neurosis
neurosis de venta	pension neurosis
neurosis real	actual neurosis
neurótico -ca	neurotic
neurotransmisor *m*	neurotransmitter
noradrenalina *f*	noradrenalin
obediencia automática	automatic obedience
obnubilación *f*	clouding of consciousness

observación clínica	clinical observation
obsesión *f*	obsession
obsesión de tocar	compulsive touching
obsesionado	obsessed
oligofrenia *f*	oligophrenia
oligofrénico -ca	oligophrenic
ondas alfa	alpha waves
orden existencial	existential order
orientación infantil	child-guidance
orientación vocacional	vocational guidance
paciente de consultorio	outpatient, out-patient
paidopsiquiatría	child-psychiatry
parálisis cerebral	cerebral palsy
paranoia *f*	paranoia
paranoico -ca	paranoic
parapsicología *f*	parapsychology
parapsicólogo -ga	parapsychologist
parecido *m*	resemblance
pasar a la acción	acting out
pensamiento coherente	convergent thinking
pensamiento convergente	convergent thinking
pensamiento dirigido	directed thinking
pensamiento dispersor	digressive thinking
pensamiento prolijo	digressive thinking
percepción alucinatoria	delusion, delirium
percepción extrasensorial	extrasensory perception
perfil del carácter	character profile
personalidad múltiple	multiple personality
pesadilla *f*	nightmare
pobreza afectiva	emotional poverty, flattening of affect
policlínica *f*	out-patient clinic
polígrafo *m*	polygraph
poner en peligro	endanger
poriomanía *f*	compulsive wandering
post-imagen	after-image
precognición *f*	precognition
preconsciente *m*	preconscious
premonición *f*	precognition
primera infancia	early childhood
promedio *m*	average
proyección *f*	projection
proyectar (se)	project
pruebas de personalidad	personality test
psicoanálisis *m*	psychoanalysis
psicoanálisis freudiano	Freudian psychoanalysis
psicoanalista ortodoxo	orthodox psychoanalyst
psicolingüista *mf*	psycholinguist
psicología *f*	psychology
psicología clínica	clinical psychology
psicología cognoscitiva	cognitive psychology
psicología comparada	comparative psychology
psicología Gestalt	Gestalt psychology
psicólogo -ga	psychologist
psicometría *f*	psychometry
psicomotor -ra	psychomotor
psiconeurosis *f*	psychoneurosis
psicópata *mf*	psycho, psychopath
psicopatología *f*	psychopathology
psicosomático -ca	psychosomatic
psicotécnico -ca	psychotechnological
psicoterapeuta *mf*	therapist
psicoterapéutica *f*	psychotherapeutics
psicoterapia *f*	psychotherapy
psicoterapia de grupo	group psychotherapy
psicoterapia Gestalt	Gestalt psychotherapy
psicoterapia ortodoxa	orthodox psychotherapy
psicótico -ca	psychotic
psique *f*	psyche
psiquiatra *mf*	psychiatrist
psiquiatría *f*	psychiatry
psíquico -ca	psychic, psychical
psiquis *f*	psyche
pueril	childish
quieto -ta	calm
raro (carácter)	odd
rasgo del carácter	character trait
reacción de alarma	alarm reaction
real	actual
recaída *f*	relapse
recelo *m*	fear
recidiva *f*	relapse
rechazar	reject
rechazo de alimentos	apastia
rechazo de la realidad	denial of reality
reflejo condicionado	conditioned reflex
regresión *f*	regression
relapso *m*	relapse
represión afectiva	emotional repression
respuesta condicionada	conditioned response
respuesta espontánea	unconditioned response
respuesta incondicionada	unconditioned response
retraso *m*	backwardness

retraso mental	mental retardation
ritual de defensa	defense ritual
selección somática	somatic compliance
ser *m*	being
síndrome de Turner	Turner's syndrome
síntomas de abstinencia	withdrawal symptoms
sintomatología confusa	bizarre symptomatology
sintomatología exagerada	bizarre symtomatology
sistema de referencia	frame of reference
sistema endocrino	endocrine system
sistema nervioso	nervous system
sistema nervioso central	central nervous system
sistema nervioso parasimpático	parasympathetic
sistema nervioso periférico	peripheral nervous system
sistema sensorial	sensory system
sobreprotección *f*	overprotection
socialización *f*	socialization
somatosensorio	somatosensory
subconsciencia *f*	subconsciousness
subconsciente *m*	subconscious
sudor frío	cold sweat
sueño paradójico	paradoxical sleep
sugestión posthipnótica	posthypnotic suggestion
superego *m*	superego
superstición *f*	superstition
super yo *m*	superego
susurrar	whisper
tálamo *m*	thalamus
tallo cerebral	brainstem
tartamudear	stammer, stutter
tartamudez *f*	stuttering, stammering
tentativa de suicidio	suicidal attempt
teoría psicodinámica	psychodynamic theory
terapeuta *mf*	therapist
terapia conductista	behavior therapy
terapia conductual	behavior therapy
terapia de grupo	group therapy
terapia de la comunidad	community therapy
terapia de la conducta	behavior therapy
terapia de parejas	therapy for couples
terapia familiar	family group therapy
terapia fenomenológica	phenomenological therapy
terapia laboral	work therapy
tics de salaam	salaam spasms
torpe	awkward
toxicomanía *f*	addiction
transferencia negativa	negative transfer
trastorno de la conducta	behavior disorder
tratamiento *m*	treatment
trauma psíquico del parto	birth trauma
trauma somático del parto	birth injury
trepanación *f*	trepanation
vahído *m*	dizziness
vértigo *m*	dizziness
víctima propiciatoria	scapegoat
vida cotidiana	daily life
vigilancia *f*	arousal

química
chemistry

aceite *m*	oil
acetato *m*	acetate
acetona *f*	acetone
acidez *f*	acidity
ácido *m*	acid
ácido acético	acetic acid
ácido clorhídrico	hydrochloric acid
ácido graso	fatty acid
ácido nítrico	nitric acid
ácido orgánico	organic acid
ácido sulfhídrico	hydrosulphuric acid, hydrogen sulfide
ácido sulfúrico	sulphuric acid
acuoso -sa	aqueous
agitador de vidrio	glass stirrer
agua fuerte	aqua fortis
agua regia	aqua rex
alambique *m*	still
álcali *m*	alkali
alcalinidad *f*	alkalinity
alcalinización *f*	alkalinization
alcaloide *m*	alkaloid
alcano *m*	alkane
alcohol *m*	alcohol
aldehído *m*	aldehyde
aleación *f*	alloy
algas *fpl*	algae
alqueno *m*	alkene
alquino *m*	alkyne
aluminio *m* (Al)	aluminum
amarre *m*	bond
amoniaco *m*	ammonia
análisis *m*	analysis
anhídrido *m*	anhydride
anión *m*	anion
ánodo *m*	anode
antibiótico *m*	antibiotic

anticuerpo *m*	antibody
antiespumante *m*	antifoam
antimonio *m* (Sb)	antimony
añadir	admix
aparato *m*	apparatus
átomo *m*	atom
átomo gramo	gram atom
azufre *m* (S)	sulphur
balanza *f*	scales
balanza analítica	analytical balance
bario *m* (Ba)	barium
báscula *f*	scales
base *f*	base
bioquímica *f*	biochemistry
bivalente	bivalent
blanquear	blench
boro *m* (B)	boron
bromo *m* (Br)	bromine
bureta *f*	burette
butano *m*	butane
caja de pesas	box of weights
calcinar	calcine
calcio *m* (Ca)	calcium
cápsula *f*	boat
carbón *m*	charcoal
carbonato de potasio	potassium carbonate
carbonato de sodio	soda ash, sodium carbonate
carbono *m* (C)	carbon
catálisis *f*	catalysis
catalizador *m*	catalyst
catión *m*	cation
cátodo *m*	cathode
ceniza *f*	ash
centígrado	centigrade
cinc *m* (Zn)	zinc
cloro *m* (Cl)	chlorine

cloruro *m*	chloride
cobalto *m* (Co)	cobalt
cobre *m* (Cu)	copper
coloidal	colloidal
colorímetro *m*	colorimeter
columna *f*	column
combinación *f*	combination
combustión *f*	combustion
complejo *m*	complex
comportamiento *m*	behavior
composición *f*	composition
compuesto *m*	compound
contador *m*	meter
copela *f*	cupel
criptón *m* (Kr)	krypton
crisol *m*	crucible, melting pot
cristales *mpl*	crystals
cuerpo *m*	body
curio *m* (Cm)	curium
derivado *m*	derivative
desecador *m*	desiccator
deshidratar	dehydrate
destilación *f*	distillation
destilar	distil, distill
disolución *f*	dissolution
disolvente *m*	solvent
ebullición *f*	boiling
ecuación *f*	equation
electrodo *m*	electrode
electrólisis *f*	electrolysis
electrólito *m*	electrolyte
electrón *m*	electron
elemento *m*	element
embudo *m*	funnel
enlace *m*	bond
ensayo *m*	test
enzima *f*	enzyme
escoria *f*	slag
estaño *m* (Sn)	tin
éster *m*	ester
éter *m*	ether
fermentación *f*	fermentation
filtro *m*	filter
flor de azufre	sulphur flower
fluor *m* (F)	fluorine
fórmula desarrollada	structured formula
fórmula estructural	structured formula
fosfato *m*	phosphate
fósforo *m* (P)	phosphorus
fraccionamiento *m*	fractionation
frasco *m*	flask
fusión *f*	fusion, melting
gel *m*	gel

gradilla para tubos de ensayo	test tube rack
graduado -da	graduated
graduar	graduate
grasa *f*	fat
halógeno *m*	halogen
helio *m* (He)	helium
hidrácido *m*	hydracid
hidratar	hydrate
hidrato *m*	hydrate
hidrocarburo *m*	hydrocarbon
hidrogenar	hydrogenate
hidrógeno *m* (H)	hydrogen
hidrólisis *f*	hydrolysis
hidróxido *m*	hydroxide
hierro *m* (Fe)	iron
higroscópico -ca	hygroscopic
horno de calcinación	calcining furnace
humedad *m*	moisture
imán *m*	magnet
indicador de pH	pH indicator
ion *m*	ion
isomería *f*	isomerism, isomery
isómero *m*	isomer
isótopo *m*	isotope
laboratorio *m*	lab, laboratory
laminilla *f*	slide
lana de vidrio	glass wool
lentes *fpl*	lens
llama *f*	flame
magnesio *m* (Mg)	magnesium
manganeso *m* (Mn)	manganese
mano del mortero	pestle
marca *f*	brand
masa atómica	atomic mass
material de vidrio	glassware
matraz *m*	matrass
matraz graduado	graduated flask
mechero *m*	blast burner
mechero de Bunsen	Bunsen burner
mercurio *m* (Hg)	mercury
metal *m*	metal
metaloide *m*	metalloid
metano *m*	methane
mezcla *f*	admixture, blend, mixture
micelar	micellar
microscopio *m*	microscope
molécula *f*	molecule
monovalente	monovalent
mortero *m*	mortar
neutralizar	neutralize
níquel *m* (Ni)	nickel
nitrato *m*	nitrate
nitrógeno *m* (N)	nitrogen

nombre comercial	brand name
número atómico	atomic number
oro *m* (Au)	gold
oxidación *f*	oxidation, oxidization
oxidar	oxidize
oxidasa *f*	oxidase, oxydase
óxido *m*	oxide
oxigenar	oxigenate
oxígeno *m* (O)	oxigen
papel filtro	filter paper
papel tornasol	litmus paper
parrilla de calentamiento	hot plate
pastilla *f*	pill
pesas *fpl*	weights
peso atómico	atomic weight
petroquímica *f*	petrochemistry
pinzas para crisol	crucible tongs
piperina *f*	piperine
pipeta *f*	pipette
pipeta graduada	measuring pipe
piseta *f*	wash bottle
plata *f* (Ag)	silver
platillo *f*	pan
platina *f*	slide
platino *m* (Pt)	platinum
plomo *m* (Pb)	lead
plutonio *m* (Pu)	plutonium
polímero *m*	polymer
potasa cáustica	caustic potash
potasio *m* (K)	potassium
potenciómetro *m*	potentiometer
precipitación *f*	precipitation
precipitado *m*	precipitate
precipitante *m*	precipitant
probeta *f*	cylinder
producto *m*	product
producto químico	chemical
productos químicos	chemical products
quelato *m*	chelate
química general	general chemistry
química inorgánica	inorganic chemistry
química órganica	organic chemistry
químico -ca	chemist, chemistry
quimioterapia *f*	chemotherapy

radical *m*	radical
radio *m* (Ra)	radium
radón *m* (Rn)	radon
reacción endotérmica	endothermic reaction
reacción exotérmica	exothermic reaction
reacción química	chemical reaction
reactivo *m*	reagent
reducción *f*	reduction
reductor *m*	reducer
refrigerante *m*	refrigerant
retorta *f*	retort
reversible	reversible
sal *f*	salt
saponificar	saponify
serie *f*	series
símbolo *m*	symbol
síntesis *f*	synthesis
sodio *m* (Na)	sodium
solidificación *f*	solidification
solución *f*	solution
soluto *m*	solute
soplete *m*	blow pipe, blowpipe
sosa *f*	soda
sosa cáustica	caustic soda
sublimación *f*	sublimation
sufijo -ato	*suffix -ate*
sufijo -ico	*suffix -ic*
sufijo -ito	*suffix -ite*
sufijo -oso	*suffix -ous*
sufijo -uro	*suffix -ide*
sulfato *m*	sulphate
sulfuro *m*	sulfide
sulfuro de hidrógeno	hydrogen sulfide
tornasol *m*	litmus
trípode *m*	tripod
tubo de ensayo	test tube
tubo de goma	rubber tubing
tubo de vidrio	glass tube
uranio *m* (U)	uranium
valencia *f*	valence, valency
varilla de agitación	stirring rod
vaso de precipitados	beaker
vidrio de reloj	watch glass
yeso *m*	gypsum
yodo *m* (I)	iodine

radio y televisión
radio and television

alambre *m*	wire
alta fidelidad	high fidelity (hi-fi)
altavoz *m*	loudspeaker
altoparlante *m*	loudspeaker
amplitud modulada	amplitude modulation (AM)
antena *f*	antenna
antena exterior	aerial
antena interior	indoor aerial
anunciador -ra	announcer
anuncio *m*	advertisement, commercial, spot
aparato de radio	wireless set
aparato receptor de radio	radio set, receiving set
audífonos *mpl*	earphones
audífonos *mpl* (**de cabeza**)	headphones
auriculares *mpl*	earphones, headphones
bombilla *f*	light bulb, bulb
bulbo *m*	bulb
cabeza de borrado	erasing head
cabeza grabadora	recording head
cabeza reproductora	playback head
cable *m*	cable
cadena *f*	network
cámara de resonancia	echo chamber
cámara de televisión	television camera
camarógrafo	cameraman
casete *f*, **cassette** *f*	cassette
cinescopio *m*	kinescope
cinta de video	video-tape
cinta magnetofónica	magnetic tape
cinta magnetofónica de carrete	reel-to reel tape
comentarista *mf*	commentator

conductor *m*	wire
contraste *m*	contrast
control de tono	tone control
cuadrafónico	quadraphonic
cuadrante *m*	dial
decorado *m*	set
decorador -ra	set designer
definición *f*	definition
disco *m*	disc, record
disco compacto	compact disc
difusión comercial	broadcasting
efectos especiales	special effects
efectos luminosos	lighting effects
efectos sonoros	sound effects
emisión en directo	live broadcast
emisora *f*	transmitter station
emitir	broadcast
encuadre *m*	framing
ensayo *m*	rehearsal
entrevistador -ra	interviewer
estación de radio	radio station
estación de televisión	television station
estación emisora *f*	broadcasting station
estación repetidora	relay station
estación transmisora	transmitter station
estereofónico	stereophonic
estudio *m*	studio
estudio de grabación	recording studio
filmación *f*	shooting
filtro para ruido	noise filter
fonógrafo *m*	turntable
frecuencia modulada	frequency modulation (FM)
grabación *f*	recording
grabación de sonido	sound recording
grabadora de cinta	tape recorder; reel-to-reel recorder

grabador -ra de cinta de video	video-cassette recorder
grabar	record
guión *m*	script
haz de barrido	scanning beam
haz explorador	scanning beam
imagen *f*	picture
ingeniería de iluminación	lighting engineering
ingeniería de radio	radio engineering
ingeniero de iluminación	lighting engineer
ingeniero de radio	radio engineer
ingeniero de sonido	sound engineer
interferencia *f*	interference
kilociclo *m*	kilocycle
locutor -ra	announcer
longitud de onda	wavelength
magnetoscopio *m*	magnetoscope
maquilladora *f*	makeup girl
maquillaje *m*	makeup
maquillista *f*	makeup girl
mesa de control	console
micrófono *m*	microphone
micrófono inalámbrico	wireless microphone
modulación de amplitud (AM)	amplitude modulation (AM)
modulación de frecuencia (FM)	frequency modulation (FM)
música de fondo	background music
noticiario *m*	news bulletin, newscast
noticias de última hora	news flash
noticiero *m*	news bulletin, newscast
onda corta	short wave
onda larga	long wave
onda media	medium wave
ondas hertzianas	Hertzian waves
operador de cámara	cameraman
pantalla *f*	screen
patrocinador -ra	sponsor
patrón de ajuste	test chart
película para televisión	telefilm
perilla de sintonía	tuning knob
pista *f*	track
plano *m*	shot
plataforma rodante	dolly
primer plano	close shot
producción *f*	production
producir	produce
programa *m*	program, programme
programación *f*	programing, programming
programador -dora	programer, programmer
programa en directo	live program, live programme
programa en vivo	live program, live programme
programar	program, programme
radioescucha *mf*	listener
radio frecuencia *f*	radio frequency
radionovela *f*	radio play
radiorreceptor *m*	radio receiver; radio set
radiotecnología *f*	radiotechnology, radio technology
radiotecnológico -ca	radiotechnological
radiotelefonía *f*	wireless telephony
radiotelegrafía *f*	wireless telegraphy
radiotelegrafista *mf*	wireless operator
radiotransmisor	radio transmitter
rayo láser	laser beam
realización *f*	production
realizar	produce
receptor *m*	radio set, receiving set
receptor de radio	radio receiver
receptor de televisión	television receiver, television set
red *f*	network
reflector *m*	spot, spotlight
relevador *m*	relay
repetidor *m*	relay
reproductor de discos compactos	compact disc player
retransmisión	rebroadcast
rodaje *m*	shooting
sala de redacción	newsroom
satélite de comunicación	telecommunication satellite
selector de canales	channel selector
selector de estación	dial
sintonizador *m*	dial, tuner
sintonizar	tune in
sonido cuadrafónico	quadraphonic sound
sonido estereofónico	stereophonic sound
técnico de sonido	sound technician
teledifundir	telecast
teledifusión *f*	television broadcasting
telegrafía *f*	wireless set
telespectador -ra	viewer

televidente *mf*	televiewer, viewer
televisar	televise
televisión *f*	television
televisión a color	color television
televisión en circuito cerrado	closed-circuit television
televisión por cable	cable television
televisor *m*	television receiver, television set
tono de identificación	signature tune
tornamesa *f*	turntable
transistor *m*	transistor
transmisión *f*	broadcasting
transmisión de radio	radio transmission
transmisión en vivo	live broadcast
transmisión grabada	recorded broadcast, recorded transmission
transmisión inalámbrica	wireless transmission
transmitir	broadcast
tubo *m*	tube
tubo de rayos catódicos (TRC)	cathode-ray tube (CRT)
válvula *f*,	valve
video *m*	video
videocasete	video-cassette
videocinta *f*	video-tape

religión
religion

abad *m*	abbot
abadesa *f*	abbess
abadía *f*	abbey
ábside *m*	apse
acólito *m*	acolyte, altar boy
adoración *f*	adoration, worship
Adviento *m*	Advent
advocación *f*	aduvocation
agnosticismo *m*	agnosticism
agua bendita	holy water
Alá	Allah
alba *m*	alb
Alcorán *m*	Koran
alma *m*	soul
altar *m*	shrine
altar mayor	high altar
anabaptismo *m*	Anabaptism
anacoreta *m*	anchorite
anatema *m*	anathema
anatematización *f*	anathematization
anatematizar	anathematize
ancestral	ancestral
ángel *m*	angel
anglicanismo *m*	Anglicanism
anillo pastoral	bishop's ring
Antiguo Testamento	Old Testament
anunciación *f*	Annunciation, Lady Day
aparición *f*	apparition
Apocalipsis *m*	Apocalypse
apocalíptico -ca	apocalyptic, apocalyptical
apóstol *m*	apostle
Arca de la Alianza	Ark of the Covenant
Arca de Noé	Noah's Ark
arcángel *m*	archangel
arzobispo *m*	archbishop
ascensión *f*	Ascension Day
Asunción *f*	Assumption
ateísmo *m*	atheism
aureola *f*	aureole, halo, nimbus
báculo pastoral	crosier, crozier, staff
bar mitzvah *m*	bar mitzvah
basílica *f*	basilica
bautismo *m*	baptism, christening
bendecir	bless
Biblia *f*	Bible
bíblico -ca	biblical
bienaventuranza *f*	blessedness, bliss
blasfemar	blaspheme
blasfematorio -ria	blasphemous
blasfemia *f*	blasphemy
blasfemo -ma *m*	blasphemous
bonete *m*	cap
bonete de obispo	biretta, berreta
brahmanismo *m*	Brahmanism
Buda	Buddha
budismo *m*	Buddhism
cáliz *m*	chalice
calvinismo *m*	Calvinism
camino de la Cruz	Way of the Cross
campanario *m*	belfry
Candelaria, la	Candlemas
canónigo *m*	canon
canonizar	canonize
Cantar de los Cantares, el	Song of Songs
cantar himnos	hymn
cántico *m*	canticle
capa *f*	cape
capilla *f*	chapel, shrine
cardenal *m*	cardinal
casulla *f*	chasuble

casullero *m*	chasuble maker
catedral *f*	cathedral
catolicismo *m*	Catholicism
cielo *m*	heaven
cíngulo *m*	cord
cirio *m*	wax candle
cirio pascual	paschal candle
claustro *m*	cloister
clérigo *m*	clergyman
Clero *m*	Clergy
clero regular	regular clergy
clero secular	secular clergy
colegiata *f*	collegiate church
companario *m*	bell tower
comulgatorio *m*	communion rail
comunión *f*	Communion
condenado *m*	reprobate
concilio *m*	council
Concilio Vaticano	Vatican Council
confesar	confess
confesarse	go to confession
confesión	confession
confesionario *m*	confessional (box)
confeso-sa;	converted
confesor *m*	confessor
confirmación *f*	confirmation
congregación *f*	congregation
congreso eucarístico *m*	Eucharistic congress
consagrado -da	consecrated, holy, saint
contemplación *f*	contemplation
convento *m*	convent
conversión *f*	conversion
converso -sa	converted
copón *m*	ciborium, pyx
Corán *m*	Koran
coro *m*	choir
Corpus Christi	Corpus Christi
credo *m*	creed
cristiandad *f*	Christendom
cristianismo *m*	Christianity
crucero *m*	transept
crucificar	crucify
crucifijo *m*	crucifix
crucifixión *f*	crucifixion
cruz *f*	cross
cruz griega	Greek Cross
cruz latina	Latin Cross
Cuadragésima *f*	Quadragesima
cuaquerismo *m*	Quakerism
Cuaresma *f*	Lent
cuasimodo *m*	Low Sunday
culto *m*	worship

cura *m*	vicar
cura párroco	parish priest
custodia *f*	monstrance
deambulatorio *m*	ambulatory
demonio *m*	demon
devoción *f*	devotion, devoutness
devocionario *m*	prayer book
día de los difuntos	All Souls' Day
diablo *m*	devil
día del santo	name day
día de San Juan	Midsummer Day
día de Todos los Santos	All Saints' Day
Diez Mandamientos	Ten Commandments
Dios	God
divino -na	divine
doctrina *f*	doctrine
dogma *m*	dogma
Domingo de la Trinidad	Trinity Sunday
domingo de Pentecostés	Whitsunday
Domingo de Ramos	Palm Sunday
Domingo de Resurrección	Easter Sunday
Eclesiastés, el	Ecclesiastes
eclesiástico -ca	ecclesiastic
Edén *m*	Eden
elegidos *mpl*, **los**	elect, the
el más allá	beyond, the
emplomado *m*	stained glass window
encíclica *f*	encyclic, encyclical, letter
Epifanía *f*	Epiphany
epístola *f*	epistle
epistolario *m*	epistolary
ermita *f*	hermitage
escapulario *m*	scapular, scapulary
espíritu *m*	spirit
Espíritu Santo	Holy Ghost, Holy Spirit
estrella de Belén	Star of Bethlehem
estrella de David	Star of David
Eucaristía *f*	Eucharist
eucarístico -ca	Eucharistical
Evangelio *m*	Gospel
evangelismo *m*	Evangelism
evangelista *mf*	evangelist
evangelización *f*	evangelization, evangelizing
evangelizar	evangelize
experiencia religiosa	religious feeling
éxtasis *m*	ecstasy
extremaunción *f*	extreme unction
falta de fe	lack of faith

fe *f*	faith
fervor *m*	fervor, fervour
fetichismo *m*	fetishism
fiesta de guardar	day of obligation
fiesta del Sagrado Corazón	Feast of the Sacred Heart
fiesta de todos los santos	All Saints' Day
fiesta religiosa	feast day
fraile *m*	friar
fresco *m*	fresco
gracia *f*	grace
guerra santa	holy war
halo *m*	halo
hermana *f*	sister
himnario *m*	himnal, hymnbook
himno *m*	hymn
hisopo *m*	aspergillum
historia sacra	sacred history
historia sagrada	sacred history
hostia *f*	Host, wafer
icón *m*, **ícono** *m*, *icono m*	icon
iconoclasta *mf*	iconoclastic
iglesia *f*	church
Iglesia Anglicana	Church of England
iglesia gótica	Gothic church
iglesia militante	militant church
iglesia parroquial	parish church
iglesia triunfante	triumphant church
impiedad *f*	impiety
incensario *m*	censer, thurible
incredulidad *f*	incredulity
indulgencia *f*	indulgence
infierno	hell
invocación *f*	invocation
islamismo *m*	Islamism
Jardín del Edén	Garden of Eden
Jehová	Jehovah
jesuita *m*	Jesuit
jesuítico -ca	Jesuitic, Jesuitical
jesuitismo *m*	Jesuitism
Jesús Nazareno	Jesus of Nazareth
judaísmo *m*	Judaism
judeocristiano -na	Judaeo-Christian
Jueves Santo	Holy Thursday, Maundy Thursday
legiones celestiales	heavenly host
lego *m*	lay brother
letanía *f*	litany
libro de himnos	hymnal, hymnbook
libro del Mormón	Book of Mormon

libro de oraciones de la iglesia anglicana	Book of Common Prayer
libro sagrado	sacred book
libro sagrado del mormonismo	Book of Mormon
limbo	limbo
lo sagrado	sacredness
lo sobrenatural	supernatural, the
lugares del culto	places of worship
Lunes de Pentecostés	Whitmonday
luteranismo *m*	Lutheranism
madre superiora	mother superior
Mahoma	Mohammed, Mahomet
martes de Carnaval	Shrove Tuesday
mártir *m*	martyr
matrimonio *m*	marriage
mausoleo *m*	shrine
medalla *f*	medal
medallón *m*	locket, medallion
mesías *m*	messiah
metodismo *m*	Methodism
mezquita *f*	mosque
miércoles de ceniza	Ash Wednesday
milagroso *m*	miracle
ministro protestante	protestant minister
misa *f*	mass
misa cantada	Sung Mass
misa mayor	High Mass
misa rezada	Low Mass
misal	missal
misionero -ra	missionary
misterio *m*	mystery
misticismo *m*	mysticism
mitra *f*	miter, mitre
mitzvah *m*	mitzvah
monacal	monastic
monaguillo *m*	altar boy
monasterio *m*	monastery
monástico -ca	monastic
monja *f*	nun
monje *m*	monk
monoteísmo *m*	monotheism
monoteísta *mf*	monotheist, monotheistic
Natividad de la Virgen	Nativity of the Virgin
nave *f*	nave
Navidad *f*	Christmas
Niño Jesús	Infant Jesus
Nirvana *m*	Nirvana
Nochebuena *f*	Christmas Eve
Nochevieja *f*	New Year's Eve
Nuestra Señora	Our Lady
Nuevo Testamento	New Testament

obispo *m*	bishop
oficio *mpl*	offices
ofrenda *f*	offering
oír en confesión	to hear in confession
olor de santidad	odor of sanctity
oración *f*	prayer
orden *f*	order
ordenar	ordain
ordenarse	be ordained
ortodoxia *f*	orthodoxy
ortodoxo -xa	orthodox
ostensorio *m*	monstrance
padre *m*	father
Padres de la Iglesia, los	Fathers of the Christian Church, the
paganismo *m*	paganism
pagoda *f*	pagoda
papa *m*	pope
paraíso *m*	paradise
pascua (judía) *f*	Passover
pascua de Resurrección	Easter
pascual	Paschal
pastor *m*	clergyman, pastor
pastorela *f*	pastourelle
pecado *m*	sin
pecado mortal	mortal sin
pecado original	original sin
pecador-ra	transgressor, sinner
pecado venial	venial sin
pecaminoso -sa	sinful
pecar	sin
Pentecostés *m*	Whitsun, Pentecost
piedad *f*	piety
pila bautismal	font
pila de agua bendita	holy-water basin
plática *f*	sermon
plegaria *f*	prayer
politeísmo *m*	polytheism
politeísta *m*	polytheist, polytheistic
predicar el Evangelio	preach the Gospel
prelacía *f*	prelancy
prelado *m*	prelate
prelatura *f*	prelature
principio *m*	tenet
procesión *f*	procession
profanación *f*	profanation
protestantismo *m*	Protestantism
púlpito *m*	pulpit
purgatorio *m*	purgatory
puritanismo *m*	Puritanism
purpurado *m*	cardinal
querubín *m*	cherub, cherubim
Quincuagésima *f*	Quinquagesima
rabino *m*	rabbi
Ramadán *m*	Ramadan
recibir las sagradas órdenes	take holy orders
reforma *f*	Reformation
relicario *m*	locket, reliquary, shrine
religión *f*	religion
religiosa *f*	nun
religiosamente	religiously
religiosidad *f*	religiosity, religiousness
religioso -sa	religious
reliquia *f*	relic
réprobo *m*	reprobate
retiro *m*	retreat
revelación *f*	revelation
reverencia *f*	reverence
Rogativas *fpl*	Rogation Days
rosario *m*	Rosary
rosetón *m*	rose window
sábado israelita	Sabbath
sábado santo	Holy Saturday
sacerdote *m*	priest
sacramento *m*	sacrament
sacramentos *mpl*	sacraments
sacrificio *m*	sacrifice
sacrilegio *m*	sacrilege
sacristán *m*	sacristan, sexton, verger
sacristana *f*	vestry nun
sacristanía *f*	office of the sacristan
sacristía *f*	sacristy, vestry
sacro -cra	sacral, sacred
sagrada comunión	Holy Communion
Sagrada Familia, la	Holy Family
Sagrada (s) Escritura(s) *f*	Scripture(s)
sagrado -da	sacred, sacral
sagrario *m*	tabernacle
salmo *m*	psalm
Salvador *m*	Savior, Saviour
Santa Alianza	Holy Alliance
Santa Inquisición	Holy Office
Santa Madre Iglesia	Mother Church
Santa Sede	Holy See
santidad *f*	sacredness
santo -ta	holy, saint
Santo Grial	Holy Grail
Santo Padre	Holy Father
santos óleos	holy oils
santuario *m*	sanctuary
satán	Satan
Satanás	Satan
Semana de Pasión	Passion Week

semana de Pentecostés	Whitsuntide
semana mayor	Holy Week
semana santa	Holy Week
seno de la Iglesia	bosom of the church
sentimiento religioso	religious feeling
Septuagésima *f*	Septuagesima
sepulcro	shrine
serafín *m*	seraph
sermón *m*	sermon
ser ordenado	be ordained
servicios *mpl*	services
Sexagésima *f*	Sexagesima
sinagoga *f*	synagogue
solideo *m*	skullcap
solideo cardenalicio	berrettina
sotana *f*	cassock
tabernáculo *m*	tabernacle
Talmud *m*	Talmud
templo *m*	temple
Témporas *fpl*	Ember Days
tentación *f*	temptation
teología *f*	theology
testigos de Jehová	Jehovah's Witnesses
Tierra Santa	Holy Land
Tinieblas *fpl*	Tenebrae
tonsura *f*	tonsure
tonsurar	tonsure
Tora *f*	Torah
Trinidad *f*	Trinity
Vía Crucis *m*	Via Crucis
vicario *m*	vicar
viernes santo	Good Friday
Virgen *f*	Lady, Virgin
virgen, la	Virgin, the
virtud *f*	virtue
virtuosidad *f*	virtuosity
virtuoso -sa	virtuous
visión *f*	vision
Visitación *f*, **la**	Visitation
vísperas *fpl*	vespers

teatro
theater

abajo (del escenario)	downstage
abierto, de cara al público	open
accesorios *mpl*	accessories
acomodador *m*	usher
acomodadora *f*	usherette
actor *m*	actor
actriz *f*	actress
actuación de conjunto	ensemble playing
actuación de un papel	role playing
actuar	play-act
adaptar (una obra)	adapt for the stage
aficionado al teatro	theater-goer
alegoría *f*	allegory
alta comedia	comedy of manners
altavoces *mpl*	loud speakers
altoparlantes *mpl*	loud speakers
alumbrado *m*	lighting system
alumbrado tenue	warm lighting
anacronismo *m*	anachronism
anfiteatro *m*	amphitheater
antagonista *mf*	antagonist
anteproscenio *m*	false proscenium
antifaz *m*	mask
aplique *m*	cutout, flat
apuntador-ra	prompter
apuntar	prompt
arco del proscenio	proscenium arch
área central del escenario	center stage
argumento *m*	plot
argumento climático	climatic plot
argumento en episodios	episodic plot
argumento histórico	historical outline
artes escénicas	performing arts
arriba (del escenario)	backstage
asiento de luneta	orchestra seat
asiento de platea	orchestra seat
audición *f*	audition
auditorio	front of the house
autor *m*	playwright
autor -ra	author
autor dramático	playwright
bailar	dance
baile *m*	dancing
bambalina *f*	batten, teaser
bambalina caja para el alumbrado superior	border
bambalinas *flp*	borders, flies
baranda de metal	balcony rail
bastidor *m*	cutout, flat
batuta *f*	baton
billete *m*	ticket
binoculares *mpl*	binoculars
boleto *m*	ticket
butaca de platea	orchestra seat
cabina de control	control room
cajas *fpl*	boxes
cámara de presión	surge tank
camarín *m*	dressing room
camerino *m*	dressing room
candilejas *fpl*	footlights
catarsis *f*	catharsis
ciclorama *m*	cyclorama
clímax *m*	climax
comedia *f*	comedy
comedia costumbrista	kitchen-sink drama
comedia de ideas	comedy of ideas
Comedia de arte	Commedia dell' arte
comedia humorística	comedy of humors
comedia musical	musical
comediógrafo *m*	playwright

cómico -ca	comic
comodín *m*	scrim
compañía de repertorio	stock company
compuerta del escotillón	trapdoor
concentración *f*	concentration
concha del apuntador	prompter's box
conflicto *m*	basic situation, conflict
conservatorio *m*	conservatory
contrapeso *m*	counterweight
contrapunto *m*	counterpoint
control de luces	light dimmer board
convención teatral	stage convention
coro *m*	chorus
cortina *f*	curtain
credibilidad *f*	believability
crisis *f*	crisis
crítico teatral	theater critic
cruce *m*	cross
cruzar el escenario	cross
comienzo *m*	at rise
cubrir	masking
decoración *f*	décor
decorado *m*	scenery
depósito de agua	water deposit
derecha *f*	right stage
desde el punto de vista del actor, sector izquierdo del escenario	right stage left stage
desenlace *m*	denouement
desmontar el escenario	strike
desplazamiento *m*	physical movement
desplazamiento de los actores en escena	blocking
difusor *m*	fresnel light
dirección *f*	direction
director *m*	director
diseñar	design
diseño *m*	design
diseño de vestuario	costume design
diseño escenográfico	scene design
disfraz *m*	disguise
disfrazar	disguise
disminución gradual de la luz	dim out
doblar	doubling
doble	doubling
drama costumbrista	domestic drama

drama heroico	heroic drama
dramaturgia *f*	dramaturgy
dramaturgo *m*	dramaturgist, playwright
efectos escénicos	scenic effects
elemento conflictivo que precipita la crisis de un argumento	complication
eliminar	kill
en escena	onstage
enjuiciamiento *m*	judgment
enmascarar	mask
ensayo *m*	rehearsal
ensayo técnico	technical rehearsal
entrada *f*	entrance, ticket
entrada (del personaje)	entrance
entrada posterior de un teatro	stage door
entrecajas	boxes
epílogo *m*	epilogue
época *f*	period
equipo técnico, equipo de tramoya	technical crew
error trágico	tragic flaw
escena *f*	scene, set
escenario *m*	scene, set, stage
escenario en alto carente de proscenio	platform stage
escenario circular	arena stage
escenario desarmable	box set
escenario giratorio	revolving stage, turntable
escenario inclinado	raked stage
escenario móvil	thrust stage
escenario múltiple	multiple setting
escenario rodante	wagon stage
escenificar	adapt for the stage portray, stage
escenografía *f*	scene design, scenography
escenografía en ángulo o en declive	rake
escenógrafo *m*	scenic designer, scenographer
escotillón *m*	trap
espacio escénico	stage space
espacio superior del escenario	fly loft or flies
estilo teatral	theatricalism
estructura dramática	dramatic structure
estudio *m*	studio

existencialismo *m*	Existentialism
explicación de lo que no ocurre en escena	exposition
expresionismo *m*	Expressionism
faro de inundación	flood
farsa *f*	farce
farsa cómica	slapstick comedy
farsa erótica, burlesque *m*	burlesque
fila *f*	row of seats
final de escena	curtain
foro *m*	back of stage, backstage, rear of stage
foso de la orquesta	orchestra pit
fuente luminosa	light source
fresnelo *m*	fresnel light
galería *f*	balcony
galería principal	dress circle
gasa *f*	gauze, scrim
gelatina *f*	light gel
gemelos *mpl*	binoculars
gesto *m*	physical movement
guardarropa *m*	checkroom, cloakroom
guión *m*	script
hacer un papel	play-act
héroe protagónico	hero
iluminación *f*	lighting, lighting system
iluminación que rebasa el límite calculado	spill
ilusión *f*	illusion
imaginación *f*	imagination
imitación *f*	imitation
improvisar	ad lib
inicio de la acción dramática	point of attack
ironía *f*	irony
juicio *m*	judgment
kabuki; teatro japonés	kabuki
lámpara de llamada	call lamp
libreto *m*	book, script
libreto acotado	cue sheet
liko *m*	ellipsoidal (leko) light
localidad *f*	ticket
luneta *f*	stall
luz de trabajo	work lights
magnavoces *mpl*	loud speakers
malvado *m*	villain
manchar	spill
maqueta *f*	maquette
maquillaje *m*	make-up

maquillista *m*	make-up man
marioneta *f*	marionette
máscara *m*	mask
mascarada *f*	masque
melodrama *m*	melodrama
memoria de emociones	emotional recall
metáfora *f*	metaphor
micrófono *m*	microphone
mímica *f*	mime
mimo *m*	mime
monólogo *m*	monologue
montacargas	hoist
móvil *m*	objective
móvil del personaje	spine
movimientos de los actores	business
mutis *m*	exit
naturalismo *m*	naturalism
neorrealismo *m*	neo-realism
Noh; teatro japonés	Noh
no realista	nonrealistic
objetivo *m*	objective
obra dramática	play
obra de estructura formal	well-made play
obra filosófica	play of ideas
observación *f*	observation
obstáculo *m*	obstacle
ocultar	mask, masking
ópera *f*	opera house
oscurecimiento lento	dim out
oscuridad total	blackout
palco *m*	bench, box
palco de platea	parquet box
pantalla *f*	screen
pantomima *f*	pantomime
papel *m*	role
parlamento *m*	line of role
parrilla *f*	grid
parte de un escenario	set piece
parte del escenario no visible para el público; telar	above
parte hablada de una comedia músical	book
parte del teatro que ocupa el público	front of the house
pasarela *f*	footbridge
pasillo *m*	aisle
paso de gato	catwalk
peinador *m*	hairdresser
peluca *m*	wig
peluquero *m*	hairdresser
peripecia *f*	reversal

personaje *m*	character, personage
personajes *mpl*	characters
personajes de reparto	stock characters
pie *m*	cue
piso y espacio superior del escenario	stage house
plataforma *f*	platform
plataforma con ruedas	wagon stage
platea *f*	orchestra, stall
preámbulo *m*	preparation
premisa cómica	comic premise
prensa hidráulica	hydraulic press
preparación *f*	preparation
productor *m*	producer
programa *m*	program
prólogo *m*	prologue
proscenio *m*	apron, forestage, proscenium
protagonista *mf*	protagonist
proyector *m*	projector
psicodrama *m*	psychodrama
público *m*	audience
puesta en escena	mise-en-scene
quedarse inmóvil un personaje en escena, congelamiento *m*	freeze
realismo *m*	believability, realism
reemplazo de un actor por un doble; doblar	doubling
reflector *m*	light source
reflector de proscenio	light portal
reflector parabólico	beam projector
regulador de intensidad luminosa; dímer *m*	dimmer
relajación *f*	relaxation
reparto *m*	casting
repertorio *m*	repertoire, repertory
representable	playable
representar (un papel)	portray
revendedor de entradas	ticket scalper
revisor de billetes	ticket collector
revisor de entradas	ticket collector
revista *f*	vaudeville
ritmo *m*	pace
romanticismo *m*	romanticism
salida *f*	exit
sátira *f*	satire
sector del escenario visible al espectador	onstage
sector derecho del escenario	right stage
sector izquierdo del escenario	left stage
sector lateral de un escenario	wings
sector posterior de un escenario, arriba	upstage
sectores ocultos del escenario visible al espectador, en escena	offstage
seguidor *m*	follow spot
simbolismo *m*	symbolism
símbolo *m*	symbol
sitio únicamente de pie	standing room only (SRO)
sociodrama *m*	sociodrama
subtexto *m*	subtext
suprimir	kill
surrealismo *m*	surrealism
tablado *m*	platform
taquilla *f*	box office, ticket office, ticket window
taquillero *m*	ticket agent
teatral	theatrical
teatralidad *f*	theatricalism
teatro *m*	playhouse
teatro arena	arena stage, arena theater
teatro callejero	street theater
teatro circular	theater-in-the-round
teatro de estreno	first-run house
teatro de facto	theater of fact
teatro de la crueldad	theater of cruelty
teatro de la Restauración	Restoration drama
teatro de ópera	opera house
teatro de protesta	theater of protest
teatro de repertorio	repertory theater
teatro del absurdo	absurdist theater, theater of the absurd
teatro efímero *m*	happening
teatro épico	epic theater
teatro experimental	experimental theater
teatro jacobino	Jacobean drama
teatro japonés, kabuki	kabuki
teatro medieval	medieval drama
teatro musical	musical theater
teatro nuevo	new theater
teatro participacional	participatory theater
teatro pobre	poor theater
teatro polifacético	theater of electicism
teatro realista	realistic theater

teatro regional	regional theater
teatro renacentista	Renaissance theater
teatro ritual	ritualistic theater
teatro tradicional	traditional theater
teatro trashumante	street theater
técnicas no realistas	nonrealistic techniques
tela especial para cortinajes;	gauze, scrim
telón *m*	main curtain
telón de boca	front curtain
telón de fondo	backdrop, drop, drop curtain, fly loft
telón de foro	backdrop
telón de seguridad	safety curtain
tema *m*	theme
tipo de farsa	slapstick
títere *m*	puppet
titiritero -ra	puppeteer
tragedia *f*	tragedy
tragedia heroica	heroic drama
tragicomedia *f*	tragicomedy
tramo anterior del escenario	below
tramoya *f*	stage machinery
tramoyista *m*	scene shifter, stagehand, stage machinist, stage manager
tras bastidores	inner stage
traspunte *m*	prompter; stage manager
unidad (artística, dramática)	unity
unidades (de tiempo, de lugar y de acción)	unities
utilería *f*	hand props, properties, props, stage equipment
utilero *m*	property man
ventanilla *f*	ticket window
verdad interna	inner truth
vestíbulo *m*	lobby
vestuario *m*	costumes, wardrobe
villano *m*	villian
visible al espectador, en escena	offstage
vodevil *m*	vaudeville
vuelco de fortuna	reversal
zona del escenario	acting area
zona del escenario visible al público; en escena	onstage
zona posterior del escenario	inner stage

telecomunicaciones
telecommunications

abonado de teléfonos	telephone subscriber
acuse de recibo	acknowledgement of receipt
antena *f*	antenna
aparato telefónico	phone, telephone
apartado de correos	post office box
apartado postal	post office box
auricular *m*	earpiece, receiver
a vuelta de correo	by return of post
beneficiario -ria	payee
buzón *m*	letter box, mailbox
cabina telefónica	telephone booth, telephone box
cable *m*	cable, wire
cablegrafiar	cable, send a cable, wire
cablegrama *m*	cablegram
cadena de radiodifusoras	radio network
carta adjunta	covering letter
carta certificada	registered letter
carta circular	circular letter
carta registrada	registered letter
carta urgente	express letter, special delivery letter
carteo *m*	exchange of letters
cartero *m*	mailman, postman
casillero *m*	pigeonhole
central telefónica	telephone exchange
certificar	register
circuito *m*	circuit
clasificador de cartas	mail sorter
clavija *f*	plug
código de área	area code
código Morse	Morse code
código postal	Zip Code
colgar el teléfono	hang up
comunicaciones espaciales	space communications
comunicaciones vía satélite	satellite communications
comunicar	engage
conectar	engage
conexión *f*	connection
conferencia por cobrar	collect telephone call, reverse-charge call
conferencia interurbana	trunk call
conferencia urbana	local call
conmutador *m*	switchboard
consignatario *m*	consignee
contacto por radio	radio contact
contador *m*	counter
controlado -da por radio	radio-controlled
control por radio	radio control
correo aéreo	air mail
correo local	local mail
correspondencia *f*	correspondence
descolgar el teléfono	pick up the telephone
desconexión *f*	disconnection
despachar la correspondencia	deal with the mail
destinatario *m* **(de carta)**	addressee
destinatario *m* **(de giro)**	payee
destinatario *m* **(de paquete)**	consignee
devuélvase al remitente	return to sender
dirección *f*	address
dirección cablegráfica	cable address
dirección telegráfica	telegraphic address

directorio telefónico	telephone book, telephone directory
disco selector	dial
distrito postal	postal district
domicilio *m*	address
encabezado *m*	heading
encabezamiento *m*	heading
entrega inmediata	express letter special delivery letter
enviar una carta	mail a letter, post a letter
enviar un cable	send a cable
enviar un telegrama	send a telegram
envío contra reembolso (C.O.D.)	cash on delivery (C.O.D.)
estación de microondas	microwave station
estampilla *f*	stamp
extensión *f*	extension
fecha *f*	date
fechador *m*	date stamp
ficha de teléfono	token
franqueo *m*	franking, stamping
franqueo pagado	postage paid
franquicia postal	exemption from postal charges
frecuencia *f*	frequency
gancho colgador	hook
giro postal	money order, postal order
giro telegráfico	telegraphic money order
guía telefónica	telephone book, telephone directory
hacer una llamada	dial
horquilla *f*	hook
impresos *mpl*	printed matter
información *f*	directory inquiries
intercomunicador *m*	interphone
interruptor *m*	switch
línea *f*	line
lista de correos	general delivery
llamada de larga distancia	long-distance call
llamada local	local call
llamada telefónica	telephone call
llamada por troncal	trunk call
llamar	ring
llamar por teléfono	call up, phone, ring up, telephone
llave telegráfica	telegraph key
macillo *m*	hammer
manipulador *m*	telegraph key
marcar un número de teléfono	dial
martillo *m*	hammer
martinete *m*	hammer
matasellos *m*	postmark
medidor *m*	meter
membrete *m*	letterhead
mesa de clasificación	sorting table
microondas *fpl*	microwaves
microteléfono *m*	combined set
número de código	code number
oficina de correos	post office
oficina de telégrafos	telegraph office
ondas hertzianas	Hertzian waves
operador -dora	operator
papel de escribir	writing paper
paquete postal	parcel
pesacartas *m*	letter-scale
por avión	by air mail
porte pagado	postage paid
posdata *f*, **postdata** *f*	postscript
post scriptum	postscript
punto *m*	dot
radio *f*	radio
radioaficionado -da	radio amateur
radiofrecuencia *f*	radio frequency
radiolocalización *f*	radiolocation
radioteléfono *m*	radiotelephone
radiotelegrafía *f*	radiotelegraphy, wireless
radiotelegrafiar	radiotelegraph, wireless
radiotelegrafista *mf*	wireless operator
radiotelescopio *m*	radio telescope
radiotransmisor *m*	radio transmitter
raya *f*	dash
receptor *m*	receiver
recolección de cartas	collection
red de radio	radio network
red de teléfonos	telephone network
red telefónica	telephone network
reexpídase	please forward
referencia *f*	reference
registrar	register
remitente *mf*	sender
reparto del correo	delivery
respuesta pagada	reply paid
saco postal	mailbag
sala de clasificación	sorting office
satélite *m*	satellite
satélites de aplicación	applications satellites
satélites de comunicación	communications satellites
satélites científicos	scientific satellites
satélites meteorológicos	meteorological satellites
satélites militares	military satellites
selector *m*	selector

sello *m*	stamp
sobre *m*	envelope
sobretasa *f*	extra postage
tablero de conexión	switchboard
tarjeta postal	postcard
telecomunicaciones *f*	telecommunications
telefonear	call up, ring up
telefonía *f*	telephony
telefonista *mf*	telephone operator
teléfono *m*	phone, telephone
teléfono automático	automatic telephone
teléfono interior	interphone
teléfono manual	manual telephone
telegrafía *f*	telegraphy
telegrafía inalámbrica	wireless telegraphy
telegrafiar	wire
telegrafista *mf*	telegrapher, telegraphist, telegraph operator
telégrafo *m*	telegraph
telegrama *m*	telegram, wire
telegrama cifrado	coded telegram, telegram in code
telegrama por vía telefónica	telephoned telegram
teleimpresor *m*	teleprinter
telemetría *f*	telemetering
teletipo *m*	teletype, teletypewriter
televisión *f*	television
télex *m*	telex
timbre *m*	stamp
timbre de llamada	ring
tono de marcar	dial tone
tono de ocupado	busy signal, engaged tone
valija diplomática	diplomatic bag, diplomatic pouch
ventanilla *f*	window

términos jurídicos
legal terms

a corto plazo	short-term
a puertas cerradas	in camera
abandono de derechos	abandonment
abierto	open
abogado -da	attorney, lawyer, solicitor
abolir	abolish
aborto	Abortion:
aborto no intencional	miscarriage
absolución	absolution, discharge
absolver	absolve, acquit
abuso	abuse
abuso de autoridad	abuse of authority, misuse of authority
accesorio	accesory
accidental	accidental
accidente	accident
acción	act, action
acción de constituir una sociedad	incorporation
acción de endosar	endorsement
acciones de una sociedad	shares
acciones y valores de todas clases	securities
accionista	shareholder
aceptación	acceptance
aceptaciones bancarias	acceptances
aceptante (letra de cambio)	acceptor
aceptar	accept, acknoledge
aconsejar	advise
acordar	agree
acta de defunción	death certificate
acta de matrimonio	marriage certificate
acta de nacimiento	birth certificate
actas *fpl*	minutes
activos intangibles de una empresa	intangible assets
acto	act
acto de dominio	act of ownership
acumular	accrue
actor	complainant
acusación	accusation
acusación por autoridad	indictment
acusado	defendant
acusado -da	accused
acusador	complainant
acusador -dora	accuser
acusador o fiscal	prosecutor
acusar	accuse
acusar recibo	acknowledge
administrador judicial	receive credit, receiver
admitir	accept, acknowledge
adulterio *m*	adultery
afectación	encumbrance
afianzado	bonded
agente del Ministerio (Méx.)	distric attorney
Agente del Ministerio Público (Méx.)	prosecutor
agravado	aggravated
agravantes de responsabilidad	aggravating circumstances
agraviado	aggrieve
agravio	damages
agresor	aggressor
ajeno	extraneous
ajuste	accommodation
alcabala	octroi

alcaldía	mayor's office
alcanzar la mayoría de edad	come of age
alegación contra	libel
alegado	alleged
alegar	plead
alegato *m*	plea
algún título de crédito en que se documenta una deuda; vale, pagaré	IOU (familiar)
alienable	alienable
allanamiento de morada	breaking and entering, housebreaking
alquiler	lease, rental
alta traición	high treason
alteración de un documento	tamper with
alteración del orden público	disturbance of the peace
amenaza	merace, threat
ampliar un plazo o término	extend
ancilar	ancillary
anexo a una póliza de seguro	endorsement
antecedentes penales	criminal record
anteproyecto *m*	draft
anulación *f*	annulment, repeal
apelación	appeal, remedy
apelar	appeal
aplicable a	germane
aplicación de la ley	law enforcement
apoderado	assignee, proxy
aportación de fondos para algún uso	fund
apremiar	compel
aprobación	sanctions
armar un sistema o método	implement
arreglo	accommodation, settlement
arrendador (fam)	landlord
arrendamiento	lease, rental
arrendatario	tenant
arresto	arrest
arresto domiciliario	house arrest
arriesgar	jeopardize
artículos de consumo y comercio	commodities
asalto *m*	assault
asalto con violencia	assault and battery
asesinato *m*	assassination, murder
asesinato sin premeditación	manslaughter
asesor	advisor
asesor legal	legal adviser
asesorar	advise
asistencia social	relief
ataque sexual	assault
atentado	attempt
atenuantes de responsabilidad	extenuating circumstances
atestiguar	attest
audiencia *f*	hearing
audiencia de testigos	hearing of witnesses
audiencia pública	public hearing
auto	act, process
auto de formal prisión	commitment
autopsia *f*	autopsy
autoridad	power
autos *mpl*	proceedings
auxiliar	ancillary
avenirse,	compromise
averiguación previa	preliminary
averiguaciones previas	inquiry investigation
avería	damages
aviamiento	intangible assets
aviso	advice
bajo juramento	on oath
bancarrota	failure
banquillo de los acusados	dock
barra de testigos	witness stand
beca	pension
beneficiencia pública	relief
bienes inmuebles	real state
bienes muebles	movables, personal property, semovientes
bienes raíces	real state
borrador o anteproyecto de un escrito	rough draft
búsqueda	search
cabildear	lobbying
cadáver *m*	corpse
cadena perpetua	life imprisonment, life sentence
caducar	expire, lapse
caducidad de la instancia	nonsuit
calificación del crédito de una persona o empresa	rating, credit
calumnia *f*	calumny
cancelación *f*	cancellation
cancelar	expunge

cantidad faltante en una obligación o inversión	shortfall
capital de los accionistas	equity
cárcel *f*	jail, impresonment, prison
carente de aplicación	irrelevant
cargo de acusación (auto de formal prisión)	count of indictment
carta poder	proxy
cartera	portfolio
casa matriz	principal office
casamiento por poderes	marriage by proxy
casero	landlord
caso fortuito o fuerza mayor	Act of God:
castigo	peralty, punishment
casual	accidental
cateo (Méx.)	search
cateo *f*	house search
caudal hereditario	estate
causa *f*	cause, suit
cedente	assignor
celebrar	execute
certificado de antecedentes penales	extract from police records
certificado de defunción	death certificate
certificado de divorcio	divorce certificate
certificar	attest
cesión	assigment, convey (conveyance), transfer
cesionario	assigneee
cierre patronal de una empresa	lockout
circunstancias atenuantes	extenuating circumstances
citación *f*	citation
citatorio judicial "so pena de"	subpoema
ciudadano por nacimiento	natural-born citizen
ciudadano por naturalización	naturalized citizen
cláusula *f*	clause
clausurar un edificio en malas condiciones	condemn
codemandado, en especial en un juicio de divorcio	correspondent
codificación *f*	codification
código civil	code of civil law
código de comercio	code of mercantile law
código penal	penal code
colegio o barra de abogados	the bar
comitente	committent
compañía controladora o casa matriz (holding company)	parent company, holding company
compensación	compensation, setoff
compensación monetaria	consideration
competencia de una autoridad jurisdiccional	competence of a court
cómplice *mf*	accomplice
complicidad *f*	complicity
componenda	settlement
comprometer (verbo)	compromise
compromiso	commitment
compromiso en árbitros	commitment, arbitral
con agravantes	aggravated
con limitaciones	qualifications
con premeditación	premeditation
con salvedades	qualifications
conato	attempt
concesionario	licensee
conciliación	settlement
condena	penalty, sentence
condenado	convict
condicional	qualifications
confirmación *f*	confirmation
confiscación	confiscation
conformidad	consent
consejero	advisor
consejero -ra legal	barrister
consejo de guerra	court-martial
consejo legal	advice
consentimiento	consent
consideración	consideration
consorcio de empresas	trust
conspiración *f*	conspiracy, plot
conspiración (para derrocar una autoridad)	conspiracy
contrabandear	smuggle
contrabandista *mf*	contrabandist, smuggler
contrabando *m*	contraband, smuggling
contradictorio	inconsistent

contraprestación (Méx.)	consideration
contraria	other side, opposing party
contrato	articles of agreement, indenture, provision
contrato a suma alzada	lump-sum contract
contrato de construcción por administración (Méx.)	cost-plus contract
contravenir una ley	contravene a law
contribución	impost
convenio	articles of agreement
convenir	agree
convertir una moneda a otra	translate
convicto *m*	convict
convocatoria	call
convocatoria a una asamblea	notice
copropietarios coautores, coacusados, etc.	et al y otros
corrupción *f*	corruption
crimen	crime, murder
cuestión punto; descendencia, egreso	issue
culpable *mf*	guilty party, culprit
cumplimiento de una obligación	discharge
cumplir	execute
chantaje *m*	blackmail
dádiva deshonesta	embracery
daños	damages
daños y perjuicios (Méx.)	damages
dar alguna prenda	pledge
dar carpetazo	lay on the table
dar efecto	implement
dar fe	attest
dar prenda o palabra de casamiento	affiance
de acción o de la instancia	abandonment of action
de afuera	extraneous
de familia	abandonment
de interés adverso	adverse party
de pleno derecho	Absolute nullity
debido	due
decisión o fallo de un tribunal	ruling
declaración (todos los sentidos)	statement
declaración de testigos	hearing of witnesses
declaración jurada	sworn statement
declaración jurada (Méx. bajo protesta de decir verdad)	affidavit
declaración para impuesto sobre la renta	income-tax return
declarar	depose
declararse culpable	plead guilty
declararse inocente	plead not guilty
decomisar	seize
decomiso	confiscation, forfeit
decreto	act
decreto *m*	decree
defensa	plea
defensor -ra	counsel for the defense
defensor de oficio	public defender
déficit	shortfall
defraudar	defraud
dejar a salvo	hold harmless
delatar (todos los sentidos)	accuse
deliberado	deliberate
delincuente *mf*	delinquent
delito	offense
delito grave	crime
delito o falta menores	misdemeanor
demanda	claim, demand, lawsuit
demanda judicial	suit
demanda penal	prosecution
demanda por daños y perjuicios	claim for damages
demandante	complainant
demandante *mf*	plaintiff
demandante, actor	suitor
demandante, acusador	plaintiff
demandar	sue
demencia	insanity
demostrable	provable
demostración	proof
denegación de la paternidad	disowning of offspring
denuncia *f*	accusation
denuncia (todos los sentidos)	accusation
denunciar	accuse
deponente, declarante	affiant
depósito a la vista	demand draft, deposit

depósito aduanal	bonded warehouse, manufacturing plant
depósito de cadáveres	morgue, mortuary
depósito exigible	demand draft, deposit
Derecho *m*	Law
derecho administrativo	administrative law
derecho canónico	canon law
derecho civil	civil law
derecho comercial	commercial law
derecho constitucional	constitutional law
derecho consuetudinario o jurisprudencial	common law
derecho de asilo	right of asylum
derecho de gentes	law of nations
derecho de prioridad	pre-emptive right
derecho fiscal	fiscal law
derecho internacional	international law
derecho laboral	labor laws
derecho legal de una persona	right
derecho mercantil	mercantile law
derecho natural	natural law
derecho penal	criminal law
derecho prendario (ej. mechanic's lien)	lien
derechos	fee
derechos civiles	civil rights
derechos de autor	copyright
derechos humanos	human rights
derogar	abolish
desacato a una autoridad	contempt
desahuciar	disposses
desahucio	ouster
desalojo	disposses
descendencia	issue
desechar	dismiss
desfalcar	embezzle
desfalco	embezzlement
desgracia	accident
desheredar	disinherit
desistimiento de bienes	abandonment
despedir	discharge
despedir a un empleado	dismiss
despido de un empleado	severance
despojar de un objeto o de facultades o poderes	divest
detención	arrest
detener	arrest
devengar	accrue
devolución del precio	refund
difamación *f*	defamation, slander
difamación, calumnia verbal	slander
difamación por escrito	libel
difamatorio -ria	defamatory, libelous
director	president
director, consejero (en un Consejo de Administración)	director
discutible, debatible	moot
disposición de una ley	provision
división	severance
divorcio *m*	divorce
documentos justificativos o comprobantes (Méx.)	supporting documents (paters)
dolo	fraud
domicilio legal de una persona o empresa	domicile
domicilio social de una empresa	principal office
drogadicto -ta	drug addict
drogado -da	dope, drugged
dueño absoluto de una finca	freeholder
duración	life
edificio de tribunales	Courthouse
edit	edit
egreso	issue
el jefe de una empresa	principal
emancipación *f*	emmancipation
embargar	attach, seize
embargo *m*	embargo
embargo precautorio	garnishment
emolumento	perquisites, fee
emplaza	summons
emplazamiento *m*	writ of summons
emplazamiento a huelga	stibe call
empleo o puesto de confianza en empresas que tienen sindicato	Trust, position of
en controversia o disputa	issue at

en espera abeyance
en flagrante delito red-handed
en general promissory note
en libertad bajo palabra on parole
en libertad condicional on probation
en mora, ya vencido overdue
en suspenso abeyance
en vigencia come into force
enajenable alienable
enajenación alienation, assigment, tranfer
enajenación mental alienation, insanity
encubridor accessory
encubridor de personas harborer
engaño fraud
enjuiciamiento *m* procedure
enjuiciar prosecute
enmendar amend
entablar un procedimiento judicial institute proceedings
entablar un juicio sue
entablar un juicio, demandar prosecute
entablar una demanda bring a lawsuit, sue
entrar en algún lugar en forma clandestina intrusion
entrar en vigor come into force
entregar un citatorio judicial process, server
equidad equity
error judicial miscarriage of justice
escrito articles
escritura indenture
escritura constitutiva o estatutos charter, articles of association, of incorporation
escritura de hipoteca mortgage deed
escritura de venta bill of sale
escritura notarial notarial deed
escritura notarial de reconocimiento acknoledgment
esponsales affiance
establecido por la ley o reglamento statutory
estado statement
estado de intoxicación (alcohólica o por drogas) intoxication
estafa *f* swindle
estafador -dora swindler
estafar defraud
estrado de testigos witness box
estupro abuse, rape
estatutario -ria statutory
evasión de impuesto tax evasion
examen *m* examination, interrogatory
excepción demurrer
exclusión (Méx.) estoppel
excluyentes de responsabilidad exculpatory circumstances
exculpar absolve, acquit
exigencia demand
exigible (obligación contractual o en efectivo) enforceable
exigir el cumplimiento de una ley enforce
exonerantes de responsabilidad exonerating circumstances
exonerar absolve, acquit
expectativa abeyance
expediente *m* filed, dossier, process
expropiar condemn
extinguirse lapse
extracto extract
extradición *f* extradition
extraño extraneous
fábrica o taller con afiliación ogligatoria para los trabajadores union shop
factura bill
facultades power
fallo absolutorio veredict of not guilty
falsificación *f* forgery, forging, counterfeiting
falsificar tamper with
falta de honradez dishonesty
falta de probidad dishonesty
familia que vive bajo un mismo techo household
fayuquear (Méx.) smuggle
fe de bautismo baptismal certificate
fiador surety
fianza o caución bond
fianza para todos los empleados o de fidelidad blanket bond
fideicomisario trustee
fideicomiso trust
fideicomitente trustor
fiduciario trustee
finca o propiedad estate
firma autógrafa hand (set the)

firmar de su puño y letra	hand (set the)
firmar o formalizar un documento	execute
fiscal de distrito	disctric attorney
flagrante	open
fletamento	charter
fondo	fund
fondo para amortización	sinking fund, slunsh fund
forajido *m*	outlaw
fortuito	accidental
forzoso	mandatory
fracaso	failure
fraude	fraud
fraude fiscal	tax evasion
fraude flagrante	actual fraud
fuera de la ley	outside the law
fuero	immunity
fuerza mayor	force majeure
fugarse una persona que está en libertad bajo fianza	jump bail
funciones *fpl*	functions
fusión de dos empresas	merger
gajes	perquisites
garante	surety
garantía adicional	collateral
gestionar con objeto de ganar voluntades	lobbying
girador	maker
giro	demand draft, deposit
gravamen	encumbrance, lien
hecho	act
heredero -ra	heir
herencia *f*	inheritance
hipoteca	mortgage
homicidio *m*	homicide
homicidio sin agravantes	manslaughter
honorarios	fee
huelga	strike
huelga de brazos caídos o pasiva	sit-down strike
huella dactilar	fingerprint
huella digital	finger print
hurto *m*	theft
hurtos menores	pilferage
impedimento	estoppel
importante	relevant
impuesto	impost
impuesto local a la entrada de mercancías	octroi
impuesto predial (Méx.)	land tax
impuesto sobre bienes raíces	land tax
impuestos arancelarios	customs duties
impuestos de sucesión	death duty
incapacidad legal	legal incapacity
incapacidad (para poder hacer algo) o inhabilitación	disability
incitar	abet
incongruente	inconsistent
incontestable	incontestable
incumplimiento *m*	unfulfilment, failure
incumplimiento contractual o falta de pago	default
incumplimiento de contrato	brach of contract
indagación *f*	inquiry
indeminización *f*	indemnification, indemnity
indemnizar	indemnify
indicios	indicia
indisputable	incontestable
infanticidio *m*	child murder, infanticide
informe *m*	report
informe del fiscal (Ministerio Público)	charge, indictment
infracción *f*	infraction
infracción administrativa	misdemeanor
infringir una ley	break a law
iniciación de un proceso judicial	institution of proceedings
injuriador	aggressor
injusticia *f*	injustice
inmunidad *f*	immunity
inobservancia *f*	nonobservance
inquilino	tenant
inscripciones o descripciones	indicia
insistencia (Méx.)	absolute nullity
instancia	petition
instigar	abet
insuficiencia	inadequiacy
insulto	abuse
intento de asesinato	attempted murder
interdicción	disability, legal incapacity
interdicto	injuction
interino	acting

interponer recurso de apelación	lodge an appeal
interpretación	construction
interpretación errónea	misconstruction
interrogatorio *m*	examination, interrogatory
interrogatorio muy severo a un preso	**third degree**
interventor	receive credit, receiver
interés con beneficios	beneficial interest
intrusión	intrusion
irretroactividad *f*	nonretroactive character
jefe de la familia	householder
jubilación	pension
juego de azar que implica apuesta	gambling
juez de apelación	judge in appeal
juez de instrucción	examining magistrate
juicio *m*	trial
juicio de daños o perjuicios	Tort
juicio, proceso	trial
juicio que establece la Constitutición Política de México	amparo
Junta de Conciliación y Arbitraje	conciliation board in industrial disputes
jurado *m*	juror, jury
jurado -da	sworn, sworn-in
jurado seleccionado para casos especiales	struck jury
juramento	oath
juramento (protesta) al tomar posesión de un puesto	oath of office
jurisprudencia *f*	jurisprudence
jurista *m*	jurist
justicia	justice
Juzgado	Court
juzgados de menores	juvenile court judge
Juzgados Penales (Méx.)	Criminal Court
juzgar; juez *mf*	judge
lanzamiento de un inquilino (Méx.)	ouster
lanzar	disposses
legal	lawful, legal, legality, lawfulness
legatario -aria	heir, legatee
legislación *f*	legislation

legislador *m*	legislator
legítima defensa	self-defense
legitimación	legitimation
legítimo	lawful
lego en una materia	layman
leguleyo, (Méx.) coyote	syster
levantar falso testimonio	bear false witness
levantar un embargo	release
ley	bill, law
ley emanada del Congreso de EUA	Act of Congress:
leyes impositivas o fiscales	revenue laws
libelo	libel
liberar un bien de un gravamen	disencumber
liberar una obligación	release
libertad bajo fianza	release on bail
libertad condicional	probation
libertad provisional	release on bail
licenciante	licensor
licenciatario	licensee
lícito	lawful
lista de valores que posee una persona	portfolio
litigio	lawsuit
llevar a cabo	implememt
magistrado del Tribunal Superior o de la Suprema Corte	justice
mal parto	miscarriage
malversación de fondos	embezzlement
malversar fondos	embezzle
mancomunadamente	conjointly
mandamiento judicial que prohíbe algo	injunction
mandante	constituent
mayoría de edad	lawful age
mejoras	improvements
mejoras a locales arrendados	improvements
miembro o socio vitalicio	life membership
ministerio	ministry
modificar	amend
mora	default
mortal (lesión, accidente, etc.)	fatal
mujer soltera de cualquier edad	spinster
multa	fine, forfeit, penalty

multa o castigo (Méx.)	sanctions
nativo de un lugar	natural
natural	natural
naturalización *f*	naturalization
negocio o empresa en marcha o funcionamiento, con buen éxito	going concern (business)
no pertinente	irrelevant
notario público *m*	notary public
notificación	notice, advice
notorio	open
nuda propiedad	bare legal title
nulidad absoluta	absolute nullity
nulificación	invalidation
nulo y sin valor	null and void
objeción	demurrer
obligación	commitment
obligación quirografaria (Méx.)	debenture
obligación sin garantía	debenture
obligar a	compel
obligatorio	mandatory
obligatorio para ambas partes	binding
ocupación o empleo lucrativo o retribuido	gainful employment
ocurso	petition
ofensa *f*	offense
oferta para un concurso	tender
opción de compra o retiro de valores	call
operaciones jurídicas independientes que celebran	arm's length
orden de comparecencia ante una autoridad, emplazamiento	summons
orden de detención	warrant for arrest
organización no lucrativa	non-profit organization
otorgamiento en garantía o depósito de algún documento	escrow
otorgante	maker
pacto	articles
padre	householder
pagadero	due
pagaré o letra de cambio (título de crédito	promissory note
pago adelantado que se entera	retainer
pago parcial como garantía de una obligación	token payment
palacio de justicia	law courts
Palacio de Justicia	Courthouse
papel añadido a un título de crédito para fijar endosos	allonge
papeleo burocrático	red tape
parcialidad	prejudice
pariente	germane
pariente más cercano	next-of-kin
paro	lockout
parte contraria	adverse party, opposing party, other side
parte en un contrato o acción judicial	party
participación en una empresa o compartir una actividad	share
partida de defunción	death certificate
partida de matrimonio	marriage certificate
partida de nacimiento	birth certificate
partido	party
pasante de abogado	legal assistant
pasar a beneficio de	inure
pasivo	liability
pena *f*	penalty, punishment
pena capital	capital punishment
pena de muerte	death penalty, death sentence
pensión alimenticia	allowance, alimony
perder alguna suma o derecho por incumplimiento	forfeit
perjudicador	aggrieve
perjudicial o ilegal	malpractice
perjurio *m*	perjury
persona	person
persona o empresa atrasados en un pago	delinquent
persona que se establece en tierras ajenas sin título	squatter
persuadir; ventajas ofrecidas para celebrar un contrato	inducement

pertinente	relevant
petición de indemnización	claim for compensation
petición de indulto	petition for a reprieve
picapleitos (despectivo)	shyster
pignorar	pledge
piratería *f*	piracy
pleito	lawsuit
pleno dominio de un bien	fee absolute
poder	power
poder otorgado ante notario	power of attorney
poderdante	constituent, principal
poner en peligro	jeopardize
poner en vigencia una ley	enact
por el hecho mismo	ipso facto
por el presente, sabed	SS
poseer las aptitudes o habilidades necesarias para algo	qualify
prejuicio	prejudice
premeditado	deliberate
prescripción *f*	prescription
presentar motivos justificados	show cause
presentar una demanda	institute procedings
presentar una denuncia	lodge a complaint
Presidencia Municipal (Méx.)	Mayor's office:
Presidente de la Cámara de Diputados	Speaker of the House
Presidente de una nación o del gobierno	President
presidente del tribunal	presiding judge
presunto	alleged
presunto propietario	reputed owner
prevaricato *m*	prevarication
prisión *f*	impresonment
privación de derechos civiles	attainder
privar de derechos civiles	disfranchise
procedimiento *mpl*	proceeding
procedimiento ejecutivo para remate de bienes	foreclosure

procesado -da	defendant
procesar	prosecute
proceso	process
proceso judicial	proceedings
procurador de justicia	district attorney
prohibición de exportar o importar bienes a un país	embargo
promulgar una ley	carry a bill, pass a bill
pronunciar un fallo	pronounce sentence
propiedad artistica	copyright
propiedad *f*	propietorship, ownership
propiedad industrial (patentes y marcas)	industrial property
propietario aparente	reputed owner
propina	perquisites
propuesta *m*	tender
prorrogar	extend
protesta	protest
protesto (de un letra de cambio)	protest
proyecto de ley	government bill
proyecto o iniciativa de ley	bill
prueba	evidence, deposition, proof
pruebas *fpl*	exhibits
público	open
que puede comprobarse	provable
que se puede transmitir su dominio	alienable
querella *f*	complaint
querellante	complainant
quiebra	failure
rapto *m*	abduction
raterías	pilferage
ratero en tiendas	shoplifter
ratificación *f*	ratification
real	actual
rebeldía	contempt
recepción de documentos	acceptance
recibir o tomar juramentos	administer oaths
reclamación	claim, lawsuit
reclamar	claim
reclamo *m*	claim
recoger un bien	disposses
reconocer	accept
reconocimiento	acknoledgment

recurrir a una sentencia	lodge an appeal
recurso	remedy
recurso de apelación	lodge an appeal
reformar	amend
regalías *fpl*	royalties
regalías que se pagan por el usufructo de ciertos derechos	royalties
registro	search
registro de la propiedad	land register
reglamento	provision
reincidente *mf*	recidivist
relación entre mandante y mandatario	principal and agent relation
relacionado con	germane
rentas interiores, o provenientes de impuestos	internal revenue
reo *mf*	accused, defendant
resarcir	indemnify
rescate o pago de una deuda	redemption
rescindir	rescind
rescisión *f*	invalidation, rescission
responsabilidad *f*	liability, responsability
responsable (de dar cuentas de algo)	accountable
revocación *f*	revocation
robo *m*	larceny, robbery, thift
robo a mano armada	armed robbery
robo con violencia	burglary, housebreaking
sacar en paz y a salvo (Méx.)	hold harmless
salvo error u omisión (S.E. u O.)	errors and omission excepted
sanción	sanctions
Secretaría de Estado (Méx.)	ministry
secuestrar o ejecutar (bienes en garantía)	attach
secuestrar un objeto	seize
secuestro	abduction, kidnapping
secuestro de aviones	highjacking
seguro contra accidentes	accident insurance
sencillo	single
sentencia	act
sentencia absolutoria	acquittal
sentencia de muerte	death sentence
sentencia en rebeldía	judgement by default
sentencia, ejecutoria	judgment
ser condenado a pagar gastos y costos	be ordened to pay costs
sin importancia	irrelevant
sin prejuicios	prejudice, without
sindicato obrero	union
síndico	receive credit
siniestro (SEG)	accident
sinopsis de autos	extract
soborno *m*	bribery, suborning
soborno, dádiva deshonesta	embracery
sobregiro en una cuenta bancaria	overdraft
sobreseer un juicio o demanda, cancelar un artículo o sustituirlo por otro	supersede
sobreseimiento *m*	nonsuit
sociedad anónima cuya propiedad o control pertenece a un grupo limitado	close corporation
sociedad anónima, persona moral	body corporate
sociedad anónima registrada ante las autoridades	incorporated
sociedad de responsabilidad limitada	limited company
sociedad o asociación de personas	partnership
sociedad o asociación no lucrativa	non-profit organization
sociedad que lleva como razón social el apellido de sus socios y otro nombre comercial	firm
socio comanditario o capitalista	silent partner
solicitar o demandar el divorcio	sue for divorce
solicitud	petition
solidaria o mancomunadamente	severally
soltero	single
subordinado	ancillary
sucesores y cesionarios	successors and assigns

suma periódica o pago adelantado que se entera a un abogado	retainer
sumario *m*	summary
suplantación *f*	supplantation, supplanting
suplente	alternate, acting
suprimir	abolish, stribe out
suscribir una emisión de acciones o de títulos de crédito	underwrite
suspensión	stay
suspensión de la instancia	stay of proceedings
suspensión de sentencia penal	reprieve
suspensión temporal	reprieve
síndico	receiver
tachar	expunge, stribe out
tentativa *f*	attempt
tentativa de cometer un delito	attempt
terminar un plazo	expire
testamento *m*	will
testar	stribe out
testar (Méx.)	expunge
testigo de cargo	witness for the prosecution
testigo de descargo	witness for the defense
testigo presencial	eyewitness
timo *m*	swindle
titularidad *f*	ownership
todos los sentidos	instrument
tomar incremento	accrue
trabajos forzados	hard labor
traducir (US finanzas)	translate
transgredir una ley	infringe a law
transgresor -ra	offender
transigir	compromise
traslado de dominio	convey (conveyance)
traspaso	convey (conveyance)
traspaso, cesión	transfer
tratamiento erróneo	malpractice
Tribunal	Court
Tribunal Internacional de Justicia	International Court of Justice
Tribunal penal	Criminal Court
tribunal civil	criminal court
tribunal de apelación	court of appeal
tribunal de casación	court of cassation
tribunal de cuentas	commitee on public accounts
tribunal de primera instancia	court of first instance
tribunal superior	high court, supreme court
tribunales *mpl*	courts
tráfico de divisas	traffic of foreign currency
tráfico de drogas	traffic in drugs
trámites engorrosos	red tape
tutela *f*	guardianship, tutelage
tutor -tora	guardian, tutor
título	charter
título de adquisición	bill of sale
título privilegiado	right
un producto o servicio patentado o registrado bajo marca	proprietary
único	single
único (administrador, propietario, heredero)	sole
usurpación *f*	usurpation
validar un testamento notarial o judicialmente	probate
vencer	expire
vencer o cumplirse el plazo	mature
vencido	due
vencimiento de algún plazo o término	expiration
vencimiento; edad madura	maturity
verdadero	actual
víctimas de un accidente o desastre natural	fatalities
vida	life
vigencia	life
violación *f*	violation, rape, abuse
violación de una ley o reglamento, ilicitud *f*	lawbreaking
visita	call
visita domiciliaria	domiciliary visit
vista *f*	hearing

Bilingual Thematic Vocabularies English-Spanish

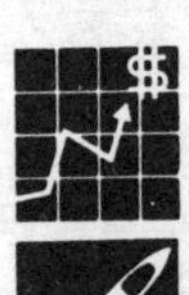

management
administración

aeronautics
aeronáutica

agriculture
agricultura

food and beverages
alimentos y bebidas

architecture and design
arquitectura y diseño

astronomy and astronutics
astronomía y astronáutica

cinematography
cinematografía

international trade
comercio internacional

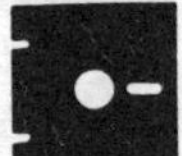

computer science
computación e informática

accounting
contabilidad

sports
deportes

economics
economía

education and professions
educación y profesiones

electronics
electrónica

physics
física

geography and nationalities
geografía y nacionalidades

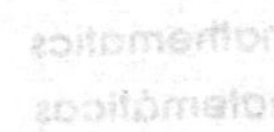

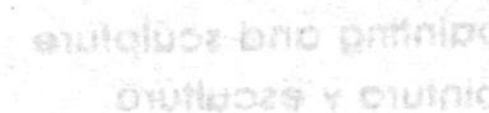
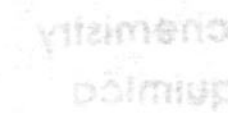
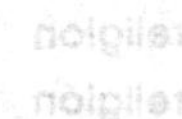

tools and machinery
herramientas y maquinaria

colloquial language and idioms of frecuent use in the United States
lenguaje coloquial y modismos de uso frecuente en Estados Unidos

mathematics
matemáticas

medicine
medicina

mineralogy and metallurgy
mineralogía y metalurgia

music
música

office
oficina

painting and sculpture
pintura y escultura

psychology and psychiatry
psicología y psiquiatría

chemistry
química

radio and television
radio y televisión

religion
religión

theater
teatro

telecommunications
telecomunicaciones

legal terms
términos jurídicos

accounting
contabilidad

accountant	contador -ra
account book	libro de contabilidad
accounting	contabilidad *f*, contable *mf*
advance payment	adelanto *m*, anticipo *m*
aid	ayuda *f*
all-inclusive	todo comprendido, integral
allotment	distribución *f*, reparto *m*, asignación *f*
allowance	subsidio *m*, subvención *f*, bonificación *f*, provisión *m*
amortization	amortización *f*
amount	importe *m*, monto *m*
annuity	anualidad *f*
apportionment of expenses	prorrateo de gastos
assets	activo *m*
assets and liabilities	activo y pasivo
associate	asociado -da
average income	utilidad promedio, ingresos promedio
balance	saldo, resto
balance of payments	balanza de pagos
balance of trade	balanza comercial
balance sheet	balance *m*
basis of assessment	base del impuesto
bill	cuenta *f*
bill of exchange	letra de cambio
bookkeeper	tenedor de libros, contable *mf*
bookkeeping	teneduría de libros
borrower	prestatario *m*
borrowing	préstamo *m*, empréstito *m*
branch	sucursal *f*
budget	presupuesto *m*
bulk sale	venta a granel
buyer	comprador -dora
cash balance	saldo de caja
cashbook	libro de caja
cash on delivery (C.O.D.)	entrega contra reembolso
cash on hand	efectivo en caja
cash payment	pago al contado
cash price	precio al contado
cash sale	venta al contado
ceiling price	precio tope, precio máximo
check	cuenta de consumo
checking account	cuenta de cheques
client	cliente *mf*
commerce	comercio *m*, comerciar
commercial channels	canales comerciales
commercial transaction	operación comercial
company	compañía *f*, sociedad *f*
compensation	indemnización *f*
competition	competencia *f*
competitive	competitivo -va
competitor	competidor *m*
concessionaire	concesionario *m*
consolidated debt	deuda consolidada
consumer	consumidor *m*
contingencies	contingencias *fpl*, pasivos *mpl*, gastos *mpl*
contingent expenses	gastos contingentes
cooperative	cooperativa *f*
cooperative society	sociedad cooperativa

corporation sociedad anónima
cost costo *m,* coste *m*
cost price precio de costo
credit crédito *m*
credit balance saldo acreedor
creditor acreedor *m*
customs aduana *f*
customs duty derechos arancelarios, derechos aduanales
dealer vendedor *m,* distribuidor *m*
debit débito *m,* cargo *m*
debit balance saldo deudor
debtor deudor *m*
deferred payment pago diferido
deficit déficit *m*
discount descuento *m*
domestic trade comercio interior
double-entry bookkeeping contabilidad por partida doble
down payment pago inicial
drawing extracción *f,* retiro *m*
dumping venta abajo del costo; venta desleal
duty impuesto *m,* derecho de aduana
earnings ganancias *fpl*
estimate estimado *m,* estimación *f*
estimation estimación *f*
exchequer tesoro *m,* hacienda *f*
excise tax impuesto indirecto, impuesto al consumo
expenditure desembolso, erogación
export exportar; exportación *f*
exportation exportación *f*
exporter exportador *m*
external trade comercio exterior
factory price precio de fábrica
financial year año financiero
first price primer precio
fiscal authorities hacienda *f,* fisco *m*
fiscal charges gravámenes fiscales
fiscality fiscalidad *f*
fiscal year ejercicio fiscal
fixed costs costos fijos
fixed price precio fijo
floating debt deuda flotante
forecast pronóstico *m*
foreign trade comercio exterior
foresight previsión *f*
free-trade area zona de libre comercio
fringe benefit prestación *f,* beneficio *m,* prebenda *f*
full number socio de número
funded debt deuda consolidada
graduated tax impuesto progresivo
grant subsidio *m,* subvención *f*
gross benefit beneficio bruto
gross earnings utilidad bruta
gross income utilidad bruta
gross profit beneficio bruto, utilidad bruta
guaranteed price precio garantizado
head office casa matriz
hire-purchase alquilar, comprar
home office oficina matriz
home trade comercio nacional
import importar, importación *f*
importation importación *f*
importer importador *m*
income renta *f,* ingresos *mpl,* utilidad *f*
income and expenditure ingresos y egresos
income tax impuesto sobre la renta
initial cost costo inicial
initial price precio inicial
inland trade comercio nacional
installment plazo *m,* abono *m*
installment plan venta a plazos
insurance seguro *m*
insurance company aseguradora *f,* compañía de seguros
interest rédito *m,* interés *m*
interior trade comercio nacional
internal trade comercio interior
international trade comercio internacional
inventory inventario *m*
invoice factura *f*
item partida *f,* renglón *m,* concepto *m*
joint-stock company empresa de intereses compartidos, empresa conjunta
journal diario *m*
land tax contribución territorial, impuesto predial
ledger libro mayor
ledger paper papel de cuentas
lender prestamista *mf,* prestador -ra

liabilities	pasivo *m*
licensed dealer	distribuidor autorizado
limited-liability company	sociedad de responsabilidad limitada
limited partnership	sociedad en comandita de responsabilidad limitada
loan	préstamo *m*
long term loan	préstamo a largo plazo
main office	oficina central
maintenance costs	gastos de mantenimiento
management	administración *f*, gerencia *f*
manufacturer	fabricante *m*
manufacturer's price	precio de fábrica
market price	precio corriente, precio de mercado
maturity	vencimiento *m*
maximum price	precio máximo, precio tope
medium term loan	préstamo a mediano plazo
merchant	comerciante *m*
middleman	intermediario *m*
minimum price	precio mínimo
miscellaneous costs	costos diversos
monthly payment	mensualidad *f*
mortgage	hipoteca *f*
national income	renta nacional, producto interno
net income	utilidad neta
net price	precio neto
on a lump-sum basis	a precio alzado
operating costs	costos de operación
operating expenses	gastos de operación
organization	organización *f*
outgoings	salidas *fpl*
output and input	ingresos y egresos
outstanding payment	pago atrasado
overhead	gastos generales
overhead costs	costos indirectos
overhead expenses	gastos generales, gastos indirectos
partner	socio -cia
payment	pago *m*
payment by installments	pago a plazos, pago en abonos
payment in arrears	pago atrasado
payment in kind	pago en especie
payment in specie	pago en metálico
payroll	nómina *f*
piece price	precio por pieza

plan	plan *m*
planning	planificación *f*, planeamiento *m*
preferential price	precio preferencial
price	precio *m*
price control	control de precios, intervención *f*
price fall	baja de precios
price fixing	fijación de precios
price free on board	precio franco (libre) a bordo
price freeze	bloqueo de precios, congelación de precios
price index	índice de precios
prime cost	costo primo
profit	utilidad *f*, beneficio *m*, ganancia *f*
profitability	rentabilidad *f*
profit earning capacity	rentabilidad *f*, capacidad de generación de utilidades
profit margin	margen de utilidad
pro forma invoice	factura proforma
program	programa *m*
progressive taxation	impuesto progresivo
promissory note	pagaré *m*
purchase	compra *f*
purchase price	precio de compra
quota	cuota *f*
rate of interest	tasa de interés
receipt	recibo *m*
receipts and expenditure	ingresos y egresos
redemption	amortización *f*, redención *f*
rediscount	redescuento *m*
refund	reembolso *m*
registered office	domicilio social
reimbursement	reembolso *m*
remuneration	remuneración *f*
repayment	reembolso *m*
retailer	detallista *mf*
retail price	precio al por menor
retail trade	comercio al por menor
rise in price	alza de precios, aumento de precios
running expenses	gastos corrientes
sale	venta *f*
sales price	precio de venta
short term credit	crédito a corto plazo
short term loan	préstamo a corto plazo
silent partner	socio comanditario
single-entry bookkeeping	contabilidad por partida simple

sleeping partner socio comanditario
social charges cargos sociales
social security seguro social, seguridad social
society sociedad *f*
socioeconomic secioeconómico -ca
statement of accounts estado de cuentas
stocks existencias *fpl*, acciones *fpl*
stocktaking toma de inventario
subsidy conceder, otorgar, subvención *f*, subsidio *m*
sum suma *f*
taxable income utilidad gravable
taxation imposición *f*, gravación *f*, tributación *f*
taxation system régimen fiscal, sistema tributario
tax collector recaudador de impuestos
taxes impuestos *m*
tax exemption exención de impuestos, exoneración fiscal
tax-free libre de impuestos
taxpayer contribuyente *mf*
terms of trade términos comerciales
trade comercio *m*, comerciar
trademark marca registrada
tradesman comerciante *m*
trading comercio *m*, comerciar
trading company compañía comercial
trading year ejercicio
transport costs gastos de transporte
treasurer tesorero -ra
treasurership tesorería *f* (función de)
treasurer's office tesorería *f*
treasury tesoro *m*, tesoro público, tesorería *f*
treasury bond bono de la tesorería
turnover rotación *f*
unfair competition competencia desleal
unit price precio por unidad
upkeep costs gastos de mantenimiento
valuation valuación *f*
value added tax impuesto al valor agregado
volume of business volumen de ventas, volumen de negocios
voucher comprobante *m*
wholesale comercio al por mayor
wholesale price precio al por mayor
wholesaler mayorista *mf*
withdrawal retiro *m*
yield rendimiento *m*

aeronautics
aeronáutica

abeam	a través, al través, de través
abnormal glow	luminiscencia anormal
abreast	de flanco
absolute altimeter	altímetro absoluto
absolute ceiling	techo absoluto
absolute humidity	humedad absoluta
absorber circuit	circuito de absorción
absorption frequency meter	frecuencímetro de absorción
absorption mesh	malla absorbente
absorption type wavemeter	ondámetro de absorción
absorptive attenuator	atenuador de absorción
acceleration error	error de aceleración
accessory	accesorio
ADF (automatic direction finder)	ADF (radiogoniómetro automático)
adjustable-pitch propeller	hélice de paso ajustable o regulable
adrift	al garete
advisory	aviso *m*
aerial	aéreo -rea, antena *f*
aerial beacon	aerofaro *m*
aerodrome	aeródromo *m*
aerodynamic	aerodinámico -ca, currentilíneo -a
aerodynamic ceiling	techo aerodinámico
aerology	aerología *f*
aeronautics	aeronáutica
aerostat	aeróstato *m*
aerostatics	aerostática *f*
aerostation	aerostación *f*
after firing	poscombustión *f*
aging	antiguamiento *m*
agonic line	línea agónica o ágona
aileron	alerón *m*
aiming point	punto de enfilada
air almanac	almanaque aéreo
air bleed	toma reguladora de aire
airborne	en vuelo, transportado por un avión, aerotransportado
air carrier	aerotransportista *mf*
air cleaner	depurador de aire
air-cooled	enfriado por aire
aircraft	avión *m*, aeronave *f*, aeroplano *m*
aircraft carrier	portaaviones *m*
airdrome	aeródromo *m*
airfoil section	perfil aeroforme, perfil aerodinámico
air intake	toma de aire
airline	aerolínea *f*, línea aérea
air marking	aeromarca *f*
air pocket	"bolsa de aire"
airport	aeropuerto, aeroportuario -a
airport control	control de aeropuerto
air raft	balsa inflable
airspeed indicator	velocímetro *m*
airway	aerovía *f*
alighting	acuatizaje *m*
altimeter	altímetro *m*
altitude	altitud *f*
ambiguity 180°	ambigüedad de 180°
amphibian	anfibio

anemometer	anemómetro *m*
angle of attack	ángulo de ataque
angle of bank	ángulo de ladeo o de banqueo
angle of incidence	ángulo de incidencia
anisalobar	anisalobara *f*
anti-G suit	traje anti-G
anvil cloud	cumulonimbo con yunque
aperiodic compass	brújula aperiódica
approach	aproximación *f*
approach, final	aproximación final
approach, straight-in	aproximación directa
area control	control de área
armature	inducido *m*
arrival	llegada *f*
artificial horizon	horizonte artificial
attitude	posición *f*, postura *f*
A-type transistor	transistor tipo A
auto lean (mixture)	(mezcla) pobre automática
automatic pilot	piloto automático
autopilot	piloto automático
auto rich (mixture)	(mezcla) rica automática
autorotation	autorrotación *f*, abaniqueo *m*
avgas	gasavión *m*
aviator	aviador -ra
axial	axial, axil
axial bearing	cojinete axial
axial load	carga axial
axis of inertia	eje de inercia
axis of pitch	eje de cabeceo o de arfada
axis of roll	eje de balanceo
axis of yaw	eje de guiñada
axle	eje *m*, árbol *m*
bank	ladeo *m*, ladear
barnstorming	exhibición acrobática en gira
barometer	barómetro *m*
barometer aneroid	barómetro aneroide
barrage balloon	globo de barrera
base leg	trayecto base
beam	viga *f*, haz *m*
bearing	marcación
Bellamy drift	deriva de Bellamy
biplane	biplano *m*
bisignal zone	zona bifónica
blade	aspa *f*
blimp	dirigible no rígido
blind flying	vuelo a ciegas
blizzard	ventisca *f*
blower	compresor de aire
board	subir, entrar (a un avión)

bomber	bombardero *m*
bouncing	botes *mpl*
boundary layer	capa de separación
bracket	festonear
bracketing	festoneo *m*
bubble sextant	sextante de burbuja
bulwark	mamparo *m*
bush pilot	piloto de los bosques
cabin attendant	sobrecargo *mf*, carabinero -ra
call back	repetir
captain	capitán *m*
carburation	carburación *f*
carbureter- air temperature indicator	termómetro del aire en el carburador
carbureter, carburetor	carburador *m*
carburetion	carburación *f*
carburetter, carburettor	carburador *m*
cargo hold	compartimiento de carga
casing	caja *f*
ceiling	techo
celestial navigation	navegación celeste
charter flight	vuelo de fletamento o fletamiento
check pilot	piloto asesor
check point	punto de comprobación
check purser	sobrecargo asesor, sobrecargo asesora
chock	calzo *m*
chopper	helicóptero *m*
cirrus	cirro *m*
clean configuration	configuración limpia
clear	autorizar, despejado
clearance	autorización *f*
commander	comandante *m*
compass	brújula *f*, compás *m*
compass, heading	rumbo de compás
concourse	vestíbulo *m* (de estación)
cone of silence	cono del silencio
constant-heading line	loxodromia *f*
constant propeller-speed	hélice de velocidad constante
constant-speed	velocidad constante
contour	curva de nivel
control tower	torre de control
convertiplane	convertiplano *m*
copilot	copiloto *m*
Coriolis effect	efecto de Coriolis
course	ruta *f*, derrota *f*
course line	derrotero *m*
crab	cangrejear
crabbing	cangrejeo *m*

creep	arrastrarse, rodaje lento
crosswind	viento cruzado
crowfoot range	radiofaro en pata de cuervo
Cuban eight	ocho cubano
cumulus	cúmulo *m*
cut-off frequency	frecuencia de corte
cylinder head	culata de cilindro
cylinder-head temperature indicator	indicador de la temperatura en las culatas
daredevil pilot	piloto temerario
date line	línea de cambio de fecha
dead reckoning	estima *f*, navegación a la estima, navegación estimada
deicing	descongelación *f*
departure	salida *f*
dep control	control de volante
deplane	bajar, salir (de un avión)
deploy	desplegar, extender (el tren)
deployment	despliegue *m*, extensión *f* (del tren)
deviation	desvío *m*, desvío *m* (de la brújula)
deviation card	cartilla de desvíos
dew point	punto de rocío
dihedral angle	ángulo diedro
dip wings	alabear
direction finder	radiogoniómetro *m*
directional gyro	giro direccional, giróscopo direccional
dirty configuration	configuración de aterrizaje
display	representación gráfica
DME (distance measuring equipment)	DME (radiotelémetro *m*, equipo radiotelemétrico)
dope	barniz de aviación
Doppler radar	radar doppler
downburst	descendente al suelo, descendente en cascada
downdraft	descendente *f*
down-wind leg	trayecto a favor del viento
drag	resistencia al avance
drag wire	tirante de arrastre

drift	deriva *f*, derivar
drone	avión sin piloto
dust devils	polvareda *f*
elevation	elevación *f*
elevators	timón de profundidad
empennage	empenaje *m*
empty weight	peso en vacío
engine	motor *m*
engine analyzer	analizador de motor
engine run-in	corrido del motor
engine, turbocompound	motor turbocompuesto
estimate	estimar, calcular (aproximadamente)
estimated time of arrival	hora estimada de llegada
estimated time of departure	hora estimada de salida
estimated time over (ETO)	hora estimada sobre (HES)
exosphere	exosfera *f*
feather	perfilar (la hélice)
feathering	perfilamiento *m*
fighter aircraft	caza *m*
fighter-bomber	caza bombardero *m*
fin	plano fijo de deriva, estabilizador vertical
first officer	primer oficial
fix	punto fijo, punto de posición
flameout	paro de reactor, extinción de la llama
flap	aleta *f* (de ala)
flat turn	viraje plano
flier	aviador -ra, piloto *m*
flight deck	cubierta de aterrizaje
flight engineer	ingeniero de vuelo
flight level	nivel de vuelo
flight path	trayectoria de vuelo
flight surgeon	médico de aviación
fly	pilotar, pilotear, volar
flyer	aviador -ra, piloto *m*, aeronauta *mf*
flying	aeronáutica *f*, aviación *f*, vuelo *m*
flying field	campo de vuelo, campo de aciación
flyway	entrada al circuito
fog-bound	cerrado por niebla
force of inertia	fuerza de inercia
forced landing	aterrizaje forzado o forzoso
former	formador *m*
forward slip	deslizamiento hacia adelante
freezing rain	lluvia helada

fuel flowmeter	medidor del gasto de combustible
fuel pressure gauge	manómetro del combustible
full-feathering	de perfilamiento completo
full-stall, landing	aterrizaje en tres puntos
G	G *f*
galley	cocina *f*
gasoline	gasolina *f*
gear	tren de aterrizaje
geostrophic wind	viento geostrófico
getaway	despegue *m*, transición al vuelo
gill	aleta *f* (de tolva)
gimbals	suspensión cardán, de Cardán o universal
glide	planear
glide angle	ángulo de planeo
glider	planeador *m*
gliding	vuelo a vela
go-around	ida al aire, vuelta al aire
gradient wind	viento de gradiente
great-circle course	ruta ortodrómica
great-circle distance	ortodromia *f*
Greenwich Mean Time (GMT)	hora media de Greenwich (HMG)
grid	cuadrícula *f*
grid north	Norte de cuadrícula
grivation	declinación cuadrícular, declinacion cuadricular
ground	prohibir el vuelo, dejar en tierra (un avión)
ground control	control terrestre
ground-inductor compass	brújula de inducción terrestre
grounding	prohibición de vuelos
ground load	carga terrestre
gust	racha *f*
gusty	arrachado
gyro flux-gate	puerta de flujo giroscópica
gyrohorizon	horizonte giroscópico artificial
gyromagnetic compass	brújula giromagnética
gyroscope	giróscopo *m*, giroscopio *m*
Gyrosyn (gyroscopically synchronized) compass	brújula Gyrosyn (giroscópicamente sincronizada)
hachure	hachura *f*
hailstorm	granizada *f*
hair hygrometer	higrómetro de pelo
harness	correaje *m* (del paracaídas)
heading	rumbo *m*
heading indicator	indicador de rumbo
headwind	viento en proa
heater battery	batería de caldeo
height	altura *f*
heliport	helicopuerto *m*
high-lift devices	dispositivos de gran sustentación
high-octane gasoline	gasolina de alto octanaje
high-wing	de ala alta
hold	esperar
holding	espera *f*
holding pattern	circuito de espera
holding point	punto de espera
home	recalar
homing	recalada *f*
homing beacon	faro de recalada, radio faro de recalada
hostess	sobrecargo *f*, azafata *f*
hostess (ground)	anfitriona *f*
hovercraft	aerodeslizador *m*
hovering	vuelo estacionario
humidity	humedad *f*
hydraulic block	taco hidráulico
hydroplane	hidroavión *m*
hygrometer	higrómetro *m*
hypersonic range	intervalo hipersónico
ice-bound	cerrado por hielo
icing	engelamiento
icing rate	rapidez de engelamiento
IFR (instrument flight rules)	IFR (reglas de vuelo por instrumentos)
Immelmann turn	vuelta de Immelmann
impeller	impulsor *m*
inertial navigation	navegación inercial o por inercia
inner tube	cámara *f*
instrument flight	vuelo por instrumentos
instrument panel	tablero de instrumentos
isobar	isobara *f*
isotherm	isoterma *f*

jack point	punto de apoyo del gato
jet	reactor *m* (avion, motor), avión de reacción, avión de propulsión a chorro, avión de reactor, volar en avión de chorro
jet fuel	turbosina *f*
jet reactor	avión de reacción, avión de propulsión
jet stream	corriente de chorro
knocking	detonación *f*
landmark	punto de referencia
lazy eight	ocho perezoso
leading edge	borde de ataque
leg	tramo *m*, trayecto *m* (de circuito de tránsito); pierna *f* (de radiofaro)
lift	sustentación *f*
light aircraft	avioneta *f*
line of position	línea de posición
liquid-cooled	enfriado por liquido
listening watch	escucha continua
load factor	factor de carga
longeron	larguero *m*
long-range	de largo alcance
loop antenna	antena anular, antena de cuadro
loud and clear	claro y fuerte
lounge	sala de estar
low-wing	de ala baja
lubber line	línea de fe
Machmeter	máchmetro *m*
Mach number	número mach o de Mach
Magnesyn (magnetically synchronized) compass	brújula Magnesyn (magnéticamente sincronizada)
magnetic bearing	marcación magnética
magnetic heading	rumbo magnético
manifold	colector múltiple
manifold pressure	presión de admisión, presión en el múltiple
manifold pressure gauge	manómetro de admisión
mark	marcar
marker	marcador *m*
marking	señalización *f*
master clock	reloj magistral
master rod	biela maestra
mesosphere	mesoesfera *f*
miniature aircraft	avión en miniatura
minimum control speed	velocidad mínima de control
missed approach	aproximación fallida
monoplane	monoplano *m*
mountain breeze	brisa de montaña
nacreous clouds	nubes nacaradas
nautical	náutico -ca
navigational	náutico -ca
navigational aids	ayudas náuticas, ayudas a la navegación
noctilucent clouds	nubes noctilucientes
nose	nariz *f*, proa *f*
nose-heavy	pesado de nariz
nose over	capotar, capotada *f*
nosing over	capotada *f*
nimbus	nimbo *m*
off-course	fuera de ruta
oil pressure gauge	manómetro del aceite
oil tank	tanque de aceite
oleo	oleoamortiguador *m*
oleo-pneumatic shock absorber	amortiguador oleoneumático
omnirose	rosa omnidireccional
on-top clearance	autorización 'sobre cúspide'
overcast	cerrado *m*
overhaul	reacondicionamiento *m*
over-running	desbocada (hélice)
pancake landing	aterrizaje de panzazo
parachute eight	ocho paracaidista
parachutist	paracaidista *mf*
parallax	paralaje *f*
performance	actuación *f*, desempeño *m*
phugoid oscillation	oscilación fugoidea
pilot	piloto *m*
piloting	pilotaje *m; navegación observada o por contacto (visual)*
pilot trainee	piloto en instrucción
pitch	paso *m*, cabeceo *m*, cabecear, arfar
point-to point flight	vuelo ortodrómico
polar navigation	navegación polar o de cuadrícula
power pack	batería combinada, fuente de alimentación
power plant	grupo propulsor o motopropulsor
precess	precesar

precession	precesión *f*
precessional	precesional
preflight planning	planeamiento previo al vuelo
pressure-pattern navigation	navegación isobárica
pressurized cabin	cabina climatizada
procedure turn	viraje de procedimiento
propellant	propulsante *m*
propeller	hélice *f*
propeller torque	par de hélice
puller airplane	avión tractor
pull-out	salida de un picado
pulse	pulsación *f*
pulsejet	pulsorreactor *m* (avión, motor)
purser	sobrecargo mayor
pusher airplane	avión empujador
pylon eight	ocho sobre pilones
radial	radial *m*
radial engine	motor radial
radiomagnetic indicator (RMI)	indicador radiomagnético (IRM)
radio navigation	radionavegación *f*, navegación por radio
radio receiver	radiorreceptor *m*
radio reception	radiorrecepción *f*
radio transmitter	radiotransmisor *m*, radioemisor *m*
radio wave	onda de radio, onda herciana, onda radioeléctrica
radius of action	radio de acción
rain cloud	nimbo *m*
ram air	aire de impacto
ramjet	estatorreactor *m* (avión, motor)
range	alcance *m*, distancia *f*
rate of climb	régimen de ascenso, velocidad vertical
rate-of-climb indicator	indicador de velocidad vertical
read	escuchar
refuel	poner combustible a
refueling	puesta de combustible
relative bearing	marcación relativa
relative humidity	humedad relativa
relative wind	viento relativo
remoted compass	brújula de indicación remota
reporting point	punto de notificación
rest room	lavabos *mpl*
retraction	retracción *f*
reversible-pitch	de paso reversible
roll	rodar, carretear; ladear; ladearse, balanceo *m*, balancear
roll cloud	nube de rollo
rotorcraft	helicóptero *m*, autogiro *m*
route	ruta *f*, derrota *f*
route control	control de ruta
rudder	timón direccional
scattered	medio nublado
scissors range	radiofaro de tijera
search and rescue	busca y salvamento
seat belt	cinturón de seguridad
semimonocoque	semimonocasco
servo	servo *m*
servo control	servomando *m*
servomechanism	servomecanismo *m*
servomotor	servomotor *m*
severe weather	fuerte mal tiempo
shallow turn	viraje amplio
shock wave	onda de choque
short- field take-off	despegue en campo corto
side slip	deslizamiento lateral
Sight Reduction Tables	tablas de reducción de visuales
single-heading flight	vuelo loxodrómico
single-seater	monoplaza *m*
sinking rate	régimen de hundimiento
skin	cubierta *f*
skin, stressed	cubierta esforzada
slipstream	corriente retrógrada, torbellino de la hélice
snap roll	tonel volado
soar	remontarse
soaring	vuelo de remonta
sounding balloon	globo-sonda *m*
spark advance	adelanto de la chispa
spin	barrena *f*
spin, inverted	barrena invertida
spinner	cono de hélice
spin-safe	imbarrenable
split S	S partida, medio tonel volado
spoiler	estropeador de sustentación, aletilla turbulígena
spot height	cota *f*
squall	turbonada *f*
squall line	línea de turbonadas

stabilizer compensar; compensador *m*, estabilizador horizontal, aletilla compensadora equilibradora
stack escalonar
stacking escalonamiento *m*
stall desplome *m*, desplomar, desplomarse
stalling speed velocidad de desplome
stall-proof a prueba de desplome, indesplomable
standard parallel paralelo automecoico
standing waves ondas estacionarias
static estática *f*, ruidos parásitos
steep turn viraje cerrado
steward sobrecargo *m*
stewardess sobrecargo *f*, azafata *f*
stick bastón *m*, columna *f*
stopover escala *f*
straight-and-level flight vuelo recto y nivelado
stratopause estratopausa *f*
stratosphere estratosfera *f*
stratus estrato *m*
stringer larguerillo *m*
subsonic range intervalo subsónico
supercharger sobrealimentador *m*
supersonic boom estruendo supersónico
supersonic range intervalo supersónico
tachometer tacómetro *m*
tail cola *f*, empenaje *m*
tail-heavy pesado de cola
tail pipe tobera *f*
tail wind viento en popa
tandem seating asientos en tándem
test flight vuelo de comprobación
thermosphere termosfera *f*
throttle acelerador *m*
through flight vuelo directo
thrust empuje *m*
thunderstorm tronada *f*
time tiempo *m*, hora *f*
tire neumático *m*, llanta *f*
torquemeter medidor del par motor
traffic pattern circuito de tránsito
trailing antenna antena de arrastre
trailing edge borde de salida
trainer entrenador *m* (avión de instrucción)
transceiver transceptor *m*
transition to flight transición al vuelo
transonic range intervalo transónico
transpolar flight vuelo transpolar
tricycle landing gear tren de aterrizaje triciclo
trim compensar
trimming compensación *f*
trim tab aletilla compensadora
triplane triplano *m*
tropopause tropopausa *f*
troposphere troposfera *f*
true bearing marcación verdadera
true heading rumbo verdadero
true time over (TTO) hora verdadera sobre (HVS)
true wind viento real
truss viga de armadura
turboengine turbomotor *m*
turbofan turboventilador *m*
turbojet turborreactor *m* (avión, motor)
turbostarter turbo-arrancador *m*
turbulence turbulencia *f*, turbulencia en aire claro
turn viraje *m*, virar
turn-and-bank indicator indicador de viraje y ladeo
turn, standard-rate viraje de régimen normal
twin bimotor *m*
twin jet birreactor *m*
universal time (Z) hora universal, hora media de Greenwich (HMG)
updraft ascendente *f*
utility aircraft avión de utilidad general
variable-pitch de paso variable
variable-pitch propeller hélice de paso variable
variation variación *f*
vertical development clouds nubes con desarrollo vertical
VFR (visual flight rules) VFR (reglas de vuelo visual)
VHF omnidirectional radio range procedimientos hablados omnidireccionales en VHF
voice procedures
vortex vórtice *m*
vorticity vortiginosidad *f*

VTOL (vertical take-off and landing)	DAV (despegue y aterrizaje verticales)
weather vane	veleta *f*, anemoscopio *m*
weight and balance	peso y equilibrio
wheel base	batalla *f*
whip antenna	antena de varilla
wind cone	manga de aire
windmilling	abaniqueo *m*
wind sock	manga de aire
wind triangle	triángulo del viento
wind tunnel	túnel aerodinámico
wing-dipping	alabeos *mpl*
wing span	envergadura *f*
wrist pin	pasador *m*
yaw	guiñada *f*, guiñar
zoom	encabritada *f*, encabritar, encabritarse

agriculture
agricultura

absentee landlord — absentista *m*
agrarian reform — reforma agraria
agricultural commodities market — mercado agrícola
agricultural equipment — aperos de labranza
agricultural machinery — maquinaria agrícola
agricultural products — productos agrícolas
agriculture — agricultura *f*, labranza *f*
agronomist — agrónomo *m*, ingeniero agrónomo,
alfalfa — alfalfa *f*
American agave — agave *f*, pita *f*, maguey *m*
animal breeding — mejoramiento de animales, cría de animales
animal husbandry — cría de animales
arable land — tierra de labranza, tierra arable, tierra labrantía
arboriculture — arboricultura *f*
barley — cebada *f*
barn — cobertizo *m*, troj *f*, troje *f*
barren — yermo *m*, tierra yerma
Barren Lands — tundras del N. de Canadá
bean — frijol *m*, fréjol *m*, judía *f*, alubia *f*, habichuela *f*
billhook — podadera *f*
bind (into sheaves) — agavillar
binder — agavilladora *f*
binder and reaper — segadora y agavilladora
bran — salvado *m*
broadcasting — siembra al voleo
broadcast sowing — siembra al voleo
brooder — incubadora *f*; gallina clueca
brushhook — podadera *f*
buckwheat — trigo *m*, sarraceno *m*, alforjón *m*
cabbage patch — campo de coles
canary seed — alpiste *m*
carrot — zanahoria *f*
cassava — yuca *f*
castor-oil plant — ricino *m*
cattle — ganado vacuno
cattle farm — finca ganadera, finca pecuaria
cattle farmer — ganadero *m*
cereals — cereales *mpl*, granos *mpl*
chicken run — corral de aves
chick-pea — garbanzo *m*, garbanza *f*
churn — mantequera *f*
clear — desbrozar, rozar
clod — terrón *m*
clod crusher — desterronadora *f*
clover — trébol *m*
coarse grain — cereales secundarios
cocoa — cacao *m*
coffee — café *m*
collective farm — granja colectiva; ejido *m*
combine harvester — segadora y trilladora
cooperative farm — granja cooperativa

corn	maíz *m*
corn field	maizal *f*, milpa *f*
cotton	algodón *m*
cotton picker	pizcadora de algodón
country	campo *m*, agro *m*
countryman	campesino *m*
countryside	campo *m*, campiña *f*
countrywoman	campesina *f*
cowboy	vaquero *m*
cowherd	vaquero *m*
cowshed	establo *m*
crib	pesebre *m*
crop rotation	rotación de cultivos
crops	cultivos *mpl*
crop year	temporada agrícola
cultivate	cultivar
cut	cortar; corte *m*
cutting	corte *m*
dairy farming	lechería; administración de ganado lechero
dairy industry	industria lechera
dairy products	productos lácteos, lactinios *mpl*
dig	cavar, layar
disk harrow	grada de discos, rastra *f*
drainage	drenaje *m*, avenamiento
drilling machine	sembradora *f*, máquina perforadora
drinking trough	bebedero *m*, abrevadero *m*
dry farming	cultivo de secano
dry soil	tierra de secano
dung heap	estercolero *m*
earth up	aporcar
ensile	ensilar
ergot	cornezuelo de centeno
estate	propiedad *f*
extensive cultivation	cultivo extensivo
fallow	barbecho *m*; roturar, barbechar
farm	cultivar, labrar; granja *f*, finca *f*, chacra *f*
farmer	agricultor *m*, cultivador *m*, labrador *m*
farm hand	jornalero de campo, peón *m*, mozo de labranza, bracero *m*
farmhouse	casa de campo; alquería *f*; casco de hacienda
farming	labranza *f*
farming year	temporada agrícola
farm laborers	trabajadores agrícolas, jornaleros de campo, braceros *mpl*
farm products	productos agrícolas
feeding rack	pesebre *m*
feeding trough	comedero *m*
feed trough	comedero *m*
fertile soil	suelo fértil
fertilize	abonar, fertilizar
fertilizer	abono *m*, fertilizante *m*
fertilizer distributor	esparcidora de abono
field	campo *m*
field roller	rodillo *m*
flail	mayal *m*
flax	lino *m*
flour	harina *f*
fodder grain	cereales forrajeros
fold	aprisco *m*, redil *m*
foodstuffs	alimentos *mpl*, productos alimenticios
forage plants	plantas forrajeras
fork	horquilla *f*
fruit grower	hortelano *m*, fruticultor *m*
fruit growing	fruticultura *f*
fruits	frutos *mpl*, fruta *f*
fruit tree	árbol frutal
fumigate	fumigar; fumigación *f*
furrow	surco *m*
glasshouse	invernadero *m*
grader	clasificadora *f*; conformadora *f*
graft	injertar; injerto *m*
grain silo	silo para granos
grain store	granero m; tienda de cereales
granary	granero *m*, hórreo *m*
grape	uva *f*
grapevine	vid *f*, parra *f*
grass	hierba *f*, pasto *m*
grassland	pastizal *m*
greenhouse	invernadero *m*
groundnut	cacahuate *m*, cacahuete *m*, maní *m*, chufas *fpl*
grow	cultivar
hacienda	hacienda *f*
harrow	rastrillar
harvest	cosechar; cosecha *f*

harvester	cosechadora de cereales
harvesting	cosecha *f*
harvesting machinery	maquinaria para cosechar
hay	heno *m*, paja *f*
hayfork	horquilla para heno, bieldo *m*
hayloft	henil *m*
haymaking	henificación *f*
hayrick	almiar *m*, pajar *m*
haystack	pajar *m*, almiar *m*
hemp	cáñamo *m*
henequen	henequén *m*
hen house	gallinero *m*
henroost	gallinero *m*
hen run	corral de aves
herbicide	herbicida *m*
hoe	azada *f*, azadón *m*
hog pen	porqueriza *f*, pocilga *f*, chiquero *m*
holding	propiedad *f*
hop	lúpulo *m*
horticulture	horticultura *f*
humus	mantillo *m*, humus *m*
husbandry	labranza *f*
incubator	incubadora *f*
insecticide	insecticida *m*
intensive cultivation	cultivo intensivo
irrigable land	tierra de regadío
irrigate	regar, irrigar
irrigated farming	cultivo de regadío
irrigation	irrigación *f*, riego *m*
irrigation ditch	canal de riego, acequia
jute	yute *m*
kapok	kapok *m*, capoc *m*
kitchen garden	hortaliza *f*
land	tierra *f*
land consolidation	concentración parcelaria
landowner	terrateniente *m*
land reclamation	regeneración de tierras
land reform	reforma agraria
land settlement policy	política de colonización o asentamientos
land tenure	tenencia de tierras, régimen de la propiedad agrícola
land use	aprovechamiento del suelo
large landed estate	latifundio *m*
latifundium	latifundio *m*
laying house	ponedero *m*
lean soil	tierra pobre
lease	arrendamiento *m*
leaseholder	arrendatario *m*
leasing	arrendamiento *m*
leguminous plants	leguminosas *fpl*, legumbres *fpl*
lentil	lenteja *f*
lie fallow	estar o quedar en barbecho
litter	pajaza *f*
livestock	ganado *m*
locust	langosta *f*
loosen	mullir
lot	parcela *f*
lucern, lucerne	alfalfa *f*
maize	maíz *m*
maize cob	panoja *f*, mazorca *f*
manage a farm	explotar una finca
manger	pesebre *m*
mangrove	mangle *m*
Manila hemp	abacá *m*
manioc	mandioca *f*
manure	estiércol *m*, fertilizante *m*
manure heap	estercolero *m*
manure spreader	esparcidora de estiércol
market garden	huerto *m*, huerta *f*
market gardening	cultivo de hortalizas
maté	mate *m*
meadow	pradera *f*, prado *m*
meal	harina *f*, atole *m*
mechanical hoe	binadora *f*
mechanization of farming	mecanización de la agricultura
mildew	mildiú *m*, mildeu *m*
milking machine	ordeñadora mecánica
millet	mijo *m*
mixed farming	policultivo *m*, cultivo mixto
mow	segar
mower	guadañadora *f*, segadora *f*
mowing	siega *f*
nursery	vivero *m*
oats	avena *f*
oil plants	plantas oleaginosas
olive	aceituna *f*, oliva *f*
olive growing	olivicultura *f*
olive tree	olivo *m*
orchard	huerta *f*, huerto *m*
outbuildings	dependencias *fpl*
Paraguay tea	mate *m*
parasite	parásito *m*
parcel	parcela *f*
pasture land	pastizal *m*, dehesa *f*, pastos *mpl*

pea guisante *m*, chícharo *m*, arveja *f*
peanut cacahuate *m*, cacahuete *m*, maní *m*
pest animal nocivo
pesticide plaguicida *m*
phylloxera filoxera *f*
pick recoger, piscar
picking recolección *f*, pisca *f*
pigsty porqueriza *f*, pocilga *f*, chiquero *m*
pit ensilar
pitchfork bieldo *m*, horquilla para heno
plant plantar; planta *f*, vegetal *m*
plantation plantación *f*, plantío *m*
planter plantadora *f*
plant out replantar, trasplantar
plot parcela *f*
plough arar, labrar; arado *m*
ploughing labor *f*, labranza *f*
ploughman labrador *m*, agricultor *m*
plough up roturar
plow arar; arado *m*
plowing labor *f*, labranza *f*
plowman agricultor *m*, labrador *m*
poor soil tierra pobre
potato papa *f*, patata *f*
potato lifter arrancadora de papas (patatas)
power mower motosegadora *f*
prairie pradera *f*
producer productor *m*
prune desmochar, podar
pruning poda *f*
pulse leguminosas *fpl*
raffia rafia *f*
rain soil tierra de temporal
rake rastrillar; rastrillo *m*, rastro *m*
ranch rancho *m*
rancher ranchero *m*, hacendado *m*
rape seed colza *f*
reaper segadora de cereales
reaping siega *f*
resin plant planta resinosa
ridge caballón *m*
ridger aporcador *m*, aporcadora *f*
ridging plough aporcadora *f*
rodent roedor *m*
rubber tree caucho *m*, árbol del hule
run a farm explotar una finca
rural exodus éxodo rural, emigración rural
rural population población rural
rust roya *f*
rye centeno *m*
scythe guadaña *f*
season temporada *f*
seed semilla *f*, simiente *m*
seed bed semillero *m*
seed drill sembradora de perforar
sesame sésamo *m*
settler colono *m*
sharecropper aparcero *m*, mediero *m*
sheaf haz *m*, gavilla *f*
sheafer agavilladora *f*
shed cobertizo *m*, tinglado *m*, templete *m*
sheep pen aprisco *m*, redil *m*
shepherd pastor *m*
shocks hacina *f*, fajina *f*
shovel pala *f*
sickle hoz *f*
sieve criba *f*
silviculture silvicultura *f*
single-crop farming monocultivo *m*
sisal sisal *m*
small farmer pequeño agricultor
small landholder pequeño propietario
smut añublo *m*; tizón *m*
soil suelo *m*
soil dressing cobertura del suelo; abono del suelo
soil improvement mejoramiento del suelo
sorghum sorgo *m*
sorter clasificadora *f*
sow sembrar
soya bean soya *f*, soja *f*
soybean soja *f*, soya *f*
spade laya *f*
spray rociar, pulverizar
spreading esparcimiento *m*, aspersión *f*, extensión *f*
sprinkler regadera *f*
stable caballeriza *f*, cuadra *f*, establo *m*

stake	rodrigar; tutor *m*, rodrigón *m*
straw	heno *m*, paja *f*
stubble	rastrojal *m*, rastrojo *m*
sugar beet	remolacha azucarera
sugar cane	caña de azúcar
sunflower	girasol *m*
sweet potato	batata *f*, camote *m*, boniato *m*
tea	té *m*
tenancy	arrendamiento *m*
tenant farmer	arrendatario *m*
termite	termita *m*, hormiga blanca
terrace	bancal *m*, terraza *f*
textile plants	plantas textiles
thresh	trillar; trilla *f*
thresher	trilladora *f*, thresher *m*
threshing	trilla *f*
threshing floor	era *f*
threshing machine	trilladora *f*
till	labrar
tilled land	tierra arable, tierra labrantía
tobacco	tabaco *m*
tomato patch	tomatal *m*
tractor	tractor *m*
transplant	trasplantar, replantar
tuber crops	tubérculos *mpl*
turn	roturar
turnip	nabo *m*
vegetables	hortalizas *fpl*, verduras *fpl*; legumbres *fpl*
vinegrower	viticultor *m*, viñador *m*, viñatero *m*
vinegrowing	vitivinicultura *f*
vineyard	viñedo *m*
vintager	vendimiador *m*
viticulture	viticultura *f*
wasteland	erial *m*, yermo *m*
water	agua *m*; regar, irrigar
watering trough	bebedero *m*, abrevadero *m*
weed	escardar
weeder	escardillo *m*; escarda *f*
weeding fork	binador *m*
weeding hoe	escardadora *f*, sachó *m*
weeding hook	escardillo *m*; escarda *f*
weeding machine	escardadora *f*
weed killer	herbicida *m*
weeds	malas hierbas *fpl*
wheat	trigo *m*
winepress	lagar *m*
winnower	aventadora *f*
winnowing machine	aventadora *f*
yam	ñame *m*
yucca	yuca *f*

architecture and design
arquitectura y diseño

abacus	ábaco *m*
acanthus	acanto *m*
adjustable spanner	llave inglesa
air-conditioned	con aire acondicionado
air conditioning	aire acondicionado
apartment	apartamento *m*, piso *m*
apartment block	bloque de viviendas
apse	ábside *m*, ábsida *f*
apsidal decorations	ornamentos absidales
arcade	arcada *f*
arch	arco *m*
architect	arquitecto *m*
architectonic	arquitectónico -ca
architecture	arquitectura *f*
architrave	aquitrabe *m*
archway	arco *m*, arcada *f*
arm of the transept	nave del crucero
arris	arista *f*
ashlar	sillería *f*
asphalt	asfalto *m*
attic	buhardilla *f*
balcony	balcón *m*
balustrade	balaustrada *f*
banister	barandilla *f*, barandal *m*
base	base de una columna
baseboard	zócalo *m*, cenefa *f*
basement	sótano *m*
basilica	basílica *f*
batch	lote *m*
bathroom	cuarto de baño
bathtub	bañera *f*, tina *f*
batten	listón *m*, ripia *f*
bay	hueco *m*, vano *m*
beam	viga *f*, trabe *f*
bed	empotrar
bell turret	campanario *m*
blind	persiana *f*
block of flats	bloque de viviendas
blowtorch	soplete *m*
board	tablón *m*, tabla *f*
bolt	cerradura *f*, cerrojo *m*, perno *m*
bossed	almohadillado -da
brace	riostra *f*
brick	ladrillo *m*, tabique *m*
brick course	hilada de ladrillos
bricklayer	albañil *m*
brick-paving	enladrillar
bucket	cubo *m*, cubeta *f*
build	construir, edificar
builder	constructor *m*
building	edificio *m*
building materials	materiales de construcción
building permission	permiso de construcción, licencia de construcción
bulk	bufar, aumentar de volumen
bulldozer	bulldozer *m*
buttress	pil *m*, contrafuerte *m*, machón *m*
capital	capitel *m*
carpenter	carpintero *m*
cathedral	catedral *f*
caulk	calafatear
caulking	calafateo *m*
ceiling	techo *m*, plafón *m*, cielo razo
cement	cemento *m*

cement mixer	mezcladora de cemento, hormigonera *f*	**designer**	diseñador -ra
cenotaph	cenotafio *m*	**designing**	diseño *m*
centering	cimbra *f*	**die**	dado *m*
central heating	calefacción central	**dike**	malecón *m*, dique *m*
chimney	chimenea exterior	**dining room**	comedor *m*
chisel	cincel *m*	**ditch**	cuneta *f*
church	iglesia *f*	**dome**	domo, cimborrio *m*,
circular saw	sierra circular	**door**	puerta *f*
city planning	urbanismo *m*	**doorframe**	jambaje de puerta
civil engineer	ingeniero civil	**Doric order**	órden dórico
clay	arcilla *f*	**downstairs**	planta baja
closet	armario *m*	**draft**	tiro (de chimenea)
coat rack	perchero *m*	**draftsman**	dibujante *m*, delineante *m*
cohesive soil	suelo cohesivo	**drain**	desagüe *m*
cold chisel	cortafrío *m*	**drainpipe**	bajada de aguas
colonnade	columnata *f*	**draught**	tiro (de chimenea)
column	columna *f*	**driveway**	calle *f*; camino *m*
commode	retrete *m*	**drum**	tambor *m*
concrete	concreto *m*, hormigón *m*	**dump truck**	camión de volteo
concrete mixer	revolvedora *f*	**dwelling**	vivienda *f*, morada *f*, habitación *f*
console	ménsula *f*	**dwelling house**	casa particular, vivienda, habitación
construct	edificar, construir	**eaves**	alero *m*, tejado *m*
coping	albardilla *f*, tejadillo *m*	**echinus**	equino -na; moldura *f*
cornice	cornisa *f*	**edge**	arista *f*, borde *m*
corridor	corredor *m*	**electrician**	electricista *m*
corrugated iron	hierro corrugado	**elevation**	elevación *f*
course	hilada *f*	**elevator**	ascensor *m*, elevador *m*
course of bricks	hilada de ladrillos	**elevator shaft**	cubo del ascensor
cramp	grapa *f*	**embed**	empotrar
crane	grúa *f*	**entablature**	entablamiento *m*
crane driver	gruista *m*, operador de grúa	**entresol**	entrepiso *m*
crossbar	baquetilla de hierro	**excavation**	excavación *f*
crossbeam	viga transversal	**excavator**	excavadora *f*
crypt	cripta *f*	**expressway**	autopista *f*
cullis	canal del tejado	**extrados**	extrados *m*, trasdós *m*
cupola	cúpula *f*, bóveda *f*, cimborrio *m* cimborio *m*	**facade**	fachada *f*
curb	bordillo *m*	**faucet**	grifo *m*, llave *f*
curb roof	tejado abuhardillado	**fire escape**	escalera de incendios
curbstone	piedra del bordillo, guarnición	**fireplace**	chimenea interior
curtain	cortina *f*	**first floor**	planta baja
dado	dado *m*	**flash**	chapar, laminar
decorator	decorador *m*	**flat**	piso *m*, apartamento *m*
design	diseñar, dibujar, esbozar, planear, proyectar, diseño *m*, boceto *m*, plano *m*, proyecto *m* bosquejo *m*	**flat moulding**	platabanda *f*
		flat roof	techo plano
		flight	tiro (de escalera)
		float	llana *f*
		floor	piso *m*
		floorboard	tabla del suelo, duela *f*

flooring	revestimiento del suelo	**insulate**	aislar
flower bed	macizo de flores	**insulation**	aislamiento *m*
flute	acanalar; estría *f*	**intarsia**	taracea *f*
fluting	estría *f*	**intercolumnation**	intercolumnio *m*, intercolunio *m*
flying buttress	arbotante *m*	**intrados**	intradós *m*
foreman	capataz *m*	**Ionic**	jónico -ca
fosse	foso *m*	**Ionic order**	orden jónico
foundations	cimientos *mpl*	**jamb**	jamba *f*
frame	marco *m*	**jetty**	dique *m*, malecón *m*
framework	armazón *f*; estructura *f*	**joiner**	carpintero *m*
freeway	autopista *f*	**joist**	cabrio *m*, vigueta *f*
freight elevator	montacargas *m*	**keystone**	clave *m*
frieze	friso *m*, cenefa *f*	**kitchen**	cocina *f*
front door	puerta de entrada	**ladder**	escalera de mano
frontispiece	frontispicio *m*	**lantern**	linterna *f*, torrecilla *f*
fronton	frontón *m*	**lath**	ripia *f*, listón *m*
front tile	luneta *f*, vocateja *f*	**lattice**	celosía *f*, enrejado *m*
gable	gablete *m*	**lattice**	entramado *m*
gadroon	moldura ovalada	**layer of mortar**	tendel *m*, capa de mortero
gallery	galería *f*	**lay the foundations**	echar los cimientos
galvanized	galvanizado -da	**level**	nivel *m*
galvanized steel pipe	tubo de acero galvanizado	**lift**	elevador *m*, ascensor *m*
garage	garaje *m*, cochera *f*	**lift shaft**	cubo del ascensor
garret	desván *m*	**lightning conductor**	pararrayos *m*
gate	portón *m*, puerta *f*	**lightning rod**	pararrayos *m*
generator	generador *m*	**lintel**	dintel *m*
girder	viga maestra, trabe *f*, viga principal	**living room**	sala de estar
glazier	vidriero *m*, cristalero *m*	**loggia**	logia *f*
goods lift	montacargas *m*	**lookout turret**	garita *f*
gravel	grava *f*, gravilla *f*	**lounge**	salón *m*
greenbelt	zona verde	**machine**	máquina *f*
ground	planta *f*	**mail slot**	buzón *m*
ground floor	planta baja	**main beam**	viga maestra
gutter	canalón *m*, canalón del tejado, canal *m*, cuneta *f*, desagüe *m*, canal *m*, arroyo *m*	**main wall**	muro maestro
hammer	martillo *m*	**mallet**	mazo *m*
hearth	hogar *m* (de chimenea)	**marble**	mármol *m*
hemicycle	hemiciclo *m*	**marquetry**	taracea *f*
herringbone parquet	entarimado en espinapez	**master bricklayer**	oficial de albañil
highway	carretera *f*	**master builder**	maestro de obras
hod	cuezo *m*	**mausoleum**	mausoleo *m*
hod carrier	peón de albañil	**mechanical digger**	excavadora *f*
hodman	peón de albañil	**medicine chest**	botiquín *m*
house	casa *f*	**merlon**	almena *f*
hypostyle	hipóstilo -la	**metal frame**	bastidor metálico, marco metálico
impost	imposta *f*	**metope**	metopa *f*
		mezzanine	entresuelo *m*
		minaret	alminar *m*, minarete *m*
		moat	foso *m*
		modillion	modillión *m*
		module	módulo
		molding, moulding	moldura *f*

mole	malecón *m,* dique *m*
monkey wrench	llave inglesa
monolith	monolito
monolithic	mololítico -ca
monument	monumento *m*
mortar	mortero *m,* argamasa *f*
mosaic	mosaico *m,* azulejo *m*
mullion	montante de ventana
nave	nave *f*
needle	viga de apuntalamiento
newel	poste terminal (en la base) de una escalera
niche	nicho *m*
obelisk	obelisco *m*
office block	bloque de oficinas
opening	vano *m*; hueco *m*
orthographic projection	proyección ortográfica
orthography	ortografía *f*
outside wall	pared exterior
overdoor	dintel *m*
overpass	puente *m,* paso superior
oxyacetylene torch	soplete oxiacetilénico
pail	cubeta *f,* cubo *m*
painter	pintor *m*
palace	palacio *m*
parquet	entarimado *m*; parquet *m*
partition	tabique *m,* muro divisorio
partition wall	muro divisorio
passage	pasadizo *m*
path	camino *m,* sendero *m*
patio	patio *m*
pave	pavimentar
pavilion	pabellón *m*
pebble	guijarro *m*; enguijarrar, empedrar con guijarros
pediment	frontón *m*
pendentive	pechina de bóveda, trompa *f*
penthouse	piso lujoso
peristyle	peristilo *m*
pick	pico *m*
pick ax, pickax	pico *m,* zapapico *m,*
pickaxe	piqueta *f,* pico *m*
pier	pilar *m*; entreventana *f*
pilaster	pilastra *f*

piling	pilotaje *m*
pillar	pilar *m*; columna *f*; puntal *m*
pincers	tenazas *fpl*
pinnacle	pináculo *m*
pipes	cañería *m,* tubería *f*
plan	plano *m*
plane	cepillo *m*
plaster	yeso *m*
plasterer	yesero *m*
plastering	enyesado *m*
plate	chapa *f,* placa *f*
platform	tablado *m,* plataforma *f*
pliers	alicates *mpl,* pinzas *mpl*
plinth	basamento *m*
plumber	fontanero *m,* plomero *m*
plumber's mate	ayudante de fontanero
plumbing	fontanería *f,* plomería *f*
plumb line	plomada *f*
pneumatic drill	perforadora de aire comprimido
post	montante de puerta
power drill	taladro eléctrico
prefabricate	prefabricar
prestressed concrete	concreto u hormigón presforzado
promoter	promotor
prop	tornapunta *f,* puntal *m*
prototype	prototipo *m*
pulley	polea *f*
purlin	correa *f*
pylon	pilón
quantity surveyor	aparejador *m,* ubicador *m*
quoin	piedra angular, piedra de esquina
rafter	viga *f,* viga de techo
railing	balaustrada *f*
railings	enrejado *m*
recess	nicho *m,* hornacina *f*
reinforced concrete	concreto u hormigón armado
reservoir	cisterna *f,* depósito de agua
residential dwelling	residencia *f,* mansión *f*
retaining wall	muro de contención
reticulated	reticulado -da
riser	contrahuella *f*
roadway	carretera *f*

rod barra, varilla
roof azotea *f*, tejado *m*, techo *m*
roof garden jardín de azotea
roof tile teja *f*
rosette roseta *f*
rose window rosetón *m*
rotunda rotonda *f*, rotunda *f*
roughsetter albañil *m*
rubblework; albañilería de piedra bruta
rung escalón *m*, peldaño *m*
sand arena *f*
scaffold andamio *m*
scaffolding andamiaje *m*
scale escala *f*
screen partition cancel *m*, mampara *f*
screwdriver destornillador *m*
scroll voluta *f*
septic tank tanque séptico, fosa séptica
sewage aguas residuales
sewage system alcantarillado *m*
sewer alcantarilla *f*, albañal *m*, cloaca *f*
sewerage alcantarillado *m*
shaft fuste *m*
sheathe revestir, cubrir, forrar
sheathing revestimiento *m*, forro *m*
shed cobertizo *m*
sheet chapa *f*, lámina *f*, capa *f*
sheet piling tablestacado *m*
shingle techar, teja *f*, tablilla *f*, guijarro *m*, cubrir con tablillas
shopping arcade galería comercial
shovel pala *f*
shower head ducha *f*, regadera *f*
shutter persiana *f*
sidewalk acera *f*, banqueta *f*
sill alféizar *m*, umbral *m*, solera *f*, antepecho *m*
sink lavamanos *m*, lavabo *m*
skirting board zócalo *m*, cenefa *f*
skylight tragaluz de tejado
skyscraper rascacielos *m*
slab losa *f*; enlosar
slate pizarra *f*
sledgehammer almádena *f*, almádana *f*
slope pendiente *f*
socle zócalo *m*, zoclo *m*
soffit sofito *m*
spade laya *f*, pala *f*
spanner llave *f*
spire aguja *f*
spirit level nivel de burbuja
squinch trompa *f*
stair escalón *m*
staircase escalera *f*
stairwell cubo de la escalera
stay tornapunta *f*
steamroller apisonadora *f*, aplanadora *f*
steeple aguja *f*
step peldaño *m*
stone crusher trituradora *f* machacadora *f*
stonecutter cantero *m*, picadero *m*
stonemason mampostero *m*
story, storey piso *m*
strut riostra *f*, puntal *m*
sun-dried brick adobe *m*
talus talud *m*
tambour tambor *m*
temple templo *m*
terra-cotta terracota *f*
terrazzo terrazo *m*
threshold umbral *m*, dintel *m*
thrust empuje *m*
thruway autopista *f*
tile tejar, embaldosar, azulejar; baldosa *f*, loseta *f*, azulejo *m*, mosaico *m*, teja *f*, cubo de desagüe
timber madera de construcción
tiolet retrete *m*
tip lorry volquete *m*, camión de volteo
tools herramienta *f*
tower torre *f*
town planning urbanismo *m*
transept crucero *m*
transom tragaluz de puerta o ventana
trellis entrenado *m*
trench trinchera *f*
triforium triforio *m*
triglyph triglifo *m*
trowel palete *f*, palustre *m*, cuchara *f*, traspalador *m*
truss apuntalar, armadura *f*
tympanum tímpano *m*
underpass paso subterráneo

upstairs plata alta
vent tubo *m*; conducto de ventilación; rejilla de ventilación
ventilation shaft pozo de ventilación
veranda veranda *f*
volute voluta *f*
voussoir dovela *f*, cuña de piedra
wall pared *f*, muro *m*
wallpaper papel tapiz
waterproof impermeabilizar
waterproofing impermeabilización *f*
water supply abastecimiento de agua
water system abastecimiento de agua
water table nivel de aguas freáticas
water tank tanque *m*; aljibe *m*
water tap grifo *m*, llave *f*
welder soldador *m*
wheelbarrow carretilla *f*
whitewash enlucir, encalar
window ventana *f*
window box jardinera *f*
windowframe jambaje de ventana, marco de ventana
window frame marco de ventana
window sill alféizar *m*, antepecho *m*
wire cutters cizalla *f*
wiring instalación eléctrica
workman trabajador *m*, obrero *m*
wrench llave *f*

astronomy and astronutics
astronomía y astronáutica

aberration	aberración *f*
acceleration to gravity	aceleración gravitacional
aerolite	aerolito *m*
aeronautics	aeronáutica *f*
albedo	albedo *m*
Andromeda galaxy	galaxia de Andrómeda
annular eclipse	eclipse anular
annular nebula	nebulosa anular
antimagnetic shield	blindaje antimagnético, pantalla antimagnética
aphelion	afelio *m*
apogee	apogeo *m*
Apollo project	proyecto Apolo
apsis	ápside *m*
Aquarius	Acuario
archeoastronomy	arqueoastronomía *f*
Aries	Aries
aspect	aspecto *m*
asteroid	asteriode *m*
astrobiology	astrobiología *f*
astrochemistry	astroquímica *f*
astrolabe	astrolabio *m*
astrologer	astrólogo -ga
astrologic	astrológico -ca
astrology	astrología *f*
astrometeorology	astrometeorología *f*
astronaut	astronauta *mf*
astronautical engineering	ingeniería astronáutica
astronautics	astronáutica *f*
astronavigation	navegación interplanetaria
astronomer	astrónomo -ma
astronomic	astronómico -ca
astronomical clock	reloj astronómico
astronomical telescope	telescopio astronómico
astronomic unit	unidad astronómica
astronomy	astronomía *f*
astrophotography	astrofotografía *f*
astrophotometry	astrofotometría *f*
astrophysicist	astrofísico -ca
astrophysics	astrofísica *f*
atmosphere	atmósfera *f*
atmospheric entry	ingreso a la atmósfera
attitude	posición de vuelo
aureole	aureola *f*
auroral path	camino auroral
azimuth	acimut *m*
big bang	big bang (gran explosión)
binary stars	estrellas binarias
black hole	hoyo negro, agujero negro
blackout	interrupción de comunicaciones
blast-off	despegue *m*
boost	motor de la primera etapa
booster section	sección propulsora
Bootes	Boyero
Cancer	Cáncer
Capricorn	Capricornio
celestial guidance	guía telemétrica
celestial mechanics	mecánica celeste
celestial vault	bóveda celeste
centipetal force	fuerza centrípeta
centrifugal force	fuerza centrífuga

centripet acceleration	aceleración centrípeta
centripetal force	fuerza centrípeta
cepheid	cefeida *f*, estrella doble variable
Cetus	Ballena
chromosphere	cromosfera *f*
collimation	colimación *f*
comet	cometa *m*
command module	módulo de mando
communication satellite	satélite de comunicación
conjunction	conjunción *f*
constellation	constelación *f*
cosmic	cósmico -ca
cosmic dust	polvo cósmico
cosmic radiation	radiación cósmica
cosmic rays	rayos cósmicos
cosmogonic	cosmogónico -ca
cosmogony	cosmogonía *f*
cosmographer	cosmógrafo *m*
cosmographic	cosmográfico -ca
cosmology	cosmología *f*
cosmonaut	cosmonauta *mf*
cosmonautics	cosmonáutica *f*
cosmos	cosmos *m*
coupling system	sistema de acoplamiento
crewed spacecraft	nave espacial tripulada
curved space	espacio curvado
cusp of the moon	cuerno de la Luna
daybreak	amanecer *m*, alba *f*, aurora *f*
dock	atraque *m*
Doppler effect	efecto Doppler
double star	estrella doble
Earth	Tierra *f*
eclipse	eclipse *m*
ecliptic coordinates	coordenadas eclípticas
elliptical orbit	órbita elíptica
epicycle	epiciclo *m*
equator	ecuador *m*
equatorial orbit	órbita ecuatorial
equinox	equinoccio *m*
escape velocity	velocidad de escape
exobiology	exobiología *f*
external tank	tanque externo
extravehicular activity	actividad extravehicular
first quarter	Luna creciente
fuel	combustible *m*
full moon	plenilunio *m*, Luna llena
galaxy	galaxia *f*
gas boom	reforzador de gas
Gemini	Géminis
Gemini project	proyecto Géminis
geomagnetism	geomagnetismo *m*
gravitation	gravitación *f*
Great Bear	Osa Mayor *f*
Great Dog	Can Mayor *m*
greenhouse effect	efecto de invernadero
gyroscope	giroscopio *m*
half-moon	media Luna
halo	halo *m*
heavenly body	astro *m*, cuerpo celeste
high-energy radiation	radiación de alta energía
hypersonic	hipersónico *m*
interplanetary	interplanetario -ra
interstellar gas	gas interestelar
ionosphere	ionosfera *f*
ion propulsion	propulsión iónica
Jupiter	Júpiter
last quarter	Luna menguante
launch complex	base de lanzamiento
launching pad	plataforma de lanzamiento
launching window	ventana de lanzamiento
Leo	Leo
Lesser Dog	Can Menor *m*
Libra	Libra
light spectrum	espectro luminoso
light-year	año-luz *m*
limb	limbo *m*
Little Bear	Osa Menor *f*
lunation	lunación *f*
macula	mácula *f*, mancha *f*
magnetic field	campo magnético
magnetic propulsion	propulsión magnética
magnetometer	magnetómetro *m*
magnetopause	magnetopausa *f*
magnitude	magnitud *f*
manned spacecraft	nave espacial tripulada
Mars	Marte
Mercury	Mercurio
Mercury project	proyecto Mercury
meteoric stone	astrolito *m*
meteorological satellites	satélites meteorológicos
meteorology	meteorología *f*
microgravity	microgravedad *f*
military satellite	satélite militar
Milky Way	vía Láctea *f*
Moon	Luna
nadir	nadir *m*

nebula nebulosa *f*
Neptune Neptuno
neutron star estrella de neutrones
new moon Luna nueva
node nodo *m*
nova nova *f*
nuclear rocket cohete nuclear
omniantenna antena omnidireccional
Ophiuchus Ofiuco
opposition oposición *f*
optical telescope telescopio óptico
orb orbe *m*
orbit órbita *f*
orbital motion movimiento orbital
orbital observatory observatorio orbital
orbital velocity velocidad orbital
orbiter orbitador *m*
orbit inclination inclinación de la órbita
Orion nebula nebulosa de Orión
parallax paralaje *m*
partial eclipse eclipse parcial
payload carga útil
perigee perigeo *m*
perihelion perihelio *m*
phase fase *f*
photosphere fotosfera *f*
photovoltaic panel tablero fotovoltaico
Pisces Piscis
pitch cabeceo *m*
planet planeta *f*
planetarium planetario *m*
planetary planetario -ra
planetary movement movimiento planetario
planetary system sistema planetario
planetoid planetoide *m*
Pleiades Pléyades
Pluto Plutón
polar axis eje polar
polar orbit órbita polar
polestar estrella polar
precession of the equinoxes precesión de los equinoccios
pressure compresión *f*
pressure nozzle tobera *f*
pressurized cabin cabina presurizada
projectile proyectil *m*
protostar protoestrella
pulsate pulsar
quadrature cuadratura *f*
quasar cuasar *m*, quasar *m*
radio astronomy radioastronomía *f*
radio telescope radiotelescopio *m*
rainbow arco-iris

red giant gigante roja *f*
reentry module módulo de reingreso
reentry phase fase de reingreso
remote manipulators manipuladores remotos
rendezvous cita espacial
retro-rockets retrocohetes *m*
right ascension ascensión recta
ring of Saturn anillo de Saturno
rocket cohete *m*
rocket engine motor del cohete
rocket launcher lanzacohetes *m*
rocketry cohetería *f*
rocket ship nave espacial
rocket staging secciones de propulsión de un cohete
rotation rotación *m*
Sagittarius Sagitario *m*
satellite satélite *m*
satellite astronomy astronomía con satélites
satellite navigation system sistema de navegación por satélite
Saturn Saturno
scanner rastreador *m*
scientific satellite satélite científico
scintillation centelleo *m*
Scorpio Escorpión
selenography selenografía *f*
sensor sensor *m*, detector *m*, transductor *m*
service module módulo de servicio
sextant sextante *m*
sextile sextil *m*, sextilo *m*
shooting star estrella fugaz
Skylab Skylab *m* (laboratorio espacial)
solar array conjunto de orientación solar
solar cell celda solar, célula solar
solar corona corona solar
spacelab spacelab *m* (labaoratorio espacial)
spaceman astronauta *m*, cosmonauta *m*
spaceship astronave *f*, nave espacial, cosmonave *f*
spaceward en dirección al espacio
spatial walk caminata espacial
spiral nebula nebulosa espiral

star	estrella *f*
star cluster	cúmulo estelar
stationary orbit	órbita estacionaria
stratosphere	estratosfera *f*
Sun	Sol *m*
supernova	supernova *f*
synchronic orbit	órbita sincrónica
tail	cauda *f*, cabellera *f*
Taurus	Tauro
telemetering	telemetría *f*
telemetry	telemetría *f*
telescopic	telescópico -ca
terrestrial photogrammetry	geofotogrametría *f*
thermal control louvers	persianas de control térmico
thermal shield	blindaje térmico, pantalla térmica, escudo térmico
thrust	empuje *m*
tolerance to gravity	tolerancia a la gravedad
total eclipse	eclipse total
translation	traslación *f*
trigon	trígono *m*
troposphere	troposfera *f*
universe	universo *m*
unmanned spacecraft	nave espacial no tripulada
uranography	uranografía *f*
uranometry	uranometría *f*
Uranus	Urano
Ursa Major	Carro Mayor
Ursa Minor	Carro Menor
vacuum chamber	cámara de vacío
vernal point	punto vernal
Virgo	Virgo *m*
Wagoner	Auriga *m*, Cochero *m*
waning	cuarto menguante
waxing moon	cuarto creciente
weightlessness	ingravidez *f*, ausencia de peso
white dwarf	enana blanca
yaw axis	eje vertical
zenith	cenit *m*
zero gravity	gravedad cero, gravedad nula

chemistry
química

acetate	acetato *m*
acetic acid	ácido acético
acetone	acetona *f*
acid	ácido *m*
acidity	acidez *f*
admix	añadir
admixture	mezcla *f*
alcohol	alcohol *m*
aldehyde	aldehído *m*
algae	algas *fpl*
alkali	álcali *m*
alkalinity	alcalinidad *f*
alkalinization	alcalinización *f*
alkaloid	alcaloide *m*
alkane	alcano *m*
alkene	alqueno *m*
alkyne	alquino *m*
alloy	aleación *f*
aluminum	aluminio *m* (Al)
ammonia	amoniaco *m*
analysis	análisis *m*
analytical balance	balanza analítica
anhydride	anhídrido *m*
anion	anión *m*
anode	ánodo *m*
antibiotic	antibiótico *m*
antibody	anticuerpo *m*
antifoam	antiespumante *m*
antimony	antimonio *m* (Sb)
apparatus	aparato *m*
aqua fortis	agua fuerte
aqua regia	agua regia
aqua rex	agua regia
aqueous	acuoso -sa
ash	ceniza *f*
atom	átomo *m*
atomic mass	masa atómica
atomic number	número atómico
atomic weight	peso atómico
barium	bario *m* (Ba)
base	base *f*
beaker	vaso de precipitados
behavior	comportamiento *m*
biochemistry	bioquímica *f*
boiling	ebullición *f*
bivalent	bivalente, divalente
blast burner	mechero *m*
blench	blanquear
blend	mezcla *f*
blow pipe, blowpipe	soplete *m*
boat	cápsula *f*
body	cuerpo *m*
bond	enlace *m*, amarre *m*
boron	boro *m* (B)
box of weights	caja de pesas
brand	marca *f*
brand name	nombre comercial
bromine	bromo *m* (Br)
Bunsen burner	mechero de Bùnsen
burette	bureta *f*
butane	butano *m*
calcine	calcinar
calcining furnace	horno de calcinación
calcium	calcio *m* (Ca)
carbon	carbono *m* (C)
catalysis	catálisis *f*
catalyst	catalizador *m*
cathode	cátodo *m*
cation	catión *m*
caustic potash	potasa cáustica
caustic soda	sosa cáustica
centigrade	centígrado
charcoal	carbón *m*
chelate	quelato *m*

chemical products productos químicos
chemical químico -ca
chemical reaction reacción química
chemist químico -ca
chemistry química *f*
chemotherapy quimioterapia *f*
chloride cloruro *m*
chlorine cloro *m* (Cl)
cobalt cobalto *m* (Co)
colloidal coloidal
colorimeter colorímetro *m*
column columna *f*
combination combinación *f*
combustion combustión *f*
complex complejo *m*
composition composición *f*
compound compuesto *m*
compound copuesto *m*
copper cobre *m* (Cu)
crucible crisol *m*
crucible crisol *m*
crucible tongs pinzas para crisol
crystals cristales *mpl*
cupel copela *f*
curium curio *m* (Cm)
cylinder probeta *f*
dehydrate deshidratar
derivative derivado *m*
desiccator desecador *m*
dissolution disolución *f*
distil, distill destilar
distillation destilación *f*
electrode electrodo *m*
electrolysis electrólisis *f*
electrolyte electrólito *m*
electron electrón *m*
element elemento *m*
endothermic reaction reacción endotérmica
enzyme enzima *f*
equation ecuación *f*
ester éster *m*
ether éter *m*
exothermic reaction reacción exotérmica
fat grasa *f*
fatty acid ácido graso
fermentation fermentación *f*
filter filtro *m*
filter paper papel filtro
flame llama *f*
flask frasco *m*, matraz *m*
fluorine fluor *m* (f)
fractionation fraccionamiento *m*
funnel embudo *m*
fusion fusión *f*
gel gel *m*
general chemistry química general
glass stirrer agitador de vidrio
glass tube tubo de vidrio
glassware material de vidrio
glass wool lana para vidrio
gold oro *m* (Au)
graduate graduar
graduated graduado -da
graduated flask matraz graduado
gram atom átomo gramo
gypsum yeso *m*
halogen halógeno *m*
helium helio *m* (He)
hot plate parrilla de calentamiento
hydracid hidrácido *m*
hydrate hidratar, hidrato *m*
hydrocarbon hidrocarburo *m*
hydrochloric acid ácido clorhídrico
hydrogen hidrógeno *m* (H)
hydrogenate hidrogenar
hydrogen sulfide sulfuro de hidrógeno, ácido sulfhídrico
hydrolysis hidrólisis *f*
hydrosulphuric acid ácido sulfhídrico
hydroxide hidróxido *m*
hygroscopic higroscópico -ca
inorganic chemistry química inorgánica
iodine yodo *m* (I)
ion ion *m*
iron hierro *m* (Fe)
isomer isómero *m*
isomerism isomería *f*
isomery isomería *f*
isotope isótopo *m*
Krypton criptón *m* (Kr)
lab laboratorio *m*
laboratory laboratorio *m*
lead plomo *m* (Pb)
lens lentes *fpl*
litmus tornasol *m*
litmus paper papel tornasol
magnesium magnesio *m* (Mg)
magnet imán *m*
manganese manganeso *m* (Mn)
matrass matraz *m*
measuring pipe pipeta graduada
melting fusión *f*
melting pot crisol *m*
mercury mercurio *m* (Hg)
metal metal *m*
metalloid metaloide *m*
meter contador *m*
methane metano *m*
micellar micelar

microscope	cicroscopio *m*
mixture	mezcla *f*
moisture	humedad *m*
molecule	molécula *f*
monovalent	monovalente
mortar	mortero *m*
neutralize	neutralizar
nickel	níquel *m* (Ni)
nitrate	nitrato *m*
nitric acid	ácido nítrico
nitrogen	nitrógeno *m* (N)
oil	aceite *m*
organic acid	ácido orgánico
organic chemistry	química órganica
oxidase, oxydase	oxidasa *f*
oxidation	oxidación *f*
oxide	óxido *m*
oxidization	oxidación *f*
oxidize	oxidar
oxigen	oxígeno *m* (O)
oxigenate	oxigenar
pan	platillo *f*
pestle	mano del mortero
petrochemistry	petroquímica *f*
pH indicator	indicador de pH
phosphate	fosfato *m*
phosphorus	fósforo *m* (P)
pill	pastilla *f*
piperine	piperina *f*
pipette	pipeta *f*
platinum	platino *m* (Pt)
plutonium	plutonio *m* (Pu)
polymer	polímero *m*
potassium	potasio *m* (K)
potassium carbonate	carbonato de potasio
potentiometer	potenciómetro *m*
precipitant	precipitante *m*
precipitate	precipitado *m*
precipitation	precipitación *f*
product	producto *m*
radical	radical *m*
radium	radio *m* (Ra)
radon	radón *m* (Rn)
reagent	reactivo *m*
reducer	reductor *m*
reduction	reducción *f*
refrigerant	refrigerante *m*
retort	retorta *f*
reversible	reversible
rubber tubing	tubo de goma
salt	sal *f*
saponify	saponificar
scales	báscula *f*, balanza *f*
series	serie *f*
silver	plata *f* (Ag)
slag	escoria *f*
slide	platina *f*, laminilla *f*
soda	sosa *f*
soda ash	carbonato de sodio
sodium	sodio *m* (Na)
sodium carbonate	carbonato de sodio
solidification	solidificación *f*
solute	soluto *m*
solution	solución *f*
solvent	solvente *m*, disolvente *m*
still	alambique *m*
stirring rod	varilla de agitación
structured *f***ormula**	fórmula desarrollada, *f*órmula estructural
sublimation	sublimación *f*
suffix -ate	sufijo -ato
suffix -ic	sufijo -ico
suffix -ide	sufijo -uro
suffix -ite	sufijo -ito
suffix -ous	sufijo -oso
sulfide	sulfuro *m*
sulphate	sulfato *m*
sulphur	azufre *m* (S)
sulphur flower	flor de azufre
sulphuric acid	ácido sulfúrico
symbol	símbolo *m*
synthesis	síntesis *f*
test	ensayo *m*
test tube	tubo de ensayo
test tube rack	gradilla para tubos de ensayo
tin	estaño *m* (Sn)
tripod	trípode *m*
urnium	uranio *m* (U)
valence, valency	valencia *f*
wash bottle	piseta *f*
watch glass	vidrio de reloj
weights	pesas *fpl*
zinc	cinc *m* (Zn)

cinematography
cinematografía

actor	actor *m*
actress	actriz *f*
adaptation	adaptación *f*
adapter	adaptador *m*
agent	agente *mf*
amplifier	amplificador *m*
art director	decorador *m*, escenógrafo *m*
art theater	cine de arte, cineclub *m*
assistant cameraman	ayudante del camarógrafo
assistant director	ayudante del director
award	premio *m*
background	segundo plano *m*, fondo *m*
backstage	foro *m*
banned film	filme prohibido
bit part	papel de reparto
boom	bum *m*, jirafa *f* (extensión para micrófono)
box office	taquilla *f*
camera	cámara *f*
cameraman	camarógrafo *m*
canopy	marquesina *f*
cartoons	dibujos animados
cast	reparto, elenco
censorhip	censura *f*
character	personaje *m*
chiller	película de terror
cinemascope	cinemoscopio
cinerama	cinerama
close-up	primer plano *m*
color film	película en colores
crane shot	toma desde una grúa
credits	créditos
cutting	montaje *m*
dialogue	diálogo *m*
dialogue writer	dialoguista *mf*
direction	dirección *f*, realización *f*
distributor	distribuidor *m*
documentary film	película documental
dolly	plataforma con ruedas
double	doble *mf*
double bill	función doble
double exposure	doble exposición *f*
double feature	función doble
drive-in	autocinema *m*
dub	doblar
dubbed film	película doblada
dubbing	doblaje *m*
dubbing studio	estudio de doblaje
edit	editar
editing	edición *f*
edition	edición *f*
experimental film	película experimental
Expressionism	expresionismo *m*
exterior	exteriores *mpl*
extra	extra *mf*
fade in	aparecer progresivamente una imagen
fade out	disolverse (en negro) una imagen; disolvencia *f*
feature film	largometraje *m*
film	filme *m*, película *f*
film cutter	editor -ra, montador *m*
film cutting	edición *f*
film festival	festival cinematográfico

film industry	industria cinematográfica
film library	filmoteca *f*, cineteca *f*, cinemateca *f*
filmmaker	realizador -ra
film rating	clasificación del filme
filmstrip	fotobanda *f*, filmina *f*
filmstrip projector	proyector de fotobandas
film studio	estudio cinematográfico
first run cinema	cine de estreno
floor	escenario *m*
footage	metraje *m*
frame	cuadro *m*
full-length film	largometraje *m*
full shot	toma general
hero	protagonista masculino
heroine	protagonista femenina
horror picture	película de terror
lens	lente *f*
lighting engineer	luminotécnico *m*
lines	parlamentos *mpl*
location	rodaje en exteriores
long shot	toma de conjunto
loudspeaker	magnavoz *m*, altavoz *m*
magnetic sound	sonido magnético
makeup	maquillaje *m*
marquee	marquesina *f*
medium shot	toma intermedia
mix	mezcla *f*
mixing	mezcla *f*
motion picture	filme *m*, película *f*, película animada
movie	película *f*, filme *m*
movie-goer	aficionado -da al cine, cinéfilo -la
movie star	estrella de cine
negative	negativo *m*
newsreel	noticiario *m*
opaque projector	proyector de cuerpos opacos
optic sound	sonido óptico
original version	versión original
overhead projector	retroproyector *m*
panoramic screen	pantalla panorámica
pan	panorámica *f*
picture	película *f*, filme *m*
porno film	película pornográfica
pornographic film	película pornográfica
postsynchronization studio	estudio de postsincronización
premiere	estreno *m*
preview	presentación de un filme a la crítica; evaluación de un filme
projection	proyección *f*
projectionist	operador de cine, proyeccionista *mf*
projection room	cabina de proyección
projector	proyector *m*
property manager	attrezzista *m*, accesorista *m*
props man	accesorista *m*, attrezzista *m*
quadraphonic sound	sonido cuadrafónico
recording engineer	ingeniero de sonido
reel	rollo de película, bobina *f*
rehearsal	ensayo *m*
release	estreno *m*
rushes	avances *mpl*, primeras pruebas de un filme
scene	escena *f*
scenery	escenografía *f*
score	partitura *f*, instrumentar, orquestar
screen	pantalla *f*
screening	proyección *f*
script	guión *m*
script girl	secretaria de rodaje
scriptwriter	guionista *mf*
second run cinema	cine de reestreno
serial film	película en episodios
set	escenario *m*
set decorator	escenógrafo -fa
shooting	rodaje *m*
shooting angle	ángulo fotográfico
shooting schedule	plan de rodaje
short	cortometraje *m*
shot	toma *f*
showing	proyección *f*
silent movie	película muda
slide	diapositiva *f*
slide projector	proyector de diapositivas
slow motion	cámara lenta
sound recording	grabación del sonido
sound track	banda sonora
special effects	efectos especiales
spool	bobina *f*
spotlight	reflector *m*
stage	escenario *m*
stagehand	maquinista *m*
stag film	película pornográfica
star	protagonista *mf*

stereophonic	estereofónico -ca
stereophonic sound	sonido estereofónico
stunt man	doble *m* para escenas peligrosas
stunt woman	doble *f* para escenas peligrosas
subtitles	subtítulos *mpl*
subtitling	subtitulaje *m*
supporting role	papel secundario
symbolism	simbolismo *m*
take	toma *f*
talkie	película sonora
talking picture	película sonora, cine hablado
third-dimension	tercera dimensión
third-dimension lens	lentes de tercera dimensión
thriller	película de aventuras
title role	papel principal
trailer	avance *m*
villain	villano -na
western picture	película del oeste
zoom in	acercamiento *m*
zoom out	alejamiento *m*

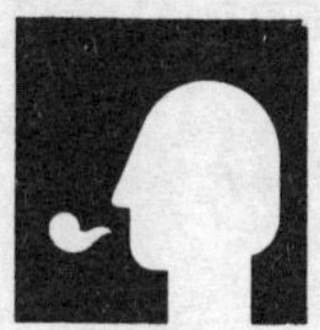

colloquial language and idioms of frecuent use in the United States
lenguaje coloquial y modismos de uso frecuente en Estados Unidos

a heel	carente de carácter
all along	desde el principio
all at once	repentinamente
all of a sudden	de pronto, repentinamente
all over	por todas partes
all the same	dar lo mismo
as a matter of fact	en realidad
as far as	hasta el punto de, a tal grado
at all costs	a todo trance
at heart	en el fondo
at large	suelto, en libertad
at once	de inmediato
back out	retirarse
back up	recular; ir para atrás
barbecue	barbacoa *f*; asar a la parrilla
be becoming	quedar bien, lucir bien
be bound for	encaminarse, dirigirse
be conceited	ser fatuo-tua
be cut out for	tener aptitud, tener talento
be in a hurry	estar de prisa, tener prisa
be in on	estar involucrado con o en
be in the way	estorbar
be of no account	carecer de importancia
be one's turn	tocarle a uno
be stuck	ser timado; atorarse
be stuck up	ser presuntuoso -sa, ser presumido -da
be taken in	ser engañado
be up	terminarse, agotarse
be up-to-date	estar al día, estar al corriente
be up to (someone)	depender de (alguien)
be up to (something)	traerse entre manos
be well off	ser rico
bear in mind	recordar, tener presente
beat	extenuado, agotado
beat one's brains out	devanarse los sesos
believe in oneself	tener confianza en sí mismo
big brass	grupo de gente importante
big brother	hermano mayor
blow	gastar, despilfarrar
blow down	derrumbar, derribar
blue jeans	pantalón de mezclilla
brand new	nuevo -va, flamante
break away	lograr la independencia
break in on	interrumpir
break into	asaltar
break loose	escaparse, soltarse
bring about	completar, terminar
bring into focus	presentar hechos con suma claridad
bring up	traer a colación
broad	chica *f*, mujer *f*
buck	dólar *m*
buddy	amigo *m*, compañero *m*
build up	aumentar
bum	gorra *f*; gorrón -na; holgazán -zana; holgazanear
bunk	litera *f*
bunk-mate	compañero de litera
burger	hamburguesa *f*

busted estropeado -da, descompuesto -ta
by and large en general
by proxy por poder
by the way a propósito
cabbie taxista *mf*
call at visitar
call for venir a buscar
call names injuriar
call off cancelar
call on visitar
call up llamar por teléfono
carry out llevar a cabo
catch a cold resfriarse
catch on darse cuenta, entender
cheer up animar, alegrar
cheerleader porrista *mf*
chick chica *f*, mujer *f*
chicken cobarde, miedoso -sa
clear-cut sin la menor duda
clear up resolver, aclarar, solucionar
come about resultar, suceder
come to terms llegar a un acuerdo
country music música campirana
daddy papá *m*, padre *m*
deal with tratar acerca de; lidiar con
devote oneself to dedicarse a
dime moneda de diez centavos de dólar
disco discoteca *f*, centro nocturno donde se baila
disco music género músical escuchado normalmente en centros nocturnos donde se baila
do away with librarse de alguien o de algo
do over hacer de nuevo
do without prescindir (de)
draw from depender de
draw up preparar (documentos)
drop a line escribir unas líneas
drop by visitar
drop in on visita inesperadamente
drop out dejar de asistir a
drumstick pierna de pollo
eat in comer en casa
engage in conversation charlar con, conversar con
fair and square con toda honestidad, con toda franqueza
fall behind rezagarse, atrasarse
fall in love enamorarse
fall out tener una desavenencia
fall through fracasar
fan aficionado -da fanático -ca
fan club club de admiradores, club de fanáticos.
feel like tener ganas, desear
feel put upon sentirse explotado
few and far between muy rara vez
figure out entender; calcular
fill out llenar, rellenar
firecracker cohete *m*, petardo *m*
first-rate excelente, de primera
flunk reprobar (un curso, materia)
folk music música folklórica
fool around bromear, perder el tiempo
for good para siempre
for the time being por lo pronto
french fries papas fritas a la francesa
French toast pan tostado a la francesa
gal chica *f*, mujer *f*
get across hacerse entender
get along with entenderse, llevarse bien con
get even vengarse, desquitarse
get going poner en marcha
get lost perderse
get near to crear confianza con
get on one's nerves ponerse nervioso
get out of something desembarazarse de algo o de alguien
get rid of liberarse de algo o de alguien, librarse de, deshacerse de
get something off one's chest hablar con sinceridad
get to know familiarizarse con
get to the point ir al grano
give a ring llamar por teléfono
give away revelar un secreto
give in darse por vencido
give off producir
give up dejar de; rendirse
go all out dar lo mejor de uno
go around alcanzar, bastar
go crazy enloquecer, perder la razón
go Dutch pagar cada cual su consumo (en restaurantes, bares)

go fifty-fifty	ir a medias, ir a la mitad
go in for	ser aficionado a
go insane	perder la razón
go off	disparar, explotar
go out for a drive	pasear en automóvil
go out for a walk	salir a caminar
go out for lunch	salir a comer
go through	pasar
go too far	extralimitarse
go window shopping	ir a ver escaparates
go without saying	entenderse tácitamente
grass	marihuana *f*, mariguana *f*
great	estupendo, magnífico
grow out of	pasarse, quitarse
gunfight	tiroteo *m*, pelea a tiros
guy	tipo *m*, amigo *m*, sujeto *m*
half-hearted	demostrar poco entusiasmo
hand in	rendir, presentar
hanky-panky	truco *m*, trampa *f*
have a big mouth	tener la lengua larga
have it out with	poner las cosas en claro
have one's hands full	estar sumamente ocupado
have one's heart set on	desear vehementemente
have one's own way	salirse con la suya
have to do with	tener que ver con
haywire	estropearse, descomponerse
heart and soul	completamente, totalmente
heavy sleeper	dormilón -na
heck!	¡caramba!, ¡caray!
hedge	protegerse, parapetarse
highs and lows	altibajos de fortuna
high time	momento preciso
hold	perseverar
hold good	ser válido, servir
hold out	resistir
hold over	durar, mantenerse
hold still	mantenerse inmóvil
hold to	insistir
hold up	asalto *m*, robo *m*
hot air	tonterías *fpl*, necedades *fpl*
in any event	en todo caso
in a way	hasta cierto punto; en cierto modo
in broad daylight	en pleno dia
in fashion	de moda
in force	en vigor

in spite of	a pesar de, pese a
in the flesh	en persona, personalmente
in the long run	a la larga
in the twinkling of an eye	en un santiamén, en un parpadeo
jam	lío *m*
jeans	pantalón vaquero
jock	atleta *mf*, deportista *mf*
jog	correr
jogger	corredor -ra
junkie	drogadicto -ta; toxicómano -na
just in case	por si acaso
keep accounts, keep an account	llevar cuentas
keep an eye on	vigilar
keep house	realizar labores domésticas; poner casa
keep in mind	recordar
keep in touch with	mantenerse en contacto
keep one's head	mantenerse en calma, no perder la cabeza
keep track	llevar cuenta de
keep up with	ir al paso de
kinky hair	cabello ensortijado
knock out	hacer perder el sentido
know by sight	conocer de vista
konk out	estropearse, descomponerse
lay off	despedir, dejar cesante
learn by heart	aprender de memoria
leave (someone) alone	dejar a uno tranquilo, dejar a uno en paz
leave word	dejar dicho, dejar recado
leech	plaga *f*, lapa *f*
let go of	soltar, dejar en libertad
let up	aflojar, disminuir
lie down	acostarse
look after	cuidar
look back	recordar, mirar el pasado
look down	desdeñar, despreciar
look for	buscar
look forward to	esperar, desear
look into it	investigar
look on	ser espectador
look out	tener cuidado
look out upon	dar a, dar hacia
look over	repasar, examinar
look up to	admirar, respetar

lose one's head	perder el control, perder la cabeza
make a fool of	burlarse de alguien
make a point of	dar importancia a
make clear	explicar, aclarar
make good	tener éxito
make good time	viajar con rapidez
make room for	hacer espacio, hacer lugar
make the best of	sacar el mejor partido posible
man to man	con toda franqueza
math	matemáticas *fpl*
meet half-way	transigir, partir la diferencia
milkshake	malteada *f*
mix up	confundir
mommy	mamá *f*, madre *f*
mug	asalto *m*, asaltar; jeta *f* hocico *m*
narrow-minded	intolerante, con poco o ningún criterio
nickel	moneda de cinco centavos de dólar
no time at all	de inmediato, en el acto
nowadays	en los tiempos que corren
now and again	de vez en cuando
no wonder	con razón
on account of	a causa de
once in a blue moon	muy rara vez
once in a while	de vez en cuando
one-track-mind	inflexible, intolerante, renuente al cambio
on the dot	en punto
on the house	ir por cuenta de la casa, ir por cuenta del dueño
on the inside	por dentro
on the whole	en general
once and for all	de una vez por todas, definitivamente
outlandish	excesivo, exagerado, extravagante
pal	compañero *m*, amigo *m*
pick out	seleccionar, escoger
pick up	recoger, coger
play hooky	irse de pinta
play tricks on	tomar el pelo
play truant	hacer novillos
point out	llamar la atención, señalar, indicar
pot	mariguana *f*, marihuana *f*
pull one to pieces	hacer sentir incapaz a uno
punch	golpe *m*, puñetazo *m*, fuerza *f*
put away	guardar
put down	dominar; apagar
put off	aplazar, posponer
put one's foot into it	meter la pata
put on weight	ganar peso
put out	extinguir, apagar
put together	ensamblar, armar
put up	construir
put up with	soportar, tolerar
quack	medicucho *m*
quarter	moneda de veniticinco centavos de dólar
rack one's brains	devanarse los sesos
rag	periodicucho *m*
read over	echar una ojeada
red tape	papeleo *m*
right on	es cierto, es verdad
rock music	música rock
root beer	refresco de raíces
roundabout	rodeo *m*
run across	tropezar con
run errands	hacer mandados
run into	encontrarse con
run out of	agotarse, acabarse
run over	atropellar, arrollar
safe and sound	sano y salvo
sale	oferta *f*
see about	ocuparse de
see off	despedir, decir adiós
sell out	vender, liquidar
set forth	salir; presentar
set forward	hacer adelantar
set out	salir
set right	poner en claro
shake a leg	darse prisa, apresurarse
sharp	en punto
show off	presumir, hacer alarde
show up	presentarse, aparecer
shrink	psiquiatra *mf*; acobardarse
shut off	cerrar, apagar
sib	hermano *m*, hermana *f*
slacks	pantalón *m*
slob	sucio, desaseado
slow down	ir más despacio
slum	barrio bajo
soul music	género músical caracterizado por el sentimiento
squeeze	apretujar
stand a chance	tener probabilidad

stand for	representar; tolerar
stand out	ser prominente, sobresalir
stand still	permanecer inmóvil
stand to reason	ser claro, ser lógico
stay in	quedarse en casa
stay out	estar fuera de casa
stay up	acostarse tarde
step in	entrar
step out	salir
step up	acelerar, apresurar, aumentar
sticker	lapa *f*, plaga *f*
stick out	sobresalir
stick to	seguir, proseguir, perseverar
stick to business	tratar exclusivamente de negocios
stink	hedor *m*, peste *f*
stinker	maloliente; mala persona
stinking	hediondo, apestoso
stir up	incitar, provocar
sunny side up	huevo frito
take a breath	resollar
take advantage of	aprovecharse de
take after	parecerse
take apart	desarmar
take charge of	encargarse de, asumir responsabilidad
take down	bajar, descolgar; tomar nota
take for granted	dar por descontado, dar por sentado
take French leave	marcharse sin despedirse
take hold of	asir, coger, agarrar
take it easy	tomar las cosas con calma
take off	quitarse; despegar
take on	emplear
take out	sacar
take over	asumir el control; asumir un cargo
take pains	esmerarse
take pity on	tener compasión de
take roots	echar raíces
take something up with	consultar algo con
take the lead	tomar la delantera
take the liberty	tomarse la libertad
take time off	tomar tiempo libre
take turns	turnarse, alternarse
take up	estudiar
talk over	tratar de, discutir
tear down	demoler, derribar
tear up	hacer jirones, romper
tease	tomar el pelo
tell apart	diferenciar, distinguir entre
terrific	estupendo, magnífico
think up	hallar, encontrar, inventar
throw a party	dar una fiesta
throw away	tirar, botar, descartar
throw out	echar, sacar, lanzar
throw up	deponer, vomitar
thug	rufián *m*, pillo *m*
time off	tiempo libre
to the extent that	al extremo de, hasta el punto de
tow the line	obrar como se debe
try on	probarse (ropa, zapatos)
try out	probar
turn around	voltear, dar la vuelta
turn down	rechazar; disminuir el volumen
turn off	cerrar, apagar
turn on	encender, abrir
turn one's back	dar la espalda
turn out	resultar
turn over	volcar
turn to	recurrir
two of a kind	tal para cual
up to	hasta
wait on	atender, servir
wait up for	esperar desvelándose
watch out	tener cuidado
wear down	gastarse
wear off	desaparecer, pasar
wear out	gastarse
wise-cracker	travieso -sa, pillo -lla
without more ado	sin más ni más
work out	diseñar, planear; resultar

computer science
computación e informática

abend	aborto *m*
absolute address	dirección absoluta
access	acceso *m*, acceder
access arm	brazo de acceso
access code	código de acceso
access method	método de acceso
access time	tiempo de acceso
ACK (acknowledge)	ACK (aceptación), reconocimiento
acoustic coupler	acoplador acústico
Ada (language)	Ada (lenguaje)
A-D converter	convertidor de analógico a digital
address	dirección en memoria real o virtual
address bus	bus de direcciones
address mode	modo de direccionamiento
address register	registro de dirección
address space	espacio direccionable en memoria virtual
ALGOL (Algorithmic Language)	ALGOL (Lenguaje Algorítmico)
algorithm	algoritmo *m*
alphanumeric	alfanumérico -ca
ALU (Arithmetic Logic Unit)	ALU (Unidad Aritmética y Lógica)
analog	analógico -ca
analog computer	computadora analógica
analog to digital converter	convertidor de analógico a digital
analyst	analista *mf* (de sistemas)
and, or and not	y, o y no
angstrom	angstrom *m*
ANSI compatible	compatibilidad ANSI
APL (A Programming Language)	APL (Un Lenguaje de Programación.)
application	aplicación *f*
application development language	lenguaje de desarrollo de aplicaciones
application development system	sistema de desarrollo de aplicaciones
application generator	generador de programas de aplicación
application processor	procesador de aplicaciones
application program	programa de aplicación
application program library	biblioteca de programas de aplicación
application programmer	programador de aplicaciones
APT (Automatic Programmed Tools)	APT (Herramientas Automáticas Programadas)
arithmetic and logic unit array	unidad aritmética y lógica
array	arreglo *m*, matriz *f*
array processor	procesador de arreglos
artificial intelligence (AI)	inteligencia artificial (AI)
assembler	ensamblador *m*
assembly language	lenguaje de ensamble
associative memory	memoria asociativa
asynchronous	asíncrono

asynchronous communications	comunicaciones asíncronas
atribute	atributo *m*, característica *f*
audio	audio *m*
audit software	(software) empleo de ordenadores electrónicos de auditoría
audit trail	registro de auditoría
autodial/auto answer	marcado y contestación automáticos
automatic teller machine	cajero automático (en bancos)
automation	automatización *f*, automatizar
auxiliary storage	almacenamiento auxiliar, memoria auxiliar
back end processor	procesador de bases de datos
background	procesamiento en baja prioridad
backup	respaldo *m*
backup and recovery	respaldo y restauración
band printer	impresora de banda
band width	ancho de banda
bar chart	gráfica de barras
bar code	código de barras
base address	dirección base
base band	banda base
base/displacemnet method	método de base y desplazamiento
BASIC (beginners all-purpose symbolic instruction code)	BASIC (código de instrucciones simbólicas para todo propósito y para principiantes)
Basic (language)	Basic (lenguaje)
batch	lote *m*, tanda *f*
batch processing	procesamiento por lotes o por tandas
baud	baud *m*, baudio *m*
Baudot code	código de Baudot
baud rate	velocidad de transmisión digital
BCD (Binary Coded Decimal)	DCB (decimal codificado en binario)
benchmark	prueba de rendimiento
beta test	prueba beta
bidirectional printer	impresora bidireccional

binary	binario -ria
binary code	código binario
binary coded decimal	decimal codificado en binario
binary file	archivo binario, fichero binario
binary search	búsqueda binaria
bionic	biónico -ca
bipolar	bipolar
bisync (binary synchronous)	sincrónico binario
bit (binary digit)	bit (dígito binario)
bit map	mapa binario
bit mapped graphics	gráfica -co por mapa binario
bit slice processor	procesador en rebanadas, procesador en partes
black box	caja negra
block	bloque *m*
block diagram	diagrama de bloques y organigrama *m*
blocking factor	factor de bloque
board	tarjeta *f*, tablero *m*
board level	tablero *m*, tarjeta *f*, nivel de tarjeta
Boolean search	búsqueda booleana
boot (strap)	cargador primario
BPI (bits per inch)	BPI (bits por pulgada)
BPI (bytes per inch)	BPI (bytes por pulgada)
BPS (bits per second)	BPS (bits por segundo)
branch	ramificación *f*
broadband	banda ancha
BSC (binary synchronous communications)	BSC (comunicaciones síncronas binarias)
BTAM (basic telecommunications accesss method)	BTAM (método básico de acceso de telecomunicaciones)
bubble	burbuja (bit de una memoria de burbujas)
bubble chart	diagrama de burbujas
bubble memory	memoria de burbujas
bucket	canastilla *f*
buffer	memoria intermedia
buffer store	memoria interfaz
bug	error *m*
bundled/unbundled	por paquete, por separado
bus	ducto *m*, bus *m*

business analyst	analista de negocios
business graphics	gráficas comerciales
byte	byte *m*, octeto *m*
cabletext	videotexto por cable
cache memory	memoria inmediata, memoria caché
CAD/CAM (computer aided manufacturing/computer aided designed)	CAD/CAM (fabricación asistida por computadora/diseño asistido por computadora)
CAD (computer aided design)	CAD (diseño asistido por computadora)
CADD (computer aided design and drafting)	CADD (diseño y dibujo asistido por computadora)
CAE (computer aided education)	CAE (educación asistida por computadora)
CAE (computer aided engineering)	CAE (ingeniería asistida por computadora)
CAI (computer assisted instruction)	CAI (instrucción asistida por computadora)
calculator	calculadora *f*
calculus	cálculo *m*
call	invocación *f*, /llamada
call by name	llamada por nombre
call by reference	llamada por referencia
call by value	llamada por valor
call by variable	llamada por variable
calling program	programa que llama
calling sequence	secuencia de llamada
call routine (subroutine)	subrutina *f* (subprograma de llamada)
CAM (computer aided manufacturing)	CAM (fabricación asistida por computadora)
CAM (content addressable memory)	CAM (memoria direccionable por el contenido)
canal	canal *m*
canned program	programa 'en lata'
capacitor	capacitor *m*, condesador *m*
capture	captación *f*
CAR (computer assited retrieval system)	CAR (sistema de recuperación asistido por computadora)
card	tarjeta *f*
card deck	paquete de tarjetas
card punch	perforadora de tarjetas
card reader	lectora de tarjetas
carriage return	regreso de carro
carrier	portadora *f*
carry	acarreo *m*, arrastre *m*
carry flag	indicador de acarreo; bandera de acarreo
carry look-ahead adder	sumador de acarreo anticipado
cartridge	cartucho *m*
cartridge drive	unidad de cartucho
cassette	casete *f*
cassette drive	unidad de casete
cassette recorder	grabadora de casete
CBX (computarized branch exchange)	CBX (conmutador computarizado)
CCD (charge coupled devices)	CCD (dispositivos acoplados por carga)
CCD (charge coupled devices)	CCD (dispositivos acoplados por carga)
cell	celda *f*
centralized processing	procesamiento centralizado
central processing unit	unidad central de procesamiento
central processor	procesador central
central unit	unidad central
Centronics interface	interfaz Centronics
chain printer	impresora de cadena
channel	canal *m*
character	carácter *m*
character graphics	caracteres gráficos
character printer	impresora de caracteres
check digit	dígito de verificación
checkpoint/restart	punto de verificación y rearranque
chip	pastilla *f*, chip *m*
CICS (customer information control system)	CICS (sistema de control de información del cliente)
circuit	circuito *m*
circular queue	cola circular
clock	reloj *m*
CML (current mode logic)	CML (lógica en modo de corriente)
CMOS (complementary metal oxide semiconductor)	CMOS (semiconductor complementario,de óxido-metal)
CMOS (complementary MOS)	CMOS (MOS complementario)

COAX (coaxial cable)	COAX (cable coàxial)
COBOL (common business oriented language)	COBOL (lenguaje de programación, lenguaje orientado a los negocios comunes)
code	código *m*, clave *f*
CODEC	codificador-decodificador
coder	codificador *m*
coding	codificación *f*
cold boot	cargado en frío
cold-start	arranque en frio
collator	mezclador *m*
color graphics	graficado en color
column	columna *f*
combinational circuit	circuito combinatorio
COM (computer output microfilming)	COM (salida de computadora por microfilm)
command	comando *m*, orden *f*, instrucción *f*
command driven	controlado por comandos
command language	lenguaje de comandos, lenguaje de órdenes
comment field	campo comentario
common carrier	portadora común
communication link	enlace de comunicaciones
communications	comunicaciones *fpl*
COMPACT II (language)	COMPACT II (lenguaje)
comparator	comparador *m*
compatibility	compatibilidad *f*
compile	compilar
compiler	compilador *m*
compiling	compilación *f*
complement	complemento *m*, complementar
complementing	complementación *f*
complete state, complete status	estado 'completado'
components	componentes *m pl*
composite video	video compuesto
computation center	centro de cómputo
computation	computación *f*, cómputo *m*, cálculo *m*
compute	computar, ordenar, calcular
computer	computador *m*, computadora *f*, ordenador *m*
computer architecture	arquitectura de computadoras
computer art	arte por computadora
computer designer	diseñador -ra de computadoras
computer expert	informático -ca
computer graphics	graficado por computadora
computerize	computarizar
computer literacy	cultura general en computación
computer network	red de computadoras
computer on a chip	computadora en una pastilla
computer power	capacidad de cómputo
computer program	programa para computadora
computer science	informática *f*, ciencia de las computadoras
computer scientist	informático -ca
computer services organization	organización de servicios de cómputo
computer vendor	distribuidor de computadoras
computing	computación *f*, cómputo *m*, cálculo *m*, ordenamiento *m*
concatenation	concatenación *f*
concentrator	concentrador *m*
concurrence	concurrencia *f*
concurrent processes	procesos concurrentes
concurrent program	programa concurrente
concurrent programming	lenguaje de programación concurrente
concurrent tasks	tareas concurrentes
condition code	código de condición
conditional branch	bifurcación condicional
conditional call	llamada condicional
conditional instruction	instrucción condicional
conditional jump	salto condicional
conditional sentence	proposición condicional
conditional transfer	transferencia condicional
conditioning	acondicionamiento *m*
configuration	configuración
connector	conector *m*
connect time	tiempo de conexión
console	consola *f*

console device consola *f*, pantalla *f*
constant constante *f*
consultant asesor -ra
control control *m*
control block bloque de control
control bus bus de control
control key tecla de control
controller controlador *m*
control unit unidad de control
conversational conversacional
conversational language lenguaje conversacional
conversion conversión *f*
converter convertidor *m*, conversor *m*
core núcleo *m*
core memory memoria de núcleos
core (storage) núcleo almacenamiento
cost/benefit analysis análisis de costo/beneficio
counter contador *m*
coupler acoplador *m*
courseware software para educación
CP (central processor) CP (procesador central)
CP/M (control program for microprocessors) CP/M (programa de control para microprocesadores)
C (program language) C (lenguaje de programación)
CPS (characters per second) CPS (caracteres por segundo)
CPU (central processing unit) UCP (unidad central de proceso)
crash caída *f*
CRC (cyclical redundancy checking) CRC (verificación por redundancia cíclica)
critical resource recurso crítico
critical section sección crítica
cross assembler ensamblador cruzado
cross compiler compilador cruzado
cross program programa cruzado
crosstalk interferencia entre canales
CRT (cathode ray tube) CRT (tubo de rayos catódicos)
CRT terminal terminal de pantalla, terminal CRT, terminal de video
CRU (communications register unit) CRU (unidad de registro de comunicaciones)
crystal cristal de cuarzo
CSMA/CD (carrier sense multiple access/collision detection) CSMA/CD (acceso múltiple por detección de portadora/detección de colisiones)
CTRL (control key) CTRL (tecla de control)
current corriente *f*, flujo *m*
current loop lazo *m* (bucle *m*) de corriente
current state, current status estado 'en ejecución'
cursor cursor *m*
cursor keys teclas de control del cursor
cursor movement desplazamiento del cursor
cursor positioning posicionamiento del cursor
cut and paste traslación de bloques, secciones o columnas
cutoff corte *m*
cybernetics cibernética *f*
cycle ciclo *m*
cycle stealing robo de ciclo
cycle time ciclo de memoria
cyclical redundancy checking verificación por redundancia cíclica
cyclic shift desplazamiento cíclico
cyclic store memoria cíclica
cylinder cilindro *m*
DAC (digital to analog converter) DAC (convertidor digital analógico)
D/A (digital-analog) D/A (digital-analógico)
daisy wheel rueda de margarita
DASD(direct access storage device) DASD (dispositivo de almacenamiento de acceso directo)
daisy wheel printer impresora de rueda tipo margarita
data datos *mpl*
data acquisition captación de datos
data administration administración de datos
data administrator administrador de datos
data area zona de datos, área de datos
data bank banco de datos
data base base de datos
data base administrator procesador de bases de datos

data base designer	diseñador de bases de datos
data base machine	procesadora de bases de datos
data base management system (DBMS)	sistema de manejo de bases de datos (DBMS)
data base server	servidor de bases de datos
data buffer	memoria intermedia de datos
data bus	bus de datos
data carrier	portadora de datos
data cell	celda *f,* célula de datos
datacenter	centro de cómputo
data code	código de datos
data communications	communicación de datos
data communication equipment	equipo de comunicación de datos
data compression	compresión de datos
data description language	lenguaje de descripción de datos
data dictionary	diccionario de datos
data element	dato *m,* elemento dato
data encryption standard	norma para el cifrado de datos
data entry	captación de datos
data entry program	programa para captación de datos
data file	archivo de datos, fichero de datos
data flow diagram	diagrama de flujo de datos
data integrity	integridad de datos, calidad de transmisión
data library	biblioteca de datos
data link	enlace de comunicación de datos
data link escape	escape de enlace de datos
data management	manejo de datos
data management system	sistema de manejo de datos
data medium	soporte de información
data pointer	apuntador de datos, puntero de datos
data processing	procesamiento de datos
data processor	procesador de datos
data rate	velocidad de transmisión
data register	registro de datos
data resource management	manejo de los recursos de datos
dBASE II	dBase II
data retrieval	recuperación de datos
data security	seguridad de los datos
data set	conjunto de datos, módem
data structure	estructura de datos
data transfer rate	velocidad de transferncia de datos
data transmission	transmisión de datos
data type	tipo de datos
DB/DC (data base/data communication)	DB/DC (base de datos/comunicación de datos)
DBS (direct broadcast satellite)	DBS (satélite de transmisión directa)
DCA (distributed communications architecture)	DCA (arquitectura para comunicaciones distribuidas
DC (direct current)	DC (corriente directa, corriente continua)
DCE (data communications equipment)	DCE (equipo de comunicación de datos)
DC motor	motor de corriente continua
deadlock	interbloqueo *m,* bloqueo *m,* punto muerto
debouncing	eliminación de rebotes
debug	depurar, corregir errores
debugger	depurador *m,* corrector *m*
debugging	depuración *f,* corrección de errores
debug programs	programas depuradores
decay time	tiempo de declinación, tiempo de caída
decentralized processing	procesamiento descentralizado
decibel	decibel *m,* decibelio *m*

decimal	decimal *m*
decimal digit	dígito decimal
decision	decisión *f*
decision making	toma de decisiones
decision support system	sistema de apoyo de decisiones
decision table	tabla de decisiones
declarative language	lenguaje declarativo
declarative statement	proposición declarativa
decode	decodificar, descodificar
decoder	decodificador
decollator	separador *m*
decrement	decremento *m*; decrementar
dedicated register	registro dedicado, registro específico
dedicated system	sistema dedicado
default	por omisión, implícito
default parameter	parámetro implícito
degradation	degradación *f*
delay	retraso *m*, retardo *m*
delay line	línea de retardo
delete	anular, borrar, eliminar
demand paging	petición de páginas de memoria
demodulation	demodulación *f*
demultiplexer	demultiplexor *m*
density	densidad *f*
descenders	descensores *mpl*
descriptor	descriptor *m*
DES (data encryption standard)	DES (norma de cifrado de datos)
desktop computer	microcomputadora de mesa
development system	sistema de desarrollo
development tools	herramientas de desarrollo
device	dispositivo *m*, unidad *f*
D flip-flop	flip-flop tipo D *m*
diagnostic	diagnóstico *m*, diagnosis *f*
diagnostic programs	programas de diagnóstico
diagnostics	diagnósticos *mpl*
dialect	dialecto *m*
dial-up line	línea de red conmutada
digit	dígito *m*
digital	digital
digital analyzer	analizador digital
digital camera	cámara digital
digital circuit	circuito digital
digital computer	computadora digital
digital data	datos digitales
Digital PABX	conmutador digital privado
digital recording	grabación digital
digital signal processing	procesamiento digital de señales
digitize	digitalizar, digitizar
digitizer tablet	tablero digitalizador, tableta digitalizadora
diode	diodo *m*
DIP (dual in-line package)	DIP (encapsulado de 2 en línea)
DIP switches	interruptores en cápsulas de circuito integrado
direct access	acceso directo, acceso aleatorio
direct addressing	direccionamiento directo
direct current	corriente continua
directive	directiva *f*
directory	directorio *m*, catálogo *m*
disable	inhibir, desactivar
disassemble	desensamblar
disk	disco *m*
disk cartridge	cartucho de disco
disk drive	unidad de disco
diskette	disquete *m*, disco flexible
disk memory	memoria de disco
disk pack	paquete de discos
disk storage	memoria de disco
display list	lista de exhibición
display	visualizador *m*, pantalla *f*, presentación *f*
display mode	modo de visualización
distributed intelligence	inteligencia distribuida
distributed processing	procesamiento distribuido
DL/ 1 (data language)	DL/1 (lenguaje de datos 1)
DMAC (direct memory access channel)	DMAC (canal de acceso directo a memoria)
DMA (direct memory access)	DMA (acceso directo a memoria)
document	documento *f*
documentation	documentación *f*
documentation	documentación *f*

do loop	iteración *f*
doping	inyección de impurezas
DOS (disk operating systems)	DOS (sistema operativo de disco)
DOS/VSE (DOS-virtual storage extended)	DOS-VSE (DOS con almacenamiento virtual ampliado)
dot matrix	matriz de puntos
dot matrix printer	impresora de matriz de puntos
double density	doble densidad
double density disk	disco de doble densidad
double precision	doble precisión
double precision arithmetic	aritmética de doble precisión
double-slide disk	disco de doble cara
doublestrike	doble golpe
down	caída de un sistema
download	descarga *f*
downtime	tiempo de interrupción por descompostura
downward compatible	compatible con equipo menor
DP (data processing)	DP (procesamiento de datos)
drive	unidad de disco o cinta magnética, dispositivo
driver	controlador *m*, excitador *m*
drum plotter	graficador de tambor
drum printer	impresora de tambor
DSA (distributed systems architecture)	DSA (arquitectura de sistemas distribuidos)
DSDD diskette (dual side-dual density diskette)	DSDD disquete de doble cara y doble densidad
DTE (data terminating equipment)	DTE (equipo terminal de datos)
DTS (digital termination service)	DTS (servicio terminal digital)
dual density	doble densidad
dual density diskette	disquete de doble densidad
dual processor	procesador doble
dual-side diskette	disquete de doble cara
dumb terminal	terminal tonta
dummy parameters	parámetros ficticios
dummy variable	variable ficticia

dump	vaciado *m*, copia *f*, descarga *f*
duplex	dúplex *m*
dynamic	dinámico -ca
dynamic memory	memoria dinánica
dynamic memory allocation	asignación dinámica de memoria
dynamic RAM	RAM dinámica
EAROM (eletrically-alterable read-only-memory)	EAROM(memoria de sólo lectura alterable eléctricamente)
earth	tierra *f*
earth station	estación terrena
EBCDIC (extended binary coded decimal interchange code)	código EBCDIC código extendido de intercambio decimal codificado en binario)
echo	eco
echoed characters	caracteres de eco
ECL (emitter-coupled logic)	ECL (lógica de acoplamieto por emisor)
edit	editar
edit code	código de edición
edit key	tecla de edición
edit mode	modo de edición
editor	editor *m*, editor de texto
EDP (electronic data processing)	EDP (procesamiento electrónico de datos)
EEPROM (electrically erasable programmable read only memory)	EEPROM (memoria de sólo lectura programable y borrable eléctricamente)
EEROM (electrically erasable read only memory)	EEROM (memoria de sólo lectura borrable eléctricamente)
effective address	dirección efectiva
effectiveness	eficacia de un sistema
EFT (electronic funds transfer)	EFT (transferencia electrónica de fondos)
EIA-RS-232-C	interfaz RS-232-C
eight-bit (8-bit)	ocho bits, 8 bits
electricity	electricidad *f*

electrode	electrodo *m*
electroluminescent display	visualizador electroluminiscente
electromagnetic interference	interferencia electromagnética
electron	electrón *m*
electron beam	haz de electrones
electronic	electrónico -ca
electronic circuit	circuito electrónico
electronic mail	correo electrónico
electronic paper	papel electrónico
electronic printer	impresora electrónica
electronics	electrónica *f*
electronic spreadsheet	hoja electrónica
electronic typewriter	máquina de escribir electrónica
electrophotographic	electrofotográfico -ca
electrosensitive	electrosensitivo -va
electrostatic	electrostático *m*
electrostatic printer	impresora electrostática
embedded system	sistema incorporado, sistema empotrado
empty statement	proposición vacía
emulate	emular, imitar
emulation	emulación *f*
emulator	emulador *m*
enable	habilitar, activar, permitir, poner en servicio
encapsulate	encapsular
enclosure	cápsula *f*, pastilla *f*
encode	codificar
encoder	codificador *m*
encryption	cifrado *m*
endless loop	iteración sin fin
end of file (EOF)	fin de archivo, fin de fichero (EOF)
end user	usuario terminal, usuario final
energize	energizar, excitar
engine	máquina *f*
entity	entidad *f*
entry point	punto de entrada
environment	entorno *m*, ambiente *m*
erasable memory	memoria borrable
erasable storage	almacenamieto borrable
erase	borrar, anular
ergonomic	ergonómico
ergonomics	ergonomía *f*
EROM	memoria de sólo
error	error *m* lectura borrable
error checking	detección de errores
error control	control de error, detección *f*
error correction code	código de corrección de errores
escape key	tecla de escape, tecla de salida
ESS (electronic switching system)	ESS (sistema electrónico de conmutación)
execute	ejecutar
expansion slot	ranura de expansión
expert system	sistema experto
extractor	extractor *m*
facilities management	administración de los recursos
facsimile	facsímil *m*
fail safe	a prueba de fallas
fail soft	falla leve
FDM (frequency division multiplexing)	FDM (multicanalización, multiplexión por división de frecuencias)
feasibility study	estudio de factibilidad
FET (field effect transistor)	FET (transistor de efecto de campo)
fiche	ficha *f*
field	campo *m*
field effect transistor	transistor de efecto de campo
field engineer	ingeniero de servicio
field service representative	ingeniero de servicio
file maintenance	mantenimiento de archivos
file protection	protección de archivos
file (record) locking	archivos (ficheros, registros) 'bajo llave'
file server	servidor de archivos
file system	sistema de archivos
firmware	software en hardware
fixed disk	disco fijo
fixed length field record	campo (o registro) de longitud fija
fixed point	punto fijo
flag	bandera *f*
flatbed plotter	graficador de mesa
flat file	archivo (fichero) plano
flat screen	pantalla plana
flexible disk	disco flexible
flip-flop	multivibrador *m*, báscula *f*, balanza *f*, biestable

floating point processor	procesador de punto flotante
floating point	punto flotante
floppy disk	disquete *m*
flow chart	diagrama de flujo
footer	pie de página
fore-ground/background	alta prioridad/baja priodidad
format	formato *m*
form feed key	tecla de cambio de hoja
formula	fórmula *f*
for next loop	iteración siguiente
FORTH (FOURTH) (language)	FORTH (FOURTH) (lenguaje)
FORTRAN (formula translator)	FORTRAN (traductor de fórmulas)
fourth-generation language	lenguaje de cuarta generación
frame	marco *m*, cuadro *m*
frequency	frecuencia *f*
frequency division multiplexing	multicanalización, multiplexión por división en la frecuencia
frequency modulation	frecuencia modulada
front end processor	procesador de comunicaciones
full-duplex	dúplex *m*
full-screen	pantalla completa
functional specifications	especificaciones funcionales
function keys	teclas de funciones
gas discharge display	visualizador por descarga de gas
gate	compuerta *f*
gather write	unión en la escritura
general purpose computer	computadora de propósito general
gigabyte	gigabyte, mil millones de bytes, gigaocteto
GIGO (garbage in/garbage out)	GIGO (basura entra basura sale)
GIS (generalized information system)	GIS (sistema generalizado de información)
global	global
grandfather, father, son	abuelo *m*, padre *m*, hijo *m*
graph	gráfica *f*
graphics	graficado *m*
graphics adapter	adaptador gráfico
graphics board	tarjeta gráfica, adaptador gráfico
graphics tablet	mesa digitalizadora
graphics terminal	terminal gráfica
gulp	número indeterminado de bytes
half-adder	semisumador *m*
half-duplex	semidúplex *m*
handset	auricular *m*, microteléfono *m*
hard copy	copia en papel
hard disk	disco duro
hard-sectored	sectorizado por hardware
hardware	hardware *m*, equipo *m*
hardwired	cableado *m*
hash total	suma de verificación
HDLC (high level dat iink control)	HDLC (control de alto nivel para el enlace de datos)
head crash	aterrizaje *m* (de la cabeza)
header	encabezamiento
header (label)	etiqueta de encabezamiento
HERTZ	HERTZ *m*
heuristic	heurístico -ca
hexadecimal (hex)	hexadecimal
hidden file	archivo oculto, fichero oculto
hierarchical	jerárquico -ca
higher than high-level language	super lenguaje
high-level language	lenguaje de alto nivel
high resolution	alta resolución
HIPO (hierarchy plus input-process-output)	HIPO (jerarquía más entrada-proceso-salida)
home key	tecla de origen
host	anfitrión *m*
hybrid computer	computadora híbrida
IC (integrated circuit)	IC (circuito integrado)
icon	icono *m*
if then else	si, entonces, de lo contrario
image processing	procesamiento de imágenes
impact printer	impresora de impacto
implementation	puesta en marcha, instrumentación *f*
index	índice *m*
indexed addressing	direccionamiento indizado
indexed sequential	indizado secuencial
index register	registro de índice
indirect addressing	direccionamiento indirecto

inference program	programa de inferencia
information	información *f*
information center	centro de información
information management	manejo de información
information processing	procesamiento de información
information resource management	manejo de los recursos informativos
information science	ciencias de la información
information services	servicios de información
information system	sistema de información
ink jet	rocío de tinta
input	entrada *f*
input program	programa de entrada
inquiry program	programa de consulta
instruction	instrucción *m*
instruction set	juego de instrucciones
integer	entero *m*
integrated circuit	circuito integrado
intelligence	inteligencia *f*
intelligent terminal	terminal inteligente
interactive	interactivo -va
interactive cable TV	cablevisión interactiva
interblock gap	separación entre bloques
interface	interfaz *f*
interpreter	intérprete *mf*
interrecord gap	separación entre registros
interrupt	interrumpir
inverter	inversor *m*
I/O bound	límite de entrada/salida (I/O)
I/O channel	canal de E/S (I/O)
I/O (input /output)	(I/O) (entrada/salida *f*)
IPL (initial program load)	IPL (inicialización de la computadora, carga del programa de arranque
ISAM (indexed sequential access method)	ISAM (método de acceso secuencial indizado)
IS (information system)	IS (sistema de información)
jaggies	escalonamiento *m*
JCL (job control language)	JCL (lenguaje de control de trabajos)
job	trabajo *m*
joy stick	mando de bastón
jump	salto *m*
kerning	talud *m*
key	cifra *f*, clave *f*, tecla *f*
keyboard	teclado *m*
keypad	teclado tipo claculadora
keypunch	perforación *f*
keypunch machine	máquina perforadora de tarjetas
key-to-disk machine	máquina de captación a disco
key-to-tape machine	máquina de captación a cinta
knowledge base	base de conocimiento
knowledge-based system	sistema basado en el conocimiento
KSR (keyboard send recieve)	KSR (teclado de envío y recepción)
label	etiqueta *f*, marbete *m*
LASER (light amplification from the stimulated emision of radiation)	LASER (amplificación de la luz a partir de la emisión estimulada de radiación)
laser print	impresora láser
LCD (liquid crystal display)	LCD (visualizador de cristal líquido
leased line	línea alquilada
LED (light emitting diode)	LED (diodo emisor de luz)
letter quality	calidad correspondencia , letra de calidad
librarian	bibliotecario *m*
light emitting diode	diodo emisor de luz
light guide	guía de luz
light pen	plumilla luminosa
lightwave	onda luminosa
linear programming	programación lineal
line driver	manejador de línea
line feed key	tecla de avance de renglón
line of code	línea de código
line printer	impresora de línea
link editor	editor de enlace
liquid crystal display	visualizador de cristal líquido
LISP (list processing)	LISP (procesamiento de listas)
load	carga *f*
local area network	red de área local
local loop	circuito local
log	bitácora *f*

logic	lógica *f*
logic array	arreglo lógico
logic chip	pastilla lógica
logic circuit	circuito lógico
logic gate	compuerta lógica
logic-seeking printer	impresora lógica
logic vs physical	lógico en comparación con físico
Logo (language)	Logo (lenguaje)
log-on/log-off	conexión/desconexión al/del sistema
looping	iteración *f*
lo-res (low-resolution)	lo-res (baja resolución)
low-level language	lenguaje de bajo nivel
low-resolution	baja resolución
LPM (lines per minute)	LPM (líneas por minuto)
LRC (longitudinal redundancy checking)	LRC (verificación por redundancia longitudinal)
LSI (large scale integration)	LSI (integración a gran escala)
machine cycle	ciclo de máquina
machine language	lenguaje de máquina
machine readable	inteligible para la máquina
Macro	macro *f* (instrucción)
magnetic card	tarjeta magnética
magnetic disk and tape	cinta y disco magnéticos
mainframe	macrocomputadora
main memory	memoria principal
main storage	almacenamiento principal
maintenance	mantenimiento *m*
management information system	sistema de información gerencial
management science	ciencia administrativa
management support system	sistema de apoyo a la administración
management system	sistema de administración
mapping	mapeo *m*, topografía de la memoria
mark sense	sensor de marcas
mask	máscara *f*
masking	enmascaramiento *m*
mass storage	almacenamiento masivo
master control program	programa principal de control
master file	archivo maestro, fichero maestro

matrix	matriz *f*
matrixial	matricial
matrix printer	impresora de matriz
medium scale integration	integración a mediana escala
megabyte	megabyte *m* (un millón de bytes)
meg (megabyte)	meg *m* (megabyte)
membrane keyboard	teclado de membrana
memory	memoria *f*
memory bank	banco de memoria
memory chip	pastilla de memoria
memory dump	vaciado de memoria
memory protection	protección de la memoria
memory sniffing	verificación de memoria
memory typewriter	máquina de escribir con memoria
menu	menú *m*
menu driven	controlado por menú
merge	mezcla *f*
mesh	malla *f*
message	mensaje *m*
message switch	conmutador de mensajes
metal oxide semicondutor (MOS)	semiconductor de óxido-metal (MOS)
MICR (magnetic ink character recognition)	MICR (reconocimiento de caracteres en tinta magnética)
microelectronics	microelectrónica *f*
microfiche-microfilm	microficha *f*, microfilme *m*
microfloppy disk	microdisquete *m*
microform	microforma *f*
micro (microcomputer)	micro *f* (microcomputadora)
micromini	micromini *f*
microprocessor	microprocesador *m*
minicomputer	minicomputadora *f*
mnemonic	mnemotécnico *m*, mnemónico *m*
model	modelo *m*
modeling	modelado *m*
modem (modulator-demodulator)	módem *m* (modulador/demodulador)
modular programming	programación modular
modulation	modulación
module	módulo *m*
monitor	monitor *m*
monochrome	monocromo, monocromático

MOSFET (metal oxide semiconductor field effect transistor)	MOSFET (transistor de efecto de campo de semiconductor de óxido-metal)
MOS (metal oxide semiconductor)	MOS (semiconductor de óxido metal)
motherboard	conector maestro, tarjeta base
mouse	ratón *m*
MPU (microprocessor unit)	MPU (unidad microprocesadora)
MSI (medium scale integration)	MSI (integración a mediana escala)
MS (millisecond)	MS (milisegundo *m*)
MTEF (mean time between failures)	MTEF (tiempo medio entre fallas)
multiplexing	multicanalización *f*, multiplexión *f*
multiplexor	multicanalizador *m*, multiplexor *m*
multiplexor channel	canal multicanalizado o multiplexado
multiprocessing	multiprocesamiento *m*
multiprogramming	multiprogramación *f*
multitasking	multitarea *f*
multiuser	multiusuario *m*
MVS (multiple virtual storage)	MVS (almacenamiento virtual múltiple)
NAK (negative acknowledgement)	NAK (reconocimiento denegado)
nanosecond	nanosegundo *m*
native language	lenguaje nativo
native mode	modo original
natural language	lenguaje natural
network	red *f*
network architecture	arquitectura de redes
network data base	base de datos en red
nibble	cuarteto *m* (la mitad de un byte)
N-key rollover	teclado rápido
node	nodo *m*
noise	ruido *m*
non-impact printer	impresora silenciosa
non-numeric programming	programación no numérica
non-procedural language	lenguaje no orientado a procedimientos
non-volatile memory	memoria no volátil
not	no
ns (nanosecond)	ns (nanosegundo *m*)
number crunching	devorador de números
numerical control	control numérico
or	o
object code	código objeto
object computer	computadora objeto
object program	programa objeto, programa ejecutable
octal	octal
OEX (exclusive)	OEX (exclusivo)
office automation	automatización de oficinas
off-line	fuera de línea
on-line	en línea
open systems interconnection	interconexión para sistemas abiertos
operand	operando
operating system	sistema operativo
OS (operating system)	OS (sistema operativo)
operation code	código de operación
operations	operaciones *fpl*
operations research	investigación de operaciones
operator	operador *m*
OCR (optical character recognition)	OCR (reconocimiento óptico de caracteres)
optical disk	disco óptico
optical fiber	fibra óptica
optical recognition	reconocimiento óptico
optical scanner	rastreador óptico
output	salida
output devices	dispositivos de salida
overlay	traslape *m*
PABX (private automatic branch exchange)	PABX (conmutador telefónico privado automático)
package	paquete *m*
packaged software	software empacado
packed decimal	decimal empacado
packet switching	conmutación por paquetes
packing density	densidad de empaque
pack/unpack	empacado/desempacado *m*
padding	relleno *m*
paddle	tablero de control para juegos
page	página *f*
page printer	impresora de páginas
pagination	paginación *f*
parallel interface	interfaz paralela
parallel processing	procesamiento paralelo, multiprocesamiento
parameter	parámetro *m*
parameter-driven	manejado por parámetros
parity	paridad *f*
parsing	análisis gramatical
partition	partición *f*
Pascal (language)	Pascal (lenguaje *m*)

password	palabra clave, plabra de acceso
patch	parche *m*
PBX (private branch exchange)	PBX (conmutador telefónico privado)
PCM (plug compatible manufacturer; pulse code modulation)	PCM (fabricante de hardware compatible por conexión; modulación por codificación de pulsos)
PC (printed circuit; personal computer)	PC (circuito impreso; computadora personal)
peek/poke	localiza/modifica
pen plotter	graficador de plumillas
people/machine interface	interfaz hombre/máquina
performance	rendimiento *m*
peripheral	equipo periférico
perpendicular recording	grabación perpendicular
personal computer	computadora personal
phoneme	fonema *m*
phosphor	fósforo *m*
phototypesetter	fotocompositor tipográfico
pica	pica *f*
picosecond	picosegundo *m*
picture element	elemento de imagen
pie chart	gráfica de sectores
PILOT (programmed inquiry learning or teaching)	PILOT (aprendizaje o enseñanza a través de interrogatorio programado)
pipeline processing	procesamiento canalizado
pixel	pixel *m*
planning systems	sistema de planificación
plasma display	visualizasor de plasma
PL 1 language, programming language/1	lenguaje PL 1, lenguaje de programación/1
plot	gráfica *f*
plotter	graficador *m*
plug compatible	compatible directamente
PMOS (P-channel MOS)	PMOS (MOS canal -P)
pointer	apuntador *m*

point of sale system	sistema de punto de venta
poke	modificar
polling	escrutinio *m*
pop	extraer
port	puerto *m*
power	potencia *f*
power supply	fuente de alimentación
preventive maintenance	mantenimiento preventivo
primary storage	memoria principal
printed circuit	circuito impreso
printer	impresora *f*
printer technologies	tecnologías de impresión
printout (printer out)	salida de la impresora
print server	servidor de impresora
privacy	privacía *f*
private line	línea privada
problem-oriented language	lenguaje orientado al problema
procedural language	lenguje orientado a procedimientos
procedure	procedimiento *m*
process	proceso *m*, procesar
process-bound	límite de procesamiento
process control	control de procesos
processing	procesamiento *m*
processor	procesador *m*
program generator	generador de programas
program logic	lógica de un programa
programmable	programable
programmable calculator	calculadora programable
program maintenance	mantenimiento de programas
programmer analyst	analista programador
programmer	programador *m*
programming	programación *f*
programming language	lenguaje de programación
program step	paso de un programa
PROM (programmable read only memory)	PROM (memoria programable de sólo lectura)
prompts	desplegados *mpl*, caracteres de petición
proportional spacing	espaciamiento proporcional
protocol	protocolo *m*
prototype	prototipo *m*

punched card	tarjeta perforada
push/pop	intoducir (en una pila), extraer (de una pila)
QBE (query by example)	QBE (consulta por medio de ejemplos)
query	consulta *f*
query language	lenguaje de consulta
queue	cola *f*
qwerty keyboard	teclado qwerty
RAM (random access memory)	RAM (memoria de lectura/escritura)
random access	acceso aleatorio
random number generation	generación de números aleatorios
range	intervalo *m*
raster graphics	graficado por barrido
RCS (remote computer service)	RCS (servicio de computadora remota)
read	lectura *f*
reader	lector -ra
read error	error de lectura
read only	sólo lectura
read/write memory	memoria de lectura/escritura
real-time	tiempo real
real-time clock	reloj de tiempo real
record	registro *m*
record layout	disposición de un registro, formato de un registro
records management	manejo de registros
reentrant code	código reentrante
register	registro *m*
relational data base	base de datos relacional
relative address	dirección relativa
relocatable code	código relocalizable
remote batch	lote remoto; tanda remota
report	informe *m*
report generator	generador de informes
report writer	generador de informes
resistor	resistor *m*
response time	tiempo de respuesta
restart	rearranque *m*
retrieval	recuperación *f* (de datos)
retrieve	recuperar; localizar y seleccionar alguna información especifica
return key	tecla de retorno (de carro)
reverse Polish notation	notación polaca inversa
RF (radio frequency)	RF (radio frecuencia)
RGB monitor	RGB (monitor de color de alta calidad)
ring network	red en anillo
RJE (remote job entry)	RJE (entrada remota de trabajo)
robot	robot *m*
robotics	robótica *f*
rollin/rollout	carga/descarga de memoria
ROM (read only memory)	ROM (memoria de sólo lectura)
RPG (report program generator)	RPG (generador de programas de informe)
RPQ (request for price quotation)	RPQ (solicitud de cotización)
running	corrida *f*
satellite	satélite *m*
scatter read/gather write	separación en la lectura/unión en la escritura
schema	esquema *m*
scientific applications	aplicaciones científicas
scientific computer	computadora científica
scrambling	mezclado *m*
screen	pantalla *f*
scrolling	enrollar o desenrollar, vertical u horizontalmente
SDLC (synchronous data link control)	SDLC (control síncrono de datos)
search and replace	búsqueda y sustitución
secondary storage	memoria auxiliar, almacenamiento secundario
sector	sector *m*
security	seguridad *f*
seek	búsqueda *f* (en disco)
selector channel	canal selector
semiconductor	semiconductor *m*
sequential access method	método de acceso secuencial
serial interface	interfaz en serie
serial transmission	transmisión en serie
service bureau	oficina de servicio
shadow-batch	lote ficticio
shared logic	lógica compartida
shared resource	recursos compartidos
sheet feeder	alimentador de hojas

signal processing	procesamiento de señales
sign on/sign off	entrar al sistema/salir del sistema
silicon	silicio *m*
simplex	transmisión en un sentido, simplex *m*
simulation	simulación *f*
single board computer	computadora en una tarjeta
single density disk	disco de densidad sencillo
slave	esclavo -va
slot	ranura *f*
SLSI (super large scale integration)	SLSI (integración a super gran escala)
smart card	tarjeta electrónica
SNOBOL (string oriented symbolic language)	SNOBOL (lenguaje simbólico orientado a cadenas)
soft	soft, flexible
soft copy	copia efímera
soft sectored	sectorizado por software
software	software *m*, progamas *mpl*
software engineering	ingeniería de software
software house	casa de software
software interfaces	interfaces de software
software package	paquete de software
software programmer	programador de software
software protection	protección del software
software publishing	publicación de software
solid state	estado sólido
sort	clasificación *f*; clasificar; ordenación *f*
sort keys	llaves de clasificación
source code	código fuente
source data capture	captación de datos fuente
source document	documento fuente
source language	lenguaje fuente
source program	programa fuente
space/time	espacio/tiempo *m*
spatial data management	manejo espacial de datos
speech synthesis	habla sintética
split screen	pantalla dividida
spooling	'hacer cola'

spreadsheet (simulator)	hoja electrónica para simulaciones
SSI (small scale integration)	SSI (integración a pequeña escala
SSSD (single side-single density) diskette	SSSD disquete de una sola cara y densidad
stack	pila *f*
STAIRS (storage and information retrieval system)	STAIRS (sistema de almacenamiento y recuperación de información)
standards and compatibility	normas y compatibilidad
star network	red en estrella
start/stop transmission	transmisión de arranque/detención
statement	proposición *f*
stat mux (statical multiplexor)	multicanalizador estadístico, multiplexor estadístico)
storage media	medio de almacenamiento
store and forward	almacenamiento y envío
stored program concept	concepto de programa almacenado
stream-oriented file	archivo (fichero) orientado a datos no estructurados
streaming tape	cartucho de cinta
string	cadena *f*
stringy floppy	microcasete
stroke writer	escritor por percusión
structured programming	programación estructurada
stylus	estilo *m*
subroutine	subrutina *f*
subschema	subesquema *m*
subscript	subíndice *m*
super computer	super computadora *f*
superconductor	superconductor *m*
supercontroller	supercontrolador *m*
super large scale integration	integración a super gran escala
supermini	supermini *f*
superscript	superíndice *m*
supervisor	supervisor *m*
swapping	intercambio de segmentos
switch	interruptor *m*
symbolic language	lenguaje simbólico
synchronous	síncrono

synchronous communications	comunicaciones síncronos
syntax error	error de sintaxis
sysgen (system generation)	generación del sistema
system	sistema *m*
system development cycle	ciclo de desarrollo de un sistema
system development methodology	metodología de desarrollo de sistemas
system file	archivo del sistema
system house	casa comercial de sistemas
system life cycle	ciclo útil de un sistema, ciclo de vida de un sistema
systems	sistemas *mpl*
systems analysis and design	análisis y diseño de sistemas
systems analyst	analista de sistemas
systems engineer	ingeniero de sistemas
system software	software del sistema
systems programmer	programador de sistemas
S-100 bus	bus S-100
table	tabla *f*
table look-up	búsqueda en tablas
tape	cinta *f*
tape cartidgre	cartucho de cinta
tape drive	unidad de cinta
tape mark	marca en cinta
task	tarea
TC (telecommunications)	TC (telecomunaciones)
TDM (time division multiplexing)	TDM (multicanalización por división en el tiempo, multiplexión por división en el tiempo)
telecommunications	telecomunica-ciones *fpl*
teleconferencing	teleconferencia *f*
telecopying	telecopiado *m*
telematics	telemática *f*
teleprinter	teleimpresora *f*
teleprocessing	teleprocesamiento *m*
teletext	teletexto *m*
teletype	teletipo *m*, impresora remota
teletypewriter	impresora de teletipo
telex	télex *m*
terminal	terminal
test data	datos de prueba
testing	prueba *f*
text	texto *m*
text editing	edición de textos
text editor	editor de texto
thermal printer	impresora térmica
thin film	película delgada
thrashing	paginación excesiva
throughput	capacidad de ejecución
time-division multiplexing	multicanalización, multiplexión por división en el tiempo
time-sharing	tiempo compartido
timing	temporización *f*, secuenciación *f*
token passing	pase de señal
top-down design	diseño descendente
touch-sensitive screen	pantalla sensitiva
TPI (tracks per inch)	TPI (pistas por pulgada)
TP-monitor (tele processing monitor)	monitor de TP
track	pista *f*
tractor feed	rodillo alimentador
trailer (label)	identificación final
train printer	tren de impresión
transaction	transacción *f*
transaction file	archivo (fichero) de transacciones
transaction processing	procesamiento por transacción
transceiver	transmisor-receptor *m*
transfer rate	razón de transferencia, tasa de transferencia
transistor	transistor *m*
transparent	transparente
transponder	transpónder *m*
trapping	atrapar
tree structure	estructura arborescente
trunk	troncal *f*
truth table	tabla de verdad
TTL (transistor-transistor logic)	TTL (lógica de transistor a transistor)
TTV protocol	protocolo TTV
tube	tubo *m*, bulbo *m*
turn-around document	documento retornable
turnkey system	sistema de arranque inmediato
turtle graphics	graficado de la tortuga
twisted pair	par (de alambres o cables) trenzado

UART (universal asynchronous receiver-transmitter)	UART (transmisor, receptor universal asíncrono)
UCSD p-System	Sistema p-UCSD
ULA(uncommitted logic array)	ULA (arreglo lógico configurable)
unbundled	por separado
unit record equipment	equipo de registro unitario
unpack	desempacado
UPC (universal product code)	UPC (código universal de productos)
update	actualizar; actualización *f*
UPS (uninterruptible power supply)	UPS (fuente ininterrumpible de poder)
uptime	tiempo de funcionamiento
upward compatible	compatible con equipo mayor
user	usuario -ria
user-friendly	amable con el usuario
user group	grupo de usuarios
utility program	programa de utilería
vaccum tube	tubo al vacío, bulbo al vacío
validity	validación *f*
VAN (value-added network)	VAN (red de valor agregado)
variable length field/record	campo/registro de longitud variable
VCR (video cassette recorder)	VCR (videocasetera *f*)
vector	vector *m*
vector graphics	graficado por vectores
vertical recording	registro (o grabación) vertical
very large scale integration	integración a muy gran escala
VHSIC (very high speed integrated circuit)	VHSIC (circuito integrado de muy alta velocidad)
video display terminal/unit	terminal/unidad de visualización de video
video	video *m*
videodisc	disco de video
video display terminal/unit	terminal/unidad de visualización de video
vidieotex	videotex *m*
virtual	simulado; virtual
virtual circuit	circuito virtual
virtual machine	máquina virtual
virtual memory	memoria virtual
virtual storage	almacenamiento virtual
VLSI (very large scale integration)	VLSI (integración a muy gran escala)
VM (virtual machine)	VM (máquina virtual)
voice data PABX	conmutador de voz y datos PABX
voice-grade	canal de voz
voice recognition	reconocimiento de la voz
voice response	respuesta por voz
volatile memory	memoria volátil
volume	volumen *m*
VRC (vertical redundancy checking)	VRC (verificación por redundancia vertical)
VS (virtual storage)	VS (almacenamiento virtual)
VTOC (volume table of contents)	VTOC (tabla de contenido del volumen)
VTR (video tape recorder)	VTR (grabadora de video)
wafer	oblea *f*
wand	detector óptico
warm boot	carga en caliente
wave	onda *f*
Winchester disk	disco Winchester
window	ventana *f*
word	palabra *f*
word processing	procesamiento de palabras
word processing ergonomics	ergonomía del procesamiento de palabras
word processing machine	máquina para procesamiento de palabras
word processor	procesador de palabras
word wrap	envolvencia *f*
workstation	estación de trabajo, terminal *f*
write	escritura *f*
write error	error de escritura
Xon-Xoff protocol	protocolo Xon-Xoff
x.21 protocol	protocolo x.21
x.25 protocol	protocolo x.25
x-y matrix	matriz x-y
x-y plotter	graficador x-y

economics
economía

accession	acceso *m*, accesión *f*
account holder	cuentacorrentista *mf*, cuentahabiente *mf*
accrued dividend	dividendo acumulado
allocation of funds	asignación de fondos
allotment	habilitación de crédito
allowance	subsidio *m*
amortization	amortización *f*
amortize	amortizar
annuity	anualidad *f*
apportionment of expenses	prorrateo de gastos
appraisal	tasación *f*, evaluación *f*
appreciation	plusvalía *f*
arbitration	arbitraje *m*
article	artículo *m*
assets	activo *m*
autarchy	autarquía *f*
available capital	capital disponible
average income	renta media, ingreso promedio
balance of payments	balanza de pagos
balance of trade	balanza de comercio
bank	banca *f*, banco *m*
banking	banca *f*
banknote	billete *m*
barter	trueque *m*
basis of assessment	base gravable
basket of currencies	canasta de divisas
bearer check	cheque al portador
be in debt	adeudar
bias	sesgo *m*
bill	billete *m*, carta *f*
binding	obligatoriedad *f*
birth rate	índice de natalidad, tasa de natalidad
black market	mercado negro
bogus goods	bienes falsificados
bond	bono *m*, título *m*, obligación *f*
borrower	prestatario -ria
borrowing	empréstito *m*, préstamo *m*
borrowing rate	tasa de endeudamiento
bounty	subvención *f*
boycott	boicot *m*
bridging credit	crédito puente, crédito de refuerzo
brokerage	corretaje *m*
buffer fund	fondo regulador
buffer stocks	existencias reguladoras
buying power	poder adquisitivo
by-product	subproducto *m*
calling up of capital	solicitación de fondos
capital	capital *m*
capital account	cuenta de capital
capital flight	fuga de capitales
capital goods	bienes de equipo, bienes de capital
capitalism	capitalismo *m*
capitalistic economy	economía capitalista
capital market	mercado de capital
cartel	cartel *m*
cash	dinero en efectivo
change	dinero suelto, cambio *m*
chart	gráfico *m*, cuadro *m*
check	cheque *m*
checkbook	talonario de cheques

checking account	cuenta de cheques
check payable to bearer	cheque al portador
circulating capital	capital circulante
collateral	garantía *f*, resguardo *m*
collective economy	economía colectivista
commodities	productos básicos
comparative advantage	ventaja comparativa
concentration	concentración *f*
consolidated debt	deuda consolidada
consumer	consumidor *m*
consumer goods	bienes de consumo productos de consumo
consumption	consumo *m*
contingencies	gastos imprevistos
contingency fund	fondo de contingencias
contingent expenses	gastos imprevistos
contract debts	contraer deudas
contribution of funds	aportación de fondos
controlled economy	economía dirigida
convertibility	convertibilidad *f*
convertible currencies	monedas convertibles
corporate bond	fianza corporativa
cost	costo *m*
countertrade	contracomercio *m*, comercio de compensación
credit	crédito
credit card	tarjeta de crédito
creditor	acreedor *m*
crossed check	cheque cruzado
currency	moneda *f*, circulante *m*
current account	cuenta corriente
customs	aduana *f*
customs duty	derecho aduanal
customs laws	leyes aduanales
customs tariff	arancel aduanal
debenture	obligación *f*; orden de pago ; vale *m*
debtor	deudor *m*
deficit	déficit *m*
deflation	deflación *f*
demand	demanda *f*
depreciation	depreciación *f*
depression	depresión *f*
devaluation	devaluación *f*
developing	en vías de desarrollo
discount	descuento *m*
dividend	dividendo *m*
domestic currency	moneda nacional
draft	giro *m*
drawing	giro *m*
dumping	dumping *m*, inundación *f*
duties	derechos *mpl*
duty	derecho *m*
earnings	ganancias *fpl*, utilidades *fpl*
econometrics	econometría *f*
economic	económico -ca
economical	económico -ca
economic balance	equilibrio económico
economic channels	circuito económico
economic data	información económica
economic recovery	reactivación económica
economics	economía *f*
economic situation	situación económica
economic stability	estabilidad económica
economic survey	investigación económica
economic trend	coyuntura económica
economist	economista *mf*
economy	economía *f*
EEC (European Economic Community)	MCE (Mercado Común Europeo)
endorsement	endoso *m*
endorser	endosante *mf*
exchange rate	tipo de cambio
excise tax	impuesto sobre consumo, impuesto indirecto
ex-dividend	sin dividendos
exhibit capital	capital exhibido
expenditures	gastos *mpl*
expenses	gastos *mpl*
finished goods	productos terminados
fiscal authorities	fisco *m*, hacienda *f*
fiscal charges	gravámenes fiscales
fixed assets	activo fijo
fixed costs	costos fijos
floating debt	deuda flotante
fluctuation	fluctuación *f*
foodstuffs	productos alimenticios
foreign exchange	divisas *fpl*
forward market	mercado de futuros
free list	artículos libres de derechos
free trade	comercio libre
frozen capital	capital congelado
funded debt	deuda consolidada
goods	bienes *fpl*, mercancías *fpl*

graduated tax	impuesto progresivo
grant	subvención *f*
graph	gráfico *m*, gráfica *f*
gross benefit	beneficio bruto
gross domestic product	producto interno bruto
gross earnings	utilidades brutas
gross income	renta bruta, ingreso bruto
gross national product	producto nacional bruto
gross profit	utilidad bruta
hard currency	moneda firme
hedge	cobertura *f*
holding company	compañía tenedora
import tax	impuesto de importación
income	renta *f*, ingresos *mpl*
income tax	impuesto sobre la renta
income-yield capacity	rentabilidad *f*
increase in value	plusvalía *f*
infrastructure	infraestructura *f*
initial capital	capital inicial
input	insumo *m*
insurance	seguro *m*
interest	interés *m*, rédito *m*
interest	rédito *m*, interés *m*
interest yielding	redituable
internal revenue	renta nacional
invest	invertir
investment	inversión *f*
investor	inversionista *mf*
invoice	factura *f*
issue	emisión *f*
joint venture	empresa conjunta
land tax	impuesto predial
lender	prestamista *mf*
letter of credit	carta de crédito
levy.	gravamen *m*
liabilities	obligaciones *fpl*; pasivo *m*
liability insurance	seguro de responsabilidad civil
liberal economy	economía liberal
liquidity	liquidez *f*
loan	préstamo *m*
local currency	moneda nacional
long-term debt	deuda a largo plazo
long term loan	préstamo a largo plazo
macroeconomics	macroecononomía *f*
maintenance costs	costos de mantenimiento
managed trade	comercio dirigido
manufactured goods	productos manufacturados
market	mercado *m*
maturity	vencimiento *m*
medium term loan	préstamo a mediano plazo
microeconomics	microeconomía *f*
miscellaneous cost	costos diversos
mixed economy	economía mixta
money	dinero *m*
money order	orden de pago
mortgage	hipoteca *f*
national debt	deuda pública
national income	renta nacional, ingreso nacional
net income	renta neta, ingreso neto
note	billete *m*
operating costs	costos de operación
operating expenses	gastos de operación
opinion poll	encuesta de opinión
outgoings	gastos *mpl*
output	producción *f*
overhead	gastos generales
overhead costs	costos generales
overhead expenses	gastos generales
overproduction	superproducción *f*
par value	valor de paridad
pay in cash	pagar en efectivo
paying-off	amortización *f*
pay off	amortizar
pay off a debt	saldar una deuda
pegged rate	tipo de cambio acoplado
planned economy	economía planificada
policy	póliza de seguro
political economy	economía política
premium	prima de seguro
price elasticity	elasticidad del precio
price indexation	indización de precios
primary sector	sector primario
private sector	sector privado
proceeds of sales	productos de ventas
procurement	adquisición *f*
producer	productor *m*
producing	productivo -va
production	producción *f*
productive	productivo -va
productiveness	productividad *f*
productivity	productividad *f*
products	productos *mpl*
profit	beneficio *m*, ganancia *f*, utilidad *f*
profitability	rentabilidad *f*

profit earning capacity rentabilidad *f*
profits beneficios *mpl*, utilidades *fpl*
progressive taxation impuesto progresivo
protectionism proteccionismo *m*
public debt deuda pública
public sector sector público
purchasing power poder adquisitivo, poder de compra
purveyor proveedor -ra; abastecedor -ra
quotation cotización *f*
rate tarifa *f*, tasa *f*, índice *m*
rate of growth índice de crecimiento
rate of interest tipo de interés, tasa de interés
raw material materia prima
ready money dinero líquido
real estate bienes raíces
recession recesión *f*, crisis *f*
rediscount redescuento *m*
relief alivio *m*
repay amortizar
reserve reserva *f*
reserve currency moneda de reserva
reserve fund fondo de reserva
return on investment dividendos *mpl*
revaluation revaluación *f*
revenue ingresos del erario
revolving fund fondo revolvente, fondo de rotación
royalties regalías *fpl*
runaway inflation inflación galopante
run into debt endeudarse
running expenses gastos corrientes
rural economics economía rural
saving ahorro *m*
scarcity escasez *f*
schedule nomenclatura *f*
security garantía *f*, título *m*
self-financing autofinanciación *f*
semifinished goods productos semimanufacturados
share acción *f*
shareholder accionista *mf*
shares acciones *fpl*, participaciones *fpl*
shortage escasez *f*
short term credit crédito a corto plazo
short term loan préstamo a corto plazo
sinking fund fondo de amortización
social charges gastos sociales
socialist economy economía socialista
soft loan préstamo blando
special drawing rights derechos especiales de giro
speculation especulación *f*
spot market mercado de productos disponibles
stagflation estanflación *f*
stagnation estancamiento *m*
standard of living nivel de vida
standards code código de normas
statistical estadístico -ca
statistically estadísticamente
statistics estadística *f*
stock valor *m*
stock exchange bolsa de valores
stockholder accionista *mf*
subsidy subsidio *m*
superavit superávit *m*
supply aprovisionamiento *m*, abastecimiento *m*, oferta *f*
surplus excedente *m*, superávit *m*
surplus value plusvalía *f*
survey encuesta *f*
tariff arancel *m*
tariff barriers barreras arancelarias
tax impuesto *m*
taxable income renta gravable
taxation tributación *f*
taxation system régimen fiscal
tax collector recaudador de impuestos
tax exemption exención fiscal
tax-free libre de impuestos
taxpayer contribuyente *mf*
tied loan préstamo atado
trademark marca registrada
transfer transferencia *f*
transport costs costos de transporte
traveller's check cheque de viajero
treasury erario *m*
trust monopolio *m*, trust *m*
underdeveloped subdesarrollado -da
underdevelopment subdesarrollo *m*
underemployed subempleado -da
underemployment subempleo *m*
understanding acuerdo *m*
underwriter asegurador *m*
unemployed desempleado -da
unemployment desempleo *m*
unit value valor unitario
upkeep costs costos de mantenimiento
valuation valoración *f*

value added tax	impuesto al valor agregado
vendor	vendedor -ra
venture capital	capital de riesgo, capital aventurado
working capital	capital de operación
working capital fund	fondo de operaciones
yield	redituar, producir, rendimiento *m*

education and professions
educación y profesiones

academy	academia *f*
advocate	abogado -da
agricultural engineer	ingeniero agrónomo
amphitheater	anfiteatro *m*
anatomist	anatomista *mf*
anatomy	anatomía *f*
answer sheet	papeleta de examen
applied mathematics	matemáticas aplicadas
archaeological	arqueológico -ca
archaeologist	arqueólogo -ga
archaeology	arqueología *f*
architect	arquitecto -ta
architecture	arquitectura *f*
arithmetic	aritmética *f*
arithmetician	aritmético -ca
army engineer	ingeniero militar
army medical officer	médico militar
assembly hall	salón de actos
assistant lawyer	pasante de abogado
assistant professor	profesor adjunto, profesor auxiliar
atlas	atlas *m*
attorney	abogado -da
auditor	oyente *m*
awards ceremony	reparto de premios
ballpoint pen	bolígrafo *m*
beadle	bedel *m*
beginning of term	apertura de curso, inicio de clases
biochemist	bioquímico -ca
biochemistry	bioquímica *f*
biologist	biólogo -ga
biology	biología *f*
blackboard	pizarra *f*, pizarrón *m*
blotting paper	papel secante
boarding school	internado *m*
board of examiners	tribunal de exámenes
botanist	botanista *mf*
botany	botánica *f*
break	momento de descanso
business school	escuela de comercio
carbon paper	papel carbón
cardiologist	cardiólogo -ga
cardiology	cardiología *f*
cartographer	cartógrafo -fa
cartography	cartografía *f*
chairman of the department	jefe del departamento
chalk	tiza *f*, gis *m*
chemical engineer	ingeniero químico
chemist	químico -ca
chemistry	química *f*
civics	civismo *m*
civil engineering	ingeniería civil
class	clase *f*
classmate	compañero de clase
classroom	aula *m*, salón de clase
college degree	licenciatura *f*
college	universidad *f*, colegio superior, escuela *f*, facultad *f*
comparative grammar	gramática comparada
compass	compás *m*
competitive examination	oposición *f*
conference	conferencia *f*
consulting engineer	ingeniero consultor
convocation notice	convocatoria *f*
counsel	consultor -ra
country doctor	médico rural
course	curso *m*
course of study	carrera *f*

culture	cultura *f*
curriculum	programa de estudios
day school	colegio diurno
day student who has lunch at school	mediointernado *m*
dean	decano *m*
defender	defensor -ra
defending counsel	abogado -da defensor -ra
defense lawyer	abogado defensor
dental surgeon	cirujano dentista
dentist	dentista *mf*
deputy headmaster	subdirector *m*
descriptive geometry	geometría descriptiva
desk	pupitre *m*, escritorio *m*
dictation	dictado *m*
dictionary	diccionario *m*
discipline	disciplina *f*
district attorney	abogado -da fiscal
doctor	doctor -ra
doctorate	doctorado *m*
doctor of medicine	doctor -ra en medicina
education	educación *f*
educational institution	establecimiento de enseñanza
embryologist	embriólogo -ga
embryology	embriología *f*
encyclopedia	enciclopedia *f*
engineer	ingeniero -ra
engineering	ingeniería *f*
enrol	matricularse, inscribirse
enroll	inscibirse, matricularse
enrollment	matrícula *f*, inscripción *f*
eraser	goma de borrar, borrador de pizarrón
exam	examen *m*
examiner	examinador -ra, sinodal *mf*
exercise	ejercicio *m*
exercise book	cuaderno de apuntes
faculty	facultad *f*
fail an examination	ser suspendido de un examen, ser reprobado
failure	suspenso *m*
fellow	becario *m*
fellowship	beca *f*
fine arts	bellas artes
forensic medicine	medicina forense
forensic surgeon	médico -ca forense

forestry expert	ingeniero de montes
fountain pen	pluma estilográfica
games master	profesor de educación física
general certificate of education	certificado del bachillerato (GB)
general chemistry	química general
geographer	geografo -fa
geography	geografía *f*
geology	geólogo *m*
geometry	geometría *f*
globe	globo, globo terráqueo
go over	repasar
graduate	graduado *m*, licenciado *m*; graduarse, licenciarse
grammar	gramática *f*
grammarian	gramático -ca
grammatical analysis	análisis gramatical
grant	beca *f*
grant, holder of a	becario -ria
graph paper	papel cuadriculado
grind	empollón *m*
gym instructor	profesor de educación física
gym teacher	profesor de educación física
head	director *m*
headmaster	director *m*
headmaster's office	oficina del director
headmaster's study	despacho del director
headmistress	directora *f*
higher education	educación superior
high school	bachillerato *m*, instituto *m*
high school diploma	certificado del bachillerato (EUA)
high school graduate	bachiller *mf*
historian	historiador -ra
historical grammar	gramática histórica
history	historia *f*
holder of the general certificate of education	bachiller *mf*
homework	tarea *f*, deberes *mpl*
infant school	colegio preescolar, colegio de párvulos
ink	tinta *f*
inkwell	tintero *m*
inorganic chemistry	química inorgánica
instruction	instrucción *f*
instructor	instuctor *m*
journalism	periodismo *m*

journalist	periodista *mf*
junior school	escuela primaria
kindergarten	jardín de niños
lab	laboratorio *m*
lab assistant	ayudante de laboratorio
laboratory	laboratorio *m*
laboratory assistant	ayudante de laboratorio
law	derecho *m*
lawyer	abogado -da
learn by heart	aprender de memoria
learning	aprendizaje *m*
lecture	conferencia *f*
lecturer	conferenciante *mf*, conferencista *mf*, profesor *m*, catedrático *m*;
lecture theater	aula magna, paraninfo *m*
legal medicine	medicina legal
lesson	lección *f*
lettered	literato -ta
library	biblioteca *f*
literature	literatura *f*
man of letters	literato *m*
map	mapa *m*
math	matemáticas *fpl*
mathematical logic	lógica matemática
mathematician	matemático -ca
mathematics	matemáticas *fpl*
medical adviser	consejero -ra médico -ca
medical consultant	médico consultor
medical student	estudiante de medicina
medicine	medicina *f*
memorization	memorización *f*
memorize	memorizar
memorizing	memorización *f*
memory	memoria *f*
mining engineer	ingeniero de minas
music	música *f*
musician	músico -ca
natural history	historia natural
natural sciences	ciencias naturales
naval architect	ingeniero naval
neurologist	neurólogo -ga
neurology	neurología *f*
neurosurgeon	neurocirujano -na
neurosurgery	neurocirugía *f*
newspaperman	periodista *m*
newspaperwoman	periodista *f*
nuclear physics	física nuclear
odontologist	odontólogo -ga
odontology	odontología *f*
old boy	ex alumno, antiguo alumno
ophthalmologist	oftalmólogo -ga
ophthalmology	oftalmología *f*
oral examination	examen oral
organic chemistry	química orgánica
painter	pintor *m*
painting	pintura *f*
pass	aprobado -da
pass an exam	aprobar un examen
pass an examination	aprobar un examen
passing grade	aprobado -da
pedagogue	pedagogo -ga
pencil	lápiz *m*
pencil sharpener	sacapuntas *m*
Ph. D.	doctorado *m*
philosopher	filósofo -fa
philosophy	filosofía *f*
photographer	fotógrafo -fa
photography	fotografía *f*
physical chemistry	fisicoquímica *f*
physician	médico -ca
physicist	físico -ca
physicochemical	fisicoquímico -ca
physics	física *f*
physiology	fisiología *f*
plane geometry	geometría plana
plastic surgery	cirugía plástica o estética
platform	tarima *f*
playground	patio *m*
play hooky	irse de pinta
playtime	recreo *m*, descanso *m*
play truant	hacer novillos
president	rector *m*
pressman	periodista *m*
presswoman	periodista *f*
primary education	educación primaria
primary school	escuela primaria
principal	director -ra
private tutor	ayo *m*, preceptor *m*
professor	profesor *m*, catedrático *m*
professorate	profesorado *m*
professorial	profesoral
professorship	cargo de profesor, profesorado *m*
propelling pencil	portaminas *m*, lapicero *m*
prosecuting attorney	abogado -da fiscal
protractor	transportador *m*
pupil	alumno -na, discípulo -la
pure mathematics	matemáticas puras
question	pregunta *f*
recess	descanso *m*, recreo *m*

rector	rector *m*
repeat a year	repetir curso
reporter	periodista *mf*
research associate	investigador *m*
research fellow	investigador *m*
residence hall	colegio mayor, residencia universitaria
review	repasar
rough notes	borrador *m*, apuntes *mpl*
ruler	regla *f*
satchel	cartera *f*, mochila *f*
schedule	horario *m*
scholarship	beca *f*
scholarship student	becario *m*
school	colegio *m*, escuela *f*
school age	edad escolar
schoolboy	estudiante *m*, colegial *m*
school day	día lectivo
schoolgirl	estudiante *f*, colegiala *f*
school holidays	vacaciones escolares
schooling	escolaridad *f*
schoolmate	compañero de escuela
school of arts and crafts	escuela de artes y oficios
school suppies	material escolar
school uniform	uniforme del colegio, uniforme escolar
school year	año escolar, curso escolar
scribbling pad	borrador *m*
sculptor	escultor *m*
sculptress	escultora *f*
sculpture	escultura *f*
secondary education	educación secundaria
secondary school	escuela secundaria, instituto *m*, bachillerato *m*
semester	semestre *m*
seminar	seminario *m*
senior associate	miembro de número
senior fellow	miembro de número
set square	cartabón *m*, escuadra *f*
short course	cursillo *m*
sit an exam	examinarse
slate pencil	pizarrín *m*, gis *m*
slide rule	regla de cálculo
social sciences	ciencias sociales

solid geometry	geometría del espacio
sound engineer	ingeniero de sonido
speaker	conferenciante *mf*, conferencista *mf*
spelling	ortografía *f*, deletreo *m*
spelling mistake	falta de ortografía
staff room	salón de profesores
student	estudiante *mf*
student body	alumnado *m*
study	estudiar
subject	materia *f*, asignatura *f*
surgeon	cirujano *m*
surgery	cirugía *f*
swot	empollón *m*
synodal	sinodal *mf*
take an examination	presentarse a examen
take lessons	tomar lecciones
teach	enseñar
teacher	maestro -tra
teachers	magisterio *m*
teaching	enseñanza *f*
teaching-learning process	proceso de enseñanza-aprendizaje
teaching staff	cuerpo docente
technical college	escuela técnica
technical school	escuela de artes y oficios
tertiary education	educación superior, educación universitaria (GB)
test	tomar la lección; prueba *f*
text book	libro de texto
thesis	tésis *f*
three R's	primeras letras
tracing paper	papel de calca
trimester	trimestre *m*
tuition	colegiatura *f*
university	universidad *f*
university campus	ciudad universitaria
veterinarian	veterinario -ria
veterinary medicine	medicina veterinaria
visiting professor	profesor huésped
wall map	mapa mural
woman of letters	literata *f*
written examination	examen escrito
zoologist	zoólogo -ga
zoology	zoologia *f*

electronics
electrónica

alternating current (AC)	corriente alterna (CA)
anode	ánodo *m*
appliance	aparato *m*
battery	pila *f*, celda *f*
cathode	cátodo *m*
charge	carga *f*
circuit	circuito *m*
clamper	fijador de nivel
clipper	recortador *m*
closed circuit	circuito cerrado
closed-circuit television	televisión de circuito cerrado
coil	bobina *f*, devanado *m*; embobinar, devanar
communications systems	sistemas de comunicación
conductor	conductor *m*
device	dispositivo *m*
digital	digital
diode	diodo *m*
direct current (DC)	corriente continua (CC)
dynamics	dinámica *f*
electric	eléctrico -ca
electrical	eléctrico -ca
electrically	eléctricamente
electric appliances	aparatos eléctricos, aparatos electrodomésticos
electric current	corriente eléctrica
electric eye	ojo eléctrico
electric fixtures	instalación eléctrica
electric generator	generador eléctrico
electrician	electricista *mf*
electricity	electricidad *f*
electric motor	electromotor *m*, motor eléctrico
electric pump	electrobomba *f*, bomba eléctrica
electric shock	choque eléctrico, descarga eléctrica
electric welding	soldadura eléctrica, soldadura de arco
electric wiring	instalación eléctrica, alambrado eléctrico
electrification	electrificación *f*
electrify	electrificar; electrizar
electrize	electrizar
electroacoustics	electroacústica *f*
electroanalysis	electroanálisis *m*
electrocardiogram	electrocardiograma *m*
electrocardiograph	electrocardiógrafo *m*
electrocardiography	electrocardiografía *f*
electrocautery	electrocauterio *m*
electrochemical	electroquímico -ca
electrocoagulation	electrocoagulación *f*
electrode	electrodo *m*
electrodynamic	electrodinámico -ca
electrodynamics	electrodinámica *f*
electrodynamometer	electrodinamómetro *m*
electroencephalogram	electroencefalograma *m*
electroencephalograph	electroencefalógrafo *m*
electroencephalography	electroencefalografía *f*
electrokinetics	electrocinética *f*
electrolysis	electrólisis *f*
electrolyte	electrólito *m*
electrolytic	electrolítico -ca
electrolyze	electrolizar

electromagnet	electroimán *m*
electromagnetic	electromagnético -ca
electromagnetic wave	onda electromagnética
electromagnetism	electromagnetismo *m*
electromechanical	electromecánico -ca
electromechanics	electromecánica *f*
electrometallurgy	electrometalurgia *f*
electrometer	electrómetro *m*
electrometry	electrometría *f*
electromotive	electromotor -ra, electromotriz
electromotive force	fuerza electromotriz
electromotor	electromotor *m*
electron	electrón *m*
electron beam	haz electrónico
electron bombardment	bombardeo con electrones
electronegative	electronegativo -va
electronic	electrónico -ca
electronic circuit	cirucuito electrónico
electronic device	dispositivo electrónico
electronic microscope	microscopio electrónico
electronics	electrónica *f*
electron microscope	microscopio electrónico
electron tube	tubo electrónico
electron volt	electrovoltio *m*, electrón-volt *m*
electrophone	electrófono *m*
electrophori	electróforos *mpl*
electrophorus	electróforo *m*
electroplate	galvanizar
electroplating	galvanoplastia *f*
electropositive	electropositivo -va
electroscope	electroscopio *m*
electroshock	electrochoque *m*
electrostatic	electrostático -ca
electrostatics	electrostática *f*
electrotechnical	electrotécnico -ca
electrotechnics	electrotecnia *f*, electrotécnica *f*
electrotherapy	electroterapia *f*
electrothermic	electrotérmico -ca
electrothermy	electrotermia *f*
electrotype	electrotipo *m*
electrotyping	electrotipia *f*
electrotypy	electrotipia *f*
energy	energía *f*
forward-forward	polarización FF directa
gadget	dispositivo *m*
impedance	impedancia *f*
in a vacuum	en el vacío
induce	inducir
inducing	inductor -ra
inductance	inductancia *f*
inductive	inductivo -va
inductor	inductor *m*
kinematics	cinemática *f*
kinetics	cinética *f*
magnet	imán *m*
magnetic	magnético -ca
magnetic field	campo magnético
magnetic flux	flujo magnético
magnetic induction	inducción magnética
magnetic needle	aguja magnética; brujula *f*
magnetic pole	polo magnético
magnetics	magnetismo *m* (ciencia)
magnetic tape	cinta magnetofónica
magnetism	magnetismo *m* (propiedad)
magnetizable	magnetizable
magnetize	magnetizar
magneto	magneto *m*
magnetoelectric	electromagnético -ca
magnetometer	magnetómetro *m*
magnetophone	magnetófono *m*
magnetoscope	magnetoscopio *m*
magnetron	magnetrón *m*
microwaves	microondas *fpl*
microwave station	estación de microondas
negative	negativo -va
orbital radio	radio orbital
polarimeter	polarímetro *m*
polariscope	polariscopio *m*
polarity	polaridad *f*
polarization	polarización *f*
polarize	polarizar
polarized	polarizado -da
polarizer	polarizador *m*
polarizing	polarizador -ra
pole	polo *m*
positive	positivo -va
positron	positrón *m*
primary coil	bobina primaria
printed circuit	circuito impreso
proton	protón *m*
radio	radio *f*
resistance	resistencia *f*
resistor	resistor *m*
reverse-reverse	polarización RR inversa
satellite	satélite *m*
sealed system	circuito sellado
secondary coil	bobina secundaria
semiconductor	semiconductor *m*

set of cells	batería *f*, grupo de celdas	**telemetering**	telemetría *f*
slew rate	razón de variación, rapidez de respuesta	**television**	televisión *f*
static electricity	electricidad estática	**three-phase current**	corriente trifásica
statics	estática *f*	**transistorized**	transistorizado -da
storage battery	acumulador *m*	**transistor radio**	radio de transistores
tape recorder	grabadora de cinta	**transistor**	transistor *m*
tape recording	grabación magnética	**vacuum**	vacío *m*
		vacuum tube	tubo al vacío, bulbo al vacío
		Zener regulator	regulador Zener

food and beverages
alimentos y bebidas

acorn bellota *f*
afternoon tea merienda *f*, almuerzo *m*
ale cerveza ligera
almond almendra *f*
anchovy boquerón *m*, anchoa *f*
appetite apetito *m*
appetizer tapas *fpl*, botana *f*
apple manzana *f*
apricot albaricoque *m*, chabacano *m*
artichoke alcachofa *f*
asparagus espárrago *m*
avocado aguacate *m*
bacon tocino *m*
banana banano, plátano *m*, guineo *m*
banquet banquete
barley cebada *f*
basil albahaca *f*
bean frijol *m*, fréjol *m*, habichuela *f*, poroto *m*
beef carne de vaca
beefsteak bistec *m*, biftec *m*
beer cerveza *f*
beet remolacha *f*, betabel *m*
beetroot remolacha *f*
beverage bebida *f*
bilberry arándano *m*
biscuits panecillos *mpl*
black currant grosella negra
blood pudding morcilla *f*
blood sausage morcilla *f*
blueberry arándano *m*, mora azul
boiled eggs huevos pasados por agua
bread pan *m*
breakfast desayuno *m*
broad bean haba *f*
broccoli brócol *m*, brócoli *m*
broth caldo *m*
brunch almuerzo *m*
Brussels sprouts coles de Bruselas
buckwheat alforfón *m*
bun bollo *m*
butter mantequilla *f*
cabbage repollo *m*, col *f*
cactus cacto *m*, nopal *m*
cake pastel *m*, torta *f*
camomile tea té de manzanilla
canned food comida enlatada
cantaloupe, cantaloup melón *m*
caper alcaparra *f*
capsicum pimiento morrón
cardoon cardo *m*
carrot zanahoria *f*
cauliflower coliflor *f*
caviar, caviare caviar *m*
celery apio *m*
cereal cereal *f*
champagne champaña *f*, champán *m*
chard acelga *f*
cheese queso *m*
cherry cereza *f*
chervil perifollo *m*
chew masticar, mascar *m*
chicken pollo *m*
chickpea garbanzo *m*
chicory achicoria *f*

chili	chile *m*
chips	patatas fritas, papas fritas
chive	cebolleta *f*
chocolate	chocolate *m*
chop	chuleta *f*
cinnamon	canela *f*
citron	cidra *f*
claret	clarete *m*
clove	clavo *m*
cocktail	cóctel *m*, coctel *m*
cocoa	cacao *m*
coconut	coco *m*
coconut jam	cocada *f*
cod-liver oil	aceite de hígado de bacalao
coffee	café *m*
cold cuts	carnes frías, fiambres *mpl*
cold meats	fiambres *mpl*, carnes frías
compote	compota *f*
consomme	consomé *m*
cook	guisar
cookies	galletitas *fpl*
corn	maíz *m*
cos lettuce	lechuga romana
cottage cheese	queso cottage
crab	cangrejo *m*
crackers	galletas saladas
cream	crema *f*
cress	berro *m*, mastuerzo *m*
crumb	miga *f*, migaja *f*
crust	corteza *f*
cucumber	pepino *m*, pepinillo *m*
cumin	comino *m*
cummin	comino *m*
cured meat	tasajo *m*
currant	grosella *f*
curry	cari *m*
cutlet	chuleta *f*
dairy products	productos lácteos
damson	ciruela damascena
dandelion	diente de león
date	dátil
dessert	postre *m*
diet	dieta *f*, régimen *m*
dill	eneldo *m*
dinner	cena *f*
dish	plato *m*, platillo *m*
dogfish	cazón *m*
doughnut	dona *f*, rosquilla *f*
dress	sazonar, adobar
dressing	adobo *m*, relleno *m*, salsa *f*
dried legumes	legumbres secas

drink	beber; bebida *f*; trago *m*
duck	pato *m*
eat	comer
eel	angula *f*
egg	huevo *m*
eggplant	berenjena *f*
endive	endibia *f*, escarola *f*
entrée	entrada *f*
escarole	escarola *f*
fast food	comida ligera
fasting	ayuno *m*, abstinencia *f*
feed	nutrir, alimentar
feeding	alimentación *f*
fennel	hinojo *m*
fig	higo *m*
fillet	filete de pescado
fish	pescado *m*
food	alimento *m*, comida *f*
foodstuff	producto alimenticio
French bean	judía verde
french fries	papas fritas, patatas fritas
fried egg	huevo frito
fried eggs	huevos fritos
fruit	fruta *f*
fudge	dulce de chocolate
garlic	ajo
gherkin	pepinillo *m*
gluttony	glotonería *f*; gula *f*
goose barnacle	percebe *m*
gourmet	gastrónomo -ma
grape	uva *f*
grapefruit	toronja *f*
greed	gula *f*; glotonería *f*
green bean	judia verde, ejote *m*
groundnut oil	aceite de cacahuate
guava	guayaba *f*
hake	merluza *f*
ham	jamón *m*
hamburger	hamburguesa *f*
hard-boiled eggs	huevos duros, huevos cocidos
hare	liebre *f*
hazelnut	avellana *f*
helping	porción *f*, ración *f*
herring	arenque *m*
high tea	merienda cena
honey	miel *m*
hors d'oeuvre	entremés *m*
horseradish	rábano picante
hot cake	panqué *m*
hot dog	perro caliente, emparedado con salchicha, salchicha *f*

hunger hambre *m*
ice cream helado *m*
jam mermelada *f*
jerked meat cecina *f*
Jerusalem artichoke aguaturma *f*, topinambur *m*
juice zumo *m*, jugo *m*
kale col rizada
ketchup salsa de tomate
kohlrabi colinabo *m*
lamb cordero *m*
lamb stew guisado de cordero
laurel laurel *m*
leek puerro *m*
legumes legumbres *fpl*
lemon lima *f*
lemonade limonada *f*
lentil lenteja *f*
lettuce lechuga *f*
lime limón *m*
liqueur licor *m*, crema *f*, elíxir *m*, néctar *m*
liquor licor *m*, vino *m*
litchi litchi *m*
lobster langosta *f*
loin lomo *m*
lunch comida *f*, almuerzo *m*
lupine lupino *m*, altramuz *m*
macaroni macarrones *mpl*
main course plato fuerte
maintain sustentar, mantener
mandarin mandarina *f*
mango mango *m*
manioc mandioca *f*
margarine margarina *f*
marinate marinar,escabechar
marinated raw fish cebiche *m*
marmalade mermelada *f*
marrow médula *f*, tuétano *m*
marshmallow malvavisco *m*, melcocha *f*
mashed potatoes puré de patatas, puré de papas
mayonnaise mayonesa *f*
meal comida *f*
meat carne *f*
medlar níspero *m*
menu menú *m*
meringue merengue *m*
milk leche *f*
milk and syrup sweet chongo *m*
mineral water agua mineral
mint menta *f*
mulberry mora *f*
mushroom hongo *m*, seta *f*
mustard mostaza *f*
nectarine nectarina *f*
nibble picar
noodles fideos *mpl*; tallarines *mpl*
nourish nutrir, alimentar
nutmeg nuez moscada
oatmeal hojuelas de avena
oats avena *f*
octopus pulpo *m*
oil aceite *m*
olive aceituna *f*
olive oil aceite de oliva
omelet tortilla de huevos
onion cebolla *f*
orange naranja *f*
orangeade naranjada *f*
oregano orégano *m*
overfeeding sobrealimentación *f*
oyster ostra *f*, ostión *m*
pancake panqué *m*
papaya papaya *f*
paprika pimiento picante molido, páprika *f*
parsley perejil *m*
parsnip chirivía *f*, pastinaca *f*
partridge perdiz *f*
pasta pastas *fpl*
pastries pastas *fpl*, pastelillos *mpl*
pastry repostería *f*
pea guisante *m*, chícharo *m*
peach melocotón *m*, durazno *m*
peanut maní *m*, cacahuate *m*, cacahuete *m*
peanut oil aceite de cacahuate
pear pera *f*
pepper pimienta *f*
peppermint esencia de menta, pastilla de menta
persimmon caqui *m*
pheasant faisán *m*
pick picar
pickle encurtido *m*
pie tarta *f*
pimento pimiento *m*
pineapple piña *f*
piquant sauce ajilimoje *m*, ajilimójili *m*
pizza pizza *f*
plate plato *m*, platillo *m*
plum ciruela *f*
poached eggs huevos escalfados
pomegranate granada *f*
popcorn rosetas de maíz

pork	cerdo *m*, puerco *m*
portion	porción *f*, ración *f*,
praline	semilla garapiñada
preserves	mermelada *f*
prickly pear	tuna *f*
prune	ciruela pasa
pudding	pudín *m*
pumpkin	calabaza *f*
punch	ponche *m*
quail	codorniz *f*
quince	membrillo *m*
rabbit	conejo *m*
radish	rábano *m*
raisin	pasa *f*, uva seca
raspberry	frambuesa *f*
red pepper	picante *m*; pimiento rojo
red wine	vino tinto
rhubarb	ruibarbo *m*
rice	arroz *m*
roast	asado *m*
roll	rosca *f*, rosquilla *f*
romaine lettuce	lechuga romana
root beer	cerveza de raíz
rosé wine	vino rosado
runner bean	ejote *m*, judía verde
salad	ensalada *f*
salmon	salmón *m*
salsify	salsifí *m*
salt	sal *f*
sandwich	emparedado *m*
sauce	salsa *f*
sausage	salchicha *f*
scrambled eggs	huevos revueltos
season	adobar, sazonar
seasoning	adobo *m*, aliño *m*, condimento *m*
sherbet	nieve *f*
shrimp	camarón *m*, gamba *f*
sirloin	solomillo *m*
slice of bread	rebanada de pan
smoked pork sausage	chorizo *m*
snack	bocado *m*, bocadillo *m*
snail	caracol *m*
soft drink	refresco *m*
sorghum	sorgo *m*, daza *f*
sorrel	acedera *f*
soup	sopa *f*
sour cream	crema agria
soursop	guanábana *f*
soybean	soya *f*, frijol de soya
spaghetti	espaguetis *mpl*
spices	especias *fpl*
spinach	espinaca *f*
sponge cake	bizcocho *m*
squash	chayote *m*; calabaza *f*
steak	bistec *m*
stew	guisado *m*, guiso *m*, estofado *m*
stewed	estofado -da, guisado -da
strawberry	fresa *f*
stuffed olive	aceituna rellena
subsistence	subsistencia *f*
sugar	azúcar *m*
sugar cane	caña de azúcar
sunny-side up	huevo frito
supper	cena *f*
swallow	tragar, deglutir
Swedish turnip	colinabo *m*
sweet	postre *m*
sweet potato	batata *f*, camote *m*, boniato *m*
tangerine	mandarina *f*
tarragon	estragón *m*
tart	tarta *f*
tea	té *m*
thirst	sed *f*
thyme	tomillo *m*
toast	pan tostado
tomato	tomate *m*
truffle	trufa *f*
tuna	atún *m*
tuna	higo chumbo, tuna *f*
tunny	atún *m*
turkey	pavo *m*
turnip	nabo *m*
turtle	tortuga *f*
vanilla	vainilla *f*
veal	ternera *f*
vegetables	verduras *fpl*
vegetarian	vegetariano -na
vinegar	vinagre *m*
walnut	nuez *f*
watercress	berro *m*
wheat	trigo *m*
white wine	vino blanco
wine	vino de mesa
zucchini	calabacita *f*, calabacín *m*

geography and nationalities
geografía y nacionalidades

archipelago	archipiélago *m*
atlas	atlas *m*
atoll	atolón *m*
autumn equinoctial storm	cordonazo de San Francisco
badlands	terreno agreste, tierras malas
bank	banco *m*, ribera *f* (de río) banco de roca, ladera pendiente, orilla abrupta de un lago, arrecife *m*, frente de carbón
basin	cuenca *f*
bay	bahía *f*, ensenada *f*, rada *f*
beach	playa
bed	lecho *m*, cauce *m*, capo *f*, estrato *m*
bench mark	cota, punto topográfico de referencia
bog	ciénega *f*, lodazal *m*
border	confín *m*, frontera *f*, margen *m*
bounds	línea divisoria, zona fronteriza, región *f*, comarca *f*
brooklet	arroyuelo *m*
cadastre	catastro *m*
canal	canal *m*, zanja *f*
canyon	cañón *m*
cape	cabo *m*
cardinal points	puntos cardinales
cartography	cartografía *f*
cascade	cascada *f*
cataract	catarata *f*
cave	cueva *f*
cavern	caverna *f*
central	central *mf*, medio *m*
chain of mountains	cadena montañosa, cordillera
channel	canal *m*, cauce *m*, lecho *m*
chart	carta náutica
city	ciudad *f*
cliff	acantilado *m*, cantil *m*, escarpa *f*, risco *m*, precipicio *m*
climate	clima *m*
coast	costa *f*
col	paso *m* (de montaña)
compass rose	rosa de los vientos, rosa náutica, brújula *f*
confluent	confluente *m*
continent	continente *m*
continental divide	divisoria continental, parteaguas continental
cosmography	cosmografía *f*
cosmology	cosmología *f*
cosmos	cosmos *m*
country	campo *m*, campiña *f*, país *m*
countryside	campiña *f*, tierras aledañas
cove	cala *f*, ensenada *f*
crater	cráter *m*
creek	caleta *f*, riachuelo *m*, arroyuelo *m*, arroyo *m*

crest	cresta *f*
crevice	grieta *f*, falla *f*
current	corriente *f*
datum level	nivel de referencia
datum plane	plano de referencia
delta	delta *m*
demography	demografía *f*
desert	desierto *m*
dune	duna *f*, médano *m*
Earth	Tierra *f*
earthquake	terremoto *m*, temblor *m*
earth's axis	eje terráqueo
east	oriente *m*, este *m*, levante *m*
eastern	oriental *mf*, levantino -na
economic geography	geografía económica
equator	ecuador *m*
equinoctial line	línea equinoccial
estuary	estuario *m*, ría *f*
ethnography	etnografía *f*
falls	catarata *f*
fault	falla *f*
fiord	fiordo *m*
flood	inundación *f*, pleamar *f*, raudales *mpl*
flow	flujo *m*, corriente *f*
flow rate	caudal *m*, gasto *m*, aforo *m*
forest	bosque *m*, selva *f*
freshet	avenida *f*, crecida *f*, entrada de agua dulce en el mar
frigid zone	zona glacial, zona frígida
frontier	frontera *f*
fumarole	fumarola *f*
geodesy	geodesia *f*
geography	geografía *f*
geoid	geoide *m*
geology	geología *f*
geomorphology	geomorfología *f*
geophysics	geofísica *f*
geopolitics	geopolítica *f*
geyser	géiser *m*
glacial	glacial; gélido, helado
glacial deposits	depósitos glaciares, depósitos de glaciar o glaciales
glacial zone	zona glacial, zona de glaciares
glacier	glaciar *m*, helero *m*
globe	globo terráqueo, esfera terrestre
gorge	garganta *f*, quebrada *f*
ground swell	mar de fondo, marejada de fondo
grove	bosquecillo *m*, arboleda *f*
gulf	golfo *m*
hachure	hachura *f*
harbor, harbour	puerto *m*
headland	punta *f*, promontorio *m*, cabo *m*
height above sea level	altura sobre el nivel del mar
high	alto -ta
highest mountain	montaña de elevación máxima; punto culminante
highest peak	pico de elevación máxima; punto culminante
high seas	alta mar, aguas internacionales
hill	colina *f*, cerro *m*
hillock	altozano *m*, montecito *m*, cerrito *m*
hydrography	hidrografía *f*
iceberg	iceberg *m*, témpano *m*
ice floe	banco de hielo, témpano *m*
inlet	brazo de mar, ensenada *f*, abra *f*
intercardinal points	puntos cuadrantales
island	isla *f*
island reef	arrecife insular
isthmus	istmo *m*
karstic	kárstico, cárstico
key	cayo *m*
knoll	otero *m*, collado *m*, cerro pequeño redondo
knot	nudo *m*
lagoon	laguna *f*
lake	lago *m*
land	tierra *f*, terreno *m*
latitude	latitud *f*
lawn	césped *m*, pasto *m*, grama *f*
limit	límite *m*
littoral	litoral *m*, costa *f*
longitude	longitud *f*
low long hill	loma *f*
low, lower	bajo -ja; inferior
low water	estiaje *m*, marea baja, bajamar *f*

mainland tierra firme, continente *m*
map mapa *m*, plano *m*
map of the world mapamundi *m*
marsh ciénega *f*
massif macizo *m*
meadow pradera *f* (pequeña)
meander meandro *m*
meridian meridiano *m*
meteorology meteorología *f*
middle medio *m*, central
moor páramo *m*
moorland brezal *m*, landa *f*, páramo
mound montículo *m*, lomita *f*
mount monte *m*
mountain montaña *f*, monte *m*
mountain chain sierra, cadena montañosa
mountain pass paso *m* (de montaña)
mountain range cordillera *f*, cadena montañosa, sierra *f*
mouth desembocadura *f*, bocana *f*
narrow pass paso estrecho, desfiladero *m*
nation nación *f*
new nuevo -va
north norte
northern boreal, septentrional; norte *m*
North Pole Polo Norte, boreal o septentrional; ártico *m*
oasis oasis *m*
ocean océano *m*
oceanography oceanografía *f*
open sea al mar, mar abierto
orientation orientación *f*
orography orografía *f*
parallel paralelo *m*
pass paso *m*, desfiladero *m*, pasaje *m*
peak pico *m*
peninsula península *f*
photogrammetry fotogrametría *f*
physical geography geografía física
plane llanura *f*, planicie *f*, llano *m*
planisphere planisferio *m*
plateau altiplano *m*, altiplanicie *f*
point punta *f*, punto *m*
polar circle círculo polar
pond estanque *m*, charca *f*, vivero de peces
port puerto *m*
prairie pradera *f* (grande); llanura *f*
precipice precipicio *m*, despeñadero *m*
promontory promontorio *m*, (cabo) *m*
psychograpy psicografía *f*
rain forest selva pluvial, selva tropical *f*
rapids rápido *m*, rabión *m*
ravine cañada *f*, barranca *f*, barranco *m*
reef arrecife *m*
region región *f*, comarca *f*
relief relieve *m*
ria ría *f*
ridge cadena montañosa, cordillera *f*, filo *m*, cresta *f*
river río *m*
river mouth desembocadura *f*, bocana *f*, bocas *fpl*
roadstead rada *f*, fondeadero *m*
rock roca *f*, peñón *m*, peñasco *m*
rolling country lomerío *m*, terreno ondulado, terreno alomado
sandbank banco de arena, bajío *m*
sandbar barra de arena
savanna, savannah sabana *f*
scale escala *f*
sea mar *mf*
seaboard costa *f*, litoral *m*
seaquake maremoto *m*, terremoto
shore orilla *f* (de mar), costa *f*, ribera *f*, playa *f*, tierra *f*, litoral *m*
side falda *f*, ladera *f*
sink hole dolina *f*, cenote *m*
slope vertiente *f*, falda *f*, ladera *f*, cuesta *f*, pendiente *f*, gradiente *f*
small lake lagunilla *f*, lago pequeño
source cabecera *f*, nacimiento *m*, fuente *f*, origen *m*
south Sur *m*, Mediodía *m*

southern austral, meridional; sur *m*
South Pole Polo Sur, austral o meridional; antártico *m*
spot elevation cota *f*
spring manantial *m*
spur estribación *f*, espolón *m*
state estado *m*
steppe estepa *f*
strait estrecho *m*
streamlet hilo de agua
summit cúspide *f*, cima *f*, cumbre *f*
swamp pantano *m*
swelling crecida *f*, avenida *f*
tableland meseta *f*, planicie *f*
temperate zone zona templada
tempest tempestad *f*, tormenta *f*
terra firma tierra firme; continente *m*
territorial waters aguas jurisdiccionales o territoriales
tidal flat zona plena entre la bajamar y la pleamar
tide marea *f*
tideland terreno inundado por la marea, estero
top cima *f*, cumbre *f*, cúspide *f*
topography topografía *f*, agrimensura *f*
toponymy toponimia *f*
torrid zone zona tórrida
town; pueblo *m*
tributary tributario *m*, afluente *m*
Tropic of Cancer trópico de Cáncer
Tropic of Capricorn trópico de Capricornio
trough vaguada *f*, trinchera *f*, sima *f*
tundra tundra *f*
undertow resaca *f*
universe universo *m*
upper superior
valley valle *m*
vegetation vegetación *f*, flora *f*
virgin forest selva virgen
volcanic arch arco volcánico *m*
volcano volcán *m*
wadi uadi *m*
wall map mapa mural
wash arroyo intermitente
watercourse corriete de agua, cauce *m*
waterfall salto *m*, catarata *f*, caída de agua
watershed divisoria de las aguas
waterway vía navegable, vía fluvial *f*
wave ola *f*
west occidente *m*, oeste *m*, poniente *m*
western occidental, poniente *m*
woods bosque *m*
world mundo *m*
zenith cenit *m*, zenit *m*

Nationalities

Abyssinian abisinio -nia, etíope, etiope *mf*, etiopíano -na, etipio -pia
Afghan afgano -na
African africano -na
Albanian albanés -sa, albano -na, arnaúte *mf*
Algerian argelino -na
American americano -na, estadounidense *mf*, norteamericano -na
Andorran andorrano -na
Antillean antillano -na
Argentine argentino -na
Asian asiático -ca
Australian australiano -na
Austrian austríaco -ca
Bahamian bahamense *mf*, bahamanense *mf*
Bangladeshi bangladeshi *mf*
Barbadian barbadense *mf*; barbadiano -na
Basutolander basutolandés -da
Basutolander basuto -ta
Belgian belga *mf*
Beninese beninés -sa; dahomeyano -na
Bhutanese bhutanés -sa
Bissauite guineo-bisauta *mf*
Bolivian boliviano -na

Botswanian botsuano -na; botsuniano -na, botswanés -sa
Brazilian brasileño -ña; brasilero -ra
British británico -ca; inglés -sa
Bulgarian búlgaro -ra
Burmese birmano -na
Burundian burundés -sa
Byelorussian bielorruso -sa
Cambodian camboyano -na; camboyense *mf*
Camerounian, Cameroonian camerueňse *mf*camerunés -sa
Canadian canadiense *mf*
Cape Verdean caboverdiano -na; caboverdeño -ña
Central African centroafricano -na
Ceylonese ceilanés-sa; cingalés -sa
Chadian chadiano -na; chadeño -ña; chadí *mf*
Chilean chileno -na
Chinese chino -na
Colombian colombiano -na
Comorian comorense *mf*; comoreño -ña
Congolese congoleño -ña, congolés -sa
Costa Rican costarricense *mf*; costarriqueño -ña
Cuba cubano -na
Cypriot chipriota *mf*
Cypriot cipriota *mf*
Czechoslovak checoslovaco -ca
Dahomean dahomeyano -na
Dahomean dahomense *mf*
Danish danés -sa; dinamarqués -sa; dánico -ca
Dominican dominicano -na
Dragi iraquí *mf*; iraqués -sa
Dutch holandés -sa; neerlandés -sa; neerlandés -sa
Egyptian egipcio -cia; epipciano -na
English inglés -sa
Equatorial Guinean ecuatoguineano -na; ecuatoguineo -nea
Equatorian ecuatoriano -na
Ethiopian etíope *mf;* etiope *mf;* abisinio -nia
Fijian fijiano-na; fijiense *mf*
Filipino, Fhilippine filipino -na; filipense *mf*
Finn finlandés -sa
French francés -sa; galo -la
Gabonese gabonés -sa; gabonense *mf*
Gambian gambiense *mf*; gambiano -na
German alemán -na; tedesco -ca; teutón -na
Ghanian ghanés -sa; ghanaico -ca
Greek griego -ga; greco -ca; greciano -na; heleno -na
Grenadian granadense *mf*
Guatemalan guatemalteco -ca; guatemalense *mf*
Guinean guineo -nea; guineano -na
Guyanese guyanés -sa
Haitian haitiano -na
Honduran hondureño -ña
Hungarian húngaro -ra; magiar *mf*
Icelander islandés -sa
Indian indio-dia (Indostán); indio -dia (América), hindú
Indonesian indonesio -sia
Iranian iraní *mf* (Irán actual); iranio -nia (Persia)
Israeli israelí *mf*
Italian italiano -na
Ivory Coaster marfileño -ña
Jamaican jamaiquino -na; jamaicano -na
Japanese japonés -sa; nipón -na
Jordanian jordano -na; jordanio -nia
Kenyan keniano -na; kenyano -na
Khmer jmer *mf*
Korean coreano -na
Kuwaiti kuwaití *mf*
Lao laosiano -na
Lebanese libanés -sa
Lesothese lesotense *mf*
Liberian liberiano -na
Libyan libio -bia
Liechtensteiner liechtensteniano -na
Loatian loasiano -na
Luxemburgian, Luxembourgian luxemburgués -sa
Madagascan malgache *mf*; madagascarense *mf*
Malawian malawi *mf;* malaui *mf*
Malayan malayo -ya; malasio -sia

Malaysian malasio -sia; malayo -ya
Maldivian maldivo -va; maldiviano -na
Malian maliense *mf;* malí *mf;* malí *mf*
Maltese maltés -sa; maltense *mf*
Mauritanian mauritano -na
Mauritian mauriciano -na; mauricience *mf*
Mexican mexicano -na
Monaccan monegasco -ca
Monegasque monegasco -ca;
Mongolian mongol -la; mogol -la
Moroccan marroquí *mf;* marroquín -na; marrueco -ca
Mozambican mozambiqueño -ña; mozambicano -na
Nauruan nauruano -na
Nepalese nepalés -sa; nepalí *mf*
Netherlander neerlandés -sa; holandés -sa
New Zealander neocelandés -sa; neozelandés -sa
Nicaraguan nicaragüense *mf*
Nigerian nigeriano -na
Norwegian noruego -ga
Oceanian oceanense *mf;* oceánico -ca
Omani omaní *mf*
Pakistani paquistaní *mf;* paquistano -na
Panamanian panameño -ña
Papuan papú *mf* papuano -na
Paraguayan paraguayo -ya; paraguayano -na
Persian persa *mf;* iranio -nia
Peruvian peruano-na; perulero -ra
Polish polaco -ca; polonés -sa
Portuguese portugués -sa; portugalés -sa
Portuguese luso -sa; lusitano
Puerto Rican puertorriqueño -ña; portorriqueño -ña
Rhodesian rodesiano -na; rhodesiano -na
Romanian rumano -na
Russian ruso -sa
Rwandese ruandés -sa
Saint-Tomese santomense *mf*

Salvadorian salvadoreño -ña
San Marinese sanmarinense; sanmarinés -sa
Saudi Arabian saudí *mf;* saudita *mf*
Scottish escocés -sa
Senegalese senegalés -sa; senegalense *mf*
Siamese siamés -sa
Sierra Leonean sierraleonés -sa; serraleonés -sa
Singaporean singapurés -sa
Somali, Somalian somalí *mf*
South African sudafricano -na
Soviet soviético -ca
Spanish español -la; hispano -na
Sri-Lankan srilankano -na
Sudanese sudanés -sa
Surinamese surinamés -sa; surinamense *mf*
Swazi, Swazilander swazili *mf*
Swedish sueco -ca
Swiss suizo -za; helvético -ca
Syrian sirio -ria; siriaco -ca
Tanzanian tanzaniano -na
Thailander tailandés -sa; thai *mf;* tai *mf*
Tobagoan tobagoniano -na
Togolese togolés -sa
Tongan tongano -na; tongués -sa
Trinidader trinitario -ria
Tunisian tunecino -na; tunecí *mf*
Turkish turco -ca; turqués -sa; otomano -na
Ugandan ugandés -sa
Ukranian ucranio -nia; ucraniano -na
United-Emiratese emiratounidense *mf*
Upper Voltanian altovoltaico -ca; voltense *mf*
Uruguayan uruguayo -ya
Venezuelan venezolano -na
Vietnamese vietnamita *mf;* vietnamés -sa; vietnameño -ña
Welsh galés -sa
Western Samoan samoano occidental; samoana occidental
Yemenite yemenita *mf;* yemení *mf*
Yugoslavian yugoslavo -va
Zairian zairense *mf;* zairés -sa; zairota *mf*
Zambian zambiano -na

U.S. Gentiles

American Indian	amerindio -dia; pielroja
Arizonian	arizoniano -na
Arkansan	arkansino -na
Chicagoan	chicaguense *mf;* chicaguino -na
Dakotan	dakotano -na
Dallasite	dallasita *mf*
Laredoan	laredense *mf*
Nebraskan	nebraskeño -ña; nebraskeano -na
New Amsterdamer	neoamsterdamense *mf*
New Hampshirer	nehampshireño -ña
New Jerseyite	neojerseita *mf*
New Mexican	neomexicano -na
New Orleanian	neorleanés -sa
New Yorker	neoyorkino -na
Newcastler	neocastelense *mf*
Newfoundlander	neofundlandés -sa
Northerner	norteño -ña
Oregonian	oregonés -sa
Pennsylvanian	pensilvano -na
Philadelphian	filadelfiano -na; filadelfiense *mf*
San Antonian	sanantoniano -na
San Franciscan	sanfranciscano -na
Southerner	sureño -ña
Texan	texano -na
Virginian	virginiano -na
Washingtonian	washingtoniano -na

international trade
comercio internacional

accommodation credit	crédito en descubierto
accountant	contador *m*, contable *m*
account book	libro de contabilidad
accounting	contabilidad *f*
administered prices	precios controlados por el gobierno
advanced payment	adelanto *m*, anticipo *m*
air freight	flete aéreo
airport	aeropuerto *m*
all-inclusive	todo comprendido
amount	importe *m*, monto *m*
anti-trust laws	leyes antimonopolistas
assembly line	producción en serie
assets	activo *m*, haber *m*
austerity program	política de austeridad
balance of (international) payments	balanza de pagos
balance of trade	balanza comercial
balance sheet	balance *m*
bargaining power	poder para negociar
bear market	especulación a la baja
bill	cuenta *f*
bill of exchange	letra de cambio
black market	mercado negro
blue chips	valores *m*, acciones de primera, acciones preferenciales
bookkeeping	contabilidad *f*
boom	periodo de auge, bonanza *f*
breadwinner	asalariado *m*, sostén de familia
breakdown	análisis *m*, decomposición *f*, falla *f*
break even point	punto de equilibrio
budget	presupuesto *m*
bulk sale	venta a granel
bull market	especulación al alza
buyer	comprador *m*
buyer's market	mercado favorable al consumidor
capital gains	utilidades de capital
capital goods	bienes de capital
capital stock	capital social, acciones de capital
cash balance	saldo de caja
cashbook	libro de caja
cash on delivery (COD)	entrega contra reembolso (COD)
cash on hand	efectivo en caja
cash payment	pago al contado
cash price	precio al contado, precio garantizado, precio de garantía
cash sale	venta al contado
ceiling price	precio tope
check	cuenta *f*
client	cliente *mf*
collective bargaining	contratación colectiva
commerce	comercio *m*
commercial channels	circuito comercial
commercial transaction	operación comercial
commodity exchange	bolsa de productos, lonja *f*

compensation indemnización *f*
competition competencia *f*
competitive competitivo -va
competitor competidor *m*
concessionaire concesionario *m*
consumer consumidor *m*
consumer goods bienes de consumo
consumer price index índice de precios a los consumidores
consumption consumo *m*
corporate capital capital social
cost price precio de costo
cost push empuje de los costos
credit balance saldo pasivo
customer cliente *mf*
customs aduana *f*
customs duty derechos arancelarios
dealer vendedor *m*
debit débito *m*
debit balance saldo negativo
deferred payment pago a plazos
deficit déficit *m*
demand demanda *f*
demand pull tracción de la demanda
domestic trade comercio nacional
double-entry bookkeeping contabilidad por partida doble
down payment pago inicial
down-swing fase descendente, fase baja
down-turn receso económico, fase de depresión
dumping dumping *m*, inundación del mercado con mercancía a un bajo precio
escalator clause alzas periódicas
estimate estimado *m*, estimación *f*
estimation estimación *f*, estimado *m*
excess profit tax impuesto sobre exceso de utilidades
exchange adjustment ajuste de cambio
exportation exportación *f*
exporter exportador *m*, exportación *f*
external trade comercio exterior
face value valor nominal
factor income ingresos de los factores de producción
factor productivity productividad de factores
factory price precio de fábrica
financial year año económico
first cost precio inicial
first price precio inicial
fixed price precio fijo
fleet flota *m*
foreign trade comercio exterior
foresight previsión *f*
free-trade area zona de libre comercio
free trade association asociación de libre comercio
freight flete *m*
fringe benefits prestaciones *f*, beneficios adicionales al sueldo
gold ratio proporción de los encajes en oro en relación con el circulante
guaranteed price precio garantizado, precio de garantía
harbor puerto *m*
hard currency divisa convertible, moneda fuerte
head office casa matriz, domicilio social
headquarters oficina central, sede *f*, matriz *f*
hire-purchase venta a plazos
holding company compañía tenedora de acciones
home market mercado nacional
home office casa matriz
home trade comercio interior
import importación *f*
importation importación *f*
importer importador *m*
import-replacing production producción para sustitución de importaciones
impound
import restrictions restricciones de importación
impound incautar, depositar
incentive wage system sistema de salarios con incentivo de bonificación por aumento de producción
income and expenditure ingresos y egresos
income policy política de ingresos

initial cost	precio inicial
initial price	precio inicial
inland trade	comercio nacional
input-output	insumo-producto *m*
installment plan	venta a plazos
interior trade	comercio nacional
internal trade	comercio interior
international trade	comercio internacional
inventory	inventario *m*
invoice	factura *f*
item	partida *f*
journal	diario *m*
labor union	sindicato *m*
lay off	despido de obreros, paro forzoso, retiro temporal obrero
liabilities	pasivo *m*, debe *m*
licensed dealer	concesionario *m*
on a lump-sum basis	a tanto alzado
main office	casa matriz
makeshift	improvisado, provisional
management	gestión *f*
manufacturer	fabricante *m*
manufacturer's price	precio de fábrica
market	mercado *m*
marketing	comercialización *f*
market price	precio de mercado
market research	investigación de mercados
mark-up	sobreprecio *m*
maximum price	precio máximo
merchant	comerciante *m*
merchant navy	marina mercante
merchant vessel	navío mercante
middleman	intermediario *m*
minimum price	precio mínimo
monopoly	monopolio *m*
monthly payment	mensualidad *f*
most-favored nation treatment	tratamiento de nación más favorecida
net price	precio neto
non-discriminatory import restrictions	restricciones no selectivas a la importación
non-profit corporation	empresa no lucrativa
offer	oferta *f*
open market	mercado libre
organization	organización *f*
organized labor	trabajadores sindicalizados
outlet	salida *f*
output and input	ingresos y egresos

outstanding payment	pago atrasado
parity price	precio de paridad
payment	pago *m*
payment by installments	pago a plazos
payment in arrears	pago atrasado
payment in kind	pago en especie
payment in specie	pago en metálico
piece price	precio por unidad
planning	planificación *f*
plan	plan *m*
port	puerto *m*
preferential price	precio preferencial
preferential trading system	sistema de comercio preferencial
preferred stock	acciones preferentes, acciones privilegiadas
price	precio *m*
price control	control de precios
price fall	caída de precios
price fixing	fijación de los precios
price free on board	precio franco a bordo
price freeze	congelación de precios
price index	índice de precios
price indexation	indización de precios
price support policy	política de sostén de precios
prime cost	precio inicial
prime rate	tasa preferencial
profit margin	margen de beneficio
pro forma invoice	factura proforma
program	programa *m*
programme	programa *m*
promissory note	pagaré *m*
purchase	compra *f*
purchase price	precio de compra
quay	muelle *m*
quota	cuota *f*, cupo *m*
railroad	ferrocarril *m*
railway	ferrocarril *m*
receipt	recibo *m*
receipts and expenditure	ingresos y egresos
recession	desaceleración *f*, receso *m*, depresión *f*
reciprocal trade agreement	acuerdo comercial recíproco
refund	reembolso *m*
registered office	domicilio social
remuneration	remuneración *f*
repayment	reembolso *m*
retailer	detallista *mf*

retail price	precio al por menor
retail trade	comercio al pormenor
rise in price	alza de precios
rollback of prices	baja de precios
runaway inflation	inflación galopante
sale	venta *f*
sale price	precio de venta
securities	valores *mpl*
setback	retroceso *m*, contratiempo *m*
share	acción *f*, porción *f*
ship broker	agente marítimo
shipwreck	naufragio *m*
single-entry bookkeeping	contabilidad por partida simple
slowdown	desaceleración *f*
slump	receso económico
statement of accounts	estado de cuentas
stevedore	estibador *m*
stock	acciones *fpl*
stock-pile	acumulación de inventarios
stocks	existencias *fpl*
stocktaking	inventario *m*
stow	estibar *m*
stowage	estiba *f*
stowing	estiba *f*
sum	suma *f*
surcharge	recargo *m*, sobreprecio *m*
surtax	sobretasa *f*, recargo *m*
take-home pay	sueldo neto
terms of trade	términos del intercambio
tonnage	tonelaje *m*
trade	comercio *m*
trademark	marca registrada
tradesman	comerciante *m*
trade union	sindicato *m*, gremio *m*
trading	comercio *m*
trading year	ejercicio económico
turnover	volumen de ventas; facturación *f*
unfair competition	competencia desleal
union	sindicato *m*
unit price	precio por unidad
upswing	aumento *m*, alza *m*, mejora *f*
upturn	mejora *f*, aumento *m*, alza *m*
valuation	estimación *f*, estimado *m*
volume of business	volumen de negocios; facturación *f*
voucher	comprobante *m*
wholesale	comercio al por mayor
wholesale price	precio al por mayor
wholesaler	mayorista *mf*
wreck	naufragio *m*

legal terms
términos jurídicos

abandonment of action	desistimiento, abandono de derechos, de familia, bienes de acción o de la instancia
abduction	secuestro, rapto *m*
abet	instigar, incitar
abeyance	en espera, en suspenso, expectativa
abolish	abolir, derogar, suprimir
abortion	aborto *m*
absolute nullity	nulidad absoluta, de pleno derecho, **(Méx.) inexistencia.**
absolution	absolución *f*
absolve	absolver
abuse	abuso, insulto, estupro, violación
abuse of authority	abuso de autoridad
acceleration	cláusula referente al vencimiento adelantado de una deuda
accept	aceptar, admitir, reconocer
acceptance	aceptación, recepción de documentos
acceptances	aceptaciones bancarias
acceptor	aceptante (letra de cambio)
accessory	cómplice, encubridor, accesorio
accident	accidente, desgracia, siniestro
accidental	accidental, casual, fortuito
accident insurance	seguro contra accidentes
accommodation	ajuste, arreglo. (contratos) como dato, (BANK) préstamo, crédito
accomplice	cómplice *mf*
accountable	responsable (de dar cuentas de algo)
accrue	devengar, acumular, tomar incremento
accusation	acusación, denuncia *f*, denuncia (todos los sentidos)
accuse	acusar, denunciar, delatar (todos los sentidos)
accused	acusado -da, reo *mf*
accuser	acusador -dora
acknowledge	aceptar, reconocer, acusar recibo
acknowledgment	reconocimiento, escritura notarial de reconocimieto
acquit	absolver, exculpar, exonerar
acquittal	sentencia absolutoria
act	acto, hecho, acción, auto, sentencia, decreto, acta, ley
acting	interino, suplente
action	acción *f*
Act of Congress	proyecto emanado del Congreso de EUA que al ser aprobado por el Presidente se vuelve ley

act of God caso fortuito o fuerza mayor
act of ownership acto de dominio
actual real, verdadero
actual fraud fraude flagrante
administer oaths recibir o tomar juramentos
administrative law derecho administrativo
adultery adulterio *m*
adverse party parte contraria o de interés adverso
advice aviso, notificación, consejo legal
advise asesorar, aconsejar
advisor asesor, consejero
affiance dar prenda o palabra de casamieto, esponsales
affiant deponente, declarante
affidavit declaración jurada (Méx. bajo protesta de decir verdad), testimonio
aggravated agravado, con agravantes
aggravating circumstances agravantes de responsabilidad
aggressor agresor, injuriador
aggrieve agraviado, perjudicador
agree convenir, acordar
alienable enajenable, alienable, que se puede transmitir su dominio
alienation enajenación mental, demencia *f*
alimony pensión alimenticia
alleged presunto, alegado
allonge papel añadido a un título de crédito para fijar endosos, adicionales
allowance, alimony pensión alimenticia
alternate suplente
amend modificar, enmendar, reformar
amparo juicio que establece la Constitución Política de los Estados Unidos Mexicanos que protege el orden jurídico con base en las garantías individuales
ancillary auxiliar, subordinado; ancilar
annulment anulación *f*
appeal apelar; apelación *f*
armed robbery robo a mano armada
arm's length operaciones jurídicas independientes que celebran dos o más personas físicas o morales que tienen otras ligas de cualquier tipo
arrest detener; arresto *m*, detención *f*
articles escrito *m*, pacto *m*
articles of agreement convenio, contrato
articles of association, of incorporation escritura constitutiva o estatutos
assassination asesinato *m*
assault asalto *m*, asalto con violencia, ataque sexual
assault and battery asalto con violencia
assignee cesionario, apoderado
assignment cesión *f*, enajenación *f*
assignor cedente *mf*
attach embargar, secuestrar o ejecutar (bienes en garantía)
attainder privación de derechos civiles
attempt atentado *m*, conato *m*, tentativa *f*, tentativa de cometer un delito
attempted murder intento de asesinato
attest atestiguar, dar fe, certificar
attorney abogado -da
autopsy autopsia *f*
baptismal certificate fe de bautismo
bare legal title nuda propiedad
barrister consejero -ra legal
bear false witness levantar falso testimonio
be ordened to pay costs ser condenado a pagar gastos y costas
beneficial interest interés con beneficios (Méx. estipulación a favor de tercero)
bill proyecto o iniciativa de ley; ley *f*, factura *f*
bill of sale escritura de venta, título de adquisición
binding obligatorio para ambas partes

birth certificate	acta de nacimiento, partida de nacimiento
blackmail	chantaje *m*
blanket bond	fianza para todos los empleados o de fidelidad
body corporate	sociedad anónima, persona moral
bond	fianza o caución
bonded	afianzado
bonded warehouse, manufacturing plant	depósito aduanal
breach of contract	incumplimiento de contrato
break a law	infringir una ley
breaking and entering	allanamiento de morada
bribery	soborno *m*
bring a lawsuit	entablar una demanda
burglary	robo con violencia
call	visita, convocatoria; opción de compra o retiro de valores
calumny	calumnia *f*
cancellation	cancelación *f*
canon law	derecho canónico
capital punishment	pena capital
carry a bill	promulgar una ley
cause	causa *f*
charge	informe del fiscal (Ministerio Público)
charter	fletamento, escritura constitutiva, título
child murder	infanticidio *m*
citation	citación *f*
civil law	derecho civil
civil rights	derechos civiles
claim	demanda *f*, reclamación *f*, reclamar, reclamo *m*
claim for compensation	petición de indemnización
claim for damages	demanda por daños y perjuicios
clause	cláusula *f*
close corporation	sociedad anónima cuya propiedad o control pertenece a un grupo limitado
code of civil law	código civil
code of mercantile law	código de comercio
codification	codificación *f*
collateral	garantia adicional
come into force	entrar en vigor, en vigencia
come of age	alcanzar la mayoría de edad
commercial law	derecho comercial
commitment	compromiso, obligación, auto de formal prisión
commitment, arbitral	compromiso en árbitros
committee on public accounts	tribunal de cuentas
commodities	artículos de consumo y comercio
common law	derecho consuetudinario o jurisprudencial
compel	apremiar, obligar a
compensation	compensación *f*
competence of a court	competencia de una autoridad jurisdiccional
complainant	querellante, acusador, demandante, actor
complaint	querella *f*
complicity	complicidad *f*
compromise	(verbo) comprometer, transigir, avenirse, avenencia, acuerdo, compromiso
conciliation board in industrial disputes	Junta de Conciliación y Arbitraje (laboral)
condemn	clausurar un edificio en malas condiciones, expropiar
confirmation	confirmación *f*
confiscation	confiscación, decomiso
conjointly	mancomunadamente
consent	consentimiento, conformidad
consideration	consideración, (Méx.) contraprestación, compensación
conspiracy	conspiración *f*, conspiración (para derrocar una autoridad), confabulación (para cometer un acto delictuoso), conjurar
constituent	poderdante, mandante, comitente
constitutional law	derecho constitucional
construction	(verbo: construe): interpretación
consumer goods	artículos de consumo y comercio

contempt desacato a una autoridad, rebeldía
contraband contrabando *m*
contrabandist contrabandista *mf*
contravene a law contravenir una ley
convey (conveyance) traslado de dominio, cesión, traspaso
convict condenado, convicto *m*
copyright propiedad artística, derechos de autor
corpse cadáver *m*
correspondent codemandado, en especial en un juicio de divorcio
corruption corrupción *f*
cost-plus contract (Méx.) contrato de construcción por administración
counsel for the defense defensor -ra
counterfeiting falsificación *f*
count of indictment cargo de acusación (auto de formal prisión)
court tribunal, juzgado
courthouse edificio de tribunales, Palacio de Justicia
court-martial consejo de guerra
court of appeal tribunal de apelación
court of cassation tribunal de caseción
court of first instance tribunal de primera instancia
courts tribunales *mpl*
credit rating calificación del crédito de una persona o empresa, solvencia económica
crime crimen *m*; delito *m*, delito grave
criminal court tribunal civil, tribunal penal, (Méx.) juzgados penales
criminal law derecho penal
criminal record antecedentes penales
culprit culpable *mf*
customs duties impuestos arancelarios
damages daños, avería, agravio, (Méx.) daños y perjuicios a terceros
death certificate acta de defunción, certificado de defunción, partida de defunción
death duty impuestos de sucesión
death penalty pena de muerte
death sentence pena de muerte, sentencia de muerte
debenture obligación sin garantía, (Méx.) obligación quirografaria
decree decreto *m*
defamation difamación *f*
defamatory difamatorio -ria
default incumplimiento contractual o falta de pago; mora
defendant acusado, demandado (penal) reo o procesado, procesado -da, reo *mf*
defraud defraudar, estafar
deliberate deliberado, premeditado
delinquent persona o empresa atrasados en un pago; delincuente *mf*
demand demanda, exigencia
demand draft, deposit giro, depósito a la vista, o exigible
demurrer objeción, excepción
depose declarar
deposition prueba, declaración
director director, consejero (en un consejo de administración)
disability incapacidad (para poder hacer algo) o inhabilitación, interdicción *f*
discharge cumplimiento de una obligación; absolución; despedir
disencumber liberar un bien de un gravamen
disfranchise privar de derechos civiles
dishonesty falta de honradez, de probidad
disinherit desheredar
dismiss desechar, desestimar; despedir a un empleado
disowning of offspring denegación de la paternidad
dispossess desahuciar, lanzar, desalojo; recoger un bien vendido a crédito o en garantía y no pagado

distric attorney	fiscal de distrito, (Méx.) agente del Ministerio Público
district attorney	procurador de justicia
disturbance of the peace	alteración del orden público
divest	despojar de un objeto o de facultades o poderes
divorce	divoricio *m*
divorce certificate	certificado de divorcio
dock	banquillo de los acusados
domicile	domicilio legal de una persona o empresa
domiciliary visit	visita domiciliaria
doped	drogado -da
dossier	expediente *m*
draft	anteproyecto *m*
drug addict	drogadicto -ta
drugged	drogado -da
due	vencido, pagadero, debido
emancipation	emancipación *f*
embargo	prohibición de exportar o importar bienes a un país, embargo *m*
embezzle	desfalcar, malversar fondos
embezzlement	desfalco *m*, malversación de fondos
embracery	soborno, dádiva deshonesta
enact	poner en vigencia una ley
encumbrance	gravamen, afectación
endorsement	acción de endosar; anexo a una póliza de seguro que la modifica
enforce	exigir el cumplimiento de una ley
enforceable	exigible (obligación contractual o en efectivo)
equity	equidad, justicia; capital de los accionistas o capital propio de una empresa; capital contable
errors and omission excepted	salvo error u omisión (S.E. u O.)
escrow	otorgamiento en garantía o depósito de algún documento o valor que se entrega con un tercero sujeto a ciertas condiciones para la liberación del mismo en favor del beneficiario
estate	finca o propiedad; caudal hereditario
estoppel	impedimento, (Méx.) exclusión
et al y otros	(copropietarios, coautores, coacusados, etc.)
evidence	prueba *f*
examination	examen *m*, interrogatorio *m*
examining magistrate	juez de instrucción
exculpatory circumstances	excluyentes de responsabilidad
execute	cumplir, firmar o formalizar un documento, celebrar algún acto
exhibits	pruebas *fpl*
exonerating circumstances	exonerantes de responsabilidad
expiration	vencimiento de algún plazo o término
expire	vencer, caducar, terminar un plazo
expunge	cancelar, (Méx.) testar, tachar
extend	prorrogar, diferir, ampliar un plazo o término
extenuating circumstances	circunstancias atenuantes, atenuantes de responsabilidad o de delito
extract	extracto, sipnosis de autos
extract from police records	certificado de antecedentes penales
extradition	extradición *f*
extraneous	de afuera, extraño, ajeno
eyewitness	testigo presencial
failure	quiebra; bancarrota, incumplimiento, fracaso

fatal mortal (lesión, accidente, etc.)
fatalities víctimas de un accidente o desastre natural
fee honorarios, emolumento, derechos
fee absolute pleno dominio de un bien
file expediente *m*
fine multa
fingerprint huella dactilar, huella digital
firm sociedad que lleva como razón social el apellido de sus socios o algún otro como nombre comercial
fiscal law derecho fiscal
force majeure fuerza mayor
foreclosure procedimiento ejecutivo para remate de bienes de personas o sociedades, juicio hipotecario
forfeit multa, decomiso, perder alguna suma o derecho por incumplimiento con ciertas obligaciones
forgery falsificación *f*
forging falsificación *f*
fraud fraude *m*, dolo, engaño
freeholder dueño absoluto de una finca
functions funciones *fpl*
fund fondo; reserva, aportación de fondos para algún uso
gainful employment ocupación o empleo lucrativo o retribuido
gambling juego de azar que implica apuesta
garnishment embargo precautorio
germane pariente, aplicable a, relacionado con
going concern (business) negocio o empresa en marcha o funcionamiento, con buen éxito
government bill proyecto de ley
guardian tutor -tora
guardianship tutela *f*
guilty party culpable *mf*
hand (set the) firmar de su puño y letra, firma autógrafa
harborer encubridor de personas
hard labor trabajos forzados
hearing vista *f*, audiencia *f*
hearing of witnesses audiencia de testigos, declaración de testigos
heir heredero -ra, lagatario -ría
high court tribunal superior
high treason alta traición
highjacking secuestro de aviones
hold harmless dejar a salvo, sacar en paz y a salvo
homicide homicidio *m*
house arrest arresto domiciliario
housebreaking robo con violencia; allanamiento de morada
household familia que vive bajo un mismo techo
householder jefe de la familia, padre *m*
house search cateo *f*
human rights derechos humanos
immunity inmunidad *f*, fuero *m*
implement dar efecto; llevar a cabo, armar un sistema o método
impost contribución, impuesto
imprisonment prisión *f*, cárcel *f*
improvements mejoras a locales arrendados
inadequacy insuficiencia
in camera a puertas cerradas
income-tax return declaración para impuesto sobre la renta
inconsistent incongruente, contradictorio
incontestable indisputable, incontestable
incorporated sociedad anónima registrada ante las autoridades competentes; constituir una sociedad
incorporation acción de constituir una sociedad
indemnification indemnización *f*
indemnity indemnización *f*, resarcir, indemnizar
indenture contrato, escritura

indicia	indicios,inscripciones o descripciones en algún objeto o aparato
indictment	informe del fiscal (Ministerio Público), acusación por autoridad
inducement	persuadir, ventajas ofrecidas para celebrar un contrato; inducir a alguien a cometer un delito
industrial property	propiedad industrial (patentes y marcas)
infanticide	infanticidio *m*
infraction	infracción *f*
infringe a law	transgredir una ley
inheritance	herencia *f*
injunction	mandamiento judicial que prohíbe algo. interdicto judicial
injustice	injusticia *f*
inquiry	indagación *f*, investigación, *f* averiguaciones previas
insanity	demencia *f*, enajenación mental
institute proceedings	presentar una demanda, entablar un procedimiento judicial
institution of proceedings	iniciación de un proceso judicial
instrument	(todos los sentidos): instrumento
intangible assets	aviamiento, activos intangibles de una empresa; a veces, se denomina goodwill
internal revenue	rentas interiores o provenientes de impuestos sobre artículos y operaciones internas
International Court of Justice	Tribunal Internacional de Justicia
international law	derecho internacional
interrogatory	interrogatorio *m*, examen *m*
intoxication	estado de intoxicación (alcohólica o por drogas)
intrusion	intrusión; entrar a algún lugar en forma clandestina
inure	pasar a beneficio de
invalidation	rescisión *f*, nulificación *f*
IOU (familiar)	algún título de crédito en que se documenta una deuda; vale, pagaré
ipso facto	por el hecho mismo
irrelevant	carente de aplicación, no pertinente, sin importancia alguna para el caso
issue	cuestión, punto; descendencia, egreso
issue at	en controversia o disputa
jail	cárcel *f*
jeopardize	poner en peligro, arriesgar
judge	juzgar; juez *mf*
judge in appeal	juez de apelación
judgment	sentencia, ejecutoria
judgment by default	sentencia en rebeldía
jump bail	fugarse una persona que está en libertad bajo fianza y perder el importe de ella
jurisprudence	jurisprudencia *f*
jurist	jurista *m*
juror	jurado *m*
jury	jurado *m*
justice	justicia *f*; magistrado del Tribunal Superior o de la Suprema Corte, equidad
juvenile courts	juzgados de menores
kidnapping	secuestro *m*
labor laws	derecho laboral
landlord	arrendador, casero
land register	registro de la propiedad
land tax	impuesto sobre bienes raíces, impuesto .predial
lapse	caducar, extinguirse
larceny	robo *m*
law	derecho *m*, ley *f*
lawbreaking	violación de una ley o reglamento; ilicitud *f*
law courts	palacio de justicia
law enforcement	aplicación de la ley
lawful	legal, lícito, legítimo
lawful age	mayoría de edad
lawfulness	legalidad *f*
law of nations	derecho de gentes
lawsuit	demanda, litigio, pleito

lawyer	abogado -da
layman	lego en una materia
lay on the table	dar carpetazo
lease	arrendamiento *m*, alquiler *m*
legal	legal
legal adviser	asesor legal
legal assistant	pasante de abogado
legal incapacity	incapacidad legal, interdicción
legality	legalidad *f*
legatee	legatario -ria
legislation	legislación *f*
legislator	legislador *m*
legitimation	legitimación *f*
liability	responsabilidad *f*, pasivo
libel	libelo, difamación por escrito, alegación contra una persona
libelous	difamatorio -ria
licensee	licenciatario, concesionario
licensor	licenciante
lien	gravamen, derecho prendario (ej. mechanic's lien, o sea que no se puede retirar un automóvil antes de pagar las reparaciones)
life	duración, vigencia, vida
life imprisonment	cadena perpetua
life membership	miembro o socio vitalicio
life sentence	cadena perpetua
limited company	sociedad de responsabilidad limitada
lobbying	cabildear, gestionar con objeto de ganar voluntades en un cuerpo colegiado o corporación
lockout	cierre patronal de una empresa, paro
lodge a complaint	presentar una denuncia
lodge an appeal	interponer recurso de apelación, recurrir una sentencia
lump-sum contract	contrato a suma alzada
maker	girador, otorgante
malpractice	tratamiento erróneo, perjudicial o ilegal (Se aplica más a los médicos)
mandatory	obligatorio, forzoso
manslaughter	asesinato sin premeditación; homicidio sin agravantes
marriage by proxy	casamiento por poderes
marriage certificate	acta de matrimonio, partida de matrimonio
mature	vencer o cumplirse el plazo
maturity	vencimiento; edad madura
mayor's office:	alcaldía, (Méx.) presidencia municipal
menace	amenaza *f*
mercantile law	derecho mercantil
merger	fusión de dos empresas
ministry	ministerio, (Méx.) Secretaría de Estado
minutes	actas *fpl*
miscarriage	aborto no intencional, mal parto
miscarriage of justice	error judicial
misconstruction	interpretación errónea
misdemeanor	delito o falta menores, infracción administrativa
misuse of authority	abuso de autoridad
moot	discutible, debatible
morgue	depósito de cadáveres
mortgage	hipoteca
mortgage deed	escritura de hipoteca
mortuary	depósito de cadáveres
movables	bienes muebles, semovientes
murder	crimen *m*, asesinato *m*
natural	natural; nativo de un lugar
natural-born citizen	ciudadano por nacimiento
naturalization	naturalización *f*
naturalized citizen	ciudadano por naturalización
natural law	derecho natural
next-of-kin	pariente más cercano
nonobservance	inobservancia *f*
non-profit organization	sociedad o asociación no lucrativa, organización altruista
nonretroactive character	irretroactividad *f*
nonsuit	sobreseimiento *m*, caducidad de la instancia

notarial deed	escritura notarial
notary public	notario público *m*
notice	notificación, aviso, convocatoria a una asamblea
null and void	nulo y sin valor
oath	juramento, under oath: bajo juramento (Méx.) bajo protesta de decir verdad
oath of office	juramento (protesta) al tomar posesión de un puesto
octroi	impuesto local a la entrada de mercancías; alcabala
offender	transgresor -ra
offense	ofensa *f*; delito *m*
on oath	bajo juramento
on parole	en libertad bajo palabra
on probation	en libertad condicional
open	abierto, público, notorio, flagrante
opposing party	parte contraria, contraria
other side	contraria, parte contraria
ouster	desahucio, (Méx.) lanzamiento de un inquilino
outlaw	forajido *m*
outside the law	fuera de la ley
overdraft	sobregiro en una cuenta bancaria
overdue	en mora, ya vencido
ownership	titularidad *f*, propiedad *f*
parent company	compañía controladora o casa matriz
partnership	sociedad o asociación de personas
party	parte en un contrato o acción judicial, partido político
pass a bill	promulgar una ley
penal code	código penal
penalty	multa, condena, castigo *m*, pena *f*
pension	jubilación, beca
perjury	perjurio *m*
perquisites	gajes, emolumento, propina
person	persona
personal property	bienes muebles
petition	solicitud, instancia, curso
petition for a reprieve	petición de indulto
pilferage	raterías, hurtos menores
piracy	piratería *f*
plaintiff	demandante *mf*, acusador
plea	alegato *m*, defensa
plead	alegar
plead guilty	declararse culpable
plead not quilty	declararse inocente
pledge	dar alguna prenda, pignorar
plot	conspiración *f*
portfolio	lista de valores que posee una persona; cartera de inversiones
power	autoridad, facultades, poder
power of attorney	poder otorgado ante notario
pre-emptive right	derecho de prioridad
prejudice	perjuicio, parcialidad
preliminary investigation	averiguación previa
premeditation	con premeditación
prescription	prescripción *f*
president	presidente de una nación o del gobierno; director general de una empresa
presiding judge	presidente del tribunal
prevarication	prevaricato *m*
principal	poderdante, mandante; jefe de una empresa
principal and agent relation	relación entre mandante y mandatario
principal office	casa matriz; domicilio social de una empresa
prison	cárcel *f*
probate	validar un testamento notarial o judicialmente
probation	libertad condicional
procedure	enjuiciamiento *m*
proceedings	autos *mpl*, procedimiento *m*, proceso judicial
process	proceso, expediente, auto

promissory note en general, pagaré o letra de cambio (título de crédito)
pronounce sentence pronunciar un fallo
proof prueba *f*, demostración
proprietary un producto o servicio patentado o registrado bajo una marca
proprietorship propiedad *f*
prosecute entablar un juicio, demandar, procesar, enjuiciar
prosecution demanda penal
prosecutor acusador o fiscal, (Méx.) Agente del Ministerio Público
protest protesta, protesto (de una letra de cambio)
provable demostrable, que puede comprobarse
provision disposición de una ley, reglamento, contrato
proxy carta poder; apoderado
public defender defensor de oficio
public hearing audiencia pública
punishment pena *f*, castigo *m*
qualifications con salvedades, con limitaciones, condicional; cualidades o capacidad de un empleado
qualify poseer las aptitudes o habilidades necesarias para alguna empresa
rape estupro *f*, violación *f*
ratification ratificación *f*
real estate bienes raíces, bienes inmuebles
receiver síndico, administrador judicial, interventor
recidivist reincidente *mf*
redemption rescate o pago de una deuda
red-handed en flagrante delito
red tape trámites engorrosos, papeleo burocrático
refund devolución del precio
release liberar una oblgación; levantar un embargo
release on bail libertad bajo fianza, libertad provisional
relevant pertinente, importante
relief asistencia social; beneficencia pública
remedy recurso, apelación
rental arrendamiento, alquiler
repeal anulación *f*
report informe *m*
reprieve suspensión temporal, suspensión de sentencia penal para su revisión
reputed owner presunto propietario, propietario aparente
rescind rescindir
rescission rescisión *f*
responsibility responsabilidad *f*
retainer suma periódica o pago adelantado que se entera a un abogado o un profesional, por la prestación de servicios. (Méx.) iguala
revenue laws leyes impositivas o fiscales
revocation revocación *f*
right derecho legal de una persona; título, privilegio, poder
right of asylum derecho de asilo
robbery robo *m*
rough draft borrador o anteproyecto de un escrito
royalties regalías *fpl*; regalías que se pagan por el usufructo de ciertos derechos, por ejemplo de patentes, licencias de manufactura o de marcas
ruling decisión o fallo de un tribunal
sanctions sanción, aprobación, (Méx.) multa o castigo
search registro, búsqueda; (Méx.) cateo
securities acciones y valores de todas clases
seize decomisar, embargar, secuestrar un objeto
self-defense legítima defensa
sentence sentencia *f*, condena *f*
server process entregar un citatorio judicial

setoff	compensación
settlement	arreglo *m*, componenda, *f* conciliación *f*
severally	solidaria o mancomunadamente
severance	despido de un empleado, división
share	participación en una empresa o compartir una actividad
shareholder	accionista
shares	acciones de una sociedad
shoplifter	ratero en tiendas
shortfall	déficit; cantidad faltante en una obligación o inversión
short-term	a corto plazo
show cause	presentar motivos justificados
shyster	(despectivo) picapleitos, leguleyo
silent partner	socio comanditario o capitalista
single	sencillo, único; soltero
sinking fund	fondo para amortización
sit-down strike	huelga de brazos caídos o pasiva
slander	calumnia *f*, difamación *f*, calumnia verbal
slush fund	fondo para amortización
smuggle	contrabandear
smuggler	contrabandista *mf*
smuggling	contrabando *m*
sole	único (administrador, propietario, heredero)
solicitor	abogado -da
Speaker of the House	Presidente de la Cámara de Diputados
spinster	mujer soltera de cualquier edad
squatter	persona que se establece en tierras ajenas sin título justificativo; (Méx.) paracaidista
ss	por el presente, sabed
statement	declaración, estado financiero o de cuenta
statutory	estatutario *m*, establecido por ley o reglamento
stay	suspensión
stay of proceedings	suspensión de la instancia
strike	huelga *f*
strike call	emplazamiento a huelga
strike out	tachar, suprimir, testar
struck jury	jurado seleccionado para casos especiales
suborning	soborno *m*
subpoena	citatorio judicial "so pena de"
successors and assigns	sucesores y cesionarios
sue	demandar, entablar un juicio, entablar una demanda
sue for divorce	solicitar o demandar el divorcio
suit	causa *f*, demanda judicial
suitor	demandante, actor
summary	sumario *m*
summons	orden de comparecencia, orden de comparecencia ante una autoridad, emplazamiento
supersede	sobreseer un juicio o demanda; cancelar un artículo y sustituirlo por otro
supplantation	suplantación *f*
supplanting	suplantación *f*
supporting documents (papers)	documentos justificativos o comprobantes; (Méx.) documentos base de la acción
supreme court	tribunal superior
surety	fiador, garante; fianza
swindle	timo *m*, estafa *f*
swindler	estafador -dora
sworn	jurado -da
sworn -in	jurado -da
sworn statement	declaración jurada
tamper with	falsificar; alteración de un documento
tax evasion	evasión de impuestos, fraude fiscal
tenant	inquilino, arrendatario
tender	propuesta *m*, oferta para un concurso

the bar	colegio o barra de abogados
theft	hurto *m*, robo *m*
third degree	(fam.) interrogatorio muy severo a un preso
threat	amenaza
token payment	pago parcial como garantía de una obligación. (Méx.) arras
tort	juicio de daños o perjuicios
traffic in drugs	tráfico de drogas
traffic of foreign currency	tráfico de divisas
transfer	enajenación *f*, traspaso, cesión *f*
translate	traducir; convertir una moneda a otra
trial	juicio *m*, proceso *m*
trust	fideicomiso, consorcio de empresas
trustee	fiduciario, fideicomisario
trustor	fideicomitente
trust position of	empleo o puesto de confianza en empresas que tienen sindicato
tutelage	tutela *f*
tutor	tutor -tora
underwrite	suscribir una emisión de acciones o de títulos de crédito; asegurar, celebrar
unfulfillment	incumplimiento *m*
union	sindicato obrero
union shop	fábrica o taller con afiliación obligatoria para los trabajadores a un determinado sindicato
usurpation	usurpación *f*
verdict of not guilty	fallo absolutorio
violation	violación *f*
warrant for arrest	orden de detención
will	testamento *m*
without prejudice	sin prejuicios
witness box	estrado de testigos
witness for the defense	testigo de descargo
witness for the prosecution	testigo de cargo
witness stand	barra de testigos
writ of summons	emplazamiento *m*

management
administración

absoluteness of responsibility	intransferibilidad de la responsabilidad
acceptance need	necesidad de aceptación
accountability	responsabilidad directa
action plan	plan de acción
administrative self-audit	autoauditoría administrativa
administrator	administrador -ra
affiliation need	necesidad de pertenencia
art	arte *m*
assessment center	centro de evaluación
attitude	actitud *f*
audiovisual aid	ayuda audiovisual
authority	autoridad *f*
behavior modification	modificación de la conducta o del comportamiento
benefits	prestaciones *fpl*
board of directors	consejo de administración
bounded rationality	racionalidad limitada
brainstorming	tormenta de ideas
break-even point analysis	análisis del punto de equilibrio
budget	presupuesto *m*
budget summary	resumen presupuestal
business administration	administración de empresas
business cycle	ciclo comercial
capital outlay	desembolso de capital
career	carrera *f*
career development	desarrollo profesional
career path	trayectoria profesional
case approach	enfoque de casos o casuístico
centralization	centralización *f*
chart	gráfico -a, cuadro *m*
claim	demanda *f*
classified advertisement	anuncio clasificado
clerical employee	empleado de oficina, oficinista
climate	ambiente *m*
closed system	sistema cerrado
coaching	asesoría personal
collective bargaining	negociación colectiva
collegial management	administración colegiada
commitment principle	principio del compromiso
committee	comité *m*
communication	comunicación *f*
communication barrier	barrera a la comunicación
communication breakdown	ruptura de la comunicación
comparative management	administración comparativa
comparative social systems approach	enfoque de sistemas sociales comparativos
compensation program	programa de remuneración
complaint	queja *f*
composite strategy	estrategia compuesta
concept	concepto *m*
contingency approach	enfoque de contingencia
contingency management	administración de contingencia

contingency model	modelo de contingencia
contingency planning	planificación de contingencia
contingency strategy	estrategia de contingencia
control	control *m*
controlling	control *m*
control process	proceso de control
cooperative system	sistema cooperativo
coordination	coordinación *f*
correlation analysis	análisis de la correlación
cost effectiveness	efectividad en costos
creativity	creatividad *f*
crosswise communication	comunicación transversal
customer	cliente *m*
decentralization	descentralización *f*
decision making	toma de decisión
decision theory approach	enfoque de la teoría de las decisiones
decision tree	árbol de decisiones
delegation of authority	delegación de la autoridad
department	departamento *m*
Delphi technique	técnica Delphi
departamentalization	departamentaliza-ción *f*
dessatisfaction	insatisfacción
development	desarrollo *m*
differentiation	diferenciación *f*
direct control	control directo
direct costing	costeo directo
disability	incapacidad *f*
dismissal	despido
distribution	distribución *f*
distribution channel	canal de distribución
distribution logistics	logística de la distribución
downstream integration	integración descendente o prospectiva
downward communication	comunicación descendente
effectiveness	efectividad *f*
efficiency	eficiencia *f*, rendimiento *m*
empathy	empatía *f*
empirical approach	enfoque empírico
enterprise self-audit	autoauditoría de la empresa
entrepreneur	empresario -ria
entropy	entropía *f*
environment	ámbito *m*, entorno *m*, medio *m*, ambiente *m*

environmental forecasting	pronóstico ambiental
equifinality	equifinalidad *f*
equipment	equipo *m*, maquinaria *f*
esteem need	necesidad de estima o aprecio
ethics	ética *f*
executive	ejecutivo -va
expectancy	expectativa *f*
failure	fracaso *m*
feedback	realimentación *f*, retroalimentación *f*
feedforward	prealimentación *f*
feedforward control	control con prealimentación
flexibility principle	principio de la flexibilidad
flexible budget	presupuesto flexible
flow chart	gráfico -ca de flujo
forecast	presupuesto *m*
formal organization	organización formal
framework	marco de referencia o de trabajo
full employment	empleo de tiempo completo
function	función *f*
functional authority	autoridad funcional
function organization	organización funcional
Gantt chart	gráfica de Gantt
goal	meta *f*, objetivo *m*
goal setting	fijación o establecimiento de metas
grapevine	rumor *m*
group behavior approach	enfoque de los papeles gerenciales
halo effect	efecto halo
headquarters	oficina central, matriz *f*, sede *f*
hierarchy of needs	jerarquía de las necesidades
human asset	activo humano
human resources	recursos humanos
hygiene factor	factor de higiene
implementation	implantación *f*, ejecución *f*, realización *f*
in-bond factory	maquiladora *f*
incentive plan	plan de incentivos
indirect control	control indirecto
industrial dynamics	dinámica industrial
informal organization	organización informal
input-output table	tabla insumo-producto
instruction	instrucción *f*

integration	integración *f*
intellectual leadership	liderazgo intelectual
intelligence services	servicios de información
intelligence test	prueba de inteligencia
interpersonal behavior approach	enfoque de los papeles gerenciales
interview	entrevista *f*
job	puesto *m*, trabajo *m*
job applicant	solicitante de empleo
job application	solicitud de empleo
job description	descripción de puesto
job design	diseño del puesto
job enlargement	ampliación del puesto
job enrichment	enriquecimiento del puesto
job-related skills	aptitudes relativas al puesto
key factor	factor clave
labor market	mercado laboral o de trabajo
leader	líder *m*
leadership	liderazgo *m*
leadership continuum	ciclo ininterrumpido del liderazgo
leadership effectiveness	efectividad del liderazgo
leading	dirección *f*
length of service	antigüedad *f*
limiting factor principle	principio del factor limitante
line	línea *f*
linear programming	programación lineal
line organization	organización lineal
long-range planning	planificación a largo plazo
management appraisal	evaluación gerencial
management auditing	auditoría de la administración
management by objectives (MBO)	administración por objetivos (APO)
management development	desarrollo de la administración
management inventory	inventario de la administración o administrativo
management science approach	enfoque de la ciencia de la computación
management technique	técnica administrativa
management training	capacitación administrativa
manager	administrador -dora, gerente *m*
managerial development	desarrollo gerencial
managerial environment	ambiente gerencial
managerial grid	rejilla gerencial, malla gerencial
managerial know-how	habilidades administrativas
market	mercado *m*
marketing	mercadotecnia *f*
marketing channel	canal de comercialización
market survey	encuesta de mercado
materials handling	manejo de materiales
mathematical approach	enfoque matemático
matrix organization	organización matricial
medical examination	examen médico
medium-range planning	planificación a mediano plazo
merit increase	aumento por mérito
middle management	administración o gerencia intermedia
milestone budgeting	presupuesto básico
minimum wage	salario mínimo
mission	misión *f*
motivation	motivador *m*
motive	motivo *m*
multidimensional matrix organization	organización matricial multidimensional
multinational organization	organización multinacional
navigational change principle	principio del cambio de rumbo
negative entropy	entropía negativa
negative reinforcement	refuerzo negativo
non-profit organization	organización no lucrativa
objective	objetivo *m*
open system	sistema abierto
operating plan	plan operativo
operational approach	enfoque operacional
operational audit	auditoría operacional
operations management	administración de operaciones
operations research	investigación de operaciones
organization	organización *f*
organizational authority	autoridad organizacional
organizational behavior	comportamiento organizacional

organizational development	desarrollo organizacional
organizational role	papel organizacional, rol organizacional
organization chart	organigrama *m*
organizing	organización *f*
orientation program	programa de orientación
outlay	desembolso *m*
overall performance	desempeño global, desempeño general
parity of authority and responsibility	paridad de autoridad y responsabilidad
partial control	control parcial
part-time employment	empleo de tiempo parcial
path-goal approach	enfoque ruta-meta
pay increase	aumento de sueldo
peer rating	evaluación por colegas
pension plan	plan de pensiones
performance	desempeño *m*
performance evaluation	evalución del desempeño
PERT (program evaluation and review technique)	PERT (técnica de evaluación y revisión de programas)
physiological need	necesidad fisiológica
piecework	trabajo a destajo
plan	plan *m*
planning	planificación *f*, planeamiento *m*
plant employee	empleado de fábrica
pluralistic society	sociedad pluralista
point system	sistema de puntos
policy	política *f*
position	puesto *m*, posición *f*, cargo *m*
position evaluation	valuación de puesto
positioning	posicionamiento *m*
positive reinforcement	refuerzo positivo
power	poder *m*
preference or utility theory	teoría de la preferencia o la utilidad
premise	premisa *f*, supuesto *m*
principle	principio *m*
problem-solving	resolución de problemas
procedure	procedimiento *m*
process	proceso *m*
product	producto *m*
productivity	productividad *f*
product line	línea de productos

profession	profesión *f*, oficio *m*
proficiency test	prueba de habilidad
profit	utilidad *f*, beneficio *m*, lucro *m*
profit organization	organización lucrativa
profit-sharing plan	plan de participación en las utilidades
program	programa *m*
program budget	presupuesto por programa
programmed instruction	capacitación programada
promotion	promoción *f*, ascenso *m*, aumento de sueldo
promotion from within	promoción interna
purpose	propósito *m*
purveyor	proveedor -ra
quality control circle	círculo de control de calidad
quality of working life (QWL)	calidad de la vida laboral (CVL)
raise	aumento de sueldo
rationality	racionalidad *f*
real-time information	información en tiempo real
recentralization	recentralización *f*
recreational program	programa recreativo
recruitment	reclutamiento *m*
relocation	reubicación *f*
replacement chart	carta o gráfica de reemplazo
requirement	requisito *m*, requerimiento *m*
resignation	renuncia *f*
resistance to change	resistencia al cambio
resource	recurso *m*
responsibility	responsabilidad *f*
return on investment	rendimiento sobre la inversión
reward system	sistema de premios
risk analysis	análisis de riesgos
rotation of jobs	rotación de puestos
rule	regla *f*, norma *f*
rumor	rumor *m*
sales forecast	presupuesto de ventas
sales report	informe de ventas
satisfaction	satisfacción *f*, satisfactor *m*
savings plan	plan de ahorros
scalar relationship	relación escalar
science	ciencia *f*

scientific management	administración científica
scope	ámbito *m*, alcance *m*
search	busca *f*, búsqueda *f*
security need	necesidad de seguridad
self-actualization need	necesidad de autorrealización
sensitivity training	capacitación de sensibilidad
serial production	producción en serie o en cadena
service	servicio *m*
service department	departamento de servicio
shift	turno *m*
short-range planning	planificación a corto plazo
shutdown	cierre *m*
situational approach	enfoque situacional
situational management	administración situacional o circunstancial
social audit	auditoría social
social responsibility	responsabilidad social
social system	sistema social
sociotechnical system	sistema socio-técnico
sociotechnical systems approach	enfoque de sistemas sociotécnicos
span of control	amplitud o alcance del control
span of management	amplitud o alcance gerencial
splintered authority	autoridad desmembrada
staff	personal *m*, estaf *m*, staff *m*
staffing	integración *f*
staggered program	programa escalonado
standard	estándar *m*, norma *f*
strategic business unit (SBU)	unidad estratégica de negocios (UEN)
strategic driver	motivador estratégico
strategic planning	planificación estratégica
strategy	estrategia *f*
strike	huelga *f*
subordinate	subordinado -da
success	éxito
supervisor	supervisor -sora
supplier	proveedor -ra
survey	encuesta *f*
system	sistema *m*

systems approach	enfoque de sistemas
tactic	táctica *f*
task	tarea *f*, labor *f*, trabajo *m*
tax advantage	ventaja fiscal
technological forecast	pronóstico tecnológico
technology	tecnología *f*
temporary employee	empleado temporal
territory	territorio *m*
territory management	administración del territorio
theory	teoría *f*
theory of motivation	teoría de la motivación
theory of needs	teoría de las necesidades
time-event network	red tiempo-evento
top management	alta administración o dirección
training	entrenamiento *m*, capacitación *f*, adiestramiento *m*
trait appraisal	evaluación de los rasgos
transactional analysis	análisis transaccional
turnover	rotación *f*
underemployed worker	obrero subempleado
unemployment	desempleo *m*
union	sindicato *m*
unity of command	unidad de comando
universality of management	universalidad de la administración
upstream integration	integración ascendente o retrospectiva
upward communication	comunicación ascendente
value engineering	ingeniería del valor
variable budget	presupuesto variable
variance	variación *f*
vendor	vendedor -ra (proveedor -ra)
verifiable objective	objetivo comprobable, objetivo verificable
wage and salary administration	administración de sueldos y salarios
wage structure	estructura de sueldos
weighted average	promedio ponderado
zero-base budget	presupuesto con base cero

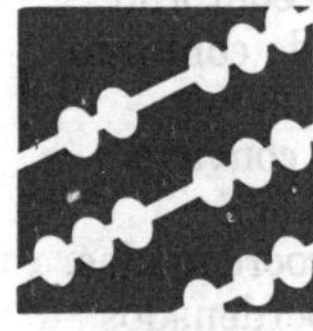

mathematics
matemáticas

abscissa	abscisa *f*
absolute convergence	convergencia absoluta
absolute extremum	extremo absoluto
absolute value	valor absoluto
acute angle	ángulo agudo
addend	sumando *m*
addition	adición *f*
additive inverse	inverso aditivo
adjoint of a square matrix	adjunta de una matriz cuadrada
algebra	álgebra *m*
algebraic expression	expresión algebraica
alternating series	serie de signos alternos
alternative hypothesis	hipótesis alterna
analytic continuation	continuación analítica
analytic function	función analítica
analytic geometry	geometría analítica
angle	ángulo *m*
angular measure	medida angular
annulus	corona *f*, región anular
antiderivative	antiderivada *f*
anti-partial derivative	antiderivada parcial
apex	vértice *m*
arc	arco *m*
arc length	longitud de arco
area	área *m*
area function	función de área
argument of a complex number	argumento de un número complejo
arithmetic	aritmética *f*
arithmetic mean	media aritmética
arithmetic progression	progresión aritmética *f*
arrays	arreglos *mpl*
associative law	ley asociativa
asymptote	asíntota *f*
asymtotic expansion	desarrollo asintótico
asymtotic series	serie asintótico
augmented matrix	matriz aumentada
average	promedio *m*
axiom	axioma *m*
axis, axes	eje, ejes *m*
axis of symmetry	eje de simetría
bar graph	gráfica de barras
beta function	función beta
biased estimates	estimaciones sesgadas
binary number system	sistema binario de numeración
binary operation	operación binaria
binomial formula	fórmula del binomio, fórmula binomial, fórmula binómica
bound	cota *f*
boundary	frontera *f*
boundary conditions	condiciones en la frontera
boundary-value problem	problema con condiciones en la frontera
bounded function	función acotada
braces	llaves *fpl*
brackets	corchetes, paréntesis rectangulares *mpl*
branch cut	corte rama
break-even analysis	análisis de punto de equilibrio
calculus	cálculo *m*
canonical form	forma canónica
Cartesian coordinate system	sistema de coordenadas cartesianas

Cartesian product	producto cartesiano
center	centro *m*
central limit theorem	teorema del límite central
centroid	centroide *m*
chain rule	regla de la cadena
characteristic	característica *f*
characteristic equation	ecuación característica
chi-square distribution	distribución ji-cuadrada
cipher	cifra *f*
circle	círculo *m*
circular graph	gráfica circular
class frequency	frecuencia de clase
class interval	intervalo de clase
class limits	límites de clase
class mark	marca de clase
closure	cerradura *f*
coefficient	coeficiente *m*
coefficient matrix	matriz de coeficientes
cofactor	cofactor *m*
combination	combinación *f*
combinatorial analysis	análisis combinatorio
common logarithm	logaritmo común, decimal o de Briggs
commutative law	ley conmutativa
companion matrix	matriz compañera, matriz acompañante
complement	complemento *m*
complementary angles	ángulos complementarios
completeness	compleción *f*
completing the square	completar el cuadrado
complex fraction	fracción compleja
complex number	número complejo
complex variable	variable compleja
components of a vector	componentes de un vector
composite function	función compuesta
composition of functions	composición de funciones
computation	computación *f*, cálculo *m*
concavity	concavidad *f*
conditional convergence	convergencia condicional
cone	cono *m*
confidence interval	intervalo de confianza
conformal mapping	aplicación conforme, mapeo conforme
conicoid	conicoide
conic section	sección cónica
conjugate axis (of a hyperbola)	eje conjugado (de una hipérbola)
connected region	región anexa
constrained optimization	optimización restringida, optimación restringida
contingency table	tabla de contingencia
continuity	continuidad *f*
continuous function	función continua
continuous variable	variable continua
contour curve	curva de contorno
contour integral	integral de contorno
converse theorem	teorema inverso
convex polygon	polígono convexo
coordinate	coordenada *f*
coordinate axes	ejes de coordenadas, ejes coordenados
coplanar	coplanario *m*, coplanar *m*
correlation	correlación *f*
cosecant	cosecante *m*
cosine	coseno *m*
cotangent	cotangente *f*
coterminal angles	ángulos coterminales
covariance	covariancia *f*, covarianza *f*
critical point	punto crítico
cross product	producto cruz, producto vectorial
cube	cubo *m*
cubing	elevar al cubo
cumulative frequency	frecuencia acumulada
cumulative value	valor acumulado
curl	rotacional *m*
curve fitting	ajuste de curvas
curvilinear coordinates	coordenadas curvilíneas
cycloid	cicloide *m*
cylinder	cilindro *m*
cylindrical surface	superficie cilíndrica
decile	decil *m*
decimal point	punto decimal
decreasing function	función decreciente
definite integral	integral definida
degree	grado *m*
degree of a polynomial	grado de un polinomio
degrees of freedom	grados de libertad
deleted neighborhood	vecindad restringida
denominator	denominador *m*
dependent equations	ecuaciones dependientes
dependent variable	variable dependiente
derivative	derivada *f*

determinant determinante *mf*
diagonal matrix matriz diagonal
difference diferencia *f*
difference quotient cociente de diferencias
differentiability diferenciabilidad *m,* derivabilidad *f*
differentiable function función diferenciable
differential diferencial *f*
differentiation diferenciación *f*
directed line segment segmento rectilíneo dirigido
direction angle ángulo de dirección
direction cosine coseno director
direction number número director
directrix directriz *f*
discontinuity discontinuidad *f*
discrete variable variable discreta
discriminant discriminante
disjoint sets conjuntos ajenos
distributive law ley distributiva
divergence divergencia *f*
dividend dividendo *m*
division división *m*
divisor divisor *m*
domain dominio *m*
dot product producto punto, producto escalar
double integral integral doble
doublet doblete *m*
dummy variable variable muda
eccentricity excentricidad *f*
edge arista *f*
eigenvalue eigenvalor *m,* valor propio, valor característico
eigenvector eigenvector *m,* vector propio,vector característico
elementary matrix matriz elemental
ellipse elipse *f*
ellipsoid elipsoide
elliptic cone cono elíptico
elliptic hyperboloid hiperboloide elíptico
elliptic paraboloid paraboloide elíptico
empty set conjunto vacío
end points puntos extremos
entire function función entera
entry table tabla de partidas, tabla de conceptos
equality igualdad *f*
equation ecuación *f*
equivalence relation relación de equivalencia
equivalent equations ecuaciones equivalentes
error function función de error
estimator estimador *m*
even function función par
event evento *m* (estadístico)
expansion of a determinant desarrollo de un(a) determinante
expected value valor esperado
exponent exponente *m*
exponential distribution distribución exponencial
exponential equation ecuación exponencial
exponential function función exponencial
extended complex plane plano complejo extendido
extrapolation extrapolación *f*
extremum, extrema extremo *m,* extremos *mpl*
factor factor *m*
factorial factorial
factoring factorización *f,* factoración *f*
first (second) derivative test prueba de la primera (segunda) derivada
focal chord cuerda focal
focus, foci foco, focos *m*
fraction fracción común, quebrado *m*
fractional equation ecuación fraccionaria
fractional exponent exponente fraccionario
fractional linear transformation transformación fraccionaria lineal
frequency curve curva de frecuencias
frequency distribution distribución de frecuencias
function función *f*
function of one (several) variable(s) función de una (de varias) variable(s)
fundamental theorem of calculus teorema fundamental del cálculo
gamma function función gamma
generating function función generadora
geometric mean media geométrica
geometric progression progresión geométrica
geometric series serie geométrica
geometry geometría *f*
gradient gradiente *m*
graph gráfica *f,* graficar
greatest common divisor máximo común divisor

greatest integer function	función máximo entero
greatest lower bound	máxima cota inferior
grouped data	datos agrupados
half angle	ángulo mitad
half-plane	semiplano *m*
harmonic function	función armónica
harmonic progression	progresión armónica
higher order derivative	derivada de orden superior
histogram	histograma *f*
holomorphic function	función holomorfa
hyperbola	hipérbola *f*
hyperbolic paraboloid	paraboloide hiperbólico
hyperboloid	hiperboloide *m*
hypotenuse	hipotenusa *f*
idempotent matrix	matriz idempotente
identity	identidad *f*
identity element	elemento de identidad
identity matrix	matriz identidad
imaginary axis	eje imaginario
imaginary number	número imaginario
imaginary (real) axis	eje imaginario (real)
implicit derivative	derivada implícita
implicit differentiation	derivación implícita
improper integral	integral impropia
inconsistent equations	ecuaciones inconsistentes
increasing function	función creciente
increment	incremento *m*
indefinite integral	integral indefinida
independent equations	ecuaciones independientes
independent variable	variable independiente
indeterminate form	forma indeterminada
index	índice *m*
index number	número índice
index of summation	índice de sumatoria
indicial equation	ecuación indicial
inequality	desigualdad *f*
infinity	infinito *m*
inflection point	punto de inflexión
initial condition	condición inicial
initial side	lado inicial
inner product	producto interior
integer	entero *m*
integrable	integrable
integral	integral *f*

integral curves	curvas integrales
integrand	integrado *m*
integration	integración *m*
intercept	intersección *f*
interpolation	interpolación *f*
interquartile range	recorrido intercuartil, rango intercuartil
intersection of sets	intersección de conjuntos
interval	intervalo *m*
invariant	invariante *f*
inverse function	función inversa
inverse of a matrix	inversa de una matriz, matriz aumentada
inverse trigonometric function	función trigonométrica inversa
irrational number	número irracional
isogonal mapping	aplicación isogonal, mapeo isogonal
iterated integral	integral iterada
***i*th, *n*th, *m*th**	i-ésimo, n-ésimo, m-ésimo
kernel	kernel *m*, núcleo *m*
kurtosis	kurtosis *f*
Laplacian operator	operador laplaciano
latent roots (vectors)	raíces (vectores) latentes
latera recta	lados rectos
latus rectum	lado recto
law of cosines	ley de los cosenos
law of sines	ley de los senos
laws of exponents	leyes de los exponentes
least upper bound	mínima cota superior
lemma	lema *f*
lemniscate	lemniscata *f*
level of significance	nivel de significación
limit	límite *m*
line	línea *f*, recta *f*
linear dependence (independence)	dependencia (independencia) lineal
linear equation	ecuación lineal
linear programming	programación lineal
line integral	integral de línea
local extemum	extremo local
logarithm	logaritmo *m*
logistic function	función logística
lower bound	cota inferior
lowest common denominator	número común denominador
magnification factor	factor de amplificación

major axis (of an ellipse) eje mayor (de una elipse)
mantissa mantisa *f*
map aplicar, mapear
mapping aplicación *f*, mapeo *m*
marginal frequency frecuencia marginal
mathematical expectation esperanza matemática
mathematical induction inducción matemática
matrix matriz *f*
maximize maximizar
maximum máximo *m*
maximum (minimum) modulus theorem teorema del módulo máximo (mínimo)
mean media *f*
mean deviation desviación media
mean square root raíz cuadrática media
mean value theorem teorema del valor medio
measures of central tendency medidas de tendencia central
median mediana *f*
members of an equation miembros de una ecuación
method of least squares método de los mínimos cuadrados
midpoint punto medio
minimize minimizar
minimum mínimo *m*
minor axis (of an ellipse) eje menor (de una elipse)
minuend minuendo *m*
mixed partial derivative derivada parcial mixta
modal class clase modal
mode moda *f*, modo *m*
modulus módulo *m*
monomial monomio *m*
monotonic sequence (series) sucesión (serie) monótona
multiple-valued function función de valores múltiples, función multivaluada
multiplicand multiplicando *m*
multiplication multiplicación *f*
multiplicative inverse inverso multiplicativo
multiplier multiplicador *m*
multiply-connected region región múltiplemente conexa
mutually exclusive events eventos mutuamente exclusivos
Naperian logarithm logaritmo neperiano
nappe of a cone manto u hoja de un cono
natural logarithm logaritmo natural
natural numbers números naturales
negative number número negativo
neighborhood vecindad
normal axis eje normal
normal distribution distribución normal
null set conjunto nulo
number número *m*
number of a set elemento de un conjunto
numeral numeral *m*
numerator numerador *m*
numerical integration integración numérica
objective function función objetivo
oblique triangle triángulo oblicuángulo
obtuse angle ángulo obtuso
octant octante *m*
odd function función impar
odds momios *mpl*
one-sided limit límite unilateral
one-to-one function función uno a uno
open sentence oración abierta
optimum óptimo *m*
ordered pair pareja ordenada
ordered pair of numbers pareja ordenada de números
ordinary differential equation ecuación diferencial ordinaria
ordinate ordenada *f*
origin origen *m*
parabola parábola *f*
parabolic approximation aproximación parabólica
parabolic surface superficie parabólica
parallel lines rectas paralelas
parallelogram paralelogramo *m*
parameter parámetro *m*
parametric equation ecuación paramétrica
parentheses paréntesis *mpl*
partial derivative derivada parcial
partial differential equation ecuación diferencial parcial, ecuación diferencial
partial integral integral parcial
partition partición *f*
percentile percentil *m*
periodic function función periódica
perpendicular lines rectas perpendiculares
phase plane plano fase
piecewise continuous function función seccionalmente continua
plane plano *m*
plotting graphs trazo de gráficas
plotting points situación de puntos

point	punto *m*
polar axis	eje polar
polar coordinates	coordenadas polares
pole	polo *m*
polygon	polígono *m*
polygonal set	conjunto poligonal
polynomial	polinomio *m*
polynomial equation	ecuación polinomial, ecuación polinómica
position vector	vector de posición
positive definite (semi-definite)	positiva definidad (semidefinida)
postulate	postulado *m*
power	potencia *f*
power series	serie de potencia
prime factor	factor primo
prime number	número primo
probability	probabilidad *f*
probability density function	función de densidad de probabilidad
probability distribution	distribución de probabilidad
product	producto *m*
proportion	proporción *f*
pure imaginary number	número imaginario puro
pyramid	pirámide *f*
Pythagorean theorem	teorema de Pitágoras
quadractic trinomials	trinomios cuadráticos
quadrant	cuadrante *m*
quadrantal angle	ángulo cuadrantal
quadratic equation	ecuación cuadrática
quadratic formula	fórmula cuadrática
quadrilateral	cuadrilátero *m*
quartile	cuartil *m*
quotient	cociente *m*
radian	radián *m*
radical	radical *m*
radicand	radicando *m*
radius, radii	radio *m,* radios *mpl*
radius vector	radiovector *m*
random numbers	números aleatorios
random sample	muestra aleatoria
random variable	variable aleatoria
range	recorrido *m,* intervalo *m*
rank of a matrix	rango de una matriz
rate of change	rapidez de cambio, razón de cambio
rationalizing a fraction	racionalización de una fracción
rational number	número racional
ratio	razón *f*
real axis	eje real
real number	número real
real number system	sistema de los números reales
rearrangement of series	rearreglo de series
reciprocal	recíproco *m*
reciprocal of a number	recíproco de un número
rectangular approximation	aproximación rectangular
rectangular coordinate system	sistema de coordenadas rectangulares
regression	regresión *f*
relation	relación *f*
relative frequency	frecuencia relativa
remainder	residuo *m,* resto *m*
remainder theorem	teorema del residuo
residue	residuo *m*
resultant	resultante *f*
right angle	ángulo recto
right circular cone	cono circular recto
right triangle	triángulo rectángulo
root	raíz *f*
rounding off a number	redondeo de un número
saddle point	punto silla de montar
sample	muestra *f*
sample space	espacio muestra
sampling	muestreo *m*
sampling theory	teoría del muestreo
sampling with (without) replacement	muestreo con (sin) reemplazo
scalar	escalar *m*
scalar product	producto escalar
scatter diagram	diagrama de dispersión
scientific notation	notación científica
secant	secante *m*
secant line	recta secante
sequence	sucesión *f*
series	serie *f,* series *fpl*
set	conjunto *m*
sieve of Eratosthenes	criba de Eratóstenes
significant digits	digitos significativos
significant digits (figures)	cifras significativas
similar terms	términos semejantes
similar triangles	tríangulos semejantes
simply-connected region	región simplemente conexa
simultaneous equations	ecuaciones simultáneas
sine	seno *m*
sine function	función senoidal

single-valued function	función de valores simples, función univaluada
skewness	sesgo *m*
skew-symmetric matrix	matriz antisimétrica
slope	pendiente *m*
smooth curve	curva suave
solid of revolution	sólido de revolución
solution set	conjunto solución
sphere	esfera *f*
square	cuadrado *m*
square root	raíz cuadrada *f*
squaring	elevar al cuadrado
standard deviation	desviación estándar
standardized variable	variable
standard normal distribution	distribución normal estándar estandarizada
stated problem	problema enunciado
statistics	estadística *f*
stochastic variable (process)	variable (proceso) estocástica(o)
straight angle	ángulo de lados colineales
subset	subconjunto *m*
subtraction	sustracción *f*
subtrahend	sustraendo *m*
sum	suma *f*
summation	sumatoria *f*
summation notation	notación de sumatoria
supplementary angles	ángulos suplementarios
surface	superficie *f*
symbol of grouping	símbolo de agrupación
symmetric matrix	matriz simétrica
tally sheet	tabla de conteo
tangent line	recta tangente
T distribution	distribución T
test of hypothesis	prueba de hipótesis
tetrahedron	tetrahedro *m*
trace of a surface	traza de una superficie
transposition of a matrix	transpuesta de una matriz
transverse axis (of a hyperbola)	eje transverso (de una hipérbola)
trapezoid	trapecio *m*
trapezoidal approximation	aproximación trapezoidal
trend curve	curva de tendencia
triangle	triángulo *m*
triangular matrix	matriz triangular
trigonometric equation	ecuación trigonométrica
trigonometric function	función trigonométrica
trigonometric polynomial	polinomio trigonométrico
trigonometry	trigonometría *f*
truth set	conjunto verdad
truth table	tabla de verdad
twisted curve	curva alabeada
unbounded set	conjunto no acotado
uniform distribution	distribución uniforme
union of sets	unión de conjuntos
uniqueness	unicidad *f*
unitary matrix	matriz unitaria
unit vector	vector unitario
universal set	conjunto universal
upper bound	cota superior
value of a function	valor de una función
variance	variancia *f*, varianza *f*
variate	variable aleatoria
vector	vector *m*
vector product	producto vectorial
vector space	espacio vectorial
vertex	vértice *m*
volume	volumen *m*
weighted average	promedio ponderado
X-intercept	intersección con el eje X
Y-intercept	intersección con el Y, ordenada al origen
zero of a function	cero de una función

medicine
medicina

access	acceso *m*
acupuncture	acupuntura *f*
adrenal gland	glandula suprarrenal
affection	afección *f*
AIDS (Acquired Immunodeficiency Syndrome	SIDA (Síndrome de Inmunodeficiencia Adquirida)
ailment	achaque *m*
allopathy	alopatía *f*
amputation	amputación *f*
anaemia	anemia *f*
anaesthesia	anestesia *f*
anatomy	anatomía *f*
anemia	anemia *f*
anesthesia	anestesia *f*
anesthesiologist	anestesiólogo *m*
anesthetist	anestesista *m*
angina pectoris	angina de pecho
ankle	tobillo *m*
aortic arch	cayado de la aorta, arco aórtico
apepsy	apepsia *f*
appendage	apéndice *m*
appendectomy	apendectomía *f*
appendicectomy	apendectomía *f*, apendicectomía
appendicitis	apendicitis *f*
appendix	apéndice *m*
armpit	axila *f*
arthritis	artritis *f*
asepsis	asepsia *f*
aseptic	aséptico -ca
astragalus	astrágalo *m*
attack	ataque *m*
backbone	columna vertebral, espina dorsal
bandage	venda *f*, vendaje *m*
bandages	apósitos *mpl*
bistoury	bisturí *m*
blackhead	espinilla *f*, barro *m*
bladder	vejiga *f*
blister	vejiga *f*, ampolla *f*
blood transfusion	transfusión de sangre
boil	furúnculo *m*
brachiocephalic trunk	tronco braquiocefálico
brain	cerebro *m*
breastbone	esternón *m*
bronchial artery	arteria bronquial
bronchitis	bronquitis *f*
bruise	cardenal *m*, moretón *m*, equimosis *f*, contusión *f*
bump	chichón *m*, chipote *m*
calcaneus	calcáneo *m*
calf	pantorrilla *f*
callosity	callosidad *f*
callus	callo *m*
cancer	cáncer *m*
carotid artery	arteria carótida
carpus	carpo *m*
case	caso *m*
catarrh	catarro *m*
catgut	catgut *m*, hilo de tripa de gato
chicken pox	varicela *f*
chilblain	sabañón *m*
chill	escalofrío *m*
chiropractic	quiropráctica *f*
chiropractor	quiropráctico *m*
cholera	cólera *m*
cicatrization	cicatrización *f*
clavicle	clavícula *f*

clinic clínica *m*
coccyx cóccix *m*
coeliac artery tronco celiaco
cold catarro *m*, resfriado *m*, constipado *m*
collarbone clavícula *f*
coma coma *m*
complaint dolencia *f*
compress compresa *f*
concussion conmoción *f* (cerebral)
contagion contagio *m*
contusion contusión *f*
corn callo *m* (en los pies)
coronary arteries arterias coronarias
coronary veins venas coronarias
coughing fit acceso de tos
crutches muletas *fpl*
cuboid cuboides *m*
cure curación *f*, cura *f*
dentist dentista *m*
dentist's chair sillón de dentista
diagnosis diagnóstico *m*
diaphragm diafragma
diet dieta *f*, régimen *m*
disease enfermedad *f*, afección *f*, trastorno *m*
dizziness vértigo *m*
doctor doctor -ra, médico -ca
doctor's office consultorio médico
dressing vendaje *m*, apósito *m*
duodenum duodeno *m*
ecchymosis equimosis *f*
eczema eccema *m*
elbow codo *m*
epidemic epidémico -ca, epidemia *f*
epidermal epidérmico -ca
epidermic epidérmico -ca
epidermis epidermis *f*
epigastrium epigastrio *m*
epiglottis epiglotis *f*
epilepsy epilepsia *f*
epiphysis epífisis *f*
epithelioma epitelioma *m*
epithelium epitelio *m*
eruption erupción *f*
erysipelas erisipela *f*
external jugular vein vena yugular externa
eyelid párpado *m*
face spot mancha facial
faint desmayo *m*
family doctor médico de cabecera, médico familiar
feel sick estar mareado, sentirse mal
femur fémur *m*
fever fiebre *f*, calentura *f*
fibula peroné *m*
fingers dedos de las manos
fit ataque *m*
flu gripe *f*
forearm antebrazo *m*
forensic medicine medicina forense, medicina legal
fracture fractura *f*
frontal bone frontal *m*
furuncle furúnculo *m*
gall bladder vesícula biliar
gangrene gangrena *f*
gauze gasa *f*, torunda *f*
German measles rubéola *f*
get better mejorar
gout gota *f*
graft injerto *m*; trasplante *m*
gynecologist ginecólogo *m*
health salud *f*
healthy sano -na; saludable
heart corazón *m*
heel talón *m*
hemiplegia hemiplejía *f*
hemiplegy hemiplejía *f*
hip bone coxal *m*, iliaco *m*
hives urticaria *f*
homeopath homeópata *m*
homeopathy homeopatía *f*
hospital hospital *m*
hospital ward sala de hospital
humerus húmero *m*
hygiene higiene *f*
icterus ictericia *f*
iliac artery arteria iliaca
iliac vein vena iliaca
ilium hueso iliaco, parte postero superior
improve mejorar
incubation incubación *f*
indigestion indigestión *f*
indisposed indispuesto -ta
indisposition indisposición *f*
inferior vena cava vena cava inferior
injury daño *m*, lesión *f*
insanity locura *f*
insides órganos internos
instep empeine *m*
instruments instrumental *m*
internal jugular vein vena yugular interna
intestines intestinos *mpl*
iris iris *m*

ischium	isquión *m*
itch	prurito *m*
jaundice	ictericia *f*
jawbones	maxilares *mpl*
kidneys	riñones *mpl*
knee	rodilla *f*
kneecap	rótula *f*
lesion	lesión *f*
leukemia	leucemia *f*
ligature	ligadura *f*
liver	hígado *m*
lobe	lóbulo *m*
lose consciousness	perder el conocimiento
lungs	pulmones *mpl*
malaria	malaria *f*, paludismo *m*, fiebre palúdica
Malta fever	fiebre de Malta
mandible	mandíbula *f*, maxilar inferior
mange	roña *f*
marrow	médula *f*
maxilla	maxilar *m*, maxilar superior
measles	sarampión *m*
medical services	servicios médicos
medicine	medicina *f*
medulla	bulbo *m*
medulla oblongata	médula oblongada
megalocephalic	megalocéfalo -la
megalocephalous	megalocéfalo -la
metacarpus	metacarpo *m*
metatarsus	metatarso *m*
migraine	migraña *f*, jaqueca *f*
mumps	paperas *fpl*, parotiditis *f*
muscle	músculo *m*
myocardial infarction	infarto de miocardio
myocardium	miocardio *m*
nape	nuca *f*
neuralgia	neuralgia *f*
neurasthenia	neurastenia *f*
neurologist	neurólogo *m*
nurse	enfermera *f*, enfermero *m*
obstetrician	tocólogo *m*, partero *m*
occipital bone	occipital *m*
oculist	oculista *f*
odontologist	odontólogo *m*
operating theater	quirófano *m*, sala de operaciones
operation	operación *f*, intervención *m*
ophthalmologist	oftalmólogo *m*
orbit	órbita *f*
pain	dolor *m*
pancreas	páncreas *m*
paralysis	parálisis *f*
parietal bone	parietal *m*
patella	rótula *f*
patient	paciente *m*
pediatrician	pediatra *mf*
pediatrist	pediatra *mf*
pelvis of the kidney	pelvis renal
peritonitis	peritonitis *f*
phalanges	falanges *fpl*
pharyngitis	faringitis *f*
phthisis	tisis *f*
physician	médico -ca
pimple	barro *m*, grano *m*
plaster	enyesado *m*, escayola *f*
plastic surgery	cirugía plástica, cirugía estética
pneumonia	pulmonía *f*, neumonía *f*
poliomyelitis	poliomielitis *f*, parálisis infantil
portal vein	vena porta
probing	sondeo *m*
psoas muscle	músculo psoas
psychiatrist	psiquiatra *m*
pubic symphysis	sínfisis del pubis
pubis	pubis *m*
pulmonary arteries	arterias pulmonares
pulmonary artery	arteria pulmonar
pulmonary veins	venas pulmonares
pupil	pupila *f*
rabies	rabia *f*
rachitis	raquitismo *m*
radius	radio *m*
rash	exantema *m*, erupción *f*
rectum	recto *m*
relapse	recaída *f*
rheumatism	reumatismo *m*
ribs	costillas *fpl*
rickets	raquitismo *m*
rubella	rubéola *f*
sacrum	sacro *m*
scab	roña *f*; costra *f*, postilla *f*
scabies	sarna *f*
scalpel	escalpelo *m*
scapula	omóplato *m*
scar	cicatriz *f*
scarlet fever	escarlatina *f*
sciatica	ciática *f*
sclerosis	esclerosis *f*
septicaemia	septicemia *f*

septicemia	septicemia *f*
shingles	zona *f*, herpes zoster *m*
shoulder blade	omóplato *m*
sickly	enfermizo -za
sick person	enfermo -ma
sinusitis	sinusitis *f*
skeleton	esqueleto *m*
skin	piel *f*
skull	cráneo *m*
slight illness	enfermedad leve, indisposición *f*
sling	cabestrillo *m*
smallpox	viruela *f*
sneeze	estornudar
sole	planta del pie
sounding	sondeo *m*
spine	espina dorsal, columna vertebral, raquis *m*
spleen	bazo *m*
splitting headache	jaqueca *f*, migraña *f*
spot	grano *m*
sprain	esguince *m*, torcedura *f*; torcerse
sternum	esternón *m*
stethoscope	estetoscopio *m*
sticking plaster	esparadrapo *m*, tela adhesiva
stiff neck	tortícolis *f*
stitches	puntos *mpl*
stomach	estómago *m*
subclavian artery	arteria subclavia
subclavian vein	vena subclavia
subcostal	subcostal
superior mesenteric artery	arteria mesentérica superior
superior mesenteric vein	vena mesentérica superior
superior vena cava	vena cava superior
suprarenal gland	glándula suprarrenal
surgeon	cirujano *m*
surgery	cirugía *f*
swamp fever	fiebre palúdica, paludismo *m*
swelling	hinchazón *f*, chichón *m*, chipote *m*
symptom	síntoma *m*
syncope	síncope *m*
syphilis	sífilis *f*
take to one's bed	encamarse, acostarse
tarsus	tarso *m*
temporal bone	temporal *m*
tetanus	tétanos *m*
thigh	muslo *m*
thrombosis	trombosis *f*
thyroid cartilage	cartílago tiroideo
tibia	tibia *f*
to be ill	estar enfermo
to be sick	estar enfermo
tocologist	tocólogo *m*
toes	dedos de los pies
to get vaccinated	vacunarse
torticollis	tortícolis *f*
trachea	tráquea *f*
tracheotomy	traqueotomía *f*
transplant	trasplante *m*
treatment	tratamiento *m*
trepanation	trepanación *f*
tuberculosis	tuberculosis *f*
tumor	neoplacia *f*, tumor *m*
tumour	tumor *m*
twist	torcedura *f*
typhus	tifus *m*
ulcer	úlcera *f*
ulna	cúbito *m*
unwell	indispuesto -ta
ureter	uréter *m*
urethra	uretra *f*
urethral orifice	orificio uretral
urticaria	urticaria *f*
varicella	varicela *f*
ventricle	ventrículo *m*
vertebrae	vértebras *fpl*
vertigo	vértigo *m*
wart	verruga *f*
wholesome	sano -na
whooping cough	tosferina *f*, tos ferina
windpipe	tráquea *f*
wound	llaga *f*, herida *f*
wrist	muñeca *f*
X-ray	rayos X *m*, radiografía *f*
yellow fever	fiebre amarilla
zone	zona *f*

mineralogy and metallurgy
mineralogía y metalurgia

air vent	respiradero *m*, lumbrera *f*
alumina	alúmina *f*
alloy	aleación *f*
alloy steel	acero aleado, acero de aleación
amalgamation	amalgamación *f*
angle iron	hierro angular
anneal	recocer
annealing	recocido *m*
anthracite	antracita *f*
arch	arco *m*; bóveda *f*
arc welding	soldadura por arco
asphalt	asfalto *m*
asphyxia	asfixia *f*
auger	barrena *f*, taladro *m*
autogenous welding	soldadura autógena
bauxite	bauxita *f*
bed	capa *f*, estrato *m*, bancada *f*
belly	vientre *m*
benzene	benceno *m*
billet	planquilla *f*
blast furnace	alto horno, horno alto
blast hole	barreno *m*
bloom	desbaste *m*, changote *m*
blooming mill	laminador -ra preliminar
blowhole	sopladura *f*
blowpipe	soplete *m*
borer	barrena *f*, taladro *m*, barrenador -ra, taladrador -ra
boring	sondeo *m*; horadación *f*
bosh	etalaje *m*
brazing	soldadura fuerte, soldadura dura
burner	quemador *m*
calcination	calcinación *f*
capstan	cabrestante *m*
carburization	carburación *f*, cementación al carbono
caseharden	cementar
case hardening	cementación *f*, endurecimiento superficial, temple
cast	colar, vaciar
casting	colado *m*, vaciado *m*
cast iron	fundición *f*, hierro colado, arrabio *m*
cast iron ingot	lingote de arrabio
cast steel	acero colado
cave-in	derrumbe *m*, derrumbamiento *m*
cementation	cementación *f*
cementite	cementita *f*
chalk	creta *f*
charge	carga *f*
charger	cargador -ra
charging	carga *f*
Christmas tree	árbol de Navidad
chute	tolva *f*
clay	arcilla *f*
clay pit	arcillera *f*, gredal *m*
cleavage	crucero *m*
coal	antracita *f*, hulla *f*, carbón de piedra o mineral
coal field	campo carbonífero
coal mine	mina de carbón

coiled sheet	banda *f*, lámina enrollada
coke	coque *m*
coking	coquización *f*, coquificación *f*
coking plant	coquería *f*, coquizadora *f*, planta de coquificación
collier	minero *m* (del carbón)
colliery	mina de carbón
compressor	compresor -ra
converter	convertidor *m*
cooling	enfriamiento *m*
core sample	testigo de perforación, núcleo de perforación
corrugated iron	chapa ondulada, lámina acanalada
cracking	destilación fraccionada, craqueo *m*, destilación *f*
crown block	caballete portapoleas
crucible	crisol *m*, solera *f*
crude oil	petróleo crudo, petróleo sin refinar
crude steel	acero bruto
crusher	trituradora *f*, quebradora *f*
cryolite	criolita *f*
crystal	cristal *m*
cupola	cubilote *m*
cupola furnace	horno de cubilote
decarbonization, decarburization	descarburación *f*
deposit	yacimiento *m*
derrick	torre de perforación
diamond bit	barrena de diamante, trépano de diamante
die	dado *m*, matriz *m*, troquel *f*
die casting	matrizado *m*, vaciado en matriz metálica, vaciado en molde metálico
distillation column	columna de destilación
downcomer	tubería de salida de gases
drawbench	banco de estirar, hilera *f*
drawhole	piquera *f*
drawing	estirado *m*, estiraje *m*
drawplate	hilera *f*
drill	barrena *f*, broca *f*, perforadora *f*
drill bit	barrena *f*, trépano *m*, broca del taladro
drilling	perforación *f*
drilling machine	perforadora *f*, barrenadora *f*
drill pipe	tubería de perforación, tubo de perforación
drill stem	vástago de perforación
drop hammer	martinete *m*
dust catcher	colector de polvo
electric steel	acero eléctrico
electrolysis	electrólisis *f*
electrometallurgy	electrometalurgia *f*
elinvar	elinvar *m*, acero al níquel
emptier	vaciador *m*
excavation	excavación *f*
exfoliation	exfoliación *f*
explosive	explosivo *m*
extraction	extracción *f*
extrude	extrudir
extrusion	extrusión *f*
fault	defecto *m*
ferrite	ferrita *f*
ferronickel	forroníquel *m*
ferrous products	productos férreos
field	campo *m*, yacimiento *m*
finished product	producto terminado, producto elaborado
firebrick lining	revestimiento de ladrillo refractario
firedamp explosion	explosión de grisú
flooding	inundación *f*, anegamiento *m*
floor	solera *f*, piso *m*
flotation, floatation	flotación *f*
flux	fundente *m*
forge	fragua *f* (horno); forja *f* (fundición)
forging	forjado *m*
foundry	fundición *f*, fundidora *f*
fractional distillation	destilación fraccionada
fractioning tower	torre de fraccionamiento
frit	tostar, sinterizar
fritting	sinterización *f*, fritaje *m*, tostación *f*; cementar

fuel	combustible *m*, carburante *m*
fusion	fusión *f*
gallery	galería *f*
gangue	ganga *f*
gas oil	gasóleo *m*
gasoline	gasolina *f*, nafta *f*
gas purifier	depurador de gases
gassing	gaseamiento *m*, intoxicación con grisú
gold nugget	pepita de oro
gold reef	filón aurífero
granite	granito *m*
gravel	grava *f*
grits	gravilla *f*
ground water	agua freática
gypsum	yeso *m*
hardening	endurecimiento *m*
hard steel	acero duro
hearth	hogar *m*, fogón *m*
heat exchanger	cambiador de calor
heating	caldeo *m*, calentamiento *m*
hematite, haematite	hematites *fpl*, hematita *f*
high-grade gasoline	supercarburante *m*
high-octane gasoline	gasolina de alto octanaje
high-speed steel	acero rápido, acero de alta velocidad
hoist	montacargas *m*, malacate *m*
hoisting shaft	pozo de extracción, tiro de extracción
hopper	tolva *f*
hydraulicking	laboreo hidráulico
hydrocarbon	hidrocarburo *m*
ingot mold	lingotera *f*
ingot steel	acero fundido
inject	inyectar
insufflate	insuflar
iron and steel industry	industria siderúrgica, industria del hierro y el acero
iron ingot	tocho *m*, lingote de hierro
iron notch	piquera *f*
iron ore	mineral férreo, mena férrea
ironworks	fundición de hierro, fundidora de hierro
jumper	barreta *f*
kerosene	queroseno *m*
ladle	caldero de colar, cucharón *m*
landslide	desprendimiento de tierra
layer	estrato *m*, capa *f*, lecho *m*
level	piso *m*; nivel *m*
lignite	lignito *m*
limestone flux	castina *f*, fundente calcáreo
lining	encofrado *m*, revestimiento de una mina
loading	carga *f*
loam	limo *m*; marga *f*
lubricating oil	aceite lubricante
machining	maquinado *m*, labrado con máquinas
marble	mármol *m*
marl	marga *f*
melting	fusión *f*, fundente *m*
metal band	fleje *m*
metallurgy	metalurgia *f*
metal strip	fleje *m*
mild steel	acero dulce
milling	fresado *m*
mine	mina *f*
mine entrance	bocamina *f*
miner	minero *m*
mineral	mineral *m*; mena *f*
mineralogy	mineralogía *f*
miner's safety lamp	lámpara de seguridad, lámpara de Davy
mining	minería *f*; laboreo *m*
mining engineer	ingeniero de minas
modeling	modelado *m*
mold, mould	molde *m*
molded steel	acero moldeado
molding, moulding	moldeado *m*, moldeamiento *m*
mouth	tragante *m*
muffle	mufla *f*
muffle furnace	horno de mufla
natural gas	gas natural
nitriding	nitruración *f*
nozzle	tobera *f*, inyector *m*
octane number	octanaje *m*
octane rating	octanaje *m*
offshore drilling	perforación submarina
oil	petróleo *m*
oil field	campo petrolífero
oil tanker	buque cisterna
olefin	olefina *f*

open-air working	explotación a cielo abierto
open-hearth furnace	horno de solera abierta
open-pit mining	minería a cielo abierto
ore	mena *f*
ore dressing	preparación de menas
outcrop	afloramiento *m*
pan	batea *f*, gamella *f*
paraffin	parafina *f*
patterning	modelado *m*
patternmaking	modelado *m*
pearlite	perlita *f*
peat	turba *f*
peat bog	turbera *f*
percussive drilling	perforación por percusión
petrochemicals	productos petroquímicos
petrol	nafta *f*, gasolina *f*
petrology	petrología *f*
pick	pico *m*, zapapico *m*, pica *m*
pig bed	lecho *m*, lingotero *m*
pig iron	hierro en lingotes, arrabio *m*
pile hammer	martillo de pilón
pipe laying	tendido de conductos
pipeline	oleoducto *m*, gasoducto *m*
pithead	bocamina *f*
planking	entabladura *f*
plate	chapa *f*, plancha *f*
pocket	bolsa *f*; veta *f*
polymerization	polimerización *f*
powder metallurgy	metalurgia de polvos
preheating	precalentamiento *m*
press	prensa *f*
pressing	embutido *m*; prensado *m*
profiled bar	barra perfilada
prop	ademe *m*, apuntalar, entibar, puntal *m*
propping	apuntalamiento *m*, entibación f
prospecting	prospección *f*, exploración preliminar
prospector	prospector *m*, gambusino *m*
puddled iron	hierro pudelado
puddling	pudelado *m*
pulverization	pulverización *f*
pumping station	puesto de bombeo
purification	depuración *f*
quarry	cantera *f*, pedrera *f*
quarrying	explotación de canteras
quartz	cuarzo *m*
reduction	reducción *m*
refinery	refinería *f*
refining	afinado *m*, afinación *f*, refinación *f*
refining furnace	horno de refinación
re-forming	reformación *f*
refractory steel	acero refractario
regenerator	regenerador *m*
remelting	refundición *f*
reservoir	depósito *m*, tanque *m*
retort	retorta *f*
reverberatory furnace	horno de reverbero, horno de tostadillo
rock	roca *f*
rod	varilla *f*
roller	rodillo *m*
roller bit	trépano *m*, barrena de rodillos
rolling	laminado *m*, laminación *f*
rolling mill	laminador -ra; fábrica de laminación
rolling-mill housing	jaula del laminador
roof	bóveda *f*
rotary drilling	perforación rotatoria, perforación en barrena
rotary furnace	horno rotatorio
rotary table	plataforma giratoria
round iron	hierro redondo; barras de hierro redondas
sample	muestra *f*; núcleo *m*
sampling	muestreo *m*; extracción de núcleos, perforación
sandstone	arenisca *f*
scorification	escorificación *f*
scrap iron	chatarra *f*
section	perfil *m*, corte *m*
semifinished product	producto semiterminado, producto semielaborado
separation	separación *f*
shaft furnace	horno de cuba
shape	perfil *m*
shavings	raspaduras *fpl*, virutas *fpl*
sheet	lámina *f*

sheet iron palastro *m*
shoring entibación *f*, apuntalamiento *m*
shovel pala *f*
sintering sinterización *f*, fritaje *m*, tostación *f*
skip vagoneta *f*
slag escoria *f*
slagging escorificación *f*
slag heap escombrera *f*, escorial *m*
slag notch bigotera *f*
slate pizarra *f*
smelting fundición *f*, fusión *f*
soft iron hierro dulce
soft steel acero dulce
soil water agua del suelo
soldering soldadura blanda
specific gravity densidad relativa
stack cuba *f*; chimenea *f*
stainless steel acero inoxidable
stamping embutición *f*, estampado *m*, estampación *f*, forjado en estampa, troquelado *m*
steel acero *m*
steel mill acería *f*, fábrica de acero
steelworks acería *f*, fundición de acero
stone piedra *f*
stonecutter picapedrero *m*
stonemason cantero *m*; mampostero *m*
storage tank tanque de almacenaje
stratum capa *f*, estrato *m*, lecho *m*
suffocation sofocación *f*
swage estampar, suajar; embutir
swaging estampación *f*, suajado *m*, embutición *f*
swivel cabeza giratoria para inyección de barro
tank car vagón cisterna
tanker camión cisterna, carro tanque; buque cisterna,
tank truck camión cisterna
taphole orificio de colada
tapping sangría *f*
temper templar, temple *m*, revenir
tempering templado *m*, revenido *m*
throat tragante *m*
tilting mixer mezclador basculante, mezcladora de volteo
timbering entibación con madera; encofrado *m*
tin estaño *m*
tinning estañado *m*
tinplate hojalata *f*
tip escombrera *f*
tooling labrado con herramientas; diseño de herramientas
trap trampa *f*.
travelling block polea móvil, polea viajera
trimming desbardado *m*, desbastado *m*
trough bebedero *m*, artesa *f*
truck vagoneta *f*
turbocompressor turbocompresor -ra
turning torneado *m*
turntable plataforma giratoria
tuyère tobera *f*
twining macla *f*, maclaje *m*
undercutter descalzadora *f*, socavadora *f*
vacancy vacante *f*
vein veta *f*, vena *f*, filón *m*
ventilation shaft tiro de ventilación
washer depurador *m*
water table nivel freático
wedge cuña *f*
welding soldadura por fusión, soldadura autógena
well pozo *m*
wildcat perforación exploratoria
winding shaft pozo de extracción, tiro de extracción
wire alambre *m*
wiredrawing trefilado *m*, estirado de alambres
wire rod alambrón *m*
working face piso de corte, superficie de trabajo
wrought iron hierro forjado

music
música

A	la
accordion	acordeón *m*
acoustic	acústica *f*
adagio	adagio *m*
Aeolian harp	arpa eolia
allegretto	allegretto *m*, alegreto *m*
allegro	allegro *m*, alegro *m*
alto clef	clave de do
amplifier	amplificador *m*
Andean music	música andina
anthem	himno *m*
aria	aria *m*, romanza *f*
arpeggio	arpegio *m*, arpegiar
B	si
bagpipes	gaita *f*
balalaika	balalaica *f*
ballad	balada *f*
band	banda *f*
banjo	banjo *m*, banyo *m*
bar	compás *m*
baritone	barítono *m*
baroque music	música barroca
barrel organ	organillo *m*, cilindro *m*
bass	bajo *m*
bass clef	clave de fa
bass drum	bombo *m*
bassoon	fagot *m*
bass string	bordón *m* (cuerda)
baton	batuta *f*
blues	estilo de jazz, blues
book of sacred music	entonatorio *m*
bow	arco *m*
bowed instruments	instrumentos de arco
brass instruments	instrumentos de metal; metales *mpl*
bridge	puente *m*, caballete *m*
bugle	clarín *m*
bugler	clarinista *mf*
C	do
cadence	cadencia *f*
calypso	calipso *m*
cantata	cantata *f*
canticle	cántico *m*
capotasto	ceja *f*, cejilla *f*
capriccio	capricho *m*
caprice	capricho *m*
carol	villancico *m*
castanets	castañuelas *fpl*, crótalos *mpl*
cavatina	cavatina *f*
C clef	clave de do
cello	violoncelo *m*
chamber music	música sacra, música religiosa, música litúrgica
choir	coro *m*
choral society	coral *f*
chord	acorde *m*
chorus	coro *m*, estribillo *m*
clarinet	clarinete *m*
clarinetist, clarinettist	clarinetista *mf*
clarion	clarín (del órgano)
comic opera	ópera cómica
concertina	bandoneón *m*
concerto	concierto *m*
conductor	director -ra
contrabass	contrabajo *m*
contralto	contralto *f*
cornet	cornetín *m*, corneta *f*
counterfugue	contrafuga *f*
counterpoint	contrapunto *m*
crotchet rest	suspiro *m*
cymbals	platillos *mpl*

D	re
damper	sordina *f* (piano)
demisemiquaver	fusa *f*
diapason	diapasón *m*
diatonic	diatónico -ca
diatonic scale	escala diatónica
diesis	sostenido *m*
digitation	digitación *f*
discordant	disonante
disharmony	disonancia *f*
dissonance	disonancia *f*
dissonant	disonante
dodecaphonic	dodecafónico -ca
dodecaphony	dodecafonía *f*, dodecafonismo *m*
dotted	negra con puntillo
dotted crotchet	negra con puntillo
double bass	contrabajo *m*
double bassoon	contrafagot *m*
double flat	doble bemol
drum	tambor *m*
drums	batería *f*
drumstick	palillo *m*
duet	dueto *m*
duo	dúo *m*
E	mi
eighty note	corchea *f*
electric guitar	guitarra eléctrica
electronic music	música electrónica
electronic synthesizer	sintetizador electrónico
English horn	corno inglés
F	fa
fantasy	fantasía *f*
F clef	clave de fa
fingering	digitación *f*
first string	prima *f* (cuerda)
flamenco	canto y baile flamenco
flat	bemol *m*, bemolado -da
flautist	flautista *mf*
flute	flauta *f*
flutist	flautista *mf*
folk dance	baile folklórico
French horn	corno francés
fret	traste *m*
fugue	fuga *f*
G	sol
G clef	clave de sol
German flute	flauta travesera
grand opera	gran ópera
grand piano	piano de cola, piano de concierto
guitar	guitarra *f*

guitarist	guitarrista *mf*
half note	blanca *f*
hammer	martinete *m*, macillo *m*
harmonica	armónica *f*
harmonious	armonioso -sa
harmonium	armonio *m*
harmony	armonía *f*
harp	arpa *f*
harpsichord	clave *m*, clavecín *m*, clavicordio *m*
hemidemisemiquaver	fusa *f*, semifusa *f*
horn	trompa *f*, corno *m*
hunting horn	trompa de caza
hymn	himno *m*
instrumental music	música instrumental
interlude	interludio *m*, intermedio *m*
intermezzo	intermezzo *m*, intermedio *m*
interpretation	interpretación *f*
intone	entonar
jazz	jazz *m*
jazz band	conjunto jazz
jazz man	músico de jazz
jazz up	arreglar para jazz; animar, alegrar
jazzy	sincopado -da
kettledrum	tímpano *m*, timbal *m*
key	nota, clave, tono tecla
keyboard	teclado *m*
keyboard instrument	instrumento de teclado
keynote	tónica *f*
keys	teclas *fpl*
large guitar	guitarrión *m*
larghetto	larghetto *m*
largo	largo *m*
light opera	ópera semiseria
loudspeaker	magnavoz *m*, altavoz *m*
lowered a semitone	bemolado -da
lullaby	canción de cuna
lute	laúd *m*
lyre	lira *f*
lyrics	letra *f* (de la música vocal)
major	mayor
major key	tono mayor
mandola, mandora	bandurria *f*
mandolin, mandoline	mandolina *f*
maraca	maraca *f*
marimba	marimba *f*
melodeon	melodión *m*
melodic	melódico -ca

melodious	melodioso -sa
melodist	melodista *mf*
melody	melodía *f*
metronome	metrónomo *m*
mezzosoprano	mezzosoprano *f*
minim	mínima *f*
minor	menor
minor key	tono menor
modulate	modelar
modulation	modulación *f*
motet	motete *m*
mouth organ	armónica *f*
mouthpiece	boquilla, embocadura
music	música *f*
musical	comedia musical
musical comedy	comedia musical
musicale	velada musical
musical form	género musical
musicality	musicalidad *f*
musicalness	musicalidad *f*
music box	caja de música
music hall	sala de conciertos; teatro de variedades
music lover	melómano -na
musician	músico -ca
musicianship	musicalidad *f*
musicographer	musicógrafo -fa
musicologist	musicólogo -ga
musicology	musicología *f*
music paper	papel pautado
music stand	atril *m*
music stool	taburete de piano
mute	sordina *f* (alientos)
muted	en sordina
natural sign	becuadro *m*
neck	mástil *m*
nut	ceja *f*
oboe	oboe *m*
opera	ópera *f*
opera buffa	ópera bufa
opera comique	ópera cómica
opera singer	cantante de ópera
operatic	operístico -ca
operetta	opereta *f*
opus	opus *m*, obra *f*
oratorio	oratorio *m*
orchestra	orquesta *f*
organ	órgano *m*
organ stop	registro del órgano
out of tune	desafinado -da, desentonado -da
overture	obertura *f*
passacaglia	pasacalle *m*
pause	calderón *m*

pedal	pedal *m*
percussion instrument	instrumento de percusión
performance	interpretación *f*, ejecución *f*; función *f*
philharmonic orchestra	orquesta filarmónica
piano	piano *m*
pianola	pianola *m*
piccolo	piccolo *m*, flautín *m*
pipe	caramillo *m*
pipes of Pan	flauta de Pan
piston	pistón
pitch	tono *m*
plainsong	música llana
player	músico, intérprete *mf*
plectrum	púa *f*, plectro *m*
pop group	conjunto de música popular
pop music	música pop
prelude	preludio *m*
psalm	salmo *m*
psaltery	salterio *m*
quarter note	negra con puntillo
quarter rest	suspiro *m*
quartet	cuarteto *m*
quartette	cuarteto *m*
quaver	corchea *f*
range	diapasón *m*
recitative	recitativo *m*
reed	caramillo *m*; lengüeta *f*
reed instruments	instrumentos de lengüeta *f*
reed organ	armonio *m*
register	registro *m*
rest	pausa *f*, descanso *m*
rhythm	ritmo *m*, compás *m*
rhytmic	rítmico -ca
rhythmical	rítmico -ca
ritornello	retornelo *m*
rondo	rondó *m*
rostrum	estrado *m*
sax	saxofón *m*
saxophone	saxofón *m*
scale	escala *f*, gama *f*
scherzo	scherzo *m*
score	orquestar, musicalizar, partitura *f*
semibreve	semibreve *f*
semiquaver	semicorchea *f*
semitone	semitono *m*
sharp	sostenido *m*
shawm	caramillo *m*
sheet music	partitura *f*

singer	cantante *mf*	**time**	compás *m*
singing	canto *m*	**timpani**	timbales *mpl*
sixteenth note	semicorchea *f*	**toccata**	tocata *f*
sixty-fourth note	semifusa *f*	**tone**	tono, tonalidad
slide	vara *f*	**transverse flute**	flauta travesera
small tambourine	pandereta *f*	**treble clef**	clave de sol
solfeggio	solfeo *m*	**tremolo**	trémolo *m*
solmization	solfeo *m*	**triangle**	triángulo *m*
solo	solo *m*	**trill**	trino *m*
sonata	sonata *f*	**trio**	trío *m,* terceto *m*
song	canción *f*	**trombone**	trombón *m*
soprano	soprano *f*	**trumpet**	trompeta *f*
sound box	caja de resonancia	**tune**	afinar
sound hole	ese *f*	**tuning fork**	diapasón *m*
sourdine	sordina *f*	**tympani**	tímpanos *mpl*
speaker	altavoz *m,* magnavoz *m*	**valve**	válvula *f*
		vibraphone	vibrafóno *m*
staff	pentagrama *m*	**vibrato**	vibrato *m*
stave	pentagrama *m*	**viola**	viola *f*
string	cuerda *f*	**violin**	violín *m*
string instrument	instrumento de cuerda	**vocal music**	música vocal
		waltz	vals *m*; valsar
strings	cuerdas *fpl*	**waltzer**	valsador -ra
symphony	sinfonía *f*	**whole note**	redonda *f*
symphony orchestra	orquesta sinfónica	**wind instrument**	instrumento de viento
syncopation	síncopa *f*		
syncope	síncopa *f*	**woodwind instrument**	instrumento de madera
tambourine	pandero *m*		
tango	tango *m*	**words**	letra *f* (de la música vocal)
tenor	tenor *m*		
tenor clef	clave de do		
thirty-second note	fusa *f*	**xylophone**	xilófono *m*
three-four time	compás de tres por cuatro	**zarzuela**	zarzuela *f*
		zither	cítara *f*

office
oficina

accountant contador -ra
address dirección *f* (de una carta)
addressee destinatario -ria
adhesive stick lápiz adhesivo
adhesive tape cinta magnética
agency agencia *f*
agenda agenda *f*, minuta *f* (de una junta)
agreement acuerdo *m*, convenio *m*
air conditioning aire acondicionado
apprentice aprendiz *mf*
archivist archivero -ra, archivista *mf*
armchair sillón *m*
ashtray cenicero *m*
assistant asistente *mf*
atlas atlas *m*
attaché case portafolios *m*
automatic feeder alimentador automático (de copiadora)
auxiliary auxiliar *mf*
back space key tecla de retroceso (de máquina de escribir)
back spacer tecla de retroceso (de máquina de escribir)
ballpoint bolígrafo *m*
beginner principiante *mf*
benefit prestación *f*
bid puja *f* (en una subasta)
bill cuenta *f*; letra *f*
bill of exchange letra de cambio
blackboard pizarrón *m*
blotting paper papel secante
board pizarrón *m*
board of directors consejo de administración
bond obligación *f* (título comericial)
bonus bono *m*; prima *f*
bookcase librero *m*, armario para libros
bookkeeper contador -ra
booklet folleto *m*
bookmark separador de páginas
bookrest atril *m*
bookshelf librero *m*
boss jefe -fa
branch sucursal *f*
branch office sucursal *f*
break descanso *m*
briefcase portafolios *m*
budget presupuesto *m*
bulletin board tablero de avisos
bureau oficina *f*
business negocio *m*
business card tarjeta de presentación
business date cita de negocios
businessman hombre de negocios
business trip viaje de negocios
businesswoman mujer de negocios
calendar calendario *m*
carbon paper papel carbón
card case tarjetero *m*
card reader lectora de tarjetas
carriage carro *m* (de máquina de escribir)
cashier caja *f*

cassette recorder	grabador de casetes
chair	silla *f*
chairman of the board	presidente del consejo
chalkboard	pizarrón *m*
checkbook	chequera *f*
checking account	cuenta de cheques
chief	jefe -fa
clerk	oficinista *mf*
clip	clip *m*, presilla *f*
coffee-break	receso *m*
compass	compás *m*
compiler	compilador *m*
computer	ordenador *m*, computador *m*, computadora *f*
conference	conferencia *f*
contract	contrato *m*
convention	convenio *m*; convención *f*
copier	copiadora *f*
copy machine	copiadora *f*
counter	mostrador *m*
cover	portada *f* (de revista), tapa *f* (de copiadora), cubierta *f* (de copiadora)
credit card	tarjeta de crédito
customer	cliente -ta
deal	negocio *m* (transacción), trato *m*
demand	demanda *f*
desk	escritorio *m*
dictionary	diccionario *m*
director	director -ra
display	pantalla *f* (de calculadora)
dossier	expediente *m*
draft	borrador *m* (esbozo)
drum	cilindro *m* (de copiadora) tambor *m* (de computadora)
duty	obligación *f*
earphones	auriculares *mpl*
elevator	elevador *m*, ascensor *m*
elevator operator	ascensorista *mf*, elevadorista *mf*
employee	empleado -da
employment agency	oficina de colocación
encyclopedia	enciclopedia *f*
envelope	sobre *m*
exercise book	cuaderno *m*
expatriate	expatriado -da
fan	ventilador *m*
file	archivo *m*, expediente *m*
filing cabinet	archivero *m*
filmstrip projector	proyector de filminas
first-aid cabinet	botiquín de primeros auxilios
flannelboard	pizarrón de franela, franelógrafo *m*
flipchart	rotafolios *m*
floor	piso *m*
forecast	presupuesto *m*
fountain pen	pluma fuente, estilográfica *f*
franking machine	franqueadora *f*
fringe benefits	prestaciones *fpl*
general delivery	lista de correos
glue	pegamento *m*, goma de pegar
guillotine	guillotina *f*
headphones	audífonos *mpl*
headquarters	oficina matriz, oficina sede
heating	calefacción *f*
holiday	día feriado
holidays	vacaciones *fpl*
ink	tinta *f*
ink pad	cojín entintador
inkwell	tintero *m*
investment account	cuenta de inversiones
key	tecla *f* (de calculadora, computadora o máquina de escribir)
keyboard	teclado *m*
label	etiqueta *f*, marbete *m*
labelling machine	etiquetadora *f*
learner	principiante *mf*; aprendiz *mf*
letter	carta *f*
library	biblioteca *f*
license	licencia *f*
lift	ascensor *m*, elevador *m*
lift attendant	elevadorista *mf*, ascensorista *mf*
loose-leaf notebook	carpeta (de papeles)
magnetic tape	cinta magnética
mail	correspondencia *f*
manager	gerente *mf*
map	mapa *m*
marker	plumón *m*, marcador *m*
master	patrón *m* (jefe)
meeting	junta *f*, reunión *f*

meeting room	sala de juntas
memorandum	memorándum o memorando *m*
message	mensaje *m*
messenger	mensajero *m*
method	método *m*
mimeograph	mimeógrafo *m*
motion picture projector	proyector de películas
narration	narración *f* (acto de narrar)
narrative	narración *f* (parte de un discurso)
narrator	narrador -ra
negotiation	negociación *f*
negotiator	negociador -ra
newspaper library	hemeroteca *f*
note	apunte *m*
notebook	libreta de apuntes
obligation	obligación *f*
occupation, profession	ocupación *f*
office	oficina *f*
office boy	recadero *m*, mensajero *m*
office worker	oficinista *mf*
order	pedido *m*
organization	organización *f*; organismo *m*
organization chart	organigrama *m*
original	original *m* (de un documento)
overhead projector	retroproyector *m*
overtime	horas extras
paper	papel *m*
paper clip	presilla *f*, clip *m*
paper cutter	guillotina *f*
paper driller	perforadora *f*
paper path	recorrido del papel (en copiadora)
paper roll	rollo de papel
paper tray	bandeja para papel
paperweight	pisapapeles *m*
patent	patente *f*
pay day	día de pago
payroll	nómina *f*
pen	pluma *f*
pencil sharpener	sacapuntas *m*
pending order	pedido pendiente
penknife	navaja *f*
percentage	porcentaje *m*
permission	permiso *m* (autorización)
permit	permiso *m* (autorización)
personnel	personal *m*
petition	petición *f*
phone	teléfono *m*; llamar por teléfono
photocopier	fotocopiadora *f*, copiadora *f*
pin	alfiler *m*
plan, map	plano *m*, mapa *m*
planisphere	planisferio *m*
platten	cristal de exposición (de copiadora)
pocketknife	navaja de bolsillo
porter	conserje *m*
postcard	tarjeta postal
poster	cartel *m*, póster *m*
Post Office Box (P.O. Box)	apartado postal
postscript	postdata *f*
price list	lista de precios
printed format	forma impresa
private office	privado *m*
procedure	procedimiento *m*
process	proceso *m*; procedimiento *m*
promissory note	pagaré *m*
promotion	ascenso *m* (en un empleo)
propelling pencil	portaminas *m*
proposal	proposición *f*
protest	protesto (comercial)
protractor	transportador *m*
radiogram	radiograma *m*
rate	índice *m*
ratio	proporción *f* (relación)
receiver	auricular *m* (de teléfono)
recepcionist	recepcionista *f*
recorder	magnetófono *m*
reminder	recordatorio *m*
report	informe *m*; consignar; informar
request	requerimiento *m*, solicitud *f*
requisition	solicitud *f*
revenue stamp	sello fiscal
reward	premio *m*, recompensa *f*
ribbon	cinta *f* (de máquina de escribir)
rubber seal	sello de goma
rubber stamp	sello de goma
salary	salario *m*
sales forecast	pronóstico de ventas
savings account	cuenta de ahorros
scissors	tijeras *fpl*
screen partition	cancel *m*
secretary	secretario -ria
seminar	seminario *m*

sender	remitente *m* (de una carta)
set of shelves	estantería *f*
shift	turno de trabajo
shop	taller *m*
shorthand writer	taquígrafo -fa
shredder	trituradora de papel
slide projector	proyector de diapositivas
slide rule	regla de cálculo
sorter	compaginador -ra
speaker	orador -ra
sponsor	patrocinador -ra
square	escuadra *f*
staff	personal *m*
stamp	sello *m*, timbre *m*
stapler	engrapadora *f*
staples	grapas *fpl*
stationery	papelería *f* (materiales)
stenographer	estenógrafo -fa
stud	tachuela *f*
subsidiary	subsidiaria *f*
supervisor	supervisor -ra
supplier	proveedor *m*
switchboard	conmutador *m* (telefónico)
swivel chair	sillón giratorio
tabulator	tabulador *m* (de máquina de escribir)
tack	tachuela *f*
tag	marbete *m*, etiqueta *f*
tape recor	grabadora de cinta
technicia	...ico -ca
telecopi	telec...iadora *f*

telefax	telecopiadora *f*
telegram	telegrama *m*
telegraph	telégrafo *m*
telephone	llamar por teléfono; teléfono *m*
telephone book	guía telefónica, directorio telefónico
telephone directory	directorio telefónico, guía telefónica
telephone line	línea telefónica
telephone operator	telefonista *mf*
teleprinter	teletipo *m*
teletype	teletipo *m*
time clock	reloj marcador
tracing paper	papel calca o de calco
trade	negocio *m* (comercio)
transaction	transacción *f*
translation	traducción *f*
translator	traductor -ra
transport office	mensajería *f*
treaty	tratado *m*
typewriter	máquina de escribir
typist	mecanógrafo -fa
videotape recorder	videograbadora *f*
visiting card	tarjeta de visita
wage	sueldo *m*
warehouse	alamacén *m*
wastepaper basket	cesto de papeles, papelera *f*
working day	día hábil
working hours	horas de trabajo; horas hábiles
workshop	taller *m*
zip code	código postal

painting and sculpture
pintura y escultura

abstract	abstracto -ta
abstract art	arte abstracto
altarpiece	retablo *m*
aquafortist	acuafortista *mf*
aquatint, aquatinta	acuatinta *f*
art	arte *m*
art collection	colección artística, exposición artística
art exhibit	exposición artística
art gallery	museo de pintura
artist	pintor-ra, artista *mf*
artistry	arte *m*
art museum	galería de arte, museo pictórico, museo escúltórico
art nouveau	art nouveau (arte nuevo)
art school	academia de dibujo
Baroque	barroco -ca
Baroque period	periodo barroco
Baroque style	estilo barroco
bas-relief	bajorrelieve *m*
beauty	belleza *f*
brushstroke	brochazo *m*, pincelada *f*
bust	busto *m*
Byzantine	bizantino-na
Byzantine art	arte bizantino
canvas	lienzo *m*, tela *f*
Carlovingian	carlovingio -gia
Carolingian	carolingio -gia
carve	esculpir en madera
carved work	escultura *f* (en madera)
carving	escultura en madera
caryatid	cariátide *f*
cast	vaciado *m*
casting	vaciado *m*
cave painting	pintura rupestre
chassis	bastidor
chiaroscuro	claroscuro *m*
chisel	cincel *m*
classical	clásico -ca
Classical art	arte clásico
clay	arcilla *f*, barro *m*
collection of paintings	colección de pinturas; galería de arte
colored pencil	lápiz de color
composition	composición *f*
crayon	crayón *m*
Cubism	cubismo *m*
cubist	cubista *mf*
Dadaism	dadaísmo *m*
dadaist	dadaísta
decorate	decorar; pintar
decoration	decoración *f*
decorative	decorativo, ornamental
design	diseñar; diseño *m*
draw	dibujar
drawing	dibujo *m*
drawing from nature	dibujo al natural
easel	caballete *m*
embellishment	ornamento *m*, adorno *m*
emboss	repujar
embossed	repujado -da
embossing	repujado -da
Empire style	estilo imperio
engrave	grabar
engraving	grabado *m*
equestrian statue	estatua ecuestre
etch	grabar al aguafuerte

etcher	aguafuertista *mf*
etching	aguafuerte *m*, grabado *m*
Expressionism	expresionismo *m*
figurative	figurativo -va
figurative art	arte figurativo
Fine Arts	Bellas Artes *fpl*
finishing touch	último toque, toque final
foreshortened figure	escorzado *m*
foreshorten	escorzado *m*
form	forma *f*
frame	marco *m*; enmarcar
fresco	fresco *m*, pintura al fresco
fret	greca *f*
frieze	friso *m*
full-length portrait	retrato de cuerpo entero
geometric style	estilo geométrico
Gothic	gótico-ca; arte gótico
gouache	pintura a la aguada
granite	granito *m*
Greek	griego -ga
hammer	martillo *m*
hemicycle	hemiciclo *m*
high relief	alto relieve
icon	icono *m*, ícono *m*, icón *m*
iconology	iconología *f*
iconographer	iconógrafo *m*
iconographic	iconográfico -ca
iconography	iconografía *f*
illustration	ilustración *m*
image	imagen *f*
Impressionism	impresionismo *m*
Impressionist	impresionista *mf*
Ionian	jónico -ca
Ionic	jónico -ca
lacquer	laca *f*, barniz *m*, barnizar, dar laca
landscape	paisaje *m*
landscapist	paisajista *mf*
life-size portrait	retrato de tamaño natural
limestone	caliza *f*
linear perspective	perspectiva lineal
linseed oil	aceite de linaza
lithograph	litografiar
lithographer	litógrafo *m*
lithographic	litográfico -ca
lithography	litografía *f*
lowrelief	bajorrelieve *m*
mannerism	manierismo *m*
mannerist	manierista *mf*
manneristic	manierista

marble	mármol *m*
marble pedestal	pedestal de mármol
marine	marina *f*
mechanical drawing	dibujo industrial
Middle Ages	Edad Media
miniature	miniatura *f*
model	modelo *mf*
mural painting	pintura mural
museum	museo *m*
museum of modern art	museo de arte moderno
Naturalism	naturalismo *m*
Neo-Classical	neoclásico
nude	desnudo *m*
oil	óleo *m*
oleography	oleografía *f*
orant statue	estatua orante
ornament	adorno *m*, ornamento *m*, adornar, ornamentar
ornamental	ornamental, decorativo
ornamental front	frontispicio *m*
ornamentation	ornamentación *f*, decoración *f*
ornate	ornado -da, adornado -da
outline	dibujo de paisaje; contorno de rostro
paint	pintura *f*; pintar
paintbrush	brocha *f*, pincel *m*
painter	pintor-ra
painting	cuadro *m*; pintura *f*
painting on earthenware	pintura figulina
paint in oils	pintar al óleo
palette	paleta *f*
paper	papel *m*
pastel	pastel *m*
pastel drawing	dibujo al pastel
pedestal	pedestal *m*
pencil	lápiz *m*
pencil drawing	dibujo a lápiz
perspective	perspectiva *f*
picture	pintura *f*; cuadro *m*
picture gallery	galería de pintura, galería de arte
pinacotheca	pinacoteca *f*
pointillism	puntillismo *m*
pointillist	puntillista *mf*
polychromatic	policromo -ma
polychromy	policromía *f*
porch	pórtico *m*
portal	pórtico *m*
portico	pórtico *m*

portrait	retrato *m*
portrait painter	retratador-ra, retratista *mf*
portray	retratar
profile	perfil *m*
quilt	acolchar
quilted	acolchado -da
realism	realismo *m*
recumbent statue	estatua yacente
religious imagery	imaginería *f*
Renaissance	Renacimiento *m*
Renaissance style	estilo renacentista
repoussé	repujado -da
restoration	restauración *f*
restore	restaurar
restorer	restaurador -ra
retable	retablo *m*
retouch	retocar
roman	romano -na
Romanesque	románico
rupestrian painting	pintura rupestre
sanguine	sanguina *f*
school	escuela *f*, estilo *m*
school of art	escuela de artes
school of arts and crafts	escuela de artes y oficios
sculptor	escultor *m*
sculptor of marble	escultor en mármol
sculptress	escultora *f*
sculptural	escultórico-ca; escultural
sculpture	esculpir; escultura *f*
seapiece	marina *f*
seascape	marina *f*
shape	figura *f*
size painting	pintura al temple
sketch	bosquejo *m*
sketching	dibujo *m*
spray painting	pintura con pistola
statuary	estatuario -ria
statue	estatua *f*
statuette	estatuilla *f*, figurina *f*
stele	estela *f*
still life	naturaleza muerta, bodegón *m*
stipple engraving	grabado punteado
stucco	estucar, estuco *m*, estucado *m*
stucco plasterer	estucador *m*
stucco work	estucado *m*
stucco worker	estucador *m*
studio	estudio *m*
style	estilo *m*, escuela *f*
surrealism	surrealismo *m*
surrealist	surrealista
surrealistic	surrealista
symbolism	simbolismo *m*
tempera painting	pintura al temple
terra-cotta	terracota *f*
thick paint	duco *m*
touch up	retocar
triptych	tríptico *m*
wash	lavada *f*
watercolor	acuarela
watercolorists	acuarelista *mf*
wax museum	museo de cera
wooden shapes	figuras de madera
workmanship	arte *m*
work of art	obra de arte

physics
física

absolute potential	potencial absoluto
absolute temperature	temperatura absoluta
absolute zero	cero absoluto
accelerating frameworks	marco (sistema) de referencia acelerado (no inercial)
acceleration vector	vector aceleración, aceleración vectorial
a.c. circuit (source)	circuito (fuente) de ca
achromatic doublet	doblete acromático
acoustical interferometer	interferómetro acústico
acoustic intensity	intensidad acústica, intensidad sonora
action and reaction law	ley de la acción y reacción
action-reaction pair of forces	par acción-reacción de fuerzas
adiabatic process	proceso adiabático
air table (track)	mesa (pista) de aire
alpha particle	partícula alfa
alternating current	corriente alterna (ca)
ammeter	amperímetro *m*, ampérmetro *m*
ampere	ampere *m* (s.i.), amperio *m*
amplitude coefficient	coeficiente de amplitud
analyzer	analizador *m*
angular acceleration (frequency, velocity)	aceleración (frecuencia, velocidad) angular
angular magnification	amplificación angular
angular momentum	cantidad de movimiento angular
angular speed	rapidez angular, magnitud de la velocidad angular
anharmonic oscillator	oscilador anarmónico
anisotropic material	material anisotrópico
anode	ánodo *m*
antinode	antinodo *m*
antiparticle	antipartícula *f*
antiproton	antiprotón *m*
aphelion	afelio *m*
areal density	densidad respecto al área
astronomical refracting telescope	telescopio astronómico de refracción
astronomical unit	unidad astronómica
atmosphere	atmósfera *f*, atmosfera *f*
atomic mass number	número de masa atómica
atomic mass unit	unidad de masa atómica
atomic number (weight)	número (peso *m*) atómico
attractive force	fuerza de atracción
aural harmonics	armónicas auditivas
average velocity	velocidad promedio
axial vector	vector axial (axil)
balance point	punto de balanceo
ballistic galvanometer	galvanómetro balístico
ballistic pendulum	péndulo balístico
bandwidth	ancho de banda
banking of curve	peralte de una curva
bar	bar *m*
baricenter	baricentro *m*
barn	barn *m*, (s.i.) barnio *m*

barometer	barómetro *m*
barrier penetration	penetración de la barrera
baryon	baryón *m*
basic particles	partículas fundamentales
battery	batería *f*
beat	pulsación *f*
beta particle	partícula beta
beta ray spectrometer	espectrómetro de rayos beta
binding energy	energía de enlace (amarre o unión)
black body radiation	radiación de cuerpo negro
block and tackle	aparejo de poleas, polipasto
Bohr magneton	magnetón de Bohr
bombarding particle	partícula de bombardeo
boson	bosón *m*
bound charge (currents)	carga (corriente) ligada
bound system	sistema ligado (enlazado)
brake horsepower	potencia al freno, caballaje al freno
branch of circuit	ramal de un circuito, rama de un circuito
bremsstrahlung	bremsstrahlung radiación por frenado
Brownian motion	movimiento browniano
bubble chamber	cámara de burbujas
bulk expansion coefficient	coeficiente de expansión o dilatación volumétrica
bulk modulus	módulo volumétrico
buoyant force	fuerza de empuje
calorie	caloría *f*
calorimeter	calorímetro *m*
calorimetry	calorimetría *f*
capacitance	capacitancia *f*
capacitive circuit	circuito capacitivo
capacitive reactance	reactancia capacitiva
Carnot engine	máquina de Carnot
cathode	cátodo *m*
cathode-ray tube	tubo de rayos catódicos
cavitation	cavitación *f*
cavity resonator	resonador de cavidad
center of gravity (of mass)	centro de gravedad (de masa)
center of percussion	centro de percusión
centigrade scale	escala centígrada

centimeter	centímetro *m*
centipoise	centipoise
central force	fuerza central
centrifugal force	fuerza centrífuga
centripetal acceleration	aceleración centrípeta
centripetal acceleration component	componente centrípeta de la aceleración
centripetal force	fuerza centripeta
cesium clock	reloj de cesio
chain reaction	reacción en cadena
charge carrier	portador de carga
charge density	densidad de carga
charge quantum	cuanto de carga
charging by induction	carga por inducción
chromatic aberration	aberración cromática
circular loop	espira circular
circularly polarized waves	ondas circularmente polarizadas
circular motion	movimiento circular
circular (planar) loop	espira circular (plana)
classical mechanics	mecánica clásica
cloud chamber	cámara de niebla
coefficient of restitution	coeficiente de restitución
coherence length	longitud de coherencia
coherent waves	ondas coherentes
coil	bobina *f*
collimator	colimador *m*
collision	colisión *m*, choque *m*
collision cross section	sección transversal de colisión o choque
combination tone	tono combinación
commutator	conmutador *m*
compass	brújula *f*
compliance	docilidad *f*
compressibility	compresibilidad *f*
compressional waves	ondas de compresión
compression ratio	razón de compresión
compressive stress	esfuerzo unitario compresión
Compton effect	efecto Compton
condensation of gases	condensación de gases
conductance	conductancia *f*
conduction	conducción *f*
conical pendulum	péndulo cónico
conservative field	campo conservativo
conservative force	fuerza conservativa
consonant notes	notas consonantes
constant acceleration (velocity)	aceleración (velocidad *f*) constante
constraint	restricción *f*

constructive interference	interferencia constructiva
contact force	fuerza de contacto
contact friction	fricción (rozamiento *m*) por contacto
contact potential	potencial de contacto
continuity equation	ecuación de continuidad
continuous medium	medio continuo
continuous spectrum	espectro continuo
continuum mechanics	mecánica del medio continuo
contracted length	longitud contraida
converging lens	lente *f* convergente
Coriolis force	fuerza de Coriolis
correspondence principle	principio de correspondencia
cosmic radiation	radiación cósmica
coulomb	coulomb *m*
counterelectromotive force	fuerza contraelectromotriz
couple	par *m*
covalent bond	enlace covalente
critical angle	ángulo crítico
critically damped oscillator	oscilador críticamente amortiguado
critical temperature	temperatura crítica
crystalline state	estado cristalino
curie	curie *m*
current density	densidad de corriente
current lines	líneas de corriente
current loop	espira de corriente
current rule	regla de las corrientes
cutoff frequency	frecuencia de corte
cycle	ciclo *m*
cyclotron	ciclotrón *m*
cyclotron frequency (resonance)	frecuencia (resonancia) ciclotrónica
cyclotron period	periodo ciclotrónico
cylindrical lens	lente cilíndrico
damped oscillator	oscillador amortiguado
damping	amortiguamiento *m*
damping coefficient (force)	coeficiente (fuerza) de amortiguamiento
d. c. circuit	circuito de cc
d. c. source	fuente de cc
debye	debye *m*
decay constant in radioactivity	constante de desintregración en la radiactividad
decay curve	curva de decaimiento
decay time in damped oscillator	tiempo de decremento en el oscilador amortiguado
decibel	decibel *m* (s.i.), decibelio *m*
degradation of energy	degradación de la energía
degrees of freedom	grados de libertad
demagnetizing field	campo desmagnetizador
density	densidad *f*
depolarization field	campo de despolarización
derived unit	unidad derivada
destructrive interference	interferencia destructiva
diamagnetism	diamagnetismo *m*
dichroic crystal	cristal dicroico
dichroism	decroísmo *m*
dielectric	dieléctrico -ca
dielectric constant (strength)	constante (rigidez) dieléctrica
difference tone	tono diferencia
differential pulley	polea diferencial
diffraction	difracción *f*
diffraction grating (pattern)	rejilla (patrón) de difracción
diffuse reflection	reflexión difusa
dimensional analysis	análisis dimensional
diopter	dioptría *f*
dipole antenna	antena dipolar
dipole moment	momento dipolar
direct current	corriente continua
discrete spectrum	espectro discreto
dispersive material	material dispersor
dispersive power	poder de dispersión
displacement	desplazamiento *m*
displacement current	corriente de desplazamiento
dissociation energy (separation)	energía (separación) de disociación
dissonant notes	notas disonantes
diverging lens	lente divergente
Doppler effect	efecto Doppler
Doppler shift	corrimiento Doppler, desplazamiento Doppler
double-slit interference	interferencia a través de dos rendijas (ranuras)
drag	resistencia al avance
drift velocity	velocidad de arrastre
driven oscillations	oscilaciones forzadas
driving frequency	frecuencia impulsora
dyne	dina *f*
eddy currents	corrientes (inducidas) parásitas, corrientes de Foucault, corrientes en remolino

effective current (voltage)	corriente (tensión) efectiva (eficaz)
effective mass	masa efectiva
eigenfrequency	eigenfrecuencia, frecuencia propia
elastic collision (scattering)	colisión o choque (dispersión) elástico
electric charge (circulation, conductivity, current, force, potential energy, resistance)	carga (circulación, conductividad, corriente, fuerza, energía potencial, resistencia) eléctrica
electric circuit (dipole, field, flux, potential)	circuito (dipolo, campo, flujo, potencial) eléctrico
electric dipole moment	momento dipolar eléctrico
electric field lines	líneas del campo eléctrico
electric field strength	intensidad del campo eléctrico
electric filter	filtro eléctrico
electric generator	generador eléctrico
electric potential difference	diferencia de potencial eléctrico
electrode	electrodo *m*
electromagnet	electroimán *m*
electromagnetic field (spectrum)	campo (espectro) electromagnético
electromagnetic force (radiation)	fuerza (radiación) electromagnética
electromagnetic induction	inducción electromagnética
electromotive force, emf	fuerza electromotriz, fem
electron	electrón *m*
electron charge	carga electrónica, carga del electrón
electron diffraction	difracción del electrón
electron microscope	microscopio electrónico
electron-spin magnetic moment	momento magnético del espin del electrón
electron spin resonance	resonancia del espín electrónico
electron-volt	electrón volt *m*
electrostatic precipitator	precipitador electrostático
electrostatics	electrostática *f*
emf	fem
energy bands	bandas de energía
energy conservation	conservación de la energía
energy density (flux, level)	densidad (flujo, nivel) de energía
energy quantization	cuantización de la energía
engine cycle	ciclo del motor
entropy	entropia *f*
equilibrium	equilibrio *m*
equilibrium macrostate	macroestado de equilibrio
equilibrium separation	separación de equilibrio
equilibrium thermodynamics	termodinámica del equilibrio
equipotential surface	superficie equipotencial
equivalence principle	principio de equivalencia
equivalent resistance	resistencia equivalente
erg	erg *m* (s.i.), ergio *m*
escape speed	magnitud de la velocidad de escape
excited state	estado excitado
exclusion principle	principio de exclusión
expansion	dilatación, expansión
external-combustion engine	motor de combustión externa
eye piece lens	ocular *m*
farad	farad *m* (s.i.), faradio *m*
faraday	faraday *m*
fermion	fermión *m*
ferromagnetic domain	dominio ferromagnético
ferromagnetic material	material ferromagnético
ferromagnetics	ferromagnetica *f*
ferromagnetism	ferromagnetismo *m*
fiber optic bundle	haz de fibras ópticas
fictitious force	fuerza ficticia
field coil	bobina de campo
fission	fisión *f*
fission barrier	barrera de fisión
fission fragment	fragmento de fisión
Fitzgerald-Lorentz contraction	contracción de Fitzgerald-Lorentz
flow tube	tubo de flujo
fluid	fluido *m*
fluid friction	fricción fluida
flux	flujo *m*, flux *m*
focal length (point)	longitud (punto) focal, distancia focal

focus	foco *m*
force center	centro de fuerzas
force constant	constante de fuerza
formation	formación *f*
Foucault pendulum	péndulo de Foucault
four-stroke Otto cycle	ciclo de Otto de cuatro tiempos
frame of reference	marco de referencia, sistema de referencia
free-body diagram	diagrama de cuerpo libre
free fall	caída libre
free-stream speed (velocity)	magnitud de la velocidad, rapidez de corriente libre
friction	fricción *f*, rozamiento *m*
frictional critical angle	ángulo crítico de fricción (de rozamiento)
fringes	franjas *fpl*
fulcrum	fulcro *m*, punto de apoyo
fundamental frequency	frecuencia fundamental
fundamental particles	partículas fundamentales
fundamental unit	unidad fundamental
fundamental vibration	vibración fundamental
fusion	fusión *f*
Galilean acceleration (position, velocity) transformation	transformación galileana de la aceleración (posición, velocidad)
Galilean telescope	telescopio galileano
galvanometer	galvanómetro *m*
gamma rays	rayos gamma
gauge pressure	presión manométrica
gauss	gauss
gaussian surface	superficie gaussiana
Geiger counter	contador Geiger
general (special) theory of relativity	teoría general (especial) de la relatividad
geometric optics	óptica geométrica
gram	gramo *m*
grating spectrometer	espectrómetro de rejilla
gravitation	gravitación *f*
gravitational acceleration (force, potential energy)	aceleración (fuerza, energía potencial) gravitacional (o gravitatoria)
gravitational field	campo gravitacional (gravitatorio)
gravitational (inertial) mass	masa gravitacional (inercial)
graviton	gravitón *m*
ground state	estado base
guard ring	anillo de guardia, anillo protector
gyration radius	radio de giro
gyroscope	giroscopio *m*, giróscopo *m*
half-life	vida media
Hall angle (coefficient, voltage)	ángulo (coeficiente, tensión) de Hall
harmonic frequency	frecuencia armónica
harmonic mode (oscillator)	modo (oscilador) armónico
harmonic motion	movimiento armónico
harmonics	armónicas *fpl*
heat	calor *m*
heat capacity	capacidad calorífica
heat conduction (flow)	conducción (flujo) de calor
heat engine	máquina térmica
heat pump	bomba de calor
heat sink (source)	sumidero (fuente) de calor, disipador de calor
heavily damped oscillator	oscilador intensamente amortiguado
henry	henry *m* (s.i.), henrio *m*
hertz	hertz *m* (s.i.), hertzio *m*
high-energy physics	física de la alta energía
hole	hueco *m*
horsepower	caballo de potencia
hydraulic press	prensa hidráulica
hydrodynamics	hidrodinámica *f*
hydrostatic equilibrium	equilibrio hidrostático
hydrostatic pressure	presión hidrostática
hysteresis	histéresis
ideal-gas law	ley de los gases ideales (o perfectos)
ideal wake	estela ideal
image distance (plane)	distancia (plano) de la imagen
impact parameter	parámetro de impacto
impedance	impedancia *f*
impulse-momentum relation	relación impulso-cantidad de movimiento, relación impulso-ímpetu

English	Spanish
incidence	incidencia *f*
incline	rampa *f*
incompressible fluid	fluido incompresible
index of refraction	índice de refracción
induced current	corriente inducida
induced dipole moment (electric dipole, electric field, magnetism)	momento dipolar (dipolo eléctrico, campo eléctrico, magnetismo) inducido
inductance	inductancia *f*
inductive circuit	circuito inductivo
inductive reactance	reactancia inductiva
inductor	inductor *m*
inelastic collision	colisión no elástica, choque no elástico
inelastic scattering	dispersión no elástica
inertia	inercia *f*
inertial reference frame	marco o sistema de referencia inercial
infrared	infrarrojo
infrared radiation	radiación infrarroja
insulator	aislador *m*
interference	interferencia *f*
intermodulation distortion	distorsión de intermodulación
internal-combustion engine	motor de combustión interna
inverse-square law	ley del recíproco del cuadrado
ionic bond	enlace iónico
ionization energy	energía de ionización
ionize	ionizar
iron-core electromagnet	electroimán con núcleo de hierro
irreversible process	proceso irreversible
isentropic process	proceso isoentrópico
isobaric process	proceso isobárico
isolated system	sistema aislado
isometric process	proceso isométrico
isotherm	isoterma *f*
isothermal process	proceso isotérmico
isotope	isótopo *m*
isotropic material	material isotrópico
joule	joule *m* (s.i.), julio *m*
kelvin	kelvin *m* (s.i.), kelvinio *m*
Kelvin temperature	temperatura Kelvin
kilocalorie	kilocaloría *f*
kilogram	kilogramo *m*
kilometer	kilómetro *m*
kilomole	kilomol *m*
kilowatt hour	kilowatt-hora *m*, (s.i.), kilovatio-hora *m*

English	Spanish
kinematics	cinemática *f*
kinetic contact friction force	fuerza de fricción cinética por contacto
kinetic energy	energía cinética
kinetic energy density	densidad de energía cinética
kinetic friction	fricción cinética, rozamiento cinético
kinetic theory	teoría cinética
krypton wavelength standard	patrón de longitud de onda del kriptón
laminar flow	flujo laminar
laser	láser *m*
latent heat	calor latente
lateral magnification	amplificación lateral
LC circuit	circuito LC
length	longitud *f*
length contraction	contracción de la longitud
lens maker's formula	fórmula del fabricante de lentes
lepton	leptón *m*
lever	palanca *f*
lever arm	brazo de palanca
lifetime	tiempo de vida
lightly damped oscillator	oscilador ligeramente amortiguado
light pipe	tubo de luz
light quantum	cuanto de luz
linear accelerator	acelerador lineal
linear density	densidad lineal
linear expansion	expansión, dilatación lineal
linearly polarized waves	ondas linealmente polarizadas
linear momentum	cantidad de movimiento lineal
line spectrum	espectro de líneas
liquefaction of gases	licuación, licuefacción
liquid drop model	modelo de la gota de líquido
liquid-vapor transition	transición líquido-vapor
longitudinal wave	onda longitudinal
loop	circuito cerrado, espira *f*, lazo *m*, gaza *f*, bucle *m*
loop rule	regla de los circuitos cerrados

Lorentz momentum-energy (position-time, velocity) transformation	transformación de Lorentz de la cantidad de movimiento-energía (de la posición-tiempo de la velocidad)
loudness	intensidad sonora
LRC circuit	circuito LRC
Mach angle (cone, number)	ángulo (cono, número) de Mach
machine	máquina *f*
macrostate	macroestado *m*
magnet	imán *m*
magnetic circulation (force, induction, remanence, susceptibility)	circulación (fuerza, inducción, remanencia, susceptibilidad) magnética
magnetic damping	amortiguamiento magnético
magnetic dipole (dipole moment, field, flux)	dipolo (momento dipolar, campo, flujo) magnético
magnetic field energy density (lines)	densidad de energía (lineas) del campo magnético
magnetic material	material magnético
magnetic permeability	permeabilidad magnética
magnetic pole strength	intensidad del polo magnético
magnetic quantum number	número cuántico magnético
magnetic saturation	saturación magnética
magnetization	imanación, magnetización
magnetization curve	curva de magnetización (imanación)
magnetizing current	corriente magnetizadora
magneto	magneto *m*
magnifying glass	lente de aumento
mass	masa *f*
mass defect	defecto de masa
mass-energy	masa-energía *f*
mass-energy relation	relación masa-energía
mass flux	flujo de masa
mass ratio	razón de masas
mass spectroscopy	espectroscopia de masas
master (replica) grating	rejilla maestra (de reproducción)
matter wave	onda de materia
mean free path	camino libre medio, trayectoria libre media
mean scattering time	tiempo medio de dispersión
mean solar day	día solar medio
mean square root speed (voltage)	velocidad (tensión) raíz cuadrática media
mechanical advantage (energy)	ventaja (energía) mecánica
mechanical equivalent of heat	equivalente mecánico del calor
mechanics	mecánica *f*
meson	mesón *m*
meson theory	teoría de los mesones
metastable state	estado metaestable
meter	metro *m*
microscope	microscopio *m*
microstate	microestado *m*
millimeter	milímetro *m*
minimum earth orbit (satellite)	órbita mínima en torno a la Tierra (satélite)
mobile charge density	densidad de carga móvil
mode	modo *m*
modulated tone	tono modulado
modulus of rigidity	módulo de rigidez
molar (molecular) heat capacity	capacidad calorífica molar (molecular)
molecular weight	peso molecular
moment of inertia	momento de inercia
momentum	cantidad de movimiento, ímpetu *m*
momentum conservation	conservación de la cantidad de movimiento
monochromatic aberration	aberración monocromática
monochromatic wave	onda monocromática
multidimensional wave	onda multidimensional
multislit diffraction	difracción en rendijas (ranuras) múltiples
muonic atom	átomo muónico
mutual inductance	inductancia mutua
nanometer	nanómetro *m*
natural frequency	frecuencia natural
negative charge	carga negativa
neon	neón *m*
net reactive voltage phasor	fasor de tensión (voltaje) neto reactivo
network	red *f*, circuito *m*

neutral equlibrium	equilibrio neutro
neutrino	neutrino *m*
neutron	neutrón *m*
newton	newton *m* (s.i.), neutonio *m*
newtonian mechanics	mecánica newtoniana
Newton's laws of motion	leyes de Newton del movimiento
Newton's universal gravitation law	ley de Newton de la gravitación universal
Nicol prism	prisma Nicol
nodal circle	círculo nodal
node	nodo *m*
noninertial reference frame	marco o sistema de referencia no inercial
non-quantum domain	dominio no cuántico
nonquasistatic	no cuasiestático, no cuasiequilibrio
nonrelativistic domain	dominio no relativista
normal force	fuerza normal
north (south) pole of magnet	polo norte (sur) de un imán
nuclear accelerator (cross section)	acelerador (sección transversal) nuclear
nuclear decay reaction	reacción nuclear de desintegración
nuclear force (magnetic resonance, reaction, reactor)	fuerza (resonancia magnética, reacción, reactor) nuclear
nucleus	núcleo *m*
null instrument	instrumento de nulos
number	número *f*
nutation	nutación *f*
objective lens	objetivo
object distance (plane)	distancia (plano) del objeto
ohm	ohm *m* (s.i.), ohmio *m*
ohmic conductor	conductor óhmico
oil-drop experiment	experimento de la gota de aceite
oil immersion microscope	microscopio de inmersión en aceite
orbital quantum number	número cuántico orbital
orbit stability	estabilidad de la órbita
oscillator	oscilador *m*
oscillatory motion	movimiento oscilatorio
overdamped oscillator	oscilador sobreamortiguado
overtone	armónico, sobretono *m*
pair production	producción de pares
parabolic mirror	espejo parabólico
parabolic trajectory	trayectoria parabólica
parallax angle	ángulo de paralaje
parallel ac circuit	circuito paralelo de ca
parallel-axis theorem	teorema de los ejes paralelos
parallel beam	haz paralelo
parallel connection	conexión en paralelo
parallel-plane capacitor	capacitor de planos paralelos
parallel resistances	resistencias en paralelo
paramagnetism	paramagnetismo *m*
parameter	parámetro *m*
paraxial ray	rayo paraxial
partial pressure	presión parcial
particle	partícula *f*
particle accelerator	acelerador de partículas
particle-wave duality	dualidad partícula-onda
pascal	pascal *m*, (s.i.), pascalio *m*
pascal-second	pascal-segundo
peak-to-peak voltage	tensión (voltaje) pico a pico o cresta a cresta
peak voltage	tensión (voltaje) pico (de cresta)
pendulum bob	lenteja de péndulo
perigee	perigeo *m*
perihelion	perihelio *m*
period	periodo *m*
periodic motion	movimiento periódico
permanent magnet	imán permanente
permanent magnetism	magnetismo permanente
permeability (of free space)	permeabilidad (del espacio libre, del espacio vacío)
perpetual motion machine	máquina de movimiento perpetuo
perturbation	perturbación *f*
phase	fase *f*
phase angle (charge, difference)	ángulo (cambio, diferencia) de fasé
phase constant (lag)	constante (atraso o retardo) de fase
phase diagram	diagrama de fases
phasor	fasor *m*
phasor diagram	diagrama de fasores

photocell	fotocelda *f*
photoelectric effect	efecto fotoeléctrico
photoelectron	fotoelectrón *m*
photon	fotón *m*
photon correlation	correlación fotónica
physical acoustics	acústica física
physical pendulum	péndulo físico
physiological acoustics	acústica fisiológica
pion	pion *m*
point charge	carga puntual
pitch	altura *f* (de un sonido); paso *m* (tornillo)
plane mirror	espejo plano
plane wave	onda plana
plasma	plasma *m*
polarity	polaridad *f*
polarization charge	carga de polarización
polarized wave	onda polarizada
polarizer	polarizador
polaroid	polaroide
pole	polo *m*
pole face	cara polar
position-momentum uncertainty principle	principio de incertidumbre de la posición-cantidad de movimiento
position vector	vector de posición
positive charge	carga positiva
positron	positrón *m*
positronium	positronio *m*
potential difference	diferencia de potencial
potential energy	energía potencial
potential energy density	densidad de energía potencial
potentiometer	potenciómetro *m*
pound	libra *f*
power	potencia *f*
power factor (input)	factor (entrada) de potencia
precession	precesión *f*
precessional angular velocity	velocidad angular de precesión
pressure	presión *f*
pressure head	diferencial de presión, altura piezométrica
primary winding	devanado del primario
principal quantum number	número cuántico principal
principle of least action	principio de la mínima acción
principle of superposition	principio de superposición
prism spectrometer	espectrómetro de prisma
product particle	partícula producto
projectile motion	movimiento de proyectiles
propagation medium	medio de propagación
proper length	longitud propia
proper time	tiempo propio
proton	protón *m*
psychological acoustics	acústica psicológica
pulsating dc	cc pulsante
p · v diagram	diagrama p · v
Q factor (value)	factor (valor) Q
quality factor	factor de calidad
quantity of heat	cantidad de calor
quantum	cuanto *m*
quantum domain	dominio cuántico
quantum mechanics	mecánica cuántica
quantum number (state)	número (estado) cuántico
quark	quark *m* (s.i.), cuark *m*
quasistatic process	proceso cuasiestático, proceso cuasiequilibrio
radar waves	ondas de radar
radial acceleration	aceleración radial
radiated power	potencia irradiada
radiation pressure	presión de la radiación
radiation resistance	resistencia a la radiación
radioactive series	serie radiactiva
radioactivity	radiactividad *f*
radio telescope	radiotelescopio
radio waves	ondas de radio
range of projectile	alcance (radio de acción) del proyectil
ray	rayo *m*
ray diagrams	diagramas de rayos
ray optics	óptica de rayos
RC circuit	circuito RC
reactance	reactancia *f*
reaction engine (force, torque)	motor (fuerza, momento de torsión) de reacción
real image	imagen real
reduced mass	masa reducida
reference frame	marco sistema de referencia

reflecting telescope telescopio de reflexión
reflection reflexión *f*
reflection grating rejilla de reflexión
reflection of waves reflexión de ondas
refraction refracción *f*
refrigerator coefficient of performance coeficiente de rendimiento del refrigerador
rejected heat calor rechazado
relative permeability permeabilidad relativa
relativistic domain (energy, force, kinematics, mass, mechanics, momentum) dominio (energía, fuerza, cinemática, masa, mecánica, cantidad de movimiento) relativista
repulsive force fuerza de repulsión
residual nucleus núcleo residual
resistance resistencia *f*
resistive circuit circuito resistivo
resitivity resitividad *f*
resistor resistor *m*
resolving power poder de resolución
resonance resonancia *f*
resonance condition (curve) condición (curva) de resonancia
resonant cavity (circuit) cavidad (circuito) resonante
resonant frequency frecuencia resonante
rest mass masa en reposo
restoring force fuerza de restitución
reversibility reversibilidad *f*
reversible process proceso reversible
Reynolds number número de Reynolds
right-hand rule regla de la mano derecha
rigid body cuerpo rígido
ripple tank tanque (cuba) de ondas
RL circuit circuito RL
rms current (voltage) corriente (tensión) rms (valor eficaz)
rotation rotación *f*
rotational kinematics (mechanics) cinemática (mecánica) de la rotación
rotation angle (axis, vector) ángulo (eje, vector) de rotación
rotation energy (momentum) energía (cantidad de movimiento) de la rotación)
saturated vapor pressure presión del vapor saturado
saturation current corriente de saturación
scaling property propiedad de cambio de escala
scattered particle partícula dispersada
scattering angle ángulo de dispersión
scintillation counter contador de centelleo
search coil magnetometer magnetómetro de bobina exploradora
secondary circuit (winding) circuito (devanado del secundario)
second unit segundo *m* unidad
self-inductance autoinductancia *f*
series ac circuit circuito en serie de ca
series connection conexión en serie
shear corte, cizallamiento, tangenual
shear modulus (strain, stress) módulo (deformación unitaria, esfuerzo unitario) de corte (de cizallamiento, tangencial)
shock wave onda de choque
short range force fuerza de corto alcance
sidereal period periodo sideral
siemens siemens *m*,
simple harmonic motion movimiento armónico simple
simple pendulum péndulo simple
simultaneous events eventos simultáneos
single-object state estado de un solo objeto
sink for fluids sumidero del fluido
sink temperature temperatura del sumidero
sinusoidal current (motion, voltage) corriente (movimiento, tensión) sinuoidal (senoidal)
skin effect efecto superficial, efecto pelicular, efecto piel
slip ring anillo colector
slug slug *m*
solenoid solenoide *m*
sonic boom estampido *m*
sound sonido *m*
sound wave onda sonora
source charge (temperature) carga (temperatura) de la fuente
source of emf fuente de fem
source power potencia de la fuente
space-independent wave function función de onda independiente del espacio

specific gravity	densidad relativa
specific heat	calor específico
specific heat capacity	capacidad calorífica específica
specific heat ratio	razón de calores específicos
specific impulse (thrust)	impulso (empuje) específico
spectral lines (series)	líneas (series) espectrales
spectroscopy	espectroscopia *f*
speed	rapidez (magnitud de la velocidad)
speed distribution	distribución de magnitud de las velocidades
spherical aberration	aberración esférica
spherical lens	lente esférica
spherical wave	onda esférica
spin angular velocity	velocidad angular de espín
spin of electron	espín del electrón
spin quantum number	número cuántico del espín
spring constant (force)	constante (fuerza) del resorte (muelle), constante
stability	estabilidad *f*
stable equilibrium	equilibrio estable
stable nucleus	núcleo estable
stagnation point (pressure)	punto (presión) de estancamiento
standing wave	onda estacionaria
state variable	variable de estado
static equilibrium	equilibrio estático
static friction	fricción estática, rozamiento estático
statistical mechanics	mecánica estadística
steady field (state)	campo (estado) estacionario
steady source	fuente estacionaria
stellar aberration	aberración estelar
stellar interferometer	interferómetro estelar
stopping potential	potencial de detención, potencial de frenado
stopping power	poder de detención
strain	deformación unitaria
streamline	línea de corriente
streamlined	aerodinámico -ca
stress	esfuerzo unitario
strong nuclear force	fuerza nuclear intensa
sublimation	sublimación *f*
sum tone	tono suma
superconductor	superconductor *m*
surface current	corriente superficial

synchronization	sincronización *f*
synchrotron radiation	radiación sincrotrónica
tangential acceleration	aceleración tangencial
tangential acceleration (velocity) component	componente tangencial de la aceleración (velocidad)
target nucleus	núcleo blanco
telephoto lens	lente telefoto
temperature	temperatura *f*
temperature coefficient of resistivity	coeficiente de temperatura de la resistividad
tensile stress	esfuerzo unitario de tensión (tracción)
tension	tensión *f*, tracción *f*
tension force	fuerza de tensión (tracción *f*)
terminal speed (velocity)	rapidez (velocidad) terminal
tesla	tesla *f*
test charge	carga de prueba, carga testigo, carga exploradora
thermal energy	energía térmica
thermal equilibrium	equilibrio térmico
thermal expansion	dilatación (expansión) térmica
thermal interaction (radiation)	interacción (radiación) térmica
thermocouple	termopar *m*
thermodynamic cycle	ciclo termodinámico
thermodynamic efficiency (interaction, temperature)	eficiencia (interacción, temperatura) termodinámica
thermodynamics	termodinámica *f*
thermometer	termómetro
thin lens	lente delgada
threshold of hearing	umbral de audición
time constant	constante de tiempo
time dilatation	dilatación del tiempo
time dilation	dilación del tiempo
time-energy uncertainty principle	principio de incertidumbre del tiempo-energía
time-independent wave function	función de onda independiente del tiempo
toroid	toroide
torque	momento de torsión
torsion balance (pendulum)	balanza (péndulo) de torsión

total energy density	densidad de la energía total
total internal reflection	reflexión interna total
trajectory	trayectoria *f*
transducer	transductor *m*
transformer	transformador *m*
translation	traslación *f*, translación *f*
translational kinematics (mechanics)	cinemática (mecánica) **de la translación**
transmission grating	rejilla de transmisión
transverse (traveling) wave	onda transversal (viajera)
triple point	punto triple
tunnel effect	efecto túnel
turbulent flow	flujo turbulento
turning point	punto de regreso, punto de retorno
two body problem	problema de dos cuerpos
two-slit diffraction	difracción de dos rendijas (ranuras)
ultraviolet	ultravioleta
ultraviolet catastrophe (light)	catástrofe del ultravioleta (radiación ultravioleta)
uncertainty principle	principio de incertidumbre
underdamped oscillator	oscilador subamortiguado
uniaxial stress	esfuerzo unitario uniaxial (aniaxil)
uniform motion	movimiento uniforme
universal gas constant	constante universal de los gases
universal gravitational constant	constante universal de la gravitación
unlike poles	polos diferentes
unstable equilibrium	equilibrio inestable
valance	valencia *f*
vaporization	vaporización *f*
velocity	velocidad *f*
velocity vector	vector velocidad
Venturi effect	efecto Vénturi
Venturi meter	medidor Vénturi

vibration	vibración *f*
virtual event (image, level, object, plane)	evento (imagen, nivel, objeto, plano) virtual
viscometer	viscosímetro *m*
viscosity	viscosidad *f*
viscous drag	resistencia viscosa al avance
visible light spectrum	espectro de la luz visible
volt	volt *m* (s.i.), voltio *m*
voltage	tensión *f*, voltaje *m*
voltage drop	caída de tensión (de voltaje)
voltaic cell	pila voltaica
voltmeter	voltímetro *m*, vóltmetro *m*
vortex	vórtice *m*
wake	estela *f*
watt	watt *m* (s.i.), vatio *m*
wave	onda *f*
wave form	forma de onda
wave front	frente de onda
wave function	función de onda
wavelength	longitud de onda
wave mechanics	mecánica ondulatoria
wave number (train)	número (tren) de onda
wave optics	óptica de ondas
wave packet	paquete de ondas
wave pulse	pulso ondulatorio
weak nuclear force	fuerza nuclear débil
weber	weber *m* (s.i), weberio *m*
weight	peso *m*
Wheatstone bridge	puente de Wheatstone
work	trabajo *m*
work function	función de trabajo, energía de extracción
working fluid	fluido de trabajo
workless constraints	restricciones que no realizan trabajo
x - rays	rayos x
zero-point energy	energía del punto cero
zoom lens	lente zoom

psychology and psychiatry
psicología y psiquiatría

ability	habilidad *f*
ability to drive	aptitud para conducir
ablation	ablación *f*
abnormal behavior	conducta anormal
abreaction	abreacción *f*
absenteeism	absentismo *m*, ausentismo *m*
absent-minded	distraído -da
abulia	abulia *f*
access	acceso *m*
accident	accidente *m*
accusation	acusación *f*
achievement	logro *m*
acquired	adquirido -da
act	actuar, acto *m*
acting out	pasar a la acción
action	acción *f*
activity	actividad *f*
actual	real
actual neurosis	neurosis real
acute	agudo -da
adaptability	adaptabilidad *f*
adaptation	adaptación *f*
addiction	adicción *f*, toxicomania *f*
adhesiveness of the libido	adherencia de la libido
adjustment	ajuste *m*; adaptación *f*
adolescence	adolescencia *f*
adrenal gland	glándula suprarrenal
adrenalin	adenalina *f*
adult	adulto *m*
adultery	adulterio *m*
affect	afecto *m*
affectionate	afectuoso -sa
affective	afectivo
affective block	bloqueo afectivo
affective discharge	descarga afectiva
after-effect	efecto consecutivo
after-image	post-imagen
age	edad *f*
aggression	agresión *f*
aging	envejecimiento *m*
agitation	agitación *f*
air encephalography	neumoencefalografía *f*
alarm reaction	reacción de alarma
alcoholism	alcoholismo *m*
alienation	extrañamiento *m*
alpha waves	ondas alfa
altered state of consciousness	estado alterado de conciencia
alternating consciousness	consciencia alternante
ambiguous	ambiguo -gua
amnesia	amnesia *f*
amnesic	amnésico-ca
anaclisis	anaclisis *f*
anal stage	etapa anal
analyst	analista *mf*
analytic depression	depresión analítica
analytic introspection	instrospección analítica
androgens	andrógenos *mpl*
anger	ira *f*, cólera *f*
anonymity	anonimato *m*
anterograde memory	memoria anterógrada
anticathexis	anticatexis *f*
anxiety	ansiedad *f*, angustia *f*
anxiety neurosis	neurosis de angustia, neurosis de ansiedad
apastia	rechazo de alimentos
apathetic	apático -ca

apparent movement	movimiento aparente
aptitude	aptitud *f*; destreza *f*
arousal	vigilancia *f*
arteriosclerosis	arteriosclerosis *f*
association of ideas	asociación de ideas
at random	al azar; aleatorio -ria
attachment	apego *m*
attack	ataque *m*
attention	atención *f*
attentive	atento -ta
attenuation	atenuación *f*
attitude	actitud *f*
autism	autismo *m*
autistic withdrawal	aislamiento autístico
autogenic training	adiestramiento autógeno
automatic obedience	obediencia automática
avaricious	avaro -ra
average	promedio *m*
aversion	aversión *f*
avoidance behavior	comportamiento elusivo
avowal	confesión *f*
awakening	despertar *m*
awkard	torpe
axon	axón *m*
babbling	balbuceo *m*
backwardness	retraso *m*
balanced	equilibrado -da
bed-wetter	enurético -ca
bed-wetting	enuresis *f*
behavior	comportamiento *m*, conducta *f*
behavioral scientist	conductista *mf*, behaviorista *mf*
behavior analysis	análisis de la conducta
behavior disorder	trastorno de la conducta
behaviorism	conductismo *m*, behaviorismo *m*
behavioristic	conductista behaviorista
behavior therapy	terapia de la conducta, terapia conductual, terapia conductista
being	ser *m*
binding	ligazón *f*
binocular disparity	disparidad binocular
biofeedback	biorretroalimentación *f*
biological rhythm	biorritmo *m*
bipolar affective disorder	desorden bipolar afectivo
birth injury	trauma somático del parto
birth trauma	trauma psíquico del parto
bizarre symptomatology	sintomatología confusa, sintomatología exagerada
blackmail	extorsión *f*, chantaje *m*,
blind	ciego -ga
blindness	ceguera *f*
blood flow	flujo sanguíneo
bodily	corporal
body	cuerpo *m*
body image scheme	esquema corporal
borderline case	caso fronterizo
boundaries of consciousness	límites de la conciencia
bout	brote *m*
brain	encéfalo *m*, cerebro *m*
brain damage	lesión cerebral
brainstem	tallo cerebral
breath-holding spell	espasmo respiratorio
callous	embotado -da
calm	calmo -ma, quieto -ta; calmar
cardiac neurosis	neurosis cardiaca
cathetic energy	energía de carga
cathexis	catexis *f*
cell membrane	membrana celular
censor	censor *m*
censorship	censura *f*
central nervous system	sistema nervioso central
cerebellum	cerebelo *m*
cerebral hemisphere	hemisferio cerebral
cerebral palsy	parálisis cerebral
character development	desarrollo del carácter
character profile	perfil del carácter
character trait	rasgo del carácter
chemical postnatal environment	ambiente químico posnatal
chemical prenatal environment	ambiente químico prenatal
child-guidance	orientación infantil
childhood	infancia *f*
childish	pueril
child-psychiatry	paidopsiquiatría
choice	elección *f*
chromosome	cromosoma *m*
chronic	crónico -ca
clairvoyance	clarividencia *f*
climacteric	climaterio *m*

climacterium	climaterio *m*
clinical observation	observación clínica
clinical psychology	psicología clínica
clinician	clínico -ca
clouding of consciousness	obnubilación *f*
cognitive	cognoscitivo -va
cognitive psychology	psicología cognoscitiva
cold sweat	sudor frío
collective consciousness	conciencia colectiva
color blindness	acromatopsia (ceguera a los colores)
coma	coma *m*
communicated insanity	delirio inducido
community	comunidad *f*
community therapy	terapia de la comunidad
comparative psychology	psicología comparada
compensation neurosis	neurosis de renta
complex	complejo *m*
compulsion	compulsión *f*
compulsive act	acto compulsivo
compulsive touching	obsesión de tocar
compulsive wandering	poriomanía *f*
concept	concepto *m*
conceptual	conceptual
concordant	concordante
concussion	concusión; desorden cerebral funcional debido a un golpe
condensation	condensación *f*
conditioned reflex	reflejo condicionado
conditioned response	respuesta condicionada
conditioning	condicionamiento *m*
conflict	conflicto *m*
confused	confuso
confusional state	estado confusional
conscious	consciente
consciousness	consciencia *f*, conocimiento *m*, estado de conciencia
consciousness of (subjective or objective) importance	consciencia de la significación
consolation	consuelo *m*
contingent	contingente, fortuito, casual
control analysis	análisis de control
convergent thinking	pensamiento coherente, pensamiento convergente
corpus callosum	cuerpo calloso
costume play therapy	ludoterapia en vestidos
counter-transference	contratransferencia *f*
course of disease	curso de la enfermedad
crazy	loco -ca; demente
creativity	creatividad *f*
crisis	crisis *f*
cure	cura *f*, curación *f*
daily life	vida cotidiana
defense mechanism	mecanismo de defensa
defense ritual	ritual de defensa
delirium	delirio *m*
delirium tremens	delírium tremens *m*
delusion	delirio *m*, percepción alucinatoria
delusion of influence	delirio de influencia
delusion of reference	delirio de referencia
delusions of grandeur	delirio de grandeza
dendrite	dendrita *f*
denial of reality	rechazo de la realidad
dependence	dependencia *f*
depression	depresión *f*
deprivation of civil rights	incapacidad civil
derivative of the unconscious	derivado del inconsciente
desoxiribonucleic acid (DNA)	ácido desoxirribonucleico (ADN)
deterioration	deterioro *m*
determinism	determinismo *m*
deviation	desviación *f*
digressive thinking	pensamiento prolijo, pensamiento dispersor
directed thinking	pensamiento dirigido
dissociative disorder	disociación *f*
distortion	distorsión *f*
distractibility	destractibilidad *f*
distraction	distracción *f*
dizziness	vértigo *m*, vahído *m*, desvanecimiento *m*
dizzy spell	crisis vertiginosa
dopamine	dopamina *f*
dotage	chochez *f*
double consciousness	conciencia doble
drive	motivo *m*, móvil *m*, impulso *m*
drug dependence	farmacodependencia *f*

drug sensitivity	hipersensibilidad medicamentosa
early childhood	primera infancia
ego	ego *m*, el yo
ego-activity	actividad del yo
egocentric	egocéntrico, egocentrista
Electra complex	complejo de Electra
electroencephalogram (E.E.G)	electroencefalograma *m* (E.E.G.)
electroencephalograph	electroencefalógrafo *m*
embarrassment	aprieto *m*
emotion	emoción *f*
emotional	emocional
emotional affective block	bloque afectivo
emotional deprivation	carencia afectiva
emotional poverty	pobreza afectiva
emotional repression	represión afectiva
endanger	poner en peligro
endocrine	endocrino -na
endocrine glands	glándulas endocrinas
endocrine system	sistema endocrino
epilepsy	epilepsia *f*
equivocal	equívoco -ca
escapism	escapismo *m*
event	acontecimiento *m*, evento *m*
evil eye	mal de ojo
exhaustion	agotamiento *m*
existential analysis	análisis existencial
existential order	orden existencial
extrasensory perception	percepción extrasensorial
faint	desmayado -da, desfallecido -da
fainting fit	deliquio *m*, desfallecimiento *m*
family care	cuidado familiar
family group therapy	terapia familiar
fantasy	fantasía *f*
fear	miedo *m*; recelo *m*
field experiment	experimento de campo
fit	apto -ta
fit of rage	acceso de ira
fixation	fijación *f*
flattening of affect	pobreza afectiva
forsaken	abandonado da
frame of reference	sistema de referencia
free-floating anxiety	ansiedad flotante
Freudian psychoanalysis	psicoanálisis freudiano
Freud's psychodynamic model	modelo psicodinámico freudiano
frontal lobe	lóbulo frontal
frustration	frustración *f*
fugue	fuga *f*
functional fixity	fijación funcional
functionalism	funcionalismo *m*
furor	furor *m*
gain from illness	ganancia de la enfermedad
gene	gen *m*
genital stage	etapa genital
Gestalt psychology	psicología Gestalt
Gestalt psychotherapy	psicoterapia Gestalt
grief	dolor moral
group psychotherapy	psicoterapia de grupo
group therapy	terapia de grupo
guilty	culpable
habituation	hábito *m*, habituación *f*, acostumbramiento *m*
hallucination	alucinación *f*
hallucination of smell	alucinación olfativa
hallucination of taste	alucinación gustativa
headache	cefalea, cefalalgia
hemisphere	hemisferio *m*
heredity	herencia *f*
hermaphrodite	hermafrodita
hippocampus	hipocampo *m*
hoarding	acaparamiento *m*
homosexual	homosexual *mf*
homosexualism	homosexualismo *m*
homosexuality	homosexualidad *f*
hospital for inebriates	establecimiento para alcohólicos
hypnosis	hipnosis *f*
hypothalamus	hipotálamo *m*
hysteria	histeria *f*
illiterate	iletrado -da; analfabeto -ta
implosion	implosión *f*
imprint	acuñación *f*
imprinting	acuñación *f*
impulse blocking	bloqueo de los impulsos
impulsive act	acto impulsivo
impulsive behaviour	comportamiento impulsivo
indifference	indiferencia *f*
indifferent	indiferente
infancy	infancia *f*
inferiority complex	complejo de inferioridad
insane	demente
insanity	locura *f*, demencia *f*
instinct	instinto *m*

instinct to dominate instinto de poderío
intelligence quotient cociente intelectual, coeficiente intelectual
intentional intencionado -da
intrapsychic conflict conflicto intrapsíquico
kleptomania cleptomanía *f*
kleptomaniac cleptómano -na, cleptomaniaco -ca
latent content contenido latente
learn aprender
legal capacity capacidad jurídica
lesbian lesbiana *f*
lesbianism lesbianismo *m*
libido libido *f*
lobe lóbulo *m*
logotherapy logoterapia *f*
major depressive disorder desorden depresivo grave
maniac maniaco -ca; demente
manic-depressive maniaco-depresivo
mannerism amaneramiento *m*
master instincts dominar impulsos
megacephalic megacéfalo -la
megacephalous megacéfalo -la
memorize memorizar
memory memoria *f*
mental age edad mental
mental hospital hospital psiquiátrico
mental illness enfermedad mental
mental retardation retraso mental
migraine migraña *f*
monozygotic monocigótico -ca
motivation motivación *f*
motive motivo *m*
motor nerve nervio motor
motor neuron neurona motora
multiple personality personalidad múltiple
narrowing of the field of consciousness estrechamiento del campo de la consciencia
negative transfer transferencia negativa
neobehaviorism neoconductismo *m*, neobehaviorismo *m*
neo-Freudian neofreudiano -na
nervous breakdown agotamiento nervioso
nervous system sistema nervioso
neurasthenia neurastenia *f*
neurologist neurológo -ga
neurosis neurosis *f*
neurotic neurótico -ca
neurotransmitter neurotransmisor *m*
neutral stimulus estímulo neutral
nightmare pesadilla *f*
noradrenalin noradrenalina *f*
obsessed obsesionado
obsession obsesión *f*
odd raro (carácter)
oedipus complex complejo de Edipo
oligophrenia oligofrenia *f*
oligophrenic oligofrénico -ca
operational definition definición operacional
oral stage etapa oral
organic brain damage lesión cerebral orgánica
organic mental disorder desorden mental orgánico
orthodox psychoanalyst psicoanalista ortodoxo
orthodox psychotherapy psicoterapia ortodoxa
outburst of temper acceso de cólera
outpatient, out-patient paciente de consultorio
out-patient clinic policlínica *f*
overprotection sobreprotección *f*
pain dolor *m*
paradoxical sleep sueño paradójico
paranoia paranoia *f*
paranoic paranoico -ca
parapraxis acto fallido
parapsychologist parapsicólogo -ga
parapsychology parapsicología *f*
parasympathetic sistema nervioso parasimpático
parietal lobe lóbulo parietal
Pavlovian conditioning condicionamiento de Pavlov
pension neurosis neurosis de venta
performance conducta *f*, actitud *f*, desempeño *m*
peripheral nervous system sistema nervioso periférico
persecution mania manía de persecución, delirio de persecución
personality disorder desorden de la personalidad
personality test pruebas de personalidad
phallic stage etapa fálica
phenomenological therapy terapia fenomenológica
phobia fobia *f*
phrenology frenología *f*
pituitary gland glándula pituitaria, hipófisis *f*
polygraph polígrafo *m*
posthypnotic amnesia amnesia posthipnótica

posthypnotic suggestion	sugestión posthipnótica
precognition	precognición *f*, premonición *f*
preconscious	preconsciente *m*
project	proyectar(se)
projection	proyección *f*
psyche	psiquis *f*, psique *f*, mente *m*
psychiatrist	psiquiatra *mf*
psychiatry	psiquiatría *f*
psychiatric social worker	asistente social psiquiátrico
psychic	psíquico -ca anímico -ca
psychical	psíquico -ca, anímico -ca
psychical working over/out	elaboración psíquica
psycho	psicópata *mf*
psychoanalysis	psicoanálisis *m*
psychodynamic theory	teoría psicodinámica
psycholinguist	psicolingüista *mf*
psychologist	psicólogo -ga
psychology	psicología *f*
psychometry	psicometría *f*
psychomotor	psicomotor -ra
psychoneurosis	psiconeurosis *f*
psychopath	psicópata *mf*
psychopathology	psicopatología *f*
psychosexual development	desarrollo psicosexual
psychosocial stage	etapa psicosocial
psychosomatic	psicosomático -ca
psychosomatic disorder	desorden psicosomático
psychotechnological	psicotécnico -ca
psychotherapeutics	psicoterapéutica *f*
psychotherapy	psicoterapia *f*
psychotic	psicótico -ca
purpose	intención *f*
quota of affect	cuántum de afecto
realistic anxiety	angustia real
reality-testing	comprobación de la realidad
regression	regresión *f*
reject	rechazar
relapse	recaída *f*, recidiva *f*, relapso *m*
relief	alivio *m*
resemblance	parecido *m*
restlessness	inquietud *f*, agitación *f*
rocking movement	balanceo *m*
salaam spasms	tics de salaam
scapegoat	chivo expiatorio, víctima propiciatoria
schizoid	esquizoide
schizophrenia	esquizofrenia *f*
schizophrenic	esquizofrénico -ca
secondary elaboration	elaboración secundaria
seizure	acceso *m*
self-accusation, self-reproach	autoacusación
self-analysis	autoanálisis *m*
self-assertiveness	afirmación de uno mismo
self-concept	autoconcepto *m*
self-confidence	autoconfianza, confianza en sí mismo
self-consciousness	conciencia de sí mismo
self-depreciation	desprecio de sí mismo
self-esteem	autoestima *f*
self-inflicted	autoinducido
self-mutilation	automutilación *f*
self-reference	autorreferencia *f*
sensorimotor experience	experiencia sensomotriz
sensorimotor stage	etapa sensorial
sensory deprivation	aislamiento sensorial
sensory nerves	nervios sensoriales
sensory neurons	neuronas sensoriales
sensory system	sistema sensorial
sexual assault	atentado al pudor
sexual education	educación sexual
sexual intercourse	coito *m*
socialization	socialización *f*
somatic compliance	selección somática
somatoform disorder	desorden somatoforme
somatosensory	somatosensorio
spinal cord	médula espinal
spine and wave complex	complejo punta-onda
splitting of the object	disociación; escisión del objeto
squint	bizquear
stage of concrete operations	etapa de operaciones concretas
stage of formal operations	etapa de operaciones formales
stammer	tartamudear
stammering	tartamudez *f*
state of dependence	estado de dependencia

stereotype	estereotipo *m;* estereotipar
stereotyped	estereotipado -da
stimulate	estimular
stimuli	estímulos *mpl*
stimulus	estímulo *m*
stroke	derrame *m*
structuralism	estructuralismo *m*
stupor	estupor *m*
stutter	tartamudear
stuttering	tartamudez *f*
subconscious	subconsciente *m*
subconsciousness	subconsciencia *f*
substitute behaviour	conducta sustitutiva
suicidal attempt	tentativa de suicidio
superego	superego *m,* super yo *m*
superstition	superstición *f*
tactile hallucination	alucinación táctil
teeth-grinding	crujido dental
testable	demostrable
thalamus	tálamo *m*
therapist	terapeuta *mf,* psicoterapeuta *mf*
therapy for couples	terapia de parejas
thought blocking	bloqueo del pensamiento
threat	amenaza *f*
thumb-sucking	chuparse el dedo pulgar
train of thought	curso del pensamiento
transactional analysis	análisis transaccional
transcendental meditation	meditación trascendental
transference neurosis	neurosis de transferencia
treatment	tratamiento *m*
trepanation	trepanación *f*
trigeminal nerve	nervio trigémino
Turner's syndrome	síndrome de Turner
twilight state	estado crepuscular
unconditioned response	respuesta incondicionada, respuesta espontánea
unconditioned stimulus	estímulo incondicionado
unconscious	inconsciente *m*
unconsciousness	inconsciencia *f*
undoing	anulación retroactiva
variable sensory experience	experiencia sensorial variable
vicious circle	círculo vicioso
visual cliff	medidor de percepción de profundidad
vocational guidance	orientación vocacional
weaning	destete *m*
whisper	cuchichear, susurrar
withdrawal symptoms	síntomas de abstinencia
working-off mechanism	mecanismo de desprendimiento
work therapy	terapia laboral
yawn	bostezar

radio and television
radio y televisión

advertisement	anuncio *m*
aerial	antena exterior
amplitude modulation (AM)	amplitud modulada, modulación de amplitud (AM)
announcer	locutor -ra, anunciador -ra
antenna	antena *f*
background music	música de fondo
broadcast	emitir, transmitir
broadcasting	radiodifusión *f*, transmisión *f*, difusión comercial
broadcasting station	estación emisora *f*, radiodifusora *f*
bulb	bombilla *f*, bulbo *m*
cable	cable *m*
cable television	televisión por cable
cameraman	operador de cámara, camarógrafo
cassette	cassette *f*
cathode-ray tube (CRT)	tubo de rayos catódicos (TRC)
channel selector	selector de canales
closed-circuit television	televisión en circuito cerrado
close shot	primer plano
color television	televisión a color
commentator	comentarista *mf*
commercial	anuncio *m*
compact disc	disco compacto
compact disc player	reproductor de discos compactos
console	mesa de control
contrast	contraste *m*
definition	definición *f*
dial	cuadrante *m*, selector de estación, sintonizador *m*
disc	disco *m*
dolly	plataforma rodante
earphones	audífonos *mpl*, auriculares *mpl*
echo chamber	cámara de resonancia
erasing head	cabeza de borrado
framing	encuadre *m*
frequency modulation (FM)	frecuencia modulada, modulación de frecuencia (FM)
headphones	audífonos *mpl* (de cabeza), auriculares *mpl*
hertzian waves	ondas hertzianas
high fidelity (hi-fi)	alta fidelidad
indoor aerial	antena interior
interference	interferencia *f*
interviewer	entrevistador -ra
kilocycle	kilociclo *m*
kinescope	cinescopio *m*
laser beam	rayo láser
light bulb	bombilla *f*, foco *m*
lighting effects	efectos luminosos
lighting engineer	ingeniero de iluminación
lighting engineering	ingeniería de iluminación
listener	radioyente *mf*, radioescucha *mf*
live broadcast	emisión en directo, transmisión en vivo
live program, live programme	programa en vivo, programa en directo
long wave	onda larga

loudspeaker	bocina *f*, altavoz *m*, altoparlante *m*
magnetic tape	cinta magnetófonica
magnetoscope	magnetoscopio *m*
makeup	maquillaje *m*
makeup girl	maquilladora *f*, maquillista *f*
medium wave	onda media
microphone	micrófono *m*
network	red *f*, cadena *f*
news bulletin	noticiario *m*, noticiero *m*
newscast	noticiero *m*, noticiario *m*
news flash	noticias de última hora
newsroom	sala de redacción
noise filter	filtro para ruido
picture	imagen *f*
playback head	cabeza reproductora
produce	realizar, producir
production	producción *f*, realización *f*
program, programme	programa *m*, programar
programer, programmer	programador -dora
programing, programming	programación *f*
quadraphonic	cuadrafónico
quadraphonic sound	sonido cuadrafónico
radio	radio *f*
radio engineer	ingeniero de radio
radio engineering	ingeniería de radio
radio frequency	radiofrecuencia *f*
radio play	radionovela *f*
radio receiver	radiorreceptor *m*, receptor de radio
radio set, receiving set	receptor *m*, aparato receptor
radio station	estación de radio
radiotechnological	radiotecnológico -ca
radio technology	radio tecnología
radiotechnology	radiotecnología *f*
radio transmission	transmisión de radio
radio transmitter	radiotransmisor
rebroadcast	retransmisión
record	disco *m*, grabar
recorded broadcast	transmisión grabada
recorded transmission	transmisión grabada
recording	grabación *f*
recording head	cabeza grabadora
recording studio	estudio de grabación
reel-to-reel recorder	grabador -dora de cinta
reel-to reel tape	cinta magnetofónica de carrete

rehearsal	ensayo *m*
relay	relevador *m*, repetidor *m*
relay station	estación repetidora
scanning beam	haz explorador, haz de barrido
screen	pantalla *f*
script	guión *m*
set	decorado *m*
set designer	decorador -ra
short wave	onda corta
shot	plano *m*
shooting	filmación *f*, rodaje *m*
signature tune	tono de identificación
sound effects	efectos de sonido
sound engineer	ingeniero de sonido
sound recording	grabación de sonido
sound technician	técnico de sonido
special effects	efectos especiales
sponsor	patrocinador -ra
spot	anuncio *m*, ensayo *m*, reflector *m*, foco *m*
spotlight	reflector *m*
stereophonic	estereofónico
stereophonic sound	sonido estereofónico
studio	estudio *m*
tape recorder	grabadora de cinta
telecast	teledifundir
telecommunication satellite	satélite de comunicación
telefilm	película para televisión
televiewer	televidente *mf*
televise	televisar
television	televisión *f*
television broadcasting	teledifusión *f*
television camera	cámara de televisión
televison receiver	receptor de televisión, televisor *m*
television set	televisor *m*, receptor de televisión
television station	estación de televisión
test chart	patrón de ajuste
tone control	control de tono
track	pista *f*
transistor	transistor *m*
transmitter station	emisora *f*, estación transmisora
tube	válvula *f*, tubo *m*, bulbo *m*
tune in	sintonizar
tuner	sintonizador *m*
turning knob	perilla de sintonía
turntable	tornamesa *f*, fonógrafo *m*

valve	válvula *f*
video	video *m*
video-cassette	cinta de video, videocinta *f*
video-cassette recorder	grabador -ra de cinta de video
viewer	telespectador -ra, televidente *mf*
wavelength	longitud de onda
wire	alambre *m*
wireless microphone	micrófono inalámbrico
wireless operator	radiotelegrafista *mf*
wireless set	aparato de radio; telegrafía *f*
wireless telegraphy	radiotelegrafía *f*
wireless telephony	radiotelefonía *f*
wireless transmission	transmisión inalámbrica

religion
religión

abbess	abadesa *f*	**Ash Wednesday**	Miércoles de ceniza
abbey	abadía *f,* convento *m*	**aspergillum**	hisopo *m*
abbot	abad *m*	**Assumption**	Asunción *f*
acolyte	acólito *m*	**atheism**	ateísmo *m*
adoration	adoración *f*	**aureole**	aureola *f*
Advent	Advenimiento *m*	**baptism**	bautismo *m*
advocation	advocación *f*	**bar mitzvah**	bar mitzvah *m*
agnosticism	agnosticismo *m*	**basilica**	basílica *f*
alb	alba *m*	**belfry**	campanario *m*
Allah	Alá	**bell tower**	campanario *m*
All Saints' Day	Día de Todos los Santos, fiesta de todos los santos	**berrettina**	solideo cardenalicio
		beyond, the	el más allá
All Soul's Day	Día de los difuntos	**Bible**	Biblia *f*
altar boy	monaguillo *m,* acólito *m*	**biblical**	bíblico -ca
		biretta, berreta	bonete de obispo
ambulatory	deambulatorio *m*	**bishop**	obispo *m*
Anabaptism	anabaptismo *m*	**bishop's ring**	anillo pastoral
anathema	anatema *m*	**blasphemy**	blasfemia *f*
anathematization	anatematización *f*	**bless**	bendecir
anathematize	anatematizar	**blessedness**	bienaventuranza *f*
ancestral	ancestral	**bliss**	bienaventuranza *f*
anchorite	anacoreta *m*	**Book of Common Prayer**	libro de oraciones de la iglesia anglicana
angel	ángel *m*		
Anglicanism	anglicanismo *m*	**Book of Mormon**	libro del Mormón, libro sagrado del mormonismo
Annunciation, Lady Day	anunciación *f*		
apocalypse	Apocalipsis *m*	**bosom of the church**	seno de la Iglesia
apocalyptic	apocalíptico -ca		
apocalyptical	apocalíptico -ca	**Brahmanism**	brahmanismo *m*
apostle	apóstol *m*	**Buddha**	Buda
apparition	aparición *f*	**Buddhism**	budismo *m*
apse	ábside *m*	**Calvinism**	cálvinismo *m*
archangel	arcángel *m*	**Candlemas**	Candelaria, la
archbishop	arzobispo *m*	**canon**	canónigo *m*
Ark of the Covenant	Arca de la Alianza	**canonize**	canonizar
Ascension Day	Ascensión *f*	**canticle**	cántico *m*

cap	bonete *m*
cape	capa *f*
cardinal	cardenal *m*, purpurado *m*
cassock	sotana *f*
cathedral	catedral *f*
Catholicism	catolicismo *m*
censer	incensario *m*
chalice	cáliz *m*
chapel	capilla *f*
chasuble	casulla *f*
chasuble maker	casullero *m*
cherub	querubín *m*
cherubim	querubín *m*
choir	coro *m*
Christendom	cristiandad *f*
christening	bautismo *m*
Christianity	cristianismo *m*
Christmas	Navidad *f*
Christmas Eve	Nochebuena *f*
church	iglesia *f*
Church of England	Iglesia Anglicana
ciborium	copón *m*
Clergy	Clero *m*
clergyman	clérigo *m*, pastor *m*
cloister	claustro *m*
collegiate church	colegiata *f*
Communion	comunión *f*
communion rail	comulgatorio *m*
confess	confesar
confession	confesión *f*
confessional (box)	confesionario *m*
confessor	confesor *m*
confirmation	confirmación *f*
congregation	congregación *f*
consecrated	consagrado -da
contemplation	contemplación *f*
convent	convento *m*
conversion	conversión *f*
converted	confeso-sa; converso-sa
cord	cíngulo *m*
Corpus Christi	Corpus Christi
council	concilio *m*
creed	credo *m*
crosier, crozier, staff	báculo pastoral
cross	cruz *f*
crucifix	crucifijo *m*
crucifixion	crucifixión *f*
crucify	crucificar
day of obligation	fiesta de guardar
demon	demonio *m*
devil	demonio *m*, diablo *m*
devotion, devoutness	devoción *f*
divine	divino -na
doctrine	doctrina *f*
dogma	dogma *m*
Easter	pascua de Resurrección
Easter Sunday	Domingo de Resurrección
Ecclesiastes	Eclesiastés, el
eclesiastic	eclesiástico -ca
ecstasy	éxtasis *m*
Eden	Edén *m*
elect, the	elegidos *mpl*, los
Ember Days	Témporas *fpl*
encyclic	encíclica *f*
encyclical	encíclica *f*
encyclical letter	encíclica *f*
Epiphany	Epifanía *f*
epistle	epístola *f*
epistolary	epistolario *m*
Eucharist	Eucaristía *f*
Eucharistical	eucarístico -ca
Eucharistic congress	congreso eucarístico *m*
Evangelism	evangelismo *m*
evangelist	evangelista *mf*
evangelization	evangelización *f*
evangelize	evangelizar
evangelizing	evangelización *f*
extreme unction	extremaunción *f*
faith	fe *f*
father	padre *m*
Fathers of the Christian Church, the	Padres de la Iglesia, los
feast day	fiesta religiosa
Feast of the Sacred Heart	fiesta del Sagrado Corazón
fervor, fervour	fervor *m*
fetishism	fetichismo *m*
font	pila bautismal
fresco	fresco *m*
friar	fraile *m*
Garden of Eden	Jardín del Edén
God	Dios
Good Friday	viernes santo
Gospel	Evangelio *m*
Gothic church	iglesia gótica
go to confession	confesarse
grace	gracia *f*
Greek cross	cruz griega
halo	halo *m*, aureola *f*
hear in confession	oír en confesión
heaven	cielo *m*
heavenly host	legiones celestiales
hell	infierno
hermitage	ermita *f*

high altar	altar mayor
High Mass	misa mayor
holy	santo -ta; consagrado -da
Holy Alliance	Santa Alianza
Holy Communion	sagrada comunión
Holy Family	la Sagrada Familia
Holy Father	Santo Padre
Holy Ghost	Espíritu Santo
Holy Grail	Santo Grial
Holy Land	Tierra Santa
Holy Office	Santa Inquisición
holy oils	santos óleos
Holy Saturday	sábado santo
Holy See	Santa Sede
Holy Spirit	Espíritu Santo
Holy Thursday	jueves santo
holy war	guerra santa
holy water	agua bendita
holy-water basin	pila de agua bendita
Holy Week	semana santa, semana mayor
Host, wafer	hostia *f*
hymn	himno *m*; cantar himnos
hymnal	himnario *m*, libro de himnos
hymnbook	libro de himnos; himnario
icon	icono *m*, ícono *m*, icón *m*
iconoclastic	iconoclasta *mf*
impiety	impiedad *f*
incredulity	incredulidad *f*
indulgence	indulgencia *f*
Infant Jesus	Niño Jesús
invocation	invocación *f*
Islamism	islamismo *m*
Jehovah	Jehová
Jehovah's Witnesses	testigos de Jehová
Jesuit	jesuita *m*
Jesuitic	jesuítico -ca
Jesuitical	jesuítico -ca
Jesuitism	jesuitismo *m*
Jesus of Nazareth	Jesús Nazareno
Judaism	judaísmo *m*
Judaeo-Christian	judeocristiano -na
Koran	Corán *m*, Alcorán *m*
lack of faith	falta de fe
Lady	Virgen *f*
Latin cross	cruz latina
lay brother	lego *m*
Lent	Cuaresma *f*
limbo	limbo
litany	letanía *f*

locket	relicario *m*, medallón *m*
Low Mass	misa rezada
Low Sunday	cuasimodo *m*
Lutheranism	luteranismo *m*
marriage	matrimonio *m*
martyr	mártir *m*
mass	misa *f*
Maundy Thursday	Jueves Santo
medal	medalla *f*
medallion	medallón *m*
messiah	mesías *m*
Methodism	metodismo *m*
Midsummer Day	día de san Juan
militant church	iglesia militante
miracle	milagroso *m*
missal	misal *m*
missionary	misionero -ra
miter, mitre	mitra *f*
mitzvah	mitzvah *m*
Mohammed, Mahomet	Mahoma
monastery	monasterio *m*
monastic	monacal; monástico -ca
monk	monje *m*
monotheism	monoteísmo *m*
monotheist	monoteísta *mf*
monotheistic	monoteísta
monstrance	custodia *f*, ostensorio *m*
mortal sin	pecado mortal
mosque	mezquita *f*
Mother Church	Santa Madre Iglesia
mother superior	madre superiora
mystery	misterio *m*
mysticism	misticismo *m*
name day	día del santo
Nativity of the Virgin	Natividad de la Virgen
nave	nave *f*
New Testament	Nuevo Testamento
New Year's Eve	Nochevieja *f*
nimbus	aureola *f*
Nirvana	Nirvana *m*
Noah's Ark	Arca de Noé
nun	monja *f*, religiosa *f*
odor of sanctity	olor de santidad
offering	ofrenda *f*
office of sacristan	sacristanía *f*
offices	oficios *mpl*
Old Testament	Antiguo Testamento
ordain	ordenar
order	orden *f*
original sin	pecado original

orthodox	ortodoxo -xa, ortodoxia *f*
Our Lady	Nuestra Señora
paganism	paganismo *m*
pagoda	pagoda *f*
Palm Sunday	Domingo de Ramos
paradise	paraíso *m*
parish church	iglesia parroquial
parish priest	cura párroco
Paschal	pascual
paschal candle	cirio pascual
Passion Week	Semana de Pasión
Passover	pascua (judía) *f*
pastor	pastor *m*
pastourelle	pastorela *f*
Pentecost	Pentecostés
piety	piedad *f*, religiosidad *f*
places of worship	lugares del culto
polytheism	politeísmo *m*
polytheist	politeísta *m*
polytheistic	politeísta
pope	papa *m*
prayer	oración *f*, plegaria *f*
prayer book	devocionario *m*
preach the Gospel	predicar el Evangelio
prelacy	prelacía *f*
prelate	prelado *m*
prelature	prelatura *f*
priest	sacerdote *m*
procession	procesión *f*
profanation	profanación *f*
Protestantism	protestantismo *m*
protestant minister	ministro protestante
psalm	salmo *m*
pulpit	púlpito *m*
purgatory	purgatorio *m*
Puritanism	puritanismo *m*
pyx	copón *m*
Quadragesima	Cuadragésima *f*
Quakerism	cuaquerismo *m*
Quinquagesima	Quincuagésima *f*
rabbi	rabino *m*
Ramadan	Ramadán *m*
Reformation	reforma *f*
regular clergy	clero regular
relic	reliquia *f*
religion	religión *f*
religiosity	religiosidad *f*
religious	religioso -sa
religious feeling	sentimiento religioso, experiencia religiosa
religiously	religiosamente
religiousness	religiosidad *f*
reliquary	relicario *m*

reprobate	réprobo *m*, condenado *m*
retreat	retiro *m*
revelation	revelación *f*
reverence	reverencia *f*
Rogation Days	Rogativas *fpl*
Rosary	rosario *m*
rose window	rosetón *m*
Sabbath	sábado israelita
sacral	sagrado -da; sacro -cra
sacrament	sacramento *m*
sacraments	sacramentos *mpl*
sacred	sacro -cra; sagrado -da
sacred book	libro sagrado
sacred history	historia sagrada, historia sacra
sacredness	santidad *f*; lo sagrado
sacrifice	sacrificio *m*
sacrilege	sacrilegio *m*
sacristan	sacristán *m*
sacristy	sacristía *f*
saint	santo -ta
sanctuary	santuario *m*
Satan	satán, Satanás
Savior, Saviour	Salvador *m*
scapular	escapulario *m*
scapulary	escapulario *m*
Scripture(s)	Sagrada(s) Escritura(s)
secular clergy	clero secular
Septuagesima	Septuagésima *f*
seraph	serafín *m*
sermon	plática *f*, sermón *m*
services	servisios *mpl*
Sexagesima	Sexagésima *f*
sexton	sacristán *m*
shrine	relicario *m*; capilla *f*; altar *m*; mausoleo *m*; sepulcro
Shrove Tuesday	martes de Carnaval
sin	pecar, pecado *m*
sinful	pecaminoso -sa
sinner	pecador -ra
sister	hermana *f*
skullcap	solidéo *m*
Song of Songs	Cantar de los Cantares, el
soul	alma *m*
spirit	espíritu *m*
stained glass window	emplomado *m*
Star of Bethlehem	estrella de Belén
Star of David	estrella de David

Sung Mass	misa cantada	**Vatican Council**	Concilio Vaticano
supernatural, the	lo sobrenatural	**venial sin**	pecado venial
synagogue	sinagoga *f*	**verger**	sacristán *m*
tabernacle	tabernáculo *m*, sagrario *m*	**vespers**	vísperas *fpl*
		vestry	sacristía *f*
take holy orders	recibir las sagradas órdenes	**vestry nun**	sacristana *f*
		Via Crucis	Vía Crucis *m*
Talmud	Talmud *m*	**vicar**	cura *m*, vicario *m*
temple	templo *m*	**virgin**	virgen *f*
temptation	tentación *f*	**Virgin, the**	virgen, la
Ten Commandments	Diez Mandamientos	**virtue**	virtud *f*
Tenebrae	Tinieblas *fpl*	**virtuosity**	virtuosidad *f*
tenet	dogma *m*; principio *m*	**virtuous**	virtuoso -sa
		vision	visión *f*
		Visitation	Visitación *f*, la
theology	teología *f*	**wax candle**	cirio *m*
thurible	incensario *m*	**Way of the Cross**	camino de la Cruz
tonsure	tonsura *f*; tonsurar	**Whitmonday**	Lunes de Pentecostés
Torah	Tora *f*	**Whitsun**	Pentecostés *m*
transept	crucero *m*	**Whitsunday**	domingo de Pentecostés
transgressor	pecador-ra		
Trinity	Trinidad *f*	**Whitsuntide**	semana de Pentecostés
Trinity Sunday	domingo de la Trinidad		
Triumphant Church	iglesia triunfante	**worship**	culto *m*, adoración *f*

sports
deportes

ace	as *m*
amateur	aficionado -da
athletics	atletismo *m*
backboard	tablero *m*
backstroke	estilo espalda (en natación)
backstroke swimming	nado de espalda
badminton	bádminton *m*, juego del volante
bait	carnada *f*
ball	pelota *f*, balón *m*
bantamweight	peso gallo
baseball	béisbol *m*, beisbol *m*
basket	cesto *m*
basketball	baloncesto *m*, basket-ball *m*
basketball player	basquetbolista *m*
bat	bat *m*, bate *m*
batsman	bateador *m* (en criquet)
batter	bateador *m* (en béisbol)
bicycle	bicicleta *f*
bit	freno *m* (en equitación)
blocking	bloqueo *m*, obstrucción *f*
boat race	regata *f*
bobsled	bobsleigh *m*
bobsleigh	bobsleigh *m*
boxer	boxeador *m*
boxing	boxeo *m*
boxing gloves	guantes de boxeo
break the service	romper el saque en tenis
breaststroke	brazada *f*, brazo *f*
bridle	brida *f*
broad jump	salto de longitud
butterfly stroke	estilo mariposa (en natación)
canoe	canoa *f*
cap	gorra *f*
car	automóvil *m*
catch	atrapar, coger
catcher	receptor *m*
catcher's mask	máscara protectora (en béisbol)
center fielder	jardinero del centro
centre	saque de centro
chain	cadena *f*
champion	campeón -na
championship	campeonato *m*
chase	carrera de persecución
coach	entrenador *m*
competition	competencia *f*
competitor	competidor -dora
contestant	competidor -dora
convert a try	transformar un ensayo
corner	saque de esquina
corner kick	saque de esquina, tiro de esquina
court	cancha *f*
crash helmet	casco protector
crawl	crawl *m* (en natación)
cricket	criquet *m*
cross-country race	carrera a campo traviesa
cycling race	carrera ciclista
cycling stadium	velódromo *m*
decathlon	decatlón *m*
discus-throwing	lanzamiento de disco
dive	zambullir, clavar
diver	clavadista *mf*

diving competition	competencia de clavados
diving contest	competencia de clavados
dribbling	driblar
enthusiast	entusiasta *mf*
fan	aficionado -da
favorite	favorito -ta
feinting	finta *f*, fintar, amago *m*, amagar
fence	practicar la esgrima, valla *f*, obstáculo *m*
fencer	esgrimista *mf*, esgrimidor -ra
fencing	esgrima *f*
field	campo *m*, cancha *f*
fielder	jugador del equipo que no batea (en beisbol y críket
field hockey	hockey sobre pasto
figure skating	patinaje artístico
first base	primera base
first baseman	jugador de primera base
fisherman	pescador *m*
fishing	pesca *f*
fishing rod	caña de pescar
flyweight	peso pluma
football	balón de fútbol; futbol *m*, fútbol *m*, balompié *m*
football player	futbolista *m*,
football tournament	torneo futbolístico
footrace	carrera pedestre
form	forma *f*
foul line	línea de foul
four-hundred metre hurdles race	carrera de cuatrocientos metros con obstáculo
free kick	saque de castigo, tiro de castigo
freestyle	estilo libre (en natación)
fullback	defensa trasera
game	juego *m*
give a penalty	marcar un penalty
glove	guante *m*
goalkeeper	portero *m*, guardameta *m*
goal kick	saque de portería
goal post, goalpost	portería *f*
golf	golf *m*
Greco-Roman wrestling	lucha grecorromana
ground	terreno *m*, cancha *f*
guide	guía *m*.
gymnastics	gimnasia *f*.
gymnastics apparatus	aparatos de gimnasia
hammer throw	lanzamiento del martillo
handball	handball *m*, balonmano *m*
head	cabecera, cabezazo *m*
heavy weight	peso pesado, peso completo (en boxeo)
helmet	casco *m*
high jump	salto de altura
hockey	hockey *m*
hold	llave *f* (en lucha)
home plate	plato *m*
hook	anzuelo *m*
hop, step and jump	triple salto
horizontal bar	barra fija
horseback riding	equitación *f*, montar a caballo
horse breeding	hipismo *m*, crianza de caballos
horse race	carrera de caballos
horse-racing	carrera de caballos, hipismo
ice hockey	hockey sobre hielo
ice skater	patinador -ra en hielo
ice skates	patines para hielo
ice skating	patinaje sobre hielo
I formation	formación en I
individual sport	deporte individual
instructor	intructor -ra, monitor *m*
jai-alai	jai-alai *m*
javelin throw	lanzamiento de jabalina
jockey	jockey *m*
jodhpurs	pantalón de equitación
judo	judo *m*
judo suit	traje de judo
juggling	quitar el balón (en futbol y baloncesto)
jumping	salto *m*
karate	karate *m*
kayak	kayac *m*
keel	quilla *f*
kick	patada *f*, tiro *m*, chutar
kick a goal	marcar un gol
kick at goal	tiro a gol
kicker	chutador *m*
kick off	saque del centro
knotted rope	cuerda de nudos
kung-fu	kung-fu *m*
left end	extremo izquierdo

left fielder	jardinero izquierdo
left halfback	defensa izquierda
left tackle	toque izquierdo
light heavyweight	peso pesado ligero (en boxeo)
lights	luces *fpl*
lightweight	peso ligero, peso liviano (en boxeo)
line	cuerda *f*
line-out	saque de banda (en rugby)
linesman	defensor de línea, juez de línea
line-up	equipo de jugadores
lock	llave *f* (en lucha)
long-distance race	carrera de fondo
long-distance runner	corredor -ra de fondo
long jump	salto de longitud
manager	manejador *m*, instructor *m*
marathon	maratón *m*
mast	mástil *m*
match point	punto decisivo; última jugada
medley relay	relevo estilos (en natación)
men's singles	simple de caballeros
middle-distance race	carrera de medio fondo
middleweight	peso medio (en boxeo)
mitt	guante *m* (en béisbol)
mixed doubles	dobles mixtos
motorbike	bicimoto *f*
motorboat	lancha de motor
motorcycle	motocicleta *f*
net	red *f*, malla *f*
oar	remo *m*
off side, offside	fuera de juego, fuera de lugar
Olympic games	juegos olímpicos
Olympics	Olimpiada *f*
outboard motor	motor fuera de borda
parallel bars	barras paralelas
pass	pase *m*
pelota court	frontón *m*
penalty	penalty *m*, castigo máximo (en futbol y hockey);
penalty area	área de castigo
pentathlon	pentatlón *m*
ping-pong	ping-pong *m*, tenis de mesa
pitch	campo *m*, cancha *f*
pitcher	lanzador *m*
player	jugador -ra
pole vault	salto con garrocha, salto con pértiga
polo	polo *m*
pommel horse	potro con arzón
professional	profesional *mf*
putting the shot	lanzamiento de peso
quarterback	guardaespaldas *m*
race	carrera *f*, carrera de velocidad
racecourse	hipódromo *m*
race horse	caballo de carreras
racetrack	hipódromo *m*
racing car	coche de carreras
racing driver	corredor de coches, piloto de carreras
racket	raqueta *f*
rally	rallye *m*, rally *m*
record	record *m*, plusmarca *f*
record holder	recordman *m*, plusmarquista *mf*
referee	árbitro *m*, réferi *m* (en boxeo)
reins	riendas *fpl*
rider	jinete *m*
riding	equitación *f*
right end	defensa extremaderecha
right fielder	jardinero derecho
right guard	guardabosque derecho
right halfback	defensa derecha
right tackle	toque derecho
ring	ring *m*, cuadrilátero *m*
rings	anillas *fpl*, argollas *fpl*
road race	carrera en carretera
roller skater	patinador -ra en ruedas
roller skates	patines de ruedas
roller skating	patinaje sobre ruedas
ropes	cuerdas *mpl*
rowboat	bote de remos
rowing	remo *m*
rudder	estabilizador *m* (en navegación)
rugby	rugby *m*
run	carrera *f* (en béisbol y criquet)
runner	corredor -ra
sabre	sable *m*
sack race	carrera de sacos
saddle	silla de montar
sail	vela *f*
sailboat	velero *m*
sailing	deporte de vela
score a goal	anotar un gol
scoreboard	tablero de puntuación, pizarra *f*

second baseman	jugador de segunda base
serve	saque *m* (en tenis)
server	jugador -ra con el saque (en tenis)
service	saque *m* (en futbol), tiro *m*, servicio *m*
service line	línea de saque (en tenis)
shortstop	torpedero *m*
shot put	lanzamiento de peso
show jumping competition	concurso de saltos
side	equipo *m*
side horse	potro con arzón
skater	patinador -ra
skier	esquiador
skiing	esquí *m*
ski jump	salto en esquí
ski jumping competition	competencia de saltos en esquí
ski pole	palo de esquiar
slalom	slalom *m*
soccer	futbol soccer
soccer player	futbolista *m* (de soccer)
sprint	esprint *m*
squash	squash *m*
stadium	estadio *m*
stand	gradería *f*
steeplechase	carrera de obstáculos
stick	palo *m*, bastón *m*
stirrup	estribo *m*
swimmer	nadador -ra
swimming	natación *f*
swimming pool	piscina *f*, alberca *f*, pileta *f*
sword	espada *f*
table	mesa *f*
table tennis	tenis de mesa
take a goal kick	hacer el saque de portería (en futbol)
team	equipo *m*
tennis	tenis *m*
tennis ball	pelota de tenis
tennis court	cancha de tenis
tennis racket	raqueta de tenis
tent	tienda de campaña
third baseman	jugador de tercera base
throw	lanzamiento *m*
throwing	lanzamiento *m*
throw-in	saque de banda (en futbol)
toboggan	deslizador *m*
tobogganist	piloto deslizador
touch judge	juez de línea (en rugby)
track	pista *f*
trainer	entrenador -ra
trap	trampa *f*; hacer trampa
trapeze	trapecio *m*
triple jump	triple salto *m*
trotter	trotón *m*
umpire	árbitro *m* (en béisbol y tenis)
velodrome	velódromo *m*
volleyball	vóleibol *m*, balonvolea *m*
walk	marcha *f*
wall bars	espalderas *fpl*
water polo	polo acuático, waterpolo *m*
water skiing	esquí acuático
water sports	deportes acuáticos
weight-lifting	halterofilia *f*
weights	pesas *fpl*, halteras *fpl*
winter Olympics	Olimpiada de invierno
winter sports	deportes de invierno
world championship	campeonato mundial
wrestler	luchador *m*
wrestling	lucha *f*
yacht	yate *m*

telecommunications
telecomunicaciones

acknowledgement of receipt	acuse de recibo
address	dirección *f*, domicilio *m*
addressee	destinatario *m* (de carta)
air mail	correo aéreo
antenna	antena *f*
applications satellites	satélites de aplicación
area code	código de área
automatic telephone	teléfono automático
busy signal	tono de ocupado
by air mail	por avión
by return of post	a vuelta de correo
cable	cable *m;* cablegrafiar
cable address	dirección cablegráfica
cablegram	cablegrama *m*
call up	telefonear, llamar por teléfono
cash on delivery (C.O.D.)	envío contra reembolso (C.O.D.)
circuit	circuito *m*
circular letter	carta circular
coded telegram	telegrama cifrado
code number	número de código
collect telephone call	conferencia por cobrar
collection	recolección de cartas
combined set	microteléfono *m*
communications satellites	satélites de comunicación
connection	conexión *f*
consignee	destinatario *m* (de paquete), consignatario *m*
correspondence	correspondencia *f*
counter	contador *m*
covering letter	carta adjunta
dash	raya *f*
date	fecha *f*
date stamp	fechador *m*
deal with the mail	despachar la correspondencia
delivery	reparto del correo
dial	disco selector, marcar un número de teléfono, hacer una llamada
dial tone	tono de marcar
diplomatic bag	valija diplomática
diplomatic pouch	valija diplomática
directory inquiries	información *f*
disconnection	desconexión *f*
dot	punto *m*
earpiece, receiver	auricular *m*
engage	comunicar, conectar
engaged tone	tono de ocupado
envelope	sobre *m*
exchange of letters	carteo *m*
exemption from postal charges	franquicia postal
express letter	entrega inmediata, carta urgente
extension	extensión *f*
extra postage	sobretasa *f*
franking	franqueo *m*
frequency	frecuencia *f*
general delivery	lista de correos
hammer	martillo *m*, macillo *m*, martinete *m*
hang up	colgar el teléfono

heading encabezamiento *m*, encabezado *m*
Hertzian waves ondas hertzianas
hook horquilla *f*, gancho colgador
interphone teléfono interior, intercomunicador *m*
letter box buzón *m*
letterhead membrete *m*
letter-scale pesacartas *m*
line línea *f*
local call conferencia urbana, llamada local
local mail correo local
long-distance call llamada de larga distancia
mail a letter enviar una carta
mailbag saco postal
mailbox buzón *m*
mailman cartero *m*
mail sorter clasificador de cartas
manual telephone teléfono manual
meteorological satellites satélites meteorológicos
meter medidor *m*
microwaves microondas *fpl*
microwave station estación de microondas
military satellites satélites militares
money order giro postal
Morse code código Morse
operator operador -dora
parcel paquete postal
payee destinatario *m* (de giro), beneficiario -ria
phone llamar por teléfono; teléfono *m*, aparato telefónico
pick up the telephone descolgar el teléfono
pigeonhole casillero *m*
please forward reexpídase
plug clavija *f*
postage paid franqueo pagado, porte pagado
postal district distrito postal
postal order giro postal
post a letter enviar una carta
postcard tarjeta postal
postman cartero *m*
postmark matasellos *m*
post office oficina de correos
post office box apartado de correos, apartado postal
postscript posdata *f*, postdata *f*, post scriptum
printed matter impresos *mpl*
radio radio *f*
radio amateur radioaficionado -da
radio contact contacto por radio
radio control control por radio
radio-controlled controlado -da por radio
radio frequency radiofrecuencia *f*
radiolocation radiolocalización *f*
radio network red de radio, cadena de radiodifusoras
radiotelegraph radiotelegrafiar
radiotelegraphy radiotelegrafía *f*
radiotelephone radioteléfono *m*
radio telescope radiotelescopio *m*
radio transmitter radiotransmisor *m*
receiver receptor *m*
reference referencia *f*
register certificar, registrar
registered letter carta certificada, carta registrada
reply paid respuesta pagada
return to sender devuélvase al remitente
reverse-charge call conferencia por cobrar
ring timbre de llamada; llamar
ring up telefonear, llamar por teléfono
satellite satélite *m*
satellite communications comunicaciones vía satélite
scientific satellites satélites científicos
selector selector *m*
send a cable cablegrafiar, enviar un cable
send a telegram enviar un telegrama
sender remitente *mf*
sorting office sala de clasificación
sorting table mesa de clasificación
space communications comunicaciones espaciales
special delivery letter carta urgente, entrega inmediata
stamp sello *m*, estampilla *f*, timbre *m*
stamping franqueo *m*
switch interruptor *m*
switchboard conmutador *m*, tablero de conexión
telecommunications telecomunicaciones *f*
telegram telegrama *m*
telegram in code telegrama cifrado

telegraph telégrafo *m*
telegrapher telegrafista *mf*
telegraphic address dirección telegráfica
telegraphic money order giro telegráfico
telegraphist telegrafista *mf*
telegraph key manipulador *m*, llave telegráfica
telegraph office oficina de telégrafos, telégrafos *mpl*
telegraph operator telegrafista *mf*
telegraphy telegrafía *f*
telemetering telemetría *f*
telephone teléfono *m*, aparato telefónico; llamar por teléfono
telephone book directorio telefónico, guía telefónica
telephone booth cabina telefónica
telephone box cabina telefónica
telephone call llamada telefónica
telephone directory guía telefónica, directorio telefónico
telephone exchange central telefónica
telephone network red de teléfonos, red telefónica
telephone operator telefonista *mf*
telephone subscriber abonado de teléfonos
telephoned telegram telegrama por vía telefónica
telephony telefonía *f*
teleprinter teleimpresor *m*
teletype teletipo *m*
teletypewriter teletipo *m*
television televisión *f*
telex télex *m*
token ficha de teléfono
trunk call conferencia interurbana, llamada por troncal
window ventanilla *f*
wire telegrama *m*, cable *m*; telegrafiar, cablegrafiar
wireless radiotelegrafiar; radiotelegrafía *f*
wireless operator radiotelegrafista *mf*
wireless telegraphy telegrafía inalámbrica
writing paper papel de escribir
Zip Code código postal

theater
teatro

above parte del escenario no visible para el público; telar
absurdist theater teatro del absurdo
accessories accesorios *mpl*
acting area zona del escenario
actor actor *m*
actress actriz *f*
adapt for the stage escenificar; adaptar (una obra)
ad lib improvisar
aisle pasillo *m*
allegory alegoría *f*
amphitheater anfiteatro *m*
anachronism anacronismo *m*
antagonist antagonista *mf*
apron proscenio *m*
arena stage escenario circular, teatro arena
arena theater teatro arena
at rise comienzo *m*
audience público *m*
audition audición *f*
author autor -ra
backdrop telón de fondo, telón de foro
backstage arriba (del escenario), foro *m*
balcony galería *f*
balcony rail baranda de metal
basic situation conflicto *m*
baton batuta *f*
batten bambalina *f*
beam projector reflector parabólico
below tramo anterior del escenario
bench palco *m*
binoculars binoculares *mpl*, gemelos *mpl*
blackout oscuridad total
blocking desplazamiento de los actores en escena
book parte hablada de una comedia musical; libreto
border bambalina; caja para el alumbrado superior
borders bambalinas *fpl*
box palco *m*
boxes cajas *fpl*; entre cajas
box office taquilla *f*
box set escenario desarmable
burlesque farsa erótica, burlesque *m*
business movimientos de los actores
call lamp lámpara de llamada
casting reparto *m*
catharsis catarsis *f*
catwalk paso de gato
center stage área central del escenario
character personaje *m*
characters personajes *mpl*
checkroom guardarropa *m*
chorus coro *m*
climatic plot argumento climático
climax clímax *m*
cloakroom guardarropa
comedy comedia *f*
comedy of humors comedia humorística
comedy of ideas comedia de ideas

comedy of manners	alta comedia
comic	cómico -ca
comic premise	premisa cómica
Commedia dell'arte	Comedia del arte
complication	elemento conflictivo que precipita la crisis de un argumento
concentration	concentración *f*
conflict	conflicto *m*
conservatory	conservatorio *m*
control room	cabina de control
costume design	diseño de vestuario
costumes	vestuario *m*
counterpoint	contrapunto *m*
counterweight	contrapeso *m*
crew	equipo de tramoya
crisis	crisis *f*
cross	cruzar el escenario; cruce *m*
cue	pie *m*
cue sheet	libreto acotado
curtain	cortina *f*; final de escena
cutout	aplique *m*, bastidor *m*
cyclorama	ciclorama *m*
dance	bailar
dancing	baile *m*
décor	decoración *f*
denouement	desenlace *m*
design	diseñar, diseño *m*
dimmer	regulador de intensidad luminosa; dímer *m*
dim out	disminución gradual de la luz, oscurecimiento lento
direction	dirección *f*
director	director *m*
disguise	disfrazar; disfraz *m*
domestic drama	drama costumbrista
doubling	doble, reemplazo de un actor por un doble; doblar
downstage	abajo (del escenario)
dramatic structure	estructura dramática
dramaturgist	dramaturgo *m*
dramaturgy	dramaturgia *f*
dress circle	galería principal
dressing room	camerino *m*, camarín *m*
drop	telón de fondo
drop curtain	telón de fondo

ellipsoidal (leko) light	liko *m*
emotional recall	memoria de emociones
ensemble playing	actuación de conjunto
entrance	entrada *f*; entrada del personaje
epic theater	teatro épico
epilogue	epílogo *m*
episodic plot	argumento en episodios
Existentialism	existencialismo *m*
exit	salida *f*; mutis *m*
experimental theater	teatro experimental
exposition	explicación de lo que no ocurre en escena
Expressionism	expresionismo *m*
false proscenium	anteproscenio *m*
farce	farsa *f*
first-run house	teatro de estreno
flat	aplique *m*, bastidor *m*
flies	bambalinas *fpl*
flood	faro de inundación
fly loft	telón de fondo
fly loft or flies	espacio superior del escenario
follow spot	seguidor *m*
footbridge	pasarela *f*
footlights	candilejas *fpl*
forestage	proscenio *m*
freeze	quedarse inmóvil un personaje en escena, congelamiento
fresnel light	difusor *m*, fresnelo *m*
front curtain	telón de boca
front of the house	parte del teatro que ocupa el público; auditorio *m*, patio de butacas
gauze	tela especial para cortinajes; gasa *f*
grid	parrilla *f*
hairdresser	peinador *m*, peluquero *m*
hand props	utilería *f*
happening	teatro efímero, *m*
hero	héroe protagónico
heroic drama	drama heroico, tragedia heroica
historical outline	argumento histórico
hoist	montacarga
hydraulic press	prensa hidráulica
illusion	ilusión *f*, efecto *m*

imagination imaginación *f*
imitation imitación *f*
inner stage zona posterior del escenario; tras bastidores
inner truth verdad interna
irony ironía *f*
Jacobean drama teatro jacobino
judgment juicio *m*, enjuiciamiento *m*
kabuki kabuki; teatro japonés
kill eliminar, suprimir
kitchen-sink drama comedia costumbrista
left stage desde el punto de vista del actor, sector izquierdo del escenario; izquierda
light dimmer board control de luces
light gel gelatina *f*
lighting iluminación *f*
lighting system iluminación *f*, alumbrado *m*
light portal reflector de proscenio
light source fuente luminosa, reflector
line of role parlamento *m*
lobby vestíbulo *m*
loud speakers altavoces *mpl*, magnavoces *mpl*, altoparlantes *mpl*
main curtain telón *m*, cortina *f*
make-up maquillaje *m*
make-up man maquillista *m*
maquette maqueta *f*
marionette títere *m*, marioneta *f*
mask antifaz *m*, enmascarar, máscara, ocultar
masking ocultar; cubrir
masque mascarada *f*
medieval drama teatro medieval
melodrama melodrama *m*
metaphor metáfora *f*
microphone micrófono *m*
mime mímica *f*, mimo *m*
mise-en-scene puesta en escena
monologue monólogo *m*
multiple setting escenario múltiple
musical comedia musical
musical theater teatro musical
naturalism naturalismo *m*
neo-realism neorrealismo
new theater teatro nuevo
noh; noh; teatro japonés
nonrealistic no realista
objective móvil *m*, objetivo *m*
observation observación *f*
obstacle obstáculo *m*
offstage sectores del escenario ocultos
onstage zona del escenario visible al público; en escena, sector del escenario visible al espectador; en escena
open abierto, de cara al público
opera house teatro de ópera, ópera *f*
orchestra platea *f*
orchestra pit foso de la orquesta
orchestra seat asiento de luneta, asiento de platea, butaca de platea
pace ritmo *m*
pantomime pantomima *f*
parquet box palco de platea
participatory theater teatro participacional
performing arts artes escénicas
period época *f*
personage personaje *m*
physical movement desplazamiento *m*, gesto *m*
platform plataforma *f*, tablado *m*
platform stage escenario en alto carente de proscenio
play obra dramática
playable representable
play-act hacer un papel, actuar
playhouse teatro *m*
play of ideas obra filosófica
playwright autor *m*, autor dramático, comediógrafo *m*, dramaturgo *m*
plot argumento *m*
point of attack inicio de la acción dramática
poor theater teatro pobre
portray escenificar
preparation preámbulo; preparación *f*
producer productor *m*
program programa *m*
projector proyector *m*

prologue	prólogo *m*
prompt	apuntador
prompter	apuntador-ra, traspunte *m*
prompter's box	concha del apuntador
properties	utilería *f*
property man	utilero *m*
props	utilería *f*
proscenium	proscenio *m*
proscenium arch	arco del proscenio
protagonist	protagonista *mf*
psychodrama	psicodrama
puppet	títere *m*
puppeteer	titiritero -ra
rake	escenografía en ángulo o en declive
raked stage	escenario inclinado
realism	realismo *m*
realistic theater	teatro realista
rear of stage	foro *m*
regional theater	teatro regional
rehearsal	ensayo *m*
relaxation	relajación *f*
Renaissance theater	teatro renacentista
repertoire	repertorio *m*
repertory	repertorio
repertory theater	teatro de repertorio
Restoration drama	teatro de la Restauración
reversal	peripecia *f*, vuelco de fortuna
revolving stage	escenario giratorio
right stage	desde el punto de vista del actor, sector derecho del escenario; derecha
ritualistic theater	teatro ritual
role	papel *m*
role playing	actuación de un papel
romanticism	romanticismo *m*
row of seats	fila *f*
safety curtain	telón de seguridad
satire	sátira *f*
scene	escenario *m*; escena *f*
scene design	diseño escenográfico, escenografía *f*
scenery	decorado *m*
scene shifter	tramoyista *m*
scenic designer	escenógrafo *m*
scenic effects	efectos escénicos
scenographer	escenógrafo *m*
scenography	escenografía *f*
screen	pantalla *f*
scrim	comodín *m*, tela especial para cortinajes
script	guión *m*, texto *m*, libreto *m*
set	escenario *m*, escena *f*
set piece	parte de un escenario
slapstick	tipo de farsa
slapstick comedy	farsa cómica
sociodrama	sociodrama *m*
spill	iluminación que rebasa el límite calculado; manchar
spine	móvil del personaje
stage	escenificar; escenario *m*
stage convention	convención teatral
stage door	entrada posterior de un teatro
stage equipment	utilería *f*
stagehand	tramoyista *m*
stage house	piso y espacio superior del escenario
stage machinery	tramoya *f*
stage machinist	tramoyista *m*
stage manager	traspunte *m*
stage space	espacio escénico
stall	luneta *f*, platea *f*
standing room only (SRO)	sitio únicamente de pie
stock company	compañía de repertorio
stock characters	personajes de reparto
street theater	teatro trashumante, teatro callejero
strike	desmontar el escenario
studio	estudio *m*
subtext	subtexto *m*
surge tank	cámara de presión
surrealism	surrealismo *m*
symbol	símbolo *m*
symbolism	simbolismo *m*
teaser	bambalina *f*
technical	(equipo) técnico
technical rehearsal	ensayo técnico
techniques	técnicas no realistas
theater critic	crítico teatral
theater-goer	aficionado al teatro, teatrófilo *m*
theater-in-the-round	teatro circular
theater of cruelty	teatro de la crueldad
theater of electicism	teatro polifacético

theater of fact	teatro de facto
theater of protest	teatro de protesta
theater of the absurd	teatro del absurdo
theatrical	teatral
theatricalism	estilo teatral; teatralidad *f*
theme	argumento *m*, tema *m*
thrust stage	escenario móvil
ticket	localidad *f*, entrada *f*, billete *m*, boleto *m*
ticket agent	taquillero *m*
ticket collector	revisor de billetes, revisor de entradas
ticket office	taquilla *f*
ticket scalper	revendedor de entradas
ticket window	ventanilla *f*, taquilla *f*
traditional theater	teatro tradicional
tragedy	tragedia *f*
tragic flaw	error trágico
tragicomedy	tragicomedia *f*
trap	escotillón *m*
trapdoor	compuerta del escotillón
turntable	escenario giratorio
unities	unidades (de tiempo, de lugar y de acción)
unity	unidad (artística, dramática)
upstage	sector posterior de un escenario; arriba
usher	acomodador *m*
usherette	acomodadora *f*
vaudeville	revista, vodevil *m*
villain	villano *m*, malvado *m* malvado *m*
wagon stage	plataforma con ruedas, escenario rodante
wardrobe	vestuario
warm lighting	alumbrado tenue
water deposit	depósito de agua
well-made play	obra de estructura formal
wig	peluca *m*
wings	sector lateral de un escenario
work lights	luz de trabajo

tools and machinery
herramientas y maquinaria

adjustable pliers	pinzas ajustables
adjustable spanner	llave inglesa
air hammer	martillo neumático
air pump	bomba de aire
anvil	yunque *m*
auger	barrena *f,* taladro *m*
awl	lezna *f,* punzón *m*
ax	hacha *f*
band	banda *f*
beakiron	bigornia *f*
beam compass	compás de vara
bearing	rodamiento *m,* cojinete *m*
bellows	fuelle *m*
bench	banco *m*
bickern	bigornia *f*
bit	broca *f,* barrena *f*
block	dádo *m*
blowlamp	lámpara de soldar
blowtorch	soplete *m,* lámpara de soldar
bogie	carretón *m,* truck *m*
boiler	caldera *f*
bolt	tornillo *m,* perno *m*
boring machine	perforadora *f*
bow saw	sierra de arco
box spanner	llave de cubo
brace	berbiquí *m*
brad	puntilla *f,* clavillo *m*
brush	brocha *f*
brushhammer	escoda *f,* martelina *f*
bucket	cubo *m,* cubeta *f*
buhl saw	segueta *f*
burin	buril *m*
buzz saw	sierra circular
cable	cable *m,* alambre eléctrico
caldron, cauldron	caldero *m*
caliper gauge	calibrador de mordazas
calipers	pie de rey, calibrador *m*
can	bote *m,* lata *f*
cast	molde *m*
chisel	cincel *m,* formón *m,* escoplo *m*
chuck	mandril *m*
circular saw	sierra circular
clamp	prensa *f,* sujetador *m,* mordaza *f,* cárcel *f*
coil	bobina *f*
cold chisel	cincel *m,* cortafrío *m*
compass saw	sierra de calar, sierra de contornear
compressor	compresora *f*
countersink	avellanador *m*
crane	grúa *f*
crank	cigüeñal *m*
crosscut chisel	escoplo *m*
crusher	trituradora *f*
cylinder	cilindro *m*
dibble	plantador *m*
die	troquel *m,* matriz *f,* troque *m*
diestock	tarraja *f,* mineral *m*
dividers	compás *m*
double-ended spanner	llave de dos bocas
double-ended wrench	llave plana de dos bocas
dowel	clavija *f,* espiga *f*
drawknife	plana *f,* cuchilla de desbastar
drill	taladro *m,* broca *f,* barrena *f*

drilling machine	perforadora *f*
drop hammer	martillo pilón
elbowed wrench	llave acodada
electric drill	taladro eléctrico
electric soldering	soldadura eléctrica
emery paper	papel de esmeril
extension cord	cable de extensión (eléctrica)
file	lima *f*
firmer chisel	formón *m*
firmer gouge	gubia *f*, formón de mediacaña
flat pliers	pinzas de boca plana
float	llana *f*
folding ruler	metro plegable
fork	horca *f*, horquilla *f*
forklift	montacargas *fpl*
fretsaw	sierra de calar, segueta *f*
fuse	fusible *m*
garden hose	manguera de jardín
gardening tool	herramienta de jardinería
garden shears	tijeras de jardín
gasket	empaque *m*
gauge, gage	calibrador *m*; escala *f*
gear	engranaje *m* engrane *m*
generator	generador *m*
gimlet	barrena *f*, taladro *m*
glass cutter	diamante *m*, cortavidrio *m*
gouge	gubia *f*
grease gun	engrasadora *f*, bomba de engrase
grinder	esmeriladora *f*
grindstone	muela de afilar
hacksaw	segueta *f*, sierra para metales
hammer	martillo *m*
hammer's head	cabeza del martillo
hand drill	taladro de mano
handle	mango *m*
handsaw	serrucho *m*
hatchet	destral *m*, hachuela *f*
hoe	azadón *m*, azada *f*
hose	manga *f*, manguera *f*
hosepipe	manguera *f*
jack	gato *m*
jack plane	garlopa *f*
jaws	mordaza *f* (del torno)
lathe	torno *m*
lawnmower	cortacésped *m*, segadora de pasto
lever	palanca *f*
link	articulación *f*, varilla *f*, eslabón *m*
locknut	contratuerca *f*
machine	máquina *f*
machinery	maquinaria *f*
machine tools	máquinas herramientas
mallet	mazo *m*, maceta *f*
marking gauge	gramil *m*
mechanic's tools	herramientas de mecánico
metal rule	regla metálica
milling cutter	fresa *f*
milling machine	fresadora *f*
miter	inglete *m*
mixer	licuadora *f*, mezcladora *f*
mold, mould	molde *m*
monkey wrench	llave ajustable, llave inglesa
motor	motor *m*
moulding plane	acanalador *m*, bocel *m*
multipurpose pliers	pinzas de uso múltiple
nail	clavo *m*
nail puller	sacaclavos *m*
nut	tuerca *f*
oil can	aceitera *f*
pail	cubo *m*, balde *m*, cubeta *f*
paintbrush	brocha de pintar
paint can	lata de pintura
paint pan	bandeja de pintura
paint roller	rodillo para pintar
parallel vise	tornillo de banco paralelo
peg	clavija *f*, espiga *f*
penknife	navaja *f*, cortaplumas *m*
pickax	piqueta *f*, zapapico *m*
piercing saw	segueta *f*
pile hammer	martinete *m*, martillo pilón, piloteadora *f*
pin	perno *m*, pasador *m*, alfiler *m*
pincers	pinzas pequeñas, pincetas *fpl*
pipe cutter	cortatubos *mpl*
pipe wrench	llave para tubos
piston	pistón *m*, émbolo *m*
plane	cepillo *m*, garlopa *f*
plate	armadura *f* (de condensador)

pliers pinzas *fpl*, alicates *mpl*
plumb line plomada *f*
pneumatic hammer taladro neumático, martillo neumático
pneumatic stapler engrapadora neumática
pocket knife navaja de bolsillo
power drill taladro eléctrico
power saw sierra eléctrica
press prensa *f*
pruning knife cuchillo de podar
pruning shears podadera *f*, tijeras de podar
pulley polea *f*
pump bomba *f*
punch sacabocados *m*, punzón *m*
punching machine perforadora *f*
rabbet plane guillame *m*, cepillo de machihembrar
rack spanner llave de cremallera
rake rastrillo *m*
rammer pisón *m*
rasp escofina *f*
reamer escariador *m*
reaping machine segadora *f*
resistance resistencia *f*
rivet roblón *m*, remache *m*
riveter remachadora *f*
roller rodillo *m*, rodillo de pintar
roller bearing rodamiento de bolas, rodamiento de rodillos
rolling mill laminadora *f*
ruler regla *f*
sandpaper papel de lija
saw sierra *f*, serrucho *m*
scissors tijeras *fpl*
scraper raspador *m*, raedera *f*
screw tornillo *m*
screwdriver destornillador *m*
screw tap macho de roscar, machuelo *m*
scriber rayador *m*, punta de trazar
scribing block trusquín *m*
scroll saw sierra de contornear, sierra de marquetería
seed drill sembradora *f*
set square escuadra *f*, cartabón *m*
sewing machine máquina de coser
shears cizallas *fpl*, tijeras *fpl*, cabria *f*
shelf estante *m*, anaquel *m*
shifting spanner llave ajustable, llave inglesa
shovel pala *f*
sickle hoz *f*
sledgehammer almádana *f*, almádena *f*, mazo *m*
small square hammer maceta *f*
socket wrench llave de cubo
soldering iron soldador *m*, cautín *m*
spade laya *f*
spanner llave ajustable
spatula espátula *f*
spirit level nivel de burbuja
square escuadra *f*
staple grapa *f*
stapler engrapadora *f*
steam boiler caldera de vapor
stepladder escalera *f*
stud perno *m*, pasador *m*
tack tachuela *f*
tape measure cinta métrica, flexómetro *m*
thread rosca *f*
tire lever desmontador para neumáticos, espátula *f*
tongs tenazas *fpl*
tool herramienta *f*
toolbox caja de herramientas
trammel compás de vara
trestle caballete *m*
triangle escuadra *f*
trowel desplantador *m*, llana *f*, paleta *f*, cuchara *f*
turret lathe torno revólver
two-beaked anvil bigornia *f*
universal pliers pinzas universales
valve válvula *f*
vise, vice tornillo *m*, torno de banco
washer arandela *f*, rondana *f*
watering can regadera *f*
water level nivel de agua
weeding hoe escardadera *f*, almocafre *m*
welding soldadura *f*
welding torch soplete de soldar
wheel rueda *f*
wheelbarrow carretilla *f*
winding bobinado *m*, embobinado *m*

winding machine	devanadora *f*, bobinadora *f*, embobinadora *f*
windlass	torno *m*, cabrestante *m*
wire cutters	cortalambres *mpl*, alicates *mpl*
workbench	banco de trabajo
wrench	llave ajustable
yardstick	metro *m*

PART II — PARTE SEGUNDA

English-Spanish

Inglés-Español

A, a [e] *s* (*pl:* **A's, a's** [ez]) primera letra del alfabeto inglés
a. abr. de **acre, acres, adjective** y **answer**
A. abr. de **America** y **American**
a [ə] o [e] *art indef* un; por, cada, a; **fifteen cents a pound** quince centavos la libra; se convierte en **an** antes de sonido vocálico, p.ej., **an orange** una naranja, **an hour** una hora
A 1 ['e'wʌn] *adj* de primera clase, excelente
AAA abr. de **Agricultural Adjustment Administration**
A.A.A. abr. de **American Automobile Association**
A.A.A.L. abr. de **American Academy of Arts and Letters**
A.A.A.S. abr. de **American Association for the Advancement of Science**
Aachen ['ɑkən] *s* Aquisgrán
aardvark ['ɑrd,vɑrk] *s* (zool.) cerdo hormiguero
aardwolf ['ɑrd,wʊlf] *s* (zool.) próteles rayado
Aaron ['ɛrən] *s* (Bib.) Aarón
A.B. abr. de **Artium Baccalaureus** (Lat.) **Bachelor of Arts**
abacá [,ɑbɑ'kɑ] *s* (bot.) abacá (*planta y fibra textil*)
aback [ə'bæk] *adv* atrás; (naut.) en facha; **to be taken aback** quedar desconcertado; **to take aback** desconcertar
abacus ['æbəkəs] *s* (*pl:* **-cuses** o **-ci** [saɪ]) ábaco; (arch.) ábaco
abaft [ə'bæft] o [ə'bɑft] *adv* (naut.) a popa, en popa; *prep* (naut.) detrás de
abalone [,æbə'lonɪ] *s* (zool.) abalone, oreja marina
abandon [ə'bændən] *s* abandono; *va* abandonar; **to abandon oneself** abandonarse
abandoned [ə'bændənd] *adj* abandonado
abandonment [ə'bændənmənt] *s* abandono
abase [ə'bes] *va* degradar, humillar, rebajar
abasement [ə'besmənt] *s* degradación, humillación, rebajamiento
abash [ə'bæʃ] *va* azorar, avergonzar
abashment [ə'bæʃmənt] *s* azoramiento, avergonzamiento
abate [ə'bet] *va* disminuir, reducir; suprimir; anular; deducir, substraer; omitir; *vn* disminuir, moderarse
abatement [ə'betmənt] *s* disminución; supresión; anulación; cantidad rebajada; omisión; (law) ocupación, sin derecho, de una finca tras la muerte de su último dueño
abatis ['æbətɪs] *s* (*pl:* **-tis**) (fort.) abatida; barricada de alambre de púas
A battery *s* (rad.) batería para calentar el cátodo
abattoir ['æbətwɑr] *s* matadero
abbacy ['æbəsɪ] *s* (*pl:* **-cies**) abadía
Abbassides [ə'bæsaɪdz] o ['æbəsaɪdz] *spl* abasidas
abbatial [ə'beʃəl] *adj* abacial
abbé ['æbe] *s* abate
abbess ['æbɪs] *s* abadesa
abbey ['æbɪ] *s* abadía
abbot ['æbət] *s* abad
abbr. o **abbrev.** abr. de **abbreviated** y **abbreviation**
abbreviate [ə'brivɪet] *va* abreviar
abbreviation [ə,brivɪ'eʃən] *s* abreviación (*acortamiento*); abreviatura (*forma abreviada*)
abbreviator [ə'brivɪ,etər] *s* abreviador; (eccl.) abreviador
A B C [,e,bi'si] *s* abecé; **A B C's** *spl* abecedario
A.B.C. powers *spl* potencias A B C (*la Argentina, el Brasil, Chile*)
abdicate ['æbdɪket] *va & vn* abdicar
abdication [,æbdɪ'keʃən] *s* abdicación
abdomen ['æbdəmən] o [æb'domən] *s* (anat. & zool.) abdomen
abdominal [æb'dɑmɪnəl] *adj* abdominal
abdominal supporter *s* faja abdominal
abducent [æb'djusənt] o [æb'dusənt] *adj* (physiol.) abductor
abduct [æb'dʌkt] *va* raptar, secuestrar; (physiol.) abducir
abduction [æb'dʌkʃən] *s* rapto, secuestro; (physiol. & log.) abducción
abductor [æb'dʌktər] *s* raptor, secuestrador; (physiol.) abductor
Abe [eb] *s* nombre abreviado de **Abraham**
abeam [ə'bim] *adv* (naut.) de través, por el través
abed [ə'bɛd] *adv* en cama
Abélard ['æbəlɑrd] *s* Abelardo
abele [ə'bil] o ['ebəl] *s* (bot.) álamo blanco
abelmosk ['ebəl,mɑsk] *s* (bot.) abelmosco
aberrant [æb'ɛrənt] *adj* aberrante
aberration [,æbə'reʃən] *s* aberración; (astr. & opt.) aberración
abet [ə'bɛt] (*pret & pp:* **abetted**; *ger:* **abetting**) *va* incitar (*a una persona, especialmente al mal*); fomentar (*p.ej., el crimen*)
abetment [ə'bɛtmənt] *s* incitación (*especialmente al mal*); fomento (*p.ej., del crimen*)
abetter o **abettor** [ə'bɛtər] *s* incitador, instigador
abeyance [ə'beəns] *s* suspensión; **in abeyance** en suspenso
abhor [æb'hɔr] (*pret & pp:* **-horred**; *ger:* **-horring**) *va* aborrecer, detestar
abhorrence [æb'hɑrəns] o [æb'hɔrəns] *s* aborrecimiento, detestación
abhorrent [æb'hɑrənt] o [æb'hɔrənt] *adj* aborrecible, detestable
abide [ə'baɪd] (*pret & pp:* **abode** o **abided**) *va* esperar; soportar, tolerar; *vn* morar, permanecer, continuar; **to abide by** cumplir con; atenerse a
abiding [ə'baɪdɪŋ] *adj* permanente, perdurable
abigail ['æbɪgel] *s* doncella, criada confidente
ability [ə'bɪlɪtɪ] *s* (*pl:* **-ties**) habilidad, capacidad; talento, ingenio
abiogenesis [,æbɪo'dʒɛnɪsɪs] *s* abiogénesis
abiosis [,æbɪ'osɪs] *s* abiosis
abiotic [,ebaɪ'ɑtɪk] *adj* abiótico
abirritant [æb'ɪrɪtənt] *adj* abirritante; *s* remedio abirritante
abirritate [æb'ɪrɪtet] *va* (med.) abirritar
abirritation [æb,ɪrɪ'teʃən] *s* (med.) abirritación
abject ['æbdʒɛkt] o [æb'dʒɛkt] *adj* abyecto
abjection [æb'dʒɛkʃən] *s* abyección
abjuration [,æbdʒʊ'reʃən] *s* abjuración
abjure [æb'dʒʊr] *va* abjurar
abjurement [æb'dʒʊrmənt] *s* abjuración
abl. abr. de **ablative**
ablactate [æb'læktet] *va* ablactar
ablactation [,æblæk'teʃən] *s* ablactación
ablation [æb'leʃən] *s* (surg.) ablación
ablative ['æblətɪv] *adj & s* (gram.) ablativo
ablative absolute *s* (gram.) ablativo absoluto
ablative case *s* (gram.) ablativo
ablaut ['æblaut] *s* (phonet.) apofonía
ablaze [ə'blez] *adj* brillante, encendido; ardiente, anhelante; encolerizado; *adv* en llamas
able ['ebəl] *adj* hábil, capaz; talentoso; **to be able to** + *inf* poder + *inf*
able-bodied ['ebəl'bɑdɪd] *adj* sano; fornido, forzudo
able-bodied seaman *s* marinero experto
ablegate ['æblɪget] *s* (eccl.) ablegado
ablepharia [,æblɪ'fɛrɪə] *s* ablefaria
ablepsia [e'blɛpsɪə] *s* ablepsia
abloom [ə'blum] *adj & adv* en flor
ablution [æb'luʃən] *s* ablución
ably ['eblɪ] *adv* hábilmente; talentosamente
abnegate ['æbnɪget] *va* abnegar; *vn* abnegarse

abnegation [ˌæbnɪˈgeʃən] *s* abnegación
abnormal [æbˈnɔrməl] *adj* anormal
abnormality [ˌæbnɔrˈmælɪtɪ] *s* (*pl:* **-ties**) anormalidad
abnormity [æbˈnɔrmɪtɪ] *s* (*pl:* **-ties**) anomalía; monstruosidad
aboard [əˈbord] *adv* (naut.) a bordo; al bordo; **all aboard!** ¡señores viajeros al tren!; **to go aboard** ir a bordo, embarcarse; **to take aboard** embarcar; *prep* en (*p.ej., el tren*); (naut.) al bordo de, al costado de
abode [əˈbod] *s* domicilio, morada; **to take up one's abode** adquirir o fijar domicilio, domiciliarse; *pret & pp de* **abide**
abolish [əˈbɑlɪʃ] *va* suprimir, eliminar
abolition [ˌæbəˈlɪʃən] *s* supresión, eliminación; (hist.) abolición
abolitionism [ˌæbəˈlɪʃənɪzəm] *s* abolicionismo
abolitionist [ˌæbəˈlɪʃənɪst] *s* abolicionista
abomasum [ˌæboˈmesəm] o **abomasus** [ˌæboˈmesəs] *s* (anat.) abomaso
A-bomb [ˈeˌbɑm] *s* bomba atómica
abominable [əˈbɑmɪnəbəl] *adj* abominable
abominate [əˈbɑmɪnet] *va* abominar, abominar de
abomination [əˌbɑmɪˈneʃən] *s* abominación
aboriginal [ˌæbəˈrɪdʒɪnəl] *adj & s* aborigen
aborigines [ˌæbəˈrɪdʒɪniz] *spl* aborígenes
abort [əˈbɔrt] *va & vn* abortar
abortion [əˈbɔrʃən] *s* aborto
abortionist [əˈbɔrʃənɪst] *s* abortista
abortive [əˈbɔrtɪv] *adj* abortivo
abound [əˈbaʊnd] *vn* abundar; **to abound in** o **with** abundar de o en
about [əˈbaʊt] *adv* casi; alrededor; aquí; acá y allá; en la dirección opuesta; uno después del otro; **to be about** estar levantado (*dícese de uno que ha estado enfermo*); **to be about to** + *inf* estar para + *inf; prep* acerca de, alrededor de; con respecto a; por, cerca de; hacia, como, a eso de, p.ej., **about six o'clock** a eso de las seis; **to be about** tratar de
about face *interj* (mil.) ¡media vuelta!
about-face [əˈbaʊtˌfes] *s* media vuelta; cambio de opinión; [əˈbaʊtˈfes] *vn* dar media vuelta; cambiar de opinión
above [əˈbʌv] *adj & s* antedicho, arriba escrito; **from above** desde lo alto; de arriba; del cielo; *adv* arriba, encima; *prep* sobre, encima de, superior a, más arriba de, más alto que; **above all** sobre todo
aboveboard [əˈbʌvˌbord] *adj & adv* franco, francamente, sin rebozo ni disfraz
above-cited [əˈbʌvˌsaɪtɪd] *adj* ya citado
aboveground [əˈbʌvˌgraʊnd] *adj & adv* sobre la superficie de la tierra; vivo, viviente
above-mentioned [əˈbʌvˌmɛnʃənd] *adj* sobredicho, susodicho, dicho antes
Abp. abr. de **Archbishop**
abracadabra [ˌæbrəkəˈdæbrə] *s* abracadabra
abrade [əˈbred] *va* raer, desgastar por fricción
Abraham [ˈebrəhæm] *s* Abrahán
Abraham's bosom *s* seno de Abrahán
abrasion [əˈbreʒən] *s* abrasión, raedura; (med.) abrasión
abrasive [əˈbresɪv] o [əˈbrezɪv] *adj & s* abrasivo
abreast [əˈbrɛst] *adj & adv* de frente; **to be abreast of** o **with** correr parejas con; estar al corriente de; **to keep abreast of the times** ponerse al corriente de las cosas
abridge [əˈbrɪdʒ] *va* abreviar; privar
abridgement o **abridgment** [əˈbrɪdʒmənt] *s* abreviación; privación
abroad [əˈbrɔd] *adv* en el extranjero, al extranjero; en todas partes, a todas partes; fuera de casa
abrogate [ˈæbrəget] *va* abrogar
abrogation [ˌæbrəˈgeʃən] *s* abrogación
abrupt [əˈbrʌpt] *adj* repentino; brusco; áspero; abrupto, escarpado
abruptness [əˈbrʌptnɪs] *s* precipitación; brusquedad; aspereza; desigualdad
Absalom [ˈæbsələm] o [ˈæbsəlɑm] *s* (Bib.) Absalón
abscess [ˈæbsɛs] *s* (path.) absceso
abscessed [ˈæbsɛst] *adj* apostemado
abscissa [æbˈsɪsə] *s* (geom.) abscisa
abscission [æbˈsɪʒən] o [æbˈsɪʃən] *s* abscisión
abscond [æbˈskɑnd] *vn* evadirse, fugarse
absence [ˈæbsəns] *s* ausencia; falta de asistencia (*a la escuela, etc.*); **in the absence of** a falta de; **absence of mind** distracción
absent [ˈæbsənt] *adj* ausente; distraído; [æbˈsɛnt] *va* ausentar; **to absent oneself** ausentarse
absentee [ˌæbsənˈti] *s* absentista; ausente
absentee ballot *s* voto por correspondencia
absenteeism [ˌæbsənˈtiɪzəm] *s* absentismo, ausentismo
absentee landlord *s* absentista
absentee ownership *s* absentismo, ausentismo
absentee voter *s* votante por correspondencia
absently [ˈæbsəntlɪ] *adv* distraídamente
absent-minded [ˈæbsəntˈmaɪndɪd] *adj* distraído
absent-mindedly [ˈæbsəntˈmaɪndɪdlɪ] *adv* distraídamente
absent-mindedness [ˈæbsəntˈmaɪndɪdnɪs] *s* distracción
absinth o **absinthe** [ˈæbsɪnθ] *s* (bot.) absintio, ajenjo; absenta, ajenjo (*bebida*)
absinthin [æbˈsɪnθɪn] *s* (chem.) absintina
absinthism [ˈæbsɪnθɪzəm] o [æbˈsɪnθɪzəm] *s* (path.) absintismo
absolute [ˈæbsəlut] *adj & s* absoluto
absolute alcohol *s* alcohol absoluto
absolutely [ˈæbsəlutlɪ] o [ˌæbsəˈlutlɪ] *adv* absolutamente
absolute monarchy *s* monarquía absoluta
absolute temperature *s* (phys.) temperatura absoluta
absolute zero *s* (phys.) cero absoluto
absolution [ˌæbsəˈluʃən] *s* absolución
absolutism [ˈæbsəlutɪzəm] *s* absolutismo
absolutist [ˈæbsəlutɪst] *s* absolutista
absolve [æbˈsɑlv] o [æbˈzɑlv] *va* absolver
absorb [æbˈsɔrb] o [æbˈzɔrb] *va* absorber
absorbable [æbˈsɔrbəbəl] o [æbˈzɔrbəbəl] *adj* absorbible
absorbed [æbˈsɔrbd] o [æbˈzɔrbd] *adj* absorto, ensimismado
absorbency [æbˈsɔrbənsɪ] o [æbˈzɔrbənsɪ] *s* absorbencia
absorbent [æbˈsɔrbənt] o [æbˈzɔrbənt] *adj & s* absorbente
absorbent cotton *s* algodón hidrófilo
absorbing [æbˈsɔrbɪŋ] o [æbˈzɔrbɪŋ] *adj* absorbente (*interesante*)
absorption [æbˈsɔrpʃən] o [æbˈzɔrpʃən] *s* absorción
abstain [æbˈsten] *vn* abstenerse; **to abstain from** + *ger* abstenerse de + *inf*
abstainer [æbˈstenər] *s* abstinente
abstemious [æbˈstimɪəs] *adj* abstemio, abstinente
abstention [æbˈstɛnʃən] *s* abstención
abstergent [æbˈstʌrdʒənt] *adj & s* abstergente
abstersion [æbˈstʌrʃən] *s* abstersión
abstersive [æbˈstʌrsɪv] *adj* abstersivo
abstinence [ˈæbstɪnəns] *s* abstinencia
abstinent [ˈæbstɪnənt] *adj* abstinente
abstract [ˈæbstrækt] o [æbˈstrækt] *adj* abstracto; [ˈæbstrækt] *s* sumario, resumen; resumen analítico (*de materia científica*); **in the abstract** en abstracto; *va* resumir, compendiar; [æbˈstrækt] *va* abstraer (*una calidad*); quitar
abstracted [æbˈstræktɪd] *adj* abstraído
abstraction [æbˈstrækʃən] *s* abstracción
abstractionism [æbˈstrækʃənɪzəm] *s* (f.a.) abstraccionismo
abstractionist [æbˈstrækʃənɪst] *adj & s* (f.a.) abstraccionista
abstruse [æbˈstrus] *adj* abstruso
absurd [æbˈsʌrd] o [æbˈzʌrd] *adj* absurdo
absurdity [æbˈsʌrdɪtɪ] o [æbˈzʌrdɪtɪ] *s* (*pl:* **-ties**) absurdidad, absurdo
abundance [əˈbʌndəns] *s* abundancia
abundant [əˈbʌndənt] *adj* abundante
abuse [əˈbjus] *s* maltrato; injuria, insulto; abuso (*mal uso; costumbre injusta, injusticia*); [əˈbjuz] *va* maltratar; injuriar, insultar; abusar de (*usar mal de, p.ej., la autoridad*)
abusive [əˈbjusɪv] *adj* injurioso, insultante; abusivo (*que se practica por abuso*)
abut [əˈbʌt] (*pret & pp:* **abutted;** *ger:* **abutting**) *vn* confinar, estar contiguo; **to abut on, upon,** o **against** confinar con, terminar en
abutment [əˈbʌtmənt] *s* (arch.) estribo, contra-

fuerte, botarel; (carp.) empotramiento (*ensamblaje*); confinamiento, contigüidad
Abydos [ə'baɪdɑs] *s* Abidos
abysm [ə'bɪzəm] *s* var. de **abyss**
abysmal [ə'bɪzməl] *adj* abismal; profundo
abysmally [ə'bɪzməlɪ] *adv* profundamente
abyss [ə'bɪs] *s* abismo
abyssal [ə'bɪsəl] *adj* abisal
Abyssinia [,æbɪ'sɪnɪə] *s* Abisinia
Abyssinian [,æbɪ'sɪnɪən] *adj & s* abisinio
A.C. o **a.c.** abr. de **alternating current**
acacia [ə'keʃə] *s* (bot.) acacia; (bot.) acacia falsa (*Robinia pseudoacacia*); goma arábiga
academic [,ækə'dɛmɪk] *adj* académico (*escolar; clásico, literario; teórico; amanerado*); *s* estudiante universitario; profesor de la universidad; individuo de una sociedad de eruditos
academical [,ækə'dɛmɪkəl] *adj* var. de **academic; academicals** *spl* var. de **academic costume**
academic costume *s* traje de catedrático, traje académico, toga
academic freedom *s* libertad de cátedra
academician [ə,kædə'mɪʃən] *s* académico
academic subjects *spl* (educ.) materias no profesionales
academic year *s* año escolar, año académico
academize [ə'kædəmaɪz] *va* academizar
Academus [,ækə'diməs] *s* (myth.) Academo
academy [ə'kædəmɪ] *s* (*pl:* **-mies**) academia
academy figure *s* (f.a.) academia
Acadia [ə'kedɪə] *s* Acadia
Acadian [ə'kedɪən] *adj & s* acadiense
acalephan [,ækə'lɛfən] *adj & s* (zool.) acalefo
acalycine [e'kælɪsɪn] o [e'kælɪsaɪn] *adj* (bot.) acalicino
acanthaceous [,ækæn'θeʃəs] *adj* (bot.) acantáceo
acanthocephalan [ə,kænθo'sɛfələn] *adj & s* (zool.) acantocéfalo
acanthopterygian [,ækæn,θɑptə'rɪdʒɪən] *adj & s* (ichth.) acantopterigio
acanthus [ə'kænθəs] *s* (*pl:* **-thuses** o **-thi** [θaɪ]) (bot. & arch.) acanto
acarid ['ækərɪd] *s* (zool.) acárido
acaroid gum o **resin** ['ækərɔɪd] *s* acaroide, resina acaroide
acarpous [e'kɑrpəs] *adj* (bot.) acarpo
acarus ['ækərəs] *s* (*pl:* **-ri** [raɪ]) (zool.) ácaro
acatalectic [e,kætə'lɛktɪk] *adj & s* acataléctico
acatalepsia [e,kætə'lɛpsɪə] *s* (med.) acatalepsia
acatalepsy [e'kætə,lɛpsɪ] *s* (philos.) acatalepsia
acaulescent [,ækɔ'lɛsənt] *adj* (bot.) acaule
acc. abr. de **accusative**
accede [æk'sid] *vn* acceder; **to accede to** acceder a, condescender a; ascender o subir a (*p.ej., un trono*)
accelerate [æk'sɛləret] *va* acelerar; *vn* acelerarse
acceleration [æk,sɛlə'reʃən] *s* aceleración
accelerator [æk'sɛlə,retər] *s* (aut.) acelerador
accelerometer [æk,sɛlə'rɑmɪtər] *s* (aer.) acelerómetro
accent ['æksɛnt] *s* acento; ['æksɛnt] o [æk'sɛnt] *va* acentuar
accentual [æk'sɛntʃʊəl] *adj* acentual
accentuate [æk'sɛntʃʊet] *va* acentuar
accentuation [æk,sɛntʃʊ'eʃən] *s* acentuación
accept [æk'sɛpt] *va* aceptar; (com.) aceptar
acceptability [æk,sɛptə'bɪlɪtɪ] *s* aceptabilidad
acceptable [æk'sɛptəbəl] *adj* aceptable
acceptably [æk'sɛptəblɪ] *adv* aceptablemente
acceptance [æk'sɛptəns] *s* aceptación; (com.) aceptación
acceptation [,æksɛp'teʃən] o **acception** [æk'sɛpʃən] *s* acepción (*sentido*)
acceptor [æk'sɛptər] *s* aceptador, aceptante; (com.) aceptante
access ['æksɛs] *s* acceso; (med.) acceso, ataque; aditamento, aumento
accessary [æk'sɛsərɪ] *adj* var. de **accessory;** *s* (*pl:* **-ries**) var. de **accessory**
accessibility [æk,sɛsɪ'bɪlɪtɪ] *s* accesibilidad
accessible [æk'sɛsɪbəl] *adj* accesible
accession [æk'sɛʃən] *s* accesión, consentimiento; ascenso (*a una dignidad o empleo*); aditamento, acrecentamiento; adquisición (*p. ej., de libros en una biblioteca*)
accessory [æk'sɛsərɪ] *adj* accesorio; *s* (*pl:* **-ries**) accesorio; fautor, cómplice
accessory after the fact *s* (law) encubridor en el delito
accessory before the fact *s* (law) instigador de un delito
accidence ['æksɪdəns] *s* (gram.) accidentes
accident ['æksɪdənt] *s* accidente; (gram. & mus.) accidente; **by accident** por accidente
accidental [,æksɪ'dɛntəl] *adj* accidental; *s* (mus.) accidental
accidentally [,æksɪ'dɛntəlɪ] *adv* accidentalmente
accident insurance *s* seguro contra accidentes
accident prevention *s* precauciones contra accidentes
accipiter [æk'sɪpɪtər] *s* (surg.) accípitre
acclaim [ə'klem] *s* aclamación; **to win acclaim** merecer aclamación, merecer aplausos; *va & vn* aclamar
acclamation [,æklə'meʃən] *s* aclamación; **by acclamation** por aclamación
acclimate [ə'klaɪmɪt] o ['æklɪmet] *va* aclimatar; **to become acclimated** aclimatarse; *vn* aclimatarse
acclimation [,æklɪ'meʃən] o **acclimatization** [ə,klaɪmətɪ'zeʃən] *s* aclimatación
acclimatize [ə'klaɪmətaɪz] *va & vn* var. de **acclimate**
acclivity [ə'klɪvɪtɪ] *s* (*pl:* **-ties**) cuesta ascendente, subida
accolade [,ækə'led] o ['ækəled] *s* acolada, espaldarazo; elogio, premio; (arch., mus. & paleog.) acolada
accommodate [ə'kɑmədet] *va* acomodar; hospedar, alojar; *vn* conformarse
accommodating [ə'kɑmə,detɪŋ] acomodadizo, servicial
accommodation [ə,kɑmə'deʃən] *s* acomodación; hospedaje, alojamiento; (physiol.) acomodación; **accommodations** *spl* facilidades, comodidades; localidad (*p.ej., en un tren*); alojamiento, aposento (*en un hotel*)
accommodation train *s* tren ómnibus
accompaniment [ə'kʌmpənɪmənt] *s* acompañamiento; (mus.) acompañamiento
accompanist [ə'kʌmpənɪst] *s* acompañador, acompañante; (mus.) acompañante
accompany [ə'kʌmpənɪ] *va* (*pret & pp:* **-nied**) *va* acompañar; (mus.) acompañar
accomplice [ə'kɑmplɪs] *s* cómplice
accomplish [ə'kɑmplɪʃ] *va* realizar, llevar a cabo
accomplished [ə'kɑmplɪʃt] *adj* realizado; consumado; culto, elegante
accomplishment [ə'kɑmplɪʃmənt] *s* realización, ejecución, logro; **accomplishments** *spl* prendas, talentos, habilidades
accord [ə'kɔrd] *s* acuerdo; **in accord** de acuerdo; **in accord with** de acuerdo con; **of one's own accord** espontáneamente; **with one accord** de común acuerdo; *va* acordar, componer, conciliar; conceder, otorgar; *vn* concordar, avenirse, ponerse de acuerdo
accordance [ə'kɔrdəns] *s* conformidad; **in accordance with** de acuerdo con, de conformidad con
accordant [ə'kɔrdənt] *adj* acorde, conforme
according [ə'kɔrdɪŋ] *adj* acorde, conforme; **according as** según que; **according to** según, conforme a
accordingly [ə'kɔrdɪŋlɪ] *adv* en conformidad; por consiguiente
accordion [ə'kɔrdɪən] *s* acordeón; *adj* en acordeón, acordeonado
accordionist [ə'kɔrdɪənɪst] *s* acordeonista
accordion pleat *s* (sew.) pliegue acordeonado o en acordeón
accost [ə'kɔst] o [ə'kɑst] *va* abordar, acercarse a
accouchement [ə'kuʃmənt] *s* alumbramiento
account [ə'kaunt] *s* cuenta; relación, informe; importancia, monta; (com.) estado de cuenta; **by all accounts** según el decir general; **of account** de importancia; **of no account** de poca importancia; despreciable; **on account** a cuenta; **on account of** a causa de; por amor de; **on no account** de ninguna manera;

to bring to account pedir cuentas a; **to buy on account** comprar a plazos; **to call to account** pedir cuentas a; **to charge to the account of** cargar en cuenta a; **to give a good account of oneself** dar buena cuenta de sí; **to lose account of** perder la cuenta de; **to pay on account** pagar a buena cuenta; **to settle accounts with** ajustar cuentas con; **to take account of** tomar en cuenta; considerar; **to take account of stock** hacer inventario; **to take into account** tomar en cuenta; **to turn to account** sacar provecho de, hacer valer; *va* considerar, juzgar; *vn* echar la cuenta; **to account for** explicar; responder de, dar razón de
accountability [ə,kaʊntə'bɪlɪtɪ] *s* responsabilidad
accountable [ə'kaʊntəbəl] *adj* responsable; explicable
accountably [ə'kaʊntəblɪ] *adv* explicablemente
accountancy [ə'kaʊntənsɪ] *s* contabilidad
accountant [ə'kaʊntənt] *s* contador, contable
account executive *s* (Brit.) var. de **customers' man**
accounting [ə'kaʊntɪŋ] *s* arreglo de cuentas; estado de cuentas; contabilidad
accounts payable *spl* (com.) cuentas a pagar
accounts receivable *spl* (com.) cuentas a cobrar
accounts rendered *spl* (com.) cuentas pasadas o rendidas
accounts stated *spl* (com.) cuentas convenidas
accouter o **accoutre** [ə'kutər] *va* aviar, equipar
accouterments o **accoutrements** [ə'kutərmənts] *spl* avío, equipo
accredit [ə'krɛdɪt] *va* acreditar; (educ.) acreditar
accreditation [ə,krɛdɪ'teʃən] *s* acreditación; (educ.) acreditación
accretion [ə'kriʃən] *s* acrecentamiento; (mineral. & path.) acreción
accrual [ə'kruəl] *s* acumulación
accrue [ə'kru] *vn* resultar; acumularse
acct. abr. de **account**
accumulate [ə'kjumjəlet] *va* acumular; *vn* acumularse
accumulation [ə,kjumjə'leʃən] *s* acumulación
accumulator [ə'kjumjə,letər] *s* acumulador; (Brit.) acumulador (*eléctrico*)
accuracy ['ækjərəsɪ] *s* exactitud, precisión
accurate ['ækjərɪt] *adj* exacto; seguro (*en el cálculo*)
accursed [ə'kʌrsɪd] o [ə'kʌrst] o **accurst** [ə'kʌrst] *adj* maldecido, maldito
accus. abr. de **accusative**
accusable [ə'kjuzəbəl] *adj* acusable
accusation [,ækjə'zeʃən] o [,ækjʊ'zeʃən] *s* acusación
accusative [ə'kjuzətɪv] *adj & s* (gram.) acusativo
accusatory [ə'kjuzə,torɪ] *adj* acusatorio
accuse [ə'kjuz] *va* acusar
accused [ə'kjuzd] *adj & s* acusado
accuser [ə'kjuzər] *s* acusador
accusingly [ə'kjuzɪŋlɪ] *adv* acusando
accustom [ə'kʌstəm] *va* acostumbrar
accustomed [ə'kʌstəmd] *adj* acostumbrado, de costumbre
ace [es] *s* as (*naipes, dados, tenis, aviación*); **to be within an ace of** + *ger* estar a dos dedos de + *inf*
acephalous [e'sɛfələs] *adj* acéfalo
aceraceous [,æsə'reʃəs] *adj* (bot.) aceráceo
acerbate ['æsərbet] *va* agriar; (fig.) exasperar
acerbity [ə'sʌrbɪtɪ] *s* (*pl:* **-ties**) acerbidad
acerose ['æsəros] *adj* (bot.) aceroso
acerous ['æsərəs] *adj* (bot.) aceroso; [e'sɪrəs] *adj* (zool.) acerato (*sin cuernos*)
acetabulum [,æsɪ'tæbjələm] *s* (*pl:* **-la** [lə]) (anat., bot. & zool.) acetábulo
acetanilid [,æsɪ'tænɪlɪd] o **acetanilide** [,æsɪ'tænɪlɪd] o [,æsɪ'tænɪlaɪd] *s* (chem.) acetanilida
acetate ['æsɪtet] *s* (chem.) acetato
acetic [ə'sitɪk] *adj* (chem.) acético
acetic acid *s* (chem.) ácido acético
acetification [ə,sɛtɪfɪ'keʃən] *s* acetificación
acetify [ə'sɛtɪfaɪ] (*pret & pp:* **-fied**) *va* acetificar; *vn* acetificarse
acetimeter [,æsɪ'tɪmɪtər] o **acetometer** [,æsɪ'tɑmɪtər] *s* acetímetro
acetone ['æsɪton] *s* (chem.) acetona
acetonemia [,æsɪto'nimɪə] *s* (path.) acetonemia
acetonuria [,æsɪto'nʊrɪə] o [,æsɪto'njʊrɪə] *s* (path.) acetonuria
acetose ['æsɪtos] o **acetous** ['æsɪtəs] o [ə'sitəs] *adj* acetoso
acetyl ['æsɪtɪl] *s* (chem.) acetilo
acetylene [ə'sɛtɪlin] *s* (chem.) acetileno; *adj* acetilénico
acetylene torch *s* soplete oxiacetilénico
Achaea [ə'kiə] *s* Acaya
Achaean [ə'kiən] *adj & s* aqueo
Achaia [ə'keə] o [ə'kaɪə] *s* var. de **Achaea**
Achates [ə'ketiz] *s* (myth.) Acates
ache [ek] *s* dolor continuo, achaque; **to be full of aches and pains** estar lleno de goteras; *vn* doler, p.ej., **my head aches** me duele la cabeza; padecer dolor, estar acongojado; (coll.) suspirar, anhelar
achene [e'kin] *s* (bot.) aquenio
achenial [e'kinɪəl] *adj* aquénico
Acheron ['ækərɑn] *s* (myth.) Aqueronte
achievable [ə'tʃivəbəl] *adj* acabable
achieve [ə'tʃiv] *va* llevar a cabo; alcanzar; ganar; *vn* tener buen éxito
achievement [ə'tʃivmənt] *s* realización, ejecución, logro; hazaña
Achilles [ə'kɪliz] *s* (myth.) Aquiles
Achilles' heel *s* talón de Aquiles (*sitio vulnerable*)
Achilles' tendon *s* (anat.) tendón de Aquiles
achlorhydria [e,klor'haɪdrɪə] *s* (path.) aclorhidria
achromatic [,ækro'mætɪk] *adj* (opt., biol., & mus.) acromático
achromatin [e'kromətɪn] *s* (biol.) acromatina
achromatism [e'kromətɪzəm] *s* acromatismo
achromatize [e'kromətaɪz] *va* acromatizar
achromatosis [e,kromə'tosɪs] *s* (path.) acromatosis
achromatous [e'kromətəs] *adj* acromático
acicular [ə'sɪkjələr] *adj* acicular
aciculate [ə'sɪkjəlɪt] *adj* (bot. & zool.) aciculado
acid ['æsɪd] *adj* ácido; (chem.) ácido; (fig.) agrio, mordaz; *s* (chem.) ácido
acid-forming ['æsɪd,formɪŋ] *adj* ácido; acidógeno (*dícese de los alimentos*)
acidic [ə'sɪdɪk] *adj* acidificante; (petrog.) ácido
acidiferous [,æsɪ'dɪfərəs] *adj* acidífero
acidification [ə,sɪdɪfɪ'keʃən] *s* acidificación
acidify [ə'sɪdɪfaɪ] (*pret & pp:* **-fied**) *va* acidificar; *vn* acidificarse
acidimeter [,æsɪ'dɪmɪtər] *s* acidímetro
acidity [ə'sɪdɪtɪ] *s* (*pl:* **-ties**) acidez
acidophil ['æsɪdə,fɪl] *adj & s* acidófilo
acidophilus milk [,æsɪ'dɑfɪləs] *s* lactobacilina
acidosis [,æsɪ'dosɪs] *s* (path.) acidosis
acidproof ['æsɪd'pruf] *adj* inatacable por los ácidos
acid test *s* prueba extrema, prueba de fuego
acidulate [ə'sɪdjəlet] *va* acidular
acidulous [ə'sɪdjələs] *adj* acídulo
ack-ack ['æk,æk] *s* (slang) fuego antiaéreo; (slang) artillería antiaérea
acknowledge [æk'nɑlɪdʒ] *va* admitir, confesar, reconocer; acusar (*recibo de una carta, oficios, etc.*); agradecer (*p.ej., un favor*); (law) certificar, testificar
acknowledgment o **acknowledgement** [æk'nɑlɪdʒmənt] *s* admisión, confesión, reconocimiento; acuse (*de recibo*); agradecimiento; (law) certificación, testificación
aclastic [e'klæstɪk] *adj* (opt.) aclástico
acleidian o **aclidian** [e'klaɪdɪən] *adj & s* (anat.) acleido
aclinic [e'klɪnɪk] *adj* (phys.) aclínico
aclinic line *s* (phys.) línea aclínica
acme ['ækmɪ] *s* auge, colmo, pináculo, cima; (med.) acmé
acne ['æknɪ] *s* (path.) acne
acology [ə'kɑlədʒɪ] *s* acología
acolyte ['ækolaɪt] *s* acólito
acolythate [ə'kɑlɪθet] *s* (eccl.) acolitazgo
aconite ['ækənaɪt] *s* (bot.) acónito

aconitine [ə'kanıtin] o [ə'kanıtın] *s* (chem.) aconitina
acorn ['ekərn] o ['ekarn] *s* bellota
acorned ['ekərnd] o ['ekarnd] *adj* lleno de bellotas, cebado con bellotas; (her.) englandado
acotyledon [e,katı'lidən] *s* (bot.) acotiledón
acotyledonous [e,katı'lidənəs] *adj* (bot.) acotiledón o acotiledóneo
acoustic [ə'kustık] o [ə'kaustık] *adj* acústico; **acoustics** *ssg* (phys.) acústica; **acoustics** *spl* acústica arquitectural
acoustically [ə'kustıkəlı] o [ə'kaustıkəlı] *adv* acústicamente
acoustical tile *s* azulejo antisonoro
acousticon [ə'kustıkan] o [ə'kaustıkan] *s* (trademark) acusticón
acquaint [ə'kwent] *va* informar, familiarizar, poner al corriente; **to be acquainted** conocerse (*uno a otro*); **to be acquainted with** conocer; estar al corriente de; **to become acquainted** venir a conocerse; **to become acquainted with** venir a conocer; ponerse al corriente de; **to acquaint with** poner al corriente de
acquaintance [ə'kwentəns] *s* conocimiento; conocido (*persona*)
acquaintanceship [ə'kwentənsʃıp] *s* conocimiento; trato, relaciones
acquiesce [,ækwı'ɛs] *vn* consentir, conformarse, condescender
acquiescence [,ækwı'ɛsəns] *s* consentimiento, conformidad, condescendencia, aquiescencia
acquiescent [,ækwı'ɛsənt] *adj* acomodadizo, conforme, condescendiente, aquiescente
acquire [ə'kwaır] *va* adquirir
acquired character *s* (biol.) carácter adquirido
acquirement [ə'kwaırmənt] *s* adquisición; **acquirements** *spl* conocimientos
acquisition [,ækwı'zıʃən] *s* adquisición
acquisitive [ə'kwızıtıv] *adj* propenso a adquirir, codicioso; (law) adquisitivo
acquisitiveness [ə'kwızıtıvnıs] *s* adquisividad
acquisitive prescription *s* (law) prescripción adquisitiva
acquit [ə'kwıt] (*pret & pp:* **acquitted;** *ger:* **acquitting**) *va* absolver, exculpar; **to acquit oneself** portarse, conducirse
acquittal [ə'kwıtəl] *s* absolución, exculpación; desempeño
acquittance [ə'kwıtəns] *s* descargo (*de una deuda*); pago; recibo, finiquito
acre ['ekər] *s* acre
acreage ['ekərıdʒ] *s* acreaje, superficie medida en acres
acrid ['ækrıd] *adj* acre, acrimonioso; (fig.) acre, acrimonioso
acridity [ə'krıdıtı] *s* acritud, acrimonia; (fig.) acritud, acrimonia
acriflavine [,ækrı'flevın] o [,ækrı'flevin] *s* (pharm.) acriflavina
acrimonious [,ækrı'monıəs] *adj* acrimonioso
acrimony ['ækrı,monı] *s* (*pl:* **-nies**) acrimonia
acrobat ['ækrəbæt] *s* acróbata
acrobatic [,ækrə'bætık] *adj* acrobático; **acrobatics** *spl* acrobacia (*ejercicios*); **acrobatics** *ssg* acrobatismo (*arte o profesión*)
acrogen ['ækrədʒən] *s* (bot.) acrógena
acromegaly [,ækro'mɛgəlı] *s* (path.) acromegalia
acronym ['ækrənım] *s* acrónimo
acropolis [ə'krapəlıs] *s* acrópolis; **the Acropolis** la Acrópolis
acrospore ['ækrospor] *s* (bot.) acrósporo
across [ə'krɔs] o [ə'kras] *adv* a través; al otro lado; en cruz, transversalmente; *prep* a través de, al través de; al otro lado de; (elec.) en paralelo con; **to come across** encontrarse con; **to go across** atravesar; **to run across** encontrarse con; **across the way** enfrente
across-the-board [ə'krɔsðə'bord] o [ə'krasðə'bord] *adj* comprensivo, general, para todos sin excepción
acrostic [ə'krɔstık] o [ə'krastık] *s* acróstico
acroterium [,ækro'tırıəm] *s* (*pl:* **-a** [ə]) (arch.) acrotera; (naut.) acrostolio
acrylic [ə'krılık] *adj* (chem.) acrílico
acrylic acid *s* (chem.) ácido acrílico
act [ækt] *s* acto, acción; (law) ley, decreto; (theat.) acto; **an act of treason** una traición; **in the act** en flagrante; *va* representar; desempeñar (*un papel*); desempeñar el papel de; aparentar; **to act the fool** hacer el bufón, hacer de bufón; **to act the part of** hacer el papel de, desempeñar el papel de; *vn* obrar, actuar, funcionar; portarse, conducirse; fingir; (theat.) hacer un papel, actuar; **to act as** actuar de; **to act as if** hacer que, hacer como que; **to act for** representar; **to act on** o **upon** actuar sobre, influir en; seguir, obedecer; **to act up** travesear; **to act up to** portarse en conformidad con; hacer zalamerías a, hacer fiestas a
acting ['æktıŋ] *adj* fingidor, simulador; interino; *s* funcionamiento; simulación; (theat.) actuación, representación, desempeño de un papel
actinic [æk'tınık] *adj* actínico
actinism ['æktınızəm] *s* actinismo
actinium [æk'tınıəm] *s* (chem.) actinio
actinometer [,æktı'namıtər] *s* actinómetro
actinomycin [,æktıno'maısın] *s* (pharm.) actinomicina
actinomycosis [,æktınomaı'kosıs] *s* (path.) actinomicosis
action ['ækʃən] *s* acción; (mach.) accionado (*mecanismo*); **actions** *spl* conducta; **in action** en acción, en marcha; **to take action** tomar medidas; (law) poner, entablar un pleito
actionable ['ækʃənəbəl] *adj* justiciable; procesable
Actium ['æktıəm] o ['ækʃıəm] *s* Accio
activate ['æktıvet] *va* activar
activation [,æktı'veʃən] *s* activación
activator ['æktı,vetər] *s* activador; (chem.) activador
active ['æktıv] *adj* activo
active service *s* (mil.) servicio activo
active voice *s* (gram.) voz activa
activist ['æktıvıst] *s* activista
activity [æk'tıvıtı] *s* (*pl:* **-ties**) actividad
act of God *s* fuerza mayor
acton ['æktən] *s* gambax
actor ['æktər] *s* actor, agente; (theat. & law) actor
actress ['æktrıs] *s* (theat.) actriz; (law) actora
Acts of the Apostles *spl* (Bib.) Actas, Actos, o Hechos de los Apóstoles
actual ['æktʃʊəl] *adj* real, efectivo
actuality [,æktʃʊ'ælıtı] *s* (*pl:* **-ties**) realidad
actualize ['æktʃʊəlaız] *va* realizar
actually ['æktʃʊəlı] *adv* en realidad
actuarial [,æktʃʊ'ɛrıəl] *adj* actuario, actuarial
actuary ['æktʃʊ,ɛrı] *s* (*pl:* **-ies**) actuario, actuario de seguros
actuate ['æktʃʊet] *va* actuar, poner en acción; estimular, impulsar
acuity [ə'kjuıtı] *s* agudeza, acuidad
acumen [ə'kjumen] *s* acumen, cacumen, perspicacia
acuminate [ə'kjumınet] *adj* acuminado; (bot. & zool.) acuminado; *va* aguzar; *vn* rematar en punta
acupuncture [,ækjə'pʌŋktʃər] *s* (surg.) acupuntura
acute [ə'kjut] *adj* agudo
acute accent *s* acento agudo
acute angle *s* (geom.) ángulo agudo
acute-angled [ə'kjut'æŋgəld] *adj* acutangulado, acutangular, acutángulo
acuteness [ə'kjutnıs] *s* agudeza
acyclic [e'saıklık] *adj* acíclico
A.D. abr. de **anno Domini** (Lat.) **in the year of our Lord**
ad [æd] *s* (coll.) anuncio
Ada ['edə] *s* Ada
adage ['ædıdʒ] *s* adagio, refrán
adagio [ə'dadʒo] o [ə'dadʒıo] *s* (*pl:* **-gios**) (mus.) adagio
Adam ['ædəm] *s* Adán; **not to know from Adam** (coll.) no conocer absolutamente; **the old Adam** la inclinación al pecado
adamant ['ædəmænt] o ['ædəmənt] *adj* diamantino, duro, inquebrantable; firme, inexorable; *s* adamas
adamantine [,ædə'mæntın], [,ædə'mæntin] o [,ædə'mæntaın] *adj* adamantino
Adamic [ə'dæmık] *adj* adámico
Adam's apple *s* nuez, nuez de la garganta, manzana de Adán

adapt [əˈdæpt] *va* adaptar, adecuar; refundir (*p.ej., un drama*)
adaptability [ə,dæptəˈbɪlɪtɪ] *s* adaptabilidad
adaptable [əˈdæptəbəl] *adj* adaptable
adaptation [,ædæpˈteʃən] *s* adaptación; refundición (*p.ej., de un drama*)
adapter [əˈdæptər] *s* adaptador; (chem.) alargadera; refundidor
adaptive [əˈdæptɪv] *adj* adaptante, adaptativo
add [æd] *va* añadir, agregar; sumar; *vn* sumar; **to add up to** subir a
added line *s* (mus.) línea suplementaria
addend [ˈædɛnd] o [əˈdɛnd] *s* (math.) sumando
addendum [əˈdɛndəm] *s* (*pl:* **-da** [də]) complemento; (mach.) cabeza; (mach.) altura de la cabeza
addendum circle *s* (mach.) círculo de cabeza
adder [ˈædər] *s* (zool.) víbora común; serpiente
adder's-tongue [ˈædərz,tʌŋ] *s* (bot.) lengua de sierpe (*helecho*); (bot.) eritrono
addible [ˈædɪbəl] *adj* añadible
addict [ˈædɪkt] *s* enviciado; adicto, partidario; [əˈdɪkt] *va* enviciar; dedicar, entregar; **to addict oneself to** enviciarse en o con; dedicarse a, entregarse a
addicted [əˈdɪktɪd] *adj* enviciado; adicto; **addicted to** enviciado con, apasionado por
addiction [əˈdɪkʃən] *s* enviciamiento; adhesividad
adding machine *s* máquina de sumar, sumadora
Addison's disease [ˈædɪsənz] *s* (path.) enfermedad de Addison, cirrosis hipertrófica
addition [əˈdɪʃən] *s* adición; **in addition** además; **in addition to** además de, a más de
additional [əˈdɪʃənəl] *adj* adicional
additionally [əˈdɪʃənəlɪ] *adv* adicionalmente
additive [ˈædɪtɪv] *adj & s* aditivo
addle [ˈædəl] *adj* huero; (fig.) huero; *va & vn* enhuerar
addlebrained [ˈædəlˈbrend] *adj* atontado, estúpido
address [əˈdrɛs] o [ˈædrɛs] *s* dirección; (com.) consignación; [əˈdrɛs] *s* discurso, alocución; destreza, habilidad; trato, maneras; **addresses** *spl* obsequios amorosos; **to deliver an address** pronunciar un discurso; *va* dirigirse a; dirigir la palabra a; dirigir (*p.ej., una alocución, una carta*); (com.) consignar; (golf) prepararse para golpear (*la pelota*); **How does one address a governor?** ¿Qué tratamiento se da a un gobernador?; **to address oneself to** dirigirse a
addressee [,ædrɛˈsi] *s* destinatario; (com.) consignatario
addressing machine *s* máquina para dirigir sobres
addressograph [əˈdrɛsəgræf] o [əˈdrɛsəgrɑf] *s* (trademark) adresógrafo
adduce [əˈdjus] o [əˈdus] *va* aducir
adducent [əˈdjusənt] o [əˈdusənt] *adj* (physiol.) aductor
adduct [əˈdʌkt] *va* (physiol.) aducir
adduction [əˈdʌkʃən] *s* aducción; (physiol.) aducción
adductor [əˈdʌktər] *s* (physiol.) aductor, músculo aductor
Adelaide [ˈædəled] *s* Adelaida
Adeline [ˈædəlaɪn] o [ˈædəlin] *s* Adelina
Aden [ˈɑdən] o [ˈedən] *s* Adén
adenia [əˈdinɪə] *s* (path.) adenia
adenitis [,ædɪˈnaɪtɪs] *s* (path.) adenitis
adenoid [ˈædənɔɪd] *adj* adenoideo; **adenoids** *spl* vegetaciones adenoideas
adenoidal [,ædəˈnɔɪdəl] *adj* adenoideo
adenoidectomy [,ædɪnɔiˈdɛktəmɪ] *s* (*pl:* **-mies**) adenoidectomía
adenoma [,ædɪˈnomə] *s* (*pl:* **-mata** [mətə] o **-mas**) (path.) adenoma
adept [əˈdɛpt] *adj* experto, perito; hábil; adepto; [ˈædɛpt] o [əˈdɛpt] *s* experto, perito; adepto (*en alquimia, magia, etc.*)
adequacy [ˈædɪkwəsɪ] *s* suficiencia
adequate [ˈædɪkwɪt] *adj* suficiente
adhere [ædˈhɪr] *vn* adherir, adherirse; conformarse
adherence [ædˈhɪrəns] *s* adhesión (*apoyo, fidelidad*)
adherent [ædˈhɪrənt] *adj & s* adherente
adhesion [ædˈhiʒən] *s* adherencia (*acción de pegarse*); adhesión (*apoyo, fidelidad*); (path.) adherencia; (phys.) adherencia o adhesión
adhesive [ædˈhisɪv] o [ædˈhizɪv] *adj & s* adhesivo
adhesive tape *s* tafetán adhesivo, cinta adhesiva
ad hoc [ædˈhɑk] (Lat.) para aquello de que se trata
adiabatic [,ædɪəˈbætɪk] *adj* adiabático
adiaphoresis [,ædɪ,æfoˈrisɪs] *s* (path.) adiaforesis
adieu [əˈdju] o [əˈdu] *s* (*pl:* **adieus** o **adieux** [əˈdjuz] o [əˈduz]) adiós; **to bid adieu to** despedirse de; *interj* ¡adiós!
ad infinitum [æd,ɪnfɪˈnaɪtəm] *adv* a lo infinito, hasta lo infinito
adipocere [ˈædɪpo,sɪr] *s* adipocira
adipose [ˈædɪpos] *adj* adiposo
adiposis [,ædɪˈposɪs] *s* (path.) adiposis
adiposity [,ædɪˈpɑsɪtɪ] *s* adiposidad
adipsia [eˈdɪpsɪə] *s* (path.) adipsia
adit [ˈædɪt] *s* entrada; acceso; (min.) bocamina, socavón
adjacency [əˈdʒesənsɪ] *s* adyacencia
adjacent [əˈdʒesənt] *adj* adyacente
adjacent angles *spl* (math.) ángulos adyacentes
adjectival [,ædʒɪkˈtaɪvəl] o [ˈædʒɪktɪvəl] *adj* adjetival
adjectivally [,ædʒɪkˈtaɪvəlɪ] o [ˈædʒɪktɪvəlɪ] *adv* adjetivadamente
adjective [ˈædʒɪktɪv] *adj & s* adjetivo
adjoin [əˈdʒɔɪn] *va* lindar con; anexar; *vn* colindar
adjoining [əˈdʒɔɪnɪŋ] *adj* colindante
adjourn [əˈdʒʌrn] *va* prorrogar, suspender, aplazar; *vn* prorrogarse, suspenderse; (coll.) trasladarse
adjournment [əˈdʒʌrnmənt] *s* suspensión, aplazamiento; (coll.) translación
Adjt. abr. de **Adjutant**
adjudge [əˈdʒʌdʒ] *va* decretar; sentenciar; condenar; juzgar; adjudicar (*otorgar*)
adjudicate [əˈdʒudɪket] *va* juzgar; *vn* juzgar (*ser juez*)
adjudication [ə,dʒudɪˈkeʃən] *s* juicio
adjudicator [əˈdʒudɪ,ketər] *s* juez
adjunct [ˈædʒʌŋkt] *adj* adjunto; *s* adjunto, ayudante; (gram.) adjunto
adjuration [,ædʒʊˈreʃən] *s* orden imperiosa y solemne; conjuro (*ruego encarecido*)
adjure [əˈdʒʊr] *va* ordenar imperiosa y solemnemente (*en nombre de Dios o mediante juramento*); conjurar (*pedir con instancia*)
adjust [əˈdʒʌst] *va* ajustar, arreglar; (ins.) liquidar; verificar, corregir (*un instrumento*); *vn* ajustarse, acomodarse
adjustable [əˈdʒʌstəbəl] *adj* ajustable, arreglable, componible
adjuster [əˈdʒʌstər] *s* ajustador, arreglador; (ins.) liquidador de la avería, perito en daños
adjustment [əˈdʒʌstmənt] *s* ajuste, arreglo, composición; (ins.) liquidación de la avería, evaluación del daño
adjutancy [ˈædʒətənsɪ] *s* (*pl:* **-cies**) (mil.) ayudantía
adjutant [ˈædʒətənt] *s* ayudante; (mil.) ayudante; (orn.) argala; *adj* ayudante
adjutant bird *s* (orn.) argala
adjutant general *s* (*pl:* **adjutant generals**) (mil.) ayudante general
adjuvant [ˈædʒəvənt] *adj & s* adyuvante
adlib [,ædˈlɪb] (*pret & pp:* **adlibbed;** *ger:* **adlibbing**) *va & vn* (coll.) improvisar
Adm. abr. de **Admiral**
Admetus [ædˈmitəs] *s* (myth.) Admeto
adminicle [ædˈmɪnɪkəl] *s* adminículo; (law) adminículo (*principio que corrobora una prueba*)
administer [ædˈmɪnɪstər] *va* administrar; **to administer an oath** tomar juramento; *vn* ejercer el cargo de administrador; **to administer to** ayudar a (*una persona*); contribuir a (*p.ej., necesidades*)
administration [æd,mɪnɪsˈtreʃən] *s* administración
administrative [ædˈmɪnɪs,tretɪv] *adj* administrativo
administrator [ædˈmɪnɪs,tretər] *s* administrador; administrador judicial (*de bienes ajenos*)
administratrix [æd,mɪnɪsˈtretrɪks] *s* (*pl:*

-trices [trɪsiz]) administradora judicial (*de bienes ajenos*)
admirable [ˈædmɪrəbəl] *adj* admirable
admiral [ˈædmɪrəl] *s* almirante; buque almirante; (ent.) ninfálido (*especialmente Vanessa atalanta y Basilarchia arthemis*)
Admiral of the Fleet *s* (nav.) capitán general de la armada
admiralty [ˈædmɪrəltɪ] *s* (*pl:* **-ties**) almirantazgo
Admiralty Islands *spl* islas Almirantes
admiration [ˌædmɪˈreʃən] *s* admiración
admire [ædˈmaɪr] *va* admirar; *vn* admirarse
admirer [ædˈmaɪrər] *s* admirador; enamorado
admiring [ædˈmaɪrɪŋ] *adj* admirativo, admirador
admissibility [ædˌmɪsɪˈbɪlɪtɪ] *s* admisibilidad
admissible [ædˈmɪsɪbəl] *adj* admisible
admission [ædˈmɪʃən] *s* admisión; ingreso (*en una escuela*); precio de entrada; **to gain admission** lograr entrar
admit [ædˈmɪt] (*pret & pp:* **-mitted;** *ger:* **-mitting**) *va* admitir; *vn* dar entrada; **to admit of** admitir, permitir
admittance [ædˈmɪtəns] *s* admisión; derecho de entrar; (elec.) admitancia; **no admittance** se prohíbe la entrada, acceso prohibido
admittedly [ædˈmɪtɪdlɪ] *adv* concedidamente
admix [ædˈmɪks] *va* mezclar
admixture [ædˈmɪkstʃər] *s* mezcla
admonish [ædˈmɑnɪʃ] *va* amonestar
admonishment [ædˈmɑnɪʃmənt] *s* amonestamiento, amonestación
admonition [ˌædməˈnɪʃən] *s* admonición
admonitory [ædˈmɑnɪˌtorɪ] *adj* admonitivo
adnate [ˈædnet] *adj* (bot. & zool.) adnato
ad nauseam [ædˈnɔʃɪæm] o [ædˈnɔsɪæm] (Lat.) hasta provocar náuseas
adnexa [ædˈnɛksə] *spl* (anat.) anexos
ado [əˈdu] *s* bulla, excitación
adobe [əˈdobɪ] *s* adobe; casa de adobe; *adj* adobino, de adobe
adolescence [ˌædəˈlɛsəns] *s* adolescencia
adolescent [ˌædəˈlɛsənt] *adj & s* adolescente
Adolph [ˈædɑlf] o [ˈedɑlf] *s* Adolfo
Adonic [əˈdɑnɪk] *adj & s* adónico
Adonis [əˈdonɪs] o [əˈdɑnɪs] *s* (myth.) Adonis; (fig.) adonis (*joven de gran belleza*)
adopt [əˈdɑpt] *va* adoptar
adoptable [əˈdɑptəbəl] *adj* adoptable
adopter [əˈdɑptər] *s* adoptante, adoptador
adoption [əˈdɑpʃən] *s* adopción
adoptionism [əˈdɑpʃənɪzəm] *s* adopcionismo
adoptionist [əˈdɑpʃənɪst] *adj & s* adopcionista
adoptive [əˈdɑptɪv] *adj* adoptivo
adorable [əˈdorəbəl] *adj* adorable; (coll.) adorable (*encantador, deleitoso*)
adoration [ˌædəˈreʃən] *s* adoración
adore [əˈdor] *va* adorar
adorer [əˈdorər] *s* adorador
adorn [əˈdɔrn] *va* adornar
adornment [əˈdɔrnmənt] *s* adorno
adrenal [ædˈrinəl] *adj* suprarrenal
adrenal gland *s* (anat.) glándula suprarrenal
adrenalin [ædˈrɛnəlɪn] *s* (physiol. & pharm.) adrenalina
Adrian [ˈedrɪən] *s* Adriano
Adriatic [ˌedrɪˈætɪk] o [ˌædrɪˈætɪk] *adj & s* Adriático
adrift [əˈdrɪft] *adj & adv* (naut.) al garete, a la deriva; abandonado; divagando
adroit [əˈdrɔɪt] *adj* diestro
adroitness [əˈdrɔɪtnɪs] *s* destreza
adsorb [ædˈsɔrb] o [ædˈzɔrb] *va* adsorber
adsorption [ædˈsɔrpʃən] o [ædˈzɔrpʃən] *s* adsorción
adsorptive [ædˈsɔrptɪv] o [ædˈzɔrptɪv] *adj* adsorbente
adularia [ˌædʒəˈlɛrɪə] *s* (mineral.) adularia
adulate [ˈædʒəlet] *va* adular
adulation [ˌædʒəˈleʃən] *s* adulación
adulator [ˈædʒəˌletər] *s* adulador
adulatory [ˈædʒələˌtorɪ] *adj* adulatorio
adulatress [ˈædʒəˌletrɪs] *s* aduladora
adult [əˈdʌlt] o [ˈædʌlt] *adj & s* adulto
adult education *s* educación de adultos
adulterant [əˈdʌltərənt] *adj & s* adulterante
adulterate [əˈdʌltəret] *va* adulterar
adulteration [əˌdʌltəˈreʃən] *s* adulteración
adulterer [əˈdʌltərər] *s* adúltero
adulteress [əˈdʌltərɪs] *s* adúltera
adulterine [əˈdʌltərɪn] o [əˈdʌltəraɪn] *adj* adulterino
adulterize [əˈdʌltəraɪz] *vn* adulterar
adulterous [əˈdʌltərəs] *adj* adúltero
adultery [əˈdʌltərɪ] *s* (*pl:* **-ies**) adulterio
adulthood [əˈdʌlthʊd] *s* edad adulta; adultez (Am.)
adumbrate [ædˈʌmbret] o [ˈædəmbret] *va* bosquejar; presagiar, anunciar; sombrear
adumbration [ˌædəmˈbreʃən] *s* bosquejo; presagio, anuncio; sombra
adv. abr. de **adverb, adverbial** y **advertisement**
ad. val. abr. de **ad valorem**
ad valorem [ædvəˈlorem] (Lat.) según el valor
advance [ædˈvæns] o [ædˈvɑns] *s* adelanto, avance; alza, aumento de precio; (mach.) avance (*del encendido, de la admisión*); **advances** *spl* propuesta, insinuación; requerimiento amoroso; propuesta indecente; **in advance** delante, al frente; por anticipado, de antemano; *adj* adelantado; anticipado; *va* adelantar; *vn* adelantar (*medrar, hacer progresos*); adelantarse (*moverse hacia adelante; irse delante*); subir (*los precios*)
advanced [ædˈvænst] o [ædˈvɑnst] *adj* avanzado; **advanced in years** avanzado de edad, entrado en años
advanced standing *s* (educ.) traspaso de matrículas, traspaso de crédito académico
advanced studies *spl* altos estudios
advance guard *s* (mil.) avanzada
advancement [ædˈvænsmənt] o [ædˈvɑnsmənt] *s* adelanto, anticipo; avance, mejora, subida
advance publicity *s* publicidad de lanzamiento
advance sheets *spl* (print.) hojas del autor
advantage [ædˈvæntɪdʒ] o [ædˈvɑntɪdʒ] *s* ventaja; **to have the advantage of** llevar la ventaja a; **to take advantage of** aprovecharse de; abusar de, engañar; **to advantage** ventajosamente; **advantage in** (tennis) ventaja dentro; **advantage out** (tennis) ventaja fuera; *va* aventajar
advantageous [ˌædvənˈtedʒəs] *adj* ventajoso
advent [ˈædvent] *s* advenimiento; (*cap.*) *s* (eccl.) Adviento
Adventism [ˈædventɪzəm] *s* adventismo
Adventist [ˈædventɪst] *s* adventista
adventitia [ˌædvenˈtɪʃɪə] *s* (anat.) adventicia
adventitious [ˌædvenˈtɪʃəs] *adj* adventicio; (anat., biol., & med.) adventicio
adventive [ædˈventɪv] *adj* (bot. & zool.) adventicio
Advent Sunday *s* domingo de Adviento, primera domínica de Adviento
adventure [ædˈventʃər] *s* aventura; *va* aventurar; **to adventure an opinion** aventurar una opinión; *vn* aventurarse
adventurer [ædˈventʃərər] *s* aventurero
adventuresome [ædˈventʃərsəm] *adj* aventurero
adventuress [ædˈventʃərɪs] *s* aventurera
adventurous [ædˈventʃərəs] *adj* aventurero
adverb [ˈædvʌrb] *s* adverbio
adverbial [ædˈvʌrbɪəl] *adj* adverbial
adverbialize [ædˈvʌrbɪəlaɪz] *va* adverbializar
adverbially [ædˈvʌrbɪəlɪ] *adv* adverbialmente
adversaria [ˌædvərˈsɛrɪə] *spl* adversarios (*notas*)
adversary [ˈædvərˌserɪ] *s* (*pl:* **-ies**) adversario; **the Adversary** el enemigo malo
adversative [ædˈvʌrsətɪv] *adj & s* (gram.) adversativo
adverse [ædˈvʌrs] o [ˈædvʌrs] *adj* adverso
adversity [ædˈvʌrsɪtɪ] *s* (*pl:* **-ties**) adversidad (*infortunio*)
advert [ædˈvʌrt] *vn* referirse, aludir
advertent [ædˈvʌrtənt] *adj* atento
advertise [ˈædvərtaɪz] o [ˌædvərˈtaɪz] *va & vn* anunciar
advertisement [ˌædvərˈtaɪzmənt] o [ædˈvʌrtɪzmənt] *s* anuncio
advertiser [ˈædvərˌtaɪzər] o [ˌædvərˈtaɪzər] *s* anunciante
advertising [ˈædvərˌtaɪzɪŋ] o [ˌædvərˈtaɪzɪŋ] *adj* publicitario, anunciador, de anuncios; *s* propaganda, publicidad; anuncios
advertising agency *s* empresa anunciadora
advertising man *s* empresario de publicidad

advertising manager *s* gerente de publicidad
advice [æd'vaɪs] *s* consejo (*parecer, dictamen*); noticia, aviso; **a piece of advice** un consejo
advisability [æd,vaɪzə'bɪlɪtɪ] *s* conveniencia, propiedad
advisable [æd'vaɪzəbəl] *adj* aconsejable
advise [æd'vaɪz] *va* aconsejar, asesorar (*dar consejo a*); avisar, informar; **to advise to** + *inf* aconsejar + *inf; vn* aconsejar; **to advise with** aconsejarse de o con
advised [æd'vaɪzd] *adj* premeditado, deliberado
advisedly [æd'vaɪzɪdlɪ] *adv* premeditadamente, deliberadamente
advisee [,ædvaɪ'zi] *s* aconsejado
advisement [æd'vaɪzmənt] *s* consideración; **to take under advisement** someter a consideración
adviser o **advisor** [æd'vaɪzər] *s* aconsejador, consejero, asesor
advisory [æd'vaɪzərɪ] *adj* consejero, asesor
advocacy ['ædvəkəsɪ] *s* defensa
advocate ['ædvəket] o ['ædvəkɪt] *s* defensor; abogado; ['ædvəket] *va* defender, abogar por
advt. abr. de **advertisement**
adynamia [,ædɪ'nemɪə] *f* (path.) adinamia
adynamic [,ædɪ'næmɪk] *adj* adinámico
adz o **adze** [ædz] *s* azuela
aedile ['idaɪl] *s* edil
Aeëtes [i'itiz] *s* (myth.) Eetes
A.E.F. abr. de **American Expeditionary Force**
Aegean [i'dʒiən] *s* Archipiélago; mar Egeo (*de los antiguos*)
aegis ['idʒɪs] *s* (myth. & fig.) égida
Aegisthus [i'dʒɪsθəs] *s* (myth.) Egisto
Aegospotami [,igəs'pɑtəmɪ] *s* (hist.) Egospótamos
Aegyptus [i'dʒɪptəs] *s* (myth.) Egipto
Aelfric ['ælfrɪk] *s* Aelfrico
Aeneas [i'niəs] *s* (myth.) Eneas
Aeneid [i'niɪd] *s* Eneida
Aeolian [i'olɪən] *adj & s* eolio; (*l.c.*) *adj* (geol.) eoliano
aeolian harp *s* arpa eolia
Aeolic [i'ɑlɪk] *adj & s* eolio (*dialecto*)
Aeolis ['iolɪs] *s* la Eólide
Aeolus ['ioləs] *s* (myth.) Éolo
aeon ['iən] o ['iɑn] *s* eón; (Gnosticism) eón
aerate ['ɛret] o ['eəret] *va* airear
aerated ['ɛretɪd] o ['eər,etɪd] *adj* aireado
aeration [ɛ'reʃən] o [,eə'reʃən] *s* aireación, aeración
aerial ['ɛrɪəl] o [e'ɪrɪəl] *adj* aéreo; ['ɛrɪəl] *s* (rad. & telv.) antena
aerial beacon *s* aerofaro
aerialist ['ɛrɪəlɪst] o [e'ɪrɪəlɪst] *s* volatinero, equilibrista
aerial torpedo *s* (aer.) torpedo aéreo
aerie ['ɛrɪ] o ['ɪrɪ] *s* var. de **eyrie**
aeriferous [ɛ'rɪfərəs] o [,eə'rɪfərəs] *adj* aerífero
aerification [,ɛrɪfɪ'keʃən] o [,eərɪfɪ'keʃən] *s* aerificación
aeriform ['ɛrɪfɔrm] o ['eərɪ,fɔrm] *adj* aeriforme; inmaterial, imaginario
aerify ['ɛrɪfaɪ] o ['eərɪfaɪ] (*pret & pp:* **-fied**) *va* aerificar
aero ['ɛro] o ['eəro] *adj* aeronáutico
aerobatics [,ɛro'bætɪks] o [,eəro'bætɪks] *spl* acrobacia aérea (*ejercicios*); *ssg* acrobacia aérea (*arte*)
aerobe ['ɛrob] o ['eərob] *s* (bact.) aerobio
aerobic [ɛ'robɪk] o [,eə'robɪk] *adj* (bact.) aeróbico
aerodrome ['ɛrədrom] o ['eərə,drom] *s* aeródromo
aerodynamic [,ɛrodaɪ'næmɪk] o [,eərodaɪ'næmɪk] *adj* aerodinámico; **aerodynamics** *ssg* aerodinámica
aeroembolism [,ɛro'ɛmbəlɪzəm] o [,eərə'ɛmbəlɪzəm] *s* (path.) aeroembolismo
aerogram ['ɛrəgræm] o ['eərə,græm] *s* aerograma (*despacho transmitido por vehículo aéreo; radiograma*)
aerolite ['ɛrolaɪt] o ['eəro,laɪt] *s* aerolito
aerologist [ɛ'rɑlədʒɪst] o [,eə'rɑlədʒɪst] *s* aerólogo
aerology [ɛ'rɑlədʒɪ] o [,eə'rɑlədʒɪ] *s* aerología
aeromancer ['ɛro,mænsər] o ['eəro,mænsər] *s* aeromántico
aeromancy ['ɛro,mænsɪ] o ['eəro,mænsɪ] *s* aeromancía
aeromantic [,ɛro'mæntɪk] o [,eəro'mæntɪk] *adj* aeromántico
aeromechanic [,ɛromɪ'kænɪk] o [,eəromɪ'kænɪk] *adj* aeromecánico; *s* mécanico de aviación; **aeromechanics** *ssg* aeromecánica
aeromechanical [,ɛromɪ'kænɪkəl] o [,eəromɪ'kænɪkəl] *adj* aeromecánico
aerometer [ɛ'rɑmɪtər] o [,eə'rɑmɪtər] *s* aerómetro
aeronaut ['ɛrənɔt] o ['eərə,nɔt] *s* aeronauta
aeronautic [,ɛrə'nɔtɪk] o [,eərə'nɔtɪk] *adj* aeronáutico; **aeronautics** *ssg* aeronáutica
aeronautical [,ɛrə'nɔtɪkəl] o [,eərə'nɔtɪkəl] *adj* aeronáutico
aerophagia [,ɛro'fedʒɪə] o [,eəro'fedʒɪə] *s* (path.) aerofagia
aerophobia [,ɛro'fobɪə] o [,eəro'fobɪə] *s* (path.) aerofobia
aerophore ['ɛrofor] o ['eəro,for] *s* (med. & min.) aeróforo
aerophotograph [,ɛrə'fotəgræf], [,eərə'fotəgræf], [,ɛrə'fotəgrɑf] o [,eərə'fotəgrɑf] *s* aerofotografía (*imagen*)
aerophotography [,ɛrəfə'tɑgrəfɪ] o [,eərəfə'tɑgrəfɪ] *s* aerofotografía (*arte*)
aeroplane ['ɛrəplen] o ['eərə,plen] *s* aeroplano, avión
aeroscope ['ɛroskop] o ['eəro,skop] *s* aeroscopio
aerosol ['ɛrosol] o ['eəro,sol] *s* (physical chem.) aerosol
aerospace ['ɛrospes] o ['eəro,spes] *adj* aéroespacial
aerostat ['ɛrostæt] o ['eəro,stæt] *s* aeróstato (*aparato*); aeróstata (*persona*)
aerostatic [,ɛro'stætɪk] o [,eəro'stætɪk] *adj* aerostático; **aerostatics** *ssg* aerostática
aerostatical [,ɛro'stætɪkəl] o [,eəro'stætɪkəl] *adj* aerostático
aerostation [,ɛro'steʃən] o [,eəro'steʃən] *s* aerostación
aerotherapeutics [,ɛro,θɛrə'pjutɪks] o [,eəro,θɛrə'pjutɪks] *ssg* o **aerotherapy** [,ɛro'θɛrəpɪ] o [,eəro'θɛrəpɪ] *s* aeroterapia
aery ['ɛrɪ] o ['ɪrɪ] *s* (*pl:* **-ies**) var. de **eyrie**
Aeschines ['ɛskɪniz] *s* Esquines
Aeschylus ['ɛskɪləs] *s* Esquilo
Aesculapian [,ɛskjə'lepɪən] *s* Esculapio (*cualquier médico*); *adj* de Esculapio; medicinal
Aesculapius [,ɛskjə'lepɪəs] *s* (myth.) Esculapio
Aesop ['isɑp] *s* Esopo
Aesopian [i'sopɪən] *adj* esópico
aesthete ['ɛsθit] *s* esteta
aesthetic [ɛs'θɛtɪk] *adj* estético; **aesthetics** *ssg* estética
aesthetically [ɛs'θɛtɪkəlɪ] *adv* estéticamente
aesthetician [,ɛsθɪ'tɪʃən] *s* estético
aestival ['ɛstɪvəl] o [ɛs'taɪvəl] *adj* estival
aestivate ['ɛstɪvet] *vn* veranear; (zool.) pasar el estío en estado de estivación
aestivation [,ɛstɪ'veʃən] *s* veraneo; (bot. & zool.) estivación
aether ['iθər] *s* éter (*los espacios celestes*); (phys.) éter (*materia hipotética*)
aethereal [ɪ'θɪrɪəl] *adj* etéreo; (phys.) etéreo
aetiology [,itɪ'ɑlədʒɪ] *s* etiología
Aetna, Mount ['ɛtnə] el monte Etna
Aetolia [i'tolɪə] *s* la Etolia
A.F. o **a.f.** abr. de **audio frequency**
afar [ə'fɑr] *adv* lejos; **from afar** de lejos, desde lejos
affability [,æfə'bɪlɪtɪ] *s* afabilidad
affable ['æfəbəl] *adj* afable
affair [ə'fɛr] *s* asunto, negocio; lance, episodio; amorío, aventura; encuentro, combate; **affairs** *spl* negocios
affair of honor *s* lance de honor
affect [ə'fɛkt] *va* influir en; impresionar, enternecer; aficionarse a; afectar (*poner demasiado estudio en; fingir; asumir*)
affectation [,æfɛk'teʃən] *s* afectación
affected [ə'fɛktɪd] *adj* afectado
affecting [ə'fɛktɪŋ] *adj* impresionante, enternecedor
affection [ə'fɛkʃən] *s* afecto, cariño, afección; (med.) afección
affectionate [ə'fɛkʃənɪt] *adj* afectuoso, cariñoso

affective [ə'fɛktɪv] *adj* afectivo
afferent ['æfərənt] *adj* (physiol.) aferente
affiance [ə'faɪəns] *s* palabra de casamiento; confianza; *va* dar palabra de casamiento a
affianced [ə'faɪənst] *adj* prometido
affidavit [,æfɪ'devɪt] *s* declaración jurada, acta notarial, afidávit
affiliate [ə'fɪlɪet] *adj* afiliado; *s* afiliado; (com.) filial; *va* afiliar; **to affiliate oneself with** afiliarse a; *vn* afiliarse; **to affiliate with** afiliarse a
affiliation [ə,fɪlɪ'eʃən] *s* afiliación
affinity [ə'fɪnɪtɪ] *s* (*pl:* **-ties**) afinidad; amante; (biol. & chem.) afinidad
affirm [ə'fʌrm] *va & vn* afirmar
affirmation [,æfər'meʃən] *s* afirmación
affirmative [ə'fʌrmətɪv] *adj* afirmativo; *s* afirmativa
affix ['æfɪks] *s* añadidura; (gram.) afijo; [ə'fɪks] *va* añadir; atribuir (*p.ej., culpa*); poner (*una firma, sello, etc.*)
affixation [,æfɪk'seʃən] *s* (gram.) afijación
afflatus [ə'fletəs] *s* aflato, ciencia infusa
afflict [ə'flɪkt] *va* afligir; **to be afflicted with** sufrir de
affliction [ə'flɪkʃən] *s* aflicción; desgracia, infortunio; achaque, mal
afflictive [ə'flɪktɪv] *adj* aflictivo
affluence ['æfluəns] *s* afluencia, abundancia; opulencia
affluent ['æfluənt] *adj* afluente, abundante; opulento; *s* afluente
afflux ['æflʌks] *s* afluencia (*acción de afluir*); (med.) aflujo
afford [ə'ford] *va* producir, proporcionar; **to be able to afford** tener con que comprar, tener con que pagar, tener los medios para, poder permitirse
afforest [ə'fɑrɪst] o [ə'fɔrɪst] *va* repoblar (*con árboles jóvenes*)
afforestation [ə,fɑrɪs'teʃən] o [ə,fɔrɪs'teʃən] *s* repoblación forestal, aforestalación
affranchise [ə'fræntʃaɪz] *va* var. de **enfranchise**
affray [ə'fre] *s* riña, pendencia
affricate ['æfrɪkɪt] *s* (phonet.) africada
affricative [ə'frɪkətɪv] *adj* (phonet.) africado; *s* (phonet.) africada
affront [ə'frʌnt] *s* afrenta; *va* afrentar; arrostrar
affusion [ə'fjuʒən] *s* (med.) afusión
Afghan ['æfgən] o ['æfgæn] *adj & s* afgano; (*l.c.*) *s* manta de estambre, cubrecama de estambre
Afghanistan [æf'gænɪstæn] *s* el Afganistán
afield [ə'fild] *adv* en el campo, al campo; afuera
afire [ə'faɪr] *adj & adv* ardiendo
aflame [ə'flem] *adj & adv* en llamas
afloat [ə'flot] *adj & adv* a flote; a bordo; sin rumbo; inundado; en circulación
aflutter [ə'flʌtər] *adj & adv* en agitación
afoot [ə'fut] *adj & adv* a pie; en movimiento
aforementioned [ə'for'mɛnʃənd] o **aforesaid** [ə'for,sɛd] *adj* ya mencionado
aforethought [ə'for,θɔt] *adj* premeditado; *s* premeditación
aforetime [ə'for,taɪm] *adv* antiguamente
a fortiori [e,fɔrʃɪ'orɪ] (Lat.) con mayor razón
afoul [ə'faul] *adj & adv* en colisión; enredado; **to run afoul of** enredarse con
afraid [ə'fred] *adj* asustado, espantado; **to be afraid (of)** tener miedo (a o de); **to be afraid to** + *inf* tener miedo de + *inf*
afresh [ə'frɛʃ] *adv* de nuevo, otra vez
Africa ['æfrɪkə] *s* África
African ['æfrɪkən] *adj & s* africano
Africanist ['æfrɪkənɪst] *s* africanista
African rue *s* (bot.) alárgama
Afrikaans [,æfrɪ'kɑns] *s* afrikaans
Afrikander [,æfrɪ'kændər] *s* africander
Afro-American ['æfroə'mɛrɪkən] *adj & s* afroamericano
Afro-Asian ['æfro'eʒən] o ['æfro'eʃən] *adj* afroasiático
aft [æft] o [ɑft] *adj & adv* (naut.) en popa, a popa
after ['æftər] o ['ɑftər] *adj* siguiente; *adv* después; *prep* después de; según; al cabo de; **to run after** correr tras; **after all** al fin y al cabo; **after you!** ¡Vd. primero!; *conj* después que o después de que
afterbirth ['æftər,bʌrθ] o ['ɑftər,bʌrθ] *s* secundinas
afterburner ['æftər,bʌrnər] o ['ɑftər,bʌrnər] *s* (aer.) posquemador
afterburning ['æftər,bʌrnɪŋ] o ['ɑftər,bʌrnɪŋ] *s* (aer.) poscombustión
aftercare ['æftər,kɛr] o ['ɑftər,kɛr] *s* tratamiento postoperatorio
afterclap ['æftər,klæp] o ['ɑftər,klæp] *s* golpe inesperado
aftercost ['æftər,kɔst] o ['ɑftər,kɔst] *s* gastos adicionales, gastos de mantenimiento
aftercrop ['æftər,krɑp] o ['ɑftər,krɑp] *s* segunda cosecha
afterdamp ['æftər,dæmp] o ['ɑftər,dæmp] *s* (min.) gases de explosión
afterdeck ['æftər,dɛk] o ['ɑftər,dɛk] *s* (naut.) cubierta de popa
after-dinner ['æftər,dɪnər] o ['ɑftər,dɪnər] *adj* de sobremesa
after-dinner speaker *s* orador de sobremesa
after-dinner speech *s* discurso de sobremesa
aftereffect ['æftərɪ,fɛkt] o ['ɑftərɪ,fɛkt] *s* efecto resultante, consecuencia
afterglow ['æftər,glo] o ['ɑftər,glo] *s* brillo prolongado; resplandor crepuscular
after-hours ['æftər'aurz] o ['ɑftər'aurz] *adv* después del trabajo
afterimage ['æftər,ɪmɪdʒ] o ['ɑftər,ɪmɪdʒ] *s* postimagen
afterlife ['æftər,laɪf] o ['ɑftər,laɪf] *s* trasmundo, vida venidera; resto de la vida
afterlove ['æftər,lʌv] o ['ɑftər,lʌv] *s* segunda pasión, nuevos amores
aftermath ['æftərmæθ] o ['ɑftərmæθ] *s* segunda cosecha; consecuencias, consecuencias desastrosas
aftermost ['æftərmost] o ['ɑftərmost] *adj* último; trasero, posterior
afternoon ['æftər'nun] o ['ɑftər'nun] *s* tarde
afterpains ['æftər,penz] o ['ɑftər,penz] *spl* dolores de sobreparto, entuertos; dolor postoperatorio
after-shaving ['æftər,ʃevɪŋ] o ['ɑftər,ʃevɪŋ] *adj* para después de afeitarse
aftershock ['æftər,ʃɑk] o ['ɑftər,ʃɑk] *s* temblor secundario
aftertaste ['æftər,test] o ['ɑftər,test] *s* resabio, dejo, gustillo
afterthought ['æftər,θɔt] o ['ɑftər,θɔt] *s* idea tardía, expediente tardío, nueva ocurrencia
aftertime ['æftər,taɪm] o ['ɑftər,taɪm] *s* tiempo venidero
afterward ['æftərwərd] o ['ɑftərwərd] o **afterwards** ['æftərwərdz] o ['ɑftərwərdz] *adv* después, luego; **long afterwards** mucho tiempo después
afterwhile ['æftər'hwaɪl] o ['ɑftər'hwaɪl] *adv* dentro de poco
afterworld ['æftər,wʌrld] o ['ɑftər,wʌrld] *s* mundo futuro, vida venidera
again [ə'gɛn] o [ə'gen] *adv* otra vez, de nuevo; además, por otra parte; **as much again** otro tanto más; **now and again** de vez en cuando; **to** + *inf* + **again** volver a + *inf*; **again and again** repetidamente
against [ə'gɛnst] o [ə'genst] *prep* contra; cerca de; en contraste con; por; para; **to be against** oponerse a; **to go against the grain** desagradar, repugnar
agalloch [ə'gæløk] *s* (bot.) agáloco
Agamemnon [,ægə'mɛmnɑn] *s* (myth.) Agamenón
agamic [ə'gæmɪk] *adj* (biol.) ágamo
agamogenesis [,ægəmo'dʒɛnɪsɪs] *s* (biol.) agamogénesis
Aganippe [,ægə'nɪpi] *s* (myth.) Aganipe
agape [ə'gep] *adj & adv* con la boca abierta; abierto de par en par
agar ['ɑgər] o ['ægər] *s* agar-agar; (bot.) agáloco
agar-agar ['ɑgər'ɑgər] o ['ægər'ægər] *s* agar-agar
agaric ['ægərɪk] o [ə'gærɪk] *s* (bot.) agárico; (pharm.) agárico blanco
agate ['ægɪt] *s* (mineral.) ágata; bolilla de cristal ágata; (print.) tipo de 5½ puntos
agateware ['ægɪt,wɛr] *s* porcelana de imita-

ción de ágata; utensilios de hierro, de imitación de ágata
Agatha ['ægəθə] *s* Ágata, Águeda
agave [ə'gevɪ] *s* (bot.) agave
age [edʒ] *s* edad; vejez, ancianidad; generación; siglo (*cien años*); (psychol.) edad mental; (coll.) siglo, eternidad (*largo tiempo*); **ages** *spl* (coll.) siglo, eternidad (*largo tiempo*); **of age** mayor de edad; **to act one's age** actuar (*una persona*) de acuerdo con su edad; **to come of age** alcanzar su mayoría de edad, llegar a mayor edad; **under age** menor de edad; *va* envejecer; *vn* envejecer o envejecerse
aged ['edʒɪd] *adj* viejo, anciano, envejecido; de la vejez; [edʒd] *adj* de la edad de
ageless ['edʒlɪs] *adj* eternamente joven
agelong ['edʒ,lɔŋ] o ['edʒ,lɑŋ] *adj* eterno, secular
agency ['edʒənsɪ] *s* (*pl:* **-cies**) agencia; acción, medio
agenda [ə'dʒɛndə] *spl* cosas que se han de hacer; *ssg* temario, agenda
agennesis [,ædʒə'nisɪs] *s* (physiol.) agenesia
agent ['edʒənt] *s* agente; (gram.) agente; (coll.) agente viajero
agent provocateur [æ'ʒɑ̃ prɔvɔkɑ'tʌr] *s* agente provocador
age of discretion *s* edad de discreción
Age of Enlightenment *s* siglo de las luces (*siglo dieciocho*)
ageratum [,ædʒə'retəm] o [ə'dʒɛrətəm] *s* (bot.) agérato
ageusia [ə'gjusɪə] *s* (path.) ageusia
agglomerant [ə'glɑmərənt] *s* aglomerante
agglomerate [ə'glɑmərɪt] o [ə'glɑməret] *s* aglomeración; (geol.) aglomerado; *adj* aglomerado; [ə'glɑməret] *va* aglomerar; *vn* aglomerarse
agglomeration [ə,glɑmə'reʃən] *s* aglomeración
agglutinate [ə'glutɪnɪt] o [ə'glutɪnet] *adj* aglutinado; [ə'glutɪnet] *va* aglutinar; *vn* aglutinarse
agglutination [ə,glutɪ'neʃən] *s* aglutinación
agglutinative [ə'glutɪ,netɪv] *adj* aglutinante
agglutinative languages *spl* lenguas aglutinantes
agglutinin [ə'glutɪnɪn] *s* (biochem.) aglutinina
aggrandize ['ægrəndaɪz] o [ə'grændaɪz] *va* agrandar, engrandecer; **to aggrandize oneself** agrandarse, engrandecerse
aggrandizement [ə'grændɪzmənt] *s* agrandamiento, engrandecimiento
aggravate ['ægrəvet] *va* agravar; (coll.) irritar, exasperar
aggravating ['ægrə,vetɪŋ] *adj* agravante; (coll.) irritante, exasperante
aggravation [,ægrə'veʃən] *s* agravación, agravamiento; (coll.) irritación
aggregate ['ægrɪgɪt] o ['ægrɪget] *adj & s* agregado; total; ['ægrɪget] *va* agregar, unir, juntar; ascender a
aggregation [,ægrɪ'geʃən] *s* agregación
aggression [ə'grɛʃən] *s* agresión
aggressive [ə'grɛsɪv] *adj* agresivo
aggressor [ə'grɛsər] *s* agresor
aggrieve [ə'griv] *va* afligir, acongojar, oprimir
aghast [ə'gæst] o [ə'gɑst] *adj* horrorizado
agile ['ædʒɪl] o ['ædʒaɪl] *adj* ágil
agility [ə'dʒɪlɪtɪ] *s* agilidad
aging ['edʒɪŋ] *s* envejecimiento; añejamiento (*p.ej., del vino*)
agio ['ædʒɪo] *s* (*pl:* **-os**) agio
agitate ['ædʒɪtet] *va* agitar; *vn* agitar (*promover cuestiones*)
agitation [,ædʒɪ'teʃən] *s* agitación
agitator ['ædʒɪ,tetər] *s* agitador
Aglaia [ə'gleə] *s* (myth.) Aglaya
agleam [ə'glim] *adj & adv* reluciente
aglitter [ə'glɪtər] *adj & adv* rutilante
aglow [ə'glo] *adj & adv* fulgurante
agnate ['ægnet] *adj & s* agnado
agnation [æg'neʃən] *s* agnación; parentesco
Agnes ['ægnɪs] *s* Inés
agnostic [æg'nɑstɪk] *adj & s* agnóstico
agnosticism [æg'nɑstɪsɪzəm] *s* agnosticismo
agnus castus ['ægnəs'kæstəs] *s* (bot.) agnocasto, sauzgatillo
Agnus Dei ['ægnəs'diaɪ] *s* agnusdéi
ago [ə'go] *adj & adv* hace, p.ej., **a long time ago** hace mucho tiempo
agog [ə'gɑg] *adj* ansioso, anhelante; curioso; *adv* con ansiedad; curiosamente; **to set agog** excitar
agonic [e'gɑnɪk] *adj* (geom.) ágono
agonic line *s* (phys.) línea agónica
agonistic [,ægə'nɪstɪk] *adj* agonal, agonístico; **agonistics** *ssg* agonística
agonize ['ægənaɪz] *va* atormentar; *vn* hacer grandes esfuerzos; retorcerse de dolor, sufrir intensamente
agony ['ægənɪ] *s* (*pl:* **-nies**) agonía (*aflicción extremada; lucha postrema contra la muerte*); lucha, esfuerzos; angustia, congoja
agony column *s* (coll.) anuncios en un periódico relativos a parientes o amigos desaparecidos
agora ['ægərə] *s* (*pl:* **-rae** [ri]) *s* ágora
agoraphobia [,ægərə'fobɪə] *s* (psychopath.) agorafobia
agouti [ə'gutɪ] *s* (*pl:* **-tis** o **-ties**) (zool.) acutí
agrarian [ə'grɛrɪən] *adj* agrario; agrariense; *mf* agrariense
agrarianism [ə'grɛrɪənɪzəm] *s* agrarianismo
agree [ə'gri] *vn* concordar, estar de acuerdo, ponerse de acuerdo; sentar bien; (gram.) concordar; **to agree on** convenir en; **to agree with** concordar con, estar de acuerdo con; sentar bien; (gram.) concordar con
agreeable [ə'griəbəl] *adj* agradable; conforme, satisfecho
agreement [ə'grimənt] *s* acuerdo, convenio; concordancia, conformidad; (gram.) concordancia; **in agreement** de acuerdo; **in agreement with** de acuerdo con
agric. abr. de **agriculture**
agricultural [,ægrɪ'kʌltʃərəl] *adj* agrícola
agriculturalist [,ægrɪ'kʌltʃərəlɪst] *s* agricultor
agriculture ['ægrɪ,kʌltʃər] *s* agricultura
agriculturist [,ægrɪ'kʌltʃərɪst] *s* agricultor
agrimony ['ægrɪ,monɪ] *s* (*pl:* **-nies**) (bot.) agrimonia
Agrippa [ə'grɪpə] *s* Agripa
agronomic [,ægrə'nɑmɪk] *adj* agronómico
agronomist [ə'grɑnəmɪst] *s* agrónomo
agronomy [ə'grɑnəmɪ] *s* agronomía
aground [ə'graʊnd] *adj & adv* varado, encallado; **to run aground** varar, encallar
agt. abr. de **agent**
ague ['egju] *s* escalofrío; fiebre intermitente
aguish ['egjuɪʃ] *adj* escalofriado; palúdico
ah [ɑ] *interj* ¡ah!
aha [ɑ'hɑ] *interj* ¡ajá!
ahead [ə'hɛd] *adj & adv* delante, al frente; adelante; **straight ahead** todo seguido; **to get ahead** adelantarse; **to get ahead of** adelantarse a; **to go ahead** seguir adelante; avanzar; continuar; **to send ahead** enviar por delante; **ahead of** antes de; delante de; al frente de
ahem [ə'hɛm] *interj* ¡eh!; ¡ejem!
ahorse [ə'hɔrs] *adj & adv* a caballo
ahoy [ə'hɔɪ] *interj* (naut.) ¡ha!; **ship ahoy!** ¡ah del barco!
aid [ed] *s* ayuda, auxilio; (mil.) ayudante; **to come to the aid of** acudir en socorro a; *va* ayudar; **to aid and abet** auxiliar e incitar, ser cómplice de; *vn* ayudar
aid-de-camp ['eddə'kæmp] *s* (*pl:* **aids-de-camp**) var. de **aide-de-camp**
aide [ed] *s* (mil.) ayudante
aide-de-camp ['eddə'kæmp] *s* (*pl:* **aides-de-camp**) (mil.) ayudante de campo, edecán
aigrette ['egrɛt] o [e'grɛt] *s* airón, penacho; (elec.) airón (*penachos en los ángulos de los cuerpos electrizados*); (orn.) garceta
ail [el] *va* afligir, molestar, inquietar; **what ails you?** ¿qué tiene Vd?; *vn* sufrir, estar enfermo
ailanthus [e'lænθəs] *s* (bot.) ailanto
aileron ['elərɑn] *s* (aer.) alerón
ailing ['elɪŋ] *adj* enfermo, achacoso
ailment ['elmənt] *s* enfermedad, achaque
aim [em] *s* puntería, encaro; intento, blanco, mira; punto de mira; **to miss one's aim** errar el tiro; **to take aim** apuntar; *va* apuntar, encarar; dirigir (*p.ej., una observación*);

vn apuntar; intentar; **to aim to** + *inf* mirar a + *inf*
aimless [ˈemlɪs] *adj* sin designio, sin objeto
ain't [ent] (dial. & illit.) contracción de **am not** y equivalente a **am not, is not, are not, have not** y **has not**
air [ɛr] *s* aire; (mus.) aire; **by air** por vía aérea, en avión; **in mid air** entre cielo y tierra; **in the open air** al aire libre; **on the air** en antena, en la radio; **to fly through the air** volar por los aires; **to let the air out of** desinflar (*un neumático*); **to put on airs** darse aires; **to put on the air** (rad.) llevar a las antenas; **to walk** o **tread on air** no pisar en el suelo, estar bañado en agua de rosas; *adj* aéreo; aeronáutico; *va* airear, ventilar; radiofundir; (fig.) ventilar
air-atomic [ˈɛrəˈtɑmɪk] *adj* aéro-atómico
air attack *s* ataque aéreo
air base *s* base aérea
air beacon *s* faro aéreo
air bends *spl* (path.) embolia aérea
air bladder *s* (zool.) vejiga natatoria
air-borne [ˈɛrˌborn] *adj* (mil.) aéreo, aerotransportado; llevado por el aire
air brake *s* freno de aire, freno neumático
air bridge *s* puente aéreo
air brush *s* aerógrafo, pincel aéreo, pulverizador de aire comprimido
air castle *s* castillo en el aire
air chamber *s* cámara de aire
air cock *s* llave de admisión de aire, llave de escape de aire
air-condition [ˈɛrkənˈdɪʃən] *va* proveer de maquinaria acondicionadora del aire, climatizar
air-conditioned [ˈɛrkənˈdɪʃənd] *adj* con aire acondicionado
air conditioner *s* acondicionador de aire
air conditioning *s* acondicionamiento del aire, aire acondicionado
air-cool [ˈɛrˌkul] *va* enfriar por aire
air-cooling [ˈɛrˌkulɪŋ] *s* enfriamiento por aire
air-core transformer [ˈɛrˌkor] *s* (elec.) transformador de núcleo de aire
air corps *s* cuerpo de aviación
aircraft [ˈɛrˌkræft] o [ˈɛrˌkrɑft] *ssg* máquina de volar; *spl* máquinas de volar
aircraft carrier *s* portaaviones
air cushion *s* almohada de aire, colchón de aire
air drill *s* taladro neumático
airdrome [ˈɛrˌdrom] *s* aeródromo
airdrop [ˈɛrˌdrɑp] *s* (aer.) lanzamiento; (*pret & pp:* **-dropped** o **-dropt;** *ger:* **-dropping)** *va* (aer.) lanzar
air field *s* campo de aviación
air fleet *s* flotilla militar aérea
airfoil [ˈɛrˌfɔɪl] *s* (aer.) superficie de sustentación
air force *s* fuerza aérea, ejército del aire
Air Force Academy *s* (U.S.A.) Academia General del Aire
air frame *s* (aer.) armadura de avión
air gap *s* (phys.) entrehierro
air-ground [ˈɛrˈgraʊnd] *adj* aeroterrestre
air gun *s* escopeta de aire comprimido
air hole *s* respiradero; (aer.) vacío; (found.) sopladura
air hostess *s* azafata, aeromoza
airing [ˈɛrɪŋ] *s* ventilación; secamiento al aire; paseo para tomar el aire; (fig.) ventilación; **to take an airing** orearse
air lane *s* ruta aérea
airless [ˈɛrlɪs] *adj* sin brisa, tranquilo
airlift [ˈɛrˌlɪft] *s* puente aéreo; *va* transportar por puente aéreo
air line *s* línea aérea
air liner *s* avión de travesía, transaéreo
air lock *s* cámara intermedia (*entre presiones atmosféricas diferentes*)
air mail *s* correo aéreo, correo por avión
air-mail [ˈɛrˌmel] *adj* aeropostal
air-mail letter *s* carta por avión, carta aérea
air-mail pilot *s* aviador postal
air-mail stamp *s* sello aéreo
airman [ˈɛrmən] o [ˈɛrˌmæn] *s* (*pl:* **-men)** aviador; (mil.) aviador, soldado del cuerpo de aviación
air map *s* aeromapa
air-minded [ˈɛrˌmaɪndɪd] *adj* adicto a la aviación
Air Ministry *s* (Brit.) Ministerio del Aire
air passage *s* aire aprisionado; fuga o escape de aire
airplane [ˈɛrˌplen] *s* avión
airplane carrier *s* portaaviones
air plant *s* (bot.) epífita
air pocket *s* (aer.) depresión, bolsa de aire, bache aéreo
airport [ˈɛrˌport] *s* aeropuerto
air power *s* poder aéreo
air pressure *s* presión atmosférica
air pump *s* bomba de aire, máquina neumática
air raid *s* ataque aéreo
air-raid alarm [ˈɛrˌred] *s* alarma aérea
air-raid drill *s* ejercicio antiaéreo, simulacro de ataque aéreo
air-raid shelter *s* abrigo antiaéreo, refugio antiaéreo
air-raid warden *s* vigilante contra ataques aéreos
air-raid warning *s* alarma aérea
air rifle *s* escopeta de aire comprimido, escopeta de viento
air sac *s* (orn.) celda para aire
air service *s* servicio aéreo
air shaft *s* respiradero
airship [ˈɛrˌʃɪp] *s* aeronave
airsick [ˈɛrˌsɪk] *adj* mareado en el aire
airsickness [ˈɛrˌsɪknɪs] *s* mareo del aire, mal de vuelo
air sleeve o **air sock** *s* veleta de manga
airstrip [ˈɛrˌstrɪp] *s* pista de despegue; pista de aterrizaje
air supremacy *s* dominio del aire
airtight [ˈɛrˈtaɪt] *adj* hermético, herméticamente cerrado, estanco al aire
air-traffic control [ˈɛrˌtræfɪk] *s* control de tránsito aéreo
airwaves [ˈɛrˌwevz] *spl* ondas de radio
airway [ˈɛrˌwe] *s* aerovía, vía aérea; (min.) galería de ventilación
airway lighting *s* (aer.) balizaje
air well *s* respiradero, pozo de ventilación
airwoman [ˈɛrˌwʊmən] *s* (*pl:* **-women)** aviadora
airworthy [ˈɛrˌwʌrðɪ] *adj* en condiciones de vuelo
airy [ˈɛrɪ] *adj* (*comp:* **-ier;** *super:* **-iest)** airoso; aireado; alegre; impertinente; (coll.) afectado
aisle [aɪl] *s* pasillo (*en el teatro, la iglesia, etc.*); nave (*en una fábrica, tienda, etc.*); alameda, paseo; (arch.) nave lateral
Aix-la-Chapelle [ˌekslɑʃɑˈpɛl] *s* Aquisgrán
ajar [əˈdʒɑr] *adj* entreabierto, entornado; en desacuerdo
Ajax [ˈedʒæks] *s* (myth.) Áyax
Ajax the Less *s* (myth.) Áyax el Pequeño
akene [eˈkin] *s* var. de **achene**
akimbo [əˈkɪmbo] *adj & adv* en jarras; **with arms akimbo** en jarras
akin [əˈkɪn] *adj* emparentado; semejante
alabamine [ˌæləˈbæmin] *s* (chem.) alabamio
alabaster [ˈæləˌbæstər] o [ˈæləˌbɑstər] *s* alabastro; *adj* alabastrino
à la carte [ɑlɑˈkɑrt] según lista, a la carta
alacrity [əˈlækrɪtɪ] *s* alacridad, presteza
Aladdin [əˈlædɪn] *s* Aladino
Aladdin's lamp *s* lámpara de Aladino
à la king [ɑlɑˈkɪŋ] con salsa de crema, harina, hongos, pimientos, etc.
à la mode [ɑlɑˈmod] o [ˌæləˈmod] a la moda; servido con helado encima
Alaric [ˈælərɪk] *s* Alarico
alarm [əˈlɑrm] *s* alarma; **to sound the alarm** dar la alarma; *va* alarmar, inquietar
alarm clock *s* despertador, reloj despertador
alarming [əˈlɑrmɪŋ] *adj* alarmante
alarmist [əˈlɑrmɪst] *s* alarmista
alary [ˈelərɪ] o [ˈælərɪ] *adj* alario
Alas. abr. de **Alaska**
alas [əˈlæs] o [əˈlɑs] *interj* ¡ay!, ¡ay de mí!
alate [ˈelet] *adj* alado
alb [ælb] *s* alba (*vestidura de lienzo blanco de sacerdote*)
albacore [ˈælbəkor] *s* (ichth.) albacora; (ichth.) germón (*Germo alalunga*)
Albanian [ælˈbenɪən] *adj & s* albanés o albano

albatross ['ælbətrəs] o ['ælbətrɑs] *s* (orn.) albatros
albeit [ɔl'biɪt] *conj* aunque
Albert ['ælbərt] *s* Alberto
Albertus Magnus [æl'bʌrtəs 'mægnəs] *s* Alberto Magno
Albigenses [,ælbɪ'dʒɛnsiz] *spl* albigenses
Albigensian [,ælbɪ'dʒɛnsɪən] *adj* albigense
albinic [æl'bɪnɪk] *adj* albino
albinism ['ælbɪnɪzəm] *s* albinismo
albino [æl'baɪno] *s* (*pl:* **-nos**) albino
Albion ['ælbɪən] *s* (poet.) Albión (*Inglaterra*)
albite ['ælbaɪt] *s* (mineral.) albita
albugineous [,ælbjə'dʒɪnɪəs] *adj* albugíneo
albugo [æl'bjugo] *s* (*pl:* **-gines** [dʒɪniz]) (path.) albugo
album ['ælbəm] *s* álbum
albumen [æl'bjumən] *s* (bot.) albumen; (biochem.) albúmina
albumin [æl'bjumɪn] *s* (biochem.) albúmina
albuminimeter [æl,bjumɪ'nɪmɪtər] *s* albuminímetro
albuminoid [æl'bjumɪnɔɪd] *adj* albuminoideo; *s* albuminoide
albuminous [æl'bjumɪnəs] *adj* albuminoso
albuminuria [æl,bjumɪ'njurɪə] o [æl,bjumɪ'nurɪə] *s* (path.) albuminuria
alburnum [æl'bʌrnəm] *s* alborno, alburno, albura
alcazar ['ælkəzɑr] o [æl'kæzər] *s* alcázar
Alcestis [æl'sɛstɪs] *s* (myth.) Alcestes
alchemic [æl'kɛmɪk] o **alchemical** [æl'kɛmɪkəl] *adj* alquímico
alchemist ['ælkɪmɪst] *s* alquimista
alchemy ['ælkɪmɪ] *s* alquimia
Alcibiades [,ælsɪ'baɪədiz] *s* Alcibíades
Alcmene [ælk'minɪ] *s* (myth.) Alcmena
alcohol ['ælkəhɔl] o ['ælkəhɑl] *s* alcohol
alcoholate ['ælkəhɔlet] o ['ælkəhɑlet] *s* (pharm.) alcoholado, alcoholato
alcoholic [,ælkə'hɔlɪk] o [,ælkə'hɑlɪk] *adj* alcohólico; (path.) alcohólico, alcoholizado; *s* (path.) alcohólico, alcoholizado
alcoholism ['ælkəhɔlɪzəm] o ['ælkəhɑlɪzəm] *s* (path.) alcoholismo
alcoholization [,ælkə,hɔlɪ'zeʃən] o [,ælkə,hɑlɪ'zeʃən] *s* alcoholización
alcoholometer [,ælkəhɔ'lɑmɪtər] o [,ælkəhɑ'lɑmɪtər] *s* alcoholímetro
Alcoran [,ælko'rɑn] o [,ælko'ræn] *s* Alcorán
alcove ['ælkov] *s* (arch.) trasalcoba; gabinete; cenador, glorieta
Alcuin ['ælkwɪn] *s* Alcuino
Alcyone [æl'saɪəni] *s* (astr.) Alción
Ald. abr. de **Alderman**
Aldebaran [æl'dɛbərən] *s* (astr.) Aldebarán
aldehyde ['ældɪhaɪd] *s* (chem.) aldehido
alder ['ɔldər] *s* (bot.) aliso
alder buckthorn *s* (bot.) arraclán, frángula
alderman ['ɔldərmən] *s* (*pl:* **-men**) concejal
aldermanic [,ɔldər'mænɪk] *adj* de un concejal
Alderney ['ɔldərnɪ] *s* vaca de Alderney
Aldine ['ældin] o ['ældɪn] *adj* aldino
Aldm. abr. de **Alderman**
ale [el] *s* ale (*bebida semejante a la cerveza pero más obscura, espesa y amarga*)
aleatory ['elɪə,torɪ] *adj* aleatorio
Aleck ['ælɪk] *s* nombre abreviado de **Alexander**
alee [ə'li] *adv* (naut.) a sotavento
alehouse ['el,haus] *s* cervecería
alembic [ə'lɛmbɪk] *s* alambique
Alençon [ə'lɛnsɑn] *s* punto de Alenzón
alepidote [e'lɛpɪdot] *adj* (ichth.) alepídoto
Aleppo [ə'lɛpo] *s* Alepo
Aleppo pine *s* (bot.) pincarrasco
alert [ə'lʌrt] *adj* vigilante; vivo, listo; *s* (mil.) alerta; (aer.) alarma; **to be on the alert** estar alerta, estar sobre aviso; *va* alertar
alertness [ə'lʌrtnɪs] *s* vigilancia; viveza
aleurone [ə'luron] *s* (biochem.) aleurona
Aleut ['ælɪut] *s* aleutiano (*natural; idioma*)
Aleutian [ə'luʃən] *adj & s* aleutiano
Aleutian Islands *spl* islas Aleutas, islas Aleutinas
alewife ['el,waɪf] *s* (*pl:* **-wives**) tabernera; (ichth.) cervecera
Alexander [,ælɪg'zændər] *s* Alejandro
Alexander the Great *s* Alejandro Magno
Alexandria [,ælɪg'zændrɪə] *s* Alejandría
Alexandrian [,ælɪg'zændrɪən] *adj* alejandrino
Alexandrine [,ælɪg'zændrɪn] *adj* alejandrino; *s* alejandrino (*natural de Alejandría; verso inglés de doce sílabas y verso castellano de catorce*)
alexia [ə'lɛksɪə] *s* (psychopath.) alexia
alexin [ə'lɛksɪn] *s* (biochem.) alexina
alexipharmic [ə,lɛksɪ'fɑrmɪk] *adj & s* alexifármaco
Alexis [ə'lɛksɪs] *s* Alejo
alfalfa [æl'fælfə] *s* (bot.) alfalfa
Alfred ['ælfrɪd] *s* Alfredo
Alfred the Great *s* Alfredo el Grande
alg. abr. de **algebra**
alga ['ælgə] *s* (*pl:* **algae** ['ældʒi]) (bot.) alga
algal ['ælgəl] *adj* algáceo; *s* (bot.) alga
algebra ['ældʒɪbrə] *s* álgebra
algebraic [,ældʒɪ'breɪk] o **algebraical** [,ældʒɪ'breɪkəl] *adj* algebraico, algébrico
algebraically [,ældʒɪ'breɪkəlɪ] *adv* algebraicamente
algebraist ['ældʒɪ,breɪst] *s* algebrista
Algeria [æl'dʒɪrɪə] *s* Argelia
Algerian [æl'dʒɪrɪən] o **Algerine** [,ældʒə'rin] *adj & s* argelino
algid ['ældʒɪd] *adj* frío, glacial
algidity [æl'dʒɪdɪtɪ] *s* frialdad
Algiers [æl'dʒɪrz] *s* Argel
algology [æl'gɑlədʒɪ] *s* algología
Algonkian [æl'gɑŋkɪən] *adj* (geol.) algonquino; *s* (geol.) algonquina
Algonquian [æl'gɑŋkɪən] o [æl'gɑŋkwɪən] *adj & s* (philol.) algonquino
Algonquin [æl'gɑŋkɪn] o [æl'gɑŋkwɪn] *s* algonquino
algor ['ælgɔr] *s* (path.) algor
algorism ['ælgərɪzəm] *s* (math.) algoritmia, algoritmo
algorithmic [,ælgə'rɪðmɪk] *adj* algorítmico
algous ['ælgəs] *adj* algoso
alias ['elɪəs] *adv* alias; *s* alias, nombre supuesto
alibi ['ælɪbaɪ] *s* (*pl:* **-bis**) coartada; (coll.) excusa, pretexto, comodín; **to prove an alibi** probar la coartada
Alice ['ælɪs] *s* Alicia
Alice in Wonderland *s* Alicia en el país de las maravillas
alidade ['ælɪded] o **alidad** ['ælɪdæd] *s* alidada
alien ['eljən] o ['elɪən] *adj* extranjero; ajeno; *s* extranjero
alienable ['eljənəbəl] o ['elɪənəbəl] *adj* alienable, enajenable
alienate ['eljənet] o ['elɪənet] *va* enajenar, alienar
alienation [,eljən'eʃən] o [,elɪən'eʃən] *s* enajenación, alienación
alienism ['eljənɪzəm] o ['elɪənɪzəm] *s* extranjería; alienismo
alienist ['eljənɪst] o ['elɪənɪst] *s* alienista
alien property custodian *s* administrador de bienes de enemigos
alight [ə'laɪt] *adj* encendido, iluminado; (*pret & pp:* **alighted** o **alit**) *vn* bajar, apearse; **to alight on** posarse sobre; encontrarse con
align [ə'laɪn] *va* alinear; *vn* alinearse
aligner [ə'laɪnər] *s* alineador
alignment [ə'laɪnmənt] *s* alineación; (archeol.) alineamiento; (eng.) alineación; **in alignment** en línea; **out of alignment** fuera de alineación
alike [ə'laɪk] *adj* semejantes, p.ej., **these books are alike** estos libros son semejantes; **to look alike** parecerse; *adv* igualmente, del mismo modo
aliment ['ælɪmənt] *s* alimento
alimentary [,ælɪ'mɛntərɪ] *adj* alimenticio; alimentario (*que suministra la subsistencia*)
alimentary canal *s* (anat.) canal o tubo digestivo, canal alimenticio
alimentation [,ælɪmɛn'teʃən] *s* alimentación
alimony ['ælɪ,monɪ] *s* alimentos, asistencias de divorcio o separación
aline [ə'laɪn] *va & vn* var. de **align**
aliped ['ælɪpɛd] *adj & s* alípedo
aliphatic [,ælɪ'fætɪk] *adj* (chem.) alifático
aliquant ['ælɪkwənt] *adj* (math.) alicuanta
aliquot ['ælɪkwɑt] *adj* (math.) alícuota
alish ['elɪʃ] *adj* acervezado
alit [ə'lɪt] *pret & pp de* **alight**
alive [ə'laɪv] *adj* vivo, viviente, con vida; ac-

tivo, animado; **to look alive** darse prisa, menearse; **alive to** despierto para, sensible a; **alive with** hormigueante en
alizarin [əˈlɪzərɪn] *s* (chem.) alizarina
alkalescence [ˌælkəˈlɛsəns] *s* (chem.) alcalescencia
alkalescent [ˌælkəˈlɛsənt] *adj* (chem.) alcalescente
alkali [ˈælkəlaɪ] *s* (*pl:* **-lis** o **-lies**) (chem.) álcali
alkalimeter [ˌælkəˈlɪmɪtər] *s* alcalímetro
alkaline [ˈælkəlaɪn] o [ˈælkəlɪn] *adj* alcalino
alkaline-earth metals [ˈælkəlaɪnˈʌrθ] o [ˈælkəlɪnˈʌrθ] *spl* (chem.) metales alcalinotérreos
alkaline earths *spl* (chem.) álcalis térreos
alkalinity [ˌælkəˈlɪnɪtɪ] *s* alcalinidad
alkalize [ˈælkəlaɪz] *va* alcalizar
alkaloid [ˈælkəlɔɪd] *s* alcaloide
alkaloidal [ˌælkəˈlɔɪdəl] *adj* alcalóidico
alkalosis [ˌælkəˈlosɪs] *s* (physiol.) alcalosis
alkanet [ˈælkənɛt] *s* (bot.) ancusa; (bot.) ancusa de tintes; (bot.) alcana; (chem.) ancusina
Alkoran [ˌælkoˈrɑn] o [ˌælkoˈræn] *s* Alcorán
all [ɔl] *adj indef* todo, todos; todo el, todos los; *pron indef* todo; todos, todo el mundo; (tennis) iguales; **after all** sin embargo; **at all** del todo; **for all I know** que yo sepa; **for good and all** para siempre; **not at all** nada; no hay de qué; **once and for all** de una vez para siempre; **all in all** en resumen; **all of** todo el, todos los; **all that** todo lo que, todos los que; **all told** en conjunto; *adv* enteramente; **not to be all there** (slang) no estar en su juicio cabal; **to be all up with** no haber remedio para; **all at once** de golpe; **all along** desde el principio; a lo largo de, de un cabo a otro de; **all but** casi; **all in** (slang) agotado, rendido; **all of a sudden** de repente; **all off** (slang) abandonado; **all one** (coll.) igual; **all out** a ultranza; **all over** terminado; por todas partes; exactamente; **all right** está bien, bueno, corriente; **all the better** tanto mejor; **all the worse** tanto peor; **all too** excesivamente, desgraciadamente
Allah [ˈælə] *s* Alá
all-American [ˌɔləˈmɛrɪkən] *adj* que representa todas las partes de los Estados Unidos; exclusivamente estadunidense; (sport) seleccionado como jugador representativo nacional
allantoid [əˈlæntɔɪd] *adj* alantoideo
allantois [əˈlænto·ɪs] *s* (anat.) alantoides
all-around [ˈɔləˌraʊnd] *adj* hábil para muchas cosas
allay [əˈle] *va* aliviar, calmar
all-clear [ˈɔlˈklɪr] *s* cese de alarma, toque o señal de cese de alarma
allegation [ˌælɪˈgeʃən] *s* alegación; (law) alegato
allege [əˈlɛdʒ] *va* alegar
allegedly [əˈlɛdʒɪdlɪ] *adv* según se alega
allegiance [əˈlidʒəns] *s* lealtad, fidelidad; homenaje; **to swear allegiance to** rendir homenaje a; jurar fidelidad a
allegoric [ˌælɪˈgɑrɪk] o [ˌælɪˈgɔrɪk] o **allegorical** [ˌælɪˈgɑrɪkəl] o [ˌælɪˈgɔrɪkəl] *adj* alegórico
allegorize [ˈælɪgəraɪz] *va* alegorizar
allegory [ˈælɪˌgorɪ] *s* (*pl:* **-ries**) alegoría
allegretto [ˌæləˈgrɛto] *s* (*pl:* **-tos**) (mus.) alegretto
allegro [ɑˈlegro] o [əˈlɛgro] *s* (*pl:* **-gros**) (mus.) alegro
alleluia [ˌælɪˈlujə] *s* aleluya; *interj* ¡ aleluya!
allemande [ˌæləˈmænd] *s* alemana o alemanda (*danza*)
allergen [ˈælərdʒɛn] *s* (immun.) alergeno
allergic [əˈlʌrdʒɪk] *adj* alérgico
allergy [ˈælərdʒɪ] *s* (*pl:* **-gies**) (path.) alergia
alleviate [əˈlivɪet] *va* aliviar
alleviation [əˌlivɪˈeʃən] *s* alivio
alleviative [əˈlivɪˌetɪv] *adj* aliviador
alley [ˈælɪ] *s* callejuela, callejón; paseo arbolado, paseo de jardín; pista (*de bolera*); (tennis) espacio lateral
alleyway [ˈælɪˌwe] *s* callejuela, pasadizo
All Fools' Day *s* var. de **April Fools' Day**
all fours *spl* las cuatro patas; **on all fours** a gatas
Allhallows [ˌɔlˈhæloz] *s* día de todos los santos
alliance [əˈlaɪəns] *s* alianza
Alliance for Progress *s* Alianza para el Progreso
alligator [ˈælɪˌgetər] *s* (zool.) caimán; cuero o piel de caimán o cocodrilo
alligator gar *s* (ichth.) pez caimán
alligator pear *s* aguacate
alligator tree *s* (bot.) ocozol
alligator wrench *s* llave de mandíbulas, llave dentada
all-important [ˈɔlɪmˈpɔrtənt] *adj* de toda importancia
all-in [ˈɔlˈɪn] *adj* (Brit.) inclusivo; (Brit.) sin restricción
alliterate [əˈlɪtəret] *va* disponer en forma de aliteración; *vn* usar aliteración
alliteration [əˌlɪtəˈreʃən] *s* aliteración
alliterative [əˈlɪtəˌretɪv] *adj* aliterado
all-knowing [ˈɔlˈno·ɪŋ] *adj* omnisciente
all-metal [ˈɔlˈmɛtəl] *adj* todo de metal, todo metálico
allocate [ˈæloket] *va* asignar, señalar, distribuir
allocation [ˌæloˈkeʃən] *s* asignación, distribución
allocution [ˌæloˈkjuʃən] *s* alocución
allodium [əˈlodɪəm] *s* (*pl:* **-a** [ə]) var. de **alodium**
allogamy [əˈlɑgəmɪ] *s* (bot.) alogamia
allopath [ˈæləpæθ] *s* alópata
allopathic [ˌæləˈpæθɪk] *adj* alopático
allopathist [əˈlɑpəθɪst] *s* var. de **allopath**
allopathy [əˈlɑpəθɪ] *s* alopatía
allophone [ˈæləfon] *s* miembro del fonema
allot [əˈlɑt] (*pret & pp:* **allotted**; *ger:* **allotting**) *va* asignar, distribuir
allotment [əˈlɑtmənt] *s* asignación, distribución; lote, parte, porción
allotrope [ˈælotrop] *s* alotropo
allotropic [ˌæloˈtrɑpɪk] *adj* alotrópico
allotropism [əˈlɑtrəpɪzəm] *s* alotropismo
allotropy [əˈlɑtrəpɪ] *s* alotropía
all-out [ˈɔlˈaʊt] *adj* total, acérrimo
allover [ˈɔlˌovər] *adj* que tiene un diseño repetido sobre toda la superficie; *s* tela con diseño repetido sobre toda la superficie; diseño repetido sobre toda la superficie
allow [əˈlaʊ] *va* dejar, permitir; admitir; conceder; poner aparte; (coll.) creer; **to allow to** + *inf* dejar + *inf*, permitir + *inf; vn* **to allow for** tener en cuenta; **to allow of** permitir; admitir
allowable [əˈlaʊəbəl] *adj* permisible; admisible
allowance [əˈlaʊəns] *s* permiso; concesión; asignación, pensión; ración, mesada; descuento, rebaja; tolerancia (*en el peso o en las dimensiones*); **to make allowance for** tener en cuenta
alloy [ˈælɔɪ] o [əˈlɔɪ] *s* aleación, liga; impureza, adulteración; [əˈlɔɪ] *va* alear, ligar; adulterar
alloy steel *s* acero de aleación
all-powerful [ˈɔlˈpaʊərfəl] *adj* todopoderoso
all-round [ˈɔlˌraʊnd] *adj* hábil para muchas cosas
All Saints' Day *s* día de todos los santos
all-silk [ˈɔlˌsɪlk] *adj* de pura seda
All Souls' Day *s* día de los difuntos
allspice [ˈɔlˌspaɪs] *s* pimienta inglesa (*fruto seco y molido*)
allspice tree *s* (bot.) pimienta (*Pimenta officinalis*)
all-steel [ˈɔlˈstil] *adj* todo de acero
allude [əˈlud] *vn* aludir
allure [əˈlur] *s* tentación, encanto, fascinación; *va* tentar, encantar, fascinar
allurement [əˈlurmənt] *s* tentación, encanto, fascinación
alluring [əˈlurɪŋ] *adj* tentador, encantador, fascinante
allusion [əˈluʒən] *s* alusión
allusive [əˈlusɪv] *adj* alusivo
alluvial [əˈluvɪəl] *adj* aluvial
alluvion [əˈluvɪən] *s* aluvión; (law) aluvión
alluvium [əˈluvɪəm] *s* (*pl:* **-ums** o **-a** [ə]) aluvión
all-wave [ˈɔlˈwev] *adj* (rad.) de toda onda, de onda universal
all-weather [ˈɔlˈweðər] *adj* para todo tiempo, para todas las estaciones
all-wise [ˈɔlˈwaɪz] *adj* infinitamente sabio

ally ['ælaɪ] o [ə'laɪ] *s* (*pl:* **allies**) aliado; [ə'laɪ] (*pret & pp:* **allied**) *va* aliar; **to become allied** aliarse; **to ally oneself** aliarse; *vn* aliarse

allyl ['ælɪl] *s* (chem.) alilo

allylene ['ælɪlin] *s* (chem.) alileno

almagest ['ælmədʒɛst] *s* almagesto

Alma Mater ['ælmə'metər] o ['ɑlmə'mɑtər] *s* (myth.) alma máter; (*l.c.*) *s* alma máter (*universidad donde uno se ha graduado*)

almanac ['ɔlmənæk] *s* almanaque

almighty [ɔl'maɪtɪ] *adj* todopoderoso; (coll.) enorme, grave; **the Almighty** el Todopoderoso (*Dios*)

almond ['ɑmənd] o ['æmənd] *s* (bot.) almendro (*árbol*); almendra (*fruto y semilla del fruto*)

almond brittle *s* crocante

almond cream *s* crema de almendras

almond-eyed ['ɑmənd,aɪd] o ['æmənd,aɪd] *adj* de ojos almendrados

almond-shaped ['ɑmənd,ʃept] o ['æmənd,ʃept] *adj* almendrado

almoner ['ælmənər] o ['ɑmənər] *s* limosnero

almonry ['ælmənrɪ] o ['ɑmənrɪ] *s* (*pl:* **-ries**) lugar donde se reparten limosnas

almost ['ɔlmost] u [ɔl'most] *adv* casi

alms [ɑmz] *ssg & spl* limosna

almsgiver ['ɑmz,gɪvər] *s* limosnero

almsgiving ['ɑmz,gɪvɪŋ] *adj* limosnero; *s* limosna

almshouse ['ɑmz,haʊs] *s* casa de beneficencia, hospicio

almsman ['ɑmzmən] *s* (*pl:* **-men**) mendigo, pordiosero

almswoman ['ɑmz,wʊmən] *s* (*pl:* **-women**) mendiga, pordiosera

almucantar [,ælmjə'kæntər] *s* (astr.) almicantarada

alnico ['ælnɪko] *s* alnico (*aleación*)

alodial [ə'lodɪəl] *adj* (law) alodial

alodium [ə'lodɪəm] *s* (*pl:* **-a** [ə]) (law) alodio

aloe ['ælo] *s* (bot.) áloe; (bot.) maguey; **aloes** *ssg* (pharm.) áloe; palo áloe, palo de áloe

aloes wood *s* palo áloe, palo de áloe

aloetic [,ælo'ɛtɪk] *adj* aloético

aloft [ə'lɔft] o [ə'lɑft] *adv* arriba, en alto, en los aires; (naut.) en la arboladura; (aer.) en vuelo

aloin ['ælo·ɪn] *s* (chem. & pharm.) aloína

alone [ə'lon] *adj* solo; **let alone** sin mencionar; y mucho menos, p.ej., **he cannot speak his own language, let alone a foreign language** no puede hablar su propio idioma y mucho menos un idioma extranjero; **to leave alone** o **to let alone** no molestar a (*una persona*); no mezclarse en (*una cosa*); *adv* solamente

along [ə'lɔŋ] o [ə'lɑŋ] *prep* a lo largo de; **all along** de un cabo a otro de; *adv* a lo largo; adelante; conmigo, consigo, p.ej., **come along** venga Vd. conmigo; **all along** desde el principio; **to get along** irse; medrar; entenderse; **along with** junto con

alongshore [ə'lɔŋ,ʃor] o [ə'lɑŋ,ʃor] *adv* a la orilla, a lo largo de la costa

alongside [ə'lɔŋ'saɪd] o [ə'lɑŋ'saɪd] *prep* junto a, a lo largo de; (naut.) al costado de; *adv* a lo largo; (naut.) al costado, costado con costado; **to bring alongside** (naut.) acostar; **to come alongside** (naut.) acostarse; **alongside of** junto a

aloof [ə'luf] *adj* apartado; reservado, frío; **to keep aloof from** o **to stand aloof from** mantenerse apartado de; *adv* lejos, a distancia

aloofness [ə'lufnɪs] *s* apartamiento, aislamiento; reserva, frialdad

alopecia [,ælo'piʃɪə] *s* (path.) alopecia

aloud [ə'laʊd] *adv* alto, en voz alta; con voz fuerte

alp [ælp] *s* monte elevado

alpaca [æl'pækə] *s* (zool.) alpaca; alpaca (*lana y tela hecha de esta lana*)

alpenglow ['ælpən,glo] *s* arrebol alpestre

alpenhorn ['ælpən,hɔrn] *s* trompa de los Alpes

alpenstock ['ælpən,stɑk] *s* bastón puntiagudo de los montañeros

alpha ['ælfə] *s* alfa; **alpha and omega** alfa y omega

alphabet ['ælfəbɛt] *s* alfabeto

alphabetic [,ælfə'bɛtɪk] o **alphabetical** [,ælfə'bɛtɪkəl] alfabético

alphabetically [,ælfə'bɛtɪkəlɪ] *adv* alfabéticamente

alphabetization [,ælfə,bɛtɪ'zeʃən] *s* alfabetización

alphabetize ['ælfəbətaɪz] *va* alfabetizar

alpha rays *spl* (phys.) rayos alfa

Alpheus [æl'fiəs] *s* (myth.) Alfeo

Alphonsine [æl'fɑnsɪn] *adj* alfonsino

Alphonsine Tables *spl* tablas alfonsinas

Alphonso [æl'fɑnso] o [æl'fɑnzo] *s* Alfonso

alphorn ['ælp,hɔrn] *s* trompa de los Alpes

alpine ['ælpaɪn] o ['ælpɪn] *adj* alpestre; (*cap.*) *adj* alpino

alpine chough *s* (orn.) chova pinariega, grajo de pico amarillo

Alpinism ['ælpɪnɪzəm] *s* alpinismo

Alpinist ['ælpɪnɪst] *s* alpinista

alpist ['ælpɪst] *s* alpiste (*semilla*)

Alps [ælps] *spl* Alpes

already [ɔl'rɛdɪ] *adv* ya

Alsace ['ælses] o ['ælsæs] *s* Alsacia

Alsace-Lorraine ['ælseslɑ'ren] o ['ælsæslɑ'ren] *s* Alsacia-Lorena

Alsatian [æl'seʃən] *adj & s* alsaciano

alsike ['ælsaɪk] u ['ɔlsaɪk] *s* (bot.) trébol sueco

also ['ɔlso] *adv* también

alt. abr. de **alternate** y **altitude**

Alta. abr. de **Alberta** (*Canadá*)

Altaic [æl'teɪk] *adj* altaico

altar ['ɔltər] *s* altar; (found.) altar; **to lead to the altar** conducir al altar

altar boy *s* monaguillo, acólito

altar cloth *s* (eccl.) sabanilla, paño de altar, palia

altarpiece ['ɔltər,pis] *s* retablo

altar rail *s* comulgatorio

alter ['ɔltər] *va* alterar; (coll.) arreglar (*castrar*); *vn* alterarse

alterability [,ɔltərə'bɪlɪtɪ] *s* alterabilidad

alterable ['ɔltərəbəl] *adj* alterable

alteration [,ɔltə'reʃən] *s* alteración; reparación, compostura, reforma

alterative ['ɔltə,retɪv] *adj & s* (med.) alterante

altercate ['ɔltərket] o ['æltərket] *vn* altercar

altercation [,ɔltər'keʃən] o [,æltər'keʃən] *s* altercación o altercado

alter ego ['æltər'igo] o ['æltər'ɛgo] (Lat.) álter ego (*otro yo; amigo de confianza*)

alternate ['ɔltərnɪt] o ['æltərnɪt] *s* suplente; *adj* alternante; alterno; (bot. & geom.) alterno; ['ɔltərnet] o ['æltərnet] *va & vn* alternar

alternate angles *spl* (geom.) ángulos alternos

alternate leaves *spl* (bot.) hojas alternas

alternately ['ɔltərnɪtlɪ] o ['æltərnɪtlɪ] *adv* alternadamente, alternativamente

alternating ['ɔltər,netɪŋ] o ['æltər,netɪŋ] *adj* alternante, alternativo

alternating current *s* (elec.) corriente alterna, corriente alternativa

alternation [,ɔltər'neʃən] o [,æltər'neʃən] *s* alternación; (elec.) alternancia

alternation of generations *s* (biol.) alternancia de generaciones

alternative [ɔl'tʌrnətɪv] o [æl'tʌrnətɪv] *adj* alternativo; *s* alternativa

alternative conjunction *s* (gram.) conjunción disyuntiva

alternator ['ɔltər,netər] o ['æltər,netər] *s* (elec.) alternador

althea [æl'θiə] *s* (bot.) altea

althorn ['ælthɔrn] *s* trombón alto

although [ɔl'ðo] *conj* aunque

altimeter [æl'tɪmɪtər] *s* altímetro

altimetrical [,æltɪ'mɛtrɪkəl] *adj* altímetro

altimetry [æl'tɪmɪtrɪ] *s* altimetría

altitude ['æltɪtjud] o ['æltɪtud] *s* altitud, altura

alto ['ælto] *s* (*pl:* **-tos**) (mus.) alto; contralto (*mujer*)

alto-cumulus [,ælto'kjumjələs] *s* (meteor.) altocúmulo

altogether [,ɔltə'gɛðər] *adv* enteramente; en conjunto

alto horn *s* trombón alto

alto-relievo ['æltorɪ'livo] *s* (*pl:* **-vos**) alto relieve

alto-stratus [,ælto'stretəs] *s* (meteor.) altostrato

altruism ['æltruɪzəm] *s* altruísmo
altruist ['æltruɪst] *s* altruísta
altruistic [,æltru'ɪstɪk] *adj* altruísta
alula ['æljələ] *s* (*pl:* **-lae** [li]) (orn. & ent.) álula
alum ['æləm] *s* (chem.) alumbre
alumina [ə'lumɪnə] *s* (mineral.) alúmina
aluminate [ə'lumɪnet] *s* (chem.) aluminato
aluminite [ə'lumɪnaɪt] *s* (mineral.) aluminita
aluminium [,æljə'mɪnɪəm] *s* var. de **aluminum**
aluminothermy [ə'lumɪno,θʌrmɪ] *s* (metal.) aluminotermia
aluminous [ə'lumɪnəs] *adj* alumbroso (*que tiene alumbre*); aluminoso (*que tiene alúmina*); alumínico (*que tiene aluminio*)
aluminum [ə'lumɪnəm] *s* (chem.) aluminio
aluminum bronze *s* bronce de aluminio
aluminum oxide *s* (chem.) óxido de aluminio
aluminum paint *s* pintura de aluminio
alumna [ə'lʌmnə] *s* (*pl:* **-nae** [ni]) graduada
alumni association *s* asociación de graduados
alumnus [ə'lʌmnəs] *s* (*pl:* **-ni** [naɪ]) graduado
alum rock *s* (mineral.) piedra de alumbre
alum schist, shale o **slate** *s* esquisto aluminoso
alum stone *s* var. de **alum rock**
alunite ['æljənaɪt] *s* (mineral.) alunita
alveary ['ælvɪ,erɪ] *s* (*pl:* **-ies**) (anat.) alveario
alveolar [æl'viələr] *adj* (anat. & phonet.) alveolar
alveolar process *s* (anat.) apófisis alveolar
alveolus [æl'viələs] *s* (*pl:* **-li** [laɪ]) (anat., phonet., & zool.) alvéolo
alvine ['ælvɪn] o ['ælvaɪn] *adj* (med.) alvino
always ['ɔlwɪz] u ['ɔlwez] *adv* siempre
alyssum [ə'lɪsəm] *s* (bot.) alisón; (bot.) alhelicillo
a.m. o **A.M.** abr. de **ante meridiem** (Lat.) **before noon**
A.M. abr. de **Artium Magister** (Lat.) **Master of Arts**
A.M. o **AM** abr. de **amplitude modulation**
Am. abr. de **America** y **American**
am [æm] *primera persona del sg del pres de ind de* **be**
A.M.A. abr. de **American Medical Association**
amain [ə'men] *adv* con fuerza, con prisa, con vehemencia
Amalekite ['æmələkaɪt] *s* (Bib.) amalecita
amalgam [ə'mælgəm] *s* (chem., mineral. & fig.) amalgama
amalgamate [ə'mælgəmet] *va* (chem. & fig.) amalgamar; *vn* amalgamarse
amalgamation [ə,mælgə'meʃən] *s* amalgamación
amalgamation process *s* (min.) amalgamación
amanita [,æmə'naɪtə] *s* (bot.) amanita
amanuensis [ə,mænju'ensɪs] *s* (*pl:* **-ses** [siz]) amanuense
amaranth ['æmərænθ] *s* (bot.) amaranto; (poet.) flor que nunca se marchita; púrpura (*color*)
amaranthaceous [,æməræn'θeʃəs] *adj* (bot.) amarantáceo
amaranthine [,æmə'rænθɪn] o [,æmə'rænθaɪn] *adj* amarantino; inmarcesible, imperecedero; purpúreo
amaryllis [,æmə'rɪlɪs] *s* (bot.) amarilis; (*cap.*) *s* Amarilis (*pastora*)
amass [ə'mæs] *va* acumular, amontonar; amasar (*dinero, una fortuna*)
amateur [,æmə'tʌr] o ['æmətʃər] *s* aficionado; chapucero, principiante; *adj* aficionado; de afición; chapucero, principiante
amateurish [,æmə'tʌrɪʃ], ['æmətjurɪʃ] o ['æmətʃərɪʃ] *adj* superficial, chapucero
amateurism [,æmə'tʌrɪzəm], ['æmətjurɪzəm] o ['æmətʃərɪzəm] *s* estado de aficionado; chapucería
amative ['æmətɪv] *adj* amativo
amatory ['æmə,torɪ] *adj* amatorio
amaurosis [,æmɔ'rosɪs] *s* (path.) amaurosis
amaze [ə'mez] *va* asombrar, pasmar, maravillar; **to be amazed at, by,** o **with** asombrarse de
amazedly [ə'mezɪdlɪ] *adv* con asombro, pasmadamente
amazement [ə'mezmənt] *s* asombro, pasmo, aturdimiento
amazing [ə'mezɪŋ] *adj* asombroso, pasmoso, maravilloso
amazon ['æməzɑn] o ['æməzən] *s* amazona (*mujer varonil*); (*cap.*) *s* Amazonas (*río*); (orn.) amazona (*loro*); (myth.) amazona
Amazonian [,æmə'zonɪən] *adj* amazónico
amazonite ['æməzənaɪt] *s* (mineral.) amazonita
ambagious [æm'bedʒəs] *adj* ambagioso
ambassador [æm'bæsədər] *s* embajador
ambassadorial [æm,bæsə'dorɪəl] *adj* embajatorio
ambassadorship [æm'bæsədər,ʃɪp] *s* embajada (*dignidad, cargo, tiempo que dura el cargo*)
ambassadress [æm'bæsədrɪs] *s* embajadora
amber ['æmbər] *s* ámbar; *adj* ambarino
ambergris ['æmbərgris] *s* ámbar gris
amber jack *s* (ichth.) coronado, medregal; (ichth.) pez limón
ambidexterity [,æmbɪdeks'terɪtɪ] *s* ambidextrismo, ambidexteridad; falsedad, hipocresía
ambidextrous [,æmbɪ'dekstrəs] *adj* ambidextro; falso, hipócrita
ambient ['æmbɪənt] *adj* ambiente
ambiguity [,æmbɪ'gjuɪtɪ] *s* (*pl:* **-ties**) ambigüedad
ambiguous [æm'bɪgjuəs] *adj* ambiguo
ambit ['æmbɪt] *s* ámbito
ambition [æm'bɪʃən] *s* ambición
ambitious [æm'bɪʃəs] *adj* ambicioso
ambivalence [æm'bɪvələns] *s* (psychol.) ambivalencia
ambivalent [æm'bɪvələnt] *adj* ambivalente
amble ['æmbəl] *s* ambladura, paso de ambladura; *vn* amblar
ambler ['æmblər] *s* amblador
amblyopia [,æmblɪ'opɪə] *s* (path.) ambliopía
ambo ['æmbo] *s* (*pl:* **-bos**) ambón
Ambrose ['æmbroz] *s* Ambrosio
Ambrose Channel *s* el canal Ambrosio
ambrosia [æm'broʒə] o [æm'broʒɪə] *s* (bot., myth., & fig.) ambrosía
ambrosial [æm'broʒəl] o [æm'broʒɪəl] *adj* ambrosíaco
Ambrosian [æm'broʒən] o [æm'brozɪən] *adj* ambrosiano
Ambrosian chant *s* canto ambrosiano
ambry ['æmbrɪ] *s* (*pl:* **-bries**) armario; despensa
ambulacral [,æmbjə'lekrəl] *adj* (zool.) ambulacral
ambulacrum [,æmbjə'lekrəm] *s* (*pl:* **-kra** [krə]) (zool.) ambulacro
ambulance ['æmbjələns] *s* ambulancia
ambulance driver *s* ambulanciero
ambulant ['æmbjələnt] *adj* ambulante
ambulate ['æmbjəlet] *vn* ambular, andar, deambular
ambulatory ['æmbjələ,torɪ] *adj* ambulatorio; *s* (arch.) deambulatorio
ambuscade [,æmbəs'ked] *s, va, & vn* var. de **ambush**
ambush ['æmbuʃ] *s* emboscada; **to fall into an ambush** caer en una emboscada; **to lie in ambush** estar emboscado; *va* emboscar, ocultar (*tropas*) para una emboscada; insidiar, poner asechanzas a; *vn* emboscarse
ameba [ə'mibə] *s* (*pl:* **-bas** o **-bae** [bi]) var. de **amoeba**
ameer [ə'mɪr] *s* amir
Amelia [ə'miljə] *s* Amalia
ameliorable [ə'miljərəbəl] *adj* mejorable
ameliorate [ə'miljəret] *va & vn* mejorar
amelioration [ə,miljə'reʃən] *s* mejoramiento
ameliorative [ə'miljə,retɪv] *adj* mejorador
amen ['e'men] o ['ɑ'men] *s & interj* amén; **to say amen to** (coll.) decir amén a (*avenirse a*)
amenability [ə,minə'bɪlɪtɪ] o [ə,menə'bɪlɪtɪ] *s* docilidad; responsabilidad
amenable [ə'minəbəl] o [ə'menəbəl] *adj* dócil; responsable
amen corner *s* banco de iglesia en donde se encuentran los fieles más ardientes y chillones (*en las iglesias protestantes*)
amend [ə'mend] *va* enmendar; *vn* enmendarse; **amends** *spl* enmienda; **to make amends for** dar cumplida satisfacción por, enmendar

amendment [ə'mɛndmənt] *s* enmienda; (agr.) enmiendas

amenity [ə'mɛnɪtɪ] o [ə'minɪtɪ] *s* (*pl:* **-ties**) amenidad

amenorrhea [əˌmɛnə'riə] *s* (path.) amenorrea

ament ['æmənt] o ['emənt] *s* (bot.) amento (*inflorescencia*)

amentaceous [ˌæmən'teʃəs] *adj* (bot.) amentáceo

amentia [e'mɛnʃɪə] *s* demencia, locura, imbecilidad

Amer. abr. de **America** y **American**

amerce [ə'mʌrs] *va* multar; castigar

amercement [ə'mʌrsmənt] *s* multa; castigo

America [ə'mɛrɪkə] *s* América

American [ə'mɛrɪkən] *adj & s* americano; norteamericano, estadunidense

Americana [əˌmɛrɪ'kenə], [əˌmɛrɪ'kɑnə] o [əˌmɛrɪ'kænə] *spl* escritos americanos, escritos sobre cosas de América

American aloe *s* (bot.) maguey, pita

American Beauty *s* rosa encarnada de gran tamaño

American cheese *s* queso de Cheddar

American eagle *s* águila americana (*escudo de armas de los EE.UU.*)

Americanism [ə'mɛrɪkənɪzəm] *s* americanismo

Americanist [ə'mɛrɪkənɪst] *s* americanista

Americanization [əˌmɛrɪkənɪ'zeʃən] *s* americanización

Americanize [ə'mɛrɪkənaɪz] *va* americanizar; *vn* americanizarse

American ostrich *s* (orn.) avestruz de América, ñandú

American plan *s* cuartos con comidas

americium [ˌæmə'rɪʃɪəm] *s* (chem.) americio

Americomania [əˌmɛrɪko'menɪə] *s* americomanía

Amerind ['æmərɪnd] *s* amerindio

Amerindian [ˌæmə'rɪndɪən] *adj & s* amerindio

amethyst ['æmɪθɪst] *s* amatista

ametropia [ˌæmɪ'tropɪə] *s* (path.) ametropía

amiability [ˌemɪə'bɪlɪtɪ] *s* amabilidad

amiable ['emɪəbəl] *adj* amable; bonachón

amicability [ˌæmɪkə'bɪlɪtɪ] *s* amigabilidad

amicable ['æmɪkəbəl] *adj* amigable

amice ['æmɪs] *s* (eccl.) amito

amid [ə'mɪd] *prep* en medio de

amide ['æmɪd] o ['æmaɪd] *s* (chem.) amida

amidine ['æmɪdin] o ['æmɪdɪn] *s* (chem.) amidina

amidogen [ə'midodʒɛn] o [ə'mɪdodʒɛn] *s* (chem.) amidógeno

amidol ['æmɪdɑl] o ['æmɪdol] *s* (chem.) amidol

amidship [ə'mɪdʃɪp] o **amidships** [ə'mɪdʃɪps] *adv* en medio del navío

amidst [ə'mɪdst] *prep* en medio de

amine [ə'min] o ['æmɪn] *s* (chem.) amina

aminic [ə'mɪnɪk] *adj* (chem.) amínico

amino acids ['æmɪno] o [ə'mino] *spl* (chem.) aminoácidos

amir [ə'mɪr] *s* amir

amiss [ə'mɪs] *adj* inoportuno; malo, errado; en mal estado; *adv* inoportunamente; mal, erradamente; en mal estado; **to take amiss** llevar a mal, tomar en mala parte

amitosis [ˌæmɪ'tosɪs] *s* (biol.) amitosis

amity ['æmɪtɪ] *s* (*pl:* **-ties**) amistad, bienquerencia, armonía

ammeter ['æmˌmitər] o ['æmɪtər] *s* (elec.) anmetro, amperímetro

ammonia [ə'monɪə] *s* (chem.) amoníaco; (chem.) agua amoniacal

ammoniac [ə'monɪæk] *adj* amoniacal; *s* amoníaco (*goma resinosa*)

ammoniacal [ˌæmo'naɪəkəl] *adj* amoníaco

ammoniacal liquor *s* líquido amoniacal

ammonia gas *s* (chem.) gas amoníaco

ammonia water *s* (chem.) agua amoniacal

ammonite ['æmənaɪt] *s* (pal.) amonita; (*cap.*) *s* (Bib.) amonita

ammonium [ə'monɪəm] *s* (chem.) amonio; *adj* amónico

ammonium chloride *s* (chem.) cloruro amónico

ammonium hydroxide *s* (chem.) hidrato amónico

ammonium nitrate *s* (chem.) nitrato amónico

ammunition [ˌæmjə'nɪʃən] *s* munición; *va* amunicionar

amnesia [æm'niʒɪə] o [æm'niʒə] *s* (path.) amnesia

amnesic [æm'nisɪk] o [æm'nizɪk] *adj* amnésico

amnesty ['æmnɪstɪ] *s* (*pl:* **-ties**) amnistía; (*pret & pp:* **-tied**) *va* amnistiar

amnion ['æmnɪən] *s* (*pl:* **-ons** o **-a** [ə]) (anat.) amnios

amniote ['æmnɪot] *adj & s* (zool.) amniota

amniotic [ˌæmnɪ'ɑtɪk] *adj* (anat.) amniótico

amoeba [ə'mibə] (*pl:* **-bas** o **-bae** [bi]) (zool.) amiba

amoebic [ə'mibɪk] *adj* ami[illegible]o

amoebic dysentery *s* (pat[illegible]) disentería amibiana

amoeboid [ə'mibɔɪd] *adj* amiboideo

amok [ə'mɑk] o [ə'mʌk] *adv* var. de **amuck**

amomum [ə'moməm] *s* (bot.) amomo

among [ə'mʌŋ] o **amongst** [ə'mʌŋst] *prep* entre, en medio de, en el número de

amoral [e'mɑrəl] o [e'mɔrəl] *adj* amoral

amorality [ˌemə'rælɪtɪ] *s* amoralidad

amorous ['æmərəs] *adj* amoroso

amorphia [ə'mɔrfɪə] *s* amorfia

amorphism [ə'mɔrfɪzəm] *s* amorfismo

amorphous [ə'mɔrfəs] *adj* amorfo

amortization [ˌæmərtɪ'zeʃən] o [əˌmɔrtɪ'zeʃən] *s* amortización

amortize ['æmərtaɪz] o [ə'mɔrtaɪz] *va* amortizar

amortizement [ə'mɔrtɪzmənt] *s* amortización

Amos ['eməs] *s* Amós

amount [ə'maʊnt] *s* cantidad, importe; *vn* ascender; **to amount to** ascender a, subir a; significar

amour [ə'mʊr] *s* amores, amorío

amour-propre [ɑ'mur'prɔprə] *s* amor propio

amp. abr. de **ampere** y **amperage**

ampelite ['æmpəlaɪt] *s* (mineral.) ampelita

ampelography [ˌæmpə'lɑgrəfɪ] *s* ampelografía

amperage [æm'pɪrɪdʒ] o ['æmpɪrɪdʒ] *s* (elec.) amperaje

ampere ['æmpɪr] *s* (elec.) amperio

ampere-hour ['æmpɪr'aʊr] *s* (*pl:* **ampere-hours**) (elec.) amperio hora

ampere turn *s* (elec.) amperio-vuelta

ampersand ['æmpərsænd] *s* la cifra & que significa **and**

amphetamine [æm'fɛtəmin] o [æm'fɛtəmɪn] *s* (pharm.) anfetamina

amphibian [æm'fɪbɪən] *adj & s* (aer. & biol.) anfibio

amphibious [æm'fɪbɪəs] *adj* (aer., biol., & fig.) anfibio

amphibole ['æmfɪbol] *s* (mineral.) anfíbol

amphibolite [æm'fɪbolaɪt] *s* (geol.) anfibolita

amphibological [æmˌfɪbo'lɑdʒɪkəl] *adj* anfibológico

amphibology [ˌæmfɪ'bɑlədʒɪ] *s* (*pl:* **-gies**) anfibología

amphiboly [æm'fɪbəlɪ] *s* (*pl:* **-lies**) var. de **amphibology**

amphibrach ['æmfɪbræk] *s* anfíbraco

Amphion [æm'faɪən] *s* (myth.) Anfión

amphipod ['æmfɪpɑd] *adj & s* (zool.) anfípodo

amphisbaena [ˌæmfɪs'binə] *s* (zool.) anfisbena

amphiscians [æm'fɪʃɪəns] *spl* anfiscios (*habitantes de la zona tórrida*)

amphitheater ['æmfɪˌθiətər] *s* anfiteatro

Amphitrite [ˌæmfɪ'traɪtɪ] *s* (myth. & zool.) Anfitrite

Amphitryon [æm'fɪtrɪən] *s* (myth.) Anfitrión

amphora ['æmfərə] *s* (*pl:* **-rae** [ri]) ánfora

ample ['æmpəl] *adj* amplio; bastante, suficiente; abundante

amplexicaul [æm'plɛksɪkəl] *adj* (bot.) amplexicaulo

amplification [ˌæmplɪfɪ'keʃən] *s* amplificación; (elec.) amplificación

amplificative ['æmplɪfɪˌketɪv] *adj* amplificativo

amplifier ['æmplɪˌfaɪər] *s* amplificador; (elec.) amplificador

amplify ['æmplɪfaɪ] (*pret & pp:* **-fied**) *va* amplificar; (elec.) amplificar; *vn* espaciarse (*en el discurso*)

amplifying ['æmplɪˌfaɪɪŋ] *adj* amplificador

amplitude ['æmplɪtjud] o ['æmplɪtud] *s* amplitud; (astr., elec., & mech.) amplitud

amplitude modulation *s* (rad.) modulación de altura o de amplitud

amply [ˈæmplɪ] *adv* ampliamente; bastante, suficientemente; abundantemente

ampoule [æmˈpul] *s* (med.) ampolla

ampulla [æmˈpʌlə] *s* (anat., bot., eccl., hist. & zool.) ampolla

amputate [ˈæmpjətet] *va* amputar

amputation [ˌæmpjəˈteʃən] *s* amputación

amputee [ˌæmpjəˈti] *s* amputado

amt. abr. de **amount**

amuck [əˈmʌk] *adv* frenéticamente; **to run amuck** atacar a ciegas

amulet [ˈæmjəlɪt] *s* amuleto

amuse [əˈmjuz] *va* divertir, entretener

amusement [əˈmjuzmənt] *s* diversión, entretenimiento; pasatiempo, recreación; atracción (*p.ej., en un circo*)

amusement park *s* parque de atracciones

amusement tax *s* impuesto sobre espectáculos

amusing [əˈmjuzɪŋ] *adj* divertido, gracioso

Amy [ˈemɪ] *s* Amata

amygdalin [əˈmɪgdəlɪn] *s* (chem.) amigdalina

amygdaloid [əˈmɪgdəlɔɪd] *adj* amigdaloideo; (mineral.) amigdaloide

amyl [ˈæmɪl] o [ˈemɪl] *s* (chem.) amilo; *adj* (chem.) amílico

amylaceous [ˌæmɪˈleʃəs] *adj* amiláceo

amylase [ˈæmɪles] *s* (biochem.) amilasa

amylene [ˈæmɪlin] *s* (chem.) amileno

amylic [əˈmɪlɪk] *adj* (chem.) amílico

amyloid [ˈæmɪlɔɪd] *adj* amiloideo

amyloid degeneration *s* (path.) degeneración amiloidea

amyloidosis [ˌæmɪlɔɪˈdosɪs] *s* (path.) amiloidosis

amylopsin [ˌæmɪˈlɑpsɪn] *s* (chem.) amilopsina

an [æn] o [ən] *art indef* (antes de sonido vocal) var. de **a**

Anabaptism [ˌænəˈbæptɪzəm] *s* anabaptismo

Anabaptist [ˌænəˈbæptɪst] *adj & s* anabaptista

anabiosis [ˌænəbaɪˈosɪs] *s* anabiosis

anabolic [ˌænəˈbɑlɪk] *adj* anabólico

anabolism [əˈnæbəlɪzəm] *s* (biol.) anabolismo

anacardiaceous [ˌænəˌkɑrdɪˈeʃəs] *adj* (bot.) anacardiáceo

anacardic [ˌænəˈkɑrdɪk] *adj* (chem.) anacárdico

anachronism [əˈnækrənɪzəm] *s* anacronismo

anachronistic [əˌnækrəˈnɪstɪk] o **anachronous** [əˈnækrənəs] *adj* anacrónico

anacoluthon [ˌænəkoˈluθɑn] *s* (*pl:* **-tha** [θə]) (gram.) anacoluto

anaconda [ˌænəˈkɑndə] *s* (zool.) anaconda

Anacreon [əˈnækrɪɑn] *s* Anacreonte

Anacreontic [əˌnækrɪˈɑntɪk] *adj* anacreóntico

anadromous [əˈnædroməs] *adj* anadromo

anaemia [əˈnimɪə] *s* (path.) anemia

anaemic [əˈnimɪk] *adj* anémico

anaerobe [ænˈɛrob] o [ænˈeərob] *s* anaerobio

anaerobic [ˌænɛˈrobɪk] o [ænˌeəˈrobɪk] *adj* anaerobio, anaeróbico

anaesthesia [ˌænɪsˈθiʒə] o [ˌænɪsˈθiʒɪə] *s* anestesia

anaesthesiologist [ˌænɪsˌθizɪˈɑlədʒɪst] *s* anestesiólogo

anaesthesiology [ˌænɪsˌθizɪˈɑlədʒɪ] *s* anestesiología

anaesthetic [ˌænɪsˈθɛtɪk] *adj & s* anestésico

anaesthetist [æˈnɛsθɪtɪst] *s* anestesiador

anaesthetize [æˈnɛsθɪtaɪz] *va* anestesiar

anaglyph [ˈænəglɪf] *s* anáglifo

anagnorisis [ˌænægˈnɑrɪsɪs] *s* (rhet.) anagnórisis

anagogics [ˌænəˈgɑdʒɪks] *spl* anagoge o anagogía

anagram [ˈænəgræm] *s* anagrama; **anagrams** *spl* anagramas (*juego*)

anagrammatic [ˌænəgrəˈmætɪk] o **anagrammatical** [ˌænəgrəˈmætɪkəl] *adj* anagramático

anagrammatism [ˌænəˈgræmətɪzəm] *s* anagramatismo

anal [ˈenəl] *adj* (anat.) anal

analecta [ˌænəˈlɛktə] *spl* o **analects** [ˈænəlɛkts] *spl* analectas

analeptic [ˌænəˈlɛptɪk] *adj* analéptico

analgen [æˈnældʒɛn] o **analgene** [æˈnældʒin] *s* (pharm.) analgeno

analgesia [ˌænælˈdʒizɪə] *s* (physiol.) analgesia

analgesic [ˌænælˈdʒizɪk] *adj & s* analgésico

analog [ˈænəlɔg] o [ˈænəlɑg] *s* var. de **analogue**

analog computer *s* calculadora analógica

analogical [ˌænəˈlɑdʒɪkəl] *adj* analógico

analogous [əˈnæləgəs] *adj* análogo

analogue [ˈænəlɔg] o [ˈænəlɑg] *s* análogo; (biol.) análogo

analogy [əˈnælədʒɪ] *s* (*pl:* **-gies**) analogía

analyse [ˈænəlaɪz] *va* analizar

analyser [ˈænəˌlaɪzər] *s* analizador

analysis [əˈnælɪsɪs] *s* (*pl:* **-ses** [siz]) análisis

analyst [ˈænəlɪst] *s* analista (*analizador; psicoanalista*)

analytic [ˌænəˈlɪtɪk] *adj* analítico; **analytics** *ssg* geometría analítica; (philos.) analítica

analytical [ˌænəˈlɪtɪkəl] *adj* analítico

analytic geometry *s* geometría analítica

analyzable [ˈænəˌlaɪzəbəl] *adj* analizable

analyze [ˈænəlaɪz] *va* analizar

analyzer [ˈænəˌlaɪzər] *s* analizador; (opt.) analizador

anamniotic [ænˌæmnɪˈɑtɪk] *adj* anamniótico

anamorphosis [ˌænəˈmɔrfəsɪs] *s* (*pl:* **-ses** [siz]) anamorfosis; (biol. & bot.) anamorfosis

Ananias [ˌænəˈnaɪəs] *s* (Bib.) Ananías

anapaest [ˈænəpɛst] *s* anapesto

anapaestic [ˌænəˈpɛstɪk] *adj* anapéstico

anapest [ˈænəpɛst] *s* anapesto

anapestic [ˌænəˈpɛstɪk] *adj* anapéstico

anaphase [ˈænəfez] *s* (biol.) anafase

anaphora [əˈnæfərə] *s* (rhet. & astrol.) anáfora

anaphrodisia [ænˌæfrəˈdɪzɪə] *s* (med.) anafrodisia

anaphrodisiac [ænˌæfrəˈdɪzɪæk] *adj & s* (med.) anafrodisíaco, antiafrodisíaco

anaphylaxis [ˌænəfɪˈlæksɪs] *s* (path.) anafilaxis

anaplastic [ˌænəˈplæstɪk] *adj* anaplástico

anaplasty [ˈænəˌplæstɪ] *s* (surg.) anaplastia

anaptyxis [ˌænæpˈtɪksɪs] *s* (phonet.) anaptixis

anarch [ˈænɑrk] *s* anarquista

anarchic [ænˈɑrkɪk] o **anarchical** [ænˈɑrkɪkəl] *adj* anárquico

anarchism [ˈænərkɪzəm] *s* anarquismo

anarchist [ˈænərkɪst] *s* anarquista

anarchistic [ˌænərˈkɪstɪk] *adj* anarquista

anarchy [ˈænərkɪ] *s* anarquía

anasarca [ˌænəˈsɑrkə] *s* (path.) anasarca

anastatic [ˌænəsˈtætɪk] *adj* anastático

anastigmatic [ænˌæstɪgˈmætɪk] *adj* (opt.) anastigmático

anastomose [əˈnæstəmoz] *vn* anastomosarse

anastomosis [əˌnæstəˈmosɪs] *s* (*pl:* **-ses** [siz]) (anat. & biol.) anastomosis

anastomotic [əˌnæstəˈmɑtɪk] *adj* anastomótico

anastrophe [əˈnæstrəfɪ] *s* (gram.) anástrofe

anathema [əˈnæθɪmə] *s* anatema; persona anatematizada; persona aborrecida, cosa aborrecida

anathematization [əˌnæθɪmətɪˈzeʃən] *s* anatematización

anathematize [əˈnæθɪmətaɪz] *va* anatematizar

Anatolian [ˌænəˈtolɪən] *adj & s* anatolio

anatomic [ˌænəˈtɑmɪk] o **anatomical** [ˌænəˈtɑmɪkəl]) *adj* anatómico

anatomist [əˈnætəmɪst] *s* anatomista, anatómico

anatomize [əˈnætəmaɪz] *va* anatomizar

anatomy [əˈnætəmɪ] *s* (*pl:* **-mies**) anatomía

Anaxagoras [ˌænæksˈægərəs] *s* Anaxágoras

Anaximander [æˌnæksɪˈmændər] *s* Anaximandro

ancestor [ˈænsɛstər] *s* antecesor, antepasado

ancestral [ænˈsɛstrəl] *adj* ancestral

ancestress [ˈænsɛstrɪs] *s* antecesora

ancestry [ˈænsɛstrɪ] *s* (*pl:* **-tries**) prosapia, abolengo, alcurnia

Anchises [ænˈkaɪsiz] *s* (myth.) Anquises

anchor [ˈæŋkər] *s* (naut.) ancla o áncora; (horol. & fig.) áncora; (dent.) anclaje; **to cast anchor** echar anclas; **to ride at anchor** estar anclado; **to weigh anchor** levar anclas; *va* (naut.) sujetar con el ancla; asegurar, sujetar, empotrar; *vn* (naut.) anclar, ancorar

anchorage [ˈæŋkərɪdʒ] *s* anclaje

anchor escapement *s* (horl.) escape de áncora

anchoress [ˈæŋkərɪs] *s* anacoreta

anchoret [ˈæŋkərɛt] *s* anacoreta

anchoretic [ˌæŋkəˈrɛtɪk] *adj* anacorético
anchoretism [ˈæŋkərɛtɪzəm] *s* anacoretismo
anchorite [ˈæŋkəraɪt] *s* anacoreta
anchoritic [ˌæŋkəˈrɪtɪk] *adj* anacorético
anchoritism [ˈæŋkəraɪtɪzəm] *s* anacoretismo
anchorless [ˈæŋkərlɪs] *adj* sin ancla; (fig.) inseguro, errante
anchor ring *s* (naut.) arganeo
anchovy [ˈæntʃovɪ] o [ænˈtʃovɪ] *s* (*pl:* **-vies**) (ichth.) alacha, anchoa, anchova, boquerón
ancien régime [ɑ̃sjɛ̃·reˈʒim] *s* antiguo régimen
ancient [ˈenʃənt] *adj* antiguo; **the ancients** los antiguos
ancient history *s* la historia antigua; (coll.) cosa vieja
anciently [ˈenʃəntlɪ] *adv* antiguamente
Ancient of Days *s* anciano de los días (*Dios*)
ancillary [ˈænsɪˌlɛrɪ] *adj* ancilar; auxiliar, subordinado
ancon [ˈæŋkɑn] *s* (*pl:* **ancones** [æŋˈkoniz]) (anat. & arch.) ancón
and [ænd], [ənd] o [ən] *conj* y, e; **and so on** o **and so forth** y así sucesivamente
Andalusia [ˌændəˈluʒə] o [ˌændəˈluʃə] *s* Andalucía
Andalusian [ˌændəˈluʒən] o [ˌændəˈluʃən] *adj & s* andaluz
andalusite [ˌændəˈlusaɪt] *s* (mineral.) andalucita
andante [ænˈdæntɪ] o [ɑnˈdɑnte] *s* (mus.) andante
andantino [ˌændænˈtino] o [ˌɑndɑnˈtino] *s* (*pl:* **-nos**) (mus.) andantino
Andean [ænˈdiən] o [ˈændiən] *adj & s* andino
Andes [ˈændiz] *spl* Andes
andirons [ˈændˌaɪərnz] *spl* morillos
Andorran [ænˈdɔrən] *adj & s* andorrano
Andrew [ˈændru] *s* Andrés
Androcles [ˈændrokliz] *s* Ándrocles
androecium [ænˈdriʃɪəm] *s* (*pl:* **-a** [ə]) (bot.) androceo
androgen [ˈændrədʒən] *s* (biochem.) andrógeno
androgyne [ˈændrodʒɪn] o [ˈændrodʒaɪn] *s* andrógino; (bot.) andrógino
androgynous [ænˈdrɑdʒɪnəs] *adj* andrógino; (bot.) andrógino
android [ˈændrɔɪd] *s* androide (*autómata de forma humana*)
Andromache [ænˈdrɑməkɪ] *s* (myth.) Andrómaca
Andromeda [ænˈdrɑmɪdə] *s* (myth. & astr.) Andrómeda
androphobia [ˌændroˈfobɪə] *s* androfobia
androseme [ænˈdrɑsɪmi] *s* (bot.) androsemo
androsphinx [ˈændrosfɪŋks] *s* (archeol.) androsfinge
androsterone [ænˈdrɑstəron] *s* (biochem.) androsterona
anecdotal [ˈænɪkˌdotəl] *adj* anecdótico
anecdote [ˈænɪkdot] *s* anécdota
anecdotist [ˈænɪkˌdotɪst] *s* anecdotista
anelectric [ˌænɪˈlɛktrɪk] *adj & s* (phys.) aneléctrico
anemia [əˈnimɪə] *s* (path.) anemia
anemic [əˈnimɪk] *adj* anémico
anemometer [ˌænɪˈmɑmɪtər] *s* anemómetro
anemometry [ˌænɪˈmɑmɪtrɪ] *s* anemometría
anemone [əˈnɛmənɪ] *s* (bot.) anemona o anemone
anemoscope [əˈnɛməskop] *s* anemoscopio
anent [əˈnɛnt] *prep* tocante a
anepigraphic [ænˌɛpɪˈgræfɪk] *adj* anepigráfico
aneroid [ˈænərɔɪd] *adj* aneroide
aneroid barometer *s* barómetro aneroide
anesthesia [ˌænɪsˈθiʒə] o [ˌænɪsˈθiʒɪə] *s* anestesia
anesthesiologist [ˌænɪsˌθizɪˈɑlədʒɪst] *s* anestesiólogo
anesthesiology [ˌænɪsˌθizɪˈɑlədʒɪ] *s* anestesiología
anesthetic [ˌænɪsˈθɛtɪk] *adj & s* anestésico
anesthetist [æˈnɛsθɪtɪst] *s* anestesiador
anesthetize [æˈnɛsθɪtaɪz] *va* anestesiar
aneurysm [ˈænjərɪzəm] *s* (path.) aneurisma
aneurysmatic [ˌænjərɪzˈmætɪk] *adj* aneurismático
anew [əˈnju] o [əˈnu] *adv* de nuevo, nuevamente
anfractuosity [ænˌfræktʃʊˈɑsɪtɪ] *s* (*pl:* **-ties**) anfractuosidad
anfractuous [ænˈfræktʃʊəs] *adj* anfractuoso
angaria [æŋˈgɛrɪə] *s* (law) angaria
angel [ˈendʒəl] *s* ángel; (slang) caballo blanco (*persona que provee fondos para una empresa*)
angel cake *s* bizcocho blanco de harina, azúcar y clara de huevo
angelfish [ˈendʒəlˌfɪʃ] *s* (ichth.) angelote, ángel de mar, peje ángel; (ichth.) reina de los ángeles (*Angelichthys ciliaris*)
angelic [ænˈdʒɛlɪk] *adj* angélico o angelical
angelica [ænˈdʒɛlɪkə] *s* (bot.) angélica
angelical [ænˈdʒɛlɪkəl] *adj* var. de **angelic**
Angelic Doctor *s* doctor angélico (*Santo Tomás de Aquino*)
Angelic Salutation *s* salutación angélica
angelin [ˈændʒəlɪn] *s* (bot.) angelín, pangelín
angel sleeve *s* manga de ángel
Angelus [ˈændʒələs] *s* ángelus
anger [ˈæŋgər] *s* ira, cólera; *va* airar, encolerizar
Angevin [ˈændʒɪvɪn] *adj & s* angevino
angina [ænˈdʒaɪnə] o [ˈændʒɪnə] *s* (path.) angina
angina pectoris [ˈpɛktərɪs] *s* (path.) angina de pecho
angiocholitis [ˌændʒɪokoˈlaɪtɪs] *s* (path.) angiocolitis
angiography [ˌændʒɪˈɑgrəfɪ] *s* (anat.) angiografía
angiology [ˌændʒɪˈɑlədʒɪ] *s* angiología
angiosperm [ˈændʒɪoˌspʌrm] *s* (bot.) angiosperma
angiospermous [ˌændʒɪoˈspʌrməs] *adj* (bot.) angiospermo
angle [ˈæŋgəl] *s* ángulo; codo, ángulo de hierro, hierro en ángulo; (fig.) punto de vista; **Angles** *spl* anglos; **at an angle** en ángulo; *vn* pescar con caña; (fig.) intrigar; **to angle for** intrigar por conseguir
angle iron *s* hierro angular, ángulo de hierro
angle of attack *s* (aer.) ángulo de ataque
angle of incidence *s* (phys.) ángulo de incidencia
angler [ˈæŋglər] *s* pescador de caña; (ichth.) pejesapo; (fig.) intrigante
anglesite [ˈæŋgləsaɪt] *s* (mineral.) anglesita
angleworm [ˈæŋgəlˌwʌrm] *s* lombriz de tierra
Anglia [ˈæŋglɪə] *s* Anglia
Anglian [ˈæŋglɪən] *adj & s* anglo
Anglican [ˈæŋglɪkən] *adj & s* anglicano; inglés
Anglicanism [ˈæŋglɪkənɪzəm] *s* anglicanismo
Anglicism [ˈæŋglɪsɪzəm] *s* anglicismo, inglesismo
Anglicization [ˌæŋglɪsɪˈzeʃən] *s* anglicización
Anglicize [ˈæŋglɪsaɪz] *va* inglesar
angling [ˈæŋglɪŋ] *s* pesca con caña
Anglo-American [ˌæŋgloəˈmɛrɪkən] *adj & s* angloamericano, anglonorteamericano
Anglo-Catholic [ˌæŋgloˈkæθəlɪk] *adj & s* anglocatólico
Anglo-Catholicism [ˌæŋglokəˈθɑlɪsɪzəm] *s* anglocatolicismo
Anglo-Egyptian Sudan [ˌæŋglo·ɪˈdʒɪpʃən] *s* Sudán Angloegipcio
Anglo-Indian [ˌæŋgloˈɪndɪən] *adj & s* angloindio
Anglo-Iranian [ˌæŋgloaɪˈrenɪən] *adj & s* angloiranio
Anglomania [ˌæŋgloˈmenɪə] *s* anglomanía
Anglomaniac [ˌæŋgloˈmenɪæk] *s* anglómano
Anglo-Norman [ˌæŋgloˈnɔrmən] *adj & s* anglonormando
Anglophile [ˈæŋglofaɪl] *adj & s* anglófilo
Anglophobe [ˈæŋglofob] *adj & s* anglófobo
Anglophobia [ˌæŋgloˈfobɪə] *s* anglofobia
Anglo-Saxon [ˌæŋgloˈsæksən] *adj & s* anglosajón
Angora [æŋˈgorə] *s* angora (*gato o cabra*)
Angora cat *s* gato de Angora
Angora goat *s* cabra de Angora
angostura [ˌæŋgəsˈtjurə] o [ˌæŋgəsˈturə] *s* angostura (*corteza medicinal*); (pharm.) angosturina (*tónico*)
angostura bark *s* corteza de angostura
angostura bitters *spl* (trademark) (amargo de) angostura
Angoulême [ˌɑ̃guˈlɛm] *s* Angulema
angrily [ˈæŋgrɪlɪ] *adv* airadamente

angry [ˈæŋgrɪ] *adj* (*comp:* **-grier;** *super:* **-griest**) enojado, airado, encolerizado; tormentoso; (path.) irritado, inflamado; **to become angry at** enojarse de (*una cosa*); **to become angry with** enojarse con o contra (*una persona*)
angstrom [ˈæŋgstrəm] *s* (phys.) angstrom
anguish [ˈæŋgwɪʃ] *s* angustia, congoja; *va* angustiar, acongojar
angular [ˈæŋgjələr] *adj* angular; anguloso (*dícese, p.ej., de las facciones*)
angularity [ˌæŋgjəˈlærɪtɪ] *s* (*pl:* **-ties**) angularidad; angulosidad
angular momentum *s* (mech.) momento angular
anhydrid [ænˈhaɪdrɪd] o **anhydride** [ænˈhaɪdraɪd] o [ænˈhaɪdrɪd] *s* (chem.) anhídrido
anhydrite [ænˈhaɪdraɪt] *s* (mineral.) anhidrita
anhydrous [ænˈhaɪdrəs] *adj* (chem.) anhidro
anil [ˈænɪl] *s* (bot.) añil (*planta, color y tintura*)
anilin [ˈænɪlɪn] *s* (chem.) anilina
aniline [ˈænɪlɪn] o [ˈænɪlaɪn] *s* var. de **anilin**
aniline dyes *spl* colores de anilina
anility [əˈnɪlɪtɪ] *s* (*pl:* **-ties**) ancianidad femenil, senilidad en la mujer
animadversion [ˌænɪmædˈvʌrʒən] o [ˌænɪmædˈvʌrʃən] *s* animadversión
animadvert [ˌænɪmædˈvʌrt] *va* reparar, observar, advertir; *vn* reparar, observar, advertir; **to animadvert on** *o* **upon** censurar, reprochar
animal [ˈænɪməl] *adj & s* animal
animalcule [ˌænɪˈmælkjʊl] *s* animálculo
animal husbandry *s* ganadería
animalism [ˈænɪməlɪzəm] *s* animalismo
animalist [ˈænɪməlɪst] *s* animalista
animalistic [ˌænɪməˈlɪstɪk] *adj* animalista
animality [ˌænɪˈmælɪtɪ] *s* animalidad
animalization [ˌænɪməlɪˈzeʃən] *s* animalización
animalize [ˈænɪməlaɪz] *va* animalizar
animal kingdom *s* reino animal
animal magnetism *s* magnetismo animal
animal spirits *spl* ardor, vigor, vivacidad
animate [ˈænɪmɪt] *adj* animado; [ˈænɪmet] *va* animar
animated [ˈænɪˌmetɪd] *adj* animado, vivo, alegre
animated cartoon *s* película de dibujos, dibujo animado
animation [ˌænɪˈmeʃən] *s* animación
animator [ˈænɪˌmetər] *s* animador; (mov.) animador
animism [ˈænɪmɪzəm] *s* animismo
animist [ˈænɪmɪst] *s* animista
animistic [ˌænɪˈmɪstɪk] *adj* animista
animosity [ˌænɪˈmɑsɪtɪ] *s* (*pl:* **-ties**) animosidad
animus [ˈænɪməs] *s* ánimo; mala voluntad, odio
anion [ˈænˌaɪən] *s* (elec.) anión
anise [ˈænɪs] *s* (bot.) anís (*planta y semilla*)
aniseed [ˈænɪsid] *s* grano de anís
anisette [ˌænɪˈzɛt] *s* anisete
anisomerous [ˌænaɪˈsɑmərəs] *adj* (bot.) anisómero
anisometric [ænˌaɪsoˈmɛtrɪk] *adj* (mineral.) anisométrico
anisophyllous [ænˌaɪsoˈfɪləs] *adj* (bot.) anisofilo
ankle [ˈæŋkəl] *s* tobillo
anklebone [ˈæŋkəlˌbon] *s* hueso del tobillo
ankle support *s* (sport) tobillera
anklet [ˈæŋklɪt] *s* brazalete para el tobillo, ajorca; tobillera (*calcetín corto; abrazadera o vendaje para el tobillo*)
ankylose [ˈæŋkɪlos] *va* anquilosar; *vn* anquilosarse
ankylosis [ˌæŋkɪˈlosɪs] *s* (path.) anquilosis
Ann [æn] o **Anna** [ˈænə] *s* Ana
annalist [ˈænəlɪst] *s* analista
annals [ˈænəlz] *spl* anales
Annamese [ˌænəˈmiz] *adj* anamita; *s* (*pl:* **-mese**) anamita
annatto [ɑˈnɑto] *s* (bot.) bija (*árbol y colorante*)
annatto tree *s* (bot.) achiote, bija
Anne [æn] *s* Ana
anneal [əˈnil] *va* recocer; (fig.) fortalecer
annealing [əˈnilɪŋ] *s* recocido
annelid [ˈænəlɪd] *adj & s* (zool.) anélido
annex [ˈænɛks] *s* anexo; pabellón (*edificio*); [əˈnɛks] *va* anexar
annexation [ˌænɛksˈeʃən] *s* anexión
annexationism [ˌænɛksˈeʃənɪzəm] *s* anexionismo
annexationist [ˌænɛksˈeʃənɪst] *adj & s* anexionista
annihilate [əˈnaɪɪlet] *va* aniquilar
annihilation [əˌnaɪɪˈleʃən] *s* aniquilación
anniversary [ˌænɪˈvʌrsərɪ] *adj* aniversario; *s* (*pl:* **-ries**) aniversario
anno Domini [ˈænoˈdɑmɪnaɪ] (Lat.) año de Cristo
annonaceous [ˌænoˈneʃəs] *adj* anonáceo
annotate [ˈænotet] *va* anotar
annotation [ˌænoˈteʃən] *s* anotación
annotator [ˈænoˌtetər] *s* anotador
announce [əˈnaʊns] *va* anunciar
announcement [əˈnaʊnsmənt] *s* anuncio, aviso
announcer [əˈnaʊnsər] *s* anunciador; (rad.) locutor
annoy [əˈnɔɪ] *va* molestar, fastidiar
annoyance [əˈnɔɪəns] *s* molestia, fastidio
annoying [əˈnɔɪɪŋ] *adj* molesto, fastidioso
annual [ˈænjʊəl] *adj* anual; *s* publicación anual; (bot.) planta anual
annually [ˈænjʊəlɪ] *adv* anualmente
annual ring *s* (bot.) capa anual
annuitant [əˈnjuɪtənt] o [əˈnuɪtənt] *s* censualista, rentista
annuity [əˈnjuɪtɪ] o [əˈnuɪtɪ] *s* (*pl:* **-ties**) anualidad; renta vitalicia
annul [əˈnʌl] (*pret & pp:* **-nulled;** *ger:* **-nulling**) *va* anular, invalidar; revocar; destruir
annular [ˈænjələr] *adj* anular
annulet [ˈænjəlɪt] *s* anillejo, anillete; (her. & zool.) anillo
annulment [əˈnʌlmənt] *s* anulación; revocación; abolición; descasamiento
annulus [ˈænjələs] *s* (*pl:* **-li** [laɪ] o **-luses**) (anat., arch., & bot.) anillo
annum [ˈænəm] *s* (Lat.) año; **per annum** por año, al año
annunciate [əˈnʌnʃɪet] o [əˈnʌnsɪet] *va* anunciar
annunciation [əˌnʌnsɪˈeʃən] *s* anunciación; (*cap.*) *s* Anunciación
annunciator [əˈnʌnʃɪˌetər] o [əˈnʌnsɪˌetər] *s* anunciador; (elec.) cuadro indicador
annunciator wire *s* alambre para timbres eléctricos
anode [ˈænod] *s* (elec.) ánodo
anodic [ænˈɑdɪk] *adj* anódico
anodize [ˈænodaɪz] *va* (metal.) anodizar
anodyne [ˈænədaɪn] *adj & s* anodino
anodynia [ˌænəˈdɪnɪə] *s* anodinia
anoint [əˈnɔɪnt] *va* ungir, untar; (eccl.) ungir
anointed [əˈnɔɪntɪd] *s* ungido
anointment [əˈnɔɪntmənt] *s* ungimiento, untamiento
anomalistic [əˌnɑməˈlɪstɪk] *adj* anomalístico
anomalistic month *s* (astr.) mes anomalístico
anomalistic year *s* (astr.) año anomalístico
anomalous [əˈnɑmələs] *adj* anómalo
anomaly [əˈnɑməlɪ] *s* (*pl:* **-lies**) anomalía
anomuran [ˌænoˈmjʊrən] *adj & s* (zool.) anomuro
anon. abr. de **anonymous**
anon [əˈnɑn] *adv* en breve; otra vez
anonym [ˈænənɪm] *s* anónimo
anonymity [ˌænəˈnɪmɪtɪ] *s* anonimato, anónimo; **to preserve one's anonymity** guardar o conservar el anónimo
anonymous [əˈnɑnɪməs] *adj* anónimo
anopheles [əˈnɑfəliz] *s* (*pl:* **-les**) (ent.) anofeles
anorexia [ˌænoˈrɛksɪə] *s* (path.) anorexia
anosmia [æˈnɑzmɪə] *s* (path.) anosmia
another [əˈnʌðər] *adj & pron indef* otro; uno más; **one another** uno a otro, unos a otros
anoxemia [ˌænɑksˈimɪə] *s* (path.) anoxemia
ans. abr. de **answer**
Anselm, Saint [ˈænsɛlm] San Anselmo
anserine [ˈænsəraɪn] o [ˈænsərɪn] *adj* ansarino; tonto, necio, mentecato
answer [ˈænsər] o [ˈɑnsər] *s* respuesta, contestación; explicación; solución (*a un problema o un enigma*); (law) contestación a la demanda; *va* responder a, contestar; resolver (*un problema o un enigma*); **to answer a purpose**

convenir a un designio; **to answer the bell, the door, the telephone** contestar el timbre, la puerta, el teléfono; *vn* responder, contestar; bastar; **to answer back** ser respondón; **to answer for** responder de (*una cosa*); responder por (*una persona*); **to answer to the name of** responder al nombre de; atender (*p.ej., un perro*) por

answerable ['ænsərəbəl] o ['ɑnsərəbəl] *adj* responsable; contestable; soluble
ant [ænt] *s* (ent.) hormiga
antacid [ænt'æsɪd] *adj* & *s* antiácido
Antaeus [æn'tiəs] *s* (myth.) Anteo
antagonism [æn'tægənɪzəm] *s* antagonismo
antagonist [æn'tægənɪst] *s* antagonista
antagonistic [æn,tægə'nɪstɪk] *adj* antagónico
antagonize [æn'tægənaɪz] *va* oponerse a; enemistar, enajenar
antarctic [ænt'ɑrktɪk] *adj* antártico; *s* tierras antárticas
Antarctica [ænt'ɑrktɪkə] *s* la Antártica o Antártida
antarctic circle *s* círculo polar antártico
Antarctic Continent *s* continente antártico
Antarctic Ocean *s* océano Antártico
Antarctic zone *s* zona antártica
Antares [æn'tɛriz] *s* (astr.) Antarés
ant bear *s* (zool.) oso hormiguero
ante ['æntɪ] *s* puesta, tanto (*en juegos de naipes*); *va* apostar; pagar; *vn* poner su apuesta; pagar su apuesta; pagar su cuota
anteater ['ænt,itər] *s* (zool.) oso hormiguero; (zool.) cerdo hormiguero; mamífero o pájaro que come hormigas
ante-bellum ['æntɪ'bɛləm] *adj* anterior a la guerra, de antes de la guerra
antecedence [,æntɪ'sidəns] *s* antecedencia o antecedente
antecedent [,æntɪ'sidənt] *adj* antecedente; *s* antecedente; (gram., log., & math.) antecedente; **antecedents** *spl* antepasados; antecedentes
antechamber ['æntɪ,tʃembər] *s* antecámara
antechapel ['æntɪ,tʃæpəl] *s* (eccl.) antecapilla
antechoir ['æntɪ,kwaɪr] *s* (arch.) antecoro
antedate ['æntɪ,det] *s* antedata; *va* antedatar; retrotraer; preceder
antediluvian [,æntɪdɪ'luvɪən] *adj* antediluviano
antefix ['æntɪfɪks] *s* (arch.) antefija
antelope ['æntɪlop] *s* (zool.) antílope
antemeridian [,æntɪmə'rɪdɪən] *adj* antemeridiano
antenatal [,æntɪ'netəl] *adj* antenatal
antenna [æn'tɛnə] *s* (*pl:* **-nae** [ni]) (ent.) antena; (*pl:* **-nas**) (rad.) antena
antenna connection *s* (rad.) toma de antena
antenuptial [,æntɪ'nʌpʃəl] *adj* antenupcial
antependium [,æntɪ'pɛndɪəm] *s* (*pl:* **-a** [ə]) (eccl.) antipendio
antepenult [,æntɪ'pinʌlt] *s* antepenúltima
antepenultimate [,æntɪpɪ'nʌltɪmɪt] *adj* antepenúltimo
anterior [æn'tɪrɪər] *adj* anterior
anteriority [,æntɪrɪ'ɔrɪtɪ] *s* anterioridad
anteroom ['æntɪ,rum] o ['æntɪ,rʊm] *s* antecámara
anteversion [,æntɪ'vʌrʒən] o [,æntɪ'vʌrʃən] *s* (path.) anteversión
anthelion [ænt'hilɪən] o [æn'θilɪən] *s* (meteor.) antelio
anthem ['ænθəm] *s* himno; (eccl.) antífona
anthemion [æn'θimɪən] *s* (*pl:* **-a** [ə]) (f.a.) antemio o antemión
anther ['ænθər] *s* (bot.) antera
antheridium [,ænθə'rɪdɪəm] *s* (*pl:* **-a** [ə]) (bot.) anteridio
antherozoid [,ænθərə'zo·ɪd] o ['ænθərəzɔɪd] *s* (bot.) anterozoide
anthesis [æn'θisɪs] *s* (bot.) antesis
anthill ['ænt,hɪl] *s* hormiguero
anthocyan [,ænθo'saɪən] o **anthocyanin** [,ænθo'saɪənɪn] *s* (biochem.) antocianina
anthodium [æn'θodɪəm] *s* (*pl:* **-a** [ə]) (bot.) antodio
anthologist [æn'θɑlədʒɪst] *s* antólogo
anthology [æn'θɑlədʒɪ] *s* (*pl:* **-gies**) antología
Anthony ['ænθənɪ] *s* Antonio
anthophyte ['ænθofaɪt] *s* (bot.) antofita
anthozoans [,ænθo'zoənz] *spl* (zool.) antozoos
anthracene ['ænθrəsin] *s* (chem.) antraceno
anthracite ['ænθrəsaɪt] *s* antracita; *adj* antracitoso
anthracnose [æn'θræknos] *s* (bot.) antracnosis
anthrax ['ænθræks] *s* (path.) ántrax
anthropoid ['ænθropɔɪd] *adj* antropoide; *s* (zool.) antropoideo (*mono antropoideo*)
anthropoidal [,ænθro'pɔɪdəl] *adj* antropoideo
anthropological [,ænθropə'lɑdʒɪkəl] *adj* antropológico
anthropologist [,ænθro'pɑlədʒɪst] *s* antropólogo
anthropology [,ænθro'pɑlədʒɪ] *s* antropología
anthropometric [,ænθropə'mɛtrɪk] o **anthropometrical** [,ænθropə'mɛtrɪkəl] *adj* antropométrico
anthropometry [,ænθro'pɑmɪtrɪ] *s* antropometría
anthropomorphic [,ænθropə'mɔrfɪk] *adj* antropomórfico
anthropomorphism [,ænθropə'mɔrfɪzəm] *s* antropomorfismo
anthropomorphous [,ænθropə'mɔrfəs] *adj* antropomorfo
anthropophagi [,ænθro'pɑfədʒaɪ] *spl* antropófagos
anthropophagy [,ænθro'pɑfədʒɪ] *s* antropofagía
Anthropopithecus [,ænθropopɪ'θikəs] *s* (pal.) antropopiteco
anti ['æntaɪ] o ['æntɪ] *s* (*pl:* **-tis**) (coll.) adversario, contrario
anti-aircraft [,æntɪ'ɛr,kræft] o [,æntɪ'ɛr,krɑft] *adj* antiaéreo
anti-aircraft gun *s* cañón antiaéreo, ametralladora antiaérea
antialcoholism [,æntɪ'ælkəhɔlɪzəm] o [,æntɪ'ælkəhɑlɪzəm] *s* antialcoholismo
antiar ['æntɪɑr] *s* antiar (*goma muy tóxica*)
antiarin ['æntɪərɪn] *s* (chem.) antiarina
antibacterial [,æntɪbæk'tɪrɪəl] *adj* antibactérico
antibiosis [,æntɪbaɪ'osɪs] *s* (biol.) antibiosis
antibiotic [,æntɪbaɪ'ɑtɪk] *adj* & *s* antibiótico
antibody ['æntɪ,bɑdɪ] *s* (*pl:* **-ies**) (bact.) anticuerpo
anticatarrhal [,æntɪkə'tɑrəl] *adj* & *s* anticatarral
anticathode [,æntɪ'kæθod] *s* anticátodo
anti-Catholic [,æntɪ'kæθəlɪk] *adj* & *s* anticatólico
antichlor ['æntɪklor] *s* (chem.) anticloro
antichresis [,æntɪ'krisɪs] *s* (*pl:* **-ses** [siz]) (law) anticresis
antichretic [,æntɪ'kritɪk] *adj* anticrético
Antichrist ['æntɪ,kraɪst] *s* Anticristo
anti-Christian [,æntɪ'krɪstʃən] *adj* & *s* anticristiano
anticipate [æn'tɪsɪpet] *va* esperar, prever; cumplir, llevar a cabo antes; anticipar, acelerar; anticiparse a; prevenir, impedir; prometerse (*p.ej., un placer*); temerse (*algo desagradable*)
anticipation [æn,tɪsɪ'peʃən] *s* anticipación; esperanza, previsión
anticlerical [,æntɪ'klɛrɪkəl] *adj* anticlerical
anticlericalism [,æntɪ'klɛrɪkəlɪzəm] *s* anticlericalismo
anticlimax [,æntɪ'klaɪmæks] *s* (rhet.) anticlímax; acontecimiento desengañador
anticlinal [,æntɪ'klaɪnəl] *adj* anticlinal
anticline ['æntɪklaɪn] *s* (geol.) anticlinal
anticlinorium [,æntɪklaɪ'norɪəm] *s* (*pl:* **-a** [ə]) (geol.) anticlinorio
anticommunist [,æntɪ'kɑmjʊnɪst] *adj* & *s* anticomunista
antics ['æntɪks] *spl* cabriolas, gracias, travesuras
anticyclone ['æntɪ,saɪklon] *s* (meteor.) anticiclón
anticyclonic [,æntɪsaɪ'klɑnɪk] *adj* anticiclonal
antidemocratic [,æntɪ,dɛmə'krætɪk] *adj* antidemocrático
antidote ['æntɪdot] *s* antídoto; (fig.) antídoto
antiemetic [,æntɪɪ'mɛtɪk] *adj* & *s* antiemético
antifederal [,æntɪ'fɛdərəl] *adj* antifederalista
antifederalist [,æntɪ'fɛdərəlɪst] *s* antifederalista
antifreeze [,æntɪ'friz] *s* anticongelante
antifriction [,æntɪ'frɪkʃən] *s* antifricción

antifriction metal *s* metal antifricción

antigen ['æntɪdʒən] *s* (bact.) antígeno

antigenic [,æntɪ'dʒɛnɪk] *adj* antigénico

antiglare [,æntɪ'glɛr] *adj* antideslumbrante

Antigone [æn'tɪgəni] *s* (myth.) Antígone

antigrippe [,æntɪ'grɪp] *adj* antigripal

antihistamine [,æntɪ'hɪstəmin] o [,æntɪ'hɪstəmɪn] *adj & s* (pharm.) antihistamínico

anti-inflationary [,æntɪɪn'fleʃə,nɛrɪ] *adj* antiinflacionista

anti-Jewish [,æntɪ'dʒuɪʃ] *adj* antijudío

antiknock [,æntɪ'nɑk] *adj & s* antidetonante

antilabor [,æntɪ'lebər] *adj* antiobrero

Antillean [,æntɪ'liən] o [æn'tɪlɪən] *adj & s* antillano

Antilles [æn'tɪliz] *spl* Antillas

antilogarithm [,æntɪ'lɔgərɪðəm] o [,æntɪ'lɑgərɪðəm] *s* (math.) antilogaritmo

antimacassar [,æntɪmə'kæsər] *s* antimacasar o paño de adorno

antimatter ['æntɪ,mætər] *s* (phys.) antimateria

antimilitarism [,æntɪ'mɪlɪtərɪzəm] *s* antimilitarismo

antimilitarist [,æntɪ'mɪlɪtərɪst] *adj & s* antimilitarista

antimissile missile [,æntɪ'mɪsɪl] *s* proyectil antiproyectil, proyectil destructor de proyectiles

antimonarchical [,æntɪmə'nɑrkɪkəl] *adj* antimonárquico

antimonial [,æntɪ'monɪəl] *adj* (chem.) antimonial

antimonite ['æntɪ,monaɪt] *s* (chem. & mineral.) antimonita

antimony ['æntɪ,monɪ] *s* (chem.) antimonio

antinode ['æntɪ,nod] *s* (phys.) antinodo

antinomic [,æntɪ'nɑmɪk] *adj* antinómico

antinomy [æn'tɪnəmɪ] *s* (*pl:* **-mies**) antinomia

Antioch ['æntɪɑk] *s* Antioquía

Antiochian [,æntɪ'okɪən] *adj & s* antioqueno

Antiochus [æn'taɪəkəs] *s* Antíoco

antiparty [,æntɪ'pɑrtɪ] *adj & s* antipartido

antipasto [,ɑntɪ'pɑsto] *s* (*pl:* **-tos**) aperitivo, entremés

antipathetic [,æntɪpə'θɛtɪk] o **antipathetical** [,æntɪpə'θɛtɪkəl] *adj* antipático; antagónico

antipathy [æn'tɪpəθɪ] *s* (*pl:* **-thies**) antipatía; cosa aborrecida, aversión

antipersonnel [,æntɪ,pʌrsə'nɛl] *adj* (mil.) contra personal, contra las personas

antiphlogistic [,æntɪflo'dʒɪstɪk] *adj* antiflogístico

antiphon ['æntɪfɑn] *s* (eccl.) antífona

antiphonal [æn'tɪfənəl] *adj & s* antifonal

antiphrasis [æn'tɪfrəsɪs] *s* (rhet.) antífrasis

antipodal [æn'tɪpədəl] *adj* antípoda

antipode ['æntɪpod] *s* antípoda (*el contrario*); **antipodes** [æn'tɪpədiz] *spl* antípodas (*lugares y habitantes*); **Antipodes** [æn'tɪpədiz] *spl* Antípodas (*islas*)

antipodean [æn,tɪpə'diən] *adj* var. de **antipodal**

antipolio [,æntɪ'polɪo] *adj* antipoliomielítico

antipope ['æntɪ,pop] *s* antipapa

antiproton [,æntɪ'protɑn] *s* (chem. & phys.) antiprotón

antipyretic [,æntɪpaɪ'rɛtɪk] *adj & s* antipirético

antipyrine [,æntɪ'paɪrɪn] o [,æntɪ'paɪrin] *s* antipirina

antiquarian [,æntɪ'kwɛrɪən] *adj & s* anticuario

antiquary ['æntɪ,kwɛrɪ] *s* (*pl:* **-ies**) anticuario

antiquate ['æntɪkwet] *va* anticuar

antiquated ['æntɪ,kwetɪd] *adj* anticuado

antique [æn'tik] *adj* antiguo; anticuado; antiguo por imitación; *s* antigualla

antique dealer *s* anticuario

antique store *s* tienda de antigüedades

antiquity [æn'tɪkwɪtɪ] *s* (*pl:* **-ties**) antigüedad; **antiquities** *spl* antigüedades

antirabic [,æntɪ'ræbɪk] *adj* antirrábico

antirachitic [,æntɪrə'kɪtɪk] *adj & s* antirraquítico

antireligious [,æntɪrɪ'lɪdʒəs] *adj* antirreligioso

antisaloon [,æntɪsə'lun] *adj* enemigo de las tabernas, antialcohólico

antiscians [æn'tɪʃənz] *spl* antecos, antiscios

antiscorbutic [,æntɪskɔr'bjutɪk] *adj & s* antiescorbútico

anti-Semite [,æntɪ'sɛmaɪt] o [,æntɪ'simaɪt] *s* antisemita

anti-Semitic [,æntɪsɪ'mɪtɪk] *adj* antisemítico

anti-Semitism [,æntɪ'sɛmɪtɪzəm] *s* antisemitismo

antisepsis [,æntɪ'sɛpsɪs] *s* antisepsia o antisepsis; antiséptico

antiseptic [,æntɪ'sɛptɪk] *adj & s* antiséptico

antiseptically [,æntɪ'sɛptɪkəlɪ] *adv* antisépticamente

antislavery [,æntɪ'slevərɪ] *adj* antiesclavista

antisocial [,æntɪ'soʃəl] *adj* antisocial

anti-Soviet [,æntɪ'sovɪɛt] *adj* antisoviético

anti-Spanish [,æntɪ'spænɪʃ] *adj* antiespañol

antispasmodic [,æntɪspæz'mɑdɪk] *adj* antiespasmódico

Antisthenes [æn'tɪsθəniz] *s* Antístenes

antistrophe [æn'tɪstrəfɪ] *s* antistrofa

antisubmarine [,æntɪ'sʌbmə,rin] *adj* antisubmarino

antitank [,æntɪ'tæŋk] *adj* antitanque

antithesis [æn'tɪθɪsɪs] *s* (*pl:* **-ses** [siz]) antítesis

antithetic [,æntɪ'θɛtɪk] o **antithetical** [,æntɪ'θɛtɪkəl] *adj* antitético

antitoxic [,æntɪ'tɑksɪk] *adj* antitóxico

antitoxin [,æntɪ'tɑksɪn] *s* (bact.) antitoxina

antitrades ['æntɪ,tredz] *spl* vientos antialisios

antitragus [æn'tɪtrəgəs] *s* (*pl:* **-gi** [dʒaɪ]) (anat.) antitrago

antitrust [,æntɪ'trʌst] *adj* anticartel

antitwilight [,æntɪ'twaɪ,laɪt] *s* anticrepúsculo

antivenin [,æntɪ'vɛnɪn] *s* antiveneno

antiviral [,æntɪ'vaɪrəl] *adj* antiviral, antivirulento

antivivisectionist [,æntɪ,vɪvɪ'sɛkʃənɪst] *adj & s* antiviviseccionista

antler ['æntlər] *s* cuerna, cornamenta

antlered ['æntlərd] *adj* cornudo

ant lion *s* (ent.) hormiga león

Antoinette [,æntwɑ'nɛt] *s* Antonieta

Antoninus [,æntə'naɪnəs] *s* Antonino

Antonius [æn'tonɪəs] *s* Antonio

antonomasia [,æntəno'meʒə] *s* (rhet.) antonomasia

antonym ['æntənɪm] *s* antónimo

antrum ['æntrəm] *s* (*pl:* **-tra** [trə]) antro; (anat.) antro

antrum of Highmore ['haɪmor] *s* (anat.) antro de Highmoro

Antwerp ['æntwərp] *s* Amberes

anus ['enəs] *s* (anat.) ano

anvil ['ænvɪl] *s* yunque; (anat.) yunque

anxiety [æŋ'zaɪətɪ] *s* (*pl:* **-ties**) ansiedad, inquietud; anhelo

anxiety neurosis *s* (psychoanal.) neurosis de ansiedad

anxious ['æŋkʃəs] *adj* ansioso, inquieto; anhelante; **to be anxious to** + *inf* tener vivos deseos de + *inf*

anxious seat *s* ansiedad, inquietud

any ['ɛnɪ] *adj indef* algún, cualquier; todo; **any place** dondequiera, en cualquier parte; **any time** cuando quiera; alguna vez; *pron indef* alguno, cualquiera; *adv* algo; **not . . . any longer** ya no; **not . . . any more** no . . . más; ya no

anybody ['ɛnɪ,bɑdɪ] *pron indef* alguno, alguien, cualquiera, quienquiera; todo el mundo; **not anybody** ninguno, nadie; *s* (*pl:* **-ies**) cualquiera (*persona de poca importancia*); personaje (*persona de importancia*)

anyhow ['ɛnɪhaʊ] *adv* de cualquier modo; de todos modos; sin embargo

anyone or **any one** ['ɛnɪwʌn] *pron indef* alguno, alguien, cualquiera

anything ['ɛnɪθɪŋ] *pron indef* algo, alguna cosa; todo cuanto; cualquier cosa; **like anything** (coll.) hasta más no poder; **not anything** nada; **anything at all** cualquier cosa que sea; **anything else** cualquier otra cosa; **anything else?** ¿algo más?

anyway ['ɛnɪwe] *adv* de cualquier modo; de todos modos; por lo menos, sin embargo; sin esmero, sin orden ni concierto

anywhere ['ɛnɪhwɛr] *adv* dondequiera, en cualquier parte; adondequiera, a cualquier parte; **not anywhere** en ninguna parte; a ninguna parte
anywise ['ɛnɪwaɪz] *adv* de cualquier modo; del todo
Aonian [e'onɪən] *adj* aonio
aorist ['eərɪst] *s* (gram.) aoristo
aorta [e'ɔrtə] *s* (*pl:* **-tas** o **-tae** [ti]) (anat.) aorta
aortic [e'ɔrtɪk] *adj* aórtico
Ap. abr. de **April**
A.P. o **AP** abr. de **Associated Press**
apace [ə'pes] *adv* aprisa
apache [ə'pɑʃ] o [ə'pæʃ] *s* (*pl:* **apache** o **apaches**) apache (*bandido, salteador*); (*cap.*) [ə'pætʃɪ] *s* apache (*piel roja*)
apanage ['æpənɪdʒ] *s* var. de **appanage**
apart [ə'pɑrt] *adv* aparte; en partes, en pedazos; **to come apart** desunirse; desprenderse; **to fall apart** caerse a pedazos; desunirse; (fig.) ir al desastre; **to live apart** vivir aislado; vivir separados; **to pull apart** separar por tracción; romper en dos; **to set apart** reservar, poner a un lado; **to stand apart** mantenerse apartado; **to take apart** descomponer, desarmar, desmontar; **to tear apart** romper en dos; **to tell apart** distinguir; **apart from** aparte; aparte de, a parte de; *adj* aparte, separado
apartheid [ə'pɑrt·haɪt] *s* política de segregación racial contra los negros en la Unión Sudafricana
apartment [ə'pɑrtmənt] *s* apartamento, departamento, piso
apartment house *s* casa de pisos, casa de departamentos
apathetic [,æpə'θɛtɪk] *adj* apático
apathetically [,æpə'θɛtɪkəlɪ] *adv* apáticamente
apathy ['æpəθɪ] *s* (*pl:* **-thies**) apatía
apatite ['æpətaɪt] *s* (mineral.) apatita
ape [ep] *s* (zool.) mono; (fig.) mona (*persona que imita a las demás*); *va* imitar, remedar
apeak [ə'pik] *adv* (naut.) a pique (*en posición vertical*)
Apelles [ə'pɛliz] *s* Apeles
Apennines ['æpənaɪnz] *spl* Apeninos
apepsia [e'pɛpsɪə] *s* (path.) apepsia
aperient [ə'pɪrɪənt] *adj* & *s* laxante
aperiodic [e,pɪrɪ'ɑdɪk] *adj* aperiódico
apéritif [ɑperi'tif] *s* aperitivo
aperitive [ə'pɛrətɪv] *adj* & *s* (med.) aperitivo
aperture ['æpərtʃər] *s* abertura, orificio
apetalous [e'pɛtələs] *adj* (bot.) apétalo
apex ['epɛks] *s* (*pl:* **apexes** o **apices** ['æpɪsiz] o ['epɪsiz]) ápex o ápice; (gram. & hist.) ápex; (math.) ápice
aphaeresis [ə'fɛrəsɪs] *s* (gram.) aféresis
aphanipterous [,æfə'nɪptərəs] *adj* (zool.) afaníptero
aphasia [ə'feʒə] o [ə'feʒɪə] *s* (path.) afasia
aphelion [æ'filɪən] *s* (*pl:* **-ons** o **-a** [ə]) (astr.) afelio
apheresis [ə'fɛrəsɪs] *s* var. de **aphaeresis**
aphid ['efɪd] o ['æfɪd] *s* (ent.) áfido
aphis ['efɪs] *s* (*pl:* **aphides** ['æfɪdiz]) var. de **aphid**
aphlogistic [,eflo'dʒɪstɪk] *adj* aflogístico
aphonia [e'fonɪə] *s* (path.) afonía
aphonic [e'fɑnɪk] *adj* (path. & phonet.) afónico
aphonous ['æfonəs] *adj* áfono
aphorism ['æfərɪzəm] *s* aforismo
aphoristic [,æfə'rɪstɪk] *adj* aforístico
aphoristically [,æfə'rɪstɪkəlɪ] *adv* aforísticamente
aphrodisia [,æfrə'dɪzɪə] *s* (path.) afrodisia
aphrodisiac [,æfrə'dɪzɪæk] *adj* & *s* afrodisíaco
Aphrodite [,æfrə'daɪtɪ] *s* (myth.) Afrodita; (zool.) Afrodita (*anélido marino*)
aphtha ['æfθə] *s* (*pl:* **-thae** [θi]) (path.) afta
aphthous ['æfθəs] *adj* aftoso
aphthous fever *s* (vet.) fiebre aftosa
aphyllose [e'fɪlos] o **aphyllous** [e'fɪləs] *adj* áfilo
apiary ['epɪ,ɛrɪ] *s* (*pl:* **-ies**) abejar, colmenar
apical ['æpɪkəl] o ['epɪkəl] *adj* apical; (phonet.) apical
apiculture ['epɪ,kʌltʃər] *s* apicultura
apiculturist [,epɪ'kʌltʃərɪst] *s* apicultor
apiculus [ə'pɪkjələs] *s* (*pl:* **-li** [laɪ]) apículo
apiece [ə'pis] *adv* cada uno; por persona
apish ['epɪʃ] *adj* simiesco, monesco; necio, tonto
aplanatic [,æplə'nætɪk] *adj* (opt.) aplanético
aplenty [ə'plɛntɪ] *adv* en abundancia
aplomb [ə'plɑm] *s* aplomo, sangre fría
apocalypse [ə'pɑkəlɪps] *s* revelación; (*cap.*) *s* (Bib.) Apocalipsis
apocalyptic [ə,pɑkə'lɪptɪk] o **apocalyptical** [ə,pɑkə'lɪptɪkəl] *adj* apocalíptico; (fig.) apocalíptico
apocarpous [,æpə'kɑrpəs] *adj* (bot.) apocárpico
apocopate [ə'pɑkəpet] *va* (gram.) apocopar
apocope [ə'pɑkəpɪ] *s* (gram.) apócope
apocrypha [ə'pɑkrɪfə] *spl* libros apócrifos; (*cap.*) *spl* Libros Apócrifos (*de la Biblia*)
apocryphal [ə'pɑkrɪfəl] *adj* apócrifo; (*cap.*) *adj* apócrifo
apocynaceous [ə,pɑsɪ'neʃəs] *adj* (bot.) apocináceo
apodal ['æpədəl] *adj* ápodo
apodictic [,æpə'dɪktɪk] o **apodictical** [,æpə'dɪktɪkəl] *adj* (log.) apodíctico
apodosis [ə'pɑdəsɪs] *s* (*pl:* **-ses** [siz]) (gram.) apódosis
apogee ['æpədʒi] *s* (astr. & fig.) apogeo
apograph ['æpəgræf] o ['æpəgrɑf] *s* apógrafo
Apollinaris water [ə,pɑlɪ'nɛrɪs] *s* agua de Apollinaris
Apollo [ə'pɑlo] *s* (myth.) Apolo
Apollyon [ə'pɑljən] *s* (Bib.) Apollión
apologetic [ə,pɑlə'dʒɛtɪk] *adj* apologético; lleno de excusas; **apologetics** *ssg* apologética
apologetically [ə,pɑlə'dʒɛtɪkəlɪ] *adv* excusándose, pidiendo perdón, con muchas excusas
apologia [,æpə'lodʒɪə] *s* apología
apologist [ə'pɑlədʒɪst] *s* apologista
apologize [ə'pɑlədʒaɪz] *vn* excusarse, disculparse; apologizar; **to apologize for** disculparse de; **to apologize to** disculparse con
apologue ['æpəlɔg] o ['æpəlɑg] *s* apólogo
apology [ə'pɑlədʒɪ] *s* (*pl:* **-gies**) apología; excusa, justificación; expediente
apomorphine [,æpə'mɔrfin] *s* (pharm.) apomorfina
aponeurosis [,æpənjʊ'rosɪs] o [,æpənʊ'rosɪs] *s* (*pl:* **-ses** [siz]) (anat.) aponeurosis
aponeurotic [,æpənjʊ'rɑtɪk] o [,æpənʊ'rɑtɪk] *adj* aponeurótico
aponeurotome [,æpə'njʊrətom] o [,æpə'nʊrətom] *s* (surg.) aponeurótomo
apophthegm ['æpəθɛm] *s* var. de **apothegm**
apophyge [ə'pɑfɪdʒɪ] *s* (arch.) apófige
apophysis [ə'pɑfɪsɪs] *s* (*pl:* **-ses** [siz]) (anat., geol., & zool.) apófisis
apoplectic [,æpə'plɛktɪk] *adj* & *s* apoplético
apoplexy ['æpə,plɛksɪ] *s* (path.) apoplejía
aport [ə'port] *adv* (naut.) a babor
apostasy [ə'pɑstəsɪ] *s* (*pl:* **-sies**) apostasía
apostate [ə'pɑstet] o [ə'pɑstɪt] *s* apóstata
apostatize [ə'pɑstətaɪz] *vn* apostatar
apostematous [,æpə'stɛmətəs] *adj* apostematoso
apostle [ə'pɑsəl] *s* apóstol
Apostle of the Gentiles *s* (Bib.) apóstol de los gentiles o las gentes
Apostles' Creed *s* Símbolo de los Apóstoles
apostolate [ə'pɑstəlet] o [ə'pɑstəlɪt] *s* apostolado
apostolic [,æpəs'tɑlɪk] o **apostolical** [,æpəs'tɑlɪkəl] *adj* apostólico
Apostolic Fathers *spl* Padres apostólicos
Apostolic See *s* Sede apostólica
apostrophe [ə'pɑstrəfɪ] *s* (rhet.) apóstrofe; (gram.) apóstrofo
apostrophize [ə'pɑstrəfaɪz] *va* apostrofar
apothecaries' measure *s* sistema de medidas para líquidos usado en los Estados Unidos por los boticarios
apothecaries' weight *s* sistema de pesos usado en los Estados Unidos y la Gran Bretaña por los boticarios
apothecary [ə'pɑθɪ,kɛrɪ] *s* (*pl:* **-ies**) boticario, droguero
apothecary's jar *s* bote de porcelana
apothegm ['æpəθɛm] *s* apotegma (*sentencia breve e instructiva*)
apothem ['æpəθɛm] *s* (geom.) apotema

apotheosis [ə,pɑθɪ'osɪs] o [,æpə'θiəsɪs] *s* (*pl:* **-ses** [siz]) apoteosis
apotheosize [ə'pɑθɪosaɪz] o [,æpə'θiəsaɪz] *va* deificar, endiosar
apozem ['æpəzɛm] *s* (pharm.) apócema
appal [ə'pɔl] (*pret & pp:* **-palled;** *ger:* **-palling**) *va* var. de **appall**
Appalachian [,æpə'letʃən] o [,æpə'lætʃən] *adj* apalache; **Appalachians** *spl* Apalaches (*montes*)
Appalachian Mountains *spl* montes Apalaches
appall [ə'pɔl] *va* espantar, aterrar; desmayar, desanimar
appalling [ə'pɔlɪŋ] *adj* espantoso, aterrador; desanimador
appanage ['æpənɪdʒ] *s* pertenencia, cosa accesoria; dependencia; infantado
apparatus [,æpə'retəs] o [,æpə'rætəs] *s* (*pl:* **-tus** o **-tuses**) aparato; (anat.) aparato
apparatus criticus ['krɪtɪkəs] *s* aparato crítico
apparel [ə'pærəl] *s* ropa, vestido; (naut.) aparejo; (*pret & pp:* **-eled** o **-elled;** *ger:* **-eling** o **-elling**) *va* vestir, ataviar, adornar
apparent [ə'pærənt] o [ə'pɛrənt] *adj* aparente; manifiesto, evidente
apparently [ə'pærəntlɪ] o [ə'pɛrəntlɪ] *adv* aparentemente; evidentemente, por lo visto
apparition [,æpə'rɪʃən] *s* aparición
appeal [ə'pil] *s* súplica, instancia; recurso; solicitud; atracción, interés; (law) apelación; *vn* ser atrayente; **to appeal for** solicitar; **to appeal from** (law) apelar de; **to appeal to** suplicar a (*una persona*); atraer a, interesar a (*una persona*); recurrir a; (law) apelar a
appear [ə'pɪr] *vn* aparecer; parecer; semejar; (law) comparecer
appearance [ə'pɪrəns] *s* aparición, aparecimiento; apariencia, aspecto; (law) comparecencia; **for appearances** por el bien parecer; **to judge by appearances** juzgar por las apariencias; **to keep up appearances** salvar las apariencias
appease [ə'piz] *va* apaciguar
appeasement [ə'pizmənt] *s* apaciguamiento
appeaser [ə'pizər] *s* apaciguador
appellant [ə'pɛlənt] *s* (law) apelante
appellate court [ə'pɛlɪt] o [ə'pɛlet] *s* (law) tribunal de apelación
appellation [,æpə'leʃən] *s* apellidamiento; nombre, título
appellative [æ'pɛlətɪv] *adj & s* (gram.) apelativo
appellee [,æpə'li] *s* (law) apelado
append [ə'pɛnd] *va* añadir, anexar; atar
appendage [ə'pɛndɪdʒ] *s* apéndice; (biol.) apéndice
appendant [ə'pɛndənt] *adj* anexo, adjunto; accesorio; *s* apéndice; accesorio
appendectomy [,æpən'dɛktəmɪ] *s* (*pl:* **-mies**) (surg.) apendectomía o apendicectomía
appendicitis [ə,pɛndɪ'saɪtɪs] *s* (path.) apendicitis
appendicular [,æpən'dɪkjələr] *adj* apendicular
appendix [ə'pɛndɪks] *s* (*pl:* **-dixes** o **-dices** [dɪsiz]) apéndice; (aer.) apéndice; (anat.) apéndice vermiforme
apperception [,æpər'sɛpʃən] *s* (philos.) apercepción
apperceptive [,æpər'sɛptɪv] *adj* (philos.) aperceptivo
appertain [,æpər'ten] *vn* relacionarse; **to appertain to** relacionarse con
appetite ['æpɪtaɪt] *s* apetito; **to whet the appetite** abrir el apetito
appetizer ['æpɪ,taɪzər] *s* apetite, aperitivo
appetizing ['æpɪ,taɪzɪŋ] *adj* apetitoso
Appian Way ['æpɪən] *s* Vía Apia
applaud [ə'plɔd] *va & vn* aplaudir
applause [ə'plɔz] *s* aplauso, aplausos
apple ['æpəl] *s* (bot.) manzano (*árbol*); manzana (*fruto*); *adj* manzanil
apple butter *s* mermelada de manzana espesa y condimentada con especias
applecart ['æpəl,kɑrt] *s* carretilla para ir vendiendo manzanas por las calles; **to upset the applecart** (coll.) revolver la feria
applejack ['æpəl,dʒæk] *s* aguardiente de manzana
apple mint *s* (bot.) madrastra
apple of discord *s* manzana de la discordia
apple of the eye *s* niña del ojo
apple orchard *s* manzanar
apple pie *s* pastel de manzanas
apple-pie order ['æpəl,paɪ] *s* condición perfecta
apple polisher *s* (slang) lameculos, quitamotas
applesauce ['æpəl,sɔs] *s* mermelada de manzana; (slang) halagos insinceros; (slang) música celestial
apple tree *s* manzano
apple worm *s* gusano de la manzana
appliance [ə'plaɪəns] *s* artificio, dispositivo, aparato; aplicación
applicability [,æplɪkə'bɪlɪtɪ] *s* aplicabilidad
applicable ['æplɪkəbəl] *adj* aplicable
applicant ['æplɪkənt] *s* aspirante, pretendiente, candidato, solicitante
application [,æplɪ'keʃən] *s* aplicación; pretensión, candidatura, solicitud
applied [ə'plaɪd] *adj* aplicado
appliqué [,æplɪ'ke] *adj* aplicado; *s* aplicación (*ornamentación sobrepuesta*); *va* aplicar sobrepuesto
appliqué lace *s* encaje de aplicación
apply [ə'plaɪ] (*pret & pp:* **-plied**) *va* aplicar; **to apply oneself** aplicarse; *vn* aplicarse (*ser pertinente*); dirigirse, recurrir; **to apply for** pedir, solicitar
appoggiatura [ə,pɑdʒə'turə] *s* (mus.) apoyatura
appoint [ə'pɔɪnt] *va* nombrar, designar; establecer, sentar; amueblar
appointee [ə,pɔɪn'ti] *s* electo
appointive [ə'pɔɪntɪv] *adj* electivo
appointment [ə'pɔɪntmənt] *s* nombramiento, designación; empleo, puesto; cita
apportion [ə'porʃən] *va* prorratear
apportionment [ə'porʃənmənt] *s* prorrateo
appose [æ'poz] *va* aplicar; yuxtaponer
apposite ['æpəzɪt] *adj* oportuno, conveniente, apropiado
apposition [,æpə'zɪʃən] *s* yuxtaposición; (gram.) aposición
appositive [ə'pɑzɪtɪv] *adj & s* (gram.) apositivo
appraisal [ə'prezəl] *s* tasación, valuación, apreciación
appraise [ə'prez] *va* tasar, valuar, apreciar
appraisement [ə'prezmənt] *s* var. de **appraisal**
appraiser [ə'prezər] *s* tasador, apreciador
appreciable [ə'priʃɪəbəl] *adj* apreciable; sensible
appreciably [ə'priʃɪəblɪ] *adv* apreciablemente; sensiblemente
appreciate [ə'priʃɪet] *va* apreciar; aprobar; comprender; estar agradecido por; aumentar el valor de; *vn* subir en valor
appreciation [ə,priʃɪ'eʃən] *s* aprecio, apreciación; agradecimiento, reconocimiento; plusvalía, aumento en valor
appreciative [ə'priʃɪ,etɪv] *adj* apreciador; agradecido
apprehend [,æprɪ'hɛnd] *va* aprehender, prender; temer; comprender
apprehension [,æprɪ'hɛnʃən] *s* aprehensión; comprensión; aprensión (*miedo, inquietud*)
apprehensive [,æprɪ'hɛnsɪv] *adj* aprensivo o aprehensivo (*receloso, miedoso*); penetrante, perspicaz
apprentice [ə'prɛntɪs] *s* aprendiz; *va* poner de aprendiz
apprenticeship [ə'prɛntɪsʃɪp] *s* aprendizaje; **to serve one's apprenticeship** hacer su aprendizaje
apprise o **apprize** [ə'praɪz] *va* informar, enterar; apreciar, valuar, tasar
approach [ə'protʃ] *s* acercamiento; vía de acceso, vía de entrada; proposición; enfoque (*de un problema*); **approaches** *spl* (mil.) aproches; *va* acercar (*poner más cerca*); abordar; acercarse a; parecerse a; *vn* acercarse, aproximarse
approachability [ə,protʃə'bɪlɪtɪ] *s* accesibilidad
approachable [ə'protʃəbəl] *adj* abordable, accesible
approbation [,æprə'beʃən] *s* aprobación

appropriable [ə'proprɪəbəl] *adj* apropiable
appropriate [ə'proprɪɪt] *adj* apropiado, a propósito; [ə'proprɪet] *va* apropiarse; asignar, destinar
appropriation [ə,proprɪ'eʃən] *s* apropiación; asignación
approval [ə'pruvəl] *s* aprobación; **on approval** a prueba
approve [ə'pruv] *va* aprobar; probar; *vn* aprobar; **to approve of** aprobar
approvingly [ə'pruvɪŋlɪ] *adv* con aprobación
approximate [ə'prɑksɪmɪt] *adj* aproximado, aproximativo; [ə'prɑksɪmet] *va* aproximar; *vn* aproximarse
approximately [ə'prɑksɪmɪtlɪ] *adv* aproximadamente
approximation [ə,prɑksɪ'meʃən] *s* aproximación
appurtenance [ə'pʌrtɪnəns] *s* pertenencia, accesorio
appurtenant [ə'pʌrtɪnənt] *adj* perteneciente, accesorio; *s* pertenencia, accesorio
Apr. abr. de **April**
apraxia [e'præksɪə] *s* (path.) apraxia
apricot ['eprɪkɑt] o ['æprɪkɑt] *s* (bot.) albaricoquero (*árbol*); albaricoque (*fruto*)
April ['eprɪl] *s* abril; *adj* abrileño
April fool *s* el que es burlado el primero de abril; **to make an April fool of** coger por inocente
April Fools' Day *s* primer día de abril, que corresponde al día de engañabobos o día de los santos inocentes—28 de diciembre—en que se coge por inocente a la gente
apriorism [,eprɪ'orɪzəm] *s* (philos.) apriorismo
aprioristic [,eprɪə'rɪstɪk] *adj* apriorístico
apriority [,eprɪ'ɑrɪtɪ] *s* (philos.) aprioridad
apron ['eprən] *s* delantal; mandil (*de obrero; de francmasón*); batiente (*de un dique*); (naut.) albitana; (aer.) rampa (*pavimento frente a un hangar*); **tied to the apron strings of** cosido o pegado a las faldas de
apropos [,æprə'po] *adj* oportuno; *adv* a propósito; **apropos of** a propósito de, acerca de
apse [æps] *s* (arch.) ábside
apsidiole [æp'sɪdɪol] *s* (arch.) absidiolo
apsis ['æpsɪs] *s* (*pl:* **apsides** ['æpsɪdiz] o [æp'saɪdiz]) (astr.) ápside
apsychia [æp'sɪkɪə] o [æp'saɪkɪə] *s* (med.) apsiquia
apt [æpt] *adj* apto; a propósito; dispuesto, propenso, tendente; **he is apt to come this morning** es fácil que venga esta mañana
apterous ['æptərəs] *adj* áptero
aptitude ['æptɪtjud] o ['æptɪtud] *s* aptitud
aptitude test *s* prueba de aptitud
aptness ['æptnɪs] *s* aptitud
Apuleius [,æpjə'liəs] *s* Apuleyo
apyretic [,epaɪ'rɛtɪk] o [,æpaɪ'rɛtɪk] *adj* apirético
apyrexia [,epaɪ'rɛksɪə] o [,æpaɪ'rɛksɪə] *s* (path.) apirexia
aqua ['ækwə] o ['ekwə] *s* (*pl:* **aquas** o **aquae** ['ækwi] o ['ekwi]) (pharm.) agua
aquacade ['ækwə,ked] *s* espectáculo acuático
aqua fortis ['fɔrtɪs] *s* agua fuerte (*ácido nítrico; estampa*)
aquafortist [,ækwə'fɔrtɪst] o [,ekwə'fɔrtɪst] *s* aguafuertista
aqualung ['ækwə,lʌŋ] *s* aparato de buceo autónomo
aquamarine [,ækwəmə'rin] *s* aguamarina (*mineral y color*); *adj* de color aguamarina
aquamarine chrysolite *s* (mineral.) aguamarincrisolita
aquaplane ['ækwə,plen] *s* acuaplano; *vn* correr en acuaplano
aqua regia ['ridʒɪə] *s* (chem.) agua regia
aquarium [ə'kwɛrɪəm] *s* (*pl:* **-ums** o **-a** [ə]) acuario
Aquarius [ə'kwɛrɪəs] *s* (astr.) Acuario
aquatic [ə'kwætɪk] o [ə'kwatɪk] *adj.* acuático; *s* animal acuático; planta acuática; **aquatics** *spl* (sports) deportes acuáticos
aquatint ['ækwə,tɪnt] *s* acuatinta
aqua vitae ['vaɪtɪ] *s* licor alcohólico, aguardiente
aqueduct ['ækwɪdʌkt] *s* acueducto; (anat.) acueducto
aqueous ['ekwɪəs] o ['ækwɪəs] *adj* ácueo, acuoso
aqueous humor *s* (anat.) humor acuoso
aquiline ['ækwɪlaɪn] o ['ækwɪlɪn] *adj* aguileño
aquiline nose *s* nariz aguileña
Aquinas, Saint Thomas [ə'kwaɪnəs] Santo Tomás de Aquino
Aquitaine ['ækwɪten] *s* Aquitania
Aquitanian [,ækwɪ'tenɪən] *adj & s* aquitano
Arab ['ærəb] *adj* árabe; *s* árabe; caballo árabe
arabesque [,ærə'bɛsk] *adj* (f.a.) arabesco; caprichoso; *s* (f.a.) arabesco
Arabia [ə'rebɪə] *s* la Arabia
Arabian [ə'rebɪən] *adj & s* árabe
Arabian Desert *s* Desierto Arábigo
Arabian jasmine *s* (bot.) jazmín de Arabia, sampaguita
Arabian Nights *spl* Mil y una noches
Arabian Sea *s* mar Arábigo
Arabic ['ærəbɪk] *adj* arábigo; *s* árabe o arábigo (*idioma*)
arabic acid *s* (chem.) ácido arábico
Arabic figure *s* cifra arábiga
Arabic numeral *s* número arábigo
Arabism ['ærəbɪzəm] *s* arabismo
Arabist ['ærəbɪst] *s* arabista
Arabize ['ærəbaɪz] *va* arabizar
arable ['ærəbəl] *adj* arable
Araby ['ærəbɪ] *s* (poet.) Arabia
araceous [ə'reʃəs] *adj* (bot.) aráceo
Arachne [ə'ræknɪ] *s* (myth.) Aracne
arachnid [ə'ræknɪd] *s* (zool.) arácnido
arachnidan [ə'ræknɪdən] *adj & s* (zool.) arácnido
arachnoid [ə'ræknɔɪd] *s* (anat.) aracnoides
Aragon ['ærəgɑn] *s* Aragón
Aragonese [,ærəgə'niz] *adj* aragonés; *s* (*pl:* **-nese**) aragonés
aragonite [ə'rægənaɪt] o ['ærəgənaɪt] *s* (mineral.) aragonita, aragonito
aralia [ə'relɪə] *s* (bot. & pharm.) aralia
araliaceous [ə,relɪ'eʃəs] *adj* (bot.) araliáceo
Aral Sea ['ærəl] *s* mar Aral
Aramaean [,ærə'miən] *adj & s* arameo
Aramaic [,ærə'meɪk] *adj & s* aramaico
Araucan [ə'rɔkən] *s* araucano
Araucanian [,ærɔ'kenɪən] *adj & s* araucano
araucaria [,ærɔ'kɛrɪə] *s* (bot.) araucaria
arbalest o **arbalist** ['ɑrbəlɪst] *s* ballesta; (math.) arbalestrilla
arbiter ['ɑrbɪtər] *s* árbitro
arbitrable ['ɑrbɪtrəbəl] *adj* arbitrable
arbitrage ['ɑrbɪtrɪdʒ] *s* arbitraje
arbitrage of exchange *s* arbitraje de cambio
arbitral ['ɑrbɪtrəl] *adj* arbitral
arbitrament [ɑr'bɪtrəmənt] *s* arbitramento
arbitrary ['ɑrbɪ,trɛrɪ] *adj* arbitrario
arbitrate ['ɑrbɪtret] *va & vn* arbitrar
arbitration [,ɑrbɪ'treʃən] *s* arbitraje
arbitrator ['ɑrbɪ,tretər] *s* árbitro, arbitrador
arbitress ['ɑrbɪtrɪs] *s* árbitra
arbor ['ɑrbər] *s* cenador, glorieta, emparrado; (mach.) árbol
Arbor Day *s* (U.S.A.) fiesta del árbol
arboreal [ɑr'borɪəl] *adj* arbóreo
arborescence [,ɑrbə'rɛsəns] *s* arborescencia
arborescent [,ɑrbə'rɛsənt] *adj* arborescente
arboretum [,ɑrbə'ritəm] *s* (*pl:* **-tums** o **-ta** [tə]) jardín botánico de árboles
arboriculture ['ɑrbərɪ,kʌltʃər] *s* arboricultura
arboriculturist ['ɑrbərɪ,kʌltʃərɪst] *s* arboricultor
arboriform ['ɑrbərɪfɔrm] *adj* arboriforme
arborist ['ɑrbərɪst] *s* arbolista
arborization [,ɑrbərɪ'zeʃən] *s* (anat. & mineral.) arborización
arbor vitae ['ɑrbər'vaɪti] *s* (Bib.) árbol de la vida; (bot.) tuya, árbol de la vida; (anat.) árbol de la vida
arbutus [ɑr'bjutəs] *s* (bot.) madroño; (bot.) epigea rastrera
arc [ɑrk] *s* (geom. & elec.) arco; (*pret & pp:* **arced** [ɑrkt] o **arcked;** *ger:* **arcing** ['ɑrkɪŋ] o **arcking**) *vn* (elec.) formar arco
arcade [ɑr'ked] *s* (arch.) arcada
Arcadia [ɑr'kedɪə] *s* la Arcadia
Arcadian [ɑr'kedɪən] *adj* árcade, arcadio; (fig.) arcádico (*simple, campestre*); *s* árcade, arcadio

Arcady ['ɑrkədɪ] *s* (poet.) la Arcadia
arcane [ɑr'ken] *adj* arcano
arcanum [ɑr'kenəm] *s* (*pl:* **-nums** o **-na** [nə]) arcano
arch. abr. de **archaic, archaism, archipelago, architect, architectural** y **architecture**
arch [ɑrtʃ] *adj* astuto; travieso, picaresco; principal, insigne; *s* (arch. & anat.) arco; *va* arquear, enarcar; atravesar
archaeological [,ɑrkɪə'lɑdʒɪkəl] *adj* arqueológico
archaeologist [,ɑrkɪ'ɑlədʒɪst] *s* arqueólogo
archaeology [,ɑrkɪ'ɑlədʒɪ] *s* arqueología
archaic [ɑr'keɪk] *adj* arcaico
archaism ['ɑrkeɪzəm] *s* arcaísmo
archaist ['ɑrkeɪst] *s* arcaísta
archaize ['ɑrkeaɪz] *va & vn* arcaizar
archangel ['ɑrk,endʒəl] *s* arcángel
archangelic [,ɑrkæn'dʒɛlɪk] o **archangelical** [,ɑrkæn'dʒɛlɪkəl] *adj* arcangélico
archbishop ['ɑrtʃ'bɪʃəp] *s* arzobispo
archbishopric [,ɑrtʃ'bɪʃəprɪk] *s* arzobispado
archdeacon ['ɑrtʃ'dikən] *s* arcediano, archidiácono
archdeaconry [,ɑrtʃ'dikənrɪ] *s* (*pl:* **-ries**) arcedianato
archdiocese ['ɑrtʃ'daɪəsis] o ['ɑrtʃ'daɪəsɪs] *s* arquidiócesis
archducal [,ɑrtʃ'djukəl] o [,ɑrtʃ'dukəl] *adj* archiducal
archduchess ['ɑrtʃ'dʌtʃɪs] *s* archiduquesa
archduchy ['ɑrtʃ'dʌtʃɪ] *s* (*pl:* **-ies**) archiducado
archduke ['ɑrtʃ'djuk] o ['ɑrtʃ'duk] *s* archiduque
arched [ɑrtʃt] *adj* arqueado, enarcado, combado
archegonium [,ɑrkɪ'gonɪəm] *s* (*pl:* **-a** [ə]) (bot.) arquegonio
archenemy ['ɑrtʃ,ɛnɪmɪ] *s* (*pl:* **-mies**) archienemigo (*enemigo principal*); Satanás, el enemigo malo
archeological [,ɑrkɪə'lɑdʒɪkəl] *adj* arqueológico
archeologist [,ɑrkɪ'ɑlədʒɪst] *s* arqueólogo
archeology [,ɑrkɪ'ɑlədʒɪ] *s* arqueología
Archeozoic [,ɑrkɪə'zo·ɪk] *adj* (geol.) arqueozoico; *s* (geol.) era arqueozoica, era arcaica
archer ['ɑrtʃər] *s* arquero, flechero
archery ['ɑrtʃərɪ] *s* tiro de flechas, tiro de arco
archetype ['ɑrkɪtaɪp] *s* arquetipo
archfiend ['ɑrtʃ'find] *s* demonio principal; Satanás, el enemigo malo
archiepiscopal [,ɑrkɪɪ'pɪskəpəl] *adj* arquiepiscopal o arzobispal
archil ['ɑrkɪl] *s* (bot. & chem.) orchilla
Archimedean [,ɑrkɪ'midɪən] o [,ɑrkɪmɪ'diən] *adj* arquimédico
Archimedean screw *s* rosca de Arquímedes, tornillo de Arquímedes
Archimedes [,ɑrkɪ'midiz] *s* Arquímedes
Archimedes' screw *s* rosca de Arquímedes, tornillo de Arquímedes
archipelago [,ɑrkɪ'pɛləgo] *s* (*pl:* **-gos** o **-goes**) archipiélago
architect ['ɑrkɪtɛkt] *s* arquitecto
architectonic [,ɑrkɪtɛk'tɑnɪk] *adj* arquitectónico
architectural [,ɑrkɪ'tɛktʃərəl] *adj* arquitectural
architecture ['ɑrkɪ,tɛktʃər] *s* arquitectura
architrave ['ɑrkɪtrev] *s* (arch.) arquitrabe
archives ['ɑrkaɪvz] *spl* archivo
archivist ['ɑrkɪvɪst] *s* archivero, archivista
archivolt ['ɑrkɪvolt] *s* (arch.) archivolta
archpriest ['ɑrtʃ'prist] *s* arcipreste
archpriesthood [,ɑrtʃ'pristhud] *s* arciprestazgo
archway ['ɑrtʃ,we] *s* arcada
arc lamp *s* lámpara de arco
arc light *s* lámpara de arco; alumbrado de arco
arctic ['ɑrktɪk] *adj* ártico; **arctics** *spl* chanclos impermeables; (*cap.*) *s* Ártico
arctic circle *s* círculo polar ártico
Arctic Ocean *s* océano Ártico
Arctic Zone *s* zona ártica
Arcturus [ɑrk'tjurəs] o [ɑrk'turəs] *s* (astr.) Arturo
arc welding *s* soldadura de o por arco

ardency ['ɑrdənsɪ] *s* ardor
ardent ['ɑrdənt] *adj* ardiente
ardent spirits *spl* licores espirituosos
ardor ['ɑrdər] *s* ardor
ardour ['ɑrdər] *s* (Brit.) var. de **ardor**
arduous ['ɑrdʒuəs] o ['ɑrdjuəs] *adj* arduo, difícil; enérgico; escabroso, escarpado; riguroso
are [ɛr] o [ɑr] *s* área (*medida agraria*); [ɑr] *segunda persona del sg y primera, segunda y tercera personas del pl del pres de ind de* **be**
area ['ɛrɪə] *s* área, superficie; extensión; región, comarca; zona; patio; entrada baja de un sótano
areaway ['ɛrɪə,we] *s* entrada baja de un sótano; pasaje angosto entre edificios
areca ['ærəkə] o [ə'rikə] *s* (bot.) areca (*palma y nuez*)
arena [ə'rinə] *s* arena o arenas
arenaceous [,ærɪ'neʃəs] *adj* arenáceo
arena theater *s* teatro circular
arenation [,ærɪ'neʃən] *s* (med.) arenación
aren't [ɑrnt] contracción de **are not**
areola [ə'riələ] *s* (*pl:* **-lae** [li] o **-las**) (anat., bot., path., & zool.) aréola
areolar [ə'riələr] *adj* areolar
areometer [,ærɪ'ɑmɪtər] *s* areómetro
Areopagus [,ærɪ'ɑpəgəs] *s* Areópago
areostyle [ə'riəstaɪl] *s* (arch.) areóstilo
Ares ['ɛriz] *s* (myth.) Ares
Arethusa [,ærɪ'θuzə] o [,ærɪ'θusə] *s* (myth.) Aretusa
argali ['ɑrgəlɪ] *s* (*pl:* **-li** o **-lis**) (zool.) argalí
argan ['ɑrgən] *s* argán (*fruto*)
argan tree *s* (bot.) argán, erguen
argent ['ɑrdʒənt] *adj* argénteo; *s* (her.) argén; (poet.) argento
argentiferous [,ɑrdʒən'tɪfərəs] *adj* argentífero
Argentina [,ɑrdʒən'tinə] *s* la Argentina
Argentine ['ɑrdʒəntin] o ['ɑrdʒəntaɪn] *adj & s* argentino; **the Argentine** la Argentina; (*l.c.*) *adj* argentino (*de plata*)
Argentinean [,ɑrdʒən'tɪnɪən] *s* argentino
argil ['ɑrdʒɪl] *s* arcilla figulina
Argive ['ɑrdʒaɪv] *adj & s* argivo
Argo ['ɑrgo] *s* (myth.) Argos (*nave*); (astr.) Argos
Argolic [ɑr'gɑlɪk] *adj* argólico
Argolis ['ɑrgəlɪs] *s* la Argólide
argon ['ɑrgɑn] *s* (chem.) argo o argón
Argonaut ['ɑrgənɔt] *s* (myth.) argonauta; (*l.c.*) *s* (zool.) argonauta
Argonautic [,ɑrgə'nɔtɪk] *adj* (myth.) argonáutico
Argo Navis ['nevɪs] *s* (astr.) Navío Argo
Argos ['ɑrgɑs] *s* Argos (*ciudad de la antigua Grecia*)
argosy ['ɑrgəsɪ] *s* (*pl:* **-sies**) buque con cargamento valioso; buques valiosos
argot ['ɑrgo] o ['ɑrgət] *s* jerga
argue ['ɑrgju] *va* debatir (*un proyecto*); persuadir con razones; sostener; argüir (*indicar, probar; acusar*); **to argue into** + *ger* persuadir (*a una persona*) a + *inf;* **to argue out of** + *ger* disuadir (*a una persona*) de + *inf; vn* argüir, disputar; **to argue against** argüir contra
arguer ['ɑrgjuər] *s* argumentador, argumentista
argument ['ɑrgjəmənt] *s* argumento; discusión, disputa
argumentation [,ɑrgjəmɛn'teʃən] *s* argumentación
argumentative [,ɑrgjə'mɛntətɪv] *adj* argumentador; argumentativo
Argus ['ɑrgəs] *s* (myth.) Argos (*monstruo*); argos (*persona muy vigilante*)
Argus-eyed ['ɑrgəs,aɪd] *adj* hecho un argos
argyrol ['ɑrdʒɪrəl] *s* (trademark) argirol
aria ['ɑrɪə] o ['ɛrɪə] *s* (mus.) aria
Ariadne [,ærɪ'ædnɪ] *s* (myth.) Ariadna
Arian ['ɛrɪən] *adj & s* arriano
Arianism ['ɛrɪənɪzəm] *s* arrianismo
arid ['ærɪd] *adj* árido
aridity [ə'rɪdɪtɪ] *s* aridez
Aries ['ɛriz] *m* (astr.) Aries
aright [ə'raɪt] *adv* acertadamente; **to set aright** rectificar
aril ['ærɪl] *s* (bot.) arilo
arillate ['ærɪlet] *adj* (bot.) arilado
arise [ə'raɪz] (*pret:* **arose;** *pp:* **arisen**) *vn*

levantarse; subir; aparecer, presentarse; **to arise from** provenir de, proceder de

arisen [əˈrɪzən] *pp de* **arise**

Aristides [ˌærɪsˈtaɪdiz] *s* Arístides

aristocracy [ˌærɪsˈtɑkrəsɪ] *s* (*pl:* **-cies**) aristocracia

aristocrat [əˈrɪstəkræt] o [ˈærɪstəkræt] *s* aristócrata

aristocratic [əˌrɪstəˈkrætɪk] o [ˌærɪstəˈkrætɪk] *adj* aristocrático

aristocratically [əˌrɪstəˈkrætɪkəlɪ] o [ˌærɪstəˈkrætɪkəlɪ] *adv* aristocráticamente

Aristophanes [ˌærɪsˈtɑfəniz] *s* Aristófanes

Aristophanic [ˌærɪstəˈfænɪk] *adj* aristofánico; *s* (rhet.) aristofánico

Aristotelian [ˌærɪstəˈtilɪən] *adj & s* aristotélico

Aristotelianism [ˌærɪstəˈtilɪənɪzəm] *s* aristotelismo

Aristotle [ˈærɪsˌtɑtəl] *s* Aristóteles

Aristotle's lantern *s* (zool.) linterna de Aristóteles

arith. abr. de **arithmetic**

arithmetic [əˈrɪθmətɪk] *s* aritmética

arithmetical [ˌærɪθˈmɛtɪkəl] *adj* aritmético

arithmetically [ˌærɪθˈmɛtɪkəlɪ] *adv* aritméticamente

arithmetical progression *s* progresión aritmética

arithmetician [əˌrɪθməˈtɪʃən] o [ˌærɪθməˈtɪʃən] *s* aritmético

arithmomania [əˌrɪθməˈmenɪə] *s* aritmomanía

arithmometer [ˌærɪθˈmɑmɪtər] *s* aritmómetro

Arius [əˈraɪəs] o [ˈɛrɪəs] *s* Arrio

Ariz. abr. de **Arizona**

Ark. abr. de **Arkansas**

ark [ɑrk] *s* (Bib.) arca de Noé; lanchón; arca, caja

ark of the covenant *s* (Bib.) arca de la alianza

arkose [ɑrˈkos] *s* arcosa

arm [ɑrm] *s* brazo (*del cuerpo, de una silla, del mar, de la ley, etc.*); arma; ejército (*cada una de las tres ramas de las fuerzas militares*); **in arms** de pecho, de teta (*dícese de un niño*); **to arms!** ¡a las armas!; **to bear arms** llevar las armas; **to be the right arm of** ser el brazo derecho de; **to be up in arms** alzarse en armas, estar en armas; **to carry arms** tener armas consigo; **to keep at arm's length** mantener a distancia; mantenerse a distancia; **to lay down one's arms** rendir las armas; **to present arms** presentar armas; **to rise up in arms** alzarse en armas; **to take up arms** tomar (las) armas; **under arms** sobre las armas; **with arms folded** de brazos cruzados; **with open arms** con los brazos abiertos; **arm in arm** de bracero, asidos del brazo; **arm's reach** alcance del brazo; *va* armar; acorazar; *vn* armarse

armada [ɑrˈmɑdə] o [ɑrˈmedə] *s* armada; **the Armada** la Armada Invencible

armadillo [ˌɑrməˈdɪlo] *s* (*pl:* **-los**) (zool.) armadillo

Armageddon [ˌɑrməˈgɛdən] *s* (Bib.) Armagedón (*lugar de grande y terrible conflicto*); (fig.) lucha suprema

armament [ˈɑrməmənt] *s* armamento; *adj* armamentista

armament race *s* carrera de los armamentos, carrera armamentista

armature [ˈɑrmətʃər] *s* armadura; (zool.) coraza; (elec.) armadura (*de imán, condensador, motor, etc.*); (elec.) inducido (*órgano giratorio de dinamo o motor*); (elec.) coraza alambrada

armature winding *s* (elec.) arrollamiento del inducido

arm band *s* brazal

armchair [ˈɑrmˌtʃɛr] *s* sillón, silla de brazos

armed [ɑrmd] *adj* armado; (her.) armado; **armed attack** ataque a mano armada

armed forces *spl* fuerzas armadas

Armenia [ɑrˈminɪə] *s* Armenia

Armenian [ɑrˈminɪən] *adj & s* armenio

armet [ˈɑrmɛt] *s* almete

armful [ˈɑrmfʊl] *s* brazado

armhole [ˈɑrmˌhol] *s* sobaquera; (anat.) sobaco, hueco de la axila

armillary [ˈɑrmɪˌlɛrɪ] o [ɑrˈmɪlərɪ] *adj* armilar

armillary sphere *s* esfera armilar

Arminian [ɑrˈmɪnɪən] *adj & s* arminiano

Arminianism [ɑrˈmɪnɪənɪzəm] *s* arminianismo

Arminius [ɑrˈmɪnɪəs] *s* Arminio

armistice [ˈɑrmɪstɪs] *s* armisticio

armless [ˈɑrmlɪs] *adj* inerme; sin brazos

armlet [ˈɑrmlɪt] *s* brazalete; brazal o avambrazo (*de la armadura*); pequeño brazo del mar

armload [ˈɑrmˌlod] *s* brazado

armor [ˈɑrmər] *s* armadura; coraza, blindaje; *va* acorazar, blindar

armor-bearer [ˈɑrmərˌbɛrər] *s* armígero

armored car *s* (mil.) carro blindado

armorer [ˈɑrmərər] *s* armero

armorial [ɑrˈmorɪəl] *adj* heráldico; *s* armorial

armorial bearings *spl* escudo de armas

armor-piercing [ˈɑrmərˌpɪrsɪŋ] *adj* perforante

armor plate *s* plancha de blindaje

armor-plate [ˈɑrmərˌplet] *va* acorazar, blindar

armory [ˈɑrmərɪ] *s* (*pl:* **-ies**) armería (*fábrica de armas; arte del armero*); arsenal; cuartel; (her.) armería

armour [ˈɑrmər] *s & va* (Brit.) var. de **armor**

armpit [ˈɑrmˌpɪt] *s* (anat.) sobaco, hueco de la axila

armrack [ˈɑrmˌræk] *s* armero (*aparato para tener las armas*)

armrest [ˈɑrmˌrɛst] *s* apoyabrazos

arm signal *s* (naut.) señal de brazos

army [ˈɑrmɪ] *s* (*pl:* **-mies**) ejército; (fig.) ejército; *adj* castrense

army chaplain *s* capellán de ejército, capellán castrense

army corps *s* (mil.) cuerpo de ejército

arnica [ˈɑrnɪkə] *s* (bot. & pharm.) árnica

Arnold [ˈɑrnəld] *s* Arnaldo

aroma [əˈromə] *s* aroma, fragancia

aromacity [ˌærəˈmæsɪtɪ] *s* aromaticidad

aromatic [ˌærəˈmætɪk] *adj* aromático; *s* (bot.) aromática; (chem. & med.) aromático

aromatization [əˌromətɪˈzeʃən] *s* aromatización

aromatize [əˈromətaɪz] *va* aromatizar

arose [əˈroz] *pret de* **arise**

around [əˈraʊnd] *adv* alrededor, a la redonda, en torno; a la vuelta; en la dirección opuesta; por todos lados; *prep* alrededor de, en torno de; cerca de; por todos lados de; a la vuelta de (*la esquina*)

arouse [əˈraʊz] *va* mover, excitar, incitar; despertar

arpeggio [ɑrˈpɛdʒo] *s* (*pl:* **-gios**) (mus.) arpegio

arrack [ˈærək] *s* raque (*aguardiente*)

arraign [əˈren] *va* acusar, denunciar; (law) presentar al tribunal

arraignment [əˈrenmənt] *s* acusación, denuncia; (law) presentación al tribunal

arrange [əˈrendʒ] *va* disponer, arreglar; (mus.) adaptar, refundir

arrangement [əˈrendʒmənt] *s* disposición, arreglo; (mus.) adaptación, refundición

arrant [ˈærənt] *adj* redomado, consumado; descarado, infame

arras [ˈærəs] *s* tapicería de Arrás

array [əˈre] *s* orden; orden de batalla; adorno, atavío; *va* poner en orden; poner en orden de batalla; adornar, ataviar

arrearage [əˈrɪrɪdʒ] *s* demora, tardanza; deudas; reserva

arrears [əˈrɪrz] *spl* atrasos; trabajo no acabado; **in arrears** atrasado en pagos

arrest [əˈrɛst] *s* arresto, prisión; parada, detención; **under arrest** bajo arresto; *va* arrestar; parar, detener; atraer (*la atención*)

arrester [əˈrɛstər] *s* detenedor; (elec.) pararrayos; (elec.) apagachispas; (mach.) detenedor

arresting [əˈrɛstɪŋ] *adj* impresionante

arrhizal [əˈraɪzəl] *adj* (bot.) arrizo

arrhythmia [əˈrɪθmɪə] *s* (path.) arritmia

arrhythmic [əˈrɪðmɪk] o [əˈrɪθmɪk] *adj* arrítmico

arris [ˈærɪs] *s* (arch.) arista

arrival [əˈraɪvəl] *s* llegada; llegado (*persona que llega*)

arrive [əˈraɪv] *vn* llegar; tener éxito; **to arrive at** llegar a

arrogance ['ærəgəns] *s* arrogancia
arrogant ['ærəgənt] *adj* arrogante
arrogate ['æroget] *va* arrogarse; atribuir; **to arrogate to oneself** arrogarse
arrogation [,æro'geʃən] *s* arrogación; atribución
arrow ['æro] *s* flecha
arrowhead ['æro,hɛd] *s* punta de flecha; (bot.) sagitaria, saetilla
arrowroot ['æro,rut] o ['æro,rʊt] *s* (bot.) maranta; fécula de maranta, arrurruz
arrowweed ['æro,wid] *s* (bot.) cachanilla
arrowwood ['æro,wʊd] *s* (bot.) viburno; (bot.) cachanilla; (bot.) arraclán, frángula
arrowy ['æro·ɪ] o ['ærəwɪ] *adj* aflechado; (fig.) veloz, cortante, penetrante
arsenal ['ɑrsɪnəl] *s* arsenal
arsenate ['ɑrsɪnet] o ['ɑrsɪnɪt] *s* (chem.) arseniato
arsenic ['ɑrsɪnɪk] *s* (chem. & mineral.) arsénico; [ɑr'sɛnɪk] *adj* (chem.) arsénico
arsenic acid *s* (chem.) ácido arsénico
arsenical [ɑr'sɛnɪkəl] *adj* arsenical
arsenide ['ɑrsɪnaɪd] o ['ɑrsɪnɪd] *s* (chem.) arseniuro
arsenious [ɑr'siniəs] *adj* (chem.) arsenioso
arsenite ['ɑrsɪnaɪt] *s* (chem.) arsenito
arson ['ɑrsən] *s* incendio premeditado, delito de incendio
arsphenamine [,ɑrsfɛnə'min] o [,ɑrsfɛ'næmɪn] *s* (pharm.) arsfenamina
art. abr. de **article**
art [ɑrt] *s* arte; *segunda persona del sg del pres de ind de* **be**
Artaxerxes [,ɑrtə'zɛrksiz] *s* Artajerjes
Artemis ['ɑrtɪmɪs] *s* (myth.) Artemis o Artemisa
arterial [ɑr'tɪrɪəl] *adj* arterial
arterialization [ɑr,tɪrɪəlɪ'zeʃən] *s* arterialización
arterialize [ɑr'tɪrɪəlaɪz] *va* arterializar
arterial tension *s* (med.) tensión arterial o sanguínea
arteriole [ɑr'tɪrɪol] *s* arteriola
arteriosclerosis [ɑr,tɪrɪosklɪ'rosɪs] *s* (path.) arteriosclerosis
arterious [ɑr'tɪrɪəs] *adj* arterioso
arteritis [,ɑrtə'raɪtɪs] *s* (path.) arteritis
artery ['ɑrtərɪ] *s* (*pl:* **-ies**) (anat.) arteria; (fig.) arteria (*gran vía*)
artesian well [ɑr'tiʒən] *s* pozo artesiano
artful ['ɑrtfəl] *adj* mañoso, astuto, artificioso; artificial; artístico; diestro, ingenioso
arthritic [ɑr'θrɪtɪk] *adj & s* artrítico
arthritis [ɑr'θraɪtɪs] *s* (path.) artritis
arthromere ['ɑrθromɪr] *s* (zool.) artrómera
arthropod ['ɑrθrəpɑd] *adj & s* (zool.) artrópodo
Arthur ['ɑrθər] *s* Arturo; **King Arthur** el rey Arturo, el rey Artús
Arthurian [ɑr'θʊrɪən] *adj* arturiano o artúrico
Arthurian Cycle *s* (lit.) ciclo de Artús
artichoke ['ɑrtɪtʃok] *s* (bot.) alcachofa (*planta y su piña*)
article ['ɑrtɪkəl] *s* artículo; **an article of clothing** una prenda; **an article of food** un alimento; **an article of furniture** un mueble; **an article of luggage** un bulto de equipaje; *va & vn* articular
articular [ɑr'tɪkjələr] *adj* articular
articulate [ɑr'tɪkjəlɪt] *adj* articulado; claro, distinto; capaz de hablar; *s* (zool.) articulado; [ɑr'tɪkjəlet] *va* articular; *vn* articularse
articulation [ɑr,tɪkjə'leʃən] *s* articulación; (anat., bot., zool., & phonet.) articulación
artifact ['ɑrtɪfækt] *s* artefacto; (biol.) artefacto
artifice ['ɑrtɪfɪs] *s* artificio
artificer [ɑr'tɪfɪsər] *s* artífice; (mil.) artificiero
artificial [,ɑrtɪ'fɪʃəl] *adj* artificial
artificial insemination *s* inseminación artificial
artificiality [,ɑrtɪ,fɪʃɪ'ælɪtɪ] *s* (*pl:* **-ties**) falta de naturalidad, afectación; cosa artificial
artillerist [ɑr'tɪlərɪst] *s* artillero
artillery [ɑr'tɪlərɪ] *s* artillería
artilleryman [ɑr'tɪlərɪmən] *s* (*pl:* **-men**) artillero
artiodactyl o **artiodactyle** [,ɑrtɪo'dæktɪl] *adj & s* (zool.) artiodáctilo
artisan ['ɑrtɪzən] *s* artesano
artist ['ɑrtɪst] *s* artista
artistic [ɑr'tɪstɪk] *adj* artístico
artistically [ɑr'tɪstɪkəlɪ] *adv* artísticamente
artistry ['ɑrtɪstrɪ] *s* arte, habilidad artística; obra del artista
artless ['ɑrtlɪs] *adj* sencillo, natural, sin arte; chabacano; imperito
art paper *s* papel cuché
arts and crafts *spl* artes y oficios
arty ['ɑrtɪ] *adj* (*comp:* **-ier;** *super:* **-iest**) (coll.) ostentosamente artístico
arum ['ɛrəm] *s* (bot.) aro; (bot.) aro de Etiopía
arum lily *s* (bot.) aro de Etiopía
Aryan ['ɛrɪən] o ['ɑrjən] *adj & s* ario
as [æz] o [əz] *pron rel* que; **the same as** el mismo que; **such as** tal cual; *adv* tan; **so as to** + *inf* para + *inf;* **as . . . as** tan . . . como; **as far as** hasta, hasta donde; **as far as he is concerned** por lo que le toca a él; **as far as I know** que yo sepa; **as for** en cuanto a; **as if** como si; **as if to** + *inf* como para + *inf;* **as long as** mientras que; ya que; **as many as** tantos como; **as much as** tanto como; **as of** en el día de; **as per** según; **as regards** en cuanto a; **as soon as** tan pronto como; **as soon as possible** cuanto antes, lo más pronto posible; **as though** como si; **as to** en cuanto a; **as well** también; **as well as** así como; **as yet** hasta ahora; *conj* como; que, ya que; a medida que; **all the more** (o **less**) **. . . (in proportion) as . . . more** (o **less**) tanto más (o menos) . . . cuanto más (o menos); **as it seems** por lo visto, según parece; **as it were** por decirlo así; *prep* por, como; **as a rule** por regla general
asafetida o **asafoetida** [,æsə'fɛtɪdə] *s* asafétida o asa fétida
asarabacca [,æsərə'bækə] *s* (bot.) asarabácara o ásaro
asbestos o **asbestus** [æs'bɛstəs] *s* asbesto; *adj* asbestino
ascarid ['æskərɪd] *s* (zool.) ascáride
ascend [ə'sɛnd] *va* subir (*p.ej., una cuesta*); **to ascend the throne** empuñar el cetro; *vn* ascender
ascendance [ə'sɛndəns] o **ascendancy** [ə'sɛndənsɪ] *s* ascendiente (*poder, influjo*); dominio, ventaja
ascendant [ə'sɛndənt] *adj* ascendente; predominante; *s* ascendiente (*poder, influjo*); (astrol.) ascendente; **in the ascendant** predominante, con influencia cada vez mayor, ganando poder
ascendence [ə'sɛndəns] o **ascendency** [ə'sɛndənsɪ] *s* var. de **ascendance**
ascendent [ə'sɛndənt] *adj & s* var. de **ascendant**
ascension [ə'sɛnʃən] *s* ascensión; (*cap.*) *s* Ascensión (*subida de Cristo; fiesta; isla en el Atlántico*)
ascensional [ə'sɛnʃənəl] *adj* ascensional
Ascension Day *s* la Ascensión, fiesta de la Ascensión
ascent [ə'sɛnt] *s* ascensión, subida; ascenso, promoción
ascertain [,æsər'ten] *va* averiguar
ascertainable [,æsər'tenəbəl] *adj* averiguable
ascertainment [,æsər'tenmənt] *s* averiguación
ascetic [ə'sɛtɪk] *adj* ascético; *s* asceta
asceticism [ə'sɛtɪsɪzəm] *s* ascetismo
ascians ['æʃɪənz] o ['æʃənz] *spl* ascios
ascidian [ə'sɪdɪən] *s* (zool.) ascidia
ascites [ə'saɪtiz] *s* (path.) ascitis
Asclepius [æs'klipɪəs] *s* (myth.) Asclepio
ascomycete [,æskomaɪ'sit] *s* (bot.) ascomiceto
ascon ['æskɑn] *s* (zool.) ascón
ascorbic acid [ə'skɔrbɪk] *s* (biochem.) ácido ascórbico
ascospore ['æskospor] *s* (bot.) ascospora
ascot ['æskət] *s* corbata a la inglesa
ascribable [ə'skraɪbəbəl] *adj* atribuíble
ascribe [ə'skraɪb] *va* atribuir
ascription [ə'skrɪpʃən] *s* atribución
ascus ['æskəs] *s* (*pl:* **asci** ['æsaɪ]) (bot.) asca
asepsis [ə'sɛpsɪs] o [e'sɛpsɪs] *s* (med.) asepsia
aseptic [ə'sɛptɪk] o [e'sɛptɪk] *adj* aséptico
asexual [e'sɛkʃʊəl] *adj* asexual
ash [æʃ] *s* ceniza; (bot.) fresno; **ashes** *spl* ceniza, cenizas; (fig.) cenizas (*restos mortales*)

ashamed [ə'ʃemd] *adj* avergonzado; **to be ashamed** tener vergüenza; **to be ashamed to** + *inf* tener vergüenza de + *inf*
ash can *s* recipiente de hojalata para ceniza
ashen ['æʃən] *adj* ceniciento; fresnal
ash fire *s* borrajo, rescoldo
ashlar o **ashler** ['æʃlər] *s* sillar; sillería
ashman ['æʃ,mæn] *s* (*pl:* **-men**) basurero
ashore [ə'ʃor] *adv* en tierra, a tierra; **to come ashore** o **to go ashore** desembarcar; **to run ashore** encallar, varar
ashpan ['æʃ,pæn] *s* cenicero, guardacenizas
ashpit ['æʃ,pɪt] *s* cenizal, foso para cenizas
ash tray *s* cenicero
Ash Wednesday *s* miércoles de ceniza
ashy ['æʃɪ] *adj* cenizoso
Asia ['eʒə] o ['eʃə] *s* Asia
Asia Minor *s* el Asia Menor
Asian ['eʒən] o ['eʃən] o **Asiatic** [,eʒɪ'ætɪk] o [,eʃɪ'ætɪk] *adj* & *s* asiático
Asiatic cholera *s* (path.) cólera asiático
Asiaticism [,eʒɪ'ætɪsɪzəm] o [,eʃɪ'ætɪsɪzəm] *s* asiaticismo
aside [ə'saɪd] *adv* aparte, a un lado; **to step aside** hacerse a un lado, quitarse de en medio; **aside from** además de; *s* aparte (*observación*)
asinine ['æsɪnaɪn] *adj* tonto, necio
asininity [,æsɪ'nɪnɪtɪ] *s* (*pl:* **-ties**) asnería
ask [æsk] o [ɑsk] *va* pedir (*suplicar, exigir*); preguntar (*hacer preguntas a*); hacer (*una pregunta*); invitar; **to ask someone for something** pedir algo a alguien; **to ask someone something** preguntar algo a alguien; **to ask someone to** + *inf* pedir a alguien que + *subj;* invitar a alguien a + *inf; vn* pedir; preguntar; **to ask about, after** o **for** preguntar por; **to ask for** pedir; **to ask for it** (coll.) buscársela
askance [ə'skæns] o **askant** [ə'skænt] *adv* al sesgo, de soslayo; sospechosamente, con desdén
askew [ə'skju] *adj* sesgado, oblicuo; *adv* al sesgo, oblicuamente; con desdén
asking ['æskɪŋ] o ['ɑskɪŋ] *s* ruego, petición; **for the asking** sin más que pedirlo
aslant [ə'slænt] o [ə'slɑnt] *adv* oblicuamente; *prep* a través de
asleep [ə'slip] *adj* dormido; muerto, entumecido; **to fall asleep** dormirse
aslope [ə'slop] *adv* en declive
Asmodeus [,æzmə'diəs] o [,æsmə'diəs] *s* Asmodeo
asp [æsp] *s* (zool.) áspid; (poet.) tiemblo (*árbol*)
asparagus [ə'spærəgəs] *s* (bot.) espárrago (*planta y tallos*); espárragos (*tallos que se comen*)
asparkle [ə'spɑrkəl] *adj* centelleante
aspect ['æspɛkt] *s* aspecto; (astr., astrol. & gram.) aspecto
aspen ['æspən] *s* (bot.) álamo temblón, tiemblo; *adj* tremulante
aspergillum [,æspər'dʒɪləm] *s* (*pl:* **-la** [lə] o **-lums**) (eccl.) hisopo
asperity [æs'pɛrɪtɪ] *s* (*pl:* **-ties**) aspereza
asperse [ə'spʌrs] *va* difamar, calumniar; asperjar
aspersion [ə'spʌrʒən] o [ə'spʌrʃən] *s* difamación, calumnia; aspersión (*rociamiento*); **to cast aspersions on** insinuar calumnias contra
asphalt ['æsfɔlt] o ['æsfælt] *s* asfalto; (mineral.) asfalto; *adj* asfaltado; *va* asfaltar
asphaltic [æs'fɔltɪk] o [æs'fæltɪk] *adj* asfáltico
asphaltum [æs'fæltəm] *s* (mineral.) asfalto
asphodel ['æsfədɛl] *s* (bot.) asfódelo
asphyxia [æs'fɪksɪə] *s* (path.) asfixia
asphyxiate [æs'fɪksɪet] *va* asfixiar
asphyxiation [æs,fɪksɪ'eʃən] *s* asfixia
aspic ['æspɪk] *s* (zool.) áspid; manjar de gelatina, carne picada, jugo de tomate, etc.
aspidistra [,æspɪ'dɪstrə] *s* (bot.) aspidistra
aspirant [ə'spaɪrənt] o ['æspɪrənt] *s* pretendiente, candidato
aspirate ['æspɪrɪt] *adj* (phonet.) aspirado; *s* (phonet.) aspirada (*letra*); ['æspɪret] *va* (phonet.) aspirar
aspiration [,æspɪ'reʃən] *s* aspiración
aspirator ['æspɪ,retər] *s* aspirador
aspire [ə'spaɪr] *vn* aspirar; elevarse; **to aspire after** o **to** aspirar a; **to aspire to** + *inf* aspirar a + *inf*
aspirin ['æspɪrɪn] *s* (pharm.) aspirina
asquint [ə'skwɪnt] *adv* de soslayo
ass [æs] *s* asno; (fig.) asno
assafetida o **assafoetida** [,æsə'fɛtɪdə] *s* var. de **asafetida**
assagai ['æsəgaɪ] *s* azagaya
assail [ə'sel] *va* asaltar, acometer
assailable [ə'seləbəl] *adj* atacable
assailant [ə'selənt] *s* asaltador, asaltante
assassin [ə'sæsɪn] *s* asesino
assassinate [ə'sæsɪnet] *va* asesinar
assassination [ə,sæsɪ'neʃən] *s* asesinato
assassin bug *s* (ent.) reduvio
assault [ə'sɔlt] *s* asalto; *va* asaltar
assault and battery *spl* (law) vías de hecho, violencias
assay [ə'se] o ['æse] *s* ensaye; muestra de ensaye; [ə'se] *va* ensayar (*mineral, aleación, etc.*); apreciar
assayer [ə'seər] *s* ensayador, contraste, quilatador
assemblage [ə'sɛmblɪdʒ] *s* asamblea; reunión (*de personas o cosas*); (mach.) montaje
assemble [ə'sɛmbəl] *va* reunir; (mach.) armar, montar; *vn* reunirse
assembly [ə'sɛmblɪ] *s* (*pl:* **-blies**) asamblea; reunión (*de personas o cosas*); (mach.) montaje, armadura; (mil.) asamblea
assembly hall *s* aula magna, salón de sesiones, paraninfo
assembly line *s* línea de montaje
assemblyman [ə'sɛmblɪmən] *s* (*pl:* **-men**) asambleísta
assembly plant *s* fábrica de montaje
assembly room *s* sala de reunión; (mach.) taller de montaje
assent [ə'sɛnt] *s* asenso; *vn* asentir
assert [ə'sʌrt] *va* afirmar, aseverar, declarar; **to assert oneself** hacer valer sus derechos
assertion [ə'sʌrʃən] *s* aserción
assertive [ə'sʌrtɪv] *adj* asertivo; agresivo
assess [ə'sɛs] *va* gravar (*una propiedad inmueble*); fijar (*daños y perjuicios*); amillarar, prorratear; apreciar, estimar
assessable [ə'sɛsəbəl] *adj* gravable
assessment [ə'sɛsmənt] *s* gravamen; fijación; amillaramiento, prorrateo; apreciación, estimación
assessor [ə'sɛsər] *s* tasador
asset ['æset] *s* posesión, ventaja; (fig.) valor (*persona, cosa o cualidad dignas de ser poseídas*); (com.) partida del activo; **assets** *spl* (com.) activo
asseverate [ə'sɛvəret] *va* aseverar
asseveration [ə,sɛvə'reʃən] *s* aseveración
assibilate [ə'sɪbɪlet] *va* (phonet.) asibilar; *vn* (phonet.) asibilarse
assibilation [ə,sɪbɪ'leʃən] *s* (phonet.) asibilación
assiduity [,æsɪ'djuɪtɪ] o [,æsɪ'duɪtɪ] *s* asiduidad
assiduous [ə'sɪdʒuəs] o [ə'sɪdjuəs] *adj* asiduo
assign [ə'saɪn] *s* (law) cesionario; *va* asignar
assignable [ə'saɪnəbəl] *adj* asignable
assignat ['æsɪgnæt] *s* asignado (*papel moneda en Francia durante la Revolución*)
assignation [,æsɪg'neʃən] *s* asignación; cita con una muchacha
assignee [,æsɪ'ni] *s* (law) cesionario
assignment [ə'saɪnmənt] *s* asignación, cometido; lección; (law) escritura de cesión
assignor [,æsɪ'nɔr] *s* (law) cesionista
assimilable [ə'sɪmɪləbəl] *adj* asimilable
assimilate [ə'sɪmɪlet] *va* asimilarse (*p.ej., los alimentos, el conocimiento*); asimilar; *vn* asimilar
assimilation [ə,sɪmɪ'leʃən] *s* asimilación
assimilative [ə'sɪmɪ,letɪv] *adj* asimilativo
Assisi [ə'sizɪ] *s* Asís
assist [ə'sɪst] *va* asistir, ayudar, socorrer, auxiliar
assistance [ə'sɪstəns] *s* asistencia, ayuda, socorro
assistant [ə'sɪstənt] *adj* & *s* ayudante
assistant manager *s* subdirector
assistant professor *s* ayudante de profesor, profesor agregado
assizes [ə'saɪzɪz] *spl* sesión del tribunal de justicia
assn. o **Assn.** abr. de **association**

assoc. abr. de **associate** y **association**
associate [ə'soʃɪɪt] o [ə'soʃɪet] *adj* asociado; *s* asociado, socio; [ə'soʃɪet] *va* asociar; *vn* asociarse
associate professor *s* profesor adjunto
association [ə,sosɪ'eʃən] o [ə,soʃɪ'eʃən] *s* asociación
association football *s* (sport) asociación o fútbol asociación
associationism [ə,sosɪ'eʃənɪzəm] o [ə,soʃɪ'eʃənɪzəm] *s* (psychol.) asociacionismo
associative [ə'soʃɪ,etɪv] *adj* asociativo
assonance ['æsənəns] *s* asonancia; asonante (*sonido, sílaba o letra*)
assonanced ['æsənənst] *adj* asonantado
assonant ['æsənənt] *adj & s* asonante
assonate ['æsənet] *vn* asonantar, asonar
assort [ə'sɔrt] *va* ordenar, clasificar; *vn* convenir, asociarse
assorted [ə'sɔrtɪd] *adj* surtido, variado; clasificado; apareado
assortment [ə'sɔrtmənt] *s* surtido; clasificación; clase, grupo
asst. o **Asst.** abr. de **assistant**
assuage [ə'swedʒ] *va* mitigar, aliviar
assuagement [ə'swedʒmənt] *s* mitigación, alivio
assume [ə'sum] o [ə'sjum] *va* asumir (*p.ej., el mando, responsabilidades, grandes proporciones*); adoptar; arrogarse; suponer, dar por sentado; *vn* presumir
assumed [ə'sumd] o [ə'sjumd] *adj* supuesto; fingido, pretendido, falso
assuming [ə'sumɪŋ] o [ə'sjumɪŋ] *adj* presuntuoso, presumido
assumption [ə'sʌmpʃən] *s* asunción; adopción; arrogación; suposición; presunción; (*cap.*) *s* (eccl.) Asunción
Assumptionist [ə'sʌmpʃənɪst] *s* asuncionista
assumptive [ə'sʌmptɪv] *adj* supuesto; arrogante, presuntuoso
assurance [ə'ʃurəns] *s* aseguramiento; seguridad, confianza; descaro; (com.) seguro
assure [ə'ʃur] *va* asegurar; (com.) asegurar
assured [ə'ʃurd] *adj* seguro, confiado; descarado; (com.) asegurado
Assyria [ə'sɪrɪə] *s* Asiria
Assyrian [ə'sɪrɪən] *adj & s* asirio
Assyriologist [ə,sɪrɪ'ɑlədʒɪst] *s* asiriólogo
Assyriology [ə,sɪrɪ'ɑlədʒɪ] *s* asiriología
astatic [e'stætɪk] *adj* astático
astatine ['æstətin] o ['æstətɪn] *s* (chem.) astatino o ástato
aster ['æstər] *s* (bot. & biol.) aster; (bot.) reina Margarita (*Callistephus chinensis*)
asterisk ['æstərɪsk] *s* asterisco
asterism ['æstərɪzəm] *s* (astr. & phys.) asterismo
astern [ə'stʌrn] *adv* (naut.) por la popa, a popa
asteroid ['æstərɔɪd] *adj* asteroide (*de figura de estrella*); *s* (astr.) asteroide; (bot.) asteroidea; (zool.) asteroideo, estrella de mar
asteroidean [,æstə'rɔɪdɪən] *adj & s* (zool.) asteroideo
asthenia [æs'θinɪə] *s* (path.) astenia
asthenic [æs'θenɪk] *adj & s* asténico
asthma ['æzmə] o ['æsmə] *s* (path.) asma
asthmatic [æz'mætɪk] o [æs'mætɪk] *adj & s* asmático
astigmatic [,æstɪg'mætɪk] *adj* astigmático
astigmatism [ə'stɪgmətɪzəm] *s* (med.) astigmatismo
astigmometer [,æstɪg'mɑmɪtər] *s* astigmómetro
astir [ə'stʌr] *adv* en movimiento, en actividad; levantado de la cama
astonish [ə'stɑnɪʃ] *va* asombrar
astonishing [ə'stɑnɪʃɪŋ] *adj* asombroso
astonishment [ə'stɑnɪʃmənt] *s* asombro
astound [ə'staund] *va* pasmar, aturdir
astounding [ə'staundɪŋ] *adj* pasmoso
astrachan ['æstrəkən] *s* astracán
astraddle [ə'strædəl] *adv* a horcajadas
astragal ['æstrəgəl] *s* (anat., arch. & arti.) astrágalo; (carp.) contrapilastra
astrakhan ['æstrəkən] *s* var. de **astrachan**
astral ['æstrəl] *adj* astral
astral body *s* (theosophy) cuerpo astral
astral lamp *s* lámpara astral
astray [ə'stre] *adv* por mal camino; **to go astray** extraviarse; **to lead astray** extraviar
astriction [ə'strɪkʃən] *s* astricción
astrictive [ə'strɪktɪv] *adj* astrictivo
astride [ə'straɪd] *adv* a horcajadas; *prep* a horcajadas en
astringency [ə'strɪndʒənsɪ] *s* astringencia; (fig.) austeridad
astringent [əs'trɪndʒənt] *adj* astringente; (fig.) austero; *s* astringente
astrodome ['æstrədom] *s* (aer.) astródomo
astrolabe ['æstrəleb] *s* (astr.) astrolabio
astrologer [ə'strɑlədʒər] *s* astrólogo
astrological [,æstrə'lɑdʒɪkəl] *adj* astrológico
astrologize [ə'strɑlədʒaɪz] *va & vn* astrologar
astrology [ə'strɑlədʒɪ] *s* astrología
astronaut ['æstrənɔt] *s* astronauta
astronautic [,æstrə'nɔtɪk] *adj* astronáutico; **astronautics** *ssg* astronáutica
astronautical [,æstrə'nɔtɪkəl] *adj* astronáutico
astronavigation [,æstro,nævɪ'geʃən] *s* astronavegación
astronomer [ə'strɑnəmər] *s* astrónomo
astronomic [,æstrə'nɑmɪk] o **astronomical** [,æstrə'nɑmɪkəl] *adj* astronómico; (fig.) astronómico (*extraordinariamente grande*)
astronomical year *s* año astronómico
astronomy [ə'strɑnəmɪ] *s* astronomía
astrophotography [,æstrəfə'tɑgrəfɪ] *s* astrofotografía
astrophotometry [,æstrəfo'tɑmɪtrɪ] *s* astrofotometría
astrophysical [,æstro'fɪzɪkəl] *adj* astrofísico
astrophysics [,æstro'fɪzɪks] *ssg* astrofísica
Asturian [æs'turɪən] *adj & s* asturiano
astute [æs'tjut] o [æs'tut] *adj* astuto, sagaz
astuteness [æs'tjutnɪs] o [æs'tutnɪs] *s* astucia
Astyanax [æs'taɪənæks] *s* (myth.) Astianacte
asunder [ə'sʌndər] *adv* a pedazos, en dos; **to tear asunder** romper en dos
asylum [ə'saɪləm] *s* asilo
asymmetric [,esɪ'metrɪk] o [,æsɪ'metrɪk] o **asymmetrical** [,esɪ'metrɪkəl] o [,æsɪ'metrɪkəl] *adj* asimétrico
asymmetry [e'sɪmɪtrɪ] *s* asimetría
asymptote ['æsɪmtot] *s* (math.) asíntota
asynchronism [e'sɪŋkrənɪzəm] o [e'sɪnkrənɪzəm] *s* asincronismo
asynchronous [e'sɪŋkrənəs] o [e'sɪnkrənəs] *adj* asincrónico
asyndeton [ə'sɪndətən] o [ə'sɪndɪtɑn] *s* (rhet.) asíndeton
asystole [e'sɪstəli] *s* (path.) asistolia
asystolic [,esɪs'tɑlɪk] *adj* asistólico
at [æt] o [ət] *prep* en, p.ej., **he was at the theater last night** estuvo en el teatro anoche; **at that time** en aquel entonces; a, p.ej., **he was waiting for me at the door** me esperaba a la puerta; **at eight o'clock** a las ocho; por, p.ej., **go in at the front door** entre Vd. por la puerta principal; **at my order** por mi orden; de, p.ej., **to be surprised at** estar sorprendido de; **to laugh at** reírse de; en casa de p.ej., **at Mary's** en casa de María; en la oficina de; en la tienda de; en el taller de; en el restaurante de
atacamite [ə'tækəmaɪt] *s* (mineral.) atacamita
ataractic [,ætə'ræktɪk] *adj* ataráxico
ataraxia [,ætə'ræksɪə] *s* ataraxia
atavism ['ætəvɪzəm] *s* (biol.) atavismo
atavistic [,ætə'vɪstɪk] *adj* atávico
ataxia [ə'tæksɪə] *s* ataxia; (path.) ataxia
ataxic [ə'tæksɪk] *adj & s* atáxico
ataxy [ə'tæksɪ] *s* var. de **ataxia**
ate [et] *pret de* **eat**; (*cap.*) ['etɪ] *s* (myth.) Até
atelier ['ætəlje] *s* taller (*de artista*)
athanasia [,æθə'neʒə] *s* atanasia (*inmortalidad*)
Athanasian [,æθə'neʒən] *adj* atanasiano
Athanasian Creed *s* Símbolo Atanasiano
Athanasius, Saint [,æθə'neʃəs] San Atanasio
athanor ['æθənɔr] *s* atanor, hornillo de atenor
atheism ['eθiɪzəm] *s* ateísmo
atheist ['eθiɪst] *adj & s* ateo
atheistic [,eθi'ɪstɪk] o **atheistical** [,eθi'ɪstɪkəl] *adj* ateo
Athena [ə'θinə] *s* (myth.) Atena o Atenea
athenaeum o **atheneum** [,æθɪ'niəm] *s* ateneo
Athene [ə'θinɪ] *s* var. de **Athena**

Athenian [əˈθiniən] *adj & s* ateniense
Athens [ˈæθɪnz] *s* Atenas
atherine [ˈæθərɪn] o [ˈæθəraɪn] *s* (ichth.) pejerrey, pez de rey
athermancy [eˈθʌrmənsɪ] *s* (phys.) atermancia
athermanous [eˈθʌrmənəs] *adj* atérmano
atherosclerosis [ˌæθərosklɪˈrosɪs] *s* (path.) aterosclerosis
athirst [əˈθʌrst] *adj* sediento
athlete [ˈæθlit] *s* atleta
athlete's foot *s* (path.) pie de atleta
athlete's heart *s* (path.) corazón atlético
athletic [æθˈlɛtɪk] *adj* atlético; **athletics** *ssg* atletismo (*doctrina acerca de los ejercicios atléticos*); atlética (*arte o habilidad*); *spl* atletismo (*ejercicios atléticos*)
athletic field *s* campo de deportes
at-home [ætˈhom] *s* recepción, recibimiento
athwart [əˈθwɔrt] *adv* de través; *prep* por el través de; contra
atilt [əˈtɪlt] *adv* en posición inclinada; dando una lanzada
atingle [əˈtɪŋgəl] *adj* estremeciéndose
atinkle [əˈtɪŋkəl] *adj* tintineando
Atlantean [ˌætlænˈtiən] *adj* atlántico (*perteneciente al gigante Atlas o Atlante*)
atlantes [ætˈlæntiz] *spl* (arch.) atlantes
Atlantic [ætˈlæntɪk] *adj & s* Atlántico
Atlantic Charter *s* carta del Atlántico
Atlantic Coast *s* Costa del Atlántico
Atlantic Ocean *s* océano Atlántico
Atlantides [ætˈlæntɪdiz] *spl* (astr. & myth.) Atlántidas
Atlantis [ætˈlæntɪs] *s* Atlántida
atlas [ˈætləs] *s* atlas (*libro de mapas geográficos*); (anat.) atlas; (*cap.*) *s* (myth.) Atlas o Atlante
atlas folio *s* folio atlántico
Atlas Mountains, the el Atlas
atmosphere [ˈætməsfɪr] *s* atmósfera; (fig.) atmósfera
atmospheric [ˌætməsˈfɛrɪk] *adj* atmosférico; **atmospherics** *spl* (rad.) parásitos atmosféricos
atmospheric pressure *s* presión atmosférica
atoll [ˈætɑl] o [əˈtɑl] *s* atolón
atom [ˈætəm] *s* átomo; (chem.) átomo
atom bomb *s* bomba atómica
atomic [əˈtɑmɪk] *adj* atómico
atomic age *s* era atómica
atomic air power *s* poder aéreo atómico
atomic bomb *s* bomba atómica
atomic energy *s* (phys.) energía atómica
atomicity [ˌætəˈmɪsɪtɪ] *s* (chem.) atomicidad
atomic number *s* (chem.) número atómico
atomic pile *s* (phys.) pila atómica
atomic reactor *s* (phys.) reactor atómico
atomic theory *s* (chem.) teoría atómica
atomic war *s* guerra atómica
atomic weapon *s* arma atómica
atomic weight *s* (chem.) peso atómico
atomism [ˈætəmɪzəm] *s* atomismo
atomist [ˈætəmɪst] *s* atomista
atomistic [ˌætəˈmɪstɪk] *adj* atomístico; **atomistics** *ssg* atomística
atomize [ˈætəmaɪz] *va* atomizar
atomizer [ˈætəˌmaɪzər] *s* atomizador, pulverizador
atom smasher *s* (phys.) rompeátomos
atomy [ˈætəmɪ] *s* (*pl:* **-mies**) átomo; pigmeo
atonal [eˈtonəl] *adj* (mus.) atonal
atonalism [eˈtonəlɪzəm] *s* (mus.) atonalismo
atonality [ˌetəˈnælɪtɪ] *s* (mus.) atonalidad
atone [əˈton] *vn* dar reparación; **to atone for** dar reparación por; expiar
atonement [əˈtonmənt] *s* reparación; expiación; (theol.) redención
atonic [əˈtɑnɪk] *adj* (gram. & med.) átono, atónico
atonicity [ˌætəˈnɪsɪtɪ] o [ˌetəˈnɪsɪtɪ] *s* (med.) atonicidad
atony [ˈætənɪ] *s* (path. & phonet.) atonía
atop [əˈtɑp] *adv* encima; *prep* encima de
atrabilious [ˌætrəˈbɪljəs] *adj* atrabiliario
atresia [əˈtriʒɪə] *s* (med.) atresia
Atreus [ˈetrus] o [ˈetrɪəs] *s* (myth.) Atreo
atrium [ˈetrɪəm] *s* (*pl:* **-a** [ə]) atrio; (anat.) atrio
atrocious [əˈtroʃəs] *adj* atroz; (coll.) muy malo, abominable
atrocity [əˈtrɑsɪtɪ] *s* (*pl:* **-ties**) atrocidad
atrophy [ˈætrəfɪ] *s* atrofia; (*pret & pp:* **-phied**) *va* atrofiar; *vn* atrofiarse
atropine [ˈætrəpin] o [ˈætrəpɪn] *s* (chem. & pharm.) atropina
Atropos [ˈætropɑs] *s* (myth.) Átropos
attach [əˈtætʃ] *va* atar, pegar, ligar, juntar; atribuir (*p.ej., importancia*); (law) embargar, incautarse, secuestrar (*propiedad*); *vn* pertenecer
attaché [ˌætəˈʃe] o [əˈtæʃe] *s* agregado
attached [əˈtætʃt] *adj* adherido; **attached to** encariñado con, aficionado a
attachment [əˈtætʃmənt] *s* atadura, unión, enlace; atribución; apego, cariño; aditamento, accesorio; (law) embargo, secuestro, ejecución
attack [əˈtæk] *s* ataque; **an attack of pneumonia** una pulmonía, un ataque de pulmonía; *va* atacar; (chem.) atacar
attain [əˈten] *va* lograr, alcanzar, conseguir; *vn* alcanzar; **to attain to** alcanzar a
attainable [əˈtenəbəl] *adj* alcanzable, realizable
attainder [əˈtendər] *s* muerte civil; (obs.) deshonra
attainment [əˈtenmənt] *s* logro, consecución; **attainments** *spl* dotes, prendas
attaint [əˈtent] *s* mancha, baldón; (vet.) alcanzadura; *va* condenar a muerte civil
attar [ˈætər] *s* aceite esencial fragante
attar of roses *s* aceite esencial de rosas
attempt [əˈtɛmpt] *s* tentativa (*intento, prueba*); atentado; conato; *va* procurar, intentar; atentar a o contra
attend [əˈtɛnd] *va* atender, asistir; asistir a (*la iglesia, la escuela, etc.*); auxiliar (*a un moribundo*); *vn* atender; **to attend to** atender a
attendance [əˈtɛndəns] *s* asistencia, concurrencia; **to dance attendance** hacer antesala; **to dance attendance on** servir obsequiosa y constantemente
attendant [əˈtɛndənt] *adj & s* asistente; concomitante
attention [əˈtɛnʃən] *s* atención; **attentions** *spl* atenciones (*agasajo, obsequio*); **to attract attention** llamar la atención; **to call attention to** hacer presente; **to come to the attention of someone** hacérsele presente a uno; **to pay attention** hacer caso; **to stand at attention** cuadrarse (*los soldados*); *interj* ¡atención!, ¡firmes!
attentive [əˈtɛntɪv] *adj* atento
attenuate [əˈtɛnjʊet] *va* atenuar; *vn* atenuarse
attenuation [əˌtɛnjʊˈeʃən] *s* atenuación
attest [əˈtɛst] *va* atestar, atestiguar; juramentar; *vn* dar fe; **to attest to** dar fe de
attestation [ˌætɛsˈteʃən] *s* atestación, atestiguación
Attic [ˈætɪk] *adj & s* ático; (*l.c.*) *s* (anat. & arch.) ático; buharda
Attica [ˈætɪkə] *s* el Ática
Atticism [ˈætɪsɪzəm] *s* aticismo
Atticist [ˈætɪsɪst] *s* aticista
Attic salt *s* sal ática
Attila [ˈætɪlə] *s* Atila
attire [əˈtaɪr] *s* atavío, traje; *va* ataviar, vestir
attitude [ˈætɪtjud] o [ˈætɪtud] *s* actitud, ademán, postura; (paint. & sculp.) ademán; (aer.) posición; (fig.) actitud (*disposición de la mente*)
attorney [əˈtʌrnɪ] *s* procurador; abogado
attorney at law *s* procurador judicial
attorney general *s* (*pl:* **attorneys general** o **attorney generals**) procurador de síndico, procurador general; (*caps.*) *s* (U.S.A.) ministro de Justicia
attract [əˈtrækt] *va* atraer; llamar (*la atención*)
attractable [əˈtræktəbəl] *adj* atraíble
attraction [əˈtrækʃən] *s* atracción; atractivo (*gracia personal*)
attractive [əˈtræktɪv] *adj* atractivo; atrayente (*agradable, interesante*)
attractiveness [əˈtræktɪvnɪs] *s* atractivo
attributable [əˈtrɪbjətəbəl] *adj* atribuíble
attribute [ˈætrɪbjʊt] *s* atributo; (gram.) atributo; [əˈtrɪbjʊt] *va* atribuir
attribution [ˌætrɪˈbjuʃən] *s* atribución

attributive [ə'trɪbjətɪv] *adj* atributivo; **(gram.)** atributivo
attrition [ə'trɪʃən] *s* (phys. & theol.) atrición; (fig.) agotamiento, consunción
attune [ə'tjun] o [ə'tun] *va* acordar, afinar
atty. abr. de **attorney**
at. wt. abr. de **atomic weight**
atypical [e'tɪpɪkəl] *adj* atípico
auburn ['ɔbərn] *adj & s* castaño rojizo
Aubusson [oby'sõ] *s* tapiz de Aubusson
auction ['ɔkʃən] *s* almoneda, remate, subasta; **to put up at auction** poner en pública subasta; *va* rematar, subastar
auction bridge *s* bridge-remate
auctioneer [,ɔkʃən'ɪr] *s* pregonero, subastador; *va* rematar, subastar
auction room *s* sala de subastas
audacious [ɔ'deʃəs] *adj* audaz
audacity [ɔ'dæsɪtɪ] *s* (*pl:* **-ties**) audacia
audibility [,ɔdɪ'bɪlɪtɪ] *s* audibilidad
audible ['ɔdɪbəl] *adj* audible
audience ['ɔdɪəns] *s* audiencia; público, auditorio
audience room *s* audiencia (*lugar destinado para dar audiencias*)
audio frequency ['ɔdɪo] *s* (rad.) audiofrecuencia
audio-frequency [,ɔdɪo'frikwənsɪ] *adj* (rad.) de audiofrecuencia
audiology [,ɔdɪ'ɑlədʒɪ] *s* audiología
audiometer [,ɔdɪ'ɑmɪtər] *s* audímetro, audiómetro
audion ['ɔdɪɑn] *s* (rad.) audión
audiophile ['ɔdiofaɪl] *s* aficionado a la música de alta fidelidad
audio-visual ['ɔdɪo'vɪʒuəl] *adj* audio-visual
audiphone ['ɔdɪfon] *s* audífono
audit ['ɔdɪt] *s* (com.) intervención; *va* intervenir (*una cuenta*)
audition [ɔ'dɪʃən] *s* audición; *va* dar audición a
auditor ['ɔdɪtər] *s* oyente (*en la escuela*); (com.) interventor
auditorium [,ɔdɪ'torɪəm] *s* (*pl:* **-ums** o **-a** [ə]) auditorio, anfiteatro, paraninfo
auditory ['ɔdɪ,torɪ] *adj* auditivo; *s* (*pl:* **-ries**) auditorio, anfiteatro
auditory canal *s* (anat.) conducto auditivo
auditory nerve *s* (anat.) nervio auditivo
Aug. abr. de **August**
Augean Stables [ɔ'dʒiən] *spl* (myth.) establos de Augías
auger ['ɔgər] *s* barrena
aught [ɔt] *s* alguna cosa; cifra; nada; *adv* absolutamente; en cualquier respecto
augite ['ɔdʒaɪt] *s* (mineral.) augita
augment [ɔg'mɛnt] *va* aumentar; *vn* aumentar o aumentarse
augmentation [,ɔgmɛn'teʃən] *s* aumento; (her.) aumentación
augmentative [ɔg'mɛntətɪv] *adj & s* (gram.) aumentativo
augmented [ɔg'mɛntɪd] *adj* (mus.) aumentado
au gratin [o'grɑtən] *adv* (cook.) al gratín
Augsburg Confession ['ɔgzbʌrg] *s* confesión de Augsburgo
augur ['ɔgər] *s* augur; *va & vn* augurar; **to augur ill** ser de mal agüero; **to augur well** ser de buen agüero
augural ['ɔgjərəl] *adj* augural
augurate ['ɔgjərɪt] *s* augurado
augury ['ɔgjərɪ] *s* (*pl:* **-ries**) augurio
august [ɔ'gʌst] *adj* augusto; (*cap.*) ['ɔgəst] *s* agosto; *adj* agostero
Augustan [ɔ'gʌstən] *adj* augustal
Augustan age *s* siglo de Augusto (*de la literatura romana*); siglo de la reina Ana (*de la literatura inglesa*); siglo de Luis Catorce (*de la literatura francesa*)
Augustine ['ɔgəstin] u [ɔ'gʌstɪn] *s* Agustín; **Saint Augustine** San Agustín
Augustinian [,ɔgəs'tɪnɪən] *adj & s* agustino o agustiniano
Augustinianism [,ɔgəs'tɪnɪənɪzəm] *s* agustinianismo
Augustinian Order *s* (eccl.) orden de San Agustín
Augustus [ɔ'gʌstəs] *s* Augusto
au jus [o'ʒy] *adv* (cook.) en su jugo
auk [ɔk] *s* (orn.) alca
au naturel [onaty'rɛl] *adv* al natural

aunt [ænt] o [ɑnt] *s* tía
aura ['ɔrə] *s* (*pl:* **-ras** o **-rae** [ri]) efluvio, emanación; (med.) aura
aural ['ɔrəl] *adj* aural
aureate ['ɔrɪet] u ['ɔrɪɪt] *adj* áureo
Aurelian [ɔ'rilɪən] *s* Aureliano
Aurelius, Marcus [ɔ'rilɪəs] Marco Aurelio
aureole ['ɔrɪol] *s* (meteor., theol., f.a., & fig.) aureola; *va* aureolar
aureomycin [,ɔrɪo'maɪsɪn] *s* (pharm.) aureomicina
au revoir [orə'vwɑr] *interj* ¡ hasta la vista!
auricle ['ɔrɪkəl] *s* (anat.) aurícula
auricula [ɔ'rɪkjələ] *s* (*pl:* **-lae** [li] o **-las**) (bot.) aurícula
auricular [ɔ'rɪkjələr] *adj* auricular; (anat.) auricular
auricular witness *s* testigo de vista o testigo auricular
auriculate [ɔ'rɪkjəlɪt] *adj* (bot. & zool.) auriculado
auriferous [ɔ'rɪfərəs] *adj* aurífero
Auriga [ɔ'raɪgə] *s* (astr.) Auriga
aurist ['ɔrɪst] *s* aurista
aurochs ['ɔrɑks] *s* (zool.) uro
aurora [ɔ'rorə] *s* aurora; (meteor.) aurora polar; (*cap.*) *s* (myth.) Aurora
aurora australis [ɔs'trelɪs] *s* (meteor.) aurora austral
aurora borealis [,borɪ'elɪs] o [,borɪ'ælɪs] *s* (meteor.) aurora boreal
auroral [ɔ'rorəl] *adj* auroral
auscultate ['ɔskəltet] *va & vn* auscultar
auscultation [,ɔskəl'teʃən] *s* auscultación
auspice ['ɔspɪs] *s* auspicio; **under the auspices of** bajo los auspicios de
auspicious [ɔs'pɪʃəs] *adj* propicio, auspicioso
austere [ɔs'tɪr] *adj* austero
austerity [ɔs'tɛrɪtɪ] *s* (*pl:* **-ties**) austeridad
Austin ['ɔstɪn] *s* Agustín
austral ['ɔstrəl] *adj* austral
Australasia [,ɔstrəl'eʒə] u [,ɔstrəl'eʃə] *s* la Australasia
Australasian [,ɔstrəl'eʒən] u [,ɔstrəl'eʃən] *adj* australasiático
Australia [ɔs'treljə] *s* Australia
Australian [ɔs'treljən] *adj & s* australiano
Australian crawl *s* (swimming) brazada australiana
Australian pea *s* (bot.) caracolillo
Austria ['ɔstrɪə] *s* Austria
Austria-Hungary ['ɔstrɪə'hʌŋgərɪ] *s* Austria-Hungría
Austrian ['ɔstrɪən] *adj & s* austríaco
Austro-Hungarian [,ɔstrohʌŋ'gɛrɪən] *adj & s* austrohúngaro
autarchic [ɔ'tɑrkɪk] o **autarchical** [ɔ'tɑrkɪkəl] *adj* autárquico
autarchy ['ɔtɑrkɪ] *s* (*pl:* **-chies**) autarquía
autarkic [ɔ'tɑrkɪk] o **autarkical** [ɔ'tɑrkɪkəl] *adj* autárcico o autárquico
autarky ['ɔtɑrkɪ] *s* (*pl:* **-kies**) autarcía o autarquía (*independencia económica*)
authentic [ɔ'θɛntɪk] *adj* auténtico
authentically [ɔ'θɛntɪkəlɪ] *adv* auténticamente
authenticate [ɔ'θɛntɪket] *va* autenticar
authentication [ɔ,θɛntɪ'keʃən] *s* autenticación
authenticity [,ɔθɛn'tɪsɪtɪ] *s* autenticidad
author ['ɔθər] *s* autor
authoress ['ɔθərɪs] *s* autora
authoritarian [ɔ,θɑrɪ'tɛrɪən] u [ɔ,θɔrɪ'tɛrɪən] *adj & s* autoritario
authoritarianism [ɔ,θɑrɪ'tɛrɪənɪzəm] u [ɔ,θɔrɪ'tɛrɪənɪzəm] *s* autoritarismo
authoritative [ɔ'θɑrɪ,tetɪv] u [ɔ'θɔrɪ,tetɪv] *adj* autorizado; autoritario (*imperioso*)
authority [ɔ'θɑrɪtɪ] u [ɔ'θɔrɪtɪ] *s* (*pl:* **-ties**) autoridad; **on good authority** de buena tinta
authorization [,ɔθərɪ'zeʃən] *s* autorización
authorize ['ɔθəraɪz] *va* autorizar; **to authorize to** + *inf* autorizar a o para + *inf*
Authorized Version *s* versión autorizada (*de la Biblia*)
authorship ['ɔθərʃɪp] *s* profesión de autor; paternidad literaria
auto ['ɔto] *s* (*pl:* **-tos**) (coll.) auto
autobiographer [,ɔtobaɪ'ɑgrəfər] u [,ɔtobɪ'ɑgrəfər] *s* autobiógrafo
autobiographic [,ɔto,baɪə'græfɪk] o **autobio-**

graphical [ˌɔtoˌbaɪəˈgræfɪkəl] *adj* autobiográfico
autobiography [ˌɔtobaɪˈagrəfɪ] u [ˌɔtobɪˈagrəfɪ] *s* autobiografía
autoblast [ˈɔtoblæst] *s* (biol.) autoblasto
autobus [ˈɔtoˌbʌs] *s* autobús
autocade [ˈɔtoˌked] *s* caravana de automóviles
autochthon [ɔˈtakθən] *s* autóctono
autochthonous [ɔˈtakθənəs] *adj* autóctono
autochthony [ɔˈtakθənɪ] *s* autoctonía
autoclave [ˈɔtoklev] *s* autoclave
autocracy [ɔˈtakrəsɪ] *s* (*pl:* **-cies**) autocracia
autocrat [ˈɔtəkræt] *s* autócrata
autocratic [ˌɔtəˈkrætɪk] o **autocratical** [ˌɔtəˈkrætɪkəl] *adj* autocrático
auto-da-fé [ˈɔtodəˈfe] o [ˈautodəˈfe] *s* (*pl:* **autos-da-fé**) auto de fe
auto driver training school *s* var. de **driving school**
autofrettage [ˌɔtoˈfrɛtɪdʒ] *s* autofretage
autogenesis [ˌɔtoˈdʒɛnɪsɪs] *s* autogénesis
autogenous [ɔˈtadʒɪnəs] *adj* autógeno
autogiro [ˌɔtoˈdʒaɪro] *s* (*pl:* **-ros**) autogiro
autograph [ˈɔtəgræf] u [ˈɔtəgraf] *adj* autógrafo (*escrito de mano de su mismo autor*); *s* autógrafo; *va* autografiar
autographic [ˌɔtəˈgræfɪk] o **autographical** [ˌɔtəˈgræfɪkəl] *adj* autográfico
autograph seeker *s* cazador de autógrafos
autography [ɔˈtagrəfɪ] *s* autografía
autogyro [ˌɔtoˈdʒaɪro] *s* (*pl:* **-ros**) var. de **autogiro**
autohypnosis [ˌɔtohɪpˈnosɪs] *s* autohipnosis
autoinfection [ˌɔto·ɪnˈfɛkʃən] *s* (path.) autoinfección
autointoxication [ˌɔto·ɪnˌtaksɪˈkeʃən] *s* (path.) autointoxicación
autoist [ˈɔto·ɪst] *s* (coll.) automovilista
automat [ˈɔtəmæt] *s* restaurante automático, bar automático
automate [ˈɔtəmet] *va* automatizar
automatic [ˌɔtəˈmætɪk] *adj* automático
automatically [ˌɔtəˈmætɪkəlɪ] *adv* automáticamente
automatic rifle *s* fusil ametrallador
automation [ˌɔtəˈmeʃən] *s* automatización
automatism [ɔˈtamətɪzəm] *s* automacia, automatismo
automaton [ɔˈtamətan] *s* (*pl:* **-tons** o **-ta** [tə]) autómata; (fig.) autómata (*persona*)
automobile [ˌɔtəˈmobɪl] *adj* automóvil; automovilista; [ˌɔtəmoˈbil] u [ˌɔtəˈmobil] *s* automóvil
automobile show *s* salón del automóvil
automobilist [ˌɔtəmoˈbilɪst] u [ˌɔtəˈmobɪlɪst] *s* automovilista
automotive [ˌɔtəˈmotɪv] *adj* automotor
automotive engineer *s* autotécnico
automotive engineering *s* autotécnica
autonomic [ˌɔtəˈnamɪk] *adj* autonómico
autonomist [ɔˈtanəmɪst] *s* autonomista
autonomous [ɔˈtanəməs] *adj* autónomo
autonomy [ɔˈtanəmɪ] *s* autonomía
autoplastic [ˌɔtoˈplæstɪk] *adj* autoplástico
autoplasty [ˈɔtoˌplæstɪ] *s* (surg.) autoplastia
autopsy [ˈɔtapsɪ] *s* (*pl:* **-sies**) autopsia; (*pret & pp:* **-sied**) *va* autopsiar
auto radio *s* autorradio
autosuggestion [ˌɔtosəgˈdʒɛstʃən] *s* autosugestión
autotrophic [ˌɔtoˈtrafɪk] *adj* autótrofo
autotropism [ɔˈtatrəpɪzəm] *s* (bot.) autotropismo
autotruck [ˈɔtoˌtrʌk] *s* autocamión
autumn [ˈɔtəm] *s* otoño
autumnal [ɔˈtʌmnəl] *adj* otoñal, autumnal
autumnal equinox *s* (astr.) equinoccio otoñal o de otoño
autumn crocus *s* (bot.) cólquico
autunite [ˈɔtənaɪt] *s* (mineral.) autunita
Auvergne [oˈvʌrn], [oˈvɛrn] u [oˈvɛrnjə] *s* Auvernia
aux. abr. de **auxiliary**
auxiliary [ɔgˈzɪljərɪ] *adj* auxiliar; (gram.) auxiliar; *s* (*pl:* **-ries**) auxiliar; (gram.) auxiliar (*verbo*); **auxiliaries** *spl* tropas auxiliares
auxiliary verb *s* (gram.) verbo auxiliar
auxochrome [ˈɔksəkrom] *s* (chem.) auxocromo
av. abr. de **avenue, average,** y **avoirdupois**
A.V. abr. de **Authorized Version**

avail [əˈvel] *s* provecho, utilidad; *va* beneficiar; **to avail oneself of** aprovecharse de, valerse de; *vn* aprovechar
availability [əˌveləˈbɪlɪtɪ] *s* disponibilidad
available [əˈveləbəl] *adj* disponible, aprovechable; **to make available to** poner a la disposición de
available assets *spl* disponibilidades
avalanche [ˈævəlæntʃ] o [ˈævəlantʃ] *s* alud, avalancha; (fig.) alud, avalancha, torrente
avant-garde [avɑ̃ˈgard] *adj* vanguardista; *s* vanguardismo
avant-gardist [avɑ̃ˈgardɪst] *s* vanguardista
avarice [ˈævərɪs] *s* avaricia
avaricious [ˌævəˈrɪʃəs] *adj* avaricioso, avariento
avast [əˈvæst] o [əˈvast] *interj* (naut.) ¡forte!
avatar [ˌævəˈtar] *s* avatar
avaunt [əˈvɔnt] o [əˈvant] *interj* (archaic) ¡fuera!, ¡largo de aquí!
Ave. abr. de **Avenue**
Ave Maria [ˈavemaˈriə] o [ˈevɪməˈraɪə] *s* avemaría
avenge [əˈvɛndʒ] *va* vengar; **to avenge oneself on** vengarse en
avenger [əˈvɛndʒər] *s* vengador
avens [ˈævɪnz] *s* (bot.) cariofilata, hierba de San Benito
aventurine [əˈvɛntʃərɪn] *s* (mineral.) venturina
avenue [ˈævɪnju] o [ˈævɪnu] *s* avenida
aver [əˈvʌr] (*pret & pp:* **averred;** *ger:* **averring**) *va* afirmar, declarar
average [ˈævərɪdʒ] *s* promedio, término medio; (naut.) avería; **on an average** por término medio; *adj* medio, de término medio; mediano, común, ordinario; *va* calcular el término medio de; prorratear; hacer un promedio de; ser de un promedio de, ser por término medio
averment [əˈvʌrmənt] *s* afirmación, declaración
Avernus [əˈvʌrnəs] *s* (myth.) Averno
Averroism [ˌævəˈro·ɪzəm] *s* averroísmo
Averroist [ˌævəˈro·ɪst] *s* averroísta
averse [əˈvʌrs] *adj* renuente, contrario
aversion [əˈvʌrʒən] o [əˈvʌrʃən] *s* desviación; aversión, antipatía; cosa aborrecida
avert [əˈvʌrt] *va* apartar, desviar, separar; impedir
aviary [ˈevɪˌɛrɪ] *s* (*pl:* **-ies**) avería, pajarera
aviation [ˌevɪˈeʃən] *s* aviación; *adj* aviatorio
aviation medicine *s* aeromedicina
aviator [ˈevɪˌetər] *s* aviador
aviatrix [ˌevɪˈetrɪks] *s* aviadora, aviatriz
aviculture [ˈevɪˌkʌltʃər] *s* avicultura
avid [ˈævɪd] *adj* ávido
avidity [əˈvɪdɪtɪ] *s* avidez
Avignon [aviˈnjɔ̃] *s* Aviñón
avitaminosis [eˌvaɪtəmɪˈnosɪs] *s* (path.) avitaminosis
avocado [ˌævoˈkado] *s* (*pl:* **-dos**) (bot.) aguacate (*árbol y fruto*)
avocation [ˌævəˈkeʃən] *s* diversión, distracción, ocupación accesoria
avocet [ˈævosɛt] *s* (orn.) avoceta
avoid [əˈvɔɪd] *va* evitar; (law) anular; **to avoid** + *ger* evitar + *inf*
avoidable [əˈvɔɪdəbəl] *adj* evitable
avoidance [əˈvɔɪdəns] *s* evitación; (law) anulación
avoirdupois [ˌævərdəˈpɔɪz] o [ˈævərdəˌpɔɪz] *s* sistema de pesos británico y estadounidense; (coll.) peso, gordura
avoirdupois weight *s* peso avoirdupois (*cuya unidad es la libra de dieciséis onzas, que equivale a 453,50 gramos*)
avoset [ˈævosɛt] *s* var. de **avocet**
avouch [əˈvautʃ] *va* afirmar; garantizar; reconocer
avow [əˈvau] *va* admitir, confesar
avowal [əˈvauəl] *s* admisión, confesión
avowedly [əˈvauɪdlɪ] *adv* concedidamente
avulsion [əˈvʌlʃən] *s* (law) avulsión
avuncular [əˈvʌŋkjələr] *adj* avuncular
await [əˈwet] *va* aguardar, esperar
awake [əˈwek] *adj* despierto; (*pret & pp:* **awoke** o **awaked**) *va & vn* despertar
awaken [əˈwekən] *va & vn* despertar
awakening [əˈwekənɪŋ] *adj* despertador; *s* despertamiento

award [ə'wɔrd] *s* concesión; recompensa, premio; condecoración; adjudicación; *va* conceder; adjudicar
aware [ə'wɛr] *adj* enterado; **to become aware of** enterarse de, ponerse al corriente de, darse cuenta de
awareness [ə'wɛrnɪs] *s* conocimiento, conciencia
awash [ə'wɑʃ] o [ə'wɔʃ] *adv* a flor de agua
away [ə'we] *adj* ausente; distante; *adv* lejos; a lo lejos; alejándose; con ahinco; sin cesar; (sport) en campo ajeno; **to do away with** deshacerse de; matar; **to get away** escapar; **to go away** irse; **to lead away** llevar consigo; **to make away with** robar, hurtar; **to make away with oneself** darse la muerte; **to run away** fugarse; **to send away** enviar; despedir; **to take away** llevarse; quitar; **away from** lejos de; **away with you!** ¡ márchese Vd.!; ¡ lárguese Vd.!
awe [ɔ] *s* temor, temor reverencial; *va* infundir temor reverencial a
aweary [ə'wɪrɪ] *adj* (poet.) cansado, aburrido
aweigh [ə'we] *adj* (naut.) levado; **with anchor aweigh** con ancla levada, levada el ancla
awesome ['ɔsəm] *adj* imponente, pasmoso
awestricken ['ɔ,strɪkən] o **awestruck** ['ɔ,strʌk] *adj* pasmado, espantado
awful ['ɔfəl] *adj* atroz, horrible, tremendo; impresionante, majestuoso; (coll.) muy malo, muy feo, enorme
awfully ['ɔfəlɪ] *adv* atrozmente, horriblemente; majestuosamente; (coll.) muy, excesivamente
awhile [ə'whaɪl] *adv* un rato, algún tiempo
awkward ['ɔkwərd] *adj* desmañado, torpe, lerdo; embarazoso, delicado
awkwardness ['ɔkwərdnɪs] *s* desmaña, torpeza; embarazo, delicadeza
awkward squad *s* (mil.) pelotón de los torpes
awl [ɔl] *s* alesna, lezna
awn [ɔn] *s* (bot.) arista
awned [ɔnd] *adj* (bot.) aristado
awning ['ɔnɪŋ] *s* toldo
awoke [ə'wok] *pret & pp de* **awake**
A.W.O.L. (mil.) ausente sin licencia
awry [ə'raɪ] *adv* de través; equivocadamente, erradamente
ax o **axe** [æks] *s* hacha; **to have an ax to grind** tener algún fin interesado, tener ocultas intenciones
axeman ['æksmən] *s* (*pl:* **-men**) leñador, hachero; (mil.) hachero, gastador
axhammer ['æks,hæmər] *s* martillo de dos filos para desbastar piedra
axial ['æksɪəl] *adj* axil, axial
axial-flow turbine ['æksɪəl'flo] *s* turbina axial
axil ['æksɪl] *s* (bot.) axila
axile ['æksɪl] o ['æksaɪl] *adj* (bot.) axilar
axilla [æk'sɪlə] *s* (*pl:* **-lae** [li]) (anat., bot., & zool.) axila
axillar ['æksɪlər] *adj* axilar; *s* (ent.) axilar
axillary ['æksɪ,lɛrɪ] o [æk'sɪlərɪ] *adj* (anat., bot., & zool.) axilar
axinite ['æksɪnaɪt] *s* (mineral.) axinita
axiology [,æksɪ'ɑlədʒɪ] *s* axiología
axiom ['æksɪəm] *s* axioma
axiomatic [,æksɪə'mætɪk] *adj* axiomático
axion ['æksɪɑn] *s* (anat.) axión
axis ['æksɪs] *s* (*pl:* **axes** ['æksiz]) *s* eje; (math.) eje; (anat.) axis; (*cap.*) *s* Eje (*Alemania e Italia*)
axis cylinder *s* (anat. & physiol.) cilindroeje
Axis nations *spl* naciones del Eje
axle ['æksəl] *s* eje, árbol
axletree ['æksəl,tri] *s* eje, eje de carretón
axman ['æksmən] *s* (*pl:* **-men**) leñador, hachero; (mil.) hachero, gastador
axoid ['æksɔɪd] o **axoidean** [æk'sɔɪdɪən] *adj* (anat.) axoideo
axolotl ['æksəlɑtəl] *s* (zool.) ajolote
axon ['æksɑn] *s* (anat.) axón
axone ['ækson] *s* (anat. & physiol.) axón
axunge ['æksʌndʒ] *s* enjundia
ay [aɪ] *adv & s* sí; [e] *adv* siempre; **for ay** por siempre; [e] *interj* ¡ ay!; **ay me!** ¡ ay de mí!
aye [aɪ] *adv & s* sí; [e] *adv* siempre; **for aye** por siempre
aye-aye ['aɪ,aɪ] *s* (zool.) ayeaye
azalea [ə'zeljə] *s* (bot.) azalea
azarole ['æzərol] *s* (bot.) acerolo (*arbusto*); acerola (*fruto*)
azedarach [ə'zɛdəræk] *s* (bot.) acederaque
Azerbaijan [,ɑzərbaɪ'dʒɑn] *s* el Azerbeiyán
azimuth ['æzɪməθ] *s* acimut
azimuthal ['æzɪ,mʌθəl] *adj* acimutal
azoic [ə'zo·ɪk] *adj* (chem. & geol.) azoico
Azores [ə'zorz] o ['ezorz] *spl* Azores
azote ['æzot] o [ə'zot] *s* (chem.) ázoe
Aztec ['æztɛk] *adj & s* azteca
azure ['æʒər] o ['eʒər] *adj* azul; *s* azul; (her.) azur, blao
azurite ['æʒəraɪt] *s* (mineral.) azurita
azygos ['æzɪgɑs] *s* (anat.) ácigos
azygous vein ['æzɪgəs] *s* (anat.) vena ácigos
azymous ['æzɪməs] *adj* ázimo

B

B, b [bi] *s* (*pl:* **B's, b's** [biz]) segunda letra del alfabeto inglés

b. abr. de **base, bass, basso, bay, book, born, breadth** y **brother**

B. abr. de **bay, Bible, British** y **Brotherhood**

B.A. abr. de **Baccalaureus Artium** (Lat.) **Bachelor of Arts**

baa [bɑ] *s* be (*balido*); *vn* balar

babbitt [ˈbæbɪt] *s* metal de babbitt; *va* revestir o forrar de metal de babbitt

Babbitt metal *s* metal de babbitt

babbittry [ˈbæbɪtrɪ] *s* (U.S.A.) concepto de la moral y las costumbres de la clase media

babble [ˈbæbəl] *s* barboteo; charla, parloteo; murmullo (*de un arroyo*); *va* barbotar; decir indiscretamente; *vn* barbotar; charlar, parlotear; murmurar (*un arroyo*)

babbler [ˈbæblər] *s* charlatán

babbling [ˈbæblɪŋ] *adj* charlatán; murmurante; *s* charlatanería

Babcock test [ˈbæbkɑk] *s* prueba de Babcock

babe [beb] *s* nene, rorro; niño (*persona inocente e inexperta*)

babel o **Babel** [ˈbebəl] *s* babel

babies'-breath [ˈbebɪzˌbrɛθ] *s* (bot.) gipsófila

babirusa, babiroussa o **babirussa** [ˌbæbɪˈrusə] *s* (zool.) babirusa

baboon [bæˈbun] *s* (zool.) babuíno, mandril

baby [ˈbebɪ] *s* (*pl:* **-bies**) nene, rorro, criatura, bebé; pequeño (*de un animal*); benjamín (*el menor de una familia o un grupo*); *adj* aniñado, infantil, pequeño; (*pret & pp:* **-bied**) *va* mimar

baby beef *s* ternerillo para el matadero

baby carriage *s* cochecillo para niños, coche cuna

baby face *s* cara aniñada

baby grand *s* piano de media cola

babyhood [ˈbebɪhʊd] *s* infancia

babyish [ˈbebɪɪʃ] *adj* aniñado, infantil

Babylon [ˈbæbɪlən] o [ˈbæbɪlɑn] *s* Babilonia (*antigua ciudad; cualquier gran ciudad rica y desmoralizada*)

Babylonia [ˌbæbɪˈlonɪə] *s* Babilonia (*antiguo imperio*)

Babylonian [ˌbæbɪˈlonɪən] *adj* babilónico, babilonio; (fig.) babilónico (*fastuoso*); *s* babilonio

Babylonian willow *s* (bot.) sauce de Babilonia

baby sitter *s* (coll.) niñera por horas

baby talk *s* habla aniñada

baby teeth *s* dientes de leche

baccalaureate [ˌbækəˈlɔrɪɪt] *s* bachillerato; (U.S.A.) sermón que se predica a los graduandos del bachillerato

baccara o **baccarat** [ˈbækərɑ] *s* bacará

Bacchae [ˈbæki] *spl* bacantes

bacchanal [ˈbækənəl] *adj* bacanal; *s* bacanal (*orgía*); **bacchanals** *spl* bacanales

bacchanalia [ˌbækəˈnelɪə] *spl* bacanal (*orgía tumultuosa*); (*cap.*) *spl* bacanales

bacchanalian [ˌbækəˈnelɪən] *adj* bacanal; *s* borracho, juerguista

bacchant [ˈbækənt] *s* sacerdote o devoto de Baco; juerguista

bacchante [bəˈkæntɪ] o [bəˈkænt] *s* bacante

Bacchic [ˈbækɪk] *adj* báquico; (*l.c.*) *adj* báquico (*borracho, desenfrenado*)

Bacchus [ˈbækəs] *s* (myth.) Baco

bacciferous [bækˈsɪfərəs] *adj* (bot.) bacífero

bachelor [ˈbætʃələr] *s* soltero (*hombre no casado*); bachiller (*persona que ha recibido el primer grado académico*); doncel (*joven noble*)

bachelor-at-arms [ˈbætʃələrətˈɑrmz] *s* doncel

bachelorhood [ˈbætʃələrˌhʊd] *s* soltería

bachelor's-button [ˈbætʃələrzˈbʌtən] *s* (bot.) azulejo, aciano (*Centaurea cyanus*); (bot.) margarita de los prados (*Bellis perennis*)

bachelor's degree *s* bachillerato

bacillary [ˈbæsɪˌlɛrɪ] *adj* bacilar

bacillus [bəˈsɪləs] *s* (*pl:* **-li** [laɪ]) bacilo

back [bæk] *adj* trasero; posterior; pasado; atrasado; del interior; posterior (*diente*); (phonet.) posterior ‖ *adv* atrás, detrás; otra vez; de vuelta; hace, p.ej., **some weeks back** hace algunas semanas; **as far back as** ya en (*cierta época*); **to be back** estar de vuelta; **to come back** volver; **to go back** volver; **to go back and forth** ir y venir; **to go back on** volver sobre (*sus pasos*); (coll.) volver sobre (*p.ej., una decisión*); (coll.) faltar a (*p.ej., una promesa*); (coll.) abandonar, traicionar; **to go back to** remontarse a; **to send back** mandar para atrás, hacer volver (*a una persona*); devolver (*una cosa*); **back and forth** de una parte a otra; **back in** allá por (*cierta época*); **back of** detrás de; apoyando ‖ *s* espalda, dorso; respaldo, espaldar (*de una silla*); reverso (*de una moneda*); lomo (*de un animal, un libro o un cuchillo*); dorso (*de la mano; de un grabado, un programa, etc.*); fondo (*p.ej., de una sala*); final (*del libro*), p.ej., **you will find the passage in the back of the book** Vd. hallará el pasaje al final o hacia el final del libro; (football) defensa, zaguero; **behind one's back** a espaldas de uno; **on one's back** postrado, en cama; a cuestas; **to break the back of** deslomar, derrengar; **to get one's back up** enojarle a uno; enojarse; **to turn one's back on** volver las espaldas a; **with one's back to the wall** entre la espada y la pared; **back to back** espalda con espalda, dándose las espaldas ‖ *va* mover hacia atrás; dar marcha atrás a; respaldar (*apoyar, defender*); (naut.) engalgar (*una áncora*); (print.) retirar; **to back up** mover hacia atrás; respaldar (*apoyar, defender*); **to back water** (naut. & fig.) ciar ‖ *vn* moverse hacia atrás; dar marcha atrás; **to back and fill** zigzaguear; seguir mudando de opinión; **to back down** u **out** volverse atrás; (fig.) volverse atrás, ceder, echarse atrás

backache [ˈbækˌek] *s* dolor de espalda

backbite [ˈbækˌbaɪt] (*pret:* **-bit;** *pp:* **-bit** o **-bitten**) *va* cortar un traje a, calumniar solapadamente; *vn* murmurar (*en perjuicio de un ausente*)

backbone [ˈbækˌbon] *s* espinazo; nervura (*de un libro*); firmeza, decisión

backbreaking [ˈbækˌbrekɪŋ] *adj* deslomador

back comb *s* peineta

back country *s* afueras del poblado; zona fronteriza

backcross [ˈbækˌkrɔs] o [ˈbækˌkrɑs] *s* cruzamiento retrógrado

backdoor [ˈbækˌdor] *adj* secreto, clandestino

back door *s* puerta excusada, falsa o trasera

backdown [ˈbækˌdaʊn] *s* (coll.) palinodia

backdrop [ˈbækˌdrɑp] *s* telón de foro

back electromotive force *s* (elec.) fuerza contraelectromotriz

backer [ˈbækər] *s* sostenedor, defensor; impulsor (*de un proyecto comercial*)

backfield [ˈbækˌfild] *s* (football) terreno detrás de la línea delantera; (football) defensas, zagueros, jugadores detrás de la línea delantera

backfire [ˈbækˌfaɪr] *s* (aut.) petardeo; quema que se hace para evitar que se extienda un incendio; *vn* (aut.) petardear; hacer una quema para evitar que se extienda un incendio; (fig.) salir el tiro por la culata

back formation *s* (philol.) derivación regresiva; (philol.) derivado regresivo

backgammon ['bæk,gæmən] o [,bæk'gæmən] *s* chaquete
background ['bæk,graund] *s* fondo, último término; antecedentes, educación; olvido, obscuridad; **in the background** al fondo, en el fondo; en la obscuridad
background music *s* música de fondo
background noise *s* ruidos de fondo
backhand ['bæk,hænd] *s* revés; escritura inclinada a la izquierda; *adj* dado con la mano vuelta; inclinado a la izquierda
backhanded ['bæk,hændɪd] *adj* dado con la mano vuelta; inclinado a la izquierda; desmañado; falto de sinceridad
backhouse ['bæk,haus] *s* trascuarto; común o retrete (*detrás de la casa*)
backing ['bækɪŋ] apoyo, sostén; garantía
backlash ['bæk,læʃ] *s* movimiento trepidante de piezas mal articuladas; juego; contragolpe, pérdida de carrera, culateo
backlining ['bæk,laɪnɪŋ] *s* (b.b.) forro del lomo del libro
backlog ['bæk,lɔg] o ['bæk,lɑg] *s* leño trasero en un hogar; (com.) reserva, reserva de pedidos pendientes
back number *s* número atrasado, viejo número (*de un periódico o revista*); (coll.) persona atrasada
back pay *s* sueldo retrasado
back porch *s* galería
back pressure *s* contrapresión
backsaw ['bæk,sɔ] *s* sierra de trasdós
back seat *s* asiento de atrás; (fig.) puesto secundario; **to take a back seat** (fig.) ceder su puesto, perder influencia
backset ['bæk,sɛt] *s* revés, contrariedad; remolino
backsheesh o **backshish** ['bækʃiʃ] *s* propina entre los árabes y turcos
backside ['bæk,saɪd] *s* espalda; trasero, nalgas
backslide ['bæk,slaɪd] (*pret:* **-slid;** *pp:* **-slidden** o **-slid**) *vn* reincidir
backslider ['bæk,slaɪdər] *s* reincidente
backspacer ['bæk,spesər] *s* tecla de retroceso
backspin ['bæk,spɪn] *s* giro hacia atrás (*de una pelota o de una bola de billar*)
backstage ['bæk'stedʒ] *adv* (theat.) detrás del telón; (theat.) al o en el camarín de un actor o una actriz
backstairs ['bæk,stɛrz] *adj* indirecto, intrigante, secreto
back stairs *spl* escalera de servicio, escalera trasera; medios indirectos
backstay ['bæk,ste] *s* refuerzo de espaldar; (naut.) brandal, traversa
backstitch ['bæk,stɪtʃ] *s* pespunte; *va & vn* pespuntar
backstop ['bæk,stɑp] *s* reja o red para detener la pelota; meta, jugador que detiene la pelota
back street *s* callejón
backstroke ['bæk,strok] *s* arrastre de espalda, brazada que se emplea al nadar de espaldas; revés
backswept wing ['bæk,swɛpt] *s* (aer.) ala en flecha
back swimmer *s* (ent.) barquillero de los estanques
back talk *s* respuesta insolente, mala contestación
backtrack ['bæk,træk] *vn* volver pies atrás, retirarse
backup ['bæk,ʌp] *s* apoyo, sostén; retroceso, retiro; represa, estancación; acumulación; reserva; (print.) retiración; *adj* de reserva
back vowel *s* (phonet.) vocal posterior
backward ['bækwərd] *adj* vuelto hacia atrás; atrasado, tardío; tímido, retraído; *adv* atrás; de espaldas; al revés; hacia atrás; cada vez peor; **to go backward** andar de espaldas; ir hacia atrás; **to go backward and forward** ir y venir; **to read backward** leer para atrás
backward and forward motion *s* vaivén
backwardness ['bækwərdnɪs] *s* atraso, retraso, tardanza; torpeza; timidez
backwards ['bækwərdz] *adv* var. de **backward**
backwash ['bæk,wɑʃ] o ['bæk,wɔʃ] *s* agua de rechazo; (fig.) contracorriente, consecuencias
backwater ['bæk,wɔtər] o ['bæk,wɑtər] *s* remanso, rebalsa; contracorriente, remolino; (fig.) atraso, incultura
backwoods ['bæk,wudz] *spl* monte, región apartada de los centros de población
backwoodsman ['bæk,wudzmən] *s* (*pl:* **-men**) hombre que habita el monte
back yard *s* corral trasero, patio trasero
bacon ['bekən] *s* tocino; **to bring home the bacon** (coll.) sacarse el gordo, tener éxito
Baconian [be'konɪən] *adj* baconiano; *s* baconista
Baconian theory *s* teoría de que la obra dramática de Shakespeare fué escrita por Francisco Bacon
bacteria [bæk'tɪrɪə] *pl de* **bacterium**
bacterial [bæk'tɪrɪəl] *adj* bacteriano
bactericidal [bæk,tɪrɪ'saɪdəl] *adj* bactericida
bactericide [bæk'tɪrɪsaɪd] *s* bactericida
bacteriological [bæk,tɪrɪə'lɑdʒɪkəl] *adj* bacteriológico
bacteriologist [bæk,tɪrɪ'ɑlədʒɪst] *s* bacteriólogo
bacteriology [bæk,tɪrɪ'ɑlədʒɪ] *s* bacteriología
bacteriolysis [bæk,tɪrɪ'ɑlɪsɪs] *s* bacteriólisis
bacteriophage [bæk'tɪrɪəfedʒ] *s* (bact.) bacteriófago
bacteriostasis [bæk,tɪrɪə'stesɪs] *s* (bact.) bacteriostasis
bacteriostatic [bæk,tɪrɪə'stætɪk] *adj* bacteriostático
bacterium [bæk'tɪrɪəm] *s* (*pl:* **-a** [ə]) bacteria
Bactrian ['bæktrɪən] *adj & s* bactriano
Bactrian camel *s* (zool.) camello bactriano
bad [bæd] *adj* (*comp:* **worse;** *super:* **worst**) malo; incobrable (*deuda*); falso (*aplícase a la moneda*); **a bad one** un mal sujeto; **from bad to worse** de mal en peor; **not bad, not half bad** o **not so bad** bastante bueno; **to be too bad** ser lástima; **to go to the bad** caer en el mal, arruinarse; **to look bad** tener mala cara; **to the bad** en el debe (*de uno*)
bad blood *s* mala sangre, mala voluntad
bad breath *s* mal aliento
bade [bæd] *pret de* **bid**
bad egg *s* (slang) mal sujeto, calavera, buena alhaja
bad form *s* conducta reprobable (*por propasarse de lo que admite la buena sociedad*)
badge [bædʒ] *s* divisa, insignia; placa (*de metal*); (fig.) señal, símbolo
badger ['bædʒər] (zool.) tejón; *va* molestar, atormentar
badinage [,bædɪ'nɑʒ] o ['bædɪnɪdʒ] *s* broma, chanza
Bad Lands *spl* Tierras malas (*comarcas yermas en los estados de Nebraska y Dakota del Sur, EE.UU.*)
badly ['bædlɪ] *adv* mal, malamente; muy, con urgencia; gravemente
badly off *adj* malparado, maltrecho; muy enfermo
badminton ['bædmɪntən] *s* juego del volante
badness ['bædnɪs] *s* maldad; imperfección
bad order *s* desarreglo
bad-tempered ['bæd'tɛmpərd] *adj* de mal genio
Baedeker ['bedəkər] *s* Baedeker (*guía del turismo*)
baffle ['bæfəl] *s* (mach.) deflector; (rad.) pantalla acústica; *va* deslumbrar, confundir; *vn* luchar en vano
bafflement ['bæfəlmənt] *s* deslumbramiento, confusión
baffle plate *s* chicana, placa deflectora
baffling ['bæflɪŋ] *adj* deslumbrador, perplejo
B.Ag. abr. de **Bachelor of Agriculture**
bag [bæg] *s* saco, bolso; saquito de mano; bolsa (*de un vestido o tela*); rodillera (*del pantalón en las rodillas*); caza (*animales después de cazados*); (anat.) bolsita, vejiguilla; (zool.) bolsa (*del marsupial*); (baseball) almohadilla; **to be in the bag** (slang) ser cosa segura; **to be left holding the bag** (coll.) quedarse con la carga en las costillas; (*pret & pp:* **bagged;** *ger:* **bagging**) *va* ensacar; coger, cazar; (slang) robar; *vn* hacer bolsa o pliegue (*un vestido o tela*)
bag and baggage *adv* con todas sus pertenencias, enteramente
bagasse [bə'gæs] *s* bagazo
bagatelle [,bægə'tɛl] *s* bagatela

baggage ['bægɪdʒ] *s* equipaje; (mil.) bagaje
baggage car *s* (rail.) coche de equipajes, furgón
baggage check *s* talón, contraseña de equipajes
baggage master *s* jefe de equipajes
baggage rack *s* red de equipaje
baggage room *s* sala de equipajes
bagging ['bægɪŋ] *s* harpillera
baggy ['bægɪ] *adj* (*comp:* **-gier;** *super:* **-giest**) flojo, holgado, que hace bolsa
bagman ['bægmən] *s* (*pl:* **-men**) (Brit.) agente viajero
bagnio ['bænjo] o ['bɑnjo] *s* (*pl:* **bagnios**) baño (*cárcel mora o turca*); mancebía, casa de prostitutas
bagpipe ['bæg,paɪp] *s* gaita, cornamusa
bagpiper ['bæg,paɪpər] *s* gaitero
B.Agr. abr. de **Bachelor of Agriculture**
baguet o **baguette** [bæ'gɛt] *s* joya rectangular; (arch.) astrágalo pequeño
bah [bɑ] *interj* ¡bah!
Bahama Islands [bə'hemə] o [bə'hɑmə] *spl* islas Bahamas, islas Lucayas
Bahamas *spl* Bahama, archipiélago de Bahama
bail [bel] *s* fianza, caución; achicador; aro, zuncho; **to go bail for** salir fiador por; **to jump bail** (slang) fugarse estando bajo fianza; *va* afianzar; achicar (*la embarcación; el agua de la embarcación*); zunchar (*fijar con un zuncho*); **to bail out** salir fiador por; achicar; *vn* achicar; **to bail out** (aer.) lanzarse en paracaídas
bailable ['beləbəl] *adj* afianzable
bail bond *s* escritura de fianza
bailiff ['belɪf] *s* alguacil, corchete
bailiwick ['belɪwɪk] *s* alguacilazgo; bailía; competencia, pertenencia; **to be in the bailiwick of** ser de la pertenencia de
bailment ['belmənt] *s* afianzamiento; depósito
bailsman ['belzmən] *s* (*pl:* **-men**) fianza, fiador
bain-marie [,bæ̃,mɑ'ri] *s* (*pl:* **bains-marie**) baño maría
Baird's sandpiper [bɛrdz] *s* (orn.) chorlito unicolor, pollito de mar
bairn [bɛrn] *s* (Scottish) niño
bait [bet] *s* carnada, cebo; añagaza, señuelo; **to swallow the bait** (fig.) tragar el anzuelo; *va* cebar; azuzar, hostigar
baize [bez] *s* bayeta
bake [bek] *s* cocción al horno; cosa cocida al horno; *va* cocer al horno; **to bake on** aplicar en caliente; *vn* hornear
baked meat *s* carne asada al horno
bakelite ['bekəlaɪt] *s* (trademark) baquelita
baker ['bekər] *s* panadero; (orn.) hornero
baker's dozen *s* docena del fraile (*trece*)
bakery ['bekərɪ] *s* (*pl:* **-ies**) panadería
baking ['bekɪŋ] *s* cochura, hornada
baking powder *s* polvo para hornear, levadura química
baking soda *s* bicarbonato de sosa
baksheesh o **bakshish** ['bækʃiʃ] *s* propina entre los árabes y turcos
Baku [bɑ'ku] *s* Bakú
bal. abr. de **balance**
Balaam ['beləm] *s* (Bib.) Balaán
balaclava helmet [,bælə'klɑvə] *s* pasamontaña
balalaika [,bælə'laɪkə] *s* (mus.) balalaika
balance ['bæləns] *s* balanza (*instrumento para pesar*); (com.) balance; equilibrio; resto (*lo que queda*); (com.) saldo (*a favor o en contra de uno*); volante de reloj; **in the balance** en balanza; **to lose one's balance** perder el equilibrio; **to strike a balance** hacer o pasar balance; *va* balancear (*en la balanza*); equilibrar; equilibrar, nivelar (*el presupuesto*); *vn* equilibrarse; balancear (*vacilar*)
balance beam *s* balancín
balanced diet *s* régimen alimenticio bien equilibrado
balance of payments *s* balanza de pagos
balance of power *s* (dipl.) equilibrio político, equilibrio europeo
balance of trade *s* balanza de comercio
balancer ['bælənsər] *s* balanceador; balancín (*de insecto*)
balance sheet *s* (com.) balance, avanzo
balance wheel *s* volante de reloj

balas ['bæləs] *s* balaje (*rubí espinela*)
balbriggan [bæl'brɪgən] *s* tejido de algodón o de lana para medias y ropa interior
balcony ['bælkənɪ] *s* (*pl:* **-nies**) balcón; (theat.) galería, paraíso
bald [bɔld] *adj* calvo; franco, directo, sencillo, sin adornos
baldachin ['bældəkɪn] o ['bɔldəkɪn] *s* baldaquín, palio; (arch.) baldaquín
bald eagle *s* (orn.) águila de cabeza blanca
balderdash ['bɔldərdæʃ] *s* disparate, música celestial
baldheaded ['bɔld'hɛdɪd] *adj* calvo
baldness ['bɔldnɪs] *s* calvicie
baldpate ['bɔld,pet] *s* persona calva; (orn.) lavanco, mareca
baldric ['bɔldrɪk] *s* tahalí
bald spot *s* calva
Baldwin ['bɔldwɪn] *s* Balduíno
baldy ['bɔldɪ] *adj* (coll.) calvito; *s* (*pl:* **-ies**) (coll.) calvito
bale [bel] *s* bala (*de papel, algodón, etc.*); *va* embalar
Balearic [,bælɪ'ærɪk] *adj* balear
Balearic Islands *spl* islas Baleares
baleen [bə'lin] *s* ballena (*lámina córnea en la mandíbula superior de la ballena*)
balefire ['bel,faɪr] *s* hoguera; señal luminosa; pira funeraria
baleful ['belfəl] *adj* funesto, nocivo
Balinese [,bɑlɪ'niz] *adj* baliaga, balinés; *s* (*pl:* **-nese**) baliaga, balinés
balk [bɔk] *s* lomo entre surcos; viga; contratiempo, obstáculo; desliz, descuido; (billiards) cabaña; (billiards) cuadro; *va* evitar; burlar, frustrar; malograr, perder; *vn* detenerse bruscamente; emperrarse, resistirse; repropiarse (*un caballo*)
Balkan ['bɔlkən] *adj* balcánico; **the Balkans** los Balcanes
Balkanize ['bɔlkənaɪz] *va* balcanizar
Balkan Mountains *spl* montes Balcanes
Balkan Peninsula *s* Península Balcánica, Península de los Balcanes
Balkan States *spl* estados de los Balcanes
balk line *s* (sport) línea de salida; (billiards) línea o raya a la cabecera de la mesa; (billiards) línea paralela a la banda
balky ['bɔkɪ] *adj* (*comp:* **-ier;** *super:* **-iest**) rebelón, repropio
ball [bɔl] *s* bola, pelota; balón (*pelota grande*); globo, esfera; ovillo (*de hilo, lana, etc.*); yema (*del dedo*); (hort.) cepellón (*tierra pegada a las raíces*); bala (*proyectil*); baile (*festejo en que se baila*); **to carry the ball** (coll.) tener toda la responsabilidad; **to have something on the ball** (slang) tener gran capacidad o talento; **to play ball** emprender la jugada; (coll.) seguir la corriente, obrar en armonía; *va* convertir en bola; **to ball up** (slang) enredar, confundir; *vn* convertirse en bola
ballad ['bæləd] *s* balada; romance
ballade [bə'lɑd] *s* (mus.) balada
ball and chain *s* bola de hierro atada con una cadena; (fig.) restricción, freno
ball-and-socket joint ['bɔlənd'sɑkɪt] *s* (mach.) articulación esférica
ballast ['bæləst] *s* (naut. & aer.) lastre; (rail.) balasto; (fig.) lastre (*juicio*); *va* (naut. & aer.) lastrar; (rail.) balastar
ball bearing *s* juego de bolas, cojinete de bolas
ball cock *s* (mach.) llave de bola o flotador
ballerina [,bælə'rinə] *s* bailarina
ballet ['bæle] o [bæ'le] *s* ballet, baile
ball float *s* flotador esférico
ball governor *s* (mach.) regulador de bolas, regulador de fuerza centrífuga
ballista [bə'lɪstə] *s* (*pl:* **-tae** [ti]) balista
ballistic [bə'lɪstɪk] *adj* balístico; **ballistics** *ssg* balística
ballistocardiogram [bə,lɪsto'kɑrdɪo,græm] *s* balistocardiograma
ballistocardiograph [bə,lɪsto'kɑrdɪo,græf] o [bə,lɪsto'kɑrdɪo,grɑf] *s* balistocardiógrafo
ballistocardiography [bə,lɪsto,kɑrdɪ'ɑgrəfɪ] *s* balistocardiografía
ball of fire *s* (slang) pólvora (*persona viva, pronta y eficaz*)
ballonet [,bælə'nɛt] *s* globo interior (*de un dirigible*)

balloon [bəˈlun] *s* globo; *vn* subir o viajar en un globo; hincharse como un globo
balloon barrage *s* barrera de globos
balloonist [bəˈlunɪst] *s* ascensionista
balloon tire *s* (aut.) llanta balón
balloon vine *s* (bot.) farolillo
ballot [ˈbælət] *s* papeleta, balota, cédula para votar; sufragio; *vn* balotar, votar
ballot box *s* urna electoral; **to stuff the ballot box** echar votos fraudulentos en la urna electoral
ball park *s* estadio de béisbol
ballplayer [ˈbɔl,pleər] *s* pelotero, jugador de pelota; beisbolero
ball point pen *s* bolígrafo o polígrafo, pluma esferográfica
ballroom [ˈbɔl,rum] o [ˈbɔl,rʊm] *s* salón de baile, sala de fiestas
ball valve *s* (mach.) válvula de bola
ballyhoo [ˈbælɪhu] *s* alharaca, bombo, propaganda sensacional; [ˈbælihu] o [,bælɪˈhu] *va* dar teatro a, dar bombo a; *vn* hacer propaganda sensacional
balm [bɑm] *s* bálsamo; (bot.) toronjil; (fig.) bálsamo (*consuelo, alivio*)
balm of Gilead *s* (bot.) balsamea; bálsamo de Judea o de la Meca (*resina y ungüento*)
balmy [ˈbɑmɪ] *adj* (*comp:* **-ier;** *super:* **-iest**) balsámico; bonancible, suave (*tiempo*); (slang) loco
baloney [bəˈlonɪ] *s* (slang) tonterías, música celestial
balsa [ˈbɔlsə] o [ˈbælsə] *s* balsa; (bot.) balsa
balsam [ˈbɔlsəm] *s* bálsamo; (fig.) bálsamo (*consuelo, alivio*); (bot.) balsamina; (bot.) abeto de la parte oriental de Norteamérica (*Abies balsamea*); (bot.) madama (*Impatiens balsamina*)
balsam apple *s* (bot.) balsamina
balsam fir *s* (bot.) abeto de la parte oriental de Norteamérica (*Abies balsamea*)
Balt [bɔlt] *s* balto
Balthasar [bælˈθezər] *s* Baltasar
Baltic [ˈbɔltɪk] *adj* báltico; *s* Báltico
Baltic Provinces *spl* provincias bálticas
Baltic Sea *s* mar Báltico
Baltic States *spl* países bálticos, estados bálticos
Baltimore oriole [ˈbɔltɪmor] *s* (orn.) cacique veranero
Baluchistan [bə,lutʃɪˈstæn] *s* el Beluchistán
baluster [ˈbæləstər] *s* balaustre
balustrade [,bæləsˈtred] *s* balaustrada
bambino [bæmˈbino] *s* (*pl:* **-ni** [ni]) niño pequeño; niño Jesús (*imagen*)
bamboo [bæmˈbu] *s* (bot.) bambú (*planta y caña*)
bamboo curtain *s* (fig.) cortina de bambú
bamboozle [bæmˈbuzəl] *va* & *vn* (coll.) embaucar, engañar, confundir
bamboozler [bæmˈbuzlər] *s* (coll.) engañabobos, embaucador, engañador
ban [bæn] *s* prohibición; maldición; bando de destierro; **bans** *spl* amonestaciones; (*pret & pp:* **banned;** *ger:* **banning**) *va* prohibir; maldecir; excomulgar
banal [ˈbenəl], [bəˈnæl] o [ˈbænəl] *adj* trivial, trillado
banality [bəˈnælɪtɪ] *s* (*pl:* **-ties**) trivialidad
banana [bəˈnænə] *s* (bot.) banano, bananero, plátano (*árbol*); banana, plátano (*fruto*); *adj* bananero, platanero
banana oil *s* acetato de amilo, esencia de pera
Banat, the [bɑˈnɑt] el Banato
band [bænd] *s* banda; cenefa; raya, filete (*línea fina*); cuadrilla (*de personas*); cintillo (*de sombrero*); anillo (*de cigarro*); liga de goma; música, banda; (min.) veta, vena; (rad.) banda; cadena, grillete; correa; *va* orlar; zunchar; rayar; reunir, abanderizar; *vn* reunirse, abanderizarse
bandage [ˈbændɪdʒ] *s* venda; *va* vendar
bandana o **bandanna** [bænˈdænə] *s* pañuelo de hierbas
bandbox [ˈbænd,bɑks] *s* sombrerera
band brake *s* freno de cinta
bandeau [bænˈdo] o [ˈbændo] *s* (*pl:* **-deaux** [doz]) prendedero
banderole o **banderol** [ˈbændərol] *s* banderola, banderita
band filter *s* (elec.) filtro de bandas
bandicoot [ˈbændɪkut] *s* (zool.) bandicut
bandit [ˈbændɪt] *s* (*pl:* **-dits** o **-ditti** [ˈdɪtɪ]) bandido
banditry [ˈbændɪtrɪ] *s* banditismo, bandidaje
bandmaster [ˈbænd,mæstər] o [ˈbænd,mɑstər] *s* director de banda, músico mayor
bandog [ˈbæn,dɔg] o [ˈbæn,dɑg] *s* mastín, sabueso; perro de guarda atado
bandoleer o **bandolier** [,bændəˈlɪr] *s* bandolera; cartuchera colgada de una bandolera
band-pass filter [ˈbænd,pæs] o [ˈbænd,pɑs] *s* (elec.) filtro de bandas
band saw *s* sierra continua, sierra de cinta, sierra sin fin
band shell *s* quiosco de música con cubierta en forma de concha
bandsman [ˈbændzmən] *s* (*pl:* **-men**) músico de banda
band spread *s* (rad.) esparcimiento de banda, ensanche de banda
bandstand [ˈbænd,stænd] *s* plataforma de banda, templete, quiosco
bandwagon [ˈbænd,wægən] *s* carro de banda de música; (coll.) partido que gana; **to climb aboard the bandwagon** (coll.) adherirse al partido que gana
bandy [ˈbændɪ] *adj* arqueado, estevado; (*pret & pp.* **-died**) *va* tirar de una parte a otra; trocar (*palabras*); *vn* contender
bandy-legged [ˈbændɪ,lɛgɪd] o [ˈbændɪ,lɛgd] *adj* patiestevado
bane [ben] *s* azote; calamidad, ruina, muerte
baneberry [ˈben,bɛrɪ] *s* (*pl:* **-ries**) (bot.) hierba de San Cristóbal
baneful [ˈbenfəl] *adj* nocivo, venenoso; funesto, mortal
banewort [ˈben,wʌrt] *s* (bot.) belladona; (bot.) flámula
bang [bæŋ] *s* golpazo, ruido de un golpe; portazo; **bangs** *spl* flequillo; *adv* de repente, de golpe; con estrépito; *interj* ¡ pum!; *va* golpear con ruido, golpear con violencia; cortar (*el cabello*) en flequillo; *vn* hacer estrépito; **to bang against** dar con ruido contra
bangle [ˈbæŋgəl] *s* ajorca
bang-up [ˈbæŋ,ʌp] *adj* (slang) excelente, de primera clase
banian [ˈbænjən] *s* baniano; (bot.) baniano
banish [ˈbænɪʃ] *va* desterrar; despedir; (fig.) despedir (*p.ej., sospechas*)
banishment [ˈbænɪʃmənt] *s* destierro; despedida
banister [ˈbænɪstər] *s* balaustre; **banisters** *spl* balaustrada
banjo [ˈbændʒo] *s* (*pl:* **-jos** o **-joes**) banjo
banjoist [ˈbændʒo·ɪst] *s* banjoísta
banjo signal *s* (rail.) señal de guitarra, señal de disco
bank [bæŋk] *s* banco; banca (*en ciertos juegos*); alcancía (*vasija con una hendidura estrecha, donde se echan monedas*); ribera, margen, orilla (*de un río*); montón (*de tierra, nieve, nubes, etc.*); banda (*de la mesa de billar*); hilera, hilera de remos; teclado; (elec.) batería (*de lámparas*); (elec.) fila (*de transformadores*); (aer.) inclinación lateral (*en un viraje*); **to break the bank** hacer saltar la banca (*en el juego*); *va* amontonar; represar; cubrir (*un fuego*) con cenizas o con carbón; depositar (*dinero*); guardar (*dinero*) en un banco; poner en filas; (aer.) ladear; *vn* depositar dinero; ser banquero; (aer.) ladearse; **to bank on** (coll.) contar con
bank acceptance *s* giro contra un banco aceptado por éste
bank account *s* cuenta de banco, cuenta corriente
bank bill *s* cédula de banco; billete de banco
bankbook [ˈbæŋk,bʊk] *s* libreta de banco
bank discount *s* descuento corriente
banker [ˈbæŋkər] *s* banquero
bank holiday *s* día feriado para los bancos
banking [ˈbæŋkɪŋ] *adj* bancario; *s* banca
banking house *s* casa de banca
banking indicator *s* (aer.) inclinómetro
bank note *s* billete de banco
bank of issue *s* banco de emisión
bank roll *s* lío de papel moneda
bankrupt [ˈbæŋkrʌpt] *adj* & *s* bancarrotero; **to**

go bankrupt hacer bancarrota; *va* hacer quebrar; arruinar
bankruptcy [ˈbæŋkrʌptsɪ] o [ˈbæŋkrəpsɪ] *s* bancarrota, quiebra; (fig.) bancarrota (*fracaso*)
bank vault *s* caja fuerte
banner [ˈbænər] *s* bandera, estandarte; encabezamiento; *adj* primero, dominante
banner cry *s* grito de combate
banneret o **bannerette** [ˌbænəˈrɛt] *s* bandereta, banderín
banns [bænz] *spl* amonestaciones; banas (Am.)
banquet [ˈbæŋkwɪt] *s* banquete; *va & vn* banquetear
banquette [bæŋˈkɛt] *s* (eng. & fort.) banqueta; acera, banqueta
banshee o **banshie** [ˈbænʃi] o [bænˈʃi] *s* (Irish & Scottish) hada o genio cuyos lamentos bajo la ventana anuncian una muerte en la familia
bantam [ˈbæntəm] *adj* pequeño, ligero; *s* persona de pequeña talla y amiga de pelear; gallo Bantam
bantamweight [ˈbæntəmˌwet] *s* (box.) peso gallo
banter [ˈbæntər] *s* burla, chanza; *va* burlarse de, chancearse con; *vn* burlar, chancear
banteringly [ˈbæntərɪŋlɪ] *adv* chanceando
bantling [ˈbæntlɪŋ] *s* chicuelo
Bantu [ˈbæntu] *adj* bantu o bantú; *s* (*pl:* **-tu** o **-tus**) bantu o bantú
banyan [ˈbænjən] *s* (bot.) baniano
baobab [ˈbeobæb] *s* (bot.) baobab
Bap. o **Bapt.** abr. de **Baptist**
baptism [ˈbæptɪzəm] *s* bautizo o bautismo; (eccl.) bautismo
baptismal [bæpˈtɪzməl] *adj* bautismal
baptismal name *s* nombre de pila
baptism of fire *s* bautismo de fuego
Baptist [ˈbæptɪst] *adj & s* bautista, baptista
baptistery [ˈbæptɪstərɪ] *s* (*pl:* **-ies**) baptisterio o bautisterio
baptistry [ˈbæptɪstrɪ] *s* (*pl:* **-tries**) var. de **baptistery**
baptize [bæpˈtaɪz] o [ˈbæptaɪz] *va* bautizar; limpiar, purificar
baptizer [bæpˈtaɪzər] *s* bautista
bar. abr. de **barometer, barometric, barrel** y **barrister**
Bar. abr. de **Baruch**
B.Ar. abr. de **Bachelor of Architecture**
bar [bɑr] *s* barra (*de metal, etc.; banco de arena; insignia militar; mostrador en un bar*); tranca (*detrás de una puerta o ventana*); reja (*de una ventana, especialmente de una cárcel*); bar (*establecimiento donde se venden licores alcohólicos para beber en el mostrador*); barrera, impedimento; raya, lista; (her.) barra; (mus.) compás; (mus.) barra, divisoria; abogacía; curia (*conjunto de abogados*); tribunal; **behind bars** entre rejas; **to be admitted to the bar** recibirse de abogado; **to tend bar** ser barman, despachar bebidas en la barra de un bar; *prep* excepto; **bar none** sin excepción; (*pret & pp:* **barred;** *ger:* **barring**) *va* barrar, barretear, atrancar; impedir, estorbar; prohibir; excluir
Barabbas [bəˈræbəs] *s* (Bib.) Barrabás
barb [bɑrb] *s* púa; lengüeta (*de un anzuelo o dardo*); barbilla (*de una pluma*); caballo de Berbería; *va* armar con púas; armar con lengüetas
Barbados [bɑrˈbedoz] *s* la Barbada
barbarian [bɑrˈbɛrɪən] *adj & s* bárbaro
barbaric [bɑrˈbærɪk] *adj* bárbaro, barbárico
barbarism [ˈbɑrbərɪzəm] *s* barbaridad; (gram.) barbarismo
barbarity [bɑrˈbærɪtɪ] *s* (*pl:* **-ties**) barbarie
barbarous [ˈbɑrbərəs] *adj* bárbaro
Barbary [ˈbɑrbərɪ] *s* Berbería
Barbary ape *s* (zool.) mono de Gibraltar, mona
Barbary States *spl* Estados Berberiscos
barbecue [ˈbɑrbəkju] *s* barbacoa, churrasco; *va* churrasquear
barbed [bɑrbd] *adj* armado de púas; mordaz, punzante
barbed wire *s* alambre de púas, espino artificial; (mil.) alambrada
barbel [ˈbɑrbəl] *s* barbilla (*alrededor de la boca de algunos peces*); (ichth.) barbo
bar bell *s* barra de balas
barber [ˈbɑrbər] *s* barbero, peluquero; *adj* barberil; *va* hacer la barba a
barber pole *s* percha (*de barbero*)
barberry [ˈbɑrˌbɛrɪ] *s* (*pl:* **-ries**) (bot.) bérbero, agracejo (*arbusto*); bérbero, agracejina (*fruto*)
barbershop [ˈbɑrbərˌʃɑp] *s* barbería, peluquería
barber's itch *s* sarna de los barberos
barbette [bɑrˈbɛt] *s* (fort.) barbeta; **in barbette** a barbeta
barbican [ˈbɑrbɪkən] *s* (fort.) barbacana
barbiturate [bɑrˈbɪtʃəret] o [ˌbɑrbɪˈtjuret] *s* (chem.) barbiturato
barbituric acid [ˌbɑrbɪˈtjʊrɪk] o [ˌbɑrbɪˈtʊrɪk] *s* (chem.) ácido barbitúrico
barcarole o **barcarolle** [ˈbɑrkərol] *s* (mus.) barcarola
bard [bɑrd] *s* bardo; barda (*armadura del caballo*)
Bard of Avon [ˈevən] o [ˈævən] *s* Cisne del Avon (*Shakespeare*)
bare [bɛr] *adj* desnudo; descubierto (*sin sombrero*); raído (*gastado por el uso*); desamueblado; mero, sencillo; sin aislar (*dícese del alambre*); **to lay bare** poner a descubierto; *va* desnudar; descubrir, manifestar
bareback [ˈbɛrˌbæk] *adj* montado en pelo; *adv* en pelo, sin silla
barefaced [ˈbɛrˌfest] *adj* desembozado; descarado, desvergonzado
barefoot [ˈbɛrˌfʊt] *adj* descalzo; *adv* con los pies desnudos
barefooted [ˈbɛrˌfʊtɪd] *adj* descalzo
barège [bɑˈrɛʒ] *s* barés
barehanded [ˈbɛrˌhændɪd] *adj* con las manos desnudas; desprovisto
bareheaded [ˈbɛrˌhɛdɪd] *adj* descubierto; *adv* con la cabeza descubierta
barelegged [ˈbɛrˌlɛgɪd] o [ˈbɛrˌlɛgd] *adj* en pernetas
barely [ˈbɛrlɪ] *adv* solamente; apenas
bareness [ˈbɛrnɪs] *s* desnudez
barfly [ˈbɑrˌflaɪ] *s* (*pl:* **-flies**) frecuentador habitual de bares o tabernas
bargain [ˈbɑrgɪn] *s* negocio, trato de compra y venta; negocio ventajoso para el comprador; ganga (*cosa comprada barato*); **at a bargain** baratísimo; **into the bargain** de añadidura; **to strike a bargain** cerrar un trato; *va* estipular; **to bargain away** vender regalado; *vn* negociar; (coll.) regatear; **to bargain for** estar dispuesto para, contar con
bargain counter *s* baratillo, puesto para la venta de saldos
bargain sale *s* venta con rebajas, liquidación
barge [bɑrdʒ] *s* barcaza, gabarra; *vn* moverse pesadamente; **to barge in** entrar sin pedir permiso; **to barge in on** entrar a ver sin llamar a la puerta; **to barge into** entremeterse en (*una conversación*); irrumpir en (*un cuarto*)
bargeboard [ˈbɑrdʒˌbord] *s* (arch.) guardamalleta
bargee [bɑrˈdʒi] *s* var. de **bargeman**
bargeman [ˈbɑrdʒmən] *s* (*pl:* **-men**) gabarrero
bar hole *s* (naut.) bocabarra (*del cabrestante*)
barilla [bəˈrɪlə] *s* (bot. & chem.) barrilla
bar iron *s* hierro en barras
barite [ˈbɛraɪt] *s* (mineral.) baritina
baritone [ˈbærɪton] *s* (mus.) barítono
barium [ˈbɛrɪəm] *s* (chem.) bario
barium enema *s* (med.) enema opaca, enema de bario
bark [bɑrk] *s* corteza (*del árbol*); ladrido (*del perro*); estampido (*del cañón*); tos; (naut.) barca, bricbarca; (poet.) barca; *va* descortezar; cubrir con una capa de corteza; curtir (*las pieles*); pelar, raspar; ladrar (*p.ej., injurias*); *vn* ladrar; (fig.) ladrar
barkeeper [ˈbɑrˌkipər] *s* tabernero, cantinero, mozo que despacha bebidas alcohólicas
barkentine [ˈbɑrkəntin] *s* (naut.) barca-goleta
barker [ˈbɑrkər] *s* ladrador; descortezador; vociferador, pregonero
barley [ˈbɑrlɪ] *s* (bot.) cebada
barleycorn [ˈbɑrlɪˌkɔrn] *s* grano de cebada;

John Barleycorn personificación humorística de las bebidas alcohólicas
barley sugar *s* azúcar cande o candi
barley water *s* hordiate
barm [bɑrm] *s* jiste
bar magnet *s* barra imantada
barmaid ['bɑr,med] *s* moza de taberna
barman ['bɑrmən] *s* (*pl:* **-men**) (Brit.) tabernero, cantinero, barman
Barmecide feast ['bɑrmɪsaɪd] *s* comida fingida, sin manjares; abundancia ilusoria
barmy ['bɑrmɪ] *adj* (*comp:* **-ier;** *super:* **-iest**) espumoso, lleno de jiste; (coll.) alocado, cambiadizo
barn [bɑrn] *s* granero, pajar, troje; cuadra, establo, caballeriza; cochera
Barnaby ['bɑrnəbɪ] *s* Bernabé
barnacle ['bɑrnəkəl] *s* (zool.) cirrópodo; (zool.) anatifa (*Lepas*); (zool.) bálano (*Balanus*); (zool.) percebe (*Pollicipes*); (orn.) bernicla, ganso monjita; pegote (*persona que se pega a otra*); **barnacles** *spl* (her. & vet.) acial; (coll.) anteojos
barnacle goose *s* (orn.) bernicla, ganso monjita
Barney ['bɑrnɪ] *s* Bernardo
barn owl *s* (orn.) lechuza, oliva
barnstorm ['bɑrn,stɔrm] *vn* (coll.) dar funciones de teatro o pronunciar discursos en las aldeas o en el campo
barnstormer ['bɑrn,stɔrmər] *s* (coll.) cómico de la legua
barn swallow *s* (orn.) golondrina; (orn.) golondrina cola tijera (*Hirundo erythrogastra*)
barnyard ['bɑrn,jɑrd] *s* corral, patio de granja
barnyard fowl *spl* aves de corral
barogram ['bærəgræm] *s* barograma
barograph ['bærəgræf] o ['bærəgrɑf] *s* barógrafo
barometer [bə'rɑmɪtər] *s* barómetro; (fig.) barómetro
barometric [,bærə'mɛtrɪk] o **barometrical** [,bærə'mɛtrɪkəl] *adj* barométrico
baron ['bærən] *s* barón; (coll.) potentado
baronage ['bærənɪdʒ] *s* baronía; nobleza; **the baronage** todos los barones
baroness ['bærənɪs] *s* baronesa
baronet ['bærənɪt] *s* baronet
baronetage ['bærənɪtɪdʒ] *s* dignidad de baronet; **the baronetage** todos los baronets
baronetcy ['bærənɪtsɪ] *s* (*pl:* **-cies**) dignidad de baronet; documento que confiere la dignidad de baronet
baronial [bə'ronɪəl] *adj* baronial
barony ['bærənɪ] *s* (*pl:* **-nies**) baronía
baroque [bə'rok] o [bə'rɑk] *adj & s* barroco
baroque pearl *s* barrueco
baroscope ['bærəskop] *s* baroscopio
barouche [bə'ruʃ] *s* barrocho
bar pin *s* alfiler en forma de barra
barque [bɑrk] *s* (poet.) barca; (naut.) barca o corbeta
barracan ['bærəkæn] *s* barragán
barracks ['bærəks] *spl* barracón; (mil.) cuartel
barracuda [,bærə'kudə] *s* (ichth.) barracuda, picuda
barrage [bə'rɑʒ] *s* presa; (mil.) barrera
barrage balloon *s* globo de barrera
barratry ['bærətrɪ] *s* (law) baratería; (naut. law) baratería de capitán o de patrón
barrel ['bærəl] *s* barril, tonel; cañón (*de escopeta, pluma, etc.*); tambor de cabrestante; cilindro (*p.ej., del émbolo*); (*pret & pp:* **-reled** o **-relled;** *ger:* **-reling** o **-relling**) *va* embarrilar, entonelar; *vn* (slang) avanzar con gran velocidad
barrel organ *s* (mus.) órgano de cilindro; (mus.) órgano de manubrio, organillo
barrel roll *s* (aer.) tonel
barrel vault *s* (arch.) bóveda en cañón
barren ['bærən] *adj* estéril, árido; **barrens** *spl* tierra yerma
barrenness ['bærənnɪs] *s* esterilidad, aridez
barrette [bə'rɛt] *s* broche para el cabello
barricade [,bærɪ'ked] *s* barricada; *va* barrear
barricado [,bærɪ'kedo] *s* (*pl:* **-does**) var. de **barricade;** *va* var. de **barricade**
barrier ['bærɪər] *s* barrera
barrier reef *s* barrera de arrecifes
barring ['bɑrɪŋ] *prep* salvo, excepto, sin
barrister ['bærɪstər] *s* (Brit.) abogado que tiene el derecho de alegar ante cualquier tribunal; (coll.) abogado
barroom ['bɑr,rum] o ['bɑr,rʊm] *s* bar, cantina
barrow ['bæro] *s* angarillas; carretón de mano; carretilla; túmulo (*encima de una sepultura antigua*); cerdo castrado
bar shot *s* (nav.) palanqueta
bar solder *s* soldadura en barras
barstool ['bɑr,stul] *s* taburete de la barra de un bar
Bart. abr. de **baronet**
bartender ['bɑr,tɛndər] *s* tabernero, cantinero, barman
barter ['bɑrtər] *s* trueque (*de un objeto por otro*); *va* trocar; **to barter away** trocar en desventajas; vender (*su honor*); *vn* trocar
Bartholomew [bɑr'θɑləmju] *s* Bartolomé
bartizan ['bɑrtɪzən] o [,bɑrtɪ'zæn] *s* torre albarana (*en una muralla*)
Baruch ['bɛrək] *s* (Bib.) Baruc
barysphere ['bærɪsfɪr] *s* (geol.) barisfera
baryta [bə'raɪtə] *s* (chem.) barita
barytone ['bærɪton] *s* var. de **baritone**
basal ['besəl] *adj* basal
basal metabolism *s* metabolismo basal
basalt [bə'sɔlt] o ['bæsɔlt] *s* basalto
basaltic [bə'sɔltɪk] *adj* basáltico
basanite ['bæzənaɪt] *s* (petrog.) basanita
bascule ['bæskjul] *s* juego de contrapesos iguales y contrarios
bascule bridge *s* puente basculante
base [bes] *s* base; culote (*de proyectil*); (arch.) basa; (elec.) culote (*de válvula de radio o de lámpara eléctrica*); (mus.) bajo; *adj* bajo, humilde; infame, vil; tosco; bajo de ley (*dícese de los metales*); *va* basar
baseball ['bes,bɔl] *s* béisbol; pelota de béisbol
baseboard ['bes,bord] *s* rodapié
baseborn ['bes'bɔrn] *adj* de humilde cuna; bastardo
baseburner ['bes'bʌrnər] *s* horno de alimentación automática
base hit *s* (baseball) golpe con que el batter gana la primera base
Basel ['bɑzəl] *s* Basilea
baseless ['beslɪs] *adj* infundado
base line *s* línea de base; (tennis) línea de fondo
basely ['beslɪ] *adv* bajamente, vilmente
baseman ['besmən] *s* (*pl:* **-men**) (baseball) jugador de cuadro
basement ['besmənt] *s* sótano
baseness ['besnɪs] *s* bajeza, vileza
base salary *s* salario base
bash [bæʃ] *s* (coll.) golpe que quiebra; *va* (coll.) quebrar a golpes
bashaw [bə'ʃɔ] o ['bæʃɔ] *s* bajá; persona de campanillas
bashful ['bæʃfəl] *adj* tímido, vergonzoso, encogido
bashfulness ['bæʃfəlnɪs] *s* timidez, vergüenza, encogimiento
basic ['besɪk] *adj* básico; (chem.) básico
basically ['besɪkəlɪ] *adv* fundamentalmente
Basic English *s* el inglés básico
basicity [be'sɪsɪtɪ] *s* basicidad
basidiomycete [bə,sɪdɪomaɪ'sit] *s* (bot.) basidiomiceto
basidium [bə'sɪdɪəm] *s* (*pl:* **-a** [ə]) (bot.) basidio
basil ['bæzɪl] *s* (bot.) albahaca
basilar ['bæsɪlər] *adj* basilar
Basilian [bə'sɪlɪən] *adj & s* basilio
basilica [bə'sɪlɪkə] *s* basílica
basilic vein [bə'sɪlɪk] *s* (anat.) vena basílica
basilisk ['bæsɪlɪsk] *s* (zool. & myth.) basilisco
basin ['besən] *s* palangana, jofaina; tazón (*de una fuente*); cuenca (*de un río*); dársena
basinet ['bæsɪnɛt] *s* bacinete
basis ['besɪs] *s* (*pl:* **-ses** [siz]) base; **on the basis of** a base de o en base a
bask [bæsk] o [bɑsk] *va* asolear, calentar; *vn* asolearse, calentarse, confortarse al sol o junto al fuego
basket ['bæskɪt] o ['bɑskɪt] *s* cesta; cesto (*cesta grande*); canasta (*cesto con dos asas*); excusabaraja (*cesta con tapadera*); (aer.) cesto, barquilla; (sport) cesto, red

basketball [ˈbæskɪtˌbɔl] o [ˈbɑskɪtˌbɔl] *s* baloncesto, basquetbol; *adj* baloncestístico
basketball player *s* baloncestista
basket-handle arch [ˈbæskɪtˌhændəl] o [ˈbɑskɪtˌhændəl] *s* arco carpanel
basket hilt *s* cazoleta
basketry [ˈbæskɪtrɪ] o [ˈbɑskɪtrɪ] *s* cestería
basket weave *s* tejido que se parece al de una cesta
basketwork [ˈbæskɪtˌwʌrk] o [ˈbɑskɪtˌwʌrk] *s* cestería
basking shark *s* (ichth.) cetorrino
Basle [bɑl] *s* Basilea
basque [bæsk] *s* jubón; (*cap.*) *adj & s* vasco (*de España y Francia*); vascongado (*de España*); vascón (*de la España antigua*); vasco, vascongado, vascuence (*idioma*)
Basque Country, the el País Vasco
Basque Provinces, the las Provincias Vascongadas o las Vascongadas
bas-relief [ˌbɑrɪˈlif] o [ˌbæsrɪˈlif] *s* bajo relieve
bass [bes] *adj* (mus.) bajo; *s* (mus.) bajo; [bæs] *s* (ichth.) róbalo; (ichth.) perca; (ichth.) pomosio; (bot.) tilo; (bot.) líber
bass clef [bes] *s* (mus.) clave de fa
bass drum [bes] *s* (mus.) bombo
basset [ˈbæsɪt] *s* perro basset
bass horn [bes] *s* (mus.) tuba
bassinet [ˌbæsɪˈnɛt] o [ˈbæsɪnɛt] *s* cuna o cochecillo en forma de cesto
basso [ˈbæso] o [ˈbɑso] *adj* (mus.) bajo; *s* (*pl:* **-sos** o **-si** [sɪ]) (mus.) bajo
bassoon [bəˈsun] *s* (mus.) bajón
bassoonist [bəˈsunɪst] *s* bajonista
basso profundo [ˈbɑso proˈfʌndo] *s* (mus.) bajo profundo
bass viol [bes] *s* (mus.) violón, contrabajo
basswood [ˈbæsˌwʊd] *s* (bot.) tilo, tilo americano
bast [bæst] *s* (bot.) líber
bastard [ˈbæstərd] *adj & s* bastardo
bastardly [ˈbæstərdlɪ] *adj* bastardo; bastardeado
bastard title *s* (print.) anteportada
bastardy [ˈbæstərdɪ] *s* bastardía
baste [best] *va* azotar, apalear; (sew.) hilvanar; (cook.) pringar, enlardar
bastille o **bastile** [bæsˈtil] *s* bastida (*máquina militar antigua*); bastilla (*fuerte pequeño*); prisión
bastinado [ˌbæstɪˈnedo] *s* (*pl:* **-does**) bastonada o bastonazo; bastón, porra; *va* bastonear
bastion [ˈbæstʃən] o [ˈbæstɪən] *s* bastión
bastioned [ˈbæstʃənd] o [ˈbæstɪənd] *adj* (fort.) bastionado
bat. abr. de **battalion** y **battery**
bat [bæt] *s* palo; (coll.) golpe; (slang) parranda, borrachera; (zool.) murciélago; **blind as a bat** más ciego que un topo; **right off the bat** (slang) de repente, sin deliberación; **to go on a bat** (slang) andar de parranda; (*pret & pp:* **batted;** *ger:* **batting**) *va* golpear; **without batting an eye** sin pestañear, sin inmutarse; *vn* golpear
Bataan [bəˈtæn] *s* el Bataán
Batavian [bəˈtevɪən] *adj & s* bátavo
batch [bætʃ] *s* cochura, hornada; colección; grupo; lío (*de papeles*); (coll.) soltero
bate [bet] *va* disminuir, suspender; **with bated breath** con aliento entrecortado; *vn* disminuirse
bath [bæθ] o [bɑθ] *s* baño; **to take a bath** tomar un baño
bathe [beð] *va* bañar; *vn* bañarse; **to go bathing** ir a bañarse
bather [beðər] *s* bañista
bathhouse [ˈbæθˌhaʊs] o [ˈbɑθˌhaʊs] *s* casa de baños; caseta o casilla de baños
bathing beach *s* playa de baños
bathing beauty *s* sirena de la playa
bathing cap *s* gorro de baño
bathing resort *s* estación balnearia
bathing slipper *s* zapatilla de baño
bathing soap *s* jabón de baño
bathing suit *s* traje de baño, bañador
bathing trunks *spl* taparrabo
bath mat *s* alfombra de baño
batholith [ˈbæθəlɪθ] *s* (geol.) batolito
bathometer [bəˈθɑmɪtər] *s* batómetro
bathos [ˈbeθɑs] *s* paso ridículo de lo sublime a lo trivial o vulgar; trivialidad; sensiblería
bath powder *s* polvos de baño
bathrobe [ˈbæθˌrob] o [ˈbɑθˌrob] *s* bata de baño, albornoz; bata, peinador
bathroom [ˈbæθˌrum] o [ˈbɑθˌrum] *s* baño, cuarto de baño
bathroom fixtures *spl* aparatos sanitarios, juego de baño
bath salts *spl* sales para el baño
Bathsheba [bæθˈʃibə] o [ˈbæθʃɪbə] *s* (Bib.) Betsabé
bath slipper *s* zapatilla de baño
bath soap *s* jabón de baño
bath sponge *s* esponja de baño
bath towel *s* toalla de baño
bathtub [ˈbæθˌtʌb] o [ˈbɑθˌtʌb] *s* bañera, bañadera, baño
bathybius [bəˈθɪbɪəs] *s* (zool.) batibio
bathyscaphe [ˈbæθɪskef] *s* batiscafo
bathysphere [ˈbæθɪsfɪr] *s* batisfera
batik [bəˈtik] o [ˈbætɪk] *s* batik
batiste [bəˈtist] *s* batista de Escocia; cámbric (*tejido elástico de algodón con que se hacen vendas*)
batman [ˈbætmən] *s* (*pl:* **-men**) (Brit.) ordenanza
baton [bæˈtɑn] o [ˈbætən] *s* bastón; (mus.) batuta
batrachian [bəˈtrekɪən] *adj & s* (zool.) batracio
batsman [ˈbætsmən] *s* (*pl:* **-men**) (sport) batter
batt. abr. de **battalion** y **battery**
batt [bæt] *s* hoja de algodón; algodón en hojas
battalion [bəˈtæljən] *s* (mil. & fig.) batallón; **battalions** *spl* (mil.) fuerzas, tropas
batten [ˈbætən] *s* listón; tabla para pisos; *va* engordar; enlistonar; **to batten down the hatches** (naut.) asegurar las escotillas con listones de madera; **to batten up** cerrar con listones; *vn* engordar; medrar
batter [ˈbætər] *s* batido, pasta; talud; (baseball) bateador; *va* golpear; magullar, mellar, estropear; (baseball) batear; ataludar (*dar talud a*)
battering ram *s* ariete
battery [ˈbætərɪ] *s* (*pl:* **-ies**) batería; (elec.) pila; (elec.) acumulador; (elec.) batería (*dos o más pilas o acumuladores unidos entre sí*); (baseball) batería; (law) violencia
battery charger *s* (elec.) cargador de acumulador
battery eliminator *s* (rad.) eliminador de baterías
battery tester *s* (elec.) probador de acumuladores
batting [ˈbætɪŋ] *s* algodón en hojas; (baseball) bateo
battle [ˈbætəl] *s* batalla; **to do battle** librar batalla; *va* batallar con; *vn* batallar
battle array *s* orden de batalla; **in battle array** en batalla
battleax o **battleaxe** [ˈbætəlˌæks] *s* hacha de armas, hacha de combate
battle cruiser *s* (nav.) crucero de combate
battle cry *s* grito de batalla, grito de combate
battledore [ˈbætəldor] *s* raqueta; **battledore and shuttlecock** volante, raqueta y volante
battlefield [ˈbætəlˌfild] *s* campo de batalla
battle front *s* frente de combate
battleground [ˈbætəlˌgraʊnd] *s* campo de batalla
battlement [ˈbætəlmənt] *s* almenaje, crestería
battle piece *s* (paint.) batalla
battleplane [ˈbætəlˌplen] *s* avión de combate
battle royal *s* riña promiscua; lucha hasta el último trance
battle-scarred [ˈbætəlˌskɑrd] *adj* lisiado en batalla
battleship [ˈbætəlˌʃɪp] *s* acorazado
battle stations *spl* puestos de combate
battology [bəˈtɑlədʒɪ] *s* batología
battue [bæˈtu] o [bæˈtju] *s* batida; matanza general
batty [ˈbætɪ] *adj* (*comp:* **-tier;** *super:* **-tiest**) (slang) extravagante, necio, loco
bauble [ˈbɔbəl] *s* chuchería; cetro de bufón
Baucis [ˈbɔsɪs] *s* (myth.) Baucis

baulk [bɔk] *s, va & vn* var. de **balk**

bauxite [ˈbɔksaɪt] o [ˈbozaɪt] *s* (mineral.) bauxita

Bavaria [bəˈvɛrɪə] *s* Baviera

Bavarian [bəˈvɛrɪən] *adj & s* bávaro

bawd [bɔd] *s* alcahuete o alcahueta, tercero o tercera

bawdry [ˈbɔdrɪ] *s* indecencia, obscenidad

bawdy [ˈbɔdɪ] *adj* (*comp:* **-ier;** *super:* **-iest**) indecente, obsceno

bawdyhouse [ˈbɔdɪˌhaʊs] *s* mancebía, lupanar

bawl [bɔl] *s* voces, gritos; *va* vocear; **to bawl out** (slang) dar una calada a; *vn* vocear, gritar, chillar

bay [be] *s* bahía; (arch.) ventana salediza; (arch.) intercolumnio; ladrido, aullido; granero, pajar; apuro, trance; bayo; caballo bayo; (bot.) laurel; **bays** *spl* corona de laurel; lauro, fama; **at bay** acosado, acorralado, a raya; *adj* bayo; *vn* ladrar, aullar; **to bay at the moon** ladrar a la luna

bayadere [ˌbɑjəˈdɪr] *s* bayadera (*bailarina y cantadora india*)

Bayard, Seigneur de [ˈbeərd] señor de Bayardo

bayberry [ˈbeˌbɛrɪ] *s* (*pl:* **-ries**) (bot.) arrayán brabántico; baya del arrayán brabántico; (bot.) malagueta (*Pimenta acris*)

Bay of Bengal *s* golfo de Bengala

Bay of Biscay *s* mar Cantábrico, golfo de Vizcaya, golfo de Gascuña

bayonet [ˈbeənɪt] *s* bayoneta; *va* herir con bayoneta; forzar a la bayoneta; bayonetear (Am.)

bayonet socket *s* (elec.) portalámparas de bayoneta

Bayonne [ˌbæˈjɔn] *s* Bayona

bay rum *s* ron de laurel, ron de malagueta

bay tree *s* (bot.) laurel

bay window *s* galería, mirador, ventana salediza; (slang) barriga, panza

baywood [ˈbeˌwʊd] *s* (bot.) caoba del golfo de Campeche (*Swietenia macrophylla*)

bazaar o **bazar** [bəˈzɑr] *s* bazar; quermese, venta para reunir fondos para obras caritativas

bazooka [bəˈzukə] *s* (mil.) bazuca (*cañón cohete portátil*)

B.B.A. abr. de **Bachelor of Business Administration**

B battery *s* (rad.) batería del circuito de la placa

bbl. abr. de **barrel** o **barrels**

bbls. abr. de **barrels**

B.C. abr. de **before Christ** y **British Columbia**

B.C.E. abr. de **Bachelor of Chemical Engineering** y **Bachelor of Civil Engineering**

B complex *s* (biochem.) complejo B

bd. abr. de **board**

B.D. abr. de **Bachelor of Divinity**

bdellium [ˈdɛlɪəm] *s* bedelio

bdl. abr. de **bundle**

be [bi] (*pres:* **am, is, are;** *pret:* **was, were;** *pp:* **been**) *v aux* estar, p.ej., **he is eating** está comiendo; ser, p.ej., **she is loved by everybody** es amada por todo el mundo; haber, p.ej., **he is gone** ha ido; deber, p.ej., **what are we to do?** ¿qué debemos hacer?; *v impers* ser, p.ej., **it is easy to learn Spanish** es fácil aprender el español; **so be it** o **be it so** así sea; **be that as it may** sea lo que fuere, sea como fuere; haber, p.ej., **it is foggy** hay neblina; **it is muddy** hay lodo; **it is sunny** hay sol; **there is** o **there are** hay; **what is the matter?** ¿qué hay?; **what is wrong?** ¿qué hay?; hacer, p.ej., **how is the weather?** ¿qué tiempo hace?; **it is cold** hace frío; **it is fine weather** hace buen tiempo; **it is hot** o **it is warm** hace calor; *vn* estar, p.ej., **I am tired** estoy cansado; **he is in Madrid** está en Madrid; ser, p.ej., **she is very old** es muy vieja; **I am a doctor** soy médico; tener, p.ej., **to be ashamed** tener vergüenza; **to be cold** tener frío; **to be hot** tener calor; **to be hungry** tener hambre; **to be in a hurry** tener prisa; **to be the matter with** tener p.ej., **what is the matter with you?** ¿qué tiene Vd.?; **to be right** tener razón; **to be thirsty** tener sed; **to be warm** tener calor; **to be wrong** no tener razón; **to be . . . years old** tener . . . años; **to be** futuro, p.ej., **my wife to be** mi futura esposa; **to be in** estar en casa, en la tienda, en la oficina, etc.; **to be in with** (coll.) ser muy amigo de, gozar del favor de; **to be off** irse; estar equivocado; **to be out** estar fuera de casa, estar en la calle; **to be out of** (coll.) no tener más; **to be up to** estar a la altura de, ser competente para; estar haciendo, estar urdiendo; andar en (*p.ej., travesuras*); tocar a, depender de

beach [bitʃ] *s* playa; *va* varar; *vn* varar, encallar

beachcomb [ˈbitʃˌkom] *vn* raquear; **to go beachcombing** andar al raque

beachcomber [ˈbitʃˌkomər] *s* ola encrestada; raquero, vagabundo de las playas

beach flea *s* (zool.) pulga de mar

beachhead [ˈbitʃˌhɛd] *s* (mil.) cabeza de playa

beach robe *s* albornoz

beach robin *s* (U.S.A.) revuelvepiedras; (Brit.) canut (*Calidris canutus*)

beach shoe *s* playera

beach umbrella *s* parasol de playa, sombrilla de colores

beach wagon *s* rubia, coche rural

beachy [ˈbitʃɪ] *adj* (*comp:* **-ier;** *super:* **-iest**) guijoso, cascajoso

beacon [ˈbikən] *s* almenara, señal luminosa; faro; hacho (*sitio elevado cerca de la costa*); (rad.) radiofaro; (fig.) guía; *va* señalar con almenara; iluminar, guiar; *vn* brillar

bead [bid] *s* cuenta, abalorio; cuenta (*de rosario*); cuentecilla, mostacilla; perla; gota, burbuja; botón (*de fundente*); reborde (*borde saliente*); talón (*de neumático*); mira globular; (arch.) astrágalo; guardavivos (*moldura para proteger las esquinas*); listón separador; **beads** *spl* sarta de cuentas; rosario; **to count one's beads** rezar el rosario; **to draw a bead on** (coll.) apuntar; **to say** o **to tell one's beads** rezar el rosario; *va* adornar con abalorios; rebordear; *vn* formar reborde; burbujear

beading [ˈbidɪŋ] *s* abalorio; (arch.) astrágalo; (arch.) contero

beadle [ˈbidəl] *s* bedel; (eccl.) pertiguero

beadsman [ˈbidzmən] *s* (*pl:* **-men**) hombre que reza por otro; pobre, mendigo

bead tree *s* (bot.) acederaque

beadwork [ˈbidˌwʌrk] *s* abalorio; (arch.) astrágalo; (arch.) contero

beady [ˈbidɪ] *adj* (*comp:* **-ier;** *super:* **-iest**) adornado con abalorios; que tiene apariencia de gotas brillantes; burbujeante

beagle [ˈbigəl] *s* sabueso

beak [bik] *s* pico; boquilla (*de un instrumento de viento*); (slang) nariz, nariz corva; mechero de gas; rostro (*del barco antiguo*); cabo, promontorio

beaked [bikt] *adj* picudo

beaker [ˈbikər] *s* tazón; (chem.) vaso con pequeño pico

beakhead [ˈbikˌhɛd] *s* (naut.) beque

beam [bim] *s* viga; viga maestra; timón (*del arado*); (naut.) bao; (naut.) bao mayor; (naut.) manga (*anchura mayor*); (naut.) través (*dirección perpendicular a la de la quilla*); rayo (*de luz, de calor, de radio*); astil (*de la balanza*); balanza de cruz; (mach.) balancín; (fig.) rayo (*p.ej., de esperanza*); **on the beam** siguiendo el haz (*del radiofaro*); (naut.) por el través; (slang) siguiendo el buen camino; *va* emitir (*luz, ondas, etc.*); *vn* destellar, brillar; sonreír alegremente

beamed [bimd] *adj* envigado

beaming [ˈbimɪŋ] *adj* brillante, radiante; alegre, risueño

beam sea *s* (naut.) mar de costado

beamy [ˈbimɪ] *adj* (*comp:* **-ier;** *super:* **-iest**) brillante, radiante; alegre, risueño; macizo, grueso

bean [bin] *s* (bot.) haba (*Vicia faba*); (bot.) alubia, frijol, habichuela, judía (*Phaseolus vulgaris*), vaina del haba; haba (*simiente del café y el cacao*); (slang) cabeza; *va* (slang) golpear en la cabeza con una pelota

beanbag ['bin,bæg] *s* saquito de habas (*que usan los niños en ciertos juegos*)
bean ball *s* (slang) lanzamiento a la cabeza del bateador (*en el béisbol*)
beanpole ['bin,pol] *s* estaca para habas o frijoles; (fig.) poste de telégrafo (*persona muy alta y delgada*)
beanstalk ['bin,stɔk] *s* tallo de haba, tallo de frijol
bear [bɛr] *s* oso; bajista (*en la Bolsa*); hombre ceñudo ‖ (*pret:* **bore;** *pp:* **borne**) *va* cargar; traer; llevar (*p.ej., armas, una inscripción*); apoyar, sostener; aguantar, sufrir; sentir, experimentar; dejar, permitir; producir, rendir (*p.ej., frutos, interés*); parir; referir, relatar; tener (*odio o amor*); **to bear a grudge against** guardar rencor a, tener inquina a; **to bear date** llevar fecha; **to bear in mind** tener presente, tener en cuenta; **to bear interest** devengar interés; **to bear out** apoyar, sostener; confirmar; **to bear the charges** pagar los gastos; **to bear the market** jugar a la baja; **to bear witness** dar testimonio ‖ *vn* dirigirse, seguir, volver; **to bear down** ejercer presión hacia abajo; hacer bajar por fuerza (*dícese de la mujer que está de parto*); **to bear down on** o **upon** apretar hacia abajo; contener, reprimir; correr sobre, arrojarse impetuosamente sobre; **to bear on** o **upon** referirse a; **to bear up** cobrar ánimo, no perder la esperanza; **to bear up against** resistir; arrostrar; **to bear with** ser indulgente para con, ser paciente con
bearable ['bɛrəbəl] *adj* soportable, sufrible
bearbaiting ['bɛr,betɪŋ] *s* deporte que consiste en echar perros a pelear con un oso encadenado
bearberry ['bɛr,bɛrɪ] *s* (*pl:* **-ries**) (bot.) gayuba, aguavilla
beard [bɪrd] *s* barba; (bot.) arista; *va* mesar; retar, desafiar; poner barba a
bearded ['bɪrdɪd] *adj* barbado, barbudo; (bot.) aristado
bearded eagle o **vulture** *s* (orn.) águila barbuda
bearer ['bɛrər] *s* portador; (com.) portador; árbol fructífero; posesor (*de un cargo u oficio*); portaféretro
bear garden *s* patio de los osos; corral donde los perros pelean con un oso encadenado; merienda de negros
bearing ['bɛrɪŋ] *s* apoyo; porte, presencia, maneras; aguante, paciencia; referencia, relación; fuerza (*p.ej., de una observación*); (her.) blasón; (mach.) cojinete; **bearings** *spl* orientación; **to ask for bearings** (aer.) pedir situación; **to lose one's bearings** desorientarse
bearish ['bɛrɪʃ] *adj* osuno; ceñudo; que juega a la baja; que tiende a bajar
bear's-ear ['bɛrz,ɪr] *s* (bot.) oreja de oso
bearskin ['bɛr,skɪn] *s* piel de oso; morrión (*gorro militar*); bayetón (*tela de lana peluda*)
beast [bist] *s* bestia; persona abrutada; (coll.) cosa muy mala, p.ej., **a beast of a day** un día muy malo
beastly ['bistlɪ] *adj* (*comp:* **-lier;** *super:* **-liest**) bestial; (coll.) muy malo, detestable; *adv* (coll.) muy, detestablemente
beast of burden *s* bestia de carga
beast of prey *s* animal de rapiña
beat [bit] *s* golpe; latido (*del corazón*); compás (*del ritmo*); marca del compás (*con la mano o el pie*); (mus.) tiempo; (phys.) batimiento; (rad.) batido; ronda (*p.ej., de un policía*); (coll.) ganador, vencedor; (slang) gorrón, embestidor; anticipación de una noticia (*por un periódico*); **off one's beat** fuera del camino trillado; **outside the beat of** fuera de la competencia de; *adj* (coll.) deslomado, derrengado; (rad.) de batido ‖ (*pret:* **beat;** *pp:* **beaten** o **beat**) *va* batir; sacudir (*una alfombra*); aventajar, ganar; (mus.) llevar (*el compás*); tocar (*un tambor*); azotar, pegar; (coll.) confundir; (coll.) engañar, estafar; **to beat a retreat** emprender la retirada; **to beat back** rechazar; **to beat down** abatir, derribar; (coll.) rebajar (*un precio*) regateando; **to beat it** (slang) largarse; **to beat off** rechazar; **to beat to death** matar a golpes; **to beat up** batir (*p.ej., huevos*); (slang) acometer, aporrear ‖ *vn* batir; latir (*el corazón*); (coll.) ganar; (naut.) barloventear; **to beat about** ir buscando; **to beat about the bush** (coll.) andarse por las ramas; **to beat against** azotar, estrellarse contra; **to beat down on** batir (*dar fuertemente en*)
beaten ['bitən] *adj* batido, martillado, trillado; vencido, derrotado; deslomado, derrengado; *pp de* **beat**
beater ['bitər] *s* batidor (*persona o instrumento*)
beatific [,biə'tɪfɪk] *adj* beatífico
beatification [bɪ,ætɪfɪ'keʃən] *s* beatificación
beatify [bɪ'ætɪfaɪ] (*pret & pp:* **-fied**) beatificar
beating ['bitɪŋ] *s* golpeo; pulsación; paliza, zurra; aleteo; derrota; **to take a beating** recibir una paliza; salir derrotado; (com.) salir con pérdidas
beatitude [bɪ'ætɪtjud] o [bɪ'ætɪtud] *s* beatitud; (*cap.*) *s* beatitud (*Sumo Pontífice*); **the Beatitudes** (theol.) las bienaventuranzas
beatnik ['bitnɪk] *s* bohemio que rechaza los valores convencionales de la sociedad
beat reception *s* (rad.) recepción por batido
Beatrice ['biətrɪs] *s* Beatriz
beau [bo] *s* (*pl:* **beaus** o **beaux** [boz]) pretendiente, cortejo; novio; petimetre, currutaco
Beau Brummell ['brʌməl] *s* el hermoso Brummell, el Petronio, el rey de la moda; petimetre, currutaco
beau geste [ʒɛst] *s* (*pl:* **beaux gestes** [bo'ʒɛst]) (Fr.) acción generosa; (Fr.) generosidad fingida
beau ideal [aɪ'diəl] *s* bello ideal
beau monde [mɑnd] *s* (Fr.) gente de moda
beauteous ['bjutɪəs] *adj* bello, hermoso
beautification [,bjutɪfɪ'keʃən] *s* embellecimiento
beautiful ['bjutɪfəl] *adj* bello, hermoso
beautify ['bjutɪfaɪ] (*pret & pp:* **-fied**) *va* embellecer, hermosear; *vn* embellecerse, hermosearse
beauty ['bjutɪ] *s* (*pl:* **-ties**) beldad, belleza (*hermosura, mujer muy hermosa*)
beauty contest *s* concurso de belleza
beauty parlor *s* salón de belleza
beauty queen *s* reina de belleza
beauty sleep *s* primer sueño (*antes de medianoche*)
beauty spot *s* lunar postizo, grano de belleza; sitio pintoresco
beaver ['bivər] *s* (zool.) castor; piel de castor; castor (*tejido de lana*); sombrero castoreño; sombrero de copa; sobrevista (*del morrión*); (arm.) babera, baberol; (arm.) visera
bebeerine [bə'bɪrin] o [bə'bɪrɪn] *s* (pharm.) bebirina
becalm [bɪ'kɑm] *va* serenar, calmar; **to be becalmed** (naut.) encalmarse
became [bɪ'kem] *pret de* **become**
because [bɪ'kɔz] *conj* porque; **because of** por, por causa de, a causa de, con motivo de; **because of** + *ger* por + *inf*
beccafico [,bɛkə'fiko] *s* (*pl:* **-cos**) (orn.) becafigo
béchamel [beʃɑ'mɛl] *s* bechamela
bechance [bɪ'tʃæns] o [bɪ'tʃɑns] *vn* acontecer, suceder
Bechuanaland [,bɛtʃu'ɑnə,lænd] o [,bɛkju'ɑnə,lænd] *s* la Bechuanalandia
beck [bɛk] *s* seña (*con la cabeza o la mano*); **at the beck and call of** a disposición de; completamente entregado a
beckon ['bɛkən] *s* seña (*con la cabeza o la mano*); *va* llamar con señas; atraer, tentar; *vn* hacer seña (*con la cabeza o la mano*)
becloud [bɪ'klaʊd] *va* anublar, obscurecer
become [bɪ'kʌm] (*pret:* **-came;** *pp:* **-come**) *va* convenir; sentar bien; *vn* hacerse, p.ej., **my brother became a doctor** mi hermano se hizo médico; **he will become rich but not happy** se hará rico pero no feliz; llegar a ser, p.ej., **he will become a general** llegará a ser general; meterse, p.ej., **he became a soldier** se metió soldado; ponerse, p.ej., **she became very ill** se puso muy enferma; volverse, p.ej., **the clouds became black** se volvieron negras las nubes; convertirse en,

p.ej., **the water became wine** se convirtió el agua en vino; (philos.) devenir; **to become of** ser de, p.ej., **what will become of me?** ¿qué será de mí?; hacerse de, p.ej., **what became of my hat?** ¿qué se ha hecho de mi sombrero?; este verbo, seguido de un adjetivo, se traduce a veces por un verbo neutro o reflexivo que corresponda al adjetivo, p.ej., **to become crazy** enloquecer; **to become useless** inutilizarse

becoming [bɪˈkʌmɪŋ] *adj* conveniente; que sienta bien; *s* (philos.) (el) devenir

bed [bɛd] *s* cama, lecho; (mas.) lecho; lecho (*del río, de la vía; asiento; capa, estrato*); (min.) yacimiento; macizo (*de jardín*); **to get up on the wrong side of the bed** levantarse por los pies de la cama; **to go to bed** acostarse; **to make the bed** hacer la cama; **to stay in bed** guardar cama; **to take to one's bed** encamarse; (*pret & pp:* **bedded;** *ger:* **bedding**) *va* acostar; dar cama a; sembrar o plantar en un macizo; poner en capas sobrepuestas; *vn* acostarse; formar una masa compacta; cohabitar, hacer vida marital

bedabble [bɪˈdæbəl] *va* salpicar

bed and board *s* techo y sustento

bedaub [bɪˈdɔb] *va* embadurnar; adornar vistosamente; vilipendiar; alabar con exceso

bedaze [bɪˈdez] *va* aturdir, atolondrar

bedazzle [bɪˈdæzəl] *va* deslumbrar

bedbug [ˈbɛd,bʌg] *s* (ent.) chinche

bedchamber [ˈbɛd,tʃembər] *s* alcoba, cuarto de dormir

bedclothes [ˈbɛd,kloz] *spl* ropa de cama

bedcover [ˈbɛd,kʌvər] *s* cubierta de cama

bedding [ˈbɛdɪŋ] *s* ropa de cama; paja para jergón; lecho (*asiento; capa inferior*); (geol.) estratificación

Bede [bid] *s* Beda; **the Venerable Bede** el venerable Beda

bedeck [bɪˈdɛk] *va* acicalar, adornar, engalanar

bedevil [bɪˈdɛvəl] (*pret & pp:* **-iled** o **-illed;** *ger:* **-iling** o **-illing**) *va* atormentar; confundir; endemoniar, hechizar

bedevilment [bɪˈdɛvəlmənt] *s* tormento; confusión; hechizo

bedew [bɪˈdju] o [bɪˈdu] *va* rociar

bedfast [ˈbɛd,fæst] o [ˈbɛd,fɑst] *adj* postrado en cama

bedfellow [ˈbɛd,fɛlo] *s* compañero o compañera de cama; compañero, compañera

Bedford cord [ˈbɛdfərd] *s* paño Bedford

bedgown [ˈbɛd,gaun] *s* camisa de dormir; chaqueta (*de las mujeres del norte de Inglaterra*)

bedight [bɪˈdaɪt] (*pret & pp:* **-dight** o **-dighted**) *va* (archaic) adornar, guarnecer

bedim [bɪˈdɪm] (*pret & pp:* **-dimmed;** *ger:* **-dimming**) *va* obscurecer

bedizen [bɪˈdaɪzən] o [bɪˈdɪzən] *va* emperejilar

bedlam [ˈbɛdləm] *s* confusión, bullicio; casa de orates, manicomio

bedlamite [ˈbɛdləmaɪt] *s* loco, orate

bed linen *s* ropa de cama

bed of roses *s* canonjía, sinecura

Bedouin [ˈbɛduɪn] *adj* beduíno; *s* beduíno; nómada

bedpan [ˈbɛd,pæn] *s* calentador de cama; silleta

bedpost [ˈbɛd,post] *s* pilar de cama

bedraggle [bɪˈdrægəl] *va* ensuciar o manchar arrastrando por el suelo

bedrail [ˈbɛd,rel] *s* baranda o barandilla de la cama

bedrid [ˈbɛd,rɪd] o **bedridden** [ˈbɛd,rɪdən] *adj* postrado en cama

bedrock [ˈbɛd,rɑk] *s* lecho de roca, roca sólida; fondo; base, fundamento

bedroom [ˈbɛd,rum] o [ˈbɛd,rʊm] *s* alcoba, cuarto de dormir

bedroom suit *s* juego de alcoba

bedside [ˈbɛd,saɪd] *s* lado de cama; cabecera; espacio entre la cama y la pared; *adj* del lado de cama; con los enfermos; práctico en cuidar a los enfermos

bedside table *s* velador, mesa de noche

bedsore [ˈbɛd,sor] *s* úlcera de decúbito; **to have** or **to get bedsores** decentarse

bedspread [ˈbɛd,sprɛd] *s* sobrecama

bedspring [ˈbɛd,sprɪŋ] *s* colchón de muelles

bedstead [ˈbɛd,stɛd] *s* cuja

bedstraw [ˈbɛd,strɔ] *s* paja para jergón; (bot.) amor de hortelano, cuajaleche; (bot.) pegapega (*Desmodium uncinatum*)

bedtick [ˈbɛd,tɪk] *s* cutí

bedtime [ˈbɛd,taɪm] *s* hora de acostarse

bedtime story *s* cuento que se dice a los niños al acostarse

bed warmer *s* calientacamas

bee [bi] *s* (ent.) abeja; reunión, tertulia; capricho extravagante; **to be busy as a bee** estar muy metido en el trabajo; **to have a bee in one's bonnet** u **one's head** tener una idea fija en la mente; ser ligero de cascos; (*cap.*) *s* nombre abreviado de **Beatrice**

beebread [ˈbi,brɛd] *s* ámago

beech [bitʃ] *s* (bot.) haya

beechen [ˈbitʃən] *adj* de haya, hecho de haya

beechnut [ˈbitʃ,nʌt] *s* hayuco

beechwood [ˈbitʃ,wʊd] *s* madera de haya

bee eater *s* (orn.) abejaruco

beef [bif] *s* (*pl:* **beeves** o **beefs**) carne de vaca o toro; ganado vacuno de engorde; (coll.) fuerza muscular; (coll.) peso; (*pl:* **beefs**) (slang) queja; *va* **to beef up** (coll.) reforzar; *vn* (slang) quejarse

beef cattle *s* ganado vacuno de engorde

beefeater [ˈbif,itər] *s* persona muy gorda; (Brit.) alabardero de palacio; (Brit.) alabardero de la Torre de Londres; (orn.) espulgabueyes, picabueyes

bee fly *s* (ent.) mosca abeja

beefsteak [ˈbif,stek] *s* biftec o bistec

beef tea *s* caldo concentrado de carne

beefy [ˈbifɪ] *adj* (*comp:* **-ier;** *super:* **-iest**) fornido, musculoso, pesado

bee glue *s* tanque, propóleos

beehive [ˈbi,haɪv] *s* colmena

beekeeper [ˈbi kipər] *s* colmenero

beeline [ˈbi,laɪn] *s* línea recta; **to make a beeline for** ir en línea recta hacia

Beelzebub [bɪˈɛlzɪbʌb] *s* (Bib.) Belcebú

been [bɪn] *pp de* **be**

beer [bɪr] *s* cerveza; bebida gaseosa hecha de raíces; **dark beer** cerveza parda o negra; **light beer** cerveza clara

beer and skittles *spl* diversión, placer

beer garden *s* cervecería al aire libre

beer saloon *s* cervecería

beery [ˈbɪrɪ] *adj* (*comp:* **-ier;** *super:* **-iest**) cervecero, de cerveza, de la cerveza

beestings [ˈbistɪŋz] *spl* calostro

beeswax [ˈbiz,wæks] *s* cera de abejas; *va* encerar

beeswing [ˈbiz,wɪŋ] *s* películas del oporto; viejo oporto

beet [bit] *s* (bot.) remolacha (*planta y raíz*)

beetle [ˈbitəl] *s* (ent.) escarabajo; martillo de madera; pisón; *adj* saliente; *va* martillar con martillo de madera; pisar con pisón; *vn* destacar, sobresalir

beetle-browed [ˈbitəl,braud] *adj* cejudo; (fig.) ceñudo

beetling [ˈbitlɪŋ] *adj* saliente, sobresaliente

beet root *s* raíz de remolacha

beet sugar *s* azúcar de remolacha

befall [bɪˈfɔl] (*pret:* **-fell;** *pp:* **-fallen**) *va* acontecer a; *vn* acontecer

befell [bɪˈfɛl] *pret de* **befall**

befit [bɪˈfɪt] (*pret & pp:* **-fitted;** *ger:* **-fitting**) *va* convenir, venir bien, cuadrar

befitting [bɪˈfɪtɪŋ] *adj* conveniente

befog [bɪˈfɑg] o [bɪˈfɔg] (*pret & pp:* **-fogged;** *ger:* **-fogging**) *va* envolver en niebla; obscurecer, confundir

befool [bɪˈful] *va* engañar, embaucar

before [bɪˈfor] *adv* delante, enfrente; antes; ya, más arriba; *prep* delante de, enfrente de; antes de; ante (*en presencia de*); *conj* antes (de) que

beforehand [bɪˈfor,hænd] *adv* de antemano, con anticipación; *adj* hecho de antemano

beforetime [bɪˈfor,taɪm] *adv* (archaic) en tiempos pasados

befoul [bɪˈfaul] *va* ensuciar, emporcar; enredarse en

befriend [bɪˈfrɛnd] *va* amparar, favorecer, ofrecer amistad a

befuddle [bɪˈfʌdəl] *va* aturdir, confundir

beg [bɛg] (*pret & pp:* **begged;** *ger:* **begging**) *va* rogar, pedir, solicitar; mendigar; **to beg someone for something** pedir algo a alguien; **to beg the question** dar por sentado lo mismo que se trata de probar; **to beg someone to** + *inf* pedir a alguien que + *subj; vn* mendigar; **to go begging** andar mendigando; no hallar comprador, no tener demanda; **to beg for** solicitar; **to beg off** excusarse; **to beg to** + *inf* permitirse + *inf*
began [bɪˈgæn] *pret de* **begin**
beget [bɪˈgɛt] (*pret:* **-got;** *pp:* **-gotten** o **-got;** *ger:* **-getting**) *va* engendrar
beggar [ˈbɛgər] *s* mendigo; pobre de solemnidad; pícaro, bribón; tipo, sujeto, individuo; *va* empobrecer, arruinar; excederse de
beggardom [ˈbɛgərdəm] *s* pobretería
beggar-lice [ˈbɛgərˌlaɪs] *ssg & spl* var. de **beggar's-lice**
beggarly [ˈbɛgərlɪ] *adj* pobre, miserable, mezquino, despreciable
beggar's-lice [ˈbɛgərzˌlaɪs] *ssg & spl* (bot.) bardana, cadillo, pegarropa (*planta y frutos espinosos que se adhieren al vestido*)
beggar's-tick [ˈbɛgərzˌtɪk] *s* aquenio del bidente; **beggar's-ticks** *spl* (bot.) bidente; (bot.) bardana, cadillo, pegarropa
beggary [ˈbɛgərɪ] *s* (*pl:* **-ies**) mendicidad; pobretería
begin [bɪˈgɪn] (*pret:* **-gan;** *pp:* **-gun;** *ger:* **-ginning**) *va* comenzar, empezar; *vn* comenzar, empezar; tomar principio; **to not begin to** ni por asomo, ni con mucho; **to begin by** + *ger* comenzar por + *inf;* **to begin to** + *inf* comenzar o empezar a + *inf;* **to begin** + *ger* comenzar + *ger;* **beginning with** a partir de
beginner [bɪˈgɪnər] *s* principiante, novicio; iniciador, originador
beginning [bɪˈgɪnɪŋ] *s* comienzo, principio; origen; punto de partida
begirt [bɪˈgʌrt] *adj* ceñido, cercado, rodeado
begone [bɪˈgɔn] o [bɪˈgɑn] *interj* ¡ fuera!, ¡ vete de aquí!
begonia [bɪˈgonɪə] *s* (bot.) begonia
begoniaceous [bɪˌgonɪˈeʃəs] *adj* (bot.) begoniáceo
begot [bɪˈgɑt] *pret & pp de* **beget**
begotten [bɪˈgɑtən] *pp de* **beget**
begrime [bɪˈgraɪm] *va* embarrar, tiznar
begrudge [bɪˈgrʌdʒ] *va* dar de mala gana; envidiar
begrudgingly [bɪˈgrʌdʒɪŋlɪ] *adv* de mala gana
beguile [bɪˈgaɪl] *va* engañar, seducir; divertir, entretener; defraudar; **to beguile the time** engañar el tiempo
begun [bɪˈgʌn] *pp de* **begin**
behalf [bɪˈhæf] o [bɪˈhɑf] *s* favor, patrocinio, interés; **in behalf of** a favor de; **on behalf of** en nombre de; a favor de
behave [bɪˈhev] *vn* actuar, funcionar; portarse, conducirse; portarse bien
behavior [bɪˈhevjər] *s* conducta, comportamiento; porte, modales; funcionamiento
behaviorism [bɪˈhevjərɪzəm] *s* (psychol.) comportamentismo, behaviorismo
behaviorist [bɪˈhevjərɪst] *s* comportamentista, behaviorista
behavioristic [bɪˌhevjəˈrɪstɪk] *adj* comportamentista, behaviorístico
behead [bɪˈhɛd] *va* descabezar
beheld [bɪˈhɛld] *pret & pp de* **behold**
behemoth [bɪˈhiməθ] o [ˈbiɪmɑθ] *s* (coll.) gigante, bestia colosal
behind [bɪˈhaɪnd] *s* (slang) culo, trasero; *adv* detrás; hacia atrás; más allá; con retraso; **from behind** por detrás; **to stay behind** quedarse atrás; *prep* detrás de; **to be behind the times** no estar al corriente de las cosas; **behind the back of** a espaldas de; **behind time** tarde
behindhand [bɪˈhaɪndˌhænd] *adv* con atraso; *adj* atrasado; tardío; atrasado en pagos
behold [bɪˈhold] (*pret & pp:* **-held**) *va* mirar, contemplar; *interj* ¡ he aquí!
beholden [bɪˈholdən] *adj* obligado
behoof [bɪˈhuf] *s* provecho, utilidad, ventaja
behoove [bɪˈhuv] o **behove** [bɪˈhuv] o [bɪˈhov] *va* convenir, corresponder, tocar
beige [beʒ] *adj & s* beige (*amarillento*)
being [ˈbiɪŋ] *s* ser, ente; *adj* existente; **for the time being** por ahora, por el momento; *ger de* **be**
bejewel [bɪˈdʒuəl] (*pret & pp:* **-eled** o **-elled;** *ger:* **-eling** o **-elling**) *va* alhajar, enjoyar
bejeweled [bɪˈdʒuəld] *adj* enjoyelado, enjoyado
bel [bɛl] *s* (phys.) belio
belabor [bɪˈlebər] *va* apalear; ridiculizar
belated [bɪˈletɪd] *adj* atrasado; sorprendido por la noche
belay [bɪˈle] *va* (naut.) amarrar (*una cuerda*) dando vueltas en una cabilla; (coll.) detener
belaying pin *s* (naut.) cabilla de maniobra
belch [bɛltʃ] *s* eructo, regüeldo; *va* vomitar (*p.ej., llamas, humo, injurias*); *vn* eructar, regoldar; salir con fuerza (*llamas, humo, etc.*)
beldam o **beldame** [ˈbɛldəm] *s* tarasca, bruja
beleaguer [bɪˈligər] *va* sitiar, bloquear, cercar
belemnite [ˈbɛləmnaɪt] *s* (pal.) belemnita
belfry [ˈbɛlfrɪ] *s* (*pl:* **-fries**) campanario
Belg. abr. de **Belgian** y **Belgium**
Belgian [ˈbɛldʒən] *adj* belga, bélgico; *s* belga
Belgian Congo *s* el Congo Belga
Belgium [ˈbɛldʒəm] *s* Bélgica
Belgrade [bɛlˈgred] o [ˈbɛlgred] *s* Belgrado
belie [bɪˈlaɪ] (*pret & pp:* **-lied;** *ger:* **-lying**) *va* desmentir; calumniar, difamar; representar falsamente
belief [bɪˈlif] *s* creencia
believable [bɪˈlivəbəl] *adj* creíble
believe [bɪˈliv] *va* creer; *vn* creer; **to believe in** creer en (*p.ej., Dios*); aprobar; contar con
believer [bɪˈlivər] *s* creyente; fiel (*cristiano*)
belike [bɪˈlaɪk] *adv* (archaic & dial.) tal vez, probablemente
Belisarius [ˌbɛlɪˈsɛrɪəs] *s* Belisario
belittle [bɪˈlɪtəl] *va* desalabar, despreciar; empequeñecer
Belize [bɛˈliz] *s* Bélice
bell [bɛl] *s* campana; timbre (*campanilla eléctrica*); cencerro (*que se ata al pescuezo de las reses*); cascabel (*bolita hueca que contiene un pedacito de hierro*); campanada (*toque de campana*); (arch.) campana; (mus.) pabellón (*de instrumento de viento*); galardón, premio; **to bear the bell** ganar el premio, ser el primero; **to ring a bell** (coll.) sonar, p.ej., **this name rings a bell for me** este nombre me suena; *va* poner campana a; acampanar; **to bell the cat** ponerle el cascabel al gato; *vn* acampanarse; crecer (*p.ej., una flor*) en figura de campana; bramar, berrear
Bella [ˈbɛlə] *s* nombre abreviado de **Arabella** e **Isabella**
belladonna [ˌbɛləˈdɑnə] *s* (bot. & pharm.) belladona
belladonna lily *s* (bot.) amarilis
bellbird [ˈbɛlˌbʌrd] *s* (orn.) campanero
bellboy [ˈbɛlˌbɔɪ] *s* botones
bell buoy *s* (naut.) boya de campana
belle [bɛl] *s* beldad o belleza (*mujer muy hermosa*); buena moza
Bellerophon [bəˈlɛrəfɑn] *s* (myth.) Belerofonte
belles-lettres [ˌbɛlˈlɛtrə] *spl* bellas letras
bellflower [ˈbɛlˌflaʊər] *s* (bot.) campánula
bell gable *s* espadaña
bell glass *s* campana de cristal; fanal (*para resguardar una péndola, luz, etc.*)
bellhop [ˈbɛlˌhɑp] *s* (slang) botones
bellicose [ˈbɛlɪkos] *adj* belicoso
bellicosity [ˌbɛlɪˈkɑsɪtɪ] *s* belicosidad
belligerence [bəˈlɪdʒərəns] o **belligerency** [bəˈlɪdʒərənsɪ] *s* beligerancia
belligerent [bəˈlɪdʒərənt] *adj & s* beligerante
bell jar *s* var. de **bell glass**
bellman [ˈbɛlmən] *s* (*pl:* **-men**) pregonero de campana
bell metal *s* metal campanil, metal de campana, bronce de campanas
bell-mouthed [ˈbɛlˌmaʊðd] o [ˈbɛlˌmaʊθt] *adj* acampanado, abocinado, abocardado
bellow [ˈbɛlo] *s* bramido; **bellows** [ˈbɛloz] o [ˈbɛləs] *ssg o spl* fuelle; barquín (*fuelle usado en las herrerías*); (phot.) fuelle (*de la máquina fotográfica*); **bellow** [ˈbɛlo] *va* gritar, vociferar; *vn* bramar
bellows blower *s* entonador
bell ringer *s* campanero
bell-shaped [ˈbɛlˌʃept] *adj* acampanado

bell tent *s* pabellón
bell transformer *s* (elec.) transformador para timbres
bellwether [ˈbelˌweðər] *s* manso
bell wire *s* (elec.) alambre para timbres
belly [ˈbɛlɪ] *s* (*pl:* **-lies**) vientre, barriga; estómago; (*pret & pp:* **-lied**) *vn* hacer barriga; hacer bolso (*las velas*); pandearse
bellyache [ˈbɛlɪˌek] *s* (slang) dolor de barriga· *vn* (slang) quejarse
bellyband [ˈbɛlɪˌbænd] *s* ventrera; barriguera (*de las caballerías*); cincha (*para asegurar la silla a las caballerías*)
belly dancer *s* (coll.) bailarina ombliguista
bellyful [ˈbelɪful] *s* (slang) panzada
belong [bɪˈlɔŋ] o [bɪˈlɑŋ] *vn* pertenecer; deber estar, p.ej., **the chair belongs in this room** la silla debe estar en este cuarto; **to belong to** pertenecer a
belongings [bɪˈlɔŋɪŋz] o [bɪˈlɑŋɪŋz] *spl* pertenencias; (coll.) familia; **to gather one's belongings** liar los bártulos
beloved [bɪˈlʌvid] o [bɪˈlʌvd] *adj* dilecto, querido, amado; *s* querido, amado
below [bɪˈlo] *adv* abajo; más abajo; en el infierno; bajo cero, p.ej., **ten below** diez grados bajo cero; *prep* debajo de; inferior a
Belshazzar [belˈʃæzər] *s* (Bib.) Baltasar
belt [bɛlt] *s* cinto, cinturón; (aer.) correa; (mach.) correa; (geog.) faja, zona; (slang) correazo; **below the belt** (sport) de cintura abajo, sucio, suciamente; **to tighten one's belt** ceñirse; *va* ceñir; poner correa a (*una máquina*); unir con correa; (slang) golpear con correa
belt conveyor *s* correa transportadora, cinta de transporte
belt course *s* (arch.) cordón
belt drive *s* transmisión por correa
belting [ˈbɛltɪŋ] *s* correa (*material*); correaje
belt line *s* (rail.) línea o vía de circunvalación
beluga [bəˈlugə] *s* (zool.) beluga; (ichth.) esturión blanco
belvedere [ˌbɛlvəˈdɪr] *s* belvedere; glorieta
bemaul [bɪˈmɔl] *va* aporrear, maltratar a golpes
bemazed [bɪˈmezd] *adj* aturdido, confundido
bemedaled o **bemedalled** [bɪˈmɛdəld] *adj* condecorado con muchas medallas
bemire [bɪˈmaɪr] *va* enlodar, embarrar
bemoan [bɪˈmon] *va* deplorar, lamentar
bemock [bɪˈmɑk] *va* mofarse de, reírse de
bemuse [bɪˈmjuz] *va* atolondrar, aturdir, confundir. pasmar
Ben [bɛn] *s* nombre abreviado de **Benjamin**
bench [bɛntʃ] *s* banco; (law) tribunal; (law) judicatura; meseta; plataforma (*de una exposición canina*); **to be on the bench** (law) ser juez, ejercer sus funciones (*un juez*); *va* proveer de bancos; sentar en un banco; exhibir (*un perro*); poner en un tribunal; (baseball) enviar a las duchas
bench dog *s* perro exhibido (*en una exposición canina*)
bencher [ˈbɛntʃər] *s* el que trabaja en un banco; remador; frecuentador de tabernas; (Brit.) decano de un colegio de abogados
bench mark *s* (top.) cota, punto topográfico de referencia
bench root *s* (agr.) raíces trabadas
bench show *s* exposición canina
bench warmer *s* (slang) arrimón
bench warrant *s* (law) auto de prisión expedido por un juez o un tribunal
bend [bend] *s* curva; recodo (*de un camino, río, etc.*); inclinación; gaza (*lazo en el extremo de un cabo*); (her.) banda; **bends** *spl* (naut.) cinta; (coll) enfermedad de los cajones de aire comprimido; (*pret & pp:* **bent**) *va* encorvar, combar; doblar; torcer; inclinar; dirigir; someter; (naut.) envergar (*una vela*); (naut.) entalingar (*el chicote del cable*); **to bend one's efforts** dirigir sus esfuerzos; **to bend the head** inclinar la cabeza; **to bend the head to one side** ladear la cabeza; **to bend the knee** doblar la rodilla; hincar la rodilla (*en el suelo*); *vn* encorvarse; doblarse; inclinarse; volver; someterse; **to bend down** u **over** inclinarse
bended [ˈbɛndɪd] (archaic) *pret & pp de* **bend; on bended knee** o **knees** arrodillado
bender [ˈbɛndər] *s* torcedor; (mach.) doblador (*de un tubo, carril, etc.*); (slang) juerga, jolgorio
beneath [bɪˈniθ] *adv* abajo, debajo; *prep* debajo de; inferior a
benedicite [ˌbɛnɪˈdɪsɪtɪ] *s* benedícite (*invocación*); (*cap.*) *s* (eccl.) benedícite
benedict [ˈbɛnɪdɪkt] *s* casado, recién casado, solterón acabado de casar; (*cap.*) *s* Benito; Benedicto (*papa*)
Benedictine [ˌbɛnɪˈdɪktin] o [ˌbɛnɪˈdɪktaɪn] *adj & s* benedictino; (*l.c.*) [ˌbɛnɪˈdɪktin] *s* benedictino (*licor*)
Benedictine rule *s* regla de San Benito
benediction *s* [ˌbɛnɪˈdɪkʃən] *s* bendición
Benedictus [ˌbɛnɪˈdɪktəs] *s* (eccl.) benedictus
benefaction [ˌbɛnɪˈfækʃən] *s* beneficencia; beneficio
benefactor [ˈbɛnɪˌfæktər] o [ˌbɛnɪˈfæktər] *s* bienhechor
benefactress [ˈbɛnɪˌfæktrɪs] o [ˌbɛnɪˈfæktrɪs] *s* bienhechora
benefice [ˈbɛnɪfɪs] *s* (eccl.) beneficio
beneficence [bɪˈnɛfɪsəns] *s* beneficencia; beneficio
beneficent [bɪˈnɛfɪsənt] *adj* benéfico, bienhechor
beneficial [ˌbɛnɪˈfɪʃəl] *adj* beneficioso
beneficiary [ˌbɛnɪˈfɪʃɪˌɛrɪ] o [ˌbɛnɪˈfɪʃərɪ] *s* (*pl:* **-ies**) beneficiario; (eccl.) beneficiado
benefit [ˈbɛnɪfɪt] *s* beneficio; (theat.) beneficio, **for the benefit of** a beneficio de; *va* beneficiar; *vn* beneficiar; **to benefit from** beneficiar de, aprovechar
benevolence [bɪˈnɛvələns] *s* benevolencia
benevolent [bɪˈnɛvələnt] *adj* benévolo; benéfico (*dícese, p.ej., de una institución*)
Bengal [bɛŋˈgɔl] *s* Bengala
Bengalese [ˌbɛŋgəˈliz] *adj* bengalí; *s* (*pl:* **-lese**) bengalí
Bengali [bɛŋˈgɔlɪ] *adj* bengalí; *s* bengalí (*habitante e idioma*); (orn.) bengalí
bengaline [ˈbɛŋgəlin] o [ˌbɛŋgəˈlin] *s* bengalina
Bengal light *s* luz de Bengala
Bengal tiger *s* tigre de Bengala o tigre real
benighted [bɪˈnaɪtɪd] *adj* sorprendido por la noche; ignorante, depravado
benign [bɪˈnaɪn] *adj* benigno; (path.) benigno
benignancy [bɪˈnɪgnənsɪ] *s* benignidad
benignant [bɪˈnɪgnənt] *adj* benigno; (path.) benigno
benignity [bɪˈnɪgnɪtɪ] *s* (*pl:* **-ties**) benignidad; bondad
benison [ˈbɛnɪzən] o [ˈbɛnɪsən] *s* bendición
Benjamin [ˈbɛndʒəmɪn] *s* Benjamín; (*l.c.*) *s* benjuí (*resina aromática*)
benne [ˈbɛnɪ] *s* (bot.) sésamo de la India u oriental
bent [bɛnt] *s* encorvadura; inclinación, propensión; (bot.) hierba amófila; (dial.) páramo, matorral; *adj* encorvado; doblado; torcido; **bent on** resuelto a, empeñado en; **bent over** cargado de espaldas; *pret & pp de* **bend**
benthos [ˈbɛnθɑs] *s* (biol.) bentos
benumb [bɪˈnʌm] *va* entorpecer
benzedrine [ˈbɛnzədrin] o [ˈbɛnzədrɪn] *s* (trademark) bencedrina
benzene [ˈbɛnzin] o [bɛnˈzin] *s* (chem.) benceno
benzene ring *s* (chem.) núcleo bencénico
benzidine [ˈbɛnzɪdin] o [ˈbɛnzɪdɪn] *s* (chem.) bencidina
benzine [ˈbɛnzin] o [bɛnˈzin] *s* bencina
benzoate [ˈbɛnzoet] *s* (chem.) benzoato
benzoic [bɛnˈzo·ɪk] *adj* (chem.) benzoico
benzoic acid *s* (chem.) ácido benzoico
benzoin [ˈbɛnzo·ɪn] o [ˈbɛnzɔɪn] *s* benjuí (*resina aromática*); (bot.) benzoin; (chem.) benzoína
benzol [ˈbɛnzɑl] *s* (chem.) benzol
bepearl [bɪˈpʌrl] *va* aljofarar
bepraise [bɪˈprez] *va* alabar con exceso, lisonjear con exageración
bequeath [bɪˈkwið] o [bɪˈkwiθ] *va* (law & fig.) legar
bequeathal [bɪˈkwiðəl] *s* manda, donación
bequest [bɪˈkwɛst] *s* manda; legado

berate [bɪˈret] *va* zaherir, reñir, regañar
Berber [ˈbʌrbər] *adj & s* bereber
bereave [bɪˈriv] (*pret & pp:* **-reaved** o **-reft**) *va* despojar, privar; desconsolar, desolar
bereavement [bɪˈrivmənt] *s* despojo, privación; aflicción, desconsuelo, duelo
bereft [bɪˈrɛft] *pret & pp de* **bereave**
beret [bɛˈrɛ] o [ˈbɛrɛ] *s* boina, boina francesa
berg [bʌrg] *s* banquisa, iceberg
bergamot [ˈbʌrgəmɑt] *s* (bot.) bergamoto (*limero; peral*); (bot.) sándalo de agua, té de Pensilvania; bergamota (*lima; pera; aceite esencial; tabaco en polvo*); (*cap.*) *s* bérgama (*tapicería*)
beribboned [bɪˈrɪbənd] *adj* encintado
beriberi [ˈbɛrɪˈbɛrɪ] *s* (path.) beriberi
beringed [bɪˈrɪŋd] *adj* que lleva muchas sortijas
berkelium [bərˈkilɪəm] *s* (chem.) berkelio
berlin [bʌrˈlɪn] o [ˈbʌrlɪn] *s* berlina; estambre; (*cap.*) [bʌrˈlɪn] *s* Berlín
Berliner [bʌrˈlɪnər] *s* berlinés
berm [bʌrm] *s* (fort.) berma
Bermuda [bərˈmjudə] *s* las Bermudas
Bermuda onion *s* cebolla común de las Bermudas, Tejas y California
Bermudian [bərˈmjudɪən] *adj & s* bermudeño
Bern [bʌrn] o [bɛrn] *s* Berna
Bernard [ˈbʌrnərd] o [bərˈnɑrd] *s* Bernardo
Bernese [bʌrˈniz] *adj* bernés; *s* (*pl:* **-nese**) bernés
berry [ˈbɛrɪ] *s* (*pl:* **-ries**) baya; grano, haba (*simiente, p.ej., del cafeto*); polidrupa (*de la fresa, la frambuesa, etc.*); (*pret & pp:* **-ried**) *vn* coger fresas, frambuesas, grosellas, etc.; producir (*una planta*) fresas, frambuesas, grosellas, etc.
berserk [ˈbʌrsʌrk] *adj* frenético; *adv* con frenesí; **to go berserk** embestir frenéticamente a diestro y siniestro
Bert [bʌrt] *s* nombre abreviado de **Albert, Bertram** y **Herbert**
berth [bʌrθ] *s* litera (*cama fija en los buques y el ferrocarril*); (naut.) camarote (*dormitorio*); (naut.) amarradero; (naut.) dársena; puesto, empleo; **to give a wide berth to** apartarse de, evitar el encuentro de; *va & vn* (naut.) atracar
bertha [ˈbʌrθə] *s* berta (*cuello*); (*cap.*) *s* Berta; (slang) Berta (*cañón alemán*)
Bertillon system [ˈbʌrtɪlɑn] *s* bertillonaje
Bertram [ˈbʌrtrəm] *s* Beltrán
beruffled [bɪˈrʌfəld] *adj* adornado con volantes, fruncido
beryl [ˈbɛrɪl] *s* (mineral.) berilo
beryllium [bəˈrɪlɪəm] *s* (chem.) berilio
beseech [bɪˈsitʃ] (*pret & pp:* **-sought** o **-seeched**) *va* suplicar
beseem [bɪˈsim] *va & vn* convenir
beset [bɪˈsɛt] (*pret & pp:* **-set;** *ger:* **-setting**) *va* acometer, acosar; cercar, sitiar; engastar
besetting [bɪˈsɛtɪŋ] *adj* constante, dominante
beshrew [bɪˈʃru] *va* (archaic) echar maldiciones a
beside [bɪˈsaɪd] *adv* además, también, por otra parte; *prep* cerca de, junto a; en comparación de; excepto, fuera de; **beside oneself** fuera de sí, **beside the point** que no viene al caso
besides [bɪˈsaɪdz] *adv* además, también, por otra parte; *prep* además de; excepto, fuera de
besiege [bɪˈsidʒ] *va* asediar, sitiar; apretar, apiñar; (fig.) asediar
besmear [bɪˈsmɪr] *va* embadurnar
besmirch [bɪˈsmʌrtʃ] *va* ensuciar, manchar
besom [ˈbizəm] *s* escoba
besot [bɪˈsɑt] (*pret & pp:* **-sotted;** *ger:* **-sotting**) *va* entontecer, embrutecer; emborrachar
besought [bɪˈsɔt] *pret & pp de* **beseech**
bespangle [bɪˈspæŋgəl] *va* adornar con lentejuelas
bespatter [bɪˈspætər] *va* salpicar
bespeak [bɪˈspik] (*pret:* **-spoke;** *pp:* **-spoken** o **-spoke**) *va* apalabrar, reservar; indicar, demostrar; pedir, solicitar; (poet. & archaic) dirigir la palabra a
bespectacled [bɪˈspɛktəkəld] *adj* con gafas, con anteojos
bespoke [bɪˈspok] *pret & pp de* **bespeak**
bespoken [bɪˈspokən] *pp de* **bespeak**
bespread [bɪˈsprɛd] (*pret & pp:* **-spread**) *va* derramar, recubrir
besprinkle [bɪˈsprɪŋkəl] *va* rociar, salpicar; espolvorear
Bess [bɛs] *s* nombre abreviado de **Elizabeth**
Bessarabia [ˌbɛsəˈrebɪə] *s* la Besarabia
Bessemer converter [ˈbɛsəmər] *s* convertidor Bessemer
Bessemer process *s* procedimiento Bessemer
Bessemer steel *s* acero Bessemer
best [bɛst] *adj super* mejor; mayor; *adv super* mejor; **had best** debería; *s* lo mejor; lo más; **all for the best** conducente al bien a la larga; **at best** a lo más; **to do one's best** hacer todo lo posible; **to get** o **to have the best of** aventajar, sobresalir; **to make the best of** salir lo mejor posible de
bestead [bɪˈstɛd] *adj* situado; **bestead with dangers** rodeado de peligros; *va* ayudar
best girl *s* (coll.) novia, amiga preferida
bestial [ˈbɛstjəl] o [ˈbɛstʃəl] *adj* bestial
bestiality [ˌbɛstɪˈælɪtɪ] o [ˌbɛstʃɪˈælɪtɪ] *s* bestialidad
bestiary [ˈbɛstɪˌɛrɪ] *s* (*pl:* **-ies**) bestiario
bestir [bɪˈstʌr] (*pret & pp:* **-stirred;** *ger:* **-stirring**) *va* incitar, excitar; **to bestir oneself** esforzarse, menearse
best man *s* padrino de boda
bestow [bɪˈsto] *va* otorgar, conferir; emplear, dedicar
bestowal [bɪˈstoəl] *s* otorgamiento, donación; empleo, dedicación
bestraddle [bɪˈstrædəl] *va* montar a horcajadas
bestrew [bɪˈstru] (*pret:* **-strewed;** *pp:* **-strewed** o **-strewn**) *va* desparramar, esparcir; sembrar, salpicar; estar esparcido en o por
bestrid [bɪˈstrɪd] *pret & pp de* **bestride**
bestridden [bɪˈstrɪdən] *pp de* **bestride**
bestride [bɪˈstraɪd] (*pret:* **-strode** o **-strid;** *pp:* **-stridden** o **-strid**) *va* montar a horcajadas; cruzar de un tranco
bestrode [bɪˈstrod] *pret de* **bestride**
best seller *s* éxito de venta; éxito de librería, libro de mayor venta; autor que más se vende
bestud [bɪˈstʌd] (*pret & pp:* **-studded;** *ger:* **-studding**) *va* tachonar
bet. abr. de **between**
bet [bɛt] *s* apuesta; postura (*cantidad que se apuesta*); (*pret & pp:* **bet** o **betted;** *ger:* **betting**) *va & vn* apostar; **to bet on** apostar por (*p.ej., un caballo*); **I bet** a que, apuesto a que; **you bet** (slang) ya lo creo
beta [ˈbetə] o [ˈbitə] *s* beta
betake [bɪˈtek] (*pret:* **-took;** *pp:* **-taken**) *va* **to betake oneself** dirigirse; darse, aplicarse (*p.ej., al estudio*)
betaken [bɪˈtekən] *pp de* **betake**
beta rays *spl* (phys.) rayos beta
betatron [ˈbetətrɑn] o [ˈbitətrɑn] *s* (phys.) betatrón
betel [ˈbitəl] *s* (bot.) betel
Betelgeuse [ˈbitəldʒuz] o [ˈbɛtəldʒʌz] *s* (astr.) Betelgeuze
betel nut *s* nuez de betel
betel palm *s* (bot.) palmera de betel
bête noire [ˈbetˈnwɑr] *s* (Fr.) aversión, persona o cosa que inspira gran aversión
Bethany [ˈbɛθənɪ] *s* (Bib.) Betania
bethel [ˈbɛθəl] *s* casa de Dios, lugar santificado; iglesia o capilla para marineros; (Brit.) capilla de los disidentes
bethink [bɪˈθɪŋk] (*pret & pp:* **-thought**) *va* recapacitar; **to bethink oneself of** considerar, acordarse de
Bethlehem [ˈbɛθlɪəm] o [ˈbɛθlɪhɛm] *s* Belén
Bethlehemite [ˈbɛθlɪəmaɪt] o [ˈbɛθlɪhɛmaɪt] *s* betlemita
bethought [bɪˈθɔt] *pret & pp de* **bethink**
Bethsaida [bɛθˈsedə] *s* (Bib.) Betsaida
betide [bɪˈtaɪd] *va* acontecer a; presagiar; *vn* acontecer
betimes [bɪˈtaɪmz] *adv* temprano, pronto, con tiempo
betoken [bɪˈtokən] *va* indicar, anunciar, presagiar
betony [ˈbɛtənɪ] *s* (*pl:* **-nies**) (bot.) betónica
betook [bɪˈtʊk] *pret de* **betake**

B

betray [bɪˈtre] *va* traicionar; extraviar, violar; revelar, descubrir, mostrar
betrayal [bɪˈtreəl] *s* traición; violación; revelación, descubrimiento
betrayer [bɪˈtreər] *s* traicionero
betroth [bɪˈtroð] o [bɪˈtrɔθ] *va* prometer en matrimonio; **to be** o **to become betrothed** desposarse
betrothal [bɪˈtroðəl] o [bɪˈtrɔθəl] *s* desposorios, esponsales
betrothed [bɪˈtroðd] o [bɪˈtrɔθt] *s* novio, prometido
better [ˈbetər] *adj comp* mejor; **it is better to** + *inf* más vale + *inf;* **to grow better** mejorarse; **to make better** mejorar; *adv comp* mejor; más, p.ej., **better than a hundred** más de una centena; **had better** debería; más vale que; **to like better** preferir; **to think better of** mudar de opiníon acerca de; **you ought to know better** deberías tener vergüenza; *s* superior; ventaja; apostador; **It is changing and not for the better** Esto cambia pero no para mejorar; **This is for the better** Así es mejor, **our betters** nuestros superiores; **to get** o **to have the better of** llevar la ventaja a; *va* mejorar; aventajar; **to better oneself** mejorar su posición
better half *s* (hum.) cara mitad (*esposa*)
betterment [ˈbetərmənt] *s* mejoramiento; mejoría (*en una enfermedad*)
better off *adj* más acomodado, en mejores circunstancias
bettor [ˈbɛtər] *s* apostador
Betty [ˈbɛtɪ] *s* nombre abreviado de **Elizabeth**
betulaceous [ˌbɛtʃʊˈleʃəs] *adj* (bot.) betuláceo
between [bɪˈtwin] *adv* en medio, entremedias; **in between** en medio, entremedias; *prep* entre; **between you and me** entre Vd. y yo
between-decks [bɪˈtwinˌdeks] *s* (naut.) entrecubiertas, entrepuentes; *adv* (naut.) entre cubiertas
between decks *adv* (naut.) entre cubiertas
betwixt [bɪˈtwɪkst] *adv* (archaic & poet.) en medio; **betwixt and between** entre lo uno y lo otro; *prep* (archaic & poet.) entre
bevel [ˈbɛvəl] *adj* biselado; *s* cartabón, falsa escuadra; (*pret & pp:* **-eled** o **-elled;** *ger:* **-eling** o **-elling**) *va* biselar
bevel cut *s* corte en bisel
bevel edge *s* bisel
bevel gauge *s* falsa escuadra
bevel gear *s* engranaje cónico, engranaje en bisel
bevel protractor *s* transportador-saltarregla
bevel square *s* falsa escuadra, saltarregla, baivel
bevel wheel *s* rueda cónica
beverage [ˈbɛvərɪdʒ] *s* bebida
bevy [ˈbɛvɪ] *s* (*pl:* **-ies**) bandada (*de aves*); grupo (*de muchachas*)
bewail [bɪˈwel] *va & vn* lamentar
beware [bɪˈwɛr] *va* guardarse de, precaverse de; *vn* tener cuidado; **to beware of** guardarse de, precaverse de; **beware!** ¡ojo!; **beware of . . .!** ¡ojo con . . .!, ¡cuidado con . . .!
bewigged [bɪˈwɪgd] *adj* pelucón
bewilder [bɪˈwɪldər] *va* aturdir, dejar perplejo
bewilderment [bɪˈwɪldərmənt] *s* aturdimiento, perplejidad
bewitch [bɪˈwɪtʃ] *va* embrujar, hechizar, encantar
bewitching [bɪˈwɪtʃɪŋ] *adj* hechicero, encantador
beyond [bɪˈjɑnd] *adv* más allá, más lejos; *prep* más allá de; además de, fuera de; no capaz de, no susceptible de; **beyond the reach of** fuera del alcance de; **beyond the seas** allende los mares; *s* **the beyond** o **the great beyond** el más allá, el otro mundo
bezant [ˈbɛzənt] o [bəˈzænt] *s* bezante (*moneda*); (f.a. & her.) bezante
bezel [ˈbɛzəl] *s* bisel; faceta (*de piedra preciosa tallada*); engaste (*de una joya o una sortija*)
bezique [bəˈzik] *s* besigue (*juego de naipes*)
bezoar [ˈbizor] *s* bezoar
b.f. o **bf** abr. de **bold-faced type**
B.F.A. abr. de **Bachelor of Fine Arts**
bg. abr. de **bag**
bhang [bæŋ] *s* (bot.) cáñamo de la India; hachich
biangular [baɪˈæŋgjələr] *adj* biangular
biannual [baɪˈænjuəl] *adj* semestral
bias [ˈbaɪəs] *s* sesgo, diagonal; predisposición; prejuicio; (rad.) polarización negativa (*de la rejilla*); **to cut on the bias** cortar al sesgo; *adj* sesgo, diagonal; *adv* al sesgo; (*pret & pp:* **biased** o **biassed;** *ger:* **biasing** o **biassing**) *va* predisponer, prevenir
biatomic [ˌbaɪəˈtɑmɪk] *adj* (chem.) biatómico
biaxial [baɪˈæksɪəl] *adj* biaxil
Bib. abr. de **Bible** y **Biblical**
bib [bɪb] *s* babador, babero; pechera (*del delantal*)
bib and tucker *s* (coll.) ropa, vestido
bibcock [ˈbɪbˌkɑk] *s* grifo
bibelot [biˈblo] o [ˈbɪblo] *s* objeto pequeño de lujo
Bibl. abr. de **Biblical** y **bibliographical**
Bible [ˈbaɪbəl] *s* Biblia
Bible Belt *s* (U.S.A.) zona de la ortodoxia protestante
Bible paper *s* papel biblia
Biblical o **biblical** [ˈbɪblɪkəl] *adj* bíblico
Biblicist [ˈbɪblɪsɪst] *s* biblicista
bibliographer [ˌbɪblɪˈɑgrəfər] *s* bibliógrafo
bibliographic [ˌbɪblɪoˈgræfɪk] o **bibliographical** [ˌbɪblɪoˈgræfɪkəl] *adj* bibliográfico
bibliography [ˌbɪblɪˈɑgrəfɪ] *s* (*pl:* **-phies**) bibliografía
bibliomania [ˌbɪblɪoˈmenɪə] *s* bibliomanía
bibliomaniac [ˌbɪblɪoˈmenɪæk] *adj & s* bibliómano
bibliophil [ˈbɪblɪofɪl] o **bibliophile** [ˈbɪblɪofaɪl] o [ˈbɪblɪofɪl] *s* bibliófilo
bibulous [ˈbɪbjələs] *adj* bíbulo (*absorbente*); bebedor, borrachín
bicameral [baɪˈkæmərəl] *adj* bicameral
bicarbonate [baɪˈkɑrbənɪt] o [baɪˈkɑrbənet] *s* (chem.) bicarbonato
bicarbonate of soda *s* (chem.) bicarbonato sódico o de sosa
bice [baɪs] *s* verde mar, azul de montaña
bicentenary [baɪˈsɛntɪˌnɛrɪ] o [ˌbaɪsɛnˈtinərɪ] *s* (*pl:* **-ies**) bicentenario; *adj* bicentenario
bicentennial [ˌbaɪsɛnˈtɛnɪəl] *adj & s* bicentenario
bicephalous [baɪˈsɛfələs] *adj* bicéfalo
biceps [ˈbaɪsɛps] *s* (anat.) bíceps
bichlorid [baɪˈklorɪd] o **bichloride** [baɪˈkloraɪd] o [baɪˈklorɪd] *s* (chem.) dicloruro; (chem.) cloruro mercúrico
bichromate [baɪˈkromet] *s* (chem.) bicromato
bichromate cell *s* (elec.) pila de bicromato
bicipital [baɪˈsɪpɪtəl] *adj* bicípite
bicker [ˈbɪkər] *s* quisquilla; charla; *vn* pararse en quisquillas; charlar; destellar
bicolor [ˈbaɪˌkʌlər] o **bicolored** [ˈbaɪˌkʌlərd] *adj* bicolor
biconcave [baɪˈkɑnkev] o [ˌbaɪkɑnˈkev] *adj* bicóncavo
biconvex [baɪˈkɑnvɛks] o [ˌbaɪkɑnˈvɛks] *adj* biconvexo
bicuspid [baɪˈkʌspɪd] *adj* bicúspide; (anat.) bicúspide; *s* (anat.) bicúspide
bicuspidate [baɪˈkʌspɪdet] *adj* bicuspidado
bicycle [ˈbaɪsɪkəl] *s* bicicleta
bicyclist [ˈbaɪsɪklɪst] *s* biciclista, ciclista
bid [bɪd] *s* oferta, postura; (bridge) envite, declaración; (*pret:* **bade** o **bid;** *pp:* **bidden;** *ger:* **bidding**) *va* mandar, ordenar; proclamar; dar (*la bienvenida*); decir (*adiós*); (*pret & pp:* **bid;** *ger:* **bidding**) *va* ofrecer; pujar, licitar; (bridge) envidar, declarar; **to bid defiance to** desafiar; **to bid up** pujar; *vn* ofrecer un precio; (bridge) envidar, declarar; **to bid fair to** + *inf* prometer + *inf*, dar indicios de + *inf*
biddable [ˈbɪdəbəl] *adj* dócil, obediente; (bridge) declarable
bidden [ˈbɪdən] *pp de* **bid**
bidder [ˈbɪdər] *s* postor; (bridge) declarante; **the highest bidder** el mejor postor
bidding [ˈbɪdɪŋ] *s* mandato; invitación; remate: (bridge) remate; **to close the bidding** (bridge) cerrar el remate; **to do the bidding of** cumplir el mandato de; **to open the bidding** (bridge) abrir el remate, abrir las declaraciones

biddy [ˈbɪdɪ] *s* (*pl:* **-dies**) pollo, gallina; (coll.) criada irlandesa
bide [baɪd] *va* hacer cara a; **to bide one's time** esperar la hora propicia, tomarse el tiempo; *vn* quedarse; morar
bidentate [baɪˈdɛntet] *adj* bidente
biennial [baɪˈɛnɪəl] *adj* bienal; *s* acontecimiento bienal; planta bienal
biennially [baɪˈɛnɪəlɪ] *adv* bienalmente
biennium [baɪˈɛnɪəm] *s* (*pl:* **-a** [ə]) bienio
bier [bɪr] *s* féretro, andas
biferous [ˈbɪfərəs] *adj* (bot.) bífero
biff [bɪf] *s* (slang) bofetada, puñetazo; *va* (slang) dar una bofetada a, dar un puñetazo a
bifid [ˈbaɪfɪd] *adj* bífido
biflorous [baɪˈflorəs] *adj* bifloro
bifocal [baɪˈfokəl] *adj* bifocal; *s* lente bifocal; **bifocals** *spl* anteojos bifocales
biform [ˈbaɪˌfɔrm] *adj* biforme
bifurcate [ˈbaɪfərket] o [baɪˈfʌrket] *adj* bifurcado; *va* dividir en dos ramales o brazos; *vn* bifurcarse
bifurcation [ˌbaɪfərˈkeʃən] *s* bifurcación
big [bɪg] *adj* (*comp:* **bigger;** *super:* **biggest**) grande; abultado; adulto; importante; engreído; preñado; **big with child** preñada; *adv* (coll.) con jactancia; **to go big** (slang) tener gran éxito; **to talk big** (slang) echar bravatas
bigamist [ˈbɪgəmɪst] *s* bígamo o bígama
bigamous [ˈbɪgəməs] *adj* bígamo
bigamy [ˈbɪgəmɪ] *s* bigamia
big-bellied [ˈbɪgˌbɛlɪd] *adj* panzudo
Big Ben *s* campana en el reloj del Parlamento de Londres; el reloj del Parlamento
big board *s* (coll.) mercado de valores de Nueva York
big-boned [ˈbɪgˌbond] *adj* huesudo
big brother *s* hermano mayor; hombre que sirve de hermano o otro; jefe de un gobierno o movimiento autoritarios
big business *s* (coll.) comercio acaparador
Big Dipper *s* (astr.) Carro mayor
big-eared [ˈbɪgˌɪrd] *adj* orejudo
big end *s* (mach.) cabeza de la biela
big game *s* caza mayor; (fig.) caza mayor
biggish [ˈbɪgɪʃ] *adj* grandote
big gun *s* (coll.) magnate, señorón
big head *s* (coll.) orgullo, envanecimiento
big-headed [ˈbɪgˌhɛdɪd] *adj* cabezudo; (coll.) orgulloso, soberbio
big-hearted [ˈbɪgˌhɑrtɪd] *adj* cordial, generoso
bighorn [ˈbɪgˌhɔrn] *s* (zool.) carnero cimarrón de las Montañas Rocosas
big house *s* (slang) presidio
bight [baɪt] *s* codo, recodo; ensenada; gaza
bigmouthed [ˈbɪgˌmaʊðd] o [ˈbɪgˌmaʊθt] *adj* bocudo; ruidoso, hablador
bigness [ˈbɪgnɪs] *s* grandeza
bignonia [bɪgˈnonɪə] *s* (bot.) bignonia
big-nosed [ˈbɪgˌnozd] *adj* narigudo
bigot [ˈbɪgət] *s* intolerante, fanático
bigoted [ˈbɪgətɪd] *adj* intolerante, fanático
bigotry [ˈbɪgətrɪ] *s* (pl: **-ries**) intolerancia, fanatismo
big shot *s* (slang) personaje, señorón, persona de campanillas, señor de horca y cuchillo
big stick *s* palo en alto (*poder de coacción*)
big time *s* (slang) teatro de variedades de primera clase en las grandes ciudades; (slang) gran éxito; (slang) parranda, jaleo; **to be in the big time** (slang) asociarse con gente de influencia, tener gran éxito
big-time [ˈbɪgˈtaɪm] *adj* (slang) influyente, de campanillas
big toe *s* dedo gordo o grande del pie
big top *s* (coll.) techado de una tienda de circo; (coll.) circo
big tree *s* (bot.) secoya
bigwig [ˈbɪgˌwɪg] *s* (coll.) pájaro de cuenta
bijou [ˈbiʒu] *s* (*pl:* **-joux** [ʒuz]) joya; alhaja
bijouterie [biˈʒutəri] *s* joyería
bijugate [ˈbaɪdʒuget] o **bijugous** [ˈbaɪdʒugəs] *adj* (bot.) biyugado
bike [baɪk] *s* (coll.) bici; *vn* (coll.) ir o montar en bicicleta
bilabial [baɪˈlebɪəl] *adj & s* (phonet.) bilabial
bilabiate [baɪˈlebɪet] *adj* (bot.) bilabiado
bilateral [baɪˈlætərəl] *adj* bilateral
bilberry [ˈbɪlˌbɛrɪ] *s* (*pl:* **-ries**) (bot.) arándano
bilbo [ˈbɪlbo] *s* (*pl:* **-boes**) (hist.) espada, estoque; **bilboes** *spl* cepo con grillos
bile [baɪl] *s* (physiol. & fig.) bilis
bile duct *s* (anat.) conducto biliar
bilge [bɪldʒ] *s* (naut.) pantoque; agua de pantoque; barriga de barril; disparate, tontería; *va* combar; (naut.) desfondar; *vn* combarse; (naut.) hacer agua; (naut.) desfondarse
bilge pump *s* (naut.) bomba de sentina
bilge water *s* (naut.) agua de pantoque
bilge ways *spl* (naut.) anguilas
biliary [ˈbɪlɪˌɛrɪ] *adj* biliario
bilingual [baɪˈlɪŋgwəl] *adj* bilingüe
bilingualism [baɪˈlɪŋgwəlɪzəm] *s* bilingüismo
bilious [ˈbɪljəs] *adj* bilioso; (fig.) bilioso
bilirubin [ˌbɪlɪˈrubɪn] *s* (biochem.) bilirrubina
biliteral [baɪˈlɪtərəl] *adj* bilítero
biliverdin [ˌbɪlɪˈvʌrdɪn] *s* (biochem.) biliverdina
bilk [bɪlk] *s* estafa, trampería; estafador, tramposo; *va* estafar, trampear
bill [bɪl] *s* cuenta, factura; billete (*que reemplaza monedas*); aviso, cartel; cartel de teatro; función de teatro; hoja suelta; cédula, escrito; proyecto de ley; (com.) giro, letra de cambio; (law) pedimento; pico (*de ave*); pica, alabarda; podadera; (naut.) uña (*de ancla*); (*cap.*) *s* nombre abreviado de **William; to fill the bill** (coll.) llenar los requisitos; **to foot the bill** (coll.) pagar la cuenta; (coll.) sufragar los gastos; *va* facturar; cargar en cuenta a; anunciar por carteles; fijar carteles en; *vn* darse el pico (*las palomas*); acariciarse (*los enamorados*); **to bill and coo** acariciarse y arrullarse (*como las palomas*)
billboard [ˈbɪlˌbord] *s* cartelera
billet [ˈbɪlɪt] *s* (mil.) orden escrita de alojamiento; (mil.) lugar de alojamiento; (mil.) boleta; empleo, oficio; zoquete (*de madera*); palanquilla (*hierro de sección cuadrada*); tocho (*de hierro o acero*); *va* (mil.) alojar (*tropas*)
billet-doux [ˈbɪleˈdu] *s* (*pl:* **billets-doux** [ˈbɪleˈduz]) esquela amorosa
billfold [ˈbɪlˌfold] *s* billetero, cartera de bolsillo
billhead [ˈbɪlˌhɛd] *s* encabezamiento de factura
billhook [ˈbɪlˌhʊk] *s* podadera
billiard [ˈbɪljərd] *s* (coll.) carambola (*lance*); **billiards** *ssg* billar (*juego*); **to play billiards** jugar al billar
billiard ball *s* bola de billar
billiard cloth *s* paño de billar
billiard player *s* jugador de billar, billarista
billiard pocket *s* tronera de billar
billiard table *s* mesa de billar
billingsgate [ˈbɪlɪŋzˌget] *s* lenguaje bajo y obsceno
billion [ˈbɪljən] *s* (U.S.A.) mil millones; (Brit.) billón (*un millón de millones*)
billionaire [ˌbɪljənˈɛr] *adj & s* billonario
billionth [ˈbɪljənθ] *adj & s* billonésimo
bill of attainder *s* (law) ley que condena a muerte civil
bill of exchange *s* (com.) letra de cambio
bill of fare *s* lista de comidas, menú
bill of goods *s* (com.) consignación de mercancías; **to sell a bill of goods** (coll.) dar gato por liebre
bill of health *s* patente de sanidad
bill of lading *s* (com.) conocimiento de embarque
bill of particulars *s* (law) declaración de hechos (*del demandante o del demandado*)
bill of rights *s* declaración de derechos
bill of sale *s* escritura de venta
billow [ˈbɪlo] *s* ondulación, oleada; *vn* ondular, hincharse
billowy [ˈbɪlo·ɪ] o [ˈbɪləwɪ] *adj* ondulante, hinchado
billposter [ˈbɪlˌpostər] *s* cartelero, fijacarteles; cartel
billy [ˈbɪlɪ] *s* (*pl:* **-lies**) cachiporra; (*cap.*) *s* nombre abreviado de **William**
billy goat *s* (coll.) cabrón, bode, macho cabrío
bilocation [ˌbaɪloˈkeʃən] *s* bilocación

bilocular [baɪ'lɑkjələr] *adj* bilocular
bimetallic [ˌbaɪmɪ'tælɪk] *adj* bimetálico; bimetalista
bimetallism [baɪ'mɛtəlɪzəm] *s* bimetalismo
bimetallist [baɪ'mɛtəlɪst] *adj & s* bimetalista
bimonthly [baɪ'mʌnθlɪ] *adj* bimestral o bimestre (*que se repite cada dos meses*); bimensual (*que se repite dos veces al mes*); *adv* bimestralmente; bimensualmente; *s* (*pl:* **-lies**) revista o publicación bimestre; revista o publicación bimensual
bimotored (baɪ'motərd] *adj* (aer.) bimotor
bin [bɪn] *s* arcón, hucha; (*pret & pp:* **binned;** *ger:* **binning**) *va* guardar en arcón o hucha
binary ['baɪnərɪ] *adj* binario
binary star *s* (astr.) estrella doble
binate ['baɪnet] *adj* binado
bination [baɪ'neʃən] *s* (eccl.) binación
binaural [bɪn'ɔrəl] *adj* binaural o binauricular
bind [baɪnd] *s* lazo, enlace; (mus.) ligadura; (*pret & pp:* **bound**) *va* atar, ligar; unir, juntar; ceñir; enguirnaldar; ribetear; fajar; vendar (*una herida*); agavillar (*p.ej., las mieses*); encuadernar (*libros*); estreñir; contener, refrenar; obligar, precisar; escriturar; poner en aprendizaje, poner a servir; **to bind in boards** encartonar; **to bind over** (law) obligar moral o legalmente (*p.ej., a comparecer ante un juez, a mantener la paz*); *vn* atiesarse, endurecerse; agarrotarse; ser obligatorio
binder ['baɪndər] *s* atador; (agr.) atadora, agavilladora; encuadernador; substancia aglomerante, substancia aglutinante; (mas.) perpiaño; sobretripa (*de cigarro*); (ins.) documento provisional de protección
bindery ['baɪndərɪ] *s* (*pl:* **-ies**) encuadernación (*taller*)
binding ['baɪndɪŋ] *adj* atador; que estriñe; obligatorio; *s* atadura; encuadernación; ribete
binding post *s* (elec.) borne, sujetahilo
bindweed ['baɪndˌwid] *s* (bot.) enredadera
bine [baɪn] *s* sarmiento (*de la vid*); vástago de enredadera; vástago del lúpulo; lúpulo
Binet test [bɪ'ne] *s* examen de inteligencia de Binet
binge [bɪndʒ] *s* (slang) jarana, borrachera; **to go on a binge** (slang) andar de jarana, tomar una borrachera
binnacle ['bɪnəkəl] *s* (naut.) bitácora
binocle ['bɪnəkəl] *s* binóculo, gemelos
binocular [bɪ'nɑkjələr] o [baɪ'nɑkjələr] *adj* binocular; **binoculars** *spl* prismáticos, gemelos
binomial [baɪ'nomɪəl] *adj* binomial, binomio; *s* (alg. & biol.) binomio
binomial theorem *s* (alg.) teorema binomial, binomio de Newton
biochemical [ˌbaɪo'kemɪkəl] *adj* bioquímico
biochemist [ˌbaɪo'kemɪst] *s* bioquímico
biochemistry [ˌbaɪo'kemɪstrɪ] *s* bioquímica
biodynamics [ˌbaɪodaɪ'næmɪks] o [ˌbaɪodɪ'næmɪks] *ssg* biodinámica
biog. abr. de **biographical** y **biography**
biogenesis [ˌbaɪo'dʒɛnɪsɪs] *s* (biol.) biogénesis
biographee [baɪˌɑgrə'fi] o [bɪˌɑgrə'fi] *s* biografiado
biographer [baɪ'ɑgrəfər] o [bɪ'ɑgrəfər] *s* biógrafo
biographic [ˌbaɪə'græfɪk] o **biographical** [ˌbaɪə'græfɪkəl] *adj* biográfico
biography [baɪ'ɑgrəfɪ] o [bɪ'ɑgrəfɪ] *s* (*pl:* **-phies**) biografía
biol. abr. de **biological** y **biology**
biologic [ˌbaɪə'lɑdʒɪk] o **biological** [ˌbaɪə'lɑdʒɪkəl] *adj* biológico
biological warfare *s* guerra biológica
biologist [baɪ'ɑlədʒɪst] *s* biólogo
biology [baɪ'ɑlədʒɪ] *s* biología
biomedical [ˌbaɪo'mɛdɪkəl] *adj* biomédico
biometric [ˌbaɪo'mɛtrɪk] o **biometrical** [ˌbaɪo'mɛtrɪkəl] *adj* biométrico
biometry [baɪ'ɑmɪtrɪ] *s* biometría
biophysical [ˌbaɪo'fɪzɪkəl] *adj* biofísico
biophysics [ˌbaɪo'fɪzɪks] *ssg* biofísica
biopsy ['baɪɑpsɪ] *s* (med.) biopsia
biostatic [ˌbaɪo'stætɪk] *adj* biostático; **biostatics** *ssg* biostática
biostatical [ˌbaɪo'stætɪkəl] *adj* biostático
biota [baɪ'otə] *s* biota
biotic [baɪ'ɑtɪk] o **biotical** [baɪ'ɑtɪkəl] *adj* biótico
biotite ['baɪotaɪt] *s* (mineral.) biotita
biotype ['baɪotaɪp] *s* (biol.) biotipo
biparous ['bɪpərəs] *adj* (bot. & zool.) bíparo
bipartisan [baɪ'pɑrtɪzən] *adj* de (los) dos partidos políticos
bipartite [baɪ'pɑrtaɪt] *adj* bipartido o bipartito
biped ['baɪpɛd] *adj & s* bípedo
bipetalous [baɪ'pɛtələs] *adj* (bot.) bipétalo
bipinnate [baɪ'pɪnet] *adj* (bot.) bipinado
biplane ['baɪˌplen] *s* (aer.) biplano
bipolar [baɪ'polər] *adj* bipolar
birch [bʌrtʃ] *s* (bot.) abedul; férula, palmatoria; *va* varear
birchen ['bʌrtʃən] *adj* de abedul, hecho de abedul
bird [bʌrd] *s* ave o pájaro; (slang) sujeto, tío, tipo; **the bird has flown** voló el golondrino; **to kill two birds with one stone** matar dos pájaros de una pedrada; **bird in the hand** pájaro en mano; **bird of ill omen** pájaro de mal agüero; **birds of a feather** pájaros de una misma pluma, gente de una calaña; *vn* andar a caza de pájaros
bird bath *s* baño para pájaros
bird cage *s* jaula
bird call *s* reclamo
bird dog *s* perro de ajeo, perro cobrador de aves
birdie ['bʌrdɪ] *s* avecilla, pajarillo
birdlime ['bʌrdˌlaɪm] *s* liga, ajonje
birdman ['bʌrdˌmæn] o ['bʌrdmən] *s* (*pl:* **-men**) (coll.) aviador
bird of paradise *s* ave del paraíso
bird of passage *s* ave de paso; (fig.) ave de paso
bird of peace *s* paloma (*que simboliza la paz*)
bird of prey *s* ave de rapiña
birdseed ['bʌrdˌsid] *s* alpiste, cañamones
bird's-eye view ['bʌrdzˌaɪ] *s* vista de pájaro, vista a ojo de pájaro
bird shot *s* perdigones
birdwoman ['bʌrdˌwumən] *s* (*pl:* **-women**) (coll.) aviadora o aviatriz
birectangular [ˌbaɪrɛk'tæŋgjələr] *adj* birrectángulo
birefringence [ˌbaɪrɪ'frɪndʒəns] *s* birrefringencia
bireme ['baɪrim] *adj & s* birreme
biretta [bɪ'rɛtə] *s* birreta
birth [bʌrθ] *s* nacimiento; parto; camada, lechigada; linaje, alcurnia; **by birth** de nacimiento; **to give birth to** parir, dar el ser a, dar a luz
birth certificate *s* partida de nacimiento
birth control *s* control de los nacimientos, esterilidad voluntaria
birthday ['bʌrθˌde] *s* natal; cumpleaños, aniversario del nacimiento; aniversario (*de cualquier suceso*)
birthday present *s* cuelga, regalo de cumpleaños
birthmark ['bʌrθˌmɑrk] *s* marca de nacimiento
birthplace ['bʌrθˌples] *s* patria, suelo nativo, lugar de nacimiento, casa natal
birth rate *s* natalidad
birthright ['bʌrθˌraɪt] *s* derechos de nacimiento; primogenitura
birthstone ['bʌrθˌston] *s* piedra preciosa que simboliza las influencias del mes en que uno ha nacido
birthwort ['bʌrθˌwʌrt] *s* (bot.) aristoloquia
bis [bɪs] *adv* (mus.) bis
Bisayan [bɪ'sɑjən] *adj & s* bisayo o visayo
Bisayas [bɪ'sɑjɑs] *spl* islas Bisayas o Visayas
Biscay ['bɪske] o ['bɪskɪ] *s* Vizcaya
Biscayan [bɪs'keən] o ['bɪskeən] *adj & s* vizcaíno
biscuit ['bɪskɪt] *s* bizcocho (*pan y loza*)
bisect ['baɪsɛkt] *s* (philately) sello cortado por la mitad; [baɪ'sɛkt] *va* dividir en dos partes; (geom.) bisecar; (philately) cortar por la mitad; *vn* empalmar (*p.ej., dos caminos*)
bisection [baɪ'sɛkʃən] *s* división en dos partes; (geom.) bisección
bisector [baɪ'sɛktər] *s* (geom.) bisectriz
bisexual [baɪ'sɛkʃuəl] *adj & s* bisexual

bishop [ˈbɪʃəp] *s* (eccl.) obispo; alfil (*en el juego de ajedrez*)
bishopric [ˈbɪʃəprɪk] *s* obispado
bishop's-weed [ˈbɪʃəps,wid] *s* (bot.) ameos, biznaga
bismuth [ˈbɪzməθ] *s* (chem.) bismuto
bismutite [ˈbɪzmətaɪt] *s* (mineral.) bismutita
bison [ˈbaɪsən] o [ˈbaɪzən] *s* (zool.) bisonte
bisque [bɪsk] *s* sopa de cangrejos; sopa hecha con espárragos, tomates, etc., pasados por un tamiz; helado hecho con almendrados y nueces molidas; bizcocho (*loza sin barniz*)
bissextile [bɪˈsɛkstɪl] *adj & s* bisiesto
bister [ˈbɪstər] *s* (paint.) bistre
bistort [ˈbɪstərt] *s* (bot.) bistorta
bistoury [ˈbɪsturɪ] *s* (*pl:* **-ries**) (surg.) bisturí
bisulfate [baɪˈsʌlfet] *s* (chem.) bisulfato
bisulfid [baɪˈsʌlfɪd] o **bisulfide** [baɪˈsʌlfaɪd] o [baɪˈsʌlfɪd] *s* (chem.) bisulfuro
bisulfite [baɪˈsʌlfaɪt] *s* (chem.) bisulfito
bisyllabic [,baɪsɪˈlæbɪk] *adj* bisílabo
bit [bɪt] *s* pedacito, pizca, poquito; bocado (*de comida*); ratito; bocado, freno; hoja de corte; barrena; paletón (*de llave*); soldador (*punta del instrumento*); **a good bit** una buena cantidad; **not a bit** ni pizca; **to blow to bits** hacer pedazos; **to take the bit in the teeth** desbocarse; rebelarse; **two bits** (coll.) veinte y cinco centavos; **bit by bit** poco a poco; *pret de* **bite**; (*pret & pp:* **bitted**; *ger:* **bitting**) *va* enfrenar; contener, refrenar
bitch [bɪtʃ] *s* perra, zorra, loba; (vulg.) mujer, mujer de mal genio, ramera; (slang) queja; *va* (slang) chapucear, echar a perder; *vn* (slang) quejarse
bite [baɪt] *s* mordedura; picadura (*de ave o insecto*); resquemo (*sensación picante en la lengua*); bocado; tentempié, refrigerio; (print.) lardón (*blanco en la impresión*); **to take a bite** morder; comer algo; (*pret:* **bit**; *pp:* **bit** o **bitten**) *va* morder; picar (*los peces, los insectos, etc.*); resquemar (*un alimento*); comerse (*las uñas*); **to bite off** quitar mordiendo; *vn* morder; picar; resquemar; (slang) picar (*tragar el anzuelo, caer en el lazo*); **to bite at** querer morder
biting [ˈbaɪtɪŋ] *adj* penetrante; mordaz, picante, acre
bit part *s* (theat.) papel de ínfima importancia
bit player *s* (theat.) parte de por medio
bitstock [ˈbɪt,stɑk] *s* berbiquí, manubrio de taladro
bitt [bɪt] *s* (naut.) bita; *va* (naut.) abitar
bitten [ˈbɪtən] *pp de* **bite**
bitter [ˈbɪtər] *adj* amargo; encarnizado, p.ej., **a bitter struggle** una lucha encarnizada; **to taste bitter** ser de gusto amargo; **to the bitter end** hasta el extremo; hasta la muerte; *adv* (dial.) picantemente; **bitter cold** (dial.) frío cortante; *s* amargo, amargura; **bitters** *spl* bítter
bitter almond *s* (bot.) almendro amargo; almendra amarga (*semilla*)
bitter-end [ˈbɪtərˈɛnd] *adj* (coll.) intransigente, irreconciliable
bitter-ender [ˈbɪtərˈɛndər] *s* (coll.) persona intransigente, persona irreconciliable
bitterish [ˈbɪtərɪʃ] *adj* algo amargo
bitterling [ˈbɪtərlɪŋ] *s* (ichth.) bermejuela
bittern [ˈbɪtərn] *s* (orn.) avetoro, ave toro; agua madre de la cristalización de la sal; composición amarga de cuasia, tabaco, cocculus indicus para adulterar la cerveza
bitterness [ˈbɪtərnɪs] *s* amargor, amargura; encarnizamiento (*p.ej., de una lucha*)
bitter pill *s* lance humillante
bittersweet [ˈbɪtər,swit] *s* mezcla de lo dulce y lo amargo; (bot.) dulcamara; (bot.) evónimo norteamericano. *adj* dulce y amargo a la vez, agridulce; semidulce (*chocolate*)
bitter vetch *s* (bot.) yero, alcareña
bitterwood [ˈbɪtər,wud] *s* (bot. & pharm.) cuasia de Jamaica; (bot.) cuasia amarga; (pharm.) cuasia
bitterwort [ˈbɪtər,wʌrt] *s* (bot.) genciana amarilla, gencianilla; (bot.) diente de león
bitumen [bɪˈtjumən] o [bɪˈtumən] *s* betún
bituminize [bɪˈtjumɪnaɪz] o [bɪˈtumɪnaɪz] *va* embetunar, convertir en betún
bituminous [bɪˈtjumɪnəs] o [bɪˈtumɪnəs] *adj* bituminoso
bituminous coal *s* carbón bituminoso
bivalence [baɪˈveləns] o [ˈbɪvələns] *s* (chem.) bivalencia
bivalent [baɪˈvelənt] o [ˈbɪvələnt] *adj* (chem.) bivalente
bivalve [ˈbaɪ,vælv] *adj* bivalvo; *s* (zool.) molusco bivalvo
bivouac [ˈbɪvuæk] o [ˈbɪvwæk] *s* vivaque; (*pret & pp:* **-acked**; *ger:* **-acking**) *vn* vivaquear
biweekly [baɪˈwiklɪ] *adj* quincenal; bisemanal; *adv* quincenalmente; bisemanalmente; *s* (*pl:* **-lies**) revista o publicación quincenal o bisemanal
bixaceous [bɪkˈseʃəs] *adj* (bot.) bixáceo
biyearly [baɪˈjɪrlɪ] *adj* semestral; *adv* semestralmente
bizarre [bɪˈzɑr] *adj* raro, extravagante
bk. abr. de **bank, block** y **book**
bkg. abr. de **banking**
bkt. abr. de **basket**
bl. abr. de **bale** y **barrel**
b.l. abr. de **bill of lading**
B.L. abr. de **Bachelor of Laws**
blab [blæb] *s* chisme, hablilla; chismoso; (*pret & pp:* **blabbed**; *ger:* **blabbing**) *va* chismear, soltar indiscretamente; *vn* chismear, vaciarse
black [blæk] *adj* negro; ceñudo; *adv* con ceño, p.ej., **to look black at** mirar con ceño; *s* negro; luto; *va* ennegrecer; embetunar, limpiar (*los zapatos*); **to black out** apagar (*las luces*); obscurecer (*una estancia*) contra el bombardeo aéreo; *vn* ennegrecer; **to black out** apagar las luces; desmayarse, perder el sentido; **to black up** pintarse de negro
black amber *s* ámbar negro
blackamoor [ˈblækəmur] *s* (offensive) negro
black-and-blue [ˈblækəndˈblu] *adj* amoratado, lívido, acardenalado
black-and-blue mark *s* cardenal
black and white *s* dibujo en blanco y negro; **in black and white** en blanco y negro (*por escrito*)
black-and-white [ˈblækəndˈhwaɪt] *adj* en blanco y negro
black-and-white creeper o **warbler** *s* (orn.) reinita trepadora, silvia blanquinegra
black art *s* magia negra, nigromancia
blackball [ˈblæk,bɔl] *s* bola negra; *va* bolear, dar bola negra a
black bass [bæs] *s* (ichth.) micróptero
black bear *s* (zool.) baribal; (zool.) oso del Tibet
black-bellied plover [ˈblæk,bɛlɪd] *s* (orn.) chorlito gris, chorlito playero
black belt *s* región muy fértil de los estados de Alabama y Misisipí, EE.UU.; (U.S.A.) región donde hay más negros que blancos
blackberry [ˈblæk,bɛrɪ] *s* (*pl:* **-ries**) (bot.) zarza; zarzamora (*fruto*)
blackbird [ˈblæk,bʌrd] *s* (orn.) mirlo
blackboard [ˈblæk,bord] *s* pizarra, encerado
black book *s* lista negra
black bread *s* pan negro
blackcap [ˈblæk,kæp] *s* ave de cabeza negra; (orn.) curruca de cabeza negra; (bot.) frambuesa negra; (bot.) espadaña
blackdamp [ˈblæk,dæmp] *s* (min.) mofeta
Black Death *s* peste negra (*del siglo XIV*)
black diamond *s* diamante negro (*carbonado*); **black diamonds** *spl* carbón de piedra
black drum *s* (ichth.) corvina negra
blacken [ˈblækən] *va* ennegrecer; denigrar, desacreditar; *vn* ennegrecer
black eye *s* ojo amoratado por un golpe; (coll.) mala fama, descrédito
black-eyed [ˈblæk,aɪd] *adj* ojinegro
black-eyed bean *s* (bot.) caragilate, garrubia, judía de carete, frijol de ojos negros
black-eyed Susan *s* (bot.) rudbequia; (bot.) ojo de poeta, ojo de Venus (*Thunbergia alata*)
blackface [ˈblæk,fes] *adj* carinegro; *s* actor que se pinta de negro; pintura que se emplea para hacer el papel de negro; (print.) letra negrilla
blackfish [ˈblæk,fɪʃ] *s* (ichth.) tautoga; (zool.) cabeza de olla
black flag *s* bandera negra (*de los piratas*)

black fly *s* (ent.) jején (*del género Simulium*)
Black Forest *s* Selva Negra (*en Alemania*)
Black Friar *s* fraile negro (*dominico*)
Black Friday *s* viernes aciago; viernes santo
black grouse *s* (orn.) gallo de bosque
blackguard ['blægɑrd] *s* bribón, pillo, tunante; *va* injuriar, vilipendiar
blackguardly ['blægɑrdlɪ] *adj* bribón, pillo, tunante
black-haired ['blæk,herd] *adj* pelinegro
Black Hand *s* mano negra
blackhead ['blæk,hɛd] *s* (path.) espinilla, comedón; (orn.) coquinero; (vet.) enterohepatitis infecciosa
black-hearted ['blæk,hɑrtɪd] *adj* malvado, perverso
blacking ['blækɪŋ] *s* ennegrecimiento; betún (*para dar lustre a los zapatos*)
blackish ['blækɪʃ] *adj* negruzco
blackjack ['blæk,dʒæk] *s* cachiporra con puño flexible; escudilla de metal charolado; veintiuna (*juego de naipes*); bandera negra (*de los piratas*); (bot.) roble norteamericano (*Quercus marilandica*); *va* aporrear
black lead [lɛd] *s* grafito, plombagina
blackleg ['blæk,lɛg] *s* petardista, fullero; (Brit.) esquirol; (vet.) morriña negra
black letter *s* (print.) letra gótica; (print.) letra negrilla
black-letter ['blæk,letər] *adj* (print.) gótico; (print.) impreso en negrilla; aciago, infausto
black list *s* lista negra
black-list ['blæk,lɪst] *va* poner en la lista negra
black magic *s* magia negra, nigromancia
blackmail ['blæk,mel] *s* chantaje; dinero obtenido por chantaje; *va* amenazar con chantaje; arrancar dinero por chantaje a (*una persona*)
blackmailer ['blæk,melər] *s* chantajista
Black Maria [mə'raɪə] *s* (coll.) coche celular
black mark *s* marca negra (*de censura*); mala nota (*de los estudiantes*)
black market *s* estraperlo, mercado negro
black marketeer *s* estraperlista
black martin *s* (orn.) vencejo
black measles *s* (path.) sarampión hemorrágico, sarampión negro
Black Monk *s* monje negro (*benedictino*)
blackness ['blæknɪs] *s* negrura
black nightshade *s* (bot.) hierba mora
black oak *s* (bot.) cuercitrón
blackout ['blæk,aut] *s* apagón (*para la defensa antiaérea*); (theat.) apagamiento de luces; visión negra (*ceguera repentina y pasajera de los aviadores*); pérdida de la memoria
black pepper *s* (bot.) pimentero; pimienta negra (*fruto*)
blackpoll ['blæk,pol] *s* (orn.) reinita cabeza negra
black pope *s* papa negro
black poplar *s* (bot.) álamo negro
black powder *s* pólvora negra
Black Prince *s* Príncipe negro
black pudding *s* morcilla
black race *s* raza negra
black sanicle *s* (bot.) astrancia mayor
black scoter *s* (orn.) negreta
Black Sea *s* mar Negro
black sheep *s* oveja negra, (el) malo entre los buenos
black shirt *s* camisa negra (*fascista*)
blacksmith ['blæk,smɪθ] *s* herrero; herrador (*de caballos*)
blacksmith welding *s* soldadura de forja
blacksnake ['blæk,snek] *s* (zool.) culebra de color prieto (*Zamenis constrictor*); látigo de cuero retorcido
black spruce *s* (bot.) variedad de pícea (*Picea mariana*)
blacktail ['blæk,tel] *s* (zool.) ciervo mulo, bura
black tea *s* té negro
blackthorn ['blæk,θɔrn] *s* (bot.) espino negro, acacia bastarda, endrino; porra o bastón hecho de la rama del endrino
black tie *s* corbata de smoking, media etiqueta
black top *s* superficie bituminosa
black vomit *s* (path.) vómito negro
black walnut *s* (bot.) nogal negro
black whale *s* (zool.) calderón, cabeza de olla
black widow *s* (ent.) araña hembra (*Latrodectus mactans*)
bladder ['blædər] *s* (anat.) vejiga; vejiga (*saco de goma o de piel*)
bladder green *s* verdevejiga
bladder senna *s* (bot.) espantalobos
bladderwort ['blædər,wʌrt] *s* (bot.) utricularia
blade [bled] *s* hoja (*de un arma o instrumento*); espada (*arma o persona*); hojita de hierba, tallo de hierba; (bot.) lámina, limbo (*de una hoja*); aleta (*de hélice*); pala (*de remo, de la azada, etc.*); (elec.) cuchilla (*de un interruptor*); gallardo joven, buen mozo
bladed ['bledɪd] *adj* que tiene hoja u hojas
bladesmith ['bled,smɪθ] *s* espadero
blah [blɑ] *s* (slang) pamplina, nonada; *interj* (slang) ¡bah!
blain [blen] *s* ampolla, úlcera
blamable ['bleməbəl] *adj* culpable
blame [blem] *s* culpa; **to put the blame on someone for something** echar la culpa a uno de una cosa; *va* culpar; **to be to blame for** tener la culpa de
blameless ['blemlɪs] *adj* inculpable, intachable
blameworthy ['blem,wʌrðɪ] *adj* culpable
blanch [blæntʃ] o [blɑntʃ] *va* blanquear; blanquecer (*p.ej., la plata*); (cook. & hort.) blanquear; hacer pálido; *vn* blanquear; palidecer
Blanch o **Blanche** [blæntʃ] o [blɑntʃ] *s* Blanca
blancmange [blə'mɑnʒ] *s* manjar blanco
bland [blænd] *adj* blando
blandish ['blændɪʃ] *va* engatusar, lisonjear
blandishment ['blændɪʃmənt] *s* engatusamiento, lisonja
blank [blæŋk] *adj* en blanco (*no escrito o impreso*); blanco (*vacío, hueco*); ciego (*obstruído, cerrado*), p.ej., **blank key** llave ciega; confuso, turbado; insípido, sin interés; entero, cabal; vago, p.ej., **blank stare** mirada vaga; *s* blanco; papel blanco; formulario; cospel (*disco para hacer moneda*); tejo (*para ser estampado*); *va* esconder; borrar, cancelar; obstruir; estampar (*una chapa de metal*); (sport) impedir (*a uno*) que gane ni un solo tanto
blank cartridge *s* cartucho en blanco, cartucho sin bala
blank check *s* cheque en blanco; (fig.) carta blanca
blanket ['blæŋkɪt] *s* manta; capa (*p.ej., de niebla*); (fig.) manto; *adj* combinado, general, comprensivo; *va* cubrir con manta; cubrir, obscurecer; mantear; (mil. & nav.) atajar (*el fuego enemigo*) interponiendo un buque o tropas amigas; (naut.) quitar el viento a (*un buque*); (rad.) neutralizar, paralizar (*un radiorreceptor*) por medio de ondas perturbadoras
blank signature *s* firma en blanco
blank verse *s* verso blanco, libre o suelto
blare [blɛr] *s* fragor; son de trompetas; resplandor, color muy brillante; *va* tocar o sonar con mucho ruido; vociferar; *vn* hacer estruendo, resonar
blarney ['blɑrnɪ] *s* zalamerías; *va* hacer zalamerías a; *vn* hacer zalamerías
blasé [blɑ'ze] o ['blɑze] *adj* hastiado, indiferente
blaspheme [blæs'fim] *va* blasfemar contra; *vn* blasfemar; **to blaspheme against** blasfemar contra
blasphemous ['blæsfɪməs] *adj* blasfemo
blasphemy ['blæsfɪmɪ] *s* (*pl:* **-mies**) blasfemia
blast [blæst] o [blɑst] *s* ráfaga (*de aire o viento*); chorro (*de aire, agua, arena, etc.*); soplo (*de un fuelle*); toque o sonido (*de bocina, trompeta, pito, etc.*); carga de pólvora, carga de barreno; explosión, voladura; arruinamiento; tizón, añublo (*honguillo parásito*); **at** o **in full blast** en plena marcha; *va* volar (*p.ej., con dinamita*); arruinar; atizonar, añublar; maldecir, infamar; **to blast open** abrir con explosivos; **to blast out** arrojar (*al enemigo*) con explosivos; *vn* atizonar, añublarse
blasted ['blæstɪd] o ['blɑstɪd] *adj* arruinado; marchito; maldito
blastema [blæs'timə] *s* (*pl:* **-mata** [mətə]) (embryol.) blastema
blast furnace *s* alto horno

blasting ['blæstɪŋ] o ['blɑstɪŋ] *s* voladura; arruinamiento; atizonamiento (*de los cereales*)
blasting cap *s* (min.) detonador, casquete explosivo
blasting machine *s* explosor
blastocoele ['blæstəsil] *s* (embryol.) blastocele
blastocyst ['blæstəsɪst] *s* (embryol.) blastocisto
blastoderm ['blæstədʌrm] *s* (embryol.) blastodermo
blastoff ['blæst,ɔf] o ['blɑst,ɔf] *s* lanzamiento de cohete
blastula ['blæstʃʊlə] *s* (*pl:* **-lae** [li]) (embryol.) blástula
blast wave *s* onda de choque (*de una explosión nuclear*)
blat [blæt] (*pret & pp:* **blatted;** *ger:* **blatting**) *va* decir o soltar sin consideración y con mucho ruido; *vn* balar; hablar sin consideración y con mucho ruido
blatancy ['bletənsɪ] *s* vocinglería; molestia
blatant ['bletənt] *adj* vocinglero; molesto, intruso
blather ['blæðər] *s* charla, disparate; *vn* charlar
blatherskite ['blæðərskaɪt] *s* (coll.) hablador, charlatán
blaze [blez] *s* llamarada, llama muy brillante; hoguera; incendio; luz brillante; resplandor; explosión (*de cólera*); estrella (*en la frente del caballo o la vaca*); señal hecha en los árboles para servir de guía; **in a blaze** en llamas, resplandeciente; *va* encender, inflamar; marcar (*los árboles*) con cortes y señales para que sirvan de guía; publicar, proclamar; **to blaze a trail** abrir o marcar una senda; *vn* encenderse, arder con llama; resplandecer; **to blaze away** (coll.) comenzar o continuar a tirar; (coll.) seguir criticando, regañando, etc.
blazer ['blezər] *s* (sport) chaqueta ligera de franela o seda
blazon ['blezən] *s* blasón; ostentación, boato; *va* blasonar; adornar, decorar; publicar, proclamar; exhibir, mostrar
blazonry ['blezənrɪ] *s* blasón; decoración brillante
bldg. abr. de **building**
bleach [blitʃ] *s* blanqueo; blanquimento; *va* blanquear, blanquear al sol o con la acción química; *vn* blanquear; palidecer
bleacher ['blitʃər] *s* blanqueador; blanquimento; **bleachers** *spl* (sport) gradas al aire libre
bleachery ['blitʃərɪ] *s* (*pl:* **-ies**) blanquería
bleaching powder *s* polvos de blanqueo, polvos de gas
bleak [blik] *adj* desierto, solitario; sombrío, triste, frío, helado
blear [blɪr] *adj* turbio, legañoso; *va* enturbiar; engañar
bleareye ['blɪr,aɪ] *s* (path.) legaña
blear-eyed ['blɪr,aɪd] *adj* enturbiado, legañoso; torpe de entendimiento
bleary ['blɪrɪ] *adj* (*comp:* **-ier;** *super:* **-iest**) turbio, legañoso
bleat [blit] *s* balido; *vn* balar
bleb [blɛb] *s* ampolla; burbuja
bled [blɛd] *pret & pp de* **bleed**
bleed [blid] (*pret & pp:* **bled**) *va* sangrar; sacar dinero a; **to bleed white** desangrar; arrancar hasta el último céntimo a; *vn* sangrar; verter su sangre, sufrir, morir; exudar (*las plantas*); llorar (*la vid*); penar, afligirse; **to bleed to death** morir de desangramiento
bleeder ['blidər] *s* sangrador; hemofílico; (mach.) dispositivo de sangrar
bleeding heart *s* (bot.) dicentra
blemish ['blɛmɪʃ] *s* mancha, tacha; lunar; *va* manchar
blench [blɛntʃ] *va* blanquear; *vn* acobardarse, recular; palidecer
blend [blɛnd] *s* mezcla, combinación; armonía; (*pret & pp:* **blended** o **blent**) *va* mezclar, combinar; armonizar; fusionar; *vn* mezclarse, combinarse; armonizar; fusionarse
blende [blɛnd] *s* (mineral.) blenda (*sulfuro de cinc*); (mineral.) sulfuro de brillo metaloideo
blending ['blɛndɪŋ] *s* mezcla, combinación; armonía; (philol.) cruce de palabras, fusión de voces
blennorrhea [,blɛnə'riə] *s* (path.) blenorrea
blenny ['blɛnɪ] *s* (*pl:* **-nies**) (ichth.) blenia
blent [blɛnt] *pret & pp de* **blend**
blepharitis [,blɛfə'raɪtɪs] *s* (path.) blefaritis
bless [blɛs] (*pret & pp:* **blessed** o **blest**) *va* bendecir; amparar, proteger; **bless my soul!** ¡válgame Dios!
blessed ['blɛsɪd] *adj* bendito, bienaventurado, santo, feliz; (for emphasis) santo, p.ej., **the whole blessed day** todo el santo día; maldito, p.ej., **to not know a blessed thing about the matter** no saber maldita la cosa del asunto; [blɛst] *pret & pp de* **bless**
blessedness ['blɛsɪdnɪs] *s* bienaventuranza, santidad, felicidad
Blessed Virgin *s* Santísima Virgen
blessing ['blɛsɪŋ] *s* bendición
blest [blɛst] *pret & pp de* **bless**
blether ['blɛðər] *s & vn* var. de **blather**
blew [blu] *pret de* **blow**
blight [blaɪt] *s* roya; (fig.) plaga, infortunio, daño grave; *va* atizonar, añublar; arruinar; frustrar (*las esperanzas*); *vn* atizonar
blimp [blɪmp] *s* pequeño dirigible no rígido
blind [blaɪnd] *adj* ciego; oculto, secreto; obscuro; (arch.) ciego (*dícese, p.ej., de una ventana o puerta*); (fig.) ciego, p.ej., **blind with anger** ciego de ira; **blind with jealousy** ciego con celos; **blind as a bat** más ciego que un topo; **blind of** o **in one eye** que no ve con un ojo, tuerto; *s* velo; venda (*para los ojos*); anteojera (*para los ojos del caballo*); disfraz, subterfugio, pretexto; estor, transparente de resorte; persiana; pantalla (*persona que encubre a otra*); (fort.) blinda; escondrijo del cazador; **to be a blind for someone** (slang) ser pantalla o tapadera de alguien; *va* cegar; deslumbrar
blindage ['blaɪndɪdʒ] *s* (fort.) blindaje
blind alley *s* callejón sin salida; (fig.) atolladero
blind date *s* (slang) cita a ciegas (*cita entre un muchacho y una muchacha que no se conocen*)
blinder ['blaɪndər] *s* anteojera
blind flying *s* (aer.) vuelo a ciegas
blindfold ['blaɪnd,fold] *adj* vendado (*de ojos*); deslumbrado; descuidado, atolondrado; *s* venda en los ojos; *va* vendar los ojos a
blind landing *s* (aer.) aterrizaje a ciegas
blind man *s* ciego
blindman's buff ['blaɪndmænz] *s* gallina ciega (*juego*)
blindness ['blaɪndnɪs] *s* ceguedad
blind spot *s* (anat.) punto ciego; (rad.) lugar ciego; (fig.) punto acerca de que uno, sin darse cuenta de ello, tiene pocos informes o mucho prejuicio
blind stitch *s* puntada invisible
blindstitch ['blaɪnd,stɪtʃ] *va* coser a puntadas invisibles
blind-tool ['blaɪnd'tul] *va* (b.b.) estampar en seco
blind tooling *s* (b.b.) estampación en seco
blindworm ['blaɪnd,wʌrm] *s* (zool.) lución
blink [blɪŋk] *s* mirada, vista; guiñada, parpadeo; **on the blink** (slang) incapacitado; (slang) desconcertado; *va* guiñar (*el ojo*); desconocer; señalar por luz intermitente; *vn* guiñar, parpadear; mirar con los ojos entreabiertos; oscilar (*la luz*)
blinker ['blɪŋkər] *s* anteojera; proyector de destellos; (naut.) señales por luz intermitente (*con el alfabeto Morse*); (slang) ojo
blip [blɪp] *s* (radar) bache (*indicación visual*)
bliss [blɪs] *s* bienaventuranza, felicidad
blissful ['blɪsfəl] *adj* bienaventurado, muy feliz
blister ['blɪstər] *s* ampolla, vejiga; *va* ampollar, avejigar; censurar acerbamente; *vn* ampollarse, avejigarse
blister beetle *s* (ent.) cantárida, abadejo
blister gas *s* gas vesicante
blister pearl *s* perla de ampolla
blister plaster *s* vejigatorio
blithe [blaɪð] o [blaɪθ] o **blithesome** ['blaɪðsəm] o ['blaɪθsəm] *adj* alegre, gozoso, animado
blitz [blɪts] *s & va* (coll.) var. de **blitzkrieg**
blitzkrieg ['blɪts,krig] *s* guerra relámpago; *va* atacar con guerra relámpago, arrasar por bombardeo aéreo

blizzard ['blɪzərd] *s* ventisca
bloat [blot] *va* hinchar; ahumar, curar al humo (*el arenque*); *vn* hincharse, abotagarse
bloater ['blotər] *s* arenque ahumado
blob [blɑb] *s* gota, burbuja; burujo
bloc [blɑk] *s* (pol.) bloque
block [blɑk] *s* bloque, zoquete, canto; tajo (*para partir la carne; sobre el cual se cortaba la cabeza a los reos*); plataforma en que se hace venta pública; plataforma en que se vendían los esclavos en subasta; (mach.) bloque (*de cilindros*); horma, cáliz (*pieza de madera torneada que usan los sombrereros*); polea, garrucha; (naut.) motón; (print.) bloque; (rail.) tramo; bloque (*tableta para apuntes*); cepo (*de yunque*); cuadrado; manzana (*de una ciudad*); cuadrito (*de sellos de correo*); estorbo, obstáculo; grupo, conjunto; (pol.) bloque; **blocks** *spl* piezas de madera de construcciones infantiles; **to go to the block** ir a ser decapitado; venderse en pública subasta; *va* cegar, cerrar, obstruir; bloquear; conformar (*un sombrero*); calzar (*una rueda*); parar (*una pelota, una jugada*); **to block in** o **to block out** delinear, esbozar; **to block up** cegar, tapar, taponar; apoyar mediante trozos de madera o piedra
blockade [blɑ'ked] *s* (mil. & naut.) bloqueo; obstrucción; **to run the blockade** (naut.) burlar, forzar o violar el bloqueo; *va* (mil. & naut.) bloquear; obstruir
blockade runner *s* (naut.) forzador de bloqueo
block and tackle *s* aparejo de poleas, polea con aparejo
block anesthesia *s* anestesia de bloque, anestesia regional
blockbuster ['blɑk,bʌstər] *s* (coll.) bomba rompemanzanas
blockhead ['blɑk,hɛd] *s* zoquete, zopenco, tonto
blockhouse ['blɑk,haʊs] *s* (fort.) blocao
blockish ['blɑkɪʃ] *adj* tonto, estúpido
block plane *s* cepillo de contrafibra
block printing *s* impresión de plancha de madera
block signal *s* (rail.) señal de tramo
block system *s* (rail.) sistema de tramos
blocky ['blɑkɪ] *adj* rechoncho; dividido en cuadrados alternados de luz y sombra
blond [blɑnd] *adj* rubio, blondo; *s* rubio (*hombre rubio*)
blonde [blɑnd] *adj* rubio, blondo; *s* rubia (*mujer rubia*)
blond lace *s* blonda
blood [blʌd] *s* sangre; jugo o zumo; efusión de sangre, matanza; ira, cólera; temperamento; vida; hombre animoso; libertino; caballo de pura raza; **in cold blood** a sangre fría; **to draw blood** hacer correr sangre; **to have one's blood run cold** helársele a uno la sangre
blood bank *s* banco de sangre
blood brother *s* hermano carnal; hermano por mezcla de sangre
blood count *s* (med.) recuento sanguíneo
bloodcurdling ['blʌd,kʌrdlɪŋ] *adj* horripilante, espeluznante
blood donor *s* donador de sangre, donante de sangre
blood group *s* grupo sanguíneo
bloodguilty ['blʌd,gɪltɪ] *adj* culpable del derramamiento de sangre, culpable de homicidio
blood heat *s* calor de la sangre
bloodhound ['blʌd,haʊnd] *s* sabueso; (slang) sabueso (*detective*)
bloodless ['blʌdlɪs] *adj* exangüe, desangrado, desanimado; insensible; sin efusión de sangre
bloodletting ['blʌd,lɛtɪŋ] *s* sangría, flebotomía
blood money *s* dinero que se paga por el derramamiento de sangre; dinero que se paga como indemnización por el derramamiento de sangre
blood orange *s* naranja sanguínea o roja
blood plasma *s* plasma sanguíneo
blood poisoning *s* (path.) envenenamiento de la sangre (*septicemia, toxemia, piohemia*)
blood pressure *s* presión sanguínea, tensión arterial
blood pudding *s* morcilla
blood red *s* color rojo sangre
blood relation *s* pariente consanguíneo
blood relationship *s* consanguinidad
blood relative *s* var. de **blood relation**
bloodroot ['blʌd,rut] o ['blʌd,rʊt] *s* (bot.) sanguinaria del Canadá; (bot.) tormentila
blood royal *s* sangre real
bloodshed ['blʌd,ʃɛd] *s* efusión de sangre, matanza
bloodshot ['blʌd,ʃɑt] *adj* ensangrentado, inyectado de sangre
bloodstained ['blʌd,stend] *adj* manchado de sangre, homicida
bloodstone ['blʌd,ston] *s* (mineral.) restañasangre; (mineral.) hematites
blood stream *s* corriente sanguínea
bloodsucker ['blʌd,sʌkər] *s* (zool.) sanguijuela; (fig.) sanguijuela; (fig.) sablista, gorrista
blood test *s* análisis de sangre
bloodthirsty ['blʌd,θʌrstɪ] *adj* sanguinario
blood transfusion *s* transfusión sanguínea o transfusión de sangre
blood vessel *s* (anat.) vaso sanguíneo; **to burst a blood vessel** reventarse una vena
bloody ['blʌdɪ] *adj* (*comp:* **-ier**; *super:* **-iest**) sangriento; sanguíneo; (Brit. slang) maldito; *adv* (Brit. slang) muy; (*pret & pp:* **-ied**) *va* ensangrentar; herir
Bloody Mary *s* La Sanguinaria (*María I, reina de Inglaterra*)
bloom [blum] *s* florescencia, florecimiento; flor; lozanía; (found.) changote; (found.) tocho (*barra*); masa de vidrio candente; *vn* florecer; lozanear
bloomer ['blumər] *s* (slang) gazapatón (*en el hablar*); **bloomers** *spl* calzones cortos y holgados de mujer
blooming ['blumɪŋ] *adj* floreciente, lozano
blooming mill *s* (found.) laminadero desbastador de tochos
bloomy ['blumɪ] *adj* (*comp:* **-ier**; *super:* **-iest**) floreciente, lozano; lleno de polvillo
bloop [blup] *s* (mov.) ruido de empalme
blossom ['blɑsəm] *s* flor; brote, pimpollo; florescencia; **in blossom** en cierne; *vn* florecer; brotar
blossomy ['blɑsəmɪ] *adj* lleno de flores, lleno de botones
blot [blɑt] *s* borrón (*mancha de tinta*); (fig.) borrón, mancha; (*pret & pp:* **blotted**; *ger:* **blotting**) *va* borrar, emborronar; manchar; secar con papel secante; **to blot out** borrar; *vn* borrarse, emborronarse; echar borrones (*una pluma*)
blotch [blɑtʃ] *s* manchón; erupción (*en la piel*); *va* emborronar, cubrir con manchones; cubrir con erupciones
blotchy ['blɑtʃɪ] *adj* (*comp:* **-ier**; *super:* **-iest**) lleno de manchones; lleno de erupciones
blot on the escutcheon *s* borrón en el escudo, mancha en el honor de uno
blotter ['blɑtər] *s* teleta; borrador, libro borrador
blotting paper *s* papel secante
blotto ['blɑto] *adj* (slang) borracho perdido
blouse [blaʊs] o [blaʊz] *s* blusa
blow [blo] *s* golpe; soplo, soplido; ventarrón; toque, trompetazo; estocada (*cosa que ocasiona dolor*); (bot.) florescencia; (metal.) hornada; larva de mosca depositada en carne; (slang) fanfarrón; **at one blow** de un solo golpe; **to come to blows** venir a las manos; **without striking a blow** sin dar un golpe, sin esfuerzo ninguno; se traduce a menudo al español por medio del sufijo **-azo**, p.ej., **blow of a horn** bocinazo; **blow with the fist** puñetazo ‖ (*pret:* **blew**; *pp:* **blown**) *va* soplar; limpiar o vaciar a soplos; sonar o tocar (*un instrumento de viento o un silbato*); silbar (*un silbato*); volar, hacer saltar; sonarse (*las narices*); desalentar; depositar larvas en (*carne*); quemar (*un fusible*); echar (*flores*); divulgar; (slang) malgastar (*dinero*); (slang) convidar; **to blow down** derribar; **to blow in** (metal.) dar fuego a, poner a funcionar; (slang) malgastar (*dinero*); **to blow open** abrir; abrir con explosivos; **to blow out** hacer salir soplando; apagar soplando; quemar (*un fusible*); **to blow up** volar, hacer saltar; soplar, inflar; (phot.) ampliar ‖ *vn* soplar; sonar; jadear, resoplar; (zool.)

soplar (*echar agua la ballena*); quemarse (*un fusible*); abrirse (*las flores*); (slang) fanfarronear; (slang) irse, marcharse; **to blow hot and cold** estar entre sí y no; **to blow in** (slang) llegar inesperadamente; **to blow off** escaparse (*el vapor*); descargarse (*una caldera*); (slang) fanfarronear; **to blow on** (slang) delatar, traicionar; **to blow open** abrirse (*por causa del viento*); **to blow out** apagarse (*por causa del viento*); quemarse (*un fusible*); reventar (*un neumático*); **to blow over** pasar; ser olvidado; **to blow shut** cerrarse (*por causa del viento*); **to blow up** volarse, reventarse; fracasar; (slang) estallar o reventar (*de ira*)
blower [ˈbloər] *s* soplador (*persona y máquina; cetáceo*)
blowfly [ˈbloˌflaɪ] *s* (*pl:* **-flies**) (ent.) moscarda
blowgun [ˈbloˌgʌn] *s* cerbatana, bodoquera
blowhole [ˈbloˌhol] *s* respiradero; (found.) sopladura, venteadura, escarabajo; (zool.) espiráculo; agujero en el hielo adonde vienen las ballenas, focas, etc. para respirar
blown [blon] *adj* agotado, desalentado; corrompido por las moscas; *pp de* **blow**
blown glass *s* vidrio soplado
blowoff [ˈbloˌɔf] o [ˈbloˌɑf] *s* escape (*p.ej., de vapor*); (slang) fanfarrón
blowout [ˈbloˌaʊt] *s* reventón, estalladura; (elec.) quemadura (*de fusible*); (slang) banquete, tertulia concurrida
blowout patch *s* (aut.) parche para neumático
blowpipe [ˈbloˌpaɪp] *s* soplete; cerbatana, bodoquera
blowtorch [ˈbloˌtɔrtʃ] *s* lámpara de soldar, antorcha a soplete
blowup [ˈbloˌʌp] *s* explosión; (fig.) explosión (*de ira o cólera*); (phot.) ampliación
blowy [ˈblo·ɪ] *adj* (*comp:* **-ier;** *super:* **-iest**) ventoso; ligero
blowzy [ˈblaʊzɪ] *adj* (*comp:* **-ier;** *super:* **-iest**) desaliñado, desmelenado; coloradote
bls. abr. de **barrels**
blubber [ˈblʌbər] *s* grasa de ballena; grasa (*de una persona o animal*); lloro ruidoso; *va* decir llorando ruidosamente; *vn* llorar con mucho ruido, llorar hasta hincharse los carrillos
blubber lip *s* bezo
blucher [ˈblukər] o [ˈblutʃər] *s* zapato de orejas sueltas
bludgeon [ˈblʌdʒən] *s* cachiporra; *va* aporrear; amedrentar, intimidar
blue [blu] *adj* (*comp:* **bluer;** *super:* **bluest**) azul; amoratado, lívido; abatido, triste; **to turn blue** azular; azularse; *s* azul, color azul; **the blue** el cielo; el mar; **the blues** la morriña; (*pret & pp:* **blued;** *ger:* **bluing** o **blueing**) *va* azular; añilar, dar azulete a (*la ropa blanca*); pavonar (*el hierro o el acero*); *vn* azularse
blue baby *s* niño azul
Bluebeard [ˈbluˌbɪrd] *s* Barba Azul
bluebell [ˈbluˌbɛl] *s* (bot.) campánula
blueberry [ˈbluˌbɛrɪ] *s* (*pl:* **-ries**) (bot.) vaccinio
bluebird [ˈbluˌbʌrd] *s* (orn.) pájaro azul (*Sialia sialis*); (orn.) tempestad, ventura (*Sialia mexicana*)
blue-black [ˈbluˈblæk] *adj* negro azulado, azul obscuro
blue blood *s* sangre azul (*sangre noble*); (coll.) aristócrata
blue-blooded [ˈbluˌblʌdɪd] *adj* de sangre azul
bluebonnet [ˈbluˌbɑnɪt] *s* bonete azul; (bot.) azulejo, aciano
blue book *s* (coll.) anuario de la alta sociedad; (U.S.A.) registro de empleados del gobierno; (U.S.A.) librito de exámenes; (Brit.) libro azul (*que contiene documentos diplomáticos*)
bluebottle [ˈbluˌbɑtəl] *s* (bot.) aciano, azulejo; (ent.) moscarda, mosca de color azul metálico
blue cheese *s* queso de vaca, semejante al queso de Roquefort y de fabricación norteamericana
bluecoat [ˈbluˌkot] *s* policía (*que lleva uniforme azul*)
blue devils *spl* abatimiento, melancolía; delirio debido al abuso del alcohol
bluefish [ˈbluˌfɪʃ] *s* (ichth.) pomátomo saltador, anchoa de banco
blue flag *s* (bot.) lirio azul
bluegrass [ˈbluˌgræs] o [ˈbluˌgrɑs] *s* (bot.) gramínea norteamericana de tallo verde azulado (*del género Poa*)
blue grosbeak *s* (orn.) alondra azul
blue gum *s* (bot.) eucalipto
blueing [ˈbluɪŋ] *s & ger* var. de **bluing**
bluejacket [ˈbluˌdʒækɪt] *s* marinero de buque de guerra
bluejay [ˈbluˌdʒe] *s* (orn.) gayo
blue laws *spl* (U.S.A.) leyes puritánicas severas
blue lead [lɛd] *s* (mineral.) galena; plomo azul (*pigmento*)
Blue Monday *s* lunes que precede a la Cuaresma; lunes, día triste por la necesidad de volver al trabajo
Blue Nile *s* Nilo Azul
blue-pencil [ˈbluˈpɛnsəl] (*pret & pp:* **-ciled** o **-cilled;** *ger:* **-ciling** o **-cilling**) *va* marcar, corregir o borrar con lápiz azul
bluepoint [ˈbluˌpɔɪnt] *s* ostra pequeña (*que se come cruda*)
blueprint [ˈbluˌprɪnt] *s* cianotipia; cianotipo; (fig.) plan detallado; *va* copiar a la cianotipia
blue racer *s* (zool.) culebra de color azulado (*Coluber constrictor flaviventris*)
blue ribbon *s* cinta azul concedida al que gana el primer premio; divisa azul de una sociedad contra el uso del alcohol; (naut.) gallardete azul (*trofeo*); (Brit.) cinta de terciopelo azul (*de la Orden de la Jarretera*)
blue-ribbon [ˈbluˈrɪbən] *adj* muy perito, muy inteligente; de capacidad especial
blue-sky law [ˈbluˈskaɪ] *s* (coll.) ley para impedir la venta de acciones u obligaciones sin valor
bluestocking [ˈbluˌstɑkɪŋ] *s* (coll.) marisabidilla
bluestone [ˈbluˌston] *s* arenisca azulada; (chem.) piedra azul
blue streak *s* (coll.) rayo; **to talk a blue streak** (coll.) soltar la tarabilla
bluet [ˈbluɪt] *s* (bot.) azulejo, aciano; (bot.) houstonia cerúlea
blue titmouse *s* (orn.) herrerillo, trepatroncos
blue vitriol *s* (chem.) vitriolo azul
blueweed [ˈbluˌwid] *s* (bot.) viborera
blue wildebeest *s* (zool.) ñu
blue-winged teal [ˈbluˌwiŋd] *s* (orn.) pato chiquito, pato zarcel
bluff [blʌf] *adj* escarpado; brusco, francote; *s* peñasco escarpado, risco; falsas apariencias; amenaza que no se puede realizar; fanfarrón; **to call someone's bluff** cogerle la palabra a uno; *va* tratar de engañar con falsas apariencias, tratar de intimidar con amenazas que no se pueden realizar; *vn* blufar, fanfarronear, baladronear
bluffer [ˈblʌfər] *s* fanfarrón
bluffing [ˈblʌfɪŋ] *s* fanfarronada, baladronada, faramalla
bluing [ˈbluɪŋ] *s* añil, azulete, pasta para lavandera; pavonado; *ger de* **blue**
bluish [ˈbluɪʃ] *adj* azulado, azulino
blunder [ˈblʌndər] *s* disparate, desatino, patochada; *va* chapucear, chafallar; descolgarse con, decir desatinadamente; *vn* disparatar, desatinar; **to blunder into, on** o **upon** tropezar con, hallar por accidente
blunderbuss [ˈblʌndərbʌs] *s* trabuco; desatinado (*el que habla o procede sin juicio*)
blunderer [ˈblʌndərər] *s* desatinado
blunt [blʌnt] *adj* embotado, despuntado; obtuso, lerdo; franco, brusco, directo; *va* embotar, despuntár; *vn* embotarse, despuntarse
bluntness [ˈblʌntnɪs] *s* embotadura; franqueza, brusquedad
blur [blʌr] *s* obscuridad; forma confusa; mancha, borrón; (*pret & pp:* **blurred;** *ger:* **blurring**) *va* empañar, velar; manchar; *vn* empañarse, velarse
blurb [blʌrb] *s* anuncio efusivo
blurry [ˈblʌrɪ] *adj* manchado, confuso, borroso; grasiento
blurt [blʌrt] *va* descolgarse con, soltar a tontas y a locas; **to blurt out** descolgarse con, soltar a tontas y a locas

blush [blʌʃ] *s* rubor, sonrojo; color de rosa; **at first blush** a primera vista; *vn* ruborizarse, sonrojarse, ponerse colorado
blushing ['blʌʃɪŋ] *adj* ruboroso; *s* rubor, sonrojo
bluster ['blʌstər] *s* borrasca ruidosa; ruido tempestuoso; tempestad de gritos; jactancia, fanfarronada; *va* hacer con gritos y violencia, decir con gritos y violencia; forzar, intimidar; conseguir por gritos y violencia; *vn* bramar, soplar con furia (*el viento*); fanfarronear, pavonearse, bravear
blustery ['blʌstərɪ] *adj* tempestuoso, ruidoso; fanfarrón
blvd. abr. de **boulevard**
boa ['boə] *s* (zool.) boa; boa (*prenda de pieles o plumas*)
boa constrictor *s* (zool.) boa, boa constrictor
Boadicea [,boədɪ'siə] *s* Boadicea
boar [bor] *s* (zool.) verraco; (zool.) jabalí (*Sus scrofa*)
board [bord] *s* tabla, plancha; tablero; tablilla (*para anuncios*); (elec.) cuadro; cartón; mesa; junta, consejo; pensión; canto, borde; (naut.) bordo; (naut.) bordada (*camino entre dos viradas*); **bound in boards** en cartoné, encartonado; **on board** (naut.) a bordo; en el tren; **the boards** las tablas (*la escena del teatro*); **to go by the boards** (naut.) caer por el costado del buque; fracasar; ser echado a un lado, ser abandonado; **to tread the boards** ser actor o actriz, representar un papel; *va* entablar, enmaderar; dar de comer u hospedar regularmente bajo pago; subir a (*un tren*); (naut.) embarcarse en; (naut.) abordar; *vn* hacer las comidas, hospedarse regularmente bajo pago; (naut.) dar de bordadas; (naut.) navegar de bolina
board and lodging *s* cuarto y comida, pensión completa
boarder ['bordər] *s* huésped; interno (*en una escuela*); (naut.) abordador
board foot *s* pie de tabla (*unidad que equivale a una tabla de un pie cuadrado y de un espesor de una pulgada*)
boarding ['bordɪŋ] *s* tablazón; entablado; tabique de tablas; (naut.) abordaje
boarding house *s* casa de huéspedes
boarding school *s* internado
board measure *s* medida de tabla (*cuya unidad es el pie de tabla*)
Board of Admiralty *s* (Brit.) ministerio de Marina
board of directors *s* directorio, junta directiva
board of health *s* junta de sanidad
board of trade *s* junta de comercio; (*caps.*) *s* (Brit.) ministerio de Comercio
board of trustees *s* junta de síndicos, consejo de administración
board room *s* sala de junta; sala del tablero indicador de las cotizaciones de bolsa
boardwalk ['bord,wɔk] *s* paseo entablado a la orilla del mar
boarhound ['bor,haund] *s* perro jabalinero
boarish ['borɪʃ] *adj* cochino, puerco; lascivo; cruel
boast [bost] *s* jactancia, baladronada; *va* jactarse de; ostentar; *vn* jactarse; **it is nothing to boast of** no es cosa para jactarse
boastful ['bostfəl] *adj* jactancioso
boat [bot] *s* barco, embarcación, nave; buque, navío; bote; barca, lancha; salsera (*vasija para la salsa*); **in the same boat** en una misma situación, corriendo los mismos peligros; **to burn one's boats** quemar las naves; *va* poner a bordo, llevar a bordo; **to boat oars** desarmar los remos; *vn* ir o pasear en bote
boat bridge *s* puente de barcas
boat hook *s* bichero
boathouse ['bot,haus] *s* casilla de botes
boating ['botɪŋ] *s* paseo en barco
boatload ['bot,lod] *s* barcada
boatman ['botmən] *s* (*pl:* **-men**) barquero; botero (*patrón*)
boat race *s* regata
boatswain ['bosən] o ['bot,swen] *s* (naut.) contramaestre
boatswain's chair *s* asiento colgante; (naut.) guindola
boatswain's mate *s* (naut.) segundo contramaestre
bob [bɑb] *s* sacudida, meneo brusco; cola cortada de un caballo; pelo cortado corto; lenteja (*de la péndola del reloj*); plomo (*peso de una plomada*); corcho (*de una caña de pescar*); (Brit. slang) chelín; (*cap.*) *s* nombre abreviado de **Robert**; (*pret & pp:* **bobbed;** *ger:* **bobbing**) *va* cortar corto; menear bruscamente, *vn* menearse, agitarse; **to bob at o for an apple** tratar de coger con la boca una manzana colgada de un hilo o que flota en el agua; **to bob up** dejarse ver repentina e inesperadamente; **to bob up and down** fluctuar, subir y bajar con sacudidas cortas
bobbin ['bɑbɪn] *s* carrete; canilla, broca (*de la máquina de coser*)
bobbinet [,bɑbɪ'nɛt] o ['bɑbɪnɛt] *s* bobiné
bobbin lace *s* encaje de bolillos
bobby ['bɑbɪ] *s* (*pl:* **-bies**) (Brit. slang) policía
bobby pin *s* horquilla de puntas apretadas para el cabello
bobbysocks ['bɑbɪ,sɑks] *spl* (coll.) tobilleras (*de jovencita*)
bobbysoxer ['bɑbɪ,sɑksər] *s* (coll.) tobillera
bobcat ['bɑb,kæt] *s* (zool.) lince
bobolink ['bɑbəlɪŋk] *s* (orn.) chambergo
bobsled ['bɑb,slɛd] *s* bob-sleigh; (*pret & pp:* **-sledded;** *ger:* **-sledding**) *vn* descender en bob-sleigh
bobsleigh ['bɑb,sle] *s & vn* var. de **bobsled**
bobstay ['bɑb,ste] *s* (naut.) barbiquejo
bobtail ['bɑb,tel] *adj* rabón; escaso, incompleto; *s* cola corta; cola cortada; animal rabón; *va* cortar muy corta la cola a
bobwhite ['bɑb'hwaɪt] *s* (orn.) colín de Virginia
Boche o **boche** [bɑʃ] o [bɔʃ] *s* (slang) boche (*alemán*)
bock [bɑk] o **bock beer** *s* cerveza de marzo (*cerveza muy fuerte de color obscuro*)
bode [bod] *va & vn* presagiar, prefigurar, indicar por señales; **to bode ill** ser un mal presagio; **to bode well** ser un buen presagio; *pret de* **bide**
bodice ['bɑdɪs] *s* almilla, jubón, corpiño; cinturón ancho
bodiless ['bɑdɪlɪs] *adj* incorporal, incorpóreo; sin tronco
bodily ['bɑdɪlɪ] *adj* corporal, corpóreo; *adv* en persona; en conjunto, todos juntos
bodkin ['bɑdkɪn] *s* espadilla (*para sujetar el pelo de las mujeres*); aguja de jareta; punzón (*para abrir ojales*); (obs.) daga, puñal
Bodleian [bɑd'liən] o ['bɑdlɪən] *s* biblioteca bodleyana (*de Oxford*)
body ['bɑdɪ] *s* (*pl:* **-ies**) cuerpo; tronco (*de un árbol*); nave (*de una iglesia*); caja; carrocería (*de un coche o carro*); extensión (*de agua*); masa (*de aire*); (coll.) persona; **to keep body and soul together** seguir viviendo; (*pret & pp:* **-ied**) *va* informar, dar cuerpo a; espesar (*un líquido*); **to body forth** dar forma a, representar; presagiar
body and fender repairman *s* (aut.) chapista carrocero, mecánico chapista
bodyguard ['bɑdɪ,gɑrd] *s* guardia de corps; guardaespaldas; salvaguardia
body politic *s* entidad política
body snatcher *s* ladrón de cadáveres
body temperature *s* temperatura del cuerpo
Boeotia [bi'oʃə] *s* Beocia
Boeotian [bi'oʃən] *adj* beocio; (fig.) beocio (*torpe, estúpido*); *s* beocio
Boer [bor] o [bur] *adj & s* bóer
Boer War *s* guerra del Transvaal
bog [bɑg] *s* pantano; (*pret & pp:* **bogged;** *ger:* **bogging**) *vn* atascarse, hundirse; **to bog down** atascarse, hundirse
bog asphodel *s* (bot.) abama
bogey ['bogɪ] *s* duende, demonio; coco; aversión, persona que inspira gran aversión; (golf) norma de perfección
bogeyman ['bogɪ,mæn] *s* (*pl:* **-men**) duende; coco
boggle ['bɑgəl] *s* chapucería; desatino, disparate; *vn* asustarse, vacilar; retroceder; chapucear

boggy [ˈbagɪ] *adj* (*comp:* **-gier;** *super:* **-giest**) pantanoso
bogie [ˈbogɪ] *s* duende, demonio; coco; aversión, persona que inspira gran aversión; (golf) norma de perfección; (Brit. rail.) bogie
bogle [ˈbogəl] o [ˈbagəl] *s* duende, demonio; coco; aversión
bogus [ˈbogəs] *adj* (U.S.A.) falso, fingido, espurio
bogy [ˈbogɪ] *s* (*pl:* **-gies**) duende, demonio; coco; aversión, persona que inspira gran aversión
Bohemia [boˈhimɪə] *s* Bohemia
Bohemian [boˈhimɪən] *adj & s* bohemio; (fig.) bohemio
Bohemianism [boˈhimɪənɪzəm] *s* bohemia, vida de bohemio
boil [bɔɪl] *s* ebullición, hervor; cocción; (path.) divieso; **to bring to a boil** calentar (*el agua*) hasta que hierva: **to come to a boil** comenzar a hervir; *va* herventar; hacer hervir (*el agua*); **to boil down** reducir hirviendo; reducir a su más simple expresión; *vn* hervir, bullir, cocer; (fig.) hervir (*una persona*); **to boil away** consumirse (*un líquido*) a fuerza de cocer, **to boil down** reducirse hirviendo; reducirse; **to boil over** rebosar con la ebulición; **to boil up** borbollar
boiler [ˈbɔɪlər] *s* caldera; hervidor; termosifón (*para calentar agua y para calentar por medio de agua caliente*)
boilermaker [ˈbɔɪlər,mekər] *s* calderero
boiler plate *s* plancha de caldera
boiler room *s* sala de calderas
boiler shell *s* casco o cuerpo de caldera
boiler tube *s* tubería de caldera
boiling [ˈbɔɪlɪŋ] *adj* hirviente; *s* ebullición, hervor
boiling point *s* punto de ebullición; **at the boiling point** muy encolerizado
boisterous [ˈbɔɪstərəs] *adj* alborotado, ruidoso, turbulento, bullicioso
Bokhara [boˈkarə] *s* Bujara (*ciudad*); la Bujara (*estado*)
Bol. abr de **Bolivia**
bold [bold] *adj* audaz, osado, atrevido, arrojado; impudente, descarado; temerario; vigoroso; acantilado, escarpado; **to make bold to** + *inf* osar + *inf*, tomar la libertad de + *inf*
boldface [ˈbold,fes] *s* individuo descarado; (print.) negrilla
boldine [ˈbaldin] o [ˈbaldɪn] *s* (pharm.) boldina
boldness [ˈboldnɪs] *s* audacia, osadía, arrojo; impudencia, descaro; temeridad; vigor
bole [bol] *s* tronco de árbol
bolero [boˈlɛro] *s* (*pl:* **-ros**) bolero (*baile y música, chaquetilla de señora*)
boletus [boˈlitəs] *s* (bot.) boleto
Boleyn, Anne [ˈbulɪn] Ana Bolena
bolide [ˈbolaɪd] o [ˈbolɪd] *s* (astr.) bólido
Bolivia [boˈlɪvɪə] *s* Bolivia
Bolivian [boˈlɪvɪən] *adj & s* boliviano
boll [bol] *s* (bot.) cápsula de algodón o lino
Bollandist [ˈbaləndɪst] *s* bolandista
bollard [ˈbalərd] *s* (naut.) bolardo
boll weevil *s* (ent.) picudo, gorgojo del algodón
bollworm [ˈbol,wʌrm] *s* (zool.) larva de una mariposa que causa grandes estragos al maíz y el algodón (*Heliothis armigera*)
Bologna [bəˈlonjə] *s* Bolonia
boloney [bəˈlonɪ] *s* var. de **baloney**
Bolshevik [ˈbalʃəvɪk] o [ˈbolʃəvɪk] *adj* bolchevique; *s* (*pl:* **-viki** [ˈvikɪ] o **-viks**) bolchevique
Bolshevism [ˈbalʃəvɪzəm] o [ˈbolʃəvɪzəm] *s* bolchevismo o bolcheviquismo
Bolshevist [ˈbalʃəvɪst] o [ˈbolʃəvɪst] *adj & s* bolchevista, bolcheviquista
Bolshevistic o **bolshevistic** [,balʃəˈvɪstɪk] o [,bolʃəˈvɪstɪk] *adj* bolchevista, bolcheviquista
Bolshevization o **bolshevization** [,balʃəvɪˈzeʃən] o [,bolʃəvɪˈzeʃən] *s* bolchevización
Bolshevize o **bolshevize** [ˈbalʃəvaɪz] o [ˈbolʃəvaɪz] *va* bolchevizar
bolster [ˈbolstər] *s* almohadón; travesaño (*para la cabecera de la cama*); refuerzo, sostén, soporte; *va* apoyar con almohadón; apoyar, sostener; **to bolster up** apoyar, sostener; animar, alentar
bolt [bolt] *s* perno; cerrojo, pestillo, pasador; grillete; cuadrillo (*saeta*); chorro cilíndrico (*de agua*); rayo; fuga, salto repentino; rollo (*de tela o papel*); bolo alimenticio; ataque, argumento; disidencia (*de un partido político*); **to shoot one's bolt** hacer (*uno*) todo cuanto en él cabe; *adv* repentinamente; directamente; **bolt upright** enhiesto, derecho y rígido; *va* acerrojar; empernar; amarrar con grillos; deglutir de una vez; descolgarse con; cerner, cribar, tamizar; arrojar; disidir de (*un partido político*); separar, examinar, escudriñar; *vn* lanzarse, salir de repente; desbocarse (*un caballo*); disidir; **to bolt in** entrar de repente; **to bolt off** u **out** salir de repente
bolter [ˈboltər] *s* caballo desbocado; disidente (*en asuntos políticos*); criba, tamiz
bolt from the blue *s* rayo en cielo sin nubes; (fig.) acontecimiento inesperado
boltrope [ˈbolt,rop] *s* (naut.) relinga
bolus [ˈboləs] *s* bolo (*píldora gruesa u otra masa esférica*)
bomb [bam] *s* bomba; (fig.) acontecimiento inesperado, sorpresa inquietante; *va* bombear
bombard [bamˈbard] *va* bombardear; (phys.) bombardear; (fig.) asediar (*p.ej., de preguntas*)
bombardier [,bambərˈdɪr] *s* bombardero
bombardment [bamˈbardmənt] *s* bombardeo
bombasine [,bambəˈzin] o [ˈbambəzin] *s* alepín
bombast [ˈbambæst] *s* ampulosidad
bombastic [bamˈbæstɪk] *adj* ampuloso
bombastically [bamˈbæstɪkəlɪ] *adv* ampulosamente
bombazine [,bambəˈzin] o [ˈbambəzin] *s* alepín
bomb bay *s* (aer.) compartimiento de las bombas
bomb crater *s* (mil.) embudo de bomba
bomber [ˈbamər] *s* bombardero (*tripulante y avión*)
bombing [ˈbamɪŋ] *s* bombeo, bombardeo
bombproof [ˈbam,pruf] *adj* a prueba de bombas
bomb release *s* (aer.) lanzabombas, disparador de bombas
bombshell [ˈbam,ʃɛl] *s* bomba; sorpresa asoladora; **to fall like a bombshell** caer como una bomba
bomb shelter *s* refugio antiaéreo
bombsight [ˈbam,saɪt] *s* (aer.) mira de bombardero, visor
bona fide [ˈbonə ˈfaɪdɪ] *adj & adv* de buena fe
bonanza [boˈnænzə] *s* (min.) bonanza; (fig.) bonanza (*prosperidad*)
Bonapartist [ˈbonə,partɪst] *s* bonapartista
bonbon [ˈban,ban] *s* bombón
bond [band] *s* enlace, lazo, unión, vínculo; contrato; bono, obligación; caución, fianza; fiador; depósito de mercancías hasta el pago de los impuestos; (mas.) aparejo, trabazón; conexión eléctrica de dos carriles; **bonds** *spl* cadenas, grillos; cautiverio; **in bond** en depósito bajo fianza; *va* hipotecar; obligar por fianza; depositar (*mercancías*) hasta pago de los impuestos; enlazar, unir
bondage [ˈbandɪdʒ] *s* cautiverio, esclavitud, servidumbre
bonded [ˈbandɪd] *adj* consolidado, afianzado con bonos; depositado bajo fianza
bonded warehouse *s* depósito comercial
bonderize [ˈbandəraɪz] *va* (trademark) bonderizar
bondholder [ˈband,holdər] *s* obligacionista, tenedor de bonos
bondmaid [ˈband,med] *s* esclava
bondman [ˈbandmən] *s* (*pl:* **-men**) esclavo
bond servant *s* esclavo
bondsman [ˈbandzmən] *s* (*pl:* **-men**) fiador
bondstone [ˈband,ston] *s* (mas.) perpiaño
bondwoman [ˈband,wumən] *s* (*pl:* **-women**) esclava
bone [bon] *s* hueso; espina (*de los peces*); barba de ballena; armazón (*p.ej., de un buque*); **bones** *spl* esqueleto; huesos (*restos mortales*); castañuelas; (coll.) dados; **to feel in one's bones** estar seguro de (*una cosa*) sin saber por qué;

to have a bone to pick with tener que habérselas con; **to make no bones about** (coll.) no andarse con rodeos en; *va* desosar; quitar las espinas a; emballenar (*un corsé*); abonar con huesos molidos; *vn* (slang) estudiar con ahinco; **to bone up on** (slang) estudiar (*una cosa*) con ahinco, empollar sobre
boneblack ['bon,blæk] *s* negro animal, carbón animal
bone-dry ['bon'draɪ] *adj* enteramente seco; (coll.) absolutamente abstemio; (coll.) sin venta de licor
bonehead ['bon,hɛd] *s* (slang) mentecato, zopenco
bone lace *s* encaje de bolillos
boneless ['bonlɪs] *adj* mollar; desosado; sin espinas
bone meal *s* huesos molidos, harina de huesos
bone of contention *s* materia de discordia, manzana de la discordia
boner ['bonər] *s* (slang) patochada, plancha, error
boneset ['bon,sɛt] *s* (bot.) eupatorio; (bot.) consuelda
bonfire ['bɑn,faɪr] *s* hoguera, fogata
bonhomie [,bɑno'mi] *s* bonhomía, buen natural
Boniface ['bɑnɪfes] *s* Bonifacio; (*l.c.*) *s* hostelero, dueño de una posada
bonito [bo'nito] *s* (*pl:* **-tos** o **-toes**) (ichth.) bonito
bon mot [bõ'mo] *s* (*pl:* **bons mots** [bõ'mo]) donaire, agudeza
bonne [bɑn] o [bʌn] *s* niñera; criada
bonnet ['bɑnɪt] *s* papalina; gorra escocesa; penacho de plumas (*de los pieles rojas norteamericanos*); (naut.) boneta; (anat. & fort.) bonete; sombrerete (*de chimenea*); (aut.) cubierta, capó; *va* cubrir (*la cabeza*)
bonnie o **bonny** ['bɑnɪ] *adj* (*comp:* **-nier**; *super:* **-niest**) (Scottish) bonito, lindo, excelente, lozano
bonnyclabber ['bɑnɪ,klæbər] *s* leche cuajada
bonus ['bonəs] *s* prima, extra, plus; (bridge) bonificación
bon voyage [bõvwɑ'jɑʒ] *interj* ¡buen viaje!
bony ['bonɪ] *adj* (*comp:* **-ier**; *super:* **-iest**) osudo, huesudo; óseo, huesoso; descarnado; espinoso (*pez*)
bonze [bɑnz] *s* bonzo (*sacerdote del culto de Buda*)
boo [bu] *s* abucheo; bu; **to not say boo** no decir ni chus ni mus; *interj* ¡bu!; *va* abuchear (*p.ej., a un cantante*); hacer el bu a; *vn* abuchear; hacer el bu
boo-boo ['bu,bu] *s* (slang) patochada, plancha
booby ['bubɪ] *s* (*pl:* **-bies**) zopenco, bobalicón; el peor jugador de todos; (orn.) pato bobo
booby hatch *s* (naut.) tambucho; (coll.) manicomio; (slang) cárcel
booby prize *s* último premio, premio de consolación
booby trap *s* (mil.) trampa explosiva; (fig.) zancadilla (*engaño*)
boodle ['budəl] *s* (slang) cuadrilla; (slang) dinero: (slang) soborno
boogie-woogie ['bugɪ'wugɪ] *s* bugui-bugui (*manera de tocar el piano y baile norteamericanos*)
boohoo [,bu'hu] *s* lloro ruidoso y sollozante; *vn* llorar ruidosamente y con sollozos
book [bʊk] *s* libro; libreta (*p.ej., de la caja de ahorros*); librillo (*de papel de fumar, de panes de oro, de sellos, etc.*); libro en que se apuntan las apuestas (*en las carreras de caballos*); (bridge) conjunto de las seis primeras bazas; (com.) libro-registro; **by the book** con exactitud, según las reglas; **the Book** la Biblia; **to bring someone to book** llamar o traer a uno a capítulo; regañarle a uno; **to close the books** (com.) cerrar el borrador; **to keep books** (com.) llevar libros; **to know like a book** saber de todo en todo; conocer a fondo; *va* asentar en un libro; notar en un registro; inscribir; anotar (*un pedido, mercancías*) para despacho; reservar (*un pasaje en una embarcación*); escriturar (*a un actor para una función*)
bookbinder ['bʊk,baɪndər] *s* encuadernador
bookbindery ['bʊk,baɪndərɪ] *s* (*pl:* **-ies**) encuadernación (*taller*)
bookbinding ['bʊk,baɪndɪŋ] *s* encuadernación (*acción; arte*)
bookcase ['bʊk,kes] *s* armario o estante para libros
book end *s* sujetalibros, apoyalibros
bookie ['bʊkɪ] *s* (coll.) corredor de apuestas (*en las carreras de caballos*)
booking ['bʊkɪŋ] *s* reservación (*de un pasaje*); escritura (*de un actor*)
booking clerk *s* vendedor de billetes de pasaje o teatro
booking office *s* despacho de pasajes
bookish ['bʊkɪʃ] *adj* libresco
bookkeeper ['bʊk,kipər] *s* tenedor de libros
bookkeeping ['bʊk,kipɪŋ] *s* teneduría de libros
book learning *s* ciencia libresca
booklet ['bʊklɪt] *s* librete, libretín
booklore ['bʊk,lor] *s* ciencia libresca
booklover ['bʊk,lʌvər] *s* aficionado a los libros
bookmaker ['bʊk,mekər] *s* recopilador; (print.) impresor encargado de la imposición; corredor de apuestas (*en las carreras de caballos*)
bookmark ['bʊk,mɑrk] *s* registro
bookmobile ['bʊkmo'bil] *s* biblioteca rodante
Book of Common Prayer *s* devocionario de la Iglesia anglicana
Book of Mormon *s* libro del Mormón, libro sagrado del mormonismo
bookplate ['bʊk,plet] *s* ex libris
bookrack ['bʊk,ræk] *s* atril; estante
book review *s* reseña
bookseller ['bʊk,sɛlər] *s* librero
bookshelf ['bʊk,ʃɛlf] *s* (*pl:* **-shelves**) estante para libros
bookstall ['bʊk,stɔl] *s* puesto para la venta de libros
bookstand ['bʊk,stænd] *s* atril; mostrador para libros; puesto para la venta de libros
bookstore ['bʊk,stor] *s* librería
book value *s* (com.) valor de las acciones de una sociedad en el libro de cuenta de la sociedad
bookworm ['bʊk,wʌrm] *s* polilla que roe los libros; (fig.) ratón de biblioteca
boom [bum] *s* trueno, estampido; auge, alza rápida, prosperidad repentina, fomento enérgico; aguilón (*de una grúa*); (naut.) botalón; (naut.) botavara (*de una vela*); (naut.) cadena de troncos, barrera de un puerto; *adj* que aumenta, crece o medra repentinamente; *va* fomentar enérgicamente; expresar con estruendo; dar (*el reloj, p.ej., las tres*) con estruendo; *vn* tronar, hacer estampido; estar en auge, medrar, estar en bonanza
boomerang ['buməræŋ] *s* bumerang; (fig.) cosa que redunda en perjuicio del que la originó; *vn* redundar (*una cosa*) en perjuicio del que la originó
boom iron *s* (naut.) zuncho de botalón
boom town *s* pueblo que está en bonanza
boon [bun] *s* dicha, bendición; (archaic) favor, gracia; *adj* alegre, festivo; (archaic) bondadoso, generoso
boon companion *s* buen compañero
boondocks ['bun,dɑks] *spl* (slang) monte, monte bajo; (slang) afueras del poblado
boondoggle ['bun,dɑgəl] *s* (slang) trabajo sin provecho; *vn* (slang) trabajar sin provecho
boor [bʊr] *s* patán
boorish ['bʊrɪʃ] *adj* grosero, chabacano
boost [bust] *s* empujón hacia arriba; alza (*de precios*); alabanza; ayuda; *va* empujar hacia arriba; alzar (*los precios*); alabar; ayudar
booster ['bustər] *s* aumentador de presión; detonador auxiliar; cohete de lanzamiento; (coll.) bombista, fomentador; (elec.) elevador de tensión; (med.) inyección secundaria; (rail.) propulsor
booster battery *s* (elec.) batería elevadora
booster pump *s* bomba reforzadora
booster rocket *s* cohete de lanzamiento
boot [but] *s* bota; calceta (*usada como tormento*); pesebrón (*del coche*); toldo para el cochero; **boots** *ssg* (Brit.) limpiabotas; **the boot is on the other leg** los papeles están trastrocados; **to be in the boots of** estar en el pellejo de; **to bet your boots** estar absolutamente se-

guro; **to boot** de añadidura; **to die with one's boots on** morir con las botas puestas, morir al pie del cañón; **to get the boot** (coll.) ser echado a la calle; **to lick the boots of** lamer los zapatos a (*adular con exceso*); **to wipe one's boots on** insultar, maltratar; *va* calzar, poner las botas a; dar un puntapié a; (slang) poner en la calle; **to boot it** ir a pie; *vn* calzarse las botas; ir a pie
bootblack ['but,blæk] *s* limpiabotas
booted ['butɪd] *adj* calzado con botas
bootee [bu'ti] *s* calzado de punto para niños; bota corta de mujer
Boötes [bo'otiz] *s* (astr.) Bootes
booth [buθ] o [buð] *s* (*pl:* **booths** [buðz]) casilla o quiosco (*de información*); cabina (*telefónica; de votación; para oír discos de fonógrafo*); puesto de feria o mercado
boot hook *s* tirabotas
bootjack ['but,dʒæk] *s* sacabotas
bootleg ['but,lɛg] *s* caña de bota; (slang) contrabando de licores; *adj* (slang) contrabandista; (*pret & pp:* **-legged;** *ger:* **-legging**) *va* (slang) pasar, llevar o vender (*licores*) de contrabando; *vn* (slang) contrabandear en licores
bootlegger ['but,lɛgər] *s* (slang) contrabandista, destilador clandestino
bootlegging ['but,lɛgɪŋ] *s* contrabando de licores
bootless ['butlɪs] *adj* inútil, sin provecho
bootlicker ['but,lɪkər] *s* (slang) lameculos, quitamotas
boots and saddles *spl* (mil.) botasilla
bootstrap ['but,stræp] *s* elástico o tirante de la bota
boot tree *s* horma de bota
booty ['butɪ] *s* (*pl:* **-ties**) botín, presa; ganancia, premio
booze [buz] *s* (coll.) licor; (coll.) borrachera, ataque de borrachera; *vn* (coll.) borrachear
boozer ['buzər] *s* (coll.) borracho
boozy ['buzɪ] *adj* (coll.) chispo; (coll.) borracho
bop [bɑp] (*pret & pp:* **bopped;** *ger:* **bopping**) *va* (slang) golpear, pegar
bopeep [bo'pip] *s* juego de niños que consiste en descubrirse los ojos rápidamente después de tenerlos tapados con las manos; **Little Bopeep** pastorcita, en un cuento de niños, que ha perdido sus ovejas
bor. abr. de **borough**
boracic [bo'ræsɪk] *adj* (chem.) bórico
boracite ['borəsaɪt] *s* (mineral.) boracita
borage ['bʌrɪdʒ], ['bɑrɪdʒ] o ['bɔrɪdʒ] *s* (bot.) borraja
borate ['boret] *s* (chem.) borato
borated ['boretɪd] *adj* boratado
borax ['boræks] *s* (chem.) bórax
Bordeaux [bɔr'do] *s* Burdeos; burdeos (*vino*)
Bordeaux mixture *s* (hort.) caldo de Burdeos, caldo bordelés
Bordeaux red *s* rojo de Burdeos
border ['bɔrdər] *s* borde, margen; frontera, confín; ribete, orla; repulgo, dobladillo; arriate (*de jardín*); **borders** *spl* (theat.) bambalina; *adj* frontero; *va* limitar, deslindar, ribetear, orlar; repulgar, dobladillar; *vn* confinar; **to border on** o **upon** confinar con, rayar en; (fig.) bordear
border clash *s* encuentro fronterizo, choque en la frontera
borderer ['bɔrdərər] *s* habitante fronterizo
borderland ['bɔrdər,lænd] *s* zona fronteriza; región intermedia, espacio indefinido
borderline ['bɔrder,laɪn] *s* frontera; *adj* fronterizo; límite, intermedio; indefinido, incierto
bordure ['bɔrdʒər] *s* (her.) bordura, bordadura
bore [bor] *s* barreno (*agujero*); calibre; ánima, alma (*del cañón del arma de fuego*); alesaje (*del cilindro de un motor*); machaca (*persona*); fastidio, molienda; maremoto (*grande ola al subir la marea*); *va* agujerear; barrenar; fastidiar; *vn* agujerear; adelantarse; **to bore from within** atacar por traición desde adentro; *pret de* **bear**
boreal ['borɪəl] *adj* boreal
Boreas ['borɪəs] *s* (myth.) Bóreas; bóreas (*viento del norte*)
boredom ['bordəm] *s* aburrimiento, fastidio, tedio
borer ['borər] *s* barrena, taladro; (ent.) barrenillo
boresome ['borsəm] *adj* aburrido, fastidioso, tedioso
boric ['borɪk] *adj* (chem.) bórico
boric acid *s* (chem.) ácido bórico
boring ['borɪŋ] *adj* aburrido, fastidioso
born [bɔrn] *adj* nacido; nato, innato, p.ej., **born criminal** criminal nato; **born liar** mentiroso innato; **in all my born days** (coll.) en mi vida; **to be born** nacer; **to be born again** renacer, volver a nacer
borne [born] *pp de* **bear**
boron ['borɑn] *s* (chem.) boro
borough ['bʌro] *s* villa; distrito administrativo de municipio
borrow ['bɑro] o ['bɔro] *va* pedir prestado, tomar prestado, tomar a préstamo; apropiarse, tomar para sí; **to borrow from** pedir prestado a; **to borrow trouble** darse molestia sin ningún motivo
borrower ['bɑroər] o ['bɔroər] *s* prestatario
borrowing ['bɑro·ɪŋ] o ['bɔro·ɪŋ] *s* préstamo; préstamo lingüístico
borrow pit *s* préstamo
borzoi ['bɔrzɔɪ] *s* barzoi (*galgo ruso*)
boscage ['bɑskɪdʒ] *s* boscaje
bosh [bɑʃ] *s* etalaje (*de alto horno*); (coll.) tontería, música celestial
bosk [bɑsk] *s* bosquecillo, maleza
bosky ['bɑskɪ] *adj* nemoroso, boscoso; frondoso, umbroso
bo's'n ['bosən] *s* var. de **boatswain**
Bosnian ['bɑznɪən] *adj & s* bosníaco o bosnio
bosom ['bʊzəm] *s* seno; pechera (*de camisa*); amor, cariño; *adj* íntimo, de la mayor confianza; *va* guardar en el seno, encerrar en el pecho
Bosporus ['bɑspərəs] *s* Bósforo
boss [bɔs] o [bɑs] *s* (coll.) jefe, mandamás; (coll.) amo, gallo, capataz, gerente; (coll.) cacique (*en asuntos políticos*); protuberancia, figura de relieve; (arch.) crucería (*en las bóvedas góticas*); *va* (coll.) regentar, dominar; trabajar en relieve, adornar en relieve
bossism ['bɔsɪzəm] o ['bɑsɪzəm] *s* caciquismo, gamonalismo
bossy ['bɔsɪ] o ['bɑsɪ] *adj* (*comp:* **-ier;** *super:* **-iest**) mandón; adornado en relieve
boston ['bɔstən] o ['bɑstən] *s* bostón (*juego de naipes; vals*)
Bostonian [bɔs'tonɪən] o [bɑs'tonɪən] *adj & s* bostoniano
Boston Tea Party *s* (hist.) motín del té
bostryx ['bɑstrɪks] *s* (bot.) bóstrice
bosun ['bosən] *s* var. de **boatswain**
bot [bɑt] *s* (ent.) rezno
botanic [bə'tænɪk] o **botanical** [bə'tænɪkəl] *adj* botánico
botanist ['bɑtənɪst] *s* botanista, botánico
botanize ['bɑtənaɪz] *va* explorar la flora de; *vn* botanizar
botany ['bɑtənɪ] *s* botánica
botch [bɑtʃ] *s* chapucería, remiendo chapucero; *va* chapucear, remendar chapuceramente
botchy ['bɑtʃɪ] *adj* (*comp:* **-ier;** *super:* **-iest**) chapucero, mal hecho
botfly ['bɑt,flaɪ] *s* (*pl:* **-flies**) (ent.) estro, moscardón
both [boθ] *adj* ambos; *pron* ambos, los dos, uno y otro; **both of** ambos; **both of them** ellos dos, los dos; **both of us** nosotros dos; *conj* a la vez; **both . . . and** tanto . . . como, así . . . como, al par . . . y; *adv* igualmente
bother ['bɑðər] *s* incomodidad, molestia; persona o cosa molesta; *va* incomodar, molestar; *vn* molestarse; **to bother about** o **with** molestarse con; **to bother to** + *inf* molestarse en + *inf*
botheration [,bɑðə'reʃən] *s* (coll.) incomodidad, molestia; *interj* ¡caramba! (*para expresar enfado*)
bothersome ['bɑðərsəm] *adj* incómodo, molesto
bott [bɑt] *s* var. de **bot**
bottle ['bɑtəl] *s* botella; biberón (*para la lactancia artificial*); **the bottle** las bebidas alcohólicas; *va* embotellar; **to bottle up** embotellar

bottle brush *s* escobilla para limpiar botellas; (bot.) cola de rata, equiseto menor
bottle gourd *s* (bot.) cogorda
bottle green *s* verde botella
bottle imp *s* (phys.) diablillo de Descartes
bottleneck ['batəl,nɛk] *s* gollete, cuello de botella; embotellamiento, congestión del tráfico; embotellado, obstáculo
bottle nose *s* nariz hinchada por el mucho beber
bottlenose ['batəl,noz] *s* (zool.) delfín de hocico de botella
bottle opener *s* abrebotellas, descapsulador; destapacorona (Am.)
bottler ['batlər] *s* embotellador
bottle rack *s* botellero
bottle tit *s* (orn.) alionín, chamarón
bottom ['batəm] *s* fondo; fundamento, cimiento; fundación; asiento (*de una silla*); final (*de una página*); (coll.) trasero; (naut.) fondo; (naut.) casco, nave, buque; (fig.) fondo (*lo principal*); **bottoms** *spl* hondonada; **at bottom** en el fondo, en la realidad; **to be at the bottom of** ser la causa de; ser el último de (*p.ej., la clase*); **to begin at the bottom** (fig.) empezar el oficio por abajo; **to get to the bottom of** entrar en el fondo de; **to go the bottom** irse a pique; *adj* fundamental, del fondo; (coll.) más bajo, p.ej., **the bottom price** el precio más bajo; (coll.) último, p.ej., **his bottom dollar** su último dólar; *va* fundar; profundizar; poner asiento a (*una silla*)
bottom land *s* hondonada
bottomless ['batəmlɪs] *adj* sin fondo; sin asiento; infundado; profundo; abismal; insondable; ilimitado, inagotable
bottomless pit, the el abismo, el infierno
bottomry ['batəmrɪ] *s* (naut.) contrato a la gruesa
botulism ['batʃəlɪzəm] *s* (path.) botulismo
bouclé [bu'kle] *s* bouclé; *adj* de bouclé
boudoir [bu'dwar] *s* tocador, gabinete; saloncito
bougainvillea [,bugən'vɪlɪə] *s* (bot.) buganvilla
bough [baʊ] *s* rama
bought [bɔt] *pp de* **buy**
boughten ['bɔtən] *adj* (dial.) no casero, comprado
bougie ['budʒɪ], ['buʒɪ] o [bu'ʒi] *s* bujía (*vela de cera*); (surg.) bujía, candelilla
bouillabaisse [,buljə'bes] *s* bullabesa
bouillon ['buljan] o [bul'jan] *s* caldo
bouillon cube *s* cubito de caldo concentrado
boulder ['boldər] *s* guijarro grande, canto rodado
boulevard ['buləvard] o ['buləvard] *s* bulevar
boulter ['boltər] *s* palangre
bounce [baʊns] *s* bote; jactancia; (slang) despedida; *va* hacer botar; (slang) despedir; *vn* botar; dar saltos al andar; saltar repentinamente; precipitarse ruidosamente y sin ceremonia
bouncer ['baʊnsər] *s* cosa de gran tamaño; (coll.) fanfarrón; (slang) apagabroncas, guardián fornido que echa a la calle a los alborotadores de un café, bar, etc.
bouncing ['baʊnsɪŋ] *adj* fuerte, frescachón
bouncing Bess o **Bet** *s* (bot.) jabonera
bound [baʊnd] *s* salto; bote (*de una pelota*); límite, margen, raya; **bounds** *spl* zona fronteriza, región, comarca; **out of bounds** fuera de los límites, más allá de los límites; **within bounds** a raya; *adj* obligado; encuadernado; estreñido; puesto en aprendizaje; (coll.) determinado, resuelto; **bound for** con destino a; **bound up in** o **with** relacionado estrechamente con; muy adicto a; absorto en; *va* limitar; deslindar; *vn* saltar; botar; confinar, rayar; *pret & pp de* **bind**
boundary ['baʊndərɪ] *s* (*pl:* **-ries**) límite, margen, frontera
boundary stone *s* mojón
bounden ['baʊndən] *adj* obligatorio; obligado
bounder ['baʊndər] *s* advenedizo vulgar y malcriado
boundless ['baʊndlɪs] *adj* ilimitado, infinito; vasto, inmenso
bounteous ['baʊntɪəs] o **bountiful** ['baʊntɪfəl] *adj* generoso, liberal; abundante, copioso
bounty ['baʊntɪ] *s* (*pl:* **-ties**) generosidad, liberalidad; dádiva, regalo; premio, galardón; prima (*premio del gobierno*); (mil.) premio de enganche
bouquet [bu'ke] o [bo'ke] *s* ramo, ramillete; nariz (*perfume del vino*)
Bourbon ['burbən] *s* Borbón; conservador; (*l.c.*) ['burbən] o ['bʌrbən] *s* aguardiente de maíz
Bourbonism ['burbənɪzəm] *s* borbonismo; conservatismo excesivo
bourgeois [bur'ʒwa] o ['burʒwa] *adj* burgués; *s* (*pl:* **-geois** [ʒwa]) burgués; [bʌr'dʒɔɪs] *s* (print.) tipo de nueve puntos
bourgeoisie [,burʒwa'zi] *s* burguesía
bourn o **bourne** [born] *s* arroyo, riachuelo; [born] o [burn] *s* meta; margen; límite; región, dominio
bourse [burs] *s* bolsa
boustrophedon [,bustrə'fidən] o [,baustrə'fidən] *s* bustrófedon
bout [baʊt] *s* encuentro; rato; ataque (*de una enfermedad*)
boutonnière o **boutonniere** [,butə'njɛr] *s* flor que se lleva en el ojal
bovine ['bovaɪn] o ['bovɪn] *adj* bovino; lerdo, estúpido; impasible; *s* bovino
bow [baʊ] *s* inclinación, reverencia; (naut.) proa; **to make a bow** hacer una reverencia; **to make one's bow** presentarse; *va* inclinar (*la cabeza*); inclinarse en señal de (*p.ej., agradecimiento*); **to bow one's way in** entrar haciendo reverencias; **to bow one's way out** salir haciendo reverencias; *vn* inclinarse; ceder, someterse; **to bow and scrape** hacer reverencias profundas, mostrarse muy obsequioso; **to bow to** saludar, inclinarse delante; [bo] *s* arco; lazo, nudo; ojo (*de la llave*); (mus.) arco; *adj* arqueado; *va* (mus.) tocar con arco; *vn* arquearse; alabearse
bow compass [bo] *s* bigotera
bowdlerize ['baudləraɪz] *va* expurgar
bowel ['baʊəl] *s* parte del intestino; **bowels** *spl* (anat.) intestinos; (fig.) entrañas (*lo más oculto*); (archaic) entrañas (*compasión, ternura*); **to keep the bowels open** tener el vientre libre
bowel movement *s* evacuación del vientre
bower ['boər] *s* músico de arco; ['baʊər] *s* emparrado, enramada; cenador, glorieta; (naut.) ancla de proa, ancla de servidumbre; **right bower** sota del triunfo; **left bower** sota del mismo color del triunfo; *va* emparrar
bowerbird ['baʊər,bʌrd] *s* (orn.) tilonorrinco
bowery ['baʊərɪ] *adj* frondoso, emparrado, sombreado; *s* (*pl:* **-ies**) (hist.) finca, granja; (*cap.*) *s* calle y barrio de Nueva York con tabernas y hoteles de mala calidad
bowfin ['bo,fɪn] *s* (ichth.) amia
bowie knife ['bo·ɪ] o ['bu·ɪ] *s* cuchillo puñal
bowknot ['bo,nat] *s* nudo corredizo
bowl [bol] *s* escudilla; jofaina, palangana (*para lavarse las manos*); tazón (*de fuente*); taza (*de inodoro*); paleta (*de la cuchara*); hornillo (*de la pipa*); copa (*vaso con pie para beber*); cuenco, concavidad; anfiteatro al aire libre en forma de cuenco; bola (*en el juego de bolos*); turno (*en el juego de bolos*); **bowls** *spl* bolos (*juego*); *va* arrojar (*la bola en la vilorta*); **to bowl down** derribar; **to bowl over** tumbar; (coll.) confundir, desconcertar; *vn* jugar a los bolos; rodar; **to bowl along** rodar
bowlder ['boldər] *s* var. de **boulder**
bowleg ['bo,lɛg] *s* pierna arqueada; arqueo de las piernas
bowlegged ['bo,lɛgɪd] o ['bo,lɛgd] *adj* estevado, patiestevado
bowler ['bolər] *s* jugador de bolos; (Brit.) sombrero hongo
bowline ['bolɪn] o ['bolaɪn] *s* (naut.) bolina; as de guía; **on a bowline** (naut.) de bolina
bowline knot *s* as de guía
bowling ['bolɪŋ] *s* juego de bolos; *adj* bolístico
bowling alley *s* bolera
bowling green *s* bolera encespada
bowman ['bomən] *s* (*pl:* **-men**) arquero, flechero
bow oar [baʊ] *s* (naut.) remo de proa; (naut.) proel (*marinero*)
bowshot ['bo,ʃat] *s* tiro de flecha, alcance de la flecha

bowsprit ['bauspr\u026at] o ['bospr\u026at] *s* (naut.) bauprés
bowstring ['bo,str\u026a\u014b] *s* cuerda de arco; cuerda para estrangular; (*pret & pp:* **-stringed** o **-strung**) *va* estrangular con cuerda
bowstring beam *s* viga de cuerda y arco
bow tie [bo] *s* corbata de mariposa, corbata de lazo, pajarita
bow window [bo] *s* ventana salediza en forma de arco
bowwow ['bau,wau] *s* guau guau (*ladrido del perro*); perro; *interj* ¡guau!; *vn* ladrar; gruñir, regañar
bowwow theory *s* (philol.) teoría de la onomatopeya
box [b\u0251ks] *s* caja; casilla de establo; pescante (*asiento de cochero*); garita; bofetada; (theat.) palco; (mach.) cárter; (elec.) caja (*para llaves, tomas de corriente, etc.*); (bot.) boj; (baseball) puesto del lanzador; (baseball) puesto del cogedor; recuadro (*p.ej., en un periódico*); *va* encajonar, embalar; abofetear; **to box up** encerrar, encerrar en una caja; *vn* (sport) boxear
boxcar ['b\u0251ks,k\u0251r] *s* (rail.) vagón cerrado, vagón cubierto, vagón encajonado
box couch *s* diván arca
box coupling *s* (mach.) manguito, collar de acoplamiento
box elder *s* (bot.) negondo o negundo
boxer ['b\u0251ks\u0259r] *s* embalador; (sport) boxeador; bóxer (*perro*); (*cap.*) *s* bóxer (*en China*)
boxing ['b\u0251ks\u026a\u014b] *s* embalaje; encajonamiento; madera para encajonar; marco de puerta o de ventana; (sport) boxeo; *adj* boxístico
Boxing Day *s* (Brit.) día festivo que se celebra, con regalos a los empleados, el primer día de trabajo después de Navidad
boxing gloves *spl* guantes de boxeo
box kite *s* cometa celular *f*
box office *s* despacho de localidades, contaduría, taquilla; **good box office** (slang) éxito de taquilla
box-office ['b\u0251ks,\u0254f\u026as] o ['b\u0251ks,\u0251f\u026as] *adj* de taquilla, taquillero
box-office record *s* marca de taquilla
box pleat o **plait** *s* (sew.) pliegue de tabla
box seat *s* (theat.) asiento de palco
boxwood ['b\u0251ks,wud] *s* (bot.) boj
box wrench *s* llave de cubo
boy [b\u0254\u026a] *s* muchacho; mozo (*criado*); (coll.) hombre, compadre
boyar [bo'j\u0251r] o ['b\u0254\u026a\u0259r] o **boyard** [bo'j\u0251rd] o ['b\u0254\u026a\u0259rd] *s* boyardo
boycott ['b\u0254\u026ak\u0251t] *s* boicot; boicoteo; *va* boicotear
boyhood ['b\u0254\u026ahud] *s* muchachez; muchachería, muchachos; juventud masculina
boyish ['b\u0254\u026a\u026a\u0283] *adj* amuchachado, muchachil
boy scout *s* explorador, niño explorador
Bp. abr. de **bishop**
b.p. o **B/P** abr. de **bills payable** y **boiling point**
B.P.E. abr. de **Bachelor of Physical Education**
B.Ph. abr. de **Bachelor of Philosophy**
br. abr. de **brand, brig** y **brother**
Br. abr. de **Britain** y **British**
b.r. o **B/R** abr. de **bills receivable**
bra [br\u0251] *s* (coll.) portasenos, sostén
Brabant [br\u0259'bænt] o ['br\u0251b\u0259nt] *s* Brabante
brace [bres] *s* riostra, tirante; apoyo; (print.) corchete; (carp.) berbiquí; (naut.) braza (*cabo para sujetar las vergas*); par; **braces** *spl* (Brit.) tirantes (*del pantalón*); *va* arriostrar; apoyar; asegurar, vigorizar; **to brace oneself** (coll.) cobrar ánimo; *vn* **to brace up** (coll.) cobrar ánimo
brace and bit *s* berbiquí y barrena
bracelet ['bresl\u026at] *s* brazalete, pulsera; (hum.) esposa, grillete
bracer ['bres\u0259r] *s* persona o cosa que fortifica; (coll.) trago fortificante; brazal de arquero
brachial ['brek\u026a\u0259l] o ['bræk\u026a\u0259l] *adj* braquial
brachiopod ['brek\u026a\u0259,p\u0251d] o ['bræk\u026a\u0259,p\u0251d] *s* (zool.) braquiópodo
brachycephalic [,bræk\u026as\u026a'fæl\u026ak] *adj* (anthrop.) braquicéfalo
brachyuran [,bræk\u026a'jur\u0259n] *adj & s* (zool.) braquiuro
bracing ['bres\u026a\u014b] *adj* fortificante, tónico; *s* arriostramiento, refuerzo
bracken ['bræk\u0259n] *s* (bot.) helecho común; helechal
bracket ['bræk\u026at] *s* puntal, soporte; escuadra; anaquel asegurado con ménsulas; brazo de lámpara asegurado en la pared; (arch.) ménsula, repisa; corchete o paréntesis cuadrado; clase, categoría; *va* asegurar con ménsulas; acorchetar, poner entre corchetes cuadrados; agrupar
brackish ['bræk\u026a\u0283] *adj* salobre
bract [brækt] *s* bráctea
bractlet ['bræktl\u026at] *s* (bot.) bractéola
brad [bræd] *s* puntilla, clavito, clavito de ala de mosca
bradawl ['bræd,\u0254l] *s* lezna para puntillas o clavitos
bradycardia [,brædi'k\u0251rd\u026a\u0259] *s* (path.) bradicardia
bradypepsia [,brædi'p\u025bps\u026a\u0259] *s* (path.) bradipepsia
brae [bre] *s* (Scottish) cuesta, pendiente
brag [bræg] *s* jactancia; (*pret & pp:* **bragged;** *ger:* **bragging**) *va* jactarse de; *vn* jactarse
braggadocio [,bræg\u0259'do\u0283\u026ao] *s* (*pl:* **-os**) fanfarronada; fanfarrón
braggart ['bræg\u0259rt] *adj & s* fanfarrón
brahma ['br\u0251m\u0259] o ['brem\u0259] *s* gallina brahma; (*cap.*) ['br\u0251m\u0259] *s* (rel.) Brahma
Brahman ['br\u0251m\u0259n] *s* (*pl:* **-mans**) brahmán
Brahmanism ['br\u0251m\u0259n\u026az\u0259m] *s* brahmanismo
Brahmin ['br\u0251m\u026an] *s* brahmán; aristócrata culto
braid [bred] *s* trenza, galón, pasamano, sutás; *va* trenzar, galonear, encintar
brail [brel] *s* (naut.) candeliza; *va* (naut.) halar por medio de candelizas
Braille o **braille** [brel] *s* sistema Braille; letras Braille
brain [bren] *s* (anat. & zool.) cerebro; **brains** *spl* cerebro, inteligencia; sesos (*que se comen*); **to beat one's brains** esforzarse por recordar algo; **to blow one's brains out** saltarse la tapa de los sesos; **to have on the brain** (coll.) tener la manía de, estar dominado por la idea de; **to rack one's brains** devanarse los sesos, romperse la cabeza; *va* descerebrar
brain cell *s* (anat.) neurona cerebral
brain child *s* parto del ingenio, obra del cerebro de uno
brainfag ['bren,fæg] *s* fatiga cerebral
brain fever *s* (path.) fiebre cerebral
braininess ['bren\u026an\u026as] *s* sesudez, inteligencia
brainless ['brenl\u026as] *adj* tonto, insensato, sin sesos
brainpan ['bren,pæn] *s* (anat.) cráneo
brain sand *s* (anat.) acérvula
brainsick ['bren,s\u026ak] *adj* loco
brain storm *s* agitación repentina y transitoria; (coll.) buena idea, inspiración, hallazgo
brain trust *s* grupo de consejeros intelectuales
brain washing *s* (coll.) lavado cerebral o de cerebro
brain wave *s* (coll.) buena idea, inspiración, hallazgo; **brain waves** *spl* (med.) ondas encefálicas
brain work *s* trabajo intelectual
brainy ['breni] *adj* (*comp:* **-ier;** *super:* **-iest**) (coll.) sesudo, inteligente
braise [brez] *va* (cook.) dorar (*la carne*) rápidamente y cocerla a fuego lento en una vasija bien tapada y con muy poca agua
brake [brek] *s* freno; agramadera; amasadera; break (*carruaje*); (bot.) helecho común; matorral; *va* frenar; agramar (*el lino o el cáñamo*); amasar (*la harina o la tierra*); *vn* trabajar como guardafrenos
brake band *s* (aut.) banda de freno, cinta de freno
brake drum *s* (aut.) tambor o campana de freno
brake light *s* (aut.) luz de frenado
brake lining *s* (aut.) forro de freno, guarnición de freno, cinta de freno
brakeman ['brekm\u0259n] *s* (*pl:* **-men**) (rail.) guardafrenos
brake pedal *s* (aut.) pedal de freno
brake shoe *s* zapata de freno
brake wheel *s* (aut.) tambor de freno

Bramantesque [ˌbrɑmənˈtɛsk] *adj* (arch.) bramantesco
bramble [ˈbræmbəl] *s* (bot.) frambueso, zarza
brambly [ˈbræmblɪ] *adj* (*comp:* **-blier;** *super:* **-bliest**) zarzoso
bran [bræn] *s* afrecho, salvado
branch [bræntʃ] o [brɑntʃ] *s* rama (*del árbol, de un linaje; parte accesoria*); ramo (*rama de segundo orden; rama cortada del árbol; parte de una ciencia, arte, etc.*); sarmiento (*de la vid*); ramal (*de un camino, vía férrea, etc.*); brazo (*de un río, candelabro, etc.*); sucursal (*de un establecimiento, tienda, etc.*); pierna (*del compás*); *adj* dependiente; sucursal; *vn* ramificarse; **to branch off** ramificarse; bifurcarse; **to branch out** ramificarse; extenderse (*en los negocios*)
branchia [ˈbræŋkɪə] *s* (*pl:* **-chiae** [kɪi]) (ichth.) branquia
branchial [ˈbræŋkɪəl] *adj* branquial
branchiferous [bræŋˈkɪfərəs] *adj* branquífero
branch line *s* (rail.) ramal, línea de empalme
branch office *s* sucursal
brand [brænd] *s* marca (*de cualquier producto*); marca de fábrica; clase, género, especie; hierro (*que se pone a las reses*); hierro de marcar; tea; tizón (*palo a medio quemar*); (fig.) tizón (*deshonra*); (poet.) relámpago; (archaic & poet.) espada; *va* poner marca de fábrica en; imprimir de modo indeleble; herrar (*con hierro candente*); tiznar (*la reputación de una persona*); **to brand as** motejar de, tildar de
Brandenburg [ˈbrændənbʌrg] *s* Brandeburgo (*ciudad, provincia y adorno militar*)
brandied [ˈbrændɪd] *adj* macerado en aguardiente
branding iron *s* hierro de marcar
brandish [ˈbrændɪʃ] *s* molinete, floreo; *va* blandear; *vn* blandear o blandearse
brand-new [ˈbrændˈnju] o [ˈbrændˈnu] *adj* flamante, nuevo flamante, nuevecito
brandy [ˈbrændɪ] *s* (*pl:* **-dies**) aguardiente
bran-new [ˈbrænˈnju] o [ˈbrænˈnu] *adj* var. de **brand-new**
brant [brænt] *s* (orn.) branta, ganso marino; (orn.) ganso monjita atlántico; (orn.) ganso de las nieves
brash [bræʃ] *adj* temerario, impetuoso; insolente, respondón; (dial.) quebradizo; *s* (dial.) enfermedad repentina, sarpullido
brasier [ˈbreʒər] *s* var. de **brazier**
brasiletto [ˌbrɑsɪˈlɛto] *s* (bot.) brasilete
brasilin [ˈbræzɪlɪn] *s* var. de **brazilin**
brasque [bræsk] o [brɑsk] *s* (found.) brasca; *va* (found.) brascar
brass [bræs] o [brɑs] *s* latón; (mach.) bronce; (mus.) cobre; (Brit. slang) dinero; (U.S. slang) los jefazos, los mandamases (*especialmente en el ejército y la marina*); color de latón; (coll.) descaro, desvergüenza; **brasses** *spl* cobre (*utensilios de cocina de cobre*); (mus.) cobres; *adj* hecho de latón; **to get down to brass tacks** (coll.) entrar en materia, ir al grano
brassard [ˈbræsɑrd] o [bræˈsɑrd] o **brassart** [ˈbræsərt] *s* brazal
brass band *s* (mus.) charanga
brass hat *s* (slang) espadón (*oficial de estado mayor*)
brassie [ˈbræsɪ] o [ˈbrɑsɪ] *s* (golf) maza de madera con cabo plano de metal
brassière [brəˈzɪr] o [ˌbræsɪˈɛr] *s* portasenos, sostén
brass knuckles *spl* bóxer
brassware [ˈbræsˌwɛr] o [ˈbrɑsˌwɛr] *s* latonería, obra de latón
brass-wind [ˈbræsˌwɪnd] o [ˈbrɑsˌwɪnd] *adj* (mus.) de los cobres, de boquilla
brass winds *spl* (mus.) cobres, instrumentos de boquilla
brasswork [ˈbræsˌwʌrk] o [ˈbrɑsˌwʌrk] *s* latonería (*arte*); **brassworks** *spl* latonería (*taller*)
brassy [ˈbræsɪ] o [ˈbrɑsɪ] *adj* (*comp:* **-ier;** *super:* **-iest**) de latón, hecho de latón; áspero, metálico; (coll.) descarado, desvergonzado; *s* (*pl:* **-ies**) (golf) maza de madera con cabo plano de metal
brat [bræt] *s* (scornful) braguillas (*niño mal dispuesto*)
brattice [ˈbrætɪs] *s* tabique de ventilación; *va* poner tabique de ventilación en
bravado [brəˈvɑdo] *s* (*pl:* **-does** o **-dos**) bravata
brave [brev] *adj* bravo, valiente; airoso, garboso; *s* valiente; guerrero indio norteamericano; *va* arrostrar, hacer frente a; desafiar, retar
bravery [ˈbrevərɪ] *s* bravura (*ánimo, valor; buen aire, apostura*); gala, atavío
bravo [ˈbrɑvo] o [ˈbrevo] *s* (*pl:* **-voes** o **-vos**) bravo (*asesino*); [ˈbrɑvo] *s* (*pl:* **-vos**) bravo (*grito de aplauso*); *interj* ¡ bravo!
bravura [brəˈvjʊrə] o [brəˈvʊrə] *s* arrojo, brío, pujanza; (mus.) bravura
brawl [brɔl] *s* pendencia, reyerta; alboroto, vocerío; ruido (*de un arroyo*); *vn* armar pendencia; alborotar; correr ruidosamente (*un arroyo*)
brawler [ˈbrɔlər] *s* pendenciero, alborotador
brawn [brɔn] *s* músculo; carne adobada de verraco
brawny [ˈbrɔnɪ] *adj* (*comp:* **-ier;** *super:* **-iest**) musculoso, fornido
bray [bre] *s* rebuzno; *va* triturar, pulverizar; *vn* rebuznar
Braz. abr. de **Brazil** y **Brazilian**
braze [brez] *s* soldadura de latón, soldadura fuerte; *va* soldar con latón, soldar en fuerte; cubrir de latón· broncear; adornar con latón
brazen [ˈbrezən] *adj* hecho de latón; bronceado; bronco, áspero; descarado, desvergonzado; *va* arrostrar descaradamente; envalentonar; **to brazen out** o **through** llevar a cabo descaradamente
brazier [ˈbreʒər] *s* brasero (*vasija*); latonero
Brazil [brəˈzɪl] *s* el Brasil
Brazilian [brəˈzɪljən] *adj* & *s* brasileño
brazilin [ˈbræzɪlɪn] *s* (chem.) brasilina
Brazil nut *s* castaña de Pará, castaña del Marañón
Brazil-nut tree [brəˈzɪl ˌnʌt] *s* (bot.) juvia, almendrón
brazilwood [brəˈzɪlˌwʊd] *s* palo brasil, palo del Brasil
breach [britʃ] *s* abertura, hendidura, grieta; brecha (*en una pared o muralla*); violación; abuso (*de confianza*); *va* practicar una abertura en; abrir una brecha en
breach of faith *s* falta de fidelidad
breach of peace *s* perturbación del orden público
breach of promise *s* incumplimiento de promesa matrimonial
breach of trust *s* abuso de confianza
bread [brɛd] *s* pan; **on bread and water** a pan y agua; **to break bread with** sentarse a la mesa con; **to cast one's bread upon the waters** hacer el bien sin mirar a quién; **to know which side one's bread is buttered on** arrimarse al sol que más calienta; *va* (cook.) empanar (*envolver en ralladuras de pan*)
bread and butter *s* pan con mantequilla; (coll.) pan de cada día
bread-and-butter [ˈbrɛdənˈbʌtər] *adj* juvenil; práctico; prosaico; de consumo o uso general
bread-and-butter letter *s* carta de agradecimiento enviada después de una visita
breadboard [ˈbrɛdˌbord] *s* tablero para amasar o cortar pan
bread crumbs *spl* pan rallado
breaded [ˈbrɛdɪd] *adj* empanado
breadfruit [ˈbrɛdˌfrut] *s* fruto del pan; (bot.) árbol del pan
breadfruit tree *s* (bot.) árbol del pan
bread line *s* cola del pan
bread mold *s* moho del pan
breadstuff [ˈbrɛdˌstʌf] *s* cereales, granos, harina (*que sirven para hacer el pan*); pan
breadth [brɛdθ] *s* anchura; paño (*ancho de una tela*); extensión, espaciosidad; tolerancia
breadthways [ˈbrɛdθˌwez] o **breadthwise** [ˈbrɛdθˌwaɪz] *adv* a lo ancho
breadwinner [ˈbrɛdˌwɪnər] *s* persona que gana el pan de la familia, sostén de la familia
break [brek] *s* rompimiento; interrupción; intervalo, pausa; cambio repentino; fragmento; grieta, hendidura, raja; blanco (*en los escritos*); claro (*en las nubes*); huída, evasión (*p.ej., de la cárcel*); gallo (*nota falsa en el canto*); ruptura

(*entre amigos*); (slang) disparate; (slang) suerte (*buena o mala*); (pros.) cesura; (elec.) corte, interrupción; (com.) baja (*de los precios*); **to give someone a break** abrirle a uno la puerta; **to make a break** escaparse; romper relaciones; (slang) cometer un disparate ‖ (*pret:* **broke;** *pp:* **broken**) *va* romper; domar; cambiar (*un billete*); comunicar (*p.ej., una mala noticia*); amortiguar (*p.ej., un golpe*); moderar (*la velocidad*); suspender (*relaciones*); faltar a (*la palabra, un juramento*); (mil.) degradar; (sport) batir (*un record*); (elec.) cortar (*un circuito*); (phonet.) diptongar; quebrantar (*un hábito; un testamento; la prisión o la cárcel*); romper (*una ley*); descompletar (*un juego de piezas iguales*); **to break asunder** separar en dos partes; despedazar; **to break down** analizar; **to break in** forzar (*p.ej., una puerta*); **to break oneself of a habit** deshacerse de un hábito; **to break open** abrir rompiendo; abrir con violencia, abrir por la fuerza; **to break up** desmenuzar; disolver (*p.ej., una reunión*); esparcir (*p.ej., una muchedumbre*); (coll.) desconcertar; **to break wind** ventosear ‖ *vn* romperse; romper (*las olas, el día*); quebrarse, interrumpirse; dispersarse (*la multitud*); emitirse (*un grito*); reventar; (box.) separarse; aclarar (*el tiempo*); bajar (*los precios*); (phonet.) diptongarse; romperse (*el corazón*), p.ej., **his heart is breaking** se le rompe el corazón; quebrantarse (*la salud*), p. ej., **his health is breaking** se le quebranta la salud; estallar (*la ira; una persona con ira; una noticia*); mudar (*la voz de un muchacho*); cascarse (*perder la calidad musical una voz*); cesar (*la sequía*); salir (*bien o mal*); **to break asunder** separarse; desmenuzarse; **to break away** escaparse; irse súbitamente; cambiar súbitamente; salir antes de la señal de partida; **to break down** descomponerse, desbaratarse; perder la salud; prorrumpir en llanto; **to break even** salir en paz, salir sin ganar ni perder; **to break forth** romper, salir repentinamente; brotar; exclamar; **to break in** entrar por fuerza; irrumpir, entrar de repente; irrumpir en; **to break into** forzar (*p.ej., una puerta*); allanar (*una casa*); soltarse en (*p.ej., lágrimas*); **to break into a run** empezar a correr, salir corriendo; **to break loose** desprenderse; escaparse; desencadenarse (*p.ej., la tempestad*); desbocarse (*un caballo; una persona en injurias*); **to break off** desprenderse; pararse repentinamente; **to break out** estallar (*una guerra, una tempestad*); declararse (*un incendio, una epidemia*); brotar granos (*en la piel*); romper (*en risa, en llanto*); **to break through** abrir paso por entre; abrirse paso; **to break up** desmenuzarse; disolverse, levantarse (*una reunión*); dispersarse (*la multitud*); **to break with** romper con, enemistarse con

breakable ['brekəbəl] *adj* rompible, quebradizo

breakage ['brekɪdʒ] *s* fractura, rotura; estropicio; indemnización por objetos quebrados

breakax o **breakaxe** ['brek,æks] *s* (bot.) quiebrahacha

breakdown ['brek,daʊn] *s* parada imprevista, avería repentina; pana (*de automóvil*); fracaso, mal éxito; ruptura (*p.ej., de negociaciones*); análisis; (chem.) descomposición; (med.) colapso; (U.S.A.) baile ruidoso

breaker ['brekər] *s* cachón (*ola*); triturador; barril pequeño; (elec.) disyuntor

breaker points *spl* (aut.) contactos de distribuidor

breakfast ['brɛkfəst] *s* desayuno; *vn* desayunar o desayunarse; **to breakfast on** desayunarse con

breakfast food *s* cereal para el desayuno

breakneck ['brek,nɛk] *adj* vertiginoso, precipitado; **at breakneck speed** a mata caballo

break of day *s* amanecer

breakthrough ['brek,θru] *s* (mil.) ruptura, brecha; (min.) rompimiento; (fig.) adelanto repentino e inesperado

breakup ['brek,ʌp] *s* separación; disolución, dispersión; parada, terminación; desplome; (med.) postración

breakwater ['brek,wɔtər] o ['brek,wɑtər] *s* rompeolas

bream [brim] *s* (ichth.) brema; *va* (naut.) dar fuego a (*fondos*)

breast [brɛst] *s* pecho, seno; pechuga (*del ave*); pechera (*de una prenda de vestir*); testera, frente, fachada; (min.) cara, frente; **to beat one's breast** darse golpes de pecho; **to make a clean breast of** reconocer con franqueza; **to make a clean breast of it** confesarlo todo; **to nurse at the breast** criar a los pechos; *va* arrostrar, acometer, embestir

breastband ['brɛst,bænd] *s* petral

breastbone ['brɛst,bon] *s* (anat.) esternón

breast collar *s* petral

breast drill *s* taladro o berbiquí de pecho

breasthook ['brɛst,hʊk] *s* (naut.) buzarda

breastpin ['brɛst,pɪn] *s* alfiler de pecho

breastplate ['brɛst,plet] *s* (arm.) peto; pectoral (*del sumo sacerdote hebreo*)

breastrail ['brɛst,rel] *s* (arch. & naut.) cairel

breast stroke *s* brazada de pecho

breastsummer ['brɛst,sʌmər] o ['brɛs,sʌmər] *s* (arch.) dintel

breast wheel *s* (hyd.) rueda de costado, rueda de pecho

breastwork ['brɛst,wʌrk] *s* (fort.) parapeto; (naut.) propao

breath [brɛθ] *s* respiración, aliento; hálito, soplo, perfume; respiro (*descanso, alivio*); vida, espíritu; susurro, murmullo; (phonet.) explosión; (phonet.) aspiración; **at every breath** a cada instante; **below one's breath** por lo bajo, en voz baja; **in the same breath** al mismo tiempo; **to catch one's breath** suspender un ratito la respiración, tomar aliento; **to gasp for breath** respirar anhelosamente; **to hold one's breath** contener el aliento; **to save one's breath** guardar silencio; **out of breath** sin aliento; **short of breath** corto de resuello; **under one's breath** por lo bajo, en voz baja

breathe [brið] *va* respirar; inspirar, infundir; desalentar; exhalar; (phonet.) aspirar; (fig.) respirar (*p.ej., amor, bondad*); **not to breathe a word** no respirar; **to breathe life into** alentar; **to breathe one's last** dar el último suspiro; *vn* respirar; soplar suavemente; **to breathe freely** respirar, cobrar aliento; **to breathe in** aspirar; **to breathe out** espirar

breather ['briðər] *s* respiradero; respiro, rato de descanso; ejercicio físico que hace perder la respiración

breathing ['briðɪŋ] *s* respiración; brisa suave, soplo de viento; (phonet.) aspiración (*de la h*); (gram.) espíritu (*en el griego*)

breathing space *s* lugar de descanso; rato de descanso

breathing spell *s* respiro, rato de descanso

breathless ['brɛθlɪs] *adj* falto de aliento, jadeante; intenso, vivo; muerto; sin aire, tranquilo; **to leave breathless** dejar sin aliento

breath of life *s* soplo de vida

breathtaking ['brɛθ,tekɪŋ] *adj* emocionante, imponente, conmovedor

breccia ['brɛtʃɪə] o ['brɛʃɪə] *s* (geol.) brecha

bred [brɛd] *pret & pp de* **breed**

breech [britʃ] *s* trasero (*del animal*); trasera (*de una cosa*); culata, recámara (*del cañón de un arma de fuego*); **breeches** ['brɪtʃɪz] *spl* calzones; (coll.) pantalones; **to wear the breeches** llevar los calzones, ponerse los pantalones (*una mujer*); [britʃ] o [brɪtʃ] *va* poner los calzones a

breechblock ['britʃ,blɑk] *s* cierre de cañón

breechcloth ['britʃ,klɔθ] o ['britʃ,klɑθ] o **breechclout** ['britʃ,klaʊt] *s* taparrabo

breeches buoy ['britʃɪz] *s* (naut.) boya pantalón, pantalón de salvamento

breeching ['brɪtʃɪŋ] o ['britʃɪŋ] *s* retranca

breechloader ['britʃ,lodər] *s* arma de retrocarga

breechloading ['britʃ,lodɪŋ] *adj* de retrocarga

breed [brid] *s* raza, casta (*de animales*); clase, especie; (*pret & pp:* **bred**) *va* criar; *vn* criarse

breeder ['bridər] *s* criador (*de animales*); reproductor (*animal*); criadero (*animal fecundo*); paridera (*hembra fecunda*); fuente, origen

breeder reactor *s* (phys.) reactor de cría, reactor-generador

breeding ['bridɪŋ] *s* cría; cría y reproducción;

crianza, modales; **bad breeding** mala crianza; **good breeding** buena crianza
breeding ground *s* criadero de animales
breeding pond *s* vivar, vivero de peces
breeze [briz] *s* brisa, airecillo; (coll.) agitación, alboroto
breezy ['brizɪ] *adj* (*comp:* **-ier;** *super:* **-iest**) airoso; animado, vivo, alegre; (coll.) ligero, vivaracho
Brenner ['brɛnər] *s* Brenero
br'er [brʌr] *s* (dial.) hermano
brethren ['brɛðrɪn] *spl* hermanos (*p.ej., de una hermandad*)
Breton ['brɛtən] *adj & s* bretón
breve [briv] *s* (mus.) breve; (gram.) marca curva que se pone sobre las vocales para indicar su brevedad
brevet [brə'vɛt] o ['brɛvɪt] *s* (mil.) comisión honoraria; *adj* (mil.) honorario; (*pret & pp:* **-veted** o **-vetted;** *ger:* **-veting** o **-vetting**) *va* (mil.) conceder una comisión honoraria a
breviary ['brivɪ,ɛrɪ] o ['brɛvɪ,ɛrɪ] *s* (*pl:* **-ies**) breviario; (eccl.) breviario
brevier [brə'vɪr] *s* (print.) breviario
brevipennate [,brɛvɪ'pɛnet] *adj* (orn.) brevipenne
brevity ['brɛvɪtɪ] *s* (*pl:* **-ties**) brevedad
brew [bru] *s* calderada de cerveza; mezcla; *va* bracear (*cerveza*); cocer (*tisana*); fraguar; tramar, urdir; *vn* fabricar cerveza; formarse, prepararse; amenazar (*p.ej., una tormenta*)
brewer ['bruər] *s* bracero, cervecero
brewer's yeast *s* levadura de cerveza
brewery ['bruərɪ] *s* (*pl:* **-ies**) cervecería, fábrica de cerveza
briar ['braɪər] *s* var. de **brier**
Briareus [braɪ'ɛrɪəs] *s* (myth.) Briareo
briarwood ['braɪər,wʊd] *s* var. de **brierwood**
briary ['braɪərɪ] *adj* var. de **briery**
bribe [braɪb] *s* soborno; *va* sobornar
bribery ['braɪbərɪ] *s* (*pl:* **-ies**) soborno
bric-à-brac o **bric-a-brac** ['brɪkə,bræk] *s* curiosidades
brick [brɪk] *s* ladrillo; ladrillos; (coll.) buen sujeto; *adj* de ladrillo; *va* enladrillar; **to brick up** enladrillar, tapar con ladrillos
brickbat ['brɪk,bæt] *s* pedazo de ladrillo; (coll.) palabra hiriente
brick ice cream *s* queso helado, helado al corte
brickkiln ['brɪk,kɪl] o ['brɪk,kɪln] *s* horno de ladrillos
bricklayer ['brɪk,leər] *s* ladrillador
bricklaying ['brɪk,leɪŋ] *s* enladrillado
brick-red ['brɪk,rɛd] *adj* ladrilloso, rojo ladrillo
brickwork ['brɪk,wʌrk] *s* enladrillado
brickyard ['brɪk,jɑrd] *s* ladrillal
bridal ['braɪdəl] *adj* nupcial; de novia, de la novia; *s* boda
bridal wreath *s* corona nupcial; (bot.) espirea
bride [braɪd] *s* novia; **the bride and groom** los novios, los recién casados
bridegroom ['braɪd,grum] o ['braɪd,grʊm] *s* novio
bridesmaid ['braɪdz,med] *s* madrina de boda
bridewell ['braɪdwɛl] *s* (Brit.) casa de corrección; (coll.) cárcel
bridge [brɪdʒ] *s* puente; (naut.) puente; (mus.) puente (*del violín*); puente dental; caballete (*de la nariz*); (billiards) violín; bridge (*juego de naipes*); **in bridge** (elec.) en paralelo; *va* tender un puente sobre; salvar (*un obstáculo*); ayudar a salir de (*una dificultad*)
bridgeboard ['brɪdʒ,bord] *s* (carp.) gualdera, larguero de escalera
bridgehead ['brɪdʒ,hɛd] *s* entrada de puente; (mil.) cabeza de puente
Bridge of Sighs *s* puente de los suspiros
Bridget ['brɪdʒɪt] *s* Brígida
bridgework ['brɪdʒ,wʌrk] *s* construcción de puentes; puente dental
bridle ['braɪdəl] *s* brida, freno; (naut.) frenillo; (fig.) freno; *va* embridar; (naut.) frenillar; (fig.) embridar; *vn* engallarse, levantar la cabeza (*en son de orgullo, desdén, resentimiento, etc.*)
bridle path *s* camino de herradura
bridoon [brɪ'dun] *s* bridón
Brie [bri] *s* brie (*queso*)
brief [brif] *adj* breve; *s* resumen; (law) escrito; (eccl.) breve; **in brief** en resumen, en pocas palabras; **to hold a brief for** abogar por; *va* resumir; dar instrucciones o consejos anticipados a; (law) alegar
brief case *s* portapapeles, cartera
briefing ['brifɪŋ] *s* instrucciones breves dadas a la tripulación de un avión de combate poco antes de emprender el vuelo
briefless ['briflɪs] *adj* sin pleitos, sin clientes
briefness ['brifnɪs] *s* brevedad
brier ['braɪər] *s* (bot.) zarza; (bot.) brezo blanco; (bot.) rosal silvestre; zarzal; pipa hecha de madera de brezo blanco
brierwood ['braɪər,wʊd] *s* madera de las raíces del brezo blanco; pipa hecha de madera de brezo blanco
briery ['braɪərɪ] *adj* zarzoso, espinoso
Brig. abr. de **Brigadier**
brig [brɪg] *s* (naut.) bergantín; (naut.) calabozo en buques de guerra
brigade [brɪ'ged] *s* brigada; (mil.) brigada
brigadier [,brɪgə'dɪr] *s* (mil.) general de brigada
brigadier general *s* (*pl:* **brigadier generals**) (mil.) general de brigada
brigand ['brɪgənd] *s* bandolero
brigandage ['brɪgəndɪdʒ] *s* bandolerismo
brigandine ['brɪgəndin] o ['brɪgəndaɪn] *s* (arm.) brigantina
brigantine ['brɪgəntin] o ['brɪgəntaɪn] *s* (naut.) bergantín goleta
bright [braɪt] *adj* brillante; claro, transparente; subido (*color*); listo, inteligente; vivo, alegre; preclaro, eximio; luminoso (*pensamiento, idea*)
bright and early *adv* temprano y con sol
brighten ['braɪtən] *va* abrillantar; avivar; alegrar; *vn* avivarse; avivar, cobrar vida; alegrarse; despejarse (*el cielo*)
bright lights *spl* luces brillantes del barrio de los teatros y cabarets; (aut.) faros, lámparas o luces de carretera
brightness ['braɪtnɪs] *s* brillantez; claridad, transparencia; inteligencia; viveza, alegría
Bright's disease *s* (path.) brightismo, mal de Bright
brill [brɪl] *s* (ichth.) rodaballo; (ichth.) rodaballo menor (*Rhombus laevis*)
brilliance ['brɪljəns] o **brilliancy** ['brɪljənsɪ] *s* brillantez, brillo; (fig.) brillantez, brillo
brilliant ['brɪljənt] *adj* brillante; (fig.) brillante; *s* brillante (*piedra brillante*); (print.) tipo de tres puntos y medio
brilliantine [,brɪljən'tin] o ['brɪljəntin] *s* brillantina (*aceite para los cabellos; tela lustrosa*)
brim [brɪm] *s* borde; labio (*de un vaso*); ala (*de sombrero*); (*pret & pp:* **brimmed;** *ger:* **brimming**) *va* llenar hasta el borde; *vn* estar de bote en bote
brimful ['brɪm,fʊl] *adj* lleno hasta el borde
brimmer ['brɪmər] *s* copa o vaso lleno
brimstone ['brɪm,ston] *s* azufre; mujer regañona
brindle ['brɪndəl] *adj* leonado mosqueado o rayado; *s* animal de color leonado mosqueado o rayado; color leonado mosqueado o rayado
brindled ['brɪndəld] *adj* leonado mosqueado o rayado
brindled gnu *s* (zool.) ñu
brine [braɪn] *s* salmuera; agua salobre; mar; (poet.) lágrimas; *va* remojar en salmuera
bring [brɪŋ] (*pret & pp:* **brought**) *va* traer; llevar (*traer consigo en la mano, el bolsillo, etc.; producir; persuadir*); hacer venir; contribuir; armar (*un pleito*); **to bring about** efectuar; **to bring around** sacar de un desmayo; persuadir; **to bring away** llevarse; **to bring back** devolver; **to bring down** bajar; abatir; (fig.) abatir, humillar; **to bring down the house** hacer venirse abajo el teatro (*con aplausos*); **to bring forth** parir; producir; poner de manifiesto; sacar, dar a luz; **to bring forward** poner de manifiesto; presentar (*un argumento*); (com.) llevar (*una suma*) a otra cuenta; **to bring home** traer a casa; conducir a casa; hacer sentir claramente, demostrar de modo concluyente; **to bring in** sacar o traer a colación (*hacer mención de*); introducir

(*p.ej., una moda*); presentar (*una cuenta*); servir (*una comida*); dar (*un fallo*); entrar (*a una persona en una sala*); **to bring into play** poner en juego; **to bring off** rescatar; exculpar· llevar a cabo; **to bring on** causar, producir; **to bring oneself to** + *inf* resignarse a + *inf;* **to bring out** sacar; demostrar; presentar al público; **to bring round** sacar de un desmayo; reanimar, curar; persuadir; ganar, convertir; **to bring suit** poner pleito; **to bring to** sacar de un desmayo; parar, detener; **to bring to bear** traer (*influencia*); asestar, apuntar, dirigir; **to bring to book** llamar o traer a capítulo, pedir cuenta a; **to bring together** reunir; confrontar; reconciliar; **to bring to pass** efectuar, realizar; **to bring up** subir; acercar, arrimar (*p.ej., una silla*); educar; sacar a colación; parar de repente; **to bring upon oneself** atraerse (*p.ej., un infortunio*)

bringing-up [ˈbrɪŋɪŋˈʌp] *s* educación

brink [brɪŋk] *s* borde, margen; **on the brink of** al borde de; **on the brink of** + *ger* a punto de + *inf*

brinkmanship [ˈbrɪŋkmənʃɪp] *s* (coll.) práctica de llevar las cosas muy cerca de la línea fronteriza del peligro ineludible

briny [ˈbraɪnɪ] *adj* (*comp:* **-ier;** *super:* **-iest**) salado, salobre; **the briny** (coll.) el mar

briquet o **briquette** [brɪˈkɛt] *s* briqueta (*de carbón*); comprimido, pan

Briseis [braɪˈsiɪs] *s* (myth.) Briseida

brisk [brɪsk] *adj* animado, vivo; fuerte; rápido

brisket [ˈbrɪskɪt] *s* pecho de animal; carne cortada del pecho de un animal

briskness [ˈbrɪsknɪs] *s* animación, viveza; fuerza, vigor; rapidez

bristle [ˈbrɪsəl] *s* cerda; pelusa (*que se desprende de las telas*); *va* poner cerda a; erizar (*el cabello*); *vn* erizarse; erizar las cerdas (*un animal*); encresparse, montar en cólera; cubrirse, llenarse; **to bristle with** estar erizado de (*p.ej., dificultades*)

bristletail [ˈbrɪsəlˌtel] *s* (ent.) lepisma

bristly [ˈbrɪslɪ] *adj* (*comp:* **-tlier;** *super:* **-tliest**) cerdoso, erizado, sedeño

Bristol board [ˈbrɪstəl] *s* bristol

Brit. abr. de **Britain** y **British**

Britain [ˈbrɪtən] *s* Bretaña; la Gran Bretaña

Britannia [brɪˈtænɪə] *s* Bretaña; la Gran Bretaña; el Imperio Británico; (*l.c.*) *s* metal inglés, metal britannia

britannia metal *s* metal britannia, metal británico, metal inglés

Britannic [brɪˈtænɪk] *adj* británico

Briticism [ˈbrɪtɪsɪzəm] *s* modismo o vocablo del inglés hablado en Inglaterra

British [ˈbrɪtɪʃ] *adj* británico; **the British** los britanos

British Columbia *s* la Colombia Británica

British Commonwealth of Nations *s* Comunidad Británica de Naciones

British East Africa *s* el África Oriental Inglesa

British Empire *s* Imperio Británico

Britisher [ˈbrɪtɪʃər] *s* britano

British Guiana *s* la Guayana Inglesa

British Honduras *s* la Honduras Británica

British India *s* la India Inglesa

British Isles *spl* islas Británicas

British Malaya *s* la Malaya Británica

British Museum *s* Museo Británico

British Somaliland *s* la Somalía Británica

British thermal unit *s* unidad térmica británica

British West Africa *s* el África Occidental Inglesa

British West Indies *spl* Indias Occidentales Británicas

Briton [ˈbrɪtən] *s* britano

Brittany [ˈbrɪtənɪ] *s* Bretaña; bretaña (*tela*)

brittle [ˈbrɪtəl] *adj* quebradizo, vidrioso

bro. abr. de **brother**

broach [brotʃ] *s* asador, espetón; espita; broche, prendedero; (mach.) escariador, mandril; *va* sacar a colación; espetar; decantar, trasegar (*un líquido*); (mach.) brochar; *vn* emerger (*p.ej., una ballena, un submarino*); **to broach to** (naut.) tomar por avante

broad [brɔd] *adj* ancho; liberal, tolerante; general, comprensivo; lato (*sentido de una palabra*); claro, franco, sencillo; grosero, tosco; verde, libre; pleno (*día, mediodía, etc.*); (phonet.) abierto; dialectal; **as broad as it is long** que igual da que sea o que se haga de uno o de otro modo; **broad hint** insinuación clara, indirecta del padre Cobos; **broad in one's outlook** de amplias miras e ideas

broadax o **broadaxe** [ˈbrɔdˌæks] *s* hacha de carpintero; doladera (*de tonelero*); hacha de armas

broadbrim [ˈbrɔdˌbrɪm] *s* sombrero de alas anchas; (*cap.*) *s* (coll.) cuáquero

broadcast [ˈbrɔdˌkæst] o [ˈbrɔdˌkɑst] *s* difusión, esparcimiento; radiodifusión; audición (*programa radiotelefónico*); *adj* difundido, esparcido; radiodifundido; *adv* por todas partes; (*pret & pp:* **-cast**) *va* difundir, esparcir; (*pret & pp:* **-cast** o **-casted**) *va* radiodifundir, emitir, radiar

broadcasting [ˈbrɔdˌkæstɪŋ] o [ˈbrɔdˌkɑstɪŋ] *adj* emisor, radiodifusor; *s* emisión, radiodifusión

broadcasting station *s* estación de radiodifusión, emisora, radiodifusora

broadcloth [ˈbrɔdˌklɔθ] o [ˈbrɔdˌklɑθ] *s* velarte

broaden [ˈbrɔdən] *va* ensanchar; *vn* ensancharse

broad-gauge [ˈbrɔdˌgedʒ] o **broad-gauged** [ˈbrɔdˌgedʒd] *adj* de vía ancha (*de 56 y ½ pulgadas inglesas*); tolerante, de amplias miras

broad jump *s* (sport) salto de longitud

broadloom [ˈbrɔdˌlum] *adj* tejido en telar ancho y en color sólido

broad-minded [ˈbrɔdˈmaɪndɪd] *adj* tolerante, de amplias miras

broadness [ˈbrɔdnɪs] *s* anchura; tolerancia; abertura (*de una vocal*)

broad-shouldered [ˈbrɔdˈʃoldərd] *adj* ancho de espaldas

broadside [ˈbrɔdˌsaɪd] *s* (naut.) costado; batería del costado; (naut.) andanada; lado o superficie uniforme y ancha; cara de un pliego de papel; hoja suelta impresa en un solo lado; (coll.) torrente de injurias; *adv* por lo ancho; con el costado vuelto de través

broadsword [ˈbrɔdˌsord] *s* espada ancha, chafarote

Brobdingnagian [ˈbrɑbdɪŋˈnægɪən] *adj* gigantesco, colosal, enorme; *s* gigante

brocade [broˈked] *s* brocado; *va* tejer o decorar con brocado

brocaded [broˈkedɪd] *adj* brocado

brocatel [ˌbrɑkəˈtel] *s* brocatel (*tejido y mármol*)

broccoli [ˈbrɑkəlɪ] *s* (bot.) brécol, brécoles o bróculi

brochette [broˈʃɛt] *s* broqueta

brochure [broˈʃʊr] *s* folleto

brogan [ˈbrogən] *s* zapato fuerte y basto

brogue [brog] *s* zapato fuerte y basto; zapato basto de orejas sueltas; acento irlandés; idioma corrompido

broil [brɔɪl] *s* carne asada a la parrilla; camorra, pendencia; *va* asar a la parrilla; calentar con exceso; *vn* asarse (*padecer calor*)

broiled meat *s* carne asada a la parrilla

broiler [ˈbrɔɪler] *s* parrilla; polla para asar en parrillas

broke [brok] *adj* (slang) sin blanca; *pret de* **break**

broken [ˈbrokən] *adj* quebrado, fragoso; interrumpido. desigual, disparejo; suelto, separado; agotado, debilitado; amansado, sumiso; chapurrado; *pp de* **break**

broken-down [ˈbrokənˈdaʊn] *adj* abatido, arruinado; deshecho, descompuesto

broken-hearted [ˈbrokənˈhɑrtɪd] *adj* acongojado, traspasado de dolor

broken-winded [ˈbrokənˈwɪndɪd] *adj* corto de aliento; (vet.) atacado de huélfago

broker [ˈbrokər] *s* corredor

brokerage [ˈbrokərɪdʒ] *s* corretaje

bromate [ˈbromet] *s* (chem.) bromato

brome grass [brom] *s* (bot.) bromo

bromeliaceous [broˌmilɪˈeʃəs] *adj* (bot.) bromeliáceo

bromic [ˈbromɪk] *adj* (chem.) brómico

bromid [ˈbromɪd] o **bromide** [ˈbromaɪd] o

['bromɪd] *s* (chem.) bromuro; (pharm.) bromuro de potasio; (slang) trivialidad
bromidic [bro'mɪdɪk] *adj* (coll.) común, trivial
bromin ['bromɪn] o **bromine** ['bromin] o ['bromɪn] *s* (chem.) bromo
bronchia ['braŋkɪə] *spl* (anat.) bronquíolos
bronchial ['braŋkɪəl] *adj* bronquial
bronchial tubes *spl* (anat.) bronquios, bronquíolos
bronchiole ['braŋkɪol] *s* (anat.) bronquíolo
bronchitic [braŋ'kɪtɪk] *adj* bronquítico
bronchitis [braŋ'kaɪtɪs] *s* (path.) bronquitis
broncho ['braŋko] *s* (*pl:* **-chos**) var. de **bronco**
bronchopneumonia [,braŋkonju'monjə] o [,braŋkonu'monjə] *s* (path.) bronconeumonía
bronchorrea [,braŋkə'riə] *s* (path.) broncorrea
bronchoscope ['braŋkəskop] *s* broncoscopio
bronchoscopy [braŋ'kaskəpɪ] *s* broncoscopia
bronchus ['braŋkəs] *s* (*pl:* **-chi** [kaɪ]) (anat.) bronquio; (anat.) bronquíolo
bronco ['braŋko] *s* (*pl:* **-cos**) (U.S.A.) potro cerril, potro sin domar
broncobuster ['braŋko,bʌstər] *s* chalán, picador, domador de potros
brontosaurus [,brantə'sɔrəs] *s* (pal.) brontosauro
bronze [branz] *s* bronce (*aleación; objeto de arte; polvo*); *adj* de bronce, hecho de bronce; bronceado; *va* broncear; *vn* broncearse
bronze age *s* (myth.) edad de bronce; (*caps.*) *s* (archeol.) edad del bronce
bronzesmith ['branz,smɪθ] *s* broncista
brooch [brotʃ] o [brutʃ] *s* alfiler de pecho, prendedero
brood [brud] *s* camada, cría; nidada; familia; raza, casta; *va* empollar; cobijar, albergar; *vn* enclocar, encobar; **to brood on** u **over** meditar con tristeza
brooder ['brudər] *s* incubadora; clueca (*gallina*); rumión
broody ['brudɪ] *adj* (*comp:* **-ier;** *super:* **-iest**) clueco; (fig.) triste, melancólico
brook [brʊk] *s* arroyo; *va* tolerar, permitir
brooklet ['brʊklɪt] *s* arroyuelo
brooklime ['brʊk,laɪm] *s* (bot.) berro de caballo; (bot.) becabunga
brook trout *s* (ichth.) trucha norteamericana (*Salvelinus fontinalis*)
brookweed ['brʊk,wid] *s* (bot.) pamplina de agua
broom [brum] o [brʊm] *s* escoba; (bot.) hiniesta, retama
broomcorn ['brum,kɔrn] o ['brʊm,kɔrn] *s* (bot.) sorgo común
broomcorn millet *s* (bot.) millo de escoba
broom goosefoot *s* (bot.) ceñiglo de jardín
broomstick ['brum,stɪk] o ['brʊm,stɪk] *s* palo de escoba
bros. abr. de **brothers**
broth [brɔθ] o [braθ] *s* caldo; (bact.) caldo de cultivo
brothel ['braθəl] o ['braðəl] *s* burdel
brother ['brʌðər] *s* hermano
brotherhood ['brʌðərhʊd] *s* hermandad
brother-in-law ['brʌðərɪn,lɔ] *s* (*pl:* **brothers-in-law**) cuñado, hermano político; concuñado
Brother Jonathan *s* el hermano Jonatás (*los EE.UU. o el pueblo de los EE.UU.*)
brotherly ['brʌðərlɪ] *adj* fraternal; amistoso, bondadoso; *adv* fraternalmente, como hermano, como hermanos
brougham [brum], ['bruəm] o ['broəm] *s* brougham (*carruaje; automóvil*)
brought [brɔt] *pret & pp de* **bring**
brow [braʊ] *s* frente *f*; ceja; (fig.) ceja (*de monte*); borde (*de despeñadero*); **to knit one's brow** fruncir las cejas
browbeat ['braʊ,bit] (*pret:* **-beat;** *pp:* **-beaten**) *va* intimidar mirando con ceño; intimidar con amenazas
brown [braʊn] *adj* pardo, moreno, castaño; tostado del sol; *s* pardo, color pardo; *va* poner pardo o moreno; broncear; tostar, quemar; (cook.) dorar; *vn* ponerse pardo o moreno; broncearse; tostarse, quemarse; (cook.) dorarse
brown bear *s* (zool.) oso pardo
brown betty *s* pudín de manzana y pan
brown bread *s* pan bazo, pan moreno
brown coal *s* lignito
brown hyena *s* (zool.) hiena parda
Brownian movement ['braʊnɪən] *s* (phys.) movimiento browniano
brownie ['braʊnɪ] *s* duende moreno y benévolo; tortita de chocolate y nueces
brownish ['braʊnɪʃ] *adj* pardusco
brown race *s* raza cobriza
brown rat *s* (zool.) rata de alcantarilla
brown rice *s* arroz no pulimentado
brown shirt *s* camisa parda (*nazi*)
brownstone ['braʊn,ston] *s* arenisca de color pardo rojizo
brown study *s* absorción, suspensión, pensamiento profundo
brown sugar *s* azúcar terciado, azúcar moreno
brown thrasher *s* (orn.) túrdido norteamericano (*Toxostoma rufum*)
browse [braʊz] *s* ramón; *va* comer (*las ramitas y las hojas de los árboles*); pacer (*la hierba*); *vn* ramonear; pacer; hojear un libro ociosamente; **to browse about** o **around** examinar ociosamente libros u obras de arte; recorrer las tiendas, más por curiosidad que por ánimo de comprar
brucellosis [,brusə'losɪs] *s* (path. & vet.) brucelosis
brucine ['brusin] o ['brusɪn] *s* (pharm.) brucina
brucite ['brusaɪt] *s* (mineral.) brucita
Bruges ['brudʒɪz] o [bruʒ] *s* Brujas
bruin ['bruɪn] *s* oso
bruise [bruz] *s* contusión, magulladura; *va* contundir, magullar; majar; *vn* contundirse, magullarse
bruiser ['bruzər] *s* púgil; matón
bruit [brut] *va* esparcir, divulgar; **to bruit about** esparcir, divulgar
brunet [bru'nɛt] *adj* moreno; *s* moreno (*hombre moreno*)
brunette [bru'nɛt] *adj* moreno; *s* morena (*mujer morena*)
Brunhild ['brunhɪld] *s* Brunilda
brunt [brʌnt] *s* fuerza, empuje; **the brunt** lo más difícil; **to bear the brunt of the battle** llevar el peso de la batalla
brush [brʌʃ] *s* cepillo, escobilla; brocha; pincel; cola peluda (*de un perro*); cepilladura; brochada; roce; escaramuza, encuentro; ramojo; broza (*despojo de las plantas; maleza*); (elec.) escobilla; *va* cepillar; quitar frotando; rozar; **to brush aside** echar bruscamente a un lado; **to brush up** retocar (*un cuadro*); repasar, refrescar (*la pintura de una casa*); *vn* moverse apresuradamente; **to brush by** pasar cerca de (*una persona*) sin hacer caso de ella; **to brush up on** renovar el conocimiento de (*un asunto*)
brush discharge *s* (elec.) efluvio
brush holder *s* (elec.) portaescobillas
brush-off ['brʌʃ,ɔf] o ['brʌʃ,af] *s* (slang) despedida, desaire; **to give the brush-off to** (slang) despedir noramala, rehusar, desairar
brush shift *s* (elec.) decalaje de escobillas
brushwood ['brʌʃ,wʊd] *s* broza (*despojo de las plantas; maleza*)
brushy ['brʌʃɪ] *adj* (*comp:* **-ier;** *super:* **-iest**) cerdoso, peludo; zarzoso
brusque [brʌsk] *adj* brusco
brusqueness ['brʌsknɪs] *s* brusquedad
Brussels ['brʌsəlz] *s* Bruselas
Brussels carpet *s* alfombra de Bruselas
Brussels lace *s* encaje de Bruselas
Brussels sprouts *spl* (bot.) bretones, col de Bruselas
brutal ['brutəl] *adj* brutal
brutality [bru'tælɪtɪ] *s* (*pl:* **-ties**) brutalidad
brutalize ['brutəlaɪz] *va* brutalizar
brute [brut] *adj & s* bruto
brutish ['brutɪʃ] *adj* bruto
Brutus ['brutəs] *s* Bruto
bryology [braɪ'alədʒɪ] *s* briología
bryony ['braɪənɪ] *s* (*pl:* **-nies**) (bot.) brionia, nueza
bryophyte ['braɪəfaɪt] *s* (bot.) briofita
b.s. abr. de **balance sheet** y **bill of sale**
B.S. abr. de **Baccalaureus Scientiae** (Lat.) **Bachelor of Science**

B.S.A. abr. de **Bachelor of Scientific Agriculture** y **Boy Scouts of America**
B.Sc. abr. de **Baccalaureus Scientiae** (Lat.) **Bachelor of Science**
Bt. abr. de **baronet**
B.T. o **B.Th.** abr. de **Baccalaureus Theologiae** (Lat.) **Bachelor of Theology**
B.T.U. abr. de **British thermal unit**
bu. abr. de **bushel**
bubal [ˈbjubəl] *s* (zool.) búbalo
bubble [ˈbʌbəl] *s* burbuja, borbollón; ampolla; quimera, ilusión, sueño descabellado y efímero; *vn* burbujear, borbotar; **to bubble over** desbordar, rebosar; **to bubble over with joy** desbordar o rebosar de gozo
bubble dance *s* baile de los globos
bubble gum *s* chicle de globo, chicle de burbuja, chicle hinchable
bubble sextant *s* sextante de burbuja
bubble tower *s* torre de burbujeo
bubble tube *s* tubo de burbuja
bubbling [ˈbʌblɪŋ] *adj* burbujeante; (fig.) efusivo; *s* burbujeo, borbollón
bubbly [ˈbʌblɪ] *adj* espumoso, efervescente
bubo [ˈbjubo] *s* (*pl:* **-boes**) (path.) buba, bubón
buboed [ˈbjubod] *adj* buboso
bubonic [bjuˈbɑnɪk] *adj* bubónico
bubonic plague *s* (path.) peste bubónica
buccal [ˈbʌkəl] *adj* bucal
buccaneer [ˌbʌkəˈnɪr] *s* bucanero
buccinator [ˈbʌksɪˌnetər] *s* (anat.) bucinador
Bucephalus [bjuˈsɛfələs] *s* Bucéfalo
Bucharest [ˌbjukəˈrɛst] o [ˌbukəˈrɛst] *s* Bucarest
buchu [ˈbjukju] o [ˈbuku] *s* (pharm.) buchú
buck [bʌk] *s* (zool.) cabrón; (zool.) gamo, ciervo, conejo (*macho*); caballete, cabrilla; petimetre, pisaverde; encorvada, corveta (*de un caballo*); colada (*lejía*); (coll.) indio o negro varón; (slang) dólar; **to pass the buck** (coll.) echar la carga a otro; *va* (coll.) hacer frente a, resistir; (coll.) tirar (*al jinete*) encorvándose; (coll.) embestir, arrojarse sobre; (coll.) acornear; (mil.) castigar atando los codos, muñecas y rodillas; colar (*la ropa*); *vn* encorvarse; (elec.) ser contrario; **to buck against** embestir contra; **to buck up** (coll.) animarse, cobrar ánimo
buckaroo [ˈbʌkəru] o [ˌbʌkəˈru] *s* (*pl:* **-roos**) vaquero
buck bean *s* (bot.) trébol acuático o de agua
buckboard [ˈbʌkˌbord] *s* carretón de cuatro ruedas sin muelles
bucket [ˈbʌkɪt] *s* balde, cubo; pozal (*de un pozo*); paleta (*de turbina u otra rueda*); cangilón (*de la noria*); cucharón o pala (*de excavadora*); **to kick the bucket** (slang) liar el petate, estirar la pata
bucketful [ˈbʌkɪtful] *s* balde, cubo (*contenido*)
bucket seat *s* (aut.) baquet
bucket shop *s* agencia que compra y vende acciones para otros maladministrando los intereses de éstos
bucket wheel *s* rueda de cangilones
buckeye [ˈbʌkˌaɪ] *s* (bot.) castaño de Indias
Buckingham Palace [ˈbʌkɪŋəm] *s* palacio Buckingham
buckle [ˈbʌkəl] *s* hebilla; pandeo; *va* abrochar con hebilla; *vn* pandear; **to buckle down to** dedicarse con empeño a; **to buckle with** luchar con
buckler [ˈbʌklər] *s* escudo, broquel
buckling [ˈbʌklɪŋ] *s* pandeo
buck private *s* (slang) soldado raso
buckram [ˈbʌkrəm] *s* percalina, bocací; tiesura, ceremonia excesiva
bucksaw [ˈbʌkˌsɔ] *s* sierra de bastidor
buckshot [ˈbʌkˌʃɑt] *s* perdigón zorrero
buckskin [ˈbʌkˌskɪn] *s* ante; badana; **buckskins** *spl* calzones de ante
buckthorn [ˈbʌkˌθɔrn] *s* (bot.) espino cerval
bucktooth [ˈbʌkˌtuθ] *s* (*pl:* **-teeth**) diente saliente
buckwheat [ˈbʌkˌhwit] *s* (bot.) alforfón, trigo sarraceno
buckwheat cake *s* panqué hecho de harina de trigo sarraceno
bucolic [bjuˈkɑlɪk] *adj* bucólico; *s* bucólica (*composición poética*); (hum.) pastor, campesino
bucranium [bjuˈkrenɪəm] *s* (*pl:* **-a** [ə]) (arch.) bucráneo
bud [bʌd] *s* botón; brote; joven; niña que se pone de largo; (anat., bot. & zool.) yema; **to nip in the bud** cortar de raíz, atajar desde los principios; (*pret & pp:* **budded**; *ger:* **budding**) *va* injertar (*una yema en otra planta*); *vn* abotonar; brotar
Buddha [ˈbudə] *s* Buda
Buddhic [ˈbudɪk] *adj* búdico
Buddhism [ˈbudɪzəm] *s* budismo
Buddhist [ˈbudɪst] *adj* & *s* budista
buddy [ˈbʌdɪ] *s* (*pl:* **-dies**) (coll.) compañero; (coll.) muchachito
budge [bʌdʒ] *va* bullir, mover un poco; *vn* bullir, bullirse, p.ej., **he did not dare to budge** no osaba bullirse
budgerigar [ˌbʌdʒərɪˈgɑr] *s* (orn.) periquito de Australia
budget [ˈbʌdʒɪt] *s* presupuesto; acumulación, colección; *va & vn* presuponer
budgetary [ˈbʌdʒɪˌtɛrɪ] *adj* presupuestario
budgie [ˈbʌdʒɪ] *s* (coll.) var. de **budgerigar**
Buenos Aires [ˈbonəsˈɛriz] *s* Buenos Aires
buff [bʌf] *s* ante; color de ante; chaqueta de soldado hecha de ante; rueda pulidora; (coll.) piel desnuda; *adj* hecho de ante; de color de ante; *va* pulimentar con ante; pulimentar; amortiguar el choque de
buffalo [ˈbʌfəlo] *s* (*pl:* **-loes, -los** o **-lo**) (zool.) búfalo; (zool.) bisonte; piel de bisonte con pelo; *vn* (slang) confundir; (slang) impresionar
buffalo bird *s* (orn.) garrapatero
buffalo grass *s* (bot.) hierba de la pradera (*Buchloë dactyloides y Bouteloua*)
buffalo robe *s* piel de bisonte con pelo
buffer [ˈbʌfər] *s* tope; (rail.) tope, paragolpes; amortiguador de choques; pulidor (*persona o instrumento*)
buffer state *s* estado tapón, país situado entre dos naciones rivales
buffet [buˈfe] *s* aparador; chinero; ambigú; fonda de ferrocarril; caja (*de órgano*); [ˈbʌfɪt] *s* puñada; bofetada; golpe; *va* dar de puñadas; abofetear; golpear; *vn* luchar, pelear
buffet car [buˈfe] *s* (rail.) coche donde se sirven refrescos
buffet lunch [buˈfe] *s* servicio de buffet
buffet supper [buˈfe] *s* ambigú
buffing wheel *s* rueda pulidora
buffoon [bəˈfun] *s* bufón
buffoonery [bəˈfunərɪ] *s* (*pl:* **-ies**) bufonada
bug [bʌg] *s* bicho, sabandija, insecto; (Brit.) chinche; microbio; (coll.) estorbo, traba; (slang) loco; (slang) manía; (slang) entusiasta
bugaboo [ˈbʌgəbu] *s* (*pl:* **-boos**) espantajo
bugbear [ˈbʌgˌbɛr] *s* espantajo; aversión; coco
bug-eyed [ˈbʌgˌaɪd] *adj* (slang) de ojos saltones
buggy [ˈbʌgɪ] *s* (*pl:* **-gies**) calesa de cuatro ruedas; *adj* (*comp:* **-gier**; *super:* **-giest**) lleno de bichos, sabandijas, chinches, etc.; (slang) loco
bughouse [ˈbʌgˌhaus] *s* (slang) casa de locos, manicomio; *adj* (slang) loco
bugle [ˈbjugəl] *s* (mus.) corneta, corneta de llaves; cañutillo (*tubido de vidrio usado en pasamanería*); (bot.) consuelda media; *va* llamar con toque de corneta; *vn* tocar la corneta
bugle call *s* toque de corneta
bugle horn *s* corneta, corneta de llaves
bugler [ˈbjuglər] *s* corneta
bugleweed [ˈbjugəlˌwid] *s* marrubio acuático; (bot.) consuelda media
bugloss [ˈbjuglɑs] o [ˈbjuglɔs] *s* (bot.) buglosa
buhl [bul] *s* taracea de Boulle; mueble de Boulle
buhl saw *s* sierra de calar, serrezuela
build [bɪld] *s* estructura; talle (*del cuerpo humano*); (*pret & pp:* **built**) *va* edificar, construir, fabricar; fundar, establecer; componer; desarrollar; **to build up** componer; desarrollar; tapar, rellenar; armar; construir muchas casas en; crearse (*p.ej., una clientela*); *vn* edificar, construir; **to build on** o **upon** edificar sobre; contar con

builder ['bɪldər] *s* constructor; maestro de obras
building ['bɪldɪŋ] *s* edificio; construcción; pabellón (*p.ej., de una exposición*); *adj* de construcción, para construcciones
building and loan association *s* sociedad de crédito de construcción, sociedad de préstamos para edificación
building line *s* línea municipal, línea de edificación, alineamiento
building lot *s* solar
building permit *s* permiso de edificación
build-up ['bɪld,ʌp] *s* composición; (coll.) propaganda anticipada a favor de una persona o cosa
built [bɪlt] *pret & pp de* **build**
built-in ['bɪlt,ɪn] *adj* inamovible, integrante, empotrado, incorporado o montado en la construcción
built-in antennas (rad.) antena interior incorporada
built-up ['bɪlt'ʌp] *adj* compuesto, armado; aglomerado
Bukhara [bu'kɑrə] *s* var. de **Bokhara**
bulb [bʌlb] *s* (anat. & bot.) bulbo; (bot.) planta bulbosa; ampolleta, bombilla (*de luz eléctrica*); ampolleta, bola, cubeta (*del termómetro y el barómetro*); ampolla, pera (*de jeringa*); ensanche, protuberancia
bulbil ['bʌlbɪl] *s* (bot.) bulbillo
bulbous ['bʌlbəs] *adj* bulboso; ampollar
bulbul ['bulbul] *s* (orn.) picnonoto; (orn.) ave canora persa (*tal vez Luscinia golzii*)
Bulgar ['bʌlgɑr] o ['bulgɑr] *adj & s* búlgaro
Bulgaria [bʌl'gɛrɪə] o [bul'gɛrɪə] *s* Bulgaria
Bulgarian [bʌl'gɛrɪən] o [bul'gɛrɪən] *adj & s* búlgaro
bulge [bʌldʒ] *s* bombeo, pandeo; protuberancia; *vn* bombearse, pandearse; saltar, sobresalir
bulging ['bʌldʒɪŋ] *s* bombeo, pandeo; *adj* pando; protuberante
bulgy ['bʌldʒɪ] *adj* (*comp:* **-ier;** *super:* **-iest**) pando; protuberante
bulk [bʌlk] *s* bulto, volumen; grueso; **in bulk** a granel (*sin envase*); en pilas, en fardos; *adj* suelto; *va* amontonar; abultar; calcular el bulto de; *vn* abultar; hincharse; tener importancia
bulkhead ['bʌlk,hɛd] *s* (naut.) mamparo; escotillón; muro ribereño de contención; tabique hermético
bulky ['bʌlkɪ] *adj* (*comp:* **-ier;** *super:* **-iest**) abultado, grueso
bull [bul] *s* toro; elefante macho; macho de la ballena, la foca; (fig.) toro (*hombre muy robusto y fuerte*); alcista (*en la Bolsa*); (slang) agente de policía, detective; bula (*sello; documento pontificio*); disparate, dicho absurdo; (slang) música celestial; **to take the bull by the horns** irse a la cabeza del toro; *adj* robusto, fuerte; bramante; alcista; *va* cubrir (*el toro a la vaca*); (slang) chapucear; **to bull the market** jugar al alza; *vn* (slang) chapucear; (slang) tratar de encubrir sus desperfectos
bulla ['bulə] o ['bʌlə] *s* (*pl:* **-lae** [li]) bula; (path.) flictena
bull bat *s* (orn.) chotacabras norteamericano
bull briar *s* (bot.) bejuco de corona
bulldog ['bul,dɔg] o ['bul,dɑg] *s* dogo; *adj* porfiado, terco; valiente
bulldoze ['bul,doz] *va* (coll.) intimidar con amenazas o usando la violencia
bulldozer ['bul,dozər] *s* (coll.) valentón; (mach.) topadora, empujadora niveladora; (mach.) dobladora de ángulos
bullet ['bulɪt] *s* bala; plomada (*de pescador*)
bullet-head ['bulɪt,hɛd] *s* cabeza redonda; persona de cabeza redonda; (coll.) persona obstinada
bullet-headed ['bulɪt,hɛdɪd] *adj* de cabeza redonda; (coll.) obstinado
bulletin ['bulətɪn] *s* boletín; anuncio; anuario (*p.ej., de la universidad*)
bulletin board *s* tablilla o tablón de anuncios
bulletproof ['bulɪt,pruf] *adj* a prueba de bala
bullfight ['bul,faɪt] *s* toros, corrida de toros
bullfighter ['bul,faɪtər] *s* torero
bullfighting ['bul,faɪtɪŋ] *s* toreo; *adj* torero
bullfinch ['bul,fɪntʃ] *s* (orn.) pinzón real
bullfrog ['bul,frɑg] o ['bul,frɔg] *s* (zool.) rana toro
bullhead ['bul,hɛd] *s* persona obstinada y poco inteligente; (ichth.) amiuro; (ichth.) siluro; (orn.) chorlito
bullheaded ['bul,hɛdɪd] *adj* obstinado, terco; obstinado y poco inteligente
bullion ['buljən] *s* entorchado (*bordado del uniforme*); oro o plata en barras, lingotes de oro o plata
bullish ['bulɪʃ] *adj* parecido al toro; obstinado, estúpido; optimista; en alza; alcista
bullnecked ['bul,nɛkt] *adj* de cuello grueso
bullock ['bulək] *s* buey
bull pen *s* toril; (coll.) prevención de policía
bull ring *s* plaza de toros; (mach.) anillo de presión
bull's-eye ['bulz,aɪ] *s* centro del blanco; tiro que da en el centro del blanco; lente ojo de buey; lente con vidrio abombado; linterna sorda; (arch.) ojo de buey; (naut.) cristal de patente; (*cap.*) *s* (astr.) Ojo del Toro; **to hit the bull's-eye** o **to score a bull's-eye** hacer diana
bull terrier *s* bull-terrier
bully ['bulɪ] *s* (*pl:* **-lies**) matón, valentón; *adj* (coll.) excelente, magnífico; *interj* (coll.) ¡bravo!; (*pret & pp:* **-lied**) *va* intimidar con amenazas y gritería; **to bully someone into doing something** forzar a uno con amenazas y gritería a que haga una cosa; *vn* gallear
bully beef *s* carne de vaca encurtida o conservada en latas
bullyrag ['bulɪ,ræg] (*pret & pp:* **-ragged;** *ger:* **-ragging**) *va* atormentar, maltratar, molestar, intimidar con amenazas
bully tree *s* (bot.) balata
bulrush ['bul,rʌʃ] *s* (bot.) junco; (bot.) junco de laguna; (bot.) papiro; (bot.) anea
bulwark ['bulwərk] *s* (fort. & fig.) baluarte; (naut.) macarrón; *va* fortificar con baluarte; amparar, defender
bum [bʌm] *s* (slang) holgazán, holgazán borracho; (slang) vagabundo; (slang) sablista, mendigo; (slang) jarana, juerga, parranda; *adj* (*comp:* **bummer;** *super:* **bummest**) (slang) inferior, chapucero; (slang) inservible; **to feel bum** (slang) sentirse muy malo; (*pret & pp:* **bummed;** *ger:* **bumming**) *va* (slang) mendigar (*dinero, comidas, etc.*); *vn* (slang) holgazanear; (slang) vagabundear; (slang) beber a pote; (slang) sablear, mendigar
bumble ['bʌmbəl] *va* (dial.) chapucear; *vn* (dial.) zumbar (*como un abejorro*); (dial.) menearse; (dial.) chapucear
bumblebee ['bʌmbəl,bi] *s* (ent.) abejorro
bumboat ['bʌm,bot] *s* bote vivandero
bump [bʌmp] *s* topetón (*choque*); batacazo (*golpe al caer*); aspereza (*del terreno*); sacudida; rebote (*del avión en el aire agitado*); bollo, hinchazón; chichón (*en la cabeza*); joroba, protuberancia; *va* topar, dar contra; empujar violentamente; abollar; **to bump off** (slang) matar; *vn* chocar; dar sacudidas (*p.ej., un coche*); **to bump against** chocar contra; **to bump off** (slang) morirse
bumper ['bʌmpər] *s* tope; (rail.) parachoques o paratopes (*de final de línea*); (aut.) parachoques o amortiguador; copa o vaso lleno; (coll.) cosa muy grande; *adj* (coll.) muy grande, abundante
bumping post *s* (rail.) parachoques o paratopes
bumpkin ['bʌmpkɪn] *s* patán; (naut.) pescante
bumptious ['bʌmpʃəs] *adj* presuntuoso
bumpy ['bʌmpɪ] *adj* (*comp:* **-ier;** *super:* **-iest**) abollado; áspero (*terreno*); agitado (*aire*)
bun [bʌn] *s* bollo
buna ['bunə] o ['bjunə] *s* (chem.) buna
bunch [bʌntʃ] *s* manojo; ristra (*de tallos de ajos, cebollas, etc.*); racimo (*de uvas*); ramillete (*de flores*); manada (*de animales*); grupo (*de personas*); montón; *va* agrupar, juntar; amontonar, *vn* arracimarse
bunchberry ['bʌntʃ,bɛrɪ] *s* (*pl:* **-ries**) (bot.) cornejo canadiense
bunch grass *s* (bot.) poa
bunchy ['bʌntʃɪ] *adj* (*comp:* **-ier;** *super:* **-iest**) racimoso, amanojado

bunco ['bʌŋko] *s* (*pl:* **-cos**) (slang) estafa; banca (*juego de naipes*); *va* (slang) estafar
buncombe ['bʌŋkəm] *s* (coll.) discurso o lenguaje altisonante e insincero
bundle ['bʌndəl] *s* lío, bulto; paquete; fardo; legajo (*de papeles*); haz (*de leña, hierba, etc.*); *va* liar, atar, empaquetar, envolver; **to bundle off** u **out** despachar precipitadamente; **to bundle up** arropar; *vn* escaparse precipitadamente; meterse en cama juntos sin desnudarse (*dos amantes*); **to bundle up** arroparse
bung [bʌŋ] *s* bitoque; piquera (*boca para sacar el vino*); *va* atarugar; tapar con bitoque; tapar, cerrar, obstruir; (slang) abollar, magullar, machucar
bungalow ['bʌŋgəlo] *s* bungalow, casa de campo, de un solo piso
bunghole ['bʌŋ,hol] *s* piquera, boca de tonel
bungle ['bʌŋgəl] *s* chapucería; *va* & *vn* chapucear
bungler ['bʌŋglər] *s* chapucero
bungling ['bʌŋglɪŋ] *s* chapucería; *adj* chapucero
bunion ['bʌnjən] *s* (path.) juanete
bunk [bʌŋk] *s* tarima (*entablado para dormir*); (slang) habla altisonante e insincera; (slang) música celestial; *vn* (coll.) dormir en tarima, dormir, hospedarse
bunker ['bʌŋkər] *s* carbonera; (naut.) pañol del carbón; (golf) hoya de arena; (fort.) fortín
bunko ['bʌŋko] *s* (*pl:* **-kos**) var. de **bunco;** *va* var. de **bunco**
bunkum ['bʌŋkəm] *s* var. de **buncombe**
bunny ['bʌnɪ] *s* (*pl:* **-nies**) conejito; pequeña ardilla
Bunsen burner ['bʌnsən] *s* mechero Bunsen
bunt [bʌnt] *s* empellón, empujón; topetada (*con la cabeza*); (naut.) centro de una vela redonda; (baseball) golpe dado sin fuerza de modo que la pelota dé en el suelo y no vaya lejos; *va* empellar, empujar; topetar; (baseball) golpear (*la pelota*) sin fuerza de modo que dé en el suelo y no vaya lejos
bunting ['bʌntɪŋ] *s* lanilla para banderas; empavesado (*de un barco*); banderas colgadas como adorno; (orn.) gorrión triguero; (orn.) plectrófanes
buntline ['bʌntlɪn] o ['bʌntlaɪn] *s* (naut.) briol
buoy [bɔɪ] o ['bu·ɪ] *s* (naut.) boya; (naut.) guindola, boya salvavidas; *va* aboyar, señalar con boyas; mantener a flote; animar, alentar; **to buoy up** mantener a flote; animar, alentar
buoyancy ['bɔɪənsɪ] o ['bujənsɪ] *s* flotación (*facultad de flotar*); fuerza ascensional; alegría, viveza
buoyant ['bɔɪənt] o ['bujənt] *adj* boyante; ascensional; alegre, vivaz
buprestid [bju'prɛstɪd] *s* (ent.) bupresto
bur [bʌr] *s* erizo (*p.ej., de la castaña*); planta que tiene erizos; persona o cosa muy pegadiza; (*pret & pp:* **burred;** *ger:* **burring**) *va* quitar los erizos a
burble ['bʌrbəl] *s* burbujeo; charla; *vn* burbujear; charlar
burbot ['bʌrbət] *s* (ichth.) lota
burden ['bʌrdən] *s* carga; (fig.) carga; (naut.) arqueo (*capacidad de una embarcación*); (naut.) peso de la carga; tema (*de un discurso, ensayo, etc.*); estribillo (*verso*); *va* cargar; (fig.) cargar, gravar, agobiar
burden of proof *s* peso de la prueba
burdensome ['bʌrdənsəm] *adj* oneroso, gravoso, pesado
burdock ['bʌr,dɑk] *s* (bot.) bardana
bureau ['bjʊro] *s* (*pl:* **-reaus** o **-reaux** [roz]) cómoda; (Brit.) escritorio, buró; oficina, dirección; negociado (*sección administrativa*); departamento del gobierno
bureaucracy [bjʊ'rɑkrəsɪ] o [bjʊ'rokrəsɪ] *s* (*pl:* **-cies**) burocracia
bureaucrat ['bjʊrokræt] *s* burócrata
bureaucratic [,bjʊro'krætɪk] *adj* burocrático
burette [bjʊ'rɛt] *s* (chem.) bureta
burg [bʌrg] *s* (coll.) pueblo, ciudad
burgeon ['bʌrdʒən] *s* (bot.) retoño; (bot.) yema; *vn* (bot.) retoñar
burgess ['bʌrdʒɪs] *s* vecino de una villa, pueblo, etc.; alcalde; miembro de la cámara baja de la legislatura colonial de los estados de Virginia y Maryland, EE.UU.
burgh [bʌrg] o ['bʌro] *s* (Scottish) villa
burgher ['bʌrgər] *s* vecino de una villa, pueblo, etc.; ciudadano
burglar ['bʌrglər] *s* escalador
burglar alarm *s* alarma de ladrones
burglar insurance *s* seguro contra robos
burglarious [bər'glɛrɪəs] *adj* escalador
burglarize ['bʌrgləraɪz] *va* (coll.) escalar para robar
burglarproof ['bʌrglər,pruf] *adj* a prueba de escaladores
burglary ['bʌrglərɪ] *s* (*pl:* **-ies**) robo con escalo
burgle ['bʌrgəl] *va* & *vn* (coll.) escalar para robar
burgomaster ['bʌrgo,mæstər] o ['bʌrgo,mɑstər] *s* burgomaestre
burgonet ['bʌrgonɛt] *s* (arm.) borgoñota, celada borgoñota
burgrave ['bʌrgrev] *s* burgrave
burgraviate [bʌr'grevɪɪt] *s* burgraviato
Burgundian [bər'gʌndɪən] *adj* & *s* borgoñés o borgoñón
Burgundy ['bʌrgəndɪ] *s* la Borgoña; borgoña (*vino*)
burial ['bɛrɪəl] *s* entierro
burial ground *s* cementerio
burial service *s* oficio de sepultura
burin ['bjʊrɪn] *s* buril; cincel; (fig.) buril (*estilo o modo del grabador*)
burl [bʌrl] *s* nudo (*en la madera*); mota (*en el paño*); *va* desmotar, despinzar
burlap ['bʌrlæp] *s* harpillera
burlesque [bər'lɛsk] *adj* extravagante; de music-hall; (lit.) festivo; *s* parodia; (theat.) music-hall; *va* parodiar
burley o **Burley** ['bʌrlɪ] *s* tabaco de hojas delgadas cultivado en el estado de Kentucky, EE.UU.
burly ['bʌrlɪ] *adj* (*comp:* **-lier;** *super:* **-liest**) membrudo, fornido
Burma ['bʌrmə] *s* Birmania
Burma Road *s* ruta de Birmania
Burmese [bʌr'miz] *adj* birmano; *s* (*pl:* **-mese**) birmano
burn [bʌrn] *s* quemadura; (Scottish) arroyo, riachuelo; (*pret & pp:* **burned** o **burnt**) *va* quemar; incendiar; inflamar (*encender; irritar*); cocer (*ladrillos*); calcinar (*minerales calcáreos*); vidriar (*la loza*); soldar o fundir (*el plomo*); (chem.) oxidar; (surg.) cauterizar; quemar (*el carbón del motor de combustión interna; el combustible para producir calor*); practicar quemando; funcionar con, p.ej., **this motor burns gasoline** este motor funciona con gasolina; **to burn out** quemar (*un cojinete, fusible, motor, transformador*); fundir (*una bombilla eléctrica*); **to burn together** reunir por fusión; **to burn up** consumir; (slang) llenar de indignación; *vn* quemarse; arder (*el fuego, el combustible*); asarse (*sentir mucho calor*); inflamarse (*encenderse; irritarse*); arder de o en deseos; (coll.) quemarse (*estar uno muy cerca de hallar lo que busca*); estar encendido, p.ej., **the light is burning in my room** la luz está encendida en mi cuarto; **to burn out** quemarse (*un fusible*); fundirse (*una bombilla eléctrica*); apagarse (*el fuego, la luz*); **to burn to death** morir quemado; **to burn to** + *inf* arder por + *inf;* **to burn with** arder de o en (*deseos, celos, etc.*); **to burn within** requemarse
burner ['bʌrnər] *s* quemador (*persona o aparato*); mechero
burnet ['bʌrnɪt] *s* (bot.) sanguisorba
Burnett salmon ['bʌrnɪt] *s* (ichth.) barramunda
burning ['bʌrnɪŋ] *s* quemadura; cocción; soldadura (*de plomo*); *adj* quemador; ardiente; (fig.) ardiente; **to be burning hot** (coll.) estar que quema; (coll.) hacer mucho calor
burning glass *s* espejo ustorio
burning question *s* cuestión batallona, cuestión palpitante
burning shame *s* vergüenza enorme
burnish ['bʌrnɪʃ] *s* bruñido; *va* bruñir; *vn* bruñirse
burnisher ['bʌrnɪʃər] *s* bruñidor

burnoose o **burnous** [bʌrˈnus] o [ˈbʌrnus] *s* albornoz
burnsides [ˈbʌrnˌsaɪdz] *spl* patillas
burnt [bʌrnt] *pret & pp de* **burn**
burnt almond *s* almendra dulce tostada
burnt offering *s* holocausto
burnt sienna *s* siena tostado
burnt umber *s* tierra de sombra quemada
bur oak [bʌr] *s* (bot.) roble macrocarpo
burr [bʌr] *s* erizo (*p.ej., de la castaña*); planta que tiene erizos; persona o cosa muy pegadiza; rebaba (*en el borde de un corte*); fresa (*de dentista*); sonido bronco de la erre; pronunciación bronca y gutural; zumbido; *va* quitar los erizos a; quitar las rebabas a; *vn* sonar la erre con sonido bronco; hablar con pronunciación bronca y gutural; zumbar
burrow [ˈbʌro] *s* madriguera; conejera; refugio subterráneo; *va* socavar; hacer madrigueras en; *vn* amadrigarse; esconderse; buscar, hacer pesquisas
bursa [ˈbʌrsə] *s* (*pl:* **-sas** o **-sae** [si]) (anat.) bolsa
bursar [ˈbʌrsər] *s* tesorero universitario
bursary [ˈbʌrsərɪ] *s* (*pl:* **-ries**) tesorería universitaria
bursitis [bərˈsaɪtɪs] *s* (path.) bursitis
burst [bʌrst] *s* reventón; explosión; ráfaga (*de metralla*); salida brusca, arranque, llamarada; (*pret & pp:* **burst**) *va* reventar; quebrar; *vn* reventar, reventarse; entrar o salir repentina o violentamente; arrojarse, precipitarse; partirse (*el corazón*); **to burst into** irrumpir en (*p.ej., una habitación*); desatarse en (*amenazas, improperios, etc.*); prorrumpir en, deshacerse en (*lágrimas*); **to burst out crying** romper a llorar; **to burst out laughing** echarse a reír; **to burst with laughter** reventar de risa
bursted [ˈbʌrstɪd] *adj* (dial.) reventado
bursted bubble *s* burbuja deshecha, proyecto desbaratado
burstwort [ˈbʌrstˌwʌrt] *s* (bot.) milgranos, quebrantapiedras
burthen [ˈbʌrðən] *s* (archaic) var. de **burden**
bury [ˈberɪ] (*pret & pp:* **-ied**) *va* enterrar; (fig.) enterrar (*esconder; relegar al olvido; sobrevivir*); **to be buried in thought** estar absorto en meditación; **to bury the hatchet** envainar la espada, hacer la paz, echar pelillos a la mar
burying beetle *s* (ent.) enterrador, escarabajo sepulturero
burying ground *s* cementerio
bus. abr. de **business** y **bushel**
bus [bʌs] *s* (*pl:* **busses** o **buses**) ómnibus, autobús; autocar (*para servicio de carreteras*)
bus bar *s* (elec.) barra colectora
bus boy *s* ayudante de camarero
busby [ˈbʌzbɪ] *s* (*pl:* **-bies**) gorra de húsar
bush. abr. de **bushel**
bush [bʊʃ] *s* arbusto; matorral, monte; (mach.) buje, tejuelo, forro de metal; **to beat around the bush** andarse en chiquitas, andar con rodeos; *va* poblar de arbustos; igualar (*el terreno*) arrastrando matas; proteger con matas; poner buje o tejuelo a; *vn* crecer espeso
bushel [ˈbʊʃəl] *s* medida de capacidad para áridos, que equivale a 35,23 litros en los EE.UU. y 36,35 litros en Inglaterra; (*pret & pp:* **-eled** o **-elled**; *ger:* **-eling** o **-elling**) *va* reparar o modificar (*los vestidos*)
bushhammer [ˈbʊʃˌhæmər] *s* escoda
bushing [ˈbʊʃɪŋ] *s* (mach.) buje, tejuelo, forro de metal; (elec.) atravesador, pasatapas (*de un transformador*)
bushman [ˈbʊʃmən] *s* (*pl:* **-men**) montaraz, campesino; colonizador de la floresta australiana; (*cap.*) *s* bosquimán o bosquimano (*salvaje nómada sudafricano*)
bushmaster [ˈbʊʃˌmæstər] o [ˈbʊʃˌmɑstər] *s* (zool.) mapanare
bushranger [ˈbʊʃˌrendʒər] *s* montaraz; bandido australiano
bushwhacker [ˈbʊʃˌhwækər] *s* montaraz; guerrillero; guadaña para segar el arbusto, la zarza, etc.
bushy [ˈbʊʃɪ] *adj* (*comp:* **-ier**; *super:* **-iest**) espeso; peludo, lanudo; matoso; lleno de arbustos
busily [ˈbɪzɪlɪ] *adv* atareadamente, diligentemente
business [ˈbɪznɪs] *s* negocio, negocios, comercio; ocupación, empleo; cuestión, asunto; empresa; (theat.) acción; **going out of business** saldos por cambio de negocio (o por traslado); **on business** por negocios; de negocios; **to be in business** estar establecido; **to have no business** + *ger* no tener derecho a + *inf;* **to make it one's business to** + *inf* proponerse + *inf;* **to mean business** (coll.) actuar en serio, hablar en serio; **to mind one's own business** ocuparse en lo que le toca a uno, no meterse donde no le llaman a uno; **to send about one's business** echar, enviar o mandar a paseo; *adj* de negocios, comercial
business college *s* escuela de comercio
business connections *spl* relaciones comerciales
business cycle *s* ciclo comercial
business deal *s* trato comercial
business district *s* barrio comercial
business expert *s* perito mercantil
business house *s* casa de comercio, establecimiento mercantil
businesslike [ˈbɪznɪsˌlaɪk] *adj* metódico, práctico, serio, eficaz
businessman [ˈbɪznɪsˌmæn] *s* (*pl:* **-men**) hombre de negocios, comerciante
business reply card [ˈbɪznɪsrɪˈplaɪ] *s* tarjeta de respuesta comercial
business suit *s* traje civil, traje de calle
business trip *s* viaje de negocios
businesswoman [ˈbɪznɪsˌwʊmən] *s* (*pl:* **-women**) mujer de negocios
busk [bʌsk] *s* ballena (*de metal u otro material*); (dial.) corsé
buskin [ˈbʌskɪn] *s* borceguí; coturno; (fig.) drama trágico
buskined [ˈbʌskɪnd] *adj* coturnado; trágico
busman [ˈbʌsmən] *s* (*pl:* **-men**) conductor de autobús
busman's holiday *s* día de fiesta, pasado trabajando en trabajo igual al de todos los días
buss [bʌs] *s* (coll.) beso, beso sonado; *va* (coll.) besar, besar con resonancia; *vn* (coll.) dar besos; (coll.) darse besos
bust [bʌst] *s* busto; pecho de mujer; (slang) reventón; (slang) fracaso; (slang) borrachera, parranda; *va* (slang) hacer quebrar, arruinar; (slang) pegar, golpear; *vn* (slang) reventar; (slang) fracasar
bustard [ˈbʌstərd] *s* (orn.) avutarda (*Otis tarda*); (orn.) sisón (*Otis tetrax*)
buster [ˈbʌstər] *s* (slang) cosa muy grande, cosa extraordinaria; (coll.) muchachito
bustle [ˈbʌsəl] *s* alboroto, bullicio; polisón (*para abultar la falda por detrás*); *va* apresurar, impeler al trabajo; *vn* apresurarse ruidosamente
bustle pipe *s* portaviento
bustler [ˈbʌslər] *s* bullebulle
busy [ˈbɪzɪ] *adj* (*comp:* **-ier**; *super:* **-iest**) ocupado; de mucha actividad; bullicioso; entremetido, intruso; (*pret & pp:* **-ied**) *va* ocupar; **to busy oneself with** atarearse con o en
busybody [ˈbɪzɪˌbɑdɪ] *s* (*pl:* **-ies**) buscavidas, entremetido, metemuertos
busy signal *s* (telp.) zumbido de ocupación, señal de ocupado
but [bʌt] *s* pero, objeción; *adv* sólo, solamente; *prep* excepto, menos; *conj* pero, mas; sino, p.ej., **nobody knows it but John** nadie lo sabe sino Juan; sino que, p.ej., **he does not speak Spanish but he reads it very well** no habla español sino que lo lee muy bien; que no, p.ej., **she is not so tired but she can keep on talking** no está tan cansada que no pueda seguir hablando; **all but** casi; **cannot but** + *inf* no poder menos de + *inf*, no poder dejar de + *inf;* **nothing . . . but** no . . . más que; **the last but one** el penúltimo; **but for** a no ser por; **but little** muy poco
butadiene [ˌbjutəˈdaɪin] o [ˌbjutədaɪˈin] *s* (chem.) butadieno
butane [ˈbjuten] o [bjuˈten] *s* (chem.) butano
butcher [ˈbʊtʃər] *s* carnicero; (fig.) carnicero (*hombre cruel y sanguinario*); *va* matar (*reses para el consumo*); dar muerte a; chapucear; *vn* ser carnicero, matar el ganado; hacer una carnicería

butcher bird *s* (orn.) alcaudón, verdugo, pájaro verdugo, desollador
butcher knife *s* cuchilla de carnicero
butcher's-broom ['bʊtʃərz'brum] o ['bʊtʃərz'brʊm] *s* (bot.) brusco
butcher shop *s* carnicería (*tienda*)
butchery ['bʊtʃərɪ] *s* (*pl:* **-ies**) carnicería; oficio de carnicero; matadero; (fig.) carnicería
butene ['bjutin] *s* (chem.) buteno
butler ['bʌtlər] *s* despensero, mayordomo
butler's pantry *s* despensa (*entre la cocina y el comedor*)
butomaceous [ˌbjuto'meʃəs] *adj* (bot.) butomáceo
butt [bʌt] *s* culata (*de un arma de fuego*); mocho (*de un instrumento*); tocón (*de un árbol cortado*); punta o colilla (*de cigarro*); cabezada (*golpe*); bisagra; (mach.) cabeza de biela; blanco; hazmerreír; pipa (*tonel; medida de capacidad para vinos*); **the butts** sitio para tirar al blanco; *va* topar; dar cabezadas a; acornear; apoyar; (mach.) juntar a tope; *vn* dar cabezadas; **to butt against** terminar en, confinar con; **to butt in** (slang) entremeterse; **to butt on** o **upon** terminar en, confinar con
butte [bjut] *s* terromontero
butter ['bʌtər] *s* mantequilla; **smooth as butter** como manteca; *va* untar con mantequilla, pringar con mantequilla; (coll.) adular, lisonjear
buttercup ['bʌtər,kʌp] *s* (bot.) ranúnculo; (bot.) botón de oro, hierba belida; (bot.) hierba velluda
butter dish *s* mantequera, mantequillera
butterfat ['bʌtər,fæt] *s* materia grasa de la leche
butterfingers ['bʌtər,fɪŋgərz] *s* (coll.) persona con dedos de mantequilla; (coll.) descuidado, desmañado
butterfish ['bʌtər,fɪʃ] *s* (ichth.) cagavino; (ichth.) blenio
butterfly ['bʌtər,flaɪ] *s* (*pl:* **-flies**) (ent. & fig.) mariposa
butterfly damper *s* mariposa reguladora de tiro
butterfly fish *s* (ichth.) baboso, budión; (ichth.) mariposa
butterfly valve *s* válvula de mariposa
butterfly weed *s* (bot.) seda vegetal, pelo de gato, plumerillo
butterine ['bʌtərin] o ['bʌtərɪn] *s* mantequilla artificial
butteris ['bʌtərɪs] *s* pujavante
butter knife *s* cuchillo mantequillero
buttermilk ['bʌtər,mɪlk] *s* leche de manteca
butternut ['bʌtər,nʌt] *s* (bot.) nogal ceniciento, nogal de Cuba; nuez de Cuba
butter sauce *s* mantequilla fundida
butterscotch ['bʌtər,skɑtʃ] *s* dulce de azúcar terciado con mantequilla
butter spreader *s* var. de **butter knife**
buttery ['bʌtərɪ] *adj* mantecoso; ['bʌtərɪ] o ['bʌtrɪ] *s* (*pl:* **-ies**) despensa
butt joint *s* junta de tope, junta de cubrejunta
buttocks ['bʌtəks] *spl* nalgas
button ['bʌtən] *s* botón; **buttons** *ssg* (coll.) botones (*mozo de hotel*); *va* abotonar; *vn* abotonarse
buttonhole ['bʌtən,hol] *s* ojal; *va* abrir ojales en; coser a puntadas de ojal; obligar a escuchar, detener con conversación
buttonhole stitch *s* puntada de ojal
buttonhook ['bʌtən,hʊk] *s* abotonador, abrochador
buttonmold ['bʌtən,mold] *s* hormilla
buttonwood ['bʌtən,wʊd] *s* (bot.) plátano de occidente; (bot.) botoncillo (*Conocarpus*)
buttress ['bʌtrɪs] *s* (arch.) contrafuerte; apoyo, refuerzo, sostén; *va* reforzar con contrafuerte, poner contrafuerte a; apoyar, reforzar, sostener
butt weld *s* soldadura a tope
butyl ['bjutɪl] *s* (chem.) butilo
butylene ['bjutɪlin] *s* (chem.) butileno
butyric [bju'tɪrɪk] *adj* (chem.) butírico
butyric acid *s* (chem.) ácido butírico
butyrin ['bjutɪrɪn] *s* (chem.) butirina
butyrometer [,bjutɪ'rɑmɪtər] *s* butirómetro
butyrous ['bjutɪrəs] *adj* butiroso
buxaceous [bʌks'eʃəs] *adj* (bot.) buxáceo
buxom ['bʌksəm] *adj* rollizo, frescachón
buy [baɪ] *s* (coll.) compra; (*pret & pp:* **bought**) *va* comprar; **to buy back** recomprar; **to buy off** comprar (*sobornar*); libertar pagando; **to buy out** comprar la parte de (*un socio*); **to buy up** acaparar
buyer ['baɪər] *s* comprador
buyer's market *s* mercado del comprador
buzz [bʌz] *s* zumbido; *va* expresar zumbando; (coll.) llamar por teléfono; (aer.) saludar (*a una persona*) volando muy bajo; *vn* zumbar; **to buzz about** cazcalear, andar muy ocupado; **to buzz off** cortar una conversación telefónica
buzzard ['bʌzərd] *s* (orn.) alfaneque, busardo, águila ratonera; (orn.) zopilote de montaña
buzz bomb *s* (mil.) bomba volante
buzzer ['bʌzər] *s* zumbador; (elec.) zumbador
buzz saw *s* sierra circular
B.V. abr. de **Beata Virgo** (Lat.) **Blessed Virgin**
B.W.I. abr. de **British West Indies**
bx. abr. de **box** o **boxes**
bxs. abr. de **boxes**
by [baɪ] *adv* cerca; a solas; más allá; aparte, a un lado; **by and by** luego, pronto, de aquí a poco; **by and large** en todo respecto, de un modo general; *prep* por; por o de (*para denotar el agente con la voz pasiva*); de (*día, noche*); (math.) por (*para indicar multiplicación*); para, p.ej., **by two o'clock** para las dos; cerca de, junto a, al lado de; **by far** con mucho; **by the by** a propósito; **by the way** de paso; a propósito
by-and-by ['baɪənd'baɪ] *s* porvenir
bye [baɪ] *s* (sport) jugador sin contrario en los juegos en que los jugadores han sido escogidos por parejas; (cricket) carrera hecha sin haber golpeado la pelota; (golf) hoyo u hoyos que se quedan sin ser jugados al fin de la partida; **by the bye** a propósito
bye-bye ['baɪ'baɪ] *interj* (coll.) ¡adiosito!; ¡ro ro! (*para arrullar a los niños*)
by-election ['baɪɪ,lɛkʃən] *s* (Brit.) elección especial para cubrir una vacante
Byelorussian [,bɛlə'rʌʃən] *adj & s* bielorruso
bygone ['baɪ,gɔn] o ['baɪ,gɑn] *adj* pasado; *s* pasado; **let bygones be bygones** olvidemos lo pasado
bylaw ['baɪ,lɔ] *s* estatuto; reglamento, ley o regla secundaria
by-line ['baɪ,laɪn] *s* (U.S.A.) línea al comienzo de un artículo de periódico o revista dando el nombre del autor
by-name ['baɪ,nem] *s* sobrenombre; apodo
by-pass ['baɪ,pæs] o ['baɪ,pɑs] *s* desviación; (mach.) tubo de paso; (elec.) derivación; *va* desviar
by-pass condenser *s* (elec.) condensador de paso o derivación
by-path ['baɪ,pæθ] o ['baɪ,pɑθ] *s* trocha, senda
by-play ['baɪ,ple] *s* (theat.) acción aparte
by-product ['baɪ,prɑdəkt] *s* subproducto, derivado
byre [baɪr] *s* establo de vacas
by-road ['baɪ,rod] *s* camino apartado
Byronic [baɪ'rɑnɪk] *adj* byroniano
byssus ['bɪsəs] *s* (*pl:* **-suses** o **-si** [saɪ]) (hist. & zool.) biso
bystander ['baɪ,stændər] *s* circunstante, espectador
by-street ['baɪ,strit] *s* callejuela
byway ['baɪ,we] *s* camino apartado, camino poco frecuentado
byword ['baɪ,wʌrd] *s* oprobio, objeto de oprobio; refrán, proverbio; apodo
Byzantine ['bɪzəntin] o [bɪ'zæntin] *adj & s* bizantino
Byzantine Empire *s* Imperio Bizantino
Byzantium [bɪ'zænʃɪəm] o [bɪ'zæntɪəm] *s* Bizancio

C

C, c [si] *s* (*pl:* **C's, c's** [siz]) tercera letra del alfabeto inglés
c. abr. de **cent** o **cents**
C. abr. de **centigrade**
C.A. abr. de **Central America**
cab [kæb] *s* taxi; cabriolé, coche de plaza; berlina; casilla (*de locomotora o camión*)
cabal [kəˈbæl] *s* cábala; (*pret & pp:* **-balled;** *ger:* **-balling**) *va & vn* tramar, maquinar
cabala [ˈkæbələ] o [kəˈbɑlə] *s* cábala
cabalistic [ˌkæbəˈlɪstɪk] *adj* cabalístico
cabaret [ˌkæbəˈre] o [ˈkæbəre] *s* cabaret
cabbage [ˈkæbɪdʒ] *s* (bot.) col; coles (*cabeza y hojas que se comen*); *va* sisar; *vn* sisar; repollar
cabbage palm *s* (bot.) palma real, col palma; (bot.) palmito de tierra firme
cabby [ˈkæbɪ] *s* (*pl:* **-bies**) (coll.) var. de **cabman**
cab driver *s* var. de **cabman**
cabin [ˈkæbɪn] *s* cabaña, choza; (naut.) camarote; (aer.) cabina; *va* apretar, encerrar; *vn* vivir en cabaña o choza
cabin boy *s* (naut.) mozo de cámara
cabin class *s* (naut.) clase de cámara
cabinet [ˈkæbɪnɪt] *s* escaparate, vitrina; armario; caja, estuche; caja o mueble (*p.ej., de un aparato de radio*); gabinete (*de un gobierno; colección de objetos; pieza retirada*); *adj* ministerial; digno de figurar en gabinete; secreto, reservado
cabinetmaker [ˈkæbɪnɪtˌmekər] *s* ebanista
cabinetwork [ˈkæbɪnɪtˌwʌrk] *s* ebanistería
cable [ˈkebəl] *s* cable; cable eléctrico; cableado eléctrico (*de un coche, radio, televisor, etc.*); cablegrama; *adj* cablegráfico; *va* cablegrafiar; atar o amarrar con cable; *vn* cablegrafiar
cable address *s* dirección cablegráfica
cable car *s* carro arrastrado por cable; tranvía de cable
cable chain *s* cadena de cable
cablegram [ˈkebəlgræm] *s* cablegrama
cable-laid [ˈkebəlˌled] *adj* (naut.) acalabrotado
cable railroad *s* andarivel
cable ship *s* buque cablero
cable's length *s* cable (*medida*)
cable vault *s* (elec.) caja de empalme de cables
cableway [ˈkebəlˌwe] *s* cable transportador, cablecarril
cabman [ˈkæbmən] *s* (*pl:* **-men**) cochero; taxista; conductor de automóvil de alquiler
caboodle [kəˈbudəl] *s* (slang) conjunto, grupo, lío
caboose [kəˈbus] *s* (rail.) carro o furgón de cola; (naut.) cocina (*en el puente del buque*)
cabriolet [ˌkæbrɪoˈle] *s* cabriolé (*carruaje y automóvil*)
cab signal *s* (rail.) señal en la cabina del maquinista que repite la indicación de la señal fija externa
cabstand [ˈkæbˌstænd] *s* punto de coches
cacao [kəˈkɑo] o [kəˈkeo] *s* (*pl:* **-os**) (bot.) cacao (*árbol y semilla*)
cacao butter *s* manteca de cacao
cachalot [ˈkæʃəlɑt] o [ˈkæʃəlo] *s* (zool.) cachalote
cache [kæʃ] *s* escondite, escondrijo; víveres escondidos; *va* depositar en un escondrijo; encubrir, ocultar
cachectic [kəˈkɛktɪk] o **cachectical** [kəˈkɛktɪkəl] *adj* caquéctico
cachepot [ˈkæʃpɑt] o [kɑʃˈpo] *s* vasija de adorno (*para ocultar una maceta tosca*)
cache-sexe [kɑʃˈsɛks] *s* cubresexo
cachet [kæˈʃe] o [ˈkæʃe] *s* sello particular; marca de distinción; carácter, originalidad; sello medicinal
cachexia [kəˈkɛksɪə] *s* (path.) caquexia
cachinnate [ˈkækɪnet] *vn* reír a carcajadas
cachinnation [ˌkækɪˈneʃən] *s* carcajada, risotada
cackle [ˈkækəl] *s* cacareo; risa aguda y sacudida; cháchara, charla; *vn* cacarear; reírse ásperamente; chacharear, charlar
cacochymia [ˌkækoˈkɪmɪə] *s* (path.) cacoquimia
cacodylate [ˈkækodɪlet] *s* (chem.) cacodilato
cacodylic [ˌkækoˈdɪlɪk] *adj* (chem.) cacodílico
cacomistle [ˈkækəˌmɪsəl] *s* (zool.) basáride
cacophonous [kəˈkɑfənəs] *adj* cacofónico
cacophony [kəˈkɑfənɪ] *s* (*pl:* **-nies**) cacofonía
cactaceous [kækˈteʃəs] *adj* (bot.) cactáceo
cactus [ˈkæktəs] *s* (*pl:* **-tuses** o **-ti** [taɪ]) (bot.) cacto
cad [kæd] *s* canalla, sinvergüenza, persona malcriada
cadastral [kəˈdæstrəl] *adj* catastral
cadastre [kəˈdæstər] *s* catastro
cadaver [kəˈdævər] *s* cadáver
cadaverous [kəˈdævərəs] *adj* cadavérico
caddie [ˈkædɪ] *s* (golf) muchacho que lleva los instrumentos de juego; (*pret & pp:* **-died;** *ger:* **-dying**) *vn* servir de muchacho de golf
caddis [ˈkædɪs] *s* jerguilla de lana; cinta de seda y estambre; (ent.) gusano de la paja
caddis fly *s* (ent.) frígano
caddish [ˈkædɪʃ] *adj* malcriado
caddis worm *s* (ent.) gusano de la paja
caddy [ˈkædɪ] *s* (*pl:* **-dies**) cajita, botecito o lata para té; (golf) muchacho que lleva los instrumentos de juego; (*pret & pp:* **-died;** *ger:* **-dying**) *vn* servir de muchacho de golf
cade [ked] *adj* manso; mimado; *s* cordero manso; animal mimado; (bot.) enebro de la miera
cadence [ˈkedəns] *s* cadencia; (mus.) cadencia; (mil.) cadencia del paso
cadenza [kəˈdɛnzə] o [kəˈdɛntsə] *s* (mus.) cadencia
cadet [kəˈdɛt] *s* cadete; hijo menor, hermano menor; (slang) alcahuete
cadetship [kəˈdɛtʃɪp] *s* grado o puesto de cadete
cadge [kædʒ] *va* (coll.) obtener mendigando; *vn* (coll.) mendigar, gorronear, vivir de gorra; (dial.) ir vendiendo de casa en casa
cadi [ˈkɑdɪ] o [ˈkedɪ] *s* (*pl:* **-dis**) cadí
Cadmean [kædˈmiən] *adj* cadmeo
cadmium [ˈkædmɪəm] *s* (chem.) cadmio
cadmium cell *s* (elec.) elemento de cadmio
Cadmus [ˈkædməs] *s* (myth.) Cadmo
cadre [ˈkɑdər] *s* armazón; [ˈkædrɪ] *s* (mil.) cuadro
caduceus [kəˈdjusɪəs] o [kəˈdusɪəs] *s* (*pl:* **-cei** [sɪaɪ]) caduceo
caducity [kəˈdjusɪtɪ] o [kəˈdusɪtɪ] *s* caducidad; (law) caducidad
caducous [kəˈdjukəs] o [kəˈdukəs] *adj* caduco; (bot. & law) caduco
caecal [ˈsikəl] *adj* cecal
caecum [ˈsikəm] *s* (*pl:* **-ca** [kə]) (anat.) intestino ciego
Caedmon [ˈkædmən] *s* Cedmón
Caesar [ˈsizər] *s* César
Caesarea [ˌsesəˈriə] o [ˌsezəˈriə] *s* Cesarea
Caesarean [sɪˈzɛrɪən] *adj* cesáreo (*imperial*); cesariano (*perteneciente a César*); (surg.) cesáreo; *s* (surg.) operación cesárea
Caesarean operation *s* (surg.) operación cesárea
Caesarean section *s* (surg.) sección cesárea
Caesarian [sɪˈzɛrɪən] *adj & s* var. de **Caesarean**
caesarism [ˈsizərɪzəm] *s* cesarismo
caesium [ˈsizɪəm] *s* var. de **cesium**
caesura [sɪˈʒurə] o [sɪˈzjurə] *s* (*pl:* **-ras** o **-rae** [ri]) (pros.) cesura
café [kæˈfe] *s* café, restaurante; bar; cabaret

café au lait [kæ'fe o 'le] *s* (Fr.) café con leche; color de café con leche
café society *s* gente alegre que frecuenta los cabarets de moda
cafeteria [,kæfə'tɪrɪə] *s* cafetería, restaurante en que uno mismo se sirve
caffein o **caffeine** ['kæfin] o ['kæfɪɪn] *s* (pharm.) cafeína
caftan ['kæftən] *s* cafetán o caftán
cage [kedʒ] *s* jaula; (elec., mach. & min.) jaula; cárcel; *va* enjaular
cageling ['kedʒlɪŋ] *s* pájaro enjaulado
cagey ['kedʒɪ] *adj* (*comp:* **cagier;** *super:* **cagiest**) (coll.) zorro, astuto
cahoots [kə'huts] *s* (slang) acuerdo, consorcio; **in cahoots** (slang) de acuerdo, asociados; **to go cahoots** (slang) entrar por partes iguales
Caiaphas ['keəfəs] o ['kaɪəfəs] *s* (Bib.) Caifás
caiman ['kemən] *s* (*pl:* **-mans**) (zool.) caimán
Cain [ken] *s* (Bib.) Caín; **to raise Cain** (slang) armar bochinche
caïque [kɑ'ik] *s* (naut.) caique
cairn [kɛrn] *s* montón de piedras que sirve de mojón, lápida, etc.
Cairo ['kaɪro] *s* El Cairo
caisson ['kesən] o ['kesɑn] *s* (mil.) cajón; (eng.) cajón hidráulico, cajón de aire comprimido; (naut.) cajón de suspensión; (arch.) artesón, casetón
caisson disease *s* (path.) enfermedad de los cajones de aire comprimido, enfermedad de los buzos
caitiff ['ketɪf] *adj & s* belitre, pícaro, cobarde
cajole [kə'dʒol] *va* halagar, camelar; **to cajole a person into something** conseguir por medio de halagos que una persona haga una cosa; **to cajole a person out of something** conseguir una cosa de una persona por medio de halagos
cajolery [kə'dʒolərɪ] *s* (*pl:* **-ies**) halago, lisonja, camelo
cake [kek] *s* bollo, tortita, pastelillo; bizcocho; fritada (*p.ej., de pescado*); pan o pastilla (*de jabón, cera, etc.*); **to take the cake** (slang) ganar el premio; (slang) llevarse la mapa, ser el colmo; *vn* apelmazarse, aterronarse
cakewalk ['kek,wɔk] *s* cake-walk; *vn* bailar el cake-walk
Cal. abr. de **California**
calaba ['kæləbə] *s* (bot.) calambuco, árbol de María
calabash ['kæləbæʃ] *s* (bot.) calabacera; calabaza (*fruto; botella o escudilla*); (mus.) calabazo
calabash tree *s* (bot.) calabacero, árbol de las calabazas, güira
calaboose ['kæləbus] *s* (coll.) calabozo
Calabrian [kə'lebrɪən] *adj & s* calabrés
calabur tree ['kæləbʌr] *s* (bot.) memiso, capulín
caladium [kə'ledɪəm] *s* (bot.) caladio, papagayo
calamanco [,kælə'mæŋko] *s* calamaco
calambac ['kæləmbæk] *s* calambac (*madera*)
calamine ['kæləmaɪn] o ['kæləmɪn] *s* (mineral.) calamina
calamint ['kæləmɪnt] *s* (bot.) calamento, calaminta
calamistrum [,kælə'mɪstrəm] *s* (*pl:* **-tra** [trə]) (zool.) calamistro
calamitous [kə'læmɪtəs] *adj* calamitoso
calamity [kə'læmɪtɪ] *s* (*pl:* **-ties**) calamidad
calamus ['kæləməs] *s* (*pl:* **-mi** [maɪ]) (bot.) ácoro, cálamo; (pharm.) cálamo aromático
calander [kə'lændər] *s* (orn.) calandria
calash [kə'læʃ] *s* carretela (*carruaje*); capota plegable; capota de señora (*de los siglos diez y ocho y diez y nueve*)
calcareous [kæl'kɛrɪəs] *adj* calcáreo; cálcico
calceolaria [,kælsɪə'lɛrɪə] *s* (bot.) calceolaria
Calchas ['kælkəs] *s* (myth.) Calcas
calcic ['kælsɪk] *adj* (chem.) cálcico
calciferous [kæl'sɪfərəs] *adj* calcífero
calcification [,kælsɪfɪ'keʃən] *s* calcificación
calcify ['kælsɪfaɪ] (*pret & pp:* **-fied**) *va* calcificar; *vn* calcificarse
calcimeter [kæl'sɪmɪtər] *s* calcímetro
calcimine ['kælsɪmaɪn] o ['kælsɪmɪn] *s* lechada; *va* lechar
calcination [,kælsɪ'neʃən] *s* calcinación
calcine ['kælsaɪn] *va* calcinar; *vn* calcinarse
calcite ['kælsaɪt] *s* (mineral.) calcita
calcium ['kælsɪəm] *s* (chem.) calcio
calcium carbide *s* (chem.) carburo de calcio
calcium carbonate *s* (chem.) carbonato de calcio
calcium chloride *s* (chem.) cloruro de calcio
calcium cyanamide *s* (chem.) cianamida de calcio
calcium hydroxide *s* (chem.) hidróxido de calcio
calcium light *s* luz de calcio
calcium phosphate *s* (chem.) fosfato cálcico
calcium sulfate *s* (chem.) sulfato de calcio
calcspar ['kælk,spɑr] *s* (mineral.) espato calizo
calculable ['kælkjələbəl] *adj* calculable
calculate ['kælkjəlet] *va* calcular; **calculated to** + *inf* (coll.) aprestado para + *inf*; *vn* calcular; **to calculate on** contar con
calculating ['kælkjə,letɪŋ] *adj* calculador; de calcular; astuto; intrigante
calculating machine *s* máquina de calcular, calculadora
calculation [,kælkjə'leʃən] *s* cálculo
calculative ['kælkjə,letɪv] *adj* calculatorio
calculator ['kælkjə,letər] *s* calculador; calculadora (*máquina*)
calculous ['kælkjələs] *adj* (path.) calculoso
calculus ['kælkjələs] *s* (*pl:* **-li** [laɪ] o **-luses**) (math. & path.) cálculo
Calcutta [kæl'kʌtə] *s* Calcuta
caldron ['kɔldrən] *s* calderón
Caledonian [,kælɪ'donɪən] *adj & s* caledonio
calendar ['kæləndər] *s* calendario; calendario escolar; programa; orden *m* del día; (law) lista de pleitos; *va* poner o entrar en el calendario; poner en la lista, reducir a lista
calendar day *s* día civil
calendar month *s* mes del año
calendar year *s* año civil
calender ['kæləndər] *s* calandria (*para dar lustre al papel*); *vn* calandrar (*el papel*)
calends ['kælɪndz] *spl* calendas (*primer día de cada mes*)
calendula [kə'lɛndjələ] o [kə'lɛndjulə] *s* (bot.) caléndula
calenture ['kæləntʃər] *s* (path.) calentura
calf [kæf] o [kɑf] *s* (*pl:* **calves**) ternero o ternera; cría del rinoceronete y otros animales; piel de ternero; cuero hecho de piel de ternero; pantorrilla (*de la pierna*); (coll.) bobo, mentecato; **to kill the fatted calf** preparar una fiesta para dar la bienvenida
calf love *s* (coll.) var. de **puppy love**
calfskin ['kæf,skɪn] o ['kɑf,skɪn] *s* piel de ternero; cuero hecho de piel de ternero
caliber ['kælɪbər] *s* calibre; (fig.) calaña (*de una persona*); (fig.) calibre (*de una cosa*)
calibrate ['kælɪbret] *va* calibrar
calibration [,kælɪ'breʃən] *s* calibración
calicle ['kælɪkəl] *s* (anat. & zool.) calículo
calico ['kælɪko] *s* (*pl:* **-coes** o **-cos**) calicó, indiana; *adj* hecho de calicó; que tiene manchas de otro color
calicoback ['kælɪko,bæk] *s* (ent.) chinche de jardín
Calif. abr. de **California**
calif ['kelɪf] o ['kælɪf] *s* var. de **caliph**
California condor [,kælɪ'fɔrnɪə] *s* (orn.) cóndor de California
Californian [,kælɪ'fɔrnɪən] *adj & s* californiano
California poppy *s* (bot.) amapola de California, copa de oro
californium [,kælɪ'fɔrnɪəm] *s* (chem.) californio
caliper compass ['kælɪpər] *s* compás de calibres
caliper gauge *s* calibrador fijo
calipers ['kælɪpərz] *spl* calibrador
caliper square *s* pie de rey
caliph ['kelɪf] o ['kælɪf] *s* califa
caliphate ['kælɪfet] *s* califato
calisaya bark [,kælɪ'sejə] *s* (pharm.) calisaya
calisthenic [,kælɪs'θɛnɪk] *adj* calisténico; **calisthenics** *spl* calistenia
calk [kɔk] *s* ramplón (*para las herraduras del caballo*); crampón (*para los zapatos del hombre*); callo (*de herradura*); *va* poner ramplones en; poner crampones en; calafatear

calker [ˈkɔkər] *s* calafate o calafateador

calking [ˈkɔkɪŋ] *s* calafateo

call [kɔl] *s* llamada; grito; invitación; visita, parada; escala (*de buque o avión*); citación (*ante un juez*); reclamo (*del ave*); balitadera (*del gamo*); (hunt.) chilla; (mil.) llamada; derecho; obligación; (coll.) demanda (*p.ej., de fondos*); **on call** disponible; (com.) a solicitud, al pedir; **within call** al alcance de la voz ‖ *va* llamar; señalar; invitar; despertar; citar; mandar; considerar, juzgar; apreciar, estimar; llamar por teléfono; convocar (*una sesión, huelga, etc.*); (sport) dar por terminada (*la partida*); (poker) exigir (*a un jugador*) la exposición de su mano; **to call aside** llamar aparte; **to call back** hacer volver; volver a llamar por teléfono; **to call down** pedir al cielo (*p.ej., favores divinos*); (slang) regañar; **to call forth** sacar (*p.ej., una respuesta*); **to call in** hacer entrar; recoger, retirar; **to call off** aplazar, dar por terminado; disuadir; **to call out** llamar (*a uno*) a que salga; desafiar; **to call together** convocar, reunir; **to call up** llamar por teléfono; recordar ‖ *vn* llamar, gritar; hacer una visita, pararse un rato; (naut.) hacer escala; **to call at** pasar por la casa o la oficina de; **to call for** ir o venir por; exigir; rezar, p.ej., **the newspaper calls for rain** el periódico reza agua; **to call on** o **upon** acudir a (*en busca de auxilio*); visitar; **to call out** llamar a gritos, gritar; **to go calling** ir de visitas

calla [ˈkælə] *s* (bot.) cala (*Zantedeschia aethiopica y Calla palustris*)

calla lily *s* (bot.) cala (*Zantedeschia aethiopica*)

call bell *s* timbre de llamada

callboy [ˈkɔlˌbɔɪ] *s* botones, mozo de hotel, paje de cámara; (theat.) avisador

call button *s* botón para llamar

caller [ˈkɔlər] *s* llamador; visita

call girl *s* (coll.) chica de cita

calligraphic [ˌkælɪˈgræfɪk] *adj* caligráfico

calligraphy [kəˈlɪgrəfɪ] *s* caligrafía

calling [ˈkɔlɪŋ] *s* invitación, convite; mandamiento; citación (*ante un juez*); vocación, profesión

calling card *s* tarjeta de visita

calliope [kəˈlaɪəpɪ] o [ˈkælɪop] *s* (mus.) órgano de vapor; (*cap.*) [kəˈlaɪəpɪ] *s* (myth.) Calíope

calliopsis [ˌkælɪˈɑpsɪs] *s* (bot.) coreópsida

callipers [ˈkælɪpərz] *spl* var. de **calipers**

callisthenic [ˌkælɪsˈθɛnɪk] *adj* calisténico; **callisthenics** *spl* calistenia

Callisto [kəˈlɪsto] *s* (myth.) Calisto

call letters *spl* (telg.) indicativo de llamada, letras de identificación

call loan *s* préstamo que debe pagarse a demanda

call money *s* dinero prestado que debe pagarse a demanda

call number *s* número de teléfono; número de clasificación (*de un libro*)

call of the wild *s* ansia de vagar, atracción de la vida silvestre

callose [ˈkælos] *s* (bot. & biochem.) callosa

callosity [kəˈlɑsɪtɪ] *s* (*pl:* **-ties**) callosidad; insensibilidad

callous [ˈkæləs] *adj* calloso; duro, insensible

callow [ˈkælo] *adj* joven e inexperto; desplumado (*sin plumas adecuades para volar*)

call sign *s* var. de **call letters**

call slip *s* papeleta de biblioteca

call to arms *s* (mil.) llamada; **to sound the call to arms** (mil.) tocar o batir llamada

call to the colors *s* (mil.) llamada a filas

callus [ˈkæləs] *s* callo

calm [kɑm] *s* calma; quietud, serenidad; (naut.) calma; **dead calm** calma chicha o muerta; *adj* tranquilo, bonancible; quieto, sereno; *va* calmar; *vn* calmarse; calmar, abonanzar, pacificarse (*el tiempo*)

calmness [ˈkɑmnɪs] *s* calma, tranquilidad

calomel [ˈkæləmɛl] *s* (pharm.) calomel

calomel electrode *s* (physical chem.) electrodo de calomel

caloric [kəˈlɑrɪk] o [kəˈlɔrɪk] *adj* calórico; *s* (old chem.) calórico

caloricity [ˌkæləˈrɪsɪtɪ] *s* (physiol.) caloricidad

calorie [ˈkælərɪ] *s* (phys. & physiol.) caloría; **gram calorie** o **small calorie** caloría gramo o caloría pequeña; **kilogram calorie** o **large calorie** caloría kilogramo o caloría grande

calorific [ˌkæləˈrɪfɪk] *adj* calorífico

calorification [kəˌlɑrɪfɪˈkeʃən] *s* calorificación

calorimeter [ˌkæləˈrɪmɪtər] *s* calorímetro

calorimetric [ˌkælərɪˈmɛtrɪk] o **calorimetrical** [ˌkælərɪˈmɛtrɪkəl] *adj* calorimétrico

calorimetry [ˌkæləˈrɪmɪtrɪ] *s* calorimetría

calory [ˈkælərɪ] *s* (*pl:* **-ries**) var. de **calorie**

calotte [kəˈlɑt] *s* casquete; (eccl.) solideo; (arch.) casquete

caltrop [ˈkæltrəp] *s* (bot. & mil.) abrojo

calumba [kəˈlʌmbə] *s* (pharm.) colombo

calumet [ˈkæljumɛt] *s* pipa larga que fuman los indios norteamericanos en las ceremonias solemnes y sobre todo en los acuerdos de paz

calumniate [kəˈlʌmnɪet] *va* calumniar

calumniator [kəˈlʌmnɪˌetər] *s* calumniador

calumnious [kəˈlʌmnɪəs] *adj* calumnioso

calumny [ˈkæləmnɪ] *s* (*pl:* **-nies**) calumnia

Calvary [ˈkælvərɪ] *s* (Bib.) Calvario; (*l.c.*) *s* (*pl:* **-ries**) calvario (*representación*); humilladero (*en la entrada de un pueblo*)

calve [kæv] o [kɑv] *va & vn* parir (*dícese de la vaca*)

Calvin [ˈkælvɪn] *s* Calvino

Calvinism [ˈkælvɪnɪzəm] *s* calvinismo

Calvinist [ˈkælvɪnɪst] *adj & s* calvinista

Calvinistic [ˌkælvɪˈnɪstɪk] *adj* calvinista

calx [kælks] *s* (*pl:* **calxes** o **calces** [ˈkælsiz]) residuo cenizoso de un metal o mineral calcinado; cal

calycle [ˈkælɪkəl] *s* (bot. & zool.) calículo

calycular [kəˈlɪkjələr] *adj* (bot.) calicular

calyculus [kəˈlɪkjələs] *s* (*pl:* **-li** [laɪ]) (anat. & zool.) calículo

calypso [kəˈlɪpso] *s* (*pl:* **-sos**) calipso (*canto improvisado*); (bot.) calipso; (*cap.*) *s* (myth.) Calipso

calyx [ˈkelɪks] o [ˈkælɪks] *s* (*pl:* **calyxes** o **calyces** [ˈkælɪsiz] o [ˈkelɪsiz]) (anat. & bot.) cáliz

cam [kæm] *s* (mach.) leva

camaraderie [ˌkɑməˈrɑdərɪ] *s* camaradería

camarilla [ˌkæməˈrɪlə] *s* camarilla

camass [ˈkæmæs] *s* (bot.) camasia

camber [ˈkæmbər] *s* comba, combadura; (aut.) inclinación (*de las ruedas*); convexidad (*del camino*); *va* combar, arquear; *vn* combarse, arquearse

cambium [ˈkæmbɪəm] *s* (bot.) cámbium o cambio

Cambodia [kæmˈbodɪə] *s* Camboya

Cambodian [kæmˈbodɪən] *adj & s* camboyano

Cambrian [ˈkæmbrɪən] *adj & s* cambriano o cámbrico; (geol.) cambriano o cámbrico

cambric [ˈkembrɪk] *s* batista

cambric tea *s* bebida hecha de agua caliente, leche y azúcar, y a veces un poquito de té

Cambyses [kæmˈbaɪsiz] *s* Cambises

came [kem] *pret de* **come**

camel [ˈkæməl] *s* (zool.) camello; (naut.) camello (*mecanismo para suspender un buque*)

camel grass *s* (bot.) esquenanto

camellia [kəˈmiljə] *s* (bot.) camelia

camelopard [kəˈmɛləpɑrd] o [ˈkæmələˌpɑrd] *s* (zool.) camello pardal

camel's hair *s* pelo de camello

camel's-hair [ˈkæməlzˌhɛr] *adj* de pelo de camello

camel's-hair brush *s* pincel de pelo de camello

Camembert [ˈkæməmbɛr] *s* camembert (*queso*)

cameo [ˈkæmɪo] *s* (*pl:* **-os**) camafeo

camera [ˈkæmərə] *s* cámara fotográfica; cámara apostólica; (law) sala particular del juez; **in camera** (law) en la sala particular del juez; en secreto

camera lucida [ˈlusɪdə] *s* (opt.) cámara clara o lúcida

cameraman [ˈkæmərəˌmæn] *s* (*pl:* **-men**) (mov.) cámara *m*, camarógrafo

camera obscura [ɑbˈskjurə] *s* (opt.) cámara oscura

camera stand *s* sostén de cámara

Cameroons [ˌkæməˈrunz] *s* Camerón

Cameroun [kɑmˈrun] *s* el Camerón francés

camion [ˈkæmɪən] *s* camión

camisole [ˈkæmɪsol] *s* camiseta de mujer; camisola (*de hombre*); cubrecorsé; camisa de fuerza

camlet [ˈkæmlɪt] *s* camelote
camomile [ˈkæməmaɪl] *s* (bot. & pharm.) camomila, manzanilla
Camorra [kəˈmɑrə] o [kəˈmɔrə] *s* Camorra
camouflage [ˈkæməflɑʒ] *s* camuflaje; *va* camuflar
camp [kæmp] *s* campamento, campo; **in the same camp** de acuerdo, del mismo partido; **to break camp** (mil.) levantar el campo; *vn* acampar; (coll.) alojarse transitoriamente
campaign [kæmˈpen] *s* (mil. & fig.) campaña; *vn* hacer campaña
campaigner [kæmˈpenər] *s* persona que hace campaña o ha hecho campaña; veterano
campanile [ˌkæmpəˈnilɪ] *s* campanario
campanula [kæmˈpænjʊlə] *s* (bot.) campánula
campanulaceous [kæmˌpænjʊˈleʃəs] *adj* (bot.) campanuláceo
camp chair *s* silla plegadiza
camper [ˈkæmpər] *s* acampador
campfire [ˈkæmpˌfaɪr] *s* hoguera de campamento; reunión de tropas, de niños exploradores, etc., alrededor de una hoguera
camp follower *s* vivandero u otro no combatiente que sigue al ejército
campground [ˈkæmpˌgraʊnd] *s* campamento
camphor [ˈkæmfər] *s* alcanfor
camphorate [ˈkæmfəret] *va* alcanforar
camphorated oil *s* (pharm.) aceite alcanforado
camphor ball *s* bola de alcanfor
camphor tree *s* (bot.) alcanforero, árbol dei alcanfor
camp hospital *s* hospital de campaña
campion [ˈkæmpɪən] *s* (bot.) colleja, cruz de Malta
camp kitchen *s* cocina de campaña
camp meeting *s* campamento de devotos
campstool [ˈkæmpˌstul] *s* silla ligera de tijera, catrecillo
campus [ˈkæmpəs] *s* campo, terreno, recinto (*de la universidad*)
camshaft [ˈkæmˌʃæft] o [ˈkæmˌʃɑft] *s* (mach.) árbol de levas, eje de levas
Can. abr. de **Canada** y **Canadian**
can [kæn] *s* lata, bote, envase; vasito para beber; (*pret & pp:* **canned;** *ger:* **canning**) *va* enlatar, envasar; (slang) despedir, echar a la calle; (*pret & cond:* **could**) *v aux* poder; saber, p.ej., **he can swim** sabe nadar
Canaan [ˈkenən] *s* (Bib.) Tierra de Canaán; (fig.) tierra de promisión
Canaanite [ˈkenənaɪt] *adj & s* (Bib.) cananeo
Canada [ˈkænədə] *s* el Canadá
Canada balsam *s* (bot.) bálsamo canadiense
Canada goose *s* (orn.) ganso de corbata
Canada thistle *s* (bot.) cardo negro
Canadian [kəˈnedɪən] *adj & s* canadiense
canaille [kəˈnel] o [kəˈnaɪ] *s* canalla, gentuza
canal [kəˈnæl] *s* canal *m*
canal boat *s* bote de canal
canalization [kəˌnælɪˈzeʃən] o [ˌkænəlɪˈzeʃən] *s* canalización
canalize [kəˈnælaɪz] o [ˈkænəlaɪz] *va* canalizar
canal rays *spl* (phys.) rayos canales
Canal Zone *s* Zona del Canal (*Panamá*)
canapé [ˌkænəˈpe] o [ˈkænəpe] *s* canapé (*para excitar el apetito*)
canard [kəˈnɑrd] o [kəˈnɑr] *s* bola, embuste, noticia falsa
Canarian [kəˈnɛrɪən] *adj & s* canario
canary [kəˈnɛrɪ] *s* (*pl:* **-ies**) (orn.) canario; color de canario; vino de las islas Canarias; **Canaries** *spl* Canarias
canary bird *s* (orn.) canario
canary grass *s* (bot.) alpiste
Canary Islands *spl* islas Canarias
canary yellow *adj & s* amarillo canario
canasta [kəˈnæstə] *s* canasta (*juego de naipes*)
can buoy *s* (naut.) boya de tambor
cancan [ˈkænkæn] *s* cancán
cancel [ˈkænsəl] *s* supresión, eliminación, canceladura; (*pret & pp:* **-celed** o **-celled;** *ger:* **-celing** o **-celling**) *va* suprimir, eliminar, cancelar; matasellar, obliterar (*sellos de correo*)
canceler [ˈkænsələr] *s* matasellos
cancellation [ˌkænsəˈleʃən] *s* supresión, eliminación, cancelación; obliteración (*inutilización de los sellos de correo; raya o marca de inutilización*)
cancer [ˈkænsər] *s* (path.) cáncer; (*cap.*) *s* (astr.) Cáncer
cancerous [ˈkænsərəs] *adj* canceroso
cancroid [ˈkæŋkrɔɪd] *adj* cancroideo
candelabrum [ˌkændəˈlɑbrəm] o [ˌkændəˈlebrəm] *s* (*pl:* **-bra** [brə] o **-brums**) *s* candelabro
candescence [kænˈdɛsəns] *s* candencia, incandescencia
candescent [kænˈdɛsənt] *adj* candente, incandescente
candid [ˈkændɪd] *adj* cándido; justo, imparcial
candidacy [ˈkændɪdəsɪ] *s* candidatura
candidate [ˈkændɪdet] o [ˈkændɪdɪt] *s* candidato; graduando
candidature [ˈkændɪˌdetʃər] *s* candidatura
candid camera *s* máquina fotográfica de reducidas dimensiones, para poder tomar instantáneas de escenas de la vida diaria, sin llamar la atención, cámara indiscreta
candied [ˈkændɪd] *adj* convertido en azúcar; almibarado, azucarado; **candied words** palabras melosas
candle [ˈkændəl] *s* candela, bujía, vela; (eccl.) cirio; **to burn the candle at both ends** gastar locamente fuerzas y dinero, consumir la vida; **to not be able to hold a candle to** (coll.) no llegar a la suela del zapato a, no poder compararse con; *va* examinar (*huevos*) al trasluz
candleholder [ˈkændəlˌholdər] *s* candelero
candlelight [ˈkændəlˌlaɪt] *s* luz de vela; crepúsculo
candlelighter [ˈkændəlˌlaɪtər] *s* encendedor de velas; acólito
Candlemas [ˈkændəlməs] *s* candelaria
candle power *s* bujía
candlestick [ˈkændəlˌstɪk] *s* palmatoria
candlewick [ˈkændəlˌwɪk] *s* pabilo, mecha de la vela
candlewood [ˈkændəlˌwʊd] *s* cuelmo, tea
candor [ˈkændər] *s* candor; justicia, imparcialidad
candour [ˈkændər] *s* (Brit.) var. de **candor**
candy [ˈkændɪ] *s* (*pl:* **-dies**) bombón, confite, dulce; dulces; (*pret & pp:* **-died**) *va* confitar; almibarar, azucarar; *vn* cristalizarse
candy box *s* bombonera
candytuft [ˈkændɪˌtʌft] *s* (bot.) carraspique, zarapico
cane [ken] *s* bastón; caña (*tallo de varias plantas*); *va* bastonear; fabricar de caña; poner asiento de rejilla o de mimbre a (*una silla*)
canebrake [ˈkenˌbrek] *s* cañaveral
cane seat *s* asiento de rejilla
cane sugar *s* azúcar de caña
cangue [kæŋ] *s* canga
can hooks *spl* gafas
canicular [kəˈnɪkjələr] *adj* canicular
canine [ˈkenaɪn] o [ˈkænaɪn] *adj* canino; *s* (anat.) canino (*colmillo*); can, perro
canine tooth *s* (anat.) diente canino
Canis Major [ˈkenɪs ˈmedʒər] *s* (astr.) Can Mayor
Canis Minor [ˈkenɪs ˈmaɪnər] *s* (astr.) Can Menor
canistel [ˌkænɪsˈtɛl] *s* canistel o canistel (*fruto*)
canister [ˈkænɪstər] *s* bote, frasco, lata (*para té, café, tabaco, etc.*)
canker [ˈkæŋkər] *s* (path.) llaga o úlcera gangrenosa; úlcera en la boca; (bot.) cancro; (ent.) oruga; *va* ulcerar; corromper; *vn* ulcerarse; corromperse
cankerous [ˈkæŋkərəs] *adj* ulceroso, gangrenoso; ulcerativo
canker rash *s* (path.) escarlatina
cankerworm [ˈkæŋkərˌwʌrm] *s* (ent.) oruga (*Alsophila pometaria y Paleacrita vernata*)
canna [ˈkænə] *s* (bot.) cañacoro
cannabinaceous [ˌkænəbɪˈneʃəs] *adj* (bot.) canabíneo
cannaceous [kəˈneʃəs] *adj* (bot.) canáceo
canned goods *spl* conservas alimenticias
canned music *s* (slang) música impresa (*en discos, cintas, etc.*)
cannel [ˈkænəl] o **cannel coal** *s* carbón mate, carbón de bujía
canner [ˈkænər] *s* envasador (*persona que envasa víveres en latas*)

cannery [ˈkænərɪ] *s* (*pl:* **-ies**) fábrica de conservas alimenticias, conservera
cannibal [ˈkænɪbəl] *adj & s* caníbal
cannibalism [ˈkænɪbəlɪzəm] *s* canibalismo
cannibalistic [ˌkænɪbəˈlɪstɪk] *adj* caníbal, canibalino, del canibalismo
cannikin [ˈkænɪkɪn] *s* lata o vaso pequeño de metal
canning [ˈkænɪŋ] *s* envase (*en latas*); *adj* conservero
cannon [ˈkænən] *s* cañón; cañonería, artillería (*conjunto de cañones*); (zool.) metatarso
cannonade [ˌkænəˈned] *s* cañoneo; *va* acañonear
cannon ball *s* bala de cañón
cannon bone *s* (zool.) metatarso
cannon cracker *s* triquitraque grande
cannoneer [ˌkænəˈnɪr] *s* cañonero, artillero
cannon fodder *s* carne de cañón
cannon metal *s* metal o bronce para cañones
cannonry [ˈkænənrɪ] *s* (*pl:* **-ries**) cañoneo; cañonería
cannon shot *s* balas de cañón; cañonazo, tiro de cañón; alcance de un cañón
cannot [ˈkænɑt] contracción de **can not**
cannula [ˈkænjələ] *s* (*pl:* **-lae** [li]) (surg.) cánula
cannular [ˈkænjələr] *adj* canular
canny [ˈkænɪ] *adj* (*comp:* **-nier;** *super:* **-niest**) astuto, sagaz; cauteloso; parco, económico; lindo; cómodo
canoe [kəˈnu] *s* canoa; (*pret & pp:* **-noed;** *ger:* **-noeing**) *va* llevar en canoa; *vn* pasear en canoa
canoeist [kəˈnuɪst] *s* canoero
canon [ˈkænən] *s* canon; (Bib., eccl. & mus.) canon; canónigo (*sacerdote*); (print.) gran canon; (*cap.*) *s* (eccl.) canon (*parte de la misa que empieza Te igitur*)
cañon [ˈkænjən] *s* var. de **canyon**
canoness [ˈkænənɪs] *s* canonesa
canonical [kəˈnɑnɪkəl] *adj* (Bib. & eccl.) canónico; aceptado, auténtico; **canonicals** *spl* vestiduras
canonical hours *spl* horas canónicas
canonization [ˌkænənɪˈzeʃən] *s* canonización
canonize [ˈkænənaɪz] *va* canonizar
canon law *s* cánones, derecho canónico
canonry [ˈkænənrɪ] *s* (*pl:* **-ries**) canonjía
can opener *s* abrelatas, abridor de latas
canopy [ˈkænəpɪ] *s* (*pl:* **-pies**) dosel, pabellón; sombrero (*del púlpito*); cielo (*de la cama*); conopeo (*baldaquino en forma de tienda portátil*); (arch.) doselete (*sobre las estatuas, sepulcros, etc.*); (elec.) campana; casquete (*del paracaídas*); (fig.) cielo; (*pret & pp:* **-pied**) *va* endoselar
canopy of heaven *s* bóveda celeste, capa del cielo
cant [kænt] *s* lenguaje insincero, hipocresía, gazmoñería; germanía (*de ladrones*); jerga (*de una profesión*); inclinación, sesgo; bisel, chaflán; tumbo; *adj* insincero, hipócrita, gazmoño; de una jerga; inclinado, sesgado; *va* inclinar, sesgar; arrojar, lanzar; tumbar, derribar; *vn* hablar en jerga; hablar con gazmoñería
can't [kænt] o [kɑnt] contracción de **can not**
Cantab. abr. de **Cantabrigiensis** (Lat.) **of Cambridge**
Cantabrigian [ˌkæntəˈbrɪdʒɪən] *adj* perteneciente a Cambridge; *s* natural o habitante de Cambridge
cantaloup o **cantaloupe** [ˈkæntəlop] *s* cantalupo
cantankerous [kænˈtæŋkərəs] *adj* pendenciero, quimerista, avieso
cantata [kənˈtɑtə] *s* (mus.) cantata
canteen [kænˈtin] *s* cantina; cantimplora
canter [ˈkæntər] *s* medio galope; *vn* andar (*el caballo*) a medio galope
Canterburian [ˌkæntərˈbjurɪən] *adj & s* cantuariense
Canterbury [ˈkæntərˌberɪ] *s* Cantórbery
Canterbury bell *s* (bot.) farolillo, campánula
cantharides [kænˈθærɪdiʒ] *spl* (pharm.) polvo de cantárida
cantharis [ˈkænθərɪs] *s* (*pl:* **cantharides** [kænˈθærɪdiz]) (ent.) cantárida
cant hook *s* palanca de gancho (*para dar vuelta a los troncos*)
canticle [ˈkæntɪkəl] *s* cántico; **Canticles** *spl* (Bib.) Cantar de los Cantares
Canticle of Canticles *s* (Bib.) Cantar de los Cantares
cantilever [ˈkæntɪˌlɛvər] o [ˈkæntɪˌlivər] *s* viga voladiza; ménsula
cantilever bridge *s* puente cantilever, puente voladizo
cantilever spring *s* (aut.) muelle voladizo
cantilever wing *s* (aer.) ala voladiza, ala en cantilever
cantle [ˈkæntəl] *s* arzón trasero
canto [ˈkænto] *s* (*pl:* **-tos**) canto
canton [ˈkæntən] o [kænˈtɑn] *s* cantón; (her.) cantón; [kænˈtɑn] o [kænˈton] *va* acantonar
cantonal [ˈkæntənəl] *adj* cantonal
Canton crepe [ˈkæntən] *s* burato
Cantonese [ˌkæntəˈniz] *adj* cantonés; *s* (*pl:* **-ese**) cantonés
Canton flannel *s* moletón
cantonment [kænˈtɑnmənt] o [ˈkæntənmənt] *s* acantonamiento
cantor [ˈkæntər] o [ˈkæntɔr] *s* chantre; cantor principal (*de una sinagoga*)
Canuck [kəˈnʌk] *adj & s* (slang) canadiense, francocanadiense
canvas [ˈkænvəs] *s* cañamazo, lona; (naut.) vela, lona; (naut.) velamen; (paint.) lienzo; **under canvas** (mil.) en tiendas; (naut.) con las velas izadas
canvasback [ˈkænvəsˌbæk] *s* (orn.) pato pelucón
canvass [ˈkænvəs] *s* escrutinio, pesquisa, inspección; solicitación (*de votos*); *va* escudriñar; solicitar (*votos*); discutir; *vn* solicitar votos, pedidos comerciales, fondos, opiniones, etc.
canvasser [ˈkænvəsər] *s* inspector, examinador; solicitador (*de votos, pedidos comerciales, etc.*)
canyon [ˈkænjən] *s* cañón (*paso estrecho entre montañas*)
canzonet [ˌkænzəˈnɛt] *s* cancioneta
caoutchouc [ˈkaʊtʃʊk] o [ˈkutʃʊk] *s* caucho
cap. abr. de **capital, capitalize** y **capital letter**
cap [kæp] *s* gorra, gorrilla de visera; tapa, tapón, tapita; cima, cumbre; gorra, bonete (*del traje de catedrático*); caballete (*de la chimenea*); cápsula (*de una botella o un arma de percusión*); (naut.) tamborete (*que sujeta dos palos sobrepuestos*); (bot.) sombrero o sombrerete (*de seta u hongo*); **to put on one's thinking cap** reflexionar con madurez; **to set one's cap for** (coll.) proponerse conquistar para novio; (*pret & pp:* **capped**; *ger:* **capping**) *va* cubrir con gorra; capsular (*una botella*); poner tapa a; poner cima a; poner remate a, acabar; exceder, sobrepujar; saludar descubriéndose la cabeza; **to cap the climax** ser el colmo; *vn* descubrirse en señal de reverencia
capability [ˌkepəˈbɪlɪtɪ] *s* (*pl:* **-ties**) capacidad, habilidad
capable [ˈkepəbəl] *adj* capaz, hábil; **capable of** capaz de; sujeto a
capacious [kəˈpeʃəs] *adj* capaz, espacioso
capacitance [kəˈpæsɪtəns] *s* (elec.) capacitancia
capacitor [kəˈpæsɪtər] *s* (elec.) capacitor
capacity [kəˈpæsɪtɪ] *s* (*pl:* **-ties**) capacidad; (elec. & phys.) capacidad
cap and bells *spl* gorro con campanillas (*del bufón*)
cap and gown *spl* toga y bonete
cap-a-pie o **cap-à-pie** [ˌkæpəˈpi] *adv* de pies a cabeza
caparison [kəˈpærɪsən] *s* caparazón; equipo, traje o vestido rico; *va* engualdrapar; vestir soberbiamente
cape [kep] *s* capa, esclavina; cabo, promontorio
Cape Breton Island [ˈbrɪtən] o [ˈbrɛtən] *s* la Isla del cabo Bretón
Cape buffalo *s* (zool.) búfalo cafre, búfalo de Cafrería
Cape Colony *s* la Colonia del Cabo
Cape Horn *s* el Cabo de Hornos
Cape hunting dog *s* (zool.) perro hiena
Cape jasmine *s* (bot.) jazmín del Cabo
capelin [ˈkæpəlɪn] *s* (ichth.) capelán
capeline [ˈkæpəlɪn] *s* (arm. & surg.) capellina

Cape of Good Hope *s* cabo de Buena Esperanza
caper ['kepər] *s* cabriola; travesura; (bot.) alcaparra; **capers** *spl* alcaparrones (*botones de la flor de la alcaparra*); **to cut capers** dar cabriolas; hacer travesuras; *vn* cabriolar
capercaillie [,kæpər'keljɪ] *s* (orn.) urogallo, grigallo
Capernaum [kə'pʌrnɪəm] *s* Cafarnaúm
Capetian [kə'piʃən] *adj & s* capetiano, capetino
Capetown ['kep,taʊn] o **Cape Town** *s* El Cabo, la Ciudad del Cabo
Cape Verde [vʌrd] *s* Cabo Verde
Cape Verde Islands *spl* islas de Cabo Verde
capias ['kepɪɑs] o ['kæpɪɑs] *s* (law) orden de arresto
capillarity [,kæpɪ'lærɪtɪ] *s* capilaridad
capillary ['kæpɪ,lɛrɪ] *adj* capilar; *s* (*pl:* **-ies**) tubo capilar; (anat.) capilar, vaso capilar
capillary attraction *s* (phys.) atracción capilar
capillary tube *s* tubo capilar
capita ['kæpɪtə] *pl de* **caput**
capital ['kæpɪtəl] *adj* capital; excelente, magnífico; *s* capital *m* (*dinero*); capital *f* (*ciudad*); (fort.) capital *f*; (arch.) capitel; (tech.) capitel (*del alambique*); **to make capital out of** sacar partido de
capital expenditure *s* inversión de capital para ampliar o mejorar el negocio
capital gains *spl* ganancias capitales
capital goods *spl* bienes capitales (*elementos de producción*)
capitalism ['kæpɪtəlɪzəm] *s* capitalismo
capitalist ['kæpɪtəlɪst] *adj & s* capitalista
capitalistic [,kæpɪtə'lɪstɪk] *adj* capitalista
capitalization [,kæpɪtəlɪ'zeʃən] *s* capitalización; aprovechamiento; total del capital; escritura o impresión en mayúscula
capitalize ['kæpɪtəlaɪz] *va* capitalizar; aprovechar; escribir o imprimir con mayúscula; *vn* capitalizar; **to capitalize on** aprovecharse de
capital letter *s* letra capital, letra mayúscula
capitally ['kæpɪtəlɪ] *adv* excelentemente, admirablemente
capital punishment *s* pena capital, pena de muerte
capital ship *s* (nav.) acorazado grande
capital sin *s* pecado capital, pecado mortal
capital stock *s* capital social
capitate ['kæpɪtet] *adj* (bot.) capitado
capitation [,kæpɪ'teʃən] *s* capitación
capitol ['kæpɪtəl] *s* capitolio; (*cap.*) *s* Capitolio
Capitoline ['kæpɪtəlaɪn] o [kə'pɪtəlaɪn] *adj* capitolino; *s* monte Capitolino
capitular [kə'pɪtʃələr] *adj* capitular
capitulary [kə'pɪtʃə,lɛrɪ] *s* (*pl:* **-ies**) capitular; **capitularies** *spl* (hist.) capitulares
capitulate [kə'pɪtʃəlet] *vn* capitular
capitulation [kə,pɪtʃə'leʃən] *s* capitulación; resumen, recapitulación
Cap'n ['kæpən] *s* capitán
capnomancy ['kæpno,mænsɪ] *s* capnomancia
capon ['kepən] o ['kepɑn] *s* capón (*pollo castrado*); capón cebado
capote [kə'pot] *s* capote (*capa*); capota (*cubierta de coche; sombrero sujeto con cintas*)
Cappadocian [,kæpə'doʃən] *adj & s* capadocio
capparidaceous [,kæpərɪ'deʃəs] *adj* (bot.) caparidáceo
capriccio [kə'prɪtʃɪo] o [kə'pritʃo] *s* (*pl:* **-cios**) travesura; capricho; (mus.) capricho
caprice [kə'pris] *s* capricho; veleidad, inconstancia; (mus.) capricho
capricious [kə'prɪʃəs] *adj* caprichoso, caprichudo
Capricorn ['kæprɪkɔrn] *s* (astr.) Capricornio
caprificate ['kæprɪfɪket] o [kə'prɪfɪket] *va* cabrahigar
caprification [,kæprɪfɪ'keʃən] *s* cabrahigadura
caprifig ['kæprɪ,fɪg] *s* (bot.) cabrahigo
caprifoliaceous [,kæprɪ,folɪ'eʃəs] *adj* (bot.) caprifoliáceo
capriole ['kæprɪol] *s* cabriola; *vn* cabriolar
caps. abr. de **capital letters**
capsaicin [kæp'seɪsɪn] *s* (chem.) capsaicina
cap screw *s* tornillo de cabeza cuadrada o hexagonal
capsicum ['kæpsɪkəm] *s* (bot.) pimiento (*planta y fruto*)
capsize ['kæpsaɪz] *va* volcar; *vn* volcar; tumbar (*un barco*)
capstan ['kæpstən] *s* cabrestante, argüe; **to rig the capstan** guarnir el cabrestante
capstan bar *s* (naut.) manuella, barra del cabrestante
capstan lathe *s* torno revólver
capstone ['kæp,ston] *s* (arch.) albardilla, coronamiento; (fig.) coronamiento
capsular ['kæpsələr] o ['kæpsjʊlər] *adj* capsular
capsule ['kæpsəl] o ['kæpsjul] *s* (anat., bot., pharm. & zool.) cápsula; cápsula (*de un cohete espacial*)
Capt. abr. de **Captain**
captain ['kæptɪn] *s* capitán (*p.ej., de un equipo de fútbol*); (mil., naut. & nav.) capitán; *va* capitanear
captaincy ['kæptɪnsɪ] *s* (*pl:* **-cies**) capitanía
captain general *s* (*pl:* **captains general**) (mil. & Sp. hist.) capitán general
captainship ['kæptɪnʃɪp] *s* capitanía
caption ['kæpʃən] *s* título; (mov.) subtítulo; *va* intitular, poner título a
captious ['kæpʃəs] *adj* criticón, reparón; insidioso
captivate ['kæptɪvet] *va* fascinar, cautivar
captivation [,kæptɪ'veʃən] *s* fascinación
captive ['kæptɪv] *adj & s* cautivo
captive balloon *s* globo cautivo
captivity [kæp'tɪvɪtɪ] *s* (*pl:* **-ties**) cautiverio, cautividad
captor ['kæptər] *s* captor, apresador
capture ['kæptʃər] *s* apresamiento, captura; toma (*de una plaza*); prisionero; presa, botín; *va* apresar, capturar; tomar (*una plaza*); captar (*la confianza de uno*)
capture cross section *s* (phys.) sección de captura
capuchin ['kæpjʊtʃɪn] o ['kæpjʊʃɪn] *s* (zool.) capuchino (*mono*); (orn.) paloma capuchina; capucho (*pieza del vestido*); (*cap.*) *s* capuchino (*monje*)
Capuchin nun *s* capuchina
caput ['kepət] o ['kæpət] *s* (*pl:* **capita** ['kæpɪtə]) (Lat.) cabeza; **per capita** por cabeza, por persona
capybara [,kæpɪ'bɑrə] *s* (zool.) capibara, carpincho
car [kɑr] *s* coche (*carro de ferrocarril; automóvil*); caja o carro (*de ascensor*); barquilla (*de un globo aerostático*)
carabao [,kɑrə'bao] *s* (*pl:* **-os**) (zool.) carabao
carabineer o **carabinier** [,kærəbɪ'nɪr] *s* carabinero
caracal ['kærəkæl] *s* (zool.) caracal, lince de las estepas
caracole ['kærəkol] *s* caracol (*del caballo*); *vn* caracolear (*el caballo*)
caracul ['kærəkəl] *s* caracul (*piel rizada*); cordero de astracán, oveja caracul
carafe [kə'ræf] o [kə'rɑf] *s* garrafa
caramel ['kærəməl] o ['kɑrməl] *s* caramelo, azúcar quemado; confite plástico que sabe a caramelo; *va* acaramelar; *vn* acaramelarse
caramelize ['kærəməlaɪz] *va* acaramelizar; *vn* acaramelizarse
carapace ['kærəpes] *s* carapacho
carat ['kærət] *s* quilate
caravan ['kærəvæn] *s* caravana; carricoche; (Brit.) coche-habitación
caravansary [,kærə'vænsərɪ] *s* (*pl:* **-ries**) caravanera o caravansera; posada grande
caravanserai [,kærə'vænsəraɪ] o [,kærə'vænsəre] *s* var. de **caravansary**
caravan site *s* (Brit.) var. de **trailer camp**
caravel ['kærəvɛl] *s* (naut.) carabela
caraway ['kærəwe] *s* (bot.) alcaravea (*planta y simiente*)
caraway seeds *spl* alcaravea, carvi
carbarn ['kɑr,bɑrn] *s* cochera de tranvías, cobertizo para tranvías
carbide ['kɑrbaɪd] o ['kɑrbɪd] *s* (chem.) carburo (*especialmente el de calcio*)
carbine ['kɑrbaɪn] *s* carabina
carbineer [,kɑrbɪ'nɪr] *s* var. de **carabineer**
carbinol ['kɑrbɪnol] o ['kɑrbɪnɑl] *s* (chem.) carbinol

carbodynamite [ˌkɑrboˈdaɪnəmaɪt] *s* carbodinamita
carbohydrate [ˌkɑrboˈhaɪdret] *s* (chem.) carbohidrato, hidrato de carbono
carbolated [ˈkɑrbəˌletɪd] *adj* mezclado con ácido carbólico
carbolic [kɑrˈbɑlɪk] *adj* carbólico
carbolic acid *s* (chem.) ácido carbólico
carbolineum [ˌkɑrboˈlɪnɪəm] *s* (trademark) carbolíneo
carbolize [ˈkɑrbəlaɪz] *va* mezclar o tratar con ácido carbólico
carbon [ˈkɑrbən] *s* (chem.) carbono; (elec.) carbón (*de una pila o una lámpara de arco*); papel carbón; copia en papel carbón; (aut.) carbonilla o carboncillo (*en los cilindros*)
carbonaceous [ˌkɑrbəˈneʃəs] *adj* carbonoso
carbonado [ˌkɑrbəˈnedo] *s* (*pl:* **-does** o **-dos**) carne asada a la parrilla; carbonado (*diamante negro*); *va* asar a la parrilla; acuchillar
carbonate [ˈkɑrbənet] o [ˈkɑrbənɪt] *s* (chem.) carbonato; [ˈkɑrbənet] *va* carbonatar
carbon copy *s* copia en papel carbón, copia al carbón
carbon diamond *s* carbonado, diamante negro
carbon dioxide *s* (chem.) dióxido de carbono, anhídrido carbónico
carbon dioxide snow *s* (chem.) nieve carbónica
carbonic [kɑrˈbɑnɪk] *adj* carbónico
carbonic-acid gas [kɑrˈbɑnɪkˈæsɪd] *s* (chem.) gas carbónico, dióxido de carbono
carboniferous [ˌkɑrbəˈnɪfərəs] *adj* carbonífero; (*cap.*) *adj* (geol.) carbonífero; *s* (geol.) período carbonífero; (geol.) carbonífero, formación carbonífera
carbonization [ˌkɑrbənɪˈzeʃən] *s* carbonización
carbonize [ˈkɑrbənaɪz] *va* carbonizar; *vn* carbonizarse
carbon monoxide *s* (chem.) óxido de carbono, monóxido de carbono
carbon paper *s* papel carbón
carbon tetrachloride [ˌtɛtrəˈkloraɪd] *s* (chem.) tetracloruro de carbono
carbonyl [ˈkɑrbənɪl] *s* (chem.) carbonilo
carborundum [ˌkɑrbəˈrʌndəm] *s* (trademark) carborundo
carborundum detector *s* (rad.) detector de cristales de carborundo
carboxyl group [kɑrˈbɑksɪl] *s* (chem.) grupo carboxilo
carboy [ˈkɑrbɔɪ] *s* bombona, garrafón
carbuncle [ˈkɑrbʌŋkəl] *s* carbunclo o carbúnculo (*rubí o granate*); (path. & vet.) carbunco o carbunclo; grano (*tumorcillo pequeño*)
carburet [ˈkɑrbəret] o [ˈkɑrbjəret] (*pret & pp:* **-reted** o **-retted;** *ger:* **-reting** o **-retting**) *va* carburar
carburetion [ˌkɑrbəˈreʃən] o [ˌkɑrbjəˈreʃən] *s* carburación
carburetor o **carburettor** [ˈkɑrbəˌretər] o [ˈkɑrbjəˌretər] *s* carburador
carcanet [ˈkɑrkənɛt] *s* (archaic) gargantilla o collar de piedras preciosas u oro
carcase o **carcass** [ˈkɑrkəs] *s* cadáver (*especialmente de animal*); res muerta; esqueleto o armazón (*de una casa, un navío, etc.*); (mil.) carcasa
Carcassonne [ˌkɑrˌkɑˈsən] *s* Carcasona
carcinogen [kɑrˈsɪnədʒən] *s* (path.) carcinógeno
carcinoma [ˌkɑrsɪˈnomə] *s* (*pl:* **-mata** [mətə] o **-mas**) (path.) carcinoma
card [kɑrd] *s* tarjeta; carta, naipe; ficha; rosa náutica; (coll.) tipo, sujeto; carda, cardencha (*para cardar lana*); **cards** *spl* naipes (*juego*); **in** u **on the cards** probable; **to cut the cards** cortar el naipe; **to deal the cards** dar las cartas; **to have a card up one's sleeve** tener otro recurso, tener ayuda en reserva; **to play cards** jugar a los naipes; **to put one's cards on the table** poner las cartas boca arriba, jugar a cartas vistas; **to shuffle the cards** barajar las cartas; *va* dar un naipe a; poner en una tarjeta o ficha; cardar (*p.ej., la lana*)
cardamom o **cardamum** [ˈkɑrdəməm] o **cardamon** [ˈkɑrdəmən] *s* (bot.) cardamomo
cardboard [ˈkɑrdˌbord] *s* cartón
cardboard binding *s* encuadernación en pasta
cardboard box *s* cartón, caja de cartón
card-carrying communist [ˈkɑrdˈkærɪɪŋ] *s* comunista que lleva consigo la tarjeta de afiliación al partido
card case *s* tarjetero
card catalogue *s* catálogo de fichas
carder [ˈkɑrdər] *s* cardador
card game *s* juego de cartas; partida de cartas
cardia [ˈkɑrdɪə] *s* (anat.) cardias
cardiac [ˈkɑrdɪæk] *adj* cardíaco; *s* remedio cardíaco; (coll.) cardíaco (*persona que padece del corazón*)
cardigan [ˈkɑrdɪgən] *s* rebeca, chaqueta de lana tejida, albornoz
cardinal [ˈkɑrdɪnəl] *adj* cardinal; *s* purpurado; (eccl. & orn.) cardenal; número cardinal
cardinalate [ˈkɑrdɪnəlet] *s* cardenalato
cardinal bird *s* (orn.) cardenal
cardinal flower *s* (bot.) lobelia escarlata
cardinal grosbeak *s* (orn.) cardenal
cardinal number *s* número cardinal
cardinal points *spl* puntos cardinales
cardinal virtues *spl* virtudes cardinales
card index *s* fichero, tarjetero
carding [ˈkɑrdɪŋ] *s* cardadura (*acción*); cardada (*porción de lana cardada*)
cardiogram [ˈkɑrdɪoˌgræm] *s* cardiograma
cardiograph [ˈkɑrdɪoˌgræf] o [ˈkɑrdɪoˌgrɑf] *s* cardiógrafo
cardiography [ˌkɑrdɪˈɑgrəfɪ] *s* cardiografía
cardiology [ˌkɑrdɪˈɑlədʒɪ] *s* cardiología
cardiovascular [ˌkɑrdɪoˈvæskjələr] *adj* cardiovascular
carditis [kɑrˈdaɪtɪs] *s* (path.) carditis
cardoon [kɑrˈdun] *s* (bot.) cardo de comer
card party *s* tertulia de baraja
cardsharp [ˈkɑrdˌʃɑrp] *s* fullero, tahur
card table *s* mesa de baraja
card trick *s* truco de naipes
care [kɛr] *s* cuidado, inquietud, solicitud; esmero; cargo, custodia; **to have a care** o **to take care** tener cuidado; **to take care of** cuidar, cuidar de; (coll.) tratar con, tratar de; **to take care not to** + *inf* guardarse de + *inf;* **to take care of oneself** cuidarse (*mirar por su salud; darse buena vida*); **to write in care of** escribir a manos de; **care of** suplicada en casa de; *vn* tener cuidado; interesarse; **to care about** preocuparse de o por, cuidarse de (*p.ej., el qué dirán*); **to care for** querer, amar; desear; interesarse en; cuidar de; **to care to** + *inf* tener ganas de + *inf*, cuidar de + *inf*
careen [kəˈrin] *s* (naut.) carena; inclinación, vuelco; *va* (naut.) inclinar o volcar (*un buque*); (naut.) carenar, despalmar (*reparar o componer*); inclinar o volcar; *vn* (naut.) carenar; inclinarse o volcarse; mecerse precipitadamente
careenage [kəˈrinɪdʒ] *s* (naut.) despalmador (*sitio*); despalmadura (*reparo o compostura*)
career [kəˈrɪr] *s* carrera; *adj* de carrera; *vn* correr a carrera tendida
career diplomat *s* diplomático de carrera
careerist [kəˈrɪrɪst] *s* profesional de carrera
career woman *s* (coll.) mujer que se consagra a una profesión
carefree [ˈkɛrˌfri] *adj* desenfadado, despreocupado, alegre
careful [ˈkɛrfəl] *adj* cuidadoso; esmerado (*hecho con esmero*)
carefulness [ˈkɛrfəlnɪs] *s* cuidado; esmero
careless [ˈkɛrlɪs] *adj* descuidado; inconsiderado; indiferente; alegre, sin cuidado
carelessness [ˈkɛrlɪsnɪs] *s* descuido; inconsideración; indiferencia; alegría
caress [kəˈrɛs] *s* caricia; *va* acariciar; *vn* acariciarse
caret [ˈkærət] *s* signo de intercalación
caretaker [ˈkɛrˌtekər] *s* curador, custodio, guardián; portero; casero (*que cuida de una casa y vive en ella*)
caretaker government *s* gobierno provisional
careworn [ˈkɛrˌworn] *adj* agobiado de inquietud
carfare [ˈkɑrˌfɛr] *s* pasaje (*en tren, tranvía, autobús*); pequeña cantidad de dinero
cargo [ˈkɑrgo] *s* (*pl:* **-goes** o **-gos**) (naut.) carga, cargamento
cargo boat *s* barco de carga

carhop ['kɑr,hɑp] *s* (slang) moza de restaurante que sirve a los automovilistas en sus coches
Carib ['kærɪb] *s* caribe
Caribbean [,kærɪ'biən] o [kə'rɪbiən] *adj* caribe; *s* mar Caribe
Caribbean Sea *s* mar Caribe, mar de las Antillas
caribou ['kærɪbu] *s* (zool.) caribú
caricature ['kærɪkətʃər] *s* caricatura; *va* caricaturizar
caricaturist ['kærɪkətʃərɪst] *s* caricaturista
caries ['kɛrɪz] o ['kɛrɪiz] *s* (path.) caries
carillon ['kærɪlɑn] o [kə'rɪljən] *s* (mus.) carillón, órgano de campanas; (*pret & pp:* **-lonned**; *ger:* **-lonning**) *vn* tocar el carillón
carillonneur [,kærɪlə'nʌr] *s* (mus.) campanero
cariole ['kærɪol] *s* carriola; carro pequeño
carious ['kɛrɪəs] *adj* cariado
carking ['kɑrkɪŋ] *adj* molesto; inquieto
carl o **carle** [kɑrl] *s* (archaic) campesino; (Scottish) patán, palurdo
carline thistle ['kɑrlɪn] *s* (bot.) ajonjera, angélica carlina
Carlism ['kɑrlɪzəm] *s* carlismo
Carlist ['kɑrlɪst] *adj & s* carlista
carload ['kɑr,lod] *s* vagonada, furgonada, carga de carro
carloadings ['kɑr,lodɪŋz] *spl* (com.) vagones cargados (*p.ej., en una semana*)
carload lot *s* (rail.) carro completo o entero
Carlovingian [,kɑrlo'vɪndʒɪən] *adj & s* carlovingio
carmagnole [,kɑrmə'njol] *s* carmañola (*chaqueta, canción y danza*)
carman ['kɑrmən] *s* (*pl:* **-men**) carretero; conductor (*de un tranvía*)
Carmel, Mount ['kɑrməl] *s* el monte Carmelo
Carmelite ['kɑrməlaɪt] *adj* carmelita, carmelitano; *s* carmelita
carminative [kɑr'mɪnətɪv] o ['kɑrmɪ,netɪv] *adj & s* (med.) carminativo
carmine ['kɑrmɪn] o ['kɑrmaɪn] *adj* carmíneo; *s* carmín (*materia colorante y color*); *va* carminar
carminite ['kɑrmɪnaɪt] *s* (mineral.) carminita
carnage ['kɑrnɪdʒ] *s* carnicería, mortandad
carnal ['kɑrnəl] *adj* carnal
carnality [kɑr'nælɪtɪ] *s* (*pl:* **-ties**) carnalidad
carnallite ['kɑrnəlaɪt] *s* (mineral.) carnalita
carnation [kɑr'neʃən] *s* (bot.) clavel, clavel reventón; encarnado; *adj* encarnado
carnelian [kɑr'niljən] *s* (mineral.) cornalina, cornerina
carnification [,kɑrnɪfɪ'keʃən] *s* (path.) carnificación
carnival ['kɑrnɪvəl] *s* carnaval; feria, espectáculo de atracciones; *adj* carnavalesco
carnivore ['kɑrnɪvor] *s* (zool. & bot.) carnívoro
carnivorous [kɑr'nɪvərəs] *adj* carnívoro, carnicero
carnosine ['kɑrnosin] *s* (chem.) carnosina
Carnot cycle [kɑr'no] *s* (phys.) ciclo de Carnot
carnotite ['kɑrnətaɪt] *s* (mineral.) carnotita
carob ['kærəb] *s* (bot.) algarrobo
carol ['kærəl] *s* canción alegre; villancico; (*pret & pp:* **-oled** u **-olled**; *ger:* **-oling** u **-olling**) *va & vn* cantar con alegría; celebrar con villancicos
Carolina poplar [,kærə'laɪnə] *s* (bot.) chopo de la Carolina
Caroline ['kærəlaɪn] o ['kærəlɪn] *s* Carolina; *adj* carolino
Caroline Islands *spl* islas Carolinas
Carolingian [,kærə'lɪndʒɪən] *adj & s* carolingio
carom ['kærəm] *s* carambola; rebote; *vn* carambolear; rebotar
carotene ['kærətin] *s* (chem.) caroteno
carotid [kə'rɑtɪd] *adj* carotídeo; *s* (anat.) carótida, arteria carótida
carotid gland *s* (anat.) glándula carótida
carotin ['kærətɪn] *s* var. de **carotene**
carousal [kə'raʊzəl] *s* jarana, gresca, borrachera
carouse [kə'raʊz] *s* jarana, gresca, borrachera; *vn* jaranear, emborracharse
carousel [,kærə'zɛl] *s* var. de **carrousel**
carp [kɑrp] *s* (ichth.) carpa; *vn* regañar, quejarse
carpal ['kɑrpəl] *adj* (anat.) carpiano; *s* (anat.) hueso del carpo
car park *s* (Brit.) var. de **parking lot**
Carpathian Mountains [kɑr'peθɪən] o **Carpathians** *spl* Cárpatos
carpel ['kɑrpəl] *s* (bot.) carpelo
carpenter ['kɑrpəntər] *s* carpintero; *vn* carpintear
carpenter ant *s* (ent.) hormiga carpintera
carpenter bee *s* (ent.) abeja carpintera
carpentry ['kɑrpəntrɪ] *s* carpintería
carpet ['kɑrpɪt] *s* alfombra; **to be on the carpet** estar sobre el tapete (*ser examinado, ser discutido*); (coll.) ser reprobado; *va* alfombrar, tapizar; (fig.) felpar (*p.ej., de hierba*)
carpetbag ['kɑrpɪt,bæg] *s* saco de viaje hecho de tejido de alfombra
carpetbagger ['kɑrpɪt,bægər] *s* aventurero, explotador; (scornful) politicastro del Norte de los EE.UU. que iba al Sur, después de la guerra entre Norte y Sur, a aprovecharse de la situación política
carpetbeater ['kɑrpɪt,bitər] *s* sacudidor de alfombras (*instrumento*)
carpet beetle *s* (ent.) polilla de los tapices
carpet dealer *s* alfombrista
carpeting ['kɑrpɪtɪŋ] *s* alfombrado; tela para alfombras
carpet knight *s* soldado de gabinete
carpet maker *s* alfombrero
carpet moth *s* (ent.) polilla de los paños
carpet slipper *s* zapatilla de fieltro
carpet sweeper *s* barredera de alfombras
carping ['kɑrpɪŋ] *adj* criticón, reparón
carpology [kɑr'pɑlədʒɪ] *s* carpología
carport ['kɑr,port] *s* alpende para automóvil
carpus ['kɑrpəs] *s* (*pl:* **-pi** [paɪ]) (anat.) carpo; (anat.) muñeca
carrack ['kærək] *s* (naut.) carraca (*galeón*)
car radio *s* radio para auto
carrageen ['kærə,gin] *s* (bot.) carragaen, musgo de Irlanda
carrel o **carrell** ['kærəl] *s* gabinete de estudio (*anejo a los depósitos de libros de una biblioteca*)
car-rental service ['kɑr'rɛntəl] *s* alquiler de coches
carriage ['kærɪdʒ] *s* carruaje; (arti.) cureña; (mach.) carro (*p.ej., de la máquina de escribir*); porte, continente; porte, transporte
carriage-free ['kærɪdʒ'fri] *adj* franco de porte
carriage horse *s* caballo de coche
carriage trade *s* clientela de personas ricas
Carrie ['kærɪ] *s* nombre abreviado de **Caroline**
carrier ['kærɪər] *s* porteador, portador; (path.) portador de gérmenes; empresa de transportes; cartero; (nav.) portaaviones; (rad.) onda portadora
carrier-based plane ['kærɪər,best] *s* avión con base en portaaviones
carrier pigeon *s* paloma de raza carrier; paloma mensajera
carrier wave *s* (rad.) onda portadora, onda portante
carriole ['kærɪol] *s* var. de **cariole**
carrion ['kærɪən] *s* carroña; podredumbre; inmundicia; *adj* carroño; que se alimenta de carroña; inmundo
carrion crow *s* (orn.) corneja; (orn.) zopilote (*Catharista atrata*)
carronade [,kærə'ned] *s* carronada
carrot ['kærət] *s* (bot.) zanahoria
carroty ['kærətɪ] *adj* amarillo rojizo; pelirrojo
carrousel [,kærə'zɛl] *s* caballitos, tiovivo
carry ['kærɪ] *s* (*pl:* **-ries**) alcance (*de un arma*); transporte en los hombros; trecho no navegable (*de un río*) ‖ (*pret & pp:* **-ried**) *va* llevar, traer, portar; acarrear, transportar; sostener (*una carga*); contener, comprender, incluir; ganar, lograr (*p.ej., elecciones, un premio*); ganar las elecciones en; hacer aceptar (*una proposición*); extender, llevar más lejos; influir en; llevar consigo; tener en existencia (*mercancías*); (arith.) llevar; **to carry about** llevar de un lado para otro; **to carry along** llevar consigo; **to carry away** llevarse; encantar, entusiasmar; llevar con violencia; **to carry back** devolver, restituir; **to carry**

down bajar; **to carry forward** llevar adelante; (com.) llevar o pasar (*en las cuentas*); **to carry into effect** llevar a cabo, poner en ejecución; **to carry off** llevarse; **to carry on** conducir, dirigir; promover; continuar; **to carry oneself** comportarse; **to carry one's point** salirse con la suya; **to carry out** realizar, llevar a cabo; **to carry over** aplazar; guardar para más tarde; pasar a otra página, cuenta, etc.; **to carry the day** quedar victorioso, ganar la palma; **to carry through** realizar, llevar a cabo; ayudar o sostener hasta el fin; **to carry up** subir; **to carry weight** ser de peso, ser de influencia; **carried forward** suma y sigue ‖ *vn* alcanzar; **to carry on** continuar; (coll.) travesear (*portarse de manera ridícula*); **to carry over** sobrar
carryall [ˈkærɪ,ɔl] *s* coche ligero y cubierto, de un solo caballo
carrying charges *spl* gastos de mantenimiento; gastos adicionales en la compra a plazos (*p.ej., intereses, seguros*)
carry-over [ˈkærɪ,ovər] *s* sobrante, exceso; (com.) suma anterior, suma que pasa de una página o cuenta a otra
car-sick [ˈkɑr,sɪk] *adj* mareado (*en un automóvil o tren*)
cart [kɑrt] *s* carreta; **to put the cart before the horse** empezar la casa por el tejado; *va* carretear, acarrear
cartage [ˈkɑrtɪdʒ] *s* carretaje, acarreo
carte [kɑrt] *s* lista de comidas; **à la carte** según lista, a la carta
carte blanche [ˈkɑrt ˈblɑnʃ] *s* carta blanca
cartel [kɑrˈtɛl] o [ˈkɑrtəl] *s* cartel (*escrito de desafío*); (econ., dipl. & pol.) cartel
carter [ˈkɑrtər] *s* carretero
Cartesian [kɑrˈtiʒən] *adj & s* cartesiano
Cartesian coördinates *spl* (math.) coordenadas cartesianas
Cartesian devil, diver o **imp** *s* (phys.) diablillo de Descartes
Cartesianism [kɑrˈtiʒənɪzəm] *s* cartesianismo
Carthage [ˈkɑrθɪdʒ] *s* Cartago
Carthaginian [,kɑrθəˈdʒɪnɪən] *adj & s* cartaginés
cart horse *s* caballo de tiro
Carthusian [kɑrˈθuʒən] *adj & s* cartujo
cartilage [ˈkɑrtɪlɪdʒ] *s* (anat.) cartílago
cartilaginous [,kɑrtɪˈlædʒɪnəs] *adj* cartilaginoso; (ichth.) cartilaginoso, cartilagíneo
cartload [ˈkɑrt,lod] *s* carretada
cartographer [kɑrˈtɑgrəfər] *s* cartógrafo
cartographic [,kɑrtoˈgræfɪk] *adj* cartográfico
cartography [kɑrˈtɑgrəfɪ] *s* cartografía
carton [ˈkɑrtən] *s* cartón, caja de cartón
cartoon [kɑrˈtun] *s* caricatura; tira cómica; cartón (*modelo de frescos, tapices, etc.*); (mov.) dibujo animado; *va* caricaturizar
cartoonist [kɑrˈtunɪst] *s* caricaturista
cartouche [kɑrˈtuʃ] *s* (arch.) cartucho, cartela
cartridge [ˈkɑrtrɪdʒ] *s* cartucho; cabeza (*del fonocaptor*); (phot.) rollo de películas
cartridge belt *s* canana, cartuchera
cartridge box *s* cartuchera
cartridge case *s* casco de cartucho
cartridge clip *s* peine de balas
cartridge fuse *s* (elec.) fusible de cartucho
cart wheel *s* rueda de carro; salto mortal de lado; (slang) dólar
caruncle [ˈkærʌŋkəl] o [kəˈrʌŋkəl] *s* (anat., bot. & zool.) carúncula
caruncular [kəˈrʌŋkjələr] *adj* caruncular
carunculate [kəˈrʌŋkjəlet] *adj* carunculado
carve [kɑrv] *va* trinchar (*carne*); esculpir, tallar; cincelar, grabar; **to carve out** crearse, labrarse (*p.ej., un porvenir, una fortuna*)
carvel [ˈkɑrvəl] *s* var. de **caravel**
carvel-built [ˈkɑrvəl,bɪlt] *adj* (naut.) con juntas a tope, construído a tope
carvel joint *s* (naut.) junta a tope
carver [ˈkɑrvər] *s* trinchador; trinchante (*cuchillo*); tallista (*de madera*); escultor; grabador
carving [ˈkɑrvɪŋ] *s* acción de trinchar; arte de trinchar; escultura; talladura; tallado, obra de talla
carving knife *s* trinchante
car washer *s* lavacoches
caryatid [,kærɪˈætɪd] *s* (*pl:* **-ids** o **-ides** [ɪdiz]) (arch.) cariátide
caryophyllaceous [,kærɪofɪˈleʃəs] *adj* (bot.) cariofiláceo
caryopsis [,kærɪˈɑpsɪs] *s* (*pl:* **-ses** [siz] o **-sides** [sɪdiz]) (bot.) cariópside
casaba [kəˈsɑbə] *s* melón de Indias
Casbah [ˈkɑzbɑ] *s* casba (*alcazaba y barrio musulmano de Argel y otras ciudades norteafricanas*)
cascade [kæsˈked] *s* cascada
cascade amplification *s* (elec.) amplificación en cascada
cascade connection *s* (elec.) conexión en cascada
cascade control *s* (elec.) control a cascada
cascara [kæsˈkɛrə] *s* (bot. & pharm.) cáscara sagrada
cascara sagrada [səˈgredə] *s* (pharm.) cáscara sagrada
case [kes] *s* caso; (gram. & med.) caso; (law) causa, pleito; argumento convincente; estuche; caja; funda, vaina; bastidor, marco (*p.ej., de una ventana*); (print.) caja; (slang) persona extravagante, persona divertida; **in case** caso que, en caso que; **in case of** en caso de; **in any case** en todo caso, de todos modos; **in no case** de ninguna manera; **in such a case** en tal caso; *adj* (gram.) casual; *va* encajonar; enfundar
casease [ˈkesɪes] *s* (biochem.) caseasa
caseation [,kesɪˈeʃən] *s* (path.) caseificación
casebook [ˈkes,bʊk] *s* libro de texto conteniendo casos selectos clasificados
case ending *s* (gram.) desinencia casual
casehardeη [ˈkes,hɑrdən] *va* endurecer la superficie de (*p.ej., la madera*); (metal.) cementar; (fig.) volver insensible
caseic [ˈkesɪɪk] o [kəˈsiɪk] *adj* caseico
casein [ˈkesɪɪn] *s* (biochem.) caseína
caseinogen [,kesɪˈɪnədʒɛn] *s* (biochem.) caseinógeno
case knife *s* cuchillo provisto de una vaina; cuchillo de mesa
casemate [ˈkesmet] *s* (fort. & naut.) casamata
casemated [ˈkesmetɪd] *adj* acasamatado
casement [ˈkesmənt] *s* ventana a bisagra, ventana batiente; bastidor, marco (*de una ventana*); caja, funda; (poet.) ventana
caseous [ˈkesɪəs] *adj* caseoso
caserns o **casernes** [kəˈzʌrnz] *spl* (mil.) cuartel
case work *s* trabajo con casos
cash [kæʃ] *s* dinero contante; pago al contado; **for cash** al contado; por pago al contado; **to convert into cash** convertir en dinero efectivo; **to pay cash** pagar al contado; **cash on delivery** contra reembolso; *va* pagar al contado por; cobrar, hacer efectivo (*un cheque*); *vn* cobrar; **to cash in** (coll.) morir; **to cash in on** (coll.) sacar provecho de; (coll.) emplear útilmente
cash and carry *s* pago al contado con transporte por parte del comprador
cashbook [ˈkæʃ,bʊk] *s* libro de caja
cashbox [ˈkæʃ,bɑks] *s* caja
cashew [ˈkæʃu] o [kəˈʃu] *s* (bot.) anacardo (*planta y nuez*)
cashew bird *s* (orn.) paují
cashew nut *s* anacardo, nuez de acajú
cashier [kæˈʃɪr] *s* cajero; *va* destituir; degradar
cashier's check *s* cheque de caja
cashier's desk *s* caja
cashmere [ˈkæʃmɪr] *s* casimir o cachemir; lana muy fina de cabras; chal de lana fina de cabras; (*cap.*) *s* Cachemira
cash on delivery *s* entrega contra pago, pago contra reembolso
cash on hand *s* efectivo en caja
cash payment *s* pago al contado
cash prize *s* premio en metálico
cash register *s* caja registradora
casing [ˈkesɪŋ] *s* cubierta, caja, envoltura; tubería de revestimiento; cerco o marco (*de puerta o ventana*); (aut.) cubierta (*de neumático*); (sew.) jareta
casino [kəˈsino] *s* (*pl:* **-nos**) casino
cask [kæsk] o [kɑsk] *s* tonel, casco, pipa
casket [ˈkæskɪt] o [ˈkɑskɪt] *s* cajita, cofrecito; caja, ataúd
Caspian [ˈkæspɪən] *adj & s* caspio

Caspian Sea *s* mar Caspio
casque [kæsk] *s* capacete, casco, casquete
cassaba [kəˈsɑbə] *s* var. de **casaba**
Cassandra [kəˈsændrə] *s* (myth. & fig.) Casandra
cassation [kæˈseʃən] *s* (law) casación
cassava [kəˈsɑvə] *s* (bot.) mandioca (*planta y harina fina de su raíz*)
casserole [ˈkæsərol] *s* cacerola; timbal (*pastel relleno*); (chem.) cacerola
cassia [ˈkæʃə] o [ˈkæsɪə] *s* (bot.) casia; (pharm.) canela de la China
cassimere [ˈkæsɪmɪr] *s* casimir o cachemir
cassino [kəˈsino] *s* (*pl:* **-nos**) casino (*juego de naipes*)
Cassiopeia [ˌkæsɪoˈpiə] *s* (myth. & astr.) Casiopea
cassis [kɑˈsis] *s* (bot.) casis (*planta y licor*)
cassiterite [kəˈsɪtəraɪt] *s* (chem.) casiterita
Cassius [ˈkæʃəs] *s* Casio
cassock [ˈkæsək] *s* sotana, balandrán; **to doff the cassock** colgar los hábitos
cassowary [ˈkæsəˌwɛrɪ] *s* (*pl:* **-ies**) (orn.) casuario
cast [kæst] o [kɑst] *s* echada; forma, molde; pieza fundida; (theat.) reparto; aire, apariencia, semblante; clase; tinte, matiz; mirada bizca; (*pret & pp:* **cast**) *va* echar, lanzar; echar fuera, desechar; echar, volver (*los ojos*); proyectar (*una sombra*); fundir, vaciar; adicionar, calcular; (theat.) repartir (*los papeles*); echar (*balotas*); **to cast about** arrojar por todos lados; **to cast aside** desechar; **to cast away** desechar, abandonar; **to cast down** derribar; desanimar; **to cast forth** despedir, exhalar; **to cast loose** soltar; **to cast off** abandonar, echar de sí; (sew.) hacer (*la última hilera de puntadas*); **to cast on** echarse (*un vestido*) rápidamente; (sew.) empezar con (*la primera hilera de puntadas*); **to cast out** arrojar, echar fuera; despedir, desterrar; *vn* echar dados; arrojar el sedal de pescar; adicionar; **to cast about** buscar, hacer planes, revolver proyectos; **to cast off** (naut.) desamarrar
Castalides [kæsˈtælɪdiz] *spl* (myth.) Castálidas
castanet [ˌkæstəˈnɛt] *s* castañuela o castañeta
castaway [ˈkæstəˌwe] o [ˈkɑstəˌwe] *adj & s* náufrago; proscrito, réprobo
caste [kæst] o [kɑst] *s* casta; régimen de castas; **to lose caste** perder el prestigio
castellan [ˈkæstələn] *s* castellán o castellano
castellated [ˈkæstəˌletɪd] *adj* encastillado
caster [ˈkæstər] o [ˈkɑstər] *s* echador; fundidor, vaciador; ruedecilla de mueble; frasco para aceite, vinagre, sal, etc.; angarillas, vinagreras
castigate [ˈkæstɪget] *va* castigar
castigation [ˌkæstɪˈgeʃən] *s* castigo
castigator [ˈkæstɪˌgetər] *s* castigador
Castile [kæsˈtil] *s* Castilla
Castile soap *s* jabón de Castilla
Castilian [kæsˈtɪljən] *adj & s* castellano
casting [ˈkæstɪŋ] o [ˈkɑstɪŋ] *s* fundición, vaciado; pieza fundida; pesca de lanzamiento; (falc.) curalle; (theat.) reparto (*de los papeles*)
casting line *s* tanza, sedal
casting net *s* esparavel
casting vote *s* voto de calidad, voto decisivo (*en caso de empate*)
cast iron *s* hierro colado, hierro fundido
cast-iron [ˈkæstˈaɪərn] o [ˈkɑstˈaɪərn] *adj* hecho de hierro fundido; fuerte, endurecido; duro, inflexible
cast-iron stomach *s* (coll.) estómago de avestruz
castle [ˈkæsəl] o [ˈkɑsəl] *s* castillo; palacio (*edificio suntuoso*); (chess) roque, torre; *va & vn* (chess) enrocar
castle in Spain o **castle in the air** *s* castillo en el aire
castling [ˈkæslɪŋ] o [kɑslɪŋ] *s* (chess) enroque
castoff [ˈkæstˌɔf] o [ˈkɑstˌɔf] *adj* abandonado, desechado; *s* persona o cosa abandonada o desechada, plato de segunda mesa; (print.) cálculo de espacio
castor [ˈkæstər] o [ˈkɑstər] *s* ruedecilla de mueble; frasco para aceite, vinagre, sal, etc.; angarillas, vinagreras; sombrero de castor; castóreo (*substancia aceitosa*); (*cap.*) *s* (myth., astr. & naut.) Cástor
Castor and Pollux *spl* (myth., astr. & naut.) Cástor y Pólux
castor bean *s* (pharm.) semilla de ricino; (bot.) ricino
castor oil *s* aceite de ricino
castor-oil plant [ˈkæstərˈɔɪl] o [ˈkɑstərˈɔɪl] *s* (bot.) ricino
castrametation [ˌkæstrəməˈteʃən] *s* (mil.) castrametación
castrate [ˈkæstret] *va* castrar, capar; expurgar (*un libro*)
castration [kæsˈtreʃən] *s* castración, capadura; expurgación (*de un libro*)
cast steel *s* acero colado, acero fundido
cast stone *s* sillar de concreto, piedra artificial
casual [ˈkæʒuəl] *adj* casual; impensado, descuidado, indiferente; *s* obrero casual; persona que recibe caridad de vez en cuando; (mil.) soldado en espera de asignación
casualty [ˈkæʒuəltɪ] *s* (*pl:* **-ties**) accidente, desgracia; víctima; muerte; baja (*en la guerra*)
casualty list *s* (mil.) lista de bajas
casuist [ˈkæʒuɪst] *s* casuísta; sofista
casuistic [ˌkæʒuˈɪstɪk] o **casuistical** [ˌkæʒuˈɪstɪkəl] *adj* casuístico; sofístico
casuistry [ˈkæʒuɪstrɪ] *s* (*pl:* **-ries**) casuística; razonamiento hábil y falso
casus belli [ˈkesəs ˈbɛlaɪ] *s* casus belli, motivo de guerra
cat. abr. de **catalogue** y **catechism**
cat [kæt] *s* gato; mujer rencorosa; (ichth.) siluro, bagre, amicuro; (naut.) aparejo de gato; gato de nueve colas, azote con nueve ramales; **to bell the cat** ponerle cascabel al gato; **to let the cat out of the bag** revelar el secreto; (*pret & pp:* **catted;** *ger:* **catting**) *va* (naut.) levantar y trincar (*el ancla*)
catabolism [kəˈtæbəlɪzəm] *s* (biol.) catabolismo
catachresis [ˌkætəˈkrisɪs] *s* (*pl:* **-ses** [siz]) (rhet.) catacresis
cataclysm [ˈkætəklɪzəm] *s* cataclismo
cataclysmal [ˌkætəˈklɪzməl] o **catclysmic** [ˌkætəˈklɪzmɪk] *adj* cataclísmico
catacomb [ˈkætəkom] *s* catacumba
catadioptric [ˌkætədaɪˈɑptrɪk] *adj* (phys.) catadióptrico
catafalque [ˈkætəfælk] *s* catafalco
Catalan [ˈkætəlæn] *adj & s* catalán
Catalan forge o **furnace** *s* forja a la catalana
catalase [ˈkætəles] *s* (chem.) catalasa
catalectic [ˌkætəˈlɛktɪk] *adj* cataléctico
catalepsis [ˌkætəˈlɛpsɪs] o **catalepsy** [ˈkætəˌlɛpsɪ] *s* (path.) catalepsia
cataleptic [ˌkætəˈlɛptɪk] *adj & s* cataléptico
catalog o **catalogue** [ˈkætəlɔg] o [ˈkætəlɑg] *s* catálogo; anuario (*p.ej., de la universidad*); *va* catalogar
catalogue card *s* ficha catalográfica (*de una biblioteca*)
Catalonia [ˌkætəˈlonɪə] *s* Cataluña
Catalonian [ˌkætəˈlonɪən] *adj* catalán
catalpa [kəˈtælpə] *s* (bot.) catalpa
catalysis [kəˈtælɪsɪs] *s* (*pl:* **-ses** [siz]) (chem.) catálisis
catalyst [ˈkætəlɪst] *s* (chem.) catalizador
catalytic [ˌkætəˈlɪtɪk] *adj* catalítico
catalyzer [ˈkætəˌlaɪzər] *s* (chem.) catalizador
catamaran [ˌkætəməˈræn] *s* (naut.) catamarán; armadía, balsa; (coll.) persona pendenciera, mujer pendenciera
catamount [ˈkætəmaunt] *s* (zool.) puma; (zool.) lince, gato montés
cataphoresis [ˌkætəfəˈrisɪs] *s* (med. & chem.) cataforesis
catapult [ˈkætəpʌlt] *s* catapulta; honda; (aer.) catapulta; *va* catapultar
cataract [ˈkætərækt] *s* catarata; aguacero, inundación; (path.) catarata
catarrh [kəˈtɑr] *s* (path.) catarro
catarrhal [kəˈtɑrəl] *adj* catarral
catastrophe [kəˈtæstrəfɪ] *s* catástrofe; (theat. & geol.) catástrofe
catastrophic [ˌkætəˈstrɑfɪk] *adj* catastrófico
catbird [ˈkætˌbʌrd] *s* (orn.) pájaro gato
catboat [ˈkætˌbot] *s* (naut.) laúd
catcall [ˈkætˌkɔl] *s* rechifla; *va & vn* rechiflar
catch [kætʃ] *s* cogida (*de la pelota*); pestillo, cerradera; broche; presa, botín; pesca (*lo que se ha pescado*); trampa; buen partido; rondó; **catch in the voice** voz entrecortada ‖ *adj*

atractivo, llamativo; engañoso, tramposo ‖ (*pret & pp:* **caught**) *va* asir, coger, atrapar; sorprender; comprender; (sport) coger, parar; tomar (*frío*), coger (*un resfriado*); **to catch alive** cazar vivo; **to catch fire** encenderse, inflamarse; **to catch hold of** prenderse en; apoderarse de; **to catch it** (coll.) merecerse castigo, merecerse un regaño; **to catch oneself** contenerse; recobrar el equilibrio; **to catch out** (baseball) sacar fuera a (*un jugador*) cogiendo la pelota antes de que caiga ésta al suelo; **to catch up** asir, coger súbitamente; coger al vuelo; coger la palabra a; cazar (*sorprender en error o un descuido*) ‖ *vn* pegarse, transmitirse fácilmente (*una enfermedad*); enredarse, engancharse; encenderse; **to catch at** tratar de asir o coger; asir fuertemente o con anhelo; **to catch on** prender en (*p.ej., un gancho*); comprender; coger el tino; **to catch on to** ponerse al tanto de; **to catch up** emparejar, salir del atraso; ponerse al día (*en las deudas*); **to catch up with** emparejar con

catchall [ˈkætʃˌɔl] *s* armario, cesto o cajón destinado a contener toda clase de objetos; vaso de seguridad

catch basin *s* cisterna de desagüe

catch crop *s* (agr.) siembra intermedia entre otras dos siembras o entre las hileras de una siembra

catch drain *s* cuneta

catcher [ˈkætʃər] *s* agarrador, cogedor; (baseball) receptor, parador, catcher

catchfly [ˈkætʃˌflaɪ] *s* (*pl:* **-flies**) (bot.) pegamoscas

catching [ˈkætʃɪŋ] *adj* contagioso; atrayente, fascinador

catchment [ˈkætʃmənt] *s* captación; depósito de abastecimiento

catchment area o **basin** *s* cuenca de captación

catchpenny [ˈkætʃˌpenɪ] *adj* barato, de pacotilla; *s* (*pl:* **-nies**) engañifa, baratija

catchpole o **catchpoll** [ˈkætʃˌpol] *s* alguacil, corchete

catch question *s* pega

catch stitch *s* (b.b.) punto alto y bajo; (sew.) punto espigado

catch title *s* título corto y expresivo

catchup [ˈkætʃəp] o [ˈketʃəp] *s* var. de **catsup**

catchword [ˈkætʃˌwʌrd] *s* reclamo, lema, palabra de efecto; (print.) reclamo; (theat.) pie

catchy [ˈkætʃɪ] *adj* (*comp:* **-ier**; *super:* **-iest**) pegajoso, insidioso; animado, vivo

cate [ket] *s* (archaic) golosina

catechetical [ˌkætɪˈketɪkəl] *adj* catequístico

catechise o **catechize** [ˈkætɪkaɪz] *va* catequizar; interrogar minuciosamente

catechism [ˈkætɪkɪzəm] *s* catecismo; serie de preguntas

catechist [ˈkætɪkɪst] *s* catequista

catechizer [ˈkætɪˌkaɪzər] *s* catequizador

catechu [ˈkætətʃʊ] *s* catecú

catechumen [ˌkætɪˈkjumən] *s* (eccl. & fig.) catecúmeno

catechumenate [ˌkætɪˈkjumənet] *s* catecumenado

categorical [ˌkætɪˈgɑrɪkəl] o [ˌkætɪˈgɔrɪkəl] *adj* categórico

categorical imperative *s* (philos.) imperativo categórico

category [ˈkætɪˌgorɪ] *s* (*pl:* **-ries**) categoría

catenary [ˈkætɪˌnerɪ] *adj* catenario; *s* (*pl:* **-ies**) (math.) catenaria

catenate [ˈkætɪnet] *va* encadenar, enlazar

catenulate [kəˈtenjəlet] *adj* catenular

cater [ˈketər] *va & vn* abastecer, proveer; **to cater for** abastecer, proveer; **to cater to** proveer a (*p.ej., el gusto popular*)

cater-cornered [ˈkætərˌkɔrnərd] *adj* diagonal; *adv* diagonalmente

caterer [ˈketərər] *s* proveedor de alimentos y bebidas a domicilio, especialmente para fiestas y reuniones

cateress [ˈketərɪs] *s* abastecedora, proveedora

caterpillar [ˈkætərˌpɪlər] *s* (ent.) oruga; (mach.) oruga (*mecanismo de arrastre*); (trademark) tractor de oruga

caterpillar chain *s* cadena de oruga

caterpillar tractor *s* (trademark) tractor de oruga

caterpillar tread *s* rodado tipo oruga

caterwaul [ˈkætərwɔl] *s* marramao; chillido; *vn* marramizar (*el gato*); chillar

catfish [ˈkætˌfɪʃ] *s* (ichth.) siluro, bagre, amiuro

catgut [ˈkætˌgʌt] *s* (mus.) cuerda de tripa; (surg.) catgut

Cath. abr. de **Catholic**

catharsis [kəˈθɑrsɪs] *s* (aesthetics, med. & psychoanal.) catarsis

cathartic [kəˈθɑrtɪk] *adj* catártico, purgante; *s* purgante

Cathay [kæˈθe] *s* Catay

cathead [ˈkætˌhed] *s* (naut.) serviola

cathedra [kəˈθidrə] o [ˈkæθɪdrə] *s* cátedra

cathedral [kəˈθidrəl] *s* catedral; *adj* catedral, catedralicio; episcopal

Catherine [ˈkæθərɪn] *s* Catalina

catheter [ˈkæθɪtər] *s* (surg.) catéter

catheterization [ˌkæθɪtərɪˈzeʃən] *s* (surg.) cateterismo o cateterización

catheterize [ˈkæθɪtəraɪz] *va* (surg.) cateterizar

cathetometer [ˌkæθɪˈtɑmɪtər] *s* (phys.) catetómetro

cathode [ˈkæθod] *s* (elec.) cátodo

cathode-ray [ˈkæθodˈre] *adj* (phys.) de rayos catódicos

cathode rays *spl* (phys.) rayos catódicos

cathode-ray tube *s* (phys.) tubo o válvula de rayos catódicos

cathodic [kəˈθɑdɪk] *adj* catódico

catholic [ˈkæθəlɪk] *adj* católico (*universal*); liberal, de amplias miras; (*cap.*) *adj & s* católico

catholicism [kəˈθɑlɪsɪzəm] *s* catolicidad (*universalidad*); (*cap.*) *s* catolicismo

catholicity [ˌkæθəˈlɪsɪtɪ] *s* catolicidad (*universalidad*); (*cap.*) *s* catolicidad

catholicize [kəˈθɑlɪsaɪz] *va* catolizar; *vn* catolizarse

cation [ˈkætˌaɪən] *s* (elec.) catión

catkin [ˈkætkɪn] *s* (bot.) amento (*inflorescencia*)

catmint [ˈkætˌmɪnt] *s* (bot.) hierba gatera

cat nap *s* siesta corta

catnip [ˈkætnɪp] *s* (bot.) hierba gatera

Cato [ˈketo] *s* Catón

Catonian [keˈtonɪən] *adj* catoniano

cat-o'-nine-tails [ˌkætəˈnaɪnˌtelz] *s* gato de nueve colas, azote con nueve ramales

catoptric [kəˈtɑptrɪk] *adj* catóptrico; **catoptrics** *ssg* (opt.) catóptrica

cat-rigged [ˈkætˌrɪgd] *adj* (naut.) aparejado como un laúd

cat's cradle *s* cunas, juego de la cuna

cat's-eye [ˈkætsˌaɪ] *s* (mineral.) ojo de gato

cat's-paw o **catspaw** [ˈkætsˌpɔ] *s* instrumento, hombre de paja, mano de gato; (naut.) soplo ligero

cat's-tail [ˈkætsˌtel] *s* (bot.) cola de rata (*Equisetum arvense*); (bot.) viborera; (bot.) espadaña; (bot.) fleo; (meteor.) cola de gato (*cirro*)

catsup [ˈkætsəp] o [ˈketʃəp] *s* salsa de tomate con cebollas, sal, azúcar y especias

cat tackle *s* (naut.) aparejo de gata

cattail [ˈkætˌtel] *s* (bot.) espadaña, anea (*Typha latifolia*); (bot.) anea (*Typha angustifolia*); (bot.) amento (*inflorescencia*)

cat thyme *s* (bot.) hierba del papa

cattiness [ˈkætɪnɪs] *s* gatada; chismería

cattish [ˈkætɪʃ] *adj* gatuno; engañoso, tramposo; rencoroso, malicioso; chismoso

cattle [ˈkætəl] *s* ganado, ganado vacuno; gente despreciable

cattle car *s* vagón cuadra, vagón jaula

cattle crossing *s* paso de ganado

cattleman [ˈkætəlmən] *s* (*pl:* **-men**) ganadero

cattle pump *s* bomba automática para el ganado

cattle raising *s* ganadería

cattle ranch *s* hacienda de ganado

cattle show *s* exposición de ganado

cattle thief *s* ladrón de ganado

cattle tick *s* (ent.) garrapata

catty [ˈkætɪ] *adj* (*comp:* **-tier**; *super:* **-tiest**) gatesco; arisco; rencoroso, malicioso; chismoso

Catullus [kəˈtʌləs] *s* Catulo

catwalk [ˈkætˌwɔk] *s* pasadizo, pasarela

cat whisker *s* (rad.) bigote de gato

Caucasian [kɔˈkeʒən] o [kɔˈkeʃən] *adj & s*

caucásico (*blanco*); caucáseo o caucasiano (*del Cáucaso*)
Caucasus ['kɔkəsəs] *s* Cáucaso
caucus ['kɔkəs] *s* camarilla política; *vn* reunirse en camarilla política
caudal ['kɔdəl] *adj* (zool.) caudal
caudate ['kɔdet] *adj* caudato
Caudine Forks ['kɔdaɪn] *spl* Horcas Caudinas
caudle ['kɔdəl] *s* bebida caliente compuesta de azúcar, huevos, especias y vino o cerveza (*para los enfermos*)
caught [kɔt] *pret & pp de* **catch**
caul [kɔl] *s* redaño
cauldron ['kɔldrən] *s* var. de **caldron**
caulescent [kɔ'lɛsənt] *adj* (bot.) caulescente
caulicle ['kɔlɪkəl] *s* (bot.) caulícula
cauliculus [kɔ'lɪkjələs] *s* (*pl:* **-li** [laɪ]) (arch.) caulículo
cauliflower ['kɔlɪˌflaʊər] *s* (bot.) coliflor
cauliflower excrescence *s* (path.) coliflor
caulk [kɔk] *va* calafatear
caulker ['kɔkər] *s* calafate o calafateador
causal ['kɔzəl] *adj* causal
causality [kɔ'zælɪtɪ] *s* (*pl:* **-ties**) causalidad
causation [kɔ'zeʃən] *s* causa; causalidad (*relación de causa a efecto*)
causative ['kɔzətɪv] *adj* causativo (*que es causa de alguna cosa*)
cause [kɔz] *s* causa; causante; (law) causa; **to make common cause with** hacer causa común con; *va* causar
causeless ['kɔzlɪs] *adj* sin causa; infundado
causerie [ˌkozə'ri] *s* charla, plática; artículo corto
causeway ['kɔzˌwe] *s* calzada, arrecife; calzada elevada, terraplén
caustic ['kɔstɪk] *adj* (chem., math., opt. & fig.) cáustico; *s* (chem.) cáustico; (math. & opt.) cáustica
caustically ['kɔstɪkəlɪ] *adv* cáusticamente
causticity [kɔs'tɪsɪtɪ] *s* causticidad; (fig.) causticidad
caustic potash *s* (chem.) potasa cáustica
caustic soda *s* (chem.) sosa cáustica
cauterization [ˌkɔtərɪ'zeʃən] *s* cauterización
cauterize ['kɔtəraɪz] *va* cauterizar
cautery ['kɔtərɪ] *s* (*pl:* **-ies**) cauterio
caution ['kɔʃən] *s* cautela; advertencia, amonestación; (coll.) persona o cosa extraordinaria; *va* advertir, amonestar
cautionary ['kɔʃəˌnɛrɪ] *adj* amonestador
cautious ['kɔʃəs] *adj* cauto, cauteloso
Cav. abr. de **Cavalry**
cavalcade [ˌkævəl'ked] o ['kævəlked] *s* cabalgata
cavalier [ˌkævə'lɪr] *s* caballero; galán (*que sirve de escolta a una dama*); *adj* altivo, desdeñoso; brusco, inceremonioso; desenvuelto, despreocupado
cavalry ['kævəlrɪ] *s* (*pl:* **-ries**) (mil.) caballería
cavalry charge *s* carga de caballería
cavalryman ['kævəlrɪmən] *s* (*pl:* **-men**) (mil.) soldado de caballería
cavatina [ˌkævə'tinə] *s* (mus.) cavatina
cave [kev] *s* cueva; *va* ahuecar, excavar; **to cave in** quebrar; *vn* **to cave in** derrumbarse; (coll.) ceder, rendirse
caveat ['kevɪæt] *s* advertencia; (law) información a un juez u otro funcionario para que suspenda algún procedimiento hasta más tarde
cave dweller *s* cavernícola
cave-in ['kevˌɪn] *s* (coll.) socavón, hundimiento, derrumbe
cave man *s* cavernícola, hombre de caverna; hombre grosero
cavern ['kævərn] *s* caverna
cavernous ['kævərnəs] *adj* cavernoso
cavesson ['kævəsən] *s* cabezón
cavetto [kə'vɛto] *s* (*pl:* **-ti** [tɪ] o **-tos**) (arch.) caveto, esgucio
caviar o **caviare** ['kævɪɑr] o ['kɑvɪɑr] *s* caviar; **caviar to the general** cosa demasiado buena para ser estimada por la gente ordinaria
cavicorn ['kævɪkɔrn] *adj* (zool.) cavicornio
cavil ['kævɪl] *s* cavilación; (*pret & pp:* **-iled** o **-illed**; *ger:* **-iling** o **-illing**) *va & vn* cavilar
cavitation [ˌkævɪ'teʃən] *s* (mach. & path.) cavitación
cavity ['kævɪtɪ] *s* (*pl:* **-ties**) cavidad
cavort [kə'vɔrt] *vn* (coll.) cabriolar
cavy ['kevɪ] *s* (*pl:* **-vies**) (zool.) cavia, conejillo de Indias
caw [kɔ] *s* graznido; *vn* graznar
cay [ke] o [ki] *s* cayo
cayenne [kaɪ'ɛn] o [ke'ɛn] *s* pimentón (*polvo*); (*cap.*) *s* Cayena
cayenne pepper *s* pimentón (*polvo*)
cayman ['kemən] *s* (*pl:* **-mans**) (zool.) caimán
cayuse [kaɪ'jus] *s* (U.S.A.) jaca india
C battery *s* (rad.) batería de rejilla
cc. o **c.c.** abr. de **cubic centimeter** o **cubic centimeters**
cd. abr. de **cord** o **cords**
cd. ft. abr. de **cord foot**
cearin ['siərɪn] *s* (pharm.) cearina
cease [sis] *s* cesación; **without cease** sin cesar; *va* parar, suspender; *vn* cesar; **to cease** + *ger* cesar de + *inf*
cease fire *s* cese de fuego, alto el fuego
cease-fire ['sis'faɪr] *vn* suspender hostilidades
ceaseless ['sislɪs] *adj* incesante, continuo
Cecil ['sisɪl] o ['sɛsɪl] *s* Cecilio
Cecilia [sɪ'sɪljə] *s* Cecilia
Cecropia moth [sɪ'kropɪə] *s* (ent.) mariposa del gusano de seda (*Samia cecropia*)
cedar ['sidər] *s* (bot.) cedro; *adj* cedrino
cedarbird ['sidərˌbʌrd] o **cedar waxwing** *s* (orn.) filomeno, zonzo
cedar chest *s* cofre o arca de cedro
cedar of Lebanon *s* (bot.) cedro del Líbano
cede [sid] *va* ceder, traspasar
cedilla [sɪ'dɪlə] *s* cedilla
cedrium ['sidrɪəm] *s* cedria
ceil [sil] *va* forrar, revestir (*la pared o el techo interior*)
ceiling ['silɪŋ] *s* techo, cielo raso; (aer.) techo, cielo máximo
ceiling price *s* precio tope
celadon green ['sɛlədɑn] *s* verdeceledón
celandine ['sɛləndaɪn] *s* (bot.) celidonia, hierba de las golondrinas
celebrant ['sɛlɪbrənt] *s* celebrante (*sacerdote*)
celebrate ['sɛlɪbret] *va* celebrar; proclamar; festejar (*p.ej., un día de fiesta*); *vn* celebrar (*decir misa*); divertirse, festejarse, parrandear
celebrated ['sɛlɪˌbretɪd] *adj* célebre
celebration [ˌsɛlɪ'breʃən] *s* celebración; tertulia, diversión
celebrator ['sɛlɪˌbretər] *s* celebrante; contertulio; parrandista
celebrity [sɪ'lɛbrɪtɪ] *s* (*pl:* **-ties**) celebridad (*calidad y persona*)
celeriac [sɪ'lɛrɪæk] *s* (bot.) apio-nabo
celerity [sɪ'lɛrɪtɪ] *s* celeridad
celery ['sɛlərɪ] *s* (bot.) apio
celesta [sɪ'lɛstə] *s* (mus.) celesta; (mus.) celeste (*registro del órgano*)
celestial [sɪ'lɛstʃəl] *adj* celestial (*perteneciente al paraíso; perteneciente al firmamento*); celeste (*perteneciente al firmamento y a la astronomía*); (fig.) celestial (*perfecto, delicioso*); (*cap.*) *adj & s* celeste (*chino*)
celestial body *s* cuerpo celeste
Celestial Empire *s* celeste imperio, imperio celeste (*China*)
celestial globe *s* (astr.) globo celeste
celestial mechanics *s* (astr.) mecánica celeste
celestial sphere *s* (astr.) esfera celeste
celibacy ['sɛlɪbəsɪ] *s* (*pl:* **-cies**) celibato
celibate ['sɛlɪbɪt] o ['sɛlɪbet] *adj & s* célibe
cell [sɛl] *s* celda (*aposento en un convento, cárcel, etc.*); celdilla (*de los panales de las abejas*); (biol., elec. & pol.) célula; (elec.) elemento (*de una pila o acumulador*); (aer.) celda, globo (*de dirigible*); (aer.) célula (*de avión*); (bot.) celdilla (*lóculo*)
cellar ['sɛlər] *s* sótano, bodega
cellarage ['sɛlərɪdʒ] *s* sótanos, bodegas; almacenaje en una bodega
cellarer ['sɛlərər] *s* bodeguero
cellaret [ˌsɛlə'rɛt] *s* licorera
celled [sɛld] *adj* celulado
cellist o **'cellist** ['tʃɛlɪst] *s* violoncelista
cello o **'cello** ['tʃɛlo] *s* (*pl:* **-los**) (mus.) violoncelo
celloidin [sə'lɔɪdɪn] *s* (chem.) celoidina
cellophane ['sɛləfen] *s* (trademark) celofán
cellular ['sɛljələr] *adj* celular

C

cellule ['sɛljul] *s* celulilla; (aer.) célula (*de avión*)
cellulitis [,sɛljə'laɪtɪs] *s* (path.) celulitis
celluloid ['sɛljəlɔɪd] *s* (trademark) celuloide; (fig.) celuloide (*película cinematográfica*)
cellulose ['sɛljəlos] *s* (chem.) celulosa
cellulous ['sɛljələs] *adj* celuloso
celom ['siləm] *s* var. de **coelom**
Celt [sɛlt] o [kɛlt] *s* celta
Celtiberia [,sɛltɪ'bɪrɪə] *s* Celtiberia
Celtiberian [,sɛltɪ'bɪrɪən] *adj & s* celtibérico
Celtic ['sɛltɪk] o ['kɛltɪk] *adj* céltico; *s* celta (*idioma*)
Celticism ['sɛltɪsɪzəm] o ['kɛltɪsɪzəm] *s* celtismo
Celticist ['sɛltɪsɪst] o ['kɛltɪsɪst] *s* celtista
cement [sɪ'mɛnt] *s* cemento; (anat., dent. & geol.) cemento; *va* revestir de cemento; unir con cemento; (metal.) cementar; unir, pegar; consolidar (*p.ej., la amistad, la alianza*); *vn* unirse, pegarse
cementation [,simən'teʃən] *s* (metal.) cementación
cement block *s* bloque de hormigón
cement mill *s* fábrica de cemento
cement mixer *s* var. de **concrete mixer**
cemetery ['sɛmɪ,tɛrɪ] *s* (*pl:* **-ies**) cementerio
cen. abr. de **central**
Cenacle ['sɛnəkəl] *s* Cenáculo (*sala de la última cena*)
Cenis, Mont [mõ sə'ni] el monte Cenis, Moncenisio
cenobite ['sinobaɪt] o ['sɛnobaɪt] *s* cenobita
cenobitism ['sinobaɪtɪzəm] o ['sɛnobaɪtɪzəm] *s* cenobitismo
cenotaph ['sɛnətæf] o ['sɛnətɑf] *s* cenotafio
Cenozoic [,sino'zo·ɪk] o [,sɛno'zo·ɪk] *adj* (geol.) cenozoico; *s* (geol.) era cenozoica, formaciones cenozoicas
censer ['sɛnsər] *s* incensario
censor ['sɛnsər] *s* censor; *va* censurar
censorial [sɛn'sorɪəl] *adj* censorio
censorious [sɛn'sorɪəs] *adj* censurista, criticón
censorship ['sɛnsərʃɪp] *s* censura
censurable ['sɛnʃərəbəl] *adj* censurable
censure ['sɛnʃər] *s* censura; *va* censurar
census ['sɛnsəs] *s* censo; **to take the census** levantar el censo; *adj* censal
census taker *s* enumerador censal
census taking *s* levantamiento del censo o de los censos
cent. abr. de **centigrade, central** y **century**
cent [sɛnt] *s* centavo
centaur ['sɛntɔr] *s* (myth.) centauro
centaury ['sɛntɔrɪ] *s* (*pl:* **-ries**) (bot.) centaura
centenarian [,sɛntɪ'nɛrɪən] *adj & s* centenario
centenary ['sɛntɪ,nɛrɪ] o [sɛn'tinərɪ] *adj* centenario; *s* (*pl:* **-ies**) centenario
centennial [sɛn'tɛnɪəl] *adj & s* centenario
centennially [sɛn'tɛnɪəlɪ] *adv* cada cien años
center ['sɛntər] *s* centro; *adj* centrista; *va* centrar; concentrar; (mil.) centrar (*fuego, ataque, etc.*); *vn* estar en el centro; concentrarse; concurrir
centerboard ['sɛntər,bord] *s* (naut.) orza de deriva
center drill *s* broca de centrar
center field *s* (baseball) jardín central
centering ['sɛntərɪŋ] *s* centraje; (arch.) cimbra
center of attraction *s* (astr.) centro de atracción; (fig.) centro de interés
center of gravity *s* (mech.) centro de gravedad
centerpiece ['sɛntər,pis] *s* centro de mesa
center punch *s* granete, punzón de marcar
center service line *s* (tennis) línea de mitad, línea de media red
center tap *s* (elec.) toma media, derivación central
centesimal [sɛn'tɛsɪməl] *adj* centesimal; *s* centésimo
centiare ['sɛntɪ,ɛr] *s* centiárea
centigrade ['sɛntɪgred] *adj* centígrado
centigrade thermometer *s* termómetro centígrado
centigram o **centigramme** ['sɛntɪgræm] *s* centigramo
centiliter ['sɛntɪ,litər] *s* centilitro
centime ['sɑntim] *s* céntimo
centimeter ['sɛntɪ,mitər] *s* centímetro
centimeter-gram-second system ['sɛntɪ,mitər'græm'sɛkənd] *s* (phys.) sistema cegesimal, sistema centímetro-gramo-segundo
centipede ['sɛntɪpid] *s* (zool.) ciempiés o cientopiés
central ['sɛntrəl] *adj* central; *s* (telp.) central; (telp.) telefonista
Central America *s* Centro América, la América Central
Central American *adj & s* centroamericano
central heating *s* (Brit.) calefacción central; (U.S.A.) calefacción central de un grupo de edificios
centralism ['sɛntrəlɪzəm] *s* centralismo
centralist ['sɛntrəlɪst] *adj & s* centralista
centralization [,sɛntrəlɪ'zeʃən] *s* centralización
centralize ['sɛntrəlaɪz] *va* centralizar; *vn* centralizarse
centrally ['sɛntrəlɪ] *adv* en el centro, hacia el centro
central nervous system *s* (anat. & physiol.) sistema nervioso central
Central Powers *spl* Potencias centrales
Central time *s* (U.S.A.) hora legal correspondiente al meridiano 90°
centre ['sɛntər] *s, adj, va, & vn* var. de **center**
centric ['sɛntrɪk] *adj* céntrico
centrifugal [sɛn'trɪfjugəl] *adj* centrífugo
centrifugal force *s* fuerza centrífuga
centrifugal machine *s* centrifugadora
centrifugal pump *s* bomba centrífuga
centrifuge ['sɛntrɪfjudʒ] *s* centrífuga; *va* centrifugar
centripetal [sɛn'trɪpɪtəl] *adj* centrípeto
centripetal force *s* fuerza centrípeta
centrist ['sɛntrɪst] *s* centrista
centrobaric [,sɛntro'bærɪk] *adj* centrobárico
centrosome ['sɛntrəsom] *s* (biol.) centrosoma
centrosphere ['sɛntrə,sfɪr] *s* (biol.) centroesfera
centuple ['sɛntjupəl] o ['sɛntupəl] *adj* céntuplo; *va* centuplicar
centurion [sɛn'tjurɪən] o [sɛn'turɪən] *s* centurión
century ['sɛntʃərɪ] *s* (*pl:* **-ries**) siglo, centuria; (hist.) centuria; grupo de cien personas o cosas
century plant *s* (bot.) pita
cephalic [sɪ'fælɪk] *adj* cefálico
cephalochordate [,sɛfəlo'kɔrdet] *adj* (zool.) cefalocordado
cephalopod ['sɛfəlo,pɑd] *adj & s* (zool.) cefalópodo
cephalothorax [,sɛfəlo'θoræks] *s* (zool.) cefalotórax
Cepheid ['sɛfɪɪd] *adj* (astr.) cefeido; *s* (astr.) cefeida; **Cepheid variable** (astr.) cefeida variable
Cepheus ['sifjus] o ['sifɪəs] *s* (myth. & astr.) Cefeo
ceramic [sɪ'ræmɪk] *adj* cerámico; **ceramics** *ssg* cerámica (*arte*); *spl* cerámica (*objetos*)
ceramist ['sɛrəmɪst] *s* ceramista
cerargyrite [sɪ'rɑrdʒɪraɪt] *s* (mineral.) querargirita
cerastes [sɪ'ræstiz] *s* (zool.) cerasta
cerate ['sɪret] *s* (pharm.) cerato
Cerberus ['sʌrbərəs] *s* (myth. & fig.) Cancerbero
cere [sɪr] *s* (orn.) cera
cereal ['sɪrɪəl] *adj & s* cereal
cerebellum [,sɛrɪ'bɛləm] *s* (*pl:* **-lums** o **-la** [lə]) (anat.) cerebelo
cerebral ['sɛrɪbrəl] *adj* cerebral
cerebral palsy *s* (path.) parálisis cerebral infantil, diplejía espástica
cerebrate ['sɛrɪbret] *vn* pensar, reflexionar
cerebration [,sɛrɪ'breʃən] *s* cerebración; pensamiento
cerebrospinal [,sɛrɪbro'spaɪnəl] *adj* (anat.) cerebroespinal
cerebrospinal meningitis *s* (path.) meningitis cerebroespinal
cerebrum ['sɛrɪbrəm] *s* (*pl:* **-brums** o **-bra** [brə]) (anat.) cerebro (*encéfalo; parte anterior del encéfalo*)

cerecloth ['sɪrˌklɔθ] o ['sɪrˌklɑθ] *s* encerado; mortaja encerada
cerement ['sɪrmənt] *s* mortaja encerada
ceremonial [ˌserɪ'monɪəl] *adj* ceremonial; *s* ceremonial; (eccl.) ceremonial (*libro*)
ceremonious [ˌserɪ'monɪəs] *adj* ceremonioso
ceremony ['serɪˌmonɪ] *s* (*pl:* **-nies**) ceremonia; **to stand on ceremony** hacer ceremonias
Ceres ['sɪriz] *s* (myth.) Ceres
cereus ['sɪrɪəs] *s* (bot.) pitahaya, acacana
cerise [sə'riz] o [sə'ris] *s* cereza, color de cereza; *adj* de color de cereza
cerium ['sɪrɪəm] *s* (chem.) cerio
cerium metals *spl* (chem.) céridos
cero ['sɪro] *s* (*pl:* **-ros**) (ichth.) pintada, sierra
ceroplastics [ˌsɪro'plæstɪks] o [ˌsero'plæstɪks] *ssg* ceroplástica
cerotic [sɪ'rɑtɪk] *adj* (chem.) cerótico
cerotic acid *s* (chem.) ácido cerótico
certain ['sʌrtən] *adj* cierto; **a certain** cierto; **for certain** por cierto; **to be certain to** + *inf* no poder dejar de + *inf*
certainly ['sʌrtənlɪ] *adv* ciertamente, con certeza; con mucho gusto
certainty ['sʌrtəntɪ] *s* (*pl:* **-ties**) certeza o certidumbre; cosa cierta; **with certainty** a ciencia cierta
certes ['sʌrtiz] *adv* (archaic) seguramente, en verdad
certifiable ['sʌrtɪˌfaɪəbəl] *adj* certificable
certificate [sər'tɪfɪkɪt] *s* certificado, certificación; título (*documento que representa valor comercial*); [sər'tɪfɪket] *va* certificar
certificate of baptism *s* partida de bautismo
certificate of death *s* partida de defunción
certificate of marriage *s* certificado de matrimonio, partida de casamiento
certificate of origin *s* (com.) certificado de origen
certification [ˌsʌrtɪfɪ'keʃən] *s* certificación
certificatory [sər'tɪfɪkəˌtorɪ] *adj* certificatorio
certified check *s* (com.) cheque certificado
certified public accountant *s* censor jurado de cuentas, contador público titulado
certify ['sʌrtɪfaɪ] (*pret & pp:* **-fied**) *va* certificar; garantizar la calidad de
certiorari [ˌsʌrʃɪo'rerɪ] *s* (law) auto de avocación
certitude ['sʌrtɪtjud] o ['sʌrtɪtud] *s* certidumbre
cerulean [sɪ'rulɪən] *adj* cerúleo
cerumen [sɪ'rumen] *s* (physiol.) cerumen
ceruse ['sɪrus] o [sɪ'rus] *s* (chem.) cerusa
cerussite ['sɪrəsaɪt] *s* (mineral.) cerusita
Cervantist [sər'væntɪst] *s* cervantista
cervical ['sʌrvɪkəl] *adj* cervical
cervical rib *s* (anat.) costilla cervical
cervicitis [ˌsʌrvɪ'saɪtɪs] *s* (path.) cervicitis
cervine ['sʌrvaɪn] o ['sʌrvɪn] *adj* cervino
cervix ['sʌrvɪks] *s* (*pl:* **cervices** [sər'vaɪsiz] o ['sʌrvɪsiz] o **cervixes**) (anat.) cerviz
Cesarean o **Cesarian** [sɪ'zerɪən] *adj & s* var. de **Caesarean**
cesium ['sizɪəm] *s* (chem.) cesio
cespitose ['sespitos] *adj* cespitoso
cessation [se'seʃən] *s* cesación
cessation of hostilities *s* suspensión de hostilidades
cession ['seʃən] *s* cesión
cesspool ['sesˌpul] *s* pozo negro; sitio inmundo
cestode ['sestod] *s* (zool.) cestodo
cestus ['sestəs] *s* (hist.) cesto (*armadura de la mano*); (myth.) cinturón de Venus
cesura [sɪ'ʒurə] o [sɪ'zjurə] *s* (*pl:* **-ras** o **-rae** [ri]) var. de **caesura**
cetacean [sɪ'teʃən] *adj & s* (zool.) cetáceo
cetaceous [sɪ'teʃəs] *adj* (zool.) cetáceo
cetane ['siten] *s* (chem.) cetano
cetane number *s* (chem.) número de cetano
cetin ['sitən] *s* (chem.) cetina
cetrarin [sɪ'trerɪn] o ['setrərɪn] *s* (chem.) cetrarina
Cetus ['sitəs] *s* (astr.) Ballena
cetyl ['setɪl] o ['sitɪl] *s* (chem.) cetilo
Ceylon [sɪ'lɑn] *s* Ceilán
Ceylonese [ˌsilə'niz] *adj* ceilanés; *s* (*pl:* **-nese**) ceilanés
cf. abr. de **confer** (Lat.) **compare**
c.f.i. o **C.F.I.** abr. de **cost, freight, and insurance**
cg. abr. de **centigram** o **centigrams**
c.g.s. o **cgs** abr. de **centimeter-gram-second (system)**
ch. abr. de **chapter** y **church**
chaconne [ʃɑ'kɔn] *s* (mus.) chacona
Chaeronea [ˌkerə'niə] *s* Queronea
chafe [tʃef] *s* frotamiento; desgaste; irritación; *va* frotar; escocer; desgastar, raer; irritar; *vn* desgastarse, raerse; irritarse, escocerse
chafer ['tʃefər] *s* (ent.) abejorro
chaff [tʃæf] o [tʃɑf] *s* barcia, aechaduras; paja menuda; broza, desperdicio; zumba, vaya, chanza ligera; *va* zumbarse de
chaffer ['tʃæfər] *s* regateo; *va* regatear; trocar (*palabras*); **to chaffer away** gastar; *vn* regatear
chaffinch ['tʃæfɪntʃ] *s* (orn.) pinzón
chaffy ['tʃæfɪ] o ['tʃɑfɪ] *adj* (*comp:* **-ier**; *super:* **-iest**) lleno de barcia; brozoso, inútil; chancero
chafing dish ['tʃefɪŋ] *s* cocinilla, infernillo
chagrin [ʃə'grɪn] *s* pesadumbre, desazón, disgusto; *va* apesadumbrar, desazonar, disgustar
chain [tʃen] *s* cadena; (chem. & rad.) cadena; *va* encadenar
chain cable *s* (naut.) cadena de ancla
chain drive *s* transmisión de cadena
chain gang *s* collera, cadena de presidiarios, cuerda de presos
chain gear *s* rueda de cadena
chain lightning *s* relámpagos en zigzag
chain-link fencing ['tʃen'lɪŋk] *s* cercado eslabonado
chain mail *s* cota de malla
chainman ['tʃenmən] *s* (*pl:* **-men**) cadenero
chain of mountains *s* cordillera, cadena de montañas
chain-pull socket ['tʃenˌpul] *s* (elec.) portalámparas de cadena
chain pump *s* bomba de cadena
chain reaction *s* (phys.) reacción en cadena, acción eslabonada
chain saw *s* sierra de cadena
chain shot *s* (mil.) balas enramadas
chain smoker *s* cigarrista, fumador de un pitillo tras otro
chain stitch *s* punto de cadeneta
chain-stitch ['tʃenˌstɪtʃ] *va* coser empleando el punto de cadeneta
chain store *s* empresa con cadena de tiendas; tienda de una cadena
chain tongs *spl* llave de cadena
chain wheel *s* rueda dentada para cadena
chair [tʃer] *s* silla; cátedra (*de profesor*); silla de manos; sillón del presidente; presidente (*de una reunión*); (rail.) cojinete; **to take the chair** abrir la sesión; presidir la reunión; *va* asentar; llevar en una silla; presidir (*una reunión*)
chair car *s* (rail.) vagón salón
chair lift *s* telesilla (*para los esquiadores*)
chairman ['tʃermən] *s* (*pl:* **-men**) presidente; silletero (*el que lleva una silla de manos o empuja una silla de ruedas*)
chairmanship ['tʃermənʃɪp] *s* presidencia
Chair of Saint Peter *s* cátedra de San Pedro (*dignidad del Sumo Pontífice; silla situada en la Basílica del Vaticano*)
chair rail *s* guardasilla
chairwoman ['tʃerˌwumən] *s* (*pl:* **-women**) presidenta
chaise [ʃez] *s* calesa, calesín, silla volante
chaise longue [lɔŋg] *s* meridiana, chaise longue
chalaza [kə'lezə] *s* (*pl:* **-zas** o **-zae** [zi]) (bot. & embryol.) chalaza
Chalcedon ['kælsɪdɑn] o [kæl'sidən] *s* Calcedonia
chalcedony [kæl'sedənɪ] o ['kælsɪˌdonɪ] *s* (*pl:* **-nies**) (mineral.) calcedonia
chalcid ['kælsɪd] *s* (ent.) calcídido
chalcopyrite [ˌkælkə'paɪraɪt] o [ˌkælkə'pɪraɪt] *s* (mineral.) calcopirita
Chaldaic [kæl'deɪk] *adj* caldaico, caldeo; *s* caldeo
Chaldea [kæl'diə] *s* Caldea
Chaldean [kæl'diən] *adj & s* caldeo; (fig.) caldeo (*astrólogo; mágico*)

Chaldee [kæl'di] o ['kældi] *adj & s* caldeo
chalet [ʃæ'le] o ['ʃæle] *s* chalet
chalice ['tʃælɪs] *s* (bot., eccl. & poet.) cáliz
chalk [tʃɔk] *s* creta; tiza (*con que se escribe en las pizarras*); *va* marcar, escribir o dibujar con tiza; mezclar o frotar con creta; enyesar; **to chalk up** apuntar; (sport) apuntar; (sport) ganar (*un tanto*); obtener (*un triunfo*)
chalk talk *s* conferencia esclarecida con ejemplos o dibujos hechos con tiza en una pizarra
chalky ['tʃɔkɪ] *adj* (*comp:* **-ier;** *super:* **-iest**) cretoso; pálido
challenge ['tʃælɪndʒ] *s* desafío; demanda; (mil.) quién vive; (law) recusación; *va* desafiar, retar; demandar, exigir; disputar; dudar; (mil.) dar el quién vive a; (law) recusar; **to challenge to** + *inf* desafiar a + *inf*
challenger ['tʃælɪndʒər] *s* desafiador, retador
challenging ['tʃælɪndʒɪŋ] *adj* desafiador, retador; provocador
challie o **challis** ['ʃælɪ] *s* chalí
chalybeate [kə'lɪbɪet] o [kə'lɪbɪɪt] *adj* calibeado, ferruginoso; *s* medicamento ferruginoso, agua ferruginosa
chamber ['tʃembər] *s* cámara; recámara (*de un arma de fuego*); (anat.) cámara; aposento, dormitorio; **chambers** *spl* oficina de abogado o juez; (Brit.) serie de cámaras que sirven de habitaciones u oficinas
chambered ['tʃembərd] *adj* que tiene cámara o cámaras; dividido en compartimientos
chamberlain ['tʃembərlɪn] *s* chambelán; tesorero
chambermaid ['tʃembər,med] *s* camarera
chamber music *s* música de cámara
chamber of commerce *s* cámara de comercio
chamber orchestra *s* orquesta de cámara
chamber pot *s* orinal, vaso de noche
chambray ['ʃæmbre] *s* cambray
chameleon [kə'milɪən] *s* (zool. & fig.) camaleón
chamfer ['tʃæmfər] *s* chaflán; *va* chaflanar; acanalar, estirar
chamois ['ʃæmɪ] *s* (*pl:* **-ois** [ɪ]) (zool.) gamuza; gamuza (*piel*)
champ [tʃæmp] *s* (slang) campeón; mordisco; *va & vn* mordiscar; **to champ the bit** morder o tascar el freno
champagne [ʃæm'pen] *s* champaña *m* (*vino*); (*cap.*) *s* la Champaña
champaign [ʃæm'pen] *adj* llano y abierto; *s* campiña
champion ['tʃæmpɪən] *s* campeón; (fig.) campeón; paladín; *adj* campeón, p.ej., **champion cyclist** campeón ciclista; *va* defender (*a veces contra el dictamen ajeno*)
championess ['tʃæmpɪənɪs] *s* campeona
championship ['tʃæmpɪən,ʃɪp] *s* campeonato
champlevé [,ʃæmplə've] *s* esmalte campeado o vaciado
Champs Elysées [ʃɑ̃zeli'ze] *spl* Campos Elíseos (*paseo de París*)
chance [tʃæns] o [tʃɑns] *s* ocasión, oportunidad; posibilidad, probabilidad; casualidad; suerte, fortuna; riesgo, peligro; acontecimiento, suceso; **by chance** por acaso, por casualidad; **on the chance that** por si acaso; **the chances are even that . . .** las probabilidades corren parejas que . . .; **the chances are that . . .** (coll.) es probable que . . .; **to let the chance slip** perder la ocasión; **to look out for the main chance** estar a caza de su provecho; **to not stand a chance** no tener probabilidad; **to take a chance** probar fortuna, probar suerte; comprar un billete (*p.ej., de lotería*); **to take one's chances** aventurarse, probar fortuna; *adj* casual, imprevisto; *va* (coll.) arriesgar; *vn* acontecer, suceder; **to chance on** o **upon** tropezar con
chancel ['tʃænsəl] o ['tʃɑnsəl] *s* (eccl.) entrecoro
chancellery ['tʃænsələrɪ] o ['tʃɑnsələrɪ] *s* (*pl:* **-ies**) cancillería
chancellor ['tʃænsələr] o ['tʃɑnsələr] *s* canciller
Chancellor of the Exchequer *s* (Brit.) Canciller del echiquier, ministro de hacienda
chancellorship ['tʃænsələr,ʃɪp] o ['tʃɑnsələr,ʃɪp] *s* cancillería
chancery ['tʃænsərɪ] o ['tʃɑnsərɪ] *s* (*pl:* **-ies**) chancillería (*tribunal de justicia*); cancillería; justicia; archivo (*de documentos públicos*); (wrestling) presa a la cabeza; **in chancery** en litigio en un tribunal de justicia; en situación muy difícil; (wrestling) debajo del brazo del contrario (*dícese de la cabeza*)
chancre ['ʃæŋkər] *s* (path.) chancro
chancrous ['ʃæŋkrəs] *adj* chancroso
chancy ['tʃænsɪ] o ['tʃɑnsɪ] *adj* (*comp:* **-ier;** *super:* **-iest**) (coll.) arriesgado
chandelier [,ʃændə'lɪr] *s* araña de luces
chandler ['tʃændlər] *s* cerero, velero; abacero, tendero
chandlery ['tʃændlərɪ] *s* (*pl:* **-ies**) cerería, velería; cirios, velas, candelas, etc.
change [tʃendʒ] *s* cambio, mudanza; variedad; dinero menudo, moneda suelta; vuelta (*dinero devuelto*); muda (*de ropa*); **for a change** por cambiar, por variedad; **to keep the change** quedarse con la vuelta; **to ring the changes** tocar las campanas de todas las maneras; obrar de varias maneras; **to ring the changes on** hacer (*una cosa*) de varias maneras; decir (*una cosa*) de varias maneras; *va* cambiar, mudar; reemplazar; **to change clothes** cambiar de ropa; **to change color** demudarse; **to change gears** cambiar de velocidades; **to change hands** cambiar de dueño; **to change money** cambiar moneda; **to change one's mind** cambiar de opinión; **to change one's tune** cambiar de actitud; **to change trains** cambiar de tren, transbordar; *vn* cambiar, mudar; corregirse
'change [tʃendʒ] *s* bolsa, lonja
changeability [,tʃendʒə'bɪlɪtɪ] *s* alterabilidad, mutabilidad
changeable ['tʃendʒəbəl] *adj* cambiable, mudable; variable; cambiadizo, inconstante
changeful ['tʃendʒfəl] *adj* cambiante; variable, inconstante
changeless ['tʃendʒlɪs] *adj* inmutable, constante
changeling ['tʃendʒlɪŋ] *s* niño cambiado en secreto por otro; (archaic) niño bobo, tonto o malparecido
change of clothing *s* muda de ropa
change of heart *s* conversión, cambio de sentimiento, arrepentimiento
change of life *s* (physiol.) menopausia
change of time *s* cambio de hora
change of venue *s* (law) cambio de tribunal (*en un proceso*)
change of voice *s* muda (*de los muchachos*)
change-over ['tʃendʒ,ovər] *s* cambio, conmutación
channel ['tʃænəl] *s* canal *m & f;* álveo, cauce (*de un río*); vía (*p.ej., de comunicaciones*); ranura, surco; conducto; (mil.) conducto regular; (naut.) mesa o meseta de guarnición; (rad. & telv.) canal *m;* **the Channel** el canal de la Mancha; (*pret & pp:* **-neled** o **-nelled;** *ger:* **-neling** o **-nelling**) *va* acanalar; canalizar (*p.ej., dinero, esfuerzos*)
channel iron *s* hierro de canal
Channel Islands *spl* islas Anglonormandas, islas del Canal, islas Normandas
chant [tʃænt] o [tʃɑnt] *s* canción; canto; salmo; *va* cantar; *vn* cantar; cantar la misma cantinela
chanter ['tʃæntər] o ['tʃɑntər] *s* cantor; chantre; (mus.) puntero (*de gaita*)
chantey ['ʃæntɪ] o ['tʃæntɪ] *s* (naut.) saloma
chanteyman ['ʃæntɪmən] o ['tʃæntɪmən] *s* (*pl:* **-men**) (naut.) salomador
chanticleer ['tʃæntɪklɪr] *s* gallo
chantry ['tʃæntrɪ] o ['tʃɑntrɪ] *s* (*pl:* **-tries**) capilla; dotación para decirse misas especiales en una capilla
chanty ['ʃæntɪ] o ['tʃæntɪ] *s* (*pl:* **-ties**) var. de **chantey**
chaos ['keɑs] *s* caos
chaotic [ke'ɑtɪk] *adj* caótico
chaotically [ke'ɑtɪkəlɪ] *adv* caóticamente
chap. abr. de **chaplain** y **chapter**
chap [tʃæp] o [tʃɑp] *s* mandíbula; mejilla; [tʃæp] *s* grieta, hendedura; (coll.) muchacho, chico; **chaps** *spl* zahones, chaparreras (*calzones de cuero*); (*pret & pp:* **chapped;** *ger:* **chapping**) *va* agrietar, hender, rajar; *vn* agrietarse, henderse, rajarse
chaparral [,tʃæpə'ræl] *s* chaparral

chapbook ['tʃæp,bʊk] *s* librete de cuentos, coplas, etc., que se vendía en las calles
chapel ['tʃæpəl] *s* capilla; oficio celebrado en una capilla; (Brit.) capilla destinada al culto de los que no pertenecen a la Iglesia establecida; imprenta; personal de la imprenta
chapel of ease *s* ayuda de parroquia
chaperon o **chaperone** ['ʃæpəron] *s* acompañanta de señoritas, señora de compañía; *va* acompañar (*una señora a una o más señoritas*)
chaperonage ['ʃæpə,ronɪdʒ] *s* deberes de acompañanta de señoritas
chapfallen ['tʃɑp,fɔlən] o ['tʃæp,fɔlən] *adj* alicaído, desanimado
chaplain ['tʃæplɪn] *s* capellán
chaplaincy ['tʃæplɪnsɪ] *s* (*pl:* **-cies**) capellanía
chaplainship ['tʃæplɪnʃɪp] *s* capellanía
chaplet ['tʃæplɪt] *s* guirnalda; gargantilla, collar; rosario; (arch.) moldura de cuentas
chapleted ['tʃæplɪtɪd] *adj* enguirnaldado
chapman ['tʃæpmən] *s* (*pl:* **-men**) (Brit.) buhonero
chaptalization [,ʃæptəlɪ'zeʃən] *s* (wine mfg.) captalización
chaptalize ['tʃæptəlaɪz] *va* captalizar
chapter ['tʃæptər] *s* capítulo; capítula (*pasaje de la Sagrada Escritura*)
chapter and verse *adv* con todos sus pelos y señales
chapter house *s* casa capitular; casa de una confraternidad universitaria
char [tʃɑr] *s* tarea de ocasión, trabajo a jornal; (*pret & pp:* **charred;** *ger:* **charring**) *va* carbonizar; socarrar (*quemar ligeramente*); *vn* hacer tareas de ocasión, trabajar a jornal; carbonizarse
char-à-banc ['ʃærə,bæŋ] *s* (*pl:* **-bancs** [,bæŋz]) charabán, autobús grande para excursiones
character ['kærɪktər] *s* carácter; personaje; (theat.) papel; (theat.) personaje; (coll.) tipo, sujeto; (bot., zool., print. & theol.) carácter; **in character** con verdad, conforme al tipo; **out of character** impropio, contrario al tipo
character actor *s* (theat.) actor de carácter
character assassination *s* calumnia hecha con propósito de destruir la confianza del público en una persona
characteristic [,kærɪktə'rɪstɪk] *adj* característico; *s* característica; (math. & rad.) característica
characteristically [,kærɪktə'rɪstɪkəlɪ] *adv* característicamente
characterization [,kærɪktərɪ'zeʃən] *s* caracterización
characterize ['kærɪktəraɪz] *va* caracterizar
character loan *s* préstamo sin garantía colateral
character piece *s* pieza breve para piano, que expresa un estado de alma o impresión simple
character sketch *s* semblanza; (theat.) representación de un personaje de carácter bien definido
character study *s* retrato literario
character witness *s* testigo que da testimonio de la buena reputación y la moralidad de una persona
charactery ['kærɪktərɪ] *s* simbolismo; símbolos, caracteres
charade [ʃə'red] o [ʃə'rɑd] *s* charada
charcoal ['tʃɑr,kol] *s* carbón de leña; carboncillo (*para dibujar*); dibujo al carbón
charcoal burner *s* carbonero; horno para hacer carbón de leña
chard [tʃɑrd] *s* (bot.) acelga
chare [tʃɛr] *s* tarea de ocasión, trabajo a jornal; *vn* hacer tareas de ocasión, trabajar a jornal
charge [tʃɑrdʒ] *s* carga (*de un arma de fuego, un horno, etc.*); cargo (*responsabilidad; acusación; cuidado, custodio; gravamen, impuesto*); encargo, orden, mando; coste, precio; (mil. & elec.) carga; (her.) blasón; **in charge** encargado; **in charge of** a cargo de (*una persona*); encargado de (*una cosa*); **to reverse the charges** (telp.) cobrar al número llamado; **to take charge of** hacerse cargo de; *va* cargar; cobrar (*cierto precio*); encargar, ordenar, mandar; embestir; (mil. & elec.) cargar; **to charge off** poner (*algo*) en cuenta restándolo como pérdida; anotar en el libro de cuentas; **to charge to the account of someone** (com.) cargarle a uno en cuenta; **to charge with** cargar de, acusar de; *vn* embestir
chargeable ['tʃɑrdʒəbəl] *adj* acusable; cobradero
charge account *s* (com.) cuenta corriente
chargé d'affaires [ʃɑr'ʒedæ'fɛr] *s* (*pl:* **chargés d'affaires**) encargado de negocios
charger ['tʃɑrdʒər] *s* cargador; caballo de guerra; (elec.) cargador (*de acumuladores*); (archaic) fuente o plato grande
charging ['tʃɑrdʒɪŋ] *adj* (her.) furioso
charging rate *s* (elec.) corriente de carga (*de un acumulador*)
chariot ['tʃærɪət] *s* carro romano, carro de guerra; carroza
charioteer [,tʃærɪə'tɪr] *s* auriga, carretero
charism ['kærɪzəm] *s* (theol.) carisma
charitable ['tʃærɪtəbəl] *adj* caritativo, benéfico
charity ['tʃærɪtɪ] *s* (*pl:* **-ties**) caridad
charivari [,ʃɑrɪ'vɑrɪ], [ʃə,rɪvə'ri] o ['ʃɪvəri] *s* cencerrada (*en particular, la dada al viudo que se vuelve a casar, la noche de bodas*); cantaleta
charlatan ['ʃɑrlətən] *s* charlatán (*embaidor; curandero*)
charlatanism ['ʃɑrlətənɪzəm] o **charlatanry** ['ʃɑrlətənrɪ] *s* charlatanismo
Charlemagne ['ʃɑrləmen] *s* Carlomagno
Charles [tʃɑrlz] *s* Carlos
Charles's Wain ['tʃɑrlzɪz'wen] *s* (astr.) la Osa Mayor
Charley o **Charlie** ['tʃɑrlɪ] *s* forma familiar de **Charles;** Carlitos (*se aplica a niños*)
charley horse *s* (coll.) calambre
charlock ['tʃɑrlɑk] *s* (bot.) mostaza silvestre
Charlotte ['ʃɑrlət] *s* Carlota; (*l.c.*) *s* carlota (*torta*)
charlotte russe ['ʃɑrlət 'rus] *s* carlota rusa (*pastel de nata*)
charm [tʃɑrm] *s* encanto, hechizo; dije, amuleto; **charms** *spl* hechizos (*de una mujer*); *va* encantar, hechizar
charmer ['tʃɑrmər] *s* encantador
charmeuse [ʃɑr'mʌz] *s* charmeuse (*tejido*)
charming ['tʃɑrmɪŋ] *adj* encantador
charnel ['tʃɑrnəl] *adj* sepulcral, cadavérico, horrible; *s* carnero, osario
charnel house *s* carnero
Charon ['kɛrɑn] *s* (myth.) Carón o Caronte
chart [tʃɑrt] *s* mapa geográfico; (naut.) carta de marear; lista, tabla; cuadro, diagrama; *va* poner en una carta de marear; **to chart a course** trazar o planear un derrotero
charter ['tʃɑrtər] *s* carta; *va* estatuir; (naut.) fletar (*un barco*); alquilar (*un autobús*)
chartered accountant *s* (Brit.) perito mercantil, contador perito
charterhouse ['tʃɑrtər,haʊs] *s* cartuja
charter member *s* socio fundador
charter party *s* (naut.) carta partida, carta de fletamento
chartometer [kɑr'tɑmɪtər] *s* cartómetro
chartreuse [ʃɑr'trʌz] *s* chartreuse
charwoman ['tʃɑr,wʊmən] *s* (*pl:* **-women**) criada por horas, alquilona, asistenta
chary ['tʃɛrɪ] *adj* (*comp:* **-ier;** *super:* **-iest**) cuidadoso; esquivo, asustado; parco; **to be chary of** ser avaro de (*p.ej., elogios*); tener miedo de (*p.ej., los extranjeros*); **to be chary of** + *ger* vacilar en + *inf*
Charybdis [kə'rɪbdɪs] *s* (geog. & myth.) Caribdis
Chas. abr. de **Charles**
chase [tʃes] *s* caza; persecución; ranura, muesca; (print.) rama; **to give chase** dar caza; *va* cazar; perseguir; filetear, grabar; **to chase away** ahuyentar; *vn* (coll.) precipitarse
chaser ['tʃesər] *s* cazador; perseguidor; avión de caza; cazasubmarinos; grabador; buril, cincel; (coll.) bebida que se toma después de un licor fuerte
chasm ['kæzəm] *s* grieta; abismo, desfiladero; laguna, vacío; (fig.) abismo (*entre dos personas o cosas*)
chasseur [ʃɑ'sʌr] *s* cazador (*soldado*); criado vestido de uniforme
chassis ['ʃæsɪ] o ['tʃæsɪ] *s* (*pl:* **-sis** [sɪz]) (aut. & rad.) chasis; (aer.) armazón

chaste [tʃest] *adj* casto; castizo, simple, sin adorno
chasten ['tʃesən] *va* castigar
chaste tree *s* (bot.) agnocasto, sauzgatillo
chastise [tʃæs'taɪz] *va* castigar
chastisement ['tʃæstɪzmənt] o [tʃæs'taɪzmənt] *s* castigo
chastity ['tʃæstɪtɪ] *s* castidad; casticidad, simpleza, falta de adorno
chastity belt *s* cinturón de castidad
chasuble ['tʃæzjʊbəl] *s* casulla
chat [tʃæt] *s* charla, plática; (orn.) cagaestacas; (*pret & pp:* **chatted;** *ger:* **chatting**) *vn* charlar, platicar
chatelaine ['ʃætəlen] *s* castellana (*señora de un castillo*); muelle, cadena con dijes o llavero que llevan las mujeres en la cintura
chattel ['tʃætəl] *s* bienes muebles
chatter ['tʃætər] *s* charla, cháchara; chirrido, rechinido; castañeteo (*de los dientes*); *vn* charlar, chacharear; chirriar, rechinar; castañetear (*los dientes*); (mach.) traquear, traquetear
chatterbox ['tʃætər,bɑks] *s* charlador, tarabilla
chatty ['tʃætɪ] *adj* (*comp:* **-tier;** *super:* **-tiest**) gárrulo, locuaz
chauffeur ['ʃofər] o [ʃo'fʌr] *s* chófer
chautauqua o **Chautauqua** [ʃə'tɔkwə] *s* (U.S.A.) reunión cultural (*que consta de conferencias, conciertos, etc., que se ofrecen durante varios días*)
chauvinism ['ʃovɪnɪzəm] *s* chauvinismo
chauvinist ['ʃovɪnɪst] *s* chauvinista
chauvinistic [,ʃovɪ'nɪstɪk] *adj* chauvinista
Ch.E. abr. de **Chemical Engineer**
cheap [tʃip] *adj* barato; barateado; baratero (*que vende barato*); mal pagado (*dícese del trabajo*); cursi, de mal gusto; **to feel cheap** sentirse inferior, sentir vergüenza; *adv* barato
cheapen ['tʃipən] *va* abaratar; *vn* abaratar, abaratarse
cheapness ['tʃipnɪs] *s* baratura
cheat [tʃit] *s* trampa, timo, fraude; trampista, timador, defraudador; *va* trampear, timar, defraudar; **to cheat someone out of something** defraudar algo a alguien
cheater ['tʃitər] *s* trampista, timador, defraudador
check [tʃɛk] *s* parada súbita; rechazo, repulsa; freno, restricción; (mach.) tope; amortiguador (*de puerta*); cheque (*de banco*); talón, contraseña (*de equipajes*); billete de reclamo; cuenta (*en un restaurante*); billete de salida, contraseña de salida (*en el teatro o cine*); comprobación, verificación; inspección; marca, señal; tela tejida a cuadros; cuadro (*de una tela tejida a cuadros*); grieta; jaque (*lance en el juego de ajedrez*); **in check** en jaque (*en el juego de ajedrez*); **to hold in check** contener, refrenar, reprimir ‖ *interj* ¡ jaque! (*en el juego de ajedrez*) ‖ *va* parar súbitamente; rechazar, repulsar; refrenar, restringir; trabar; amortiguar; facturar, depositar (*equipajes*); controlar, comprobar, verificar; inspeccionar; marcar, señalar; marcar con cuadros; agrietar; jaquear, dar jaque a (*en ajedrez*); **to check off** marcar para indicar una comprobación; **to check up** comprobar, verificar ‖ *vn* pararse súbitamente; **to check in** llegar a un hotel e inscribir su nombre en el registro; (slang) morir; **to check out** despedirse en un hotel despúes de pagar la cuenta; (slang) morir
checkbook ['tʃɛk,bʊk] *s* libreta de cheques, libro talonario
checked [tʃɛkt] *adj* ajedrezado; (phonet.) trabado
checked syllable *s* (phonet.) sílaba trabada
checker ['tʃɛkər] *s* tela tejida a cuadros; cuadro (*de una tela tejida a cuadros*); ficha, pieza (*del juego de damas*); **checkers** *spl* damas, juego de damas; *va* cuadricular, dividir en cuadros, marcar con cuadros; diversificar, variar; *vn* diversificarse, variarse
checkerberry ['tʃɛkər,bɛrɪ] *s* (*pl:* **-ries**) (bot.) gaulteria; baya de la gaulteria; aceite de gaulteria
checkerboard ['tʃɛkər,bord] *s* damero
checkered ['tʃɛkərd] *adj* ajedrezado, escaqueado; diversificado, irregular
check girl *s* guardarropa (*joven encargada de custodiar vestidos, sombreros, etc.*)
checking account *s* cuenta corriente
check list *s* lista para la comprobación de nombres, etc.
check mark *s* marca, señal
checkmate ['tʃɛk,met] *s* mate o jaque mate; (fig.) derrota completa; *va* dar mate a, dar jaque mate a; (fig.) derrotar completamente
checkpoint ['tʃɛk,pɔɪnt] *s* punto de comprobación, punto de inspección
checkrein ['tʃɛk,ren] *s* engallador
checkroom ['tʃɛk,rum] o ['tʃɛk,rʊm] *s* guardarropa (*sitio*); (rail.) consigna
checkup ['tʃɛk,ʌp] *s* verificación rigurosa; reconocimiento general (*del estado de la salud de uno*); revisión (*p.ej., de un automóvil*)
check valve *s* válvula de retención
checky ['tʃɛkɪ] *adj* (her.) escacado, jaquelado
Cheddar ['tʃɛdər] *s* queso de Cheddar
Che.E. abr. de **Chemical Engineer**
cheek [tʃik] *s* mejilla, carrillo; (coll.) frescura, descaro, insolencia; (mach.) quijada; **to have one's tongue in one's cheek** decir una cosa queriendo decir otra
cheekbone ['tʃik,bon] *s* (anat.) pómulo, hueso de la mejilla
cheek by jowl *adv* cara a cara, lado a lado; en la mayor intimidad
cheek pouch *s* abazón (*de los monos*)
cheek strap *s* quijera (*de la cabezada del caballo*)
cheeky ['tʃikɪ] *adj* (*comp:* **-ier;** *super:* **-iest**) (coll.) fresco, cara dura
cheep [tʃip] *s* chillido (*del ave pequeña*); pío (*del pollo*); *vn* chillar; piar
cheer [tʃɪr] *s* alegría, ánimo, alivio; viva, aplauso; alimento; humor, estado de ánimo; **what cheer?** ¿ qué tal?; *va* alegrar, animar, aliviar; vitorear, aplaudir; instar o animar con vivas o aplausos; saludar o dar la bienvenida a (*una persona*) con vivas o aplausos; *vn* alegrarse, animarse, aliviarse; **cheer up!** ¡ ánimo!, ¡ cobre ánimo!
cheerful ['tʃɪrfəl] *adj* alegre (*persona, noticia, ambiente, etc.*); pronto, complaciente
cheerfully ['tʃɪrfəlɪ] *adv* alegremente; de buena gana
cheerfulness ['tʃɪrfəlnɪs] *s* alegría; complacencia
cheerio ['tʃɪrɪo] *interj* (coll.) ¡ qué tal!, ¡ hola!; ¡ adiós!, ¡ hasta la vista!; ¡ viva!
cheerless ['tʃɪrlɪs] *adj* triste, sombrío
cheery ['tʃɪrɪ] *adj* (*comp:* **-ier;** *super:* **-iest**) alegre (*persona, noticia, ambiente, etc.*)
cheese [tʃiz] *s* queso; *va* (slang) dejarse de; **cheese it!** (slang) ¡ déjese de eso!; (slang) ¡ cállese la boca!; (slang) ¡ lárguese!
cheesecake ['tʃiz,kek] *s* quesadilla; (slang) fotografías de los hechizos de una mujer
cheesecloth ['tʃiz,klɔθ] o ['tʃiz,klɑθ] *s* estopilla
cheeseflower ['tʃiz,flaʊər] *s* (bot.) malva común
cheese fly *s* (ent.) mosca del queso
cheese mite *s* (ent.) ácaro del queso
cheesemonger ['tʃiz,mʌŋgər] *s* quesero
cheeseparing ['tʃiz,pɛrɪŋ] *adj* tacaño, mezquino; *s* cosa sin valor; tacañería, mezquindad
cheese rennet *s* (bot.) cuajaleche
cheese skipper *s* gusano del queso
cheesy ['tʃizɪ] *adj* (*comp:* **-ier;** *super:* **-iest**) caseoso; (slang) tosco, de mala calidad, sin valor
cheetah ['tʃitə] *s* (zool.) leopardo cazador
chef [ʃɛf] *s* primer cocinero, jefe de cocina
Chefoo ['tʃi'fu] *s* Chefú
Cheka ['tʃɛkɑ] *s* Checa (*policía secreta soviética*)
chela ['kilə] *s* (*pl:* **-lae** [li]) (zool.) quela
chelicera [kɪ'lɪsərə] *s* (*pl:* **-ae** [i]) (ent.) quelícero
chelonian [kɪ'lonɪən] *adj & s* (zool.) quelonio
chem. abr. de **chemical, chemist** y **chemistry**
chemic ['kɛmɪk] *adj* (archaic) químico, alquímico
chemical ['kɛmɪkəl] *adj* químico; *s* substancia química, producto químico
chemical engineer *s* ingeniero químico

chemical engineering *s* ingeniería química
chemically ['kɛmɪkəlɪ] *adv* químicamente
chemical warfare *s* guerra química
chemise [ʃə'miz] *s* camisa de mujer
chemism ['kɛmɪzəm] *s* quimismo
chemist ['kɛmɪst] *s* químico; (Brit.) boticario, farmacéutico
chemistry ['kɛmɪstrɪ] *s* química
chemosphere ['kɛməsfɪr] *s* quimiosfera
chemosurgery [,kɛmo'sʌrdʒərɪ] *s* quimiocirugía
chemosynthesis [,kɛmo'sɪnθɪsɪs] *s* quimiosíntesis
chemotaxis [,kɛmo'tæksɪs] *s* (biol.) quimiotaxis
chemotherapy [,kɛmo'θɛrəpɪ] *s* quimioterapia
chemurgy ['kɛmʌrdʒɪ] *s* química agrícola industrial
chenille [ʃə'nil] *s* felpilla
chenopod ['kinəpɑd] o ['kɛnəpɑd] *s* (bot.) quenopodio
chenopodiaceous [,kinə,podɪ'eʃəs] o [,kɛnə,podɪ'eʃəs] *adj* (bot.) quenopodiáceo
cheque ['tʃɛk] *s* (Brit.) cheque
chequer ['tʃɛkər] *s, va & vn* var. de **checker; chequers** *spl* var. de **checkers**
Cherbourg ['ʃɛrburg] *s* Cherburgo
cherish ['tʃɛrɪʃ] *va* acariciar (*tratar con ternura; abrigar, p.ej., esperanzas*)
cheroot [ʃə'rut] *s* cigarro puro truncado por los dos extremos
cherry ['tʃɛrɪ] *s* (*pl:* **-ries**) (bot.) cerezo; cereza (*fruto; color*)
cherry brandy *s* aguardiente de cerezas
cherry laurel *s* (bot.) lauroceraso
cherry orchard *s* cerezal
cherry red *s* rojo cereza
cherry stone *s* hueso de cereza; (zool.) almeja redonda (*Venus mercenaria*)
chersonese ['kʌrsəniz] o ['kʌrsənis] *s* quersoneso; **the Chersonese** el quersoneso de Tracia (*la península de Gallipoli*)
cherub ['tʃɛrəb] *s* (*pl:* **-ubim** [əbɪm]) (Bib., f.a. & theol.) querubín; (*pl:* **-ubs**) niño angelical; persona de rostro regordete e inocente
cherubic [tʃə'rubɪk] *adj* querúbico
chervil ['tʃʌrvɪl] *s* (bot.) cerafolio, perifollo
chess [tʃɛs] *s* ajedrez
chessboard ['tʃɛs,bord] *s* tablero de ajedrez
chessman ['tʃɛs,mæn] *s* (*pl:* **-men**) pieza de ajedrez, trebejo
chess player *s* ajedrecista
chess set *s* ajedrez (*conjunto de las piezas*)
chest [tʃɛst] *s* (anat.) pecho; arca, cajón, cofre; cómoda, guardarropa; caja (*para dinero*); (mach.) caja
chestnut ['tʃɛsnʌt] *s* (bot.) castaño (*árbol y madera*); castaña (*fruto*); castaño (*color*); caballo de color castaño; (vet.) espejuelo; (coll.) broma gastada, chiste sabido por todo el mundo; **to pull someone's chestnuts out of the fire** (coll.) sacarle a uno las castañas del fuego; *adj* castaño, marrón
chest of drawers *s* cómoda
chesty ['tʃɛstɪ] *adj* (*comp:* **-ier;** *super:* **-iest**) (slang) engreído, soberbio, orgulloso
chetah ['tʃitə] *s* var. de **cheetah**
cheval-de-frise [ʃə'vældə'friz] *s* (*pl:* **chevaux-de-frise** [ʃə'vodə'friz]) erizo (*que corona lo alto de una muralla*); (mil.) caballo de frisa
cheval glass [ʃə'væl] *s* psique (*espejo*)
chevalier [,ʃɛvə'lɪr] *s* caballero
cheviot ['ʃɛvɪət] *s* cheviot
chevron ['ʃɛvrən] *s* (her.) cheurón; (mil.) insignia, galón
chevron molding *s* (arch.) cheurón
chevrony ['ʃɛvrənɪ] *adj* (her.) cheuronado
chevrotain ['ʃɛvrəten] o ['ʃɛvrətɪn] *s* (zool.) trágulo
chevy ['tʃɛvɪ] o ['tʃɪvɪ] *s* (*pl:* **-ies**) (Brit.) caza, grito de caza; (*pret & pp:* **-ied**) *va* (Brit.) cazar, perseguir; (Brit.) acosar, atormentar; *vn* (Brit.) correr, precipitarse
chew [tʃu] *s* mascadura; *va* mascar, masticar; **to chew the cud** rumiar; (fig.) rumiar (*meditar*); **to chew the rag** (slang) dar la lengua; *vn* mascar, masticar; (coll.) mascar tabaco
chewing gum *s* goma de mascar
chewink [tʃɪ'wɪŋk] *s* (orn.) pájaro fringílido norteamericano (*Pipilo erythrophthalmus*)
chg. abr. de **charge**
chgd. abr. de **charged**
Chian ['kaɪən] *adj & s* quío
Chianti [kɪ'ɑntɪ] o [kɪ'æntɪ] *s* quianti o chianti (*vino*)
chiaroscuro [kɪ,ɑrə'skjuro] *s* (*pl:* **-ros**) (paint.) claroscuro
chiasma [kaɪ'æzmə] *s* (*pl:* **-mata** [mətə]) (anat. & biol.) quiasma
chiasmus [kaɪ'æzməs] *s* (*pl:* **-mi** [maɪ]) (rhet.) quiasma
chibouk o **chibouque** [tʃɪ'buk] o [tʃɪ'buk] *s* chibuquí
chic [ʃik] o [ʃɪk] *adj* elegante, gracioso; *s* chic
chicane [ʃɪ'ken] *s* triquiñuela, embuste; *va* defraudar; cavilar; *vn* andar con triquiñuelas
chicanery [ʃɪ'kenərɪ] *s* (*pl:* **-ies**) triquiñuela, embuste
chick [tʃɪk] *s* pollito, polluelo
chickadee ['tʃɪkədi] *s* (orn.) paro, paro de cabeza negra
chickaree ['tʃɪkəri] *s* (zool.) chicari (*ardilla norteamericana de pelaje rojizo*)
chicken ['tʃɪkən] *s* pollo; gallina o gallo; (fig.) pollo (*persona joven*); (fig.) polla (*mocita*); **she is no chicken** (coll.) ella ya no es muy joven; **to go to bed with the chickens** acostarse con las gallinas; *adj* joven, pequeño
chicken cholera *s* (vet.) cólera de las gallinas
chicken coop *s* gallinero
chicken feed *s* (slang) pequeña cantidad de dinero; (slang) calderilla, dinero menudo
chicken-hearted ['tʃɪkən,hɑrtɪd] *adj* gallina (*cobarde, tímido*)
chicken pox *s* (path.) viruelas locas, varicela
chicken wire *s* alambrada, tela metálica
chickpea ['tʃɪk,pi] *s* (bot.) garbanzo (*planta y semilla*)
chickweed ['tʃɪk,wid] *s* (bot.) álsine, pamplina de canarios, hierba pajarera
chicle ['tʃɪkəl] *s* chicle (*gomorresina*)
chicory ['tʃɪkərɪ] *s* (*pl:* **-ries**) (bot.) achicoria
chid [tʃɪd] *pret & pp de* **chide**
chidden ['tʃɪdən] *pp de* **chide**
chide [tʃaɪd] (*pret:* **chided** o **chid;** *pp:* **chided, chid** o **chidden**) *va & vn* reprobar, reprender, regañar
chief [tʃif] *s* jefe; cacique (*de pieles rojas*); (her.) jefe; **in chief** en jefe; *adj* principal
chief burgess *s* alcalde
chief clerk *s* oficial mayor
chief executive *s* jefe del estado; primer mandatario (Am.)
chief justice *s* presidente de sala; presidente de la corte suprema
chiefly ['tʃiflɪ] *adv* principalmente, mayormente; ante todo, sobre todo
chief of staff *s* (mil.) jefe de estado mayor
chieftaincy ['tʃiftənsɪ] o **chieftainship** ['tʃiftənʃɪp] *s* jefatura
chiffon [ʃɪ'fɑn] o ['ʃɪfɑn] *s* gasa, soplillo; **chiffons** *spl* encajes, cintas, atavíos
chiffonier [,ʃɪfə'nɪr] *s* cómoda alta
chigger ['tʃɪgər] *s* (ent.) ácaro; (ent.) garrapata; (ent.) nigua
chignon ['ʃinjɑn] *s* castaña, moño de pelo
chigoe ['tʃɪgo] *s* (ent.) nigua
chilblain ['tʃɪl,blen] *s* sabañón
child [tʃaɪld] *s* (*pl:* **children** ['tʃɪldrən]) niño; hijo; descendiente; **to be with child** estar encinta
childbearing ['tʃaɪld,bɛrɪŋ] *s* parto
childbed ['tʃaɪld,bɛd] *s* parturición
childbirth ['tʃaɪld,bʌrθ] *s* parto, alumbramiento
child care *s* puericultura
Childermas ['tʃɪldərməs] *s* (obs.) día de los inocentes
childhood ['tʃaɪldhud] *s* niñez, infancia
childish ['tʃaɪldɪʃ] *adj* aniñado, pueril
childishness ['tʃaɪldɪʃnɪs] *s* puerilidad
child labor *s* trabajo de menores
childless ['tʃaɪldlɪs] *adj* sin hijos
childlike ['tʃaɪld,laɪk] *adj* aniñado, infantil, pueril
child prodigy *s* niño prodigio
child psychology *s* psicología infantil
children ['tʃɪldrən] *pl de* **child**

children of Israel *spl* israelitas, hijos de Israel
Children's Crusade *s* cruzada de los Niños
child's play *s* juego de niños (*cosa muy fácil*)
child welfare *s* bienestar del niño
chile [ˈtʃɪlɪ] *s* var. de **chili;** (*cap.*) *s* Chile
Chilean [ˈtʃɪlɪən] *adj & s* chileno
chile con carne *s* var. de **chili con carne**
Chile saltpeter *s* nitro de Chile
chili [ˈtʃɪlɪ] *s* (*pl:* **-ies**) (bot.) chile (*planta y fruto*)
chili con carne [kɑnˈkɑrnɪ] *s* chile con carne
chili sauce *s* ajiaco, salsa de ají
chill [tʃɪl] *s* frío desapacible; frialdad; calofrío, escalofrío; estremecimiento (*p.ej., que recorre una multitud*); abatimiento, desaliento; (fig.) frialdad (*falta de cordialidad*); *adj* desapaciblemente frío; (fig.) frío; (fig.) depresivo; *va* enfriar; abatir, desalentar; (metal.) enfriar; *vn* calofriarse, enfriarse
chilli [ˈtʃɪlɪ] *s* (*pl:* **-lies**) var. de **chili**
chilly [ˈtʃɪlɪ] *adj* (*comp:* **-ier;** *super:* **-iest**) frío; escalofriado, friolento; (fig.) frío
chime [tʃaɪm] *s* carillón, juego de campanas; tubo sonoro; repique, campaneo; armonía; conformidad; *va* repicar (*una campana o un juego de campanas*); decir en cadencia; *vn* repicar; sonar con armonía; hablar en cadencia, hablar monótonamente; estar en armonía; **to chime in** hacer coro, unisonar; (coll.) unirse, asociarse; (coll.) entremeterse; **to chime in with** armonizar con
chime clock *s* péndola de carillón, reloj de carillón
chimera o **chimaera** [kɪˈmɪrə] o [kaɪˈmɪrə] *s* (myth., f.a. & fig.) quimera
chimeric [kɪˈmɪrɪk] o [kaɪˈmɪrɪk] o **chimerical** [kɪˈmɪrɪkəl] o [kaɪˈmɪrɪkəl] *adj* quimérico
chimney [ˈtʃɪmnɪ] *s* chimenea; tubo de vidrio de lámpara; **to smoke like a chimney** echar más humo que una chimenea
chimney cap *s* caperuza, mitra de chimenea
chimney corner *s* rincón de chimenea
chimney jack *s* mitra giratoria de chimenea; reparador de altas chimeneas
chimney piece *s* delantera de chimenea; adorno de chimenea
chimney pot *s* mitra de chimenea, guardavientos
chimney sweep *s* limpiachimeneas, limpiador de chimenea, deshollinador
chimney swift *s* (orn.) vencejo americano (*Chaetura pelagica*)
chimpanzee [tʃɪmˈpænzɪ] o [ˌtʃɪmpænˈzi] *s* (zool.) chimpancé
Chin. abr. de **Chinese**
chin [tʃɪn] *s* barba, mentón; **to keep one's chin up** (coll.) no desanimarse; (*pret & pp:* **chinned;** *ger:* **chinning**) *va* **to chin oneself** colgarse de una barra alzándose con las manos hasta tocarla con la barba; *vn* (coll.) charlar, parlotear
china [ˈtʃaɪnə] *s* china, porcelana; (*cap.*) *s* China, la China
China aster *s* (bot.) reina Margarita, extraña
chinaberry [ˈtʃaɪnəˌberɪ] *s* (*pl:* **-ries**) (bot.) jabonero de las Antillas; (bot.) acederaque
china closet *s* chinero
Chinaman [ˈtʃaɪnəmən] *s* (*pl:* **-men**) chino
China pink *s* (bot.) clavel de China
China rose *s* (bot.) rosa de China, tulipán (*Hibiscus rosa-sinensis*)
China Sea *s* mar de la China
China silk *s* china
Chinatown [ˈtʃaɪnəˌtaʊn] *s* (U.S.A.) barrio chino
China tree *s* (bot.) acederaque, cinamomo, agriaz, tuya de la China
chinaware [ˈtʃaɪnəˌwer] *s* porcelana, vajilla de porcelana
chincapin [ˈtʃɪŋkəpɪn] *s* var. de **chinquapin**
chinch [tʃɪntʃ] *s* (ent.) chinche; (ent.) chinche de los cereales
chinch bug *s* (ent.) chinche de los cereales
chinchilla [tʃɪnˈtʃɪlə] *s* (zool.) chinchilla (*animal y piel*); tela de lana muy espesa (*se usa para sobretodos*)
chine [tʃaɪn] *s* espinazo; lomo (*carne del lomo del animal*); cresta, cima (*de las montañas*)
Chinese [tʃaɪˈniz] *adj* chino; *s* (*pl:* **-nese**) chino
Chinese anise *s* (bot.) badián
Chinese gong *s* (mus.) batintín
Chinese lantern *s* linterna china
Chinese puzzle *s* problema muy complicado
Chinese Turkestan *s* el Turquestán Chino
Chinese Wall *s* Gran muralla de la China
chink [tʃɪŋk] *s* grieta, hendedura, rajadura; sonido metálico; *va* agrietar, hender, rajar; rellenar (*junturas entre ladrillos*); *vn* agrietarse, henderse, rajarse; sonar metálicamente
chinkapin [ˈtʃɪŋkəpɪn] *s* (bot.) chincapino
chinook [tʃɪˈnuk] o [tʃɪˈnʊk] *s* chinuco (*viento que aparece por la parte oriental de las Montañas Rocosas*); (*cap.*) *s* chinuco (*indio norteamericano; idioma*)
chinquapin [ˈtʃɪŋkəpɪn] *s* (bot.) chincapino
chin strap *s* barbuquejo, carrillera
chintz [tʃɪnts] *s* quimón, zaraza
chiolite [ˈkaɪolaɪt] *s* (mineral.) chiolita
Chios [ˈkaɪɑs] *s* Quío
chip [tʃɪp] *s* astilla, brizna; saltadura (*defecto en la superficie de la piedra*); raspadura (*de la corteza del pan*); pedacito (*de alimento, dulce, etc.*); ficha (*en el póker*); viruta (*de madera*); (naut.) barquilla; **chip off the old block** hijo de su padre, hijo de su madre; **chip on one's shoulder** (coll.) propensión a pendencias; (*pret & pp:* **chipped;** *ger:* **chipping**) *va* astillar, descascarillar, desconchar; picar, tajar con cincel o hacha; **to chip in** (coll.) dar, contribuir; (coll.) contribuir con su cuota; *vn* saltar, astillarse, descascarillarse, desconcharse; **to chip in** (coll.) contribuir; (coll.) pagar en la apuesta
chip ax *s* azuela
chipmunk [ˈtʃɪpmʌŋk] *s* (zool.) ardilla listada
chipper [ˈtʃɪpər] *adj* (coll.) alegre, jovial, vivo
chipping sparrow *s* (orn.) gorrión norteamericano (*Spizella passerina*)
chippy [ˈtʃɪpɪ] *s* (*pl:* **-pies**) (zool.) ardilla listada; (orn.) gorrión norteamericano (*Spizella passerina*); (slang) chica; (slang) ramera
chirk [tʃʌrk] *adj* (coll.) alegre, vivo; *va* (coll.) alegrar, avivar; *vn* (coll.) alegrarse, avivarse
chirographer [kaɪˈrɑgrəfər] *s* quirógrafo
chirographic [ˌkaɪroˈgræfɪk] *adj* quirográfico
chirography [kaɪˈrɑgrəfɪ] *s* quirografía
chiromancer [ˈkaɪroˌmænsər] *s* quiromántico
chiromancy [ˈkaɪroˌmænsɪ] *s* quiromancía
chiromantic [ˌkaɪroˈmæntɪk] o **chiromantical** [ˌkaɪroˈmæntɪkəl] *adj* quiromántico
Chiron [ˈkaɪrɑn] *s* (myth.) Quirón
chiropodist [kaɪˈrɑpədɪst] o [kɪˈrɑpədɪst] *s* quiropodista
chiropody [kaɪˈrɑpədɪ] o [kɪˈrɑpədɪ] *s* quiropodia
chiropractic [ˌkaɪroˈpræktɪk] *adj* quiropráctico; *s* quiropráctica (*método de tratamiento*); quiropráctico (*persona*)
chiropractor [ˈkaɪroˌpræktər] *s* quiropráctico
chiropteran [kaɪˈrɑptərən] *adj & s* (zool.) quiróptero
chirp [tʃʌrp] *s* gorjeo; chirrido (*del grillo*); *va* decir de manera chirriante; *vn* gorjear; chirriar (*el grillo*); hablar alegremente
chirr [tʃʌr] *s* trino agudo (*p.ej., del saltón*); *vn* trinar agudamente
chirrup [ˈtʃɪrəp] o [ˈtʃʌrəp] *s* gorjeo repetido; chirrido repetido; chasquido (*de la lengua*); *va* decir de manera chirriante; *vn* gorjear repetidas veces; chirriar continuamente; chascar la lengua
chisel [ˈtʃɪzəl] *s* escoplo, formón; cincel (*para labrar piedras o metales*); (*pret & pp:* **-eled** o **-elled;** *ger:* **-eling** o **-elling**) *va & vn* escoplear; cincelar (*piedras o metales*); (slang) estafar, timar
chiseler o **chiseller** [ˈtʃɪzələr] *s* escopleador; (slang) estafador, timador
chit [tʃɪt] *s* chiquillo; chiquilla descarada; (Brit.) carta breve, esquela
chit-chat [ˈtʃɪtˌtʃæt] *s* charla, palique; chisme, hablilla
chitin [ˈkaɪtɪn] *s* (chem.) quitina
chitinous [ˈkaɪtɪnəs] *adj* quitinoso
chiton [ˈkaɪtɑn] *s* (hist. & zool.) quitón
chitterlings [ˈtʃɪtərlɪŋz] *spl* menudos comestibles del puerco
chivalric [ˈʃɪvəlrɪk] o [ʃɪˈvælrɪk] *adj* caba-

lleresco (*perteneciente a la caballería*); caballeroso (*propio del caballero*)
chivalrous [ˈʃɪvəlrəs] *adj* caballeroso (*propio del caballero*); caballeresco (*perteneciente a la caballería*)
chivalry [ˈʃɪvəlrɪ] *s* caballería (*especialmente de la Edad Media; conjunto de caballeros*); caballerosidad (*calidad del caballero ideal; procederes del caballero*); caballeros, personas de consideración
chive [tʃaɪv] *s* (bot.) cebollino, ajo moruno
Ch.J. abr. de **Chief Justice**
chlamys [ˈklemɪs] o [ˈklæmɪs] *s* (*pl:* **-myses** o **-mydes** [mɪdiz]) clámide
Chloe [klo·ɪ] *s* Cloe
chloral [ˈklorəl] *s* (chem.) cloral; (chem.) hidrato de cloral
chloral hydrate *s* (chem.) hidrato de cloral
chlorate [ˈkloret] o [ˈklorɪt] *s* (chem.) clorato
chloric [ˈklorɪk] *adj* (chem.) clórico
chloric acid *s* (chem.) ácido clórico
chlorid [ˈklorɪd] o **chloride** [ˈkloraɪd] o [ˈklorɪd] *s* (chem.) cloruro; (chem.) sal del ácido clorhídrico
chloride of lime *s* (chem.) cloruro de cal
chlorin [ˈklorɪn] *s* var. de **chlorine**
chlorinate [ˈklorɪnet] *va* clorinar; desinfectar con cloro
chlorination [ˌklorɪˈneʃən] *s* clorinación; desinfección con cloro
chlorine [ˈklorin] o [ˈklorɪn] *s* (chem.) cloro
Chloris [ˈklorɪs] *s* (myth.) Cloris
chlorite [ˈkloraɪt] *s* (chem.) clorito; (mineral.) clorita
chloritic [kloˈrɪtɪk] *adj* clorítico
chloroform [ˈklorəfɔrm] *s* (chem.) cloroformo; *va* (med.) cloroformizar; matar aplicando cloroformo
chloromycetin [ˌklorəmaɪˈsitɪn] *s* (pharm.) cloromicetina
chlorophyl o **chlorophyll** [ˈklorəfɪl] *s* (bot. & biochem.) clorofila
chlorophyllin [ˌklorəˈfɪlɪn] *s* (biochem.) clorofilina
chlorophyllous [ˌklorəˈfɪləs] *adj* clorofílico
chloropicrin [ˌkloraˈpɪkrɪn] o [ˌkloraˈpaɪkrɪn] *s* (chem.) cloropicrina
chloroplast [ˈklorəplæst] *s* (bot.) cloroplasto
chloroprene [ˈklorəprin] *s* (chem.) cloropreno
chlorosis [kloˈrosɪs] *s* (bot. & path.) clorosis
chlorotic [kloˈrɑtɪk] *adj* clorótico
chlorous [ˈklorəs] *adj* (chem.) cloroso
chlortetracycline [klorˌtɛtrəˈsaɪklin] o [klorˌtɛtrəˈsaɪklɪn] *s* (pharm.) clortetraciclina
chm. abr. de **chairman**
choana [ˈkoənə] *s* (anat.) coana
chock [tʃɑk] *s* cuña, calzo; (naut.) choque; *adv* lo más cerca posible, lo más estrechamente posible; enteramente, completamente; *va* acuñar, calzar; afianzar o apretar con calzos; (naut.) calzar
chock-a-block [ˈtʃɑkəˈblɑk] *adj* (naut.) a besar; apretado
chock-full [ˈtʃɑkˈfʊl] *adj* colmado, de bote en bote
chocolate [ˈtʃɔkəlɪt] o [ˈtʃɑkəlɪt] *s* chocolate; *adj* hecho de chocolate; achocolatado, de color de chocolate
chocolate candy *s* confite o dulce de chocolate
choice [tʃɔɪs] *s* elección, selección, escogimiento; opción; lo selecto, lo más escogido; **to have no choice** no tener alternativa; *adj* selecto, escogido, excelente, superior
choir [kwaɪr] *s* coro; (mus., arch. & theol.) coro; *va & vn* corear
choirboy [ˈkwaɪrˌbɔɪ] *s* infante de coro, niño de coro
choir desk *s* facistol
choir loft *s* coro
choirmaster [ˈkwaɪrˌmæstər] o [ˈkwaɪrˌmɑstər] *s* jefe de coro, maestro de capilla
choir practice *s* ensayo de coro
choir stall *s* asiento del coro; **choir stalls** *spl* sillería
choke [tʃok] *s* estrangulación; (aut.) cierre u obturador (*del carburador*); (elec.) choque; *va* sofocar, ahogar, estrangular; reprimir, suprimir; tapar, obstruir; (aut.) obturar; **to choke back** contener, retener; **to choke down** oprimir, sujetar; atragantar; **to choke off** parar, detener; poner fin a; deshacerse de; **to choke up** tapar, obstruir; *vn* sofocarse; no poder respirar; atragantarse; **to choke on** atragantarse con; **to choke up** atragantarse; taparse, obstruirse
chokeberry [ˈtʃokˌbɛrɪ] *s* (*pl:* **-ries**) (bot.) amelanquier
chokebore [ˈtʃokˌbor] *s* (arti.) calibre estrangulado; arma de fuego de calibre estrangulado
chokecherry [ˈtʃokˌtʃɛrɪ] *s* (*pl:* **-ries**) (bot.) cerezo silvestre norteamericano (*Prunus virginiana*); cereza silvestre
choke coil *s* (elec.) bobina de choque
chokedamp [ˈtʃokˌdæmp] *s* (min.) mofeta
choker [ˈtʃokər] *s* ahogador, sofocador, estrangulador; (mach.) obturador; (elec.) bobina de reacción; (coll.) ahogador, cuello alto; (coll.) pena (*joya que se anudaba al cuello*)
cholagogue [ˈkɑləgɑg] *adj & s* (med.) colagogo
cholecystectomy [ˌkɑləsɪsˈtɛktəmɪ] *s* (*pl:* **-mies**) (surg.) colecistectomía
cholecystostomy [ˌkɑləsɪsˈtɑstəmɪ] *s* (*pl:* **-mies**) (surg.) colecistostomía
choler [ˈkɑlər] *s* cólera, ira
cholera [ˈkɑlərə] *s* (path.) cólera
cholera infantum [ɪnˈfæntəm] *s* (path.) cólera infantil
cholera morbus [ˈmɔrbəs] *s* (path.) cólera morbo
cholera nostras [ˈnɑstræs] *s* (path.) cólera nostras
choleric [ˈkɑlərɪk] *adj* colérico (*irascible*)
cholerine [ˈkɑlərɪn] o [ˈkɑləraɪn] *s* (path.) colerina
cholesterin [kəˈlɛstərɪn] *s* (biochem.) colesterina
cholesterol [kəˈlɛstərol] o [kəˈlɛstərɑl] *s* (biochem.) colesterol
choline [ˈkolin] o [ˈkɑlin] *s* (biochem.) colina
cholla [ˈtʃoljɑ] *s* (bot.) cholla
chondriome [ˈkɑndrɪom] *s* (biol.) condrioma
chondriosome [ˈkɑndrɪoˌsom] *s* (biol.) condriosoma
chondrology [kɑnˈdrɑlədʒɪ] *s* condrología
choose [tʃuz] (*pret:* **chose;** *pp:* **chosen**) *va* elegir, escoger; optar por; *vn* optar; **to choose between** optar entre (*p.ej., dos candidatos*); **to choose to** + *inf* optar por + *inf*
choosy [ˈtʃuzɪ] *adj* (slang) melindroso, quisquilloso
chop [tʃɑp] *s* golpe cortante; tajada; chuleta (*costilla con carne*); mandíbula; mejilla; marca, sello; licencia, permiso; (box.) martillazo; (coll.) grado, calidad; **chops** *spl* quijada; boca, labios; (*pret & pp:* **chopped;** *ger:* **chopping**) *va* cortar, tajar; desmenuzar; picar (*la carne*); abrirse (*paso*) cortando; arrojar, mover a tirones; **to chop off** tronchar; *vn* moverse a tirones; cambiar, variar súbito; virar (*el viento*); **to chop at** querer cortar; tratar de atrapar con la boca
chophouse [ˈtʃɑpˌhaʊs] *s* restaurán donde se sirven principalmente chuletas, bifteks, etc.
chopine [tʃoˈpin] o [ˈtʃɑpɪn] *s* chapín (*chanclo de corcho de mujer*)
chopper [ˈtʃɑpər] *s* hachero, tajador; hacha, hachuela; cortante (*cuchilla grande del carnicero*)
chopping block *s* tajo
choppy [ˈtʃɑpɪ] *adj* (*comp:* **-pier;** *super:* **-piest**) agitado (*mar*); variable (*viento*); cortado (*estilo*)
chopsticks [ˈtʃɑpˌstɪks] *spl* palillos (*de que se sirven los chinos para comer*)
chop suey [ˌtʃɑpˈsuɪ] *s* chopsuey (*olla china*)
choral [ˈkorəl] *adj* (mus.) coral; [koˈrɑl] o [ˈkorəl] *s* (mus.) coral
chorale [koˈrɑl] o [ˈkorəl] *s* (mus.) coral
choral music *s* música coreada
choral society *s* orfeón
chord [kɔrd] *s* (mus.) acorde; (aer., anat., eng. & geom.) cuerda; (fig.) cuerda sensible
chordate [ˈkɔrdet] *adj & s* (zool.) cordado
chore [tʃor] *s* faena, tarea, quehacer
chorea [koˈriə] *s* (path.) corea
choreographer [ˌkorɪˈɑgrəfər] *s* coreógrafo
choreographic [ˌkorɪəˈgræfɪk] *adj* coreográfico
choreography [ˌkorɪˈɑgrəfɪ] *s* coreografía
choriamb [ˈkorɪæmb] o [ˈkɑrɪæmb] *s* coriambo

C

choriambic [ˌkorɪˈæmbɪk] o [ˌkɑrɪˈæmbɪk] *adj & s* coriámbico
choric [ˈkorɪk] *adj* coral
chorine [ˈkorin] o [koˈrin] *s* (slang) corista
chorion [ˈkorɪɑn] *s* (embryol. & zool.) corión
chorister [ˈkɑrɪstər] o [ˈkɔrɪstər] *s* corista; infante o niño de coro; jefe de coro
chorographer [koˈrɑgrəfər] *s* corógrafo
chorographic [ˌkorəˈgræfɪk] o **chorographical** [ˌkorəˈgræfɪkəl] *adj* corográfico
chorography [koˈrɑgrəfɪ] *s* corografía
choroid [ˈkorɔɪd] *adj* coroideo, coroides; *s* (anat.) coroides, membrana coroides
chortle [ˈtʃɔrtəl] *s* resoplido alegre; *vn* resoplar alegremente
chorus [ˈkorəs] *s* (theat. & mus.) coro; concierto; estribillo; **in chorus** en coro; *vn* hablar o cantar en coro; contestar a una voz
chorus girl *s* (theat.) corista
chorus man *s* (theat.) corista
chose [tʃoz] *pret de* **choose**
chosen [ˈtʃozən] *adj* selecto, escogido; *pp de* **choose**
chough [tʃʌf] *s* (orn.) chova; (orn.) chova pinariega, grajo de pico amarillo
chow [tʃaʊ] *s* chao (*perro chino*); (slang) comida, alimento
chow-chow [ˈtʃaʊˌtʃaʊ] *s* conserva china; encurtidos con mostaza, divididos y mezclados
chowder [ˈtʃaʊdər] *s* sancocho de almejas o pescado, con patatas, cebollas, etc.
chow mein [ˌtʃaʊˈmen] *s* fideos fritos servidos con un guisado de carne, cebollas, apio, etc.
Chr. abr. de **Christian**
chrestomathy [krɛsˈtɑməθɪ] *s* (*pl:* **-thies**) crestomatía
Chris [krɪs] *s* nombre abreviado de **Christopher**
chrism [ˈkrɪzəm] *s* (eccl.) crisma
chrismal [ˈkrɪzməl] *adj & s* (eccl.) crismal
chrismatory [ˈkrɪzməˌtorɪ] *s* (*pl:* **-ries**) crismera
chrismon [ˈkrɪzmɑn] *s* (*pl:* **-ma** [mə]) crismón
Christ [kraɪst] *s* Cristo
christcross [ˈkrɪsˌkrɔs] o [ˈkrɪsˌkrɑs] *s* cristus
christen [ˈkrɪsən] *va* bautizar (*a una persona; un buque; dar nombre a*); (coll.) estrenar (*usar por primera vez*)
Christendom [ˈkrɪsəndəm] *s* cristiandad
christening [ˈkrɪsənɪŋ] *s* bautismo, bautizo
Christian [ˈkrɪstʃən] *adj* cristiano; (coll.) honesto, decente; *s* cristiano; (coll.) persona honesta, persona decente; Cristián (*nombre de varón*)
Christian Brothers *spl* hermanos de la doctrina (cristiana)
Christian Era *s* era cristiana, era de Cristo
Christianity [ˌkrɪstʃɪˈænɪtɪ] *s* cristianismo
Christianization [ˌkrɪstʃənɪˈzeʃən] *s* cristianización
Christianize [ˈkrɪstʃənaɪz] *va* cristianizar
Christianly [ˈkrɪstʃənlɪ] *adj* cristiano; *adv* cristianamente
Christian name *s* nombre de pila o de bautismo
Christian Science *s* ciencia cristiana
Christian Scientist *s* adepto de la ciencia cristiana
Christine [krɪsˈtin] *s* Cristina
Christlike [ˈkraɪstˌlaɪk] o **Christly** [ˈkraɪstlɪ] *adj* propio de Jesucristo, evangélico
Christmas [ˈkrɪsməs] *s* Navidad; *adj* navideño
Christmas card *s* tarjeta navideña, aleluya navideña, christmas
Christmas carol *s* villancico, villancico de Nochebuena o de Navidad
Christmas Day *s* Navidad, día de Navidad
Christmas Eve *s* víspera de Navidad, nochebuena
Christmas gift *s* aguinaldo, regalo de Navidad
Christmas holidays *spl* fiestas navideñas
Christmas rose *s* (bot.) eléboro negro
Christmastide [ˈkrɪsməsˌtaɪd] *s* tiempo de Navidad
Christmas tree *s* árbol de Navidad
Christopher [ˈkrɪstəfər] *s* Cristóbal
Christ's-thorn [ˈkraɪstsˌθɔrn] *s* (bot.) espina santa
chromate [ˈkromet] *s* (chem.) cromato
chromatic [kroˈmætɪk] *adj* cromático; (mus.) cromático; **chromatics** *ssg* cromática
chromatic aberration *s* (opt.) aberración cromática
chromatically [kroˈmætɪkəlɪ] *adv* cromáticamente
chromatic scale *s* (mus.) escala cromática
chromatin [ˈkromətɪn] *s* (biol.) cromatina
chromatism [ˈkromətɪzəm] *s* cromatismo; (bot.) cromismo
chromatophore [ˈkromətəˌfor] *s* (biol.) cromatóforo
chrome [krom] *s* (chem.) cromo; *adj* cromado; *va* cromar
chrome green *s* verde de cromo
chrome red *s* rojo de cromo
chrome steel *s* acerocromo
chrome yellow *s* amarillo de cromo
chromic [ˈkromɪk] *adj* (chem.) crómico
chrominance [ˈkromɪnəns] *s* (phys.) crominancia
chromite [ˈkromaɪt] *s* (chem.) cromito; (mineral.) cromita
chromium [ˈkromɪəm] *s* (chem.) cromo
chromium plating *s* cromado
chromium steel *s* acerocromo
chromo [ˈkromo] *s* (*pl:* **-mos**) cromo (*estampa*); (slang) trasto
chromogen [ˈkromədʒən] *s* (chem.) cromógeno
chromogenic [ˌkroməˈdʒɛnɪk] *adj* cromógeno
chromolithograph [ˌkromoˈlɪθəgræf] o [ˌkromoˈlɪθəgrɑf] *s* cromolitografía (*estampa*); *va* cromolitografiar
chromolithographer [ˌkromolɪˈθɑgrəfər] *s* cromolitógrafo
chromolithographic [ˌkromoˌlɪθəˈgræfɪk] *adj* cromolitográfico
chromolithography [ˌkromolɪˈθɑgrəfɪ] *s* cromolitografía
chromophore [ˈkroməfor] *s* (chem.) cromóforo
chromoplasm [ˈkroməplæzəm] *s* (biol.) cromoplasma
chromoplast [ˈkroməplæst] *s* (bot.) cromoplasto
chromoscope [ˈkroməskop] *s* (telv.) cromoscopio
chromosome [ˈkroməsom] *s* (biol.) cromosoma
chromosphere [ˈkroməsfɪr] *s* (astr.) cromosfera
chromotypography [ˌkromotaɪˈpɑgrəfɪ] *s* cromotipografía
chromous [ˈkroməs] *adj* (chem.) cromoso
chron. abr. de **chronological** y **chronology**
Chron. abr. de **Chronicles**
chronic [ˈkrɑnɪk] *adj* crónico
chronically [ˈkrɑnɪkəlɪ] *adv* crónicamente
chronicle [ˈkrɑnɪkəl] *s* crónica; **Chronicles** *spl* (Bib.) Crónicas (*nombre que dan los protestantes a los Paralipómenos*); *va* historiar, anotar o poner en una crónica; contar, narrar
chronicler [ˈkrɑnɪklər] *s* cronista
chronograph [ˈkrɑnəgræf] o [ˈkrɑnəgrɑf] *s* cronógrafo
chronologic [ˌkrɑnəˈlɑdʒɪk] o **chronological** [ˌkrɑnəˈlɑdʒɪkəl] *adj* cronológico
chronologist [krəˈnɑlədʒɪst] *s* cronologista o cronólogo
chronology [krəˈnɑlədʒɪ] *s* (*pl:* **-gies**) cronología
chronometer [krəˈnɑmɪtər] *s* cronómetro
chronometry [krəˈnɑmɪtrɪ] *s* cronometría
chronoscope [ˈkrɑnəskop] *s* cronoscopio
chrysalid [ˈkrɪsəlɪd] *s* var. de **chrysalis**
chrysalis [ˈkrɪsəlɪs] *s* (*pl:* **chrysalises** o **chrysalides** [krɪˈsælɪdiz]) *s* (ent.) crisálida
chrysanthemum [krɪˈsænθɪməm] *s* (bot.) crisantemo
Chryseis [kraɪˈsiɪs] *s* (myth.) Criseida
chrysoberyl [ˈkrɪsoˌbɛrɪl] *s* (mineral.) crisoberilo
chrysolite [ˈkrɪsolaɪt] *s* (mineral.) crisólito
chrysoprase [ˈkrɪsoprez] *s* (mineral.) crisoprasa
Chrysostom, Saint John [ˈkrɪsəstəm] o [krɪsˈɑstəm] San Juan Crisóstomo
chrysotile [ˈkrɪsətɪl] *s* (mineral.) crisotilo
chub [tʃʌb] *s* (ichth.) cacho
chubby [ˈtʃʌbɪ] *adj* (*comp:* **-bier;** *super:* **-biest**) rechoncho, gordiflón
chuck [tʃʌk] *s* mamola (*bajo la barbilla de una*

persona); echada, tirada; (mach.) mandril, portaherramienta; lomo (*tajada de carne de vaca*); *va* hacer la mamola a; arrojar
chuck-full [ˈtʃʌkˈfʊl] *adj* colmado, de bote en bote
chuckhole [ˈtʃʌk,hol] *s* badén
chuckle [ˈtʃʌkəl] *s* risa ahogada; *vn* reírse ahogadamente
chucklehead [ˈtʃʌkəl,hɛd] *s* (coll.) tonto, estúpido
chug [tʃʌg] *s* ruido explosivo corto; (*pret & pp:* **chugged;** *ger:* **chugging**) *vn* (coll.) hacer ruidos explosivos repetidos; (coll.) moverse con ruidos explosivos repetidos
chukkar o **chukker** [ˈtʃʌkər] *s* (sport) período en el juego de polo
chum [tʃʌm] *s* (coll.) compinche; (coll.) compañero de cuarto; (*pret & pp:* **chummed;** *ger:* **chumming**) *vn* (coll.) ser compinche, ser compinches; (coll.) compartir un cuarto, vivir en un mismo cuarto
chummy [ˈtʃʌmɪ] *adj* (*comp:* **-mier;** *super:* **-miest**) (coll.) íntimo, muy amigable
chump [tʃʌmp] *s* tarugo, zoquete, leño grueso; extremidad gruesa; (coll.) tonto, estúpido; (slang) cabeza
chunk [tʃʌŋk] *s* pedazo grueso (*p.ej., de madera*); (coll.) persona rechoncha
chunky [ˈtʃʌŋkɪ] *adj* (*comp:* **-ier;** *super:* **-iest**) (coll.) corto y grueso; (coll.) rechoncho
church [tʃʌrtʃ] *s* iglesia; **to go into the church** entrar en la iglesia (*el estado eclesiástico*); **to go to church** ir a la iglesia
churchgoer [ˈtʃʌrtʃ,goər] *s* devoto, fiel; iglesiero (Am.)
churchly [ˈtʃʌrtʃlɪ] *adj* eclesiástico
churchman [ˈtʃʌrtʃmən] *s* (*pl:* **-men**) sacerdote, eclesiástico; miembro de una iglesia, feligrés
church member *s* miembro de una iglesia, feligrés
church militant *s* iglesia militante
church music *s* música de iglesia, música sagrada
Church of Christ, Scientist *s* Iglesia de la ciencia cristiana
Church of England *s* Iglesia de Inglaterra, Iglesia anglicana
Church of Jesus Christ of Latter-day Saints *s* Iglesia de Jesucristo de los santos del día final (*iglesia de los mormones*)
Church Slavic o **Slavonic** *s* eslavoeclesiástico (*idioma*)
church supplies *spl* artículos del culto
church triumphant *s* iglesia triunfante
churchwarden [ˈtʃʌrtʃ,wərdən] *s* capiller; (coll.) pipa de fumar larga, hecha de arcilla
churchwoman [ˈtʃʌrtʃ,wʊmən] *s* (*pl:* **-women**) mujer miembro de una iglesia, feligresa
churchyard [ˈtʃʌrtʃ,jɑrd] *s* patio de iglesia; cementerio
churl [tʃʌrl] *s* patán, palurdo
churlish [ˈtʃʌrlɪʃ] *adj* palurdo, grosero, insolente
churn [tʃʌrn] *s* agitación; batido; mantequera; *va* mazar (*leche*), batir en una mantequera, hacer (*mantequilla*) en una mantequera; agitar, revolver
churr [tʃʌr] *s & vn* var. de **chirr**
chute [ʃut] *s* canal o conducto inclinado; tolva; cascada, salto de agua; recial
chutney [ˈtʃʌtnɪ] *s* salsa picante compuesta de frutas, hierbas, pimienta, etc.
chyle [kaɪl] *s* (physiol.) quilo
chyliferous [kaɪˈlɪfərəs] *adj* quilífero
chylification [,kaɪlɪfɪˈkeʃən] *s* (physiol.) quilificación
chylify [ˈkaɪlɪfaɪ] (*pret & pp:* **-fied**) *va* (physiol.) quilificar; *vn* (physiol.) quilificarse
chylous [ˈkaɪləs] *adj* quiloso
chyme [kaɪm] *s* (physiol.) quimo
chymification [,kaɪmɪfɪˈkeʃən] o [,kɪmɪfɪˈkeʃən] *s* (physiol.) quimificación
chymify [ˈkaɪmɪfaɪ] (*pret & pp:* **-fied**) (physiol.) *va* quimificar
chymous [ˈkaɪməs] *adj* quimoso
ciborium [sɪˈborɪəm] *s* (*pl:* **-a** [ə]) (arch.) ciborio, baldaquín; (eccl.) copón
cicada [sɪˈkedə] o [sɪˈkɑdə] *s* (*pl:* **-das** o **-dae** [di]) (ent.) cigarra
cicatrice [ˈsɪkətrɪs] *s* var. de **cicatrix**
cicatricle [ˈsɪkə,trɪkəl] *s* (bot. & embryol.) cicatrícula
cicatrix [ˈsɪkətrɪks] o [sɪˈketrɪks] *s* (*pl:* **cicatrices** [,sɪkəˈtraɪsiz]) cicatriz; (bot.) cicatriz
cicatrize [ˈsɪkətraɪz] *va* cicatrizar; *vn* cicatrizarse
cicely [ˈsɪsəlɪ] *s* (*pl:* **-lies**) (bot.) perifollo oloroso
Cicero [ˈsɪsəro] *s* Cicerón
cicerone [,tʃitʃəˈrone] o [,sɪsəˈronɪ] *s* (*pl:* **-ni** [nɪ] o **-nes**) cicerone
Ciceronian [,sɪsəˈronɪən] *adj* ciceroniano
cider [ˈsaɪdər] *s* sidra
cider press *s* lagar para sacar el zumo de las manzanas
c.i.f. o **C.I.F.** abr. de **cost, insurance, and freight**
cigar [sɪˈgɑr] *s* cigarro, cigarro puro
cigar band *s* anillo (de cigarro)
cigar case *s* cigarrera
cigar cutter *s* cortacigarros, cortapuros
cigaret o **cigarette** [,sɪgəˈrɛt] *s* cigarrillo, pitillo
cigarette case *s* pitillera
cigarette holder *s* boquilla
cigarette lighter *s* encendedor de cigarrillos
cigarette paper *s* papel de fumar
cigar holder *s* boquilla
cigar lighter *s* encendedor de cigarros
cigar store *s* estanco, tabaquería
cilia [ˈsɪlɪə] *spl* cilios, pestañas; (bot. & zool.) cilios
ciliary [ˈsɪlɪ,ɛrɪ] *adj* (anat.) ciliar
ciliate [ˈsɪlɪet] o [ˈsɪlɪɪt] *adj* ciliado; *s* (zool.) ciliado
ciliated [ˈsɪlɪ,etɪd] *adj* ciliado
Cimmerian [sɪˈmɪrɪən] *adj* cimerio; obscuro, sombrío; *s* cimerio
cinch [sɪntʃ] *s* cincha (*de una silla o albarda*); (coll.) agarro firme; (slang) breva (*cosa fácil*); *va* cinchar; (slang) agarrar
cinchona [sɪnˈkonə] *s* (bot.) quino, cascarillo; (pharm.) quina, cascarilla
cinchona bark *s* (pharm.) quina, corteza del cascarillo
cinchonism [ˈsɪnkənɪzəm] *s* (path.) quinismo
cincture [ˈsɪŋktʃər] *s* cinturón, cincho; cerco; *va* cercar
cinder [ˈsɪndər] *s* carbonilla, ceniza; *va* reducir a cenizas
cinder block *s* bloque de concreto de cenizas
Cinderella [,sɪndəˈrɛlə] *s* la Cenicienta
cinder path *s* sendero de cenizas
cinder track *s* pista de cenizas para carreras a pie
cinema [ˈsɪnɪmə] *s* cine
cinematograph [,sɪnɪˈmætəgræf] o [,sɪnɪˈmætəgrɑf] *s* cinematógrafo; *va & vn* cinematografiar
cineraria [,sɪnəˈrɛrɪə] *s* (bot.) cineraria
cinerarium [,sɪnəˈrɛrɪəm] *s* (*pl:* **-a** [ə]) lugar cinerario
cinerary [ˈsɪnə,rɛrɪ] *adj* cinerario
cingulum [ˈsɪŋgjələm] *s* (*pl:* **-la** [lə]) cíngulo (*del alba de un sacerdote*); (anat., bot. & zool.) cíngulo
cinnabar [ˈsɪnəbɑr] *s* cinabrio (*mineral y color*)
cinnamic [sɪˈnæmɪk] o [ˈsɪnəmɪk] *adj* (chem.) cinámico
cinnamon [ˈsɪnəmən] *s* (bot.) canelo; canela (*corteza y especia*); *adj* acanelado
cinquefoil [ˈsɪŋk,fɔɪl] *s* (bot.) cincoenrama, quinquefolio; (arch.) rosetón de cinco lóbulos
cion [ˈsaɪən] *s* (hort. & fig.) vástago
cipher [ˈsaɪfər] *s* cifra; cero; clave (*de una cifra*); monograma, cifra; (fig.) cero, cero a la izquierda; *adj* cifrado; de ningún valor, de ninguna importancia; *va* cifrar (*escribir en cifra*); numerar, calcular; *vn* numerar, calcular
cipher device *s* cifrador
cipher message *s* mensaje cifrado
circa [ˈsʌrkə] *prep* a eso de, cerca de, hacia
Circassian [sərˈkæʃən] *adj & s* circasiano
Circe [ˈsʌrsɪ] *s* (myth.) Circe
circinate [ˈsʌrsɪnet] *adj* (bot.) circinado
circle [ˈsʌrkəl] *s* círculo; circo; **to square the circle** cuadrar el círculo; *va* circuir, circun-

dar; dar la vuelta a; girar alrededor de; *vn* dar vueltas
circlet ['sʌrklɪt] *s* anillo; círculo pequeño; adorno en forma de círculo
circuit ['sʌrkɪt] *s* circuito; (elec.) circuito; *va* circular por; contornear; *vn* circular; hacer un circuito
circuit breaker *s* (elec.) disyuntor, interruptor automático
circuit court *s* (law) tribunal cuyos jueces administran justicia a intervalos regulares en varios lugares de un distrito
circuitous [sər'kjuɪtəs] *adj* tortuoso, indirecto
circuit rider *s* clérigo metodista que andaba de sitio en sitio para pronunciar sermones
circuitry ['sʌrkɪtrɪ] *s* (*pl:* **-ries**) (elec.) trazado de circuito; conjunto de los elementos de un circuito; sistema de circuitos
circular ['sʌrkjələr] *adj* circular; tortuoso, indirecto; *s* circular, carta circular
circularity [,sʌrkjə'lærɪtɪ] *s* circularidad
circularize ['sʌrkjələraɪz] *va* dirigir circulares a; dar forma circular a
circular measure *s* medición del círculo en grados sexagesimales
circular saw *s* sierra circular
circulate ['sʌrkjəlet] *va & vn* circular
circulating capital *s* (econ.) capital circulante
circulating library *s* biblioteca circulante
circulation [,sʌrkjə'leʃən] *s* circulación
circulatory ['sʌrkjələ,torɪ] *adj* circulatorio
circumambient [,sʌrkəm'æmbɪənt] *adj* circumambiente
circumcise ['sʌrkəmsaɪz] *va* circuncidar
circumcision [,sʌrkəm'sɪʒən] *s* circuncisión
circumference [sər'kʌmfərəns] *s* circunferencia
circumferential [sər,kʌmfə'renʃəl] *adj* circunferencial
circumflex ['sʌrkəmflɛks] *adj* (anat. & gram.) circunflejo; *s* (gram.) circunflejo
circumflex accent *s* acento circunflejo
circumfluent [sər'kʌmflʊənt] *adj* circunfluente
circumfuse [,sʌrkəm'fjuz] *va* difundir en derredor
circumjacent [,sʌrkəm'dʒesənt] *adj* circunyacente
circumlocution [,sʌrkəmlo'kjuʃən] *s* circunlocución, circunloquio
circumnavigate [,sʌrkəm'nævɪget] *va* circunnavegar
circumnavigation [,sʌrkəm,nævɪ'geʃən] *s* circunnavegación
circumnavigator [,sʌrkəm'nævɪ,getər] *s* circunnavegador
circumpolar [,sʌrkəm'polər] *adj* circumpolar
circumscribe [,sʌrkəm'skraɪb] *va* circunscribir; (geom.) circunscribir
circumscript ['sʌrkəmskrɪpt] *adj* circunscrito
circumscription [,sʌrkəm'skrɪpʃən] *s* circunscripción
circumspect ['sʌrkəmspɛkt] *adj* circunspecto
circumspection [,sʌrkəm'spɛkʃən] *s* circunspección
circumstance ['sʌrkəmstæns] *s* circunstancia; ostentación, ceremonia; **to be in easy circumstances** estar acomodado; **under no circumstances** de ninguna manera, no importa cuáles sean las circunstancias; **under the circumstances** en las circunstancias
circumstantial [,sʌrkəm'stænʃəl] *adj* circunstancial; circunstanciado (*detallado*)
circumstantial evidence *s* (law) indicios vehementes, evidencia circunstancial
circumstantiate [,sʌrkəm'stænʃɪet] *va* relatar con todas las circunstancias, probar o sostener detalladamente
circumvallate [,sʌrkəm'vælet] *va* circunvalar
circumvallation [,sʌrkəmvə'leʃən] *s* circunvalación
circumvent [,sʌrkəm'vent] *va* embaucar, engañar; entrampar; evitar, desviarse de
circumvention [,sʌrkəm'venʃən] *s* embaucamiento, engaño; evitación
circumvolution [,sʌrkəmvə'luʃən] *s* circunvolución
circus ['sʌrkəs] *s* circo; (coll.) persona o cosa muy divertida; *adj* circense
Circus Maximus ['mæksɪməs] *s* circo máximo
cirque [sʌrk] *s* circo; (geol.) circo; (poet.) anillo, círculo pequeño
cirrhosis [sɪ'rosɪs] *s* (path.) cirrosis
cirrhotic [sɪ'rɑtɪk] *adj* cirrótico
cirriped ['sɪrɪpɛd] *adj & s* (zool.) cirrípedo o cirrópodo
cirro-cumulus [,sɪro'kjumjələs] *s* (meteor.) cirrocúmulo
cirro-stratus [,sɪro'stretəs] *s* (meteor.) cirrostrato
cirrus ['sɪrəs] *s* (*pl:* **-ri** [raɪ]) (bot., zool. & meteor.) cirro
cisalpine [sɪs'ælpaɪn] o [sɪs'ælpɪn] *adj* cisalpino
cisandine [sɪs'ændaɪn] o [sɪs'ændɪn] *adj* cisandino
cisatlantic [,sɪsæt'læntɪk] *adj* cisatlántico
cisco ['sɪsko] *s* (*pl:* **-coes** o **-cos**) (ichth.) arenque de lago (*Leucichthys*)
cissoid ['sɪsɔɪd] *s* (geom.) cisoide
cistaceous [sɪs'teʃəs] *adj* (bot.) cistáceo
Cistercian [sɪs'tʌrʃən] *adj & s* cisterciense
Cistercian Order *s* orden *f* del Cister
cistern ['sɪstərn] *s* cisterna; (anat.) cisterna
citadel ['sɪtədəl] *s* (fort.) ciudadela
citation [saɪ'teʃən] o [sɪ'teʃən] *s* citación; (law) citación; (mil.) mención
cite [saɪt] *va* citar; (law) citar; (mil.) mencionar; mover, incitar
cithara ['sɪθərə] *s* (mus.) cítara (*lira griega*)
cither ['sɪθər] *s* (mus.) cítara (*lira griega; instrumento músico parecido a la guitarra*)
cithern ['sɪθərn] *s* (mus.) cítara (*instrumento músico parecido a la guitarra*)
citified ['sɪtɪfaɪd] *adj* urbanizado
citizen ['sɪtɪzən] *s* ciudadano; paisano (*el que no es militar*); *adj* ciudadano
citizeness ['sɪtɪzənɪs] *s* ciudadana
citizen of the world *s* ciudadano del mundo
citizenry ['sɪtɪzənrɪ] *s* ciudadanos, conjunto de ciudadanos
citizenship ['sɪtɪzən,ʃɪp] *s* ciudadanía
citrate ['sɪtret] o ['saɪtret] *s* (chem.) citrato
citrate of magnesia *s* (med.) citrato de magnesia
citric ['sɪtrɪk] *adj* (chem.) cítrico
citric acid *s* (chem.) ácido cítrico
citrin ['sɪtrɪn] *s* (biochem.) citrina
citron ['sɪtrən] *s* (bot.) cidro (*Citrus medica*); cidra (*fruto*); cidrada (*corteza confitada*)
citronella [,sɪtrə'nɛlə] *s* (bot.) limoncillo; esencia de limoncillo
citron melon *s* (bot.) sandía de carne blanca
citrous ['sɪtrəs] *adj* auranciáceo
citrus ['sɪtrəs] *adj* auranciáceo; *s* (bot.) cidro (*cualquier planta del género Citrus*); cidra (*fruto*)
citrus fruit *s* agrios (*fruto de cualquier planta del género Citrus*)
cittern ['sɪtərn] *s* var. de **cithern**
city ['sɪtɪ] *s* (*pl:* **-ies**) ciudad; **the City** el centro comercial, bancario y bursátil de Londres; **City** Interior o Ciudad (*palabra que se pone al sobrescrito de una carta que va al interior de la ciudad*); *adj* ciudadano; urbano
city clerk *s* archivero de municipio
city council *s* ayuntamiento
city editor *s* (U.S.A.) redactor de periódico encargado de las noticias locales; (Brit.) redactor de periódico encargado de las noticias comerciales y bancarias
city fathers *spl* concejales
city hall *s* ayuntamiento, casa consistorial, palacio municipal
city limits *spl* casco urbano
city manager *s* administrador municipal escogido por el ayuntamiento o por alguna comisión
City of Brotherly Love *s* ciudad del amor fraternal (*Filadelfia*)
City of David *s* ciudad de David (*Jerusalén; Belén*)
City of God *s* ciudad de Dios (*el paraíso*)
City of Masts *s* ciudad de los mástiles (*Londres*)
City of the Seven Hills *s* ciudad de las siete colinas (*Roma*)
city plan *s* plano de la ciudad
city planner *s* urbanista
city planning *s* urbanismo, urbanización

city room *s* redacción de un periódico (*lugar donde se redacta; conjunto de los redactores*)
city-state ['sɪtɪ'stet] *s* ciudad-estado
civet ['sɪvɪt] *s* algalia, civeto
civet bean (bot.) frijol iztagapa
civet cat *s* (zool.) algalia, civeta, gato de algalia
civic ['sɪvɪk] *adj* cívico; **civics** *ssg* estudio de los deberes, derechos y privilegios de los ciudadanos
civies ['sɪvɪz] *spl* (coll.) traje de paisano, ropas civiles; **in civies** (coll.) de paisano
civil ['sɪvɪl] *adj* civil
civil defense *s* defensa civil, protección civil
civil disobedience *s* desobediencia civil
civil engineer *s* ingeniero civil
civil engineering *s* ingeniería civil
civilian [sɪ'vɪljən] *adj* civil; *s* hombre civil, paisano
civilian clothes *spl* traje de paisano
civility [sɪ'vɪlɪtɪ] *s* (*pl:* **-ties**) civilidad
civilization [ˌsɪvɪlɪ'zeʃən] *s* civilización
civilize ['sɪvɪlaɪz] *va* civilizar; *vn* civilizarse
civilized ['sɪvɪlaɪzd] *adj* civilizado
civil law *s* derecho civil
civil liberty *s* libertad civil
civilly ['sɪvɪlɪ] *adv* civilmente
civil marriage *s* matrimonio civil
civil rights *s* derechos civiles
civil servant *s* empleado de servicio civil oficial
civil service *s* servicio civil oficial
civil war *s* guerra civil; **Civil War** *s* (U.S.A.) Guerra civil, Guerra entre Norte y Sur
civil year *s* año civil
civism ['sɪvɪzəm] *s* civismo
civvies ['sɪvɪz] *spl* (coll.) var. de **civies**
clabber ['klæbər] *s* cuajada de leche agria; *vn* cuajarse agriándose
clack [klæk] *s* ruido corto y agudo; charla; *vn* producir ruidos cortos y agudos; charlar
clack valve *s* (hyd.) chapaleta
clad [klæd] *pret & pp de* **clothe**
cladoceran [klə'dɑsərən] *adj & s* (zool.) cladócero
cladode ['klædod] *s* (bot.) cladodio
claim [klem] *s* demanda; reclamación; afirmación, declaración; (min.) pertenencia; **to jump a claim** usurpar el terreno o la mina que una persona ha denunciado; **to lay claim to** reclamar, reivindicar; *va* demandar; reclamar; afirmar, declarar; (min.) denunciar; **to claim to be** pretender ser
claim agent *s* agente de reclamación
claimant ['klemənt] *s* demandante; reclamante; (min.) denunciante; pretendiente (*al trono*)
claim check *s* comprobante
clairvoyance [klɛr'vɔɪəns] *s* clarividencia (*penetración, perspicacia; doble vista*)
clairvoyant [klɛr'vɔɪənt] *adj* clarividente (*perspicaz; que pretende poseer la doble vista*); *s* clarividente (*persona que pretende poseer la doble vista*)
clam [klæm] *s* (zool.) almeja; (coll.) chiticalla (*persona muy callada*); (*pret & pp:* **clammed;** *ger:* **clamming**) *vn* pescar almejas
clambake ['klæmˌbek] *s* jira campestre en que se asan almejas
clamber ['klæmbər] *s* trepa desmañada o difícil; *vn* trepar, subir gateando
clammy ['klæmɪ] *adj* (*comp:* **-mier;** *super:* **-miest**) frío y húmedo
clamor ['klæmər] *s* clamor, clamoreo; *va & vn* clamorear
clamorous ['klæmərəs] *adj* clamoroso
clamp [klæmp] *s* abrazadera; tornillo de banco; (naut.) contradurmiente; *va* afianzar o sujetar con abrazadera; asegurar en el tornillo de banco; *vn* pisar recio; **to clamp down on** (coll.) coaccionar, apretar los tornillos a
clamshell ['klæmˌʃɛl] *s* concha de almeja; cucharón de almeja o de quijadas, pala de doble concha
clamshell bucket *s* cucharón de almeja o de quijadas, pala de doble concha
clan [klæn] *s* clan
clandestine [klæn'dɛstɪn] *adj* clandestino
clang [klæŋ] *s* fuerte sonido metálico como de campana; tantán (*de un yunque*); *va* hacer sonar fuertemente; *vn* sonar fuertemente
clangor ['klæŋgər] o ['klæŋər] *s* sonido metálico desapacible, estruendo
clangorous ['klæŋgərəs] o ['klæŋərəs] *adj* estrepitoso, retumbante
clank [klæŋk] *s* sonido metálico seco; *va* hacer sonar secamente; *vn* sonar secamente
clannish ['klænɪʃ] *adj* tribal; exclusivista
clansman ['klænzmən] *s* (*pl:* **-men**) miembro de un clan
clap [klæp] *s* golpe seco, estampido; trueno; palmoteo; (slang) gonorrea; (*pret & pp:* **clapped;** *ger:* **clapping**) *va* batir (*palmas*); aplaudir; poner o colocar de prisa; **to clap eyes on** (coll.) clavar la vista en; **to clap shut** cerrar de golpe; **to clap up** poner en la cárcel; *vn* estallar; palmear, palmotear
clapboard ['klæbərd] o ['klæpˌbord] *s* chilla, tabla de chilla; *va* cubrir con tablas de chilla
clap of thunder *s* estampido de trueno
clapper ['klæpər] *s* golpeador; palmoteador; badajo (*de campana*); tarabilla, cítola; castañuelas; (coll.) lengua
claptrap ['klæpˌtræp] *s* faramalla, engañabobos; latiguillo (*de actor*); *adj* faramallón
claque [klæk] *s* claque
Clare [klɛr] *s* Clara; clarisa (*religiosa*)
clarence ['klærəns] *s* clarens (*coche*)
claret ['klærɪt] *s* clarete; rojo purpurado; (slang) sangre
clarification [ˌklærɪfɪ'keʃən] *s* clarificación
clarifier ['klærɪˌfaɪər] *s* clarificador; clarificadora (*vasija en que se clarifica el guarapo del azúcar*)
clarify ['klærɪfaɪ] (*pret & pp:* **-fied**) *va* clarificar
clarinet [ˌklærɪ'nɛt] *s* (mus.) clarinete
clarinetist o **clarinettist** [ˌklærɪ'nɛtɪst] *s* clarinete o clarinetista (*músico que toca el clarinete*)
clarion ['klærɪən] *s* (mus.) clarín (*instrumento músico; registro del órgano*); (poet.) sonido del clarín; (poet.) sonido de clarín; *adj* claro y agudo
clarionet [ˌklærɪə'nɛt] *s* var. de **clarinet**
clarity ['klærɪtɪ] *s* claridad
clary ['klɛrɪ] *s* (*pl:* **-ies**) (bot.) amaro, esclarea
clash [klæʃ] *s* choque, encontrón; estruendo; *va* batir, golpear ruidosamente; *vn* chocar
clasp [klæsp] o [klɑsp] *s* broche, corchete; cierre; hebilla; abrazadera; abrazo; agarro; *va* abrochar, encorchetar; abrazar; agarrar, apretar (*la mano*); apretarse (*la mano*)
clasp knife *s* navaja (*cuya hoja puede doblarse y quedar guardada dentro del mango*)
class. abr. de **classical**
class [klæs] o [klɑs] *s* clase; (slang) excelencia; (slang) elegancia, buen tono; **the classes** las clases más altas de la sociedad; *va* clasificar; *vn* clasificarse
classbook ['klæsˌbʊk] o ['klɑsˌbʊk] *s* libro de clase; libro publicado por una clase de la escuela (*sobre todo la que está para graduarse*)
class-conscious ['klæs'kɑnʃəs] o ['klɑs'kɑnʃəs] *adj* consciente de su clase social
class consciousness *s* conciencia o conocimiento de la clase social a que uno pertenece
class day *s* (U.S.A.) día en que los miembros de una clase que va a graduarse celebran su graduación
class hour *s* (educ.) hora de clase
classic ['klæsɪk] *adj & s* clásico; **the classics** las obras clásicas (*de la literatura romana y griega*)
classical ['klæsɪkəl] *adj* clásico
classically ['klæsɪkəlɪ] *adv* clásicamente
classical scholar *s* erudito en las lenguas clásicas
classicism ['klæsɪsɪzəm] *s* clasicismo
classicist ['klæsɪsɪst] *s* clasicista
classification [ˌklæsɪfɪ'keʃən] *s* clasificación
classification yard *s* (rail.) patio de clasificación
classified ['klæsɪfaɪd] *adj* clasificado; clasificado como secreto
classified ads *spl* anuncios clasificados (en secciones)
classifier ['klæsɪˌfaɪər] *s* (min.) clasificador
classify ['klæsɪfaɪ] (*pret & pp:* **-fied**) *va* clasificar
class legislation *s* legislación clasista
classmate ['klæsˌmet] o ['klɑsˌmet] *s* compañero de clase, condiscípulo

classroom ['klæs,rum] o ['klɑs,rum] *s* sala de clase
class struggle *s* lucha de clases
classy ['klæsɪ] *adj* (*comp:* **-ier;** *super:* **-iest**) (slang) elegante, de categoría
clatter ['klætər] *s* martilleo, estruendo confuso; algazara, gresca; trápala (*del trote de un caballo*); *va* hacer chocar ruidosamente; *vn* chocar ruidosamente; moverse o caer con estruendo confuso; hablar rápida y ruidosamente; **to clatter down the steps** bajar la escalera ruidosamente
Claud o **Claude** [klɔd] o **Claudius** ['klɔdɪəs] *s* Claudio
clause [klɔz] *s* cláusula (*disposición de un contrato u otro documento*); (gram.) oración dependiente
claustral ['klɔstrəl] *adj* var. de **cloistral**
claustrophobia [,klɔstrə'fobɪə] *s* (path.) claustrofobia
claustrum ['klɔstrəm] *s* (*pl:* **-tra** [trə]) (anat.) claustro
clava ['klevə] *s* (*pl:* **-vae** [vi]) (anat.) clava
clavate ['klevet] *adj* (bot. & zool.) claviforme
clavichord ['klævɪkɔrd] *s* (mus.) clavicordio
clavicle ['klævɪkəl] *s* (anat.) clavícula
clavicular [klə'vɪkjələr] *adj* clavicular
claviculate [klə'vɪkjəlet] *adj* (zool.) claviculado
clavier ['klævɪər] o [klə'vɪr] *s* (mus.) teclado; (mus.) teclado sin sonido para practicar; [klə'vɪr] *s* (mus.) clave, clavicordio, piano u otro instrumento musical con teclado
claw [klɔ] *s* (zool.) garra; (zool.) uña; (zool.) pinza (*de langosta, cangrejo, etc.*); oreja (*de martillo, llave de tuerca, etc.*); arañazo; mano, dedos; *va* agarrar; desgarrar; arañar; *vn* arañar, arañar ligeramente
claw bar *s* sacaclavos de horquilla
claw clutch *s* (mach.) embrague de garra
claw hammer *s* martillo de orejas, martillo sacaclavos; (coll.) frac
clay [kle] *s* arcilla; *va* arcillar; (agr.) arcillar
clayey ['kleɪ] *adj* (*comp:* **clayier;** *super:* **clayiest**) arcilloso
claymore ['klemor] *s* claymore (*espada escocesa*)
clay pigeon *s* pichón de barro (*disco de arcilla lanzado al aire en el tiro al blanco*)
clay pipe *s* pipa de fumar hecha de arcilla, pipa de tierra
clay pit *s* gredal, mina de arcilla
clay soil *s* terreno arcilloso
clay stone *s* piedra arcillosa; piedra formada a base de arcilla
claytonia [kle'tonɪə] *s* (bot.) claitonia
clean [klin] *adj* limpio; neto, distinto; completo, perfecto; liso, parejo; diestro, hábil; bien hecho, bien proporcionado; *adv* completamente, totalmente; limpio, limpiamente; **to come clean** (slang) confesarlo todo; *va* limpiar, asear; **to be cleaned out** (slang) quedar limpio (*sin dinero*); **to clean out** limpiar vaciando; limpiar (*p.ej., las ramas pequeñas de un árbol*); agotar, consumir; (slang) limpiar (*hurtando o en el juego*); **to clean up** limpiar completamente; arreglar; (mach.) alinear; (coll.) acabar, completar; (slang) sacar de ganancia; *vn* limpiarse, asearse; **to clean up** limpiarse, asearse; (coll.) llevárselo todo; (coll.) hacer mesa limpia (*en el juego*); (slang) ganar mucho dinero; **to clean up after someone** limpiar lo que alguno ha ensuciado
clean bill of health *s* patente limpia de sanidad; certificado de aptitud
clean-cut ['klin,kʌt] *adj* bien definido; bien tallado; claro, definido; de buen parecer
cleaner ['klinər] *s* limpiador; tintorero; quitamanchas (*persona y substancia*); **to send to the cleaners** (slang) dejar limpio, limpiarle a (*uno*) todo el dinero
cleanhanded ['klin'hændɪd] *adj* con las manos limpias, sin culpa
cleaning ['klinɪŋ] *s* limpiadura, aseo; **cleanings** *spl* limpiaduras (*desperdicios*)
cleaning fluid *s* quitamanchas
cleaning rag *s* trapo para limpiar, paño de limpiar
cleaning rod *s* (arti.) baqueta de limpieza
cleaning woman *s* criada que limpia la casa
clean-limbed ['klin'lɪmbd] *adj* de piernas bien proporcionadas
cleanliness ['klɛnlɪnɪs] *s* limpieza habitual; esmero (*en la compostura de la persona*)
cleanly ['klɛnlɪ] *adj* (*comp:* **-lier;** *super:* **-liest**) limpio (*que tiene el hábito de la limpieza*); ['klinlɪ] *adv* limpiamente
cleanness ['klinnɪs] *s* limpieza, aseo
cleanse [klɛnz] *va* limpiar, depurar, purificar
clean-shaven ['klin'ʃevən] *adj* lisamente afeitado
cleanup ['klin,ʌp] *s* limpieza general; (slang) gran ganancia; **to make a cleanup** (slang) hacer su pacotilla
clear [klɪr] *adj* claro; despejado (*sin nubes*); libre (*de culpa, deudas, estorbos, etc.*); seguro, cierto; neto, líquido; entero, completo; **clear of** libre de (*p.ej., deudas*); a distancia de; **in the clear** por dentro ‖ *adv* claro, claramente; enteramente, completamente; sin tocar, sin alcanzar; **clear through** de lado a lado ‖ *va* aclarar; clarificar; desembarazar; desmontar, rebajar (*un terreno*); salvar, saltar por encima de; pasar por un lado de, sin tocar; abonar, acreditar; absolver, probar la inocencia de; sacar (*una ganancia neta*); desocupar (*un cuarto*); (naut.) despachar en la aduana; (com.) pasar (*un cheque*) por un banco de liquidación; (com.) liquidar (*una cuenta*); **to clear a ship for action** (nav.) alistar un buque para el combate; **to clear an equation of fractions** (math.) quitar los denominadores de una ecuación; **to clear away** u **off** quitar (*estorbos u obstáculos*); desocupar; desmontar, rebajar; quitar (*la mesa*); **to clear out** limpiar, desembarazar desechando o vaciando; **to clear the way** abrir camino; **to clear up** aclarar, clarificar; arreglar, ordenar; desembarazar ‖ *vn* aclararse; clarificarse; desembarazarse; justificarse; (naut.) despacharse después de pagados los derechos de aduana; **to clear away** u **off** irse, desaparecer; **to clear out** (coll.) irse, salirse, escabullirse; **to clear up** abonanzar (*el tiempo o una situación embarazosa*); despejarse (*el cielo, el tiempo*)
clearance ['klɪrəns] *s* aclaración; abono, acreditación; espacio libre (*entre dos cosas que pasan la una al lado de la otra sin tocarse*); (mach.) espacio muerto (*en un cilindro*); (mach.) intersticio (*p.ej., de una turbina hidráulica*); (elec.) distancia radial (*entre el polo y el inducido*); (com.) compensación
clearance sale *s* venta de liquidación
clear-cut ['klɪr,kʌt] *adj* claro, definido; bien delineado
clear-headed ['klɪr'hɛdɪd] *adj* inteligente, perspicaz
clearing ['klɪrɪŋ] *s* claro (*en un bosque*); (com.) compensación
clearing house *s* (com.) cámara de compensación
clearness ['klɪrnɪs] *s* claridad
clear-sighted ['klɪr'saɪtɪd] *adj* perspicaz; (fig.) perspicaz
clearstarch ['klɪr,startʃ] *va* almidonar con una mezcla ligera de almidón y agua
clearstory ['klɪr,storɪ] *s* (*pl:* **-ries**) var. de **clerestory**
cleat [klit] *s* abrazadera, listón, fiador; (naut.) tojino; (naut.) cornamusa (*para amarrar cabos*); *va* enlistonar; (naut.) asegurar con o en tojino, cornamusa, etc.
cleavage ['klivɪdʒ] *s* hendedura, división; (biol.) segmentación del óvulo; (fig.) desunión
cleave [kliv] (*pret:* **cleaved, cleft** o **clove;** *pp:* **cleaved, cleft** o **cloven**) *va* hender, rajar, dividir; penetrar; abrir (*trocha en la selva*); cortar (*la cabeza*); partir (*el corazón*); hender (*las aguas un buque, los aires una flecha, las nubes un avión, etc.*); *vn* henderse, rajarse; (*pret & pp:* **cleaved**) *vn* adherirse, pegarse; ser fiel, ser leal
cleaver ['klivər] *s* rajadera, cortante, cuchilla de carnicero; **cleavers** *s* (*pl:* **-ers**) (bot.) presera, galio
cleek [klik] *s* (golf) maza de hierro para lanzamientos a distancia
clef [klɛf] *s* (mus.) clave
cleft [klɛft] *s* raja, grieta, hendedura; *adj* rajado, hendido; *pret & pp de* **cleave**

cleft palate *s* palatosquisis, fisura del paladar
cleistogamous [klaɪs'tɑgəməs] *adj* (bot.) cleistógamo
clematis ['klɛmətɪs] *s* (bot.) clemátide
clemency ['klɛmənsɪ] *s* (*pl:* **-cies**) clemencia; benignidad, suavidad
clement ['klɛmənt] *adj* clemente; benigno, suave; (*cap.*) *s* Clemente
clench [klɛntʃ] *s* agarro; *va* agarrar; cerrar o apretar (*el puño, los dientes*); remachar (*la punta de un clavo ya clavado*)
Cleon ['kliɑn] *s* Cleón
clepsydra ['klɛpsɪdrə] *s* (*pl:* **-dras** o **-drae** [dri]) reloj de agua, clepsidra
clerestory ['klɪrˌstorɪ] *s* (*pl:* **-ries**) (arch.) claraboya
clergy ['klʌrdʒɪ] *s* (*pl:* **-gies**) clero, clerecía
clergyman ['klʌrdʒɪmən] *s* (*pl:* **-men**) clérigo, sacerdote, eclesiástico, pastor
cleric ['klɛrɪk] *adj* clerical; *s* clérigo
clerical ['klɛrɪkəl] *adj* clerical; oficinesco; *s* clérigo; clerical (*partidario del clero*); **clericals** *spl* (coll.) hábitos clericales
clerical error *s* error de pluma
clericalism ['klɛrɪkəlɪzəm] *s* clericalismo
clericalist ['klɛrɪkəlɪst] *s* clerical
clerical work *s* trabajo de oficina
clerk [klʌrk] *s* dependiente de tienda, vendedor; oficinista, escribiente; archivero (*de municipio*); (law) escribano; lego, seglar (*en una iglesia*); (hist.) clérigo (*hombre de estudios*); *vn* trabajar como dependiente, oficinista, etc.
clerkly ['klʌrklɪ] *adj* (*comp:* **-lier;** *super:* **-liest**) de dependiente; clerical
clerkship ['klʌrkʃɪp] *s* empleo de dependiente, empleo de oficinista; (law) escribanía; secretaría
cleveite ['klivaɪt] *s* (mineral.) cleveíta
clever ['klɛvər] *adj* inteligente; hábil, diestro, mañoso
cleverness ['klɛvərnɪs] *s* inteligencia; habilidad, destreza, maña; gracia
clevis ['klɛvɪs] *s* horquilla, abrazadera
clew [klu] *s* indicio, pista, guía; ovillo; (naut.) puño; (naut.) anillo de hierro fijado al puño; *va* (naut.) levantar (*la vela*) sirviéndose del anillo fijado al puño
cliché [kli'ʃe] *s* (print.) clisé; (fig.) cliché (*frase hecha, idea gastada*)
click [klɪk] *s* golpecito; tecleo (*de la máquina de escribir*); piñoneo (*del arma de fuego*); taconeo; chasquido (*de la lengua*); *va* chascar (*la lengua*); **to click the heels** taconear; cuadrarse (*militarmente*); *vn* sonar con un golpecito seco; piñonear (*un arma de fuego*)
client ['klaɪənt] *s* cliente; cliente de abogado
clientele [ˌklaɪən'tɛl] *s* clientela
cliff [klɪf] *s* risco, escarpa, precipicio
cliff dweller *s* hombre de las rocas
cliff dwelling *s* casa o cueva construída en las rocas
cliff swallow *s* (orn.) golondrina de las rocas
climacteric [klaɪ'mæktərɪk] o [ˌklaɪmæk'tɛrɪk] *adj* climatérico; *s* climatérico o climaterio
climactic [klaɪ'mæktɪk] *adj* climáxico, culminante
climate ['klaɪmɪt] *s* clima
climatic [klaɪ'mætɪk] *adj* climático
climatically [klaɪ'mætɪkəlɪ] *adv* climáticamente
climatology [ˌklaɪmə'tɑlədʒɪ] *s* climatología
climax ['klaɪmæks] *s* (rhet.) clímax; colmo; **to cap the climax** ser el colmo; *va & vn* terminar
climb [klaɪm] *s* trepa; subida; subidero; *va* trepar, escalar, subir; *vn* trepar, escalar, subir; **to climb down** bajar a gatas; descender; (coll.) cejar, rendirse; **to climb up** trepar por
climber ['klaɪmər] *s* trepador; subidor; ambicioso de figurar; garfio, trepador (*clavo puntiagudo fijado en el zapato para facilitar la subida*); (bot.) trepadora, enredadera; (orn.) trepadora; **climber of hills** (aut.) subidor de cuestas
climb indicator *s* (aer.) ascensómetro, indicador de ascensión
climbing belt *s* cinturón de seguridad
climbing fish *s* (ichth.) anabas
climbing irons *spl* garfios, trepadores, crampones
clime [klaɪm] *s* (poet.) clima, país, región, plaga
clinch [klɪntʃ] *s* agarro; abrazo; remache, roblón; (box.) clincha; (naut.) entalingadura; **to be in a clinch** estar agarrados, estar abrazados; *va* agarrar; abrazar; afianzar, sujetar o fijar con firmeza; apretar (*el puño, los dientes*); remachar, roblar (*un clavo ya clavado*); afirmar, resolver decisivamente; (naut.) entalingar; *vn* abrazarse fuertemente; luchar cuerpo a cuerpo
clincher ['klɪntʃər] *s* remachador; clavo de remachar; (coll.) argumento decisivo; neumático de talón
clincher tire *s* neumático de talón
cling [klɪŋ] (*pret & pp:* **clung**) *vn* adherirse, pegarse
clingstone ['klɪŋˌston] *s* pavía, albérchiga, peladillo; *adj* de hueso adherente, de carne pegada al hueso (*dícese del melocotón o pérsico*)
clingy ['klɪŋɪ] *adj* pegajoso
clinic ['klɪnɪk] *s* clínica
clinical ['klɪnɪkəl] *adj* clínico
clinical chart *s* hoja clínica
clinically ['klɪnɪkəlɪ] *adv* clínicamente
clinical thermometer *s* termómetro clínico
clinician [klɪ'nɪʃən] *s* clínico
clink [klɪŋk] *s* tintín (*sonido metálico ligero*); (coll.) cárcel; *va* hacer tintinar; *vn* tintinar
clinker ['klɪŋkər] *s* escoria de hulla; escoria de cemento; ladrillo muy duro; masa de ladrillos derretidos; *vn* formar escorias
clinker-built ['klɪŋkərˌbɪlt] *adj* de tingladillo
clinker work *s* tingladillo
clinometer [klaɪ'nɑmɪtər] *s* clinómetro
Clio ['klaɪo] *s* (myth.) Clío
clip [klɪp] *s* tijereteo, cercenadura, esquileo; movimiento rápido; grapa, pinza; sujetapapeles, presilla de alambre; (coll.) golpe seco y súbito; **clips** *spl* tijeras; **at a good clip** a paso rápido; (*pret & pp:* **clipped;** *ger:* **clipping**) *va* tijeretear, cercenar, esquilar; cercenar (*el borde de las monedas*) dañandolas; agarrar, afianzar; recortar (*p.ej., un cupón*), acortar; (phonet.) apocopar; (coll.) golpear súbito con golpe seco; **to clip the wings of** cortar las alas a, cortar los vuelos a; *vn* moverse con rapidez
clipped word *s* palabra apocopada (*como* **prof** [prɑf] *por* **professor**)
clipper ['klɪpər] *s* cercenador; recortador; tijera, cizalla; (naut. & aer.) clíper; **clippers** *spl* maquinilla para cortar el pelo; guadañadora, tijeras podadoras
clipper-built ['klɪpərˌbɪlt] *adj* (naut.) construído y aparejado para gran rapidez
clipping ['klɪpɪŋ] *s* recorte; tijereteo; esquileo; *adj* (coll.) rápido; (slang) excelente, de primera clase
clique [klik] *s* pandilla, compadraje, corrillo
cliquish ['klikɪʃ] *adj* exclusivista
clitellum [klɪ'tɛləm] o [klaɪ'tɛləm] *s* (*pl:* **-la** [lə]) (zool.) clitelo
clitoris ['klaɪtərɪs] o ['klɪtərɪs] *s* (anat.) clítoris
clk. abr. de **clerk** y **clock**
cloaca [klo'ekə] *s* (*pl:* **-cae** [si]) cloaca; (zool.) cloaca
cloak [klok] *s* capa, capote; disimulo, excusa; *va* encapotar; disimular, encubrir
cloak-and-dagger ['klokən'dægər] *adj* de capa y espada
cloak-and-sword ['klokənd'sord] *adj* de capa y espada
cloak hanger *s* cuelgacapas
cloakroom ['klokˌrum] o ['klokˌrʊm] *s* guardarropa (*sitio*); (Brit.) excusado, retrete
clobber ['klɑbər] *va* (slang) apalear, tundir; (slang) derrotar completamente
cloche [kloʃ] *s* campana de cristal; sombrero de mujer de ajuste estrecho
clock [klɑk] *s* reloj; cuadrado (*en las medias*); **round the clock** noche y día, todas las horas del día; **to turn the clock back** retrasar el reloj; quitarse años, fingir menos edad; remontarse al pasado; *va* registrar; (sport) cronometrar; bordar con cuadrado; *vn* **to clock in** marcar (*el obrero o el empleado*) la hora de

entrada en el reloj registrador; **to clock out** marcar (*el obrero o el empleado*) la hora de salida en el reloj registrador
clockmaker ['klɑk,mekər] *s* relojero
clock meter *s* (elec.) limitador de corriente
clock tower *s* torre reloj
clockwise ['klɑk,waɪz] *adj & adv* en el sentido de las agujas del reloj
clockwork ['klɑk,wʌrk] *s* aparato de relojería; **like clockwork** como un reloj
clod [klɑd] *s* tierra; terrón; palurdo, zoquete
clodhopper ['klɑd,hɑpər] *s* destripaterrones, patán; **clodhoppers** *spl* zapatos grandes y fuertes
clog [klɑg] *s* estorbo, obstáculo; traba (*para atar los pies del caballo*); chanclo, galocha; zueco (*usado en bailes*); zapateado; (*pret & pp:* **clogged**; *ger:* **clogging**) *va* atascar; estorbar; *vn* atascarse; bailar el zapateado
clog dance *s* zapateado
clog dancer *s* zapateador
cloisonné [,klɔɪzə'ne] *s* esmalte alveolado o tabicado
cloister ['klɔɪstər] *s* claustro; *va* enclaustrar
cloistral ['klɔɪstrəl] *adj* claustral
clonic ['klɑnɪk] *adj* clónico
clonus ['klonəs] *s* (path.) clono
close [klos] *adj* cercano, próximo; estrecho; casi igual, casi a la par, con corta distancia; cerrado, apretado; compacto (*p.ej., tejido*); exacto, estricto, riguroso; pesado, sofocante; mal ventilado; encerrado; limitado; avaro, mezquino; escaso; minucioso; reñido (*combate, carrera, etc.*); (phonet.) cerrado; **at close range** de cerca, a corta distancia ‖ *s* cercado, recinto; atrio (*de una catedral o abadía*) ‖ [kloz] *s* fin, terminación; cierre (*p.ej., de la Bolsa*); **at the close of day** a la caída de la tarde ‖ [kloz] *va* cerrar; tapar; concluir; cerrar (*un trato, un contrato*); saldar (*una cuenta*); (elec.) cerrar (*un circuito*); **to close down** cerrar completamente; **to close in** cerrar, encerrar; **to close out** vender en liquidación; saldar (*una cuenta*); **to close ranks** estrechar las distancias; (mil.) cerrar las filas; **to close up** poner más cerca; cerrar por completo; **close quote** fin de la cita ‖ *vn* cerrarse; reunirse; concordarse; (sport) luchar cuerpo a cuerpo; **to close down** cerrarse por completo; **to close in** acercarse rodeando; **to close in on** cercar, rodear; **to close up** ponerse más cerca; cerrarse por completo; cicatrizarse; **to close with** cerrar con (*p.ej., el enemigo*)
close call *s* (coll.) escape difícil o milagroso, escape por un pelo
close column *s* (mil.) columna cerrada
close confinement *s* prisión estrecha, estado de incomunicado
close connection *s* intimidad, relación estrecha; combinación de trenes sin mucho margen entre la llegada de un tren y la salida del siguiente
close corporation *s* (com.) sociedad anónima cuyos dignatarios son dueños de las acciones
closed car *s* automóvil o coche cerrado, conducción interior
closed chapter *s* asunto concluído
closed circuit *s* (elec.) circuito cerrado
closed-circuit battery ['klozd'sʌrkɪt] *s* (elec.) pila de circuito cerrado
closed-circuit television *s* televisión en circuito cerrado
closed season *s* veda
closed shop *s* taller agremiado
closed syllable *s* (phonet.) sílaba cerrada
close election *s* elección muy reñida
close fertilization *s* (bot.) autofecundación
closefisted ['klos'fɪstɪd] *adj* manicorto, cicatero, tacaño
close-fitting ['klos'fɪtɪŋ] *adj* ajustado, ceñido al cuerpo
close-grained ['klos'grend] *adj* de grano fino o cerrado
close-hauled ['klos'hɔld] *adj* (naut.) de bolina
close-lipped ['klos'lɪpt] *adj* callado, reservado
closely ['kloslɪ] *adv* de cerca; estrechamente; estrictamente; fielmente; sólidamente; con avaricia; **closely printed** de impresión compacta
close-mouthed ['klos'maʊðd] o ['klos'maʊθt] *adj* callado, reservado
closeness ['klosnɪs] *s* cercanía, proximidad; estrechez, intimidad; avaricia, tacañería; reserva, discreción; pesantez (*de la atmósfera*); falta de aire, mala ventilación; fidelidad (*de una traducción*)
close order *s* (mil.) formación cerrada
close quarters *spl* lucha casi cuerpo a cuerpo; posición muy cerrada, lugar muy estrecho
close shave *s* afeitado a ras; (coll.) escape difícil o milagroso, escape por un pelo
closet ['klɑzɪt] *s* armario, alacena; gabinete, retrete; gabinete privado; aposento, gabinete (*muchas veces situado debajo de la escalera*); guardarropa *m*; *va* encerrar en un gabinete para una entrevista secreta
close to the wind *adj* (naut.) de bolina
close translation *s* traducción fiel
close-up ['klos,ʌp] *s* vista de cerca; fotografía de cerca
close-woven ['klos'wovən] *adj* estrechamente tejido
closing ['klozɪŋ] *s* cerradura; (phonet.) cerrazón
closure ['kloʒər] *s* cierre; encierro; fin, término, conclusión; (phonet.) oclusión; clausura (*de un debate*)
clot [klɑt] *s* grumo, coágulo, cuajarón; (*pret & pp:* **clotted**; *ger:* **clotting**) *vn* engrumecerse, coagularse, cuajarse
cloth [klɔθ] o [klɑθ] *s* (*pl:* **cloths** [klɔðz], [klɑðz], [klɔθs] o [klɑθs]) *s* tela, paño; trapo; vestidura clerical; clerecía; (b.b.) tela; (naut.) vela, lona
clothe [kloð] (*pret & pp:* **clothed** o **clad**) *va* vestir; trajear; cubrir, revestir; investir (*p.ej., de autoridad*); **clothes** [kloz] o [kloðz] *spl* ropa, vestidos; ropa de cama; **to change clothes** cambiar de ropa
clothesbasket ['kloz,bæskɪt] *s* cesto grande para ropa, cesto de la colada
clothesbrush ['kloz,brʌʃ] *s* cepillo de ropa
clothes dryer *s* secadora de ropa
clothes hanger *s* colgador de ropa
clotheshorse ['kloz,hɔrs] *s* enjugador, secarropa de travesaños
clothesline ['kloz,laɪn] *s* cordel para tender la ropa
clothespin ['kloz,pɪn] s alfiler de madera, pinza (*para tender la ropa*)
clothes pole *s* berlinga
clothes press *s* guardarropa, armario para guardar ropa
clothes rack *s* colgadero, perchero
clothes tree *s* percha
clothes wringer *s* exprimidor de ropa
clothier ['kloðjər] *s* fabricante de ropa; ropero; pañero
clothing ['kloðɪŋ] *s* ropa, vestidos; ropaje
Clotho ['kloθo] *s* (myth.) Cloto
cloth of gold *s* tela de oro
cloth prover *s* cuentahilos
cloth yard *s* yarda (*medida que equivale a 91 centímetros*)
cloture ['klotʃər] *s* clausura (*de un debate*)
cloud [klaud] *s* nube (*masa de vapores suspendida en el aire; multitud; mancha o sombra que se nota en piedras preciosas; cualquier cosa que altera la serenidad*); nubarrón (*nube grande y negra*); **in the clouds** entre las nubes, altísimo; ilusorio, quimérico; teórico; distraído, lleno de ensueños; **under a cloud** desacreditado, bajo sospecha; en aprietos; sombrío, melancólico; *va* anublar; entristecer; *vn* anublarse
cloud bank *s* mar de nubes
cloudberry ['klaud,berɪ] *s* (*pl:* **-ries**) (bot.) camemoro; baya del camemoro
cloudburst ['klaud,bʌrst] *s* chaparrón, turbión
cloud-capped ['klaud,kæpt] *adj* coronado de nubes, altísimo
cloud chamber *s* (phys.) cámara anublada, cámara de niebla
cloudiness ['klaudɪnɪs] *s* nubosidad, nebulosidad
cloudless ['klaudlɪs] *adj* sin nubes
cloudlet ['klaudlɪt] *s* nube pequeña
cloud of dust *s* polvareda, nube de polvo
cloud rack *s* masa de nubes altas y algo separadas

cloud seeding *s* siembra de una substancia en las nubes para producir lluvia artificial
cloudy [ˈklaʊdɪ] *adj* (*comp:* **-ier;** *super:* **-iest**) nublado; vaporoso; turbio; obscuro, confuso; sombrío, melancólico; ceñudo; (phot.) velado; **it is cloudy** está nublado
clough [klʌf] o [klaʊ] *s* vallecico, cañada
clout [klaʊt] *s* paño blanco al cual se le tira con el arco; flechazo; (coll.) bofetada, golpe seco de mano; (archaic) trapo, paño; *va* (coll.) abofetear, dar golpe seco de mano a
clove [klov] *s* (bot.) clavero; clavo de especia (*flor*); (cook.) clavo; diente de ajo; *pret de* **cleave**
clove hitch *s* (naut.) ballestrinque
cloven [ˈklovən] *adj* rajado, dividido; *pp de* **cleave**
cloven foot *s* pie hendido
cloven-footed [ˈklovənˈfʊtɪd] *adj* patihendido, bisulco; diabólico
cloven hoof *s* pie hendido, pata hendida; **to show the cloven hoof** descubrir la oreja, sacar la pata
cloven-hoofed [ˈklovənˈhuft] o [ˈklovənˈhʊft] *adj* patihendido, bisulco; diabólico
clover [ˈklovər] *s* (bot.) trébol; **to be in clover** vivir lujosamente, gozar de una vida de abundancia
clover dodder *s* (bot.) epítimo, barba de capuchino
cloverleaf [ˈklovərˌlif] *s* (*pl:* **-leaves**) cruce en trébol (*para la circulación de automóviles*)
Clovis [ˈklovɪs] *s* Clodoveo
clown [klaʊn] *s* payaso, bufón, clown; patán; *vn* bufonear, hacer el payaso; conducirse de manera ridícula
clownery [ˈklaʊnərɪ] *s* (*pl:* **-ies**) payasada, bufonada
clownish [ˈklaʊnɪʃ] *adj* bufonesco; rústico; grosero
cloy [klɔɪ] *va & vn* hastiar, empalagar
club [klʌb] *s* clava, porra, cachiporra; (sport) bate; club, casino, círculo; trébol (*naipe que corresponde al basto*); **clubs** *spl* tréboles (*palo que corresponde al de bastos*); (*pret & pp:* **clubbed;** *ger:* **clubbing**) *va* aporrear; *vn* unirse para un mismo fin; pagar todos su escote
club car *s* (rail.) coche club, coche bar
clubfoot [ˈklʌbˌfʊt] *s* (*pl:* **-feet**) (path.) pie calcáneo, pie talo
clubhouse [ˈklʌbˌhaʊs] *s* casino
clubman [ˈklʌbmən] *s* (*pl:* **-men**) clubista (*hombre*)
club moss *s* (bot.) azufre vegetal, musgo terrestre
clubwoman [ˈklʌbˌwʊmən] *s* (*pl:* **-women**) clubista (*mujer*)
cluck [klʌk] *s* cloqueo, clo clo; *vn* cloquear (*la gallina*)
clue [klu] *s & va* var. de **clew**
clumber [ˈklʌmbər] *s* clumber (*perro de aguas de pies cortos y cuerpo pesado*)
clump [klʌmp] *s* grupo (*de árboles, arbustos, etc.*); terrón; trozo sin forma; pisada fuerte; (bact.) acúmulo; *va* formar un grupo de (*árboles, arbustos, etc.*); colocar en grupos; plantar en grupos; *vn* andar pesadamente; **to clump along** andar torpemente con pisadas fuertes
clumpy [ˈklʌmpɪ] *adj* lleno de grupos o montones; fuerte y torpe
clumsy [ˈklʌmzɪ] *adj* (*comp:* **-sier;** *super:* **-siest**) torpe, desmañado; chapucero, mal hecho; difícil, embarazoso
clung [klʌŋ] *pret & pp de* **cling**
Cluniac [ˈklunɪæk] *adj & s* cluniacense
Cluny lace [ˈklunɪ] *s* encaje de Cluny
cluster [ˈklʌstər] *s* racimo; grupo; manada; *va* agrupar, apiñar, juntar; *vn* arracimarse; agruparse, apiñarse, juntarse; **to cluster around** reunirse en torno de
clutch [klʌtʃ] *s* agarro, apretón fuerte; garra, uña, mano agarradora; gobierno, mando, poder; (aut.) embrague; (aut.) pedal de embrague; nidada; cría de pollos; **to fall into the clutches of** caer en las garras de; **to throw the clutch in** embragar; **to throw the clutch out** desembragar; *va* agarrar, empuñar; arrebatar
clutch band *s* (aut.) cinta de embrague
clutch housing *s* (aut.) caja de embrague
clutch lever *s* (aut.) palanca del embrague
clutch pedal *s* (aut.) pedal de embrague
clutter [ˈklʌtər] *s* confusión, desorden; alboroto, baraúnda; *va* poner en confusión o desorden; cubrir o llenar desordenadamente; *vn* reunirse en desorden; alborotar
clypeus [ˈklɪpɪəs] *s* (*pl:* **-i** [aɪ]) (archeol., bot. & zool.) clípeo
clyster [ˈklɪstər] *s* (med.) clistel o clister; *va* clisterizar
Clytemnestra [ˌklaɪtəmˈnɛstrə] *s* (myth.) Clitemnestra
cm. abr. de **centimeter** o **centimeters**
cml. abr. de **commercial**
Cnossus [ˈnɑsəs] *s* var. de **Knossos**
c.o. o **c/o** abr. de **in care of** y **carried over**
co. o **Co.** abr. de **Company** y **County**
C.O. abr. de **Commanding Officer**
coach [kotʃ] *s* coche, diligencia; (rail.) coche de viajeros, coche ordinario; (aut.) coche cerrado; maestro particular, preceptor; (sport) entrenador; *va* llevar en coche; aleccionar, instruir; (sport) entrenar; *vn* pasear en coche; estudiar con un preceptor; **to coach with** ser aleccionado por
coach-and-four [ˌkotʃəndˈfor] *s* coche o carroza de cuatro caballos
coach box *s* pescante
coach dog *s* perro dalmático
coach horse *s* caballo de coche
coach house *s* cochera
coaching [ˈkotʃɪŋ] *s* lecciones particulares; (sport) entrenamiento
coachman [ˈkotʃmən] *s* (*pl:* **-men**) cochero
coach stand *s* parada o estación de coches
coadjutor [koˈædʒətər] o [ˌkoəˈdʒutər] *s* coadjutor
coagulant [koˈægjələnt] *s* coagulante
coagulate [koˈægjəlet] *va* coagular; *vn* coagularse
coagulation [koˌægjəˈleʃən] *s* coagulación
coagulative [koˈægjəˌletɪv] *adj* coagulador, coagulante
coagulin [koˈægjəlɪn] *s* (biochem.) coagulina
coagulum [koˈægjələm] *s* (physiol.) coágulo
coal [kol] *s* carbón; carbón de piedra, carbón mineral; carbón de leña; pedazo de carbón; ascua, brasa; **to haul, drag** o **rake over the coals** dar una calada a, poner como un trapo; **to heap coals of fire on one's head** avergonzarle a uno, devolviendo bien por mal; *va* proveer de carbón, cargar de carbón; *vn* proveerse de carbón, tomar carbón
coal basin *s* cuenca hullera
coalbin [ˈkolˌbɪn] *s* carbonera
coal bunker *s* carbonera
coal car *s* vagón carbonero
coaldealer [ˈkolˌdilər] *s* carbonero
coaler [ˈkolər] *s* carbonero (*obrero o comerciante*); barco carbonero, ferrocarril carbonero
coalesce [ˌkoəˈlɛs] *vn* unirse, incorporarse
coalescence [ˌkoəˈlɛsəns] *s* unión, combinación
coal field *s* yacimiento de carbón
coal gas *s* gas de hulla
coal heaver *s* cargador de carbón
coaling [ˈkolɪŋ] *adj* carbonero; *s* toma de carbón
coaling station *s* estación carbonera
coalition [ˌkoəˈlɪʃən] *s* unión, combinación; coalición
coalitionist [ˌkoəˈlɪʃənɪst] *s* coalicionista
coal measures *spl* (geol.) estratos de carbón, yacimientos de carbón
coal mine *s* mina de carbón, mina hullera
coal miner *s* minero de carbón
coal oil *s* aceite mineral, keroseno
coal pipe *s* veta delgada e irregular de hulla
coalpit [ˈkolˌpɪt] *s* mina de carbón
coal scuttle *s* cubo para carbón
coal ship *s* barco carbonero
coal tar *s* alquitrán de carbón, alquitrán de hulla
coal titmouse *s* (orn.) azabache
coal tongs *spl* tenazas de chimenea
coalyard [ˈkolˌjɑrd] *s* carbonería
coaming [ˈkomɪŋ] *s* (naut.) brazola
coaptation [ˌkoæpˈteʃən] *s* coaptación
coarse [kors] *adj* burdo, basto; grueso (*dícese,*

por ejemplo, de la arena); común, inferior, ordinario; grosero, rudo, vulgar
coarse-grained [ˈkorsˈgrend] *adj* de grano grueso; tosco, grosero, rudo
coarsen [ˈkorsen] *va* volver burdo, grueso o grosero; *vn* hacerse burdo, grueso o grosero
coarseness [ˈkorsnɪs] *s* basteza; grosura; grosería, vulgaridad
coast [kost] *s* (naut.) costa; **the coast is clear** ha pasado el peligro, no hay moros en la costa; *va* costear; *vn* pasar; costear; navegar en cabotaje; deslizarse cuesta abajo (*en trineo, bicicleta u otro vehículo*); **to coast along** avanzar sin esfuerzo; **to coast to a stop** avanzar por gravedad o por impulso propio hasta pararse
coastal [ˈkostəl] *adj* costero
coastal plain *s* llanura costera
coast artillery *s* artillería de costa
coaster [ˈkostər] *s* práctico de costa; barco de cabotaje, buque costero; deslizador; trineo; montaña rusa; salvamanteles (*pieza de cristal para debajo de los vasos*)
coaster brake *s* freno de contrapedal (*de bicicleta*)
coast guard *s* (los) guardacostas, cuerpo o servicio de guardacostas; guardia (*individuo*) de los guardacostas; tercios de frontera y costas (*en España*)
coast guard cutter *s* guardacostas, escampavía de los guardacostas
coasting [ˈkostɪŋ] *s* (naut.) navegación costera; marcha por gravedad o por impulso propio
coasting trade *s* (naut.) cabotaje
coastland [ˈkost,lænd] *s* litoral
coastline [ˈkost,laɪn] *s* línea de la costa
coastward [ˈkostwərd] *adj* dirigido hacia la costa; *adv* hacia la costa
coastwards [ˈkostwərdz] *adv* hacia la costa
coastways [ˈkost,wez] *adv* a lo largo de la costa
coastwise [ˈkost,waɪz] *adj* costanero; *adv* a lo largo de la costa
coat [kot] *s* saco, americana, levita; abrigo, sobretodo; capa, mano (*de pintura*); lana, pelo (*de un animal*); **to turn one's coat** cambiarse la camisa, pasarse al partido opuesto; *va* proveer de saco, americana, etc.; cubrir, revestir; dar una capa o una mano de pintura a
coated [ˈkotɪd] *adj* revestido; bañado; saburroso (*dícese de la lengua*)
coatee [koˈti] *s* saquete, casaquilla; vestidura exterior corta
coat hanger *s* colgador
coati [koˈɑtɪ] *s* (*pl:* **-tis**) (zool.) coatí
coating [ˈkotɪŋ] *s* capa; revestimiento; enlucido, blanqueo; tela para casacas, abrigos, etc.
coat of arms *s* escudo de armas
coat of mail *s* cota de malla
coat of tan *s* solanera, atezamiento (*de la piel al sol*)
coatroom [ˈkot,rum] o [ˈkot,rʊm] *s* guardarropa
coattail [ˈkot,tel] *s* faldón
coauthor [koˈɔθər] *s* coautor
coax [koks] *va* engatusar; obtener mediante caricias, halagos, etc.
coaxial [koˈæksɪəl] *adj* coaxial
coaxial cable *s* cable coaxial
cob [kɑb] *s* zuro (*de la mazorca del maíz*); jaca fuerte; cisne macho; **to eat corn on the cob** comer maíz en o de la mazorca
cobalt [ˈkobɔlt] *s* (chem.) cobalto
cobalt bloom *s* flores de cobalto, eritrita
cobalt blue *s* azul de cobalto
cobaltic [koˈbɔltɪk] *adj* (chem.) cobáltico
cobaltite [koˈbɔltaɪt] o [ˈkobɔltaɪt] *s* (mineral.) cobaltina
cobble [ˈkɑbəl] *s* guijarro; *va* empedrar con guijarros; apedazar, remendar; chalfallar; *vn* remendar zapatos
cobbler [ˈkɑblər] *s* remendón, zapatero de viejo; chapucero; pastel de frutas; bebida helada (*que contiene vino, frutas y jugo de frutas*)
cobblestone [ˈkɑbəl,ston] *s* guijarro
cobelligerent [,kobɪˈlɪdʒərənt] *s* cobeligerante
Coblenz [ˈkoblɛnts] *s* Coblenza
cobra [ˈkobrə] *s* (zool.) cobra, culebra de anteojos
Coburg [ˈkobʌrg] *s* Coburgo
cobweb [ˈkɑb,wɛb] *s* telaraña; hilo de telaraña; (fig.) red, ardid; (fig.) telaraña (*cosa sutil de poca entidad*)
cobwebby [ˈkɑb,wɛbɪ] *adj* entelarañado, telarañoso
coca [ˈkokə] *s* (bot. & pharm.) coca
cocain o **cocaine** [koˈken] o [ˈkoken] *s* cocaína
cocainism [koˈkenɪzəm] *s* (path.) cocainismo
cocainization [ko,kenɪˈzeʃən] *s* cocainización
cocainize [koˈkenaɪz] *va* cocainizar
coccobacillus [,kɑkobəˈsɪləs] *s* (bact.) cocobacilo
coccus [ˈkɑkəs] *s* (*pl:* **cocci** [ˈkɑksaɪ]) (bact.) coco; (bot.) carpelo; cochinilla (*materia colorante*)
coccyx [ˈkɑksɪks] *s* (*pl:* **coccyges** [kɑkˈsaɪdʒiz]) (anat.) cóccix
Cochin o **cochin** [ˈkotʃɪn] o [ˈkɑtʃɪn] *s* cochinchina (*gallina*)
Cochin Bantam *s* cochinchina enana (*gallina*)
Cochin China *s* la Cochinchina
cochineal [,kɑtʃɪˈnil] o [ˈkɑtʃɪnil] *s* cochinilla (*materia colorante*)
cochineal insect *s* (ent.) cochinilla
cochlea [ˈkɑklɪə] *s* (*pl:* **-ae** [i]) (anat.) cóclea, caracol
cochlear [ˈkɑklɪər] *adj* coclear
cock [kɑk] *s* gallo; macho de ave; espita, grifo; martillo (*de un arma de fuego*); giraldilla, veleta; jefe, caudillo; vuelta airosa hacia arriba (*de los ojos, de la nariz*); vuelta (*del ala de un sombrero*); montón (*de paja o heno*); *va* amartillar (*un arma de fuego*); enderezar, volver hacia arriba (*el ala del sombrero*); ladear (*la cabeza*); amontonar (*paja o heno*); *vn* volverse airosamente hacia arriba (*los ojos, la nariz*); contonearse, engreírse
cockade [kɑˈked] *s* escarapela, cucarda
cock-a-doodle-doo [ˈkɑkə,dudəlˈdu] *s* quiquiriquí
Cockaigne [kɑˈken] *s* tierra imaginaria de deleite y pereza
cock-and-bull story [ˈkɑkəndˈbʊl] *s* cuento absurdo, exagerado o increíble
cockatoo [,kɑkəˈtu] o [ˈkɑkətu] *s* (*pl:* **-toos**) (orn.) cacatúa
cockatrice [ˈkɑkətrɪs] *s* (myth.) basilisco
cockchafer [ˈkɑk,tʃefər] *s* (ent.) abejorro (*Melolontha vulgaris*)
cockcrow [ˈkɑk,kro] *s* aurora, tiempo del canto del gallo
cocked hat *s* sombrero de ala vuelta hacia arriba; sombrero de candil o de tres picos; **to knock into a cocked hat** (slang) arruinar, demoler o destruir completamente
cocker [ˈkɑkər] *s* cocker
cockerel [ˈkɑkərəl] *s* gallipollo
cocker spaniel *s* cocker
cockeyed [ˈkɑk,aɪd] *adj* bisojo, bizco; (slang) ladeado, encorvado, torcido; (slang) disparatado, extravagante
cockfight [ˈkɑk,faɪt] o **cockfighting** [ˈkɑk,faɪtɪŋ] *s* combate o pelea de gallos
cockhorse [ˈkɑkˈhɔrs] *s* caballo mecedor
cockle [ˈkɑkəl] *s* (zool.) cardio, berberecho; (bot.) cizaña, joyo; (bot.) ballico perenne; barquichuelo; arruga, pliegue; **the cockles of the heart** las profundidades del corazón, lo íntimo del corazón; *va* arrugar, fruncir; *vn* arrugarse, fruncirse
cockleboat [ˈkɑkəl,bot] *s* barquichuelo
cocklebur [ˈkɑkəl,bʌr] *s* (bot.) cachurrera menor, bardana menor; (bot.) bardana
cockle hat *s* sombrero con venera (*especialmente del peregrino que va a Santiago de Compostela*)
cockleshell [ˈkɑkəl,ʃɛl] *s* concha de cardio; venera; barquichuelo; cascarón de nuez (*embarcación pequeña*)
cockloft [ˈkɑk,lɔft] o [ˈkɑk,lɑft] *s* desván gatero
cockney [ˈkɑknɪ] *s* habitante del barrio pobre de Londres que habla un dialecto particular; dialecto del barrio pobre de Londres
cock of the rock *s* (orn.) gallo de roca, rupícola anaranjado
cock of the walk *s* gallito del lugar
cockpit [ˈkɑk,pɪt] *s* gallera, valla (*para las*

riñas de gallos); (aer.) cariinga; (naut.) recámaras situadas debajo del puente (*en los buques de guerra antiguos*); sitio de muchos combates
cockroach [ˈkɑkˌrotʃ] *s* (ent.) cucaracha
cock robin *s* (orn.) petirrojo (*macho*)
cockscomb [ˈkɑksˌkom] *s* cresta de gallo; gorro de bufón; (bot.) cresta de gallo, moco de pavo; mequetrefe; baladrón, fanfarrón
cocksure [ˈkɑkˈʃʊr] *adj* completamente seguro; demasiado seguro
cockswain [ˈkɑksən] o [ˈkɑkswen] *s* var. de **coxswain**
cocktail [ˈkɑkˌtel] *s* coctel; aperitivo (*de frutas, almejas, ostras, etc.*); (meteor.) rabos de gallo (*cirro o nube cirrosa*)
cocktail dress *s* vestido de tarde-noche
cocktail party *s* coctel (*reunión donde se ofrecen cocteles*)
cocktail shaker *s* coctelera
cocky [ˈkɑkɪ] *adj* (*comp:* **-ier;** *super:* **-iest**) (coll.) arrogante, hinchado, fanfarrón
coco [ˈkoko] *s* (*pl:* **-cos**) (bot.) coco, cocotero
cocoa [ˈkoko] *s* cacao en polvo; chocolate (*bebida*); (bot.) coco, cocotero
cocoa bean *s* semilla del cacao
cocoa butter *s* manteca de cacao
cocoanut o **coconut** [ˈkokoˌnʌt] *s* coco (*fruto*)
coconut butter *s* manteca de coco
coconut fiber *s* bonote, coir
coconut milk *s* leche de coco
coconut oil *s* aceite de coco
coconut palm *s* (bot.) cocotero, coco, palma indiana
coconut tree *s* (bot.) cocotero, coco
cocoon [kəˈkun] *s* capullo
coco plum *s* (bot.) hicaco o icaco (*árbol y fruto*)
Cocytus [koˈsaɪtəs] *s* (myth.) Cocito
c.o.d. o **C.O.D.** abr. de **collect on delivery** (U.S.A.) y **cash on delivery** (Brit.)
cod [kɑd] *s* (ichth.) abadejo, bacalao
coda [ˈkodə] *s* (mus.) coda
coddle [ˈkɑdəl] *va* mimar, consentir; cocer (*huevos*) en agua caliente sin hervir
code [kod] *s* código; clave o cifra (*escritura secreta*); (com.) cifrario; **in code** en cifra; *va* cifrar (*escribir en cifra*); cambiar o traducir en código o clave; escribir o transmitir en código o clave
code flag *s* (naut.) señal del código
codein [ˈkodɪɪn] o **codeine** [ˈkodɪɪn] o [ˈkodin] *s* (chem.) codeína
code of honor *s* código de honor
code pennant *s* (naut.) señal del código
code word *s* (telg.) clave telegráfica
codex [ˈkodɛks] *s* (*pl:* **codices** [ˈkodɪsiz] o [ˈkɑdɪsiz]) códice
codfish [ˈkɑdˌfɪʃ] *s* (ichth.) abadejo, bacalao; (com.) pez palo
codfish cake *s* albóndiga de bacalao
codger [ˈkɑdʒər] *s* (coll.) tipo
codicil [ˈkɑdɪsɪl] *s* (law) codicilo; apéndice
codicillary [ˌkɑdɪˈsɪlərɪ] *adj* codicilar
codification [ˌkɑdɪfɪˈkeʃən] o [ˌkodɪfɪˈkeʃən] *s* codificación
codify [ˈkɑdɪfaɪ] o [ˈkodɪfaɪ] (*pret & pp:* **-fied**) *va* codificar
codling [ˈkɑdlɪŋ] *s* manzana no madura; manzana pequeña y de calidad inferior; manzana de forma larga y algo cónica; (ichth.) pescadilla; (ichth.) brótola (*Urophycis*)
codling moth *s* (ent.) tiña (*Carpocapsa pomonella*)
cod liver *s* hígado de bacalao
cod-liver oil [ˈkɑdˌlɪvər] *s* aceite de hígado de bacalao
coed o **co-ed** [ˈkoˌɛd] *s* (coll.) alumna de una escuela coeducacional
coeducation [ˌkoˌɛdʒəˈkeʃən] o [ˌkoˌɛdʒʊˈkeʃən] *s* coeducación
coeducational [ˌkoˌɛdʒəˈkeʃənəl] o [ˌkoˌɛdʒʊˈkeʃənəl] *adj* coeducacional
coefficient [ˌko·ɪˈfɪʃənt] *s* (math. & phys.) coeficiente; *adj* coeficiente
coefficient of expansion *s* (phys.) coeficiente de dilatación
coelenterate [sɪˈlɛntəret] *adj & s* (zool.) celenterado
coeliac [ˈsilɪæk] *adj* (anat.) celíaco
coelom [ˈsiləm] *s* (anat. & zool.) celoma
coelomate [sɪˈlomet] *adj & s* (zool.) celomado
coenesthesis [ˌsinɛsˈθisɪs] *s* (psychol.) cenestesia
coenobite [ˈsinobaɪt] o [ˈsɛnobaɪt] *s* cenobita
coenobium [sɪˈnobɪəm] *s* (*pl:* **-a** [ə]) (biol. & bot.) cenobio
coequal [koˈikwəl] *adj & s* coigual
coerce [koˈʌrs] *va* coactar, forzar; coercer, restringir
coercion [koˈʌrʃən] *s* coacción, compulsión; gobierno por fuerza; coerción, restricción
coercive [koˈʌrsɪv] *adj* coactivo; coercitivo
coercive force *s* (phys.) fuerza coercitiva
coeternal [ˌko·ɪˈtʌrnəl] *adj* coeterno
coeval [koˈivəl] *adj & s* coetáneo, contemporáneo
coexist [ˌkoɛgˈzɪst] *vn* coexistir
coexistence [ˌkoɛgˈzɪstəns] *s* coexistencia
coexistent [ˌkoɛgˈzɪstənt] *adj* coexistente
coextend [ˌkoɛksˈtɛnd] *va* extender igualmente; *vn* coextenderse
coextension [ˌkoɛksˈtɛnʃən] *s* coextensión
coextensive [ˌkoɛksˈtɛnsɪv] *adj* coextensivo
coffee [ˈkɔfɪ] o [ˈkɑfɪ] *s* café; (bot.) cafeto; **black coffee** café solo
coffee bean *s* grano de café
coffee break *s* rato de descanso para tomar el café
coffee cake *s* pastelillo o bollo que se come con el café
coffee grinder *s* molinillo de café
coffee grounds *spl* heces del café
coffee house *s* café
coffee mill *s* molinillo de café
coffee plant *s* (bot.) cafeto
coffee plantation *s* cafetal, finca cafetera
coffee pot *s* cafetera
coffee shop *s* café
coffee table *s* mesa de té
coffee tree *s* (bot.) cafeto
coffer [ˈkɔfər] o [ˈkɑfər] *s* cofre, arca; (arch.) artesón, casetón; (hyd.) ataguía; (fort.) cofre; **coffers** *spl* tesoro, fondos
cofferdam [ˈkɔfərˌdæm] o [ˈkɑfərˌdæm] *s* ataguía, caja-dique
coffin [ˈkɔfɪn] o [ˈkɑfɪn] *s* ataúd; *va* poner en un ataúd; encerrar estrechamente
coffin bone *s* (zool.) bolillo
C. of S. abr. de **Chief of Staff**
cog [kɑg] *s* diente (*de rueda dentada*); rueda dentada; (carp.) espiga; **to slip a cog** equivocarse; (*pret & pp:* **cogged;** *ger:* **cogging**) *va* poner dientes a; (carp.) ensamblar con espigas; cargar (*un dado*)
cogency [ˈkodʒənsɪ] *s* fuerza (*de un argumento*)
cogent [ˈkodʒənt] *adj* fuerte, convincente
cogged [kɑgd] *adj* dentado, engranado
cogitate [ˈkɑdʒɪtet] *va & vn* meditar, reflexionar
cogitation [ˌkɑdʒɪˈteʃən] *s* meditación, reflexión
cogitative [ˈkɑdʒɪˌtetɪv] *adj* cogitativo (*que tiene facultad de pensar*); meditabundo, reflexivo
cognac [ˈkonjæk] o [ˈkɑnjæk] *s* coñac
cognate [ˈkɑgnet] *adj & s* cognado
cognition [kɑgˈnɪʃən] *s* cognición (*proceso mental*)
cognitive [ˈkɑgnɪtɪv] *adj* cognoscitivo
cognizable [ˈkɑgnɪzəbəl] o [ˈkɑnɪzəbəl] *adj* cognocible; (law) justiciable
cognizance [ˈkɑgnɪzəns] o [ˈkɑnɪzəns] *s* conocimiento; (law) competencia; **to have** o **take cognizance of** venir en conocimiento de
cognizant [ˈkɑgnɪzənt] o [ˈkɑnɪzənt] *adj* sabedor; (law) competente
cognomen [kɑgˈnomən] *s* (*pl:* **-mens** o **-mina** [mɪnə]) apellido; sobrenombre; apodo
cogon grass [koˈgon] *s* (bot.) cisca, cogón
cograil [ˈkɑgˌrel] *s* cremallera
cogwheel [ˈkɑgˌhwil] *s* rueda dentada
cohabit [koˈhæbɪt] *vn* cohabitar
cohabitation [koˌhæbɪˈteʃən] *s* cohabitación
coheir [koˈɛr] *s* coheredero
coheiress [koˈɛrɪs] *s* coheredera
cohere [koˈhɪr] *vn* adherirse, pegarse; enlazarse, corresponder
coherence [koˈhɪrəns] o **coherency** [koˈhɪrənsɪ] *s* coherencia

coherent [koˈhɪrənt] *adj* coherente; (bot.) coherente
coherer [koˈhɪrər] *s* (rad.) cohesor
cohesion [koˈhiʒən] *s* cohesión; (phys.) cohesión
cohesive [koˈhisɪv] *adj* cohesivo; coherente
cohobate [ˈkohobet] *va* (chem.) cohobar
cohort [ˈkohɔrt] *s* cohorte; compañero
coif [kɔɪf] *s* cofia; (arm.) cofia; *va* cubrir con cofia
coiffeur [kwɑˈfʌr] *s* peluquero
coiffure [kwɑˈfjʊr] *s* peinado; tocado
coign [kɔɪn] *s* esquina saliente
coign of vantage *s* posición ventajosa
coil [kɔɪl] *s* rollo; vuelta (*de un rollo*); serpentín (*p.ej., de un alambique*); rizo (*de cabellos*); (elec.) carrete; (naut.) adujada; (naut.) aduja (*vuelta de una adujada*); (archaic) desorden; *va* arrollar, enrollar; (naut.) adujar; *vn* arrollarse, enrollarse; serpentear; andar en círculos
coil spring *s* resorte espiral
coin [kɔɪn] *s* moneda; cuña; **to pay back in his own coin** pagar en la misma moneda; *va* acuñar, troquelar; amonedar; forjar (*palabras o frases*); **to coin money** (coll.) ganar mucho dinero, enriquecerse
coinage [ˈkɔɪnɪdʒ] *s* acuñación; amonedación; monedas; sistema monetario; invención
coincide [ˌko·ɪnˈsaɪd] *vn* coincidir; ponerse de acuerdo
coincidence [koˈɪnsɪdəns] *s* coincidencia
coincident [koˈɪnsɪdənt] o **coincidental** [koˌɪnsɪˈdentəl] *adj* coincidente
coiner [ˈkɔɪnər] *s* monedero; monedero falso; inventor
coinsurance [ˌko·ɪnˈʃʊrəns] *s* coaseguro
coir [kɔɪr] *s* coir, bonote, roya
coition [koˈɪʃən] o **coitus** [ˈko·ɪtəs] *s* coito
coke [kok] *s* coque; *va & vn* coquizar
coke oven *s* horno de coque
col. abr. de **colored, colony** y **column**
Col. abr. de **Colonel, Colorado** y **Colossians**
colander [ˈkʌləndər] o [ˈkɑləndər] *s* escurridor, colador
colchicine [ˈkɑlkɪsin] o [ˈkɑlkɪsɪn] *s* (chem.) colquicina
colchicum [ˈkɑlkɪkəm] *s* (bot. & pharm.) cólquico
Colchis [ˈkɑlkɪs] *s* la Cólquida
colcothar [ˈkɑlkəθər] *s* (chem.) colcótar
cold [kold] *adj* frío; (fig.) frío, indiferente; (coll.) frío (*lejos de lo que se busca*); **to be cold** hacer frío (*dícese del tiempo*); tener frío (*p.ej., una persona*); *s* frío; resfriado; **to catch** o **to take cold** tomar frío, resfriarse; **to leave out in the cold** dejar colgado, menospreciar con premeditación
cold blood *s* sangre fría; **in cold blood** a sangre fría
cold-blooded [ˈkoldˈblʌdɪd] *adj* insensible; cruel, despiadado; friolento (*muy sensible al frío*); (zool.) de sangre fría
cold chisel *s* cortafrío
cold cream *s* colcrén, crema
cold cuts *spl* fiambres
cold feet *s* (coll.) miedo, desánimo
cold frame *s* (hort.) cajonera
cold front *s* (meteor.) frente frío
cold-hearted [ˈkoldˈhɑrtɪd] *adj* duro, insensible
cold light *s* luz fría
cold meat *s* carne fiambre
coldness [ˈkoldnɪs] *s* frialdad
cold pack *s* (med.) compresa fría
cold-pack [ˈkoldˈpæk] *va* aplicar una compresa fría a
cold-rolled [ˈkoldˈrold] *adj* laminado en frío
cold shoulder *s* (coll.) frialdad; **to turn a cold shoulder on** (coll.) tratar con frialdad, despedir con desaire
cold-shoulder [ˈkoldˈʃoldər] *va* (coll.) tratar con frialdad, despedir con desaire
cold snap *s* corto rato de frío agudo
cold sore *s* (path.) fuegos en la boca o los labios
cold steel *s* arma de acero, arma blanca
cold storage *s* conservación en cámara frigorífica
cold-storage [ˈkoldˈstorɪdʒ] *adj* frigorífico; *va* conservar en cámara frigorífica
cold sweat *s* sudor frío
cold war *s* guerra fría
cold wave *s* ola de frío; permanente en frío
cole [kol] *s* (bot.) naba
colectomy [kəˈlɛktəmɪ] *s* (*pl:* **-mies**) (surg.) colectomía
coleopterous [ˌkolɪˈɑptərəs] o [ˌkɑlɪˈɑptərəs] *adj* (ent.) coleóptero
coleorhiza [ˌkolɪəˈraɪzə] o [ˌkɑlɪəˈraɪzə] *s* (bot.) coleorriza
coleslaw [ˈkolˌslɔ] *s* ensalada de col
coleus [ˈkolɪəs] *s* (bot.) coleo
colewort [ˈkolˌwʌrt] *s* (bot.) col rizada, berza verde
coli [ˈkolaɪ] *s* (bact.) colibacilo
colibacillosis [ˌkolɪˌbæsɪˈlosɪs] *s* (path.) colibacilosis
colic [ˈkɑlɪk] *adj* (anat. & path.) cólico; *s* (path.) cólico
colicky [ˈkɑlɪkɪ] *adj* cólico
coliseum [ˌkɑlɪˈsiəm] *s* coliseo; (*cap.*) *s* Coliseo
colitis [koˈlaɪtɪs] *s* (path.) colitis
coll. abr. de **colleague, collection, collector, college** y **colloquial**
collaborate [kəˈlæbəret] *vn* colaborar
collaboration [kəˌlæbəˈreʃən] *s* colaboración
collaborationist [kəˌlæbəˈreʃənɪst] *s* colaboracionista
collaborator [kəˈlæbəˌretər] *s* colaborador
collagen [ˈkɑlədʒən] *s* (biochem.) colágeno
collapse [kəˈlæps] *s* hundimiento, desplome; aplastamiento; fracaso; (path. & fig.) colapso; *va* aplastar; *vn* hundirse, desplomarse; aplastarse; fracasar; postrarse, sufrir colapso
collapse therapy *s* colapsoterapia
collapsible [kəˈlæpsɪbəl] *adj* colapsible, plegable, abatible
collapsible boat *s* bote plegable
collapsible target *s* blanco abatible
collar [ˈkɑlər] *s* cuello; collar (*de perro, caballo, buey; raya de color que rodea el pescuezo de un animal*); (mach.) collar; **to slip the collar** escaparse, desenredarse; *va* ceñir con cuello, collar, etc.; poner cuello o collar a; agarrar por el cabezón; (coll.) coger, prender (*p.ej., a un reo*)
collarband [ˈkɑlərˌbænd] *s* cabezón
collar beam *s* (arch.) entrecinta
collarbone [ˈkɑlərˌbon] *s* (anat.) clavícula
collate [kɑˈlet] o [ˈkɑlet] *va* colacionar, cotejar, compulsar
collateral [kəˈlætərəl] *adj* colateral; *s* colateral (*pariente*); (com.) colateral, resguardo
collation [kɑˈleʃən] *s* colación (*cotejo; comida ligera*)
collator [kɑˈletər] o [ˈkɑletər] *s* colacionador
colleague [ˈkɑlig] *s* colega
collect [ˈkɑlɛkt] *s* (eccl.) colecta; [kəˈlɛkt] *va* acumular, reunir; coleccionar (*p.ej., sellos de correo*); colectar (*p.ej., impuestos*); cobrar (*p.ej., pasajes*); recoger (*p.ej., billetes*); suponer; **to collect oneself** recobrarse, reponerse; *vn* acumularse, reunirse; **collect on delivery** contra reembolso
collectable [kəˈlɛktəbəl] *adj* cobrable
collected [kəˈlɛktɪd] *adj* sosegado, a sangre fría
collectible [kəˈlɛktɪbəl] *adj* var. de **collectable**
collection [kəˈlɛkʃən] *s* colección; recaudación (*p.ej., de impuestos*); recogida (*p.ej., del correo*); (eccl.) colecta; montón
collective [kəˈlɛktɪv] *adj* colectivo; (gram.) colectivo; *s* (gram.) nombre colectivo
collective bargaining *s* trato colectivo entre gremios y patronos respecto a sueldos, horas y condiciones de trabajo
collectively [kəˈlɛktɪvlɪ] *adv* colectivamente
collective noun *s* (gram.) nombre colectivo
collective security *s* seguridad colectiva
collectivism [kəˈlɛktɪvɪzəm] *s* colectivismo
collectivist [kəˈlɛktɪvɪst] *s* colectivista
collectivistic [kəˌlɛktɪˈvɪstɪk] *adj* colectivista
collectivity [ˌkɑlɛkˈtɪvɪtɪ] *s* colectividad
collectivization [kəˌlɛkˌtɪvɪˈzeʃən] *s* colectivización
collectivize [kəˈlɛktɪvaɪz] *va* colectivizar
collector [kəˈlɛktər] *s* coleccionador (*p.ej., de mapas, medallas*); recaudador (*p.ej., de impuestos*); (elec.) colector

C

collectorship [kəˈlɛktərʃɪp] *s* colecturía; distrito donde actúa el recaudador o colector
colleen [ˈkɑlin] o [kɑˈlin] *s* (Irish) muchacha
college [ˈkɑlɪdʒ] *s* colegio; colegio universitario
College of Cardinals *s* Colegio de cardenales
collegian [kəˈlidʒɪən] *s* colegial
collegiate [kəˈlidʒɪɪt] *adj* colegial, colegiado; universitario
collegiate church *s* colegiata, iglesia colegial
collide [kəˈlaɪd] *vn* chocar; **to collide with** chocar con
collie [ˈkɑlɪ] *s* collie, perro de pastor escocés
collier [ˈkɑljər] *s* barco carbonero; minero de carbón
colliery [ˈkɑljərɪ] *s* (*pl:* **-ies**) mina de carbón, hullera
collimate [ˈkɑlɪmet] *va* alinear; enfocar las líneas de mira de (*p.ej., un telescopio*)
collimation [ˌkɑlɪˈmeʃən] *s* (astr. & opt.) colimación
collimator [ˈkɑlɪˌmetər] *s* (opt.) colimador
collision [kəˈlɪʒən] *s* colisión
collocate [ˈkɑloket] *va* colocar, disponer, arreglar
collocation [ˌkɑloˈkeʃən] *s* colocación, disposición, arreglo
collodion [kəˈlodɪən] *s* (chem.) colodión
colloid [ˈkɑlɔɪd] *adj & s* (chem.) coloide
colloidal [kəˈlɔɪdəl] *adj* coloidal
collop [ˈkɑləp] *s* trocito, pedacito; tajada de carne; pliegue, doblez (*de piel en el cuerpo*)
colloquial [kəˈlokwɪəl] *adj* familiar, coloquial
colloquialism [kəˈlokwɪəlɪzəm] *s* locución familiar, palabra familiar; estilo familiar
colloquy [ˈkɑləkwɪ] *s* (*pl:* **-quies**) coloquio
collude [kəˈlud] *vn* confabularse, coludir
collusion [kəˈluʒən] *s* confabulación, colusión; **to be in collusion with** estar en inteligencia con
collusive [kəˈlusɪv] *adj* colusorio
collyrium [kəˈlɪrɪəm] *s* (*pl:* **-a** [ə] o **-ums**) colirio
Colo. abr. de **Colorado**
colocynth [ˈkɑləsɪnθ] *s* (bot.) coloquíntida
cologne [kəˈlon] *s* colonia, agua de Colonia; (*cap.*) *s* Colonia
Colombia [kəˈlʌmbɪə] *s* Colombia
Colombian [kəˈlʌmbɪən] *adj & s* colombiano
colon [ˈkolən] *s* (anat.) colon; (gram.) dos puntos
colonel [ˈkʌrnəl] *s* coronel
colonelcy [ˈkʌrnəlsɪ] *s* (*pl:* **-cies**) coronelía
colonial [kəˈlonɪəl] *adj* colonial; colonialista (*país*); *s* colono
colonialism [kəˈlonɪəlɪzəm] *s* colonialismo
colonic [kəˈlɑnɪk] *adj* colónico
colonist [ˈkɑlənɪst] *s* colonizador; colono
colonization [ˌkɑlənɪˈzeʃən] *s* colonización
colonize [ˈkɑlənaɪz] *va & vn* colonizar
colonnade [ˌkɑləˈned] *s* columnata
colonnaded [ˌkɑləˈnedɪd] *adj* (arch.) con columnatas
colony [ˈkɑlənɪ] *s* (*pl:* **-nies**) colonia
colophon [ˈkɑləfɑn] *s* colofón
colophony [ˈkɑləˌfonɪ] o [kəˈlɑfənɪ] *s* colofonia
color [ˈkʌlər] *s* color; **off color** descolorido; indispuesto; (slang) colorado, libre, verde; **the colors** los colores (*la bandera*); ceremonia de enarbolar la bandera por la mañana y bajarla por la noche; el ejército y la marina, el servicio militar; **to call to the colors** llamar al servicio militar; **to change color** mudar de color (*palidecer; sonrojarse*); **to give** o **to lend color to** dar impresión de probabilidad o verdad a, hacer parecer probable o verdadero; **to hoist the colors** enarbolar la bandera; **to lose color** palidecer; **to show one's colors** dejarse ver en su carácter verdadero, declarar sus opiniones o proyectos; **under color of** so color de, so pretexto de; **with flying colors** (mil.) con banderas desplegadas; con lucimiento; *va* colorar, colorear; (fig.) colorear; dar calidad distinta a; *vn* sonrojarse, encenderse
colorable [ˈkʌlərəbəl] *adj* plausible, admisible; especioso
coloration [ˌkʌləˈreʃən] *s* coloración
coloratura [ˌkʌlərəˈtjurə] o [ˌkʌlərəˈturə] *s* (mus.) coloratura
colorbearer [ˈkʌlərˌbɛrər] *s* abanderado, portaestandarte
color-blind [ˈkʌlərˌblaɪnd] *adj* acromatópsico, daltoniano, ciego para los colores
color blindness *s* (path.) acromatopsia, daltonismo, ceguera para los colores
color chart *s* carta de colores, guía colorimétrica
color company *s* (mil.) compañía abanderada
colored [ˈkʌlərd] *adj* de color (*que no es blanco ni negro; que no pertenece a la raza blanca*); colorado, especioso; persuadido engañosamente
color film *s* película en colores
color filter *s* filtro cromofotográfico
colorful [ˈkʌlərfəl] *adj* colorido; pintoresco
color guard *s* (mil.) guardia de la bandera
colorimeter [ˌkʌləˈrɪmɪtər] *s* colorímetro
colorimetry [ˌkʌləˈrɪmɪtrɪ] *s* colorimetría
coloring [ˈkʌlərɪŋ] *s* colorido; colorante (*substancia*); (fig.) colorido
colorist [ˈkʌlərɪst] *s* colorista
colorless [ˈkʌlərlɪs] *adj* incoloro
color line *s* diferencia social, económica y política entre la raza blanca y las de color
color photography *s* fotografía en colores
color salute *s* (mil.) saludo con la bandera
color sargent *s* (mil.) sargento abanderado
color screen *s* (phot.) pantalla de color
color sentinel *s* (mil.) centinela de la bandera
color television *s* televisión en colores, televisión a color
colossal [kəˈlɑsəl] *adj* colosal
Colosseum [ˌkɑləˈsiəm] *s* Coliseo
Colossian [kəˈlɑʃən] *adj & s* colosense; **Colossians** *spl* (Bib.) Epístola a los colosenses
colossus [kəˈlɑsəs] *s* (*pl:* **-si** [saɪ] o **-suses**) coloso
Colossus of Rhodes *s* coloso de Rodas
colostomy [kəˈlɑstəmɪ] *s* (*pl:* **-mies**) (surg.) colostomía
colostrum [kəˈlɑstrəm] *s* calostro
colour [ˈkʌlər] *s, va & vn* (Brit.) var. de **color**
colporteur [ˈkɑlˌportər] *s* repartidor ambulante de escritos religiosos
colt [kolt] *s* potro; mozuelo sin juicio; persona joven e inexperta; (*cap.*) *s* (trademark) revólver Colt
colter [ˈkoltər] *s* reja del arado
coltish [ˈkoltɪʃ] *adj* jugetón, retozón
coltsfoot [ˈkoltsˌfʊt] *s* (*pl:* **-foots**) (bot.) uña de caballo
columbarium [ˌkɑləmˈbɛrɪəm] *s* (*pl:* **-a** [ə]) columbario
Columbia [kəˈlʌmbɪə] *s* Colombia (*nombre dado a los EE.UU. de la América del Norte*)
Columbian [kəˈlʌmbɪən] *adj* colombino (*perteneciente a Cristóbal Colón*); americano
columbine [ˈkɑləmbaɪn] *adj* columbino; *s* (bot.) aguileña; (*cap.*) *s* Colombina
columbium [kəˈlʌmbɪəm] *s* (chem.) colombio
Columbus [kəˈlʌmbəs] *s* Colón
Columbus Day *s* día de la raza, fiesta de la hispanidad
columella [ˌkɑljəˈmɛlə] *s* (*pl:* **-lae** [li]) (arch., anat., bot. & zool.) columela
column [ˈkɑləm] *s* columna
columnar [kəˈlʌmnər] *adj* columnario
columned [ˈkɑləmd] *adj* con columnas
columniation [kəˌlʌmnɪˈeʃən] *s* (arch.) columnata
columnist [ˈkɑləmnɪst] o [ˈkɑləmɪst] *s* columnista
colure [ˈkoljʊr] *s* (astr.) coluro
colza [ˈkɑlzə] *s* (bot.) colza; semilla de colza
colza oil *s* aceite de colza
com. abr. de **comedy, commerce, common** y **commonly**
Com. abr. de **Commander, Commissioner, Committee** y **Commodore**
coma [ˈkomə] *s* (*pl:* **-mas**) (path.) coma; (*pl:* **-mae** [mi]) *s* (astr.) cabellera; (bot.) copete, manojo; (bot.) manojito (*de hebras sedosas en la extremidad de una semilla*)
comatose [ˈkɑmətos] o [ˈkomətos] *adj* comatoso
coma vigil *s* (path.) coma vigil
comb [kom] *s* peine; almohaza (*para limpiar el pelo del caballo*); cresta (*del gallo y otras aves*); panal (*de cera que forman las abejas*); cresta de ola, cima de ola; *va* peinar; cardar (*la lana*); explorar con minuciosidad, examinar por to-

das partes; rastrillar (*el lino*); *vn* encresparse y romper (*las olas*)
combat [ˈkɑmbæt] *s* combate; [ˈkɑmbæt] o [kəmˈbæt] (*pret & pp:* **-bated** o **-batted;** *ger:* **-bating** o **-batting**) *va* combatir; *vn* combatir, combatirse
combatant [ˈkɑmbətənt] *adj* combatiente; combativo; *s* combatiente
combat car *s* (mil.) carro de combate
combat duty *s* (mil.) servicio de frente
combative [ˈkɑmbətɪv] o [kəmˈbætɪv] *adj* combativo
combe o **comb** [kum] o [kom] *s* valle estrecho; hoyo profundo cercado de alturas por tres lados
comber [ˈkomər] *s* peinador; cardador (*de lana*); ola encrestada, ola rompiente
combination [ˌkɑmbɪˈneʃən] *s* combinación; combinación (*ropa interior*)
combination faucet *s* mezclador automático
combination fuse *s* espoleta de doble efecto
combination lock *s* cerradura de combinación
combine [ˈkɑmbaɪn] o [kəmˈbaɪn] *s* (coll.) combinación (*de personas reunidas para un mismo fin*); monopolio; (agr.) segadora trilladora; [kəmˈbaɪn] *va* combinar; (chem.) combinar; *vn* combinarse; (chem.) combinarse
combings [ˈkomɪŋz] *spl* cabellos quitados por el peine, peinadura
combining form *s* (gram.) elemento de compuestos
comb perforation *s* (philately) dentado de peine
combustibility [kəmˌbʌstɪˈbɪlɪtɪ] *s* combustibilidad
combustible [kəmˈbʌstɪbəl] *adj* combustible; ardiente, impetuoso; *s* combustible
combustion [kəmˈbʌstʃən] *s* combustión
combustion chamber *s* (mach.) cámara de combustión
combustion engine *s* motor de combustión
Comdr. abr. de **Commander**
Comdt. abr. de **Commandant**
come [kʌm] (*pret:* **came;** *pp:* **come**) *vn* venir; ir, p.ej., **I'm coming** ya voy; ascender, subir; **come!** ¡venga!, ¡mire!, ¡deténgase!; ¡estése Vd. quieto!; **come along!** ¡vamos!; **come on!** ¡vamos!; ¡adelante!; **to come about** girar, cambiar de dirección; suceder; (naut.) cambiar de amura; **to come across** atravesar; encontrarse con; (slang) entregar lo que se tiene en manos; **to come after** venir detrás de, venir después de; venir por o en busca de; **to come again** volver, venir otra vez; **to come apart** desunirse; desprenderse; caerse a pedazos; **to come around** o **round** restablecerse (*de una enfermedad*); cobrar nuevo vigor; volver en sí; ceder, rendirse; ponerse de acuerdo; girar, cambiar de dirección; **to come at** alcanzar, conseguir; arrojarse sobre; **to come away** apartarse, retirarse; **to come back** volver; retroceder; (coll.) recobrarse, rehabilitarse; **to come before** anteponerse; llegar antes; **to come between** interponerse; dividir, separar, desunir; **to come by** conseguir, obtener; **to come down** bajar; desplomarse; descender (*respecto a la posición social, el estado financiero, etc.*); ser transmitido (*de una persona a otra*); **to come down on** caer sobre, acometer de prisa; (coll.) regañar; **to come downstairs** bajar (*de un piso a otro*); **to come down with** enfermar de; **to come for** venir por, venir a buscar; **to come forth** salir; aparecer; **to come forward** avanzar; presentarse; ofrecerse a hacer algún trabajo; **to come from** venir de; provenir de; **to come in** entrar; empezar; ponerse en uso; **to come in for** obtener, recibir; **to come into** entrar; obtener, recibir; heredar; **to come into one's own** ser reconocido, hacer reconocer sus derechos; **to come off** separarse, desprenderse; acontecer; hacerse, llegar a ser; salir; conducirse; librarse; **to come on** adelantar, mejorar; encontrarse con; principiar, p.ej., **the fever came on him this morning** la fiebre le principió esta mañana; **to come out** salir; salir a luz; estrenarse, debutar; ponerse de largo; declararse; resultar; **to come out for** anunciar su apoyo de; **to come out of** dejar (*alguna actividad*); salir de (*un cuidado, negocio, etc.*); **to come out with** decir, mostrar, revelar, publicar; **to come over** asir, coger; dejarse persuadir; pasar, p.ej., **what has come over him?** ¿qué le pasó?; **to come over to** pasarse a; **to come through** salir bien, tener éxito; ganar; (slang) entregar lo que se tiene en manos; **to come to** volver en sí; (naut.) anclar; (naut.) orzar; **to come together** juntarse, reunirse; **to come to oneself** volver en sí; **to come true** resultar verdadero; hacerse realidad; realizarse; **to come up** subir; surgir; presentarse; **to come upon** encontrarse con; **to come upstairs** subir (*de un piso a otro*); **to come up to** acercarse a; subir a; estar a la altura de; **to come up with** llegar a reunirse con; proponer; **come true** hecho realidad, p.ej., **a dream come true** un sueño hecho realidad
come-at-able [kʌmˈætəbəl] *adj* (coll.) alcanzable, asequible
comeback [ˈkʌmˌbæk] *s* (coll.) rehabilitación; (slang) respuesta hábil, respuesta aguda; (slang) motivo para quejarse
comedian [kəˈmidɪən] *s* cómico; autor de comedias
comedienne [kəˌmidɪˈɛn] *s* cómica
comedown [ˈkʌmˌdaʊn] *s* desazón, revés, pérdida de fortuna, dignidad, etc.; humillación
comedy [ˈkɑmədɪ] *s* (*pl:* **-dies**) comedia, comedia cómica; comicidad (*calidad de cómico*); (fig.) comedia; **cut the comedy!** (slang) ¡basta de risas!; (slang) ¡estáte quieto!
comedy of character *s* comedia de carácter
comedy of intrigue *s* comedia de enredo
comedy of manners *s* comedia de costumbres
comeliness [ˈkʌmlɪnɪs] *s* gracia, donaire; propiedad, conveniencia
comely [ˈkʌmlɪ] *adj* (*comp:* **-lier;** *super:* **-liest**) gracioso, donairoso; propio, conveniente
come-on [ˈkʌmˌɑn] *s* (slang) añagaza (*artificio para atraer con engaño*); (slang) desafío; (slang) bobo, crédulo
comer [ˈkʌmər] *s* llegado, recién llegado; (coll.) persona que promete; **the first comer** el primero que se presente
comestible [kəˈmɛstɪbəl] *adj & s* comestible
comet [ˈkɑmɪt] *s* (astr.) cometa
come-uppance [ˌkʌmˈʌpəns] *s* (coll.) reprensión, castigo merecido
comfit [ˈkʌmfɪt] o [ˈkɑmfɪt] *s* confite, dulce
comfort [ˈkʌmfərt] *s* confort, comodidad; confortación; confortador; colcha, cobertor; (law) ayuda, sostén; *va* acomodar, dar comodidad a; confortar; (law) ayudar, sostener
comfortable [ˈkʌmfərtəbəl] *adj* cómodo (*aplícase a las personas o las cosas*); desahogado (*dícese de una posición, fortuna, etc.*); holgado (*que, sin ser rico, vive con bienestar*); *s* colcha, cobertor
comforter [ˈkʌmfərtər] *s* confortador; colcha, cobertor; bufanda de lana; **the Comforter** el Consolador (*el Espíritu Santo*)
comforting [ˈkʌmfərtɪŋ] *adj* confortador, confortante
comfortless [ˈkʌmfərtlɪs] *adj* desconsolado, inconsolable; incómodo
comfort station *s* lavatorio con excusado, quiosco de necesidad
comfrey [ˈkʌmfrɪ] *s* (bot.) consuelda, sínfito
comic [ˈkɑmɪk] *adj* cómico; *s* cómico (*actor; lo que es propio para hacer reír*); (coll.) periódico cómico; **comics** *spl* (coll.) tiras cómicas (*de los periódicos*)
comical [ˈkɑmɪkəl] *adj* cómico
comic book *s* tebeo
comic opera *s* (mus.) ópera cómica, ópera bufa
comic relief *s* alivio de la tensión dramática, alivio cómico (*en lo dramático*)
comic strip *s* tira cómica, historieta gráfica
Cominform [ˌkɑmɪnˈfɔrm] *s* Cominform
coming [ˈkʌmɪŋ] *adj* que viene, venidero; (coll.) en camino hacia la importancia o la celebridad; *s* venida, llegada; advenimiento (*de Cristo*)
coming out *s* (com.) emisión (*de títulos*); entrada en sociedad, puesta de largo
coming-out party [ˈkʌmɪŋˈaʊt] *s* recepción de una muchacha que se pone de largo
Comintern [ˌkɑmɪnˈtʌrn] *s* Cominterno
comitia [kəˈmɪʃɪə] *spl* comicios

comity [ˈkɑmɪtɪ] *s* (*pl:* **-ties**) cortesía
comma [ˈkɑmə] *s* (gram.) coma
comma bacillus *s* (bact.) comabacilo
command [kəˈmænd] o [kəˈmɑnd] *s* mandato, orden; mando, dominio, imperio; (mil.) comando; comandancia (*dignidad o cargo; territorio; cuerpo de soldados, flota de buques, etc. bajo un comandante*); dominio (*p.ej., de un idioma extranjero*); alcance de vista; **to be at the command of** estar a la disposición de; **to be in command** estar al mando; **to have command of** u **over oneself** saber dominarse, tener dominio de sí mismo; **to take command** tomar el mando; *va* mandar, ordenar; (mil.) comandar; imponer; dominar; merecer (*p.ej., respeto*); *vn* mandar
commandant [ˌkɑmənˈdænt] o [ˌkɑmənˈdɑnt] *s* comandante (*de un fuerte, arsenal, etc.*)
commandeer [ˌkɑmənˈdɪr] *va* reclutar forzosamente; expropiar; (coll.) apoderarse de
commander [kəˈmændər] o [kəˈmɑndər] *s* (mil.) comandante; (nav.) capitán de fragata; comendador (*de una orden militar*)
commander in chief *s* jefe supremo, comandante en jefe
commanding [kəˈmændɪŋ] o [kəˈmɑndɪŋ] *adj* poderoso; autorizado; imponente; dominante
commanding officer *s* (mil.) jefe, comandante en jefe
commandment [kəˈmændmənt] o [kəˈmɑndmənt] *s* mandato, orden; (Bib.) mandamiento
commando [kəˈmændo] o [kəˈmɑndo] *s* (*pl:* **-dos** o **-does**) (mil.) comando (*tropa o soldado*)
command of the air *s* (mil.) dominio del aire
command performance *s* función mandada (*por orden real, presidencial, etc.*)
commemorable [kəˈmɛmərəbəl] *adj* conmemorable
commemorate [kəˈmɛməret] *va* conmemorar
commemoration [kəˌmɛməˈreʃən] *s* conmemoración; **in commemoration of** en conmemoración de
commemorative [kəˈmɛməˌretɪv] *adj* conmemorativo
commemoratory [kəˈmɛmərəˌtorɪ] *adj* conmemoratorio
commence [kəˈmɛns] *va & vn* comenzar, empezar
commencement [kəˈmɛnsmənt] *s* comienzo, principio; día de graduación; ceremonias de graduación
commend [kəˈmɛnd] *va* alabar, ensalzar; recomendar; encargar, encomendar
commendable [kəˈmɛndəbəl] *adj* loable, recomendable, meritorio
commendam [kəˈmɛndəm] *s* (eccl.) encomienda; **in commendam** (eccl.) en encomienda
commendation [ˌkɑmənˈdeʃən] *s* alabanza, encomio; recomendación; encargo, encomienda
commendatory [kəˈmɛndəˌtorɪ] *adj* recomendatorio, laudatorio; (eccl.) comendaticio
commensal [kəˈmɛnsəl] *s* comensal; (biol.) comensal
commensurability [kəˌmɛnʃərəˈbɪlɪtɪ] *s* conmensurabilidad
commensurable [kəˈmɛnʃərəbəl] *adj* conmensurable
commensurate [kəˈmɛnʃərɪt] *adj* proporcionado; conmensurable; igual
commensuration [kəˌmɛnʃəˈreʃən] *s* conmensuración
comment [ˈkɑmɛnt] *s* comento; comentario; observación; *vn* comentar; **to comment on** comentar
commentary [ˈkɑmənˌtɛrɪ] *s* (*pl:* **-ies**) comentario
commentator [ˈkɑmənˌtetər] *s* comentador, comentarista; (rad.) locutor
commerce [ˈkɑmərs] *s* comercio
commercial [kəˈmʌrʃəl] *adj* comercial; *s* (rad.) anuncio comercial, programa comercial; (Brit.) agente viajero
commercialism [kəˈmʌrʃəlɪzəm] *s* mercantilismo; costumbre de comercio; locución mercantil
commercialization [kəˌmʌrʃəlɪˈzeʃən] *s* comercialización
commercialize [kəˈmʌrʃəlaɪz] *va* comercializar
commercial traveler *s* agente viajero
commination [ˌkɑmɪˈneʃən] *s* conminación
commingle [kəˈmɪŋgəl] *va* mezclar; *vn* mezclarse
comminute [ˈkɑmɪnjut] o [ˈkɑmɪnut] *va* moler, triturar, pulverizar
comminuted fracture *s* (surg.) fractura conminuta
comminution [ˌkɑmɪˈnjuʃən] o [ˌkɑmɪˈnuʃən] *s* molienda, trituración, pulveración; (surg.) fractura conminuta
commiserate [kəˈmɪzəret] *va* compadecer; *vn* condolerse; **to commiserate with** condolerse de
commiseration [kəˌmɪzəˈreʃən] *s* conmiseración
commissar [ˌkɑmɪˈsɑr] *s* comisario (*en una república soviética*)
commissariat [ˌkɑmɪˈsɛrɪæt] *s* comisaría o comisariato
commissary [ˈkɑmɪˌsɛrɪ] *s* (*pl:* **-ies**) economato (*tienda*); comisario; (mil.) comisario
commission [kəˈmɪʃən] *s* comisión; (mil.) nombramiento; patente; **to put in commission** poner en uso, hacer funcionar; poner (*un buque*) en servicio activo; **to put out of commission** descomponer, inutilizar; retirar (*un buque*) del servicio activo; *va* comisionar; (mil.) nombrar; poner en uso; poner (*un buque*) en servicio activo
commissioned officer *s* (mil. & nav.) oficial
commissioner [kəˈmɪʃənər] *s* comisionado; comisario
commissionership [kəˈmɪʃənərˌʃɪp] *s* cargo de comisionado
commission government *s* gobierno municipal dirigido por una comisión electiva
commission merchant *s* comisionista
commissure [ˈkɑmɪʃʊr] *s* (anat., bot. & zool.) comisura
commit [kəˈmɪt] (*pret & pp:* **-mitted;** *ger:* **-mitting**) *va* confiar, entregar; cometer (*p.ej., un negocio a uno; un crimen, una falta*); someter (*a una comisión para su consideración*); comprometer; dar (*la palabra*); internar (*a un demente*); encomendar (*a la memoria*); **to commit oneself** declararse; comprometerse; **to commit to paper** o **to writing** poner por escrito
commitment [kəˈmɪtmənt] *s* comisión; internación; auto de prisión; compromiso, promesa, cometido
committal [kəˈmɪtəl] *s* comisión; entierro; compromiso, promesa
committee [kəˈmɪtɪ] *s* comité
committeeman [kəˈmɪtɪmən] *s* (*pl:* **-men**) comisionado
committee of the whole *s* comité compuesto de la totalidad de los miembros de una asamblea, un club, etc.
commix [kɑˈmɪks] *va* mezclar; *vn* mezclarse
commixture [kɑˈmɪkstʃər] *s* conmistión
commode [kəˈmod] *s* cómoda; lavabo; servicio, sillico
commodious [kəˈmodɪəs] *adj* cómodo, espacioso, holgado
commodity [kəˈmɑdɪtɪ] *s* (*pl:* **-ties**) mercancía; comodidad, cosa útil
commodore [ˈkɑmədor] *s* comodoro; navío del comodoro
common [ˈkɑmən] *adj* común; *s* campo común, ejido; **commons** *spl* estado llano; refectorio (*de un colegio*); víveres; **in common** en común; **the Commons** (Brit.) los Comunes, la Cámara de los Comunes
commonage [ˈkɑmənɪdʒ] *s* derecho de pastar en común; propiedad de terrenos en común; campo común; estado llano, gente común
commonalty [ˈkɑmənəltɪ] *s* (*pl:* **-ties**) generalidad de personas, común de las gentes; estado llano; miembros de una corporación o sociedad
common bile duct *s* (anat.) conducto biliar común, colédoco
common carrier *s* empresa de transporte público
common cold *s* catarro común, resfriado común
common council *s* ayuntamiento
common councilman *s* concejal

C

common denominator *s* (math. & fig.) denominador común
common divisor *s* (math.) común divisor
commoner ['kɑmənər] *s* plebeyo; (Brit.) miembro de la Cámara de los Comunes; (Brit.) estudiante que no tiene beca ni plaza
common era *s* era común, cristiana o vulgar
common fraction *s* (math.) fracción común, quebrado
common gender *s* (gram.) género común
common law *s* derecho consuetudinario, derecho no legislado
common-law marriage ['kɑmən'lɔ] *s* matrimonio consensual, unión matrimonial contraída sin intervención de la iglesia ni la autoridad civil
commonly ['kɑmənlɪ] *adv* comúnmente
common noun *s* (gram.) nombre apelativo o común
commonplace ['kɑmən,ples] *adj* común, trivial, ordinario; *s* cosa común u ordinaria; lugar común, trivialidad, observación evidente
common pleas *spl* (law) pleitos civiles; (law) tribunal civil
common prayer *s* liturgia de la Iglesia anglicana
common room *s* casino, sala de reunión
common salt *s* sal común
common school *s* escuela elemental
common sense *s* sentido común
common-sense ['kɑmən,sɛns] *adj* cuerdo, razonable
common stock *s* (com.) acción ordinaria, acciones ordinarias
commonweal ['kɑmən,wil] *s* bienestar general, bien público
commonwealth ['kɑmən,wɛlθ] *s* nación; república; estado (*de los Estados Unidos de América*); mancomunidad; estado libre asociado
Commonwealth of Australia *s* Federación Australiana
commotion [kə'moʃən] *s* conmoción
communal ['kɑmjunəl] o [kə'mjunəl] *adj* comunal
communalism ['kɑmjunəlɪzəm] o [kə'mjunəlɪzəm] *s* sistema de confederación de comunas
commune ['kɑmjun] *s* comunión (*trato familiar*); (eccl.) comunión; comuna; (*cap.*) *s* Comuna; [kə'mjun] *vn* conversar, comunicarse; (eccl.) comulgar
communicable [kə'mjunɪkəbəl] *adj* comunicable
communicant [kə'mjunɪkənt] *adj* comunicante; *s* comunicante; (eccl.) comulgante
communicate [kə'mjunɪket] *va* comunicar; (eccl.) comulgar; *vn* comunicar; comunicarse; (eccl.) comulgar
communicating [kə'mjunɪ,ketɪŋ] *adj* comunicador; **to be communicating** mandarse (*dos piezas de un edificio*)
communication [kə,mjunɪ'keʃən] *s* comunicación; **communications** *spl* comunicaciones (*teléfonos, correos, etc.*); vías de comunicación
communicative [kə'mjunɪ,ketɪv] *adj* comunicativo
communion [kə'mjunjən] *s* comunión; (*cap.*) *s* (eccl.) comunión
communion of saints *s* (eccl.) comunión de los santos
communion rail *s* comulgatorio
Communion service *s* oficio del sacramento de la Eucaristía
communiqué [kə,mjunɪ'ke] o [kə'mjunɪke] *s* comunicado, parte
communism ['kɑmjunɪzəm] *s* comunismo
communist ['kɑmjunɪst] *adj & s* comunista
communistic [,kɑmjʊ'nɪstɪk] *adj* comunista
Communist International *s* Internacional Comunista
community [kə'mjunɪtɪ] *s* (*pl:* **-ties**) comunidad, colectividad; vecindario
community center *s* centro social, centro comunal
community chest *s* caja de beneficencia, fondos de beneficencia
community house *s* centro social
communize ['kɑmjʊnaɪz] *va* comunizar
commutable [kə'mjutəbəl] *adj* conmutable
commutate ['kɑmjutet] *va* (elec.) conmutar
commutation [,kɑmjʊ'teʃən] *s* conmutación; (coll.) uso de un billete de abono; (elec. & law) conmutación
commutation ticket *s* billete de abono
commutative [kə'mjutətɪv] o ['kɑmjʊ,tetɪv] *adj* conmutativo
commutator ['kɑmjʊ,tetər] *s* (elec.) conmutador; (elec.) colector (*de dínamo*)
commutator bar *s* (elec.) delga
commute [kə'mjut] *va* conmutar; (law) conmutar; *vn* ser abonado al ferrocarril, viajar con billete de abono
commuter [kə'mjutər] *s* abonado al ferrocarril
comp. abr. de **compare, comparative, composer, composition, compositor** y **compound**
compact [kəm'pækt] *adj* compacto; breve, conciso; compuesto; **compact of** compuesto de; ['kɑmpækt] *s* estuche de afeites; [kəm'pækt] *va* hacer compacto, consolidar, condensar, comprimir; componer
companion [kəm'pænjən] *s* compañero (*persona o cosa*); acompañador; caballero de la orden más baja; (naut.) chupeta de escala; (naut.) escalera de cámara; *va* acompañar, estar o ir en compañía de
companionable [kəm'pænjənəbəl] *adj* sociable, simpático
companion-at-arms [kəm'pænjənət'ɑrmz] *s* (*pl:* **companions-at-arms**) compañonero de armas, conmilitón
companionate [kəm'pænjənɪt] *adj* de compañeros, de compañerismo
companionate marriage *s* matrimonio de compañerismo
companionship [kəm'pænjənʃɪp] *s* compañerismo
companionway [kəm'pænjən,we] *s* (naut.) escalera de cámara
company ['kʌmpənɪ] *s* (*pl:* **-nies**) compañía; (com.) compañía, empresa; (mil. & theat.) compañía; compañero o compañeros; compañerismo; (coll.) huésped o huéspedes; (coll.) visita o visitas; (naut.) tripulación; **to bear company** acompañar; **to join company** incorporarse; **to be good company** ser compañero simpático, ser compañero alegre; **to keep bad company** asociarse con gente mala; **to keep company** ir juntos (*un hombre y una mujer*); **to keep company with** cortejar (*a una mujer*); recibir galanteos de (*un hombre*); **to keep good company** asociarse con gente buena; **to keep someone company** hacerle compañía a una persona; **to part company** tomar rumbos distintos; separarse; enemistarse; **to part company with** separarse de; enemistarse con; *adj* social, p.ej., **company building** edificio social
company union *s* gremio interno, gremio controlado por los patronos
compar. abr. de **comparative**
comparable ['kɑmpərəbəl] *adj* comparable
comparative [kəm'pærətɪv] *adj* comparativo; comparado (*dícese, p.ej., de la anatomía*); (gram.) comparativo; *s* (gram.) comparativo
comparatively [kəm'pærətɪvlɪ] *adv* comparativamente
comparator ['kɑmpə,retər] *s* (phys.) comparador
compare [kəm'pɛr] *s* comparación; **beyond compare** sin comparación, incomparable; *va* comparar; **not to be compared with** no ser comparable con, no poder compararse con
comparison [kəm'pærɪsən] *s* comparación; (gram.) comparación; **in comparison with** en comparación con, comparado con
compartment [kəm'pɑrtmənt] *s* compartimiento; (rail.) compartimiento, departamento
compass ['kʌmpəs] *s* brújula o compás; raya, confín; círculo, circunferencia; circuito, recinto, ámbito; alcance, extensión; compás (*extensión de la voz, etc.*); **compass** *s* o **compasses** *spl* compás (*para trazar curvas, etc.*); **to box the compass** (naut.) cuartear la aguja; (fig.) volver a su punto de partida; *va* contornear, rodear; circundar; maquinar, urdir; entender, comprender
compass card *s* (naut.) rosa náutica, rosa de los vientos
compassion [kəm'pæʃən] *s* compasión; **to move to compassion** mover a compasión

compassionate [kəm'pæʃənɪt] *adj* compasivo
compass needle *s* aguja de brújula
compass plant *s* (bot.) planta magnética
compass saw *s* serrucho de calar, sierra de punta
compaternity [,kampə'tʌrnɪtɪ] *s* compadrazgo, compaternidad
compatibility [kəm,pætɪ'bɪlɪtɪ] *s* compatibilidad
compatible [kəm'pætɪbəl] *adj* compatible
compatriot [kəm'petrɪət] o [kəm'pætrɪət] *s* compatriota
compeer [kam'pɪr] o ['kampɪr] *s* par, igual; compañero, camarada
compel [kəm'pɛl] (*pret & pp:* **-pelled;** *ger:* **-pelling**) *va* compeler; imponer (*p.ej., respeto*); **to compel to** + *inf* compeler a + *inf*
compend ['kampɛnd] *s* var. de **compendium**
compendious [kəm'pɛndɪəs] *adj* compendioso
compendium [kəm'pɛndɪəm] *s* (*pl:* **-ums** o **-a** [ə]) compendio
compensate ['kampənset] *va & vn* compensar; **to compensate for** compensar
compensating balance *s* (horol.) volante compensador, balanza de compensación
compensating pendulum *s* compensador
compensation [,kampən'seʃən] *s* compensación; retribución (*pago*); indemnización
compensation balance *s* (horol.) volante compensador
compensation pendulum *s* péndulo de compensación
compensative ['kampən,setɪv] o [kəm'pɛnsətɪv] *adj* compensativo
compensator ['kampən,setər] *s* compensador
compensatory [kəm'pɛnsə,torɪ] *adj* compensatorio
compete [kəm'pit] *vn* competir
competence ['kampɪtəns] o **competency** ['kampɪtənsɪ] *s* competencia; (un) buen pasar; (law) competencia
competent ['kampɪtənt] *adj* competente; (law) competente
competition [,kampɪ'tɪʃən] *s* competencia; oposición (*para la obtención de un premio, cátedra, etc. por medio de un examen*); **in competition with** en competencia de
competitive [kəm'pɛtɪtɪv] *adj* de concurso, de oposición
competitor [kəm'pɛtɪtər] *s* competidor
compilation [,kampɪ'leʃən] *s* compilación, recopilación
compile [kəm'paɪl] *va* compilar, recopilar
complacence [kəm'plesəns] o **complacency** [kəm'plesənsɪ] *s* satisfacción de sí mismo; complacencia
complacent [kəm'plesənt] *adj* complacido, satisfecho de sí mismo; complaciente
complain [kəm'plen] *vn* quejarse; **to complain about** u **of** quejarse de; **to complain of** + *ger* quejarse de + *inf*
complainant [kəm'plenənt] *s* querellante; (law) demandante
complaint [kəm'plent] *s* queja; agravio; mal, enfermedad; (law) querella, demanda; **to lodge a complaint** hacer una reclamación
complaisance [kəm'plezəns] o [,kample'zæns] *adj* complacencia, amabilidad, condescendencia
complaisant [kəm'plezənt] o [,kample'zænt] *adj* complaciente, amable, condescendiente
complement ['kamplɪmənt] *s* complemento; (gram., math. & mus.) complemento; (naut.) dotación; ['kamplɪmɛnt] *va* complementar
complemental [,kamplɪ'mɛntəl] *adj* completivo, complementario
complementary [,kamplɪ'mɛntərɪ] *adj* complementario
complementary angle *s* (geom.) ángulo complementario
complementary colors *spl* colores complementarios
complement fixation *s* (bact.) fijación del complemento
complete [kəm'plit] *adj* completo; *va* completar
completeness [kəm'plitnɪs] *s* entereza, perfección
completion [kəm'pliʃən] *s* completamiento; cumplimiento, terminación
completory [kəm'plitərɪ] *s* (*pl:* **-ries**) (eccl.) completas
complex [kəm'plɛks] o ['kamplɛks] *adj* complejo; ['kamplɛks] *s* complejo; (psychol.) complejo; (coll.) idea fija, prejuicio irracional
complex fraction *s* (math.) fracción compleja
complexion [kəm'plɛkʃən] *s* complexión, tez; aspecto general, carácter
complexity [kəm'plɛksɪtɪ] *s* (*pl:* **-ties**) complejidad
complex sentence *s* (gram.) frase compleja
compliance [kəm'plaɪəns] *s* condescendencia, sumisión; complacencia, rendimiento; **in compliance with** accediendo a; de acuerdo con
compliancy [kəm'plaɪənsɪ] *s* var. de **compliance**
compliant [kəm'plaɪənt] *adj* condescendiente, sumiso; complaciente, servicial
complicate ['kamplɪket] *va* complicar; entrelazar, torcer juntos
complicated ['kamplɪ,ketɪd] *adj* complicado
complication [,kamplɪ'keʃən] *s* complicación
complicity [kəm'plɪsɪtɪ] *s* (*pl:* **-ties**) complicidad
compliment ['kamplɪmənt] *s* alabanza, halago; cumplimiento; **to send compliments** enviar saludos; ['kamplɪmɛnt] *va* cumplimentar
complimentary [,kamplɪ'mɛntərɪ] *adj* lisonjero; gratuito, de regalo, de cortesía
complimentary copy *s* ejemplar de cortesía
complimentary ticket *s* billete de regalo, pase de cortesía
complin ['kamplɪn] o **compline** ['kamplaɪn] o ['kamplɪn] *s* (eccl.) completas
complot ['kamplat] *s* complot; [kəm'plat] (*pret & pp:* **-plotted;** *ger:* **-plotting**) *vn* complotar
comply [kəm'plaɪ] (*pret & pp:* **-plied**) *vn* conformarse, condescender; **to comply with** conformarse con, obrar de acuerdo con
componé [kam'pone] *adj* (her.) componado
component [kəm'ponənt] *adj* componente; *s* componente *m;* (mech.) componente *f*
comport [kəm'port] *va* acarrear; **to comport oneself** comportarse; *vn* convenir, concordar
comportment [kəm'portmənt] *s* comportamiento
compose [kəm'poz] *va* componer; (mus., lit. & print.) componer; **to be composed of** constar de, estar compuesto de; *vn* componer; componerse, combinarse
composed [kəm'pozd] *adj* tranquilo, sosegado
composer [kəm'pozər] *s* componedor; (mus.) compositor; autor, escritor
composing stick *s* (print.) componedor
composite [kəm'pazɪt] *adj* compuesto; (*cap.*) *adj* (arch.) compuesto; (*l.c.*) *s* compuesto; (bot.) compuesta
composite photograph *s* fotografía compuesta, fotografía de superposición
composition [,kampə'zɪʃən] *s* composición
composition of forces *s* (mech.) composición de fuerzas
compositor [kəm'pazɪtər] *s* (print.) componedor, cajista
compost ['kampost] *s* compuesto; (agr.) abono compuesto; *va* (agr.) abonar, estercolar
composure [kəm'poʒər] *s* compostura, serenidad, calma
compote ['kampot] *s* compota; compotera (*vasija*)
compound ['kampaʊnd] o [kam'paʊnd] *adj* compuesto; (elec. & mach.) compound; ['kampaʊnd] *s* compuesto; (chem.) compuesto; (gram.) vocablo compuesto, palabra compuesta; recinto; [kam'paʊnd] *va* componer, combinar; **to compound a felony** (law) aceptar dinero para no procesar; *vn* componerse; **to compound with** capitular con
compound fraction *s* (math.) fracción compuesta, quebrado compuesto
compound fracture *s* (surg.) fractura complicada
compound interest *s* interés compuesto
compound number *s* (math.) número compuesto
compound sentence *s* (gram.) oración compuesta
comprehend [,kamprɪ'hɛnd] *va* comprender

comprehensibility [ˌkamprɪˌhɛnsɪˈbɪlɪtɪ] *s* comprensibilidad

comprehensible [ˌkamprɪˈhɛnsɪbəl] *adj* comprensible

comprehension [ˌkamprɪˈhɛnʃən] *s* comprensión

comprehensive [ˌkamprɪˈhɛnsɪv] *adj* comprensivo (*que tiene la facultad de entender; que incluye o contiene*); completo, que lo abarca todo

compress [ˈkamprɛs] *s* (med.) compresa; compresor (*para comprimir el algodón en balas*); [kəmˈprɛs] *va* comprimir

compressed [kəmˈprɛst] *adj* comprimido

compressed air *s* aire comprimido

compressed-air drill [kəmˈprɛstˈɛr] *s* perforadora de aire comprimido

compressibility [kəmˌprɛsɪˈbɪlɪtɪ] *s* compresibilidad

compressible [kəmˈprɛsɪbəl] *adj* compresible

compression [kəmˈprɛʃən] *s* compresión

compression ratio *s* (mach.) índice de compresión

compression stroke *s* (mach.) carrera de compresión

compressive [kəmˈprɛsɪv] *adj* compresivo

compressor [kəmˈprɛsər] *s* compresor; (anat., mach. & surg.) compresor

comprise o **comprize** [kəmˈpraɪz] *va* abarcar, comprender, constar de

compromise [ˈkamprəmaɪz] *s* componenda, compromiso; (coll.) término medio; (canon law) compromiso; *va* arreglar, componer (*por medio de concesiones mutuas*); comprometer, exponer; *vn* transigir

comprovincial [ˌkamprəˈvɪnʃəl] *adj* (eccl.) comprovincial; *s* (eccl.) comprovincial; comprovinciano (*persona de la misma provincia*)

comptometer [kampˈtamɪtər] *s* (trademark) contómetro

comptroller [kənˈtrolər] *s* contralor, interventor

comptrollership [kənˈtrolərʃɪp] *s* contraloría, intervención

compulsion [kəmˈpʌlʃən] *s* compulsión

compulsive [kəmˈpʌlsɪv] *adj* compulsivo

compulsory [kəmˈpʌlsərɪ] *adj* obligatorio; compulsivo

compunction [kəmˈpʌŋkʃən] *s* compunción

computation [ˌkampjʊˈteʃən] *s* computación

compute [kəmˈpjut] *va & vn* computar, calcular

computer [kəmˈpjutər] *s* calculador; ordenador (*aparato*)

comrade [ˈkamræd] o [ˈkamrɪd] *s* camarada

comrade in arms *s* compañero de armas

comradeship [ˈkamrædʃɪp] o [ˈkamrɪdʃɪp] *s* camaradería

con. abr. de **conclusion, consolidated** y **contra** (Lat.) **against**

con [kan] contra; *s* contra (*concepto opuesto*); (*pret & pp:* **conned**; *ger:* **conning**) *va* estudiar, aprender de memoria

conation [koˈneʃən] *s* (psychol.) conación

concatenate [kanˈkætɪnet] *adj* concatenado; *va* concatenar

concatenation [kanˌkætɪˈneʃən] *s* concatenación

concave [ˈkankev] o [kanˈkev] *adj* cóncavo; [ˈkankev] *s* cóncavo

concavity [kanˈkævɪtɪ] *s* (*pl:* **-ties**) concavidad

concavo-convex [kanˈkevokanˈvɛks] *adj* cóncavoconvexo

conceal [kənˈsil] *va* encubrir, ocultar, disimular

concealment [kənˈsilmənt] *s* encubrimiento, disimulación; escondite

concede [kənˈsid] *va* conceder

conceit [kənˈsit] *s* orgullo, engreimiento; concepto, dicho ingenioso, capricho

conceited [kənˈsitɪd] *adj* orgulloso, engreído

conceivable [kənˈsivəbəl] *adj* concebible

conceive [kənˈsiv] *va* concebir; *vn* concebir; **to conceive of** formar concepto de

concentrate [ˈkansəntret] *s* substancia concentrada; (min.) gandinga; *va* concentrar; *vn* concentrarse; **to concentrate on** concentrar la atención en

concentration [ˌkansənˈtreʃən] *s* concentración

concentration camp *s* campo de concentración

concentric [kanˈsɛntrɪk] o **concentrical** [kanˈsɛntrɪkəl] *adj* concéntrico

concept [ˈkansɛpt] *s* concepto

conception [kənˈsɛpʃən] *s* concepción

conceptual [kənˈsɛptʃʊəl] *adj* conceptual

conceptualism [kənˈsɛptʃʊəlɪzəm] *s* (philos.) conceptualismo

conceptualist [kənˈsɛptʃʊəlɪst] *s* (philos.) conceptualista

conceptualistic [kənˌsɛptʃʊəˈlɪstɪk] *adj* (philos.) conceptualista

concern [kənˈsʌrn] *s* interés; inquietud; negocio, asunto importante; empresa, casa comercial, compañía; concernencia; **of concern** de interés, de importancia; *va* atañer, concernir, importar; interesar; **as concerns** respecto de; **as far as he is concerned** en cuanto le toca a él; **to concern oneself** interesarse, ocuparse; inquietarse; **to whom it may concern** a quien pueda interesar

concerned [kənˈsʌrnd] *adj* interesado; ocupado; inquietado

concerning [kənˈsʌrnɪŋ] *prep* concerniente a, respecto de

concernment [kənˈsʌrnmənt] *s* interés, importancia; inquietud; asunto

concert [ˈkansərt] *s* concierto; (mus.) concierto (*sesión musical*); **in concert** de concierto; *adj* (mus.) para conciertos; [kənˈsʌrt] *va & vn* concertar

concerted [kənˈsʌrtɪd] *adj* concertado; (mus.) concertante

concert grand *s* (mus.) gran piano para conciertos

concertina [ˌkansərˈtinə] *s* (mus.) concertina

concertmaster [ˈkansərtˌmæstər] o [ˈkansərtˌmastər] o **concertmeister** [kɔnˈtsɛrtˌmaɪstər] *s* (mus.) concertino

concerto [kanˈtʃɛrto] *s* (*pl:* **-tos** o **-ti** [ti]) (mus.) concierto, concerto (*composición*)

concession [kənˈsɛʃən] *s* concesión

concessionaire [kənˌsɛʃəˈnɛr] *s* concesionario

concessive [kənˈsɛsɪv] *adj* concesivo; (gram.) concesivo

conch [kaŋk] o [kantʃ] *s* (*pl:* **conchs** [kaŋks] o **conches** [ˈkantʃɪz]) *s* caracola; (arch.) concha

concha [ˈkaŋkə] *s* (*pl:* **-chae** [ki]) *s* (anat. & arch.) concha

conchiferous [kaŋˈkɪfərəs] *adj* conquífero

conchoid [ˈkaŋkɔɪd] *s* (geom.) concoide

conchoidal [kaŋˈkɔɪdəl] *adj* concoideo; (mineral.) concoideo

conchologist [kaŋˈkalədʒɪst] *s* conquiliólogo

conchology [kaŋˈkalədʒɪ] *s* conquiliología

concierge [ˌkansɪˈʌrʒ] *s* conserje

conciliate [kənˈsɪlɪet] *va* conciliar

conciliation [kənˌsɪlɪˈeʃən] *s* conciliación

conciliative [kənˈsɪlɪˌetɪv] *adj* conciliativo

conciliator [kənˈsɪlɪˌetər] *s* conciliador

conciliatory [kənˈsɪlɪəˌtorɪ] *adj* conciliador, conciliatorio

concise [kənˈsaɪs] *adj* conciso

concision [kənˈsɪʒən] *s* concisión

conclave [ˈkanklev] *s* conclave; (eccl.) conclave

conclavist [ˈkanklevɪst] *s* conclavista

conclude [kənˈklud] *va* concluir; *vn* concluir o concluirse

conclusion [kənˈkluʒən] *s* conclusión; despedida (*de una carta*); **in conclusion** en conclusión; **to try conclusions with** participar en una contienda con

conclusive [kənˈklusɪv] *adj* concluyente

concoct [kanˈkakt] *va* confeccionar; tramar, maquinar; forjar (*mentiras*)

concoction [kanˈkakʃən] *s* confección; trama, maquinación; forja (*p.ej., de mentiras*)

concolorous [kanˈkʌlərəs] *adj* concoloro

concomitance [kanˈkamɪtəns] *s* concomitancia

concomitant [kanˈkamɪtənt] *adj & s* concomitante

concord [ˈkaŋkɔrd] *s* concordia; (gram. & mus.) concordancia

concordance [kanˈkɔrdəns] *s* concordancia, acuerdo; concordancias (*lista de palabras con citas*)

concordant [kanˈkɔrdənt] *adj* concordante

concordat [kɑn'kɔrdæt] *s* concordato; (eccl.) concordato
Concord grape *s* uva Concord
concourse ['kɑŋkors] *s* confluencia (*p.ej., de dos ríos*); concurso (*de gente*); (rail.) gran salón; bulevar, gran vía
concrescence [kɑn'krɛsəns] *s* concrescencia; (biol.) concrescencia
concrete ['kɑnkrit] o [kɑn'krit] *adj* concreto; de hormigón, de concreto, para concreto; cuajado, duro, sólido; *s* hormigón, concreto; *va* concretar; [kɑn'krit] *va* solidificar, endurecer; *vn* solidificarse, endurecerse
concrete block *s* bloque de hormigón
concrete mixer *s* mezcladora de hormigón, hormigonera
concrete number *s* (arith.) número concreto
concretion [kɑn'kriʃən] *s* concreción; (geol. & path.) concreción
concubinage [kɑn'kjubɪnɪdʒ] *s* concubinato
concubine ['kɑŋkjʊbaɪn] *s* concubina; casada de condición y derechos inferiores
concupiscence [kɑn'kjupɪsəns] *s* concupiscencia
concupiscent [kɑn'kjupɪsənt] *adj* concupiscente
concupiscible [kɑn'kjupɪsɪbəl] *adj* concupiscible
concur [kən'kʌr] (*pret & pp:* **-curred;** *ger:* **-curring**) *vn* concurrir
concurrence [kən'kʌrəns] *s* concurrencia; acuerdo
concurrent [kən'kʌrənt] *adj* concurrente; *s* acontecimiento concurrente
concussion [kən'kʌʃən] *s* concusión; (path.) concusión
condemn [kən'dɛm] *va* condenar; expropiar; **to condemn to be burned** condenar a la hoguera; **to condemn to** + *inf* condenar a + *inf*
condemnation [,kandɛm'neʃən] *s* condenación; expropiación
condemnatory [kən'dɛmnə,torɪ] *adj* condenatorio
condensation [,kandɛn'seʃən] *s* condensación
condense [kən'dɛns] *va* condensar; *vn* condensarse
condensed milk *s* leche condensada
condenser [kən'dɛnsər] *s* condensador
condescend [,kandɪ'sɛnd] *vn* dignarse; **to condescend to** + *inf* dignarse + *inf*
condescending [,kandɪ'sɛndɪŋ] *adj* que trata con aire protector a inferiores, que tiene aire de superioridad
condescension [,kandɪ'sɛnʃən] *s* dignación, aire protector
condign [kən'daɪn] *adj* condigno, merecido (*castigo*)
condiment ['kandɪmənt] *s* condimento
condisciple [,kandɪ'saɪpəl] *s* condiscípulo
condition [kən'dɪʃən] *s* condición; **on condition that** a condición (de) que; *va* acondicionar; (educ.) suspender; (textiles) condicionar
conditional [kən'dɪʃənəl] *adj* condicional; (gram.) condicional
conditioned [kən'dɪʃənd] *adj* condicionado
conditioned reflex o **response** *s* (psychol.) reflejo condicionado
condole [kən'dol] *vn* condolerse
condolence [kən'doləns] *s* condolencia
condominium [,kandə'mɪnɪəm] *s* condominio
condonation [,kando'neʃən] *s* condonación
condone [kən'don] *va* condonar
condor ['kandər] *s* (orn.) cóndor
condottiere [,kondot'tjɛre] *s* (*pl:* **-ri** [ri]) condotiero
conduce [kən'djus] o [kən'dus] *vn* conducir
conducive [kən'djusɪv] o [kən'dusɪv] *adj* conducente, contribuyente
conduct ['kandʌkt] *s* conducta; **to be on one's good conduct** conducirse bien; [kən'dʌkt] *va & vn* conducir; **to conduct oneself** conducirse, comportarse
conductance [kən'dʌktəns] *s* (elec.) conductancia
conductibility [kən,dʌktɪ'bɪlɪtɪ] *s* conductibilidad
conductible [kən'dʌktɪbəl] *adj* conductible; conductivo
conduction [kən'dʌkʃən] *s* conducción; (phys. & physiol.) conducción
conduction anesthesia *s* anestesia de conducción, anestesia regional
conductive [kən'dʌktɪv] *adj* conductivo; (phys.) conductor
conductivity [,kandʌk'tɪvɪtɪ] *s* conductividad
conductor [kən'dʌktər] *s* conductor, guía; (mus.) director; (phys.) conductor; (rail.) conductor, revisor; cobrador (*de billetes en un tranvía*)
conduit ['kandɪt] o ['kandʊɪt] *s* conducto; (elec.) conducto, canal, canal para alambres
conduplicate [kan'djuplɪkɪt] o [kan'duplɪkɪt] *adj* (bot.) conduplicado
condyle ['kandɪl] *s* (anat.) cóndilo
cone [kon] *s* (geom. & bot.) cono; barquillo (*hoja de pasta de harina arrollada en forma de cono o cucurucho*)
cone bearing *s* cojinete de cono
cone brake *s* freno de cono
cone clutch *s* embrague de cono
cone gear *s* engranaje cónico
cone pulley *s* cono de poleas
Conestoga wagon [,kanɪs'togə] *s* carromato que empleaban los norteamericanos para atravesar las llanuras del oeste antes del ferrocarril transcontinental
coney ['konɪ] *s* var. de **cony**
confab ['kanfæb] *s* (coll.) confabulación; (*pret & pp:* **-fabbed;** *ger:* **-fabbing**) *vn* (coll.) confabular
confabulate [kən'fæbjəlet] *vn* confabular
confabulation [kən,fæbjə'leʃən] *s* confabulación
confection [kən'fɛkʃən] *s* confección, hechura; confite, confitura; confección caprichosa, sombrero caprichoso
confectioner [kən'fɛkʃənər] *s* confitero
confectionery [kən'fɛkʃə,nɛrɪ] *s* (*pl:* **-ies**) confitería; confituras
confederacy [kən'fɛdərəsɪ] *s* (*pl:* **-cies**) confederación; cábala; (*cap.*) *s* (U.S.A.) Estados confederados
confederate [kən'fɛdərɪt] *adj* confederado; *s* confederado; cómplice; [kən'fɛdəret] *va* confederar; *vn* confederarse
Confederate States of America *s* (U.S.A.) Estados confederados
confederation [ken,fɛdə'reʃən] *s* confederación
confederative [kən'fɛdə,retɪv] *adj* confederativo
confer [kən'fʌr] (*pret & pp:* **-ferred;** *ger:* **-ferring**) *va* conferir; *vn* conferir, conferenciar
conferee [,kanfə'ri] *s* conferenciante; conferido
conference ['kanfərəns] *s* conferencia
conferment [kən'fʌrmənt] *s* otorgamiento, donación
confess [kən'fɛs] *va* confesar; (eccl.) confesar (*sus pecados; a un penitente*); *vn* confesar o confesarse; (eccl.) confesar o confesarse; **to confess to** confesar o confesarse a (*Dios*); confesarse con (*un sacerdote*)
confessedly [kən'fɛsɪdlɪ] *adv* reconocidamente
confession [kən'fɛʃən] *s* confesión
confessional [kən'fɛʃənəl] *adj* confesional; *s* confesonario; confesión, costumbre de confesar los pecados al sacerdote
confession of faith *s* confesión, profesión de fe
confessor [kən'fɛsər] *s* confesor (*creyente; sacerdote*); confesante (*persona que confiesa delitos o pecados*)
confetti [kən'fɛtɪ] *spl* confeti; serpentina (*en tiras o cintas*)
confidant [,kanfɪ'dænt] o ['kanfɪdænt] *s* confidente
confidante [,kanfɪ'dænt] o ['kanfɪdænt] *s* confidenta
confide [kən'faɪd] *va* confiar (*p.ej., algún negocio*); fiar, decir en confianza (*secretos*); *vn* confiar o confiarse; **to confide in** decir confidencias a
confidence ['kanfɪdəns] *s* confianza; confidencia, secreto; **in strictest confidence** bajo la mayor reserva; **to place one's confidence in** depositar su confianza en

C

confidence game *s* fraude en que el timador se gana la confianza de su víctima
confidence man *s* timador que se gana la confianza de su víctima
confident ['kɑnfɪdənt] *adj* confiado; seguro; *s* confidente, confidenta
confidential [ˌkɑnfɪ'dɛnʃəl] *adj* confidencial
confiding [kən'faɪdɪŋ] *adj* confiado
configuration [kənˌfɪgjə'reʃən] *s* configuración
confine ['kɑnfaɪn] *s* confín; **the confines** los confines; [kən'faɪn] *va* limitar; confinar, encerrar; **to be confined** estar de parto; **to be confined to bed** tener que guardar cama, estar enfermo en cama; *vn* lindar, estar contiguos (*p.ej., dos países*)
confinement [kən'faɪnmənt] *s* limitación; confinamiento, encierro; parto, sobreparto
confirm [kən'fʌrm] *va* confirmar
confirmation [ˌkɑnfər'meʃən] *s* confirmación
confirmative [kən'fʌrmətɪv] *adj* confirmativo
confirmatory [kən'fʌrməˌtorɪ] *adj* confirmatorio
confirmed [kən'fʌrmd] *adj* confirmado; inveterado
confiscate ['kɑnfɪsket] *va* confiscar
confiscation [ˌkɑnfɪs'keʃən] *s* confiscación
confiscator ['kɑnfɪsˌketər] *s* confiscador
confiscatory [kən'fɪskəˌtorɪ] *adj* confiscador
confiture ['kɑnfɪtʃʊr] *s* confitura
conflagration [ˌkɑnflə'greʃən] *s* conflagración
conflict ['kɑnflɪkt] *s* conflicto; incompatibilidad (*p.ej., de intereses, de horas de clase*); [kən'flɪkt] *vn* combatir; chocar, desavenirse
conflicting [kən'flɪktɪŋ] *adj* contradictorio; incompatible
confluence ['kɑnfluəns] *s* confluencia
confluent ['kɑnfluənt] *adj* confluente
conflux ['kɑnflʌks] *s* confluencia
conform [kən'fɔrm] *va* conformar; *vn* conformar, conformarse
conformable [kən'fɔrməbəl] *adj* conforme
conformance [kən'fɔrməns] *s* conformidad
conformation [ˌkɑnfɔr'meʃən] *s* conformación
conformist [kən'fɔrmɪst] *s* conformista
conformity [kən'fɔrmɪtɪ] *s* (*pl:* **-ties**) conformidad
confound [kɑn'faʊnd] *va* confundir; [kɑn'faʊnd] o ['kɑn'faʊnd] *va* condenar, maldecir; **confound it!** ¡demontre!; **confound you!** ¡vete al demonio!
confounded [kɑn'faʊndɪd] o ['kɑn'faʊndɪd] *adj* maldito; (coll.) aborrecible, odioso
confraternal [ˌkɑnfrə'tʌrnəl] *adj* confraternal
confraternity [ˌkɑnfrə'tʌrnɪtɪ] *s* (*pl:* **-ties**) confraternidad
confrere ['kɑnfrɛr] *s* colega, compañero
confront [kən'frʌnt] *va* encontrar cara a cara; confrontarse con, enfrentarse con, hacer frente a (*un acontecimiento, un enemigo, la necesidad*); confrontar (*poner en presencia; cotejar*)
Confucian [kən'fjuʃən] *adj* & *s* confuciano
Confucianism [kən'fjuʃənɪzəm] *s* confucianismo
Confucianist [kən'fjuʃənɪst] *adj* & *s* confucianista
Confucius [kən'fjuʃəs] *s* Confucio
confuse [kən'fjuz] *va* confundir
confused [kən'fjuzd] *adj* confuso
confusedly [kən'fjuzɪdlɪ] o [kən'fjuzdlɪ] *adv* confusamente
confusion [kən'fjuʒən] *s* confusión
confusion of tongues *s* (Bib.) confusión de lenguas
confutation [ˌkɑnfjʊ'teʃən] *s* confutación
confute [kən'fjut] *va* confutar; anular, invalidar
confuter [kən'fjutər] *s* confutador
Cong. abr. de **Congregation, Congregational, Congregationalist** y **Congressional**
congeal [kən'dʒil] *va* congelar; *vn* congelarse
congener ['kɑndʒɪnər] *s* congénere
congenial [kən'dʒinjəl] *adj* congenial, simpático; compatible; agradable
congeniality [kənˌdʒinɪ'ælɪtɪ] *s* simpatía; compatibilidad; agrado
congenital [kən'dʒɛnɪtəl] *adj* congénito
conger ['kɑŋgər] o **conger eel** *s* (ichth.) congrio
congeries [kɑn'dʒiriz] o [kɑn'dʒɪriiz] *ssg* & *spl* congerie
congest [kən'dʒɛst] *va* apiñar, congestionar; (path.) congestionar; *vn* apiñarse, congestionarse
congestion [kən'dʒɛstʃən] *s* congestión; (path.) congestión
congestive [kən'dʒɛstɪv] *adj* congestivo
conglomerate [kən'glɑmərɪt] *adj* & *s* conglomerado; [kən'glɑməret] *va* conglomerar; *vn* conglomerarse
conglomeration [kənˌglɑmə'reʃən] *s* conglomeración
conglutinate [kən'glutɪnet] *va* conglutinar; *vn* conglutinarse
conglutination [kənˌglutɪ'neʃən] *s* conglutinación
conglutinative [kən'glutɪˌnetɪv] *adj* conglutinativo
Congo ['kɑŋgo] *s* Congo
Congoese [ˌkɑŋgo'iz] *adj* congoleño o congolés; *s* (*pl:* **-ese**) congoleño o congolés
Congo Free State *s* Estado libre del Congo
Congolese [ˌkɑŋgo'liz] *adj* var. de **Congoese;** *s* (*pl:* **-lese**) var. de **Congoese**
congo monkey *s* (zool.) congo
congo snake *s* (zool.) anfiumo
congratulate [kən'grætʃəlet] *va* congratular, felicitar; **to congratulate on** congratular de o por
congratulation [kənˌgrætʃə'leʃən] *s* congratulación, felicitación, enhorabuena
congratulatory [kən'grætʃələˌtorɪ] *adj* congratulatorio
congregate ['kɑŋgrɪget] *va* congregar; *vn* congregarse
congregation [ˌkɑŋgrɪ'geʃən] *s* congregación; reunión; concurso, auditorio; fieles (*de una iglesia*)
congregational [ˌkɑŋgrɪ'geʃənəl] *adj* congregacionalista; (*cap.*) *adj* congregacionalista
congregationalism [ˌkɑŋgrɪ'geʃənəlɪzəm] *s* congregacionalismo; (*cap.*) *s* congregacionalismo
Congregationalist [ˌkɑŋgrɪ'geʃənəlɪst] *adj* & *s* congregacionalista
congress ['kɑŋgrɪs] *s* congreso; diputación; (*cap.*) *s* Congreso de los EE.UU.; Congreso de los Diputados (*de las Cortes*)
congress boot *s* botín que tiene un trozo de materia elástica en los lados
congressional [kən'grɛʃənəl] *adj* congresional, de congreso; (*cap.*) *adj* congresional, del Congreso
Congressional Record *s* (U.S.A.) Diario de Sesiones del Congreso
congressman ['kɑŋgrɪsmən] *s* (*pl:* **-men**) congresista; diputado
congresswoman ['kɑŋgrɪsˌwʊmən] *s* (*pl:* **-women**) congresista; diputada
congruence ['kɑŋgruəns] o **congruency** ['kɑŋgruənsɪ] *s* congruencia; (math.) congruencia
congruent ['kɑŋgruənt] *adj* congruente; (geom.) congruente
congruity [kən'gruɪtɪ] *s* (*pl:* **-ties**) congruencia; (geom.) congruencia
congruous ['kɑŋgruəs] *adj* congruo; (geom.) congruente
conic ['kɑnɪk] *adj* cónico; **conics** *ssg* curvas cónicas, secciones cónicas
conical ['kɑnɪkəl] *adj* cónico
conic projection *s* proyección cónica
conic section *s* (math.) sección cónica; **conic sections** *spl* secciones cónicas (*parte de la geometría*)
conidiophore [ko'nɪdɪəˌfor] *s* (bot.) conidióforo
conidium [ko'nɪdɪəm] *s* (*pl:* **-a** [ə]) (bot.) conidio
conifer ['konɪfər] o ['kɑnɪfər] *s* (bot.) conífera
coniferous [ko'nɪfərəs] *adj* (bot.) conífero
conirostral [ˌkonɪ'rɑstrəl] *adj* (orn.) conirrostro
conj. abr. de **conjugation** y **conjunction**
conjectural [kən'dʒɛktʃərəl] *adj* conjetural
conjecture [kən'dʒɛktʃər] *s* conjetura; *va* & *vn* conjeturar
conjoin [kən'dʒɔɪn] *va* juntar, unir, asociar; *vn*

juntarse, unirse, asociarse; (astr.) estar en conjunción
conjoint [kən'dʒɔɪnt] o ['kandʒɔɪnt] *adj* conjunto
conjointly [kən'dʒɔɪntlɪ] o ['kandʒɔɪntlɪ] *adv* conjuntamente, de mancomún
conjugal ['kandʒʊgəl] *adj* conyugal
conjugate ['kandʒʊget] o ['kandʒʊgɪt] *adj* conjunto; (gram.) congénere; (bot. & math.) conjugado; *s* (gram.) palabra congénere; (bot.) conjugada; ['kandʒəget] *va* conjugar; (gram. & biol.) conjugar; *vn* (gram. & biol.) conjugarse
conjugation [ˌkandʒə'geʃən] *s* conjugación; (biol. & gram.) conjugación
conjunct [kən'dʒʌŋkt] o ['kandʒʌŋkt] *adj* conjunto
conjunction [kən'dʒʌŋkʃən] *s* conjunción; (astr. & gram.) conjunción
conjunctiva [ˌkandʒʌŋk'taɪvə] *s* (anat.) conjuntiva
conjunctival [ˌkandʒʌŋk'taɪvəl] *adj* conjuntival
conjunctive [kən'dʒʌŋktɪv] *adj* conjuntivo; conjunto; (gram.) conjuntivo; (gram.) afijo (*pronombre*); *s* (gram.) conjunción
conjunctivitis [kənˌdʒʌŋktɪ'vaɪtɪs] *s* (path.) conjuntivitis
conjuncture [kən'dʒʌŋktʃər] *s* coyuntura
conjuration [ˌkandʒʊ'reʃən] *s* conjuro (*invocación supersticiosa*); magia, hechizo; (archaic) conjuro (*ruego, súplica*); (archaic) adjuración (*hecha en nombre de Dios o una cosa santa*)
conjure [kən'dʒʊr] *va* adjurar, conjurar (*pedir con instancia*); ['kʌndʒər] o ['kandʒər] *va* conjurar (*exorcizar; alejar, p.ej., un peligro*); evocar (*por medio de invocaciones mágicas*); hacer o efectuar por arte mágica; **to conjure away** conjurar (*exorcizar; alejar, p.ej., un peligro*); **to conjure up** evocar (*hacer aparecer por medio de invocaciones mágicas; traer a la memoria; traer a la memoria de alguien*); crear, suscitar (*p.ej., dificultades*); *vn* hacer aparecer a un demonio; practicar las artes mágicas; hacer juegos de manos
conjurer o **conjuror** ['kʌndʒərər] o ['kandʒərər] *s* mágico; prestidigitador; [kən'dʒʊrər] *s* conjurante (*persona que suplica*)
Conn. abr. de **Connecticut**
connatural [kə'nætʃərəl] *adj* connatural
connect [kə'nɛkt] *va* conectar, enlazar; conexionar, asociar, relacionar; *vn* enlazarse; conexionarse, asociarse, relacionarse; enlazar o empalmar (*p.ej., dos trenes*)
connected [kə'nɛktɪd] *adj* conexo; conectado; **to be connected with** estar asociado con; estar empleado por
connecter [kə'nɛktər] *s* var. de **connector**
connecting rod *s* (mach.) biela
connection [kə'nɛkʃən] *s* conexión; pariente; relación; comunicación; combinación, enlace, empalme (*de trenes, etc.*); (mach.) acoplamiento; **in connection with** con respecto a; juntamente con
connective [kə'nɛktɪv] *adj* conectivo; *s* conectador; (gram.) palabra conjuntiva
connective tissue *s* (anat.) tejido conjuntivo
connector [kə'nɛktər] *s* conectador; (elec.) conectador, enchufe
connexion [kə'nɛkʃən] *s* (Brit.) var. de **connection**
conning tower ['kanɪŋ] *s* (nav.) torre de mando; (nav.) torreta (*de un submarino*)
conniption [kə'nɪpʃən] *s* (coll.) rabieta
connivance [kə'naɪvəns] *s* connivencia, confabulación
connive [kə'naɪv] *vn* hacer la vista gorda, fingir ceguedad o ignorancia; cooperar secretamente; **to connive at** hacer la vista gorda respecto de; **to connive with** confabularse con
connivent [kə'naɪvənt] *adj* (anat. & bot.) connivente
connoisseur [ˌkanɪ'sʌr] *s* conocedor (*especialmente en materia de arte*)
connotation [ˌkano'teʃən] *s* connotación
connotative [kə'notətɪv] o ['kanoˌtetɪv] *adj* connotativo
connote [kə'not] *va* connotar
connubial [kə'njubɪəl] o [kə'nubɪəl] *adj* conyugal, connubial
conoid ['konɔɪd] *adj* conoide; *s* (geom.) conoide
conoidal [ko'nɔɪdəl] *adj* conoidal
conquer ['kaŋkər] *va* vencer; conquistar (*a fuerza de armas*); *vn* vencer
conquerable ['kaŋkərəbəl] *adj* vencible; conquistable
conqueror ['kaŋkərər] *s* vencedor; conquistador; **the Conqueror** el Conquistador (*Guillermo I de Inglaterra, Jaime I de Aragón, Alfonso I de Portugal*)
conquest ['kaŋkwɛst] *s* conquista (*acción; persona o cosa*); **the Conquest** la conquista de Inglaterra por los normandos
conquistador [kan'kwɪstədər] *s* conquistador (*español en las Américas en el siglo XVI*)
Conrad ['kanræd] *s* Conrado
consanguineous [ˌkansæŋ'gwɪnɪəs] *adj* consanguíneo
consanguinity [ˌkansæŋ'gwɪnɪtɪ] *s* consanguinidad
conscience ['kanʃəns] *s* conciencia; **in all conscience** en conciencia; razonablemente; seguramente
conscience clause *s* cláusula de conciencia
conscience money *s* dinero que se paga para descargar la conciencia
conscience-stricken ['kanʃənsˌstrɪkən] *adj* arrepentido, contrito, lleno de remordimientos
conscientious [ˌkanʃɪ'ɛnʃəs] *adj* concienzudo
conscientious objector *s* objetante de conciencia (*el que por escrúpulos de conciencia se niega a prestar servicios militares*)
conscionable ['kanʃənəbəl] *adj* justo, razonable
conscious ['kanʃəs] *adj* consciente; tímido, encogido; intencional, p.ej., **conscious lie** mentira intencional; **to be conscious** tener conocimiento; **to be conscious of** tener conciencia de; **to become conscious** volver en sí; **conscious of** consciente de (*p.ej., sus derechos*); confiado en (*p.ej., sus fuerzas*)
consciousness ['kanʃəsnɪs] *s* conciencia, conocimiento; **to lose consciousness** perder el conocimiento; **to regain consciousness** recobrar el conocimiento
conscript ['kanskrɪpt] *s* conscripto; [kən'skrɪpt] *va* reclutar; tomar para el uso del Estado
conscript fathers *spl* padres conscriptos
conscription [kən'skrɪpʃən] *s* conscripción; imposición de contribuciones, trabajos, etc., para el uso del Estado
consecrate ['kansɪkret] *adj* consagrado; *va* consagrar
consecration [ˌkansɪ'kreʃən] *s* consagración
consecrator ['kansɪˌkretər] *s* consagrante
consecutive [kən'sɛkjətɪv] *adj* consecutivo; consecuente; (gram.) consecutivo
consensual [kən'sɛnʃʊəl] *adj* (law) consensual
consensus [kən'sɛnsəs] *s* consenso
consent [kən'sɛnt] *s* consentimiento; **by common consent** según la opinión unánime; *vn* consentir; **to consent to** consentir en; **to consent to** + *inf* consentir en + *inf*
consequence ['kansɪkwɛns] *s* consecuencia; **in consequence** por consiguiente; **in consequence of** de resultas de; **to take the consequences** aceptar las consecuencias
consequent ['kansɪkwɛnt] *adj* consiguiente; *s* consecuencia; (log. & math.) consecuente
consequential [ˌkansɪ'kwɛnʃəl] *adj* consiguiente; altivo, arrogante; de consecuencia
consequently ['kansɪkwɛntlɪ] *adv* por consiguiente, por lo tanto
conservation [ˌkansər'veʃən] *s* conservación; conservación de los bosques, ríos, etc.; bosque bajo cuidado oficial
conservationist [ˌkansər'veʃənɪst] *s* persona que aboga por la conservación de los bosques, ríos, etc.
conservation of energy *s* (phys.) conservación de la energía
conservation of mass *s* (phys.) conservación de la masa
conservation of matter *s* (phys.) conservación de la materia
conservatism [kən'sʌrvətɪzəm] *s* conservadurismo

C

conservative [kən'sʌrvətɪv] *adj* conservativo (*que conserva*); cauteloso, moderado; (pol.) conservador; *s* preservativo; (pol.) conservador
Conservative Party *s* (Brit.) conservadurismo, partido conservador
conservatoire [kən,sʌrvə'twɑr] *s* conservatorio
conservator ['kɑnsər,vetər] o [kən'sʌrvətər] *s* conservador
conservatory [kən'sʌrvə,torɪ] *adj* conservatorio; *s* (*pl:* **-ries**) conservatorio (*establecimiento dedicado a la enseñanza de la música y las artes*); invernadero
conserve [kən'sʌrv] o ['kɑnsʌrv] *s* conserva, compota; [kən'sʌrv] *va* conservar
consider [kən'sɪdər] *va* considerar
considerable [kən'sɪdərəbəl] *adj* considerable
considerably [kən'sɪdərəblɪ] *adv* considerablemente
considerate [kən'sɪdərɪt] *adj* considerado, cortés, respetuoso
consideration [kən,sɪdə're∫ən] *s* consideración; **in consideration of** en consideración a; en cambio de; **on no consideration** bajo ningún concepto, de ninguna manera; **to take into consideration** tomar en consideración; **under consideration** en consideración; **without due consideration** sin reflexión, inconsideradamente
considered [kən'sɪdərd] *adj* considerado
considering [kən'sɪdərɪŋ] *adv* teniendo en cuenta las circunstancias; **considering that** en vista de que; *prep* en consideración a, en vista de
consign [kən'saɪn] *va* consignar; confiar, encomendar; (com.) consignar
consignee [,kɑnsaɪ'ni] *s* (com.) consignatario
consigner [kən'saɪnər] *s* var. de **consignor**
consignment [kən'saɪnmənt] *s* consignación; (com.) consignación; **on consignment** (com.) a consignación
consignor [kən'saɪnər] *s* (com.) consignador
consist [kən'sɪst] *vn* consistir; **to consist in** consistir en (*residir en, estar incluído en*); **to consist of** consistir en, constar de (*estar compuesto de*); **to consist with** concordar con
consistence [kən'sɪstəns] *s* var. de **consistency**
consistency [kən'sɪstənsɪ] *s* (*pl:* **-cies**) consistencia; consecuencia
consistent [kən'sɪstənt] *adj* consistente; consecuente
consistorial [,kɑnsɪs'torɪəl] *adj* consistorial
consistory [kən'sɪstərɪ] *s* (*pl:* **-ries**) consistorio
consolation [,kɑnsə'le∫ən] *s* consolación, consuelo
consolation match *s* (sport) partido o match de consolación
consolation prize *s* premio de consuelo
consolation race *s* (sport) carrera de consolación
consolatory [kən'sɑlə,torɪ] *adj* consolatorio
console ['kɑnsol] *s* consola, mesa de consola; (arch., mus. & rad.) consola; [kən'sol] *va* consolar
console table ['kɑnsol] *s* consola, mesa de consola
consolidate [kən'sɑlɪdet] *va* consolidar; *vn* consolidarse
consolidation [kən,sɑlɪ'de∫ən] *s* consolidación
consoling [kən'solɪŋ] *adj* consolador
consols ['kɑnsɑlz] o [kən'sɑlz] *spl* consolidados (*de la deuda británica*)
consommé [,kɑnsə'me] *s* consumado, consomé
consonance ['kɑnsənəns] o **consonancy** ['kɑnsənənsɪ] *s* consonancia
consonant ['kɑnsənənt] *adj & s* consonante
consonantal [,kɑnsə'næntəl] *adj* consonántico
consort ['kɑnsɔrt] *s* consorte (*esposo o esposa*); (naut.) buque que acompaña a otro; [kən'sɔrt] *va* asociar; *vn* asociarse; concordar
consortium [kən'sɔr∫ɪəm] *s* (*pl:* **-tia** [∫ɪə]) consorcio
conspectus [kən'spɛktəs] *s* vista general; sumario, resumen
conspicuous [kən'spɪkjuəs] *adj* manifiesto, ostensible; conspicuo (*ilustre, insigne*); llamativo, vistoso; notable
conspiracy [kən'spɪrəsɪ] *s* (*pl:* **-cies**) conspiración
conspirator [kən'spɪrətər] *s* conspirador
conspiratorial [kən,spɪrə'torɪəl] *adj* conspiratorio
conspire [kən'spaɪr] *va* maquinar; *vn* conspirar; **to conspire to** + *inf* conspirar a o para + *inf*
constable ['kɑnstəbəl] o ['kʌnstəbəl] *s* policía, guardia de seguridad; condestable (*antiguo oficial superior de milicia*); guardián de un fuerte o castillo
constabulary [kən'stæbjə,lɛrɪ] *s* (*pl:* **-ies**) policía (*de un distrito*); guardia civil
Constance ['kɑnstənz] *s* Constanza (*nombre propio de mujer*)
constancy ['kɑnstənsɪ] *s* constancia; fidelidad, lealtad
constant ['kɑnstənt] *adj* constante; incesante, continuo; fiel, leal; *s* (math. & phys.) constante
Constantine ['kɑnstəntaɪn] o ['kɑnstəntin] *s* Constantino
Constantinople [,kɑnstæntɪ'nopəl] *s* Constantinopla
constantly ['kɑnstəntlɪ] *adv* constantemente; incesantemente, continuamente; fielmente, lealmente
constellation [,kɑnstə'le∫ən] *s* (astr. & astrol.) constelación; cielo constelado; reunión brillante
consternation [,kɑnstər'ne∫ən] *s* consternación
constipate ['kɑnstɪpet] *va* estreñir
constipated ['kɑnstɪ,petɪd] *adj* estreñido
constipation [,kɑnstɪ'pe∫ən] *s* estreñimiento
constituency [kən'stɪt∫uənsɪ] *s* (*pl:* **-cies**) grupo de votantes; distrito electoral; grupo de comitentes
constituent [kən'stɪt∫uənt] *adj* constitutivo; (pol.) constituyente; *s* constitutivo; (pol.) elector; (law) poderdante, comitente
constituent assembly *s* (pol.) cortes constituyentes
constitute ['kɑnstɪtjut] o ['kɑnstɪtut] *va* constituir
constitution [,kɑnstɪ'tju∫ən] o [,kɑnstɪ'tu∫ən] *s* constitución
constitutional [,kɑnstɪ'tju∫ənəl] o [,kɑnstɪ'tu∫ənəl] *adj* constitucional
constitutionality [,kɑnstɪ,tju∫ən'ælɪtɪ] o [,kɑnstɪ,tu∫ən'ælɪtɪ] *s* constitucionalidad
constitutionally [,kɑnstɪ'tju∫ənəlɪ] o [,kɑnstɪ'tu∫ənəlɪ] *adv* constitucionalmente
constitutional monarchy *s* monarquía constitucional
constitutive ['kɑnstɪ,tjutɪv] o ['kɑnstɪ,tutɪv] *adj* constitutivo; constituidor
constrain [kən'stren] *va* constreñir, obligar; restringir, reprimir; encerrar, detener
constrained [kən'strend] *adj* constreñido; forzado, p.ej., **constrained smile** risa forzada
constraint [kən'strent] *s* constreñimiento; sujeción; encierro; embarazo, encogimiento
constrict [kən'strɪkt] *va* apretar, estrechar, encoger
constriction [kən'strɪk∫ən] *s* constricción; (med.) constricción
constrictive [kən'strɪktɪv] *adj* constrictivo
constrictor [kən'strɪktər] *s* (zool.) culebra constrictora; (anat.) constrictor
constringent [kən'strɪndʒənt] *adj* constringente
construct [kən'strʌkt] *va* construir; (geom. & gram.) construir
construction [kən'strʌk∫ən] *s* construcción; interpretación, explicación, sentido; (gram.) construcción; **under construction** en construcción
constructional [kən'strʌk∫ənəl] *adj* estructural
constructionist [kən'strʌk∫ənɪst] *s* interpretador
constructive [kən'strʌktɪv] *adj* constructor; constructivo; creador; (law) implícito
constructor [kən'strʌktər] *s* constructor
construe [kən'stru] o ['kɑnstru] *va* interpretar, explicar; deducir, inferir; traducir; (gram.) construir, analizar
consubstantial [,kɑnsəb'stæn∫əl] *adj* consubstancial

consubstantiality [ˌkɑnsəbˌstænʃɪˈælɪtɪ] *s* consubstancialidad
consubstantiation [ˌkɑnsəbˌstænʃɪˈeʃən] *s* (theol.) consubstanciación
consuetude [ˈkɑnswɪtjud] o [ˈkɑnswɪtud] *s* costumbre
consuetudinary [ˌkɑnswɪˈtjudɪˌnɛrɪ] o [ˌkɑnswɪˈtudɪˌnɛrɪ] *adj* consuetudinario
consul [ˈkɑnsəl] *s* cónsul
consular [ˈkɑnsələr] o [ˈkɑnsjələr] *adj* consular
consular agent *s* agente consular
consular invoice *s* factura consular
consulate [ˈkɑnsəlɪt] o [ˈkɑnsjəlɪt] *s* consulado
consulate general *s* (*pl:* **consulates general**) consulado general
consul general *s* (*pl:* **consuls general**) cónsul general
consulship [ˈkɑnsəlʃɪp] *s* consulado
consult [kənˈsʌlt] *va & vn* consultar
consultant [kənˈsʌltənt] *s* consultor
consultation [ˌkɑnsəlˈteʃən] *s* consulta, consultación
consultative [kənˈsʌltətɪv] *adj* consultivo
consumable [kənˈsuməbəl] o [kənˈsjuməbəl] *adj* consumible
consume [kənˈsum] o [kənˈsjum] *va* consumir; **consumed with** preocupado con; *vn* consumirse
consumedly [kənˈsumɪdlɪ] o [kənˈsjumɪdlɪ] *adv* muchísimo, demasiado
consumer [kənˈsumər] o [kənˈsjumər] *s* consumidor
consumer credit *s* crédito para comprar a plazos, crédito dado al consumidor
consumer resistence *s* resistencia del consumidor a la venta
consumers' goods *spl* bienes de consumo
consumer spending *s* gastos de consumo
consummate [kənˈsʌmɪt] *adj* consumado; [ˈkɑnsəmet] *va* consumar
consummation [ˌkɑnsəˈmeʃən] *s* consumación
consumption [kənˈsʌmpʃən] *s* consunción, destrucción, extinción; consumo (*p.ej., de comestibles*); (path.) consunción
consumptive [kənˈsʌmptɪv] *adj* consuntivo, consumidor; (path.) tísico; *s* (path.) tísico
cont. abr. de **containing, contents, continent, continental, continue** y **continued**
Cont. abr. de **Continental**
contact [ˈkɑntækt] *s* contacto; (elec.) contacto; (elec.) toma de corriente; **to put in contact with** poner en contacto con; *va* (coll.) ponerse en contacto con; *vn* contactar
contact breaker *s* (elec.) ruptor
contact firing *s* (arti.) fuego de contacto
contact goniometer *s* goniómetro de aplicación
contact lens *s* lente de contacto, lente invisible
contactor [ˈkɑntæktər] *s* (elec.) contactor
contact plane *s* (mil.) aeroplano de contacto
contact rail *s* (elec.) carril conductor
contagion [kənˈtedʒən] *s* contagio
contagious [kənˈtedʒəs] *adj* contagioso
contain [kənˈten] *va* contener; (math.) ser exactamente divisible por; **to contain oneself** contenerse, refrenarse
container [kənˈtenər] *s* continente; envase, vasija, caja
containment [kənˈtenmənt] *s* refrenamiento, contención
contaminate [kənˈtæmɪnet] *va* contaminar
contamination [kənˌtæmɪˈneʃən] *s* contaminación; (philol.) cruce de palabras, contaminación
contd. abr. de **continued**
contemn [kənˈtɛm] *va* desacatar, despreciar
contemplate [ˈkɑntəmplet] *va & vn* contemplar; **to contemplate** + *ger* pensar + *inf*
contemplation [ˌkɑntəmˈpleʃən] *s* contemplación; proyecto, intención
contemplative [ˈkɑntəmˌpletɪv] o [kənˈtɛmplətɪv] *adj* contemplativo
contemporaneous [kənˌtɛmpəˈrenɪəs] *adj* contemporáneo
contemporaneously [kənˌtɛmpəˈrenɪəslɪ] *adv* contemporáneamente
contemporary [kənˈtɛmpəˌrɛrɪ] *adj* contemporáneo, coetáneo; *s* (*pl:* **-ies**) contemporáneo, coetáneo
contempt [kənˈtɛmpt] *s* desacato, desprecio; (law) contumacia
contemptible [kənˈtɛmptɪbəl] *adj* despreciable
contempt of court *s* menosprecio a la justicia, desacato a la autoridad del tribunal
contemptuous [kənˈtɛmptʃuəs] *adj* desdeñoso, despreciativo
contend [kənˈtɛnd] *va* sostener, mantener, defender; *vn* contender
contender [kənˈtɛndər] *s* contendiente, concurrente
content [kənˈtɛnt] *adj* contento; *s* contento; **to one's heart's content** a gusto; [ˈkɑntɛnt] *s* contenido; sustancia; cabida; volumen; **contents** [ˈkɑntɛnts] *spl* contenido; [kənˈtɛnt] *va* contentar
contented [kənˈtɛntɪd] *adj* contento, satisfecho
contentedness [kənˈtɛntɪdnɪs] *s* contentamiento, satisfacción
contention [kənˈtɛnʃən] *s* contención; argumento
contentious [kənˈtɛnʃəs] *adj* contencioso; (law) contencioso
contentment [kənˈtɛntmənt] *s* contento, contentamiento
conterminous [kənˈtʌrmɪnəs] *adj* contérmino; coextensivo
contest [ˈkɑntɛst] *s* competencia, concurso; contienda; [kənˈtɛst] *va* disputar, impugnar; tratar de conseguir; *vn* contender
contestant [kənˈtɛstənt] *s* contendiente
context [ˈkɑntɛkst] *s* contexto
contextual [kənˈtɛkstʃuəl] *adj* del contexto
contexture [kənˈtɛkstʃər] *s* contextura
contiguity [ˌkɑntɪˈgjuɪtɪ] *s* (*pl:* **-ties**) contigüidad; continuo
contiguous [kənˈtɪgjuəs] *adj* contiguo
continence [ˈkɑntɪnəns] *s* continencia
continent [ˈkɑntɪnənt] *adj* continente; *s* continente; **the Continent** la Europa continental
continental [ˌkɑntɪˈnɛntəl] *adj* continental; *s* papel moneda puesto en circulación durante la Revolución norteamericana; **not worth a continental** sin valor; (*cap.*) *s* habitante del continente europeo; soldado del ejército continental norteamericano durante la Revolución
continental divide *s* divisoria continental, parteaguas continental
contingency [kənˈtɪndʒənsɪ] *s* (*pl:* **-cies**) contingencia
contingent [kənˈtɪndʒənt] *adj* contingente; *s* contingente; (mil.) contingente
continual [kənˈtɪnjuəl] *adj* continuo
continually [kənˈtɪnjuəlɪ] *adv* continuamente, continuadamente
continuance [kənˈtɪnjuəns] *s* continuación; (law) aplazamiento
continuation [kənˌtɪnjuˈeʃən] *s* continuación
continuative [kənˈtɪnjuˌetɪv] *adj* (gram.) continuativo; *s* (gram.) continuativa
continuator [kənˈtɪnjuˌetər] *s* continuador
continue [kənˈtɪnju] *va* continuar; mantener, conservar; aplazar; **to be continued** continuará; **to continue** + *ger* o **to continue to** + *inf* continuar + *ger; vn* continuar; continuarse (*extenderse*)
continued fever *s* (path.) fiebre continua
continued fraction *s* (math.) fracción continua
continuer [kənˈtɪnjuər] *s* continuador
continuity [ˌkɑntɪˈnjuɪtɪ] o [ˌkɑntɪˈnuɪtɪ] *s* (*pl:* **-ties**) continuidad; (mov.) escenario; (rad.) comentarios o anuncios que se dan entre las partes de un programa
continuous [kənˈtɪnjuəs] *adj* continuo
continuous current *s* var. de **direct current**
continuous showing *s* (mov.) sesión continua
continuous waves *spl* (rad.) ondas continuas, ondas entretenidas
continuum [kənˈtɪnjuəm] *s* (*pl:* **-a** [ə]) continuo
contort [kənˈtɔrt] *va* retorcer, deformar
contortion [kənˈtɔrʃən] *s* contorsión
contortionist [kənˈtɔrʃənɪst] *s* contorsionista
contour [ˈkɑntur] *s* contorno
contour chair *s* silla de contorno
contour line *s* curva de nivel
contour map *s* plano acotado
contourné [kɑnˈturne] *adj* (her.) contornado

contr. abr. de **contract, contracted** y **contraction**
contraband ['kantrəbænd] *s* contrabando; *adj* de contrabando, contrabandista
contrabandist ['kantrə,bændɪst] *s* contrabandista
contraband of war *s* contrabando de guerra
contrabass ['kantrə,bes] *s* (mus.) contrabajo; *adj* (mus.) de contrabajo
contraception [,kantrə'sɛpʃən] *s* contracepción
contraceptive [,kantrə'sɛptɪv] *adj & s* contraceptivo
contract ['kantrækt] *s* contrato; contrato de matrimonio; bridge contrato; [kən'trækt] *adj* (gram.) contracto; *va* contraer; (gram.) contraer; *vn* contraerse; ['kantrækt] o [kən'trækt] *va* contraer (*p.ej., matrimonio*); *vn* comprometerse por contrato; **to contract for** contratar; **to contract to** + *inf* comprometerse por contrato a + *inf*
contract bridge ['kantrækt] *s* bridge contrato, bridge contratado
contracted [kən'træktɪd] *adj* contraído; prometido; escaso, retardado, torpe; pobre de ánimo; nada liberal
contractible [kən'træktɪbəl] *adj* contractable, contráctil
contractile [kən'træktɪl] *adj* contráctil; contractivo
contractility [,kantræk'tɪlɪtɪ] *s* contractilidad
contraction [kən'trækʃən] *s* contracción
contractive [kən'træktɪv] *adj* contractivo; contráctil
contractor ['kantræktər] o [kən'træktər] *s* contratista, contratante; empresario
contractual [kən'træktʃuəl] *adj* contractual
contracture [kən'træktʃər] *s* (arch. & path.) contractura
contradance ['kantrə,dæns] o ['kantrə,dans] *s* contradanza
contradict [,kantrə'dɪkt] *va* contradecir
contradiction [,kantrə'dɪkʃən] *s* contradicción
contradictory [,kantrə'dɪktərɪ] *adj* contradictorio; contradictor; *s* (*pl:* **-ries**) (log.) contradictoria
contradistinction [,kantrədɪs'tɪŋkʃən] *s* distinción por oposición o contraste; **in contradistinction to** a diferencia de, en contraste con
contrail ['kan,trel] *s* (aer.) estela de vapor, rastro de condensación
contraindicant [,kantrə'ɪndɪkənt] *s* (med.) contraindicante
contraindicate [,kantrə'ɪndɪket] *va* (med.) contraindicar
contraindication [,kantrə,ɪndɪ'keʃən] *s* (med.) contraindicación
contralateral [,kantrə'lætərəl] *adj* contralateral
contralto [kən'trælto] *s* (*pl:* **-tos**) (mus.) contralto (*voz y persona*); *adj* (mus.) de contralto, para contralto
contraposition [,kantrəpə'zɪʃən] *s* contraposición
contraption [kən'træpʃən] *s* (coll.) artificio, invención, dispositivo
contrapuntal [,kantrə'pʌntəl] *adj* (mus.) contrapuntístico
contrapuntist [,kantrə'pʌntɪst] *s* contrapuntista
contrariety [,kantrə'raɪətɪ] *s* (*pl:* **-ties**) contrariedad
contrariwise ['kantrerɪ,waɪz] *adv* en contrario; al contrario; ['kantrerɪ,waɪz] o [kən'trerɪ,waɪz] *adv* obstinadamente, tercamente
contrary ['kantrerɪ] *adj* contrario; ['kantrerɪ] o [kən'trerɪ] *adj* obstinado, terco; ['kantrerɪ] *adv* contrariamente, en contrario; *s* (*pl:* **-ries**) contraria (*cosa opuesta a otra*); contrario (*contradicción*); **on the contrary** al contrario; **to the contrary** en contrario
contrary to fact sentence *s* (gram.) oración condicional de negación implícita
contrast ['kantræst] *s* contraste; [kən'træst] *va* hacer contrastar, poner en contraste; *vn* contrastar

contravallation [,kantrəvə'leʃən] *s* (fort.) contravalación
contravene [,kantrə'vin] *va* contravenir a (*p.ej., una ley*); contradecir, oponerse a
contravention [,kantrə'vɛnʃən] *s* contravención; contradicción, oposición
contrayerva [,kantrə'jʌrvə] *s* (bot.) contrahierba
contredanse [kõtrə'dãs] *s* var. de **contradance**
contretemps [kõtrə'tã] *s* contratiempo; (mus.) contratiempo
contribute [kən'trɪbjut] *va & vn* contribuir; **to contribute to** + *ger* contribuir a + *inf*
contribution [,kantrɪ'bjuʃən] *s* contribución; colaboración (*a una revista, coloquio, etc.*)
contributive [kən'trɪbjutɪv] *adj* contribuidor
contributor [kən'trɪbjutər] *s* contribuidor, contribuyente
contributory [kən'trɪbju,torɪ] *adj* contribuidor
contrite ['kantraɪt] *adj* contrito
contrition [kən'trɪʃən] *s* contrición
contrivance [kən'traɪvəns] *s* invención; artefacto; inventiva; plan, designio
contrive [kən'traɪv] *va* inventar; gestionar, procurar; efectuar; maquinar; *vn* maquinar; **to contrive to** + *inf* ingeniarse a + *inf*
control [kən'trol] *s* gobierno, mando, dominio; dirección; derecho para intervenir; control, contrarregistro, norma de comprobación; testigo (*en un experimento de laboratorio*); (mach.) regulador; (spiritualism) comunicante; **controls** *spl* mandos; **to get under control** conseguir dominar (*p.ej., un incendio*); (*pret & pp:* **-trolled**; *ger:* **-trolling**) *va* gobernar, mandar, dominar; regular; controlar, comprobar; **to control oneself** dominarse, poseerse
control car *s* (aer.) barquilla de gobierno (*de un dirigible*)
control center *s* centro de control
control experiment *s* control
controllable [kən'troləbəl] *adj* gobernable, manejable, controlable
controller [kən'trolər] *s* interventor, contralor; director; (elec.) combinador; (mach.) regulador
controllership [kən'trolərʃɪp] *s* oficio de interventor; dirección
controlling interest *s* (com.) interés predominante, mayoría
control panel *s* (aer.) tablero de instrumentos
control room *s* (rad. & telv.) sala de control, sala de mando
control stick *s* (aer.) mango de escoba, palanca de mando
control tower *s* (aer.) torre de mando
controversial [,kantrə'vʌrʃəl] *adj* controvertible, disputable; contencioso
controversialist [,kantrə'vʌrʃəlɪst] *s* controversista
controversy ['kantrə,vʌrsɪ] *s* (*pl:* **-sies**) controversia
controvert ['kantrəvʌrt] o [,kantrə'vʌrt] *va* controvertir; contradecir; *vn* controvertir
controvertible [,kantrə'vʌrtɪbəl] *adj* controvertible
contumacious [,kantju'meʃəs] o [,kantu'meʃəs] *adj* contumaz
contumacy ['kantjuməsɪ] o ['kantuməsɪ] *s* (*pl:* **-cies**) contumacia
contumelious [,kantju'milɪəs] o [,kantu'milɪəs] *adj* contumelioso
contumely ['kantjumɪlɪ] o ['kantumɪlɪ] *s* (*pl:* **-lies**) contumelia
contuse [kən'tjuz] o [kən'tuz] *va* contundir, contusionar
contusion [kən'tjuʒən] o [kən'tuʒən] *s* contusión
conundrum [kə'nʌndrəm] *s* acertijo, adivinanza; problema complicado
convalesce [,kanvə'lɛs] *vn* convalecer
convalescence [,kanvə'lɛsəns] *s* convalecencia
convalescent [,kanvə'lɛsənt] *adj* convaleciente; de convalecencia; *s* convaleciente
convalescent home *s* clínica de reposo
convection [kən'vɛkʃən] *s* transporte; (phys.) convección
convection current *s* (elec.) corriente de convección

convene [kən'vin] *va* convocar; *vn* convenir, juntarse, reunirse
convenience [kən'vinjəns] *s* comodidad; proximidad; **at one's convenience** cuando le sea cómodo a uno; **at your earliest convenience** a su más pronta conveniencia
conveniency [kən'vinjənsɪ] *s* (*pl:* **-cies**) var. de **convenience**
convenient [kən'vinjənt] *adj* cómodo; alcanzadizo; **convenient to** (coll.) vecino a
convent ['kɑnvɛnt] *s* convento (*de religiosas*)
conventicle [kən'vɛntɪkəl] *s* conventículo
convention [kən'vɛnʃən] *s* convención; asamblea, congreso
conventional [kən'vɛnʃənəl] *adj* convencional, de convención; formalista
conventionalism [kən'vɛnʃənəlɪzəm] *s* convencionalismo; formalismo
conventionality [kən,vɛnʃə'nælɪtɪ] *s* convencionalidad; formalismo
conventionalize [kən'vɛnʃənəlaɪz] *va* estilizar
conventual [kən'vɛntʃuəl] *adj* conventual; *s* conventual (*religioso*); religiosa que vive en convento
converge [kən'vʌrdʒ] *va* hacer convergir; *vn* convergir
convergence [kən'vʌrdʒəns] o **convergency** [kən'vʌrdʒənsɪ] *s* convergencia
convergent [kən'vʌrdʒənt] *adj* convergente
conversable [kən'vʌrsəbəl] *adj* conversable; propio a la conversación
conversant ['kɑnvərsənt] o [kən'vʌrsənt] *adj* versado; **conversant with** versado en, al corriente de
conversation [,kɑnvər'seʃən] *s* conversación
conversational [,kɑnvər'seʃənəl] *adj* conversacional; amigo de la conversación
conversationalist [,kɑnvər'seʃənəlɪst] *s* conversador
conversationally [,kɑnvər'seʃənəlɪ] *adv* de manera propia a la conversación; en conversación
conversation piece *s* (paint.) cuadro de un grupo de personas de la alta sociedad; mueble de interés especial
converse ['kɑnvʌrs] *adj* contrario; inverso; *s* contraria; (log.) inversa; conversación; [kən'vʌrs] *vn* conversar
conversely ['kɑnvʌrslɪ] o [kən'vʌrslɪ] *adv* a la inversa, contrariamente
conversion [kən'vʌrʒən] o [kən'vʌrʃən] *s* conversión; apropiación ilícita para uso propio; (mil.) conversión (*mutación de frente*)
conversion table *s* tabla de conversión
conversive [kən'vʌrsɪv] *adj* conversivo
convert ['kɑnvʌrt] *s* converso, convertido; [kən'vʌrt] *va* convertir; apropiar ilícitamente para uso propio; *vn* convertirse
converted [kən'vʌrtɪd] *adj* converso
converter [kən'vʌrtər] *s* (elec.) convertidor, conmutatriz; (metal.) convertidor; (rad.) conversor; (com.) comerciante que termina la preparación de telas para la venta
convertibility [kən,vʌrtɪ'bɪlɪtɪ] *s* convertibilidad
convertible [kən'vʌrtɪbəl] *adj* convertible; (aut.) descapotable, transformable; *s* (aut.) descapotable, transformable
convertiplane [kən'vʌrtɪplen] *s* avión convertible, convertiplano
convex ['kɑnvɛks] o [kɑn'vɛks] *adj* convexo
convexity [kɑn'vɛksɪtɪ] *s* (*pl:* **-ties**) convexidad
convey [kən've] *va* conducir, transportar; transmitir (*p.ej., una corriente eléctrica*); expresar; participar; transferir, traspasar (*p.ej., bienes de una persona a otra*)
conveyance [kən'veəns] *s* conducción, transporte; transmisión; participación, comunicación; vehículo; traspaso de dominio; escritura de traspaso
conveyancer [kən'veənsər] *s* escribano que prepara escrituras de traspaso
conveyancing [kən'veənsɪŋ] *s* preparación de escrituras de traspaso
conveyer o **conveyor** [kən'veər] *s* conductor, portador; transportador
conveyor belt *s* correa transportadora
conveyor chain *s* cadena para transportador
convict ['kɑnvɪkt] *s* convicto; presidiario; [kən'vɪkt] *va* probar la culpabilidad de; declarar convicto a (*un acusado*); convencer de alguna culpa
conviction [kən'vɪkʃən] *s* convicción; (law) condena judicial
convince [kən'vɪns] *va* convencer
convincible [kən'vɪnsɪbəl] *adj* convencible
convincing [kən'vɪnsɪŋ] *adj* convencedor; convincente (*razón, argumento*)
convivial [kən'vɪvɪəl] *adj* jovial, festivo
conviviality [kən,vɪvɪ'ælɪtɪ] *s* (*pl:* **-ties**) jovialidad
convocation [,kɑnvo'keʃən] *s* convocación; asamblea
convoke [kɑn'vok] *va* convocar
convolute ['kɑnvəlut] *adj* enrollado; (bot.) convolutado
convolution [,kɑnvə'luʃən] *s* circunvolución, convolución; (anat.) circunvolución
convolution of Broca ['brokə] *s* (anat.) circunvolución de Broca
convolvulaceous [kən,vɑlvjə'leʃəs] *adj* (bot.) convolvuláceo
convolvulus [kən'vɑlvjələs] *s* (*pl:* **-luses** o **-li** [laɪ]) (bot.) convólvulo
convoy ['kɑnvɔɪ] *s* convoy; [kɑn'vɔɪ] *va* convoyar
convulse [kən'vʌls] *va* agitar; crispar, convulsionar; mover a risas convulsivas; *vn* agitarse; crisparse
convulsion [kən'vʌlʃən] *s* convulsión; ataque o paroxismo de risa; (path.) convulsión
convulsive [kən'vʌlsɪv] *adj* convulsivo; convulso
cony ['konɪ] *s* (*pl:* **-nies**) conejuna, pelo de conejo; (zool.) damán; (zool.) ochotona; (archaic) conejo
coo [ku] *s* arrullo; *va & vn* arrullar
cooee o **cooey** ['kuɪ] *s* grito largo y agudo
cook [kʊk] *s* cocinero; *va* cocer, cocinar; (coll.) ajar; (slang) arruinar, echar a perder; **to cook up** preparar; (coll.) falsear, falsificar; (coll.) tramar, maquinar; *vn* cocer; cocinar (*ocuparse en cosas de cocina*)
cookbook ['kʊk,bʊk] *s* libro de cocina
cooker ['kʊkər] *s* hervidor; (Brit.) cocina económica
cookery ['kʊkərɪ] *s* (*pl:* **-ies**) cocina (*arte o empleo; lugar*)
cookhouse ['kʊk,haʊs] *s* cocina; cocina móvil de campaña; (naut.) fogón
cookie ['kʊkɪ] *s* var. de **cooky**
cooking ['kʊkɪŋ] *s* cocina, arte culinaria
cooking soda *s* (coll.) bicarbonato sódico
cookshop ['kʊk,ʃɑp] *s* casa de comidas, pequeño restaurante
cookstove ['kʊk,stov] *s* cocina, cocina económica
cooky ['kʊkɪ] *s* (*pl:* **-ies**) pastelito dulce, pasta seca
cool [kul] *adj* fresco; sereno, tranquilo; indiferente; de color azul, gris o verde; (coll.) sin calificación, sin exageración; *va* refrescar; atemplar, moderar; **to cool one's heels** (coll.) hacer antesala, estar esperando mucho tiempo; *vn* refrescarse; atemplarse, moderarse; **to cool off** refrescarse; serenarse, tranquilizarse
coolant ['kulənt] *s* líquido refrigerador
cooler ['kulər] *s* refrigerador; heladera; refrigerante; (slang) cárcel
cool-headed ['kul'hɛdɪd] *adj* sereno, tranquilo; juicioso, sensato
coolie ['kulɪ] *s* culí
cooling ['kulɪŋ] *s* enfriamiento; *adj* refrescante; refrigerante
cooling coil *s* serpentín enfriador
cooling jacket *s* camisa refrigerante
cooling time *s* (law) tiempo durante el cual se apaciguan las pasiones de los litigantes
coolish ['kulɪʃ] *adj* fresquito, algo fresco
coolly ['kulɪ] o ['kullɪ] *adv* frescamente; serenamente, tranquilamente; indiferentemente; con descaro
coolness ['kulnɪs] *s* frescura; tranquilidad; indiferencia
cooly ['kulɪ] *s* (*pl:* **-lies**) var. de **coolie**
coomb [kum] o [kom] *s* var. de **combe**
coon [kun] *s* (zool.) mapache, oso lavador; piel de mapache; (U.S.A.) miembro del partido re-

publicano en la época de la Revolución; (coll.) marrullero; (offensive) negro
coon's age *s* (coll.) mucho tiempo
coop [kup] *s* gallinero; jaula o redil para conejos u otros animales pequeños; (slang) caponera (*cárcel*); *va* encerrar en un gallinero; enjaular, emparedar
coöp. abr. de **coöperative**
coöp [koˈap] o [ˈkoap] *s* tienda cooperativa
cooper [ˈkupər] o [ˈkʊpər] *s* barrilero, tonelero; *va* fabricar o concertar (*barriles, toneles, etc.*); **to cooper out** o **up** acabar, elaborar; *vn* ser barrilero, ser tonelero
cooperage [ˈkupərɪdʒ] o [ˈkʊpərɪdʒ] *s* barrilería, tonelería; precio pagado por la fabricación de barriles, toneles, etc.
coöperate [koˈapəret] *vn* cooperar; **to coöperate in** + *ger* cooperar a + *inf*
coöperation [koˌapəˈreʃən] *s* cooperación
coöperative [koˈapəˌretɪv] *adj* cooperativo; *s* cooperativa, sociedad cooperativa
coöperative store *s* tienda cooperativa
coöperator [koˈapəˌretər] *s* cooperador, cooperario; socio de una cooperativa
cooper's adz *s* doladera de tonelero
coöpt [koˈapt] *va* cooptar
coöptation [ˌkoapˈteʃən] *s* cooptación
coördinate [koˈɔrdɪnɪt] *adj* coordinado; de igual importancia; (math.) coordenado; (gram.) coordinante; *s* igual, semejante; (math.) coordenado; [koˈɔrdɪnet] *va & vn* coordinar
coördinate geometry *s* geometría analítica
coördinating conjunction *s* (gram.) conjunción coordinante
coördination [koˌɔrdɪˈneʃən] *s* coordinación
coördinative [koˈɔrdɪˌnetɪv] *adj* coordinativo
coördinator [koˈɔrdɪˌnetər] *s* coordinador
coot [kut] *s* (orn.) fúlica; (orn.) fúlica negra; foja; (orn.) negreta; (coll.) bobalicón
cootie [ˈkutɪ] *s* (slang) piojo
cop [kap] *s* rollo de hilos ahusado; tubo de enrollar hilos de seda u otros; (slang) polizonte; (*pret & pp:* **copped**; *ger:* **copping**) *va* (slang) coger, prender; (slang) hurtar, robar
copaiba [koˈpebə] o [koˈpaɪbə] *s* (pharm.) copaiba
copaiba balsam *s* (pharm.) bálsamo de copaiba
copal [ˈkopəl] *s* copal
copartner [koˈpartnər] *s* consocio, copartícipe
copartnership [koˈpartnərʃɪp] *s* asociación, coparticipación
cope [kop] *s* (eccl.) capa pluvial; (mas.) albardilla; *va* vestir con capa pluvial; poner albardilla a, rematar con albardilla; *vn* hacer frente; **to cope with** hacer frente a, enfrentarse con
copeck [ˈkopɛk] *s* var. de **kopeck**
Copenhagen [ˌkopənˈhegən] *s* Copenhague
copepod [ˈkopɪpad] *adj & s* (zool.) copépodo
Copernican [koˈpʌrnɪkən] *adj & s* copernicano
Copernican system *s* (astr.) sistema de Copérnico
Copernicus [koˈpʌrnɪkəs] *s* Copérnico
copestone [ˈkopˌston] *s* piedra de albardilla; (fig.) coronamiento
copier [ˈkapɪər] *s* copiador, imitador; copiante, copista
copilot [ˈkoˌpaɪlət] *s* (aer.) copiloto
coping [ˈkopɪŋ] *s* (mas.) albardilla
coping saw *s* serrucho de calar, sierra caladora
copious [ˈkopɪəs] *adj* copioso
copper [ˈkapər] *s* cobre; calderilla, vellón (*moneda de cobre*); caldero (*vasija*); (slang) polizonte; *adj* cobreño; cobrizo (*en el color*); *va* cubrir o revestir con cobre
copperas [ˈkapərəs] *s* (chem.) caparrosa verde
copper glance *s* (mineral.) calcosina
copperhead [ˈkapərˌhɛd] *s* (zool.) víbora de cabeza de cobre; (*cap.*) *s* (U.S.A.) habitante de los Estados del Norte que simpatizaba con los Estados confederados del Sur
copperplate [ˈkapərˌplet] *s* plancha de cobre (*que sirve para grabar*); grabado en lámina de cobre; grabadura en cobre; *va* grabar en cobre
copper pyrites *s* (mineral.) pirita de cobre
coppersmith [ˈkapərˌsmɪθ] *s* cobrero
copper sulfate *s* (chem.) sulfato de cobre
coppery [ˈkapərɪ] *adj* encobrado, cobreño; cobrizo (*en el color*)
coppice [ˈkapɪs] *s* var. de **copse**
copra [ˈkaprə] *s* copra
coproduction [ˌkoproˈdʌkʃən] *s* coproducción
coprolite [ˈkaprəlaɪt] *s* (pal.) coprolito
copse [kaps] *s* soto, matorral, monte bajo
Copt [kapt] *s* copto
Coptic [ˈkaptɪk] *adj* copto, cóptico; *s* copto (*idioma*)
Coptic Church *s* Iglesia copta
copula [ˈkapjələ] *s* cópula; (anat., gram., law, log. & med.) cópula
copulate [ˈkapjəlet] *vn* copularse
copulation [ˌkapjəˈleʃən] *s* copulación
copulative [ˈkapjəˌletɪv] *adj* copulativo; *s* (gram.) palabra copulativa
copy [ˈkapɪ] *s* (*pl:* **-ies**) copia; modelo; ejemplar (*p.ej., de un libro*); número (*p.ej., de un periódico*); (print.) original, manuscrito, material; (*pret & pp:* **-ied**) *va* copiar; *vn* copiar; **to copy after** contrahacer
copybook [ˈkapɪˌbʊk] *s* cuaderno de escritura; (com.) libro copiador; *adj* común, ordinario
copyhold [ˈkapɪˌhold] *s* (English law) posesión en virtud de una copia del rollo del tribunal señorial; tierras poseídas en virtud de una copia del rollo señorial
copyholder [ˈkapɪˌholdər] *s* lector de pruebas (*el que lee en alta voz al corrector*); atendedor (*el que sigue la lectura que hace el corrector*); portacopia, sujetacuartillas (*dispositivo en que se coloca el manuscrito que se va a copiar*); (English law) poseedor en virtud de una copia del rollo señorial
copying ink *s* tinta de copiar
copyist [ˈkapɪɪst] *s* copiante, copista; copiador, imitador
copyreader [ˈkapɪˌridər] *s* revisor de manuscritos
copyright [ˈkapɪˌraɪt] *s* (derecho de) propiedad literaria; *va* proteger solicitando la propiedad literaria; inscribir en el registro de la propiedad literaria
copy writer *s* escritor de anuncios
copy writing *s* preparación de material publicitario
coquet [koˈkɛt] (*pret & pp:* **-quetted**; *ger:* **-quetting**) *vn* coquetear; bromear, burlarse
coquetry [ˈkokətrɪ] o [koˈkɛtrɪ] *s* (*pl:* **-ries**) coquetería; broma, burla
coquette [koˈkɛt] *s* coqueta
coquettish [koˈkɛtɪʃ] *adj* coqueta; coquetón
coquina [koˈkinə] *s* coquina
cor. abr. de **corner, coroner, corrected, correction** y **corresponding**
Cor. abr. de **Corinthians** y **Coroner**
coracle [ˈkarəkəl] o [ˈkɔrəkəl] *s* (Brit.) barquilla casi redonda y en forma de canasta
coracoid [ˈkarəkɔɪd] o [ˈkɔrəkɔɪd] *adj & s* (anat.) coracoides
coracoid process *s* (anat.) apófisis coracoides
coral [ˈkarəl] o [ˈkɔrəl] *adj* coralino; *s* (zool.) coral (*pólipo, secreción calcárea, color, etc.*)
coralline [ˈkarəlɪn] o [ˈkarəlaɪn] *adj* coralino; *s* (bot. & zool.) coralina
coral reef *s* arrecife de coral
Coral Sea *s* mar del Coral
coral snake *s* (zool.) coral, coralillo
corbel [ˈkɔrbəl] *s* (arch.) ménsula, repisa; sostén; (*pret & pp:* **-beled** o **-belled**; *ger:* **-beling** o **-belling**) *va* proveer de ménsula o repisa; sostener por medio de una ménsula o repisa
corbie [ˈkɔrbɪ] *s* (Scotch) cuervo
corbie gable *s* (arch.) aguilón escalonado
corbiestep [ˈkɔrbɪˌstɛp] *s* (arch.) escalón de aguilón escalonado
cord [kɔrd] *s* cuerda; (anat. & elec.) cordón; corduroy; **cords** *spl* pantalones de corduroy; *va* acordonar; poner (*leña*) en cuerdas
cordage [ˈkɔrdɪdʒ] *s* cordaje, cordería; leña medida por cuerdas
cordate [ˈkɔrdet] *adj* cordiforme, cordato
corded [ˈkɔrdɪd] *adj* con cordoncillos; encordelado; hecho de cuerdas, provisto de cuerdas; puesto en cuerdas (*aplícase a la leña*)
cordial [ˈkɔrdʒəl] o [ˈkɔrdjəl] *adj* cordial; *s* cordial (*bebida confortante*); licor, licor tónico
cordiality [kɔrˈdʒælɪtɪ] o [ˌkɔrdɪˈælɪtɪ] *s* (*pl:* **-ties**) cordialidad
Cordilleran [ˌkɔrdɪlˈjɛrən] o [kɔrˈdɪlərən] *adj* cordillerano

cordite [ˈkɔrdaɪt] *s* cordita
cordon [ˈkɔrdən] *s* cordón (*cinta o cuerda ornamental*); (arch., fort., her., hort. & mil.) cordón
Cordova [ˈkɔrdovə] o [kɔrˈdovə] *s* Córdoba
Cordovan [ˈkɔrdovən] o [kɔrˈdovən] *adj & s* cordobés; (*l.c.*) *adj* de cordobán; *s* cordobán (*piel*)
cord tire *s* (aut.) neumático de cordones o de cuerdas
corduroy [ˈkɔrdərɔɪ] *s* pana, corduroy; **corduroys** *spl* pantalones de pana; traje o vestido de pana; *adj* de pana, de corduroy
corduroy road *s* camino de troncos
cordwainer [ˈkɔrdwenər] *s* (archaic) cordobanero; (obs.) zapatero
cordwood [ˈkɔrd,wʊd] *s* leña apilada en cuerdas; leña que se vende en cuerdas; leña cortada en trozos de a 4 pies
core [kor] *s* corazón (*p.ej., de ciertas frutas*); quid (*de un problema*); alma, devanador (*del ovillo*); foco (*de un absceso*); (elec.) alma (*de un cable conductor*); (elec.) núcleo (*de un electroimán*); (found.) ánima (*de un molde*); *va* quitar el corazón de (*p.ej., una manzana*)
Corea [koˈriə] *s* Corea
Corean [koˈriən] *adj & s* coreano
coreligionist [,korɪˈlɪdʒənɪst] *s* correligionario
coreopsis [,korɪˈɑpsɪs] *s* (bot.) coreópsida
corespondent [,korɪsˈpɑndənt] *s* (law) acusado como cómplice del demandado en un pleito de divorcio
coriaceous [,korɪˈeʃəs] *adj* coriáceo
coriander [,korɪˈændər] *s* (bot.) cilantro o culantro
Corinth [ˈkɑrɪnθ] o [ˈkɔrɪnθ] *s* Corinto
Corinthian [kəˈrɪnθɪən] *adj* corintio; *s* corintio; **Corinthians** *spl* (Bib.) Epístola de San Pablo a los corintios
Coriolanus [,kɑrɪəˈlenəs] o [,kɔrɪəˈlenəs] *s* Coriolano
corium [ˈkorɪəm] *s* (*pl:* **-a** [ə]) (anat. & zool.) corión
cork [kɔrk] *s* corcho; corcho, tapón de corcho; tapón (*de cualquier materia*); (angling) corcho (*flotador*); *adj* corchoso (*parecido al corcho*); corchero (*perteneciente al corcho*); corchotaponero (*perteneciente a la fabricación de los tapones de corcho*); *va* tapar con corcho; encerrar; restringir; pintar con corcho quemado
corking [ˈkɔrkɪŋ] *adj* (slang) excelente, extraordinario
cork jacket *s* salvavidas de corcho
cork oak *s* (bot.) alcornoque
corkscrew [ˈkɔrk,skru] *s* sacacorchos, tirabuzón, descorchador; *adj* espiral, en forma de sacacorchos; *vn* zigzaguear; (aer.) volar en espiral
corkscrew flower *s* (bot.) caracol real
cork tree *s* var. de **cork oak**
corkwood [ˈkɔrk,wʊd] *s* (bot.) balsa o balso; (bot.) anona; (bot.) majagua (*Pariti tiliaceum*); madera de estos árboles
corky [ˈkɔrkɪ] *adj* (*comp:* **-ier;** *super:* **-iest**) corchoso; (coll.) alegre, vivaz; que sabe a corcho (*dícese del vino*)
corm [kɔrm] *s* (bot.) cormo
cormophyte [ˈkɔrməfaɪt] *s* (bot.) cormofita
cormorant [ˈkɔrmərənt] *s* (orn.) cormorán, corvejón, cuervo marino, mergo; (fig.) avaro, avariento; *adj* avaro, avariento
corn [kɔrn] *s* (U.S.A.) maíz; (England) trigo; (Scotland) avena; grano (*de maíz, trigo, etc.*); callo, clavo (*dureza de la piel*); (coll.) aguardiente de maíz; (slang) trivialidad; (slang) broma cansada o gastada; *va* acecinar, curar, salar
cornaceous [kɔrˈneʃəs] *adj* (bot.) cornáceo
Corn Belt *s* (U.S.A.) zona del maíz
corn borer *s* (ent.) mariposa del maíz
corn bread *s* pan de maíz
corncake [ˈkɔrn,kek] *s* tortilla de maíz
corncob [ˈkɔrn,kɑb] *s* mazorca de maíz, carozo; pipa de fumar hecha de una mazorca de maíz
corn cockle *s* (bot.) neguilla, neguillón
corn crake *s* (orn.) guión de las codornices, rey de codornices
corncrib [ˈkɔrn,krɪb] *s* granero para maíz
corn cure *s* callicida
corn cutter *s* (U.S.A.) máquina para cortar el maíz
corncutter [ˈkɔrn,kʌtər] *s* callista, cortacallos
cornea [ˈkɔrnɪə] *s* (anat.) córnea
corneal [ˈkɔrnɪəl] *adj* corneal
corned [kɔrnd] *adj* acecinado
cornel [ˈkɔrnel] *s* (bot.) cornejo; (bot.) sanguiñuelo o sanapudio blanco
Cornelia [kɔrˈniljə] *s* Cornelia
cornelian [kɔrˈniljən] *s* (mineral.) cornalina
cornelian cherry *s* (bot.) cornejo macho
Cornelius [kɔrˈniljəs] *s* Cornelio
corneous [ˈkɔrnɪəs] *adj* córneo
corner [ˈkɔrnər] *s* ángulo; esquina (*especialmente donde se encuentran dos calles*); rincón (*ángulo interior formado por dos o tres superficies que se encuentran; lugar retirado; parte, región*); comisura (*de los labios, los párpados, etc.*); apuro, aprieto, situación difícil; (com.) acaparamiento, monopolio; **around the corner** a la vuelta de la esquina; **out of the corner of one's eye** con el rabillo del ojo; **to cut corners** atajar; economizar acortando gastos, esfuerzos, tiempo, etc.; **to get someone in a corner** arrinconarle a uno; poner a uno en situación difícil; **to turn the corner** pasar el punto más peligroso; *adj* de esquina, p.ej., **corner room** habitación de esquina; *va* arrinconar; (com.) acaparar, monopolizar
corner bead *s* guardavivo
corner block *s* (carp.) coda
corner chair *s* silla de rincón
corner cupboard *s* rinconera (*armario*)
cornerstone [ˈkɔrnər,ston] *s* piedra angular; primera piedra (*de un nuevo edificio*); (fig.) piedra angular; **to lay the cornerstone** poner la primera piedra
cornerways [ˈkɔrnər,wez] o **cornerwise** [ˈkɔrnər,waɪz] *adv* diagonalmente
cornet [kɔrˈnɛt] *s* (mus.) corneta, cornetín; [ˈkɔrnet] o [kɔrˈnɛt] *s* cucurucho (*papel arrollado en forma de cono*); toca (*de las hermanas de la caridad*); (Brit.) corneta (*oficial de caballería que llevaba el estandarte*); (Brit.) helado de barquillo, cucurucho
cornetist o **cornettist** [kɔrˈnɛtɪst] *s* (mus.) corneta, cornetín
corn exchange *s* bolsa de granos
cornfield [ˈkɔrn,fild] *s* (U.S.A.) maizal; (England) trigal; (Scotland) avenal
corn flour *s* harina de maíz
cornflower [ˈkɔrn,flaʊər] *s* (bot.) cabezuela, aciano; (bot.) neguillón; (Brit.) almidón de maíz
corn gromwell *s* (bot.) mijo de sol agreste
cornhusk [ˈkɔrn,hʌsk] *s* perfolla
cornice [ˈkɔrnɪs] *s* sobrepuerta; cornisa (*crestería de nieve*); (arch.) cornisa
Cornish [ˈkɔrnɪʃ] *adj* córnico; *s* córnico (*idioma*)
Cornishman [ˈkɔrnɪʃmən] *s* (*pl:* **-men**) habitante de Cornualles
Corn Laws *spl* (Brit.) leyes que prohibían o limitaban la importación del trigo
corn liquor *s* chicha
corn meal *s* harina de maíz
corn on the cob *s* maíz en la mazorca
corn pith *s* meollo del tallo del maíz
corn plaster *s* emplasto para los callos
corn pone *s* pan de maíz
corn popper *s* tostador de maíz
corn poppy *s* (bot.) amapola
corn rose *s* (bot.) amapola; (bot.) neguillón
corn salad *s* (bot.) valerianilla
corn shock *s* hacina de tallos de maíz
corn silk *s* cabellos, barbas del maíz
cornstalk [ˈkɔrn,stɔk] *s* tallo de maíz
cornstarch [ˈkɔrn,stɑrtʃ] *s* almidón de maíz
corn sugar *s* azúcar hecho de almidón de maíz
corn syrup *s* jarabe hecho de maíz
cornu [ˈkɔrnjʊ] *s* (*pl:* **-nua** [njʊə]) (anat.) cuerno
cornu ammonis [əˈmonɪs] *s* (anat. & pal.) cuerno de Amón
cornucopia [,kɔrnəˈkopɪə] *s* cornucopia
Cornwall [ˈkɔrnwɔl] o [ˈkɔrnwəl] *s* Cornualles
corn worm *s* (ent.) gusano del maíz
corny [ˈkɔrnɪ] *adj* (*comp:* **-ier;** *super:* **-iest**)

de maíz; de trigo; calloso; (dial.) que sabe a malta; (coll.) falto de espontaneidad, muy sentimental (*dícese de la música*); (slang) muy malo, muy pesado; (slang) gastado, trillado, trivial
corolla [kəˈrɑlə] *s* (bot.) corola
corollary [ˈkɑrəˌlɛrɪ] o [ˈkɔrəˌlɛrɪ] *s* (*pl:* **-ies**) corolario; deducción; consecuencia natural
corona [kəˈronə] *s* (*pl:* **-nas** o **-nae** [ni]) corona; (astr., elec. & meteor.) corona
Corona Australis [ɔˈstrelɪs] *s* (astr.) Corona austral
Corona Borealis [ˌborɪˈælɪs] o [ˌborɪˈelɪs] *s* (astr.) Corona boreal
coronach [ˈkɑrənəx] *s* (Scotch) endecha, canto fúnebre
coronal [ˈkɑrənəl] o [ˈkɔrənəl] *adj* coronal; *s* corona
coronal suture *s* (anat.) sutura coronal
coronary [ˈkɑrəˌnɛrɪ] o [ˈkɔrəˌnɛrɪ] *adj* coronario
coronary thrombosis *s* (path.) trombosis coronaria, trombosis de las coronarias
coronation [ˌkɑrəˈneʃən] o [ˌkɔrəˈneʃən] *s* coronación
coroner [ˈkɑrənər] o [ˈkɔrənər] *s* juez de guardia, córoner
coroner's inquest *s* pesquisa dirigida por el juez de guardia
coroner's jury *s* jurado del juez de guardia
coronet [ˈkɑrənɛt] o [ˈkɔrənɛt] *s* corona (*que corresponde a un título nobiliario*); diadema (*que sirve de ornamento para la cabeza*); (vet.) corona (*de la cuartilla de un caballo*)
coronium [kəˈronɪəm] *s* (chem.) coronio
corp. o **Corp.** abr. de **Corporal** y **Corporation**
corporal [ˈkɔrpərəl] *adj* corporal; *s* (mil.) cabo; (eccl.) corporal (*lienzo*)
corporally [ˈkɔrpərəlɪ] *adv* corporalmente
corporal punishment *s* (law) castigo corporal
corporate [ˈkɔrpərɪt] *adj* corporativo; colectivo
corporately [ˈkɔrpərɪtlɪ] *adv* corporativamente; corporalmente
corporation [ˌkɔrpəˈreʃən] *s* corporación; sociedad anónima; (coll.) vientre abultado
corporeal [korˈporɪəl] *adj* corpóreo; material, tangible
corposant [ˈkɔrpəzænt] *s* fuego de Santelmo
corps [kor] *s* (*pl:* **corps** [korz]) cuerpo (*conjunto de personas que obran juntamente*); (mil.) cuerpo, cuerpo de ejército
corps area *s* (U.S.A.) distrito militar
corps de ballet [kɔr də bæˈlɛ] *s* cuerpo de baile, cuerpo coreográfico
corpse [kɔrps] *s* cadáver (humano)
corpulence [ˈkɔrpjələns] o **corpulency** [ˈkɔrpjələnsɪ] *s* corpulencia
corpulent [ˈkɔrpjələnt] *adj* corpulento
corpus [ˈkɔrpəs] *s* (*pl:* **corpora** [ˈkɔrpərə]) cadáver; cuerpo (*colección de escritos, leyes, etc.*); (anat.) cuerpo
corpus callosum [kəˈlosəm] *s* (*pl:* **corpora callosa**) (anat.) cuerpo calloso
Corpus Christi [ˈkrɪstɪ] o [ˈkrɪstaɪ] *s* (eccl.) Corpus, día del Cuerpo de Cristo
corpuscle [ˈkɔrpʌsəl] *s* (bot., chem. & phys.) corpúsculo; (physiol.) glóbulo
corpuscular [korˈpʌskjələr] *adj* corpuscular
corpus delicti [dɪˈlɪktaɪ] *s* (law) cuerpo del delito
corpus juris [ˈdʒurɪs] *s* cuerpo de leyes
corpus luteum [ˈlutɪəm] *s* (*pl:* **corpora lutea**) (embryol.) cuerpo lúteo
corr. abr. de **correspondence, correspondent** y **corresponding**
corral [kəˈræl] *s* corral; (*pret & pp:* **-ralled;** *ger:* **-ralling**) *va* acorralar
correct [kəˈrɛkt] *adj* correcto; cumplido (*en muestras de urbanidad*); *va* corregir
correction [kəˈrɛkʃən] *s* corrección
correctional [kəˈrɛkʃənəl] *adj & s* correccional
corrective [kəˈrɛktɪv] *adj & s* correctivo
correctness [kəˈrɛktnɪs] *s* corrección
correlate [ˈkɑrəlet] o [ˈkɔrəlet] *va* correlacionar; *vn* correlacionarse
correlation [ˌkɑrəˈleʃən] o [ˌkɔrəˈleʃən] *s* correlación
correlative [kəˈrɛlətɪv] *adj & s* correlativo
correspond [ˌkɑrɪˈspɑnd] o [ˌkɔrɪˈspɑnd] *vn* corresponder; corresponderse (*escribirse*)
correspondence [ˌkɑrɪˈspɑndəns] o [ˌkɔrɪˈspɑndəns] *s* correspondencia
correspondence course *s* curso por correspondencia
correspondence school *s* escuela por correspondencia
correspondent [ˌkɑrɪˈspɑndənt] o [ˌkɔrɪˈspɑndənt] *adj* correspondiente; *s* correspondiente, corresponsal
corresponding [ˌkɑrɪˈspɑndɪŋ] o [ˌkɔrɪˈspɑndɪŋ] *adj* correspondiente
correspondingly [ˌkɑrɪˈspɑndɪŋlɪ] o [ˌkɔrɪˈspɑndɪŋlɪ] *adv* correspondientemente
corresponding secretary *s* secretario que atiende la correspondencia
corridor [ˈkɑrɪdər] o [ˈkɔrɪdər] *s* corredor, pasillo; (pol.) corredor
corrigendum [ˌkɑrɪˈdʒɛndəm] o [ˌkɔrɪˈdʒɛndəm] *s* (*pl:* **-da** [də]) error por corregir (*en un manuscrito, libro, etc.*)
corrigible [ˈkɑrɪdʒɪbəl] o [ˈkɔrɪdʒɪbəl] *adj* corregible
corroborant [kəˈrɑbərənt] *adj & s* corroborante
corroborate [kəˈrɑbəret] *va* corroborar
corroboration [kəˌrɑbəˈreʃən] *s* corroboración
corroborative [kəˈrɑbəˌretɪv] o **corroboratory** [kəˈrɑbərəˌtorɪ] *adj* corroborativo
corrode [kəˈrod] *va* corroer; (fig.) corroer (*agobiar, consumir*); *vn* corroerse
corrodible [kəˈrodɪbəl] *adj* corrosible
corrosion [kəˈroʒən] *s* corrosión
corrosive [kəˈrosɪv] *adj & s* corrosivo
corrosive sublimate *s* (chem.) argento vivo sublimado, sublimado corrosivo
corrugate [ˈkɑrəget] o [ˈkɔrəget] *va* acanalar, ondular; corrugar (*el cartón*); arrugar
corrugated iron [ˈkɑrəˌgetɪd] o [ˈkɔrəˌgetɪd] *s* hierro acanalado, hierro ondulado
corrugated paper *s* papel corrugado
corrugation [ˌkɑrəˈgeʃən] o [ˌkɔrəˈgeʃən] *s* acanaladura, ondulación; corrugación; arruga
corrupt [kəˈrʌpt] *adj* corrompido; *va* corromper; *vn* corromperse
corruptibility [kəˌrʌptɪˈbɪlɪtɪ] *s* corruptibilidad
corruptible [kəˈrʌptɪbəl] *adj* corruptible
corruption [kəˈrʌpʃən] *s* corrupción
corruptive [kəˈrʌptɪv] *adj* corruptivo
corsage [korˈsɑʒ] *s* corpiño, jubón; ramillete que llevan las mujeres a la cintura, el hombro, etc.
corsair [ˈkɔrsɛr] *s* (naut.) corsario (*pirata; barco de piratas; embarcación armada en corso*)
corselet [ˈkɔrslɪt] *s* coselete (*armadura*); (zool.) coselete (*tórax de los insectos*); [ˌkɔrsəˈlɛt] *s* cuerpecillo, ajustador, corsé ligero
corset [ˈkɔrsɪt] *s* corsé
corset cover *s* cubrecorsé
Corsica [ˈkɔrsɪkə] *s* Córcega
Corsican [ˈkɔrsɪkən] *adj & s* corso; **the Corsican** el Corso (*Napoleón*)
Corsican pine *s* (bot.) pino salgareño, pino negral
corslet [ˈkɔrslɪt] *s* coselete (*armadura*); (zool.) coselete (*tórax de los insectos*)
cortege o **cortège** [korˈtɛʒ] *s* procesión; cortejo, comitiva, séquito
cortex [ˈkɔrtɛks] *s* (*pl:* **-tices** [tɪsiz]) (anat. & bot.) corteza
cortical [ˈkɔrtɪkəl] *adj* cortical
corticate [ˈkɔrtɪket] o **corticated** [ˈkɔrtɪˌketɪd] *adj* cortezudo, corticado
corticotropin [ˌkɔrtɪkoˈtropɪn] *s* (physiol. & pharm.) corticotropina
cortisone [ˈkɔrtɪzon] *s* (physiol. & pharm.) cortisono
corundum [kəˈrʌndəm] *s* (mineral.) corindón
Corunna [koˈrʌnə] *s* La Coruña
coruscate [ˈkɑrəsket] o [ˈkɔrəsket] *vn* brillar, fulgurar, relampaguear
coruscation [ˌkɑrəsˈkeʃən] o [ˌkɔrəsˈkeʃən] *s* brillo, fulgor, relampagueo
corvée [korˈve] *s* prestación vecinal; trabajo impuesto por la ley
corvet o **corvette** [korˈvɛt] *s* (naut.) corbeta
corvine [ˈkɔrvaɪn] o [ˈkɔrvɪn] *adj* corvino
Corybant [ˈkɑrɪbænt] o [ˈkɔrɪbænt] *s* (*pl:*

-bantes ['bæntiz]) coribante (*sacerdote de Cibeles*)
Corybantic [ˌkarɪ'bæntɪk] o [ˌkɔrɪ'bæntɪk] *adj* de coribantes, de los coribantes
Corycian Cave [kə'rɪʃən] *s* gruta Coriciana
corylaceous [ˌkarɪ'leʃəs] *adj* (bot.) coriláceo
corymb ['karɪmb] o ['kɔrɪmb] *s* (bot.) corimbo
corymbose [ko'rɪmbos] *adj* corimboso
coryphaeus [ˌkarɪ'fiəs] *s* (*pl:* **-phaei** ['fiaɪ]) corifeo
coryphee [ˌkorɪ'fe] *s* bailarina; primera bailarina
coryza [ko'raɪzə] *s* (path.) coriza
cos abr. de **cosine**
cos [kas] o [kɔs] *s* (bot.) lechuga Cos
cosec abr. de **cosecant**
cosecant [ko'sikənt] *s* (trig.) cosecante
cosignatory [ko'sɪgnəˌtorɪ] *adj* cosignatario; *s* (*pl:* **-ries**) cosignatario
cosine ['kosaɪn] *s* (trig.) coseno
cos lettuce *s* var. de **cos**
cosmetic [kaz'mɛtɪk] *adj* & *s* cosmético
cosmic ['kazmɪk] *adj* cósmico
cosmically ['kazmɪkəlɪ] *adv* según las leyes cósmicas; vastamente, con gran extensión
cosmic rays *spl* (phys.) rayos cósmicos
cosmogonic [ˌkazmə'ganɪk] o **cosmogonical** [ˌkazmə'ganɪkəl] *adj* cosmogónico
cosmogony [kaz'magənɪ] *s* (*pl:* **-nies**) cosmogonía
cosmographer [kaz'magrəfər] *s* cosmógrafo
cosmographic [ˌkazmə'græfɪk] o **cosmographical** [ˌkazmə'græfɪkəl] *adj* cosmográfico
cosmography [kaz'magrəfɪ] *s* cosmografía
cosmologist [kaz'malədʒɪst] *s* cosmólogo
cosmology [kaz'malədʒɪ] *s* cosmología
cosmonaut ['kazmənɔt] *s* cosmonauta
cosmopolitan [ˌkazmə'palɪtən] *adj* & *s* cosmopolita
cosmopolitanism [ˌkazmə'palɪtənɪzəm] *s* cosmopolitismo
cosmopolite [kaz'mapəlaɪt] *s* cosmopolita
cosmorama [ˌkazmə'ræmə] o [ˌkazmə'ramə] *s* cosmorama
cosmos ['kazməs] o ['kazmas] *s* cosmos (*universo*); (bot.) cosmos
Cossack ['kasæk] *adj* & *s* cosaco
cosset ['kasɪt] *s* cordero domesticado y mimado; animal domesticado y mimado; *va* mimar, acariciar
cost [kɔst] o [kast] *s* costa, coste, costo; **costs** *spl* (law) costas; **at cost** a precio de coste, a coste y costas; **at all costs** o **at any cost** a toda costa; (*pret & pp:* **cost**) *va* & *vn* costar; **cost what it may** cueste lo que cueste
cost accounting *s* (com.) escandallo
costal ['kastəl] o ['kɔstəl] *adj* (anat.) costal
costard ['kastərd] o ['kɔstərd] *s* variedad de manzana inglesa; (hum.) cabeza
Costa Rican ['kastə 'rikən] o ['kɔstə 'rikən] *adj* & *s* costarriqueño
coster ['kastər] o ['kɔstər] o **costermonger** ['kastərˌmʌŋgər] o ['kɔstərˌmʌŋgər] *s* (Brit.) vendedor ambulante de frutas, legumbres, pescado, etc.
cost, insurance, and freight *s* (com.) costo, seguro y flete
costive ['kastɪv] o ['kɔstɪv] *adj* estreñido
costliness ['kɔstlɪnɪs] o ['kastlɪnɪs] *s* carestía; suntuosidad
costly ['kɔstlɪ] o ['kastlɪ] *adj* (*comp:* **-lier**; *super:* **-liest**) costoso, dispendioso; suntuoso
costmary ['kastˌmɛrɪ] o ['kɔstˌmɛrɪ] *s* (bot.) hierba de Santa María, costo hortense; (bot.) hierba lombriguera
cost of living *s* costo de la vida
cost-price squeeze ['kɔst'praɪs] o ['kast'praɪs] *s* (coll.) disminución de beneficios debida a la relación estrecha entre el costo de producción y el precio resultante de la competencia
costume ['kastjum] o ['kastum] *s* traje; disfraz; manera de vestirse; [kas'tjum] o [kas'tum] *va* trajear, vestir
costume ball *s* baile de trajes
costume jewelry *s* joyas de fantasía, bisutería
costumer [kas'tjumər] o [kas'tumər] o **costumier** [kas'tjumɪər] o [kas'tumɪər] *s* sastre de máscaras, sastre de teatro, mascarero; percha
cosy ['kozɪ] *adj* (*comp:* **-sier**; *super:* **-siest**) var. de **cozy**; *s* (*pl:* **-sies**) var. de **cozy**
cot abr. de **cotangent**
cot [kat] *s* catre (*cama ligera*); catre de tijera; cabaña, choza; envoltura; (naut.) coy
cotangent [ko'tændʒənt] *s* (trig.) cotangente
cote [kot] *s* abrigo para aves o animales pequeños
Côte-d'Or [ˌkot'dɔr] *s* Costa de Oro (*en Francia*)
cotenant [ko'tɛnənt] *s* coinquilino
coterie ['kotərɪ] *s* grupo, círculo, cofradía; corrillo
coterminous [ko'tʌrmɪnəs] *adj* var. de **conterminous**
cotillion [kə'tɪljən] *s* cotillón
cottage ['katɪdʒ] *s* cabaña; casita de campo, casita en un lugar de veraneo
cottage cheese *s* naterón, názula, requesón
cottage pudding *s* pudín con salsa dulce
cottager ['katɪdʒər] *s* veraneante que vive en una casita de campo
cottar o **cotter** ['katər] *s* campesino escocés que trabaja por cuenta de algún hacendado y que recibe como parte de su remuneración una cabaña y una porción de terreno
cotter ['katər] o **cotter pin** *s* (mach.) chaveta
cotton ['katən] *s* algodón; (bot.) algodonero; cotón (*tela*); *vn* (coll.) convenir, estar de acuerdo; (coll.) aficionarse
cotton bagging *s* tela de algodón para sacos, sacos de tela de algodón
cotton batting *s* algodón en hojas
cotton field *s* algodonal
cotton flannel *s* franela de algodón
cotton gin *s* desmotadera de algodón
cotton moth *s* (ent.) mariposa del gusano del algodón
cottonmouth ['katənˌmaʊθ] *s* (zool.) mocasín, víbora de agua
cotton picker *s* recogedor de algodón; máquina para recolectar el algodón
cotton plant *s* (bot.) algodonero
cotton plantation *s* plantación de algodón
cotton rose *s* (bot.) amor al uso, flor de la vida
cottonseed ['katənˌsid] *s* semilla de algodón
cottonseed meal *s* harina de las semillas del algodón
cottonseed oil *s* aceite de algodón
cottontail ['katənˌtel] *s* (zool.) liebre de cola blanca
cotton thistle *s* (bot.) acantio, cardo borriqueño, toba
cotton waste *s* hilacha de algodón, desperdicios de algodón
cottonwood ['katənˌwʊd] *s* (bot.) chopo de la Carolina; (bot.) chopo de Virginia
cotton wool *s* algodón en rama
cotton worm *s* gusano del algodón
cottony ['katənɪ] *adj* algodonoso
cotton yarn *s* hilaza de algodón
cotyledon [ˌkatɪ'lidən] *s* (bot. & embryol.) cotiledón
cotyledonous [ˌkatɪ'lidənəs] *adj* (bot.) cotiledóneo
cotyloid ['katɪlɔɪd] *adj* (anat.) cotiloideo
couch [kaʊtʃ] *s* canapé, sofá, yacija; cama, lecho; *va* poner en canapé, sofá o yacija; expresar; bajar o inclinar en posición de ataque; enristrar (*p.ej., una lanza*); *vn* acostarse en canapé, sofá o yacija; agacharse o esconderse para atacar
couch grass *s* (bot.) hierba rastrera; (bot.) grama del norte
Couch's kingbird *s* (orn.) burlisto grande, sirirí
cougar ['kugər] *s* (zool.) puma
cough [kɔf] o [kaf] *s* tos; *va* **to cough down** hacer callar tosiendo; **to cough up** arrojar del pecho tosiendo; (slang) dar, conceder, entregar, sudar; *vn* toser
cough drop *s* pastilla para la tos
cough syrup *s* jarabe para la tos
could [kʊd] *v aux* pude, p.ej., **I could not come yesterday** no pude venir ayer; podría, p.ej., **I could see you tomorrow** podría ver a Vd. mañana
couldn't ['kʊdənt] contracción de **could not**

C

coulee ['kulɪ] o **coulée** [ku'le] *s* cañada, quebrada; raudal de lava
coulomb [ku'lɑm] *s* (elec.) culombio
coulter ['kolter] *s* var. de **colter**
council ['kaʊnsəl] *s* consejo (*cuerpo consultivo y administrativo*); ayuntamiento, concejo (*de un municipio*); (eccl.) concilio
councilman ['kaʊnsəlmən] *s* (*pl:* **-men**) concejal
council of state *s* consejo de estado
Council of Trent *s* concilio de Trento
council of war *s* consejo de guerra
councilor o **councillor** ['kaʊnsələr] *s* conciliar; concejal
counsel ['kaʊnsəl] *s* consejo; deliberación; consultor, consejero; grupo de consultores o consejeros; abogado consultor; **to keep one's own counsel** ser muy reservado, no revelar su propio pensamiento; **to take counsel** tomar consejo; (*pret & pp:* **-seled** o **-selled; ger: -seling** o **-selling**) *va* aconsejar; *vn* aconsejarse
counselor o **counsellor** ['kaʊnsələr] *s* consejero; abogado
count [kaʊnt] *s* cuenta; recuento; suma, total; conde; (law) cargo (*cada falta de que se acusa a uno*); (sport) cuento de 10 segundos antes de declarar vencido a un pugilista; **to take the count** (box.) dejarse contar diez; *va* contar; **to count noses** contar personas o cabezas; **to count off** separar contando; **to count out** no incluir, no tener en cuenta; (coll.) vencer en una elección contando incorrectamente los votos; (sport) declarar vencido (*a un pugilista que no puede levantarse después de contarle los 10 segundos*); *vn* contar; tenerse en cuenta; ponerse en cuenta; valer; **to count for** valer; **to count on** contar con; **to count on** + *ger* contar + *inf;* **to count on one's fingers** contar con o por los dedos
countable ['kaʊntəbəl] *adj* contable
count-down ['kaʊnt,daʊn] *s* recuento descendente hasta cero
countenance ['kaʊntɪnəns] *s* semblante; apoyo, patrocinio; serenidad, compostura; **to be out of countenance** estar desconcertado, estar conturbado; **to keep one's countenance** contenerse, estar tranquilo; abstenerse de sonreír o reír; **to lose countenance** agitarse, conturbarse; **to put out of countenance** confundir, avergonzar; *va* dar su aprobación a
counter ['kaʊntər] *s* contador (*persona o cosa*); mostrador; ficha; pecho del caballo; (box.) contragolpe; (fencing) contra; (naut.) bovedilla; *adj* contrario, de sentido opuesto; *adv* en el sentido opuesto, al revés; **to run counter to** oponerse a; *va* oponerse a; contradecir; devolver (*p.ej., un golpe*); **to counter with** contestar (*una pregunta, proyecto*) con (*otra pregunta, proyecto, etc.*); *vn* (box.) dar un contragolpe
counteract [,kaʊntər'ækt] *va* contrariar, contrarrestar, neutralizar
counteraction [,kaʊntər'ækʃən] *s* acción contraria, contrarresto, neutralización
counteractive [,kaʊntər'æktɪv] *adj & s* contrario
counterambush [,kaʊntər'æmbʊʃ] *s* contraemboscada
counterapproach ['kaʊntərə,protʃ] *s* (fort.) contraaproches
counterattack ['kaʊntərə,tæk] *s* contraataque; [,kaʊntərə'tæk] *va & vn* contraatacar
counterattraction [,kaʊntərə'trækʃən] *s* atracción contraria
counterbalance ['kaʊntər,bæləns] *s* contrapeso, contrabalanza; (rail.) contrapeso (*de la rueda motriz de la locomotora*); [,kaʊntər'bæləns] *va* contrapesar, contrabalanzar
counterbattery ['kaʊntər,bætərɪ] *s* (mil.) contrabatería
counterbrace ['kaʊntər,bres] *s* barra de contratensión; *va* contrabracear
countercheck ['kaʊntər,tʃɛk] *s* oposición, obstáculo; segunda comprobación; *va* resistir, contrarrestar, estorbar; comprobar por segunda vez
counterclaim ['kaʊntər,klem] *s* contrarreclamación; *vn* contrarreclamar
counterclockwise [,kaʊntər'klɑk,waɪz] *adj* contrario a las agujas de reloj; *adv* en sentido contrario al de las agujas de reloj
countercurrent ['kaʊntər,kʌrənt] *s* contracorriente
counterdike ['kaʊntər,daɪk] *s* contradique
counter electromotive force *s* (elec.) fuerza contraelectromotriz
counterespionage ['kaʊntər,ɛspɪənɪdʒ] o ['kaʊntər,ɛspiə'nɑʒ] *s* contraespionaje
counterfeit ['kaʊntərfɪt] *adj* contrahecho, falsificado, fingido; *s* contrahechura, falsificación; moneda falsa; *va* contrahacer; *vn* contrahacer; contrahacerse
counterfeiter ['kaʊntər,fɪtər] *s* contrahacedor, falsificador; falsificador de moneda, monedero falso
counterfeit money *s* moneda falsa
counterfessed [,kaʊntər'fest] *adj* (her.) contrafajado
counterflory [,kaʊntər'florɪ] *adj* (her.) contraflorado
counterfoil ['kaʊntər,fɔɪl] *s* talón (*p.ej., de un cheque*)
counterfort ['kaʊntər,fort] *s* (arch.) contrafuerte
counterfugue ['kaʊntər,fjug] *s* (mus.) contrafuga
counterguard ['kaʊntər,gɑrd] *s* (fort.) contraguardia
counterintelligence ['kaʊntərɪn'tɛlɪdʒəns] *s* contrainteligencia
counterirritant [,kaʊntər'ɪrɪtənt] *adj & s* (med.) contrairritante
counterirritation ['kaʊntər,ɪrɪ'teʃən] *s* (med.) contrairritación
counterjumper ['kaʊntər,dʒʌmpər] *s* (slang) vendedor o dependiente de tienda
countermand ['kaʊntərmænd] o ['kaʊntərmɑnd] *s* contramandato, contraorden; [,kaʊntər'mænd], [,kaʊntər'mɑnd], ['kaʊntərmænd] o ['kaʊntərmɑnd] *va* contramandar; revocar, hacer volver
countermarch ['kaʊntər,mɑrtʃ] *s* contramarcha; *vn* contramarchar
countermark ['kaʊntər,mɑrk] *s* contramarca; [,kaʊntər'mɑrk] *va* contramarcar
countermeasure ['kaʊntər,mɛʒər] *s* paso contrario, contramedida
countermine ['kaʊntər,maɪn] *s* (mil.) contramina; *va* (mil. & fig.) contraminar
counteroffensive [,kaʊntərə'fɛnsɪv] *s* (mil.) contraofensiva
counteropening ['kaʊntər,opənɪŋ] *s* (surg.) contraabertura
counterpaly ['kaʊntər,pelɪ] *adj* (her.) contrapalado
counterpane ['kaʊntər,pen] *s* cubrecama
counterpart ['kaʊntər,pɑrt] *s* copia; duplicado; contrafigura; contraparte; (theat.) contrafigura
counterplot ['kaʊntər,plɑt] *s* contratreta; (*pret & pp:* **-plotted; *ger:* -plotting**) *va* complotar contra; contraminar
counterpoint ['kaʊntər,pɔɪnt] *s* (mus.) contrapunto
counterpoise ['kaʊntər,pɔɪz] *s* contrapeso; (rad.) contraantena; *va* contrapesar
counterpoison ['kaʊntər,pɔɪzən] *s* contraveneno
counterproposal [,kaʊntərprə'pozəl] *s* contrapropuesta
counterquartered [,kaʊntər'kwɔrtərd] *adj* (her.) contracuartelado
counterreconnaissance [,kaʊntərrɪ'kɑnɪsəns] *s* (mil.) contrarreconocimiento
counterreformation ['kaʊntər,rɛfər'meʃən] *s* contrarreforma
Counter Reformation *s* Contrarreforma
counterrevolution ['kaʊntər,rɛvə'luʃən] *s* contrarrevolución
counterround ['kaʊntər,raʊnd] *s* (mil.) contrarronda
counterscarp ['kaʊntər,skɑrp] *s* (fort.) contraescarpa
countershaft ['kaʊntər,ʃæft] o ['kaʊntər,ʃɑft] *s* (mach.) contraárbol, contraeje
countersign ['kaʊntər,saɪn] *s* contraseña; refrendata (*firma*); (mil.) contraseña; *va* refrendar

countersignature [ˌkaʊntərˈsɪgnətʃər] *s* refrendata
countersink [ˈkaʊntərˌsɪŋk] *s* agujero avellanado; avellanador, broca de avellanar; (*pret & pp:* **-sunk**) *va* avellanar; meter (*un tornillo*) en agujero avellanado
countersinking bit *s* broca de avellanar
counterspy [ˈkaʊntərˌspaɪ] *s* contraespía
counterstimulant [ˌkaʊntərˈstɪmjələnt] *s* (med.) contraestimulante
counterstroke [ˈkaʊntərˌstrok] *s* contragolpe
countersunk [ˈkaʊntərˌsʌŋk] *adj* avellanado, perdido; *pret & pp de* **countersink**
countervail [ˈkaʊntərˌvel] *va* contrarrestar; contrapesar, compensar; *vn* ser de fuerza igual
counterweight [ˈkaʊntərˌwet] *s* contrapeso
countess [ˈkaʊntɪs] *s* condesa
counting house *s* despacho, escritorio, oficina
counting room *s* oficina de contabilidad
countless [ˈkaʊntlɪs] *adj* incontable, sin cuento
countrified [ˈkʌntrɪfaɪd] *adj* campesino, rústico; rural
country [ˈkʌntrɪ] *s* (*pl:* **-tries**) país; campo (*en oposición a la ciudad*); patria (*país a que uno pertenece como ciudadano*); *adj* campestre, rural
country club *s* club campestre
country cousin *s* pariente rústico
country-dance [ˈkʌntrɪˌdæns] o [ˈkʌntrɪˌdɑns] *s* baile campestre; contradanza
country estate *s* hacienda de campo, heredad
countryfolk [ˈkʌntrɪˌfok] *s* gente del campo, campesinos
country gentleman *s* caballero de provincia, dueño acomodado de finca rural
country house *s* quinta, casa de campo
country jake *s* (coll.) patán
country life *s* vida campestre
countryman [ˈkʌntrɪmən] *s* (*pl:* **-men**) compatriota; campesino, hombre de o del campo
country people *spl* gente del campo
country road *s* camino rural
countryseat [ˈkʌntrɪˌsit] *s* finca, hacienda, casa de campo algo pretenciosa
countryside [ˈkʌntrɪˌsaɪd] *s* campiña, campo
country-wide [ˈkʌntrɪˌwaɪd] *adj* nacional
countrywoman [ˈkʌntrɪˌwʊmən] *s* (*pl:* **-women**) compatriota; campesina
countship [ˈkaʊntʃɪp] *s* condado
county [ˈkaʊntɪ] *s* (*pl:* **-ties**) partido (*distrito*); (hist.) condado
county farm *s* (U.S.A.) hospicio mantenido por el partido
county seat *s* cabeza de partido
coup [ku] *s* golpe, golpe maestro
coup de grâce [ˌkudəˈgrɑs] *s* golpe de gracia, puñalada de misericordia
coup d'état [ˌkudeˈtɑ] *s* golpe de estado
coupé [kuˈpe] o [kup] *s* cupé (*automóvil*); [kuˈpe] *s* cupé (*coche*)
couple [ˈkʌpəl] *s* par (*conjunto de dos cosas de la misma especie; macho y hembra*); matrimonio (*marido y mujer*); pareja (*dos personas unidas, p.ej., para un baile*); (mech.) par de fuerzas; (elec.) par voltaico; (coll.) dos más o menos; *va* juntar, unir; aparear; (coll.) casar, unir en matrimonio; *vn* juntarse, unirse; aparease; copularse
coupler [ˈkʌplər] *s* (mach. & rad.) acoplador; (rail.) enganche
couplet [ˈkʌplɪt] *s* pareado (*dos versos rimados entre sí*); par
coupling [ˈkʌplɪŋ] *s* junta, unión; acoplamiento; (elec.) acoplador; (rail.) enganche
coupling box *s* (mach.) manguito, collar de acoplamiento; (elec.) caja de empalme
coupling pin *s* (rail.) pasador de enganche
coupling rod *s* (mach.) biela de acoplamiento
coupon [ˈkupɑn] o [ˈkjupɑn] *s* cupón
courage [ˈkʌrɪdʒ] *s* valor, ánimo; firmeza, resolución; **to have the courage of one's convictions** ajustarse abiertamente con su conciencia; **to pluck up courage** hacer de tripas corazón
courageous [kəˈredʒəs] *adj* valiente, animoso
courbaril [ˈkʊrbərɪl] *s* (bot.) curbaril
courbaril copal *s* anime (*resina*)
courier [ˈkʌrɪər] o [ˈkʊrɪər] *s* estafeta (*mensajero*); guía
Courland [ˈkʊrlənd] *s* Curlandia
course [kors] *s* curso; asignatura; decurso; (arti.) trayectoria; (naut.) rumbo, derrota; (naut.) papahigo; (mas.) hilada; plato (*de una comida*); proceder; campo de golf; **in due course** oportunamente, a su debido tiempo; **in the course of** en el decurso de, durante; **of course** por supuesto, naturalmente; **to give course to** dar curso a (*p.ej. las lágrimas*); *va* cazar con perros; correr por; (mas.) poner en hiladas; *vn* correr; corretear; tomar parte en una carrera
courser [ˈkorsər] *s* (poet.) corcel
court [kort] *s* corte (*de un rey*); (law) corte, tribunal; patio, atrio; callejuela; pista (*p.ej., de tennis*); **in open court** en pleno tribunal; **out of court** sin merecer consideración; **to pay court to** hacer la corte a (*un magnate, una mujer, etc.*); *va* cortejar; hacer la corte a; solicitar, buscar
court card *s* carta de figura
court day *s* (law) día hábil
courteous [ˈkʌrtɪəs] *adj* cortés
courtesan [ˈkʌrtɪzən] o [ˈkortɪzən] *s* cortesana
courtesy [ˈkʌrtɪsɪ] *s* (*pl:* **-sies**) cortesía; **by courtesy** por cortesía
courtezan [ˈkʌrtɪzən] o [ˈkortɪzən] *s* var. de **courtesan**
court hand *s* letra de curia
courthouse [ˈkortˌhaʊs] *s* casa de tribunales, palacio de justicia
courtier [ˈkortɪər] *s* cortesano (*palaciego*); cortejador (*el que corteja*)
court jester *s* bufón
courtly [ˈkortlɪ] *adj* (*comp:* **-lier;** *super:* **-liest**) cortesano, cortés; cortejador, obsequioso
courtly love *s* amor cortés
court-martial [ˈkortˈmɑrʃəl] *s* (*pl:* **courts-martial**) consejo de guerra; juicio por el consejo de guerra; (*pret & pp:* **-tialed** o **-tialled;** *ger:* **-tialing** o **-tialling**) *va* someter a consejo de guerra
court of record *s* tribunal de actas perpetuas
Court of St. James *s* Corte de San Jaime (*corte del soberano británico*)
court of the first instance *s* (law) tribunal de primera instancia
court plaster *s* esparadrapo, tafetán inglés
courtroom [ˈkortˌrum] o [ˈkortˌrʊm] *s* tribunal, sala de justicia
courtship [ˈkortʃɪp] *s* cortejo (*acción de cortejar a una mujer*); noviazgo
courtyard [ˈkortˌjɑrd] *s* patio, atrio
cousin [ˈkʌzən] *s* primo o prima
cousin-german [ˈkʌzənˈdʒʌrmən] *s* (*pl:* **cousins-german**) primo hermano o prima hermana
cousinly [ˈkʌzənlɪ] *adj* de primo; *adv* como primo
cousinship [ˈkʌzənʃɪp] *s* primazgo
cove [kov] *s* (naut.) ensenada; escondrijo, rincón protegido; (arch.) bovedilla; (slang) mozo u hombre, tipo raro; *va* (arch.) abovedar
covenant [ˈkʌvənənt] *s* pacto, convenio; contrato; (Bib.) alianza; *va & vn* pactar, convenir; (*cap.*) *s* pacto firmado entre los presbiterianos escoceses y el parlamento inglés
covenanter [ˈkʌvənəntər] *s* contratante; (*cap.*) [ˈkʌvənəntər] o [ˌkʌvəˈnæntər] *s* Covenantario (*partidario de la liga en defensa de la religión presbiteriana*)
Covenant of the League of Nations *s* Pacto de la Sociedad de las Naciones
covenant of warranty *s* (law) cláusula de evicción de saneamiento
Coventry [ˈkʌvəntrɪ] o [ˈkɑvəntrɪ] *s* ciudad del condado de Warwick, Inglaterra; **to send to Coventry** evitar relaciones con
cover [ˈkʌvər] *s* cubierta; cubierto (*servicio de mesa para una persona*); portada (*de una revista*); **to break cover** salir al aire libre, salir a campo raso; dejarse ver; salir de la espesura; **to take cover** ocultarse; **under cover** bajo cubierto, bajo techado; secreto, oculto; disfrazado; en secreto, cubiertamente; **under cover of** a cubierto de (*p.ej., la noche*); so pretexto de, bajo la apariencia de; **under separate cover** bajo cubierta separada, por separado;

va cubrir; revestir; recorrer (*cierta distancia*); cubrirse (*la cabeza*); empollar; incluir; apuntar con un arma de fuego; cubrir (*el caballo a la yegua*); (mil.) cubrir (*p.ej., la retirada*); **to cover up** cubrir completamente; *vn* cubrirse; (coll.) cubrirse (*satisfacer una deuda o alcance*)
coverage [ˈkʌvərɪdʒ] *s* alcance, envergadura (*cantidad o espacio cubierto*); (ins.) agregado de los riesgos contra los cuales se contrata un seguro; reportaje
coveralls [ˈkʌvərˌɔlz] *spl* mono (*traje de faena*)
cover charge *s* precio del cubierto (*en los restaurantes*)
cover crop *s* (agr.) siembra de cubierta
covered bridge *s* puente cubierto
covered wagon *s* carro entalamado
covered way *s* (fort.) camino cubierto, estrada encubierta
covered wire *s* (elec.) alambre forrado
cover girl *s* (coll.) muchacha hermosa en la portada de una revista
cover glass *s* cubreobjeto, cubierta de vidrio (*para muestras microscópicas*)
covering [ˈkʌvərɪŋ] *s* cubierta, envoltura
covering letter *s* carta adjunta
coverlet [ˈkʌvərlɪt] o **coverlid** [ˈkʌvərlɪd] *s* cubierta, envoltura; cubrecama, sobrecama
coversed sine [ˈkovʌrst] *s* (trig.) coseno verso
cover slip *s* var. de **cover glass**
covert [ˈkʌvərt] *adj* cubierto; secreto, disimulado, furtivo; (law) bajo la protección del marido; *s* abrigo; guarida, escondrijo
covert cloth *s* tela cruzada de lana, generalmente de color pardo
coverture [ˈkʌvərtʃər] *s* cubierta; abrigo, escondrijo
covet [ˈkʌvɪt] *va & vn* codiciar
covetous [ˈkʌvɪtəs] *adj* codicioso
covetousness [ˈkʌvɪtəsnɪs] *s* codicia
covey [ˈkʌvɪ] *s* nidada, pollada; bandada; grupo (*p.ej., de muchachas*)
cow [kaʊ] *s* vaca; elefanta; *va* acobardar, intimidar
coward [ˈkaʊərd] *adj & s* cobarde
cowardice [ˈkaʊərdɪs] *s* cobardía
cowardly [ˈkaʊərdlɪ] *adj* cobarde; *adv* cobardemente
cowbane [ˈkaʊˌben] *s* (bot.) cicuta acuática; (bot.) cicuta mayor
cowbell [ˈkaʊˌbɛl] *s* cencerro
cowbird [ˈkaʊˌbʌrd] *s* (orn.) enmantecado, garrapatero
cowboy [ˈkaʊˌbɔɪ] *s* vaquero, gaucho, caballista
cowboy hat *s* sombrero de vaquero norteamericano
cowcatcher [ˈkaʊˌkætʃər] *s* (rail.) rastrillo delantero; (rail.) trompa (Am.)
cower [ˈkaʊər] *vn* agacharse
cowfish [ˈkaʊˌfɪʃ] *s* (ichth.) pez cofre
cow hand *s* vaquero
cowherd [ˈkaʊˌhʌrd] *s* pastor de vacas, pastor de ganado
cowhide [ˈkaʊˌhaɪd] *s* cuero; zurriago; *va* zurriagar
cowl [kaʊl] *s* cogulla; capucha (*parte superior de la cogulla*); (aut.) bóveda, cubretablero; (aer.) cubierta del motor; (mach.) caperuza; sombrerete de chimenea; *va* poner cogulla a, encapuchar; cubrir con tapa, tapar
cowled [kaʊld] *adj* encapuchado; cuculiforme
cowlick [ˈkaʊˌlɪk] *s* remolino, mechón (*que se levanta sobre la frente*)
cowling [ˈkaʊlɪŋ] *s* (aer.) cubierta del motor
co-worker [koˈwʌrkər] *s* coadjutor; colaborador
cowpea [ˈkaʊˌpi] *s* (bot.) caupí, frijol de maíz, frijol de vaca
cowpox [ˈkaʊˌpɑks] *s* vacuna
cowpuncher [ˈkaʊˌpʌntʃər] *s* (coll.) vaquero, gaucho
cowrie o **cowry** [ˈkaʊrɪ] *s* (*pl:* **-ries**) cauri (*concha que se usa como moneda en muchos pueblos de África*)
cowskin [ˈkaʊˌskɪn] *s* cuero
cowslip [ˈkaʊslɪp] *s* (bot.) primavera; (bot.) hierba centella
cow tree *s* (bot.) árbol de la leche, árbol de vaca
cowwheat [ˈkaʊˌhwit] *s* (bot.) melámpiro
coxa [ˈkɑksə] *s* (*pl:* **-ae** [i]) (anat.) coxal; (ent.) coxa
coxal [ˈkɑksəl] *adj* coxal
coxalgia [kɑkˈsældʒɪə] *s* (path.) coxalgia
coxalgic [kɑkˈsældʒɪk] *adj* coxálgico
coxcomb [ˈkɑksˌkom] *s* mequetrefe; baladrón, fanfarrón; cresta de gallo; gorro de bufón; (bot.) cresta de gallo
coxcombry [ˈkɑksˌkomrɪ] *s* (*pl:* **-ries**) fanfarronería; fanfarronada
coxofemoral [ˌkɑksəˈfɛmərəl] *adj* coxofemoral
coxswain [ˈkɑksən] o [ˈkɑkswen] *s* (naut.) timonel
coy [kɔɪ] *adj* recatado, reservado; retrechero
coyote [kaɪˈotɪ] o [ˈkaɪot] *s* (zool.) coyote
coypu [ˈkɔɪpu] *s* (zool.) coipo
coz [kʌz] *s* (coll.) primo o prima
cozen [ˈkʌzən] *va* trampear, defraudar, engañar, entretener
cozenage [ˈkʌzənɪdʒ] *s* trampa, fraude, engaño, entretenimiento
cozy [ˈkozɪ] *adj* (*comp:* **-zier**; *super:* **-ziest**) cómodo; contento; (Brit.) sociable, charlador; *s* (*pl:* **-zies**) cubretetera
cp. abr. de **compare**
c.p. abr. de **chemically pure** y **candle power**
C.P. abr. de **Chemically Pure, Common Pleas, Common Prayer** y **Court of Probate**
C.P.A. abr. de **certified public accountant**
cpd. abr. de **compound**
cr. abr. de **credit** y **creditor**
crab [kræb] *s* (zool.) cangrejo; (mach.) cabria; (coll.) malhumorado, persona de mal genio; (*cap.*) *s* (astr.) Cáncer; **to catch a crab** (rowing) sacar cangrejos; (*pret & pp:* **crabbed**; *ger:* **crabbing**) *va* (coll.) criticar, censurar; (coll.) echar a perder; *vn* coger cangrejos; (coll.) regañar
crab apple *s* manzana silvestre (*muy estimada para hacer conservas*); (bot.) manzano silvestre
crabbed [ˈkræbɪd] *adj* avinagrado, ceñudo; enredoso, embrollado; escabroso, desigual
crab grass *s* (bot.) hierba rastrera; (bot.) garranchuelo (*Digitaria sanguinalis*)
crab louse *s* (ent.) piojo pegadizo, ladilla
crab tree *s* (bot.) manzano silvestre
crack [kræk] *s* grieta; crujido, estallido; (coll.) golpe estruendoso; (coll.) instante, momento; (slang) prueba; (slang) esfuerzo; (slang) chiste; **at the crack of dawn** al romper el alba ‖ *adj* (coll.) excelente, de primera clase; (coll.) certero (*tirador*) ‖ *va* agrietar; romper haciendo crujir; chasquear (*un látigo*); (coll.) golpear, produciendo un ruido súbito y agudo; (slang) descubrir (*un secreto*); (slang) romper, desbaratar (*una fuerza enemiga*); (slang) decir con gracejo; enloquecer; fraccionar (*petróleo*); abrir (*una caja fuerte*) por la fuerza; **to crack a book** (slang) abrir un libro para estudiarlo; **to crack a bottle** (slang) abrir una botella y beber lo que contiene; **to crack a code** llegar a descifrar un código; **to crack a joke** (slang) decir algo gracioso, decir un chiste; **to crack a smile** (slang) sonreír; **to crack up** (coll.) alabar, elogiar ‖ *vn* agrietarse; crujir; cascarse (*la voz de una persona*); enloquecerse; ceder, someterse; (slang) desbaratarse; fraccionarse (*el petróleo*); **to crack down on** (coll.) reprender severamente, castigar violentamente; **to crack up** fracasar; perder el ánimo, perder la salud; estrellarse (*un avión*)
crackbrain [ˈkrækˌbren] *s* loco, mentecato
crack-brained [ˈkrækˌbrend] *adj* loco, mentecato
crackdown [ˈkrækˌdaʊn] *s* (coll.) reprensión severa
cracked [krækt] *adj* agrietado; picado (*hielo*); chillón; perjudicado; (coll.) loco, mentecato
cracker [ˈkrækər] *s* galleta, galletita; triquitraque (*cohete; rollo de papel que contiene dulces y que produce una pequeña detonación cuando se arrancan las dos extremidades*); (U.S.A.) blanco de baja clase que habita una región apartada de los centros de población en los estados de Georgia y la Florida
cracker-barrel [ˈkrækərˌbærəl] *adj* (coll.) sencillo, íntimo, familiar, sin concierto ni propósito fijo (*dícese de la charla de los aldeanos*)

crackerjack [ˈkrækərˌdʒæk] *adj* (slang) excelente, de órdago, muy hábil, muy capaz; *s* (slang) cosa excelente, individuo de gran habilidad
crack filler *s* relleno para hendeduras
cracking [ˈkrækɪŋ] *s* fraccionamiento (*del petróleo*)
crackle [ˈkrækəl] *s* crujido, crepitación; (f.a.) acabado escarchado, pintura jaspeada; (f.a.) grietado (*superficie finamente estriada*); *vn* crujir, crepitar
crackleware [ˈkrækəlˌwɛr] *s* (f.a.) grietado
crackling [ˈkræklɪŋ] *s* crujido, crepitación; chicharrón; chicharrón de pellejo
cracknel [ˈkræknəl] *s* coscarana, bizcocho duro y quebradizo; **cracknels** *spl* chicharrones; chicharrones de manteca
crack of doom *s* señal del juicio final, señal del fin del mundo
crackpot [ˈkrækˌpɑt] *adj & s* (slang) excéntrico, loco, tarambana
cracksman [ˈkræksmən] *s* (*pl:* **-men**) (slang) escalador (*ladrón*)
crack-up [ˈkrækˌʌp] *s* fracaso; colisión; derrota; (coll.) colapso; (aer.) aterrizaje violento
Cracow [ˈkreko] o [ˈkrækaʊ] *s* Cracovia
cradle [ˈkredəl] *s* cuna; (min.) artesa oscilante (*para lavar el oro*); (naut.) cuna; armazón (*de la guadaña armada*); (constr.) cuna, plataforma colgante; (surg.) tablilla (*para entablillar huesos rotos*); (telp.) horquilla (*del microteléfono*); (aut.) cojeclavos; (fig.) cuna (*lugar de nacimiento u origen*); **to rob the cradle** escoger un compañero o casarse con una persona mucho más joven; *va* meter o acostar en la cuna; acunar, mecer; (fig.) acunar (*proteger durante la infancia*); (min.) lavar (*el oro*) con artesa oscilante; (naut.) sostener por medio de una cuna; segar con guadaña armada
cradle scythe *s* guadaña armada
cradlesong [ˈkredəlˌsɔŋ] o [ˈkredəlˌsɑŋ] *s* arrullo, canción de cuna
craft [kræft] o [krɑft] *s* arte, arte manual; astucia, maña; oficio, empleo; gremio; embarcación, barco; máquina de volar; *spl* embarcaciones, barcos; máquinas de volar
craftiness [ˈkræftɪnɪs] o [ˈkrɑftɪnɪs] *s* astucia, maña
craftsman [ˈkræftsmən] o [ˈkrɑftsmən] *s* (*pl:* **-men**) artesano (*el que ejerce un arte mecánico*); artífice (*artista*)
craftsmanship [ˈkræftsmənʃɪp] o [ˈkrɑftsmənʃɪp] *s* artesanía
crafty [ˈkræftɪ] o [ˈkrɑftɪ] *adj* (*comp:* **-ier;** *super:* **-iest**) astuto, mañoso
crag [kræg] *s* despeñadero, peñasco, cima del despeñadero
cragged [ˈkrægɪd] o **craggy** [ˈkrægɪ] *adj* peñascoso, escarpado
crake [krek] *s* (orn.) guión de las codornices; (orn.) rascón de agua
cram [kræm] (*pret & pp:* **crammed;** *ger:* **cramming**) *va* embutir, atracar; (coll.) cargar (*la cabeza a alguien*) con datos o conocimientos; (coll.) aprender apresuradamente; *vn* atracarse; (coll.) sobrecargar la memoria con datos o conocimientos; (coll.) aprender apresuradamente (*especialmente antes de un examen*)
crambo [ˈkræmbo] *s* juego de hallar rimas o consonantes
cramp [kræmp] *s* grapa, laña; abrazadera, torno; aprieto; calambre (*contracción de los músculos*); *adj* apretado, restringido; nudoso, dificultoso; *va* engrapar, lañar; apretar, restringir; dar o causar calambre a; **to cramp one's style** (slang) cortarle las alas a uno, impedirle a uno manifestar su habilidad
crampfish [ˈkræmpˌfɪʃ] *s* (ichth.) tremielga, torpedo
crampon [ˈkræmpən] *s* tenazas de garfios (*dispositivo de garfios y cadenas para izar cajas o sillares*); crampón (*para andar por el hielo*); (bot.) raicilla aérea trepadora
cranberry [ˈkrænˌbɛrɪ] *s* (*pl:* **-ries**) (bot.) arándano agrio
cranberry bog *s* arandanedo
cranberry bush *s* (bot.) arándano agrio (*arbusto*); (bot.) mundillo, sauquillo
cranberry tree *s* (bot.) mundillo, sauquillo
crane [kren] *s* (mach.) grúa; aguilón, cigüeña o pescante de chimenea; (naut.) abanico; (orn.) grulla; (orn.) garza; *va* mover o levantar con grúa; estirar (*el cuello como hace la grulla*); *vn* estirar el cuello
crane fly *s* (ent.) típula
crane's-bill o **cranes-bill** [ˈkrenzˌbɪl] *s* (bot.) geranio, pico de grulla
cranial [ˈkrenɪəl] *adj* craneal
craniology [ˌkrenɪˈɑlədʒɪ] *s* craneología
craniometry [ˌkrenɪˈɑmɪtrɪ] *s* craneometría
craniotomy [ˌkrenɪˈɑtəmɪ] *s* (*pl:* **-mies**) (surg.) craneotomía
cranium [ˈkrenɪəm] *s* (*pl:* **-niums** o **-nia** [nɪə]) (anat.) cráneo
crank [kræŋk] *s* manivela, manubrio; idea, concepto; capricho; (coll.) maniático; (coll.) malhumorado; *adj* inestable, inseguro; *va* (aut.) hacer girar o hacer arrancar (*el motor*) con la manivela; encorvar para dar forma de manivela
crankcase [ˈkræŋkˌkes] *s* (mach.) cárter del cigüeñal, cárter del motor
crankcase service *s* (aut.) limpieza del cárter
crank handle *s* mango de la manivela; (aut.) manivela de arranque
crankshaft [ˈkræŋkˌʃæft] o [ˈkræŋkˌʃɑft] *s* (mach.) cigüeñal, eje motor
cranky [ˈkræŋkɪ] *adj* (*comp:* **-ier;** *super:* **-iest**) caprichoso, maniático; malhumorado, irritable; inestable, inseguro; encorvado, sinuoso
crannied [ˈkrænɪd] *adj* grietoso
cranny [ˈkrænɪ] *s* (*pl:* **-nies**) grieta, rendija, hendedura
crape [krep] *s* crespón; crespón fúnebre, crespón negro, paño de tumba, gasa
crapehanger [ˈkrepˌhæŋər] *s* (slang) aguafiestas
crappie [ˈkræpɪ] *s* (ichth.) pomosio
craps [kræps] *s* juego de dados; **to shoot craps** jugar o tirar a los dados
crapshooter [ˈkræpˌʃutər] *s* jugador de dados
crash [kræʃ] *s* desplome; colisión; estallido, crac; fracaso; quiebra, crac financiero; lienzo grueso, cotí burdo; (aer.) aterrizaje violento; *va* romper estrepitosamente; estrellar; hacer mover o ir con fuerza y estrépito; **to crash a party** (slang) asistir a una tertulia sin invitación; **to crash the gate** (slang) colarse, colarse de gorra; *vn* desplomarse; caer, encontrar, chocar o romperse con violencia y estrépito; estallar; quebrar (*en el comercio*); aterrizar violentamente, estrellarse (*un avión*); **to crash against** o **into** estrellarse contra
crash dive *s* (nav.) sumersión instantánea (*de un submarino*)
crash helmet *s* (aer.) casco protector
crash landing *s* aterrizaje violento
crash program *s* programa intensivo
crasis [ˈkresɪs] *s* (*pl:* **-ses** [siz]) crasia, crasis; (gram.) crasis
crass [kræs] *adj* tosco, espeso; craso (*error*)
crassulaceous [ˌkræsjəˈleʃəs] *adj* (bot.) crasuláceo
Crassus [ˈkræsəs] *s* Craso
crate [kret] *s* banasta, cesto, cuévano; jaula (*embalaje de tablas colocadas a cierta distancia unas de otras*); *va* embalar en jaula, embalar con tablas
crater [ˈkretər] *s* cráter; (elec. & mil.) cráter; crátera (*vasija*); (*cap.*) *s* (astr.) Cráter
crating [ˈkretɪŋ] *s* embalaje en jaulas
cravat [krəˈvæt] *s* corbata
crave [krev] *va* ansiar, anhelar; pedir (*indulgencia*); *vn* suplicar; **to crave after** ansiar, anhelar; **to crave for** ansiar, anhelar; pedir, pedir con insistencia
craven [ˈkrevən] *adj & s* cobarde; **to cry craven** rendirse
cravenette [ˌkrævəˈnɛt] o [ˌkrevəˈnɛt] *s* (trademark) tela impermeable; impermeable (*sobretodo*)
craving [ˈkrevɪŋ] *s* ansia, anhelo, sed
craw [krɔ] *s* buche
crawfish [ˈkrɔˌfɪʃ] *s* (zool.) cámbaro, cangrejo de río; (zool.) langosta; *vn* (coll.) desdecirse, retroceder, ceder
crawl [krɔl] *s* reptación; marcha lenta; gateo; (swimming) arrastre; corral (*jaula en el agua*

para encerrar peces, tortugas, etc.); *vn* reptar, arrastrarse; andar o marchar paso a paso; gatear; andar furtivamente; hormiguear (*experimentar cierta sensación en la piel*); **to crawl along** andar o marchar paso a paso; **to crawl forth** u **out** avanzar o salir arrastrándose; **to crawl under** meterse debajo de; **to crawl up** trepar
crawly [ˈkrɔlɪ] *adj* (coll.) hormigueante
crayfish [ˈkreˌfɪʃ] *s* (zool.) cámbaro, cangrejo de río; (zool.) langosta
crayon [ˈkreən] o [ˈkreɑn] *s* creyón; dibujo al creyón; *va* dibujar con creyón
craze [krez] *s* moda, boga; manía, locura; estrías finas en la superficie de ciertas especies de vajilla; *va* enloquecer; estriar finamente (*la superficie de la vajilla*)
crazy [ˈkrezɪ] *adj* (*comp:* **-zier**; *super:* **-ziest**) loco, demente; desvencijado; achacoso, débil; loco (*que procede como loco*); **to be crazy about** (coll.) estar loco por; **to drive crazy** volver loco; **crazy as a bedbug** o **as a loon** (slang) loco de atar, loco rematado
crazy bone *s* hueso de la alegría
crazy quilt *s* centón
crazyweed [ˈkrezɪˌwid] *s* (bot.) loco, cascabelito
creak [krik] *s* chirrido, rechinamiento; *va* hacer chirriar o rechinar; *vn* chirriar, rechinar, chillar
creaky [ˈkrikɪ] *adj* (*comp:* **-ier**; *super:* **-iest**) chirriadero, chirriador, rechinador
cream [krim] *s* crema; nata y flor, crema (*p.ej., de la sociedad*); *va* proveer de crema; poner crema en; cocinar con crema o salsa de crema; desnatar (*la leche*); *vn* criar o producir nata; espumar
cream cheese *s* queso crema
creamer [ˈkrimər] *s* cremera
creamery [ˈkrimərɪ] *s* (*pl:* **-ies**) mantequería, quesería, lechería, granja
cream of tartar *s* crémor tártaro
creamometer [kriˈmɑmɪtər] *s* cremómetro
cream puff *s* bollo de crema
cream sauce *s* salsa de crema
cream separator *s* desnatadora, descremadora
creamy [ˈkrimɪ] *adj* (*comp:* **-ier**; *super:* **-iest**) cremoso; de color de crema
crease [kris] *s* arruga, pliegue; raya (*de los pantalones*); cris (*daga*); *va* arrugar, plegar; *vn* arrugarse, plegarse
create [kriˈet] *va* crear
creation [kriˈeʃən] *s* creación; **the Creation** la Creación
creationism [kriˈeʃənɪzəm] *s* (philos. & theol.) creacionismo
creative [kriˈetɪv] *adj* creador, creativo
creator [kriˈetər] *s* creador; **the Creator** el Creador
creature [ˈkritʃər] *s* criatura; (U.S.A.) animalejo, bicho; criatura (*hechura de otra persona*)
creature comforts *spl* cosas (*alimentos, vestidos*) que confortan el cuerpo
crèche [kreʃ] o [krɛʃ] *s* belén, nacimiento; casa de expósitos; guardería infantil
credence [ˈkridəns] *s* creencia, fe; credencia, aparador; (eccl.) credencia; **to give credence to** dar fe a, dar crédito a
credential [krɪˈdɛnʃəl] *adj & s* credencial; **credentials** *spl* credenciales; (dipl.) carta credencial
credibility [ˌkrɛdɪˈbɪlɪtɪ] *s* credibilidad
credible [ˈkrɛdɪbəl] *adj* creíble
credit [ˈkrɛdɪt] *s* crédito; (com. & educ.) crédito; **on credit** (com.) a crédito; **to do credit to** acreditar, dar crédito a; **to give a person credit for** concederle a una persona el mérito de; **to give credit to** creer, dar crédito a; (com.) abrir crédito a; **to take credit for** atribuirse el mérito de; *va* creer; (com. & educ.) acreditar; **to credit a person with** atribuirle a una persona el mérito de
creditable [ˈkrɛdɪtəbəl] *adj* honorable, estimable
credit balance *s* saldo acreedor
credit card *s* (com.) tarjeta de crédito
credit line *s* referencia que da el nombre del autor de un escrito que se ha reproducido
credit man *s* investigador de ventas al fiado
creditor [ˈkrɛdɪtər] *s* acreedor
credit union *s* asociación o banco cooperativo
credo [ˈkrido] o [ˈkredo] *s* (*pl:* **-dos**) credo; (mus.) credo
credulity [krɪˈdjulɪtɪ] o [krɪˈdulɪtɪ] *s* credulidad
credulous [ˈkrɛdʒələs] *adj* crédulo
creed [krid] *s* credo
creek [krik] o [krɪk] *s* arroyo; (naut.) ensenada
creel [kril] *s* cesta para pescados; jaula de mimbres (*para coger langostas, etc.*)
creep [krip] *s* arrastramiento; marcha lenta; **the creeps** (coll.) hormigueo (*en la piel*); (*pret & pp:* **crept**) *vn* arrastrarse; andar o mover cautelosa o furtivamente; gatear; trepar; desviarse; hormiguear, sentir hormigueo; **to creep forward** andar avanzando despacio; acercarse insensible o cautelosamente; **to creep in** o **into** insinuarse en; entrar cautelosa o furtivamente en; **to creep out** salir arrastrándose; salir cautelosa o furtivamente; **to creep up on** acercarse a, insensible o cautelosamente
creepage [ˈkripɪdʒ] *s* (elec.) fluencia, corrimiento, escurrimiento; (elec.) ascenso capilar
creeper [ˈkripər] *s* rastrero; (bot.) planta rastrera, planta trepadora; (orn.) trepador; **creepers** *spl* crampón, ramplón; prenda de vestir para niños (*comprende la blusa y el pantalón*)
creeping [ˈkripɪŋ] *s* arrastramiento; marcha lenta; desviación, deslizamiento; *adj* lento; progresivo; (bot.) rastrero
creeping barrage *s* (mil.) barrera de fuego móvil
creeping paralysis *s* (path.) parálisis progresiva
creeping sickness *s* (path.) ergotismo
creepy [ˈkripɪ] *adj* (*comp:* **-ier**; *super:* **-iest**) (coll.) hormigueante; lento; **to feel creepy** (coll.) hormiguear; (coll.) tener carne de gallina
creese [kris] *s* cris (*daga*)
cremate [ˈkrimet] o [krɪˈmet] *va* incinerar
cremation [krɪˈmeʃən] *s* cremación, incineración de cadáveres
cremator [ˈkrimetər] o [krɪˈmetər] *s* persona que incinera cadáveres; horno crematorio
crematory [ˈkriməˌtorɪ] o [ˈkrɛməˌtorɪ] *adj* crematorio; *s* (*pl:* **-ries**) crematorio; horno crematorio
crème [krɛm] *s* crema (*nata; licor espeso y dulce*)
crème de menthe [krɛmdəˈmɑ̃t] *s* crema de menta
Cremona [krɪˈmonə] *s* violín de Cremona
crenate [ˈkrinet] *adj* (bot.) crenato
crenation [krɪˈneʃən] *s* (bot.) crena, muesca; (anat.) crena
crenelate o **crenellate** [ˈkrɛnəlet] *va* (fort.) almenar
Creole [ˈkriol] *adj & s* criollo; (*l.c.*) *s* criollo, negro criollo
creosol [ˈkriəsol] *s* (chem.) creosol
creosote [ˈkriəsot] *s* creosota; *va* creosotar
creosote oil *s* aceite de creosota
crepe o **crêpe** [krep] *s* crespón
crepe de Chine [ˌkrepdəˈʃin] *s* crespón de la China
crepitant [ˈkrɛpɪtənt] *adj* crepitante
crepitate [ˈkrɛpɪtet] *vn* crepitar
crepitation [ˌkrɛpɪˈteʃən] *s* crepitación; (med.) crepitación
crept [krɛpt] *pret & pp de* **creep**
crepuscular [krɪˈpʌskjələr] *adj* crepuscular
crescendo [krəˈʃɛndo] *s* (*pl:* **-dos**) (mus.) crescendo
crescent [ˈkrɛsənt] *adj* creciente; *s* media luna (*figura de cuarto de luna creciente o menguante; mahometismo; imperio turco*); panecillo (*de figura de media luna*); (astr.) creciente, creciente de la luna; (her.) creciente
cresol [ˈkrisɑl] *s* (chem.) cresol
cress [krɛs] *s* (bot.) mastuerzo
cresset [ˈkrɛsɪt] *s* hachón, almenar, tedero
Cressida [ˈkrɛsɪdə] *s* (myth.) Criseida
crest [krɛst] *s* cresta (*copete, penacho de las aves; cima de una ola; cima, copete de una montaña; cimera sobre el morrión*); (anat., arch., bot., mach. & zool.) cresta; (her.) cimera, crista

crested [ˈkrɛstɪd] *adj* crestado
crested grebe *s* (orn.) somorgujo moñudo
crested lark *s* (orn.) cochevís, cogujada, vejeta
crestfallen [ˈkrɛstˌfɔlən] *adj* cabizbajo, con las orejas caídas
cretaceous [krɪˈteʃəs] *adj* cretáceo; (*cap.*) *adj & s* (geol.) cretáceo
Cretan [ˈkritən] *adj & s* cretense
Crete [krit] *s* Creta
cretin [ˈkritɪn] *s* cretino
cretinism [ˈkritɪnɪzəm] *s* (path.) cretinismo
cretonne [krɪˈtɑn] o [ˈkritɑn] *s* cretona
crevasse [krəˈvæs] *s* grieta en un alud; (U.S.A.) brecha en un dique o malecón
crevice [ˈkrɛvɪs] *s* grieta
crew [kru] *s* equipo; personal; tripulación o dotación (*de un buque o máquina de volar*); cuadrilla, banda; (sport) remo (*deporte de los remeros para carreras*); (sport) dotación (*de remeros*); *pret de* **crow**
crew cut *s* corte de pelo a cepillo
crewel [ˈkruəl] *s* estambre (*para bordar*)
crew member *s* tripulante, miembro de la tripulación
crib [krɪb] *s* camilla de niño; pesebre; granero; chiribitil (*cuarto muy pequeño*); (constr.) armazón de sustentación; (hyd.) cofre, cajón; (min.) brocal de entibación; (slang) chuleta (*notas que se usan a hurtadillas en un examen*); (coll.) plagio; (*pret & pp:* **cribbed**; *ger:* **cribbing**) *va* enjaular o encerrar dentro de un espacio muy pequeño; (coll.) plagiar; *vn* (slang) usar a hurtadillas claves o notas (*en un examen*)
cribbage [ˈkrɪbɪdʒ] *s* juego de naipes en que se cuentan los tantos con clavijas que encajan en una tableta
crick [krɪk] *s* calambre; *va* hacer padecer un calambre
cricket [ˈkrɪkɪt] *s* (ent.) grillo; (sport) cricquet; escabel, taburete; (coll.) juego limpio; *vn* (sport) jugar al cricquet
cricketer [ˈkrɪkɪtər] *s* (sport) cricquetero
cricoid [ˈkraɪkɔɪd] *adj & s* (anat.) cricoides
crier [ˈkraɪər] *s* pregonero; baladrero; lamentador
crime [kraɪm] *s* crimen, delito
Crimea [kraɪˈmiə] o [krɪˈmiə] *s* Crimea
Crimean [kraɪˈmiən] o [krɪˈmiən] *adj* de Crimea
Crimean War *s* guerra de Crimea
criminal [ˈkrɪmɪnəl] *adj & s* criminal
criminal code *s* (law) código penal
criminal conversation *s* (law) adulterio
criminality [ˌkrɪmɪˈnælɪtɪ] *s* (*pl:* **-ties**) criminalidad
criminal law *s* derecho penal, jurisprudencia criminal
criminally [ˈkrɪmɪnəlɪ] *adv* criminalmente
criminal negligence *s* imprudencia temeraria
criminate [ˈkrɪmɪnet] *va* criminar
crimination [ˌkrɪmɪˈneʃən] *s* criminación
criminatory [ˈkrɪmɪnəˌtorɪ] *adj* acriminador
criminological [ˌkrɪmɪnəˈlɑdʒɪkəl] *adj* criminológico
criminologist [ˌkrɪmɪˈnɑlədʒɪst] *s* criminólogo
criminology [ˌkrɪmɪˈnɑlədʒɪ] *s* criminología
crimp [krɪmp] *s* encrespadura, rizado; arruga; rizo (*de pelo*); persona que recluta con fuerza o engaño; **to put a crimp in** (slang) estorbar, impedir; *va* encrespar, rizar; arrugar; reclutar con fuerza o engaño
crimping iron *s* encrespador, rizador
crimple [ˈkrɪmpəl] *va* encrespar, rizar, arrugar; *vn* encresparse, rizarse, arrugarse
crimpy [ˈkrɪmpɪ] *adj* (*comp:* **-ier**; *super:* **-iest**) encrespado, rizado, arrugado
crimson [ˈkrɪmzən] *adj & s* carmesí; *va* teñir de carmesí; enrojecer; *vn* enrojecerse
crimson clover *s* (bot.) trébol encarnado, trébol del Rosellón
cringe [krɪndʒ] *s* adulación, bajeza; *vn* arrastrarse, reptar, encogerse
cringle [ˈkrɪŋgəl] *s* (naut.) garrucho
crinière [ˌkriˈnjɛr] *s* (arm.) capizana
crinkle [ˈkrɪŋkəl] *s* arruga, pliegue; rizo u onda (*en el agua*); susurro, crujido; *va* arrugar, plegar; *vn* arrugarse; serpentear; susurrar, crujir
crinkly [ˈkrɪŋklɪ] *adj* (*comp:* **-klier**; *super:* **-kliest**) arrugado; ondulado; susurrante, crujidero
crinoid [ˈkraɪnɔɪd] o [ˈkrɪnɔɪd] *adj & s* (zool.) crinoideo
crinoline [ˈkrɪnəlɪn] o [ˈkrɪnəlin] *s* crinolina
cripple [ˈkrɪpəl] *adj & s* lisiado, baldado, estropeado; *va* lisiar, baldar, estropear; dañar, perjudicar; (naut.) desarbolar, desmantelar
crisis [ˈkraɪsɪs] *s* (*pl:* **-ses** [siz]) crisis
crisp [krɪsp] *adj* frágil, quebradizo; crespo, rizado; agudo; decisivo; refrescante; *va* hacer frágil o quebradizo; encrespar, rizar; ondular; *vn* encresparse, rizarse; ondularse
crispy [ˈkrɪspɪ] *adj* (*comp:* **-ier**; *super:* **-iest**) var. de **crisp**
crisscross [ˈkrɪsˌkrɔs] o [ˈkrɪsˌkrɑs] *s* cruz (*figura; firma*); líneas cruzadas; cristus; juego del tres en raya; *adj* cruzado; *adv* en cruz, en forma de cruz; *va* marcar o cubrir con líneas cruzadas; *vn* entrecruzarse
criterion [kraɪˈtɪrɪən] *s* (*pl:* **-a** [ə] u **-ons**) criterio
critic [ˈkrɪtɪk] *s* crítico; criticón (*persona que todo lo critica*)
critical [ˈkrɪtɪkəl] *adj* crítico; criticón
critical angle *s* (aer. & opt.) ángulo crítico
critical edition *s* edición crítica
critical mass *s* (phys.) masa crítica
critical pressure *s* (phys.) presión crítica
critical temperature *s* (phys.) temperatura crítica
criticise [ˈkrɪtɪsaɪz] *va & vn* var. de **criticize**
criticism [ˈkrɪtɪsɪzəm] *s* crítica; (philos.) criticismo
criticize [ˈkrɪtɪsaɪz] *va & vn* criticar
critique [krɪˈtik] *s* crítica; ensayo crítico
croak [krok] *s* graznido (*p.ej., del cuervo*); canto de las ranas; *va* (slang) matar; *vn* graznar (*el cuervo, el grajo, etc.*); croar (*la rana*); gruñir; presagiar el mal; (slang) reventar (*morir*)
croaker [ˈkrokər] *s* gruñidor, refunfuñador; graznador; (ichth.) roncador, corvina blanca
Croat [ˈkroæt] *s* croata (*natural o habitante; idioma*)
Croatia [kroˈeʃə] *s* Croacia
Croatian [kroˈeʃən] *adj & s* croata
crocein [ˈkrosɪɪn] *s* (chem.) croceína
crochet [kroˈʃe] *s* croché; (*pret & pp:* **-cheted** [ˈʃed]; *ger:* **-cheting** [ˈʃeɪŋ]) *va* trabajar con aguja de croché; *vn* hacer croché
crochet needle *s* aguja de croché, aguja de gancho
crocin [ˈkrosɪn] *s* (chem.) crocina
crock [krɑk] *s* vasija de barro cocido, vasija de loza, cacharro
crockery [ˈkrɑkərɪ] *s* loza
crocket [ˈkrɑkɪt] *s* (arch.) follaje
crocodile [ˈkrɑkədaɪl] *s* (zool.) cocodrilo
crocodile tears *spl* lágrimas de cocodrilo
crocodilian [ˌkrɑkəˈdɪlɪən] *adj & s* (zool.) cocodriliano
crocus [ˈkrokəs] *s* (bot.) azafrán
Croesus [ˈkrisəs] *s* (biog. & fig.) Creso
croft [krɔft] o [krɑft] *s* (Brit.) campo pequeño encerrado; (Brit.) granja muy pequeña
crofter [ˈkrɔftər] o [ˈkrɑftər] *s* (Brit.) persona que cultiva una granja muy pequeña
Cro-Magnon [kroˈmægnɑn] *adj* (anthrop.) cromañonense; *s* (anthrop.) cromañón
cromlech [ˈkrɑmlɛk] *s* crómlech o crónlech
crone [kron] *s* vieja acartonada
Cronos [ˈkronɑs] o **Cronus** [ˈkronəs] *s* (myth.) Cronos
crony [ˈkronɪ] *s* (*pl:* **-nies**) camarada, compinche
crook [krʊk] *s* gancho, garfio; curva, curvatura; cayado (*que usan los pastores*); (mus.) tudel (*del bajón*); (coll.) fullero, ladrón; *va* encorvar; (slang) empinar (*el codo*); *vn* encorvarse
crooked [ˈkrʊkɪd] *adj* curvo, encorvado, torcido; (fig.) torcido (*dícese de una persona o su conducta*); **to go crooked** (coll.) torcerse (*desviarse del camino recto de la virtud*)
Crookes space [krʊks] *s* (phys.) espacio de Crookes
Crookes tube *s* (phys.) tubo de Crookes

crookneck [ˈkrʊk,nɛk] *s* (bot.) calabaza de cuello torcido
crooknecked [ˈkrʊk,nɛkt] *adj* de cuello torcido
croon [krun] *s* canturreo; *va & vn* cantar con voz suave, cantar con melancolía exagerada
crooner [ˈkrunər] *s* cantor de voz suave, cantor melancólico
crop [krɑp] *s* cosecha; (fig.) cosecha (*p.ej., de mentiras*); cabellera; cabello corto; señal producida recortando las orejas a los animales; buche (*del ave*); látigo mocho, remate de látigo; (fig.) hornada (*de citas, héroes, etc.*); (*pret & pp:* **cropped;** *ger:* **cropping**) *va* sembrar y cosechar; cortar; desorejar; desmochar; esquilar, trasquilar; pacer (*la hierba*); *vn* cosechar; **to crop out** o **up** (min.) aflorar; asomar, dejarse ver, manifestarse inesperadamente
crop dusting *s* aerofumigación, fumigación aérea, pulverización agrícola
cropper [ˈkrɑpər] *s* cultivador; (coll.) caída pesada; (coll.) fracaso; **to come a cropper** (coll.) caer pesadamente; (coll.) fracasar
croquet [kroˈke] *s* argolla, croquet (*juego*)
croquette [kroˈkɛt] *s* croqueta
crosier [ˈkroʒər] *s* cayado, báculo pastoral; (bot.) fronda circinada (*de los helechos*)
cross [krɔs] o [krɑs] *s* cruz; cruce (*de dos caminos; de razas*); (elec.) cruzamiento; (fig.) cruz, calvario (*sufrimiento moral*); **the Cross** la Cruz, la Santa Cruz; **to make the sign of the cross** hacerse la señal de la cruz; **to take the cross** cruzarse (*alistarse en una cruzada*) ‖ *adj* transversal; travieso; cruzado (*de raza mixta*); malhumorado ‖ *va* cruzar; contrariar; frustrar; **to cross a person's path** cruzar el camino de una persona; **to cross a road** atravesar o cruzar un camino; **to cross off** u **out** borrar; **to cross oneself** hacerse la señal de la cruz; **to cross one's fingers** cruzar los dedos (*por superstición*); **to cross one's heart** hacerse la señal de la cruz sobre el corazón (*como juramento de integridad*); **to cross one's legs** cruzar las piernas; **to cross one's mind** ocurrírsele a uno; **to cross swords** cruzar las espadas (*batirse*); **to cross the Atlantic** cruzar el Atlántico; **to cross the street** atravesar o cruzar la calle; **to cross up** servir de obstáculo a ‖ *vn* cruzar; cruzarse; **to cross over** atravesar de un lado a otro
crossbar [ˈkrɔs,bɑr] o [ˈkrɑs,bɑr] *s* travesaño; raya o lista al través o transversal
crossbeam [ˈkrɔs,bim] o [ˈkrɑs,bim] *s* viga transversal
crossbill [ˈkrɔs,bɪl] o [ˈkrɑs,bɪl] *s* (orn.) piquituerto
cross bond *s* (elec.) conexión entre riel y alimentador; (mas.) aparejo cruzado
crossbones [ˈkrɔs,bonz] o [ˈkrɑs,bonz] *spl* huesos cruzados (*símbolo de la muerte*)
crossbow [ˈkrɔs,bo] o [ˈkrɑs,bo] *s* ballesta
crossbowman [ˈkrɔs,bomən] o [ˈkrɑs,bomən] *s* (*pl:* **-men**) ballestero
cross bracing *s* arriostramiento transversal
crossbred [ˈkrɔs,brɛd] o [ˈkrɑs,brɛd] *adj* cruzado (*de raza*)
crossbreed [ˈkrɔs,brid] o [ˈkrɑs,brid] *s* híbrido; (*pret & pp:* **-bred**) *va* cruzar (*animales o plantas*)
cross-breeding [ˈkrɔs,bridɪŋ] o [ˈkrɑs,bridɪŋ] *s* cruzamiento
cross bun *s* bollo marcado con la figura de una cruz (*que se come el viernes santo*)
cross-country [ˈkrɔs,kʌntrɪ] o [ˈkrɑs,kʌntrɪ] *adj* a campo traviesa; a través del país, transcontinental; *s* (sport) carrera a pie y a campo traviesa
cross-country flight *s* (aer.) vuelo a través del país
crosscurrent [ˈkrɔs,kʌrənt] o [ˈkrɑs,kʌrənt] *s* contracorriente; (fig.) tendencia contraria
crosscut [ˈkrɔs,kʌt] o [ˈkrɑs,kʌt] *adj* para cortar transversalmente; cortado transversalmente; *s* sierra de través; corte transversal; atajo (*senda*); (min.) galería transversal; (*pret & pp:* **-cut;** *ger:* **-cutting**) *va* cortar o aserrar transversalmente
crosscut file *s* lima de doble picadura
crosscut saw *s* sierra de través, tronzador
crosse [krɔs] o [krɑs] *s* (sport) raquetón (*que sirve para jugar a la crosse*)
crossed anesthesia *s* anestesia cruzada
cross-examination [ˈkrɔsɛg,zæmɪˈneʃən] o [ˈkrɑsɛg,zæmɪˈneʃən] *s* (law) repregunta; interrogatorio riguroso
cross-examine [ˈkrɔsɛgˈzæmɪn] o [ˈkrɑsɛgˈzæmɪn] *va* (law) repreguntar; interrogar rigurosamente
cross-eye [ˈkrɔs,aɪ] o [ˈkrɑs,aɪ] *s* (path.) estrabismo convergente, vista torcida
cross-eyed [ˈkrɔs,aɪd] o [ˈkrɑs,aɪd] *adj* bisojo, bizco, ojituerto
cross-fertilization [ˈkrɔs,fʌrtɪlɪˈzeʃən] o [ˈkrɑs,fʌrtɪlɪˈzeʃən] *s* (bot. & biol.) fertilización cruzada
cross-fertilize [ˈkrɔsˈfʌrtɪlaɪz] o [ˈkrɑsˈfʌrtɪlaɪz] *va* fecundar por fertilización cruzada; *vn* fecundarse por fertilización cruzada
cross fire *s* (mil.) fuego cruzado
cross-grained [ˈkrɔsˈgrend] o [ˈkrɑsˈgrend] *adj* de contrafibra, de contrahilo; intratable, terco
cross hair *s* (opt.) hilo cruzado
crosshatch [ˈkrɔs,hætʃ] o [ˈkrɑs,hætʃ] *va* marcar con rayitas cruzadas; *vn* marcarse con rayitas cruzadas
crosshead [ˈkrɔs,hɛd] o [ˈkrɑs,hɛd] *s* (mach.) cruceta
crossing [ˈkrɔsɪŋ] o [ˈkrɑsɪŋ] *s* cruce (*de líneas, calles, etc.*); travesía (*del mar*); vado (*de un río*); crucero, paso a nivel (*de ferrocarril*); (arch.) crucero (*sitio en que se cruzan las naves transversal y principal de una iglesia*)
crossing gate *s* (rail.) barrera, barrera de paso a nivel
crossing point *s* punto de cruce
crossjack [ˈkrɔs,dʒæk] o [ˈkrɑs,dʒæk] *s* (naut.) vela de mesana
cross-legged [ˈkrɔsˈlɛgɪd], [ˈkrɑsˈlɛgɪd], [ˈkrɔs,lɛgd] o [ˈkrɑs,lɛgd] *adj* con los pies cruzados; con las piernas cruzadas
crosslet [ˈkrɔslɪt] o [ˈkrɑslɪt] *s* crucecita
cross-over [ˈkrɔs,ovər] o [ˈkrɑs,ovər] *s* crucero, traspaso; (biol.) recombinación, cruzamiento intercromosómico; (elec.) cruce de conductores
crosspatch [ˈkrɔs,pætʃ] o [ˈkrɑs,pætʃ] *s* (coll.) malhumorado, gruñón
crosspiece [ˈkrɔs,pis] o [ˈkrɑs,pis] *s* travesaño; cruceta (*de un enrejado*)
cross-pollinate [ˈkrɔsˈpɑlɪnet] o [ˈkrɑsˈpɑlɪnet] *va* fecundar por polinización cruzada; *vn* fecundarse por polinización cruzada
cross-pollination [ˈkrɔs,pɑlɪˈneʃən] o [ˈkrɑs,pɑlɪˈneʃən] *s* (bot.) polinización cruzada
cross-purpose [ˈkrɔsˈpʌrpəs] o [ˈkrɑsˈpʌrpəs] *s* disposición contraria, propósito contrario; **cross-purposes** *spl* juego de preguntas y respuestas en el cual se usan palabras de diferentes significados; **at cross-purposes** sin comprenderse uno a otro; oponiéndose uno a otro involuntariamente
cross-question [ˈkrɔsˈkwɛstʃən] o [ˈkrɑsˈkwɛstʃən] *s* (law) repregunta; *va* (law) repreguntar
crossrail [ˈkrɔs,rel] o [ˈkrɑs,rel] *s* travesaño
cross-refer [,krɔsrɪˈfʌr] o [,krɑsrɪˈfʌr] (*pret & pp:* **-ferred;** *ger:* **-ferring**) *va & vn* contrarreferir
cross reference *s* contrarreferencia, remisión
crossroad [ˈkrɔs,rod] o [ˈkrɑs,rod] *s* vía o camino transversal; vía conectadora; **crossroads** *spl* cruce, encrucijada; **at the crossroads** en el momento crítico
crossruff [ˈkrɔs,rʌf] o [ˈkrɑs,rʌf] *s* (cards) jugada en la cual cada compañero juega un naipe que se puede matar con el triunfo del otro
cross sea *s* (naut.) mar alborotada en que las olas corren en sentidos opuestos
cross section *s* sección transversal, corte transversal; (fig.) sección representativa (*de un grupo de personas, cosas, etc.*)
cross spider *s* (ent.) araña epeira
cross-staff [ˈkrɔs,stæf] o [ˈkrɑs,stɑf] *s* escuadra de agrimensor; (naut.) ballestilla
cross-stitch [ˈkrɔs,stɪtʃ] o [ˈkrɑs,stɪtʃ] *s* puntada cruzada; bordado hecho con puntadas cruzadas; *va* bordar o coser con puntadas cruzadas
cross street *s* calle de travesía, calle traviesa
crosstie [ˈkrɔs,taɪ] o [ˈkrɑs,taɪ] *s* (rail.) traviesa, durmiente

crosstree [ˈkrɔsˌtri] o [ˈkrɑsˌtri] *s* (naut.) cruceta
cross vault *s* (arch.) bóveda por arista
crossway [ˈkrɔsˌwe] o [ˈkrɑsˌwe] *s* var. de **crossroad**
crossways [ˈkrɔsˌwez] o [ˈkrɑsˌwez] o **crosswise** [ˈkrɔsˌwaɪz] o [ˈkrɑsˌwaɪz] *adv* al través; en cruz; mal, equivocadamente
cross wire *s* (opt.) hilo cruzado
crossworder [ˈkrɔsˌwʌrdər] o [ˈkrɑsˌwʌrdər] *s* crucigramista
crossword puzzle [ˈkrɔsˌwʌrd] o [ˈkrɑsˌwʌrd] *s* crucigrama
crosswort [ˈkrɔsˌwʌrt] o [ˈkrɑsˌwʌrt] *s* (bot.) cruciata
crossyard [ˈkrɔsˌjɑrd] o [ˈkrɑsˌjɑrd] *s* (naut.) palo o verga en cruz
crotch [krɑtʃ] *s* bifurcación; bragadura, horcajadura, entrepiernas; (naut.) pique
crotched [krɑtʃt] *adj* bifurcado
crotchet [ˈkrɑtʃɪt] *s* capricho, rareza; ganchito; (mus.) suspiro (*pausa*); (mus.) negra
crotchety [ˈkrɑtʃɪtɪ] *adj* caprichoso, excéntrico
croton [ˈkrotən] *s* (bot.) crotón; (bot.) buenavista
Croton bug *s* (ent.) cucaracha
croton oil *s* aceite de crotón
crouch [krautʃ] *s* encogimiento; posición agachada; *va* doblar o inclinar muy bajo; *vn* encogerse, agacharse; doblar las rodillas inclinándose muy bajo
croup [krup] *s* (path.) crup, garrotillo; anca, grupa (*del caballo*)
croupier [ˈkrupɪər] *s* crupié, coime
croupous [ˈkrupəs] *adj* crupal
croupy [ˈkrupɪ] *adj* cruposo; crupal
crouton [ˈkrutɑn] *s* cuscurro, cortezón
crow [kro] *s* (orn.) corneja; (orn.) grajo; (orn.) chova; barra, palanca; quiquiriquí (*del gallo*); arrullo (*de los niños pequeños*); **as the crow flies** en línea recta, por el camino más corto; **to eat crow** (coll.) cantar la palinodia; **to have a crow to pick with** (coll.) tener que habérselas con; (*pret:* **crowed** o **crew;** *pp:* **crowed**) *vn* cantar (*el gallo*); (*pret & pp:* **crowed**) *vn* bravear, jactarse; **to crow over** jactarse de
crowbar [ˈkroˌbɑr] *s* palanca, pie de cabra, alzaprima
crowd [kraud] *s* gentío, afluencia, multitud; vulgo, populacho; caterva, tropel; (coll.) grupo, clase; **to follow the crowd** irse al hilo o tras el hilo de la gente (*hacer lo que hacen los otros*); *va* apretar, apiñar, atestar; empujar; **to crowd on sail** (naut.) hacer fuerza de vela; *vn* apretarse, atestarse; arremolinarse; impelerse con fuerza
crowded [ˈkraudɪd] *adj* apretado, apiñado, atestado; lleno, tupido
crowfoot [ˈkroˌfut] *s* (*pl:* **-foots**) (bot.) ranúnculo; (*pl:* **-feet**) araña (*para sostener toldos*); (elec.) electrodo de cinc (*de una pila de gravedad*); (mil.) abrojo
crown [kraun] *s* corona; (dent.) corona; corona (*moneda*); (naut.) cruz (*del ancla*); copa (*de sombrero*); *adj* coronario; *va* coronar; abombar, abovedar; poner corona artificial a (*un diente*); (checkers) coronar; (slang) golpear en la cabeza
crown colony *s* colonia de la Corona (*colonia del imperio británico que no tiene autonomía*)
crowned head *s* testa coronada (*soberano*)
crown glass *s* crown-glass (*cristal muy puro*); vidrio en hojas circulares para ventanas
crown lens *s* lente convexa de crown-glass
crown prince *s* príncipe heredero
crown princess *s* consorte del príncipe heredero; princesa heredera
crown saw *s* sierra de corona cilíndrica
crown sheet *s* cielo del hogar (*de las cajas de fuego*)
crown wheel *s* (mach.) rueda de dientes laterales
crownwork [ˈkraunˌwʌrk] *s* (dent.) corona artificial; (fort.) corona, obra de corona
crow's-foot [ˈkrozˌfut] *s* (*pl:* **-feet**) pata de gallo (*arruga en el rabo del ojo*); puntada de tres puntas (*que se usa en los bordados*); (mil.) abrojo
crow's-nest [ˈkrozˌnɛst] *s* (naut.) torre de vigía
croze [kroz] *s* gárgol, jable (*ranura*); argallera, jabladera (*serrucho*); *va* ruñar
crozier [ˈkroʒər] *s* var. de **crosier**
crucial [ˈkruʃəl] *adj* crucial, decisivo; penoso, severo; (surg.) crucial
crucible [ˈkrusɪbəl] *s* crisol; (fig.) crisol
crucible furnace *s* horno de crisol
crucible steel *s* acero de crisol
crucifer [ˈkrusɪfər] *s* (eccl.) crucero, crucíferario; (bot.) crucífera
crucified [ˈkrusɪfaɪd] *adj* crucificado; **the Crucified** el Crucificado (*Jesucristo*)
crucifix [ˈkrusɪfɪks] *s* crucifijo; cruz
crucifixion [ˌkrusɪˈfɪkʃən] *s* crucifixión; (*cap.*) *s* Crucifixión
cruciform [ˈkrusɪfɔrm] *adj* cruciforme
crucify [ˈkrusɪfaɪ] (*pret & pp:* **-fied**) *va* crucificar; (fig.) crucificar
crude [krud] *adj* grosero, tosco; crudo (*no refinado; no preparado*); sin labrar
crudity [ˈkrudɪtɪ] *s* (*pl:* **-ties**) grosería, tosquedad; crudeza
cruel [ˈkruəl] *adj* cruel
cruelty [ˈkruəltɪ] *s* (*pl:* **-ties**) crueldad
cruet [ˈkruɪt] *s* ampolleta, vinagrera
cruet stand *s* angarillas, vinagreras
cruise [kruz] *s* travesía, viaje por mar; excursión; (naut. & aer.) crucero; *va* (naut.) cruzar; *vn* (naut.) cruzar; (aer.) volar en crucero; (coll.) andar de un punto a otro
cruiser [ˈkruzər] *s* (nav.) crucero; aeroplano, taxi o embarcación que hace viajes de ida y vuelta
cruising [ˈkruzɪŋ] *s* (naut.) crucero; *adj* de crucero, p.ej., **cruising speed** velocidad de crucero
cruising radius *s* autonomía (*de un buque, avión, etc.*)
cruller [ˈkrʌlər] *s* buñuelo
crumb [krʌm] *s* migaja (*partícula del pan; porción pequeña de cualquier cosa*); miga (*parte más blanda del pan*); *va* desmenuzar; desmigar (*el pan*); (cook.) cubrir con migajas; (coll.) limpiar (*la mesa*) de migajas; *vn* desmigarse
crumb brush *s* recogemigas
crumble [ˈkrʌmbəl] *va* desmenuzar; *vn* desmenuzarse; desmoronarse
crumbly [ˈkrʌmblɪ] *adj* (*comp:* **-blier;** *super:* **-bliest**) desmenuzable; desmoronadizo
crumb tray *s* bandeja en que se recogen las migajas
crumby [ˈkrʌmɪ] *adj* (*comp:* **-ier;** *super:* **-iest**) lleno de migajas; blando, tierno
crummy [ˈkrʌmɪ] *adj* (*comp:* **-mier;** *super:* **-miest**) (slang) desaseado, sucio; (slang) gastado, p.ej., **a crummy joke** una broma gastada
crump [krʌmp] *s, va & vn* var. de **crunch**
crumpet [ˈkrʌmpɪt] *s* bollo blando tostado
crumple [ˈkrʌmpəl] *s* arruga o pliegue que se hace aplastando una cosa; *va* arrugar, plegar, hacer contraerse en arrugas; *vn* arrugarse, plegarse, contraerse en arrugas
crunch [krʌntʃ] *s* roznido, mascadura; crujido; *va* ronzar, mascar ruidosamente; *vn* contraerse con ruido, crujir
crunk [krʌŋk] o [kruŋk] *vn* (dial.) gruir (*la grulla*)
cruor [ˈkruɔr] *s* (physiol.) crúor
crupper [ˈkrʌpər] *s* baticola; anca, grupa (*del caballo*); (hum.) nalgas
crural [ˈkrurəl] *adj* (anat.) crural
crusade [kruˈsed] *s* cruzada; *vn* hacerse cruzado, abrazar una cruzada; **to crusade for** hacer campaña por
crusader [kruˈsedər] *s* cruzado
cruse [kruz] o [krus] *s* ampolleta, cazuela, olla
crush [krʌʃ] *s* presión violenta; aplastamiento; bullaje (*de gente*); **to have a crush on** (slang) estar perdido por, perder la chaveta por (*una persona*); *va* aplastar, magullar; moler; bocartear (*el mineral*); abrumar, p.ej., **I was crushed by the news** me quedé abrumado con la noticia
crush hat *s* sombrero flexible; clac
crust [krʌst] *s* corteza; corteza de pan; corteza de papel; mendrugo; costra, escara; *va* encostrar; *vn* encostrarse

crustacean [krʌsˈteʃən] *adj & s* crustáceo
crustaceous [krʌsˈteʃəs] *adj* crustáceo; (zool.) crustáceo
crusty [ˈkrʌstɪ] *adj* (*comp:* **-ier;** *super:* **-iest**) costroso; rudo, grosero, áspero
crutch [krʌtʃ] *s* muleta; (fig.) muleta
crux [krʌks] *s* (*pl:* **cruxes** o **cruces** [ˈkrusiz]) punto capital; enigma, cuestión perpleja
cry [kraɪ] *s* (*pl:* **cries**) grito; lloro; gritería; pregón; grito de guerra; aullido (*del lobo*); bramido (*del toro*); **in full cry** en persecución inmediata; **to have a good cry** prorrumpir en lágrimas abundantes ‖ (*pret & pp:* **cried**) *va* decir a gritos; pregonar; **to cry down** gritar (*p.ej., una comedia*); despreciar, menospreciar; **to cry off** renunciar, romper (*p.ej., un acuerdo*); **to cry one's eyes** o **heart out** llorar amargamente; **to cry out** decir a gritos; pregonar o publicar en alta voz; **to cry up** alabar, elogiar; dar por importante ‖ *vn* gritar; llorar; aullar (*el lobo*); bramar (*el toro*); **to cry aloud** gritar fuertemente; llorar a gritos; **to cry for** clamar por; **to cry for joy** llorar de alegría; **to cry out** clamar; **to cry out against** clamar contra; **to cry out for** clamar, clamar por; **to cry out to** clamar a; **to cry to heaven** clamar al cielo
crybaby [ˈkraɪˌbebɪ] *s* (*pl:* **-bies**) llorón o llorona, lloraduelos
crying [ˈkraɪɪŋ] *adj* llorón; enorme, atroz
cryogen [ˈkraɪədʒən] *s* criógeno, substancia criógena
cryogenic [ˌkraɪoˈdʒɛnɪk] *adj* criogénico
cryohydrate [ˌkraɪoˈhaɪdret] *s* (chem.) criohidrato
cryolite [ˈkraɪəlaɪt] *s* (mineral.) criolita
cryology [kraɪˈɑlədʒɪ] *s* criología
cryometer [kraɪˈɑmɪtər] *s* criómetro
cryoscope [ˈkraɪəskop] *s* crioscopio
cryoscopy [kraɪˈɑskəpɪ] *s* crioscopia
cryostat [ˈkraɪostæt] *s* crióstato
cryotherapy [ˌkraɪoˈθɛrəpɪ] *s* (med.) crioterapia
crypt [krɪpt] *s* cripta; (anat.) cripta
cryptic [ˈkrɪptɪk] o **cryptical** [ˈkrɪptɪkəl] *adj* secreto, misterioso
cryptogam [ˈkrɪptogæm] *s* (bot.) criptógama
cryptogamic [ˌkrɪptoˈgæmɪk] *adj* criptogámico
cryptogamous [krɪpˈtɑgəməs] *adj* criptógamo
cryptogram [ˈkrɪptogræm] *s* criptograma
cryptograph [ˈkrɪptogræf] o [ˈkrɪptograf] *s* criptógrafo (*aparato*); criptograma
cryptographer [krɪpˈtɑgrəfər] *s* criptógrafo (*persona*)
cryptographic [ˌkrɪptoˈgræfɪk] *adj* criptográfico
cryptography [krɪpˈtɑgrəfɪ] *s* criptografía
crystal [ˈkrɪstəl] *s* cristal (*vidrio*); abalorio, cristal; (chem., mineral. & rad.) cristal; (fig.) cristal (*agua*); cristal de reloj; cristal de roca; **as clear as crystal** tan claro como el agua; *adj* cristalino
crystal ball *s* bola de cristal (*que sirve para adivinar lo porvenir*)
crystal cartridge *s* (elec.) cápsula de cristal
crystal detector *s* (rad.) detector de cristal
crystal gazing *s* sortilegio que se hace mirando fijamente en un cristal
crystalline [ˈkrɪstəlɪn] o [ˈkrɪstəlaɪn] *adj* cristalino
crystalline lens *s* (anat.) cristalino
crystallite [ˈkrɪstəlaɪt] *s* (mineral.) cristalito
crystallization [ˌkrɪstəlɪˈzeʃən] *s* cristalización
crystallize [ˈkrɪstəlaɪz] *va* cristalizar; *vn* cristalizarse
crystallographic [ˌkrɪstələˈgræfɪk] o **crystallographical** [ˌkrɪstələˈgræfɪkəl] *adj* cristalográfico
crystallography [ˌkrɪstəˈlɑgrəfɪ] *s* cristalografía
crystalloid [ˈkrɪstəlɔɪd] *adj* cristaloideo; *s* cristaloide
crystal set *s* (rad.) receptor con detector de cristal
crystal violet *s* var. de **gentian violet**
C.S. abr. de **Christian Science** y **Civil Service**
C.S.A. abr. de **Confederate States Army** y **Confederate States of America**
CSC abr. de **Civil Service Commission**
C.S.T. abr. de **Central Standard Time**
ct. abr. de **cent**
Ct. abr. de **Connecticut**
cts. abr. de **cents**
cu. abr. de **cubic**
cub [kʌb] *s* cachorro (*de león, oso, lobo, etc.*); muchacho desmañado
Cuban [ˈkjubən] *adj & s* cubano
Cuban lily *s* (bot.) jacinto estrellado
cubbyhole [ˈkʌbɪˌhol] *s* chiribitil
cube [kjub] *s* cubo; (math.) cubo; *va* dar forma de cubo a; (math.) cubicar
cubeb [ˈkjubeb] *s* (bot. & pharm.) cubeba; cigarrillo de cubeba
cube root *s* (math.) raíz cúbica
cubic [ˈkjubɪk] *adj* cúbico; (cryst. & math.) cúbico
cubical [ˈkjubɪkəl] *adj* cúbico
cubicle [ˈkjubɪkəl] *s* cubículo
cubic measure *s* cubicación
cubism [ˈkjubɪzəm] *s* (f.a.) cubismo
cubist [ˈkjubɪst] *adj & s* (f.a.) cubista
cubit [ˈkjubɪt] *s* codo (*medida antigua*)
cubital [ˈkjubɪtəl] *adj* cubital
cubitus [ˈkjubɪtəs] *s* (*pl:* **-ti** [taɪ]) (anat.) cúbito
cuboid [ˈkjubɔɪd] *adj* cuboideo; (anat.) cuboides; *s* cubo; (anat.) cuboides
cub reporter *s* (coll.) reportero novato, aprendiz de reportero
cuckold [ˈkʌkəld] *adj & s* cornudo; *va* encornudar, hacer cornudo a (*un marido*)
cuckoo [ˈkuku] *s* (orn.) cuclillo; (orn.) cuclillo de las lluvias; cucú (*canto del cuclillo*); *adj* (slang) mentecato, loco
cuckoo clock *s* reloj de cuclillo
cuckoopint [ˈkukuˌpɪnt] *s* (bot.) aro
cu. cm. abr. de **cubic centimeter** o **cubic centimeters**
cucullate [ˈkjukəlet] o [kjuˈkʌlet] *adj* cuculiforme, cuculado
cucumber [ˈkjukʌmbər] *s* (bot.) cohombro, pepino (*planta y fruto*); **cool as a cucumber** muy fresco; sereno, tranquilo
cucurbitaceous [kjuˌkʌrbɪˈteʃəs] *adj* (bot.) cucurbitáceo
cud [kʌd] *s* bolo alimenticio; **to chew the cud** rumiar; (fig.) rumiar (*meditar*)
cuddle [ˈkʌdəl] *s* abrazo cariñoso; *va* abrazar con cariño; *vn* estar abrazados; arrimarse afectuosa o cómodamente
cuddy [ˈkʌdɪ] *s* (*pl:* **-dies**) pequeño cuarto; aparador; (naut.) camarote; (naut.) despensa
cudgel [ˈkʌdʒəl] *s* garrote, porra; **to take up the cudgels for** defender con vehemencia, entrar en la lucha en defensa de; (*pret & pp:* **-eled** o **-elled;** *ger:* **-eling** o **-elling**) *va* apalear, aporrear; **to cudgel one's brains** devanarse los sesos
cue [kju] *s* señal, indicación; papel; humor, disposición; coleta (*de cabellos*); cola (*de personas que esperan*); taco (*de billar*); (theat.) apunte; *va* trenzar
cue rest *s* (billiards & pool) diablo
cuff [kʌf] *s* puño; doblez (*del pantalón*); manilla; bofetada; *va* abofetear, dar de bofetadas
cuff button *s* botón del puño de la camisa
cuff links *spl* gemelos (*para los puños de la camisa*)
cu. ft. abr. de **cubic foot** o **cubic feet**
cu. in. abr. de **cubic inch** o **cubic inches**
cuirass [kwɪˈræs] *s* (arm. & zool.) coraza; (arm.) peto (*de la coraza*); *va* armar o cubrir de coraza
cuirassier [ˌkwɪrəˈsɪr] *s* coracero
cuish [kwɪʃ] *s* var. de **cuisse**
cuisine [kwɪˈzin] *s* cocina
cuisse [kwɪs] *s* (arm.) quijote
cul-de-sac [ˈkʊldəˈsæk] o [ˈkʌldəˈsæk] *s* callejón sin salida
culex [ˈkjulɛks] *s* (*pl:* **-lices** [lɪsiz]) (ent.) mosquito común
culinary [ˈkjulɪˌnerɪ] *adj* culinario
cull [kʌl] *s* entresaca de lo inferior y sin valor; *va* entresacar, escoger, extraer
cullet [ˈkʌlɪt] *s* vidrio de desecho
cullis [ˈkʌlɪs] *s* canal de tejado

culm [kʌlm] *s* cisco; antracita de mala calidad; (bot.) caña, tallo (*de las gramíneas*)
culminate [ˈkʌlmɪnet] *vn* culminar; (astr.) culminar; **to culminate in** conducir a, terminar en
culmination [ˌkʌlmɪˈneʃən] *s* culminación; (astr.) culminación
culpability [ˌkʌlpəˈbɪlɪtɪ] *s* culpabilidad
culpable [ˈkʌlpəbəl] *adj* culpable
culprit [ˈkʌlprɪt] *s* culpado; reo
cult [kʌlt] *s* culto; secta, conjunto de personas que siguen la misma doctrina
cultism [ˈkʌltɪzəm] *s* devoción a un culto; culteranismo, cultismo
cultist [ˈkʌltɪst] *s* adicto a un culto; culterano
cultivable [ˈkʌltɪvəbəl] *adj* cultivable
cultivate [ˈkʌltɪvet] *va* cultivar
cultivated [ˈkʌltɪˌvetɪd] *adj* culto
cultivation [ˌkʌltɪˈveʃən] *s* cultivo (*de la tierra, las artes, la memoria, etc.*); cultura
cultivator [ˈkʌltɪˌvetər] *s* cultivador; cultivadora, extirpador (*máquina agrícola*)
cultural [ˈkʌltʃərəl] *adj* cultural
culture [ˈkʌltʃər] *s* cultura; (bact.) cultivo; *va* culturar; (bact.) cultivar
cultured [ˈkʌltʃərd] *adj* culto
cultus [ˈkʌltəs] *s* culto, culto religioso
culverin [ˈkʌlvərɪn] *s* culebrina
culvert [ˈkʌlvərt] *s* alcantarilla
Cumae [ˈkjumi] *s* Cumas
cumber [ˈkʌmbər] *s* estorbo, impedimento; *va* estorbar, impedir; incomodar, molestar
cumbersome [ˈkʌmbərsəm] o **cumbrous** [ˈkʌmbrəs] *adj* pesado, incómodo, molesto
cumin o **cummin** [ˈkʌmɪn] *s* (bot.) comino
cuminseed [ˈkʌmɪnˌsid] *s* comino
cum laude [kʌm ˈlɔdi] o [kʊm ˈlaʊde] (Lat.) con honor
cummerbund [ˈkʌmərˌbʌnd] *s* faja que se lleva con traje de etiqueta en vez de chaleco
cumquat [ˈkʌmkwɑt] *s* var. de **kumquat**
cumulate [ˈkjumjəlet] *va* acumular
cumulation [ˌkjumjəˈleʃən] *s* acumulación
cumulative [ˈkjumjəˌletɪv] *adj* acumulativo
cumulo-cirrus [ˌkjumjəloˈsɪrəs] *s* (meteor.) cumulocirro
cumulo-nimbus [ˌkjumjəloˈnɪmbəs] *s* (meteor.) cúmulonimbo
cumulo-stratus [ˌkjumjəloˈstretəs] *s* (meteor.) cumulostrato
cumulous [ˈkjumjələs] *adj* en forma de cúmulo; compuesto de cúmulos
cumulus [ˈkjumjələs] *s* (*pl:* **-li** [laɪ]) cúmulo; (meteor.) cúmulo
cuneate [ˈkjunɪet] o [ˈkjunɪɪt] *adj* cuneiforme; (bot.) cuneiforme, cuneado
cuneiform [kjuˈniɪfɔrm] o [ˈkjunɪɪˌfɔrm] *adj* cuneiforme; (anat.) cuneiforme; *s* caracteres cuneiformes; (anat.) cuneiforme
cunner [ˈkʌnər] *s* (ichth.) tenolabro
cunning [ˈkʌnɪŋ] *adj* astuto; hábil; gracioso, mono; *s* astucia
cup [kʌp] *s* taza, jícara; copa; bebida; (eccl.) cáliz; (eccl.) vino sagrado (*que se sirve en la misa*); (mach.) vaso de engrase; cubeta (*del barómetro*); (sport) copa; (fig.) copa (*del dolor, la desgracia, etc.*); (fig.) fortuna, suerte; (*cap.*) *s* (astr.) Copa; **in one's cups** ebrio, borracho; (*pret & pp:* **cupped;** *ger:* **cupping**) *va* ahuecar en forma de copa o taza; tomar o poner en copa, taza, etc.; aplicar ventosa a
cupbearer [ˈkʌpˌbɛrər] *s* copero
cupboard [ˈkʌbərd] *s* alacena, aparador
cupcake [ˈkʌpˌkek] *s* torta hecha en una vasija de forma de copa o taza
cupel [ˈkjupɛl] o [kjuˈpɛl] *s* copela; (*pret & pp:* **-peled** o **-pelled;** *ger:* **-peling** o **-pelling**) *va* copelar
cupellation [ˌkjupəˈleʃən] *s* copelación
cupful [ˈkʌpfʊl] *s* taza (*lo que contiene una taza*)
cup grease *s* grasa lubricante
cupid [ˈkjupɪd] *s* cupido (*niño alado, símbolo del amor*); (*cap.*) *s* (myth.) Cupido
cupidity [kjuˈpɪdɪtɪ] *s* codicia
cupola [ˈkjupələ] *s* (arch., anat. & nav.) cúpula; (arch.) cupulino (*remate, linterna*); (found.) cubilote
cupping [ˈkʌpɪŋ] *s* aplicación de ventosa
cupping glass *s* ventosa
cupreous [ˈkjuprɪəs] *adj* cobreño; cobrizo
cupressineous [ˌkjuprɛˈsɪnɪəs] *adj* (bot.) cupresíneo
cupric [ˈkjuprɪk] *adj* (chem.) cúprico
cupriferous [kjuˈprɪfərəs] *adj* cuprífero
cuprite [ˈkjupraɪt] *s* (mineral.) cuprita
cupronickel [ˌkjuproˈnɪkəl] *s* cuproníquel
cuprous [ˈkjuprəs] *adj* (chem.) cuproso
cup shake *s* acebolladura
cupule [ˈkjupjul] *s* (bot. & zool.) cúpula
cupuliferous [ˌkjupjəˈlɪfərəs] *adj* (bot.) cupulífero
cur [kʌr] *s* perro mestizo, perro de mala raza; drope (*hombre despreciable*)
curability [ˌkjʊrəˈbɪlɪtɪ] *s* curabilidad
curable [ˈkjʊrəbəl] *adj* curable
curaçao [ˌkjʊrəˈso] *s* curasao (*licor*); (*cap.*) *s* Curazao
curacy [ˈkjʊrəsɪ] *s* (*pl:* **-cies**) curato
curare [kjʊˈrɑrɪ] *s* curare
curarize [ˈkjʊrəraɪz] o [kjʊˈrɑraɪz] *va* curarizar
curate [ˈkjʊrɪt] *s* cura
curative [ˈkjʊrətɪv] *adj* curativo; *s* curativa
curator [kjʊˈretər] *s* conservador
curb [kʌrb] *s* barbada (*del freno*); encintado (*borde de la acera*); brocal de pozo; restricción; (com.) bolsín; (vet.) corva; *va* proveer de encintado; proveer de brocal; contener, refrenar
curb bit *s* freno con barbada
curbing [ˈkʌrbɪŋ] *s* materia para construir el encintado; encintado; refrenamiento
curb market *s* bolsín
curbstone [ˈkʌrbˌston] *s* piedra de encintado; encintado; brocal de pozo
curculio [kʌrˈkjulɪo] *s* (*pl:* **-os**) (ent.) rincóforo
curcuma paper [ˈkʌrkjəmə] *s* (chem.) papel de cúrcuma
curd [kʌrd] *s* cuajada; *va* cuajar; *vn* cuajarse
curdle [ˈkʌrdəl] *va* cuajar; **to curdle the blood** causar horror u horripilación; *vn* cuajarse
curdy [ˈkʌrdɪ] *adj* cuajado
cure [kjʊr] *s* cura, curación; curato; *va* curar (*una enfermedad, un mal; carnes, pieles, etc.; restituir a la salud*); *vn* curar; curarse
curé [kjʊˈre] *s* cura, párroco
cure-all [ˈkjʊrˌɔl] *s* sánalotodo, panacea
curettage [kjʊˈrɛtɪdʒ] o [ˌkjʊrəˈtɑʒ] *s* (surg.) curetaje
curette [kjʊˈrɛt] *s* (surg.) cureta
curfew [ˈkʌrfju] *s* queda, cubrefuego
curia [ˈkjʊrɪə] *s* (hist.) curia
curie [ˈkjʊri] o [kjʊˈri] *s* (phys.) curie
curio [ˈkjʊrɪo] *s* (*pl:* **-os**) curiosidad (*objeto curioso*)
curiosity [ˌkjʊrɪˈɑsɪtɪ] *s* (*pl:* **-ties**) curiosidad
curiosity shop *s* tienda de curiosidades
curious [ˈkjʊrɪəs] *adj* curioso
curium [ˈkjʊrɪəm] *s* (chem.) curio
curl [kʌrl] *s* bucle, rizo; tirabuzón (*rizo pendiente en espiral*); ondulación, sinuosidad; rizado; espiral (*de humo*); *va* encrespar, ensortijar, rizar; arrollar; torcer; fruncir (*los labios*); **to curl up** arrollar; *vn* encresparse, ensortijarse, rizarse; arrollarse; torcerse; **to curl up** arrollarse; tirar las piernas hacia arriba (*al acostarse*); (coll.) abatirse, desbaratarse
curlew [ˈkʌrlu] o [ˈkʌrlju] *s* (orn.) zarapito
curlicue [ˈkʌrlɪkju] *s* plumada, rasgo, ringorrango
curling [ˈkʌrlɪŋ] *s* (sport) curling (*juego sobre campo de hielo*)
curling iron *s* rizador, encrespador, maquinilla de rizar
curlpaper [ˈkʌrlˌpepər] *s* torcida, papelito para rizar el pelo
curly [ˈkʌrlɪ] *adj* (*comp:* **-ier;** *super:* **-iest**) encrespado, ensortijado, rizado; ondulado
curly n *s* ñ (*n con tilde*)
curmudgeon [kʌrˈmʌdʒən] *s* cicatero, erizo
currant [ˈkʌrənt] *s* pasa de Corinto; grosella; (bot.) grosellero
currency [ˈkʌrənsɪ] *s* (*pl:* **-cies**) moneda corriente; uso corriente; valor corriente
current [ˈkʌrənt] *adj* corriente; *s* corriente; (elec.) corriente
current account *s* (com.) cuenta corriente
current collector *s* (elec.) toma de corriente

current density *s* (elec.) densidad de corriente
current events *spl* actualidades, sucesos de actualidad
current limiter *s* (elec.) limitador de corriente, limitacorrientes
currently [ˈkʌrəntlɪ] *adv* actualmente; por lo general
curricle [ˈkʌrɪkəl] *s* carrocín
curricular [kəˈrɪkjələr] *adj* del plan de estudios
curriculum [kəˈrɪkjələm] *s* (*pl:* **-lums** o **-la** [lə]) *s* programa o plan de estudios
currier [ˈkʌrɪər] *s* curtidor; almohazador
currish [ˈkʌrɪʃ] *adj* perruno; gruñón, arisco, descortés
curry [ˈkʌrɪ] *s* (*pl:* **-ries**) cari (*polvo, salsa y guisado*); (*pret & pp:* **-ried**) *va* curtir (*las pieles*); almohazar (*el caballo*); preparar o sazonar con cari; **to curry favor** procurar complacer
currycomb [ˈkʌrɪˌkom] *s* almohaza; *va* almohazar
curry powder *s* polvo de cari
curse [kʌrs] *s* maldición; maleficio; calamidad; (*pret & pp:* **cursed** o **curst**) *va* maldecir; **to be cursed with** sufrir, padecer; *vn* blasfemar
cursed [ˈkʌrsɪd] o [kʌrst] *adj* maldito; aborrecible, abominable
cursive [ˈkʌrsɪv] *adj* cursivo; *s* cursiva
cursorial [kʌrˈsorɪəl] *adj* propio para correr; que tiene piernas propias para correr
cursory [ˈkʌrsərɪ] *adj* apresurado, rápido, precipitado; superficial, de paso, por encima
curst [kʌrst] *adj* var. de **cursed;** *pret & pp de* **curse**
curt [kʌrt] *adj* corto, conciso; brusco, áspero
curtail [kʌrˈtel] *va* acortar, abreviar, reducir; privar
curtailment [kʌrˈtelmənt] *s* acortamiento, abreviación, reducción; privación
curtain [ˈkʌrtən] *s* cortina; (theat.) telón; **to draw the curtain** correr la cortina; **to drop the curtain** (theat.) bajar el telón; *va* proveer de cortina; separar con cortina; cubrir, ocultar; **to curtain off** separar con cortina
curtain call *s* (theat.) aplauso de llamamiento
curtain lecture *s* regaño privado, reprimenda conyugal
curtain of fire *s* (mil.) cortina de fuego
curtain raiser *s* (theat.) pieza preliminar
curtain ring *s* anilla
curtain rod *s* barra de cortina, riel para cortinas
curtation [kʌrˈteʃən] *s* (astr.) acortamiento, curtación
curtesy [ˈkʌrtəsɪ] *s* (*pl:* **-sies**) (law) título del derecho del marido a los bienes raíces de su mujer muerta
curtsey [ˈkʌrtsɪ] *s* cortesía, reverencia
curtsy [ˈkʌrtsɪ] *s* (*pl:* **-sies**) cortesía, reverencia; (*pret & pp:* **-sied**) *vn* hacer una cortesía, hacer una reverencia
curule [ˈkjurul] *adj* curul
curule chair *s* silla curul
curvaceous [kʌrˈveʃəs] *adj* (coll.) curvilíneo (*dícese de una mujer*)
curvature [ˈkʌrvətʃər] *s* curvatura
curve [kʌrv] *s* curva; (baseball) curva; *adj* curvo; *va* encorvar; *vn* encorvarse; voltear en curva
curvet [ˈkʌrvɛt] *s* corveta; [kʌrˈvɛt] o [ˈkʌrvɛt] (*pret & pp:* **-vetted** o **-veted;** *ger:* **-vetting** o **-veting**) *vn* corvetear
curvilineal [ˌkʌrvɪˈlɪnɪəl] o **curvilinear** [ˌkʌrvɪˈlɪnɪər] *adj* curvilíneo
curvometer [kʌrˈvɑmɪtər] *s* curvímetro
cushion [ˈkuʃən] *s* cojín, almohadón; banda o baranda (*de la mesa de billar*); (mach.) amortiguador; *va* asentar o poner sobre cojín; sostener con cojines; proteger por medio de cojines; amortiguar, someter a acción amortiguadora; acojinar (*un pistón*)
cusk [kʌsk] *s* (ichth.) pez marino comestible (*Brosmius brosme*); (ichth.) lota
cusp [kʌsp] *s* cúspide; punta (*del creciente*); (anat.) cúspide (*de un diente*)
cuspid [ˈkʌspɪd] *s* (anat.) cúspide (*diente*)
cuspidal [ˈkʌspɪdəl] *adj* de cúspide; puntiagudo
cuspidate [ˈkʌspɪdet] *adj* cuspídeo
cuspidor [ˈkʌspɪdɔr] *s* escupidera
cuss [kʌs] *s* (coll.) maldición; (coll.) tipo insignificante o impertinente; *va & vn* (coll.) maldecir
cussed [ˈkʌsɪd] *adj* (coll.) maldito; (coll.) terco
custard [ˈkʌstərd] *s* flan, natillas
custard apple *s* (bot.) anona; (bot.) anona blanca (*Annona squamosa*); (bot.) anona colorada, corazón, mamón, riñón (*Annona reticulata*); (bot.) papayo; papaya (*fruto*); (bot.) asimina
custodial [kʌsˈtodɪəl] *adj* del custodio, de la custodia
custodian [kʌsˈtodɪən] *s* custodio
custodianship [kʌsˈtodɪənˌʃɪp] *s* custodia
custody [ˈkʌstədɪ] *s* (*pl:* **-dies**) custodia; **in custody** en prisión; **to take into custody** arrestar, prender
custom [ˈkʌstəm] *s* costumbre; parroquia, clientela (*de una tienda*); **customs** *spl* aduana; derechos de aduana; *adj* hecho según pedido; hecho a la medida
customary [ˈkʌstəmˌɛrɪ] *adj* acostumbrado
custom-built [ˈkʌstəmˌbɪlt] *adj* hecho o construído según pedido
customer [ˈkʌstəmər] *s* parroquiano, cliente; (coll.) individuo, tipo
customers' man *s* (coll.) empleado del corredor de bolsa que solicita y aconseja a los clientes
customhouse [ˈkʌstəmˌhaus] *s* aduana; *adj* aduanero
custom-made [ˈkʌstəmˌmed] *adj* hecho a la medida
customs barrier *s* barrera aduanera
customs clearance *s* despacho de aduana
customs declaration *s* declaración de aduana
customs officer *s* aduanero
customs union *s* unión aduanera
custom tailor *s* sastre que hace vestidos a la medida
custom work *s* trabajo hecho según pedido
cut [kʌt] *s* corte; tajada (*porción cortada*); cuchillada (*herida*); desmonte, excavación; atajo (*camino más corto*); reducción (*de precios, sueldos, etc.*); golpe cortante; hechura (*de un traje*); (tennis) golpe cortante; parte (*de las ganancias que corresponde a cada uno de los asociados en alguna empresa*); (cards) corte; (print.) estampa, grabado; (print.) clisé; (coll.) falta de asistencia (*a la clase*); (coll.) desaire; (coll.) palabra hiriente; **a cut above** (coll.) un dedo más arriba de; **cut of one's jib** (coll.) aspecto exterior de uno; *adj* cortado; tallado, labrado ‖ (*pret & pp:* **cut;** *ger:* **cutting**) *va* cortar; practicar (*p.ej., un agujero*); capar, castrar; pegar con golpe cortante; disolver; (coll.) hacer, formar, ejecutar; (coll.) faltar a, ausentarse de (*la clase*); (coll.) desairar; (coll.) herir (*con palabra hiriente*); **to cut across** cortar al través; **to cut asunder (away)** separar (quitar) cortando; **to cut back** acortar (*cortando el extremo de una cosa*); **to cut down** cortar; derribar cortando; aminorar, castigar (*gastos*); **to cut in** (elec.) intercalar, introducir (*un circuito*); **to cut off** cortar; desheredar; amputar (*p.ej., una pierna*); (elec.) cortar (*la corriente*); (aut.) cortar (*la ignición*); (aut.) cerrar (*el carburador*); **to cut open** abrir cortando; **to cut out** cortar; quitar o sacar cortando; tallar, labrar; omitir, suprimir; desbancar; soplar (*la dama a un rival*); (slang) dejarse de (*p.ej., disparates*); **to cut short** terminar de repente; chafar (*en la conversación*); **to cut teeth** endentecer; **to cut up** desmenuzar, despedazar; criticar severamente; (coll.) acongojar, afligir; **cut it out!** ¡déjese de eso!, ¡no hable más de eso! ‖ *vn* cortar; cortarse, poderse cortar; pasar rápidamente, apartarse rápidamente; salir (*los dientes*); (coll.) fumarse la clase; **to cut across** atravesar, ir a través de; **to cut back** volver de repente; **to cut in** entrar de repente; interrumpir; cortar o separar la pareja (*en el baile*); **to cut under** vender a menor precio que; **to cut up** (slang) travesear; (slang) jaranear
cut and dried *adj* ya dispuesto para el uso; monótono, poco interesante
cutaneous [kjuˈtenɪəs] *adj* cutáneo
cutaway [ˈkʌtəˌwe] o **cutaway coat** *s* chaqué
cute [kjut] *adj* (coll.) mono, monono; (coll.) astuto

cut gear *s* engranaje de dientes tallados a máquina
cut glass *s* cristal tallado
cuticle ['kjutɪkəl] *s* (anat. & bot.) cutícula
cuticular [kju'tɪkjələr] *adj* cuticular
cutin ['kjutɪn] *s* (biochem.) cutina
cutireaction [,kjutɪrɪ'ækʃən] *s* (med. & vet.) cutirreacción
cutis ['kjutɪs] *s* (anat.) dermis
cutlass ['kʌtləs] *s* alfanje
cutler ['kʌtlər] *s* cuchillero
cutlery ['kʌtlərɪ] *s* cuchillería; cubiertos (*cucharas, tenedores y cuchillos*); cuchillos, tijeras y otros instrumentos cortantes
cutlet ['kʌtlɪt] *s* chuleta; fritada de carne picada, fritada de pescado picado
cutoff ['kʌt,ɔf] o ['kʌt,af] *s* atajo; (mach.) cierre de vapor; (mach.) cortavapor (*aparato*); (elec.) frecuencia de corte
cutoff valve *s* (mach.) corredera auxiliar de expansión
cutout ['kʌt,aut] *s* recortado, diseño o figura para recortar; (mach.) válvula de escape libre; (elec.) portafusible
cutover ['kʌt,ovər] *adj* desmontado (*terreno*)
cutpurse ['kʌrt,pʌrs] *s* cortabolsas, carterista
cut-rate ['kʌt'ret] *adj* (U.S.A.) de precio reducido
cutter ['kʌtər] *s* cortador (*persona*); cortadora (*máquina*); freso (*de una fresadora*); (anat.) cortador (*diente incisivo*); (naut.) cúter (*embarcación de un solo palo*); (naut.) escampavía
cutthroat ['kʌt,θrot] *s* asesino; *adj* asesino; cruel, sanguinario; implacable
cutting ['kʌtɪŋ] *adj* cortante; mordaz, hiriente; *s* corte, cortadura; recorte (*de un periódico*); (hort.) esqueje, rampollo
cuttle ['kʌtəl] *s* var. de **cuttlefish**
cuttlebone ['kʌtəl,bon] *s* jibión
cuttlefish ['kʌtəl,fɪʃ] *s* (zool.) jibia
cutup ['kʌt,ʌp] *s* (slang) bromista; **cutups** *spl* diseños o figuras para recortar
cutwater ['kʌt,wɔtər] o ['kʌt,watər] *s* espolón, tajamar (*de barco o puente*)
cutworm ['kʌt,wʌrm] *s* (ent.) larva de agrótida
cuvette [kju'vɛt] *s* (phot.) cubeta
CW abr. de **continuous wave**
cwt. abr. de **hundredweight**
cyanamide [saɪ'ænəmaɪd] o [,saɪə'næmaɪd] *s* (chem.) cianamida; (com.) cianamida de calcio
cyanate ['saɪənet] *s* (chem.) cianato
cyanic [saɪ'ænɪk] *adj* (chem.) ciánico; cianótico (*azulado*)
cyanic acid *s* (chem.) ácido ciánico
cyanid ['saɪənɪd] o **cyanide** ['saɪənaɪd] o ['saɪənɪd] *s* (chem.) cianuro
cyanide of potassium *s* (chem.) cianuro de potasio
cyanite ['saɪənaɪt] *s* (mineral.) cianita
cyanogen [saɪ'ænədʒən] *s* (chem.) cianógeno
cyanophycean [,saɪəno'fɪʃən] *adj* (bot.) cianofíceo; *s* (bot.) cianofícea
cyanosis [,saɪə'nosɪs] *s* (path.) cianosis
cyanotic [,saɪə'natɪk] *adj* (path.) cianótico
Cybele ['sɪbəli] *s* (myth.) Cibeles
cybernetics [,saɪbər'nɛtɪks] *ssg* cibernética
cycad ['saɪkæd] *s* (bot.) cicadácea
Cyclades ['sɪklədiz] *spl* Cícladas
cyclamen ['sɪkləmɛn] *s* (bot.) ciclamen, pamporcino
cyclamin ['sɪkləmɪn] *s* (chem.) ciclamina
cyclas ['sɪklæs] o ['saɪklæs] *s* (*pl:* **cyclades** ['sɪklədiz]) cíclada (*de las romanas*); ciclatón (*tela de la Edad Media*)
cycle ['saɪkəl] *s* ciclo; bicicleta, velocípedo; (phys.) período; (mach.) tiempo (*de un motor de combustión interna*); *vn* hacer o completar un ciclo; ocurrir repetidamente en el mismo orden; andar o montar en bicicleta
cyclic ['saɪklɪk] o ['sɪklɪk] o **cyclical** ['saɪklɪkəl] o ['sɪklɪkəl] *adj* cíclico
cycling ['saɪklɪŋ] *s* ciclismo
cyclist ['saɪklɪst] *s* ciclista
cycloid ['saɪklɔɪd] *adj* cicloidal; *s* (geom.) cicloide
cyclometer [saɪ'klamɪtər] *s* ciclómetro
cyclonal [saɪ'klonəl] *adj* ciclonal
cyclone ['saɪklon] *s* ciclón
cyclonic [saɪ'klanɪk] o **cyclonical** [saɪ'klanɪkəl] *adj* ciclónico
cyclopaedia [,saɪklo'pidɪə] *s* var. de **cyclopedia**
cyclopean [,saɪklo'piən] *adj* ciclópeo; (*cap.*) *adj* (myth.) ciclópeo
cyclopedia [,saɪklo'pidɪə] *s* enciclopedia
cyclopedic [,saɪklo'pidɪk] *adj* enciclopédico
cyclopentane [,saɪklo'pɛnten] o [,sɪklo'pɛnten] *s* (chem.) ciclopentano
Cyclopic [saɪ'klapɪk] *adj* ciclópico
cycloplegia [,saɪklo'plidʒɪə] o [,sɪklo'plidʒɪə] *s* (path.) cicloplejía
cyclopropane [,saɪklo'propen] o [,sɪklo'propen] *s* (chem.) ciclopropano
Cyclops ['saɪklaps] *s* (*pl:* **Cyclopes** [saɪ'klopiz]) (myth.) Cíclope
cyclorama [,saɪklo'ræmə] o [,saɪklo'ramə] *s* ciclorama
cyclostome ['saɪklostom] o ['sɪklostom] *s* (ichth.) ciclóstoma
cyclotron ['saɪklotran] o ['sɪklotran] *s* (phys.) ciclotrón
Cydnus ['sɪdnəs] *s* Cidno
cygnet ['sɪgnɪt] *s* (orn.) pollo de cisne
Cygnus ['sɪgnəs] *s* (astr.) Cisne
cyl. abr. de **cylinder** y **cylindrical**
cylinder ['sɪlɪndər] *s* cilindro; *va* proveer de cilindro o cilindros; cilindrar
cylinder block *s* (mach.) bloque de cilindros
cylinder bore *s* alesaje
cylinder capacity *s* cilindrada
cylinder head *s* tapa del cilindro (*de una máquina de vapor*); culata del cilindro (*de un motor de gasolina*)
cylinder lock *s* cerradura de cilindro
cylindric [sɪ'lɪndrɪk] o **cylindrical** [sɪ'lɪndrɪkəl] *adj* cilíndrico
cylindroid ['sɪlɪndrɔɪd] *adj* cilindroide; *s* (geom. & med.) cilindroide
cymbal ['sɪmbəl] *s* (mus.) címbalo, platillo
cymbalist ['sɪmbəlɪst] *s* (mus.) cimbalero, cimbalista
cyme [saɪm] *s* (bot.) cima
cymene ['saɪmin] *s* (chem.) cimeno
cymophane ['saɪmofen] *s* (mineral.) cimofana
cymose ['saɪmos] o [saɪ'mos] *adj* (bot.) cimoso
Cymric ['kɪmrɪk] o ['sɪmrɪk] *adj & s* címrico
Cymry ['kɪmrɪ] *spl* cimris
cynic ['sɪnɪk] *adj & s* cínico (*burlón, volteriano*); (*cap.*) *adj & s* cínico
cynical ['sɪnɪkəl] *adj* cínico (*burlón, volteriano*)
cynicism ['sɪnɪsɪzəm] *s* cinismo (*burlonería, volterianismo*); (*cap.*) *s* cinismo
cynic spasm *s* (path.) espasmo cínico
cynosure ['saɪnəʃur] o ['sɪnəʃur] *s* miradero (*objeto de la atención*); guía, norte; (*cap.*) *s* (astr.) Cinosura
Cynthia ['sɪnθɪə] *s* (myth.) Cintia
cyperaceous [,saɪpə'reʃəs] *adj* (bot.) ciperáceo
cypher ['saɪfər] *s, adj, va & vn* var. de **cipher**
cypress ['saɪprəs] *s* (bot.) ciprés; *adj* cipresino
Cyprian ['sɪprɪən] *adj & s* chipriota; (fig.) lujurioso
Cypriot ['sɪprɪət] o **Cypriote** ['sɪprɪot] *adj & s* chipriota
cypripedium [,sɪprɪ'pidɪəm] *s* (*pl:* **-a** [ə]) (bot.) cipripedio
Cyprus ['saɪprəs] *s* Chipre
Cyrenaic [,saɪrɪ'neɪk] o [,sɪrɪ'neɪk] *adj & s* cirenaico
Cyrenaica [,saɪrɪ'neɪkə] o [,sɪrɪ'neɪkə] *s* la Cirenaica
Cyrene [saɪ'rinɪ] *s* Cirene (*ciudad*)
Cyril ['sɪrɪl] *s* Cirilo
Cyrillic [sɪ'rɪlɪk] *adj* cirílico
Cyrus ['saɪrəs] *s* Ciro
cyst [sɪst] *s* (bot., path. & zool.) quiste
cystic ['sɪstɪk] *adj* (anat.) cístico; (path.) quístico
cystic duct *s* (anat.) cístico, conducto cístico
cysticercosis [,sɪstɪsər'kosɪs] *s* (path.) cisticercosis
cysticercus [,sɪstɪ'sʌrkəs] *s* (*pl:* **-ci** [saɪ]) (zool.) cisticerco
cystitis [sɪs'taɪtɪs] *s* (path.) cistitis
cystoscope ['sɪstoskop] *s* cistoscopio
cystotomy [sɪs'tatəmɪ] *s* (*pl:* **-mies**) (surg.) cistotomía
cytase ['saɪtes] *s* (biochem.) citasa

Cytherea [ˌsɪθəˈriə] *s* (myth.) Citerea
Cytherean [ˌsɪθəˈriən] *adj* citereo
cytisine [ˈsɪtɪsin] o [ˈsɪtɪsɪn] *s* (pharm.) citisina
cytisus [ˈsɪtɪsəs] *s* (*pl:* **-si** [saɪ]) (bot.) cítiso
cytochemistry [ˌsaɪtoˈkɛmɪstrɪ] *s* citoquímica
cytologist [saɪˈtalədʒɪst] *s* citólogo
cytology [saɪˈtalədʒɪ] *s* citología
cytoplasm [ˈsaɪtoplæzəm] *s* (biol.) citoplasma
cytoplasmic [ˌsaɪtoˈplæzmɪk] *adj* (biol.) citoplásmico
C.Z. abr. de **Canal Zone**
czar [zar] *s* zar; (fig.) autócrata
czardas [ˈtʃardaʃ] o [ˈzardæs] *s* (mus.) csardas
czarevitch [ˈzarɪvɪtʃ] *s* zarevitz
czarevna [zaˈrɛvnə] *s* czarevna
czarina [zaˈrinə] *s* zarina
czarism [ˈzarɪzəm] *s* zarismo
czarist [ˈzarɪst] *s* zarista
Czech [tʃɛk] *adj & s* checo
Czechish [ˈtʃɛkɪʃ] *adj* checo
Czecho-Slovak o **Czechoslovak** [ˈtʃɛkoˈslovæk] *adj & s* checoeslovaco o checoslovaco
Czecho-Slovakia o **Czechoslovakia** [ˌtʃɛkosloˈvakɪə] o [ˌtʃɛkosloˈvækɪə] *s* Checoeslovaquia o Checoslovaquia
Czecho-Slovakian o **Czechoslovakian** [ˌtʃɛkosloˈvakɪən] o [ˌtʃɛkosloˈvækɪən] *adj & s* var. de **Czecho-Slovak**

D

D, d [di] *s* (*pl:* **D's, d's** (diz)) cuarta letra del alfabeto inglés
d. abr. de **date, day, daughter, dead, degree, delete, diameter, died, dime, dollar** y **denarius (English penny, pence)**
D. abr. de **December, Democrat, Democratic, Duchess, Duke** y **Dutch**
D.A. abr. de **District Attorney**
dab [dæb] *s* golpecito, toque ligero; masa pastosa; brochazo (*hecho con pintura*); pizca; (ichth.) platija, lenguado, barbada; (*pret & pp:* **dabbed;** *ger:* **dabbing**) *va* golpear ligeramente, tocar ligeramente, frotar suavemente; embadurnar; aplicar (*pintura*) con brochazos ligeros
dabble [ˈdæbəl] *va* salpicar, rociar; *vn* chapotear; trabajar superficialmente; **to dabble in** mangonear en, meterse en; jugar a (*la bolsa*); especular en (*p.ej., granos*)
dabbler [ˈdæblər] *s* aficionado, diletante
dabchick [ˈdæbˌtʃɪk] *s* (orn.) zambullidor (*Podilymbus podiceps*); (orn.) somorgujo castaño o menor (*Podiceps ruficollis*)
dabster [ˈdæbstər] *s* (coll.) chapucero, principiante; (dial.) perito
dace [des] *s* (ichth.) albur, leucisco, dardo
dachshund [ˈdɑksˌhʊnt] o [ˈdæksˌhʊnd] *s* perro de casta alemana corto de patas y de cuerpo largo
Dacia [ˈdeʃə] *s* la Dacia
Dacian [ˈdeʃən] *adj & s* dacio
dactyl [ˈdæktɪl] *s* dáctilo
dactylic [dækˈtɪlɪk] *adj* dactílico
dactyliography [dækˌtɪlɪˈɑgrəfɪ] *s* dactiliografía
dactyliology [dækˌtɪlɪˈɑlədʒɪ] *s* dactiliología
dactylogram [ˈdæktɪləˌgræm] o [dækˈtɪləgræm] *s* dactilograma
dactyloscopic [ˌdæktɪləˈskɑpɪk] *adj* dactiloscópico
dactyloscopy [ˌdæktɪˈlɑskəpɪ] *s* dactiloscopia
dad [dæd] *s* (coll.) papá
Dadaism [ˈdɑdəɪzəm] *s* dadaísmo
daddy [ˈdædɪ] *s* (*pl:* **-dies**) (coll.) var. de **dad**
daddy-longlegs [ˌdædɪˈlɔŋˌlɛgz] o [ˌdædɪˈlɑŋˌlɛgz] *s* (*pl:* **-legs**) (ent.) típula; (ent.) segador; (orn.) candelero, comalteca; (*cap.*) *s* Papaíto piernas largas
dado [ˈdedo] *s* (*pl:* **-does**) friso; (arch.) dado
Daedalus [ˈdɛdələs] o [ˈdidələs] *s* (myth.) Dédalo
daemon [ˈdimən] *s* var. de **demon**
daffodil [ˈdæfədɪl] *s* (bot.) narciso trompón
daffy [ˈdæfɪ] *adj* (*comp:* **-ier;** *super:* **-iest**) (coll.) chiflado
daft [dæft] *adj* chiflado; necio
dagger [ˈdægər] *s* daga, puñal; (print.) cruz, obelisco; **to look daggers (at)** apuñalar con la mirada
daguerreotype [dəˈgɛrətaɪp] *s* daguerrotipo; *va* daguerrotipar
dahlia [ˈdæljə], [ˈdeljə] o [ˈdɑljə] *s* (bot.) dalia
daily [ˈdelɪ] *adj* diario, cotidiano; *adv* diariamente; *s* (*pl:* **-lies**) diario
daily double *s* apuesta doble (*en las carreras de caballos*)
daily dozen *spl* rato diario de gimnasia; quehaceres rutinarios
dainty [ˈdentɪ] *adj* (*comp:* **-tier;** *super:* **-tiest**) delicado; *s* (*pl:* **-ties**) golosina
dairy [ˈdɛrɪ] *s* (*pl:* **-ies**) lechería, quesería, vaquería
dairy cattle *s* vacas lecheras
dairymaid [ˈdɛrɪˌmed] *s* lechera
dairyman [ˈdɛrɪmən] *s* (*pl:* **-men**) lechero
dais [ˈde·ɪs] *s* estrado
daisy [ˈdezɪ] *s* (*pl:* **-sies**) (bot.) margarita; (bot.) margarita mayor; (slang) primor
dale [del] *s* vallecico
dalliance [ˈdælɪəns] *s* coquetería, frivolidad
dally [ˈdælɪ] (*pret & pp:* **-lied**) *vn* juguetear, retozar; tardar, holgar, perder el tiempo
Dalmatia [dælˈmeʃə] *s* Dalmacia
Dalmatian [dælˈmeʃən] *adj* dálmata, dalmático; *s* dálmata; perro dalmático
dalmatic [dælˈmætɪk] *s* dalmática (*vestidura*)
Daltonism [ˈdɔltənɪzəm] *s* (path.) daltonismo
dam [dæm] *s* presa, dique; madre (*de cuadrúpedos*); (dent.) dique; (found.) dama; (*pret & pp:* **dammed;** *ger:* **damming**) *va* represar, estancar; contener con diques; cerrar, tapar, obstruir
damage [ˈdæmɪdʒ] *s* daño, perjuicio, deterioro; desdoro (*en la reputación*); pérdida; (com.) avería; (slang) costo; **damages** *spl* daños y perjuicios; *va* dañar, perjudicar; averiar; *vn* dañarse; averiarse
damaging [ˈdæmɪdʒɪŋ] *adj* perjudicial; desdoroso (*p.ej., en la reputación*)
damascene [ˈdæməsin] o [ˌdæməˈsin] *adj* ataujiado; damasquino, damasquinado; *s* ataujía (*obra de metal adornada con embutidos de oro, plata y esmaltes*); damasquinado (*hierro o acero con líneas ondeantes; obra de metal adornada con embutidos de oro, plata y esmaltes*); *va* ataujiar; damasquinar; (*cap.*) *adj & s* damasceno
damascene work *s* ataujía; damasquinado
Damascus [dəˈmæskəs] *s* Damasco
Damascus steel *s* acero damasquino, acero adamascado
damask [ˈdæməsk] *s* damasco (*tejido*); ataujía; damasquinado; acero damasquino; *adj* adamascado; damasceno (*de Damasco*); damasquino (*dícese, p.ej., del acero*); *va* adamascar
damask rose *s* (bot.) rosa de Damasco
damask steel *s* acero damasquino, acero adamascado
dame [dem] *s* dama, señora; (slang) tía, mujer
damewort [ˈdemˌwʌrt] *s* (bot.) juliana
damn [dæm] *s* terno; **I don't give a damn** (slang) maldito lo que me importa; **that's not worth a damn** (slang) eso no vale un pito; *va* condenar (a pena eterna); condenar; maldecir; **to damn with faint praise** condenar por medio de alabanzas poco entusiastas; *vn* maldecir, echar ternos
damnable [ˈdæmnəbəl] *adj* condenable; detestable, infame, abominable
damnation [dæmˈneʃən] *s* damnación; (theol.) condenación
damned [dæmd] *adj* condenado (a pena eterna), maldito; condenado; detestable, abominable; **the damned** los condenados (a pena eterna), los malditos
Damocles [ˈdæməkliz] *s* (myth.) Damocles o Dámocles
Damon [ˈdemən] *s* (myth.) Damón
damp [dæmp] *adj* húmedo, mojado; *s* humedad; grisú; abatimiento, desaliento; *va* humedecer, mojar; amortecer, amortiguar; abatir, desalentar; (elec.) amortiguar (*ondas electromagnéticas*)
damped wave *s* (elec.) onda amortiguada
dampen [ˈdæmpən] humedecer; apagar, amortecer, amortiguar; abatir, desalentar; (elec.) amortiguar (*ondas electromagnéticas*); *vn* humedecerse; amortecerse
dampener [ˈdæmpənər] *s* (mach.) amortiguador
damper [ˈdæmpər] *s* registro, regulador de tiro de chimenea; llave de estufa; apagador, sordina (*del piano*); desalentador
dampish [ˈdæmpɪʃ] *adj* algo húmedo

dampness ['dæmpnɪs] *s* humedad
damsel ['dæmzəl] *s* damisela, señorita, muchacha
damson ['dæmzən] *s* (bot.) ciruelo damasceno; ciruela damascena (*fruto*)
Danae ['dænɪi] *s* (myth.) Dánae
Danaides o **Danaïdes** [də'neɪdiz] *spl* (myth.) Danaides
Danaus o **Danaüs** ['dæneəs] *s* (myth.) Danao
dance [dæns] o [dɑns] *s* baile, danza; **formal dance** baile de etiqueta; *adj* de baile, para bailar, bailable; *va* bailar, danzar (*p.ej., una polca*); *vn* bailar, danzar; (fig.) bailar, danzar; **to dance to the music** bailar al son que se toca
danceable ['dænsəbəl] o ['dɑnsəbəl] *adj* bailable
dance band *s* orquesta de jazz
dance hall *s* salón de baile
dance floor *s* pista de baile
dance music *s* música de baile, música bailable
dance of death *s* danza de la muerte
dancer ['dænsər] o ['dɑnsər] *s* bailador, danzador; bailarín (*profesional*)
dancing partner *s* pareja (de baile)
dandelion ['dændɪˌlaɪən] *s* (bot.) amargón o diente de león
dander ['dændər] *s* (coll.) ira, cólera, mal genio; caspa (*escamilla a raíz de los cabellos*); **to get one's dander up** (coll.) enojarse, perder la paciencia
dandle ['dændəl] *va* mecer, hacer saltar sobre las rodillas; acariciar, mimar
dandler ['dændlər] *s* niñero
dandruff ['dændrəf] *s* caspa
dandy ['dændɪ] *s* (*pl:* **-dies**) currutaco; (slang) cosa excelente; *adj* (*comp:* **-dier;** *super:* **-diest**) currutaco; (slang) excelente, magnífico
dandyism ['dændɪɪzəm] *s* dandismo
Dane [den] *s* danés o dinamarqués
danewort ['denˌwʌrt] *s* (bot.) actea, yezgo
danger ['dendʒər] *s* peligro; **out of danger** fuera de peligro
dangerous ['dendʒərəs] *adj* peligroso
dangle ['dæŋgəl] *va & vn* colgar en el aire, colgar flojamente; **to dangle after** seguir, ir tras de
dangling ['dæŋglɪŋ] *adj* colgante en el aire, colgante flojamente
dangling participle *s* (gram.) participio inconexo
Daniel ['dænjəl] *s* Daniel
Danish ['denɪʃ] *adj* danés o dinamarqués; *s* danés o dinamarqués (*idioma*); **the Danish** los daneses, los dinamarqueses
dank [dæŋk] *adj* liento, húmedo
danse macabre [dɑ̃s mɑ'kɑbrə] *s* danza macabra
danseuse [dɑ̃'søz] *s* bailarina
Dantesque [dæn'tɛsk] *adj* dantesco
Danube ['dænjub] o ['dænjub] *s* Danubio
Danubian [dæn'jubɪən] *adj* danubiano
daphne ['dæfnɪ] *s* (bot.) laurel; (bot.) adelfilla; (*cap.*) *s* (myth.) Dafne
dapper ['dæpər] *adj* aseado, apuesto, gallardo; vivaracho
dapple ['dæpəl] *s* apariencia moteada; animal rodado, caballo rodado; *adj* rodado, habado; *va* motear
dappled ['dæpəld] *adj* rodado, habado
dapple gray *s* caballo rucio rodado
dapple-gray ['dæpəlˌgre] *adj* rucio rodado
Dardan ['dɑrdən] o **Dardanian** [dɑr'denɪən] *adj* dardanio o dárdano; *s* dárdano
Dardanelles [ˌdɑrdə'nɛlz] *spl* Dardanelos
Dardanus ['dɑrdənəs] *s* (myth.) Dárdano
dare [dɛr] *s* reto, provocación; *va* retar, provocar; arrostrar, resistir; *vn* atreverse; **I dare say** acaso, quizá; **to dare (to)** + *inf* atreverse a + *inf*, osar + *inf*
daredevil ['dɛrˌdevəl] *adj & s* temerario
daring ['dɛrɪŋ] *adj* osado, atrevido; *s* osadía, atrevimiento
Darius [də'raɪəs] *s* Darío
dark [dɑrk] *adj* obscuro; trigueño, moreno; secreto, oculto; ignorante; triste, tétrico; malvado, perverso; atroz; pardo (*dícese de la cerveza*); **to become dark** o **get dark** obscurecerse; hacerse de noche, anochecer; **to keep dark** callar, tener reservado; *s* obscuridad, tinieblas; anochecer, noche; color obscuro; (paint.) sombra obscura; **in the dark** a obscuras; (fig.) a obscuras
dark ages o **Dark Ages** *spl* edad media; primera mitad de la edad media
dark-complexioned ['dɑrkkəm'plɛkʃənd] *adj* moreno
Dark Continent *s* Continente Negro
darken ['dɑrkən] *va* obscurecer; manchar; desconcertar, confundir; entristecer; *vn* obscurecerse
darkey ['dɑrkɪ] *s* (offensive) negro
dark horse *s* caballo desconocido; ganador desconocido; (pol.) candidato nombrado inesperadamente
darkish ['dɑrkɪʃ] *adj* algo obscuro
dark lantern *s* linterna sorda
darkle ['dɑrkəl] *va* obscurecer, volver obscuro; *vn* obscurecerse, parecer obscuro
darkling ['dɑrklɪŋ] *adj* obscurecido; *adv* a obscuras
darkly ['dɑrklɪ] *adv* obscuramente; secretamente; misteriosamente
dark meat *s* carne del ave fuera de la pechuga
darkness ['dɑrknɪs] *s* obscuridad; secreto; ignorancia; tristeza; maldad, perversidad
darkroom ['dɑrkˌrum] o ['dɑrkˌrʊm] *s* (phot.) cuarto obscuro
darksome ['dɑrksəm] *adj* (poet.) obscuro, sombrío
darky ['dɑrkɪ] *s* (*pl:* **-ies**) (offensive) negro
darling ['dɑrlɪŋ] *adj & s* querido; predilecto
darn [dɑrn] *s* zurcido; (coll.) maldición; *va & vn* zurcir; (coll.) maldecir
darnel ['dɑrnəl] *s* (bot.) cizaña; (bot.) ballico perenne
darner ['dɑrnər] *s* zurcidor; aguja de zurcir
darning ['dɑrnɪŋ] *s* zurcidura; cosas zurcidas; cosas por zurcir; *adj* zurcidor; de zurcir
darning needle *s* aguja de zurcir; (ent.) caballito del diablo
dart [dɑrt] *s* dardo, saeta; movimiento rápido; rehilete (*que se lanza por diversión*); aguijón (*de los insectos*); (sew.) sisa; (arch.) saetilla, dardo (*puntas de flechas que alternan con las ovas*); *vn* lanzarse, precipitarse; volar como dardo
darter ['dɑrtər] *s* flechador; (ichth.) eteostoma; (orn.) pájaro culebra
dartle ['dɑrtəl] *va* lanzar repetidamente; *vn* lanzarse repetidamente
Darwinian [dɑr'wɪnɪən] *adj* darviniano; *s* darvinista
Darwinism ['dɑrwɪnɪzəm] *s* darvinismo
Darwinist ['dɑrwɪnɪst] *adj* darviniano; *s* darvinista
dash [dæʃ] *s* rociada; arremetida, arranque; choque, colisión; revés repentino; poquito, pequeña cantidad; carrera corta; brío, espíritu; jactancia; guardafango, guardalodos; (aut.) tablero de instrumentos; raya (*en la imprenta, la escritura y la telegrafía*); **at one dash** de un golpe; **to cut a dash** hacer gran papel; *va* lanzar, tirar; quebrar, romper, estrellar; desanimar; frustrar; rociar, salpicar; mezclar; **to dash against** estampar contra; **to dash away** desechar, arrojar de sí; **to dash off** escribir de prisa; **to dash to pieces** hacer añicos, hacer mil pedazos; *vn* chocar, estrellarse (*p.ej., las olas del mar*); lanzarse; **to dash by** pasar corriendo; **to dash in** entrar como un rayo, entrar de estampía; **to dash out** salir como un rayo, salir de estampía
dashboard ['dæʃˌbord] *s* guardafango, guardalodos; (aut.) tablero de instrumentos
dasher ['dæʃər] *s* persona briosa; agitador (*de mantequera o sorbetera*)
dashing ['dæʃɪŋ] *adj* brioso; vistoso, ostentoso; *s* embate (*p.ej., de las olas*)
dastard ['dæstərd] *adj & s* vil, miserable, cobarde
dastardly ['dæstərdlɪ] *adj* vil, miserable, cobarde
dat. abr. de **dative**
data processing *s* tramitación automática de datos
datary ['detərɪ] *s* (*pl:* **-ries**) dataría (*cargo*); datario (*cardenal*)
date [det] *s* fecha, data; (coll.) cita; (bot.) datilera; dátil (*fruto*); **out of date** fuera de mo-

da, anticuado; **to bring up to date** poner al día; **to date** hasta la fecha; **under date of** con fecha de; **up to date** hasta la fecha; **what is the date?** ¿cuál es la fecha de hoy?; *va* fechar, datar; (coll.) tener cita o citas con; *vn* datar; llevar fecha; **to date from** datar de
dated ['detɪd] *adj* fechado; anticuado, fuera de moda
dateless ['detlɪs] *adj* sin fecha; sin fin; inmemorial
date line *s* línea (efectiva) de cambio de fecha
date palm *s* (bot.) palmera datilera
date shell *s* (zool.) dátil
dative ['detɪv] *adj & s* (gram.) dativo
datum (['detəm] o ['dætəm] *s* (*pl:* **data** ['detə] o ['dætə]) dato
datum level *s* (surv.) nivel de referencia
datum plane *s* (surv.) plano de referencia
datura [də'tjʊrə] *s* (bot.) datura
dau. abr. de **daughter**
daub [dɔb] *s* embadurnamiento; pintarrajo (*pintura mal hecha*); *va* embadurnar; pintarrajear; *vn* embadurnarse; pintarrajear
dauber ['dɔbər] *s* embadurnador; mal pintor
daughter ['dɔtər] *s* hija
daughter-in-law ['dɔtərɪn,lɔ] *s* (*pl:* **daughters-in-law**) nuera
daughterly ['dɔtərlɪ] *adj* filial, como una hija
daughter of Eve *s* hija de Eva
daunt [dɔnt] o [dɑnt] *va* espantar, asustar; desanimar, acobardar
dauntless ['dɔntlɪs] o ['dɑntlɪs] *adj* impávido, intrépido, atrevido
dauphin ['dɔfɪn] *s* delfín
dauphiness ['dɔfɪnɪs] *s* delfina
davenport ['dævənport] *s* pequeño escritorio; sofá cama tapizado
David ['devɪd] *s* David
davit ['dævɪt] o ['devɪt] *s* (naut.) pescante, grúa de bote
Davy Jones's locker ['devɪ 'dʒonzɪz] *s* el fondo del mar
Davy lamp *s* lámpara de Davy, lámpara de seguridad para los mineros
daw [dɔ] *s* (orn.) corneja
dawdle ['dɔdəl] *va* malgastar (*tiempo*); *vn* malgastar el tiempo, haronear
dawdler ['dɔdlər] *s* holgazán, haragán
dawn [dɔn] *s* amanecer, alba, aurora; (fig.) aurora, principio, comienzo; *vn* amanecer; despuntar (*el día, la mañana, etc.*); empezar a mostrarse; **to dawn on** o **upon one** venírsele a uno a las mientes; empezar uno a comprender, p.ej., **the truth dawned on him** empezó a comprender la verdad
day [de] *s* día; jornada (*p.ej., de trabajo, de inquietud*); victoria, triunfo; **any day** de un día a otro, de un día para otro; **by day** de día; **by the day** a jornal; **from day to day** de día en día, de un día para otro; **the day after** el día siguiente; **the day after tomorrow** pasado mañana; **the day before** la víspera, la víspera de; **the day before yesterday** anteayer; **to call it a day** (coll.) dejar de trabajar; **to have one's day** tener sus días; **to this day** hasta el día de hoy; **to win the day** ganar la palma, ganar la victoria; **day after day** día tras día; **day by day** día por día; **day in, day out** día tras día, sin cesar; *adj* diurno
day bed *s* sofá cama, diván cama, canapé cama
day book *s* diario; (com.) libro diario; (naut.) cuaderno de bitácora
daybreak ['de,brek] *s* amanecer, aurora; **at daybreak** al amanecer
day coach *s* (rail.) coche de viajeros
daydream ['de,drim] *s* ensueño, sueño de vigilia; *vn* soñar despierto
day laborer *s* jornalero
day letter *s* telegrama diurno
daylight ['de,laɪt] *s* día, luz del día; amanecer; luz, publicidad; (slang) abertura, espacio, intervalo; **in broad daylight** en pleno día; **to scare the daylights out of** (slang) pasmar de terror; **to see daylight** comprender; (coll.) ver el fin de una tarea difícil
daylight saving *s* aprovechamiento de la luz
daylight-saving time ['de,laɪt'sevɪŋ] *s* hora de verano
day lily *s* (bot.) azucena amarilla
daylong ['de,lɔŋ] o ['de,lɑŋ] *adj* de todo el día; *adv* todo el día
day nursery *s* guardería infantil
Day of Atonement *s* día de la expiación
day off *s* día de holgar o de huelga, día de vacación, asueto
Day of Judgment *s* día del juicio
day of reckoning *s* día de ajustar cuentas, día de la justicia
day school *s* escuela diurna; escuela de semana; externado, escuela de externos
day shift *s* turno diurno
days of grace *spl* (com.) días de gracia
dayspring ['de,sprɪŋ] *s* aurora, albor
daystar ['de,stɑr] *s* lucero del alba; (poet.) sol
daytime ['de,taɪm] *s* día; **in the daytime** de día
daze [dez] *s* aturdimiento; deslumbramiento; **in a daze** aturdido; *va* aturdir; deslumbrar
dazzle ['dæzəl] *s* deslumbramiento, ofuscamiento; *va* deslumbrar, ofuscar
dazzling ['dæzlɪŋ] *adj* deslumbrante
d.c. abr. de **direct current**
D.C. abr. de **direct current** y **District of Columbia**
DDT ['di'di'ti] *s* símbolo de **dichlorodiphenyl-trichloroethane**
deacon ['dikən] *s* diácono
deaconess ['dikənɪs] *s* diaconisa
deaconry ['dikənrɪ] *s* (*pl:* **-ries**) diaconato
dead [dɛd] *adj* muerto; anticuado, fuera de uso; (coll.) cansado; (sport) muerto; *adv* absolutamente, completamente; directamente; *s* época o tiempo lóbrego; **deads** *spl* (min.) escombros; **the dead** los muertos; **the dead of night** el profundo silencio de la noche; **the dead of winter** lo más frío del invierno
dead air *s* (rad.) interrupción del programa (*por avería*)
dead beat *s* (slang) gorrón; (slang) holgazán
dead-beat ['dɛd'bit] *adj* (coll.) muerto de cansancio
deadbeat ['dɛd,bit] *adj* (phys.) sin oscilación
dead bolt *s* cerrojo dormido
dead center *s* (mach.) punto muerto; (mach.) punta fija (*p.ej., en un torno*)
dead-drunk ['dɛd'drʌŋk] *adj* difunto de taberna
dead duck *s* (slang) persona acabada, persona sin porvenir, cosa arruinada
deaden ['dɛdən] *va* amortiguar, amortecer; insonorizar
dead end *s* extremo cerrado, callejón sin salida; (rad.) punto muerto; (fig.) atolladero
dead-end ['dɛd,ɛnd] *adj* sin salida; (rad.) muerto
deadeye ['dɛd,aɪ] *s* (naut.) vigota
dead freight *s* (naut.) falso flete
deadhead ['dɛd,hɛd] *s* persona exenta de pagar (*en el teatro, el ferrocarril, etc.*); (found.) mazarota; (naut.) boya de madera; (naut.) poste de amarra
dead heat *s* carrera indecisa
dead key *s* tecla muerta (*de una máquina de escribir*)
dead language *s* lengua muerta
deadlatch ['dɛd,lætʃ] *s* aldaba dormida
dead letter *s* carta no reclamada; (fig.) letra muerta (*práctica caída en desuso, ley que ya no se cumple*)
dead-letter office ['dɛd'lɛtər] *s* oficina de cartas no reclamadas
deadline ['dɛd,laɪn] *s* línea vedada; fin del plazo
deadlock ['dɛd,lɑk] *s* cerradura dormida; estancación, callejón sin salida; *va* estancar; *vn* estancarse
deadly ['dɛdlɪ] *adj* (*comp:* **-lier;** *super:* **-liest**) mortal; fatigoso, abrumador; *adv* mortalmente; excesivamente, sumamente
deadly carrot *s* (bot.) tapsia
deadly nightshade *s* (bot.) belladona; (bot.) hierba mora
deadly sins *spl* siete pecados capitales
dead march *s* (mus.) marcha fúnebre
dead pan *s* (slang) semblante sin expresión
dead point *s* punto muerto
dead reckoning *s* (naut.) estima
dead ringer *s* segunda edición (*persona o cosa que se parece mucho a otra*)
dead rise *s* (naut.) delgado

Dead Sea *s* mar Muerto
dead set *adj* (coll.) muy resuelto, muy determinado
dead-smooth file ['dɛd,smuð] *s* lima sorda
dead soldier *s* (slang) botella vacía
dead-stick landing ['dɛd,stɪk] *s* (aer.) aterrizaje con motor muerto
dead stop *s* parada completa, parada en seco
dead weight *s* peso muerto, peso propio; carga onerosa
deadwood ['dɛd,wʊd] *s* leña seca; gente inútil, material inútil
deaf [dɛf] *adj* sordo; **as deaf as a post** sordo como una tapia; **to turn a deaf ear** hacerse sordo
deaf and dumb *adj* sordomudo
deaf-and-dumb alphabet ['dɛfənd'dʌm] *s* alfabeto para sordomudos, alfabeto dactilológico
deaf-dumbness ['dɛf'dʌmnɪs] *s* sordomudez
deafen ['dɛfən] *va* asordar, ensordecer; insonorizar (*p.ej., una pared*); apagar (*un sonido*); aturdir
deafening ['dɛfənɪŋ] *adj* ensordecedor; aturdidor
deaf-mute ['dɛf,mjut] *adj & s* sordomudo
deafness ['dɛfnɪs] *s* sordera
deal [dil] *s* negocio, negociación; (coll.) trato; reparto, repartición; mano (*p.ej., de naipes*); turno de dar (*los naipes*); parte, porción; tabla de pino, tabla de abeto; (coll.) convenio secreto; **a good deal (of)** o **a great deal (of)** mucho, p.ej., **he has a good deal of money** tiene mucho dinero; **a good deal faster** mucho más rápidamente; **it's a deal** (coll.) trato hecho; **to make a great deal of** estimar mucho; hacer fiestas a; (*pret & pp:* **dealt**) *va* asestar, dar (*un golpe*); repartir, dar (*la baraja*); *vn* negociar, comerciar; mediar, intervenir; portarse, conducirse; ser mano (*en juegos de naipes*); **to deal with** ocuparse en, entender en; tratar con, entenderse con; tratar de
dealer ['dilər] *s* comerciante, negociante; concesionario; repartidor (*de naipes*)
dealing ['dilɪŋ] *s* negocio, negociación; conducta; repartición; **dealings** *spl* negocios; relaciones de amistad
dealt [dɛlt] *pret & pp de* **deal**
dean [din] *s* decano (*de una escuela*); (eccl.) deán; (fig.) decano
deanery ['dinərɪ] *s* (*pl:* **-ies**) decanato
deanship ['dinʃɪp] *s* decanato; (eccl.) deanato o deanazgo
dear [dɪr] *adj* querido; caro, costoso; carero (*que vende caro*); **dear me!** ¡Dios mío!; ¡válgame Dios!; *adv* afectuosamente; caro; *s* querido
dearie ['dɪrɪ] *s* (coll.) queridito
dearness ['dɪrnɪs] *s* cariño; carestía, precio alto
dearth [dʌrθ] *s* carestía, escasez
deary ['dɪrɪ] *s* (*pl:* **-ies**) (coll.) queridito
death [dɛθ] *s* muerte; (*cap.*) *s* muerte (*esqueleto con una guadaña*); **to be at death's door** estar a la muerte; **to beat to death** matar a golpes; **to be bored to death** morirse de aburrimiento; **to be death on** (slang) estar loco por, amar locamente; (slang) odiar locamente; **to bleed to death** morir desangrado; **to bore to death** matar de aburrimiento; **to burn to death** morir quemado; **to choke to death** estrangular; morir atragantado; **to death** a muerte; excesivamente; **to die a violent death** morir vestido; **to do to death** dar la muerte a; **to freeze to death** morir helado; **to put to death** dar la muerte a; **to shock to death** electrocutar; **to shoot to death** matar a tiros; **to starve to death** matar de hambre; morir de hambre; **to stone to death** matar a pedradas; **to the death** a muerte; excesivamente; **to whip to death** matar a latigazos
deathbed ['dɛθ,bɛd] *s* lecho de muerte
deathblow ['dɛθ,blo] *s* golpe mortal
death certificate *s* fe de óbito, partida de defunción
death cup *s* (bot.) canaleja
deathful ['dɛθfəl] *adj* mortal, de muerte
death house *s* capilla (*de los reos de muerte*)
deathless ['dɛθlɪs] *adj* inmortal, eterno
deathlike ['dɛθ,laɪk] *adj* mortal; cadavérico
deathly ['dɛθlɪ] *adj* mortal, de muerte; *adv* mortalmente; excesivamente, sumamente
death mask *s* mascarilla (*sacada sobre el rostro de un cadáver*)
death penalty *s* pena de muerte
death rate *s* mortalidad
death rattle *s* estertor agónico
death's-head ['dɛθs,hɛd] *s* calavera
death toll *s* doble, toque de difuntos; número de muertos
deathtrap ['dɛθ,træp] *s* lugar inseguro y peligroso; situación peligrosa
Death Valley *s* valle de la Muerte (*en el estado de California, EE.UU.*)
death warrant *s* sentencia de muerte; fin de toda esperanza
deathwatch ['dɛθ,wɑtʃ] *s* velación de un moribundo, velación de un cadáver; guardia de un reo de muerte; (ent.) reloj de la muerte
debacle [de'bɑkəl] o [dɪ'bækəl] *s* desastre, catástrofe, ruina; derrota; deshielo (*de un río*); inundación violenta
debar [dɪ'bɑr] (*pret & pp:* **-barred;** *ger:* **-barring**) *va* excluir; prohibir
debark [dɪ'bɑrk] *va & vn* desembarcar
debarkation [,dibɑr'keʃən] *s* desembarco (*de pasajeros*); desembarque (*de mercancías*)
debarment [dɪ'bɑrmənt] *s* exclusión; prohibición
debase [dɪ'bes] *va* rebajar, degradar, envilecer; alterar, falsificar
debasement [dɪ'besmənt] *s* rebajamiento, degradación, envilecimiento; depreciación; alteración, falsificación
debatable [dɪ'betəbəl] *adj* disputable, discutible
debate [dɪ'bet] *s* debate, discusión; *va* debatir; *vn* debatir; deliberar
debater [dɪ'betər] *s* polemista, controversista
debauch [dɪ'bɔtʃ] *s* libertinaje; lujuria; *va* corromper, seducir; *vn* entregarse a la lujuria
debauchee [,dɛbɔ'ʃi] o [,dɛbɔ'tʃi] *s* libertino, disoluto
debaucher [dɪ'bɔtʃər] *s* corruptor, seductor
debauchery [dɪ'bɔtʃərɪ] *s* (*pl:* **-ies**) libertinaje; lujuria; corrupción
debauchment [dɪ'bɔtʃmənt] *s* corrupción, seducción
debenture [dɪ'bɛntʃər] *s* (com.) vale, orden de pago; (com.) obligación
debilitate [dɪ'bɪlɪtet] *va* debilitar
debilitation [dɪ,bɪlɪ'teʃən] *s* debilitación
debility [dɪ'bɪlɪtɪ] *s* (*pl:* **-ties**) debilidad
debit ['dɛbɪt] *s* (com.) debe; (com.) cargo (*entrada en el debe*); *va* (com.) debitar, adeudar, cargar
debit balance *s* saldo deudor
debonair o **debonaire** [,dɛbə'nɛr] *adj* alegre, de buen humor; cortés, urbano
Deborah ['dɛbərə] *s* Débora
debouch [dɪ'buʃ] *vn* desembocar
debouchment [dɪ'buʃmənt] *s* desembocadura
débride [de'brid] *va* (surg.) desbridar
débridement [de'bridmənt] *s* (surg.) desbridamiento
debrief [di'brif] *va* interrogar (*p.ej., a un piloto de avión*) para conseguir datos informativos
debris o **débris** [de'bri] o ['debri] *s* ruinas, escombros; desecho; (geol.) despojos
debt [dɛt] *s* deuda; (Bib.) deuda (*pecado*); **to be deeply in debt** estar lleno de deudas o trampas; **to run into debt** endeudarse
debt of honor *s* deuda de honor, deuda de juego
debtor ['dɛtər] *s* deudor
debunk [di'bʌŋk] *va* (slang) desenmascarar, desbaratar
debut o **début** [de'bju] o ['debju] *s* estreno, debut; **to make one's debut** estrenarse, debutar; presentarse en sociedad, ponerse de largo
debutante o **débutante** [,dɛbju'tɑnt] o ['dɛbjətænt] *s* principiante, debutante; muchacha que se pone de largo
dec. abr. de **deceased** y **decimeter**
Dec. abr. de **December**
decade ['dɛked] *s* década, decenio
decadence [dɪ'kedəns] o ['dɛkədəns] o **deca-**

dency [dɪˈkedənsɪ] o [ˈdɛkədənsɪ] *s* decadencia; (lit.) decadentismo
decadent [dɪˈkedənt] o [ˈdɛkədənt] *adj* decadente; (lit.) decadentista; *s* (lit.) decadentista
decagon [ˈdɛkəgɑn] *adj & s* (geom.) decágono
decagram o **decagramme** [ˈdɛkəgræm] *s* decagramo
decahedron [ˌdɛkəˈhidrən] *s* (*pl:* **-drons** o **-dra** [drə]) (geom.) decaedro
decalcomania [dɪˌkælkəˈmenɪə] *s* calcomanía o decalcomanía
decalescence [ˌdikəˈlɛsəns] *s* (metal.) decalescencia
decaliter o **decalitre** [ˈdɛkəˌlitər] *s* decalitro
decalog o **decalogue** [ˈdɛkəlɔg] o [ˈdɛkəlɑg] *s* decálogo
decalvant [dɪˈkælvənt] *adj* (med.) decalvante
decameter o **decametre** [ˈdɛkəˌmitər] *s* decámetro
decamp [dɪˈkæmp] *vn* decampar; fugarse, escapar
decampment [dɪˈkæmpmənt] *s* levantamiento del campamento; fuga, escape
decanal [ˈdɛkənəl] o [dɪˈkenəl] *adj* de decano, del decanato
decant [dɪˈkænt] *va* decantar
decantation [ˌdikænˈteʃən] *s* decantación
decanter [dɪˈkæntər] *s* garrafa
decapitate [dɪˈkæpɪtet] *va* decapitar, descabezar
decapitation [dɪˌkæpɪˈteʃən] *s* decapitación, descabezamiento
decapod [ˈdɛkəpɑd] *adj & s* (zool.) decápodo
decarbonate [diˈkɑrbənet] *va* descarbonatar
decarbonization [diˌkɑrbənɪˈzeʃən] *s* descarburación
decarbonize [diˈkɑrbənaɪz] *va* descarburar
decare [ˈdɛkɛr] o [deˈkɛr] *s* decárea
decastere [ˈdɛkəstɪr] *s* decastéreo
decasyllabic [ˌdɛkəsɪˈlæbɪk] *adj* decasílabo
decasyllable [ˈdɛkəˌsɪləbəl] *adj & s* decasílabo
decathlon [dɪˈkæθlɑn] *s* (sport) decatlo
decay [dɪˈke] *s* podredumbre; decaimiento, descaecimiento; caries (*p.ej., de los dientes*); *va* pudrir; *vn* pudrirse; cariarse (*los dientes*); decaer
decease [dɪˈsis] *s* fallecimiento; *vn* fallecer
deceased [dɪˈsist] *adj & s* difunto, muerto
decedent [dɪˈsidənt] *s* difunto, muerto
deceit [dɪˈsit] *s* engaño; mentira, fraude; falsedad, duplicidad
deceitful [dɪˈsitfəl] *adj* mentiroso, engañoso
deceivable [dɪˈsivəbəl] *adj* engañadizo
deceive [dɪˈsiv] *va* engañar; *vn* mentir
deceiver [dɪˈsivər] *s* engañador, impostor
decelerate [diˈsɛləret] *va* retardar, desacelerar; *vn* retardarse, desacelerarse
deceleration [diˌsɛləˈreʃən] *s* retardación, desaceleración
December [dɪˈsɛmbər] *s* diciembre; *adj* decembrino
decemvir [dɪˈsɛmvər] *s* decenviro
decemviral [dɪˈsɛmvərəl] *adj* decenviral
decemvirate [dɪˈsɛmvərɪt] o [dɪˈsɛmvəret] *s* decenvirato; cuerpo de diez personas
decency [ˈdisənsɪ] *s* (*pl:* **-cies**) decencia, honestidad; **decencies** *spl* buenas costumbres; comodidades
decennial [dɪˈsɛnɪəl] *adj* decenal; *s* décimo aniversario; fiestas celebradas cada diez años
decent [ˈdisənt] *adj* decente, honesto
decentralization [diˌsɛntrəlɪˈzeʃən] *s* descentralización
decentralize [diˈsɛntrəlaɪz] *va* descentralizar
deception [dɪˈsɛpʃən] *s* decepción, engaño
deceptive [dɪˈsɛptɪv] *adj* engañoso
deciare [ˈdɛsɪɛr] *s* deciárea
decibel [ˈdɛsɪbɛl] *s* (phys.) decibel o decibelio
decide [dɪˈsaɪd] *va* decidir; *vn* decidir, decidirse; **to decide on** decidir (*p.ej., cierta gestion*); **to decide to** + *inf* decidir + *inf*, decidirse a + *inf*
decided [dɪˈsaɪdɪd] *adj* decidido
decidedly [dɪˈsaɪdɪdlɪ] *adv* decididamente
deciduous [dɪˈsɪdʒuəs] o [dɪˈsɪdjuəs] *adj* (bot. & zool.) deciduo
decigram o **decigramme** [ˈdɛsɪgræm] *s* decigramo
deciliter o **decilitre** [ˈdɛsɪˌlitər] *s* decilitro
decillion [dɪˈsɪljən] *s* (Brit.) decillón
decimal [ˈdɛsɪməl] *adj & s* decimal
decimal fraction *s* fracción decimal
decimalize [ˈdɛsɪməlaɪz] *va* decimalizar
decimally [ˈdɛsɪməlɪ] *adv* decimalmente
decimal point *s* punto decimal; coma (*usada más comúnmente en español*)
decimate [ˈdɛsɪmet] *va* diezmar
decimation [ˌdɛsɪˈmeʃən] *s* decimación
decimeter o **decimetre** [ˈdɛsɪˌmitər] *s* decímetro
decipher [dɪˈsaɪfər] *va* descifrar
decipherable [dɪˈsaɪfərəbəl] *adj* descifrable
decipherer [dɪˈsaɪfərər] *s* descifrador
decipherment [dɪˈsaɪfərmənt] *s* descifre
decision [dɪˈsɪʒən] *s* decisión
decisive [dɪˈsaɪsɪv] *adj* decisivo; resuelto, determinado
decistere [ˈdɛsɪstɪr] *s* deciestéreo
deck [dɛk] *s* (naut.) cubierta; baraja (*de naipes*); **on deck** (coll.) visible, listo, disponible; **to hit the deck** (slang) levantarse pronto; (slang) extenderse boca abajo; (slang) prepararse para obrar; *va* cubrir, ocultar; adornar, ataviar, engalanar, vestir
deck chair *s* (naut.) silla de cubierta
deck hand *s* (naut.) grumete, marinero de cubierta
deck-land [ˈdɛkˌlænd] *vn* (aer.) apontizar
deck-landing [ˈdɛkˌlændɪŋ] *s* (aer.) apontizaje
deckle [ˈdɛkəl] *s* cubierta (*bastidor*); barba (*desigualdad en los bordes del papel*)
deckle edge *s* barba
deckle-edged [ˈdɛkəlˌɛdʒd] *adj* barbado
declaim [dɪˈklem] *va & vn* declamar
declaimer [dɪˈklemər] *s* declamador
declamation [ˌdɛkləˈmeʃən] *s* declamación
declamatory [dɪˈklæməˌtorɪ] *adj* declamatorio
declarable [dɪˈklɛrəbəl] *adj* declarable
declarant [dɪˈklɛrənt] *s* declarante
declaration [ˌdɛkləˈreʃən] *s* declaración
Declaration of Independence *s* Declaración de la independencia
declarative [dɪˈklærətɪv] *adj* declarativo; (gram.) aseverativo, enunciativo
declaratory [dɪˈklærəˌtorɪ] *adj* declaratorio
declare [dɪˈklɛr] *va & vn* declarar
declension [dɪˈklenʃən] *s* declinación; (gram.) declinación
declinable [dɪˈklaɪnəbəl] *adj* declinable
declination [ˌdɛklɪˈneʃən] *s* declinación; (astr. & magnetism) declinación
declinatory compass [dɪˈklaɪnəˌtorɪ] *s* declinatorio
declinatory plea *s* (law) declinatoria
decline [dɪˈklaɪn] *s* declinación, bajada; baja (*de los precios*); bajón (*en la salud, el caudal, etc.*); ocaso (*del sol*); (coll.) consunción, tisis; **to be on the decline** (coll.) ir cabeza abajo (*decaer*); *va* rehusar, declinar; inclinar hacia abajo; (gram.) declinar; *vn* declinar; (gram.) declinar; **to decline to** + *inf* excusarse de + *inf*
declivity [dɪˈklɪvɪtɪ] *s* (*pl:* **-ties**) declividad
decoct [dɪˈkɑkt] *va* extraer por decocción
decoction [dɪˈkɑkʃən] *s* decocción; (pharm.) decocción
decode [diˈkod] *va* descifrar
decoder [diˈkodər] *s* descifrador
decoding [diˈkodɪŋ] *s* descifre
decoherer [ˌdikoˈhɪrər] *s* (rad.) descohesor
décolletage [ˌdekɑlˈtɑʒ] *s* escote o escotadura
décolleté [ˌdekɑlˈte] *adj* escotado (*dícese del vestido o la persona*)
decolorization [diˌkʌlərɪˈzeʃən] *s* decoloración
decolorize [diˈkʌləraɪz] *va* decolorar
decompose [ˌdikəmˈpoz] *va* descomponer; *vn* descomponerse
decomposition [ˌdikɑmpəˈzɪʃən] *s* descomposición
decompression [ˌdikəmˈprɛʃən] *s* descompresión
decompression chamber *s* cámara de descompresión
decontaminate [ˌdikənˈtæmɪnet] *va* descontaminar
decontamination [ˌdikənˌtæmɪˈneʃən] *s* descontaminación
decontamination squad *s* cuadrilla de descontaminación
decontrol [ˌdikənˈtrol] *s* supresión o termina-

ción del control; *va* suprimir o terminar el control de
décor [de'kɔr] *s* decoración; (theat.) decorado
decorate ['dɛkəret] *va* decorar; empapelar (*una pared*); pintar (*p.ej., una pared*); condecorar (*con una insignia de honor*)
decoration [,dɛkə'reʃən] *s* decoracion; condecoración (*insignia de honor*)
Decoration Day *s* (U.S.A.) día señalado para decorar las tumbas de los soldados muertos en batalla (*el 30 de mayo*)
decorative ['dɛkə,retɪv] *adj* decorativo
decorator ['dɛkə,retər] *s* decorador
decorous ['dɛkərəs] o [dɪ'korəs] *adj* decoroso
decorum [dɪ'korəm] *s* decoro
decoy [dɪ'kɔɪ] o ['dikɔɪ] *s* señuelo, añagaza; reclamo (*ave amaestrada*); trampa; entruchón (*persona*); [dɪ'kɔɪ] *va* atraer con señuelo; entruchar
decrease ['dikris] o [dɪ'kris] *s* disminución, decrecimiento; [dɪ'kris] *va* disminuir; *vn* disminuir, disminuirse, decrecer
decree [dɪ'kri] *s* decreto; *va* decretar
decree law *s* decreto-ley
decrement ['dɛkrɪmənt] *s* decremento, disminución; (rad.) decremento
decremeter [dɪ'krɛmɪtər] *s* (rad.) decrémetro
decrepit [dɪ'krɛpɪt] *adj* decrépito
decrepitude [dɪ'krɛpɪtjud] o [dɪ'krɛpɪtud] *s* decrepitud
decrescendo [,dekrə'ʃɛndo] *m* (*pl:* **-dos**) (mus.) decrescendo
decretal [dɪ'kritəl] *adj* decretal; *s* decretal; **decretals** *spl* decretales
decretalist [dɪ'kritəlɪst] *s* (theol.) decretalista
decretist [dɪ'kritɪst] *s* decretista
decrial [dɪ'kraɪəl] *s* vituperio; rebaja
decry [dɪ'kraɪ] (*pret & pp:* **-cried**) *va* vituperar; rebajar, desacreditar
decubitus [dɪ'kjubɪtəs] *s* (med.) decúbito; (path.) decúbito (*úlcera*)
decumbent [dɪ'kʌmbənt] *adj* decumbente; (bot.) decumbente
decuple ['dɛkjʊpəl] *adj & s* décuplo; *va* decuplar o decuplicar
decurrent [dɪ'kʌrənt] *adj* (bot.) decurrente
decury ['dɛkjərɪ] *s* (*pl:* **-ries**) decuria
decussate [dɪ'kʌsɪt] o [dɪ'kʌset] *adj* decuso o decusado; (bot.) decuso o decusado
dedicate ['dɛdɪket] *va* dedicar
dedication [,dɛdɪ'keʃən] *s* dedicación; dedicatoria (*p.ej., de un libro*)
dedicative ['dɛdɪ,ketɪv] *adj* dedicativo
dedicator ['dɛdɪ,ketər] *s* dedicante
dedicatory ['dɛdɪkə,torɪ] *adj* dedicatorio
dedolation [,dɛdə'leʃən] *s* (surg.) dedolación
deduce [dɪ'djus] o [dɪ'dus] *va* deducir; derivar
deducible [dɪ'djusɪbəl] o [dɪ'dusɪbəl] *adj* deducible
deduct [dɪ'dʌkt] *va* deducir
deductible [dɪ'dʌktɪbəl] *adj* deducible
deduction [dɪ'dʌkʃən] *s* deducción
deductive [dɪ'dʌktɪv] *adj* deductivo
deed [did] *s* acto, hecho; hazaña, proeza; (law) escritura; **in deed** en verdad; de obra, de hecho; *va* (law) traspasar por escritura
deed of gift *s* escritura de donación
deem [dim] *va & vn* pensar, creer, juzgar, conceptuar
deemphasize [di'ɛmfəsaɪz] *va* quitar importancia a
deep [dip] *adj* profundo; grave (*sonido*); subido (*color*); astuto; sagaz; de hondo, p.ej., **ten inches deep** diez pulgadas de hondo; **to go off the deep end** (coll.) adoptar una resolución temeraria; **deep in debt** cargado de deudas; **deep in politics** muy metido en política; **deep in thought** absorto en la meditación; **the deep** lo profundo; lo más intenso; la mar; el infierno; *adv* hondo; **deep into the night** hasta muy tarde la noche
deep-chested ['dip,tʃɛstɪd] *adj* ancho de pecho
deepen ['dipən] *va* profundizar; *vn* profundizarse
deep-felt ['dip,fɛlt] *adj* sentido, hondamente sentido
deep-freeze ['dip'friz] *s* (trademark) congeladora; (*pret:* **-froze;** *pp:* **-frozen**) *va* congelar; almacenar en congeladora
deep-laid ['dip,led] *adj* dispuesto con astucia
deep mourning *s* luto riguroso
deep-rooted ['dip,rutɪd] o ['dip,rutɪd] *adj* arraigado profundamente; afirmado, asegurado
deep-sea ['dip,si] *adj* de las profundidades del mar
deep-sea fishing *s* pesca de gran altura
deep-sea lead [lɛd] *s* (naut.) plomada para el sondeo profundo
deep-seated ['dip,sitɪd] *adj* arraigado profundamente; hundido; fijo sólidamente
deep-set ['dip,sɛt] *adj* puesto profundamente; fijo sólidamente
Deep South *s* (U.S.A.) el extremo meridional de los estados de Alabama, Georgia, Luisiana y Misisipí (*considerado como representante de la cultura y las tradiciones del Sur de los EE.UU.*)
deepwater ['dip,wɔtər] o ['dip,wɑtər] *adj* de gran altura
deer [dɪr] *s* (zool.) ciervo, venado
deerhound ['dɪr,haʊnd] *s* galgo escocés de pelo lanoso
deerskin ['dɪr,skɪn] *s* gamuza, piel de ciervo
deerstalking ['dɪr,stɔkɪŋ] *s* caza del venado al acecho
def. abr. de **defendant, deferred, defined, definite** y **definition**
deface [dɪ'fes] *va* desfigurar
defacement [dɪ'fesmənt] *s* desfiguración
de facto [di'fækto] *adv* de hecho; (law) de hecho
defalcate [dɪ'fælket] o ['difælket] *vn* desfalcar
defalcation [,difæl'keʃən] o [,dɛfəl'keʃən] *s* desfalco
defamation [,dɛfə'meʃən] o [,difə'meʃən] *s* difamación
defamatory [dɪ'fæmə,torɪ] *adj* difamatorio
defame [dɪ'fem] *va* difamar
defamer [dɪ'femər] *s* difamador
default [dɪ'fɔlt] *s* omisión, descuido; falta, incumplimiento; (law) rebeldía; **by default** (sport) por no presentarse; **in default of** por falta de; *va* dejar de cumplir; no pagar; (law) condenar en rebeldía; (sport) perder por no presentarse; *vn* faltar; (law) caer en rebeldía; (sport) perder por no presentarse
defaulter [dɪ'fɔltər] *s* delincuente; desfalcador; (law) rebelde
defeat [dɪ'fit] *s* vencimiento, derrota; *va* vencer, derrotar
defeatism [dɪ'fitɪzəm] *s* derrotismo
defeatist [dɪ'fitɪst] *adj & s* derrotista
defecate ['dɛfɪket] *va* defecar, clarificar; *vn* defecar
defecation [,dɛfɪ'keʃən] *s* defecación
defect [dɪ'fɛkt] o ['difɛkt] *s* defecto; [dɪ'fɛkt] *vn* desertar
defection [dɪ'fɛkʃən] *s* defección; fracaso, mal éxito
defective [dɪ'fɛktɪv] *adj* defectivo, defectuoso, deficiente; (gram.) defectivo
defence [dɪ'fɛns] *s* (Brit.) var. de **defense**
defend [dɪ'fɛnd] *va* defender; (law) defender
defendant [dɪ'fɛndənt] *s* (law) demandado; (law) acusado, reo
defender [dɪ'fɛndər] *s* defensor
defense [dɪ'fɛns] *s* defensa; (law & sport) defensa
defense in depth *s* (mil.) defensa en profundidad
defenseless [dɪ'fɛnslɪs] *adj* indefenso
defense mechanism *s* (physiol. & psychoanal.) defensa
defensible [dɪ'fɛnsɪbəl] *adj* defendible
defensive [dɪ'fɛnsɪv] *adj* defensivo; *s* defensiva; **to be on the defensive** estar a la defensiva
defer [dɪ'fʌr] (*pret & pp:* **-ferred;** *ger:* **-ferring**) *va* diferir, aplazar, dilatar; *vn* deferir; **to defer to** deferir a (*p.ej., el parecer de otro*)
deference ['dɛfərəns] *s* deferencia
deferent ['dɛfərənt] *adj* deferente; (anat.) deferente
deferential [,dɛfə'rɛnʃəl] *adj* deferente
deferment [dɪ'fʌrmənt] *s* aplazamiento, dilación
defiance [dɪ'faɪəns] *s* desafío; oposición obsti-

D

nada; **in defiance of** a despecho de; **to bid defiance to** o **to set at defiance** desafiar
defiant [dɪˈfaɪənt] *adj* desafiador; provocante
deficiency [dɪˈfɪʃənsɪ] *s* (*pl:* **-cies**) deficiencia, carencia; (com.) descubierto
deficiency disease *s* (med.) enfermedad por carencia, enfermedad carencial
deficient [dɪˈfɪʃənt] *adj* deficiente
deficit [ˈdɛfɪsɪt] *s* déficit; *adj* deficitario
deficit spending *s* gasto que produce déficit
defier [dɪˈfaɪər] *s* desafiador; provocador
defilade [ˌdɛfɪˈled] *s* (mil.) desenfilada; *va* (fort. & mil.) desenfilar; *vn* (fort. & mil.) desenfilarse
defile [dɪˈfaɪl] o [ˈdifaɪl] *s* desfiladero; [dɪˈfaɪl] *va* manchar, corromper, violar, deshonrar; *vn* desfilar
defilement [dɪˈfaɪlmənt] *s* corrupción, violación, deshonra
defiler [dɪˈfaɪlər] *s* corruptor, violador, deshonrador
definable [dɪˈfaɪnəbəl] *adj* definible
define [dɪˈfaɪn] *va* definir
definite [ˈdɛfɪnɪt] *adj* definido; (gram.) definido, determinado
definite article *s* (gram.) artículo definido, artículo determinado
definition [ˌdɛfɪˈnɪʃən] *s* definición; (opt.) definición
definitive [dɪˈfɪnɪtɪv] *adj* definitivo; *s* sentencia definitiva; (gram.) palabra limitativa
deflagrate [ˈdɛfləgret] *va* (chem.) hacer deflagrar; *vn* (chem.) deflagrar
deflagration [ˌdɛfləˈgreʃən] *s* (chem.) deflagración
deflate [dɪˈflet] *va* desinflar; (fig.) desinflar (*a una persona*)
deflation [dɪˈfleʃən] *s* desinflación; (econ.) deflación
deflationary [dɪˈfleʃənˌɛrɪ] *adj* deflacionista
deflect [dɪˈflɛkt] *va* desviar; *vn* desviarse
deflection [dɪˈflɛkʃən] *s* desviación, deflexión
deflective [dɪˈflɛktɪv] *adj* desviador
deflector [dɪˈflɛktər] *s* deflector; (naut.) deflector
defloration [ˌdɛfləˈreʃən] *s* desfloración
deflower [dɪˈflaʊər] *va* desflorar
defoliate [dɪˈfolɪet] *va* deshojar; *vn* deshojarse
defoliation [dɪˌfolɪˈeʃən] *s* defoliación
deforce [dɪˈfors] *va* (law) detentar
deforcement [dɪˈforsmənt] *s* (law) detentación
deforciant [dɪˈforʃənt] *s* (law) detentador
deforest [diˈfɑrɪst] o [diˈfɔrɪst] *va* desforestar
deforestation [diˌfɑrɪsˈteʃən] o [diˌfɔrɪsˈteʃən] *s* desforestación
deform [dɪˈfɔrm] *va* deformar
deformation [ˌdifɔrˈmeʃən] o [ˌdɛfərˈmeʃən] *s* deformación
deformed [dɪˈfɔrmd] *adj* deforme
deformity [dɪˈfɔrmɪtɪ] *s* (*pl:* **-ties**) deformidad
defraud [dɪˈfrɔd] *va* defraudar
defrauder [dɪˈfrɔdər] *s* defraudador
defray [dɪˈfre] *va* sufragar, subvenir a
defrayal [dɪˈfreəl] o **defrayment** [dɪˈfremənt] *s* pago, sufragación
defrost [diˈfrɔst] o [diˈfrɑst] *va* deshelar, descongelar
defroster [diˈfrɔstər] o [diˈfrɑstər] *s* desescarchador, descongelador
defrosting [diˈfrɔstɪŋ] o [diˈfrɑstɪŋ] *s* descongelación, deshielo
deft [dɛft] *adj* diestro, hábil; ligero
deftness [ˈdɛftnɪs] *s* destreza, habilidad; ligereza
defunct [dɪˈfʌŋkt] *adj* difunto
defy [dɪˈfaɪ] o [ˈdifaɪ] *s* (*pl:* **-fies**) (slang) desafío; [dɪˈfaɪ] (*pret & pp:* **-fied**) *va* desafiar; oponerse obstinadamente a; resistir
deg. abr. de **degree** o **degrees**
degas [diˈgæs] (*pret & pp:* **-gassed;** *ger:* **-gassing**) *va* desgasificar
degasify [diˈgæsɪfaɪ] (*pret & pp:* **-fied**) *va* var. de **degas**
de Gaullist [dəˈgolɪst] *adj & s* degaullista
degauss [dɪˈgaʊs] o [dɪˈgɔs] *va* desgausar
degeneracy [dɪˈdʒɛnərəsɪ] *s* degeneración
degenerate [dɪˈdʒɛnərɪt] *adj & s* degenerado; [dɪˈdʒɛnəret] *vn* degenerar
degeneration [dɪˌdʒɛnəˈreʃən] *s* degeneración
degenerative [dɪˈdʒɛnəˌretɪv] *adj* degenerativo
deglutition [ˌdigluˈtɪʃən] o [ˌdɛgluˈtɪʃən] *s* deglución
degradation [ˌdɛgrəˈdeʃən] *s* degradación; (geol.) degradación
degrade [dɪˈgred] *va* degradar; (geol.) degradar
degrading [dɪˈgredɪŋ] *adj* degradante
degree [dɪˈgri] *s* grado; (educ.) grado (*p.ej., de bachiller*); (gram., math. & mus.) grado; **by degrees** de grado en grado; **to a degree** algo, un poco; en sumo grado; **to take a degree** recibir un grado o título
dehisce [diˈhɪs] *vn* abrirse, hendirse
dehiscence [diˈhɪsəns] *s* (biol. & bot.) dehiscencia
dehiscent [diˈhɪsənt] *adj* dehiscente
dehorn [diˈhɔrn] *va* descornar
dehumanization [diˌhjumənɪˈzeʃən] *s* deshumanización
dehumanize [diˈhjumənaɪz] *va* deshumanizar
dehumidifier [ˌdihjuˈmɪdɪˌfaɪər] *s* deshumedecedor, reductor de humedad
dehumidify [ˌdihjuˈmɪdɪfaɪ] (*pret & pp:* **-fied**) *va* deshumedecer, deshumidificar
dehydrate [diˈhaɪdret] *va* deshidratar; *vn* deshidratarse
dehydration [ˌdihaɪˈdreʃən] *s* deshidratación
dehypnotize [diˈhɪpnətaɪz] *va* deshipnotizar
deice [diˈaɪs] *va* (aer.) deshelar
deicer [diˈaɪsər] *s* (aer.) deshelador
deicidal [ˌdiɪˈsaɪdəl] *adj* deicida
deicide [ˈdiɪsaɪd] *s* deicida (*persona*); deicidio (*acción*)
deific [diˈɪfɪk] *adj* deífico
deification [ˌdiɪfɪˈkeʃən] *s* deificación
deify [ˈdiɪfaɪ] (*pret & pp:* **-fied**) *va* deificar
deign [den] *va* dignarse dar o conceder; *vn* dignarse; **to deign to** + *inf* dignarse + *inf*
deism [ˈdiɪzəm] *s* deísmo
deist [ˈdiɪst] *s* deísta
deistic [diˈɪstɪk] o **deistical** [diˈɪstɪkəl] *adj* deísta
deity [ˈdiɪtɪ] *s* (*pl:* **-ties**) deidad; **the Deity** Dios
deject [dɪˈdʒɛkt] *va* abatir, desanimar
dejected [dɪˈdʒɛktɪd] *adj* abatido, desanimado
dejection [dɪˈdʒɛkʃən] *s* abatimiento, desánimo; (physiol.) deyección
dekaliter [ˈdɛkəˌlitər] *s* var. de **decaliter**
dekameter [ˈdɛkəˌmitər] *s* var. de **decameter**
del. abr. de **delegate** y **delete**
Del. abr. de **Delaware**
delay [dɪˈle] *s* dilación, retraso, tardanza; *va* dilatar, retrasar; *vn* tardar, demorarse
delayed-action fuse [dɪˈledˈækʃən] *s* (mil.) espoleta de explosión retardada
delayed-time switch [dɪˈledˈtaɪm] *s* (elec.) llave de tiempo atrasado
dele [ˈdili] *s* (print.) dele; *va* (print.) suprimir
delectable [dɪˈlɛktəbəl] *adj* deleitable
delectation [ˌdilɛkˈteʃən] *s* delectación
delegacy [ˈdɛlɪgəsɪ] *s* (*pl:* **-cies**) delegación
delegate [ˈdɛlɪget] o [ˈdɛlɪgɪt] *s* delegado; congresista; [ˈdɛlɪget] *va* delegar
delegation [ˌdɛlɪˈgeʃən] *s* delegación
delete [dɪˈlit] *va* suprimir
deleterious [ˌdɛlɪˈtɪrɪəs] *adj* deletéreo
deletion [dɪˈliʃən] *s* supresión
delft [dɛlft] o **delftware** [ˈdɛlftˌwɛr] *s* porcelana de Delft
Delian [ˈdiliən] *adj & s* delio
deliberate [dɪˈlɪbərɪt] *adj* reflexionado, pensado; circunspecto, cauto; espacioso, lento, tardo; [dɪˈlɪbəret] *va & vn* deliberar
deliberation [dɪˌlɪbəˈreʃən] *s* deliberación
deliberative [dɪˈlɪbəˌretɪv] *adj* deliberativo; deliberante
delicacy [ˈdɛlɪkəsɪ] *s* (*pl:* **-cies**) delicadeza; golosina (*manjar delicado*)
delicate [ˈdɛlɪkɪt] *adj* delicado
delicatessen [ˌdɛlɪkəˈtɛsən] *s* ultramarinos; tienda de ultramarinos, tienda de fiambres, ensaladas, queso, pescado ahumado, etc.
delicious [dɪˈlɪʃəs] *adj* delicioso, sabroso
delight [dɪˈlaɪt] *s* deleite, delicia; **to take delight in** deleitarse con o en; **to take delight in** + *ger* deleitarse en + *inf*; *va* deleitar; **to be**

D

delighted to + *inf* deleitarse en + *inf; vn* deleitarse; **to delight in** deleitarse con o en; **to delight in** + *ger* deleitarse en + *inf*
delightful [dɪˈlaɪtfəl] *adj* deleitoso, delicioso
Delilah [dɪˈlaɪlə] *s* (Bib.) Dalila
delimit [dɪˈlɪmɪt] *va* delimitar
delimitation [dɪˌlɪmɪˈteʃən] *s* delimitación
delineate [dɪˈlɪnɪet] *va* delinear
delineation [dɪˌlɪnɪˈeʃən] *s* delineación
delineator [dɪˈlɪnɪˌetər] *s* delineador, delineante
delinquency [dɪˈlɪŋkwənsɪ] *s* (*pl:* **-cies**) culpa, delincuencia; morosidad (*en el pago*)
delinquent [dɪˈlɪŋkwənt] *adj* culpado, delincuente; moroso (*en el pago, etc.*); debido y no pagado; *s* culpado; deudor moroso
deliquesce [ˌdelɪˈkwes] *vn* liquidarse lentamente, atrayendo la humedad del aire; derretirse
deliquescence [ˌdelɪˈkwesəns] *s* delicuescencia
deliquescent [ˌdelɪˈkwesənt] *adj* delicuescente
delirious [dɪˈlɪrɪəs] *adj* delirante; **to be delirious** delirar
delirium [dɪˈlɪrɪəm] *s* (*pl:* **-ums** o **-a** [ə]) delirio
delirium tremens [ˈtrimənz] *s* (path.) delírium tremens
deliver [dɪˈlɪvər] *va* librar, libertar; entregar; distribuir (*el correo*); dar, asestar, descargar (*un golpe*); lanzar (*p.ej., una pelota*); recitar, pronunciar (*un discurso*); rendir, transmitir (*energía*); partear (*a la mujer que está de parto*); **to be delivered** parir; **to deliver oneself of** aliviarse de; comunicar
deliverance [dɪˈlɪvərəns] *s* libramiento, liberación; rescate; profesión, dictamen; alumbramiento
deliverer [dɪˈlɪvərər] *s* librador, salvador; entregador; relator; distribuidor
delivery [dɪˈlɪvərɪ] *s* (*pl:* **-ies**) liberación; rescate; entrega; distribución (*del correo*); parto, alumbramiento; discurso, modo de expresarse
deliveryman [dɪˈlɪvərɪmən] *s* (*pl:* **-men**) entregador, recadero, mozo de reparto
delivery room *s* sala de alumbramiento (*de un hospital*)
delivery table *s* (print.) sacador
delivery truck *s* furgoneta, sedán de reparto
dell [del] *s* vallecito, vallejuelo
Delos [ˈdilɑs] *s* Delos
delouse [diˈlaus] o [diˈlauz] *va* despiojar, espulgar
Delphi [ˈdelfaɪ] *s* Delfos
Delphian [ˈdelfɪən] *adj* délfico; ambiguo
Delphic [ˈdelfɪk] *adj* délfico; ambiguo
Delphic oracle *s* oráculo délfico o de Delfos
delphinium [delˈfɪnɪəm] *s* (bot.) espuela de caballero (*Delphinium ajacis*); (bot.) consólida real (*Delphinium consolida*)
delta [ˈdeltə] *s* delta
delta connection *s* (elec.) conexión en delta
delta wing *s* (aer.) ala en delta
deltoid [ˈdeltɔɪd] *adj* deltoides (*triangular*); (anat.) deltoides; *s* (anat.) deltoides
deltoid muscle *s* (anat.) deltoides
delude [dɪˈlud] *va* deludir, engañar
deluder [dɪˈludər] *s* delusor, engañador
deluge [ˈdeljudʒ] *s* diluvio; (fig.) diluvio; **the Deluge** el Diluvio; *va* inundar; **to deluge with** inundar de
delusion [dɪˈluʒən] *s* engaño, decepción
delusive [dɪˈlusɪv] o **delusory** [dɪˈlusərɪ] *adj* delusorio; ilusivo
de luxe [dɪˈlʊks] o [dɪˈlʌks] *adj & adv* de lujo
delve [delv] *va* cavar; *vn* cavar; insudar (*afanarse*); buscar (*explorar*); **to delve into** sondear, profundizar
Dem. abr. de **Democrat** y **Democratic**
demagnetization [diˌmægnɪtɪˈzeʃən] *s* desimanación, desimantación
demagnetize [diˈmægnɪtaɪz] *va* desimanar, desimantar
demagog [ˈdeməgɑg] *s* demagogo
demagogic [ˌdeməˈgɑdʒɪk] o [ˌdeməˈgɑgɪk] *adj* demagógico
demagogue [ˈdeməgɑg] *s* var. de **demagog**
demagoguery [ˈdeməˌgɑgərɪ] o **demagogy** [ˈdeməˌgadʒɪ] o [ˈdeməˌgɑgɪ] *s* demagogia
demand [dɪˈmænd] o [dɪˈmɑnd] *s* demanda; (com.) demanda; (law) demanda (*reclamación*); **on demand** a la presentación; **to be in demand** tener demanda; *va* demandar; pedir perentoriamente
demanding [dɪˈmændɪŋ] o [dɪˈmɑndɪŋ] *adj* exigente
demarcate [ˈdimɑrket] o [dɪˈmɑrket] *va* demarcar
demarcation [ˌdimɑrˈkeʃən] *s* demarcación
démarche [deˈmɑrʃ] *s* gestión, paso; (dipl.) diligencia, gestión
demean [dɪˈmin] *va* degradar; **to demean oneself** degradarse; portarse, conducirse; *vn* portarse, conducirse
demeanor [dɪˈminər] *s* porte, conducta, comportamiento
demeanour [dɪˈminər] *s* (Brit.) var. de **demeanor**
demented [dɪˈmentɪd] *adj* demente
dementia [dɪˈmenʃə] *s* demencia
dementia praecox [ˈprikɑks] *s* (path.) demencia precoz
demerit [diˈmerɪt] *s* demérito; nota de desaprobación
demesne [dɪˈmen] o [dɪˈmin] *s* tierra solariega; heredad; dominio; región
Demeter [dɪˈmitər] *s* (myth.) Deméter o Demetria
demigod [ˈdemɪˌgɑd] *s* semidiós
demigoddess [ˈdemɪˌgɑdɪs] *s* semidiosa
demigorge [ˈdemɪˌgɔrdʒ] *s* (fort.) semigola
demijohn [ˈdemɪdʒɑn] *s* damajuana
demilitarization [diˌmɪlɪtərɪˈzeʃən] *s* desmilitarización
demilitarize [diˈmɪlɪtəraɪz] *va* desmilitarizar
demimondaine [ˌdemɪmɑnˈden] *s* mujer mundana
demimonde [ˈdemɪmɑnd] *s* mujeres mundanas, mujeres de reputación equívoca
demineralization [diˌmɪnərəlɪˈzeʃən] *s* (med.) desmineralización
demise [dɪˈmaɪz] *s* fallecimiento; transmisión de la corona; (law) traslación de dominio; *va* (law) transferir, transferir por testamento o por arriendo
demisemiquaver [ˈdemɪˈsemɪˌkwevər] *s* (mus.) fusa
demission [dɪˈmɪʃən] *s* dimisión
demit [dɪˈmɪt] (*pret & pp:* **-mitted;** *ger:* **-mitting**) *va & vn* dimitir
demitasse [ˈdemɪˌtæs] o [ˈdemɪˌtɑs] *s* taza pequeña, tacita de café
Demiurge [ˈdemɪʌrdʒ] *s* (philos.) demiurgo
demobilization [diˌmobɪlɪˈzeʃən] *s* desmovilización
demobilize [diˈmobɪlaɪz] *va* desmovilizar
democracy [dɪˈmɑkrəsɪ] *s* (*pl:* **-cies**) democracia
democrat [ˈdeməkræt] *s* demócrata
democratic [ˌdeməˈkrætɪk] *adj* demócrata; democrático
democratically [ˌdeməˈkrætɪkəlɪ] *adv* democráticamente
democratization [dɪˌmɑkrətɪˈzeʃən] *s* democratización
democratize [dɪˈmɑkrətaɪz] *va* democratizar; *vn* democratizarse
Democritus [dɪˈmɑkrɪtəs] *s* Demócrito
demodulate [diˈmɑdʒəlet] *va* (rad.) desmodular
Demogorgon [ˌdimoˈgɔrgən] o [ˌdemoˈgɔrgən] *s* (myth.) Demogorgón
demographic [ˌdiməˈgræfɪk] o **demographical** [ˌdiməˈgræfɪkəl] *adj* demográfico
demography [dɪˈmɑgrəfɪ] *s* demografía
demoiselle [ˌdemwɑˈzel] *s* damisela; (orn.) antropoide, grulla de Numidia; (ent.) caballito del diablo
demolish [dɪˈmɑlɪʃ] *va* demoler
demolisher [dɪˈmɑlɪʃər] *s* demoledor
demolishment [dɪˈmɑlɪʃmənt] *s* demolición
demolition [ˌdeməˈlɪʃən] o [ˌdiməˈlɪʃən] *s* demolición
demolition bomb *s* bomba de demolición
demolition squad *s* cuadrilla de demolición
demon [ˈdimən] *s* demonio
demonetization [diˌmɑnɪtɪˈzeʃən] o [diˌmʌnɪtɪˈzeʃən] *s* desmonetización
demonetize [diˈmɑnɪtaɪz] o [diˈmʌnɪtaɪz] *va* desmonetizar
demoniac [dɪˈmonɪæk] *adj & s* demoníaco

demoniacal [ˌdiməˈnaɪəkəl] *adj* demoníaco
demonic [diˈmɑnɪk] *adj* demoníaco
demonism [ˈdimənɪzəm] *s* demonismo
demonolatry [ˌdimənˈɑlətrɪ] *s* demonolatría
demonology [ˌdimənˈɑlədʒɪ] *s* demonología
demonomancy [ˌdimənˈɑmənsɪ] *s* demonomancia
demonstrability [dɪˌmɑnstrəˈbɪlɪtɪ] o [ˌdɛmənstrəˈbɪlɪtɪ] *s* demostrabilidad
demonstrable [dɪˈmɑnstrəbəl] o [ˈdɛmənstrəbəl] *adj* demostrable
demonstrably [dɪˈmɑnstrəblɪ] o [ˈdɛmənstrəblɪ] *adv* demostrablemente
demonstrate [ˈdɛmənstret] *va* demostrar; *vn* manifestar
demonstration [ˌdɛmənˈstreʃən] *s* demostración; manifestación (*reunión pública para dar a conocer un sentimiento u opinión*)
demonstrative [dɪˈmɑnstrətɪv] *adj* demostrativo; (gram.) demostrativo; *s* (gram.) demostrativo
demonstrator [ˈdɛmənˌstretər] *s* demostrador; vehículo de demostraciones; alborotador, manifestante
demoralization [dɪˌmɑrəlɪˈzeʃən] o [dɪˌmɔrəlɪˈzeʃən] *s* desmoralización
demoralize [dɪˈmɑrəlaɪz] o [dɪˈmɔrəlaɪz] *va* desmoralizar
demoralizing [dɪˈmɑrəlaɪzɪŋ] o [dɪˈmɔrəlaɪzɪŋ] *adj* desmoralizador
Demosthenes [dɪˈmɑsθəniz] *s* Demóstenes
demote [dɪˈmot] *va* degradar
demotic [dɪˈmɑtɪk] *adj* demótico
demotion [dɪˈmoʃən] *s* degradación
demount [diˈmaʊnt] *va* desmontar
demountable [diˈmaʊntəbəl] *adj* desmontable
demulcent [dɪˈmʌlsənt] *adj & s* demulcente
demulsibility [dɪˌmʌlsɪˈbɪlɪtɪ] *s* (chem.) demulsibilidad
demulsify [dɪˈmʌlsɪfaɪ] (*pret & pp:* **-fied**) *va* (chem.) demulsionar
demur [dɪˈmʌr] *s* objeción; vacilación, irresolución; (*pret & pp:* **-murred;** *ger:* **-murring**) *vn* objetar; vacilar
demure [dɪˈmjʊr] *adj* recatado, modesto; gazmoño; serio, sobrio, grave
demurrage [dɪˈmʌrɪdʒ] *s* (com.) estadía
demurrer [dɪˈmʌrər] *s* objeción; persona que objeta; (law) excepción
demy [dɪˈmaɪ] *s* (*pl:* **-mies**) papel marquilla; becario de Magdalen College, Oxford
Den. abr. de **Denmark**
den [dɛn] *s* madriguera (*de animales o ladrones*); cuchitril (*habitación pequeña y sucia*); antro, nido (*de gente de mala conducta*); cuarto de estudio; (Bib.) fosa (*de los leones*)
denarius [dɪˈnɛrɪəs] *s* (*pl:* **-i** [aɪ]) denario
denationalization [diˌnæʃənəlɪˈzeʃən] *s* desnacionalización
denationalize [diˈnæʃənəlaɪz] *va* desnacionalizar
denaturalization [diˌnætʃərəlɪˈzeʃən] *s* desnaturalización
denaturalize [diˈnætʃərəlaɪz] *va* desnaturalizar
denaturation [diˌnetʃəˈreʃən] *s* (chem.) desnaturalización
denature [diˈnetʃər] *va* (chem.) desnaturalizar
denatured alcohol *s* alcohol desnaturalizado
denazification [diˌnɑtsɪfɪˈkeʃən] o [diˌnætsɪfɪˈkeʃən] *s* desnazificación
denazify [diˈnɑtsɪfaɪ] o [diˈnætsɪfaɪ] (*pret & pp:* **-fied**) *va* desnazificar
dendriform [ˈdɛndrɪfɔrm] *adj* dendriforme
dendrite [ˈdɛndraɪt] *s* (anat., physiol. & mineral.) dendrita
dendritic [dɛnˈdrɪtɪk] o **dendritical** [dɛnˈdrɪtɪkəl] *adj* dendrítico
dendrography [dɛnˈdrɑgrəfɪ] *s* dendrografía
dendroid [ˈdɛndrɔɪd] *adj* dendroide
dendrometer [dɛnˈdrɑmɪtər] *s* dendrómetro
dengue [ˈdɛŋge] o [ˈdɛŋgɪ] *s* (path.) dengue
deniable [dɪˈnaɪəbəl] *adj* negable
denial [dɪˈnaɪəl] *s* negación; abnegación
denier [dɪˈnaɪər] *s* negador
denim [ˈdɛnɪm] *s* dril de algodón
Denis [ˈdɛnɪs] *s* Dionisio; **Saint Denis** San Dionisio
denitrification [diˌnaɪtrɪfɪˈkeʃən] *s* desnitrificación
denitrify [diˈnaɪtrɪfaɪ] (*pret & pp:* **-fied**) *va* desnitrificar
denizen [ˈdɛnɪzən] *s* habitante; extranjero naturalizado; animal naturalizado, planta naturalizada, voz naturalizada
Denmark [ˈdɛnmɑrk] *s* Dinamarca
den of vice *s* nido de vicios
denominate [dɪˈnɑmɪnɪt] o [dɪˈnɑmɪnet] *adj* denominado; [dɪˈnɑmɪnet] *va* denominar
denomination [dɪˌnɑmɪˈneʃən] *s* denominación; categoría, clase; valor; (eccl.) secta, confesión
denominational [dɪˌnɑmɪˈneʃənəl] *adj* sectario
denominationalism [dɪˌnɑmɪˈneʃənəlɪzəm] *s* sectarismo
denominative [dɪˈnɑmɪˌnetɪv] *adj* denominativo; (gram.) denominativo; *s* (gram.) denominativo
denominator [dɪˈnɑmɪˌnetər] *s* denominador; (math.) denominador
denotation [ˌdinoˈteʃən] *s* denotación
denotative [dɪˈnotətɪv] *adj* denotativo
denote [dɪˈnot] *va* denotar
denouement o **dénouement** [deˈnumɑ̃] *s* desenlace
denounce [dɪˈnaʊns] *va* denunciar; censurar; (dipl. & min.) denunciar
denouncement [dɪˈnaʊnsmənt] *s* denuncia, denunciación; censura; (min.) denuncio
denouncer [dɪˈnaʊnsər] *s* denunciador; censurador
de novo [diˈnovo] (Lat.) de nuevo
dense [dɛns] *adj* denso; estúpido
densimeter [dɛnˈsɪmɪtər] *s* densímetro
densimetry [dɛnˈsɪmɪtrɪ] *s* densimetría
density [ˈdɛnsɪtɪ] *s* (*pl:* **-ties**) densidad
dent [dɛnt] *s* abolladura; *va* abollar; *vn* abollarse
dental [ˈdɛntəl] *adj* dental; (phonet.) dental; *s* (phonet.) dental
dental floss *s* hilo dental, seda encerada
dentalization [ˌdɛntəlɪˈzeʃən] *s* (phonet.) dentalización
dentalize [ˈdɛntəlaɪz] *va* (phonet.) dentalizar
dental pulp *s* (anat.) pulpa
dental surgeon *s* cirujano-dentista
dentate [ˈdɛntet] *adj* dentado
dentex [ˈdɛntɛks] *s* (ichth.) dentón
denticulate [dɛnˈtɪkjəlet] *adj* dentellado, denticulado
denticulation [dɛnˌtɪkjəˈleʃən] *s* denticulación
dentifrice [ˈdɛntɪfrɪs] *s* dentífrico
dentil [ˈdɛntɪl] *s* (arch.) dentellón, dentículo
dentilabial [ˌdɛntɪˈlebɪəl] *adj & s* (phonet.) dentilabial
dentilingual [ˌdɛntɪˈlɪŋgwəl] *adj & s* (phonet.) dentilingual
dentin [ˈdɛntɪn] o **dentine** [ˈdɛntin] o [ˈdɛntɪn] *s* (anat.) dentina
dentiroster [ˌdɛntɪˈrɑstər] *s* (orn.) dentirrostro
dentirostral [ˌdɛntɪˈrɑstrəl] *adj* dentirrostro
dentist [ˈdɛntɪst] *s* dentista
dentistry [ˈdɛntɪstrɪ] *s* dentistería, odontología
dentition [dɛnˈtɪʃən] *s* dentición
denture [ˈdɛntʃər] *s* dentadura; dentadura artificial
denudate [ˈdɛnjudet] o [dɪˈnjudɪt] *adj* denudado; [ˈdɛnjudet] o [dɪˈnjudet] *va* desnudar
denudation [ˌdɛnjuˈdeʃən] *s* denudación; desposeimiento
denude [dɪˈnjud] o [dɪˈnud] *va* desnudar; desposeer; *vn* desposeer
denunciate [dɪˈnʌnsɪet] o [dɪˈnʌnʃɪet] *va* denunciar
denunciation [dɪˌnʌnsɪˈeʃən] o [dɪˌnʌnʃɪˈeʃən] *s* denunciación, denuncia; censura; (dipl. & min.) denuncia
denunciator [dɪˈnʌnsɪˌetər] o [dɪˈnʌnʃɪˌetər] *s* denunciador
denunciatory [dɪˈnʌnsɪəˌtorɪ] o [dɪˈnʌnʃɪəˌtorɪ] *adj* denunciatorio
deny [dɪˈnaɪ] (*pret & pp:* **-nied**) *va* negar; **to deny having** + *pp* negar haber + *pp;* **to deny oneself** negarse a sí mismo; **to deny oneself to callers** negarse; *vn* negar
Denys, Saint [ˈdɛnɪs] var. de **Denis, Saint**

deobstruent [di'abstruənt] *adj & s* (med.) desobstruyente
deodar ['diodar] *s* (bot.) cedro deodara, cedro de la India
deodorant [di'odərənt] *adj & s* desodorante
deodorization [di,odərɪ'zeʃən] *s* desodorización
deodorize [di'odəraɪz] *va* desodorizar
deodorizer [di'odə,raɪzər] *s* desodorante, inodoro
deontology [,dian'talədʒɪ] *s* deontología
deoxidation [di,aksɪ'deʃən] *s* desoxidación
deoxidizable [di'aksɪ,daɪzəbəl] *adj* desoxidable
deoxidize [di'aksɪdaɪz] *va* desoxidar
deoxidizer [di'aksɪ,daɪzər] *s* desoxidante, desoxigenante
deoxygenate [di'aksɪdʒənet] *va* desoxigenar
deoxygenation [di,aksɪdʒə'neʃən] *s* desoxigenación
deozonize [di'ozonaɪz] *va* desozonizar
dep. abr. de **department, departs, deponent** y **deputy**
depart [dɪ'part] *va* **to depart this life** partir de esta vida; *vn* partir; fallecer, morir; apartarse, desistir
departed [dɪ'partɪd] *adj* difunto; pasado; *s* difunto; *spl* difuntos
department [dɪ'partmənt] *s* departamento; ministerio
departmental [,dipart'mɛntəl] *adj* departamental
Department of Defense *s* (U.S.A.) ministerio de Defensa Nacional
Department of Justice *s* (U.S.A.) ministerio de Justicia
Department of State *s* (U.S.A.) ministerio de Asuntos Exteriores
Department of the Air Force *s* (U.S.A.) ministerio del Aire
Department of the Army *s* (U.S.A.) ministerio del Ejército
Department of the Interior *s* (U.S.A.) ministerio de la Gobernación
Department of the Lord Chancellor *s* (Brit.) ministerio de Justicia
Department of the Navy *s* (U.S.A.) ministerio de Marina
department store *s* grandes almacenes
departure [dɪ'partʃər] *s* salida, partida; desviación; nuevo curso
depend [dɪ'pɛnd] *vn* depender; pender, colgar; **that depends** según y conforme; **to depend on** o **upon** depender de
dependability [dɪ,pɛndə'bɪlɪtɪ] *s* confiabilidad
dependable [dɪ'pɛndəbəl] *adj* confiable, seguro, fidedigno
dependant [dɪ'pɛndənt] *adj & s* var. de **dependent**
dependence [dɪ'pɛndəns] *s* dependencia
dependency [dɪ'pɛndənsɪ] *s* (*pl:* **-cies**) dependencia; posesión (*territorio, país*)
dependent [dɪ'pɛndənt] *adj* dependiente; pendiente, colgante; *s* dependiente, carga de familia, familiar dependiente
dephase [di'fez] *va* (elec.) defasar
dephlegmate [di'flɛgmet] *va* deflegmar
depict [dɪ'pɪkt] *va* pintar; dibujar, representar, describir
depiction [dɪ'pɪkʃən] *s* pintura; representación, descripción
depilate ['dɛpɪlet] *va* depilar
depilation [,dɛpɪ'leʃən] *s* depilación
depilatory [dɪ'pɪlə,torɪ] *adj & s* depilatorio
deplete [dɪ'plit] *va* agotar; depauperar
depletion [dɪ'pliʃən] *s* agotamiento; depauperación
deplorable [dɪ'plorəbəl] *adj* deplorable
deplore [dɪ'plor] *va* deplorar
deploy [dɪ'plɔɪ] *va* (mil.) desplegar; *vn* (mil.) desplegarse
deployment [dɪ'plɔɪmənt] *s* (mil.) despliegue
depolarization [di,polərɪ'zeʃən] *s* (chem. & phys.) despolarización
depolarize [di'poləraɪz] *va* (chem. & phys.) despolarizar
depolarizer [di'polə,raɪzər] *s* (chem. & phys.) despolarizador
depone [dɪ'pon] *va & vn* (law) deponer
deponent [dɪ'ponənt] *adj* (gram.) deponente; *s* (law) deponente; (gram.) verbo deponente
depopulate [di'papjəlet] *va* despoblar
depopulation [di,papjə'leʃən] *s* despoblación
deport [dɪ'port] *va* deportar; **to deport oneself** portarse, conducirse
deportation [,dipor'teʃən] *s* deportación
deportee [,dipor'ti] *s* deportado
deportment [dɪ'portmənt] *s* porte, conducta, comportamiento
deposal [dɪ'pozəl] *s* deposición
depose [dɪ'poz] *va* deponer; (law) deponer; *vn* (law) deponer
deposit [dɪ'pazɪt] *s* depósito; señal (*dinero que se da como anticipo*); (min.) yacimiento; **on deposit** en depósito; en el banco; *va* depositar; dar para señal; *vn* depositarse
deposit account *s* cuenta corriente
depositary [dɪ'pazɪ,tɛrɪ] *s* (*pl:* **-ies**) depositario (*persona*); depósito, almacén
deposition [,dɛpə'zɪʃən] o [,dipə'zɪʃən] *s* deposición; depósito; (law) deposición
depositor [dɪ'pazɪtər] *s* depositador, cuentacorrentista, imponente
depository [dɪ'pazɪ,torɪ] *adj* depositario; *s* (*pl:* **-ries**) depósito, almacén; depositario (*persona*); depositaría
depot ['dipo] o ['dɛpo] *s* depósito, almacén; (rail.) estación; (mil.) depósito
depravation [,dɛprə'veʃən] *s* depravación
deprave [dɪ'prev] *va* depravar
depraved [dɪ'prevd] *adj* depravado
depravity [dɪ'prævɪtɪ] *s* (*pl:* **-ties**) depravación
deprecate ['dɛprɪket] *va* desaprobar
deprecation [,dɛprɪ'keʃən] *s* desaprobación
deprecative ['dɛprɪ,ketɪv] *adj* deprecativo
deprecatory ['dɛprɪkə,torɪ] *adj* de desaprobación; deprecatorio
depreciate [dɪ'priʃɪet] *va* depreciar (*rebajar el valor o el precio de*); despreciar, desestimar; *vn* depreciarse
depreciation [dɪ,priʃɪ'eʃən] *s* depreciación (*disminución del valor*); desaprecio, desestimación
depreciative [dɪ'priʃɪ,etɪv] o **depreciatory** [dɪ'priʃɪə,torɪ] *adj* despreciativo
depredate ['dɛprɪdet] *va* depredar
depredation [,dɛprɪ'deʃən] *s* depredación; (law) depredación
depress [dɪ'prɛs] *va* deprimir; desalentar, desanimar, entristecer; bajar (*p.ej., los precios*)
depressant [dɪ'prɛsənt] *adj & s* (med.) deprimente
depressed [dɪ'prɛst] *adj* deprimido; desalentado, desanimado, entristecido; necesitado
depression [dɪ'prɛʃən] *s* depresión; desaliento, desanimación, entristecimiento; crisis (*económica*); (path. & meteor.) depresión
depressive [dɪ'prɛsɪv] *adj* depresivo; deprimente
depressor [dɪ'prɛsər] *s* (anat., physiol., & surg.) depresor
deprivation [,dɛprɪ'veʃən] *s* privación
deprive [dɪ'praɪv] *va* privar
dept. abr. de **department**
depth [dɛpθ] *s* profundidad; fondo (*extensión interior de un edificio*); (naut.) braceaje (*del mar*); **in the depth of** en pleno, p.ej., **in the depth of winter** en pleno invierno; **to go beyond one's depth** meterse en agua demasiado profunda; (fig.) meterse en honduras
depth bomb *s* bomba de profundidad
depth charge *s* carga de profundidad
depurative ['dɛpjə,retɪv] *adj & s* (med.) depurativo
deputation [,dɛpjə'teʃən] *s* diputación
depute [dɪ'pjut] *va* diputar
deputize ['dɛpjətaɪz] *va* diputar, delegar
deputy ['dɛpjətɪ] *s* (*pl:* **-ties**) diputado; *adj* teniente
derail [di'rel] *va* hacer descarrilar; *vn* descarrilar
derailment [di'relmənt] *s* descarriladura o descarrilamiento
derange [dɪ'rendʒ] *va* desarreglar, descomponer; volver loco
derangement [dɪ'rendʒmənt] *s* desarreglo, descompostura; locura

derat [di'ræt] (*pret & pp:* **-ratted;** *ger:* **-ratting**) *va* desratizar
derby ['dʌrbɪ] *s* (*pl:* **-bies**) sombrero hongo; (*cap.*) ['dʌrbɪ] o ['dɑrbɪ] *s* (*pl:* **-bies**) derby (*carrera de caballos que se celebra anualmente*)
derelict ['dɛrɪlɪkt] *adj* abandonado; negligente; *s* (naut.) derrelicto (*buque*); pelafustán
dereliction [ˌdɛrɪ'lɪkʃən] *s* derrelicción, abandono; negligencia; colapso (*de las fuerzas vitales*)
deride [dɪ'raɪd] *va* mofarse de, ridiculizar
de rigueur [dərɪ'gʌr] *adj & adv* de rigor
derision [dɪ'rɪʒən] *s* irrisión, burla
derisive [dɪ'raɪsɪv] *adj* mofador
derisory [dɪ'raɪsərɪ] *adj* mofador, burlador; ridículo, irrisorio
derivation [ˌdɛrɪ'veʃən] *s* derivación; (gram., math., & med.) derivación
derivative [dɪ'rɪvətɪv] *adj* derivativo; (gram.) derivativo, derivado; (med.) derivativo; *s* derivativo; (gram.) derivativo, derivado; (med.) derivativo; (math.) derivada
derive [dɪ'raɪv] *va* derivar; *vn* derivar o derivarse
derma ['dʌrmə] *s* (anat.) dermis; piel, cutis
dermal ['dʌrməl] *adj* dérmico
dermatitis [ˌdʌrmə'taɪtɪs] *s* (path.) dermatitis
dermatographia [ˌdʌrmətə'græfɪə] *s* (path.) dermatografía
dermatography [ˌdʌrmə'tɑgrəfɪ] *s* dermatografía (*descripción de la piel*)
dermatological [ˌdʌrmətə'lɑdʒɪkəl] *adj* dermatológico
dermatologist [ˌdʌrmə'tɑlədʒɪst] *s* dermatólogo
dermatology [ˌdʌrmə'tɑlədʒɪ] *s* dermatología
dermatosis [ˌdʌrmə'tosɪs] *s* (path.) dermatosis
dermic ['dʌrmɪk] *adj* dérmico
dermis ['dʌrmɪs] *s* (anat.) dermis
dermographia [ˌdʌrmə'græfɪə] o **dermographism** [dər'mɑgrəfɪzəm] *s* (path.) dermografía o dermografismo
derogate ['dɛrəget] *vn* desmerecer, empeorar, degenerar; **to derogate from** quitar mérito a
derogation [ˌdɛrə'geʃən] *s* menosprecio, desprecio; disminución, deterioración, derogación
derogative [dɪ'rɑgətɪv] *adj* despreciativo
derogatory [dɪ'rɑgəˌtorɪ] *adj* despreciativo, menospreciativo
derout [dɪ'raʊt] *s* derrota; *va* derrotar
derrick ['dɛrɪk] *s* grúa; torre de perforar (*sobre un pozo de petróleo*)
derring-do ['dɛrɪŋ'du] *s* proeza
dervish ['dʌrvɪʃ] *s* derviche
desalt [di'sɔlt] *va* desalar
descant ['dɛskænt] *s* discante; (mus.) discante; [dɛs'kænt] *va* (mus.) discantar; *vn* discantar; (mus.) discantar
descend [dɪ'sɛnd] *va* descender, bajar (*la escalera*); *vn* descender; (mus.) descender; **to descend from** descender de; **to descend on** o **upon** invadir, caer sobre; **to descend to** descender a, rebajarse a
descendant [dɪ'sɛndənt] *adj* descendente; *s* descendiente; **in the descendant** menguante, con influencia cada vez menor
descendent [dɪ'sɛndənt] *adj* descendente
descent [dɪ'sɛnt] *s* descenso (*acción de descender o bajar; caída de una situación o estado a otro inferior*); descendimiento (*acción de bajar a una persona o cosa*); descendencia (*casta, estirpe; hijos, prole*); cuesta, bajada; herencia; invasión
describable [dɪ'skraɪbəbəl] *adj* descriptible
describe [dɪ'skraɪb] *va* describir
describer [dɪ'skraɪbər] *s* descriptor
description [dɪ'skrɪpʃən] *s* descripción; género, clase, calidad
descriptive [dɪ'skrɪptɪv] *adj* descriptivo
descry [dɪ'skraɪ] (*pret & pp:* **-scried**) *va* avistar, divisar; descubrir, percibir
desecrate ['dɛsɪkret] *va* profanar
desecration [ˌdɛsɪ'kreʃən] *s* profanación
desecrator ['dɛsɪˌkretər] *s* profanador
desegregate [di'sɛgrɪget] *va* desegregar
desegregation [diˌsɛgrɪ'geʃən] *s* desegregación
desensitize [di'sɛnsɪtaɪz] *va* desensibilizar, insensibilizar; (phot.) hacer insensible a la luz
desert ['dɛzərt] *s* desierto; yermo; *adj* desierto; [dɪ'zʌrt] *s* merecimiento, mérito, merecido, p.ej., **he received his just deserts** llevó su merecido; *va* desertar, desertar de; *vn* desertar
deserter [dɪ'zɛrtər] *s* (mil. & fig.) desertor
desertion [dɪ'zʌrʃən] *s* deserción; abandono de cónyuge
deserve [dɪ'zʌrv] *va & vn* merecer; **to deserve to** + *inf* merecer + *inf*
deservedly [dɪ'zʌrvɪdlɪ] *adj* merecidamente
deserving [dɪ'zʌrvɪŋ] *adj* merecedor
deshabille [ˌdɛzə'bil] *s* ropa suelta, desabillé
desiccant ['dɛsɪkənt] *adj & s* desecante
desiccate ['dɛsɪket] *va* desecar; *vn* desecarse
desiccation [ˌdɛsɪ'keʃən] *s* desecación
desiccative ['dɛsɪˌketɪv] *adj* desecativo
desiccator ['dɛsɪˌketər] *s* desecador
desideratum [dɪˌsɪdə'retəm] *s* (*pl:* **-ta** [tə]) desiderátum
design [dɪ'zaɪn] *s* diseño, trazado (*esbozo, bosquejo*); dibujo (*delineación; disposición de detalles; arte del dibujo; objeto trabajado con arte*); designio (*plan, proyecto*); modelo; intención, mala intención; **by design** intencionalmente; **to have designs on** poner la mira en; *va* diseñar, trazar, dibujar; estudiar; idear, proyectar, proponerse; destinar (*a una persona para algún fin*); *vn* dibujar
designate ['dɛzɪgnet] *adj* designado; *va* señalar (*indicar por señal*); denominar (*nombrar con un título particular*); designar (*destinar para determinado fin*)
designation [ˌdɛzɪg'neʃən] *s* señalamiento (*indicación definida*); denominación (*nombre o título*); designación (*destinación para algún fin*)
designedly [dɪ'zaɪnɪdlɪ] *adv* adrede, de propósito
designer [dɪ'zaɪnər] *s* dibujante; proyectista; maquinador, intrigante
designing [dɪ'zaɪnɪŋ] *adj* maquinador, intrigante; previsor; *s* dibujo
desirability [dɪˌzaɪrə'bɪlɪtɪ] *s* deseabilidad
desirable [dɪ'zaɪrəbəl] *adj* deseable
desire [dɪ'zaɪr] *s* deseo; *va* desear; **to desire to** + *inf* desear + *inf*
desirous [dɪ'zaɪrəs] *adj* deseoso
desist [dɪ'zɪst] *vn* desistir
desistance [dɪ'zɪstəns] *s* desistimiento
desk [dɛsk] *s* pupitre, escritorio; atril; caja (*donde se pagan las cuentas en los hoteles*)
desk clerk *s* cajero (*en los hoteles*)
desk set *s* juego de escritorio
desk work *s* trabajo de escritorio; trabajo oficinesco; trabajo literario
desolate ['dɛsəlɪt] *adj* desolado, arruinado; desierto; solitario; infeliz, triste; lúgubre; ['dɛsəlet] *va* desolar, arruinar, arrasar; despoblar; entristecer, desconsolar
desolation [ˌdɛsə'leʃən] *s* desolación; soledad (*estado y lugar*)
desolator ['dɛsəˌletər] *s* desolador
despair [dɪ'spɛr] *s* desesperación; *vn* desesperar, desesperarse; **to despair of** desesperar de
despairing [dɪ'spɛrɪŋ] *adj* desesperado
despatch [dɪ'spætʃ] *s & va* var. de **dispatch**
despatcher [dɪ'spætʃər] *s* var. de **dispatcher**
desperado [ˌdɛspə'redo] o [ˌdɛspə'rɑdo] *s* (*pl:* **-does** o **-dos**) criminal desesperado
desperate ['dɛspərɪt] *adj* desesperado; encarnizado; heroico (*p.ej., remedio*)
desperation [ˌdɛspə'reʃən] *s* desesperación
despicable ['dɛspɪkəbəl] o [dɛs'pɪkəbəl] *adj* desdeñable, despreciable
despise [dɪ'spaɪz] *va* despreciar, desdeñar
despite [dɪ'spaɪt] *s* insulto, afrenta, odio, desafío; **in despite of** a despecho de; *prep* a despecho de, a pesar de
despiteful [dɪ'spaɪtfəl] *adj* malicioso, vengativo
despoil [dɪ'spɔɪl] *va* despojar
despoilment [dɪ'spɔɪlmənt] o **despoliation** [dɪˌspolɪ'eʃən] *s* despojo
despond [dɪ'spɑnd] *s* abatimiento; *vn* desanimarse
despondence [dɪ'spɑndəns] *s* desaliento, desánimo, abatimiento
despondency [dɪ'spɑndənsɪ] *s* (*pl:* **-cies**) var. de **despondence**

despondent [dɪ'spɑndənt] o **desponding** [dɪ'spɑndɪŋ] *adj* desalentado, desanimado, abatido
despot ['dɛspɑt] o ['dɛspət] *s* déspota
despotic [dɛs'pɑtɪk] *adj* despótico
despotically [dɛs'pɑtɪkəlɪ] *adj* despóticamente
despotism ['dɛspətɪzəm] *s* despotismo
desquamate ['dɛskwəmet] *vn* descamarse
desquamation [ˌdɛskwə'meʃən] *s* descamación
dessert [dɪ'zʌrt] *s* postre
dessertspoon [dɪ'zʌrtˌspun] *s* cuchara de postre
destalinization [diˌstɑlɪnɪ'zeʃən] *s* destalinización o desestalinización
destalinize [di'stɑlɪnaɪz] *va* destalinizar o desestalinizar
destination [ˌdɛstɪ'neʃən] *s* destinación (*acción de destinar; fin, objeto*); destino (*consignación para determinado fin; lugar a donde va una persona o cosa*)
destine ['dɛstɪn] *va* destinar; **to destine for** destinar para; **to destine to** + *inf* destinar (*p.ej., dinero*) a + *inf*
destiny ['dɛstɪnɪ] *s* (*pl:* **-nies**) destino; (*cap.*) *s* (myth.) Destino
destitute ['dɛstɪtjut] o ['dɛstɪtut] *adj* indigente; **destitute of** desprovisto de
destitution [ˌdɛstɪ'tjuʃən] o [ˌdɛstɪ'tuʃən] *s* indigencia
destroy [dɪ'strɔɪ] *va* destruir; matar; invalidar
destroyer [dɪ'strɔɪər] *s* destruidor o destructor; (nav.) destructor
destroyer escort *s* (nav.) destructor de escolta
destructibility [dɪˌstrʌktɪ'bɪlɪtɪ] *s* destructibilidad
destructible [dɪ'strʌktɪbəl] *adj* destruíble o destructible
destruction [dɪ'strʌkʃən] *s* destrucción
destructive [dɪ'strʌktɪv] *adj* destructivo
desuetude ['dɛswɪtjud] o ['dɛswɪtud] *s* desuetud, desuso
desulfurization [diˌsʌlfjərɪ'zeʃən] *s* desulfuración
desulfurize [di'sʌlfjəraɪz] *va* desulfurar
desulphurize [di'sʌlfjəraɪz] *va* var. de **desulfurize**
desultory ['dɛsəlˌtorɪ] *adj* descosido, deshilvanado
detach [dɪ'tætʃ] *va* separar, desprender; (mil.) destacar
detachable [dɪ'tætʃəbəl] *adj* separable, desmontable
detached [dɪ'tætʃt] *adj* separado, suelto; imparcial, desinteresado
detachment [dɪ'tætʃmənt] *s* separación, desprendimiento; aislamiento; imparcialidad, desinterés; (mil.) destacamento
detail [dɪ'tel] o ['ditel] *s* detalle, pormenor; (f.a.) detalle; (mil.) destacamento; **in detail** en detalle, detalladamente; **to go into detail** menudear; [dɪ'tel] *va* detallar; (mil.) destacar
detain [dɪ'ten] *va* detener
detainer [dɪ'tenər] *s* detenedor; (law) detentación; (law) detención ilegal; (law) auto de detención
detainment [dɪ'tenmənt] *s* detención
detect [dɪ'tɛkt] *va* detectar; (elec. & rad.) detectar
detectable [dɪ'tɛktəbəl] o **detectible** [dɪ'tɛktɪbəl] *adj* perceptible
detection [dɪ'tɛkʃən] *s* detección; (elec. & rad.) detección
detective [dɪ'tɛktɪv] *s* detective; *adj* detectivesco
detective story *s* novela policíaca, novela policial
detector [dɪ'tɛktər] *s* detector; (elec. & rad.) detector
detention [dɪ'tɛnʃən] *s* detención
deter [dɪ'tʌr] (*pret & pp:* **-terred;** *ger:* **-terring**) *va* refrenar, impedir, detener
deterge [dɪ'tʌrdʒ] *va* deterger
detergent [dɪ'tʌrdʒənt] *adj & s* detergente
deteriorate [dɪ'tɪrɪəret] *va* deteriorar; *vn* deteriorarse
deterioration [dɪˌtɪrɪə'reʃən] *s* deterioro o deterioración
determinability [dɪˌtʌrmɪnə'bɪlɪtɪ] *s* determinabilidad
determinable [dɪ'tʌrmɪnəbəl] *adj* determinable
determinant [dɪ'tʌrmɪnənt] *adj* determinante; *s* determinante; (biol., log., & math.) determinante
determinate [dɪ'tʌrmɪnɪt] *adj* determinado
determination [dɪˌtʌrmɪ'neʃən] *s* determinación
determinative [dɪ'tʌrmɪˌnetɪv] *adj* determinativo; (gram.) determinativo
determine [dɪ'tʌrmɪn] *va* determinar; *vn* determinarse
determined [dɪ'tʌrmɪnd] *adj* determinado, resuelto
determinism [dɪ'tʌrmɪnɪzəm] *s* (philos.) determinismo
determinist [dɪ'tʌrmɪnɪst] *adj & s* (philos.) determinista
deterrent [dɪ'tɛrənt] o [dɪ'tʌrənt] *adj* impeditivo, disuasivo; *s* refrenamiento, impedimento, detención; **to act as a deterrent** servir como un freno
detersion [dɪ'tʌrʃən] *s* detersión
detersive [dɪ'tʌrsɪv] *adj & s* detersivo
detest [dɪ'tɛst] *va* detestar
detestable [dɪ'tɛstəbəl] *adj* detestable
detestation [ˌditɛs'teʃən] *s* detestación; persona detestada, cosa detestada
dethrone [dɪ'θron] *va* destronar
dethronement [dɪ'θronmənt] *s* destronamiento
detin [di'tɪn] (*pret & pp:* **-tinned;** *ger:* **-tinning**) *va* desestañar; *vn* desestañarse; recuperar estaño
detonate ['dɛtonet] o ['ditonet] *va* hacer detonar; *vn* detonar
detonation [ˌdɛto'neʃən] o [ˌdito'neʃən] *s* detonación
detonator ['dɛtoˌnetər] o ['ditoˌnetər] *s* detonador
detour ['ditʊr] o [dɪ'tʊr] *s* desvío, rodeo, vuelta; manera indirecta; *va* desviar (*p.ej., el tránsito*); *vn* desviarse
detract [dɪ'trækt] *va* detraer, apartar; *vn* detraer; **to detract from** disminuir, rebajar; quitar atractivo, belleza, crédito, reputación, mérito, etc. a
detraction [dɪ'trækʃən] *s* detracción
detractive [dɪ'træktɪv] *adj* detractor
detractor [dɪ'træktər] *s* detractor
detrain [di'tren] *va* hacer salir del tren; *vn* salir del tren
detrainment [di'trenmənt] *s* salida del tren
detriment ['dɛtrɪmənt] *s* perjuicio, detrimento; **to the detriment of** en perjuicio de
detrimental [ˌdɛtrɪ'mɛntəl] *adj* perjudicial, dañoso, nocivo
detrital [dɪ'traɪtəl] *adj* (geol.) detrítico
detrition [dɪ'trɪʃən] *s* detricción
detritus [dɪ'traɪtəs] *s* (geol.) detrito; (fig.) restos
Deucalion [dju'kelɪən] o [du'kelɪən] *s* (myth.) Deucalión
deuce [djus] o [dus] *s* dos (*en los juegos de naipes y dados*); a dos (*en el tenis*); **the deuce!** ¡demonio!
deuced ['djusɪd], ['dusɪd], [djust] o [dust] *adj* diabólico, excesivo; *adv* diabólicamente, excesivamente
deucedly ['djusɪdlɪ] o ['dusɪdlɪ] *adv* diabólicamente, excesivamente
Deut. abr. de **Deuteronomy**
deuterium [dju'tɪrɪəm] o [du'tɪrɪəm] *s* (chem.) deuterio
deuteron ['djutərɑn] o ['dutərɑn] *s* (chem.) deuterión
Deuteronomy [ˌdjutə'rɑnəmɪ] o [ˌdutə'rɑnəmɪ] *s* (Bib.) Deuteronomio
deuton ['djutɑn] o ['dutɑn] *s* (chem.) deutón (*es decir, deuterión*)
deutoplasm ['djutoplæzəm] o ['dutoplæzəm] *s* (biol.) deutoplasma
devaluate [di'væljuet] *va* desvalorizar, desvalorar
devaluation [diˌvæljʊ'eʃən] *s* devaluación, desvalorización
devalue [di'væljʊ] *va* desvalorizar, desvalorar
devastate ['dɛvəstet] *va* devastar
devastating ['dɛvəsˌtetɪŋ] *adj* devastador; (slang) abrumador, arrollador

devastation [ˌdɛvəsˈteʃən] *s* devastación
devastator [ˈdɛvəsˌtetər] *s* devastador
develop [dɪˈvɛləp] *va* desarrollar, desenvolver; (math.) desarrollar; (phot.) desarrollar, revelar; explotar (*p.ej., una mina*); *vn* desarrollarse, desenvolverse; evolucionar; crecer
developable [dɪˈvɛləpəbəl] *adj* desarrollable
developer [dɪˈvɛləpər] *s* (phot.) revelador
development [dɪˈvɛləpmənt] *s* desarrollo, desenvolvimiento; explotación (*p.ej., de una mina*); nuevo cambio, acontecimiento nuevo; construcción de casas, caserío nuevo; (phot.) revelado
developmental [dɪˌvɛləpˈmɛntəl] *adj* evolucionista; del desarrollo; experimental
deviate [ˈdivɪet] *va* desviar; *vn* desviarse
deviation [ˌdivɪˈeʃən] *s* desviación
deviationism [ˌdivɪˈeʃənɪzəm] *s* desviacionismo
deviationist [ˌdivɪˈeʃənɪst] *s* desviacionista (*comunista que no sigue la línea del partido*)
device [dɪˈvaɪs] *s* dispositivo, artefacto, artificio, aparato; treta, ardid; patrón, dibujo; divisa heráldica; lema, divisa; **to leave someone to his own devices** dejar a uno que haga lo que se le antoje
devil [ˈdɛvəl] *s* diablo; (mach.) diablo; **between the devil and the deep blue sea** entre la espada y la pared; **like the devil** (coll.) como el diablo; **poor devil** pobre diablo; **talk of the Devil and he will appear** en nombrando al ruin de Roma, luego asoma; **the Devil** el Diablo, Satán; **the devil!** ¡diablos!; **the devil take the hindmost** quien se quede en zaga, con el diablo se las haya; **there will be the devil to pay** ahí será el diablo; **to give the devil his due** ser justo hasta con un diablo; **to raise the devil** (slang) armarla, armar un alboroto; (*pret & pp:* **-iled** o **-illed;** *ger:* **-iling** o **-illing**) *va* condimentar con picantes; (coll.) molestar, incomodar
deviled [ˈdɛvəld] *adj* condimentado con picantes
deviled eggs *spl* huevos duros rellenos con su propia yema y condimentados con picantes
devilfish [ˈdɛvəlˌfɪʃ] *s* (ichth.) raya, manta; (zool.) pulpo
devil incarnate *s* diablo encarnado
devilish [ˈdɛvəlɪʃ] o [ˈdɛvlɪʃ] *adj* diabólico; (coll.) diabólico (*excesivamente malo*); (coll.) excesivo; *adv* (coll.) excesivamente
devilled [ˈdɛvəld] *adj* var. de **deviled**
devil-may-care [ˈdɛvəlmeˈkɛr] *adj* atolondrado, irresponsable
devilment [ˈdɛvəlmənt] *s* maldad, perversidad; diablura (*travesura grande; acción temeraria*)
devilry [ˈdɛvəlrɪ] *s* (*pl:* **-ries**) var. de **deviltry**
devil's advocate *s* (eccl. & fig.) abogado del diablo
devil's-darning-needle [ˈdɛvəlzˈdarnɪŋˌnidəl] *s* (ent.) caballito del diablo; (bot.) peine de Venus
Devil's Island *s* Isla del Diablo
deviltry [ˈdɛvəltrɪ] *s* (*pl:* **-tries**) maldad, perversidad, crueldad; diablura (*travesura grande; acción temeraria*)
devious [ˈdivɪəs] *adj* apartado, desviado; tortuoso (*dícese de un camino, una persona, etc.*)
devise [dɪˈvaɪz] *s* (law) legado; (law) testamento; (law) propiedad legada; *va* idear, inventar, proyectar; (law) legar; *vn* formar proyectos
devisee [ˌdɛvɪˈze] o [dɪˌvaɪˈzi] *s* (law) legatario
deviser [dɪˈvaɪzər] *s* autor, inventor
devisor [dɪˈvaɪzər] o [dɪˈvaɪzɔr] *s* (law) testador
devitalization [diˌvaɪtəlɪˈzeʃən] *s* desvitalización
devitalize [diˈvaɪtəlaɪz] *va* desvitalizar
devitrify [diˈvɪtrɪfaɪ] (*pret & pp:* **-fied**) *va* desvitrificar
devoid [dɪˈvɔɪd] *adj* desprovisto; vacío
devoir [dəˈvwar] o [ˈdɛvwar] *s* cumplido, homenaje; deber, obligación
devolution [ˌdɛvəˈluʃən] *s* traspaso, transmisión de una persona a otra; (biol.) degeneración; (eccl.) devolución
devolve [dɪˈvalv] *va* transmitir, transferir; *vn* pasar, transferirse; **to devolve on, to,** o **upon** pasar a, incumbir a
Devonian [dɪˈvonɪən] *adj & s* devoniano; (geol.) devoniano
Devonic [dɪˈvanɪk] *adj* (geol.) devónico, devoniano
devote [dɪˈvot] *va* dedicar; **to devote oneself to** dedicarse a; **to devote oneself to** + *inf* dedicarse a. + *inf*
devoted [dɪˈvotɪd] *adj* devoto (*afecto, aficionado*); dedicado
devotee [ˌdɛvəˈti] *s* devoto
devotion [dɪˈvoʃən] *s* devoción; dedicación (*p.ej., al estudio, al trabajo*); **devotions** *spl* preces, oraciones
devotional [dɪˈvoʃənəl] *adj* devoto
devour [dɪˈvaʊr] *va* devorar; (fig.) devorar
devourer [dɪˈvaʊrər] *s* devorador
devouring [dɪˈvaʊrɪŋ] *adj* devorador, devorante
devout [dɪˈvaʊt] *adj* devoto; cordial, sincero
dew [dju] o [du] *s* rocío; *va* rociar
Dewar vessel [ˈdjuər] o [ˈduər] *s* vasija de Dewar
dewberry [ˈdjuˌbɛrɪ] o [ˈduˌbɛrɪ] *s* (*pl:* **-ries**) (bot.) zarza; (bot.) zarza de los rastrojos (*Rubus caesius*)
dewclaw [ˈdjuˌklɔ] o [ˈduˌklɔ] *s* espolón, pesuño falso
dewdrop [ˈdjuˌdrap] o [ˈduˌdrap] *s* gota de rocío
dewlap [ˈdjuˌlæp] o [ˈduˌlæp] *s* papada
dew point *s* (physical chem.) punto de rocío
dewy [ˈdjuɪ] o [ˈduɪ] *adj* (*comp:* **-ier;** *super:* **-iest**) rociado; (fig.) rutilante, suave, efímero (*como el rocío*)
dexter [ˈdɛkstər] *adj* diestro; (her.) diestro
dexterity [dɛksˈtɛrɪtɪ] *s* destreza
dexterous [ˈdɛkstərəs] *adj* diestro
dextral [ˈdɛkstrəl] *adj* diestro; derecho
dextrin o **dextrine** [ˈdɛkstrɪn] *s* (chem.) dextrina
dextrocardia [ˌdɛkstroˈkardɪə] *s* (anat.) dextrocardia
dextrogyrous [ˌdɛkstroˈdʒaɪrəs] *adj* (phys.) dextrógiro
dextrorotatory [ˌdɛkstroˈrotəˌtorɪ] *adj* (phys.) dextrorrotatorio
dextrorse [ˈdɛkstrɔrs] o [dɛksˈtrɔrs] *adj* (bot.) dextrorso
dextrose [ˈdɛkstros] *s* (biochem.) dextrosa
dextrous [ˈdɛkstrəs] *adj* var. de **dexterous**
D.F. abr. de **Defender of the Faith**
dg. abr. de **decigram** o **decigrams**
diabase [ˈdaɪəbes] *s* (mineral.) diabasa
diabetes [ˌdaɪəˈbitɪs] o [ˌdaɪəˈbitiz] *s* (path.) diabetes
diabetic [ˌdaɪəˈbɛtɪk] o [ˌdaɪəˈbitɪk] *adj & s* diabético
diabetometer [ˌdaɪəbɪˈtamɪtər] *s* diabetómetro
diablerie [dɪˈablərɪ] *s* hechicería; diablura (*travesura grande; acción temeraria*); dominio de diablos
diabolic [ˌdaɪəˈbalɪk] o **diabolical** [ˌdaɪəˈbalɪkəl] *adj* diabólico
diabolism [daɪˈæbəlɪzəm] *s* diabolismo (*doctrina*); hechicería; maldad, perversidad; posesión demoníaca
diachronic [ˌdaɪəˈkranɪk] *adj* diacrónico
diachrony [daɪˈækrənɪ] *s* diacronía
diachylon [daɪˈækɪlan] *s* diaquilón
diacodion [ˌdaɪəˈkodɪən] *s* (pharm.) diacodión
diaconal [daɪˈækənəl] *adj* diaconal
diaconate [daɪˈækənɪt] o [daɪˈækənet] *s* diaconado
diacritic [ˌdaɪəˈkrɪtɪk] *adj* (gram. & med.) diacrítico; *s* (gram.) signo diacrítico
diacritical [ˌdaɪəˈkrɪtɪkəl] *adj* (gram. & med.) diacrítico
diacritical mark *s* (gram.) signo diacrítico
diadelphous [ˌdaɪəˈdɛlfəs] *adj* (bot.) diadelfo
diadem [ˈdaɪədɛm] *s* diadema
diaeresis [daɪˈɛrɪsɪs] *s* (*pl:* **-ses** [siz]) diéresis
diagnose [ˌdaɪəgˈnos] o [ˌdaɪəgˈnoz] *va* diagnosticar
diagnosis [ˌdaɪəgˈnosɪs] *s* (*pl:* **-ses** [siz]) (bot., zool. & med.) diagnosis
diagnostic [ˌdaɪəgˈnastɪk] *adj & s* diagnóstico
diagnostician [ˌdaɪəgnasˈtɪʃən] *s* médico experto en hacer el diagnóstico

diagonal [daɪ'ægənəl] *adj & s* diagonal
diagonal cloth *s* diagonal
diagonally [daɪ'ægənəlɪ] *adv* diagonalmente
diagram ['daɪəgræm] *s* diagrama, esquema; (*pret & pp:* **-gramed** o **-grammed;** *ger:* **-graming** o **-gramming**) *va* esquematizar, dibujar en forma de diagrama
diagrammatic [ˌdaɪəgrə'mætɪk] o **diagrammatical** [ˌdaɪəgrə'mætɪkəl] *adj* diagramático
diagrammatically [ˌdaɪəgrə'mætɪkəlɪ] *adv* diagramáticamente
diagraph ['daɪəgræf] o ['daɪəgrɑf] *s* diágrafo
dial. abr. de **dialect** y **dialectal**
dial ['daɪəl] *s* esfera, cuadrante, muestra; (rad.) cuadrante; disco selector (*del teléfono*); (*pret & pp:* **dialed** o **dialled;** *ger:* **dialing** o **dialling**) *va* sintonizar (*el radiorreceptor o el radiotransmisor*); marcar (*el número teléfonico*); llamar (*a una persona*) por teléfono automático; *vn* (telp.) marcar
dialect ['daɪəlɛkt] *s* dialecto
dialectal [ˌdaɪə'lɛktəl] *adj* dialectal
dialectic [ˌdaɪə'lɛktɪk] *adj* dialéctico; dialectal; *s* dialéctica; **dialectics** *ssg* dialéctica
dialectical [ˌdaɪə'lɛktɪkəl] *adj* dialéctico; dialectal
dialectician [ˌdaɪəlɛk'tɪʃən] *s* dialéctico
dialecticism [ˌdaɪə'lɛktɪsɪzəm] *s* dialectalismo
dialectology [ˌdaɪəlɛk'tɑlədʒɪ] *s* dialectología
dialing o **dialling** ['daɪəlɪŋ] *s* (telp.) marcaje
diallage ['daɪəlɪdʒ] *s* (mineral.) diálaga
dialogic [ˌdaɪə'lɑdʒɪk] *adj* dialogal
dialogism [daɪ'ælədʒɪzəm] *s* (rhet.) dialogismo
dialogist [daɪ'ælədʒɪst] *s* dialoguista (*escritor*)
dialogue ['daɪəlɔg] o ['daɪəlɑg] *s* diálogo; *va & vn* dialogar
dial telephone *s* teléfono automático
dial tone *s* (telp.) señal para marcar
dialycarpous [ˌdaɪəlɪ'kɑrpəs] *adj* (bot.) dialicarpelar
dialysis [daɪ'ælɪsɪs] *s* (*pl:* **-ses** [siz]) diálisis
dialytic [ˌdaɪə'lɪtɪk] *adj* dialítico
dialyze ['daɪəlaɪz] *va* dializar
dialyzer ['daɪəˌlaɪzər] *s* (physical chem.) dializador
diam. abr. de **diameter**
diamagnetic [ˌdaɪəmæg'nɛtɪk] *adj & s* diamagnético
diamagnetism [ˌdaɪə'mægnɪtɪzəm] *s* diamagnetismo
diamantiferous [ˌdaɪəmən'tɪfərəs] *adj* diamantífero
diamat ['daɪəmæt] *s* materialismo dialéctico (*teoría de Carlos Marx y Federico Engels, basada en el método de Hegel*)
diameter [daɪ'æmɪtər] *s* diámetro
diametric [ˌdaɪə'mɛtrɪk] o **diametrical** [ˌdaɪə'mɛtrɪkəl] *adj* diametral
diamond ['daɪəmənd] o ['daɪmənd] *s* diamante; losange (*figura de rombo*); (baseball) losange; carró, rombo o diamante (*naipe que corresponde al oro*); **diamonds** *spl* carrós, rombos o diamantes (*palo que corresponde al de oros*); **diamond in the rough** diamante en bruto; (fig.) diamante en bruto; *adj* diamantino
diamond cutter *s* diamantista
diamond edition *s* (print.) edición diamante
diamond wedding *s* bodas de diamante
Dian ['daɪæn] *s* (poet.) Diana
Diana [daɪ'ænə] *s* (myth.) Diana
diandrous [daɪ'ændrəs] *adj* diandro
diapalma [ˌdaɪə'pælmə] *s* (pharm.) diapalma
diapason [ˌdaɪə'pezən] o [ˌdaɪə'pesən] *s* (mus.) diapasón
diapason normal *s* (mus.) diapasón normal
diapedesis [ˌdaɪəpɪ'disɪs] *s* (physiol.) diapédesis
diaper ['daɪəpər] *s* pañal (*de niño*); labor con motivos uniformemente repetidos; *va* labrar con motivos uniformemente repetidos; proveer con pañal, renovar el pañal de
diaphanous [daɪ'æfənəs] *adj* diáfano
diaphoresis [ˌdaɪəfo'risɪs] *s* (med.) diaforesis
diaphoretic [ˌdaɪəfo'rɛtɪk] *adj & s* diaforético
diaphoretical [ˌdaɪəfo'rɛtɪkəl] *adj* diaforético
diaphragm ['daɪəfræm] *s* diafragma; (telp. & rad.) membrana fónica o diafragma
diaphragmatic [ˌdaɪəfræg'mætɪk] *adj* diafragmático
diaphysis [daɪ'æfɪsɪs] *s* (*pl:* **-ses** [siz]) (anat. & bot.) diáfisis
diapositive [ˌdaɪə'pɑzɪtɪv] *s* (phot.) diapositiva
diarist ['daɪərɪst] *s* diarista
diarrhea o **diarrhoea** [ˌdaɪə'riə] *s* (path.) diarrea
diarthrosis [ˌdaɪɑr'θrosɪs] *s* (anat.) diartrosis
diary ['daɪərɪ] *s* (*pl:* **-ries**) diario
diascordium [ˌdaɪə'skɔrdɪəm] *s* (pharm.) diascordio
Diaspora [daɪ'æspərə] *s* (Bib. & fig.) Diáspora
diaspore ['daɪəspor] *s* (mineral.) diásporo
diastase ['daɪəstes] *s* (biochem.) diastasa
diastasic [ˌdaɪə'stesɪk] *adj* (biochem. & surg.) diastásico
diastasis [daɪ'æstəsɪs] *s* (surg.) diastasis
diastole [daɪ'æstəli] *s* (physiol. & gram.) diástole
diastolic [ˌdaɪə'stɑlɪk] *adj* diastólico
diastrophism [daɪ'æstrəfɪzəm] *s* (geol.) diastrofismo
diastyle ['daɪəstaɪl] *s* (arch.) diástilo
diatessaron [ˌdaɪə'tɛsərɑn] *s* (ancient mus., ancient pharm., & rel.) diatesarón
diathermanous [ˌdaɪə'θʌrmənəs] *adj* (phys.) diatérmano
diathermic [ˌdaɪə'θʌrmɪk] *adj* (med. & phys.) diatérmico
diathermy ['daɪəˌθʌrmɪ] *s* (med.) diatermia
diathesis [daɪ'æθɪsɪs] *s* (med.) diátesis
diathetic [ˌdaɪə'θɛtɪk] *adj* diatésico
diatom ['daɪətɑm] *s* (bot.) diatomea
diatomaceous [ˌdaɪəto'meʃəs] *adj* diatomáceo
diatonic [ˌdaɪə'tɑnɪk] *adj* (mus.) diatónico
diatonic scale *s* (mus.) escala diatónica
diatribe ['daɪətraɪb] *s* diatriba
dibasic [daɪ'besɪk] *adj* (chem.) dibásico
dibble ['dɪbəl] *s* plantador; *va* plantar con plantador
dice [daɪs] *spl* dados; cubitos (*p.ej., de zanahorias*); **to load the dice** cargar los dados; *va* perder (*dinero*) jugando a los dados; cortar (*p.ej., zanahorias*) en cubitos; *vn* jugar a los dados
dicebox ['daɪsˌbɑks] *s* cubilete; cuchumbo (Am.)
dicer ['daɪsər] *s* jugador de dados
dichasium [daɪ'keʒɪəm] *s* (*pl:* **-a** [ə]) (bot.) dicasio
dichloride [daɪ'kloraɪd] o [daɪ'klorɪd] *s* (chem.) dicloruro
dichlorodiphenyl-trichloroethane [daɪˌklorodaɪˌfɛnɪltraɪˌkloro'ɛθen] *s* (chem.) diclorodifeniltricloroetano
dichotomic [ˌdaɪkə'tɑmɪk] *adj* dicotómico
dichotomize [daɪ'kɑtəmaɪz] *va* dividir en dos
dichotomous [daɪ'kɑtəməs] *adj* dicótomo
dichotomy [daɪ'kɑtəmɪ] *s* (*pl:* **-mies**) dicotomía; (astr., biol., bot. & log.) dicotomía
dichroic [daɪ'kro·ɪk] *adj* dicroico
dichroism [daɪ'kro·ɪzəm] *s* dicroísmo
dichromate [daɪ'kromet] *s* (chem.) dicromato
dichromatic [ˌdaɪkro'mætɪk] *adj* dicromático
dichromatism [daɪ'kromətɪzəm] *s* (path.) dicromatismo
Dick [dɪk] *s* nombre abreviado de **Richard**
dickens ['dɪkənz] *s* (coll.) diantre, dianche; **the dickens!** ¡diantre!, ¡dianche!
dicker ['dɪkər] *s* regateo, cambalache; *va & vn* regatear, cambalachear
dickey ['dɪkɪ] *s* camisolín, pechera postiza; cuello separado; babero de niño; (aut.) asiento del conductor; asiento descubierto detrás de un coche; (coll.) pajarito, pájaro pequeño; asno
dicky ['dɪkɪ] *s* (*pl:* **-ies**) var. de **dickey**
diclinous ['daɪklɪnəs] o [daɪ'klaɪnəs] *adj* (bot.) diclino
dicotyledon [daɪˌkɑtɪ'lidən] *s* (bot.) dicotiledón
dicotyledonous [daɪˌkɑtɪ'lidənəs] *adj* (bot.) dicotiledóneo
dict. abr. de **dictionary**
dictaphone ['dɪktəfon] *s* (trademark) dictadora, dictáfono
dictate ['dɪktet] *s* mandato; **dictates** *spl* dictados; ['dɪktet] o [dɪk'tet] *va & vn* dictar; mandar, disponer
dictation [dɪk'teʃən] *s* dictado; mandato; **to take dictation** escribir al dictado
dictator ['dɪktetər] o [dɪk'tetər] *s* dictador; persona que dicta cartas
dictatorial [ˌdɪktə'torɪəl] *adj* dictatorio (*per-*

teneciente al dictador); dictatorial (*perteneciente al dictador; imperioso, soberbio*)
dictatorship [ˈdɪktetər,ʃɪp] o [dɪkˈtetər,ʃɪp] *s* dictadura
diction [ˈdɪkʃən] *s* dicción
dictionary [ˈdɪkʃən,ɛrɪ] *s* (*pl:* **-ies**) diccionario
dictograph [ˈdɪktəgræf] o [ˈdɪktəgrɑf] *s* (trademark) dictógrafo
dictum [ˈdɪktəm] *s* (*pl:* **-ta** [tə]) dictamen; sentencia, aforismo; (law) fallo u opinión judicial sobre un punto no esencial al juicio principal
did [dɪd] *pret de* **do**
didactic [daɪˈdæktɪk] o [dɪˈdæktɪk] *adj* didáctico; **didactics** *ssg* didáctica
didactical [daɪˈdæktɪkəl] o [dɪˈdæktɪkəl] *adj* didáctico
didacticism [daɪˈdæktɪsɪzəm] o [dɪˈdæktɪsɪzəm] *s* método didáctico
didactylous [daɪˈdæktɪləs] *adj* didáctilo
diddle [ˈdɪdəl] *va* (coll.) estafar; (coll.) arruinar, quebrar; (coll.) perder (*el tiempo*); *vn* (coll.) zarandearse
didelphian [daɪˈdɛlfɪən] *adj* & *s* (zool.) didelfo
didn't [ˈdɪdənt] contracción de **did not**
dido [ˈdaɪdo] *s* (*pl:* **-dos** o **-does**) (coll.) travesura; **to cut didos** (coll.) hacer travesuras; (*cap.*) *s* (myth.) Dido
didymium [daɪˈdɪmɪəm] o [dɪˈdɪmɪəm] *s* (chem.) didimio
didymous [ˈdɪdɪməs] *adj* (bot. & zool.) dídimo
die [daɪ] *s* (*pl:* **dice** [daɪs]) dado; cubito (*p.ej., de zanahorias*); **the die is cast** la suerte está echada, el dado está tirado ‖ *s* (*pl:* **dies** [daɪz]) (arch.) dado; (mach.) troquel (*para acuñar monedas o estampar metales*); (mach.) hembra de terraja, cojinete de roscar ‖ (*pret & pp:* **died**; *ger:* **dieing**) *va* cortar con troquel; roscar ‖ (*pret & pp:* **died**; *ger:* **dying**) *va* morir (*p.ej., una muerte dolorosa*) ‖ *vn* morir; **to be dying to** + *inf* (coll.) morirse por + *inf;* **to die away, down** u **out** acabarse gradualmente, desaparecer gradualmente; enflaquecerse gradualmente; **to die hard** resistir hasta la muerte, rendirse de mala gana; **to die laughing** morir de risa
die-cast [ˈdaɪ,kæst] o [ˈdaɪ,kɑst] (*pret & pp:* **-cast**) *va* fundir a troquel
die casting *s* pieza fundida a troquel
diecious [daɪˈiʃəs] *adj* (biol. & bot.) dioico
die-hard [ˈdaɪ,hɑrd] *adj* & *s* intransigente
dielectric [,daɪɪˈlɛktrɪk] *adj* & *s* dieléctrico
dieresis [daɪˈɛrɪsɪs] *s* (*pl:* **-ses** [siz]) diéresis
Diesel-electric [ˈdizəlɪˈlɛktrɪk] *adj* dieseleléctrico
Diesel engine [ˈdizəl] *s* motor Diesel
Dieselization [,dizəlɪˈzeʃən] *s* dieselización
Diesel motor *s* motor Diesel
diesinker [ˈdaɪ,sɪŋkər] *s* grabador en hueco, troquelero
diesis [ˈdaɪɪsɪs] *s* (*pl:* **-ses** [siz]) (mus.) diesis; (print.) obelisco doble
diestock [ˈdaɪ,stɑk] *s* terraja, portacojinete
diet [ˈdaɪət] *s* dieta, régimen alimenticio; dieta (*asamblea*); **to be on a diet** estar a dieta; **to put on a diet** poner a dieta; *va* adietar; *vn* estar a dieta
dietary [ˈdaɪə,tɛrɪ] *adj* dietético; *s* (*pl:* **-ies**) dieta, sistema dietético; tratado sobre dietas
dietetic [,daɪəˈtɛtɪk] *adj* dietético; **dietetics** *ssg* dietética
dietician o **dietitian** [,daɪəˈtɪʃən] *s* dietista, especialista en dietética
diff. abr. de **difference** y **different**
differ [ˈdɪfər] *vn* diferenciar, discordar; diferenciarse, diferir
difference [ˈdɪfərəns] *s* diferencia; **it makes no difference** lo mismo da, no importa; **to not know the difference** no darse cuenta de ello; **to split the difference** partir la diferencia; **what difference does it make?** ¿qué más da?
difference of potential *s* (phys.) diferencia de potencial
different [ˈdɪfərənt] *adj* diferente
differentia [,dɪfəˈrɛnʃɪə] *s* (*pl:* **-ae** [i]) (log.) diferencia
differential [,dɪfəˈrɛnʃəl] *adj* diferencial; *s* (mach.) diferencial *m;* (math.) diferencial *f*
differential calculus *s* (math.) cálculo diferencial
differential coefficient *s* (math.) coeficiente diferencial
differential equation *s* (math.) ecuación diferencial
differential gear *s* (mach.) engranaje diferencial
differential housing *s* (aut.) caja del diferencial
differential rate *s* (rail.) tarifa diferencial
differential thermometer *s* termómetro diferencial
differentiate [,dɪfəˈrɛnʃɪet] *va* diferenciar; (math.) diferenciar; *vn* diferenciarse; (bot.) diferenciarse
differentiation [,dɪfə,rɛnʃɪˈeʃən] *s* diferenciación
difficult [ˈdɪfɪkʌlt] *adj* difícil
difficulty [ˈdɪfɪkʌltɪ] *s* (*pl:* **-ties**) dificultad; **difficulties** *spl* aprietos, apuros
diffidation [,dɪfɪˈdeʃən] *s* difidación, declaración de guerra
diffidence [ˈdɪfɪdəns] *s* timidez, apocamiento
diffident [ˈdɪfɪdənt] *adj* tímido, apocado
diffluence [ˈdɪflʊəns] *s* difluencia
diffluent [ˈdɪflʊənt] *adj* difluente
diffract [dɪˈfrækt] *va* difractar
diffraction [dɪˈfrækʃən] *s* difracción
diffraction grating *s* (opt.) red de difracción
diffractive [dɪˈfræktɪv] *adj* difractivo, difrangente
diffuse [dɪˈfjus] *adj* difuso; [dɪˈfjuz] *va* difundir; *vn* difundirse
diffuser [dɪˈfjuzər] *s* difusor
diffusibility [dɪ,fjuzɪˈbɪlɪtɪ] *s* difusibilidad
diffusible [dɪˈfjuzɪbəl] *adj* difusible
diffusion [dɪˈfjuʒən] *s* difusión; (anthrop., chem. & phys.) difusión
diffusionist theory [dɪˈfjuʒənɪst] *s* (anthrop.) difusionismo
diffusive [dɪˈfjusɪv] *adj* difusivo; difuso (*superabundante en palabras*)
dig [dɪg] *s* empuje, codazo; (coll.) pulla, puyazo, palabra hiriente; (*pret & pp:* **dug** o **digged;** *ger:* **digging**) *va* cavar, excavar; ahondar, escudriñar; **to dig up** desenterrar; (fig.) desenterrar; *vn* cavar, excavar; trabajar con azada, etc.; abrirse paso cavando; (coll.) trabajar mucho; **to dig in** (mil.) atrincherarse, afosarse; poner manos a la obra; **to dig into** (coll.) ocuparse mucho en; **to dig under** socavar
digest [ˈdaɪdʒɛst] *s* resumen, compendio; (law) digesto; [dɪˈdʒɛst] o [daɪˈdʒɛst] *va* (physiol. & chem.) digerir; (fig.) digerir (*meditar con cuidado, tratar de entender; sufrir con paciencia*); (fig.) resumir, compendiar; *vn* digerir, digerirse
digester [dɪˈdʒɛstər] o [daɪˈdʒɛstər] *s* compendiador; (med.) digestivo; digestor (*vasija cerrada a tornillo*)
digestibility [dɪ,dʒɛstɪˈbɪlɪtɪ] o [daɪ,dʒɛstɪˈbɪlɪtɪ] *s* digestibilidad
digestible [dɪˈdʒɛstɪbəl] o [daɪˈdʒɛstɪbəl] *adj* digerible, digestible
digestion [dɪˈdʒɛstʃən] o [daɪˈdʒɛstʃən] *s* digestión
digestive [dɪˈdʒɛstɪv] o [daɪˈdʒɛstɪv] *adj* & *s* digestivo
digger [ˈdɪgər] *s* cavador; azadón
digger wasp *s* (ent.) avispa cavadora
diggings [ˈdɪgɪŋz] *spl* excavaciones; (coll.) alojamiento
digit [ˈdɪdʒɪt] *s* (arith. & astr.) dígito; (hum.) dedo
digital [ˈdɪdʒɪtəl] *adj* digital; *s* (hum.) dedo; tecla
digital computer *s* calculadora numérica
digitalin [,dɪdʒɪˈtelɪn] o [ˈdɪdʒɪtəlɪn] *s* (chem. & pharm.) digitalina
digitalis [,dɪgɪˈtælɪs] o [,dɪdʒɪˈtelɪs] *s* (bot. & pharm.) digital
digitate [ˈdɪdʒɪtet] *adj* digitado; (bot.) digitado
digitigrade [ˈdɪdʒɪtɪ,gred] *adj* & *s* (zool.) digitígrado
dignification [,dɪgnɪfɪˈkeʃən] *s* dignificación
dignified [ˈdɪgnɪfaɪd] *adj* digno, grave, decoroso

dignify [ˈdɪgnɪfaɪ] (*pret & pp:* **-fied**) *va* dignificar; dar un título altisonante a
dignitary [ˈdɪgnɪ,tɛrɪ] *s* (*pl:* **-ies**) dignatario
dignity [ˈdɪgnɪtɪ] *s* (*pl:* **-ties**) dignidad; **to be beneath one's dignity** no estar de acuerdo con la dignidad de uno, ser impropio de la dignidad de uno; **to stand upon one's dignity** ponerse tan alto
digram [ˈdaɪgræm] *s* digrama
digraph [ˈdaɪgræf] o [ˈdaɪgrɑf] *s* digrafía, dígrafo
digress [dɪˈgrɛs] o [daɪˈgrɛs] *vn* divagar
digression [dɪˈgrɛʃən] o [daɪˈgrɛʃən] *s* digresión; (astr.) digresión
digressive [dɪˈgrɛsɪv] o [daɪˈgrɛsɪv] *adj* digresivo
dihedral [daɪˈhidrəl] *adj* (geom.) diedro
diiamb [,daɪaɪˈæmb] *s* diyambo
dike [daɪk] *s* dique; zanja, arrecife; (geol.) dique; *va* contener por medio de un dique; desaguar con zanjas
dilacerate [dɪˈlæsəret] *va* dilacerar
dilaceration [dɪ,læsəˈreʃən] *s* dilaceración
dilapidate [dɪˈlæpɪdet] *va* dilapidar (*malgastar*); desmantelar; *vn* desmantelarse (*abandonarse o arruinarse, p.ej., una casa*)
dilapidated [dɪˈlæpɪ,detɪd] *adj* desmantelado
dilapidation [dɪ,læpɪˈdeʃən] *s* dilapidación (*derroche*); desmantelamiento
dilatability [daɪ,letəˈbɪlɪtɪ] *s* dilatabilidad
dilatable [daɪˈletəbəl] *adj* dilatable
dilatation [,dɪləˈteʃən] o [,daɪləˈteʃən] *s* dilatación
dilate [daɪˈlet] o [dɪˈlet] *va* dilatar; *vn* dilatarse
dilation [daɪˈleʃən] o [dɪˈleʃən] *s* dilatación
dilative [daɪˈletɪv] o [dɪˈletɪv] *adj* dilatativo
dilatometer [,daɪləˈtɑmɪtər] o [,dɪləˈtɑmɪtər] *s* (phys.) dilatómetro
dilator [daɪˈletər] o [dɪˈletər] *s* (anat. & surg.) dilatador
dilatory [ˈdɪlə,torɪ] *adj* tardío (*aplícase a acciones y personas*); (law) dilatorio
dilemma [dɪˈlɛmə] *s* dilema, disyuntiva; aprieto, conflicto; (log.) dilema
dilettante [,dɪləˈtæntɪ] *adj* diletante; *s* (*pl:* **-tes** o **-ti** [tɪ]) diletante
dilettanteism [,dɪləˈtæntɪɪzəm] or **dilettantism** [,dɪləˈtæntɪzəm] *s* diletantismo
diligence [ˈdɪlɪdʒəns] *s* diligencia
diligent [ˈdɪlɪdʒənt] *adj* diligente
dill [dɪl] *s* (bot.) eneldo
dill pickle *s* pepinillo encurtido sazonado con eneldo
dillydally [ˈdɪlɪ,dælɪ] (*pret & pp:* **-lied**) *vn* holgazanear, perder el tiempo
diluent [ˈdɪljʊənt] *s* (med.) diluente
dilute [dɪˈlut] *adj* diluído; *va* diluir; *vn* diluirse
dilution [dɪˈluʃən] *s* dilución
diluvial [dɪˈluvɪəl] o **diluvian** [dɪˈluvɪən] *adj* diluviano
dim. abr. de **diminuendo** y **diminutive**
dim [dɪm] *adj* (*comp:* **dimmer**; *super:* **dimmest**) débil, mortecino; poco claro, obscuro, confuso, indistinto; lerdo, torpe; **to take a dim view of** mirar escépticamente, no entusiasmarse por; (*pret & pp:* **dimmed**; *ger:* **dimming**) *va* amortiguar, velar (*la luz*); poner a media luz (*p.ej., un faro*); obscurecer; *vn* obscurecerse
dime [daɪm] *s* (U.S.A.) moneda de diez centavos
dime novel *s* novela sensacional de ningún mérito literario
dimension [dɪˈmɛnʃən] *s* dimensión
dimensional [dɪˈmɛnʃənəl] *adj* dimensional
dimeter [ˈdɪmɪtər] *s* (pros.) dímetro
dimetria [daɪˈmitrɪə] *s* (med.) dimetría
dimin. abr. de **diminuendo** y **diminutive**
diminish [dɪˈmɪnɪʃ] *va* disminuir; *vn* disminuir, disminuirse
diminished [dɪˈmɪnɪʃt] *adj* (mus.) diminuto
diminuendo [dɪ,mɪnjʊˈɛndo] *s* (*pl:* **-dos**) (mus.) diminuendo
diminution [,dɪmɪˈnjuʃən] o [,dɪmɪˈnuʃən] *s* diminución, disminución
diminutive [dɪˈmɪnjətɪv] *adj* diminuto; (gram.) diminutivo; *s* persona diminuta, cosa diminuta; (gram.) diminutivo
dimissory letters [ˈdɪmɪ,sorɪ] *spl* (eccl.) dimisorias
dimity [ˈdɪmɪtɪ] *s* (*pl:* **-ties**) cotonía
dimmer [ˈdɪmər] *s* amortiguador de luz; (aut.) faro, lámpara o luz de cruce
dimorphism [daɪˈmɔrfɪzəm] *s* dimorfismo
dimorphous [daɪˈmɔrfəs] *adj* dimorfo
dimple [ˈdɪmpəl] *s* hoyuelo; *va* formar hoyuelos en; *vn* formarse hoyuelos
dimply [ˈdɪmplɪ] *adj* que tiene hoyuelos
din [dɪn] *s* ruido ensordecedor y continuado; (*pret & pp:* **dinned**; *ger:* **dinning**) *va* atolondrar con ruido ensordecedor y continuado; repetir insistentemente; *vn* hacer un ruido ensordecedor y continuado
Dinah [ˈdaɪnə] *s* Dina
Dinaric Alps [dɪˈnærɪk] *spl* Alpes dináricos
dine [daɪn] *va* dar de comer a; *vn* comer; **to dine out** comer fuera de casa
diner [ˈdaɪnər] *s* convidado (a una comida); (rail.) coche-comedor; restaurante que se parece a un coche-comedor
dinette [daɪˈnɛt] *s* comedorcito, comedor pequeño junto a la cocina
ding [dɪŋ] *s* sonido, repique (*de campanas*); *va* repicar (*las campanas*); (coll.) repetir insistentemente; *vn* resonar
Ding an sich [dɪŋɑnˈzɪx] *s* (philos.) cosa en sí
ding-dong [ˈdɪŋ,dɔŋ] o [ˈdɪŋ,dɑŋ] *s* dindán, tintín; *va* importunar regañando; *vn* retiñir
ding-dong theory *s* (philol.) teoría de la invención
dingey [ˈdɪŋgɪ] *s* dinga
dinghy [ˈdɪŋgɪ] *s* (*pl:* **-ghies**) dinga
dinginess [ˈdɪndʒɪnɪs] *s* deslustre
dingle [ˈdɪŋgəl] *s* cañada pequeña
dingo [ˈdɪŋgo] *s* (*pl:* **-goes**) dingo (*perro salvaje*)
dingus [ˈdɪŋəs] *s* (slang) chisme, adminículo
dingy [ˈdɪndʒɪ] *adj* (*comp.* **-gier**; *super:* **-giest**) empañado, deslustrado, sucio, manchado; [ˈdɪŋgɪ] *s* (*pl:* **-gies**) dinga
dining car *s* (rail.) coche-comedor
dining room *s* comedor
dining-room suit [ˈdaɪnɪŋ,rum] o [ˈdaɪnɪŋ,rʊm] *s* juego de comedor
dinkey [ˈdɪŋkɪ] *s* (coll.) locomotora pequeña de maniobras
dinky [ˈdɪŋkɪ] *adj* (*comp:* **-ier**; *super:* **-iest**) (slang) diminuto, insignificante
dinner [ˈdɪnər] *s* comida; banquete
dinner coat o **dinner jacket** *s* smoking
dinner pail *s* fiambrera, portaviandas
dinner set *s* vajilla
dinner time *s* hora de la comida
dinornis [daɪˈnɔrnɪs] *s* (pal.) dinornis
dinosaur [ˈdaɪnəsɔr] o **dinosaurian** [,daɪnəˈsɔrɪən] *s* (pal.) dinosaurio
dinothere [ˈdaɪnəθɪr] *s* (pal.) dinoterio
dint [dɪnt] *s* golpe; abolladura; fuerza; **by dint of** a fuerza de; *va* abollar
diocesan [daɪˈɑsɪsən] *adj* & *s* diocesano
diocese [ˈdaɪəsis] o [ˈdaɪəsɪs] *s* diócesi o diócesis
Diocletian [,daɪəˈkliʃən] *s* Diocleciano
diode [ˈdaɪod] *s* (electron.) diodo
dioecious [daɪˈiʃəs] *adj* (biol. & bot.) dioico
Diogenes [daɪˈɑdʒɪniz] *s* Diógenes
Diomede [ˈdaɪəmid] o **Diomedes** [,daɪəˈmidiz] *s* (myth.) Diomedes
Dionysia [,daɪəˈnɪʃɪə] o [,daɪəˈnɪsɪə] *spl* Dionisias, Dionisíacas (*fiestas*)
Dionysiac [,daɪəˈnɪsɪæk] *adj* dionisíaco
Dionysius [,daɪəˈnɪʃɪəs] *s* Dionisio
Dionysos o **Dionysus** [,daɪəˈnaɪsəs] *s* (myth.) Dionisios o Dionisos
diopter [daɪˈɑptər] *s* dioptra, alidada; (opt.) dioptría (*unidad*)
dioptric [daɪˈɑptrɪk] *adj* dióptrico; **dioptrics** *ssg* dióptrica
dioptrical [daɪˈɑptrɪkəl] *adj* dióptrico
diorama [,daɪəˈræmə] o [,daɪəˈrɑmə] *s* diorama
dioramic [,daɪəˈræmɪk] *adj* diorámico
diorite [ˈdaɪəraɪt] *s* (mineral.) diorita
dioscoreaceous [,daɪɑs,korɪˈeʃəs] *adj* (bot.) dioscoreáceo
Dioscuri [,daɪɑsˈkjuraɪ] *spl* (myth.) Dioscuros
dioxide [daɪˈɑksaɪd] o [daɪˈɑksɪd] *s* (chem.) dióxido
dip [dɪp] *s* inmersión, zambullida; baño corto; depresión (*p.ej., en un camino*); inclinación;

D

grado de inclinación; vela de sebo chorreada; (mach.) cuchara de lubricación; (geol.) buzamiento; (*pret & pp:* **dipped;** *ger:* **dipping**) *va* sumergir; sumergir para lavar o limpiar; sumergir en un tinte; sacar, levantar con cuchara, pala, etc.; bajar y alzar prontamente (*p.ej., una bandera*); *vn* sumergirse; bajar súbitamente, desaparecer súbitamente; inclinarse hacia abajo; (geol.) buzar; **to dip into** hojear, repasar (*p.ej., un libro*); empeñarse en, meterse en (*p.ej., un comercio*)

dipetalous [daɪ'pɛtələs] *adj* dipétalo

diphase ['daɪ,fez] *adj* (elec.) difásico

diphtheria [dɪf'θɪrɪə] *s* (path.) difteria

diphtherial [dɪf'θɪrɪəl] o **diphtheritic** [,dɪfθə'rɪtɪk] *adj* diftérico

diphtheritis [,dɪfθə'raɪtɪs] *s* (path.) difteritis

diphtheroid ['dɪfθərɔɪd] *adj* difteroide

diphthong ['dɪfθɔŋ] o ['dɪfθɑŋ] *s* diptongo

diphthongal [dɪf'θɔŋgəl] o [dɪf'θɑŋgəl] *adj* de diptongo, del diptongo

diphthongization [,dɪfθɔŋgɪ'zeʃən] o [,dɪfθɑŋgɪ'zeʃən] *s* diptongación

diphthongize ['dɪfθɔŋgaɪz] o ['dɪfθɑŋgaɪz] *va* diptongar; *vn* diptongarse

diphyllous [daɪ'fɪləs] *adj* (bot.) dífilo

diplegia [daɪ'plidʒɪə] *s* (path.) diplejía

diplochlamydeous [,dɪpləklə'mɪdɪəs] *adj* (bot.) diploclamídeo

diplococcus [,dɪplə'kɑkəs] *s* (*pl:* **-cocci** ['kɑksaɪ]) (bact.) diplococo

diplodocus [dɪ'plɑdəkəs] *s* (pal.) diplodoco

diploma [dɪ'plomə] *s* diploma

diplomacy [dɪ'ploməsɪ] *s* (*pl:* **-cies**) diplomacia

diplomat ['dɪpləmæt] *s* diplomático

diplomate ['dɪpləmɪt] o ['dɪpləmet] *s* diplomado

diplomatic [,dɪplə'mætɪk] *adj* diplomático; **diplomatics** *ssg* diplomática (*arte de conocer los diplomas; diplomacia*)

diplomatically [,dɪplə'mætɪkəlɪ] *adv* diplomáticamente

diplomatic corps *s* cuerpo diplomático

diplomatic edition *s* edición diplomática

diplomatic pouch *s* valija diplomática

diplomatist [dɪ'plomətɪst] *s* diplomático

diplopia [dɪ'plopɪə] *s* (med.) diplopía

dipolar [daɪ'polər] *adj* dipolar

dipole ['daɪ,pol] *s* (chem. & phys.) dipolo

dipole antenna *s* (rad.) antena dipolo

dipper ['dɪpər] *s* cazo, cucharón; cuchara (*de pala mecánica*); (orn.) zambullidor, mirlo de agua; **the Dipper** (astr.) el Carro

dipsomania [,dɪpso'menɪə] *s* (path.) dipsomanía

dipsomaniac [,dɪpso'menɪæk] *s* dipsomaníaco

dipsomaniacal [,dɪpsomə'naɪəkəl] *adj* dipsomaníaco

dipstick ['dɪp,stɪk] *s* varilla de nivel

dipteral ['dɪptərəl] *adj* (zool. & arch.) díptero

dipteran ['dɪptərən] *adj & s* (zool.) díptero

dipteros ['dɪptərɑs] *s* (arch.) díptero (*edificio*)

dipterous ['dɪptərəs] *adj* (zool.) díptero

diptych ['dɪptɪk] *s* díptica (*tablas*); díptico (*cuadro*)

Dircaen [dʌr'siən] *adj* dirceo

Dircaen Swan *s* cisne dirceo (*Píndaro*)

Dirce ['dʌrsi] *s* (myth.) Dirce

dire [daɪr] *adj* horrendo, terrible, deplorable

direct [dɪ'rɛkt] o [daɪ'rɛkt] *adj* directo; sincero, franco, abierto; exacto, preciso; (gram.) directo; *va* dirigir; ordenar, mandar

direct action *s* acción directa

direct current *s* (elec.) corriente continua

direct discourse *s* (gram.) estilo directo

direct distance dialing *s* (telp.) marcaje directo a distancia

direct hit *s* blanco directo, impacto directo; **to score a direct hit** conseguir un impacto directo

direction [dɪ'rɛkʃən] o [daɪ'rɛkʃən] *s* dirección; instrucción; **in the direction of** en la dirección de, con rumbo a

directional [dɪ'rɛkʃənəl] o [daɪ'rɛkʃənəl] *adj* direccional

directional antenna *s* (rad.) antena direccional

direction finder *s* (rad.) radiogoniómetro

directive [dɪ'rɛktɪv] o [daɪ'rɛktɪv] *adj* directivo; *s* directorio, directriz

directly [dɪ'rɛktlɪ] o [daɪ'rɛktlɪ] *adj* directamente; inmediatamente, en seguida; exactamente, absolutamente

directness [dɪ'rɛktnɪs] o [daɪ'rɛktnɪs] *s* derechura

direct object *s* (gram.) complemento directo

Directoire [,dɪrɛk'twɑr] *s* Directorio

director [dɪ'rɛktər] o [daɪ'rɛktər] *s* director; vocal (*de un directorio*)

directorate [dɪ'rɛktərɪt] o [daɪ'rɛktərɪt] *s* dirección, directorio

director-general [dɪ'rɛktər'dʒɛnərəl] o [daɪ'rɛktər'dʒɛnərəl] *s* (*pl:* **director-generals**) director general

directorial [dɪ,rɛk'torɪəl] o [,daɪrɛk'torɪəl] *adj* directoral (*del director*); directorio, directorial

directorship [dɪ'rɛktərʃɪp] o [daɪ'rɛktərʃɪp] *s* dirección, directorio

directory [dɪ'rɛktərɪ] o [daɪ'rɛktərɪ] *adj* directorio; *s* (*pl:* **-ries**) directorio (*junta directiva; libro de nombres y señas*); guía telefónica

direct ratio *s* (math.) razón directa

directress [dɪ'rɛktrɪs] o [daɪ'rɛktrɪs] *s* directora

directrix [dɪ'rɛktrɪks] o [daɪ'rɛktrɪks] *s* (geom.) directriz

direct tax *s* contribución directa

direful ['daɪrfəl] *adj* terrible, calamitoso, espantoso

dirge [dʌrdʒ] *s* endecha, canto fúnebre; (eccl.) oficio de difuntos; (eccl.) misa de réquiem

dirigible ['dɪrɪdʒɪbəl] *adj & s* dirigible

dirk [dʌrk] *s* daga, puñal

dirt [dʌrt] *s* lodo, barro; polvo; tierra, suelo; bajeza, vileza; suciedad, porquería; obscenidad

dirt-cheap ['dʌrt'tʃip] *adj* tirado, sumamente barato

dirt farmer *s* (coll.) agricultor practicón

dirty ['dʌrtɪ] *adj* (*comp:* **-ier;** *super:* **-iest**) enlodado, barroso; polvoriento; bajo, vil; sucio, puerco; obsceno; (*pret & pp:* **-tied**) *va* ensuciar

dirty linen *s* ropa sucia, ropa para lavar; **to air one's dirty linen** sacar los trapos sucios a relucir

dirty trick *s* (slang) perrada, perrería (*vileza*)

disability [,dɪsə'bɪlɪtɪ] *s* (*pl:* **-ties**) inhabilidad, incapacidad; impedimento

disable [dɪs'ebəl] *va* inhabilitar; (law) descalificar

disablement [dɪs'ebəlmənt] *s* inhabilitación

disabuse [,dɪsə'bjuz] *va* desengañar

disaccord [,dɪsə'kɔrd] *s* desacuerdo; *vn* discordar

disadvantage [,dɪsəd'væntɪdʒ] o [,dɪsəd'vɑntɪdʒ] *s* desventaja; *va* dañar, perjudicar

disadvantageous [dɪs,ædvən'tedʒəs] *adj* desventajoso

disaffect [,dɪsə'fɛkt] *va* indisponer, enemistar

disaffected [,dɪsə'fɛktɪd] *adj* desafecto

disaffection [,dɪsə'fɛkʃən] *s* desafección, desafecto

disagree [,dɪsə'gri] *vn* desconvenir, desconvenirse, desavenirse; altercar, contender; **to disagree with** no estar de acuerdo con; no sentar bien a

disagreeable [,dɪsə'griəbəl] *adj* desagradable

disagreeably [,dɪsə'griəblɪ] *adv* desagradablemente

disagreement [,dɪsə'grimənt] *s* desacuerdo; altercado; desemejanza

disallow [,dɪsə'laʊ] *va* desaprobar, rechazar

disallowance [,dɪsə'laʊəns] *s* desaprobación, rechazamiento

disappear [,dɪsə'pɪr] *vn* desaparecer, desaparecerse

disappearance [,dɪsə'pɪrəns] *s* desaparecimiento, desaparición

disappoint [,dɪsə'pɔɪnt] *va* decepcionar, desilusionar, frustrar; **to be disappointed** llevarse chasco

disappointment [,dɪsə'pɔɪntmənt] *s* decepción, desilusión, frustración, chasco

disapprobation [,dɪsæprə'beʃən] o **disapproval** [,dɪsə'pruvəl] *s* desaprobación

disapprove [,dɪsə'pruv] *va & vn* desaprobar

disapprovingly [,dɪsə'pruvɪŋlɪ] *adv* con desaprobación

disarm [dɪs'ɑrm] *va & vn* desarmar

disarmament [dɪs'ɑrməmənt] *s* desarme o desarmamiento
disarmed [dɪs'ɑrmd] *adj* desarmado; (her.) moznado
disarrange [ˌdɪsə'rendʒ] *va* desarreglar, descomponer
disarrangement [ˌdɪsə'rendʒmənt] *s* desarreglo, descomposición
disarray [ˌdɪsə're] *s* desarreglo, desorden; desatavío; *va* desarreglar, desordenar; desataviar
disarticulate [ˌdɪsɑr'tɪkjəlet] *va* desarticular; (surg.) desarticular; *vn* desarticularse
disarticulation [ˌdɪsɑrˌtɪkjə'leʃən] *s* desarticulación; (surg.) desarticulación
disassemble [ˌdɪsə'sɛmbəl] *va* desarmar, desmontar
disassimilate [ˌdɪsə'sɪmɪlet] *va* (physiol.) desasimilar
disassimilation [ˌdɪsəˌsɪmɪ'leʃən] *s* (physiol.) desasimilación
disassociate [ˌdɪsə'soʃɪet] *va* disociar
disassociation [ˌdɪsəˌsosɪ'eʃən] o [ˌdɪsəˌsoʃɪ'eʃən] *s* disociación
disaster [dɪz'æstər] o [dɪz'ɑstər] *s* desastre
disastrous [dɪz'æstrəs] o [dɪz'ɑstrəs] *adj* desastroso, funesto
disavow [ˌdɪsə'vaʊ] *va* negar, desconocer
disavowal [ˌdɪsə'vaʊəl] *s* negación, desconocimiento
disband [dɪs'bænd] *va* disolver; licenciar (*tropas*); *vn* desbandarse
disbandment [dɪs'bændmənt] *s* disolución; licenciamiento
disbar [dɪs'bɑr] (*pret & pp:* **-barred**; *ger:* **-barring**) *va* (law) excluir del foro
disbarment [dɪs'bɑrmənt] *s* (law) exclusión del foro
disbelief [ˌdɪsbɪ'lif] *s* incredulidad, descreimiento
disbelieve [ˌdɪsbɪ'liv] *va & vn* descreer
disburden [dɪs'bʌrdən] *va* descargar; *vn* descargarse
disburse [dɪs'bʌrs] *va* desembolsar
disbursement [dɪs'bʌrsmənt] *s* desembolso
disbursement office *s* pagaduría
disburser [dɪs'bʌrsər] *s* pagador
disc. abr. de **discount, discovered** y **discoverer**
disc [dɪsk] *s* var. de **disk**
discalced [dɪs'kælst] *adj* descalzo (*fraile*)
discard ['dɪskɑrd] *s* descarte; **to put** o **to throw in the discard** (coll.) echar a un lado; [dɪs'kɑrd] *va* descartar; *vn* descartarse
discern [dɪ'zʌrn] o [dɪ'sʌrn] *va & vn* discernir, percibir
discerner [dɪ'zʌrnər] o [dɪ'sʌrnər] *s* discernidor
discernible [dɪ'zʌrnɪbəl] o [dɪ'sʌrnɪbəl] *adj* discernible
discerning [dɪ'zʌrnɪŋ] o [dɪ'sʌrnɪŋ] *adj* discerniente, discernidor, perspicaz
discernment [dɪ'zʌrnmənt] o [dɪ'sʌrnmənt] *s* discernimiento, percepción, perspicacia
discharge [dɪs'tʃɑrdʒ] *s* descarga; descargo (*pago de una deuda; disculpa*); cumplimiento, desempeño (*de un deber*); liberación (*de un preso*); despedida, remoción; descarga unitaria; (elec.) descarga; (med.) derrame; (mil.) certificado de licencia; *va* descargar; desempeñar (*p.ej., un deber*); libertar, soltar (*a un preso*); despedir, despachar, remover; dar de alta (*a un enfermo*); (elec.) descargar; (mil.) licenciar; *vn* descargar (*dícese de un tubo, conducto, río, etc.*); descargarse (*un arma de fuego*); correrse (*un tinte*)
disciple [dɪ'saɪpəl] *s* discípulo
discipleship [dɪ'saɪpəlʃɪp] *s* discipulado
disciplinable ['dɪsɪplɪnəbəl] *adj* disciplinable; castigable, punible
disciplinal [ˌdɪsɪ'plaɪnəl] *adj* disciplinal
disciplinarian [ˌdɪsɪplɪ'nɛrɪən] *adj* disciplinario; *s* ordenancista
disciplinary ['dɪsɪplɪˌnɛrɪ] *adj* disciplinario
discipline ['dɪsɪplɪn] *s* disciplina; castigo; *va* disciplinar; castigar
discipular [dɪ'sɪpjələr] *adj* discipular
disclaim [dɪs'klem] *va* negar, desconocer; (law) renunciar
disclaimer [dɪs'klemər] *s* negación, desconocimiento; (law) renuncia
disclose [dɪs'kloz] *va* descubrir; revelar, divulgar, publicar
disclosure [dɪs'kloʒər] *s* descubrimiento; revelación, divulgación, publicación
discoidal [dɪs'kɔɪdəl] *adj* discoidal
discolor [dɪs'kʌlər] *adj* (bot.) discoloro; *va* descolorar, manchar; *vn* descolorarse, mancharse
discoloration [dɪsˌkʌlə'reʃən] *s* descoloración, descoloramiento
discomfit [dɪs'kʌmfɪt] *va* derrotar; burlar, frustrar; desconcertar
discomfiture [dɪs'kʌmfɪtʃər] *s* derrota; burla, frustración; desconcierto
discomfort [dɪs'kʌmfərt] *s* incomodidad; *va* incomodar
discompose [ˌdɪskəm'poz] *va* agitar, inquietar, descomponer, desconcertar
discomposure [ˌdɪskəm'poʒər] *s* agitación, inquietud, descomposición, desconcierto
disconcert [ˌdɪskən'sʌrt] *va* desconcertar, agitar, confundir
disconcerting [ˌdɪskən'sʌrtɪŋ] *adj* desconcertante
disconformity [ˌdɪskən'fɔrmɪtɪ] *s* disconformidad
disconnect [ˌdɪskə'nɛkt] *va* desunir, desacoplar; (elec. & mach.) desconectar
disconnected [ˌdɪskə'nɛktɪd] *adj* inconexo, incoherente; (elec. & mach.) desconectado
disconnection [ˌdɪskə'nɛkʃən] *s* desunión; desconexión
disconsolate [dɪs'kɑnsəlɪt] *adj* desconsolado
disconsolation [dɪsˌkɑnsə'leʃən] *s* desconsuelo
discontent [ˌdɪskən'tɛnt] *adj & s* descontento; *va* descontentar
discontented [ˌdɪskən'tɛntɪd] *adj* descontento
discontentment [ˌdɪskən'tɛntmənt] *s* descontentamiento, descontento
discontinuance [ˌdɪskən'tɪnjʊəns] o **discontinuation** [ˌdɪskənˌtɪnjʊ'eʃən] *s* descontinuación o discontinuación
discontinue [ˌdɪskən'tɪnjʊ] *va* descontinuar o discontinuar
discontinuity [ˌdɪskɑntɪ'njuɪtɪ] o [ˌdɪskɑntɪ'nuɪtɪ] *s* discontinuidad
discontinuous [ˌdɪskən'tɪnjʊəs] *adj* descontinuo o discontinuo
discophile ['dɪskofaɪl] *s* discófilo
discord ['dɪskɔrd] *s* discordia, desacuerdo; disonancia; [dɪs'kɔrd] *vn* discordar
discordance [dɪs'kɔrdəns] o **discordancy** [dɪs'kɔrdənsɪ] *s* discordancia; (geol.) discordancia
discordant [dɪs'kɔrdənt] *adj* discordante; (geol.) discordante
discount ['dɪskaʊnt] *s* descuento; **at a discount** al descuento; mal acogido; ['dɪskaʊnt] o [dɪs'kaʊnt] *va* descontar; considerar exagerado
discountable [dɪs'kaʊntəbəl] *adj* descontable
discountenance [dɪs'kaʊntɪnəns] *va* desaprobar; avergonzar
discount house *s* tienda de descuento
discount rate *s* tipo de descuento; tipo de redescuento
discourage [dɪs'kʌrɪdʒ] *va* desalentar, desanimar; desaprobar; disuadir; **to discourage from** + *ger* disuadir de + *inf*
discouragement [dɪs'kʌrɪdʒmənt] *s* desaliento, desánimo; desaprobación; disuasión
discourse ['dɪskors] o [dɪs'kors] *s* discurso; [dɪs'kors] *vn* discurrir
discourteous [dɪs'kʌrtɪəs] *adj* descortés
discourtesy [dɪs'kʌrtɪsɪ] *s* (*pl:* **-sies**) descortesía
discover [dɪs'kʌvər] *va* descubrir
discoverer [dɪs'kʌvərər] *s* descubridor
discovery [dɪs'kʌvərɪ] *s* (*pl:* **-ies**) descubrimiento
Discovery Day *s* día de la raza, fiesta de la hispanidad
discredit [dɪs'krɛdɪt] *s* descrédito; *va* desacreditar; descreer
discreditable [dɪs'krɛdɪtəbəl] *adj* ignominioso, deshonroso, vergonzoso
discreditably [dɪs'krɛdɪtəblɪ] *adv* ignominiosamente, deshonrosamente, vergonzosamente
discreet [dɪs'krit] *adj* discreto (*moderado en*

sus acciones o palabras; que incluye discreción)
discrepancy [dɪsˈkrɛpənsɪ] *s* (*pl:* **-cies**) discrepancia
discrepant [dɪsˈkrɛpənt] *adj* discrepante
discrete [dɪsˈkrit] *adj* discreto (*discontinuo; que se compone de partes separadas*); (math. & med.) discreto
discretion [dɪsˈkrɛʃən] *s* discreción; **at discretion** a discreción
discretional [dɪsˈkrɛʃənəl] o **discretionary** [dɪsˈkrɛʃəˌnɛrɪ] *adj* discrecional
discriminant [dɪsˈkrɪmɪnənt] *adj* discriminante; *s* (math.) discriminante
discriminate [dɪsˈkrɪmɪnet] *va* discriminar; *vn* discriminar; hacer distinciones injustas; **to be discriminated against** ser tratado desfavorablemente; **to discriminate against** hacer distinción en perjuicio de; **to discriminate between** distinguir entre
discriminating [dɪsˈkrɪmɪˌnetɪŋ] *adj* distintivo, discerniente, discriminante; diferencial (*dícese de los derechos de aduana*); injusto, parcial
discrimination [dɪsˌkrɪmɪˈneʃən] *s* distinción, discernimiento, discriminación (*especialmente contra una persona o varias personas*)
discriminative [dɪsˈkrɪmɪˌnetɪv] o **discriminatory** [dɪsˈkrɪmɪnəˌtorɪ] *adj* distintivo, discerniente, discriminativo; injusto, parcial
discrown [dɪsˈkraʊn] *va* quitar la corona a, destronar
discursive [dɪsˈkʌrsɪv] *adj* digresivo, divagador
discus [ˈdɪskəs] *s* (sport) disco
discuss [dɪsˈkʌs] *va* discutir; hablar de, tratar de; (hum.) catar, probar (*un manjar, una bebida*); *vn* discutir
discussion [dɪsˈkʌʃən] *s* discusión
discus thrower *s* discóbolo
disdain [dɪsˈden] *s* desdén; *va* desdeñar
disdainful [dɪsˈdenfəl] *adj* desdeñoso
disease [dɪˈziz] *s* enfermedad; *adj* patógeno; *va* enfermar
diseased [dɪˈzizd] *adj* enfermo; morboso
disembark [ˌdɪsɛmˈbɑrk] *va & vn* desembarcar
disembarkation [dɪsˌɛmbɑrˈkeʃən] *s* desembarco (*de pasajeros*); desembarque (*de mercancías*)
disembarrass [ˌdɪsɛmˈbærəs] *va* desembarazar; librar de turbación
disembodiment [ˌdɪsɛmˈbɑdɪmənt] *s* separación del alma y el cuerpo
disembody [ˌdɪsɛmˈbɑdɪ] (*pret & pp:* **-ied**) *va* desencarnar; **disembodied spirit** espíritu desencarnado
disembowel [ˌdɪsɛmˈbaʊəl] (*pret & pp:* **-eled;** o **-elled;** *ger:* **-eling** o **-elling**) *va* desentrañar
disembowelment [ˌdɪsɛmˈbaʊəlmənt] *s* desentrañamiento
disenchant [ˌdɪsɛnˈtʃænt] o [ˌdɪsɛnˈtʃɑnt] *va* desencantar
disenchantment [ˌdɪsɛnˈtʃæntmənt] o [ˌdɪsɛnˈtʃɑntmənt] *s* desencantamiento o desencanto
disencumber [ˌdɪsɛnˈkʌmbər] *va* descombrar
disencumbrance [ˌdɪsɛnˈkʌmbrəns] *s* descombro
disendow [ˌdɪsɛnˈdaʊ] *va* privar de dotación, privar de subvención
disendowment [ˌdɪsɛnˈdaʊmənt] *s* privación de dotación, privación de subvención
disenfranchise [ˌdɪsɛnˈfræntʃaɪz] *va* var. de **disfranchise**
disengage [ˌdɪsɛnˈgedʒ] *va* desembarazar; desasir, desunir, desenganchar, soltar; desempeñar
disengaged [ˌdɪsɛnˈgedʒd] *adj* desembarazado; separado; desocupado
disengagement [ˌdɪsɛnˈgedʒmənt] *s* desembarazo; desasimiento; desempeño
disentangle [ˌdɪsɛnˈtæŋgəl] *va* desenredar
desentanglement [ˌdɪsɛnˈtæŋgəlmənt] *s* desenredo
disenthrone [ˌdɪsɛnˈθron] *va* var. de **dethrone**
disentwine [ˌdɪsɛnˈtwaɪn] *va* desenredar, desenmarañar
disepalous [daɪˈsɛpələs] *adj* (bot.) disépalo
disestablish [ˌdɪsɛsˈtæblɪʃ] *va* separar (*la Iglesia*) del Estado
disestablishment [ˌdɪsɛsˈtæblɪʃmənt] *s* separación de la Iglesia del Estado
disesteem [ˌdɪsɛsˈtim] *s* desestima o desestimación; *va* desestimar
diseuse [diˈzøz] *s* recitadora
disfavor [dɪsˈfevər] *s* disfavor, desgracia; *va* desfavorecer
disfigure [dɪsˈfɪgjər] *va* desfigurar
disfigurement [dɪsˈfɪgjərmənt] *s* desfiguración o desfiguramiento
disfranchise [dɪsˈfræntʃaɪz] *va* privar de derechos de ciudadanía
disfranchisement [dɪsˈfræntʃɪzmənt] *s* privación de derechos de ciudadanía
disgorge [dɪsˈgɔrdʒ] *va* vomitar; desembuchar (*dícese de las aves*); (fig.) vomitar (*arrojar de sí; entregar de mala gana*); *vn* vomitar; (fig.) vomitar
disgrace [dɪsˈgres] *s* deshonra, ignominia; desgracia, disfavor; **in disgrace** desacreditado; sin favor, en la desgracia; *va* deshonrar, desacreditar; despedir con ignominia
disgraceful [dɪsˈgresfəl] *adj* deshonroso, ignominioso, vergonzoso
disgruntle [dɪsˈgrʌntəl] *va* descontentar, disgustar, enfadar
disgruntlement [dɪsˈgrʌntəlmənt] *s* descontento, disgusto, enfado
disguise [dɪsˈgaɪz] *s* disfraz; *va* disfrazar
disgust [dɪsˈgʌst] *s* repugnancia, asco; *va* repugnar, dar asco a
disgusting [dɪsˈgʌstɪŋ] *adj* repugnante, asqueroso
dish [dɪʃ] *s* plato; vasija; **dishes** *spl* vajilla, vajilla de mesa; **to wash the dishes** lavar la vajilla, lavar los platos; *va* servir en un plato; formar una concavidad en; (slang) vencer, arruinar
dishabille [ˌdɪsəˈbil] *s* var. de **deshabille**
disharmony [dɪsˈhɑrmənɪ] *s* (*pl:* **-nies**) discordia, disonancia
dishcloth [ˈdɪʃˌklɔθ] o [ˈdɪʃˌklɑθ] *s* albero, paño de cocina
dishearten [dɪsˈhɑrtən] *va* abatir, desalentar, desanimar, descorazonar
disheartening [dɪsˈhɑrtənɪŋ] *adj* desalentador
dishevel [dɪˈʃɛvəl] (*pret & pp:* **-eled** o **-elled;** *ger:* **-eling** o **-elling**) *va* desgreñar, desmelenar
dishonest [dɪsˈɑnɪst] *adj* ímprobo, no honrado, fraudulento
dishonesty [dɪsˈɑnɪstɪ] *s* (*pl:* **-ties**) improbidad, falta de honradez, fraude
dishonor [dɪsˈɑnər] *s* deshonra, deshonor; *va* deshonrar, deshonorar; (com.) no aceptar (*un giro*); no pagar (*un cheque*)
dishonorable [dɪsˈɑnərəbəl] *adj* deshonroso
dishpan [ˈdɪʃˌpæn] *s* paila de lavar platos
dish rack *s* escurreplatos
dishrag [ˈdɪʃˌræg] *s* albero
dishtowel [ˈdɪʃˌtaʊəl] *s* paño para secar platos
dishwasher [ˈdɪʃˌwɑʃər] o [ˈdɪʃˌwɔʃər] *s* fregona; lavadora de platos o de vajilla, máquina de lavar platos, lavaplatos
dishwater [ˈdɪʃˌwɔtər] o [ˈdɪʃˌwɑtər] *s* agua de lavar platos
disillusion [ˌdɪsɪˈluʒən] *s* desilusión; *va* desilusionar
disillusionment [ˌdɪsɪˈluʒənmənt] *s* desilusión
disinclination [dɪsˌɪnklɪˈneʃən] *s* aversión, mala gana, repugnancia
disincline [ˌdɪsɪnˈklaɪn] *va* desinclinar; *vn* desinclinarse
disinclined [ˌdɪsɪnˈklaɪnd] *adj* desinclinado
disincrust [ˌdɪsɪnˈkrʌst] *va* desincrustar
disincrustant [ˌdɪsɪnˈkrʌstənt] *s* desincrustante
disinfect [ˌdɪsɪnˈfɛkt] *va* desinfectar, desinficionar
disinfectant [ˌdɪsɪnˈfɛktənt] *adj & s* desinfectante
disinfection [ˌdɪsɪnˈfɛkʃən] *s* desinfección
disinfest [ˌdɪsɪnˈfɛst] *va* desinfestar
disingenuous [ˌdɪsɪnˈdʒɛnjuəs] *adj* doble, falso, disimulado
disinherit [ˌdɪsɪnˈhɛrɪt] *va* desheredar
disinheritance [ˌdɪsɪnˈhɛrɪtəns] *s* desheredación

disintegrate [dɪsˈɪntɪgret] *va* desagregar, desintegrar, disgregar; *vn* desagregarse, desintegrarse, disgregarse
disintegration [dɪsˌɪntɪˈgreʃən] *s* desagregación, desintegración, disgregación; (geol.) desagregación
disintegrator [dɪsˈɪntɪˌgretər] *s* disgregador
disinter [ˌdɪsɪnˈtʌr] (*pret & pp:* **-terred;** *ger:* **-terring**) *va* desenterrar; (fig.) desenterrar, descubrir
disinterested [dɪsˈɪntərɛstɪd] o [dɪsˈɪntrɪstɪd] *adj* desinteresado, imparcial
disinterestedness [dɪsˈɪntərɛstɪdnɪs] o [dɪsˈɪntrɪstɪdnɪs] *s* desinterés
disinterment [ˌdɪsɪnˈtʌrmənt] *s* desenterramiento
disjoin [dɪsˈdʒɔɪn] *va* desunir, separar
disjoint [dɪsˈdʒɔɪnt] *va* desarticular, dislocar, descoyuntar, desarreglar; *vn* desarticularse, dislocarse, descoyuntarse, desarreglarse
disjointed [dɪsˈdʒɔɪntɪd] *adj* desarticulado, dislocado, descoyuntado; desunido; inconexo, incoherente
disjunction [dɪsˈdʒʌŋkʃən] *s* disyunción; (log.) disyunción
disjunctive [dɪsˈdʒʌŋktɪv] *adj* disyuntivo; *s* (gram.) conjunción disyuntiva; (log.) proposición disyuntiva
disk [dɪsk] *s* disco; (astr., bot., & zool.) disco
disk harrow *s* (agr.) grada de discos
disk jockey *s* (rad.) locutor de un programa de discos
dislike [dɪsˈlaɪk] *s* aversión, antipatía; **to take a dislike for** cobrar aversión a; *va* tener aversión a, desamar
dislocate [ˈdɪsloket] *va* dislocar, dislocarse (*p.ej., un hueso*)
dislocation [ˌdɪsloˈkeʃən] *s* dislocación; (geol.) dislocación
dislodge [dɪsˈlɑdʒ] *va* desalojar
dislodgment [dɪsˈlɑdʒmənt] *s* desalojamiento
disloyal [dɪsˈlɔɪəl] *adj* desleal
disloyalty [dɪsˈlɔɪəltɪ] *s* (*pl:* **-ties**) deslealtad
dismal [ˈdɪzməl] *adj* obscuro, tenebroso, lúgubre; miserable, desgraciado
Dismal Swamp *s* Pantano maldito (*en los estados de Virginia y la Carolina del Norte, EE.UU.*)
dismantle [dɪsˈmæntəl] *va* desarmar, desmontar, desmantelar; desguarnecer; desamueblar; (naut.) desaparejar
dismast [dɪsˈmæst] o [dɪsˈmɑst] *va* (naut.) desarbolar
dismay [dɪsˈme] *s* consternación; *va* consternar
dismember [dɪsˈmɛmbər] *va* desmembrar
dismemberment [dɪsˈmɛmbərmənt] *s* desmembración
dismiss [dɪsˈmɪs] *va* despedir, destituir; dar permiso a (*una persona*) para irse; echar en olvido; (law) rechazar (*p.ej., una demanda*); (mil.) licenciar
dismissal [dɪsˈmɪsəl] *s* despedida, destitución; permiso para irse; (law) rechazamiento; (mil.) licenciamiento
dismission [dɪsˈmɪʃən] *s* var. de **dismissal**
dismount [dɪsˈmaʊnt] *va* desmontar; *vn* desmontar, desmontarse
disobedience [ˌdɪsəˈbidɪəns] *s* desobediencia
disobedient [ˌdɪsəˈbidɪənt] *adj* desobediente
disobey [ˌdɪsəˈbe] *va & vn* desobedecer
disoblige [ˌdɪsəˈblaɪdʒ] *va* desobligar
disobliging [ˌdɪsəˈblaɪdʒɪŋ] *adj* poco servicial
disorder [dɪsˈɔrdər] *s* desorden; *va* desordenar
disorderly [dɪsˈɔrdərlɪ] *adj* desordenado; alborotador; *adv* desordenadamente; turbulentamente
disorderly conduct *s* conducta escandalosa, perturbación del orden público
disorderly house *s* burdel (*casa de niñas, casa de prostitución; casa en que se falta al decoro con ruido y confusión*); casa de juego
disorganization [dɪsˌɔrgənɪˈzeʃən] *s* desorganización
disorganize [dɪsˈɔrgənaɪz] *va* desorganizar
disorganizer [dɪsˈɔrgəˌnaɪzər] *s* desorganizador
disorientation [dɪsˌorɪɛnˈteʃən] *s* (psycopath.) desorientación
disown [dɪsˈon] *va* desconocer, repudiar
disparage [dɪˈspærɪdʒ] *va* desdorar; desacreditar
disparagement [dɪˈspærɪdʒmənt] *s* desdoro; descrédito
disparagingly [dɪˈspærɪdʒɪŋlɪ] *adv* con desdoro; desacreditando
disparate [ˈdɪsparet] o [ˈdɪspərɪt] *adj* dispar, disparejo
disparity [dɪˈspærɪtɪ] *s* (*pl:* **-ties**) disparidad
dispart [dɪsˈpɑrt] *va* despartir; *vn* despartirse, partirse
dispassion [dɪsˈpæʃən] *s* desinterés, imparcialidad
dispassionate [dɪsˈpæʃənɪt] *adj* desapasionado
dispatch [dɪˈspætʃ] *s* despacho; *va* despachar; (coll.) despabilar (*alimento, una comida*)
dispatcher [dɪˈspætʃər] *s* despachador
dispel [dɪˈspɛl] (*pret & pp:* **-pelled;** *ger:* **-pelling**) *va* desvanecer, dispersar
dispensable [dɪˈspɛnsəbəl] *adj* dispensable; poco importante
dispensary [dɪˈspɛnsərɪ] *s* (*pl:* **-ries**) dispensario
dispensation [ˌdɪspɛnˈseʃən] *s* dispensación; designio divino, acto providencial
dispensatory [dɪˈspɛnsəˌtorɪ] *s* (*pl:* **-ries**) dispensatorio (*farmacopea; dispensario*)
dispense [dɪˈspɛns] *va* dispensar, otorgar, distribuir; eximir; administrar (*p.ej., justicia*); preparar (*medicamentos compuestos*); *vn* conceder dispensa; **to dispense with** pasar sin; deshacerse de
dispenser [dɪˈspɛnsər] *s* dispensador, surtidor, expedidor
dispeople [dɪsˈpipəl] *va* despoblar
dispersal [dɪˈspʌrsəl] *s* dispersión
disperse [dɪˈspʌrs] *va* dispersar; *vn* dispersarse
dispersion [dɪˈspʌrʒən] o [dɪˈspʌrʃən] *s* dispersión; (phys.) dispersión
dispersive [dɪˈspʌrsɪv] *adj* dispersivo
dispireme [daɪˈspaɪrim] *s* (biol.) dispirema
dispirit [dɪˈspɪrɪt] *va* desalentar, desanimar
displace [dɪsˈples] *va* dislocar; tomar el lugar de; destituir; desplazar (*un volumen de agua*); (chem.) reemplazar
displaced person *s* persona desplazada
displacement [dɪsˈplesmənt] *s* dislocación; cambio de situación; destitución; desplazamiento (*de un volumen de agua*); (chem.) reemplazo; (geol.) falla, quiebra; cilindrada (*de un pistón o émbolo*)
display [dɪˈsple] *s* despliegue; exhibición; ostentación; **on display** en exhibición; *va* desplegar; exhibir; ostentar
display cabinet *s* escaparate, vitrina
display window *s* escaparate de tienda
displease [dɪsˈpliz] *va* desplacer, desagradar, disgustar
displeasing [dɪsˈplizɪŋ] *adj* desagradable
displeasure [dɪsˈplɛʒər] *s* desplacer, desagrado, disgusto
disport [dɪˈsport] *s* diversión; *va* divertir; **to disport oneself** divertirse; *vn* divertirse; retozar, juguetear
disposable [dɪˈspozəbəl] *adj* disponible
disposal [dɪˈspozəl] *s* disposición; arreglo, ajuste; distribución; venta, liquidación; colocación; evacuación; eliminación, destrucción; **at the disposal of** a la disposición de; **to have at one's disposal** disponer de
dispose [dɪˈspoz] *va* disponer, arreglar, componer; mover, inducir, decidir; exponer; *vn* disponer; **to dispose of** disponer de; deshacerse de; dar; vender; comer, beber; arreglar, componer
disposition [ˌdɪspəˈzɪʃən] *s* disposición; índole, genio, natural; arreglo, ajuste; distribución; venta
dispossess [ˌdɪspəˈzɛs] *va* desposeer; desahuciar (*expulsar*)
dispossession [ˌdɪspəˈzɛʃən] *s* desposeimiento; desahucio (*expulsión*)
dispraise [dɪsˈprez] *s* censura, desaprobación; *va* censurar, desaprobar
disproof [dɪsˈpruf] *s* confutación, refutación
disproportion [ˌdɪsprəˈporʃən] *s* desproporción; *va* desproporcionar
disproportional [ˌdɪsprəˈporʃənəl] *adj* desproporcionado

disproportionally [ˌdɪsprəˈporʃənəlɪ] *adv* desproporcionadamente
disproportionate [ˌdɪsprəˈporʃənɪt] *adj* desproporcionado
disproportionately [ˌdɪsprəˈporʃənɪtlɪ] *adv* desproporcionadamente
disprove [dɪsˈpruv] *va* confutar, refutar
disputable [dɪˈspjutəbəl] *adj* disputable
disputant [ˈdɪspjʊtənt] *adj* & *s* disputador
disputation [ˌdɪspjʊˈteʃən] *s* disputa
disputatious [ˌdɪspjʊˈteʃəs] o **disputative** [dɪˈspjutətɪv] *adj* disputador
dispute [dɪˈspjut] *s* disputa; **beyond dispute** sin disputa; **in dispute** disputado, cuestionado; *va* & *vn* disputar
disqualification [ˌdɪsˌkwɑlɪfɪˈkeʃən]] *s* inhabilitación; descalificación; (sport) desclasificación, descalificación
disqualify [dɪsˈkwɑlɪfaɪ] (*pret* & *pp:* **-fied**) *va* inhabilitar, incapacitar; descalificar (*privar de un derecho, etc.*); (sport) desclasificar, descalificar
disquiet [dɪsˈkwaɪət] *s* inquietud, desasosiego; *va* inquietar, desasosegar
disquietude [dɪsˈkwaɪətjud] o [dɪsˈkwaɪətud] *s* inquietud
disquisition [ˌdɪskwɪˈzɪʃən] *s* disertación, disquisición
disregard [ˌdɪsrɪˈgɑrd] *s* desatención, desaire; *va* desatender, desairar; pasar por alto
disregardful [ˌdɪsrɪˈgɑrdfəl] *adj* desatento, negligente
disrelish [dɪsˈrɛlɪʃ] *s* aversión, repugnancia; *va* sentir aversión a, sentir repugnancia a
disremember [ˌdɪsrɪˈmɛmbər] *va* (coll.) olvidar
disrepair [ˌdɪsrɪˈpɛr] *s* mal estado, desconcierto
disreputable [dɪsˈrɛpjətəbəl] *adj* desacreditado, de mala fama; deshonroso, desdoroso, ignominioso
disrepute [ˌdɪsrɪˈpjut] *s* descrédito, mala fama; **in disrepute** desacreditado; **to bring into disrepute** desacreditar
disrespect [ˌdɪsrɪˈspɛkt] *s* desacato; *va* desacatar
disrespectful [ˌdɪsrɪˈspɛktfəl] *adj* irrespetuoso, desacatador
disrobe [dɪsˈrob] *va* desnudar; *vn* desnudarse
disrupt [dɪsˈrʌpt] *va* romper; desbaratar, desorganizar
disruption [dɪsˈrʌpʃən] *s* rompimiento; desbarate, desorganización
disruptive [dɪsˈrʌptɪv] *adj* rompedor; desorganizador; (elec.) disruptivo
dissatisfaction [ˌdɪssætɪsˈfækʃən] *s* descontento, desagrado
dissatisfactory [ˌdɪssætɪsˈfæktərɪ] *adj* poco satisfactorio, nada satisfactorio
dissatisfied [dɪsˈsætɪsfaɪd] *adj* descontento, malcontento
dissatisfy [dɪsˈsætɪsfaɪ] (*pret* & *pp:* **-fied**) *va* descontentar, desagradar
dissect [dɪˈsɛkt] *va* disecar; (fig.) disecar
dissected [dɪˈsɛktɪd] *adj* dividido; cortado en pedazos; (bot.) disecado (*dícese especialmente de algunas hojas*)
dissection [dɪˈsɛkʃən] *s* disección; objecto disecado; (fig.) disección (*análisis minuciosa*)
dissector [dɪˈsɛktər] *s* disector; instrumento para disecar
disseize [dɪsˈsiz] *va* (law) desposeer injustamente
disseizin [dɪsˈsizɪn] *s* (law) desposeimiento injusto
dissemble [dɪˈsɛmbəl] *va* disimular; *vn* ser hipócrita
disseminate [dɪˈsɛmɪnet] *va* diseminar, difundir
dissemination [dɪˌsɛmɪˈneʃən] *s* diseminación, difusión
disseminator [dɪˈsɛmɪˌnetər] *s* diseminador
dissension [dɪˈsɛnʃən] *s* disensión
dissent [dɪˈsɛnt] *s* disensión, disenso; (eccl.) disidencia; *vn* disentir; (eccl.) disidir
dissenter [dɪˈsɛntər] *s* disidente
dissentient [dɪˈsɛnʃənt] *adj* & *s* disidente
dissertation [ˌdɪsərˈteʃən] *s* disertación
disserve [dɪsˈsʌrv] *va* deservir
disservice [dɪsˈsʌrvɪs] *s* deservicio
dissever [dɪˈsɛvər] *va* separar, desunir
dissidence [ˈdɪsɪdəns] *s* disidencia
dissident [ˈdɪsɪdənt] *adj* & *s* disidente
dissimilar [dɪˈsɪmɪlər] *adj* disímil, disimilar, desemejante
dissimilarity [dɪˌsɪmɪˈlærɪtɪ] *s* (*pl:* **-ties**) disimilitud, desemejanza
dissimilate [dɪˈsɪmɪlet] *va* disimilar; *vn* disimilarse
dissimilation [dɪˌsɪmɪˈleʃən] *s* disimilación
dissimilitude [ˌdɪsɪˈmɪlɪtjud] o [ˌdɪsɪˈmɪlɪtud] *s* disimilitud
dissimulate [dɪˈsɪmjəlet] *va* & *vn* disimular
dissimulation [dɪˌsɪmjəˈleʃən] *s* disimulación
dissipate [ˈdɪsɪpet] *va* disipar; *vn* disiparse; entregarse a los placeres o los vicios
dissipated [ˈdɪsɪˌpetɪd] *adj* disipado, disoluto
dissipation [ˌdɪsɪˈpeʃən] *s* disipación; (fig.) disipación (*conducta de una persona que se entrega a los placeres o los vicios*); (fig.) diversión, recreo
dissociate [dɪˈsoʃɪet] *va* disociar; *vn* disociarse
dissociation [dɪˌsosɪˈeʃən] o [dɪˌsoʃɪˈeʃən] *s* disociación
dissociative [dɪˈsoʃɪˌetɪv] *adj* disociador
dissolubility [dɪˌsɑljəˈbɪlɪtɪ] *s* disolubilidad
dissoluble [dɪˈsɑljəbəl] *adj* disoluble
dissolute [ˈdɪsəlut] *adj* disoluto
dissolution [ˌdɪsəˈluʃən] *s* disolución (*de una familia, aparcería, gobierno, tratado, contrato, etc.*); muerte, deceso
dissolutive [ˈdɪsəˌlutɪv] *adj* disolutivo
dissolve [dɪˈzɑlv] *va* disolver; (law) disolver; *vn* disolver; disolverse
dissolvent [dɪˈzɑlvənt] *adj* & *s* disolvente
dissonance [ˈdɪsənəns] *s* disonancia
dissonant [ˈdɪsənənt] *adj* disonante
dissuade [dɪˈswed] *va* disuadir; **to dissuade from** + *ger* disuadir de + *inf*
dissuasion [dɪˈsweʒən] *s* disuasión
dissuasive [dɪˈswesɪv] *adj* disuasivo
dissyllabic [ˌdɪssɪˈlæbɪk] *adj* disílabo o disilábico
dissyllable [dɪˈsɪləbəl] *s* disílabo
dissymmetric [ˌdɪssɪˈmɛtrɪk] o **dissymetrical** [ˌdɪssɪˈmɛtrɪkəl] *adj* disimétrico
dissymmetry [dɪsˈsɪmɪtrɪ] *s* (*pl:* **-tries**) disimetría
dist. abr. de **distance, distinguish** y **district**
distaff [ˈdɪstæf] o [ˈdɪstɑf] *s* rueca; quehaceres de mujer; (fig.) rueca, mujeres
distaff side *s* lado de la madre, hembras de la familia
distal [ˈdɪstəl] *adj* (anat.) distal
distance [ˈdɪstəns] *s* distancia; (fig.) distancia (*falta de amistad, frialdad*); **at a distance** a distancia; **in the distance** a lo lejos, en lontananza; **to keep at a distance** mantener a distancia; no tratar con familiaridad; **to keep one's distance** mantenerse a distancia; *va* distanciar; dejar atrás, tomar la delantera a
distant [ˈdɪstənt] *adj* distante; indiferente, frío; lejano (*pariente*)
distaste [dɪsˈtest] *s* aversión, antipatía, disgusto
distasteful [dɪsˈtestfəl] *adj* desabrido, desagradable
distemper [dɪsˈtɛmpər] *s* enfermedad; (vet.) moquillo; tumulto, alboroto; (paint.) temple (*procedimiento*); (paint.) templa (*mezcla para desleír los colores*); (paint.) pintura al temple; *va* destemplar, desconcertar; (paint.) pintar al temple
distend [dɪˈstɛnd] *va* ensanchar, hinchar, distender; *vn* ensancharse, hincharse, distenderse
distensible [dɪsˈtɛnsɪbəl] *adj* dilatable, distensible
distension o **distention** [dɪsˈtɛnʃən] *s* ensanche, hinchazón, distensión
distich [ˈdɪstɪk] *s* dístico
distichous [ˈdɪstɪkəs] *adj* (bot.) dístico
distil o **distill** [dɪˈstɪl] (*pret* & *pp:* **-tilled;** *ger:* **-tilling**) *va* & *vn* destilar
distillable [dɪˈstɪləbəl] *adj* destilable
distillate [ˈdɪstɪlet] o [dɪˈstɪlet] *s* destilado
distillation [ˌdɪstɪˈleʃən] *s* destilación
distiller [dɪˈstɪlər] *s* destilador
distillery [dɪˈstɪlərɪ] *s* (*pl:* **-ies**) destilería o destilatorio

distinct [dɪ'stɪŋkt] *adj* distinto; inequívoco, cierto, indudable
distinction [dɪ'stɪŋkʃən] *s* distinción; distintivo; **in distinction from** o **to** a distinción de
distinctive [dɪ'stɪŋktɪv] *adj* distintivo
distinctly [dɪ'stɪŋktlɪ] *adv* distintamente; inequívocamente
distinctness [dɪ'stɪŋktnɪs] *s* distinción
distingué [ˌdɪstæŋ'ge] o [dɪ'stæŋge] *adj* distinguido
distinguish [dɪ'stɪŋgwɪʃ] *va* distinguir
distinguishable [dɪ'stɪŋgwɪʃəbəl] *adj* distinguible
distinguished [dɪ'stɪŋgwɪʃt] *adj* distinguido
distomatous [daɪ'stɑmətəs] o [daɪ'stomətəs] *adj* (zool.) dístomo
distort [dɪs'tɔrt] *va* torcer, deformar; (fig.) torcer, falsear (*p.ej., la verdad*)
distortion [dɪs'tɔrʃən] *s* torcimiento, deformación; (fig.) torcimiento, falseamiento, distorción; (rad.) distorsión, deformación
distract [dɪ'strækt] *va* distraer (*p.ej., la atención*); aturdir, confundir; enloquecer
distraction [dɪ'strækʃən] *s* distracción; aturdimiento, confusión; locura
distrain [dɪ'stren] *va & vn* (law) embargar, secuestrar, ejecutar
distraint [dɪ'strent] *s* (law) embargo, secuestro, ejecución
distrait [dɪ'stre] *adj* distraído
distraught [dɪ'strɔt] *adj* distraído; aturdido, confundido; loco
distress [dɪ'strɛs] *s* pena, dolor, angustia, aflicción; apuro, revés, infortunio, peligro; (law) embargo, secuestro; *va* apenar, angustiar, afligir; poner en aprieto; (law) embargar, secuestrar
distressful [dɪ'strɛsfəl] *adj* penoso, congojoso; afligido
distressing [dɪ'strɛsɪŋ] *adj* penoso, congojoso
distress signal *s* señal de socorro
distribute [dɪs'trɪbjut] *va* distribuir, repartir; (print.) desempastelar (*pastel*)
distributed capacity *s* (rad.) capacidad distribuída
distributer [dɪ'strɪbjətər] *s* distribuidor
distribution [ˌdɪstrɪ'bjuʃən] *s* distribución, repartimiento
distributive [dɪ'strɪbjətɪv] *adj* distributivo; *s* (gram.) distributivo (*substantivo*); (gram.) conjunción distributiva
distributively [dɪ'strɪbjətɪvlɪ] *adv* distributivamente
distributor [dɪ'strɪbjətər] *s* distribuidor; (aut.) distribuidor
distributor points *spl* (aut.) plaquitas del distribuidor
district ['dɪstrɪkt] *s* comarca, región; barrio (*de una ciudad*); distrito (*división administrativa*); *va* dividir en distritos
district attorney s fiscal, fiscal de distrito, acusador público
district court *s* tribunal de distrito; tribunal federal de primera instancia
District of Columbia *s* Distrito de Columbia
distrust [dɪs'trʌst] *s* desconfianza; *va* desconfiar de
distrustful [dɪs'trʌstfəl] *adj* desconfiado
disturb [dɪ'stʌrb] *va* disturbar, alborotar; inquietar; desordenar, revolver, descasar; perturbar (*el orden público*)
disturbance [dɪ'stʌrbəns] *s* disturbio, alboroto; inquietud; desorden; trastorno
disturber [dɪ'stʌrbər] *s* alborotador; **disturber of the peace** alborotador, perturbador del orden público
disulfide o **disulphide** [daɪ'sʌlfaɪd] o [daɪ'sʌlfɪd] *s* (chem.) disulfuro
disunion [dɪs'junjən] *s* desunión
disunite [ˌdɪsju'naɪt] *va* desunir; *vn* desunirse
disuse [dɪs'jus] *s* desuso; [dɪs'juz] *va* desusar
ditch [dɪtʃ] *s* zanja; (fort.) foso; **to the last ditch** hasta quemar el último cartucho; *va* zanjar; echar en una zanja; (slang) zafarse de, desembarazarse de; *vn* (aer.) amarar forzosamente
ditch reed *s* (bot.) carrizo
ditheism ['daɪθiɪzəm] *s* diteísmo
ditheist ['daɪθiɪst] *s* diteísta
ditheistic [ˌdaɪθi'ɪstɪk] *adj* diteísta
dither ['dɪðər] *s* (dial.) estremecimiento; **in a dither** estremecido, muy excitado; *va* (dial.) estremecer; *vn* (dial.) estremecerse
dithyramb ['dɪθɪræm] *s* ditirambo
dithyrambic [ˌdɪθɪ'ræmbɪk] *adj* ditirámbico
ditone ['daɪˌton] *s* (mus.) dítono
dittany ['dɪtənɪ] *s* (*pl:* **-nies**) (bot.) díctamo
ditto ['dɪto] *s* (*pl:* **-tos**) ídem; principio de comillas (*que se emplea en lugar de "ídem"*); copia, duplicado; *va* copiar, duplicar
ditto mark *s* principio de comillas (*que se emplea en lugar de "ídem"*)
ditty ['dɪtɪ] *s* (*pl:* **-ties**) cancioneta
ditty bag *s* saco de costura de marinero
ditty box *s* caja de costura de marinero
diuresis [ˌdaɪju'risɪs] *s* (path.) diuresis
diuretic [ˌdaɪju'rɛtɪk] *adj & s* (med.) diurético
diurnal [daɪ'ʌrnəl] *adj* diurno; diario; *s* (eccl.) diurno
diurnally [daɪ'ʌrnəlɪ] *adv* de día; diariamente
diuturnal [ˌdaɪju'tʌrnəl] *adj* diuturno
diuturnity [ˌdaɪju'tʌrnɪtɪ] *s* diuturnidad
div. abr. de **dividend, divided** y **division**
diva ['divə] *s* (mus.) diva
divagate ['daɪvəget] *vn* divagar
divagation [ˌdaɪvə'geʃən] *s* divagación
divan [dɪ'væn] *s* diván (*consejo turco y sala donde se reúne; colección de poesías*); ['daɪvæn] o [dɪ'væn] *s* diván (*canapé*); fumadero
divaricate [daɪ'værɪket] o [dɪ'værɪket] *adj* divergente; (bot.) divaricado; *va* dividir en dos ramales; desplegar; *vn* bifurcarse
divarication [daɪˌværɪ'keʃən] o [dɪˌværɪ'keʃən] *s* divaricación; divergencia (*de opiniones*)
dive [daɪv] *s* salto, zambullida; salto ornamental; sumersión (*de un submarino*); (aer.) picado; (coll.) tasca, casa de juego de mala fama; (*pret & pp:* **dived** o **dove**) *vn* zambullirse (*meterse debajo del agua con ímpetu; ocultarse, esconderse*); bucear (*trabajar como buzo*); sumergirse (*un submarino*); meter de repente la mano (*p.ej., en el bolsillo*); enfrascarse (*p.ej., en el trabajo, los negocios*); (aer.) picar
dive-bomb ['daɪvˌbɑm] *va & vn* bombardear en picado
dive bomber *s* (aer.) bombardero en picado, avión de bombardeo en picado
dive bombing *s* (aer.) bombardeo en picado
diver ['daɪvər] *s* zambullidor; buzo (*provisto o no de una escafandra*); (orn.) somorgujo
diverge [dɪ'vʌrdʒ] o [daɪ'vʌrdʒ] *vn* divergir
divergence [dɪ'vʌrdʒəns] o [daɪ'vʌrdʒəns] *s* divergencia
divergency [dɪ'vʌrdʒənsɪ] o [daɪ'vʌrdʒənsɪ] *s* (*pl:* **-cies**) var. de **divergence**
divergent [dɪ'vʌrdʒənt] o [daɪ'vʌrdʒənt] *adj* divergente
divers ['daɪvərz] *adj* diversos, varios
diverse [dɪ'vʌrs], [daɪ'vʌrs] o ['daɪvʌrs] *adj* diverso; variado
diversely [dɪ'vʌrslɪ], [daɪ'vʌrslɪ] o ['daɪvʌrslɪ] *adv* diversamente; variamente
diver's helmet *s* casco de escafandra
diversification [dɪˌvʌrsɪfɪ'keʃən] o [daɪˌvʌrsɪfɪ'keʃən] *s* diversificación
diversiform [dɪ'vʌrsɪfɔrm] o [daɪ'vʌrsɪfɔrm] *adj* diversiforme
diversify [dɪ'vʌrsɪfaɪ] o [daɪ'vʌrsɪfaɪ] (*pret & pp:* **-fied**) *va* diversificar; *vn* diversificarse
diversion [dɪ'vʌrʒən] o [daɪ'vʌrʒən] *s* diversión; (mil.) diversión
diversity [dɪ'vʌrsɪtɪ] o [daɪ'vʌrsɪtɪ] *s* (*pl:* **-ties**) diversidad
divert [dɪ'vʌrt] o [daɪ'vʌrt] *va* apartar, desviar; divertir, entretener; (mil.) divertir
diverticular [ˌdaɪvər'tɪkjələr] *adj* diverticular
diverticulitis [ˌdaɪvərˌtɪkjə'laɪtɪs] *s* (path.) diverticulitis
diverticulum [ˌdaɪvər'tɪkjələm] *s* (*pl:* **-la** [lə]) (anat. & path.) divertículo
diverting [dɪ'vʌrtɪŋ] o [daɪ'vʌrtɪŋ] *adj* divertido
divertissement [divɛrtis'mɑ̃] *s* divertimiento; (mus.) divertimiento
divertive [dɪ'vʌrtɪv] o [daɪ'vʌrtɪv] *adj* divertido
divest [dɪ'vɛst] o [daɪ'vɛst] *va* desnudar; desposeer, despojar

divide [dɪ'vaɪd] *s* (geog.) divisoria; *va* dividir; *vn* dividirse
dividend ['dɪvɪdɛnd] *s* (math. & com.) dividendo
divider [dɪ'vaɪdər] *s* divisor; **dividers** *spl* compás de división
divination [,dɪvɪ'neʃən] *s* adivinación
divinatory [dɪ'vɪnə,torɪ] *adj* adivinatorio
divine [dɪ'vaɪn] *s* sacerdote, predicador, clérigo; *adj* divino; (fig.) divino; *va & vn* adivinar
divine grace *s* (theol.) influencia, divina gracia
divinely [dɪ'vaɪnlɪ] *adv* divinamente
diviner [dɪ'vaɪnər] *s* adivinador
divine right of kings *s* derecho divino de los reyes
divine service *s* servicio divino
diving ['daɪvɪŋ] *s* zambullida, buceo
diving attack *s* (aer.) ataque en picado
diving bell *s* campana de bucear, campana de buzo
diving board *s* trampolín
diving suit *s* escafandra o escafandro
divining [dɪ'vaɪnɪŋ] *adj* adivinatorio
divining rod *s* vara de adivinar, vara mágica; vara buscadora, varilla exploradora (*que se emplea para determinar la presencia de agua, metal o mineral subterráneos*)
divinity [dɪ'vɪnɪtɪ] *s* (*pl:* **-ties**) divinidad; teología; **the Divinity** Dios
divinize ['dɪvɪnaɪz] *va* divinizar
divisibility [dɪ,vɪzɪ'bɪlɪtɪ] *s* divisibilidad
divisible [dɪ'vɪzɪbəl] *adj* divisible
division [dɪ'vɪʒən] *s* división; (math. & mil.) división
divisional [dɪ'vɪʒənəl] *adj* divisional
divisive [dɪ'vaɪsɪv] *adj* divisivo
divisor [dɪ'vaɪzər] *s* (math.) divisor
divorce [dɪ'vors] *s* divorcio; **to get a divorce from** divorciarse de; *va* divorciar (*los cónyuges*); divorciarse de (*la mujer o el marido*); (fig.) divorciar; *vn* divorciarse
divorcé [dɪvor'se] *s* hombre divorciado
divorcee [dɪvor'si] *s* persona divorciada
divorcée [dɪvor'se] *s* mujer divorciada
divorcement [dɪ'vorsmənt] *s* divorcio
divot ['dɪvət] *s* terrón arrancado con el palo de golf
divulge [dɪ'vʌldʒ] *va* divulgar, publicar, revelar
Dixie ['dɪksɪ] *s* el Sur de los Estados Unidos
dizen ['daɪzən] o ['dɪzən] *va* emperejilar
dizziness ['dɪzɪnɪs] *s* vértigo, desvanecimiento; aturdimiento, confusión, perplejidad
dizzy ['dɪzɪ] *adj* (*comp:* **-zier;** *super:* **-ziest**) vertiginoso; aturdido, confuso, perplejo; tonto, mentecato
dl. abr. de **deciliter** o **deciliters**
D.Lit. o **D.Litt.** abr. de **Doctor of Literature**
dm. abr. de **decimeter** o **decimeters**
do. abr. de **ditto**
do [du] (*pret:* **did;** *pp:* **done;** *ger:* **doing**) *va* hacer; terminar; rendir, tributar (*homenaje*); ser suficiente para; trabajar en, ocuparse de o en; resolver (*un problema*); andar, recorrer (*una distancia*); cocinar suficientemente; cumplir con (*un deber*); aprender (*una lección*); arreglar, componer (*el cuarto, la cama*); tocar (*el cabello*); pasar (*cierto tiempo*) en la cárcel; (coll.) ver, visitar (*un país extranjero*); (coll.) engañar, estafar; traducir; hacer de; **to be well done** estar bien asado; **to be done for** (coll.) estar cansado; (coll.) estar arruinado, estar destruído; (coll.) estar muerto; **to have nothing to do with** no tener nada que ver con; **to do in** (slang) apalear, azotar; (slang) rendir, vencer; (slang) despachar, matar; **to do one a world of good** sentarle a uno a las mil maravillas; **to do one's best** hacer todo lo posible; **to do over** volver a hacer; renovar; repetir; **to do over with** cubrir con, revestir con; **to do right by** tratar bien, portarse bien para con; **to do someone out of something** (coll.) defraudar algo a alguien; **to do to death** despachar, matar; **to do up** liar, empaquetar; arreglar, poner en orden; almidonar y planchar (*p.ej., una camisa*); conservar (*fruto*); (coll.) cansar, deslomar ‖ *vn* estar, hallarse, ir; conducirse, proceder; actuar, obrar; servir, ser suficiente; **how do you do?** ¿cómo está Vd.?, ¿cómo se halla Vd.?; **that will do** basta ya, eso es bastante; eso sirve; calla, no digas más; **that won't do** eso no sirve, eso no vale; **to have done** haber terminado; **to have done with** haber terminado; no tener más que ver con; **to have to do with** tratar de; **to do away with** suprimir; matar; **to do for** bastar para, servir para; **to do well in an examination** salir bien de un examen; **to do with** servirse de; **to do without** pasar sin ‖ *v aux* empléase (1) para dar énfasis a la oración, p.ej., **I do eat spinach** yo sí como espinacas; (2) para hacer una pregunta, p.ej., **Do you see me?** ¿Me ve Vd?; (3) para señalar la negación, p.ej., **He did not come** No vino; (4) para reemplazar otro verbo que va omitido, p.ej., **Do you speak Spanish? Yes, I do** ¿Habla Vd. español? Sí, lo hablo; (5) en el orden invertido después de un adverbio, p.ej., **seldom does she complain** ella rara vez se queja
doable ['duəbəl] *adj* factible
do-all ['du,ɔl] *s* factótum
doat [dot] *vn* var. de **dote**
dobbin ['dɑbɪn] *s* caballo lento y manso
Docetism [do'sitɪzəm] *s* docetismo
docile ['dɑsɪl] *adj* dócil
docility [do'sɪlɪtɪ] *s* docilidad
docimastic [,dɑsɪ'mæstɪk] *adj* docimástico
docimasy ['dɑsɪməsɪ] *s* (*pl:* **-sies**) docimasia
dock [dɑk] *s* muñón de cola; (naut.) dique; (naut.) muelle; (law) tribuna de los acusados; (bot.) romaza; *va* derrabar, descolar, cercenar; (naut.) poner en dique; reducir, suprimir (*el salario*); *vn* (naut.) entrar en muelle
dockage ['dɑkɪdʒ] *s* entrada en un dique; muellaje; reducción, rebaja
docket ['dɑkɪt] *s* rótulo, marbete; minuta, sumario, extracto; (law) lista de causas pendientes; (law) orden del día; **on the docket** (coll.) pendiente, entre manos, en consideración; *va* rotular; hacer la minuta de, extractar; (law) poner en la lista de causas pendientes; (law) poner en el orden del día
dock hand o **dock worker** *s* portuario
dockyard ['dɑk,jard] *s* (naut.) arsenal
doctor ['dɑktər] *s* médico; doctor (*en ciencias, letras, derecho, etc.*); *va* (coll.) medicinar; (coll.) alterar y adulterar; (coll.) reparar, componer, concertar; *vn* (coll.) practicar la medicina; (coll.) tomar medicinas
doctoral ['dɑktərəl] *adj* doctoral
doctorate ['dɑktərɪt] *s* doctorado
doctrinaire [,dɑktrɪ'nɛr] *adj & s* doctrinario
doctrinairism [,dɑktrɪ'nɛrɪzəm] *s* doctrinarismo
doctrinal ['dɑktrɪnəl] *adj* doctrinal
doctrine ['dɑktrɪn] *s* doctrina
document ['dɑkjəmənt] *s* documento; ['dɑkjəmɛnt] *va* documentar
documental [,dɑkjə'mɛntəl] *adj* documental
documentary [,dɑkjə'mɛntərɪ] *adj* documental; *s* (*pl:* **-ries**) (mov.) documental (*película*)
documentation [,dɑkjəmɛn'teʃən] *s* documentación
dodder ['dɑdər] *s* (bot.) cúscuta; *vn* temblar, tambalear
doddering ['dɑdərɪŋ] *adj* sandio, chocho
dodecagon [do'dɛkəgɑn] *s* (geom.) dodecágono
dodecagonal [,dodɛ'kægənəl] *adj* (geom.) dodecágono
dodecahedron [,dodɛkə'hidrən] *s* (*pl:* **-drons** o **-dra** [drə]) (geom.) dodecaedro
dodecahedral [,dodɛkə'hidrəl] *adj* (geom.) dodecaédrico
Dodecanese Islands [do,dɛkə'nis] *spl* Dodecaneso, islas del Dodecaneso
dodecasyllabic [,dodɛkəsɪ'læbɪk] *adj* dodecasílabo
dodge [dɑdʒ] *s* regate; (fig.) regate; *va* evadir (*p.ej., un golpe*) moviéndose rápidamente a un lado; (coll.) evitar mañosamente; *vn* regatear, hurtar el cuerpo; **to dodge around the corner** voltear la esquina
dodger ['dɑdʒər] *s* persona que hace regates; trampista; anuncio pequeño; pan de maíz
dodo ['dodo] *s* (*pl:* **-dos** o **-does**) (orn.) dodo o dodó; (coll.) inocente de ideas atrasadas
doe [do] *s* cierva, gama; hembra del conejo, el antílope, la liebre, el canguro

D

doer ['duər] *s* hacedor
does [dʌz] *tercera persona del sg del pres de ind de* **do**
doeskin ['do,skɪn] *s* ante, piel de ante; tejido fino de lana
doesn't ['dʌzənt] contracción de **does not**
doff [dɑf] o [dɔf] *va* quitarse (*p.ej., el sombrero o chaqueta*); quitarse de encima, deshacerse de
dog [dɔg] o [dɑg] *s* perro; zorro; lobo (*macho*); tunante; (coll.) hombre, sujeto, individuo; fiador, asidor; morillo; (coll.) ínfulas; **to go to the dogs** darse al abandono, arruinarse; **to put on the dog** (coll.) darse ínfulas; **to teach an old dog new tricks** conseguir que un viejo cambie de ideas o hábitos; (*pret & pp:* **dogged;** *ger:* **dogging**) *va* seguir los pasos de, seguir las pisadas de, perseguir
dogbane ['dɔg,ben] o ['dɑg,ben] *s* (bot.) apocino
dogberry ['dɔg,berɪ] o ['dɑg,berɪ] *s* (*pl:* **-ries**) (bot.) cornejo hembra, sanguiñuelo, sanapudio blanco
dogcart ['dɔg,kɑrt] o ['dɑg,kɑrt] *s* carro pequeño tirado por perros; dócar (*carruaje de dos ruedas, con dos asientos colocados espalda contra espalda*)
dogcatcher ['dɔg,kætʃər] o ['dɑg,kætʃər] *s* lacero, perrero (*persona*); cazaperros (*animal*)
dog clutch *s* (mach.) embrague de mordaza
dog days *spl* canícula, caniculares
doge [dodʒ] *s* dux
dog-ear ['dɔg,ɪr] o ['dɑg,ɪr] *s & va* var. de **dog's-ear**
dogfight ['dɔg,faɪt] o ['dɑg,faɪt] *s* lucha de perros; refriega; (aer.) combate violento entre aviones pequeños y rápidos
dogfish ['dɔg,fɪʃ] o ['dɑg,fɪʃ] *s* (ichth.) tiburón; (ichth.) cazón
dogged ['dɔgɪd] o ['dɑgɪd] *adj* tenaz, terco, obstinado
dogger ['dɔgər] o ['dɑgər] *s* dogre (*embarcación de pesca*)
doggerel ['dɔgərəl] o ['dɑgərəl] *s* coplas de ciego; *adj* malo, poco artístico
doggie ['dɔgɪ] o ['dɑgɪ] *s* perrito
doggy ['dɔgɪ] o ['dɑgɪ] *s* (*pl:* **-gies**) perrito; *adj* (*comp:* **-gier;** *super:* **-giest**) emperejilado, aparatoso
doghouse ['dɔg,haʊs] o ['dɑg,haʊs] *s* perrera; **to be in the doghouse** (slang) estar en desgracia
dogie ['dogɪ] *s* ternero sin madre
dog in the manger *s* (coll.) el perro del hortelano
dog Latin *s* latinajo, latín de cocina
dogma ['dɔgmə] o ['dɑgmə] *s* (*pl:* **-mas** o **-mata** [mətə]) dogma
dogmatic [dɔg'mætɪk] o [dɑg'mætɪk] o **dogmatical** [dɔg'mætɪkəl] o [dɑg'mætɪkəl] *adj* dogmático
dogmatism ['dɔgmətɪzəm] o ['dɑgmətɪzəm] *s* dogmatismo
dogmatist ['dɔgmətɪst] o ['dɑgmətɪst] *s* dogmatizador
dogmatize ['dɔgmətaɪz] o ['dɑgmətaɪz] *va & vn* dogmatizar
do-gooder ['du,gʊdər] *s* (scornful) reformador visionario y algo tonto
dog racing *s* carrera de galgos
dog rose *s* (bot.) escaramujo (*planta y fruto*); (bot.) agavanzo (*planta*); agavanza (*fruto*); zarzarrosa (*flor*)
dog's-ear ['dɔgz,ɪr] o ['dɑgz,ɪr] *s* orejón (*de la hoja de un libro*); *va* doblar o plegar la punta de (*la hoja de un libro*)
dog show *s* exposición canina
dog sledge *s* rastra tirada por perros
dog's letter *s* letra canina (*la rr*)
dog's life *s* vida de perros, vida miserable
Dog Star *s* (astr.) Canícula; (astr.) Proción
dog's-tooth violet ['dɔgz,tuθ] o ['dɑgz,tuθ] *s* var. de **dogtooth violet**
dog-tired ['dɔg,taɪrd] o ['dɑg,taɪrd] *adj* cansadísimo
dogtooth ['dɔg,tuθ] o ['dɑg,tuθ] *s* (*pl:* **-teeth** [,tiθ]) (anat.) colmillo; (arch.) diente de perro
dogtooth violet *s* (bot.) diente de perro
dogtrot ['dɔg,trɑt] o ['dɑg,trɑt] *s* trote de perro
dogwatch ['dɔg,wɑtʃ] o ['dɑg,wɑtʃ] *s* (naut.) guardia de cuartillo
dogwood ['dɔg,wʊd] o ['dɑg,wʊd] *s* (bot.) cornejo
dogy ['dogɪ] *s* (*pl:* **-gies**) var. de **dogie**
doily ['dɔɪlɪ] *s* (*pl:* **-lies**) paño pequeño de adorno, pañito de adorno
doings ['duɪŋz] *spl* actos, hechos; conducta, proceder; (slang) actividad, tremolina
do-it-yourself ['duɪtjʊr'sɛlf] *adj* (slang) ideado para el que quiere hacer sus propios trabajos manuales del hogar
doldrums ['dɑldrəmz] *spl* (naut.) zona de calmas ecuatoriales; abatimiento, desanimación
dole [dol] *s* limosna; distribución en pequeñas porciones; socorro del gobierno a los desocupados; *va* dar limosna a; distribuir en pequeñas porciones; **to dole out** distribuir en pequeñas porciones
doleful ['dolfəl] *adj* triste, lúgubre
dolichocephalic [,dɑlɪkəsɪ'fælɪk] *adj* (anthrop.) dolicocéfalo
doll [dɑl] *s* muñeca; (fig.) muñeca (*mujer pequeñita; mozuela linda y necia*); *va* (slang) engalanar, emperejilar; *vn* (slang) engalanarse, emperejilarse; **to doll up** (slang) engalanarse, emperejilarse
dollar ['dɑlər] *s* dólar
dollar diplomacy *s* diplomacia del dólar
dollar mark *s* signo del dólar
dolly ['dɑlɪ] *s* (*pl:* **-ies**) muñequita; plataforma con rodillo, gato rodante; (mach.) sufridera
dolman ['dɑlmən] *s* (*pl:* **-mans**) dormán (*de los turcos, húsares, etc.*); capa de mujer de mangas perdidas
dolmen ['dɑlmɛn] *s* dolmen
dolmenic [dɑl'mɛnɪk] *adj* dolménico
dolomite ['dɑləmaɪt] *s* (mineral.) dolomía o dolomita
dolomitic [,dɑlə'mɪtɪk] *adj* dolomítico
dolor ['dolər] *s* (poet.) dolor
dolorous ['dɑlərəs] o ['dolərəs] *adj* doloroso
dolphin ['dɑlfɪn] *s* (zool.) delfín; (ichth.) dorado de altura; (naut.) poste de amarra; (naut.) boya de anclaje; (*cap.*) *s* (astr.) Delfín
dolphin striker *s* (naut.) moco del bauprés
dolt [dolt] *s* bobalicón, mastuerzo
doltish ['doltɪʃ] *adj* bobalicón, tonto
dom. abr. de **domestic** y **dominion**
domain [do'men] *s* dominio, imperio; heredad, propiedad; campo (*p.ej., de la erudición*)
dome [dom] *s* (arch.) domo, cúpula, cimborrio; (aut.) techo abovedado; cimborrio (*de un carro tanque, carro de riego, etc.*); *va* cubrir con un domo o cúpula; dar forma de domo o cúpula a; *vn* elevarse como un domo o cúpula
dome light *s* (aut.) lámpara de techo
Domesday Book ['dumz,de] o ['domz,de] *s* Libro del día del Juicio final (*libro que registra los nombres, extensión, valor y otros datos de todas las propiedades de Inglaterra, que Guillermo el Conquistador hizo compilar en 1086*)
domestic [də'mɛstɪk] *adj* doméstico; *s* doméstico (*criado que sirve en una casa*)
domesticable [də'mɛstɪkəbəl] *adj* domesticable
domestically [də'mɛstɪkəlɪ] *adv* domésticamente
domesticate [də'mɛstɪket] *va* domesticar; *vn* domesticarse
domestication [də,mɛstɪ'keʃən] *s* domesticación
domesticity [,domɛs'tɪsɪtɪ] *s* (*pl:* **-ties**) domesticidad; **domesticities** *spl* asuntos domésticos
domicile ['dɑmɪsɪl] o ['dɑmɪsaɪl] *s* domicilio; *va* domiciliar; *vn* domiciliarse
domiciliary [,dɑmɪ'sɪlɪ,ɛrɪ] *adj* domiciliario
domiciliate [,dɑmɪ'sɪlɪet] *va* domiciliar; *vn* domiciliarse
dominance ['dɑmɪnəns] o **dominancy** ['dɑmɪnənsɪ] *s* dominación; (biol.) dominancia
dominant ['dɑmɪnənt] *adj* dominante; (astrol., biol., & mus.) dominante; *s* (mus.) dominante
dominate ['dɑmɪnet] *va & vn* dominar
domination [,dɑmɪ'neʃən] *s* dominación; **dominations** *spl* dominaciones (*cuarto coro de ángeles*)
domineer [,dɑmɪ'nɪr] *va & vn* dominar

domineering [ˌdɑmɪˈnɪrɪŋ] *adj* dominante, dominador
Dominic, Saint [ˈdɑmɪnɪk] Santo Domingo
Dominica [ˌdɑmɪˈnikə] o [doˈmɪnɪkə] *s* la Dominica (*isla de las Antillas*)
Dominican [doˈmɪnɪkən] *adj* dominicano (*perteneciente a la orden de Santo Domingo; perteneciente a la República Dominicana*); dominico (*perteneciente a la orden de Santo Domingo*); *s* dominicano; dominico
Dominican Republic *s* República Dominicana
dominie [ˈdɑmɪnɪ] *s* dómine; [ˈdomɪnɪ] *s* cura, clérigo
dominion [dəˈmɪnjən] *s* dominio
domino [ˈdɑmɪno] *s* (*pl:* **-noes** o **-nos**) dominó (*traje que se usa en los bailes de máscara*); careta o antifaz usado con el dominó; persona que usa el dominó; ficha (*del juego de dominó*); **dominoes** *spl* dominó (*juego*)
Domitian [doˈmɪʃən] *s* Domiciano
don [dɑn] *s* caballero, señor; personaje de alta categoría; (coll.) rector, preceptor, socio (*de un colegio de las universidades de Oxford y Cambridge, Inglaterra*); (*cap.*) *s* don (*tratamiento español de cortesía que se da a los hombres y se antepone a los nombres de pila*); (*pret & pp:* **donned;** *ger:* **donning**) *va* ponerse, vestirse
Donald [ˈdɑnəld] *s* Donaldo
Donald Duck *s* el pato Donaldo
donate [ˈdonet] *va* dar, donar
donation [doˈneʃən] *s* donación, donativo
Donatism [ˈdɑnətɪzəm] *s* donatismo
Donatist [ˈdɑnətɪst] *adj & s* donatista
done [dʌn] *adj* hecho, acabado, terminado; (coll.) cansado, rendido; bien asado; *pp de* **do**
donee [ˌdoˈni] *s* donatario
done for *adj* (coll.) cansado; (coll.) agotado; (coll.) fuera de combate; (coll.) arruinado; (coll.) muerto
donjon [ˈdʌndʒən] o [ˈdɑndʒən] *s* torre del homenaje, torre maestra
Don Juan [dɑnˈdʒuən] *s* Don Juan (*personaje legendario que simboliza al hombre libertino; hombre libertino*)
Don Juanism [dɑnˈdʒuənɪzəm] *s* donjuanismo
donkey [ˈdɑŋkɪ] *s* burro, asno; (fig.) asno
donkey engine *s* pequeña máquina de vapor, máquina auxiliar
donnish [ˈdɑnɪʃ] *adj* profesoral; pedantesco
Donnybrook [ˈdɑnɪbrʊk] *s* (coll.) alboroto, riña general; (coll.) disputa acalorada y bulliciosa entre grupos contrarios
donor [ˈdonər] *s* donador, donante, dador
do-nothing [ˈduˌnʌθɪŋ] *adj* dejado, inactivo, indiferente; *s* haragán, ocioso
don't [dont] contracción de **do not**
doodad [ˈduˌdæd] *s* (coll.) chisme, adminículo; (coll.) chuchería
doodle [ˈdudəl] *va & vn* borrajear
doodlebug [ˈdudəlˌbʌg] *s* (ent.) larva de hormiga león; vara buscadora, dispositivo para determinar la presencia de minerales subterráneos; (Brit.) bomba volante
doodlesack [ˈdudəlˌsæk] *s* gaita escocesa
doohickey [ˈduˌhɪkɪ] *s* (coll.) chisme, adminículo
doom [dum] *s* destino, condena, hado, suerte; ruina, perdición, muerte; condena, juicio, sentencia; juicio final; *va* predestinar a la ruina, a la muerte; condenar; sentenciar a muerte
doom palm *s* (bot.) duma
doomsday [ˈdumzˌde] *s* día del Juicio final; día del juicio
Doomsday Book *s* var. de **Domesday Book**
door [dor] *s* puerta; portezuela (*de un coche o automóvil*); hoja, batiente (*de una puerta en dos partes*); **behind closed doors** a puertas cerradas; **from door to door** de puerta en puerta; **to lay at one's door** echarle a uno la culpa de; **to show a person to the door** despedir a una persona en la puerta; pedir a una persona que salga
doorbell [ˈdorˌbɛl] *s* campanilla de puerta, timbre de llamada
doorbell transformer *s* (elec.) transformador de campanilla
door check *s* amortiguador, freno de puerta
doorframe [ˈdorˌfrem] *s* alfajía, marco de puerta, bastidor de puerta
doorhead [ˈdorˌhɛd] *s* dintel
doorjamb [ˈdorˌdʒæm] *s* jamba de puerta
doorkeeper [ˈdorˌkipər] *s* portero
doorknob [ˈdorˌnɑb] *s* pomo de puerta, tirador de puerta
door latch *s* pestillo
doorman [ˈdormən] o [ˈdorˌmæn] *s* (*pl:* **-men**) portero; abrecoches
door mat *s* alfombrilla
doornail [ˈdorˌnel] *s* clavo grande para puertas; **dead as a doornail** (coll.) absolutamente muerto
doorplate [ˈdorˌplet] *s* rótulo, letrero de la puerta
doorpost [ˈdorˌpost] *s* quicial de puerta, jamba de puerta
door scraper *s* limpiabarros
doorsill [ˈdorˌsɪl] *s* umbral
doorstep [ˈdorˌstɛp] *s* escalón o escalones exteriores de puerta
doorstop [ˈdorˌstɑp] *s* tope de puerta
doorway [ˈdorˌwe] *s* puerta, vano de puerta, portal
dooryard [ˈdorˌjɑrd] *s* patio cerca de la puerta, jardín interior
dope [dop] *s* grasa lubricante; material absorbente; (aer.) nobabia, barniz; (slang) narcótico, opio; (slang) informes; (slang) persona muy estúpida; *vn* (slang) aletargar o atontar con un narcótico; (slang) pronosticar
dope fiend *s* (slang) toxicómano
dope sheet *s* (slang) hoja informativa sobre los caballos que van a correr
Doppler effect [ˈdɑplər] *s* (phys.) efecto de Doppler
dor [dɔr] *s* (ent.) escarabajo estercolero
Dorcas [ˈdɔrkəs] *s* (Bib.) Dorcas
Dordogne [dɔrˈdɔnjə] *s* Dordoña
Dorian [ˈdorɪən] *adj & s* dorio
Doric [ˈdɑrɪk] o [ˈdɔrɪk] *adj* dórico; *s* dórico (*dialecto*)
Doris [ˈdorɪs] *s* la Dóride; (myth.) Doris
dormancy [ˈdɔrmənsɪ] *s* letargo, inactividad; latencia
dormant [ˈdɔrmənt] *adj* durmiente, inactivo; latente
dormer [ˈdɔrmər] *s* buharda o buhardilla (*ventana y su caballete*)
dormered [ˈdɔrmərd] *adj* (arch.) abuhardillado
dormer window *s* buharda o buhardilla, lumbrera
dormitory [ˈdɔrmɪˌtorɪ] *s* (*pl:* **-ries**) dormitorio
dormouse [ˈdɔrˌmaʊs] *s* (*pl:* **-mice**) (zool.) lirón; (zool.) moscardino
Dorothy [ˈdɔrəθɪ] o [ˈdɑrəθɪ] *s* Dorotea
dorsal [ˈdɔrsəl] *adj* dorsal
dory [ˈdorɪ] *s* (*pl:* **-ries**) bote de remos; (ichth.) gallo, ceo, pez de San Pedro
dosage [ˈdosɪdʒ] *s* dosificación, dosis
dose [dos] *s* dosis; (fig.) píldora, mal trago; **dose of patience** dosis de paciencia; *va* administrar una dosis a; mezclar; dosificar (*medicamento*); medicinar; *vn* medicinarse
dosimeter [doˈsɪmɪtər] *s* dosímetro
dosimetric [ˌdosɪˈmɛtrɪk] *adj* dosimétrico
dosimetry [doˈsɪmɪtrɪ] *s* dosimetría
dossier [ˈdɑsɪe] *s* expediente
dot [dɑt] *s* punto; dote; **on the dot** (coll.) en punto, a la hora exacta; (*pret & pp:* **dotted;** *ger:* **dotting**) *va* poner punto a; puntear, motear; salpicar; **to dot one's i's** poner los puntos sobre las íes (*perfeccionar una cosa minuciosamente*); **to dot the i's and cross the t's** fijar la atención en lo más insignificante
dotage [ˈdotɪdʒ] *s* chochera, chochez
dotal [ˈdotəl] *adj* dotal
dotard [ˈdotərd] *s* persona chocha, viejo chocho
dote [dot] *vn* chochear; **to dote on** o **upon** estar locamente enamorado de, idolatrar
doting [ˈdotɪŋ] *adj* chocho (*locamente cariñoso, locamente enamorado; que chochea de viejo*)
dots and dashes *spl* (telg.) puntos y rayas
dotted line [ˈdɑtɪd] *s* línea de puntos, línea punteada; **to sign on the dotted line** echar una firma, firmar ciegamente
dotterel [ˈdɑtərəl] *s* (orn.) chorlito real; (orn.) caradrida; (dial.) tonto, necio
dotty [ˈdɑtɪ] *adj* moteado, punteado; (coll.) trémulo, débil, vacilante; (coll.) bobo, imbécil
double [ˈdʌbəl] *adj* doble; *adv* doble; dos veces;

dos juntos; *s* doble; (theat. & mov.) doble; (bridge) doblo; **doubles** *spl* (tennis) juego de dobles; *va* doblar; ser el doble de; (bridge) doblar; *vn* doblarse; (theat. & mov.) doblar; (bridge) doblar; **to double back** volver atrás; **to double up** doblarse, doblarse en dos; vivir en una misma habitación, dormir en una misma cama (*dos personas*)
double-acting [ˈdʌbəlˈæktɪŋ] *adj* (mach.) de doble efecto
double-barreled [ˈdʌbəlˈbærəld] *adj* de dos cañones; (fig.) de dos propósitos, para dos fines
double bass [bes] *s* (mus.) contrabajo
double bassoon *s* (mus.) contrabajón
double bed *s* cama de matrimonio
double boiler *s* marmita doble, baño maría
double bottom *s* (naut.) doble fondo
double-breasted [ˈdʌbəlˈbrɛstɪd] *adj* traslapado, cruzado, de dos hileras de botones, de dos pechos
double chin *s* papada
double consciousness *s* (psychopath.) conciencia doble
double cross *s* (slang) traición hecha a un cómplice
double-cross [ˈdʌbəlˈkrɔs] o [ˈdʌbəlˈkrɑs] *va* (slang) traicionar (*a un socio o cómplice*)
double-crosser [ˈdʌbəlˈkrɔsər] o [ˈdʌbəlˈkrɑsər] *s* (slang) traidor de un cómplice
double-cut file [ˈdʌbəlˌkʌt] *s* lima de doble picadura
double dagger *s* (print.) cruz doble, obelisco doble
double date *s* cita de dos parejas
double-dealer [ˈdʌbəlˈdilər] *s* hombre doble, persona doble
double-dealing [ˈdʌbəlˈdilɪŋ] *adj* doble; *s* trato doble, doblez, duplicidad
double-decker [ˈdʌbəlˈdɛkər] *s* navío de dos cubiertas; ómnibus de dos pisos, ómnibus con imperial; cama-litera; (slang) emparedado de tres pedazos de pan
double eagle *s* doble águila (*antigua moneda de oro de los EE.UU.*)
double-edged [ˈdʌbəlˈɛdʒd] *adj* de dos filos, de doble filo
double entry *s* (com.) partida doble
double-faced [ˈdʌbəlˈfest] *adj* de dos caras; doble, hipócrita
double feature *s* (mov.) programa doble
double-feature [ˈdʌbəlˈfitʃər] *adj* (mov.) de dos películas de largo metraje
double flat *s* (mus.) doble bemol
double-header [ˈdʌbəlˈhɛdər] *s* tren arrastrado por dos locomotoras; (baseball) dos partidos seguidos, doble juego
double house *s* casa con corredor central; casa doble
double-jointed [ˈdʌbəlˈdʒɔɪntɪd] *adj* con articulaciones dobles
double-lock [ˈdʌbəlˈlɑk] *va* cerrar con dos vueltas de llave; cerrar con dos cerrojos
double-park [ˈdʌbəlˈpɑrk] *va & vn* (aut.) aparcar en doble hilera
double play *s* (baseball) maniobra que pone fuera a dos jugadores
double pneumonia *s* (path.) neumonía doble
double-pole switch [ˈdʌbəlˈpol] *s* (elec.) interruptor de dos polos
double-quick [ˈdʌbəlˈkwɪk] *adj & adv* (mil.) a paso ligero; *s* (mil.) paso ligero; *vn* (mil.) marchar a paso ligero
double room *s* habitación doble
double sharp *s* (mus.) doble sostenido
double-sloping roof [ˈdʌbəlˈslopɪŋ] *s* tejado a dos aguas
double-spaced [ˈdʌbəlˈspest] *adj* a dos espacios
double standard *s* norma de conducta restrictiva para la mujer, especialmente en materia sexual
double star *s* (astr.) estrella doble
doublet [ˈdʌblɪt] *s* jubón; doblete (*piedra falsa*); (philol.) doblete
double tackle *s* polea de dos ruedas acanaladas
double talk *s* habla ambigua para engañar; galimatías, guirigay
double-throw switch [ˈdʌbəlˈθro] *s* (elec.) conmutador de doble caída
double time *s* pago doble por sobretiempo; (mil.) paso ligero
doubleton [ˈdʌbəltən] *s* (bridge) doblete
double track *s* (rail.) doble vía
double-track [ˈdʌbəlˈtræk] *adj* (rail.) de doble vía
doubletree [ˈdʌbəlˌtri] *s* volea
double turn *s* segunda, vuelta doble (*de una cerradura*)
double vision *s* vista doble
doubloon [dʌbˈlun] *s* doblón
doubly [ˈdʌblɪ] *adv* doblemente; dos a la vez
doubt [daʊt] *s* duda; **beyond doubt** sin duda; **in doubt** incierto; **no doubt** sin duda; **to call in doubt** poner en duda; **without doubt** sin duda; *va & vn* dudar; **to doubt having** + *pp* dudar haber + *pp*
doubtable [ˈdaʊtəbəl] *adj* dudable
doubter [ˈdaʊtər] *s* incrédulo
doubtful [ˈdaʊtfəl] *adj* dudoso
doubting Thomas, a un Santo Tomás (*persona que lo duda todo*)
doubtless [ˈdaʊtlɪs] *adj* indudable, indubitable
douche [duʃ] *s* ducha; jeringa; *va* duchar; *vn* ducharse
dough [do] *s* masa, pasta; (slang) pasta (*dinero*)
doughboy [ˈdoˌbɔɪ] *s* (coll.) soldado de infantería norteamericano
doughnut [ˈdoˌnʌt] *s* buñuelo, rosquilla
doughty [ˈdaʊtɪ] *adj* (*comp:* **-tier**; *super:* **-tiest**) (hum.) bravo, valiente, esforzado
doughy [ˈdo·ɪ] (*comp:* **-ier**; *super:* **-iest**) pastoso
Douglas fir [ˈdʌgləs] *s* (bot.) seudotsuga
doum [dum] o **doum palm** *s* (bot.) duma
dour [dur], [dʊr] o [daʊr] *adj* abatido, triste, melancólico; (Scottish) austero, severo, duro; (Scottish) terco, obstinado
douse [daʊs] *va* zambullir; empapar; (coll.) apagar (*la luz*); (coll.) quitarse (*una prenda de vestir*); arriar; (naut.) cerrar (*una porta*); *vn* zambullirse; empaparse
dove [dʌv] *s* (orn.) paloma; (fig.) paloma; [dov] *pret & pp* (coll.) *de* **dive**
dovecot [ˈdʌvˌkɑt] o **dovecote** [ˈdʌvˌkot] o [ˈdʌvˌkɑt] *s* palomar
dovetail [ˈdʌvˌtel] *s* (carp.) cola de milano, cola de pato, ensambladura de cola de milano, ensambladura de cola de pato; *va* machihembrar, ensamblar a cola de milano, ensamblar a cola de pato; encajar; *vn* encajar; concordar, conformar
dowager [ˈdaʊədʒər] *s* viuda que goza el título o los bienes del marido, p.ej., condesa viuda, duquesa viuda, princesa viuda; (coll.) señora anciana acaudalada, matrona con pretensiones
dowdy [ˈdaʊdɪ] *adj* (*comp:* **-dier**; *super:* **-diest**) basto, desaliñado; *s* (*pl:* **-dies**) mujer basta, mujer desaliñada
dowel [ˈdaʊəl] *s* clavija; *va* (*pret & pp:* **-eled** o **-elled**; *ger:* **-eling** o **-elling**) enclavijar
dower [ˈdaʊər] *s* viudedad; dote; prenda; *va* señalar viudedad a; dotar
down [daʊn] *adv* abajo; hacia abajo, para abajo; en tierra; al sur; a precio reducido; en un papel, por escrito; de pronto, al contado; **to be down on** (coll.) tener inquina a; **to get down to work** aplicarse resueltamente al trabajo; **to go down** bajar; **to lie down** acostarse; **to sit down** sentarse; **down and out** arruinado; fuera de combate; **down below** allá abajo; **down from** desde; **down in the mouth** cariacontecido; **down on one's knees** de rodillas; **down to** hasta; **down to date** hasta la fecha; hasta nuestros días; **down under** entre los antípodas; **down with . . . !** ¡abajo . . !; *prep* bajando; abajo de; **down the river** río abajo; **down the street** calle abajo; *adj* descendente; de abajo; malo, enfermo; triste, abatido; echado, acostado; agotado (*p.ej., acumulador*); anticipado (*pago, dinero*); *s* vello (*en las frutas y el cuerpo humano*); plumón (*pluma muy fina de las aves*); baja, caída; revés de fortuna; descenso; terreno undulado y cubierto de hierba; duna; *va* (coll.) tragar; derribar, echar por tierra; *vn* acostarse
downcast [ˈdaʊnˌkæst] o [ˈdaʊnˌkɑst] *adj* inclinado; abatido, desanimado

downcomer ['daʊn,kʌmər] *s* conducto de tubo descendente
downfall ['daʊn,fɔl] *s* caída, ruina; chaparrón; nevazo
downfallen ['daʊn,fɔlən] *adj* caído, arruinado
downgrade ['daʊn,gred] *adj* (coll.) pendiente, en declive; *adv* (coll.) cuesta abajo; *s* bajada; **to be on the downgrade** ir cabeza abajo (*decaer, declinar*); *va* disminuir la categoría, el sueldo, etc. de
downhearted ['daʊn,hɑrtɪd] *adj* abatido, desanimado
downhill ['daʊn'hɪl] *adj* pendiente, en declive; peor; *adv* cuesta abajo
down payment *s* pago inicial, cuota de entrada
downpour ['daʊn,por] *s* chaparrón, aguacero
downright ['daʊn,raɪt] *adj* absoluto, categórico, completo; claro, patente; *adv* absolutamente, completamente
downstairs ['daʊn'sterz] *adj* de abajo; *adv* abajo; *s* piso inferior; piso bajo
downstream ['daʊn'strim] *adv* aguas abajo, río abajo
downstroke ['daʊn,strok] *s* (mach.) carrera descendente
downtown ['daʊn'taʊn] *adj* céntrico; *adv* al centro de la ciudad, en el centro de la ciudad
down town *s* barrios céntricos, calles céntricas
downtrend ['daʊn,trend] *s* tendencia a la baja
downtrodden ['daʊn,trɑdən] *adj* pisoteado; oprimido, tiranizado
downward ['daʊnwərd] *adj* descendente; *adv* hacia abajo; hacia una época posterior
downwards ['daʊnwərdz] *adv* hacia abajo; hacia una época posterior
downwind ['daʊn'wɪnd] *adv* en la dirección en que sopla el viento, en sitio hacia donde sopla el viento
downwind landing *s* (aer.) aterrizaje con viento de cola
downy ['daʊnɪ] *adj* (*comp:* **-ier;** *super:* **-iest**) velloso (*blando como vello*); plumoso (*cubierto de plumón*)
dowry ['daʊrɪ] *s* (*pl:* **-ries**) dote
dowse [daʊs] *va & vn* var. de **douse;** [daʊz] *vn* practicar la radiestesia
doxology [dɑks'ɑlədʒɪ] *s* (*pl:* **-gies**) doxología; **greater doxology** gran doxología; **lesser doxology** pequeña doxología
doz. abr. de **dozen** o **dozens**
doze [doz] *s* sueño ligero; *vn* dormitar; **to doze off** quedarse medio dormido
dozen ['dʌzən] *s* docena
dozenth ['dʌzənθ] *adj* doceno
dozy ['dozɪ] *adj* soñoliento
D.P. abr. de **displaced person**
dpt. abr. de **department** y **deponent**
dr. abr. de **debtor, drawer, dram** o **drams**
Dr. abr. de **debtor** y **Doctor**
drab [dræb] *adj* (*comp:* **drabber;** *super:* **drabbest**) gris parduzco, gris amarillento; monótono; *s* gris parduzco, gris amarillento; ramera, puta; mujer desaliñada
drachm [dræm] *s* dracma; (pharm.) dracma
drachma ['drækmə] *s* (*pl:* **-mas** o **-mae** [mi]) dracma
Draco ['dreko] *s* Dracón
Draconian [drə'konɪən] *adj* draconiano; (fig.) draconiano; (*l.c.*) *adj* draconiano
draff [dræf] *s* heces, poso
draffish ['dræfɪʃ] o **draffy** ['dræfɪ] *adj* inútil, sin valor, despreciable
draft [dræft] o [drɑft] *s* corriente de aire; tiro (*de chimenea; acción de tirar una carga*); borrador (*escrito de primera intención*); bosquejo (*primer apunte, plan, proyecto*); trago, bebida; inspiración; aire, humo inspirado; (com.) giro, letra de cambio, libranza; (naut.) calado; (mil.) quinta, conscripción; **drafts** *spl* damas, juego de damas; **on draft** a presión, servido al grifo, directo del barril; **to be exempted from the draft** redimirse de las quintas; *va* dibujar; bosquejar; hacer un borrador de; redactar (*un documento*); (mil.) quintar; **to be drafted** ir a quintas
draft age *s* edad de quintas
draft beer *s* var. de **draught beer**
draft board *s* junta de reclutamiento
draft call *s* llamada a quintas
draft dodger *s* (coll.) emboscado
draftee [,dræf'ti] o [,drɑf'ti] *s* (mil.) quinto, conscripto
draft horse *s* caballo de tiro
drafting board *s* tabla para dibujar
draftsman ['dræftsmən] o ['drɑftsmən] *s* (*pl:* **-men**) dibujante; redactor; peón (*del juego de damas*)
draftsmanship ['dræftsmənʃɪp] o ['drɑftsmənʃɪp] *s* arte del dibujante, labor de dibujante; redacción (*p.ej., de un proyecto de ley*)
draft treaty *s* proyecto de convenio
drafty ['dræftɪ] o ['drɑftɪ] *adj* (*comp:* **-ier;** *super:* **-iest**) airoso, lleno de corrientes de aire
drag [dræg] *s* rastra; (naut.) rastra; rastreamiento; (naut.) rastreo; narria (*para llevar arrastrando cosas de gran peso*); (aer.) resistencia al avance; (fig.) estorbo, impedimento, obstáculo; (slang) enchufe (*influencia*); (*pret & pp:* **dragged;** *ger:* **dragging**) *va* arrastrar; (naut.) rastrear; **to drag on** u **out** hacer demasiado largo, hacer demasiado lento; *vn* arrastrarse por el suelo; avanzar demasiado lentamente; decaer (*el interés*); **to drag on** u **out** avanzar demasiado lentamente, ser interminable, hilar largo
draggle ['drægəl] *va* ensuciar arrastrando; *vn* ensuciarse arrastrando; rezagarse, quedarse atrás
drag link *s* contramanivela; contrabrazo (*del mecanismo de dirección*)
dragnet ['dræg,nɛt] *s* red barredera; (fig.) red barredera
dragoman ['drægomən] *s* (*pl:* **-mans** o **-men**) dragomán
dragon ['drægən] *s* dragón (*animal fabuloso*); (mil.) dragoncillo (*escopeta*); (vet.) dragón (*en el ojo de un caballo*); (fig.) fiera (*persona*); mujer muy severa; *adj* dragontino
dragoness ['drægənɪs] *s* dragona
dragonfly ['drægən,flaɪ] *s* (*pl:* **-flies**) (ent.) libélula, caballito del diablo
dragonnade [,drægə'ned] *s* dragonada
dragonné ['drægəne] *adj* (her.) dragonado
dragon's-mouth ['drægənz,maʊθ] *s* (bot.) boca de dragón
dragon's tail *s* (astr.) cola del dragón
dragon tree *s* (bot.) drago
dragoon [drə'gun] *s* (mil.) dragón; *va* tiranizar; **to dragoon one into working** precisar a uno a trabajar, constreñir a uno que trabaje
dragrope ['dræg,rop] *s* cable de arrastre; (aer.) cuerda freno
drain [dren] *s* dren, desaguadero (*conducto de desagüe*); consumo; (surg.) dren; desagüe; desangramiento (*desagüe completo*); (fig.) desaguadero (*ocasión de continuo gasto*); *va* drenar, desaguar; avenar (*terrenos húmedos*); desangrar; escurrir (*una vasija; un líquido*); **to drain off** u **out** desangrar; *vn* desaguar; escurrirse
drainage ['drenɪdʒ] *s* drenaje, desagüe, avenamiento
drainage basin *s* cuenca de un río
drainboard ['dren,bord] *s* escurridero (*mesa inclinada que sirve para escurrir platos*)
drain cock *s* llave de purga
drainer ['drenər] *s* persona que avena las tierras; colador
drainpipe ['dren,paɪp] *s* tubo de desagüe
drain plug *s* tapón de desagüe, tapón de purga; (aut.) tapón de vaciado
drake [drek] *s* (orn.) pato
dram [dræm] *s* (pharm.) dracma; trago de aguardiente; porción pequeña
drama ['drɑmə] o ['dræmə] *s* drama (*pieza de teatro; género; suceso de la vida real*)
dramamine ['dræməmin] *s* (trademark) dramamina
dramatic [drə'mætɪk] *adj* dramático; **dramatics** *ssg* (theat.) representación de aficionados; *spl* dramas presentados por aficionados
dramatically [drə'mætɪkəlɪ] *adv* dramáticamente
dramatis personae ['dræmətɪs pər'soni] *spl* personajes dramáticos
dramatist ['dræmətɪst] *s* dramático (*autor*)
dramatization [,dræmətɪ'zeʃən] *s* dramatización
dramatize ['dræmətaɪz] *va* dramatizar
dramaturgic [,dræmə'tʌrdʒɪk] *adj* dramático

dramaturgist ['dræmə,tʌrdʒɪst] *s* dramaturgo
dramaturgy ['dræmə,tʌrdʒɪ] *s* dramaturgia
dramshop ['dræm,ʃɑp] *s* bar, taberna
Drang nach Osten [drɑŋ nɑx 'ɔstən] *s* marcha hacia el este
drank [dræŋk] *pret de* **drink**
drape [drep] *s* colgadura, ropaje; *va* cubrir con colgaduras, adornar con telas colgantes; arreglar los pliegues de (*una prenda de vestir*)
draper ['drepər] *s* tapicero; (Brit.) pañero
drapery ['drepərɪ] *s* (*pl:* **-ies**) colgaduras, ropaje; (Brit.) paño, paños; (Brit.) pañería
drastic ['dræstɪk] *adj* drástico; (med.) drástico
drastically ['dræstɪkəlɪ] *adv* drásticamente, rápida y violentamente, extensamente
draught [dræft] o [drɑft] *s & va* var. de **draft**
draught beer *s* cerveza a presión
draughtboard ['dræft,bord] o ['drɑft,bord] *s* tablero de damas
draughtsman ['dræftsmən] o ['drɑftsmən] *s* (*pl:* **-men**) var. de **draftsman**
draughty ['dræftɪ] o ['drɑftɪ] *adj* (*comp:* **-ier;** *super:* **-iest**) var. de **drafty**
Dravidian [drə'vɪdɪən] *adj & s* dravidiano
draw [drɔ] *s* tiro (*p.ej., de una chimenea*); (coll.) función que atrae mucha gente; empate (*en un juego o contienda*); tablas (*en damas y ajedrez*); robo (*naipe o naipes que se toman de la baceta*); sorteo (*p.ej., de una lotería*); jugada, suerte (*en un juego, lotería, etc.*); barranco; piso o compuerta (*de un puente levadizo*) ‖ (*pret:* **drew;** *pp:* **drawn**) *va* tirar (*alambre, una línea; atraer*); tirar de (*arrastrar, traer hacia sí*); sacar (*p.ej., un clavo, una espada, agua, una conclusión*); aspirar, inspirar (*el aire*); atraer (*a la gente*); llamar (*la atención*); atraerse (*aplausos*); contraer, encoger; dar (*un suspiro*); correr, descorrer (*una cortina*); tender (*un arco*); cobrar (*un salario*); sacarse (*un premio*); levantar (*un puente levadizo*); preparar por infusión; empatar (*una partida*); robar (*naipes, fichas*); (com.) girar, librar; hacer (*una comparación*); (naut. & weaving) calar; (elec.) consumir (*amperios*); dibujar; redactar; **to draw a bead on** (coll.) apuntar; **to draw aside** apartar; **to draw along** arrastrar; **to draw back** hacer retroceder; **to draw forth** hacer salir; **to draw interest** devengar interés; **to draw off** sacar, extraer; trasegar (*un líquido*); retirar; **to draw on** ocasionar, producir; provocar; ponerse (*p.ej., guantes*); (com.) girar a cargo de; **to draw oneself up** enderezarse con dignidad; **to draw out** sacar; sonsacar, tirar de la lengua a; **to draw together** juntar, unir; **to draw up** extender, redactar (*un documento*); (mil.) ordenar para el combate ‖ *vn* tirar, tirar bien (*una chimenea*); contraerse, encogerse; empatar; (naut.) calar; dibujar; echar suertes; atraer mucha gente, atraer concurrencia; (com.) girar; **to draw aside** apartarse; **to draw back** retroceder, retirarse; **to draw near** acercarse; acercarse a; **to draw to a close** estar para terminar; **to draw together** juntarse, unirse; **to draw up** pararse, detenerse; **to draw up at the curb** arrimarse a la acera
drawback ['drɔ,bæk] *s* desventaja, inconveniente; (com.) drawback (*reembolso, p.ej., de derechos de aduana*)
drawbridge ['drɔ,brɪdʒ] *s* puente levadizo, puente giratorio
drawee [,drɔ'i] *s* (com.) girado, librado
drawer [drɔr] *s* cajón, gaveta; ['drɔər] *s* dibujante; (com.) girador, librador; **drawers** [drɔrz] *spl* calzoncillos
drawing ['drɔ·ɪŋ] *s* dibujo; sorteo (*en una lotería*)
drawing account *s* cuenta corriente
drawing board *s* tablero de dibujo
drawing card *s* atracción (*actor, orador, función, etc., que atraen a mucha gente*)
drawing knife *s* var. de **drawknife**
drawing room *s* sala; recepción; (rail.) departamento reservado
drawing table *s* mesa para dibujante
drawknife ['drɔ,naɪf] *s pl:* **-knives**) plana curvada, cuchilla de dos mangos
drawl [drɔl] *s* habla lenta y pesada; *va* pronunciar lenta y pesadamente; *vn* hablar lenta y pesadamente
drawn [drɔn] *pp de* **draw**
drawn butter *s* mantequilla derretida
drawn work *s* (sew.) calado
drawplate ['drɔ,plet] *s* (mach.) hilera
drawshave ['drɔ,ʃev] *s* var. de **drawknife**
drawsheet ['drɔ,ʃit] *s* alezo
drawtube ['drɔ,tjub] o ['drɔ,tub] *s* tubo telescópico (*del microscopio*)
draw well *s* pozo de noria
dray [dre] *s* carro; narria; *va* acarrear
drayage ['dreɪdʒ] *s* acarreo
dray horse *s* caballo de tiro
drayman ['dremən] *s* (*pl:* **-men**) acarreador, carretonero
dread [drɛd] *s* pavor, temor; *adj* terrible, espantoso; *va & vn* temer; **to dread to** + *inf* temer + *inf*
dreadful ['drɛdfəl] *adj* terrible, espantoso; (coll.) desagradable
dreadfully ['drɛdfəlɪ] *adv* terriblemente; (coll.) sumamente, excesivamente
dreadnought ['drɛd,nɔt] *s* (nav.) gran buque acorazado, dreadnought
dream [drim] *s* ensueño, sueño; (fig.) sueño (*cosa de gran belleza*); **dream come true** sueño hecho realidad; (*pret & pp:* **dreamed** o **dreamt**) *va* soñar; pasar (*p.ej., el día*) soñando; **to dream up** (coll.) ingeniar, imaginar; *vn* soñar; **to dream of** soñar con o en; **to dream of** + *ger* soñar con + *inf*
dreamer ['drimər] *s* soñador; (fig.) soñador
dreamland ['drim,lænd] *s* reino del ensueño; utopia; tierra de las hadas; sueño
dreamt [drɛmt] *pret & pp de* **dream**
dreamy ['drimɪ] *adj* (*comp:* **-ier;** *super:* **-iest**) soñador; lleno de sueños; vago, ligero
dreary ['drɪrɪ] *adj* (*comp:* **-ier;** *super:* **-iest**) triste; monótono, pesado
dredge [drɛdʒ] *s* draga; rastra; *va* dragar; rastrear; espolvorear
dredger ['drɛdʒər] *s* persona que draga; draga (*máquina o buque*); polvorera
dredging ['drɛdʒɪŋ] *s* dragado
dregs [drɛgz] *spl* heces; (fig.) heces
drench [drɛntʃ] *s* mojada; solución para empapar, solución para remojar; bebida; bebida purgante; *va* mojar, empapar; purgar con violencia
drenching ['drɛntʃɪŋ] *adj* mojador; torrencial (*lluvia*)
Dresden ['drɛzdən] *s* Dresde
dress [drɛs] *s* indumentaria; vestido; vestido exterior de mujer o niña; falda; traje de etiqueta, vestido de gala; (*pret & pp:* **dressed** o **drest**) *va* vestir; trajear; vestir de etiqueta; adornar, ataviar; preparar; peinar (*el pelo*); curar (*una herida*); adobar y curtir (*pieles*); podar (*plantas*); (naut.) empavesar; (mil.) alinear; **to dress down** (coll.) azotar, pegar; (coll.) calentar las orejas a: **to get dressed** vestirse; *vn* vestir (*ir vestido*); vestirse (*ponerse el vestido*); (mil.) alinearse; **to dress up** vestirse de etiqueta; prenderse de veinticinco alfileres
dress ball *s* baile de etiqueta
dress coat *s* frac
dresser ['drɛsər] *s* cómoda con espejo; aparador; **to be a good dresser** vestir con elegancia, vestir con buen gusto
dress form *s* maniquí
dress goods *spl* géneros para vestidos
dressing ['drɛsɪŋ] *s* aderezamiento, adorno; (cook.) aliño, salsa; (cook.) relleno; (agr.) abono; (surg.) vendaje; (coll.) regaño
dressing-down ['drɛsɪŋ'daʊn] *s* (coll.) azotamiento; (coll.) regaño, repasata
dressing gown *s* bata, peinador
dressing room *s* cuarto de vestir; (theat.) camarín
dressing station *s* (mil.) puesto de socorro
dressing table *s* tocador
dressmaker ['drɛs,mekər] *s* costurera, modista
dressmaking ['drɛs,mekɪŋ] *s* costura, modistería
dress parade *s* (mil.) parada
dress rehearsal *s* (theat.) ensayo general
dress shirt *s* camisa de pechera dura
dress shop *s* casa de modas

dress suit *s* traje de etiqueta
dress tie *s* corbata de smoking, corbata de frac
dressy ['drɛsɪ] *adj* (*comp:* **-ier;** *super:* **-iest**) (coll.) acicalado, aficionado a ataviarse; (coll.) elegante, vistoso
drest [drɛst] *pret & pp de* **dress**
drew [dru] *pret de* **draw**
dribble ['drɪbəl] *s* goteo, caída en gotas; derrame ligero; (coll.) llovizna; (sport) dribbling; *va* hacer caer gota a gota; (sport) driblar; *vn* gotear; babear; (sport) driblar
dribbler ['drɪblər] *s* persona que babea; (sport) jugador que dribla
driblet ['drɪblɪt] *s* gotita; adarme
dried beef [draɪd] *s* cecina
dried fig *s* higo paso
drier ['draɪər] *s* enjugador (*persona o utensilio*); desecante; secador (*para el cabello*); secadora (*máquina para secar la ropa*)
drift [drɪft] *s* cosa llevada por la corriente; corriente de agua, corriente de aire; montón (*de nieve, arena, etc.*); ventisca; impulsión, impulso; dirección, rumbo; tenor, sentido, significación; (geol.) terrenos de acarreo; (aer. & naut.) deriva; (min.) socavón; (rad. & telv.) desviación; *va* llevar; amontonar; (mach.) mandrilar; *vn* ser llevado por la corriente, ir arrastrado por la corriente; amontonarse; ventiscar; (aer. & naut.) derivar, ir a la deriva; (fig.) vivir sin rumbo
driftage ['drɪftɪdʒ] *s* cosa llevada por la corriente; (aer. & naut.) deriva
drift angle *s* (aer. & naut.) ángulo de deriva
drifter ['drɪftər] *s* vago, vagabundo
drift ice *s* hielo flotante, hielo acarreado por el agua
drift meter *s* (aer. & naut.) derivómetro
driftpin ['drɪft,pɪn] *s* (mach.) mandril de ensanchar
driftwood ['drɪft,wʊd] *s* madera flotante, madera acarreada por el agua, madera arrojada a la playa por el agua
drill [drɪl] *s* taladro; (agr.) sembradora mecánica; hilera de semillas sembradas en un surco; disciplina, instrucción; (mil.) ejercicio; dril (*tejido*); (zool.) dril (*mandril*); *va* taladrar; disciplinar, instruir; plantar en hileras, plantar en un surco; (mil.) enseñar el ejercicio a; *vn* (mil.) hacer el ejercicio
drilling ['drɪlɪŋ] *s* perforación; (mil.) ejercicio; dril (*tejido*)
drillmaster ['drɪl,mæstər] o ['drɪl,mɑstər] *s* maestro de ejercicios
drill press *s* prensa taladradora, taladro mecánico
drily ['draɪlɪ] *adv* secamente
drink [drɪŋk] *s* bebida; beber, exceso en la bebida; **the drinks are on the house!** ¡convida la casa!; **to take a drink** echar un trago; (*pret:* **drank;** *pp:* **drunk**) *va* beber; beberse (*p.ej., su sueldo*); **to drink down** beber de una vez; **to drink in** beberse (*p.ej., un libro*); beber (*las palabras de una persona*); aspirar (*aire*); *vn* beber; **to drink out of** beber de o en (*p.ej., una fuente*); **to drink to** beber a o por, brindar a o por
drinkable ['drɪŋkəbəl] *adj* bebible, potable
drinker ['drɪŋkər] *s* bebedor
drinking ['drɪŋkɪŋ] *s* (el) beber; *adj* de beber, para beber; bebedor
drinking bout *s* juerga de borrachera
drinking cup *s* tanque, taza para beber
drinking fountain *s* fuente de agua corriente para beber, fuente de beber
drinking glass *s* vaso para beber
drinking horn *s* aliara, cuerna, vaso de cuerno
drinking song *s* canción para beber, canción de taberna, canción báquica
drinking trough *s* abrevadero
drinking water *s* agua para beber, agua potable
drip [drɪp] *s* goteo; gotas; gotera (*p.ej., del techo*); tubo gotero; (arch.) alero; (*pret & pp:* **dripped** o **dript;** *ger:* **dripping**) *va* verter gota a gota, hacer gotear; *vn* caer gota a gota, gotear
drip coffee *s* café de maquinilla
drip-dry ['drɪp,draɪ] *adj* de lava y pon, p.ej., **drip-dry shirt** camisa de lava y pon
drip feed *s* engrase por goteo
drip pan *s* cubeta de goteo; (aut.) colector de aceite, recogegotas
dripping ['drɪpɪŋ] *s* goteo; **drippings** *spl* líquidos que gotean; pringue (*grasa que suelta la carne con el calor*)
dripping pan *s* grasera, pringuera
dripstone ['drɪp,ston] *s* (arch.) alero de piedra; carbonato cálcico de las estalactitas y estalagmitas
dript [drɪpt] *pret & pp de* **drip**
drive [draɪv] *s* calzada para coches, calzada para automóviles; paseo en coche, paseo en automóvil; energía, vigor, fuerza; urgencia, presión; campaña vigorosa; venta a bajo precio; golpe fuerte; medio de impulsión; mecanismo de dirección; mecanismo de transmisión; mecanismo de funcionamiento; **an hour's drive** una hora de coche ‖ (*pret:* **drove;** *pp:* **driven**) *va* impeler, empujar; estimular, aguijonear; compeler, forzar; clavar, hincar; actuar, mover; llevar, conducir (*p.ej., ganado*); arrear (*a las bestias*); guiar, conducir (*p.ej., un automóvil*); llevar en coche; efectuar, ejecutar; hacer excavando, hacer ahondando; obligar a trabajar mucho; (sport) golpear con gran fuerza; **to drive a good bargain** hacer un buen trato; **to drive away** ahuyentar; **to drive back** rechazar, obligar a retroceder; **to drive in** hacer entrar por fuerza; **to drive mad** volver loco; **to drive off** ahuyentar; **to drive out** echar fuera, hacer salir, expulsar ‖ *vn* ir en coche, ir en automóvil; trabajar mucho; **to drive at** tener puesta la mira en; querer decir; **to drive away** trabajar mucho; **to drive in** entrar en coche, entrar en (*un sitio*) en coche; **to drive on the right** (u **on the left**) circular por la derecha (o por la izquierda); **to drive out** salir en coche
drive-in motion-picture theater ['draɪv,ɪn] *s* auto-teatro (*cine al aire libre en que los espectadores motorizados ven la cinta desde los coches*)
drive-in restaurant *s* restaurante en que sirven a los automovilistas sin que salgan de los coches
drivel ['drɪvəl] *s* baba; bobería; (*pret & pp:* **-eled** o **-elled;** *ger:* **-eling** o **-elling**) *va* hacer babear; gastar (*tiempo*) tontamente; *vn* babear; bobear
driveler o **driveller** ['drɪvələr] *s* baboso; bobo
driven ['drɪvən] *pp de* **drive**
driven well *s* pozo abisinio
driver ['draɪvər] *s* conductor; cochero; maquinista (*de una locomotora*); rueda motriz (*de locomotora*); (golf) conductor; (mach.) pieza impulsora; persona despótica que fuerza a trabajar
driver's license *s* (aut.) permiso de conducir, carnet de conducir
driver training school *s* var. de **driving school**
drive shaft *s* (mach.) árbol de mando, árbol o eje motor
driveway ['draɪv,we] *s* calzada para coches; entrada para coches, calzada de acceso
drivewell ['draɪv,wɛl] *s* var. de **driven well**
drive wheel *s* (mach.) rueda motriz
drive-yourself service ['draɪvjʊr'sɛlf] *s* alquiler sin chófer
driving school *s* auto-escuela
drizzle ['drɪzəl] *s* llovizna; *vn* lloviznar
drogue [drog] *s* (aer.) paracaídas estabilizador, paracaídas desacelerador; (aer.) embudo de reaprovisionamiento en vuelo; (meteor.) cono de viento; (naut.) ancla flotante
drogue gun *s* (aer.) cañón eyector de paracaídas
droll [drol] *adj* chusco, gracioso
drollery ['drolərɪ] *s* (*pl:* **-ies**) chuscada, bufonería
dromedary ['drɑmə,dɛrɪ] *s* (*pl:* **-ies**) dromedario
drone [dron] *s* (ent.) zángano; (fig.) zángano; zumbido; bordón o roncón (*de la gaita*); avión radiodirigido; *va* decir monótonamente; *vn* zanganear; zumbar; hablar monótonamente
drool [drul] *s* baba; (slang) bobería; *vn* babear; (slang) bobear
droop [drup] *s* inclinación; *va* inclinar; dejar caer; *vn* inclinarse; estar pendiente, colgar;

decaer, descaecer; consumirse, marchitarse; encamarse (*las mieses*); abatirse, entristecerse
drooping ['drupɪŋ] *adj* caído (*dícese de los párpados, los hombros, etc.*)
drop [drɑp] *s* gota; pendiente (*cuesta o declive; arete*); baja, caída repentina; descenso (*de temperatura*); lanzamiento (*p.ej., de víveres desde un aeroplano*); traguito; pastilla; escotillón; horca; **drops** *spl* gotas (*medicamento*); **at the drop of a hat** al dar la señal; de buena gana, con gusto; **a drop in the bucket** cosa insignificante; **to get** o **to have the drop on** coger la delantera a, llevar la ventaja a; **drop by drop** gota a gota ‖ (*pret & pp:* **dropped** o **dropt;** *ger:* **dropping**) *va* dejar caer; hacer caer; derribar; matar; poner en tierra; bajar (*una cortina*); echar al buzón; soltar (*una palabra*) casualmente; escribir (*una esquela, unos renglones*); omitir, suprimir; abandonar, dejar; despedir; borrar de la lista (*a un alumno*); lanzar (*bombas, suministros, etc. de un avión*); escalfar (*huevos*); **to drop a hint** soltar una indirecta; **to drop anchor** echar el ancla; **to drop a line** poner unos renglones, escribir unas palabras; **to drop a subject** cambiar de asunto ‖ *vn* caer, caer de repente; dejarse caer; caer agotado, caer herido, caer muerto; bajar; cesar, terminar, parar; **to drop asleep** quedarse dormido; **to drop behind** quedarse atrás; **to drop dead** caer muerto; **to drop in, to drop over** entrar al pasar, visitar de paso; **to drop off** desaparecer; quedarse dormido; morir de repente; **to drop out** desaparecer; retirarse; darse de baja (*dejar de pertenecer voluntariamente a una sociedad, etc.*)
drop box *s* buzón
drop curtain *s* (theat.) telón
drop-forge ['drɑp'fordʒ] *va* forjar a martinete
drop hammer *s* martinete, martillo pilón
drop kick *s* (football) puntapié que se da a la pelota en el momento en que rebota
drop-kick ['drɑp,kɪk] *va* (football) dar un puntapié a (*la pelota*) en el momento en que rebota
drop-leaf table ['drɑp,lif] *s* mesa de hoja plegadiza
droplet ['drɑplɪt] *s* gotita
droplight ['drɑp,laɪt] *s* lámpara de extensión, lámpara colgante
dropper ['drɑpər] *s* cuentagotas
dropping ['drɑpɪŋ] *s* goteo; líquido que gotea; **droppings** *spl* excrementos de animales
drop shutter *s* (phot.) obturador de guillotina
dropsical ['drɑpsɪkəl] *adj* hidrópico
dropsy ['drɑpsɪ] *s* (path.) hidropesía
dropt [drɑpt] *pret & pp de* **drop**
drop table *s* mesa perezosa
dropwort ['drɑp,wʌrt] *s* (bot.) filipéndula
drosera ['drɑsərə] *s* (pharm.) drosera
droseraceous [,drɑsə'reʃəs] *adj* (bot.) droseráceo
drosometer [drə'sɑmɪtər] *s* drosómetro
drosophila [dro'sɑfɪlə] *s* (*pl:* **-lae** [li]) (ent.) drosófila
dross [drɔs] o [drɑs] *s* escoria (*de metales*); basura, desecho
drought [draʊt] *s* sequía (*temporada seca*); sequedad
drought-stricken ['draʊt,strɪkən] *adj* asolado por la sequía
droughty ['draʊtɪ] *adj* árido, seco
drouth [draʊθ] *s* var. de **drought**
drove [drov] *s* manada; gentío, multitud; *pret de* **drive**
drover ['drovər] *s* ganadero
drown [draʊn] *va* anegar, ahogar; apagar (*un sonido*); ahogar (*p.ej., pesares*); **to drown out** ahuyentar inundando; apagar (*un sonido, una voz*); apagar la voz de; *vn* anegarse, ahogarse, perecer ahogado
drowse [draʊz] *s* somnolencia, modorra; *va* adormecer; pasar (*el tiempo*) adormeciéndose; *vn* adormecerse, estar amodorrado
drowsiness ['draʊzɪnɪs] *s* somnolencia, modorra
drowsy ['draʊzɪ] *adj* (*comp:* **-sier;** *super:* **-siest**) soñoliento
drub [drʌb] (*pret & pp:* **drubbed;** *ger:* **drubbing**) *va* apalear, tundir; (sport) derrotar completamente
drubbing ['drʌbɪŋ] *s* paliza, zurra; (sport) derrota aplastante
drudge [drʌdʒ] *s* ganapán; yunque, esclavo del trabajo; *vn* afanarse
drudgery ['drʌdʒərɪ] *s* (*pl:* **-ies**) afán, trabajo penoso
drug [drʌg] *s* droga; narcótico; macana, artículo de comercio que queda sin fácil salida; **to be a drug on the market** ser invendible; (*pret & pp:* **drugged;** *ger:* **drugging**) *va* narcotizar; poner narcótico en; aletargar o atontar con un narcótico
drug addict *s* adicto a las drogas narcóticas
drug addiction *s* adicción a las drogas narcóticas
drugget ['drʌgɪt] *s* droguete
druggist ['drʌgɪst] *s* farmacéutico, boticario; droguero, droguista
drug habit *s* vicio de los narcóticos
drug store *s* farmacia, botica; droguería
drug traffic *s* contrabando de narcóticos
druid o **Druid** ['druɪd] *s* druida
druidess ['druɪdɪs] *s* druidesa
druidic [dru'ɪdɪk] o **druidical** [dru'ɪdɪkəl] *adj* druídico
druidism ['druɪdɪzəm] *s* druidismo
drum [drʌm] *s* tambor (*cilindro*); bidón (*p.ej., para aceite, gasolina*); (anat., arch. & mus.) tambor; (*pret & pp:* **drummed;** *ger:* **drumming**) *va* reunir a toque de tambor; **to drum a lesson into someone** meterle a uno la lección en la cabeza; **to drum out** (mil.) expulsar a toque de tambor; **to drum up** reunir a toque de tambor; reunir; **to drum up trade** fomentar ventas; *vn* tocar el tambor; teclear
drum armature *s* (elec.) inducido de tambor
drumbeat ['drʌm,bit] *s* toque de tambor
drum corps *s* banda de tambores
drumfire ['drʌm,faɪr] *s* fuego graneado
drumfish ['drʌm,fɪʃ] *s* (ichth.) corvina negra
drumhead ['drʌm,hed] *s* piel de tambor; (anat.) tambor
drumhead court-martial *s* (mil.) consejo de guerra en marcha o en el campo de batalla
drumlin ['drʌmlɪn] *s* (geol.) colina oval alargada, constituída por materiales detríticos de origen glacial
drum major *s* (mil.) tambor mayor
drummer ['drʌmər] *s* tambor (*persona*); (coll.) viajante
drumstick ['drʌm,stɪk] *s* baqueta, palillo; (coll.) muslo (*de ave cocida*)
drunk [drʌŋk] *adj* borracho; **to get drunk** emborracharse; *s* (slang) borracho; (slang) borrachera; *pp de* **drink**
drunkard ['drʌŋkərd] *s* borrachín
drunken ['drʌŋkən] *adj* borracho, emborrachado, embriagado
drunken driver *s* conductor embriagado
drunken driving *s* acto de conducir en estado de embriaguez; **he was arrested for drunken driving** fué arrestado por conducir en estado de embriaguez
drunkenness ['drʌŋkənnɪs] *s* embriaguez
drupaceous [dru'peʃəs] *adj* (bot.) drupáceo
drupe [drup] *s* (bot.) drupa
drupelet ['druplɪt] *s* (bot.) drupa pequeña
druse [druz] *s* (bot. & mineral.) drusa; (*cap.*) *s* druso
Drusean ['druzɪən] *adj* druso
dry [draɪ] *s* (coll.) prohibicionista; *adj* (*comp:* **drier;** *super:* **driest**) seco, árido; sediento; árido (*aburrido, falto de interés*); sin mantequilla (*dícese del pan*); (coll.) seco (*prohibicionista*); (*pret & pp:* **dried**) *va* secar; enjugar; **to dry up** secar rápidamente, secar completamente; *vn* secarse; **to dry up** secarse rápidamente, secarse completamente; (slang) dejar de hablar, callarse
dryad ['draɪæd] *s* (myth.) dríada
dry battery *s* (elec.) batería seca; (elec.) pila seca
dry cell *s* (elec.) pila seca
dry-clean ['draɪ,klin] *va* limpiar en seco
dry cleaner *s* tintorero
dry cleaning *s* lavado a seco, limpieza en seco
dry-cleaning establishment *s* tintorería
dry dock *s* (naut.) dique, dique de carena
dry-dock ['draɪ,dɑk] *va* (naut.) poner en dique de carena

dryer [ˈdraɪər] *s* var. de **drier**
dry-eyed [ˈdraɪˌaɪd] *adj* ojienjuto, sin lágrimas
dry-farm [ˈdraɪˌfɑrm] *va* cultivar (*terrenos de secano*)
dry farmer *s* cultivador de terrenos de secano
dry farming *s* cultivo de secano
dry goods *spl* mercancías generales, géneros, lencería, pañería
dry ice *s* hielo carbónico, hielo seco o nieve carbónica
dry law *s* (U.S.A.) ley seca
dryly [ˈdraɪlɪ] *adv* secamente
dry measure *s* medida para áridos
dryness [ˈdraɪnɪs] *s* sequedad
dry nurse *s* ama seca
dry-nurse [ˈdraɪˌnʌrs] *va* ser ama seca de
dry point *s* (f.a.) punta seca; grabado a punta seca
dry rot *s* (bot.) pudrición seca; (bot.) podredumbre causada por honguillos; (fig.) corrupción interna, deterioro
dry sand *s* (found.) arena de estufa, arena seca
dry season *s* estación de la seca
dry-shod [ˈdraɪˌʃɑd] *adj* a pie enjuto
dry-stone [ˈdraɪˌston] *adj* de piedra seca, de piedra en seco
dry wash *s* lavado secado pero no planchado
d.s. abr. de **days after sight** y **daylight saving**
D.S. abr. de **Dental Surgeon** y **Doctor of Science**
D.Sc. abr. de **Doctor of Science**
D.S.C. abr. de **Distinguished Service Cross**
D.S.M. abr. de **Distinguished Service Medal**
D.S.T. abr. de **Daylight Saving Time**
d.t.'s [ˈdiˈtiz] *spl* (coll.) delírium tremens; (coll.) diablos azules (Am.)
dual [ˈdjuəl] o [ˈduəl] *adj* binario, dual; (gram.) dual; *s* (gram.) dual
dual drive *s* (aut.) mando doble
dualism [ˈdjuəlɪzəm] o [ˈduəlɪzəm] *s* dualismo
dualist [ˈdjuəlɪst] o [ˈduəlɪst] *s* dualista
dualistic [ˌdjuəˈlɪstɪk] o [ˌduəˈlɪstɪk] *adj* dualista
duality [djuˈælɪtɪ] o [duˈælɪtɪ] *s* (*pl:* **-ties**) dualidad
dub [dʌb] *s* (slang) jugador desmañado; (*pret & pp:* **dubbed;** *ger:* **dubbing**) *va* apellidar, titular; armar caballero a; alisar; (mov.) doblar (*una película, generalmente en otro idioma*)
dubiety [djuˈbaɪətɪ] o [duˈbaɪətɪ] *s* (*pl:* **-ties**) incertidumbre; cosa dudosa
dubious [ˈdjubɪəs] o [ˈdubɪəs] *adj* dudoso
dubitative [ˈdjubɪˌtetɪv] o [ˈdubɪˌtetɪv] *adj* dubitativo
dubitative conjunction *s* (gram.) conjunción dubitativa
ducal [ˈdjukəl] o [ˈdukəl] *adj* ducal
ducat [ˈdʌkət] *s* ducado
duce [ˈdutʃe] *s* caudillo
duchess [ˈdʌtʃɪs] *s* duquesa
duchy [ˈdʌtʃɪ] *s* (*pl:* **-ies**) ducado
duck [dʌk] *s* (orn.) pato; (orn.) pata; dril; terliz (*tejido*); agachada rápida (*para evitar un golpe*); zambullida (*en el agua*); (coll.) querida; **ducks** *spl* (coll.) pantalones de dril; **like water off a duck's back** sin tener ningún efecto; **to make ducks and drakes of** o **to play ducks and drakes with** malgastar, derrochar; *va* agachar rápidamente (*p.ej., la cabeza*); (coll.) evitar (*un golpe*) agachándose rápidamente; chapuzar, zambullir; *vn* agacharse; chapuzar, zambullirse; **to duck out** (slang) escaparse
duckbill [ˈdʌkˌbɪl] *s* (zool.) ornitorrinco
duck hawk *s* (orn.) halcón peregrino patero
ducking [ˈdʌkɪŋ] *s* caza de patos silvestres; zambullida, chapuz
ducking stool *s* silla de chapuzar
duckling [ˈdʌklɪŋ] *s* anadeja, patito
duckpins [ˈdʌkˌpɪnz] *spl* juego de bolos
duck soup *s* (slang) breva, ganga, cosa apreciable lograda con poco esfuerzo
duck-toed [ˈdʌkˌtod] *adj* zancajoso
duckweed [ˈdʌkˌwid] *s* (bot.) lenteja acuática o lenteja de agua
duct [dʌkt] *s* conducto, tubo, canal; (anat.) conducto
ductile [ˈdʌktɪl] *adj* dúctil; (fig.) dúctil
ductility [dʌkˈtɪlɪtɪ] *s* (*pl:* **-ties**) ductilidad
ductless gland [ˈdʌktlɪs] *s* (anat.) glándula cerrada, glándula de secreción interna
dud [dʌd] *s* (coll.) prenda de vestir; (slang) bomba que no estalla, granada que no estalla; (slang) fracaso; **duds** *spl* (coll.) prendas de vestir, trapos; (coll.) pertenencias
dude [djud] o [dud] *s* petimetre, caballerete
dude ranch *s* (U.S.A.) rancho para turistas
dudgeon [ˈdʌdʒən] *s* inquina, ojeriza; **in high dudgeon** resentido, airado
dudish [ˈdjudɪʃ] o [ˈdudɪʃ] *adj* peripuesto, lechuguino
due [dju] o [du] *adj* debido; pagadero; aguardado, esperado; **in due time** a su debido tiempo; **to become due** o **to fall due** vencer; **when is the train due?** ¿cuándo llega el tren?, ¿a qué hora debe llegar el tren?; **due to** debido a, ocasionado por; *adv* derecho, directamente, exactamente; *s* deuda; **dues** *spl* derechos; cuota (*de un miembro*); **to get one's due** llevar su merecido; **to give the devil his due** ser justo hasta con el diablo
duel [ˈdjuəl] o [ˈduəl] *s* duelo; (*pret & pp:* **dueled** o **duelled;** *ger:* **dueling** o **duelling**) *va* combatir en duelo, matar en duelo; *vn* batirse en duelo
duelist o **duellist** [ˈdjuəlɪst] o [ˈduəlɪst] *s* duelista
duenna [djuˈɛnə] o [duˈɛnə] *s* dueña; señora de compañía
dues-paying [ˈdjuzˌpeɪŋ] o [ˈduzˌpeɪŋ] *adj* cotizante
duet [djuˈɛt] o [duˈɛt] *s* (mus.) dúo
duettist [djuˈɛtɪst] o [duˈɛtɪst] *s* (mus.) duetista
duff [dʌf] *s* pudín de harina cocido en un saco
duffel [ˈdʌfəl] *s* paño de lana basta; (coll.) pertrechos, pertrechos para acampar
duffel bag *s* (mil.) talego para efectos de uso personal
duffer [ˈdʌfər] *s* (coll.) estúpido, persona muy torpe, chapucero
dug [dʌg] *s* teta, ubre; *pret & pp de* **dig**
dugong [ˈdugɑŋ] *s* (zool.) dugón
dugout [ˈdʌgˌaʊt] *s* (mil.) cueva de refugio, cueva de protección, defensa subterránea; piragua; (baseball) cobertizo bajo para los jugadores
duke [djuk] o [duk] *s* duque; **dukes** *spl* (slang) puños
dukedom [ˈdjukdəm] o [ˈdukdəm] *s* ducado
dulcet [ˈdʌlsɪt] *adj* dulce, suave, melodioso
dulcimer [ˈdʌlsɪmər] *s* (mus.) dulcémele
dull [dʌl] *adj* embotado, romo, obtuso; apagado (*color*); sordo (*sonido; dolor*); insípido, insulso; aburrido, tedioso; insensible; deslustrado, deslucido; lerdo, torpe, tardo de comprensión; desanimado, inactivo, muerto (*negocios*); *va* embotar, enromar; entorpecer; deslustrar, deslucir; enfriar (*p.ej., el entusiasmo*); *vn* embotarse, enromarse; entorpecerse; deslustrarse, deslucirse
dullard [ˈdʌlərd] *s* estúpido
dullish [ˈdʌlɪʃ] *adj* algo embotado, algo obtuso; algo lerdo; algo inactivo
dullness [ˈdʌlnɪs] *s* falta de punta, embotadura; estupidez, torpeza; deslustre; pereza, pesadez; desanimación, inactividad
dully [ˈdʌllɪ] *adv* de modo obtuso; lentamente; sin brillo, sin lustre; estúpidamente
dulness [ˈdʌlnɪs] *s* var. de **dullness**
dulse [dʌls] *s* (bot.) rodimenia
duly [ˈdjulɪ] o [ˈdulɪ] *adv* debidamente
duma [ˈdumɑ] *s* duma
dumb [dʌm] *adj* mudo; (coll.) torpe, estúpido
dumbbell [ˈdʌmˌbɛl] *s* halterio (*de gimnasia*); (slang) estúpido
dumbfound [ˌdʌmˈfaʊnd] *va* var. de **dumfound**
dumb show *s* pantomima
dumbwaiter [ˈdʌmˌwetər] *s* montaplatos; estante giratorio
dumdum bullet [ˈdʌmdʌm] *s* bala dumdum
dumfound [ˌdʌmˈfaʊnd] *va* confundir, pasmar, dejar sin habla
dummy [ˈdʌmɪ] *s* (*pl:* **-mies**) maniquí (*para exhibir prendas de vestir*); cabeza para pelucas; testaferro (*persona que presta su nombre en un asunto ajeno*); muerto (*en los naipes*); cartas del muerto; muñeco (*figura de hombre*);

(print.) maqueta (*libro en blanco*); (rail.) locomotora de máquina condensadora; imitación, copia; (slang) estúpido; **to be dummy** hacer de muerto (*en los naipes*); *adj* falso, fingido, simulado, de imitación; de testaferro
dump [dʌmp] *s* montón de basuras; basurero (*sitio en donde se amontona la basura*); terreno echadizo; (min.) terrero; (mil.) depósito de municiones; **dumps** *spl* murria; **to be down in the dumps** tener murria, estar abatido; *va* descargar, verter; (coll.) inundar el mercado con; vaciar de golpe; *vn* arrojar la basura
dump body *s* caja de volquete (*de un camión*)
dump car *s* vagón de volteo, vagón volquete
dumpcart [ˈdʌmpˌkɑrt] *s* volquete
dumping [ˈdʌmpɪŋ] *s* descarga; inundación del mercado con mercancías a bajo precio
dumpish [ˈdʌmpɪʃ] *adj* lerdo, torpe; abatido, murrio
dumpling [ˈdʌmplɪŋ] *s* bola de pasta rellena de fruta o carne; bolita de pasta cocida con vapor
dump truck *s* camión volquete
dumpy [ˈdʌmpɪ] *adj* (*comp:* **-ier;** *super:* **-iest**) regordete; abatido, mohino, hosco
dun [dʌn] *s* acreedor importuno; apremio; color bruno; *adj* bruno, pardo; sombrío; (*pret & pp:* **dunned;** *ger:* **dunning**) *va* importunar, requerir para el pago
dunce [dʌns] *s* zopenco, estúpido
dunce cap o **dunce's cap** *s* gorro de forma de cono que se le pone al niño torpe
dunderhead [ˈdʌndərˌhɛd] *s* bodoque
dune [djun] o [dun] *s* duna
dung [dʌŋ] *s* estiércol; *va & vn* estercolar
dungaree [ˌdʌŋgəˈri] *s* tela basta de algodón; **dungarees** *spl* pantalones de tela basta de algodón
dungeon [ˈdʌndʒən] *s* calabozo, mazmorra; torre del homenaje, torre maestra; *va* encalabozar
dunghill [ˈdʌŋˌhɪl] *s* estercolar, estercolero; lugar emporcado; persona vil
dungy [ˈdʌŋɪ] *adj* estercolizo
dunk [dʌŋk] *va & vn* sopetear, ensopar, remojar
Dunkirk [ˈdʌnkʌrk] o [dʌnˈkʌrk] *s* Dunquerque
dunlin [ˈdʌnlɪn] *s* (orn.) tringa alpina
dunnage [ˈdʌnɪdʒ] *s* equipaje; (naut.) abarrote, maderos de estibar
duo [ˈdjuo] o [ˈduo] *s* (*pl:* **duos** o **dui** [ˈdjui] o [ˈdui]) var. de **duet**
duodecimal [ˌdjuoˈdɛsɪməl] o [ˌduoˈdɛsɪməl] *adj & s* duodecimal; **duodecimals** *spl* sistema duodecimal
duodecimo [ˌdjuoˈdɛsɪmo] o [ˌduoˈdɛsɪmo] *adj* en dozavo; *s* (*pl:* **-mos**) libro en dozavo
duodecuple [ˌdjuoˈdɛkjəpəl] o [ˌduoˈdɛkjəpəl] *adj* duodécuplo
duodenal [ˌdjuoˈdinəl] o [ˌduoˈdinəl] *adj* duodenal
duodenal ulcer *s* (path.) úlcera duodenal
duodenum [ˌdjuoˈdinəm] o [ˌduoˈdinəm] *s* (*pl:* **-na** [nə]) (anat.) duodeno
dupe [djup] o [dup] *s* primo, víctima, inocentón; *va* embaucar, engañar
duple [ˈdjupəl] o [ˈdupel] *adj* duplo, doble
duplex [ˈdjuplɛks] o [ˈduplɛks] *adj* doble, duplo, dúplice
duplex apartment *s* apartamiento cuyas piezas están en dos pisos
duplex house *s* casa para dos familias
duplex lock *s* cerradura de dos cilindros
duplex process *s* (metal.) dúplex
duplex telegraphy *s* dúplex
duplicate [ˈdjuplɪkɪt] o [ˈduplɪkɪt] *adj & s* duplicado; **in duplicate** por duplicado; en doble ejemplar; [ˈdjuplɪket] o [ˈduplɪket] *va* duplicar
duplication [ˌdjuplɪˈkeʃən] o [ˌduplɪˈkeʃən] *s* duplicación; duplicado
duplicator [ˈdjuplɪˌketər] o [ˈduplɪˌketər] *s* duplicador, multicopista
duplicity [djuˈplɪsɪtɪ] o [duˈplɪsɪtɪ] *s* (*pl:* **-ties**) duplicidad
durability [ˌdjurəˈbɪlɪtɪ] o [ˌdurəˈbɪlɪtɪ] *s* (*pl:* **-ties**) durabilidad
durable [ˈdjurəbəl] o [ˈdurəbəl] *adj* durable, duradero
durable goods *spl* artículos duraderos
duralumin [djuˈræljəmɪn] o [duˈræljəmɪn] *s* (trademark) duraluminio
dura mater [ˈdjurəˈmetər] o [ˈdurəˈmetər] *s* (anat.) duramadre o duramáter
duramen [djuˈremɛn] o [duˈremɛn] *s* (bot.) duramen
durance [ˈdjurəns] o [ˈdurəns] *s* prisión, cautividad; sempiterna (*tela*)
duration [djuˈreʃən] o [duˈreʃən] *s* duración; **for the duration (of the war)** para el término o la duración del conflicto
durative [ˈdjurətɪv] o [ˈdurətɪv] *adj* durativo; (gram.) durativo
durbar [ˈdʌrbɑr] *s* durbar
duress [ˈdjurɛs], [ˈdurɛs], [djuˈrɛs] o [duˈrɛs] *s* coacción, compulsión; prisión, cautividad
during [ˈdjurɪŋ] o [ˈdurɪŋ] *prep* durante
durmast [ˈdʌrmæst] o [ˈdʌrmɑst] *s* (bot.) melojo, roble borne (*Quercus pubescens*); (bot.) roble albero (*Quercus sessiliflora*)
durra [ˈdurə] *s* (bot.) durra, maíz de Guinea
durum [ˈdjurəm] o [ˈdurəm] *s* (bot.) trigo durillo, trigo duro
dusk [dʌsk] *s* crepúsculo vespertino, caída de la noche; *adj* obscuro; *va* obscurecer; *vn* anochecer
dusky [ˈdʌskɪ] *adj* (*comp:* **-ier;** *super:* **-iest**) obscuro, negruzco; abatido, lúgubre, triste
dust [dʌst] *s* polvo; cenizas (*restos mortales*); cosa inútil; condición vil; (slang) dinero; **to bite the dust** morder el polvo; **to kick up a dust** armar un alboroto; **to lick the dust** morder el polvo; **to raise a dust** armar un alboroto; **to shake the dust off one's feet** irse enojado; **to throw dust in one's eyes** engañarle a uno; *va* desempolvar (*quitar el polvo a*); polvorear (*esparcir polvo sobre*); **to dust off** desempolvar; **to dust one's jacket** (slang) sacudirle el polvo a uno
dustbin [ˈdʌstˌbɪn] *s* receptáculo para polvo, cenizas, etc.
dust bowl *s* cuenca de polvo
dustcloth [ˈdʌstˌklɔθ] o [ˈdʌstˌklɑθ] *s* trapo de polvo
dust cloud *s* polvareda, nube de polvo
duster [ˈdʌstər] *s* plumero, sacudidor (*mazo de plumas para quitar el polvo*); guardapolvo (*sobretodo*)
dust jacket *s* sobrecubierta (*de un libro encuadernado*)
dustless [ˈdʌstlɪs] *adj* sin polvo
dustpan [ˈdʌstˌpæn] *s* pala de recoger la basura
dust rag *s* trapo del polvo
dust storm *s* vendaval de polvo, tolvanera
dusty [ˈdʌstɪ] *adj* (*comp:* **-ier;** *super:* **-iest**) polvoriento, empolvado; grisáceo
Dutch [dʌtʃ] *adj* holandés; (slang) alemán; *spl* holandeses; (slang) alemanes; *ssg* holandés (*idioma*); (slang) alemán (*idioma*); **in Dutch** (slang) en la desgracia; (slang) en un apuro; **to beat the Dutch** (coll.) ser sorprendente, ser extraordinario; **to go Dutch** (coll.) pagar cada uno su escote
Dutch bond *s* (mas.) aparejo flamenco u holandés
Dutch Borneo [ˈbɔrnɪo] o [ˈbornɪo] *s* el Borneo Holandés
Dutch brass *s* tombac
Dutch cheese *s* queso de Holanda; naterón
Dutch clover *s* (bot.) trébol de Holanda
Dutch East Indies *spl* Indias Orientales Holandesas
Dutch Guiana *s* la Guayana Holandesa
Dutchman [ˈdʌtʃmən] *s* (*pl:* **-men**) holandés; buque holandés; (slang) alemán
Dutchman's-breeches [ˈdʌtʃmənzˈbrɪtʃɪz] *ssg & spl* (bot.) dicentra
Dutch New Guinea *s* la Nueva Guinea Holandesa
Dutch oven *s* cacerola con tapa bien cerrada; horno portátil
Dutch tile *s* azulejo
Dutch treat *s* (coll.) convite a escote
Dutch uncle *s* (coll.) mentor muy duro
Dutch West Indies *spl* Indias Occidentales Holandesas
duteous [ˈdjutɪəs] o [ˈdutɪəs] *adj* obediente, obsequioso

dutiable ['djutɪəbəl] o ['dutɪəbəl] *adj* sujeto a derechos de aduana
dutiful ['djutɪfəl] o ['dutɪfəl] *adj* obediente, sumiso, respetuoso; concienzudo
duty ['djutɪ] o ['dutɪ] *s* (*pl:* **-ties**) deber, obligación; obediencia, sumisión; quehacer, tarea, faena; derechos de aduana; **off duty** libre; **on duty** de servicio; de guardia; **to do duty for** servir en lugar de; **to take up one's duties** entrar en funciones
duty-free ['djutɪ'fri] o ['dutɪ'fri] *adj* libre de derechos
duumvir [dju'ʌmvər] o [du'ʌmvər] *s* (*pl:* **-virs** o **-viri** [vɪraɪ]) duunviro
duumviral [dju'ʌmvərəl] o [du'ʌmvərəl] *adj* duunviral
duumvirate [dju'ʌmvərɪt] o [du'ʌmvərɪt] *s* duunvirato
duvetyn ['duvətin] *s* tejido de lana que tiene una lanilla aterciopelada
D.V. abr. de **Deo volente** (Lat.) **God willing**
dwarf [dwɔrf] *adj & s* enano; *va* impedir el desarrollo de, impedir el crecimiento de; achicar, empequeñecer; *vn* achicarse, empequeñecerse
dwarf elder *s* (bot.) actea, yezgo
dwarf fan palm *s* (bot.) palmito, palmera enana o de abanico
dwarfish ['dwɔrfɪʃ] *adj* enano, diminuto
dwarf mallow *s* (bot.) malva de hoja redonda
dwarf star *s* (astr.) estrella enana
dwell [dwɛl] (*pret & pp:* **dwelled** o **dwelt**) *vn* vivir, morar; **to dwell on** o **upon** explayarse en; hacer hincapié en
dweller ['dwɛlər] *s* habitante, morador
dwelling ['dwɛlɪŋ] *s* vivienda, morada
dwelling house *s* casa, domicilio
dwelling place *s* habitación, morada
dwelt [dwɛlt] *pret & pp de* **dwell**
dwindle ['dwɪndəl] *va* disminuir; abatir, rebajar; *vn* disminuirse; consumirse
dwt. abr. de **pennyweight** o **pennyweights**
DX o **D.X.** (rad.) abr. de **distance**
dye [daɪ] *s* tinte; color, matiz; **of blackest dye** u **of deepest dye** de la clase más vil; (*pret & pp:* **dyed**; *ger:* **dyeing**) *va* teñir, tinturar
dyed-in-the-wool ['daɪdɪnðə,wʊl] *adj* teñido en rama; (fig.) intransigente, acérrimo
dyeing ['daɪɪŋ] *s* tintorería; tinte, tintura; *ger de* **dye**
dyer ['daɪər] *s* tintorero
dyer's-weed ['daɪərz,wid] *s* (bot.) retama de tintes o de tintoreros (*Genista tinctoria*); (bot.) gualda (*Reseda luteola*); (bot.) hierba pastel (*Isatis tinctoria*)
dyestuff ['daɪ,stʌf] *s* materia de tinte, materia colorante
dyeweed ['daɪ,wid] *s* (bot.) retama de tintes o de tintoreros
dyewood ['daɪ,wʊd] *s* madera de tinte
dying ['daɪɪŋ] *adj* moribundo, agonizante; mortal; *ger de* **die**
dyke [daɪk] *s & va* var. de **dike**
dynamic [daɪ'næmɪk] o [dɪ'næmɪk] *adj* dinámico; (fig.) dinámico; **dynamics** *ssg* dinámica
dynamical [daɪ'næmɪkəl] o [dɪ'næmɪkəl] *adj* dinámico
dynamic speaker *s* (rad.) altoparlante dinámico
dynamism ['daɪnəmɪzəm] o ['dɪnəmɪzəm] *s* (philos.) dinamismo
dynamist ['daɪnəmɪst] o ['dɪnəmɪst] *s* dinamista
dynamistic [,daɪnə'mɪstɪk] o [,dɪnə'mɪstɪk] *adj* dinamista
dynamite ['daɪnəmaɪt] *s* dinamita; *va* dinamitar
dynamiter ['daɪnə,maɪtər] *s* dinamitero
dynamo ['daɪnəmo] *s* (*pl:* **-mos**) dínamo
dynamoelectric [,daɪnəmo·ɪ'lɛktrɪk] *adj* dinamoeléctrico
dynamometer [,daɪnə'mɑmɪtər] *s* dinamómetro
dynamometric [,daɪnəmo'mɛtrɪk] *adj* dinamométrico
dynamometry [,daɪnə'mɑmɪtrɪ] *s* (mech.) dinamometría
dynamotor ['daɪnə,motər] *s* (elec.) dinamotor
dynast ['daɪnæst] o ['daɪnəst] *s* dinasta
dynastic [daɪ'næstɪk] o [dɪ'næstɪk] *adj* dinástico
dynasty ['daɪnəstɪ] *s* (*pl:* **-ties**) dinastía
dynatron ['daɪnətrɑn] *s* (phys. & rad.) dinatrón
dyne [daɪn] *s* (phys.) dina
dyschroa ['dɪskroə] *s* (path.) discromía
dyschromatopsia [,dɪskromə'tɑpsɪə] *s* (path.) discromatopsia
dyscrasia [dɪs'kreʒɪə] *s* (path.) discrasia
dysenteric [,dɪsən'tɛrɪk] *adj* disentérico
dysentery ['dɪsən,tɛrɪ] *s* (path.) disentería
dysesthesia [,dɪsɛs'θiʒɪə] *s* (path.) disestesia
dysfunction [dɪs'fʌŋkʃən] *s* (med.) disfunción
dyslalia [dɪs'lelɪə] *s* (med.) dislalia
dysmenorrhea o **dysmenorrhoea** [,dɪsmenə'riə] *s* (path.) dismenorrea
dyspepsia [dɪs'pɛpsɪə] o [dɪs'pɛpʃə] *s* (path.) dispepsia
dyspeptic [dɪs'pɛptɪk] *adj* dispéptico; triste, melancólico; *s* dispéptico
dyspeptically [dɪs'pɛptɪkəlɪ] *adv* con la dispepsia; como un dispéptico; tristemente, melancólicamente
dysphagia [dɪs'fedʒɪə] *s* (med.) disfagia
dysphasia [dɪs'feʒɪə] *s* (med.) disfasia
dyspnea [dɪsp'niə] *s* (path.) disnea
dysprosium [dɪs'prosɪəm] o [dɪs'proʃɪəm] *s* (chem.) disprosio
dystrophy ['dɪstrəfɪ] *s* (path.) distrofia
dysuria [dɪs'jurɪə] *s* (path.) disuria
dz. abr. de **dozen** o **dozens**

E

E, e [i] *s* (*pl:* **E's, e's** [iz]) quinta letra del alfabeto inglés
E. abr. de **east, eastern** y **engineer**
E abr. de **east, eastern** y **Excellent**
ea. abr. de **each**
each [itʃ] *adj indef* cada; *pron indef* cada uno, cada cual; **of each other** el uno del otro, los unos de los otros, p.ej., **they took leave of each other** se despidieron los unos de los otros; **each other** nos, os, se; uno a otro, unos a otros, p.ej., **they looked at each other** se miraron uno a otro; *adv* para o por cada uno; por persona
eager [ˈigər] *adj* anhelante, ansioso; ardiente, fogoso; encarnizado (*combate*); **to be eager for** anhelar o anhelar por; **to be eager to** + *inf* anhelar + *inf*, ansiar + *inf*
eager beaver *s* (coll.) entusiasta diligente
eagerness [ˈigərnɪs] *s* anhelo, ansia; ardor, fogosidad; encarnizamiento
eagle [ˈigəl] *s* (orn.) águila; (fig.) águila (*emblema; moneda de oro de los EE.UU.*); (*cap.*) *s* (astr.) Águila
eagle eye *s* ojo avizor
eagle-eyed [ˈigəl,aɪd] *adj* de vista de águila; **to be eagle-eyed** tener vista de águila
eagle owl *s* (orn.) búho
eagle ray *s* (ichth.) águila
eaglestone [ˈigəl,ston] *s* (mineral.) etites
eaglet [ˈiglɪt] *s* (orn.) aguilucho
eaglewood [ˈigəl,wud] *s* (bot.) agáloco
ear [ɪr] *s* oreja; oído (*sentido*); asa, asidero; mazorca (*de maíz*); (bot.) espiga; **by ear** de oído; **to be all ears** (coll.) abrir tanto oído o tanto el oído, ser todo oídos; **to fall on deaf ears** no recibir atención; **to give ear to** prestar oído a; **to go in one ear and out the other** entrar por un oído y salir por el otro; **to have a good ear** tener oído, tener buen oído; **to have** o **to keep an ear to the ground** (coll.) prestar atención para estar al corriente; **to have an ear for music** tener oído para la música; **to have the ear of** gozar de la confianza de, tener influencia con; **to lend an ear** abrir los oídos, prestar el oído o los oídos; **to prick up one's ears** aguzar los oídos, aguzar las orejas; **to set by the ears** enemistar, malquistar; **to turn a deaf ear** hacerse sordo, hacer oídos de mercader; **to turn a deaf ear to** no dar oídos a; **up to one's ears** (coll.) hasta los ojos (*p.ej., en amor, en trabajo*); *vn* espigar
earache [ˈɪr,ek] *s* dolor de oído
eardrop [ˈɪr,drɑp] *s* arete
eardrum [ˈɪr,drʌm] *s* (anat.) tímpano (*del oído*)
earflap [ˈɪr,flæp] *s* orejera
earing [ˈɪrɪŋ] *s* (naut.) empuñidura
earl [ʌrl] *s* conde
earlap [ˈɪr,læp] *s* punta de la oreja; pabellón de la oreja; orejera (*de la gorra*)
earldom [ˈʌrldəm] *s* condado
early [ˈʌrlɪ] *adj* (*comp:* **-lier;** *super:* **-liest**) temprano; primero, antiguo; pronto, próximo, cercano; **at an early date** en fecha próxima; **the early part of** el principio de; **earlier** anterior; **early mass** misa de prima; **early times** tiempos remotos; *adv* (*comp:* **-lier;** *super:* **-liest**) temprano; al principio; en los primeros tiempos; **as early as** ya a (*cierta hora*); ya en (*cierta temporada, cierta época*); **as early as possible** lo más pronto posible; **early in** a principios de (*p.ej., el mes de febrero*); **early in the morning** muy de mañana; **one hour early** con una hora de anticipación; **to rise early** madrugar
early bird *s* madrugador
earmark [ˈɪr,mɑrk] *s* marca en la oreja; señal, distintivo; *va* distinguir, designar, poner aparte (*para cierto uso*)
earmuff [ˈɪr,mʌf] *s* orejera
earn [ʌrn] *va* ganar, ganarse; merecerse; obtener, conseguir, conquistar
earnest [ˈʌrnɪst] *adj* serio; celoso, diligente; **in earnest** en serio; de veras; *s* arras, prenda
earnest money *s* arras
earnestness [ˈʌrnɪstnɪs] *s* seriedad; celo, diligencia
earning [ˈʌrnɪŋ] *s* ganancia, rédito; salario
earphone [ˈɪr,fon] *s* casquete o teléfono de cabeza, auricular
earpick [ˈɪr,pɪk] *s* escarbaorejas
earring [ˈɪr,rɪŋ] *s* arete
earshot [ˈɪr,ʃɑt] *s* alcance del oído; **within earshot** al alcance del oído
ear-splitting [ˈɪr,splɪtɪŋ] *adj* ensordecedor
earth [ʌrθ] *s* tierra; mundo; madriguera; (rad.) tierra; (chem.) tierra rara; **down to earth** práctico, prosaico; **to come back to earth** bajar de las nubes; **to run to earth** cazar hasta alcanzar, buscar hasta hallar
earthboard [ˈʌrθ,bord] *s* orejera del arado
earthborn [ˈʌrθ,bɔrn] *adj* terrígeno; mortal, humano; de nacimiento humilde
earthbound [ˈʌrθ,baʊnd] *adj* ligado por los intereses terrenales
earthbred [ˈʌrθ,brɛd] *adj* humilde, bajo, vil
earthen [ˈʌrθən] *adj* de tierra; de barro
earthenware [ˈʌrθən,wɛr] *s* loza de barro; trastos, cacharros
earth inductor compass *s* (aer.) brújula de inducción terrestre
earthling [ˈʌrθlɪŋ] *s* habitante de la tierra; persona mundana
earthly [ˈʌrθlɪ] *adj* (*comp:* **-lier;** *super:* **-liest**) terrenal, mundano; concebible, posible; **to be of no earthly use** no servir para nada
earthnut [ˈʌrθ,nʌt] *s* (bot.) fruto subterráneo
earthquake [ˈʌrθ,kwek] *s* terremoto, temblor de tierra
earth-return circuit [ˈʌrθrɪ,tʌrn] *s* (elec.) circuito de retorno por tierra
earthward [ˈʌrθwərd] *adj & adv* hacia la tierra
earthwards [ˈʌrθwərdz] *adv* hacia la tierra
earthwork [ˈʌrθ,wʌrk] *s* (fort.) terraplén
earthworm [ˈʌrθ,wʌrm] *s* (zool.) gusano o lombriz de tierra
earthy [ˈʌrθɪ] *adj* (*comp:* **-ier;** *super:* **-iest**) terroso; basto, grosero; mundanal
ear trumpet *s* trompetilla acústica
earwax [ˈɪr,wæks] *s* cera de los oídos, cerumen
earwig [ˈɪr,wɪg] *s* (ent.) punzaorejas, tijereta
ease [iz] *s* facilidad; comodidad, soltura, desenvoltura, bienestar; **at ease** tranquilo, cómodo; (mil.) a discreción descanso; **to take one's ease** descansar, holgar; **with ease** con facilidad, sin esfuerzos; *va* facilitar; aliviar, mitigar; aligerar (*el peso*); aflojar, soltar; (naut.) arriar, lascar; **to ease someone of** u **out of something** (coll.) robar algo a alguien; **to ease someone out of a job** o **position** (coll.) facilitar la salida o la dimisión de una persona de un empleo o cargo; *vn* aliviarse, disminuir, aflojar; moverse lenta y suavemente
easel [ˈizəl] *s* caballete
easement [ˈizmənt] *s* alivio, comodidad; (law) servidumbre
easily [ˈizɪlɪ] *adv* fácilmente; sin duda; sobradamente, con mucho; probablemente
easiness [ˈizɪnɪs] *s* facilidad; soltura, desenvoltura; descuido, indiferencia
east [ist] *s* este, oriente; **down East** en o hacia la Nueva Inglaterra, EE.UU.; *adj* del este, oriental; *adv* al este
East Berlin *s* el Berlín-Este

East China Sea *s* mar Oriental, mar de la China Oriental
Easter [ˈistər] *s* pascua de flores, pascua florida, pascua de resurrección
Easter egg *s* huevo duro decorado que sirve de regalo en el día de Pascuas
Easter Island *s* Isla de Pascua
easterly [ˈistərlɪ] *adj* oriental; que viene desde el este; que va hacia el este; *adv* desde el este; hacia el este
Easter Monday *s* lunes de Pascua (*de resurrección*)
eastern [ˈistərn] *adj* oriental
eastern cardinal *s* (orn.) cardenal de Virginia
Eastern Church *s* Iglesia de Oriente
easterner [ˈistərnər] *s* habitante del este
Eastern Hemisphere *s* hemisferio oriental
easternmost [ˈistərnmost] *adj* (el) más oriental
Eastern Roman Empire *s* Imperio de Oriente
Eastern standard time *s* (U.S.A.) hora legal correspondiente al meridiano 75°
Easter Sunday *s* domingo de resurrección
Eastertide [ˈistərˌtaɪd] *s* aleluya
East Germany *s* la Alemania Oriental
East India *s* o **East Indies** *spl* Indias Orientales
East Indian *adj & s* indiano
east-northeast [ˈistˌnɔrθˈist] *s* esnordeste o lesnordeste
East Prussia *s* la Prusia Oriental
east-southeast [ˈistˌsaʊθˈist] *s* essudeste, essueste o lesueste
eastward [ˈistwərd] *adj* que va hacia el este; *s* este; *adv* hacia el este
eastwardly [ˈistwərdlɪ] *adj* que va hacia el este; *adv* hacia el este
eastwards [ˈistwərdz] *adv* hacia el este
easy [ˈizɪ] *adj* (*comp:* **-ier;** *super:* **-iest**) fácil; cómodo, holgado; holgazán; lento, pausado, moderado; (coll.) fácil de engañar; (com.) abundante (*dinero*); **on easy street** (coll.) con el bolsillo lastrado; *adv* (coll.) fácilmente; (coll.) despacio; **to take it easy** (coll.) descansar, holgar; (coll.) no afanarse; (coll.) ir despacio; (coll.) proceder con cuidado; **easy there!** (coll.) ¡despacio!
easy chair *s* poltrona
easy-going [ˈizɪˈgo·ɪŋ] *adj* despacioso, holgazán, dejado y flojo, flojo y condescendiente
easy mark *s* inocentón
easy money *s* dinero ganado sin pena
easy payments *spl* facilidades de pago
eat [it] (*pret:* **ate;** *pp:* **eaten**) *va* comer; comerse (*producir comiendo*); **to eat away** corroer; **to eat crow** (coll.) cantar la palinodia; **to eat humble pie** humillarse cediendo; **to eat one's heart out** sufrir en silencio; **to eat one's words** retractarse, retirar sus palabras; **to eat up** devorar; destruir; *vn* comer
eatable [ˈitəbəl] *adj* comestible, comible; **eatables** *spl* comestibles, alimentos
eaten [ˈitən] *pp de* **eat**
eater [ˈitər] *s* comedor; comilón
Eau de Cologne [ˌo də kəˈlon] *s* agua de Colonia
eau de vie [ˌo də ˈvi] *s* aguardiente
eaves [ivz] *spl* alero, tejaroz, socarrén
eaves board *s* contrapar
eavesdrop [ˈivzˌdrɑp] (*pret & pp:* **-dropped;** *ger:* **-dropping**) *vn* escuchar a las puertas, estar de escucha
eavesdropper [ˈivzˌdrɑpər] *s* escuchador a las puertas, escuchador escondido
ebb [ɛb] *s* (naut.) menguante, reflujo; decadencia; **at low ebb** decaído; *vn* bajar (*la marea*); decaer
ebb and flow *s* flujo y reflujo
ebb tide *s* marea menguante
ebenaceous [ˌɛbɪˈneʃəs] *adj* (bot.) ebenáceo
ebonite [ˈɛbənaɪt] *s* ebonita
ebony [ˈɛbənɪ] *s* (*pl:* **-ies**) (bot.) ébano (*árbol y madera*); *adj* de ébano, hecho de ébano; negro
ebullience [ɪˈbʌljəns] *s* ebullición; exaltación, entusiasmo
ebullient [ɪˈbʌljənt] *adj* hirviente; exaltado, entusiasta
ebulliometer [ɪˌbʌlɪˈɑmɪtər] *s* ebullómetro
ebullioscope [ɪˈbʌlɪəˌskop] *s* ebulloscopio
ebullition [ˌɛbəˈlɪʃən] *s* ebullición; arranque, viva emoción
eburnation [ˌibərˈneʃən] *s* (path.) eburnación
écarté [ˌekɑrˈte] *s* ecarté
ecce homo [ˈɛksɪˈhomo] *s* eccehomo (*imagen*)
eccentric [ɛkˈsɛntrɪk] *adj* excéntrico; *s* excéntrico; (mach.) excéntrica
eccentrically [ɛkˈsɛntrɪkəlɪ] *adv* excéntricamente
eccentricity [ˌɛksɛnˈtrɪsɪtɪ] *s* (*pl:* **-ties**) excentricidad
ecchymosis [ˌɛkɪˈmosɪs] *s* (*pl:* **-ses** [siz]) (path.) equimosis
Eccl. o **Eccles.** abr. de **Ecclesiastes**
Ecclesiastes [ɪˌklizɪˈæstiz] *s* (Bib.) el Eclesiastés
ecclesiastic [ɪˌklizɪˈæstɪk] *adj & s* eclesiástico
ecclesiastical [ɪˌklizɪˈæstɪkəl] *adj* eclesiástico
Ecclesiasticus [ɪˌklizɪˈæstɪkəs] *s* (Bib.) el Eclesiástico
echelon [ˈɛʃəlɑn] *s* escalón (*grado a que se asciende en autoridad*); (mil.) escalón; *va* (mil.) escalonar
echidna [ɪˈkɪdnə] *s* (zool.) equidna
echinococcus [ɪˌkaɪnəˈkɑkəs] *s* (*pl:* **-cocci** [ˈkɑksaɪ]) (zool.) equinococo
echinoderm [ɪˈkaɪnədʌrm] *s* (zool.) equinodermo
echinus [ɪˈkaɪnəs] *s* (*pl:* **-ni** [naɪ]) (arch. & zool.) equino
echo [ˈɛko] *s* (*pl:* **-oes**) eco; (*cap.*) *s* (myth.) Eco; (*l.c.*) *va* repetir (*un sonido*); imitar; *vn* hacer eco, resonar
echoic [ɛˈko·ɪk] *adj* ecoico
echolalia [ˌɛkoˈlelɪə] *s* (psychol.) ecolalia
éclair [eˈklɛr] *s* pastelillo o bollo de crema
eclampsia [ɛkˈlæmpsɪə] *s* (path.) eclampsia
éclat [eˈklɑ] *s* brillo, resplandor; éxito brillante; renombre; aclamación
eclectic [ɛkˈlɛktɪk] *adj & s* ecléctico
eclecticism [ɛkˈlɛktɪsɪzəm] *s* eclecticismo
eclipse [ɪˈklɪps] *s* (astr. & fig.) eclipse; *va* (astr. & fig.) eclipsar
ecliptic [ɪˈklɪptɪk] *adj* eclíptico; *s* eclíptica
ecliptical [ɪˈklɪptɪkəl] *adj* eclíptico
eclogue [ˈɛklɔg] o [ˈɛklɑg] *s* égloga
ecologist [iˈkɑlədʒɪst] *s* ecólogo
ecology [iˈkɑlədʒɪ] *s* ecología
economic [ˌikəˈnɑmɪk] o [ˌɛkəˈnɑmɪk] *adj* económico; **economics** *ssg* economía política
economical [ˌikəˈnɑmɪkəl] o [ˌɛkəˈnɑmɪkəl] *adj* económico
economically [ˌikəˈnɑmɪkəlɪ] o [ˌɛkəˈnɑmɪkəlɪ] *adv* económicamente
economist [ɪˈkɑnəmɪst] *s* economista
economize [ɪˈkɑnəmaɪz] *va & vn* economizar
economizer [ɪˈkɑnəˌmaɪzər] *s* (mach.) economizador
economy [ɪˈkɑnəmɪ] *s* (*pl:* **-mies**) economía
ecru o **écru** [ˈɛkru] o [ˈekru] *adj* crudo, sin blanquear; *s* tejido sin blanquear
ecstasy [ˈɛkstəsɪ] *s* (*pl:* **-sies**) éxtasis
ecstatic [ɛkˈstætɪk] *adj* extático
ecstatically [ɛkˈstætɪkəlɪ] *adv* extáticamente
ectasia [ɛkˈteʒɪə] *s* (path.) ectasia
ectasis [ˈɛktəsɪs] *s* (pros.) ectasis
ectoblast [ˈɛktoblæst] *s* (embryol.) ectoblasto
ectoderm [ˈɛktodʌrm] *s* (embryol.) ectodermo
ectoparasite [ˌɛktoˈpærəsaɪt] *s* (zool.) ectoparásito
ectopia [ɛkˈtopɪə] *s* (path.) ectopia
ectoplasm [ˈɛktoplæzəm] *s* (biol. & spiritualism) ectoplasma
ectropion [ɛkˈtropɪən] *s* (path.) ectropión
Ecuador [ˈɛkwədɔr] *s* el Ecuador
Ecuadoran [ˌɛkwəˈdorən] o **Ecuadorian** [ˌɛkwəˈdorɪən] *adj & s* ecuatoriano
Ecuadorianism [ˌɛkwəˈdorɪənɪzəm] *s* ecuatorianismo
ecumenic [ˌɛkjʊˈmɛnɪk] o **ecumenical** [ˌɛkjʊˈmɛnɪkəl] *adj* ecuménico
eczema [ˈɛksɪmə] o [ɛgˈzimə] *s* (path.) eczema
eczematous [ɛkˈzɛmətəs] *adj* eczematoso
ed. abr. de **edited, edition** y **editor**
Ed [ɛd] *s* nombre abreviado de **Edward, Edwin, Edgar** y **Edmund**
Edam cheese [ˈidæm] o [ˈidəm] *s* queso de Edam, queso de Holanda
edaphology [ˌɛdəˈfɑlədʒɪ] *s* edafología
Edda [ˈɛdə] *s* (lit.) edda

eddy ['ɛdɪ] *s* (*pl:* **-dies**) remolino; (*pret & pp:* **-died**) *va & vn* remolinear
eddy current *s* (elec.) corriente parásita, corriente de Foucault
edelweiss ['edəlvaɪs] *s* (bot.) edelweiss, estrella de los Alpes, pie de león
edema [i'dimə] *s* (*pl:* **-mata** [mətə]) (path.) edema
edematous [i'dɛmətəs] *adj* edematoso
Eden ['idən] *s* (Bib. & fig.) edén
Edenic [i'dɛnɪk] *adj* edénico
edentate [i'dentet] *adj* desdentado; *s* (zool.) desdentado
edge [ɛdʒ] *s* filo (*de un instrumento cortante*); margen, borde, orilla; ángulo, esquina, punta; canto (*p.ej., de una mesa*); corte (*de cuchillo, espada o libro*); (sew.) ribete; (fig.) punta, acrimonia; (slang) ventaja; **on edge** de canto; (fig.) nervioso; **to have the edge on** (slang) llevar ventaja a; **to set on edge** poner nervioso; **to set the teeth on edge** dar dentera; **to take the edge off** embotar; (fig.) embotar ‖ *va* afilar, aguzar; bordear; (sew.) ribetear; aguijonear, incitar; abrirse (*paso*) marchando de lado; mover poco a poco de canto; **to edge out** hacer salir empujando poco a poco ‖ *vn* avanzar de lado; **to edge in** abrirse paso, lograr entrar; **to edge up** subir un poco
edgeways ['ɛdʒ,wez] *adv* de filo, de canto, de lado; **to get a word in edgeways** lograr decir una palabra; **to not let a person get a word in edgeways** no dejarle a uno meter baza
edgewise ['ɛdʒ,waɪz] *adv* var. de **edgeways**
edging ['ɛdʒɪŋ] *s* orla, ribete; pestaña (*encaje*)
edgy ['ɛdʒɪ] *adj* angular; nervioso, irritable
edibility [,ɛdɪ'bɪlɪtɪ] *s* (lo) comestible
edible ['ɛdɪbəl] *adj & s* comestible
edict ['idɪkt] *s* edicto
edification [,ɛdɪfɪ'keʃən] *s* edificación (*enseñanza, beneficios espirituales*)
edifice ['ɛdɪfɪs] *s* edificio
edify ['ɛdɪfaɪ] (*pret & pp:* **-fied**) *va* edificar (*instruir o inspirar en materia de moral, fe, etc.*)
edifying ['ɛdɪ,faɪɪŋ] *adj* edificante
edile ['idaɪl] *s* edil
Edinburgh ['ɛdɪnbərə] o ['ɛdɪn,bʌro] *s* Edimburgo
edit. abr. de **edited, edition** y **editor**
edit ['ɛdɪt] *va* preparar para la imprenta; corregir para la imprenta; dirigir, redactar (*un periódico*)
Edith ['idɪθ] *s* Edita
edition [ɪ'dɪʃən] *s* edición
editor ['ɛdɪtər] *s* director, redactor (*de un periódico o revista*); revisor (*de un manuscrito*); editor (*de artículos de fondo*)
editorial [,ɛdɪ'torɪəl] *adj* editorial; de redacción: *s* editorial, artículo de fondo
editorialize [,ɛdɪ'torɪəlaɪz] *vn* editorializar, expresar opiniones en un artículo de fondo
editorially [,ɛdɪ'torɪəlɪ] *adv* en un editorial; como en un editorial
editorial staff *s* redacción, cuerpo de redacción, consejo de redacción
editor in chief *s* jefe de redacción
editorship ['ɛdɪtər,ʃɪp] *s* redacción; dirección (*de un periódico o revista*)
Edmund ['ɛdmənd] *s* Edmundo
educable ['ɛdʒəkəbəl] o ['ɛdʒʊkəbəl] *adj* educable
educate ['ɛdʒəket] o ['ɛdʒʊket] *va* educar
education [,ɛdʒə'keʃən] o [,ɛdʒʊ'keʃən] *s* educación, instrucción; instrucción pública
educational [,ɛdʒə'keʃənəl] o [,ɛdʒʊ'keʃənəl] *adj* educacional
educational institution *s* centro docente
educative ['ɛdʒə,ketɪv] o ['ɛdʒʊ,ketɪv] *adj* educativo
educator ['ɛdʒə,ketər] o ['ɛdʒʊ,ketər] *s* educador
educe [ɪ'djus] o [ɪ'dus] *va* educir
Edward ['ɛdwərd] *s* Eduardo
Edwardian [ɛd'wərdɪən] *adj* eduardiano
Edwin ['ɛdwɪn] *s* Eduíno
eel [il] *s* (ichth.) anguila; (ichth.) lamprea; **to be as slippery as an eel** escurrirse como una anguila
eelgrass ['il,græs] o ['il,grɑs] *s* (bot.) zostera marina
eelpot ['il,pɑt] *s* nasa para anguilas
eelpout ['il,paʊt] *s* (ichth.) zoarce
eelworm ['il,wʌrm] *s* (zool.) anguílula
e'en [in] *adv* (poet.) var. de **even**
e'er [ɛr] *adv* (poet.) var. de **ever**
eerie o **eery** ['ɪrɪ] o ['irɪ] *adj* (*comp:* **-rier;** *super:* **-riest**) misterioso, espectral; miedoso, tímido
effect [ɪ'fɛkt] *s* efecto; **effects** *spl* efectos; **for effect** sólo por impresionar; **in effect** en efecto, en realidad; vigente, en operación; **of no effect** sin resultado; **to feel the effect of** resentirse de; **to give effect to** activar, poner en efecto; **to go into effect** o **to take effect** hacerse vigente, ponerse en operación; **to put into effect** poner en vigor; **to the effect that** en el sentido de que; *va* efectuar
effective [ɪ'fɛktɪv] *adj* eficaz; vigente; impresionante; **effectives** *spl* (mil.) efectivos
effectual [ɪ'fɛktʃʊəl] *adj* eficaz
effectually [ɪ'fɛktʃʊəlɪ] *adv* eficazmente
effectuate [ɪ'fɛktʃʊet] *va* efectuar
effeminacy [ɪ'fɛmɪnəsɪ] *s* afeminación, afeminamiento
effeminate [ɪ'fɛmɪnɪt] *adj* afeminado; [ɪ'fɛmɪnet] *va* afeminar; *vn* afeminarse
effemination [ɪ,fɛmɪ'neʃən] *s* afeminación
effendi [ɪ'fɛndɪ] *s* (*pl:* **-dis**) efendi
efferent ['ɛfərənt] *adj* (physiol.) eferente
effervesce [,ɛfər'vɛs] *vn* estar en efervescencia
effervescence [,ɛfər'vɛsəns] *s* efervescencia
effervescent [,ɛfər'vɛsənt] *adj* efervescente
effete [ɪ'fit] *adj* usado, gastado; estéril, infructuoso; decadente
efficacious [,ɛfɪ'keʃəs] *adj* eficaz
efficacy ['ɛfɪkəsɪ] *s* (*pl:* **-cies**) eficacia
efficiency [ɪ'fɪʃənsɪ] *s* (*pl:* **-cies**) eficiencia; (mech.) rendimiento, efecto útil, eficiencia
efficiency engineering *s* taylorismo, organización científica
efficient [ɪ'fɪʃənt] *adj* eficiente; (mech.) de buen rendimiento
effigy ['ɛfɪdʒɪ] *s* (*pl:* **-gies**) efigie; **to burn in effigy** quemar en efigie; **to hang in effigy** ahorcar en efigie
effloresce [,ɛflo'rɛs] *vn* florecer, echar flores; (chem.) eflorecerse
efflorescence [,ɛflo'rɛsəns] *s* (bot. & chem.) eflorescencia
efflorescent [,ɛflo'rɛsənt] *adj* (bot. & chem.) eflorescente
effluence ['ɛflʊəns] *s* efluencia, emanación
effluent ['ɛflʊənt] *adj* efluente; *s* corriente efluente
effluvium [ɪ'fluvɪəm] *s* (*pl:* **-via** [vɪə] o **-viums**) efluvio
effort ['ɛfərt] *s* esfuerzo; obra; **to make every effort to** + *inf* hacer lo posible por + *inf*
effrontery [ɪ'frʌntərɪ] *s* (*pl:* **-ies**) desfachatez, impudencia
effulgence [ɪ'fʌldʒəns] *s* refulgencia
effulgent [ɪ'fʌldʒənt] *adj* refulgente
effuse [ɪ'fjuz] *va* verter, derramar; *vn* emanar
effusion [ɪ'fjuʒən] *s* efusión; (fig.) efusión
effusive [ɪ'fjusɪv] *adj* efusivo; (geol. & fig.) efusivo
eft [ɛft] *s* (zool.) tritón; (zool.) lagartija
e.g. abr. de **exempli gratia** (Lat.) **for example**
Eg. abr. de **Egypt** y **Egyptian**
egg [ɛg] *s* huevo; (arch.) ova (*que alterna con el dardo*); (slang) sujeto, buen sujeto; **to have** o **to put all one's eggs in one basket** jugarlo todo a una carta; *va* mezclar o cubrir con huevos; (coll.) arrojar huevos a; **to egg on** incitar
egg beater *s* batidor de huevos
egg cell *s* (biol.) óvulo
eggcup ['ɛg,kʌp] *s* huevera
egg glass *s* reloj de arena de unos tres minutos para hervir huevos
egghead ['ɛg,hɛd] *s* (slang) intelectual
eggnog ['ɛg,nɑg] *s* yema mejida, caldo de la reina, ponche de huevo
eggplant ['ɛg,plænt] o ['ɛg,plɑnt] *s* (bot.) berenjena
egg-shaped ['ɛg,ʃept] *adj* oviforme

eggshell [ˈɛg,ʃɛl] *s* cáscara de huevo, cascarón
egg whisk *s* (Brit.) var. de **egg beater**
egis [ˈidʒɪs] *s* var. de **aegis**
eglantine [ˈɛgləntaɪn] *s* (bot.) eglantina (*Rosa eglanteria y R. canina*); (bot.) rosa fétida; (bot.) madreselva
ego [ˈigo] o [ˈɛgo] *s* (*pl:* **-gos**) yo; (coll.) egotismo
egocentric [,igoˈsɛntrɪk] o [,ɛgoˈsɛntrɪk] *adj & s* egocéntrico
egoism [ˈigo·ɪzəm] o [ˈɛgo·ɪzəm] *s* egoísmo; egotismo
egoist [ˈigo·ɪst] o [ˈɛgo·ɪst] *s* egoísta; egotista
egoistic [,igoˈɪstɪk] o [,ɛgoˈɪstɪk] *adj* egoísta; egotista
egotism [ˈigotɪzəm] o [ˈɛgotɪzəm] *s* egotismo; egoísmo
egotist [ˈigotɪst] o [ˈɛgotɪst] *s* egotista; egoísta
egotistic [,igoˈtɪstɪk] o [,ɛgoˈtɪstɪk] o **egotistical** [,igoˈtɪstɪkəl] o [,ɛgoˈtɪstɪkəl] *adj* egotista; egoísta
egregious [ɪˈgridʒəs] *adj* (obs.) egregio; atroz, enorme
egress [ˈigrɛs] *s* salida
egret [ˈigrɛt] *s* var. de **aigrette**
Egypt [ˈidʒɪpt] *s* Egipto
Egyptian [ɪˈdʒɪpʃən] *adj & s* egipcio; gitano
Egyptian vulture *s* (orn.) alimoche
Egyptological [ɪ,dʒɪptəˈlɑdʒɪkəl] *adj* egiptológico
Egyptologist [,idʒɪpˈtɑlədʒɪst] *s* egiptólogo
Egyptology [,idʒɪpˈtɑlədʒɪ] *s* egiptología
eh [e] *interj* ¡eh!
E.I. abr. de **East Indian**
eider [ˈaɪdər] *s* (orn.) eíder, pato de flojel
eider down *s* edredón
eider duck *s* (orn.) eíder, pato de flojel
eight [et] *adj* ocho; *s* ocho; **eight o'clock** las ocho
eight ball *s* bola negra del juego de trucos, señalada con el número ocho; **behind the eight ball** (slang) en situación peligrosa, en situación dificultosa
eight-cylinder [ˈet,sɪlɪndər] *adj* (mach.) de ocho cilindros; **an eight-cylinder V motor** un ocho cilindros en V
eight-day clock [ˈetˈde] *s* reloj de ocho días cuerda
eighteen [ˈeˈtin] *adj & s* dieciocho o diez y ocho
eighteenth [ˈeˈtinθ] *adj* décimoctavo; dieciochavo; *s* décimoctavo; dieciochavo; dieciocho (*en las fechas*)
eighteenth-century [ˈeˈtinθˈsɛntʃərɪ] *adj* dieciochesco, dieciochista
eightfold [ˈet,fold] *adj & s* óctuple, óctuplo; *adv* ocho veces
eighth [etθ] *adj* octavo; *s* octavo; ocho (*en las fechas*); (mus.) octava
eight hundred *adj & s* ochocientos
eightieth [ˈetɪɪθ] *adj & s* octogésimo; ochentavo
eighty [ˈetɪ] *adj* ochenta; *s* (*pl:* **-ties**) ochenta
eikon [ˈaɪkɑn] *s* var. de **icon**
einsteinium [aɪnˈstaɪnɪəm] *s* (chem.) einsteinio
Eire [ˈɛrə] *s* Eire
either [ˈiðər] o [ˈaɪðər] *adj* uno u otro, cualquier . . . de los dos; cada (*de los dos*); *pron* uno u otro, cualquiera de los dos; *adv* tampoco; *conj* o sea; **either . . . or** o . . . o
ejaculate [ɪˈdʒækjəlet] o [iˈdʒækjʊlet] *va & vn* proferir de repente; (physiol.) eyacular
ejaculation [ɪ,dʒækjəˈleʃən] o [i,dʒækjʊˈleʃən] *s* exclamación; jaculatoria (*oración breve y ferviente*); (physiol.) eyaculación
ejaculatory [ɪˈdʒækjələ,torɪ] o [iˈdʒækjʊlə,torɪ] *adj* exclamatorio; jaculatorio (*breve y ferviente*); (physiol.) eyaculador
ejaculatory duct *s* (anat.) conducto eyaculador
eject [ɪˈdʒɛkt] *va* echar, arrojar, expulsar
ejection [ɪˈdʒɛkʃən] *s* expulsión; deyección (*p.ej., de un volcán*)
ejection seat *s* (aer.) asiento lanzable
ejectment [ɪˈdʒɛktmənt] *s* expulsión, exclusión
ejector [ɪˈdʒɛktər] *s* expulsador; (mach.) eyector; expulsor (*de arma de fuego*)
eke [ik] *va* aumentar con dificultad; **to eke out** ganar a duras penas
el [ɛl] *s* ana (*medida*); pabellón (*edificio contiguo*); (coll.) ferrocarril aéreo, ferrocarril elevado
elaborate [ɪˈlæbərɪt] *adj* elaborado; complicado; [ɪˈlæbəret] *va* elaborar; (physiol.) elaborar; *vn* explicarse con muchos detalles
elaboration [ɪ,læbəˈreʃən] *s* elaboración
elaeagnaceous [,ɛlɪægˈneʃəs] *adj* (bot.) eleagnáceo
Elaine [ɪˈlen] *s* Elena
élan [eˈlɑ̃] *s* entusiasmo, vivacidad
eland [ˈilənd] *s* (zool.) oreas
élan vital [viˈtɑl] *s* fuerza vital
elapse [ɪˈlæps] *vn* pasar, transcurrir, mediar
elasmobranch [ɪˈlæsməbræŋk] o [ɪˈlæzməbræŋk] *s* (ichth.) elasmobranquio
elastic [ɪˈlæstɪk] *adj & s* elástico
elastically [ɪˈlæstɪkəlɪ] *adv* elásticamente
elasticity [ɪ,læsˈtɪsɪtɪ] o [,ilæsˈtɪsɪtɪ] *s* elasticidad
elastin [ɪˈlæstɪn] *s* (biochem.) elastina
elate [ɪˈlet] *va* regocijar, exaltar
elated [ɪˈletɪd] *adj* regocijado, exaltado
elaterin [ɪˈlætərɪn] *s* (chem.) elaterina
elation [ɪˈleʃən] *s* regocijo, exaltación, viva alegría
elbow [ˈɛlbo] *s* codo (*del brazo o la manga*); (mach.) codo; recodo (*p.ej., de un río*); brazo (*de sillón*); **at one's elbow** a la mano, muy cerca; **out at the elbow** andrajoso; **to crook the elbow** (slang) empinar el codo; **to rub elbows with** rozarse mucho con; **up to the elbows** hasta los codos; *va* empujar codeando; **to elbow one's way through** abrirse paso codeando, abrirse paso a codazos; *vn* codear; formar recodos
elbow bender *s* (slang) aficionado a empinar el codo
elbow grease *s* (coll.) trabajo manual, duro esfuerzo, jugo de muñeca, betún de saliva, manteca de codo
elbow patch *s* codera
elbow rest *s* ménsula
elbowroom [ˈɛlbo,rum] o [ˈɛlbo,rʊm] *s* amplio espacio, espacio suficiente; libertad de acción
elder [ˈɛldər] *adj* mayor; *s* mayor; anciano; señor mayor; (eccl.) anciano; (bot.) saúco
elderberry [ˈɛldər,bɛrɪ] *s* (*pl:* **-ries**) (bot.) saúco; baya del saúco
elderly [ˈɛldərlɪ] *adj* viejo, anciano, mayor
eldership [ˈɛldərʃɪp] *s* señorío
eldest [ˈɛldɪst] *adj super* (el) más viejo, (el) mayor
El Dorado [ɛldəˈrɑdo] *s* (*pl:* **-dos**) Eldorado
Eleanor [ˈɛlənər] *s* Leonor
Eleatic [,ɛlɪˈætɪk] *adj & s* eleático
elec. abr. de **electrical** y **electricity**
elecampane [,ɛlɪkæmˈpen] *s* (bot.) énula campana, helenio
elect [ɪˈlɛkt] *adj* elegido, electo; *s* electo; **the elect** los elegidos o los escogidos (*por Dios*); los privilegiados; *va* elegir
election [ɪˈlɛkʃən] *s* elección; (theol.) elección, predestinación
electioneer [ɪ,lɛkʃəˈnɪr] *vn* solicitar votos, hacer campaña electoral
elective [ɪˈlɛktɪv] *adj* electivo; *s* curso o asignatura electiva
elector [ɪˈlɛktər] *s* elector
electoral [ɪˈlɛktərəl] *adj* electoral
electoral college *s* colegio electoral
electorate [ɪˈlɛktərɪt] *s* electorado
Electra [ɪˈlɛktrə] *s* (myth.) Electra
Electra complex *s* (psychoanal.) complejo de Electra
electress [ɪˈlɛktrɪs] *s* electriz (*mujer o viuda de un príncipe elector*); electora (*mujer que tiene derecho para elegir*)
electric [ɪˈlɛktrɪk] *adj* eléctrico; *s* (coll.) tranvía eléctrico, ferrocarril eléctrico
electrical [ɪˈlɛktrɪkəl] *adj* eléctrico
electrical engineer *s* ingeniero electricista
electrical engineering *s* electrotecnia, ingeniería electricista, ingeniería eléctrica
electrically [ɪˈlɛktrɪkəlɪ] *adv* eléctricamente
electrical transcription *s* transcripción eléctrica
electric blanket *s* cobija eléctrica
electric chair *s* silla eléctrica
electric clock *s* reloj eléctrico
electric column *s* pila voltaica

electric eel *s* (ichth.) anguila eléctrica
electric eye *s* ojo eléctrico
electric fan *s* ventilador eléctrico
electric heating pad *s* almohadilla caliente eléctrica
electric hot-water heater *s* termos eléctrico
electrician [ɪˌlɛkˈtrɪʃən] o [ˌɛlɛkˈtrɪʃən] *s* electricista
electricity [ɪˌlɛkˈtrɪsɪtɪ] o [ˌɛlɛkˈtrɪsɪtɪ] *s* electricidad
electric percolator *s* cafetera eléctrica
electric-powered [ɪˈlɛktrɪkˈpaʊərd] *adj* accionado eléctricamente
electric ray *s* (ichth.) pez eléctrico, tremielga, torpedo
electric razor *s* máquina de afeitar eléctrica
electric refrigerator *s* nevera eléctrica
electric shaver *s* electroafeitadora
electric steel *s* acero de horno eléctrico
electric tape *s* cinta aislante
electric varnish *s* barniz aislador
electrification [ɪˌlɛktrɪfɪˈkeʃən] *s* electrificación
electrify [ɪˈlɛktrɪfaɪ] (*pret & pp:* **-fied**) *va* electrificar, electrizar; (fig.) electrizar
electrocardiogram [ɪˌlɛktroˈkɑrdɪoˌgræm] *s* electrocardiograma
electrocardiograph [ɪˌlɛktroˈkɑrdɪoˌgræf] o [ɪˌlɛktroˈkɑrdɪoˌgrɑf] *s* electrocardiógrafo
electrochemical [ɪˌlɛktroˈkɛmɪkəl] *adj* electroquímico
electrochemistry [ɪˌlɛktroˈkɛmɪstrɪ] *s* electroquímica
electro-convulsive treatment [ɪˌlɛktrokənˈvʌlsɪv] *s* electroshockterapia
electrocute [ɪˈlɛktrəkjut] *va* electrocutar
electrocution [ɪˌlɛktrəˈkjuʃən] *s* electrocución
electrode [ɪˈlɛktrod] *s* electrodo
electrodynamic [ɪˌlɛktrodaɪˈnæmɪk] *adj* electrodinámico; **electrodynamics** *ssg* electrodinámica
electrolier [ɪˌlɛktroˈlɪr] *s* araña de lámparas eléctricas
electrolysis [ɪˌlɛkˈtrɑlɪsɪs] o [ˌɛlɛkˈtrɑlɪsɪs] *s* (chem. & surg.) electrólisis; depilación con aguja electrificada
electrolyte [ɪˈlɛktrolaɪt] *s* electrólito
electrolytic [ɪˌlɛktroˈlɪtɪk] *adj* electrolítico
electrolytically [ɪˌlɛktroˈlɪtɪkəlɪ] *adv* electrolíticamente
electrolytic condenser *s* (rad.) condensador electrolítico
electrolyzation [ɪˌlɛktrəlɪˈzeʃən] *s* electrolización
electrolyze [ɪˈlɛktrolaɪz] *va* electrolizar
electromagnet [ɪˌlɛktroˈmægnɪt] *s* electroimán, electro
electromagnetic [ɪˌlɛktromægˈnɛtɪk] *adj* electromagnético
electromagnetic induction *s* (elec.) inducción electromagnética
electromagnetic speaker *s* (rad.) altavoz o altoparlante electromagnético
electromagnetism [ɪˌlɛktroˈmægnɪtɪzəm] *s* electromagnetismo
electrometallurgy [ɪˌlɛktroˈmɛtəlʌrdʒɪ] *s* electrometalurgia
electrometer [ɪˌlɛkˈtrɑmɪtər] o [ˌɛlɛkˈtrɑmɪtər] *s* electrómetro
electrometric [ɪˌlɛktroˈmɛtrɪk] *adj* electrométrico
electrometry [ɪˌlɛkˈtrɑmɪtrɪ] o [ˌɛlɛkˈtrɑmɪtrɪ] *s* electrometría
electromotive [ɪˌlɛktroˈmotɪv] *adj* electromotor
electromotive force *s* fuerza electromotriz
electromotor [ɪˌlɛktroˈmotər] *s* electromotor, motor eléctrico; aparato electrógeno
electron [ɪˈlɛktrɑn] *s* (phys. & chem.) electrón
electronegative [ɪˌlɛktroˈnɛgətɪv] *adj* electronegativo
electronic [ɪˌlɛkˈtrɑnɪk] o [ˌɛlɛkˈtrɑnɪk] *adj* electrónico; **electronics** *ssg* electrónica
electronic brain *s* cerebro electrónico
electron microscope *s* microscopio electrónico
electron spin *s* (phys.) giro electrónico
electron volt *s* (phys.) electrón voltio
electrophonic [ɪˌlɛktroˈfɑnɪk] *adj* electrofónico
electrophorus [ɪˌlɛkˈtrɑfərəs] o [ˌɛlɛkˈtrɑfərəs] *s* (*pl:* **-ri** [raɪ]) (phys.) electróforo
electroplate [ɪˈlɛktroˌplet] *s* artículo galvanizado; *va* galvanizar
electroplating [ɪˈlɛktroˌpletɪŋ] *s* galvanoplastia
electropneumatic [ɪˌlɛktronjuˈmætɪk] o [ɪˌlɛktronuˈmætɪk] *adj* (mus.) electroneumático (*órgano*)
electropositive [ɪˌlɛktroˈpɑzɪtɪv] *adj* electropositivo
electroscope [ɪˈlɛktrəskop] *s* (phys.) electroscopio
electroshock [ɪˈlɛktroˌʃɑk] *s* electrochoque
electrostatic [ɪˌlɛktroˈstætɪk] *adj* electrostático; **electrostatics** *ssg* electrostática
electrosurgery [ɪˌlɛktroˈsʌrdʒərɪ] *s* electrocirugía
electrotechnical [ɪˌlɛktroˈtɛknɪkəl] *adj* electrotécnico
electrotherapy [ɪˌlɛktroˈθɛrəpɪ] *s* electroterapia
electrotype [ɪˈlɛktrotaɪp] *s* electrotipo; *va* electrotipar
electrotypy [ɪˈlɛktroˌtaɪpɪ] *s* electrotipia
electrum [ɪˈlɛktrəm] *s* electro (*aleación*); plata alemana
electuary [ɪˈlɛktʃʊˌɛrɪ] *s* (*pl:* **-ies**) electuario
eleemosynary [ˌɛlɪˈmɑsɪˌnɛrɪ] *adj* limosnero; mendicante
elegance [ˈɛlɪgəns] *s* elegancia
elegancy [ˈɛlɪgənsɪ] *s* (*pl:* **-cies**) var. de **elegance**
elegant [ˈɛlɪgənt] *adj* elegante
elegiac [ˌɛlɪˈdʒaɪæk] o [ɛˈlidʒɪæk] *adj* elegíaco
elegy [ˈɛlɪdʒɪ] *s* (*pl:* **-gies**) elegía
element [ˈɛlɪmənt] *s* elemento; (anat., biol. & elec.) elemento; (chem.) elemento, cuerpo simple; **the four elements** los cuatro elementos (*fuego, agua, aire y tierra*); **the elements** los elementos (*primeros principios; las fuerzas naturales*); **to be in one's element** estar en su elemento
elemental [ˌɛlɪˈmɛntəl] *adj* elemental
elementary [ˌɛlɪˈmɛntərɪ] *adj* elemental
elemi [ˈɛlɪmɪ] *s* (*pl:* **-mis**) elemí
elephant [ˈɛlɪfənt] *s* elefante
elephant fish *s* (ichth.) pez elefante
elephant grass *s* (bot.) hierba elefante (*Pennisetum purpureum*)
elephantiac [ˌɛlɪˈfæntɪæk] *adj & s* elefancíaco
elephantiasis [ˌɛlɪfænˈtaɪəsɪs] *s* (path.) elefantiasis
elephantine [ˌɛlɪˈfæntɪn] o [ˌɛlɪˈfæntaɪn] *adj* elefantino
elephant seal *s* (zool.) foca de trompa, elefante marino
elephant's-ear [ˈɛlɪfəntsˌɪr] *s* (bot.) begonia; (bot.) taro
Eleusinian [ˌɛljʊˈsɪnɪən] *adj & s* eleusino
Eleusinian mysteries *spl* misterios de Eleusis
elevate [ˈɛlɪvet] *va* elevar; regocijar
elevated [ˈɛlɪˌvetɪd] *adj* elevado; alegre; *s* (coll.) ferrocarril aéreo, ferrocarril elevado
elevated railroad *s* ferrocarril aéreo, ferrocarril elevado
elevation [ˌɛlɪˈveʃən] *s* elevación; (arch. & astr). elevación; (*cap.*) *s* (eccl.) elevación
elevator [ˈɛlɪˌvetər] *s* ascensor, elevador; montacargas; elevador de granos; depósito de cereales; (aer.) timón de profundidad
elevator shaft *s* caja o pozo de ascensor
eleven [ɪˈlɛvən] *adj* once; *s* once; (football) once (*equipo de jugadores*); **eleven o'clock** las once
elevenfold [ɪˈlɛvənˌfold] *adj & s* undécuplo; *adv* once veces
eleventh [ɪˈlɛvənθ] *adj* undécimo, onceno; onzavo; *s* undécimo, onceno; onzavo; once (*en las fechas*)
eleventh hour *s* último minuto
elf [ɛlf] *s* (*pl:* **elves**) elfo, duende; enano; niño travieso
elfin [ˈɛlfɪn] *adj* elfino, travieso; *s* elfo
elfish [ˈɛlfɪʃ] *adj* elfino, travieso
elflock [ˈɛlfˌlɑk] *s* greña de pelo
Eli [ˈilaɪ] *s* (Bib.) Elí
elicit [ɪˈlɪsɪt] *va* sacar, sonsacar
elicitation [ɪˌlɪsɪˈteʃən] *s* sacamiento, sonsacamiento
elide [ɪˈlaɪd] *va* elidir

eligibility [ˌɛlɪdʒɪˈbɪlɪtɪ] *s* (*pl:* **-ties**) elegibilidad
eligible [ˈɛlɪdʒɪbəl] *adj* elegible; admisible, aceptable
Elijah [ɪˈlaɪdʒə] *s* (Bib.) Elías
eliminate [ɪˈlɪmɪnet] *va* eliminar; (math. & physiol.) eliminar
elimination [ɪˌlɪmɪˈneʃən] *s* eliminación; (physiol.) eliminación
elimination match o **race** *s* (sport) eliminatoria
Eliot [ˈɛlɪət] *s* Elías
Elisha [ɪˈlaɪʃə] *s* (Bib.) Eliseo
elision [ɪˈlɪʒən] *s* elisión
élite o **elite** [eˈlit] *s* lo escogido, lo selecto; **the élite of society** la élite de la sociedad
elixir [ɪˈlɪksər] *s* elixir o elíxir
Elizabeth [ɪˈlɪzəbəθ] *s* Isabel
Elizabethan [ɪˌlɪzəˈbiθən] o [ɪˌlɪzəˈbɛθən] *adj* & *s* isabelino
elk [ɛlk] *s* (zool.) alce
ell [ɛl] *s* ana (*medida*); pabellón (*edificio contiguo*)
Elliott [ˈɛlɪət] *s* Elías
ellipse [ɪˈlɪps] *s* (geom.) elipse
ellipsis [ɪˈlɪpsɪs] *s* (*pl:* **-ses** [siz]) (gram.) elipsis
ellipsograph [ɪˈlɪpsəgræf] o [ɪˈlɪpsəgrɑf] *s* elipsógrafo
ellipsoid [ɪˈlɪpsɔɪd] *s* (geom.) elipsoide
elliptic [ɪˈlɪptɪk] o **elliptical** [ɪˈlɪptɪkəl] *adj* (geom. & gram.) elíptico
elliptically [ɪˈlɪptɪkəlɪ] *adv* elípticamente
Ellis [ˈɛlɪs] *s* Elías
elm [ɛlm] *s* (bot.) olmo
elocution [ˌɛləˈkjuʃən] *s* elocución
elocutionary [ˌɛləˈkjuʃənˌɛrɪ] *adj* declamatorio
elocutionist [ˌɛləˈkjuʃənɪst] *s* declamador, recitador
Eloise [ˌɛloˈiz] *s* Eloísa
elongate [ɪˈlɔŋget] o [ɪˈlɑŋget] *adj* alargado; *va* alargar, extender; *vn* alargarse, extenderse
elongation [ˌilɔŋˈgeʃən] o [ˌilɑŋˈgeʃən] *s* alargamiento, extensión; (astr.) elongación
elope [ɪˈlop] *vn* fugarse con un amante; huir, evadirse, escaparse
elopement [ɪˈlopmənt] *s* fuga con un amante; fuga, escapada
eloquence [ˈɛləkwəns] *s* elocuencia
eloquent [ˈɛləkwənt] *adj* elocuente
El Salvador [ɛlˈsælvədɔr] *s* El Salvador
else [ɛls] *adj* otro, diferente; más; *adv* de otro modo, de otra manera; si no; **or else** o bien
elsewhere [ˈɛlshwɛr] *adv* en otra parte, a otra parte
elsewhither [ˈɛlsˌhwɪðər] *adv* a otra parte
elucidate [ɪˈlusɪdet] *va* elucidar
elucidation [ɪˌlusɪˈdeʃən] *s* elucidación
elude [ɪˈlud] *va* eludir
elusion [ɪˈluʒən] *s* evasiva, efugio
elusive [ɪˈlusɪv] o **elusory** [ɪˈlusərɪ] *adj* deslumbrador, difícil de comprender; evasivo
elver [ˈɛlvər] *s* (ichth.) anguila joven
elvish [ˈɛlvɪʃ] *adj* var. de **elfish**
Elysian [ɪˈlɪʒən] *adj* elíseo o elisio
Elysian Fields *spl* (myth.) campos elíseos o elisios
Elysium [ɪˈlɪʒəm] o [ɪˈlɪzɪəm] *s* (myth. & fig.) Elíseo o Elisio
elytrum [ˈɛlɪtrəm] *s* (*pl:* **-tra** [trə]) (ent.) élitro
Elzevir [ˈɛlzəvər] o [ˈɛlzəvɪr] *adj* elzeviriano; *s* (bibliog. & print.) elzevir o elzevirio
em [ɛm] *s* (print.) eme
em o **'em** [əm] *pron pers pl* (coll.) var. de **them**
emaciate [ɪˈmeʃɪet] *va* enflaquecer; *vn* enflaquecerse
emaciation [ɪˌmeʃɪˈeʃən] *s* enflaquecimiento, emaciación
emanate [ˈɛmənet] *vn* emanar
emanation [ˌɛməˈneʃən] *s* emanación
emancipate [ɪˈmænsɪpet] *va* emancipar
emancipation [ɪˌmænsɪˈpeʃən] *s* emancipación
emancipator [ɪˈmænsɪˌpetər] *s* emancipador, libertador
emasculate [ɪˈmæskjəlɪt] *adj* debilitado, afeminado; [ɪˈmæskjəlet] *va* emascular; (fig.) debilitar, mutilar
emasculation [ɪˌmæskjəˈleʃən] *s* emasculación; (fig.) debilitación, mutilación
embalm [ɛmˈbɑm] *va* embalsamar (*un cadáver; el aire*); conservar, conservar en la memoria
embalmer [ɛmˈbɑmər] *s* embalsamador
embalmment [ɛmˈbɑmmənt] *s* embalsamamiento
embank [ɛmˈbæŋk] *va* terraplenar
embankment [ɛmˈbæŋkmənt] *s* terraplén
embargo [ɛmˈbɑrgo] *s* (*pl:* **-goes**) embargo; *va* embargar
embark [ɛmˈbɑrk] *va* embarcar; (fig.) embarcar, lanzar (*en una empresa*); (fig.) invertir (*dinero*) en una empresa; *vn* embarcarse
embarkation [ˌɛmbɑrˈkeʃən] o **embarkment** [ɛmˈbɑrkmənt] *s* embarco (*de personas*); embarque (*de mercancías*)
embarrass [ɛmˈbærəs] *va* avergonzar, desconcertar; embarazar, estorbar; poner en aprieto
embarrassing [ɛmˈbærəsɪŋ] *adj* vergonzoso, desconcertador; embarazoso
embarrassment [ɛmˈbærəsmənt] *s* vergüenza, desconcierto; embarazo, estorbo; apuros, dificultades
embassador [ɛmˈbæsədər] *s* var. de **ambassador**
embassy [ˈɛmbəsɪ] *s* (*pl:* **-sies**) embajada
embattle [ɛmˈbætəl] *va* preparar para la batalla; (fort.) almenar
embay [ɛmˈbe] *va* abrigar o cerrar en una bahía; encerrar
embed [ɛmˈbɛd] (*pret & pp:* **-bedded;** *ger:* **-bedding**) *va* hincar, encajar, empotrar, plantar
embellish [ɛmˈbɛlɪʃ] *va* embellecer
embellishment [ɛmˈbɛlɪʃmənt] *s* embellecimiento
ember [ˈɛmbər] *s* ascua, pavesa; **embers** *spl* rescoldo
Ember days *spl* témpora, témporas
embezzle [ɛmˈbɛzəl] *va* malversar, desfalcar
embezzlement [ɛmˈbɛzəlmənt] *s* malversación, desfalco
embezzler [ɛmˈbɛzlər] *s* malversador
embitter [ɛmˈbɪtər] *va* amargar
emblazon [ɛmˈblezən] *va* blasonar; engalanar o esmaltar con colores brillantes; (fig.) blasonar, ensalzar
emblazonment [ɛmˈblezənmənt] *s* var. de **emblazonry**
emblazonry [ɛmˈblezənrɪ] *s* (*pl:* **-ries**) blasón; adorno brillante
emblem [ˈɛmbləm] *s* emblema
emblematic [ˌɛmbləˈmætɪk] o **emblematical** [ˌɛmbləˈmætɪkəl] *adj* emblemático
embodiment [ɛmˈbɑdɪmənt] *s* incorporación; encarnación, personificación
embody [ɛmˈbɑdɪ] (*pret & pp:* **-ied**) *va* incorporar; encarnar, personificar
embolden [ɛmˈboldən] *va* envalentonar
embolectomy [ˌɛmbəˈlɛktəmɪ] *s* (*pl:* **-mies**) (surg.) embolectomía
embolism [ˈɛmbəlɪzəm] *s* embolismo (*para igualar el calendario*); (path.) embolia
embolismic [ˌɛmbəˈlɪzmɪk] *adj* embolismal o embolísmico
embolus [ˈɛmbələs] *s* (*pl:* **-li** [laɪ]) (path.) émbolo
embonpoint [ɑ̃bɔ̃ˈpwɛ̃] *s* redondez de cuerpo
embosom [ɛmˈbʊzəm] *va* ensenar, guardar en el seno, encerrar en el pecho; envolver, abrigar, proteger cariñosamente
emboss [ɛmˈbɔs] o [ɛmˈbɑs] *va* abollonar; realzar, labrar de o al realce
embossment [ɛmˈbɔsmənt] o [ɛmˈbɑsmənt] *s* abollonadura; realce, relieve
embouchure [ˌɑmbuˈʃʊr] *s* desembocadura (*de un río*); embocadura (*de un instrumento músico*)
embower [ɛmˈbaʊər] *va* emparrar
embrace [ɛmˈbres] *s* abrazo; *va* abrazar; *vn* abrazarse (*dos personas*)
embrasure [ɛmˈbreʒər] *s* (arch.) alféizar; (fort.) aspillera, tronera; *va* aspillerar
embrocate [ˈɛmbroket] *va* (med.) bañar y frotar con una embrocación
embrocation [ˌɛmbroˈkeʃən] *s* (med.) embrocación
embroider [ɛmˈbrɔɪdər] *va* bordar, recamar; (fig.) bordar, embellecer
embroidery [ɛmˈbrɔɪdərɪ] *s* (*pl:* **-ies**) bordado, recamado

embroidery frame *s* bastidor para bordar
embroil [ɛm'brɔɪl] *va* embrollar; envolver (*p.ej., en una contienda*)
embroilment [ɛm'brɔɪlmənt] *s* embrollo; envolvimiento
embrown [ɛm'braʊn] *va* embazar, poner pardo
embryo ['ɛmbrɪo] *s* (*pl:* **-os**) (biol., bot. & fig.) embrión; **in embryo** en embrión; *adj* embrionario
embryogenic [,ɛmbrɪo'dʒɛnɪk] *adj* embriogénico
embryogeny [,ɛmbrɪ'ɑdʒənɪ] *s* (biol.) embriogenia
embryologic [,ɛmbrɪo'lɑdʒɪk] o **embryological** [,ɛmbrɪo'lɑdʒɪkəl] *adj* embriológico
embryologist [,ɛmbrɪ'ɑlədʒɪst] *s* embriólogo
embryology [,ɛmbrɪ'ɑlədʒɪ] *s* embriología
embryonal ['ɛmbrɪənəl] *adj* embrional
embryonic [,ɛmbrɪ'ɑnɪk] *adj* embrionario
emeer [ə'mɪr] *s* emir
emend [ɪ'mɛnd] *va* enmendar
emendation [,imɛn'deʃən] o [,ɛmɛn'deʃən] *s* enmienda
emerald ['ɛmərəld] *s* esmeralda; *adj* esmeraldino
emerge [ɪ'mʌrdʒ] *vn* emerger
emergence [ɪ'mʌrdʒəns] *s* emergencia; (bot.) emergencia
emergency [ɪ'mʌrdʒənsɪ] *s* (*pl:* **-cies**) emergencia; urgencia; caso urgente; *adj* de auxilio, de emergencia, de socorro, de fortuna, de prevención
emergency brake *s* freno de auxilio, freno de emergencia
emergency exit *s* salida de auxilio
emergency landing *s* (aer.) aterrizaje forzoso, aterrizaje de emergencia
emergency landing field *s* (aer.) campo de emergencia, aeródromo de urgencia
emergent [ɪ'mʌrdʒənt] *adj* emergente; urgente
emeritus [ɪ'mɛrɪtəs] *adj* emérito, honorario
emeritus professor *s* profesor honorario
emersion [ɪ'mʌrʒən] o [ɪ'mʌrʃən] *s* emersión; (astr.) emersión
emery ['ɛmərɪ] *s* esmeril
emery cloth *s* tela de esmeril
emery grinder *s* muela de esmeril
emery paper *s* papel de esmeril
emery stone *s* piedra de esmeril
emery wheel *s* rueda de esmeril
emetic [ɪ'mɛtɪk] *adj* & *s* emético
E.M.F. o **e.m.f.** abr. de **electromotive force**
emigrant ['ɛmɪgrənt] *adj* & *s* emigrante
emigrate ['ɛmɪgret] *vn* emigrar
emigration [,ɛmɪ'greʃən] *s* emigración
émigré [emi'gre] o ['ɛmɪgre] *s* emigrado
Emily ['ɛmɪlɪ] *s* Emilia
eminence ['ɛmɪnəns] *s* eminencia; (*cap.*) *s* (eccl.) eminencia
éminence grise [eminɑ̃s griz] *s* eminencia gris (*persona que tiene influencia insospechada*)
eminency ['ɛmɪnənsɪ] *s* (pl: **-cies**) eminencia (*dignidad, distinción*)
eminent ['ɛmɪnənt] *adj* eminente
eminent domain *s* (law) dominio eminente
eminently ['ɛmɪnəntlɪ] *adv* eminentemente
emir [ə'mɪr] *s* emir
emissary ['ɛmɪ,sɛrɪ] *s* (*pl:* **-ies**) emisario
emission [ɪ'mɪʃən] *s* emisión
emissive [ɪ'mɪsɪv] *adj* emisivo
emit [ɪ'mɪt] (*pret & pp:* **-mitted;** *ger:* **-mitting**) *va* emitir
Emma ['ɛmə] *s* Ema
Emmanuel [ɪ'mænjʊəl] *s* (Bib.) Emanuel
emmenagogue [ə'mɛnəgɑg] o [ə'minəgɑg] *adj* & *s* (med.) emenagogo
emmer ['ɛmər] *s* (bot.) escandia
emmetrope ['ɛmɪtrop] *s* emétrope
emmetropia [,ɛmɪ'tropɪə] *s* emetropía
emollient [ɪ'mɑljənt] *adj* & *s* emoliente
emolument [ɪ'mɑljəmənt] *s* emolumento
emotion [ɪ'moʃən] *s* emoción
emotional [ɪ'moʃənəl] *adj* emocional
emotionalism [ɪ'moʃənəlɪzəm] *s* emocionalismo
emotive [ɪ'motɪv] *adj* emotivo
empanel [ɛm'pænəl] (*pret & pp:* **-eled** o **-elled;** *ger:* **-eling** o **-elling**) *va* var. de **impanel**
empathy ['ɛmpəθɪ] *s* (psychol.) empatía
Empedocles [ɛm'pɛdəkliz] *s* Empédocles
empennage [,ɑ̃pɛ'nɑʒ] *s* (aer.) empenaje
emperor ['ɛmpərər] *s* emperador
emphasis ['ɛmfəsɪs] *s* (*pl:* **-ses** [siz]) énfasis
emphasize ['ɛmfəsaɪz] *va* dar énfasis a, acentuar; (fig.) acentuar
emphatic [ɛm'fætɪk] *adj* enfático
emphatically [ɛm'fætɪkəlɪ] *adv* enfáticamente
emphysema [,ɛmfɪ'simə] *s* (path.) enfisema
emphyteusis [,ɛmfɪ'tjusɪs] o [,ɛmfɪ'tusɪs] *s* (law) enfiteusis
emphyteuta [,ɛmfɪ'tjutə] o [,ɛmfɪ'tutə] *s* (*pl:* **-tae** [ti]) enfiteuta
emphyteutic [,ɛmfɪ'tjutɪk] o [,ɛmfɪ'tutɪk] *adj* enfitéutico
empire ['ɛmpaɪr] *s* imperio; (*cap.*) *adj* (f.a.) imperio, de estilo imperio
Empire gown *s* vestido imperio
Empire of the Rising Sun *s* Imperio del sol naciente (*el Japón*)
Empire State *s* estado de Nueva York, EE.UU.
empiric [ɛm'pɪrɪk] *adj* empírico; *s* empírico; curandero, charlatán
empirical [ɛm'pɪrɪkəl] *adj* empírico
empiricism [ɛm'pɪrɪsɪzəm] *s* empirismo
empiricist [ɛm'pɪrɪsɪst] *s* empírico, empirista; curandero, charlatán
emplacement [ɛm'plesmənt] *s* sitio, colocación, emplazamiento
employ [ɛm'plɔɪ] *s* empleo; *va* emplear
employe, employé o **employee** [ɛm'plɔɪi] o [,ɛmplɔɪ'i] *s* empleado
employer [ɛm'plɔɪər] *s* patrón
employment [ɛm'plɔɪmənt] *s* empleo, ocupación
employment agency *s* agencia de colocaciones o empleos
emporium [ɛm'porɪəm] *s* (*pl:* **-riums** o **-ria** [rɪə]) emporio
empower [ɛm'paʊər] *va* facultar, habilitar; autorizar
empress ['ɛmprɪs] *s* emperatriz
emptiness ['ɛmptɪnɪs] *s* vacío, vacuidad
empty ['ɛmptɪ] *adj* (*comp:* **-tier;** *super:* **-tiest**) vacío; vano, inútil; (coll.) hambriento; (*pret & pp:* **-tied**) *va* & *vn* vaciar
empty-handed ['ɛmptɪ'hændɪd] *adj* manivacío
empty-headed ['ɛmptɪ'hɛdɪd] *adj* tonto, estúpido
empurple [ɛm'pʌrpəl] *va* empurpurar; *vn* empurpurarse
empyema [,ɛmpɪ'imə] *s* (*pl:* **-mata** [mətə]) (path.) empiema
empyreal [ɛm'pɪrɪəl] o [,ɛmpɪ'riəl] *adj* empíreo
empyrean [,ɛmpɪ'riən] *adj* & *s* empireo
empyreuma [,ɛmpɪ'rumə] *s* (*pl:* **-mata** [mətə]) (chem.) empireuma
emu ['imju] *s* (orn.) emú
emulate ['ɛmjəlet] *va* & *vn* emular
emulation [,ɛmjə'leʃən] *s* emulación
emulative ['ɛmjə,letɪv] *adj* emulador
emulator ['ɛmjə,letər] *s* emulador
emulgent [ɪ'mʌldʒənt] *adj* emulgente
emulous ['ɛmjələs] *adj* émulo
emulsification [ɪ,mʌlsɪfɪ'keʃən] *s* emulsionamiento; (phot.) albuminaje, emulsionamiento
emulsify [ɪ'mʌlsɪfaɪ] (*pret & pp:* **-fied**) *va* emulsionar; (phot.) albuminar, emulsionar
emulsion [ɪ'mʌlʃən] *s* emulsión
emulsive [ɪ'mʌlsɪv] *adj* emulsivo
emunctory [ɪ'mʌŋktərɪ] *adj* emuntorio; *s* (*pl:* **-ries**) emuntorio
en [ɛn] *s* (print.) mitad de una eme
enable [ɛn'ebəl] *va* habilitar, permitir
enact [ɛn'ækt] *va* decretar; dar o promulgar (*una ley*); desempeñar el papel de; *vn* actuar, desempeñar un papel
enactment [ɛn'æktmənt] *s* ley, estatuto; promulgación (*de una ley*); representación
enallage [ɛn'ælədʒɪ] *s* (gram.) enálage
enamel [ɛn'æməl] *s* esmalte; (anat.) esmalte; (*pret & pp:* **-eled** o **-elled;** *ger:* **-eling** o **-elling**) *va* esmaltar
enamelware [ɛn'æməl,wɛr] *s* utensilios de cocina hechos de hierro esmaltado; enlozado (Am.)
enamor [ɛn'æmər] *va* enamorar
enarthrosis [,ɛnɑr'θrosɪs] *s* (anat.) enartrosis

en bloc [ɛn ˈblɑk] en bloque, en una pieza, juntos
encamp [ɛn ˈkæmp] *va* acampar; *vn* acampar o acamparse
encampment [ɛnˈkæmpmənt] *s* campamento
encase [ɛn ˈkes] *va* encajonar, encerrar
encaustic [ɛn ˈkɔstɪk] *adj* (f.a.) encáustico; *s* (f.a.) encausto
encaustic painting *s* (f.a.) pintura al encausto
encaustic tile *s* azulejo
enceinte [ɛnˈsent] *adj* encinta, preñada; *s* (fort.) recinto
encephalic [ˌɛnsɪˈfælɪk] *adj* encefálico
encephalitis [ɛnˌsɛfəˈlaɪtɪs] *s* (path.) encefalitis
encephalomyelitis [ɛnˌsɛfəloˌmaɪəˈlaɪtɪs] *s* (path.) encefalomielitis
encephalon [ɛnˈsɛfəlɑn] *s* (*pl:* **-la** [lə]) (anat.) encéfalo
encephalopathy [ɛnˌsɛfəˈlɑpəθɪ] *s* (path.) encefalopatía
enchain [ɛnˈtʃen] *va* encadenar
enchant [ɛnˈtʃænt] o [ɛnˈtʃɑnt] *va* encantar
enchanting [ɛnˈtʃæntɪŋ] o [ɛnˈtʃɑntɪŋ] *adj* encantador
enchantment [ɛnˈtʃæntmənt] o [ɛnˈtʃɑntmənt] *s* encantamiento, encanto
enchantress [ɛnˈtʃæntrɪs] o [ɛnˈtʃɑntrɪs] *s* encantadora
enchase [ɛnˈtʃes] *va* engastar
encircle [ɛnˈsʌrkəl] *va* circuir, rodear, encerrar, circunvalar; (mil.) envolver
encirclement [ɛnˈsʌrkəlmənt] *s* rodeo, circuición, encerramiento, circunvalación; (mil.) envolvimiento
encircling [ɛnˈsʌrklɪŋ] *adj* (mil.) envolvente
enclave [ˈɛnklev] *s* (geog.) enclave; [ɛnˈklev] *va* enclavar
enclavement [ɛnˈklevmənt] *s* (med.) enclavamiento
enclitic [ɛnˈklɪtɪk] *adj* (gram. & obstet.) enclítico; *s* (gram.) enclítico, partícula enclítica
enclose [ɛnˈkloz] *va* cercar, encerrar, incluir; **to enclose herewith** remitir adjunto (*con una carta*)
enclosure [ɛnˈkloʒər] *s* cercamiento, encerramiento, inclusión; cerca, encierro, recinto; cosa inclusa, carta inclusa, copia inclusa
encomiast [ɛnˈkomɪæst] *s* encomiasta
encomiastic [ɛnˌkomɪˈæstɪk] *adj* encomiástico
encomium [ɛnˈkomɪəm] *s* (*pl:* **-ums** o **-a** [ə]) encomio
encompass [ɛnˈkʌmpəs] *va* abarcar, encuadrar
encompassment [ɛnˈkʌmpəsmənt] *s* abarcamiento, encuadramiento
encore [ˈɑŋkor] *s* (theat.) bis, repetición; *interj* (theat.) ¡ bis!, ¡ que se repita!; *va* (theat.) pedir la repetición a o de
encounter [ɛnˈkaʊntər] *s* encuentro; (mil.) encuentro; *va* encontrar, encontrarse con; *vn* encontrarse; batirse
encourage [ɛnˈkʌrɪdʒ] *va* animar, alentar; fomentar; **to encourage to** + *inf* animar a, alentar a + *inf*
encouragement [ɛnˈkʌrɪdʒmənt] *s* animación, ánimo; fomento; **to give encouragement to** dar ánimo o ánimos a
encouraging [ɛnˈkʌrɪdʒɪŋ] *adj* animador, alentador
encroach [ɛnˈkrotʃ] *vn* pasar los límites; **to encroach on** o **upon** pasar los límites de, invadir; abusar de
encroachment [ɛnˈkrotʃmənt] *s* invasión; abuso
encrust [ɛnˈkrʌst] *va* incrustar; *vn* incrustarse
encumber [ɛnˈkʌmbər] *va* embarazar, estorbar; impedir; gravar
encumbrance [ɛnˈkʌmbrəns] *s* embarazo, estorbo; impedimento; gravamen; hijo menor de edad
ency. o **encyc.** abr. de **encyclopedia**
encyclical [ɛnˈsɪklɪkəl] o [ɛnˈsaɪklɪkəl] *adj* circular, general; *s* encíclica
encyclopedia o **encyclopaedia** [ɛnˌsaɪkloˈpidɪə] *s* enciclopedia
encyclopedic o **encyclopaedic** [ɛnˌsaɪkloˈpidɪk] *adj* enciclopédico
encyclopedism o **encyclopaedism** [ɛnˌsaɪkloˈpidɪzəm] *s* enciclopedismo
encyclopedist o **encyclopaedist** [ɛnˌsaɪkloˈpidɪst] *s* enciclopedista
encyst [ɛnˈsɪst] *va* enquistar; *vn* enquistarse
encystment [ɛnˈsɪstmənt] *s* enquistamiento
end [ɛnd] *s* fin, límite; fines (*p.ej., del mes*); extremidad, extremo, cabo, remate; fin, objeto, mira, intento; pieza, fragmento; (football) extremo, ala; **at loose ends** en desorden; desarreglado; **at the end of** a fines de; **from one end to the other** de un extremo a otro, de cabo a cabo; **in the end** al fin; **no end of** (coll.) un sin fin de; **on end** de canto, derecho; uno después de otro; **to come out on the small end of a deal** llevarse lo peor, salir perdiendo; **to come to an end** acabarse, terminarse; **to keep one's end up** no aflojar, hacer lo que a uno le corresponde; **to make an end of** acabar con; **to make both ends meet** proveer a sus necesidades con trabajo o dificultad, pasar con lo que se tiene; **to no end** sin efecto; **to put an end to** poner fin a; **to the end that** a fin de que; **end to end** punta a punta, cabeza contra cabeza ‖ *adj* final, terminal ‖ *va* acabar, terminar ‖ *vn* acabar, terminar; desembocar (*p.ej., una calle*); **to end up** acabar, morir; **to end up as** parar en (*p.ej., ladrón*); **to end up in** ir a parar en
end-all [ˈɛndˌɔl] *s* punto final; golpe de gracia
endanger [ɛnˈdendʒər] *va* poner en peligro
endear [ɛnˈdɪr] *va* hacer querer; **to endear oneself** hacerse querer
endearment [ɛnˈdɪrmənt] *s* encariñamiento; caricia, palabra cariñosa
endeavor [ɛnˈdɛvər] *s* esfuerzo, empeño, conato; *vn* esforzarse, empeñarse; **to endeavor to** + *inf* esforzarse por + *inf*
endemic [ɛnˈdɛmɪk] *adj* endémico; *s* endemia
en déshabillé [ɑ̃ dezabiˈje] a medio vestir, desaliñado, de trapillo
ending [ˈɛndɪŋ] *s* fin, terminación; (gram.) desinencia, terminación
endive [ˈɛndaɪv] o [ˈɑndiv] *s* (bot.) escarola, endibia
endless [ˈɛndlɪs] *adj* interminable; (mach.) continuo, sin fin
endless chain *s* cadena sin fin
endless screw *s* tornillo sin fin
end man *s* último hombre de una fila de hombres; (theat.) el actor a cada extremo de una fila de cómicos disfrazados de negro
endmost [ˈɛndmost] *adj* último, extremo
endocarditis [ˌɛndokɑrˈdaɪtɪs] *s* (path.) endocarditis
endocardium [ˌɛndoˈkɑrdɪəm] *s* (anat.) endocardio
endocarp [ˈɛndokɑrp] *s* (bot.) endocarpio
endocrine [ˈɛndokraɪn] o [ˈɛndokrɪn] *adj* (physiol.) endocrino; *s* (physiol.) endocrina
endocrine gland *s* (anat.) glándula endocrina
endocrinology [ˌɛndokraɪˈnɑlədʒɪ] o [ˌɛndokrɪˈnɑlədʒɪ] *s* endocrinología
endodermis [ˌɛndoˈdʌrmɪs] *s* (bot.) endodermo
endogamy [ɛnˈdɑgəmɪ] *s* endogamia; (biol.) endogamia
endogenesis [ˌɛndoˈdʒɛnɪsɪs] *s* var. de **endogeny**
endogenous [ɛnˈdɑdʒɪnəs] *adj* endógeno
endogeny [ɛnˈdɑdʒɪnɪ] *s* (biol.) endogénesis
endolymph [ˈɛndolɪmf] *s* (anat.) endolinfa
endomysium [ˌɛndoˈmɪsɪəm] o [ˌɛndoˈmɪzɪəm] *s* (anat.) endomisio
endoparasite [ˌɛndoˈpærəsaɪt] *s* (zool.) endoparásito
endoplasm [ˈɛndoplæzəm] *s* (biol.) endoplasma
endorse [ɛnˈdɔrs] *va* endosar; apoyar, aprobar
endorsee [ˌɛndɔrˈsi] *s* endosatario
endorsement [ɛnˈdɔrsmənt] *s* endoso; apoyo, aprobación
endorser [ɛnˈdɔrsər] *s* endosante
endoscope [ˈɛndoskop] *s* (med.) endoscopio
endoskeleton [ˌɛndoˈskɛlɪtən] *s* (zool.) endoesqueleto
endosmosis [ˌɛndɑsˈmosɪs] *s* (physical chem. & physiol.) endósmosis
endosperm [ˈɛndospʌrm] *s* (bot.) endospermo
endospore [ˈɛndospor] *s* (bot. & bact.) endospora
endothecium [ˌɛndoˈθiʃɪəm] o [ˌɛndoˈθisɪəm] *s* (*pl:* **-cia** [ʃɪə] o [sɪə]) (bot.) endotecio
endothelium [ˌɛndoˈθilɪəm] *s* (*pl:* **-lia** [lɪə]) (anat.) endotelio

endothermic [ˌɛndoˈθʌrmɪk] *adj* (chem.) endotérmico
endow [ɛnˈdaʊ] *va* dotar
endowment [ɛnˈdaʊmənt] *s* dotación; dote, prenda, gracia
endowment insurance *s* seguro dotal
endowment policy *s* póliza dotal
end paper *s* (b.b.) hoja de encuadernador
end play *s* (mach.) juego longitudinal
end product *s* producto final
endue [ɛnˈdju] o [ɛnˈdu] *va* dotar, investir; poner, vestir
endurance [ɛnˈdjʊrəns] o [ɛnˈdʊrəns] *s* aguante, paciencia, tolerancia; resistencia, duración; continuación; (sport) endurancia, resistencia, fortaleza
endurance race *s* (sport) carrera de resistencia
endurance record *s* marca de duración
endure [ɛnˈdjʊr] o [ɛnˈdʊr] *va* aguantar, tolerar, endurar; *vn* durar, perdurar; continuar; sufrir con paciencia, sufrir sin rendirse
enduring [ɛnˈdjʊrɪŋ] o [ɛnˈdʊrɪŋ] *adj* durable, permanente, resistente; sufrido, paciente
end view *s* vista de la extremidad
endways [ˈɛndˌwez] o **endwise** [ˈɛndˌwaɪz] *adv* de punta, de pie; derecho, erguido; longitudinalmente; topando
Endymion [ɛnˈdɪmɪən] *s* (myth.) Endimión
enema [ˈɛnɪmə] *s* (med.) enema, ayuda; lavativa, mangueta (*para echar ayudas*)
enemy [ˈɛnɪmɪ] *s* (*pl:* **-mies**) enemigo; *adj* enemigo
enemy alien *s* extranjero enemigo
enemy number one, the el enemigo número uno
energetic [ˌɛnərˈdʒɛtɪk] *adj* enérgico; **energetics** *ssg* energética
energetically [ˌɛnərˈdʒɛtɪkəlɪ] *adv* enérgicamente
energize [ˈɛnərdʒaɪz] *va* activar, excitar; *vn* obrar con energía
energumen [ˌɛnərˈgjumɛn] *s* energúmeno
energy [ˈɛnərdʒɪ] *s* (*pl:* **-gies**) energía
enervate [ˈɛnərvet] *adj* enervado; *va* enervar
enervation [ˌɛnərˈveʃən] *s* enervación
en famille [ɑ̃ fɑˈmi] en familia
enfeeble [ɛnˈfibəl] *va* debilitar
enfeeblement [ɛnˈfibəlmənt] *s* debilitación, debilidad
enfeoff [ɛnˈfɛf] o [ɛnˈfif] *va* (law) enfeudar (*dar en feudo*); (law) dar feudo a
enfeoffment [ɛnˈfɛfmənt] o [ɛnˈfifmənt] *s* (law) enfeudación
enfilade [ˌɛnfɪˈled] *s* enfilamiento; (mil.) enfilada; *va* enfilar; (mil.) enfilar
enfiled [ɛnˈfaɪld] *adj* (her.) enfilado
enfleurage [ɑ̃flʌˈrɑʒ] *s* enfloración
enfold [ɛnˈfold] *va* envolver, arrollar, abrazar, estrechar
enforce [ɛnˈfors] *va* hacer cumplir, poner en vigor; obtener por fuerza; imponer a la fuerza
enforcement [ɛnˈforsmənt] *s* ejecución (*de una ley*); compulsión, coacción
enfranchise [ɛnˈfræntʃaɪz] *va* franquear, manumitir, enfranquecer; conceder el derecho de sufragio a
enfranchisement [ɛnˈfræntʃɪzmənt] *s* franqueo, manumisión; concesión del sufragio
eng. abr. de **engineer, engineering** y **engraving**
Eng. abr. de **England** y **English**
engage [ɛnˈgedʒ] *va* apalabrar; ocupar, emplear; reservar, alquilar; atraer (*p.ej., la atención*); empotrar en; engranar con; trabar batalla con; **to be engaged (to be married)** estar prometido, estar comprometido para casarse; *vn* ocuparse; empeñarse, comprometerse; **to engage in** ocuparse en; empotrar en; engranar con
engaged [ɛnˈgedʒd] *adj* prometido
engaged column *s* (arch.) columna embebida, columna entregada
engagement [ɛnˈgedʒmənt] *s* ajuste, contrato, empeño; palabra de casamiento, esponsales; noviazgo; obligación; cita; (theat.) ajuste, contrato; (mil.) acción, batalla
engagement ring *s* anillo de compromiso, anillo de pedida
engaging [ɛnˈgedʒɪŋ] *adj* agraciado, insinuante, simpático
engender [ɛnˈdʒɛndər] *va* engendrar
engine [ˈɛndʒən] *s* máquina, aparato, instrumento; motor (*p.ej., de un automóvil*); (rail.) máquina, locomotora
engine block *s* bloque del motor
engine driver *s* maquinista, conductor de locomotora
engineer [ˌɛndʒəˈnɪr] *s* ingeniero; maquinista (*p.ej., de locomotora*); *va* construir o dirigir como ingeniero; dirigir o llevar a cabo con acierto
engineering [ˌɛndʒəˈnɪrɪŋ] *s* ingeniería; *adj* de ingeniería, ingenieril
engine failure *s* avería del motor
engine house *s* cuartel de bomberos; casa de máquinas
engine lathe *s* torno de engranaje para roscar
engineman [ˈɛndʒənmən] *s* (*pl:* **-men**) maquinista, conductor de locomotora
engine room *s* sala de máquinas; (naut.) cámara de las máquinas
engine-room telegraph [ˈɛndʒənˌrum] *s* (naut.) transmisor de órdenes, telégrafo de máquinas
engine runner *s* var. de **engine driver**
enginery [ˈɛndʒənrɪ] *s* maquinaria; ingenios de guerra; maña, ardid
England [ˈɪŋglənd] *s* Inglaterra
Englander [ˈɪŋgləndər] *s* natural inglés
English [ˈɪŋglɪʃ] *adj* inglés; *spl* ingleses; *ssg* inglés (*idioma*); (print.) tipo de 14 puntos; (billiards) efecto; *va* traducir al inglés
English bond *s* (mas.) aparejo inglés
English Channel *s* canal de la Mancha
English daisy *s* (bot.) maya, vellorita, margarita de los prados
English horn *s* (mus.) corno o cuerno inglés
Englishman [ˈɪŋglɪʃmən] *s* (*pl:* **-men**) inglés
English setter *s* perdiguero
English sonnet *s* soneto inglés (*rimado abab, cdcd, efef, gg*)
English sparrow *s* (orn.) gorrión
English-speaking [ˈɪŋglɪʃˈspikɪŋ] *adj* de habla inglesa
English walnut *s* (bot.) nogal; nuez (*fruto*)
Englishwoman [ˈɪŋglɪʃˌwʊmən] *s* (*pl:* **-women**) inglesa
engorge [ɛnˈgɔrdʒ] *va* atracar; *vn* atracarse
engouled [ɛnˈguld] *adj* (her.) engolado
engraft [ɛnˈgræft] o [ɛnˈgrɑft] *va* (hort. & surg.) injertar; (fig.) implantar
engrailed [ɛnˈgreld] *adj* (her.) angrelado
engrave [ɛnˈgrev] *va* grabar; burilar; imprimir con grabado; (fig.) grabar (*p.ej., en la memoria*)
engraver *s* [ɛnˈgrevər] *s* grabador
engraving [ɛnˈgrevɪŋ] *s* grabado (*acción, arte, lámina y estampa*)
engross [ɛnˈgros] *va* absorber; copiar o transcribir caligráficamente; poner en limpio, redactar en forma legal
engrossing [ɛnˈgrosɪŋ] *adj* absorbente, acaparador
engrossment [ɛnˈgrosmənt] *s* absorción, ensimismamiento; copia o transcripción caligráfica
engulf [ɛnˈgʌlf] *va* hundir, inundar
enhance [ɛnˈhæns] o [ɛnˈhɑns] *va* realzar, engrandecer
enhancement [ɛnˈhænsmənt] o [ɛnˈhɑnsmənt] *s* realce, engrandecimiento
enharmonic [ˌɛnhɑrˈmɑnɪk] *adj* (mus.) enarmónico
enigma [ɪˈnɪgmə] *s* enigma
enigmatic [ˌɪnɪgˈmætɪk] o **enigmatical** [ˌɪnɪgˈmætɪkəl] *adj* enigmático
enjambment o **enjambement** [ɛnˈdʒæmmənt] o [ɛnˈdʒæmbmənt] *s* (pros.) encabalgamiento
enjoin [ɛnˈdʒɔɪn] *va* mandar, encargar, ordenar; **to enjoin from** prohibir, vedar
enjoy [ɛnˈdʒɔɪ] *va* gozar (*p.ej., buena salud; la conversación*); **to enjoy** + *ger* gozarse en + *inf;* **to enjoy oneself** divertirse
enjoyable [ɛnˈdʒɔɪəbəl] *adj* deleitable, agradable
enjoyment [ɛnˈdʒɔɪmənt] *s* goce, placer
enkindle [ɛnˈkɪndəl] *va* encender
enlace [ɛnˈles] *va* enlazar, entrelazar; encerrar, rodear
enlarge [ɛnˈlɑrdʒ] *va* agrandar, abultar, am-

E

pliar, ensanchar; (phot.) ampliar; *vn* agrandarse, abultarse, ampliarse, ensancharse; explayarse; exagerar; **to enlarge on** o **upon** tratar con más extensión; exagerar
enlargement [ɛn'lardʒmənt] *s* agrandamiento, abultamiento, ampliación, ensanchamiento; (phot.) ampliación
enlarger [ɛn'lardʒər] *s* ampliador; (phot.) ampliadora
enlighten [ɛn'laɪtən] *va* iluminar, ilustrar
enlightened despotism *s* despotismo ilustrado
enlightenment [ɛn'laɪtənmənt] *s* iluminación, ilustración; **the Enlightenment** el siglo de las luces (*el siglo dieciocho*)
enlist [ɛn'lɪst] *va* conseguir el apoyo de, emplear; alistar; *vn* poner empeño; alistarse
enlisted man *s* soldado raso
enlistment [ɛn'lɪstmənt] *s* consecución, empleo; alistamiento, enganche
enliven [ɛn'laɪvən] *va* avivar, vivificar
en masse [ɛn 'mæs] en masa
enmesh [ɛn'mɛʃ] *va* enredar, entrampar
enmity ['ɛnmɪtɪ] *s* (*pl:* **-ties**) enemistad
ennoble [ɛn'nobəl] *va* ennoblecer
ennoblement [ɛn'nobəlmənt] *s* ennoblecimiento
ennui ['anwi] *s* tedio, fastidio, aburrimiento
enormity [ɪ'nɔrmɪtɪ] *s* (*pl:* **-ties**) enormidad
enormous [ɪ'nɔrməs] *adj* enorme
enormously [ɪ'nɔrməslɪ] *adv* enormemente
enough [ɪ'nʌf] *adj, adv & s* bastante; *interj* ¡basta!, ¡no más!
enounce [ɪ'nauns] *va* enunciar; pronunciar
enow [ɪ'nau] o [ɪ'no] *adj, adv & s* (archaic) var. de **enough**
en passant [ã pa'sã] de paso; (chess) al vuelo, al paso
enplane [ɛn'plen] *vn* embarcarse en un avión, salir en avión
enquire [ɛn'kwaɪr] *va & vn* var. de **inquire**
enquiry [ɛn'kwaɪrɪ] *s* (*pl:* **-ies**) var. de **inquiry**
enrage [ɛn'redʒ] *va* enrabiar
en rapport [ã ra'pɔr] de acuerdo
enrapt [ɛn'ræpt] *adj* embelesado, transportado
enrapture [ɛn'ræptʃər] *va* embelesar, transportar
enrich [ɛn'rɪtʃ] *va* enriquecer
enrichment [ɛn'rɪtʃmənt] *s* enriquecimiento
enroll o **enrol** [ɛn'rol] (*pret & pp:* **-rolled;** *ger:* **-rolling**) *va* alistar, inscribir; redactar en forma legal; poner en limpio; enrollar, envolver; *vn* alistarse, inscribirse
enrollment o **enrolment** [ɛn'rolmənt] *s* alistamiento, inscripción
en route [ã 'rut] o [an 'rut] en camino; **en route to** camino de, con rumbo a
ensanguine [ɛn'sæŋgwɪn] *va* ensangrentar
ensconce [ɛn'skans] *va* esconder, poner en seguro; acomodar, situar
ensemble [an'sambəl] *s* conjunto; (mus.) grupo de músicos que tocan o cantan juntos; (mus.) ejecución por un grupo de músicos; (mus.) conjunto (*relación conveniente entre todas las partes*); traje de mujer armonioso
enshrine [ɛn'ʃraɪn] *va* encerrar o guardar en un relicario; abrigar, guardar con cariño y respeto
enshrinement [ɛn'ʃraɪnmənt] *s* encierro en un relicario; abrigo
ensiform ['ɛnsɪfɔrm] *adj* (anat., bot. & zool.) ensiforme
ensign ['ɛnsaɪn] *s* bandera, enseña; divisa, insignia; ['ɛnsən] o ['ɛnsaɪn] *s* (nav.) alférez de fragata
ensigncy ['ɛnsənsɪ] o ['ɛnsaɪnsɪ] o **ensignship** ['ɛnsənʃɪp] o ['ɛnsaɪnʃɪp] *s* alferazgo
ensilage ['ɛnsɪlɪdʒ] *s* ensilaje; *va* ensilar
enslave [ɛn'slev] *va* esclavizar
enslavement [ɛn'slevmənt] *s* esclavización
ensnare [ɛn'snɛr] *va* entrampar
ensue [ɛn'su] o [ɛn'sju] *vn* seguirse
ensuing [ɛn'suɪŋ] o [ɛn'sjuɪŋ] *adj* siguiente; resultante
ensure [ɛn'ʃur] *va* asegurar
entablature [ɛn'tæblətʃər] *s* (arch.) cornisamento
entail [ɛn'tel] *s* (law) vínculo; *va* ocasionar, imponer; (law) vincular
entailment [ɛn'telmənt] *s* (law) vinculación
entangle [ɛn'tæŋgəl] *va* enmarañar, enredar; *vn* enmarañarse, enredarse
entanglement [ɛn'tæŋgəlmənt] *s* enmarañamiento, enredo
entasia [ɛn'teʒɪə] *s* (path.) entasia
entasis ['ɛntəsɪs] *s* (arch.) éntasis
entelechy [ɛn'tɛləkɪ] *s* (*pl:* **-chies**) (philos.) entelequia
entellus [ɛn'tɛləs] *s* (zool.) entelo
entente [an'tant] *s* (dipl.) entente, trato secreto
enter ['ɛntər] *va* entrar en; asentar, registrar; aduanar; matricular (*a un alumno*); ingresar (*p.ej., a un menor en un asilo*); ingresar en, matricularse en; hacer miembro a; hacerse miembro de; emprender; **to enter an order** asentar un pedido; **to enter one's head** metérsele a uno en la cabeza; *vn* entrar; (theat.) entrar en escena, salir; **to enter into** entrar en; participar en; celebrar (*p.ej., un contrato*); **to enter on** o **upon** emprender; tomar posesión de
enteralgia [,ɛntə'rældʒɪə] *s* (path.) enteralgia
enterectomy [,ɛntə'rɛktəmɪ] *s* (*pl:* **-mies**) (surg.) enterectomía
enteric [ɛn'tɛrɪk] *adj* entérico
enteric fever *s* (path.) fiebre entérica
enteritis [,ɛntə'raɪtɪs] *s* (path.) enteritis
enterohepatitis [,ɛntəro,hɛpə'taɪtɪs] *s* (path.) enterohepatitis
enterology [,ɛntə'ralədʒɪ] *s* enterología
enterostomy [,ɛntə'rastəmɪ] *s* (*pl:* **-mies**) (surg.) enterostomía
enterotomy [,ɛntə'ratəmɪ] *s* (*pl:* **-mies**) (surg.) enterotomía
enterprise ['ɛntərpraɪz] *s* empresa; espíritu emprendedor
enterprising ['ɛntər,praɪzɪŋ] *adj* emprendedor
entertain [,ɛntər'ten] *va* entretener, divertir; recibir; festejar; abrigar (*ideas, esperanzas, etc.*); considerar; *vn* recibir; dar tertulias
entertainer [,ɛntər'tenər] *s* actor, vocalista, músico, etc. (*p.ej., en un café cantante*); anfitrión; festejador
entertaining [,ɛntər'tenɪŋ] *adj* entretenido
entertainment [,ɛntər'tenmənt] *s* entretenimiento, diversión; recepción; festejo; espectáculo; abrigo (*de una idea, esperanza, etc.*)
enthrall o **enthral** [ɛn'θrɔl] (*pret & pp:* **-thralled;** *ger:* **-thralling**) *va* encantar, dominar; esclavizar, sojuzgar
enthrallment o **enthralment** [ɛn'θrɔlmənt] *s* encantamiento, dominación; subyugación
enthrone [ɛn'θron] *va* entronizar
enthronement [ɛn'θronmənt] *s* entronización
enthuse [ɛn'θuz] o [ɛn'θjuz] *va* (coll.) entusiasmar; *vn* (coll.) entusiasmarse
enthusiasm [ɛn'θuzɪæzəm] o [ɛn'θjuzɪæzəm] *s* entusiasmo
enthusiast [ɛn'θuzɪæst] o [ɛn'θjuzɪæst] *s* entusiasta
enthusiastic [ɛn,θuzɪ'æstɪk] o [ɛn,θjuzɪ'æstɪk] *adj* entusiástico
enthusiastically [ɛn,θuzɪ'æstɪkəlɪ] o [ɛn,θjuzɪ'æstɪkəlɪ] *adv* entusiásticamente
enthymeme ['ɛnθɪmim] *s* (log.) entimema
entice [ɛn'taɪs] *va* atraer con halagos; tentar, inducir al mal; **to entice someone into** + *ger* tentar a uno a que + *subj*
enticement [ɛn'taɪsmənt] *s* atracción halagüeña; tentación
entire [ɛn'taɪr] *adj* entero; (bot.) entero, enterísimo
entirely [ɛn'taɪrlɪ] *adv* enteramente; solamente
entirety [ɛn'taɪrtɪ] *s* (*pl:* **-ties**) entereza; todo, cosa entera; **in its entirety** en su totalidad
entitle [ɛn'taɪtəl] *va* intitular; dar derecho a
entity ['ɛntɪtɪ] *s* (*pl:* **-ties**) entidad
entomb [ɛn'tum] *va* sepultar
entombment [ɛn'tummənt] *s* sepultura
entomologic [,ɛntəmə'ladʒɪk] o **entomological** [,ɛntəmə'ladʒɪkəl] *adj* entomológico
entomologist [,ɛntə'malədʒɪst] *s* entomólogo
entomology [,ɛntə'malədʒɪ] *s* entomología
entourage [,antu'raʒ] *s* séquito, cortejo
entozoan [,ɛntə'zoən] *s* (zool.) entozoario
entrails ['ɛntrelz] o ['ɛntrəlz] *spl* entrañas; (fig.) entrañas (*p.ej., de la tierra*)
entrain [ɛn'tren] *va* despachar (*p.ej., tropas*); *vn* embarcar, salir en tren

entrance ['ɛntrəns] *s* entrada; ingreso; (theat.) entrada en escena; [ɛn'træns] o [ɛn'trɑns] *va* encantar, embelesar, arrebatar
entrance examination *s* examen de ingreso; **to take entrance examinations** examinarse de ingreso
entrancement [ɛn'trænsmənt] o [ɛn'trɑnsmənt] *s* encanto, embeleso
entranceway ['ɛntrəns,we] *s* entrada; portal, zaguán
entrancing [ɛn'trænsɪŋ] o [ɛn'trɑnsɪŋ] *adj* encantador, embelesador
entrant ['ɛntrənt] *s* entrante; principiante; (sport) concurrente
entrap [ɛn'træp] (*pret & pp:* **-trapped;** *ger:* **-trapping**) *va* entrampar
entreat [ɛn'trit] *va* rogar, suplicar
entreaty [ɛn'tritɪ] *s* (*pl:* **-ies**) ruego, súplica
entree o **entrée** ['ɑntre] *s* entrada, ingreso; (cook.) entrada, principio
entrench [ɛn'trɛntʃ] *va* atrincherar; establecer firmemente; *vn* atrincherarse; **to entrench on** o **upon** infringir, violar
entrenchment [ɛn'trɛntʃmənt] *s* atrincheramiento
entrepôt ['ɑntrəpo] *s* almacén; emporio, centro comercial
entrepreneur [,ɑntrəprə'nʌr] *s* empresario
entresol ['ɛntərsɑl] o ['ɑntrəsɑl] *s* entresuelo
entropy ['ɛntrəpɪ] *s* (*pl:* **-pies**) (thermodynamics) entropía
entrust [ɛn'trʌst] *va* confiar; **to entrust to** confiar a; **to entrust someone with something** confiar algo a alguien
entry ['ɛntrɪ] *s* (*pl:* **-tries**) entrada; (com.) entrada, partida; entrada, vestíbulo, zaguán; artículo (*cada palabra alfabetizada en un diccionario, etc.*); entrada en la aduana; rival (*en una carrera, concurso, etc.*)
entwine [ɛn'twaɪn] *va* entretejer, entrelazar
entwist [ɛn'twɪst] *va* retorcer
enucleate [ɪ'njuklɪet] o [ɪ'nuklɪet] *va* enuclear
enucleation [ɪ,njuklɪ'eʃən] o [ɪ,nuklɪ'eʃən] *s* (surg.) enucleación
enumerate [ɪ'njuməret] o [ɪ'numəret] *va* enumerar
enumeration [ɪ,njumə'reʃən] o [ɪ,numə'reʃən] *s* enumeración
enumerative [ɪ'njumə,retɪv] o [ɪ'numə,retɪv] *adj* enumerativo
enumerator [ɪ'njumə,retər] o [ɪ'numə,retər] *s* enumerador
enunciate [ɪ'nʌnsɪet] o [ɪ'nʌnʃɪet] *va* enunciar; pronunciar
enunciation [ɪ,nʌnsɪ'eʃən] o [ɪ,nʌnʃɪ'eʃən] *s* enunciación; pronunciación
enuresis [,ɛnjə'risɪs] *s* (path.) enuresis
envelop [ɛn'vɛləp] *s* sobre, cubierta; envoltura; (aer.) envoltura; (bot.) túnica, envoltura; *va* envolver
envelope ['ɛnvəlop] o ['ɑnvəlop] *s* sobre, cubierta; envoltura; (aer.) envoltura; (bot.) túnica, envoltura
envelopment [ɛn'vɛləpmənt] *s* envolvimiento; cubierta, envoltura
envenom [ɛn'vɛnəm] *va* envenenar
enviable ['ɛnvɪəbəl] *adj* envidiable
envious ['ɛnvɪəs] *adj* envidioso
environ [ɛn'vaɪrən] *va* encerrar, rodear, ceñir; **environs** [ɛn'vaɪrənz] o ['ɛnvɪrənz] *spl* alrededores, cercanías, inmediaciones
environment [ɛn'vaɪrənmənt] *s* encierro; medio ambiente; alrededores, cercanías, inmediaciones
environmental [ɛn,vaɪrən'mɛntəl] *adj* circunvecino, ambiente, ambiental
envisage [ɛn'vɪzɪdʒ] *va* encarar, encararse con; representarse, considerar
envoi ['ɛnvɔɪ] *s* tornada, despedida (*en una composición poética*)
envoy ['ɛnvɔɪ] *s* enviado; tornada, despedida (*en una composición poética*)
envy ['ɛnvɪ] *s* (*pl:* **-vies**) envidia; (*pret & pp:* **-vied**) *va* envidiar
enwomb [ɛn'wum] *va* sepultar, entrañar
enwrap [ɛn'ræp] (*pret & pp:* **-wrapped;** *ger:* **-wrapping**) *va* arropar, envolver
enwreathe [ɛn'rið] *va* enguirnaldar
enzoötic [,ɛnzo'ɑtɪk] *s* (vet.) enzootia
enzymatic [,ɛnzaɪ'mætɪk] o [,ɛnzɪ'mætɪk] *adj* enzímico
enzyme ['ɛnzaɪm] o ['ɛnzɪm] *s* (biochem.) enzima
Eocene ['iosin] *adj & s* (geol.) eoceno
Eolian [i'olɪən] *adj & s* var. de **Aeolian**
eolithic [,io'lɪθɪk] *adj* (archeol.) eolítico
eon ['iən] o ['iɑn] *s* var. de **aeon**
Eos ['iɑs] *s* (myth.) Eos
eosin ['iosɪn] *s* (chem.) eosina
epact ['ipækt] *s* epacta
epaulet o **epaulette** ['ɛpəlɛt] *s* hombrera, charretera
ependyma [ɛ'pɛndɪmə] *s* (anat.) epéndimo
epenthesis [ɛ'pɛnθɪsɪs] *s* (*pl:* **-ses** [siz]) (gram.) epéntesis
epenthetic [,ɛpɛn'θɛtɪk] *adj* epentético
epergne [ɪ'pʌrn] o [e'pɛrn] *s* centro de mesa, ramillete
Eph. abr. de **Ephesians**
ephedrine [ɪ'fɛdrɪn] o ['ɛfɪdrin] *s* (pharm.) efedrina
ephemeral [ɪ'fɛmərəl] *adj* efímero
ephemerid [ɪ'fɛmərɪd] *s* (ent.) efemérido
ephemeris [ɪ'fɛmərɪs] *s* (*pl:* **ephemerides** [,ɛfɪ'mɛrɪdiz]) efemérides; efemérides astronómicas
Ephesian [ɪ'fiʒən] *adj & s* efesino o efesio; **Ephesians** *spl* (Bib.) Epístola de San Pablo a los Efesios
Ephesus ['ɛfɪsəs] *s* Éfeso
Ephraim ['ifrɪəm] *s* (Bib.) Efraín
epic ['ɛpɪk] *adj* épico; *s* epopeya; (fig.) epopeya
epical ['ɛpɪkəl] *adj* épico
epicalyx [,ɛpɪ'kelɪks] o [,ɛpɪ'kælɪks] *s* (bot.) epicáliz, calículo
epicarp ['ɛpɪkɑrp] *s* (bot.) epicarpio
epicedium [,ɛpɪ'sidɪəm] *s* (*pl:* **-a** [ə]) epicedio
epicene ['ɛpɪsin] *adj* (gram.) epiceno
epicenter ['ɛpɪ,sɛntər] *s* epicentro
epicotyl [,ɛpɪ'kɑtɪl] *s* (bot.) epicotilo
Epictetus [,ɛpɪk'titəs] *s* Epicteto
epicure ['ɛpɪkjʊr] *s* epicúreo
Epicurean [,ɛpɪkjʊ'riən] *adj & s* epicúreo; (*l.c.*) *adj & s* epicúreo
Epicureanism [,ɛpɪkjʊ'riənɪzəm] *s* epicureísmo
Epicurus [,ɛpɪ'kjʊrəs] *s* Epicuro
epicycle ['ɛpɪ,saɪkəl] *s* (astr. & geom.) epiciclo
epicyclic [,ɛpɪ'saɪklɪk] o [,ɛpɪ'sɪklɪk] *adj* epicíclico
epicycloid [,ɛpɪ'saɪklɔɪd] *s* (geom.) epicicloide
epidemic [,ɛpɪ'dɛmɪk] *adj* epidémico; *s* epidemia
epidemical [,ɛpɪ'dɛmɪkəl] *adj* epidémico
epidemicity [,ɛpɪdɪ'mɪsɪtɪ] *s* epidemicidad
epidemiologist [,ɛpɪ,dimɪ'ɑlədʒɪst] *s* epidemiólogo
epidemiology [,ɛpɪ,dimɪ'ɑlədʒɪ] *s* epidemiología
epidermal [,ɛpɪ'dʌrməl] *adj* epidérmico
epidermis [,ɛpɪ'dʌrmɪs] *s* (anat.) epidermis
epidote ['ɛpɪdot] *s* (mineral.) epidota
epigastric [,ɛpɪ'gæstrɪk] *adj* epigástrico
epigastrium [,ɛpɪ'gæstrɪəm] *s* (anat. & zool.) epigastrio
epigene ['ɛpɪdʒin] *adj* (geol.) epigénico
epiglottis [,ɛpɪ'glɑtɪs] *s* (anat.) epiglotis
epigram ['ɛpɪgræm] *s* epigrama
epigrammatic [,ɛpɪgrə'mætɪk] *adj* epigramático
epigrammatically [,ɛpɪgrə'mætɪkəlɪ] *adv* epigramáticamente
epigraph ['ɛpɪgræf] o ['ɛpɪgrɑf] *s* epígrafe
epigrapher [ɪ'pɪgrəfər] *s* epigrafista
epigraphic [,ɛpɪ'græfɪk] *adj* epigráfico
epigraphy [ɪ'pɪgrəfɪ] *s* epigrafía
epilepsy ['ɛpɪ,lɛpsɪ] *s* (path.) epilepsia
epileptic [,ɛpɪ'lɛptɪk] *adj & s* epiléptico
epilog o **epilogue** ['ɛpɪlɔg] o ['ɛpɪlɑg] *s* epílogo
Epiphany [ɪ'pɪfənɪ] *s* (eccl.) Epifanía; (*l.c.*) *s* epifanía (*aparición*)
epiphonema [,ɛpɪfo'nimə] *s* (rhet.) epifonema
epiphora [ɪ'pɪfərə] *s* (path.) epífora
epiphysis [ɪ'pɪfɪsɪs] *s* (*pl:* **-ses** [siz]) (anat.) epífisis
epiphyte ['ɛpɪfaɪt] *s* (bot.) epífita
epiphytic [,ɛpɪ'fɪtɪk] *adj* epífito, epifítico
Epirus [ɪ'paɪrəs] *s* el Epiro

E

Epis. abr. de **Episcopal, Episcopalians** y **Epistle**
Episc. abr. de **Episcopal**
episcopacy [ɪ'pɪskəpəsɪ] *s* (*pl:* **-cies**) episcopado
episcopal [ɪ'pɪskəpəl] *adj* episcopal; (*cap.*) *adj* episcopal
Episcopalian [ɪ,pɪskə'peljən] *adj & s* episcopalista
Episcopalianism [ɪ,pɪskə'peljənɪzəm] *s* episcopalismo
episcopalism [ɪ'pɪskəpəlɪzəm] *s* (eccl.) episcopalismo
episcopate [ɪ'pɪskəpet] o [ɪ'pɪskəpɪt] *s* episcopado
episode ['ɛpɪsod] *s* episodio
episodic [,ɛpɪ'sɑdɪk] o **episodical** [,ɛpɪ'sɑdɪkəl] *adj* episódico
epispastic [,ɛpɪ'spæstɪk] *adj & s* (med.) epispástico
epistaxis [,ɛpɪ'stæksɪs] *s* (path.) epistaxis
epistemological [ɪ,pɪstɪmə'lɑdʒɪkəl] *adj* epistemológico
epistemology [ɪ,pɪstɪ'mɑlədʒɪ] *s* epistemología
epistle [ɪ'pɪsəl] *s* epístola; (*cap.*) *s* (eccl.) epístola
Epistle side *s* (eccl.) lado de la epístola
epistolary [ɪ'pɪstə,lɛrɪ] *adj* epistolar; *s* (eccl.) epistolario
epistyle ['ɛpɪstaɪl] *s* (arch.) epistilo
epitaph ['ɛpɪtæf] o ['ɛpɪtɑf] *s* epitafio
epithalamium [,ɛpɪθə'lemɪəm] *s* (*pl:* **-miums** o **-mia** [mɪə]) epitalamio
epithelial [,ɛpɪ'θilɪəl] *adj* epitelial
epithelioma [,ɛpɪ,θilɪ'omə] *s* (*pl:* **-mata** [mətə] o **-mas**) (path.) epitelioma
epithelium [,ɛpɪ'θilɪəm] *s* (*pl:* **-lia** [lɪə] o **-liums**) (anat.) epitelio
epithem ['ɛpɪθɛm] *s* (med.) epítema
epithet ['ɛpɪθɛt] *s* epíteto
epitome [ɪ'pɪtəmɪ] *s* epítome
epitomize [ɪ'pɪtəmaɪz] *va* epitomar
epizoötic [,ɛpɪzo'ɑtɪk] *adj* epizoótico; *s* epizootia
epoch ['ɛpək] o ['ipɑk] *s* época; (astr. & geol.) época
epochal ['ɛpəkəl] *adj* trascendental, memorable
epoch-making ['ɛpək,mekɪŋ] o ['ipɑk,mekɪŋ] *adj* que hace época; trascendental, memorable
epode ['ɛpod] *s* epoda o epodo
eponymous [ɛ'pɑnɪməs] *adj* epónimo
epsilon ['ɛpsɪlɑn] *s* épsilon
epsomite ['ɛpsəmaɪt] *s* (mineral.) epsomita
Epsom salts ['ɛpsəm] *spl* sal de Epsom, sal de la Higuera
eq. abr. de **equal** y **equivalent**
equability [,ɛkwə'bɪlɪtɪ] o [,ikwə'bɪlɪtɪ] *s* igualdad, uniformidad; constancia, tranquilidad
equable ['ɛkwəbəl] o ['ikwəbəl] *adj* igual, uniforme; constante, tranquilo
equal ['ikwəl] *adj* igual; **equal to** suficiente para, bastante para; a la altura de, al nivel de, con fuerzas para; *s* igual; (*pret & pp:* **equaled** o **equalled;** *ger:* **equaling** *o* **equalling**) *va* igualar (*poner igual*); igualarse a o con (*ser igual a; ponerse al nivel de*)
equalitarian [ɪ,kwɑlɪ'tɛrɪən] *adj & s* igualitario
equality [ɪ'kwɑlɪtɪ] *s* (*pl:* **-ties**) igualdad
equalization [,ikwəlɪ'zeʃən] *s* igualamiento, igualación
equalize ['ikwəlaɪz] *va* igualar
equally ['ikwəlɪ] *adv* igualmente
equanimity [,ikwə'nɪmɪtɪ] o [,ɛkwə'nɪmɪtɪ] *s* ecuanimidad
equate [i'kwet] *va* igualar; (math.) igualar
equation [i'kweʒən] o [i'kweʃən] *s* (math., astr. & chem.) ecuación
equator [i'kwetər] *s* ecuador
equatorial [,ikwə'torɪəl] *adj* ecuatorial; *s* (astr.) ecuatorial (*instrumento*)
equerry ['ɛkwərɪ] o [ɪ'kwɛrɪ] *s* (*pl:* **-ries**) caballerizo; (Brit.) caballerizo del rey
equestrian [ɪ'kwɛstrɪən] *adj* ecuestre; *s* jinete
equestrienne [ɪ,kwɛstrɪ'ɛn] *s* amazona
equiangular [,ikwɪ'æŋgjələr] *adj* (geom.) equiángulo
equid ['ɛkwɪd] *s* (zool.) équido
equidistance [,ikwɪ'dɪstəns] *s* equidistancia
equidistant [,ikwɪ'dɪstənt] *adj* equidistante
equilateral [,ikwɪ'lætərəl] *adj* equilátero
equilibrant [ɪ'kwɪlɪbrənt] *s* (phys.) fuerza equilibrante
equilibrate [,ikwɪ'laɪbret] o [ɪ'kwɪlɪbret] *va* equilibrar
equilibration [,ikwɪlaɪ'breʃən] o [ɪ,kwɪlɪ'breʃən] *s* equilibración
equilibrist [ɪ'kwɪlɪbrɪst] *s* equilibrista
equilibrium [,ikwɪ'lɪbrɪəm] *s* equilibrio
equine ['ikwaɪn] *adj & s* equino
equinoctial [,ikwɪ'nɑkʃəl] *adj* equinoccial; *s* equinoccial, línea equinoccial; tempestad equinoccial
equinoctial line *s* línea equinoccial
equinoctial point *s* punto equinoccial
equinox ['ikwɪnɑks] *s* (astr.) equinoccio
equip [ɪ'kwɪp] (*pret & pp:* **equipped;** *ger:* **equipping**) *va* equipar
equipage ['ɛkwɪpɪdʒ] *s* equipaje, equipo; carruaje
equipment [ɪ'kwɪpmənt] *s* equipo; material, maquinaria, avíos; aptitud, habilitación
equipment bond *s* (rail.) bono respaldado por material rodante
equipment trust *s* (rail.) escritura fiduciaria sobre material rodante
equipoise ['ikwɪpɔɪz] o ['ɛkwɪpɔɪz] *s* equilibrio; contrapeso; *va* equilibrar; contrapesar
equipotential [,ikwɪpə'tɛnʃəl] *adj* (phys.) equipotencial
equisetaceous [,ɛkwɪsɪ'teʃəs] *adj* (bot.) equisetáceo
equisetum [,ɛkwɪ'sitəm] *s* (*pl:* **-tums** o **-ta** [tə]) (bot.) equiseto
equitable ['ɛkwɪtəbəl] *adj* equitativo
equitation [,ɛkwɪ'teʃən] *s* equitación
equity ['ɛkwɪtɪ] *s* (*pl:* **-ties**) equidad; (law) equidad; (coll.) diferencia entre el valor de una propiedad y la hipoteca que la grava
equity of redemption *s* (law) derecho de rescate
equivalence [ɪ'kwɪvələns] *s* equivalencia
equivalent [ɪ'kwɪvələnt] *adj & s* equivalente
equivocal [ɪ'kwɪvəkəl] *adj* equívoco
equivocate [ɪ'kwɪvəket] *vn* mentir, usar palabras o frases equívocas para engañar
equivocation [ɪ,kwɪvə'keʃən] *s* equívoco
equivocator [ɪ'kwɪvə,ketər] *s* equivoquista
era ['ɪrə] o ['irə] *s* era; (geol.) era
eradicable [ɪ'rædɪkəbəl] *adj* erradicable
eradicate [ɪ'rædɪket] *va* erradicar
eradication [ɪ,rædɪ'keʃən] *s* erradicación
eradicator [ɪ'rædɪ,ketər] *s* arrancarraíces; líquido para quitar grasa, aceite, tinta, etc.; líquido borratintas
erase [ɪ'res] *va* borrar
erase head *s* cabeza de borrado (*del magnetófono*)
eraser [ɪ'resər] *s* borrador, goma de borrar
Erasmian [ɪ'ræzmɪən] *adj & s* erasmiano
Erasmus [ɪ'ræzməs] *s* Erasmo
erasure [ɪ'reʃər] o [ɪ'reʒər] *s* borradura
Erato ['ɛrəto] *s* (myth.) Érato
erbium ['ʌrbɪəm] *s* (chem.) erbio
ere [ɛr] *prep* antes de; *conj* antes que; más bien que
Erebus ['ɛrɪbəs] *s* (myth.) Erebo (*infierno*)
erect [ɪ'rɛkt] *adj* erguido, derecho; erizado; *va* erigir; armar, montar, instalar
erectile [ɪ'rɛktɪl] *adj* eréctil
erectility [ɪ,rɛk'tɪlɪtɪ] o [,irɛk'tɪlɪtɪ] *s* erectilidad
erection [ɪ'rɛkʃən] *s* erección; (physiol.) erección
erector [ɪ'rɛktər] *s* erector
Erector set *s* (trademark) mecano
erelong [,ɛr'lɔŋ] o [,ɛr'lɑŋ] *adv* en breve, dentro de poco
eremite ['ɛrɪmaɪt] *s* eremita, ermitaño
erepsin [ɪ'rɛpsɪn] *s* (biochem.) erepsina
erethism ['ɛrɪθɪzəm] *s* (physiol.) eretismo
erg [ʌrg] *s* (phys.) ergio
ergo ['ʌrgo] *adv & conj* (Lat.) pues, por tanto, por consiguiente
ergosterol [ʌr'gɑstərol] *s* (pharm.) ergosterol
ergot ['ʌrgət] o ['ʌrgɑt] *s* (bot. & pharm.) cornezuelo; (plant path.) ergotismo
ergotin ['ʌrgətɪn] *s* (pharm.) ergotina

ergotism [ˈʌrgətɪzəm] *s* ergotismo (*sofistería*); (path.) ergotismo
Eric [ˈɛrɪk] *s* Erico
ericaceous [ˌɛrɪˈkeʃəs] *adj* (bot.) ericáceo
Erin [ˈɛrɪn] o [ˈɪrɪn] *s* (poet.) la Verde Erín
Erinys [ɪˈrɪnɪs] o [ɪˈraɪnɪs] *s* (*pl:* **Erinyes** [ɪˈrɪnɪiz]) (myth.) Erinia
eristic [ɛˈrɪstɪk] *adj* erístico; *s* erística (*arte de disputar*)
Eritrea [ˌɛrɪˈtriə] *s* Eritrea
Eritrean [ˌɛrɪˈtriən] *adj* & *s* eritreo
erlking [ˈʌrlˌkɪŋ] *s* (myth.) rey de los duendes
ermine [ˈʌrmɪn] *s* (zool. & her.) armiño; (fig.) toga, judicatura; **ermines** *s* (her.) contraarmiños; *adj* armiñado
ermined [ˈʌrmɪnd] *adj* armiñado
erne [ʌrn] *s* (orn.) águila marina
Ernest [ˈʌrnɪst] *s* Ernesto
erode [ɪˈrod] *va* erosionar; *vn* erosionarse
Eros [ˈɪrɑs], [ˈirɑs] o [ˈɛrɑs] *s* (myth.) Eros
erosion [ɪˈroʒən] *s* erosión; (geol.) erosión
erosive [ɪˈrosɪv] *adj* erosivo
erotic [ɪˈrɑtɪk] *adj* erótico; erotómano; *s* persona erótica, erotómano; poema erótico
erotism [ˈɛrətɪzəm] *s* erotismo
erotomania [ɪˌrotəˈmenɪə] o [ɪˌrɑtəˈmenɪə] *s* (path.) erotomanía
err [ʌr] *vn* marrar
errand [ˈɛrənd] *s* recado, mandado, comisión; **to run an errand** hacer un mandado; **to send on an errand** enviar a un recado
errand boy *s* mandadero, recadero
errant [ˈɛrənt] *adj* errante, andante; erróneo, equivocado
errantry [ˈɛrəntrɪ] *s* (*pl:* **-ries**) caballería andante
erratic [ɪˈrætɪk] *adj* irregular, inconstante; excéntrico; (geol.) errático
erratically [ɪˈrætɪkəlɪ] *adv* irregularmente, inconstantemente; excéntricamente
erratum [ɪˈretəm] o [ɪˈrɑtəm] *s* (*pl:* **-ta** [tə]) errata
erroneous [ɪˈronɪəs] *adj* erróneo
error [ˈɛrər] *s* error
ersatz [ɛrˈzɑts] *adj* & *s* sucedáneo
Erse [ʌrs] *adj* & *s* erso
erstwhile [ˈʌrstˌhwaɪl] *adj* antiguo, de otro tiempo; *adv* (archaic) antiguamente
eruct [ɪˈrʌkt] o **eructate** [ɪˈrʌktet] *va* arrojar, echar de sí, vomitar; *vn* eructar
eructation [ɪˌrʌkˈteʃən] o [ˌɛrəkˈteʃən] *s* eructo; vómito
erudite [ˈɛrudaɪt] o [ˈɛrjudaɪt] *adj* erudito
erudition [ˌɛruˈdɪʃən] o [ˌɛrjuˈdɪʃən] *s* erudición
erupt [ɪˈrʌpt] *va* arrojar (*llamas, lava, etc.*); *vn* hacer erupción (*p.ej., la piel, los dientes de un niño*); erumpir (*un volcán*)
eruption [ɪˈrʌpʃən] *s* erupción; (path. & dent.) erupción
eruptive [ɪˈrʌptɪv] *adj* eruptivo
Erymanthian boar [ˌɛrɪˈmænθɪən] *s* (myth.) jabalí de Erimanto
erysipelas [ˌɛrɪˈsɪpələs] o [ˌɪrɪˈsɪpələs] *s* (path.) erisipela
erysipeloid [ˌɛrɪˈsɪpəlɔɪd] o [ˌɪrɪˈsɪpəlɔɪd] *s* (path.) erisipeloide
erythema [ˌɛrɪˈθimə] *s* (path.) eritema
erythrin [ɪˈrɪθrɪn] *s* (chem.) eritrina
erythrite [ɪˈrɪθraɪt] *s* (mineral.) eritrita
erythroblast [ɪˈrɪθroblæst] *s* (anat.) eritroblasto
erythrocyte [ɪˈrɪθrosaɪt] *s* (anat.) eritrocito
erythroxylaceous [ˌɛrɪˌθrɑksɪˈleʃəs] *adj* (bot.) eritroxiláceo
Esau [ˈisɔ] *s* (Bib.) Esaú
escadrille [ˌɛskəˈdrɪl] *s* (nav. & aer.) escuadrilla
escalade [ˌɛskəˈled] *s* escalada; *va* escalar
escalate [ˈɛskəlet] *va* escalarse
escalator [ˈɛskəˌletər] *s* (trademark) escalera mecánica, escalera móvil, escalera rodante
escalator clause *s* cláusula contractual de revisión de jornales por variación del costo de la vida
escallop [ɛsˈkɑləp] o [ɛsˈkæləp] *s* (zool.) concha de peregrino; venera (*de los peregrinos*); (sew.) festón; *va* hornear a la crema y con migajas de pan; cocer (*p.ej., ostras*) en su concha
escapade [ˌɛskəˈped] o [ˈɛskəped] *s* escapada; travesura, calaverada, aventura atolondrada
escape [ɛsˈkep] *s* escape, escapatoria; (fig.) escapatoria (*de atenciones, deberes, etc.*); *va* evitar, eludir; escapársele a uno, p.ej., **nothing escapes him** no se le escapa nada; olvidársele a uno, p.ej., **his name escapes me** se me olvida su nombre; salírsele a uno, p.ej., **a cry escaped his lips** se le salió un grito; escapar a (*p.ej., la muerte*); *vn* escapar o escaparse; **to escape from** escaparse a (*una persona*); escaparse de (*p.ej., la cárcel*)
escape artist *s* ilusionista que sabe desprenderse de toda suerte de ataduras y trabas
escapee [ˌɛskəˈpi] *s* evadido
escape hatch *s* escotillón de escape
escape literature *s* literatura de escape
escapement [ɛsˈkepmənt] *s* escape
escapement wheel *s* (horol.) rueda de escape
escape velocity *s* velocidad de escape (*de un satélite*)
escape wheel *s* var. de **escapement wheel**
escapism [ɛsˈkepɪzəm] *s* escapismo
escapist [ɛsˈkepɪst] *adj* & *s* escapista
escarole [ˈɛskərol] *s* (bot.) escarola
escarp [ɛsˈkɑrp] *s* escarpa; (fort.) escarpa; *va* (fort.) escarpar
escarpment [ɛsˈkɑrpmənt] *s* escarpa, escarpadura; (fort.) escarpa
escharotic [ˌɛskəˈrɑtɪk] *adj* & *s* (med.) escarótico
eschatological [ˌɛskətəˈlɑdʒɪkəl] *adj* escatológico
eschatology [ˌɛskəˈtɑlədʒɪ] *s* (theol.) escatología
escheat [ɛsˈtʃit] *s* (law) reversión al estado o al señor de bienes del que muere sin testar; (law) bienes del que muere sin testar que revierten al estado o al señor; *va* (law) transferir al estado o al señor; *vn* (law) revertir al estado o al señor (*los bienes del que muere sin testar*)
eschew [ɛsˈtʃu] *va* evitar
escort [ˈɛskɔrt] *s* escolta; (aer. & nav.) escolta; [ɛsˈkɔrt] *va* escoltar
escort carrier *s* (nav.) portaaviones de escolta
escort fighter *s* (aer.) caza de escolta
escritoire [ˌɛskrɪˈtwɑr] *s* escritorio
escrow [ɛsˈkro] o [ˈɛskro] *s* (law) plica, documento que se pone en manos de una tercera persona para entregarlo al donatario y que no tiene valor ni efecto hasta cumplidas ciertas condiciones; **in escrow** en custodia de una tercera persona
esculent [ˈɛskjələnt] *adj* & *s* comestible
escutcheon [ɛsˈkʌtʃən] *s* escudo de armas; escudo, escudete (*planchuela de metal delante de la cerradura*)
Esd. abr. de **Esdras**
Esdras [ˈɛzdrəs] *s* (Bib.) Esdras; (Bib.) libro de Esdras
Eskimo [ˈɛskɪmo] *s* (*pl:* **-mos** o **-mo**) esquimal
Eskimoan [ˌɛskɪˈmoən] *adj* esquimal
Eskimo dog *s* perro de los esquimales
esophagus [iˈsɑfəgəs] *s* (*pl:* **-gi** [dʒaɪ]) (anat.) esófago
esoteric [ˌɛsoˈtɛrɪk] *adj* esotérico
esotropia [ˌɛsoˈtropɪə] *s* (path.) esotropia
esp. abr. de **especially**
espagnolette [ˌɛsˌpɑˌnjoˈlɛt] *s* falleba
espalier [ɛsˈpæljər] *s* espaldar, espalera; planta extendida sobre el espaldar; *va* extender sobre el espaldar; proveer de espaldar
esparto [ɛsˈpɑrto] o **esparto grass** *s* (bot.) esparto
espec. abr. de **especially**
especial [ɛsˈpɛʃəl] *adj* especial
especially [ɛsˈpɛʃəlɪ] *adv* especialmente
Esperantist [ˌɛspəˈrɑntɪst] o [ˌɛspəˈræntɪst] *adj* & *s* esperantista
Esperanto [ˌɛspəˈrɑnto] o [ˌɛspəˈrænto] *s* esperanto
espial [ɛsˈpaɪəl] *s* espionaje (*acción de espiar*); observación
espionage [ˈɛspɪənɪdʒ] o [ˌɛspɪəˈnɑʒ] *s* espionaje
esplanade [ˌɛspləˈned] o [ˌɛspləˈnɑd] *s* explanada; (fort.) explanada
espousal [ɛsˈpaʊzəl] *s* desposorios; adhesión (*p.ej., a un dictamen*); **espousals** *spl* desposorios
espouse [ɛsˈpaʊz] *va* casarse con; abogar por, adherirse a (*p.ej., un dictamen*)

E

esprit de corps [ɛs'pri də 'kɔr] *s* espíritu de cuerpo, compañerismo
espy [ɛs'paɪ] (*pret & pp:* **-pied**) *va* divisar
Esq. abr. de **Esquire**
Esquimau ['ɛskɪmo] *s* (*pl:* **-maux** [mo] o [moz]) var. de **Eskimo**
esquire [ɛs'kwaɪr] *s* escudero (*paje que llevaba el escudo del caballero*); (Brit.) terrateniente de antigua heredad; (Brit.) hombre de la clase inferior a la de los caballeros; acompañante (*de una señora*); (*cap.*) *s* título de honor que se escribe después del apellido y que corresponde a Mr.
-ess *suffix s* -esa, p.ej., **abbess** abadesa; **countess** condesa; -isa, p.ej., **poetess** poetisa; **priestess** sacerdotisa
essay ['ɛse] *s* (lit.) ensayo; ['ɛse] o [ɛ'se] *s* conato, esfuerzo, ensayo; [ɛ'se] *va* ensayar (*especialmente metales, minerales*); intentar; *vn* esforzarse
essayist ['ɛseɪst] *s* ensayista
essence ['ɛsəns] *s* esencia; (chem.) esencia; **in essence** en esencia
essential [ɛ'sɛnʃəl] *adj & s* esencial
essentially [ɛ'sɛnʃəlɪ] *adv* esencialmente
essential oil *s* (chem.) aceite esencial
est. abr. de **established, estate, estimated** y **estuary**
E.S.T. abr. de **Eastern Standard Time**
estab. abr. de **established**
establish [ɛs'tæblɪʃ] *va* establecer
established church *s* iglesia oficial
establishment [ɛs'tæblɪʃmənt] *s* establecimiento
estate [ɛs'tet] *s* heredad, finca, hacienda; bienes, propiedad; bienes relictos, herencia; estado, condición; **the fourth estate** el cuarto poder (*la prensa, el periodismo*); **the three estates** los tres estados (*la nobleza, el clero y el estado llano*)
Estates-General [ɛs'tets'dʒɛnərəl] *spl* var. de **States-General**
esteem [ɛs'tim] *s* estima; *va* estimar
ester ['ɛstər] *s* (chem.) éster
Esth. abr. de **Esther**
Esther ['ɛstər] *s* Ester
esthete ['ɛsθit] *s* var. de **aesthete**
esthetic [ɛs'θɛtɪk] *adj* var. de **aesthetic; esthetics** *ssg* var. de **aesthetics**
esthetically [ɛs'θɛtɪkəlɪ] *adv* var. de **aesthetically**
esthetician [,ɛsθɪ'tɪʃən] *s* var. de **aesthetician**
Esthonia [ɛs'θonɪə] *s* var. de **Estonia**
estimable ['ɛstɪməbəl] *adj* estimable
estimate ['ɛstɪmɪt] o ['ɛstɪmet] *s* estimación; presupuesto (*p.ej., del coste de una obra*); proyecto de presupuesto; ['ɛstɪmet] *va* estimar; presuponer
estimation [,ɛstɪ'meʃən] *s* estimación
estival ['ɛstɪvəl] o [ɛs'taɪvəl] *adj* var. de **aestival**
estivate ['ɛstɪvet] *vn* var. de **aestivate**
estivation [,ɛstɪ'veʃən] *s* var. de **aestivation**
Estonia [ɛs'tonɪə] *s* Estonia
Estonian [ɛs'tonɪən] *adj & s* estonio
estop [ɛs'tɑp] (*pret & pp:* **-topped;** *ger:* **-topping**) *va* obstruir; impedir; (law) impedir (*a uno*) que declare en una acción lo que sea contrario a actas o manifestaciones
estoppel [ɛs'tɑpəl] *s* impedimento; (law) imposibilidad en que se coloca uno de declarar lo que sea contrario a actas o manifestaciones anteriores
estrange [ɛs'trendʒ] *va* apartar; enajenar, enemistar
estrangement [ɛs'trendʒmənt] *s* enajenamiento, extrañeza (*p.ej., entre amigos*)
estray [ɛs'tre] *s* (law) animal doméstico descarriado
estrogen ['ɛstrədʒən] *s* (biochem.) estrógeno
estrone ['ɛstron] *s* (biochem.) estrona
estuary ['ɛstʃʊ,ɛrɪ] *s* (*pl:* **-ies**) estuario; ría (*valle bajo que inunda el mar*)
et al. abr. de **et alii** (Lat.) **and others** y de **et alibi** (Lat.) **and elsewhere**
etc. abr. de **et cetera** (Lat.) **and others** y **and so forth**
etceteras [ɛt'sɛtərəz] *spl* adiciones, apéndices
etch [ɛtʃ] *va & vn* grabar al agua fuerte
etcher ['ɛtʃər] *s* aguafortista
etching ['ɛtʃɪŋ] *s* aguafuerte
eternal [ɪ'tʌrnəl] *adj* eterno, eternal
Eternal City *s* Ciudad Eterna (*Roma*)
eternal feminine, the (lit.) el eterno femenino
eternal recurrence *s* (philos.) retorno eterno
eternity [ɪ'tʌrnɪtɪ] *s* (*pl:* **-ties**) eternidad
eternize [ɪ'tʌrnaɪz] *va* eternizar
etesian [ɪ'tiʒən] o [ɪ'tizɪən] *adj & s* etesio
ethane ['ɛθen] *s* (chem.) etano
Ethelred ['ɛθəlrɛd] *s* Etelredo
ether ['iθər] *s* éter (*los espacios celestes*); (phys.) éter (*materia hipotética*); (chem.) éter (R_2O)
ethereal [ɪ'θɪrɪəl] *adj* etéreo; (phys. & chem.) etéreo
etherealize [ɪ'θɪrɪəlaɪz] *va* espiritualizar
etherification [ɪ,θɛrɪfɪ'keʃən] *s* (chem.) eterificación
etherify [ɪ'θɛrɪfaɪ] (*pret & pp:* **-fied**) *va* (chem.) eterificar
etherization [,iθərɪ'zeʃən] *s* (med.) eterización
etherize ['iθəraɪz] *va* (med.) eterizar; eterificar
ethic ['ɛθɪk] *adj* ético; **ethics** *ssg* ética
ethical ['ɛθɪkəl] *adj* ético
ethically ['ɛθɪkəlɪ] *adv* éticamente
Ethiop ['iθɪɑp] *adj & s* etíope
Ethiopia [,iθɪ'opɪə] *s* Etiopía
Ethiopian [,iθɪ'opɪən] *adj & s* etíope; (coll.) etíope (*de la raza negra*)
Ethiopic [,iθɪ'ɑpɪk] o [,iθɪ'opɪk] *adj* etiópico; *s* lengua etiópica
ethmoid ['ɛθmɔɪd] *adj & s* (anat.) etmoides
ethnic ['ɛθnɪk] o **ethnical** ['ɛθnɪkəl] *adj* étnico
ethnographer [ɛθ'nɑgrəfər] *s* etnógrafo
ethnographic [,ɛθnə'græfɪk] o **ethnographical** [,ɛθnə'græfɪkəl] *adj* etnográfico
ethnography [ɛθ'nɑgrəfɪ] *s* etnografía
ethnologic [,ɛθnə'lɑdʒɪk] o **ethnological** [,ɛθnə'lɑdʒɪkəl] *adj* etnológico
ethnologist [ɛθ'nɑlədʒɪst] *s* etnólogo
ethnology [ɛθ'nɑlədʒɪ] *s* etnología
ethopoeia [,iθo'pijə] *s* (rhet.) etopeya
ethyl ['ɛθɪl] *s* (chem.) etilo; plomo tetraetilo; (trademark) gasolina etílica
ethyl alcohol *s* (chem.) alcohol etílico
ethyl chloride *s* (chem.) cloruro de etilo
ethylene ['ɛθɪlin] *s* (chem.) etileno
Ethyl gas *s* (trademark) etilgasolina
ethylic [ɪ'θɪlɪk] *adj* etílico
etiology [,itɪ'ɑlədʒɪ] *s* var. de **aetiology**
etiquette ['ɛtɪkɛt] *s* etiqueta
Etna, Mount ['ɛtnə] el monte Etna
Etnean [ɛt'niən] *adj* étneo
Eton jacket ['itən] *s* chaqueta corta de los escolares del colegio de Eton (*Inglaterra*); chaqueta corta de mujer
Etrurian [ɪ'trʊrɪən] *adj & s* etrurio
Etruscan [ɪ'trʌskən] *adj & s* etrusco
et seq. abr. de **et sequens, et sequentes** y **et sequentia** (Lat.) **and the following**
étude [e'tjud] *s* (mus.) estudio
etymological [,ɛtɪmə'lɑdʒɪkəl] *adj* etimológico
etymologically [,ɛtɪmə'lɑdʒɪkəlɪ] *adv* etimológicamente
etymologist [,ɛtɪ'mɑlədʒɪst] *s* etimologista
etymology [,ɛtɪ'mɑlədʒɪ] *s* (*pl:* **-gies**) etimología
etymon ['ɛtɪmɑn] *s* (*pl:* **-mons** o **-ma** [mə]) (philol.) étimo o étimon
Euboea [ju'biə] *s* Eubea
eucaine [ju'ken] *s* (pharm.) eucaína
eucalyptol [,jukə'lɪptol] o [,jukə'lɪptɑl] *s* eucaliptol
eucalyptus [,jukə'lɪptəs] *s* (*pl:* **-tuses** o **-ti** [taɪ]) (bot.) eucalipto
Eucharist ['jukərɪst] *s* (eccl.) Eucaristía
Eucharistic [,jukə'rɪstɪk] *adj* eucarístico
euchre ['jukər] *s* juego de naipes en el que el valet del triunfo es la carta más alta; *va* vencer en el juego de euchre; (slang) ser más listo que
Euclid ['juklɪd] *s* Euclides
Euclidean [ju'klɪdɪən] *adj* euclidiano
Euclidean space *s* (geom.) espacio euclidiano
eucrasia [ju'kreʒɪə] *s* (med.) eucrasia
eudaemonism [ju'dimənɪzəm] *s* eudemonismo
eudiometer [,judɪ'ɑmɪtər] *s* eudiómetro
Eugene [jʊ'dʒin] *s* Eugenio
Eugenia [jʊ'dʒinɪə] *s* Eugenia

E

eugenic [jʊˈdʒɛnɪk] *adj* eugenésico; **eugenics** *ssg o spl* eugenesia
eugenically [jʊˈdʒɛnɪkəlɪ] *adv* de manera eugenésica
eulogist [ˈjulədʒɪst] *s* elogiador
eulogistic [ˌjuləˈdʒɪstɪk] *adj* elogiador, elogioso
eulogistically [ˌjuləˈdʒɪstɪkəlɪ] *adv* laudatoriamente
eulogium [jʊˈlodʒɪəm] *s* (*pl:* **-giums** o **-gia** [dʒɪə]) elogio
eulogize [ˈjulədʒaɪz] *va* elogiar
eulogy [ˈjulədʒɪ] *s* (*pl:* **-gies**) elogio
Eumenides [juˈmɛnɪdiz] *spl* (myth.) Euménides
eunuch [ˈjunək] *s* eunuco
eupatorium [ˌjupəˈtorɪəm] *s* (bot.) eupatorio
eupepsia [juˈpɛpsɪə] o [juˈpɛpʃə] *s* (med.) eupepsia
eupeptic [juˈpɛptɪk] *adj* eupéptico
euphemism [ˈjufɪmɪzəm] *s* eufemismo
euphemist [ˈjufɪmɪst] *s* persona que emplea el eufemismo
euphemistic [ˌjufɪˈmɪstɪk] *adj* eufemístico
euphemistically [ˌjufɪˈmɪstɪkəlɪ] *adv* eufemísticamente
euphemize [ˈjufɪmaɪz] *va* expresar con eufemismo; *vn* hacer uso del eufemismo
euphonic [juˈfɑnɪk] *adj* eufónico
euphonious [juˈfonɪəs] *adj* eufono
euphonium [juˈfonɪəm] *s* (mus.) eufonio (*instrumento que tiene tubos de vidrio y barras de acero*); (mus.) eufonia (*tuba*)
euphony [ˈjufənɪ] *s* (*pl:* **-nies**) eufonía
euphorbia [juˈfɔrbɪə] *s* (bot. & pharm.) euforbio
euphorbiaceous [juˌfɔrbɪˈeʃəs] *adj* (bot.) euforbiáceo
euphoria [juˈforɪə] *s* (psychol.) euforia
euphoric [juˈfɑrɪk] *adj* eufórico
euphrasy [ˈjufrəsɪ] *s* (bot.) eufrasia
Euphrates [juˈfretiz] *s* Éufrates
Euphrosyne [juˈfrɑsɪni] *s* (myth.) Eufrosina
euphuism [ˈjufjʊɪzəm] *s* eufuísmo
euphuist [ˈjufjʊɪst] *s* eufuísta
euphuistic [ˌjufjʊˈɪstɪk] *adj* eufuístico
Eur. abr. de **Europe** y **European**
Eurasia [jʊˈreʒə] o [jʊˈreʃə] *s* Eurasia
Eurasian [jʊˈreʒən] o [jʊˈreʃən] *adj & s* eurasiano
eureka [jʊˈrikə] *interj* ¡eureka!
eurhythmic [jʊˈrɪðmɪk] *adj* (f.a.) eurítmico
eurhythmy [jʊˈrɪðmɪ] *s* (f.a.) euritmia
Euripides [jʊˈrɪpɪdiz] *s* Eurípides
Europa [jʊˈropə] *s* (myth.) Europa
Europa Point *s* punta de Europa
Europe [ˈjʊrəp] *s* Europa
European [ˌjʊrəˈpiən] *adj & s* europeo
European Common Market *s* Mercado Común Europeo
Europeanism [ˌjʊrəˈpiənɪzəm] *s* europeísmo
Europeanize [ˌjʊrəˈpiənaɪz] *va* europeizar
European plan *s* cuarto sin comidas
European swift *s* (orn.) vencejo
europium [jʊˈropɪəm] *s* (chem.) europio
Eurydice [jʊˈrɪdɪsi] *s* (myth.) Eurídice
eurythmic [jʊˈrɪðmɪk] *adj* var. de **eurhythmic**
eurythmy [jʊˈrɪðmɪ] *s* var. de **eurhythmy**
Eustace [ˈjustɪs] *s* Eustaquio
Eustachian tube [jʊˈstekɪən] o [jʊˈsteʃən] *s* (anat.) trompa de Eustaquio
eustyle [ˈjuˌstaɪl] *s* (arch.) éustilo
Euterpe [juˈtʌrpɪ] *s* (myth.) Euterpe
euthanasia [ˌjuθəˈneʒə] *s* eutanasia
euthenics [juˈθɛnɪks] *ssg* euténica
Eutychian [juˈtɪkɪən] *adj & s* eutiquiano
Euxine Sea [ˈjuksɪn] o [ˈjuksaɪn] *s* Ponto Euxino (*antiguo nombre del mar Negro*)
evacuant [ɪˈvækjʊənt] *adj & s* (med.) evacuante
evacuate [ɪˈvækjʊet] *va* evacuar; (mil.) evacuar; *vn* (mil.) evacuar
evacuation [ɪˌvækjʊˈeʃən] *s* evacuación
evacuee [ɪˌvækjʊˈi] *s* evacuado
evade [ɪˈved] *va* evadir; *vn* evadirse
evaluate [ɪˈvæljʊet] *va* evaluar
evaluation [ɪˌvæljʊˈeʃən] *s* evaluación
evanesce [ˌɛvəˈnɛs] *vn* desvanecerse
evanescence [ˌɛvəˈnɛsəns] *s* desvanecimiento
evanescent [ˌɛvəˈnɛsənt] *adj* evanescente; (bot.) evanescente
evangel [ɪˈvændʒəl] *s* buena nueva; evangelio (*doctrina de Jesucristo*); evangelizador; (*cap.*) *s* Evangelio (*cada uno de los cuatro primeros libros del Nuevo Testamento*)
evangelic [ˌivænˈdʒɛlɪk] o [ˌɛvənˈdʒɛlɪk] o **evangelical** [ˌivænˈdʒɛlɪkəl] o [ˌɛvənˈdʒɛlɪkəl] *adj* evangélico
evangelicalism [ˌivænˈdʒɛlɪkəlɪzəm] o [ˌɛvənˈdʒɛlɪkəlɪzəm] *s* doctrina de la iglesia evangélica
evangelism [ɪˈvændʒəlɪzəm] *s* evangelismo
evangelist [ɪˈvændʒəlɪst] *s* evangelizador; (*cap.*) *s* Evangelista
evangelistic [ɪˌvændʒəˈlɪstɪk] *adj* evangélico
evangelization [ɪˌvændʒəlɪˈzeʃən] *s* evangelización
evangelize [ɪˈvændʒəlaɪz] *va & vn* evangelizar
evaporable [ɪˈvæpərəbəl] *adj* evaporable
evaporate [ɪˈvæpəret] *va* evaporar, vaporar; *vn* evaporarse (*convertirse en vapor; desaparecer, desvanecerse*)
evaporated milk [ɪˈvæpəˌretɪd] *s* leche evaporada
evaporation [ɪˌvæpəˈreʃən] *s* evaporación
evaporator [ɪˈvæpəˌretər] *s* evaporador
evasion [ɪˈveʒən] *s* evasiva, evasión
evasive [ɪˈvesɪv] *adj* evasivo
eve [iv] *s* víspera; (poet.) tardecita; (*cap.*) *s* Eva; **on the eve of** en vísperas de
evection [ɪˈvɛkʃən] *s* (astr.) evección
even [ˈivən] *adj* igual, llano, liso, parejo; uniforme, semejante; constante, invariable; apacible, sereno; justo, imparcial; exacto; a nivel; sin deudas; (math.) par; **to be even** estar en paz; no deber nada a nadie; **to get even with** desquitarse con; *adv* aun, hasta; también; sin embargo; igualmente; exactamente: **not even** ni . . . siquiera; **to break even** (coll.) salir sin ganar ni perder; (coll.) salir en paz (*en juego*); **even as** así como; **even if** aunque, aun cuando; **even so** así; así y todo; **even though** aunque, aun cuando; **even when** aun cuando; *s* (poet.) tardecita; *va* igualar, allanar; desquitar
even-handed [ˈivənˈhændɪd] *adj* justo, imparcial
evening [ˈivnɪŋ] *s* tarde; (fig.) tarde (*de la vida*); *adj* vespertino
evening clothes *spl* o **evening dress** *s* traje de etiqueta
evening gown *s* vestido de etiqueta de mujer, vestido de noche
evening primrose *s* (bot.) hierba del asno
evening star *s* estrella vespertina
evening wear *s* vestido de etiqueta
evenness [ˈivənnɪs] *s* igualdad; uniformidad; constancia; serenidad; imparcialidad; exactitud
even number *s* número par
evensong [ˈivənˌsɔŋ] o [ˈivənˌsɑŋ] *s* (eccl.) vísperas; canción de la tarde; (archaic) tarde, anochecher
event [ɪˈvɛnt] *s* acontecimiento, suceso; resultado, consecuencia; acto (*hecho público*); (sport) lucha, corrida; **at all events** o **in any event** en todo caso; **in the event of** en caso de; **in the event that** en caso que
even-tempered [ˈivənˈtɛmpərd] *adj* tranquilo, sereno
eventful [ɪˈvɛntfəl] *adj* lleno de acontecimientos; memorable
eventide [ˈivənˌtaɪd] *s* (poet.) caída de la tarde
eventual [ɪˈvɛntʃʊəl] *adj* final; eventual (*posible, contingente*)
eventuality [ɪˌvɛntʃʊˈælɪtɪ] *s* (*pl:* **-ties**) eventualidad; **for any eventuality** a todo evento
eventually [ɪˈvɛntʃʊəlɪ] *adv* finalmente, con el tiempo
eventuate [ɪˈvɛntʃʊet] *vn* concluir, resultar, terminarse
ever [ˈɛvər] *adv* siempre; por casualidad; jamás, p.ej., **Who has ever seen such a thing?** ¿Quién ha visto jamás semejante cosa?; nunca, p.ej., **the best book ever written** el mejor libro que se haya escrito nunca; **he is happier than ever** es más feliz que nunca; alguna vez, p.ej., **Have you ever been in Spain?** ¿Ha estado Vd. alguna vez en España?; **as ever** como siempre; tanto como; **be it**

ever so + *adj* por + *adj* + que sea; **did you ever!** ¡qué cosa!; **for ever and ever** por siempre jamás; **hardly ever** casi nunca; **not . . . ever** no . . . nunca; **scarcely ever** casi nunca; **ever and anon** de vez en cuando, una y otra vez; **ever since** desde entonces; después de que; **ever so** muy; **ever so much** muchísimo
everglade [ˈɛvərgled] *s* tierra baja pantanosa cubierta de altas hierbas; **Everglades** *spl* pantanos en el sur de la Florida (*E.U.A.*)
evergreen [ˈɛvərˌgrin] *adj* siempre verde; *s* planta siempre verde; **evergreens** *spl* ramas que se emplean para adorno
everlasting [ˌɛvərˈlæstɪŋ] o [ˌɛvərˈlɑstɪŋ] *adj* sempiterno, perpetuo; duradero; aburrido, cansado; *s* eternidad; sempiterna (*tela*); (bot.) siempreviva; **the Everlasting** el Eterno (*Dios*)
evermore [ˌɛvərˈmor] o [ˈɛvərmor] *adv* eternamente; **for evermore** para siempre jamás
eversion [ɪˈvʌrʃən] o [ɪˈvʌrʒən] *s* (med.) eversión
evert [ɪˈvʌrt] *va* volver (*p.ej., los bordes de una herida*) hacia fuera
every [ˈɛvrɪ] *adj* todos los, p.ej., **every day** todos los días; todo, p.ej., **every loyal American** todo fiel americano; cada, p.ej., **every time** cada vez; **every bit** (coll.) todo, p.ej., **every bit a man** todo un hombre; **every now and then** de vez en cuando; **every once in a while** una que otra vez; **every one of them** todos ellos; **every other day** cada dos días, un día sí y otro no, cada tercer día; **every which way** (coll.) por todas partes; (coll.) en desarreglo
everybody [ˈɛvrɪˌbɑdɪ] *pron indef* todos, todo el mundo
everyday [ˈɛvrɪˌde] *adj* diario, cotidiano; acostumbrado, común, ordinario; de los días de trabajo
every man Jack *s* cada hijo de vecino
everyone o **every one** [ˈɛvrɪˌwʌn] *pron indef* todos, todo el mundo, cada uno
everything [ˈɛvrɪˌθɪŋ] *pron indef & s* todo
everywhere [ˈɛvrɪˌhwɛr] *adv* en o por todas partes; a todas partes
evict [ɪˈvɪkt] *va* desahuciar
eviction [ɪˈvɪkʃən] *s* desahucio; (law) evicción
evidence [ˈɛvɪdəns] *s* evidencia; (law) prueba; **direct evidence** (law) prueba directa; **indirect evidence** (law) prueba indirecta; **in evidence** visible, manifiesto, notorio; *va* evidenciar
evident [ˈɛvɪdənt] *adj* evidente
evidential [ˌɛvɪˈdɛnʃəl] *adj* indicador, probatorio
evidently [ˈɛvɪdəntlɪ] o [ˌɛvɪˈdɛntlɪ] *adv* evidentemente, por lo visto
evil [ˈivəl] *adj* malo; *s* mal
evildoer [ˈivəlˌduər] *s* malhechor
evildoing [ˈivəlˌduɪŋ] *s* malhecho
evil eye *s* aojo, aojadura, mal de ojo
evil-minded [ˈivəlˈmaɪndɪd] *adj* malicioso, mal pensado
Evil One, the el Malo (*el demonio*)
evince [ɪˈvɪns] *va* mostrar, revelar, indicar
eviscerate [ɪˈvɪsəret] *va* desentrañar, destripar
evisceration [ɪˌvɪsəˈreʃən] *s* desentrañamiento, destripamiento; (surg.) evisceración
evocation [ˌɛvoˈkeʃən] *s* evocación
evocative [ɪˈvɑkətɪv] *adj* evocador
evoke [ɪˈvok] *va* evocar
evolution [ˌɛvəˈluʃən] *s* evolución; (biol., philos., mil. & nav.) evolución; (biol.) evolucionismo (*teoría*); desprendimiento (*p.ej., de calor, gases*); (math.) extracción de raíces, radicación
evolutional [ˌɛvəˈluʃənəl] o **evolutionary** [ˌɛvəˈluʃənˌɛrɪ] *adj* evolucionista, evolutivo
evolutionist [ˌɛvəˈluʃənɪst] *s & adj* evolucionista
evolve [ɪˈvɑlv] *va* desarrollar; desprender (*p.ej., calor, gases*); *vn* evolucionar
evolvement [ɪˈvɑlvmənt] *s* desarrollo; desprendimiento (*p.ej., de calor, gases*); evolución
ewe [ju] *s* oveja
ewe lamb *s* cordera
ewer [ˈjuər] *s* aguamanil
ex. abr. de **examination, examined, example, except, exchange, excursion, executed** y **executive**
Ex. abr. de **Exodus**
ex [ɛks] *prep* (com.) sin participación en; (com.) sin incluir
exacerbate [ɛgˈzæsərbet] o [ɛksˈæsərbet] *va* exacerbar
exacerbation [ɛgˌzæsərˈbeʃən] o [ɛksˌæsərˈbeʃən] *s* exacerbación
exact [ɛgˈzækt] *adj* exacto; *va* exigir
exacting [ɛgˈzæktɪŋ] *adj* exigente
exaction [ɛgˈzækʃən] *s* exacción
exactitude [ɛgˈzæktɪtjud] o [ɛgˈzæktɪtud] *s* exactitud
exactly [ɛgˈzæktlɪ] *adv* exactamente; en punto, p.ej., **it is exactly two o'clock** son las dos en punto
exactness [ɛgˈzæktnɪs] *s* var. de **exactitude**
exact science *s* ciencia exacta
exaggerate [ɛgˈzædʒəret] *va* exagerar
exaggeration [ɛgˌzædʒəˈreʃən] *s* exageración
exaggerator [ɛgˈzædʒəˌretər] *s* exagerador
exalt [ɛgˈzɔlt] *va* exaltar
exaltation [ˌɛgzɔlˈteʃən] *s* exaltación
exam [ɛgˈzæm] *s* (coll.) examen
examination [ɛgˌzæmɪˈneʃən] *s* examen; reconocimiento (*médico*); **to take an examination** sufrir un examen, examinarse; **to take an examination in** examinarse de
examine [ɛgˈzæmɪn] *va & vn* examinar; **to examine into** examinar, indagar, averiguar
examinee [ɛgˌzæmɪˈni] *s* examinando
examiner [ɛgˈzæmɪnər] *s* examinador
example [ɛgˈzæmpəl] o [ɛgˈzɑmpəl] *s* ejemplo; ejemplar (*caso que sirve de escarmiento*); problema (*p.ej., de matemáticas*); **for example** por ejemplo; **to follow the example of** seguir el ejemplo de; **to set an example** dar ejemplo
exanimation [ɛgˌzænɪˈmeʃən] *s* exanimación
exanthema [ɛkˌsænˈθimə] *s* (*pl:* **-mata** [mətə]) (path.) exantema
exanthematic [ɛkˌsænθɪˈmætɪk] *adj* exantemático
exasperate [ɛgˈzæspəret] *va* exasperar
exasperation [ɛgˌzæspəˈreʃən] *s* exasperación
ex cathedra [ɛks kəˈθidrə] o [ɛks ˈkæθɪdrə] (Lat.) ex cáthedra (*en tono doctoral y decisivo; con autoridad*)
excavate [ˈɛkskəvet] *va* excavar
excavation [ˌɛkskəˈveʃən] *s* excavación
excavator [ˈɛkskəˌvetər] *s* excavador (*persona*); (dent. & surg.) excavador; excavadora (*máquina*)
exceed [ɛkˈsid] *va* exceder; exceder de; sobrepasar (*p.ej., el límite de velocidad*); *vn* excederse
exceeding [ɛkˈsidɪŋ] *adj* extraordinario, extremo; *adv* (archaic) sumamente, sobremanera
exceedingly [ɛkˈsidɪŋlɪ] *adv* sumamente, sobremanera
excel [ɛkˈsɛl] (*pret & pp:* **-celled;** *ger:* **-celling**) *va* aventajar, exceder; *vn* sobresalir
excellence [ˈɛksələns] *s* excelencia
excellency [ˈɛksələnsɪ] *s* (*pl:* **-cies**) excelencia; (*cap.*) *s* Excelencia (*tratamiento*)
excellent [ˈɛksələnt] *adj* excelente
excelsior [ɛkˈsɛlsɪər] *s* virutas de madera, pajilla de madera; [ɛkˈsɛlsɪor] *adj* siempre más alto; lema del estado de Nueva York; *interj* ¡excelsior! (*¡más arriba!*)
Excelsior State *s* estado de Nueva York
except [ɛkˈsɛpt] *prep* excepto; **except for** sin; **except that** sin que, a menos que; *va* exceptuar; *vn* objetar, desaprobar
exception [ɛkˈsɛpʃən] *s* excepción; **to take exception** objetar, desaprobar; ofenderse; **with the exception of** a excepción de
exceptionable [ɛkˈsɛpʃənəbəl] *adj* recusable, tachable
exceptional [ɛkˈsɛpʃənəl] *adj* excepcional
excerpt [ˈɛksʌrpt] o [ɛkˈsʌrpt] *s* excerta, selección, cita; [ɛkˈsʌrpt] *va* escoger, citar; *vn* hacer selecciones
excess [ɛkˈsɛs] *s* exceso; (fig.) exceso (*abuso; demasía en comer y beber*); **in excess of** más que, superior a; **to excess** en exceso o por exceso; [ˈɛksɛs] o [ɛkˈsɛs] *adj* excedente, sobrante
excess baggage *s* exceso de equipaje
excess fare *s* suplemento

excessive [ɛk'sɛsɪv] *adj* excesivo

excessively [ɛk'sɛsɪvlɪ] *adv* excesivamente

excess-profits tax ['ɛksɛs'prɑfɪts] *s* impuesto sobre ganancias superiores al promedio durante cierto período de condiciones normales, impuesto a los beneficios extraordinarios

excess weight *s* exceso de peso

exchange [ɛks'tʃendʒ] *s* cambio; canje (*p.ej., de prisioneros, mercancías, periódicos, credenciales*); periódico o revista de canje; (com.) cambio; (com.) bolsa, lonja; estación telefónica, central de teléfonos; **in exchange for** en cambio de; *va* cambiar; canjear; darse, hacerse (*p.ej., cortesías*); **to exchange greetings** cambiar el saludo (*dos personas*); **to exchange shots** cambiar disparos

exchangeable [ɛks'tʃendʒəbəl] *adj* cambiable, canjeable

exchange professor *s* profesor de intercambio

exchequer [ɛks'tʃɛkər] o ['ɛkstʃɛkər] *s* tesorería; fondos; (*cap.*) *s* (Brit.) echiquier, tribunal de hacienda; (Brit.) despacho del tribunal de hacienda; (Brit.) fondos del gobierno inglés

excipient [ɛk'sɪpɪənt] *s* (pharm.) excipiente

excise [ɛk'saɪz] o ['ɛksaɪz] *s* impuesto sobre ciertas mercancías de comercio interior; (Brit.) recaudación de impuestos interiores; [ɛk'saɪz] *va* sacar o quitar cortando; borrar; ahuecar; someter a impuesto

exciseman [ɛk'saɪzmən] *s* (*pl:* **-men**) (Brit.) recaudador de impuestos interiores

excise tax *s* impuesto sobre ciertas mercancías de comercio interior

excision [ɛk'sɪʒən] *s* excisión; corte (*en una composición literaria*)

excitability [ɛk,saɪtə'bɪlɪtɪ] *s* excitabilidad

excitable [ɛk'saɪtəbəl] *adj* excitable

excitant [ɛk'saɪtənt] o ['ɛksɪtənt] *s* (physiol.) excitante

excitation [,ɛksaɪ'teʃən] o [,ɛksɪ'teʃən] *s* excitación; (phys. & physiol.) excitación

excitative [ɛk'saɪtətɪv] *adj* excitativo

excite [ɛk'saɪt] *va* excitar; (elec. & physiol.) excitar

excitement [ɛk'saɪtmənt] *s* excitación

exciter [ɛk'saɪtər] *s* excitador; (elec.) excitador (*para sacar chispas*); (elec.) excitatriz (*para producir un campo magnético*)

exciting [ɛk'saɪtɪŋ] *adj* excitante, estimulante; emocionante, conmovedor

exclaim [ɛks'klem] *va* decir con vehemencia; *vn* exclamar; **to exclaim against** o **at** clamar contra (*p.ej., la injusticia*)

exclamation [,ɛksklə'meʃən] *s* exclamación

exclamation mark o **point** *s* punto de admiración

exclamatory [ɛks'klæmə,torɪ] *adj* exclamatorio

exclude [ɛks'klud] *va* excluir

exclusion [ɛks'kluʒən] *s* exclusión; **to the exclusion of** con exclusión de

exclusive [ɛks'klusɪv] *adj* exclusivo; exclusivista; **exclusive of** fuera de, sin contar

exclusively [ɛks'klusɪvlɪ] *adv* exclusivamente

excogitate [ɛks'kɑdʒɪtet] *va* excogitar

excommunicate [,ɛkskə'mjunɪket] *va* excomulgar

excommunication [,ɛkskə,mjunɪ'keʃən] *s* excomunión

excoriate [ɛks'korɪet] *va* excoriar, desollar; (fig.) vituperar

excoriation [ɛks,korɪ'eʃən] *s* excoriación, desolladura; (fig.) vituperio

excrement ['ɛskrɪmənt] *s* excremento

excremental [,ɛkskrɪ'mentəl] *adj* excremental o excrementicio

excrescence [ɛks'krɛsəns] *s* excrecencia

excrescent [ɛks'krɛsənt] *adj* excrecente

excreta [ɛks'kritə] *spl* (physiol.) excreta

excrete [ɛks'krit] *va* (physiol.) excretar

excretion [ɛks'kriʃən] *s* (physiol.) excreción

excretive [ɛks'kritɪv] *adj* (physiol.) excrementicio

excretory ['ɛkskrɪ,torɪ] o [ɛks'kritərɪ] *adj* (physiol.) excretorio

excruciating [ɛks'kruʃɪ,etɪŋ] *adj* atroz, agudísimo (*dolor*)

exculpate ['ɛkskʌlpet] o [ɛks'kʌlpet] *va* exculpar

exculpation [,ɛkskʌl'peʃən] *s* exculpación

excursion [ɛks'kʌrʒən] o [ɛks'kʌrʃən] *s* excursión

excursionist [ɛks'kʌrʒənɪst] o [ɛks'kʌrʃənɪst] *s* excursionista

excursion train *s* tren de excursión, tren botijo, tren de recreo

excursive [ɛks'kʌrsɪv] *adj* divagador

excusable [ɛks'kjuzəbəl] *adj* excusable

excuse [ɛks'kjus] *s* excusa; **to look for an excuse** buscar excusa; [ɛks'kjuz] *va* excusar, dispensar; **to excuse for** + *ger* dispensar que + *subj*, p.ej., **excuse me for keeping you** dispénseme que le detenga; **to excuse from** + *ger* dispensar de + *inf;* **to excuse someone for something** excusarle a uno de algo

execrable ['ɛksɪkrəbəl] *adj* execrable

execrate ['ɛksɪkret] *va* execrar

execration [,ɛksɪ'kreʃən] *s* execración; persona o cosa aborrecidas

executant [ɛg'zɛkjutənt] *s* ejecutante

execute ['ɛksɪkjut] *va* ejecutar

execution [,ɛksɪ'kjuʃən] *s* ejecución

executioner [,ɛksɪ'kjuʃənər] *s* ejecutor de la justicia, verdugo

executive [ɛg'zɛkjutɪv] *adj* ejecutivo; ejecutor; *s* ejecutor; poder ejecutivo, jefe del estado; dirigente (*p.ej., de una empresa, un centro docente*); ejecutivo (Am.)

Executive Mansion *s* (U.S.A.) palacio del jefe del estado; (U.S.A.) casa oficial del gobernador

executor ['ɛksɪ,kjutər] *s* ejecutor; [ɛg'zɛkjutər] *s* albacea, ejecutor testamentario

executrix [ɛg'zɛkjutrɪks] *s* (*pl:* **executrices** [ɛg,zɛkju'traɪsiz] o **executrixes**) albacea, ejecutora testamentaria

exedra ['ɛksɪdrə] o [ɛk'sidrə] *s* (arch.) exedra

exegesis [,ɛksɪ'dʒisɪs] *s* (*pl:* **-ses** [siz]) exégesis

exegetic [,ɛksɪ'dʒɛtɪk] o **exegetical** [,ɛksɪ'dʒɛtɪkəl] *adj* exegético

exemplar [ɛg'zɛmplər] o [ɛg'zɛmplɑr] *s* ejemplar

exemplary [ɛg'zɛmplərɪ] o ['ɛgzəm,plɛrɪ] *adj* ejemplar

exemplification [ɛg,zɛmplɪfɪ'keʃən] *s* ejemplificación; ejemplo; (law) copia notarial

exemplify [ɛg'zɛmplɪfaɪ] (*pret & pp:* **-fied**) *va* ejemplificar

exempt [ɛg'zɛmpt] *adj* exento; *va* exentar, eximir; **to exempt from** + *ger* eximir de + *inf*

exemption [ɛg'zɛmpʃən] *s* exención

exequatur [,ɛksɪ'kwetər] *s* exequátur

exequies ['ɛksɪkwɪz] *spl* exequias

exercise ['ɛksərsaɪz] *s* ejercicio; uso constante; ceremonia; **to take exercise** hacer ejercicio; *va* ejercer (*una profesión, influencia, etc.*); ejercitar (*adiestrar con el ejercicio*); inquietar, preocupar; poner (*cuidado*); *vn* ejercitarse; hacer ejercicio

exergue [ɛg'zʌrg] o ['ɛksʌrg] *s* exergo

exert [ɛg'zʌrt] *va* ejercer (*p.ej., una fuerza*); **to exert oneself** esforzarse

exertion [ɛg'zʌrʃən] *s* ejercicio, uso constante; esfuerzo

exeunt ['ɛksɪənt] (Lat.) éxeunt (*ellos salen*)

exfoliate [ɛks'folɪet] *va* exfoliar; *vn* exfoliarse

exfoliation [ɛks,folɪ'eʃən] *s* exfoliación

exhalation [,ɛkshə'leʃən] o [,ɛgzə'leʃən] *s* exhalación; espiración (*del aire aspirado*); evaporación

exhale [ɛks'hel] o [ɛg'zel] *va* exhalar (*gases, olores*); espirar; evaporar; *vn* exhalarse; espirar (*expeler el aire aspirado*); evaporarse

exhaust [ɛg'zɔst] *s* escape; tubo de escape; *adj* de escape; aspirador; *va* agotar; hacer el vacío en, extraer el aire de; apurar (*todos los medios*); *vn* escapar, salir (*el gas, el vapor*)

exhaust cam *s* leva de escape

exhaust draft *s* tiro de aspiración

exhaust fan *s* ventilador aspirador

exhaustible [ɛg'zɔstɪbəl] *adj* agotable

exhaustion [ɛg'zɔstʃən] *s* agotamiento

exhaustive [ɛg'zɔstɪv] *adj* exhaustivo, comprensivo, detallado

exhaustless [ɛg'zɔstlɪs] *adj* inagotable

exhaust manifold *s* múltiple de escape, colector de escape

exhaust port *s* lumbrera de escape

exhaust stroke *s* carrera de escape
exhaust valve *s* válvula de escape
exhibit [ɛg'zɪbɪt] *s* exhibición; (law) documento de prueba; *va* exhibir; (law) exhibir (*un documento*); (med.) administrar (*un remedio*)
exhibition [ˌɛksɪ'bɪʃən] *s* exhibición
exhibitionism [ˌɛksɪ'bɪʃənɪzəm] *s* (psychol.) exhibicionismo
exhibitionist [ˌɛksɪ'bɪʃənɪst] *s* exhibicionista
exhibitor o **exhibiter** [ɛg'zɪbɪtər] *s* expositor
exhilarate [ɛg'zɪləret] *va* excitar, alegrar, regocijar
exhilaration [ɛgˌzɪlə'reʃən] *s* excitación, alegría, regocijo
exhort [ɛg'zɔrt] *va* exhortar; **to exhort to** + *inf* exhortar a + *inf*
exhortation [ˌɛgzɔr'teʃən] o [ˌɛksɔr'teʃən] *s* exhortación
exhortative [ɛg'zɔrtətɪv] *adj* exhortativo
exhortatory [ɛg'zɔrtəˌtorɪ] *adj* exhortatorio
exhorter [ɛg'zɔrtər] *s* exhortador
exhumation [ˌɛkshju'meʃən] *s* exhumación
exhume [ɛks'hjum] o [ɛg'zjum] *va* exhumar
exigence ['ɛksɪdʒəns] *s* exigencia
exigency ['ɛksɪdʒənsɪ] *s* (*pl:* **-cies**) var. de **exigence**
exigent ['ɛksɪdʒənt] *adj* exigente
exiguity [ˌɛksɪ'gjuɪtɪ] *s* exigüidad
exiguous [ɛg'zɪgjuəs] o [ɛk'sɪgjuəs] *adj* exiguo
exile ['ɛgzaɪl] o ['ɛksaɪl] *s* destierro; desterrado (*persona*); *va* desterrar, extrañar
exist [ɛg'zɪst] *vn* existir
existence [ɛg'zɪstəns] *s* existencia
existent [ɛg'zɪstənt] *adj* existente
existentialism [ˌɛgzɪs'tɛnʃəlɪzəm] *s* (philos.) existencialismo
existentialist [ˌɛgzɪs'tɛnʃəlɪst] *adj* & *s* existencialista
existing [ɛg'zɪstɪŋ] *adj* existente
exit ['ɛgzɪt] o ['ɛksɪt] (Lat.) éxit (*él o ella sale*); *s* salida; salida de la escena; **to make one's exit** salir, marcharse, desaparecer
ex libris [ɛks 'laɪbrɪs] o [ɛks 'librɪs] (Lat.) de entre los libros de; *s* (*pl:* **-bris**) ex libris
exobiology [ˌɛksobaɪ'ɑlədʒɪ] *s* exobiología
Exod. abr. de **Exodus**
exodontia [ˌɛkso'dɑnʃə] o [ˌɛkso'dɑnʃɪə] *s* exodoncia
exodus ['ɛksədəs] *s* éxodo; (*cap.*) *s* (Bib.) Éxodo
ex officio [ɛks ə'fɪʃɪo] (Lat.) en virtud de autoridad o cargo
exogamy [ɛks'ɑgəmɪ] *s* exogamia; (biol.) exogamia
exogenous [ɛks'ɑdʒənəs] *adj* exógeno
exonerate [ɛg'zɑnəret] *va* exculpar; exonerar (*p.ej., de una obligación*)
exoneration [ɛgˌzɑnə'reʃən] *s* exculpación; exoneración (*de una obligación*)
exophthalmic [ˌɛksɑf'θælmɪk] *adj* exoftálmico
exophthalmos [ˌɛksɑf'θælmɑs] *s* (path.) exoftalmía o exoftalmos
exorable ['ɛksərəbəl] *adj* exorable
exorbitance [ɛg'zɔrbɪtəns] o **exorbitancy** [ɛg'zɔrbɪtənsɪ] *s* exorbitancia
exorbitant [ɛg'zɔrbɪtənt] *adj* exorbitante
exorbitantly [ɛg'zɔrbɪtəntlɪ] *adv* exorbitantemente
exorcise ['ɛksɔrsaɪz] *va* exorcizar
exorcism ['ɛksɔrsɪzəm] *s* exorcismo
exorcist ['ɛksɔrsɪst] *s* exorcista
exorcize ['ɛksɔrsaɪz] *va* var. de **exorcise**
exordium [ɛg'zɔrdɪəm] o [ɛk'sɔrdɪəm] *s* (*pl:* **-diums** o **-dia** [dɪə]) exordio
exoskeleton [ˌɛkso'skɛlɪtən] *s* (zool.) exosqueleto, dermatoesqueleto
exosmosis [ˌɛksɑs'mosɪs] *s* (physical chem. & physiol.) exósmosis
exosphere ['ɛksəsfɪr] *s* exosfera
exospore ['ɛksospor] *s* (bot.) exospora
exoteric [ˌɛkso'tɛrɪk] *adj* exotérico
exothermic [ˌɛksə'θʌrmɪk] *adj* (chem.) exotérmico
exotic [ɛg'zɑtɪk] o [ɛks'ɑtɪk] *adj* exótico
exoticism [ɛg'zɑtɪsɪzəm] o [ɛks'ɑtɪsɪzəm] *s* exotismo
exp. abr. de **expenses, expired, export, exportation, exported, exporter** y **express**
expand [ɛks'pænd] *va* extender; dilatar; ampliar, ensanchar; (math.) desarrollar (*p.ej., una ecuación*); *vn* extenderse; dilatarse; ampliarse, ensancharse
expanded metal *s* metal desplegado
expanse [ɛks'pæns] *s* extención
expansibility [ɛksˌpænsɪ'bɪlɪtɪ] *s* expansibilidad
expansible [ɛks'pænsɪbəl] *adj* expansible
expansile [ɛks'pænsɪl] *adj* expansible
expansion [ɛks'pænʃən] *s* expansión; (math.) desarrollo
expansion bolt *s* perno de expansión
expansionism [ɛks'pænʃənɪzəm] *s* expansionismo
expansionist [ɛks'pænʃənɪst] *adj* & *s* expansionista
expansion stroke *s* carrera de expansión
expansive [ɛks'pænsɪv] *adj* expansivo; (fig.) expansivo
expatiate [ɛks'peʃɪet] *vn* espaciarse
expatiation [ɛksˌpeʃɪ'eʃən] *s* espaciamiento
expatriate [ɛks'petrɪɪt] *adj* & *s* expatriado; [ɛks'petrɪet] *va* expatriar, extrañar; *vn* expatriarse
expatriation [ɛksˌpetrɪ'eʃən] *s* expatriación
expect [ɛks'pɛkt] *va* esperar, prometerse; (coll.) suponer
expectance [ɛks'pɛktəns] *s* var. de **expectancy**
expectancy [ɛks'pɛktənsɪ] *s* (*pl:* **-cies**) expectación, expectativa
expectant [ɛks'pɛktənt] *adj* expectante
expectant mother *s* mujer encinta, futura madre
expectant treatment *s* (med.) tratamiento expectante
expectation [ˌɛkspɛk'teʃən] *s* expectación, expectativa; (med.) expectación
expectation of life *s* expectativa de vida
expectorant [ɛks'pɛktərənt] *adj* & *s* expectorante
expectorate [ɛks'pɛktəret] *va* & *vn* expectorar
expectoration [ɛksˌpɛktə'reʃən] *s* expectoración
expedience [ɛks'pidɪəns] *s* conveniencia, utilidad, oportunidad; ventaja personal
expediency [ɛks'pidɪənsɪ] *s* (*pl:* **-cies**) var. de **expedience**
expedient [ɛks'pidɪənt] *adj* conveniente, útil, oportuno; ventajoso; egoísta; *s* expediente
expedite ['ɛkspɪdaɪt] *va* apresurar, facilitar, despachar
expedition [ˌɛkspɪ'dɪʃən] *s* expedición; (fig.) expedición
expeditionary [ˌɛkspɪ'dɪʃənˌɛrɪ] *adj* expedicionario
expeditious [ˌɛkspɪ'dɪʃəs] *adj* expeditivo
expel [ɛks'pɛl] (*pret & pp:* **-pelled;** *ger:* **-pelling**) *va* expeler, expulsar; despedir
expend [ɛks'pɛnd] *va* expender, gastar; consumir
expendable [ɛks'pɛndəbəl] *adj* gastable
expenditure [ɛks'pɛndɪtʃər] *s* gasto; consumo
expense [ɛks'pɛns] *s* gasto; **expenses** *spl* gastos, expensas; **at any expense** a toda costa; **at the expense of** a expensas de; **to cover expenses** cubrir gastos; **to go to the expense of** meterse en gastos con; **to meet the expenses** hacer frente a los gastos
expense account *s* cuenta de gastos
expensive [ɛks'pɛnsɪv] *adj* caro, dispendioso; carero (*que vende caro*)
expensively [ɛks'pɛnsɪvlɪ] *adv* costosamente
experience [ɛks'pɪrɪəns] *s* experiencia (*enseñanza que se adquiere con la práctica o sólo con el vivir; cosa que uno ha experimentado, suceso en que uno ha participado*); **by experience** con su propia experiencia; *va* experimentar
experienced [ɛks'pɪrɪənst] *adj* experimentado
experiential [ɛksˌpɪrɪ'ɛnʃəl] *adj* experimental
experiment [ɛks'pɛrɪmənt] *s* experimento o experiencia; [ɛks'pɛrɪmɛnt] *vn* experimentar
experimental [ɛksˌpɛrɪ'mɛntəl] *adj* experimental
experimentally [ɛksˌpɛrɪ'mɛntəlɪ] *adv* experimentalmente
experimental psychology *s* psicología experimental

experimentation [ɛksˌpɛrɪmɛnˈteʃən] *s* experimentación

experimenter [ɛksˈpɛrɪmɛntər] *s* experimentador

expert [ˈɛkspʌrt] o [ɛksˈpʌrt] *adj* experto; [ˈɛkspʌrt] *s* experto

expertise [ˌɛksˌpɛrˈtiz] *s* pericia

expiable [ˈɛkspɪəbəl] *adj* expiable

expiate [ˈɛkspɪet] *va* expiar

expiation [ˌɛkspɪˈeʃən] *s* expiación

expiatory [ˈɛkspɪəˌtorɪ] *adj* expiatorio

expiration [ˌɛkspɪˈreʃən] *s* espiración (*del aire*); expiración

expiratory [ɛkˈspaɪrəˌtorɪ] *adj* (physiol.) espirador

expire [ɛksˈpaɪr] *va* expeler (*especialmente el aire*); *vn* expirar (*expeler el aire aspirado; morir; acabarse, p.ej., el plazo*)

expiry [ɛkˈspaɪrɪ] o [ˈɛkspɪrɪ] *s* (*pl:* **-ries**) expiración (*p.ej., de un contrato*)

explain [ɛksˈplen] *va* explicar; **to explain away** apartar, descartar con explicaciones; **to explain oneself** explicarse; *vn* explicar; explicarse

explainable [ɛksˈplenəbəl] *adj* explicable

explanation [ˌɛkspləˈneʃən] *s* explicación; **to demand an explanation** pedir explicaciones

explanatory [ɛksˈplænəˌtorɪ] *adj* explicatorio, explicativo

expletive [ˈɛksplɪtɪv] *adj* expletivo; *s* partícula expletiva; reniego, interjección

explicable [ˈɛksplɪkəbəl] *adj* explicable

explicate [ˈɛksplɪket] *va* explicar, exponer

explicatory [ˈɛksplɪkəˌtorɪ] *adj* explicatorio

explicit [ɛksˈplɪsɪt] *adj* explícito

explode [ɛksˈplod] *va* volar, hacer saltar; desautorizar, refutar (*una teoría*); (phonet.) pronunciar con explosión; *vn* estallar, explotar, reventar; **to explode with laughter** echarse a reír

exploit [ˈɛksplɔɪt] o [ɛksˈplɔɪt] *s* hazaña, proeza; [ɛksˈplɔɪt] *va* explotar

exploitation [ˌɛksplɔɪˈteʃən] *s* explotación

exploration [ˌɛkspləˈreʃən] *s* exploración

explorative [ɛksˈplorətɪv] *adj* explorativo

exploratory [ɛksˈploraˌtorɪ] *adj* exploratorio, explorador

explore [ɛksˈplor] *va & vn* explorar

explorer [ɛksˈplorər] *s* explorador; (med.) explorador (*instrumento*)

explosimeter [ˌɛksploˈzɪmɪtər] *s* explosímetro

explosion [ɛksˈploʒən] *s* explosión; (phonet.) explosión; (fig.) refutación (*de una teoría*)

explosive [ɛksˈplosɪv] *adj* explosivo; (phonet.) explosivo; *s* explosivo; (phonet.) explosiva

exponent [ɛksˈponənt] *s* exponente, expositor; representante, ejemplar, símbolo; (alg.) exponente

exponential [ˌɛkspoˈnɛnʃəl] *adj* (math.) exponencial

export [ˈɛksport] *s* exportación (*acción o artículo*); **exports** *spl* exportación (*mercaderías que se exportan*); *adj* de exportación; [ɛksˈport] o [ˈɛksport] *va & vn* exportar

exportation [ˌɛksporˈteʃən] *s* exportación

exporter [ɛksˈportər] o [ˈɛksportər] *s* exportador

expose [ɛksˈpoz] *va* exponer; desenmascarar; (phot.) exponer; (eccl.) exponer o manifestar (*el Santísimo Sacramento*)

exposé [ˌɛkspoˈze] *s* desenmascaramiento, revelación (*p.ej., de un crimen*)

exposition [ˌɛkspəˈzɪʃən] *s* exposición; (rhet.) exposición

expositive [ɛksˈpɑzɪtɪv] *adj* expositivo

expositor [ɛksˈpɑzɪtər] *s* expositor

expository [ɛksˈpɑzɪˌtorɪ] *adj* expositivo, expositor

ex post facto [ˌɛks post ˈfækto] (Lat.) retroactivo

expostulate [ɛksˈpɑstʃəlet] *vn* protestar; **to expostulate with someone about, for, on** o **upon something** reconvenirle a uno con, de, por o sobre algo

expostulation [ɛksˌpɑstʃəˈleʃən] *s* protesta, reconvención

expostulator [ɛksˈpɑstʃəˌletər] *s* amonestador

expostulatory [ɛksˈpɑstʃələˌtorɪ] *adj* amonestador

exposure [ɛksˈpoʒər] *s* exposición (*acción de exponer; situación con relación a los puntos cardinales*); desenmascaramiento; (phot.) exposición; toma (*de una fotografía*)

exposure meter *s* (phot.) exposímetro

expound [ɛksˈpaʊnd] *va* exponer

expounder [ɛksˈpaʊndər] *s* expositor

ex-president [ˈɛksˈprɛzɪdənt] *s* ex presidente

express [ɛksˈprɛs] *adj* expreso (*claro, especificado; con particular intento*); expreso (*tren, carro, ascensor, etc.*); *s* expreso; **by express** (rail.) en gran velocidad; *adv* expresamente; por expreso; *va* expresar; enviar por expreso; exprimir (*extraer apretando*); **to express oneself** expresarse

expressage [ɛksˈprɛsɪdʒ] *s* servicio del expreso; costo del expreso

express company *s* compañía de expreso

expressible [ɛksˈprɛsɪbəl] *adj* decible, expresable; exprimible

expression [ɛksˈprɛʃən] *s* expresión; (math.) expresión

expressive [ɛkˈsprɛsɪv] *adj* expresivo

expressly [ɛksˈprɛslɪ] *adv* expresamente

expressman [ɛksˈprɛsmən] *s* (*pl:* **-men**) (U.S.A.) empleado del expreso

express train *s* tren expreso

expressway [ɛksˈprɛsˌwe] *s* supercarretera

expropriate [ɛksˈproprɪet] *va* expropiar

expropriation [ɛksˌproprɪˈeʃən] *s* expropiación

expugnable [ɛksˈpʌgnəbəl] *adj* expugnable

expulsion [ɛksˈpʌlʃən] *s* expulsión

expulsive [ɛksˈpʌlsɪv] *adj* expulsivo

expunge [ɛksˈpʌndʒ] *va* borrar, cancelar, destruir

expurgate [ˈɛkspərget] *va* expurgar

expurgation [ˌɛkspərˈgeʃən] *s* expurgación

expurgatory [ɛksˈpʌrgəˌtorɪ] *adj* expurgatorio

exquisite [ˈɛkskwɪzɪt] o [ɛksˈkwɪzɪt] *adj* exquisito; agudo, sensible

ex-service [ˌɛksˈsʌrvɪs] *adj* ex militar

ex-serviceman [ˌɛksˈsʌrvɪsˌmæn] *s* (*pl:* **-men**) ex militar, ex combatiente

extant [ˈɛkstənt] o [ɛksˈtænt] *adj* existente

extemporaneous [ɛksˌtɛmpəˈrenɪəs] o **extemporary** [ɛksˈtɛmpəˌrɛrɪ] *adj* improvisado; sin previa preparación; provisional

extempore [ɛksˈtɛmpərɪ] *adj* improvisado; *adv* de improviso, improvisadamente

extemporization [ɛksˌtɛmpərɪˈzeʃən] *s* improvisación

extemporize [ɛksˈtɛmpəraɪz] *va & vn* improvisar

extend [ɛksˈtɛnd] *va* extender; prorrogar (*p.ej., un plazo*); dar, conceder, ofrecer; *vn* extenderse

extended [ɛksˈtɛndɪd] *adj* extendido; extenso; prolongado

extensible [ɛksˈtɛnsɪbəl] *adj* extensible

extensile [ɛksˈtɛnsɪl] *adj* extensible; extensor

extension [ɛksˈtɛnʃən] *s* extensión; (telp.) extensión (*línea accesoria*); prolongación; (com.) prórroga; (mach.) alargadera; *adj* de extensión

extension bit *s* barrena de extensión

extension cord *s* (elec.) cordón de extensión

extension ladder *s* escalera extensible, escalera de largueros corredizos

extension table *s* mesa de extensión

extensity [ɛksˈtɛnsɪtɪ] *s* extensión; (psychol.) extensión

extensive [ɛksˈtɛnsɪv] *adj* extensivo; extenso, vasto, dilatado; (agr.) extensivo

extensor [ɛksˈtɛnsər] *s* (anat.) extensor, músculo extensor

extent [ɛksˈtɛnt] *s* extensión; alcance, grado; **to a certain extent** hasta cierto punto; **to a great extent** en sumo grado; **to a lesser extent** en menor grado; **to such an extent** hasta tal punto; **to that extent** hasta ese grado, hasta ahí; **to the extent that** en la medida que; hasta el punto que; **to the full extent** en toda su extensión

extenuate [ɛksˈtɛnjuet] *va* extenuar (*debilitar; enflaquecer*); atenuar (*aminorar, p.ej., la gravedad de un delito*)

extenuating circumstances *spl* circunstancias atenuantes

extenuation [ɛksˌtɛnjuˈeʃən] *s* extenuación (*debilitación; enflaquecimiento*); atenuación (*p.ej., de la gravedad de un delito*)

exterior [ɛksˈtɪrɪər] *adj & s* exterior
exterminable [ɛksˈtʌrmɪnəbəl] *adj* exterminable
exterminate [ɛksˈtʌrmɪnet] *va* exterminar
extermination [ɛksˌtʌrmɪˈneʃən] *s* exterminio
exterminator [ɛksˈtʌrmɪˌnetər] *s* exterminador (*persona o aparato*)
external [ɛksˈtʌrnəl] *adj* externo; (anat.) externo; **externals** *spl* exterioridad (*apariencia de las cosas*)
externality [ˌɛkstərˈnælɪtɪ] *s* (*pl:* **-ties**) exterioridad (*calidad de externo; cosa externa*)
externally [ɛksˈtʌrnəlɪ] *adv* externamente, exteriormente
extinct [ɛksˈtɪŋkt] *adj* extinto
extinction [ɛksˈtɪŋkʃən] *s* extinción
extinctive [ɛksˈtɪŋktɪv] *adj* extintivo; (law) extintivo
extine [ˈɛkstɪn] o [ˈɛkstaɪn] *s* (bot.) exina o extina (*del polen*)
extinguish [ɛksˈtɪŋgwɪʃ] *va* extinguir
extinguishable [ɛksˈtɪŋgwɪʃəbəl] *adj* extinguible
extinguisher [ɛksˈtɪŋgwɪʃər] *s* apagador (*persona o aparato; cono para apagar las luces*)
extirpate [ˈɛkstərpet] o [ɛksˈtʌrpet] *va* extirpar
extirpation [ˌɛkstərˈpeʃən] *s* extirpación
extol o **extoll** [ɛksˈtol] o [ɛksˈtɑl] (*pret & pp:* **-tolled;** *ger:* **-tolling**) *va* ensalzar
extort [ɛksˈtɔrt] *va* obtener por fuerza o engaño
extortion [ɛksˈtɔrʃən] *s* extorción; exacción (*de una promesa*)
extortionate [ɛksˈtɔrʃənɪt] *adj* injusto, gravoso, opresivo; excesivo
extortioner [ɛksˈtɔrʃənər] o **extortionist** [ɛksˈtɔrʃənɪst] *s* concusionario, desollador
extra [ˈɛkstrə] *adj* extra; de repuesto; *adv* extraordinariamente; *s* extra (*de un periódico; adehala, gaje, plus*); (theat.) extra; repuesto, pieza de repuesto
extract [ˈɛkstrækt] *s* selección, cita; (pharm.) extracto; [ɛksˈtrækt] *va* seleccionar, citar (*pasajes de un libro*); extraer; (math.) extraer (*una raíz*)
extractable [ɛksˈtræktəbəl] o **extractible** [ɛksˈtræktɪbəl] *adj* extractivo
extraction [ɛksˈtrækʃən] *s* extracción
extractive [ɛksˈtræktɪv] *adj* extractivo
extractor [ɛksˈtræktər] *s* extractor (*persona o aparato*)
extra current *s* (elec.) extracorriente
extracurricular [ˌɛkstrəkəˈrɪkjələr] *adj* extracurricular
extraditable [ˈɛkstrəˌdaɪtəbəl] *adj* extraditable
extradite [ˈɛkstrədaɪt] *va* entregar por extradición; obtener la extradición de
extradition [ˌɛkstrəˈdɪʃən] *s* extradición
extrados [ɛksˈtredɑs] *s* (arch.) extradós
extra fare *s* tarifa recargada, recargo de tarifa
extrajudicial [ˌɛkstrədʒuˈdɪʃəl] *adj* extrajudicial
extralegal [ˌɛkstrəˈligəl] *adj* extralegal
extramural [ˌɛkstrəˈmjurəl] *adj* extramural
extraneous [ɛksˈtrenɪəs] *adj* ajeno, extraño
extraordinarily [ɛksˈtrɔrdɪˌnɛrɪlɪ] o [ˌɛkstrəˈɔrdɪˌnɛrɪlɪ] *adv* extraordinariamente
extraordinary [ɛksˈtrɔrdɪˌnɛrɪ] o [ˌɛkstrəˈɔrdɪˌnɛrɪ] *adj* extraordinario
extrapolate [ɛksˈtræpəlet] *va & vn* (math.) extrapolar
extrapolation [ˌɛkstrəpoˈleʃən] o [ɛksˌtræpəˈleʃən] *s* (math.) extrapolación
extrasensory [ˌɛkstrəˈsɛnsərɪ] *adj* extrasensorial
extrasystole [ˌɛkstrəˈsɪstəlɪ] *s* (path.) extrasístole
extraterritorial [ˈɛkstrəˌtɛrɪˈtorɪəl] *adj* extraterritorial
extraterritoriality [ˈɛkstrəˌtɛrɪˌtorɪˈælɪtɪ] *s* extraterritorialidad
extravagance [ɛksˈtrævəgəns] *s* derroche, despilfarro, gasto excesivo; lujo excesivo; exorbitancia (*de los precios*); extravagancia
extravagant [ɛksˈtrævəgənt] *adj* despilfarrado, gastador; exorbitante; excesivo; extravagante
extravaganza [ɛksˌtrævəˈgænzə] *s* obra musical o composición literaria extravagante y fantástica
extravasate [ɛksˈtrævəset] *va* extravasar; *vn* (physiol.) extravasarse
extravasation [ɛksˌtrævəˈseʃən] *s* extravasación
extraversion [ˌɛkstrəˈvʌrʃən] *s* (psychol.) extraversión
extreme [ɛksˈtrim] *adj* extremo; *s* extremo; **in the extreme** en sumo grado; **to go from one extreme to the other** pasar de un extremo a otro; **to go to extremes** excederse, propasarse
extremely [ɛksˈtrimlɪ] *adv* extremamente, extremadamente
extreme unction *s* (eccl.) extremaunción
extremism [ɛksˈtrimɪzəm] *s* extremismo
extremist [ɛksˈtrimɪst] *s* extremista
extremity [ɛksˈtrɛmɪtɪ] *s* (*pl:* **-ties**) extremidad; medida extrema; extrema (*escasez grande*); **extremities** *spl* extremidades (*pies y manos*)
extricate [ˈɛkstrɪket] *va* librar
extrication [ˌɛkstrɪˈkeʃən] *s* libramiento
extrinsic [ɛksˈtrɪnsɪk] *adj* extrínseco
extrinsically [ɛksˈtrɪnsɪkəlɪ] *adv* extrínsecamente
extrorse [ɛksˈtrɔrs] *adj* (bot.) extrorso
extroversion [ˌɛkstroˈvʌrʒən] o [ˌɛkstroˈvʌrʃən] *s* (path.) extroversión; (psychol.) extraversión
extrovert [ˈɛkstrovʌrt] *s* extrovertido
extrude [ɛksˈtrud] *va* forzar o empujar hacia fuera; (metal.) estrujar; *vn* resaltar, sobresalir
extrusion [ɛksˈtruʒən] *s* expulsión; resalto; (metal.) estrujamiento, extrusión
extrusive [ɛksˈtrusɪv] *adj* expulsivo; resaltante; (geol.) efusivo
exuberance [ɛgˈzubərəns] o [ɛgˈzjubərəns] *s* exuberancia
exuberancy [ɛgˈzubərənsɪ] o [ɛgˈzjubərənsɪ] *s* (*pl:* **-cies**) var. de **exuberance**
exuberant [ɛgˈzubərənt] o [ɛgˈzjubərənt] *adj* exuberante
exudate [ˈɛksjʊdet] *s* exudado
exudation [ˌɛksjʊˈdeʃən] *s* exudación
exude [ɛgˈzud], [ɛgˈzjud] o [ɛksˈjud] *va & vn* exudar
exult [ɛgˈzʌlt] *vn* exultar
exultant [ɛgˈzʌltənt] *adj* regocijado, alborozado, ufano
exultation [ˌɛgzʌlˈteʃən] o [ˌɛksʌlˈteʃən] *s* exultación
ex-voto [ɛksˈvoto] *s* (*pl:* **-tos**) exvoto
-ey *suffix adj* var. de **-y**, que se usa cuando la palabra termina en **y**, p.ej., **clayey** arcilloso; **eyey** ojoso; *suffix dim* var. de **-y** en algunos nombres propios, p.ej., **Charley** Carlitos
eyas [ˈaɪəs] *s* halcón niego; pájaro que no ha dejado el nido
eye [aɪ] *s* (anat.) ojo; (fig.) ojo (*p.ej., de aguja, del queso, de una herramienta; yema o botón de las plantas; abertura redonda; mirada, vista; atención; aptitud para apreciar las cosas*); (sew.) corcheta; **an eye for an eye** ojo por ojo; **before one's eyes** delante de los ojos de uno; **in the eyes of** a los ojos de; **to catch one's eye** llamar la atención a uno; **to feast one's eyes on** deleitar la vista en; **to have an eye to** prestar atención a; vigilar; **to have an eye to the main chance** abrir los ojos; **to have one's eye on** (coll.) tener los ojos en; (coll.) echar el ojo a (*mirar con deseo*); **to keep an eye on** tener los ojos en; **to keep one's eyes open** abrir el ojo; **to lay eyes on** alcanzar a ver; **to make eyes at** hacer guiños a; **to not take one's eyes off** no quitar los ojos de; **to open one's eyes** abrir los ojos (*salir del error*); **to open someone's eyes** abrirle los ojos a uno (*desengañarle a uno*); **to roll one's eyes** poner los ojos en blanco; **to see eye to eye** estar completamente de acuerdo; **to set eyes on** (coll.) alcanzar a ver; **to shut one's eyes to** hacer la vista gorda ante; **with an eye to** con la intención de, con vistas a; **without batting an eye** sin pestañear, sin inmutarse; **with the naked eye** a simple vista; (*pret & pp:* **eyed;**

ger: **eying** o **eyeing**) *va* ojear; **to eye up and down** mirar de hito en hito
eyeball [ˈaɪ,bɔl] *s* globo del ojo
eyebolt [ˈaɪ,bolt] *s* perno de argolla, cáncamo de ojo
eyebright [ˈaɪ,braɪt] *s* (bot.) eufrasia
eyebrow [ˈaɪ,braʊ] *s* ceja
eye-catching [ˈaɪ,kætʃɪŋ] *adj* atrayente, llamativo, sugestivo
eyecup [ˈaɪ,kʌp] *s* ojera, lavaojos
eyeful [ˈaɪfʊl] *s* (coll.) buena ojeada
eyeglass [ˈaɪ,glæs] o [ˈaɪ,glɑs] *s* ocular (*del anteojo, microscopio, etc.*); ojera, lavaojos (*copita para bañar el ojo*); **eyeglasses** *spl* gafas, anteojos
eyehole [ˈaɪ,hol] *s* ojete; cuenca del ojo; atisbadero, mirilla
eyelash [ˈaɪ,læʃ] *s* pestaña
eyeless [ˈaɪlɪs] *adj* sin ojos, sin vista
eyelet [ˈaɪlɪt] *s* ojete, ojal; mirilla, atisbadero; *va* ojetear
eyeleteer [,aɪlɪˈtɪr] *s* punzón para abrir ojetes
eyelet punch *s* ojeteadora
eyelid [ˈaɪ,lɪd] *s* párpado
eye of day, eye of the morning, eye of heaven *s* sol
eye opener *s* acontecimiento asombroso, noticia inesperada e increíble; (slang) trago de licor que se toma por la mañana
eyepiece [ˈaɪ,pis] *s* ocular
eye-shade [ˈaɪ,ʃed] *s* visera
eyeshot [ˈaɪ,ʃɑt] *s* alcance de la vista
eyesight [ˈaɪ,saɪt] *s* vista; alcance de la vista
eye socket *s* (anat.) cuenca del ojo
eyesore [ˈaɪ,sor] *s* mácula, cosa que ofende la vista
eyespot [ˈaɪ,spɑt] *s* (zool.) mancha ocular
eyestrain [ˈaɪ,stren] *s* cansancio o irritación de los ojos
eye-test chart [ˈaɪ,tɛst] *s* gráfico para prueba oftalmométrica, tabla de graduación, tipo de ensayo o prueba
eyetooth [ˈaɪ,tuθ] *s* (*pl:* **-teeth** [,tiθ]) colmillo, diente canino; **to cut one's eyeteeth** (coll.) tener el colmillo retorcido; **to give one's eyeteeth for** (coll.) dar los ojos de la cara por
eyewash [ˈaɪ,wɑʃ] o [ˈaɪ,wɔʃ] *s* colirio; (slang) alabanza para engañar
eyewinker [ˈaɪ,wɪŋkər] *s* pestaña
eyewitness [ˈaɪ,wɪtnɪs] *s* testigo de vista o testigo ocular
eyey [ˈaɪ·ɪ] *adj* ojoso
eyrie o **eyry** [ˈɛrɪ] *s* (*pl:* **-ries**) aguilera, nido de águilas; nido de ave de rapiña; nidada de aguiluchos; (fig.) morada elevada, altura
Ezek. abr. de **Ezekiel**
Ezekiel [ɪˈzikjəl] *s* (Bib.) Ecequiel o Ezequiel (*profeta y libro*)

F

F, f [ɛf] *s* (*pl:* **F's, f's** [ɛfs]) sexta letra del alfabeto inglés

f. abr. de **farthing, female, feminine, folio, forte** y **franc**

F. abr. de **Fahrenheit, French** y **Friday**

Fabian [ˈfebɪən] *adj* fabiano; *s* fabiano; Fabián (*nombre propio de varón*)

fable [ˈfebəl] *s* fábula; *va* inventar (*fábulas*); *vn* inventar fábulas, contar fábulas; fingir, mentir

fabled [ˈfebəld] *adj* contado en fábulas, legendario; ficticio, fingido

fabric [ˈfæbrɪk] *s* género, tejido, tela de uso o adorno; textura; fábrica

fabricate [ˈfæbrɪket] *va* fabricar

fabrication [ˌfæbrɪˈkeʃən] *s* fabricación; mentira

fabricator [ˈfæbrɪˌketər] *s* fabricante; fabricador (*p.ej., de mentiras*)

fabrikoid [ˈfæbrɪkɔɪd] *s* (trademark) fabricoide

fabulist [ˈfæbjəlɪst] *s* fabulista

fabulous [ˈfæbjələs] *adj* fabuloso

façade [fəˈsɑd] *s* fachada

face [fes] *s* cara; haz (*de las telas, las hojas de las plantas, etc.*); faz (*p.ej., de la tierra*); cara, dibujo (*de un naipe*); aspecto, semblante; mueca (*visaje ridículo*); esfera, muestra (*del reloj*); ancho (*de una polea*); cotillo (*del martillo*); paramento (*de un muro*); pundonor; (coll.) descaro; (com.) valor neto; (cryst. & geom.) cara; (mach.) cabeza (*de diente de rueda*); (mach.) superficie de contacto o de trabajo (*de la válvula de corredera*); (min.) cara de trabajo, fondo, frente (*p.ej., de la galería*); (print.) ojo (*relieve de las letras que produce la impresión*); (print.) carácter (*forma de las letras*); **in the face of** ante, en presencia de; a pesar de, luchando contra; **on the face of it** según las apariencias; **to keep a straight face** contener la risa; **to lose face** desprestigiarse, sufrir pérdida de prestigio; **to make a wry face** torcer el rostro (*mostrando desagrado*); **to make faces** hacer muecas; **to one's face** en la cara de uno, en la presencia de uno; **to pull a long face** poner la cara larga; **to save face** salvar las apariencias; **to set one's face against** mostrarse contrario a; **to show one's face** dejarse ver; **face to face** cara a cara, faz a faz ‖ *va* mirar hacia, volver la cara hacia; estar enfrente de; encararse con, arrostrar; forrar (*un vestido*); revestir (*un muro*); bruñir (*un metal*); acabar, alisar, labrar; **to face it out** no cejar, mantenerse firme; **to face out** sostener audazmente, insistir descaradamente en; **to face with** carear (*a uno*) con ‖ *vn* carear; volver la mirada; **to face about** volver la mirada; dar media vuelta; cambiar de opinión; **to face on** dar a, dar sobre; **to face up to** encararse con

face card *s* figura, naipe de figura

face lathe *s* torno de plato

face lifting *s* cirugía cosmética, decorativa o estética

faceplate [ˈfesˌplet] *s* (mach.) plato de mandril; (mach.) placa de recubrimiento

face powder *s* polvos blancos faciales

facer [ˈfesər] *s* puñetazo dado en la cara; revés violento e inesperado

facet [ˈfæsɪt] *s* faceta; (arch., zool. & fig.) faceta; *va* labrar facetas en, labrar en facetas

facetious [fəˈsiʃəs] *adj* chistoso, gracioso, salado

face value *s* valor facial; valor aparente o nominal; significado literal

face wheel *s* (mach.) rueda de dientes laterales

facial [ˈfeʃəl] *adj* facial; *s* (coll.) masaje facial

facial angle *s* ángulo facial

facile [ˈfæsɪl] *adj* fácil; vivo, listo

facilitate [fəˈsɪlɪtet] *va* facilitar

facilitation [fəˌsɪlɪˈteʃən] *s* facilitación

facility [fəˈsɪlɪtɪ] *s* (*pl:* **-ties**) facilidad; **facilities** *spl* facilidades (*comodidades*)

facing [ˈfesɪŋ] *s* encaramiento; paramento, revestimiento; (sew.) guarnición; **facings** *spl* vueltas

facsim. abr. de **facsimile**

facsimile [fækˈsɪmɪlɪ] *s* facsímile; **in facsimile** a facsímile; *adj* facsimilar; *va* facsimilar, hacer facsímile de

fact [fækt] *s* hecho; **in fact** de hecho, en realidad; **the fact is that** ello es que

faction [ˈfækʃən] *s* facción; discordia, disensión

factional [ˈfækʃənəl] *adj* faccionario

factionalism [ˈfækʃənəlɪzəm] *s* parcialidad, partidismo

factionalist [ˈfækʃənəlɪst] *s* faccionario

factious [ˈfækʃəs] *adj* faccioso

factitious [fækˈtɪʃəs] *adj* facticio

factor [ˈfæktər] *s* factor (*elemento que contribuye a producir un resultado*); (biochem., biol., law, math. & physiol.) factor; *va* (math.) dividir o descomponer en factores

factorage [ˈfæktərɪdʒ] *s* factoraje (*empleo de factor*); comisión pagada a un factor

factorial [fækˈtorɪəl] *s* (math.) factorial

factory [ˈfæktərɪ] *s* (*pl:* **-ries**) fábrica; factoría (*establecimiento comercial en país extranjero*)

factotum [fækˈtotəm] *s* factótum

factual [ˈfæktʃʊəl] *adj* objetivo, basado en hechos, real, verdadero

facula [ˈfækjələ] *s* (*pl:* **-lae** [li]) (astr.) fácula

facultative [ˈfækəlˌtetɪv] *adj* facultativo; (biol.) facultativo

faculty [ˈfækəltɪ] *s* (*pl:* **-ties**) facultad

fad [fæd] *s* chifladura, tema, manía; diversión favorita, novedad

faddish [ˈfædɪʃ] *adj* caprichoso, maniático; aficionado a novedades

faddist [ˈfædɪst] *s* caprichoso, maniático; aficionado a novedades

fade [fed] *va* marchitar; desteñir; cubrir la apuesta de (*en el juego de dados*); *vn* marchitarse; desteñirse; apagarse (*un sonido*); desvanecerse; (rad.) desvanecerse; **to fade away** desvanecerse; **to fade in** aparecer gradualmente; **to fade out** desaparecerse gradualmente

fadeless [ˈfedlɪs] *adj* inmarcesible

fadeout [ˈfedˌaʊt] *s* desaparición gradual (*de sonido o imagen*); (mov.) imagen que desaparece lentamente

fading [ˈfedɪŋ] *s* (rad.) fáding, desvanecimiento (*de la señal*)

faecal [ˈfikəl] *adj* var. de **fecal**

faeces [ˈfisiz] *spl* var. de **feces**

faerie [ˈfɛrɪ] *s* (archaic) hada; (archaic) tierra de las hadas; *adj* (archaic) de hada, de hadas

faery [ˈfɛrɪ] *s* (*pl:* **-ies**) (archaic) var. de **faerie**; *adj* (archaic) var. de **faerie**

fag [fæg] *s* yunque, esclavo del trabajo; afán, trabajo penoso; (coll.) cigarrillo, pitillo; (Brit.) alumno que sirve a los alumnos mayores; (*pret & pp:* **fagged**; *ger:* **fagging**) *va* cansar, fatigar; hacer trotar; exigir faenas groseras a; *vn* trabajar duramente, hacer faenas rudas, desfallecer de cansancio

fagaceous [fəˈgeʃəs] *adj* (bot.) fagáceo

fag end *s* cabo, final; resto, retal; sobra, desperdicio; cadillos, pezolada; flecos, hilachas; (naut.) cordón

faggot [ˈfægət] *s & va* var. de **fagot**

faggoting [ˈfægətɪŋ] *s* var. de **fagoting**

fagot [ˈfægət] *s* haz de leña; fajina (*haz de leña*

ligera); haz de barras de hierro o acero; *va* atar o liar en haces; (sew.) adornar con vainicas
fagoting ['fægətɪŋ] *s* (sew.) vainicas
Fahr. abr. de **Fahrenheit**
Fahrenheit thermometer ['færənhaɪt] o ['fɑrənhaɪt] *s* termómetro de Fahrenheit
faïence [faɪ'ɑns] o [fe'ɑns] *s* faenza
fail [fel] *s* falta; **without fail** sin falta; *va* faltar a, faltar a sus obligaciones a; (coll.) reprobar, suspender (*a un alumno*); (coll.) salir mal en (*un examen*); *vn* faltar; fracasar, malograrse; (coll.) salir suspendido, salir mal (*un alumno*); (com.) quebrar, hacer bancarrota; fallar (*p.ej., un motor*); **to fail to** + *inf* no poder + *inf;* no acertar a + *inf*, no llegar a + *inf;* dejar de + *inf*, p.ej., **don't fail to come** no deje Vd. de venir
failing ['felɪŋ] *s* falta; flaqueza; fracaso, malogro; *adj* decadente; *prep* sin, a falta de
faille [fel] *s* faya (*tejido de seda*); (archaic) falla (*cobertura de la cabeza que usaban las mujeres*)
failure ['feljər] *s* falta; fracaso, malogro; quiebra, bancarrota; fracasado; quebrado; perdigón (*alumno que pierde el curso*); **the failure to** + *inf* el dejar de + *inf*
fain [fen] *adj* (archaic & poet.) obligado, resignado; (archaic & poet.) dispuesto, deseoso; *adv* (archaic & poet.) gustosamente, de buena gana
faint [fent] *s* desmayo, desfallecimiento; **faints** *spl* productos impuros y débiles de la destilación; **to fall into a faint** desmayarse; *adj* débil; desmayado; **to be faint with** desmayarse a consecuencia de, morirse de; **to feel faint** sentirse mareado o débil; *vn* desmayarse, desfallecer; (archaic) desfallecer de ánimo
faintheart ['fent,hɑrt] *s* cobarde
faint-hearted ['fent'hɑrtɪd] *adj* cobarde, medroso
faintness ['fentnɪs] *s* debilidad; desmayo, desfallecimiento
fair [fɛr] *adj* justo; imparcial; honrado; legal; cortés; corriente, ordinario, regular; favorable, propicio; bien formado, hermoso; distinto, legible; rubio (*de pelo*); blanco (*de tez*); despejado, sereno (*cielo*); bueno, bonancible (*tiempo*); limpio; admisible; bueno, p.ej., **to be in a fair way to succeed** estar en buen camino de prosperar; **fair and square** (coll.) honrado a carta cabal; *adv* directamente; favorablemente; **to bid fair to** + *inf* prometer + *inf*, dar indicios de + *inf;* **to play fair** jugar limpio; **to speak one fair** hablarle a uno cortésmente; *s* feria; quermese, verbena; (archaic) mujer; (archaic) amada, querida
fair ball *s* (baseball) buen batazo, golpe bueno
fair copy *s* copia en limpio
fair game *s* caza legal; blanco u objeto legítimo
fairground ['fɛr,graʊnd] *s* real (*campo donde se celebra una feria*)
fair-haired ['fɛr'herd] *adj* pelirrubio; favorito, predilecto
fairish ['fɛrɪʃ] *adj* bastante bueno, bastante grande, bastante bien
fairly ['fɛrlɪ] *adv* justamente; imparcialmente; efectivamente; regularmente; distintamente; bastante, medianamente
fair-minded ['fɛr'maɪndɪd] *adj* imparcial, justo
fairness ['fɛrnɪs] *s* justicia; imparcialidad; honradez; legalidad; cortesía; hermosura; serenidad (*del cielo*); blancura (*de tez*); limpieza
fair play *s* juego limpio, proceder leal
fair sex *s* bello sexo
fair-spoken ['fɛr'spokən] *adj* cortés, bien hablado
fair to middling *adj* (coll.) mediano, bastante bueno
fair-trade agreement ['fɛr'tred] *s* convenio entre el fabricante y el comerciante en que se fija el precio mínimo de las manufacturas
fairway ['fɛr,we] *s* (naut.) canalizo; (golf) terreno entre tees donde no hay obstáculos
fair-weather ['fɛr,weðər] *adj* del buen tiempo; de los días prósperos; **fair-weather friend** amigo del buen viento
fairy ['fɛrɪ] *s* (*pl:* **-ies**) hada; *adj* de hada, de hadas, feérico
fairy godmother *s* hada madrina
fairyland [fɛrɪ,lænd] *s* tierra de las hadas; lugar hermoso y encantador
fairy ring *s* corro de bruja o de brujas (*círculo hecho en la hierba por ciertos hongos*)
fairy tale *s* cuento de hadas; (fig.) cuento de hadas, bella poesía
fait accompli [fɛtakõ'pli] *s* (Fr.) hecho consumado, hecho cumplido
faith [feθ] *s* fe; **in bad faith** de mala fe; **in good faith** de buena fe; **in faith** en verdad; **to break faith with** faltar a la palabra dada a; **to have faith in** tener fe en; **to keep faith with** cumplir la palabra dada a; **to pin one's faith on** tener puesta su esperanza en; **upon my faith!** ¡a fe mía!, ¡por mi fe!; *interj* ¡en verdad!
faith cure *s* curación por fe
faithful ['feθfəl] *adj* fiel, leal; **the faithful** los fieles, los creyentes
faithfulness ['feθfəlnɪs] *s* fidelidad
faithless ['feθlɪs] *adj* sin fe, infiel, desleal, falso
fake [fek] *s* (coll.) falsificación; (coll.) impostura, patraña; (coll.) farsante, impostor, patrañero; (naut.) aduja; *adj* (coll.) falso, falsificado, fingido; farsante; *va* (coll.) falsificar, fingir; (naut.) adujar; *vn* (coll.) falsificar, fingir
faker ['fekər] *s* (coll.) falsificador; (coll.) impostor, patrañero; (coll.) embustero; (coll.) buhonero
fakir [fə'kɪr] o ['fekər] *s* faquir
Falange ['felændʒ] *s* (pol.) Falange
Falangist [fə'lændʒɪst] *adj & s* falangista
falcate ['fælket] *adj* falcado
falchion ['fɔltʃən] *s* faca; (poet.) espada
falciform ['fælsɪfɔrm] *adj* falciforme
falcon ['fɔkən] o ['fɔlkən] *s* (orn.) halcón; (arti.) falcón
falconer ['fɔkənər] o ['fɔlkənər] *s* cetrero, halconero
falconry ['fɔkənrɪ] o ['fɔlkənrɪ] *s* cetrería, halconería
falderal ['fældə,ræl] o **falderol** ['fældə,rɑl] *s* chuchería, menudencia, retazo; disparate, tontería; estribillo de una canción que no significa nada
faldstool ['fɔld,stul] *s* faldistorio; facistol (*atril*)
Falkland Islands [,fɔklənd] *spl* islas Malvinas
fall [fɔl] *s* caída; catarata, salto de agua; baja (*de precios*); desembocadura (*de un río*); otoño; (naut.) tira de aparejo; (sport) partido de lucha grecorromana; **falls** *spl* cataratas, salto de agua; (naut.) aparejo de bajar o izar los botes; **the Fall** la Caída (*pecado del primer hombre*); **to ride for a fall** ir por mal camino, ir a acabar mal; *adj* otoñal; (*pret:* **fell;** *pp:* **fallen**) *vn* caer o caerse; ponerse triste (*la expresión del rostro*); **to fall aboard** (naut.) chocar con; **to fall across** dar con, encontrarse con; **to fall apart** caerse a pedazos; (fig.) ir al desastre; **to fall away** apostatar; reincidir; enflaquecer; **to fall back** (mil.) replegarse; faltar a su palabra; **to fall back on** o **upon** (mil.) replegarse hacia; echar mano de, recurrir a; **to fall backward** caer de espaldas; **to fall behind** quedarse atrás, perder terreno; **to fall down** caerse; postrarse; (slang) fracasar; **to fall due** caer o vencer (*p.ej., una letra*); **to fall flat** caer tendido, caer largo; no surtir efecto, no tener éxito; **to fall for** (slang) ser engañado por; (slang) enamorarse de; **to fall in** desplomarse (*p.ej., un techo*); caducar, terminar; ponerse de acuerdo; (mil.) ponerse en su lugar; **to fall into** abrazar, adoptar; adquirir (*p.ej., un hábito*); acceder a obrar de acuerdo con; tomar su lugar en; **to fall in upon** encontrarse con, tropezar con; visitar de repente o inesperadamente; **to fall in with** encontrarse con; trabar amistades con; conformarse con; ponerse de acuerdo con; juntarse con; **to fall off** caerse; caer de o desde; apostatar; decaer; disminuir; enemistarse; dirigirse, inclinarse; (naut.) abatir; **to fall on** asaltar, echarse sobre; encontrarse con; empezar; echar mano de, recurrir a; caer o bajar rápidamente sobre; recaer sobre; (phonet.) cargar en (*dícese del acento de una palabra*); **to fall out** caerse; desavenirse; acontecer; ve-

F

nir a ser, resultar; **to fall out of** caerse de (*p.ej., un árbol*); **to fall out with** reñirse con; esquinarse con; **to fall over** caerse; volcarse, venirse abajo; desertar; (slang) adular, halagar; **to fall through** fracasar, malograrse; **to fall to** venir a las manos; cerrarse por sí mismo; recaer (*la herencia, la elección, etc.*) en; tocar, corresponder a; (mil.) caer en poder de; (coll.) empezar a comer; **to fall to** + *ger* empezar a + *inf;* **to fall under** estar sujeto o subordinado a; estar entre, estar comprendido en; **to fall upon** asaltar, echarse sobre; encontrarse con; echar mano de, recurrir a; recaer sobre; **to fall within** estar dentro de; estar entre, estar comprendido en
fallacious [fəˈleʃəs] *adj* erróneo; delusorio; falaz (*que halaga con falsas apariencias*)
fallacy [ˈfæləsɪ] *s* (*pl:* **-cies**) error, falsedad; carácter erróneo; (log.) falacia
fallal [ˌfæˈlæl] *s* faralá, adorno excesivo; modo afectado
fallen [ˈfɔlən] *adj* caído; **the fallen** los caídos (*en la lucha*); *pp de* **fall**
fallen angel *s* ángel caído
fall guy *s* (slang) pato, cabeza de turco
fallibility [ˌfælɪˈbɪlɪtɪ] *s* falibilidad
fallible [ˈfælɪbəl] *adj* falible
falling [ˈfɔlɪŋ] *adj* cayente; (phonet.) decreciente (*diptongo*)
falling sickness *s* (path.) mal caduco
falling star *s* estrella fugaz
fall line *s* borde de una meseta formado por una línea de cataratas; (U.S.A.) línea que va de norte a sur, al este de los Apalaches, donde terminan los estratos duros y comienzan los terrenos blandos de la costa del este
Fallopian tube [fəˈlopɪən] *s* (anat.) trompa de Falopio
fallout [ˈfɔlˌaʊt] *s* caída radiactiva, precipitación radiactiva
fallout shelter *s* refugio antiatómico
fallow [ˈfælo] *adj* barbechado; flavo; **to let lie fallow** dejar en barbecho; **to lie fallow** estar en barbecho; *s* barbecho; *va* barbechar
fallow deer *s* (zool.) gamo, paleto
fall wheat *s* trigo sembrado en el otoño
false [fɔls] *adj* falso; postizo; *adv* falsamente; **to play false** traicionar
false acacia *s* (bot.) acacia falsa
false alarm *s* falsa alarma
false bottom *s* fondo falso
false colors *spl* bandera falsa; pretextos falsos
false face *s* careta, mascarilla; carantamaula (*careta fea*)
false hair *s* pelo postizo o falso
false-hearted [ˈfɔlsˈhɑrtɪd] *adj* pérfido, traidor
falsehood [ˈfɔlshʊd] *s* falsedad
false imprisonment *s* detención o prisión ilegal
false keel *s* (naut.) falsa quilla
false key *s* llave falsa
falseness [ˈfɔlsnɪs] *s* falsedad
false pretenses *spl* (law) estafa, dolo
false pride *s* falso orgullo
false relation *s* (mus.) falsa relación
false return *s* declaración falsa
false ribs *spl* (anat.) costillas falsas
false step *s* tropiezo; (fig.) paso en falso
false teeth *spl* dientes postizos o falsos
falsetto [fɔlˈsɛto] *s* (*pl:* **-tos**) falsete (*voz*); falsetista (*persona*); **in a falsetto** de falsete; *adj* del falsete; que canta de falsete; (fig.) artificial, poco natural; *adv* de falsete
falsification [ˌfɔlsɪfɪˈkeʃən] *s* falsificación; mentira; refutación
falsify [ˈfɔlsɪfaɪ] (*pret & pp:* **-fied**) *va* falsificar; refutar; *vn* falsificar; mentir
falsity [ˈfɔlsɪtɪ] *s* (*pl:* **-ties**) falsedad
falter [ˈfɔltər] *s* vacilación; balbuceo; *va* decir titubeando; *vn* vacilar; balbucear
falx [fælks] *s* (*pl:* **falces** [ˈfælsiz]) (anat.) falce, hoz
falx cerebelli [ˌsɛrɪˈbɛlaɪ] *s* (anat.) hoz del cerebelo
falx cerebri [ˈsɛrɪbraɪ] *s* (anat.) hoz del cerebro
fame [fem] *s* fama; *va* afamar
famed [femd] *adj* afamado
familiar [fəˈmɪljər] *adj* familiar; **to be familiar to** ser familiar a; **to be familiar with** estar familiarizado con (*una persona o cosa*); tener muy sabido; *s* familiar; (eccl.) familiar
familiarity [fəˌmɪlɪˈærɪtɪ] *s* (*pl:* **-ties**) familiaridad; conocimiento, p.ej., **familiarity with algebra** conocimiento del álgebra
familiarization [fəˌmɪljərɪˈzeʃən] *s* familiarización
familiarize [fəˈmɪljəraɪz] *va* familiarizar; **to familiarize oneself with** familiarizarse con
family [ˈfæmɪlɪ] *s* (*pl:* **-lies**) familia; *adj* familiar, p.ej., **family ties** lazos familiares; **in a family way** sin ceremonia; **in the family way** (coll.) embarazada, encinta
family circle *s* círculo de la familia; (theat.) gallinero, paraíso
family man *s* padre de familia; hombre casero
family name *s* apellido, nombre de familia
family physician *s* médico de cabecera
family skeleton *s* cosa vergonzosa en una familia que se intenta guardar en secreto
family tree *s* árbol genealógico
famine [ˈfæmɪn] *s* hambre; carestía
famish [ˈfæmɪʃ] *va & vn* hambrear
famished [ˈfæmɪʃt] *adj* famélico
famous [ˈfeməs] *adj* famoso; (coll.) famoso (*excelente*)
famulus [ˈfæmjələs] *s* (*pl:* **-li** [laɪ]) fámulo
fan [fæn] *s* abanico; ventilador; aventador (*para aventar el fuego*); aventadora (*para aventar los granos*); (slang) aficionado (*a deportes, películas, etc.*); (*pret & pp:* **fanned;** *ger:* **fanning**) *va* abanicar; aventar; ahuyentar con abanico; activar o avivar (*el fuego*); excitar (*las pasiones*); azotar (*el viento, p.ej., el rostro*); abrir o extender en abanico; (slang) pegar, zurrar; (baseball) hacer golpear mal la pelota tres veces; **to fan oneself** abanicarse; *vn* abanicarse; moverse impulsado por la brisa; soplar (*el viento*); abrirse o extenderse en abanico; salir (*un camino*) en todas direcciones; (baseball) golpear mal la pelota tres veces
fanatic [fəˈnætɪk] *adj & s* fanático
fanatical [fəˈnætɪkəl] *adj* fanático
fanaticism [fəˈnætɪsɪzəm] *s* fanatismo
fan belt *s* correa de ventilador
fan blade *s* paleta de ventilador
fancied [ˈfænsɪd] *adj* imaginado, imaginario
fancier [ˈfænsɪər] *s* aficionado; criador aficionado (*de aves, animales, etc.*); soñador, visionario
fanciful [ˈfænsɪfəl] *adj* fantástico; imaginativo
fancy [ˈfænsɪ] *s* (*pl:* **-cies**) fantasía; antojo, capricho; afición, gusto, cariño; (mus.) fantasía; **to strike one's fancy** antojársele a uno; **to take a fancy to** prendarse de, coger cariño a; *adj* (*comp:* **-cier;** *super:* **-ciest**) fantástico; extravagante (*idea*); de fantasía, de imitación; de lujo, fino; ornamental, de adorno; primoroso; vendedor de géneros de fantasía; vendedor de géneros de lujo; criado o cultivado por afición; (*pret & pp:* **-cied**) *va* imaginar; aficionarse a; prendarse de; criar (*aves, animales, etc.*) por afición; *vn* fantasear; prendarse de amor
fancy ball *s* baile de trajes
fancy dive *s* salto ornamental
fancy diving *s* buceo acrobático, saltos ornamentales
fancy dress *s* traje de fantasía, traje de capricho
fancy-dress ball [ˈfænsɪˌdrɛs] *s* baile de trajes
fancy foods *spl* comestibles de lujo
fancy-free [ˈfænsɪˈfri] *adj* libre del poder del amor, no enamorado
fancy goods *spl* géneros de fantasía
fancy jewelry *s* joyas de fantasía, joyas de imitación
fancy skater *s* patinador de fantasía
fancy skating *s* patinaje de fantasía
fancy woods *spl* maderas preciosas
fancywork [ˈfænsɪˌwʌrk] *s* (sew.) labor
fane [fen] *s* (archaic & poet.) templo
fanfare [ˈfænfɛr] *s* fanfarria (*pompa excesiva; tocata de caza*); (mus.) fanfarria
fanfaronade [ˌfænfərəˈned] *s* fanfarronada
fang [fæŋ] *s* colmillo (*del lobo, las fieras, etc.*); diente (*del reptil; del tenedor, la horquilla, etc.*); raíz (*de diente*)

fanion [ˈfænjən] *s* banderola; (surv.) banderola
fanlight [ˈfæn,laɪt] *s* (arch.) abanico
fan mail *s* (sport) correo de hinchas; (taur.) correo de aficionados; (theat.) correo de admiradores
Fannie o **Fanny** [ˈfænɪ] *s* Paquita
fanning mill *s* (agr.) máquina aventadora
fanon [ˈfænən] *s* (eccl.) fanón
fan palm *s* (bot.) miraguano, palmera de abanico
fan-shaped [ˈfæn,ʃept] *adj* en forma de abanico
fantail [ˈfæn,tel] *s* (orn.) paloma colipava; (carp.) cola de abanico; (arch.) bovedilla; mechero de mariposa
fan-tan [ˈfæn,tæn] *s* juego chino por dinero; juego de naipes en el cual gana quien pierde sus naipes primero
fantasia [fænˈtɑzɪə] o [,fæntəˈziə] *s* (mus.) fantasía
fantastic [fænˈtæstɪk] o **fantastical** [fænˈtæstɪkəl] *adj* fantástico
fantasy [ˈfæntəzɪ] o [ˈfæntəsɪ] *s* (*pl:* **-sies**) fantasía; (mus.) fantasía
fan tracery *s* (arch.) red decorativa de bóveda de abanico
fan vaulting *s* (arch.) bóveda de abanico
fan window *s* (arch.) abanico
fanwise [ˈfæn,waɪz] *adv* en abanico
far [fɑr] *adj* (*comp:* **farther;** *super:* **farthest**) lejano; más lejano; largo (*viaje*); posterior; **on the far side of** del otro lado de; *adv* (*comp:* **farther;** *super:* **farthest**) lejos; más lejos; muy, p.ej., **far different** muy diferente; mucho, p.ej., **far better** mucho mejor; **as far as** hasta, hasta donde; tan lejos como; en cuanto, según que; **as far as I am concerned** por lo que a mí me toca; **as far as I know** que yo sepa, según parece; **by far** con mucho; **how far** cuán lejos, hasta dónde, hasta qué punto; **how far is it?** ¿cuánto hay de aquí?; **in so far as** en cuanto, en tanto que; **so far** hasta ahora, hasta entonces; hasta aquí, hasta ahí; **so far as** hasta, hasta donde; en cuanto, según que; **so far so good** mientras siga así, todo va bien; **that is going too far** eso es demasiado fuerte; **thus far** hasta ahora; **thus far this year** en lo que va del año; **to be far from** + *ger* estar lejos de + *inf;* **to go far** ir lejos; alcanzar para mucho; durar mucho; **to go far to** o **toward** contribuir mucho a; **far and near** o **far and wide** por todas partes; **far away** muy lejos; **far be it from me** no permita Dios; **far from** lejos de (*p.ej., la ciudad, el ánimo de uno*); **far from it** ni con mucho, muy al contrario; **far into** hasta muy adentro de; hasta muy tarde de, hasta las altas horas de (*la noche*); hasta muy avanzado (*p.ej., el verano*); **far more** mucho más; **far off** a lo lejos, a gran distancia
farad [ˈfæræd] *s* (elec.) faradio
faradic [fəˈrædɪk] *adj* farádico
faradism [ˈfærədɪzəm] *s* faradismo; (med.) faradismo
faradization [,færədɪˈzeʃən] *s* (med.) faradización
faradize [ˈfærədaɪz] *va* (med.) faradizar
faradmeter [ˈfæræd,mitər] *s* (elec.) faradímetro
farandole [ˈfærəndol] *s* farándola o farándula (*baile*)
faraway [ˈfɑrə,we] *adj* lejano; abstraído, preocupado
farce [fɑrs] *s* (theat.) farsa; (fig.) farsa, cosa de reír; *va* embutir (*un escrito*) de pasajes o citas chistosas
farceur [fɑrˈsʌr] *s* bromista, chancero; farsante (*cómico*)
farcical [ˈfɑrsɪkəl] *adj* absurdo, ridículo, improbable; (vet.) muermoso
far cry *s* gran distancia, gran diferencia
farcy [ˈfɑrsɪ] *s* (vet.) muermo
fardel [ˈfɑrdəl] *s* (archaic) carga, lío, paquete
fare [fɛr] *s* pasaje; pasajero; alimento, comida; **to collect fares** cobrar el pasaje; *vn* acontecer, suceder; pasarlo; irle a uno (*bien o mal*), p.ej., **how did you fare?** ¿cómo le ha ido a Vd.?; vivir (*bien o mal*); comer; (archaic) ir, viajar; **to fare forth** ponerse en camino
Far East *s* Extremo Oriente, Lejano Oriente
farewell [ˈfɛrˈwɛl] *s* despedida, adiós; salida; **to bid farewell to** o **to take farewell of** despedirse de; *adj* de despedida, p.ej., **farewell song** canción de despedida; *interj* ¡adiós!
far-fetched [ˈfɑrˈfɛtʃt] *adj* forzado, traído por los pelos
far-flung [ˈfɑrˈflʌŋ] *adj* extenso, vasto, de gran alcance
farina [fəˈrinə] *s* harina; almidón; fécula; (zool.) polvo harinoso
farinaceous [,færɪˈneʃəs] *adj* (bot.) farináceo
farkleberry [ˈfɑrkəl,bɛrɪ] *s* (*pl:* **-ries**) (bot.) batodendrón
farm [fɑrm] *s* granja; terreno agrícola; plantación; *adj* agrícola; agropecuario; *va* cultivar o labrar (*la tierra*); arrendar; hacer contrato por el cuidado de (*p.ej., los indigentes*); **to farm out** ceder (*un trabajo*) por contrato; *vn* cultivar la tierra y criar animales
farmer [ˈfɑrmər] *s* granjero; agricultor, labrador
farmerette [,fɑrməˈrɛt] *s* (coll.) agricultora, labradora
farmerish [ˈfɑrmərɪʃ] *adj* apatanado
Farmer-Labor Party [ˈfɑrmərˈlebər] *s* (U.S.A.) partido obrero-campesino
farm hand *s* peón, mozo de granja
farmhouse [ˈfɑrm,haus] *s* cortijo, alquería
farming [ˈfɑrmɪŋ] *s* agricultura, labranza
farm produce *s* productos del suelo
farm school *s* granja escuela
farmstead [ˈfɑrmsted] *s* granja
farmyard [ˈfɑrm,jɑrd] *s* corral de granja
faro [ˈfɛro] *s* faraón (*juego de cartas*)
far-off [ˈfɑr,ɔf] o [ˈfɑr,ɑf] *adj* lejano, distante
farrago [fəˈrego] *s* (*pl:* **-goes**) fárrago
far-reaching [ˈfɑrˈritʃɪŋ] *adj* de mucho alcance
farrier [ˈfærɪər] *s* herrador; albéitar
farriery [ˈfærɪərɪ] *s* (*pl:* **-ies**) herrería; albeitería
farrow [ˈfæro] *s* lechigada de puercos; parto de la marrana; *adj* horra (*vaca*); *va & vn* parir (*la marrana*)
far-seeing [ˈfɑrˈsiɪŋ] *adj* longividente; previsor, precavido
far-sighted [ˈfɑrˈsaɪtɪd] *adj* longividente; previsor, precavido; présbita
far-sightedness [ˈfɑrˈsaɪtɪdnɪs] *s* buena visión, penetración; previsión; presbicia
farther [ˈfɑrðər] *adj comp* más lejano; más, adicional; *adv comp* más lejos, más allá; además, también; **how much farther** cuánto más; **farther on** más adelante
farthermost [ˈfɑrðərmost] *adj super* más lejano (*de todos*)
farthest [ˈfɑrðɪst] *adj super* más lejano (*de todos*); último; *adv super* más lejos, a más distancia; más
farthing [ˈfɑrðɪŋ] *s* (Brit.) cuarto de penique
farthingale [ˈfɑrðɪŋgel] *s* verdugado, miriñaque
Far West *s* lejano oeste (*de los EE.UU.*)
fasces [ˈfæsiz] *spl* fasces
fascia [ˈfæʃɪə] *s* (*pl:* **-ae** [i]) (anat.) fascia; (arch.) faja; (surg.) faja o fascia
fascial [ˈfæʃɪəl] *adj* fascial
fascicle [ˈfæsɪkəl] *s* fascículo (*de un libro*); manojo, racimo; (anat. & bot.) fascículo
fascicled [ˈfæsɪkəld] *adj* fasciculado
fasciculus [fəˈsɪkjələs] *s* (*pl:* **-li** [laɪ]) fascículo (*de un libro*); (anat.) fascículo
fascinate [ˈfæsɪnet] *va* fascinar; (archaic) fascinar (*aojar; hechizar*)
fascinating [ˈfæsɪ,netɪŋ] *adj* fascinador o fascinante
fascination [,fæsɪˈneʃən] *s* fascinación; (archaic) fascinación (*aojo*)
fascinator [ˈfæsɪ,netər] *s* fascinador; mantilla ligera de ganchillo
fascine [fæˈsin] *s* haz de leña, fajina; (fort.) fajina
fascism [ˈfæʃɪzəm] *s* fascismo
fascist [ˈfæʃɪst] *adj & s* fascista
fashion [ˈfæʃən] *s* moda, boga; estilo, manera; elegancia, buen tono; alta sociedad, gente de buen tono; **after** o **in a fashion** hasta cierto punto, en cierto modo, así así; **in fashion** de

moda; **out of fashion** fuera de moda, pasado de moda; **to go out of fashion** pasar de moda; *va* labrar, forjar
fashionable ['fæʃənəbəl] *adj* elegante, de moda, de buen tono
fashion designing *s* alta costura
fashion piece *s* (naut.) aleta
fashion plate *s* figurín (*dibujo*); (coll.) figurín, elegante (*persona*)
fashion shop *s* casa de modas
fast [fæst] o [fɑst] *s* ayuno; día de ayuno; asegurador; (naut.) cable de amarra; **to break one's fast** desayunarse; romper el ayuno; *adj* rápido, veloz; adelantado (*reloj*); disipado, disoluto; fijo; estable; fiel (*amigo*); **to pull a fast one** (slang) jugar una mala pasada; *adv* rápidamente, velozmente; firmemente; completamente; profundamente; (archaic) cerca; **fast by** cerca de; **to hold fast** mantenerse firme; **to hold fast to** agarrarse bien de; afirmarse en; **to play fast and loose** proceder de manera poco sincera; **to live fast** entregarse a los placeres o los vicios; *vn* ayunar
fast and loose pulleys *spl* (mach.) contramarcha (*juego de dos poleas, una fija y la otra libre o loca, que sirven para embragar o desembragar un árbol*)
fast day *s* día de ayuno
fasten ['fæsən] o ['fɑsən] *va* fijar; cerrar, cerrar con llave; atar; abrochar; ajustarse (*p.ej., el cinturón*); aplicar (*la culpa*); imprimir; *vn* fijarse; cuajarse; **to fasten on** o **upon** agarrarse o asirse a o de
fastener ['fæsənər] o ['fɑsənər] *s* asilla, asegurador, cierre
fastening ['fæsənɪŋ] o ['fɑsənɪŋ] *s* aseguramiento; asegurador (*instrumento*); cerradura; cerrojo; botón; broche; corchete
fastidious [fæs'tɪdɪəs] *adj* quisquilloso; arrogante, desdeñoso
fastigium [fæs'tɪdʒɪəm] *s* (*pl:* **-a** [ə]) (anat. & arch.) fastigio
fasting ['fæstɪŋ] o ['fɑstɪŋ] *s* ayuno
fastness ['fæstnɪs] o ['fɑstnɪs] *s* rapidez; adelanto (*del reloj*); disipación; estrechez (*de la amistad*); fijeza, firmeza; estabilidad o solidez (*de materias colorantes*); plaza fuerte
fat [fæt] *adj* (*comp:* **fatter;** *super:* **fattest**) gordo; lerdo, pesado, torpe; fuerte, poderoso; opulento; pingüe, provechoso; fértil; (aut.) caliente (*chispa*); **to get fat** engordar; *s* gordo, grasa; (chem.) grasa; **the fat of the land** lo mejor y más rico de la tierra; (*pret & pp:* **fatted;** *ger:* **fatting**) *va & vn* engordar
fatal ['fetəl] *adj* fatal
fatalism ['fetəlɪzəm] *s* fatalismo
fatalist ['fetəlɪst] *s* fatalista
fatalistic [,fetə'lɪstɪk] *adj* fatalista
fatality [fe'tælɪtɪ] o [fə'tælɪtɪ] *s* (*pl:* **-ties**) fatalidad; muerte
fatally ['fetəlɪ] *adv* fatalmente
Fata Morgana ['fɑtə mɔr'gɑnə] *s* (meteor.) Fata Morgana; (myth.) Morgana
fate [fet] *s* hado; **Fates** *spl* (myth.) Parcas
fated ['fetɪd] *adj* fatal; predestinado a la ruina, la muerte, etc.
fateful ['fetfəl] *adj* fatal; fatídico
fathead ['fæt,hɛd] *s* (coll.) tronco, estúpido
father ['fɑðər] *s* padre; (eccl.) padre; tío (*tratamiento que se da a los hombres ancianos*); *va* engendrar; prohijar; servir de padre a, tratar como hijo; inventar, originar, producir; atribuir
father confessor *s* (eccl.) padre espiritual; confidente
fatherhood ['fɑðərhʊd] *s* paternidad
father-in-law ['fɑðərɪn,lɔ] *s* (*pl:* **fathers-in-law**) suegro
fatherland ['fɑðər,lænd] *s* patria
fatherless ['fɑðərlɪs] *adj* huérfano de padre; abandonado, sin amparo de padre
fatherly ['fɑðərlɪ] *adj* paternal; *adv* paternalmente
Father of his Country *s* padre de la patria (*título de honor concedido a los emperadores romanos y después a otros monarcas y príncipes y en EE.UU. a Jorge Wáshington*)
Father of Waters *s* padre de las aguas (*el río Misisipí*)
fathers of the church *spl* padres de la iglesia, santos padres
Father Time *s* el Tiempo (*representación del tiempo en figura de un anciano con una guadaña en una mano y un reloj de arena en la otra*)
fathom ['fæðəm] *s* (naut.) braza; *va* sondear; desenmarañar, profundizar
fathomable ['fæðəməbəl] *adj* sondable; comprensible
fathomless ['fæðəmlɪs] *adj* insondable; (fig.) insondable, incomprensible
fatidic [fe'tɪdɪk] o [fə'tɪdɪk] *adj* fatídico
fatigue [fə'tig] *s* fatiga; (mech. & physiol.) fatiga; (mil.) faena, trabajo distinto del manejo de las armas; *va* fatigar, cansar
fatigue clothes *spl* (mil.) traje de faena
fatigue duty *s* (mil.) faena, trabajo distinto del manejo de las armas
fatigue party *s* (mil.) pelotón de castigo
fatiguing [fə'tigɪŋ] *adj* fatigoso
fatling ['fætlɪŋ] *s* ceboncillo
fatness ['fætnɪs] *s* gordura; graseza; fertilidad
fatten ['fætən] *va & vn* engordar
fatty ['fætɪ] *adj* (*comp:* **-tier;** *super:* **-tiest**) graso; gordiflón; (chem.) graso; (path.) grasoso; *s* (*pl:* **-ties**) (slang) gordiflón
fatty acid *s* (chem.) ácido graso
fatty degeneration *s* (path.) degeneración grasosa
fatty heart *s* (path.) corazón grasoso
fatuity [fə'tjuɪtɪ] o [fə'tuɪtɪ] *s* (*pl:* **-ties**) fatuidad; irrealidad, ilusión
fatuous ['fætʃʊəs] *adj* fatuo; irreal, ilusivo
faucal ['fɔkəl] *adj* faucal
fauces ['fɔsiz] *spl* (anat.) fauces
faucet ['fɔsɪt] *s* grifo
faugh [fɔ] *interj* ¡ puf!, ¡ bah!
fault [fɔlt] *s* falta, culpa; (geol. & min.) falla; (sport) falta; (elec.) fuga de corriente, avería del circuito; **at fault** culpable; perplejo; **in fault** culpable; **it's your fault** Vd. tiene la culpa; **to a fault** excesivamente; **to find fault with** criticar, culpar; hallar defecto en; *va* culpar; (geol.) producir falla en
faultfinder ['fɔlt,faɪndər] *s* criticón, reparón
faultfinding ['fɔlt,faɪndɪŋ] *adj* criticón, reparón; *s* crítica, manía de criticar
faultless ['fɔltlɪs] *adj* intachable; perfecto
faulty ['fɔltɪ] *adj* (*comp:* **-ier;** *super:* **-iest**) defectuoso, imperfecto; culpable
faun [fɔn] *s* (myth.) fauno
fauna ['fɔnə] *s* fauna; (*cap.*) *s* (myth.) Fauna
faunal ['fɔnəl] *adj* fáunico
Faust [faʊst] *s* Fausto
Faustian ['faʊstɪən] o ['fɔstɪən] *adj* fáustico
faux pas [fo 'pɑ] *s* (*pl:* **faux pas** [fo 'pɑ] o [fo 'pɑz]) (Fr.) paso en falso
favor ['fevər] *s* favor; grata o atenta (*la carta de que se acusa recibo*); (fig.) favor (*regalo, señal, cinta*); **favors** *spl* favores (*de una mujer*); (fig.) regalos de fiesta (*tales como serpentinas, matracas, sombreros, panderetas*); **by your favor** con permiso de Vd.; **do me the favor of** + *ger* hágame Vd. el favor de + *inf;* **to be in favor** estar en favor (*tener buena aceptación*); **to be in favor of** estar por, ser partidario de; **to be in favor with** disfrutar del favor de, tener el apoyo de; **to be out of favor** no estar en favor; *va* favorecer; abstenerse de usar, usar con precaución; (coll.) parecerse a
favorable ['fevərəbəl] *adj* favorable
favored ['fevərd] *adj* favorecido; encarado, p.ej., **ill-favored** mal encarado; dotado, p.ej., **favored by nature** dotado por la naturaleza; **favored with beauty** dotado de hermosura
favorite ['fevərɪt] *adj* favorito, predilecto; *s* favorito
favorite son *s* (pol.) candidato favorito de un estado (*para la presidencia de los EE.UU.*)
favoritism ['fevərɪtɪzəm] *s* favoritismo
favose ['fevos] o [fe'vos] *adj* favoso
favour ['fevər] *s & va* (Brit.) var. de **favor**
favus ['fevəs] *s* (path.) favo
fawn [fɔn] *s* (zool.) cervato; corzo, gamito (*de menos de un año*); color de cervato; *vn* parir (*la cierva*); arrastrarse, reptar; hacer fiestas (*p.ej., el perro*); **to fawn on** o **upon** adular servilmente; hacer fiestas a

fay [fe] *s* hada; (archaic) fe; *va* empalmar, juntar; *vn* empalmarse, juntarse
faze [fez] *va* (coll.) inquietar, molestar, turbar, desanimar
FBI abr. de **Federal Bureau of Investigation**
fealty ['fiəltɪ] *s* (*pl:* **-ties**) homenaje; fidelidad, lealtad
fear [fɪr] *s* temor, miedo; **for fear of** por temor de, por miedo de; **for fear that** por miedo (de) que; **no fear** no hay peligro; **to be in fear of** tener miedo de; *va & vn* temer; **to fear for** temer por; **to fear to** + *inf* temer + *inf*
fearful ['fɪrfəl] *adj* medroso; (coll.) enorme, numeroso, excesivo, muy malo
fearless ['fɪrlɪs] *adj* intrépido, sin temor, arrojado
fearsome ['fɪrsəm] *adj* medroso
feasibility [,fizɪ'bɪlɪtɪ] *s* viabilidad
feasible ['fizɪbəl] *adj* viable, factible
feast [fist] *s* fiesta (*día; solemnidad; regocijo*); festín, banquete; *va* banquetear; *vn* banquetear; festejarse; **to feast on** regalarse con (*p.ej., golosinas*)
feat [fit] *s* hazaña, proeza, juego de destreza
feather ['fɛðər] *s* pluma; penacho (*adorno de plumas; vanidad*); condición, estado; vestido; clase, género; humor; mechón (*de pelo*); nada, p.ej., **to laugh at a feather** reírse de nada; (carp.) espiga, lengüeta; (mach.) chaveta, pestaña, soporte de refuerzo; (mach.) cuña, llave; (naut.) estela del periscopio (*del submarino*); **feathers** *spl* (poet.) alas; **in feather** plumado; **in fine, good** o **high feather** de buen humor; en buena salud; **to show the white feather** acobardarse, volver las espaldas; **feather in one's cap** timbre de honor, triunfo personal; *adj* de pluma, de plumas; leve, suave; *va* emplumar; poner pluma a (*una flecha*); cortar (*el aire*) volando; adelgazar, sutilizar; volver (*la pala del remo*) al sacarla del agua, poniéndola casi horizontal; (carp.) machihembrar; *vn* emplumecer; crecer, extenderse o moverse como pluma; volver la pala del remo al sacarla del agua, poniéndola casi horizontal
feather bed *s* colchón de plumas; (fig.) lecho de plumas
featherbed ['fɛðər,bɛd] (*pret & pp:* **-bedded;** *ger:* **-bedding**) *vn* exigir el empleo de más trabajadores de lo necesario
featherbrain ['fɛðər,bren] *s* cascabelero
featherbrained ['fɛðər,brend] *adj* cascabelero
feather duster *s* plumero
feathered ['fɛðərd] *adj* plumado; alado; ligero, veloz
featheredge ['fɛðər,ɛdʒ] *s* filván; bisel, canto vivo; (b.b.) barba; *adj* con filván; barbado (*papel*); *va* dejar filván en; biselar
featheredged ['fɛðər,ɛdʒd] *adj* con filván
feathered hyacinth *s* (bot.) jacinto de penacho
feather grass *s* (bot.) espolín
featherless ['fɛðərlɪs] *adj* implume
featherstitch ['fɛðər,stɪtʃ] *s* punto de espina, punto ruso; *va* adornar con punto de espina; *vn* hacer punto de espina
featherweight ['fɛðər,wet] *s* persona o cosa de muy poco peso; (box.) peso pluma; persona o cosa de poca importancia; imbécil, tonto; *adj* muy ligero; poco importante; (box.) de peso pluma
featherwork ['fɛðər,wʌrk] *s* arte plumaria
feathery ['fɛðərɪ] *adj* plumoso
feature ['fitʃər] *s* facción; característica, rasgo distintivo; atracción principal, película principal, artículo principal, tira cómica principal; especialidad; **features** *spl* facciones (*cara, rostro*); *va* delinear, representar; ofrecer (*como cosa principal*); (coll.) destacar, hacer resaltar; (coll.) parecerse a
featured ['fitʃərd] *adj* encarado, p.ej., **well-featured** bien encarado; (coll.) anunciado de modo destacado
featureless ['fitʃərlɪs] *adj* sin rasgos distintivos, poco interesante
Feb. abr. de **February**
febrifuge ['fɛbrɪfjudʒ] *adj & s* febrífugo
febrile ['fibrɪl] o ['fɛbrɪl] *adj* febril
February ['fɛbru,ɛrɪ] *s* febrero
fecal ['fikəl] *adj* fecal
fecalith ['fikəlɪθ] *s* (path.) fecalito
feces ['fisiz] *spl* heces (*excremento; poso, sedimento*)
feckless ['fɛklɪs] *adj* abatido, débil, sin valor
fecula ['fɛkjulə] *s* (*pl:* **-lae** [li]) fécula
feculent ['fɛkjulənt] *adj* feculento (*que tiene heces*)
fecund ['fikənd] o ['fɛkənd] *adj* fecundo
fecundate ['fikəndet] o ['fɛkəndet] *va* fecundar; (biol.) fecundar
fecundation [,fikən'deʃən] o [,fɛkən'deʃən] *s* fecundación; (biol.) fecundación
fecundative [fɪ'kʌndətɪv] *adj* fecundativo
fecundity [fɪ'kʌndɪtɪ] *s* fecundidad
fed [fɛd] *pret & pp de* **feed**
federal ['fɛdərəl] *adj & s* federal; (*cap.*) *s* (U.S.A.) soldado o partidario del gobierno central durante la guerra entre Norte y Sur
federalism ['fɛdərəlɪzəm] *s* federalismo
federalist ['fɛdərəlɪst] *adj & s* federalista
federalize ['fɛdərəlaɪz] *va* federar
Federal Reserve Bank *s* (U.S.A.) cada uno de los doce bancos de los distritos del sistema de Reserva Federal, establecidos para regularizar y ayudar a los bancos miembros de ese sistema
Federal Reserve Board *s* (U.S.A.) grupo de nueve personas elegidas por el presidente de los EE.UU. para controlar el sistema de la Reserva Federal
Federal Reserve System *s* (U.S.A.) sistema de la Reserva Federal
federate ['fɛdərɪt] o ['fɛdəret] *adj* federado; ['fɛdəret] *va* federar
Federated Malay States *spl* Estados Malayos Federados
federation [,fɛdə'reʃən] *s* federación
federative ['fɛdə,retɪv] *adj* federativo
fedora [fɪ'dorə] *s* sombrero de fieltro suave con ala vuelta
fed up *adj* harto; (fig.) harto; **fed up with** harto de
fee [fi] *s* honorarios; derechos; propina; (law) hacienda de patrimonio, herencia; (feud.) dominio; **to hold in fee** poseer, ser dueño de; *va* pagar, premiar; dar propina a
feeble ['fibəl] *adj* débil
feeble-minded ['fibəl'maɪndɪd] *adj* imbécil; irresoluto, vacilante
feebleness ['fibəlnɪs] *s* debilidad
feebly ['fiblɪ] *adv* débilmente
feed [fid] *s* alimento; alimentación; (coll.) comida, comida abundante; (mach.) dispositivo de alimentación, movimiento de alimentación; (*pret & pp:* **fed**) *va* alimentar; *vn* comer, alimentarse; **to feed on** o **upon** alimentarse de
feedback ['fid,bæk] *s* (elec.) regeneración, realimentación
feed-back circuit ['fid,bæk] *s* (elec.) circuito de regeneración
feed-back coil *s* (elec.) bobina de regeneración
feed bag *s* cebadera, morral
feeder ['fidər] *s* alimentador; fuente; afluente (*de un río*); (elec.) conductor de alimentación; (min.) filón ramal; (rail.) ramal tributario
feedhead ['fid,hɛd] *s* depósito de alimentación; (found.) canal de mazarota
feed line *s* (elec.) conductor de alimentación
feed pump *s* bomba alimenticia o bomba de alimentación
feed trough *s* artesa, comedero; (rail.) atarjea de alimentación
feed wire *s* (elec.) conductor de alimentación
feel [fil] *s* sensación; tacto; tino; (*pret & pp:* **felt**) *va* palpar, tentar; sentir; tomar (*el pulso*); resentirse de; tantear (*el camino*); **to feel out** dar un toque a, tantear; *vn* palpar; sentirse (*enfermo, obligado, etc.*); ser (*áspero, suave, etc.*) al tacto; estar (*caliente*); tener (*calor, frío, hambre, sed*); **to feel bad** sentirse mal; condolerse; **to feel cheap** avergonzarse, sentirse inferior; **to feel comfortable** sentirse a gusto; **to feel for** buscar tentando; condolerse de; **to feel like** (coll.) tener ganas de; **to feel like** + *ger* (coll.) tener ganas de + *inf;* **to feel (like) oneself** tener la salud, vigor, ánimo, etc. acostumbrados; **to feel safe** sentirse a salvo; **to feel sorry** sentir; arrepentirse; **to feel sorry for** compadecer

feeler ['filər] *s* persona o cosa que palpa; tentativa, tanteo (*que se hace para descubrir los sentimientos ajenos*); (mach.) calibrador de espesor, tira calibradora; **feelers** *spl* palpos, anténulas (*del insecto*); tentáculos (*del molusco y el zoófito*)
feeling ['filɪŋ] *s* sensación; tacto; sentimiento; parecer, opinión; presentimiento; **feelings** *spl* sensibilidad, sentimientos delicados
feelingly ['filɪŋlɪ] *adv* con emoción
fee simple *s* (law) herencia libre de condición
feet [fit] *pl de* **foot**
fee tail *s* (law) herencia cuyo derecho de sucesión está restringido a los herederos directos
feign [fen] *va* aparentar, fingir; *vn* fingir; **to feign to** + *inf* fingir + *inf;* **to feign to be** fingirse
feint [fent] *s* fingimiento; finta (*amago*); *vn* hacer una finta
feldspar ['fɛld,spɑr] *s* (mineral.) feldespato
feldspathic [fɛld'spæθɪk] o **feldspathose** ['fɛldspæθos] *adj* feldespático
felicitate [fɪ'lɪsɪtet] *va* felicitar
felicitation [fɪ,lɪsɪ'teʃən] *s* felicitación
felicitous [fɪ'lɪsɪtəs] *adj* feliz (*dicho, idea, etc.*); elocuente
felicity [fɪ'lɪsɪtɪ] *s* (*pl:* **-ties**) felicidad; aptitud o gracia de expresión; idea feliz, expresión feliz
felid ['filɪd] *s* (zool.) félido
feline ['filaɪn] *adj* (zool. & fig.) felino; *s* (zool.) felino
fell [fɛl] *s* tala (*de árboles*); todos los árboles cortados en una estación; (sew.) sobrecarga; pellejo; (Scotch) colina, montaña; (Scotch) páramo o brezal elevado; *adj* cruel, feroz; destructivo, mortal; *va* derribar; talar (*árboles*); (sew.) sobrecargar; *pret de* **fall**
fellah ['fɛlə] *s* (*pl:* **fellaheen** o **fellahin** [,fɛlə'hin] o **fellahs**) felá
felloe ['fɛlo] *s* aro de la rueda; pina (*pieza del aro de la rueda*)
fellow ['fɛlo] *s* (coll.) hombre, mozo, tipo, sujeto; (coll.) pretendiente; pícaro, pillo; compañero; igual; pareja; congénere, prójimo; miembro (*de un colegio, sociedad, etc.*); pensionista (*estudiante que disfruta una pensión o beca*)
fellow being *s* prójimo
fellow citizen *s* conciudadano
fellow countryman *s* compatriota
fellow creature *s* prójimo
fellow feeling *s* afinidad, compañerismo, simpatía
fellow man *s* prójimo
fellow member *s* consocio
fellow passenger *s* compañero de viaje
fellow prisoner *s* compañero de prisión
fellowship ['fɛloʃɪp] *s* compañerismo; copartición; hermandad; pensión (*para ampliar estudios*)
fellow student *s* condiscípulo
fellow traveler *s* simpatizante; compañero de viaje, comunistizante
fellow worker *s* compañero de trabajo
felly ['fɛlɪ] *s* (*pl:* **-lies**) var. de **felloe**
felon ['fɛlən] *adj* felón, traidor; brutal, cruel; *s* (law) delincuente de mayor cuantía; (path.) panadizo
felonious [fɪ'lonɪəs] *adj* felón, traidor; perverso; (law) delincuente
felony ['fɛlənɪ] *s* (*pl:* **-nies**) (law) delito de mayor cuantía; (feud.) felonía; **to compound a felony** (law) aceptar dinero para no procesar
felsite ['fɛlsaɪt] *s* (mineral.) felsita
felspar ['fɛl,spɑr] *s* var. de **feldspar**
felt [fɛlt] *s* fieltro; *adj* de fieltro; *va* fieltrar; *pret & pp de* **feel**
felucca [fɪ'lʌkə] *s* (naut.) falucho
fem. abr. de **feminine**
female ['fimel] *adj* femenino; hembra, p.ej., **a female fish** un pez hembra; (bot.) femenino; (bot. & mach.) hembra; *s* hembra; (bot.) hembra; (mach.) hembrilla
feminine ['fɛmɪnɪn] *adj* femenino; afeminado; (gram.) femenino; *s* (gram.) femenino (*género*); (gram.) palabra femenina
feminine rhyme *s* (pros.) rima femenina
femininity [,fɛmɪ'nɪnɪtɪ] *s* feminidad; bello sexo
feminism ['fɛmɪnɪzəm] *s* feminismo
feminist ['fɛmɪnɪst] *adj & s* feminista
feministic [,fɛmɪ'nɪstɪk] *adj* feminista
femoral ['fɛmərəl] *adj* femoral
femur ['fimər] *s* (*pl:* **femurs** o **femora** ['fɛmərə]) (anat. & ent.) fémur
fen [fɛn] *s* pantano
fence [fɛns] *s* cerca; esgrima; destreza, habilidad para el debate; alcahuete (*encubridor y vendedor de cosas robadas*); guía (*de la sierra*); **on the fence** (coll.) indeciso, irresoluto; (coll.) no comprometido; *va* cercar; defender, proteger; **to fence in** encerrar con cerca; **to fence off** separar con cerca, obstruir con cerca; **to fence out** excluir con cerca; *vn* esgrimir; defenderse con fintas o evasivas, eludir preguntas con palabras ambiguas; saltar una cerca (*el caballo*); **to fence with** eludir una contestación directa a
fence post *s* poste para cercas
fencer ['fɛnsər] *s* esgrimidor; caballo adiestrado a saltar cercas
fencing ['fɛnsɪŋ] *s* esgrimadura (*acción*); esgrima (*arte*); materiales para construir cercas; cercas
fencing academy *s* escuela de esgrima
fencing master *s* maestro de esgrima
fend [fɛnd] *va* parar, apartar; **to fend off** resguardarse de; *vn* defenderse, resistir; **to fend for oneself** (coll.) tirar por su lado, arreglárselas
fender ['fɛndər] *s* defensa, protección; (aut.) guardafango, guardabarros; (naut.) defensa; (rail.) trompa, quitapiedras; salvavidas (*del tranvía*); guardafuego (*de la chimenea*)
fenestra [fɪ'nɛstrə] *s* (*pl:* **-trae** [tri]) (anat.) ventana
fenestra ovalis [o'velɪs] *s* (anat.) ventana oval
fenestra rotunda [ro'tʌndə] *s* (anat.) ventana rotunda
fenestration [,fɛnɪs'treʃən] *s* (arch.) ventanaje
Fenian ['finɪən] *adj & s* feniano
Fenianism ['finɪənɪzəm] *s* fenianismo
fennel ['fɛnəl] *s* (bot.) hinojo (*Foeniculum vulgare*); (bot.) cáñamo
fennelflower ['fɛnəl,flaʊər] *s* (bot.) neguilla (*cualquier planta del género Nigella*); (bot.) toda especia (*Nigella sativa*)
fennel giant *s* (bot.) var. de **giant fennel**
fenny ['fɛnɪ] *adj* pantanoso
fenugreek ['fɛnjʊgrik] *s* (bot.) alholva, fenogreco
feoff [fɛf] o [fif] *s* var. de **fief**
feracious [fə'reʃəs] *adj* feraz
feracity [fə'ræsɪtɪ] *s* feracidad
feral ['fɪrəl] *adj* salvaje; feral, cruel
fer-de-lance [,fɛrdə'lɑ̃s] *s* (zool.) mapanare
Ferdinand ['fʌrdɪnænd] *s* Fernando
ferment ['fʌrmɛnt] *s* fermento; fermentación; (fig.) fermentación; [fər'mɛnt] *va & vn* fermentar; (fig.) fermentar
fermentable [fər'mɛntəbəl] *adj* fermentable
fermentation [,fʌrmɛn'teʃən] *s* fermentación; (fig.) fermentación
fermentative [fər'mɛntətɪv] *adj* fermentativo
fermium ['fʌrmɪəm] *s* (chem.) fermio
fern [fʌrn] *s* (bot.) helecho
fernery ['fʌrnərɪ] *s* (*pl:* **-ies**) helechal, lugar donde se crían los helechos
ferny ['fʌrnɪ] *adj* de helechos; abundante en helechos
ferocious [fɪ'roʃəs] *adj* feroz
ferocity [fɪ'rɑsɪtɪ] *s* (*pl:* **-ties**) ferocidad
ferrate ['fɛret] *s* (chem.) ferrato
ferreous ['fɛrɪəs] *adj* férreo
ferret ['fɛrɪt] *s* (zool.) hurón; *va* huronear; **to ferret out** huronear; *vn* huronear
ferric ['fɛrɪk] *adj* (chem.) férrico
ferric acid *s* (chem.) ácido férrico
Ferris wheel ['fɛrɪs] *s* noria, rueda de feria, gran rueda (*rueda grande y giratoria que tiene sillas en la pina, empleada en parques de recreo, ferias, etc.*)
ferroaluminum [,fɛroə'lumɪnəm] *s* ferroaluminio
ferrocerium [,fɛro'sɪrɪəm] *s* ferrocerio
ferrochrome ['fɛrokrom] o **ferrochromium** [,fɛro'kromɪəm] *s* ferrocromo

ferroconcrete [ˌfɛro'kɑnkrit] o [ˌfɛrokɑn'krit] *s* ferroconcreto, ferrohormigón
ferrocyanide [ˌfɛro'saɪənaɪd] o [ˌfɛro'saɪənɪd] *s* (chem.) ferrocianuro
ferromagnetic [ˌfɛromæg'nɛtɪk] *adj* (phys.) ferromagnético
ferromanganese [ˌfɛro'mæŋgənis] o [ˌfɛro-'mæŋgəniz] *s* ferromanganeso
ferronickel [ˌfɛro'nɪkəl] *s* ferroníquel
ferroprussiate [ˌfɛro'prʌʃɪet] o [ˌfɛro'prʌsɪet] *s* (chem.) ferroprusiato
ferrotungsten [ˌfɛro'tʌŋstən] *s* ferrotungsteno
ferrotype ['fɛrotaɪp] *s* (phot.) ferrotipo; (phot.) ferrotipia (*procedimiento*)
ferrous ['fɛrəs] *adj* ferroso; (chem.) ferroso
ferrous sulfate *s* (chem.) sulfato ferroso
ferrous sulfide *s* (chem.) sulfuro ferroso
ferruginous [fə'rudʒɪnəs] *adj* ferruginoso; rojizo, herrumbroso
ferrule ['fɛrul] o ['fɛrəl] *s* regatón; (elec.) tapa de contacto; (mach.) virola
ferry ['fɛrɪ] *s* (*pl:* **-ries**) balsa o barco de pasar el río; balsa o barco portatrén; balsadero, embarcadero; transbordador; (*pret & pp:* **-ried**) *va* balsear (*un río*); pasar (*viajeros, mercancías o trenes de ferrocarril*) a través del río; *vn* cruzar el río en barco
ferryboat ['fɛrɪˌbot] *s* balsa o barco de pasar el río; balsa o barco portatrén
ferryman ['fɛrɪmən] *s* (*pl:* **-men**) balsero, dueño, encargado o empleado de un paso de río
fertile ['fʌrtɪl] *adj* fértil; (biol.) fecundo; (fig.) fértil
fertility [fər'tɪlɪtɪ] *s* fertilidad; fecundidad
fertilization [ˌfʌrtɪlɪ'zeʃən] *s* fertilización; fecundación
fertilize ['fʌrtɪlaɪz] *va* fertilizar, abonar; fecundar
fertilizer ['fʌrtɪˌlaɪzər] *s* fertilizante (*persona o cosa que fertiliza; abono*)
ferulaceous [ˌfɛrjʊ'leʃəs] o [ˌfɛrʊ'leʃəs] *adj* (bot.) feruláceo
ferule ['fɛrul] o ['fɛrəl] *s* férula; var. de **ferrule;** *va* castigar con férula
fervency ['fʌrvənsɪ] *s* fervor
fervent ['fʌrvənt] *adj* fervoroso, ferviente
fervid ['fʌrvɪd] *adj* fervoroso
fervor ['fʌrvər] *s* fervor
fervour ['fʌrvər] *s* (Brit.) var. de **fervor**
fescue ['fɛskju] *s* (bot.) cañuela; puntero
fess o **fesse** [fɛs] *s* (her.) faja
festa ['fɛstə] *s* fiesta
festal ['fɛstəl] *adj* festivo
fester ['fɛstər] *s* úlcera; *va* enconar, ulcerar; *vn* enconarse, ulcerarse, pudrir; (fig.) enconarse
festival ['fɛstɪvəl] *s* fiesta; festival (*especialmente musical*); *adj* festivo
festive ['fɛstɪv] *adj* festivo (*alegre, regocijado*)
festivity [fɛs'tɪvɪtɪ] *s* (*pl:* **-ties**) festividad
festoon [fɛs'tun] *s* festón; *va* festonear
festooned [fɛs'tund] *adj* afestonado
fetal ['fitəl] *adj* fetal
fetch [fɛtʃ] *s* acción de ir a buscar, acción de traer; ardid, estratagema, treta; alcance, espacio, extensión; doble; aparecido, espectro; *va* ir por, traer, hacer venir; venderse a o por; proferir (*un gemido, suspiro*); cebar (*una bomba*); tomar (*aliento*); (coll.) encantar, atraer; (coll.) golpear; (dial.) alcanzar; **to fetch down** abatir; bajar; **to fetch up** elevar, levantar; descubrir, recordar; recobrar (*el tiempo perdido*); *vn* ir, moverse; **to fetch and carry** servir rastreramente; andar chismeando; realizar múltiples quehaceres de poca monta; **to fetch up** pararse; aparecer, dejarse ver
fetching ['fɛtʃɪŋ] *adj* (coll.) encantador, atractivo
fete o **fête** [fet] *s* fiesta; *va* festejar
fetich ['fitɪʃ] o ['fɛtɪʃ] *s* var. de **fetish**
feticidal [ˌfitɪ'saɪdəl] *adj* feticida
feticide ['fitɪsaɪd] *s* feticidio (*acción*)
fetid ['fɛtɪd] o ['fitɪd] *adj* fétido
fetidity [fɛ'tɪdɪtɪ] o [fi'tɪdɪtɪ] *s* fetidez
fetish ['fitɪʃ] o ['fɛtɪʃ] *s* fetiche
fetishism ['fitɪʃɪzəm] o ['fɛtɪʃɪzəm] *s* fetichismo
fetishist ['fitɪʃɪst] o ['fɛtɪʃɪst] *s* fetichista
fetishistic [ˌfitɪ'ʃɪstɪk] o [ˌfɛtɪ'ʃɪstɪk] *adj* fetichista
fetlock ['fɛtlɑk] *s* espolón (*prominencia*); cernejas (*pelo*)
fetor ['fitər] *s* hedor
fetter ['fɛtər] *s* grillo, grillete; *va* engrillar, encadenar; impedir, limitar
fettle ['fɛtəl] *s* condición, estado; **in fine fettle** en buena condición, bien preparado; *va* (found.) brascar
fetus ['fitəs] *s* (embryol.) feto
feud [fjud] *s* enemistad heredada entre familias o tribus; enemistad entre dos personas o grupos; (law) feudo
feudal ['fjudəl] *adj* feudal
feudalism ['fjudəlɪzəm] *s* feudalismo
feudalistic [ˌfjudə'lɪstɪk] *adj* feudal
feudality [fju'dælɪtɪ] *s* (*pl:* **-ties**) feudalidad; feudo
feudal system *s* sistema feudal
feudatory ['fjudəˌtorɪ] *adj* feudatario; feudado; *s* (*pl:* **-ries**) feudatario; feudo
feudist ['fjudɪst] *s* camorrista; (law) feudista (*autor*)
fever ['fivər] *s* (path. & fig.) fiebre
fever blister *s* (path.) fuegos en los labios, escupidura, pupa
fevered ['fivərd] *adj* febril
feverfew ['fivərfju] *s* (bot.) matricaria
feverish ['fivərɪʃ] *adj* febril; calenturiento; febrígeno
feverless ['fivərlɪs] *adj* sin fiebre
feverous ['fivərəs] *adj* var. de **feverish**
feverroot ['fivərˌrut] o ['fivərˌrʊt] *s* (bot.) triosteo
fever sore *s* var. de **fever blister**
few [fju] *adj & pron indef* unos cuantos, pocos; **a few** unos cuantos; **not a few** no pocos; **quite a few** muchos; **few and far between** poquísimos
fewness ['fjunɪs] *s* corto número
fez [fɛz] *s* (*pl:* **fezzes**) fez
ff. abr. de **and the following** o **and what follows, folios** y **fortissimo**
fiancé [ˌfiɑn'se] *s* novio, prometido
fiancée [ˌfiɑn'se] *s* novia, prometida
fiasco [fɪ'æsko] *s* (*pl:* **-cos** o **-coes**) fiasco
fiat ['faɪət] o ['faɪæt] *s* fiat, autorización, mandato
fiat money *s* billetes sin respaldo ni garantía, emitidos por el gobierno
fib [fɪb] *s* mentirilla; (*pret & pp:* **fibbed;** *ger:* **fibbing**) *vn* decir mentirillas
fibber ['fɪbər] *s* mentiroso
fiber ['faɪbər] *s* fibra; carácter, índole
fiberboard ['faɪbərˌbord] *s* plancha o tabla de fibra
fiberglas ['faɪbərˌglæs] o ['faɪbərˌglɑs] *s* (trademark) fibravidrio, vidrio fibroso
fibre ['faɪbər] *s* var. de **fiber**
fibril ['faɪbrɪl] *s* (anat. & bot.) fibrilla
fibrillation [ˌfaɪbrɪ'leʃən] *s* (path.) fibrilación
fibrin ['faɪbrɪn] *s* (bot.) fibrina, glutenfibrina; (physiol.) fibrina
fibrinogen [faɪ'brɪnədʒən] *s* (physiol.) fibrinógeno
fibrinous ['faɪbrɪnəs] *adj* fibrinoso
fibrocartilage [ˌfaɪbro'kɑrtɪlɪdʒ] *s* (anat.) fibrocartílago
fibroid ['faɪbrɔɪd] *adj* fibroideo; *s* (path.) fibroma, fibroide
fibroin ['faɪbro·ɪn] *s* (biochem.) fibroína
fibroma [faɪ'bromə] *s* (*pl:* **-mata** [mətə] o **-mas**) (path.) fibroma
fibrous ['faɪbrəs] *adj* fibroso
fibula ['fɪbjələ] *s* (*pl:* **-lae** [li] o **-las**) (anat.) fíbula, peroné; (archeol.) fíbula
fibular ['fɪbjələr] *adj* peroneo, fibular
fichu ['fɪʃu] *s* pañoleta
fickle ['fɪkəl] *adj* inconstante, veleidoso
fickleness ['fɪkəlnɪs] *s* inconstancia, veleidad
fiction ['fɪkʃən] *s* ficción; (law) ficción; (lit.) novelística, género novelístico; **pure fiction!** ¡puro cuento!
fictional ['fɪkʃənəl] *adj* ficcionario; (lit.) novelesco (*propio de las novelas*); (lit.) novelístico (*perteneciente a la novela*)
fictionalize ['fɪkʃənəlaɪz] *va* novelizar
fictitious [fɪk'tɪʃəs] *adj* ficticio
fid [fɪd] *s* barra de sostén; tarugo grande de ma-

F

dera; burel (*para abrir cordones de los cables*); (naut.) cuña de mastelero

fiddle ['fɪdəl] *s* (coll.) violín; **fit as a fiddle** en buena salud; **to play second fiddle** desempeñar el papel de segundón; **to play second fiddle to** estar subordinado a; *va* (coll.) tocar (*un aire*) al violín; **to fiddle away** desperdiciar, malgastar (*dinero, tiempo, etc.*); *vn* (coll.) tocar el violín; mover los dedos o las manos rápidamente; ocuparse en fruslerías; **to fiddle with** ocuparse sin provecho en; manosear

fiddle block *s* (naut.) motón de dos ejes con poleas diferenciales

fiddle bow [bo] *s* arco de violín

fiddle-de-dee [,fɪdəldɪ'di] *s* disparate; *interj* ¡disparate!

fiddle-faddle ['fɪdəl,fædəl] *s* (coll.) disparate; *interj* (coll.) ¡disparate!; *vn* (coll.) ocuparse en fruslerías

fiddler ['fɪdlər] *s* (coll.) violinista

fiddler crab *s* (zool.) barrilete

fiddlestick ['fɪdəl,stɪk] *s* arco de violín; bagatela; **fiddlesticks** *interj* ¡disparate!

fiddlestring ['fɪdəl,strɪŋ] *s* cuerda de violín; bagatela

fiddling ['fɪdlɪŋ] *adj* (coll.) insignificante, trivial

fideicommissary [,faɪdɪaɪ'kɑmɪ,sɛrɪ] *adj* (law) fideicomisario; *s* (*pl:* **-ies**) (law) fideicomisario

fideicommissioner [,faɪdɪaɪkə'mɪʃənər] *s* fideicomitente

fideicommissum [,faɪdɪaɪkə'mɪsəm] *s* (*pl:* **-sa** [sə]) (law) fideicomiso

fidelity [faɪ'dɛlɪtɪ] o [fɪ'dɛlɪtɪ] *s* (*pl:* **-ties**) fidelidad

fidget ['fɪdʒɪt] *s* persona agitada, persona inquieta; *va* agitar, inquietar; *vn* agitarse, inquietarse; **to fidget with** manosear

fidgety ['fɪdʒɪtɪ] *adj* azogado, agitado, inquieto, revoltoso

fid hole *s* (naut.) ojo de la cuña de mastelero

fiduciary [fɪ'djuʃɪ,ɛrɪ] o [fɪ'duʃɪ,ɛrɪ] *adj* fiduciario; *s* (*pl:* **-ies**) fiduciario

fie [faɪ] *interj* ¡qué vergüenza!

fief [fif] *s* feudo

field [fild] *s* campo; sembrado (*tierra sembrada*); (her., phys. & sport) campo; (elec.) inductor; (elec.) campo magnético; (fig.) campo (*de varias actividades*); (baseball) jardín (*campo fuera del cuadro*); (baseball) (los) jardineros; (sport) los que participan en una carrera, partida, etc.; (sport) todos los que entran en una carrera, excepto el favorito; *va* (baseball) parar y devolver (*la pelota*)

field artillery *s* artillería de campaña

field battery *s* (mil.) batería de campaña

field day *s* día de ejercicios atléticos; día de ejercicios militares; día de actividad extraordinaria; día de excursión científica

fielder ['fildər] *s* (baseball) jardinero, jugador situado en el terreno fuera del cuadro para interceptar la pelota

fieldfare ['fild,fɛr] *s* (orn.) zorzal

field judge *s* (football) juez de línea

field glass *s* anteojos de campaña, gemelos de campo

field gun *s* cañón de campaña

field hockey *s* (sport) hockey sobre hierba

field hospital *s* (mil.) hospital de campaña o de sangre

field kitchen *s* (mil.) cocina de campaña

field lark *s* (orn.) chirlota, triguero (*Sturnella magna*); (orn.) enchilado (*Sturnella neglecta*)

field magnet *s* (elec.) imán inductor

field marshal *s* (mil.) mariscal de campo; (Brit.) capitán general de ejército

field mouse *s* (zool.) ratón de campo

field officer *s* (mil.) jefe (*coronel, teniente coronel o comandante*)

field of honor *s* campo del honor, terreno de honor

fieldpiece ['fild,pis] *s* cañón de campaña

field trip *s* excursión científicoescolar

field winding *s* (elec.) arrollamiento inductor

fieldwork [fild,wʌrk] *s* (fort.) obras de campo

field work *s* trabajo científico de campo o en el terreno

fiend [find] *s* diablo; fiera (*persona muy cruel*); (coll.) monomaníaco; **the Fiend** el diablo; **to be a fiend for** ser una fiera para (*p.ej., el trabajo*)

fiendish ['findɪʃ] *adj* diabólico

fierce [fɪrs] *adj* fiero, feroz; furioso (*p.ej., viento*); ardiente, vehemente; (slang) desagradable, muy malo

fierceness ['fɪrsnɪs] *s* fiereza, ferocidad; furia, violencia; ardor, vehemencia

fiery ['faɪrɪ] o ['faɪərɪ] *adj* (*comp:* **-ier;** *super:* **-iest**) ardiente, caliente

fiery cross *s* cruz ardiente

fiesta [fɪ'ɛstə] *s* fiesta

fife [faɪf] *s* (mus.) pífano; *vn* tocar el pífano

fifteen ['fɪf'tin] *adj & s* quince; **fifteen all** (tennis) quince iguales

fifteenth ['fɪf'tinθ] *adj* décimoquinto; quinzavo; *s* décimoquinto; quinzavo; quince (*en las fechas*)

fifth [fɪfθ] *adj* quinto; *s* quinto; cinco (*en las fechas*); quinto de galón (*p.ej., de whisky*); (mus.) quinta

fifth column *s* quinta columna

fifth columnist *s* quintacolumnista

fifthly ['fɪfθlɪ] *adv* en quinto lugar

fifth wheel *s* rodete (*de un coche*); quinta rueda (*persona o cosa superfluas*)

fiftieth ['fɪftɪɪθ] *adj & s* quincuagésimo; cincuentavo

fifty ['fɪftɪ] *adj* cincuenta; *s* (*pl:* **-ties**) cincuenta

fifty-fifty ['fɪftɪ'fɪftɪ] *adj & adv* (coll.) mitad y mitad, a medias; **to go fifty-fifty** ir a medias

fig. abr. de **figure, figurative** y **figuratively**

fig [fɪg] *s* (bot.) higuera; higo (*fruto*); breva (*higo de color purpúreo*); bledo; (coll.) traje, adorno, gala; (coll.) condición; **in fine fig** (coll.) en buena condición, entrenado; **in full fig** (coll.) de veinticuatro alfileres; **to not give a fig for** no dársele a uno un bledo de, p.ej., **I don't give a fig for that** no se me da un bledo de ello

figeater ['fɪg,itər] *s* (ent.) escarabajo norteamericano (*Cotinis nitida*)

fight [faɪt] *s* lucha, pelea; ánimo de reñir, combatividad; ánimo, brío, pujanza; **to pick a fight with** meterse con, buscar la lengua a; **to show fight** enseñar los dientes; (*pret & pp:* **fought**) *va* combatir, luchar con; alcanzar peleando; dar (*batalla*); hacer reñir (*p.ej., a los gallos*); lidiar (*al toro*); **to fight another's battles** tomar la defensa de otro; **to fight it out** decidirlo luchando; **to fight one's way** luchar por abrirse paso; *vn* luchar, pelear, lidiar; **to fight against odds** luchar con desventaja; **to fight for** luchar o pelear por; **to fight shy of** evitar, tratar de evitar

fighter ['faɪtər] *s* luchador, peleador; combatiente; porfiador (*persona que porfía mucho*); (aer.) avión de combate

fighter bomber *s* (aer.) cazabombardero

fighter pilot *s* (aer.) piloto de caza

fighting ['faɪtɪŋ] *adj* luchador, pugnante; batallador, combatiente; de pelea; de lidia; *s* lucha, pelea; riña; combate

fighting chance *s* (coll.) posibilidad de éxito después de larga lucha, posibilidad de recobrar la salud

fighting cock *s* gallo de pelea; (coll.) persona pendenciera

fig leaf *s* hoja de higuera; hoja de parra (*en las estatuas*); cobertura ligera

figment ['fɪgmənt] *s* ficción, invención

figpecker ['fɪg,pɛkər] *s* (orn.) papafigo

figuline ['fɪgjəlɪn] *adj* figulino; *s* figurilla figulina, estatua figulina

figurant ['fɪgjurænt] *s* (theat.) figurante

figurante [,fɪgju'rɑnt] *s* (theat.) figuranta

figuration [,fɪgjə'reʃən] *s* figuración; forma, figura; (mus.) figuración

figurative ['fɪgjərətɪv] *adj* figurativo; figurado (*lenguaje, estilo, etc.*)

figure ['fɪgjər] *s* figura; (arith., geom., log. & rhet.) figura; talle (*disposición del cuerpo humano*); precio; figura, dibujo (*p.ej., en la tela*); **to be good at figures** ser listo en aritmética; **to cut a figure** hacer figura, hacer papel; **to have a good figure** tener buen tipo; **to keep one's figure** conservar la línea; *va* figurar; adornar con figuras, adornar con dibujos; ima-

ginar, suponer; calcular, computar; **to figure out** descifrar, resolver; explicarse; **to figure up** calcular,. computar; *vn* figurar (*formar parte; tener autoridad o representación*); figurarse, imaginarse; **to figure on** contar con; incluir
figured ['fɪgjərd] *adj* adornado; labrado; estampado, floreado; figurado (*lenguaje*)
figurehead ['fɪgjər,hɛd] *s* (naut.) figurón de proa, mascarón de proa; (fig.) testaferro
figure of speech *s* (rhet.) tropo; exageración
figure skater *s* patinador de figura
figure skating *s* patinaje de figura, patinaje artístico
figurine [,fɪgjə'rin] *s* figurina, figurilla
figwort ['fɪg,wʌrt] *s* (bot.) escrofularia; (bot.) celidonia menor
Fiji ['fidʒɪ] *s* Fijí (*archipiélago*); fijiano (*natural*)
Fijian ['fidʒɪən] o [fɪ'dʒiən] *adj & s* fijiano
filament ['fɪləmənt] *s* filamento; (bot. & elec.) filamento
filament circuit *s* (rad.) circuito de filamento
filament current *s* (rad.) corriente de filamento
filamentous [,fɪlə'mɛntəs] *adj* filamentoso
filander [fɪ'lændər] *s* (zool.) filandria
filaria [fɪ'lɛrɪə] *s* (*pl:* **-ae** [i]) (zool.) filaria
filariasis [,fɪlə'raɪəsɪs] *s* (path.) filariosis
filbert ['fɪlbərt] *s* (bot.) avellano; avellana (*fruto*)
filch [fɪltʃ] *va* ratear, hurtar, birlar
file [faɪl] *s* lima (*instrumento*); fila, hilera; archivo (*de documentos*); fichero; archivador (*carpeta*); **on file** archivado; *va* limar; poner en fila; archivar, clasificar; anotar, asentar, registrar; **to file away** archivar; *vn* desfilar; **to file by** desfilar; **to file in** entrar en fila; **to file out** salir en fila
file brush o **card** *s* carda para limas, cardo
file case *s* fichero
file clerk *s* fichador
file cutter *s* (mach.) picador de limas
filefish ['faɪl,fɪʃ] *s* (ichth.) alútero
filet [fɪ'le] o ['fɪle] *s* filete (*lonja de carne o de pescado*); encaje o red de malla cuadrada; *va* cortar (*carne o pescado*) en filetes
filial ['fɪlɪəl] o ['fɪljəl] *adj* filial
filiation [,fɪlɪ'eʃən] *s* filiación
filibuster ['fɪlɪ,bʌstər] *s* obstruccionista (*miembro de un cuerpo legislativo que impide la aprobación de una ley por discursos largos u otros medios*); obstrucción (*de la aprobación de una ley*); filibustero (*el que lucha contra otro país sin la autorización de su propio gobierno*); *va* obstruir (*la aprobación de una ley*); *vn* obstruir la aprobación de una ley; ser filibustero, filibustear
filicidal [,fɪlɪ'saɪdəl] *adj* filicida
filicide ['fɪlɪsaɪd] *s* filicidio (*acción*); filicida (*persona*)
filiform ['fɪlɪfɔrm] o ['faɪlɪfɔrm] *adj* filiforme
filigree ['fɪlɪgri] *s* filigrana; *adj* afiligranado; *va* afiligranar
filigreed ['fɪlɪgrid] *adj* afiligranado
filing ['faɪlɪŋ] *s* clasificación (*de documentos*); limadura; **filings** *spl* limaduras, limalla
filing cabinet *s* archivador, carpetero, clasificador
filing card *s* ficha
Filipine ['fɪlɪpin] *adj* filipino
Filipino [,fɪlɪ'pino] *adj* filipino; *s* (*pl:* **-nos**) filipino
fill [fɪl] *s* hartazgo; terraplén; **to have** o **get one's fill of** darse un hartazgo de (*uvas, leer, etc*). ‖ *va* llenar; rellenar; despachar, servir (*un pedido*); tapar (*un agujero*); empastar (*un diente*); inflar (*un neumático*); llenar, ocupar (*un puesto*); ocupar completamente (*un espacio*); **to be filled to overflowing** llenarse a rebosar; **to fill in** rellenar; añadir para completar, completar llenando; colmar (*lagunas*); poner al corriente; terraplenar; **to fill in on** poner al corriente de; **to fill out** ampliar, ensanchar, redondear; completar, llevar a cabo; llenar (*un formulario*); **to fill up** rellenar; (coll.) imprimir falsedades en la mente de ‖ *vn* llenarse; rellenarse; ampliarse, ensancharse, redondearse; bañarse (*los ojos*) de lágrimas; ahogarse de emoción; **to fill in** prestar sus servicios provisionalmente; terciar, hacer tercio; **to fill out** ampliarse, ensancharse, redondearse; **to fill up** atascarse, atorarse; ahogarse de emoción
filler ['fɪlər] *s* llenador; relleno; tripa (*del cigarro*); (journ.) relleno; (paint.) aparejo, imprimación
filler cap *s* (aut.) tapón de llenado
filler neck o **spout** *s* cuello de relleno
fillet ['fɪlɪt] *s* prendedero (*para asegurar el pelo*); cinta, tira, lista; (arch. & b.b.) filete; *va* filetear (*adornar con filetes*); ['fɪle] o ['fɪlɪt] *s* filete (*lonja de carne o de pescado*); encaje o red de malla cuadrada; *va* cortar (*carne o pescado*) en filetes
filling ['fɪlɪŋ] *s* relleno; tripa (*del cigarro*); trama (*del tejido*); (cook.) relleno; (dent.) empastadura (*acción*); (dent.) empaste, pasta
filling station *s* estación gasolinera, estación de servicio de gasolina
fillip ['fɪlɪp] *s* capirotazo; estímulo, aguijón; *va* dar un capirotazo a; tirar o impeler con un capirotazo; estimular, incitar; *vn* dar un capirotazo
filly ['fɪlɪ] *s* (*pl:* **-lies**) potra; (slang) muchacha vivaz
film [fɪlm] *s* película; (phot.) película; (mov.) film, película; **to shoot a film** (coll.) rodar una película; *adj* (mov.) fílmico; *va* cubrir con película; filmar, hacer una película de; *vn* cubrirse de una película; filmarse; **to film with tears** humedecerse (*los ojos*) de lágrimas
filming ['fɪlmɪŋ] *s* filmación
film library *s* filmoteca
film pack *s* (phot.) película en paquetes
film star *s* estrella del cine, estrella de la pantalla
film strip *s* tira de película
filmy ['fɪlmɪ] *adj* (*comp:* **-ier;** *super:* **-iest**) pelicular; delgadísimo, diáfano, sutil
filose ['faɪlos] *adj* filiforme
filter ['fɪltər] *s* filtro; (elec. & opt.) filtro; *va* filtrar; *vn* filtrarse
filterable ['fɪltərəbəl] *adj* filtrable
filter cigaret *s* cigarrillo con filtro
filtering ['fɪltərɪŋ] *s* filtraje
filter paper *s* papel de filtro
filter press *s* filtro-prensa
filter tip *s* boquilla filtrónica, embocadura de filtro (*de un cigarrillo*)
filth [fɪlθ] *s* suciedad, inmundicia, mugre
filthiness ['fɪlθɪnɪs] *s* suciedad, inmundicia, porquería
filthy ['fɪlθɪ] *adj* (*comp:* **-ier;** *super:* **-iest**) sucio, inmundo, mugriento
filthy lucre *s* dinero mal ganado; (coll.) el vil metal (*dinero*)
filtrable ['fɪltrəbəl] *adj* var. de **filterable**
filtrate ['fɪltret] *s* filtrado; *va* filtrar; *vn* filtrarse
filtration [fɪl'treʃən] *s* filtración
fin. abr. de **financial**
Fin. abr. de **Finland** y **Finnish**
fin [fɪn] *s* aleta (*de pez, avión, etc.*); rebaba; los peces; (slang) aleta (*mano, brazo*); (*pret & pp:* **finned;** *ger:* **finning**) *va* cortar las aletas de (*un pescado*); *vn* aletear
finagle [fɪ'negəl] *va* timar, trampear; conseguir por artimañas; *vn* timar, trampear
final ['faɪnəl] *adj* final; último; decisivo, terminante; *s* cosa final; examen final; sonido final; letra final; **finals** *spl* final, p.ej., **I did not get to the finals** no llegué a la final
finale [fɪ'nɑlɪ] *s* final; (mus.) final, concertante
finalism ['faɪnəlɪzəm] *s* (philos.) finalismo
finalist ['faɪnəlɪst] *s* (philos. & sport) finalista
finality [faɪ'nælɪtɪ] *s* (*pl:* **-ties**) decisión, determinación; cosa final
finalize ['faɪnəlaɪz] *va* (coll.) finalizar; (coll.) aprobar; *vn* (coll.) finalizar
finally ['faɪnəlɪ] *adv* finalmente
finance [fɪ'næns] o ['faɪnæns] *s* finanzas; **finances** *spl* finanzas; *va* financiar; manejar los fondos de
financial [fɪ'nænʃəl] o [faɪ'nænʃəl] *adj* financiero
financially [fɪ'nænʃəlɪ] o [faɪ'nænʃəlɪ] *adv* financieramente
financier [,fɪnən'sɪr] o [,faɪnæn'sɪr] *s* financiero

F

financing [fɪˈnænsɪŋ] o [ˈfaɪnænsɪŋ] *s* financiación
finback [ˈfɪn,bæk] *s* (zool.) rorcual
finch [fɪntʃ] *s* (orn.) pinzón
find [faɪnd] *s* hallazgo; (*pret & pp:* **found**) *va* hallar, encontrar; declarar, decidir; proveer; **to find oneself** encontrarse a sí mismo, descubrir sus aptitudes; **to find out** averiguar, darse cuenta de; llegar a saber cuál es el verdadero carácter de; *vn* (law) pronunciar fallo o sentencia; **to find out** informarse; **to find out about** informarse de
finder [ˈfaɪndər] *s* hallador; (astr.) buscador; (phot.) visor; portaobjeto cuadriculado (*del microscopio*)
fin-de-siècle [fædəˈsjɛkəl] *adj* finisecular
finding [ˈfaɪndɪŋ] *s* descubrimiento; (law) resultando; **findings** *spl* herramientas y avíos de un artesano; mercería (*alfileres, cintas, etc.*); constataciones, conclusiones
fine [faɪn] *adj* fino; bueno, p.ej., **fine weather** buen tiempo; magnífico; divertido (*rato*); (iron.) bueno, lindo; *adv* (coll.) muy bien; **to feel fine** (coll.) sentirse muy bien de salud; *s* multa; *va* multar
fine arts *spl* bellas artes
fine-drawn [ˈfaɪn,drɔn] *adj* estirado en un hilo finísimo; fino, sutil
fine-grained [ˈfaɪn,grend] *adj* de grano fino
fineness [ˈfaɪnnɪs] *s* fineza (*de grano, de la arena*); finura, excelencia; ley (*de las ligas de metales preciosos*)
fineness ratio *s* (aer.) finura
fine print *s* tipo menor, letra menuda
finery [ˈfaɪnərɪ] *s* (*pl:* **-ies**) adorno, galas, vestido de gala, atavíos
fines herbes [fin ˈzɛrb] *spl* hierbas finas (*aderezo de hongos, chalotes, perejil, etc. picados*)
fine-spun [ˈfaɪn,spʌn] *adj* estirado en hilo finísimo, hilado en hoja finísima; alambicado
finesse [fɪˈnɛs] *s* tino, sutileza, artificio; (bridge) impás, fineza, jugada por bajo; *va* atraer o cambiar empleando artificios; (bridge) hacer el impás con, tomar la fineza con (*cierto naipe*); *vn* valerse de artificios; (bridge) hacer un impás, hacer o tirar una fineza
fine-tooth [ˈfaɪn,tuθ] o **fine-toothed** [ˈfaɪn,tuθt] o [ˈfaɪn,tuðd] *adj* de dientes finos
fine-tooth o **fine-toothed comb** *s* peine de dientes finos; **to go over with a fine-tooth comb** o **fine-toothed comb** escudriñar minuciosamente
finger [ˈfɪŋgər] *s* dedo; **to burn one's fingers** cogerse los dedos; **to have a finger in the pie** tomar parte en un asunto; **to have long fingers** ser largo de uñas; **to put one's finger in the pie** meter su cucharada; **to put one's finger on** acertar; **to put one's finger on the sore spot** poner el dedo en la llaga; **to slip between the fingers** irse de entre los dedos; **to twist around one's little finger** conquistar fácilmente, manejar completamente; *va* tocar con los dedos; manosear; ejecutar con los dedos; hurtar, robar; (slang) designar, identificar; (slang) acechar, espiar, traicionar; (mus.) señalar la digitación en; (mus.) pulsar; *vn* teclear
finger board *s* (mus.) batidor, diapasón (*p.ej., de la guitarra*); (mus.) teclado (*del piano*)
finger bowl *s* lavadedos, lavafrutas
fingerbreadth [ˈfɪŋgər,brɛdθ] *s* dedo, anchura de un dedo
finger dexterity *s* (mus.) dedeo
fingered [ˈfɪŋgərd] *adj* con dedos; (bot. & mus.) digitado
fingering [ˈfɪŋgərɪŋ] *s* manoseo; obra ejecutada primorosamente con los dedos; (mus.) digitación
fingerling [ˈfɪŋgərlɪŋ] *s* pececillo (*del tamaño del dedo de un hombre*); cosa muy pequeña
fingernail [ˈfɪŋgər,nel] *s* uña
fingernail polish *s* esmalte para las uñas
finger plate *s* chapa de guarda
finger post *s* poste indicador (*con una mano que indica el camino*)
fingerprint [ˈfɪŋgər,prɪnt] *s* huella digital, dactilograma; *va* tomar las huellas digitales de
fingerstall [ˈfɪŋgər,stɔl] *s* dedil
finger tip *s* punta del dedo; **to have at one's finger tips** tener en la punta de los dedos, saber al dedillo; **to one's finger tips** al dedillo, perfectamente
finger-tip control [ˈfɪŋgər,tɪp] *s* mando a punta de dedo
finger wave *s* ondulado o peinado al agua
finial [ˈfɪnɪəl] *s* (arch. & f.a.) florón
finical [ˈfɪnɪkəl], **finicking** [ˈfɪnɪkɪŋ] o **finicky** [ˈfɪnɪkɪ] *adj* delicado, melindroso
finish [ˈfɪnɪʃ] *s* final; acabado; finura de ejecución; pulimento; finura, primor; (sport) llegada a la meta; (sport) línea de llegada; (sport) carrera final; **to be in at the finish** estar presente en la conclusión; **to have a rough finish** estar sin pulir, estar al natural; *va* acabar; afinar; (coll.) vencer completamente; (coll.) acabar (*matar*); (coll.) acabar con (*destruir*); **to finish off** acabar (*completar; matar*); **to finish up** acabar (*completar; consumir*); *vn* acabar; seguir el curso de una escuela de educación social para señoritas; **to finish** + *ger* acabar de + *inf*, concluir de + *inf;* **to finish by** + *ger* acabar por + *inf;* **to finish with** acabar; enemistarse con
finished [ˈfɪnɪʃt] *adj* acabado; pulimentado; fabricado, elaborado
finisher [ˈfɪnɪʃər] *s* acabador; máquina acabadora
finishing nail *s* alfilerillo, puntilla francesa
finishing school *s* escuela particular de educación social para señoritas
finishing touch *s* retoque, última mano
finite [ˈfaɪnaɪt] *adj* finito; (gram.) que expresa número, persona y tiempo determinados; **the finite** lo finito
finite verb *s* forma verbal flexional
Finland [ˈfɪnlənd] *s* Finlandia
Finlander [ˈfɪnləndər] *s* finlandés
Finn [fɪn] *s* finlandés (*natural de Finlandia*); finés (*individuo de cualquier pueblo de habla finesa*)
finnan haddie [ˈfɪnən ˈhædɪ] *s* eglefino ahumado
Finnic [ˈfɪnɪk] *adj* finés
Finnish [ˈfɪnɪʃ] *adj* finlandés; *s* finlandés (*idioma*)
Finno-Ugric [,fɪnoˈugrɪk] *adj* finoúgrio
finny [ˈfɪnɪ] *adj* aletado; abundante en peces
fiord [fjord] *s* fiord o fiordo
fir [fʌr] *s* (bot.) abeto
fire [faɪr] *s* fuego; incendio; martirio, suplicio; (fig.) fuego, fogosidad; **between two fires** entre dos fuegos; **to be on fire** estar ardiendo; **to be under enemy fire** estar expuesto al fuego del enemigo; **to catch fire** encenderse; **to catch on fire** incendiarse; **to go through fire and water** pasar las de Dios es Cristo; **to hang fire** demorarse, tardar, estar en suspenso; **to lay a fire** preparar un fuego; **to miss fire** fallar (*la escopeta; los cilindros*); fracasar; **to open fire** abrir fuego, romper el fuego; **to play with fire** jugar con fuego; **to set on fire, to set fire to** pegar fuego a; **to take fire** encenderse; **under fire** bajo el fuego del enemigo; acusado, inculpado ‖ *interj* (mil.) ¡fuego! ‖ *va* encender; incendiar (*lo que no era destinado a arder*); calentar (*el horno*); cargar (*el hogar*); encender (*la caldera*); cocer (*ladrillos*); calentar, secar al horno (*pintura, esmalte*); disparar (*un arma de fuego*); pegar (*un tiro*); lanzar (*un torpedo, una bomba*); hacer explotar (*una mina*); enrojecer; hacer (*una salva de cañonazos; un saludo nacional*); excitar (*la imaginación*); (coll.) despedir (*a un empleado*) ‖ *vn* encenderse; hacer fuego, tirar; dar explosiones (*un motor*); enrojecerse; **to fire away** (coll.) comenzar, empezar; (coll.) ponerse en marcha; **to fire on** hacer fuego sobre, hacer un disparo sobre; **to fire up** calentar el horno; cargar el hogar; encender la caldera; enfurecerse
fire alarm *s* alarma de incendios; avisador o timbre de incendios; **to sound the fire alarm** tocar a fuego
firearm [ˈfaɪr,ɑrm] *s* arma de fuego
fireball [ˈfaɪr,bɔl] *s* bola de fuego; bólido; rayo en bola; globo lleno de pólvora
fire basket *s* var. de **cresset**
fire beetle *s* (ent.) cucuyo
firebird [ˈfaɪr,bʌrd] *s* pajarillo de color ana-

ranjado subido como el cacique veranero, la piranga y el rubí
fireboat [ˈfaɪrˌbot] *s* buque con mangueras para incendios
firebox [ˈfaɪrˌbɑks] *s* caja de fuego, fogón
firebrand [ˈfaɪrˌbrænd] *s* tizón; (fig.) botafuego
firebreak [ˈfaɪrˌbrek] *s* raya (*para impedir la comunicación del incendio en los campos*)
firebrick [ˈfaɪrˌbrɪk] *s* ladrillo refractario
fire brigade *s* cuerpo de bomberos
firebug [ˈfaɪrˌbʌg] *s* (coll.) incendiario
fire clay *s* arcilla refractaria
fire company *s* cuerpo de bomberos; compañía de seguros
fire control *s* (nav.) dirección de tiro; (mil.) conducción del fuego
firecracker [ˈfaɪrˌkrækər] *s* triquitraque
firecrest [ˈfaɪrˌkrɛst] *s* (orn.) abadejo
firedamp [ˈfaɪrˌdæmp] *s* (min.) grisú, mofeta
fire department *s* servicio de bomberos, servicio de incendios
firedog [ˈfaɪrˌdɔg] o [ˈfaɪrˌdɑg] *s* morillo
fire door *s* puerta incombustible, puerta contrafuego; boca de carga, puerta del hogar
fire drill *s* ejercicio o disciplina para caso de incendio
fire-eater [ˈfaɪrˌitər] *s* titiritero que finge tragarse brasas; (fig.) matamoros; (coll.) bombero muy intrépido
fire engine *s* bomba de incendios, coche bomba
fire escape *s* escalera de escape, escalera de salvamento
fire extinguisher *s* apagafuego, extintor
fire fighter *s* el que combate los incendios
firefly [ˈfaɪrˌflaɪ] *s* (*pl:* **-flies**) (ent.) bicho de luz, luciérnaga
fire grenade *s* extintor de granada
fireguard [ˈfaɪrˌgɑrd] *s* guardafuego; (forestry) cortafuego
fire hose *s* manguera contra encendios
firehouse [ˈfaɪrˌhaʊs] *s* cuartel de bomberos, estación de incendios
fire hydrant *s* boca de incendio
fire insurance *s* seguro de incendios, seguros contra incendios
fire irons *spl* badil y tenazas
fire ladder *s* escalera de salvamento
fireless [ˈfaɪrlɪs] *adj* sin fuego
fireless cooker *s* cocinilla sin fuego
firelight [ˈfaɪrˌlaɪt] *s* luz de un fuego
firelock [ˈfaɪrˌlɑk] *s* pedreñal, trabuco de pedernal
fireman [ˈfaɪrmən] *s* (*pl:* **-men**) bombero (*que apaga los incendios*); fogonero (*que cuida del fogón en las máquinas de vapor*)
fireplace [ˈfaɪrˌples] *s* chimenea o chimenea francesa
fire plug *s* boca de agua
fire pot *s* hornillo
fire power *s* (mil.) potencia de fuego
fireproof [ˈfaɪrˌpruf] *adj* incombustible; *va* hacer incombustible
fireproofing [ˈfaɪrˌprufɪŋ] *s* incombustibilización; materiales refractarios
fire sale *s* venta de mercancías averiadas en un incendio
fire screen *s* pantalla de chimenea
fire ship *s* brulote
fire shovel *s* badil
fireside [ˈfaɪrˌsaɪd] *s* hogar
fireside chat *s* (coll.) charla de chimenea
fire station *s* parque de incendios
fire tongs *spl* tenazas para coger las brasas, tenazas de chimenea
fire tower *s* torre con atalaya para la observación de incendios; caja de escalera de escape
firetrap [ˈfaɪrˌtræp] *s* edificio que se puede encender fácilmente; edificio sin medios adecuados de escape en caso de incendio
fire-tube boiler [ˈfaɪrˌtjub] o [ˈfaɪrˌtub] *s* caldera tubular de humo
fire wall *s* cortafuego
firewarden [ˈfaɪrˌwɔrdən] *s* vigía de incendios
firewater [ˈfaɪrˌwɔtər] o [ˈfaɪrˌwɑtər] *s* aguardiente
fireweed [ˈfaɪrˌwid] *s* (bot.) té (*Erechtites hieracifolia*); (bot.) pascueta, hierba del burro (*Lactuca canadensis*); (bot.) hierba hedionda (*Datura stramonium*)
firewood [ˈfaɪrˌwʊd] *s* leña
fireworks [ˈfaɪrˌwʌrks] *spl* fuegos artificiales; (coll.) muestra de temperamento
fire worshiper *s* adorador del fuego, ignícola
firing [ˈfaɪrɪŋ] *s* encendimiento; alimentación de fuego; carga de hogar; combustible, carbón, leña; cocción (*p.ej., de ladrillos*); disparo (*de un arma de fuego*); tiroteo; encendido (*de un motor de combustión interna*); (coll.) despedida (*de un empleado*)
firing chart *s* (arti.) cuadro de tiro
firing line *s* (mil.) línea de fuego, frente de batalla; **on the firing line** en vanguardia, en medio del ataque
firing order *s* (aut.) orden *m* del encendido
firing pin *s* percutor, aguja de percusión
firing squad *s* piquete de salvas; pelotón de fusilamiento, piquete de ejecución
firkin [ˈfʌrkɪn] *s* cuñete; medida de capacidad de 40,914 litros en Inglaterra y de 34,068 litros en EE.UU.
firm [fʌrm] *adj* firme; *s* razón social, firma; *va* poner firme; *vn* ponerse firme
firmament [ˈfʌrməmənt] *s* firmamento
firman [ˈfʌrmən] o [fərˈmɑn] *s* (*pl:* **-mans**) firmán
firmness [ˈfʌrmnɪs] *s* firmeza
first [fʌrst] *adj* primero; (mus.) principal; *adv* primero (*primeramente; antes; más bien*); **first and last** bajo todos los conceptos; **first of all** ante todo; *s* primero; (aut.) primera velocidad; (mus.) voz cantante, voz principal; **firsts** *spl* (com.) artículos de primera calidad; **at first** en primer lugar; al principio; **from the first** desde el principio; **the first to** + *inf* el primero en + *inf*
first aid *s* primeros auxilios, cura de urgencia
first-aid [ˈfʌrstˈed] *adj* de primeros auxilios
first-aider [ˌfʌrstˈedər] *s* socorrista
first-aid kit *s* botiquín, equipo de urgencia
first-aid station *s* casa de socorro
first base *s* (baseball) primera base *f* (*puesto*); (baseball) primera base *m* (*jugador*); **to not get to first base** (slang) no poder dar el primer paso (*en una empresa*)
first baseman *s* (baseball) primera base *m* (*jugador*)
first-born [ˈfʌrstˌbɔrn] *adj & s* primogénito
first class *s* primera clase
first-class [ˈfʌrstˌklæs] o [ˈfʌrstˌklɑs] *adj* de primera clase; *adv* en primera clase
First Day *s* domingo (*en el lenguaje de los cuáqueros*)
first-day cover [ˈfʌrstˌde] *s* (philately) sobre de primer día
first draft *s* borrador
first edition *s* edición príncipe, primera edición
first finger *s* dedo índice o mostrador
first-flight cover [ˈfʌrstˌflaɪt] *s* (philately) sobre de primer vuelo
first floor *s* (U.S.A.) piso bajo; (Brit.) piso principal
first fruits *spl* primicia; (fig.) primicias (*primeros resultados*)
first-hand [ˈfʌrstˌhænd] *adj & adv* de primera mano
first lady of the land *s* (U.S.A.) primera dama de la nación (*esposa del Presidente*)
first lieutenant *s* (mil.) teniente
firstling [ˈfʌrstlɪŋ] *s* primero (*en su clase*); primogénito; primer resultado
firstly [ˈfʌrstlɪ] *adv* primeramente, en primer lugar
first mate *s* (naut.) piloto
first name *s* nombre de pila
first night *s* (theat.) noche de estreno
first-nighter [ˌfʌrstˈnaɪtər] *s* (theat.) estrenista
first officer *s* (naut.) piloto
first papers *spl* (coll.) aplicación preliminar para la carta de naturaleza
first person *s* (gram.) primera persona
first quarter *s* cuarto creciente (*de la luna*)
first-rate [ˈfʌrstˌret] *adj* de primer orden, de mayor cuantía; (coll.) excelente; *adv* (coll.) muy bien
first-run house [ˈfʌrstˌrʌn] *s* teatro de estreno
first-string [ˈfʌrstˌstrɪŋ] *adj* regular; de mayor cuantía, del primer rango
first water *s* primera calidad, primer rango

firth [fʌrθ] *s* estuario
fisc [fɪsk] *s* fisco
fiscal [ˈfɪskəl] *adj* económico, monetario; fiscal; *s* fiscal (*el que representa el ministerio en los tribunales*)
fiscal year *s* ejercicio, año económico
fish [fɪʃ] *s* pez; pescado (*pez que se saca del agua para comer; carne de pescado*); (carp.) cubrejunta; (rail.) eclisa; (naut.) jimelga; (rel.) pez (*símbolo*); (coll.) individuo, tipo; **to be like a fish out of water** estar como gallina en corral ajeno; **to be neither fish nor fowl** no ser carne ni pescado; **to drink like a fish** beber como una esponja; **to have other fish to fry** tener otras cosas que hacer; *va* pescar; pescar en (*cierto lugar*); juntar con cubrejunta; (rail.) eclisar; (naut.) enjimelgar; (elec.) pescar; **to fish out** pescar (*sacar del agua*); agotar el pescado en (*p.ej., un lago*); *vn* pescar **to fish for** buscar, tratar de conseguir con maña; **to fish for compliments** buscar alabanzas; **to go fishing** ir de pesca; **to take fishing** llevar de pesca
fishbone [ˈfɪʃˌbon] *s* espina, espina de pez
fish bowl *s* pecera
fish day *s* día de pescado
fisher [ˈfɪʃər] *s* pescador; animal pescador; embarcación de pesca; (zool.) marta del Canadá
fisherman [ˈfɪʃərmən] *s* (*pl:* **-men**) pescador; embarcación de pesca, barco pesquero
fishery [ˈfɪʃərɪ] *s* (*pl:* **-ies**) pesca (*ejercicio de los pescadores*); pesquería (*trato de los pescadores*); pesquería, pesquera (*lugar*)
fishgig [ˈfɪʃˌgɪg] *s* fisga (*arpón para pescar*)
fish globe *s* pecera
fish glue *s* cola de pescado
fish hawk *s* (orn.) halieto, águila pescadora
fishhook [ˈfɪʃˌhʊk] *s* anzuelo
fishing [ˈfɪʃɪŋ] *adj* pesquero; *s* pesca
fishing ground *s* pesquería, pesquera
fishing reel *s* carrete de pescar
fishing rod *s* caña o vara de pescar
fishing smack *s* barco pesquero, queche
fishing tackle *s* aparejo de pescar, avíos o trastos de pescar
fish joint *s* (rail.) junta de eclisa
fish line *s* sedal
fish market *s* pescadería
fishmonger [ˈfɪʃˌmʌŋgər] *s* pescadero
fish oil *s* aceite de pescado
fishplate [ˈfɪʃˌplet] *s* (rail.) eclisa
fish pole *s* vara de pescar
fishpool [ˈfɪʃˌpul] *s* piscina
fish spear *s* fisga
fish story *s* (coll.) burlería, patraña; **to tell fish stories** (coll.) mentir por la barba
fishtail [ˈfɪʃˌtel] *adj* de cola de pescado; *s* (aer.) coleadura; *vn* (aer.) colear
fishtail bit *s* barrena de cola de pescado
fish tape *s* (elec.) cinta pescadora
fishwife [ˈfɪʃˌwaɪf] *s* (*pl:* **-wives**) pescadera; verdulera (*mujer malhablada*)
fish wire *s* (elec.) cinta pescadora
fishworm [ˈfɪʃˌwʌrm] *s* lombriz de tierra (*que sirve de cebo para pescar*)
fishy [ˈfɪʃɪ] *adj* (*comp:* **-ier;** *super:* **-iest**) que huele o sabe a pescado; abundante en peces; sin brillo (*dícese de los ojos*); sin visos (*dícese de las joyas*); (coll.) dudoso, inverosímil
fissile [ˈfɪsɪl] *adj* físil
fission [ˈfɪʃən] *s* escisión; (biol.) escisión; (phys.) fisión
fissionable [ˈfɪʃənəbəl] *adj* fisionable
fissionable material *s* (phys.) material fisionable
fissiparous [fɪˈsɪpərəs] *adj* fisíparo
fissiped [ˈfɪsɪpɛd] *adj & s* (zool.) fisípedo
fissirostral [ˌfɪsɪˈrɑstrəl] *adj* (orn.) fisirrostral
fissure [ˈfɪʃər] *s* grieta, hendedura; (anat., path. & min.) fisura; *va* hender; *vn* henderse
fist [fɪst] *s* puño; (print.) manecilla; (coll.) mano; (coll.) escritura; (coll.) esfuerzo; **to shake one's fist at** amenazar con el puño; *va* apuñear, dar de puñadas a; apuñar, empuñar
fist fight *s* pelea con los puños
fistic [ˈfɪstɪk] *adj* pugilístico
fisticuff [ˈfɪstɪˌkʌf] *s* puñetazo; **fisticuffs** *spl* pelea a puñetazos; *va* dar puñetazos a; *vn* pelear a puñetazos
fistula [ˈfɪstʃulə] *s* (*pl:* **-las** o **-lae** [li]) fístula; (path.) fístula
fistular [ˈfɪstʃulər] *adj* fistular
fistulous [ˈfɪstʃuləs] *adj* fistuloso
fit [fɪt] *s* ajuste, talle; encaje (*de una pieza en otra*); ataque; acceso (*p.ej., de tos*); arranque (*de amor, cólera, etc.*); rato; **by fits and starts** a empujones; *adj* (*comp:* **fitter;** *super:* **fittest**) apto, a propósito; apropiado, conveniente; listo, preparado; adiestrado; sano, de buena salud; bueno, p.ej., **fit to eat** bueno de comer; **to be fit for** poder hacer; **to see** o **to think fit** juzgar conveniente; **to see** o **to think fit to** + *inf* tener a bien + *inf;* **fit to be tied** (coll.) impaciente; (coll.) encolerizado; (*pret & pp:* **fitted;** *ger:* **fitting**) *va* ajustar, entallar; encajar; sentar, cuadrar; cuadrar con, p.ej., **he does not fit the description** no cuadra con las señas; equipar, preparar; estar de acuerdo con (*p.ej., los hechos*); servir para; **to fit out** o **up** pertrechar, proveer de todo lo necesario; *vn* ajustar, entallar; encajar; sentar; **to fit in** caber en; encajar en; **to fit in with** concordar con; llevarse bien con
fitch [fɪtʃ], **fitchet** [ˈfɪtʃɪt] o **fitchew** [ˈfɪtʃu] *s* (zool.) turón, veso
fitful [ˈfɪtfəl] *adj* espasmódico, caprichoso
fitly [ˈfɪtlɪ] *adv* aptamente; acertadamente; convenientemente
fitness [ˈfɪtnɪs] *s* aptitud; conveniencia; buena salud
fitter [ˈfɪtər] *s* ajustador; montador; proveedor; (sew.) probador
fitting [ˈfɪtɪŋ] *adj* propio, apropiado, conveniente, a propósito; *s* prueba (*de una prenda de vestir*); pieza de unión (*en las tuberías*); **fittings** *spl* accesorios, avíos; herrajes; muebles
fittingly [ˈfɪtɪŋlɪ] *adv* convenientemente, a propósito
five [faɪv] *adj* cinco; *s* cinco; equipo de baloncesto (*compuesto de cinco jugadores*); **fives** *spl* juego de pelota (*estilo inglés*); **five o'clock** las cinco
five-and-ten [ˈfaɪvəndˈtɛn] o [ˈfaɪvənˈtɛn] *s* (coll.) tienda de cinco y diez centavos
five-day week [ˈfaɪvˌde] *s* semana laboral de cinco días
fivefold [ˈfaɪvˌfold] *adj & s* quíntuplo
five hundred *adj & s* quinientos
five-year [ˈfaɪvˌjɪr] *adj* quinquenal
five-year plan *s* plan quinquenal
fix [fɪks] *s* (coll.) aprieto; **in a tight fix** (coll.) en calzas prietas; **to be in a fix** (coll.) hallarse en un aprieto; (*pret & pp:* **fixed** o **fixt**) *va* fijar; arreglar, componer, reparar; calar o montar (*la bayoneta*); (phot.) fijar; (coll.) apretar las clavijas a; (coll.) castigar, pagar en la misma moneda; **to fix up** (coll.) arreglar, componer, reparar; (coll.) muñir; *vn* fijarse; **to fix on** o **upon** elegir, escoger
fixation [fɪksˈeʃən] *s* fijación; (chem., phot., psychoanal. & psychol.) fijación
fixation abscess *s* (med.) absceso de fijación
fixative [ˈfɪksətɪv] *adj & s* fijativo
fixed [fɪkst] *adj* fijo
fixed condenser *s* (elec.) condensador fijo
fixed idea *s* idea fija
fixed income *s* renta fija
fixedly [ˈfɪksɪdlɪ] *adv* fijamente
fixed star *s* (astr.) estrella fija
fixer [ˈfɪksər] *s* reparador; (slang) perito en daños, liquidador de la avería; (slang) mediador entre criminales y la policía; (phot.) fijador
fixing [ˈfɪksɪŋ] *s* fijación; (phot.) fijado, fijación; **fixings** *spl* (coll.) accesorios, guarniciones
fixing bath *s* (phot.) fijador
fixity [ˈfɪksɪtɪ] *s* (*pl:* **-ties**) fijeza; cosa fija
fixt [fɪkst] *adj* var. de **fixed;** *pret & pp de* **fix**
fixture [ˈfɪkstʃər] *s* accesorio, artefacto; órgano de montaje; instalación fija; mueble fijo; brazo o sostén (*de lámpara, lavabo, etc.*); soporte de herramienta; persona que se queda mucho tiempo en un sitio, empleo, etc.; **fixtures** *spl* habilitaciones (*p.ej., de una tienda o almacén*); guarniciones de alumbrado eléctrico; aparatos sanitarios
fixture wire *s* (elec.) alambre para artefactos
fiz [fɪz] *s* ruido sibilante; gaseosa, bebida ga-

seosa; champaña; agitación, bulla; (*pret & pp:* **fizzed;** *ger:* **fizzing**) *vn* hacer un ruido sibilante
fizgig [ˈfɪzˌgɪg] *s* moza casquivana y coqueta; carretilla, buscapiés; fisga (*arpón para pescar*)
fizz [fɪz] *s & vn* var. de **fiz**
fizzle [ˈfɪzəl] *s* chisporroteo; bocazo (*explosión que no produce efecto*); (coll.) fracaso; *vn* chisporrotear débilmente; (coll.) salir calabaza, fracasar; **to fizzle out** (coll.) chisporrotear al apagarse; (coll.) fracasar
fizzy [ˈfɪzɪ] *adj* (*comp:* **-ier;** *super:* **-iest**) que chisporrotea; efervescente
fjord [fjord] *s* var. de **fiord**
fl. abr. de **florin, flourished** y **fluid**
Fla. abr. de **Florida**
flabbergast [ˈflæbərgæst] *va* (coll.) pasmar, dejar sin habla
flabby [ˈflæbɪ] *adj* (*comp:* **-bier;** *super:* **-biest**) flojo, lacio
flabellate [fləˈbɛlɪt] o [fləˈbɛlet] *adj* flabelado
flabelliform [fləˈbɛlɪfɔrm] *adj* flabeliforme
flabellum [fləˈbɛləm] *s* (*pl:* **-la** [lə]) (eccl., bot. & zool.) flabelo
flaccid [ˈflæksɪd] *adj* fláccido
flaccidity [flækˈsɪdɪtɪ] *s* flaccidez
flacon [flɑˈkõ] *s* pomo, frasco para perfume
flag [flæg] *s* bandera; cola de venado; pluma larga de la pata (*de las aves*); pluma secundaria del ala (*de las aves*); piedra laminada, roca laminada; losa; (bot.) lirio; (bot.) ácoro; (*pret & pp:* **flagged;** *ger:* **flagging**) *va* hacer señales con una bandera a; hacer (*señales*) con una bandera; hacer señal de parada a (*un tren*); cazar con banderín; adornar con bandera o banderas; pavimentar o solar con losas; *vn* aflojar, falsear, flaquear, disminuir
flag captain *s* (nav.) capitán de bandera
Flag Day *s* (U.S.A.) fiesta de la bandera (*el catorce de junio*)
flagellant [ˈflædʒələnt] o [fləˈdʒɛlənt] *adj & s* flagelante; (*cap.*) *s* flagelante
flagellate [ˈflædʒəlet] *adj* (bot. & biol.) flagelado; *s* (bot.) flagelado; *va* flagelar
flagellation [ˌflædʒəˈleʃən] *s* flagelación
flagellator [ˈflædʒəˌletər] *s* flagelador
flagellum [fləˈdʒɛləm] *s* (*pl:* **-la** [lə] o **-lums**) flagelo; (biol.) flagelo; (bot.) brote rastrero
flageolet [ˌflædʒoˈlɛt] *s* (mus.) chirimía, caramillo, dulzaina
flagging [ˈflægɪŋ] *adj* flojo, lánguido; *s* enlosado; losas
flaggy [ˈflægɪ] *adj* (*comp:* **-gier;** *super:* **-giest**) flojo, lánguido; lleno de lirios; laminado
flagman [ˈflægmən] *s* (*pl:* **-men**) abanderado; (rail.) guardavía; (rail.) guardafrenos
flag of convenience *s* (naut.) pabellón de conveniencia
flag officer *s* (nav.) jefe de escuadra
flag of truce *s* bandera de parlamento o de paz
flagon [ˈflægən] *s* jarro; botella que contiene unos dos litros; (bot.) ácoro bastardo, espadaña fina
flagpole [ˈflægˌpol] *s* asta de bandera; mástil para una bandera; (surv.) jalón
flagrancy [ˈflegrənsɪ] *s* enormidad, escándalo
flagrant [ˈflegrənt] *adj* enorme, escandaloso
flagship [ˈflægˌʃɪp] *s* (nav.) capitana
flagstaff [ˈflægˌstæf] o [ˈflægˌstɑf] *s* (*pl:* **-staffs** o **-staves** [ˌstevz]) asta de bandera; mástil para una bandera
flag station *s* (rail.) estación de bandera, apeadero
flagstone [ˈflægˌston] *s* piedra laminada, roca laminada; losa
flail [flel] *s* mayal; (mil.) mangual; *va* golpear con mayal; golpear, azotar
flair [flɛr] *s* instinto, penetración; disposiciones (*p.ej., para el teatro*); (hunt.) olfateo; *va* olfatear
flak [flæk] *s* fuego antiaéreo
flake [flek] *s* hojuela, escama; copo (*de nieve*); chispa; (hort.) clavel rayado; *va* formar o separar en hojuelas o escamas; cubrir con hojuelas o escamas; rayar en láminas; *vn* desprenderse en hojuelas o escamas; caer en copos pequeños
flake white *s* albayalde, cerusa o blanco de plomo
flaky [ˈflekɪ] *adj* (*comp:* **-ier;** *super:* **-iest**) escamoso, laminoso; desmenuzable
flambeau [ˈflæmbo] *s* (*pl:* **-beaux** [boz] o **-beaus**) antorcha; candelabro
flamboyance [flæmˈbɔɪəns] *s* (lo) flameante; rimbombancia
flamboyant [flæmˈbɔɪənt] *adj* flameante; (arch.) flameante, flamígero; rimbombante
flame [flem] *s* llama; color de llama; (slang) enamorado o enamorada; *va* iluminar con llama; hacer saber señalando con llama; tratar con la llama; flamear (*esterilizar con la llama*); *vn* llamear; inflamarse; **to flame forth, out** o **up** inflamarse; **to flame out** apagársele repentinamente la llama a (*un motor a chorro*)
flamen [ˈflemɛn] *s* (*pl:* **flamens** o **flamines** [ˈflæmɪniz]) (hist.) flamen
flameout [ˈflemˌaʊt] *s* (aer.) extinción repentina de la llama de un motor a chorro
flame thrower *s* (mil.) lanzallamas
flaming [ˈflemɪŋ] *adj* llameante; flamante, resplandeciente; ardiente, apasionado, vehemente
flamingo [fləˈmɪŋgo] *s* (*pl:* **-gos** o **-goes**) (orn.) flamenco
Flaminian Way [fləˈmɪnɪən] *s* Vía Flaminia
flammable [ˈflæməbəl] *adj* inflamable
Flanders [ˈflændərz] *s* Flandes
flange [flændʒ] *s* pestaña; (found.) herramienta para formar pestañas; *va* hacer pestaña a; ensanchar en forma de pestaña; *vn* ensancharse en forma de pestaña
flange coupling *s* acoplamiento de bridas
flange joint *s* junta de pestañas remachadas
flange rail *s* riel con pestaña; riel en T
flangeway [ˈflændʒˌwe] *s* canal, ranura o vía de pestaña
flank [flæŋk] *s* flanco; (fort., mach., mil. & nav.) flanco; *va* flanquear
flannel [ˈflænəl] *s* franela; moletón; **flannels** *spl* ropa hecha de franela; ropa interior de lana; *adj* hecho de franela
flannelet o **flannelette** [ˌflænəˈlɛt] *s* moletón
flap [flæp] *s* falda (*parte que cae suelta de una prenda*); oreja (*del zapato*); cartera (*del bolsillo*); ala (*del sombrero*); hoja plegadiza (*de una mesa*); solapa (*de la cubierta de un libro*); faldón (*de la silla de montar*); trampa (*del mostrador de una tienda*); corbata (*de un neumático*); bofetada, cachete, golpe, palmada; lonja, rebanada; aletazo, aleteo; (phonet.) golpe de lengua (*como en la pronunciación de la r*); (*pret & pp:* **flapped;** *ger:* **flapping**) *va* golpear con ruido seco; batir o sacudir (*las alas*); *vn* aletear; flamear ruidosamente
flapdoodle [ˈflæpˌdudəl] *s* (coll.) disparate, tontería
flapjack [ˈflæpˌdʒæk] *s* hojuela, torta de masa frita en una plancha metálica
flapper [ˈflæpər] *s* batidor; falda; pajarito que apenas sabe volar; (coll.) tobillera; (slang) chica descarada; (slang) mano
flare [flɛr] *s* llamarada, destello; bengala, señal luminosa; cohete de señales; abocinamiento; vuelo (*de una falda*); *va* señalar por medio de luces o cohetes de señales; abocinar; ensanchar; *vn* arder con gran llamarada, destellar; abocinarse; **to flare out** o **up** inflamarse; recrudecer (*una enfermedad*)
flareback [ˈflɛrˌbæk] *s* retroceso de la llama; (gun.) salida de gases de la culata; (fig.) réplica brusca y reprensiva; (fig.) retorno súbito y violento (*p.ej., del invierno*)
flare-up [ˈflɛrˌʌp] *s* llamarada; retroceso (*de una enfermedad*); (coll.) llamarada, arrebato de cólera
flash [flæʃ] *s* relámpago; instante, momento; rayo (*p.ej., de esperanza*); sentimiento o manifestación súbita y breve; acceso (*de alegría*); rasgo (*de ingenio*); ostentación; mensaje urgente enviado por radio, telégrafo, etc.; esclusa, represa; rebaba; preparación para teñir los líquidos; sonrisa; (mov.) proyección momentánea explicativa; (slang) ojeada; *va* inflamar; quemar (*pólvora*); despedir (*luz, destellos, etc.*); echar (*llamas*); (coll.) hacer ostentación de; enviar (*un mensaje*) como un rayo; despachar por radio, telégrafo, etc.; proteger (*la techumbre o parte de ella*) contra la lluvia con hoja de plomo o cinc; cubrir (*cristal*) con película de otro color; vaporizar (*el agua*) ins-

tantáneamente; *vn* relampaguear (*p.ej., los ojos*); pasar como un rayo; (coll.) alardear, fachendear
flashback [ˈflæʃˌbæk] *s* (mov.) episodio intercalado (*para aclarar la historia*)
flash bulb *s* (phot.) luz de magnesio, bombilla de destello, bombilla relámpago, relámpago fotogénico
flash flood *s* avenida repentina, torrentada
flashing [ˈflæʃɪŋ] *s* vierteaguas, despidiente de agua
flash in the pan *s* fogonazo sin descarga; esfuerzo o tentativa repentina y ostentosa que no tiene éxito
flashlight [ˈflæʃˌlaɪt] *s* fanal de destellos, luz intermitente (*de faro*); linterna eléctrica, lámpara eléctrica de bolsillo; (phot.) magnesio (*luz de magnesio; fotografía al magnesio*), relámpago fotogénico
flashlight battery *s* pila de linterna
flashlight bulb *s* bombilla de linterna, bombilla de lámpara eléctrica de bolsillo
flashlight photography *s* fotografía instantánea de relámpago
flash point *s* punto de inflamación
flash sign *s* anuncio intermitente
flash welding *s* soldadura por arco con presión
flashy [ˈflæʃɪ] *adj* (*comp:* **-ier;** *super:* **-iest**) relampagueante; chillón, llamativo, de relumbrón
flask [flæsk] o [flɑsk] *s* frasco; frasco de bolsillo; matraz, redoma; caja de moldear
flat [flæt] *adj* (*comp:* **flatter;** *super:* **flattest**) plano; chato (*dícese, p.ej., de la nariz, de una embarcación*); mate, deslustrado; insípido; muerto (*dícese, p.ej., de la cerveza*); desafinado, desentonado; obscuro (*sonido*); desinflado (*neumático*); redondo (*precio*); terminante; (mus.) bemol; *adv* completamente; exactamente; desafinadamente; **to fall flat** caer de plano; no surtir efecto, no tener éxito; *s* plano; barca chata; carro de plataforma; pala de remo; alma de botón; banco, bajío; pantano; piso (*de una casa de vecinos*); (mus.) bemol; (coll.) neumático desinflado; (*pret & pp:* **flatted;** *ger:* **flatting**) *va* allanar, aplanar; aplastar; achatar; deslustrar; cubrir con capa mate; quitar el lustre a (*la pintura*); bajar de tono; *vn* allanarse, aplanarse; aplastarse; achatarse; deslustrarse; aflojar, flaquear; desafinar por lo bajo
flatboat [ˈflætˌbot] *s* chalana
flat-bottomed [ˈflætˌbɑtəmd] *adj* de fondo plano (*dícese de una vasija, buque, etc.*); planudo (*buque*)
flatcar [ˈflætˌkɑr] *s* (rail.) vagón de plataforma, vagón plano, vagón raso, batea
flatfish [ˈflætˌfɪʃ] *s* (ichth.) pez pleuronecto (*p.ej., lenguado, rodaballo, platija*)
flatfoot [ˈflætˌfʊt] *s* (*pl:* **-feet**) pie achatado; (path.) pie plano; (slang) agente de policía
flat-footed [ˈflætˌfʊtɪd] *adj* de pies achatados; (coll.) inflexible
flathead [ˈflætˌhɛd] *s* cabeza chata (*p.ej., de un perno*); clavo de cabeza chata, tornillo de cabeza chata, perno de cabeza chata; (coll.) bobo, mentecato
flat-headed [ˈflætˌhɛdɪd] *adj* de cabeza chata
flatiron [ˈflætˌaɪərn] *s* plancha
flat-lock seaming [ˈflætˌlɑk] *s* (mach.) engatillado
flatness [ˈflætnɪs] *s* planicidad; chatedad; insipidez; deslustre; desafinación; decisión, determinación
flatten [ˈflætən] *va* allanar, aplanar; aplastar, chafar; arrasar; achatar; desazonar; quitar el lustre a (*la pintura*); abatir, desalentar; **to flatten out** poner horizontal; (aer.) enderezar; *vn* allanarse, aplanarse; aplastarse; achatarse; desazonarse; desalentarse; **to flatten out** ponerse horizontal; (aer.) enderezarse
flatter [ˈflætər] *va* lisonjear; favorecer, p.ej., **that hat flatters you** ese sombrero le favorece; **to flatter oneself** lisonjearse; *vn* lisonjear
flatterer [ˈflætərər] *s* lisonjero
flattering [ˈflætərɪŋ] *adj* lisonjero; *s* lisonja
flattery [ˈflætərɪ] *s* (*pl:* **-ies**) lisonja
flattish [ˈflætɪʃ] *adj* algo plano; algo insípido
flattop [ˈflætˌtɑp] *s* (nav.) portaaviones
flatulence [ˈflætʃələns] *s* flatulencia; hinchazón, vanidad
flatulent [ˈflætʃələnt] *adj* flatulento; hinchado, vanidoso
flatus [ˈfletəs] *s* (*pl:* **-tuses** o **-tus**) flato; golpe de viento; hinchazón (*efecto de hincharse*)
flatware [ˈflætˌwɛr] *s* vajilla de plata; vajilla de porcelana
flatways [ˈflætˌwez] o **flatwise** [ˈflætˌwaɪz] *adv* horizontalmente; con el lado plano hacia arriba, hacia adelante o en contacto
flatwork [ˈflætˌwʌrk] *s* ropa blanca que puede ser aprestada por medio de una mangle
flatworm [ˈflætˌwʌrm] *s* (zool.) gusano plano, platelminto
flaunt [flɔnt] o [flɑnt] *s* ostentación; *va* ostentar, hacer gala de; *vn* hacer ostentación; ondear ostentosamente
flautist [ˈflɔtɪst] *s* flautista
flavor [ˈflevər] *s* sabor; condimento; perfume; clase (*de helada*); (fig.) sabor; *va* saborear; condimentar, sazonar; aromatizar, perfumar; *vn* **to flavor of** saber a
flavoring [ˈflevərɪŋ] *s* condimento; perfume
flavour [ˈflevər] *s, va & vn* (Brit.) var. de **flavor**
flaw [flɔ] *s* defecto, imperfección, tacha; grieta (*algunas veces inadvertida*); ráfaga; *va* ajar; violar; agrietar; *vn* ajarse; agrietarse
flawless [ˈflɔlɪs] *adj* entero, perfecto, sin tacha
flawy [ˈflɔ·ɪ] *adj* (*comp:* **-ier;** *super:* **-iest**) defectuoso, imperfecto; agrietado; con ráfagas
flax [flæks] *s* (bot.) lino (*planta y fibra textil*)
flaxen [ˈflæksən] *adj* de lino; palizo; rubio
flaxseed [ˈflæksˌsid] *s* linaza
flay [fle] *va* desollar; desollar vivo, flagelar; hurtar, robar
flea [fli] *s* (ent.) pulga; **flea in one's ear** reprensión; desaire, desprecio; insinuación inesperada
fleabane [ˈfliˌben] *s* (bot.) erígeron; (bot.) hierba pulguera
fleabite [ˈfliˌbaɪt] *s* picadura de pulga; molestia insignificante
flea-bitten [ˈfliˌbɪtən] *adj* picado por pulgas; blanco mosqueado en colorado (*dícese, p.ej., del caballo*)
fleam [flim] *s* (surg.) lanceta, sangradera
fleawort [ˈfliˌwʌrt] *s* (bot.) pulguera, zaragatona, coniza
flèche [fleʃ] *s* aguja (*de campanario*); (fort.) flecha
fleck [flɛk] *s* punto de color o luz; vedija; copo; *va* puntear, vetear
flection [ˈflɛkʃən] *s* flexión; (gram.) flexión
flectional [ˈflɛkʃənəl] *adj* (gram.) flexional
fled [flɛd] *pret & pp de* **flee**
fledge [flɛdʒ] *va* emplumar (*p.ej., una saeta*); criar (*un pajarito*) hasta que sepa volar; *vn* emplumar, emplumecer (*echar plumas las aves*)
fledgling o **fledgeling** [ˈflɛdʒlɪŋ] *s* pajarito, volantón, cría; pollo, novato
flee [fli] (*pret & pp:* **fled**) *va & vn* huir
fleece [flis] *s* lana; vellón, vellocino; capa o cobertura (*p.ej., de nieve*); *va* esquilar; pelar, dejar sin blanca
fleecy [ˈflisɪ] *adj* (*comp:* **-ier;** *super:* **-iest**) lanudo; blanco y blando, aborregado (*como un vellón*)
fleer [flɪr] *s* risa falsa, mueca, pulla; *va* mirar con un gesto de desprecio; *vn* reírse o sonreírse groseramente o con desprecio
fleet [flit] *s* armada, marina de guerra; (naut., nav. & aer.) flota; (fig.) flota (*p.ej., de automóviles, camiones*); *adj* veloz; *vn* pasar o moverse rápidamente
fleeting [ˈflitɪŋ] *adj* efímero, fugaz; transitorio
fleetness [ˈflitnɪs] *s* velocidad
Fleming [ˈflɛmɪŋ] *s* flamenco
Flemish [ˈflɛmɪʃ] *adj* flamenco; *spl* flamencos; *ssg* flamenco (*idioma*)
Flemish bond *s* (mas.) aparejo flamenco u holandés
flesh [flɛʃ] *s* carne; gordura; género humano; familia, deudos; **in the flesh** vivo; en persona; **to lose flesh** perder carnes; **to put on flesh** cobrar carnes, echar carnes; *va* meter (*un arma blanca*) en la carne; apelambrar (*cueros*); incitar o inflamar las pasiones a; cebar (*halcones,*

perros, etc.) con carne; engordar; **to flesh out** suplir, completar, detallar; *vn* engordar
flesh and blood *s* carne y sangre; el cuerpo
flesh-colored ['flɛʃ,kʌlərd] *adj* encarnado, de color de carne
flesh fly *s* (ent.) mosca de la carne, moscarda
fleshings ['flɛʃɪŋz] *spl* calzas ajustadas de color de carne; raeduras de carne (*que se quitan a los pellejos antes de curtirlos*)
fleshless ['flɛʃlɪs] *adj* descarnado
fleshly ['flɛʃlɪ] *adj* (*comp:* **-lier**; *super:* **-liest**) corpóreo; carnal, sensual
fleshpot ['flɛʃ,pɑt] *s* olla; **fleshpots** *spl* vida regalona
flesh wound *s* herida superficial, herida a flor de carne
fleshy ['flɛʃɪ] *adj* (*comp:* **-ier**; *super:* **-iest**) carnoso; gordo
Fletcherism ['flɛtʃərɪzəm] *s* fletcherismo
fleur-de-lis [,flʌrdə'li] o [,flʌrdə'lis] *s* (*pl:* **fleurs-de-lis** [,flʌrdə'liz]) flor de lis (*escudo de armas de Françia*); (her.) flor de lis; (bot.) lirio de Florencia; (f.a.) flor de lis florenzada
fleury ['flʊrɪ] *adj* (her.) flordelisado; (her.) floronado (*dícese de una cruz*)
flew [flu] *pret de* **fly**
flex [flɛks] *va* doblar; *vn* doblarse
flexibility [,flɛksɪ'bɪlɪtɪ] *s* flexibilidad
flexible ['flɛksɪbəl] o **flexile** ['flɛksɪl] *adj* flexible
flexible cord *s* (elec.) flexible
flexion ['flɛkʃən] *s* var. de **flection**
flexor ['flɛksər] *s* (anat.) flexor, músculo flexor
flexuous ['flɛkʃʊəs] *adj* flexuoso
flexure ['flɛkʃər] *s* flexión; corvadura
flibbertigibbet ['flɪbərtɪ,dʒɪbɪt] *s* persona casquivana; charlador, bachiller
flick [flɪk] *s* golpe rápido y ligero; ruido seco; mancha pequeña, raya, salpicadura; *va* golpear rápida y ligeramente; chasquear (*un látigo*); *vn* moverse rápida y ligeramente, revolotear
flicker ['flɪkər] *s* luz mortecina, llama trémula; chispa; parpadeo; temblor momentáneo (*de emoción*); (orn.) picamaderos norteamericano (*Colaptes auratus*); *va* hacer brillar con luz mortecina; hacer temblar; *vn* brillar con luz mortecina, flamear con llama trémula; fluctuar, lengüetear, oscilar
flier ['flaɪər] *s* persona o cosa que vuela; aviador; autobús, tren o vapor rápido; (slang) empresa arriesgada, negocio arriesgado; (U.S.A.) hoja volante
flight [flaɪt] *s* fuga, huída; vuelo; bandada (*de pájaros*); escuadrilla (*de aviones*); trayecto (*de un avión*); tramo (*de escalera*); ímpetu, arranque (*p.ej., de la fantasía*); **to put to flight** poner en fuga; **to take flight** alzar el vuelo; **to take to flight** ponerse en fuga
flight deck *s* (nav.) cubierta de aterrizaje, cubierta de vuelo
flight feather *s* (orn.) remera
flightiness ['flaɪtɪnɪs] *s* frivolidad, veleidad
flightless ['flaɪtlɪs] *adj* incapaz de volar
flight officer *s* oficial de aviación
flight path *s* (aer.) línea de vuelo
flight recorder *s* (aer.) registrador de vuelo
flighty ['flaɪtɪ] *adj* (*comp:* **-ier**; *super:* **-iest**) frívolo, veleidoso; alocado, casquivano
flimflam ['flɪm,flæm] *s* (coll.) tontería; (coll.) trampa, engaño; (*pret & pp:* **-flammed**; *ger:* **-flamming**) *va* (coll.) trampear
flimflammer ['flɪm,flæmər] *s* (coll.) trampeador
flimsy ['flɪmzɪ] *adj* (*comp:* **-sier**; *super:* **-siest**) débil, endeble; baladí, fútil; *s* papel muy delgado que usan los repórters; informe escrito en papel delgado; (slang) billete de banco
flinch [flɪntʃ] *s* titubeo, vacilación; juego en que se usan naipes especiales numerados de 1 a 14; *vn* acobardarse, encogerse de miedo, desistir de miedo
flinder ['flɪndər] *s* astilla, fragmento
fling [flɪŋ] *s* echamiento violento; baile escocés de compás rápido; **to go on a fling** echar una cana al aire; **to have a fling at** ensayar (*una cosa*); escarnecer (*a una persona*); **to have one's fling** darse a los placeres mientras se puede; (*pret & pp:* **flung**) *va* arrojar, tirar; echar (*p.ej., a la cárcel, al suelo*); mandar precipitadamente (*p.ej., nuevas tropas al frente*); **to fling about** esparcir; **to fling open** abrir de golpe; **to fling out** arrojar con fuerza; hacer ondear (*una bandera*); **to fling shut** cerrar de golpe; *vn* arrojarse, lanzarse, precipitarse; cocear, corcovear
flint [flɪnt] *s* pedernal (*variedad de cuarzo; piedra de chispa*); cosa sumamente dura
flint glass *s* vidrio de plomo
flint-hearted ['flɪnt,hartɪd] *adj* pedernalino, apedernalado
flintlock ['flɪnt,lɑk] *s* llave de chispa; pedreñal, trabuco de chispa
flint paper *s* papel de lija de pedernal
flinty ['flɪntɪ] *adj* (*comp:* **-ier**; *super:* **-iest**) pedernalino, de pedernal; (fig.) apedernalado, empedernido
flip [flɪp] *adj* (*comp:* **flipper**; *super:* **flippest**) (coll.) petulante, impertinente; *s* capirotazo, tirón; bebida de vino o cerveza caliente con azúcar y especias; (*pret & pp:* **flipped**; *ger:* **flipping**) *va* echar de un capirotazo (*p.ej., una moneda sobre el mostrador*); mover rápidamente, mover de un tirón; quitar de golpe; lanzar al aire; **to flip shut** cerrar de golpe (*p.ej., un abanico*); *vn* dar un capirotazo; moverse de un tirón; **to flip up** echar a cara o cruz
flippancy ['flɪpənsɪ] *s* petulancia, impertinencia, ligereza
flippant ['flɪpənt] *adj* petulante, impertinente, ligero
flipper ['flɪpər] *s* aleta (*de foca*); (slang) aleta (*mano*)
flirt [flʌrt] *s* coqueta; galanteador; golpe rápido, meneo rápido, tirón; *va* agitar (*p.ej., un abanico*); mover rápidamente, mover de un tirón; *vn* flirtear; coquetear (*una mujer*); galantear (*un hombre*); **to flirt with** flirtear con; acariciar (*una idea*) con poca seriedad; jugar con (*la muerte*)
flirtation [flʌr'teʃən] *s* flirtación, coqueteo, galanteo; amorío
flirtatious [flʌr'teʃəs] *adj* coqueta; de coqueteo; galanteador; de galanteo
flirting ['flʌrtɪŋ] *s* flirteo; coqueteo; galanteo
flit [flɪt] *s* movimiento rápido y ligero; (*pret & pp:* **flitted**; *ger:* **flitting**) *vn* revolotear, volar; pasar rápidamente (*p.ej., por la imaginación*)
flitch [flɪtʃ] *s* hoja o lonja de tocino
flitter ['flɪtər] *s* pedacitos de metal que sirven de adorno; (coll.) andrajo, harapo; *vn* (archaic & dial.) revolotear, lengüetear
flittermouse ['flɪtər,maʊs] *s* (*pl:* **-mice**) (zool.) murciélago
flitting ['flɪtɪŋ] *adj* fugaz
flivver ['flɪvər] *s* (slang) automóvil o avión pequeño y barato
float [flot] *s* flotador (*especialmente, el corcho de la caña de pescar*); boya (*corcho en las redes*); balsa; palo (*de remo*); paleta (*de rueda*); carroza alegórica, carro alegórico (*de procesiones, fiestas, etc.*); (bot. & mach.) flotador; (mas.) llana; *va* poner a flote; cubrir con agua, inundar, regar; allanar con llana; (com.) lanzar (*una empresa*); (com.) emitir; *vn* flotar
floatability [,flotə'bɪlɪtɪ] *s* flotabilidad
floatable ['flotəbəl] *adj* flotable
float chamber *s* cuba del flotador (*del carburador*)
float-cut file ['flot,kʌt] *s* lima de picadura
floater ['flotər] *s* flotador; (coll.) persona que siempre se está mudando de domicilio o de lugar de empleo; (U.S.A.) persona que en las elecciones echa su voto en varios sitios, ilegalmente
floating ['flotɪŋ] *adj* flotante; no anclado; trashumante
floating axle *s* (mach.) eje flotante, puente flotante
floating battery *s* (elec.) acumulador flotante
floating bridge *s* pontón flotante
floating debt *s* deuda flotante
floating dock *s* dique flotante
floating dry dock *s* dique de carena flotante
floating island *s* isla flotante, isla artificial; (cook.) natillas con merengue
floating kidney *s* (path.) riñón flotante
floating ribs *spl* (anat.) costillas flotantes
floatstone ['flot,ston] *s* (mineral.) cuarzo esponjoso

F

flocculent ['flɑkjələnt] *adj* lanudo, velludo; (chem.) floculento
flock [flɑk] *s* bandada (*de aves*); rebaño (*de ganado lanar*); gentío, muchedumbre; copo (*p.ej., de lana*); borra, tamo; hatajo (*p.ej., de disparates*); sinnúmero; (fig.) rebaño (*de los fieles*); *vn* congregarse, reunirse; llegar en tropel, agolparse
floe [flo] *s* témpano, banquisa
flog [flɑg] (*pret & pp:* **flogged;** *ger:* **flogging**) *va* azotar
flogging ['flɑgɪŋ] *s* azotamiento
flood [flʌd] *s* inundación, diluvio; avenida, crecida; pleamar; (fig.) inundación, diluvio, torrente (*de luz, palabras, etc.*); (poet.) mar, lago, río; **the Flood** (Bib.) el Diluvio, el Diluvio universal; *va* inundar; abrumar; *vn* desbordar; entrar a raudales, salir a raudales
flood control *s* obras de defensa contra las inundaciones
floodgate ['flʊd,get] *s* compuerta (*de una presa*); esclusa (*de un canal*)
floodlight ['flʌd,laɪt] *s* faro de inundación; *va* iluminar con faro de inundación
flood plain *s* llanura aluvial
flood tide *s* (naut.) pleamar, creciente del mar, marea creciente
floor [flor] *s* piso, suelo; piso (*alto de escalera*); fondo (*de una piscina, del mar, etc.*); hemiciclo (*de una asamblea*); lugar donde se verifican las operaciones de compra y venta (*en las bolsas*); (naut.) varenga; **to ask for the floor** pedir la palabra; **to have the floor** tener la palabra; **to take the floor** tomar la palabra; *va* solar; entarimar; enladrillar, enlosar; derribar, echar al suelo; (coll.) abrumar, vencer; (coll.) dejar turulato, revolcar (*al adversario en controversia*)
floorage ['florɪdʒ] *s* superficie del piso o de los pisos
floor board *s* (aut.) tabla de piso
floorcovering ['flor,kʌvərɪŋ] *s* alfombrado: revestimiento del piso
flooring ['florɪŋ] *s* piso, suelo; pisos, suelos; material para pisos
floor lamp *s* lámpara de pie
floor leader *s* (U.S.A.) jefe de partido (*en la Cámara de Representantes o el Senado*)
floor mop *s* aljofifa, trapeador
floor plan *s* planta
floor show *s* espectáculo de cabaret
floor slab *s* losa de piso
floor space *s* área del piso o los pisos
floor timber *s* (naut.) varenga
floorwalker ['flor,wɔkər] *s* superintendente de división (*en los grandes almacenes*)
floor wax *s* cera de o para pisos
flop [flɑp] *s* agitación (*como de pez recién sacado del agua*); (coll.) fracaso; (coll.) caída (*de una pieza teatral*); **to take a flop** (coll.) caerse; (*pret & pp:* **flopped;** *ger:* **flopping**) *vn* agitarse (*como pez recién sacado del agua*); caerse; dejarse caer o arrojarse pesada y desmañadamente; venirse abajo; mudarse repentinamente; (coll.) salir calabaza, salir huero, fracasar; **to flop over** volcarse, dar un vuelco; cambiar de partido
flophouse ['flɑp,haʊs] *s* posada de baja categoría
floppy ['flɑpɪ] *adj* (*comp:* **-pier;** *super:* **-piest**) (coll.) dado a agitarse; colgante de modo desgarbado (*como las orejas del podenco*); flojo, holgado, flexible
flora ['florə] *s* flora; (*cap.*) *s* (myth.) Flora
floral ['florəl] *adj* floral; de flores
floral emblem *s* flor o planta emblemática (*de un país, una ciudad, etc.*)
Florence ['flɑrəns] o ['flɔrəns] *s* Florencia (*ciudad de Italia; nombre de mujer*)
Florentine ['flɑrəntin] o ['flɔrəntin] *adj & s* florentino
Florentine iris *s* (bot.) lirio de Florencia
florescence [flo'rɛsəns] *s* (bot.) florescencia
florescent [flo'rɛsənt] *adj* floreciente
floret ['florɪt] *s* florecilla, florecita; (bot.) flósculo
floriculture ['florɪ,kʌltʃər] *s* floricultura
floriculturist [,florɪ'kʌltʃərɪst] *s* floricultor
florid ['flɑrɪd] o ['flɔrɪd] *adj* encarnado (*dícese de la tez*); florido, elegante; (lit.) florido
Florida ['flɑrɪdə] o ['flɔrɪdə] *s* la Florida
Florida Keys *spl* Cayos de la Florida
Florida moss *s* (bot.) cabello del rey, barbas de viejo, barba española
Floridan ['flɑrɪdən] o ['flɔrɪdən] o **Floridian** [flo'rɪdɪən] *adj & s* floridano
Florida Strait *s* canal o estrecho de la Florida
floriferous [flo'rɪfərəs] *adj* florífero
florin ['flɑrɪn] o ['flɔrɪn] *s* florín (*moneda*)
floripondio [,florɪ'pɑndɪo] *s* (bot.) floripondio
florist ['florɪst] *s* florero, florista; floricultor
floscule ['flɑskjʊl] *s* (bot.) flósculo
flosculous ['flɑskjʊləs] *adj* flosculoso
floss [flɔs] o [flɑs] *s* cadarzo (*seda basta de la camisa del capullo*); seda floja (*sin torcer*); seda vegetal; (bot.) barbas, cabellos (*del maíz*)
floss silk *s* cadarzo; seda floja
flossy ['flɔsɪ] o ['flɑsɪ] *adj* (*comp:* **-ier;** *super:* **-iest**) len; ligero, velloso; (slang) aparatoso, vistoso, cursi
flotation [flo'teʃən] *s* flotación; lanzamiento (*de un buque*); (com.) lanzamiento (*de una empresa, de una emisión de valores, etc.*); (metal.) flotación
flotilla [flo'tɪlə] *s* flotilla
flotsam ['flɑtsəm] *s* (naut.) pecio, pecios; objetos flotantes
flotsam and jetsam *spl* pecios, despojos que arroja el mar a la orilla; baratijas; gente desocupada y trashumante; gente perdida
flounce [flaʊns] *s* sacudida rápida del cuerpo (*efecto del enojo*); vuelta rápida, torsión, tirón; (sew.) volante; *va* (sew.) adornar con volantes; *vn* andar exagerando los movimientos del cuerpo (*para mostrar enojo*); moverse violentamente, torciendo el cuerpo; **to flounce out** salir airadamente
flounder ['flaʊndər] *s* (ichth.) pleuronecto (*especialmente Platichthys flesus*); lenguado (*Paralichthys brasiliensis*); (ichth.) platija (*Pleuronectes platessa*); forcejeo; *vn* forcejear, andar sin poder avanzar mucho, proceder torpemente; **to flounder through** llegar tropezando al fin de
flour [flaʊr] *s* harina; *adj* harinero; *va* enharinar
flour bolt *s* cedazo, tamiz
flourish ['flʌrɪʃ] *s* molinete (*hecho con el bastón o espada*); plumada, rasgo; rúbrica (*hecha como parte de la firma*); alarde, ostentación; (mus.) floreo; *va* hacer molinetes con (*un bastón, una espada*); hacer alarde de; *vn* florecer; hacer molinetes; hacer rúbricas
flourishing ['flʌrɪʃɪŋ] *adj* floreciente
flour mill *s* molino de harina, molino harinero
floury ['flaʊrɪ] *adj* harinoso; enharinado
flout [flaʊt] *s* mofa, escarnio; insulto; *va* mofarse de, escarnecer; insultar; *vn* mofarse
flow [flo] *s* flujo; (naut.) flujo; *va* derramar; inundar; esparcir (*p.ej., pintura*) en una capa espesa; *vn* fluir; subir (*la marea*); caer o colgar (*los cabellos*); moverse o deslizarse suavemente; ondear; abundar; **to flow away** deslizarse; **to flow into** desaguar en; **to flow over** rebosar; **to flow with** abundar en, nadar en
flower ['flaʊər] *s* flor; (fig.) flor (*lo más escogido*); **flowers** *spl* (chem.) flor; **in flower** en flor; *va* florear, adornar con flores; *vn* florecer
flower bed *s* macizo, parterre
flower beetle *s* (ent.) cetoína
flowered ['flaʊərd] *adj* floreado; espolinado
floweret ['flaʊərɛt] *s* florecilla, florecita
flower garden *s* jardín de flores
flower girl *s* florera; damita de honor
flowering ['flaʊərɪŋ] *adj* floreciente; *s* florecimiento
flowering dogwood *s* (bot.) cornejo florido
flowering fern *s* (bot.) helecho florido
flowering maple *s* (bot.) abutilón
flowering rush *s* (bot.) junco florido
flowerless ['flaʊrlɪs] *adj* sin flores; (bot.) criptogámico
flower of an hour *s* (bot.) aurora común, flor de una hora
flower piece *s* ramillete; (f.a.) florero
flowerpot ['flaʊər,pɑt] *s* tiesto, maceta
flowers of antimony *spl* (chem.) flor de antimonio
flowers of sulphur *spl* (chem.) flor de azufre
flower stand *s* florero (*mueble*)

flowery [ˈflaʊərɪ] *adj* (*comp:* **-ier;** *super:* **-iest**) florido; (lit.) florido
flowing [ˈflo·ɪŋ] *adj* corriente; flotante, ondeante; fácil, flúido
flown [flon] *pp de* **fly**
flow sheet *s* gráfico de las fases de un proceso industrial
flu [flu] *s* (coll.) gripe
flubdub [ˈflʌb,dʌb] *s* (coll.) ínfulas
fluctuant [ˈflʌktʃʊənt] *adj* fluctuante
fluctuate [ˈflʌktʃʊet] *vn* fluctuar
fluctuation [,flʌktʃʊˈeʃən] *s* fluctuación; (biol. & med.) fluctuación
flue [flu] *s* cañón de chimenea, humero; tubo de humo, tubo de caldera; (mus.) tubo de embocadura de flauta (*del órgano*)
fluency [ˈfluənsɪ] *s* fluencia; afluencia, facundia; fluidez (*del lenguaje, estilo*)
fluent [ˈfluənt] *adj* fluente (*que fluye*); afluente, facundo; flúido (*lenguaje, estilo*)
fluently [ˈfluəntlɪ] *adv* corrientemente
flue pipe *s* (mus.) tubo de flauta, tubo de embocadura de flauta
fluff [flʌf] *s* pelusa, plumón, tamo; lanilla; copo (*de lana*); masa esponjosa (*p.ej., de crema batida*); (coll.) gazapo de actor; *va* mullir, esponjar; *vn* esponjarse
fluffy [ˈflʌfɪ] *adj* (*comp:* **-ier;** *super:* **-iest**) fofo, esponjoso; velloso, velludo
fluid [ˈfluɪd] *adj* flúido; cambiante; *s* flúido
fluid diet *s* régimen de alimentos líquidos
fluid dram *s* dracma líquida (*octava parte de la onza líquida*)
fluidity [fluˈɪdɪtɪ] *s* fluidez
fluid mechanics *ssg* mecánica de los flúidos
fluid ounce *s* onza líquida (*29,6 centímetros cúbicos en EE.UU. y 28,4 en Gran Bretaña*)
fluke [fluk] *s* uña (*de ancla, de arpón*); aleta (*de la cola de la ballena*); (ichth.) pleuronecto; (zool.) trematodo, duela del hígado; chiripa (*en el billar, suerte que se gana por casualidad; casualidad favorable*); **to win by a fluke** ganar por chiripa; *va* chiripear; *vn* chiripear; fracasar
flume [flum] *s* garganta profunda por cuyo fondo pasa un río o arroyo; caz, saetín; acueducto, canal de madera
flummery [ˈflʌmərɪ] *s* (*pl:* **-ies**) manjar blanco; pasta de harina cocida; alabanza insincera; disparates, tonterías
flung [flʌŋ] *pret & pp de* **fling**
flunk [flʌŋk] *s* (coll.) reprobación (*en un examen o asignatura*); (coll.) nota de suspenso; *va* (coll.) colgar, reprobar, dar calabazas a; perder (*un examen o asignatura*); **to flunk out** (coll.) reprobar definitivamente; *vn* (coll.) salir mal, fracasar; **to flunk out** (coll.) tener que abandonar los estudios por haber sido reprobado
flunkey [ˈflʌŋkɪ] *s* var. de **flunky**
flunky [ˈflʌŋkɪ] *s* (*pl:* **-ies**) lacayo; adulador
flunkyism [ˈflʌŋkɪɪzəm] *s* servilismo
fluor [ˈfluər] *s* (mineral.) fluorita
fluoresce [,fluəˈrɛs] *vn* despedir rayos de luz fluorescente
fluorescein [,fluəˈrɛsɪɪn] *s* (chem.) fluoresceína
fluorescence [,fluəˈrɛsəns] *s* fluorescencia
fluorescent [,fluəˈrɛsənt] *adj* fluorescente
fluorescent lamp *s* tubo fluorescente
fluorescent lighting *s* alumbrado fluorescente
fluorescent screen *s* (phys.) pantalla fluorescente
fluoric [fluˈarɪk] o [fluˈɔrɪk] *adj* fluórico
fluorid [ˈfluərɪd] o **fluoride** [ˈfluəraɪd] o [ˈfluərɪd] *s* (chem.) fluoruro
fluoridate [ˈfluərɪdet] *va* fluorizar
fluoridation [,fluərɪˈdeʃən] *s* fluorización (*del agua potable*); (geol.) fluorización
fluorin [ˈfluərɪn] o **fluorine** [ˈfluərin] o [ˈfluərɪn] *s* (chem.) flúor
fluorite [ˈfluəraɪt] *s* (mineral.) fluorita
fluoroscope [ˈfluərəskop] *s* fluoroscopio
fluoroscopic [,fluərəˈskɑpɪk] *adj* fluoroscópico
fluoroscopy [,fluəˈrɑskəpɪ] *s* fluoroscopia
fluor spar *s* (mineral.) espato flúor
flurry [ˈflʌrɪ] *s* (*pl:* **-ries**) ráfaga; chaparrón; nevisca; agitación, aturdimiento; (*pret & pp:* **-ried**) *va* agitar, aturdir
flush [flʌʃ] *s* flujo repentino; rubor, bochorno, llamarada, sonrojo; acceso (*p.ej., de alegría*); floración repentina (*p.ej., en la primavera*); vigor (*de la juventud*); chorro del inodoro; flux (*en el póker*); *adj* rasante, nivelado; enrasado, parejo; embutido; abundante, copioso; robusto, vigoroso; pródigo, próspero; rubicundo; rebosante; bien provisto; (print.) justificado; **flush with** a ras de, al mismo nivel que; *adv* ras con ras, al mismo nivel; directamente, sin errar el golpe; *va* abochornar; exaltar, regocijar; engreír; limpiar con un chorro de agua, lavar con agua a presión; hacer saltar (*una liebre*); hacer volar (*una perdiz*); *vn* abochornarse; estar encendido (*p.ej., el rostro*); fluir repentinamente; brotar; saltar o volar de repente
flush deck *s* (naut.) cubierta corrida
Flushing [ˈflʌʃɪŋ] *s* Flesinga
flush-mounted switch [ˈflʌʃˈmaʊntɪd] *s* (elec.) llave para embutir, llave embutida
flush outlet *s* (elec.) caja de enchufe embutida
flush switch *s* (elec.) llave para embutir, llave embutida
flush tank *s* depósito de limpia, tanque de inundación
flush toilet *s* inodoro con chorro de agua
fluster [ˈflʌstər] *s* confusión, aturdimiento; *va* confundir, aturdir
flute [flut] *s* (mus.) flauta; (mus.) flautado (*registro del órgano*); estría (*de una columna*); *va* acanalar, estriar; *vn* flautear, tocar la flauta; cantar o silbar remedando el sonido de la flauta
fluted [ˈflutɪd] *adj* acanalado, estriado; flauteado
fluting [ˈflutɪŋ] *s* acanaladura, estriadura
flutist [ˈflutɪst] *s* flautista
flutter [ˈflʌtər] *s* aleteo, revoloteo; aturdimiento, confusión, turbación; **in a flutter** aturdido; **to make a flutter** causar alboroto; *va* agitar; aturdir, confundir, turbar; *vn* aletear, revolotear; agitarse; flamear, ondear; alterarse (*el pulso*); palpitar (*el corazón*)
fluvial [ˈfluvɪəl] *adj* fluvial
flux [flʌks] *s* flujo; fusión (*estado líquido producido por el calor*); continua mudanza; (chem. & metal.) flujo o fundente; (phys. & path.) flujo; *va* fundir; unir por medio de la fusión; mezclar con un fundente; *vn* fundirse
flux density *s* (phys.) densidad de flujo
fluxion [ˈflʌkʃən] *s* flujo; (math. & path.) fluxión
fluxmeter [ˈflʌks,mitər] *s* (phys.) flujómetro
fly [flaɪ] *s* (*pl:* **flies**) (ent.) mosca; mosca artificial (*con anzuelo de pescar escondido*); pliegue (*para cubrir botones*); bragueta (*abertura de los pantalones*); toldo que se extiende por encima de una tienda de campaña; lona que tapa la puerta de una tienda de campaña; calesín; (mach.) hélice; **on the fly** al vuelo, en el aire; **to die like flies** morir como chinches; **to hit a fly** (baseball) pegar una planchita, elevar una palomita; **flies** *spl* (theat.) bambalina ‖ (*pret:* **flew;** *pp:* **flown**) *va* hacer volar (*una cometa, un halcón*); dirigir (*un avión*); volar (*llevar en un aparato de aviación*); atravesar en avión; desplegar, llevar (*una bandera*); huir ‖ *vn* volar; huir; ondear (*una bandera*); **to fly at** lanzarse sobre; **to fly away** irse volando; escaparse; **to fly off** salir volando; desprenderse; **to fly open** abrirse de repente; **to fly over** trasvolar; **to fly shut** cerrarse de repente; **to fly to** + *inf* volar a + *inf* ‖ (*pret & pp:* **flied**) *vn* (baseball) pegar una planchita, elevar una palomita
flyaway [ˈflaɪə,we] *adj* flameante, ondeante; casquivano, frívolo
fly ball *s* (baseball) planchita, palomita
flyblow [ˈflaɪ,blo] *s* cresa; *va* llenar (*la carne*) de cresas; contaminar
flyblown [ˈflaɪ,blon] *adj* lleno de cresas; (fig.) contaminado, manchado, infamado
flyboat [ˈflaɪ,bot] *s* (naut.) filibote; buque muy rápido
fly book *s* cartera (*para moscas artificiales*)
fly-by-night [ˈflaɪbaɪ,naɪt] *adj* indigno de confianza, poco confiable; *s* noctámbulo; (slang) persona que se escapa por la noche para evitar acreedores
fly-casting [ˈflaɪ,kæstɪŋ] o [ˈflaɪ,kɑstɪŋ] *s* lanzamiento de mosca (*manera de pescar*)
flycatcher [ˈflaɪ,kætʃər] *s* (orn.) papamoscas, cazamoscas, doral, moscareta
flyer [ˈflaɪər] *s* var. de **flier**

fly-fisher ['flaɪ,fɪʃər] *s* pescador que pesca con moscas artificiales
fly-fishing ['flaɪ,fɪʃɪŋ] *s* pesca con moscas artificiales
flying ['flaɪɪŋ] *adj* volante, volador; flameante, ondeante; apresurado, rápido, veloz; breve; *s* vuelo; aviación
flying boat *s* (aer.) hidroavión
flying bomb *s* bomba volante
flying buttress *s* (arch.) arbotante
flying circus *s* escuadrilla de aviones de caza; acrobacia aeronáutica
flying colors *spl* gran éxito, triunfo
flying column *s* (mil.) columna volante
flying dragon *s* (zool.) dragón, dragón volador
Flying Dutchman, the el Holandés errante; el Barco fantasma
flying field *s* campo de aviación
flying fish *s* (ichth.) volador, pez volador
flying fortress *s* (aer.) fortaleza volante
flying fox *s* (zool.) bermejizo
flying frog *s* (zool.) rana voladora
flying gurnard *s* (ichth.) pez volador
flying jib *s* (naut.) petifoque
flying jib boom *s* (naut.) botalón de petifoque
flying machine *s* máquina de volar
flying saucer *s* platillo volador o volante
flying sickness *s* mal de altura
flying squadron *s* (nav.) escuadra ligera
flying squirrel *s* (zool.) ardilla voladora
fly in the ointment *s* mosca muerta que malea el perfume (*cosa insignificante que estropea una cosa valiosa*)
flyleaf ['flaɪ,lif] *s* (*pl:* **-leaves**) (b.b.) **guarda,** hoja de guarda
fly net *s* mosquitero (*colgadura de cama*); espantamoscas (*para poner a los caballos*)
flypaper ['flaɪ,pepər] *s* matamoscas, papel pegajoso (*que se usa para coger moscas*)
flyspeck ['flaɪ,spɛk] *s* mancha de mosca; *va* manchar con manchas de mosca
fly swatter *s* matamoscas, paño de aporrear moscas
flytrap ['flaɪ,træp] *s* espantamoscas (*para coger moscas*); (bot.) atrapamoscas, dionea; (bot.) apocino; (bot.) nepente
flyweight ['flaɪ,wet] *s* (box.) peso mosca
flywheel ['flaɪ,hwil] *s* volante
fm. abr. de **fathom**
F.M. o **FM** abr. de **frequency modulation**
foal [fol] *s* potro (*caballo*); pollino (*asno*); *va & vn* parir (*dícese de la yegua o asna*)
foam [fom] *s* espuma; *va* hacer espumar; *vn* espumar; espumajear
foam extinguisher *s* lanzaespumas, extintor de espuma
foam rubber *s* caucho esponjoso, espuma de caucho
foamy ['fomɪ] *adj* (*comp:* **-ier;** *super:* **-iest**) espumoso, espumajoso
f.o.b. o **F.O.B.** abr. de **free on board**
fob [fɑb] *s* faltriquera de reloj; leopoldina (*cadena del reloj de bolsillo*); dije (*de la leopoldina*); (*pret & pp:* **fobbed;** *ger:* **fobbing**) *va* embolsar; engañar; **to fob off** evadir con fraude
focal ['fokəl] *adj* focal
focal distance *s* (opt.) distancia focal
focal infection *s* (path.) infección focal
focalization [,fokəlɪ'zeʃən] *s* focalización
focalize ['fokəlaɪz] *va* enfocar
focal length *s* var. de **focal distance**
focal plane *s* (opt.) plano focal
focal point *s* (math.) punto focal
focus ['fokəs] *s* (*pl:* **-cuses** o **-ci** [saɪ]) enfoque (*acción de enfocar*); (math., med., phys., opt., seismol. & fig.) foco; **in focus** enfocado; **out of focus** fuera de foco, desenfocado; (*pret & pp:* **-cused** o **-cussed;** *ger:* **-cusing** o **-cussing**) *va* enfocar; fijar (*la atención*); *vn* enfocarse
fodder ['fɑdər] *s* forraje; *va* dar forraje a
foe [fo] *s* enemigo
foeman ['fomən] *s* (*pl:* **-men**) enemigo
foetal ['fitəl] *adj* var. de **fetal**
foetus ['fitəs] *s* var. de **fetus**
fog [fɑg] o [fɔg] *s* niebla; (phot.) velo; (fig.) niebla, confusión; (*pret & pp:* **fogged;** *ger:* **fogging**) *va* envolver en niebla, obscurecer; empañar; (phot.) velar; *vn* ponerse brumoso; empañarse; (phot.) velarse
fog bank *s* banco de nieblas
fog bell *s* campana de nieblas
fogbound ['fɑg,baʊnd] o ['fɔg,baʊnd] *adj* inmovilizado por la niebla
fogey ['fogɪ] *s* var. de **old fogey**
foggy ['fɑgɪ] o ['fɔgɪ] *adj* (*comp:* **-gier;** *super:* **-giest**) neblinoso, brumoso; borroso; confuso; (phot.) velado; **it is foggy** hay niebla
foghorn ['fɑg,hɔrn] o ['fɔg,hɔrn] *s* bocina de bruma, sirena de niebla; voz gritona y destemplada
fog signal *s* señal de nieblas
fog whistle *s* silbato de niebla
fogy ['fogɪ] *s* (*pl:* **-gies**) var. de **old fogey**
foible ['fɔɪbəl] *s* flaqueza, flaco, lado flaco
foil [fɔɪl] *s* hojuela (*de metal*); capa metálica, azogado, plateado (*de un espejo*); pan de oro o plata que se coloca bajo una piedra preciosa para que brille más; contraste, realce; florete (*espadín*); rastro, huella (*de un animal*); malogro; (arch.) lóbulo; **foils** *spl* esgrima; *va* frustrar; azogar o platear (*un espejo*); realzar; (arch.) adornar con lóbulos
foist [fɔɪst] *va* vender con engaño; insertar clandestinamente; **to foist something on someone** venderle a uno una cosa con engaño; lograr mediante un engaño que alguien acepte una cosa
fol. abr. de **folio, followed** y **following**
fold [fold] *s* pliegue, doblez; arruga; aprisco; rebaño, redil; iglesia; feligresía; rebaño (*de los fieles*); (geol.) pliegue, plegamiento; *va* plegar, doblar; recoger (*p.ej., un pájaro sus alas*); envolver, abrazar con ternura; apriscar; cruzar (*los brazos*); **to fold up** doblar (*p.ej., un mapa*); *vn* plegarse, doblarse; **to fold up** reducirse en tamaño doblándose; fracasar; quebrar (*en el comercio*)
folder ['foldər] *s* plegador, doblador; plegadora mecánica, máquina de plegar; carpeta; cuadernillo, folleto, pliego
folderol ['fɑldə,rɑl] *s* fruslería, tontería; bagatela, trivialidad
folding ['foldɪŋ] *adj* plegable, plegadizo; plegador
folding box o **carton** *s* caja de cartón plegable
folding camera *s* cámara plegadiza, aparato fotográfico plegadizo, cámara de fuelle
folding chair *s* silla de tijera, silla plegadiza
folding cot *s* catre de tijera
folding door *s* puerta plegadiza; puerta corrediza; hoja o batiente de puerta
folding machine *s* plegadora mecánica
folding rule *s* metro plegadizo
folding seat *s* catrecillo
foliaceous [,folɪ'eʃəs] *adj* foliáceo
foliage ['folɪɪdʒ] *s* follaje; (arch.) follaje
foliar ['folɪər] *adj* foliar
foliate ['folɪɪt] o ['folɪet] *adj* (bot.) foliado; ['folɪet] *va* follar (*formar en hojas*); adornar con follaje; foliar (*los folios de un libro*); laminar; azogar (*un espejo*); *vn* echar hojas
foliated ['folɪ,etɪd] *adj* follado; laminado; (arch.) lobulado
foliation [,folɪ'eʃən] *s* foliación (*de los folios de un libro*); (bot. & geol.) foliación; (arch. & f.a.) follajería
foliature ['folɪətʃər] *s* foliatura
folic acid ['folɪk] *s* (biochem.) ácido fólico
folio ['folɪo] *s* ((*pl:* **-os**) folio (*hoja de un libro*); infolio, libro en folio; (bookkeeping) folio; **in folio** en folio; *adj* en folio; *va* foliar (*los folios de un libro*)
foliole ['folɪol] *s* (bot.) folíolo
folk [fok] *s* (*pl:* **folk** o **folks**) gente; (*pl:* **folks**) (archaic) gente, nación, tribu; **folks** *spl* (coll.) gente (*familia*); *adj* popular, del pueblo
folk dance *s* baile popular
folk etymology *s* etimología popular
folklore ['fok,lor] *s* folklore
folklorist ['fok,lorɪst] *s* folklorista
folk music *s* música del pueblo, música tradicional
folk song *s* canción popular, canción típica
folksy ['foksɪ] *adj* (*comp:* **-sier;** *super:* **-siest**) (coll.) plebeyo; (coll.) tratable, sociable
folk tale *s* cuento popular

folkway [ˈfok,we] *s* costumbre tradicional de un pueblo
follicle [ˈfɑlɪkəl] *s* (anat. & bot.) folículo
follicular [fəˈlɪkjələr] *adj* folicular
folliculin [fəˈlɪkjəlɪn] *s* (trademark) foliculina
follow [ˈfɑlo] *va* seguir; seguir el hilo de (*un argumento*); interesarse en, estar al corriente de (*las noticias del día*); **to follow out** llevar hasta el fin, llevar a cabo; **to follow through** llevar hasta el fin (*una jugada o golpe*) sin flaquear ni desviarse; **to follow up** perseguir con ahinco; llevar hasta el fin; reforzar con nuevos esfuerzos o nuevas gestiones; *vn* seguir; seguirse, resultar; **as follows** como sigue(n); **it follows** síguese; **is as follows** es lo siguiente; **to follow on** seguir por el mismo camino, continuar en la misma forma
follower [ˈfɑloər] *s* seguidor; secuaz, partidario; imitador; criado
following [ˈfɑlo·ɪŋ] *adj* siguiente; *s* séquito; secuaces, partidarios; **the following** el siguiente, los siguientes
follow-up [ˈfɑlo,ʌp] *adj* consecutivo; recordativo; *s* carta recordativa, circular recordativa
folly [ˈfɑlɪ] *s* (*pl:* **-lies**) desatino, tontería, locura; empresa temeraria
foment [foˈmɛnt] *va* fomentar (*p.ej., el encono*); (med.) fomentar
fomentation [,fomɛnˈteʃən] *s* fomento; (med.) fomento, fomentación
fomenter [foˈmɛntər] *s* fomentador
fond [fɑnd] *adj* cariñoso, afectuoso; **fond of** encariñado con (*una persona*); aficionado a; amigo de
fondant [ˈfɑndənt] *s* pasta de azúcar (*que se usa en la confitería*)
fondle [ˈfɑndəl] *va* acariciar, mimar
fondness [ˈfɑndnɪs] *s* cariño, afición
fondue [fɑnˈdu] o [ˈfɑndu] *s* flan de queso
font [fɑnt] *s* pila (*de bautismo o de agua bendita*); fuente (*de bautismo; manantial de agua; origen*); (print.) fundición
fontal [ˈfɑntəl] *adj* fontal, fontanal
fontanel [,fɑntəˈnɛl] *s* (anat.) fontanela
food [fud] *s* alimento, comida; (fig.) alimento, pábulo, materia; **food for thought** materia en que pensar; *adj* alimenticio
food drop *s* (aer.) lanzamiento de víveres
foodstuff [ˈfud,stʌf] *s* producto alimenticio, comestible
food supplement *s* aditivo alimenticio
food value *s* valor alimenticio
foofaraw [ˈfufərɔ] *s* (coll.) oropel, relumbrón; (coll.) tontería
fool [ful] *s* tonto, necio; bufón; víctima (*de un engaño*); **to make a fool of** poner en ridículo; **to make a fool of oneself** ponerse en ridículo; **to play the fool** hacer el tonto; *va* engañar, embaucar; **to fool away** malgastar (*tiempo, dinero*); *vn* chancear, tontear; **to fool around** (coll.) bromear, malgastar el tiempo neciamente; **to fool with** (coll.) meterse neciamente en; (coll.) ajar, manosear
foolery [ˈfulərɪ] *s* (*pl:* **-ies**) tontería, bufonada
foolhardy [ˈful,hɑrdɪ] *adj* (*comp:* **-dier;** *super:* **-diest**) arriesgado, temerario
fooling [ˈfulɪŋ] *s* chacota, broma; engaño; **no fooling** (coll.) sin broma, hablando en serio
foolish [ˈfulɪʃ] *adj* tonto, necio, disparatado; ridículo
foolishness [ˈfulɪʃnɪs] *s* tontería, necedad; ridiculez
foolproof [ˈful,pruf] *adj* (coll.) a prueba de impericia, a prueba de mal trato; (coll.) cierto, infalible
foolscap [ˈfulz,kæp] *s* papel de oficio; gorro de bufón; gorro de forma de cono que se le pone al niño torpe
fool's cap *s* gorro de bufón; gorro de forma de cono que se le pone al niño torpe
fool's errand *s* caza de grillos
fool's gold *s* pirita amarilla
fool's paradise *s* felicidad que tiene por fundamento esperanzas o creencias falsas
fool's-parsley [ˈfulz,pɑrslɪ] *s* (bot.) cicuta menor, etusa, perejil de perro
fool's scepter *s* cetro de locura
foot [fut] *s* (*pl:* **feet**) pie (*de animal, media, bota, verso, etc.; medida lineal*); (mil.) infantería; (naut.) pujamen (*de una vela*); **on foot** a pie; de pie; avanzando, haciendo progresos; **to carry off one's feet** arrebatar, cautivar; **to drag one's feet** (coll.) tardar en obrar, ir a paso de caracol (*intencionadamente*); **to have one foot in the grave** estar con un pie en la sepultura; **to put one's best foot forward** andar lo más aprisa posible; hacer grandes esfuerzos; (coll.) hacer méritos, tratar de impresionar, tratar de ganarse la buena voluntad; **to put one's foot down** (coll.) proceder con gran energía; (coll.) vedarle a otro su deseo; **to put one's foot in it** (coll.) meter la pata; (coll.) tirarse una plancha; **to trample under foot** pisotear; **to tread under foot** hollar (*pisar; despreciar; destruir*); **under foot** estorbando el paso; en el poder de uno; *va* poner el pie (o los pies) a; sumar (*una columna de guarismos*); pagar (*la cuenta*); **to foot it** andar a pie; bailar; *vn* andar a pie; bailar
footage [ˈfutɪdʒ] *s* largura o distancia en pies; paga por pie de trabajo; (mov.) longitud de película en pies (*in Spanish* metraje, *i.e., length of film in meters, is used*)
foot-and-mouth disease [ˈfutənˈmaʊθ] *s* (vet.) glosopeda, fiebre aftosa
football [ˈfut,bɔl] *s* balompié, fútbol (*juego*); balón (*pelota*); (fig.) juguete; *adj* balompédico, futbolístico
football player *s* futbolista
foot bath *s* pediluvio, baño de pies
footboard [ˈfut,bord] *s* estribo; pie (*de cama*); pedal
foot brake *s* freno de pedal, freno de pie
footbridge [ˈfut,brɪdʒ] *s* puente para peatones, pasarela
foot-candle [ˈfutˈkændəl] *s* bujía-pie o piebujía
footcloth [ˈfut,klɔθ] o [ˈfut,klɑθ] *s* gualdrapa; alfombra
footfall [ˈfut,fɔl] *s* paso (*movimiento y ruido*)
foot fault *s* (tennis) falta de pie
footgear [ˈfut,gɪr] *s* calzado
foothill [ˈfut,hɪl] *s* falda, colina al pie de un monte o sierra
foothold [ˈfut,hold] *s* espacio en que se afirma el pie; pie, arraigo, posición establecida; **to gain a foothold** ganar pie (*p.ej., en costa enemiga*)
footing [ˈfutɪŋ] *s* pie, p.ej., **he lost his footing and fell** perdió el pie y se cayó; arraigo, posición establecida; condición, estado; suma de guarismos; suma, total; (el) caminar; (el) bailar; **on a friendly footing** en relaciones amistosas; **on an equal footing** en un mismo pie de igualdad; **on a war footing** en pie de guerra
footless [ˈfutlɪs] *adj* sin pies; sin fundamento; (coll.) desmañado, torpe
footlights [ˈfut,laɪts] *spl* candilejas, batería; (fig.) tablas, profesión de actor
foot-loose [ˈfut,lus] *adj* libre (*para hacer lo que a uno se le antoje*)
footman [ˈfutmən] *s* (*pl:* **-men**) lacayo; soldado de a pie
footmark [ˈfut,mɑrk] *s* huella
footnote [ˈfut,not] *s* nota al pie de una página
footpace [ˈfut,pes] *s* paso lento, paso del que camina normalmente; descanso (*de escalera*)
footpad [ˈfut,pæd] *s* salteador que camina a pie
footpath [ˈfut,pæθ] o [ˈfut,pɑθ] *s* senda para peatones
foot-pound [ˈfut,paʊnd] *s* (mech.) librapié
foot-poundal [ˈfut,paʊndəl] *s* (mech.) piepoundal
foot-pound-second system [ˈfut,paʊndˈsɛkənd] *s* (phys.) sistema pie-libra-segundo
footprint [ˈfut,prɪnt] *s* huella
foot race *s* carrera a pie
foot racing *s* pedestrismo
footrest [ˈfut,rɛst] *s* apoyapié, descansapié
footrope [ˈfut,rop] *s* (naut.) marchapié
foot rule *s* regla de un pie
foot soldier *s* (mil.) infante, soldado de a pie
footsore [ˈfut,sor] *adj* despeado
footsoreness [ˈfut,sornɪs] *s* despeadura
footstalk [ˈfut,stɔk] *s* (bot. & zool.) pedúnculo
footstep [ˈfut,stɛp] *s* paso; **to follow** o **tread**

F

in the footsteps of seguir las huellas o los pasos de
footstone ['fut,ston] *s* lápida que se coloca al pie de una sepultura
footstool ['fut,stul] *s* escabel, escañuelo
foot warmer *s* calientapiés
footway ['fut,we] *s* senda para peatones; (Brit.) acera
footwear ['fut,wɛr] *s* calzado
footwork ['fut,wʌrk] *s* juego de piernas (*en los deportes o el bailar*)
footworn ['fut,wɔrn] *adj* asendereado, trillado (*camino*); despeado
foozle ['fuzel] *s* chambonada; (coll.) vejestorio; *va* chafallar; errar (*un golpe*) de manera chambona; *vn* chambonear
foozler ['fuzlər] *s* chambón
fop [fɑp] *s* currutaco, majadero presumido
foppery ['fɑpərɪ] *s* (*pl:* **-ies**) presunción de currutaco; perifollos
foppish ['fɑpɪʃ] *adj* alechuguinado, currutaco
for. abr. de **foreign** y **forestry**
for [fɔr] *prep* para; por; como, p.ej., **I use coal for fuel** uso carbón como combustible; en honor de; a pesar de, p.ej., **for all her intelligence** a pesar de su inteligencia; de, p.ej., **time for dinner** hora de comer; desde hace, p.ej., **I have been here for three months** estoy aquí desde hace tres meses; **O! for . . . !** ¡quién tuviera . . . !; *conj* pues, porque
forage ['fɑrɪdʒ] o ['fɔrɪdʒ] *s* forraje; *adj* forrajero; *va* dar forraje a; forrajear; *vn* forrajear
forage cap *s* (Brit.) gorra militar
forager ['fɑrɪdʒər] o ['fɔrɪdʒər] *s* forrajeador
foramen [fo'remən] *s* (*pl:* **-ramina** ['ræmɪnə] o **-ramens**) foramen; (anat. & bot.) foramen
foraminifera [fo,ræmɪ'nɪfərə] *spl* (zool.) foraminíferos
forasmuch as [,fɔrəz'mʌtʃæz] *conj* porque, puesto que, visto que
foray ['fɑre] o ['fɔre] *s* correría, saqueo; *va* saquear, despojar
forbade o **forbad** [fɔr'bæd] *pret de* **forbid**
forbear ['fɔrbɛr] *s* antepasado; [fɔr'bɛr] (*pret:* **-bore;** *pp:* **-borne**) *va* abstenerse de; *vn* contenerse, tener paciencia
forbearance [fɔr'bɛrəns] *s* abstención; dominio sobre sí mismo, paciencia
forbid [fɔr'bɪd] (*pret:* **-bade** o **-bad;** *pp:* **-bidden;** *ger:* **-bidding**) *va* prohibir; **God forbid!** ¡no lo permita Dios!; **to forbid to** + *inf* prohibir + *inf*
forbidden [fɔr'bɪdən] *pp de* **forbid**
Forbidden City *s* ciudad prohibida (*Lhassa, capital del Tibet; parte amurallada de Pequín*)
forbidden fruit *s* fruta prohibida
forbidding [fɔr'bɪdɪŋ] *adj* repugnante; formidable
forbore [fɔr'bor] *pret de* **forbear**
forborne [fɔr'born] *pp de* **forbear**
force [fors] *s* fuerza; personal; cuerpo (*de tropas, de policía, etc.*); (phys.) fuerza; **forces** *spl* (mil. & nav.) fuerzas; **by force** a la fuerza, por fuerza; **by force of** a fuerza de; **by force of habit** por la fuerza de la costumbre; **by main force** con todas sus fuerzas; **in force** en vigor, vigente; en gran número; **to join forces** coligarse, juntar diestra con diestra; **to meet force with force** oponer la fuerza a la fuerza, enfrentar la fuerza con la fuerza; *va* forzar; (agr.) forzar; **to force away** obligar a marcharse; **to force back** impeler hacia atrás, hacer retroceder; **to force down** obligar a bajar, obligar a bajarse; hacer tragar por fuerza; **to force from** echar o sacar fuera por fuerza, arrancar violentamente; **to force in** clavar o introducir por fuerza; **to force oneself** hacer esfuerzos violentos; **to force out** echar o sacar fuera por fuerza; **to force through** hacer penetrar por fuerza; llevar a cabo por fuerza; **to force to** + *inf* forzar a + *inf* o forzar a que + *subj;* **to force up** hacer subir por fuerza
forced [forst] *adj* forzado; (fig.) forzado (*dícese, p.ej., de una sonrisa*)
forced air *s* aire a presión
forced draft *s* tiro forzado
forced landing *s* (aer.) aterrizaje forzado o forzoso
forced march *s* (mil.) marcha forzada
forced ventilation *s* ventilación por presión
force feed *s* (mach.) alimentación forzada, lubricación a presión
force-feeding ['fors,fidɪŋ] *s* (med.) alimentación forzada
forceful ['forsfəl] *adj* eficaz, poderoso, vigoroso
force majeure [fɔrs mɑ'ʒœr] *s* (law) fuerza mayor
forcemeat ['fors,mit] *s* carne picada y condimentada que sirve de relleno
forceps ['fɔrsəps] *s* (*pl:* **-ceps** o **-cipes** [sɪpiz]) (obstet. & zool.) fórceps; (dent. & surg.) pinzas
force pump *s* bomba impelente o impulsora
forcible ['forsɪbəl] *adj* forzado, violentado; eficaz, poderoso, vigoroso, convincente
forcipressure [,fɔrsɪ'prɛʃər] *s* (surg.) forcipresión
ford [ford] *s* vado; *va* vadear
fordable ['fordəbəl] *adj* vadeable
fore [for] *adj* anterior, delantero; (naut.) de proa; *adv* anteriormente, antes; delante, en la delantera; (naut.) avante; *interj* (golf) ¡ojo!, ¡cuidado!; *s* cabeza, delantera, frente; **to the fore** en la delantera; destacado; dispuesto; a mano; a la vista; vivo
fore and aft *adv* (naut.) a proa y a popa, en proa y en popa; (naut.) de popa a proa
fore-and-aft ['forənd,æft] o ['forənd,ɑft] *adj* (naut.) de popa a proa
fore-and-aft sail *s* (naut.) vela cangreja
forearm ['for,ɑrm] *s* antebrazo; [for'ɑrm] *va* armar de antemano; prevenir de antemano
forebear ['forbɛr] *s* antepasado
forebode [for'bod] *va* presentir, prever con recelo; presagiar
foreboding [for'bodɪŋ] *s* presentimiento; presagio; *adj* presagioso, ominoso
forebrain ['for,bren] *s* (anat.) cerebro (*parte anterior del encéfalo*)
forecast ['for,kæst] o ['for,kɑst] *s* pronóstico; previsión; proyecto, plan; (*pret & pp:* **-cast** o **-casted**) *va* pronosticar; prever; proyectar
forecastle ['foksəl], ['for,kæsəl] o ['for,kɑsəl] *s* (naut.) castillo, castillo de proa; (naut.) camarote o camarotes en el castillo de proa (*en que se aloja la tripulación*)
forecastle deck *s* (naut.) castillo
foreclose [for'kloz] *va* excluir; impedir; (law) extinguir el derecho de redimir (*una hipoteca*); (law) privar del derecho de redimir una hipoteca
foreclosure [for'kloʒər] *s* (law) extinción del derecho de redimir una hipoteca
foredoom [for'dum] *va* predestinar a la condenación, predestinar al fracaso
fore edge *s* canal *f* (*de un libro*)
forefather ['for,fɑðər] *s* antepasado
forefend [for'fɛnd] *va* var. de **forfend**
forefinger ['for,fɪŋgər] *s* dedo índice, dedo mostrador
forefoot ['for,fut] *s* (*pl:* **-feet**) pata delantera
forefront ['for,frʌnt] *s* puesto delantero; sitio de mayor importancia, sitio de actividad más intensa; **in the forefront** a vanguardia
foregather [for'gæðər] *vn* var. de **forgather**
forego [for'go] (*pret:* **-went;** *pp:* **-gone**) *va* renunciar, privarse de; preceder; *vn* preceder
foregoing ['for,go·ɪŋ] o [for'go·ɪŋ] *adj* anterior, precedente
foregone ['forgɔn] o ['forgɑn] *adj* pasado, previo; [for'gɔn] o [for'gɑn] *pp de* **forego**
foregone conclusion *s* conclusión inevitable; decisión adoptada de antemano
foreground ['for,graund] *s* frente, delantera; primer término, primer plano; **in the foreground** al frente; en primer término
forehand ['for,hænd] *s* posición delantera; posición superior; ventaja; golpe derecho; *adj* dado con la palma de la mano hacia delante
forehanded ['for,hændɪd] *adj* ahorrado, frugal; hecho de antemano, oportuno
forehead ['fɑrɪd] o ['fɔrɪd] *s* frente *f* (*de la cara*); parte delantera
foreign ['fɑrɪn] o ['fɔrɪn] *adj* extranjero, exterior; extraño; ajeno
foreign affairs *spl* asuntos exteriores
foreign-born ['fɑrɪn,bɔrn] o ['fɔrɪn,bɔrn]

adj nacido en el extranjero, extranjero de nacimiento
foreign commerce *s* comercio exterior
foreigner ['fɑrɪnər] o ['fɔrɪnər] *s* extranjero
foreign exchange *s* cambio exterior o extranjero; divisa
foreignism ['fɑrɪnɪzəm] o ['fɔrɪnɪzəm] *s* extranjerismo
foreign legion *s* (mil.) legión extranjera
foreign minister *s* ministro de asuntos exteriores
foreign missions *spl* (eccl.) misiones
foreign office *s* ministerio de asuntos exteriores; (*caps.*) *s* (Brit.) ministerio de Asuntos Exteriores
foreign trade *s* comercio exterior
forejudge [for'dʒʌdʒ] *va* prejuzgar
foreknew [for'nju] o [for'nu] *pret de* **foreknow**
foreknow [for'no] (*pret:* **-knew;** *pp:* **-known**) *va* saber con anticipación
foreknowledge ['for,nɑlɪdʒ] o [for'nɑlɪdʒ] *s* presciencia; (theol.) presciencia divina
foreknown [for'non] *pp de* **foreknow**
foreland ['for,lænd] o ['forlənd] *s* cabo, promontorio
foreleg ['for,lɛg] *s* brazo, pata delantera (*del cuadrúpedo*)
forelock ['for,lɑk] *s* mechón de pelo que cae sobre la frente; copete (*del caballo*); (mach.) chaveta; **to take time by the forelock** asir, coger o tomar la ocasión por el copete, por la melena o por los cabellos
foreman ['formən] *s* (*pl:* **-men**) capataz, sobrestante, mayoral; contramaestre (*en un taller mecánico*); director, regente; (law) presidente de jurado
foremast ['forməst], ['for,mæst] o ['for,mɑst] *s* (naut.) palo de trinquete
foremost ['formost] *adj* delantero; primero; principal, más eminente (*de todos*); *adv* primero
forename ['for,nem] *s* nombre de pila
forenamed ['for,nemd] *adj* susodicho
forenoon ['for,nun] *s* mañana; *adj* matinal
forensic [fə'rɛnsɪk] *adj* forense
foreordain [,forɔr'den] *va* preordinar
foreordination [,forɔrdɪ'neʃən] *s* preordinación
forepart ['for,pɑrt] *s* parte delantera; principio, primera parte
forepaw ['for,pɔ] *s* pata delantera, zarpa delantera
forepeak ['for,pik] *s* (naut.) bodega de proa
forequarter ['for,kwɔrtər] *s* cuarto delantero (*de la res*)
foreran [for'ræn] *pret de* **forerun**
forereach [for'ritʃ] *va* (naut.) alcanzar (*otra embarcación*); (naut.) dejar atrás (*otra embarcación*); (fig.) aventajarse a; *vn* (naut.) ganar terreno
forerun [for'rʌn] (*pret:* **-ran;** *pp:* **-run**) *va* preceder; prevenir; dejar atrás
forerunner ['for,rʌnər] o [for'rʌnər] *s* precursor; presagio; antepasado; predecesor; **the Forerunner** el precursor de Cristo (*San Juan*)
foresail ['forsəl] o ['for,sel] *s* (naut.) trinquete; (naut.) trinquetilla
foresaw [for'sɔ] *pret de* **foresee**
foresee [for'si] (*pret:* **-saw;** *pp:* **-seen**) *va* prever
foreseeable [for'siəbəl] *adj* previsible
foreshadow [for'ʃædo] *va* presagiar, prefigurar
foresheet ['for,ʃit] *s* (naut.) escota del trinquete; **foresheets** *spl* (naut.) parte delantera de un buque abierto
foreshore ['for,ʃor] *s* playa comprendida entre los límites de pleamar y bajamar
foreshorten [for'ʃɔrtən] *va* (f.a.) escorzar
foreshortening [for'ʃɔrtənɪŋ] *s* (f.a.) escorzo
foreshow [for'ʃo] (*pret:* **-showed;** *pp:* **-shown**) *va* presagiar, prefigurar
foresight ['for,saɪt] *s* previsión, presciencia; prudencia
foresighted ['for,saɪtɪd] o [,for'saɪtɪd] *adj* previsor, presciente; prudente
foreskin ['for,skɪn] *s* (anat.) prepucio
forest ['fɑrɪst] o ['fɔrɪst] *s* bosque; *adj* forestal; *va* plantar (*un terreno*) de árboles, convertir (*un terreno*) en bosque
forestall [for'stɔl] *va* impedir, prevenir; (com.) acaparar
forestation [,fɑrɪs'teʃən] o [,fɔrɪs'teʃən] *s* silvicultura
forestay ['for,ste] *s* (naut.) estay del trinquete
forestaysail [,for'stesəl] o [,for'ste,sel] *s* (naut.) trinquetilla
forester ['fɑrɪstər] o ['fɔrɪstər] *s* silvicultor; guardabosques; (zool.) canguro gigante
forest ranger *s* guarda forestal
forest reserve *s* (U.S.A.) bosque nacional
forestry ['fɑrɪstrɪ] o ['fɔrɪstrɪ] *s* silvicultura, dasonomía, ciencia forestal
foretackle ['for,tækəl] *s* (naut.) aparejo del gancho del trinquete
foretaste ['for,test] *s* anticipación, goce anticipado; [for'test] *va* anticipar, catar o conocer con anticipación
foretell [for'tɛl] (*pret & pp:* **-told**) *va* predecir
foretellable [for'tɛləbəl] *adj* pronosticable
forethought ['for,θɔt] *s* premeditación, providencia, prudencia
foretoken ['for,tokən] *s* presagio; [for'tokən] *va* presagiar
foretold [for'told] *pret & pp de* **foretell**
foretop ['fortəp] o ['for,tɑp] *s* (naut.) cofa de trinquete; ['for,tɑp] copete (*del caballo*)
foretopgallant mast [,fortə'gælənt] o [,fortɑp'gælənt] *s* (naut.) mastelerillo de juanete de proa
foretopmast [for'tɑpməst] *s* (naut.) mastelero de velacho, mastelero de proa
foretopmast staysail *s* (naut.) contrafoque
foretopsail [,for'tɑpsəl] o [,for'tɑp,sel] *s* (naut.) velacho
forever [fɔr'ɛvər] *adv* siempre; para siempre o por siempre
forever and a day o **forever and ever** *adv* por siempre jamás
forevermore [fɔr,ɛvər'mor] *adv* por siempre, por siempre jamás
forewarn [for'wɔrn] *va* prevenir con anticipación
forewent [for'wɛnt] *pret de* **forego**
foreword ['for,wʌrd] *s* advertencia, prefacio
forfeit ['fɔrfɪt] *s* multa, pena; prenda perdida; **forfeits** *spl* prendas (*juego*); *adj* perdido; *va* perder, perder el derecho a
forfeiture ['fɔrfɪtʃər] *s* multa, pena; prenda perdida
forfend [fɔr'fɛnd] *va* defender, proteger; (archaic) impedir, evitar
forgather [fɔr'gæðər] *vn* reunirse; encontrarse (*por casualidad*); **to forgather with** asociarse con, fraternizar con
forgave [fɔr'gev] *pret de* **forgive**
forge [fordʒ] *s* fragua (*fogón*); herrería (*taller del herrero*); fundición (*fábrica*); *va* fraguar, forjar; falsificar (*la firma de otra persona*); (fig.) fraguar, forjar (*p.ej., mentiras*); *vn* fraguar, forjar; falsificar; **to forge ahead** avanzar despacio y con esfuerzo; **to forge ahead of** alcanzar y dejar atrás haciendo esfuerzos
forger ['fordʒər] *s* fraguador, forjador; falsificador
forgery ['fordʒərɪ] *s* (*pl:* **-ies**) falsificación; (philately) falso (*sello falsificado*)
forget [fɔr'gɛt] (*pret:* **-got;** *pp:* **-gotten** o **-got;** *ger:* **-getting**) *va* olvidar, olvidarse de; olvidársele a uno, p.ej., **I forgot my passport** se me olvidó mi pasaporte; **forget it!** (coll.) ¡dejémoslo!; **to forget oneself** interesarse por los demás sin pensar en sí mismo; ser distraído; propasarse; **to forget to** + *inf* olvidar + *inf*, olvidarse de + *inf*, olvidársele a uno + *inf*, p.ej., **I forgot to close the window** se me olvidó cerrar la ventana
forgetful [fɔr'gɛtfəl] *adj* olvidado, olvidadizo; descuidado
forgetfulness [fɔr'gɛtfəlnɪs] *s* olvido, falta de memoria; descuido
forget-me-not [fɔr'gɛtmi,nɑt] *s* (bot.) nomeolvides
forgettable [fɔr'gɛtəbəl] *adj* olvidable
forging ['fordʒɪŋ] *s* forjadura; pieza forjada
forgivable [fɔr'gɪvəbəl] *adj* perdonable
forgive [fɔr'gɪv] (*pret:* **-gave;** *pp:* **-given**) *va* perdonar
forgiven [fɔr'gɪvən] *pp de* **forgive**

F

forgiveness [fɔr'gɪvnɪs] *s* perdón
forgiving [fɔr'gɪvɪŋ] *adj* perdonador, clemente
forgo [fɔr'go] (*pret:* **-went;** *pp:* **-gone**) *va* renunciar, privarse de
forgone [fɔr'gɔn] o [fɔr'gɑn] *pp de* **forgo**
forgot [fɔr'gɑt] *pret & pp de* **forget**
forgotten [fɔr'gɑtən] *pp de* **forget**
fork [fɔrk] *s* horca; horquilla (*de jardinero; de la bicicleta*); horqueta u horcadura (*de un árbol*); horcajo (*de dos ríos*); bieldo (*para aventar*); tenedor (*utensilio de mesa*); bifurcación; púa (*de horca*); ramal (*de ferrocarril*); afluente (*de un río*); *va* ahorquillar; cargar o hacinar con horquilla; cavar con horquilla; beldar; (chess) atacar o amenazar (*dos piezas*) a la vez; **to fork out** u **over** (slang) entregar; *vn* bifurcarse
forked [fɔrkt] *adj* ahorquillado, bifurcado
forked lightning *s* relámpago en zigzag
fork lift truck *s* carretilla de horquilla, montacarga de horquilla
forlorn [fɔr'lɔrn] *adj* abandonado, desamparado; triste; desesperado; **forlorn of** privado de
forlorn hope *s* (mil.) centinela perdida; (fig.) empresa desesperada
form [fɔrm] *s* forma; estado; formulario; banco (*para sentarse*); grado (*en las escuelas*); encofrado (*para el hormigón*); (print.) molde; **in due form** en debida forma; **in form** en forma; (sport) en forma; *va* formar; (elec.) formar (*las placas de un acumulador*); *vn* formarse
formal ['fɔrməl] *adj* formal; de etiqueta; ceremonioso; en forma
formal attire *s* vestido de etiqueta
formal call *s* visita de cumplido
formaldehyde [fɔr'mældɪhaɪd] *s* (chem.) formaldehido
formal garden *s* jardín de estilo francés, jardín a la francesa
formalin ['fɔrməlɪn] *s* (chem.) formalina
formalism ['fɔrməlɪzəm] *s* formalismo
formalist ['fɔrməlɪst] *s* formalista
formalistic [,fɔrmə'lɪstɪk] *adj* formalista
formality [fɔr'mælɪtɪ] *s* (*pl:* **-ties**) formalidad; etiqueta, ceremonia
formalize ['fɔrməlaɪz] *va* formalizar
formal party *s* recepción de gala, reunión de etiqueta
formal speech *s* discurso de aparato
format ['fɔrmæt] *s* formato
formate ['fɔrmet] *s* (chem.) formiato
formation [fɔr'meʃən] *s* formación; (elec., geol. & mil.) formación
formative ['fɔrmətɪv] *adj* formativo
former ['fɔrmər] *adj* anterior; antiguo, pasado; primero (*de dos*); **the former** aquél; *s* formador; plantilla
formerly ['fɔrmərlɪ] *adv* antes, en otro tiempo
form-fitting ['fɔrm'fɪtɪŋ] *adj* ajustado, ceñido al cuerpo; que se adapta bien al cuerpo
formic ['fɔrmɪk] *adj* fórmico
formic acid *s* (chem.) ácido fórmico
formidable ['fɔrmɪdəbəl] *adj* formidable
formless ['fɔrmlɪs] *adj* informe, sin forma
form letter *s* carta general
formol ['fɔrmol] o ['fɔrmɑl] *s* (chem.) formol
formula ['fɔrmjələ] *s* (*pl:* **-las** o **-lae** [li]) fórmula
formulary ['fɔrmjə,lɛrɪ] *adj* formulario; *s* (*pl:* **-ies**) formulario; (pharm.) formulario
formulate ['fɔrmjəlet] *va* formular
formulation [,fɔrmjə'leʃən] *s* formulación
formulator ['fɔrmjə,letər] *s* formulador
fornicate ['fɔrnɪket] *vn* fornicar
fornication [,fɔrnɪ'keʃən] *s* fornicación
fornicator ['fɔrnɪ,ketər] *s* fornicador
forsake [fɔr'sek] (*pret:* **-sook;** *pp:* **-saken**) *va* abandonar, desamparar; dejar, desechar
forsaken [fɔr'sekən] *adj* abandonado, desamparado; *pp de* **forsake**
forsook [fɔr'sʊk] *pret de* **forsake**
forsooth [fɔr'suθ] *adv* en verdad, por cierto
forspent [fɔr'spent] *adj* agotado de fuerzas
forswear [fɔr'swer] (*pret:* **-swore;** *pp:* **-sworn**) *va* abjurar; negar con juramento; **to forswear oneself** perjurarse; *vn* perjurar
forswore [fɔr'swor] *pret de* **forswear**
forsworn [fɔr'sworn] *adj* perjuro; *pp de* **forswear**
forsythia [fɔr'sɪθɪə] o [fɔr'saɪθɪə] *s* (bot.) forsitia
fort [fort] *s* fortín, fuerte; **to hold the fort** defenderse contra ataque
forte [fort] *s* fuerte (*afición o talento de uno*)
forth [forθ] *adv* adelante, delante, hacia adelante; fuera; afuera; a la vista; **and so forth** y así sucesivamente; **from this day forth** de hoy en adelante; **to go forth** salir
forthcoming ['forθ,kʌmɪŋ] o [,forθ'kʌmɪŋ] *adj* próximo, venidero; disponible; *s* salida, venida
forthright ['forθ,raɪt] o [,forθ'raɪt] *adj* derecho, sincero, extremoso, sin ambages; *adv* derecho, siempre adelante; francamente; luego, en seguida
forthwith [,forθ'wɪð] o [,forθ'wɪθ] *adv* inmediatamente, sin dilación
fortieth ['fɔrtɪɪθ] *adj & s* cuadragésimo; cuarentavo
fortification [,fɔrtɪfɪ'keʃən] *s* fortificación
fortify ['fɔrtɪfaɪ] (*pret & pp:* **-fied**) *va* fortificar; encabezar (*vinos*); *vn* fortificarse
fortitude ['fɔrtitjud] o ['fɔrtɪtud] *s* fortaleza, firmeza, valor
fortnight ['fɔrtnaɪt] o ['fɔrtnɪt] *s* quincena, quince días
fortnightly ['fɔrtnaɪtlɪ] *adj* quincenal; *adv* quincenalmente; *s* (*pl:* **-lies**) periódico quincenal
fortress ['fɔrtrɪs] *s* fortaleza, plaza fuerte
fortuitous [fɔr'tjuɪtəs] o [fɔr'tuɪtəs] *adj* fortuito, casual
fortuity [fɔr'tjuɪtɪ] o [fɔr'tuɪtɪ] *s* (*pl:* **-ties**) fortuitez, casualidad; accidente; caso imprevisto
fortunate ['fɔrtʃənɪt] *adj* afortunado
Fortunate Islands *spl* (myth.) islas Afortunadas
fortune ['fɔrtʃən] *s* fortuna; **to tell one's fortune** decirle a uno la buenaventura
fortune hunter *s* el que quiere emparentar con una familia rica, cazador de fortunas
fortuneteller ['fɔrtʃən,tɛlər] *s* adivino, agorero, sortílego
forty ['fɔrtɪ] *adj* cuarenta; *s* (*pl:* **-ties**) cuarenta
forty hours' devotion *s* (eccl.) las cuarenta horas
Forty-Niners [,fɔrtɪ'naɪnərz] *spl* gente que fué a California en busca del oro en 1849
forty winks *spl* una siestecita
forum ['forəm] *s* (*pl:* **-rums** o **-ra** [rə]) (hist. & law) foro; asamblea (*en que se tratan asuntos públicos*); (fig.) tribunal (*p.ej., de la opinión pública*)
forward ['fɔrwərd] *adj* delantero; adelantado, precoz; ansioso, listo; atrevido, impertinente; de avance, p.ej., **forward step** paso de avance; *adv* adelante; hacia adelante; en la delantera; **to bring forward** aducir; **to carry forward** (coll.) pasar a cuenta nueva; **to come** o **to go forward** adelantarse; **to look forward to** esperar con placer anticipado; *va* reexpedir, hacer seguir; fomentar, patrocinar; **please forward** hágase seguir, reexpídase, dele curso; *s* (sport) delantero
forward delivery *s* (coll.) entrega en fecha futura
forwarder ['fɔrwərdər] *s* agente expedidor, comisionista expedidor
forwardness ['fɔrwərdnɪs] *s* adelantamiento; precocidad; ansia, ahinco; impertinencia, descaro
forward pass *s* (football) lanzamiento del balón en dirección de la meta del equipo contrario
forwards ['fɔrwərdz] *adv* adelante; hacia adelante; en la delantera
forwent [fɔr'wɛnt] *pret de* **forgo**
fossa ['fɑsə] *s* (*pl:* **-sae** [si]) (anat.) fosa
fosse [fɑs] *s* foso; (fort.) foso
fossil ['fɑsɪl] *adj & s* fósil; (fig.) fósil
fossiliferous [,fɑsɪ'lɪfərəs] *adj* fosilífero
fossilization [,fɑsɪlɪ'zeʃən] *s* fosilización
fossilize ['fɑsɪlaɪz] *va* convertir en fósil; *vn* fosilizarse
foster ['fɑstər] o ['fɔstər] *adj* adoptivo, alle-

gado (*por la crianza y no por la sangre*); *va* fomentar; criar; cuidar con ternura
foster brother *s* hermano de leche, hermano de crianza
foster child *s* alumno, niño criado como si fuera hijo
foster daughter *s* hija de leche, hija adoptiva
foster father *s* padre adoptivo
foster home *s* hogar de adopción, hogar en que se asigna a un menor por orden judicial
foster land *s* país adoptivo
foster mother *s* madre adoptiva; ama de leche
foster parent *s* padre o madre adoptiva
foster sister *s* hermana de leche, hermana de crianza
foster son *s* hijo de leche, hijo adoptivo
Foucault current [fu'ko] *s* (elec.) corriente de Foucault
fought [fɔt] *pret & pp de* **fight**
foul [faʊl] *adj* asqueroso, puerco; fétido; viciado (*aire*); obsceno; pérfido; nefando; contrario (*viento*); malo (*dícese, p.ej., del tiempo*); atascado, obstruído; (baseball) fuera del cuadro; (naut.) enredado; (naut.) sin carenar; (print.) lleno de errores y correcciones; (sport) sucio, innoble; **to go, fall** o **run foul of** chocar contra; enredarse en; (fig.) enredarse con; *va* ensuciar; engrasar; atascar, obstruir; (naut.) chocar contra; (naut.) enredarse en; (naut.) cubrir (*las lapas el casco de un barco*); (baseball) volear (*la pelota*) fuera del cuadro; (sport) hacer una jugada prohibida contra; *vn* ensuciarse; engrasarse (*un motor*); (baseball) volear la pelota fuera del cuadro; (sport) hacer una jugada prohibida
foulard [fu'lɑrd] *s* fular
foul ball *s* (baseball) mal batazo, pelota que cae fuera del cuadro
foul-mouthed ['faʊl'maʊðd] o ['faʊl'maʊθt] *adj* deslenguado, malhablado
foulness ['faʊlnɪs] *s* asquerosidad, porquería; fetidez; obscenidad; perfidia; maldad
foul play *s* traición, violencia; (sport) juego sucio, jugada prohibida
foul-spoken ['faʊl'spokən] *adj* malhablado
found [faʊnd] *va* fundar; fundir (*un metal; una estatua*); **to found on** o **upon** fundar en o sobre; *pret & pp de* **find**
foundation [faʊn'deʃən] *s* fundación (*acción o efecto de fundar; donación; institución benéfica*); fundamento (*base, fondo*); (arch.) cimiento; **to dig the foundations** abrir los cimientos
foundation stone *s* piedra fundamental
founder ['faʊndər] *s* fundador; fundidor (*de metales*); (vet.) infosura, hormiguillo; *va* maltratar (*un caballo*); hundir, echar a pique; *vn* desplomarse; tropezar, despearse (*un caballo*); fracasar; hundirse, irse a fondo, irse a pique
foundling ['faʊndlɪŋ] *s* expósito, niño expósito
foundling hospital *s* casa de expósitos
foundry ['faʊndrɪ] *s* (*pl:* **-ries**) fundición (*acción; fábrica*)
foundryman ['faʊndrɪmən] *s* (*pl:* **-men**) fundidor
fount [faʊnt] *s* fuente
fountain ['faʊntən] *s* fuente
fountainhead ['faʊntən,hɛd] *s* nacimiento (*de un río*); (fig.) nacimiento (*origen primitivo*)
Fountain of Youth *s* Fuente de la juventud
fountain pen *s* pluma fuente, pluma estilográfica
fountain syringe *s* mangueta
four [for] *adj* cuatro; *s* cuatro; **on all fours** a cuatro pies, a gatas; igual, parejo, al mismo nivel; **four o'clock** las cuatro; **four of a kind** quínola
four-cornered ['for'kɔrnərd] *adj* cuadrangular
four-cycle ['for,saɪkəl] *adj* (mach.) de cuatro tiempos; *s* (mach.) ciclo de cuatro tiempos
four-cylinder ['for,sɪlɪndər] *adj* (mach.) de cuatro cilindros; **a four-cylinder motor** un cuatro cilindros
four-dimensional ['fordɪ'mɛnʃənəl] *adj* de cuatro dimensiones
four flush *s* (poker) cuatro naipes del mismo palo; bluff, finta
four-flush ['for,flʌʃ] *vn* (slang) bravear, fanfarronear, papelonear
fourflusher ['for,flʌʃər] *s* (slang) bravucón, fanfarrón, impostor, embustero
fourfold ['for,fold] *adj* cuádruple
four-footed ['for'fʊtɪd] *adj* cuadrúpedo
four-handed ['for'hændɪd] *adj* que tiene cuatro manos; cuadrúmano; para cuatro jugadores; (mus.) a cuatro manos
four hundred *adj* cuatrocientos; *s* cuatrocientos; **the four hundred** la alta sociedad
Fourierism ['fʊrɪərɪzəm] *s* furierismo
four-in-hand ['forɪn,hænd] *adj* tirado por cuatro caballos (*coche*); de nudo corredizo (*corbata*); *s* coche tirado por cuatro caballos; tiro de cuatro caballos; corbata de nudo corredizo
four-in-hand tie *s* corbata de nudo corredizo, corbata de pañuelo
four-lane ['for'len] *adj* cuadriviario
four-leaf ['for,lif] o **four-leaved** ['for,livd] *adj* cuadrifoliado
four-legged ['for'lɛgɪd] o ['for'lɛgd] *adj* de cuatro piernas; cuadrúpedo
four-letter word ['for'lɛtər] *s* palabra impúdica de cuatro letras (*o muy corta*)
four-motor ['for'motər] *adj* cuadrimotor
four-motor plane *s* (aer.) cuadrimotor
four-o'clock ['forə,klɑk] *s* (bot.) arrebolera, dondiego
fourpence ['forpəns] *s* cuatro peniques; moneda de cuatro peniques
fourpenny ['for,pɛnɪ] o ['forpənɪ] *s* (*pl:* **-nies**) cuatro peniques; moneda de cuatro peniques; *adj* de cuatro peniques
four-poster ['for'postər] *s* cama imperial
fourscore ['for'skor] *s* cuatro veintenas; *adj* ochenta
four seas *spl* los mares que circundan las Islas Británicas
four-seater ['for'sitər] *s* coche de cuatro plazas; (aer.) cuadriplaza
foursome ['forsəm] *s* cuatrinca; (sport) partida en la que cada uno de los dos bandos se compone de dos personas; (sport) conjunto de cuatro jugadores
foursquare ['for'skwɛr] *adj* cuadrado; franco, sincero; firme, constante; ['for,skwɛr] *s* cuadrado
four-stroke cycle ['for,strok] *s* (mach.) ciclo de cuatro tiempos
fourteen ['for'tin] *adj & s* catorce
Fourteen Points, The los catorce puntos (*del presidente Wilson*)
fourteenth ['for'tinθ] *adj* décimocuarto; catorzavo; *s* décimocuarto; catorzavo; catorce (*en las fechas*)
fourth [forθ] *adj* cuarto; *s* cuarto; cuatro (*en las fechas*); (mus.) cuarta
fourth dimension *s* (math.) cuarta dimensión
fourth estate *s* cuarto poder (*la prensa, el periodismo*)
fourthly ['forθlɪ] *adv* en cuarto lugar
Fourth of July *s* cuatro de julio (*fiesta nacional de los EE.UU.*)
four-way ['for,we] *adj* de cuatro direcciones, de cuatro pasos
four-way switch *s* (elec.) conmutador de cuatro terminales
four-wheel ['for'hwil] *adj* de cuatro ruedas; en las cuatro ruedas
four-wheel brakes *spl* (aut.) frenos en las cuatro ruedas
four-wheel drive *s* propulsión o tracción en cuatro ruedas
fovea ['fovɪə] *s* (*pl:* **-ae** [i]) fóvea; (bot.) fóvea
fovea centralis [sɛn'trelɪs] *s* (anat.) fóvea central
fowl [faʊl] *s* ave; gallo, gallina, pollo; carne de ave; *vn* cazar aves de caza
fowler ['faʊlər] *s* cazador de aves
fowling piece *s* escopeta
fox [fɑks] *s* (zool.) zorra; zorro (*piel*); (fig.) zorro (*persona muy taimada*); *va* engañar con astucia; descolorar, manchar
foxglove ['fɑks,glʌv] *s* (bot.) dedalera
foxhole ['fɑks,hol] *s* (mil.) pozo de lobo
foxhound ['fɑks,haʊnd] *s* perro raposero
fox hunt *s* caza de zorras
foxiness ['fɑksɪnɪs] *s* zorrería
fox squirrel *s* (zool.) ardilla negra
foxtail ['fɑks,tel] *s* rabo de zorra; (bot.) rabo de zorra

F

foxtail grass *s* (bot.) alopecuro
foxtail millet *s* (bot.) panizo
fox terrier *s* fox-térrier
fox trot *s* trote corto (*de caballo*); fox-trot (*danza y música*)
fox-trot ['faks,trat] (*pret & pp:* **-trotted;** *ger:* **-trotting**) *vn* ir al trote corto; bailar el fox-trot
foxy ['faksɪ] *adj* (*comp:* **-ier;** *super:* **-iest**) astuto, taimado; descolorado, manchado
foyer ['fɔɪər] o [fwa'je] *s* salón de entrada; (theat.) salón de descanso, foyer
F.P.S. abr. de **foot-pound-second**
fr. abr. de **fragment, franc** y **from**
Fr. abr. de **Father, France, French** y **Friday**
Fra [fra] *s* fray
fracas ['frekəs] *s* altercado, gresca, riña
fraction ['frækʃən] *s* fracción; pequeña porción; (math.) fracción, quebrado
fractional ['frækʃənəl] *adj* fraccionario; fraccionado; fraccionario (*dinero, moneda*); insignificante
fractional distillation *s* (chem.) destilación fraccionada
fractionate ['frækʃənet] *va* (chem.) fraccionar
fractionating tower ['frækʃə,netɪŋ] *s* torre fraccionadora
fractionation [,frækʃə'neʃən] *s* (chem.) fraccionamiento
fractionize ['frækʃənaɪz] *va* fraccionar
fractious ['frækʃəs] *adj* reacio, rebelón; displicente, regañón
fracture ['fræktʃər] *s* fractura; (geol. & surg.) fractura; *va* fracturar; *vn* fracturarse
fraenum ['frinəm] *s* (*pl:* **-na** [nə]) var. de **frenum**
fragile ['frædʒɪl] *adj* frágil
fragility [frə'dʒɪlɪtɪ] *s* fragilidad
fragment ['frægmənt] *s* fragmento
fragmental [fræg'mɛntəl] o **fragmentary** ['frægmən,tɛrɪ] *adj* fragmentario
fragmentation [,frægmən'teʃən] *s* fragmentación; (biol.) fragmentación
fragrance ['fregrəns] *s* fragancia
fragrant ['fregrənt] *adj* fragante
frail [frel] *adj* frágil, débil
frailty ['freltɪ] *s* (*pl:* **-ties**) fragilidad, debilidad
fraise [frez] *s* fresa (*gorguera*); (fort.) frisa; *va* (mach.) fresar
frambesia [fræm'biʒə] *s* (path.) frambesia
frame [frem] *s* armazón, esqueleto, estructura; marco (*de un cuadro, espejo, etc.*); armadura, montura (*de unas gafas*); complexión, constitución; bastidor (*para bordar*); sistema (*p.ej., de gobierno*); (mov. & telv.) encuadre; (naut.) cuaderna; *va* formar, forjar; idear; ajustar, construir; enmarcar; formular, redactar; (slang) incriminar (*a un inocente*) por medio de una estratagema; (slang) prefijar (*un resultado deseado*) por medios fraudulentos
frame house *s* casa de madera
frame of mind *s* estado de ánimo, manera de pensar
frame of reference *s* (math.) sistema de coordenadas o de ejes de coordenadas; puntos de referencia
framer ['fremər] *s* constructor; carpintero de obra de afuera; fabricante de marcos
frame-up ['frem,ʌp] *s* (slang) treta, estratagema para incriminar a un inocente
framework ['frem,wʌrk] *s* armazón, esqueleto, estructura, marco
franc [fræŋk] *s* franco
France [fræns] o [frans] *s* Francia
Frances ['frænsɪs] o ['fransɪs] *s* Francisca
Franche-Comté [frãʃkõ'te] *s* el Franco Condado
franchise ['frænt/aɪz] *s* franquicia, privilegio; sufragio
Francis ['frænsɪs] o ['fransɪs] *s* Francisco
Franciscan [fræn'sɪskən] *adj & s* franciscano
francium ['frænsɪəm] *s* (chem.) francio
Franco-German ['fræŋko'dʒʌrmən] *adj* francoalemán
Francophile ['fræŋkofaɪl] *adj & s* francófilo
Francophobe ['fræŋkofob] *adj & s* francófobo
Franco-Prussian War ['fræŋko'prʌʃən] *s* guerra Francoprusiana
franc-tireur [frãti'rœr] *s* (*pl:* **francs-tireurs** [frãti'rœr]) francotirador
frangible ['frændʒɪbəl] *adj* frangible
frank [fræŋk] *adj* franco; *s* carta franca, envío franco; franquicia de correos; sello indicador de franquicia; *va* franquear; (*cap.*) *s* Franco; Paco, Francho (*nombre abreviado de Francisco*)
Frankenstein ['fræŋkənstaɪn] *s* personaje fabuloso que crea un monstruo que no puede gobernar; cosa que llega a ser causa de la ruina de su inventor
Frankfurt am Main ['fraŋkfurt am 'maɪn] *s* Francfort del Main
Frankfurt an der Oder [an dər 'odər] *s* Francfurt del Oder
frankfurter ['fræŋkfərtər] *s* salchicha (*de carne de vaca y de cerdo*)
frankincense ['fræŋkɪnsɛns] *s* olíbano
Frankish ['fræŋkɪʃ] *adj* franco; *s* franco (*idioma*)
franklin ['fræŋklɪn] *s* (Brit.) poseedor de feudo franco (*de los siglos XIV y XV*)
frankness ['fræŋknɪs] *s* franqueza (*candor, sinceridad, abertura*)
frantic ['fræntɪk] *adj* frenético
frantically ['fræntɪkəlɪ] *adv* frenéticamente
Franz Josef Land ['frants 'jozɛf ,lænd] *s* archipiélago de Francisco José
frappé [fræ'pe] *adj* helado; *s* helado (*de jugo de fruta azucarado*)
frat [fræt] *s* (slang) club de estudiantes (*en las universidades norteamericanas*)
fraternal [frə'tʌrnəl] *adj* fraternal
fraternal twins *spl* gemelos fraternos o heterólogos
fraternity [frə'tʌrnɪtɪ] *s* (*pl:* **-ties**) fraternidad; cofradía; asociación secreta; (U.S.A.) club de estudiantes
fraternization [,frætərnɪ'zeʃən] *s* fraternización
fraternize ['frætərnaɪz] *vn* fraternizar
fratricidal [,frætrɪ'saɪdəl] o [,fretrɪ'saɪdəl] *adj* fratricida
fratricide ['frætrɪsaɪd] o ['fretrɪsaɪd] *s* fratricidio (*acción*); fratricida (*persona*)
fraud [frɔd] *s* fraude; (coll.) impostor
fraudulence ['frɔdʒələns] o **fraudulency** ['frɔdʒələnsɪ] *s* fraudulencia
fraudulent ['frɔdʒələnt] *adj* fraudulento
fraught [frɔt] *adj* cargado, lleno; **fraught with** cargado de, lleno de
Fraunhofer lines ['fraʊn,hofər] *spl* (phys.) rayas de Fraunhofer
fraxinella [,fræksɪ'nɛlə] *s* (bot.) fresnillo, díctamo blanco
fray [fre] *s* batalla, combate, riña; *va* desgastar, ludir; raer; *vn* raerse, deshilacharse
frazzle ['fræzəl] *s* condición de deshilachado; jirón; gran cansancio; **in a frazzle** deshilachado; rendido de cansancio; *va* desgastar, raer; hacer jirones; rendir de cansancio
freak [frik] *s* curiosidad, monstruosidad, rareza; fenómeno (*persona*); capricho, extravagancia; *adj* muy raro e inesperado
freakish ['frikɪʃ] *adj* muy raro; antojadizo, caprichoso
freckle ['frɛkəl] *s* peca; *va* motear; *vn* ponerse pecoso
freckle-faced ['frɛkəl,fest] *adj* pecoso
freckly ['frɛklɪ] *adj* pecoso
Fred [frɛd] o **Freddy** ['frɛdɪ] *s* Federiquito
Frederica [,frɛdə'rikə] *s* Federica
Frederick ['frɛdərɪk] *s* Federico
free [fri] *adj* (*comp:* **freer** ['friər]; *super:* **freest** ['friɪst]) libre; franco, gratis; liberal, generoso; **to be free with** dar abundantemente; usar de, abundantemente; **to make free with** disponer de (*una cosa*) como si fuera cosa propia; **to set free** libertar; *adv* libremente; en libertad; gratis, de balde; *va* libertar, poner en libertad; manumitir; soltar, desembarazar; exentar, eximir
free alongside ship *adj* libre al costado del vapor
free and easy *adj* despreocupado, sin ceremonia
freeboard ['fri,bord] *s* (naut.) francobordo, obra muerta
freebooter ['fri,butər] *s* pirata, forbante
freebooting ['fri,butɪŋ] *s* piratería

freeborn ['fri,bɔrn] *adj* nacido libre; propio o digno de un pueblo libre
free city *s* ciudad libre
free delivery *s* (U.S.A.) distribución gratuita del correo
freedman ['fridmən] *s* (*pl:* **-men**) liberto, manumiso
freedom ['fridəm] *s* libertad; **to receive the freedom of the city** ser recibido como ciudadano de honor
freedom of assembly *s* libertad de reunión
freedom of speech *s* libertad de palabra
freedom of the press *s* libertad de imprenta o de prensa
freedom of the seas *s* libertad de los mares
freedom of worship *s* libertad de cultos
freedwoman ['frid,wumən] *s* (*pl:* **-women**) liberta, manumisa
free energy *s* (phys.) energía libre
free enterprise *s* libertad de empresa
free fight *s* sarracina, riña tumultuaria
free-for-all ['frifər,ɔl] *adj* para todos; *s* concurso, carrera, pugna, etc. abiertas a todo el mundo; sarracina, riña tumultuaria
free hand *s* carta blanca, plena libertad
freehand ['fri,hænd] *adj* a pulso (*dícese del dibujo*)
freehanded ['fri,hændɪd] *adj* dadivoso, liberal
freehold ['fri,hold] *s* (law) feudo franco; (law) posesión de un feudo franco
freeholder ['fri,holdər] *s* poseedor de feudo franco
free lance *s* soldado mercenario; hombre despreocupado e independiente; periodista, artista u otra persona que trabaja independientemente
free-lance ['fri'læns] o ['fri'lɑns] *adj* mercenario; independiente; *vn* ser independiente
free list *s* (com.) lista de artículos exentos de derechos de aduana
freeloader ['fri,lodər] *s* (slang) esponja, gorrón
free lunch *s* tapas, tapitas
freeman ['frimən] *s* (*pl:* **-men**) hombre libre; ciudadano
Freemason ['fri,mesən] *s* francmasón
Freemasonic [,frimə'sɑnɪk] *adj* francmasónico
Freemasonry ['fri,mesənrɪ] *s* francmasonería; (*l.c.*) *s* comprensión mutua, compañerismo, simpatía natural
free of charge *adj* gratis, de balde
free on board *adj* franco a bordo
free port *s* puerto franco
freesia ['friʒə] *s* (bot.) fresia
free silver *s* acuñación libre de la plata
freesilverite [,fri'sɪlvəraɪt] *s* argentista
free-spoken ['fri'spokən] *adj* franco, sin reserva
freestone ['fri,ston] *adj* abridero, de hueso libre; *s* piedra franca; abridero, fruta abridera
free syllable *s* (phonet.) sílaba libre
freethinker ['fri'θɪŋkər] *s* librepensador
freethinking ['fri'θɪŋkɪŋ] *adj* librepensador; *s* librepensamiento
free thought *s* librepensamiento
free trade *s* libre cambio, librecambio
freetrader ['fri'tredər] *s* librecambista
free-trading ['fri'tredɪŋ] *adj* librecambista
free verse *s* poesía libre de toda traba
freeway ['fri,we] *s* autopista
freewheel ['fri'hwil] *s* (mach.) rueda libre
freewheeling ['fri'hwilɪŋ] *s* (mach.) marcha a rueda libre
free will *s* libre albedrío; propia voluntad
freewill ['fri'wɪl] *adj* voluntario; del libre albedrío
freeze [friz] *s* helada; (*pret:* **froze**; *pp:* **frozen**) *va* helar; congelar (*p.ej., los créditos*); **to freeze out** (coll.) deshacerse de (*p.ej., un rival*) quitándole la clientela; *vn* helarse; congelarse; helársele a uno la sangre (*p.ej., de miedo*); **to freeze on to** (coll.) quedar fuertemente agarrado a; **to freeze to death** morir helado, morir de frío
freezer ['frizər] *s* congelador; heladora, sorbetera
freezing mixture *s* mezcla refrigerante
freezing point *s* punto de congelación
freight [fret] *s* carga; mercancías, tren de mercancías; (naut.) flete; **by freight** por carga, como carga; (rail.) en pequeña velocidad; *va* cargar, enviar por carga
freightage ['fretɪdʒ] *s* carga; transporte
freight agent *s* (rail.) agente de carga
freight car *s* (rail.) vagón de carga, vagón de mercancías
freight engine *s* (rail.) locomotora de mercancías
freighter ['fretər] *s* (naut.) buque de carga, buque carguero
freight platform *s* (rail.) muelle
freight station *s* (rail.) estación de carga
freight train *s* mercancías, tren de mercancías
freight yard *s* (rail.) patio de carga
French [frɛntʃ] *adj* francés; *spl* franceses; *ssg* francés (*idioma*)
French and Indian War *s* guerra entre Francia e Inglaterra en tierras americanas
French Canadian *s* francocanadiense
French-Canadian ['frɛntʃkə'nedɪən] *adj* francocanadiense
French chalk *s* jaboncillo de sastre
French Congo *s* el Congo Francés
French doors *spl* puertas vidrieras dobles
French drain *s* desagüe de piedra en una zanja
French dressing *s* aliño francés, salsa francesa (*para ensaladas*)
French Equatorial Africa *s* el África Ecuatorial Francesa
French fried potatoes *spl* patatas fritas en trocitos
French Guiana *s* la Guayana Francesa
French Guinea *s* la Guinea Francesa
French honeysuckle *s* (bot.) zulla
French horn *s* (mus.) trompa de armonía
French horsepower *s* (mech.) caballo de fuerza, caballo de vapor (*736 vatios*)
Frenchify ['frɛntʃɪfaɪ] (*pret & pp:* **-fied**) *va* afrancesar
French Indochina *s* la Indochina Francesa
French leave *s* despedida a la francesa; **to take French leave** despedirse, irse o marcharse a la francesa
Frenchman ['frɛntʃmən] *s* (*pl:* **-men**) francés
French marigold *s* (bot.) damasquina, clavel de las Indias
French Morocco *s* el Marruecos Francés
French telephone *s* var. de **handset**
French toast *s* pan frito después de ser empapado en una mezcla de leche y huevos batidos
French West Africa *s* el África Occidental Francesa
French West Indies *spl* Antillas Francesas
French window *s* ventana de dos hojas de cristal
Frenchwoman ['frɛntʃ,wumən] *s* (*pl:* **-women**) francesa
Frenchy ['frɛntʃɪ] *s* (*pl:* **-chies**) (coll.) franchote
frenum ['frinəm] *s* (*pl:* **-na** [nə]) (anat.) frenillo
frenzied ['frɛnzɪd] *adj* frenético
frenzy ['frɛnzɪ] *s* (*pl:* **-zies**) frenesí
freon ['friɑn] *s* freón
frequency ['frikwənsɪ] *s* (*pl:* **-cies**) frecuencia
frequency changer *s* (elec.) cambiador de frecuencia
frequency control *s* (rad.) control de la frecuencia
frequency converter *s* (elec.) convertidor de frecuencia
frequency curve *s* (statistics) curva de frecuencias
frequency distribution *s* (statistics) distribución de frecuencias
frequency list *s* lista de frecuencia (*de palabras*)
frequency meter *s* (elec.) frecuencímetro
frequency modulation *s* (rad.) modulación de frecuencia, frecuencia modulada
frequent ['frikwənt] *adj* frecuente; [frɪ'kwɛnt] *va* frecuentar
frequentation [,frikwən'teʃən] *s* frecuentación
frequentative [frɪ'kwɛntətɪv] *adj & s* (gram.) frecuentativo
frequenter [frɪ'kwɛntər] *s* frecuentador

frequently [ˈfrikwəntlɪ] *adv* frecuentemente, con frequencia
fresco [ˈfrɛsko] *s* (*pl:* **-coes** o **-cos**) fresco (*arte; cuadro*); **in fresco** al fresco; *va* pintar al fresco
frescoer [ˈfrɛskoər] *s* fresquista
fresh [frɛʃ] *adj* fresco; puro (*dícese del aire, agua, etc.*); dulce (*agua*); inexperto, novicio; (naut.) fresquito (*viento*); (slang) atrevido (*para con las mujeres*); (slang) fresco, desvergonzado; **fresh paint!** ¡recién pintado!, ¡ojo, mancha!; *adv* frescamente, recientemente; **I am fresh out of coffee** (coll.) el café está recién agotado
fresh breeze *s* (naut.) viento fresquito
freshen [ˈfrɛʃən] *va* refrescar; hacer menos salado; *vn* refrescarse; refrescar (*el viento*)
freshet [ˈfrɛʃɪt] *s* crecida, avenida; corriente impetuosa de agua dulce que penetra en el mar
fresh gale *s* (naut.) viento duro
freshman [ˈfrɛʃmən] *s* (*pl:* **-men**) novato; estudiante de primer año
freshness [ˈfrɛʃnɪs] *s* frescura; pureza (*del aire, agua, etc.*); (slang) frescura, descaro
fresh-water [ˈfrɛʃˌwɔtər] o [ˈfrɛʃˌwɑtər] *adj* de agua dulce; no acostumbrado a navegar; bisoño, inexperto; provinciano
fret [frɛt] *s* calado; (mus.) ceja o traste (*de la guitarra*); queja, displicencia; (*pret & pp:* **fretted;** *ger:* **fretting**) *va* adornar con calados; irritar; raer, gastar estregando; corroer; agitar (*el agua*); *vn* irritarse, quejarse; agitarse (*el agua*); raerse
fretful [ˈfrɛtfəl] *adj* irritable, displicente, descontentadizo
fret saw *s* sierra de calados
fretted [ˈfrɛtɪd] *adj* calado; (her.) freteado
fretwork [ˈfrɛtˌwʌrk] *s* calado
Freudian [ˈfrɔɪdɪən] *adj & s* freudiano
Freudianism [ˈfrɔɪdɪənɪzəm] *s* freudismo
Fri. abr. de **Friday**
friability [ˌfraɪəˈbɪlɪtɪ] *s* friabilidad
friable [ˈfraɪəbəl] *adj* friable
friar [ˈfraɪər] *s* fraile; (print.) fraile
friary [ˈfraɪərɪ] *s* (*pl:* **-ies**) convento de frailes; orden de frailes
fricassee [ˌfrɪkəˈsi] *s* fricasé; *va* guisar a la fricasé
fricative [ˈfrɪkətɪv] *adj* (phonet.) fricativo; *s* (phonet.) fricativa
friction [ˈfrɪkʃən] *s* fricción, rozamiento; (mech.) fricción, rozamiento; (fig.) fricción, desavenencia, rozamiento
frictional [ˈfrɪkʃənəl] *adj* friccional, de fricción, de rozamiento
friction tape *s* (elec.) cinta aislante, tela aisladora
Friday [ˈfraɪdɪ] *s* viernes; servidor fiel y muy adicto
fried [fraɪd] *adj* frito
friedcake [ˈfraɪdˌkek] *s* buñuelo
fried egg *s* huevo a la plancha
fried potatoes *spl* patatas fritas
friend [frɛnd] *s* amigo; gente de paz (*expresión con que se contesta al que pregunta ¿quién?*); (*cap.*) *s* cuáquero; **to be close friends** ser muy amigos; **to be friends with** ser amigo de; **to make friends** trabar amistades; ganarse amigos; **to make friends with** hacerse amigo de
friend at court *s* amigo en alto lugar; **to have a friend at court** tener el padre alcalde
friendliness [ˈfrɛndlɪnɪs] *s* amigabilidad, cordialidad
friendly [ˈfrɛndlɪ] *adj* (*comp:* **-lier;** *super:* **-liest**) amigable, amistoso, cordial
Friendly Islands *spl* islas de los Amigos
friendship [ˈfrɛndʃɪp] *s* amistad
Friesland [ˈfrizlənd] *s* Frisia
frieze [friz] *s* frisa (*tela de lana*); (arch.) friso; *va* frisar (*el paño*)
frigate [ˈfrɪgɪt] *s* (naut.) fragata
frigate bird *s* (orn.) fragata, rabihorcado
fright [fraɪt] *s* susto, terror; (coll.) espantajo, mamarracho; **to take fright at** asustarse de; *va* (poet.) asustar
frighten [ˈfraɪtən] *va* asustar; espantar; **to frighten away** espantar, ahuyentar; *vn* asustar; asustarse
frightful [ˈfraɪtfəl] *adj* espantoso, horroroso; (coll.) muy feo, repugnante; (coll.) muy grande, tremendo
frightfulness [ˈfraɪtfəlnɪs] *s* espanto, horror; terrorismo
frigid [ˈfrɪdʒɪd] *adj* frío; (fig.) frío (*indiferente; sin gracia*)
frigidity [frɪˈdʒɪdɪtɪ] *s* frialdad; (fig.) frialdad (*indiferencia, desafecto*); (path.) frialdad, frigidez (*falta de deseos sexuales*)
frigid zone *s* zona glacial
frill [frɪl] *s* lechuga, escarola; collarín (*de aves, animales*); (coll.) adorno inútil, ringorrango; (coll.) afectación (*en el vestir, el hablar, etc.*); *va* alechugar, escarolar; *vn* alechugarse
fringe [frɪndʒ] *s* franja, orla; borde, margen; *va* franjar, orlar; (fig.) orlar (*los árboles un camino*)
fringe benefits *spl* beneficios accesorios
fringillid [frɪnˈdʒɪlɪd] *s* (orn.) fringílido
frippery [ˈfrɪpərɪ] *s* (*pl:* **-ies**) cursilería; perifollos, perejiles
Frisco [ˈfrɪsko] *s* (coll.) nombre abreviado de **San Francisco** (*California*)
Frisian [ˈfrɪʒən] *adj & s* frisón
frisk [frɪsk] *va* (slang) cachear; (slang) robar con ratería; *vn* cabriolar, juguetear, retozar
frisket [ˈfrɪskɪt] *s* (print.) frasqueta
frisky [ˈfrɪskɪ] *adj* (*comp:* **-ier;** *super:* **-iest**) juguetón, retozón, vivaracho; fogoso (*caballo*)
frit [frɪt] *s* frita; (*pret & pp:* **fritted;** *ger:* **fritting**) *va* fritar (*las materias con que se fabrica el vidrio*)
frith [frɪθ] *s* estuario, brazo de mar
fritillary [ˈfrɪtɪˌlɛrɪ] *s* (*pl:* **-ies**) (bot. & ent.) fritilaria
fritter [ˈfrɪtər] *s* fruta de sartén, frisuelo; parte pequeña, fragmento; *va* desmenuzar; **to fritter away** desperdiciar o malgastar a poquitos
frivolity [frɪˈvɑlɪtɪ] *s* (*pl:* **-ties**) frivolidad
frivolous [ˈfrɪvələs] *adj* frívolo
friz o **frizz** [frɪz] *s* (*pl:* **frizzes**) bucle, rizo, pelo rizado muy apretadamente; (*pret & pp:* **frizzed;** *ger:* **frizzing**) *va* rizar, rizar muy apretadamente
frizzle [ˈfrɪzəl] *s* rizo pequeño y apretado; chirrido, siseo; *va* rizar apretadamente; asar o freír en parrillas; *vn* chirriar, sisear
frizzly [ˈfrɪzlɪ] o **frizzy** [ˈfrɪzɪ] *adj* muy ensortijado
fro [fro] *adv* atrás, hacia atrás; **to and fro** de una parte a otra, de aquí para allá
frock [frɑk] *s* vestido; bata, blusa; vestido talar (*de los sacerdotes*); levita; *va* vestir con vestido, bata, vestido talar, etc.
frock coat *s* levita
frog [frɑg] o [frɔg] *s* (zool. & rail.) rana; ranilla (*del casco de las caballerías*); alamar (*presilla y botón*); ronquera; (elec.) renacuajo
frog in the throat *s* ronquera, gallo en la garganta
frogman [ˈfrɑgˌmæn] o [ˈfrɔgˌmæn] *s* (*pl:* **-men**) hombre rana
frolic [ˈfrɑlɪk] *s* juego alegre; travesura; jaleo, holgorio, fiesta; (*pret & pp:* **-icked;** *ger:* **-icking**) *vn* juguetear, retozar, travesear, jaranear
frolicsome [ˈfrɑlɪksəm] *adj* juguetón, retozón, travieso
from [frɑm] o [frəm] *prep* de; desde; de parte de; según; a, p.ej., **to take something away from someone** quitar algo a alguien
frond [frɑnd] *s* (bot.) fronda
frondage [ˈfrɑndɪdʒ] *s* frondas, frondosidad
frondescence [frɑnˈdɛsəns] *s* (bot.) frondescencia
frondescent [frɑnˈdɛsənt] *adj* frondescente
front [frʌnt] *s* frente *m & f;* frontalera (*de la brida del caballo*); pechera (*de la camisa*); principio (*de un libro*), p.ej., **you will find the passage in the front of the book** Vd. hallará el pasaje al principio o hacia el principio del libro; porción de terreno colindante con un río, calle, etc.; apariencia falsa (*de riqueza, grandeza, etc.*); ademán estudiado; (fort., mil. & pol.) frente *m;* **in front** delante, al frente, en frente; **in front of** delante de, en frente de, frente a; **to put on a front** (coll.) gastar mucho oropel; **to put up a bold front** hacer de tripas corazón (*poner buena cara a cosa desagradable*); *interj* ¡botones!;

adj delantero; primero; anterior (*diente*); (phonet.) anterior; *va* dar a; afrontar, arrostar; estar al frente de; poner frente o fachada a; *vn* adelantarse; **to front on** dar a; **to front towards** mirar hacia
frontage [ˈfrʌntɪdʒ] *s* fachada, frontera; extensión frontera; terreno frontero
frontal [ˈfrʌntəl] *adj* frontal; *s* frontal; (anat., arch. & eccl.) frontal
front door *s* puerta de entrada, puerta principal
front drive *s* (aut.) tracción delantera
frontier [frʌnˈtɪr] o [ˈfrʌntɪr] *s* frontera; *adj* fronterizo
frontiersman [frʌnˈtɪrzmən] *s* (*pl:* **-men**) habitante de la frontera, colonizador, explorador
frontispiece [ˈfrʌntɪspis] *s* portada, frontispicio (*de un libro*); (arch.) frontispicio
frontlet [ˈfrʌntlɪt] *s* frente de un animal; venda o adorno para la frente
front line *s* (mil.) línea del frente
front matter *s* preliminares (*de un libro*)
front page *s* primera plana
front-page [ˈfrʌntˌpedʒ] *adj* de la primera plana (*de un periódico*); muy importante
front porch *s* soportal
front room *s* cuarto que da a la calle
front row *s* delantera, primera fila
front seat *s* asiento delantero
front steps *spl* quicio, pretorio (*escalones en la puerta exterior de la casa*)
front view *s* vista de frente
front vowel *s* (phonet.) vocal anterior
frost [frɔst] o [frɑst] *s* helada (*congelación*); escarcha (*rocío helado*); (coll.) frialdad (*en el trato*); (slang) fracaso; *va* cubrir de escarcha; escarchar (*p.ej., confituras*); quemar (*el hielo las plantas*); deslustrar (*el vidrio*)
frostbite [ˈfrɔstˌbaɪt] o [ˈfrɑstˌbaɪt] *s* daño sufrido por causa de la helada; (*pret:* **-bit;** *pp:* **-bitten**) *va* helar; quemar (*el hielo las plantas*)
frosted foods *spl* var. de **frozen foods**
frosted glass *s* vidrio deslustrado, vidrio amolado
frosting [ˈfrɔstɪŋ] o [ˈfrɑstɪŋ] *s* (cook.) capa de clara de huevo y azúcar; imitación de la escarcha (*en el acabado de los metales*)
frosty [ˈfrɔstɪ] o [ˈfrɑstɪ] *adj* (*comp:* **-ier;** *super:* **-iest**) cubierto de escarcha; helado; escarchado; frío, poco amistoso; canoso, gris
froth [frɔθ] o [frɑθ] *s* espuma; frivolidad, bachillerías; *va* hacer espumar; cubrir de espuma; emitir como espuma; batir (*un líquido*) hasta que espume; *vn* espumar, echar espuma; **to froth at the mouth** espumajear, echar espumarajos por la boca
frothy [ˈfrɔθɪ] o [ˈfrɑθɪ] *adj* (*comp:* **-ier;** *super:* **-iest**) espumoso; frívolo
frou-frou [ˈfruˌfru] *s* frufrú
froward [ˈfrowərd] *adj* indócil, díscolo
frown [fraʊn] *s* ceño, entrecejo; *va* mirar con ceño; expresar (*enojo*) frunciendo el entrecejo; *vn* fruncir el entrecejo, estar de mal semblante; **to frown at** mirar con ceño; desaprobar; **to frown on** desaprobar
frowsy o **frowzy** [ˈfraʊzɪ] *adj* (*comp:* **-ier;** *super:* **-iest**) desaliñado, desaseado; mal peinado; maloliente
froze [froz] *pret de* **freeze**
frozen [ˈfrozən] *pp de* **freeze**
frozen foods *spl* viandas heladas, alimentos o comestibles congelados
F.R.S. abr. de **Fellow of the Royal Society**
frt. abr. de **freight**
fructiferous [frʌkˈtɪfərəs] *adj* fructífero
fructification [ˌfrʌktɪfɪˈkeʃən] *s* fructificación
fructify [ˈfrʌktɪfaɪ] (*pret & pp:* **-fied**) *va* fecundar, fertilizar; *vn* fructificar
fructose [ˈfrʌktos] *s* (chem.) fructosa
fructuous [ˈfrʌktʃʊəs] *adj* fructuoso
frugal [ˈfrugəl] *adj* parco, comedido; escaso
frugality [fruˈgælɪtɪ] *s* parquedad; escasez
frugivorous [fruˈdʒɪvərəs] *adj* frugívoro
fruit [frut] *s* fruta (*p.ej., fresa, manzana, pera*); frutas, p.ej., **I like fruit** me gustan las frutas; (bot.) fruto (*parte que contiene la semilla*); (fig.) fruto (*resultado; producción*), p.ej., **the fruit of much effort** el fruto de mucho trabajo; **the fruits of the earth** los frutos de la tierra; *adj* frutal (*árbol*); frutero (*buque, plato, etc.*); *vn* frutar, dar fruto
fruitage [ˈfrutɪdʒ] *s* fructificación
fruit cake *s* torta de frutas
fruit cup *s* compotera de frutas picadas (*sin cocer*)
fruit dish *s* plato frutero
fruiter [ˈfrutər] *s* buque frutero; árbol frutal; cultivador de frutas
fruiterer [ˈfrutərər] *s* frutero; buque frutero
fruit fly *s* (ent.) mosca del vinagre; (ent.) mosca de las frutas, mosca mediterránea
fruitful [ˈfrutfəl] *adj* fructuoso, fructífero
fruitfulness [ˈfrutfəlnɪs] *s* fructuosidad
fruition [fruˈɪʃən] *s* cumplimiento, buen resultado; complacencia, goce, fruición; fructificación; **to come to fruition** lograrse cumplidamente
fruit jar *s* tarro para frutas
fruit juice *s* jugo de frutas
fruitless [ˈfrutlɪs] *adj* infructuoso
fruit ranch *s* finca dedicada a la fruticultura
fruit salad *s* ensalada de frutas, macedonia de frutas
fruit stand *s* puesto de frutas
fruit store *s* frutería
fruit sugar *s* (chem.) azúcar de fruta
fruit tree *s* árbol frutal
fruitwoman [ˈfrutˌwʊmən] *s* (*pl:* **-women**) frutera
fruity [ˈfrutɪ] *adj* (*comp:* **-ier;** *super:* **-iest**) que huele o sabe a fruta, de olor o sabor de fruta
frumenty [ˈfruməntɪ] *s* frangollo cocido con leche y condimentado con azúcar y canela
frump [frʌmp] *s* mujer descuidada en el vestir
frumpish [ˈfrʌmpɪʃ] *adj* desaliñado; malhumorado
frumpy [ˈfrʌmpɪ] *adj* (*comp:* **-ier;** *super:* **-iest**) var. de **frumpish**
frustrate [ˈfrʌstret] *va* frustrar
frustration [frʌsˈtreʃən] *s* frustración; desazón, desengaño
frustule [ˈfrʌstʃʊl] *s* (bot.) frústula
frustum [ˈfrʌstəm] *s* (*pl:* **-tums** o **-ta** [tə]) (geom.) tronco
frutescent [fruˈtɛsənt] *adj* frutescente
fruticose [ˈfrutɪkos] *adj* fruticoso
fry [fraɪ] *s* (*pl:* **fries**) fritada; *spl* pececillos; cardumen de peces pequeños; prole, hijos; (*pret & pp:* **fried**) *va* freír
frying pan *s* sartén; **to jump from the frying pan into the fire** saltar de la sartén y dar en las brasas, huir de las cenizas y caer en las brasas
ft. abr. de **foot** o **feet**
fucaceous [fjuˈkeʃəs] *adj* (bot.) fucáceo
fuchsia [ˈfjuʃə] *s* (bot.) fucsia
fuchsin [ˈfʊksɪn] o **fuchsine** [ˈfʊksɪn] o [ˈfuksin] *s* (chem.) fucsina
fuddle [ˈfʌdəl] *va* emborrachar; confundir
fuddy-duddy [ˈfʌdɪˌdʌdɪ] *adj* (coll.) atrasado, anticuado; (coll.) alharaquiento, quisquilloso; *s* (*pl:* **-dies**) (coll.) persona de ideas o costumbres atrasadas o anticuadas; (coll.) persona alharaquienta, persona quisquillosa; (coll.) tragavirotes
fudge [fʌdʒ] *s* dulce de chocolate (*de la consistencia de la raspadura*); *interj* ¡tonterías!; *va* hacer de modo chapucero, hacer de modo superficial y mecánico, hacer con mala fe
Fuegian [fjuˈidʒɪən] *adj & s* fueguino
fuel [ˈfjuəl] *s* combustible; (fig.) aliciente, pábulo; (*pret & pp:* **fueled** o **fuelled;** *ger:* **fueling** o **fuelling**) *va* aprovisionar de combustible; *vn* aprovisionarse de combustible
fuel gauge *s* indicador de nivel del combustible
fuel oil *s* aceite combustible
fuel tank *s* depósito de combustible
fugacious [fjuˈgeʃəs] *adj* fugaz; (bot.) fugaz
fugitive [ˈfjudʒɪtɪv] *adj* fugitivo; de interés pasajero; errante, vagabundo; *s* fugitivo
fugleman [ˈfjugəlmən] *s* (*pl:* **-men**) (mil.) jefe de fila; (fig.) modelo (*persona digna de ser imitada*)
fugue [fjug] *s* (mus.) fuga
fulcrum [ˈfʌlkrəm] *s* (*pl:* **-crums** o **-cra** [krə]) (bot., ent., ichth. & mach.) fulcro
-ful *suffix adj* -oso p.ej., **frightful** espantoso;

F

painful doloroso; *suffix s* -ado, p.ej., **armful** brazado; **handful** puñado; -ada p.ej., **spoonful** cucharada; **shovelful** palada
fulfil o **fulfill** [fʊlˈfɪl] (*pret & pp:* **-filled;** *ger:* **-filling**) *va* cumplir (*un deseo, un plazo, una orden*); cumplir con (*una obligación*); llenar (*una condición, un requisito*); realizar
fulfilment o **fulfillment** [fʊlˈfɪlmənt] *s* cumplimiento, ejecución, realización
fulgent [ˈfʌldʒənt] *adj* fulgente
fulgide [ˈfʌldʒaɪd] o [ˈfʌldʒɪd] *s* (chem.) fúlgido
fulgurate [ˈfʌlgjəret] *vn* fulgurar
fulgurite [ˈfʌlgjəraɪt] *s* fulgurita
fulgurous [ˈfʌlgjərəs] *adj* fulguroso
fuliginous [fjuˈlɪdʒɪnəs] *adj* fuliginoso
full [fʊl] *adj* lleno; pleno; amplio, holgado (*vestido*); de etiqueta (*traje*); fuerte, sonoro (*dícese de la voz*); **full of fun** muy divertido, muy chistoso; **full of play** muy juguetón, muy retozón; **full to overflowing** lleno a rebosar; *adv* de lleno; **full many (a)** muchísimos; **full well** muy bien, perfectamente; *s* colmo, máximum; plentitud; **in full** por completo, totalmente; sin abreviar; **to the full** completamente, enteramente; *va* dar amplitud a; abatanar (*el paño*); *vn* llegar (*la Luna*) al plenilunio
fullback [ˈfʊlˌbæk] *s* (football) defensa, jugador trasero
full blast *s* pleno tiro; pleno ejercicio; toda velocidad; **at** o **in full blast** a pleno tiro; en pleno ejercicio; a toda velocidad
full-blooded [ˈfʊlˈblʌdɪd] *adj* vigoroso; pletórico; de raza
full-blown [ˈfʊlˈblon] *adj* abierto (*dícese de las flores*); maduro, desarrollado
full-bodied [ˈfʊlˈbɑdɪd] *adj* consistente, fuerte, espeso; aromático
full dress *s* traje de etiqueta; (mil.) uniforme de gala
full-dress coat [ˈfʊlˌdrɛs] *s* frac
fuller [ˈfʊlər] *s* batanero
fuller's earth *s* tierra de batán, tierra de bataneros
full-faced [ˈfʊlˈfest] *adj* carilleno; de cuadrado (*mirado frente a frente*); de rostro entero (*dícese de un retrato*)
full-fashioned [ˈfʊlˈfæʃənd] *adj* de costura francesa (*dícese de las medias*)
full-fledged [ˈfʊlˈflɛdʒd] *adj* acabado, completo; hecho y derecho, nada menos que
full-grown [ˈfʊlˈgron] *adj* crecido, completamente desarrollado, maduro
full house *s* lleno, entrada llena; (poker) fulján
full-length mirror [ˈfʊlˈlɛŋθ] *s* espejo de cuerpo entero, espejo de vestir
full-length motion picture *s* cinta de largo metraje
full load *s* plena carga; (aer.) peso total
full moon *s* luna llena, plenilunio
full name *s* nombre y apellidos
fullness [ˈfʊlnɪs] *s* (lo) lleno; plenitud, llenura
fullness of time *s* plenitud de los tiempos
full of the moon *s* lleno de la luna
full-page [ˈfʊlˌpedʒ] *adj* a página entera
full powers *spl* amplias facultades, plenos poderes
full-rigged [ˈfʊlˈrɪgd] *adj* pertrechado completamente; (naut.) aparejado completamente
full sail *adv* (naut.) a toda vela, a todo trapo; (fig.) a todo trapo
full-sized [ˈfʊlˈsaɪzd] *adj* de tamaño natural
full stop *s* parada completa; (gram.) punto final
full swing *s* plena operación, actividad máxima; **in full swing** en plena actividad
full tilt *adv* a toda velocidad
full time *s* las horas de costumbre, jornada ordinaria
full-time [ˈfʊlˌtaɪm] *adj* a tiempo completo
full-view [ˈfʊlˈvju] *adj* de vista completa
full volume *s & adv* (rad.) todo volumen
full-wave [ˈfʊlˌwev] *adj* (elec.) de onda completa
fully [ˈfʊlɪ] o [ˈfʊllɪ] *adv* completamente; llenamente, abundantemente; cabalmente, exactamente
fulminate [ˈfʌlmɪnet] *s* (chem.) fulminato; *va* hacer saltar, volar; fulminar (*censuras, amenazas, etc.*); *vn* fulminar; **to fulminate against** tronar contra
fulminating powder *s* (chem.) pólvora fulminante
fulmination [ˌfʌlmɪˈneʃən] *s* fulminación
fulminic [fʌlˈmɪnɪk] *adj* fulmínico
fulminic acid *s* (chem.) ácido fulmínico
fulminous [ˈfʌlmɪnəs] *adj* fulmíneo o fulminoso
fulness [ˈfʊlnɪs] *s* var. de **fullness**
fulsome [ˈfʊlsəm] o [ˈfʌlsəm] *adj* craso, de mal gusto; repugnante
fumarole [ˈfjumərol] *s* fumarola
fumble [ˈfʌmbəl] *s* (football) falta que consiste en dejar caer el balón; *va* manosear desmañadamente; dejar caer (*el balón o la pelota*) desmañadamente; *vn* buscar con las manos (*p.ej., en los bolsillos*); revolver papeles; andar a tientas; titubear (*en la elección o pronunciación de las palabras*)
fume [fjum] *s* emanación, gas, humo, vapor; mal humor, arranque de cólera; *va* ahumar; avahar; *vn* ahumar; avaharse; humear, exhalar vapores; echar pestes; **to fume at** echar pestes contra
fumed oak *s* roble ahumado
fumigate [ˈfjumɪget] *va* fumigar
fumigation [ˌfjumɪˈgeʃən] *s* fumigación
fumigator [ˈfjumɪˌgetər] *s* fumigador (*persona o aparato*)
fumitory [ˈfjumɪˌtorɪ] *s* (*pl:* **-ries**) (bot.) fumaria
fun [fʌn] *s* diversión, chacota, broma; **for fun** o **in fun** por gusto, por divertirse; **to be fun** ser divertido; **to have fun** divertirse; **to make fun of** o **to poke fun at** burlarse de, reírse de; **to play for fun** jugar de burlas
function [ˈfʌŋkʃən] *s* función; *vn* funcionar
functional [ˈfʌŋkʃənəl] *adj* funcional
functionalism [ˈfʌŋkʃənəlɪzəm] *s* funcionalismo
functionary [ˈfʌŋkʃəˌnɛrɪ] *s* (*pl:* **-ies**) funcionario
fund [fʌnd] *s* fondo; (fig.) fondo (*p.ej., de sabiduría*); **funds** *spl* fondos (*caudales, dinero*); *va* colocar en un fondo; consolidar (*una deuda*)
fundable [ˈfʌndəbəl] *adj* consolidable
fundamental [ˌfʌndəˈmɛntəl] *adj* fundamental; *s* fundamento; (mus.) nota fundamental
fundamentalism [ˌfʌndəˈmɛntəlɪzəm] *s* (rel.) fundamentalismo
fundamentalist [ˌfʌndəˈmɛntəlɪst] *s* (rel.) fundamentalista
fundus [ˈfʌndəs] *s* (anat.) fondo
funeral [ˈfjunərəl] *adj* funeral; *s* funeral, funerales, pompa fúnebre (*de corpore insepulto*); (slang) desgracia, mala suerte; **it's not my funeral** (slang) no corre a mi cuidado
funeral director *s* director de funeraria
funeral march *s* (mus.) marcha fúnebre
funeral parlor *s* funeraria
funeral service *s* misa de cuerpo presente
funerary [ˈfjunəˌrɛrɪ] *adj* funerario
funereal [fjuˈnɪrɪəl] *adj* funeral; fúnebre
fungicidal [ˌfʌndʒɪˈsaɪdəl] *adj* fungicida
fungicide [ˈfʌndʒɪsaɪd] *s* fungicida
fungoid [ˈfʌŋgɔɪd] *adj* fungoideo
fungology [fʌŋˈgɑlədʒɪ] *s* fungología
fungosity [fʌŋˈgɑsɪtɪ] *s* (*pl:* **-ties**) fungosidad; (path.) fungosidad
fungous [ˈfʌŋgəs] *adj* fungoso; que aparece de repente y dura poco
fungus [ˈfʌŋgəs] *adj* fungoso; que aparece de repente y dura poco; *s* (*pl:* **-guses** o **fungi** [ˈfʌndʒaɪ]) (bot.) hongo; (path.) hongo, fungo
funicle [ˈfjunɪkəl] *s* var. de **funiculus**
funicular [fjuˈnɪkjələr] *adj & s* funicular
funicular railway *s* ferrocarril funicular
funiculate [fjuˈnɪkjəlɪt] o [fjuˈnɪkjəlet] (bot.) *adj* funiculado
funiculus [fjuˈnɪkjələs] *s* (*pl:* **-li** [laɪ]) (anat., bot. & zool.) funículo
funk [fʌŋk] *s* (coll.) temor, temor pánico; (coll.) cobarde; **in a funk** (coll.) atemorizado; *va* (coll.) encogerse de miedo por, retraerse con temor de; (coll.) atemorizar; *vn* (coll.) encogerse de miedo, retraerse con temor
funnel [ˈfʌnəl] *s* embudo; (naut.) chimenea (*de un vapor*); (naut.) manguera, ventilador; (*pret & pp:* **-neled** o **-nelled;** *ger:* **-neling** o

-nelling) *va* verter por medio de un embudo; (fig.) concentrar
funny [ˈfʌnɪ] *adj* (*comp:* **-nier;** *super:* **-niest**) cómico, ridículo; divertido, chistoso; (coll.) extraño, raro; **to strike someone as funny** hacerle a uno gracia; *s* (*pl:* **-nies**) (Brit.) pequeño bote de remos de tingladillo; **funnies** *spl* (slang) tiras cómicas, páginas cómicas (*del periódico*)
funny bone *s* var. de **crazy bone**
funny paper *s* páginas cómicas (*del periódico*)
fur. abr. de **furlong** y **furnished**
fur [fʌr] *s* piel, piel con su lana o pelo; abrigo o adorno de pieles; sarro (*p.ej., en la lengua*); caza de pelo; (her.) forro; **to make the fur fly** (coll.) armar camorra, ser origen de pelotera; **to stroke a person's fur the wrong way** irritarle a una persona; *adj* de piel, de pieles; (*pret & pp:* **furred;** *ger:* **furring**) *va* guarnecer o forrar con pieles; depositar sarro en; aplicar tiras de madera a, clavar tiras de madera en; *vn* formarse incrustaciones
furbelow [ˈfʌrbəlo] *s* faralá, ringorrango; *va* adornar con volantes, lazos, etc.
furbish [ˈfʌrbɪʃ] *va* acicalar, limpiar, pulir; **to furbish up** renovar, restaurar
furcate [ˈfʌrket] *adj* horcado
fur coat *s* abrigo de pieles
furfur [ˈfʌrfər] *s* (*pl:* **furfures** [ˈfʌrfjuriz]) (path.) fúrfura
furfuraceous [ˌfʌrfjəˈreʃəs] *adj* furfuráceo; (bot.) furfuráceo
furious [ˈfjurɪəs] *adj* furioso
furl [fʌrl] *va* arrollar; (naut.) aferrar
fur-lined [ˈfʌrˌlaɪnd] *adj* forrado con pieles
furlong [ˈfʌrlɔŋ] o [ˈfʌrlɑŋ] *s* estadio
furlough [ˈfʌrlo] *s* (mil.) licencia; *va* (mil.) dar licencia a
furnace [ˈfʌrnɪs] *s* horno; calorífero (*para calentar una casa*); lugar de calor intenso; prueba penosa
furnaceman [ˈfʌrnɪsmən] *s* (*pl:* **-men**) hornero; hombre encargado del calorífero
furnish [ˈfʌrnɪʃ] *va* amueblar; proporcionar, suministrar; aducir (*pruebas*); **to furnish with** proveer de
furnished room *s* cuarto amueblado
furnishings [ˈfʌrnɪʃɪŋz] *spl* muebles, mueblaje; accesorios; artículos (*p.ej., para caballeros*)
furniture [ˈfʌrnɪtʃər] *s* muebles, mueblaje; arreos, avíos; (naut.) aparejo; **a piece of furniture** un mueble; **a suit of furniture** un moblaje, un mobiliario, un juego de muebles
furniture polish *s* pulimento para muebles
furor [ˈfjurɔr] *s* furor
furrier [ˈfʌrɪər] *s* peletero
furriery [ˈfʌrɪərɪ] *s* (*pl:* **-ies**) peletería
furring [ˈfʌrɪŋ] *s* adorno o forro de pieles; sarro; tiras de madera
furrow [ˈfʌro] *s* surco; *va* surcar
furry [ˈfʌrɪ] *adj* (*comp:* **-rier;** *super:* **-riest**) adornado con pieles; hecho de pieles; peludo; sarroso
fur seal *s* (zool.) oso marino (*Callorhinus alascanus*)
further [ˈfʌrðər] *adj comp* adicional, nuevo; más lejano; más; *adv comp* además; más lejos; *va* adelantar, promover, apoyar, fomentar
furtherance [ˈfʌrðərəns] *s* adelantamiento, promoción, apoyo, fomento
furtherer [ˈfʌrðərər] *s* promotor, patrón, fomentador
furthermore [ˈfʌrðərmor] *adv* además
furthermost [ˈfʌrðərmost] *adj super* más lejano (*de todos*)
furthest [ˈfʌrðɪst] *adj super* más lejano (*de todos*); más; *adv super* más lejos; más
furtive [ˈfʌrtɪv] *adj* furtivo
furuncle [ˈfjurʌŋkəl] *s* (path.) furúnculo
fury [ˈfjurɪ] *s* (*pl:* **-ries**) furia (*ira; violencia; prisa; persona irritada*); (*cap.*) *s* Furia; **to be in a fury** estar furioso, estar dado a los demonios; **like fury** a toda furia
furze [fʌrz] *s* (bot.) aliaga, aulaga, tojo; (bot.) retama de escoba
furzy [ˈfʌrzɪ] *adj* retamero
fuse [fjuz] *s* mecha; (elec.) fusible, cortacircuitos; (elec.) tapón fusible; (mil.) espoleta; **to burn** o **burn out a fuse** (elec.) quemar un fusible; *va* fundir; poner la espoleta a; (fig.) fusionar; *vn* fundirse; (fig.) fusionarse
fuse box *s* (elec.) caja de fusibles
fusee [fjuˈzi] *s* fósforo grande que no apaga el viento; (horol.) caracol, fusé; (rail.) luz de bengala que sirve de señal
fuselage [ˈfjuzəlɪdʒ] o [ˌfjuzəˈlɑʒ] *s* (aer.) fuselaje
fuse link *s* (elec.) elemento fusible
fusel oil [ˈfjuzəl] *s* (chem.) aceite de fusel
fusibility [ˌfjuzɪˈbɪlɪtɪ] *s* fusibilidad
fusible [ˈfjuzɪbəl] *adj* fusible o fundible
fusiform [ˈfjuzɪfɔrm] *adj* fusiforme
fusileer o **fusilier** [ˌfjuzɪˈlɪr] *s* fusilero
fusillade [ˌfjuzɪˈled] *s* fusilería; (fig.) andanada (*p.ej., de preguntas*); *va* atacar con una descarga de fusilería, fusilar
fusion [ˈfjuʒən] *s* fusión; (fig.) fusión
fusionism [ˈfjuʒənɪzəm] *s* (pol.) fusionismo
fusionist [ˈfjuʒənɪst] *adj & s* fusionista
fuss [fʌs] *s* alharaca, bulla innecesaria; hazañería, desvelos innecesarios; (slang) disputa por ligero motivo; **to make a fuss** hacer alharacas; **to make a fuss over** hacer fiestas a; disputar sobre; *va* molestar, inquietar, atolondrar; dejar hecho un mico; *vn* hacer alharacas, inquietarse por pequeñeces; **to fuss with** manosear
fuss and feathers *s* (coll.) fanfarria, magnificencia, pompa
fussbudget [ˈfʌsˌbʌdʒɪt] *s* (coll.) persona alharaquienta, persona quisquillosa
fussy [ˈfʌsɪ] *adj* (*comp:* **-ier;** *super:* **-iest**) alharaquiento; descontentadizo, exigente; melindroso; peliagudo; muy adornado; con muchos ringorrangos (*vestido*)
fustian [ˈfʌstʃən] *s* fustán (*tela gruesa*); pana; cultedad, follaje; *adj* de fustán; de pana; culterano, altisonante
fustic [ˈfʌstɪk] *s* (bot.) fustete, palo de Cuba; tintura de fustete
fusty [ˈfʌstɪ] *adj* (*comp:* **-ier;** *super:* **-iest**) mohoso, rancio, que huele a cosa pasada, que huele a cerrado; del tiempo de Maricastaña, pasado de moda
fut. abr. de **future**
futile [ˈfjutɪl] *adj* estéril (*inútil, vano*); fútil (*de poca importancia*)
futility [fjuˈtɪlɪtɪ] *s* (*pl:* **-ties**) esterilidad; futilidad
futtock [ˈfʌtək] *s* (naut.) genol
future [ˈfjutʃər] *adj* futuro; *s* futuro, porvenir; (gram.) futuro; **futures** *spl* (com.) futuros; **in the future** en lo sucesivo, en el futuro; **in the near future** en fecha próxima
future life *s* vida futura
futurism [ˈfjutʃərɪzəm] *s* futurismo
futurist [ˈfjutʃərɪst] *adj & s* futurista
futuristic [ˌfjutʃəˈrɪstɪk] *adj* futurista
futurity [fjuˈtjurɪtɪ] o [fjuˈturɪtɪ] *s* (*pl:* **-ties**) futuro, porvenir; estado futuro; acontecimiento futuro
fuze [fjuz] *s* mecha; (elec.) fusible; (mil.) espoleta; *va* poner la espoleta a
fuzee [fjuˈzi] *s* var. de **fusee**
fuzz [fʌz] *s* borra, tamo (*en los bolsillos, rincones, etc.*); pelusa, plumón, vello
fuzzy [ˈfʌzɪ] *adj* (*comp:* **-ier;** *super:* **-iest**) borroso; cubierto de pelusa o plumón, velloso
fyke [faɪk] *s* nasa para pescar
fylfot [ˈfɪlfɑt] *s* cruz gamada

F

G

G, g [dʒi] *s* (*pl:* **G's, g's** [dʒiz]) séptima letra del alfabeto inglés

g. abr. de **gauge, gender, genitive, gram** y **guinea**

G. abr. de **German** y **Gulf**

Ga. abr. de **Georgia**

G.A. abr. de **General Agent** y **General Assembly**

gab [gæb] *s* (coll.) parleta, cotorreo; (*pret & pp:* **gabbed;** *ger:* **gabbing**) *vn* (coll.) picotear, parlotear

gabardine [ˈgæbərdin] *s* gabardina

gabble [ˈgæbəl] *s* cotorreo, parloteo; *vn* cotorrear, parlotear

gabbler [ˈgæblər] *s* picotero

gaberdine [ˈgæbərdin] *s* var. de **gabardine**

gabion [ˈgebɪən] *s* (fort. & hyd.) gavión

gable [ˈgebəl] *s* aguilón (*del tejado*); gablete, frontón (*encima de puertas o ventanas*)

gable end *s* hastial

gable roof *s* tejado de caballete, tejado de dos aguas

gable wall *s* pared de caballete

Gabriel [ˈgebrɪəl] *s* Gabriel

gaby [ˈgebɪ] *s* (*pl:* **-bies**) (coll.) tonto, necio

gad [gæd] *s* aguijada, aguijón; *interj* (archaic) ¡ pardiez!; (*pret & pp:* **gadded;** *ger:* **gadding**) *vn* callejear, andar de aquí para allá

gadabout [ˈgædəˌbaʊt] *adj* callejero; *s* cirigallo; hombre placero

gadfly [ˈgædˌflaɪ] *s* (*pl:* **-flies**) (ent.) tábano

gadget [ˈgædʒɪt] *s* (coll.) adminículo, chisme, dispositivo ingenioso

gadid [ˈgædɪd] *s* (ichth.) gádido

gadolinium [ˌgædəˈlɪnɪəm] *s* (chem.) gadolinio

Gaea [ˈdʒiə] *s* (myth.) Gea

Gael [gel] *s* gaélico (*natural o habitante celta*)

Gaelic [ˈgelɪk] *adj* gaélico; *s* gaélico (*idioma*)

gaff [gæf] *s* arpón, garfio; espolón de acero con que se calza a los gallos de pelea; (naut.) cangrejo; **to blow the gaff** (slang) revelar el secreto; **to stand the gaff** (slang) tener mucha resistencia; *va* arponear

gaffer [ˈgæfər] *s* vejestorio

gafftopsail [ˌgæfˈtɑpsəl] o [ˌgæfˈtɑpˌsel] *s* (naut.) escandalosa

gag [gæg] *s* mordaza; mordaza dental; (fig.) mordaza; (slang) morcilla (*añadidura que mete un actor en su papel*); (slang) chiste, payasada; (*pret & pp:* **gagged;** *ger:* **gagging**) *va* amordazar; dar bascas a; (fig.) amordazar; *vn* sentir bascas, arquear

gage [gedʒ] *s* gaje (*de desafío*); desafío; prenda; *va* (archaic) apostar, dar en prenda; *s & va* var. de **gauge**

gaiety [ˈgeɪtɪ] *s* (*pl:* **-ties**) alegría, regocijo; diversión alegre; galas

Gaillard Cut [ˈgelɑrd] o [gɪlˈjɑrd] *s* corte de Gaillard

gaily [ˈgelɪ] *adv* alegremente; vistosamente

gain [gen] *s* ganancia; aumento; (carp.) gárgol, ranura; (elec.) ganancia; **gains** *spl* ganancias; *va* ganar; conquistar; alcanzar; adelantarse (*p.ej., cinco minutos un reloj*); **to gain over** conquistar; *vn* ir en progreso; ganar terreno; mejorar (*un enfermo*); **to gain on** ir alcanzando

gainer [ˈgenər] *s* ganancioso; zambullida para cuya ejecución hay que colocarse de espaldas al agua y dar un salto mortal en el aire

gainful [ˈgenfəl] *adj* ganancioso

gainsaid [ˌgenˈsɛd] *pret & pp de* **gainsay**

gainsay [ˌgenˈse] (*pret & pp:* **-said** o **-sayed**) *va* contradecir, negar

gainst o **'gainst** [gɛnst] o [genst] *prep* (poet.) var. de **against**

gait [get] *s* paso, manera de andar; **at a good gait** a buen paso

gaiter [ˈgetər] *s* polaina corta; botina con elásticos por los lados

gal. abr. de **gallon** o **gallons**

Gal. abr. de **Galatians**

gala [ˈgelə] o [ˈgælə] *s* fiesta; *adj* de gala, de fiesta

galactagogue [gəˈlæktəgɑg] *adj & s* (med. & vet.) galactagogo

galactic [gəˈlæktɪk] *adj* lácteo; (astr.) galáctico

galactite [gəˈlæktaɪt] *s* (mineral.) galactita

galactometer [ˌgælækˈtɑmɪtər] *s* galactómetro

galactose [gəˈlæktos] *s* (chem.) galactosa

Galahad [ˈgæləhæd] *s* Galaad; (fig.) hombre de costumbres muy puras

galantine [ˈgælәntin] *s* (cook.) galantina

Galápagos Islands [gəˈlɑpəgos] *s* islas de (los) Galápagos

Galatea [ˌgæləˈtiə] *s* (myth.) Galatea

Galatia [gəˈleʃə] *s* Galacia

Galatian [gəˈleʃən] *adj & s* gálata; **Galatians** *spl* (Bib.) Epístola de San Pablo a los Gálatas

galaxy [ˈgæləksɪ] *s* (*pl:* **-ies**) (astr.) galaxia; grupo o reunión brillante (*de artistas, cortesanos, etc.*)

galbanum [ˈgælbənəm] *s* gálbano

galbulus [ˈgælbjələs] *s* (*pl:* **-li** [laɪ]) (bot.) gálbula

gale [gel] *s* ventarrón, viento muy fuerte; (coll.) explosión (*de risas*); (poet.) brisa; (bot.) mirto de Brabante; **to weather the gale** correr el temporal; (fig.) ir tirando

Galen [ˈgelən] *s* Galeno; (fig.) Galeno (*médico*)

galena [gəˈlinə] o **galenite** [gəˈlinaɪt] *s* (mineral.) galena

Galenic [geˈlɛnɪk] o [geˈlinɪk] *adj* galénico

Galenism [ˈgelɪnɪzəm] *s* galenismo

Galicia [gəˈlɪʃə] *s* Galicia (*de Polonia y de España*)

Galician [gəˈlɪʃən] *adj & s* gallego (*de España*); galiciano (*de Polonia y de España*)

Galilean [ˌgælɪˈliən] *adj* galileo; (phys.) de Galileo; *s* galileo; **the Galilean** el Galileo (*Jesucristo*)

Galilee [ˈgælɪli] *s* Galilea; (*l.c.*) *s* galilea (*pórtico*)

galiot [ˈgælɪət] *s* (naut.) galeota

galipot [ˈgælɪpɑt] *s* galipodio (*oleorresina*)

gall [gɔl] *s* bilis, hiel; (anat.) vejiga de la bilis, vesícula biliar; (bot.) agalla; hiel (*cosa muy amarga*); rencor, odio; rozadura, matadura; (slang) descaro; *va* lastimar rozando, hacer un desollón o desollones en; irritar, molestar grandemente; *vn* raerse

gallant [ˈgælənt] o [gəˈlænt] *adj* galante (*atento con las damas*); amoroso; [ˈgælənt] *adj* gallardo, valiente, noble; hazañoso; imponente; festivo, vistoso; *s* hombre valiente; galán; galanteador

gallantry [ˈgæləntrɪ] *s* (*pl:* **-ries**) gallardía, valor, nobleza; galantería (*para con las damas*); galanteo; (archaic) lujo, ostentación

gall bladder *s* (anat.) vejiga de la bilis, vesícula biliar

galleass [ˈgælɪæs] *s* (naut.) galeaza

galleon [ˈgælɪən] *s* (naut.) galeón

gallery [ˈgælərɪ] *s* (*pl:* **-ies**) galería; tribuna (*en las iglesias, etc.*); galería fotográfica; galería de tiro; conjunto de espectadores; (fort. min., naut. & theat.) galería; **to play to the gallery** (coll.) hablar para la galería

galley [ˈgælɪ] *s* (naut. & print.) galera; (naut.) fogón

galley proof *s* (print.) galerada, pruebas de segundas

galley slave *s* galeote; (fig.) esclavo del trabajo

gallfly [ˈgɔlˌflaɪ] *s* (*pl:* **-flies**) (ent.) cinípido

galliard [ˈgæljərd] *s* gallarda (*danza*)

Gallic ['gælɪk] *adj* gálico, galo; (*l.c.*) *adj* (chem.) gálico
gallic acid *s* (chem.) ácido gálico
Gallican ['gælɪkən] *adj* (eccl.) galicano
Gallicanism ['gælɪkənɪzəm] *s* galicanismo
Gallicism ['gælɪsɪzəm] *s* galicismo
Gallicize ['gælɪsaɪz] *va* afrancesar; *vn* afrancesarse
galligaskins [,gælɪ'gæskɪnz] *spl* calzacalzón; polainas
gallinaceous [,gælɪ'neʃəs] *adj* (orn.) gallináceo
galling ['gɔlɪŋ] *adj* irritante, ofensivo
gallinule ['gælɪnjul] o ['gælɪnul] *s* (orn.) polla
gallipot ['gælɪpɑt] *s* galipodio (*oleorresina*); orza (*vasija*); (coll.) boticario
gallium ['gælɪəm] *s* (chem.) galio
gallivant ['gælɪvænt] *vn* andar a placer de aquí para allá
gallnut ['gɔl,nʌt] *s* (bot.) agalla
gall oak *s* (bot.) cajiga o quejigo
Gallomania [,gælo'menɪə] *s* galomanía
gallon ['gælən] *s* galón (*medida*)
galloon [gə'lun] *s* galón (*cinta estrecha*)
gallop ['gæləp] *s* galope; paseo a galope; *va* hacer ir a galope; *vn* galopar; **to gallop through** hacer muy aprisa
galloping ['gæləpɪŋ] *adj* galopante
galloping consumption *s* (path.) tisis galopante
Gallo-Roman [,gælo'romən] *adj* galorromano
gallows ['gæloz] *s* (*pl:* **-lowses** o **-lows**) horca; pena de muerte en la horca; (min.) castillete de mina
gallows bird *s* (coll.) carne de horca
gallstone ['gɔl,ston] *s* cálculo biliario
gall wasp *s* var. de **gallfly**
galop ['gæləp] *s* galopa (*baile*); *vn* galopar (*bailar la galopa*)
galore [gə'lor] *adv* en abundancia
galosh [gə'lɑʃ] *s* chanclo alto de goma o de tela engomada
gals. abr. de **gallons**
galvanic [gæl'vænɪk] *adj* galvánico; sorprendente
galvanism ['gælvənɪzəm] *s* galvanismo
galvanization [,gælvənɪ'zeʃən] *s* galvanización
galvanize ['gælvənaɪz] *va* galvanizar; (fig.) galvanizar
galvanized iron *s* hierro galvanizado
galvanocautery [,gælvəno'kɔtərɪ] o [gæl,væno'kɔtərɪ] *s* (*pl:* **-ies**) (med.) galvanocauterio
galvanometer [,gælvə'nɑmɪtər] *s* galvanómetro
galvanometric [,gælvənə'mɛtrɪk] o [gæl,vænə'mɛtrɪk] *adj* galvanométrico
galvanometry [,gælvə'nɑmɪtrɪ] *s* galvanometría
galvanoplastic [,gælvəno'plæstɪk] o [gæl,væno'plæstɪk] *adj* galvanoplástico; **galvanoplastics** *ssg* galvanoplástica
galvanoplasty [,gælvəno'plæstɪ] o [gæl,væno'plæstɪ] *s* galvanoplastia
galvanoscope ['gælvəno,skop] o [gæl'vænəskop] *s* galvanoscopio
galvanotropism [,gælvə'nɑtrəpɪzəm] *s* (biol.) galvanotropismo
gama grass ['gɑmə] *s* (bot.) maicillo
gambier ['gæmbɪr] *s* (pharm.) gambir
gambit ['gæmbɪt] *s* gambito
gamble ['gæmbəl] *s* (coll.) juego, empresa arriesgada, cosa incierta; *va* jugar, aventurar en el juego; **to gamble away** perder en el juego; *vn* jugar; especular, aventurarse mucho (*p.ej., en las operaciones de bolsa*)
gambler ['gæmblər] *s* jugador; tahúr, garitero
gambling ['gæmblɪŋ] *s* juego (*por dinero*)
gambling house *s* casa de juego
gambling machine *s* máquina de apostar, sacaperras
gambling table *s* mesa de juego
gamboge [gæm'buʒ] o [gæm'bodʒ] *s* gomaguta, resina de Camboya
gambol ['gæmbəl] *s* cabriola, retozo; (*pret & pp:* **-boled** o **-bolled**; *ger:* **-boling** o **-bolling**) *vn* cabriolar, retozar
gambrel ['gæmbrəl] *s* corvejón (*de caballo*); caballete de suspensión (*de los mataderos*); (arch.) techo a la holandesa
gambrel roof *s* (arch.) techo a la holandesa
game [gem] *s* juego; partida (*de juego*); tantos (*de una partida en cualquier momento*); deporte; caza; (bridge) manga; (sport) juego (*cierto número de tantos ganados*); (fig.) juego (*p.ej., de la diplomacia*); (fig.) jugada (*estratagema, treta*); (fig.) asunto, actividad; **the game is up** hemos perdido el juego, estamos frescos; **to be out of the game** estar inútil para el juego; **to make game of** burlarse de; **to play a good game** jugar muy bien, ser muy diestro; **to play the game** jugar limpio, proceder lealmente; *adj* de caza; animoso, bravo, peleón; (coll.) cojo (*dícese de la pierna*); *va* perder en el juego; *vn* jugar por dinero
game bag *s* morral
game bird *s* ave de caza
gamecock ['gem,kɑk] *s* gallo de combate, de pelea o de riña
game fish *s* pez animoso y muy estimado de los pescadores deportivos
game fowl *s* gallo o gallina de la raza de los gallos de riña
gamekeeper ['gem,kipər] *s* guardabosque
game law *s* ley que regula la caza y la pesca
game of chance *s* juego de azar, juego de suerte
game preserve *s* vedado, vedado de caza, coto
gamesome ['gemsəm] *adj* juguetón, retozón
gamester ['gemstər] *s* jugador; tahúr, garitero
gametangium [,gæmɪ'tændʒɪəm] *s* (*pl:* **-a** [ə]) (bot.) gametangio
gamete ['gæmit] o [gə'mit] *s* (biol.) gameto
gametogenesis [,gæmɪto'dʒɛnɪsɪs] *s* (biol.) gametogénesis
gametophyte [gə'mitəfaɪt] *s* (bot.) gametofita
game warden *s* guardabosque
gaming ['gemɪŋ] *s* juego (*por dinero*)
gaming house *s* casa de juego
gaming table *s* mesa de juego
gamma ['gæmə] *s* gama
gammadion [gə'medɪɑn] *s* (*pl:* **-a** [ə]) cruz gamada
gamma globulin *s* (physiol.) globulina gama
gamma rays *spl* (phys.) rayos gama
gammer ['gæmər] *s* abuelita, vieja
gammon ['gæmən] *s* extremo inferior de una lonja de tocino; jamón; (coll.) tejido de falsedades
gamogenesis [,gæmo'dʒɛnɪsɪs] *s* (biol.) gamogénesis
gamopetalous [,gæmo'pɛtələs] *adj* (bot.) gamopétalo
gamophyllous [,gæmo'fɪləs] *adj* (bot.) gamofilo
gamosepalous [,gæmo'sɛpələs] *adj* (bot.) gamosépalo
gamp [gæmp] *s* gran paraguas
gamut ['gæmət] *s* (mus. & fig.) gama
gamy ['gemɪ] *adj* (*comp:* **-ier**; *super:* **-iest**) salvajino; animoso, bravo, peleón
gan o **'gan** [gæn] *pret de* **gin** [gɪn]
gander ['gændər] *s* ganso
gang [gæŋ] *s* pandilla (*de pistoleros*); cuadrilla, brigada (*de braceros*); juego (*de herramientas o máquinas*); *adj* múltiple; *vn* apandillar; acuadrillarse, agavillarse; (Scotch) ir, caminar; **to gang up against** conspirar contra; atacar en cuadrilla
gang condenser *s* (rad.) condensador múltiple
gangling ['gæŋglɪŋ] *adj* larguirucho, larguirucho y desgarbado
ganglion ['gæŋglɪən] *s* (*pl:* **-a** [ə] o **-ons**) (anat. & path.) ganglio; (fig.) centro de actividad
ganglionic [,gæŋglɪ'ɑnɪk] *adj* ganglionar
gangly ['gæŋglɪ] *adj* (coll.) var. de **gangling**
gangplank ['gæŋ,plæŋk] *s* plancha, pasarela
gang plow *s* arado de reja múltiple
gangrene ['gæŋgrin] *s* (path.) gangrena; *va* gangrenar; *vn* gangrenarse
gangrenous ['gæŋgrɪnəs] *adj* gangrenoso
gangster ['gæŋstər] *s* (coll.) pandillero, pistolero
gangsterism ['gæŋstərɪzəm] *s* (coll.) bandolerismo, pistolerismo, gangsterismo
gangue [gæŋ] *s* (min.) ganga
gang warfare *s* lucha entre pandillas
gangway ['gæŋ,we] *s* (naut.) portalón (*abertura en el costado del buque*); plancha, pa-

sarela; *interj* ¡ afuera!, ¡ abran paso!, ¡ paso libre!
gannet [ˈgænɪt] *s* (orn.) alcatraz, planga
ganoid [ˈgænɔɪd] *adj & s* (ichth.) ganoideo
gantlet [ˈgɑntlɪt] *s* (rail.) vía traslapada, vía de garganta; var. de **gauntlet**
gantry [ˈgæntrɪ] *s* (*pl:* **-tries**) caballete, poíno; puente transversal de grúa corrediza; (rail.) puente transversal de señales
gantry crane *s* grúa de caballete
Ganymede [ˈgænɪmid] *s* (myth.) Ganimedes
gaol [dʒel] *s* (Brit.) var. de **jail**
gaoler [ˈdʒelər] *s* (Brit.) var. de **jailer**
gap [gæp] *s* boquete (*p.ej., en una pared*); laguna (*claro, interrupción*); garganta, quebrada; (aer.) entreplanos; (fig.) sima (*entre dos puntos de vista*); (*pret & pp:* **gapped;** *ger:* **gapping**) *va* hacer brecha en; hacer muesca en
gape [gep] o [gæp] *s* abertura, brecha; bostezo; mirada de asombro (*con la boca abierta*); **the gapes** necesidad imperiosa de estar bostezando; enfermedad de las gallinas causada por el gusano rojo; *vn* abrirse mucho; bostezar; embobarse; **to gape at** embobarse de, con o en; **to stand gaping** embobarse
gapeworm [ˈgepˌwʌrm] o [ˈgæpˌwʌrm] *s* (zool.) gusano rojo
G.A.R. abr. de **Grand Army of the Republic**
gar [gɑr] *s* var. de **garfish**
garage [gəˈrɑʒ] *s* garage; *va* dejar en garage
garb [gɑrb] *s* traje, vestidura; apariencia, aspecto; *va* vestir
garbage [ˈgɑrbɪdʒ] *s* bazofia, basuras, desperdicios
garbage can *s* cubo para basuras, bote de basura
garbage collector *s* basurero, recogedor de bazofia, colector de basuras
garbage disposal *s* evacuación de basuras, remoción de basuras
garbage truck *s* camión basurero
garble [ˈgɑrbəl] *va* mutilar engañosamente (*un texto, discurso, etc.*); entresacar engañosamente (*hechos, cifras de la estadística, etc.*)
garboard [ˈgɑrˌbord] *s* (naut.) aparadura
garden [ˈgɑrdən] *s* huerto (*de hortalizas*); jardín (*de flores y plantas ornamentales*); sitio de recreo; sitio deleitoso; región fértil y cultivada; *adj* de huerto; de jardín; común, ordinario; *va* cultivar (*un terreno*) para producir hortalizas o flores; *vn* cultivar huertos o jardines
garden balm *s* (bot.) melisa, toronjil
garden balsam *s* (bot.) balsamina de jardín; (bot.) trébol oloroso
garden city *s* ciudad jardín
gardener [ˈgɑrdnər] *s* hortelano; jardinero
gardenia [gɑrˈdinɪə] *s* (bot.) gardenia
gardening [ˈgɑrdnɪŋ] *s* horticultura; jardinería
Garden of Eden *s* (Bib.) jardín del Edén
garden party *s* fiesta que se da en un jardín o parque
garden pink *s* (bot.) clavel coronado o clavellina de pluma
garden rocket *s* (bot.) juliana; (bot.) roqueta, ruca
garden warbler *s* (orn.) andahuertas
garfish [ˈgɑrˌfɪʃ] *s* (ichth.) aguja de mar, pez aguja; (ichth.) pez caimán
garganey [ˈgɑrgənɪ] *s* (orn.) cerceta
Gargantuan [gɑrˈgæntʃuən] *adj* enorme, gigantesco
garget [ˈgɑrgɪt] *s* (vet.) inflamación de la cabeza o la garganta del ganado; (vet.) inflamación de la ubre de las vacas; (bot.) hierba carmín
gargle [ˈgɑrgəl] *s* gargarismo (*líquido*); *va* enjuagarse (*la boca o la garganta*); *vn* gargarizar
gargling [ˈgɑrglɪŋ] *s* gárgara, gargarismo
gargoyle [ˈgɑrgɔɪl] *s* (arch.) gárgola
garish [ˈgɛrɪʃ] *adj* charro, chillón, deslumbrante
garland [ˈgɑrlənd] *s* guirnalda; (naut.) roñada; *va* enguirnaldar
garlic [ˈgɑrlɪk] *s* (bot.) ajo; ajos (*que se usan como condimento*)
garlicky [ˈgɑrlɪkɪ] *adj* cepáceo, aliáceo
garlic mustard *s* (bot.) aliaria
garment [ˈgɑrmənt] *s* prenda, prenda de vestir; *va* vestir
garner [ˈgɑrnər] *s* troj, granero; acopio, provisión; *va* entrojar; acopiar
garnet [ˈgɑrnɪt] *s* granate (*piedra y color*); *adj* granate
garnish [ˈgɑrnɪʃ] *s* adorno; (cook.) condimento de adorno; *va* adornar; (cook.) adornar (*p.ej., con perejil*); (law) notificar; (law) embargar
garnishee [ˌgɑrnɪˈʃi] *s* (law) persona que ha sido notificada de un entredicho; *va* (law) notificar de un entredicho; (law) embargar
garnishment [ˈgɑrnɪʃmənt] *s* adorno; (law) entredicho; (law) embargo de crédito; (law) emplazamiento
garniture [ˈgɑrnɪtʃər] *s* adorno, embellecimiento, guarnición
Garonne [gɑˈrɑn] *s* Garona
garotte [gəˈrɑt] *s & va* var. de **garrote**
garret [ˈgærɪt] *s* desván, buhardilla
garrison [ˈgærɪsən] *s* (mil.) guarnición; plaza fuerte; *va* guarnecer, guarnicionar; poner (*la tropa*) en guarnición
garrot [ˈgærət] *s* (orn.) clángula
garrote [gəˈrɑt] o [gəˈrot] o **garrotte** [gəˈrɑt] *s* estrangulación (*con robo*); garrote (*forma de ejecución de la pena de muerte; aro de hierro que sirve para tal ejecución*); *va* estrangular; estrangular para robar; agarrotar, dar garrote a
garrulity [gəˈrulɪtɪ] *s* garrulidad
garrulous [ˈgærələs] o [ˈgærjələs] *adj* gárrulo
garter [ˈgɑrtər] *s* liga; (*cap.*) *s* Jarretera (*orden; insignia de la orden*); *va* atar con liga
garter snake *s* (zool.) culebrita no venenosa (*Thamnophis*); (zool.) serpiente de coral
garter stitch *s* punto de media
garth [gɑrθ] *s* patio de claustro
gas [gæs] *s* gas; (coll.) gasolina; (slang) parloteo; **to cut off the gas** (aut.) cerrar el carburador; (*pret & pp:* **gassed;** *ger:* **gassing**) *va* abastecer o proveer de gas; gasear (*atacar, envenenar o asfixiar con gas*); (chem.) gasear; (coll.) abastecer o proveer de gasolina; *vn* despedir gas; (slang) parlotear
gas attack *s* ataque con gases
gasbag [ˈgæsˌbæg] *s* (aer.) cámara de gas; (slang) charlatán
gas burner *s* mechero de gas
gas chamber *s* cámara de gases
Gascon [ˈgæskən] *adj & s* gascón; (*l.c.*) *s* fanfarrón
gasconade [ˌgæskəˈned] *s* gasconada; *vn* fanfarronear
Gasconism [ˈgæskənɪzəm] *s* gasconismo
Gascony [ˈgæskənɪ] *s* Gascuña
gas engine *s* motor de gas
gaseous [ˈgæsɪəs] *adj* gaseoso
gas fitter *s* gasista
gas fittings *spl* cañerías, mecheros y accesorios de gas
gas fixtures *spl* guarniciones de gas
gas generator *s* gasógeno
gash [gæʃ] *s* cuchillada, chirlo; *va* acuchillar, herir con arma blanca
gas heat *s* calefacción por gas
gasholder [ˈgæsˌholdər] *s* gasómetro
gasification [ˌgæsɪfɪˈkeʃən] *s* gasificación
gasiform [ˈgæsɪfɔrm] *adj* gasiforme
gasify [ˈgæsɪfaɪ] (*pret & pp:* **-fied**) *va* gasificar; *vn* gasificarse
gas jet *s* mechero de gas; llama de mechero de gas
gasket [ˈgæskɪt] *s* junta, empaquetadura; (naut.) tomador
gaslight [ˈgæsˌlaɪt] *s* mechero de gas; luz de gas
gas main *s* cañería de gas, cañería maestra de gas
gas mantle *s* manguito de incandescencia, camiseta
gas mask *s* mascarilla contra gases asfixiantes, máscara contra gases, careta antigás
gas meter *s* contador de gas
gasolene o **gasoline** [ˈgæsəlin] o [ˌgæsəˈlin] *s* gasoleno o gasolina
gasoline pump *s* surtidor de gasolina, poste distribuidor de gasolina
gasometer [gæsˈɑmɪtər] *s* gasómetro
gasp [gæsp] o [gɑsp] *s* anhelo; grito sofocado; **at the last gasp** a punto de echar el último suspiro; *va* pronunciar con sonidos sofocados;

vn anhelar, sofocarse, boquear, abrir la boca de asombro
gas pipe *s* tubo de conducción de gas, tubería de gas
gas producer *s* gasógeno
gas range *s* cocina a gas
gas shell *s* (mil.) granada de gas
gas station *s* estación gasolinera
gas stove *s* cocina a gas
gassy [ˈgæsɪ] *adj* (*comp:* **-sier;** *super:* **-siest**) gaseoso; (coll.) hinchado
gas tank *s* gasómetro (municipal); (aut.) depósito de gasolina
gas-tank cap [ˈgæs,tæŋk] *s* (aut.) tapón de llenado
gastight [ˈgæs,taɪt] *adj* hermético, a prueba de gas
gastralgia [gæsˈtrældʒɪə] *s* (path.) gastralgia
gastrectomy [gæsˈtrɛktəmɪ] *s* (*pl:* **-mies**) (surg.) gastrectomía
gastric [ˈgæstrɪk] *adj* gástrico
gastric juice *s* (physiol.) jugo gástrico
gastric ulcer *s* (path.) úlcera gástrica
gastritis [gæsˈtraɪtɪs] *s* (path.) gastritis
gastroenteritis [,gæstro,ɛntəˈraɪtɪs] *s* (path.) gastroenteritis
gastroenterology [,gæstro,ɛntəˈrɑlədʒɪ] *s* gastroenterología
gastrointestinal [,gæstro·ɪnˈtɛstɪnəl] *adj* gastrointestinal
gastronome [ˈgæstrənom] o **gastronomer** [gæsˈtrɑnəmər] *s* gastrónomo
gastronomic [,gæstrəˈnɑmɪk] o **gastronomical** [,gæstrəˈnɑmɪkəl] *adj* gastronómico
gastronomy [gæsˈtrɑnəmɪ] *s* gastronomía
gastropod [ˈgæstrəpɑd] *adj & s* (zool.) gastrópodo
gastrovascular [,gæstroˈvæskjələr] *adj* gastrovascular
gastrula [ˈgæstrulə] *s* (*pl:* **-lae** [li]) (embryol.) gástrula
gas turbine *s* turbina de gas
gasworker [ˈgæs,wʌrkər] *s* gasista
gasworks [ˈgæs,wʌrks] *ssg o spl* fábrica de gas
gat [gæt] *s* (slang) arma de fuego, revólver
gate [get] *s* puerta (*de cercado*); portillo; (hyd.) compuerta; (rail.) barrera; entrada, taquilla, entrada de taquilla (*número de personas que asisten a un espectáculo y cantidad de dinero que pagan*); (fig.) entrada, camino, vía; **to crash the gate** (slang) colarse de gorra
gatecrasher [ˈget,kræʃər] *s* (slang) intruso (*persona que se cuela en alguna parte sin pagar la entrada o sin ser invitado*)
gatekeeper [ˈget,kipər] *s* portero; (rail.) guardabarrera
gate-leg table [ˈget,lɛg] o **gate-legged table** [ˈget,lɛgd] *s* mesa de hojas y patas plegadizas
gate money *s* entrada, taquilla (*dinero cobrado por las entradas a un espectáculo*)
gatepost [ˈget,post] *s* poste de una puerta de cercado
gateway [ˈget,we] *s* entrada, paso; (fig.) entrada, camino, vía
gather [ˈgæðər] *s* (sew.) frunce; *va* recoger, reunir; acumular; cosechar, recolectar; coger (*leña, flores, etc.*); calcular, deducir; cobrar (*fuerzas*); cubrirse de, llenarse de (*polvo*); recoger (*una persona sus pensamientos*); (sew.) fruncir; (b.b.) alzar; **to be gathered to one's fathers** morir y ser enterrado; **to gather speed** ir cada vez más rápidamente; **to gather up** recoger; *vn* reunirse; acumularse; condensarse; formar pus; amontonarse (*p.ej., nubes*); saltar (*p.ej., lágrimas*); **to gather oneself together** componerse, tranquilizarse y cobrar fuerzas
gathering [ˈgæðərɪŋ] *s* reunión; acumulación; recolección; hacinamiento; (path.) divieso, grano; (b.b.) alzado; (sew.) frunce
Gatun Lake [gɑˈtun] *s* lago de Gatún
gauche [goʃ] *adj* torpe; falto de tino
gaucherie [,goʃəˈri] *s* torpeza; falta de tino
Gaucho [ˈgautʃo] *adj* gaucho, gauchesco; *s* (*pl:* **-chos**) gaucho
gaud [gɔd] *s* dije, adorno cursi
gaudy [ˈgɔdɪ] *adj* (*comp:* **-ier;** *super:* **-iest**) chillón, llamativo, vistoso, cursi
gauge [gedʒ] *s* norma de medida; calibre, calibrador; indicador, manómetro, nivel; plantilla; gramil (*de carpintero*); tamaño; capacidad; medidor (*p.ej., de gasolina*); (constr.) porción de tejas, tablas de ripia, etc., que queda expuesta al aire; (rail.) ancho de vía, entrevía; *va* medir; calibrar; graduar; comprobar; aforar, apreciar; (hyd.) aforar, (naut.) arquear
gauge cock *s* grifo del indicador, llave de prueba
gauge glass *s* tubo indicador, vidrio de nivel
Gaul [gɔl] *s* la Galia; galo (*natural*)
Gaulish [ˈgɔlɪʃ] *s* galo (*idioma*)
gaultheria [gɔlˈθɪrɪə] *s* (bot.) gaulteria
gaunt [gɔnt] o [gɑnt] *adj* desvaído, demacrado; triste, sombrío
gauntlet [ˈgɔntlɪt] o [ˈgɑntlɪt] *s* guantelete; guante con puño abocinado; puño abocinado; (surg.) guantelete; (mil. & fig.) carrera de baquetas; **to run the gauntlet** (mil. & fig.) correr baquetas o pasar por baquetas; **to take up the gauntlet** recoger el guante; **to throw down the gauntlet** arrojar el guante
gauntleted [ˈgɔntlɪtɪd] o [ˈgɑntlɪtɪd] *adj* enguantado con guantelete o con guante
gauss [gaus] *s* (phys.) gausio
gauze [gɔz] *s* gasa, cendal
gauzy [ˈgɔzɪ] *adj* (*comp:* **-ier;** *super:* **-iest**) diáfano, sutilísimo
gavage [gəˈvɑʒ] *s* gavaje
gave [gev] *pret de* **give**
gavel [ˈgævəl] *s* mazo o martillo (*de los presidentes de asambleas, etc.*)
gavial [ˈgevɪəl] *s* (zool.) gavial
gavotte [gəˈvɑt] *s* gavota (*danza y música*)
Gawain [ˈgɑwɪn] o [ˈgɔwɪn] *s* Galván (*de la Mesa Redonda y el Amadís de Gaula*)
gawk [gɔk] *s* (coll.) palurdo, papanatas; *vn* (coll.) mirar de modo impertinente; (coll.) papar moscas
gawky [ˈgɔkɪ] *adj* (*comp:* **-ier;** *super:* **-iest**) torpe, desgarbado, bobo
gay [ge] *adj* alegre, festivo; amigo de los placeres, ligero de cascos; vistoso
gayety [ˈgeɪtɪ] *s* (*pl:* **-ties**) var. de **gaiety**
gay science *s* gaya ciencia (*poesía amatoria*)
gaz. abr. de **gazette** y **gazetteer**
gazabo [gəˈzebo] *s* (*pl:* **-bos** o **-boes**) mirador (*balcón con cristales*); miranda; (slang) adefesio, mamarracho
gaze [gez] *s* mirada fija; *vn* mirar con fijeza
gazebo [gəˈzibo] *s* (*pl:* **-bos** o **-boes**) var. de **gazabo**
gazehound [ˈgez,haund] *s* perro que sigue la caza con la vista
gazelle [gəˈzɛl] *s* (zool.) gacela
gazette [gəˈzɛt] *s* gaceta; *va* anunciar o publicar en gaceta
gazetteer [,gæzəˈtɪr] *s* gacetero; director de una gaceta oficial; diccionario geográfico
G.B. abr. de **Great Britain**
g.c.d. o **G.C.D.** abr. de **greatest common divisor**
g.c.m. o **G.C.M.** abr. de **greatest common measure**
gear [gɪr] *s* arneses, pertrechos, utensilios; aparato, mecanismo (*de transmisión, de gobierno, etc.*); engranaje, rueda dentada; **out of gear** desengranado; descompuesto; **to put in gear** o **to throw into gear** engranar; **to throw out of gear** desengranar; (fig.) trastornar; *va* pertrechar; engranar; *vn* engranar; funcionar (*los engranajes*); **to gear into** engranar con
gearbox [ˈgɪr,bɑks] *s* (mach.) caja de engranajes, cárter de engranajes; (aut.) caja de velocidades
gear case *s* (mach.) caja de engranajes, cárter de engranajes
gear cutter *s* talladora de engranajes
gearing [ˈgɪrɪŋ] *s* (mach.) engranaje, tren de engranajes
gear ratio *s* relación o razón de engranajes
gearshift [ˈgɪr,ʃɪft] *s* (aut.) cambio de marchas, cambio de velocidades, aparato de cambios
gearshift lever *s* (aut.) palanca de cambio
gearwheel [ˈgɪr,hwil] *s* (mach.) rueda dentada
gecko [ˈgɛko] *s* (*pl:* **-os** u **-oes**) (zool.) geco, salamanquesa
gee [dʒi] *interj* ¡caramba!; ¡a la derecha!; *va* arrear hacia la derecha; *vn* torcer o volver hacia la derecha

geese [gis] *pl de* **goose**
Gehenna [gɪ'hɛnə] *s* (Bib.) gehena
Geiger counter ['gaɪgər] *s* (phys.) contador de Geiger
geisha ['geʃə] *s* (*pl:* **-sha** o **-shas**) geisha
Geissler tube ['gaɪslər] *s* (elec.) tubo de Geissler
gel [dʒɛl] *s* (chem. & phys.) gel; (*pret & pp:* **gelled;** *ger:* **gelling**) *vn* cuajarse en forma de gel
gelatin o **gelatine** ['dʒɛlətɪn] *s* gelatina
gelatinous [dʒɪ'lætɪnəs] *adj* gelatinoso
gelation [dʒɪ'leʃən] *s* gelación
geld [gɛld] (*pret & pp:* **gelded** o **gelt**) *va* castrar
Gelderland ['gɛldərlænd] *s* Güeldres
gelding ['gɛldɪŋ] *s* animal castrado
gelid ['dʒɛlɪd] *adj* gélido, helado, muy frío
gelidity [dʒə'lɪdɪtɪ] *s* frío extremo
gelsemium [dʒɛl'simɪəm] *s* (pharm.) gelsemio
gelt [gɛlt] *pret & pp de* **geld**
gem [dʒɛm] *s* gema, piedra preciosa; (fig.) joya, preciosidad; (*pret & pp:* **gemmed;** *ger:* **gemming**) *va* adornar con piedras preciosas; tachonar (*p.ej., el cielo las estrellas*)
gemellus [dʒɪ'mɛləs] *s* (anat.) gemelo
geminate ['dʒɛmɪnet] *adj* geminado; *va* geminar; *vn* geminarse
gemination [,dʒɛmɪ'neʃən] *s* geminación; (phonet. & rhet.) geminación
Gemini ['dʒɛmɪnaɪ] *ssg* (astr.) Géminis o Gemelos (*constelación*); (astr.) Géminis (*signo del zodíaco*); *spl* (myth.) Cástor y Pólux
gemma ['dʒɛmə] *s* (*pl:* **-mae** [mi]) (bot. & zool.) yema
gemmate ['dʒɛmet] *adj* (bot.) gemífero; *vn* (bot.) gemificar
gemmation [dʒɛ'meʃən] *s* (bot. & zool.) gemación
gemmiferous [dʒɛ'mɪfərəs] *adj* gemífero; (bot. & zool.) gemífero
gemmiparous [dʒɛ'mɪpərəs] *adj* (biol.) gemíparo
gemmule ['dʒɛmjul] *s* (bot., zool. & biol.) gémula
gemsbok ['gɛmz,bɑk] *s* (zool.) antílope sudafricano (*Oryx gazella*)
gen. abr. de **gender, general, generic, genitive** y **genus**
Gen. abr. de **General** y **Genesis**
gendarme ['ʒɑndɑrm] *s* gendarme
gendarmerie [,ʒɑndɑrm'ri] *s* gendarmería
gender ['dʒɛndər] *s* (gram.) género; (coll.) sexo
gene [dʒin] *s* (biol.) gen; (*cap.*) *s* nombre abreviado de **Eugene**
genealogical [,dʒɛnɪə'lɑdʒɪkəl] o [,dʒinɪə'lɑdʒɪkəl] *adj* genealógico
genealogical tree *s* árbol genealógico
genealogist [,dʒɛnɪ'ælədʒɪst] o [,dʒinɪ'ælədʒɪst] *s* genealogista
genealogy [,dʒɛnɪ'ælədʒɪ] o [,dʒinɪ'ælədʒɪ] *s* (*pl:* **-gies**) genealogía
general ['dʒɛnərəl] *adj* general; *s* (mil.) general, oficial general; (mil.) capitán general (*grado supremo del generalato*); **in general** en general o por lo general; (*pret & pp:* **-aled** o **-alled;** *ger:* **-aling** o **-alling**) *va* mandar en calidad de general
general anesthesia *f* anestesia general
General Assembly *s* asamblea legislativa de ciertos estados de los EE.UU.; Asamblea General (*de las Naciones Unidas*)
general average *s* (naut.) avería gruesa
General Court *s* asamblea legislativa de los estados de Massachusetts y de Nuevo Hampshire, EE.UU.
general delivery *s* lista de correos
general in chief *s* (mil.) general en jefe
generalissimo [,dʒɛnərə'lɪsɪmo] *s* (*pl:* **-mos**) generalísimo
generality [,dʒɛnə'rælɪtɪ] *s* (*pl:* **-ties**) generalidad
generalization [,dʒɛnərəlɪ'zeʃən] *s* generalización
generalize ['dʒɛnərəlaɪz] *va & vn* generalizar
generally ['dʒɛnərəlɪ] *adv* generalmente
general officer *s* (mil.) oficial general
General of the Army *s* (mil.) capitán general de ejército
general practitioner *s* médico general
general-purpose ['dʒɛnərəl'pʌrpəs] *adj* para toda clase de objetivos
generalship ['dʒɛnərəl,ʃɪp] *s* generalato; don de mando
general staff *s* (mil.) estado mayor general
general store *s* tienda de variedades
generate ['dʒɛnəret] *va* engendrar, generar; (geom.) engendrar; (elec.) generar
generating station *s* (elec.) central generadora, central de fuerza
generating unit *s* var. de **generator unit**
generation [,dʒɛnə'reʃən] *s* generación
generative ['dʒɛnə,retɪv] *adj* generativo
generator ['dʒɛnə,retər] *s* generador; (elec.) generador (*dínamo*); (mach.) generador (*caldera de vapor*)
generator unit *s* (elec.) grupo electrógeno
generatrix [,dʒɛnə'retrɪks] *s* (*pl:* **generatrices** [,dʒɛnərə'traɪsiz]) (elec. & geom.) generatriz
generic [dʒɪ'nɛrɪk] *adj* genérico
generically [dʒɪ'nɛrɪkəlɪ] *adv* genéricamente
generosity [,dʒɛnə'rɑsɪtɪ] *s* (*pl:* **-ties**) generosidad
generous ['dʒɛnərəs] *adj* generoso; abundante, grande
genesic [dʒɪ'nɛsɪk] *adj* genésico
genesis ['dʒɛnɪsɪs] *s* (*pl:* **-ses** [siz]) génesis; (*cap.*) *s* (Bib.) el Génesis
genet ['dʒɛnɪt] *s* (zool.) jineta; jaca chica española
genetic [dʒɪ'nɛtɪk] *adj* genético; **genetics** *ssg* genética
genetically [dʒɪ'nɛtɪkəlɪ] *adv* genéticamente
geneticist [dʒɪ'nɛtɪsɪst] *s* genetista
Geneva [dʒɪ'nivə] *s* Ginebra
Genevan [dʒɪ'nivən] *adj & s* var. de **Genevese**
Genevese [,dʒɛnɪ'viz] *adj* ginebrés o ginebrino; calvinista; *s* (*pl:* **-vese**) ginebrés o ginebrino; calvinista
Genevieve ['dʒɛnəviv] *s* Genoveva
genial ['dʒinjəl] *adj* afable, complaciente; confortante, suave; (anat. & zool.) geniano
geniality [,dʒinɪ'ælɪtɪ] *s* afabilidad, complacencia
geniculate [dʒɪ'nɪkjəlɪt] o [dʒɪ'nɪkjəlet] *adj* geniculado
geniculation [dʒɪ,nɪkjə'leʃən] *s* geniculación
genie ['dʒinɪ] *s* var. de **jinn**
genii ['dʒinɪaɪ] *pl de* **genius**
genipap ['dʒɛnɪpæp] *s* (bot.) genipa
genital ['dʒɛnɪtəl] *adj* genital; **genitals** *spl* (anat.) genitales, órganos genitales
genitive ['dʒɛnɪtɪv] *adj & s* (gram.) genitivo
genitourinary [,dʒɛnɪto'jʊrɪ,nɛrɪ] *adj* génitourinario
genius ['dʒinjəs] o ['dʒinɪəs] *s* (*pl:* **geniuses**) genio (*fuerza creadora, don altísimo de invención; persona que lo posee*); (*pl:* **genii** ['dʒinɪaɪ]) genio (*espíritu tutelar; deidad pagana*)
Genoa ['dʒɛnoə] *s* Génova
genocidal [,dʒɛnə'saɪdəl] *adj* genocida
genocide ['dʒɛnəsaɪd] *s* genocidio (*acción*); genocida (*persona*)
Genoese [,dʒɛno'iz] *adj* genovés; *s* (*pl:* **-ese**) genovés
genom ['dʒɛnɑm] o **genome** ['dʒɛnom] *s* (biol.) genoma
genotype ['dʒɛnotaɪp] *s* (biol.) genotipo
genre ['ʒɑnrə] *s* (f.a. & lit.) género; *adj* (f.a.) de género, p.ej., **genre painter** pintor de género
gent. o **Gent.** abr. de **gentleman** o **gentlemen**
genteel [dʒɛn'til] *adj* gentil, elegante; cortés, urbano; afectado, exquisito
gentian ['dʒɛnʃən] *s* (bot. & pharm.) genciana (*planta y raíz*)
gentianaceous [,dʒɛnʃɪə'neʃəs] *adj* (bot.) gencianáceo
gentian violet *s* violeta de genciana
gentile o **Gentile** ['dʒɛntaɪl] *adj & s* no judío; cristiano; gentil (*pagano*); **gentile** ['dʒɛntɪl] o ['dʒɛntaɪl] *adj & s* (gram.) gentilicio
gentility [dʒɛn'tɪlɪtɪ] *s* (*pl:* **-ties**) gentileza, cortesía; nobleza; **gentilities** *spl* exquisiteces
gentle ['dʒɛntəl] *adj* apacible, benévolo; suave, dulce, manso; noble, bien nacido; bueno, honrado; cortés, fino; ligero (*golpecito*); moderado, poco abrupto
gentle breeze *s* (naut.) viento flojo
gentlefolk ['dʒɛntəl,fok] *s* gente bien nacida

gentleman [ˈdʒɛntəlmən] *s* (*pl:* **-men**) caballero, señor
gentleman in waiting *s* gentilhombre de cámara
gentlemanly [ˈdʒɛntəlmənlɪ] *adj* caballeroso
gentleman of fortune *s* caballero de industria
gentleman of leisure *s* señor que se da vida de marqués
gentleman of the road *s* salteador de caminos
gentleman's agreement *s* acuerdo verbal, pacto de caballeros
gentleness [ˈdʒɛntəlnɪs] *s* apacibilidad; suavidad, dulzura, mansedumbre; nobleza; cortesía; ligereza
gentle sex *s* bello sexo, sexo débil
gentlewoman [ˈdʒɛntəlˌwʊmən] *s* (*pl:* **-women**) señora, dama; dama de honor
gently [ˈdʒɛntlɪ] *adv* suavemente, dulcemente, mansamente; poco a poco, despacio
gentry [ˈdʒɛntrɪ] *s* gente bien nacida; (Brit.) alta burguesía; (hum.) gente
genuflect [ˈdʒɛnjʊflɛkt] *vn* doblar las rodillas en señal de reverencia
genuflection o **genuflexion** [ˌdʒɛnjʊˈflɛkʃən] *s* genuflexión
genuine [ˈdʒɛnjʊɪn] *adj* genuino, legítimo; franco, sincero
genuineness [ˈdʒɛnjʊɪnnɪs] *s* autenticidad; sinceridad
genus [ˈdʒinəs] *s* (*pl:* **genera** [ˈdʒɛnərə] o **genuses**) (biol. & log.) género
Geo. abr. de **George**
geocentric [ˌdʒioˈsɛntrɪk] o **geocentrical** [ˌdʒioˈsɛntrɪkəl] *adj* geocéntrico
geochemistry [ˌdʒioˈkɛmɪstrɪ] *s* geoquímica
geode [ˈdʒiod] *s* (geol.) geoda
geodesic [ˌdʒioˈdɛsɪk] *adj* geodésico
geodesic line *s* (math.) línea geodésica
geodesist [dʒɪˈɑdɪsɪst] *s* geodesta
geodesy [dʒɪˈɑdɪsɪ] *s* geodesia
geodetic [ˌdʒioˈdɛtɪk] *adj* geodésico
Geoffrey [ˈdʒɛfrɪ] *s* Geofredo
geog. abr. de **geographer, geographical** y **geography**
geognosy [dʒɪˈɑgnəsɪ] *s* geognosia
geographer [dʒɪˈɑgrəfər] *s* geógrafo
geographic [ˌdʒiəˈgræfɪk] o **geographical** [ˌdʒiəˈgræfɪkəl] *adj* geográfico
geographically [ˌdʒiəˈgræfɪkəlɪ] *adv* geográficamente
geographical mile *s* (naut.) milla marina, milla geográfica
geography [dʒɪˈɑgrəfɪ] *s* (*pl:* **-phies**) geografía
geoid [ˈdʒiɔɪd] *s* geoide
geol. abr. de **geological, geologist** y **geology**
geologic [ˌdʒiəˈlɑdʒɪk] o **geological** [ˌdʒiəˈlɑdʒɪkəl] *adj* geológico
geologically [ˌdʒiəˈlɑdʒɪkəlɪ] *adv* geológicamente
geologist [dʒɪˈɑlədʒɪst] *s* geólogo
geology [dʒɪˈɑlədʒɪ] *s* (*pl:* **-gies**) geología
geom. abr. de **geometrical** y **geometry**
geomagnetic [ˌdʒiomægˈnɛtɪk] *adj* geomagnético
geomancer [ˈdʒiəˌmænsər] *s* geomántico
geomancy [ˈdʒiəˌmænsɪ] *s* geomancía
geomantic [ˌdʒiəˈmæntɪk] *adj* geomántico
geometer [dʒɪˈɑmɪtər] *s* geómetra; (zool.) geómetra
geometric [ˌdʒiəˈmɛtrɪk] o **geometrical** [ˌdʒiəˈmɛtrɪkəl] *adj* geométrico
geometrician [dʒɪˌɑmɪˈtrɪʃən] *s* geómetra
geometric progression *s* progresión geométrica
geometric ratio *s* razón geométrica
geometrid [dʒɪˈɑmɪtrɪd] *s* (ent.) geométrido
geometrize [dʒɪˈɑmɪtraɪz] *va & vn* geometrizar
geometry [dʒɪˈɑmɪtrɪ] *s* (*pl:* **-tries**) geometría
geomorphology [ˌdʒiəmɔrˈfɑlədʒɪ] *s* geomorfología
geophagy [dʒɪˈɑfədʒɪ] *s* geofagía
geophysical [ˌdʒioˈfɪzɪkəl] *adj* geofísico
geophysicist [ˌdʒioˈfɪzɪsɪst] *s* geofísico
geophysics [ˌdʒioˈfɪzɪks] *ssg* geofísica
geophyte [ˈdʒiəfaɪt] *s* (bot.) geófita
geopolitical [ˌdʒiəpəˈlɪtɪkəl] *adj* geopolítico
geopolitics [ˌdʒiəˈpɑlɪtɪks] *ssg* geopolítica
geoponic [ˌdʒiəˈpɑnɪk] *adj* geopónico; **geoponics** *ssg* geopónica o geoponía
georama [ˌdʒioˈræmə] o [ˌdʒioˈrɑmə] *s* georama
George [dʒɔrdʒ] *s* Jorge
georgette [dʒɔrˈdʒɛt] o **georgette crepe** *s* crespón de seda muy diáfano
Georgia [ˈdʒɔrdʒə] *s* Jorja (*nombre de mujer*)
Georgian [ˈdʒɔrdʒən] *adj & s* georgiano
Georgiana [ˌdʒɔrdʒɪˈænə] o [ˌdʒɔrdʒɪˈɑnə] *s* Georgina (*nombre de mujer*)
georgic [ˈdʒɔrdʒɪk] *s* geórgica (*poema*)
Georgina [dʒɔrˈdʒinə] *s* var. de **Georgiana**
geosynclinal [ˌdʒiosɪnˈklaɪnəl] *adj & s* (geol.) geosinclinal
geotaxis [ˌdʒioˈtæksɪs] *s* geotaxia o geotactismo
geotectonic [ˌdʒiotɛkˈtɑnɪk] *adj* geotectónico; **geotectonics** *ssg* geotectónica
geothermal [ˌdʒioˈθʌrməl] *adj* geotérmico
geotropic [ˌdʒioˈtrɑpɪk] *adj* geotrópico
geotropism [dʒɪˈɑtrəpɪzəm] *s* (biol.) geotropismo
ger. abr. de **gerund**
Ger. abr. de **German, Germanic** y **Germany**
Gerald [ˈdʒɛrəld] *s* Gerardo
geraniaceous [dʒɪˌrenɪˈeʃəs] *adj* (bot.) geraniáceo
geranium [dʒɪˈrenɪəm] *s* (bot.) geranio
Gerard [dʒɪˈrɑrd] o [ˈdʒɛrɑrd] *s* var. de **Gerald**
gerent [ˈdʒɪrənt] *s* gerente
gerfalcon [ˈdʒʌrˌfɔkən] o [ˈdʒʌrˌfɔlkən] *s* (orn.) gerifalte
geriatrical [ˌdʒɛrɪˈætrɪkəl] *adj* geriátrico
geriatrician [ˌdʒɛrɪəˈtrɪʃən] *s* geriatra
geriatrics [ˌdʒɛrɪˈætrɪks] *ssg* geriatría
germ [dʒʌrm] *s* (bact., biol., embryol. & fig.) germen; *adj* germinal
german [ˈdʒʌrmən] *adj* carnal (*dícese del hermano o el primo*); *s* cotillón; fiesta en que se baila el cotillón; (*cap.*) *adj* alemán; *s* (*pl:* **-mans**) alemán
germander [dʒərˈmændər] *s* (bot.) germandrina, camedrio
germane [dʒərˈmen] *adj* relacionado, pertinente
Germania [dʒərˈmenɪə] *s* (hist. & fig.) Germania
Germanic [dʒərˈmænɪk] *adj* germánico; *s* germánico (*grupo de lenguas*)
Germanism [ˈdʒʌrmənɪzəm] *s* germanismo
Germanist [ˈdʒʌrmənɪst] *s* germanista
germanium [dʒərˈmenɪəm] *s* (chem.) germanio
Germanization [ˌdʒʌrmənɪˈzeʃən] *s* germanización
Germanize [ˈdʒʌrmənaɪz] *va* germanizar; *vn* germanizarse
German measles *s* (path.) rubéola, sarampión alemán
Germanophile [dʒərˈmænofaɪl] *adj & s* germanófilo
Germanophobe [dʒərˈmænofob] *adj & s* germanófobo
German script *s* letra alemana
German shepherd dog *s* perro pastor alemán
German silver *s* melchor, plata alemana
German text *s* (print.) tipo alemán
Germany [ˈdʒʌrmənɪ] *s* Alemania
germ cell *s* (biol.) célula germen
germicidal [ˌdʒʌrmɪˈsaɪdəl] *adj* germicida
germicide [ˈdʒʌrmɪsaɪd] *s* germicida
germinal [ˈdʒʌrmɪnəl] *adj* germinal
germinant [ˈdʒʌrmɪnənt] *adj* germinante
germinate [ˈdʒʌrmɪnet] *va* hacer germinar; *vn* germinar
germination [ˌdʒʌrmɪˈneʃən] *s* germinación
germinative [ˈdʒʌrmɪˌnetɪv] *adj* germinativo
germinator [ˈdʒʌrmɪˌnetər] *s* germinador
germ plasm *s* germen plasma
germ theory *s* (biol. & path.) teoría germinal
germ war o **warfare** *s* guerra bacteriana o guerra bacteriológica
gerontology [ˌdʒɛrɑnˈtɑlədʒɪ] *s* gerontología
gerrymander [ˈgɛrɪˌmændər] o [ˈdʒɛrɪˌmændər] *s* demarcación arbitraria e injusta de los distritos electorales; [ˌgɛrɪˈmændər] o [ˌdʒɛrɪˈmændər] *va* dividir arbitrariamente (*un estado*) en distritos electorales (*para sacar ventaja de ello*); manejar injustamente (*los resortes políticos*)

G

Gertrude [ˈgʌrtrud] *s* Gertrudis
Gerty [ˈgʌrtɪ] *s* Tula
gerund [ˈdʒɛrənd] *s* gerundio
gerundial [dʒɪˈrʌndɪəl] *adj* del gerundio
gerundive [dʒɪˈrʌndɪv] *s* gerundino (*en gramática latina*); gerundio adjetivado
gest [dʒɛst] *s* (archaic) gesta
Gestalt psychology [gəˈʃtɑlt] *s* psicología de la forma, gestaltismo
Gestapo [gəˈstɑpo] *s* gestapo (*policía secreta del gobierno nazi*)
gestation [dʒɛsˈteʃən] *s* gestación; (fig.) gestación
gesticulate [dʒɛsˈtɪkjəlet] *vn* accionar, manotear
gesticulation [dʒɛsˌtɪkjəˈleʃən] *s* manoteo, ademán
gesticulative [dʒɛsˈtɪkjəˌletɪv] *adj* manoteador
gesticulator [dʒɛsˈtɪkjəˌletər] *s* manoteador
gesture [ˈdʒɛstʃər] *s* ademán, gesto; muestra, demostración, gesto; *vn* hacer ademanes, hacer gestos
get [gɛt] (*pret:* **got;** *pp:* **got** o **gotten;** *ger:* **getting**) *va* obtener, recibir; conseguir; buscar, ir por; traer; tomar (*p.ej., un billete*); llevar, hacer llegar; alcanzar; proporcionar; hallar, localizar; preparar, hacer (*p.ej., la comida*); adquirir (*p.ej., destreza*); aprender de memoria; resolver (*un problema*); (coll.) comprender; (coll.) captar, conseguir sintonizar (*una estación emisora*); (slang) irritar; **let's get this over!** ¡pecho al agua!; **to have got** tener, p.ej., **I've got enough money** tengo bastante dinero; **to have got to** + *inf* tener que + *inf*, p.ej., **I've got to walk** tengo que ir a pie; **to get across** (coll.) hacer aceptar, hacer comprender; **to get back** recobrar; **to get by** conseguir que se deje pasar (*una cosa*); **to get down** descolgar; tragar; **to get going** poner en marcha; **to get in** conseguir meter (*una cosa*) en (*otra*); **to get off** quitar (*p.ej., una mancha*); quitarse (*los zapatos*); ayudar a partir o a escaparse; despachar; **to get on** ponerse (*los zapatos*); **to get out** publicar (*p.ej., un libro*); ayudar a partir o a escaparse; **to get out of** hacer confesar, lograr sacar de; **to get out of the way** quitar de en medio; **to get over** (slang) hacer aceptar, hacer comprender; conseguir pasar (*una cosa*) por encima de o más allá de (*otra*); **to get something away from someone** quitar algo a alguien; **to get through** lograr pasar (*una cosa*) por (*otra*); **to get to** + *inf* conseguir, lograr que + *subj*, p.ej., **I got him to leave** conseguí que saliese; **to get** + *pp* hacer + *inf*, p.ej., **he got his hair cut** se hizo cortar el pelo; hacer que + *subj*, p.ej., **I got him appointed** hice que le nombraran ‖ *vn* hacerse, ponerse, volverse; meterse; llegar (coll.) largarse; **to get about** mostrarse activo; estar levantado (*un convaleciente*); **to get abroad** divulgarse; **to get across** tener éxito; **to get along** marcharse; seguir andando; ir tirando; tener éxito; llevarse bien; pasarlo, p.ej., **how are you getting along?** ¿cómo lo pasa Vd.?; **to get along in years** ponerse viejo; **to get along with** congeniar con; **to get around** salir mucho, ir a todas partes; difundirse, divulgarse; eludir, pasar por alto; manejar (*a una persona*); mandarse, estar levantado (*un convaleciente*); **to get at** alcanzar, llegar hasta; averiguar, descubrir; (coll.) intimidar; (coll.) sobornar; **to get away** alejarse; conseguir marcharse; ponerse en marcha; evadirse; **to get away with** llevarse, escaparse con; (coll.) hacer impunemente; **to get away with it** (coll.) arreglárselas, quedar sin castigo; **to get back** regresar, volver; **to get back at** (slang) desquitarse con; **to get behind** quedarse atrás; apoyar; penetrar (*p.ej., la máscara de una persona*); **to get by** lograr pasar; burlar, burlar la vigilancia de; (coll.) arreglárselas; **to get going** ponerse en marcha; **to get gone** salir, irse; **to get in** conseguir entrar en; llegar (*p.ej., un tren*); volver a casa (*por la noche*); **to get into** conseguir entrar en; meterse en (*p.ej., dificultades*); **to get in with** llegar a ser amigo de, llegar a tener influencia con; **to get left** (slang) llevarse un chasco; **to get off** apearse, bajar; bajar de (*p.ej., un tranvía*); descolgarse; marcharse; escaparse; **to get off with** salir con (*p.ej., una pena leve*); **to get on** subir; subir a (*p.ej., un tranvía*); ponerse encima de; ir tirando, tener éxito; llevarse bien; **to get on with** congeniar con; tener éxito con o en; **to get out** salir; marcharse; escaparse; divulgarse; dejar un negocio, asociación, etc.; **to get out of** bajar de (*p.ej., un coche*); librarse de; evadir, escaparse de; **to get out of the way** quitarse de en medio; **to get over** atravesar, pasar por encima de, pasar más allá de; olvidar (*un disgusto*); vencer (*un obstáculo*); recobrarse de; curarse de; **to get through** pasar por entre; terminar; **to get through with** concluir de hacer; **to get to be** llegar a ser; **to get under** meterse o ponerse debajo de; **to get under way** ponerse en camino; (naut.) hacerse a la vela; **to get up** levantarse; **to get up on** subir a lo alto de; **to not get over it** (coll.) no volver de su asombro; **when I get through with you!** ¡cuando yo te deje!; **get out!** ¡aprieta! (*para expresar incredulidad*); **get up!** ¡arre! (*para arrear a las bestias*); este verbo, seguido de un adjetivo, se traduce a veces por un verbo neutro o reflexivo que corresponda al adjetivo, p.ej., **to get old** envejecer; **to get angry** enfadarse; seguido de un participio pasivo, se traduce a veces por un verbo reflexivo o por la voz pasiva, p.ej., **to get married** casarse; **to get run over** ser atropellado
getaway [ˈgɛtəˌwe] *s* escapatoria; (sport) comienzo de una carrera; (aut.) arranque, facilidad y rapidez del arranque
Gethsemane [gɛθˈsɛmənɪ] *s* (Bib.) Getsemaní
get-together [ˈgɛttʊˌgɛðər] *s* (coll.) reunión, tertulia
get-up [ˈgɛtˌʌp] *s* (coll.) presentación; (coll.) atavío, traje
gewgaw [ˈgjugɔ] *s* fruslería; adorno charro; *adj* charro, chillón
geyser [ˈgaɪzər] *s* géiser
ghastly [ˈgæstlɪ] o [ˈgɑstlɪ] *adj* (*comp:* **-lier;** *super:* **-liest**) horrible; cadavérico, espectral; *adv* horriblemente, extremadamente
Ghent [gɛnt] *s* Gante
gherkin [ˈgʌrkɪn] *s* (bot.) pepinillo (***Cucumis** Anguria y fruto; pepino pequeño encurtido*)
ghetto [ˈgɛto] *s* (*pl:* **-tos**) ghetto, judería
Ghibelline [ˈgɪbəlɪn] *adj & s* gibelino
ghost [gost] *s* espectro, fantasma; alma (*de persona muerta*); alma en pena; asomo apenas perceptible; (opt.) imagen falsa; (telv.) fantasma; (coll.) escritor cuyos escritos aparecen bajo la firma de otra persona; **not a ghost of a** ni la más remota idea de, ni la más remota posibilidad de, ni sombra de; **to give up the ghost** dar, entregar o rendir el alma; *va* (coll.) componer escritos por
ghost image *s* (telv.) imagen fantasma, imagen falsa
ghostly [ˈgostlɪ] *adj* (*comp:* **-lier;** *super:* **-liest**) espectral; espiritual
ghost story *s* cuento de fantasmas
ghostwrite [ˈgostˌraɪt] *va & vn* escribir bajo la firma de otra persona
ghost writer *s* escritor cuyos escritos aparecen bajo la firma de otra persona, colaborador anónimo
ghoul [gul] *s* demonio que se alimenta con la carne de los cadáveres; profanador de cadáveres, robador de cementerios; persona que se deleita con cosas brutales y horribles
ghoulish [ˈgulɪʃ] *adj* brutal, horrible, espantoso
G.H.Q. abr. de **General Headquarters**
G.I. [ˈdʒiˈaɪ] *adj* de munición, del ejército norteamericano; (coll.) de reglamento; (coll.) soldadesco; *s* (coll.) soldado raso (*del ejército norteamericano*)
giant [ˈdʒaɪənt] *adj* gigante; gigantesco; *s* gigante
giant cactus *s* (bot.) saguaro
giantess [ˈdʒaɪəntɪs] *s* giganta
giant fennel *s* (bot.) cañaheja
giantism [ˈdʒaɪəntɪzəm] *s* gigantez; (path.) gigantismo
giant panda *s* (zool.) panda gigante

giant powder *s* pólvora gigante
giant salamander *s* (zool.) salamandra gigante
Giant's Causeway *s* Calzada de los Gigantes (*en Irlanda*)
giant's stride *s* (sport) pasos de gigante
giant tortoise *s* (zool.) tortuga gigante
gibber [ˈdʒɪbər] o [ˈgɪbər] *s* guirigay; *vn* farfullar, parlotear
gibberish [ˈdʒɪbɛrɪʃ] o [ˈgɪbərɪʃ] *s* guirigay
gibbet [ˈdʒɪbɪt] *s* picota; horca; *va* empicotar; ahorcar; poner en picota, poner a la vergüenza
gibbon [ˈgɪbən] *s* (zool.) gibón
gibbosity [gɪˈbɑsɪtɪ] *s* (*pl:* **-ties**) gibosidad
gibbous [ˈgɪbəs] *adj* giboso
gibe [dʒaɪb] *s* remoque, pulla; *vn* mofarse; **to gibe at** mofarse de
giblets [ˈdʒɪblɪts] *spl* menudillos
Gibraltar [dʒɪˈbrɔltər] *s* Gibraltar
gid [gɪd] *s* (vet.) modorra, tornada
giddiness [ˈgɪdɪnɪs] *s* vértigo, desvanecimiento; atolondramiento, falta de juicio
giddy [ˈgɪdɪ] *adj* (*comp:* **-dier;** *super:* **-diest**) vertiginoso; casquivano, ligero de cascos; (vet.) modorro
Gideon [ˈgɪdɪən] *s* (Bib.) Gedeón
gift [gɪft] *s* regalo; don, dote, prenda; *va* obsequiar; dotar
gifted [ˈgɪftɪd] *adj* de talento, talentoso
gift horse *s* caballo regalado, p.ej., **never look a gift horse in the mouth** a caballo regalado no se le mira el diente
gift of gab *s* (coll.) facundia, labia
gift package *s* paquete regalo
gift shop *s* tienda de objetos de regalo, comercio de artículos de regalo
gift tax *s* impuesto sobre donaciones, impuesto sobre transferencias a título gratuito
gift-wrap [ˈgɪft,ræp] (*pret & pp:* **-wrapped;** *ger:* **-wrapping**) *va* envolver en paquete regalo
gig [gɪg] *s* calesa (*de dos ruedas*); fisga, arpón; (naut.) falúa; (*pret & pp:* **gigged;** *ger:* **gigging**) *va & vn* pescar con fisga o arpón
gigantean [,dʒaɪgænˈtiən] *adj* giganteo
gigantesque [,dʒaɪgænˈtɛsk] *adj* gigantesco
gigantic [dʒaɪˈgæntɪk] *adj* gigantesco
gigantism [ˈdʒaɪgæntɪzəm] o [dʒaɪˈgæntɪzəm] *s* var. de **giantism**
giggle [ˈgɪgəl] *s* retozo de la risa; *vn* reírse nerviosamente, reír con una risilla tonta
giggly [ˈgɪglɪ] *adj* de risa fácil e inoportuna
gigolo [ˈdʒɪgəlo] *s* (*pl:* **-los**) acompañante profesional de mujeres; hombre que vive a expensas de una mujer
gigot [ˈdʒɪgət] *s* manga hueca y subida; pernil de carnero, de ternera, etc.
Gila monster [ˈhilə] *s* (zool.) monstruo de Gila
gilbert [ˈgɪlbərt] *s* (phys.) gilbertio; (*cap.*) *s* Gilberto
gild [gɪld] *s* gremio; asociación de carácter benéfico; (*pret & pp:* **gilded** o **gilt**) *va* dorar; dar brillo o lustre a; dar un brillo falso a
gilder [ˈgɪldər] *s* dorador
gilding [ˈgɪldɪŋ] *s* doradura; dorado
Gilead [ˈgɪlɪəd] *s* (Bib.) Galaad
Giles [dʒaɪlz] *s* Gil
gill [gɪl] *s* papada, papadilla; agalla (*de pez*); barba (*del gallo*); (bot.) hojuela o laminilla (*debajo del sombrerillo del hongo*); [dʒɪl] *s* medida para líquidos, equivalente a la cuarta parte de una pinta
gillie [ˈgɪlɪ] *s* (Scotch) ayudante o paje de un cazador o pescador; (Scotch) criado, secuaz
gilly [ˈgɪlɪ] *s* (*pl:* **-lies**) var. de **gillie**
gillyflower [ˈdʒɪlɪ,flauər] *s* (bot.) alhelí, alhelí amarillo, alhelí encarnado
gilt [gɪlt] *adj & s* dorado; *pret & pp de* **gild**
gilt-edged [ˈgɪlt,ɛdʒd] *adj* con cantos dorados; de toda confianza, de lo mejor que hay
gimbals [ˈdʒɪmbəlz] o [ˈgɪmbəlz] *spl* balancines de brújula
gimcrack [ˈdʒɪm,kræk] *s* chuchería; *adj* brillante y de poco valor, de oropel
gimlet [ˈgɪmlɪt] *s* barrena de mano
gimlet-eyed [ˈgɪmlɪt,aɪd] *adj* de ojos taladradores
gimmick [ˈgɪmɪk] *s* (slang) adminículo, dispositivo ingenioso; (slang) adminículo mágico
gimp [gɪmp] *s* bocadillo; (coll.) energía, vigor
gimp nail *s* tachón o tachuela para tapicería
gin o **'gin** [gɪn] (*pret:* **gan** o **'gan;** *pp:* **gun** o **'gun;** *ger:* **ginning** o **'ginning**) *va & vn* (archaic & poet.) comenzar
gin [dʒɪn] *s* ginebra; desmotadora de algodón; garlito, trampa; poste grúa, torno de izar; (*pret & pp:* **ginned;** *ger:* **ginning**) *va* desmotar (*algodón*); coger con garlito
gin fiz o **fizz** *s* ginebra con gaseosa
ginger [ˈdʒɪndʒər] *s* (bot.) jengibre (*planta, rizoma y especia*); color de jengibre; (coll.) energía, viveza; *adj* de color de jengibre
ginger ale o **beer** *s* cerveza de jengibre gaseosa
gingerbread [ˈdʒɪndʒər,brɛd] *s* pan de jengibre; adorno charro; *adj* recargado de adornos charros
gingerly [ˈdʒɪndʒərlɪ] *adj* cuidadoso, cauteloso; *adv* cuidadosamente, cautelosamente
gingersnap [ˈdʒɪndʒər,snæp] *s* galletita de jengibre
gingery [ˈdʒɪndʒərɪ] *adj* que sabe a jengibre; picante; de color de jengibre
gingham [ˈgɪŋəm] *s* guinga, zaraza; *adj* de guinga, de zaraza
gingival [dʒɪnˈdʒaɪvəl] *adj* gingival
gingivitis [,dʒɪndʒɪˈvaɪtɪs] *s* (path.) gingivitis
gingko [ˈgɪŋko] o [ˈdʒɪŋko] *s* (*pl:* **-koes**) (bot.) gingo
ginglymus [ˈdʒɪŋglɪməs] o [ˈgɪŋglɪməs] *s* (*pl:* **-mi** [maɪ]) (anat.) gínglimo
ginkgo [ˈgɪŋko] o [ˈdʒɪŋko] *s* (*pl:* **-goes**) var. de **gingko**
ginseng [ˈdʒɪnsɛŋ] *s* (bot.) ginsén (*planta y raíz*)
gipsy [ˈdʒɪpsɪ] *adj* var. de **gypsy;** *s* (*pl:* **-sies**) var. de **gypsy;** (*cap.*) *s* var. de **Gypsy**
giraffe [dʒɪˈræf] o [dʒɪˈrɑf] *s* (zool.) jirafa
girandole [ˈdʒɪrəndol] *s* girándula
gird [gʌrd] *s* (archaic) remoque; (*pret & pp:* **girded**) *va* mofarse de; *vn* mofar; (*pret & pp:* **girt** o **girded**) *va* ceñir; aprestar; dotar
girder [ˈgʌrdər] *s* viga, trabe
girdle [ˈgʌrdəl] *s* faja, ceñidor; corsé de poca anchura; *va* ceñir; circundar; ir alrededor de; quitar a (*un árbol*) una tira circular de corteza
girl [gʌrl] *s* niña; muchacha; criada; (coll.) novia; (coll.) mujer
girl friend *s* (coll.) amiguita
girlhood [ˈgʌrlhud] *s* muchachez; muchachas; juventud femenina
girlie [ˈgɪrlɪ] *s* (coll.) niña, chica
girlish [ˈgʌrlɪʃ] *adj* de niña, de muchacha, juvenil
girl scout *s* niña exploradora
Girondist [dʒɪˈrɑndɪst] *adj & s* (hist.) girondino
girt [gʌrt] *va* ceñir; asediar; *pret & pp de* **gird**
girth [gʌrθ] *s* cincha; pretina; circunferencia; *va* cinchar; ceñir
gist [dʒɪst] *s* enjundia, substancia, esencia
gittern [ˈgɪtərn] *s* var. de **cithern**
give [gɪv] *s* elasticidad ‖ (*pret:* **gave;** *pp:* **given**) *va* dar; ofrecer; causar, ocasionar (*p.ej., molestia, trabajo*); representar (*una obra dramática*); pronunciar (*un discurso*); dedicar (*sus energías o el tiempo disponible*); **to give and take** cambiar (*unas cosas por otras*) libremente; **to give away** regalar, dar de balde; revelar, divulgar; malvender; llevar (*a la novia*); (coll.) traicionar; **to give back** devolver; **to give forth** producir; divulgar; despedir, echar (*p.ej., olores*); **to give in** ceder, entregar; **to give it to** (coll.) dar una paliza a; (coll.) regañar; **to give off** despedir, echar (*p.ej., olores*); **to give oneself up** entregarse (*a las autoridades*); **to give oneself up to** entregarse a, dedicarse a; abandonarse a; **to give out** distribuir, repartir; divulgar; proclamar; despedir, echar (*p.ej., olores*); **to give over** entregar; desistir de; **to give up** entregar; abandonar, dejar (*un empleo*); renunciar; privarse de; desahuciar; **to give up** + *ger* dejar de + *inf;* privarse de + *inf;* **to give up . . . to** dedicar (*p.ej., el día entero*) a ‖ *vn* hacer regalos; prestar, dar de sí; romperse (*una cuerda*); **to give in** ceder, rendirse; consentir; **to give out** agotarse; no poder más; descomponerse; **to give up** abandonarse, darse

por vencido; **to give upon** dar a (*p.ej., un jardín*)
give-and-take [ˈgɪvəndˈtek] *s* toma y daca, concesiones mutuas; conversación sazonada de burlas
giveaway [ˈgɪvəˌwe] *s* (coll.) revelación involuntaria; (coll.) traición, revelación intencional; (coll.) ganapierde (*modo de jugar a las damas*); **to play giveaway** jugar al o a la ganapierde
given [ˈgɪvən] *adj* dado; (math.) conocido; **given that** suponiendo que; **given to** dado a (*propenso a*); *pp de* **give**
given name *s* nombre de pila
giver [ˈgɪvər] *s* dador, donador
gizzard [ˈgɪzərd] *s* molleja (*de ave*); proventrículo (*de insecto*); (hum.) vientre
Gk. abr. de **Greek**
glabrous [ˈglebrəs] *adj* (bot. & zool.) glabro
glacé [glæˈse] *adj* glaseado; helado; *va* glasear (*las frutas, la piel, etc.*)
glacial [ˈgleʃəl] *adj* glacial; (chem.) glacial
glacial epoch *s* (geol.) época glacial
glacial period *s* (geol.) período glacial
glaciate [ˈgleʃɪet] *va* cubrir con heleros o con hielo glacial; congelar; someter a la acción glaciaria
glaciation [ˌgleʃɪˈeʃən] o [ˌglesɪˈeʃən] *s* glaciación
glacier [ˈgleʃər] *s* glaciar, helero
glacis [ˈglesɪs] o [ˈglæsɪs] *s* glacis; (fort.) glacis
glad [glæd] *adj* (*comp:* **gladder;** *super:* **gladdest**) alegre; gozoso, festivo; vistoso; **to be glad** alegrarse; **to be glad to** + *inf* alegrarse de + *inf*, tener mucho gusto en + *inf*
gladden [ˈglædən] *va* alegrar; *vn* alegrarse
gladdon [ˈglædən] *s* (bot.) íride; (bot.) espadaña, gladíolo
glade [gled] *s* claro, claro herboso (*en un bosque*)
glad hand *s* (slang) acogida efusiva
gladiator [ˈglædɪˌetər] *s* gladiador
gladiatorial [ˌglædɪəˈtorɪəl] *adj* gladiatorio
gladiola [ˌglædɪˈolə] o [gləˈdaɪələ] *s* (bot.) estoque
gladiolus [ˌglædɪˈoləs] o [gləˈdaɪələs] *s* (*pl:* **-luses** o **-li** [laɪ]) (bot.) estoque; [gləˈdaɪələs] *s* (*pl:* **-luses** o **-li** [laɪ]) (anat.) gladíolo (*mesosternón*)
gladius [ˈgledɪəs] *s* (*pl:* **-i** [aɪ]) (zool.) gladio
gladly [ˈglædlɪ] *adv* alegremente; con placer, con mucho gusto
gladness [ˈglædnɪs] *s* alegría, regocijo
glad rags *spl* (slang) trapos elegantes
gladsome [ˈglædsəm] *adj* alegre; festivo; agradable, delicioso
Gladstone bag [ˈglædstən] o [ˈglædston] *s* maleta que al abrirse se desdobla en dos mitades
glair [glɛr] *s* clara de huevo; aderezo o engomado hecho de clara de huevo
glaive [glev] *s* (hist.) alabarda; (archaic) chafarote
glamor [ˈglæmər] *s* var. de **glamour**
glamorous [ˈglæmərəs] *adj* encantador, hechicero, fascinador
glamour [ˈglæmər] *s* encanto, hechizo, fascinación
glamour girl *s* (slang) belleza exótica
glamourous [ˈglæmərəs] *adj* var. de **glamorous**
glance [glæns] o [glɑns] *s* golpe de vista, ojeada, vistazo; destello; desviación oblicua; alusión breve; **at first glance** a primera vista; **at a glance** de un vistazo; *vn* lanzar una mirada; destellar; desviarse de soslayo; **to glance at** lanzar una mirada a; mirar por encima, examinar de paso; aludir a; **to glance off** desviarse de soslayo; desviarse al chocar con; **to glance over** examinar de paso
glancing [ˈglænsɪŋ] o [ˈglɑnsɪŋ] *adj* de soslayo (*dícese de un golpe*)
gland [glænd] *s* (anat. & bot.) glándula; (mach.) casquillo del prensaestopas
glanderous [ˈglændərəs] *adj* muermoso
glanders [ˈglændərz] *s* (vet.) muermo
glandular [ˈglændʒələr] *adj* glandular
glandulous [ˈglændʒələs] *adj* glanduloso
glare [glɛr] *s* fulgor deslumbrante, relumbrón; luz intensa; mirada feroz y penetrante; mirada de indignación; aspecto deslumbrante; superficie lisa y brillante (*p.ej., de hielo*); *adj* liso y brillante; *va* expresar (*p.ej., indignación*) con miradas feroces; *vn* relumbrar; lanzar miradas feroces o de indignación; ser de aspecto deslumbrante
glaring [ˈglɛrɪŋ] *adj* deslumbrante, brillante; relumbrante; de miradas feroces; evidente, notorio
glary [ˈglɛrɪ] *adj* deslumbrante, brillante; alisado, resbaloso
glass [glæs] o [glɑs] *s* vidrio; cristal; vaso; vajilla de cristal; espejo; **glasses** *spl* anteojos, gafas; *adj* de vidrio, de cristal; *va* encerrar entre vidrios; poner vidrios a (*una ventana*); reflejar
glass blower *s* vidriero, soplador de vidrio
glass blowing *s* elaboración del vidrio mediante el soplete
glass case *s* vitrina
glass cutter *s* cortavidrios
glass door *s* puerta vidriera
glassful [ˈglæsfʊl] o [ˈglɑsfʊl] *s* vaso (*cantidad que cabe en un vaso*)
glasshouse [ˈglæsˌhaʊs] o [ˈglɑsˌhaʊs] *s* vidriería; invernadero; galería fotográfica; (fig.) tejado de vidrio
glassiness [ˈglæsɪnɪs] o [ˈglɑsɪnɪs] *s* vidriosidad
glass snake *s* (zool.) lución norteamericano
glassware [ˈglæsˌwɛr] o [ˈglɑsˌwɛr] *s* cristalería; vajilla de cristal
glass wool *s* cristal hilado, lana de vidrio, tela de vidrio
glasswork [ˈglæsˌwʌrk] o [ˈglɑsˌwʌrk] *s* vidriería, cristalería; **glassworks** *ssg o spl* vidriería, cristalería (*fábrica o taller*)
glassworker [ˈglæsˌwʌrkər] o [ˈglɑsˌwʌrkər] *s* vidriero
glasswort [ˈglæsˌwʌrt] o [ˈglɑsˌwʌrt] *s* (bot.) almajo, almajo salado, alacranera
glassy [ˈglæsɪ] o [ˈglɑsɪ] *adj* (*comp:* **-ier;** *super:* **-iest**) vidrioso; (fig.) de mirada fija y estúpida (*dícese de los ojos*); (fig.) vidrioso (*dícese de los ojos o la mirada*)
Glaswegian [glæsˈwidʒən] o [glɑsˈwidʒən] *adj* perteneciente a Glasgow; *s* natural o habitante de Glasgow
glauberite [ˈglaʊbəraɪt] o [ˈglɔbəraɪt] *s* (chem.) glauberita
Glauber's salt [ˈglaʊbərz] o [ˈglɔbərz] *s* (pharm.) sal de Glauber
glaucoma [glɔˈkomə] *s* (path.) glaucoma
glaucomatous [glɔˈkomətəs] o [glɔˈkɑmətəs] *adj* glaucomatoso
glaucous [ˈglɔkəs] *adj* glauco; (bot.) glauco
glaze [glez] *s* barniz vítreo, esmalte; superficie lisa; capa lisa y resbaladiza (*p.ej., la que produce la lluvia al congelarse*); *va* vidriar, esmaltar; lustrar (*un tejido*); poner vidrio o vidrios a (*una ventana o un marco*); cubrir con vidrio; garapiñar; *vn* vidriarse
glazier [ˈgleʒər] *s* vidriero
glazier's point *s* punta de vidriar
glazing [ˈglezɪŋ] *s* oficio de vidriero; trabajo de vidriero; vidrios (*puestos o que han de ponerse*); barniz vítreo, esmalte
gleam [glim] *s* destello, rayo de luz; luz tenue o momentánea; rayo (*de esperanza*); manifestación momentánea (*p.ej., de inteligencia*); *vn* destellar, fulgurar; brillar con luz tenue o momentánea; aparecer de repente, dejarse ver momentáneamente
glean [glin] *va* espigar; (fig.) espigar
gleaner [ˈglinər] *s* espigador
gleaning [ˈglinɪŋ] *s* espigadura, espigueo
glebe [glib] *s* (poet.) tierra, césped; (archaic) campo sembrado o labrado; (eccl.) terreno anejo a un beneficio o curato
glee [gli] *s* alegría, regocijo; (mus.) canción para tres o más solistas a capella
glee club *s* orfeón
gleeful [ˈglifəl] *adj* alegre, regocijado
gleeman [ˈglimən] *s* (*pl:* **-men**) (archaic) cantor, trovador
gleesome [ˈglisəm] *adj* var. de **gleeful**
glen [glɛn] *s* vallecico, valle angosto
glengarry [glɛnˈgærɪ] *s* (*pl:* **-ries**) gorra escocesa
glenoid [ˈglinɔɪd] *adj* glenoideo

glib [glɪb] *adj* (*comp:* **glibber;** *super:* **glibbest**) locuaz, de mucha labia; fácil e insincero
glide [glaɪd] *s* deslizamiento suave, movimiento suave y silencioso; (aer.) vuelo sin motor, planeo; (mus.) ligadura; (phonet.) semivocal; *vn* deslizarse; (aer.) volar sin motor, planear; **to glide along** correr o pasar suavemente; **to glide by** pasarse (*p.ej., los años*) sin sentir
glider ['glaɪdər] *s* persona o cosa que se desliza; (aer.) deslizador, planeador
gliding angle *s* (aer.) ángulo de planeo
gliding boat *s* (aer.) hidrodeslizador
gliding machine *s* (aer.) deslizador, planeador
glim [glɪm] *s* luz (*de candil o de vela*); candil, vela; (slang) ojo
glimmer ['glɪmər] *s* luz tenue y vacilante; vislumbre; *vn* brillar con luz tenue y vacilante; vislumbrarse
glimmering ['glɪmərɪŋ] *adj* trémulo, tenue y vacilante; *s* luz tenue y vacilante; vislumbre
glimpse [glɪmps] *s* vislumbre, vista momentánea; manifestación momentánea; **to catch a glimpse of** vislumbrar; *va* vislumbrar, ver momentáneamente, alcanzar a ver; *vn* brillar con luz tenue y vacilante; lanzar una mirada
glint [glɪnt] *s* destello, rayo, relumbrón
glioma [glaɪ'omə] *s* (*pl:* **-mata** [mətə] o **-mas**) (path.) glioma
glisten ['glɪsən] *s* centelleo; *vn* centellear
glitter ['glɪtər] *s* brillo, resplandor; *vn* brillar, resplendecer
glittering ['glɪtərɪŋ] o **glittery** ['glɪtərɪ] *adj* brillante, resplandeciente
gloaming ['glomɪŋ] *s* crepúsculo vespertino, media luz del anochecer
gloat [glot] *vn* gozarse, relamerse; **to gloat over** gozarse en la contemplación de
global ['globəl] *adj* globoso, esférico; mundial, global
globate ['globet] *adj* globoso, esférico
globe [glob] *s* globo; globo terráqueo o terrestre (*Tierra; mapa de la Tierra en forma de bola*); (astr.) globo celeste; *va* dar forma de globo a; *vn* tomar forma de globo
globe amaranth *s* (bot.) sempiterna, perpetua, amarantina
globefish ['glob,fɪʃ] *s* (ichth.) orbe
globeflower ['glob,flaʊər] *s* (bot.) calderones
globe sight *s* mira esférica
globetrotter ['glob,trɑtər] *s* trotamundos
globose ['globos] o **globous** ['globəs] *adj* globoso
globular ['glɑbjələr] *adj* globular
globule ['glɑbjʊl] *s* glóbulo; (bot.) glóbulo
globulin ['glɑbjəlɪn] *s* (biochem.) globulina
globulose ['glɑbjəlos] *adj* globuloso
glockenspiel ['glɑkən,spil] *s* (mus.) órgano de campanas, timbres, juego de timbres
glomerate ['glɑmərɪt] *adj* aglomerado
glomerule ['glɑmərʊl] *s* (bot.) glomérula
glomerulus [glo'mɛrjələs] o [glo'mɛrələs] *s* (*pl:* **-li** [laɪ]) (anat.) glomérulo
gloom [glum] *s* lobreguez, tinieblas; abatimiento, tristeza; aspecto abatido, aspecto triste; *vn* obscurecerse; entristecerse, ponerse fúnebre; parecer triste
gloomy ['glumɪ] *adj* (*comp:* **-ier;** *super:* **-iest**) lóbrego (*obscuro; triste*)
gloria ['glorɪə] *s* gloria (*tejido; aureola*); canto en loor de Dios; (*cap.*) *s* (eccl.) Gloria
glorifiable ['glorɪ,faɪəbəl] *adj* glorificable
glorification [,glorɪfɪ'keʃən] *s* glorificación; realce; (coll.) celebración, fiesta
glorify ['glorɪfaɪ] (*pret & pp:* **-fied**) *va* glorificar; realzar
glorious ['glorɪəs] *adj* glorioso; espléndido, excelente
glory ['glorɪ] *s* (*pl:* **-ries**) gloria; **to be in one's glory** estar en sus glorias; **to go to glory** ganar la gloria (*morirse*); (slang) fracasar, sufrir colapso; (*pret & pp:* **-ried**) *va* gloriar, glorificar; *vn* gloriarse; **to glory in** gloriarse de (*p.ej., sus hazañas*); gloriarse en (*p.ej., el Señor*)
gloss [glɔs] o [glɑs] *s* brillo, lustre; apariencia engañosa; glosa; glosario; glosa (*composición poética*); *va* abrillantar, lustrar; satinar, glasear; disculpar, paliar; glosar; *vn* glosar; **to gloss over** disculpar, paliar
glossa ['glɑsə] *s* (*pl:* **-sae** [si]) (zool.) glosis
glossarial [glɑ'sɛrɪəl] *adj* de glosario; a modo de glosario
glossary ['glɑsərɪ] *s* (*pl:* **-ries**) glosario
glossator [glɑ'setər] *s* glosador
glossectomy [glɑ'sɛktəmɪ] *s* (*pl:* **-mies**) (surg.) glosectomía
glossitis [glɑ'saɪtɪs] *s* (path.) glositis
glossy ['glɔsɪ] o ['glɑsɪ] *adj* (*comp:* **-ier;** *super:* **-iest**) brillante, lustroso; satinado, glaseado
glottal ['glɑtəl] *adj* glótico
glottal stop *s* (phonet.) choque glótico
glottis ['glɑtɪs] *s* (anat.) glotis
glove [glʌv] *s* guante; **to handle with gloves** manejar o tratar con sumo cuidado; **to handle without gloves** manejar o tratar sin miramientos; **to take up the glove** recoger el guante; **to throw down the glove** arrojar o echar el guante
glove compartment *s* (aut.) portaguantes, guantera o guantero
glover ['glʌvər] *s* guantero
glove stretcher *s* ensanchador, juanas
glow [glo] *s* resplandor (*de una cosa que arde sin llama*); brillo, esplendor (*p.ej., de los arreboles de la puesta del sol*); sensación agradable de calor corporal; color en las mejillas, color en todo el cuerpo; manifestación o señales de interés muy vivo; *vn* brillar intensamente y sin llama; manifestar calor corporal (*por el color en las mejillas o en todo el cuerpo*); tener las mejillas encendidas; estar muy animado, estar vehemente; estar anhelante (*p.ej., de interés*); arder (*p.ej., la zona tórrida*); (fig.) brillar
glower ['glaʊər] *s* ceño, mirada hosca; *vn* tener la mirada hosca; **to glower at** mirar hoscamente
glowing ['glo·ɪŋ] *adj* ardiente, encendido; radiante; entusiasta
glowworm ['glo,wʌrm] *s* (ent.) gusano de luz
gloxinia [glɑk'sɪnɪə] *s* (bot.) gloxínea
gloze [gloz] *va* disculpar, paliar; abrillantar; *vn* glosar; brillar
glucina [glu'saɪnə] *s* (chem.) glucina
glucinium [glu'sɪnɪəm] o **glucinum** [glu'saɪnəm] *s* (chem.) glucinio
glucoprotein [,gluko'protiɪn] o [,gluko'protin] *s* var. de **glycoprotein**
glucose ['glukos] *s* (biochem.) glucosa
glucoside ['glukosaɪd] o ['glukosɪd] *s* (chem.) glucósido
glucosuria [,gluko'surɪə] *s* var. de **glycosuria**
glue [glu] *s* cola; *va* encolar; pegar fuertemente, unir fuertemente
glue pot *s* cacerola para cola, pote de la cola
gluey ['gluɪ] *adj* (*comp:* **gluier;** *super:* **gluiest**) pegajoso; encolado
glug [glʌg] *s* gluglú (*sonido del agua*); (*pret & pp:* **glugged;** *ger:* **glugging**) *vn* hacer gluglú (*el agua*)
glum [glʌm] *adj* (*comp:* **glummer;** *super:* **glummest**) hosco, sombrío, tétrico
glume [glum] *s* (bot.) gluma
glut [glʌt] *s* abundancia, gran acopio; exceso, plétora; (*pret & pp:* **glutted;** *ger:* **glutting**) *va* hartar, saciar; inundar (*el mercado*); obstruir; *vn* hartarse, saciarse
gluteal [glu'tiəl] o ['glutɪəl] *adj* (anat.) glúteo
gluten ['glutən] *s* gluten
gluten bread *s* pan de gluten
gluten flour *s* harina de gluten
glutenous ['glutɪnəs] *adj* glutenoso
glutinous ['glutɪnəs] *adj* glutinoso
glutton ['glʌtən] *s* glotón; (zool.) glotón (*Gulo gulo*); (zool.) carcayú (*Gulo luscus*)
gluttonous ['glʌtənəs] *adj* glotón
gluttony ['glʌtənɪ] *s* (*pl:* **-ies**) glotonería
glyceric [glɪ'sɛrɪk] o ['glɪsərɪk] *adj* glicérico
glyceric acid *s* (chem.) ácido glicérico
glyceride ['glɪsəraɪd] o ['glɪsərɪd] *s* (chem.) glicérido
glycerin o **glycerine** ['glɪsərɪn] *s* glicerina
glycerol ['glɪsərol] o ['glɪsərɑl] *s* (chem.) glicerol
glyceryl ['glɪsərɪl] *s* (chem.) glicerilo
glycine ['glaɪsin] o [glaɪ'sin] *s* (chem.) glicina
glycogen ['glaɪkədʒən] *s* (biochem.) glicógeno
glycogenic [,glaɪkə'dʒɛnɪk] *adj* glicogénico

G

glycol [ˈglaɪkol] o [ˈglaɪkɑl] *s* (chem.) glicol
glycoprotein [ˌglaɪkoˈprotiɪn] o [ˌglaɪkoˈprotin] *s* (biochem.) glucoproteína
glycosuria [ˌglaɪkoˈsʊrɪə] *s* (path.) glucosuria
glyph [glɪf] *s* (arch.) glifo
glyptography [glɪpˈtɑgrəfɪ] *s* gliptografía
gm. abr. de **gram** o **grams**
G.M. abr. de **general manager, Grand Marshal** y **Grand Master**
G-man [ˈdʒiˌmæn] *s* (*pl:* **-men**) (U.S.A.) agente secreto federal
G.M.T. abr. de **Greenwich mean time**
gnar [nɑr] (*pret & pp:* **gnarred;** *ger:* **gnarring**) *vn* gruñir, refunfuñar
gnarl [nɑrl] *s* nudo (*en un árbol, una tabla, etc.*); *va* torcer; *vn* gruñir, refunfuñar
gnarled [nɑrld] *adj* nudoso, retorcido; de contrafibra; pendenciero, terco
gnarly [ˈnɑrlɪ] *adj* (*comp:* **-ier;** *super:* **-iest**) var. de **gnarled**
gnash [næʃ] *va* rechinar (*los dientes*); morder haciendo crujir los dientes; *vn* rechinar
gnat [næt] *s* (ent.) jején; (ent.) mosquito; **to strain at a gnat** afanarse o molestarse por pequeñeces
gnathion [ˈneθɪɑn] o [ˈnæθɪɑn] *s* (anat.) gnatión
gnaw [nɔ] (*pret:* **gnawed;** *pp:* **gnawed** o **gnawn**) *va* roer; practicar (*un agujero*) royendo; *vn* morder; **to gnaw at** roer
gneiss [naɪs] *s* (geol.) gneis
gneissic [ˈnaɪsɪk] *adj* gnéisico
gnome [nom] *s* gnomo; (myth.) gnomo
gnomic [ˈnomɪk] *adj* gnómico
gnomon [ˈnomɑn] *s* gnomon
Gnostic [ˈnɑstɪk] *adj & s* gnóstico
Gnosticism [ˈnɑstɪsɪzəm] *s* gnosticismo
gnu [nu] o [nju] *s* (zool.) gnu o ñu
go [go] *s* (*pl:* **goes**) ida, ir; (coll.) ánimo, energía, ímpetu; (coll.) estado, situación; (coll.) boga, furor; (coll.) ensayo; éxito; paso libre (*de la circulación de los automóviles*); **it's a go** es un trato hecho; es un gran éxito; **it's all the go** está muy en boga, hace furor; **it's no go** es inútil, es imposible; es un fracaso; **on the go** en continuo movimiento; de viaje; **this is a pretty go** estamos frescos; **to have a go at** ensayar, tentar; **to have plenty of go** estar muy animado; **to make a go of** lograr éxito en ‖ (*pret:* **went;** *pp:* **gone**) *va* ir por, llevar (*un camino*); (coll.) soportar, tolerar; (coll.) llegar hasta, aventurarse hasta; (coll.) apostar; **to go better** apostar más que; llevar la ventaja a; vencer; **to go it** (coll.) ir con gran rapidez; **to go it alone** obrar sin ayuda ‖ *vn* ir; irse, marcharse; funcionar, marchar; caminar; andar (*p.ej., desnudo, con hambre*); avanzar, seguir; correr, pasar; cundir; ponerse, volverse (*p.ej., loco*); desaparecer; estar bien; alcanzar, extenderse; venderse, tener venta; conducir, tender; surtir efecto, tener éxito; colocarse, guardarse; sonar; decirse; hacer, p.ej., **when you swim, go like this** cuando Vd. nada, haga así; **so it goes** así va el mundo; **to be going to** + *inf* o **to go to** + *inf* ir a + *inf;* **to be gone** haberse agotado; haberse gastado; haberse roto; haberse muerto; haber dejado de ser; haberse vuelto inservible; **to go** + *ger* ir de + *noun*, p.ej., **to go fishing** ir de pesca; **to go hunting** ir de caza; **to go about** andar de un sitio para otro; dar vuelta; andar (*p.ej., desnudo*); emprender (*una tarea*); ocuparse en (*los negocios de uno*); (naut.) cambiar de amura; **to go against** ir en contra de, oponerse a, chocar con; **to go ahead** seguir adelante; **to go around** andar de un sitio para otro; dar vuelta; dar vueltas; andar (*p.ej., desnudo*); alcanzar para todos; circundar; dar vueltas a, ir alrededor de; **to go at** emprender; acometer; **to go away** irse, marcharse; pasar (*p.ej., un dolor de cabeza*); **to go by** pasar, pasar por; guiarse por (*p.ej., una serie de señales*); atenerse a, regirse por; conocerse por (*un nombre, un apodo*); usar (*un nombre falso*); **to go down** bajar; hundirse (*un buque, el sol*); **to go down fighting** hundirse peleando; **to go for** ir por; favorecer; ser tenido por; pasar (*p.ej., días enteros*); (coll.) acometer; **to go get** ir por, ir a buscar; **to go in** entrar; entrar en; encajar en; caber en; **to go in for** (coll.) interesarse por, dedicarse a; **to go into** entrar en; encajar en; caber en; discutir; investigar; (aut.) poner (*p.ej., primera*); **to go in with** juntarse con, asociarse con; **to go off** irse, marcharse; estallar; dispararse; tener lugar; llevarse a cabo; **to go off very well** ser un gran éxito; **to go on** seguir adelante; ir tirando; enfurecerse; **to go on** + *ger* continuar, seguir + *ger;* **to go on with** continuar, proseguir; **to go out** salir; pasar de moda; apagarse; declararse en huelga; salir (*a tertulias, teatros, etc.*); **to go over** pasar por encima de; examinar, repasar, revisar; releer; tener éxito; **to go over to** pasarse a las filas de; **to go through** pasar por; hacer completamente, llegar al fin de; hallarse en (*una situación desagradable*); ser aprobado; disipar rápidamente, agotar (*una fortuna*); **to go through with** llevar a su término; **to go with** ir con, acompañar; salir con (*una muchacha*); hacer juego con, armonizar con; **to go without** pasarse sin, andarse sin
goa [ˈgoə] *s* (zool.) antílope tibetano
goad [god] *s* aguijada, aguijón; *va* aguijonear
go-ahead [ˈgoəˌhɛd] *adj* (coll.) emprendedor; *s* (coll.) señal para seguir adelante
goal [gol] *s* (sport & fig.) meta; (football) gol
goalkeeper [ˈgolˌkipər] *s* (sport) portero, guardameta
goal line *s* (sport) raya de la meta
goal post *s* (sport) poste de la meta
goat [got] *s* (zool.) cabra, macho cabrío; (slang) víctima inocente; **to be the goat** (slang) pagar el pato; **to get one's goat** (slang) enojar, tomar el pelo a; **to ride the goat** (coll.) recibir la iniciación en una sociedad secreta
goatee [goˈti] *s* perilla, pera
goat grass *s* (bot.) rompesacos
goatherd [ˈgotˌhʌrd] *s* cabrero
goatish [ˈgotɪʃ] *adj* cabrerizo, cabrío; lascivo, lujurioso
goatsbeard [ˈgotsˌbɪrd] *s* (bot.) barba cabruna; (bot.) clavaria
goatskin [ˈgotˌskɪn] *s* piel de cabra
goat's-rue [ˈgotsˌru] *s* (bot.) galega, ruda cabruna; (bot.) tefrosia
goatsucker [ˈgotˌsʌkər] *s* (orn.) chotacabras
goat willow *s* (bot.) sauce cabruno
gob [gɑb] *s* (coll.) masa informe y pequeña; (slang) marinero de guerra
gobang [goˈbæŋ] *s* juego japonés algo parecido a las damas
gobbet [ˈgɑbɪt] *s* pedazo; masa pequeña, terrón
gobble [ˈgɑbəl] *s* gluglú (*voz del pavo*); *va* engullir; **to gobble up** engullirse ávidamente; (coll.) posesionarse ávidamente de; *vn* gluglutear, gorgonear, titar (*el pavo*); engullir
gobbledygook [ˈgɑbəldɪˌgʊk] *s* (coll.) galimatías, lenguaje obscuro e incomprensible
gobbler [ˈgɑblər] *s* (orn.) pavo, gallipavo
Gobelin tapestry [ˈgɑbəlɪn] *s* tapiz gobelino
go-between [ˈgobɪˌtwin] *s* medianero; alcahuete; conector
goblet [ˈgɑblɪt] *s* copa (*con pie*)
goblin [ˈgɑblɪn] *s* duende, gobelino
goby [ˈgobɪ] *s* (*pl:* **-bies**) (ichth.) gobio
go-by [ˈgoˌbaɪ] *s* (coll.) desaire; **to give the go-by to** (coll.) desairar, negarse al trato de
gocart [ˈgoˌkɑrt] *s* cochecito para niños; andaderas; carruaje ligero
god [gɑd] *s* dios; (*cap.*) *s* Dios; **God forbid** no lo quiera Dios; **God grant** permita Dios; **God willing** Dios mediante
godchild [ˈgɑdˌtʃaɪld] *s* (*pl:* **-children**) ahijado, ahijada
goddaughter [ˈgɑdˌdɔtər] *s* ahijada
goddess [ˈgɑdɪs] *s* diosa; (fig.) diosa (*mujer sumamente bella*)
godfather [ˈgɑdˌfɑðər] *s* padrino
God-fearing [ˈgɑdˌfɪrɪŋ] *adj* timorato; devoto, pío
Godforsaken [ˈgɑdfərˌsekən] *adj* dejado de la mano de Dios; (coll.) descuidado, desierto, desolado
Godfrey [ˈgɑdfrɪ] *s* Godofredo
God-given [ˈgɑdˌgɪvən] *adj* que ha dado Dios; que viene como anillo al dedo
godhead [ˈgɑdhɛd] *s* divinidad; (*cap.*) *s* Dios
godhood [ˈgɑdhʊd] *s* divinidad

godless ['gadlɪs] *adj* descreído, sin religión; malvado, desalmado
godlike ['gad,laɪk] *adj* deiforme; propio para Dios, propio para un dios
godliness ['gadlɪnɪs] *s* devoción, piedad, santidad
godly ['gadlɪ] *adj* (*comp:* **-lier;** *super:* **-liest**) devoto, pío, piadoso; (archaic) divino
godmother ['gad,mʌðər] *s* madrina
godparent ['gad,pɛrənt] *s* padrino o madrina
God's acre *s* campo santo
godsend ['gad,sɛnd] *s* cosa llovida del cielo
godship ['gadʃɪp] *s* divinidad
God's house *s* casa de Dios (*iglesia*)
godson ['gad,sʌn] *s* ahijado
Godspeed ['gad,spid] *s* bienandanza; *interj* ¡buena suerte!, ¡feliz viaje!
Godward ['gadwərd] o **Godwards** ['gadwərdz] *adv* hacia Dios
godwit ['gadwɪt] *s* (orn.) agujeta
goes [goz] *tercera persona del sg del pres de ind de* **go**
go-getter ['go'gɛtər] *s* (slang) buscavidas, trafagón, persona emprendedora que se las sabe arreglar para todo
goggle ['gagəl] *adj* saltón (*dícese de los ojos*); **goggles** *spl* anteojos de camino; *vn* volver los ojos; abrir los ojos desmesuradamente; abrirse desmesuradamente (*los ojos*)
goggle-eyed ['gagəl,aɪd] *adj* de ojos saltones
going ['go·ɪŋ] *s* ida, partida; estado del camino; marcha; *adj* en marcha, funcionando; (naut.) que marcha viento en popa; **going on** casi, p.ej., **it is going on two o'clock** son casi las dos; *ger de* **go**
going concern *s* empresa que marcha
goings on *spl* actividades; bulla, jarana
goiter ['gɔɪtər] *s* (path.) bocio
gold [gold] *s* oro; *adj* áureo, de oro; dorado
goldbeater ['gold,bitər] *s* batidor de oro, batihoja
goldbeater's skin *s* venza, película de tripa de buey
gold brick *s* (coll.) estafa, embuste; **to sell a gold brick** (coll.) vender gato por liebre
Gold Coast *s* Costa de Oro (*en África*)
goldcrest ['gold,krɛst] *s* (orn.) reyezuelo moñudo
gold digger *s* (slang) extractora de oro, buscadora de oro
gold dust *s* oro en polvo
golden ['goldən] *adj* áureo, de oro; dorado; brillante; excelente; muy valioso; muy importante; muy favorable; próspero, floreciente; rubio
golden age *s* (myth.) edad de oro, siglo de oro; siglo de oro (*de la literatura castellana*)
Golden Book *s* libro de oro (*de la nobleza veneciana*)
golden calf *s* (Bib. & fig.) becerro de oro
golden chain *s* (bot.) lluvia de oro
golden eagle *s* (orn.) águila caudal, águila real
goldeneye ['goldən,aɪ] *s* (orn.) clángula
Golden Fleece *s* toisón, toisón de oro (*orden*); (myth.) toisón de oro, vellocino de oro
Golden Gate *s* Puerta de Oro (*entrada de la bahía de San Francisco*)
golden glow *s* (bot.) rudbequia
Golden Horn *s* Cuerno de Oro
golden mean *s* justo medio
golden oriole *s* (orn.) oropéndola, virio
golden pheasant *s* (orn.) faisán dorado
golden plover *s* (orn.) chorlito
goldenrod ['goldən,rad] *s* (bot.) vara de oro, vara de San José, plumeros amarillos
golden rule *s* regla de la caridad cristiana (*Todas las cosas que quisierais que los hombres hiciesen con vosotros, así también haced vosotros con ellos*); (arith.) regla áurea, regla de oro
golden thistle *s* (bot.) cardillo, tagarnina
golden wedding *s* bodas de oro
gold-filled ['gold,fɪld] *adj* revestido de oro, enchapado en oro
goldfinch ['gold,fɪntʃ] *s* (orn.) jilguero, pintacilgo
goldfish ['gold,fɪʃ] *s* pez de color, cola de cometa, carpa dorada
gold foil *s* pan de oro, oro batido
goldilocks ['goldɪ,laks] *s* (coll.) rubiales (*persona rubia*); (bot.) ranúnculo turbante dorado; (bot.) calderones
gold leaf *s* pan de oro finísimo
gold mine *s* mina de oro; (coll.) mina, filón, Potosí; **to strike a gold mine** (fig.) encontrar una mina
gold number *s* (chem.) índice de oro
gold-of-pleasure ['goldəv'plɛʒər] *s* (bot.) camelina
gold plate *s* vajilla de oro
gold-plate ['gold'plet] *va* dorar (*cubrir con un baño de oro*)
gold rush *s* gran agolpamiento de exploradores en busca de veneros de oro
goldsmith ['gold,smɪθ] *s* orfebre
gold standard *s* patrón de oro, patrón oro
golf [galf] *s* (sport) golf; *vn* jugar al golf
golf club *s* palo de golf; asociación de jugadores de golf
golfer ['galfər] *s* (sport) golfista
golf links *spl* (sport) campo de golf
Golgotha ['galgəθə] *s* (Bib.) el Gólgota
Goliath [go'laɪəθ] *s* (Bib.) Goliat
golliwog o **golliwogg** ['galɪwag] *s* muñeca negra ridícula; persona ridícula
golosh [gə'laʃ] *s* var. de **galosh**
Gomorrah o **Gomorrha** [gə'marə] o [gə'mɔrə] *s* (Bib.) Gomorra; (fig.) lugar o centro de depravación
gonad ['ganæd] o ['gonæd] *s* (anat.) gónada
gondola ['gandələ] *s* góndola; (aer.) barquilla, cabina; (rail.) vagón de carga abierto, góndola
gondolier [,gandə'lɪr] *s* gondolero
gone [gɔn] o [gan] *adj* agotado; arruinado; pasado; desaparecido; muerto; débil, desfallecido; **far gone** muy adelantado; muy comprometido; **gone on** (coll.) enamorado de; *pp de* **go**
goneness ['gɔnnɪs] o ['gannɪs] *s* desfallecimiento, debilidad
goner ['gɔnər] o ['ganər] *s* (coll.) persona desahuciada, persona muerta, animal muerto, animal que se está muriendo, cosa echada a perder
gonfalon ['ganfələn] *s* confalón
gonfalonier [,ganfələ'nɪr] *s* confaloniero
gong [gɔŋ] o [gaŋ] *s* gongo; campana en forma de tazón
Gongorism ['gaŋgərɪzəm] *s* gongorismo
Gongorist ['gaŋgərɪst] *s* gongorino
Gongoristic [,gaŋgə'rɪstɪk] *adj* gongorino
gonidium [gə'nɪdɪəm] *s* (*pl:* **-a** [ə]) (bot.) gonidio
goniometer [,gonɪ'amɪtər] *s* goniómetro
goniometry [,gonɪ'amɪtrɪ] *s* goniometría
gonium ['gonɪəm] *s* (*pl:* **-a** [ə]) (biol.) gonia
gonococcus [,ganə'kakəs] *s* (*pl:* **-cocci** ['kaksaɪ]) (bact.) gonococo
gonophore ['ganəfor] *s* (bot. & zool.) gonóforo
gonorrhea o **gonorrhoea** [,ganə'riə] *s* (path.) gonorrea
gonorrheal [,ganə'riəl] *adj* gonorreico
goo [gu] *s* (slang) substancia muy pegajosa
goober ['gubər] *s* (bot.) cacahuete (*planta y fruto*)
good [gʊd] *adj* (*comp:* **better;** *super:* **best**) bueno; **a good one** (iron.) buen chiste, buena noticia, buena jugada; **as good as** casi; **to be good at** tener talento para; **to be no good** (coll.) no servir para nada; (coll.) ser un perdido; **to hold good** seguir vigente, ser valedero; **to make good** tener éxito; probar (*un aserto*); cumplir (*sus promesas*); responder de (*los daños*); pagar o satisfacer (*una deuda*); llevar a cabo (*una evasión*); **good and** (coll.) bien, p.ej., **good and late** bien tarde; **good for** bueno para; capaz de hacer; capaz de pagar; capaz de durar o de vivir (*cierto tiempo*); *s* bien, provecho, utilidad, ventaja; **goods** *spl* efectos; géneros, mercancías; (Brit.) carga; **for good** para siempre; **for good and all** de una vez para siempre; **the good** lo bueno; los buenos; **to be up to no good** llevar mala intención; **to catch with the goods** (slang) coger con el hurto en las manos, coger en flagrante; **to deliver the goods** (slang) cumplir lo esperado, cumplir lo prometido; **to do good** hacer el bien; aprovechar; dar salud o fuerzas a; **to have** o **get the goods on** (slang) tener

la prueba de la culpa de; **to the good** de sobra, en el haber; **what is the good of . . . ?** ¿de o para qué sirve . . . ?; **what is the good of** + *ger?* ¿de o para qué sirve + *inf?*
good afternoon *s* buenas tardes
Good Book *s* Biblia
good-by [ˌgʊd'baɪ] *s* (*pl:* **-bys**) adiós; *interj* ¡adiós!
good-bye [ˌgʊd'baɪ] *s* (*pl:* **-byes**) var. de **good-by**; *interj* var. de **good-by**
good cheer *s* alegría; buenas viandas; ánimo, valor
good day *s* buenos días
good evening *s* buenas tardes, buenas noches
good fellow *s* (coll.) buen chico, buen sujeto; (coll.) jaranero
good fellowship *s* compañerismo, camaradería
good form *s* buenas formas, conducta ajustada a los cánones sociales
good-for-nothing ['gʊdfər,nʌθɪŋ] *adj* inútil, sin valor; *s* pelafustán, perdido, haragán
Good Friday *s* Viernes santo
good graces *spl* favor, amistad, estimación
good-hearted ['gʊd'hɑrtɪd] *adj* de buen corazón
good humor *s* buen humor
good-humored ['gʊd'hjumərd] o ['gʊd'jumərd] *adj* de buen humor; afable, jovial
goodish ['gʊdɪʃ] *adj* bastante bueno; considerable
goodliness ['gʊdlɪnɪs] *s* excelencia; hermosura, gracia
good liver *s* (coll.) gastrónomo
good-looking ['gʊd'lʊkɪŋ] *adj* guapo, bien parecido, buen mozo
good looks *spl* buen aspecto, hermosura
goodly ['gʊdlɪ] *adj* (*comp:* **-lier;** *super:* **-liest**) agradable, excelente; bien parecido, hermoso; considerable
goodman ['gʊdmən] o ['gʊd,mæn] *s* (*pl:* **-men**) (archaic) marido, amo de casa; (archaic) tío (*título*)
good morning *s* buenos días
good nature *s* natural alegre, buen natural
good-natured ['gʊd'netʃərd] *adj* afable, bonachón
Good Neighbor Policy *s* política de la buena vecindad
goodness ['gʊdnɪs] *s* bondad; *interj* ¡válgame Dios!; **for goodness' sake!** ¡por Dios!; **thank goodness!** ¡gracias a Dios!; **goodness gracious!** ¡santo Dios!; **goodness knows!** ¡quién sabe!
good night *s* buenas noches
good offices *spl* (dipl.) buenos oficios
Good Samaritan *s* (Bib.) buen samaritano; persona que socorre generosamente al prójimo
good sense *s* sensatez
Good Shepherd *s* (Bib.) Buen Pastor
good-sized ['gʊd'saɪzd] *adj* de buen tamaño, bastante grande
good speed *s* adiós y buena suerte
goods train *s* (Brit.) mercancías, tren de mercancías
good-tempered ['gʊd'tɛmpərd] *adj* afable, alegre, de natural apacible
good time *s* rato agradable; **to have a good time** pasar un buen rato, divertirse; **to make good time** llegar en poco tiempo
good turn *s* favor
goodwife ['gʊd,waɪf] *s* (*pl:* **-wives**) (archaic) ama de casa; (archaic) seña
good will *s* buena voluntad, buena gana; buen nombre (*de un negocio*)
good works *spl* buena obra, obras de misericordia
goody ['gʊdɪ] *adj* (coll.) beatuco, santurrón; *interj* (coll.) ¡qué alegría!; *s* (*pl:* **-ies**) (coll.) golosina
goody-goody ['gʊdɪ'gʊdɪ] *adj* (coll.) beatuco, santurrón; *s* (*pl:* **-ies**) beatuco, santurrón
gooey ['guɪ] *adj* (*comp:* **gooier;** *super:* **gooiest**) (slang) muy pegajoso, fangoso
goof [guf] *s* (slang) mentecato; *va & vn* (slang) chapucear
goofy ['gufɪ] *adj* (*comp:* **-ier;** *super:* **-iest**) (slang) mentecato
goon [gun] *s* (slang) terrorista de alquiler; (slang) estúpido; (slang) canalla, gamberro
goop [gup] *s* (slang) palurdo
goosander [gu'sændər] *s* (orn.) pato sierra
goose [gus] *s* (*pl:* **geese**) (orn.) ánsar, ganso, oca; bobo; **the goose hangs high** todo va a pedir de boca; **to cook one's goose** malbaratarle a uno los planes, perderle a uno; **to shoe the goose** holgar; emborracharse; *s* (*pl:* **gooses**) plancha de sastre
goose barnacle *s* (zool.) anatifa
gooseberry ['guz,bɛrɪ] o ['gus,bɛrɪ] *s* (*pl:* **-ries**) (bot.) uva crespa, uva espina, grosellero silvestre; grosella silvestre
goose egg *s* huevo de oca; (slang) cero
goose flesh *s* carne de gallina
goosefoot ['gus,fʊt] *s* (*pl:* **-foots**) quenopodio, hierba del zorrillo
goosegirl ['gus,gʌrl] *s* ansarera
gooseherd ['gus,hʌrd] *s* ansarero
gooseneck ['gus,nɛk] *s* cuello de cisne; flexo (*de una lámpara*); (naut.) gancho de botalones
goose pimples *spl* carne de gallina
goose step *s* (mil.) paso de ganso
goose-step ['gus,stɛp] (*pret & pp:* **-stepped;** *ger:* **-stepping**) *vn* (mil.) marchar con paso de ganso
G.O.P. abr. de **Grand Old Party**
gopher ['gofər] *s* (zool.) ardillón, ardilla de tierra (*Spermophilus*); (zool.) tuza (*Geomys*)
gopherwood ['gofər,wʊd] *s* (bot.) árbol tintóreo norteamericano (*Cladrastis lutea*); madera amarilla (*de Cladrastis lutea*); (Bib.) madera de gopher
Gordian ['gɔrdɪən] *adj* gordiano
Gordian knot *s* (myth.) nudo gordiano; **to cut the Gordian knot** (myth. & fig.) cortar el nudo gordiano
gore [gor] *s* sangre derramada; sangre cuajada; (sew.) nesga; *va* acornar, herir con los cuernos; (sew.) nesgar
gorge [gɔrdʒ] *s* garganta, desfiladero; (anat.) gorja, garganta; (arch.) garganta; atasco (*p.ej., de hielo en un río*); contenido del estómago; hartazgo, panzada; asco; indignación; (fort.) gola; *va* engullir; atiborrar; *vn* atiborrarse
gorgeous ['gɔrdʒəs] *adj* brillante, de mucho esplendor, magnífico
gorgerin ['gɔrdʒərɪn] *s* (arch.) gorguera, collarín
gorget ['gɔrdʒɪt] *s* cuello, collar; griñón, impla; (arm.) gorguera, gorjal; (mil.) gola (*insignia militar*); (surg.) gorjerete (*para fístulas*); (zool.) mancha (*en el cuello*)
Gorgon ['gɔrgən] *adj* gorgóneo; *s* (myth.) Gorgona; (*l.c.*) *s* mujer muy fea y feroz
Gorgonian [gɔr'gonɪən] *adj* gorgóneo
Gorgonzola [ˌgɔrgən'zolə] *s* gorgonzola (*queso*)
gorilla [gə'rɪlə] *s* (zool.) gorila
gormand ['gɔrmənd] *s* var. de **gourmand**
gormandize ['gɔrməndaɪz] *va* comer glotonamente; *vn* glotonear
gorse [gɔrs] *s* (bot.) aulaga, tojo
gory ['gorɪ] *adj* (*comp:* **-ier;** *super:* **-iest**) ensangrentado; sangriento
gosh [gɑʃ] *interj* ¡caramba!
goshawk ['gɑs,hɔk] *s* (orn.) azor, acípitre
gosling ['gɑzlɪŋ] *s* ansarino
gospel ['gɑspəl] *s* Evangelio (*doctrina y vida de Jesucristo*); evangelio (*religión cristiana; verdad indiscutible*); *adj* evangélico; (*cap.*) *s* Evangelio (*cada uno de los cuatro primeros libros del Nuevo Testamento*)
gospeler o **gospeller** ['gɑspələr] *s* (eccl.) evangelistero; fanático, sectario; (scornful) protestante, puritano
Gospel side *s* (eccl.) lado del evangelio
gospel truth *s* evangelio (*verdad indiscutible*)
gossamer ['gɑsəmər] *s* telaraña, hilo de telaraña; gasa sutilísima; tela impermeable muy delgada; impermeable de tela muy delgada; *adj* sutil, diáfano, finísimo, delgadísimo
gossamery ['gɑsəmərɪ] *adj* telarañoso
gossip ['gɑsɪp] *s* chismes, chismería; chismoso; **piece of gossip** chisme; *vn* chismear
gossip columnist *s* periodista chismoso
gossipy ['gɑsɪpɪ] *adj* chismoso
gossoon [gɑ'sun] *s* muchacho; mozo, criado
got [gɑt] *pret & pp de* **get**
Goth [gɑθ] *s* godo; (fig.) bárbaro
Gothic ['gɑθɪk] *adj* gótico; (f.a.) gótico; bár-

baro; *s* gótico (*idioma*); (f.a.) gótico; (print.) gótica, letra gótica; (*l.c.*) *s* (print.) futura, letra futura
Gothicism [ˈgɑθɪsɪzəm] *s* goticismo; (*l.c.*) *s* barbarie
gotten [ˈgɑtən] *pp de* **get**
Göttingen [ˈgœtɪŋən] *s* Gotinga
gouache [gwɑʃ] *s* (paint.) aguazo (*pintura*); aguada (*procedimiento; pintura*)
gouge [gaʊdʒ] *s* (carp.) gubia; acanaladura, estría (*hecha con gubia*); muesca, mella (*producida por un instrumento afilado o un objeto esquinado*); (coll.) estafa; *va* excavar con gubia; acanalar, estriar; mellar (*como con gubia*); sacar el ojo a; cavar (*un canal el torrente*); (coll.) estafar; **to gouge out one's eyes** sacarle a uno los ojos (*p.ej., con el pulgar*)
goulash [ˈgulɑʃ] *s* puchero húngaro, estofado húngaro (*muy condimentado*)
gourd [gord] o [gʊrd] *s* calabaza (*fruto; calabacino*); (bot.) calabacera; frasco
gourmand [ˈgʊrmənd] *s* goloso
gourmet [ˈgʊrme] *s* gastrónomo, buen paladar
gout [gaʊt] *s* (path.) gota; (archaic) gota, salpicadura (*especialmente de sangre*)
gouty [ˈgaʊtɪ] *adj* (*comp:* **-ier;** *super:* **-iest**) gotoso
gov. abr. de **governor** y **government**
Gov. abr. de **Governor**
govern [ˈgʌvərn] *va* gobernar; (gram.) regir, pedir; *vn* gobernar
governable [ˈgʌvərnəbəl] *adj* gobernable
governance [ˈgʌvərnəns] *s* gobierno
governess [ˈgʌvərnɪs] *s* aya, institutriz
government [ˈgʌvərnmənt] *s* gobierno; (gram.) régimen; **to form a government** formar ministerio; *adj* del estado
governmental [ˌgʌvərnˈmɛntəl] *adj* gubernamental, gubernativo
government in exile *s* gobierno exilado
governor [ˈgʌvərnər] *s* gobernador; alcaide (*de cárcel, castillo, etc.*); (mach.) regulador; (coll.) padre, papá
governor general *s* (*pl:* **governors general**) gobernador general
governorship [ˈgʌvərnərˌʃɪp] *s* gobierno (*cargo y tiempo que dura*)
govt. o **Govt.** abr. de **government**
gowan [ˈgaʊən] *s* (Scotch) margarita (*flor*)
gown [gaʊn] *s* vestido (*de mujer*); toga (*de profesor, juez, etc.*); traje talar (*del sacerdote*); bata, peinador; camisa de dormir; conjunto de estudiantes, profesores y demás personas de la universidad; *va* poner vestido de mujer a; vestir con toga
gownsman [ˈgaʊnzmən] *s* (*pl:* **-men**) togado; paisano (*no militar*)
G.P.O. abr. de **General Post Office** *y* **Government Printing Office**
gr. abr. de **gram** o **grams, grain** o **grains** y **gross**
Gr. abr. de **Grecian, Greece** y **Greek**
grab [græb] *s* arrebatiña; presa; (coll.) robo; (mach.) gancho, gancho agarrador, arrancasondas; (mach.) pala de doble concha; (*pret & pp:* **grabbed;** *ger:* **grabbing**) *va* arrebatar; asir, agarrar; *vn* arrebatar; **to grab at** tratar de arrebatar
grab bucket *s* pala de doble concha
Gracchus [ˈgrækəs] *s* (*pl:* **-chi** [kaɪ]) Graco
grace [gres] *s* gracia (*donaire; favor; perdón*); bendición de la mesa; demora; excelencia, mérito; (mus.) nota o notas de adorno; (theol.) gracia; (*cap.*) *s* Engracia (*nombre de mujer*); **the Graces** (myth.) las Gracias; **to be in the bad graces of** haber caído de la gracia de; **to be in the good graces of** estar en gracia cerca de, gozar del favor de; **to fall from grace** reincidir; **to get in the bad graces of** caer de la gracia de; **to get in the good graces of** congraciarse con; **to have the grace to** + *inf* tener la discreción de + *inf;* **to say grace** bendecir la mesa; **with bad grace** de mal talante; **with good grace** de buen talante; **Your Grace** Su Señoría, Su Señoría Ilustrísima, Su Alteza; *va* adornar, engalanar; agraciar, favorecer; (mus.) poner notas de adorno a
graceful [ˈgresfəl] *adj* gracioso, agraciado
gracefulness [ˈgresfəlnɪs] *s* graciosidad, gracia, donaire
graceless [ˈgreslɪs] *adj* desgraciado (*falto de gracia o atractivo*); depravado
grace note *s* (mus.) apoyatura, nota de adorno
gracile [ˈgræsɪl] *adj* grácil
gracious [ˈgreʃəs] *adj* gracioso, graciable; benigno; misericordioso; *interj* ¡ válgame Dios!
grackle [ˈgrækəl] *s* (orn.) estornino de los pastores; (orn.) quiscal
grad. abr. de **graduate** y **graduated**
gradation [greˈdeʃən] *s* gradación; grado, paso, matiz; graduación
grade [gred] *s* grado (*estado, valor relativo; sección escolar según la edad de los alumnos*); clase, calidad; calificación, nota (*que reciben los alumnos*); pendiente; grado de pendiente; **at grade** a nivel; **down grade** cuesta abajo; (fig.) cuesta abajo; **the grades** la escuela pública elemental; **to make the grade** lograr subir la cuesta; vencer los obstáculos; **up grade** cuesta arriba; (fig.) cada vez mejor; *va* graduar, calificar, clasificar; dar nota a (*un alumno*); leer y poner nota a (*un tema*); nivelar, explanar; **to grade as** graduar de o por (*bueno, malo, etc.*); *vn* cambiarse (*pasando por una serie de gradaciones*); **to grade into** convertirse gradualmente en
grade crossing *s* (rail.) paso a nivel, cruce a nivel
grade line *s* rasante
grader [ˈgredər] *s* graduador; nivelador; niveladora (*máquina*); alumno de cierto grado, p.ej., **first grader** alumno del primer grado
grade school *s* escuela elemental
gradient [ˈgredɪənt] *adj* ambulante; pendiente; *s* pendiente, declive; inclinación; (math. & meteor.) gradiente
gradin [ˈgredɪn] *s* grada; (eccl.) gradilla
gradine [grəˈdin] *s* gradina
grading [ˈgredɪŋ] *s* graduación; clasificación; nivelación, explanación
gradual [ˈgrædʒʊəl] *adj* gradual; *s* (eccl.) gradual
gradually [ˈgrædʒʊəlɪ] *adv* paulatinamente, poco a poco
graduate [ˈgrædʒʊɪt] *adj* graduado; de graduados o para graduados; *s* graduado; frasco graduado, vasija graduada; [ˈgrædʒʊet] *va* graduar; *vn* cambiarse gradualmente; graduarse
graduate school *s* escuela de graduados, escuela superior
graduate student *s* estudiante graduado
graduate work *s* altos estudios, estudios avanzados para graduados de bachiller
graduation [ˌgrædʒʊˈeʃən] *s* graduación; ceremonias de graduación
graduator [ˈgrædʒʊˌetər] *s* (elec.) graduador, derivador
graffito [grəˈfito] *s* (*pl:* **-ti** [ti]) (archeol.) grafito
graft [græft] o [grɑft] *s* (hort. & surg.) injerto; (coll.) malversación, soborno político, ganancia ilegal; *va & vn* (hort. & surg.) injertar; (coll.) malversar
graftage [ˈgræftɪdʒ] o [ˈgrɑftɪdʒ] *s* (hort.) injertación
grafter [ˈgræftər] o [ˈgrɑftər] *s* injertador; (coll.) malversador
grafting [ˈgræftɪŋ] o [ˈgrɑftɪŋ] *s* (hort. & surg.) injertación
grafting knife *s* navaja de injertar, abridor
graham bread [ˈgreəm] *s* pan hecho de harina de trigo sin cerner
graham flour *s* harina de trigo sin cerner
Grail [grel] *s* Graal o Grial
grain [gren] *s* grano; granos; fibra (*de la madera*); vena (*de la piedra*); grano (*de una piel; de una superficie más o menos rugosa; peso*); veteado; carácter, índole; partícula; pizca, p.ej., **not a grain of truth** ni pizca de verdad; **across the grain** transversalmente a la fibra; **against the grain** contra la dirección de la fibra; **to go against the grain** hacérsele a uno cuesta arriba, p.ej., **it goes against the grain** se me hace cuesta arriba; **in the grain** en rama; **with a grain of salt** con un grano de sal; *va* granear (*la masa de pólvora; una piedra litográfica*); vetear, crispir (*la ma-*

G

dera); granular (*una piel*); teñir en rama; alimentar con cereales
grain alcohol *s* alcohol de grano
grained lac *s* laca en grano
grain elevator *s* elevador de granos; depósito de cereales
grainfield [ˈgren,fild] *s* sembrado de trigo (*avena, etc.*)
graining [ˈgrenɪŋ] *s* veteado
gram [græm] *s* gramo
gram atom *s* (chem.) átomo-gramo
gramercy [grəˈmʌrsɪ] *interj* (archaic) ¡ muchas gracias!; (archaic) ¡ válgame Dios!
gramineous [grəˈmɪnɪəs] *adj* gramíneo
graminivorous [,græmɪˈnɪvərəs] *adj* graminívoro
gram ion *s* (chem.) gramión
grammar [ˈgræmər] *s* gramática; *adj* de gramática
grammarian [grəˈmɛrɪən] *s* gramático
grammar school *s* (U.S.A.) escuela pública elemental; (Brit.) escuela de humanidades
grammatical [grəˈmætɪkəl] *adj* gramático, gramatical
grammatically [grəˈmætɪkəlɪ] *adv* gramaticalmente
gramme [græm] *s* var. de **gram**
gram-molecular [,græmməˈlɛkjələr] *adj* molecular-gramo
gram molecule *s* (chem.) molécula-gramo
gramophone [ˈgræməfon] *s* (trademark) gramófono
Grampian Hills [ˈgræmpɪən] *spl* montes Grampianos
Grampians, the los Grampianos
grampus [ˈgræmpəs] *s* (zool.) grampo; (zool.) orca
granary [ˈgrænərɪ] o [ˈgrenərɪ] *s* (*pl:* **-ries**) granero; (fig.) granero (*país*)
grand [grænd] *adj* grande y magnífico; grandioso, espléndido; importante, principal; excelente
grandam [ˈgrændæm] o **grandame** [ˈgrændem] *s* abuela; anciana, vieja
Grand Army of the Republic *s* (U.S.A.) asociación de veteranos de la guerra entre Norte y Sur
grandaunt [ˈgrænd,ænt] o [ˈgrænd,ɑnt] *s* tía abuela
Grand Bank *s* Gran Banco (*a lo largo de la costa de Terranova*)
Grand Canal *s* Gran Canal (*de la China*); Canal Grande (*de Venecia*)
Grand Canyon *s* Gran Cañón
grandchild [ˈgrænd,tʃaɪld] *s* (*pl:* **-children**) nieto o nieta
granddaughter [ˈgrænd,dɔtər] *s* nieta
grand duchess *s* gran duquesa
grand duchy *s* gran ducado
grand duke *s* gran duque
grandee [grænˈdi] *s* grande de España; grande, persona de campanillas
grandeur [ˈgrændʒər] o [ˈgrændʒʊr] *s* grandeza, magnificencia, esplendor
grandfather [ˈgrænd,fɑðər] *s* abuelo; antepasado
grandfatherly [ˈgrænd,fɑðərlɪ] *adj* de abuelo, p.ej., **grandfatherly advice** consejos de abuelo
grandfather's clock *s* reloj de caja
grand guard *s* granguardia
grandiloquence [grænˈdɪləkwəns] *s* grandilocuencia
grandiloquent [grænˈdɪləkwənt] *adj* grandilocuente
grandiose [ˈgrændɪos] *adj* grandioso; ampuloso, hinchado
grand jury *s* (law) jurado de acusación
grand larceny *s* (law) robo de cantidad importante
grand lodge *s* gran oriente, gran logia (*logia masónica central*)
grandma [ˈgrænd,mɑ], [ˈgræm,mɑ] o [ˈgræmə] *s* (coll.) abuela, abuelita
grandmamma [ˈgrændmə,mɑ] *s* abuela
grand march *s* marcha de sarao (*que consiste en el desfile de todos los convidados*)
grand master *s* gran maestre; gran o grande maestro (*en la orden masónica*)
grandmother [ˈgrænd,mʌðər] *s* abuela; antepasada
grandmotherly [ˈgrænd,mʌðərlɪ] *adj* de abuela, p.ej., **grandmotherly advice** consejos de abuela
grandnephew [ˈgrænd,nɛfju] o [ˈgrænd,nɛvju] *s* resobrino
grandniece [ˈgrænd,nis] *s* resobrina
Grand Old Party *s* (U.S.A.) partido republicano
grand opera *s* (mus.) ópera seria
grandpa [ˈgrænd,pɑ], [ˈgræm,pɑ] o [ˈgræmpə] *s* (coll.) abuelo, abuelito
grandpapa [ˈgrændpə,pɑ] *s* abuelo
grandparent [ˈgrænd,pɛrənt] *s* abuelo o abuela
grand piano *s* gran piano, piano de cola
grandsire [ˈgrænd,saɪr] *s* (archaic) abuelo; (archaic) antepasado; (archaic) viejo
grand slam *s* (bridge) bola, grande eslam
grandson [ˈgrænd,sʌn] *s* nieto
grandstand [ˈgrænd,stænd] *s* gradería cubierta, tribuna
grandstand play *s* (sport) jugada espectacular que hace un jugador, no para ganar sino para impresionar al público; (coll.) cosa hecha para impresionar o para granjearse aplausos
grand strategy *s* (mil.) alta estrategia
grand tactics *ssg* (mil.) gran táctica
grand total *s* gran total, suma de totales
Grand Turk *s* gran señor, gran Turco
granduncle [ˈgrænd,ʌŋkəl] *s* tío abuelo
grand vizier *s* gran visir
grange [grendʒ] *s* granja; cámara agrícola
granger [ˈgrendʒər] *s* granjero
granite [ˈgrænɪt] *s* granito; *adj* agranitado; granítico
graniteware [ˈgrænɪt,wɛr] *s* platos, tazas, utensilios, etc. de hierro con esmalte de porcelana color de granito
granitic [græˈnɪtɪk] *adj* granítico
granivorous [græˈnɪvərəs] *adj* granívoro
grannie o **granny** [ˈgrænɪ] *s* (*pl:* **-nies**) (coll.) abuela, abuelita; (coll.) anciana, vieja; (coll.) malhumorado, melindroso
granny knot *s* gorupo
grant [grænt] o [grɑnt] *s* concesión; subvención; donación; transferencia de propiedad; *va* conceder, otorgar; dar (*permiso, perdón, etc.*); transferir (*el título a bienes inmuebles*); **to take for granted** dar por supuesto, dar por sentado, dar por descontado; tratar con indiferencia, no hacer caso de
grantee [grænˈti] o [grɑnˈti] *s* cesionario, donatario
grant-in-aid [ˈgræntɪnˈed] o [ˈgrɑntɪnˈed] *s* (*pl:* **grants-in-aid**) pensión (*auxilio pecuniario concedido para estimular conocimientos literarios, científicos, etc.*)
grantor [grænˈtɔr] o [grɑnˈtɔr] *s* cesionista, donador
granular [ˈgrænjələr] *adj* granular; (path.) granuloso
granulate [ˈgrænjəlet] *va* granular; granelar; *vn* granularse; (path.) granularse
granulation [,grænjəˈleʃən] *s* granulación
granule [ˈgrænjul] *s* gránulo; (bot. & pharm.) gránulo
granulite [ˈgrænjəlaɪt] *s* (geol.) granulita
granulose [ˈgrænjəlos] *s* (chem.) granulosa
grape [grep] *s* (bot.) vid; uva (*fruto*)
grape arbor *s* parral, emparrado de la vid
grapefruit [ˈgrep,frut] *s* (bot.) toronjo, pamplemusa, pomelo; toronja, pamplemusa, pomelo (*fruto*)
grape hyacinth *s* (bot.) sueldacostilla, jacinto racimoso silvestre
grape juice *s* zumo de uva
grapeshot [ˈgrep,ʃɑt] *s* metralla
grape sugar *s* azúcar de uva
grapevine [ˈgrep,vaɪn] *s* (bot.) vid, parra; **by the grapevine** o **by grapevine telegraph** por vías misteriosas (*dícese de los rumores que se propalan sin que se sepa cómo*)
graph [græf] o [grɑf] *s* gráfica; (gram.) grafía; *va* representar mediante una gráfica, construir la gráfica de
graphic [ˈgræfɪk] o **graphical** [ˈgræfɪkəl] *adj* gráfico
graphic arts *spl* artes gráficas
graphite [ˈgræfaɪt] *s* grafito

graphology [græ'fɑlədʒɪ] *s* grafología
graphomania [ˌgræfə'menɪə] *s* grafomanía
graphometer [græ'fɑmɪtər] *s* grafómetro
graph paper *s* papel cuadriculado
grapnel ['græpnəl] *s* garabato; rezón (*ancla pequeña*)
grapple ['græpəl] *s* asimiento; (sport) presa; rezón; garabato, arpeo; *va* asir, agarrar; apretar; luchar a brazo partido con; *vn* agarrarse; luchar a brazo partido; **to grapple for** tratar de pescar; **to grapple with** luchar a brazo partido con; tratar de resolver, tratar de vencer
grappling hook o **iron** *s* arpeo, garfio
grapy ['grepɪ] *adj* de uvas, hecho de uvas
grasp [græsp] o [grɑsp] *s* asimiento; alcance, mano, poder; apretón (*de la mano*); comprensión; **to have a good grasp of** saber a fondo; **within the grasp of** al alcance de; *va* asir, empuñar; apoderarse de; comprender; **grasp all, lose all** quien mucho abarca poco aprieta; *vn* extender la mano (*queriendo asir una cosa*); **to grasp at** tratar de asir o coger; aceptar con avidez
grasping ['græspɪŋ] o ['grɑspɪŋ] *adj* avaro, codicioso
grass [græs] o [grɑs] *s* hierba; césped; **to go to grass** ir al pasto; disfrutar de una temporada de descanso; acabarse, arruinarse; morirse; **to not let the grass grow under one's feet** no dormirse en las pajas; *va* apacentar; cubrir de hierba; *vn* pastar; cubrirse de hierba
grasshopper ['græsˌhɑpər] o ['grɑsˌhɑpər] *s* (ent.) saltamontes
grassland ['græsˌlænd] o ['grɑsˌlænd] *s* campo de pastoreo
grass pea *s* (bot.) almorta
grass pink *s* (bot.) clavel coronado o clavellina de pluma
grass-roots ['græsˌruts] o ['grɑsˌruts] *adj* (coll.) del pueblo, de la gente común
grass seed *s* semilla de césped
grass snake *s* (zool.) culebrita inofensiva que vive entre la hierba (*Natrix natrix, Liopeltis vernalis y Thamnophis sirtalis*)
grass widow *s* viuda de paja, viuda de marido vivo
grass widower *s* hombre divorciado; hombre que vive separado de su mujer
grassy ['græsɪ] o ['grɑsɪ] *adj* (*comp:* **-ier**; *super:* **-iest**) herboso; herbáceo
grate [gret] *s* reja; parrilla; *va* enrejar; hacer rechinar; rallar (*p.ej., queso*); *vn* rechinar, crujir; **to grate on** (fig.) rallar
grateful ['gretfəl] *adj* agradecido, reconocido; agradable, grato; confortante, refrescante
grater ['gretər] *s* ralladera, rallador
gratification [ˌgrætɪfɪ'keʃən] *s* gratificación, recompensa; complacencia, placer, satisfacción
gratify ['grætɪfaɪ] (*pret & pp:* **-fied**) *va* gratificar, complacer, satisfacer; (archaic) gratificar (*recompensar*)
gratifying ['grætɪˌfaɪɪŋ] *adj* grato, satisfactorio
grating ['gretɪŋ] *adj* áspero, chirriante; irritante, fastidioso; *s* enrejado; (opt.) red
gratis ['gretɪs] o ['grætɪs] *adj* gracioso, gratuito; *adv* gratis, de balde
gratitude ['grætɪtjud] o ['grætɪtud] *s* gratitud
gratuitous [grə'tjuɪtəs] o [grə'tuɪtəs] *adj* gratuito
gratuity [grə'tjuɪtɪ] o [grə'tuɪtɪ] *s* (*pl:* **-ties**) dádiva; propina, gratificación
gratulation [ˌgrætʃə'leʃən] *s* gratulación
gratulatory ['grætʃələˌtorɪ] *adj* gratulatorio
gravamen [grə'vemən] *s* (*pl:* **-vamens** o **-vamina** ['væmɪnə]) agravio, motivo para quejarse; (law) materia de un cargo
grave [grev] *adj* grave, serio, solemne; grave, bajo (*sonido*); (gram.) grave (*acento*); *s* sepulcro, sepultura; **to have one foot in the grave** estar con un pie en la sepultura; (*pret:* **graved**; *pp:* **graven** o **graved**) *va* grabar; (naut.) despalmar; (fig.) grabar (*p.ej., en la memoria*)
grave accent *s* acento grave
graveclothes ['grevˌkloz] *spl* mortaja
gravedigger ['grevˌdɪgər] *s* sepulturero, enterrador
gravel ['grævəl] *s* grava, guijo, recebo; (path.) gravela; (*pret & pp:* **-eled** o **-elled**; *ger:* **-eling** o **-elling**) *va* cubrir de grava o guijo, recebar; desconcertar, dejar perplejo
gravelly ['grævəlɪ] *adj* guijoso, cascajoso
gravel pit *s* cascajal
gravel walk *s* vereda de grava
graveness ['grevnɪs] *s* gravedad, seriedad
graven image ['grevən] *s* ídolo, imagen
graver ['grevər] *s* buril, punzón
gravestone ['grevˌston] *s* lápida sepulcral
graveyard ['grevˌjɑrd] *s* cementerio, camposanto
gravid ['grævɪd] *adj* grávido
gravidity [grə'vɪdɪtɪ] *s* gravidez
gravimetric [ˌgrævɪ'mɛtrɪk] o **gravimetrical** [ˌgrævɪ'mɛtrɪkəl] *adj* gravimétrico
gravimetry [grə'vɪmɪtrɪ] *s* gravimetría
graving dock *s* (naut.) dique de carena
gravitate ['grævɪtet] *vn* gravitar; **to gravitate to** o **toward** sentir la atracción de, tender hacia
gravitation [ˌgrævɪ'teʃən] *s* (phys.) gravitación; atracción, tendencia
gravitational [ˌgrævɪ'teʃənəl] *adj* de gravitación, gravitacional
gravity ['grævɪtɪ] *s* (*pl:* **-ties**) gravedad; (phys. & mus.) gravedad
gravity cell *s* (elec.) pila de gravedad
gravity feed *s* (mach.) alimentación por gravedad
gravure [grə'vjur] o ['grevjur] *s* fotograbado
gravy ['grevɪ] *s* (*pl:* **-vies**) jugo, grasa; salsa; (slang) ganga, breva
gravy dish o **boat** *s* salsera
gravy train *s* (slang) pingüe destino, enchufe
gray [gre] *adj* gris; cano, encanecido; viejo; lúgubre, obscuro; *s* gris; traje gris, vestido gris; tela gris; caballo tordo; media luz (*del crepúsculo*); *va* poner gris; *vn* ponerse gris; encanecer
graybeard ['greˌbɪrd] *s* anciano, viejo
Gray Friar *s* franciscano
gray-headed ['greˌhɛdɪd] *adj* canoso
grayhound ['greˌhaund] *s* galgo; (fig.) galgo (*vapor transoceánico*)
gray iron *s* fundición gris
grayish ['greɪʃ] *adj* grisáceo; entrecano
graylag ['greˌlæg] *s* (orn.) ganso silvestre (*Anser anser*)
grayling ['grelɪŋ] *s* (ichth.) tímalo
gray matter *s* (anat.) substancia gris; (coll.) materia gris cerebral (*inteligencia*)
gray mullet *s* (ichth.) mújol
gray partridge *s* (orn.) perdiz pardilla, estarna
gray squirrel *s* (zool.) ardilla gris
graywacke ['greˌwæk] o ['greˌwækə] *s* (geol.) grauvaca
gray wolf *s* (zool.) lobo gris (*Canis occidentalis*)
graze [grez] *s* roce; arañazo, rasguño; *va* rozar; arañar, rasguñar; pacer (*la hierba*); apacentar (*el ganado*); pastar (*conducir al pasto*); *vn* pacer, pastar
grazier ['greʒər] *s* ganadero
grazing ['grezɪŋ] *s* pasto; campo de pastoreo
Gr. Br. o **Gr. Brit.** abr. de **Great Britain**
grease [gris] *s* grasa; lana en bruto y sin limpiar; (slang) lisonja, soborno; [gris] o [griz] *va* engrasar; (slang) untar, sobornar
grease cup [gris] *s* (mach.) vaso de engrase, caja de sebo, engrasador
grease gun *s* jeringa de engrase, engrasador de pistón, pistola engrasadora, bomba de engrase
grease lift *s* (aut.) puente de engrase
grease pit *s* (aut.) fosa de engrase
greaser ['grisər] o ['grizər] *s* engrasador; (offensive) mejicano, hispanoamericano
grease rack *s* var. de **grease lift**
grease spot *s* lámpara (*mancha de aceite o grasa*)
greasewood ['grisˌwud] *s* (bot.) arbusto quenopodiáceo (*Sarcobatus vermiculatus*)
greasy ['grisɪ] o ['grizɪ] *adj* (*comp:* **-ier**; *super:* **-iest**) grasiento; liso, resbaladizo
great [gret] *adj* grande; muy usado, muy popular; (coll.) excelente; magno, grande, p.ej., **Alexander the Great** Alejandro Magno; **Peter the Great** Pedro el Grande; **the great** los grandes

great-aunt ['gret,ænt] o ['gret,ɑnt] *s* tía abuela
Great Barrier Reef *s* Gran Barrera
Great Basin *s* Cuenca Grande
Great Bear *s* (astr.) Osa mayor
Great Britain *s* la Gran Bretaña
great bustard *s* (orn.) avutarda
great circle *s* (astr. & geom.) círculo máximo
greatcoat ['gret,kot] *s* gabán de mucho abrigo
Great Dane *s* mastín danés
Great Divide *s* divisoria continental
Great Dog *s* (astr.) Can mayor
Greater Antilles *spl* Antillas Mayores
Greater London *s* el Gran Londres
Greater New York *s* el Gran Nueva York
greater weever *s* (ichth.) araña, dragón, dragón marino
greater yellowlegs *s* (orn.) chorlo grande de patas amarillas, chorlo real
greatest common divisor *s* (math.) máximo común divisor
great-grandchild [,gret'grænd,tʃaɪld] *s* (*pl:* **-children** [,tʃɪldrən]) bisnieto, bisnieta
great-granddaughter [,gret'grænd,dɔtər] *s* bisnieta
great-grandfather [,gret'grænd,fɑðər] *s* bisabuelo
great-grandmother [,gret'grænd,mʌðər] *s* bisabuela
great-grandparent [,gret'grænd,pɛrənt] *s* bisabuelo o bisabuela
great-grandson [,gret'grænd,sʌn] *s* bisnieto
great-hearted ['gret,hɑrtɪd] *adj* generoso, noble; valiente
great horned owl *s* (orn.) buho americano (*Bubo virginianus*)
Great Lakes *spl* Grandes Lagos
greatly ['gretlɪ] *adv* grandemente; grandiosamente
great mogul *s* autócrata, magnate; **Great Mogul** *s* gran Mogol
great mullein *s* (bot.) gordolobo, verbasco
great-nephew ['gret,nɛfju] o ['gret,nɛvju] *s* resobrino
greatness ['gretnɪs] *s* grandeza
great-niece ['gret,nis] *s* resobrina
Great Plains *s* Pradera (*inmensas pampas de la cuenca del Misisipí y sus afluentes*)
great primer ['prɪmər] *s* (print.) texto
Great Pyramid *s* gran Pirámide
Great Russian *s* gran ruso
Great Salt Lake *s* Gran Lago Salado
great Scott *interj* ¡ válgame Dios!
great seal *s* gran sello
Great Spirit *s* Gran Espíritu (*dios de varias tribus de indios norteamericanos*)
great titmouse *s* (orn.) herrerillo
great-uncle ['gret,ʌŋkəl] *s* tío abuelo
Great Wall of China *s* Gran Muralla de la China
Great War *s* Gran Guerra
Great White Way *s* Gran Vía Blanca (*Broadway*)
greave [griv] *s* greba; **greaves** *spl* chicharrón
grebe [grib] *s* (orn.) castañero, colimbo; plumas de la pechuga del colimbo (*para adornar sombreros*)
Grecian ['griʃən] *adj* griego; *s* griego; helenista
Grecian nose *s* nariz helénica
Grecism ['grisɪzəm] *s* grecismo
Grecize ['grisaɪz] *va & vn* grecizar
Greco-Latin [,griko'lætɪn] o [,griko'lætən] *adj* grecolatino
Greco-Roman [,griko'romən] *adj* grecorromano
Greece [gris] *s* Grecia
greed [grid] *s* codicia, avaricia, glotonería
greediness ['gridɪnɪs] *s* codicia, avaricia, glotonería
greedy ['gridɪ] *adj* (*comp:* **-ier;** *super:* **-iest**) codicioso, avaro, glotón
Greek [grik] *adj* griego; *s* griego; **it's Greek to me** me es chino; (*l.c.*) *s* griego (*fullero*)
Greek calends *spl* calendas griegas (*tiempo que no ha de llegar*)
Greek cross *s* cruz griega
Greek fire *s* fuego griego
Greek Orthodox Church *s* Iglesia griega ortodoxa
Greek rite *s* rito griego
Greek valerian *s* (bot.) valeriana griega
green [grin] *adj* verde; inexperto, novato; candoroso, bobo; demudado (*por el miedo, la envidia, etc.*); *s* verde; césped, prado, terreno verdoso; (golf) terreno cubierto de césped muy fino que circunda cada agujero; **greens** *spl* verduras; ramos verdes colocados para servir de adorno
greenback ['grin,bæk] *s* (U.S.A.) billete de banco (*de dorso verde*)
greenbrier ['grin,braɪər] *s* (bot.) cocolmeca
green corn *s* maíz tierno
green crab *s* (zool.) cámbaro, cangrejo de mar
green dragon (bot.) dragón verde, dragontea
green earth *s* verdacho
greenery ['grinərɪ] *s* (*pl:* **-ies**) verdura; invernáculo
green-eyed ['grin,aɪd] *adj* de ojos verdes; celoso
greengage ['grin,gedʒ] *s* reina claudia, ciruela verdal
green grasshopper *s* (ent.) langostón
greengrocer ['grin,grosər] *s* verdulero
greengrocery ['grin,grosərɪ] *s* (*pl:* **-ies**) verdulería
greenhorn ['grin,hɔrn] *s* pipiolo, novato; bobo, palurdo
greenhouse ['grin,haus] *s* invernáculo
greening ['grinɪŋ] *s* variedad de manzana de color verdoso
greenish ['grinɪʃ] *adj* verdoso
Greenland ['grinlənd] *s* Groenlandia
Greenlander ['grinləndər] *s* groenlandés
Greenlandic [grin'lændɪk] *adj* groenlandés
green manure *s* estiércol reciente; abono vegetal
greenness ['grinnɪs] *s* verdura, verdor; falta de experiencia
greenroom ['grin,rum] o ['grin,rʊm] *s* saloncillo (*de descanso de los actores*); chismería de teatro; local para almacenar loza cruda, tela acabada de hacer, etc.
greensand ['grɪn,sænd] *s* arenisca verde
green sand *s* (found.) arena verde
greensward ['grin,swɔrd] *s* césped
green table *s* tapete verde
green tea *s* té verde
green thumb *s* don de criar plantas
green turtle *s* (zool.) tortuga marina de color verde (*Chelonia mydas*)
green vegetables *spl* verduras
greenwing ['grin,wɪŋ] *s* (orn.) cerceta de verano
greenwood ['grin,wud] *s* floresta, bosque frondoso
green woodpecker *s* (orn.) picamaderos, pájaro carpintero
greet [grit] *va* saludar; recibir (*p.ej., con palabras de bienvenida, con palabras airadas, con imprecaciones, etc.*); presentarse a (*los ojos de una persona*)
greeting ['gritɪŋ] *s* saludo, salutación; buena acogida, bienvenida; **greetings!** ¡salud!
greeting card *s* tarjeta de felicitación
gregarious [grɪ'gɛrɪəs] *adj* gregario; sociable
Gregorian [grɪ'gorɪən] *adj* gregoriano
Gregorian calendar *s* calendario gregoriano
Gregorian chant *s* canto gregoriano
Gregory ['grɛgərɪ] *s* Gregorio
gremial ['grimɪəl] *s* (eccl.) gremial
gremlin ['grɛmlɪn] *s* hado, duende de los aviones
grenade [grɪ'ned] *s* granada; granada extintora
grenadier [,grɛnə'dɪr] *s* granadero
grenadine [,grɛnə'din] o ['grɛnədin] *s* granadina (*tejido; zumo*)
grew [gru] *pret de* **grow**
grewsome ['grusəm] *adj* var. de **gruesome**
grey [gre] *adj, s, va & vn* var. de **gray**
greyhound ['gre,haund] *s* galgo; (fig.) galgo (*vapor transoceánico*)
greyhound race *s* carrera de galgos
grid [grɪd] *s* rejilla, parrilla; (elec. & rad.) rejilla; (Brit.) red nacional de distribución eléctrica
grid bias *s* (rad.) polarización de rejilla
grid circuit *s* (rad.) circuito de rejilla
grid condenser *s* (rad.) condensador de rejilla

grid current *s* (rad.) corriente de rejilla
griddle ['grɪdəl] *s* tortera, plancha; *va* cocer (*tortillas*) en una plancha
griddlecake ['grɪdəl,kek] *s* torta o tortita a la plancha
gride [graɪd] *s* rechinamiento; *va* hacer rechinar; *vn* rechinar
gridiron ['grɪd,aɪərn] *s* parrilla; rejilla (*parecida a una parrilla*); (U.S.A.) campo de fútbol (*marcado a manera de parrilla*); (theat.) telar
grid leak *s* (rad.) resistencia de rejilla, escape de rejilla
grief [grif] *s* aflicción, pena, pesar, quebranto; (coll.) disgusto, disgustos; **good grief!** ¡voto al chápiro!; **to come to grief** tener muchos quebrantos; fracasar, arruinarse
grievance ['grivəns] *s* agravio, injusticia; motivo para quejarse
grieve [griv] *va* afligir, apenar; *vn* afligirse, apenarse; **to grieve over** añorar
grievous ['grivəs] *adj* doloroso, penoso; atroz, cruel, horrible; lastimoso
griffin ['grɪfɪn] o **griffon** ['grɪfən] *s* (myth.) grifo
grig [grɪg] *s* angula (*cría de la anguila*); (ent.) grillo, saltamontes; persona vivaracha
grill [grɪl] *s* parrilla; ración de carne asada, ración de pescado asado; parrilla (*restaurante o comedor de hotel cuya especialidad es la carne asada o el pescado asado*); *va* emparrillar; dar tormento de fuego a; interrogar de modo muy apremiante (*a un acusado*)
grillage ['grɪlɪdʒ] *s* (constr.) zampeado
grille [grɪl] *s* reja, verja; parrilla, rejilla (*p.ej., de automóvil*)
grillroom ['grɪl,rum] o ['grɪl,rʊm] *s* parrilla (*restaurante o comedor de hotel cuya especialidad es la carne asada o el pescado asado*)
grilse [grɪls] *s* cría del salmón que habiendo pasado el invierno en el mar vuelve al agua dulce de un río
grim [grɪm] *adj* (*comp:* **grimmer;** *super:* **grimmest**) austero, severo; ceñudo; fiero, cruel; horrible
grimace [grɪ'mes] *s* mueca, sonrisa falsa o mala; *vn* hacer muecas, fruncir el hocico
grimalkin [grɪ'mælkɪn] o [grɪ'mɔlkɪn] *s* gato; gata vieja; vieja malévola
grime [graɪm] *s* mugre, tiznado; *va* ensuciar, tiznar
grimness ['grɪmnɪs] *s* austeridad, severidad; fiereza, crueldad; horror
grimy ['graɪmɪ] *adj* (*comp:* **-ier;** *super:* **-iest**) sucio, mugriento, tiznado
grin [grɪn] *s* sonrisa bonachona; esguince, regaño, mueca de dolor o de cólera (*mostrando los dientes*); (*pret & pp:* **grinned;** *ger:* **grinning**) *va* expresar (*p.ej., aprobación*) sonriendo bonachonamente; *vn* sonreírse bonachonamente; hacer una mueca de dolor, de cólera o de desdén (*enseñando los dientes*)
grind [graɪnd] *s* molienda; rechinamiento; (coll.) zurra (*trabajo o estudio continuado*); (coll.) empollón, estudiantón; (*pret & pp:* **ground**) *va* moler; afilar, amolar; tallar (*lentes*); picar (*carne*); pulverizar; hacer rechinar; dar vueltas a (*un manubrio*); **to grind out** producir (*música*) dando vueltas a un manubrio; *vn* hacer molienda; molerse; pulverizarse; rozar; rechinar; (coll.) echar los bofes
grinder ['graɪndər] *s* molendero; amolador; esmerilador; amoladora; esmeriladora; molino o molinillo (*para moler café, pimienta, etc.*); muela (*piedra para afilar*); (anat.) muela; **grinders** *spl* (slang) herramienta (*dientes*)
grindstone ['graɪnd,ston] *s* muela, piedra de amolar; **to have, keep** o **put one's nose to the grindstone** trabajar con ahinco, echar los bofes
gringo ['grɪŋgo] *s* (*pl:* **-gos**) (scornful) gringo (*inglés o norteamericano*)
grip [grɪp] *s* asimiento; agarradero; apretón (*de la mano*); modo de darse la mano (*en las asociaciones secretas*); saco de mano; dolor punzante; comprensión; (mach.) mordaza; (path.) gripe; **to come to grips (with)** luchar a brazo partido (con); arrostrarse (con), enfrentarse (con); (*pret & pp:* **gripped** o **gript;** *ger:* **gripping**) *va* asir, agarrar; apretar; tener asido, agarrarse a; absorber la atención a; *vn* agarrarse; absorber la atención
gripe [graɪp] *s* asimiento; sujeción; **gripes** *spl* (naut.) obenques; (path.) retortijón de tripas; *va* asir, apretar; fastidiar, molestar; dar retortijones a; (slang) molestar sobremanera; *vn* sufrir retortijones; (slang) refunfuñar, quejarse mucho
grippe [grɪp] *s* (path.) gripe
gripping ['grɪpɪŋ] *adj* conmovedor, impresionante
gripsack ['grɪp,sæk] *s* saco de mano, maleta
gript [grɪpt] *pret & pp de* **grip**
grisaille [grɪ'zel] *s* (f.a.) grisalla
grisette [grɪ'zet] *s* griseta (*muchacha obrera de París*)
grisly ['grɪzlɪ] *adj* (*comp:* **-lier;** *super:* **-liest**) espantoso, horrible, espeluznante
grist [grɪst] *s* harina; molienda (*cantidad que se muele de una vez*); malta molido; (coll.) acervo, acopio; **to be grist to one's mill** (coll.) serle a uno de mucho provecho
gristle ['grɪsəl] *s* cartílago, ternilla
gristly ['grɪslɪ] *adj* (*comp:* **-tlier;** *super:* **-tliest**) cartilaginoso, ternilloso
gristmill ['grɪst,mɪl] *s* molino harinero
grit [grɪt] *s* arena, guijo muy fino; asperón, arenisca silícea; tesón, ánimo, valor; **grits** *spl* farro, sémola, maíz o avena a medio moler; (*pret & pp:* **gritted;** *ger:* **gritting**) *va* cerrar fuertemente (*los dientes*); hacer rechinar (*los dientes*)
gritrock ['grɪt,rɑk] o **gritstone** ['grɪt,ston] *s* asperón, arenisca silícea
gritty ['grɪtɪ] *adj* (*comp:* **-tier;** *super:* **-tiest**) arenoso; valiente, resuelto
grizzled ['grɪzəld] *adj* gris; grisáceo; canoso
grizzly ['grɪzlɪ] *adj* (*comp:* **-zlier;** *super:* **-zliest**) gris; grisáceo; canoso; *s* (*pl:* **-zlies**) (zool.) oso gris; (min.) cribón, parrilla
grizzly bear *s* (zool.) oso gris
groan [gron] *s* gemido, quejido; *va* expresar con voz quejumbrosa; *vn* gemir, quejarse; crujir (*por exceso de peso*); estar muy cargado, p.ej., **the table groaned with good food** estaba la mesa muy cargada de platos deliciosos; estar agobiado, p.ej., **he groaned beneath his burden** estaba agobiado por la carga
groat [grot] *s* blanca, ardite; **groats** *spl* farro, sémola, maíz o avena a medio moler
grocer ['grosər] tendero de ultramarinos; abarrotero (Am.)
grocery ['grosərɪ] *s* (*pl:* **-ies**) tienda de ultramarinos, tienda de comestibles; abarrotería (Am.); **groceries** *spl* comestibles, víveres; abarrotes (Am.)
grocery store *s* tienda de ultramarinos, tienda de comestibles; abarrotería (Am.)
grog [grɑg] *s* grog (*ron diluído en agua; bebida espirituosa*)
groggery ['grɑgərɪ] *s* (*pl:* **-ies**) taberna
groggy ['grɑgɪ] *adj* (*comp:* **-gier;** *super:* **-giest**) (coll.) vacilante, inseguro; (coll.) atontado (*p.ej., de un golpe*); (coll.) borracho
grogram ['grɑgrəm] *s* cordellate, gorgorán
grogshop ['grɑg,ʃɑp] *s* taberna
groin [grɔɪn] *s* (anat.) ingle; (arch.) arista de encuentro; *va* (arch.) construir con aristas de encuentro
grommet ['grɑmɪt] *s* ojal; (naut.) roñada
gromwell ['grɑmwəl] *s* (bot.) granos de amor, mijo gris
groom [grum] o [grʊm] *s* novio; mozo de caballos; (Brit.) camarero, caballerizo o ayuda de cámara de la casa real; (archaic) criado; *va* asear, acicalar, poner en orden; preparar y enseñar (*a un político*) en el modo de presentarse candidato en las elecciones
groomsman ['grumzmən] o ['grʊmzmən] *s* (*pl:* **-men**) padrino de boda
groove [gruv] *s* ranura, acanaladura; garganta (*de polea*); surco (*p.ej., de un disco*); rodada (*señal que deja la rueda*); (coll.) rutina, hábito arraigado; **groove and tongue** a ranura y lengüeta; *va* ranurar, acanalar
groove-and-tongue joint ['gruvənd'tʌŋ] *s* (carp.) ensambladura de ranura y lengüeta
grooving machine *s* ranuradora
grooving plane *s* cepillo de ranurar

G

grooving saw *s* sierra ranuradora
grope [grop] *va* tentar (*p.ej., el camino en la obscuridad*); *vn* andar a tientas, palpar; pujar (*por expresarse*); **to grope for** buscar a tientas, buscar sin hallar; **to grope through** palpar (*p.ej., las tinieblas*)
gropingly ['gropɪŋly] *adv* a tientas; (fig.) a tientas
grosbeak ['gros,bik] *s* (orn.) pico duro (*Pinicola enucleator*); (orn.) degollado; (orn.) cardenal de Virginia; (orn.) cascapiñones, pico gordo (*Coccothraustes coccothraustes*)
grosgrain ['gro,gren] *s* gro
gross [gros] *adj* total; craso (*error*); grosero; grueso; denso, espeso; bruto; *s* (*pl:* **gross**) gruesa (*doce docenas*); *s* (*pl:* **grosses**) conjunto, totalidad; **in gross** o **in the gross** en grueso
gross anatomy *s* anatomía macroscópica
grossly ['groslɪ] *adv* excesivamente; groseramente; aproximadamente
gross national product *s* renta nacional, producto total de la economía nacional
grossness ['grosnɪs] *s* grosería; densidad, espesor
gross ton *s* tonelada gruesa (*2.240 libras o 1.016,06 kg.*)
grossulariaceous [,grɑsjə,lerɪ'eʃəs] *adj* (bot.) grosulariáceo
grot [grɑt] *s* (poet.) gruta
grotesque [gro'tɛsk] *adj* grotesco (*ridículo*); (f.a.) grutesco o grotesco; *s* (f.a.) grutesco o grotesco
Grotius ['groʃɪəs] *s* Grocio
grotto ['grɑto] *s* (*pl:* **-toes** o **-tos**) gruta
grouch [graʊtʃ] *s* (coll.) mal humor; (coll.) cascarrabias, vinagre (*persona*); *vn* (coll.) estar de mal humor, refunfuñar
grouchy ['graʊtʃɪ] *adj* (*comp:* **-ier;** *super:* **-iest**) (coll.) malhumorado, refunfuñador
ground [graʊnd] *s* tierra; terreno; causa, fundamento; campo (*de batalla*); (elec.) tierra; (elec.) borne de conexión con tierra; (elec.) masa (*p.ej., de un automóvil*); (paint.) campo, fondo; **grounds** *spl* terreno; jardines; causa, fundamento; poso, heces; **above ground** vivo; **from the ground up** de abajo arriba; completamente; **on the ground of** con motivo de; **to be on one's own ground** estar en su elemento; **to break ground** empezar la excavación; abrir los cimientos; **to cover the ground** hacer completamente lo que hay que hacer; atravesar la distancia debida; correr mucho; **to cut the ground from under one's feet** anticiparle a uno las razones en una polémica; **to fall to the ground** fracasar, abandonarse (*un proyecto*); **to gain ground** ganar terreno; **to give ground** ceder terreno; **to hold one's ground** mantenerse firme; **to lose ground** perder terreno; **to run into the ground** (slang) abusar de (*p.ej., un recurso*); **to shift one's ground** cambiar de posición; cambiar de táctica; **to stand one's ground** mantenerse firme; **to yield ground** ceder terreno; **ground for complaint** motivo de queja ‖ *adj* a ras de tierra, terrestre; fundamental ‖ *va* poner en tierra; descansar (*armas*); cimentar, establecer, fundar; (elec.) poner a tierra; (paint.) dar campo o fondo a; **to be grounded** estar sin volar (*un avión*); **to be well grounded** ser muy versado; estar bien fundado (*un juicio*) ‖ *vn* (naut.) encallar, varar ‖ *pret & pp de* **grind**
ground connection *s* (rad.) toma de tierra
ground-controlled approach ['graʊndkən'trold] *s* (aer.) acceso dirigido desde tierra, aproximación controlada desde tierra
ground crew *s* (aer.) personal de tierra
grounder ['graʊndər] *s* (baseball) pelota rodada
ground floor *s* piso bajo
ground game *s* caza de pelo
ground glass *s* vidrio deslustrado
ground hog *s* (zool.) marmota de América
ground ivy *s* (bot.) hiedra terrestre
ground lead [lid] *s* (elec.) conductor a tierra
groundless ['graʊndlɪs] *adj* infundado
ground line *s* línea de tierra
groundling ['graʊndlɪŋ] *s* animal o planta terrestres; pez que habita en el fondo del mar; lector poco culto y sin gusto
groundnut ['graʊnd,nʌt] *s* (bot.) chufa; (bot.) cacahuete
ground pine *s* (bot.) pinillo, pinillo oloroso; (bot.) licopodio
ground plan *s* planta (*de un edificio*); primer proyecto, proyecto fundamental
ground return *s* (elec.) retorno por tierra, retorno por masa
groundsel ['graʊndsəl] *s* (bot.) hierba cana, zuzón
groundsill ['graʊndsɪl] *s* (constr.) carrera inferior, solera de base
ground speed *s* (aer.) velocidad con respecto al suelo
ground squirrel *s* (zool.) tuza; (zool.) ardilla listada
ground support *s* (aer.) apoyo terrestre
ground swell *s* marejada de fondo, mar de fondo
ground troops *spl* (mil.) tropas terrestres
ground water *s* agua de pozo, agua subterránea
ground wire *s* (rad.) alambre de tierra, hilo de tierra; (aut.) hilo de masa
groundwork ['graʊnd,wʌrk] *s* cimiento, fundamento
group [grup] *s* grupo; *adj* colectivo; *va* agrupar; *vn* agruparse
grouper ['grupər] *s* (ichth.) cabrilla, cherna, mero
group insurance *s* seguro a grupos
grouse [graʊs] *s* (orn.) gallo de bosque; (orn.) bonasa americana; (orn.) lagópedo de Escocia; (slang) refunfuño; *vn* (slang) refunfuñar
grout [graʊt] *s* lechada; *va* enlechar
grove [grov] *s* arboleda, bosquecillo
grovel ['grʌvəl] o ['grɑvəl] (*pret & pp:* **-eled** o **-elled;** *ger:* **-eling** o **-elling**) *vn* arrastrarse (*a los pies de un poderoso*); envilecerse, deleitarse en vilezas
groveling o **grovelling** ['grʌvəlɪŋ] o ['grɑvəlɪŋ] *adj* servil, rastrero
grow [gro] (*pret:* **grew;** *pp:* **grown**) *va* cultivar; criar; producir; dejarse (*la barba, el bigote*); *vn* crecer; desarrollarse; cultivarse; criarse; producirse; brotar, nacer; irse aumentando; hacerse, ponerse, volverse; **to grow into** hacerse, llegar a ser; **to grow on** influir cada vez más en; interesar cada vez más; **to grow out of** tener su origen en; perder (*p.ej., la costumbre*); **to grow to** adherirse a, pegarse a; llegar a, llegar a ser; **to grow together** adherirse el uno al otro; **to grow up** hacerse un adolescente, salir de la niñez; este verbo, seguido de un adjetivo, se traduce a veces por un verbo neutro o reflexivo que corresponda al adjetivo, p.ej., **to grow old** envejecer; **to grow angry** enfadarse
grower ['groər] *s* agricultor, cultivador; criador; planta que crece de cierto modo, p.ej., **quick grower** planta que crece rápidamente
growing ['gro·ɪŋ] *adj* creciente; de creces, p.ej., **growing child** muchacho de creces; *s* crecimiento; cultivo; cría
growing pains *spl* dolores causados (*según comúnmente se cree*) por el desarrollo rápido del cuerpo; dificultades iniciales (*p.ej., de una nueva empresa*)
growl [graʊl] *s* gruñido (*del perro*); refunfuño; *va* manifestar (*p.ej., desaprobación*) refunfuñando; *vn* gruñir (*el perro*); refunfuñar
growler ['graʊlər] *s* gruñidor; perro gruñidor; (slang) jarro en el que se trae cerveza desde la cervecería
grown [gron] *adj* crecido; llegado a su mayor desarrollo; adulto; cubierto de hierbas, maleza, etc.; *pp de* **grow**
grown-up ['gron,ʌp] *adj* adulto; serio, juicioso; *s* (*pl:* **grown-ups**) adulto
growth [groθ] *s* crecimiento; desarrollo; aumento; cobertura (*p.ej., forestal, herbosa*); (path.) tumor
growth stock *s* (com.) acción crecedera
grub [grʌb] *s* esclavo del trabajo; (ent.) gorgojo; (slang) condumio (*alimento, comida*); (*pret & pp:* **grubbed;** *ger:* **grubbing**) *va* arrancar (*tocones*); desmalezar (*un terreno*); *vn* cavar;

hozar (*el puerco*); emplearse en menesteres humildes
grubby ['grʌbɪ] *adj* (*comp:* **-bier;** *super:* **-biest**) gorgojoso; sucio, roñoso
grubstake ['grʌb,stek] *s* (coll.) anticipo de dinero que se da al explorador para comprar pertrechos y provisiones, pensando cobrar después de hallado el filón de mineral que se busca; *va* (coll.) subvencionar (*a un explorador*)
Grub Street *s* (hist.) calle de Londres habitada por escritores famélicos; escritores necesitados
grudge [grʌdʒ] *s* inquina, rencor; **to bear** o **to have a grudge against** tener inquina a, guardar rencor a; *va* dar de mala gana; envidiar
grudgingly ['grʌdʒɪŋlɪ] *adv* de mala gana
gruel ['gruəl] *s* avenate; (*pret & pp:* **-eled** o **-elled;** *ger:* **-eling** o **-elling**) *va* desbaratar, agotar, incapacitar
grueling o **gruelling** ['gruəlɪŋ] *adj* muy molesto y agotador; *s* lance muy molesto y agotador
gruesome ['grusəm] *adj* horrible, horripilante
gruff [grʌf] *adj* áspero, rudo, brusco, poco amistoso; ronco
grum [grʌm] *adj* (*comp:* **grummer;** *super:* **grummest**) áspero, hosco, malhumorado
grumble ['grʌmbəl] *s* gruñido, refunfuño; ruido sordo; *va* manifestar gruñendo o refunfuñando; *vn* gruñir, refunfuñar; producir un ruido sordo
grume [grum] *s* grumo
grumpy ['grʌmpɪ] *adj* (*comp:* **-ier;** *super:* **-iest**) gruñón, rezongón, malhumorado
Grundy, Mrs. ['grʌndɪ] *s* el qué dirán; **what will Mrs. Grundy say?** ¿qué dirá la gente?
grunt [grʌnt] *s* gruñido (*del cerdo; de una persona*); (ichth.) ronco; *va* decir entre gruñidos; *vn* gruñir
gruyère [grɪ'jɛr] *s* gruyère
gryphon ['grɪfən] o ['graɪfən] *s* var. de **griffin**
G string *s* cubresexo
gt. abr. de **great** y **gutta** (Lat.) **drop**
Gt. Br. o **Gt. Brit.** abr. de **Great Britain**
g.t.c. abr. de **good till canceled** y **good till countermanded**
g.u. abr. de **genitourinary**
Guadeloupe [,gwɑdə'lup] *s* Guadalupe
guaiacol ['gwaɪəkol] o ['gwaɪəkɑl] *s* (chem.) guayacol
guaiacum ['gwaɪəkəm] *s* (bot.) guayacán
guanaco [gwɑ'nɑko] *s* (*pl:* **-cos**) (zool.) guanaco
guanidine ['gwænɪdin] o ['gwɑnɪdin] *s* (chem.) guanidina
guanine ['gwɑnin] o ['guənin] *s* (chem.) guanina
guano ['gwɑno] *s* (*pl:* **-nos**) guano
Guarani [,gwɑrɑ'ni] *adj* guaraní; *s* (*pl:* **-nis**) guaraní
guarantee [,gærən'ti] *s* garantía; garante; persona asegurada por una garantía; *va* garantizar
guaranteed annual wage *s* salario anual garantizado
guarantor ['gærəntɔr] *s* garante
guaranty ['gærəntɪ] *s* (*pl:* **-ties**) garantía; (*pret & pp:* **-tied**) *va* garantizar
guard [gɑrd] *s* guarda (*acción de guardar; guarnición de la espada; persona que guarda una cosa*); guardia (*cuerpo de hombres armados; individuo de tal cuerpo; manera de defenderse en la esgrima*); salvavidas (*delante de los tranvías*); (sport) coraza; (football) guarda, defensor; **off guard** desprevenido; **on guard** prevenido, en guardia; de centinela; (fencing) en guardia; **to mount guard** montar la guardia; **under guard** a buen recado; *va* guardar; *vn* estar de centinela, hacer centinela; **to guard against** guardarse de, precaverse de; **to guard against** + *ger* guardarse de + *inf*
guarded ['gɑrdɪd] *adj* guardado, protegido; cauteloso, circunspecto
guardhouse ['gɑrd,haʊs] *s* cuartel de la guardia; cárcel militar
guardian ['gɑrdɪən] *s* guardián; (law) tutor, curador; (eccl.) guardián; *adj* tutelar
guardian angel *s* ángel custodio, ángel de la guarda
guardianship ['gɑrdɪən,ʃɪp] *s* protección; (law) tutela, curaduría; (eccl.) guardianía (*en la orden franciscana*)
guardrail ['gɑrd,rel] *s* baranda; (rail.) contracarril; (naut.) barandilla
guardroom ['gɑrd,rum] o ['gɑrd,rʊm] *s* cuarto de guardia; calabozo militar
guard ship *s* (naut.) navío de guardia
guardsman ['gɑrdzmən] *s* (*pl:* **-men**) guarda; guardia, soldado de guardia; centinela
guard wire *s* (elec.) alambre de guardia
Guatemala [,gwɑtɪ'mɑlə] *s* Guatemala
Guatemalan [,gwɑtɪ'mɑlən] *adj & s* guatemalteco
guava ['gwɑvə] *s* (bot.) guayabo (*árbol*); guayaba (*fruto*); (bot.) ingá, guamo
guayule [gwɑ'julɛ] *s* (bot.) guayule (*arbusto y caucho*)
gubernatorial [,gjubərnə'torɪəl] *adj* de gobernador, del gobernador
gudgeon ['gʌdʒən] *s* (ichth.) gobio; (mach.) gorrón; (naut.) muñonera, hembra de gorrón; bobo, mentecato; chiripa, ganga; *va* estafar
gudgeon pin *s* (aut.) perno de émbolo
guelder-rose ['gɛldər,roz] *s* (bot.) rosa de güeldres, mundillo, sauquillo
Guelf o **Guelph** [gwɛlf] *s* güelfo
Guelfic o **Guelphic** ['gwɛlfɪk] *adj* güelfo
guerdon ['gʌrdən] *s* (poet.) galardón
guerilla [gə'rɪlə] *s & adj* var. de **guerrilla**
guernsey ['gʌrnzɪ] *s* camiseta de punto (*de los marineros*)
guerrilla [gə'rɪlə] *s* guerrillero; *adj* de guerrilla, de guerrillero
guerrilla warfare *s* guerra de guerrillas
guess [gɛs] *s* conjetura, suposición; *va & vn* conjeturar, suponer; acertar, adivinar; (coll.) creer, suponer; **I guess so** (coll.) creo que sí, me parece que sí
guessable ['gɛsəbəl] *adj* adivinable
guessing game *s* juego de adivinanzas; partido de adivinanzas
guesswork ['gɛs,wʌrk] *s* conjetura; **by guesswork** por conjeturas
guest [gɛst] *s* huésped; convidado; visita; pensionista, inquilino; cliente (*de un hotel*)
guest conductor *s* (mus.) conductor visitante, conductor huésped
guest of honor *s* invitado de honor, huésped de honor
guest room *s* alcoba de respeto, cuarto del huésped
guest rope *s* (naut.) falsa amarra
guffaw [gʌ'fɔ] *s* risotada; *vn* risotear
Guiana [gɪ'ɑnə] o [gɪ'ænə] *s* Guayana
Guianan [gɪ'ɑnən] o [gɪ'ænən] *adj & s* var. de **Guianese**
Guianese [,giɑ'niz] o [,giæ'niz] *adj* guayanés; *s* (*pl:* **-nese**) guayanés
guidance ['gaɪdəns] *s* guía, gobierno, dirección; **for your guidance** para su gobierno
guide [gaɪd] *s* guía (*persona; libro o tratado*); dirección, indicación; (mil.) guía; poste indicador; (mach.) guía, guiadera; *va* guiar
guideboard ['gaɪd,bord] *s* señal de carretera
guidebook ['gaɪd,bʊk] *s* guía, guía del viajero
guided missile *s* (mil.) proyectil dirigido, proyectil teleguiado
guideline ['gaɪd,laɪn] *s* cuerda de guía; línea trazada de un cambio tipográfico a un signo en el margen; pauta, norma (*p.ej., de conducta*)
guidepost ['gaɪd,post] *s* poste indicador
guide rope *s* arrastradera (*de globo aerostático*); cuerda de guía
guidon ['gaɪdən] *s* (mil.) guión; (mil.) portaguión
guild [gɪld] *s* gremio; asociación de carácter benéfico
guildhall ['gɪld,hɔl] *s* casa de un gremio; casa consistorial, casa de ayuntamiento
guildsman ['gɪldzmən] *s* (*pl:* **-men**) gremial
guile [gaɪl] *s* dolo, astucia, maña
guileful ['gaɪlfəl] *adj* doloso, astuto, mañoso
guileless ['gaɪllɪs] *adj* cándido, sencillo, sincero

guillemot ['gɪlɪmɑt] *s* (orn.) uría
guilloche [gɪ'loʃ] *s* (f.a.) güilogis
guillotine ['gɪlətin] *s* guillotina; (surg. & law) guillotina; [,gɪlə'tin] *va* guillotinar
guillotine shears *spl* cizalla de guillotina
guilt [gɪlt] *s* culpa
guiltiness ['gɪltɪnɪs] *s* culpabilidad
guiltless ['gɪltlɪs] *adj* libre de culpa, inocente
guilty ['gɪltɪ] *adj* (*comp:* **-ier;** *super:* **-iest**) culpable; culpado
guimpe [gɪmp] o [gæmp] *s* canesú
guinea ['gɪnɪ] *s* guinea (*moneda*); gallina de Guinea; (*cap.*) *s* Guinea; *adj* guineo
Guinea corn *s* (bot.) maíz de Guinea
guinea fowl *s* pintada, gallina de Guinea
guinea grass *s* (bot.) gramalote, hierba de Guinea
guinea hen *s* var. de **guinea fowl**
guinea pig *s* (zool. & fig.) conejillo de Indias
Guinever ['gwɪnəvər] o **Guinevere** ['gwɪnəvɪr] *s* (myth.) Ginebra
guipure [gɪ'pjʊr] *s* guipur; guarnición de cuerdas entretejidas, con refuerzo de alambre
guise [gaɪz] *s* traje; semejanza, aspecto; capa, pretexto; **in the guise of** disfrazado de; **under the guise of** so capa de
guitar [gɪ'tɑr] *s* (mus.) guitarra
guitarist [gɪ'tɑrɪst] *s* guitarrista
gulch [gʌltʃ] *s* barranco, quebrada
gules [gjulz] *s* (her.) gules; *adj* (her.) de gules
gulf [gʌlf] *s* golfo; vorágine, torbellino
Gulf of Aden *s* golfo de Adén
Gulf of Bothnia ['bɑθnɪə] *s* golfo de Botnia
Gulf of Corinth *s* golfo de Corinto
Gulf of Mexico *s* golfo de Méjico
Gulf of Oman [o'mɑn] *s* mar de Omán
Gulf of Panama *s* golfo de Panamá
Gulf of St. Lawrence *s* golfo de San Lorenzo
Gulf of Venice *s* golfo de Venecia
Gulf States *spl* estados de EE.UU. que confinan con el golfo de Méjico
Gulf Stream *s* Corriente del Golfo
gulfweed ['gʌlf,wid] *s* (bot.) sargazo
gull [gʌl] *s* (orn.) gaviota; bobo; *va* engañar, estafar
gullet ['gʌlɪt] *s* garguero, gaznate; esófago
gullibility [,gʌlɪ'bɪlɪtɪ] *s* credulidad
gullible ['gʌlɪbəl] *adj* crédulo; **to be too gullible** tener buenas tragaderas
gully ['gʌlɪ] *s* (*pl:* **-lies**) arroyada, hondonada; badén (*zanja que forman las aguas llovedizas*)
gulp [gʌlp] *s* gorgorotada, trago; *va* engullir; **to gulp down** engullir; reprimir (*p.ej., sollozos*); *vn* estrangularse momentáneamente; no poder hablar (*por pena, susto o vergüenza*)
gum [gʌm] *s* goma; (bot.) gomero, árbol gomífero; (anat.) encía; chanclo de goma; (*pret & pp:* **gummed;** *ger:* **gumming**) *va* engomar; volver pegajoso; atascar, entorpecer; *vn* manar goma; volverse pegajoso
gum ammoniac *s* goma amoníaco
gum arabic *s* goma arábiga
gumbo ['gʌmbo] *s* (*pl:* **-bos**) (bot.) quingombó; sopa de quingombó; lodo muy pegajoso; dialecto criollo de la Luisiana
gumboil ['gʌm,bɔɪl] *s* (path.) párulis, flemón
gum boot *s* bota de goma, bota de agua
gumdrop ['gʌm,drɑp] *s* pastilla de goma
gum elastic *s* goma elástica
gum guttae ['gʌti] *s* var. de **gamboge**
gumma ['gʌmə] *s* (*pl:* **-mata** [mətə]) (path.) goma
gummiferous [gʌm'ɪfərəs] *adj* gomífero
gummosis [gʌ'mosɪs] *s* (plant path.) gomosis
gummy ['gʌmɪ] *adj* (*comp:* **-mier;** *super:* **-miest**) gomoso
gumption ['gʌmpʃən] *s* (coll.) energía, iniciativa; (coll.) juicio, seso
gum resin *s* gomorresina
gumshoe ['gʌm,ʃu] *s* chanclo de goma; (slang) detective; **gumshoes** *spl* zapatos silenciosos (*con suela de goma y lo demás de lona*); (*pret & pp:* **-shoed;** *ger:* **-shoeing**) *vn* (slang) andar con zapatos de fieltro, andar espiando
gum succory *s* (bot.) condrila
gum tree *s* (bot.) gomero, árbol gomífero
gum water *s* aguagoma
gumwood ['gʌm,wʊd] *s* madera de árbol gomífero
gun [gʌn] *s* escopeta, fusil; cañón; jeringa (*para inyectar materias blandas*); cañón (*de cemento*); cañonazo (*cada uno de los que componen una salva*); (coll.) revólver, pistola; **to spike one's guns** clavarle a uno los cañones, reducirle a uno a la impotencia; **to stick to one's guns** mantenerse en sus trece, mantenerse con la suya; (*pret & pp:* **gunned;** *ger:* **gunning**) *va* hacer fuego sobre, hacer un disparo sobre; (slang) acelerar rápidamente (*un avión, un motor*); *vn* andar a caza; hacer fuego, disparar; **to gun for** ir en busca de, tratar de conseguir; buscar para matar
gun o **'gun** [gʌn] *pp de* **gin** [gɪn]
gun barrel *s* cañón de fusil
gunboat ['gʌn,bot] *s* cañonero, lancha cañonera
gun carriage *s* cureña
guncotton ['gʌn,kɑtən] *s* pólvora de algodón, algodón pólvora, fulmicotón
gunfire ['gʌn,faɪr] *s* fuego (*de armas de fuego*); cañoneo, tiroteo; uso de armas de fuego
gunlock ['gʌn,lɑk] *s* llave de fusil
gunman ['gʌnmən] *s* (*pl:* **-men**) pistolero, bandido armado
gun metal *s* bronce de cañón; bronce empavonado, metal pavonado
gun-metal ['gʌn,metəl] *adj* empavonado, pavonado
gunnel ['gʌnəl] *s* (ichth.) blenia; (naut.) borda, regala
gunner ['gʌnər] *s* artillero; cazador; (nav.) condestable
gunnery ['gʌnərɪ] *s* artillería
gunning ['gʌnɪŋ] *s* tiro; caza
gunny ['gʌnɪ] *s* (*pl:* **-nies**) yute; saco de yute
gunny sack *s* saco de yute
gunpowder ['gʌn,paʊdər] *s* pólvora
gunrunner ['gʌn,rʌnər] *s* contrabandista de armas de fuego
gunrunning ['gʌn,rʌnɪŋ] *s* contrabando de armas de fuego
gunshot ['gʌn,ʃɑt] *s* balazo, escopetazo, tiro de fusil; alcance de un fusil; **within gunshot** a tiro de fusil
gunshot wound *s* balazo, escopetazo
gunsmith ['gʌn,smɪθ] *s* armero
gunstock ['gʌn,stɑk] *s* caja de fusil
Gunter's chain ['gʌntərz] *s* cadena de agrimensor o de Günter
gunwale ['gʌnəl] *s* (naut.) borda, regala
guppy ['gʌpɪ] *s* (*pl:* **-pies**) (ichth.) lebistes
gurgle ['gʌrgəl] *s* gluglú (*del agua*); gorjeo (*del niño*); *va* expresar con gorjeos, decir entre gorjeos; *vn* hacer gluglú (*el agua*); gorjearse (*el niño*)
gurnard ['gʌrnərd] o **gurnet** ['gʌrnɪt] *s* (ichth.) trilla; (ichth.) rubio volador
gush [gʌʃ] *s* borbollón, chorro; (coll.) efusión, extremos (*de cariño o entusiasmo*); *va* derramar (*p.ej., sangre*) a borbollones; *vn* surgir, salir a borbollones; (coll.) hacer extremos
gusher ['gʌʃər] *s* pozo surgente; (coll.) persona extremosa
gushing ['gʌʃɪŋ] *adj* surgente; extremoso; *s* borbollón, chorro; (coll.) efusión, extremos
gushy ['gʌʃɪ] *adj* (*comp:* **-ier;** *super:* **-iest**) efusivo, extremoso
gusset ['gʌsɪt] *s* (sew.) escudete; (constr.) esquinal, escuadra; (naut.) curvatón
gusset plate *s* cartabón
gust [gʌst] *s* ráfaga (*de viento*); bocanada (*de humo*); aguacero; explosión (*de ruido*); arrebato (*de cólera, entusiasmo, etc.*)
gustative ['gʌstətɪv] *adj* gustativo
gustatory ['gʌstə,torɪ] *adj* gustatorio
Gustavus [gʌs'tevəs] *s* Gustavo
Gustavus Adolphus [ə'dɑlfəs] *s* Gustavo Adolfo
gusto ['gʌsto] *s* (*pl:* **-tos**) gusto; sumo placer, deleite, entusiasmo, satisfacción evidente; **with gusto** con sumo placer
gusty ['gʌstɪ] *adj* (*comp:* **-ier;** *super:* **-iest**) tempestuoso, impetuoso, explosivo
gut [gʌt] *s* tripa; cuerda de tripa; estrecho, desfiladero; **guts** *spl* tripas; (slang) agallas; (*pret & pp:* **gutted;** *ger:* **gutting**) *va* destripar; pillar lo interior de; destruir lo interior de
gutta-percha ['gʌtə'pʌrtʃə] *s* gutapercha

gutter [ˈgʌtər] *s* cuneta (*al lado del camino*); arroyo (*en la calle*); canal (*en los tejados*); badén (*zanja que forman las aguas llovedizas*); acanaladura, estría; barrio bajo; *va* acanalar, estriar; *vn* acanalarse; correr, manar; gotear (*las velas*); **to gutter out** apagarse
guttersnipe [ˈgʌtərˌsnaɪp] *s* (coll.) pilluelo, hijo de la miseria
guttiferous [gʌˈtɪfərəs] *adj* (bot.) gutífero
guttural [ˈgʌtərəl] *adj* gutural; (phonet.) gutural; *s* (phonet.) sonido gutural
guy [gaɪ] *s* viento, cable de retén; (coll.) tipo, sujeto, tío; (coll.) adefesio, mamarracho; (*cap.*) *s* Guido; (*l.c.*) *va* sujetar con vientos; (coll.) dar vaya a, burlarse de
guy wire *s* viento de alambre
guzzle [ˈgʌzəl] *va* beber con avidez y de modo grosero; *vn* ser muy bebedor
guzzler [ˈgʌzlər] *s* pellejo, borrachín
gym [dʒɪm] *s* (coll.) gimnasio
gymnasium [dʒɪmˈnezɪəm] *s* (*pl:* **-ums** o **-a** [ə]) gimnasio
gymnast [ˈdʒɪmnæst] *s* gimnasta
gymnastic [dʒɪmˈnæstɪk] *adj* gimnástico; **gymnastics** *spl* gimnástica o gimnasia
gymnosperm [ˈdʒɪmnəspʌrm] *s* (bot.) gimnosperma
gymnospermous [ˌdʒɪmnəˈspʌrməs] *adj* gimnospermo
gynaeceum [ˌdʒɪnɪˈsiəm] o [ˌdʒaɪnɪˈsiəm] *s* (*pl:* **-a** [ə]) (hist.) gineceo (*departamento de las mujeres*); (bot.) gineceo
gynaecology [ˌgaɪnəˈkɑlədʒɪ], [ˌdʒaɪnəˈkɑlədʒɪ] o [ˌdʒɪnəˈkɑlədʒɪ] *s* var. de **gynecology**
gynandrous [dʒaɪˈnændrəs] o [dʒɪˈnændrəs] *adj* (bot.) ginandro
gynecological [ˌgaɪnəkəˈlɑdʒɪkəl], [ˌdʒaɪnəkəˈlɑdʒɪkəl] o [ˌdʒɪnəkəˈlɑdʒɪkəl] *adj* ginecológico
gynecologist [ˌgaɪnəˈkɑlədʒɪst], [ˌdʒaɪnəˈkɑlədʒɪst] o [ˌdʒɪnəˈkɑlədʒɪst] *s* ginecólogo
gynecology [ˌgaɪnəˈkɑlədʒɪ], [ˌdʒaɪnəˈkɑlədʒɪ] o [ˌdʒɪnəˈkɑlədʒɪ] *s* ginecología
gyniatrics [ˌdʒaɪnɪˈætrɪks] o [ˌdʒɪnɪˈætrɪks] *ssg* giniatría
gynoecium [dʒaɪˈnisɪəm] o [dʒɪˈnisɪəm] *s* (*pl:* **-a** [ə]) (bot.) gineceo
gynophore [ˈdʒaɪnəfor] o [ˈdʒɪnəfor] *s* (bot.) ginóforo
gyp [dʒɪp] *s* (slang) estafa, timo; (slang) estafador, timador; (*pret & pp:* **gypped**; *ger:* **gypping**) *va* (slang) estafar, timar
gypsophila [dʒɪpˈsɑfɪlə] *s* (bot.) gipsófila
gypsum [ˈdʒɪpsəm] *s* yeso
gypsy [ˈdʒɪpsɪ] *adj* gitano; *s* (*pl:* **-sies**) gitano; (*cap.*) *s* gitano (*idioma*)
gypsyish [ˈdʒɪpsɪɪʃ] *adj* gitanesco
gypsyism [ˈdʒɪpsɪɪzəm] *s* gitanismo
gypsy moth *s* (ent.) lagarta
gyrate [ˈdʒaɪret] o [dʒaɪˈret] *vn* girar
gyration [dʒaɪˈreʃən] *s* giro, vuelta
gyratory [ˈdʒaɪrəˌtorɪ] *adj* giratorio
gyrfalcon [ˈdʒʌrˌfɔkən] o [ˈdʒʌrˌfɔlkən] *s* var. de **gerfalcon**
gyro [ˈdʒaɪro] *s* (*pl:* **-ros**) autogiro; girocompás; giroscopio
gyrocompass [ˈdʒaɪroˌkʌmpəs] *s* girocompás
gyrofin [ˈdʒaɪrəfɪn] *s* (naut.) giroaleta
gyrometer [dʒaɪˈrɑmɪtər] *s* girómetro
gyron [ˈdʒaɪrən] *s* (her.) jirón
gyropilot [ˈdʒaɪroˌpaɪlət] *s* (aer.) giropiloto
gyroplane [ˈdʒaɪroˌplen] *s* (aer.) giroplano, giravión
gyroscope [ˈdʒaɪrəskop] *s* giroscopio
gyroscopic [ˌdʒaɪrəˈskɑpɪk] *adj* giroscópico
gyrostabilizer [ˌdʒaɪroˈstebɪˌlaɪzər] *s* (aer. & naut.) giroestabilizador
gyrostat [ˈdʒaɪrəstæt] *s* giróstato
gyrostatic [ˌdʒaɪrəˈstætɪk] *adj* girostático; **gyrostatics** *ssg* girostática
gyve [dʒaɪv] *s* grillo; *va* encadenar con grillos

G

H

H, h [etʃ] *s* (*pl:* **H's, h's** ['etʃɪz]) octava letra del alfabeto inglés
h. abr. de **harbor, hard, height, high, hour** y **husband**
H. abr. de **harbor, hard, high** y **hour**
ha [hɑ] *interj* ¡ ha!; ¡ ja!
Hab. abr. de **Habakkuk**
Habakkuk [hə'bækək] o ['hæbəkʌk] *s* (Bib.) Habacuc
habeas corpus ['hebɪəs 'kɔrpəs] *s* (law) hábeas corpus
haberdasher ['hæbər,dæʃər] *s* camisero; mercero
haberdashery ['hæbər,dæʃərɪ] *s* (*pl:* **-ies**) camisería; mercería
habergeon ['hæbərdʒən] *s* cota de malla sin mangas; camisote
habiliment [hə'bɪlɪmənt] *s* ropa, vestido; **habiliments** *spl* prendas de vestir
habit ['hæbɪt] *s* hábito (*costumbre; inclinación adquirida por la repetición; vestido*); manera de crecer; amazona (*traje de mujer que sirve para montar a caballo*); **to be in the habit of** + *ger* acostumbrar + *inf; va* vestir
habitable ['hæbɪtəbəl] *adj* habitable
habitant ['hæbɪtənt] *s* habitante
habitat ['hæbɪtæt] *s* habitación (*morada, residencia*); ámbito natural; (biol.) habitación o habitat
habitation [,hæbɪ'teʃən] *s* habitación
habit-forming ['hæbɪt,fɔrmɪŋ] *adj* enviciador
habitual [hə'bɪtʃʊəl] *adj* habitual
habituate [hə'bɪtʃʊet] *va* habituar
habituation [hə,bɪtʃʊ'eʃən] *s* habituación
habitué [hə,bɪtʃʊ'e] o [hə,bɪtjʊ'e] *s* habituado (*parroquiano; aficionado*)
hachure [hə'ʃʊr] o ['hæʃʊr] *s* plumeado; [hə'ʃʊr] *va* plumear
hack [hæk] *s* corte, cuchillada, hachazo, mella, machetazo; herramienta de cuchilla; tos seca; coche de punto, coche de alquiler; caballo de alquiler; rocín; caballo de silla; escritor mercenario; *adj* alquiladizo; trillado, gastado; mercenario; *va* cortar, acuchillar, picar, mellar; **to hack apart** partir a hachazos; *vn* dar cuchilladas; toser con tos seca; ir a caballo
hackamore ['hækəmor] *s* cabezada, jáquima
hackberry ['hæk,bɛrɪ] *s* (*pl:* **-ries**) (bot.) almez, ramón; almeza (*fruto*)
hackle ['hækəl] *s* rastrillo; pluma del pescuezo (*de ciertas aves*); mosca artificial para pescar; **hackles** *spl* cerdas eréctiles del pescuezo y lomo del perro; *va* rastrillar; cortar toscamente, machetear, estropear a cuchilladas o a hachazos
hackman ['hækmən] *s* (*pl:* **-men**) cochero de punto
hackmatack ['hækmə,tæk] *s* (bot.) alerce americano (*Larix laricina*)
hackney ['hæknɪ] *s* caballo de silla; coche de alquiler; *adj* alquilado, de alquiler; *va* gastar, usar con exceso
hackneyed ['hæknɪd] *adj* gastado, muy usado, trillado
hacksaw ['hæk,sɔ] *s* sierra de armero, sierra de cortar metales
had [hæd] *pret & pp de* **have**
haddock ['hædək] *s* ((ichth.) eglefino (*pez parecido a la merluza*)
Hades ['hediz] *s* (myth. & Bib.) Hades; (*l.c.*) *s* (coll.) infierno
hadn't ['hædənt] contracción de **had not**
Hadrian ['hedrɪən] *s* Adriano
haematic [hi'mætɪk] *adj* var. de **hematic**
haematin ['hɛmətɪn] o ['himətɪn] *s* var. de **hematin**
haematite ['hɛmətaɪt] o ['himətaɪt] *s* var. de **hematite**
haematocele ['hɛməto,sil] o ['himəto,sil] *s* var. de **hematocele**
haematoma [,himə'tomə] o [,hɛmə'tomə] *s* var. de **hematoma**
haematopoiesis [,hɛmətopɔɪ'isɪs] o [,himətopɔɪ'isɪs] *s* var. de **hematopoiesis**
haematosis [,himə'tosɪs] o [,hɛmə'tosɪs] *s* var. de **hematosis**
haematoxylin [,himə'tɑksɪlɪn] o [,hɛmə'tɑksɪlɪn] *s* var de **hematoxylin**
haemin ['himɪn] *s* var. de **hemin**
haemocyanin [,himo'saɪənɪn] o [,hɛmo'saɪənɪn] *s* var. de **hemocyanin**
haemoglobin [,himo'globɪn] o [,hɛmo'globɪn] *s* var. de **hemoglobin**
haemoleucocyte [,himə'lukəsaɪt] o [,hɛmə'lukəsaɪt] *s* var. de **hemoleucocyte**
haemolysin [,himə'laɪsɪn], [,hɛmə'laɪsɪn] o [hɪ'mɑlɪsɪn] *s* var. de **hemolysin**
haemolysis [hɪ'mɑlɪsɪs] *s* var. de **hemolysis**
haemophilia [,himə'fɪlɪə] o [,hɛmə'fɪlɪə] *s* var. de **hemophilia**
haemophiliac [,himə'fɪlɪæk] o [,hɛmə'fɪlɪæk] *s* var. de **hemophiliac**
haemophilic [,himə'fɪlɪk] o [,hɛmə'fɪlɪk] *adj* var. de **hemophilic**
haemorrhage ['hɛmərɪdʒ] *s* var. de **hemorrhage**
haemorrhoids ['hɛmərɔɪdz] *spl* var. de **hemorrhoids**
haemostat ['himəstæt] o ['hɛməstæt] *s* var. de **hemostat**
haemostatic [,himə'stætɪk] o [,hɛmə'stætɪk] *adj & s* var. de **hemostatic**
hafnium ['hæfnɪəm] *s* (chem.) hafnio
haft [hæft] o [hɑft] *s* mango, puño; *va* poner mango o puño a
Hag. abr. de **Haggai**
hag [hæg] *s* tarasca (*mujer fea y desenvuelta*); bruja
hagfish ['hæg,fɪʃ] *s* (ichth.) lamprea glutinosa
Haggai ['hægeaɪ] *s* (Bib.) Ageo
haggard ['hægərd] *adj* macilento, ojeroso, agobiado de inquietud; zahareño (*halcón*)
haggis ['hægɪs] *s* manjar escocés hecho con el estómago de carnero relleno del menudo de este animal mezclado con harina de avena
haggle ['hægəl] *s* regateo; *va* tajar toscamente, machetear; *vn* regatear; altercar, cavilar
hagiographer [,hægɪ'ɑgrəfər] o [,hedʒɪ'ɑgrəfər] *s* hagiógrafo
hagiographic [,hægɪə'græfɪk] o [,hedʒɪə'græfɪk] o **hagiographical** [,hægɪə'græfɪkəl] o [,hedʒɪə'græfɪkəl] *adj* hagiográfico
hagiography [,hægɪ'ɑgrəfɪ] o [,hedʒɪ'ɑgrəfɪ] *s* (*pl:* **-phies**) hagiografía
hagiology [,hægɪ'ɑlədʒɪ] o [,hedʒɪ'ɑlədʒɪ] *s* (*pl:* **-gies**) hagiología; santoral (*lista de los santos*)
hagridden ['hæg,rɪdən] *adj* atormentado, vejado
Hague, The [heg] La Haya
Hague Court *s* Tribunal internacional de La Haya
hah [hɑ] *interj* var. de **ha**
hail [hel] *s* saludo; viva, aplauso; llamada; granizo; **within hail** al alcance del oído; (naut.) al habla; *interj* ¡salud!, ¡salve!; **hail to . . .** ! ¡viva . . . !; *va* saludar; dar vivas a, acoger con vivas; aclamar; llamar; granizar (*p.ej., golpes*); (naut.) ponerse al habla con; *vn* granizar; **to hail from** venir de, ser oriundo de
hail fellow well met *adj* muy afable y simpático; *s* hombre muy afable y simpático
Hail Mary *s* avemaría
hailstone ['hel,ston] *s* piedra de granizo
hailstorm ['hel,stɔrm] *s* granizada; (fig.) granizada

hair [hɛr] *s* pelo; cabello; vello (*pelo corto y suave*); cerda (*pelo grueso y duro*); filamento; **to a hair** con la mayor exactitud; **to make one's hair stand on end** ponerle a uno los pelos de punta; **to not turn a hair** no inmutarse, quedarse tan fresco; **to split hairs** andar en quisquillas, pararse en pelillos; *adj* de pelo; para el cabello
hairbreadth [ˈhɛr,brɛdθ] *s* ancho de un pelo, casi nada; **to escape by a hairbreadth** librarse por un pelo, librarse milagrosamente
hairbrush [ˈhɛr,brʌʃ] *s* cepillo de cabeza
haircloth [ˈhɛr,klɔθ] o [ˈhɛr,klɑθ] *s* cilicio, tela de crin
hair curler *s* rizador, tenacillas, tenazas de rizar
haircut [ˈhɛr,kʌt] *s* corte de cabello, corte de pelo; **to get a haircut** cortarse el cabello o el pelo
hairdo [ˈhɛr,du] *s* (*pl:* **-dos**) peinado, tocado
hairdresser [ˈhɛr,drɛsər] *s* peinador, peluquero
hair dye *s* tinte para el pelo
hairless [ˈhɛrlɪs] *adj* pelón, calvo, sin pelo
hairline [ˈhɛr,laɪn] *s* rayita; estría filiforme
hair net *s* redecilla
hairpin [ˈhɛr,pɪn] *s* horquilla
hairpin bend *s* curva de retorno, viraje cerrado, curva de horquilla
hair-raising [ˈhɛr,rezɪŋ] *adj* (coll.) espeluznante, horripilante
hair restorer *s* crecepelo
hair ribbon *s* cinta para el cabello
hair's-breadth o **hairsbreadth** [ˈhɛrz,brɛdθ] *s* var. de **hairbreadth**
hair set *s* fijapeinados
hair shirt *s* cilicio
hair space *s* (print.) espacio de pelo
hairsplitter [ˈhɛr,splɪtər] *s* sutilizador, persona quisquillosa
hairsplitting [ˈhɛr,splɪtɪŋ] *adj* quisquilloso; *s* quisquillas
hairspring [ˈhɛr,sprɪŋ] *s* (horol.) espiral, pelo
hair tonic *s* vigorizador del cabello, tónico para el cabello
hair trigger *s* pelo (*de un arma de fuego*)
hairy [ˈhɛrɪ] *adj* (*comp:* **-ier;** *super:* **-iest**) peloso, peludo, cabelludo; velloso, hirsuto
Haiti [ˈhetɪ] *s* Haití
Haitian [ˈhetɪən] o [ˈheʃən] *adj & s* haitiano
hake [hek] *s* (ichth.) merluza; (ichth.) fice
halazone [ˈhæləzon] *s* (pharm.) halazona
halberd [ˈhælbərd] *s* alabarda
halberdier [,hælbərˈdɪr] *s* alabardero
halbert [ˈhælbərt] *s* var. de **halberd**
halcyon [ˈhælsɪən] *s* (myth. & orn.) alción; *adj* apacible, tranquilo
halcyon days *spl* (meteor. & myth.) alcióneos; (fig.) días tranquilos, época de paz
hale [hel] *adj* sano, fuerte, robusto; **hale and hearty** sano y fuerte; *va* arrastrar, llevar a la fuerza
half [hæf] o [hɑf] *adj* medio; a medias, p.ej., **half owner** dueño a medias; **a half** medio, p.ej., **a half pound** media libra; **half a** medio, p.ej., **half an apple** media manzana; **half the** la mitad de, p.ej., **half the money** la mitad del dinero; *adv* medio, p.ej., **half asleep** medio dormido; a medio, p.ej., **half finished** a medio acabar; a medias, p.ej., **only half done** hecho solamente a medias; **not half as good as** ni la mitad de bueno que; **not half as much money as** ni la mitad del dinero que; **not half bad** bastante bueno; **half after** o **half past** y media, p.ej., **half after two** o **half past two** las dos y media; **half . . . half** medio . . . medio; *s* (*pl:* **halves**) mitad; (arith.) medio; **by half** con mucho; **by halves** a medias; **in half** por la mitad; **to go halves (with)** ir a medias (con)
half-and-half [ˈhæfəndˈhæf] o [ˈhɑfəndˈhɑf] *adj* mitad y mitad; indeterminado; *adv* a medias, p.ej., **money acquired half-and-half by two persons** dinero adquirido a medias por dos personas; *s* mezcla de leche y crema; mezcla de dos cervezas inglesas
halfback [ˈhæf,bæk] o [ˈhɑf,bæk] *s* (football) medio
half-baked [ˈhæf,bekt] o [ˈhɑf,bekt] *adj* a medio cocer; incompleto, a medio formular; inexperto, poco juicioso
half binding *s* (b.b.) media pasta, encuadernación a la holandesa
half blood *s* parentesco entre hermanos de padre o de madre
half-blood [ˈhæf,blʌd] o [ˈhɑf,blʌd] *s* mestizo; medio hermano o media hermana
half-blooded [ˈhæf,blʌdɪd] o [ˈhɑf,blʌdɪd] *adj* que tiene solamente el mismo padre o la misma madre; mestizo
half boot *s* bota de media caña
half-bound [ˈhæf,baʊnd] o [ˈhɑf,baʊnd] *adj* (b.b.) a la holandesa
half-breed [ˈhæf,brid] o [ˈhɑf,brid] *s* mestizo
half brother *s* medio hermano
half-caste [ˈhæf,kæst] o [ˈhɑf,kɑst] *s* mestizo; mestizo de sangre europea y asiática
half cock *s* posición de medio amartillado; **to go off at half cock** (coll.) hablar u obrar precipitadamente
half-cocked [ˈhæfˈkɑkt] o [ˈhɑfˈkɑkt] *adj* medio amartillado; *adv* (coll.) precipitadamente, sin preparación
half crown *s* (Brit.) moneda de plata de dos chelines y medio
half dollar *s* medio dólar
half door *s* compuerta, media puerta
half dozen *s* media docena
half eagle *s* (U.S.A.) moneda de oro de cinco dólares
half fare *s* medio billete
half-full [ˈhæfˈfʊl] o [ˈhɑfˈfʊl] *adj* mediado
half-hearted [ˈhæf,hɑrtɪd] o [ˈhɑf,hɑrtɪd] *adj* frío, indiferente, sin ánimo; débil
half hitch *s* media llave
half holiday *s* mañana o tarde de asueto
half hose *spl* calcetines
half-hour [ˈhæfˈaʊr] o [ˈhɑfˈaʊr] *s* media hora; **on the half-hour** a la media en punto, cada media hora; *adj* de media hora
half leather *s* var. de **half binding**
half-length [ˈhæfˈlɛŋθ] o [ˈhɑfˈlɛŋθ] *adj* de medio cuerpo
half life *s* (phys.) vida media, período medio (*de una substancia radiactiva*)
half light *s* media luz
half-mast [ˈhæfˈmæst] o [ˈhɑfˈmɑst] *s* media asta; **at half-mast** a media asta
half moon *s* media luna
half mourning *s* medio luto
half nelson [ˈnɛlsən] *s* (sport) presa empleada en la lucha a brazo partido, que consiste en pasar el brazo por debajo del sobaco del contrario, elevando después la mano para agarrarle por el cogote
half note *s* (mus.) nota blanca
half pay *s* media paga; medio sueldo
halfpence [ˈhepəns] *spl* medios peniques
halfpenny [ˈhepənɪ] o [ˈhepnɪ] *s* (*pl:* **-pence** o **-pennies**) medio penique; *adj* de medio penique; insignificante, de muy poco valor
half pint *s* media pinta (*medida*); (slang) gorgojo, mirmidón
half round *s* medio bocel
half-round [ˈhæfˈraʊnd] o [ˈhɑfˈraʊnd] *adj* semicircular, de forma semicircular
half-round file *s* mediacaña, lima de mediacaña
half-seas over [ˈhæf,siz] o [ˈhɑf,siz] *adj* (slang) entre dos velas, medio borracho
half shell *s* concha (*cada una de las dos partes del caparazón de los moluscos bivalvos*); **on the half shell** en su concha (*dícese de las ostras*); en una concha (*dícese de otros alimentos servidos así*)
half-silk [ˈhæf,sɪlk] o [ˈhɑf,sɪlk] *adj* de media seda
half sister *s* media hermana
half sole *s* media suela
half-sole [ˈhæf,sol] o [ˈhɑf,sol] *va* poner media suela a
half sovereign *s* (Brit.) moneda de oro de diez chelines
half-staff [ˈhæfˈstæf] o [ˈhɑfˈstɑf] *s* media asta; **at half-staff** a media asta
half step *s* (mus.) semitono
half tide *s* (naut.) media marea
half-timbered [ˈhæf,tɪmbərd] o [ˈhɑf,tɪmbərd] *adj* entramado, de pared entramada
half title *s* (print.) portadilla, anteportada, falsa portada

half tone *s* (mus.) semitono
half-tone [ˈhæf,ton] o [ˈhɑf,ton] *s* fotograbado; (paint. & phot.) media tinta
half-tone screen *s* retícula, trama
half-track [ˈhæf,træk] o [ˈhɑf,træk] *s* semitractor, media oruga
half-truth [ˈhæf,truθ] o [ˈhɑf,truθ] *s* (*pl:* **-truths** [,trʊðz] o [,truθs]) reticencia, verdad a medias
half-wave [ˈhæf,wev] o [ˈhɑf,wev] *adj* (elec.) de media onda
halfway [ˈhæf,we] o [ˈhɑf,we] *adj* a medio camino, situado a mitad del camino; hecho a medias, incompleto, insuficiente; **halfway between** a medio camino entre, a mitad de la distancia entre, equidistante de; *adv* a medio camino; **to meet halfway** partir el camino con; partir la diferencia con; hacer concesiones a; hacer concesiones mutuas; **halfway through** a la mitad de
half-wit [ˈhæf,wɪt] o [ˈhɑf,wɪt] *s* imbécil; necio, tonto
half-witted [ˈhæf,wɪtɪd] o [ˈhɑf,wɪtɪd] *adj* imbécil; necio, tonto
half-yearly [,hæfˈjɪrlɪ] o [,hɑfˈjɪrlɪ] *adj* semestral; *adv* semestralmente
halibut [ˈhælɪbət] *s* (ichth.) halibut, hipogloso
Halicarnassus [,hælɪkɑrˈnæsəs] *s* Halicarnaso
halide [ˈhælaɪd] o [ˈhelaɪd] *adj* haloideo; *s* (chem.) haluro
halidom [ˈhælɪdəm] o **halidome** [ˈhælɪdom] *s* (archaic) lugar santo, santuario; (archaic) reliquia
Haligonian [,hælɪˈgonɪən] *adj* perteneciente a Halifax; *s* natural o habitante de Halifax
halite [ˈhælaɪt] o [ˈhelaɪt] *s* (mineral.) halita (*sal gema*)
halitosis [,hælɪˈtosɪs] *s* halitosis
halitus [ˈhælɪtəs] *s* hálito
hall [hɔl] *s* pasillo, corredor; vestíbulo, zaguán; sala o salón (*p.ej., de conferencias*); paraninfo (*de una universidad*); edificio (*de una universidad*); (Brit.) casa señorial
halleluiah o **hallelujah** [,hælɪˈlujə] *s* aleluya; *interj* ¡ aleluya!
halliard [ˈhæljərd] *s* var. de **halyard**
hallmark [ˈhɔl,mɑrk] *s* marca del contraste; (fig.) sello (*distintivo*)
hallo [həˈlo] *s* (*pl:* **-los**) grito, llamada, grito de sorpresa; *interj* ¡ hola!; *vn* gritar
halloa [həˈlo] *s, interj & vn* var. de **hallo**
Hall of Fame *s* galería de la Fama (*galería en Nueva York que encierra bustos y placas conmemorativas de personajes célebres en la historia y la vida norteamericanas*)
halloo [həˈlu] *s* (*pl:* **-loos**) grita; llamada; *interj* ¡ hola!; (hunt.) ¡ sus!, ¡ busca!; *vn* gritar
hallow [həˈlo] *s* grita; llamada; *interj* ¡ hola!; (hunt.) ¡ sus!, ¡ busca!; *vn* gritar; [ˈhælo] *va* santificar (*hacer santo; honrar como santo*)
hallowed [ˈhælod] *adj* sagrado, santo; [ˈhæləwɪd] *adj* santificado
Halloween o **Hallowe'en** [,hæloˈin] *s* víspera de Todos los Santos
Hallowmas [ˈhæloməs] *s* (archaic) día de Todos los Santos
hallucinate [həˈlusɪnet] *va* alucinar
hallucination [hə,lusɪˈneʃən] *s* alucinación
hallway [ˈhɔl,we] *s* pasillo, corredor; vestíbulo, zaguán
halo [ˈhelo] *s* (*pl:* **-los** o **-loes**) (meteor.) halo; (f.a. & fig.) halo, aureola; *va* aureolar
halogen [ˈhælodʒən] *s* (chem.) halógeno
halogenation [,hælədʒɪˈneʃən] *s* halogenación
haloid [ˈhælɔɪd] o [ˈhelɔɪd] *adj & s* (chem.) haloideo
halophilous [həˈlɑfɪləs] *adj* (bot.) halófilo
halophyte [ˈhæləfaɪt] s (bot.) halófita
halophytic [,hæləˈfɪtɪk] *adj* (bot.) halófito
halt [hɔlt] *adj* (archaic) cojo, renco; *s* alto, parada; (archaic) cojera; **to call a halt** mandar hacer alto; **to call a halt to** atajar; **to come to a halt** pararse, interrumpirse; *va* detener, parar; *vn* hacer alto, parar; vacilar; tartamudear; (archaic) cojear, renquear
halter [ˈhɔltər] *s* cabestro, ronzal; dogal, cuerda de ahorcar; muerte en la horca; (*pl:* **halteres** [hælˈtɪriz]) balancín o halterio (*de insecto*); *va* cabestrar
halting [ˈhɔltɪŋ] *adj* cojo, renco; vacilante; imperfecto
halve [hæv] o [hɑv] *va* partir por la mitad, partir en dos; reducir por la mitad
halyard [ˈhæljərd] *s* (naut.) driza
ham [hæm] *s* pernil del cerdo; jamón (*pernil del cerdo curado*); (anat.) corva; (slang) comicastro; (slang) aficionado (*p.ej., a la radio*); **hams** *spl* nalgas
hamadryad [,hæməˈdraɪæd] *s* (myth.) hamadríada
hamamelidaceous [,hæmə,milɪˈdeʃəs] *adj* (bot.) hamamelidáceo
Haman [ˈhemən] *s* (Bib.) Amán
ham and eggs *spl* huevos con jamón
Hamburg [ˈhæmbʌrg] *s* Hamburgo
hamburger [ˈhæmbʌrgər] *s* albondigón, carne de vaca picada y frita; hamburguesa (*bocadillo o emparedado de carne de vaca picada y frita*)
Hamburg steak *s* albondigón, carne de vaca picada y frita en forma de tortilla
hames [hemz] *spl* horcate (*arreo*)
Hamilcar [həˈmɪlkɑr] *s* Amílcar
Hamite [ˈhæmaɪt] *s* camita, hamita
Hamitic [hæˈmɪtɪk] *adj* camítico
hamlet [ˈhæmlɪt] *s* aldehuela, caserío
hammer [ˈhæmər] *s* martillo; (anat.) martillo; macillo o martinete (*del piano*); **to come** o **to go under the hammer** venderse en subasta; *va* martillar; clavar (*con martillo*); hacer penetrar a martillazos; (coll.) apalear, regañar; **to hammer out** sacar a martillazos; forjar, formar a martillazos; elaborar trabajosamente; sacar en limpio a fuerza de mucho pensar o hablar; *vn* martillar; **to hammer at** trabajar asiduamente en, dedicarse con ahinco a; **to hammer away** trabajar asiduamente; **to hammer away on the same old subject** estar siempre con la misma canción
hammer and sickle, the la hoz y el martillo
hammer and tongs *adv* con violencia, con todas sus fuerzas
hammerhead [ˈhæmər,hɛd] *s* (ichth.) cornudilla, pez martillo
hammerless [ˈhæmərlɪs] *adj* sin martillo; de gatillo interior
hammer lock *s* (sport) presa empleada en la lucha a brazo partido, que consiste en torcer el brazo del contrario y doblarlo detrás de su espalda
hammer mill *s* machacadora de martillos
hammock [ˈhæmək] *s* hamaca; (naut.) coy
hamper [ˈhæmpər] *s* cesto grande (*generalmente con tapa*); *va* estorbar, embarazar, impedir
hamster [ˈhæmstər] *s* (zool.) hámster, marmota de Alemania, rata del trigo
hamstring [ˈhæm,strɪŋ] *s* (anat.) tendón de la corva; (*pret & pp:* **-strung**) *va* desjarretar; (fig.) estropear, incapacitar
hand [hænd] *s* mano; obrero, peón; carácter de letra, escritura, puño y letra; firma; perito; salva de aplausos; palmo menor; mano o manecilla (*de reloj*); mano (*lance entero en un juego*); juego (*conjunto de naipes en la mano*); jugador; fuente (*de una noticia*); manojo (*de tabaco*); **all hands** (naut.) toda la tripulación; (coll.) todos; **at first hand** de primera mano; de buena tinta, directamente; **at hand** a la mano (*cerca*); disponible; **by hand** a mano; **by the hand** de la mano; **in hand** en sujeción, dominado; entre manos; de contado; marchando bien; **in his own hand** de su propio puño; **in one's hands** en manos de uno; **off one's hands** desechado, despachado; **on hand** a la mano, entre manos (*cerca*); disponible; en existencia; listo; **on one's hands** en mano de uno, entre manos; **on the one hand** por una parte; **on the other hand** por otra parte; **out of hand** en seguida, luego; desbocado, desmandado; terminado; **to be at hand** obrar en mi (nuestro) poder (*una carta*); **to bear a hand** dar la mano, prestar ayuda; **to change hands** mudar de manos; **to clap hands** batir palmas; **to eat out of one's hand** aceptar dócilmente la autoridad de uno, entregarse a la voluntad de uno; **to fall into the hands of** caer en manos de; **to force one's hand** obligar a uno a hacer

lo que no quiere hacer, obligar a uno a poner de manifiesto sus intenciones; **to get one's hands on** lograr echar la garra a; **to hand** a mano; en poder de uno; **to have a hand in** tomar parte en, jugar en; **to have one's hands full** estar ocupadísimo; **to hold hands** tomarse de las manos; **to hold up one's hands** alzar las manos (*p.ej., en señal de rendición*); **to hold up the hands of** apoyar, sostener; **to join hands** darse las manos; casarse; **to keep one's hands in** seguir teniendo práctica; mantener su interés en; **to keep one's hands off** no tocar, no meterse en; **to lay hands on** tomar, coger; prender; conseguir; tener al alcance de la mano; (eccl.) imponer las manos; **to lend a hand** dar la mano, prestar ayuda; **to live from hand to mouth** vivir al día, vivir de la mano a la boca; **to not do a hand's turn** ser incapaz de mover un brazo; **to not lift a hand** no levantar paja del suelo; **to play into the hands of** hacer el caldo gordo a; **to shake hands** estrecharse la mano; **to show one's hand** descubrir su juego (*p.ej., en los naipes*); (fig.) descubrir su juego; **to take in hand** hacerse cargo de; dominar; tratar, estudiar (*una cuestión*); ensayar; **to take off one's hands** quitarle a uno de encima (*p.ej., un problema*); **to try one's hand** probar la mano; **to turn one's hand to** dedicarse a, ocuparse en; **to wash one's hands of** lavarse las manos de; **under my hand** de mi puño y letra, con mi firma, bajo mi firma; **under the hand and seal of** firmado y sellado por; **hand and glove** o **hand in glove** uña y carne; **hand in hand** de las manos, asidos de la mano; juntos; **hands up!** ¡arriba las manos!; **hand to hand** cuerpo a cuerpo ‖ *adj* de mano; manual ‖ *va* dar, pasar, entregar; poner en manos de; conducir por la mano; **to hand down** pasar de arriba abajo; transmitir; **to hand in** entregar; **to hand on** pasar a otro, transmitir; **to hand out** dar, repartir; **to hand over** entregar; **to hand up** pasar de abajo arriba

handbag ['hænd,bæg] *s* bolso de mano, faltriquera; maletilla

hand baggage *s* equipaje de mano

handball ['hænd,bɔl] *s* pelota; juego de pelota (*estilo norteamericano*)

handbarrow ['hænd,bæro] *s* parihuelas; carretilla de mano

handbill ['hænd,bɪl] *s* hoja volante (*que se entrega en manos de los transeúntes*)

handbook ['hænd,bʊk] *s* manual; guía (*de turistas*); registro para apuestas; sitio donde se hacen las apuestas

hand brake *s* freno de mano

handbreadth ['hænd,brɛdθ] *s* ancho de la mano

handcar ['hænd,kɑr] *s* (rail.) carrito de mano

handcart ['hænd,kɑrt] *s* carretilla de mano

hand control *s* mando a mano

handcuff ['hænd,kʌf] *s* manilla; **handcuffs** *spl* esposas; *va* poner manilla a, poner esposas a

handful ['hændfʊl] *s* puñado; (fig.) puñado (*corta cantidad*); (coll.) persona o cosa difícil de dominar

hand glass *s* espejo de mano; lente para leer; campana de vidrio (*que sirve de protección a una planta*)

hand grenade *s* granada de mano; granada extintora de mano

handhold ['hænd,hold] *s* asidero

handicap ['hændɪkæp] *s* desventaja, impedimento, obstáculo; (sport) carrera con caballos de peso igualado; (sport) carrera, lucha o torneo en que se dan ciertas ventajas a los menos aventajados; (sport) ventaja que se da o impedimento que se impone; (*pret & pp:* **-capped;** *ger:* **-capping**) *va* estorbar, poner trabas a; (sport) imponer impedimento a

handicraft ['hændɪkræft] o ['hændɪkrɑft] *s* destreza manual; arte mecánica

handicraftsman ['hændɪ,kræftsmən] o ['hændɪ,krɑftsmən] *s* (*pl:* **-men**) artesano

handily ['hændɪlɪ] *adv* diestramente; fácilmente

handiwork ['hændɪ,wʌrk] *s* obra manual; obra de las manos de uno; trabajo, producción

handkerchief ['hæŋkərtʃɪf] *s* pañuelo

handle ['hændəl] *s* asa (*de cesta, vasija, etc.*); mango (*de azadón, pala, etc.*); puño (*de bastón, paraguas, espada, etc.*); tirador (*de cajón, puerta, etc.*); manubrio (*p.ej., de organillo*); guimbalete (*de bomba de agua*); (fig.) asidero (*ocasión, pretexto*); **handles** *spl* (coll.) perejiles (*títulos o signos de dignidad*); **to fly off the handle** (slang) salirse de sus casillas, perder los estribos; *va* tocar, manosear; manejar, manipular; dirigir, gobernar, mandar; tratar; comerciar en; *vn* manejarse (*bien o mal*)

handle bar *s* manillar, guía (*de bicicleta*)

handler ['hændlər] *s* tratante; (box.) entrenador

handless ['hændlɪs] *adj* manco, sin mano

handmade ['hænd,med] *adj* hecho a mano

handmaid ['hænd,med] o **handmaiden** ['hænd,medən] *s* criada; asistenta

hand-me-down ['hændmi,daʊn] *adj* (slang) hecho de antemano; (slang) de segunda mano, barato; (slang) poco elegante, de poco gusto; *s* (slang) prenda de vestir de segunda mano

hand organ *s* organillo

handout ['hænd,aʊt] *s* (slang) comida que se da a un mendigo

hand-picked ['hænd,pɪkt] *adj* escogido a mano; escogido escrupulosamente; escogido con motivos ocultos

handrail ['hænd,rel] *s* barandilla, pasamano

handsaw ['hænd,sɔ] *s* serrucho, sierra de mano

hand's-breadth ['hændz,brɛdθ] *s* var. de **handbreadth**

handsel ['hændsəl] o ['hænsəl] *s* estrena; aguinaldo; primera paga (*de dinero*); cantidad de dinero cobrado por un tendero por la mañana; dinero cobrado por un tendero al poner una tienda nueva; indicio anticipado, goce anticipado; (*pret & pp:* **-seled** o **-selled;** *ger:* **-seling** o **-selling**) *va* dar estrena a; estrenar, inaugurar; probar (*una cosa*) antes que otro, ser el primero en probar o en tener conocimiento de

handset ['hænd,sɛt] *s* (telp.) microteléfono (*aparato con el micrófono y el auricular dispuestos a cada extremo de un mango de ebonita*)

handshake ['hænd,ʃek] *s* apretón de manos

handsome ['hænsəm] *adj* hermoso, guapo, buen mozo; liberal, considerable; donairoso, elegante

handspike ['hænd,spaɪk] *s* palanca, barra (*p.ej., del cabrestante*)

handspring ['hænd,sprɪŋ] *s* voltereta sobre las manos

hand-to-hand ['hændtʊ,hænd] *adj* cuerpo a cuerpo; de mano en mano

hand-to-mouth ['hændtʊ,maʊθ] *adj* precario, inseguro; impróvido

hand-tooled ['hænd'tuld] *adj* labrado a mano

handwork ['hænd,wʌrk] *s* obra hecha a mano, trabajo a mano

hand-wrestle ['hænd,rɛsəl] *vn* pulsear

handwriting ['hænd,raɪtɪŋ] *s* escritura; letra (*forma de letra que cada uno tiene*)

handy ['hændɪ] *adj* (*comp:* **-ier;** *super:* **-iest**) a la mano, próximo; diestro, hábil; útil; **to come in handy** venir a pelo

handy man *s* factótum, dije

hang [hæŋ] *s* caída (*p.ej., de un vestido, una cortina*); pausa; declive; tino (*destreza, acierto*); significado (*de un argumento*); **I don't care a hang** no me importa un ardite; **to get the hang of it** coger el tino ‖ (*pret & pp:* **hung**) *va* colgar; fijar (*p.ej., un letrero*); tender (*la ropa mojada para que se seque*); pegar (*el papel en una pared*); bajar, inclinar (*la cabeza, por vergüenza*); (law) hacer imposible el fallo de (*un jurado*) singularizándose en opinión contraria; **to hang out** colgar fuera; desplegar (*p.ej., una bandera por una ventana*); tender (*la ropa mojada para que se seque*); **to hang up** colgar (*p.ej., el sombrero*); estorbar, impedir los progresos de; **hang it!** ¡caramba! ‖ *vn* colgar, pender; estar fijado; inclinarse; agarrarse, estar agarrado; vacilar, estar indeciso; **to hang around** andar haraganeando, esperar sin hacer nada; rondar, no alejarse de; **to hang back** resistirse a pasar adelante; vacilar, estar indeciso; **to hang down** colgar, estar pendiente; **to hang from** colgar de (*p.ej., un clavo*); **to hang on** colgar de (*p.ej., un clavo*); depender de; estar pendiente de (*las palabras de una persona*); agarrarse; insistir, persistir, estar en sus trece; estar sin acabar de morir; **to hang on to** agarrarse a, estar agarrado a; no querer soltar, no querer deshacerse de; **to hang out** asomarse demasiado; asomarse a (*una ventana*) echando fuera el busto; (slang) alojarse, vivir; **to hang over** cernerse sobre (*amenazar*); (coll.) persistir (*como efecto de un estado anterior*); **to hang together** permanecer unidos, mantenerse unidos; tener cohesión; **to hang up** (telp.) colgar ‖ (*pret & pp:* **hanged** o **hung**) *va* ahorcar; *vn* ahorcarse

hangar [ˈhæŋər] o [ˈhæŋɡɑr] *s* cobertizo; (aer.) hangar

hangbird [ˈhæŋˌbʌrd] *s* (orn.) pájaro de nido colgante; (orn.) cacique veranero

hangdog [ˈhæŋˌdɔɡ] o [ˈhæŋˌdɑɡ] *adj* avergonzado; rastrero, vil

hanger [ˈhæŋər] *s* colgador, suspensión, brazo o hierro suspensor; colgadero; anillo de suspensión; (aut.) soporte colgante

hanger-on [ˈhæŋərˈɑn] o [ˈhæŋərˈɔn] *s* (*pl:* **hangers-on**) secuaz, protegido; pegote; habituado, concurrente

hanging [ˈhæŋɪŋ] *adj* colgante, pendiente, suspendido; de suspensión; digno de la horca; *s* ahorcadura, muerte en la horca; **hangings** *spl* colgaduras

hanging scaffold *s* andamio volante, puente volante, puente suspendido

hangman [ˈhæŋmən] *s* (*pl:* **-men**) verdugo

hangnail [ˈhæŋˌnel] *s* respigón, padrastro (*de las uñas*)

hangout [ˈhæŋˌaʊt] *s* (slang) guarida, nidal, querencia

hangover [ˈhæŋˌovər] *s* efecto persistente de circunstancias anteriores; (slang) resaca (*malestar que se siente al acabar de dormir la mona*)

hank [hæŋk] *s* madeja (*de hilo, de pelo*); (naut.) anillo

hanker [ˈhæŋkər] *vn* sentir anhelo; **to hanker after** o **for** sentir anhelo por

hankering [ˈhæŋkərɪŋ] *s* anhelo; **to have a hankering for** sentir anhelo por

hanky-panky [ˈhæŋkɪˈpæŋkɪ] *s* (coll.) superchería; (coll.) prestidigitación

Hannibal [ˈhænɪbəl] *s* Aníbal

Hanoverian [ˌhænoˈvɪrɪən] *adj & s* hanoveriano

hanse [hæns] *s* ansa (*gremio mercantil medieval*)

Hanseatic [ˌhænsɪˈætɪk] *adj* anseático

Hanseatic League *s* Liga anseática

hansel [ˈhænsəl] *s* var. de **handsel;** (*pret & pp:* **-seled** o **-selled;** *ger:* **-seling** o **-selling**) *va* var. de **handsel**

hansom [ˈhænsəm] *s* cab (*cabriolé de dos ruedas con pescante elevado por detrás*)

hap [hæp] *s* (archaic) destino, suerte; (archaic) acaso, lance; (*pret & pp:* **happed;** *ger:* **happing**) *vn* (archaic) acontecer

haphazard [ˌhæpˈhæzərd] *adj* casual, descuidado, impensado; *adv* al acaso, al azar, a la ventura; [ˈhæpˌhæzərd] *s* casualidad, accidente

hapless [ˈhæplɪs] *adj* desgraciado, desventurado

haploid [ˈhæplɔɪd] *adj & s* (biol.) haploide

haplology [hæpˈlɑlədʒɪ] *s* (philol.) haplología

haply [ˈhæplɪ] *adv* por casualidad

happen [ˈhæpən] *vn* acontecer, suceder, ocurrir; resultar, p.ej., **it happened as we planned it** resultó tal como lo habíamos proyectado; pasar, p.ej., **what happened?** ¿qué pasó?; **don't let anything happen to you** que no le pase nada; dar la casualidad, p.ej., **it happens that I do not like that fellow** da la casualidad de que a mí no me gusta ese tipo; **no matter what happens** suceda lo que suceda; **to happen to** hacerse de, p.ej., **what happened to my hat?** ¿qué se ha hecho de mi sombrero?; a diferencia de los verbos acontecer, suceder, ocurrir, etc., el verbo **happen** se puede emplear en las primeras y segundas personas; **to happen in** entrar por casualidad; **to happen on** o **upon** acertar con, encontrarse con; **to happen to** + *inf* por casualidad, p.ej., **I happened to be there** me encontraba allí por casualidad; **I happened to see your name in the paper** ví por casualidad su nombre en el periódico; suceder que + *ind,* p.ej., **you happened to fall asleep** sucedió que Vd. se quedó dormido; resultar que + *ind,* p.ej., **I happen to know it** resulta que lo sé; el caso es que + *ind,* p.ej., **I don't happen to agree with you** el caso es que no estoy de acuerdo con Vd.

happening [ˈhæpənɪŋ] *s* acontecimiento, suceso

happily [ˈhæpɪlɪ] *adv* felizmente

happiness [ˈhæpɪnɪs] *s* felicidad

happy [ˈhæpɪ] *adj* (*comp:* **-pier;** *super:* **-piest**) feliz; contento; **to be happy to** + *inf* alegrarse de + *inf,* tener gusto en + *inf*

happy event *s* venturoso acontecimiento (*nacimiento de un niño*)

happy-go-lucky [ˈhæpɪɡoˈlʌkɪ] *adj* impróvido, irresponsable, imperturbable; *adv* a la buena ventura

happy hunting grounds *spl* tierra de caza abundante (*paraíso de los pieles rojas norteamericanos*)

happy medium *s* justo medio

happy motoring *interj* ¡feliz viaje!

Happy New Year *interj* ¡Feliz Año Nuevo!, ¡Próspero Año Nuevo!

hara-kari [ˈhɑrɑˈkɑrɪ] o **hara-kiri** [ˈhɑrɑˈkɪrɪ] *s* var. de **hari-kari**

harangue [həˈræŋ] *s* arenga; *va & vn* arengar

harass [ˈhærəs] o [həˈræs] *va* acosar, hostigar

harassment [ˈhærəsmənt] o [həˈræsmənt] *s* acosamiento, hostigamiento

harbinger [ˈhɑrbɪndʒər] *s* precursor; anuncio, presagio; *va* anunciar, presagiar

harbor [ˈhɑrbər] *s* puerto; (fig.) puerto (*asilo, amparo*); *adj* portuario; *va* albergar; conservar o guardar (*p.ej., sentimientos de odio*); alcahuetear, encubrir (*delincuentes u objetos robados*); *vn* ir a ampararse

harborage [ˈhɑrbərɪdʒ] *s* puerto; (fig.) puerto, albergue, refugio

harborer [ˈhɑrbərər] *s* amparador; encubridor (*de delincuentes u objetos robados*)

harbor master *s* capitán de puerto

harbor pilot *s* piloto de puerto, práctico de puerto

harbour [ˈhɑrbər] *s, adj, va & vn* (Brit.) var. de **harbor**

hard [hɑrd] *adj* duro; difícil; asiduo (*trabajador*); crudo o duro (*dícese del agua*); fuerte (*dícese de la soldadura*); espiritoso, fuertemente alcohólico; (phonet.) gutural, velar; (phonet.) sordo; (phys.) duro (*rayo; tubo al vacío*); **to be hard on** gastar (*p.ej., zapatos*); echar a perder (*p.ej., un libro*); estar muy duro con; **to find it hard to** + *inf* hacérsele a uno cuesta arriba + *inf;* **to make it hard for** causar estorbo o trabajo a; **hard to** + *inf* malo de + *inf,* p.ej., **this lesson is hard to understand** esta lección es mala de entender; *adv* duro; mucho; fuerte; de firme, p.ej., **to drink, to rain, to work hard** beber, trabajar, llover de firme; con dificultad; con violencia; enteramente, hasta el límite; **to go hard with one** costarle a uno caro, serle a uno penoso; verse uno tratado con gran rigor (*por una culpa cometida*); **hard upon** a raíz de

hard and fast *adj* inflexible, riguroso; *adv* firmemente

hard-bitten [ˈhɑrdˈbɪtən] *adj* duro, inflexible, terco

hard-boiled [ˈhɑrdˈbɔɪld] *adj* duro, muy cocido (*huevo*); (coll.) endurecido, inflexible

hard by *adv* cerca; *prep* cerca de

hard candy *s* caramelos

hard cash *s* metálico, dinero contante y sonante

hard cider *s* sidra muy fermentada

hard coal *s* hulla magra, hulla seca

hard-drawn [ˈhɑrdˌdrɔn] *adj* (metal.) estirado en frío

hard drinker *s* bebedor empedernido

hard-earned [ˈhɑrdˈʌrnd] *adj* ganado a pulso

harden [ˈhɑrdən] *va* endurecer; solidificar; *vn* endurecerse; solidificarse

hardened [ˈhardənd] *adj* endurecido; empedernido
hardening [ˈhardənɪŋ] *s* endurecimiento; **hardening of the arteries** (path.) endurecimiento arterial
hard facts *spl* realidades
hard-featured [ˈhardˈfitʃərd] *adj* de facciones duras, de semblante hosco
hard-fisted [ˈhardˈfɪstɪd] *adj* de puños rudos; tacaño
hard-fought [ˈhardˈfɔt] *adj* arduo, reñido
hardhack [ˈhard,hæk] *s* (bot.) espirea tomentosa
hard-handed [ˈhardˈhændɪd] *adj* de manos callosas; duro, cruel, inhumano
hard-headed [ˈhardˈhedɪd] *adj* astuto, de mucha trastienda; terco, tozudo
hard-hearted [ˈhardˈhartɪd] *adj* duro de corazón
hardihood [ˈhardɪhʊd] *s* audacia, atrevimiento, descaro, entereza de carácter
hardiness [ˈhardɪnɪs] *s* fuerza, robustez, resistencia física; audacia, atrevimiento, descaro
hard labor *s* trabajos forzados
hard lines o **hard luck** *s* mala suerte; *interj* ¡qué mala suerte!
hard-luck story [ˈhardˈlʌk] *s* (coll.) cuento de penas; **to tell a hard-luck story** (coll.) contar lástimas
hardly [ˈhardlɪ] *adv* apenas; a duras penas; casi no; difícilmente; duramente, severamente
hardness [ˈhardnɪs] *s* dureza; crudeza (*del agua*)
hard of hearing *adj* corto de oído, medio sordo
hard palate *s* (anat.) paladar duro
hardpan [ˈhard,pæn] *s* capa arcillosa y dura debajo de terreno blando; (fig.) base sólida; (fig.) fondo de realidad (*algo desagradable o poco lisonjero*)
hard pressed *adj* acosado; apurado, falto de caudal
hard put to it *adj* en apuros, en un aprieto
hard rubber *s* caucho duro o endurecido
hard sauce *s* mantequilla azucarada
hard sell *s* (coll.) método enérgico e insistente de anunciar o vender mercancías
hard-set [ˈhardˈset] *adj* en calzas prietas; resuelto; terco, inflexible
hard-shell [ˈhard,ʃɛl] *adj* de cáscara o caparazón duros; intransigente
hard-shelled clam [ˈhard,ʃɛld] *s* (zool.) almeja redonda (*Venus mercenaria*)
hard-shelled crab *s* cangrejo antes de la muda
hardship [ˈhardʃɪp] *s* apuro, fatiga, penalidad
hard sledding *s* apuros, dificultades, condiciones desfavorables
hard soap *s* jabón duro, jabón de piedra
hard steel *s* acero duro
hardtack [ˈhard,tæk] *s* galleta, sequete
hard times *spl* período duro, período de miseria
hard to please *adj* difícil de contentar
hard up *adj* (coll.) alcanzado, apurado
hardware [ˈhard,wer] *s* quincalla, objetos de metal, ferretería; herraje (*piezas metálicas para guarnecer algo*)
hardwareman [ˈhard,wermən] *s* (*pl:* **-men**) quincallero, ferretero
hardware store *s* quincallería, ferretería
hard water *s* agua dura, agua cruda
hard-won [ˈhard,wʌn] *adj* ganado a pulso, conseguido con dificultad
hardwood [ˈhard,wʊd] *s* madera dura, madera preciosa; árbol de hojas caducas
hardwood floor *s* entarimado
hardy [ˈhardɪ] *adj* (*comp:* **-dier;** *super:* **-diest**) fuerte, robusto; atrevido, audaz; temerario; (bot.) resistente
hare [hɛr] *s* (zool.) liebre
harebell [ˈhɛr,bel] *s* (bot.) campánula
harebrained [ˈhɛr,brend] *adj* atolondrado, ligero de cascos
harelip [ˈhɛr,lɪp] *s* labio leporino
harelipped [ˈhɛr,lɪpt] *adj* labihendido
harem [ˈhɛrəm] *s* harem o harén
hare's-ear [ˈhɛrz,ɪr] *s* (bot.) perfoliada o perfoliata
hari-kari [ˈharɪˈkarɪ] *s* harakiri
hark [hark] *interj* ¡oíd!; *vn* escuchar; **to hark back** (hunt.) volver sobre la pista (*dícese de la jauría*); (fig.) volver al asunto
harken [ˈharkən] *vn* escuchar, atender
harlequin [ˈharləkwɪn] *s* arlequín; *adj* arlequinesco; abigarrado; (*cap.*) *s* Arlequín
harlequinade [,harləkwɪˈned] *s* arlequinada
harlequin beetle *s* (ent.) arlequín de Cayena
harlequinesque [,harləkwɪˈnɛsk] *adj* arlequinesco
harlequin ice cream *s* arlequín (*helado*)
harlot [ˈharlət] *s* ramera
harlotry [ˈharlətrɪ] *s* prostitución
harm [harm] *s* daño, perjuicio; *va* dañar, hacer daño a, perjudicar
harmful [ˈharmfəl] *adj* dañoso, perjudicial, nocivo
harmless [ˈharmlɪs] *adj* inofensivo, inocuo, inocente
harmonic [harˈmanɪk] *adj & s* (mus. & phys.) armónico; **harmonics** *ssg* (mus.) teoría musical
harmonica [harˈmanɪkə] *s* armónica
harmonious [harˈmonɪəs] *adj* armonioso
harmonist [ˈharmənɪst] *s* músico, compositor
harmonium [harˈmonɪəm] *s* (mus.) armonio
harmonization [,harmənɪˈzeʃən] *s* armonización
harmonize [ˈharmənaɪz] *va & vn* armonizar
harmony [ˈharmənɪ] *s* (*pl:* **-nies**) armonía
harness [ˈharnɪs] *s* guarniciones, arreos, arneses, montura; (archaic) arnés (*armadura*); **in harness** en funciones, trabajando; **to get back in the harness** volver a trabajar, volver a la rutina; **to die in the harness** morir al pie del cañón; *va* enjaezar, poner guarniciones a (*una caballería*); captar, represar (*las aguas de un río*); (archaic) armar con arnés
harness maker *s* guarnicionero
harness race *s* carrera con sulky
Harold [ˈhærəld] *s* Haroldo
harp [harp] *s* (mus.) arpa; *vn* tañer el arpa; **to harp on** porfiar importunamente sobre, dar en la gracia de decir
harpist [ˈharpɪst] *s* arpista
harpoon [harˈpun] *s* arpón; *va* arponar o arponear
harpooner [harˈpunər] *s* arponero
harpoon gun *s* cañón lanzaarpones
harpsichord [ˈharpsɪkɔrd] *s* (mus.) clave
harpy [ˈharpɪ] *s* (*pl:* **-pies**) arpía (*persona muy codiciosa*); (*cap.*) *s* (myth.) arpía
harpy bat *s* (zool.) harpía
harpy eagle *s* (orn.) águila moneva
harquebus [ˈharkwɪbəs] *s* arcabuz
harquebusier [,harkwɪbəsˈɪr] *s* arcabucero
harridan [ˈhærɪdən] *s* bruja (*vieja viciosa y regañona*)
harrier [ˈhærɪər] *s* acosador, asolador; corredor por el campo; perro lebrel; (orn.) busardo
Harriet [ˈhærɪət] *s* Enriqueta
harrow [ˈhæro] *s* (agr.) grada; *va* (agr.) gradar; lacerar; atormentar, martirizar
harrowing [ˈhæro·ɪŋ] *adj* horripilante, espeluznante; *s* (agr.) gradeo
harry [ˈhærɪ] (*pret & pp:* **-ried**) *va* acosar, hostilizar, asolar; inquietar, atormentar; (*cap.*) *s* Enriquito
harsh [harʃ] *adj* áspero (*al tacto, al gusto, al oído; estilo*); cruel, duro
harshness [ˈharʃnɪs] *s* aspereza; crueldad, dureza
hart [hart] *s* (zool.) ciervo
hartebeest [ˈhartɪ,bist] o [ˈhart,bist] *s* (zool.) caama, ciervo del Cabo
hartshorn [ˈharts,hɔrn] *s* cuerno de ciervo; (pharm.) cuerno de ciervo
hart's-tongue [ˈharts,tʌŋ] *s* (bot.) lengua de ciervo, lengua cerval
harum-scarum [ˈhɛrəmˈskɛrəm] *adj* tarambana; *adv* atolondradamente; *s* tarambana, torbellino
haruspex [həˈrʌspɛks] o [ˈhærəspɛks] *s* (*pl:* **haruspices** [həˈrʌspɪsiz]) arúspice
harvest [ˈharvɪst] *s* cosecha; (fig.) cosecha (*fruto, p.ej., de buena o mala conducta*); *va* cosechar; (fig.) recoger (*el fruto de una acción*); *vn* cosechar
harvester [ˈharvɪstər] *s* cosechero; jornalero por el agosto; segadora, máquina segadora
harvester-thresher [ˈharvɪstərˈθrɛʃər] *s* segadora trilladora

H

harvest home *s* final de la cosecha; fiesta de segadores; canción de segadores
harvestman [ˈhɑrvɪstmən] *s* (*pl:* **-men**) cosechero; jornalero por el agosto; (ent.) segador
harvest moon *s* plenilunio en la época de la cosecha
harvest mouse *s* (zool.) ratón silvestre
has [hæz] *tercera persona del sg del pres de ind de* **have**
has-been [ˈhæz,bɪn] *s* (coll.) persona que ya no sirve, cosa que ya no sirve
Hasdrubal [ˈhæzdrubəl] *s* Asdrúbal
hash [hæʃ] *s* picadillo; mezcla confusa, embrollo, lío; **to settle one's hash** (coll.) meterle a uno en cintura, acabar con uno; *va* picar, desmenuzar; embrollar; **to hash up everything** enredarlo todo
hasheesh o **hashish** [ˈhæʃiʃ] *s* hachich o hachís o haxix
haslet [ˈhæslɪt] o [ˈhezlɪt] *s* asadura de puerco
hasn't [ˈhæzənt] contracción de **has not**
hasp [hæsp] o [hɑsp] *s* portacandado; broche, manecilla (*para cerrar un libro*)
hassle [ˈhæsəl] *s* (coll.) disputa, controversia, pendencia
hassock [ˈhæsək] *s* cojín (*para los pies, para rezar arrodillado, etc.*); montecillo de hierbas crecientes (*en un terreno pantanoso*)
hastate [ˈhæstet] *adj* (bot.) alabardado
haste [hest] *s* prisa; precipitación; **in haste** de prisa; **to make haste** darse prisa
hasten [ˈhesən] *va* apresurar; apretar (*el paso*); *vn* apresurarse, darse prisa; **to hasten to** + *inf* apresurarse a + *inf*
hasty [ˈhestɪ] *adj* (*comp:* **-ier;** *super:* **-iest**) apresurado; hecho de prisa; inconsiderado; colérico
hasty pudding *s* gachas de harina de maíz; gachas de harina o avena
hat [hæt] *s* sombrero; capelo (*de cardenal*); cardenalato; sombrerillo (*para recoger las limosnas*); **to keep under one's hat** (slang) callar, no divulgar; **to pass the hat** pasar el sombrero (o la gorra); pasar el cepillo; **to take one's hat off to** (coll.) reconocer la superioridad de; **to throw one's hat in the ring** (coll.) decidirse a bajar a la arena; (*pret & pp:* **hatted;** *ger:* **hatting**) *va* dar sombrero a; cubrir con sombrero
hatband [ˈhæt,bænd] *s* cintillo (*de sombrero*)
hat block *s* hormillón, peana
hatbox [ˈhæt,bɑks] *s* sombrerera
hatch [hætʃ] *s* cría, nidada; salida del cascarón; trampa, escotillón; compuerta, media puerta; (f.a.) línea de sombreado; (naut.) escotilla; (naut.) cuartel (*armazón de tablas para cerrar la escotilla*); *va* sacar (*pollos*) del cascarón; empollar (*huevos*); (f.a.) sombrear, plumear; idear, maquinar, tramar; *vn* salir del huevo; empollarse
hat-check girl [ˈhæt,tʃɛk] *s* guardarropa (*joven encargada de custodiar los sombreros, etc.*)
hatchel [ˈhætʃəl] *s* rastrillo (*para limpiar el lino o el cáñamo*); (*pret & pp:* **-eled** o **-elled;** *ger:* **-eling** o **-elling**) *va* rastrillar (*lino o cáñamo*); atormentar, molestar
hatchery [ˈhætʃərɪ] *s* (*pl:* **-ies**) criadero (*p.ej., de peces*)
hatchet [ˈhætʃɪt] *s* destral; hacha de guerra (*de los pieles rojas*); **to bury the hatchet** envainar la espada, hacer la paz, echar pelillos a la mar; **to dig up the hatchet** hacer la guerra
hatchet face *s* cara de cuchillo
hatchet vetch *s* (bot.) encorvada, hierba de la segur
hatching [ˈhætʃɪŋ] *s* (f.a.) sombreado, plumeado
hatchment [ˈhætʃmənt] *s* placa cuadrada, colocada diagonalmente, en que está grabado el escudo de armas de un caballero o dama muertos
hatchway [ˈhætʃ,we] *s* escotillón (*puerta en el suelo*); (naut.) escotilla
hate [het] *s* odio, aborrecimiento; *va & vn* odiar, aborrecer; **to hate to** + *inf* detestar + *inf*, p.ej., **I hate to go out in the rain** detesto salir con la lluvia
hateful [ˈhetfəl] *adj* odiable, odioso; maligno, malévolo
hatefulness [ˈhetfəlnɪs] *s* odiosidad; malignidad
hatemonger [ˈhet,mʌŋgər] *s* (coll.) alborotador, cizañador
hatpin [ˈhæt,pɪn] *s* pasador o aguja de sombrero
hatrack [ˈhæt,ræk] *s* percha (*para colgar sombreros*)
hatred [ˈhetrɪd] *s* odio, aborrecimiento
hatter [ˈhætər] *s* sombrerero
Hattie o **Hatty** [ˈhætɪ] *s* nombre abreviado de **Harriet**
haubergeon [ˈhɔbərdʒən] *s* var. de **habergeon**
hauberk [ˈhɔbərk] *s* camisote
haughtiness [ˈhɔtɪnɪs] *s* altanería, altivez
haughty [ˈhɔtɪ] *adj* (*comp:* **-tier;** *super:* **-tiest**) altanero, altivo
haul [hɔl] *s* tirón; recorrido, trayecto; redada; (fig.) redada (*p.ej., de ladrones*); *va* acarrear, transportar, arrastrar; (naut.) virar (*una nave*); **to haul up** (coll.) pedir cuentas a; (naut.) virar (*una nave*); *vn* tirar; cambiar de rumbo; **to haul off** levantar el puño (*para asestar un golpe*); retirarse; (naut.) virar (*para apartar la nave de un objeto cualquiera*); **to haul on the wind, to haul to the wind** o **to haul up** (naut.) virar para navegar ciñendo
haulage [ˈhɔlɪdʒ] *s* acarreo, transporte, arrastre: coste o gastos de acarreo
haunch [hɔntʃ] o [hɑntʃ] *s* cadera (*parte donde se unen el muslo y el tronco*); anca (*cada una de las dos partes posteriores de los animales*); pierna (*de carnero, venado, etc.*)
haunt [hɔnt] o [hɑnt] *s* guarida, nidal, querencia; refugio; (dial.) fantasma, aparecido; *va* frecuentar; andar por, vagar por; perseguir (*una idea a una persona*); estar siempre en la memoria de
haunted house *s* casa de fantasmas
haunting [ˈhɔntɪŋ] o [ˈhɑntɪŋ] *adj* persistente, inolvidable, obsesionante
hautboy [ˈhobɔɪ] u [ˈobɔɪ] *s* var. de **oboe**
hauteur [hoˈtʌr] u [oˈtʌr] *s* arrogancia, altivez
Havana [həˈvænə] *s* La Habana; habano (*cigarro o tabaco de Cuba*)
Havanese [,hævəˈniz] *adj* habanero; *s* (*pl:* **-nese**) habanero
have [hæv] (*pret & pp:* **had**) *va* tener; tomar, p.ej., **have a cigar** tome Vd. un puro; manifestar (*p.ej., respeto*); sentir (*p.ej., dolor*); conservar (*en la memoria*); tomar (*p.ej., lecciones*); decir, p.ej., **they will have it so** dicen que es así; saber, p.ej., **he has no Latin** no sabe latín; (coll.) llevar ventaja a; (slang) estafar; **there are few to be had** se consiguen difícilmente; **to have and to hold** (úsase sólo en el infinitivo) en propiedad, para ser poseído en propiedad; **to have it in for** (coll.) tener tirria a, tenérsela jurada a; **to have it out** discutir o pelear hasta poner fin al asunto; **to have it out with** emprenderla con, habérselas con; **to have on** llevar puesto; **to have to do with** tener que ver con; **to have** + *inf* hacer o mandar + *inf*, p.ej., **I had him sit down** le hice sentar; **to have** + *pp* hacer o mandar + *inf*, p.ej., **he had his watch repaired** hizo componer su reloj; **I had a suit made** mandé hacer un traje ‖ *vn* **to have at** atacar, embestir; **to have to** tener que; **to have to do with** tratar de; tener relaciones con ‖ *v aux* haber, p.ej., **I have spoken** he hablado; **I had spoken** había hablado
havelock [ˈhævlɑk] *s* cogotera
haven [ˈhevən] *s* puerto; buen puerto, abrigo, asilo; *va* abrigar, dar abrigo a
have-not [ˈhæv,nɑt] *s* (coll.) persona o nación desposeídas; **the haves and the have-nots** (coll.) los ricos y los desposeídos
haven't [ˈhævənt] contracción de **have not**
haversack [ˈhævərsæk] *s* barjuleta; (mil.) mochila
havoc [ˈhævək] *s* estrago, estragos; **to play havoc with** hacer grandes estragos en, destruir
haw [hɔ] *s* baya o simiente del espino; tosecilla, tos nerviosa (*al hablar*); *interj* ¡ aparta!; *va* hacer volver a la izquierda; *vn* destoserse; hablar tartaleando; doblar a la izquierda
Hawaiian [həˈwaɪjən] *adj & s* hawaiano

Hawaiian Islands *spl* islas Hawai
hawfinch [ˈhɔ,fɪntʃ] *s* (orn.) cascapiñones
haw-haw [ˈhɔ,hɔ] o [hɔˈhɔ] *s* carcajada; *vn* reír a carcajadas
hawk [hɔk] *s* (orn.) halcón, cernícalo, gavilán, gerifalte, azor; (fig.) ave de presa (*persona*); carraspeo; esparavel; *va* pregonar (*mercancías; una noticia; un secreto*); **to hawk up** arrojar tosiendo; *vn* cazar aves con halcones; carraspear
hawker [ˈhɔkər] *s* halconero, cetrero; buhonero
hawk-eyed [ˈhɔk,aɪd] *adj* de ojos linces, de ojo avizor
hawking [ˈhɔkɪŋ] *s* halconería, cetrería
hawklike [ˈhɔk,laɪk] *adj* halconado
hawk moth *s* (ent.) esfinge
hawk-nosed [ˈhɔk,nozd] *adj* de nariz aguileña
hawk owl *s* (orn.) surnia
hawk's-bill o **hawksbill** [ˈhɔks,bɪl] o **hawksbill turtle** *s* (zool.) carey
hawkweed [ˈhɔk,wid] *s* (bot.) oreja de ratón, pelosilla
hawse [hɔz] *s* (naut.) escobén (*agujero*); (naut.) frente de los escobenes; (naut.) distancia entre un buque anclado y sus anclas
hawsehole [ˈhɔz,hol] *s* (naut.) escobén
hawser [ˈhɔzər] *s* (naut.) guindaleza, estacha
hawthorn [ˈhɔθɔrn] *s* (bot.) espino, oxiacanto
hay [he] *s* heno; **to hit the hay** (slang) acostarse; **to make hay while the sun shines** aprovechar la ocasión; *va* henear; echar heno a (*la caballería o el ganado*)
haycock [ˈhe,kɑk] *s* pequeña niara de heno
hay fever *s* (path.) fiebre del heno
hayfield [ˈhe,fild] *s* henar
hayfork [ˈhe,fɔrk] *s* horca (*para levantar el heno*); elevador de heno
hayloft [ˈhe,lɔft] o [ˈhe,lɑft] *s* henil
haymaker [ˈhe,mekər] *s* heneador; (slang) golpe que pone fuera de combate (*en el boxeo*)
haymow [ˈhe,maʊ] *s* henil; acopio de heno (*en el henil*)
hayrack [ˈhe,ræk] *s* pesebre; armazón que se monta en un carro para transportar el heno
hayrick [ˈhe,rɪk] *s* almiar
hay ride *s* paseo de placer en un carro de heno
hayseed [ˈhe,sid] *s* simiente de heno, simiente de hierbas; (coll.) patán, rústico, campesino
haystack [ˈhe,stæk] *s* almiar
haywire [ˈhe,waɪr] *s* alambre que se usa para el embalaje del heno; *adj* (slang) desarreglado, descompuesto; (slang) barrenado, loco
hazard [ˈhæzərd] *s* peligro, riesgo; acaso, azar; (golf) obstáculo; **at all hazards** por grande que sea el riesgo; *va* arriesgar; aventurar (*p.ej., una opinión*)
hazardous [ˈhæzərdəs] *adj* peligroso, arriesgado, aventurado
haze [hez] *s* calina; confusión, vaguedad, falta de claridad; *va* dar novatada a
hazel [ˈhezəl] *s* (bot.) avellano; *adj* avellanado (*de color de avellana*)
hazelnut [ˈhezəl,nʌt] *s* avellana
hazing [ˈhezɪŋ] *s* novatada
hazy [ˈhezɪ] *adj* (*comp:* **-zier;** *super:* **-ziest**) calinoso; confuso, vago, poco claro
H-bomb [ˈetʃ,bɑm] *s* bomba de hidrógeno
H.C. abr. de **House of Commons**
H.C.F. o **h.c.f.** abr. de **highest common factor**
hd. abr. de **head**
hdkf. abr. de **handkerchief**
hdqrs. abr. de **headquarters**
H.E. abr. de **His Eminence** y **His Excellency**
he [hi] *pron pers* (*pl:* **they**) él; *s* (*pl:* **hes**) macho, varón; *interj* ¡ji!
head [hɛd] *s* cabeza (*parte superior del cuerpo del hombre y el animal; razón, inteligencia; juicio, talento; parte superior de una página, de un clavo o alfiler, de un martillo; cumbre de una montaña; fuente, origen, manantial; frente de una procesión, ejército, etc.; sitio honorífico en la mesa; jefe, director; dirección; persona; res; punta de un dardo; repollo de col o de lechuga; parte grabadora o reproductora del magnetófono*); cabecera (*de cama*); encabezamiento, título; división o sección (*de un escrito*); centro (*de un divieso*); espuma (*en un vaso de cerveza*); parche (*de un tambor*); puño (*de bastón*); fondo o tapa (*de un cilindro, barril, etc.*); montera (*de la caldera de un alambique*); crisis, punto decisivo; avance, progreso; (bot.) cabezuela (*inflorescencia*); (hyd.) altura de caída; (mach.) culata (*de cilindro*); **heads** *spl* cara (*de una moneda*); **from head to foot** de pies a cabeza; **on** o **upon one's head** a responsabilidad de uno, sobre la cabeza de uno; **off** u **out of one's head** (coll.) delirante, fuera de sí, destornillado; **out of one's own head** de su cosecha, por su cabeza; **over one's head** fuera del alcance de uno; por encima de uno (*dirigiéndose a una autoridad superior*); **to be out of one's head** delirar; **to be the head** hacer cabeza (*en un negocio*); **to bother one's head about** quebrarse la cabeza con; **to come into one's head** pasarle a uno por la cabeza; **to come to a head** madurar; llegar a un punto decisivo; supurar (*un absceso*); **to eat one's head off** ser muy comilón; consumir más de lo que uno vale; **to gather head** ir en progreso; **to get something in one's head** metérsele a uno en la cabeza una cosa; **to give one his head** darle a uno rienda suelta; **to go to one's head** marearle a uno; volverle a uno el juicio; subírsele a uno a la cabeza; **to hang** o **hide one's head** caérsele a uno la cara de vergüenza; **to keep one's head** no perder la cabeza, tenerse en los estribos, mantener su sangre fría; **to keep one's head above water** mantenerse a flote; no dejarse vencer (*por las desgracias, la miseria, etc.*); **to lay** o **put heads together** consultarse (*dos o más personas*) entre sí; conspirar, confabularse; **to lose one's head** perder los estribos; **to not make head or tail of** no ver pies ni cabeza a; **to take it into one's head to** + *inf* metérsele a uno en la cabeza + *inf;* **to turn the head of** trastornar; apasionar; subirse a la cabeza, p.ej., **praise turns his head** los elogios se le suben a la cabeza; **head on** de cabeza; **head over heels** en un salto mortal; absolutamente, completamente, hasta los tuétanos; precipitadamente; **heads or tails** cara o cruz ‖ *adj* delantero, primero; más alto, superior; principal; (naut.) de proa ‖ *va* acaudillar, dirigir, mandar; aventajar, sobrepujar; estar a la cabeza de (*p.ej., la clase*); venir primero en (*p.ej., una lista*); poner cabeza a; descabezar; desmochar (*un árbol*); conducir (*un coche, un avión, etc., en cierta dirección*); **to head off** alcanzar e interceptar (*a uno que huye*); atajar (*un mal*) ‖ *vn* dirigirse; supurar (*un absceso*); repollar (*p.ej., la lechuga*); **to head towards** dirigirse hacia
headache [ˈhɛd,ek] *s* (path.) dolor de cabeza
headband [ˈhɛd,bænd] *s* venda, faja, cinta (*para la cabeza*); (b.b.) cabezada
headboard [ˈhɛd,bord] *s* cabecera de cama
headcheese [ˈhɛd,tʃiz] *s* queso de cerdo
headdress [ˈhɛd,drɛs] *s* tocado
headed [ˈhɛdɪd] *adj* que tiene cabeza; encabezado, titulado; repolludo; **headed for** con rumbo a
header [ˈhɛdər] *s* desmochador; cámara de circulación; cabeza, jefe; (carp.) brochal, embrochalado; (mas.) hilada, tizón; (coll.) caída de cabeza; **to take a header** (coll.) irse de cabeza
header course *s* (mas.) hilada atizonada o de cabezal
headfirst [ˈhɛdˈfʌrst] o **headforemost** [ˈhɛdˈformost] *adj* de cabeza; precipitadamente, temerariamente
headframe [ˈhɛd,frem] *s* (min.) castillete de mina
head gate *s* (hyd.) compuerta, paradera; (hyd.) compuerta de cabecera o de toma
headgear [ˈhɛd,gɪr] *s* sombrero (*de cualquier forma*); tocado (*de mujer*); cabezada (*de guarnición para caballo*); (football) casco de cuero
head-hunter [ˈhɛd,hʌntər] *s* cazador de cabezas
heading [ˈhɛdɪŋ] *s* encabezamiento, título; membrete; rumbo; (min.) galería de avance
headland [ˈhɛdlənd] *s* promontorio
headledge [ˈhɛd,lɛdʒ] *s* (naut.) contrabrazola
headless [ˈhɛdlɪs] *adj* acéfalo; descabezado; sin jefe o director; estúpido, tonto

H

headlight [ˈhɛd,laɪt] *s* (aut.) faro; (rail.) farol; (naut.) farol de tope
headline [ˈhɛd,laɪn] *s* cabecera (*de una plana de periódico*); título de página, titulillo; *va* poner cabecera a, poner título a; (slang) dar cartel a, destacar, hacer resaltar (*a un actor*)
headliner [ˈhɛd,laɪnər] *s* (slang) atracción principal (*en los anuncios de cine o teatro*)
headlong [ˈhɛd,lɔŋ] o [ˈhɛd,lɑŋ] *adj* de cabeza; precipitado; *adv* de cabeza; precipitadamente
headman [ˈhɛd,mæn] o [ˈhɛdmən] *s* (*pl:* **-men**) jefe, caudillo, cacique
headmaster [ˈhɛdˈmæstər] o [ˈhɛdˈmɑstər] *s* director (*de un colegio*)
headmastership [ˈhɛdˈmæstərʃɪp] o [ˈhɛdˈmɑstərʃɪp] *s* cargo de director (*de un colegio*)
headmost [ˈhɛdmost] *adj* delantero, primero
head office *s* casa matriz, oficina central
head of hair *s* cabellera
head-on [,hɛdˈɑn] o [,hɛdˈɔn] *adj* de frente, p.ej., **head-on collision** colisión de frente
headphone [ˈhɛd,fon] *s* auricular de casco, receptor de cabeza
headpiece [ˈhɛd,pis] *s* sombrero; tocado; casco, morrión, yelmo; cabeza, juicio, inteligencia; auricular de casco; cabecera de cama; (print.) cabecera, viñeta
head pin *s* bolo delantero (*en el juego de bolos*)
headquarters [ˈhɛd,kwɔrtərz] *ssg o spl* sede; jefatura, centro de dirección; (mil.) cuartel general
headrace [ˈhɛd,res] *s* caz de traída
headrail [ˈhɛd,rel] *s* peinazo superior de puerta; (naut.) varenga, brazal
headrest [ˈhɛd,rɛst] *s* apoyo para la cabeza
headset [ˈhɛd,sɛt] *s* auricular de casco, receptor de cabeza
headship [ˈhɛdʃɪp] *s* jefatura, dirección, mando
headstall [ˈhɛd,stɔl] *s* cabezada (*de freno*)
headstock [ˈhɛd,stɑk] *s* (mach.) cabezal (*de un torno*)
headstone [ˈhɛd,ston] *s* piedra angular; lápida sepulcral
headstream [ˈhɛd,strim] *s* afluente principal (*de un río*)
headstrong [ˈhɛd,strɔŋ] o [ˈhɛd,strɑŋ] *adj* cabezudo, terco, testarudo
head tone *s* (mus.) voz de cabeza
headwaiter [ˈhɛdˈwetər] *s* encargado de comedor, jefe de camareros
headwaters [ˈhɛd,wɔtərz] o [ˈhɛd,wɑtərz] *spl* cabecera (*de un río*)
headway [ˈhɛd,we] *s* avance, progreso; espacio libre (*entre la cabeza y un dintel, entre un vehículo y un arco de puente, etc.*); (rail.) intervalo entre dos trenes en una misma vía; **to make headway** avanzar, adelantar, progresar
head wind *s* (naut.) viento de frente, viento por la proa
headwork [ˈhɛd,wʌrk] *s* trabajo intelectual
heady [ˈhɛdɪ] *adj* (*comp:* **-ier**; *super:* **-iest**) precipitado, impetuoso; cabezudo (*vino*)
heal [hil] *va* curar, sanar; cicatrizar; remediar (*un daño*); *vn* curar, sanar; cicatrizarse; remediarse; **to heal up** cicatrizarse
healer [ˈhilər] *s* sanador, curador
healing [ˈhilɪŋ] *adj* curativo; *s* curación
health [hɛlθ] *s* salud; **to be in bad health** estar mal de salud; **to be in good health** estar bien de salud; **to drink to the health of** beber a la salud de; **to enjoy wonderful health** gastar salud; **to your health!** ¡a su salud!
health examination *s* reconocimiento sanitario
healthful [ˈhɛlθfəl] *adj* sano, saludable
health insurance *s* seguro de enfermedad
healthy [ˈhɛlθɪ] *adj* (*comp:* **-ier**; *super:* **-iest**) sano (*de buena salud; saludable*)
heap [hip] *s* montón; (coll.) montón (*número considerable*); *va* amontonar, apilar; colmar, llenar, henchir (*p.ej., de favores, insultos*); dar generosamente; *vn* amontonarse, apilarse
hear [hɪr] (*pret & pp:* **heard**) *va* oír; dar audiencia a; tomar la lección a; otorgar; (law) ver; **to hear** + *ger* oír + *inf*, p.ej., **I heard the girl singing** oí cantar a la muchacha; **to hear** + *inf* oír + *inf*, p.ej., **I heard my brother come in** oí entrar a mi hermano; **to hear** + *pp* oír + *inf*, p.ej., **I heard the bell rung** oí tocar la campana; **to hear it said** oírlo decir; **to hear someone out** oír a uno hasta que concluya de hablar; *vn* oír; **he will not hear of it** no quiere ni pensar en ello, no lo permitirá de ningún modo; **to hear about** oír hablar de; **to hear from** saber de, recibir o tener noticias de; **to hear of** oír hablar de; enterarse de; **to hear tell of** oír hablar de; **to hear that** oír decir que; **hear! hear!** ¡bravo!
heard [hʌrd] *pret & pp de* **hear**
hearer [hɪrər] *s* oyente
hearing [ˈhɪrɪŋ] *s* oída (*acción*); oído (*sentido*); audiencia; (law) examen de testigos; **in the hearing of** en la presencia de; **within hearing** al alcance del oído
hearing aid *s* acústico, audífono, aparato auditivo
hearken [ˈhɑrkən] *vn* var. de **harken**
hearsay [ˈhɪr,se] *s* rumor, voz común; **by hearsay** de o por oídas
hearsay evidence *s* (law) testimonio de oídas, prueba de oídas
hearse [hʌrs] *s* coche fúnebre, carroza fúnebre; (eccl.) tenebrario; *va* colocar en un coche fúnebre; enterrar, sepultar
hearsecloth [ˈhʌrs,klɔθ] o [ˈhʌrs,klɑθ] *s* paño mortuorio
heart [hɑrt] *s* corazón; cogollo (*p.ej., de una lechuga*); corazón (*naipe que corresponde a la copa*); **hearts** *spl* corazones (*palo que corresponde al de copas*); **after one's heart** enteramente del gusto de uno; **at heart** verdaderamente, en el fondo; **by heart** de memoria; **dear heart** vida mía; **from one's heart** de todo corazón; **in one's heart of hearts** en lo más recóndito del corazón de uno; **near one's heart** que a uno le toca en lo más sensible, que a uno le interesa grandemente; **to break the heart of** quebrar o partir el corazón de; **to die of a broken heart** morir de pena, morir de desengaño; **to do one's heart good** alegrarle a uno el corazón; **to eat one's heart out** afligirse sobremanera, dejarse morir de tristeza; **to get to the heart of** profundizar, llegar al fondo de; **to have one's heart in one's boots** o **mouth** estar con el alma en la boca, estar muerto de miedo; **to have one's heart in one's work** esmerarse en su trabajo, trabajar con entusiasmo; **to have one's heart in the right place** tener buenas intenciones; **to lay to heart** tener presente; pensar (*una cosa*) seriamente; **to lose heart** descorazonarse; **to not have the heart to** + *inf* no tener corazón para + *inf;* **to open one's heart** descubrir el pecho; **to open one's heart to** abrirse con, descubrirse con; **to take heart** cobrar aliento; **to take the heart out of** desalentar, desanimar; **to take to heart** tomar a pecho; **to wear one's heart on one's sleeve** llevar el corazón en la mano; **with all one's heart** con toda el alma de uno; **with one's heart in one's mouth** con el credo en la boca; **heart and soul** de todo corazón, con toda el alma de uno
heartache [ˈhɑrt,ek] *s* angustia, congoja, pesar
heart attack *s* ataque cardíaco, ataque de corazón
heartbeat [ˈhɑrt,bit] *s* latido del corazón
heartbreak [ˈhɑrt,brek] *s* angustia, dolor abrumador
heartbreaker [ˈhɑrt,brekər] *s* ladrón de corazones; (hum.) tirabuzón (*rizo de cabello*)
heartbreaking [ˈhɑrt,brekɪŋ] *adj* angustioso
heartbroken [ˈhɑrt,brokən] *adj* acongojado, transido de dolor
heartburn [ˈhɑrt,bʌrn] *s* (path.) rescoldera; envidia, celos
heartburning [ˈhɑrt,bʌrnɪŋ] *s* envidia, celos
heart disease *s* enfermedad del corazón
hearten [ˈhɑrtən] *va* animar, alentar
heart failure *s* paro del corazón; desmayo, desfallecimiento
heartfelt [ˈhɑrt,fɛlt] *adj* cordial, sincero
heart-free [ˈhɑrt,fri] *adj* libre de amor

hearth [hɑrθ] *s* hogar; (metal. & fig.) hogar; (metal.) obra (*del alto horno*)
hearth money *s* fogaje (*tributo antiguo*)
hearthside ['hɑrθ,saɪd] *s* hogar
hearthstone ['hɑrθ,ston] *s* solera del hogar; hogar (*domicilio*)
heartily ['hɑrtɪlɪ] *adv* cordialmente, sinceramente; de buena gana, con entusiasmo; con buen apetito; bien, mucho, completamente
heartiness ['hɑrtɪnɪs] *s* cordialidad, sinceridad; buena salud, vigor; espontaneidad; entusiasmo
heartless ['hɑrtlɪs] *adj* cruel, empedernido; apocado, pusilánime
heart-lung machine ['hɑrt'lʌŋ] *s* (surg.) corazón-pulmón, aparato corazón-pulmón
heart-rending ['hɑrt,rendɪŋ] *adj* que parte el corazón, que causa mucha angustia
heartsease o **heart's-ease** ['hɑrts,iz] *s* serenidad de ánimo; (bot.) pensamiento, trinitaria
heartseed ['hɑrt,sid] *s* (bot.) farolillo
heartsick ['hɑrt,sɪk] *adj* desconsolado, muy abatido
heartsore ['hɑrt,sor] *adj* acongojado, dolorido
heart-stricken ['hɑrt,strɪkən] *adj* transido de dolor, angustiado
heartstrings ['hɑrt,strɪŋz] *spl* fibras del corazón, entretelas (*entrañas, misericordia*)
heartthrob ['hɑrt,θrɑb] *s* emoción vehemente
heart-to-heart ['hɑrttʊ,hɑrt] *adj* franco, sincero
heart trouble *s* enfermedad del corazón; **to have heart trouble** enfermar del corazón
heart-whole ['hɑrt,hol] *adj* libre de amor; cordial, sincero
heartwood ['hɑrt,wʊd] *s* madera de corazón
hearty ['hɑrtɪ] *adj* (*comp:* **-ier;** *super:* **-iest**) cordial, sincero; sano, robusto; espontáneo; nutritivo, substancioso; grande, abundante; comilón, voraz; *s* (*pl:* **-ies**) (naut.) compañero
heat [hit] *s* calor; calefacción; ardor, ímpetu; celo (*de las bestias*); (sport) carrera (*en las carreras de caballos*); (metal.) hornada, turno de fundición; **in heat** en celo; **to turn on the heat** (slang) aumentar la intensidad, apretar los tornillos; *adj* térmico; *va* calentar; calefaccionar; acalorar, excitar; *vn* calentarse; acalorarse, excitarse
heat barrier *s* var. de **thermal barrier**
heated ['hitɪd] *adj* acalorado
heatedly ['hitɪdlɪ] *adv* acaloradamente
heat engine *s* motor térmico
heater ['hitər] *s* calentador; (rad.) calefactor
heat exchanger [ɛks'tʃendʒər] *s* (phys.) cambiador de calor, cambiador térmico
heath [hiθ] *s* (bot.) brezo; brezal; **native heath** patria chica
heathbird ['hiθ,bʌrd] *s* (orn.) gallo de bosque
heathen ['hiðən] *adj* gentil, pagano; sin religión; inculto; *s* (*pl:* **-thens** o **-then**) gentil, pagano
heathendom ['hiðəndəm] *s* gentilidad
heathenish ['hiðənɪʃ] *adj* gentílico
heathenism ['hiðənɪzəm] *s* gentilidad; irreligión, incultura
heathenize ['hiðənaɪz] *va* gentilizar
heather ['hɛðər] *s* (bot.) brezo
heathery ['hɛðərɪ] *adj* brezoso; cubierto o poblado de brezos
heathy ['hiθɪ] *adj* brezoso
heating ['hitɪŋ] *adj* calentador; *s* calefacción
heating coil *s* (elec.) bobina térmica
heating element *s* (elec.) elemento calentador; (rad.) elemento de caldeo
heating pad *s* almohadilla caliente
heating surface *s* superficie de caldeo o calefacción
heat lightning *s* fucilazo, relámpago de calor
heatproof ['hit'pruf] *adj* antitérmico
heat shield *s* escudo térmico, blindaje térmico (*de una cápsula espacial*)
heatstroke ['hit,strok] *s* (path.) golpe de calor
heat unit *s* (phys.) unidad térmica
heat wave *s* (phys.) onda calorífica; (coll.) ola de calor
heave [hiv] *s* esfuerzo para levantar una cosa pesada, esfuerzo para levantarse; echada, tirada; henchidura (*de las olas*); jadeo; **heaves** *ssg* (vet.) huélfago; (*pret & pp:* **heaved** o **hove**) *va* levantar y lanzar (*una cosa pesada*); levantar con algún esfuerzo; exhalar (*un suspiro*); **to heave to** (naut.) poner al pairo o en facha; *vn* lanzar con esfuerzo; levantarse y bajarse alternativamente (*las olas*); palpitar (*el pecho*); combarse, elevarse; jadear; arquear, hacer esfuerzos por vomitar; **heave ho!** (naut.) ¡ iza!
heaven ['hɛvən] *s* cielo; (*cap.*) *s* cielo (*mansión de los bienaventurados; Dios*); **heavens** *spl* cielo (*firmamento*); **for heaven's sake!** o **good heavens!** ¡ válgame Dios!; **to move heaven and earth** mover cielo y tierra
heavenly ['hɛvənlɪ] *adj* celeste (*cuerpo*); celestial (*p.ej., mansión*); (fig.) celestial
heavenly body *s* astro, cuerpo celeste
heavenly home *s* mansión celestial, patria celestial
heavenward ['hɛvənwərd] *adj & adv* hacia el cielo
heavenwards ['hɛvənwərdz] *adv* hacia el cielo
heaver ['hivər] *s* (naut.) cargador; (naut.) tortor
heavier-than-air [,hɛvɪər ðən'ɛr] *adj* (aer.) más pesado que el aire
heaviness ['hɛvɪnɪs] *s* pesadez; espesura; densidad; grosor (*p.ej., de una línea*); abundancia; fuerza (*p.ej., de la lluvia*); ímpetu (*de las olas*); languidez, modorra; cargazón (*en el estómago, la cabeza, etc.; en el estilo literario*); abatimiento; opresión; (com.) postración (*del mercado*)
Heaviside layer ['hɛvɪsaɪd] *s* (rad.) capa de Heaviside
heavy ['hɛvɪ] *adj* (*comp:* **-ier;** *super:* **-iest**) pesado; espeso o denso (*líquido*); denso (*tráfico*); grueso (*dícese de la tela, el papel, la mar, una línea, etc.*); tupido (*dícese de la tela, el monte, etc.*); copioso, abundante (*dícese, p.ej., de las cosechas*); recio, fuerte (*dícese de la lluvia*); fuerte (*dícese de los gastos, pérdidas, pagos, rebajas, etc.*); agravado (*dícese de los ojos*); basto (*dícese de las facciones*); fragoroso (*cañoneo*); malo, pésimo (*camino*); empinado (*dícese de una cuesta*); grande (*bebedor*); cargado (*estilo, dibujo*); abatido, cansado; triste, oprimido (*corazón*); grave, serio; sombrío; importante, considerable (*dícese de las deudas, las reparaciones*); encinta; (com.) pesado (*dícese de los géneros*); (com.) postrado (*mercado*); *adv* pesadamente; fuerte; **to hang heavy** pasar con extremada lentitud (*dícese del tiempo o las horas*); *s* (*pl:* **-ies**) (theat.) personaje perverso; **heavies** *spl* (coll.) ropa interior gruesa
heavy-armed ['hɛvɪ'ɑrmd] *adj* armado de armas pesadas, armado de armadura pesada
heavy-duty ['hɛvɪ'djutɪ] o ['hɛvɪ'dutɪ] *adj* de servicio pesado, extrafuerte; de altos derechos de aduana
heavy earth *s* (mineral.) tierra pesada
heavy-eyed ['hɛvɪ,aɪd] *adj* de ojos dormidos
heavy-footed ['hɛvɪ'fʊtɪd] *adj* de andar torpe o desmañado; despeado
heavy-handed ['hɛvɪ'hændɪd] *adj* opresor, agobiador; desmañado, torpe
heavy-hearted ['hɛvɪ'hɑrtɪd] *adj* acongojado, afligido, triste
heavy hydrogen *s* (chem.) hidrógeno pesado
heavy industry *s* industria pesada
heavy-laden ['hɛvɪ'ledən] *adj* recargado; agobiado, oprimido
heavy-set ['hɛvɪ'sɛt] *adj* espaldudo, costilludo
heavy spar *s* (mineral.) espato pesado
heavy water *s* (chem.) agua pesada
heavyweight ['hɛvɪ,wet] *s* persona que pesa mucho; persona de mucho pesquis, persona de campanillas; (box.) peso pesado, peso fuerte
Heb. abr. de **Hebrews**
hebdomadal [hɛb'dɑmədəl] *adj* hebdomadario
Hebe ['hibɪ] *s* (myth.) Hebe
hebetude ['hɛbɪtjud] o ['hɛbɪtud] *s* torpeza, estupidez
Hebraic [hɪ'breɪk] *adj* hebraico
Hebraism ['hibreɪzəm] *s* hebraísmo
Hebraist ['hibreɪst] *s* hebraísta; hebraizante
Hebraistic [,hibre'ɪstɪk] *adj* hebreo
Hebraize ['hibreaɪz] *va* hacer hebreo; *vn* hebraizar
Hebrew ['hibru] *adj & s* hebreo; **Hebrews** *spl* (Bib.) Epístola de San Pablo a los Hebreos

Hebrew calendar *s* calendario hebreo
Hebrides, the [ˈhɛbrɪdiz] las Hébridas
Hecate [ˈhɛkətɪ] *s* (myth.) Hécate
hecatomb [ˈhɛkətom] o [ˈhɛkətum] *s* hecatombe
heckle [ˈhɛkəl] *va* interrumpir (*a un orador*) con preguntas impertinentes o molestas
hectare [ˈhɛktɛr] *s* hectárea
hectic [ˈhɛktɪk] *adj* hético; (coll.) turbulento, agitado; *s* fiebre hética; rubor hético; hético (*enfermo*)
hectocotylus [ˌhɛktəˈkɑtɪləs] *s* (*pl:* **-li** [laɪ]) (zool.) hectocótilo
hectogram o **hectogramme** [ˈhɛktəgræm] *s* hectogramo
hectograph [ˈhɛktəgræf] o [ˈhɛktəgrɑf] *s* hectógrafo; *va* copiar en el hectógrafo
hectoliter [ˈhɛktəˌlitər] *s* hectólitro
hectometer [ˈhɛktəˌmitər] *s* hectómetro
Hector [ˈhɛktər] *s* (myth.) Héctor; (*l.c.*) *s* matón, valentón; *va & vn* atormentar o intimidar con bravatas
Hecuba [ˈhɛkjʊbə] *s* (myth.) Hécuba
he'd [hid] contracción de **he had** y de **he would**
hedge [hɛdʒ] *s* seto vivo, cerca viva; cercado, vallado; apuesta compensatoria; operación de bolsa compensatoria; *va* cercar con seto vivo; cercar con vallado; **to hedge in** encerrar, rodear; poner trabas a; *vn* eludir la respuesta, no querer comprometerse; hacer apuestas compensatorias; hacer operaciones de bolsa compensatorias (*para no perder dinero*)
hedgehog [ˈhɛdʒˌhɑg] o [ˈhɛdʒˌhɔg] *s* (zool.) erizo; (zool.) puerco espín
hedgehop [ˈhɛdʒˌhɑp] (*pret & pp:* **-hopped;** *ger:* **-hopping**) *vn* (aer.) volar rasando el suelo
hedge mustard *s* (bot.) sisimbrio; (bot.) erisimo; (bot.) epazote
hedge nettle *s* (bot.) ortiga hedionda
hedgerow [ˈhɛdʒˌro] *s* cercado de arbustos o árboles pequeños
hedge sparrow *s* (orn.) acentor de bosque
hedonism [ˈhidənɪzəm] *s* hedonismo
hedonist [ˈhidənɪst] *s* hedonista
heed [hid] *s* atención, cuidado; **to take heed** poner atención; *va* atender a, hacer caso de; *vn* atender, hacer caso
heedful [ˈhidfəl] *adj* atento, cuidadoso
heedless [ˈhidlɪs] *adj* desatento, descuidado; aturdido, incauto
heedlessness [ˈhidlɪsnɪs] *s* desatención, descuido; aturdimiento, imprudencia
heehaw [ˈhiˌhɔ] *s* rebuzno (*del asno*); risotada; *vn* rebuznar; risotear, reír groseramente
heel [hil] *s* (anat.) calcañar o talón; talón (*parte de la media o el zapato que cubre el calcañar*); tacón (*pieza semicircular del zapato debajo del calcañar*); parte inferior o trasera (*de ciertas cosas*); fin, conclusión; pedazo que queda de un pan o queso casi consumidos; (arch.) talón; (mus.) talón (*del arco del violín*); (naut.) talón (*de la quilla*); (naut.) coz o pie de palo; (rail.) talón (*de la aguja*); (slang) sinvergüenza; **at heel** a los talones; **down at the heel** con el talón muy gastado; desaliñado, mal vestido; desvalido; **out at the heels** destalonado; desaliñado, mal vestido; desvalido; **to cool one's heels** (coll.) hacer antesala, estar esperando mucho tiempo; **to heel** a los talones; **to be at one's heels** pisarle a uno los talones; **to kick one's heels** hacer antesala; esperar impacientemente; **to kick up one's heels** (slang) mostrarse alegre y retozón; (slang) morir; **to lay by the heels** echar a la cárcel, echar al cepo; **to show a clean pair of heels** o **to take to one's heels** poner pies en polvorosa, apretar los talones, batir los talones; **heels over head** patas arriba; *va* seguir de cerca; poner talón a; poner tacón a; poner espolones a (*un gallo de pelea*); *vn* seguir de cerca al amo (*dícese de los perros*); taconear (*al bailar*); (naut.) escorar
heeler [ˈhilər] *s* taconero; (slang) muñidor (*de cacique político*)
heel lift *s* tapa (*del tacón del zapato*)
heelpiece [ˈhilˌpis] *s* talón
heeltap [ˈhilˌtæp] *s* tapa (*del tacón del zapato*); vino, aguardiente, etc. que se deja en el vaso después de beber
heft [hɛft] *s* (coll.) influencia; **the heft of** (coll.) la mayor parte de, lo más de; *va* levantar; (coll.) sopesar (*tantear el peso de*)
hefty [ˈhɛftɪ] *adj* (*comp:* **-ier;** *super:* **-iest**) pesado: (coll.) fornido, recio
Hegelian [heˈgelɪən] o [hiˈdʒilɪən] *adj & s* hegeliano
Hegelianism [heˈgelɪənɪzəm] o [hiˈdʒilɪənɪzəm] *s* hegelianismo
hegemony [hɪˈdʒɛmənɪ] o [ˈhɛdʒɪˌmonɪ] *s* (*pl:* **-nies**) hegemonía
hegira [hɪˈdʒaɪrə] o [ˈhɛdʒɪrə] *s* fuga, huída; fuga de Mahoma desde la Meca a Medina; héjira (*era de los mahometanos*)
heifer [ˈhɛfər] *s* novilla, vaquilla
heigh [haɪ] o [he] *interj* ¡ea! (*para animar*); ¡eh! (*para llamar*); ¡ah! (*para expresar sorpresa*)
heigh-ho [ˈhaɪˈho] o [ˈheˈho] *interj* ¡ay!
height [haɪt] *s* altura; cima (*lo más alto*); colmo (*p.ej., de la locura*); crisis (*de la fiebre*)
heighten [ˈhaɪtən] *va* elevar; aumentar; realzar; intensificar; *vn* elevarse; aumentarse; realzarse; intensificarse
heinous [ˈhenəs] *adj* atroz, infame, nefando
heir [ɛr] *s* heredero
heir apparent *s* (*pl:* **heirs apparent**) (law) heredero forzoso
heirdom [ˈɛrdəm] *s* herencia
heiress [ˈɛrɪs] *s* heredera
heirloom [ˈɛrˌlum] *s* joya de familia, reliquia de familia
heir presumptive *s* (*pl:* **heirs presumptive**) (law) heredero presuntivo
heirship [ˈɛrʃɪp] *s* herencia
hejira [hɪˈdʒaɪrə] o [ˈhɛdʒɪrə] *s* var. de **hegira**
hektare [ˈhɛktɛr] *s* var. de **hectare**
hektogram [ˈhɛktəgræm] *s* var. de **hectogram**
held [hɛld] *pret & pp de* **hold**
Helen [ˈhɛlən] *s* Elena; (myth.) Helena (*de Troya*)
heliacal [hɪˈlaɪəkəl] *adj* (astr.) helíaco
helianthemum [ˌhilɪˈænθɪməm] *s* (bot.) heliantemo
helianthin [ˌhilɪˈænθɪn] o **helianthine** [ˌhilɪˈænθɪn] o [ˌhilɪˈænθin] *s* heliantina
helianthus [ˌhilɪˈænθəs] *s* (bot.) helianto
helical [ˈhɛlɪkəl] *adj* hélico
helicoid [ˈhɛlɪkɔɪd] *adj* helicoide; (bot. & zool.) helicideo; *s* (geom.) helicoide
helicoidal [ˌhɛlɪˈkɔɪdəl] *adj* helicoidal
helicoid cyme *s* (bot.) cima helicoidea
Helicon [ˈhɛlɪkɑn] *s* (hist., myth. & fig.) Helicón; (*l.c.*) *s* (mus.) helicón
Heliconian [ˌhɛlɪˈkonɪən] *adj* heliconio
helicopter [ˌhɛlɪˈkɑptər] *s* (aer.) helicóptero
heliocentric [ˌhilɪoˈsɛntrɪk] *adj* heliocéntrico
helioengraving [ˈhilɪoɛnˌgrevɪŋ] *s* heliograbado
heliograph [ˈhilɪoˌgræf] o [ˈhilɪoˌgrɑf] *s* heliógrafo; *va & vn* comunicar por medio del heliógrafo
heliography [ˌhilɪˈɑgrəfɪ] *s* heliografía
Helios [ˈhilɪɑs] *s* (myth.) Helios
helioscope [ˈhilɪoˌskop] *s* helioscopio
heliostat [ˈhilɪoˌstæt] *s* helióstato
heliotherapy [ˈhilɪoˌθɛrəpɪ] *s* helioterapia
heliotrope [ˈhilɪətrop] *s* (bot. & mineral.) heliotropo
heliotropism [ˌhilɪˈɑtrəpɪzəm] *s* (biol.) heliotropismo
heliotype [ˈhilɪoˌtaɪp] *s* heliotipia; heliotipo
heliport [ˈhɛlɪˌport] *s* helipuerto
helium [ˈhilɪəm] *s* (chem.) helio
helix [ˈhilɪks] *s* (*pl:* **helixes** o **helices** [ˈhɛlɪsiz]) hélice (*espiral*); (anat., elec. & geom.) hélice; (arch.) voluta
he'll [hil] contracción de **he shall** y de **he will**
hell [hɛl] *s* infierno; madriguera (*de gente maleante*); garito; cajón de sastre; (print.) caja de letras inservibles
Hellas [ˈhɛləs] *s* Hélade (*Grecia*)
hellbender [ˈhɛlˌbɛndər] *s* (zool.) salamandra gigante norteamericana; (slang) borrachera descabellada
hell-bent [ˈhɛlˈbɛnt] *adj* (slang) muy resuelto,

muy determinado; **hell-bent on** (slang) empeñado en, dirigiéndose con mucho empeño a
hellbroth [ˈhɛlˌbrɔθ] o [ˈhɛlˌbrɑθ] *s* caldo alterado, caldo infernal
hellcat [ˈhɛlˌkæt] *s* bruja; arpía, mujer perversa
helldiver [ˈhɛlˌdaɪvər] *s* (orn.) zambullidor, acintle
helleboraster [ˌhɛlɪbəˈræstər] *s* (bot.) eleborastro
hellebore [ˈhɛlɪbor] *s* (bot. & pharm.) eléboro
Hellene [ˈhɛlin] *s* heleno
Hellenic [hɛˈlɛnɪk] o [hɛˈlinɪk] *adj* helénico
Hellenism [ˈhɛlənɪzəm] *s* helenismo
Hellenist [ˈhɛlənɪst] *s* helenista
Hellenistic [ˌhɛləˈnɪstɪk] *adj* helenístico
Hellenization [ˌhɛlənɪˈzeʃən] *s* helenización
Hellenize [ˈhɛlənaɪz] *va* helenizar; *vn* helenizarse
Hellespont [ˈhɛlɪspɑnt] *s* Helesponto
hellfire [ˈhɛlˌfaɪr] *s* fuego del infierno
hellgrammite [ˈhɛlgrəmaɪt] *s* (ent.) larva de insecto neuróptero (*Corydalis cornuta*)
hellhound [ˈhɛlˌhaʊnd] *s* perro de los infiernos; demonio; fiera (*persona cruel*)
hellion [ˈhɛljən] *s* (coll.) pícaro, bribón
hellish [ˈhɛlɪʃ] *adj* infernal, diabólico
hello [hɛˈlo] *s* (*pl:* **-los**) grito, saludo; *interj* ¡hola!, ¡qué tal!; ¡aló!, ¡diga! (*en el teléfono*); *vn* gritar, saludar
hello girl *s* (coll.) chica telefonista
helm [hɛlm] *s* (naut.) barra o caña del timón, rueda del timón; (fig.) timón; (archaic) yelmo; **to luff the helm** (naut.) tirar del timón para orzar; *va* dirigir, gobernar; (archaic) dar yelmo a, cubrir con yelmo
helmet [ˈhɛlmɪt] *s* casco (*de la armadura; de soldado, bombero, buzo, etc.*)
helmeted [ˈhɛlmɪtɪd] *adj* que lleva casco
helminth [ˈhɛlmɪnθ] *s* ((zool.) helminto
helminthiasis [ˌhɛlmɪnˈθaɪəsɪs] *s* (path.) helmintiasis
helminthology [ˌhɛlmɪnˈθɑlədʒɪ] *s* helmintología
helmsman [ˈhɛlmzmən] *s* (*pl:* **-men**) (naut.) timonel
Héloïse [eloˈiz] *s* Eloísa
helot [ˈhɛlət] o [ˈhilət] *s* ilota; (*cap.*) *s* ilota
helotism [ˈhɛlətɪzəm] o [ˈhilətɪzəm] *s* ilotismo
helotry [ˈhɛlətrɪ] o [ˈhilətrɪ] *s* ilotismo; los ilotas
help [hɛlp] *s* ayuda, socorro; colaboración; ración (*de alimento*); remedio, p.ej., **there is no help for it** no hay remedio para ello; ayudante; criado, criados; empleado, empleados; obreros; **by the help of** con la ayuda de; **to be a great help to** prestar servicios importantes a, ser el brazo derecho de; **to be good help** ser buen ayudante; **to come to the help of** acudir en socorro de ‖ *interj* ¡socorro! ‖ *va* ayudar, socorrer; servir; aliviar, mitigar; remediar, evitar; **it can't be helped** no hay (más) remedio; **so help me God!** ¡así Dios me salve!; **to help along** ayudar (*a uno*) para que siga su camino o para que vaya tirando; **to help down** ayudar a bajar; **to help one with his coat** ayudarle a uno a ponerse el abrigo; **to help oneself** valerse por sí mismo; servirse; **to help one to** servirle a uno (*carne, pan, etc.*); **to help out** ayudar; ayudar a salir; **to help out of** ayudar a salir de; **to help to** + *inf* o **to help** + *inf* ayudar a + *inf;* **to help up** ayudar a subir; ayudar a levantarse; **to not be able to help** + *ger* no poder menos de + *inf*, p.ej., **I couldn't help laughing** no pude menos de reír; **to not be able to help but** + *inf* (coll.) no poder menos de + *inf*, p.ej., **he cannot help but come** no puede menos de venir ‖ *vn* ayudar; servir; **to help out** ayudar
helper [ˈhɛlpər] *s* ayudante; apoyo; mancebo (*p.ej., en una farmacia o barbería*)
helpful [ˈhɛlpfəl] *adj* útil, servicial; provechoso
helping [ˈhɛlpɪŋ] *s* ración, porción (*de alimento*)
helpless [ˈhɛlplɪs] *adj* débil, impotente; desvalido; incapaz, imposibilitado
helplessness [ˈhɛlplɪsnɪs] *s* debilidad, impotencia; desamparo; incapacidad
helpmate [ˈhɛlpˌmet] o **helpmeet** [ˈhɛlpˌmit] *s* compañero; compañera (*esposa*)
helter-skelter [ˈhɛltərˈskɛltər] *adj, adv* & *s* cochite hervite
helve [hɛlv] *s* astil, mango
Helvetia [hɛlˈviʃə] *s* la Helvecia
Helvetian [hɛlˈviʃən] *adj* & *s* helvecio
Helvetic [hɛlˈvɛtɪk] *adj* helvético; *s* protestante suizo
hem [hɛm] *s* tos fingida; (sew.) bastilla, dobladillo, repulgo; *interj* ¡ejem!; (*pret* & *pp:* **hemmed;** *ger:* **hemming**) *va* (sew.) bastillar, dobladillar, repulgar; **to hem about, around** o **in** encerrar estrechamente; poner trabas a; **to hem out** impedir (*a uno*) que entre; *vn* destoserse; tartalear; **to hem and haw** toser y retoser; tartalear; vacilar
hematic [hiˈmætɪk] *adj* hemático
hematin [ˈhɛmətɪn] o [ˈhimətɪn] *s* (physiol.) hematina
hematite [ˈhɛmətaɪt] o [ˈhimətaɪt] *s* (mineral.) hematites
hematocele [ˈhɛmatoˌsil] o [ˈhimatoˌsil] *s* (path.) hematocele
hematocrit [ˈhɛmatoˌkrɪt] *s* hematócrito
hematoma [ˌhiməˈtomə] o [ˌhɛməˈtomə] *s* (*pl:* **-mata** [mətə] o **-mas**) (path.) hematoma
hematopoiesis [ˌhɛmətopɔɪˈisɪs] o [ˌhimətopɔɪˈisɪs] *s* (physiol.) hematopoyesis
hematosis [ˌhiməˈtosɪs] o [ˌhɛməˈtosɪs] *s* (physiol.) hematosis
hematoxylin [ˌhiməˈtɑksɪlɪn] o [ˌhɛməˈtɑksɪlɪn] *s* (chem.) hematoxilina
hemelytral [hɛˈmɛlɪtrəl] *adj* hemélitro
hemelytron [hɛˈmɛlɪtrɑn] o **hemelytrum** [hɛˈmɛlɪtrəm] *s* (*pl:* **-tra** [trə]) (ent.) hemélitro
hemeralopia [ˌhɛmərəˈlopɪə] *s* (path.) hemeralopía
hemicellulose [ˌhɛmɪˈsɛljəlos] *s* (chem.) hemicelulosa
hemicrania [ˌhɛmɪˈkrenɪə] *s* (path.) hemicránea
hemicycle [ˈhɛmɪˌsaɪkəl] *s* hemiciclo
hemihedral [ˌhɛmɪˈhidrəl] *adj* (cryst.) hemiédrico o hemiedro
hemin [ˈhimɪn] *s* (biochem.) hemina
hemina [hɪˈmaɪnə] *s* (*pl:* **-nae** [ni]) (hist.) hemina
hemionus [hɪˈmaɪənəs] *s* (zool.) hemíono
hemiplegia [ˌhɛmɪˈplidʒɪə] *s* (path.) hemiplejía
hemipterous [hɪˈmɪptərəs] *adj* (ent.) hemíptero
hemisphere [ˈhɛmɪsfɪr] *s* hemisferio
hemispherical [ˌhɛmɪˈsfɛrɪkəl] *adj* hemisférico
hemispheroid [ˌhɛmɪˈsfɪrɔɪd] *s* (geom.) hemisferoide
hemistich [ˈhɛmɪstɪk] *s* hemistiquio
hemiterpene [ˌhɛmɪˈtʌrpin] *s* (chem.) hemiterpeno
hemline [ˈhɛmˌlaɪn] *s* bastilla de la falda, ruedo de la falda, bajo de la falda; **in the coming season the hemline will be higher** en la próxima temporada la falda se llevará más corta
hemlock [ˈhɛmlɑk] *s* (bot.) cicuta; (bot.) cicuta mayor (*Conium maculatum*); (bot.) abeto del Canadá (*Tsuga canadensis*); cicuta (*veneno*)
hemmer [ˈhɛmər] *s* repulgador (*persona y máquina*)
hemocyanin [ˌhimoˈsaɪənɪn] o [ˌhɛmoˈsaɪənɪn] *s* (biochem.) hemocianina
hemoglobin [ˌhimoˈglobɪn] o [ˌhɛmoˈglobɪn] *s* (biochem.) hemoglobina
hemoleucocyte [ˌhiməˈlukəsaɪt] o [ˌhɛməˈlukəsaɪt] *s* (anat.) hemoleucocito
hemolysin [ˌhiməˈlaɪsɪn], [ˌhɛməˈlaɪsɪn] o [hɪˈmɑlɪsɪn] *s* (immun.) hemolisina
hemolysis [hɪˈmɑlɪsɪs] *s* (immun.) hemólisis
hemophilia [ˌhiməˈfɪlɪə] o [ˌhɛməˈfɪlɪə] *s* (path.) hemofilia
hemophiliac [ˌhiməˈfɪlɪæk] o [ˌhɛməˈfɪlɪæk] *s* hemofílico
hemophilic [ˌhiməˈfɪlɪk] o [ˌhɛməˈfɪlɪk] *adj* hemofílico
hemoptysis [hɪˈmɑptɪsɪs] *s* (path.) hemoptisis
hemorrhage [ˈhɛmərɪdʒ] *s* (path.) hemorragia
hemorrhagic [ˌhɛməˈrædʒɪk] *adj* hemorrágico

hemorrhagic septicemia *s* (vet.) septicemia hemorrágica
hemorrhoidal [ˌhɛmə'rɔɪdəl] *adj* hemorroidal
hemorrhoidectomy [ˌhɛmərɔɪ'dɛktəmɪ] *s* (*pl:* **-mies**) (surg.) hemorroidectomía
hemorrhoids ['hɛmərɔɪdz] *spl* (path.) hemorroides
hemostat ['himəstæt] o ['hɛməstæt] *s* hemostato, pinza hemostática
hemostatic [ˌhimə'stætɪk] o [ˌhɛmə'stætɪk] *adj & s* (med.) hemostático
hemp [hɛmp] *s* (bot.) cáñamo (*planta y fibra*); hachich
hempen ['hɛmpən] *adj* cañameño
hempseed ['hɛmpˌsid] *s* cañamón; (slang) carne de horca
hemstitch ['hɛmˌstɪtʃ] *s* (sew.) vainica; *va* (sew.) hacer una vainica en; *vn* (sew.) hacer vainica
hen [hɛn] *s* gallina
henbane ['hɛnˌben] *s* (bot.) beleño
hence [hɛns] *adv* de aquí; fuera de aquí; desde ahora; por lo tanto, por consiguiente; de aquí a, p.ej., **three months hence** de aquí a tres meses; **years hence** cuando hayan pasado muchos años; *interj* ¡fuera de aquí!; **hence with . . . !** ¡quítenme de delante . . . !
henceforth [ˌhɛns'forθ] o **henceforward** [ˌhɛns'fɔrwərd] *adv* de aquí en adelante
henchman ['hɛntʃmən] *s* (*pl:* **-men**) secuaz, servidor; muñidor
hencoop ['hɛnˌkup] o ['hɛnˌkʊp] *s* gallinero
hendecagon [hɛn'dɛkəgɑn] *s* (geom.) endecágono
hendecasyllabic [ˌhɛndɛkəsɪ'læbɪk] *adj* endecasílabo
hendecasyllable [ˌhɛndɛkə'sɪləbəl] *s* endecasílabo
hendiadys [hɛn'daɪədɪs] *s* (rhet.) endíadis
henequen o **henequin** ['hɛnɪkɪn] *s* (bot.) henequén (*planta y su filamento*)
henhouse ['hɛnˌhaʊs] *s* gallinero
henna ['hɛnə] *s* (bot.) alheña, alcana (*Lawsonia inermis*); henna (*materia colorante*); color de alheña; *va* alheñarse (*el pelo*)
hennery ['hɛnərɪ] *s* (*pl:* **-ies**) gallinero
henotheism [ˌhɛnə'θiɪzəm] *s* henoteísmo
henpeck ['hɛnˌpɛk] *va* importunar, tener subordinado (*al marido*)
henpecked husband *s* marido dominado e importunado por su mujer, marido que se deja mandar por su mujer
Henrietta [ˌhɛnrɪ'ɛtə] *s* Enriqueta
Henry ['hɛnrɪ] *s* Enrique; (*l.c.*) *s* (*pl:* **-ries** o **-rys**) (elec.) henrio
hep [hɛp] *adj* (slang) enterado; **to be hep to** (slang) estar al corriente de; **to put someone hep to** (slang) poner a uno al corriente de
heparin ['hɛpərɪn] *s* (pharm.) heparina
hepatic [hɪ'pætɪk] *adj* hepático; de color del hígado
hepatica [hɪ'pætɪkə] *s* (bot.) hepática
hepatitis [ˌhɛpə'taɪtɪs] *s* (path.) hepatitis
hepatization [ˌhɛpətɪ'zeʃən] *s* (path.) hepatización
hepcat ['hɛpˌkæt] *s* (slang) experto en jazz, aficionado al jazz
Hephaestus [hɪ'fɛstəs] *s* (myth.) Hefestos
heptagon ['hɛptəgɑn] *s* (geom.) heptágono
heptagonal [hɛp'tægənəl] *adj* heptagonal
heptahedron [ˌhɛptə'hidrən] *s* (*pl:* **-drons** o **-dra** [drə]) (geom.) heptaedro
heptameter [hɛp'tæmɪtər] *s* heptámetro
heptane ['hɛpten] *s* (chem.) heptano
heptangular [hɛp'tæŋgjələr] *adj* heptangular
heptarchy ['hɛptɑrkɪ] *s* (*pl:* **-chies**) heptarquía; **the Heptarchy** la Heptarquía anglosajona
heptasyllabic [ˌhɛptəsɪ'læbɪk] *adj* heptasílabo
heptasyllable [ˌhɛptə'sɪləbəl] *s* heptasílabo
Heptateuch ['hɛptətjuk] o ['hɛptətuk] *s* (Bib.) Heptateuco
her [hʌr] *adj poss* su; el (o su) . . . de ella; *pron pers* la; ella; **to her** le; a ella
Hera ['hirə] o ['hɪrə] *s* (myth.) Hera
Heracles ['hɛrəkliz] *s* (myth.) Heracles
Heraclitus [ˌhɛrə'klaɪtəs] *s* Heráclito
Herakles ['hɛrəkliz] *s* var. de **Heracles**
herald ['hɛrəld] *s* heraldo; anunciador, precursor; *va* anunciar, ser precursor de
heraldic [hɛ'rældɪk] *adj* heráldico
heraldry ['hɛrəldrɪ] *s* (*pl:* **-ries**) heráldica; blasón, escudo de armas; heraldía (*cargo u oficio de heraldo*); pompa heráldica, ceremonias heráldicas
herb [ʌrb] o [hʌrb] *s* hierba (*planta cuyo tallo nace todos los años*); hierba medicinal, hierba aromática
herbaceous [hʌr'beʃəs] *adj* herbáceo
herbage ['ʌrbɪdʒ] o ['hʌrbɪdʒ] *s* herbaje
herbal ['hʌrbəl] o ['ʌrbəl] *adj* herbario; *s* herbario (*libro*)
herbalist ['hʌrbəlɪst] o ['ʌrbəlɪst] *s* herbolario, simplista
herbarium [hʌr'bɛriəm] *s* (*pl:* **-ums** o **-a** [ə]) herbario (*colección; local*)
herb bennet ['bɛnɪt] *s* (bot.) hierba de San Benito
herb doctor *s* herbolario
herbiferous [hʌr'bɪfərəs] *adj* herbífero
herbivorous [hʌr'bɪvərəs] *adj* herbívoro
herbman ['ʌrbmən] o ['hʌrbmən] *s* (*pl:* **-men**) herbolario
herb mercury *s* (bot.) mercurial
herby ['ʌrbɪ] o ['hʌrbɪ] *adj* herboso
Herculaneum [ˌhʌrkjə'lenɪəm] *s* Herculano
Herculean [hʌr'kjulɪən] o [ˌhʌrkjə'liən] *adj* hercúleo (*perteneciente a Hércules*); (*l.c.*) *adj* hercúleo (*forzudo, fornido*); laborioso, penoso
Hercules ['hʌrkjəliz] *s* (astr. & myth.) Hércules
herd [hʌrd] *s* manada, hato, rebaño; multitud; chusma; manadero, vaquero; *va* reunir en manada; juntar; *vn* reunirse en manada, ir en manada; ir juntos
herd instinct *s* instinto de rebaño
herdsman ['hʌrdzmən] *s* (*pl:* **-men**) manadero, vaquero
here [hɪr] *adv* aquí; acá; **that's neither here nor there** eso no viene al caso; **the here and the hereafter** esta vida y la futura; **here and there** acá y allá; **here below** acá abajo (*acá en la tierra*); **here is** o **are** aquí tiene Vd.; **here's to you!** ¡a la salud de Vd.!; *adj* presente; *interj* ¡presente!; (*cap.*) ['hiri] *s* (myth.) Hera
hereabout ['hɪrəˌbaʊt] o **hereabouts** ['hɪrəˌbaʊts] *adv* por aquí, cerca de aquí
hereafter [hɪr'æftər] o [hɪr'ɑftər] *adv* de aquí en adelante; en lo futuro; en la vida futura; *s* estado futuro; **the hereafter** lo futuro; la vida futura
hereat [hɪr'æt] *adv* en esto; por esto
hereby [hɪr'baɪ] *adv* por este medio; por éstas, por la presente
hereditable [hɪ'rɛdɪtəbəl] *adj* heredable
hereditary [hɪ'rɛdɪˌtɛrɪ] *adj* hereditario
heredity [hɪ'rɛdɪtɪ] *s* (*pl:* **-ties**) (biol.) herencia
herein [hɪr'ɪn] *adv* adjunto, aquí dentro; en esto, en este asunto
hereinafter [ˌhɪrɪn'æftər] o [ˌhɪrɪn'ɑftər] *adv* más abajo, más adelante
hereinbefore [hɪrˌɪnbɪ'for] *adv* en lo precedente; **as hereinbefore stated** como queda dicho en los párrafos precedentes
hereinto [hɪr'ɪntu] *adv* en esto
hereof [hɪr'ɑv] *adv* de esto
hereon [hɪr'ɑn] o [hɪr'ɔn] *adv* en esto, sobre esto
here's [hɪrz] contracción de **here is**
heresiarch [hɪ'risɪɑrk] *s* heresiarca
heresy ['hɛrəsɪ] *s* (*pl:* **-sies**) herejía
heretic ['hɛrətɪk] *s* hereje; *adj* herético
heretical [hɪ'rɛtɪkəl] *adj* herético
hereto [hɪr'tu] *adv* a esto, para esto
heretofore [ˌhɪrtʊ'for] *adv* antes, hasta ahora
hereunder [hɪr'ʌndər] *adv* abajo; en virtud de esto
hereunto [ˌhɪrʌn'tu] *adv* a esto, para esto
hereupon [ˌhɪrə'pɑn] *adv* en esto, sobre esto; en seguida
herewith [hɪr'wɪð] o [hɪr'wɪθ] *adv* con esto; adjunto, con la presente; por este medio, de este modo
heritable ['hɛrɪtəbəl] *adj* heredable; heredero
heritage ['hɛrɪtɪdʒ] *s* herencia

herma [ˈhʌrmə] *s* (*pl:* **-mae** [mi] o **-mai** [maɪ]) (hist.) herma
hermaphrodite [hʌrˈmæfrədaɪt] *adj & s* hermafrodita
hermaphrodite brig *s* (naut.) bergantín goleta
hermaphroditic [hʌrˌmæfrəˈdɪtɪk] o **hermaphroditical** [hʌrˌmæfrəˈdɪtɪkəl] *adj* hermafrodita
hermaphroditism [hʌrˈmæfrədaɪtɪzəm] *s* (biol.) hermafroditismo
hermeneutic [ˌhʌrməˈnjutɪk] o [ˌhʌrməˈnutɪk] *adj* hermenéutico; **hermeneutics** *ssg* hermenéutica
Hermes [ˈhʌrmiz] *s* (myth.) Hermes
hermetic [hʌrˈmetɪk] o **hermetical** [hʌrˈmetɪkəl] *adj* hermético
Hermione [hʌrˈmaɪənɪ] *s* (myth.) Hermíone
hermit [ˈhʌrmɪt] *s* ermitaño
hermitage [ˈhʌrmɪtɪdʒ] *s* ermita
hermit crab *s* (zool.) ermitaño
hermit thrush *s* (orn.) tordo norteamericano (*Hylocichla guttata*)
hernia [ˈhʌrnɪə] *s* (*pl:* **-as** o **-ae** [i]) (path.) hernia
hernial [ˈhʌrnɪəl] *adj* herniario
hero [ˈhɪro] *s* (*pl:* **-roes**) héroe; (*cap.*) *s* (myth.) Hero
Herod [ˈherəd] *s* (Bib.) Herodes
Herodian [hɪˈrodɪən] *adj* herodiano
Herodias [hɪˈrodɪəs] *s* (Bib.) Herodías
Herodotus [hɪˈrɑdətəs] *s* Heródoto
heroic [hɪˈro·ɪk] *adj* heroico; (med.) heroico; *s* poema heroico; **heroics** *spl* lenguaje rimbombante; acto extravagante; verso heroico
heroic age *s* edad heroica, tiempos heroicos
heroical [hɪˈro·ɪkəl] *adj* heroico
heroic couplet *s* estrofa de dos versos heroicos pareados, de cinco yambos cada uno
heroicomic [hɪˌro·ɪˈkɑmɪk] *adj* heroicocómico
heroic verse *s* verso heroico (*verso que en cada idioma se tiene por más a propósito para la poesía heroica: el pentámetro yámbico en inglés y el endecasílabo yámbico en español*)
heroin [ˈhero·ɪn] *s* (pharm.) heroína
heroine [ˈhero·ɪn] *s* heroína
heroism [ˈhero·ɪzəm] *s* heroísmo
heron [ˈherən] *s* (orn.) garza; (orn.) garza real, airón (*Ardea cinerea*)
heronry [ˈherənrɪ] *s* (*pl:* **-ries**) vivar de garzas
heron's-bill [ˈherənzˌbɪl] *s* (bot.) pico de cigüeña
hero worship *s* culto de los héroes
herpes [ˈhʌrpiz] *s* (path.) herpe
herpetic [hərˈpetɪk] *adj* herpético
herpetology [ˌhʌrpɪˈtɑlədʒɪ] *s* herpetología
herring [ˈherɪŋ] *s* (ichth.) arenque
herringbone [ˈherɪŋˌbon] *s* espina de pescado (*en los tejidos*); punto de Hungría, espinapez (*en los entarimados*); *adj* de espina de pescado; a punto de Hungría
herring gull *s* (orn.) gaviota
hers [hʌrz] *pron poss* el suyo, el de ella; **a friend of hers** un amigo suyo
herself [hərˈself] *pron pers* ella misma; se; sí, sí misma; **with herself** consigo
Hertzian [ˈhertsɪən] *adj* (elec.) herciano o hertziano
Hertzian wave *s* (elec.) onda herciana o hertziana
he's [hiz] contracción de **he is** y de **he has**
Hesiod [ˈhisɪəd] *s* Hesíodo
hesitance [ˈhezɪtəns] *s* var. de **hesitancy**
hesitancy [ˈhezɪtənsɪ] *s* (*pl:* **-cies**) vacilación
hesitant [ˈhezɪtənt] *adj* vacilante
hesitate [ˈhezɪtet] *vn* vacilar; **don't hesitate to** + *inf* no tema + *inf*, no tenga miedo de + *inf*; **to hesitate to** + *inf* vacilar en + *inf*
hesitatingly [ˈhezɪˌtetɪŋlɪ] *adv* de modo vacilante
Hesper [ˈhespər] *s* var. de **Hesperus**
Hesperia [hesˈpɪrɪə] *s* Hesperia (*España o Italia*)
Hesperian [hesˈpɪrɪən] *adj* hespérido (*occidental*); hesperio (*perteneciente a España o Italia*)
Hesperides [hesˈperɪdiz] *spl* (myth.) Hespérides (*cuatro ninfas*); (myth.) jardín de las Hespérides (*cuyos árboles producían manzanas de oro*)
hesperidin [hesˈperɪdɪn] *s* (chem.) hesperidina
hesperidium [ˌhespəˈrɪdɪəm] *s* (*pl:* **-a** [ə]) (bot.) hesperidio
Hesperus [ˈhespərəs] *s* Héspero (*el planeta Venus*)
Hessian [ˈheʃən] *adj* hesiense; *s* hesiense; soldado mercenario hesiense
Hessian boots *spl* botas adornadas con borlas, muy usadas en Inglaterra en el siglo XIX
Hessian crucible *s* crisol de arcilla muy refractaria
Hessian fly *s* (ent.) cecidomio
hetaera [hɪˈtɪrə] *s* (*pl:* **-rae** [ri]) (hist.) hetera
hetaira [hɪˈtaɪrə] *s* (*pl:* **-rai** [raɪ]) var. de **hetaera**
heterocercal [ˌhetərəˈsʌrkəl] *adj* (ichth.) heterocerco
heterochlamydeous [ˌhetərəkləˈmɪdɪəs] *adj* (bot.) heteroclamídeo
heteroclite [ˈhetərəˌklaɪt] *adj* heteróclito; *s* persona o cosa heteróclitas; (gram.) palabra heteróclita
heterocyclic [ˌhetərəˈsaɪklɪk] o [ˌhetərəˈsɪklɪk] *adj* (chem.) heterocíclico
heterodox [ˈhetərədɑks] *adj* heterodoxo
heterodoxy [ˈhetərəˌdɑksɪ] *s* (*pl:* **-ies**) heterodoxia
heterodyne [ˈhetərəˌdaɪn] *adj* (rad.) heterodino; *s* (rad.) heterodina (*oscilador*); *va & vn* (rad.) heterodinar
heterodyne reception *s* (rad.) recepción heterodina
heteroecism [ˌhetəˈrisɪzəm] *s* (biol.) heteroecia
heterogamous [ˌhetəˈrɑgəməs] *adj* (bot.) heterógamo
heterogamy [ˌhetəˈrɑgəmɪ] *s* heterogamia
heterogeneity [ˌhetərədʒɪˈniɪtɪ] *s* (*pl:* **-ties**) heterogeneidad
heterogeneous [ˌhetərəˈdʒinɪəs] *adj* heterogéneo
heteronym [ˈhetərəˌnɪm] *s* heterónimo
heteronymous [ˌhetəˈrɑnɪməs] *adj* heterónimo
heterophyllous [ˌhetərəˈfɪləs] *adj* (bot.) heterofilo
heterophylly [ˈhetərəˌfɪlɪ] *s* (bot.) heterofilia
heteroplasty [ˈhetərəˌplæstɪ] *s* (surg.) heteroplastia
heterotrophic [ˌhetərəˈtrɑfɪk] *adj* (biol.) heterótrofo
hetman [ˈhetmən] *s* (*pl:* **-mans**) hetmán (*caudillo de cosacos*)
heuristic [hjʊˈrɪstɪk] *adj* heurístico
hew [hju] (*pret:* **hewed**; *pp:* **hewed** o **hewn**) *va* cortar, tajar; hachear; desbastar; picar (*piedra*); labrar (*madera, piedra*); **to hew down** cortar, destroncar, derribar o tumbar a hachazos; **to hew one's way through** abrirse paso a fuerza de hachazos por entre; *vn* dar hachazos; **to hew close to the line** (coll.) hilar delgado
hewn [hjun] *pp de* **hew**
hex [heks] *s* (coll.) bruja, hechicera; *va* (coll.) embrujar
hexachord [ˈheksəkərd] *s* (mus.) hexacordo
hexafluoride [ˌheksəˈfluəraɪd] o [ˌheksəˈfluərɪd] *s* (chem.) hexafluoruro
hexagon [ˈheksəgɑn] *s* (geom.) hexágono
hexagonal [heksˈægənəl] *adj* hexagonal
hexagram [ˈheksəgræm] *s* hexagrama
hexahedral [ˌheksəˈhidrəl] *adj* hexaédrico
hexahedron [ˌheksəˈhidrən] *s* (*pl:* **-drons** o **-dra** [drə]) (geom.) hexaedro
hexameter [heksˈæmɪtər] *adj & s* hexámetro
hexamethylenetetramine [ˌheksəˌmeθilinˌtetrəˈmin] *s* (chem.) hexametilenotetramina
hexane [ˈheksen] *s* (chem.) hexano
hexangular [heksˈæŋgjələr] *adj* hexángulo
hexapetalous [ˌheksəˈpetələs] *adj* (bot.) hexapétalo
hexapod [ˈheksəpɑd] *adj* hexápodo; *s* (ent.) hexápodo
Hexateuch [ˈheksətjuk] o [ˈheksətuk] *s* (Bib.) Hexateuco
hexose [ˈheksos] *s* (chem.) hexosa
hey [he] *interj* ¡eh!, ¡oiga!, ¡oye!

H

heyday ['he,de] *s* época de esplendor, época de mayor prosperidad, vigor, etc.
Hezekiah [,hezɪ'kaɪə] *s* (Bib.) Ezequías
hf. abr. de **half**
hg. abr. de **hectogram**
H.H. abr. de **Her Highness, His Highness** y **His Holiness**
hhd. abr. de **hogshead**
H.I. abr. de **Hawaiian Islands**
hiatus [haɪ'etəs] *s* (*pl:* **-tuses** o **-tus**) abertura, laguna; hiato (*en un manuscrito o texto impreso*); (anat., gram. & pros.) hiato
hibernal [haɪ'bʌrnəl] *adj* hibernal, invernal
hibernate ['haɪbərnet] *vn* invernar; (biol.) hibernar
hibernation [,haɪbər'neʃən] *s* invernación; (biol.) invernación, hibernación
Hibernian [haɪ'bʌrnɪən] *adj & s* hibernés o hiberniano
hibiscus [hɪ'bɪskəs] o [haɪ'bɪskəs] *s* (bot.) hibisco
hiccough o **hiccup** ['hɪkʌp] *s* hipo; *va* decir con hipos; *vn* hipar
hick [hɪk] *adj & s* (slang) campesino; (slang) palurdo
hickey ['hɪkɪ] *s* adminículo, chisme; (elec.) casquillo conectador, manguito sujetador; (elec.) doblador de tubos
hickory ['hɪkərɪ] *s* (*pl:* **-ries**) (bot.) nuez dura
hickory nut *s* nuez dura
hid [hɪd] *pret & pp de* **hide**
hidden ['hɪdən] *pp de* **hide;** *adj* escondido, oculto; recóndito, obscuro; secreto
hide [haɪd] *s* cuero, piel; **hides** *spl* corambre, curtidos; **neither hide nor hair** ni un vestigio; **to tan someone's hide** (coll.) zurrarle a uno la badana; (*pret & pp:* **hided**) *va* aporrear, medir las costillas a; (*pret:* **hid;** *pp:* **hidden** o **hid**) *va* esconder, ocultar; encubrir; disimular; *vn* esconderse, ocultarse; **to hide out** (coll.) recatarse (*en lugar apartado*)
hide-and-seek ['haɪdənd'sik] *s* escondite; **to play hide-and-seek** jugar al escondite
hidebound ['haɪd,baʊnd] *adj* que tiene la piel pegada a los huesos; dogmático, obstinado, fanático
hideous ['hɪdɪəs] *adj* feote; horrible, espantoso
hideousness ['hɪdɪəsnɪs] *s* fealdad; horribilidad
hide-out ['haɪd,aʊt] *s* (coll.) guarida, escondrijo, refugio
hiding ['haɪdɪŋ] *s* ocultación; escondite; (coll.) tunda, zurra; **in hiding** escondido, oculto; emboscado
hidrosis [hɪ'drosɪs] *s* (path.) hidrosis
hie [haɪ] (*pret & pp:* **hied;** *ger:* **hieing** o **hying**) *va* apresurar; incitar; **hie thee** date prisa; **hie thee home** apresúrate a volver a casa; *vn* correr, volar, ir volando
hierarch ['haɪərɑrk] *s* jerarca
hierarchic [,haɪə'rɑrkɪk] o **hierarchical** [,haɪə'rɑrkɪkəl] *adj* jerárquico
hierarchize ['haɪərɑrkaɪz] *va* jerarquizar
hierarchy ['haɪə,rɑrkɪ] *s* (*pl:* **-chies**) jerarquía
hieratic [,haɪə'rætɪk] o **hieratical** [,haɪə'rætɪkəl] *adj* hierático
hieroglyph ['haɪərə,glɪf] *s* jeroglífico
hieroglyphic [,haɪərə'glɪfɪk] *adj & s* jeroglífico
hieroglyphical [,haɪərə'glɪfɪkəl] *adj* jeroglífico
Hieronymite [,haɪə'rɑnɪmaɪt] *adj & s* jerónimo
hierophant ['haɪərəfænt] o [haɪ'ɛrəfænt] *s* hierofanta o hierofante
hi-fi ['haɪ'faɪ] *adj* (coll.) de alta fidelidad; *s* (coll.) alta fidelidad
hi-fi fan *s* (coll.) aficionado a la alta fidelidad
higgle ['hɪgəl] *vn* regatear, discutir (*sobre precios*)
higgledy-piggledy ['hɪgəldɪ'pɪgəldɪ] *adj* confuso, revuelto; *adv* confusamente, a río revuelto, sin orden ni concierto; *s* confusión
high [haɪ] *adj* alto; de alto, de altura; sumo (*pontífice*); crecido (*río*); agudo (*sonido*); fuerte (*viento*); bueno (*ánimo, humor*); altanero (*modo de proceder*); (coll.) borracho; (cook.) manido; **high and dry** en seco; plantado, abandonado, desamparado; **high and mighty** (coll.) muy arrogante; *adv* altamente, sumamente; en sumo grado; a gran precio; **to aim high** poner el tiro muy alto; **to come high** venderse caro; **to fly high** ser muy optimista; ser muy ambicioso, confiar mucho en su buena estrella; **high and low** por todas partes; **higher than** más alto que; más arriba de (*sobre*); *s* colmo; (aut.) toma directa, marcha directa; (com.) (el) precio más alto; **on high** en las alturas, en el cielo
high altar *s* altar mayor
highball ['haɪ,bɔl] *s* highball (*whisky con hielo y agua gaseosa*); *vn* (slang) avanzar o pasar con rapidez
high-blooded ['haɪ'blʌdɪd] *adj* de noble alcurnia
high blood pressure *s* (path.) hipertensión arterial
highborn ['haɪ,bɔrn] *adj* de ilustre cuna, linajudo
highboy ['haɪ,bɔɪ] *s* cómoda alta sostenida por patas altas
highbred ['haɪ,brɛd] *adj* de familia ilustre; cortés, fino
highbrow ['haɪ,braʊ] *adj* (slang) erudito, docto; (slang) de o para gente erudita; *s* (slang) erudito, docto
high chair *s* silla alta
High Church *s* alta iglesia (*rama conservadora de la Iglesia anglicana*)
High-Church ['haɪ,tʃʌrtʃ] *adj* ritualista
high-colored ['haɪ,kʌlərd] *adj* de color subido; encarnado
high comedy *s* alta comedia
high command *s* (mil.) alto mando, alto comando
high commissioner *s* alto comisario
high-compression ['haɪkəm'prɛʃən] *adj* de alta compresión
high cost of living *s* carestía de la vida
high day *s* día de fiesta
higher criticism *s* alta crítica (*especialmente de la Biblia*)
higher education *s* enseñanza superior
higher-up [,haɪər'ʌp] *s* (coll.) superior jerárquico
high explosive *s* explosivo rompedor
highfalutin o **highfaluting** [,haɪfə'lutən] *adj* (coll.) pomposo; (coll.) soberbio, presuntuoso
high fashion *s* alta costura
high fidelity *s* (rad.) alta fidelidad
high-fidelity ['haɪfaɪ'dɛlɪtɪ] o ['haɪfɪ'dɛlɪtɪ] *adj* (rad.) de alta fidelidad
highflier ['haɪ,flaɪər] *s* persona, cosa, pájaro de alto vuelo; extravagante; despilfarrador
high-flown ['haɪ,flon] *adj* ampuloso, pomposo; extravagante; soberbio, presuntuoso
highflyer ['haɪ,flaɪər] *s* var. de **highflier**
high frequency *s* (elec.) alta frecuencia
high-frequency ['haɪ'frikwənsɪ] *adj* (elec.) de alta frecuencia
high-gain ['haɪ'gen] *adj* (rad.) de alta ganancia
high gear *s* (aut.) toma directa, marcha directa
High German *s* altoalemán
High-German ['haɪ'dʒʌrmən] *adj* altoalemán
high-grade ['haɪ'gred] *adj* de calidad superior
high hand *s* arbitrariedad, despotismo, altanería
high-handed ['haɪ'hændɪd] *adj* arbitrario, despótico, altanero
high hat *s* sombrero de copa
high-hat ['haɪ'hæt] *adj* (slang) esnob; (slang) elegante, que es el colmo de la elegancia; **to be high-hat** (slang) tener mucho copete; [,haɪ'hæt] (*pret & pp:* **-hatted;** *ger:* **-hatting**) *va* (slang) desairar, tratar con desprecio estudiado
high-heeled shoe ['haɪ,hild] *s* zapato de tacón alto
high horse *s* presunción, ademán arrogante; **on a high horse** muy arrogante
highjack ['haɪ,dʒæk] *va* (coll.) var. de **hijack**
highjacker ['haɪ,dʒækər] *s* (coll.) var. de **hijacker**
high jinks [dʒɪŋks] *s* (coll.) jarana, jaleo, payasada
high jump *s* (sport) salto de altura

highland ['haɪlənd] *adj* de (las) tierras altas; *s* meseta, región montañosa; **highlands** *spl* tierras altas, montañas; **Highlands** *spl* región montañosa de Escocia
highlander ['haɪləndər] *s* montañés; (*cap.*) *s* montañés de Escocia; soldado de un regimiento de montañeses de Escocia
Highland fling *s* baile muy vivo de las tierras altas de Escocia
high life *s* alta sociedad, gran mundo
high light *s* (lo) más notable o interesante (*de un viaje, fiesta, etc.*); toque de luz (*de una pintura, fotografía, etc.*)
highlight ['haɪ,laɪt] *va* inundar de luz; (fig.) destacar
highly ['haɪlɪ] *adv* altamente, sumamente; en sumo grado; con aplauso general; a gran precio; **to speak highly of** decir mil bienes de
High Mass *s* (eccl.) misa cantada o mayor
high-minded ['haɪ'maɪndɪd] *adj* noble, magnánimo; arrogante, orgulloso
highness ['haɪnɪs] *s* altura; (*cap.*) *s* Alteza (*título*)
high noon *s* pleno mediodía; **at high noon** en pleno mediodía
high-octane gasoline [,haɪ'ɑkten] *s* gasolina de alto octanaje
high-pass filter ['haɪ,pæs] o ['haɪ,pɑs] *s* (elec.) filtro paso superior, filtro de paso alto
high-pitched ['haɪ'pɪtʃt] *adj* agudo, aflautado, chillón; escarpado; tenso, impresionable
high-powered ['haɪ'paʊərd] *adj* de gran potencia, de alta potencia
high-pressure ['haɪ'preʃər] *adj* de alta presión; (fig.) emprendedor, enérgico; *va* (coll.) apremiar, instar; **to high-pressure someone to do something** (coll.) instarle a uno a que haga una cosa
high-priced ['haɪ'praɪst] *adj* de alto costo, de precio elevado
high priest *s* sumo sacerdote
high relief *s* alto relieve
highroad ['haɪ,rod] *s* carretera, camino real; (fig.) camino real
high school *s* instituto, instituto de segunda enseñanza
high sea *s* mar gruesa; **high seas** *spl* alta mar
high society *s* alta sociedad, gran mundo
high-sounding ['haɪ,saʊndɪŋ] *adj* altisonante
high-speed ['haɪ'spid] *adj* rápido, de alta velocidad
high-speed drill *s* broca de alta velocidad
high-speed steel *s* acero rápido, acero de corte rápido
high-spirited ['haɪ'spɪrɪtɪd] *adj* orgulloso; animoso, valiente; fogoso (*caballo*)
high spirits *spl* alegría, buen humor; **in high spirits** alegre, animoso
high-strung ['haɪ'strʌŋ] *adj* tenso, impresionable, excitable
high style *s* alta costura
hight [haɪt] *adj* (archaic) llamado
high tension *s* (elec.) alta tensión
high-tension ['haɪ'tenʃən] *adj* (elec.) de alta tensión
high terms *s* palabras lisonjeras
high-test ['haɪ'test] *adj* que pasa pruebas rigurosas; de alta volatilidad
high-test fuel *s* supercarburante
high tide *s* (naut.) marea alta, pleamar; (fig.) apogeo
high time *s* hora, p.ej., **it is high time for you to leave** ya es hora de que se marche Vd.; (slang) jarana, parranda, francachela
high-toned ['haɪ'tond] *adj* agudo, aflautado, chillón; noble, caballeroso; (coll.) elegante, de buen tono
high treason *s* alta traición
high-up ['haɪ'ʌp] *adj* de alto copete
high-voltage ['haɪ'voltɪdʒ] *adj* (elec.) de alto voltaje, de alta tensión
high water *s* aguas altas; marea alta, pleamar
high-water mark ['haɪ'wɔtər] o ['haɪ'wɑtər] *s* línea de aguas altas; línea de la marea alta; (fig.) apogeo, colmo
highway ['haɪ,we] *s* carretera, camino real; (fig.) camino real
highway department *s* servicio de tránsito de caminos
highwayman ['haɪ,wemən] *s* (*pl:* **-men**) bandolero, salteador de caminos
highway robber *s* salteador de caminos
highway robbery *s* salteamiento
highway signals *spl* señales de ruta
high words *spl* palabras airadas, palabras ofensivas
H.I.H. abr. de **His** o **(Her) Imperial Highness**
hijack ['haɪ,dʒæk] *va* (coll.) asaltar a un contrabandista quitándole (*el licor u otro contrabando en camino*); (coll.) asaltar (*a un contrabandista*); (coll.) robar; (coll.) apoderarse violentamente de (*un avión en vuelo*)
hijacker ['haɪ,dʒækər] *s* (coll.) salteador o atracador (*cuyas víctimas son otros bandidos o contrabandistas*); (coll.) robador
hike [haɪk] *s* (coll.) caminata; (coll.) aumento; *va* elevar de un tirón, sacar violentamente; (coll.) aumentar; *vn* (coll.) dar una caminata o caminatas, caminar por lugares agrestes
hiker ['haɪkər] *s* (coll.) caminante, aficionado a las caminatas
hilarious [hɪ'lerɪəs] o [haɪ'lerɪəs] *adj* regocijado, jubiloso
hilarity [hɪ'lærɪtɪ] o [haɪ'lærɪtɪ] *s* hilaridad, regocijo bullicioso
Hilary ['hɪlərɪ] *s* Hilario
hill [hɪl] *s* colina, collado, cerro; montoncillo; *va* amontonar; (agr.) acobijar, aporcar, recalzar; *vn* amontonarse
hillbilly ['hɪl,bɪlɪ] *s* (*pl:* **-lies**) (coll.) rústico montañés (*del sur de los EE.UU.*)
hilling ['hɪlɪŋ] *s* amontonamiento; (agr.) acobijo, aporcado
hillock ['hɪlək] *s* altozano, cerrejón
hillside ['hɪl,saɪd] *s* ladera
hilly ['hɪlɪ] *adj* (*comp:* **-ier;** *super:* **-iest**) colinoso, montuoso; empinado
hilt [hɪlt] *s* empuñadura, puño; **up to the hilt** completamente
hilum ['haɪləm] *s* (*pl:* **-la** [lə]) (anat.) hilio; (bot.) hilo
H.I.M. abr. de **His** o **(Her) Imperial Majesty**
him [hɪm] *pron pers* le, lo; él; **to him** le; a él
Himalaya, The [hɪ'mɑljə] o [,hɪmə'leə] el Himalaya; **The Himalayas** el Himalaya, los montes Himalaya
Himalaya Mountains *spl* montes Himalaya
Himalayan [hɪ'mɑljən] o [,hɪmə'leən] *adj* himalayo
himself [hɪm'self] *pron pers* él mismo; se; sí, sí mismo; **with himself** consigo
Hind. abr. de **Hindu, Hindustan** y **Hindustani**
hind [haɪnd] *adj* trasero, posterior; *s* (*pl:* **hinds** o **hind**) cierva; (*pl:* **hinds**) labriego, gañán, campesino
hindbrain ['haɪnd,bren] *s* (anat.) rombencéfalo; (anat.) metencéfalo
hinder ['haɪndər] *adj* trasero, posterior; ['hɪndər] *va* estorbar, impedir, dificultar; **to hinder from** + *ger* impedir + *inf* o impedir que + *subj*
hindermost ['haɪndərmost] *adj* var. de **hindmost**
hind-foremost ['haɪnd'formost] *adv* (dial.) con lo de atrás delante
Hindi ['hɪndi] *s* hindí
hindmost ['haɪndmost] *adj* postrero, último
Hindoo ['hɪndu] *adj & s* var. de **Hindu**
hindquarter ['haɪnd,kwɔrtər] *s* cuarto trasero
hindrance ['hɪndrəns] *s* estorbo, impedimento, obstáculo
hindsight ['haɪnd,saɪt] *s* percepción a posteriori, percepción tardía; mira posterior (*de un arma de fuego*)
Hindu ['hɪndu] *adj & s* hindú
Hinduism ['hɪnduɪzəm] *s* hinduísmo
Hindustan [,hɪndu'stɑn] *s* el Indostán
Hindustani [,hɪndu'stɑnɪ] *adj* indostánico; *s* indostaní o hindustaní (*lengua*)
hinge [hɪndʒ] *s* charnela, bisagra, gozne; (b.b.) cartivana; (mach.) charnela; (zool.) charnela (*de las dos valvas de los moluscos*); (fig.) punto capital, (lo) más esencial; *va* engoznar; *vn* girar sobre un gozne; **to hinge on** o **upon** depender de

hinged [hɪndʒd] *adj* articulado, de bisagra
hinge joint *s* (anat.) gínglimo
hinny [ˈhɪnɪ] *s* (*pl:* **-nies**) burdégano
hint [hɪnt] *s* indirecta, puntada, insinuación; consejo; **to take the hint** darse por aludido; *va* insinuar; indicar; *vn* echar una indirecta; echar indirectas; **to hint at** insinuar; dar a entender que se desea (*una cosa*)
hinterland [ˈhɪntər,lænd] *s* interior (*de un territorio colonial*); región lejana de los centros urbanos
hip [hɪp] *s* (anat.) cadera; escaramujo (*fruto*); lima, caballete (*arista formada por el encuentro de dos vertientes*); (arch.) lima tesa (*ángulo*); **to have someone on** o **upon the hip** tenerle a uno acorralado, tenerle a uno entre la espada y la pared; **hip and thigh** duramente, sin piedad
hipbone [ˈhɪp,bon] *s* (anat.) cía, hueso de la cadera
Hipparchus [hɪˈpɑrkəs] *s* Hiparco
hipped [hɪpt] *adj* renco; a cuatro aguas (*tejado*); (coll.) triste, melancólico; (coll.) enojado, ofendido; (coll.) obsesionado; **hipped on** (coll.) obsesionado por
hippety-hoppety [ˈhɪpɪtɪˈhɑpɪtɪ] *adv* (coll.) a coxcojita
hippo [ˈhɪpo] *s* (*pl:* **-pos**) (coll.) hipopótamo
hippocampus [,hɪpəˈkæmpəs] *s* (*pl:* **-pi** [paɪ]) (anat., ichth. & myth.) hipocampo
hippocras [ˈhɪpəkræs] *s* hipocrás
Hippocrates [hɪˈpɑkrətiz] *s* Hipócrates
Hippocratic [,hɪpoˈkrætɪk] *adj* hipocrático
Hippocratic oath *s* juramento de Hipócrates
Hippocrene [ˈhɪpokrin] o [,hɪpoˈkrinɪ] *s* (myth.) Hipocrene
hippodrome [ˈhɪpədrom] *s* hipódromo
hippogriff [ˈhɪpəgrɪf] *s* (myth.) hipogrifo
Hippolytus [hɪˈpɑlɪtəs] *s* (myth.) Hipólito
hippopotamus [,hɪpəˈpɑtəməs] *s* (*pl:* **-muses** o **-mi** [maɪ]) (zool.) hipopótamo
hip rafter *s* lima
hip roof *s* tejado a cuatro aguas
hipshot [ˈhɪp,ʃɑt] *adj* renco
hircine [ˈhʌrsaɪn] o [ˈhʌrsɪn] *adj* hircino
hircocervus [,hʌrkəˈsʌrvəs] *s* (myth.) hircocervo
hire [haɪr] *s* alquiler; salario; **for hire** u **on hire** de alquiler; **to work for hire** trabajar por salario; *va* alquilar (*p.ej., un coche*); ajustar (*p.ej., a un criado*); *vn* **to hire out** (coll.) alquilarse, ajustarse
hired girl *s* criada
hired man *s* (coll.) mozo de campo
hireling [ˈhaɪrlɪŋ] *adj* alquiladizo; mercenario; *s* alquiladizo
hire purchase *s* (Brit.) arriendo con opción de compra
hirsute [ˈhʌrsut] o [ˈhʌrsjut] *adj* hirsuto
his [hɪz] *adj poss* su; el (o su) . . . de él; *pron poss* el suyo, el de él; **a friend of his** un amigo suyo
Hispania [hɪsˈpenɪə] *s* Hispania
Hispanic [hɪsˈpænɪk] *adj* hispánico
Hispanicism [hɪsˈpænɪsɪzəm] *s* hispanismo
Hispanicize [hɪsˈpænɪsaɪz] *va* hispanizar
Hispaniola [,hɪspənˈjolə] *s* Santo Domingo (*isla dividida en dos partes: Haití y la República Dominicana*)
hispanist [ˈhɪspənɪst] o [hɪsˈpænɪst] *s* hispanista
Hispano-Moresque [hɪsˈpenomoˈrɛsk] *adj* hispanoárabe
Hispanophile [hɪsˈpænofaɪl] *adj & s* hispanófilo
Hispanophobe [hɪsˈpænofob] *adj & s* hispanófobo
hispid [ˈhɪspɪd] *adj* híspido
hiss [hɪs] *s* silbido, siseo; *va* silbar, sisear (*una escena, a un actor por malo*); expresar o manifestar (*desagrado*) con siseos; *vn* silbar, sisear
hist. abr. de **historian** y **history**
hist [hɪst] *interj* ¡chitón!; ¡ce!
histamine [ˈhɪstəmin] o [ˈhɪstəmɪn] *s* (chem.) histamina
histidine [ˈhɪstɪdin] o [ˈhɪstɪdɪn] *s* (chem.) histidina
histologist [hɪsˈtɑlədʒɪst] *s* histólogo
histology [hɪsˈtɑlədʒɪ] *s* histología
histolysis [hɪsˈtɑlɪsɪs] *s* (biol.) histólisis
histone [ˈhɪston] *s* (biochem.) histona
historian [hɪsˈtorɪən] *s* historiador
historiated [hɪsˈtorɪ,etɪd] *adj* (arch.) historiado
historic [hɪsˈtɑrɪk] o [hɪsˈtɔrɪk] o **historical** [hɪsˈtɑrɪkəl] o [hɪsˈtɔrɪkəl] *adj* histórico
historically [hɪsˈtɑrɪkəlɪ] o [hɪsˈtɔrɪkəlɪ] *adv* históricamente
historicity [,hɪstəˈrɪsɪtɪ] *s* historicidad
historiographer [hɪs,torɪˈɑgrəfər] *s* historiógrafo
historiography [hɪs,torɪˈɑgrəfɪ] *s* historiografía
history [ˈhɪstərɪ] *s* (*pl:* **-ries**) historia
histrionic [,hɪstrɪˈɑnɪk] *adj* histriónico; teatral, insincero; **histrionics** *spl* histrionismo; actitud teatral, modales teatrales o insinceros
hit [hɪt] *s* golpe; tiro certero, golpe bien dado; censura acerba; (coll.) éxito; (baseball) batazo; **to make a hit** (coll.) dar golpe; **to make a hit with** (coll.) caer en la gracia a; (*pret & pp:* **hit;** *ger:* **hitting**) *va* golpear, pegar; chocar con, dar con, dar contra; dar en (*p.ej., el blanco*); tropezar con (*una dificultad, un problema, etc.*); afectar mucho (*una cosa a una persona*); censurar acerbamente; ser del gusto de: **to hit it off** avenirse bien, llevarse bien; **to hit off** remedar; describir o representar con gran acierto; *vn* chocar; acertar; **to hit against** dar contra; **to hit on** o **upon** dar con (*lo que se busca*); llegar a; ocurrirse, p.ej., **how did you hit on that?** ¿cómo se le ocurrió eso?; **hit or miss** a la buena de Dios, salga pez o salga rana
hit-and-run [ˈhɪtənˈrʌn] *adj* que atropella y se da a la huída, que abandona a la víctima
hitch [hɪtʃ] *s* tirón; cojera; broche, traba; fiador, pasador, postillo; dificultad, impedimento; obstáculo; (naut.) vuelta de cabo; **without a hitch** sin tropiezo, a pedir de boca; *va* mover a tirones, adelantar a poquitos; atar, sujetar; enganchar (*un caballo*); uncir (*bueyes*); (slang) casar; **to hitch up** enganchar (*un caballo*); uncir (*bueyes*); alzar (*p.ej., los pantalones*) de un tirón; (slang) casar; *vn* cojear; enredarse; (coll.) armonizar; **to hitch up** (slang) casarse
hitchhike [ˈhɪtʃ,haɪk] *vn* (coll.) hacer autostop, ir por auto-stop
hitching post *s* poste para atar a las cabalgaduras
hither [ˈhɪðər] *adv* acá, hacia acá; **hither and thither** acá y allá; *adj* citerior, de la parte de acá
hithermost [ˈhɪðərmost] *adj* (el) más cercano
hitherto [,hɪðərˈtu] o [ˈhɪðər,tu] *adv* hasta ahora, hasta aquí
hitherward [ˈhɪðərwərd] o **hitherwards** [ˈhɪðərwərdz] *adv* hacia acá
Hitlerism [ˈhɪtlərɪzəm] *s* hitlerismo
Hitlerite [ˈhɪtləraɪt] *s* hitleriano
hit-or-miss [ˈhɪtərˈmɪs] *adj* descuidado, casual, fortuito
hit parade *s* (rad.) los números musicales que gozan de más popularidad en la actualidad
hit record *s* (coll.) disco de mucho éxito
hit-run [ˈhɪtˈrʌn] *adj* var. de **hit-and-run**
hit song *s* canción de mucho éxito
hitter [ˈhɪtər] *s* golpeador
Hittite [ˈhɪtaɪt] *adj & s* heteo o hitita
hive [haɪv] *s* colmena; (fig.) enjambre; **hives** *spl* (path.) urticaria; *va* encorchar (*abejas*); acopiar (*miel*) en colmena; (fig.) hacer acopio de; *vn* entrar (*el enjambre*) en la colmena; vivir aglomerados
H.J. abr. de **hic jacet** (Lat.) **here lies**
hl. abr. de **hectoliter**
hm. abr. de **hectometer**
H.M. abr. de **Her Majesty** y **His Majesty**
H.M.S. abr. de **Her** o **(His) Majesty's Service** y **Her** o **(His) Majesty's Ship**
ho [ho] *interj* ¡ah!; ¡oiga!
hoar [hor] *adj* (archaic) var. de **hoary**
hoard [hord] *s* cúmulo; tesoro escondido; *va* atesorar; acaparar, acumular secretamente; *vn* guardar víveres, atesorar dinero
hoarding [ˈhordɪŋ] *s* atesoramiento; acaparamiento, acumulación secreta; (Brit.) valla de tablas provisional que encierra un edificio que se está construyendo o reparando; (Brit.) cartelera

hoarfrost ['hor,frɔst] o ['hor,frɑst] *s* helada blanca, escarcha
hoarhound ['hor,haʊnd] *s* var. de **horehound**
hoarse [hors] *adj* ronco
hoarseness ['horsnɪs] *s* ronquedad; ronquera (*afección de la laringe*)
hoary ['horɪ] *adj* (*comp:* **-ier;** *super:* **-iest**) cano; vetusto
hoary-headed ['horɪ'hɛdɪd] *adj* encanecido
hoatzin [ho'ætsɪn] *s* (orn.) hoazín
hoax [hoks] *s* mistificación, pajarota; *va* mistificar
hob [hɑb] *s* repisa interior de la chimenea; hito (*en el juego de tejos*); duende; (mach.) fresa; **to play** o **to raise hob** (coll.) causar trastornos; **to play hob with** (coll.) trastornar
hobble ['hɑbəl] *s* cojera; traba, manea; (fig.) dificultad, atolladero; *va* dejar cojo; trabar, manear; dificultar, poner trabas a; *vn* cojear; tambalear
hobbledehoy ['hɑbəldɪ,hɔɪ] *s* mozalbete; muchacho grandullón
hobble skirt *s* falda de medio paso
hobby ['hɑbɪ] *s* (*pl:* **-bies**) comidilla (*tema, manía*); trabajo preferido (*fuera del habitual*); **to ride a hobby** entregarse demasiado al tema favorito, distraerse mucho con la ocupación favorita
hobbyhorse ['hɑbɪ,hɔrs] *s* caballito (*palo en que los niños montan a caballo*); caballo mecedor
hobgoblin ['hɑb,gɑblɪn] *s* duende, trasgo; bu, coco
hobnail ['hɑb,nel] *s* tachuela; *va* clavetear con tachuelas; (fig.) atropellar
hobnob ['hɑb,nɑb] (*pret & pp:* **-nobbed;** *ger:* **-nobbing**) *vn* rozarse, codearse; beber juntos; **to hobnob with** codearse con
hobo ['hobo] *s* (*pl:* **-bos** o **-boes**) vagabundo
Hobson's choice ['hɑbsənz] *s* alternativa entre la cosa ofrecida o ninguna
hock [hɑk] *s* corvejón (*del caballo; de varias aves gallináceas*); vino del Rin; (slang) empeño; *va* desjarretar; (slang) empeñar
hockey ['hɑkɪ] *s* (sport) hockey, chueca
hockey stick *s* hockey, palo de hockey
hocus ['hokəs] (*pret & pp:* **-cused** o **-cussed;** *ger:* **-cusing** o **-cussing**) *va* burlar, engañar; narcotizar, atontar con drogas; echar una droga estupefaciente a (*una copa de licor*)
hocus-pocus ['hokəs'pokəs] *s* abracadabra; burla, engaño; juego de manos; (*pret & pp:* **-cused** o **-cussed;** *ger:* **-cusing** o **-cussing**) *va* (coll.) estafar; *vn* (coll.) estafar; (coll.) hacer juegos de manos
hod [hɑd] *s* capacho, cuezo (*para llevar argamasa, ladrillos, etc.*); cubo para carbón
hod carrier *s* peón de albañil, peón de mano
hodden ['hɑdən] *s* (Scotch) tejido basto de lana sin teñir
hodgepodge ['hɑdʒ,pɑdʒ] *s* baturrillo, ensaladilla, salpicón
hodman ['hɑdmən] *s* (*pl:* **-men**) peón de albañil, peón de mano; escritor mercenario
hoe [ho] *s* azada, azadón; (*pret & pp:* **hoed;** *ger:* **hoeing**) *va & vn* azadonar
hoecake ['ho,kek] *s* torta o pan de maíz
hog [hɑg] o [hɔg] *s* (zool.) cerdo, puerco; (coll.) cerdo, puerco; **to go the whole hog** (slang) entregarse sin reservas, llegar hasta el último límite; (*pret & pp:* **hogged;** *ger:* **hogging**) *va* (slang) tragarse lo mejor de
hogback ['hɑg,bæk] o ['hɔg,bæk] *s* cuchilla (*cerro escarpado*)
hog cholera *s* (vet.) cólera de los cerdos
hoggish ['hɑgɪʃ] o ['hɔgɪʃ] *adj* puerco; comilón, glotón; egoísta
hog Latin *s* latín de cocina
hogmanay ['hɑgmə'ne] *s* (Scotch) la noche vieja
hognose snake ['hɑg,noz] o ['hɔg,noz] *s* (zool.) heterodón (*reptil*)
hog plum *s* (bot.) jobo
hog's-fennel ['hɑgz,fɛnəl] o ['hɔgz,fɛnəl] *s* (bot.) servato
hogshead ['hɑgz,hɛd] o ['hɔgz,hɛd] *s* pipa que contiene de 63 a 140 galones norteamericanos; medida de capacidad que equivale a 63 galones norteamericanos, o sea 238,5 litros
hogtie ['hɑg,taɪ] o ['hɔg,taɪ] (*pret & pp:* **-tied;** *ger:* **-tying**) *va* atar las patas de, atar las manos y los pies de; (coll.) inmovilizar, paralizar
hogwash ['hɑg,wɑʃ] o ['hɔg,wɔʃ] *s* bazofia
hoiden ['hɔɪdən] *s* var. de **hoyden**
hoi polloi, the [,hɔɪ pə'lɔɪ] la gente común, las masas
hoist [hɔɪst] *s* (coll.) alzamiento, empujón hacia arriba; torno izador, montacargas; grúa; *va* alzar, levantar; enarbolar; izar
hoity-toity ['hɔɪtɪ'tɔɪtɪ] *adj* arrogante, altanero; frívolo, veleidoso; **to be hoity-toity** ponerse tan alto; *s* arrogancia, altanería; frivolidad, veleidad; *interj* ¡ caramba!
hokey-pokey ['hokɪ'pokɪ] *s* (coll.) abracadabra; (coll.) burla, engaño; (coll.) juego de manos; (coll.) helado barato que se vende en las calles
hokum ['hokəm] *s* (slang) payasadas, chistes de baja ley (*en el teatro*); (slang) sensiblerías; (slang) tonterías, música celestial
hold [hold] *s* agarro; asa, mango; autoridad, influencia, dominio; (mus.) calderón; (naut.) bodega; (aer.) cabina de carga; (sport) presa (*en la lucha*); **to get, lay** o **take hold of** agarrar, coger; apoderarse de; **to loosen one's hold** desasirse; **to take hold** morder (*un tornillo*) ‖ (*pret & pp:* **held**) *va* tener, guardar, retener; apoyar, sostener; agarrar, coger; sujetar (*p.ej., con un alfiler*); contener, tener cabida para; ocupar (*un cargo, puesto, etc.*); celebrar (*una reunión*); sostener (*una opinión*); juzgar, hacer (*responsable*); (mus.) sostener (*una nota*); **to hold back** detener; retener; contener, refrenar; **to hold down** tener sujeto; oprimir; (slang) mantenerse en (*un cargo, puesto, etc.*); **to hold in** refrenar; **to hold off** mantener alejado; refrenar; **to hold one's own** mantenerse firme, no perder terreno; **to hold out** extender, ofrecer; excluir; retener; **to hold over** aplazar, diferir; **to hold together** impedir que (*una cosa*) se despegue o se descomponga o se deshaga; mantener juntos; **to hold up** apoyar, sostener; detener; alzar, tener suspendido; (coll.) atracar, robar ‖ *vn* mantenerse firme o fiel; seguir vigente, ser valedero; seguir, continuar; asirse; pegarse; opinar; **to hold back** detenerse; contenerse, refrenarse; **to hold forth** arengar, declamar, perorar; **to hold in** contenerse; **to hold off** esperar; mantenerse a distancia, mostrarse frío; **to hold on** agarrarse bien, tenerse bien agarrado; aguantar; **to hold on to** agarrarse bien de, asirse de; afirmarse en; **to hold out** no cejar; ir tirando; durar; (slang) retener algo prometido o debido; **to hold out for** insistir en; **to hold over** continuar desempeñando un cargo (*cuando lo natural sería dejarlo*); **to hold to** agarrarse bien de; afirmarse en; **to hold together** no despegarse, no descomponerse, no deshacerse; mantenerse juntos; **to hold up** continuar, durar; **to hold with** convenir con, estar de acuerdo con; **hold on!** ¡ un momento!; **hold on there!** ¡ paso a paso!, ¡ ténganse todos!
holdall ['hold,ɔl] *s* funda
holdback ['hold,bæk] *s* estorbo, restricción; cejadero (*en los carruajes*); calapuerta
holder ['holdər] *s* posesor, tenedor; arrendatario; agarrador, cojinillo (*para coger, p.ej., un plato caliente*); boquilla (*para poner el cigarro o cigarrillo*); poseedor (*p.ej., de un récord*); titular (*p.ej., de un pasaporte*); sostén, sostenedor (*persona y cosa*); mango, puño, asa, sustentáculo; (com.) portador (*de una letra*); porta- (*en palabras compuestas españolas*), p.ej., **electrode holder** portaelectrodo
holder-on ['holdər'ɑn] o ['holdər'ɔn] *s* sufridor (*obrero*); sufridera
holdfast ['hold,fæst] o ['hold,fɑst] *s* aldabilla; agarradero; (bot.) disco adhesivo
holding ['holdɪŋ] *s* posesión, tenencia; terreno; **holdings** *spl* valores habidos
holding company *s* sociedad de control, compañía tenedora (*de valores de otras empresas*)
holding pattern *s* (aer.) circuito cerrado en que un avión da vueltas a una altura fija hasta recibir la orden de aterrizar
holdover ['hold,ovər] *s* (coll.) continuación, resto; (coll.) consecuencias; (com.) suma que

pasa de una página o cuenta a otra; (slang) malestar que se siente al acabar de dormir la mona
holdup ['hold,ʌp] *s* detención; (slang) atraco, asalto
holdup man *s* (slang) atracador
hole [hol] *s* agujero; cavidad, hueco, hoyo; ojo (*en el queso, pan, etc.*); guarida (*de animales; de gente maleante*); cochitril (*habitación estrecha y desaseada*); calabozo; charco, remanso (*en un río*); ancón, ensenada; (sport) agujero; (coll.) atascadero, bache (*en un camino*); (coll.) apuro, aprieto; (coll.) defecto; **in a hole** (slang) en un aprieto; **in the hole** (coll.) adeudado, perdidoso; **to burn a hole in one's pocket** írsele a uno (*el dinero*) de entre las manos; **to make a hole in** agotar gran cantidad de; **to make a hole in one** (golf) conseguir de un solo golpe desde el tee que la pelota entre en el agujero; **to pick holes in** (coll.) hallar defectos en, poner reparos a ‖ *va* agujerear; (golf) meter en el agujero ‖ *vn* encovarse; **to hole out** (golf) conseguir que la pelota entre en el agujero; **to hole up** encovarse; buscar un escondrijo, buscar un rincón cómodo; hibernar (*un animal*)
holey ['holɪ] *adj* agujereado, hoyoso
holiday ['hɑlɪde] *s* día de fiesta; vacación; *adj* de fiesta, festivo
holiday attire *s* trapos de cristianar
holidays with pay *spl* (Brit.) vacaciones retribuídas
holiness ['holɪnɪs] *s* santidad; **his Holiness** su Santidad
holla [hə'lɑ] o ['hɑlə] *s, interj, va & vn* var. de **hollo**
Holland ['hɑlənd] *s* Holanda; (*l.c.*) *s* tela de lino o de lino y algodón (*que se usa para fabricar transparentes, para cubrir muebles, etc.*); **Hollands** *s* ginebra holandesa
hollandaise sauce ['hɑlən,dez] *s* salsa holandesa
Hollander ['hɑləndər] *s* holandés
Holland gin *s* ginebra holandesa
hollo [hə'lo] o ['hɑlo] *s* (*pl:* **-los**) grito; saludo; grito de triunfo; *interj* ¡ah!; ¡hola!; ¡vítor!; *va* decir a gritos; *vn* gritar
holloa [hə'lo] o ['hɑlo] *s, interj, va & vn* var. de **hollo**
hollow ['hɑlo] *adj* hueco, ahuecado; ahuecado, sepulcral (*dícese de la voz*); hundido (*dícese de los ojos o las mejillas*); hambriento; falso, engañoso, insincero, sin substancia; *adv* **to beat all hollow** (coll.) vencer completamente; *s* cavidad, hueco; depresión; vallecito; hueco (*de la mano*); *va* ahuecar, excavar; **to hollow out** ahuecar, excavar
hollow-eyed ['hɑlo,aɪd] *adj* con los ojos hundidos, trasojado
hollow-ground ['hɑlo'graʊnd] *adj* afilado con cara cóncava, vaciado
holly ['hɑlɪ] *s* (*pl:* **-lies**) (bot.) acebo
hollyhock ['hɑlɪhɑk] *s* (bot.) malva arbórea, loca, real o rósea
holm [hom] *s* vega; isleta de río; (bot.) encina
holmium ['holmɪəm] *s* (chem.) holmio
holm oak *s* (bot.) encina
holocaine ['hɑləken] *s* (pharm.) holocaína
holocaust ['hɑləkɔst] *s* holocausto (*sacrificio; destrucción total causado por un incendio; estrago general*)
Holocene ['hɑləsin] *adj* (geol.) holoceno
Holofernes [,hɑlə'fʌrniz] *s* (Bib.) Holofernes
holograph ['hɑləgræf] o ['hɑləgrɑf] *adj & s* olografo
holohedral [,hɑlə'hidrəl] *adj* (cryst.) holoédrico
holothurian [,hɑlə'θʊrɪən] *s* (zool.) holoturia
holster ['holstər] *s* pistolera
holy ['holɪ] *adj* (*comp:* **-lier**; *super:* **-liest**) santo; sagrado
Holy Alliance *s* Santa Alianza
Holy Bible *s* Santa Biblia
Holy City *s* Ciudad Santa (*Jerusalén, Roma, la Meca, etc.*); cielo, mansión de Dios
Holy Communion *s* sagrada comunión
holyday ['holɪ,de] o **holy day** *s* (eccl.) fiesta, día de guardar, día de precepto
holyday of obligation *s* (eccl.) día de guardar, día de precepto
Holy Father *s* Padre Santo
Holy Ghost *s* Espíritu Santo
Holy Grail *s* Santo Grial
Holy Land *s* Tierra santa (*lugares de Palestina*)
Holy Office *s* Santo Oficio
holy of holies *s* sanctasanctórum
holy oil *s* santo óleo
holy orders *spl* (eccl.) órdenes sagradas o sagradas órdenes; **to take holy orders** ordenarse, recibir las órdenes sagradas
Holy Roman Empire *s* Sacro Imperio Romano-Germánico
holy rood *s* crucifijo; (*caps.*) *s* Santa Cruz
Holy Sacrament *s* santísimo sacramento
Holy Saturday *s* sábado de gloria, sábado santo
Holy Scripture *s* Sagrada Escritura
Holy See *s* Santa Sede
Holy Sepulcher *s* santo sepulcro
Holy Spirit *s* Espíritu Santo
holystone ['holɪ,ston] *s* (naut.) piedra de cubierta; *va* (naut.) limpiar con piedra y arena
Holy Synod *s* santo sínodo (*de la Iglesia rusa*)
Holy Thursday *s* Jueves Santo; (Anglican Church) fiesta de la Ascensión
holy water *s* agua bendita
Holy Week *s* semana santa
Holy Writ *s* Sagrada Escritura
homage ['hɑmɪdʒ] o ['ɑmɪdʒ] *s* homenaje (*respeto*); (feud.) homenaje, pleito homenaje
home [hom] *s* casa, domicilio, hogar; patria chica; asilo (*para enfermos, pobres, etc.*); patria (*p.ej., de las artes*); (biol.) habitación; (sport) meta, límite, término; **at home** en casa; en su propio país; a gusto; de recibo; al corriente; (sport) en campo propio; **away from home** fuera de casa; **make yourself at home** está Vd. en su casa, haga como si estuviera en su casa, siéntase Vd. en su casa; *adj* casero, doméstico; nativo; regional; nacional; certero, eficaz; *adv* en casa; a casa; a o en su suelo nativo; **to bring** o **to drive home** exponer de modo muy convincente; **to see home** acompañar a casa, llevar a casa; **to strike home** dar en lo vivo; *va* mandar a casa; dar domicilio a; *vn* volver a casa; habitar; buscar la querencia
home appliances *spl* utensilios domésticos
homebody ['hom,bɑdɪ] *s* (*pl:* **-ies**) hogareño; acaserado (Am.)
homebred ['hom,brɛd] *adj* casero; sencillo, inculto, tosco
home-brew ['hom'bru] *s* vino o aguardiente caseros
home-coming ['hom,kʌmɪŋ] *s* regreso al hogar
home country *s* suelo natal
home delivery *s* distribución a domicilio
home economics *s* economía doméstica
home fleet *s* escuadra que defiende la metrópoli inglesa
home freezer *s* heladora casera
home front *s* frente doméstico
home-grown ['hom'gron] *adj* casero (*dícese de las verduras y frutas*)
homeland ['hom,lænd] *s* patria, tierra natal; (*cap.*) *s* (Brit.) metrópoli (*a distinción de las colonias*)
homeless ['homlɪs] *adj* sin casa ni hogar; inhabitable, inhospedable
home life *s* vida de familia, vida de hogar
homelike ['hom,laɪk] *adj* como de casa; cómodo
home-loving ['hom,lʌvɪŋ] *adj* casero, hogareño; acaserado (Am.)
homely ['homlɪ] *adj* (*comp:* **-lier**; *super:* **-liest**) feo; sencillo, simple, llano; casero, doméstico
homemade ['hom'med] *adj* casero
homemaker ['hom,mekər] *s* ama de casa
home office *s* casa central, oficina o establecimiento central o principal; (*caps.*) *s* (Brit.) ministerio de la Gobernación
homeopath ['homɪəpæθ] o ['hɑmɪəpæθ] *s* homeópata
homeopathic [,homɪə'pæθɪk] o [,hɑmɪə'pæθɪk] *adj* homeopático
homeopathist [,homɪ'ɑpəθɪst] o [,hɑmɪ'ɑpəθɪst] *s* var. de **homeopath**

homeopathy [ˌhomɪ'ɑpəθɪ] o [ˌhɑmɪ'ɑpəθɪ] *s* homeopatía
home plate *s* (baseball) puesto meta
home port *s* puerto de origen
Homer ['homər] *s* Homero; (*l.c.*) *s* (coll.) paloma mensajera; (baseball) jonrón
Homeric [ho'mɛrɪk] *adj* homérico
Homeric laughter *s* risa homérica
home rule *s* autonomía, gobierno autónomo
home run *s* (baseball) cuadrangular, jonrón
Home Secretary *s* (Brit.) ministro de Gobernación
homesick ['homˌsɪk] *adj* nostálgico; **to be homesick (for)** sentir nostalgia (de)
homesickness ['homˌsɪknɪs] *s* nostalgia, morriña de la tierra
homespun ['homˌspʌn] *adj* casero, hilado en casa; sencillo, llano; *s* cachera, tela de fabricación casera; tela que remeda la de fabricación casera
homestead ['homstɛd] *s* heredad, casa y sus terrenos; finca rural inalienable
homesteader ['homstɛdər] *s* dueño de una heredad; (U.S.A.) colono que ha recibido sus tierras del gobierno nacional
home stretch *s* último trecho, esfuerzo final (*de una carrera*)
home town *s* ciudad natal
homeward ['homwərd] *adj* de regreso; *adv* hacia casa; hacia su país
homewards ['homwərdz] *adv* hacia casa; hacia su país
homework ['homˌwʌrk] *s* trabajo en casa, trabajo a domicilio; trabajo escolar, deber
homey ['homɪ] *adj* (*comp:* **homier;** *super:* **homiest**) (coll.) agradable, cómodo, sosegado, íntimo
homicidal [ˌhɑmɪ'saɪdəl] *adj* homicida
homicide ['hɑmɪsaɪd] *s* homicidio (*acción*); homicida (*persona*)
homiletic [ˌhɑmɪ'lɛtɪk] *adj* de la homilía o las homilías; exhortatorio; **homiletics** *ssg* homilética
homiliarium [ˌhɑmɪlɪ'ɛrɪəm] *s* homiliario
homilist ['hɑmɪlɪst] *s* homilista
homily ['hɑmɪlɪ] *s* (*pl:* **-lies**) homilía
homing ['homɪŋ] *adj* querencioso; (mil.) buscador del blanco, seguidor
homing pigeon *s* paloma mensajera
hominy ['hɑmɪnɪ] *s* maíz molido
homocercal [ˌhomə'sʌrkəl] *adj* (ichth.) homocerco
homochlamydeous [ˌhoməklə'mɪdɪəs] *adj* (bot.) homoclamídeo
homogeneity [ˌhomodʒɪ'niɪtɪ] o [ˌhɑmodʒɪ'niɪtɪ] *s* (*pl:* **-ties**) homogeneidad
homogeneous [ˌhomo'dʒinɪəs] o [ˌhɑmo'dʒinɪəs] *adj* homogéneo
homogenization [hoˌmɑdʒɪnɪ'zeʃən] o [ˌhomədʒinɪ'zeʃən] *s* homogenización, homogeneización
homogenize [ho'mɑdʒɪnaɪz] o ['homədʒənaɪz] *va* homogenizar, homogeneizar
homogenized milk leche homogeneizada
homograph ['hɑməgræf] o ['hɑməgrɑf] *s* homógrafo
homographic [ˌhɑmə'græfɪk] *adj* homógrafo
homologous [ho'mɑləgəs] *adj* homólogo
homologue ['hɑmələg] o ['hɑməlɑg] *s* cosa homóloga; (biol.) parte u órgano homólogos
homology [ho'mɑlədʒɪ] *s* (*pl:* **-gies**) homología
homonym ['hɑmənɪm] *s* homónimo
homonymous [ho'mɑnɪməs] *adj* homónimo
homonymy [ho'mɑnɪmɪ] *s* homonimia
homophone ['hɑməfon] *s* palabra homófona; letra homófona
homophonic [ˌhɑmə'fɑnɪk] *adj* (mus.) homófono
homophonous [ho'mɑfənəs] *adj* (phonet.) homófono
homophony [ho'mɑfənɪ] o ['hɑməˌfonɪ] *s* (phonet. & mus.) homofonía
homopterous [ho'mɑptərəs] *adj* (ent.) homóptero
homosexual [ˌhomə'sɛkʃuəl] *adj* & *s* homosexual
homosexuality [ˌhoməˌsɛkʃu'ælɪtɪ] *s* homosexualidad
homunculus [ho'mʌŋkjələs] *s* (*pl:* **-li** [laɪ]) homúnculo, hombrecillo; figurín
hon. abr. de **honorably** y **honorary**
Hon. abr. de **Honorable**
Honduran [hɑn'durən] *adj* & *s* hondureño
Honduras [hɑn'durəs] *s* Honduras
hone [hon] *s* piedra de afilar; *va* afilar con piedra
honest ['ɑnɪst] *adj* honrado, recto, probo; honesto (*recatado, decente*); genuino; bien habido o bien adquirido (*dinero*)
honesty ['ɑnɪstɪ] *s* honradez, rectitud, probidad; honestidad; (bot.) hierba de la plata
honey ['hʌnɪ] *s* miel; dulzura; (coll.) vida mía, querido, querida; **it's a honey** (slang) es una preciosidad; *adj* meloso, dulce; (coll.) querido; (*pret & pp:* **-eyed** o **-ied**) *va* enmelar, untar con miel, endulzar con miel; adular, lisonjear; *vn* hablar con cariño, portarse blanda y suavemente
honeybee ['hʌnɪˌbi] *s* (ent.) abeja de miel, abeja doméstica
honeycomb ['hʌnɪˌkom] *s* panal; *adj* apanalado; *va* disponer a manera de panal; acribillar; llenar, penetrar
honeycomb coil *s* (rad.) bobina de panal, bobina nido de abeja
honeycomb radiator *s* (aut.) radiador de colmena, radiador de panal
honeycomb stomach *s* (zool.) redecilla
honey creeper *s* (orn.) azucarero
honeydew ['hʌnɪˌdju] o ['hʌnɪˌdu] *s* liga dulce (*de ciertas plantas e insectos*); melón muy dulce, blanco y terso
honeyed ['hʌnɪd] *adj* enmelado; meloso, dulce
honey locust *s* (bot.) acacia de tres espinas
honeymoon ['hʌnɪˌmún] *s* luna de miel; viaje de bodas, viaje de novios; *vn* pasar la luna de miel
honey of rose *s* (pharm.) miel rosada, rodomiel
honeysuckle ['hʌnɪˌsʌkəl] *s* (bot.) madreselva
honeywort ['hʌnɪˌwʌrt] *s* (bot.) ceriflor; (bot.) cruciata
honied ['hʌnɪd] *adj* var. de **honeyed**
honk [hɑŋk] o [hɔŋk] *s* graznido (*del ganso silvestre*); pitazo, bocinazo (*del automóvil*); *va* tocar (*la bocina*); *vn* graznar; tocar la bocina, pitar
honkytonk ['hɑŋkɪtɑŋk] o ['hɔŋkɪtɔŋk] *s* (slang) tasca, taberna de mala muerte
honor ['ɑnər] *s* honor; (*cap.*) *s* señoría (*título*); **honors** *spl* honores; (bridge) honores; **in honor of** en honor de; **to deem it an honor to** + *inf* honrarse de + *inf;* **to do o to show honor to** hacer honor a; **to do the honors** hacer los honores; *va* honrar; hacer honor a (*su firma*); aceptar, pagar
honorable ['ɑnərəbəl] *adj* honrado (*comerciante, negocio, etc.*); honroso (*comportamiento, puesto, etc.*); honorable (*digno de ser honrado*); (*cap.*) *adj* Honorable (*título*)
honorable mention *s* mención honorífica, mención honrosa
honorarium [ˌɑnə'rɛrɪəm] *s* (*pl:* **-ums** o **-a** [ə]) honorario
honorary ['ɑnəˌrɛrɪ] *adj* honorario
honorary doctor's degree *s* título de doctor honorario
honorary member *s* miembro de honor
honorific [ˌɑnə'rɪfɪk] *adj* honorífico; *s* antenombre
honors of war *spl* honores de la guerra
honor system *s* acatamiento voluntario del reglamento
honour ['ɑnər] *s* & *va* (Brit.) var. de **honor**
hooch [hutʃ] *s* (slang) licor, bebida alcohólica; (slang) licor de contrabando
-hood *suffix s* -dad, p.ej., **brotherhood** hermandad; **falsehood** falsedad; **likelihood** probabilidad; -ez, p.ej., **childhood** niñez; **widowhood** viudez
hood [hud] *s* capilla; capirote (*que cubre el rostro*); capillo o capirote (*de las aves de cetrería*); muceta o capirote (*de los doctores en los actos universitarios*); sombrerete (*de chimenea*); (aut.) capó, cubierta; (naut.) tambucho; (slang) gamberro; *va* encapirotar; ocultar; encapillar (*a un halcón*)

hooded ['hʊdɪd] *adj* capilludo; encapirotado; encapillado (*halcón*)
hoodlum ['hudləm] *s* (coll.) gamberro, maleante, matón
hoodman-blind ['hʊdmən,blaɪnd] *s* (archaic) gallina ciega (*juego*)
hoodoo ['hudu] *s* vodú o vudú; (coll.) aojo, mala suerte; (coll.) cenizo o gafe; *va* aojar, traer mala suerte a
hoodwink ['hʊdwɪŋk] *va* vendar los ojos a; burlar, engañar, emprimar
hooey ['huɪ] *s* (slang) música celestial; *interj* (slang) ¡ música celestial!
hoof [huf] o [hʊf] *s* casco, pezuña; pata (*de caballo, toro, etc.*); (hum.) pata (*del hombre*); animal ungulado; **on the hoof** en pie (*viviente; dícese del ganado*); *va & vn* (coll.) caminar; **to hoof it** (coll.) caminar, ir a pie; (slang) bailar
hoofbeat ['huf,bit] o ['hʊf,bit] *s* pisada (*de animal ungulado, aludiendo al ruido*)
hoofed [huft] o [hʊft] *adj* ungulado
hook [hʊk] *s* gancho; aldabilla (*gancho para cerrar una puerta, ventana, etc.*); anzuelo (*para pescar*); enganche (*para unir*); ángulo, recodo; hoz; (baseball & golf) vuelo torcido (*de la pelota*); (box.) crochet, golpe de gancho; (mus.) rabo (*de una corchea*); (fig.) anzuelo (*trampa*); **by hook or by crook** por fas o por nefas, a todo trance; **on one's own hook** (coll.) por cuenta propia; **to get the hook** (coll.) ser silbado (*un actor*); (coll.) ser echado de patitas a la calle; **to swallow the hook** (coll.) picar en el anzuelo, tragar el anzuelo ‖ *va* enganchar; encorvar, doblar; dar forma de anzuelo a; pescar, coger (*un pez*); acornar, herir con los cuernos; (baseball) lanzar (*la pelota*) imponiéndole vuelo torcido; (box.) dar un golpe de gancho a; (coll.) birlar, robar; **to hook in** echar el gancho a; **to hook it** (slang) irse, huir; **to hook on** acoplar con; **to hook up** enganchar; sujetar con corchetes; (elec.) montar ‖ *vn* engancharse; encorvarse, doblarse; tener forma de anzuelo; **to hook on** acoplarse con
hooka o **hookah** ['hʊkə] o ['hukə] *s* narguile
hook and eye *s* corchete (*broche compuesto de macho y hembra*)
hook and ladder *s* carro de escaleras de incendio
hooked [hʊkt] *adj* ganchudo, encorvado
hooked rug *s* tapete de crochet (*generalmente de fabricación casera*)
hooker ['hʊkər] *s* (naut.) balandro; (naut.) barcarrón
hook ladder *s* escalera de ganchos
hookup ['hʊk,ʌp] *s* montaje; (rad.) montaje; (rad.) esquema de montaje; (coll.) alianza, pacto
hookworm ['hʊk,wʌrm] *s* (zool.) anquilostoma; (path.) anquilostomiasis, anemia de los túneles, clorosis de Egipto
hookworm disease *s* (path.) anquilostomiasis, anemia de los túneles, clorosis de Egipto
hooky ['hʊkɪ] *adj* ganchudo, encorvado; *s* **to play hooky** hacer novillos
hooligan ['hulɪgən] *s* gamberro
hooliganism ['hulɪgənɪzəm] *s* gamberrismo
hoop [hup] o [hʊp] *s* aro; (croquet) aro; *va* enarcar, enzunchar
hooper ['hupər] o ['hʊpər] *s* tonelero
hoopoe ['hupu] *s* (orn.) abubilla, upupa
hoop skirt *s* miriñaque
hooray [hʊ're] *s, interj, va & vn* var. de **hurrah**
Hoosier ['huʒər] *s* natural o habitante del estado de Indiana, EE.UU.
hoot [hut] *s* ululato, resoplido; sofión; grito; *va* dar grita a; silbar, reprobar a gritos; manifestar a gritos; echar a gritos (*p.ej., a un cómico*); *vn* ulular, resoplar
hoot owl *s* (orn.) autillo, cárabo
hop [hɑp] *s* brinquito, saltito; (coll.) vuelo en avión; (coll.) sarao; (coll.) baile; (bot.) lúpulo u hombrecillo; **hops** *spl* lúpulo (*flores disecadas*); (*pret & pp:* **hopped**; *ger:* **hopping**) *va* (coll.) cruzar o saltar de un salto; (coll.) atravesar (*p.ej., el mar*) en avión; (coll.) subir a (*un tren, taxi, etc.*); mezclar el lúpulo en (*la cerveza*); *vn* brincar, saltar; avanzar a saltitos; saltar a la pata coja (*saltar en un pie*); recoger lúpulo; **to hop off** (coll.) partir en avión; (coll.) bajar de (*un tren, taxi, etc.*); **to hop on** (coll.) subir a (*un tren, taxi, etc.*)
hope [hop] *s* esperanza; **to hope against hope** esperar desesperando; *va & vn* esperar; **to hope for** esperar; **to hope to** + *inf* esperar + *inf*
hope chest *s* arca que encierra la ropa, etc., que una joven guarda para cuando se case
hopeful ['hopfəl] *adj* esperanzado (*que tiene esperanza*); esperanzador (*que da esperanzas*); **young hopeful** muchacho prometedor, muchacha prometedora
hopeless ['hoplɪs] *adj* desesperanzado, desahuciado; desesperado (*p.ej., caso*)
hoplite ['hɑplaɪt] *s* hoplita
hop-o'-my-thumb ['hɑpəmaɪ'θʌm] *s* enano, gorgojo
hopper ['hɑpər] *s* persona o cosa que avanza a saltitos; persona o cosa que salta a la pata coja; (ent.) saltamontes; tolva; tragante (*de un alto horno*)
hopper-bottom car ['hɑpər,bɑtəm] *s* (rail.) vagón tolva
hopscotch ['hɑp,skɑtʃ] *s* infernáculo
hop tree *s* (bot.) cola de zorrillo
Horace ['hɑrɪs] o ['hɔrɪs] *s* Horacio
Horatian [ho'reʃən] *adj* horaciano
horde [hord] *s* horda
horehound ['hor,haʊnd] *s* (bot.) marrubio; extracto de marrubio; dulce de marrubio
horizon [hə'raɪzən] *s* horizonte; (fig.) horizonte
horizontal [,hɑrɪ'zɑntəl] o [,hɔrɪ'zɑntəl] *adj & s* horizontal
horizontal bars *spl* (sport) barras horizontales
horizontal hold *s* (telv.) bloqueo horizontal
horizontal rudder *s* (aer.) timón de profundidad
horizontal stabilizer *s* (aer.) plano de profundidad
hormonal [hɔr'monəl] *adj* hormonal
hormone ['hɔrmon] *s* (physiol.) hormón u hormona
horn [hɔrn] *s* cuerno (*prolongación ósea; materia*); asta o cuerno (*del toro*); (ent.) cuerno (*antena*); (fig.) cuerno (*de la luna, del yunque, etc.*); (mus. & naut.) cuerno; (mus.) trompa de armonía; bocina (*del automóvil o el fonógrafo*); promontorio; **to blow the horn** tocar la bocina; **to blow** o **toot one's own horn** cantar sus propias alabanzas; **to draw in** o **to pull in one's horns** contenerse, volverse atrás; *adj* de cuerno; *va* acornar, dar cornadas a; proveer de cuernos; *vn* tocar un cuerno; **to horn in** (slang) entremeterse (en)
hornbeam ['hɔrn,bim] *s* (bot.) carpe; (bot.) lechillo, palo de barranco (*Carpinus caroliniana*)
hornbill ['hɔrn,bɪl] *s* (orn.) cálao
hornblende ['hɔrn,blend] *s* (mineral.) hornablenda
hornbook ['hɔrn,bʊk] *s* cartel (*para enseñar a leer*); cartilla (*para aprender a leer*)
horned [hɔrnd] *adj* cornudo, enastado
horned toad *s* (zool.) lagarto cornudo
horned viper *s* (zool.) víbora cornuda
hornet ['hɔrnɪt] *s* (ent.) avispón, crabrón
hornet's nest *s* panal del avispón; **to stir up a hornet's nest** (coll.) armar cisco, revolver el ajo
hornfels ['hɔrn,fels] *s* (geol.) corneana
horn lightning arrester *s* pararrayos de cuernos
horn of a dilemma *s* miembro de un dilema
horn of plenty *s* cuerno de la abundancia
hornpipe ['hɔrn,paɪp] *s* (mus.) chirimía; antigua danza inglesa que ejecuta una sola persona
hornpout ['hɔrn,paʊt] *s* (ichth.) amiuro nebuloso
horn-rimmed spectacles ['hɔrn,rɪmd] *spl* anteojos de concha
horn ring *s* (aut.) arco de la bocina
horn silver *s* (mineral.) plata córnea
hornswoggle ['hɔrn,swɑgəl] *va* (slang) estafar, embaucar, mistificar

hornwork [ˈhɔrn,wʌrk] *s* obra de cuerno; objetos de cuerno; (fort.) hornabeque
horny [ˈhɔrnɪ] *adj* (*comp:* **-ier;** *super:* **-iest**) córneo; cornudo; calloso
horny-handed [ˈhɔrnɪˈhændɪd] *adj* con manos callosas
horologe [ˈhɑrəlodʒ] o [ˈhɔrəlodʒ] *s* reloj (*solar, de agua, de arena, etc.*); (eccl.) horologio
horologer [hoˈrɑlədʒər] *s* persona entendida en horología
horology [hoˈrɑlədʒɪ] *s* horología
horopter [hoˈrɑptər] *s* (opt.) horópter
horopteric [,hɑrɑpˈtɛrɪk] *adj* horoptérico
horoscope [ˈhɑrəskop] o [ˈhɔrəskop] *s* (astrol.) horóscopo; **to cast a horoscope** (astrol.) sacar un horóscopo
horoscopy [hoˈrɑskəpɪ] *s* horoscopia
horrendous [hɑˈrɛndəs] *adj* horrendo
horrible [ˈhɑrɪbəl] o [ˈhɔrɪbəl] *adj* horrible; (coll.) muy desagradable, asombroso
horrid [ˈhɑrɪd] o [ˈhɔrɪd] *adj* horrible, horroroso; (coll.) muy desagradable
horrify [ˈhɑrɪfaɪ] o [ˈhɔrɪfaɪ] (*pret & pp:* **-fied**) *va* horrorizar
horripilation [hɑ,rɪpɪˈleʃən] *s* (path.) horripilación
horror [ˈhɑrər] o [ˈhɔrər] *s* horror; (coll.) horror (*atrocidad*); **horrors!** ¡qué horror!; **the horrors** melancolía, morriña; (coll.) espasmo de horror; **to have a horror of** tener horror a
hors de combat [ˈɔrdəˈkɑmbɑ] *adv* fuera de combate
hors d'oeuvre [ɔrˈdʌvrə] *s* (*pl:* **-vres** [vrə]) entremés
horse [hɔrs] *s* caballo; caballete (*de carpintero*); gualdera o zanca (*de escalera*); potro (*de gimnasio*); (mil.) caballería (*cuerpo de soldados*); **hold your horses** pare Vd. el carro (*conténgase Vd.*); **to back the wrong horse** (coll.) jugar a la carta mala; **to horse!** ¡a caballo!; **horse of another color** harina de otro costal; *adj* caballar, hípico; montado; *va* proveer de un caballo o de caballos; cargar con, llevar a cuestas; azotar; cubrir (*el caballo a la yegua*); (naut.) calafatear; (slang) acosar, fatigar; (slang) ridiculizar; *vn* andar a caballo; estar (*la yegua*) salida; **to horse around** (slang) hacer payasadas, usar de chanzas pesadas
horseback [ˈhɔrs,bæk] *s* lomo de caballo; **on horseback** a caballo; *adv* a caballo; **to ride horseback** montar a caballo
horse bean *s* (bot.) haba caballuna o panosa
horse blanket *s* manta para caballos
horse block *s* montadero
horse box *s* (Brit.) vagón de transportar caballos
horsebreaker [ˈhɔrs,brekər] *s* caballista, domador de caballos
horsecar [ˈhɔrs,kɑr] *s* tranvía de sangre; vagón o carro de transportar caballos
horse chestnut *s* (bot.) castaño de Indias; castaña de Indias (*fruto*)
horse collar *s* collera
horse dealer *s* chalán
horse doctor *s* veterinario
horseflesh [ˈhɔrs,flɛʃ] *s* carne de caballo; caballos
horsefly [ˈhɔrs,flaɪ] *s* (*pl:* **-flies**) (ent.) tábano; (ent.) mosca borriquera
Horse Guards *spl* (Brit.) brigada de guardias montadas; cuartel general del ejército de la Gran Bretaña
horsehair [ˈhɔrs,hɛr] *s* pelo de caballo; cerda de caballo; tela de crin; *adj* hecho de cerda de caballo; rellenado de cerda de caballo; cubierto con tela de crin
horsehide [ˈhɔrs,haɪd] *s* cuero de caballo (*curtido o sin curtir*)
horse latitudes *spl* latitudes de calma (*cerca del grado 30 de latitud norte o sur*)
horse laugh *s* risotada
horseleech [ˈhɔrs,litʃ] *s* (ent.) sanguijuela borriquera
horseless [ˈhɔrslɪs] *adj* sin caballo; automóvil
horse mackerel *s* (ichth.) atún; (ichth.) bonito
horseman [ˈhɔrsmən] *s* (*pl:* **-men**) jinete; caballista
horsemanship [ˈhɔrsmənʃɪp] *s* equitación, manejo
horse marine *s* individuo de un cuerpo legendario de soldados de marina metidos a soldados de caballería; persona fuera de su elemento natural
horse meat *s* carne de caballo
horse mint *s* (bot.) mastranzo
horse nail *s* clavo de herrar
horse opera *s* (slang) cine espeluznante que se desarrolla en el oeste de los EE.UU.
horse pistol *s* pistola de arzón
horseplay [ˈhɔrs,ple] *s* payasada, chanza pesada
horsepower [ˈhɔrs,pauər] *s* (mech.) caballo de vapor inglés (*746 vatios*)
horsepower-hour [ˈhɔrs,pauərˈaur] *s* (mech.) caballo de fuerza hora, caballo hora
horse race *s* carrera de caballos
horse racing *s* carreras, hipismo
horseradish [ˈhɔrs,rædɪʃ] *s* (bot.) rábano picante o rusticano; raíz de rábano picante o rusticano; mostaza de los alemanes
horse sense *s* (coll.) sentido común
horseshoe [ˈhɔrs,ʃu] *s* herradura; **horseshoes** *spl* juego parecido al de tejos en el que se tira a un hito con herraduras
horseshoe arch *s* (arch.) arco de herradura
horseshoe crab *s* (zool.) cangrejo bayoneta
horseshoe magnet *s* imán de herradura
horseshoe nail *s* clavo de herradura, clavo de herrar
horseshoer [ˈhɔrs,ʃuər] *s* herrador; encasquillador (Am.)
horse show *s* concurso hípico
horsetail [ˈhɔrs,tel] *s* cola de caballo; (bot.) cola de caballo, equiseto
horse thief *s* cuatrero
horse tick *s* (ent.) mosca borriquera, hipobosco
horse-trade [ˈhɔrs,tred] *vn* (fig.) chalanear
horse trading *s* (fig.) chalaneo
horse-trading [ˈhɔrs,tredɪŋ] *adj* (fig.) chalanesco
horsewhip [ˈhɔrs,hwɪp] *s* látigo; (*pret & pp:* **-whipped;** *ger:* **-whipping**) *va* dar latigazos a
horsewoman [ˈhɔrs,wumən] *s* (*pl:* **-women**) amazona, caballista
horsy [ˈhɔrsɪ] *adj* (*comp:* **-ier;** *super:* **-iest**) caballar, hípico; turfista, carrerista; (slang) desmañado
hortative [ˈhɔrtətɪv] o **hortatory** [ˈhɔrtə,torɪ] *adj* hortatorio
Hortense [hɔrˈtɛns] *s* Hortensia
horticultural [,hɔrtɪˈkʌltʃərəl] *adj* hortícola
horticulture [ˈhɔrtɪ,kʌltʃər] *s* horticultura
horticulturist [,hɔrtɪˈkʌltʃərɪst] *s* horticultor
Hos. abr. de **Hosea**
hosanna [hoˈzænə] *s & interj* hosanna
Hosanna Sunday *s* domingo de ramos
hose [hoz] *spl* calzas; *s* (*pl:* **hose**) media; calcetín; (*pl:* **hose** o **hoses**) manguera; *va* regar o limpiar con un chorro de agua (*que sale de una manguera*)
Hosea [hoˈziə] o [hoˈzeə] *s* (Bib.) Oseas
hoseman [ˈhozmən] *s* (*pl:* **-men**) manguero
hosier [ˈhoʒər] *s* mediero, calcetero
hosiery [ˈhoʒərɪ] *s* medias, calcetas o calcetines; géneros de punto; calcetería
hosiery shop *s* calcetería
hospice [ˈhɑspɪs] *s* hospicio
hospitable [ˈhɑspɪtəbəl] o [hɑsˈpɪtəbəl] *adj* hospitalario
hospital [ˈhɑspɪtəl] *s* hospital
hospitaler [ˈhɑspɪtələr] *s* (Brit.) hospitalero; (hist.) hospitalario; (*cap.*) *s* (hist.) hospitalario
hospitality [,hɑspɪˈtælɪtɪ] *s* (*pl:* **-ties**) hospitalidad
hospitalization [,hɑspɪtəlɪˈzeʃən] *s* hospitalización
hospitalize [ˈhɑspɪtəlaɪz] *va* hospitalizar
hospital ship *s* (mil.) buque hospital
hospital train *s* (mil.) tren hospital
host [host] *s* anfitrión; huésped (*persona que hospeda a otra*); mesonero, posadero; hueste (*ejército*); multitud, sinnúmero; (bot. & zool.) huésped; (*cap.*) *s* (eccl.) hostia; **to reckon without one's host** echar la cuenta sin la huéspeda o no contar con la huéspeda
hostage [ˈhɑstɪdʒ] *s* rehén; **to be held a hostage** quedar en rehenes; **to carry off as a hostage** llevarse en rehenes; **to give hos-**

H

tages to fortune tener prendas que perder; **to hold as a hostage** retener como rehén
hostel ['hɑstəl] *s* parador; casa de huéspedes (*para caminantes, biciclistas, etc.*); (Brit.) residencia de estudiantes
hostelry ['hɑstəlrɪ] *s* (*pl:* **-ries**) parador
hostess ['hostɪs] *s* huéspeda; dueña, patrona; maestra de ceremonias (*en un cabaret*); (aer.) azafata
hostile ['hɑstɪl] *adj* hostil
hostility [hɑs'tɪlɪtɪ] *s* (*pl:* **-ties**) hostilidad; **hostilities** *spl* hostilidades (*guerra*); **to cease hostilities** cesar en las hostilidades; **to start hostilities** romper las hostilidades
hostler ['hɑslər] o ['ɑslər] *s* establero, mozo de cuadra, mozo de paja y cebada; (rail.) encargado de la locomotora al fin del recorrido
hot [hɑt] *adj* (*comp:* **hotter;** *super:* **hottest**) caliente (*agua, café, aire, etc.*); cálido (*clima, país, etc.; sabor*); en caliente (*remachado*); acre, picante; caluroso, apasionado; violento (*genio*); fresco, reciente (*rastro de un animal*); caliente (*en celo*); enérgico (*p.ej., perseguimiento*); muy activo; (coll.) intolerable; (coll.) caliente (*cerca de lo que se busca*); (coll.) cargado (*de electricidad*); (coll.) muy radiactivo; (slang) recién robado, recién pasado de contrabando; (slang) chic, de la última moda; **to be hot** hacer calor (*dícese del tiempo*); tener calor (*p.ej., una persona*); **to blow hot and cold** ser veleta, mudar a todos los vientos; **to make it hot for** (coll.) hostilizar; *adv* con calor; ardientemente, apasionadamente; sin piedad; **to run hot** recalentarse (*un motor, un cojinete*); **hot and heavy** airadamente; con violencia, sin piedad
hot air *s* (slang) palabrería, música celestial
hot-air engine ['hɑt'er] *s* máquina de aire caliente
hot-air furnace *s* calorífero de aire
hot-air heating *s* calefacción por aire caliente
hot and cold running water *s* circulación de agua fría y caliente
hot atom *s* (phys.) átomo cálido
hot baths *spl* caldas, termas, baños termales
hotbed ['hɑt,bɛd] *s* (hort.) almajara (*abrigada artificialmente*); (fig.) sementera, semillero
hot-blast stove ['hɑt,blæst] o ['hɑt,blɑst] *s* (metal.) recuperador de Cowper
hot-blooded ['hɑt'blʌdɪd] *adj* de malas pulgas; apasionado, de sangre ardiente; temerario, irreflexivo
hotbox ['hɑt,bɑks] *s* (rail.) cojinete recalentado
hot bulb *s* (mach.) bola caliente
hot cake *s* torta o tortita a la plancha; **to sell like hot cakes** (coll.) venderse como pan bendito
hotchpotch ['hɑtʃ,pɑtʃ] *s* var. de **hodgepodge**
hot cross bun *s* bollo marcado con la figura de una cruz (*que se come el viernes santo*)
hot dog *s* (slang) perro caliente
hotel [ho'tɛl] *s* hotel; *adj* hotelero
hotelkeeper [ho'tɛl,kipər] *s* hotelero
hotfoot ['hɑt,fʊt] *adv* (coll.) más que de prisa; *va* (coll.) seguir o perseguir a toda prisa; **to hotfoot it** (coll.) ir más que de prisa; *vn* (coll.) ir más que de prisa
hot-galvanize ['hɑt'gælvənaɪz] *va* galvanizar en caliente, cincar al fuego
hothead ['hɑt,hɛd] *s* persona irritable, persona de mal genio; persona temeraria o impetuosa; agitador, alborotador
hot-headed ['hɑt'hɛdɪd] *adj* caliente de cascos; temerario, irreflexivo, impetuoso; agitador, alborotador
hothouse ['hɑt,haʊs] *s* invernáculo, estufa
hot pad *s* almohadilla caliente eléctrica
hot plate *s* calientaplatos, hornillo (*portátil*)
hot-press ['hɑt,prɛs] *s* prensa térmica; prensa de satinar papel en caliente; *va* prensar en caliente
hot rod *s* (slang) bólido (*automóvil desguarnecido y con motor reforzado*)
hot seat *s* (coll.) situación dificultosa; (coll.) situación de gran responsabilidad; (aer.) asiento lanzable; (slang) silla eléctrica
hotshot ['hɑt,ʃɑt] *adj* (slang) rápido, diestro, próspero, ostentoso, importante; *s* tren rápido de mercancías perecederas; vehículo muy rápido, avión muy rápido; obrero muy perito; deportista muy diestro (*especialmente en golpeando una pelota*); (slang) persona de muchas campanillas
hot spot *s* punto caliente; (coll.) cabaret
hot springs *spl* fuentes termales
hotspur ['hɑt,spʌr] *s* persona temeraria o impetuosa
hot stuff *s* (slang) persona extraordinaria, cosa formidable
hot-tempered ['hɑt'tɛmpərd] *adj* irascible, de genio vivo y colérico
Hottentot ['hɑtəntɑt] *adj & s* hotentote
hot water *s* (coll.) lío, aprieto, dificultades
hot-water bag ['hɑt'wɔtər] o ['hɑt'wɑtər] *s* bolsa de agua caliente
hot-water boiler *s* termosifón (*para calentar agua o un edificio*)
hot-water bottle *s* bolsa de agua caliente
hot-water heater *s* calentador de agua, calentador de acumulación; calefón (Am.)
hot-water heating *s* calefacción por agua caliente
hot-water tank *s* depósito de agua caliente
hot-wire ['hɑt,waɪr] *adj* (elec.) de hilo caliente
hot-wire ammeter *s* (elec.) amperímetro de hilo caliente, amperímetro térmico
houdah ['haʊdə] *s* var. de **howdah**
hough [hɑk] *s* corvejón (*del caballo; de varias aves gallináceas*)
hound [haʊnd] *s* podenco; perro; canalla; **to follow the hounds** o **to ride to hounds** cazar con jauría; *va* rondar, acosar
hound's-tongue ['haʊndz,tʌŋ] *s* (bot.) cinoglosa, viniebla
houppelande ['huplænd] *s* hopalanda
hour [aʊr] *s* hora; hora actual, momento; **Hours** *spl* (myth.) Horas; **after hours** fuera de horas; **at all hours** a todas horas; muy tarde; **by the hour** por horas; **in an evil hour** en hora mala; **to keep late hours** trasnochar, acostarse tarde; **on the hour** a la hora en punto, cada hora; **to work long hours** trabajar muchas horas cada día; **hours on end** horas enteras
hour circle *s* (astr.) círculo horario
hourglass ['aʊr,glæs] o ['aʊr,glɑs] *s* reloj de arena
hour hand *s* horario
houri ['hʊrɪ] o ['haʊrɪ] *s* (*pl:* **-ris**) hurí (*del paraíso de Mahoma*)
hourly ['aʊrlɪ] *adj* de cada hora, repetido cada hora; repetido, frecuente; *adv* cada hora; muy a menudo
house [haʊs] *s* (*pl:* **houses** ['haʊzɪz]) casa; cámara (*legislativa*); edificio; teatro (*edificio y público*); entrada (*número de personas que asisten a un espectáculo*), p.ej., **a good house** mucha entrada; **on the house** a expensas del dueño; **to bring down the house** (coll.) hacer venirse abajo el teatro (*con aplausos*); **to clean house** hacer la limpieza de la casa; poner fin al desbarajuste (*municipal, del estado, de una casa de comercio, etc.*); **to keep house** tener casa propia; gobernar su casa; ser ama de su casa; hacer los quehaceres domésticos; **to put** o **to set one's house in order** arreglar sus asuntos; *adj* domiciliario; doméstico; de la casa; casero; [haʊz] *va* alojar, hospedar; domiciliar; (agr.) entrojar; (carp. & mach.) encajar; **to house in** cubrir, encerrar; *vn* morar, albergarse
house arrest *s* arresto domiciliario
houseboat ['haʊs,bot] *s* barco-habitación, casa flotante, embarcación en forma de casa flotante que sirve de habitación
housebreaker ['haʊs,brekər] *s* escalador
housebreaking ['haʊs,brekɪŋ] *s* escalo, allanamiento de morada
housebroken ['haʊs,brokən] *adj* (*perro o gato*) hecho a la casa, enseñado (*a hábitos de limpieza*)
house cleaning *s* limpieza de la casa; (fig.) limpieza
house coat *s* bata
house current *s* (elec.) red o sector de distribución, canalización de consumo; corriente de red
house dog *s* perro de casa; perro de guardia
housefly ['haʊs,flaɪ] *s* (*pl:* **-flies**) (ent.) mosca doméstica
houseful ['haʊsfʊl] *s* casa llena, p.ej., **a**

houseful of guests una casa llena de convidados
housefurnishings [ˈhaus,fʌrnɪʃɪŋz] *spl* ajuar, menaje, enseres domésticos
household [ˈhaushold] *s* casa, familia; *adj* casero, doméstico
household bread *s* pan casero, pan bazo
householder [ˈhaus,holdər] *s* amo o dueño de casa; jefe de familia
household goods *spl* enseres domésticos
household linen *s* var. de **flatwork**
household word *s* frase hecha, palabra de uso corriente
house hunting *s* busca de casa; **to go house hunting** ir a buscar casa
housekeeper [ˈhaus,kipər] *s* mujer de casa, ama de casa; casera, ama de llaves; mujer de gobierno
housekeeping [ˈhaus,kipɪŋ] *s* quehaceres domésticos; manejo doméstico, gobierno doméstico; **to set up housekeeping** poner casa
housekeeping apartment *s* cuarto o piso con cocina
houseleek [ˈhaus,lik] *s* (bot.) hierba puntera, barba de Júpiter, siempreviva mayor
houseline [ˈhaus,laɪn] *s* (naut.) piola
housemaid [ˈhaus,med] *s* criada de casa
housemaid's knee *s* (path.) sinovitis de la rodilla, rodilla de fregona
house meter *s* contador de abonado
housemother [ˈhaus,mʌðər] *s* mujer encargada de una residencia de alumnos
house mouse *s* (zool.) ratón casero
house of assignation *s* casa de citas
house of cards *s* castillo de naipes
House of Commons *s* (Brit.) Cámara de los Comunes
house of correction *s* casa de corrección
house of God *s* casa de Dios (*iglesia*)
house of ill fame o **ill repute** *s* burdel, lupanar
House of Lords *s* (Brit.) Cámara de los Lores
house of prayer *s* casa de oración
House of Representatives *s* (U.S.A.) Cámara de Representantes
house of worship *s* edificio destinado al culto
house painter *s* pintor de brocha gorda
house party *s* convite o tertulia de varios días (*especialmente en la casa de campo del anfitrión*); (los) convidados
house physician *s* médico residente (*de un hospital*); médico de asiento (*en un hotel*)
house plant *s* planta de invernadero, planta de maceta
houseroom [ˈhaus,rum] o [ˈhaus,rʊm] *s* alojamiento, cabida (*en una casa*)
housetop [ˈhaus,tɑp] *s* tejado (*parte superior y exterior de la casa*); **to shout from the housetops** pregonar a los cuatro vientos
housewares [ˈhaus,wɛrz] *spl* ajuar, menaje
housewarming [ˈhaus,wɔrmɪŋ] *s* tertulia para celebrar el estreno de una casa; **to have a housewarming** estrenar la casa
housewife [ˈhaus,waɪf] *s* (*pl:* **-wives** [,waɪvz]) ama o dueña de casa; madre de familia; [ˈhʌzɪf] *s* (*pl:* **-wives** [ɪvz]) estuche de costura
housewifely [ˈhaus,waɪflɪ] *adj* de ama de casa, propio de un ama de casa; hacendosa
housewifery [ˈhaus,waɪfərɪ] o [ˈhaus,waɪfrɪ] *s* quehaceres domésticos, gobierno doméstico (*del ama de casa*)
housework [ˈhaus,wʌrk] *s* quehaceres domésticos
housing [ˈhauzɪŋ] *s* alojamiento; abrigo, albergue; edificación (*de casas*); casas; gualdrapa (*del caballo*); (aut.) cárter; (carp.) encaje, muesca; (mach.) caja, bastidor; (naut.) piola; **housings** *spl* arreos, jaeces
housing development *s* colonia, viviendas nuevas
housing shortage *s* crisis de vivienda
hove [hov] *pret & pp de* **heave**
hovel [ˈhʌvəl] o [ˈhɑvəl] *s* casucha, choza, pocilga; cobertizo
hover [ˈhʌvər] o [ˈhɑvər] *va* mover (*las alas*) sin avanzar; cubrir con las alas; *vn* cernerse (*un ave*); revolotear; andar cerca; dudar, vacilar; asomar (*p.ej., una sonrisa en los labios de una persona*); estar algún tiempo (*p.ej., entre la vida y la muerte*)

how [hau] *adv* cómo; a cómo p.ej., **how do you sell the apples?** ¿a cómo vende Vd. las manzanas?; **how early** cuándo, a qué hora; **how else** de qué otra manera; **how far** qué distancia; a qué distancia; hasta dónde; cuánto, p.ej., **how far is it to the station?** ¿cuánto hay de aquí a la estación?; **how late** cuándo, a qué hora; **how long** cuánto, cuánto tiempo; hasta cuándo; **how many** cuántos; **how much** cuánto; lo mucho que, p.ej., **you don't know how much I have traveled in Spain** no sabe Vd. lo mucho que he viajado por España; **how now?** ¿pues qué?; **how often** cuántas veces; **how old are you?** ¿cuántos años tiene Vd.?; **how so?** ¿cómo así?; **how soon** cuándo, a qué hora; **how** + *adj* qué + *adj*, p.ej., **how beautiful she is!** ¡qué hermosa es!; cuán + *adj* o *adv.*, p.ej., **you do not know how rich he is** Vd. no sabe cuán rico es; lo + *adj*, p.ej., **do you realize how hard it is?** ¿se da Vd. cuenta de lo difícil que es?
howbeit [hauˈbiɪt] *adv* no obstante, sin embargo
howdah [ˈhaudə] *s* castillo (*montura sobre un elefante*)
how-do-you-do [ˈhaudəjəˈdu] *s* (coll.) situación enojosa; **that's a fine** (o **pretty** o **nice**) **how-do-you-do!** (coll.) ¡buena es ésa (o ésta)!
howe'er [hauˈɛr] *adv* var. de **however**
however [hauˈɛvər] *adv* sin embargo, a pesar de eso; por muy . . . que, p.ej., **however hard it is** por muy difícil que sea; por mucho . . . que, p.ej., **however cold it is** por mucho frío que haga; como quiera que, p.ej., **however you do it, do it well** como quiera que lo haga, hágalo bien; (coll.) cómo, p.ej., **however did you manage to get it?** ¿cómo se ingenió Vd. para conseguirlo?; **however much** por mucho que
howitzer [ˈhauɪtsər] *s* obús, cañón obús
howl [haul] *s* aullido, alarido; chillido; risa muy aguda; bramido (*del viento*); *va* decir a gritos; echar a gritos; **to howl down** imponerse a gritos a (*una persona*); *vn* aullar, dar alaridos; chillar; bramar (*el viento*); reír a más no poder
howler [ˈhaulər] *s* aullador; (zool.) aullador, mono aullador; (coll.) plancha, desacierto
howling [ˈhaulɪŋ] *adj* aullador; (slang) clamoroso, ruidoso (*éxito*); *s* (rad.) aullido
howling monkey *s* (zool.) mono aullador, mono chillón
howsoever [,hausoˈɛvər] *adv* como quiera que; por muy . . . que
hoyden [ˈhɔɪdən] *s* muchacha traviesa, tunantuela
hoydenish [ˈhɔɪdənɪʃ] *adj* traviesa, tunantuela
HP, H.P., hp. o **h.p.** abr. de **horsepower**
hr. abr. de **hour** o **hours**
H.R. abr. de **House of Representatives**
H.R.H. abr. de **Her Royal Highness** y **His Royal Highness**
hrs. abr. de **hours**
ht. abr. de **height**
H.T. abr. de **Hawaiian Territory**
hub [hʌb] *s* cubo (*de rueda*); (fig.) eje, centro
hubble [ˈhʌbəl] *s* elevación, prominencia, aspereza
hubble-bubble [ˈhʌbəl,bʌbəl] *s* narguile; gluglú (*de un líquido*); vocerío confuso
hubbly [ˈhʌblɪ] *adj* fragoso, quebrado, áspero
hubbub [ˈhʌbʌb] *s* alboroto, tumulto; gritería
hubcap [ˈhʌb,kæp] *s* (aut.) sombrerete, tapón de cubo, tapacubo
huck [hʌk] o **huckaback** [ˈhʌkəbæk] *s* tejido granito
huckleberry [ˈhʌkəl,bɛrɪ] *s* (*pl:* **-ries**) (bot.) planta ericácea y su baya (*Gaylussacia baccata*)
huckster [ˈhʌkstər] *s* buhonero; vendedor ambulante (*especialmente de hortalizas*); traficante despreciable; sujeto ruin; (slang) empresario de publicidad; *vn* vender por las calles; regatear
huddle [ˈhʌdəl] *s* pelotón, tropel; confusión, precipitación; (football) círculo que forman los jugadores para recibir señas; (coll.) reunión secreta; **to go into a huddle** (slang) conferenciar en secreto; *va* hacer o terminar

aprisa y mal; ponerse (*la ropa*) aprisa y mal; amontonar desordenadamente; **to huddle oneself up** arrimarse cómodamente; *vn* amontonarse; acurrucarse, arrimarse; (football) formar círculo para recibir señas
Hudson seal ['hʌdsən] *s* piel de almizclera teñida (*que remeda la piel de foca*)
hue [hju] *s* tinte, matiz, color; grita, gritería; **hue and cry** vocería de alarma o de indignación
huff [hʌf] *s* arrebato de cólera, enojo súbito; **in a huff** encolerizado, ofendido; *va* encolerizar, ofender; (checkers) soplar
huffy ['hʌfɪ] *adj* (*comp:* **-ier**; *super:* **-iest**) enojadizo, resentido
hug [hʌg] *s* abrazo (*de cariño, de oso, de luchador, etc.*); (*pret & pp:* **hugged**; *ger:* **hugging**) *va* abrazar, apretar con los brazos; ahogar entre los brazos (*dícese de un oso*); afirmarse en (*una opinión*); navegar muy cerca de (*la costa u orilla*); ceñirse a (*p.ej., un muro*); *vn* abrazarse; arrimarse
huge [hjudʒ] *adj* enorme, inmenso, descomunal
hugger-mugger ['hʌgər'mʌgər] *s* confusión, desorden, embrollo; *adj* confuso, embrollado, sin pies ni cabeza; *adv* desordenadamente
Hugh [hju] *s* Hugo
Huguenot ['hjugənɑt] *s* hugonote
huh [hʌ] *interj* ¡eh!
hula-hula ['hulə'hulə] *s* baile típico de Hawai
hulk [hʌlk] *s* casco (*de un barco más o menos inservible*); carcamán, carraca (*buque malo y pesado*); pontón (*que sirve de cárcel*); armatoste (*máquina o mueble tosco; persona corpulenta e inútil*)
hulking ['hʌlkɪŋ] *adj* pesado, grueso
hull [hʌl] *s* casco (*de un barco o hidroavión*); armazón (*de un dirigible rígido*); vaina, hollejo (*de ciertas legumbres*); cáliz (*p.ej., de la fresa*); **hull down** (naut.) que se ven sólo las jarcias (*dícese de un barco en el horizonte*); *va* dar en el casco de (*un barco*); desvainar, deshollejar; mondar, pelar
hullabaloo ['hʌləbə,lu] o [,hʌləbə'lu] *s* alboroto, baraúnda, gritería, tumulto
hullo [hə'lo] *s* (*pl:* **-los**) var. de **hello** y **hollo**; *interj & vn* var. de **hello** y **hollo**
hum [hʌm] *s* tarareo, canturreo; zumbido (*de una abeja, máquina, etc.*); *interj* ¡ejem!; (*pret & pp:* **hummed**; *ger:* **humming**) *va* tararear, canturrear; **to hum to sleep** arrullar; *vn* tararear, canturrear; zumbar; (coll.) estar muy activo; **to keep things humming** o **to make things hum** (coll.) ejecutar las cosas de una manera viva y fogosa
human ['hjumən] *adj & s* humano
human being *s* ser humano
humane [hju'men] *adj* humano (*compasivo, misericordioso; civilizador*)
humanism ['hjumənɪzəm] *s* humanismo
humanist ['hjumənɪst] *adj & s* humanista
humanistic [,hjumə'nɪstɪk] *adj* humanístico
humanitarian [hju,mænɪ'terɪən] *adj & s* humanitario
humanitarianism [hju,mænɪ'terɪənɪzəm] *s* humanitarismo
humanity [hju'mænɪtɪ] *s* (*pl:* **-ties**) humanidad; **the humanities** las humanidades
humanize ['hjumənaɪz] *va* humanizar; *vn* humanizarse
humankind ['hjumən'kaɪnd] *s* género humano
humanly ['hjumənlɪ] *adv* humanamente (*según las fuerzas humanas*)
Humbert ['hʌmbərt] *s* Humberto
humble ['hʌmbəl] o ['ʌmbəl] *adj* humilde; *va* humillar
humblebee ['hʌmbəl,bi] *s* var. de **bumblebee**
humbleness ['hʌmbəlnɪs] o ['ʌmbəlnɪs] *s* humildad
humble pie *s* empanada de menudo de venado; **to eat humble pie** someterse humildemente, reconocer el error y pedir perdón
humbug ['hʌm,bʌg] *s* farsa, patraña; embaucamiento; farsante, patrañero; (*pret & pp:* **-bugged**; *ger:* **-bugging**) *va* embaucar, engaitar
humbuggery ['hʌm,bʌgərɪ] *s* embaucamiento, engaño
humdinger [hʌm'dɪŋər] *s* (slang) persona extraordinaria, cosa formidable
humdrum ['hʌm,drʌm] *adj* monótono; *s* monotonía; charla monótona; machaca (*persona*)
humeral ['hjumərəl] *adj* (anat.) humeral; (anat.) braquial
humeral veil *s* (eccl.) humeral
humerus ['hjumərəs] *s* (*pl:* **-i** [aɪ]) (anat.) húmero; (anat.) brazo (*desde el hombro hasta el codo*)
humic ['hjumɪk] *adj* (chem.) húmico
humid ['hjumɪd] *adj* húmedo
humidification [hju,mɪdɪfɪ'keʃən] *s* humectación
humidifier [hju'mɪdɪ,faɪər] *s* humectador
humidify [hju'mɪdɪfaɪ] (*pret & pp:* **-fied**) *va* humedecer
humidity [hju'mɪdɪtɪ] *s* humedad
humidor ['hjumɪdɔr] *s* bote humectativo (*para tabaco de fumar*); humectador (*en la industria de hilandería*)
humifuse ['hjumɪfjuz] *adj* (bot.) humifuso
humiliate [hju'mɪlɪet] *va* humillar
humiliating [hju'mɪlɪ,etɪŋ] *adj* humillante
humiliation [hju,mɪlɪ'eʃən] *s* humiliación
humility [hju'mɪlɪtɪ] *s* (*pl:* **-ties**) humildad
humin ['hjumɪn] *s* (biochem.) humina
humming ['hʌmɪŋ] *adj* zumbrador; (coll.) animado, vivo
hummingbird ['hʌmɪŋ,bʌrd] *s* (orn.) colibrí, pájaro mosca, picaflor
hummock ['hʌmək] *s* mogote, morón; hummock, lomo o mole de hielo
hummocky ['hʌməkɪ] *adj* a modo de mogote; fragoso, escabroso
humor ['hjumər] o ['jumər] *s* humor; humorismo; **bad humor** mal humor; **good humor** buen humor; **out of humor** de mal humor; **to be in the humor for** tener ganas de; *va* seguir el humor a; acomodarse a; manejar suavemente
humoresque [,hjumə'rɛsk] *s* (mus.) juguete, capricho
humorist ['hjumərɪst] o ['jumərɪst] *s* persona chistosa; humorista (*escritor*)
humorous ['hjumərəs] o ['jumərəs] *adj* chistoso, gracioso; humorístico (*escritor, dibujo*); (obs.) humoroso
humour ['hjumər] o ['jumər] *s & va* (Brit.) var. de **humor**
hump [hʌmp] *s* corcova, giba, joroba; montecillo; prominencia; (rail.) lomo, lomo de asno; *va* encorvar; **to hump it** o **to hump oneself** (slang) esforzarse, echar los bofes; *vn* encorvarse; (slang) esforzarse, echar los bofes
humpback ['hʌmp,bæk] *s* corcova, joroba; corcovado, jorobado; (zool.) gubarte
humpbacked ['hʌmp,bækt] *adj* corcovado, jorobado
humph [həm] *interj* ¡bah!; ¡uf!
Humphrey ['hʌmfrɪ] *s* Hunfredo
humpty-dumpty ['hʌmptɪ'dʌmptɪ] *adj* rechoncho
humpy ['hʌmpɪ] *adj* (*comp:* **-ier**; *super:* **-iest**) desigual; giboso
hump yard *s* (rail.) patio de lomo para maniobras por gravedad
humus ['hjuməs] *s* humus, mantillo
Hun [hʌn] *s* huno; (fig.) vándalo
hunch [hʌntʃ] *s* corcova, joroba; (coll.) corazonada; tajada, pedazo; *va* encorvar; mover a empujones o a tirones; *vn* encorvarse; moverse a empujones o a tirones
hunchback ['hʌntʃ,bæk] *s* corcova, joroba; corcovado, jorobado
hunch-backed ['hʌntʃ,bækt] *adj* corcovado, jorobado
hundred ['hʌndrəd] *adj* cien (*antes de substantivo*); ciento; **a hundred** u **one hundred** cien (*antes de substantivo*); ciento; *s* ciento, cien; **a hundred** u **one hundred** ciento, cien; **by the hundred** por cientos, a centenares; **the hundreds** las centenas (*los números 100, 200, 300, etc.*)
Hundred Days *spl* (hist.) Cien Días
hundredfold ['hʌndrəd,fold] *adj & s* céntuplo; *adv* cien veces más
hundred-per-cent ['hʌndrədpər'sɛnt] *adj* cabal, perfecto, puro, incontestable
hundred-per-cent American *s* americano cien por ciento (*americano muy patriótico*)
hundredth ['hʌndrədθ] *adj & s* centésimo

hundredweight [ˈhʌndrəd,wet] *s* centipondio, quintal
Hundred Years' War *s* guerra de los Cien Años
hung [hʌŋ] *pret & pp de* **hang**
Hungarian [hʌŋˈgɛrɪən] *adj & s* húngaro
Hungary [ˈhʌŋgərɪ] *s* Hungría
hunger [ˈhʌŋgər] *s* hambre; *vn* hambrear; **to hunger for** tener hambre de
hunger march *s* marcha del hambre
hunger strike *s* huelga de hambre
hungry [ˈhʌŋgrɪ] *adj* (*comp:* **-grier;** *super:* **-griest**) hambriento; estéril (*tierra*); **to be hungry** tener hambre; **to go hungry** pasar hambre; **hungry for** hambriento de (*p.ej., riquezas*)
hunk [hʌŋk] *s* (coll.) pedazo grande, buen pedazo
hunky-dory [,hʌŋkɪˈdorɪ] *adj* (coll.) excelente, óptimo
hunt [hʌnt] *s* caza; cacería, montería; partida de caza; busca; **on the hunt for** a caza de; *va* cazar; hacer la batida de (*un terreno*); emplear (*perros o caballos*) en la caza; perseguir; buscar; **to hunt down** cazar y matar, cazar y destruir; buscar (*una cosa*) hasta dar con ella; **to hunt up** rebuscar; buscar y hallar; *vn* cazar; buscar; **to go hunting** ir de caza; **to hunt for** buscar; **to hunt up and down (for)** buscar por todas partes; **to take hunting** llevar de caza
hunter [ˈhʌntər] *s* cazador; perro o caballo de caza; saboneta (*reloj*)
hunting [ˈhʌntɪŋ] *adj* cazador; de caza; *s* caza (*acción*); cacería, montería (*arte*); (elec.) movimiento oscilatorio
hunting case *s* caja de saboneta
hunting dog *s* perro de caza; (zool.) perro-hiena
hunting ground *s* cazadero
huntinghorn [ˈhʌntɪŋ,hɔrn] *s* cuerno de caza
hunting jacket *s* cazadora (*chaqueta*)
hunting knife *s* cuchillo de caza
hunting lodge *s* casa de montería
hunting season *s* tiempo de caza
hunting watch *s* saboneta
huntress [ˈhʌntrɪs] *s* cazadora (*mujer*)
huntsman [ˈhʌntsmən] *s* (*pl:* **-men**) cazador, montero; montero mayor
hurdle [ˈhʌrdəl] *s* cañizo, zarzo; narria (*para llevar los reos al patíbulo*); (sport) valla (*portátil*); (fig.) obstáculo; **hurdles** *spl* (sport) carrera de vallas; *va* cercar con zarzos; saltar por encima de, vencer
hurdler [ˈhʌrdlər] *s* (sport) corredor en una carrera de vallas
hurdle race *s* (sport) carrera de vallas
hurdy-gurdy [ˈhʌrdɪ,gʌrdɪ] *s* (*pl:* **-dies**) organillo; (archaic) zanfonía
hurl [hʌrl] *s* lanzamiento; *va* lanzar, arrojar
hurly-burly [ˈhʌrlɪ,bʌrlɪ] *s* (*pl:* **-ies**) alboroto, tumulto
Huronian [hjʊˈronɪən] *adj & s* (geol.) huroniense
hurrah [hʊˈrɑ] o [hʊˈrɔ] o **hurray** [hʊˈre] *s* viva; *interj* ¡hurra!, ¡viva!; **hurrah for . . . !** ¡viva . . . !; *va* aplaudir, vitorear; *vn* dar vivas
hurricane [ˈhʌrɪken] *s* huracán; (naut.) huracán; *vn* huracanarse
hurricane deck *s* cubierta superior (*de un vapor de pasajeros*)
hurried [ˈhʌrɪd] *adj* apresurado; hecho de prisa
hurry [ˈhʌrɪ] *s* (*pl:* **-ries**) prisa; **to be in a hurry** tener prisa, estar de prisa; **to be in a hurry to** + *inf* tener prisa en o por + *inf;* **what's the hurry?** ¿qué prisa hay? ‖ (*pret & pp:* **-ried**) *va* apresurar, dar prisa a; **to hurry off** hacer marchar de prisa; **to hurry on** apresurar; **to hurry over** pasar rápidamente; hacer con precipitación o ligereza; **to hurry up** apresurar ‖ *vn* apresurarse, darse prisa; ir corriendo; **to hurry after** correr en pos de; **to hurry away** marcharse de prisa, salir precipitadamente; **to hurry back** volver de prisa, apresurarse a volver; **to hurry off** marcharse de prisa; **to hurry on** apresurarse; seguir adelante con mucha prisa; **to hurry to** + *inf* apresurarse a + *inf;* **to hurry up** apresurarse
hurry-scurry o **hurry-skurry** [ˈhʌrɪˈskʌrɪ] *adj* precipitado, atropellado; *adv* precipitadamente, atropelladamente; *s* precipitación, atropello
hurt [hʌrt] *s* daño; dolor; herida; *adj* ofendido, resentido; (*pret & pp:* **hurt**) *va* dañar, lastimar; herir; perjudicar; doler; ofender, lastimar; *vn* doler
hurtful [ˈhʌrtfəl] *adj* dañoso, perjudicial
hurtle [ˈhʌrtəl] *s* choque, fragor; *va* arrojar con violencia; chocar con; dar en o contra con gran estruendo; *vn* arrojarse con violencia; chocar; resonar con gran estruendo; pasar con gran estruendo, moverse con gran estruendo
husband [ˈhʌzbənd] *s* marido, esposo; *va* economizar, manejar con economía; procurar marido a; ser o pasar por marido de; (archaic) cultivar
husbandman [ˈhʌzbəndmən] *s* (*pl:* **-men**) granjero, agricultor
husbandry [ˈhʌzbəndrɪ] *s* granjería; buena dirección, buen gobierno (*de la hacienda o los recursos de uno*); economía
hush [hʌʃ] *s* silencio; *interj* ¡chito!, ¡chitón!; *va* callar; apaciguar; **to hush up** echar tierra a (*p.ej., un escándalo*); *vn* callar o callarse
hushaby [ˈhʌʃə,baɪ] *interj* ¡ro ro!
hush-hush [ˈhʌʃ,hʌʃ] *adj* muy secreto
hush money *s* dinero con que se compra el silencio de una persona
husk [hʌsk] *s* cáscara, hollejo, vaina; perfolla (*del maíz*); (fig.) cáscara o capa exterior; *va* descascarar, deshollejar, desvainar; espinochar (*el maíz*)
husking [ˈhʌskɪŋ] *s* despancación del maíz; minga para la despancación del maíz
husking bee *s* minga para la despancación del maíz
husky [ˈhʌskɪ] *adj* (*comp:* **-ier;** *super:* **-iest**) cascarudo; ronco; (coll.) fortachón, fornido; *s* (*pl:* **-ies**) (coll.) persona fornida; (*cap.*) *s* (*pl:* **-ies**) esquimal (*individuo; idioma*); perro esquimal
hussar [hʊˈzɑr] *s* (mil.) húsar
Hussite [ˈhʌsaɪt] *adj & s* husita
Hussitism [ˈhʌsaɪtɪzəm] *s* husitismo
hussy [ˈhʌzɪ] o [ˈhʌsɪ] *s* (*pl:* **-sies**) buena pieza, muchacha descarada; corralera (*mujer desvergonzada*)
hustings [ˈhʌstɪŋz] *spl* tribuna para discursos electorales; elecciones
hustle [ˈhʌsəl] *s* prisa; empujón; (coll.) energía, vigor; *va* apresurar, dar prisa a; empujar; echar a empellones; *vn* apresurarse, darse prisa; (coll.) menearse; (coll.) trabajar con gran ahinco
hustler [ˈhʌslər] *s* (coll.) trafagón, buscavidas
hut [hʌt] *s* casucha, choza
hutch [hʌtʃ] *s* conejera; hucha, arca; cabaña, choza
huzza [hʌˈzɑ] *s* viva; *interj* ¡vítor!; *va* vitorear; *vn* dar vivas
hyacinth [ˈhaɪəsɪnθ] *s* (bot. & mineral.) jacinto
hyacinth bean *s* (bot.) frijol caballero, frijol de Antibo
hyacinthine [,haɪəˈsɪnθɪn] o [,haɪəˈsɪnθaɪn] *adj* de o del jacinto; adornado con jacintos
hyacinth of Peru *s* (bot.) jacinto estrellado
Hyacinthus [,haɪəˈsɪnθəs] *s* (myth.) Jacinto
Hyades [ˈhaɪədiz] o **Hyads** [ˈhaɪædz] *spl* (astr. & myth.) Híadas o Híades
hyaena [haɪˈinə] *s* var. de **hyena**
hyaline [ˈhaɪəlɪn] o [ˈhaɪəlaɪn] *adj* hialino (*parecido al vidrio*); *s* (poet.) cosa vítrea o transparente; [ˈhaɪəlin] o [ˈhaɪəlɪn] *s* (biochem.) hialina
hyaline degeneration *s* (path.) degeneración hialina
hyalite [ˈhaɪəlaɪt] *s* (mineral.) hialita
hyalitis [,haɪəˈlaɪtɪs] *s* (path.) hialitis
hyaloid [ˈhaɪələɪd] *adj* hialoideo; *s* (anat.) hialoides
hyaloplasm [ˈhaɪəloplæzəm] *s* (biol.) hialoplasma
hybrid [ˈhaɪbrɪd] *adj & s* híbrido
hybridism [ˈhaɪbrɪdɪzəm] *s* hibridismo
hybridization [,haɪbrɪdɪˈzeʃən] *s* hibridación
hybridize [ˈhaɪbrɪdaɪz] *va & vn* hibridar

H

hydantoin [haɪˈdænto·ɪn] s (chem.) hidantoína

hydatid [ˈhaɪdətɪd] s (path.) hidátide; adj hidatídico

hydnum [ˈhɪdnəm] s (bot.) hidno

hydra [ˈhaɪdrə] s (*pl:* **-dras** o **-drae** [dri]) hidra (*mal persistente*); (zool.) hidra (*pólipo*); (*cap.*) s (astr. & myth.) Hidra

hydracid [haɪˈdræsɪd] s (chem.) hidrácido

hydrangea [haɪˈdrendʒə] o [haɪˈdrændʒɪə] s (bot.) hortensia, hidrangea

hydrant [ˈhaɪdrənt] s boca de agua, boca de riego

hydrargyriasis [ˌhaɪdrɑrdʒɪˈraɪəsɪs] s (path.) hidrargirismo

hydrargyrum [haɪˈdrɑrdʒɪrəm] s (chem.) hidrargiro

hydrate [ˈhaɪdret] s (chem.) hidrato; va (chem.) hidratar; vn (chem.) hidratarse

hydration [haɪˈdreʃən] s (chem.) hidratación

hydraulic [haɪˈdrɔlɪk] adj hidráulico; **hydraulics** ssg hidráulica

hydraulically [haɪˈdrɔlɪkəlɪ] adv hidráulicamente

hydraulic brake s freno hidráulico

hydraulic elevator s ascensor hidráulico

hydraulic jack s gato hidráulico

hydraulic lime s cal hidráulica

hydraulic mortar s argamasa hidráulica

hydraulic press s prensa hidráulica

hydraulic ram s ariete hidráulico

hydraulic turbine s turbina hidráulica

hydrazide [ˈhaɪdrəzaɪd] o [ˈhaɪdrəzɪd] s (chem.) hidracida

hydrazine [ˈhaɪdrəzin] o [ˈhaɪdrəzɪn] s (chem.) hidracina

hydric [ˈhaɪdrɪk] adj (chem.) hídrico

hydrid [ˈhaɪdrɪd] o **hydride** [ˈhaɪdraɪd] o [ˈhaɪdrɪd] s (chem.) hidruro

hydriodic [ˌhaɪdrɪˈɑdɪk] adj (chem.) yodhídrico

hydriodic acid s (chem.) ácido yodhídrico

hydrobromic [ˌhaɪdrəˈbromɪk] adj (chem.) bromhídrico

hydrobromic acid s (chem.) ácido bromhídrico

hydrocarbon [ˌhaɪdrəˈkɑrbən] s (chem.) hidrocarburo

hydrocele [ˈhaɪdrəsil] s (path.) hidrocele

hydrocephalous [ˌhaɪdrəˈsɛfələs] adj hidrocéfalo

hydrocephalus [ˌhaɪdrəˈsɛfələs] s (path.) hidrocefalía

hydrochlorate [ˌhaɪdrəˈkloret] o [ˌhaɪdrəˈklorɪt] s (chem.) clorhidrato

hydrochloric [ˌhaɪdrəˈklorɪk] adj (chem.) clorhídrico

hydrochloric acid s (chem.) ácido clorhídrico

hydrocyanic [ˌhaɪdrosaɪˈænɪk] adj (chem.) cianhídrico

hydrocyanic acid s (chem.) ácido cianhídrico

hydrodynamic [ˌhaɪdrədaɪˈnæmɪk] o [ˌhaɪdrədɪˈnæmɪk] adj hidrodinámico; **hydrodynamics** ssg hidrodinámica

hydroelectric [ˌhaɪdro·ɪˈlɛktrɪk] adj hidroeléctrico

hydroelectricity [ˌhaɪdro·ɪˌlɛkˈtrɪsɪtɪ] s hidroelectricidad

hydrofluoric [ˌhaɪdrofluˈɑrɪk] o [ˌhaɪdrofluˈɔrɪk] adj (chem.) fluorhídrico

hydrofluoric acid s (chem.) ácido fluorhídrico

hydrofoil [ˈhaɪdrəˌfɔɪl] s superficie de reacción hidráulica, plano hidrodinámico; hidroaleta; barco que se desliza sobre hidroaletas

hydrogel [ˈhaɪdrəˌdʒɛl] s (chem.) hidrogel

hydrogen [ˈhaɪdrədʒən] s (chem.) hidrógeno

hydrogenate [ˈhaɪdrədʒənet] va (chem.) hidrogenar

hydrogenation [ˌhaɪdrədʒənˈeʃən] s (chem.) hidrogenación

hydrogen bomb s (phys.) bomba de hidrógeno

hydrogen ion s (chem.) hidrogenión, ion hidrógeno, ion de hidrógeno

hydrogenize [ˈhaɪdrədʒənaɪz] va var. de **hydrogenate**

hydrogenous [haɪˈdrɑdʒɪnəs] adj hidrogenado

hydrogen peroxide s (chem.) peróxido de hidrógeno

hydrogen sulfide s (chem.) sulfuro de hidrógeno

hydrographer [haɪˈdrɑgrəfər] s hidrógrafo

hydrographic [ˌhaɪdrəˈgræfɪk] adj hidrográfico

hydrography [haɪˈdrɑgrəfɪ] s hidrografía

hydroid [ˈhaɪdrɔɪd] s (zool.) hidroide

hydrologist [haɪˈdrɑlədʒɪst] s hidrólogo

hydrology [haɪˈdrɑlədʒɪ] s hidrología

hydrolysis [haɪˈdrɑlɪsɪs] s (*pl:* **-ses** [siz]) (chem.) hidrólisis

hydrolytic [ˌhaɪdrəˈlɪtɪk] adj hidrolítico

hydrolyze [ˈhaɪdrəlaɪz] va (chem.) hidrolizar; vn (chem.) hidrolizarse

hydromancy [ˈhaɪdrəˌmænsɪ] s hidromancía

hydromantic [ˌhaɪdrəˈmæntɪk] adj hidromántico

hydromechanical [ˌhaɪdromɪˈkænɪkəl] adj hidromecánico

hydromechanics [ˌhaɪdromɪˈkænɪks] ssg hidromecánica

hydromedusa [ˌhaɪdromɪˈdjusə] o [ˌhaɪdromɪˈdusə] s (*pl:* **-sae** [si]) (zool.) hidromedusa

hydromel [ˈhaɪdrəmɛl] s hidromel

hydrometeor [ˌhaɪdrəˈmitɪər] s (meteor.) hidrometeoro

hydrometer [haɪˈdrɑmɪtər] s areómetro

hydrometric [ˌhaɪdrəˈmɛtrɪk] o **hydrometrical** [ˌhaɪdrəˈmɛtrɪkəl] adj areométrico

hydrometry [haɪˈdrɑmɪtrɪ] s areometría

hydropath [ˈhaɪdrəpæθ] s hidrópata

hydropathic [ˌhaɪdrəˈpæθɪk] adj hidropático

hydropathist [haɪˈdrɑpəθɪst] s hidrópata

hydropathy [haɪˈdrɑpəθɪ] s hidropatía

hydrophane [ˈhaɪdrəfen] s (mineral.) hidrófana

hydrophid [ˈhaɪdrəfɪd] s (zool.) hidrófido

hydrophile [ˈhaɪdrəfaɪl] o [ˈhaɪdrəfɪl] o **hydrophilic** [ˌhaɪdrəˈfɪlɪk] adj (chem.) hidrófilo

hydrophobe [ˈhaɪdrəfob] s hidrófobo

hydrophobia [ˌhaɪdrəˈfobɪə] s (path.) hidrofobia

hydrophobic [ˌhaɪdrəˈfobɪk] adj hidrofóbico; hidrófobo (*que padece de hidrofobia*)

hydrophone [ˈhaɪdrəfon] s hidrófono

hydrophyte [ˈhaɪdrəfaɪt] s (bot.) hidrófita

hydropic [haɪˈdrɑpɪk] o **hydropical** [haɪˈdrɑpɪkəl] adj hidrópico

hydroplane [ˈhaɪdrəplen] s hidroplano (*buque*); (aer.) hidroplano o hidroavión

hydroponic [ˌhaɪdrəˈpɑnɪk] adj hidropónico; **hydroponics** spl hidroponía

hydrops [ˈhaɪdrɑps] o **hydropsy** [ˈhaɪˌdrɑpsɪ] s (path.) hidropesía

hydroquinone [ˌhaɪdrəkwɪˈnon] o [ˌhaɪdrəˈkwɪnon] s (chem.) hidroquinona

hydrosol [ˈhaɪdrəsɑl] o [ˈhaɪdrəsol] s (chem.) hidrosol

hydrosphere [ˈhaɪdrəsfɪr] s hidrosfera

hydrostat [ˈhaɪdrəstæt] s hidrostato

hydrostatic [ˌhaɪdrəˈstætɪk] adj hidrostático; **hydrostatics** ssg hidrostática

hydrosulfid [ˌhaɪdrəˈsʌlfɪd] o **hydrosulfide** [ˌhaɪdrəˈsʌlfaɪd] o [ˌhaɪdrəˈsʌlfɪd] s (chem.) hidrosulfuro

hydrosulfite [ˌhaɪdrəˈsʌlfaɪt] s (chem.) hidrosulfito; (chem.) hidrosulfito sódico (*agente reductor*)

hydrotechny [ˈhaɪdrəˌtɛknɪ] s hidrotecnia

hydrotherapeutic [ˌhaɪdroˌθɛrəˈpjutɪk] adj hidroterápico; **hydrotherapeutics** ssg hidroterapia

hydrotherapy [ˌhaɪdroˈθɛrəpɪ] s var. de **hydrotherapeutics**

hydrothermal [ˌhaɪdrəˈθʌrməl] adj hidrotérmico

hydrothorax [ˌhaɪdrəˈθoræks] s (path.) hidrotórax

hydrotropism [haɪˈdrɑtrəpɪzəm] s (biol.) hidrotropismo

hydrous [ˈhaɪdrəs] adj hidratado

hydroxid [haɪˈdrɑksɪd] o **hydroxide** [haɪˈdrɑksaɪd] o [haɪˈdrɑksɪd] s (chem.) hidróxido

hydroxyl [haɪˈdrɑksɪl] s (chem.) hidroxilo u oxhidrilo

hydroxylamine [haɪˌdrɑksɪləˈmin] o [haɪˌdrɑksɪlˈæmɪn] s (chem.) hidroxilamina

hydroxyl radical s (chem.) radical hidroxilo

hydrozoan [ˌhaɪdrəˈzoən] s (zool.) hidrozoo; adj hidrozoico

hyena [haɪˈinə] s (zool.) hiena

Hygeia [haɪˈdʒiə] *s* (myth.) Higía
hygiene [ˈhaɪdʒin] o [ˈhaɪdʒɪin] *s* higiene
hygienic [ˌhaɪdʒɪˈɛnɪk] o [haɪˈdʒinɪk] *adj* higiénico
hygienist [ˈhaɪdʒɪənɪst] *adj & s* higienista
hygrometer [haɪˈgrɑmɪtər] *s* higrómetro
hygrometric [ˌhaɪgrəˈmɛtrɪk] *adj* higrométrico
hygrometry [haɪˈgrɑmɪtrɪ] *s* higrometría
hygroscope [ˈhaɪgrəskop] *s* higroscopio
hygroscopic [ˌhaɪgrəˈskɑpɪk] *adj* higroscópico
hying [ˈhaɪɪŋ] *ger de* **hie**
Hyksos [ˈhɪksɑs] o [ˈhɪksos] *spl* (hist.) Hicsos
hyla [ˈhaɪlə] *s* (zool.) rubeta, rana de San Antonio
hylozoism [ˌhaɪləˈzo·ɪzəm] *s* (philos.) hilozoísmo
hymen [ˈhaɪmən] *s* (anat.) himen; (*cap.*) *s* (myth.) Himeneo
hymeneal [ˌhaɪməˈniəl] *adj* nupcial; *s* himeneo (*himno nupcial*)
hymenium [haɪˈminɪəm] *s* (*pl:* **-a** [ə] o **-ums**) (bot.) himenio
hymenopter [ˈhaɪməˌnɑptər] *s* (*pl:* **-tera** [tərə]) (zool.) himenóptero
hymenopterous [ˌhaɪməˈnɑptərəs] *adj* (zool.) himenóptero
Hymettus [haɪˈmɛtəs] *s* Himeto
hymn [hɪm] *s* himno; *va* alabar con himnos; expresar en himnos; *vn* cantar himnos
hymnal [ˈhɪmnəl] *s* himnario
hymnology [hɪmˈnɑlədʒɪ] *s* himnología; himnos
hyoid [ˈhaɪɔɪd] *adj* hioideo; hioides; *s* (anat.) hioides
hyoides [haɪˈɔɪdiz] *s* (anat.) hioides
hyoscine [ˈhaɪəsin] o [ˈhaɪəsɪn] *s* (trademark) hioscina (*alcaloide*)
hyoscyamine [ˌhaɪəˈsaɪəmin] o [ˌhaɪəˈsaɪəmɪn] *s* (chem.) hiosciamina
hyp. abr. de **hypotenuse** y **hypothesis**
hypabyssal [ˌhɪpəˈbɪsəl] *adj* (geol.) hipabisal
hypallage [hɪˈpælədʒi] o [haɪˈpælədʒi] *s* (rhet.) hipálage
Hypatia [haɪˈpeʃə] o [haɪˈpeʃɪə] *s* Hipatia
hyperacidity [ˌhaɪpərəˈsɪdɪtɪ] *s* hiperacidez
hyperacusis [ˌhaɪpərəˈkjusɪs] *s* (path.) hiperacusia o hiperacusis
hyperaemia [ˌhaɪpərˈimɪə] *s* (path.) var. de **hyperemia**
hyperaesthesia [ˌhaɪpərɪsˈθiʒə] o [ˌhaɪpərɪsˈθiʒɪə] *s* (path.) hiperestesia
hyperbatic [ˌhaɪpərˈbætɪk] *adj* hiperbático
hyperbaton [haɪˈpʌrbətɑn] *s* (*pl:* **-ta** [tə]) (gram.) hipérbaton
hyperbola [haɪˈpʌrbələ] *s* (geom.) hipérbola
hyperbole [haɪˈpʌrbəlɪ] *s* (rhet.) hipérbole
hyperbolic [ˌhaɪpərˈbɑlɪk] *adj* (geom. & rhet.) hiperbólico
hyperbolism [haɪˈpʌrbəlɪzəm] *s* (rhet.) hiperbolismo
hyperbolize [haɪˈpʌrbəlaɪz] *va* usar de hipérboles en; *vn* hiperbolizar
hyperboloid [haɪˈpʌrbəlɔɪd] *s* (geom.) hiperboloide
hyperborean [ˌhaɪpərˈborɪən] *adj & s* hiperbóreo; (*cap.*) *s* (myth.) hiperbóreo
hyperchlorhydria [ˌhaɪpərklorˈhaɪdrɪə] *s* (path.) hiperclorhidria
hypercritical [ˌhaɪpərˈkrɪtɪkəl] *adj* hipercrítico
hyperdulia [ˌhaɪpərdjʊˈlaɪə] o [ˌhaɪpərdʊˈlaɪə] *s* (theol.) hiperdulía
hyperemia [ˌhaɪpərˈimɪə] *s* (path.) hiperemia
hyperesthesia [ˌhaɪpərɪsˈθiʒə] o [ˌhaɪpərɪsˈθiʒɪə] *s* (path.) hiperestesia
Hyperion [haɪˈpɪrɪən] *s* (myth.) Hiperión
hyperkinesia [ˌhaɪpərkɪˈniʒə] o [ˌhaɪpərkaɪˈniʒə] *s* (path.) hipercinesia
hypermetropia [ˌhaɪpərmɪˈtropɪə] *s* (path.) hipermetropía
Hypermnestra [ˌhaɪpərmˈnɛstrə] *s* (myth.) Hipermnestra
hyperopia [ˌhaɪpərˈopɪə] *s* (path.) hiperopía
hyperopic [ˌhaɪpərˈɑpɪk] *adj* hiperópico
hyperpituitarism [ˌhaɪpərpɪˈtjuɪtərɪzəm] o [ˌhaɪpərpɪˈtuɪtərɪzəm] *s* (path.) hiperpituitarismo
hyperpnea [ˌhaɪpərpˈniə] o [ˌhaɪpərˈniə] *s* (path.) hiperpnea
hyperpyrexia [ˌhaɪpərpaɪˈrɛksɪə] *s* (path.) hiperpirexia
hypersensitive [ˌhaɪpərˈsɛnsɪtɪv] *adj* extremadamente sensible; (path.) hipersensible
hypersensitivity [ˌhaɪpərˌsɛnsɪˈtɪvɪtɪ] *s* exceso de sensibilidad; (path.) hipersensibilidad
hypertension [ˌhaɪpərˈtɛnʃən] *s* (path.) hipertensión
hyperthyroidism [ˌhaɪpərˈθaɪrɔɪdɪzəm] *s* (path.) hipertiroidismo
hypertonic [ˌhaɪpərˈtɑnɪk] *adj* (chem. & physiol.) hipertónico
hypertrophic [ˌhaɪpərˈtrɑfɪk] *adj* hipertrófico
hypertrophy [ˌhaɪˈpʌrtrəfɪ] *s* (biol. & path.) hipertrofia; (*pret & pp:* **-phied**) *vn* hipertrofiarse
hypha [ˈhaɪfə] *s* (*pl:* **-phae** [fi]) (bot.) hifa
hyphen [ˈhaɪfən] *s* guión; *va* unir con guión, separar con guión
hyphenate [ˈhaɪfənet] *va* unir con guión, separar con guión; escribir con guión
hyphenated American *s* (U.S.A.) ciudadano norteamericano de nacimiento extranjero que guarda lealtad a la madre patria y cuya nacionalidad se indica con dos palabras unidas con guión, p.ej., **Anglo-American** anglonorteamericano
hypnale [ˈhɪpnəli] *s* (chem.) hipnal; (obs.) hipnal (*áspid*)
Hypnos [ˈhɪpnɑs] *s* (myth.) Hipnos
hypnosis [hɪpˈnosɪs] *s* (*pl:* **-ses** [siz]) hipnosis
hypnotic [hɪpˈnɑtɪk] *adj* hipnótico; *s* hipnótico; (med.) hipnótico (*medicamento*)
hypnotically [hɪpˈnɑtɪkəlɪ] *adv* hipnóticamente
hypnotism [ˈhɪpnətɪzəm] *s* hipnotismo
hypnotist [ˈhɪpnətɪst] *s* hipnotista
hypnotization [ˌhɪpnətɪˈzeʃən] *s* hipnotización
hypnotize [ˈhɪpnətaɪz] *va* hipnotizar
hypo [ˈhaɪpo] *s* (*pl:* **-pos**) (phot.) hipo (*hiposulfito sódico*); (slang) aguja hipodérmica, inyección hipodérmica, jeringazo
hypoblast [ˈhaɪpəblæst] *s* (embryol.) hipoblasto
hypocaust [ˈhɪpəkɔst] *s* (archeol.) hipocausto
hypochlorite [ˌhaɪpoˈkloraɪt] *s* (chem.) hipoclorito
hypochlorous [ˌhaɪpoˈklorəs] *adj* (chem.) hipocloroso
hypochlorous acid *s* (chem.) ácido hipocloroso
hypochondria [ˌhaɪpəˈkɑndrɪə] o [ˌhɪpəˈkɑndrɪə] *s* (path.) hipocondría
hypochondriac [ˌhaɪpəˈkɑndrɪæk] o [ˌhɪpəˈkɑndrɪæk] *adj & s* hipocondríaco
hypochondrium [ˌhaɪpəˈkɑndrɪəm] o [ˌhɪpəˈkɑndrɪəm] *s* (*pl:* **-a** [ə]) (anat.) hipocondrio
hypocoristic [ˌhɪpəkoˈrɪstɪk] *adj* hipocorístico
hypocotyl [ˌhaɪpoˈkɑtɪl] *s* (bot.) hipocotíleo
hypocrisy [hɪˈpɑkrɪsɪ] *s* (*pl:* **-sies**) hipocresía
hypocrite [ˈhɪpəkrɪt] *s* hipócrita
hypocritical [ˌhɪpəˈkrɪtɪkəl] *adj* hipócrita
hypocycloid [ˌhaɪpəˈsaɪklɔɪd] *s* (geom.) hipocicloide
hypodermal [ˌhaɪpəˈdʌrməl] *adj* (bot.) hipodermo
hypodermic [ˌhaɪpəˈdʌrmɪk] *adj* hipodérmico; *s* medicamento hipodérmico; inyección hipodérmica; jeringa hipodérmica
hypodermically [ˌhaɪpəˈdʌrmɪkəlɪ] *adv* hipodérmicamente
hypodermic injection *s* inyección hipodérmica
hypodermic needle *s* aguja hipodérmica
hypodermic syringe *s* jeringa hipodérmica
hypogastric [ˌhaɪpəˈgæstrɪk] *adj* hipogástrico
hypogastrium [ˌhaɪpəˈgæstrɪəm] *s* (*pl:* **-a** [ə]) (anat. & zool.) hipogastrio
hypogene [ˈhɪpədʒin] *adj* (geol.) hipogénico
hypogeous [ˌhaɪpəˈdʒiəs] *adj* (bot. & zool.) hipogeo
hypogeum [ˌhɪpəˈdʒiəm] *s* (*pl:* **-a** [ə]) (arch.) hipogeo
hypoglossal [ˌhaɪpoˈglɑsəl] *adj & s* (anat.) hipogloso
hypoid [ˈhaɪpɔɪd] *adj* (mach.) hipoide

hypophosphite [ˌhaɪpo'fɑsfaɪt] *s* (chem.) hipofosfito
hypophosphoric [ˌhaɪpofɑs'fɑrɪk] o [ˌhaɪpofɑs'fɔrɪk] *adj* (chem.) hipofosfórico
hypophosphoric acid *s* (chem.) ácido hipofosfórico
hypophosphorous [ˌhaɪpo'fɑsfərəs] *adj* (chem.) hipofosforoso
hypophosphorous acid *s* (chem.) ácido hipofosforoso
hypophysis [haɪ'pɑfɪsɪs] *s* (*pl:* **-ses** [siz]) (anat.) hipófisis
hypostasis [haɪ'pɑstəsɪs] *s* (*pl:* **-ses** [siz]) (philos. & theol.) hipóstasis
hypostatic [ˌhaɪpə'stætɪk] *adj* hipostático
hypostyle ['hɪpəstaɪl] o ['haɪpəstaɪl] *adj & s* (arch.) hipóstilo
hyposulfite [ˌhaɪpo'sʌlfaɪt] *s* (chem.) hiposulfito (*tiosulfato; sal del ácido hiposulfuroso*)
hyposulfurous [ˌhaɪposʌl'fjurəs] o [ˌhaɪpo'sʌlfərəs] *adj* (chem.) hiposulfuroso
hyposulfurous acid *s* (chem.) ácido hiposulfuroso
hypotenuse [haɪ'pɑtɪnjus] o [haɪ'pɑtɪnus] *s* (geom.) hipotenusa
hypothalamus [ˌhaɪpə'θæləməs] *s* (anat.) hipotálamo
hypothec [haɪ'pɑθɛk] *s* (law) hipoteca
hypothecate [haɪ'pɑθɪket] *va* hipotecar
hypothecation [haɪˌpɑθɪ'keʃən] *s* hipotecación
hypothenuse [haɪ'pɑθɪnjus] o [haɪ'pɑθɪnus] *s* var. de **hypotenuse**
hypothermia [ˌhaɪpo'θʌrmɪə] *s* (med.) hipotermia
hypothesis [haɪ'pɑθɪsɪs] *s* (*pl:* **-ses** [siz]) hipótesis
hypothesize [haɪ'pɑθɪsaɪz] *va* formar hipótesis de; *vn* formar hipótesis
hypothetic [ˌhaɪpə'θɛtɪk] o **hypothetical** [ˌhaɪpə'θɛtɪkəl] *adj* hipotético
hypothyroidism [ˌhaɪpo'θaɪrɔɪdɪzəm] *s* (path.) hipotiroidismo
hypotonic [ˌhaɪpə'tɑnɪk] *adj* (chem. & physiol.) hipotónico
hypoxanthine [ˌhaɪpə'zænθin] o [ˌhaɪpə'zænθɪn] *s* (chem.) hipoxantina
hypsometer [hɪp'sɑmɪtər] *s* hipsómetro
hypsometry [hɪp'sɑmɪtrɪ] *s* hipsometría
hyson ['haɪsən] *s* té verde chino
hyssop ['hɪsəp] *s* (bot. & eccl.) hisopo; (Bib.) alcaparra (*Capparis spinosa*)
hyssop loosestrife *s* (bot.) hierba del toro
hysterectomy [ˌhɪstə'rɛktəmɪ] *s* (*pl:* **-mies**) (surg.) histerectomía
hysteresis [ˌhɪstə'risɪs] *s* (phys.) histéresis
hysteria [hɪs'tɪrɪə] *s* excitación loca; (path.) histeria
hysteric [hɪs'tɛrɪk] *adj* locamente excitado; (path.) histérico; **hysterics** *spl* paroxismo histérico
hysterical [hɪs'tɛrɪkəl] *adj* locamente excitado; (path.) histérico
hysterotomy [ˌhɪstə'rɑtəmɪ] *s* (*pl:* **-mies**) (surg.) histerotomía
hyther ['haɪðər] *s* (biol.) híter
hyzone ['haɪzon] *s* (chem.) hizono

I

I, i [aɪ] *s* (*pl:* **I's, i's** [aɪz]) novena letra del alfabeto inglés
i. abr. de **intransitive** y **island**
I. abr. de **Island, Islands, Isle** y **Isles**
I [aɪ] *pron pers* (*pl:* **we**) yo; **it is I** soy yo; *s* (*pl:* **I's** [aɪz]) (philos.) yo
Ia. abr. de **Iowa**
iamb [ˈaɪæmb] *s* yambo
iambic [aɪˈæmbɪk] *adj* yámbico; *s* yambo; verso yámbico
iambus [aɪˈæmbəs] *s* (*pl:* **-bi** [baɪ] o **-buses**) yambo
ib. abr. de **ibidem**
I beam *s* (constr.) viga I
Iberia [aɪˈbɪrɪə] *s* Iberia
Iberian [aɪˈbɪrɪən] *adj* ibérico, iberio o ibero; *s* ibero
Iberian Peninsula *s* Península Ibérica
Iberism [ˈaɪbərɪzəm] *s* iberismo
Ibero-America [aɪˈbɪroəˈmɛrɪkə] *s* Iberoamérica
Ibero-American [aɪˈbɪroəˈmɛrɪkən] *adj & s* iberoamericano
ibex [ˈaɪbeks] *s* (*pl:* **ibexes** o **ibices** [ˈɪbɪsiz] o [ˈaɪbɪsiz]) (zool.) íbice, cabra montés; (zool.) cabra bezoar (*Capra aegagrus*)
ibid. abr. de **ibidem**
ibidem [ɪˈbaɪdem] *adv* (Lat.) ibídem (*en el mismo lugar*)
ibis [ˈaɪbɪs] *s* (*pl:* **ibises** o **ibis**) (orn.) ibis
Ibsenian [ɪbˈsinɪən] *adj & s* ibseniano
-ic *suffix adj* -ico, p.ej., **metallic** metálico; **public** público; **volcanic** volcánico; excepto en la terminología química, los sufijos **-ic** e **-ical** son por la mayor parte iguales e intercambiables, p.ej., **hypothetic** o **hypothetical** hipotético; **symbolic** o **symbolical** simbólico; al mismo tiempo, hay algunas palabras que tienen sentido distinto según terminan en **-ic** o **-ical,** v.g., **comic** cómico (*perteneciente a la comedia que no a la tragedia*), p.ej., **comic actor** actor cómico; **comical** cómico (*divertido, gracioso*), p.ej., **comical episode** episodio cómico; **historic** histórico (*importante en la historia*), p.ej., **historic event** acontecimiento histórico; **historical** histórico (*que trata de la historia*), p.ej., **historical novel** novela histórica; (chem.) -ico, p.ej., **cupric** cúprico; **sulfuric** sulfúrico; *suffix s* -ico, p.ej., **domestic** doméstico; **critic** crítico; -ica, p.ej., **arithmetic** aritmética; **music** música; **-ics** *suffix ssg* -ica, p.ej., **physics** física; **politics** política
-cal *suffix adj* -ico, p.ej., **critical** crítico; **logical** lógico; **musical** músico; para la comparación de **-ic** e **-ical,** véase **-ic**
Icarian [aɪˈkɛrɪən] *adj* icáreo o icario
Icarius [aɪˈkɛrɪəs] *s* (myth.) Icario
Icarus [ˈɪkərəs] *s* (myth.) Ícaro
ICBM abr. de **intercontinental ballistic missile**
I.C.C. abr. de **Interstate Commerce Commission**
ice [aɪs] *s* hielo; helado, sorbete; garapiña, costra de azúcar; **to break the ice** dar comienzo a una empresa difícil; romper el hielo (*quebrantar la reserva*); **to cut no ice** (coll.) no surtir efecto, no importar nada; **to skate on thin ice** buscar el peligro; usar de argumentos infundados; *adj* glacial; de hielo; *va* helar; enfriar con hielo; garapiñar (*bañar en el almíbar*); *vn* helarse; **to ice up** (aer.) helarse
ice age *s* (geol.) época glacial, edad del hielo
ice bag *s* bolsa de hielo, bolsa (de caucho) para hielo
iceberg [ˈaɪsˌbʌrg] *s* banquisa, iceberg
iceboat [ˈaɪsˌbot] *s* trineo con vela para deslizarse por el hielo; rompehielos, cortahielos
icebound [ˈaɪsˌbaund] *adj* detenido por el hielo, rodeado de hielo
icebox [ˈaɪsˌbɑks] *s* nevera, fresquera
icebreaker [ˈaɪsˌbrekər] *s* rompehielos, cortahielos
icecap [ˈaɪsˌkæp] *s* manto de hielo, helero; bolsa para hielo
ice cream *s* helado
ice-cream cone [ˈaɪsˈkrim] *s* cornet de helado, cucurucho
ice-cream freezer *s* heladora, sorbetera, garapiñera
ice-cream parlor *s* heladería, salón de refrescos, botillería
ice-cream soda *s* agua gaseosa con helado
ice cube *s* cubito de hielo
iced [aɪst] *adj* helado; garapiñado
ice field *s* banquisa, bancos de hielo
ice hockey *s* hockey sobre patines
icehouse [ˈaɪsˌhaus] *s* nevera
Iceland [ˈaɪslənd] *s* Islandia
Icelander [ˈaɪsˌlændər] o [ˈaɪsləndər] *s* islandés
Icelandic [aɪsˈlændɪk] *adj* islandés; *s* islandés (*idioma*)
Iceland moss *s* (bot.) musgo de Islandia
Iceland spar *s* (mineral.) espato de Islandia
iceman [ˈaɪsˌmæn] *s* (*pl:* **-men**) vendedor de hielo, repartidor de hielo
ice pack *s* hielo flotante; aplicación de hielo empaquetado
ice pail *s* enfriadera
ice pick *s* picahielos, punzón para romper hielo
ice plant *s* fábrica de hielo; (bot.) escarchada
ice sheet *s* masa de hielo, manto de hielo
ice skate *s* patín de cuchilla, patín de hielo
ice tray *s* bandejita del hielo
ice-up [ˈaɪsˌʌp] *s* (aer.) formación de hielo
ice water *s* agua helada
ichneumon [ɪkˈnjumən] o [ɪkˈnumən] *s* (zool. & ent.) icneumón; (zool.) meloncillo (*Herpestes ichneumon*)
ichneumon fly *s* (ent.) icneumón
ichnography [ɪkˈnɑgrəfɪ] *s* (arch.) icnografía
ichor [ˈaɪkər] *s* (path.) icor (*de una úlcera*); (myth.) sangre de los dioses
ichorous [ˈaɪkərəs] *adj* icoroso
ichthyol [ˈɪkθɪol] o [ˈɪkθɪɑl] *s* (trademark) ictiol
ichthyologic [ˌɪkθɪəˈlɑdʒɪk] o **ichthyological** [ˌɪkθɪəˈlɑdʒɪkəl] *adj* ictiológico
ichthyologist [ˌɪkθɪˈɑlədʒɪst] *s* ictiólogo
ichthyology [ˌɪkθɪˈɑlədʒɪ] *s* ictiología
ichthyophagist [ˌɪkθɪˈɑfədʒɪst] *s* ictiófago
ichthyophagous [ˌɪkθɪˈɑfəgəs] *adj* ictiófago
ichthyosaur [ˈɪkθɪəˌsɔr] *s* (pal.) ictiosauro
ichthyosaurus [ˌɪkθɪəˈsɔrəs] *s* (*pl:* **-ri** [raɪ]) (pal.) var. de **ichthyosaur**
ichthyosis [ˌɪkθɪˈosɪs] *s* (path.) ictiosis
ichthyosism [ˈɪkθɪəsɪzəm] *s* (vet.) ictiosismo
ichu [ˈitʃu] *s* (bot.) icho o ichú
-ician *suffix s* -ico, p.ej., **logician** lógico; **musician** músico
icicle [ˈaɪsɪkəl] *s* carámbano
icing [ˈaɪsɪŋ] *s* costra de azúcar, capa de azúcar; (aer.) formación de hielo
icon [ˈaɪkɑn] *s* icono; (eccl.) icón
iconoclasm [aɪˈkɑnəklæzəm] *s* iconoclasia o iconoclasmo
iconoclast [aɪˈkɑnəklæst] *s* iconoclasta
iconoclastic [aɪˌkɑnəˈklæstɪk] *adj* iconoclasta
iconographic [aɪˌkɑnəˈgræfɪk] o **iconographical** [aɪˌkɑnəˈgræfɪkəl] *adj* iconográfico
iconography [ˌaɪkəˈnɑgrəfɪ] *s* iconografía
iconolater [ˌaɪkəˈnɑlətər] *s* iconólatra
iconolatrous [ˌaɪkəˈnɑlətrəs] *adj* iconólatra
iconolatry [ˌaɪkəˈnɑlətrɪ] *s* iconolatría
iconology [ˌaɪkəˈnɑlədʒɪ] *s* iconología

iconomania [aɪˌkɑnəˈmenɪə] *s* iconomanía
iconoscope [aɪˈkɑnəskop] *s* (trademark) iconoscopio
iconostasion [aɪˌkɑnəˈstesɪɑn] *s* (eccl.) iconostasio
icosahedron [ˌaɪkosəˈhidrən] *s* (*pl:* **-dra** [drə]) (geom.) icosaedro
icteric [ɪkˈtɛrɪk] *adj* ictérico
icterus [ˈɪktərəs] *s* (path.) ictericia
ictus [ˈɪktəs] *s* (*pl:* **ictuses** o **ictus**) (path. & pros.) ictus
icy [ˈaɪsɪ] *adj* (*comp:* **icier;** *super:* **iciest**) helado, frío; resbaladizo; (fig.) frío
id. abr. de **idem**
Id. abr. de **Idaho**
I'd [aɪd] contracción de **I had, I should** y **I would**
id [ɪd] *s* (psychoanal.) ello
Ida. abr. de **Idaho**
idea [aɪˈdiə] *s* idea
ideal [aɪˈdiəl] *adj & s* ideal
idealism [aɪˈdiəlɪzəm] *s* idealismo
idealist [aɪˈdiəlɪst] *adj & s* idealista
idealistic [aɪˌdiəlˈɪstɪk] *adj* idealista; (philos.) idealístico
ideality [ˌaɪdɪˈælɪtɪ] *s* (*pl:* **-ties**) idealidad
idealization [aɪˌdiəlɪˈzeʃən] *s* idealización
idealize [aɪˈdiəlaɪz] *va* idealizar
ideally [aɪˈdiəlɪ] *adv* idealmente
ideation [ˌaɪdɪˈeʃən] *s* ideación
idem [ˈaɪdɛm] *adj & pron* (Lat.) ídem
identic [aɪˈdɛntɪk] o **identical** [aɪˈdɛntɪkəl] *adj* idéntico
identical twins *spl* gemelos homólogos o idénticos
identification [aɪˌdɛntɪfɪˈkeʃən] *s* identificación
identification tag *s* (mil.) disco de identificación, placa de identidad
identify [aɪˈdɛntɪfaɪ] (*pret & pp:* **-fied**) *va* identificar
identity [aɪˈdɛntɪtɪ] *s* (*pl:* **-ties**) identidad
ideogram [ˈɪdɪoˌgræm] o [ˈaɪdɪoˌgræm] *s* ideograma
ideograph [ˈɪdɪoˌgræf] o [ˈaɪdɪoˌgræf] *s* ideografía
ideographic [ˌɪdɪoˈgræfɪk] o [ˌaɪdɪoˈgræfɪk] o **ideographical** [ˌɪdɪoˈgræfɪkəl] o [ˌaɪdɪoˈgræfɪkəl] *adj* ideográfico
ideologic [ˌɪdɪoˈlɑdʒɪk] o [ˌaɪdɪoˈlɑdʒɪk] o **ideological** [ˌɪdɪoˈlɑdʒɪkəl] o [ˌaɪdɪoˈlɑdʒɪkəl] *adj* ideológico
ideologist [ˌaɪdɪˈɑlədʒɪst] o [ˌɪdɪˈɑlədʒɪst] *s* ideólogo
ideology [ˌaɪdɪˈɑlədʒɪ] o [ˌɪdɪˈɑlədʒɪ] *s* (*pl:* **-gies**) ideología
ides [aɪdz] *spl* idus
idiocy [ˈɪdɪəsɪ] *s* (*pl:* **-cies**) idiotez
idioelectric [ˌɪdɪo·ɪˈlɛktrɪk] o **idioelectrical** [ˌɪdɪo·ɪˈlɛktrɪkəl] *adj* idioeléctrico
idiom [ˈɪdɪəm] *s* modismo; idioma, lenguaje, jerga; genio, índole (*de un idioma*); estilo (*de un escritor*)
idiomatic [ˌɪdɪəˈmætɪk] *adj* idiomático
idiosyncrasy [ˌɪdɪoˈsɪŋkrəsɪ] *s* (*pl:* **-sies**) idiosincrasia
idiosyncratic [ˌɪdɪosɪnˈkrætɪk] *adj* idiosincrásico
idiot [ˈɪdɪət] *s* idiota
idiotic [ˌɪdɪˈɑtɪk] *adj* idiota
idiotically [ˌɪdɪˈɑtɪkəlɪ] *adv* estúpidamente, imbécilmente
idioticon [ˌɪdɪˈɑtɪkɑn] *s* idiótico
idle [ˈaɪdəl] *adj* ocioso; **at idle moments** a ratos perdidos; **to run idle** marchar en ralentí o en vacío; *va* (mach.) hacer marchar en ralentí o en vacío; **to idle away** gastar ociosamente (*el tiempo*); *vn* estar ocioso, holgar, haraganear; (mach.) marchar en ralentí o en vacío
idleness [ˈaɪdəlnɪs] *s* ociosidad
idler [ˈaɪdlər] *s* ocioso, haragán; (mach.) polea loca, rueda loca
idol [ˈaɪdəl] *s* ídolo; (fig.) ídolo
idolater [aɪˈdɑlətər] *s* idólatra
idolatress [aɪˈdɑlətrɪs] *s* idólatra
idolatrous [aɪˈdɑlətrəs] *adj* idolátrico, idólatra
idolatry [aɪˈdɑlətrɪ] *s* (*pl:* **-tries**) idolatría
idolization [ˌaɪdəlɪˈzeʃən] *s* idolatría
idolize [ˈaɪdəlaɪz] *va* idolatrar
Idomeneus [aɪˈdɑmɪnjus] o [aɪˈdɑmɪnus] *s* (myth.) Idomeneo
Idumaea o **Idumea** [ˌɪdjʊˈmiə] o [ˌaɪdjʊˈmiə] *s* (Bib.) Idumea
Idumaean o **Idumean** [ˌɪdjʊˈmiən] o [ˌaɪdjʊˈmiən] *adj & s* idumeo
idyl o **idyll** [ˈaɪdəl] *s* idilio
idyllic [aɪˈdɪlɪk] *adj* idílico
i.e. abr. de **id est** (Lat.) **that is, that is to say**
-ie *suffix dim* var. de **-y,** p.ej., **doggie** perrito; **Annie** Anita
if [ɪf] *s* hipótesis; *conj* si; **if so** si es así; **if true** si es cierto
igloo [ˈɪglu] *s* iglú
Ignatian [ɪgˈneʃən] *adj & s* ignaciano
Ignatius [ɪgˈneʃəs] *s* Ignacio
igneous [ˈɪgnɪəs] *adj* ígneo
igniferous [ɪgˈnɪfərəs] *adj* ignífero
ignifuge [ˈɪgnɪfjudʒ] *adj & s* ignífugo
ignis fatuus [ˈɪgnɪsˈfætʃʊəs] *s* (*pl:* **ignes fatui** [ˈɪgnizˈfætʃʊaɪ]) fuego fatuo
ignite [ɪgˈnaɪt] *va* encender; *vn* encenderse
igniter [ɪgˈnaɪtər] *s* encendedor (*persona y dispositivo*)
ignition [ɪgˈnɪʃən] *s* ignición, encendido, inflamación
ignition coil *s* (aut.) bobina de encendido
ignition point *s* punto de inflamación
ignition stroke *s* (aut.) carrera de encendido
ignition switch *s* (aut.) interruptor del encendido
ignivomous [ɪgˈnɪvəməs] *adj* ignívomo
ignoble [ɪgˈnobəl] *adj* innoble
ignominious [ˌɪgnəˈmɪnɪəs] *adj* ignominioso
ignominy [ˈɪgnəmɪnɪ] *s* (*pl:* **-ies**) ignominia
ignoramus [ˌɪgnəˈreməs] *s* ignorante
ignorance [ˈɪgnərəns] *s* ignorancia
ignorant [ˈɪgnərənt] *adj* ignorante
ignore [ɪgˈnor] *va* no hacer caso de; no hacerle caso (*a una persona*); (law) rechazar
Igorot [ˌɪgəˈrot] *adj & s* igorrote
Igorrote [ˌɪgəˈrotɪ] *s* igorrote
iguana [ɪˈgwɑnə] *s* (zool.) iguana
iguanodont [ɪˈgwænədɑnt] *s* (pal.) iguanodonte
IHS abr. de **In Hac (Cruce) Salus** (Lat.) **In this cross salvation; In Hoc Signo Vinces** (Lat.) **In this sign shalt thou conquer;** y **Iesus Hominum Salvator** (Lat.) **Jesus, Saviour of Men**
ikon [ˈaɪkɑn] *s* var. de **icon**
ileac [ˈɪlɪæk] *adj* (anat. & path.) ilíaco
ileocaecal [ˌɪlɪoˈsikəl] *adj* ileocecal
ileum [ˈɪlɪəm] *s* (anat.) íleon
ileus [ˈɪlɪəs] *s* (path.) íleo
ilex [ˈaɪlɛks] *s* (bot.) acebo; (bot.) hierba mate; (bot.) encina
iliac [ˈɪlɪæk] *adj* (anat.) ilíaco; (*cap.*) *adj* (myth.) ilíaco
Iliad [ˈɪlɪəd] *s* Ilíada
Ilian [ˈɪlɪən] *adj* (myth.) iliense
ilicaceous [ˌaɪlɪˈkeʃəs] *adj* (bot.) ilicáceo
Ilion [ˈɪlɪən] *s* (myth.) Ilión
ilium [ˈɪlɪəm] *s* (*pl:* **-a** [ə]) (anat.) ilion; (*cap.*) *s* (myth.) Ilión
ilk [ɪlk] *s* jaez, especie; **of that ilk** (coll.) del mismo nombre; (coll.) de ese jaez, de esa especie
ill. abr. de **illustrated** y **illustration**
Ill. abr. de **Illinois**
I'll [aɪl] contracción de **I shall** y **I will**
ill [ɪl] *adj* (*comp:* **worse;** *super:* **worst**) malo, enfermo; *adv* mal; **to take ill** tomar a mal; caer enfermo; *s* mal, enfermedad
ill-advised [ˈɪlədˈvaɪzd] *adj* malaconsejado, desaconsejado
ill at ease *adj* incómodo, inquieto, corrido, avergonzado
illation [ɪˈleʃən] *s* ilación
illative [ˈɪlətɪv] *adj* ilativo; *s* ilativa
ill-boding [ˈɪlˈbodɪŋ] *adj* nefasto, aciago, ominoso
ill-bred [ˈɪlˈbrɛd] *adj* malcriado
ill breeding *s* mala crianza, malos modales
ill-considered [ˈɪlkənˈsɪdərd] *adj* desconsiderado
ill-disposed [ˈɪldɪsˈpozd] *adj* malintencionado; maldispuesto
illegal [ɪˈligəl] *adj* ilegal
illegality [ˌɪliˈgælɪtɪ] *s* (*pl:* **-ties**) ilegalidad

illegibility [ˌɪlɛdʒɪˈbɪlɪtɪ] *s* (*pl:* **-ties**) ilegibilidad
illegible [ɪˈlɛdʒɪbəl] *adj* ilegible
illegitimacy [ˌɪlɪˈdʒɪtɪməsɪ] *s* ilegitimidad
illegitimate [ˌɪlɪˈdʒɪtɪmɪt] *adj* ilegítimo
ill fame *s* mala fama; reputación de inmoral
ill-fated [ˈɪlˈfetɪd] *adj* aciago, funesto, infausto; malogrado; siniestrado
ill-favored [ˈɪlˈfevərd] *adj* feo, repugnante
ill-featured [ˈɪlˈfitʃərd] *adj* mal agestado, de mala cara
ill-founded [ˈɪlˈfaʊndɪd] *adj* mal fundado
ill-gotten [ˈɪlˈgɑtən] *adj* mal ganado
ill health *s* mala salud
ill humor *s* mal humor
ill-humored [ˈɪlˈhjumərd] *adj* malhumorado
illiberal [ɪˈlɪbərəl] *adj* iliberal
illiberality [ɪˌlɪbəˈrælɪtɪ] *s* iliberalidad
illicit [ɪˈlɪsɪt] *adj* ilícito
illimitable [ɪˈlɪmɪtəbəl] *adj* ilimitable, infinito
illinium [ɪˈlɪnɪəm] *s* (chem.) ilinio
illiteracy [ɪˈlɪtərəsɪ] *s* (*pl:* **-cies**) ignorancia, incultura; analfabetismo; (gram.) barbarismo
illiterate [ɪˈlɪtərɪt] *adj* iliterato; analfabeto; *s* analfabeto
ill-judged [ˈɪlˈdʒʌdʒd] *adj* desconsiderado, imprudente
ill-mannered [ˈɪlˈmænərd] *adj* de malos modales
ill nature *s* mala disposición
ill-natured [ˈɪlˈnetʃərd] *adj* maldispuesto, malicioso
illness [ˈɪlnɪs] *s* enfermedad
illogical [ɪˈlɑdʒɪkəl] *adj* ilógico
ill-omened [ˈɪlˈomənd] *adj* malhadado
ill-spent [ˈɪlˈspɛnt] *adj* malgastado
ill-starred [ˈɪlˈstɑrd] *adj* malhadado
ill-suited [ˈɪlˈsutɪd] o [ˈɪlˈsjutɪd] *adj* inadecuado; incompetente
ill temper *s* mal genio
ill-tempered [ˈɪlˈtɛmpərd] *adj* de mal genio
ill-timed [ˈɪlˈtaɪmd] *adj* intempestivo, inoportuno
ill-treat [ˌɪlˈtrit] *va* maltratar
ill treatment *s* malos tratamientos
ill turn *s* mala jugada; cambio desfavorable
illuminant [ɪˈlumɪnənt] *adj* iluminante; *s* alumbrado
illuminate [ɪˈlumɪnet] *va* iluminar, alumbrar; ilustrar; (f.a.) iluminar, miniar; *vn* hacer luminarias
Illuminati [ɪˌlumɪˈnetaɪ] *spl* iluminados, alumbrados (*secta mística, nacida en España en el siglo XVI*)
illuminating gas *s* gas de alumbrado
illuminating oil *s* aceite de alumbrado
illumination [ɪˌlumɪˈneʃən] *s* iluminación
illuminative [ɪˈlumɪˌnetɪv] *adj* iluminativo
illuminator [ɪˈlumɪˌnetər] *s* iluminador
illumine [ɪˈlumɪn] *va* iluminar; animar, avivar; *vn* iluminarse
Illuminism [ɪˈlumɪnɪzəm] *s* iluminismo
illus. abr. de **illustrated** y **illustration**
ill usage *s* malos tratamientos
ill-use [ˌɪlˈjuz] *va* maltratar
illusion [ɪˈluʒən] *s* ilusión; cendal (*tela*)
illusionist [ɪˈluʒənɪst] *s* ilusionista, prestidigitador
illusive [ɪˈlusɪv] *adj* ilusivo
illusory [ɪˈlusərɪ] *adj* ilusorio
illust. abr. de **illustrated** y **illustration**
illustrate [ˈɪləstret] o [ɪˈlʌstret] *va* ilustrar
illustration [ˌɪləsˈtreʃən] *s* ilustración
illustrative [ɪˈlʌstrətɪv] o [ˈɪləsˌtretɪv] *adj* ilustrativo
illustrator [ˈɪləsˌtretər] *s* ilustrador
illustrious [ɪˈlʌstrɪəs] *adj* ilustre
ill will *s* mala voluntad, odio, inquina
Illyria [ɪˈlɪrɪə] *s* Iliria
Illyrian [ɪˈlɪrɪən] *adj & s* ilirio
Illyric [ɪˈlɪrɪk] *adj* ilírico
I'm [aɪm] contracción de **I am**
image [ˈɪmɪdʒ] *s* imagen; **in his own image** a su imagen; **the very image of** la propia estampa de, el vivo retrato de; *va* imaginar; representar; representar con imágenes; reflejar
imagery [ˈɪmɪdʒrɪ] o [ˈɪmɪdʒərɪ] *s* (*pl:* **-ries**) fantasía; imágenes; paisaje
imaginable [ɪˈmædʒɪnəbəl] *adj* imaginable
imaginary [ɪˈmædʒɪˌnɛrɪ] *adj* imaginario
imagination [ɪˌmædʒɪˈneʃən] *s* imaginación
imaginative [ɪˈmædʒɪˌnetɪv] *adj* imaginativo
imagine [ɪˈmædʒɪn] *va* imaginar; *vn* imaginar; (coll.) imaginarse; **to imagine** + *ger* imaginarse + *inf*
imagist [ˈɪmɪdʒɪst] *s* imagista o imaginista (*individuo de un grupo de poetas ingleses y norteamericanos*)
imago [ɪˈmego] *s* (*pl:* **imagos** o **imagines** [ɪˈmædʒɪniz]) (zool.) imago
imam [ɪˈmɑm] *s* imán (*título mahometano*)
imbalm [ɪmˈbɑm] *va* var. de **embalm**
imbecile [ˈɪmbɪsɪl] *adj & s* imbécil
imbecility [ˌɪmbɪˈsɪlɪtɪ] *s* (*pl:* **-ties**) imbecilidad
imbed [ɪmˈbɛd] (*pret & pp:* **-bedded;** *ger:* **-bedding**) *va* hincar, encajar, empotrar, plantar
imbibe [ɪmˈbaɪb] *va* beber; embeber; embeberse de o en; *vn* beber; (coll.) empinar el codo
imbibition [ˌɪmbɪˈbɪʃən] *s* imbibición
imbricate [ˈɪmbrɪket] o [ˈɪmbrɪkɪt] o **imbricated** [ˈɪmbrɪˌketɪd] *adj* imbricado
imbrication [ˌɪmbrɪˈkeʃən] *s* imbricación
imbroglio [ɪmˈbroljo] *s* (*pl:* **-glios**) embrollo
imbrue [ɪmˈbru] *va* mojar, mojar con sangre, ensangrentar
imbue [ɪmˈbju] *va* imbuir; **to imbue with** imbuir de o en
imitable [ˈɪmɪtəbəl] *adj* imitable
imitate [ˈɪmɪtet] *va* imitar
imitation [ˌɪmɪˈteʃən] *s* imitación; **in imitation of** a imitación de; *adj* imitación, de imitación, p.ej., **imitation jewelry** joyas imitación, joyas de imitación; imitado, p.e., **imitation pearls** perlas imitadas
imitative [ˈɪmɪˌtetɪv] *adj* imitativo; imitador
imitator [ˈɪmɪˌtetər] *s* imitador
immaculate [ɪˈmækjəlɪt] *adj* inmaculado
Immaculate Conception *s* Inmaculada Concepción
immanence [ˈɪmənəns] o **immanency** [ˈɪmənənsɪ] *s* inmanencia
immanent [ˈɪmənənt] *adj* inmanente
Immanuel [ɪˈmænjuəl] *s* (Bib.) Emanuel
immaterial [ˌɪməˈtɪrɪəl] *adj* inmaterial; sin importancia, indiferente
immaterialism [ˌɪməˈtɪrɪəlɪzəm] *s* inmaterialismo
immateriality [ˌɪməˌtɪrɪˈælɪtɪ] *s* inmaterialidad
immature [ˌɪməˈtjʊr] o [ˌɪməˈtʊr] *adj* inmaturo
immaturity [ˌɪməˈtjʊrɪtɪ] o [ˌɪməˈtʊrɪtɪ] *s* inmadurez
immeasurable [ɪˈmɛʒərəbəl] *adj* inmensurable
immeasurably [ɪˈmɛʒərəblɪ] *adv* inmensurablemente
immediacy [ɪˈmidɪəsɪ] *s* inmediación
immediate [ɪˈmidɪɪt] *adj* inmediato
immediately [ɪˈmidɪɪtlɪ] *adv* inmediatamente
immedicable [ɪˈmɛdɪkəbəl] *adj* inmedicable
immemorial [ˌɪmɪˈmorɪəl] *adj* inmemorial o inmemorable
immense [ɪˈmɛns] *adj* inmenso; (slang) excelente
immensely [ɪˈmɛnslɪ] *adv* inmensamente
immensity [ɪˈmɛnsɪtɪ] *s* (*pl:* **-ties**) inmensidad
immensurable [ɪˈmɛnʃʊrəbəl] *adj* inmensurable
immerge [ɪˈmʌrdʒ] *va* inmergir, sumergir; *vn* inmergirse, sumergirse
immerse [ɪˈmʌrs] *va* inmergir, sumergir; bautizar por inmersión
immersion [ɪˈmʌrʃən] o [ɪˈmʌrʒən] *s* inmersión; (astr.) inmersión; bautismo por inmersión
immigrant [ˈɪmɪgrənt] *adj & s* inmigrante
immigrate [ˈɪmɪgret] *vn* inmigrar
immigration [ˌɪmɪˈgreʃən] *s* inmigración
immigration quota *s* cuota de inmigración
imminence [ˈɪmɪnəns] o **imminency** [ˈɪmɪnənsɪ] *s* inminencia
imminent [ˈɪmɪnənt] *adj* inminente
immiscible [ɪˈmɪsɪbəl] *adj* inmiscible
immobile [ɪˈmobɪl] o [ɪˈmobil] *adj* inmoble
immobility [ˌɪmoˈbɪlɪtɪ] *s* inmovilidad
immobilization [ɪˌmobɪlɪˈzeʃən] *s* inmovilización

immobilize [ɪˈmobɪlaɪz] *va* inmovilizar
immoderate [ɪˈmɑdərɪt] *adj* inmoderado
immoderation [ɪˌmɑdəˈreʃən] *s* inmoderación
immodest [ɪˈmɑdɪst] *adj* inmodesto
immodesty [ɪˈmɑdɪstɪ] *s* inmodestia
immolate [ˈɪmolet] *va* inmolar
immolation [ˌɪmoˈleʃən] *s* inmolación
immolator [ˈɪmoˌletər] *s* inmolador
immoral [ɪˈmɑrəl] o [ɪˈmɔrəl] *adj* inmoral
immorality [ˌɪməˈrælɪtɪ] *s* (*pl:* **-ties**) inmoralidad
immortal [ɪˈmɔrtəl] *adj & s* inmortal
immortality [ˌɪmɔrˈtælɪtɪ] *s* inmortalidad
immortalize [ɪˈmɔrtəlaɪz] *va* inmortalizar
immortelle [ˌɪmɔrˈtɛl] *s* (bot.) siempreviva, perpetua
immortification [ɪˌmɔrtɪfɪˈkeʃən] *s* inmortificación
immortified [ɪˈmɔrtɪfaɪd] *adj* inmortificado
immovability [ɪˌmuvəˈbɪlɪtɪ] *s* inmovilidad; impasibilidad
immovable [ɪˈmuvəbəl] *adj* inmoble; (fig.) inmoble; impasible, insensible; (law) inmueble; **immovables** *spl* (law) inmuebles, bienes raíces
immovable feast *s* (eccl.) fiesta fija o inmoble
immune [ɪˈmjun] *adj* inmune; **immune to** inmune contra
immunity [ɪˈmjunɪtɪ] *s* (*pl:* **-ties**) inmunidad
immunization [ˌɪmjənɪˈzeʃən] o [ɪˌmjunɪˈzeʃən] *s* inmunización
immunize [ˈɪmjənaɪz] o [ɪˈmjunaɪz] *va* inmunizar
immunologist [ˌɪmjəˈnɑlədʒɪst] *s* inmunólogo
immunology [ˌɪmjəˈnɑlədʒɪ] *s* inmunología
immure [ɪˈmjur] *va* emparedar
immurement [ɪˈmjurmənt] *s* emparedamiento
immutability [ɪˌmjutəˈbɪlɪtɪ] *s* inmutabilidad
immutable [ɪˈmjutəbəl] *adj* inmutable
imp [ɪmp] *s* diablillo; niño travieso
impact [ˈɪmpækt] *s* impacto, choque; (fig.) impacto
impacted [ɪmˈpæktɪd] *adj* apretado; (dent.) impactado
impaction [ɪmˈpækʃən] *s* (dent. & med.) impacción
impair [ɪmˈpɛr] *va* empeorar, deteriorar
impairment [ɪmˈpɛrmənt] *s* empeoramiento, deterioro
impale [ɪmˈpel] *va* empalar; cercar
impalement [ɪmˈpelmənt] *s* empalamiento; cercamiento
impalpability [ɪmˌpælpəˈbɪlɪtɪ] *s* impalpabilidad
impalpable [ɪmˈpælpəbəl] *adj* impalpable
impanation [ˌɪmpəˈneʃən] *s* (theol.) impanación
impanel [ɪmˈpænəl] (*pret & pp:* **-eled** o **-elled;** *ger:* **-eling** o **-elling**) *va* inscribir en la lista de los jurados; elegir (*un jurado*)
imparadise [ɪmˈpærədaɪs] *va* convertir en un paraíso; colmar de felicidad
imparidigitate [ɪmˌpærɪˈdɪdʒɪtet] *adj* (zool.) imparidígito
imparipinnate [ɪmˌpærɪˈpɪnet] *adj* (bot.) imparipinado
imparisyllabic [ɪmˌpærɪsɪˈlæbɪk] *adj* (gram.) imparisílabo o imparisilábico; *s* (gram.) nombre imparisílabo
imparity [ɪmˈpærɪtɪ] *s* desigualdad, disparidad
impart [ɪmˈpɑrt] *va* decir, hacer saber; imprimir, comunicar
impartial [ɪmˈpɑrʃəl] *adj* imparcial
impartiality [ˌɪmpɑrʃɪˈælɪtɪ] *s* imparcialidad
impassability [ɪmˌpæsəˈbɪlɪtɪ] o [ɪmˌpɑsəˈbɪlɪtɪ] *s* impracticabilidad
impassable [ɪmˈpæsəbəl] o [ɪmˈpɑsəbəl] *adj* intransitable, impracticable
impasse [ɪmˈpæs] o [ˈɪmpæs] *s* callejón sin salida
impassibility [ɪmˌpæsɪˈbɪlɪtɪ] *s* impasibilidad
impassible [ɪmˈpæsɪbəl] *adj* impasible
impassioned [ɪmˈpæʃənd] *adj* ardiente, vehemente
impassive [ɪmˈpæsɪv] *adj* impasible
impassivity [ˌɪmpæˈsɪvɪtɪ] *s* impasibilidad
impaste [ɪmˈpest] *va* (f.a.) empastar
impatience [ɪmˈpeʃəns] *s* impaciencia
impatient [ɪmˈpeʃənt] *adj* impaciente
impeach [ɪmˈpitʃ] *va* poner en tela de juicio; acusar; (law) residenciar
impeachable [ɪmˈpitʃəbəl] *adj* censurable; (law) susceptible de ser residenciado
impeachment [ɪmˈpitʃmənt] *s* juicio; acusación; (law) residencia
impearl [ɪmˈpʌrl] *va* (poet.) aljofarar
impeccability [ɪmˌpɛkəˈbɪlɪtɪ] *s* impecabilidad
impeccable [ɪmˈpɛkəbəl] *adj* impecable
impecuniosity [ˌɪmpɪˌkjunɪˈɑsɪtɪ] *s* inopia
impecunious [ˌɪmpɪˈkjunɪəs] *adj* inope
impedance [ɪmˈpidəns] *s* (elec.) impedancia
impedance coil *s* (elec.) bobina de impedancia
impede [ɪmˈpid] *va* dificultar, contrariar, estorbar
impediment [ɪmˈpɛdɪmənt] *s* impedimento; defecto; (law) impedimento
impedimenta [ɪmˌpɛdɪˈmɛntə] *spl* equipajes; (mil.) impedimento
impel [ɪmˈpɛl] (*pret & pp:* **-pelled;** *ger:* **-pelling**) *va* impeler, impulsar; **to impel to** + *inf* impeler o impulsar a + *inf*
impend [ɪmˈpɛnd] *vn* pender; amenazar, ser inminente
impending [ɪmˈpɛndɪŋ] *adj* pendiente; amenazante, inminente
impenetrability [ɪmˌpɛnɪtrəˈbɪlɪtɪ] *s* impenetrabilidad; impersuasión
impenetrable [ɪmˈpɛnɪtrəbəl] *adj* impenetrable; impersuasible
impenitence [ɪmˈpɛnɪtəns] *s* impenitencia
impenitent [ɪmˈpɛnɪtənt] *adj & s* impenitente
imper. abr. de **imperative**
imperative [ɪmˈpɛrətɪv] *adj* imperativo; imperioso, urgente; (gram.) imperativo; *s* imperativo; (gram.) imperativo
imperative mood *s* (gram.) modo imperativo
imperceptibility [ˌɪmpərˌsɛptɪˈbɪlɪtɪ] *s* imperceptibilidad
imperceptible [ˌɪmpərˈsɛptɪbəl] *adj* imperceptible
imperceptibly [ˌɪmpərˈsɛptɪblɪ] *adv* imperceptiblemente
imperf. abr. de **imperfect**
imperfect [ɪmˈpʌrfɪkt] *adj* imperfecto; (gram.) imperfecto; *s* (gram.) imperfecto; (gram.) pretérito imperfecto
imperfection [ˌɪmpərˈfɛkʃən] *s* imperfección, desperfecto
imperfective [ˌɪmpərˈfɛktɪv] *adj* (gram.) imperfectivo
imperforate [ɪmˈpʌrfəret] o [ɪmˈpʌrfərɪt] *adj* imperforado; (philately) sin dentar
imperforation [ɪmˌpʌrfəˈreʃən] *s* imperforación
imperial [ɪmˈpɪrɪəl] *adj* imperial; majestuoso, magnífico; *s* perilla; imperial (*sitio con asientos de algunos carruajes encima de la cubierta*)
imperial eagle *s* (orn.) águila imperial
imperial gallon *s* galón inglés
imperialism [ɪmˈpɪrɪəlɪzəm] *s* imperialismo
imperialist [ɪmˈpɪrɪəlɪst] *s* imperialista
imperialistic [ɪmˌpɪrɪəˈlɪstɪk] *adj* imperialista
imperialistically [ɪmˌpɪrɪəˈlɪstɪkəlɪ] *adv* de modo imperialista
imperil [ɪmˈpɛrɪl] (*pret & pp:* **-iled** o **-illed;** *ger:* **-iling** o **-illing**) *va* poner en peligro
imperious [ɪmˈpɪrɪəs] *adj* imperioso
imperishability [ɪmˌpɛrɪʃəˈbɪlɪtɪ] *s* inmortalidad, eternidad
imperishable [ɪmˈpɛrɪʃəbəl] *adj* imperecedero
imperium [ɪmˈpɪrɪəm] *s* (*pl:* **-a** [ə]) imperio, mandato, autoridad; (law) poder
impermanence [ɪmˈpʌrmənəns] *s* impermanencia
impermanent [ɪmˈpʌrmənənt] *adj* impermanente
impermeability [ɪmˌpʌrmɪəˈbɪlɪtɪ] *s* impermeabilidad
impermeable [ɪmˈpʌrmɪəbəl] *adj* impermeable
impermutable [ˌɪmpərˈmjutəbəl] *adj* impermutable
impers. abr. de **impersonal**
impersonal [ɪmˈpʌrsənəl] *adj* impersonal; (gram.) impersonal, unipersonal
impersonality [ɪmˌpʌrsəˈnælɪtɪ] *s* impersonalidad; cosa impersonal, fuerza impersonal

impersonally [ɪm'pʌrsənəlɪ] *adv* impersonalmente
impersonate [ɪm'pʌrsənet] *va* hacer el papel de; imitar; personificar
impersonation [ɪm,pʌrsə'neʃən] *s* papel; imitación; personificación
impersonator [ɪm'pʌrsə,netər] *s* representador, actor; imitador; personificador; transformista (*actor que hace mutaciones rápidas*)
impertinence [ɪm'pʌrtɪnəns] *s* impertinencia
impertinency [ɪm'pʌrtɪnənsɪ] *s* (*pl:* **-cies**) var. de **impertinence**
impertinent [ɪm'pʌrtɪnənt] *adj & s* impertinente
imperturbability [,ɪmpər,tʌrbə'bɪlɪtɪ] *s* imperturbabilidad
imperturbable [,ɪmpər'tʌrbəbəl] *adj* imperturbable
impervious [ɪm'pʌrvɪəs] *adj* impervio, impenetrable, impermeable; impersuasible, inflexible
impetigo [,ɪmpɪ'taɪgo] *s* (path.) impétigo
impetuosity [ɪm,petʃu'ɑsɪtɪ] *s* (*pl:* **-ties**) impetuosidad
impetuous [ɪm'pɛtʃuəs] *adj* impetuoso
impetus ['ɪmpɪtəs] *s* ímpetu
imp. gal. abr. de **imperial gallon**
impiety [ɪm'paɪətɪ] *s* (*pl:* **-ties**) impiedad
impinge [ɪm'pɪndʒ] *vn* incidir, chocar; **to impinge on** o **upon** incidir en; pasar los límites de
impingement [ɪm'pɪndʒmənt] *s* choque; infracción, violación
impious ['ɪmpɪəs] *adj* impío
impish ['ɪmpɪʃ] *adj* endiablado, travieso
implacability [ɪm,plekə'bɪlɪtɪ] o [ɪm,plækə'bɪlɪtɪ] *s* implacabilidad
implacable [ɪm'plekəbəl] o [ɪm'plækəbəl] *adj* implacable
implant [ɪm'plænt] *va* plantar; implantar
implantation [,ɪmplæn'teʃən] *s* plantación; implantación
implement ['ɪmplɪmənt] *s* utensilio, instrumento, herramienta; ['ɪmplɪment] *va* pertrechar; poner por obra, llevar a cabo
implementation [,ɪmplɪmen'teʃən] *s* ejecución, cumplimiento
implicate ['ɪmplɪket] *va* implicar, comprometer; enlazar, enredar
implication [,ɪmplɪ'keʃən] *s* indicación, insinuación; implicación, complicidad
implicit [ɪm'plɪsɪt] *adj* implícito; absoluto, ciego
implicitly [ɪm'plɪsɪtlɪ] *adv* implícitamente; absolutamente
implied [ɪm'plaɪd] *adj* implícito
impliedly [ɪm'plaɪɪdlɪ] *adv* implícitamente
implore [ɪm'plor] *va* implorar
implosion [ɪm'ploʒən] *s* implosión; (phonet.) implosión
implosive [ɪm'plosɪv] *adj* (phonet.) implosivo; *s* (phonet.) implosiva
impluvium [ɪm'pluvɪəm] *s* (*pl:* **-via** [vɪə]) impluvio
imply [ɪm'plaɪ] (*pret & pp:* **-plied**) *va* implicar, incluir en esencia, dar a entender
impolite [,ɪmpə'laɪt] *adj* descortés
impolitic [ɪm'pɑlɪtɪk] *adj* imprudente, indiscreto
imponderability [ɪm,pɑndərə'bɪlɪtɪ] *s* imponderabilidad
imponderable [ɪm'pɑndərəbəl] *adj & s* imponderable
import ['ɪmport] *s* importación; artículo importado; importancia; sentido, significación; [ɪm'port] o ['ɪmport] *va* importar; significar; *vn* importar
importance [ɪm'pɔrtəns] *s* importancia
important [ɪm'pɔrtənt] *adj* importante
importation [,ɪmpor'teʃən] *s* importación; artículo importado
importer [ɪm'portər] *s* importador; casa importadora
importunate [ɪm'pɔrtʃənɪt] *adj* importuno
importune [,ɪmpɔr'tjun] o [,ɪmpɔr'tun] *va* importunar
importunity [,ɪmpɔr'tjunɪtɪ] o [,ɪmpɔr'tunɪtɪ] *s* (*pl:* **-ties**) importunidad
impose [ɪm'poz] *va* imponer (*la voluntad de uno, tributos, silencio, etc.*); (print.) imponer; (eccl.) imponer (*las manos*); hacer aceptar; **to impose onself on** o **upon** hacerse aceptar por; *vn* imponerse; **to impose on** o **upon** abusar de, engañar
imposing [ɪm'pozɪŋ] *adj* imponente
imposition [,ɪmpə'zɪʃən] *s* imposición (*p.ej., de la voluntad de uno*); (print.) imposición; (eccl.) imposición; abuso, engaño
impossibility [ɪm,pɑsɪ'bɪlɪtɪ] *s* (*pl:* **-ties**) imposibilidad
impossible [ɪm'pɑsɪbəl] *adj* imposible
impossibly [ɪm'pɑsɪblɪ] *adv* imposiblemente
impost ['ɪmpost] *s* impuesto; (arch.) imposta
impostor [ɪm'pɑstər] *s* impostor
impostress [ɪm'pɑstrɪs] *s* impostora
imposture [ɪm'pɑstʃər] *s* impostura
impotence ['ɪmpətəns] o **impotency** ['ɪmpətənsɪ] *s* impotencia; (path.) impotencia
impotent ['ɪmpətənt] *adj* impotente; (path.) impotente
impound [ɪm'paʊnd] *va* acorralar, encerrar; represar, rebalsar (*agua*); (law) depositar, embargar, secuestrar
impoverish [ɪm'pɑvərɪʃ] *va* empobrecer
impoverishment [ɪm'pɑvərɪʃmənt] *s* empobrecimiento
impower [ɪm'paʊər] *va* facultar, habilitar; autorizar
impracticability [ɪm,præktɪkə'bɪlɪtɪ] *s* (*pl:* **-ties**) impracticabilidad; cosa impracticable
impracticable [ɪm'præktɪkəbəl] *adj* impracticable; intratable
impractical [ɪm'præktɪkəl] *adj* impráctico, impracticable; soñador, utópico
imprecate ['ɪmprɪket] *va* imprecar
imprecation [,ɪmprɪ'keʃən] *s* imprecación
imprecatory ['ɪmprɪkə,torɪ] *adj* imprecatorio
impregnability [ɪm,prɛgnə'bɪlɪtɪ] *s* inexpugnabilidad
impregnable [ɪm'prɛgnəbəl] *adj* inexpugnable
impregnate [ɪm'prɛgnet] *adj* imbuído; *va* empreñar; imbuir; (phys.) impregnar, empapar
impregnation [,ɪmprɛg'neʃən] *s* fecundación; infusión; (phys.) impregnación
impresario [,ɪmprɛ'sɑrɪo] *s* (*pl:* **-rios**) empresario, empresario de teatro
imprescriptible [,ɪmprɪ'skrɪptɪbəl] *adj* imprescriptible
impress ['ɪmprɛs] *s* impresión; [ɪm'prɛs] *va* imprimir; apretar; impresionar; expropiar, apoderarse de; (mil.) enganchar
impressibility [ɪm,prɛsɪ'bɪlɪtɪ] *s* impresionabilidad
impressible [ɪm'prɛsɪbəl] *adj* impresionable
impression [ɪm'prɛʃən] *s* impresión; (fig.) impresión
impressionability [ɪm,prɛʃənə'bɪlɪtɪ] *s* impresionabilidad
impressionable [ɪm'prɛʃənəbəl] *adj* impresionable
impressionism [ɪm'prɛʃənɪzəm] *s* (paint., lit. & mus.) impresionismo
impressionist [ɪm'prɛʃənɪst] *s* impresionista
impressionistic [ɪm,prɛʃə'nɪstɪk] *adj* impresionista
impressive [ɪm'prɛsɪv] *adv* impresionante
impressment [ɪm'prɛsmənt] *s* expropiación; (mil.) enganche
imprimatur [,ɪmprɪ'metər] *s* imprimátur; aprobación, permiso
imprint ['ɪmprɪnt] *s* impresión; (print.) pie de imprenta; [ɪm'prɪnt] *va* imprimir, estampar
imprison [ɪm'prɪzən] *va* aprisionar, encarcelar
imprisonment [ɪm'prɪzənmənt] *s* encarcelamiento
improbability [ɪm,prɑbə'bɪlɪtɪ] *s* (*pl:* **-ties**) improbabilidad
improbable [ɪm'prɑbəbəl] *adj* improbable
improbably [ɪm'prɑbəblɪ] *adv* improbablemente
impromptu [ɪm'prɑmptju] o [ɪm'prɑmptu] *adv* de improviso; *s* improvisación; (mus.) improvisación, impromptu
improper [ɪm'prɑpər] *adj* impropio; indecoroso
improper fraction *s* (math.) fracción impropia
impropriety [,ɪmprə'praɪətɪ] *s* (*pl:* **-ties**) in-

I

conveniencia, indecencia; impropiedad (*especialmente en el lenguaje*)
improve [ɪm'pruv] *va* perfeccionar, mejorar; aprovechar; *vn* perfeccionarse, mejorar, mejorarse; **to improve on** o **upon** perfeccionar, mejorar
improvement [ɪm'pruvmənt] *s* perfeccionamiento, mejoramiento; mejoría (*p.ej., en la salud*); reforma, renovación; aprovechamiento (*empleo útil, p.ej., del tiempo*)
improvidence [ɪm'prɑvɪdəns] *s* imprevisión
improvident [ɪm'prɑvɪdənt] *adj* imprevisor, impróvido
improvisation [,ɪmprəvaɪ'zeʃən] o [,ɪmprɑvɪ'zeʃən] *s* improvisación
improvise ['ɪmprəvaɪz] *va & vn* improvisar
improviser ['ɪmprə,vaɪzər] *s* improvisador
imprudence [ɪm'prudəns] *s* imprudencia
imprudent [ɪm'prudənt] *adj* imprudente
impuberate [ɪm'pjubəret] *adj* impúber o impúbero
impudence ['ɪmpjədəns] *s* impudencia, insolencia
impudent ['ɪmpjədənt] *adj* impudente, insolente
impugn [ɪm'pjun] *va* impugnar; poner en tela de juicio
impugnable [ɪm'pʌgnəbəl] *adj* inexpugnable
impugnation [,ɪmpʌg'neʃən] *s* impugnación
impulse ['ɪmpʌls] *s* impulso; (mech.) impulso
impulse turbine *s* turbina de acción, turbina de impulsión
impulsion [ɪm'pʌlʃən] *s* impulsión
impulsive [ɪm'pʌlsɪv] *adj* impulsivo
impulsiveness [ɪm'pʌlsɪvnɪs] *s* impulsividad
impunity [ɪm'pjunɪtɪ] *s* impunidad
impure [ɪm'pjʊr] *adj* impuro
impurity [ɪm'pjʊrɪtɪ] *s* (*pl:* **-ties**) impureza o impuridad
imputable [ɪm'pjutəbəl] *adj* imputable
imputation [,ɪmpjʊ'teʃən] *s* imputación
impute [ɪm'pjut] *va* imputar
imputer [ɪm'pjutər] *s* imputador
in. abr. de **inch** o **inches**
in [ɪn] *adv* dentro, adentro, hacia adentro; en casa, en su oficina; en posesión; en el poder; en su turno; **to be in** estar en casa, estar en su oficina; **to be in for** estar expuesto a, no poder evitar; **to be in with** gozar del favor de; **in here** aquí dentro; **in there** allí dentro; *adj* interior, de adentro; *prep* en, con, de, durante, dentro de, de aquí a, sobre; por, p.ej., **he traveled in Spain** viajó por España; **in so far as** en tanto que; **in that** en que, por cuanto; *s* rincón, recodo; **ins and outs** recovecos; pormenores minuciosos
inability [,ɪnə'bɪlɪtɪ] *s* inhabilidad, incapacidad
inaccessibility [,ɪnæk,sesɪ'bɪlɪtɪ] *s* inaccesibilidad; inasequibilidad
inaccessible [,ɪnæk'sesɪbəl] *adj* inaccesible; inasequible
inaccessibly [,inæk'sesɪblɪ] *adv* inaccesiblemente; inasequiblemente
inaccuracy [ɪn'ækjərəsɪ] *s* (*pl:* **-cies**) inexactitud, incorrección
inaccurate [ɪn'ækjərɪt] *adj* inexacto, incorrecto
inaction [ɪn'ækʃən] *s* inacción
inactive [ɪn'æktɪv] *adj* inactivo
inactivity [,ɪnæk'tɪvɪtɪ] *s* inactividad
inadaptability [,ɪnə,dæptə'bɪlɪtɪ] *s* inadaptabilidad
inadaptable [,ɪnə'dæptəbəl] *adj* inadaptable
inadequacy [ɪn'ædɪkwəsɪ] *s* insuficiencia, inadecuación
inadequate [ɪn'ædɪkwɪt] *adj* insuficiente, inadecuado
inadmissibility [,ɪnəd,mɪsɪ'bɪlɪtɪ] *s* inadmisibilidad
inadmissible [,ɪnəd'mɪsɪbəl] *adj* inadmisible
inadvertence [,ɪnəd'vʌrtəns] *s* inadvertencia
inadvertency [,ɪnəd'vʌrtənsɪ] *s* (*pl:* **-cies**) var. de **inadvertence**
inadvertent [,ɪnəd'vʌrtənt] *adj* inadvertido
inadvertently [,ɪnəd'vʌrtəntlɪ] *adv* inadvertidamente
inadvisable [,ɪnəd'vaɪzəbəl] *adj* no aconsejable, imprudente
inalienability [ɪn,eljənə'bɪlɪtɪ] *s* inalienabilidad
inalienable [ɪn'eljənəbəl] *adj* inalienable, imprescindible
inamorata [ɪn,æmə'rɑtə] *s* amada, enamorada
inane [ɪn'en] *adj* inane
inanimate [ɪn'ænɪmɪt] *adj* inanimado
inanition [,ɪnə'nɪʃən] *s* inanición
inanity [ɪn'ænɪtɪ] *s* (*pl:* **-ties**) inanidad
inapplicability [ɪn,æplɪkə'bɪlɪtɪ] *s* inaplicabilidad
inapplicable [ɪn'æplɪkəbəl] *adj* inaplicable
inapposite [ɪn'æpəzɪt] *adj* impertinente, inadecuado, inaplicable
inappreciable [,ɪnə'priʃɪəbəl] *adj* inapreciable
inappreciably [,ɪnə'priʃɪəblɪ] *adv* inapreciablemente
inappropriate [,ɪnə'proprɪɪt] *adj* inapropiado, no a propósito
inapt [ɪn'æpt] *adj* inapto
inaptitude [ɪn'æptɪtjud] o [ɪn'æptɪtud] *s* ineptitud
inarticulate [,ɪnɑr'tɪkjəlɪt] *adj* inarticulado; incapaz de expresarse
inartistic [,ɪnɑr'tɪstɪk] *adj* inartístico
inartistically [,ɪnɑr'tɪstɪkəlɪ] *adv* sin arte
inasmuch as [,ɪnəz'mʌtʃæz] *conj* ya que, puesto que; en cuanto, hasta donde
inattention [,ɪnə'tenʃən] *s* desatención, inatención
inattentive [,ɪnə'tentɪv] *adj* desatento, inatento
inaudible [ɪn'ɔdɪbəl] *adj* inaudible
inaugural [ɪn'ɔgjərəl] *adj* inaugural; *s* oración inaugural, discurso inaugural
inaugurate [ɪn'ɔgjəret] *va* inaugurar
inauguration [ɪn,ɔgjə'reʃən] *s* inauguración; toma de posesión
inauspicious [,ɪnɔ'spɪʃəs] *adj* impropicio, desfavorable
inboard ['ɪn,bord] *adj* (naut.) interior; *adv* (mach.) hacia dentro; (naut.) hacia dentro del casco
inborn ['ɪn,bɔrn] *adj* innato, ingénito
inbound ['ɪn,baʊnd] *adj* entrante
inbred ['ɪn,bred] *adj* ínsito, innato; engendrado sin mezcla de familias o razas; ['ɪn,bred] o [ɪn'bred] *pret & pp de* **inbreed**
inbreed ['ɪn,brid] o [ɪn'brid] (*pret & pp:* **-bred**) *va* engendrar sin mezclar familias ni razas
inbreeding ['ɪn,bridɪŋ] *s* intracruzamiento, generación sin mezcla de familias o razas
inc. abr. de **inclosure, included, including, inclusive, incorporated** y **increase**
Inca ['ɪŋkə] *s* inca; *adj* incaico
incalculable [ɪn'kælkjələbəl] *adj* incalculable
Incan ['ɪŋkən] *adj & s* inca
incandescence [,ɪnkən'desəns] *s* incandescencia
incandescent [,ɪnkən'desənt] *adj* incandescente
incantation [,ɪnkæn'teʃən] *s* conjuro
incapability [,ɪnkepə'bɪlɪtɪ] *s* incapacidad
incapable [ɪn'kepəbəl] *adj* incapaz
incapacitate [,ɪnkə'pæsɪtet] *va* incapacitar, inhabilitar
incapacitation [,ɪnkə,pæsɪ'teʃən] *s* inhabilitación
incapacity [,ɪnkə'pæsɪtɪ] *s* (*pl:* **-ties**) incapacidad
incarcerate [ɪn'kɑrsəret] *va* encarcelar
incarceration [ɪn,kɑrsə'reʃən] *s* encarcelación; (path.) incarceración
incarnadine [ɪn'kɑrnədaɪn] o [ɪn'kɑrnədin] *adj & s* encarnado; *va* volver encarnado
incarnate [ɪn'kɑrnɪt] o [ɪn'kɑrnet] *adj* encarnado (*en forma humana*); [ɪn'kɑrnet] *va* encarnar
incarnation [,ɪnkɑr'neʃən] *s* encarnación; (med.) encarnamiento; (*cap.*) *s* (theol.) encarnación
incase [ɪn'kes] *va* encajonar, encerrar
incasement [ɪn'kesmənt] *s* encajonamiento, encerramiento; caja, cobertura
incautious [ɪn'kɔʃəs] *adj* incauto
incendiarism [ɪn'sendɪərɪzəm] *s* incendio malicioso; (fig.) incitación al desorden
incendiary [ɪn'sendɪ,erɪ] *adj* incendiario; *s* (*pl:* **-ies**) incendiario
incendiary bomb *s* (mil.) bomba incendiaria
incense ['ɪnsens] *s* incienso; (fig.) incienso;

va incensar; (fig.) incensar (*lisonjear*); [ɪn'sɛns] *va* exasperar, encolerizar
incense burner ['ɪnsɛns] *s* incensario
incensory ['ɪnsɛn,sorɪ] *s* (*pl:* **-ries**) incensario
incentive [ɪn'sɛntɪv] *adj & s* incentivo
inception [ɪn'sɛpʃən] *s* principio, comienzo
inceptive [ɪn'sɛptɪv] *s* (gram.) verbo incoativo; *adj* incipiente; (gram.) incoativo
incertitude [ɪn'sʌrtɪtjud] o [ɪn'sʌrtɪtud] *s* incertidumbre
incessant [ɪn'sɛsənt] *adj* incesante.
incest ['ɪnsɛst] *s* incesto
incestuous [ɪn'sɛstʃuəs] *adj* incestuoso
inch [ɪntʃ] *s* pulgada; pizca; **by inches** pulgada por pulgada; a poquitos; **every inch** hasta los tuétanos; **inch by inch** pulgada por pulgada; a poquitos; **within an inch of** a dos dedos de; *vn* avanzar a poquitos; **to inch ahead** avanzar a poquitos
inchmeal ['ɪntʃ,mil] *adv* poco a poco; **by inchmeal** poco a poco
inchoate [ɪn'ko·ɪt] o ['ɪnkoet] *adj* incipiente, rudimental
inchoative [ɪn'koətɪv] *adj* incipiente, rudimental; (gram.) incoativo; *s* (gram.) verbo incoativo
inchworm ['ɪntʃ,wʌrm] *s* (zool.) geómetra
incidence ['ɪnsɪdəns] *s* incidencia; extensión (*de los efectos de una cosa*); (geom. & phys.) incidencia
incident ['ɪnsɪdənt] *adj* incidente; *s* incidente, incidencia
incidental [,ɪnsɪ'dɛntəl] *adj* incidente; obvencional; *s* elemento incidental; **incidentals** *spl* gastos menudos
incidentally [,ɪnsɪ'dɛntəlɪ] *adv* incidentalmente, incidentemente; a propósito
incinerate [ɪn'sɪnəret] *va* incinerar
incineration [ɪn,sɪnə'reʃən] *s* incineración
incinerator [ɪn'sɪnə,retər] *s* incinerador
incipience [ɪn'sɪpɪəns] *s* comienzo, principio
incipient [ɪn'sɪpɪənt] *adj* incipiente
incise [ɪn'saɪz] *va* cortar; grabar, tallar
incision [ɪn'sɪʒən] *s* incisión
incisive [ɪn'saɪsɪv] *adj* incisivo; (anat.) incisivo
incisor [ɪn'saɪzər] *s* (anat.) diente incisivo
incisory [ɪn'saɪsərɪ] *adj* incisorio
incitation [,ɪnsaɪ'teʃən] o [,ɪnsɪ'teʃən] *s* incitación
incite [ɪn'saɪt] *va* incitar; **to incite to** + *inf* incitar a + *inf*
incitement [ɪn'saɪtmənt] *s* incitamento
incivility [,ɪnsɪ'vɪlɪtɪ] *s* (*pl:* **-ties**) incivilidad
incl. abr. de **inclosure, including** y **inclusive**
inclemency [ɪn'klɛmənsɪ] *s* (*pl:* **-cies**) inclemencia
inclement [ɪn'klɛmənt] *adj* inclemente
inclination [,ɪnklɪ'neʃən] *s* inclinación
incline ['ɪnklaɪn] o [ɪn'klaɪn] *s* declive, pendiente; [ɪn'klaɪn] *va* inclinar; *vn* inclinarse
inclined [ɪn'klaɪnd] *adj* inclinado; **to be inclined to** + *inf* inclinarse a + *inf*
inclined plane *s* (mech.) plano inclinado
inclinometer [,ɪnklɪ'nɑmɪtər] *s* inclinómetro
inclose [ɪn'kloz] *va* cercar, encerrar, incluir; **to inclose herewith** remitir adjunto (*con una carta*)
inclosure [ɪn'kloʒər] *s* cercamiento, encerramiento, inclusión; cerca, encierro, recinto; cosa inclusa, carta inclusa, copia inclusa
include [ɪn'klud] *va* incluir; **to be included in** figurar en
including [ɪn'kludɪŋ] *prep* incluso
inclusion [ɪn'kluʒən] *s* inclusión; cosa inclusa, carta inclusa
inclusion body *s* (path.) cuerpo de inclusión
inclusive [ɪn'klusɪv] *adj* inclusivo; detallado, completo; **inclusive of** comprensivo de
incog. abr. de **incognito**
incog [ɪn'kɑg] *adj, s & adv* (coll.) var. de **incognito**
incognito [ɪn'kɑgnɪto] *adj* incógnito; *s* (*pl:* **-tos**) incógnito; *adv* de incógnito
incoherence [,ɪnko'hɪrəns] *s* incoherencia
incoherency [,ɪnko'hɪrənsɪ] *s* (*pl:* **-cies**) var. de **incoherence**
incoherent [,ɪnko'hɪrənt] *adj* incoherente
incombustibility [,ɪnkəm,bʌstɪ'bɪlɪtɪ] *s* incombustibilidad
incombustible [,ɪnkəm'bʌstɪbəl] *adj* incombustible; *s* substancia incombustible
income ['ɪnkʌm] *s* renta, utilidad, rédito
income tax *s* impuesto de utilidades, impuesto sobre rentas, impuesto a los réditos
income-tax return ['ɪnkʌm,tæks] *s* declaración de utilidades, declaración de ingresos
incoming ['ɪn,kʌmɪŋ] *adj* entrante; ascendente (*marea*); *s* entrada, llegada
incommensurability [,ɪnkə,mɛnʃərə'bɪlɪtɪ] *s* inconmensurabilidad
incommensurable [,ɪnkə'mɛnʃərəbəl] *adj* inconmensurable
incommensurate [,ɪnkə'mɛnʃərɪt] *adj* desproporcionado; inconmensurable
incommode [,ɪnkə'mod] *va* incomodar, desacomodar
incommodious [,ɪnkə'modɪəs] *adj* incómodo
incommunicability [,ɪnkə,mjunɪkə'bɪlɪtɪ] *s* incomunicabilidad
incommunicable [,ɪnkə'mjunɪkəbəl] *adj* incomunicable; inconversable
incommunicado [,ɪnkə,mjunɪ'kɑdo] *adj* incomunicado
incommunicative [,ɪnkə'mjunɪ,ketɪv] *adj* inconversable, insociable
incomparable [ɪn'kɑmpərəbəl] *adj* incomparable
incompatibility [,ɪnkəm,pætɪ'bɪlɪtɪ] *s* incompatibilidad
incompatible [,ɪnkəm'pætɪbəl] *adj* incompatible; desconforme
incompetence [ɪn'kɑmpɪtəns] o **incompetency** [ɪn'kɑmpɪtənsɪ] *s* incompetencia
incompetent [ɪn'kɑmpɪtənt] *adj* incompetente
incomplete [,ɪnkəm'plit] *adj* incompleto
incompletely [,ɪnkəm'plitlɪ] *adv* incompletamente
incomplex [,ɪnkəm'plɛks] *adj* incomplejo, incomplexo
incomprehensibility [,ɪnkɑmprɪ,hɛnsɪ'bɪlɪtɪ] *s* incomprehensibilidad o incomprensibilidad
incomprehensible [,ɪnkɑmprɪ'hɛnsɪbəl] *adj* incomprehensible o incomprensible
incompressibility [,ɪnkəm,prɛsɪ'bɪlɪtɪ] *s* incompresibilidad
incompressible [,ɪnkəm'prɛsɪbəl] *adj* incompresible
inconceivability [,ɪnkən,sivə'bɪlɪtɪ] *s* inconcebibilidad
inconceivable [,ɪnkən'sivəbəl] *adj* inconcebible
inconceivably [,ɪnkən'sivəblɪ] *adv* inconcebiblemente
inconclusive [,ɪnkən'klusɪv] *adj* inconcluyente
inconel ['ɪŋkənəl] *s* inconel
incongruent [ɪn'kɑŋgruənt] *adj* incongruente
incongruity [,ɪnkən'gruɪtɪ] *s* (*pl:* **-ties**) incongruencia
incongruous [ɪn'kɑŋgruəs] *adj* incongruo
inconsequence [ɪn'kɑnsɪkwɛns] *s* inconsecuencia
inconsequent [ɪn'kɑnsɪkwɛnt] *adj* inconsecuente
inconsequential [ɪn,kɑnsɪ'kwɛnʃəl] *adj* inconsecuente; de poca importancia
inconsiderable [,ɪnkən'sɪdərəbəl] *adj* insignificante
inconsiderate [,ɪnkən'sɪdərɪt] *adj* inconsiderado, desconsiderado
inconsiderateness [,ɪnkən'sɪdərɪtnɪs] *s* inconsideración, desconsideración
inconsistency [,ɪnkən'sɪstənsɪ] *s* (*pl:* **-cies**) inconsistencia, inconsecuencia
inconsistent [,ɪnkən'sɪstənt] *adj* inconsistente, inconsecuente
inconsolable [,ɪnkən'soləbəl] *adj* inconsolable
inconsonant [ɪn'kɑnsənənt] *adj* inconsonante
inconspicuous [,ɪnkən'spɪkjuəs] *adj* poco aparente; poco llamativo
inconstancy [ɪn'kɑnstənsɪ] *s* inconstancia
inconstant [ɪn'kɑnstənt] *adj* inconstante
incontestable [,ɪnkən'tɛstəbəl] *adj* incontestable
incontinence [ɪn'kɑntɪnəns] *s* incontinencia; (path.) incontinencia
incontinent [ɪn'kɑntɪnənt] *adj* incontinente
incontrovertibility [,ɪnkɑntrə,vʌrtɪ'bɪlɪtɪ] *s* incontrovertibilidad
incontrovertible [,ɪnkɑntrə'vʌrtɪbəl] *adj* incontrovertible

I

inconvenience [ˌɪnkən'vinjəns] *s* incomodidad, inconveniencia, molestia; *va* incomodar, molestar
inconvenient [ˌɪnkən'vinjənt] *adj* incómodo, inconveniente, molesto
inconvertibility [ˌɪnkənˌvʌrtɪ'bɪlɪtɪ] *s* inconvertibilidad
inconvertible [ˌɪnkən'vʌrtɪbəl] *adj* inconvertible
inconvincible [ˌɪnkən'vɪnsɪbəl] *adj* inconvencible
incoördination [ˌɪnkoˌɔrdɪ'neʃən] *s* incoordinación
incorporate [ɪn'kɔrpərɪt] *adj* incorporado; [ɪn'kɔrpəret] *va* incorporar; constituir en sociedad anónima; *vn* incorporarse; constituirse en sociedad anónima
incorporation [ɪnˌkɔrpə'reʃən] *s* incorporación; constitución en sociedad anónima
incorporator [ɪn'kɔrpəˌretər] *s* incorporador; fundador de una sociedad anónima
incorporeal [ˌɪnkɔr'porɪəl] *adj* incorpóreo, incorporal
incorrect [ˌɪnkə'rɛkt] *adj* incorrecto
incorrectness [ˌɪnkə'rɛktnɪs] *s* incorrección
incorrigibility [ɪnˌkɑrɪdʒɪ'bɪlɪtɪ] o [ɪnˌkɔrɪdʒɪ'bɪlɪtɪ] *s* incorregibilidad
incorrigible [ɪn'kɑrɪdʒɪbəl] o [ɪn'kɔrɪdʒɪbəl] *adj* incorregible
incorrupt [ˌɪnkə'rʌpt] *adj* incorrupto
incorruptibility [ˌɪnkəˌrʌptɪ'bɪlɪtɪ] *s* incorruptibilidad
incorruptible [ˌɪnkə'rʌptɪbəl] *adj* incorruptible
increase ['ɪnkris] *s* aumento; crecida, ascenso (*del agua*); ganancia, interés; hijo, hijos; productos agrícolas; **to be on the increase** ir en aumento; [ɪn'kris] *va* aumentar; multiplicar; *vn* aumentar; multiplicarse
increasing [ɪn'krisɪŋ] *adj* creciente
increasingly [ɪn'krisɪŋlɪ] *adv* cada vez más
incredibility [ɪnˌkrɛdɪ'bɪlɪtɪ] *s* incredibilidad
incredible [ɪn'krɛdɪbəl] *adj* increíble
incredulity [ˌɪnkrɪ'djulɪtɪ] o [ˌɪnkrɪ'dulɪtɪ] *s* incredulidad
incredulous [ɪn'krɛdʒələs] *adj* incrédulo
increment ['ɪnkrɪmənt] *s* incremento; (math.) incremento
incriminate [ɪn'krɪmɪnet] *va* acriminar, incriminar
incrimination [ɪnˌkrɪmɪ'neʃən] *s* acriminación, incriminación
incriminatory [ɪn'krɪmɪnəˌtorɪ] *adj* acriminador
incrust [ɪn'krʌst] *va* incrustar; *vn* incrustarse
incrustation [ˌɪnkrʌs'teʃən] *s* incrustación
incrustive [ɪn'krʌstɪv] *adj* incrustante
incubate ['ɪnkjəbet] *va & vn* incubar
incubation [ˌɪnkjə'beʃən] *s* incubación
incubation period *s* (path.) período de incubación
incubator ['ɪnkjəˌbetər] *s* incubadora
incubus ['ɪnkjəbəs] *s* (*pl:* **-buses** o **-bi** [baɪ]) íncubo; (med.) íncubo
inculcate [ɪn'kʌlket] o ['ɪnkʌlket] *va* inculcar
inculcation [ˌɪnkʌl'keʃən] *s* inculcación
inculpable [ɪn'kʌlpəbəl] *adj* inculpable
inculpate [ɪn'kʌlpet] o ['ɪnkʌlpet] *va* inculpar
inculpation [ˌɪnkʌl'peʃən] *s* inculpación
incumbency [ɪn'kʌmbənsɪ] *s* (*pl:* **-cies**) incumbencia
incumbent [ɪn'kʌmbənt] *adj* incumbente; (bot. & zool.) incumbente; **to be incumbent on** o **upon one** incumbirle a uno; **to be incumbent on one to** + *inf* incumbir a uno + *inf;* *s* titular, posesor; (eccl.) beneficiado
incumber [ɪn'kʌmbər] *va* embarazar, estorbar; impedir; gravar
incumbrance [ɪn'kʌmbrəns] *s* embarazo, estorbo; impedimento; gravamen; hijo menor de edad
incunabula [ˌɪnkjʊ'næbjələ] *spl* orígenes; incunables
incur [ɪn'kʌr] (*pret & pp:* **-curred;** *ger:* **-curring**) *va* incurrir en; contraer (*una deuda*)
incurability [ɪnˌkjʊrə'bɪlɪtɪ] *s* incurabilidad
incurable [ɪn'kjʊrəbəl] *adj & s* incurable
incurious [ɪn'kjʊrɪəs] *adj* indiferente; poco interesante
incursion [ɪn'kʌrʒən] o [ɪn'kʌrʃən] *s* incursión, irrupción, invasión
incurve ['ɪnˌkʌrv] *s* (baseball) curva adentro; [ɪn'kʌrv] *va* (baseball) encorvar hacia dentro; *vn* (baseball) encorvarse hacia dentro
incus ['ɪŋkəs] *s* (*pl:* **incudes** [ɪn'kjudiz]) (anat.) yunque
incuse [ɪn'kjuz] *adj* incuso
ind. abr. de **independent, indicative** y **industrial**
Ind. abr. de **India, Indian** y **Indiana**
Ind [ɪnd] *s* (poet.) India, Indias
indebted [ɪn'dɛtɪd] *adj* adeudado; obligado, reconocido
indebtedness [ɪn'dɛtɪdnɪs] *s* deuda; obligación
indecency [ɪn'disənsɪ] *s* (*pl:* **-cies**) indecencia, deshonestidad
indecent [ɪn'disənt] *adj* indecente, deshonesto
indecent exposure *s* exhibición impúdica, delito de exhibicionismo
indecipherable [ˌɪndɪ'saɪfərəbəl] *adj* indescifrable
indecision [ˌɪndɪ'sɪʒən] *s* indecisión
indecisive [ˌɪndɪ'saɪsɪv] *adj* indeciso
indeclinable [ˌɪndɪ'klaɪnəbəl] *adj* (gram.) indeclinable
indecorous [ɪn'dɛkərəs] o [ˌɪndɪ'korəs] *adj* indecoroso
indecorum [ˌɪndɪ'korəm] *s* indecoro
indeed [ɪn'did] *adv* verdaderamente, de veras, claro está; *interj* ¡de veras!
indef. abr. de **indefinite**
indefatigability [ˌɪndɪˌfætɪgə'bɪlɪtɪ] *s* infatigabilidad
indefatigable [ˌɪndɪ'fætɪgəbəl] *adj* infatigable
indefeasible [ˌɪndɪ'fizɪbəl] *adj* inabrogable
indefensible [ˌɪndɪ'fɛnsɪbəl] *adj* indefendible
indefinable [ˌɪndɪ'faɪnəbəl] *adj* indefinible
indefinite [ɪn'dɛfɪnɪt] *adj* indefinido
indefinite article *s* (gram.) artículo indefinido
indehiscence [ˌɪndɪ'hɪsəns] *s* (bot.) indehiscencia
indehiscent [ˌɪndɪ'hɪsənt] *adj* (bot.) indehiscente
indelibility [ɪnˌdɛlɪ'bɪlɪtɪ] *s* indelebilidad
indelible [ɪn'dɛlɪbəl] *adj* indeleble
indelible ink *s* tinta indeleble
indelible lead pencil *s* lápiz tinta, lápiz violado de copiar
indelicacy [ɪn'dɛlɪkəsɪ] *s* (*pl:* **-cies**) indelicadeza
indelicate [ɪn'dɛlɪkɪt] *adj* indelicado
indemnification [ɪnˌdɛmnɪfɪ'keʃən] *s* indemnización
indemnify [ɪn'dɛmnɪfaɪ] (*pret & pp:* **-fied**) *va* indemnizar
indemnity [ɪn'dɛmnɪtɪ] *s* (*pl:* **-ties**) indemnización; indemnidad (*seguridad contra un daño*)
indemonstrable [ˌɪndɪ'mɑnstrəbəl] o [ɪn'dɛmənstrəbəl] *adj* indemostrable
indent ['ɪndɛnt] o [ɪn'dɛnt] *s* mella, diente, muesca; [ɪn'dɛnt] *va* mellar, dentar; (print.) sangrar; *vn* mellarse
indentation [ˌɪndɛn'teʃən] *s* mella, muesca; (print.) sangría
indented [ɪn'dɛntɪd] *adj* sangrado; (her.) endentado
indention [ɪn'dɛnʃən] *s* mella; (print.) sangría
indenture [ɪn'dɛntʃər] *s* escritura, contrato; contrato de aprendizaje, contrato de servidumbre; mella; *va* obligar por contrato
independence *s* [ˌɪndɪ'pɛndəns] *s* independencia
Independence Day *s* (U.S.A.) día de la independencia
independency [ˌɪndɪ'pɛndənsɪ] *s* (*pl:* **-cies**) independencia; país independiente
independent [ˌɪndɪ'pɛndənt] *adj* independiente; **independent of** independiente de; *s* independiente
independently [ˌɪndɪ'pɛndəntlɪ] *adv* independientemente; **independently of** independientemente de
indescribable [ˌɪndɪ'skraɪbəbəl] *adj* indescriptible
indestructibility [ˌɪndɪˌstrʌktɪ'bɪlɪtɪ] *s* indestructibilidad
indestructible [ˌɪndɪ'strʌktɪbəl] *adj* indestructible

indeterminability [ˌɪndɪˌtʌrmɪnə'bɪlɪtɪ] *s* indeterminabilidad
indeterminable [ˌɪndɪ'tʌrmɪnəbəl] *adj* indeterminable
indeterminate [ˌɪndɪ'tʌrmɪnɪt] *adj* indeterminado
indetermination [ˌɪndɪˌtʌrmɪ'neʃən] *s* indeterminación
indeterminism [ˌɪndɪ'tʌrmɪnɪzəm] *s* indeterminismo
indeterminist [ˌɪndɪ'tʌrmɪnɪst] *adj & s* indeterminista
indeterministic [ˌɪndɪˌtʌrmɪ'nɪstɪk] *adj* indeterminista
indevotion [ˌɪndɪ'voʃən] *s* indevoción
index ['ɪndɛks] *s* (*pl:* **indexes** o **indices** ['ɪndɪsiz]) índice; (print.) manecilla; (math.) índice; (*cap.*) *s* índice de libros prohibidos; (*l.c.*) *va* poner índice a; poner en un índice
index card *s* ficha catalográfica (*de una biblioteca*)
Index Expurgatorius [ɛksˌpʌrgə'torɪəs] *s* (eccl.) índice expurgatorio
index finger *s* dedo índice
index of refraction *s* (phys.) índice de refracción
index tab *s* pestaña
India ['ɪndɪə] *s* la India
India ink *s* tinta china
Indiaman ['ɪndɪəmən] *s* (*pl:* **-men**) buque de la compañía de las Indias
Indian ['ɪndɪən] *adj & s* indio
Indian club *s* maza de gimnasia
Indian corn *s* (bot.) panizo de las Indias (*planta y grano*)
Indian cress *s* (bot.) capuchina
Indian Empire *s* Imperio de las Indias
Indian fig *s* (bot.) nopal castellano, penco
Indian file *s* fila india; *adv* en fila india
Indian giver *s* (coll.) dador de toma y daca
Indian heart *s* (bot.) farolillo
Indianism ['ɪndɪənɪzəm] *s* indianismo
Indianist ['ɪndɪənɪst] *s* indianista
Indian meal *s* harina de maíz
Indian millet *s* (bot.) alcandía
Indian Ocean *s* océano Índico, mar de las Indias
Indian pipe *s* (bot.) monotropa
Indian reed *s* (bot.) caña de Indias, cañacoro
Indian reservation *s* (U.S.A.) reserva de indios
Indian rice *s* (bot.) arroz de los pieles rojas
Indian shot *s* var. de **Indian reed**
Indian summer *s* veranillo, veranillo de San Martín
Indian Territory *s* Gobernación de los Indios
Indian tobacco *s* (bot.) tabaco indio
Indian turnip *s* (bot.) arisema
Indian yellow *s* amarillo indio
India paper *s* papel de China
India rubber o **india rubber** *s* caucho
indic. abr. de **indicative**
indican ['ɪndɪkæn] *s* (chem. & biochem.) indicán
indicant ['ɪndɪkənt] *adj & s* indicante
indicanuria [ˌɪndɪkə'njurɪə] o [ˌɪndɪkə'nurɪə] *s* (path.) indicanuria
indicate ['ɪndɪket] *va* indicar
indication [ˌɪndɪ'keʃən] *s* indicación
indicative [ɪn'dɪkətɪv] *adj* indicativo; (gram.) indicativo; *s* (gram.) indicativo
indicative mood *s* (gram.) modo indicativo
indicator ['ɪndɪˌketər] *s* indicador; (chem.) indicador
indicatory ['ɪndɪkəˌtorɪ] *adj* indicador
indict [ɪn'daɪt] *va* (law) acusar, procesar
indictable [ɪn'daɪtəbəl] *adj* (law) denunciable, procesable
indiction [ɪn'dɪkʃən] *s* indicción
indictment [ɪn'daɪtmənt] *s* (law) acusación, procesamiento; (law) auto de acusación formulado por el gran jurado
Indies ['ɪndiz] *spl* Indias
indifference [ɪn'dɪfərəns] *s* indiferencia
indifferent [ɪn'dɪfərənt] *adj* indiferente; pasadero, mediano
indifferentism [ɪn'dɪfərəntɪzəm] *s* indiferentismo
indifferently [ɪn'dɪfərəntlɪ] *adv* indiferentemente; pasaderamente, medianamente; mal
indigence ['ɪndɪdʒəns] *s* indigencia
indigenous [ɪn'dɪdʒɪnəs] *adj* indígena; innato
indigent ['ɪndɪdʒənt]*adj* indigente; **the indigent** los indigentes
indigestibility [ˌɪndɪˌdʒɛstɪ'bɪlɪtɪ] *s* indigestibilidad
indigestible [ˌɪndɪ'dʒɛstɪbəl] *adj* indigestible o indigerible
indigestion [ˌɪndɪ'dʒɛstʃən] *s* indigestión
indignant [ɪn'dɪgnənt] *adj* indignado
indignation [ˌɪndɪg'neʃən] *s* indignación
indignation meeting *s* reunión de protesta
indignity [ɪn'dɪgnɪtɪ] *s* (*pl:* **-ties**) indignidad (*afrenta, ultraje*)
indigo ['ɪndɪgo] *s* (*pl:* **-gos** o **-goes**) (bot. & chem.) índigo; añil o índigo (*del espectro solar*); *adj* de añil, azul de añil
indigo bunting *s* (orn.) azulejo
indigo extract *s* extracto de índigo, carmín de índigo
indirect [ˌɪndɪ'rɛkt] o [ˌɪndaɪ'rɛkt] *adj* indirecto
indirect discourse *s* (gram.) estilo indirecto
indirection [ˌɪndɪ'rɛkʃən] *s* rodeo; engaño
indirect lighting *s* iluminación indirecta, alumbrado reflejado
indirect object *s* (gram.) complemento indirecto
indirect tax *s* contribución indirecta
indiscernibility [ˌɪndɪˌzʌrnɪ'bɪlɪtɪ] o [ˌɪndɪˌsʌrnɪ'bɪlɪtɪ] *s* indiscernibilidad
indiscernible [ˌɪndɪ'zʌrnɪbəl] o [ˌɪndɪ'sʌrnɪbəl] *adj* indiscernible
indiscreet [ˌɪndɪs'krit] *adj* indiscreto
indiscretion [ˌɪndɪs'krɛʃən] *s* indiscreción
indiscriminate [ˌɪndɪs'krɪmɪnɪt] *adj* promiscuo; poco distintivo
indispensability [ˌɪndɪˌspɛnsə'bɪlɪtɪ] *s* indispensabilidad
indispensable [ˌɪndɪ'spɛnsəbəl] *adj* indispensable, imprescindible
indispose [ˌɪndɪs'poz] *va* indisponer
indisposed [ˌɪndɪs'pozd] *adj* maldispuesto; indispuesto (*algo enfermo*)
indisposition [ˌɪndɪspə'zɪʃən] *s* desinclinación; indisposición (*enfermedad pasajera*)
indisputability [ɪnˌdɪspjutə'bɪlɪtɪ] o [ˌɪndɪˌspjutə'bɪlɪtɪ] *s* indisputabilidad
indisputable [ɪn'dɪspjutəbəl] o [ˌɪndɪs'pjutəbəl] *adj* indisputable
indissolubility [ˌɪndɪˌsɑljə'bɪlɪtɪ] *s* indisolubilidad
indissoluble [ˌɪndɪ'sɑljəbəl] *adj* indisoluble
indistinct [ˌɪndɪ'stɪŋkt] *adj* indistinto
indistinctness [ˌɪndɪ'stɪŋktnɪs] *s* indistinción
indistinguishable [ˌɪndɪ'stɪŋgwɪʃəbəl] *adj* indistinguible
indite [ɪn'daɪt] *va* redactar, poner por escrito
indium ['ɪndɪəm] *s* (chem.) indio
individual [ˌɪndɪ'vɪdʒʊəl] *adj* individual; *s* individuo; (biol.) individuo
individualism [ˌɪndɪ'vɪdʒʊəlɪzəm] *s* individualismo
individualist [ˌɪndɪ'vɪdʒʊəlɪst] *s* individualista
individualistic [ˌɪndɪˌvɪdʒʊəl'ɪstɪk] *adj* individualista
individuality [ˌɪndɪˌvɪdʒʊ'ælɪtɪ] *s* (*pl:* **-ties**) individualidad; individuo
individualize [ˌɪndɪ'vɪdʒʊəlaɪz] *va* individualizar
individually [ˌɪndɪ'vɪdʒʊəlɪ] *adv* individualmente
individuate [ˌɪndɪ'vɪdʒʊet] *va* individuar
individuation [ˌɪndɪˌvɪdʒʊ'eʃən] *s* individuación
indivisibility [ˌɪndɪˌvɪzɪ'bɪlɪtɪ] *s* indivisibilidad
indivisible [ˌɪndɪ'vɪzɪbəl] *adj* indivisible
indivision [ˌɪndɪ'vɪʒən] *s* indivisión
Indochina ['ɪndo'tʃaɪnə] *s* la Indochina
Indochinese ['ɪndotʃaɪ'niz] *adj* indochino; *s* (*pl:* **-nese**) indochino
indoctrinate [ɪn'dɑktrɪnet] *va* adoctrinar, inculcar
indoctrination [ɪnˌdɑktrɪ'neʃən] *s* adoctrinamiento, inculcación
Indo-European ['ɪndoˌjurə'piən] *adj & s* indoeuropeo

Indo-Germanic [ˈɪndodʒʌrˈmænɪk] *adj & s* indogermánico
indole [ˈɪndol] *s* (chem.) indol
indolence [ˈɪndələns] *s* indolencia
indolent [ˈɪndələnt] *adj* indolente; (med.) indolente
Indo-Malayan [ˈɪndoməˈleən] *adj* indomalayo
indomitable [ɪnˈdɑmɪtəbəl] *adj* indomable, indómito
indomitably [ɪnˈdɑmɪtəblɪ] *adv* indómitamente
Indonesia [ˌɪndoˈniʃə] o [ˌɪndoˈniʒə] *s* la Indonesia
Indonesian [ˌɪndoˈniʃən] o [ˌɪndoˈniʒən] *adj & s* indonesio
indoor [ˈɪnˌdor] *adj* interior, de puertas adentro
indoor aerial *s* (rad.) antena de interior
indoor games *spl* diversiones caseras
indoors [ˈɪnˈdorz] *adv* dentro, en casa, bajo techado
indophenol [ˌɪndoˈfinol] o [ˌɪndoˈfinɑl] *s* (chem.) indofenol
indorse [ɪnˈdɔrs] *va* endosar; apoyar, aprobar, respaldar
indorsee [ˌɪndɔrˈsi] *s* endosatario
indorsement [ɪnˈdɔrsmənt] *s* endoso; apoyo, aprobación
indorser [ɪnˈdɔrsər] *s* endosante
indoxyl [ɪnˈdɑksɪl] *s* (chem.) indoxilo
indraft o **indraught** [ˈɪnˌdræft] o [ˈɪnˌdrɑft] *s* atracción hacia el interior; aspiración, aire aspirado; corriente entrante
indubitable [ɪnˈdjubɪtəbəl] o [ɪnˈdubɪtəbəl] *adj* indubitable
induce [ɪnˈdjus] o [ɪnˈdus] *va* inducir; causar, producir; (log. & elec.) inducir; **to induce to** + *inf* inducir a + *inf*
inducement [ɪnˈdjusmənt] o [ɪnˈdusmənt] *s* incentivo, atractivo, estímulo
induct [ɪnˈdʌkt] *va* instalar; introducir; iniciar; (mil.) quintar
inductance [ɪnˈdʌktəns] *s* (elec.) inductancia
inductee [ˌɪndʌkˈti] *s* (mil.) quinto
inductile [ɪnˈdʌktɪl] *adj* no dúctil, inflexible
induction [ɪnˈdʌkʃən] *s* instalación; (log. & elec.) inducción; (mil.) quinta
induction coil *s* (elec.) bobina de inducción, carrete de inducción
induction motor *s* (elec.) motor de inducción
inductive [ɪnˈdʌktɪv] *adj* inductivo
inductivity [ˌɪndʌkˈtɪvɪtɪ] *s* inductividad
inductor [ɪnˈdʌktər] *s* instalador; (elec.) inductor
indue [ɪnˈdju] o [ɪnˈdu] *va* dotar, investir; poner, vestir
indulge [ɪnˈdʌldʒ] *va* mimar; gratificar (*p.ej., los deseos de uno*); indulgenciar; *vn* abandonarse; **to indulge in** abandonarse a, entregarse a; permitirse el placer de, darse el lujo de
indulgence [ɪnˈdʌldʒəns] *s* indulgencia; intemperancia, desenfreno
indulgent [ɪnˈdʌldʒənt] *adj* indulgente
indurate [ˈɪndjʊret] o [ˈɪndʊret] *adj* endurecido; (med.) indurado; *va* endurecer; (med.) indurar; *vn* endurecerse
induration [ˌɪndjʊˈreʃən] o [ˌɪndʊˈreʃən] *s* induración; (med.) induración
Indus [ˈɪndəs] *s* Indo
indusium [ɪnˈdjuzɪəm] o [ɪnˈduzɪəm] *s* (bot.) indusio
industrial [ɪnˈdʌstrɪəl] *adj* industrial
industrialism [ɪnˈdʌstrɪəlɪzəm] *s* industrialismo
industrialist [ɪnˈdʌstrɪəlɪst] *s* industrial
industrialization [ɪnˌdʌstrɪəlɪˈzeʃən] *s* industrialización
industrialize [ɪnˈdʌstrɪəlaɪz] *va* industrializar
industrially [ɪnˈdʌstrɪəlɪ] *adv* industrialmente
industrious [ɪnˈdʌstrɪəs] *adj* aplicado, industrioso
industry [ˈɪndəstrɪ] *s* (*pl:* **-tries**) industria; aplicación, laboriosidad
indwelling [ˈɪnˌdwelɪŋ] *adj* interior
-ine *suffix adj* -uno, p.ej., **bovine** boyuno; **cervine** cervuno; **leporine** lebruno; **porcine** porcuno
inebriate [ɪnˈibrɪɪt] o [ɪnˈibrɪet] *s* borracho; [ɪnˈibrɪet] *va* embriagar, inebriar
inebriation [ɪnˌibrɪˈeʃən] o **inebriety** [ˌɪnɪˈbraɪətɪ] *s* embriaguez
inedible [ɪnˈɛdɪbəl] *adj* incomible, no comestible
ineffability [ɪnˌɛfəˈbɪlɪtɪ] *s* inefabilidad
ineffable [ɪnˈɛfəbəl] *adj* inefable
ineffaceable [ˌɪnɪˈfesəbəl] *adj* imborrable
ineffective [ˌɪnɪˈfɛktɪv] *adj* ineficaz; incapaz
ineffectual [ˌɪnɪˈfɛktʃʊəl] *adj* ineficaz
inefficacious [ˌɪnɛfɪˈkeʃəs] *adj* ineficaz
inefficacy [ɪnˈɛfɪkəsɪ] *s* ineficacia
inefficiency [ˌɪnɪˈfɪʃənsɪ] *s* ineficiencia; mal rendimiento
inefficient [ˌɪnɪˈfɪʃənt] *adj* ineficiente; de mal rendimiento
inelastic [ˌɪnɪˈlæstɪk] *adj* inelástico
inelasticity [ˌɪnɪlæsˈtɪsɪtɪ] *s* inelasticidad
inelegance [ɪnˈɛlɪgəns] *s* inelegancia
inelegancy [ɪnˈɛlɪgənsɪ] *s* (*pl:* **-cies**) var. de **inelegance**
inelegant [ɪnˈɛlɪgənt] *adj* inelegante
ineligibility [ɪnˌɛlɪdʒɪˈbɪlɪtɪ] *s* inelegibilidad
ineligible [ɪnˈɛlɪdʒɪbəl] *adj* inelegible
ineluctable [ˌɪnɪˈlʌktəbəl] *adj* ineluctable
inept [ɪnˈɛpt] *adj* inepto
ineptitude [ɪnˈɛptɪtjud] o [ɪnˈɛptɪtud] *s* ineptitud
inequality [ˌɪniˈkwɑlɪtɪ] *s* (*pl:* **-ties**) desigualdad
inequitable [ɪnˈɛkwɪtəbəl] *adj* injusto
inequity [ɪnˈɛkwɪtɪ] *s* (*pl:* **-ties**) inequidad, injusticia
ineradicable [ˌɪnɪˈrædɪkəbəl] *adj* inextirpable
inert [ɪnˈʌrt] *adj* inerte
inert gas *s* (chem.) gas inerte
inertia [ɪnˈʌrʃə] *s* inercia; (mech.) inercia; (med.) inercia de la matriz
inertial [ɪnˈʌrʃəl] *adj* inercial
inescapable [ˌɪnɛsˈkepəbəl] *adj* ineludible
inestimability [ɪnˌɛstɪməˈbɪlɪtɪ] *s* inestimabilidad
inestimable [ɪnˈɛstɪməbəl] *adj* inestimable
inevitability [ɪnˌɛvɪtəˈbɪlɪtɪ] *s* inevitabilidad
inevitable [ɪnˈɛvɪtəbəl] *adj* inevitable
inexact [ˌɪnɛgˈzækt] *adj* inexacto
inexcusable [ˌɪnɛksˈkjuzəbəl] *adj* inexcusable, indisculpable
inexhaustibility [ˌɪnɛgˌzɔstɪˈbɪlɪtɪ] *s* (lo) inagotable
inexhaustible [ˌɪnɛgˈzɔstɪbəl] *adj* inagotable
inexistence [ˌɪnɛgˈzɪstəns] *s* inexistencia
inexistent [ˌɪnɛgˈzɪstənt] *adj* inexistente
inexorability [ɪnˌɛksərəˈbɪlɪtɪ] *s* inexorabilidad
inexorable [ɪnˈɛksərəbəl] *adj* inexorable
inexpediency [ˌɪnɛkˈspidɪənsɪ] *s* imprudencia, inconveniencia, inoportunidad
inexpedient [ˌɪnɛkˈspidɪənt] *adj* imprudente, inconveniente, inoportuno
inexpensive [ˌɪnɛkˈspɛnsɪv] *adj* barato
inexperience [ˌɪnɛkˈspɪrɪəns] *s* inexperiencia
inexperienced [ˌɪnɛkˈspɪrɪənst] *adj* inexperto
inexpert [ɪnˈɛkspʌrt] o [ˌɪnɛkˈspʌrt] *adj* inexperto, imperito
inexpiable [ɪnˈɛkspɪəbəl] *adj* inexpiable
inexplicable [ɪnˈɛksplɪkəbəl] *adj* inexplicable
inexpressible [ˌɪnɛkˈsprɛsɪbəl] *adj* inexpresable
inexpressibly [ˌɪnɛkˈsprɛsɪblɪ] *adv* inexpresablemente
inexpressive [ˌɪnɛkˈsprɛsɪv] *adj* inexpresivo
inexpugnability [ˌɪnɛkˌspʌgnəˈbɪlɪtɪ] *s* inexpugnabilidad
inexpugnable [ˌɪnɛkˈspʌgnəbəl] *adj* inexpugnable
inextinguishable [ˌɪnɛkˈstɪŋgwɪʃəbəl] *adj* inextinguible
inextricability [ɪnˌɛkstrɪkəˈbɪlɪtɪ] *s* inextricabilidad
inextricable [ɪnˈɛkstrɪkəbəl] *adj* inextricable
inf. abr. de **infantry** y **infinitive**
Inf. abr. de **Infantry**
infallibility [ɪnˌfælɪˈbɪlɪtɪ] *s* infalibilidad
infallible [ɪnˈfælɪbəl] *adj* infalible
infamous [ˈɪnfəməs] *adj* infame; (law) infamante (*pena*)
infamy [ˈɪnfəmɪ] *s* (*pl:* **-mies**) infamia
infancy [ˈɪnfənsɪ] *s* (*pl:* **-cies**) infancia; (fig.) infancia; (law) minoridad

infant ['ɪnfənt] *s* nene, infante, criatura; (law) menor; *adj* infantil
infanta [ɪn'fæntə] *s* infanta
infante [ɪn'fænte] *s* infante
infanticidal [ɪn,fæntɪ'saɪdəl] *adj* infanticida
infanticide [ɪn'fæntɪsaɪd] *s* infanticidio (*acción*); infanticida (*persona*)
infantile ['ɪnfəntaɪl] o ['ɪnfəntɪl] *adj* infantil; aniñado, trivial, infantil
infantile paralysis *s* (path.) parálisis infantil
infantilism [ɪn'fæntɪlɪzəm] *s* infantilismo
infantine ['ɪnfəntaɪn] o ['ɪnfəntɪn] *adj* aniñado, infantil
infant prodigy *s* niño prodigio
infantry ['ɪnfəntrɪ] *s* (*pl:* **-tries**) infantería
infantryman ['ɪnfəntrɪmən] *s* (*pl:* **-men**) infante, soldado de infantería
infarct [ɪn'fɑrkt] *s* (path.) infarto
infarction [ɪn'fɑrkʃən] *s* (path.) infartación
infatuate [ɪn'fætʃuet] *adj* apasionado, amartelado; *va* apasionar, amartelar
infatuation [ɪn,fætʃu'eʃən] *s* apasionamiento, amartelamiento
infect [ɪn'fɛkt] *va* infectar, infeccionar, inficionar; influenciar
infection [ɪn'fɛkʃən] *s* infección
infectious [ɪn'fɛkʃəs] *adj* infeccioso
infective [ɪn'fɛktɪv] *adj* infectivo
infectivity [,ɪnfɛk'tɪvɪtɪ] *s* infectividad
infelicitous [,ɪnfɪ'lɪsɪtəs] *adj* infeliz, desgraciado; impropio, desacertado
infelicity [,ɪnfɪ'lɪsɪtɪ] *s* (*pl:* **-ties**) infelicidad; impropiedad, desacierto
infer [ɪn'fʌr] (*pret & pp:* **-ferred;** *ger:* **-ferring**) *va* inferir; (coll.) suponer, conjeturar
inference ['ɪnfərəns] *s* inferencia
inferential [,ɪnfə'rɛnʃəl] *adj* ilativo
inferior [ɪn'fɪrɪər] *adj & s* inferior
inferiority [ɪn,fɪrɪ'ɑrɪtɪ] o [ɪn,fɪrɪ'ɔrɪtɪ] *s* inferioridad
inferiority complex *s* complejo de inferioridad
infernal [ɪn'fʌrnəl] *adj* infernal; (coll.) infernal (*muy malo, abominable*)
infernal machine *s* máquina infernal
inferno [ɪn'fʌrno] *s* (*pl:* **-nos**) infierno
infertile [ɪn'fʌrtɪl] *adj* estéril
infertility [,ɪnfər'tɪlɪtɪ] *s* esterilidad
infest [ɪn'fɛst] *va* infestar
infestation [,ɪnfɛs'teʃən] *s* infestación
infidel ['ɪnfɪdəl] *adj & s* infiel (*a la fe verdadera*)
infidelity [,ɪnfɪ'dɛlɪtɪ] *s* (*pl:* **-ties**) infidelidad
infield ['ɪn,fild] *s* terrenos de una granja más cercanos a las casas; (baseball) losange, cuadro interior
infielder ['ɪn,fildər] *s* (baseball) jugador del cuadro interior
infighting ['ɪn,faɪtɪŋ] *s* (box.) (el) cuerpo a cuerpo
infiltrate [ɪn'fɪltret] *va* infiltrar; infiltrarse en; *vn* infiltrarse
infiltration [,ɪnfɪl'treʃən] *s* infiltración
infin. abr. de **infinitive**
infinite ['ɪnfɪnɪt] *adj & s* infinito; **the Infinite** el infinito (*Dios*)
infinitely ['ɪnfɪnɪtlɪ] *adv* infinitamente
infinitesimal [,ɪnfɪnɪ'tɛsɪməl] *adj* infinitesimal; *s* (math.) infinitésimo
infinitesimal calculus *s* cálculo infinitesimal
infinitesimally small [,ɪnfɪnɪ'tɛsɪməlɪ] *adj* infinitamente pequeño
infinitive [ɪn'fɪnɪtɪv] *adj & s* (gram.) infinitivo
infinitude [ɪn'fɪnɪtjud] o [ɪn'fɪnɪtud] *s* infinitud
infinity [ɪn'fɪnɪtɪ] *s* (*pl:* **-ties**) infinidad; (math.) infinito
infirm [ɪn'fʌrm] *adj* achacoso, enfermizo; inestable; inconstante; débil, flaco
infirmary [ɪn'fʌrmərɪ] *s* (*pl:* **-ries**) enfermería, sala de enfermos
infirmity [ɪn'fʌrmɪtɪ] *s* (*pl:* **-ties**) achaque, enfermedad; inestabilidad; inconstancia; debilidad, flaqueza
infix ['ɪnfɪks] *s* (gram.) interposición; [ɪn'fɪks] *va* clavar, encajar, empotrar
inflame [ɪn'flem] *va* inflamar; *vn* inflamarse
inflammability [ɪn,flæmə'bɪlɪtɪ] *s* inflamabilidad
inflammable [ɪn'flæməbəl] *adj* inflamable
inflammation [,ɪnflə'meʃən] *s* inflamación; (path.) inflamación
inflammatory [ɪn'flæmə,torɪ] *adj* incendiario; (med.) inflamatorio
inflate [ɪn'flet] *va* inflar; *vn* inflarse
inflation [ɪn'fleʃən] *s* inflación
inflationary [ɪn'fleʃən,ɛrɪ] *adj* inflacionista, inflatorio
inflationism [ɪn'fleʃənɪzəm] *s* inflacionismo
inflationist [ɪn'fleʃənɪst] *s* inflacionista
inflect [ɪn'flɛkt] *va* torcer, doblar; modular (*la voz*); (gram.) poner por orden las formas de, declinar (*los nombres, pronombres y adjetivos*), conjugar (*los verbos*); *vn* (gram.) experimentar o sufrir flexión
inflection [ɪn'flɛkʃən] *s* inflexión; (geom. & gram.) inflexión
inflectional [ɪn'flɛkʃənəl] *adj* (gram.) flexional
inflexibility [ɪn,flɛksɪ'bɪlɪtɪ] *s* inflexibilidad
inflexible [ɪn'flɛksɪbəl] *adj* inflexible
inflict [ɪn'flɪkt] *va* infligir; **to inflict on** infligir a
infliction [ɪn'flɪkʃən] *s* imposición; pena, castigo, sufrimiento
inflorescence [,ɪnflo'rɛsəns] *s* (bot.) florescencia (*época*); (bot.) inflorescencia (*disposición de las flores; conjunto de flores*)
inflorescent [,ɪnflo'rɛsənt] *adj* floreciente
inflow ['ɪn,flo] *s* afluencia; [,ɪn'flo] *vn* afluir
influence ['ɪnfluəns] *s* influencia; *va* influenciar, influir sobre; *vn* influir
influence peddler *s* (coll.) vendehumos, persona que comercia en la influencia política
influence peddling *s* (coll.) comercio de la influencia política
influential [,ɪnflu'ɛnʃəl] *adj* influyente
influenza [,ɪnflu'ɛnzə] *s* (path.) influenza
influx ['ɪnflʌks] *s* afluencia
infold [ɪn'fold] *va* envolver, arrollar, abrazar, estrechar
inform [ɪn'fɔrm] *va* informar; avisar, enterar; *vn* informar; **to inform against** informar contra
informal [ɪn'fɔrməl] *adj* informal; familiar
informality [,ɪnfɔr'mælɪtɪ] *s* (*pl:* **-ties**) informalidad; sencillez, falta de ceremonia
informant [ɪn'fɔrmənt] *s* informante
information [,ɪnfər'meʃən] *s* información, informes
informational [,ɪnfər'meʃənəl] *adj* informativo
informative [ɪn'fɔrmətɪv] *adj* informativo
informed [ɪn'fɔrmd] *adj* entendido; enterado; **to keep informed (about)** ponerse al corriente (de); **to keep someone informed (about)** poner a alguien al corriente (de)
informer [ɪn'fɔrmər] *s* informador; delator
infortiate [ɪn'fɔrʃɪɪt] *s* inforciado
infraction [ɪn'frækʃən] *s* infracción
infra dig [,ɪnfrə 'dɪg] abr. de **infra dignitatem** [,dɪgnɪ'tetem] (Lat.) por debajo de la dignidad de uno
infrangible [ɪn'frændʒɪbəl] *adj* infrangible
infrared [,ɪnfrə'rɛd] *adj & s* infrarrojo
infrequence [ɪn'frikwəns] o **infrequency** [ɪn'frikwənsɪ] *s* infrecuencia
infrequent [ɪn'frikwənt] *adj* infrecuente
infringe [ɪn'frɪndʒ] *va* infringir, violar; *vn* invadir; **to infringe on** o **upon** invadir, abusar de
infringement [ɪn'frɪndʒmənt] *s* infracción, violación
infuriate [ɪn'fjurɪet] *va* enfurecer
infuriation [ɪn,fjurɪ'eʃən] *s* enfurecimiento
infuse [ɪn'fjuz] *va* infundir
infusibility [ɪn,fjuzɪ'bɪlɪtɪ] *s* infusibilidad
infusible [ɪn'fjuzɪbəl] *adj* infusible
infusion [ɪn'fjuʒən] *s* infusión
infusorian [,ɪnfju'sorɪən] *adj & s* (zool.) infusorio
-ing *suffix adj* -ador, p.ej., **accusing** acusador; -edor, p.ej., **learning** aprendedor; -idor, p.ej., **following** seguidor; -ando, p.ej., **graduating** graduando; -ante, p.ej., **loving** amante; **Spanish-speaking** hispanohablante; -iente, p.ej., **boiling** hirviente; **following** siguiente; -ueño, p.ej., **flattering** halagüeño; **smiling** risueño; *suffix ger* -ando, p.ej., **accusing** acusando; -iendo, p.ej., **learning** aprendiendo; *suffix s* -ado, p.ej., **ironing** planchado;

I

tamping tamponado; -ería, p.ej., **barbering** barbería; **engineering** ingeniería
ingathering ['ɪn,gæðərɪŋ] *s* cosecha, recolección
ingenerable [ɪn'dʒɛnərəbəl] *adj* ingenerable
ingenious [ɪn'dʒinjəs] *adj* ingenioso
ingénue [æ̃ʒe'ny] *s* dama joven ingenua de la escena
ingenuity [,ɪndʒɪ'njuɪtɪ] o [,ɪndʒɪ'nuɪtɪ] *s* (*pl:* **-ties**) ingeniosidad
ingenuous [ɪn'dʒɛnjuəs] *adj* ingenuo
ingest [ɪn'dʒɛst] *va* injerir
ingestion [ɪn'dʒɛstʃən] *s* ingestión
ingle ['ɪŋgəl] *s* llama, fuego; chimenea, hogar
inglenook ['ɪŋgəl,nʊk] *s* chimenea, rincón de la chimenea
inglorious [ɪn'glorɪəs] *adj* sin fama; afrentoso, ignominioso
ingoing ['ɪn,go·ɪŋ] *adj* entrante, que llega
ingot ['ɪŋgət] *s* lingote
ingraft [ɪn'græft] o [ɪn'grɑft] *va* (hort. & surg.) injertar; (fig.) implantar
ingrain ['ɪn,gren] *s* lana teñida en rama, hilo teñido en rama; *adj* teñido en rama; [ɪn'gren] *va* teñir en rama
ingrained [ɪn'grend] *adj* profundamente arraigado
ingrate ['ɪngret] *s* ingrato
ingratiate [ɪn'greʃɪet] *va* hacer aceptable; **to ingratiate oneself with** congraciarse con
ingratiating [ɪn'greʃɪ,etɪŋ] *adj* congraciador
ingratiation [ɪn,greʃɪ'eʃən] *s* congraciamiento
ingratitude [ɪn'grætɪtjud] o [ɪn'grætɪtud] *s* ingratitud, desagradecimiento
ingredient [ɪn'gridɪənt] *s* ingrediente
ingress ['ɪngrɛs] *s* ingreso, entrada, acceso
ingrowing ['ɪn,gro·ɪŋ] *adj* que crece hacia dentro
ingrowing nail *s* uñero
ingrown ['ɪn,gron] *adj* crecido hacia dentro; introducido en la carne
inguinal ['ɪŋgwɪnəl] *adj* inguinal
ingulf [ɪn'gʌlf] *va* sumir, hundir
ingurgitate [ɪn'gʌrdʒɪtet] *va* ingurgitar
ingurgitation [ɪn,gʌrdʒɪ'teʃən] *s* ingurgitación
inhabit [ɪn'hæbɪt] *va* habitar, poblar
inhabitability [ɪn,hæbɪtə'bɪlɪtɪ] *s* habitabilidad
inhabitable [ɪn'hæbɪtəbəl] *adj* habitable
inhabitant [ɪn'hæbɪtənt] *s* habitante
inhalant [ɪn'helənt] *s* (med.) inhalador; medicamento inhalatorio
inhalation [,ɪnhə'leʃən] *s* aspiración, inspiración; (med.) inhalación; medicamento inhalado
inhale [ɪn'hel] *va* aspirar, inspirar; (med.) inhalar; *vn* aspirar; tragar el humo
inhaler [ɪn'helər] *s* (med.) inhalador; aspirador
inharmonic [,ɪnhɑr'mɑnɪk] *adj* inarmónico
inharmonious [,ɪnhɑr'monɪəs] *adj* poco armonioso, discordante
inhere [ɪn'hɪr] *vn* ser inherente, residir
inherence [ɪn'hɪrəns] *s* inherencia
inherent [ɪn'hɪrənt] *adj* inherente
inherently [ɪn'hɪrəntlɪ] *adv* inherentemente
inherit [ɪn'hɛrɪt] *va & vn* heredar
inheritable [ɪn'hɛrɪtəbəl] *adj* heredable; heredero
inheritance [ɪn'hɛrɪtəns] *s* herencia
inheritance tax *s* impuesto sobre herencias
inheritor [ɪn'hɛrɪtər] *s* heredero
inhibit [ɪn'hɪbɪt] *va* inhibir
inhibition [,ɪnhɪ'bɪʃən] *s* inhibición
inhibitive [ɪn'hɪbɪtɪv] *adj* inhibitivo
inhibitory [ɪn'hɪbɪ,torɪ] *adj* inhibitorio
inhospitable [ɪn'hɑspɪtəbəl] o [,ɪnhɑs'pɪtəbəl] *adj* inhospedable, inhospitable, inhospital o inhospitalario
inhospitality [ɪn,hɑspɪ'tælɪtɪ] *s* inhospitalidad
inhuman [ɪn'hjumən] *adj* inhumano
inhumane [,ɪnhju'men] *adj* inhumano, inhumanitario
inhumanity [,ɪnhju'mænɪtɪ] *s* (*pl:* **-ties**) inhumanidad
inhumation [,ɪnhju'meʃən] *s* inhumación
inhume [ɪn'hjum] *va* inhumar
inimical [ɪn'ɪmɪkəl] *adj* enemigo
inimitable [ɪn'ɪmɪtəbəl] *adj* inimitable
inimitably [ɪn'ɪmɪtəblɪ] *adv* inimitablemente
iniquitous [ɪ'nɪkwɪtəs] *adj* inicuo
iniquity [ɪ'nɪkwɪtɪ] *s* (*pl:* **-ties**) iniquidad
initial [ɪ'nɪʃəl] *adj* inicial; *s* inicial, letra inicial; sigla (*letra inicial usada como abreviatura*); (*pret & pp:* **-tialed** o **-tialled;** *ger:* **-tialing** o **-tialling**) *va* firmar con sus iniciales; marcar (*p.ej., un pañuelo*)
initially [ɪ'nɪʃəlɪ] *adv* al principio
initiate [ɪ'nɪʃɪɪt] o [ɪ'nɪʃɪet] *s & adj* iniciado; [ɪ'nɪʃɪet] *va* iniciar
initiation [ɪ,nɪʃɪ'eʃən] *s* iniciación
initiative [ɪ'nɪʃɪətɪv] o [ɪ'nɪʃɪ,etɪv] *s* iniciativa; **to take the initiative** tomar la iniciativa
initiator [ɪ'nɪʃɪ,etər] *s* iniciador
inject [ɪn'dʒɛkt] *va* inyectar; introducir (*una advertencia*)
injectable [ɪn'dʒɛktəbəl] *adj* inyectable
injection [ɪn'dʒɛkʃən] *s* inyección
injector [ɪn'dʒɛktər] *s* (mach.) inyector
injudicious [,ɪndʒu'dɪʃəs] *adj* indiscreto, imprudente
injunction [ɪn'dʒʌŋkʃən] *s* mandato; (law) entredicho
injure ['ɪndʒər] *va* dañar, averiar; herir, lisiar, lastimar; injuriar, ofender
injurious [ɪn'dʒʊrɪəs] *adj* dañoso, perjudicial; injurioso, ofensivo
injuriously [ɪn'dʒʊrɪəslɪ] *adv* dañosamente, perjudicialmente; injuriosamente, ofensivamente
injury ['ɪndʒərɪ] *s* (*pl:* **-ries**) daño; herida, lesión
injustice [ɪn'dʒʌstɪs] *s* injusticia
ink [ɪŋk] *s* tinta; (zool.) tinta (*de calamar*); *va* entintar
ink eradicator *s* borratintas
inkhorn ['ɪŋk,hɔrn] *s* tintero hecho de cuerno; *adj* pedantesco
inking ['ɪŋkɪŋ] *s* (print.) entintado, tintaje
inkling ['ɪŋklɪŋ] *s* sospecha, indicio, vislumbre; insinuación
ink sac *s* (zool.) bolsa de la tinta
inkstand ['ɪŋk,stænd] *s* tintero; portatintero
inkwell ['ɪŋk,wɛl] *s* tintero
inky ['ɪŋkɪ] *adj* (*comp:* **-ier;** *super:* **-iest**) entintado; negro
inlaid ['ɪn,led] o [ɪn'led] *adj* embutido, taraceado; *pret & pp de* **inlay**
inland ['ɪnlənd] *adj* interior; ['ɪnlənd] o ['ɪn,lænd] *s* interior; *adv* tierra adentro
Inland Sea *s* mar del Japón
in-law ['ɪn,lɔ] *s* (coll.) pariente político
inlay ['ɪn,le] *s* embutido, taraceado; [ɪn'le] o ['ɪn,le] (*pret & pp:* **-laid**) *va* embutir, taracear
inlet ['ɪnlɛt] *s* entrada; ensenada; estuario
inly ['ɪnlɪ] *adj* interior; *adv* interiormente; completamente
inmate ['ɪnmet] *s* residente, asilado, recluso, desvalido; enfermo, enfermo mental; preso, presidiario
inmost ['ɪnmost] *adj* interior, (el) más íntimo, (el) más recóndito
inn [ɪn] *s* posada, mesón, fonda
innate ['ɪnet], [ɪn'net] o [ɪ'net] *adj* innato, ingénito
innatism ['ɪnnetɪzəm] *s* innatismo
inner ['ɪnər] *adj* interior; oculto, secreto
Inner Mongolia *s* la Mogolia Interior
innermost ['ɪnərmost] *adj* interior, (el) más íntimo
innerspring mattress ['ɪnər'sprɪŋ] *s* colchón de muelles interiores
inner tube *s* cámara, tubo interior
innervation [,ɪnər'veʃən] *s* inervación
inning ['ɪnɪŋ] *s* turno, mano, entrada
innkeeper ['ɪn,kipər] *s* posadero, mesonero, fondista
innocence ['ɪnəsəns] *s* inocencia; (bot.) houstonia cerúlea
innocency ['ɪnəsənsɪ] *s* (*pl:* **-cies**) inocencia
innocent ['ɪnəsənt] *adj & s* inocente; (*cap.*) *s* Inocencio
innocuous [ɪ'nɑkjuəs] *adj* innocuo
innominate [ɪ'nɑmɪnɪt] *adj* innominado
innovate ['ɪnovet] *va* innovar
innovation [,ɪno'veʃən] *s* innovación
innovator ['ɪno,vetər] *s* innovador
innoxious [ɪ'nɑkʃəs] *adj* innocuo

innuendo [ˌɪnjʊˈɛndo] *s* (*pl:* **-does**) indirecta, insinuación
innumerability [ɪˌnjumərəˈbɪlɪtɪ] o [ɪˌnumərəˈbɪlɪtɪ] *s* innumerabilidad
innumerable [ɪˈnjumərəbəl] o [ɪˈnumərəbəl] *adj* innumerable
innumerably [ɪˈnjumərəblɪ] o [ɪˈnumərəblɪ] *adv* innumerablemente
inobedience [ˌɪnəˈbidɪəns] *s* desobediencia, inobediencia
inobedient [ˌɪnəˈbidɪənt] *adj* desobediente, inobediente
inobservance [ˌɪnəbˈzʌrvəns] *s* inobservancia
inoculable [ɪnˈɑkjələbəl] *adj* inoculable
inoculant [ɪnˈɑkjələnt] *s* substancia inoculante
inoculate [ɪnˈɑkjəlet] *va* inocular; (coll.) imbuir; *vn* inocular
inoculation [ɪnˌɑkjəˈleʃən] *s* inoculación
inodorous [ɪnˈodərəs] *adj* inodoro
inoffensive [ˌɪnəˈfɛnsɪv] *adj* inofensivo
inofficious [ˌɪnəˈfɪʃəs] *adj* inoficioso; (law) inoficioso
inoperable [ɪnˈɑpərəbəl] *adj* (surg.) inoperable
inoperative [ɪnˈɑpəˌretɪv] o [ɪnˈɑpərətɪv] *adj* inoperante
inopportune [ɪnˌɑpərˈtjun] o [ɪnˌɑpərˈtun] *adj* inoportuno
inordinate [ɪnˈɔrdɪnɪt] *adj* excesivo; desenfrenado
inorganic [ˌɪnɔrˈgænɪk] *adj* inorgánico
inorganic chemistry *s* química inorgánica
inosculate [ɪnˈɑskjəlet] *va* unir por anastomosis; (fig.) unir íntimamente; *vn* anastomosarse
inpatient [ˈɪnˌpeʃənt] *s* enfermo de dentro
input [ˈɪnˌpʊt] *s* gasto, consumo; dinero invertido; (mach.) potencia consumida, energía absorbida; (elec.) entrada; (elec.) circuito de entrada
input transformer *s* (rad.) transformador de entrada
inquest [ˈɪnkwɛst] *s* (law) pesquisa judicial, reconocimiento médico, levantamiento del cadáver
inquietude [ɪnˈkwaɪətjud] o [ɪnˈkwaɪətud] *s* inquietud
inquire [ɪnˈkwaɪr] *va* averiguar, inquirir; *vn* preguntar; **to inquire about, after** o **for** preguntar por; **to inquire into** averiguar, inquirir; **to inquire of** preguntar a
inquiry [ɪnˈkwaɪrɪ] o [ˈɪnkwɪrɪ] *s* (*pl:* **-ies**) encuesta, averiguación; pregunta
inquisition [ˌɪnkwɪˈzɪʃən] *s* inquisición; (*cap.*) *s* Inquisición
inquisitive [ɪnˈkwɪzɪtɪv] *adj* curioso
inquisitor [ɪnˈkwɪzɪtər] *s* inquisidor; (*cap.*) *s* (eccl.) Inquisidor
inquisitorial [ɪnˌkwɪzɪˈtorɪəl] *adj* inquisitorial
in re [ɪnˈri] (Lat.) concerniente a
inroad [ˈɪnˌrod] *s* incursión
inrush [ˈɪnˌrʌʃ] *s* afluencia; irrupción
ins. abr. de **inches, insulated** y **insurance**
insalivate [ɪnˈsælɪvet] *va* (physiol.) insalivar
insalivation [ɪnˌsælɪˈveʃən] *s* (physiol.) insalivación
insalubrious [ˌɪnsəˈlubrɪəs] *adj* insalubre
insane [ɪnˈsen] *adj* insano, loco
insane asylum *s* asilo de locos, manicomio
insanitary [ɪnˈsænɪˌtɛrɪ] *adj* insalubre
insanity [ɪnˈsænɪtɪ] *s* (*pl:* **-ties**) insania, locura
insatiable [ɪnˈseʃəbəl] *adj* insaciable; **insatiable for** insaciable de
insatiably [ɪnˈseʃəblɪ] *adv* insaciablemente
insatiate [ɪnˈseʃɪɪt] *adj* insaciable
inscribe [ɪnˈskraɪb] *va* inscribir; (geom. & fig.) inscribir; dedicar (*una obra literaria*)
inscription [ɪnˈskrɪpʃən] *s* inscripción; dedicatoria
inscrutability [ɪnˌskrutəˈbɪlɪtɪ] *s* inescrutabilidad
inscrutable [ɪnˈskrutəbəl] *adj* inescrutable
insect [ˈɪnsɛkt] *s* insecto
insecticidal [ɪnˈsɛktɪˌsaɪdəl] *adj* insecticida
insecticide [ɪnˈsɛktɪsaɪd] *adj* & *s* insecticida
insectile [ɪnˈsɛktɪl] *adj* insectil
insectivore [ɪnˈsɛktɪvor] *s* (zool.) insectívoro; (bot.) insectívora
insectivorous [ˌɪnsɛkˈtɪvərəs] *adj* insectívoro
insecure [ˌɪnsɪˈkjʊr] *adj* inseguro
insecurity [ˌɪnsɪˈkjʊrɪtɪ] *s* (*pl:* **-ties**) inseguridad
inseminate [ɪnˈsɛmɪnet] *va* sembrar; inseminar
insemination [ɪnˌsɛmɪˈneʃən] *s* inseminación
insensate [ɪnˈsɛnset] *adj* insensible (*que no experimenta sensación; cruel*); insensato (*necio, loco, ciego*)
insensibility [ɪnˌsɛnsɪˈbɪlɪtɪ] *s* insensibilidad; inconsciencia
insensible [ɪnˈsɛnsɪbəl] *adj* insensible; inconsciente
insensitive [ɪnˈsɛnsɪtɪv] *adj* insensible
insentient [ɪnˈsɛnʃɪənt] o [ɪnˈsɛnʃənt] *adj* insensible, inconsciente
inseparability [ɪnˌsɛpərəˈbɪlɪtɪ] *s* inseparabilidad
inseparable [ɪnˈsɛpərəbəl] *adj* & *s* inseparable
insert [ˈɪnsʌrt] *s* inserción; [ɪnˈsʌrt] *va* insertar
insertion [ɪnˈsʌrʃən] *s* inserción; (sew.) entredós; (bot. & zool.) inserción
in-service [ˈɪnˌsʌrvɪs] *adj* (educ.) en período de instrucción, adquiriendo práctica
inset [ˈɪnˌsɛt] *s* inserción, intercalación; [ɪnˈsɛt] o [ˈɪnˌsɛt] (*pret & pp:* **-set;** *ger:* **-setting**) *va* insertar, intercalar, encastrar, embutir
inshore [ˈɪnˈʃor] *adj* cercano a la orilla; *adv* cerca de la orilla; hacia la orilla
inside [ˈɪnˌsaɪd] *s* interior, parte de dentro; forro (*de una prenda de vestir*); **insides** *spl* (coll.) entrañas; **on the inside** (slang) en el secreto de las cosas; *adj* interior; interno; secreto; [ˌɪnˈsaɪd] *adv* dentro, hacia dentro; **to turn inside out** volver al revés; volverse al revés; **inside of** (coll.) dentro de; **inside out** al revés; *prep* dentro de
inside information *s* informes confidenciales
insider [ˌɪnˈsaɪdər] *s* socio, miembro; persona informada, persona enterada
inside story *s* interioridades
inside track *s* (sport) pista interior; (coll.) ventaja, situación favorable
insidious [ɪnˈsɪdɪəs] *adj* insidioso
insight [ˈɪnˌsaɪt] *s* penetración
insignia [ɪnˈsɪgnɪə] *spl* insignias
insignificance [ˌɪnsɪgˈnɪfɪkəns] *s* insignificancia
insignificant [ˌɪnsɪgˈnɪfɪkənt] *adj* insignificante
insincere [ˌɪnsɪnˈsɪr] *adj* insincero
insincerity [ˌɪnsɪnˈsɛrɪtɪ] *s* (*pl:* **-ties**) insinceridad
insinuate [ɪnˈsɪnjuet] *va* insinuar; **to insinuate oneself** insinuarse
insinuation [ɪnˌsɪnjʊˈeʃən] *s* insinuación
insinuative [ɪnˈsɪnjʊˌetɪv] *adj* insinuativo
insipid [ɪnˈsɪpɪd] *adj* insípido
insipidity [ˌɪnsɪˈpɪdɪtɪ] *s* (*pl:* **-ties**) insipidez
insist [ɪnˈsɪst] *vn* insistir; **to insist on** o **upon** insistir en o sobre; **to insist on** + *ger* insistir en + *inf;* **to insist that** insistir en que + *subj*
insistence [ɪnˈsɪstəns] o **insistency** [ɪnˈsɪstənsɪ] *s* insistencia
insistent [ɪnˈsɪstənt] *adj* insistente; urgente
insnare [ɪnˈsnɛr] *va* entrampar
insobriety [ˌɪnsoˈbraɪətɪ] *s* intemperancia
insofar as [ˌɪnsoˈfɑræz] *conj* en cuanto
insolate [ˈɪnsolet] *va* insolar
insolation [ˌɪnsoˈleʃən] *s* insolación; (med. & meteor.) insolación
insole [ˈɪnˌsol] *s* plantilla
insolence [ˈɪnsələns] *s* insolencia
insolent [ˈɪnsələnt] *adj* insolente
insolubility [ɪnˌsɑljəˈbɪlɪtɪ] *s* insolubilidad
insoluble [ɪnˈsɑljəbəl] *adj* insoluble
insolvable [ɪnˈsɑlvəbəl] *adj* insoluble
insolvency [ɪnˈsɑlvənsɪ] *s* (*pl:* **-cies**) insolvencia
insolvent [ɪnˈsɑlvənt] *adj* insolvente
insomnia [ɪnˈsɑmnɪə] *s* insomnio
insomuch [ˌɪnsoˈmʌtʃ] *adv* de tal modo, hasta tal punto; **insomuch as** ya que, puesto que; **insomuch that** de tal modo que, hasta el punto que
insouciance [ɪnˈsusɪəns] *s* despreocupación
insouciant [ɪnˈsusɪənt] *adj* despreocupado

I

inspect [ɪn'spɛkt] *va* inspeccionar; intervenir
inspection [ɪn'spɛkʃən] *s* inspección; intervención
inspector [ɪn'spɛktər] *s* inspector
inspiration [,ɪnspɪ'reʃən] *s* inspiración
inspirational [,ɪnspɪ'reʃənəl] *adj* inspirativo; inspirado
inspiratory [ɪn'spaɪrə,torɪ] *adj* (anat.) inspirador, inspiratorio
inspire [ɪn'spaɪr] *va & vn* inspirar; **to inspire to** + *inf* inspirar a + *inf*
inspiring [ɪn'spaɪrɪŋ] *adj* inspirante; emocionante
inspirit [ɪn'spɪrɪt] *va* alentar, animar
inspissate [ɪn'spɪset] *va* espesar; *vn* espesarse
inst. abr. de **instant (present month)**
Inst. abr. de **Institute** y **Institution**
instability [,ɪnstə'bɪlɪtɪ] *s* inestabilidad
instable [ɪn'stebəl] *adj* inestable
install [ɪn'stɔl] *va* instalar
installation [,ɪnstə'leʃən] *s* instalación
installment o **instalment** [ɪn'stɔlmənt] *s* instalación; entrega; **in installments** a plazos; por entregas
installment plan *s* pago a plazos, pago en abonos, compra a plazos
instance ['ɪnstəns] *s* instancia, petición; ocasión; caso, ejemplo; (law) instancia; **at the instance of** a instancia de; **for instance** por ejemplo; *va* citar como ejemplo
instant ['ɪnstənt] *adj* inmediato; urgente; corriente; instantáneo; *s* instante, momento; ocasión; corriente, mes corriente; **the instant** así que, tan pronto como
instantaneous [,ɪnstən'tenɪəs] *adj* instantáneo
instanter [ɪn'stæntər] *adv* al instante
instantly ['ɪnstəntlɪ] *adv* inmediatamente, al instante
instate [ɪn'stet] *va* instalar
instead [ɪn'stɛd] *adv* en lugar de otro; **instead of** en lugar de, en vez de
instep ['ɪnstɛp] *s* empeine (*del pie, la media o el calzado*); parte anterior de la pata trasera (*del caballo*)
instigate ['ɪnstɪget] *va* instigar
instigation [,ɪnstɪ'geʃən] *s* instigación; **at the instigation of** a instigación de
instigator ['ɪnstɪ,getər] *s* instigador
instill o **instil** [ɪn'stɪl] (*pret & pp:* **-stilled**; *ger:* **-stilling**) *va* instilar
instillation [,ɪnstɪ'leʃən] *s* instilación
instinct ['ɪnstɪŋkt] *s* instinto; [ɪn'stɪŋkt] *adj* animado, movido, lleno; **instinct with** animado de
instinctive [ɪn'stɪŋktɪv] *adj* instintivo
institute ['ɪnstɪtjut] o ['ɪnstɪtut] *s* instituto; **institutes** *spl* (law) instituta; *va* instituir
institution [,ɪnstɪ'tjuʃən] o [,ɪnstɪ'tuʃən] *s* institución; (law) institución; uso establecido; (coll.) persona muy conocida, cosa muy conocida
institutional [,ɪnstɪ'tjuʃənəl] o [,ɪnstɪ'tuʃənəl] *adj* institucional
instruct [ɪn'strʌkt] *va* instruir
instruction [ɪn'strʌkʃən] *s* instrucción; **instructions** *spl* instrucciones, indicaciones
instructional [ɪn'strʌkʃənəl] *adj* educacional; de los instructores, para los instructores
instructive [ɪn'strʌktɪv] *adj* instructivo
instructor [ɪn'strʌktər] *s* instructor
instructress [ɪn'strʌktrɪs] *s* instructora
instrument ['ɪnstrumənt] *s* instrumento; (mus.) instrumento; ['ɪnstrumɛnt] o [,ɪnstru'mɛnt] *va* (mus.) instrumentar
instrumental [,ɪnstru'mɛntəl] *adj* instrumental
instrumentalist [,ɪnstru'mɛntəlɪst] *s* instrumentista
instrumentality [,ɪnstrumən'tælɪtɪ] *s* (*pl:* **-ties**) agencia, mediación
instrumentation [,ɪnstrumɛn'teʃən] *s* instrumentación
instrument board *s* tablero de instrumentos
instrument flying *s* (aer.) vuelo por instrumentos
instrument landing *s* (aer.) aterrizaje por instrumentos
instrument maker *s* instrumentista
instrument panel *s* (aut.) tablero de instrumentos, plancha portainstrumentos
insubordinate [,ɪnsə'bɔrdɪnɪt] *adj* insubordinado
insubordination [,ɪnsə,bɔrdɪ'neʃən] *s* insubordinación
insubstantial [,ɪnsəb'stænʃəl] *adj* insubstancial
insubstantiality [,ɪnsəb,stænʃɪ'ælɪtɪ] *s* insubstancialidad
insufferable [ɪn'sʌfərəbəl] *adj* insufrible
insufficiency [,ɪnsə'fɪʃənsɪ] *s* insuficiencia
insufficient [,ɪnsə'fɪʃənt] *adj* insuficiente
insufflate [ɪn'sʌflet] o ['ɪnsəflet] *va* insuflar
insufflation [,ɪnsə'fleʃən] *s* insuflación
insular ['ɪnsələr] o ['ɪnsjulər] *adj* insular; (fig.) de miras estrechas
insularity [,ɪnsə'lærɪtɪ] o [,ɪnsju'lærɪtɪ] *s* insularidad; (fig.) estrechez de miras
insulate ['ɪnsəlet] o ['ɪnsjulet] *va* aislar
insulation [,ɪnsə'leʃən] o [,ɪnsju'leʃən] *s* (elec.) aislamiento, aislación
insulator ['ɪnsə,letər] o ['ɪnsju,letər] *s* aislador
insulin ['ɪnsəlɪn] o ['ɪnsjulɪn] *s* (trademark) insulina; *adj* insulínico
insulin shock *s* (path.) shock insulínico, insulismo
insult ['ɪnsʌlt] *s* insulto; [ɪn'sʌlt] *va* insultar
insulting [ɪn'sʌltɪŋ] *adj* insultante
insuperable [ɪn'supərəbəl] o [ɪn'sjupərəbəl] *adj* insuperable
insupportable [,ɪnsə'portəbəl] *adj* insoportable
insurable [ɪn'ʃurəbəl] *adj* asegurable
insurance [ɪn'ʃurəns] *s* seguro; prima (*que el asegurado paga al asegurador*)
insurance agent *s* agente de seguros
insurance broker *s* corredor de seguros
insurance company *s* compañía de seguros
insurance policy *s* póliza de seguro
insurant [ɪn'ʃurənt] *s* asegurado
insure [ɪn'ʃur] *va* asegurar
insured [ɪn'ʃurd] *adj & s* asegurado
insurer [ɪn'ʃurər] *s* asegurador
insurgence [ɪn'sʌrdʒəns] o **insurgency** [ɪn'sʌrdʒənsɪ] *s* insurrección, sublevación
insurgent [ɪn'sʌrdʒənt] *adj & s* insurgente
insurmountable [,ɪnsər'mauntəbəl] *adj* insuperable
insurrection [,ɪnsə'rɛkʃən] *s* insurrección
insurrectionary [,ɪnsə'rɛkʃən,ɛrɪ] *adj* insurreccional
insurrectionist [,ɪnsə'rɛkʃənɪst] *s* insurrecto
insusceptibility [,ɪnsə,sɛptɪ'bɪlɪtɪ] *s* insusceptibilidad
insusceptible [,ɪnsə'sɛptɪbəl] *adj* insusceptible
int. abr. de **interest, interior, internal, international** y **intransitive**
intact [ɪn'tækt] *adj* intacto, ileso, incólume
intaglio [ɪn'tæljo] o [ɪn'talɪo] *s* (*pl:* **-ios**) entallo; joya entallada
intake ['ɪn,tek] *s* producto; cantidad admitida; admisión
intake manifold *s* múltiple de admisión, colector de admisión
intake stroke *s* (mach.) carrera de admisión o de aspiración
intake valve *s* válvula de admisión
intangibility [ɪn,tændʒɪ'bɪlɪtɪ] *s* intangibilidad; incomprensibilidad
intangible [ɪn'tændʒɪbəl] *adj* intangible; incomprensible
integer ['ɪntɪdʒər] *s* (math.) entero, número entero; todo, cosa entera
integrable ['ɪntɪgrəbəl] *adj* (math.) integrable
integral ['ɪntɪgrəl] *adj* íntegro; (math.) integral; **integral with** solidario de; *s* conjunto, todo; (math.) integral
integral calculus *s* cálculo integral
integral sign *s* (math.) integral
integrant ['ɪntɪgrənt] *adj* integrante
integrate ['ɪntɪgret] *va* integrar; (math.) integrar
integration [,ɪntɪ'greʃən] *s* integración
integrationist [,ɪntɪ'greʃənɪst] *s* partidario de la integración racial
integrator ['ɪntɪ,gretər] *s* integrador

integrity [ɪnˈtɛgrɪtɪ] *s* integridad
integument [ɪnˈtɛgjəmənt] *s* integumento
intellect [ˈɪntəlɛkt] *s* intelecto; intelectual (*persona*)
intellectual [ˌɪntəˈlɛktʃʊəl] *adj & s* intelectual
intellectualism [ˌɪntəˈlɛktʃʊəlɪzəm] *s* intelectualismo
intellectuality [ˌɪntəˌlɛktʃʊˈælɪtɪ] *s* (*pl:* **-ties**) intelectualidad
intellectually [ˌɪntəˈlɛktʃʊəlɪ] *adv* intelectualmente
intelligence [ɪnˈtɛlɪdʒəns] *s* inteligencia; información; inteligencia (*información secreta; policía secreta*)
intelligence department *s* departamento de inteligencia, servicio de inteligencia
intelligence quotient *s* cociente intelectual
intelligence test *s* (psychol.) prueba de inteligencia
intelligent [ɪnˈtɛlɪdʒənt] *adj* inteligente
intelligentsia [ɪnˌtɛlɪˈdʒɛntsɪə] o [ɪnˌtɛlɪˈgɛntsɪə] *s* intelectualidad (*conjunto de los intelectuales de un país*)
intelligibility [ɪnˌtɛlɪdʒɪˈbɪlɪtɪ] *s* inteligibilidad
intelligible [ɪnˈtɛlɪdʒɪbəl] *adj* inteligible
intemperance [ɪnˈtɛmpərəns] *s* intemperancia, destemplanza
intemperate [ɪnˈtɛmpərɪt] *adj* intemperante; riguroso (*dícese del tiempo*)
intend [ɪnˈtɛnd] *va* pensar, proponerse; destinar; querer decir; **to intend to** + *inf* pensar o proponerse + *inf*
intendancy [ɪnˈtɛndənsɪ] *s* (*pl:* **-cies**) intendencia
intendant [ɪnˈtɛndənt] *s* intendente
intended [ɪnˈtɛndɪd] *adj* pensado; (coll.) prometido, prometida; *s* (coll.) prometido, prometida
intense [ɪnˈtɛns] *adj* intenso
intensely [ɪnˈtɛnslɪ] *adv* intensamente; sobremanera
intensification [ɪnˌtɛnsɪfɪˈkeʃən] *s* intensificación
intensify [ɪnˈtɛnsɪfaɪ] (*pret & pp:* **-fied**) *va* intensar o intensificar; (phot.) reforzar; *vn* intensarse o intensificarse
intensity [ɪnˈtɛnsɪtɪ] *s* (*pl:* **-ties**) intensidad
intensive [ɪnˈtɛnsɪv] *adj* intensivo
intent [ɪnˈtɛnt] *s* intento; acepción, sentido; **to all intents and purposes** virtualmente, en realidad; *adj* atento; resuelto; **intent on** atento a; resuelto a
intention [ɪnˈtɛnʃən] *s* intención; acepción, sentido; **intentions** *spl* (coll.) intenciones (*con respecto al matrimonio*)
intentional [ɪnˈtɛnʃənəl] *adj* intencional
intentionally [ɪnˈtɛnʃənəlɪ] *adv* intencionalmente
inter [ɪnˈtʌr] (*pret & pp:* **-terred;** *ger:* **-terring**) *va* enterrar
interact [ˈɪntərˌækt] *s* (theat.) entreacto; [ˌɪntərˈækt] *vn* obrar recíprocamente
interaction [ˌɪntərˈækʃən] *s* interacción
interallied [ˌɪntərəˈlaɪd] *adj* interaliado
inter-American [ˌɪntərəˈmɛrɪkən] *adj* interamericano
inter-Americanism [ˌɪntərəˈmɛrɪkənɪzəm] *s* interamericanismo
inter-Andean [ˌɪntərænˈdiən] *adj* interandino
interborough [ˈɪntərˌbʌro] *adj* interseccional
interbreed [ˌɪntərˈbrid] (*pret & pp:* **-bred**) *va* entrecruzar; *vn* entrecruzarse
intercadence [ˌɪntərˈkedəns] *s* (med.) intercadencia
intercalary [ɪnˈtʌrkəˌlɛrɪ] *adj* intercalar
intercalate [ɪnˈtʌrkəlet] *va* intercalar
intercalation [ɪnˌtʌrkəˈleʃən] *s* intercalación
intercede [ˌɪntərˈsid] *vn* interceder
intercellular [ˌɪntərˈsɛljələr] *adj* intercelular
intercept [ˌɪntərˈsɛpt] *va* interceptar; (geom.) cortar
interception [ˌɪntərˈsɛpʃən] *s* interceptación o intercepción
interceptor [ˌɪntərˈsɛptər] *s* interceptor; avión interceptor
intercession [ˌɪntərˈsɛʃən] *s* intercesión
intercessor [ˌɪntərˈsɛsər] o [ˈɪntərˌsɛsər] *s* intercesor
intercessory [ˌɪntərˈsɛsərɪ] *adj* intercesorio
interchange [ˈɪntərˌtʃendʒ] *s* intercambio; correspondencia (*en una carretera, el metro, etc.*); [ˌɪntərˈtʃendʒ] *va* intercambiar; alternar; *vn* intercambiarse; alternarse
interchangeable [ˌɪntərˈtʃendʒəbəl] *adj* intercambiable
intercollegiate [ˌɪntərkəˈlidʒɪɪt] *adj* interescolar, intercolegiado, interuniversitario
intercolonial [ˌɪntərkəˈlonɪəl] *adj* intercolonial
intercolumniation [ˌɪntərkəˌlʌmnɪˈeʃən] *s* (arch.) intercolumnio
intercom [ˈɪntərˌkɑm] *s* (slang) intercomunicador, aparato de intercomunicación
intercommunicate [ˌɪntərkəˈmjunɪket] *vn* intercomunicarse
intercommunication [ˌɪntərkəˌmjunɪˈkeʃən] *s* intercomunicación
interconnect [ˌɪntərkəˈnɛkt] *va* interconectar
interconnection [ˌɪntərkəˈnɛkʃən] *s* interconexión
intercontinental [ˌɪntərˌkɑntɪˈnɛntəl] *adj* intercontinental
intercostal [ˌɪntərˈkɑstəl] o [ˌɪntərˈkɔstəl] *adj* (anat.) intercostal; *s* (anat.) músculo intercostal
intercourse [ˈɪntərkors] *s* intercambio, comunicación, trato; comercio, cópula; **to have intercourse** juntarse
intercross [ˌɪntərˈkrɔs] o [ˌɪntərˈkrɑs] *va* entrecruzar; *vn* entrecruzarse
intercurrent [ˌɪntərˈkʌrənt] *adj* (path.) intercurrente
intercutaneous [ˌɪntərkjuˈtenɪəs] *adj* intercutáneo
interdenominational [ˈɪntərdɪˌnɑmɪˈneʃənəl] *adj* intersectario, interconfesional
interdental [ˌɪntərˈdɛntəl] *adj & s* (phonet.) interdental
interdepartmental [ˈɪntərˌdipɑrtˈmɛntəl] *adj* interdepartamental
interdependence [ˌɪntərdɪˈpɛndəns] *s* interdependencia
interdependent [ˌɪntərdɪˈpɛndənt] *adj* interdependiente
interdict [ˈɪntərdɪkt] *s* interdicto, entredicho; [ˌɪntərˈdɪkt] *va* interdecir
interdiction [ˌɪntərˈdɪkʃən] *s* interdicción, entredicho
interdigital [ˌɪntərˈdɪdʒɪtəl] *adj* interdigital
interest [ˈɪntərɛst] o [ˈɪntrɪst] *s* interés; **interests** *spl* personas interesadas; **to put out at interest** poner a interés; *va* interesar; **to be interested in** interesarse en o por; **to interest someone to** + *inf* interesarle a uno + *inf*
interested [ˈɪntərɛstɪd] o [ˈɪntrɪstɪd] *adj* interesado
interesting [ˈɪntərɛstɪŋ] o [ˈɪntrɪstɪŋ] *adj* interesante
interfere [ˌɪntərˈfɪr] *vn* oponerse; meterse, inmiscuirse; interferir, interponerse; rozarse (*el caballo un pie con el otro*); (phys.) interferir; (sport) parar una jugada; **to interfere in** meterse en; **to interfere with** estorbar, impedir, dificultar
interference [ˌɪntərˈfɪrəns] *s* oposición; ingerencia; interferencia; intervención; estorbo, impedimento; (phys. & rad.) interferencia
interferential [ˌɪntərfɪˈrɛnʃəl] *adj* (phys.) interferencial
interferometer [ˌɪntərfɪˈrɑmɪtər] *s* (phys.) interferómetro
interfold [ˌɪntərˈfold] *va* entrelazar
interfoliate [ˌɪntərˈfolɪet] *va* interfoliar
interfuse [ˌɪntərˈfjuz] *va* entremezclar; *vn* entremezclarse
interfusion [ˌɪntərˈfjuʒən] *s* entremezcladura
intergovernmental [ˌɪntərˌgʌvərnˈmɛntəl] *adj* intergubernamental
interim [ˈɪntərɪm] *adj* interino; provisional; *s* intervalo, intermedio; **in the interim** entretanto; (*cap.*) *s* (eccl.) ínterin
interior [ɪnˈtɪrɪər] *adj & s* interior
interior decoration *s* decoración interior
interj. abr. de **interjection**
interjacent [ˌɪntərˈdʒesənt] *adj* interyacente
interject [ˌɪntərˈdʒɛkt] *va* interponer, introducir; *vn* interponerse

I

interjection [ˌɪntərˈdʒɛkʃən] *s* interposición; exclamación; (gram.) interjección
interjectional [ˌɪntərˈdʒɛkʃənəl] *adj* interpuesto; exclamativo; (gram.) interjectivo
interknit [ˌɪntərˈnɪt] (*pret & pp:* **-knitted** o **-knit;** *ger:* **-knitting**) *va* entrelazar
interlace [ˈɪntərˌles] *s* entrelazado; [ˌɪntərˈles] *va* entrelazar, entretejer; *vn* entrelazarse, entretejerse
interlard [ˌɪntərˈlɑrd] *va* (cook.) mechar; interpolar
interleaf [ˈɪntərˌlif] *s* (*pl:* **-leaves**) hoja interfoliada
interleave [ˌɪntərˈliv] *va* interfoliar
interlibrary loan [ˌɪntərˈlaɪˌbrɛrɪ] o [ˌɪntərˈlaɪbrərɪ] *s* préstamo entre bibliotecas
interline [ˈɪntərˌlaɪn] *s* interlínea; [ˌɪntərˈlaɪn] *va* interlinear; (sew.) entretelar
interlinear [ˌɪntərˈlɪnɪər] *adj* interlineal
interlineation [ˌɪntərˌlɪnɪˈeʃən] *s* interlineación
interlining [ˌɪntərˈlaɪnɪŋ] *s* interlineación; [ˈɪntərˌlaɪnɪŋ] *s* (sew.) entretela
interlink [ˌɪntərˈlɪŋk] *va* eslabonar
interlock [ˌɪntərˈlɑk] *va* trabar, engargantar, enclavijar; *vn* trabarse, engargantarse, enclavijarse
interlocking [ˌɪntərˈlɑkɪŋ] *adj* trabado, entrelazado
interlocking system *s* (rail.) enclavamiento
interlocutor [ˌɪntərˈlɑkjətər] *s* interlocutor
interlocutory [ˌɪntərˈlɑkjəˌtorɪ] *adj* dialogístico; (law) interlocutorio
interlope [ˌɪntərˈlop] *vn* traficar sin derecho
interloper [ˈɪntərˌlopər] *s* intruso
interlude [ˈɪntərlud] *s* intervalo; (theat.) intermedio; (mus.) interludio
interlunar [ˌɪntərˈlunər] *adj* interlunar
interlunation [ˌɪntərluˈneʃən] *s* (astr.) interlunio
intermarriage [ˌɪntərˈmærɪdʒ] *s* casamiento entre parientes, casamiento entre personas de distintas razas
intermarry [ˌɪntərˈmærɪ] (*pret & pp:* **-ried**) *vn* casarse desentendiéndose del parentesco, casarse desentendiéndose de las diferencias de raza; unirse por medio del matrimonio
intermaxillary [ˌɪntərˈmæksɪˌlɛrɪ] *adj* intermaxilar
intermeddle [ˌɪntərˈmɛdəl] *vn* entrometerse
intermediary [ˌɪntərˈmidɪˌɛrɪ] *adj* intermediario; *s* (*pl:* **-ies**) intermediario
intermediate [ˌɪntərˈmidɪɪt] *adj* intermediario, intermedio; *s* intermediario; [ˌɪntərˈmidɪet] *vn* intermediar
intermediate frequency *s* (rad.) frecuencia intermedia
intermediation [ˌɪntərˌmidɪˈeʃən] *s* mediación, intervención
interment [ɪnˈtʌrmənt] *s* entierro
intermezzo [ˌɪntərˈmɛtso] o [ˌɪntərˈmɛdzo] *s* (*pl:* **-zos** o **-zi** [sɪ] o [zɪ]) intermezzo, intermedio
interminable [ɪnˈtʌrmɪnəbəl] *adj* interminable
interminably [ɪnˈtʌrmɪnəblɪ] *adv* interminablemente
intermingle [ˌɪntərˈmɪŋgəl] *va* entremezclar; *vn* entremezclarse
intermission [ˌɪntərˈmɪʃən] *s* intermisión; (path.) intermisión, intermitencia; (theat.) intermedio, entreacto
intermit [ˌɪntərˈmɪt] (*pret & pp:* **-mitted;** *ger:* **-mitting**) *va* intermitir
intermittence [ˌɪntərˈmɪtəns] o **intermittency** [ˌɪntərˈmɪtənsɪ] *s* intermitencia
intermittent [ˌɪntərˈmɪtənt] *adj* intermitente
intermix [ˌɪntərˈmɪks] *va* entremezclar; *vn* entremezclarse
intermixture [ˌɪntərˈmɪkstʃər] *s* entremezcladura
intern [ˈɪntʌrn] *s* (médico) interno de hospital; [ɪnˈtʌrn] *va* recluir, internar
internal [ɪnˈtʌrnəl] *adj* interno
internal-combustion engine [ɪnˈtʌrnəlkəmˈbʌstʃən] *s* motor de combustión interna, motor de explosión
internally [ɪnˈtʌrnəlɪ] *adv* internamente
internal medicine *s* medicina interna
internal revenue *s* rentas internas (*del gobierno*)

international [ˌɪntərˈnæʃənəl] *adj* internacional; (*cap.*) *s* Internacional (*asociación de obreros*)
international candle *s* (phys.) bujía internacional
international code *s* (telg.) código internacional
International Court *s* Tribunal internacional
international date line *s* línea internacional de cambio de fecha
internationalism [ˌɪntərˈnæʃənəlɪzəm] *s* internacionalismo
internationalist [ˌɪntərˈnæʃənəlɪst] *s* internacionalista
internationality [ˈɪntərˌnæʃəˈnælɪtɪ] *s* internacionalidad
internationalization [ˌɪntərˌnæʃənəlɪˈzeʃən] *s* internacionalización
internationalize [ˌɪntərˈnæʃənəlaɪz] *va* internacionalizar
international law *s* derecho internacional, derecho de gentes
internationally [ˌɪntərˈnæʃənəlɪ] *adv* internacionalmente
interne [ˈɪntʌrn] *s* (médico) interno de hospital
internecine [ˌɪntərˈnisɪn] *adj* sanguinario
internee [ˌɪntʌrˈni] *s* (mil.) internado
internist [ɪnˈtʌrnɪst] *s* (med.) internista
internment [ɪnˈtʌrnmənt] *s* reclusión, internación, internamiento
internment camp *s* campo de internamiento
internode [ˈɪntərˌnod] *s* internodio
internship [ˈɪntʌrnʃɪp] *s* residencia (*de un médico*) en un hospital
internuncio [ˌɪntərˈnʌnʃɪo] *s* (*pl:* **-cios**) internuncio
interoceanic [ˌɪntərˌoʃɪˈænɪk] *adj* interoceánico
interocular [ˌɪntərˈɑkjələr] *adj* interocular
interosseous [ˌɪntərˈɑsɪəs] *adj* interóseo
interpage [ˌɪntərˈpedʒ] *va* interpaginar
interparietal [ˌɪntərpəˈraɪətəl] *adj* (anat.) interparietal
interparliamentary [ˌɪntərˌpɑrlɪˈmɛntərɪ] *adj* interparlamentario
interpellate [ˌɪntərˈpɛlet] o [ɪnˈtʌrpɪlet] *va* interpelar
interpellation [ˌɪntərpɛˈleʃən] o [ɪnˌtʌrpɪˈleʃən] *s* interpelación
interpenetrate [ˌɪntərˈpɛnɪtret] *va* penetrar completamente; *vn* compenetrarse
interpenetration [ˈɪntərˌpɛnɪˈtreʃən] *s* interpenetración
interphone [ˈɪntərˌfon] *s* aparato de intercomunicación
interplanetary [ˌɪntərˈplænɪˌtɛrɪ] *adj* interplanetario
interplay [ˈɪntərˌple] *s* interacción
interpolate [ɪnˈtʌrpəlet] *va* interpolar; (math.) interpolar
interpolation [ɪnˌtʌrpəˈleʃən] *s* interpolación
interpose [ˌɪntərˈpoz] *va* interponer; *vn* interponerse
interposition [ˌɪntərpəˈzɪʃən] *s* interposición
interpret [ɪnˈtʌrprɪt] *va* interpretar
interpretable [ɪnˈtʌrprɪtəbəl] *adj* interpretable
interpretation [ɪnˌtʌrprɪˈteʃən] *s* interpretación
interpretative [ɪnˈtʌrprɪˌtetɪv] *adj* interpretativo
interpreter [ɪnˈtʌrprɪtər] *s* intérprete
interpretive [ɪnˈtʌrprɪtɪv] *adj* interpretativo
interracial [ˌɪntərˈreʃəl] *adj* interracial
interregnum [ˌɪntərˈrɛgnəm] *s* interregno
interrelated [ˌɪntərrɪˈletɪd] *adj* correlativo
interrelation [ˌɪntərrɪˈleʃən] *s* correlación
interrogate [ɪnˈtɛrəget] *va & vn* interrogar
interrogation [ɪnˌtɛrəˈgeʃən] *s* interrogación
interrogation mark o **point** *s* interrogación o signo de interrogación
interrogative [ˌɪntəˈrɑgətɪv] *adj* interrogativo; interrogante; *s* (gram.) interrogativo
interrogator [ɪnˈtɛrəˌgetər] *s* interrogante
interrogatory [ˌɪntəˈrɑgəˌtorɪ] *adj* interrogante; *s* (*pl:* **-ries**) interrogatorio
interrupt [ˌɪntəˈrʌpt] *va* interrumpir
interruption [ˌɪntəˈrʌpʃən] *s* interrupción
interscholastic [ˌɪntərskəˈlæstɪk] *adj* interescolar

intersect [ˌɪntər'sɛkt] *va* intersecar; *vn* intersecarse
intersection [ˌɪntər'sɛkʃən] *s* cruce; (geom.) intersección
intersidereal [ˌɪntərsaɪ'dɪrɪəl] *adj* intersideral
interspace ['ɪntərˌspes] *s* espacio intermedio; [ˌɪntər'spes] *va* dejar espacio entre; llenar el espacio entre; espaciar
intersperse [ˌɪntər'spʌrs] *va* entremezclar, intercalar, esparcir
interspersion [ˌɪntər'spʌrʒən] o [ˌɪntər'spʌrʃən] *s* entremezcladura, intercalación, esparcimiento
interstage ['ɪntərˌstedʒ] *adj* (rad.) inter-etapa
interstate ['ɪntərˌstet] *adj* interestadal
interstellar [ˌɪntər'stɛlər] *adj* interestelar
interstice [ɪn'tʌrstɪs] *s* intersticio
interstitial [ˌɪntər'stɪʃəl] *adj* intersticial
intertribal [ˌɪntər'traɪbəl] *adj* entre tribus
intertrigo [ˌɪntər'traɪgo] *s* (path.) intertrigo
intertropical [ˌɪntər'trɑpɪkəl] *adj* intertropical
intertwine [ˌɪntər'twaɪn] *va* entrelazar; *vn* entrelazarse
intertwist [ˌɪntər'twɪst] *va* torcer (*uno con otro*); entremezclar; *vn* torcerse uno con otro; entremezclarse
interuniversity [ˌɪntərˌjunɪ'vʌrsɪtɪ] *adj* interuniversitario
interurban [ˌɪntər'ʌrbən] *adj* interurbano
interval ['ɪntərvəl] *s* intervalo; (mus.) intervalo; **at intervals** de vez en cuando; de trecho en trecho
intervene [ˌɪntər'vin] *vn* intervenir
intervening [ˌɪntər'vinɪŋ] *adj* intermedio
intervention [ˌɪntər'vɛnʃən] *s* intervención
interventionist [ˌɪntər'vɛnʃənɪst] *adj* & *s* intervencionista
interview ['ɪntərvju] *s* entrevista, interviú; *va* entrevistarse con
intervocalic [ˌɪntərvo'kælɪk] *adj* intervocálico
interweave [ˌɪntər'wiv] (*pret:* **-wove** o **-weaved;** *pp:* **-woven, -wove** o **-weaved**) *va* entretejer
interwove [ˌɪntər'wov] *pret* & *pp de* **interweave**
interwoven [ˌɪntər'wovən] *pp de* **interweave**
interzonal [ˌɪntər'zonəl] o **interzone** [ˌɪntər'zon] *adj* interzonal
intestacy [ɪn'tɛstəsɪ] *s* falta de testamento
intestate [ɪn'tɛstet] o [ɪn'tɛstɪt] *adj* & *s* intestado
intestinal [ɪn'tɛstɪnəl] *adj* intestinal
intestinal worm *s* (zool.) lombriz intestinal
intestine [ɪn'tɛstɪn] *adj* intestino (*interno; doméstico*); *s* (anat.) intestino; **intestines** *spl* (anat.) intestinos
inthrall [ɪn'θrɔl] *va* encantar, dominar; esclavizar, sojuzgar
inthrone [ɪn'θron] *va* entronizar
intimacy ['ɪntɪməsɪ] *s* (*pl:* **-cies**) intimidad
intimate ['ɪntɪmɪt] *adj* íntimo; *s* amigo íntimo; ['ɪntɪmet] *va* insinuar; intimar (*hacer saber*)
intimation [ˌɪntɪ'meʃən] *s* insinuación; intimación (*informe, noticia*)
intimidate [ɪn'tɪmɪdet] *va* intimidar
intimidation [ɪnˌtɪmɪ'deʃən] *s* intimidación
intine ['ɪntɪn] o ['ɪntaɪn] *s* (bot.) intina
intitle [ɪn'taɪtəl] *va* intitular; dar derecho a
into ['ɪntu] o ['ɪntʊ] *prep* en, dentro de, hacia el interior de
intolerability [ɪnˌtɑlərə'bɪlɪtɪ] *s* intolerabilidad
intolerable [ɪn'tɑlərəbəl] *adj* intolerable
intolerance [ɪn'tɑlərəns] *s* intolerancia
intolerant [ɪn'tɑlərənt] *adj* & *s* intolerante
intomb [ɪn'tum] *va* sepultar
intombment [ɪn'tummənt] *s* sepultura
intonate ['ɪntonet] *va* entonar
intonation [ˌɪnto'neʃən] *s* entonación; (phonet.) entonación
intone [ɪn'ton] *va* entonar; salmodiar
intoxicant [ɪn'tɑksɪkənt] *adj* embriagador; *s* bebida alcohólica
intoxicate [ɪn'tɑksɪket] *va* embriagar; (med.) intoxicar, envenenar
intoxicating [ɪn'tɑksɪˌketɪŋ] *adj* embriagante
intoxication [ɪnˌtɑksɪ'keʃən] *s* embriaguez; (med.) intoxicación, envenenamiento
intr. abr. de **intransitive**
intractability [ɪnˌtræktə'bɪlɪtɪ] *s* intratabilidad
intractable [ɪn'træktəbəl] *adj* intratable
intrados [ɪn'tredɑs] *s* (arch.) intradós
intramolecular [ˌɪntrəmə'lɛkjələr] *adj* intramolecular
intramural [ˌɪntrə'mjʊrəl] *adj* interior; (anat.) intramural
intramuscular [ˌɪntrə'mʌskjələr] *adj* intramuscular
intrans. abr. de **intransitive**
intransigence [ɪn'trænsɪdʒəns] o **intransigency** [ɪn'trænsɪdʒənsɪ] *s* intransigencia
intransigent [ɪn'trænsɪdʒənt] *adj* & *s* intransigente
intransitive [ɪn'trænsɪtɪv] *adj* (gram.) intransitivo, neutro
intravenous [ˌɪntrə'vinəs] *adj* intravenoso
intravenously [ˌɪntrə'vinəslɪ] *adv* por vía intravenosa
intreat [ɪn'trit] *va* rogar, suplicar
intrench [ɪn'trɛntʃ] *va* atrincherar; establecer firmemente; *vn* atrincherarse; **to intrench on** o **upon** infringir, violar
intrenchment [ɪn'trɛntʃmənt] *s* atrincheramiento
intrepid [ɪn'trɛpɪd] *adj* intrépido
intrepidity [ˌɪntrɪ'pɪdɪtɪ] *s* intrepidez
intricacy ['ɪntrɪkəsɪ] *s* (*pl:* **-cies**) intrincación
intricate ['ɪntrɪkɪt] *adj* intrincado
intrigue [ɪn'trig] o ['ɪntrig] *s* intriga; intriga amorosa; [ɪn'trig] *va* intrigar, despertar la curiosidad de; *vn* intrigar; tener intrigas amorosas
intriguer [ɪn'trigər] *s* intrigante
intrinsic [ɪn'trɪnsɪk] o **intrinsical** [ɪn'trɪnsɪkəl] *adj* intrínseco
intrinsically [ɪn'trɪnsɪkəlɪ] *adv* intrínsecamente
introd. abr. de **introduction** y **introductory**
introduce [ˌɪntrə'djus] o [ˌɪntrə'dus] *va* introducir; presentar (*una persona a otra*)
introducer [ˌɪntrə'djusər] o [ˌɪntrə'dusər] *s* introductor
introduction [ˌɪntrə'dʌkʃən] *s* introducción; presentación
introductory [ˌɪntrə'dʌktərɪ] *adj* introductivo, introductor
introductory offer *s* ofrecimiento de presentación
Introit [ɪn'tro·ɪt] *s* (eccl.) introito
introrse [ɪn'trɔrs] *adj* (bot.) introrso
introspection [ˌɪntrə'spɛkʃən] *s* introspección
introspective [ˌɪntrə'spɛktɪv] *adj* introspectivo
introversion [ˌɪntrə'vʌrʒən] o [ˌɪntrə'vʌrʃən] *s* introversión
introvert ['ɪntrəˌvʌrt] *adj* introverso; *s* introvertido
intrude [ɪn'trud] *va* imponer (*su opinión a otros*); *vn* entremeterse; estorbar
intruder [ɪn'trudər] *s* intruso
intrusion [ɪn'truʒən] *s* intrusión
intrusive [ɪn'trusɪv] *adj* intruso
intrust [ɪn'trʌst] *va* confiar; **to intrust to** confiar a; **to intrust someone with something** confiar algo a alguien
intubation [ˌɪntjə'beʃən] *s* (med.) intubación
intuit ['ɪntjʊɪt] o ['ɪntʊɪt] *va* intuir
intuition [ˌɪntʊ'ɪʃən] o [ˌɪntjʊ'ɪʃən] *s* intuición
intuitional [ˌɪntʊ'ɪʃənəl] o [ˌɪntjʊ'ɪʃənəl] *adj* intuitivo
intuitionism [ˌɪntʊ'ɪʃənɪzəm] o [ˌɪntjʊ'ɪʃənɪzəm] *s* intuicionismo
intuitive [ɪn'tuɪtɪv] o [ɪn'tjuɪtɪv] *adj* intuitivo
intussusception [ˌɪntəssə'sɛpʃən] *s* (biol. & path.) intususcepción
inulase ['ɪnjəles] *s* (biochem.) inulasa
inulin ['ɪnjəlɪn] *s* (chem.) inulina
inundate ['ɪnʌndet] *va* inundar
inundation [ˌɪnʌn'deʃən] *s* inundación
inure [ɪn'jʊr] *va* acostumbrar, endurecer; *vn* redundar; **to inure to** redundar en
inutility [ˌɪnjʊ'tɪlɪtɪ] *s* (*pl:* **-ties**) inutilidad
inv. abr. de **invented, inventor** y **invoice**
in vacuo [ɪn'vækjʊo] (Lat.) en el vacío
invade [ɪn'ved] *va* invadir

I

invader [ɪnˈvedər] *s* invasor
invaginate [ɪnˈvædʒɪnet] *va* invaginar; *vn* invaginarse
invagination [ɪnˌvædʒɪˈneʃən] *s* invaginación
invalid [ɪnˈvælɪd] *adj* inválido (*nulo, de ningún valor*); [ˈɪnvəlɪd] *adj & s* inválido (*por enfermo*); *va* incapacitar; matricular en el registro de inválidos
invalidate [ɪnˈvælɪdet] *va* invalidar
invalidation [ɪnˌvælɪˈdeʃən] *s* invalidación
invalid chair *s* sillón para inválidos
invalidism [ˈɪnvəlɪdɪzəm] *s* estado de inválido, estado de valetudinario
invalidity [ˌɪnvəˈlɪdɪtɪ] *s* invalidez
invaluable [ɪnˈvæljuəbəl] o [ɪnˈvæljəbəl] *adj* inestimable, inapreciable
invaluably [ɪnˈvæljuəblɪ] o [ɪnˈvæljəblɪ] *adv* inestimablemente, inapreciablemente
invar [ɪnˈvɑr] *s* (trademark) invar (*aleación*)
invariability [ɪnˌvɛrɪəˈbɪlɪtɪ] *s* invariabilidad
invariable [ɪnˈvɛrɪəbəl] *adj* invariable
invariably [ɪnˈvɛrɪəblɪ] *adv* invariablemente
invariant [ɪnˈvɛrɪənt] *adj & s* (math.) invariante
invasion [ɪnˈveʒən] *s* invasión
invective [ɪnˈvɛktɪv] *s* invectiva
inveigh [ɪnˈve] *vn* prorrumpir en invectivas; **to inveigh against** invectivar
inveigle [ɪnˈvegəl] o [ɪnˈvigəl] *va* engatusar; **to inveigle into** + *ger* engatusar para que + *subj*
invent [ɪnˈvɛnt] *va* inventar
invention [ɪnˈvɛnʃən] *s* invención; invento
Invention of the Cross *s* (eccl.) Invención de la Santa Cruz
inventive [ɪnˈvɛntɪv] *adj* inventivo
inventiveness [ɪnˈvɛntɪvnɪs] *s* inventiva
inventor [ɪnˈvɛntər] *s* inventor
inventory [ˈɪnvənˌtorɪ] *s* (*pl:* **-ries**) inventario; existencia; (*pret & pp:* **-ried**) *va* inventariar
inverisimilitude [ɪnˌvɛrɪsɪˈmɪlɪtjud] o [ˌɪnˌvɛrɪsɪˈmɪlɪtud] *s* inverisimilitud
inverness [ˌɪnvərˈnɛs] *s* macfarlán (*gabán*)
inverse [ɪnˈvʌrs] o [ˈɪnvʌrs] *adj* inverso
inverse ratio *s* (math.) razón inversa
inversion [ɪnˈvʌrʒən] o [ɪnˈvʌrʃən] *s* inversión
invert [ˈɪnvʌrt] *s* (psychiatry) invertido; [ɪnˈvʌrt] *va* invertir
invertase [ɪnˈvʌrtes] *s* (biochem.) invertasa
invertebrate [ɪnˈvʌrtɪbret] o [ɪnˈvʌrtɪbrɪt] *adj & s* invertebrado
inverted exclamation point *s* (gram.) principio de admiración
inverted question mark *s* (gram.) principio de interrogación
invest [ɪnˈvɛst] *va* investir (*poner en posesión de una dignidad*); cubrir, envolver; sitiar, cercar; invertir (*dinero*); **to invest with** investir de o con
investigate [ɪnˈvɛstɪget] *va* investigar
investigation [ɪnˌvɛstɪˈgeʃən] *s* investigación
investigator [ɪnˈvɛstɪˌgetər] *s* investigador
investiture [ɪnˈvɛstɪtʃər] *s* investidura; vestidura
investment [ɪnˈvɛstmənt] *s* investidura; vestidura; sitio, cerco; inversión (*de dinero*)
investment capital *s* capital de inversión
investment trust *s* sociedad de inversión, sociedad de cartera
investor [ɪnˈvɛstər] *s* inversionista
inveteracy [ɪnˈvɛtərəsɪ] *s* hábito inveterado
inveterate [ɪnˈvɛtərɪt] *adj* inveterado, sempiterno, empedernido
invidious [ɪnˈvɪdɪəs] *adj* odioso, abominable, injusto
invigorate [ɪnˈvɪgəret] *va* vigorizar
invigorating [ɪnˈvɪgəˌretɪŋ] *adj* vigorizante
invigoration [ɪnˌvɪgəˈreʃən] *s* tonificación
invincibility [ɪnˌvɪnsɪˈbɪlɪtɪ] *s* invencibilidad
invincible [ɪnˈvɪnsɪbəl] *adj* invencible
Invincible Armada *s* Armada Invencible
inviolability [ɪnˌvaɪələˈbɪlɪtɪ] *s* inviolabilidad
inviolable [ɪnˈvaɪələbəl] *adj* inviolable
inviolate [ɪnˈvaɪəlɪt] o [ɪnˈvaɪəlet] *adj* inviolado
invisibility [ɪnˌvɪzɪˈbɪlɪtɪ] *s* invisibilidad
invisible [ɪnˈvɪzɪbəl] *adj* invisible; *s* ser invisible; mundo invisible
invisible ink *s* tinta simpática
invisible mending *s* zurcido invisible
invisibly [ɪnˈvɪzɪblɪ] *adv* invisiblemente
invitation [ˌɪnvɪˈteʃən] *s* invitación, convite
invite [ɪnˈvaɪt] *va* convidar, invitar; **to invite to** + *inf* convidar a + *inf*
inviting [ɪnˈvaɪtɪŋ] *adj* incitante, seductor; provocativo; apetitoso (*alimento*)
in vitro [ˈvaɪtro] (Lat.) en vidrio
invocation [ˌɪnvəˈkeʃən] *s* invocación; conjuro (*p.ej., de diablos*)
invocatory [ɪnˈvɑkəˌtorɪ] *adj* invocatorio
invoice [ˈɪnvɔɪs] *s* factura; remesa; **as per invoice** según factura; *va* facturar
invoice price *s* precio de factura
invoke [ɪnˈvok] *va* invocar; conjurar (*p.ej., los demonios*)
involucrate [ˌɪnvəˈlukrɪt] *adj* (bot.) involucrado
involucre [ˈɪnvəˌlukər] *s* (bot.) involucro
involuntary [ɪnˈvɑlənˌtɛrɪ] *adj* involuntario
involute [ˈɪnvəlut] *adj* intrincado; vuelto hacia dentro; enrollado en espiral; *s* (geom.) involuta
involution [ˌɪnvəˈluʃən] *s* intrincación; involución, envolvimiento; (biol. & med.) involución; (math.) potenciación, elevación a potencias; (math.) involución (*caso particular de las formas proyectivas superpuestas*)
involve [ɪnˈvɑlv] *va* envolver, enrollar; implicar, comprometer; enredar, enmarañar; embeber
involvement [ɪnˈvɑlvmənt] *s* envolvimiento; complicación; implicación
invulnerability [ɪnˌvʌlnərəˈbɪlɪtɪ] *s* invulnerabilidad
invulnerable [ɪnˈvʌlnərəbəl] *adj* invulnerable
inward [ˈɪnwərd] *adj* interior, interno; *adv* interiormente, hacia dentro
inward-flow turbine [ˈɪnwərdˈflo] *s* turbina centrípeta
inwardly [ˈɪnwərdlɪ] *adv* interiormente; dentro, hacia dentro
inwardness [ˈɪnwərdnɪs] *s* esencia, fondo; espiritualidad; sinceridad
inwards [ˈɪnwərdz] *adv* interiormente, hacia dentro; *spl* interiores, entrañas
inweave [ɪnˈwiv] (*pret:* **-wove;** *pp:* **-woven** o **-wove**) *va* entretejer
inwove [ɪnˈwov] *pret & pp de* **inweave**
inwoven [ɪnˈwovən] *pp de* **inweave**
inwrap [ɪnˈræp] (*pret & pp:* **-wrapped;** *ger:* **-wrapping**) *va* arropar, envolver
inwreathe [ɪnˈrið] *va* enguirnaldar
inwrought [ˈɪnˌrɔt] *adj* entremezclado; embutido, incrustado
Io [ˈaɪo] *s* (myth.) Ío
iodate [ˈaɪədet] *s* (chem.) yodato
iodic [aɪˈɑdɪk] *adj* yódico
iodid [ˈaɪədɪd] o **iodide** [ˈaɪədaɪd] o [ˈaɪədɪd] *s* (chem.) yoduro
iodin [ˈaɪədɪn] o **iodine** [ˈaɪədaɪn], [ˈaɪədɪn] o [ˈaɪədin] *s* (chem.) yodo; (pharm.) tintura de yodo
iodism [ˈaɪədɪzəm] *s* (path.) yodismo
iodoform [aɪˈodəfɔrm] o [aɪˈɑdəfɔrm] *s* (chem.) yodoformo
iodous [aɪˈodəs] o [aɪˈɑdəs] *adj* (chem.) yodoso
ion [ˈaɪən] o [ˈaɪɑn] *s* (chem. & phys.) ion
Ionia [aɪˈonɪə] *s* Jonia
Ionian [aɪˈonɪən] *adj & s* jonio o jónico
Ionian Islands *spl* islas Jonias
Ionian Sea *s* mar Jonio
ionic [aɪˈɑnɪk] *adj* (chem. & phys.) iónico; (*cap.*) *adj* jonio, jónico; (arch.) jónico
ionium [aɪˈonɪəm] *s* (chem.) ionio
ionization [ˌaɪənɪˈzeʃən] *s* ionización
ionization chamber *s* (phys.) cámara de ionización
ionize [ˈaɪənaɪz] *va* ionizar; *vn* ionizarse
ionosphere [aɪˈɑnəsfɪr] *s* ionosfera
ion trap *s* (telv.) trampa de iones
iota [aɪˈotə] *s* iota (*letra griega*); ápice, jota
iotacism [aɪˈotəsɪzəm] *s* iotacismo
I.O.U. o **I O U** [ˈaɪˌoˈju] abr. de **I owe you;** *s* pagaré
ipecac [ˈɪpɪkæk] *s* (bot.) ipecacuana (*planta, raíz y medicamento*)
ipecacuanha [ˌɪpɪˌkækjuˈænə] *s* var. de **ipecac**
Iphigenia [ˌɪfɪdʒɪˈnaɪə] *s* (myth.) Ifigenia

ipse dixit [ˈɪpsɪˈdɪksɪt] *s* (*pl:* **ipse dixits**) afirmación dogmática
I.Q. o **IQ** abr. de **intelligence quotient**
Ir. abr. de **Ireland** y **Irish**
Irak [ɪˈrɑk] *s* var. de **Iraq**
Iran [ɪˈrɑn] o [aɪˈræn] *s* el Irán
Iranian [aɪˈrenɪən] *adj & s* iranés o iranio
Iranian Plateau *s* meseta del Irán
Iraq [ɪˈrɑk] *s* el Irak
Iraqi [ɪˈrɑki] *adj* iraqués; *s* (*pl:* **-qis**) iraqués
irascibility [ɪˌræsɪˈbɪlɪtɪ] *s* irascibilidad
irascible [ɪˈræsɪbəl] o [aɪˈræsɪbəl] *adj* irascible
irate [ˈaɪret] o [aɪˈret] *adj* airado
IRBM abr. de **intermediate range ballistic missile**
Ire. abr. de **Ireland**
ire [aɪr] *s* ira, cólera
ireful [ˈaɪrfəl] *adj* iracundo
Ireland [ˈaɪrlənd] *s* Irlanda
Irene [aɪˈrin] *s* Irene
iridaceous [ˌaɪrɪˈdeʃəs] *adj* (bot.) iridáceo
iridescence [ˌɪrɪˈdɛsəns] *s* iridiscencia, irisación
iridescent [ˌɪrɪˈdɛsənt] *adj* iridiscente
iridium [ɪˈrɪdɪəm] o [aɪˈrɪdɪəm] *s* (chem.) iridio
iris [ˈaɪrɪs] *s* iris, arco iris; (anat. & opt.) iris; (bot.) lirio; (*cap.*) *s* (myth.) Iris; (*l.c.*) *va* irisar
iris diaphragm *s* (opt.) diafragma iris
Irish [ˈaɪrɪʃ] *adj* irlandés; *s* irlandés (*idioma*); whisky de Irlanda; **the Irish** los irlandeses
Irish Free State *s* Estado Libre de Irlanda
Irish linen *s* irlanda
Irishman [ˈaɪrɪʃmən] *s* (*pl:* **-men**) irlandés
Irish moss *s* (bot.) musgo de Irlanda
Irish potato *s* patata común
Irish Sea *s* mar de Irlanda
Irish setter *s* perro perdiguero de raza irlandesa
Irish stew *s* guisado de carne con patatas y cebollas
Irish terrier *s* terrier de raza irlandesa
Irishwoman [ˈaɪrɪʃˌwʊmən] *s* (*pl:* **-women**) irlandesa
iritis [aɪˈraɪtɪs] *s* (path.) iritis
irk [ʌrk] *va* fastidiar, molestar
irksome [ˈʌrksəm] *adj* fastidioso, molesto
iron [ˈaɪərn] *s* hierro; plancha (*para estirar y asentar la ropa*); (golf) hierro; **irons** *spl* hierros, grilletes; **to have too many irons in the fire** tener demasiados asuntos a que atender; **to strike while the iron is hot** a hierro caliente batir de repente, aprovechar la ocasión; *adj* férreo; *va* herrar (*guarnecer de hierro*); aherrojar, poner grilletes a; poner chapas de hierro a; planchar (*la ropa*); **to iron out** (fig.) allanar
iron age *s* (myth. & fig.) siglo de hierro; (*caps.*) *s* (archeol.) edad del hierro
iron-bound [ˈaɪərnˌbaʊnd] *adj* unido con hierro, zunchado con hierro; escabroso, rocoso; férreo, duro, inflexible
Iron Chancellor *s* Canciller de hierro (*Bismarck*)
ironclad [ˈaɪərnˌklæd] *adj* acorazado; inabrogable; *s* acorazado
iron constitution *s* constitución de hierro, constitución robusta
iron-core transformer [ˈaɪərnˌkor] *s* (elec.) transformador de núcleo de hierro
Iron Cross *s* cruz de hierro
iron curtain *s* (fig.) telón de acero, cortina de hierro
iron digestion *s* estómago de avestruz
iron fittings *spl* herraje
Iron Gates *spl* Puertas de Hierro (*en el Danubio*)
iron-gray [ˈaɪərn, gre] *adj* gris obscuro
iron horse *s* (coll.) caballo de hierro (*locomotora*)
ironic [aɪˈrɑnɪk] o **ironical** [aɪˈrɑnɪkəl] *adj* irónico
ironing [ˈaɪərnɪŋ] *s* planchado
ironing board *s* mesa de planchar, tabla de planchar
iron losses *spl* (elec.) pérdidas magnéticas
iron lung *s* pulmón de hierro
ironmaster [ˈaɪərnˌmæstər] o [ˈaɪərnˌmɑstər] *s* fabricante de hierro
iron mold *s* mancha de orín
ironmonger [ˈaɪərnˌmʌŋgər] *s* (Brit.) quincallero
ironmongery [ˈaɪərnˌmʌŋgərɪ] *s* (Brit.) quincalla; (Brit.) quincallería
iron-nickel alkaline cell [ˈaɪərnˈnɪkəl] *s* (elec.) acumulador de ferro-níquel
iron pyrites *s* pirita de hierro, pirita marcial
ironsides [ˈaɪərnˌsaɪdz] *s* acorazado; hombre forzudo; (*cap.*) *spl* caballería de Oliverio Cromwell
ironstone [ˈaɪərnˌston] *s* mineral de hierro
ironware [ˈaɪərnˌwɛr] *s* ferretería
ironweed [ˈaɪərnˌwid] *s* (bot.) ambrosia; (bot.) verónica
iron will *s* voluntad de hierro, voluntad férrea
iron-willed [ˈaɪərnˈwɪld] *adj* de voluntad férrea
ironwood [ˈaɪərnˌwʊd] *s* (bot.) palo de hierro; (bot.) guapaque; (bot.) cambrón; (bot.) ébano de Ceilán; (bot.) palo santo
ironwork [ˈaɪərnˌwʌrk] *s* herraje; **ironworks** *spl* ferrería, talleres metalúrgicos
ironworker [ˈaɪərnˌwʌrkər] *s* herrero de obra, ferrón; cerrajero (*el que trabaja el hierro en frío*)
ironwort [ˈaɪərnˌwʌrt] *s* (bot.) siderita, samarilla
irony [ˈaɪrənɪ] *s* (*pl:* **-nies**) ironía
Iroquoian [ˌɪrəˈkwɔɪən] *adj & s* iroqués
Iroquois [ˈɪrəkwɔɪ] o [ˈɪrəkwɔɪz] *s* (*pl:* **-quois**) iroqués
irradiance [ɪˈredɪəns] *s* irradiación; lustre, esplendor
irradiate [ɪˈredɪet] *va* irradiar; (med.) tratar con irradiación; *vn* brillar, lucir
irradiation [ɪˌredɪˈeʃən] *s* irradiación; brillo, esplendor; (med.) irradiación
irrational [ɪˈræʃənəl] *adj* irracional; (math.) irracional
irrationality [ɪˌræʃəˈnælɪtɪ] *s* irracionalidad
irreclaimable [ˌɪrɪˈklemәbәl] *adj* incorregible, irredimible; inutilizable
irreconcilable [ɪˈrɛkənˌsaɪləbəl] *adj* irreconciliable; *s* intransigente
irrecoverable [ˌɪrɪˈkʌvərəbəl] *adj* irrecuperable; irremediable
irredeemable [ˌɪrɪˈdiməbəl] *adj* irredimible
Irredentist [ˌɪrɪˈdɛntɪst] *s* irredentista
irreducible [ˌɪrɪˈdjusɪbəl] o [ˌɪrɪˈdusɪbəl] *adj* irreducible
irrefragable [ɪˈrɛfrəgəbəl] *adj* irrefragable
irrefutable [ɪˈrɛfjʊtəbəl] o [ˌɪrɪˈfjutəbəl] *adj* irrefutable
irregular [ɪˈrɛgjələr] *adj* irregular; (bot., geom., gram. & mil.) irregular; *s* (mil.) irregular
irregularity [ɪˌrɛgjəˈlærɪtɪ] *s* (*pl:* **-ties**) irregularidad
irrelevance [ɪˈrɛlɪvəns] *s* inaplicabilidad, impertinencia
irrelevancy [ɪˈrɛlɪvənsɪ] *s* (*pl:* **-cies**) var. de **irrelevance**
irrelevant [ɪˈrɛlɪvənt] *adj* inaplicable, impertinente
irreligion [ˌɪrɪˈlɪdʒən] *s* irreligión
irreligious [ˌɪrɪˈlɪdʒəs] *adj* irreligioso
irremediable [ˌɪrɪˈmidɪəbəl] *adj* irremediable
irremissable [ˌɪrɪˈmɪsɪbəl] *adj* irremisible
irremovable [ˌɪrɪˈmuvəbəl] *adj* inamovible, irremovible
irreparable [ɪˈrɛpərəbəl] *adj* irreparable
irreplaceable [ˌɪrɪˈplesəbəl] *adj* irreemplazable
irreprehensible [ɪˌrɛprɪˈhɛnsɪbəl] *adj* irreprensible
irrepressible [ˌɪrɪˈprɛsɪbəl] *adj* irreprimible, incontenible
irreproachable [ˌɪrɪˈprotʃəbəl] *adj* irreprochable
irresistible [ˌɪrɪˈzɪstɪbəl] *adj* irresistible
irresolute [ɪˈrɛzəlut] *adj* irresoluto
irresolution [ˌɪrɛzəˈluʃən] *s* irresolución
irrespective [ˌɪrɪˈspɛktɪv] *adj* imparcial; **irrespective of** sin hacer caso de, prescindiendo de
irresponsibility [ˌɪrɪˌspɑnsɪˈbɪlɪtɪ] *s* irresponsabilidad
irresponsible [ˌɪrɪˈspɑnsɪbəl] *adj* irresponsable
irretrievable [ˌɪrɪˈtrivəbəl] *adj* irrecuperable

I

irreverence [ɪ'rɛvərəns] *s* irreverencia
irreverent [ɪ'rɛvərənt] *adj* irreverente
irreversible [,ɪrɪ'vʌrsɪbəl] *adj* irreversible
irrevocability [ɪ,rɛvəkə'bɪlɪtɪ] *s* irrevocabilidad
irrevocable [ɪ'rɛvəkəbəl] *adj* irrevocable
irrigable ['ɪrɪgəbəl] *adj* irrigable
irrigate ['ɪrɪget] *va* irrigar, regar; (med.) irrigar
irrigation [,ɪrɪ'geʃən] *s* irrigación, riego; (med.) irrigación
irrigation channel *s* canal de riego
irrigator ['ɪrɪ,getər] *s* irrigador
irritability [,ɪrɪtə'bɪlɪtɪ] *s* irritabilidad
irritable ['ɪrɪtəbəl] *adj* irritable
irritant ['ɪrɪtənt] *adj & s* irritante
irritate ['ɪrɪtet] *va* irritar
irritation [,ɪrɪ'teʃən] *s* irritación
irruption [ɪ'rʌpʃən] *s* irrupción
irruptive [ɪ'rʌptɪv] *adj* irruptor
is. abr. de **island**
is [ɪz] *tercera persona del sg del pres de ind de* **be; as is** tal como está
Isaac ['aɪzək] *s* Isaac
isabelita [,ɪzəbə'litə] *s* (ichth.) isabelita
Isabella [,ɪzə'bɛlə] *s* Isabel
Isabelline [,ɪzə'bɛlɪn] o [,ɪzə'belaɪn] *adj* isabelino
Isaiah [aɪ'zeə] o [aɪ'zaɪə] *s* (Bib.) Isaías
isallobar [aɪ'sælobɑr] *s* (meteor.) isalóbara
Iscariot [ɪs'kærɪət] *s* (Bib.) Iscariote
ischial ['ɪskɪəl] *adj* (anat.) isquiático
ischium ['ɪskɪəm] *s* (*pl:* **-a** [ə]) (anat.) isquión
Iseult [ɪ'sult] *s* (myth.) Isolda
-ish *suffix adj* -izco, p.ej., **whitish** blanquizco; -ujo, p.ej., **softish** blandujo; -uno, p.ej., **friarish** frailuno; **mannish** hombruno; -uzco, p.ej., **whitish** blancuzco; **blackish** negruzco; *suffix v* -ecer, p.ej., **establish** establecer; **perish** perecer
Ishmael ['ɪʃmɪəl] *s* (Bib.) Ismael
Ishmaelite ['ɪʃmɪəlaɪt] *s* ismaelita; (fig.) paria
Isiac ['aɪsɪæk] *adj* isíaco
Isidore ['ɪzɪdor] *s* Isidoro
Isidorian [,ɪzɪ'dorɪən] *adj* isidoriano
isinglass ['aɪzɪŋ,glæs] o ['aɪzɪŋ,glɑs] *s* colapez, cola de pescado (*gelatina*); mica
Isis ['aɪsɪs] *s* (myth.) Isis
isl. abr. de **island**
Islam ['ɪsləm] o [ɪs'lɑm] *s* el Islam
Islamic [ɪs'læmɪk] o [ɪs'lɑmɪk] *adj* islámico
Islamism ['ɪsləmɪzəm] *s* islamismo
Islamite ['ɪsləmaɪt] *adj & s* islamista o islamita
Islamize ['ɪsləmaɪz] *va* islamizar; *vn* islamizar o islamizarse
island ['aɪlənd] *s* isla; (fig.) isla (*colina; grupo de árboles*); *adj* isleño; *va* aislar; dar forma de isla a
islander ['aɪləndər] *s* isleño
island universe *s* (astr.) universo aislado
isle [aɪl] *s* isleta; isla
Isle of Man *s* Isla de Man
Isle of Pines *s* Isla de Pinos
islet ['aɪlɪt] *s* isleta
ism ['ɪzəm] *s* ismo
isn't ['ɪzənt] contracción de **is not**
isobar ['aɪsobɑr] *s* (chem.) isobaro; (meteor.) isobara, curva o línea isobárica
isobaric [,aɪso'bærɪk] *adj* isobaro, isobárico
isocheim ['aɪsokim] *s* (meteor.) isoquímena
isocheimenal [,aɪso'kimənəl] *adj* (meteor.) isoquímeno
isochromatic [,aɪsokro'mætɪk] *adj* isocromático
isochronal [aɪ'sɑkrənəl] o **isochronous** [aɪ'sɑkrənəs] *adj* isócrono
isoclinal [,aɪso'klaɪnəl] *adj* isoclinal; *s* isoclina (*línea*)
Isocrates [aɪ'sɑkrətiz] *s* Isócrates
isodactylous [,aɪso'dæktɪləs] *adj* isodáctilo
isodynamic [,aɪsodaɪ'næmɪk] o [,aɪsodɪ'næmɪk] *adj* isodinámico
isogloss ['aɪsoglɔs] o ['aɪsoglɑs] *s* isoglosa
isoglossal [,aɪso'glɑsəl] *adj* isogloso
isogonic [,aɪso'gɑnɪk] *adj* isogónico, isógono
isogonic line *s* isógona
isolate ['aɪsəlet] o ['ɪsəlet] *va* aislar
isolation [,aɪsə'leʃən] o [,ɪsə'leʃən] *s* aislamiento
isolation hospital *s* hospital de aislamiento
isolationism [,aɪsə'leʃənɪzəm] o [,ɪsə'leʃənɪzəm] *s* aislacionismo
isolationist [,aɪsə'leʃənɪst] o [,ɪsə'leʃənɪst] *adj & s* aislacionista, insulista
Isolde [ɪ'zɔldə] o [ɪ'sold] *s* var. de **Iseult**
isomer ['aɪsomər] *s* (chem.) isómero
isomeric [,aɪso'mɛrɪk] o **isomerical** [,aɪso'mɛrɪkəl] *adj* (chem.) isómero o isomérico
isomerism [aɪ'sɑmərɪzəm] *s* (chem.) isomería o isomerismo
isomerous [aɪ'sɑmərəs] *adj* (anat., bot. & chem.) isómero
isometric [,aɪso'mɛtrɪk] o **isometrical** [,aɪso'mɛtrɪkəl] *adj* isométrico
isomorphic [,aɪso'mɔrfɪk] *adj* (biol., chem. & mineral.) isomorfo
isomorphism [,aɪso'mɔrfɪzəm] *s* (biol., chem. & mineral.) isomorfismo
isomorphous [,aɪso'mɔrfəs] *adj* isomorfo
isoniazid [,aɪso'naɪəzɪd] *s* (pharm.) isoniacida
isoperimetric [,aɪso,pɛrɪ'mɛtrɪk] o **isoperimetrical** [,aɪso,pɛrɪ'mɛtrɪkəl] *adj* isoperímetro
isopod ['aɪsopɑd] *adj & s* (zool.) isópodo
isoprene ['aɪsoprin] *s* (chem.) isopreno
isosceles [aɪ'sɑsəliz] *adj* (geom.) isósceles
isotheral [aɪ'sɑθərəl] *adj* isótero
isothere ['aɪsoθɪr] *s* isótera
isotherm ['aɪsoθʌrm] *s* isoterma
isothermal [,aɪso'θʌrməl] *adj* isotermo
isotope ['aɪsotop] *s* (chem.) isótopo
isotopic [,aɪso'tɑpɪk] *adj* isotópico
isotopy [aɪ'sɑtəpɪ] *s* isotopia
isotropic [,aɪso'trɑpɪk] *adj* (biol. & phys.) isotropo, isotrópico
isotropous [aɪ'sɑtrəpəs] *adj* isotropo
isotropy [aɪ'sɑtrəpɪ] *s* (biol. & phys.) isotropía
Israel ['ɪzrɪəl] *s* Israel
Israeli [ɪz'relɪ] *adj* israelí; *s* (*pl:* **-lis** [lɪz]) israelí
Israelite ['ɪzrɪəlaɪt] *adj & s* israelita
issuance ['ɪʃuəns] *s* emisión
issue ['ɪʃu] *s* edición, impresión, tirada; entrega, número (*de revista, periódico, etc.*); salida; emisión; flujo; beneficios, producto; réditos; consecuencia, resultado, éxito; punto en disputa, tema de discusión, problema; sucesión, prole; (med.) exutorio; **at issue** en disputa; **to face the issue** afrontar la situación; **to force the issue** forzar la solución, insistir en que se decida el asunto; **to join issue** ponerse a disputar; **to take issue with** estar en desacuerdo con, no estar de acuerdo con; *va* publicar, dar a luz; emitir, poner en circulación; expedir; *vn* salir; **to issue from** provenir de, tener su origen en; **to issue in** dar por resultado
Istanbul [,ɪstɑn'bul] *s* Istambul
isthmian ['ɪsmɪən] *adj* ístmico; istmeño; *s* istmeño
Isthmian games *spl* juegos ístmicos
isthmus ['ɪsməs] *s* istmo; (anat.) istmo
Isthmus of Corinth *s* istmo de Corinto
Isthmus of Panama *s* istmo de Panamá
Isthmus of Suez *s* istmo de Suez
istle ['ɪstlɪ] *s* ixtle (*fibra*)
It. abr. de **Italian** y **Italy**
it [ɪt] *pron pers neuter* él, ella; lo, la; le; **this is it** ésta es la fija (*aquello que se teme o espera*); **it is raining** llueve; **it is I** soy yo
ital. abr. de **italic**
Ital. abr. de **Italian** y **Italy**
Italian [ɪ'tæljən] *adj & s* italiano
Italianism [ɪ'tæljənɪzəm] *s* italianismo
Italianize [ɪ'tæljənaɪz] *va* italianizar
Italian millet *s* (bot.) panizo
Italian rye grass *s* (bot.) ballico
Italic [ɪ'tælɪk] *adj* itálico; (*l.c.*) *adj* itálico; (print.) itálico, bastardillo; *s* (print.) letra itálica, bastardilla; **italics** *spl* (print.) letra itálica, bastardilla, letras itálicas
italicize [ɪ'tælɪsaɪz] *va* poner en letra bastardilla; subrayar; dar énfasis a, mediante letras bastardillas
Italy ['ɪtəlɪ] *s* Italia
itch [ɪtʃ] *s* comezón, picazón; (path.) sarna; (fig.) comezón, prurito; *va* picar, dar comezón a; *vn* picar, sentir o tener comezón; **to itch**

to + *inf* tener prurito por + *inf*, sentir prurito de + *inf*
itch mite *s* (ent.) arador, ácaro de la sarna
itchy ['ɪtʃɪ] *adj* (*comp:* **-ier;** *super:* **-iest**) picante, hormigoso; (path.) sarnoso
itea ['ɪtɪə] *s* (bot.) itea
item ['aɪtəm] *s* ítem, artículo; noticia, suelto; partida (*de una cuenta*); (coll.) detalle
itemize ['aɪtəmaɪz] *va* detallar, especificar, particularizar
iterate ['ɪtəret] *va* iterar
iteration [,ɪtə'reʃən] *s* iteración
iterative ['ɪtə,retɪv] o ['ɪtərətɪv] *adj* iterativo; (gram.) frecuentativo
Ithaca ['ɪθəkə] *s* Ítaca (*isla al oeste de Grecia*)
itineracy [aɪ'tɪnərəsɪ] o [ɪ'tɪnərəsɪ] o **itinerancy** [aɪ'tɪnərənsɪ] o [ɪ'tɪnərənsɪ] *s* peregrinación; predicadores ambulantes; jueces ambulantes
itinerant [aɪ'tɪnərənt] o [ɪ'tɪnərənt] *adj* ambulante; *s* viandante
itinerary [aɪ'tɪnə,rerɪ] o [ɪ'tɪnə,rerɪ] *s* (*pl:* **-ies**) itinerario; *adj* itinerario
itinerate [aɪ'tɪnəret] o [ɪ'tɪnəret] *va* viajar por; *vn* seguir un itinerario
its [ɪts] *adj poss* su; *pron poss* el suyo
it's [ɪts] contracción de **it is**
itself [ɪt'self] *pron* mismo; sí, sí mismo; se
I've [aɪv] contracción de **I have**
ivied ['aɪvɪd] *adj* cubierto de hiedra
Iviza [i'viθɑ] *s* Ibiza (*una de las islas Baleares*)
ivory ['aɪvərɪ] *s* (*pl:* **-ries**) marfil; **ivories** *spl* teclas del piano; bolas de billar; dados; (slang) dientes; *adj* ebúrneo, marfileño, marfilino
ivorybill ['aɪvərɪ,bɪl] *s* (orn.) pico de marfil
ivory black *s* negro de marfil
Ivory Coast *s* Costa de Marfil (*África*)
ivory nut *s* nuez de marfil
ivory palm *s* (bot.) tagua
ivory tower *s* (fig.) torre de marfil
ivy ['aɪvɪ] *s* (*pl:* **ivies**) (bot.) hiedra
I.W.W. abr. de **Industrial Workers of the World**
Ixion [ɪks'aɪən] *s* (myth.) Ixión
izzard ['ɪzərd] *s* (dial.) zeda (*letra*); **from A to izzard** de cabo a rabo

J

J, j [dʒe] *s* (*pl:* **J's, j's** [dʒez]) décima letra del alfabeto inglés
J. abr. de **joule**
J. abr. de **Judge** y **Justice**
Ja. abr. de **January**
jab [dʒæb] *s* hurgonazo, pinchazo, piquete; codazo; (box.) golpe inverso; (*pret & pp:* **jabbed;** *ger:* **jabbing**) *va* hurgonear, pinchar; dar un codazo a; *vn* hurgonear, pinchar
jabber [ˈdʒæbər] *s* jerigonza; chapurreo; *va* decir precipitadamente y de modo poco inteligible; chapurrear (*un idioma*); *vn* farfullar, parlotear; chapurrear
jabot [ʒæˈbo] o [ˈʒæbo] *s* chorrera
jacaranda [ˌdʒækəˈrændə] *s* (bot.) abey, jacarandá
jacinth [ˈdʒesɪnθ] o [ˈdʒæsɪnθ] *s* (mineral.) jacinto
jack [dʒæk] *s* gato, cric; mozo, sujeto; marinero; asno, burro; liebre muy grande norteamericana; sota o valet (*en los naipes*); boliche; cantillo; torno de asador; jaquemar (*figura que da la hora en un reloj*); sacabotas; (coll.) dinero; (rad. & telp.) jack; (elec.) caja (*de enchufe*); (naut.) yac (*bandera de proa*); (*cap.*) *s* Juanillo; **jacks** *spl* cantillos, juego de los cantillos; **every man jack** todos sin excepción; *va* alzar con el gato; **to jack up** alzar con el gato; (coll.) subir, aumentar (*sueldos, precios, etc.*); (coll.) recordar su obligación a (*una persona*
jackal [ˈdʒækɔl] *s* (zool.) chacal; (fig.) paniaguado
jackanapes [ˈdʒækəneps] *s* mequetrefe
jackass [ˈdʒækˌæs] *s* asno, burro; (fig.) asno, burro
jackboot [ˈdʒækˌbut] *s* bota grande y fuerte
jackdaw [ˈdʒækˌdɔ] *s* (orn.) corneja
jacket [ˈdʒækɪt] *s* chaqueta; cubierta, envoltura; sobrecubierta (*de un libro encuadernado*); camisa (*de agua*); **to dust one's jacket** (slang) sacudirle el polvo a uno; *va* poner chaqueta a; cubrir con chaqueta; cubrir
Jack Frost *s* el frío (*personificado*)
jackhammer [ˈdʒækˌhæmər] *s* martillo perforador
jack-in-a-box [ˈdʒækɪnəˌbɑks] o **jack-in-the-box** [ˈdʒækɪnðəˌbɑks] *s* caja de sorpresa (*muñeco en una caja de resorte*)
jack-in-the-pulpit [ˈdʒækɪnðəˈpulpɪt] *s* (bot.) arisema (*Arisema triphyllum*)
Jack Ketch *s* el verdugo
jackknife [ˈdʒækˌnaɪf] *s* (*pl:* **-knives**) navaja de bolsillo; salto de carpa (*que se ejecuta tocándose los pies antes de dar en el agua*)
jack of all trades *s* factótum, dije, hombre apto para muchas cosas
jack-o'-lantern [ˈdʒækəˌlæntərn] *s* fuego fatuo; linterna que se hace colocando una vela encendida en una calabaza cortada de modo que remede las facciones humanas
jack plane *s* (carp.) garlopín
jack pot *s* (poker) jugada para la que se necesita tener un par de sotas o algo mejor; **to hit the jack pot** (slang) ponerse las botas
jack rabbit *s* liebre muy grande norteamericana
jackscrew [ˈdʒækˌskru] *s* gato de tornillo
jacksnipe [ˈdʒækˌsnaɪp] *s* (orn.) becada de los pantanos
jackstone [ˈdʒækˌston] *s* cantillo; **jackstones** *spl* cantillos, juego de los cantillos
jackstraw [ˈdʒækˌstrɔ] *s* pajita; **jackstraws** *spl* juego de las pajitas
jack tar o **Jack Tar** *s* marinero
Jacob [ˈdʒekəb] *s* Jacobo; (Bib.) Jacob
Jacobean [ˌdʒækəˈbiən] *adj* de Jacobo I de Inglaterra, del reinado de Jacobo I; *s* escritor u otro personaje del reinado de Jacobo I de Inglaterra
jacobean lily *s* (bot.) flor de lis
Jacobin [ˈdʒækəbɪn] *adj & s* jacobino
Jacobinic [ˌdʒækəˈbɪnɪk] o **Jacobinical** [ˌdʒækəˈbɪnɪkəl] *adj* jacobínico
Jacobinism [ˈdʒækəbɪnɪzəm] *s* jacobinismo
Jacobinize [ˈdʒækəbɪnaɪz] *va* jacobinizar
Jacobite [ˈdʒækəbaɪt] *s* jacobita
Jacob's ladder *s* (Bib.) escala de Jacob; (naut.) escala de jarcia
Jacob's-ladder [ˈdʒekəbzˈlædər] *s* (bot.) escala de Jacob
Jacqueminot [ˈdʒækmɪno] *s* rosa de color rojo intenso
jade [dʒed] *s* jamelgo; mujer, mujeruela; verde; (mineral.) jade; *adj* verde; *va* cansar; ahitar, saciar
jaded [ˈdʒedɪd] *adj* cansado; ahito, saciado
jaeger o **jäger** [ˈjegər] *s* (orn.) estercorario
Jael [ˈdʒeəl] *s* (Bib.) Jahel
jag [dʒæg] *s* diente, púa; **to have a jag on** (slang) estar borracho; (*pret & pp:* **jagged;** *ger:* **jagging**) *va* dentar, cortar en dientes; cortar o rasgar en sietes
jagged [ˈdʒægɪd] *adj* dentado; cortado o rasgado en sietes
jaguar [ˈdʒægwɑr] *s* (zool.) jaguar
jail [dʒel] *s* cárcel; **to break jail** escaparse de la cárcel; *va* encarcelar
jailbird [ˈdʒelˌbʌrd] *s* encarcelado, preso; malhechor que ha sido encarcelado repetidas veces
jail delivery *s* evasión de la cárcel; acción de sacar todos los presos de una cárcel con motivo de la vista de causa de cada uno
jailer o **jailor** [ˈdʒelər] *s* carcelero
jalap [ˈdʒæləp] *s* (bot.) jalapa
jalopy [dʒəˈlɑpɪ] *s* (*pl:* **-ies**) (coll.) automóvil viejo y ruinoso
jalousie [ˌʒæluˈzi] *s* celosía (*enrejado en las ventanas*)
Jam. abr. de **Jamaica**
jam [dʒæm] *s* compota, conserva; apiñadura, apretura; atoramiento; bloqueo, embotellamiento; (coll.) aprieto, situación peliaguda; (*pret & pp:* **jammed;** *ger:* **jamming**) *va* apiñar, apretujar; trabar; atorar; llenar y tapar apretando; machucarse (*p.ej., un dedo*); (naut.) forzar (*un buque*); (rad.) perturbar, sabotear (*un programa*); **to jam on** poner (*el freno*) con violencia; *vn* apiñarse, apretujarse; trabarse, ahorcarse; atorarse
Jamaica [dʒəˈmekə] *s* Jamaica; jamaica (*ron*)
Jamaican [dʒəˈmekən] *adj & s* jamaicano
Jamaica quassia *s* (bot. & pharm.) cuasia de Jamaica
jamb o **jambe** [dʒæm] *s* (arch.) jamba; (arm.) canillera, greba
jambeau [dʒæmˈbo] *s* (*pl:* **-beaux** [ˈboz]) (arm.) canillera, greba
jamboree [ˌdʒæmbəˈri] *s* (slang) francachela, jolgorio; congreso de Niños Exploradores
James [dʒemz] *s* Diego, Jacobo, Jaime, Santiago
jamming [ˈdʒæmɪŋ] *s* (rad.) radioperturbación, interferencia
jam nut *s* tuerca fiadora, contratuerca
jam-packed [ˈdʒæmˈpækt] *adj* (coll.) apretujado, apiñado, atestado
jam session *s* reunión de músicos de jazz para tocar improvisaciones
jam weld *s* soldadura de tope
Jan. abr. de **January**
Jane [dʒen] *s* Juana
jangle [ˈdʒæŋgəl] *s* cencerreo, sonido discordante; altercado, riña; *va* hacer sonar de ma-

nera discordante; *vn* cencerrear, sonar de manera discordante; altercar, reñir
Janiculum [dʒəˈnɪkjələm] *s* Janículo
Janissary o **janissary** [ˈdʒænɪˌsɛrɪ] *s* (*pl:* **-ies**) var. de **Janizary**
janitor [ˈdʒænɪtər] *s* portero, conserje
janitress [ˈdʒænɪtrɪs] *s* portera
Janizary o **janizary** [ˈdʒænɪˌzɛrɪ] *s* (*pl:* **-ies**) jenízaro
Jansen [ˈdʒænsən] *s* Jansenio
Jansenism [ˈdʒænsənɪzəm] *s* jansenismo
Jansenist [ˈdʒænsənɪst] *adj & s* jansenista
Jansenistic [ˌdʒænsəˈnɪstɪk] *adj* jansenista
January [ˈdʒænjʊˌɛrɪ] *s* enero
Janus [ˈdʒenəs] *s* (myth.) Jano
Janus-faced [ˈdʒenəsˌfest] *adj* de doble cara; falso, traidor
Jap. abr. de **Japan** y **Japanese**
Jap [dʒæp] *adj & s* (slang) japonés
Japan [dʒəˈpæn] *s* el Japón; (*l.c.*) *s* laca japonesa; obra japonesa charolada; aceite secante japonés; (*pret & pp:* **-panned;** *ger:* **-panning**) *va* charolar con laca japonesa
Japan current *s* corriente del Japón
Japanese [ˌdʒæpəˈniz] *adj* japonés; *s* (*pl:* **-nese**) japonés
Japanese beetle *s* (ent.) escarabajo japonés
Japanese lantern *s* linterna china o veneciana
Japanese pagoda tree *s* (bot.) sófora
Japanese persimmon *s* (bot.) caqui
Japan globeflower *s* (bot.) mosqueta
jape [dʒep] *s* burla, engaño; *va* burlar, engañar; *vn* burlarse
Japhetic [dʒəˈfɛtɪk] *adj* jafético
japonica [dʒəˈpɑnɪkə] *s* (bot.) rosal de China, rosal japonés; (bot.) membrillero del Japón
jar [dʒɑr] *s* tarro; frasco (*p.ej., de aceitunas*); vaso, recipiente (*de acumulador*); sacudida; ruido desapacible; sorpresa desagradable; discordia; vuelta o giro; **on the jar** entreabierto, entornado; (*pret & pp:* **jarred;** *ger:* **jarring**) *va* sacudir; chocar; traquetear; *vn* sacudirse; traquetear; disputar, reñir; **to jar on** irritar
jardiniere [ˌdʒɑrdɪˈnɪr] *s* jardinera (*mueble*); florero (*vaso o maceta grandes*)
jargon [ˈdʒɑrgən] *s* jerigonza, jerga (*de los individuos de ciertos oficios, grupos, etc.; lenguaje difícil de entender*); (mineral.) jergón; *vn* hablar en jerigonza; charlar, parlotear
jarring [ˈdʒɑrɪŋ] *s* sacudida; discordia; *adj* discordante
Jas. abr. de **James**
jasmine [ˈdʒæsmɪn] o [ˈdʒæzmɪn] *s* (bot.) jazmín; (bot.) jazmín del Cabo; (bot.) jazmín silvestre; (bot.) lirio tricolor
Jason [ˈdʒesən] *s* (myth.) Jasón
jasper [ˈdʒæspər] *s* (mineral.) jaspe; (*cap.*) *s* Gaspar
jaspery [ˈdʒæspərɪ] *adj* jaspeado
jaundice [ˈdʒɔndɪs] o [ˈdʒɑndɪs] *s* (path.) ictericia; (fig.) negro humor, envidia, celos; *va* dar ictericia a; (fig.) avinagrar el genio a, amargar la vida a
jaundiced [ˈdʒɔndɪst] o [ˈdʒɑndɪst] *adj* ictericiado, aliacanado; (fig.) avinagrado
jaunt [dʒɔnt] o [dʒɑnt] *s* caminata, paseo, excursión; *vn* hacer una excursión de recreo
jaunting car *s* tílburi irlandés
jaunty [ˈdʒɔntɪ] o [ˈdʒɑntɪ] *adj* (*comp:* **-tier;** *super:* **-tiest**) airoso, gallardo; elegante, de buen gusto
Javanese [ˌdʒævəˈniz] *adj* javanés; *s* (*pl:* **-nese**) javanés
javelin [ˈdʒævlɪn] o [ˈdʒævəlɪn] *s* (hist. & sport) jabalina
Javel water [ʒəˈvɛl] *s* agua de Javel
jaw [dʒɔ] *s* (anat.) quijada, mandíbula; (mach.) quijada, mordaza; (mach.) mandíbula (*de una trituradora*); (slang) chismes, cháchara; **jaws** *spl* boca (*con la quijada y los dientes*); garganta, desfiladero; garras, p.ej., **into the jaws of death** a o en las garras de la muerte; *va* (slang) reñir, regañar; *vn* (slang) reñir, regañar; (slang) chismear, chacharear
jawbone [ˈdʒɔˌbon] *s* (anat.) quijada, mandíbula; (anat.) quijada inferior, mandíbula inferior
jawbreaker [ˈdʒɔˌbrekər] *s* (slang) trabalenguas; (slang) hinchabocas; (mach.) trituradora de mandíbulas
jaw clutch *s* (mach.) embrague de mordaza
jaw vise *s* tornillo de mordazas
jay [dʒe] *s* (orn.) arrendajo; (slang) tonto, necio
jaywalk [ˈdʒeˌwɔk] *vn* (coll.) cruzar la calle estúpidamente (*desentendiéndose de las ordenanzas municipales*)
jaywalker [ˈdʒeˌwɔkər] *s* peatón imprudente
jazz [dʒæz] *s* (mus.) jazz; (slang) animación, viveza; *adj* de jazz; *va* sincopar, tocar sincopadamente; (slang) animar, dar viveza a
jazz band *s* jazz-band, orquesta de jazz
J.C. abr. de **Jesus Christ** y **Julius Caesar**
jct. abr. de **junction**
Je. abr. de **June**
jealous [ˈdʒɛləs] *adj* celoso; envidioso; cuidadoso, solícito, vigilante
jealousy [ˈdʒɛləsɪ] *s* (*pl:* **-ies**) celosía, celos; celo (*esmero, interés activo*)
Jean [dʒin] *s* Juana; (*l.c.*) [dʒin] o [dʒen] *s* dril; **jeans** *spl* pantalones de dril, guardapolvo de dril
Jeanne d'Arc [ˌʒɑnˈdɑrk] *s* Juana de Arco
Jeannette [dʒəˈnɛt] *s* Juanita
Jebel Musa [ˈdʒɛbəlˈmusɑ] *s* el monte Ábila (*frente a Gibraltar*)
jeep [dʒip] *s* pequeño automóvil militar que se maniobra con gran facilidad y en poco espacio
jeer [dʒɪr] *s* befa, mofa, vaya; *va* befar; *vn* burlarse, mofarse; **to jeer at** befar, burlarse de, mofarse de
jeeringly [ˈdʒɪrɪŋlɪ] *adv* burlándose, con escarnio
Jehoshaphat [dʒɪˈhɑʃəfæt] *s* (Bib.) Josafat
Jehovah [dʒɪˈhovə] *s* Jehová
Jehovah's Witnesses *spl* testigos de Jehová
Jehovism [dʒɪˈhovɪzəm] *s* jehovismo
Jehu [ˈdʒihju] *s* (Bib.) Jehú; **like Jehu** (slang) en carrera desenfrenada, vertiginosamente; (*l.c.*) *s* (hum.) conductor, cochero (*especialmente el que va muy aprisa*)
jejune [dʒɪˈdʒun] *adj* seco, poco alimenticio; (fig.) árido, estéril, aburrido
jejunum [dʒɪˈdʒunəm] *s* (anat.) yeyuno
jelab [dʒəˈlɑb] *s* chilaba
jell [dʒɛl] *s* (coll.) jalea; *vn* (coll.) convertirse en jalea; (fig.) cuajar
jellaba [dʒəˈlɑbə] *s* var. de **jelab**
jellied [ˈdʒɛlɪd] *adj* convertido en jalea
jellify [ˈdʒɛlɪfaɪ] (*pret & pp:* **-fied**) *va* convertir en jalea, hacer gelatinoso; *vn* convertirse en jalea, hacerse gelatinoso
jelly [ˈdʒɛlɪ] *s* (*pl:* **-lies**) jalea; (*pret & pp:* **-lied**) *va* convertir en jalea; *vn* convertirse en jalea
jellyfish [ˈdʒɛlɪˌfɪʃ] *s* (zool.) aguamar, medusa; (coll.) calzonazos
jennet [ˈdʒɛnɪt] *s* jaca chica española
jenny [ˈdʒɛnɪ] *s* (*pl:* **-nies**) máquina de hilar de múltiples husos; hembra (*de ciertos animales*); (*cap.*) *s* nombre abreviado de **Jane**
jenny ass *s* asna, burra
jenny winch *s* grúa ligera de brazos rígidos
jenny wren *s* rey de zarza
jeopard [ˈdʒɛpərd] o **jeopardize** [ˈdʒɛpərdaɪz] *va* arriesgar, exponer, comprometer
jeopardy [ˈdʒɛpərdɪ] *s* riesgo, peligro
Jephthah [ˈdʒɛfθə] *s* (Bib.) Jefté
Jer. abr. de **Jeremiah**
jerboa [dʒərˈboə] *s* (zool.) jerbo
jeremiad [ˌdʒɛrɪˈmaɪæd] *s* jeremiada
Jeremiah [ˌdʒɛrɪˈmaɪə] o **Jeremias** [ˌdʒɛrɪˈmaɪəs] *s* (Bib.) Jeremías; (Bib.) libro de Jeremías
Jeremian [ˌdʒɛrɪˈmaɪən] o **Jeremianic** [ˌdʒɛrɪmaɪˈænɪk] *adj* jeremíaco
Jericho [ˈdʒɛrɪko] *s* (*pl:* **-chos**) Jericó; (fig.) lugar lejano
jerk [dʒʌrk] *s* estirón, tirón, arranque; tic, espasmo muscular; **by jerks** a tirones, a sacudidas; *va* mover de un tirón; arrojar de un tirón; decir de repente; atasajar (*carne*); *vn* avanzar a tirones, avanzar dando tumbos
jerked beef *s* tasajo
jerkin [ˈdʒʌrkɪn] *s* jubón, justillo
jerkwater [ˈdʒʌrkˌwɔtər] o [ˈdʒʌrkˌwɑtər] *adj* (coll.) secundario, accesorio; (coll.) de mala muerte; *s* (coll.) tren de línea secundaria, tren de ferrocarril económico
jerky [ˈdʒʌrkɪ] *adj* (*comp:* **-ier;** *super:* **-iest**)

desigual (*camino; estilo*); **the train was jerky** el tren andaba a tirones
Jerome [dʒəˈrom] o [ˈdʒɛrəm] *s* Jerónimo
Jeronymite [dʒɪˈrɑnɪmaɪt] *s* jerónimo
Jerry [ˈdʒɛrɪ] *s* nombre abreviado de **Gerald, Gerard, Jeremiah** y **Jerome**
jerry-built [ˈdʒɛrɪˌbɪlt] *adj* mal construído, sin solidez ni consistencia
jersey [ˈdʒʌrzɪ] *s* jersey; tejido de punto; (*cap.*) *s* raza jerseyesa, vaca jerseyesa
Jerusalem [dʒɪˈrusələm] *s* Jerusalén
Jerusalem artichoke *s* (bot.) ajipa, aguaturma, patata de caña, pataca
Jerusalem sage *s* (bot.) aguavientos, matagallos
Jerusalem thorn *s* (bot.) cinacina; (bot.) espina santa, espina vera
jess [dʒɛs] *s* pihuela (*en la pata del halcón*); *va* poner las pihuelas a
jessamine [ˈdʒɛsəmɪn] *s* var. de **jasmine**
Jesse [ˈdʒɛsɪ] *s* (Bib.) Jesé
jest [dʒɛst] *s* broma, chiste; cosa de risa, ridiculez; **in jest** en broma; *vn* bromear; chancearse
jester [ˈdʒɛstər] *s* bufón, truhán; bromista
Jesu [ˈdʒizju] o [ˈdʒizu] *s* (poet.) Jesús
Jesuit [ˈdʒɛʒuɪt] o [ˈdʒɛzjuɪt] *adj & s* jesuíta; (fig.) jesuíta (*intrigante*)
Jesuitess [ˈdʒɛʒuɪtɪs] o [ˈdʒɛzjuɪtɪs] *s* jesuitisa
Jesuitic [ˌdʒɛʒuˈɪtɪk] o [ˌdʒɛzjuˈɪtɪk] o **Jesuitical** [ˌdʒɛʒuˈɪtɪkəl] o [ˌdʒɛzjuˈɪtɪkəl] *adj* jesuítico; (*l.c.*) *adj* jesuítico (*solapado*)
Jesuitism [ˈdʒɛʒuɪtɪzəm] o [ˈdʒɛzjuɪtɪzəm] *s* jesuitismo; (*l.c.*) *s* jesuitismo (*disimulo refinado*)
Jesus [ˈdʒizəs] *s* Jesús
Jesus Christ *s* Jesucristo
jet [dʒɛt] *s* chorro; surtidor (*de fuente*); mechero (*de gas*); avión de chorro, avión a reacción; (mineral.) azabache; *adj* de azabache; azabachado; (*pret & pp:* **jetted**; *ger:* **jetting**) *va* echar o arrojar en chorro; *vn* chorrear, salir en chorro; volar en avión de chorro
jet age *s* era de los aviones de chorro
jet-black [ˈdʒɛtˈblæk] *adj* azabachado
jet bomber *s* (aer.) bombardero de reacción a chorro
jet coal *s* carbón de llama larga, carbón de bujía
jet engine *s* motor de reacción, aeropropulsor por reacción, motor a chorro
jet fighter *s* (aer.) caza de reacción, cazarreactor
Jethro [ˈdʒɛθro] *s* (Bib.) Jetró
jetliner [ˈdʒɛtˌlaɪnər] *s* avión de travesía con propulsión a chorro
jet plane *s* (aer.) avión de propulsión a chorro, avión de chorro, avión a reacción
jet-powered [ˈdʒɛtˌpauərd] *adj* propulsado por motor de reacción
jet propulsion *s* propulsión de escape, propulsión a chorro, propulsión por reacción
jetsam [ˈdʒɛtsəm] *s* (naut.) echazón; cosa desechada por inútil
jet stream *s* chorro del motor de reacción o el motor cohete; (meteor.) viento fuerte y veloz que circunda la tierra a la altura de 10 kilómetros y entre los 30 y 60 grados de latitud
jettison [ˈdʒɛtɪsən] *s* (naut.) echazón; *va* (naut.) echar al mar (*para aligerar el buque*); desechar, rechazar
jettison gear *s* (aer.) lanzador
jetty [ˈdʒɛtɪ] *s* (*pl:* **-ties**) malecón, escollera; muelle; *adj* de azabache; azabachado
Jew [dʒu] *s* judío
jewel [ˈdʒuəl] *s* piedra fina; joya, alhaja; rubí (*de un reloj*); (fig.) joya, alhaja (*persona o cosa*); (*pret & pp:* **-eled** o **-elled**; *ger:* **-eling** o **-elling**) *va* adornar con piedras preciosas; engastar con joyas; (fig.) coronar o adornar (*p.ej., de luces*)
jewel case *s* estuche, joyero
jeweler o **jeweller** [ˈdʒuələr] *s* joyero; relojero
jewellery [ˈdʒuəlrɪ] *s* (Brit.) var. de **jewelry**
jewelry [ˈdʒuəlrɪ] *s* joyería, joyas
jewelry store *s* joyería; relojería
jewelweed [ˈdʒuəlˌwid] *s* (bot.) hierba de Santa Catalina (*Impatiens biflora e I. pallida*)
Jewess [ˈdʒuɪs] *s* judía
jewfish [ˈdʒuˌfɪʃ] *s* (ichth.) cherna, mero, guasa
Jewish [ˈdʒuɪʃ] *adj* judío; ajudiado
Jewry [ˈdʒurɪ] *s* (*pl:* **-ries**) judería (*barrio; raza, pueblo*); Judea
jews'-harp o **jew's-harp** [ˈdʒuzˌhɑrp] *s* (mus.) birimbao
Jew's pitch *s* betún de Judea
Jezebel [ˈdʒɛzəbəl] *s* (Bib.) Jezabel; mujer depravada
jib [dʒɪb] *s* aguilón o pescante (*de una grúa*); (naut.) foque; **cut of one's jib** (coll.) aspecto exterior de uno; (*pret & pp:* **jibbed**; *ger:* **jibbing**) *va* (naut.) virar; *vn* andar a la pierna, plantarse (*un caballo*); (Brit.) resistirse; (naut.) virar
jib boom *s* (naut.) botalón de foque, tormentín
jibe [dʒaɪb] *s* remoque, pulla; *va* (naut.) virar; *vn* mofarse; (naut.) virar; (coll.) concordar (*dos cosas*); **to jibe at** mofarse de
jiffy [ˈdʒɪfɪ] *s* (*pl:* **-fies**) (coll.) periquete, santiamén; **in a jiffy** (coll.) en un periquete, en un santiamén
jig [dʒɪg] *s* giga (*baile y música*); anzuelo de cuchara; gálibo, plantilla; guía, montaje; (min.) criba hidráulica, cribón de vaivén; **the jig is up** (slang) ya se acabó todo, estamos perdidos; (*pret & pp:* **jigged**; *ger:* **jigging**) *va* bailar (*la giga*); mover a saltitos; mover con movimiento de vaivén; (min.) separar por vibración y lavado; *vn* bailar una giga; moverse a saltitos; oscilar en un vaivén continuo; pescar con anzuelo de cuchara
jig bushing *s* (mach.) buje guía
jigger [ˈdʒɪgər] *s* anzuelo de cuchara; rueda de alfarero; jígger (*máquina para teñir*); (elec.) transformador de oscilaciones; (ent.) ácaro; (ent.) garrapata; (ent.) nigua; (golf) jígger; (min.) criba hidráulica, cribón de vaivén; (naut.) aparejuelo (*conjunto de jarcias y velas*); (naut.) contramesana, palo de mesana; (naut.) velamen de contramesana; (coll.) cosilla, dispositivo, chisme, aparato (*cuyo nombre se ignora o se olvida*); (U.S.A.) vasito para medir el licor de un coctel (*onza y media*)
jigger mast *s* (naut.) contramesana, palo de mesana
jiggle [ˈdʒɪgəl] *s* zarandeo, zangoloteo, zangoteo; *va* zarandear, zangolotear, zangotear; *vn* zarandearse, zangolotearse, zangotearse
jig saw *s* sierra de vaivén
jigsaw puzzle [ˈdʒɪgˌsɔ] *s* rompecabezas (*figura cortada en trozos menudos que hay que recomponer*)
jihad [dʒɪˈhɑd] *s* guerra santa (*de los musulmanes contra pueblos que profesan distinta religión*); guerra o cruzada en pro de, o contra una religión, un principio, etc.
jill o **Jill** [dʒɪl] *s* muchacha; mujer, esposa; querida
jilt [dʒɪlt] *s* coqueta que da calabazas al galán; *va* dar calabazas a (*un galán*)
Jim [dʒɪm] *s* nombre abreviado de **James**
Jim Crow *s* (offensive) negro
jim-crow [ˈdʒɪmˌkro] *s* (mach.) encorvador de rieles
Jim Crow law *s* ley que segrega a los negros de los blancos en lugares y vehículos públicos
jimjams [ˈdʒɪmˌdʒæmz] *spl* (slang) nerviosidad; (slang) delírium tremens
jimmy [ˈdʒɪmɪ] *s* (*pl:* **-mies**) palanqueta; (*cap.*) *s* Dieguito; (*l.c.*) (*pret & pp:* **-mied**) *va* forzar con palanqueta; **to jimmy open** abrir con palanqueta
jimson weed o **Jimson weed** [ˈdʒɪmsən] *s* (bot.) hierba hedionda, higuera loca, manzana espinosa
jingle [ˈdʒɪŋgəl] *s* cascabeleo; cascabel; sonaja (*del pandero*); rima infantil; (rad.) anuncio rimado y cantado; *va* hacer sonar; *vn* cascabelear
jinglet [ˈdʒɪŋglɪt] *s* escrupulillo
jingly [ˈdʒɪŋglɪ] *adj* metálico (*sonido*)
jingo [ˈdʒɪŋgo] *adj* jingoísta; *s* (*pl:* **-goes**) (hist.) jingo; jingoísta; **by jingo!** (coll.) ¡caramba!
jingoism [ˈdʒɪŋgo·ɪzəm] *s* jingoísmo
jingoist [ˈdʒɪŋgo·ɪst] *adj & s* jingoísta
jingoistic [ˌdʒɪŋgoˈɪstɪk] *adj* jingoísta

jinn [dʒɪn] *s* (*pl:* **jinn** o **jinns**) genio (*espíritu fantástico*)
jinni o **jinnee** [dʒɪˈni] *s* (*pl:* **jinn**) var. de **jinn**
jinrikisha o **jinricksha** [dʒɪnˈrɪkʃə] o [dʒɪnˈrɪkʃə] *s* jinrikischa (*pequeño carruaje chino y japonés de dos ruedas y tirado por uno o más hombres*)
jinx [dʒɪŋks] *s* (slang) cenizo, gafe (*persona o cosa que trae mala suerte*); *va* (slang) traer mala suerte a
jitney [ˈdʒɪtnɪ] *s* (slang) automóvil de pasaje; (slang) moneda de cinco centavos
jitterbug [ˈdʒɪtər,bʌg] *s* persona que baila de manera acrobática y entusiasta la música de jazz; (*pret & pp:* **-bugged;** *ger:* **-bugging**) *vn* bailar de manera acrobática y entusiasta la música de jazz
jitters [ˈdʒɪtərz] *spl* (slang) agitación, inquietud, nerviosidad; **to give the jitters** (slang) poner nervioso, volver loco; **to have the jitters** (slang) ponerse nervioso
jittery [ˈdʒɪtərɪ] *adj* (slang) agitado, inquieto, nervioso, loco
jiujitsu o **jiujutsu** [dʒuˈdʒɪtsu] *s* var. de **jujitsu**
jive [dʒaɪv] *s* (slang) charla y bromas mientras se toca el jazz; jerga de los músicos de jazz; jazz
Jno. abr. de **John**
jo [dʒo] *s* (*pl:* **joes**) (Scotch) amante
Joachim [ˈdʒoəkɪm] *s* Joaquín
Joan [dʒon] *s* Juana
Joan of Arc [ˈdʒon əv ˈɑrk] o [dʒoˈæn əv ˈɑrk] *s* Juana de Arco
job [dʒɑb] *s* obra; trabajo; tarea, quehacer; deber; oficio; destajo; agiotaje (*sobre los fondos públicos*); (print.) remiendo; (coll.) asunto; (coll.) empleo; (slang) robo; (slang) condena, período (*de prisión*); **by the job** a destajo; **on the job** (slang) en su puesto, atento a sus obligaciones; adquiriendo práctica, trabajando de aprendiz; **to be out of a job** estar desocupado, estar sin trabajo; **to lie down on the job** (slang) echarse en el surco, estirar la pierna, no trabajar por pereza o desaliento ‖ *adj* hecho a destajo; alquilado o contratado por tiempo ‖ (*cap.*)[dʒob] *s* (Bib.) Job; (Bib.) libro de Job; (fig.) job (*hombre de mucha paciencia*) ‖ [dʒɑb] (*pret & pp:* **jobbed;** *ger:* **jobbing**) *va* comprar y vender en calidad de corredor; ceder (*un trabajo*) por contrato ‖ *vn* trabajar a destajo; especular con los fondos públicos
job analysis *s* análisis ocupacional
jobber [ˈdʒɑbər] *s* agiotista (*a expensas del erario público*); destajero; (com.) corredor
jobbery [ˈdʒɑbərɪ] *s* agiotaje (*sobre los fondos públicos*)
jobholder [ˈdʒɑb,holdər] *s* empleado; burócrata
jobless [ˈdʒɑblɪs] *adj* desocupado, sin trabajo
job lot *s* lote suelto de mercancías, mercancías variadas, saldo de mercancías; sarta, letanía
job printer *s* impresor de remiendos
job printing *s* (print.) remiendo
Job's-tears [ˈdʒobzˈtɪrz] *spl* (bot.) lágrimas de David o de Job
job work *s* var. de **job printing**
Jocasta [dʒoˈkæstə] *s* (myth.) Yocasta
jockey [ˈdʒɑkɪ] *s* (sport) jockey; *va* (sport) montar (*un caballo*) en la pista; maniobrar (*para sacar ventaja o ganar un puesto*); embaucar; **to jockey into** + *ger* embaucar para que + *subj*, p.ej., **they jockeyed him into going into the house** le embaucaron para que entrase en la casa
jockstrap [ˈdʒɑk,stræp] *s* suspensorio (*para sostener el escroto*)
jocose [dʒoˈkos] *adj* jocoso
jocosity [dʒoˈkɑsɪtɪ] *s* (*pl:* **-ties**) jocosidad
jocular [ˈdʒɑkjələr] *adj* jocoso
jocularity [,dʒɑkjəˈlærɪtɪ] *s* (*pl:* **-ties**) jocosidad
jocund [ˈdʒɑkənd] o [ˈdʒokənd] *adj* jocundo, alegre
jocundity [dʒoˈkʌndɪtɪ] *s* jocundidad, alegría
jodhpurs [ˈdʒɑdpərz] o [ˈdʒodpurz] *spl* pantalones de equitación
Joe [dʒo] *s* Pepe; (*l.c.*) *s* (Scotch) amante
joe-pye weed [,dʒoˈpaɪ] *s* (bot.) eupatorio maculado, eupatorio purpúreo
jog [dʒɑg] *s* golpecito, empujoncito, sacudimiento ligero; estímulo (*a la memoria*); trote corto; paso lento; resalte, saliente; muesca cuadrada; (*pret & pp:* **jogged;** *ger:* **jogging**) *va* dar un golpecito a, empujar levemente; sacudir con el codo o la mano; estimular (*la memoria*); *vn* avanzar al trote corto, avanzar con ritmo lento; **to jog along** avanzar al trote corto, avanzar con ritmo lento
joggle [ˈdʒɑgəl] *s* traqueo; ensambladura dentada; muesca o diente (*de una ensambladura dentada*); *va* traquear; ensamblar (*con ensambladura dentada*); *vn* traquear
jog trot *s* trote de perro; (fig.) rutina
John [dʒɑn] *s* Juan; (Bib.) San Juan; (Bib.) el Evangelio según San Juan
John Bull *s* el inglés típico; Inglaterra
John Doe *s* (law) Fulano de Tal
John Dory *s* (*pl:* **John Dorys**) (ichth.) pez de San Pedro
John Hancock [ˈhænkɑk] *s* (coll.) la firma de uno
Johnny [ˈdʒɑnɪ] *s* Juanito
johnnycake [ˈdʒɑnɪ,kek] *s* pan de maíz
Johnny-come-lately [ˈdʒɑnɪ,kʌmˈletlɪ] *s* (coll.) persona recién llegada
Johnny-jump-up [ˈdʒɑnɪˈdʒʌmp,ʌp] *s* (bot.) pensamiento, trinitaria; (bot.) violeta
Johnny on the spot *s* (coll.) el que llega a tiempo a todas partes; (coll.) el que está siempre presente y listo
John of Gaunt [gɔnt] o [gɑnt] *s* Juan de Gante
Johnsonese [,dʒɑnsəˈniz] *s* estilo ampuloso y rimbombante
Johnsonian [dʒɑnˈsonɪən] *adj* de Samuel Johnson y sus escritos; ampuloso y rimbombante; castizo; latinizante; difuso, dilatado
John the Baptist *s* San Juan Bautista
join [dʒɔɪn] *s* juntura, costura; *va* ensamblar, juntar, unir; unirse a, asociarse a, reunirse a; incorporarse a, ingresar en; abrazar (*un partido*); hacerse socio de (*una asociación*); alistarse en (*el ejército*); trabar (*batalla*); desaguar en, desembocar en; *vn* juntarse, unirse; confluir (*p.ej., dos ríos*)
joiner [ˈdʒɔɪnər] *s* ensamblador; ebanista; (coll.) persona que tiene la manía de incorporarse a muchas asociaciones
joiner's gage *s* gramil
joinery [ˈdʒɔɪnərɪ] *s* ebanistería (*arte, obras, etc. del ebanista*)
joint [dʒɔɪnt] *s* empalme, juntura (*p.ej., de una cañería*); artículo (*segmento interarticular*); (anat.) articulación, coyuntura; (arch.) junta; (b.b.) cartivana; (b.b.) nervura; (bot. & zool.) articulación; (carp.) ensambladura; (elec.) empalme; (geol.) grieta; tajada (*de carne*); (slang) garito; (slang) fonducho, restaurante de mala muerte; **out of joint** descoyuntado, desencajado; (fig.) en desorden, desbarajustado; **to throw out of joint** descoyuntarse (*p.ej., el brazo*); *adj* común, mutuo, unido, asociado; copartícipe; colectivo; solidario; indiviso; conjunto; *va* articular; unir, juntar; descuartizar (*p.ej., un pollo*); igualar (*los dientes de una sierra*); (carp.) ensamblar
joint account *s* cuenta en participación, cuenta en común
joint author *s* coautor
joint box *s* (elec.) caja de empalme, caja de conexiones
Joint Chiefs of Staff *spl* estado mayor conjunto
joint committee *s* comisión mixta
jointer [ˈdʒɔɪntər] *s* (carp.) ensambladora, juntera; igualador (*de una sierra*)
jointer plane *s* (carp.) garlopa
joint fir *s* (bot.) hierba de las coyunturas, belcho
joint grass *s* (bot.) gramilla; (bot.) equiseto
jointly [ˈdʒɔɪntlɪ] *adv* juntamente, en común
joint owner *s* condueño
joint session *s* sesión plena, sesión conjunta
joint-stock company [ˈdʒɔɪntˈstɑk] *s* (law) sociedad anónima
joint tenant *s* (law) propietario pro indiviso

J

jointure ['dʒɔɪntʃər] *s* (law) bienes parafernales
joist [dʒɔɪst] *s* viga
joke [dʒok] *s* broma, chiste; cosa de reír; bufón, hazmerreír; **no joke** cosa seria; **to tell a joke** contar un chiste o un chascarrillo; **to play a joke (on)** gastar una broma (a); *va* burlarse de, reírse de; **to joke one's way into** conseguir (*p.ej., un empleo*) burla burlando; *vn* bromear, chancear, hablar en broma; **no joking** o **joking aside** burlas aparte, hablando en serio
joke book *s* libro de chistes
joker ['dʒokər] *s* bromista, chancero; frase engañadora (*en un documento*); comodín (*naipe*)
jollification [,dʒɑlɪfɪ'keʃən] *s* regocijo, alborozo
jollity ['dʒɑlɪtɪ] *s* (*pl:* **-ties**) alegría; diversión
jolly ['dʒɑlɪ] *adj* (*comp:* **-lier;** *super:* **-liest**) jovial, alegre; (coll.) agradable, excelente; *adv* (coll.) muy, harto; (*pret & pp:* **-lied**) *va* (coll.) dar vaya a; (coll.) seguir el humor a; (coll.) reírse de; *vn* (coll.) dar vaya
jolly boat *s* (naut.) bote, esquife
Jolly Roger *s* bandera de piratas
jolt [dʒolt] *s* sacudida, sacudión; *va* sacudir, traquear; *vn* traquear, dar saltos
jolty ['dʒoltɪ] *adj* (coll.) desigual (*camino*); que da saltos, que va dando tumbos
Jonah ['dʒonə] *s* (Bib.) Jonás; (Bib.) el libro de Jonás; (fig.) ave de mal agüero, persona que trae mala suerte
Jonas ['dʒonəs] *s* (Bib.) Jonás; (Bib.) el libro de Jonás
Jonathan ['dʒɑnəθən] *s* Jonatás
jongleur ['dʒɑŋglər] o [ʒõ'glœr] *s* juglar, trovador
jonquil ['dʒɑŋkwɪl] *s* (bot.) junquillo
Jordan ['dʒɔrdən] *s* Jordán (*río*); Jordania (*país*)
Jordan almond *s* almendra de Málaga
Jordanian [dʒɔr'denɪən] *adj & s* jordano
jorum ['dʒorəm] *s* (coll.) copa grande
Joseph ['dʒozəf] *s* José; (*l.c.*) *s* capa de montar de mujer (*del siglo XVIII*)
Josephine ['dʒozəfin] *s* Josefa o Josefina
Joseph of Arimathea [,ærɪmə'θiə] *s* (Bib.) José de Arimatea
Joseph's-coat ['dʒozəfs'kot] *s* (bot.) papagayo
Josephus [dʒo'sifəs] *s* Josefo
Josh. abr. de **Joshua**
josh [dʒɑʃ] *va* (slang) dar broma a, burlarse de; *vn* (slang) dar broma, burlarse
Joshua ['dʒɑʃʊə] o ['dʒɑʃəwə] *s* (Bib.) Josué; (Bib.) el libro de Josué
Josiah [dʒo'saɪə] *s* (Bib.) Josías
joss [dʒɑs] *s* dios familiar chino, ídolo chino
joss house *s* templo chino
joss stick *s* pebete (*que queman los chinos en sus templos*)
jostle ['dʒɑsəl] *s* empellón, empujón; *va* empellar, empujar; forzar, meter a empellones; *vn* chocar; avanzar a fuerza de empujones o codazos
jot [dʒɑt] *s* jota (*cosa mínima*); **I don't care a jot (about)** no se me da un bledo (de); (*pret & pp:* **jotted;** *ger:* **jotting**) *va* escribir aprisa; **to jot down** apuntar
jottings ['dʒɑtɪŋz] *spl* apuntes
joule [dʒul] o [dʒaʊl] *s* (phys.) julio
jounce [dʒaʊns] *s* traqueo, sacudida; *va* traquear, sacudir; *vn* traquear, dar tumbos
journal ['dʒʌrnəl] *s* diario (*periódico; apuntes personales*); revista; (com.) libro diario; (naut.) diario de navegación; (mach.) gorrón, muñón
journal bearing *s* (mach.) chumacera
journal box *s* caja de grasa
journalese [,dʒʌrnə'liz] *s* estilo periodístico
journalism ['dʒʌrnəlɪzəm] *s* periodismo
journalist ['dʒʌrnəlɪst] *s* periodista
journalistic [,dʒʌrnə'lɪstɪk] *adj* periodístico
journey ['dʒʌrnɪ] *s* viaje; *vn* viajar
journeyman ['dʒʌrnɪmən] *s* (*pl:* **-men**) oficial
joust [dʒʌst], [dʒust] o [dʒaʊst] *s* justa, torneo; *vn* justar
Jove [dʒov] *s* (myth.) Jove; (poet.) Júpiter (*planeta*); **by Jove!** ¡por Dios!
jovial ['dʒovɪəl] *adj* jovial
joviality [,dʒovɪ'ælɪtɪ] *s* jovialidad
Jovian ['dʒovɪən] *adj* joviano o jovio
jowl [dʒaʊl] *s* moflete; quijada; barba (*de ave*); papada (*del ganado*); cabeza de pescado aderezada
joy [dʒɔɪ] *s* alegría, regocijo; **to leap with joy** brincar o saltar de gozo; *vn* alegrarse, regocijarse
joyance ['dʒɔɪəns] *s* (archaic) alegría, júbilo
joyful ['dʒɔɪfəl] *adj* alegre (*persona; noticia*); **joyful over** gozoso con o de
joyless ['dʒɔɪlɪs] *adj* sin alegría, triste, lúgubre
joyous ['dʒɔɪəs] *adj* alegre (*persona; noticia*)
joyousness ['dʒɔɪəsnɪs] *s* alegría, regocijo
joy ride *s* (coll.) paseo alocado en coche (*muchas veces sin permiso del dueño*)
joy-ride ['dʒɔɪ,raɪd] (*pret:* **-rode;** *pp:* **-ridden**) *vn* (coll.) dar un paseo alocado en coche (*muchas veces sin permiso del dueño*)
joy stick *s* (aer.) palanca de mando
Jozy ['dʒozɪ] *s* Pepa, Pepita
J.P. abr. de **Justice of the Peace**
Jr. abr. de **Junior**
jubbah ['dʒʊbə] *s* aljuba
jube ['dʒubi] *s* (arch.) jube
jubilance ['dʒubɪləns] *s* júbilo, alborozo
jubilant ['dʒubɪlənt] *adj* jubiloso, alborozado
Jubilate [,dʒubɪ'letɪ] o [,dʒubɪ'lɑtɪ] *s* Salmo que empieza por esta palabra (*XCIX en la Vulgata*); jubilate (*tercer domingo después de Pascua*); (*l.c.*) ['dʒubɪlet] *vn* alegrarse, regocijarse
jubilation [,dʒubɪ'leʃən] *s* júbilo, regocijo, alborozo
jubilee ['dʒubɪli] *s* júbilo (*viva alegría*); aniversario; quincuagésimo aniversario; (hist. & eccl.) jubileo
Jud. abr. de **Judges** y **Judith**
Judaea [dʒu'diə] *s* var. de **Judea**
Judah ['dʒudə] *s* (Bib.) Judá (*hijo de Jacob; reino; tribu*)
Judahite ['dʒudəaɪt] *s* judaíta
Judaic [dʒu'deɪk] *adj* judaico
Judaism ['dʒudeɪzəm] *s* judaísmo
Judaize ['dʒudeaɪz] *va* convertir al judaísmo; hacer conforme al judaísmo; *vn* judaizar
Judas ['dʒudəs] *s* (Bib. & fig.) Judas; (Bib.) Epístola de San Judas
Judas Iscariot *s* (Bib.) Judas Iscariote
Judas kiss *s* beso de Judas
Judas tree *s* (bot.) árbol de Judas o de Judea, árbol del amor
Judea [dʒu'diə] *s* Judea
Judean [dʒu'diən] *adj & s* judío
Judg. abr. de **Judges**
judge [dʒʌdʒ] *s* juez; **to be a good judge of** ser buen juez en; **Judges** *spl* (Bib.) el libro de los Jueces; *va & vn* juzgar; **judging by** o **from** a juzgar por
judge advocate *s* (mil.) auditor de guerra; (nav.) auditor de marina
judgeship ['dʒʌdʒʃɪp] *s* judicatura
judgment o **judgement** ['dʒʌdʒmənt] *s* juicio; (law) sentencia; (law) apremio (*para compeler a uno al cumplimiento de una cosa*); (log. & theol.) juicio; **the Judgment** o **the Last Judgment** el juicio final, el juicio universal
judgment day *s* día del juicio
judgment seat *s* tribunal
judicatory ['dʒudɪkə,torɪ] *adj* judicial; *s* (*pl:* **-ries**) tribunal de justicia; judicatura
judicature ['dʒudɪkətʃər] *s* judicatura
judicial [dʒu'dɪʃəl] *adj* judicial; juicioso
judiciary [dʒu'dɪʃɪ,ɛrɪ] *adj* judicial; *s* (*pl:* **-ies**) judicatura (*de una ciudad, país, etc.*); poder judicial
judicious [dʒu'dɪʃəs] *adj* juicioso
Judith ['dʒudɪθ] *s* Judit; (Bib.) el libro de Judit
judo ['dʒudo] *s* judo
Judy ['dʒudɪ] *s* nombre abreviado de **Judith;** la mujer de Polichinela (*en las funciones de títeres inglesas y norteamericanas*)
jug [dʒʌg] *s* jarra, botija, cántaro; (slang) bote, chirona (*cárcel*); (*pret & pp:* **jugged;** *ger:* **jugging**) *va* (slang) encarcelar
Juggernaut ['dʒʌgərnɔt] *s* imagen del dios bramánico Krichna que solían sacar en procesión, colocada en un carro cuyas ruedas aplastaban a los fieles, que así se sacrificaban;

(fig.) objeto de devoción ciega; (fig.) monstruo destructor de los hombres
juggle [ˈdʒʌgəl] *s* juego de manos; trampa; *va* escamotear; falsear, alterar fraudulentamente (*cuentas, documentos, etc.*); *vn* hacer juegos de manos, hacer suertes; hacer trampas
juggler [ˈdʒʌglər] *s* jugador de manos, malabarista; impostor; (obs.) juglar, bufón
jugglery [ˈdʒʌglərɪ] *s* (*pl:* **-ies**) prestidigitación; decepción, fraude
juglandaceous [ˌdʒuglænˈdeʃəs] *adj* (bot.) juglandáceo o juglándeo
Jugoslav o **Jugo-Slav** [ˈjugoˈslɑv] *adj & s* var. de **Yugoslav**
Jugoslavia o **Jugo-Slavia** [ˈjugoˈslɑvɪə] *s* var. de **Yugoslavia**
Jugoslavic [ˈjugoˈslɑvɪk] *adj* var. de **Yugoslavic**
jugular [ˈdʒʌgjələr] o [ˈdʒugjələr] *adj & s* (anat.) yugular
jugular vein *s* (anat.) vena yugular
Jugurtha [dʒuˈgʌrθə] *s* Yugurta
juice [dʒus] *s* zumo, jugo; (slang) electricidad; (slang) gasolina
juicy [ˈdʒusɪ] *adj* (*comp:* **-ier;** *super:* **-iest**) zumoso, jugoso; (fig.) picante, sabroso; (coll.) lluvioso
jujitsu [dʒuˈdʒɪtsu] *s* jiu-jitsú (*arte japonés de luchar brazo a brazo sin armas*)
jujube [ˈdʒudʒub] *s* (bot.) azufaifo; azufaifa (*fruto*); pastilla de pasta de azufaifas; pastilla
jujutsu [dʒuˈdʒɪtsu] *s* var. de **jujitsu**
juke box [dʒuk] *s* (coll.) tocadiscos tragamonedas
Jul. abr. de **July**
julep [ˈdʒulɪp] *s* julepe (*bebida helada compuesta de whisky o aguardiente, azúcar y hojas de menta*)
Julian [ˈdʒuljən] *adj* juliano; *s* Juliano o Julián
Juliana [ˌdʒulɪˈænə] o [ˌdʒulɪˈɑnə] *s* Juliana
Julian Alps *spl* Alpes julianos
Julian calendar *s* calendario juliano
Julian the Apostate *s* Juliano el Apóstata
julienne [ˌʒulɪˈɛn] *s* sopa juliana; *adj* rajado, en rajas
Juliet [ˈdʒulɪɛt] *s* Julieta
Julius [ˈdʒuljəs] *s* Julio
July [dʒuˈlaɪ] *s* julio
jumble [ˈdʒʌmbəl] *s* masa confusa, revoltijo; bollito delgado en forma de rosca; *va* emburujar, revolver
jumbo [ˈdʒʌmbo] *s* (*pl:* **-bos**) elefante, coloso; *adj* enorme, colosal
jump [dʒʌmp] *s* salto; lanzamiento (*en paracaídas*); **to be always on the jump** (coll.) andar siempre de aquí para allí; **to get** o **to have the jump on** (slang) coger la delantera a, llevar la ventaja a; *va* saltar; hacer saltar (*a un caballo*); comer (*en las damas y el ajedrez*); salir fuera de (*el carril*); saltar a (*un tren*); *vn* saltar; lanzarse (*en paracaídas desde un avión*); saltar espacios (*la máquina de escribir*); **to jump at** saltar sobre; apresurarse a aceptar (*una invitación*); apresurarse a aprovechar (*la oportunidad*); **to jump on** saltar a (*un tren*); (slang) culpar, regañar, criticar; **to jump over** saltar por, pasar de un salto; saltar (*p.ej., la página de un libro*); **to jump to** sacar precipitadamente (*una conclusión*)
jumper [ˈdʒʌmpər] *s* saltador; blusa holgada de obrero; (elec.) alambre de cierre; **jumpers** *spl* traje holgado de juego para niños
jumping bean *s* semilla brincadora
jumping jack *s* títere
jumping-off place [ˈdʒʌmpɪŋˈɔf] o [ˈdʒʌmpɪŋˈɑf] *s* fin del camino, sitio muy remoto
jump seat *s* traspuntín (*de coche*); (aut.) estrapontín
jump spark *s* (elec.) chispa de entrehierro
jump wire *s* (elec.) alambre de cierre
jumpy [ˈdʒʌmpɪ] *adj* (*comp:* **-ier;** *super:* **-iest**) saltón; asustadizo, alborotadizo
jun. abr. de **junior**
Jun. abr. de **June** y **Junior**
junc. abr. de **junction**
juncaceous [dʒʌŋˈkeʃəs] *adj* (bot.) juncáceo
junco [ˈdʒʌŋko] *s* (*pl:* **-cos**) (orn.) junquito, echalumbre
junction [ˈdʒʌŋkʃən] *s* juntura, unión; ensambladura; confluencia (*de dos ríos*); (elec.) caja de empalme; (rail.) empalme
junction box *s* (elec.) caja de empalme, caja de conexiones
juncture [ˈdʒʌŋktʃər] *s* juntura, unión; coyuntura (*sazón, oportunidad*); **at this juncture** en esto, a esta sazón
June [dʒun] *s* junio
June beetle o **bug** *s* (ent.) escarabajo norteamericano que comienza a volar en el mes de junio (*Phyllophaga; Cotinus nitida*)
Juneberry [ˈdʒunˌbɛrɪ] *s* (*pl:* **-ries**) (bot.) guillomo (*arbusto y fruto*)
jungle [ˈdʒʌŋgəl] *s* jungla; selva, matorral impenetrable; maraña, laberinto; (slang) sitio en despoblado y casi siempre cerca de la vía del ferrocarril, donde acampan los vagos
jungle fever *s* (path.) fiebre de los grandes bosques
jungle fowl *s* (orn.) gallo salvaje; (orn.) gallo de los juncales
junior [ˈdʒunjər] *adj* menor, más joven; juvenil; posterior; más nuevo, más reciente; de penúltimo año; hijo, p.ej., **John Jones, Junior** Juan Jones, hijo; *s* menor; estudiante de penúltimo año
junior college *s* (U.S.A.) colegio que comprende los dos primeros años universitarios
junior high school *s* (U.S.A.) escuela intermedia (*entre la primaria y la secundaria*)
junior partner *s* socio menor
juniper [ˈdʒunɪpər] *s* (bot.) enebro común; (bot.) cedro de Virginia
juniper berry *s* enebrina
juniper cedar *s* (bot.) cedro de Virginia
juniper-tar oil [ˈdʒunɪpərˌtɑr] *s* aceite de cada
junk [dʒʌŋk] *s* chatarra, hierro viejo, ropa vieja, etc.; (slang) trastos viejos, baratijas viejas; jarcia trozada (*que se utiliza, p.ej., para estopa*); junco (*embarcación china*); (naut.) carne salada y dura; *va* (slang) echar a la basura; (slang) reducir (*una máquina*) a hierro viejo
junk dealer *s* chatarrero, chapucero
Junker [ˈjuŋkər] *s* aristócrata reaccionario prusiano
junket [ˈdʒʌŋkɪt] *s* manjar de leche, cuajo y azúcar; jira; viaje de recreo; *vn* ir de jira; hacer un viaje de recreo
junkman [ˈdʒʌŋkˌmæn] *s* (*pl:* **-men**) chatarrero, chapucero, hombre que compra y vende hierro viejo, trapos, papeles, etc.; tripulante de junco
junk room *s* trastera, leonera
junk shop *s* (coll.) tienda de trastos viejos
junk yard *s* chatarrería
Juno [ˈdʒuno] *s* (*pl:* **-nos**) (myth.) Juno; (fig.) mujer de belleza imponente
Junoesque [ˌdʒunoˈɛsk] *adj* imponente
junr. o **Junr.** abr. de **junior**
junta [ˈdʒʌntə] *s* junta; cábala, camarilla
junto [ˈdʒʌnto] *s* (*pl:* **-tos**) cábala, camarilla
Jupiter [ˈdʒupɪtər] *s* (astr. & myth.) Júpiter
jural [ˈdʒʊrəl] *adj* legal; judicial
Jurassic [dʒʊˈræsɪk] *adj & s* (geol.) jurásico
Jur. D. abr. de **juris doctor** (Lat.) **Doctor of Law**
juridical [dʒʊˈrɪdɪkəl] *adj* jurídico
jurisconsult [ˌdʒʊrɪskənˈsʌlt] o [ˌdʒʊrɪsˈkɑnsʌlt] *s* jurisconsulto
jurisdiction [ˌdʒʊrɪsˈdɪkʃən] *s* jurisdicción
jurisdictional [ˌdʒʊrɪsˈdɪkʃənəl] *adj* jurisdiccional
jurisdictional strike *s* huelga por jurisdicción entre gremios
jurisprudence [ˌdʒʊrɪsˈprudəns] *s* jurisprudencia
jurisprudent [ˌdʒʊrɪsˈprudənt] *s* jurisprudente
jurist [ˈdʒʊrɪst] *s* jurista
juristic [dʒʊˈrɪstɪk] *adj* jurídico
juror [ˈdʒʊrər] *s* jurado (*individuo*)
jury [ˈdʒʊrɪ] *s* (*pl:* **-ries**) jurado (*grupo*); *adj* (naut.) provisional
jury box *s* tribuna del jurado
juryman [ˈdʒʊrɪmən] *s* (*pl:* **-men**) jurado (*individuo*)
jury mast *s* (naut.) bandola
jury-rigged [ˈdʒʊrɪˌrɪgd] *adj* (naut.) de aparejo provisional

J

Jus. P. abr. de **justice of the peace**
just [dʒʌst] *adj* justo; **the just** los justos; *adv* justo, justamente; hace poco; apenas; casi no; no más que; sólo; (coll.) absolutamente, verdaderamente; **had just** + *pp* acababa de + *inf*, p.ej., **we had just left** acabábamos de marcharnos; **to have just** + *pp* acabar de + *inf*, p.ej., **I have just arrived** acabo de llegar; **just as** como; en el momento en que; lo mismo que; tal como; **just beyond** un poco más allá (de); **just now** ahora mismo; hace poco; **just out** acabado de aparecer, recién publicado; **just** + *pp* acabado de + *inf*, p.ej., **just received** acabado de recibir; *s* justa; *vn* justar
justice [ˈdʒʌstɪs] *s* justicia; premio merecido; juez; juez de paz; **to bring to justice** aprehender y condenar por justicia; **to do justice to** hacer justicia a; tratar debidamente, apreciar debidamente; **to do oneself justice** no quedar corto, hacerlo (*una persona*) lo mejor que pueda; quedar bien
justice of the peace *s* juez de paz
justiceship [ˈdʒʌstɪsʃɪp] *s* judicatura
justifiable [ˈdʒʌstɪˌfaɪəbəl] *adj* justificable
justification [ˌdʒʌstɪfɪˈkeʃən] *s* justificación; (print.) justificación
justificatory [dʒʌsˈtɪfɪkəˌtorɪ] *adj* justificativo
justifier [ˈdʒʌstɪˌfaɪər] *s* justificador, justificante
justify [ˈdʒʌstɪfaɪ] (*pret & pp:* **-fied**) *va* justificar; (print.) justificar
Justinian [dʒʌsˈtɪnɪən] *s* Justiniano
Justinian Code *s* código de Justiniano
Justin Martyr [ˈdʒʌstɪn] *s* San Justino
justle [ˈdʒʌsəl] *s, va & vn* var. de **jostle**
justly [ˈdʒʌstlɪ] *adv* justamente
justness [ˈdʒʌstnɪs] *s* justicia; exactitud
jut [dʒʌt] *s* resalto, saliente, saledizo; (*pret & pp:* **jutted**; *ger:* **jutting**) *vn* resaltar, proyectarse; **to jut out** resaltar, proyectarse
jute [dʒut] *s* (bot.) yute (*planta, fibra y tejido*); (*cap.*) *s* juto
Jutland [ˈdʒʌtlənd] *s* Jutlandia
Jutlander [ˈdʒʌtləndər] *s* jutlandés
Jutlandish [ˈdʒʌtləndɪʃ] *adj* jutlandés
Juturna [dʒuˈtʌrnə] *s* (myth.) Yuturna
Juvenal [ˈdʒuvənəl] *s* Juvenal
juvenescence [ˌdʒuvəˈnɛsəns] *s* rejuvenecimiento
juvenescent [ˌdʒuvəˈnɛsənt] *adj* rejuveneciente
juvenile [ˈdʒuvənɪl] o [ˈdʒuvənaɪl] *adj* juvenil; de o para jóvenes o niños; *s* joven, mocito; libro para niños; (theat.) galán joven, galancete
juvenile court *s* tribunal tutelar de menores
juvenile delinquency *s* delincuencia de menores
juvenile lead [lid] *s* (theat.) papel de galancete; (theat.) galancete
juvenilia [ˌdʒuvəˈnɪlɪə] *spl* obras de juventud
juvenility [ˌdʒuvəˈnɪlɪtɪ] *s* juventud, mocedad
juxtapose [ˌdʒʌkstəˈpoz] *va* yuxtaponer
juxtaposition [ˌdʒʌkstəpəˈzɪʃən] *s* yuxtaposición
Jy. abr. de **July**
jynx [dʒɪŋks] *s* encanto, hechizo; (orn.) torcecuello

K

K, k [ke] *s* (*pl:* **K's, k's** [kez]) undécima letra del alfabeto inglés
k. abr. de **karat, kilogram** y **kopeck**
K. abr. de **King** y **Knight**
Kaaba [ˈkɑbə] *s* Caaba (*de la Meca*)
Kaffir o **Kafir** [ˈkæfər] o [ˈkɑfər] *adj & s* cafre; (*l.c.*) *s* (bot.) panizo negro, maíz de Guinea
kaffir corn o **kafir corn** *s* (bot.) panizo negro, maíz de Guinea
kaftan [ˈkæftən] *s* caftán
kaiak [ˈkaɪæk] *s* var. de **kayak**
kail [kel] *s* var. de **kale**
kaiser [ˈkaɪzər] *s* emperador
kaki [ˈkɑki] *s* (*pl:* **-kis**) (bot.) caqui
kale [kel] *s* (bot.) col, berza común (*Brassica oleracea acephala*); (slang) dinero, dinero contante y sonante
kaleidoscope [kəˈlaɪdəskop] *s* calidoscopio; (fig.) calidoscopio
kaleidoscopic [kəˌlaɪdəˈskɑpɪk] *adj* calidoscópico; (fig.) calidoscópico
kalends [ˈkælɪndz] *spl* var. de **calends**
kalmia [ˈkælmɪə] *s* (bot.) calmia
kalsomine [ˈkælsəmaɪn] *s & va* var. de **calcimine**
Kamerun [ˌkɑməˈrun] *s* var. de **Cameroons**
kamikase [ˌkɑmɪˈkɑzi] *s* kamikazo (*aviador suicida japonés*)
Kan. abr. de **Kansas**
Kanaka [kəˈnækə] o [ˈkænəkə] *s* hawaiano; polinesio
kangaroo [ˌkæŋgəˈru] *s* (zool.) canguro
kangaroo court *s* (coll.) tribunal irregular, tribunal desautorizado; (coll.) tribunal fingido
kangaroo rat *s* (zool.) rata canguro
Kans. abr. de **Kansas**
Kantian [ˈkæntɪən] *adj & s* kantiano
Kantianism [ˈkæntɪənɪzəm] *s* kantismo
kaolin o **kaoline** [ˈkeəlɪn] *s* caolín
kapok [ˈkepɑk] *s* capoc, lana de ceiba
karakul [ˈkærəkəl] *s* var. de **caracul**
karat [ˈkærət] *s* var. de **carat**
Karelia [kəˈrilɪə] *s* Carelia
Karelian [kəˈrilɪən] *adj & s* carelio o careliano
karyokinesis [ˌkærɪokɪˈnisɪs] o [ˌkærɪokaɪˈnisɪs] *s* (biol.) cariocinesis
karyomitome [ˌkærɪˈɑmɪtom] *s* (biol.) cariomitoma
karyoplasm [ˈkærɪəplæzəm] *s* (biol.) carioplasma
karyosome [ˈkærɪəˌsom] *s* (biol.) cariosoma
karyotin [ˌkærɪˈotɪn] *s* (biol.) cariotina
Kasbah [ˈkɑzbɑ] *s* var. de **Casbah**
kashmir y **Kashmir** [ˈkæʃmɪr] *s* var. de **cashmere** y **Cashmere**
katabolism [kəˈtæbəlɪzəm] *s* var. de **catabolism**
Katherine [ˈkæθərɪn] *s* var. de **Catherine**
katydid [ˈketɪdɪd] *s* (ent.) saltamontes cuyo macho emite un sonido chillón (*Microcentrum retinervis y Amblycorypha*)
kauri [ˈkaʊrɪ] *s* (*pl:* **-ris**) (bot.) kauri
kauri resin *s* resina o copal de kauri
kaury [ˈkaʊrɪ] *s* (*pl:* **-ries**) var. de **kauri**
kayak [ˈkaɪæk] *s* kayak (*embarcación*)
kc. abr. de **kilocycle** o **kilocycles**
K.C. abr. de **King's Counsel** y **Knights of Columbus**
K.C.B. abr. de **Knight Commander of the Bath**
kea [ˈkeə] o [ˈkiə] *s* (orn.) kea (*Nestor notabilis*)
kedge [kedʒ] *s* (naut.) anclote; *va* (naut.) mover con anclote; *vn* (naut.) moverse con anclote
keel [kil] *s* (aer., naut. & bot.) quilla; (poet.) nave; **on an even keel** (naut.) en iguales calados; (fig.) firme, estable; *va* volcar (*una embarcación*) poniéndola quilla arriba; volcar (*cualquier cosa*); *vn* (naut.) dar de quilla; volcarse; **to keel over** (naut.) dar de quilla; volcarse; caerse de repente; (coll.) desmayarse
keelhaul [ˈkilˌhɔl] *va* (naut.) pasar por debajo de la quilla (*por castigo*)
keelson [ˈkelsən] o [ˈkilsən] *s* (naut.) sobrequilla
keen [kin] *adj* agudo; mordaz; ansioso; entusiasta; **to be keen on** ser muy aficionado a (*p.ej., la lectura*); **I'm not very keen on him** no es santo de mi devoción
keenness [ˈkinnɪs] *s* agudeza; mordacidad; ansia, entusiasmo
keep [kip] *s* manutención, subsistencia; (fort.) torre del homenaje; **for keeps** (coll.) para guardar; (coll.) para siempre; **to earn one's keep** (coll.) ganarse la vida; **to play for keeps** (coll.) jugar de veras ‖ (*pret & pp:* **kept**) *va* guardar; conservar; quedarse con; tener (*criados, gallinas, huéspedes, etc.*); guardar, cumplir (*su palabra o promesa*); cultivar (*una huerta*); mantener; dirigir (*una escuela, un hotel*); llevar (*cuentas, libros; la anotación en los naipes*); celebrar (*fiestas*); mantenerse firme en (*su puesto, la silla de montar*); detener, hacer tardar (*a una persona*); **to keep away** tener apartado, impedir que venga; **to keep back** retener; reprimir; reservar (*no divulgar*); **to keep down** reprimir, sujetar; reducir (*los gastos*) al mínimo; **to keep from** + *ger* no dejar + *inf*, p.ej., **keep him from eating too much** no le deje comer demasiado; **to keep in** tener encerrado, no dejar salir; **to keep off** tener a distancia; no dejar penetrar (*p.ej., la lluvia*); evitar (*p.ej., el polvo*); **to keep on** no quitarse (*p.ej., el abrigo*); **to keep out** no dejar entrar; no dejar penetrar; **to keep someone informed (about)** poner a alguien al corriente (de); **to keep to oneself** callarse (*algo*) a sí mismo; **to keep up** mantener, conservar; **to keep** + *ger* hacer + *inf*, p.ej., **I am sorry to keep you waiting** siento hacerle esperar ‖ *vn* quedarse, permanecer; mantenerse; conservarse, durar sin dañarse; estarse, p.ej., **keep quiet** estése Vd. quieto; **to keep at** continuar en, empeñarse en (*p.ej., su trabajo*); **to keep away** mantenerse a distancia; no dejarse ver; **to keep away from** no meterse en; no dejarse ver en; no meterse con, evitar todo roce con; no probar (*p.ej., vino*); **to keep from** + *ger* abstenerse de + *inf*; **to keep informed (about)** ponerse al corriente (de); **to keep in with** (coll.) mantener amistad con, no perder el favor de; **to keep off** no acercarse a; no andar por; no pisar (*el césped*); **to keep on** continuar; no caerse de (*p.ej., un caballo*); **to keep on** + *ger* seguir + *ger*; **to keep on with** continuar con; **to keep out** no entrar; **to keep out of** no entrar en; no meterse en; evitar (*peligro*); **to keep to** adherirse estrictamente a; seguir por, llevar (*la derecha, la izquierda*); **to keep to oneself** quedarse a solas, huir de las gentes; **to keep up** continuar; no rezagarse; **to keep up with** ir al paso de; llevar el mismo tren de vida de; llevar adelante, proseguir; **to keep** + *ger* seguir + *ger*
keeper [ˈkipər] *s* encargado; guarda; guardabosque; archivero; guardián, custodio; protector; cerradero (*de cerrojo*); armadura, culata (*de imán*)
keeping [ˈkipɪŋ] *s* manutención; guarda, custodia, cuidado, cargo; guardar, p.ej., **the keeping of Lent** el guardar la cuaresma; **in keeping with** de acuerdo con, en armonía con; **in safe keeping** en lugar seguro, en bue-

nas manos; **out of keeping with** en desacuerdo con
keepsake ['kip,sek] *s* recuerdo
keg [kɛg] *s* cuñete; 100 libras de clavos
kelp [kɛlp] *s* (bot.) quelpo; cenizas del quelpo
kelpie o **kelpy** ['kɛlpɪ] *s* (*pl:* **-pies**) trasgo o duende en forma de caballo que mora en las aguas y se ocupa en ahogar a las personas o en darles aviso de que han de morir ahogadas
kelson ['kɛlsən] *s* var. de **keelson**
Kelt [kɛlt] *s* celta; (*l.c.*) *s* (ichth.) salmón zancado
kelter ['kɛltər] *s* var. de **kilter**
Keltic ['kɛltɪk] *adj & s* var. de **Celtic**
Ken. abr. de **Kentucky**
ken [kɛn] *s* alcance de la vista, alcance del saber; **beyond the ken of** fuera del alcance del saber de; (*pret & pp:* **kenned;** *ger:* **kenning**) *va* (archaic) ver, reconocer; *vn* (archaic & Brit. dial.) saber
Kendal green ['kɛndəl] *s* tejido de lana de Kendal (*de color verde*)
kennel ['kɛnəl] *s* perrera; establecimiento donde se crían los perros; jauría; (*pret & pp:* **-neled** o **-nelled;** *ger:* **-neling** o **-nelling**) *va* tener o encerrar en perrera; *vn* guarecerse en perrera
kenning ['kɛnɪŋ] *s* perífrasis poética, nombre metafórico (*en la literatura teutónica antigua*)
keno ['kino] *s* juego casero parecido a la lotería de familia
kentledge ['kɛntlɪdʒ] *s* (naut.) enjunque
kepi ['kɛpɪ] *s* (*pl:* **-is**) (mil.) quepis
kept [kɛpt] *pret & pp de* **keep**
kept woman *s* entretenida
keramic [kɪ'ræmɪk] *adj* var. de **ceramic; keramics** *ssg & spl* var. de **ceramics**
keratin ['kɛrətɪn] *s* (zool.) queratina
keratoconus [,kɛrəto'konəs] *s* (path.) córnea cónica
keratogenous [,kɛrə'tɑdʒɪnəs] *adj* queratógeno
kerb [kʌrb] *s* (Brit.) encintado (*de la acera*)
kerchief ['kʌrtʃɪf] *s* pañuelo
kerchoo [kə'tʃu] *interj* ¡ah-chis!
kerf [kʌrf] *s* corte; trozo cortado
kermes ['kʌrmiz] *s* quermes (*materia colorante*); (bot.) coscoja; coscojo
kermes mineral *s* (chem.) quermes mineral
kermess ['kʌrmes] o **kermis** ['kʌrmɪs] *s* kermese (*fiesta generalmente con propósito caritativo*)
kern [kʌrn] *s* labriego irlandés; (print.) rabillo de ojo que sobresale
kernel ['kʌrnəl] *s* almendra (*de cualquier fruto drupáceo*); grano (*de trigo o maíz*); (fig.) medula o meollo
kerosene ['kɛrəsin] o [,kɛrə'sin] *s* keroseno
kerosene lamp *s* lámpara de petróleo
ker-plunk [kər'plʌŋk] *interj* ¡pataplún!
kersey ['kʌrzɪ] *s* carsaya, carisea
kestrel ['kɛstrəl] *s* (orn.) cernícalo
ketch [kɛtʃ] *s* queche
ketchup ['kɛtʃəp] *s* var. de **catsup**
ketene ['kitin] *s* (chem.) queteno
ketone ['kiton] *s* (chem.) cetona o quetona
ketose ['kitos] *s* (chem.) quetosa
kettle ['kɛtəl] *s* caldera; cafetera; tetera; calderada (*lo que cabe en una caldera*); **kettle of fish** berenjenal, p.ej., **this is a fine kettle of fish we've got into** en buen berenjenal nos hemos metido
kettledrum ['kɛtəl,drʌm] *s* (mus.) timbal
key [ki] *s* llave; tecla (*de piano, máquina de escribir, etc.*); chaveta, clavija, cuña; (bot.) sámara; (geog.) cayo; (mus.) clave o llave; (mus.) tono; (telg.) manipulador; (fig.) persona o cosa dominante o principal; (fig.) clave o llave (*a un código, problema, secreto, etc.*); (fig.) llave (*lugar estratégico más propicio*); **off key** desafinado; desafinadamente; *adj* clave, llave, dominante; *va* afinar, templar (*con llave*); enchavetar, acuñar; arreglar; **to key up** alentar, excitar
keyboard ['ki,bord] *s* teclado
key fruit *s* (bot.) sámara, fruto alado
keyhole ['ki,hol] *s* ojo de la cerradura, bocallave; agujero para la llave del reloj
keyhole saw *s* sierra de punta, sierra caladora, sierra de calador
key man *s* hombre principal, hombre muy importante
keynote ['ki,not] *s* (mus.) tónica, nota tónica; (fig.) tónica, idea fundamental
keynoter ['ki'notər] *s* (coll.) miembro informante
keynote speech *s* discurso de apertura
keypuncher ['ki,pʌntʃər] *s* perforista
key ring *s* llavero
key seat *s* (mach.) cajera de cuña
key signature *s* (mus.) armadura
key socket *s* (elec.) portalámparas de llave giratoria
keystone ['ki,ston] *s* clave, espinazo (*de un arco*); (fig.) piedra angular
keyway ['ki,we] *s* (mach.) chavetera
Key West *s* Cayo Hueso
key word *s* palabra clave
kg. abr. de **kilogram** o **kilograms**
K.G. abr. de **Knight of the Garter**
khaki ['kɑkɪ] o ['kækɪ] *s* (*pl:* **-kis**) caqui; *adj* caqui
khalif ['kelɪf] o ['kælɪf] *s* var. de **caliph**
khan [kɑn] *s* kan (*título; sitio destinado para el reposo de las caravanas*)
khanate ['kɑnet] *s* kanato
Khartoum o **Khartum** [kɑr'tum] *s* Jartum
khedive [kə'div] *s* jedive
kiang [kɪ'æŋ] *s* (zool.) hemíono
kibe [kaɪb] *s* sabañón ulcerado (*en el talón*)
kibitz ['kɪbɪts] *vn* (coll.) dar consejos molestos a los jugadores
kibitzer ['kɪbɪtsər] *s* (coll.) mirón (*de una partida de juego*); (coll.) entremetido, camasquince
kiblah ['kɪblɑ] *s* alquibla (*punto hacia donde los musulmanes miran cuando rezan*)
kibosh ['kaɪbɑʃ] o [kɪ'bɑʃ] *s* (slang) música celestial; **to put the kibosh on** (slang) desbaratar, imposibilitar
kick [kɪk] *s* puntapié; coz (*de animal*); culatazo (*de arma de fuego*); (slang) queja, protesta; (slang) fuerza (*de una bebida*); (slang) estímulo, efecto estimulador (*de una bebida*); (slang) placer, gusto; **to get a kick out of** (slang) hallar placer en; *va* dar de puntapiés a; dar de coces a; **to kick down** echar abajo a puntapiés; **to kick in** romper a puntapiés; **to kick out** dar la patada a, echar a puntapiés a la calle; echar, despedir; **to kick up** (slang) armar (*p.ej., un bochinche*); *vn* cocear; dar culatazos, patear (*un arma de fuego*); (coll.) cocear, tirar coces, quejarse; **to kick about** (coll.) quejarse de; **to kick off** (football) dar el golpe de salida
kickback ['kɪk,bæk] *s* (coll.) contragolpe; (slang) devolución de cosas robadas; (slang) devolución estipulada de parte de un salario o pago, porcentaje devuelto de un salario o pago
kickoff ['kɪk,ɔf] o ['kɪk,ɑf] *s* (football) saque, golpe de salida, puntapié inicial
kickshaw ['kɪk,ʃɔ] *s* bocado delicado; bagatela, fruslería
kid [kɪd] *s* cabrito; cabritilla (*piel*); (coll.) chico; **kids** *spl* guantes o zapatos de cabritilla; (*pret & pp:* **kidded;** *ger:* **kidding**) *va* (slang) embromar; **to kid oneself** (slang) hacerse ilusiones; *vn* (slang) bromearse; **I was only kidding** (slang) lo decía en broma
kidder ['kɪdər] *s* (slang) bromista
kid-glove ['kɪd'glʌv] *adj* ceremonioso; quisquilloso
kid gloves *spl* guantes de cabritilla; **to handle with kid gloves** tratar con suma cautela y discreción
kidnap ['kɪdnæp] (*pret & pp:* **-naped** o **-napped;** *ger:* **-naping** o **-napping**) *va* secuestrar
kidnaper o **kidnapper** ['kɪd,næpər] *s* secuestrador, ladrón de niños
kidney ['kɪdnɪ] *s* (anat.) riñón; (cook.) riñones: carácter, natural; clase, especie
kidney bean *s* (bot.) judía de España, judía escarlata; (bot.) frijol, habichuela, judía
kidney ore *s* (min.) riñón
kidney stone *s* (path.) cálculo renal
kidskin ['kɪd,skɪn] *s* cabritilla
kill [kɪl] *s* matanza; ataque final (*de la jauría, el ejército, una fiera, etc.*); arroyo, riachuelo; (hunt.) caza, piezas; **for the kill** para dar muerte; para el golpe final; *va* matar (*a una*

persona o animal; el fuego, la luz, el hambre, el tiempo, etc.); ahogar (*un proyecto de ley*); quitar (*el sabor*); impresionar de modo irresistible; *vn* matar
killdee [ˈkɪlˌdi] o **killdeer** [ˈkɪlˌdɪr] *s* (orn.) tildío, chorlito gritón peleador
killer [ˈkɪlər] *s* matador; (zool.) orca
killer whale *s* (zool.) orca
killing [ˈkɪlɪŋ] *s* matanza; (hunt.) caza, piezas; (coll.) gran ganancia; **to make a killing** (coll.) enriquecerse de golpe; *adj* matador; destructivo; quemador (*dícese, p.ej., de una helada*); abrumador (*trabajo*); irresistible; (coll.) de lo más ridículo
kill-joy [ˈkɪlˌdʒɔɪ] *s* aguafiestas
kiln [kɪl] o [kɪln] *s* horno; *va* cocer, quemar o secar en horno
kilo [ˈkilo] o [ˈkɪlo] *s* (*pl:* **-los**) kilo o quilo (*kilogramo*); kilómetro o quilómetro
kiloampere [ˈkɪloˌæmpɪr] *s* (elec.) kiloamperio
kilocalorie [ˈkɪləˌkælərɪ] *s* (phys.) kilocaloría
kilocycle [ˈkɪləˌsaɪkəl] *s* kilociclo
kilogram o **kilogramme** [ˈkɪləgræm] *s* kilogramo
kilogrammeter [ˈkɪləgræmˈmitər] *s* kilográmetro
kiloliter [ˈkɪləˌlitər] *s* kilolitro
kilometer [ˈkɪləˌmitər] o [kɪˈlɑmɪtər] *s* kilómetro
kilometric [ˌkɪləˈmɛtrɪk] *adj* kilométrico
kiloton [ˈkɪlətʌn] *s* kilotonelada
kilovolt [ˈkiləˌvolt] *s* (elec.) kilovoltio
kilowatt [ˈkiləˌwɑt] *s* (elec.) kilovatio
kilowatt-hour [ˈkɪləˌwɑtˈaur] *s* (*pl:* **kilowatt-hours**) (elec.) kilovatio-hora
kilt [kɪlt] *s* enagüillas; *va* (Scotch) arremangar; plegar
kilter [ˈkɪltər] *s* (coll.) buen estado, buena condición; **to be out of kilter** (coll.) estar descompuesto
kilting [ˈkɪltɪŋ] *s* pliegues solapados
kimono [kɪˈmonə] o [kɪˈmono] *s* (*pl:* **-nos**) quimono
kin [kɪn] *s* parentesco; parentela, familia, deudos; **near of kin** muy allegado; **next of kin** deudo más cercano, deudos más cercanos; **of kin** allegado; *adj* allegado
kinaesthesia [ˌkɪnɪsˈθiʒə] *s* cinestesia
kind [kaɪnd] *adj* bueno, bondadoso, amable; afectuoso (*saludo*); **to be kind to** ser bueno para con; *s* clase, especie, género, suerte; **a kind of** uno a modo de; **all kinds of** (slang) gran cantidad de; **in kind** en especie; en la misma moneda; **of a kind** de una misma clase; de mala muerte, de poco valor; **of the kind** por el estilo, semejante; **kind of** (coll.) algo, un poco, más bien, casi
kindergarten [ˈkɪndərˌgɑrtən] *s* escuela de párvulos, jardín de la infancia
kindergartener o **kindergartner** [ˈkɪndərˌgɑrtnər] *s* párvulo (*en las escuelas de párvulos*); parvulista (*maestro o maestra*)
kind-hearted [ˈkaɪndˈhɑrtɪd] *adj* de buen corazón, bondadoso
kindle [ˈkɪndəl] *va* encender; *vn* encenderse
kindliness [ˈkaɪndlɪnɪs] *s* bondad; benignidad
kindling [ˈkɪndlɪŋ] *s* encendimiento; leña
kindling wood *s* leña
kindly [ˈkaɪndlɪ] *adj* (*comp:* **-lier**; *super:* **-liest**) bondadoso; benigno, agradable; *adv* bondadosamente; benignamente, agradablemente; **to not take kindly to** no aceptar de buen grado, no poder sufrir
kindness [ˈkaɪndnɪs] *s* bondad; **have the kindness to** + *inf* tenga Vd. la bondad de + *inf*
kindred [ˈkɪndrɪd] *s* parentesco; parentela, familia; semejanza; *adj* allegado; semejante
kine [kaɪn] *spl* (archaic & dial.) vacas
kinematic [ˌkɪnɪˈmætɪk] *adj* cinemático; **kinematics** *ssg* cinemática
kinematograph [ˌkɪnɪˈmætəgræf] [ˌkɪnɪˈmætəgrɑf] *s* var. de **cinematograph**
kinescope [ˈkɪnɪskop] *s* (trademark) cinescopio
kinesthesia [ˌkɪnɪsˈθiʒə] *s* cinestesia
kinesthetic [ˌkɪnɪsˈθɛtɪk] *adj* cinestésico
kinetic [kɪˈnɛtɪk] o [kaɪˈnɛtɪk] *adj* cinético; **kinetics** *ssg* cinética
kinetic energy *s* (phys.) energía cinética, energía viva
kinfolk [ˈkɪnˌfok] *spl* (dial.) var. de **kinsfolk**
king [kɪŋ] *s* rey; (cards, chess & fig.) rey; (checkers) dama; **Kings** *spl* (Bib.) el libro de los Reyes (*uno de dos libros del Antiguo Testamento protestante; uno de cuatro libros del Antiguo Testamento católico*)
King Arthur *s* el rey Artús
kingbird [ˈkɪŋˌbʌrd] *s* (orn.) tirano, pecho amarillo
kingbolt [ˈkɪŋˌbolt] *s* pivote central; (rail.) perno pinzote
king crab *s* (zool.) cangrejo bayoneta
kingcraft [ˈkɪŋˌkræft] o [ˈkɪŋˌkrɑft] *s* arte de reinar
kingcup [ˈkɪŋˌkʌp] *s* (bot.) hierba velluda; (bot.) botón de oro; (bot.) hierba centella
kingdom [ˈkɪŋdəm] *s* reino
kingfish [ˈkɪŋˌfɪʃ] *s* (ichth.) pez grande comestible (*Menticirrhus nebulosus; Genyonemus lineatus; Sierra cavalla*)
kingfisher [ˈkɪŋˌfɪʃər] *s* (orn.) martín pescador
King James Version *s* traducción de la Biblia que mandó hacer el rey Jacobo de Inglaterra (*1611*)
kinglet [ˈkɪŋlɪt] *s* reyezuelo; (orn.) reyezuelo
kingly [ˈkɪŋlɪ] *adj* (*comp:* **-lier**; *super:* **-liest**) real, regio; noble, digno de un rey; *adv* regiamente; noblemente, con dignidad real
king of arms *s* (her.) rey de armas
king of beasts *s* rey de los animales (*león*)
king of birds *s* rey de las aves (*águila*)
kingpin [ˈkɪŋˌpɪn] *s* bolo de adelante (*en el juego de bolos*); pivote central; (aut.) pivote de dirección; (coll.) persona principal
king post *s* pendolón
king's English *s* inglés castizo
king's evil *s* escrófula
kingship [ˈkɪŋʃɪp] *s* dignidad real; reino (*territorio gobernado por un rey*)
king-size [ˈkɪŋˌsaɪz] *adj* de tamaño largo (*cigarrillo*)
king snake *s* (zool.) coralilla
king's ransom *s* riquezas de Creso
King's Speech *s* discurso de la corona
king truss *s* armadura de pendolón
kink [kɪŋk] *s* enroscadura (*de cabo, cuerda, pelo, etc.*); tortícolis (*dolor*); chifladura, manía; *va* enroscar; *vn* enroscarse
kinkajou [ˈkɪŋkədʒu] *s* (zool.) quincayú, martucha
kinky [ˈkɪŋkɪ] *adj* (*comp:* **-ier**; *super:* **-iest**) enroscado, encarrujado
kino [ˈkino] *s* quino
kino gum *s* goma quino
kinsfolk [ˈkɪnzˌfok] *spl* parentela, familia, deudos
kinship [ˈkɪnʃɪp] *s* parentesco; correspondencia, semejanza
kinsman [ˈkɪnzmən] *s* (*pl:* **-men**) pariente
kinswoman [ˈkɪnzˌwumən] *s* (*pl:* **-women**) parienta
kiosk [kɪˈɑsk] o [ˈkaɪɑsk] *s* quiosco (*para vender periódicos, flores, etc.*); [kɪˈɑsk] *s* quiosco (*pabellón de gusto oriental en un jardín*)
kip [kɪp] *s* piel de res pequeña; kilolibra
kipper [ˈkɪpər] *s* macho del salmón durante o después de la época del celo; salmón o arenque acecinados o salados; *va* acecinar (*el salmón o el arenque*)
Kirghiz [kɪrˈgiz] *s* (*pl:* **-ghiz** o **-ghizes**) kirguís
kirk [kʌrk] *s* (Scotch) iglesia; **the Kirk** la iglesia nacional de Escocia (*de la secta presbiteriana*)
kirmess [ˈkʌrmɛs] *s* var. de **kermess**
kirtle [ˈkʌrtəl] *s* (archaic) falda, ropón
kismet [ˈkɪzmɛt] o [ˈkɪsmɛt] *s* destino, sino
kiss [kɪs] *s* beso; roce; pelo, retruco (*en el billar*); merengue, dulce; *va* besar; acariciar (*rozar suavemente*); **to kiss away** borrar con besos (*p.ej., las penas de otra persona*); *vn* besar; besarse; retrucar (*en el billar*)
kisser [ˈkɪsər] *s* besador; (slang) bozo, pico, hocico, rostro
kissing bug *s* (ent.) reduvio
kit [kɪt] *s* equipaje (*del viajero*); pertrechos o equipo (*del soldado*); avíos; herramental, cartera de herramientas; conjunto de piezas ne-

K

cesarias para construir una radio, un aeromodelo, etc.; balde, cubo, tineta; gatito; pequeño violín; (coll.) juego, lote, grupo; **the whole kit and caboodle** (coll.) la totalidad, el conjunto; (*cap.*) *s* abr. de **Catherine** y **Christopher**
kitchen ['kɪtʃən] *s* cocina
kitchenette [,kɪtʃə'nɛt] *s* cocinilla, cocina pequeña
kitchen garden *s* huerto
kitchenmaid ['kɪtʃən,med] *s* pincha, ayudanta de cocina
kitchen midden ['mɪdən] *s* (anthrop.) acumulación de basura (*en o cerca de las viviendas prehistóricas*)
kitchen police *s* (mil.) trabajo de cocina; (mil.) pinches
kitchen range *s* cocina económica
kitchen sink *s* fregadero
kitchenware ['kɪtʃən,wɛr] *s* chirimbolos de cocina, utensilios de cocina
kite [kaɪt] *s* cometa (*juguete*); (orn.) milano; *vn* (coll.) deslizarse rápidamente
kite balloon *s* globo cometa
kith and kin [kɪθ] *spl* deudos y amigos; parientes
kitten ['kɪtən] *s* gatito
kittenish ['kɪtənɪʃ] *adj* juguetón, retozón; coquetón
kittiwake ['kɪtɪwek] *s* (orn.) risa (*especie de gaviota*)
kitty ['kɪtɪ] *s* (*pl:* **-ties**) minino, gatito; polla, puesta (*en los juegos de naipes*); **kitty, kitty!** ¡miz, miz!; (*cap.*) *s* nombre abreviado de **Katherine**
kiwi ['kiwɪ] *s* (*pl:* **-wis**) (orn.) kiwi
K.K.K. abr. de **Ku Klux Klan**
kl. abr. de **kiloliter**
klaxon ['klæksən] *s* claxon
kleptomania [,klɛpto'menɪə] *s* cleptomanía
kleptomaniac [,klɛpto'menɪæk] *adj & s* cleptómano
klieg light [klig] *s* lámpara klieg
klystron ['klaɪstrən] *s* (trademark) klistrón
km. abr. de **kilometer** o **kilometers**
knack [næk] *s* tino, tranquillo; costumbre, hábito
knapsack ['næp,sæk] *s* mochila; *adj* de mochila, p.ej., **knapsack spray** pulverizador de mochila
knapweed ['næp,wid] *s* (bot.) centaura negra
knave [nev] *s* bribón, pícaro; sota (*en los naipes*); (archaic) criado, mozo; (archaic) villano
knavery ['nevərɪ] *s* (*pl:* **-ies**) briboneria, picardía, bellaquería
knavish ['nevɪʃ] *adj* bribón, pícaro, bellaco
knead [nid] *va* amasar, sobar
knee [ni] *s* (anat.) rodilla; codillo (*de los cuadrúpedos*); rodillera (*p.ej., de los pantalones*); ángulo, codo, escuadra; **to bring to one's knees** rendir, vencer; **to be on the knees of the gods** depender sólo de Dios o de la voluntad divina; **to go down on one's knees** caer de rodillas; **to go down on one's knees to** implorar de rodillas
knee action *s* (aut.) acción de rodilla, acción independiente
knee-action wheel ['ni,ækʃən] *s* (aut.) rueda con acción de rodilla, rueda independiente
knee brace *s* esquinal
knee breeches *spl* pantalones cortos
kneecap ['ni,kæp] *s* (anat.) rótula, choquezuela; rodillera (*abrigo de la rodilla*)
knee-deep ['ni'dip] *adj* metido hasta las rodillas
knee-high ['ni'haɪ] *adj* que llega hasta la rodilla
knee-high to a grasshopper *adj* diminuto, liliputiense
kneehole ['ni,hol] *s* hueco para introducir cómodamente las piernas
knee jerk *s* (med.) reflejo rotuliano o patelar
kneel [nil] (*pret & pp:* **knelt** o **kneeled**) *vn* arrodillarse; estar arrodillado
kneepad ['ni,pæd] *s* rodillera (*abrigo de la rodilla*)
kneepan ['ni,pæn] *s* (anat.) rótula, choquezuela
knee swell *s* (mus.) rodillera (*del órgano*)
knell [nɛl] *s* doble, toque a muerto; anuncio, mal agüero; **to toll the knell of** anunciar el fin de; *va* proclamar a toque de campana; convocar o llamar a toque de campana; *vn* doblar, tocar a muerto; sonar tristemente
knelt [nɛlt] *pret & pp de* **kneel**
knew [nju] o [nu] *pret de* **know**
Knickerbocker ['nɪkər,bɑkər] *s* descendiente de los fundadores holandeses de Nueva York; neoyorquino; **knickerbockers** *spl* pantalones de media pierna, calzones cortos
knickers ['nɪkərz] *spl* pantalones de media pierna, calzones cortos
knickknack ['nɪk,næk] *s* baratija, chuchería, bujería
knife [naɪf] *s* (*pl:* **knives**) cuchillo; (mach.) cuchilla; **to go under the knife** (coll.) operarse; *va* acuchillar; (slang) traicionar
knife edge *s* filo de cuchillo; arista, filo; eje de apoyo (*de una balanza*)
knife plug *s* (elec.) clavija a cuchilla
knife sharpener *s* afilador, afilón
knife switch *s* (elec.) interruptor de cuchilla
knifing ['naɪfɪŋ] *s* cuchillada
knight [naɪt] *s* caballero; caballo (*en el ajedrez*); *va* armar caballero
knight-errant ['naɪt'ɛrənt] *s* (*pl:* **knights-errant**) caballero andante
knight-errantry ['naɪt'ɛrəntrɪ] *s* (*pl:* **-ries**) caballería andante; quijotada, acción quijotesca
knighthood ['naɪthʊd] *s* caballería
knightly ['naɪtlɪ] *adj* caballeroso, caballeresco; *adv* caballerosamente, caballerescamente
Knight of the Rueful Countenance *s* Caballero de la triste figura (*Don Quijote*)
Knights of Columbus *spl* caballeros de Colón (*asociación fraternal católica*)
Knight Templar *s* (*pl:* **Knights Templars**) Templario, caballero del Temple; (*pl:* **Knights Templar**) (U.S.A.) caballero templario
knit [nɪt] (*pret & pp:* **knitted** o **knit**; *ger:* **knitting**) *va* trabajar a punto de aguja; enlazar, unir; fruncir (*las cejas*); *vn* hacer calceta, hacer malla; trabarse, unirse; soldarse (*un hueso*)
knit goods *spl* géneros de punto
knitting ['nɪtɪŋ] *s* trabajo de punto
knitting machine *s* máquina de hacer media, máquina de hacer punto, máquina para punto
knitting needle *s* aguja de media, aguja de hacer media
knitwear ['nɪt,wɛr] *s* géneros de punto
knob [nɑb] *s* bulto, protuberancia; botón, tirador (*de puerta*); perilla o botón (*de aparato de radio*); colina o montaña redondeada
knobby ['nɑbɪ] *adj* (*comp:* **-bier**; *super:* **-biest**) nudoso; redondeado; montañoso
knock [nɑk] *s* golpe; toque, llamada; aldabonazo; golpeteo; pistoneo (*del motor de combustión interna*); (slang) censura, crítica ‖ *va* golpear; golpetear; (slang) censurar, criticar; **to knock down** derribar (*de un golpe, puñetazo, etc.*); vencer; hincar; roblar; rematar (*al mejor postor*); desarmar, desmontar (*un aparato o máquina*); **to knock off** hacer saltar a fuerza de golpes; suspender (*el trabajo*); rebajar (*del precio*); poner fin a; (slang) matar; **to knock out** agotar; (box.) poner fuera de combate; **to knock together** construir, armar o montar precipitadamente ‖ *vn* tocar, llamar; pistonear, golpear (*el motor de combustión interna*); (slang) censurar, criticar; **to knock about** (coll.) andar vagando, vagabundear; **to knock at** tocar a, llamar a (*la puerta*); **to knock against** dar contra, tropezar con; **to knock off** dejar de trabajar; (slang) morir
knockabout ['nɑkə,baʊt] *adj* para usos generales; turbulento, tumultuoso; *s* (naut.) yate pequeño (*sin bauprés*)
knockdown ['nɑk,daʊn] *adj* abrumador, irresistible; entregado en piezas sueltas (*listo para armarse o montarse*); desarmable; mínimo (*precio a que se venderá una cosa en subasta*); s golpe abrumador; derribo; cosa desmontada, cosa entregada en piezas (*lista para armarse o montarse*)
knocker ['nɑkər] *s* llamador; aldaba; (slang) criticón
knock-kneed ['nɑk,nid] *adj* patizambo, zambo
knockout ['nɑk,aʊt] *s* golpe decisivo, puñeta-

zo decisivo; (box.) (el) fuera de combate, knock-out; (elec.) agujero ciego, destapadero; (slang) real moza
knockout drops *spl* (slang) gotas narcóticas
knoll [nol] *s* mambla, otero; toque de campana; *va* anunciar a toque de campana; *vn* doblar, tocar a muerto
Knossos ['nɑsəs] *s* Cnosos
knot [nɑt] *s* nudo; lazo (*adorno*); lazo matrimonial; corrillo, grupo; calambre (*de un músculo*); (naut.) nudo; canut (*Calidris canutus*); chorlo rojizo (*Calidris canutus rufus*); (fig.) nudo (*enlace; punto difícil*); **to get a knot in one's throat** hacérsele a uno un nudo en la garganta; (*pret & pp:* **knotted;** *ger:* **knotting**) *va* anudar; fruncir (*las cejas*); *vn* anudarse
knotgrass ['nɑt,græs] o ['nɑt,grɑs] *s* (bot.) centinodia, sanguinaria mayor
knothole ['nɑt,hol] *s* agujero (*que deja en la madera un nudo al desprenderse*)
knotted ['nɑtɪd] *adj* anudado, nudoso
knotty ['nɑtɪ] *adj* (*comp:* **-tier;** *super:* **-tiest**) nudoso; (fig.) espinoso, difícil
knotty brake *s* (bot.) helecho macho
know [no] *s* (coll.) conocimiento; **to be in the know** (coll.) estar enterado, tener informes secretos; (*pret:* **knew;** *pp:* **known**) *va & vn* saber (*tener conocimiento por medio de la razón*); conocer (*tener conocimiento por medio de los sentidos; entender, reconocer; distinguir*); **to know best** ser el mejor juez, saber lo que más conviene; **to know how to** + *inf* saber + *inf;* **to know it all** (coll.) sabérselo todo; **to know of** saber de, tener noticia de; **to know what one is doing** obrar con conocimiento de causa; **to know what's what** (coll.) saber cuántas son cinco; **to not know what it's all about** (coll.) no saber cuántas son cinco, estar a obscuras; **You ought to know better** Deberías tener vergüenza
knowable ['noəbəl] *adj* conocible
know-how ['no,haʊ] *s* destreza, habilidad, maña
knowing ['no·ɪŋ] *adj* entendido, inteligente; astuto, sutil; de inteligencia, de complicidad
knowingly ['no·ɪŋlɪ] *adv* a sabiendas; con conocimiento de causa
know-it-all ['no·ɪt,ɔl] *adj* sabidillo, sabihondo; *s* sabidillo, sabihondo, sábelotodo
knowledge ['nɑlɪdʒ] *s* el saber (*facultad*); conocimiento; conocimientos; **to be a matter of common knowledge** ser notorio; **to have a thorough knowledge of** conocer a fondo; **to my knowledge** según mi leal saber y entender; que yo sepa; **to the best of my knowledge** según mi leal saber y entender; **with full knowledge** con conocimiento de causa; **without my knowledge** sin mi noticia, sin saberlo yo
knowledgeable ['nɑlɪdʒəbəl] *adj* (coll.) conocedor, inteligente
known [non] *pp de* **know**
know-nothing ['no,nʌθɪŋ] *s* ignorante; **Know-Nothing** *s* (U.S.A.) partido político que quería alejar del gobierno a todos los individuos de nacimiento extranjero; (U.S.A.) miembro de este partido
knuckle ['nʌkəl] *s* nudillo; jarrete (*de la res*); (mach.) junta de charnela; **knuckles** *spl* bóxer; **to rap the knuckles of** dar con la badila en los nudillos a; *vn* tocar con los nudillos en el suelo; **to knuckle down** someterse, darse por vencido; trabajar con ahinco; **to knuckle under** someterse, darse por vencido
knuckle joint *s* (mach.) junta articulada, unión de gozne
knurl [nʌrl] *s* nudo, protuberancia; moleteado, gráfila; *va* moletear, cerrillar (*las piezas de moneda*)
knurly ['nʌrlɪ] *adj* (*comp:* **-ier;** *super:* **-iest**) nudoso; moleteado
k.o. abr. de **knockout**
koala [ko'ɑlə] *s* (zool.) coala
kobold ['kobɑld] o ['kobold] *s* duende; gnomo
kodak ['kodæk] *s* (trademark) kodak; *va & vn* fotografiar con kodak
K. of C. abr. de **Knights of Columbus**
kohl [kol] *s* alcohol (*polvo negro para teñir los párpados y las pestañas*)
kohlrabi ['kol,rɑbɪ] *s* (*pl:* **-bies**) (bot.) colirrábano
kola ['kolə] *s* (bot.) árbol de la cola; nuez de cola; (pharm.) nuez de cola
kola nut *s* nuez de cola
kolinsky [ko'lɪnskɪ] *s* (*pl:* **-skies**) (zool.) visón de Siberia (*animal y piel*)
koodoo ['kudu] *s* var. de **kudu**
kopeck o **kopek** ['kopɛk] *s* copeck (*moneda rusa*)
Koran [ko'rɑn] o ['koræn] *s* Alcorán, Corán
Koranic [ko'rænɪk] *adj* alcoránico
Koranist [ko'rænɪst] *s* alcoranista
Korea [ko'riə] *s* Corea
Korean [ko'riən] *adj & s* coreano
Korea Strait *s* el estrecho de Corea
kosher ['koʃər] *adj* autorizado por la ley judía; (slang) genuino
kotow ['ko'taʊ] *s & vn* var. de **kowtow**
koumis ['kumɪs] *s* var. de **kumiss**
kowtow ['kaʊ'taʊ] o ['ko'taʊ] *s* homenaje de los chinos (*postrándose con la frente en el suelo*); *vn* arrodillarse y tocar el suelo con la frente (*en señal de homenaje*); doblegarse servilmente, humillarse
K.P. abr. de **Kitchen Police**
kraal [krɑl] *s* población de hotentotes; corral, redil (*del África austral*)
Kremlin ['krɛmlɪn] *s* Kremlín
kris [kris] *s* var. de **creese**
Kriss Kringle ['krɪs 'krɪŋgəl] *s* San Nicolás, Papá Noel
kruller ['krʌlər] *s* var. de **cruller**
krypton ['krɪptɑn] *s* (chem.) criptón
Kt. abr. de **Knight**
K.T. abr. de **Knight Templar**
kudos ['kjudɑs] *s* (coll.) renombre, gloria
kudu ['kudu] *s* (zool.) cudú
Ku-Klux ['kju,klʌks] o **Ku Klux Klan** [klæn] *s* asociación secreta norteamericana que combate a los negros, los judíos, los católicos y los extranjeros
kulak [ku'lɑk] *s* kulak (*campesino ruso acomodado*)
kumiss ['kumɪs] *s* cumis
kümmel ['kɪməl] *s* cúmel
kumquat ['kʌmkwɑt] *s* (bot.) kumquat (*naranjo chino: Fortunella japonica; su fruto*)
Kurd [kʌrd] o [kurd] *s* curdo
Kurdish ['kʌrdɪʃ] o ['kurdɪʃ] *adj* curdo; *s* curdo (*idioma*)
Kurdistan [,kʌrdɪ'stæn] o [,kurdɪ'stɑn] *s* el Curdistán
Kurile Islands ['kurɪl] *spl* islas Curiles
Kurland ['kurlənd] *s* var. de **Courland**
kw. abr. de **kilowatt**
K.W.H. abr. de **kilowatt-hour**
Ky. abr. de **Kentucky**
kymograph ['kaɪmogræf] o ['kaɪmogrɑf] *s* quimógrafo
kyphosis [kaɪ'fosɪs] *s* (path.) cifosis

K

L

L, l [ɛl] *s* (*pl:* **L's, l's** [ɛlz]) duodécima letra del alfabeto inglés
l. abr. de **liter, line, league, length,** y **lira** o **liras**
L. abr. de **Latin** y **Low**
La. abr. de **Louisiana**
la [lɑ] o [lɔ] *interj* ¡ ah!
Lab. abr. de **Labrador** y **Laborite**
lab [læb] *s* (coll.) laboratorio
Laban [ˈlebən] *s* (Bib.) Labán
labarum [ˈlæbərəm] *s* (*pl:* **-ra** [rə]) lábaro; (hist.) lábaro
labdanum [ˈlæbdənəm] *s* ládano
label [ˈlebəl] *s* rótulo, marbete, etiqueta; calificación, epíteto; (b.b.) tejuelo; (her.) lambel; (*pret & pp:* **-beled** o **-belled;** *ger:* **-beling** o **-belling**) *va* rotular, poner marbete o etiqueta a; calificar, apodar
labellum [ləˈbɛləm] *s* (*pl:* **-la** [lə]) (bot.) labelo; (ent.) labela
labial [ˈlebɪəl] *adj & s* labial
labialize [ˈlebɪəlaɪz] *va* (phonet.) labializar
labiate [ˈlebɪet] o [ˈlebɪɪt] *adj* (anat., zool. & bot.) labiado; *s* (bot.) labiada
labile [ˈlebɪl] *adj* (chem.) lábil
lability [leˈbɪlɪtɪ] *s* labilidad
labiodental [ˌlebɪoˈdɛntəl] *adj & s* (phonet.) labiodental
labium [ˈlebɪəm] *s* (*pl:* **-a** [ə]) labio; (anat., bot. & zool.) labio
labor [ˈlebər] *s* labor, trabajo; tarea, faena; los obreros (*trabajo en contraposición de capital*); mano de obra (*trabajo de los obreros; remuneración del trabajo*); parto; **labors** *spl* esfuerzos; **to be in labor** estar de parto; *va* desarrollar (*p.ej., un concepto*) con nimiedad; *vn* trabajar; forcejar; estar de parto; trabajar (*un buque*) contra las olas y el viento; moverse penosamente; **to labor under** estar sufriendo (*p.ej., una enfermedad*); tener que luchar contra; **to labor under a mistake** estar equivocado
laboratory [ˈlæbərəˌtorɪ] *s* (*pl:* **-ries**) laboratorio
labor camp *s* campo de trabajo
Labor Day *s* (U.S.A.) día del trabajo (*primer lunes de septiembre*)
labored [ˈlebərd] *adj* dificultoso, penoso; forzado; torpe, lento; artificial, premioso
laborer [ˈlebərər] *s* trabajador, obrero; bracero, jornalero, peón
laborious [ləˈborɪəs] *adj* laborioso
Laborite [ˈlebəraɪt] *s* laborista
labor-management [ˈlebərˈmænɪdʒmənt] *adj* obrero-patronal
labor-saving [ˈlebərˌsevɪŋ] *adj* economizador de trabajo
labors of Hercules *spl* (myth.) trabajos de Hércules
labor turnover *s* número de obreros que se emplean para reemplazar a los que han dejado el trabajo; proporción entre los obreros que trabajan transitoriamente y el número total de obreros (*en una empresa*)
labor union *s* unión de obreros
labour [ˈlebər] *s, va & vn* (Brit.) var. de **labor**
Labour Party *s* (Brit.) partido laborista, laborismo británico
Labrador [ˈlæbrədər] *s* el Labrador
labradorite [ˈlæbrədəraɪt] o [ˌlæbrəˈdəraɪt] *s* (mineral.) labradorita
labrum [ˈlebrəm] o [ˈlæbrəm] *s* (*pl:* **-bra** [brə]) (zool.) labro
laburnum [ləˈbʌrnəm] *s* (bot.) lluvia de oro, codeso
labyrinth [ˈlæbɪrɪnθ] *s* laberinto; (anat. & mach.) laberinto; **the Labyrinth** (myth.) el laberinto de Creta
labyrinthine [ˌlæbɪˈrɪnθɪn] *adj* laberíntico
lac [læk] *s* laca (*resina*)
lac dye *s* color de laca (*para usos tintóreos*)
lace [les] *s* encaje; cordón o lazo (*de zapato, corsé, etc.*); galón, galoncillo; *va* adornar con encaje, adornar con randas; atar (*los zapatos, el corsé, etc.*); enlazar, entrelazar; rayar (*con líneas finas*); azotar, dar una paliza a; echar licor a (*p.ej., el café*); *vn* atarse; apretarse mucho el corsé; **to lace into** arremeter contra; poner de oro y azul
lace bug *s* (ent.) chinche de encaje
Lacedaemon [ˌlæsəˈdimən] *s* la Lacedemonia
Lacedaemonian [ˌlæsədɪˈmonɪən] *adj & s* lacedemón o lacedemonio
laceman [ˈlesmən] *s* (*pl:* **-men**) encajero
lacerate [ˈlæsəret] *va* lacerar; (fig.) herir (*p.ej., las sensibilidades de una persona*)
laceration [ˌlæsəˈreʃən] *s* laceración
lacewing [ˈlesˌwɪŋ] *s* (ent.) crisopo
lacewoman [ˈlesˌwʊmən] *s* (*pl:* **-women**) encajera
lacework [ˈlesˌwʌrk] *s* encaje, obra de encaje
laches [ˈlætʃɪz] *s* dejadez, flojedad, descuido; (law) culpa lata
Lachesis [ˈlækɪsɪs] *s* (myth.) Laquesis
lachryma [ˈlækrɪmə] *s* (*pl:* **-mas** o **-mae** [mi]) lágrima
Lachryma Christi [ˈkrɪstɪ] o [ˈkrɪstaɪ] *s* lácrima cristi (*vino*)
lachrymal [ˈlækrɪməl] *adj* lagrimal; (anat.) lagrimal; **lachrymals** *spl* (anat.) glándulas lagrimales
lachrymal caruncle *s* (anat.) carúncula lagrimal
lachrymal gland *s* (anat.) glándula lagrimal
lachrymal vase *s* vaso lacrimatorio
lachrymatory [ˈlækrɪməˌtorɪ] *adj* lacrimatorio; lagrimal; *s* (*pl:* **-ries**) lacrimatorio (*vaso*); (hum.) pañuelo
lachrymose [ˈlækrɪmos] *adj* lacrimoso
lacing [ˈlesɪŋ] *s* cordón o lazo (*de zapato, corsé, etc.*); galón o galoncillo; paliza, tunda
lacinia [ləˈsɪnɪə] *s* (*pl:* **-ae** [i] o **-as**) (bot.) lacinia
laciniate [ləˈsɪnɪet] o [ləˈsɪnɪɪt] *adj* (bot.) laciniado
lac insect *s* (ent.) cochinilla de la laca
lack [læk] *s* carencia; falta; deficiencia; **to supply the lack** suplir la falta; *va* carecer de; necesitar, faltarle a uno, hacerle a uno falta, p.ej., **I lack money** me falta dinero, me hace falta dinero; *vn* faltar
lackadaisical [ˌlækəˈdezɪkəl] *adj* lánguido, indiferente
lackaday [ˈlækəˌde] *interj* ¡ ay de mí!
lackey [ˈlækɪ] *s* lacayo; secuaz servil; *va* servir; doblegarse ante
lacking [ˈlækɪŋ] *adj* defectuoso; carente; falto de; **to be lacking** faltar; **lacking in** carente de, falto de; *prep* sin, no teniendo
lackluster [ˈlækˌlʌstər] *adj* deslustrado, deslucido, inexpresivo
Laconia [ləˈkonɪə] *s* Laconia
Laconian [ləˈkonɪən] *adj & s* laconio
laconic [ləˈkɑnɪk] *adj* lacónico
laconically [ləˈkɑnɪkəlɪ] *adv* lacónicamente
laconism [ˈlækənɪzəm] *s* laconismo
lacquer [ˈlækər] *s* laca (*barniz y objeto barnizado; color*); *va* laquear, barnizar con laca
lacquer ware *s* lacas, objetos de laca
lacrimal [ˈlækrɪməl] *adj* var. de **lachrymal**
lacrosse [ləˈkrɔs] o [ləˈkrɑs] *s* (sport) crosse (*juego de pelota del Canadá*); **to play lacrosse** jugar a la crosse
lactam [ˈlæktæm] *s* (biochem.) lactama
lactase [ˈlæktes] *s* (biochem.) lactasa
lactate [ˈlæktet] *s* (chem.) lactato

lactation [læk'teʃən] *s* lactancia
lacteal ['læktɪəl] *adj* lácteo; quilífero; *s* (anat.) vaso quilífero
lacteous ['læktɪəs] *adj* lácteo
lactescence [læk'tɛsəns] *s* lactescencia
lactescent [læk'tɛsənt] *adj* lactescente; (bot.) lactescente
lactic ['læktɪk] *adj* láctico
lactic acid *s* (chem.) ácido láctico
lactiferous [læk'tɪfərəs] *adj* lactífero
lactoflavin [,lækto'flevɪn] *s* lactoflavina
lactometer [læk'tɑmɪtər] *s* lactómetro
lactone ['lækton] *s* (chem.) lactona
lactose ['læktos] *s* (chem.) lactosa
lacuna [lə'kjunə] *s* (*pl:* **-nas** o **-nae** [ni]) laguna, hueco; (anat., bot. & zool.) laguna
lacunar [lə'kjunər] *s* (arch.) lagunar
lacustrine [lə'kʌstrɪn] *adj* lacustre; (geol.) lacustre
lacy ['lesɪ] *adj* (*comp:* **-ier;** *super:* **-iest**) de encaje; etéreo, diáfano
lad [læd] *s* muchacho; (coll.) hombre
ladder ['lædər] *s* escala, escalera; (fig.) escalón; carrera (*en las medias*)
ladder truck *s* carro de escaleras de incendio
laddie ['lædɪ] *s* (Scotch) muchacho
lade [led] (*pret:* **laded;** *pp:* **laden** o **laded**) *va* cargar; sacar, echar fuera, servir (*un líquido*) con cucharón; *vn* tomar cargamento
laden ['ledən] *adj* cargado; *pp de* **lade**
Ladin [lə'din] *s* ladino (*variedad de romancho*)
lading ['ledɪŋ] *s* carga
Ladino [lɑ'dino] *s* (*pl:* **-nos**) ladino (*mestizo hispanohablante; lenguaje híbrido hebreorrománico de ciertos judíos*)
ladle ['ledəl] *s* cazo, cucharón; (found.) cazo de colada, caldero de colada; *va* sacar o servir con cucharón; llevar en cucharón
lady ['ledɪ] *s* (*pl:* **-dies**) señora; dama
ladybird ['ledɪ,bʌrd] o **ladybug** ['ledɪ,bʌg] *s* (ent.) mariquita, vaca de San Antón
lady bullfighter *s* señorita-torera
Lady Day *s* (eccl.) anunciación (*25 de marzo*)
ladyfinger ['ledɪ,fɪŋgər] *s* melindre, bizcocho de plantilla
lady in waiting *s* camarera (*que sirve a una reina o princesa*)
lady-killer ['ledɪ,kɪlər] *s* (slang) matador de mujeres, ladrón de corazones, tenorio
ladylike ['ledɪ,laɪk] *adj* afeminado; delicado, elegante; **to be ladylike** ser (*una mujer*) muy dama
ladylove ['ledɪ,lʌv] *s* amada, amiga querida
Lady of the Lake *s* Doncella del Lago (*del ciclo bretón del rey Artús*)
lady's-comb ['ledɪz'kom] *s* (bot.) peine de Venus
ladyship ['ledɪʃɪp] *s* señoría (*título y persona*)
lady-slipper ['ledɪ,slɪpər] o **lady's-slipper** ['ledɪz,slɪpər] *s* (bot.) chapín, zapatilla de señorita
lady's maid *s* doncella
lady's man *s* perico entre ellas
lady's-mantle ['ledɪz'mæntəl] *s* (bot.) alquimila, estela
lady's-thumb ['ledɪz'θʌm] *s* (bot.) pesicaria, duraznillo
lag [læg] *s* retraso; (*pret & pp:* **lagged;** *ger:* **lagging**) *vn* retrasarse; quedarse atrás, rezagarse
lagena [lə'dʒinə] *s* (*pl:* **-nae** [ni]) (zool.) lagena
lager ['lɑgər] o **lager beer** *s* cerveza reposada, cerveza de conserva
laggard ['lægərd] *adj & s* rezagado, perezoso
lagniappe o **lagnappe** [læn'jæp] *s* adehala, yapa
lagoon [lə'gun] *s* laguna
lag screw *s* tirafondo
laic ['leɪk] *adj & s* laico
laicization [,leɪsɪ'zeʃən] *s* laicización
laicize ['leɪsaɪz] *va* laicizar
laid [led] *pret & pp de* **lay;** *adj* vergueteado; **laid up** almacenado, guardado; ahorrado; encamado (*por estar enfermo*); (naut.) inactivo
lain [len] *pp de* **lie**
lair [lɛr] *s* cubil, cama
laird [lɛrd] *s* (Scotch) dueño de tierras
laisser faire o **laissez faire** [,lɛse'fɛr] *s* laisser faire (*doctrina según la cual los poderes públicos deben intervenir lo menos posible en los intereses de los particulares y de las asociaciones*)
laissez-faire [,lɛse'fɛr] *adj* de laisser faire
laity ['leɪtɪ] *s* (*pl:* **-ties**) legos
Laius ['leəs] *s* (myth.) Layo
lake [lek] *s* lago; laca (*materia colorante*)
Lake Aral ['ærəl] *s* el lago de Aral
Lake Country o **Lake District** *s* región de los lagos (*en el noroeste de Inglaterra*)
lake dweller *s* hombre lacustre
lake dwelling *s* habitación lacustre
Lake of Constance *s* el lago de Constanza
Lake Ontario [ɑn'tɛrio] *s* el lago Ontario
Lake poets *spl* lakistas (*Wordsworth, Coleridge y Southey*)
Lake Superior *s* el lago Superior
lake trout *s* (ichth.) trucha de los lagos
Lam. abr. de **Lamentations**
lama ['lɑmə] *s* lama (*sacerdote del Tibet*)
Lamaism ['lɑməɪzəm] *s* lamaísmo
Lamaist ['lɑməɪst] *adj & s* lamaísta
Lamarckian [lə'mɑrkɪən] *adj & s* lamarquista
Lamarckianism [lə'mɑrkɪənɪzəm] o **Lamarckism** [lə'mɑrkɪzəm] *s* lamarquismo
lamasery ['lɑmə,sɛrɪ] *s* (*pl:* **-ies**) lamasería
lamb [læm] *s* cordero; carne de cordero; piel de cordero; (fig.) cordero (*persona inocente, humilde*); (fig.) nene; **like a lamb** inocente, humilde; inocentemente, humildemente; **the Lamb** el Cordero (*Jesucristo*); *vn* parir (*la oveja*)
lambaste [læm'best] *va* (slang) dar una paliza a, azotar sin piedad; (slang) dar una jabonadura a
lamb chop *s* chuleta de cordero
lambent ['læmbənt] *adj* ondulante, lamiente (*llama*); centelleante (*ingenio, estilo*); suave (*luz*)
Lambert ['læmbərt] *s* Lamberto
lambkin ['læmkɪn] *s* corderito; (fig.) nenito
Lamb of God *s* Cordero de Dios, Divino Cordero
lambrequin ['læmbrəkɪn] *s* lambrequín, guardamalleta; (her.) lambrequín
lambskin ['læm,skɪn] *s* corderina, piel de cordero; corderillo (*adobado con su lana*)
lame [lem] *adj* cojo; molido, lastimado; pobre, débil, frívolo; *va* encojar; *vn* encojarse
lamé [læ'me] *s* lama (*tejido*)
lame duck *s* (coll.) persona incapacitada; (coll.) cosa inútil; (U.S.A.) diputado que no ha sido reelegido y espera el cese venidero
lamella [lə'mɛlə] *s* (*pl:* **-las** o **-lae** [li]) laminilla; (bot.) laminilla
lamellar [lə'mɛlər] o ['læmələr] o **lamellate** ['læməlet] o [lə'mɛlet] *adj* laminar
lamellibranch [lə'mɛlɪbræŋk] *adj & s* (zool.) lamelibranquio
lameness ['lemnɪs] *s* cojera; pobreza, debilidad, imperfección
lament [lə'mɛnt] *s* lamento; elegía; *va* lamentar; *vn* lamentarse
lamentable ['læməntəbəl] *adj* lamentable
lamentably ['læməntəblɪ] *adv* lamentablemente
lamentation [,læmən'teʃən] *s* lamentación; **Lamentations** *spl* (Bib.) Lamentaciones de Jeremías
lamia ['lemɪə] *s* (*pl:* **-as** o **-ae** [i]) (ichth. & myth.) lamia
lamiaceous [,lemɪ'eʃəs] *adj* (bot.) lamiáceo
lamina ['læmɪnə] *s* (*pl:* **-nae** [ni] o **-nas**) lámina; (anat., bot., geol. & zool.) lámina
laminar ['læmɪnər] *adj* laminar
laminate ['læmɪnet] *adj* laminado; *va* laminar
lamination [,læmɪ'neʃən] *s* laminación, laminado
laminose ['læmɪnos] *adj* laminoso
Lammas ['læməs] *s* (archaic) fiesta de la recolección de la cosecha; (eccl.) fiesta de San Pedro encadenado
lammergeier ['læmər,gaɪər] *s* (orn.) águila barbuda
lamp [læmp] *s* lámpara; (poet.) antorcha; (poet.) astro; **lamps** *spl* (slang) ojos
lampadary ['læmpə,dɛrɪ] *s* (*pl:* **-ies**) lampadario (*sacerdote; columna con lámparas*)
lampblack ['læmp,blæk] *s* negro de humo
lamp chimney *s* tubo, tubo de lámpara
lamp cord *s* (elec.) cordón de lámpara

L

lamp holder *s* (elec.) portalámparas
lamplight [ˈlæmp,laɪt] *s* luz de lámpara
lamplighter [ˈlæmp,laɪtər] *s* farolero; cerilla o rollo de papel (*que sirve para encender lámparas o faroles*)
lampoon [læmˈpun] *s* pasquín, libelo; *va* pasquinar
lampoonist [læmˈpunɪst] *s* escritor de pasquines, libelista
lamppost [ˈlæmp,post] *s* poste de farol
lamprey [ˈlæmprɪ] *s* (ichth.) lamprea
lamp shade *s* pantalla de lámpara
lampwick [ˈlæmp,wɪk] *s* torcida, mecha de lámpara; (bot.) candilera
lanate [ˈlenet] *adj* lanado
Lancastrian [læŋˈkæstrɪən] *adj & s* lancasteriano
lance [læns] o [lɑns] *s* lanza; arpón de pesca; (surg.) lanceta; *va* alancear; (surg.) abrir con lanceta
lance corporal *s* (Brit.) soldado que hace las veces de cabo
Lancelot [ˈlænsəlɑt] o [ˈlɑnsəlɑt] *s* Lanzarote (*de la Mesa redonda*)
lanceolate [ˈlænsɪəlet] *adj* (bot.) lanceolado, alanceado
lancer [ˈlænsər] o [ˈlɑnsər] *s* lancero; **lancers** *spl* lanceros (*baile y música*)
lance rest *s* ristre
lance sergeant *s* (Brit.) cabo que hace las veces de sargento
lancet [ˈlænsɪt] o [ˈlɑnsɪt] *s* (surg.) lanceta; (arch.) ojiva de lanceta
lancet arch *s* (arch.) ojiva de lanceta
lancewood [ˈlæns,wʊd] o [ˈlɑns,wʊd] *s* (bot.) palo de lanza
lancinate [ˈlænsɪnet] *va* lancinar
land [lænd] *s* tierra; **by land** por tierra; **on land, on sea, and in the air** en tierra, mar y aire; **to see how the land lies** medir el terreno, ver el cariz que van tomando las cosas; *adj* terrestre; terral (*viento*); *va* desembarcar; coger (*un pez*); conducir (*un avión*) a tierra; (coll.) conseguir, obtener; *vn* desembarcar, saltar en tierra; arribar, aterrar; ir a dar, ir a parar; aterrizar (*un avión*); **to land on one's feet** caer de pies; **to land on one's head** caer de cabeza
landau [ˈlændɔ] o [ˈlændaʊ] *s* landó
landaulet o **landaulette** [,lændɔˈlɛt] *s* landolé; landolé automóvil
land-based plane [ˈlænd,best] *s* (aer.) avión con base en tierra
land breeze *s* terral
landed [ˈlændɪd] *adj* hacendado; que consiste en tierras; **landed property** bienes raíces
landfall [ˈlænd,fɔl] *s* (naut.) aterrada (*aproximación a tierra, vista de la costa*); (aer.) aterrizaje; costa o tierra vista desde el mar; tierra (*donde uno aborda*); derrumbamiento de tierra; herencia inesperada de tierras
land grant *s* donación de tierras
land-grant college o **university** [ˈlænd-,grænt] o [ˈlænd,grɑnt] *s* (U.S.A.) centro docente fundado por el gobierno federal mediante una donación de tierras
landgrave [ˈlænd,grev] *s* landgrave o langrave
landgraviate [lændˈgrevɪɪt] *s* landgraviato
landholder [ˈlænd,holdər] *s* terrateniente
landholding [ˈlænd,holdɪŋ] *s* tenencia de tierra o tierras; *adj* hacendado
landing [ˈlændɪŋ] *s* aterraje (*de buque*); aterraje o aterrizaje (*de avión*); desembarco (*de pasajeros*); desembarcadero (*lugar para desembarcar*); desembarco o descanso (*de escalera*)
landing beacon *s* (aer.) radiofaro de aterrizaje
landing craft *s* (nav.) lancha de desembarco
landing field *s* (aer.) pista de aterrizaje
landing force *s* (nav.) compañía de desembarco
landing gear *s* (aer.) tren de aterrizaje
landing net *s* red con mango (*para sacar del agua un pez cogido en el anzuelo*)
landing place *s* apeadero, desembarcadero; descanso (*de escalera*)
landing ship *s* (nav.) buque de desembarco
landing stage *s* embarcadero flotante
landing strip *s* (aer.) faja de aterrizaje
landlady [ˈlænd,ledɪ] *s* (*pl:* **-dies**) dueña, casera; patrona (*de una casa de huéspedes*); mesonera, posadera
landless [ˈlændlɪs] *adj* sin tierras, que no posee tierras
landlocked [ˈlænd,lɑkt] *adj* cercado de tierra; que no tiene acceso al mar (*dícese de ciertos salmones*)
landlord [ˈlænd,lɔrd] *s* dueño, casero; patrón (*de una casa de huéspedes*); mesonero, posadero
landlubber [ˈlænd,lʌbər] *s* marinero de agua dulce; marinero matalote (*hombre de mar, torpe en su oficio*)
landmark [ˈlænd,mɑrk] *s* mojón (*señal en un camino que sirve de guía*); guía (*accidente del terreno que sirve de guía*); punto culminante, acontecimiento que hace época; (naut.) marca de reconocimiento
land office *s* oficina del catastro
land-office business [ˈlænd,ɔfɪs] o [ˈlænd-,ɑfɪs] *s* (coll.) negocio de mucho movimiento
land of make-believe *s* reino de los sueños
Land of Promise *s* (Bib.) Tierra de promisión
Land of the Midnight Sun *s* tierra del sol de medianoche (*Noruega*)
Land of the Rising Sun *s* tierra del sol naciente (*el Japón*)
landowner [ˈlænd,onər] *s* terrateniente
landownership [ˈlænd,onərʃɪp] *s* tenencia de tierra o tierras
land-poor [ˈlænd,pʊr] *adj* rico de tierras y falto de dinero
landscape [ˈlændskep] *s* paisaje; (f.a.) paisaje; *va* ajardinar
landscape architect *s* arquitecto paisajista
landscape gardener *s* arquitecto de jardines, plantista, jardinero, adornista
landscape painter *s* paisajista, pintor paisajista
landscapist [ˈlændskepɪst] *s* paisajista
Land's End *s* Cabo Finisterre (*de la extremidad sudoccidental de Inglaterra*)
landslide [ˈlænd,slaɪd] *s* argayo, derrumbe, corrimiento; (fig.) victoria electoral arrolladora, mayoría de votos abrumadora
landslip [ˈlænd,slɪp] *s* (Brit.) argayo, derrumbe
landsman [ˈlændzmən] *s* (*pl:* **-men**) hombre de tierra; marinero matalote
landward [ˈlændwərd] *adj* de hacia tierra, de la parte de la tierra; *adv* hacia tierra, hacia la costa
landwards [ˈlændwərdz] *adv* hacia tierra, hacia la costa
land wind *s* terral
lane [len] *s* callejuela; carril (*camino muy estrecho*); faja (*de una carretera*); (aer. & naut.) derrotero, ruta, vía
langsyne [ˈlæŋˈsaɪn] *adv* (Scotch) hace mucho tiempo; *s* (Scotch) tiempo de antaño
language [ˈlæŋgwɪdʒ] *s* lenguaje; idioma, lengua (*lenguaje de un pueblo o nación*); jerga (*de un determinado grupo de personas*)
language barrier *s* barrera del idioma
langued [læŋd] *adj* (her.) linguado
langue d'oc [lɑ̃gˈdɑk] *s* lengua de oc, lenguadoque
Languedocian [,læŋgəˈdoʃən] *adj & s* languedociano
langue d'oïl [lɑ̃gdɔˈil] *s* lengua de oíl
languid [ˈlæŋgwɪd] *adj* lánguido
languish [ˈlæŋgwɪʃ] *vn* languidecer; afectar languidez; **to languish for** penar por, suspirar por
languishing [ˈlæŋgwɪʃɪŋ] *adj* lánguido; languescente
languishment [ˈlæŋgwɪʃmənt] *s* languidez; consumimiento; aspecto lánguido, manera lánguida
languor [ˈlæŋgər] *s* languidez
languorous [ˈlæŋgərəs] *adj* lánguido; enervante
langur [lʌŋˈgʊr] *s* (zool.) hanumán, mono sagrado de la India
laniard [ˈlænjərd] *s* var. de **lanyard**
lank [læŋk] *adj* descarnado, larguirucho; lacio (*cabello*)
lanky [ˈlæŋkɪ] *adj* (*comp:* **-ier**; *super:* **-iest**) descarnado, larguirucho
lanner [ˈlænər] *s* lanero (*halcón*)
lanolin [ˈlænəlɪn] o **lanoline** [ˈlænəlɪn] o [ˈlænəlin] *s* lanolina

lansquenet ['lænskənet] *s* lansquenete (*lancero de a pie; juego de naipes*)
lantern ['læntərn] *s* linterna; linterna mágica; (arch. & mach.) linterna; (naut.) linterna (*fanal*); (zool.) linterna de Aristóteles
lantern-jawed ['læntərn,dʒɔd] *adj* chupado de cara
lantern pinion *s* (mach.) piñón de linterna
lantern slide *s* diapositiva, tira de vidrio
lantern wheel *s* (mach.) rueda de linterna
lanthanum ['lænθənəm] *s* (chem.) lantano
lanyard ['lænjərd] *s* (naut.) acollador; (arti.) cuerda y gancho de disparo
Laocoön [le'ɑkoɑn] *s* (myth.) Laocoonte
Laodicean [le,ɑdɪ'siən] *adj* tibio e indiferente; *s* persona tibia e indiferente; cristiano tibio e indiferente
Laotian [le'oʃən] *adj & s* laocio, laosiano
lap [læp] *s* regazo; falda; caída, doblez (*de un vestido*); traslapo; lametada; chapaleteo (*de las olas*); (mach.) recubrimiento (*de la válvula de corredera*); (sport) vuelta, etapa (*en las carreras*); **it is in the lap of the gods** eso sólo Dios lo sabe; **to live in the lap of luxury** vivir en el lujo, llevar una vida regalada; (*pret & pp:* **lapped;** *ger:* **lapping**) *va* traslapar; juntar a traslapo; envolver; beber con la lengua; lamer (*el arroyo las arenas*); (sport) llevar una vuelta o más de una vuelta de ventaja a; **to lap up** (slang) aceptar en el acto; *vn* traslapar; traslaparse (*dos o más cosas*); **to lap against** lamer (*el arroyo las arenas*); **to lap over** salir fuera; **to lap over into** extenderse hasta
lapboard ['læp,bord] *s* tabla faldera
lap dog *s* perro faldero
lapel [lə'pɛl] *s* solapa
lapful ['læpfʊl] *s* lo que cabe en el regazo, cabida del regazo
lapidary ['læpɪ,dɛrɪ] *adj* lapidario; *s* (*pl:* **-ies**) lapidario
lapidification [lə,pɪdɪfɪ'keʃən] *s* lapidificación
lapidify [lə'pɪdɪfaɪ] (*pret & pp:* **-fied**) *va* lapidificar; *vn* lapidificarse
lapin ['læpɪn] *s* piel de conejo
lapis lazuli ['læpɪs 'læzjəlaɪ] *s* (mineral.) lapislázuli
Lapland ['læplænd] *s* Laponia
Laplander ['læplændər] *s* lapón (*habitante*)
Lapp [læp] *s* lapón (*habitante; idioma*)
lappet ['læpɪt] *s* caída, doblez, pliegue (*de un vestido*); pliegue (*de una membrana, tegumento, etc.*); lóbulo (*de la oreja*); carúncula (*de algunas aves*)
Lappish ['læpɪʃ] *adj* lapón; *s* lapón (*idioma*)
lap robe *s* manta de coche
lapse [læps] *s* lapso (*curso de tiempo; caída en culpa o error*); recaída; (law) caducidad; *vn* caer en culpa o error; caerse; recaer; decaer, pasar (*p.ej., el entusiasmo*); (law) caducar
lapwing ['læp,wɪŋ] *s* (orn.) ave fría
larboard ['lɑrbərd] o ['lɑrbord] *s* (naut.) babor; *adj* (naut.) de babor
larcenous ['lɑrsənəs] *adj* ratero; de ratería
larceny ['lɑrsənɪ] *s* (*pl:* **-nies**) (law) ratería, hurto
larch [lɑrtʃ] *s* (bot.) alerce, pino salgareño, pino negral
lard [lɑrd] *s* manteca de puerco, cochevira; *va* (cook.) mechar; (fig.) interpolar para dar variedad o aumentar el interés
larder ['lɑrdər] *s* despensa
lares and penates ['lɛrɪz ənd pɛ'netiz] *spl* lares y penates (*dioses domésticos de los romanos*); conjunto de objetos que dan carácter e intimidad a la casa propia u hogar
large [lɑrdʒ] *adj* grande; **at large** en libertad; largamente, con extensión; en general; por el estado entero (*dícese de los diputados que representan una región entera, a distinción de los que representan tan sólo una división política menos grande*); **in large** o **in the large** en grande escala
large-hearted ['lɑrdʒ'hɑrtɪd] *adj* desprendido, magnánimo
large intestine *s* (anat.) intestino grueso
largely ['lɑrdʒlɪ] *adj* grandemente; por la mayor parte
largeness ['lɑrdʒnɪs] *s* grandeza
large periwinkle *s* (bot.) vincapervinca, hierba doncella
large-scale ['lɑrdʒ,skel] *adj* en grande; grande de escala, p.ej., **large-scale model** modelo grande escala
largess o **largesse** ['lɑrdʒes] *s* largueza (*liberalidad*); dádiva espléndida
largo ['lɑrgo] *s* (*pl:* **-gos**) (mus.) largo
lariat ['lærɪət] *s* lazo (*que sirve para enlazar caballos, toros, etc.*); cuerda o soga (*que sirve para tener atado un animal*)
lark [lɑrk] *s* (orn.) alondra; (orn.) chirlota (*Sturnella magna*); (coll.) parranda, travesuras; **to go on a lark** (coll.) andar de parranda, echar una cana al aire; *vn* (coll.) parrandear, hacer travesuras
larkspur ['lɑrkspʌr] *s* (bot.) consuelda (*Delphinium consolida*); consólida real, espuela de caballero (*Delphinium ajacis*)
La Rochelle [la ro'ʃɛl] *s* La Rochela (*ciudad de Francia*)
larrup ['lærəp] *va* (coll.) zurrar, tundir
larva ['lɑrvə] *s* (*pl:* **-vae** [vi]) (ent.) larva
larval ['lɑrvəl] *adj* larval; (path.) larvado
laryngeal [lə'rɪndʒɪəl] o [,lærɪn'dʒiəl] *adj* laríngeo
laryngitis [,lærɪn'dʒaɪtɪs] *s* (path.) laringitis
laryngologist [,lærɪŋ'gɑlədʒɪst] *s* laringólogo
laryngology [,lærɪŋ'gɑlədʒɪ] *s* laringología
laryngoscope [lə'rɪŋgəskop] *s* laringoscopio
laryngoscopic [lə,rɪŋgə'skɑpɪk] *adj* laringoscópico
laryngoscopy [,lærɪŋ'gɑskəpɪ] *s* laringoscopia
larynx ['lærɪŋks] *s* (*pl:* **larynges** [lə'rɪndʒiz] o **larynxes**) (anat.) laringe
lascar ['læskər] *s* lascar (*marinero de las Indias Orientales*)
lascivious [lə'sɪvɪəs] *adj* lascivo
laserwort ['lesər,wʌrt] *s* (bot.) laserpicio
lash [læʃ] *s* tralla; latigazo (*golpe con el látigo; reprensión áspera*); coletazo; embate (*de las olas del mar*); (anat.) pestaña; *va* atar, trincar; azotar; agitar, sacudir; increpar, reñir; vituperar; *vn* chocar, azotar; lanzarse; pasar como un relámpago; **to lash against** chocar con, azotar; **to lash at** increpar, reñir; vituperar; **to lash down** caer con abundancia (*la lluvia*); **to lash out** dar golpes, dar coces, embestir; desatarse, descomedirse
lashing ['læʃɪŋ] *s* atadura; (naut.) amarra; paliza, zurra; latigazo (*reprensión áspera*)
lass [læs] *s* muchacha; amada, amiga querida
lassie ['læsɪ] *s* muchachita
lassitude ['læsɪtjud] o ['læsɪtud] *s* lasitud
lasso ['læso] o [læ'su] *s* (*pl:* **-sos** o **-soes**) lazo; *va* lazar
last [læst] o [lɑst] *adj* último; pasado; final; **before last** antepasado, p.ej., **the week before last** la semana antepasada; **the last to** + *inf* el último en + *inf;* **last but not least** último en orden pero no en importancia, el último pero no el ínfimo; **last but one** penúltimo; *adv* después de todos los demás; por último; por última vez; *s* última persona; última cosa; fin; horma (*en que se conforman los zapatos*); **at last** por fin; **at long last** al fin y al cabo; **stick to your last!** ¡zapatero, a tus zapatos!; **to breathe one's last** dar el último suspiro; **to see the last of** no volver a ver; **to stick to one's last** atender a sus negocios, no meterse (*uno*) en lo que no le importa; **to the last** hasta el fin; *va* fabricar (*botas, zapatos*) en la horma; *vn* durar; seguir así; p.ej., **this can't last** las cosas no pueden seguir así; resistir; dar buen resultado (*p.ej., una prenda de vestir*)
lasting ['læstɪŋ] o ['lɑstɪŋ] *adj* duradero, perdurable
Last Judgment *s* Juicio Final
lastly ['læstlɪ] o ['lɑstlɪ] *adv* finalmente, por último
last-minute news ['læst'mɪnɪt] o ['lɑst'mɪnɪt] *s* noticias de última hora
last name *s* apellido
last night *adv* anoche
last offices *spl* oficio de difuntos
last quarter *s* cuarto menguante (*de la luna*)
last sleep *s* último sueño (*la muerte*)
last straw *s* colmo, acabóse

L

Last Supper *s* Cena, última Cena
last will and testament *s* (law) última voluntad
last word *s* última palabra; (coll.) última palabra (*última moda; lo más perfecto que hay*)
lat. abr. de **latitude**
Lat. abr. de **Latin**
latch [lætʃ] *s* picaporte; **on the latch** cerrado con picaporte; *va* cerrar con picaporte
latchet [ˈlætʃɪt] *s* (archaic) correa de zapato
latchkey [ˈlætʃˌki] *s* llavín, picaporte (*llave para abrir el picaporte*); llave de la puerta principal
latchstring [ˈlætʃˌstrɪŋ] *s* cordón de aldaba; **the latchstring is out** ya sabe Vd. que ésta es su casa
late [let] *adj* (*comp:* **later** o **latter;** *super:* **latest** o **last**) tardío; avanzado (*dícese de la hora*); reciente, moderno; fallecido, difunto; de fines de, p.ej., **the late nineteenth-century novel** la novela de fines del siglo diez y nueve; de última hora (*dícese de las noticias*); **to be late** ser tarde; llegar tarde (*una persona*); llegar con retraso (*p.ej., un tren*); **to be late in** + *ger* tardar en + *inf;* **of late** recientemente, últimamente; **later** posterior; *adv* (*comp:* **later;** *super:* **latest** o **last**) tarde; **late in** hacia fines de (*la semana, el año, el siglo, etc.*); **late in life** a una edad avanzada
late-comer [ˈletˌkʌmər] *s* recién llegado; rezagado
lateen [læˈtin] *adj* (naut.) latino
lateen-rigged [læˈtinˌrɪgd] *adj* (naut.) que tiene vela latina
lateen sail *s* (naut.) vela latina
lateen yard *s* (naut.) entena
late-lamented [ˈletləˈmɛntɪd] *adj* fallecido . . . que en paz descanse, p.ej., **the late-lamented professor** el fallecido profesor que en paz descanse
lately [ˈletlɪ] *adv* recientemente, últimamente
latency [ˈletənsɪ] *s* estado latente
latent [ˈletənt] *adj* latente
latent period *s* (path.) latencia
lateral [ˈlætərel] *adj* lateral; *s* parte lateral; ramal; (min.) galería lateral
laterally [ˈlætərəlɪ] *adv* lateralmente
lateral pass *s* (football) pase lateral (*lance que consiste en lanzar lateralmente el balón de modo que lo reciba un jugador al otro lado de la zona de juego*)
Lateran [ˈlætərən] *adj* lateranense; *s* San Juan de Letrán (*basílica*); palacio de Letrán
latex [ˈletɛks] *s* (*pl:* **latexes** o **latices** [ˈlætɪsiz]) (bot.) látex
lath [læθ] o [lɑθ] *s* listón; enlistonado; *va* enlistonar
lathe [leð] *s* torno (*para trabajar madera, hierro, etc. con movimiento circular*)
lather [ˈlæθər] o [ˈlɑθər] *s* (carp.) listonador; [ˈlæðər] *s* espuma de jabón; espuma de sudor; *va* enjabonar; (coll.) tundir, zurrar; *vn* espumar, echar espuma; cubrirse de espuma (*p.ej., un caballo*)
lathery [ˈlæðərɪ] *adj* espumoso, cubierto de espuma
lathing [ˈlæθɪŋ] o [ˈlɑθɪŋ] o **lathwork** [ˈlæθˌwʌrk] o [ˈlɑθˌwʌrk] *s* enlistonado
lathy [ˈlæθɪ] o [ˈlɑθɪ] *adj* en forma de listón; largo y delgado
Latin [ˈlætɪn] o [ˈlætən] *adj* latino; *s* latín (*lengua*); latino (*individuo*)
Latin America *s* Latinoamérica, la América Latina
Latin American *s* latinoamericano
Latin-American [ˈlætɪnəˈmɛrɪkən] *adj* latinoamericano
Latin Church *s* Iglesia latina
Latin cross *s* cruz latina
Latinism [ˈlætɪnɪzəm] *s* latinismo
Latinist [ˈlætɪnɪst] *s* latinista
Latinity [ləˈtɪnɪtɪ] *s* latinidad
Latinization [ˌlætɪnɪˈzeʃən] *s* latinización
Latinize [ˈlætɪnaɪz] *va* latinizar; *vn* latinizarse
Latin Quarter *s* Barrio Latino
Latin Rite *s* rito latino
latitude [ˈlætɪtjud] o [ˈlætɪtud] *s* latitud; (fig.) latitud (*libertad; clima, región*)
latitudinal [ˌlætɪˈtjudɪnəl] o [ˌlætɪˈtudɪnəl] *adj* latitudinal
latitudinarian [ˌlætɪˌtjudɪˈnɛrɪən] o [ˌlætɪˌtudɪˈnɛrɪən] *adj & s* latitudinario
latitudinarianism [ˌlætɪˌtjudɪˈnɛrɪənɪzəm] o [ˌlætɪˌtudɪˈnɛrɪənɪzəm] *s* latitudinarismo
Latium [ˈleʃɪəm] *s* el Lacio
latria [ləˈtraɪə] *s* (theol.) latría
latrine [ləˈtrin] *s* letrina (*en un campamento, hospital, etc.*)
latten [ˈlætən] *s* latón en hojas
latter [ˈlætər] *adj* posterior, más reciente; segundo (*de dos*); **the latter** éste; **the latter part of** la última parte de; fines de (*la semana, el mes, etc.*)
latter-day [ˈlætərˈde] *adj* reciente, moderno; de los últimos días
Latter-day Saint *s* santo de los últimos días (*mormón*)
latterly [ˈlætərlɪ] *adv* recientemente, últimamente
lattice [ˈlætɪs] *s* enrejado, celosía; (her.) celosía; (phys.) reja; *va* enrejar; poner celosía a
lattice bridge *s* puente de celosía
lattice girder *s* viga de celosía
latticework [ˈlætɪsˌwʌrk] *s* enrejado, celosía
Latvia [ˈlætvɪə] *s* Letonia o Latvia
Latvian [ˈlætvɪən] *adj & s* letón o latvio
laud [lɔd] *s* alabanza, elogio; canción laudatoria; **lauds** o **Lauds** *spl* (eccl.) laudes; *va* alabar, elogiar
laudability [ˌlɔdəˈbɪlɪtɪ] *s* laudabilidad
laudable [ˈlɔdəbəl] *adj* laudable
laudanum [ˈlɔdənəm] o [ˈlɔdnəm] *s* (pharm.) láudano
laudation [lɔˈdeʃən] *s* alabanza
laudatory [ˈlɔdəˌtorɪ] *adj* laudatorio
laugh [læf] o [lɑf] *s* risa; *va* hacer o llevar a cabo riendo; expresar riendo; **to laugh away** ahogar en risa, olvidar riendo; **to laugh off** tomar a risa; *vn* reír, reírse; (fig.) reír (*p.ej., una corriente de agua*); **to laugh out** reírse a carcajadas
laughable [ˈlæfəbəl] o [ˈlɑfəbəl] *adj* risible
laughing [ˈlæfɪŋ] o [ˈlɑfɪŋ] *adj* risueño, reidor; **to be no laughing matter** no ser cosa de juego; *s* risa, reír
laughing gas *s* gas exhilarante, gas hilarante
laughing jackass *s* (orn.) martín cazador
laughingly [ˈlæfɪŋlɪ] o [ˈlɑfɪŋlɪ] *adv* riendo, entre risas
laughingstock [ˈlæfɪŋˌstɑk] o [ˈlɑfɪŋˌstɑk] *s* hazmerreír
laughter [ˈlæftər] o [ˈlɑftər] *s* risa, risas
launch [lɔntʃ] o [lɑntʃ] *s* botadura (*de un buque*); lanzamiento (*de un cohete*); lancha automóvil; (nav.) lancha; *va* lanzar (*un dardo, un cohete, maldiciones, una ofensiva, un producto nuevo*); botar, lanzar (*un buque*); *vn* lanzarse; **to launch forth** u **out** salir, ponerse en marcha
launcher [ˈlɔntʃər] o [ˈlɑntʃər] *s* lanzador
launching device *s* instrumento de lanzamiento
launching pad *s* plataforma de lanzamiento
launching silo *s* pozo o silo de lanzamiento
launching site *s* puesto de lanzamiento
launching tower *s* torre de lanzamiento
launder [ˈlɔndər] o [ˈlɑndər] *va* lavar y planchar; *vn* resistir bien el lavado
launderer [ˈlɔndərər] o [ˈlɑndərər] *s* lavandero
laundress [ˈlɔndrɪs] o [ˈlɑndrɪs] *s* lavandera
laundromat [ˈlɔndrəmæt] o [ˈlɑndrəmæt] *s* (trademark) lavadero de autoservicio
laundry [ˈlɔndrɪ] o [ˈlɑndrɪ] *s* (*pl:* **-dries**) lavadero (*sitio*); lavandería (Am.); lavado de ropas; ropa sucia; ropa lavada y planchada
laundryman [ˈlɔndrɪmən] o [ˈlɑndrɪmən] *s* (*pl:* **-men**) lavandero
laundrywoman [ˈlɔndrɪˌwʊmən] o [ˈlɑndrɪˌwʊmən] *s* (*pl:* **-women**) lavandera
lauraceous [lɔˈreʃəs] *adj* (bot.) lauráceo
laureate [ˈlɔrɪɪt] *adj* laureado; *s* laureado; poeta laureado
laureateship [ˈlɔrɪɪtˌʃɪp] *s* dignidad de poeta laureado
laurel [ˈlɔrəl] o [ˈlɑrəl] *s* (bot.) laurel; (bot.) calmia; (bot.) rododendro; hojas de laurel; **laurels** *spl* laurel (*de la victoria*); **to look to one's laurels** no dormirse sobre sus laureles; **to rest** o **to sleep on one's laurels** dormirse sobre sus laureles; (*pret & pp:* **-reled** o

-relled; *ger:* **-reling** o **-relling**) *va* laurear, coronar de laurel
laureled o **laurelled** [ˈlɔrəld] o [ˈlɑrəld] *adj* laureado
Laurence [ˈlɔrəns] o [ˈlɑrəns] *s* Lorenzo
Laurentian [lɔˈrɛnʃɪən] *adj* laurentino; (geol.) laurentino; *s* (geol.) laurentino
Laurentian Mountains *spl* montes Laurentinos
laurustine [ˈlɔrəstɪn] *s* (bot.) durillo, barbadija
Lausanne [loˈzæn] *s* Losana
lava [ˈlɑvə] o [ˈlævə] *s* lava
lava bed *s* yacimiento de lava
lavabo [ləˈvebo] *s* (*pl:* **-boes**) (eccl. & hist.) lavabo; (*cap.*) *s* (eccl.) lavabo (*paño*)
lava field *s* terreno cubierto de lava
lavage [ˈlævɪdʒ] *s* lavado; (med.) lavado
lavalier, lavaliere o **lavallière** [ˌlævəˈlɪr] *s* pendiente (*que se lleva alrededor del cuello*)
lavatory [ˈlævəˌtorɪ] *s* (*pl:* **-ries**) lavabo (*cuarto*); excusado, retrete; lavamanos, lavatorio; (eccl.) lavatorio
lave [lev] *va* (poet.) bañar; *vn* (poet.) bañarse
lavender [ˈlævəndər] *s* (bot.) alhucema, espliego (*planta y flores y hojas secas*); color de alhucema; *adj* de color de alhucema
lavender cotton *s* (bot.) abrótano hembra
lavender water *s* agua de alhucema, agua de espliego
laver [ˈlevər] *s* (archaic) aguamanil, jofaina
lavish [ˈlævɪʃ] *adj* pródigo; *va* prodigar
law [lɔ] *s* ley; derecho (*conjunto de leyes; estudio de las leyes*); **the Law** (Bib.) la ley de Moisés; (Bib.) el Antiguo Testamento; **to enter the law** hacerse abogado; **to have the law on** (coll.) iniciar un juicio contra; **to go to law** recurrir a la ley; **to lay down the law** dar órdenes terminantes; decir cuántas son cinco; **to maintain law and order** mantener la paz; **to practice law** ejercer la profesión de abogado; **to read law** estudiar derecho (*en el bufete de un abogado*); **to take the law into one's own hands** hacerse justicia por sí mismo
law-abiding [ˈlɔəˌbaɪdɪŋ] *adj* observante de la ley
lawbreaker [ˈlɔˌbrekər] *s* infractor de la ley
lawbreaking [ˈlɔˌbrekɪŋ] *adj* infractor de la ley; *s* infracción de la ley
law court *s* tribunal de justicia
lawful [ˈlɔfəl] *adj* legal, lícito, legítimo, permitido
lawgiver [ˈlɔˌgɪvər] *s* legislador
lawless [ˈlɔlɪs] *adj* ilegal; desaforado, desenfrenado, licencioso; sin leyes
lawmaker [ˈlɔˌmekər] *s* legislador
lawmaking [ˈlɔˌmekɪŋ] *adj* legislativo; *s* legislación
lawn [lɔn] *s* césped; linón (*tela*); episcopado anglicano
lawn mower *s* cortacésped, tundidora de césped
lawn tennis *s* (sport) lawn-tennis
law office *s* bufete, despacho de abogado
law of Moses *s* ley de Moisés
law of nations *s* derecho de gentes
law of the jungle *s* ley de la selva
law of the Medes and Persians *s* (Bib.) ley de Media y de Persia (*ley inmutable*)
Lawrence [ˈlɔrəns] o [ˈlɑrəns] *s* Lorenzo
law student *s* estudiante de leyes, estudiante de derecho
lawsuit [ˈlɔˌsut] o [ˈlɔˌsjut] *s* pleito, litigio, proceso
lawyer [ˈlɔjər] *s* abogado
lax [læks] *adj* laxo (*flojo; relajado, libre*); descuidado, negligente; vago, indeterminado
laxation [lækˈseʃən] *s* laxación
laxative [ˈlæksətɪv] *adj* & *s* (med.) laxante
laxity [ˈlæksɪtɪ] *s* laxitud, flojedad; descuido, negligencia
lay [le] *s* disposición, situación, orientación; trama (*de un cable o cuerda*); lay (*poema, canción*); *adj* seglar, lego; lego, profano (*que carece de conocimientos en una materia*) ‖ *pret de* **lie** ‖ (*pret & pp:* **laid**) *va* poner, colocar; dejar; acostar en el suelo, dejar en el suelo; tender (*un cable*); echar (*cimientos; la culpa*); situar (*la acción de un drama*); preparar (*el fuego*); asentar (*el polvo; una vía*); poner (*huevos la gallina; la mesa una criada*); formar, proyectar, trazar (*planes*); conjurar (*un fantasma*); alisar (*la lanilla de una tela*); apostar (*dinero*); hacer (*una apuesta*); imponer (*castigos, penas, etc.*); presentar (*reclamaciones*); atribuir (*responsabilidades*); conjurar, exorcizar (*un aparecido*); (naut.) colchar o corchar (*las filásticas de un cordón o los cordones de un cabo*); **to be laid in** ser en, p.ej., **the scene is laid in New York** la escena es en Nueva York; **to lay aside, away** o **by** echar a un lado; ahorrar; **to lay bare** poner al descubierto; **to lay down** afirmar, declarar; dar (*la vida*); guardar, reservar; hacer (*una apuesta*); rendir, deponer (*las armas*); **to lay in** proveerse de, guardar, ahorrar; **to lay low** abatir, derribar; poner fuera de combate, obligar a guardar cama; matar; **to lay off** poner a un lado; despedir (*a obreros*); trazar, marcar (*en el suelo*); **to lay on** descargar (*golpes*); aplicar; distribuir (*agua, gas, etc.*); cobrar (*carnes*); **to lay oneself out** (coll.) hacer un gran esfuerzo; **to lay open** descubrir, revelar; exponer (*p.ej., a un riesgo o peligro*); **to lay out** tender, extender; jalonar; marcar (*una tarea, un trabajo*); disponer, proyectar; gastar; amortajar (*a un difunto*); **to lay over** aplazar; (slang) aventajar, superar; **to lay up** ahorrar; obligar a guardar cama; (naut.) desarmar ‖ *vn* poner (*las gallinas*); apostar; **to lay about** dar palos de ciego; **to lay down** (slang) aflojar, cejar; **to lay for** (coll.) acechar; **to lay off** (slang) parar, cesar; (slang) dejar de trabajar; (slang) dejar de molestar; **to lay on** dar palos de ciego; **to lay over** detenerse durante un viaje; **to lay to** (naut.) estar parado en la dirección del viento
lay brother *s* donado, lego
lay days *spl* (naut.) días de estadía, días de demora
layer [ˈleər] *s* gallina ponedora; [ˈleər] o [lɛr] *s* capa, camada; (geol.) capa, estrato; (hort.) acodo, codadura; *va* (hort.) acodar
layerage [ˈleərɪdʒ] *s* (hort.) acodadura
layer cake *s* bizcocho de varias camadas
layette [leˈɛt] *s* canastilla (*para el niño que ha de nacer*)
lay figure *s* maniquí; (fig.) maniquí
laying [ˈleɪŋ] *s* colocación; postura (*de huevos*); tendido (*p.ej., de un cable*); capa; primera capa (*de un enlucido*)
laying on of hands *s* (eccl.) imposición de manos
laying top *s* galapo (*usado para formar maromas*)
layman [ˈlemən] *s* (*pl:* **-men**) seglar, lego; lego, profano (*persona que carece de conocimientos en una materia*)
layoff [ˈleˌɔf] o [ˈleˌɑf] *s* despido (*de obreros*); paro forzoso
lay of the land *s* configuración del terreno; (fig.) cariz que van tomando las cosas
layout [ˈleˌaut] *s* disposición, arreglo; trazado; equipo; juego (*de herramientas, instrumentos, etc.*); conjunto de cosas exhibidas; (slang) banquete, festín
layover [ˈleˌovər] *s* parada intermedia
lay sister *s* donada
lazar [ˈlæzər] *s* (archaic) leproso; (archaic) mendigo enfermo
lazaret o **lazarette** [ˌlæzəˈrɛt] *s* var. de **lazaretto**
lazaretto [ˌlæzəˈrɛto] *s* (*pl:* **-tos**) lazareto; (naut.) despensa
Lazarus [ˈlæzərəs] *s* Lázaro
laze [lez] *vn* darse al ocio, holgazanear
lazulite [ˈlæzjəlaɪt] *s* (mineral.) lazulita
lazy [ˈlezɪ] *adj* (*comp:* **-zier**; *super:* **-ziest**) perezoso
lazybones [ˈlezɪˌbonz] *s* perezoso; **to be a lazybones** tener los huesos cansados
lb. abr. de **pound** o **pounds**
lbs. abr. de **pounds**
l.c. abr. de **lower case** y **loco citato** (Lat.) **in the place cited**
l.c.m. o **L.C.M.** abr. de **least common multiple**
Ld. abr. de **Lord**
lea [li] *s* prado

L

leach [litʃ] *s* lixiviador; *va* lixiviar; mojar; *vn* lixiviarse
leachy [ˈlitʃɪ] *adj* poroso
lead [lɛd] *s* (chem.) plomo; plomo (*pedazo de plomo; plomada de albañil; bala*); mina (*del lapicero*); (naut.) escandallo; (print.) interlínea, regleta; **leads** *spl* hojas de plomo; armaduras de plomo (*de las vidrieras*) ‖ *adj* de plomo ‖ (*pret & pp:* **leaded**) *va* emplomar; vidriar con esmalte de plomo; (print.) interlinear, regletear ‖ [lid] *s* conducta, dirección, guía; conductor, guía; ejemplo (*de otra persona*); sugestión, indicación (*con la que se guía a otra persona*); delantera, primer lugar; ventaja (*p.ej., en una carrera*); salida (*en los naipes*); traílla; pasadizo libre (*por entre masas de hielo flotante*); primer párrafo (*de un artículo de periódico*); (box.) golpe inicial (*de la ofensiva*); (elec.) conductor; (elec. & mach.) avance; (min.) filón, veta; (rad.) alambre de entrada; (theat.) papel principal; (theat.) primer galán; (theat.) dama; **to take the lead** tomar la delantera ‖ (*pret & pp:* **led**) *va* conducir, llevar; acaudillar, mandar; dirigir (*p.ej., una orquesta*); estar a la cabeza de; llevar (*buena o mala vida*); pasar (*un hilo, soga, etc.*); hacer pasar (*agua, vapor*); influenciar; dar comienzo a; salir con (*cierto naipe*); (elec. & mach.) avanzar, adelantar; **to lead to** + *inf* llevar (*a alguien*) a + *inf* ‖ *vn* enseñar el camino, ir delante; ser el primero, ser el más importante; tener el mando; cabestrear (*seguir sin repugnancia la bestia al que la lleva del cabestro*); (box.) tomar la ofensiva; (cards) salir, ser mano; (mus.) llevar la batuta; **to lead off** comenzar, empezar; **to lead on** enseñar el camino; seguir adelante; **to lead up to** conducir a
lead acetate [lɛd] *s* (chem.) acetato de plomo
lead acid cell [lɛd] *s* (elec.) acumulador de plomo-ácido
lead-burn [ˈlɛd,bʌrn] *va* soldar (*dos piezas de plomo*) con soldadura autógena
lead-burning [ˈlɛd,bʌrnɪŋ] *s* soldadura autógena del plomo
leaden [ˈlɛdən] *adj* de plomo; plúmbeo (*que pesa como el plomo*); plomizo (*de color de plomo*); lóbrego, triste
leaden-eyed [ˈlɛdən,aɪd] *adj* de ojos dormidos
leader [ˈlidər] *s* caudillo, jefe, líder; cabecilla, instigador; guión; guía (*caballo*); director (*p.ej., de una orquesta*); primer violín; sotileza (*parte fina del aparejo de pescar*); artículo que se ofrece a un precio muy vientajoso para despertar el interés de los compradores; artículo de fondo; (min.) guía; **leaders** *spl* (print.) puntos suspensivos
leadership [ˈlidərʃɪp] *s* caudillaje, dirección, jefatura, mando; dotes de mando
lead glance [lɛd] *s* (mineral.) galena
leading [ˈlidɪŋ] *adj* director; primero, principal; preeminente; *s* dirección; [ˈlɛdɪŋ] *s* hojas o tiras de plomo; armaduras de plomo (*de las vidrieras*); (print.) regletas
leading article *s* artículo de fondo
leading block *s* retorno
leading current *s* (elec.) corriente avanzada
leading edge *s* (aer.) borde de entrada o de ataque
leading lady *s* (theat.) dama, primera actriz
leading man *s* (theat.) primer galán, primer actor
leading question *s* pregunta capciosa, pregunta tendenciosa
leading strings *spl* andadores (*para sostener al niño cuando aprende a andar*)
lead-in wire [ˈlid,ɪn] *s* (rad.) alambre de entrada, bajada de antena
lead pencil [lɛd] *s* lápiz (*de grafito*)
lead poisoning [lɛd] *s* (path.) envenenamiento plúmbico
lead tetraethyl [lɛd] *s* var. de **tetraethyl lead**
leadwort [ˈlɛd,wʌrt] *s* (bot.) belesa, dentelaria, hierba del cáncer
leaf [lif] *s* (*pl:* **leaves**) hoja (*de planta, libro, mesa, muelle, puerta plegadiza, etc.; pétalo de flor*); pámpano (*de vid*); trampilla (*hoja de mesa que se levanta como trampa*); **to shake like a leaf** temblar como un azogado; **to take a leaf from the book of** seguir el ejemplo de; **to turn over a new leaf** hacer libro nuevo (*corregir sus vicios*); *va* hojear; *vn* echar hojas; **to leaf through** trashojar
leafage [ˈlifɪdʒ] *s* follaje
leaf bud *s* (bot.) yema
leaf insect *s* (ent.) hojaseca
leafless [ˈliflɪs] *adj* deshojado
leaflet [ˈliflɪt] *s* hojuela, hojilla; hoja suelta, hoja volante
leaf mold *s* (agr.) abono verde
leaf roller *s* (ent.) oruga de arrolladora o torcedora
leaf sewer [ˈsoər] *s* (ent.) arrolladora, torcedora
leafstalk [ˈlif,stɔk] *s* (bot.) pecíolo, rabillo (*de la hoja*)
leafy [ˈlifɪ] *adj* (*comp:* **-ier;** *super:* **-iest**) hojoso, hojudo, frondoso
league [lig] *s* legua (*medida*); liga, sociedad; **in league** asociado; **the League** la Sociedad de las Naciones; *va* asociar; *vn* asociarse, ligarse
League of Nations *s* Sociedad de las Naciones
leaguer [ˈligər] *s* miembro de una liga; (archaic) cerco, sitio; (archaic) real (*campamento de un ejército*); *va* (archaic) cercar, sitiar
Leah [ˈliə] *s* (Bib.) Lía
leak [lik] *s* gotera (*en un techo*); agua, vía de agua (*en un buque*); agujero (*por donde se escapa el agua, gas, vapor*); salida, escape, fuga (*de agua, gas, electricidad, vapor*); filtración (*de dinero*); **to spring a leak** tener un escape; (naut.) empezar a hacer agua; *va* dejar salir, dejar escapar (*el agua, gas, vapor*); *vn* tener fugas; rezumarse (*el agua*); salirse, escaparse (*el agua, gas, vapor*); filtrarse (*dinero*); (naut.) hacer agua; **to leak out** trascender (*un hecho que estaba oculto*); rezumarse (*una especie*)
leakage [ˈlikɪdʒ] *s* salida, escape, fuga; (com.) merma; (elec.) dispersión
leakage conductance *s* (elec.) perditancia
leaky [ˈlikɪ] *adj* (*comp:* **-ier;** *super:* **-iest**) llovedizo (*techo*); agujereado, roto; (naut.) que hace agua; (coll.) indiscreto
lean [lin] *s* molla, carne mollar o magra; inclinación; *adj* mollar, magro; flaco; malo, improductivo; de carestía, p.ej., **lean years** años de carestía; pobre (*mezcla de gasolina*); (*pret & pp:* **leaned** o **leant**) *va* inclinar, ladear, arrimar; *vn* inclinarse, ladearse, arrimarse; (fig.) inclinarse, propender, tender; **to lean against** apoyarse a, arrimarse a, estar arrimado a; **to lean back** retreparse, recostarse; **to lean on** apoyarse en; acodarse sobre; depender de, necesitar el apoyo de; **to lean out (of)** asomarse (a); **to lean over backward** (coll.) extremar la imparcialidad; **to lean toward** inclinarse a o hacia
Leander [lɪˈændər] *s* (myth.) Leandro
leaning [ˈlinɪŋ] *s* inclinación; (fig.) inclinación, propensión, tendencia; *adj* inclinado
Leaning Tower *s* Torre inclinada
leanness [ˈlinnɪs] *s* magrez; flaqueza; improductividad, carestía; pobreza
leant [lɛnt] *pret & pp de* **lean**
lean-to [ˈlin,tu] *adj* colgadizo; *s* (*pl:* **-tos**) colgadizo
leap [lip] *s* salto; **by leaps and bounds** con gran rapidez; **leap in the dark** salto a ciegas, salto en vago; (*pret & pp:* **leaped** o **leapt**) *va* saltar; *vn* saltar; dar un salto (*el corazón de uno*)
leap day *s* día intercalar (*en el año bisiesto y en cualquier calendario*)
leapfrog [ˈlip,frɑg] o [ˈlip,frɔg] *s* fil derecho, juego del salto; **to play leapfrog** jugar a la una la mula
leapt [lɛpt] o [lipt] *pret & pp de* **leap**
leap year *s* año bisiesto
learn [lʌrn] (*pret & pp:* **learned** o **learnt**) *va* aprender; saber (*una noticia*); oír decir; *vn* aprender; **to learn of** saber, tener noticia de; **to learn to** + *inf* aprender a + *inf*
learned [ˈlʌrnɪd] *adj* docto, erudito; (philol.) docto, culto
learned journal *s* publicación periódica científica
learned society *s* sociedad de eruditos
learned word *s* cultismo, voz culta
learned world *s* mundo de la erudición

learner [ˈlʌrnər] *s* aprendiz, principiante

learning [ˈlʌrnɪŋ] *s* aprendizaje; erudición

learnt [lʌrnt] *pret & pp de* **learn**

lease [lis] *s* arrendamiento; **to give a new lease on life to** renovar completamente, poner completamente bueno; volver a hacer feliz; *va* arrendar; *vn* arrendarse

leasehold [ˈlis,hold] *s* arrendamiento; bienes raíces arrendados

leash [liʃ] *s* traílla; pihuela (*para asegurar los pies de los halcones*); lizo; grupo de tres; **to hold in leash** dominar, reprimir; *va* atraillar

least [list] *adj* (el) menor, mínimo, más pequeño; *adv* menos; *s* (lo) menos, p.ej., **that is the least you can do** eso es lo menos que puede Vd. hacer; (el) menor; **at least** o **at the least** al menos, a lo menos o por lo menos; **not in the least** de ninguna manera

least common multiple *s* (math.) mínimo común múltiplo

leastways [ˈlist,wez] *adv* (coll.) var. de **leastwise**

leastwise [ˈlist,waɪz] *adv* por lo menos, a lo menos; de todos modos

leather [ˈlɛðər] *s* cuero; *adj* de cuero; *va* forrar o guarnecer con cuero; (coll.) zurrar

leatherback [ˈlɛðər,bæk] *s* (zool.) laúd

leatherette [,lɛðəˈrɛt] *s* cuero artificial, imitación cuero

leather goods *spl* artículos de cuero

leathern [ˈlɛðərn] *adj* de cuero; como de cuero

leatherneck [ˈlɛðər,nɛk] *s* (slang) soldado de infantería de marina de los EE.UU.

leatheroid [ˈlɛðərɔɪd] *s* cuero sintético

leathery [ˈlɛðərɪ] *adj* correoso

leave [liv] *s* permiso; licencia; despedida; **by your leave** con permiso de Vd.; **on leave** de permiso, con licencia; **to give leave to** dar licencia a; **to take leave (of)** despedirse (de) ‖ (*pret & pp:* **left**) *va* dejar; salir de; legar (*por testamento*); **to be left** quedarse; quedar, p.ej., **the letter was left unanswered** la carta quedó sin contestar; **to leave alone** dejar en paz, dejar tranquilo; no meterse con; no probar (*el vino*); **to leave off** dejar, cesar; no ponerse (*una prenda de vestir*); **to leave out** omitir; **to leave things as they are** dejarlo como está; **to leave to** dejar al criterio o elección de; **leave it to me!** ¡déjeme Vd. a mí! ‖ *vn* irse, marcharse; salir (*un tren, vapor, avión, etc.*); **to leave off** cesar, desistir ‖ (*pret & pp:* **leaved**) *vn* echar hojas

leaven [ˈlɛvən] *s* levadura; (fig.) mezcla, influencia, fuerza; *va* leudar; (fig.) penetrar, transformar, corromper

leavening [ˈlɛvənɪŋ] *s* levadura

leave of absence *s* licencia

leave-taking [ˈliv,tekɪŋ] *s* despedida

leavings [ˈlivɪŋz] *spl* desperdicios, sobras; residuos

Lebanese [,lɛbəˈniz] *adj* libanés; *s* (*pl:* **-nese**) libanés

Lebanon [ˈlɛbənən] *s* el Líbano, la República del Líbano

Lebanon Mountains, the el Líbano

Lebensraum [ˈlebəns,raum] *s* espacio vital (*de una nación*)

lecher [ˈlɛtʃər] *s* libertino, lujurioso

lecherous [ˈlɛtʃərəs] *adj* lascivo, lujurioso

lechery [ˈlɛtʃərɪ] *s* lascivia, lujuria

lecithin [ˈlɛsɪθɪn] *s* (biochem.) lecitina

lectern [ˈlɛktərn] *s* atril

lection [ˈlɛkʃən] *s* lección; (eccl.) lección

lectionary [ˈlɛkʃə,nɛrɪ] *s* (*pl:* **-ies**) (eccl.) leccionario

lector [ˈlɛktər] *s* lector

lecture [ˈlɛktʃər] *s* conferencia; sermoneo; *va* instruir por medio de conferencias; sermonear; *vn* dar una conferencia, dar conferencias

lecturer [ˈlɛktʃərər] *s* conferenciante

led [lɛd] *pret & pp de* **lead**

Leda [ˈlidə] *s* (myth.) Leda

ledge [lɛdʒ] *s* repisa; retallo (*en el paramento de un muro*); tongada; cama de roca; arrecife

ledger [ˈlɛdʒər] *s* libro mayor; losa, lápida; solera

ledger line *s* (mus.) línea suplementaria

lee [li] (naut.) socaire (*abrigo*); (naut.) sotavento; **lees** *spl* heces; *adj* (naut.) de sotavento

leeboard [ˈli,bord] *s* (naut.) orza de deriva

leech [litʃ] *s* (zool.) sanguijuela; (fig.) sanguijuela (*persona*); (naut.) grátil; (naut.) orilla de popa (*de una cangreja*); (med.) sanguijuela artificial; (archaic) médico; *va* (archaic) curar

leek [lik] *s* (bot.) puerro

leer [lɪr] *s* mirada de reojo (*con intención maligna o lujuriosa*); *va* tentar con mirada de reojo; *vn* echar una mirada o miradas de reojo (*con intención maligna o lujuriosa*)

leery [ˈlɪrɪ] *adj* (slang) astuto, entendido; (slang) suspicaz, receloso

lee shore *s* costa de sotavento

leeward [ˈluərd] o [ˈliwərd] *s* (naut.) sotavento; *adv* (naut.) a sotavento

Leeward Islands [ˈliwərd] *spl* islas de Sotavento

leeway [ˈli,we] *s* (naut.) deriva; (aer.) abatimiento; (coll.) libertad de acción, tiempo o dinero de sobra, sitio en que moverse

left [lɛft] *adj* izquierdo; (pol.) de izquierda; *s* izquierda (*mano izquierda*); (box.) zurdazo; (pol.) izquierda; **on** o **to the left** a o por la izquierda; *pret & pp de* **leave**

left field *s* (baseball) jardín izquierdo

left-hand [ˈlɛft,hænd] *adj* izquierdo; de, con o para la mano izquierda; de movimiento, funcionamiento, etc. hacia la izquierda

left-hand drive *s* (aut.) conducción a izquierda

left-handed [ˈlɛftˈhændɪd] *adj* zurdo; de la mano izquierda; para zurdos; torpe, desmañado; insincero, malicioso; irónico; (mach.) zurdo (*p.ej., tornillo*)

left-handed marriage *s* matrimonio de la mano izquierda

leftish [ˈlɛftɪʃ] *adj* izquierdizante

leftism [ˈlɛftɪzəm] *s* izquierdismo

leftist [ˈlɛftɪst] *adj & s* izquierdista

left jab *s* (box.) inverso de izquierda

leftover [ˈlɛft,ovər] *adj & s* sobrante; **leftovers** *spl* sobras

left wing *s* ala izquierda (*de un ejército*); (pol.) izquierda

left-wing [ˈlɛft,wɪŋ] *adj* izquierdista

left-winger [ˈlɛft,wɪŋər] *s* (coll.) izquierdista

leg. abr. de **legal, legislative** y **legislature**

leg [lɛg] *s* pierna (*de hombre o animal*); pata (*de animal, mesa, silla, etc.*); muslo (*de ave cocida*); caña (*de bota o de media*); pernera (*de pantalón*); pierna (*de un compás de dibujo*); etapa, trecho (*p.ej., de un viaje*); (elec.) circuito derivado; (geom.) cateto; **to be on one's last legs** andar de capa caída; estar al cabo, estar en las últimas; **to give a leg up** ayudar a subir; **to not have a leg to stand on** (coll.) no tener disculpa alguna; no poder aducir razón alguna en defensa de su opinión; **to pull one's leg** (coll.) tomar el pelo a, engañarle a uno; **to shake a leg** (coll.) darse prisa; (coll.) bailar; **to stretch one's legs** estirar o extender las piernas, dar un paseíto; (*pret & pp:* **legged**; *ger:* **legging**) *va* hacer con las piernas; **to leg it** (coll.) caminar, ir a pie, correr; *vn* (coll.) caminar, ir a pie, correr

legacy [ˈlɛgəsɪ] *s* (*pl:* **-cies**) legado

legal [ˈligəl] *adj* legal

legalism [ˈligəlɪzəm] *s* rigorismo

legalist [ˈligəlɪst] *s* rigorista; legista, legisperito

legalistic [,ligəˈlɪstɪk] *adj* legalista

legality [lɪˈgælɪtɪ] *s* (*pl:* **-ties**) legalidad

legalization [,ligəlɪˈzeʃən] *s* legalización

legalize [ˈligəlaɪz] *va* legalizar

legally [ˈligəlɪ] *adv* legalmente

legal tender *s* curso legal, moneda de curso legal

legate [ˈlɛgɪt] *s* legado

legatee [,lɛgəˈti] *s* (law) legatario

legation [lɪˈgeʃən] *s* legación

leg bail *s* (slang) fuga, evasión; **to give leg bail** (slang) fugarse, escaparse

legend [ˈlɛdʒənd] *s* leyenda

legendary [ˈlɛdʒən,dɛrɪ] *adj* legendario

legerdemain [,lɛdʒərdɪˈmen] *s* juego de manos, prestidigitación; trapacería

leger line [ˈlɛdʒər] *s* var. de **ledger line**

legged [lɛgd] o [ˈlɛgɪd] *adj* que tiene piernas o patas

legging [ˈlɛgɪŋ] *s* polaina

leggy [ˈlɛgɪ] *adj* zanquilargo

leghorn [ˈlɛghɔrn] o [ˈlɛgərn] *s* sombrero de pa-

ja de Italia; (*cap.*) *s* gallina Leghorn; ['lɛghərn] *s* Liorna (*ciudad*)
legibility [,lɛdʒɪ'bɪlɪtɪ] *s* legibilidad
legible ['lɛdʒɪbəl] *adj* legible
legion ['lidʒən] *s* legión; **to be legion** constituir legión
legionary ['lidʒə,nɛrɪ] *adj* legionario; *s* (*pl:* **-ies**) legionario
legionnaire [,lidʒə'nɛr] *s* legionario
Legion of Honor *s* legión de Honor
legislate ['lɛdʒɪslet] *va* obligar mediante legislación, hacer o llevar a cabo mediante legislación; *vn* legislar
legislation [,lɛdʒɪs'leʃən] *s* legislación
legislative ['lɛdʒɪs,letɪv] *adj* legislativo
legislator ['lɛdʒɪs,letər] *s* legislador
legislature ['lɛdʒɪs,letʃər] *s* cuerpo legislativo, asamblea legislativa
legitim ['lɛdʒɪtɪm] *s* (law) legítima
legitimacy [lɪ'dʒɪtɪməsɪ] *s* legitimidad
legitimate [lɪ'dʒɪtɪmɪt] *adj* legítimo; [lɪ'dʒɪtɪmet] *va* legitimar
legitimate drama *s* teatro serio (*a distinción del cine o el melodrama*)
legitimation [lɪ,dʒɪtɪ'meʃən] *s* legitimación
legitimism [lɪ'dʒɪtɪmɪzəm] *s* legitimismo
legitimist [lɪ'dʒɪtɪmɪst] *adj & s* legitimista
legitimize [lɪ'dʒɪtɪmaɪz] *va* legitimar
legman ['lɛg,mæn] *s* (*pl:* **-men**) (coll.) repórter que anda de un lugar a otro en busca de noticias; (coll.) subordinado que hace mandados y otras tareas
leg of lamb *s* pierna de cordero
leg of mutton *s* pierna de carnero
leg-of-mutton sail ['lɛgəv'mʌtən] *s* (naut.) vela triangular
leg-of-mutton sleeve *s* manga de jamón
legume ['lɛgjum] o [lɪ'gjum] *s* (bot.) legumbre (*planta y fruto como garbanzo, haba, etc.*); vaina (*de legumbre*)
legumin [lɪ'gjumɪn] *s* (biochem.) legumina
leguminous [lɪ'gjumɪnəs] *adj* leguminoso
legwork ['lɛg,wʌrk] *s* (coll.) el mucho caminar, como parte esencial de un trabajo o empleo (*especialmente de un repórter o de alguien al servicio de un repórter*)
lehua [le'hua] *s* (bot.) lehua (*planta y flor de Metrosideros polymorpha*)
lei ['le·ɪ] *s* guirnalda hawaiana
leishmaniasis [,liʃmə'naɪəsɪs] o **leishmaniosis** [liʃ,menɪ'osɪs] *s* (path.) leishmaniosis
leisure ['liʒər] o ['lɛʒər] *s* ocio, desocupación; **at leisure** libre, desocupado; **at one's leisure** a la conveniencia de uno; **in one's leisure** en sus ratos de ocio, en sus ratos libres; *adj* de ocio; acomodado, desocupado
leisure classes *s* gente acomodada
leisured ['liʒərd] o ['lɛʒərd] *adj* acomodado, desocupado; lento, pausado, deliberado
leisure hours *spl* horas de ocio, ratos perdidos
leisurely ['liʒərlɪ] o ['lɛʒərlɪ] *adj* lento, pausado, deliberado; *adv* despacio, sin prisa
leitmotif o **leitmotiv** ['laɪtmo,tif] *s* (mus.) leitmotiv, tema o motivo conductor
lemming ['lɛmɪŋ] *s* (zool.) conejo de Noruega
lemnaceous [lɛm'neʃəs] *adj* (bot.) lemnáceo
lemniscate [lɛm'nɪsket] *s* (geom.) lemniscata
lemniscus [lɛm'nɪskəs] *s* (*pl:* **-nisci** ['nɪsaɪ]) lemnisco; (anat.) lemnisco
lemon ['lɛmən] *s* (bot.) limonero o limón (*árbol*); limón (*fruto*); (slang) maula; *adj* de limón; limonado (*de color de limón*)
lemonade [,lɛmən'ed] *s* limonada
lemon squeezer *s* exprimidor de limón
lemon verbena *s* (bot.) luisa, reina luisa
lemur ['limər] *s* (zool.) lémur; **lemures** ['lɛmjəriz] *spl* (myth.) lémures
lend [lɛnd] (*pret & pp:* **lent**) *va* prestar; dar (*p.ej., color*); añadir, aumentar (*p.ej., el interés de un relato*); **to lend itself** o **to lend oneself** prestarse
lending library *s* biblioteca de préstamo
Lend-Lease Act ['lɛnd'lis] *s* ley de préstamos y arriendos
length [lɛŋθ] *s* largo, largura; (racing) cuerpo; **at full length** tendido cuan largo es; **at length** por fin, finalmente; largamente, extensamente; **through the length and breadth of the land** hasta los últimos rincones del país; **to go to any length** hacer cuanto esté de su parte, hacer todo lo posible; **to keep at arm's length** mantener a distancia, no querer intimar con; mantenerse a distancia; **to measure one's length** medir el suelo, caer (*uno*) cuan largo es
lengthen ['lɛŋθən] *va* alargar; *vn* alargarse
lengthways ['lɛŋθwez] o **lengthwise** ['lɛŋθwaɪz] *adj* longitudinal; *adv* longitudinalmente
lengthy ['lɛŋθɪ] *adj* (*comp:* **-ier**; *super:* **-iest**) largo, prolongado; difuso, prolijo
lenience ['linɪəns] o **leniency** ['linɪənsɪ] *s* clemencia, indulgencia, lenitud
lenient ['linɪənt] *adj* clemente, indulgente; (archaic) lenitivo
Leningrad ['lɛnɪngræd] *s* Leningrado
Leninism ['lɛnɪnɪzəm] *s* leninismo
Leninist ['lɛnɪnɪst] o **Leninite** ['lɛnɪnaɪt] *adj & s* leninista
lenitive ['lɛnɪtɪv] *adj & s* lenitivo; laxante
lenity ['lɛnɪtɪ] *s* (*pl:* **-ties**) lenidad
lens [lɛnz] *s* (opt. & geol.) lente; (anat.) cristalino
Lent [lɛnt] *s* cuaresma; (*l.c.*) *pret & pp de* **lend**
Lenten o **lenten** ['lɛntən] *adj* cuaresmal
lenticel ['lɛntɪsɛl] *s* (bot.) lentejuela
lenticular [lɛn'tɪkjələr] *adj* lenticular
lentil ['lɛntəl] *s* (bot.) lenteja (*planta y semilla*)
l'envoi o **l'envoy** [lɛn'vɔɪ] *s* tornada, despedida (*a una composición poética*); epílogo en prosa
Leo ['lio] *s* León (*nombre de varón*); (astr.) Leo o León
Leonard ['lɛnərd] *s* Leonardo
Leonese [,liə'niz] *adj* leonés; *s* (*pl:* **-nese**) leonés
Leonid ['liənɪd] *s* (astr.) leónida
Leonidas [lɪ'ɑnɪdəs] *s* Leónidas
leonine ['liənaɪn] *adj* leonino
Leonora [,liə'norə] o **Leonore** ['liənor] *s* Leonor
leontiasis [,liɑn'taɪəsɪs] *s* (path.) leontíasis, leonina
leopard ['lɛpərd] *s* (zool.) leopardo; (zool.) jaguar
leopardess ['lɛpərdɪs] *s* leopardo hembra
Leopold ['liəpold] *s* Leopoldo
leotard ['liətɑrd] *s* traje muy ajustado (*de los acróbatas, volatineros y bailadores*)
leper ['lɛpər] *s* leproso
lepidolite [lɪ'pɪdolaɪt] o ['lɛpɪdolaɪt] *s* (mineral.) lepidolita
lepidopteron [,lɛpɪ'dɑptərɑn] *s* (*pl:* **-a** [ə]) (ent.) lepidóptero
lepidopterous [,lɛpɪ'dɑptərəs] *adj* (ent.) lepidóptero
lepidosiren [,lɛpɪdo'saɪrən] *s* (ichth.) lepidosirena
Lepidus ['lɛpɪdəs] *s* Lépido
leporine ['lɛpəraɪn] o ['lɛpərɪn] *adj* leporino
leprechaun ['lɛprəkɔn] *s* (Irish) duende, gnomo
leprosarium [,lɛprə'sɛrɪəm] *s* leprosería
leprosy ['lɛprəsɪ] *s* (path.) lepra
leprous ['lɛprəs] *adj* leproso; escamoso
leptophyllous [,lɛpto'fɪləs] *adj* (bot.) leptofilo
leptorrhine ['lɛptərɪn] *adj* (anthrop.) leptorrino
Lesbian ['lɛzbɪən] *adj* lesbiano o lesbio; *s* lesbiano, lesbio; lesbia (*mujer homosexual*)
Lesbianism ['lɛzbɪənɪzəm] *s* lesbianismo
lese majesty ['liz'mædʒɪstɪ] *s* delito o crimen de lesa majestad
lesion ['liʒən] *s* lesión; (path. & law) lesión
less [lɛs] *adj* menor; *adv* menos; **at less than** en menos que; **the less . . . the less** (o **the more**) mientras menos . . . menos (o más), p.ej., **the less he works the less he earns** mientras menos trabaja menos gana; **less and less** cada vez menos; **less than** menos que; menos de lo que + *verb*; menos de + *numeral; prep & s* menos
lessee [lɛs'i] *s* arrendatario
lessen ['lɛsən] *va* disminuir, reducir a menos; quitar importancia a, hacer poco caso de; *vn* disminuirse; amainar (*el viento*)
lesser ['lɛsər] *adj* menor, más pequeño
Lesser Antilles *spl* Antillas Menores
lesser bindweed *s* (bot.) correhuela
lesser yellowlegs *s* (orn.) chorlo menor de

patas amarillas, chorlito pardo mayor o patiamarilla
lesson [ˈlɛsən] *s* lección; *va* aleccionar; sermonear, reprender
lessor [ˈlɛsɔr] o [lɛˈsɔr] *s* arrendador
lest [lɛst] *conj* no sea que, para que no, de miedo que
let [lɛt] *s* estorbo, obstáculo; (tennis) let (*servicio en que la pelota roza la red y cae dentro de las líneas límites*); **without let or hindrance** sin estorbo ni obstáculo ‖ (*pret & pp:* **let;** *ger:* **letting**) *va* dejar, permitir; dejar pasar; alquilar, arrendar; sacar (*sangre a un enfermo*); **to be let off** salir bien librado; **to let** se alquila, p.ej., **room to let** se alquila un cuarto; **to let** + *inf* dejar o permitir + *inf;* **to let alone** dejar en paz, dejar tranquilo; **to let be** no meterse con; no tocar; dejar en paz; **to let by** dejar pasar; **to let down** bajar; dejar bajar; dejar caer; desilusionar, traicionar, humillar; dejar plantado, dejar colgado o chasqueado; **to let fly** disparar; (fig.) disparar, soltar (*palabras injuriosas*); **to let go** soltar, desasirse de; dejar, vender; **to let good enough alone** bueno está lo bueno; **to let in** dejar entrar, dejar entrar en; **to let it go at that** no hacer o decir nada más; **to let know** hacer saber, enterar; **to let loose** soltar; **to let off** disparar; (coll.) soltar, dejar libre; **to let on** (coll.) dar a entender; **to let oneself go** entregarse a sus deseos o pasiones; emplear todas sus fuerzas o energías; **to let out** hacer saber, revelar, publicar; dejar salir; dar, soltar (*p.ej., más cuerda*); dar (*un grito*); agrandar, ensanchar (*un vestido que aprieta*); dar en arrendamiento; (coll.) despedir; **to let through** dejar pasar, dejar pasar por; **to let up** dejar subir; dejar incorporarse; dejar levantarse; **let** + *inf* que + *subj*, p.ej., **let him do it if he wants to** que lo haga si quiere; **let alone** sin mencionar; y mucho menos, p.ej., **he cannot speak his own language, let alone a foreign language** no puede hablar su propio idioma y mucho menos un idioma extranjero; **let us** + *inf* vamos a + *inf*, p.ej., **let us eat** vamos a comer, comamos ‖ *vn* alquilarse, arrendarse; **to let down** (coll.) ir más despacio; **to let fly** (slang) desatarse en improperios; **to let go** soltar, desasirse; **to let go of** soltar, desasirse de; **to let on** (coll.) fingir; **to let out** (coll.) despedirse, cerrarse (*p.ej., la escuela*); **to let up** (coll.) cesar, desistir; (coll.) disminuir, moderarse; **to let up on** largar, aflojar
letdown [ˈlɛtˌdaʊn] *s* aflojamiento, relajamiento; desilusión, chasco; humillación
lethal [ˈliθəl] *adj* letal
lethargic [lɪˈθɑrdʒɪk] *adj* letárgico
lethargy [ˈlɛθərdʒɪ] *s* (*pl:* **-gies**) letargo
Lethe [ˈliθɪ] *s* (myth.) Lete o Leteo (*río*); (fig.) olvido
Lethean [lɪˈθiən] *adj* leteo
let's [lɛts] contracción de **let us**
Lett [lɛt] *s* letón (*persona e idioma*)
letter [ˈlɛtər] *s* carta; letra (*del alfabeto*); patente (*para el goce de un empleo o privilegio*); (fig.) letra (*sentido material*); **letters** *spl* letras (*literatura*); **to the letter** a la letra, al pie de la letra; *va* rotular, estampar o marcar con letras
letter box *s* buzón
letter carrier *s* cartero
letter drop *s* buzón (*abertura por donde se echan las cartas*)
lettered [ˈlɛtərd] *adj* rotulado, marcado con letras; que sabe leer y escribir; letrado (*literato*)
letter file *s* guardacartas
letterhead [ˈlɛtərˌhɛd] *s* membrete; memorándum (*papel con membrete*)
lettering [ˈlɛtərɪŋ] *s* inscripción, letras
letter of credit *s* (com.) carta orden de crédito, carta de crédito
letter paper *s* papel de cartas
letter-perfect [ˈlɛtərˈpʌrfɪkt] *adj* que tiene bien aprendido su papel o su lección; exacto, correcto
letter press *s* prensa de copiar cartas
letterpress [ˈlɛtərˌprɛs] *s* (print.) texto impreso (*a distinción de los grabados, etc.*)
letter scales *spl* pesacartas
letters of marque *spl* (naut.) patente de corso o carta de marca
letters patent *ssg & spl* patente de privilegio
Lettish [ˈlɛtɪʃ] *adj* letón; *s* letón (*idioma*)
lettre de cachet [ˈlɛtrə də kɑˈʃɛ] *s* (hist.) carta del rey sellada (*que mandaba prisión o destierro*)
lettuce [ˈlɛtɪs] *s* (bot.) lechuga; lechugas (*hojas que se comen en ensalada*)
letup [ˈlɛtˌʌp] *s* (coll.) calma (*p.ej., en el dolor, los negocios*); **without letup** (coll.) sin cesar
leucine [ˈlusin] o [ˈlusɪn] *s* (biochem.) leucina
leucite [ˈlusaɪt] *s* (mineral.) leucita
leuco base [ˈluko] *s* (chem.) leucobase
leucocyte [ˈlukosaɪt] *s* (physiol.) leucocito
leucocythemia [ˌlukosaɪˈθimɪə] *s* (path.) leucocitemia
leucocytosis [ˌlukosaɪˈtosɪs] *s* (path.) leucocitosis
leucoma [luˈkomə] *s* (path.) leucoma
leucomaine [luˈkoməin] o [luˈkoməɪn] *s* (biochem.) leucomaína
leucon [ˈlukɑn] *s* (*pl:* **leucones** [luˈkoniz]) (zool.) leucón
leucopenia [ˌlukəˈpinɪə] *s* (path.) leucopenia
leucoplast [ˈlukəplæst] *s* (bot.) leucoplasto
leucorrhea [ˌlukəˈriə] *s* (path.) leucorrea
leukemia [luˈkimɪə] *s* (path.) leucemia
Lev. abr. de **Leviticus**
Levant [lɪˈvænt] *s* Levante; (*l.c.*) *s* tafilete de Levante
Levantine [lɪˈvæntin] o [ˈlɛvəntin] *adj* levantino; *s* levantino; buque de Levante
Levant morocco *s* tafilete de Levante
levee [ˈlɛvɪ] *s* ribero (*para contener las aguas*); desembarcadero; [ˈlɛvɪ] o [lɛˈvi] *s* besamanos; recepción
level [ˈlɛvəl] *s* nivel; terreno llano, llanura; tramo (*de un canal entre dos esclusas*); **to be on the level** obrar sin engaño, decir la pura verdad; ser la pura verdad; **to find its level** o **to find one's level** hallar su propio nivel; *adj* raso, llano; nivelado; a nivel; (coll.) juicioso, sensato; **one's level best** (coll.) lo mejor que uno puede; **level with** al nivel de, a flor de, a ras de; (*pret & pp:* **-eled** o **-elled;** *ger:* **-eling** o **-elling**) *va* nivelar; arrasar, echar por tierra; apuntar (*un arma de fuego*); (fig.) allanar (*dificultades*); *vn* nivelar; apuntar un arma; dirigir la mente; **to level off** (aer.) nivelarse para aterrizar
level crossing *s* (Brit.) paso a nivel
level-headed [ˈlɛvəlˈhɛdɪd] *adj* juicioso, sensato
leveling o **levelling** [ˈlɛvəlɪŋ] *adj* nivelador; *s* nivelación
leveling rod *s* (surv.) jalón de mira
lever [ˈlɛvər] o [ˈlivər] *s* palanca; (mach. & mech.) palanca; *va & vn* apalancar
leverage [ˈlɛvərɪdʒ] o [ˈlivərɪdʒ] *s* palancada; poder de una palanca; influencia, poder, ventaja
leveret [ˈlɛvərɪt] *s* lebratillo
Levi [ˈlivaɪ] *s* (Bib.) Leví
leviathan [lɪˈvaɪəθən] *s* (Bib. & fig.) leviatán; buque muy grande
levigate [ˈlɛvɪget] *va* pulverizar; pulimentar; levigar (*desleír en agua para separar la parte más leve*)
levigation [ˌlɛvɪˈgeʃən] *s* pulverización; pulimento; levigación
levirate [ˈlɛvɪrɪt] o [ˈlivɪrɪt] *s* (hist.) levirato
levitate [ˈlɛvɪtet] *va* elevar y mantener en el aire (*por medios espiritistas*); *vn* elevarse y flotar en el aire
levitation [ˌlɛvɪˈteʃən] *s* levitación
Levite [ˈlivaɪt] *s* (Bib.) levita
Levitical [lɪˈvɪtɪkəl] *adj* levítico
Leviticus [lɪˈvɪtɪkəs] *s* (Bib.) Levítico
levity [ˈlɛvɪtɪ] *s* (*pl:* **-ties**) levedad, ligereza; frivolidad
levoglucose [ˌlivoˈglukos] *s* (chem.) levoglucosa
levorotatory [ˌlivoˈrotəˌtorɪ] *adj* (chem. & opt.) levógiro
levulin [ˈlɛvjəlɪn] *s* (chem.) levulina
levulinic [ˌlɛvjəˈlɪnɪk] *adj* levulínico
levulinic acid *s* (chem.) ácido levulínico
levulose [ˈlɛvjəlos] *s* (chem.) levulosa

levy [ˈlɛvɪ] *s* (*pl:* **-ies**) recaudación, exacción (*de tributos, impuestos*); dinero recaudado; (mil.) leva, recluta, enganche; (*pret & pp:* **-ied**) *va* recaudar, exigir (*tributos, impuestos*); hacer (*la guerra*); (law) embargar; (mil.) reclutar, enganchar
lewd [lud] *adj* lascivo, lujurioso; obsceno, indecente
lewdness [ˈludnɪs] *s* lascivia, lujuria; obscenidad, indecencia
Lewis [ˈluɪs] *s* Luis
lewisite [ˈluɪsaɪt] *s* (mil.) lewisita
lexical [ˈlɛksɪkəl] *adj* léxico
lexicographer [ˌlɛksɪˈkɑgrəfər] *s* lexicógrafo
lexicographic [ˌlɛksɪkoˈgræfɪk] o **lexicographical** [ˌlɛksɪkoˈgræfɪkəl] *adj* lexicográfico
lexicography [ˌlɛksɪˈkɑgrəfɪ] *s* lexicografía
lexicologic [ˌlɛksɪkəˈlɑdʒɪk] o **lexicological** [ˌlɛksɪkəˈlɑdʒɪkəl] *adj* lexicológico
lexicologist [ˌlɛksɪˈkɑlədʒɪst] *s* lexicólogo
lexicology [ˌlɛksɪˈkɑlədʒɪ] *s* lexicología
lexicon [ˈlɛksɪkən] *s* léxico o lexicón
Leyden jar [ˈlaɪdən] *s* (elec.) botella de Leiden
L.I. abr. de **Long Island**
liability [ˌlaɪəˈbɪlɪtɪ] *s* (*pl:* **-ties**) exposición, riesgo; responsabilidad; obligación; deuda; desventaja; **liabilities** *spl* (com.) pasivo
liability insurance *s* seguro contra responsabilidad civil
liable [ˈlaɪəbəl] *adj* sujeto, expuesto; responsable, obligado
liaison [ˌlieˈzõ] o [ˈliəˌzɑn] *s* enlace, unión; lío, amancebamiento; (mil.) enlace, intercomunicación; (phonet.) enlace de una consonante final con la vocal inicial de la palabra siguiente
liaison officer *s* (mil.) oficial de enlace
liana [lɪˈɑnə] o [lɪˈænə] o **liane** [lɪˈɑn] *s* (bot.) bejuco, liana
liar [ˈlaɪər] *s* mentiroso
Liassic [laɪˈæsɪk] *adj & s* (geol.) liásico
lib. abr. de **librarian, library** y **liber** (Lat.) **book**
libation [laɪˈbeʃən] *s* libación; (hum.) libación (*bebida alcohólica*)
libel [ˈlaɪbəl] *s* libelo (*escrito infamatorio*); calumnia, difamación; (*pret & pp:* **-beled** o **-belled;** *ger:* **-beling** o **-belling**) *va* calumniar, difamar
libeler o **libeller** [ˈlaɪbələr] *s* libelista (*autor de un libelo*); calumniador, difamador
libelous o **libellous** [ˈlaɪbələs] *adj* infamador, infamatorio, calumniador
liber [ˈlaɪbər] *s* (bot.) líber
liberal [ˈlɪbərəl] *adj* liberal; tolerante, de amplias miras; (pol.) liberal; libre (*traducción*); *s* (pol.) liberal
liberal arts *spl* artes liberales *fpl*
liberal education *s* instrucción que consiste en el estudio de las artes liberales
liberalism [ˈlɪbərəlɪzəm] *s* liberalismo
liberality [ˌlɪbəˈrælɪtɪ] *s* (*pl:* **-ties**) liberalidad
liberalization [ˌlɪbərəlɪˈzeʃən] *s* liberalización
liberalize [ˈlɪbərəlaɪz] *va* liberalizar; *vn* liberalizarse
liberal-minded [ˈlɪbərəlˈmaɪndɪd] *adj* tolerante, de amplias miras
liberate [ˈlɪbəret] *va* libertar; (chem.) desprender
liberation [ˌlɪbəˈreʃən] *s* liberación; (chem.) desprendimiento
liberator [ˈlɪbəˌretər] *s* liberador, libertador
Liberian [laɪˈbɪrɪən] *adj & s* liberiano
liberticidal [lɪˌbʌrtɪˈsaɪdəl] *adj* liberticida
liberticide [lɪˈbʌrtɪsaɪd] *s* liberticida (*destructor de la libertad*); destrucción de la libertad
libertine [ˈlɪbərtin] *adj & s* libertino
libertinism [ˈlɪbərtɪnɪzəm] *s* libertinaje
liberty [ˈlɪbərtɪ] *s* (*pl:* **-ties**) libertad; (naut.) licencia, permiso; **at liberty** en libertad; libre, desocupado; **to be at liberty to** + *inf* ser libre para + *inf,* tener permiso para + *inf;* **to take the liberty to** + *inf* tomarse la libertad de + *inf;* **to take liberties** tomarse libertades (*propasarse*)
Liberty Bell *s* (U.S.A.) campana de la libertad
liberty cap *s* gorro frigio
liberty-loving [ˈlɪbərtɪˈlʌvɪŋ] *adj* amante de la libertad
libidinous [lɪˈbɪdɪnəs] *adj* libidinoso
libido [lɪˈbido] o [lɪˈbaɪdo] *s* (psychol.) libídine o libido
Libra [ˈlaɪbrə] *s* (astr.) Libra
librarian [laɪˈbrɛrɪən] *s* bibliotecario
library [ˈlaɪˌbrɛrɪ] o [ˈlaɪbrərɪ] *s* (*pl:* **-ies**) biblioteca
library number *s* signatura
library school *s* escuela de bibliotecarios
library science *s* bibliotecnia, biblioteconomía
libration [laɪˈbreʃən] *s* libración; (astr.) libración
librettist [lɪˈbrɛtɪst] *s* libretista
libretto [lɪˈbrɛto] *s* (*pl:* **-tos**) (mus.) libreto
Libya [ˈlɪbɪə] *s* la Libia
Libyan [ˈlɪbɪən] *adj* líbico o libio; *s* libio
Libyan Desert *s* Desierto de Libia
lice [laɪs] *pl de* **louse**
license o **licence** [ˈlaɪsəns] *s* licencia (*permiso; documento en que consta la licencia; libertad abusiva; libertinaje*); *va* licenciar
licensee [ˌlaɪsənˈsi] *s* concesionario, persona que obtiene licencia
license number *s* número de matrícula
license plate *s* placa de matrícula, chapa de circulación
license-plate light [ˈlaɪsənsˈplet] *s* luz de matrícula
license tag *s* var. de **license plate**
licentiate [laɪˈsɛnʃɪɪt] o [laɪˈsɛnʃɪet] *s* licenciado (*el que tiene licencia para ejercer una profesión; el que tiene grado de licenciado*); licencia o licenciatura (*grado*)
licentious [laɪˈsɛnʃəs] *adj* licencioso
licentiousness [laɪˈsɛnʃəsnɪs] *s* libertinaje, licencia
lichee [ˈlitʃi] *s* var. de **litchi**
lichen [ˈlaɪkən] *s* (bot. & path.) liquen
lichenin [ˈlaɪkənɪn] *s* (chem.) liquenina
lichenology [ˌlaɪkəˈnɑlədʒɪ] *s* liquenología
lichenous [ˈlaɪkənəs] *adj* liquenoso
lich gate [lɪtʃ] *s* puerta de cementerio de parroquia donde se posa en tierra el féretro mientras se espera a que venga el pastor encargado del entierro
licit [ˈlɪsɪt] *adj* lícito
lick [lɪk] *s* lamedura, lamedero, salobral; (coll.) zurra; (coll.) velocidad; (coll.) bofetón; (coll.) vestigio; (coll.) pizca; (coll.) limpión; **to give a lick and a promise to** (coll.) hacer aprisa y mal, hacer rápida y superficialmente; *va* lamer; lamerse (*p.ej., los labios*); (fig.) lamer (*dícese de las llamas*); (coll.) zurrar; (coll.) vencer; (coll.) confundir; **to lick clean** lamer hasta dejar limpio
lickerish [ˈlɪkərɪʃ] *adj* goloso; codicioso; lascivo
lickspittle [ˈlɪkˌspɪtəl] *s* quitapelillos
licorice [ˈlɪkərɪs] *s* (bot.) orozuz, alcazuz, regaliz; dulce de orozuz, dulce de regaliz
lictor [ˈlɪktər] *s* (hist.) lictor
lid [lɪd] *s* tapa, tapadera (*de caja, cofre, arca, etc.*); cobertera (*de olla, cazuela, etc.*); (anat.) párpado; (slang) techo (*sombrero*)
lidless [ˈlɪdlɪs] *adj* sin tapa, sin tapadera; sin párpados; (poet.) vigilante
lie [laɪ] *s* mentira; mentís (*acción de desmentir*); disposición, situación, orientación; **to catch in a lie** coger en una mentira; **to give the lie to** dar un mentís a ‖ (*pret & pp:* **lied;** *ger:* **lying**) *va* conseguir mintiendo; **to lie one's way out of** vencer (*p.ej., una dificultad*) mintiendo ‖ *vn* mentir ‖ (*pret:* **lay;** *pp:* **lain;** *ger:* **lying**) *vn* echarse, acostarse; estar echado; estar situado, hallarse; yacer, estar enterrado; (archaic) pernoctar; **to lie down** echarse, acostarse; **to lie in** depender de; consistir en; corresponder a; estar de parto; **to lie off** (naut.) guardar cierta distancia de; descansar; (slang) contenerse al principio (*de una carrera*); **to lie over** detenerse algún tiempo, esperando la hora o la ocasión de continuar el viaje; aplazarse; quedar en suspenso; **to lie to** (naut.) aguantarse a la capa; **to lie with** tocar a, corresponder a; yacer con (*tener trato carnal con*)
lie detector *s* detector de mentiras

lief [lif] *adv* de buena gana; **I would as lief** + *inf* tanto me da + *inf*
liege [lidʒ] *adj* feudal; vasallo; *s* señor feudal; vasallo
Liége [lɪ'eʒ] *s* Lieja
liege lord *s* señor feudal
liegeman ['lidʒmən] *s* (*pl:* **-men**) vasallo; (fig.) fiel secuaz
lien [lin] o ['liən] *s* (law) embargo preventivo, derecho de retención
lienteric [,laɪən'terɪk] *adj* lientérico
lientery ['laɪən,terɪ] *s* (path.) lientera o lientería
lie of the land *s* var. de **lay of the land**
lieu [lu] *s* lugar; **in lieu of** en lugar de, en vez de
Lieut. abr. de **Lieutenant**
lieutenancy [lu'tenənsɪ] *s* (*pl:* **-cies**) lugartenencia; (mil. & nav.) tenencia
lieutenant [lu'tenənt] *s* lugarteniente; (mil.) teniente; (nav.) teniente de navío
lieutenant colonel *s* (mil.) teniente coronel
lieutenant commander *s* (nav.) capitán de corbeta
lieutenant general *s* (mil.) teniente general
lieutenant governor *s* (U.S.A.) vicegobernador; (Brit.) lugarteniente del gobernador (*de una colonia o provincia*)
lieutenant junior grade *s* (nav.) alférez de navío
lieve [liv] *adv* var. de **lief**
life [laɪf] *s* (*pl:* **lives**) vida; vigencia (*de una póliza*); **as big as life** de tamaño natural; en persona; **for the life of me** a fe mía, así me maten; **for life** de por vida, por toda la vida; **from life** del natural; **the life and soul of** la alegría de (*p.ej., la fiesta*); **to come to life** volver a la vida; **to depart this life** partir o partirse de esta vida; **to have life** vivir; tener vivacidad; **to put new life into** vigorizar; **to run for one's life** salvarse por los pies, salir huyendo para que no le maten; **to see life** ver mundo; **to take one's own life** quitarse la vida; **to take one's life in one's hands** tomarse la muerte por su mano, jugarse la vida; **to the life** del natural, fielmente; *adj* vital (*perteneciente a la vida*); perpetuo; vitalicio; (f.a.) copiando el modelo vivo
life-and-death struggle ['laɪfən'deθ] *s* lucha a vida o muerte
life annuitant *s* vitalicista
life annuity *s* renta vitalicia
life belt *s* cinturón salvavidas
lifeblood ['laɪf,blʌd] *s* sangre vital; alma, nervio
lifeboat ['laɪf,bot] *s* bote de salvamento, bote salvavidas, salvavidas; lancha de auxilio (*en los puertos*)
lifeboat drill *s* (naut.) ejercicios con botes de salvamento
lifeboat station *s* estación de salvamento
life buoy *s* (naut.) boya salvavidas
life expectancy *s* expectación de vida
lifeguard ['laɪf,gɑrd] *s* empleado de una estación de salvamento
Life Guards *spl* (Brit.) guardia de corps
life imprisonment *s* cadena perpetua
life insurance *s* seguro sobre la vida
life interest *s* (law) usufructo
lifeless ['laɪflɪs] *adj* sin vida, muerto; exánime, desmayado; deslucido, amortiguado
lifelike ['laɪf,laɪk] *adj* natural, vivo
life line *s* cuerda salvavidas; cuerda de comunicación (*de una escafandra*); línea de la vida (*en la quiromancía*)
lifelong ['laɪf,lɔŋ] o ['laɪf,lɑŋ] *adj* de toda la vida; *adv* durante toda la vida; *s* toda la vida
life net *s* red de salvamento
life of leisure *s* vida de ocio
life of Riley ['raɪlɪ] *s* vida regalada
life of the party *s* (coll.) alma de la fiesta, alegría de la fiesta
life preserver *s* salvavidas, chaleco flotador; (Brit.) cachiporra
lifer ['laɪfər] *s* (slang) presidiario de por vida
life raft *s* balsa salvavidas
lifesaver ['laɪf,sevər] *s* salvador (*persona que salva la vida a otra*); empleado de una estación de salvamento; (coll.) paño de lágrimas, tabla de salvación
lifesaving ['laɪf,sevɪŋ] *adj* de salvamento; *s* salvamento; servicio de salvavidas
lifesaving gun *s* cañón lanzacabos
life sentence *s* condena a cadena perpetua
life-size ['laɪf,saɪz] *adj* de tamaño natural
life span *s* vida (*la duración más larga de una especie animal o vegetal*)
lifetime ['laɪf,taɪm] *s* vida, curso de la vida; *adj* vitalicio
lifework ['laɪf,wʌrk] *s* trabajo de toda la vida, obra principal de la vida de uno
lift [lɪft] *s* elevación, levantamiento; empuje hacia arriba; tapa (*del tacón del zapato*); altura de aspiración (*de una bomba*); juego de una leva; fuerza de sustentación o fuerza ascensional (*de un avión*); ayuda (*para levantar una carga*); elevación del terreno, repecho; invitación para subir a un coche que pasa; paseo en un coche que pasa; exaltación, estímulo; (Brit.) ascensor; **to give a lift to** ayudar a levantar o a levantarse; invitar (*a un peatón*) a subir a un coche; llevar en un coche; (fig.) reanimar; *va* levantar, elevar; extinguir (*una hipoteca*); quitarse (*el sombrero*); exaltar, estimular; (naut.) izar (*vergas, velas, etc.*); (coll.) robar; (coll.) plagiar; *vn* levantarse, elevarse; disiparse (*las nubes, la niebla, la obscuridad*); aparecer en el horizonte (*la tierra, cuando el navegante se aproxima a la costa*); **to lift at** tratar de levantar
lift bridge *s* puente levadizo
lifter ['lɪftər] *s* alzador; aparato de alzamiento; (mach.) leva
lift-off ['lɪft,ɔf] o ['lɪft,ɑf] *s* despegue vertical
lift pump *s* bomba aspirante
ligament ['lɪgəmənt] *s* ligamento; (anat. & zool.) ligamento
ligamentous [,lɪgə'mentəs] *adj* ligamentoso
ligate ['laɪget] *va* (surg.) ligar
ligation [laɪ'geʃən] *s* ligación
ligator [laɪ'getər] *s* (surg.) ligador
ligature ['lɪgətʃər] *s* ligadura; (mus.) ligado, ligadura; (print.) ligado; (surg.) ligadura; *va* ligar
light [laɪt] *adj* ligero, leve, liviano; ligero (*dotado de pocas armas o poca impedimenta; fino, delicado; ágil, rápido; de poca monta; superficial; impertinente; inconstante; alegre; dícese también del alimento, vino, sueño*); claro (*luminoso, brillante; que recibe mucha luz; de color poco subido; dícese tambien de la cerveza*); rubio, blondo; de tez blanca; arenoso (*suelo*); flúido (*aceite*); poco serio (*dícese, p.ej., de la lectura*); (naut.) boyante (*que no cala lo que debe calar*); **light in the head** mareado; tonto, necio; loco; **to be light on one's feet** andar con mucha agilidad; **to make light of** no dar importancia a, no tomar en serio ‖ *adv* ligeramente ‖ *s* luz; lumbre o fuego (*p.ej., para encender el cigarro*); luz o señal (*de tráfico*); luz, claro, hueco (*ventana, tronera u otra abertura en una pared*); lumbrera (*persona insigne*); (fig.) lumbre (*p.ej., del rostro de Dios*); **lights** *spl* bofes, livianos; noticias: conocimientos; (slang) ojos; **according to one's lights** según Dios le da a uno a entender, lo mejor que uno puede; **against the light** al trasluz; **in the light of** a la luz de: **in this light** desde este punto de vista; **to bring to light** sacar a luz, descubrir, revelar; **to cast light on** echar luz sobre; **to come to light** salir a luz, descubrirse; **to see the light** o **to see the light of day** salir a luz, ver la luz; caer en la cuenta; ver el cielo abierto (*descubrir el medio de salir de un apuro*); **to shed** o **throw light on** o **upon** echar luz sobre; **to strike a light** echar una yesca; encender un fósforo ‖ (*pret & pp:* **lighted** o **lit**) *va* encender (*una luz, el fuego, el cigarro, etc.*); alumbrar (*dar luz a*); iluminar (*dar luz a; adornar con muchas luces*); **to light up** iluminar ‖ *vn* encenderse; alumbrarse; bajar (*p.ej., de un coche*); posar (*las aves*); **to light into** (slang) arremeter contra; (slang) poner de oro y azul; **to light out** (slang) salir pitando, poner pies en polvorosa; **to light upon** dar con, tropezar con, hallar por casualidad
light air *s* (naut.) ventolina
light alloy *s* metal ligero de aleación

L

light-armed ['laɪt'ɑrmd] *adj* armado de armas ligeras, armado de armadura ligera
light breeze *s* (naut.) viento flojito
light bulb *s* ampolleta, bombilla
light-complexioned ['laɪtkəm'plɛkʃənd] *adj* de tez blanca
lighten ['laɪtən] *va* aligerar; alegrar, regocijar; iluminar; *vn* aligerarse; alegrarse, regocijarse; iluminarse; relampaguear; (fig.) iluminarse (*la cara de una persona*)
lighter ['laɪtər] *s* alumbrador; mecha (*para pegar fuego a cohetes, minas, etc.*); encendedor (*p.ej., de cigarrillos*); alijador (*barcaza*); *va* transportar en alijador
lighterage ['laɪtərɪdʒ] *s* alijo; gastos de alijo
lighter-than-air [,laɪtərðən'ɛr] *adj* (aer.) más ligero que el aire
lightface ['laɪt,fes] *s* (print.) tipo común
light-fingered ['laɪt'fɪŋgərd] *adj* largo de uñas, listo de manos
light-foot ['laɪt,fʊt] o **light-footed** ['laɪt'fʊtɪd] *adj* ligero de pies
light-headed ['laɪt'hɛdɪd] *adj* mareado; casquivano, ligero de cascos; delirante
light-hearted ['laɪt'hɑrtɪd] *adj* libre de cuidados, alegre
light heavyweight *s* (box.) peso pesado ligero, peso medio fuerte
light horse *s* (mil.) caballería ligera
light-horseman ['laɪt,hɔrsmən] *s* (*pl:* **-men**) soldado de un cuerpo de caballería ligera
lighthouse ['laɪt,haʊs] *s* faro
lighthouseman ['laɪt,haʊsmən] *s* (*pl:* **-men**) torrero
light infantry *s* infantería ligera
lighting ['laɪtɪŋ] *s* iluminación, alumbrado; encendido, encendimiento
lighting fixtures *spl* artefactos de alumbrado
lightly ['laɪtlɪ] *adv* ligeramente
light meter *s* (phot.) exposímetro
light-minded ['laɪt'maɪndɪd] *adj* tonto, atolondrado
lightness ['laɪtnɪs] *s* ligereza; claridad, blancura, luminosidad
lightning ['laɪtnɪŋ] *s* relámpagos, relampagueo; *vn* relampaguear
lightning arrester *s* pararrayos
lightning bug *s* (ent.) bicho de luz, luciérnaga
lightning rod *s* pararrayos, barra pararrayos
light of the World *s* (theol.) luz del mundo
light opera *s* (mus.) opereta
lightship ['laɪt,ʃɪp] *s* (naut.) buque fanal, buque faro
lightsome ['laɪtsəm] *adj* ligero (*ágil; frívolo*); alegre, festivo
light-struck ['laɪt,strʌk] *adj* velado (*por la acción indebida de la luz*)
lightweight ['laɪt,wet] *s* persona de poco peso; (box.) peso ligero, peso liviano; (coll.) pelele; *adj* ligero; de entretiempo, p.ej., **lightweight coat** abrigo de entretiempo
light-year ['laɪt,jɪr] *s* (astr.) año luz
ligneous ['lɪgnɪəs] *adj* lignario, leñoso
lignify ['lɪgnɪfaɪ] (*pret & pp:* **-fied**) *va* convertir en madera; *vn* lignificarse
lignin ['lɪgnɪn] *s* (bot.) lignina
lignite ['lɪgnaɪt] *s* (mineral.) lignito
lignocellulose [,lɪgnə'sɛljəlos] *s* lignocelulosa
lignum vitae ['lɪgnəm 'vaɪti] *s* (bot.) guayacán o guayaco (*árbol*); palo santo (*madera*)
ligroin ['lɪgro·ɪn] *s* (chem.) ligroína
ligula ['lɪgjələ] *s* (*pl:* **-lae** [li] o **-las**) (anat., bot. & zool.) lígula
ligulate ['lɪgjəlɪt] o ['lɪgjəlet] *adj* ligulado
ligule ['lɪgjul] *s* (bot. & zool.) lígula
Ligurian [lɪ'gjʊrɪən] *adj & s* ligur o ligurino
likable ['laɪkəbəl] *adj* simpático
like [laɪk] *adj* parecido, semejante, p.ej., **a like instance** un ejemplo semejante; **plants with like flowers** plantas con flores semejantes; parecido a, semejante a, p.ej., **this book is like the other one** este libro es semejante al otro; propio de, característico de; (elec.) del mismo nombre (*dícese de los polos de un imán*); **something like** algo así como; **to be like to** + *inf* (archaic & coll.) ser probable que + *subj*, p.ej., **the king is like to die** es probable que muera el rey; **to feel like** + *ger* tener ganas de + *inf;* **to look like** parecerse a; parecer que, p.ej., **it looks like rain** parece que va a llover ‖ *adv* del mismo modo; probablemente, p.ej., **like enough it will rain** probablemente lloverá; **nothing like** ni con mucho; **like mad** como un loco ‖ *prep* como ‖ *conj* (coll.) del mismo modo que; (coll.) que, p.ej., **it looks like he's right** parece que tiene razón ‖ *s* semejante; gusto, preferencia; **and the like** y cosas por el estilo; **the like** o **the likes of him** (coll.) otro semejante; **to give like for like** pagar en la misma moneda ‖ *va* gustar, p.ej., **John did not like these apples** no le gustaron a Juan estas manzanas; gustar de, p.ej., **I like music** gusto de la música; **to like better** o **best** preferir; **to like it in** estar o encontrarse a gusto en (*p.ej., el campo*); **to like to** + *inf* gustarle a uno + *inf*, p.ej., **I like to travel** me gusta viajar; gustar de + *inf*, p.ej., **I like to read** gusto de leer; **to like** (*someone*) **to** + *inf* gustar que + *subj*, p.ej., **I should like him to come to see me** me gustaría que viniese a verme ‖ *vn* querer, p.ej., **as you like** como Vd. quiera; (coll.) por poco, p.ej., **he liked to have died laughing** o **he had like to have died laughing** por poco murió de risa
likeable ['laɪkəbəl] *adj* var. de **likable**
likelihood ['laɪklɪhʊd] *s* probabilidad
likely ['laɪklɪ] *adj* (*comp:* **-lier;** *super:* **-liest**) probable; prometiente, prometedor; **to be likely to** + *inf* ser probable que + *subj*, p.ej., **John is likely to arrive early** es probable que Juan llegue temprano
like-minded ['laɪk'maɪndɪd] *adj* del mismo parecer, de natural semejante
liken ['laɪkən] *va* asemejar, comparar
likeness ['laɪknɪs] *s* parecido, semejanza; retrato; forma, aspecto; **to be a good likeness** tener un gran parecido
likewise ['laɪk,waɪz] *adv* asimismo, igualmente; del mismo modo; lo mismo, p.ej., **the rest did likewise** los demás hicieron lo mismo
liking ['laɪkɪŋ] *s* gusto, preferencia, afición, simpatía; **to be to the liking of** ser del gusto de; **to take a liking for** o **to** tomar el gusto a, aficionarse a
lilac ['laɪlək] *s* (bot.) lila (*arbusto y flor*); lila (*color*); *adj* de color de lila
liliaceous [,lɪlɪ'eʃəs] *adj* (bot.) liliáceo
Lille [lil] *s* Lila
Lilliputian [,lɪlɪ'pjuʃən] *adj & s* liliputiense
lilt [lɪlt] *s* música o canción alegres; paso o movimiento airosos; *va* tocar o cantar (*una melodía*) airosamente
lily ['lɪlɪ] *s* (*pl:* **-ies**) (bot.) azucena; (bot.) lirio de agua, cala; flor de lis (*escudo de armas de Francia*); **to gild the lily** ponerle colores al oro; *adj* de alabastro, blanco; puro, tierno; pálido
lily family *s* (bot.) liliáceas
lily-livered ['lɪlɪ,lɪvərd] *adj* cobarde, pusilánime
lily of the valley *s* (bot.) muguete, lirio de los valles
lily pad *s* hoja de nenúfar
Lima bean ['laɪmə] *s* (bot.) judía de la peladilla, frijol de media luna (*Phaseolus limensis*)
Lima wood ['limə] o ['laɪmə] *s* madera de cesalpínea tintórea
limb [lɪm] *s* miembro (*brazo o pierna*); rama (*de árbol*); vástago (*de una planta o una familia*); brazo (*de cruz; del mar*); (astr., bot. & surv.) limbo; **to be a limb of the devil** u **of Satan** ser maligno; ser la piel o de la piel del diablo; **to be out on a limb** (coll.) estar en un aprieto
limber ['lɪmbər] *s* (arti.) armón, avantrén; *adj* flexible; ágil; *va* poner flexible; agilitar; *vn* ponerse flexible; agilitarse; **to limber up** ponerse flexible; agilitarse; (fig.) humanarse (*hacerse más afable*)
limbo ['lɪmbo] *s* (theol.) limbo; lugar de personas o cosas olvidadas o pasadas de moda; cárcel, prisión
limb of the law *s* policía, guardia; abogado; juez
Limburg ['lɪmbʌrg] *s* Limburgo
Limburger ['lɪmbʌrgər] *s* queso de Limburgo
lime [laɪm] *s* cal; calcio; liga (*materia viscosa*); (bot.) limero agrio (*Citrus aurantifolia*); lima

agria (*fruto*); (bot.) tila o tilo; *va* encalar; (agr.) encalar; untar con liga; coger (*pájaros*) con liga
Limean ['limɪən] *adj & s* limeño
lime burner *s* calero
limekiln ['laɪm,kɪl] o ['laɪm,kɪln] *s* horno de cal, calera
limelight ['laɪm,laɪt] *s* (theat.) haz luminoso del proyector; **to be in the limelight** estar a la vista del público
limen ['laɪmɛn] *s* (*pl:* **-mens** o **-mina** [mɪnə]) (psychol.) umbral
limerick ['lɪmərɪk] *s* quintilla jocosa
limestone ['laɪm,ston] *s* caliza, piedra caliza; *adj* calizo
limewater ['laɪm,wɔtər] o ['laɪm,wɑtər] *s* agua de cal
liminal ['lɪmɪnəl] o ['laɪmɪnəl] *adj* (psychol.) liminal
limit ['lɪmɪt] *s* límite; **to be the limit** (slang) ser el colmo, ser inaguantable; **to go the limit** no dejar piedra por mover, hacer todos los esfuerzos posibles; **to know no limit** no tener límites, ser infinito; *va* limitar; **to limit to** + *ger* limitar a + *inf*
limitation [,lɪmɪ'teʃən] *s* limitación; (law) prescripción
limitative ['lɪmɪ,tetɪv] *adj* limitativo
limited ['lɪmɪtɪd] *adj* limitado; *s* (rail.) tren expreso con tarifa recargada
limited company *s* (com.) sociedad limitada
limited monarchy *s* monarquía constitucional
limiter ['lɪmɪtər] *s* limitador; (elec.) limitacorrientes
limitless ['lɪmɪtlɪs] *adj* ilimitado
limit turbine *s* turbina límite
limn [lɪm] *va* pintar (*un cuadro*); (fig.) pintar (*describir*)
limnology [lɪm'nɑlədʒɪ] *s* limnología
limonene ['lɪmənin] *s* (chem.) limoneno
limonite ['laɪmənaɪt] *s* (mineral.) limonita
limousine ['lɪmə,zin] o [,lɪmə'zin] *s* (aut.) limosina
limp [lɪmp] *s* cojera; paso cojeante; *adj* flojo; flexible; (fig.) blando, sin carácter; *vn* cojear; (fig.) cojear (*un verso*)
limpet ['lɪmpɪt] *s* (zool.) lapa, lápade
limpid ['lɪmpɪd] *adj* diáfano, cristalino; claro
limpidity [lɪm'pɪdɪtɪ] *s* diafanidad; claridad
limpkin ['lɪmpkɪn] *s* (orn.) guariao
limy ['laɪmɪ] *adj* (*comp:* **-ier**; *super:* **-iest**) calizo; pegajoso, viscoso; untado con liga
linage ['laɪnɪdʒ] *s* alineación; (print.) número de líneas
linaloöl [lɪ'nælool], [lɪ'nælɔɑl] o [,lɪnə'lul] *s* (chem.) linalol
linchpin ['lɪntʃ,pɪn] *s* pezonera, sotrozo
linden ['lɪndən] *s* (bot.) tila o tilo
line [laɪn] *s* línea; cuerda, cordel; sedal (*de la caña de pescar*); arruga; renglón (*línea escrita o impresa; ramo de mercancías*); ramo (*de mercancías, de negocios*); surtido; especialidad; manera (*de pensar*); (phys.) raya (*del espectro*); (slang) charla propia (*de una persona*); **lines** *spl* línea (*contorno*); (theat.) papel; versos; riendas; (mil.) línea defensiva, trincheras; **a line** unas líneas (*carta muy breve*); **all along the line** en toda la línea; por todas partes; desde cualquier punto de vista; **in line** alineado; dispuesto, preparado; **in line with** de acuerdo con; **on a line** nivelado, ras con ras; **on the line** en la línea divisoria; ni lo uno ni lo otro; **out of line** desalineado; en desacuerdo; **the line** (geog.) la línea (*el ecuador*); **to bring into line** poner de acuerdo, convencer, persuadir; **to come into line** ponerse de acuerdo, dejarse convencer o persuadir; **to draw the line at** no ir más allá de; **to fall in line** conformarse; formar cola; (mil.) alinearse en su lugar; **to fall into line** ponerse de acuerdo; **to get a line on** (coll.) llegar a conocer; **to get in line** alinearse; ponerse de acuerdo; **to get out of line** salirse de la fila; **to have a line on** (coll.) conocer, estar enterado de; **to read between the lines** leer entre líneas, leer entre renglones; **to stand in line** hacer cola; **to take a line** adoptar una actitud; **to toe the line** ponerse en la raya; obrar como se debe; **to wait in line** hacer cola (*esperar vez formando cola con otras personas*); *va* linear, rayar; arrugar (*p.ej., la cara*); alinear; formar hilera a lo largo de (*p.ej., la acera*); forrar (*p.ej., un vestido*); guarnecer (*un freno*); **to line up** (mach.) alinear; *vn* alinearse; **to line up** ponerse en fila; hacer cola
lineage ['lɪnɪɪdʒ] *s* linaje; alineación; (print.) número de líneas
lineal ['lɪnɪəl] *adj* lineal; hereditario; en línea recta
lineally ['lɪnɪəlɪ] *adv* en línea recta
lineament ['lɪnɪəmənt] *s* lineamento; **lineaments** *spl* lineamentos (*del rostro*)
linear ['lɪnɪər] *adj* lineal
linear equation *s* (alg.) ecuación de primer grado
linearity [,lɪnɪ'ærɪtɪ] *s* linearidad
linear measure *s* medida de longitud; sistema de medidas de longitud
linear perspective *s* perspectiva lineal
line engraving *s* grabado de líneas
lineman ['laɪnmən] *s* (*pl:* **-men**) (elec.) recorredor de la línea; (rail.) guardavía; (surv.) cadenero; (football) jugador de la línea de embestida
linen ['lɪnən] *s* lienzo, lino; hilo de lino; ropa blanca; *adj* de lino
linen draper *s* lencero
linen drapery *s* lencería
line of battle *s* línea de batalla, línea de combate
line of circumvallation *s* (fort.) línea de circunvalación
line of collimation *s* línea de colimación
Line of Demarcation *s* (hist.) línea de demarcación
line of fire *s* (mil.) línea de tiro
line of force *s* (phys.) línea de fuerza
line of incidence *s* línea de incidencia
line of least resistance *s* (fig.) ley del menor esfuerzo; **to follow the line of least resistance** seguir la corriente, no hacer resistencia
line of march *s* recorrido
line of sight *s* (arti. & surv.) línea de mira
line of vision *s* visual
liner ['laɪnər] *s* trazador de líneas; forrador; forro; vapor o avión de travesía; (mach.) forro tubular; (baseball) pelota rasa
line radio *s* (rad.) radiocomunicación por corrientes de alta frecuencia de una red alambrada
linesman ['laɪnzmən] *s* (*pl:* **-men**) (elec.) recorredor de la línea; (sport) juez de línea; (mil.) soldado de línea
line squall *s* (meteor.) línea de turbonada
line-up ['laɪn,ʌp] *s* formación; rueda de presos
ling [lɪŋ] *s* (ichth.) bacalao ling, abadejo largo; (ichth.) lota; (bot.) brezo (*Calluna vulgaris y plantas de los géneros Carex y Erica*)
linger ['lɪŋgər] *vn* estarse, quedarse; demorar, tardar; tardar en marcharse; tardar en morirse; **to linger over** meditar, reflexionar (*una cosa*)
lingerie [,lænʒə'ri] *s* lencería; lencería fina; ropa blanca de mujer
lingering ['lɪŋgərɪŋ] *adj* prolongado, lento
lingo ['lɪŋgo] *s* (*pl:* **-goes**) idioma; algarabía; jerga (*de los individuos de ciertas profesiones u oficios*)
lingua franca ['lɪŋgwə 'fræŋkə] *s* lengua franca
lingual ['lɪŋgwəl] *adj* lingual; (phonet.) lingual; *s* (phonet.) lingual
linguist ['lɪŋgwɪst] *s* lingüista (*el que estudia la lingüística*); poligloto (*el que sabe varias lenguas*)
linguistic [lɪŋ'gwɪstɪk] *adj* lingüístico; **linguistics** *ssg* lingüística
linguistically [lɪŋ'gwɪstɪkəlɪ] *adv* lingüísticamente
linguistic geography *s* geografía lingüística
liniment ['lɪnɪmənt] *s* linimento
linin ['laɪnɪn] *s* (biol. & chem.) linina
lining ['laɪnɪŋ] *s* forro; guarnición (*de freno*); rayado
link [lɪŋk] *s* eslabón; eslabón de la cadena de Gúnter (*201,2 mm*); hacha de viento; varilla de conexión; meandro de río; (fig.) eslabón;

L

links *spl* campo de golf; *va* eslabonar; *vn* eslabonarse
linkage ['lɪŋkɪdʒ] *s* eslabonamiento; (chem.) enlace; (elec.) acoplamiento inductivo; (mech.) varillaje
linkboy ['lɪŋk,bɔɪ] *s* (hist.) paje de hacha
Linnaean o **Linnean** [lɪ'niən] *adj* linneano
linnet ['lɪnɪt] *s* (orn.) pardillo; (orn.) jilguero
linoleum [lɪ'nolɪəm] *s* linóleo
linotype ['laɪnətaɪp] *s* (trademark) linotipia; *va* componer con linotipia
linotyper ['laɪnə,taɪpər] o **linotypist** ['laɪnə,taɪpɪst] *s* linotipista
linseed ['lɪn,sid] *s* linaza
linseed cake *s* torta de linaza
linseed meal *s* harina de linaza
linseed oil *s* aceite de linaza
linsey ['lɪnzɪ] o **linsey-woolsey** ['lɪnzɪ'wulzɪ] *s* tela basta de lino y lana o de algodón y lana; *adj* de lino y lana, de algodón y lana; basto; ni fu ni fa
linstock ['lɪn,stɑk] *s* botafuego
lint [lɪnt] *s* hilacha; hilas (*para curar las llagas*)
lintel ['lɪntəl] *s* (arch.) dintel
lion ['laɪən] *s* (zool.) león; (fig.) león (*hombre audaz y valiente*); (fig.) celebridad muy solicitada; (*cap.*) *s* (astr.) León; **to beard the lion in his den** entrar en el cubil de la fiera (*a desafiar la cólera de un jefe, etc.*); **to put one's head in the lion's mouth** meterse en la boca del lobo
lioness ['laɪənɪs] *s* leona
lion-hearted ['laɪən,hɑrtɪd] *adj* valiente
lionization [,laɪənɪ'zeʃən] *s* agasajo
lionize ['laɪənaɪz] *va* agasajar
lions' den *s* (Bib.) fosa de los leones
lion's-foot ['laɪənz,fut] *s* (bot.) pie de león
lion's share *s* parte del león
lip [lɪp] *s* labio; labio, pico (*de un jarro*); (mach.) labio; (mus.) boquilla o embocadura; (surg.) labio (*de una herida*); (slang) insolencias; **lips** *spl* (fig.) labios (*palabras*); **to hang on the lips of** estar pendiente de las palabras de; **to keep a stiff upper lip** no desanimarse; **to lick one's lips** lamerse los labios; (*pret & pp:* **lipped**; *ger:* **lipping**) *va* rozar con los labios; besar; lamer; murmurar; (slang) cantar; *vn* chapotear; (mus.) tocar un instrumento de viento
lipase ['laɪpes] o ['lɪpes] *s* (biochem.) lipasa
lipoma [lɪ'pomə] *s* (*pl:* **-mata** [mətə] o **-mas**) (path.) lipoma
lip-read ['lɪp,rid] (*pret & pp:* **-read** [,rɛd]) *va & vn* leer en los labios
lip reading *s* lectura de los movimientos de los labios, labiolectura
lip service *s* jarabe de pico, homenaje de boca
lipstick ['lɪp,stɪk] *s* lápiz labial, lápiz de labios, barra de labios
liq. abr. de **liquid** y **liquor**
liquate ['laɪkwet] *va* (metal.) licuar
liquation [laɪ'kweʃən] *s* (metal.) licuación
liquefaction [,lɪkwɪ'fækʃən] *s* licuefacción, liquidación
liquefiable ['lɪkwɪ,faɪəbəl] *adj* liquidable
liquefy ['lɪkwɪfaɪ] (*pret & pp:* **-fied**) *va* liquidar; *vn* liquidarse
liquescence [lɪ'kwɛsəns] *s* licuescencia
liquescent [lɪ'kwɛsənt] *adj* licuescente
liqueur [lɪ'kʌr] *s* licor (*bebida espiritosa preparada por mezcla de azúcar y substancias aromáticas*)
liquid ['lɪkwɪd] *adj* líquido; claro, puro (*sonido*); (com.) realizable; (phonet.) líquido; *s* líquido; (phonet.) líquida
liquid air *s* aire líquido
liquidambar ['lɪkwɪd,æmbər] *s* (bot.) liquidámbar (*árbol y líquido*)
liquid ammonia *s* (chem.) amoníaco líquido
liquidate ['lɪkwɪdet] *va* liquidar; (slang) matar (*a una persona*); *vn* liquidarse
liquidation [,lɪkwɪ'deʃən] *s* liquidación
liquidator ['lɪkwɪ,detər] *s* liquidador
liquid crystal *s* cristal líquido
liquid fire *s* (mil.) fuego líquido
liquidity [lɪ'kwɪdɪtɪ] *s* liquidez
liquid measure *s* medida para líquidos; sistema de medidas para líquidos
liquor ['lɪkər] *s* licor (*bebida espiritosa; cuerpo líquido*); (pharm.) licor
liquorice ['lɪkərɪs] *s* var. de **licorice**
Lisbon ['lɪzbən] *s* Lisboa
lisle [laɪl] *s* hilo de Escocia
lisp [lɪsp] *s* ceceo; balbuceo; *vn* cecear; balbucear
lisper ['lɪspər] *s* zopas
lissome o **lissom** ['lɪsəm] *adj* flexible, elástico; ágil, ligero
list [lɪst] lista (*serie de palabras, nombres, etc.*); lista, tira; orilla (*de una tela*); orillo (*orilla basta*); (naut.) ladeo; **lists** *spl* liza (*campo para la lid*); barrera (*de la liza*); **to have a list** (naut.) irse a la banda, recalcar; **to enter the lists** entrar en liza, entrar en la contienda; *va* poner en una lista; hacer una lista de; registrar; alistar; orillar; (naut.) ladear, hacer recalcar; (archaic & poet.) escuchar; *vn* alistarse; (naut.) irse a la banda, recalcar; (archaic & poet.) escuchar; (archaic) querer, antojarse, p.ej., **the wind bloweth where it listeth** el viento sopla donde se le antoja
listel ['lɪstəl] *s* (arch.) listel
listen ['lɪsən] *vn* escuchar, oír; obedecer; **to listen in** escuchar a hurtadillas (*descolgando el receptor de un teléfono, sin que los interlocutores lo sepan*); escuchar por radio; **to listen to** escuchar, oír; **to listen to reason** meterse en razón
listener ['lɪsənər] *s* oyente; radioyente, radioescucha
listening post *s* puesto de escucha
lister ['lɪstər] *s* (agr.) arado de pala y vuelos; (agr.) arado sembrador
listerine [,lɪstə'rin] o ['lɪstərin] *s* (trademark) listerina
listless ['lɪstlɪs] *adj* desatento, descuidado, indiferente
listlessness ['lɪstlɪsnɪs] *s* desatención, descuido, indiferencia
list price *s* precio de tarifa, precio de catálogo
lit. abr. de **liter, literature, literal** y **literally**
lit [lɪt] *pret & pp de* **light**
litany ['lɪtənɪ] *s* (*pl:* **-nies**) letanía; (fig.) letanía (*enumeración seguida*)
litchi ['litʃi] *s* (bot.) litchi
Lit.D. abr. de **litterarum doctor** (Lat.) **Doctor of Letters**
liter ['litər] *s* litro
literacy ['lɪtərəsɪ] *s* desanalfabetismo, capacidad de leer y escribir
literal ['lɪtərəl] *adj* literal
literalism ['lɪtərəlɪzəm] *s* literalismo
literalist ['lɪtərəlɪst] *adj & s* literalista
literalistic [,lɪtərəl'ɪstɪk] *adj* literalista
literally ['lɪtərəlɪ] *adv* literalmente
literary ['lɪtə,rɛrɪ] *adj* literario; literato
literate ['lɪtərɪt] *adj* que sabe leer y escribir; literato; *s* persona que sabe leer y escribir; literato
literati [,lɪtə'retaɪ] o [,lɪtə'rɑtɪ] *spl* literatos
literatim [,lɪtə'retɪm] *adv* (Lat.) al pie de la letra
literature ['lɪtərətʃər] *s* literatura; (coll.) impresos, literatura de propaganda
litharge ['lɪθɑrdʒ] o [lɪ'θɑrdʒ] *s* (chem.) litargirio
lithe [laɪð] o **lithesome** ['laɪðsəm] *adj* flexible, elástico, ágil
lithia ['lɪθɪə] *s* (chem.) litina
lithiasis [lɪ'θaɪəsɪs] *s* (path.) litiasis
lithia water *s* agua de litina
lithic ['lɪθɪk] *adj* lítico; (chem.) lítico
lithium ['lɪθɪəm] *s* (chem.) litio
lithium hydride *s* (chem.) hidruro de litio
lithoclase ['lɪθəkles] *s* (geol.) litoclasa
lithograph ['lɪθəgræf] o ['lɪθəgrɑf] *s* litografía; *va* litografiar
lithographer [lɪ'θɑgrəfər] *s* litógrafo
lithographic [,lɪθə'græfɪk] *adj* litográfico
lithography [lɪ'θɑgrəfɪ] *s* litografía
lithoid ['lɪθɔɪd] *adj* litoideo
lithologic [,lɪθə'lɑdʒɪk] o **lithological** [,lɪθə'lɑdʒɪkəl] *adj* litológico
lithology [lɪ'θɑlədʒɪ] *s* (geol. & med.) litología
lithomarge ['lɪθəmɑrdʒ] *s* (mineral.) litomarga
lithophagous [lɪ'θɑfəgəs] *adj* (zool.) litófago
lithophotography [,lɪθəfə'tɑgrəfɪ] *s* litofotografía

lithopone [ˈlɪθəpon] *s* litopón
lithosphere [ˈlɪθəsfɪr] *s* litosfera
lithotomy [lɪˈθɑtəmɪ] *s* (*pl:* **-mies**) (surg.) litotomía
lithotrite [ˈlɪθətraɪt] *s* (surg.) litotritor
lithotrity [lɪˈθɑtrɪtɪ] *s* (*pl:* **-ties**) (surg.) litotricia
Lithuania [ˌlɪθʊˈenɪə] o [ˌlɪθjʊˈenɪə] *s* Lituania
Lithuanian [ˌlɪθʊˈenɪən] o [ˌlɪθjʊˈenɪən] *adj & s* lituano
litigable [ˈlɪtɪgəbəl] *adj* litigioso (*que puede ocasionar un litigio*)
litigant [ˈlɪtɪgənt] *adj & s* litigante
litigate [ˈlɪtɪget] *va & vn* litigar
litigation [ˌlɪtɪˈgeʃən] *s* litigación
litigious [lɪˈtɪdʒəs] *adj* litigioso
litmus [ˈlɪtməs] *s* (chem.) tornasol
litmus paper *s* papel de tornasol
litotes [ˈlaɪtətiz] o [ˈlɪtətiz] *s* (rhet.) lítote
litre [ˈlitər] s var. de **liter**
Litt. D. abr. de **litterarum doctor** (Lat.) **Doctor of Literature** o **Doctor of Letters**
litter [ˈlɪtər] *s* litera (*llevada por hombres o caballerías*); camilla (*para la conducción de enfermos o heridos*); desorden, objetos en desorden; tendalera (*desorden de las cosas tendidas por el suelo*); basura (*que se recoge barriendo*); cama o paja (*que se pone en el piso de los establos*); ventregada (*conjunto de animales que nacen de una vez*); **to make a litter** dejarlo todo en desorden; *va* poner o dejar en desorden; esparcir cosas por; parir; preparar la cama de paja a (*los animales en el establo*); **to litter the floor with paper** esparcir desordenadamente papeles por el suelo; *vn* parir
littérateur o **litterateur** [ˌlɪtərəˈtʌr] *s* literato
litterbug [ˈlɪtərˌbʌg] s (coll.) persona que ensucia las calles tirando papeles rotos y desechados
litter case *s* herido que hay que transportar en camilla
little [ˈlɪtəl] *adj* (*comp:* **less, lesser** o **littler;** *super:* **least** o **littlest**) pequeño; *adv* (*comp:* **less;** *super:* **least**) poco; **little by little** poco a poco; *s* poco; **a little** un poco (de); algo; **in little** en pequeño, en pequeña escala; **not a little** muy; mucho; **to make little of** no dar importancia a, no tomar en serio; **to think little of** tener en poco; no vacilar en
Little America *s* la Pequeña América (*base del almirante Byrd cerca del polo sur en 1929 y 1934*)
Little Bear *s* (astr.) Osa menor
little bustard *s* (orn.) sisón
Little Corporal *s* Cabito (*Napoleón*)
Little Dipper *s* (astr.) Carro menor
Little Dog *s* (astr.) Can menor
little finger *s* dedo auricular, dedo meñique; **to twist around one's little finger** conquistar fácilmente, manejar completamente
little hours *spl* (eccl.) horas menores
littleness [ˈlɪtəlnɪs] *s* pequeñez
little office *s* (eccl.) oficio parvo
little owl *s* (orn.) mochuelo (*Athene noctua*)
little people *spl* hadas
Little Red Ridinghood [ˈraɪdɪŋˌhʊd] *s* Caperucita Roja
Little Russian *s* pequeño ruso
little slam *s* (bridge) semibola, pequeño eslam
littoral [ˈlɪtərəl] *adj & s* litoral
liturgic [lɪˈtʌrdʒɪk] o **liturgical** [lɪˈtʌrdʒɪkəl] *adj* litúrgico
liturgist [ˈlɪtərdʒɪst] *s* liturgista
liturgy [ˈlɪtərdʒɪ] *s* (*pl:* **-gies**) liturgia
livable [ˈlɪvəbəl] *adj* habitable; simpático; llevadero, soportable
live [laɪv] *adj* vivo; ardiente, encendido, en ascua; palpitante, de actualidad; natural (*música; programa*); cargado (*cartucho*); (elec.) cargado; (min.) vivo (*no separado de la cantera*) ‖ [lɪv] *va* llevar (*tal o cual vida*); vivir (*p.ej., una aventura*); obrar en conformidad con, convertir en norma de vida (*una doctrina religiosa, una filosofía, etc.*); **to live down** borrar (*una falta, un error*); **to live out** pasar (*toda la vida*); salir con vida de (*un desastre, una guerra, etc.*); vivir hasta el fin de ‖ *vn* vivir; **to live and learn** vivir para ver; **to live and let live** vivir y dejar vivir; **to live apart** vivir aislado; vivir separados; **to live high** darse buena vida; comer bien; **to live on** seguir viviendo; vivir de (*p.ej., pan*); vivir a expensas de; **to live up to** cumplir (*lo prometido*); vivir en conformidad con; **to live up to one's income** comerse todas sus rentas
liveable [ˈlɪvəbəl] *adj* var. de **livable**
live axle [laɪv] *s* (mach.) eje vivo
live center [laɪv] *s* (mach.) punta giratoria
livelihood [ˈlaɪvlɪhʊd] *s* vida, subsistencia; **to earn one's livelihood** ganarse la vida
livelong [ˈlɪvˌlɔŋ] o [ˈlɪvˌlɑŋ] *adj* todo; **all the livelong day** todo el santo día
lively [ˈlaɪvlɪ] *adj* (*comp:* **-lier;** *super:* **-liest**) vivo; animado, de mucho bullicio; elástico; alegre, festivo; *adv* vivamente; aprisa
liven [ˈlaɪvən] *va* animar, regocijar; *vn* animarse, regocijarse
live oak [laɪv] *s* (bot.) roble vivo o siempre verde (*Quercus virginiana*)
live program [laɪv] *s* (rad.) programa vivo
liver [ˈlɪvər] *s* vividor; (anat.) hígado
liver extract *s* extracto de hígado
liveried [ˈlɪvərɪd] *adj* en librea
Liverpudlian [ˌlɪvərˈpʌdlɪən] *adj* perteneciente a Liverpool; *mf* natural o habitante de Liverpool
liverwort [ˈlɪvərˌwʌrt] *s* (bot.) hepática, hierba del hígado, hierba de la Trinidad
liverwurst [ˈlɪvərˌwʊrst] *s* embutido de hígado
livery [ˈlɪvərɪ] *s* (*pl:* **-ies**) librea (*traje*); caballeriza; cochera de carruajes de alquiler; pensión de caballos; alquiler de coches, bicicletas, automóviles o embarcaciones; (fig.) librea (*señales características*)
liveryman [ˈlɪvərɪmən] *s* (*pl:* **-men**) dueño de una cochera de carruajes de alquiler; mozo de cuadra; (obs.) criado de librea
livery stable *s* caballeriza, cochera de carruajes de alquiler
live steam [laɪv] *s* vapor vivo
livestock [ˈlaɪvˌstɑk] *s* ganadería, ganado; *adj* ganadero
live weight [laɪv] *s* peso en vivo
live wire [laɪv] *s* (elec.) alambre cargado; (slang) trafagón, pólvora
livid [ˈlɪvɪd] *adj* lívido
lividity [lɪˈvɪdɪtɪ] *s* lividez
living [ˈlɪvɪŋ] *s* vida; (eccl.) beneficio; **for a living** para ganarse la vida; **to make a living** ganarse la vida; *adj* vivo, viviente; **the living** los vivos, los vivientes
living death *s* larga agonía, agonía que se prolonga
living quarters *spl* aposentos, habitaciones
living room *s* sala, sala de estar
living space *s* espacio vital (*de una nación*)
living wage *s* jornal suficiente para vivir
Livy [ˈlɪvɪ] *s* Livio, Tito Livio
lizard [ˈlɪzərd] *s* (zool.) lagarto; (slang) holgón
ll. abr. de **lines**
llama [ˈlɑmə] *s* (zool.) llama
llano [ˈlɑno] *s* (*pl:* **-nos**) llano, llanura
LL.D. abr. de **legum doctor** (Lat.) **Doctor of Laws**
lo [lo] *interj* ¡he aquí!
loach [lotʃ] *s* (ichth.) locha
load [lod] *s* carga; (elec.) carga; (slang) borrachera; **loads** *spl* (coll.) gran cantidad, gran número, muchísmos; **at full load** (elec. & mach.) con plena carga; *va* cargar (*un buque, un carro; un arma de fuego, un horno; los dados; a una persona*); recibir carga de; (ins.) recargar (*el premio*); **to load with** colmar de (*p.ej., mercedes*); agobiar de (*p.ej., tributos*); llenar de (*p.ej., reconvenciones*); *vn* cargar; cargarse; **to load up with** recibir carga de; agobiarse de
load displacement *s* (naut.) desplazamiento con carga
loaded [ˈlodɪd] *adj* cargado
loaded dice *spl* dados cargados
load factor *s* (elec.) factor de carga
loading [ˈlodɪŋ] *s* cargamento, embarque; (elec.) carga; (ins.) recargo al premio (*para cubrir ciertos gastos*)
loading coil *s* (elec.) bobina de carga
loading zone *s* zona de carga

L

load line *s* (naut.) línea de flotación con carga
loadstar [ˈlod,stɑr] *s* var. de **lodestar**
loadstone [ˈlod,ston] *s* piedra imán; (fig.) imán
loaf [lof] *s* (*pl:* **loaves**) pan; pilón (*de azúcar*); *vn* haraganear, holgazanear
loafer [ˈlofər] *s* haragán, holgazán, arrimón
loaf sugar *s* azúcar de pilón, azúcar cubicado
loam [lom] *s* suelo franco; (found.) tierra de moldeo; *va* cubrir o llenar de suelo franco; (found.) revestir con tierra de moldeo, rellenar de tierra de moldeo
loamy [ˈlomɪ] *adj* franco (*suelo*)
loan [lon] *s* préstamo; empréstito (*préstamo de una empresa o del Estado*); **to hit for a loan** (coll.) dar un sablazo a; *va & vn* prestar
loan shark *s* (coll.) usurero
loan word *s* (philol.) voz extranjera, préstamo lingüístico
loath [loθ] *adj* poco dispuesto, desinclinado; **nothing loath** dispuesto; de buena gana
loathe [loð] *va* abominar, detestar
loathing [ˈloðɪŋ] *s* abominación, asco, detestación
loathly [ˈloðlɪ] *adj* (lit.) asqueroso, repugnante; [ˈloθlɪ] o [ˈloðlɪ] *adv* de mala gana
loathsome [ˈloðsəm] *adj* asqueroso, repugnante
lob [lɑb] *s* (tennis) pelota voleada desde muy alto; (cricket) pelota baja, de poca velocidad; (*pret & pp:* **lobbed;** *ger:* **lobbing**) *va* (tennis) volear desde muy alto; (cricket) lanzar en trayectoria baja con poca velocidad
lobar [ˈlobər] *adj* lobar, lobular
lobar pneumonia *s* (path.) neumonía lobar
lobate [ˈlobet] *adj* lobado, lobulado
lobation [loˈbeʃən] *s* forma lobulada; lóbulo
lobby [ˈlɑbɪ] *s* (*pl:* **-bies**) salón de entrada, vestíbulo, foyer; cabildero, cabilderos; (*pret & pp:* **-bied**) *va* procurar ganar (*partidarios en una asamblea legislativa*); procurar ganar partidarios para (*un proyecto de ley*); *vn* cabildear
lobbying [ˈlɑbɪɪŋ] *s* cabildeo
lobbyist [ˈlɑbɪɪst] *s* cabildero
lobe [lob] *s* lóbulo
lobed [lobd] *adj* lobulado
lobelia [loˈbiljə] *s* (bot.) lobelia
lobeliaceous [lo,bilɪˈeʃəs] *adj* (bot.) lobeliáceo
loblolly [ˈlɑb,lɑlɪ] *s* (*pl:* **-lies**) (bot.) pino del incienso (*Pinus taeda*); pantano; gachas muy espesas
lobotomy [loˈbɑtəmɪ] *s* (surg.) lobotomía
lobscouse [ˈlɑb,skaʊs] *s* (naut.) puchero
lobster [ˈlɑbstər] *s* (zool.) langosta (*Palinurus*); (zool.) bogavante, cabrajo (*Homarus*)
lobster pot *s* langostera
lobster thermidor [ˈθʌrmɪdər] *s* (cook.) langosta a la Termidor
lobular [ˈlɑbjələr] *adj* lobular
lobulate [ˈlɑbjəlɪt] o [ˈlɑbjəlet] *adj* lobulado
lobule [ˈlɑbjul] *s* lobulillo
local [ˈlokəl] *adj* local; (med.) local; *s* tren ómnibus (*con paradas en todas las estaciones de la línea*); junta local (*p.ej., de una confederación de trabajadores*); noticia de interés local
local anesthesia *s* anestesia local
local color *s* (lit. & paint.) color local
locale [loˈkæl] *s* lugar (*considerado como teatro de ciertos acontecimientos*)
local government *s* gobierno local
localism [ˈlokəlɪzəm] *s* localismo
locality [loˈkælɪtɪ] *s* (*pl:* **-ties**) localidad
localization [,lokəlɪˈzeʃən] *s* localización
localize [ˈlokəlaɪz] *va* localizar
locally [ˈlokəlɪ] *adv* localmente
local option *s* jurisdicción local (*para determinar si se pueden vender bebidas alcohólicas dentro de sus límites*)
locate [ˈloket] o [loˈket] *va* localizar (*descubrir el paradero de*); colocar; establecer; *vn* (coll.) establecerse
location [loˈkeʃən] *s* localización; colocación; sitio, localidad; trazado (*p.ej., de una línea férrea*); **on location** (mov.) en exteriores
locative [ˈlɑkətɪv] *adj & s* (gram.) locativo
loc. cit. abr. de **loco citato** (Lat.) **in the place cited**
loch [lɑk] o [lɑx] *s* (Scotch) lago; (Scotch) ría
lochia [ˈlokɪə] o [ˈlɑkɪə] *spl* (obstet.) loquios
lochial [ˈlokɪəl] *adj* loquial
lock [lɑk] *s* cerradura; traba, retén; esclusa (*de un canal*); llave (*de arma de fuego*); bucle (*de pelo*); mechón; (eng.) cámara intermedia (*entre presiones atmosféricas diferentes*); (sport) presa (*en la lucha*); **locks** *spl* cabellos; **under lock and key** debajo de llave; *va* cerrar con llave; encerrar; enlazar, trabar; acuñar; hacer pasar (*un buque*) por una esclusa; **to lock in** encerrar, poner debajo de llave; **to lock out** cerrar la puerta a, dejar en la calle; dejar sin trabajo (*a los obreros para obligarles a pactar con la empresa*); **to lock up** encerrar, poner debajo de llave; encarcelar; *vn* cerrarse con llave; trabarse; pasar por una esclusa
lockage [ˈlɑkɪdʒ] *s* construcción de esclusas; servicio de esclusas; movimiento de buques por una esclusa; diferencia de nivel (*en un canal de esclusas*); portazgo (*de esclusa*)
locker [ˈlɑkər] *s* cerrador; cajón, gaveta, alacena, armario, etc., cerrados con llave
locket [ˈlɑkɪt] *s* guardapelo, medallón
lockjaw [ˈlɑk,dʒɔ] *s* (path.) trismo
lock nut *s* contratuerca
lockout [ˈlɑk,aʊt] *s* paro, cierre (*de una fábrica u otro establecimiento por los dueños para obligar a los obreros a pactar con la empresa*)
locksmith [ˈlɑk,smɪθ] *s* cerrajero
lock step *s* marcha en fila apretada
lock stitch *s* (sew.) punto encadenado (*hecho en la máquina de coser*)
lock, stock, and barrel *adv* (coll.) del todo, por completo
lock tender *s* esclusero
lockup [ˈlɑk,ʌp] *s* cárcel
lock washer *s* arandela de seguridad
loco [ˈloko] *s* (bot.) loco; (vet.) locoísmo; *adj* (slang) loco; *va* envenenar con el veneno del loco
loco disease *s* (vet.) locoísmo
locomobile [,lokəˈmobɪl] *adj & s* locomóvil
locomotion [,lokəˈmoʃən] *s* locomoción
locomotive [,lokəˈmotɪv] *adj* locomotor; *s* locomóvil; (rail.) locomotora
locomotor [,lokəˈmotər] *adj* locomotor; *s* persona, animal o cosa locomotoras
locomotor ataxia *s* (path.) ataxia locomotriz progresiva
locoweed [ˈloko,wid] *s* (bot.) loco, cascabelito
locular [ˈlɑkjələr] *adj* locular
loculate [ˈlɑkjəlet] o [ˈlɑkjəlɪt] *adj* (bot.) loculado
loculicidal [,lɑkjəlɪˈsaɪdəl] *adj* (bot.) loculicida
loculus [ˈlɑkjələs] *s* (*pl:* **-li** [laɪ]) (bot. & hist.) lóculo
locum tenens [ˈlokəm ˈtinɛnz] *s* interino
locus [ˈlokəs] *s* (*pl:* **-ci** [saɪ]) sitio, lugar; (geom.) lugar (geométrico)
locust [ˈlokəst] *s* (ent.) langosta, saltamontes; (ent.) cigarra; (bot.) acacia falsa
locust bean *s* algarroba
locution [loˈkjuʃən] *s* locución
lode [lod] *s* (min.) filón, venero
lodestar [ˈlod,stɑr] *s* estrella de guía; (astr.) estrella polar; (fig.) norte (*dirección o guía*)
lodestone [ˈlod,ston] *s* var. de **loadstone**
lodge [lɑdʒ] *s* casa de guarda; casa de campo; casita (*p.ej., de jardinero*); cabaña, choza; madriguera (*de castores o nutrias*); logia (*p.ej., de francmasones*); *va* alojar, hospedar; colocar, depositar; comunicar (*informes*); presentar (*una queja*); conferir (*autoridad*); *vn* alojarse, hospedarse; ir a parar, quedarse, quedar colgado
lodgement [ˈlɑdʒmənt] *s* var. de **lodgment**
lodger [ˈlɑdʒər] *s* huésped, inquilino
lodging [ˈlɑdʒɪŋ] *s* alojamiento, hospedaje; cobijo (*hospedaje sin manutención*); **lodgings** *spl* habitación, aposentos
lodging house *s* casa de huéspedes
lodgment [ˈlɑdʒmənt] *s* aposento, habitación, alojamiento, casa; cosa depositada; (mil.) posición ganada; (mil.) atrincheramiento hecho rápidamente en terreno recién ganado al enemigo
loess [ˈloɛs] o [ˈlo·ɪs] *s* loess, tierra amarilla
loft [lɔft] o [lɑft] *s* desván, sobrado; henal, pajar; galería (*en los teatros e iglesias*); piso al-

to (*en un almacén o edificio de oficinas*); (golf) ángulo de elevación; (golf) elevación; *va* (golf) lanzar en alto
loftiness ['lɔftɪnɪs] o ['lɑftɪnɪs] *s* elevación, altura; eminencia, excelsitud; altivez, orgullo
lofty ['lɔftɪ] o ['lɑftɪ] *adj* (*comp:* **-ier;** *super:* **-iest**) elevado, encumbrado; eminente, excelso; altivo, orgulloso
log. o **log** abr. de **logarithm** o **logarithmic**
log [lɔg] o [lɑg] *s* leño, tronco, troza; (naut.) cuaderno de bitácora; (naut.) barquilla (*de la corredera*); (naut.) corredera (*barquilla y cordel*); (aer.) diario de vuelo; **to sleep like a log** dormir como un leño; *adj* de troncos; (*pret & pp:* **logged;** *ger:* **logging**) *va* cortar en trozos; extraer madera de (*un terreno poblado de árboles*); (naut.) apuntar el nombre de (*un marinero*) en el libro de bordo, junto con el desliz que ha cometido; *vn* extraer madera de un bosque
loganberry ['logən,bɛrɪ] *s* (*pl:* **-ries**) (bot.) frambueso norteamericano (*Rubus loganobaccus*); frambuesa norteamericana
loganiaceous [lo,genɪ'eʃəs] *adj* (bot.) loganiáceo
logarithm ['lɔgərɪðəm] o ['lɑgərɪðəm] *s* (math.) logaritmo
logarithmic [,lɔgə'rɪðmɪk] o [,lɑgə'rɪðmɪk] o **logarithmical** [,lɔgə'rɪðmɪkəl] o [,lɑgə'rɪðmɪkəl] *adj* logarítmico
logbook ['lɔg,bʊk] o ['lɑg,bʊk] *s* (naut.) cuaderno de bitácora; (aer.) libro de vuelo
log cabin *s* cabaña de troncos
log chip *s* (naut.) barquilla
log driver *s* ganchero
log driving *s* flotaje
logger ['lɔgər] o ['lɑgər] *s* maderero, hachero; grúa, cargadora de troncos; tractor
loggerhead ['lɔgər,hɛd] o ['lɑgər,hɛd] *s* majadero, mentecato; (zool.) tortuga de mar; **to be at loggerheads** comerse unos a otros, estar reñidos
loggia ['lodʒə] *s* (arch.) logia
logging ['lɔgɪŋ] o ['lɑgɪŋ] *s* extracción de madera de los bosques
logic ['lɑdʒɪk] *s* lógica
logical ['lɑdʒɪkəl] *adj* lógico
logician [lo'dʒɪʃən] *s* lógico
logistic [lo'dʒɪstɪk] *adj* (mil.) logístico; **logistics** *ssg* (mil.) logística
logistical [lo'dʒɪstɪkəl] *adj* (mil.) logístico
log line *s* (naut.) corredera, cordel de la corredera
logogriph ['lɔgəgrɪf] o ['lɑgəgrɪf] *s* logogrifo
logomachy [lo'gɑməkɪ] *s* (*pl:* **-chies**) logomaquia
logotype ['lɔgətaɪp] o ['lɑgətaɪp] *s* (print.) logotipo
log reel *s* (naut.) carretel
logroll ['lɔg,rol] o ['lɑg,rol] *va* lograr que se apruebe (*un proyecto de ley*) mediante un intercambio de favores políticos; *vn* trocar favores políticos, seguir el sistema de hoy por ti y mañana por mí
logrolling ['lɔg,rolɪŋ] o ['lɑg,rolɪŋ] *s* intercambio de favores políticos, sistema de hoy por ti y mañana por mí; arrastre cooperativo de maderos en los bosques
log ship *s* var. de **log chip**
logwood ['lɔg,wʊd] o ['lɑg,wʊd] *s* campeche, palo campeche; (bot.) campeche (*árbol*)
logy ['logɪ] *adj* (*comp:* **-gier;** *super:* **-giest**) torpe, lerdo
loin [lɔɪn] *s* ijada, lomo; lomo (*carne de lomo del animal*); **to gird up one's loins** ceñirse los riñones (*disponerse para la acción*)
loincloth ['lɔɪn,klɔθ] o ['lɔɪn,klɑθ] *s* taparrabo
Loire [lwɑr] *s* Loira
loiter ['lɔɪtər] *va;* **to loiter away** malgastar (*el tiempo*); *vn* holgazanear, rezagarse, perder el tiempo
loiterer ['lɔɪtərər] *s* holgazán, rezagado
loll [lɑl] *va* colgar flojamente hacia fuera, sacar (*la lengua*) fuera de la boca; *vn* colgar flojamente hacia fuera; arrellanarse, repantigarse, estar recostado con indolencia
Lollard ['lɑlərd] *s* lolardo
lollipop ['lɑlɪpɑp] *s* paleta (*dulce con un palito que sirve de mango*)
Lombard ['lɑmbɑrd] o ['lɑmbərd] *adj & s* lombardo
Lombardy ['lɑmbərdɪ] *s* Lombardía
Lombardy poplar *s* (bot.) álamo de Italia, chopo lombardo
Lombrosian [lɑm'brozɪən] *adj* lombrosiano
loment ['lomɛnt] *s* (bot.) lomento
lomentaceous [,lomən'teʃəs] *adj* (bot.) lomentáceo
lon. abr. de **longitude**
London ['lʌndən] *s* Londres; *adj* londinense
Londoner ['lʌndənər] *s* londinense
lone [lon] *adj* solo, solitario; único; (hum.) sin cónyuge, soltero, viudo
lone hand *s* (cards) mano jugada sin intervención de compañero; (fig.) lobo solitario
loneliness ['lonlɪnɪs] *s* soledad
lonely ['lonlɪ] *adj* (*comp:* **-lier;** *super:* **-liest**) solitario; soledoso
lonesome ['lonsəm] *adj* solitario (*lugar o ambiente*); solo y triste, soledoso
lone wolf *s* (fig.) lobo solitario
long. abr. de **longitude**
long [lɔŋ] o [lɑŋ] *adj* (*comp:* **longer** ['lɔŋgər] o ['lɑŋgər]; *super:* **longest** ['lɔŋgɪst] o ['lɑŋgɪst]) largo; de largo, p.ej., **two feet long** dos pies de largo; (com.) alcista; (phonet.) largo; **to be long (in)** + *ger* tardar en + *inf;* **to be not long for this world** estar cercano a la muerte; *adv* (*comp:* **longer** ['lɔŋgər] o ['lɑŋgər]; *super:* **longest** ['lɔŋgɪst] o ['lɑŋgɪst]) largamente, mucho tiempo, largo tiempo; **all night long** (durante) toda la noche; **as long as** mientras; con tal de que; puesto que; **before long** dentro de poco; **how long** cuánto tiempo; cuándo; **no longer** ya no; **so long!** (coll.) ¡ hasta luego!; **so long as** con tal de que; **long ago** hace mucho tiempo; **long before** mucho antes; **longer** más tiempo; **long since** desde hace mucho tiempo; *vn* anhelar, suspirar; **to long for** anhelar por; **to long to** + *inf* anhelar + *inf*
longboat ['lɔŋ,bot] o ['lɑŋ,bot] *s* (naut.) lancha
longbow ['lɔŋ,bo] o ['lɑŋ,bo] *s* arco (*disparado a mano*); **to draw the longbow** mentir por la barba (*al narrar cuentos de aventuras extraordinarias*)
longcloth ['lɔŋ,klɔθ] o ['lɑŋ,klɑθ] *s* tejido de algodón muy fino
long-distance ['lɔŋ'dɪstəns] o ['lɑŋ'dɪstəns] *adj* (telp.) de larga distancia, interurbano; *s* (telp.) central (*oficina o mujer*) de llamadas a larga distancia
long-distance call *s* (telp.) llamada a larga distancia
long-distance flight *s* (aer.) vuelo a distancia
long dozen *s* docena del fraile (*trece*)
long-drawn ['lɔŋ,drɔn] o ['lɑŋ,drɔn] *adj* muy prolongado, prolijo
longeron ['lɑndʒərən] *s* (aer.) larguero
longevity [lɑn'dʒɛvɪtɪ] *s* longevidad
longevous [lɑn'dʒivəs] *adj* longevo
long face *s* (coll.) cara triste, cara inquieta
long green *s* (slang) papel moneda (*de los EE.UU.*)
longhair ['lɔŋ,hɛr] o ['lɑŋ,hɛr] *adj* (slang) de o por la música clásica; (slang) aficionado a la música clásica; *s* (slang) aficionado a la música clásica
longhand ['lɔŋ,hænd] o ['lɑŋ,hænd] *s* escritura ordinaria (*a distinción de la taquigrafía*)
long-headed ['lɔŋ'hɛdɪd] o ['lɑŋ'hɛdɪd] *adj* dolicocéfalo; (fig.) astuto, sagaz, precavido
longhorn ['lɔŋ,hɔrn] o ['lɑŋ,hɔrn] *s* res vacuna de cuernos largos
longing ['lɔŋɪŋ] o ['lɑŋɪŋ] *s* anhelo; *adj* anhelante
Longinus [lɑn'dʒaɪnəs] *s* Longino
longish ['lɔŋɪʃ] o ['lɑŋɪʃ] *adj* algo largo, un poco largo
longitude ['lɑndʒɪtjud] o ['lɑndʒɪtud] *s* longitud
longitudinal [,lɑndʒɪ'tjudɪnəl] o [,lɑndʒɪ'tudɪnəl] *adj* longitudinal
longitudinally [,lɑndʒɪ'tjudɪnəlɪ] o [,lɑndʒɪ'tudɪnəlɪ] *adj* longitudinalmente
long-lived ['lɔŋ'laɪvd], ['lɑŋ'laɪvd], ['lɔŋ'lɪvd] o ['lɑŋ'lɪvd] *adj* duradero, de larga vida
long measure *s* medida de longitud

long moss *s* (bot.) caballo de rey
Longobard ['lɑŋgobɑrd] *adj & s* longobardo
Long Parliament *s* (hist.) Parlamento Largo
long-playing record ['lɔŋ'pleɪŋ] o ['lɑŋ'pleɪŋ] *s* disco de larga duración
long primer ['prɪmər] *s* (print.) entredós
long-range ['lɔŋ'rendʒ] o ['lɑŋ'rendʒ] *adj* de gran alcance, de largo alcance
longshore ['lɔŋ,ʃor] o ['lɑŋ,ʃor] *adj* de la costa; del muelle, de los muelles
longshoreman ['lɔŋ,ʃormən] o ['lɑŋ,ʃormən] *s* (*pl:* **-men**) estibador
long-sighted ['lɔŋ'saɪtɪd] o ['lɑŋ'saɪtɪd] *adj* présbita; previsor, precavido
long-standing ['lɔŋ,stændɪŋ] o ['lɑŋ,stændɪŋ] *adj* existente desde hace mucho tiempo
long-suffering ['lɔŋ'sʌfərɪŋ] o ['lɑŋ'sʌfərɪŋ] *adj* longánimo, sufrido; *s* longanimidad
long suit *s* (cards) palo fuerte; (fig.) fuerte
long-tailed titmouse ['lɔŋ,teld] o ['lɑŋ,teld] *s* (orn.) chamarón
long-term ['lɔŋ,tʌrm] o ['lɑŋ,tʌrm] *adj* (com.) a largo plazo
long ton *s* tonelada larga o gruesa (*2240 libras o 1016,06 kilogramos*)
long-tongued ['lɔŋ'tʌŋd] o ['lɑŋ'tʌŋd] *adj* de lengua larga; longilocuo, largo de lengua
long wave *s* (rad.) onda larga
long-wave ['lɔŋ,wev] o ['lɑŋ,wev] *adj* (rad.) de onda larga
longways ['lɔŋwez] o ['lɑŋwez] *adv* a lo largo, longitudinalmente
long-winded ['lɔŋ'wɪndɪd] o ['lɑŋ'wɪndɪd] *adj* de buenos pulmones; (fig.) palabrero, difuso, verboso
longwise ['lɔŋwaɪz] o ['lɑŋwaɪz] *adv* var. de **longways**
look [lʊk] *s* mirada; búsqueda; aspecto, apariencia; cara, aire; **looks** *spl* aspecto, apariencia; **to have a look (of)** tener un aire (de), p.ej., **to have an unfriendly look** tener un aire hostil; **to take a look at** echar una mirada a ‖ *va* expresar con la mirada; representar (*p.ej., la edad que uno tiene*); **to look over** examinar; **to look the part** vestir el cargo; **to look through** hojear, p.ej., **I didn't have time to look the book through** no tuve tiempo de hojear el libro; **to look up** buscar (*p.ej., en el diccionario*); ir a visitar, venir a ver ‖ *vn* mirar; buscar; parecer; **to look about** mirar alrededor; **to look after** mirar por, cuidar de; ocuparse en; **to look alike** parecerse; **to look at** mirar; **to look back** mirar hacia atrás; (fig.) mirar el pasado; **to look back on** o **upon** recordar, evocar; **to look down on** o **upon** mirar por encima del hombro; **to look for** buscar; creer, p.ej., **I look for rain** creo que va a llover; **to look forward to** esperar con placer anticipado, anticipar con placer; **to look ill** tener mala cara; **to look in** hacer una visita breve; **to look in on** pasar por la casa o la oficina de; **to look into** averiguar, examinar, estudiar; **to look like** parecerse a; tener trazas de; **to look on** mirar, p.ej., **he stood awhile looking on** estuvo un rato mirando; **to look on as** tener por, p.ej., **I look on him as a fool** lo tengo por muy tonto; **to look oneself** parecer el mismo; tener buena cara; **to look out** mirar por (*p.ej., la ventana*); tener cuidado; **to look out for** mirar por, cuidar de, defender; guardarse de; **to look out of** mirar por (*p.ej., la ventana*); **to look out on** dar a, p.ej., **the house looks out on the ocean** la casa da al mar; **to look through** mirar por (*p.ej., la ventana*); hojear (*p.ej., un libro*); **to look to** mirar por, cuidar de; ocuparse en; acudir a (*una persona en busca de ayuda*); **to look towards** dar a, p.ej., **the house looks towards the ocean** la casa da al mar; **to look up** (coll.) mejorar; (coll.) sentirse mejor, mejorar de salud; **to look up to** admirar, mirar con respeto; **to look well** tener buena cara; estar bien, ir bien; **look out!** ¡cuidado!, ¡ojo!
looker-on [,lʊkər'ɑn] o [,lʊkər'ɔn] *s* (*pl:* **lookers-on**) mirón, espectador
look-in ['lʊk,ɪn] *s* mirada, mirada adentro; (slang) oportunidad, parte de una empresa
looking glass *s* espejo
lookout ['lʊk,aʊt] *s* vigilancia; vigilante; vista, perspectiva; atalaya (*hombre o torre*); (coll.) cuidado (*asunto que está a cargo de uno*); **to be on the lookout (for)** estar a la mira (de); estar a la expectativa (de)
loom [lum] *s* telar; (elec.) tubo fibroso flexible; (naut.) guión (*de remo*); vislumbre; *va* tejer en un telar; *vn* vislumbrarse; amenazar, parecer inevitable
loon [lun] *s* bobo, mequetrefe; (orn.) zambullidor (*Gavia immer*)
loony ['lunɪ] *adj* (*comp:* **-ier**; *super:* **-iest**) (slang) loco; *s* (*pl:* **-ies**) (slang) loco
loop [lup] *s* lazo; curva cerrada o casi cerrada; vuelta (*p.ej., de un cabo*); meandro (*p.ej., de un río*); recoveco (*p.ej., de un camino*); onda, bucle; presilla (*para asegurar un botón*); (aer.) rizo; (bact.) asa; (elec.) circuito cerrado; (rail.) ramal cerrado; **to loop the loop** (aer.) hacer o rizar el rizo; *va* hacer lazos en; doblar formando curva cerrada; enlazar; asegurar con una presilla; *vn* formar lazo o lazos; andar formando arcos (*los geómetras*); (aer.) hacer el rizo
loop aerial o **loop antenna** *s* (rad.) antena de cuadro
loophole ['lup,hol] *s* aspillera, saetera, portillo; (fig.) callejuela, evasiva, efugio
loose [lus] *adj* flojo (*p.ej., vestido, diente, tornillo, vientre*); suelto (*p.ej., ajuste, hilo, alambre, remache, animal, lengua, vientre*); desmenuzado (*dícese de la tierra*); sueltos (*papeles sin encuadernar*); a granel, sin envase; loco (*dícese de una polea*); libre (*traducción*); poco exacto; relajado (*dícese de la vida, la moral, etc.*); fácil, frágil (*p.ej., mujer*); (paint.) bien manejado; **to become loose** aflojarse, desatarse; **to break loose** desatarse; ponerse en libertad; **to cast loose** desatar, soltar; **to cut loose** cortar las amarras de; separarse; huir, ponerse en libertad; (coll.) echar una cana al aire; **to let, set** o **turn loose** soltar; *adv* flojamente; libremente; *s* relajamiento (*en la moral*); **to be on the loose** (coll.) ser libre, estar sin trabas; (coll.) estar de juerga; *va* soltar, poner en libertad; desatar, desencadenar
loose end *s* cabo suelto; **at loose end** sin empleo; **at loose ends** desarreglado
loose-jointed ['lus'dʒɔɪntɪd] *adj* de articulaciones flojas; de movimientos sueltos
loose-leaf notebook ['lus,lif] *s* cuaderno de hojas sueltas, cuaderno de hojas cambiables
loosen ['lusən] *va* desatar, aflojar, desapretar; desasir; aflojar, laxar (*el vientre*); *vn* desatarse, aflojarse, desapretarse
looseness ['lusnɪs] *s* flojedad; soltura; relajamiento (*en la moral*)
loosestrife ['lus,straɪf] *s* (bot.) lisimaquia; (bot.) salicaria
loose-tongued ['lus'tʌŋd] *adj* largo de lengua, suelto de lengua
loot [lut] *s* botín, presa; *va & vn* saquear, robar
lop [lɑp] (*pret & pp:* **lopped**; *ger:* **lopping**) *va* desmochar; podar; *vn* colgar; agitarse
lope [lop] *s* medio galope; paso largo; *vn* correr a medio galope; correr a paso largo
lop-eared ['lɑp,ɪrd] *adj* de orejas caídas
lophobranch ['lofəbræŋk] o ['lɑfəbræŋk] *adj & s* (ichth.) lofobranquio
lopsided ['lɑp'saɪdɪd] *adj* más pesado de un lado que de otro, ladeado, sesgado; asimétrico, desproporcionado, patituerto; (fig.) maniático
loquacious [lo'kweʃəs] *adj* locuaz
loquacity [lo'kwæsɪtɪ] *s* locuacidad
loquat ['lokwɑt] o ['lokwæt] *s* (bot.) níspero del Japón
loran ['lorən] o ['lorən] *s* (naut.) lorán
lord [lɔrd] *s* señor (*de un estado feudal; amo, dueño*); (Brit.) lord; (hum. & poet.) marido; **Lord** *s* Señor (*Dios, Jesucristo*); (Brit.) lord (*título*); **our Lord** nuestro Señor; **the Lords** los lores (*la Cámara alta del Parlamento británico*); **to die in the Lord** morir en el Señor; **to rest in the Lord** descansar en el Señor; **to sleep in the Lord** dormir en el Señor; *va* investir con la dignidad de lord; **to lord it over** imponerse a, dominar despóticamente; *vn* mandar despóticamente
Lord Chamberlain *s* (Brit.) camarero mayor
lordling ['lɔrdlɪŋ] *s* hidalguillo, señorito
lordly ['lɔrdlɪ] *adj* (*comp:* **-lier**; *super:* **-liest**)

señoril; espléndido, magnífico; altivo; despótico, imperioso; *adv* señorilmente; magníficamente; altivamente; imperiosamente
Lord Mayor *s* alcalde de la ciudad de Londres
Lord of hosts *s* Señor de los ejércitos
lordosis [lɔrˈdosɪs] *s* (path.) lordosis
Lord's Anointed, The el ungido del Señor
Lord's Day, the el domingo
lordship [ˈlɔrdʃɪp] *s* señoría, excelencia; señorío
Lord's Prayer *s* oración dominical, padrenuestro
lords spiritual *spl* (Brit.) lores espirituales (*brazo eclesiástico en la Cámara alta*)
Lord's Supper *s* Cena, Cena del Señor; sagrada comunión
lords temporal *spl* (Brit.) lores temporales (*brazo de nobles en la Cámara alta*)
lore [lor] *s* ciencia popular, saber popular; ciencia, saber
lorgnette [lɔrnˈjet] *s* impertinente o impertinentes; gemelos de teatro
lorgnon [lɔrˈnjõ] *s* gafas; lentes de nariz
lorica [loˈraɪkə] *s* (*pl:* **-cae** [si]) (arm. & zool.) loriga
loris [ˈlorɪs] *s* (*pl:* **-ris**) (zool.) loris
lorn [lɔrn] *adj* abandonado, desamparado; (archaic) arruinado, perdido
Lorraine [loˈren] *s* Lorena
Lorrainer [ləˈrenər] *s* lorenés
Lorrainese [ˌlɑreˈniz] *adj* lorenés
lorry [ˈlɑrɪ] o [ˈlɔrɪ] *s* (*pl:* **-ries**) (Brit.) vagoneta; (Brit.) carro de plataforma; (Brit.) autocamión
lory [ˈlorɪ] *s* (*pl:* **-ries**) (orn.) loro
lose [luz] (*pret & pp:* **lost**) *va* perder; hacer perder, p.ej., **that lost him the battle** eso le hizo perder la batalla; tener la culpa de que se pierda, p.ej., **he lost the game** él tuvo la culpa de que se perdiera el partido; no lograr salvar (*el médico al enfermo*); **to lose oneself** perderse, errar el camino; ensimismarse, abismarse (*p.ej., en la lectura*); confundirse; **to lose to** perder (*p.ej., el mercado*) en beneficio de; *vn* perder, tener una pérdida; ser o quedar vencido; retrasarse (*un reloj*)
loser [ˈluzər] *s* perdidoso
losing [ˈluzɪŋ] *adj* perdidoso; **losings** *spl* pérdidas, dinero perdido
loss [lɔs] o [lɑs] *s* pérdida; **to be at a loss** estar perplejo, no saber qué hacer; **to be at a loss to** + *inf* no saber cómo + *inf;* **to sell at a loss** vender con pérdida
loss of face *s* desprestigio, pérdida de prestigio
lost [lɔst] o [lɑst] *pret & pp de* **lose;** *adj* perdido; perplejo; **lost in** abismado en, embebido en; **lost to** perdido para; insensible a; inaccesible a
lost-and-found department [ˈlɔstəndˈfaʊnd] o [ˈlɑstəndˈfaʊnd] *s* oficina de objetos perdidos, departamento de cosas olvidadas
lost motion *s* movimiento perdido
lost sheep *s* (fig.) oveja perdida
lot [lɑt] *s* solar, parcela (*para construir una casa*); suerte; lote (*parte, porción*); grupo (*de personas*); (coll.) gran cantidad, gran número; (coll.) individuo, sujeto, tipo; **a lot** (coll.) mucho; (coll.) muchos; **a lot of** (coll.) mucho, muchos; **by lots** echando suertes; **to draw** o **to cast lots** echar suertes; **to cast** o **to throw in one's lot with** compartir la suerte de; **to fall to one's lot** caerle a uno en suerte; **lots of** (coll.) mucho, muchos; (*pret & pp:* **lotted;** *ger:* **lotting**) *va* repartir; asignar; dividir echando suertes, escoger echando suertes; *vn* echar suertes
loth [loθ] *adj* var. de **loath**
Lothario [loˈθerɪo] *s* (*pl:* **-os**) tenorio, libertino
lotiform [ˈlotɪfɔrm] *adj* lotiforme
lotion [ˈloʃən] *s* (pharm.) loción
lotos [ˈlotəs] *s* var. de **lotus**
lottery [ˈlɑtərɪ] *s* (*pl:* **-ies**) lotería
lottery wheel *s* rueda de lotería
lotto [ˈlɑto] *s* lotería (*juego casero*)
lotus [ˈlotəs] *s* (bot., arch. & myth.) loto
lotus-eater [ˈlotəsˌitər] *s* lotófago; persona indolente y soñadora
loud [laʊd] *adj* alto; ruidoso; fuerte, recio; (coll.) chillón, llamativo; (coll.) charro, cursi; (coll.) apestoso, maloliente; *adv* ruidosamente; alto, en voz alta
loudish [ˈlaʊdɪʃ] *adj* un poco alto, algo fuerte
loudspeaker [ˈlaʊdˈspikər] *s* (rad.) altavoz, altoparlante
lough [lɑk] o [lɑx] *s* (Irish) lago; (Irish) ría
Louis [ˈluɪ] o [ˈluɪs] *s* Luis
Louisa [luˈizə] o **Louise** [luˈiz] *s* Luisa
Louisiana [luˌizɪˈænə] o [ˌluɪzɪˈænə] *s* la Luisiana
Louisianan [luˌizɪˈænən] o [ˌluɪzɪˈænən] *adj & s* luisianense
Louis Napoleon [ˈluɪ] *s* Luis Napoleón
Louis Philippe [ˈluɪ fɪˈlip] *s* Luis Felipe
lounge [laʊndʒ] *s* canapé ancho y cómodo; salón de tertulia, salón social; paso lento y perezoso; haraganería; *va* gastar ociosamente; *vn* pasearse perezosamente, repantigarse a su sabor, recostarse cómodamente, estar arrimado a la pared, un farol, etc.
lour [laʊr] *s* ceño; *vn* fruncir el entrecejo, poner mala cara; encapotarse o nublarse (*el cielo*)
Lourdes [lʊrd] *s* Lurdes
louse [laʊs] *s* (*pl:* **lice**) (ent.) piojo
lousewort [ˈlaʊsˌwʌrt] *s* (bot.) gallarito (*Pedicularis sylvatica*)
lousy [ˈlaʊzɪ] *adj* (*comp:* **-ier;** *super:* **-iest**) piojoso; (slang) asqueroso, sucio; (slang) colmado (*p.ej., de riquezas*)
lout [laʊt] *s* patán
loutish [ˈlaʊtɪʃ] *adj* patán
Louvain [luˈven] *s* Lovaina
louver [ˈluvər] *s* lumbrera (*abertura por donde entran el aire y la luz*); persiana; tabla de persiana; (aut.) persiana de ventilación
louver boards *spl* tablas pluviales
Louvre [ˈluvrə] *s* Luvre (*museo*)
lovable [ˈlʌvəbəl] *adj* amable
lovage [ˈlʌvɪdʒ] *s* (bot.) ligústico; (bot.) levístico
love [lʌv] *s* amor; (tennis) cero, nada; (coll.) preciosidad, p.ej., **it's a love of a cottage** la casita es una preciosidad; (*cap.*) *s* Amor (*Cupido*); **for love** por amor, por placer; **for the love of** por el amor de; **not for love or money** ni a tiros, por nada del mundo; **to be in love (with)** estar enamorado (de); **to fall in love (with)** enamorarse (de); **to make love** hacer el amor; **to make love to** cortejar, galantear; *va* amar, querer, tener cariño a; gustar de (*p.ej., la música*); *vn* amar; enamorarse
loveable [ˈlʌvəbəl] *adj* var. de **lovable**
love affair *s* amores, amorío
love apple *s* tomate
lovebird [ˈlʌvˌbʌrd] *s* (orn.) inseparable (*Agapornis*); (orn.) pupuí (*Psittacus*)
love child *s* hijo del amor
love feast *s* ágape
love-in-a-mist [ˈlʌvɪnəˈmɪst] *s* (bot.) ajenuz, arañuela
love-in-idleness [ˈlʌvɪnˈaɪdəlnɪs] *s* (bot.) pensamiento, trinitaria
love knot *s* nudo o lazo de amor
loveless [ˈlʌvlɪs] *adj* desamorado (*que no siente amor*); abandonado, sin amor
love-lies-bleeding [ˈlʌvlaɪzˈblidɪŋ] *s* (bot.) amaranto rojo
loveliness [ˈlʌvlɪnɪs] *s* hermosura, belleza; preciosidad, exquisitez; (coll.) gracia, encanto
lovelock [ˈlʌvˌlɑk] *s* tirabuzón (*rizo de cabello*); (archaic) rizo largo con lazo de cinta
lovelorn [ˈlʌvˌlɔrn] *adj* suspirando de amor, herido de amor
lovely [ˈlʌvlɪ] *adj* (*comp:* **-lier;** *super:* **-liest**) hermoso, bello; precioso, exquisito; (coll.) gracioso, encantador
love-maker [ˈlʌvˌmekər] *s* galanteador
love-making [ˈlʌvˌmekɪŋ] *adj* galanteador; *s* galanteo
love match *s* matrimonio por amor
love potion *s* filtro, filtro de amor
lover [ˈlʌvər] *s* aficionado (*p.ej., a la caza*); amigo (*p.ej., del trabajo*); amante; **lovers** *spl* amantes (*hombre y mujer que se aman*)
love seat *s* confidente
lovesick [ˈlʌvˌsɪk] *adj* enfermo de amor
lovesickness [ˈlʌvˌsɪknɪs] *s* mal de amor

L

love song *s* canción de amor
loving [ˈlʌvɪŋ] *adj* afectuoso, cariñoso, amoroso
loving cup *s* copa de la amistad
loving-kindness [ˌlʌvɪŋˈkaɪndnɪs] *s* bondad infinita, misericordia
low [lo] *adj* bajo; abatido; gravemente enfermo; malo (*dícese de la dieta, la opinión, etc.*); escotado; muerto; lento (*fuego*); (phonet.) abierto; **to feel low** sentirse abatido; **to lay low** dejar tendido, derribar; matar; **to lie low** (coll.) mantenerse oculto, no dejarse ver; (coll.) no chistar; *adv* bajo; bajamente; *s* punto bajo, lugar bajo; (el) precio más bajo, precio mínimo; mugido; (aut.) primera marcha, primera velocidad; (meteor.) depresión; *vn* mugir (*la vaca*)
low area *s* área de baja presión barométrica
lowborn [ˈloˌbɔrn] *adj* de humilde cuna, plebeyo, mal nacido
lowboy [ˈloˌbɔɪ] *s* cómoda baja sostenida por patas cortas
lowbred [ˈloˌbrɛd] *adj* grosero, palurdo
lowbrow [ˈloˌbraʊ] *adj* (slang) ignorante; (slang) de o para gente ignorante o sin cultura; *s* (slang) ignorante
Low Church *s* baja iglesia (*rama no conservadora de la Iglesia anglicana*)
Low-Church [ˈloˈtʃʌrtʃ] *adj* no ritualista
Low-Churchman [ˌloˈtʃʌrtʃmən] *s* (*pl:* **-men**) protestante episcopal no ritualista
low comedy *s* comedia bufa, farsa
low-cost housing [ˈloˈkɔst] o [ˈloˈkɑst] *s* habitación popular, casas baratas
Low Countries *spl* Países Bajos (*Bélgica, Holanda y Luxemburgo*)
low-country [ˈloˌkʌntrɪ] *adj* de los Países Bajos
low-down [ˈloˈdaʊn] *adj* (coll.) bajo, vil; [ˈloˌdaʊn] *s* (slang) informes confidenciales, hechos verdaderos
lower [ˈloər] *adj* más bajo; inferior; *va & vn* bajar; [ˈlaʊər] *s* ceño; *vn* fruncir el entrecejo, poner mala cara; encapotarse o nublarse (*el cielo*)
lower berth [ˈloər] *s* litera baja
Lower California [ˈloər] *s* Baja California
lower case [ˈloər] *s* (print.) letra de caja baja
lower-case [ˈloərˌkes] *adj* (print.) de caja baja
lowerclassman [ˈloərˈklæsmən] o [ˈloərˈklɑsmən] *s* (*pl:* **-men**) estudiante de los dos primeros años
Lower House [ˈloər] *s* Cámara baja
lowering [ˈlaʊərɪŋ] *adj* ceñoso, ceñudo; encapotado, nublado
lower lip [ˈloər] *s* labio inferior
lowermost [ˈloərmost] *adj* (el) más bajo
lower regions [ˈloər] *spl* infiernos
lower world [ˈloər] *s* tierra; mundo subterráneo, infiernos
low frequency *s* (elec.) baja frecuencia
low-frequency [ˈloˈfrikwənsɪ] *adj* (elec.) de baja frecuencia
low gear *s* (aut.) primera marcha, primera velocidad
Low German *s* bajoalemán
Low-German [ˈloˈdʒʌrmən] *adj* bajoalemán
lowland [ˈlolənd] *adj* de tierra baja; *s* tierra baja; **Lowlands** *spl* Tierra Baja (*de Escocia*)
Lowlander [ˈloləndər] *s* natural de la Tierra Baja de Escocia
Low Latin *s* bajo latín
lowliness [ˈlolɪnɪs] *s* humildad
lowly [ˈlolɪ] *adj* (*comp:* **-lier**; *super:* **-liest**) humilde, de baja condición; *adv* humildemente
Low Mass *s* (eccl.) misa rezada
low-minded [ˈloˈmaɪndɪd] *adj* vil, ruin
low-necked [ˈloˈnɛkt] *adj* escotado
low-pass filter [ˈloˌpæs] o [ˈloˌpɑs] *s* (elec.) filtro paso inferior, filtro de paso bajo
low-pitched [ˈloˈpɪtʃt] *adj* de poco declive, poco pendiente; grave (*sonido*)
low-pressure [ˈloˈprɛʃər] *adj* de baja presión
low relief *s* bajo relieve
low shoe *s* zapato inglés (*zapato bajo que se cierra con cordones*)
low speed *s* baja velocidad
low-speed [ˈloˌspid] *adj* de baja velocidad
low-spirited [ˈloˈspɪrɪtɪd] *adj* abatido, desanimado
low spirits *spl* abatimiento, desanimación
Low Sunday *s* domingo de cuasimodo
low tension *s* (elec.) baja tensión
low-tension [ˈloˈtɛnʃən] *adj* (elec.) de baja tensión
low tide *s* bajamar, marea baja; (fig.) punto más bajo
low visibility *s* (aer.) poca visibilidad
low-voltage [ˈloˈvoltɪdʒ] *adj* (elec.) de bajo voltaje, de baja tensión
low water *s* estiaje (*por causa de la sequía*); marea baja; nivel mínimo (*p.ej., de un río*)
low-water mark [ˈloˈwɔtər] o [ˈloˈwɑtər] *s* línea de aguas mínimas, línea de bajamar; (fig.) punto más bajo
loxodrome [ˈlɑksədrom] *s* (naut.) loxodromia
loxodromic [ˌlɑksəˈdrɑmɪk] o **loxodromical** [ˌlɑksəˈdrɑmɪkəl] *adj* (naut.) loxodrómico
loyal [ˈlɔɪəl] *adj* leal
loyalist [ˈlɔɪəlɪst] *s* legitimista; (*cap.*) *s* realista (*en la guerra de la Independencia de los EE.UU.*); leal, gubernamental, republicano (*en la guerra civil de España*)
loyalty [ˈlɔɪəltɪ] *s* (*pl:* **-ties**) lealtad
lozenge [ˈlɑzɪndʒ] *s* pastilla, tableta; (geom. & her.) losange
lozengy [ˈlɑzɪndʒɪ] *adj* (her.) losangeado o losanjado
LP abr. de **long-playing**; *s* disco de larga duración, disco microsurco
L.S.D. o **l.s.d.** abr. de **pounds, shillings, and pence**
Lt. abr. de **Lieutenant**
Ltd. o **ltd.** abr. de **limited**
lubber [ˈlʌbər] *s* palurdo; marinero matalote
lubberly [ˈlʌbərlɪ] *adj* palurdo; *adv* palurdamente
lubricant [ˈlubrɪkənt] *adj & s* lubricante
lubricate [ˈlubrɪket] *va* lubricar
lubrication [ˌlubrɪˈkeʃən] *s* lubricación
lubricator [ˈlubrɪˌketər] *s* lubricador (*persona y aparato*)
lubricious [luˈbrɪʃəs] *adj* lúbrico (*libidinoso*)
lubricity [luˈbrɪsɪtɪ] *s* (*pl:* **-ties**) lubricidad
lubricous [ˈlubrɪkəs] *adj* lúbrico (*resbaladizo; libidinoso*); inconstante, incierto
Lucan [ˈlukən] *s* Lucano
lucence [ˈlusəns] o **lucency** [ˈlusənsɪ] *s* brillantez; translucidez
lucent [ˈlusənt] *adj* luciente; translúcido
lucerne [luˈsʌrn] *s* (bot.) mielga; (*cap.*) *s* Lucerna
Lucia [ˈluʃɪə] o [ˈluʃə] *s* Lucía
Lucian [ˈluʃɪən] o [ˈluʃən] *s* Luciano
lucid [ˈlusɪd] *adj* luciente; cristalino; lúcido (*claro en el razonamiento, estilo, etc.*); (med.) lúcido (*intervalo*)
lucidity [luˈsɪdɪtɪ] *s* lucidez; doble vista; (psychol.) lucidez
lucifer [ˈlusɪfər] *s* fósforo de fricción; (*cap.*) *s* Lucifer (*príncipe de los ángeles rebeldes; Venus, lucero del alba*)
luciferase [luˈsɪfəres] *s* (biochem.) luciferasa
Luciferian [ˌlusɪˈfɪrɪən] *adj* luciferino
luciferin [luˈsɪfərɪn] *s* (biochem.) luciferina
lucifugous [luˈsɪfjəgəs] *adj* (biol.) lucífugo
luck [lʌk] *s* suerte (*buena o mala*); suerte, buena suerte; **down on one's luck** (coll.) de mala suerte, de malas; **for luck** para que traiga buena suerte; **in luck** de buena suerte, de buenas; **out of luck** de mala suerte, de malas; **to bring luck** traer buena suerte; **to try one's luck** meter la mano en el cántaro, probar fortuna; **worse luck** desgraciadamente
luckily [ˈlʌkɪlɪ] *adv* afortunadamente
luckless [ˈlʌklɪs] *adj* desafortunado, malaventurado
lucky [ˈlʌkɪ] *adj* (*comp:* **-ier**; *super:* **-iest**) afortunado; de buen agüero; **to be lucky** tener buena suerte
lucky hit *s* (coll.) golpe de fortuna
lucrative [ˈlukrətɪv] *adj* lucrativo
lucre [ˈlukər] *s* (el) vil metal (*raíz de muchos males*)
Lucrece [luˈkris] o [ˈlukris] o **Lucretia** [luˈkriʃə] *s* Lucrecia
Lucretius [luˈkriʃəs] *s* Lucrecio
lucubrate [ˈlukjəbret] *va & vn* lucubrar

lucubration [ˌlukjəˈbreʃən] *s* lucubración
Lucullian [luˈkʌlɪən] *adj* opíparo, magnífico
Lucullus [luˈkʌləs] *s* Lúculo
Lucy [ˈlusɪ] *s* Lucía
ludicrous [ˈludɪkrəs] *adj* absurdo, ridículo
lues [ˈluiz] *s* (path.) lúes (*sífilis*)
luff [lʌf] *s* (naut.) orza; (naut.) orilla de proa (*de una cangreja*); (naut.) aparejo de combés; *vn* (naut.) orzar
lug [lʌg] *s* orejeta; estirón, esfuerzo; (naut.) vela al tercio; (*pret & pp:* **lugged;** *ger:* **lugging**) *va* arrastrar, tirar con fuerza de; (coll.) traer a colación (*especies inoportunas en una conversación*); *vn* tirar con fuerza
luggage [ˈlʌgɪdʒ] *s* equipaje
luggage rack *s* red de equipaje
lugger [ˈlʌgər] *s* (naut.) lugre
lugsail [ˈlʌgsəl] o [ˈlʌgˌsel] *s* (naut.) vela al tercio
lugubrious [luˈgjubrɪəs] *adj* lúgubre
lugworm [ˈlʌgˌwʌrm] *s* (zool.) arenícola
Luke [luk] *s* Lucas; (Bib.) San Lucas; (Bib.) el Evangelio según San Lucas
lukewarm [ˈlukˌwɔrm] *adj* tibio; (fig.) tibio
lull [lʌl] *s* momento de silencio, momento de calma; *va* calmar, adormecer, arrullar; *vn* calmarse; amainar (*el viento*)
lullaby [ˈlʌləbaɪ] *s* (*pl:* **-bies**) arrullo, canción de cuna
Lullian [ˈlʌlɪən] *adj* luliano o lulista
Lullianist [ˈlʌlɪənɪst] o **Lullist** [ˈlʌlɪst] *s* luliano o lulista
lumbago [lʌmˈbego] *s* (path.) lumbago
lumbar [ˈlʌmbər] *adj* lumbar; *s* (anat.) vértebra, arteria o nervio lumbares
lumber [ˈlʌmbər] *s* madera aserrada, madera de construcción; trastos viejos; *va* amontonar trastos viejos en, no dejar sitio para moverse en; *vn* cortar y aserrar madera, explotar los bosques; andar o moverse pesadamente; avanzar con ruido sordo
lumbering [ˈlʌmbərɪŋ] *adj* pesado, que se mueve pesadamente; *s* explotación de bosques maderables, extracción de madera
lumberjack [ˈlʌmbərˌdʒæk] *s* leñador, hachero
lumberman [ˈlʌmbərmən] *s* (*pl:* **-men**) maderero; leñador
lumber room *s* trastera, leonera
lumberyard [ˈlʌmbərˌjɑrd] *s* corral de madera, almacén de maderas, maderería
lumbrical [ˈlʌmbrɪkəl] *adj* (anat.) lumbrical
lumen [ˈlumen] *s* (*pl:* **-mina** [mɪnə] o **-mens**) (anat., bot. & phys.) lumen
lumen-hour [ˈlumenˈaʊr] *s* (phys.) lumen hora
luminal [ˈlumɪnəl] *s* (trademark) luminal
luminary [ˈlumɪˌnerɪ] *s* (*pl:* **-ies**) luminar; (fig.) luminar (*persona*)
luminescence [ˌlumɪˈnɛsəns] *s* luminiscencia
luminescent [ˌlumɪˈnɛsənt] *adj* luminiscente
luminiferous [ˌlumɪˈnɪfərəs] *adj* luminífero
luminosity [ˌlumɪˈnɑsɪtɪ] *s* (*pl:* **-ties**) luminosidad; cuerpo luminoso
luminous [ˈlumɪnəs] *adj* luminoso
lummox [ˈlʌməks] *s* (coll.) chapucero estúpido, persona torpe y estúpida
lump [lʌmp] *s* terrón; borujo; bulto, chichón, hinchazón; conjunto, todo; (coll.) bodoque; (coll.) persona espalduda; **in the lump** en grueso, por junto; **to get a lump in one's throat** hacérsele a uno un nudo en la garganta; *adj* en terrón, en terrones; global; *va* aterronar; aborujar; producir protuberancias en; combinar; agrupar; (coll.) aguantar, tragar (*cosa vejatoria*); *vn* aterronarse; aborujarse; abultar; andar con pasos pesados
lumpish [ˈlʌmpɪʃ] *adj* aterronado; torpe, pesado, estúpido, hobachón
lump sugar *s* azúcar en terrón
lump sum *s* suma total, cantidad gruesa
lumpy [ˈlʌmpɪ] *adj* (*comp:* **-ier;** *super:* **-iest**) aterronado; borujoso; torpe, pesado; agitado (*p.ej., mar*)
lunacy [ˈlunəsɪ] *s* (*pl:* **-cies**) locura
luna moth [ˈlunə] *s* (ent.) actias luna
lunar [ˈlunər] *adj* lunar
lunar caustic *s* cáustico lunar, piedra infernal (*nitrato de plata*)
lunar month *s* mes lunar
lunar year *s* año lunar
lunate [ˈlunet] *adj* lunado
lunatic [ˈlunətɪk] *adj* loco; de locos; necio; *s* loco
lunatic asylum *s* manicomio
lunatic fringe *s* minoría fanática (*en lo político, social, religioso, etc.*)
lunation [luˈneʃən] *s* (astr.) lunación
lunch [lʌntʃ] *s* almuerzo, merienda; colación, refacción; *vn* almorzar, merendar; tomar una colación
lunch basket *s* fiambrera
lunch cloth *s* mantelito
luncheon [ˈlʌntʃən] *s* almuerzo, merienda; almuerzo de ceremonia; *vn* almorzar, merendar
luncheonette [ˌlʌntʃəˈnɛt] *s* cantina
lunchroom [ˈlʌntʃˌrum] o [ˈlʌntʃˌrʊm] *s* restaurante
lune [lun] *s* media luna; (geom.) lúnula
lunette [luˈnɛt] *s* luneta (*adorno en forma de media luna*); (arch.) luneto o luneta; (fort.) luneta
lung [lʌŋ] *s* (anat.) pulmón
lunge [lʌndʒ] *s* arremetida, embestida; estocada; *vn* arremeter, embestir; dar una estocada; **to lunge at** arremeter contra
lungwort [ˈlʌŋˌwʌrt] *s* (bot.) pulmonaria
lunule [ˈlunjul] *s* (anat. & zool.) lúnula
Lupercalia [ˌlupərˈkelɪə] *spl* (hist.) lupercales
lupine [ˈlupaɪn] *adj* lupino; [ˈlupɪn] *s* (bot.) lupino, altramuz
lupus [ˈlupəs] *s* (path.) lupus
lurch [lʌrtʃ] *s* sacudida, tumbo, balanceo brusco; (naut.) bandazo; **to leave in the lurch** dejar colgado, abandonar en la estacada; *vn* dar una sacudida, dar sacudidas, dar un tumbo; (naut.) dar un bandazo
lurcher [ˈlʌrtʃər] *s* ladronzuelo, ratero; cazador furtivo; (Brit.) perro de caza
lure [lʊr] *s* cebo; señuelo; (fig.) señuelo, aliciente; *va* atraer con cebo; atraer con señuelo; (fig.) atraer, tentar, seducir; **to lure away** llevarse con señuelo; desviar (*p.ej., de su deber*); **to lure someone into** tentar a uno a que entre en; **to lure someone into** + *ger* tentar a uno a que + *subj*
lurid [ˈlʊrɪd] *adj* ardiente; asombroso, sensacional; espeluznante
lurk [lʌrk] *vn* acechar, estar oculto, moverse furtivamente
luscious [ˈlʌʃəs] *adj* delicioso, exquisito; rico, dulce y sabroso
lush [lʌʃ] *adj* jugoso, lozano; abundante; lujuriante
Lusitanian [ˌlusɪˈtenɪən] *adj & s* lusitano
Lusitanism [ˈlusɪtənɪzəm] *s* lusitanismo
lust [lʌst] *s* deseo vehemente, deseo desordenado; codicia; lujuria; *vn* codiciar; lujuriar; **to lust after** o **for** codiciar; apetecer contacto carnal con
luster [ˈlʌstər] *s* lustre, brillo; viso (*de ciertas telas*); porcelana con visos de azulejo; tela lustrosa de lana y algodón; (fig.) lustro (*fama, gloria*)
lustful [ˈlʌstfəl] *adj* lujurioso, lúbrico
lustral [ˈlʌstrəl] *adj* lustral
lustrate [ˈlʌstret] *va* lustrar
lustration [lʌsˈtreʃən] *s* lustración; (hum.) lavación, lavatorio
lustre [ˈlʌstər] *s* var. de **luster**
lustrous [ˈlʌstrəs] *adj* lustroso
lustrum [ˈlʌstrəm] *s* (*pl:* **-trums** o **-tra** [trə]) lustro (*cinco años*); (hist.) lustro
lusty [ˈlʌstɪ] *adj* (*comp:* **-ier;** *super:* **-iest**) robusto, lozano, fuerte
lute [lut] *s* (mus.) laúd; (chem.) lodo (*para cerrar junturas, tapar grietas, etc.*); *va* (chem.) enlodar
lutecium [luˈtiʃɪəm] *s* (chem.) lutecio
luteolin [ˈlutɪəlɪn] *s* (chem.) luteolina
luteous [ˈlutɪəs] *adj* lúteo
Luther [ˈluθər] *s* Lutero
Lutheran [ˈluθərən] *adj & s* luterano
Lutheranism [ˈluθərənɪzəm] *s* luteranismo
lux [lʌks] *s* (*pl:* **luces** [ˈlusiz]) (phys.) lux
luxate [ˈlʌkset] *va* luxar
luxation [lʌkˈseʃən] *s* luxación
Luxemburg [ˈlʌksəmbʌrg] *s* Luxemburgo
luxuriance [lʌgˈʒʊrɪəns] o [lʌkˈʃʊrɪəns] o **luxuriancy** [lʌgˈʒʊrɪənsɪ] o [lʌkˈʃʊrɪənsɪ] *s* lozanía

L

luxuriant [lʌg'ʒurɪənt] o [lʌk'ʃurɪənt] *adj* lozano, lujuriante; de ornamentación recargada
luxuriate [lʌg'ʒurɪet] o [lʌk'ʃurɪet] *vn* crecer con lozanía; entregarse al lujo; lozanear (*deleitarse*)
luxurious [lʌg'ʒurɪəs] o [lʌk'ʃurɪəs] *adj* lujoso
luxury ['lʌkʃərɪ] *s* (*pl:* **-ries**) lujo; lujuria (*concupiscencia de la carne*); *adj* de lujo
lycanthrope ['laɪkənθrop] o [laɪ'kænθrop] *s* licántropo
lycanthropy [laɪ'kænθrəpɪ] *s* licantropía
lyceum [laɪ'siəm] *s* liceo
lych gate [lɪtʃ] *s* var. de **lich gate**
lychnis ['lɪknɪs] *s* (bot.) licnis
Lycia ['lɪʃɪə] *s* Licia
Lycian ['lɪʃɪən] *adj* & *s* licio
lycopodium [,laɪkə'podɪəm] *s* (bot.) licopodio
Lycurgus [laɪ'kʌrgəs] *s* Licurgo
lyddite ['lɪdaɪt] *s* lidita (*explosivo*)
Lydia ['lɪdɪə] *s* Lidia
Lydian ['lɪdɪən] *adj* lidio; (mus.) lidio; (fig.) blando, afeminado, voluptuoso; *s* lidio
lye [laɪ] *s* lejía
lying ['laɪɪŋ] *s* el mentir; *adj* mentiroso; *ger de* **lie**
lying-in ['laɪɪŋ'ɪn] *s* parto
lying-in hospital *s* hospital de parturientas, casa de maternidad
lymph [lɪmf] *s* (anat. & physiol.) linfa
lymphadenitis [lɪm,fædɪ'naɪtɪs] *s* (path.) linfadenitis
lymphangiitis [lɪm,fændʒɪ'aɪtɪs] *s* (path.) linfangitis
lymphatic [lɪm'fætɪk] *adj* linfático; (fig.) linfático; *s* (anat.) vaso linfático
lymph gland o **node** *s* (anat.) ganglio o nódulo linfático
lymphocyte ['lɪmfəsaɪt] *s* (anat.) linfocito
lyncean [lɪn'siən] *adj* linceo
lynch [lɪntʃ] *va* linchar
lynching ['lɪntʃɪŋ] *s* linchamiento
lynch law *s* ley de Lynch, justicia de la soga
lynchpin ['lɪntʃ,pɪn] *s* var. de **linchpin**
lynx [lɪŋks] *s* (*pl:* **lynxes** o **lynx**) (zool.) lince; (*cap.*) *s* (astr.) Lince
lynx-eyed ['lɪŋks,aɪd] *adj* de ojos linces
Lyonese [,laɪə'niz] *adj* lionés; *s* (*pl:* **-ese**) lionés
lyonnaise [,laɪə'nez] *adj* (cook.) a la lionesa, p.ej., **lyonnaise potatoes** patatas a la lionesa
Lyonnesse [,laɪə'nɛs] *s* región fabulosa de Inglaterra que se supone hundida en el mar
Lyons ['laɪənz] *s* León de Francia, Lyón
Lyra ['laɪrə] *s* (astr.) Lira
lyrate ['laɪret] *adj* lirado; (bot.) lirado
lyre [laɪr] *s* (mus.) lira; (*cap.*) *s* (astr.) Lira
lyrebird ['laɪr,bʌrd] *s* (orn.) ave lira
lyric ['lɪrɪk] *adj* lírico; (theat.) lírico (*músico, operístico*); *s* poema lírico; (coll.) letra (*de una canción*)
lyrical ['lɪrɪkəl] *adj* lírico
lyricism ['lɪrɪsɪzəm] *s* lirismo
Lysander [laɪ'sændər] *s* Lisandro
Lysenkoism [lɪ'sɛŋko·ɪzəm] *s* lisencoísmo
lysin ['laɪsɪn] o **lysine** ['laɪsin] o ['laɪsɪn] *s* (biochem.) lisina
Lysippus [laɪ'sɪpəs] *s* Lisipo
lysol ['laɪsol] o ['laɪsɑl] *s* (trademark) lisol
lyssophobia [,lɪsə'fobɪə] *s* (psychopath.) lisofobia
lythraceous [lɪ'θreʃəs] o [laɪ'θreʃəs] *adj* (bot.) litráceo

M

M, m [ɛm] *s* (*pl:* **M's, m's** [ɛmz]) décimotercera letra del alfabeto inglés
m. abr. de **mark, married, masculine, meter, midnight, mile, minim, minute, month** y **moon**
M. abr. de **midnight** y **Monday**
M.A. abr. de **Magister Artium** (Lat.) **Master of Arts**
ma [mɑ] *s* (coll.) mamá
ma'am [mæm] o [mɑm] *s* (coll.) señora
macabre [mə'kɑbər] *adj* macábrico o macabro
macaco [mə'keko] *s* (*pl:* **-cos**) (zool.) maquí
macadam [mə'kædəm] *s* macadam o macadán
macadamize [mə'kædəmaɪz] *va* macadamizar
macaque [mə'kɑk] *s* (zool.) macaco
macaroni [,mækə'ronɪ] *s* (*pl:* **-nis** o **-nies**) *s* macarrones
macaronic [,mækə'rɑnɪk] *adj* macarrónico; *s* macarronea
macaroon [,mækə'run] *s* almendrado, mostachón, macarrón
Macassar oil [mə'kæsər] *s* aceite de Macasar
macaw [mə'kɔ] *s* (orn.) ara, aracanga
Maccabaeus [,mækə'biəs] *s* (Bib.) Macabeo
Maccabean [,mækə'biən] *adj* de los macabeos
Maccabees ['mækəbiz] *spl* (Bib.) macabeos
maccaboy o **maccoboy** ['mækəbɔɪ] *s* macuba (*tabaco aromático*)
mace [mes] *s* maza; macero; macia o macis (*especia*); *va* macear
macebearer ['mes,berər] *s* macero
macédoine [,mæse'dwɑn] *s* macedonia (*ensalada; mezcla, mezcolanza*)
Macedon ['mæsɪdɑn] *s* Macedonia (*antigua*)
Macedonia [,mæsɪ'donɪə] *s* Macedonia
Macedonian [,mæsɪ'donɪən] *adj* & *s* macedonio
macer ['mesər] *s* var. de **macebearer**
macerate ['mæsəret] *va* macerar; *vn* macerarse
macerater ['mæsə,retər] *s* macerador
maceration [,mæsə'reʃən] *s* maceración
Mach [mɑk] *s* (aer.) número Mach
machete [mɑ'tʃete] o [mə'ʃɛt] *s* machete
Mache unit ['mɑxə] *s* (phys.) mache
Machiavelli [,mækɪə'vɛlɪ] *s* Maquiavelo
Machiavellian o **Machiavelian** [,mækɪə'vɛlɪən] *adj* maquiavelista; maquiavélico (*astuto, engañador*); *s* maquiavelista
Machiavellianism [,mækɪə'vɛlɪənɪzəm] o **Machiavellism** [,mækɪə'vɛlɪzəm] *s* maquiavelismo
machicolate [mə'tʃɪkəlet] *va* aspillerar
machicolation [mə,tʃɪkə'leʃən] *s* (fort.) matacán (*balcón*); aspillera (*abertura*)
machinate ['mækɪnet] *va* & *vn* maquinar
machination [,mækɪ'neʃən] *s* maquinación
machinator ['mækɪ,netər] *s* maquinador
machine [mə'ʃin] *s* máquina; coche, automóvil; avión; camarilla (*de políticos*); (lit. & theat.) máquina; *va* trabajar a máquina
machine age *s* edad de la máquina
machine gun *s* ametralladora
machine-gun [mə'ʃin,gʌn] (*pret & pp:* **-gunned;** *ger:* **-gunning**) *va* ametrallar
machine gunner *s* ametrallador
machine-made [mə'ʃin,med] *adj* hecho a máquina, labrado mecánicamente
machinery [mə'ʃinərɪ] *s* (*pl:* **-ies**) maquinaria; (fig.) maquinaria (*p.ej., del gobierno*)
machine screw *s* tornillo para metales
machine shop *s* taller mecánico, taller de maquinaria
machine tool *s* máquina-herramienta
machine translation *s* traducción automática
machinist [mə'ʃinɪst] *s* mecánico; maquinista; (naut.) segundo maquinista; (theat.) tramoyista
macintosh ['mækɪntɑʃ] *s* var. de **mackintosh**
mackerel ['mækərəl] *s* (ichth.) caballa, escombro
mackerel sky *s* cielo aborregado
mackinaw ['mækɪnɔ] *s* manta gruesa de lana con listas de varios colores; chaquetón de mucho abrigo
mackintosh ['mækɪntɑʃ] *s* impermeable; tela impermeabilizada
mackle ['mækəl] *s* (print.) maculatura (*mancha*); *va* (print.) macular, repintar; *vn* (print.) macularse, repintarse
macle ['mækəl] *s* (mineral.) macla
macramé ['mækrəme] *s* macramé
macrobiotic [,mækrəbaɪ'ɑtɪk] *adj* macrobiótico; **macrobiotics** *ssg* macrobiótica
macrocosm ['mækrəkɑzəm] *s* macrocosmo
macrocyte ['mækrəsaɪt] *s* (path.) macrocito
macrogamete [,mækrogə'mit] *s* (biol.) macrogameto
macromolecule [,mækro'mɑlɪkjul] *s* macromolécula
macron ['mekrɑn] o ['mækrɑn] *s* (gram.) raya que se pone sobre las vocales para indicar su largura
macrophysics [,mækro'fɪzɪks] *ssg* macrofísica
macrosmatic [,mækrɑz'mætɪk] *adj* (zool.) macrosmático
macruran [mə'krurən] *adj* & *s* (zool.) macruro
macula ['mækjələ] *s* (*pl:* **-lae** [li]) (anat., astr. & path.) mácula
macule ['mækjul] *s, va* & *vn* var. de **mackle**
mad [mæd] *adj* (*comp:* **madder;** *super:* **maddest**) loco; enojado, furioso; rabioso (*perro*); necio, tonto; muy aficionado; **like mad** como un loco; con todas sus fuerzas; **to be mad about** tener locura por, ser muy aficionado a; **to drive mad** volver loco, enloquecer; **to go mad** volverse loco, enloquecer; rabiar (*un perro*); **mad as a hatter** o **mad as a March hare** loco de atar
madam ['mædəm] *s* (*pl:* **madams** o **mesdames** [me'dɑm]) señora
madame ['mædəm] o [mɑ'dɑm] *s* (*pl:* **mesdames** [me'dɑm]) (Fr.) madama
madapollam [,mædə'pɑləm] *s* madapolán
madcap ['mæd,kæp] *adj* & *s* alocado
madden ['mædən] *va* enojar, poner furioso; enloquecer
madder ['mædər] *s* (bot.) rubia (*planta y raíz*); (chem.) rojo de rubia
madding ['mædɪŋ] *adj* irritante; furioso, loco
made [med] *adj* hecho, fabricado; inventado; llegado (*a la meta del éxito completo*); *pret & pp de* **make**
Madeira [mə'dɪrə] *s* madera, vino de Madera
Madeleine ['mædəlɪn] *s* var. de **Magdalen**
mademoiselle [,mædəmə'zɛl] *s* (*pl:* **mesdemoiselles** [medmwɑ'zɛl]) (Fr.) madamisela
made-to-order ['medtə'ɔrdər] *adj* hecho a la medida; hecho especialmente para el comprador
made-up ['med'ʌp] *adj* hecho, completo; compuesto; ficticio; postizo; pintado (*rostro*)
Madge [mædʒ] *s* nombre abreviado de **Margaret**
madhouse ['mæd,haus] *s* casa de locos, manicomio; (fig.) casa de locos, gallinero
madly ['mædlɪ] *adv* locamente; furiosamente; neciamente; desesperadamente
madman ['mæd,mæn] o ['mædmən] *s* (*pl:* **-men**) loco
madness ['mædnɪs] *s* locura; furia, rabia; (path.) rabia
Madonna [mə'dɑnə] *s* Madona; (f.a.) Madona
Madonna lily *s* (bot.) azucena
madras ['mædrəs] o [mə'dræs] *s* madrás
madrepore ['mædrɪpor] *s* (zool.) madrépora

M

madreporic [ˌmædrɪˈpɔrɪk] o [ˌmædrɪˈpɑrɪk] *adj* madrepórico
madrigal [ˈmædrɪgəl] *s* madrigal; (mus.) madrigal
Madrilenian [ˌmædrɪˈlinɪən] *adj & s* madrileño
madwort [ˈmædˌwʌrt] *s* (bot.) raspilla (*Asperugo procumbens*); (bot.) camelina
Maecenas [mɪˈsinəs] *s* Mecenas; (fig.) mecenas
maelstrom [ˈmelstrəm] *s* remolino; (fig.) remolino
maenad [ˈminæd] *s* (hist. & fig.) ménade
maestro [ˈmaɪstro] o [mɑˈestro] *s* (*pl:* **-tros** o **-tri** [tri]) maestro (*en cualquier arte*)
Maffia o **Mafia** [ˈmɑfɪɑ] *s* maffia
mag. abr. de **magazine**
magazine [ˈmægəzin] o [ˌmægəˈzin] *s* revista; almacén; cámara (*para cartuchos*); polvorín; (naut.) santabárbara; (phot.) almacén
Magdalen [ˈmægdələn] o [ˈmægdəlen] *s* Magdalena
Magdalene [ˈmægdəlin] o [ˌmægdəˈlini] *s* (Bib.) Santa María Magdalena; (*l.c.*) *s* (fig.) magdalena (*mujer penitente*)
Magdalenian [ˌmægdəˈlinɪən] *adj* (geol.) magdaleniense
Magdeburg hemispheres [ˈmægdəbʌrg] *spl* (phys.) hemisferios de Magdeburgo
mage [medʒ] *s* (archaic) mágico
Magellan [məˈdʒɛlən] *s* Magallanes
Magellanic [ˌmædʒəˈlænɪk] *adj* magallánico
magenta [məˈdʒɛntə] *s* magenta
maggot [ˈmægət] *s* (zool.) cresa; antojo, capricho
maggoty [ˈmægətɪ] *adj* agusanado, gusaniento; caprichoso
Magi [ˈmedʒaɪ] *spl* magos (*de la religión zoroástrica*); Reyes Magos
Magian [ˈmedʒɪən] *adj & s* mago; (*l.c.*) *adj & s* mago (*mágico*)
magic [ˈmædʒɪk] *adj* mágico; *s* magia; prestidigitación; **as if by magic** como por encanto
magical [ˈmædʒɪkəl] *adj* mágico
magic carpet *s* alfombra mágica
magician [məˈdʒɪʃən] *s* mágico; prestidigitador
magic lantern *s* linterna mágica
magic square *s* cuadrado mágico
magisterial [ˌmædʒɪsˈtɪrɪəl] *adj* magistral; de magistrado
magistracy [ˈmædʒɪstrəsɪ] *s* (*pl:* **-cies**) magistratura
magistral [ˈmædʒɪstrəl] *adj* magistral; (fort. & pharm.) magistral; *s* (metal.) magistral
magistrate [ˈmædʒɪstret] o [ˈmædʒɪstrɪt] *s* magistrado; juez
magma [ˈmægmə] *s* (*pl:* **-mata** [mətə] o **-mas**) magma; (geol. & pharm.) magma
Magna Charta o **Magna Carta** [ˈmægnə ˈkɑrtə] *s* Carta Magna
magnanimity [ˌmægnəˈnɪmɪtɪ] *s* (*pl:* **-ties**) magnanimidad
magnanimous [mægˈnænɪməs] *adj* magnánimo
magnate [ˈmægnet] *s* magnate
magnesia [mægˈniʃə] o [mægˈniʒə] *s* (chem.) magnesia; magnesio
magnesian [mægˈniʃən] o [mægˈniʒən] *adj* magnesiano
magnesic [mægˈnisɪk] *adj* magnésico
magnesite [ˈmægnɪsaɪt] *s* (mineral.) magnesita
magnesium [mægˈniʃɪəm] o [mægˈniʒɪəm] *s* (chem.) magnesio
magnesium bronze *s* bronce de magnesio
magnesium light *s* luz de magnesio
magnet [ˈmægnɪt] *s* (mineral., phys. & fig.) imán
magnetic [mægˈnɛtɪk] *adj* magnético; atrayente, cautivador
magnetic curves *spl* espectro magnético
magnetic field *s* campo magnético
magnetic flux *s* flujo magnético
magnetic moment *s* (phys.) momento magnético
magnetic needle *s* aguja imanada o magnética
magnetic pole *s* polo magnético
magnetic storm *s* (phys.) borrasca magnética, tempestad magnética
magnetic tape *s* cinta magnética
magnetism [ˈmægnɪtɪzəm] *s* magnetismo; magnetismo personal, don de gentes
magnetite [ˈmægnɪtaɪt] *s* (mineral.) magnetita
magnetization [ˌmægnɪtɪˈzeʃən] *s* magnetización
magnetize [ˈmægnɪtaɪz] *va* magnetizar; atraer, cautivar, fascinar
magneto [mægˈnito] *s* (*pl:* **-tos**) magneto
magnetoelectric [mægˌnito·ɪˈlɛktrɪk] *adj* magnetoeléctrico
magnetometer [ˌmægnɪˈtɑmɪtər] *s* magnetómetro
magneton [ˈmægnɪtɑn] *s* (phys.) magnetón
magnetophone [mægˈnitofon] *s* (phys.) magnetófono
magnetosphere [mægˈnitəsfɪr] *s* magnetosfera
magnetron [ˈmægnɪtrɑn] *s* (rad.) magnetrón
magnific [mægˈnɪfɪk] o **magnifical** [mægˈnɪfɪkəl] *adj* magnificente; grandílocuo
Magnificat [mægˈnɪfɪkæt] *s* magníficat
magnification [ˌmægnɪfɪˈkeʃən] *s* (opt.) magnificación; ampliación (*copia ampliada*); exageración
magnificence [mægˈnɪfɪsəns] *s* magnificencia
magnificent [mægˈnɪfɪsənt] *adj* magnífico
magnifico [mægˈnɪfɪko] *s* (*pl:* **-coes**) caballero noble de Venecia; personaje ilustre
magnifier [ˈmægnɪˌfaɪər] *s* magnificador; exagerador; vidrio de aumento
magnify [ˈmægnɪfaɪ] (*pret & pp:* **-fied**) *va* (opt.) magnificar; exagerar; (archaic) magnificar (*alabar, ensalzar*)
magnifying glass *s* lupa, vidrio de aumento, lente de aumento
magniloquence [mægˈnɪləkwəns] *s* grandilocuencia; jactancia
magniloquent [mægˈnɪləkwənt] *adj* grandílocuo; jactancioso
magnitude [ˈmægnɪtjud] o [ˈmægnɪtud] *s* magnitud; (astr. & math.) magnitud
magnolia [mægˈnolɪə] *s* (bot.) magnolia
magnum [ˈmægnəm] *s* botella de dos litros
magnum opus *s* obra maestra
magpie [ˈmægpaɪ] *s* (orn.) urraca; charlador; regañón
maguey [ˈmægwe] *s* (bot.) pita, maguey
Magus [ˈmegəs] *s* (*pl:* **-gi** [dʒaɪ]) Rey Mago
Magyar [ˈmægjɑr] *adj & s* magiar
maharaja o **maharajah** [ˌmɑhəˈrɑdʒə] *s* maharajá
mahatma [məˈhɑtmə] o [məˈhætmə] *s* mahatma; (theosophy) mahatma
Mahdi [ˈmɑdi] *s* (*pl:* **-dis**) mehedí
mah-jongg o **mah-jong** [ˈmɑˈdʒɑŋ] *s* mahjong (*juego chino parecido al dominó*)
mahlstick [ˈmɑlˌstɪk] o [ˈmɔlˌstɪk] *s* (paint.) tiento
mahogany [məˈhɑgənɪ] *s* (*pl:* **-nies**) (bot.) caoba; *adj* de caoba; de color de caoba
Mahomet [məˈhɑmɪt] *s* var. de **Mohammed**
Mahometan [məˈhɑmɪtən] *adj & s* var. de **Mohammedan**
Mahometanism [məˈhɑmɪtənɪzəm] *s* var. de **Mohammedanism**
Mahon stock [məˈhon] *s* (bot.) mahonesa
mahout [məˈhaʊt] *s* naire, cornaca
maid [med] *s* criada, moza; doncella (*mujer virgen; criada que se ocupa en los menesteres domésticos ajenos a la cocina*); soltera
maiden [ˈmedən] *s* doncella; *adj* virginal; de soltera; virgen; primero
maidenhair [ˈmedənˌhɛr] *s* (bot.) cabello de Venus
maidenhead [ˈmedənˌhɛd] *s* doncellez; (anat.) himen
maidenhood [ˈmedənhʊd] *s* doncellez
maiden lady *s* soltera, solterona
maidenly [ˈmedənlɪ] *adj* virginal; pudoroso
maiden name *s* apellido de soltera
maiden speech *s* primer discurso (*de un orador*)
maiden voyage *s* primera travesía
maid in waiting *s* dama
maid of all work *s* criada para todo, moza de servicio
maid of honor *s* dama, menina; doncella, menina; doncella de honor (*de una boda*)
Maid of Orleans *s* Doncella de Orleáns

maidservant [ˈmed,sʌrvənt] *s* sirvienta, criada
mail [mel] *s* correspondencia; correo; vapor correo, paquebote; malla (*de la armadura*); cota (*de malla*); armadura; **by return mail** a vuelta de correo; *adj* del correo; postal; *va* enviar por correo; echar al correo; armar (*especialmente con cota de malla*)
mailbag [ˈmel,bæg] *s* valija; correo
mailboat [ˈmel,bot] *s* vapor correo, paquebote
mailbox [ˈmel,bɑks] *s* buzón
mail car *s* (rail.) carro correo, coche-correo
mail carrier *s* cartero
mail chute *s* buzón tubular
mail coach *s* diligencia (*que lleva correo*)
mailed fist *s* puño armado
mailing list *s* lista de direcciones (*de clientes*)
mailing permit *s* porte concertado
mailman [ˈmel,mæn] *s* (*pl:* **-men**) cartero
mail order *s* pedido postal
mail-order house [ˈmel,ɔrdər] *s* casa de pedidos postales; casa de ventas por correo
mailplane [ˈmel,plen] *s* avión-correo
mail train *s* tren correo
maim [mem] *va* estropear, mutilar, lisiar
Maimonides [maɪˈmɑnɪdiz] *s* Maimónides
main [men] *s* cañería, cañería maestra; (poet.) mar, océano; (archaic) tierra firme, continente; **in the main** mayormente, en su mayor parte; *adj* principal; maestro; mayor
main clause *s* (gram.) proposición dominante
main course *s* plato fuerte, plato principal; (naut.) vela mayor
main deck *s* (naut.) cubierta principal
main highway *s* carretera principal
mainland [ˈmen,lænd] o [ˈmenlənd] *s* tierra firme, continente
main line *s* (rail.) línea principal, tronco
mainly [ˈmenlɪ] *adv* mayormente, en su mayor parte
mainmast [ˈmenməst], [ˈmen,mæst] o [ˈmen,mɑst] *s* (naut.) palo mayor
main office *s* casa central, oficina central
mainsail [ˈmensəl] o [ˈmen,sel] *s* (naut.) vela mayor
mainsheet [ˈmen,ʃit] *s* (naut.) escota mayor
mainspring [ˈmen,sprɪŋ] *s* (horol.) muelle real; (fig.) causa principal, origen
mainstay [ˈmen,ste] *s* (naut.) estay mayor; (fig.) sostén principal
main street *s* calle mayor
maintain [menˈten] *va* mantener
maintenance [ˈmentɪnəns] *s* mantenimiento; modesto pasar; conservación, gastos de conservación, gastos de entretenimiento
maintenance costs *spl* gastos de conservación
maintenance of way *s* (rail.) conservación de la vía
maintop [ˈmen,tɑp] *s* (naut.) cofa mayor o de gavia
maintopgallant [ˈmentəˈgælənt] o [ˈmen,tɑpˈgælənt] *s* (naut.) mastelero de galope mayor, masterillo de mayor; (naut.) juanete mayor; (naut.) verga de juanete mayor
maintopmast [,menˈtɑpməst] *s* (naut.) mastelero de mayor
maintopsail [,menˈtɑpsəl] *s* (naut.) gavia, vela de gavia
main track *s* (rail.) vía principal
main-traveled o **main-travelled** [ˈmen,trævəld] *adj* de mucho tránsito
main yard *s* (naut.) verga mayor
Mainz [maɪnts] *s* Maguncia
maître d'hôtel [ˈmɛtrədoˈtɛl] *s* mayordomo; jefe de comedor; salsa de mantequilla, perejil picado y jugo de limón
maize [mez] *s* (bot.) maíz (*planta y grano*); color de maíz
Maj. abr. de **Major**
majestic [məˈdʒɛstɪk] o **majestical** [məˈdʒɛstɪkəl] *adj* majestuoso
majesty [ˈmædʒɪstɪ] *s* (*pl:* **-ties**) majestad; (*cap.*) *s* Majestad (*título*)
majolica [məˈdʒɑlɪkə] *s* mayólica
major [ˈmedʒər] *adj* mayor; principal, importante; mayor de edad; (log. & mus.) mayor; *s* mayor de edad; (mil.) comandante; (educ.) asignatura o curso de especialización; (mus.) acorde, escala o intervalo mayor; *vn* (coll.) especializarse (*en una asignatura o curso*)
major axis *s* eje principal
Majorca [məˈdʒɔrkə] *s* Mallorca
Majorcan [məˈdʒɔrkən] *adj & s* mallorquín
major-domo [,medʒərˈdomo] *s* (*pl:* **-mos**) mayordomo
major general *s* (mil.) general de división
majority [məˈdʒɑrɪtɪ] o [məˈdʒɔrɪtɪ] *s* (*pl:* **-ties**) mayoría; (mil.) comandancia; *adj* de la mayoría, mayoritario
major key *s* (mus.) tono mayor
major orders *spl* (eccl.) órdenes mayores
major premise *s* (log.) premisa mayor
major scale *s* (mus.) escala mayor
major surgery *s* cirugía mayor
make [mek] *s* hechura; corte (*de un vestido*); marca; modelo; constitución; natural, carácter; producción total; **on the make** (slang) buscando provecho ‖ (*pret & pp:* **made**) *va* hacer; ganar (*dinero; una baza; el mayor número de tantos*); dar (*dinero una empresa*); dar (*una vuelta*); pronunciar (*un discurso*); coger (*un tren*); cometer (*un error*); adquirir (*buena reputación*); llegar a (*la meta, el puerto, etc.*); cerrar (*un circuito*); hacer (*p.ej., cien kilómetros por hora*); poner (*a uno, p.ej., nervioso*); inventar; calcular; ser causa del éxito de; ser, p.ej., **he will make a good doctor** será un buen médico; servir de; **to make** + *inf* hacer + *inf*, p.ej., **I made him leave at once** le hice salir en seguida; **to make believe** hacer creer; **to make do** hacer servir; **to make into** convertir en; **to make known** hacer saber, declarar; dar a conocer; **to make of** pensar de, sacar de, p.ej., **what do you make of this?** ¿qué saca Vd. de esto?; **to make oneself known** darse a conocer; **to make or break** hacer la fortuna o ser la ruina de; **to make out** descifrar, entender; distinguir, vislumbrar; hacer (*la cuenta que uno debe pagar*); escribir (*una receta*); llenar (*un cheque*); declarar (*peor de lo que se creía*); **to make over** rehacer (*un traje*); convertir; (com.) transferir; **to make up** juntar, reunir; preparar; confeccionar (*un medicamento*); componer; integrar; inventar (*un cuento, una disculpa*); recobrar (*el tiempo perdido*); pagar, compensar; (print.) ajustar, compaginar; este verbo, seguido de un adjetivo, se traduce a veces por un verbo activo que corresponda al adjetivo, p.ej., **to make tired** cansar; **to make sick** enfermar ‖ *vn* estar (*p.ej., seguro*); **to make to** + *inf* hacer ademán de + *inf*, dar un paso para + *inf*; **to make after** perseguir; **to make as if** fingir que, hacer como que; **to make away with** llevarse; deshacerse de; matar; **to make believe** fingir, p.ej., **he made believe he was dead** fingió estar muerto; **to make for** ir hacia; abalanzarse para coger, embestir contra; hacer, p.ej., **his presence made for a pleasant day** su presencia hizo el día agradable; contribuir a (*p.ej., la paz*); **to make of** (coll.) mostrar cariño a; **to make off** largarse; **to make off with** hacerse con, irse con, llevarse; **to make out** arreglárselas, desenvolverse; **to make toward** dirigirse a, encaminarse a; **to make up** maquillarse; componerse (*hacer las paces*); **to make up for** suplir; compensar por (*una pérdida*); **to make up to** (coll.) querer congraciarse con
make and break *s* (elec.) dispositivo de ruptura y contacto
make-believe [ˈmekbɪ,liv] *adj* simulado; *s* simulación, artificio, pretexto; simulador
maker [ˈmekər] *s* constructor; fabricante; (*cap.*) *s* Hacedor
makeshift [ˈmek,ʃɪft] *s* expediente; tapagujeros (*persona*); *adj* provisional, de fortuna
make-up [ˈmek,ʌp] *s* composición, constitución; cosméticos; (theat.) maquillaje; (print.) imposición
make-up man *s* (theat.) experto en maquillaje, maquillador
makeweight [ˈmek,wet] *s* contrapeso (*para completar el peso de carne, pescado, etc.*); (fig.) suplente
making [ˈmekɪŋ] *s* hechura; fabricación; causa del éxito (*de una persona*); material necesario (*para hacer alguna cosa*); madera (*p.ej., de estudiante, médico*); **makings** *spl* elementos,

M

materiales; **in the making** sin terminar, no acabado de hacer; **while in the making** mientras se está haciendo
Malacca cane [mə'lækə] *s* rotén (*bastón*)
Malachi ['mæləkaɪ] o **Malachias** [,mælə'kaɪəs] *s* (Bib.) Malaquías
malachite ['mæləkaɪt] *s* (mineral.) malaquita
malacology [,mælə'kɑlədʒɪ] *s* malacología
malacopterygian [,mælə,kɑptə'rɪdʒɪən] *adj & s* (zool.) malacopterigio
malacostracan [,mælə'kɑstrəkən] *adj & s* (zool.) malacostráceo
maladjusted [,mælə'dʒʌstɪd] *adj* mal ajustado; inadaptado, mal adaptado, desequilibrado
maladjustment [,mælə'dʒʌstmənt] *s* mal ajuste; mala adaptación, desequilibrio
maladminister [,mæləd'mɪnɪstər] *va* administrar inepta, ineficaz o fraudulentamente
maladministration [,mæləd,mɪnɪs'treʃən] *s* administración inepta, ineficaz o fraudulenta
maladroit [,mælə'drɔɪt] *adj* torpe, desmañado
malady ['mælədɪ] *s* (*pl:* **-dies**) mal, enfermedad
malaise [mæ'lez] *s* malestar, indisposición
malanders ['mæləndərz] *spl* (vet.) ajuagas
malapert ['mæləpʌrt] *adj* descarado, insolente
malapropism ['mæləprɑpɪzəm] *s* despropósito
malapropos [,mælæprə'po] *adj* no a propósito; *adv* fuera de propósito
malar ['melər] *adj & s* (anat.) malar
malaria [mə'lɛrɪə] *s* (path.) malaria, paludismo
malarial [mə'lɛrɪəl] o **malarious** [mə'lɛrɪəs] *adj* palúdico; enfermo de paludismo
malarky [mə'lɑrkɪ] *s* (slang) habla necia e insincera
Malay ['mele] o [mə'le] *adj & s* malayo
Malaya [mə'leə] *s* Malaya
Malayan [mə'leən] *adj & s* malayo
Malay Archipelago *s* archipiélago Malayo
Malay Peninsula *s* península Malaya o península de Malaca
Malaysia [mə'leʒə] o [mə'leʃə] *s* la Malasia
Malaysian [mə'leʒən] o [mə'leʃən] *adj & s* malasio
Malay States *spl* Estados Malayos
malcontent ['mælkən,tɛnt] *adj & s* malcontento
male [mel] *adj* masculino; macho, p.ej., **a male weasel** una comadreja macho; varón, p.ej., **male child** hijo varón; (bot.) masculino; (bot. & mach.) macho; *s* macho; varón
malediction [,mælɪ'dɪkʃən] *s* maldición
malefaction [,mælɪ'fækʃən] *s* delito
malefactor ['mælɪ,fæktər] *s* malhechor
male fern *s* (bot.) helecho macho
maleficence [mə'lɛfɪsəns] *s* maleficencia
maleficent [mə'lɛfɪsənt] *adj* maléfico (*que hace daño*)
male nurse *s* enfermero
malevolence [mə'lɛvələns] *s* malevolencia
malevolent [mə'lɛvələnt] *adj & s* malévolo
malfeasance [mæl'fizəns] *s* corrupción, venalidad
malformation [,mælfɔr'meʃən] *s* malformación, deformidad
malformed [mæl'fɔrmd] *adj* malhecho, contrahecho
malfunction [mæl'fʌŋkʃən] *s* malfuncionamiento
malic ['mælɪk] o ['melɪk] *adj* málico
malic acid *s* (chem.) ácido málico
malice ['mælɪs] *s* malicia, mala voluntad; (law) dolo penal, intención delictuosa; **to bear malice** guardar rencor
malicious [mə'lɪʃəs] *adj* malicioso (*malo, maligno*)
malign [mə'laɪn] *adj* maligno; (path.) maligno; *va* calumniar
malignance [mə'lɪgnəns] o **malignancy** [mə'lɪgnənsɪ] *s* malignidad
malignant [mə'lɪgnənt] *adj* maligno; (path.) maligno
malignity [mə'lɪgnɪtɪ] *s* (*pl:* **-ties**) malignidad
maline [mə'lin] *s* tela de Malinas
Malines [mə'linz] *s* Malinas; (*l.c.*) *s* tela de Malinas; encaje de Malinas
malinger [mə'lɪŋgər] *vn* hacerse el enfermo, fingirse enfermo
malingerer [mə'lɪŋgərər] *s* simulador (*persona que finge padecer una enfermedad*)
malingering [mə'lɪŋgərɪŋ] *s* simulación (*fingimiento de una enfermedad*)
malison ['mælɪzən] o ['mælɪsən] *s* (archaic) maldición
mall [mɔl] o [mæl] *s* alameda, paseo de árboles
mallard ['mælərd] *s* (orn.) pato silvestre, pato real, ánade salvaje
malleability [,mælɪə'bɪlɪtɪ] *s* maleabilidad; docilidad
malleable ['mælɪəbəl] *adj* maleable; dócil, manejable
malleolar [mə'liələr] *adj* (anat.) maleolar
malleolus [mə'liələs] *s* (*pl:* **-li** [laɪ]) (anat.) maléolo
mallet ['mælɪt] *s* mazo (*martillo de madera*); (sport) mallete (*en el croquet y el polo*)
malleus ['mælɪəs] *s* (*pl:* **-i** [aɪ]) (anat.) martillo (*del oído*)
mallow ['mælo] *s* (bot.) malva
malmsey ['mɑmzɪ] *s* malvasía (*vino*)
malnutrition [,mælnju'trɪʃən] o [,mælnu'trɪʃən] *s* desnutrición
malodor [mæl'odər] *s* olor muy malo
malodorous [mæl'odərəs] *adj* maloliente
malpighiaceous [mæl,pɪgɪ'eʃəs] *adj* (bot.) malpigiáceo
Malpighian corpuscle [mæl'pɪgɪən] *s* (anat.) corpúsculo de Malpighi
malpractice [mæl'præktɪs] *s* malpraxis; procedimientos ilegales o criminales; mala conducta
malt [mɔlt] *s* malta *m;* (coll.) cerveza; *va* hacer germinar (*la cebada*); preparar con malta
maltase ['mɔltes] *s* (biochem.) maltasa
malted milk *s* leche preparada con malta
Maltese [mɔl'tiz] *adj* maltés; *s* (*pl:* **-tese**) maltés
Maltese cat *s* gato maltés
Maltese cross *s* cruz de Malta
malt extract *s* extracto de malta
malthouse ['mɔlt,haʊs] *s* cámara de germinación (*de la cebada, para la fabricación de la cerveza*)
Malthusian [mæl'θuʒən] *adj & s* maltusiano
Malthusianism [mæl'θuʒənɪzəm] *s* maltusianismo
maltose ['mɔltos] *s* (chem.) maltosa
maltreat [mæl'trit] *va* maltratar
maltreatment [mæl'tritmənt] *s* maltratamiento, malos tratos
maltster ['mɔltstər] *s* fermentador de cebada; vendedor de malta
malt sugar *s* azúcar de malta
malvaceous [mæl'veʃəs] *adj* (bot.) malváceo
malvasia [,mælvə'siə] *s* malvasía (*uva y vino*)
malversation [,mælvər'seʃən] *s* malversación
malvoisie ['mælvɔɪzɪ] *s* var. de **malmsey**
mama ['mɑmə] o [mə'mɑ] *s* mama o mamá
mambo ['mɑmbo] *s* mambo (*música y baile*); *vn* bailar el mambo
mameluke ['mæməluk] *s* mameluco (*esclavo*); (*cap.*) *s* mameluco (*soldado*)
Mamie ['memɪ] *s* nombre abreviado de **Margaret**
mamma ['mæmə] *s* (*pl:* **-mae** [mi]) (anat.) mama; ['mɑmə] o [mə'mɑ] *s* mama o mamá
mammal ['mæməl] *s* (zool.) mamífero
mammalian [mæ'melɪən] *adj & s* (zool.) mamífero
mammary ['mæmərɪ] *adj* mamario
mammary gland *s* (anat.) glándula mamaria
mammee [mɑ'me] o [mɑ'mi] *s* (bot.) mamey
mammilla [mə'mɪlə] *s* (*pl:* **-lae** [li]) (anat. & bot.) mamelón
mammillary ['mæmɪ,lɛrɪ] *adj* mamilar
Mammon o **mammon** ['mæmən] *s* (Bib.) mammón
mammoth ['mæməθ] *s* (pal.) mamut; *adj* gigantesco
mammy ['mæmɪ] *s* (*pl:* **-mies**) nodriza negra; negra vieja; mamá
Man. abr. de **Manitoba**
man [mæn] *s* (*pl:* **men**) hombre; pieza (*en el ajedrez*); pieza o peón (*en el juego de las damas*); **a man** uno, p.ej., **a man must keep his word** uno debe cumplir su palabra; **as a man** desde el punto de vista humano; **as one**

man unánimemente; **no man** nadie; **to a man** todos, sin faltar uno solo; **to become man** humanarse (*el Verbo divino*); **to be one's own man** no depender de nadie; estar sobre sí; **man alive!** ¡hombre!; **man and boy** desde la primera mocedad; **man and wife** marido y mujer; (*pret & pp:* **manned;** *ger:* **manning**) *va* proveer de gente armada, guarnecer (*una fortaleza*); tripular (*una embarcación, un coche, etc.*); servir (*los cañones*); preparar, p.ej., **to man oneself** prepararse (*p.ej., para resistir un golpe*)

man about town *s* hombre aficionado a los bulevares, hombre de mucho mundo

manacle ['mænəkəl] *s* manilla; **manacles** *spl* esposas; (fig.) estorbo; *va* poner manilla a, poner esposas a; (fig.) estorbar

manage ['mænɪdʒ] *va* manejar; (equit.) manejar (*un caballo*); *vn* manejarse; **to manage to** + *inf* ingeniarse a + *inf;* **to manage to get along** ingeniarse a vivir; arreglárselas

manageability [,mænɪdʒə'bɪlɪtɪ] *s* manejabilidad

manageable ['mænɪdʒəbəl] *adj* manejable

management ['mænɪdʒmənt] *s* dirección, gerencia, manejo; organización industrial, gestión científica, taylorismo; la parte patronal, la empresa, los dirigentes, los patronos

manager ['mænɪdʒər] *s* director; gerente; empresario; persona económica; (sport) manager

managerial [,mænə'dʒɪrɪəl] *adj* directorial, administrativo

Manasseh [mə'næsə] *s* (Bib.) Manasés

man-at-arms ['mænət'ɑrmz] *s* (*pl:* **men-at-arms**) hombre de guerra (*militar*); hombre de armas (*jinete armado de todas piezas*)

manatee [,mænə'ti] *s* (zool.) manatí

manchet ['mæntʃɪt] *s* (archaic) pan candeal

man-child ['mæn,tʃaɪld] *s* (*pl:* **men-children**) niño varón

manchineel [,mæntʃɪ'nil] *s* (bot.) manzanillo (*árbol*)

manchineel apple *s* manzanilla de Indias (*fruto*)

Manchu [mæn'tʃu] o ['mæntʃu] *adj* manchú; *s* (*pl:* **-chus**) manchú

Manchurian [mæn'tʃʊrɪən] *adj & s* manchuriano

manciple ['mænsɪpəl] *s* administrador o mayordomo (*p.ej., de un colegio*)

Mancunian [mæn'kjunɪən] *adj* perteneciente a Mánchester; *s* natural o habitante de Mánchester (*Inglaterra*)

mandamus [mæn'deməs] *s* (law) despacho

mandarin ['mændərɪn] *adj* mandarín; *s* mandarín; (bot.) mandarino (*árbol*); mandarina (*fruto*); (*cap.*) *s* mandarina (*lengua*)

mandarin duck *s* (orn.) pato mandarín

mandarin orange *s* naranja mandarina

mandarin porcelain *s* porcelana mandarina

mandatary ['mændə,tɛrɪ] *s* (*pl:* **-ies**) (law & dipl.) mandatario

mandate ['mændet] *s* mandato; (law & dipl.) mandato; (pol.) voluntad manifiesta (*de los votantes*); *va* asignar por mandato

mandator [mæn'detər] *s* (law) mandante

mandatory ['mændə,torɪ] *adj* obligatorio, preceptivo; conferido por mandato; *s* (*pl:* **-ries**) mandatario

mandible ['mændɪbəl] *s* (anat. & zool.) mandíbula

mandibular [mæn'dɪbjələr] *adj* mandibular

mandolin ['mændəlɪn] *s* (mus.) mandolina

mandragora [mæn'drægərə] *s* (bot.) mandrágora

mandrake ['mændrek] *s* (bot.) mandrágora; (bot.) podofilo

mandrake apple *s* limón silvestre, manzana de mayo

mandrel o **mandril** ['mændrəl] *s* (mach.) mandril

mandrill ['mændrɪl] *s* (zool.) mandril

mane [men] *s* crin (*del caballo*); melena (*del león; de una persona*)

man-eater ['mæn,itər] *s* caníbal; (zool.) jaquetón (*tiburón*)

manège [mə'nɛʒ] o [mə'neʒ] *s* (equit.) manejo (*arte*); (equit.) picadero (*sitio*); (equit.) marcha o aires (*del caballo adiestrado*)

manes o **Manes** ['meniz] *spl* manes

maneuver [mə'nuvər] *s* maniobra; (fig.) maniobra; *va* hacer maniobrar; ejecutar con maniobras, lograr con maniobras; dirigir las maniobras de; *vn* maniobrar; (fig.) maniobrar

maneuverability [mə,nuvərə'bɪlɪtɪ] *s* maniobrabilidad

maneuverable [mə'nuvərəbəl] *adj* maniobrable

man Friday *s* criado fidelísimo

manful ['mænfəl] *adj* varonil

manganese ['mæŋgənis] o ['mæŋgəniz] *s* (chem.) manganeso

manganese steel *s* acero al manganeso

manganic [mæn'gænɪk] *adj* mangánico

manganic acid *s* (chem.) ácido mangánico

manganite ['mæŋgənaɪt] *s* (chem.) manganita

manganous ['mæŋgənəs] o [mæn'gænəs] *adj* manganoso

mange [mendʒ] *s* sarna

mangel-wurzel ['mæŋgəl,wʌrzəl] *s* (bot.) remolacha forrajera

manger ['mendʒər] *s* pesebre

mangle ['mæŋgəl] *s* (mach.) mangle; *va* prensar con mangle; destrozar, lacerar; echar a perder, estropear

mango ['mæŋgo] *s* (*pl:* **-goes** o **-gos**) (bot.) mango

mangonel ['mæŋgənɛl] *s* mangano o mandrón

mangosteen ['mæŋgəstin] *s* (bot.) mangostán (*árbol*); mangosto (*fruto*)

mangrove ['mæŋgrov] *s* (bot.) mangle

mangy ['mendʒɪ] *adj* (*comp:* **-gier;** *super:* **-giest**) sarnoso; (fig.) roñoso, sucio

manhandle ['mæn,hændəl] *va* mover a brazo (*sin máquinas*); maltratar

manhole ['mæn,hol] *s* buzón, caja de registro (*en las calles*); agujero de hombre (*en una caldera*)

manhole cover *s* tapa de registro

manhood ['mænhud] *s* virilidad; masculinidad; hombres

man-hour ['mæn'aur] *s* (*pl:* **man-hours**) hora-hombre (*obra de una hora hecha por un solo hombre*)

man hunt *s* caza al hombre, persecución de un criminal

mania ['menɪə] *s* manía; (psychopath.) manía

maniac ['menɪæk] *adj & s* maníaco

maniacal [mə'naɪəkəl] *adj* maníaco

manic ['menɪk] o ['mænɪk] *adj* (psychopath.) maníaco

manic-depressive insanity ['mænɪkdɪ'presɪv] *s* (psychopath.) manía-melancolía, locura de doble forma, psicosis maníacodepresiva

Manichean [,mænɪ'kiən] *adj & s* maniqueo

Manicheanism [,mænɪ'kiənɪzəm] o **Manicheism** ['mænɪ,kiɪzəm] *s* maniqueísmo

manichord ['mænɪkərd] *s* (mus.) manicordio o monacordio

manicure ['mænɪkjur] *s* manicura (*cuidado de las manos y las uñas*); manicuro o manicura (*persona*); *va* hacer la manicura a, hacer (*las manos o las uñas*)

manicurist ['mænɪ,kjurɪst] *s* manicuro o manicura (*persona*)

manifest ['mænɪfɛst] *adj* manifiesto; *s* (naut.) manifiesto; *va* manifestar

manifestant [,mænɪ'fɛstənt] *s* manifestante

manifestation [,mænɪfɛs'teʃən] *s* manifestación

manifesto [,mænɪ'fɛsto] *s* (*pl:* **-toes**) manifiesto, proclama

manifold ['mænɪfold] *adj* múltiple, variado, multiforme; *s* copia, ejemplar; (mach.) múltiple; *va* hacer o sacar varias copias de

manikin ['mænɪkɪn] *s* maniquí; enano

manila [mə'nɪlə] *s* cáñamo de Manila; papel de Manila

Manila hemp *s* cáñamo de Manila

Manila paper *s* papel de Manila

Manila rope *s* cuerda de cáñamo, cuerda de abacá

manilla [mə'nɪlə] *s* cáñamo de Manila; papel de Manila; malilla (*segunda carta en valor*)

man in the moon *s* cara o cuerpo de hombre imaginarios en la luna llena; persona imaginaria

man in the street *s* hombre de la calle (*ciudadano típico*)

M

manioc ['mænɪɑk] *s* (bot.) mandioca (*planta y harina*)
maniple ['mænɪpəl] *s* (hist. & eccl.) manípulo
manipulate [mə'nɪpjəlet] *va* manipular
manipulation [mə,nɪpjə'leʃən] *s* manipulación
manipulative [mə'nɪpjə,letɪv] *adj* de manipulación
manipulator [mə'nɪpjə,letər] *s* manipulador
manito ['mænɪto] o **manitou** ['mænɪtu] *s* espíritu, fetiche (*objeto de culto de los pieles rojas*)
mankind [,mæn'kaɪnd] *s* humanidad, raza humana; ['mæn,kaɪnd] *s* sexo masculino, hombres
manlike ['mæn,laɪk] *adj* varonil; hombruno, masculino
manliness ['mænlɪnɪs] *s* virilidad; masculinidad
manly ['mænlɪ] *adj* (*comp:* **-lier;** *super:* **-liest**) varonil; masculino
man-made ['mæn,med] *adj* hecho por el hombre
man midwife *s* comadrón, partero
manna ['mænə] *s* (Bib.) maná; (bot.) maná (*líquido que fluye del Fraxinus ornus y otros vegetales*); cosa llovida del cielo; **like manna from heaven** como llovido del cielo
manna ash *s* (bot.) orno
manna grass *s* (bot.) hierba del maná
manna sugar *s* manita
manned spacecraft o **spaceship** [mænd] *s* astronave tripulada
mannequin ['mænɪkɪn] *s* maniquí (*armazón de figura humana, que usan los sastres y costureras*); maniquí, modelo (*mujer que sirve para probar prendas de vestir*)
manner ['mænər] *s* manera; (f.a. & lit.) manera (*p.ej., de Rafael*); **manners** *spl* modales, maneras; costumbres; **by all manner of means** de todos modos, sin falta; **by no manner of means** de ninguna manera; **in a manner of speaking** como quien dice, como si dijéramos; **in the manner of** a la manera de; **to the manner born** avezado desde la cuna
mannered ['mænərd] *adj* amanerado; de modales (*buenos o malos*)
mannerism ['mænərɪzəm] *s* costumbre, hábito (*p.ej., de rascarse la oreja*); amaneramiento; (f.a. & lit.) manierismo
mannerless ['mænərlɪs] *adj* descortés
mannerly ['mænərlɪ] *adj* cortés, urbano; *adv* cortésmente, urbanamente
Mannie ['mænɪ] *s* Manolo
mannikin ['mænɪkɪn] *s* var. de **manikin**
mannish ['mænɪʃ] *adj* hombruno
mannitol ['mænɪtɑl] o ['mænɪtol] *s* (chem.) manita
mannose ['mænos] *s* (chem.) manosa
manoeuvre [mə'nuvər] *s, va & vn* var. de **maneuver**
Man of Destiny *s* hombre del destino (*Napoleón*)
man of distinction *s* hombre de distinción
Man of Galilee, the el Galileo
man of God *s* santo, profeta; hombre de iglesia (*clérigo*)
man of his word *s* hombre de palabra
man of letters *s* hombre de letras
man of means *s* hombre de dinero
man of parts *s* hombre de buenas prendas, hombre de talento
man of property *s* hombre de fondos
man of repute *s* hombre de fama
Man of Sorrows *s* Hombre de los Dolores, Varón de Dolores (*Jesucristo*)
man of straw *s* hombre de suposición
man of the hour *s* hombre del momento
man of the world *s* hombre de mundo
man-of-war [,mænəv'wɔr] *s* (*pl:* **men-of-war**) acorazado, buque de guerra
man-of-war bird *s* (orn.) fragata, rabihorcado
manometer [mə'nɑmɪtər] *s* manómetro
manometric [,mænə'metrɪk] *adj* manométrico
manometric capsule *s* (phys.) cápsula manométrica
manometric flame *s* (phys.) llama manométrica
man on horseback *s* caudillo revolucionario
manor ['mænər] *s* feudo; finca solariega, señorío
manor house *s* casa solariega
manorial [mə'norɪəl] *adj* señorial; solariego
man overboard *interj* ¡hombre al agua!, ¡hombre a la mar!
man power *s* mano de obra, potencial humano; (mil.) fuerzas disponibles
manrope ['mæn,rop] *s* (naut.) guardamancebo
mansard ['mænsɑrd] *s* mansarda; piso de mansarda
mansard roof *s* mansarda
manse [mæns] *s* rectoría
manservant ['mæn,sʌrvənt] *s* (*pl:* **menservants**) criado
mansion ['mænʃən] *s* hotel, palacio, casa magnífica; casa solariega
manslaughter ['mæn,slɔtər] *s* (law) homicidio criminal pero sin premeditación
mantel ['mæntəl] *s* manto (*de chimenea*); mesilla, repisa de chimenea
mantelet ['mæntəlɛt] o ['mæntlɪt] *s* manteleta (*esclavina*); (mil.) mantelete
mantelletta [,mæntə'lɛtə] *s* (eccl.) mantelete
mantelpiece ['mæntəl,pis] *s* mesilla, repisa de chimenea
mantilla [mæn'tɪlə] *s* mantilla (*prenda*)
mantis ['mæntɪs] *s* (*pl:* **-tises** o **-tes** [tiz]) (ent.) mantis religiosa
mantis crab *s* (zool.) esquila
mantissa [mæn'tɪsə] *s* (math.) mantisa
mantle ['mæntəl] *s* manto (*vestido amplio a modo de capa*); capa (*p.ej., de nieve*); camiseta o manguito (*del alumbrado de gas*); (zool.) manto; *va* vestir con manto; cubrir, tapar; encubrir, ocultar; *vn* ponerse encendido (*dícese, p.ej., de las mejillas*); extenderse (*el color encendido de las mejillas*); cubrirse de algas (*las aguas estancadas*)
mantling ['mæntlɪŋ] *s* mesilla, repisa de chimenea; rubor, sonrojo; (her.) mantelete
mantua ['mæntʃʊə] o ['mæntʊə] *s* manto
Mantuan ['mæntʃʊən] o ['mæntʊən] *adj & s* mantuano
Mantuan Swan *s* cisne de Mantua (*Virgilio*)
manual ['mænjʊəl] *adj* manual; *s* manual (*libro*); (mus.) teclado manual (*de órgano*); (mil.) ejercicio, p.ej., **manual of arms** ejercicio de armas
manual alphabet *s* abecedario manual
manually ['mænjʊəlɪ] *adv* manualmente
manual training *s* instrucción en artes y oficios
manubrium [mə'njubrɪəm] o [mə'nubrɪəm] *s* (*pl:* **-a** [ə] o **-ums**) (anat., bot. & zool.) manubrio
manufactory [,mænjə'fæktərɪ] *s* (*pl:* **-ries**) manufactura, fábrica (*establecimiento*)
manufacture [,mænjə'fæktʃər] *s* fabricación; manufactura (*obra fabricada*); *va* manufacturar, fabricar; (fig.) fabricar
manufacturer [,mænjə'fæktʃərər] *s* fabricante
manufacturing [,mænjə'fæktʃərɪŋ] *adj* manufacturero; *s* fabricación
manumission [,mænjə'mɪʃən] *s* (law) manumisión
manumit [,mænjə'mɪt] (*pret & pp:* **-mitted;** *ger:* **-mitting**) *va* (law) manumitir
manumitter [,mænjə'mɪtər] *s* manumisor
manure [mə'njʊr] o [mə'nʊr] *s* estiércol; *va* estercolar
manuscript ['mænjəskrɪpt] *adj & s* manuscrito
Manx [mæŋks] *adj* manés; *s* manés (*idioma*); *spl* maneses
Manx cat *s* gato manés
Manxman ['mæŋksmən] *s* (*pl:* **-men**) manés
many ['mɛnɪ] *adj* (*comp:* **more;** *super:* **most**) muchos; *pron* muchos; *s* gran número; **a good many** un buen número; **a great many** un gran número; **as many as** tantos como; hasta, p.ej., **as many as ten** hasta diez; **how many** cuántos; **one too many for** la ruina de; **so many** tantos; **the many** los más; la plebe, la gente menuda; **too many** demasiados; de más, de sobra, p.ej., **one too many** uno de más, uno de sobra; **twice as many as** dos veces más que; **many a** muchos, p.ej., **many a time** muchas veces; **many another**

muchos otros; **many more** muchos más; **many of** muchos de; **many people** mucha gente
many-colored ['mɛnɪ,kʌlərd] *adj* multicolor
manyplies ['mɛnɪ,plaɪz] *s* (zool.) omaso
manyroot ['mɛnɪ,rut] o ['mɛnɪ,rʊt] *s* (bot.) saltaperico
many-sided ['mɛnɪ,saɪdɪd] *adj* multilátero; (fig.) de muchas habilidades, de gran curiosidad intelectual, polifacético
manzanita [,mænzə'nitə] *s* (bot.) manzanita
Maori ['maorɪ] *adj* maorí; *s* (*pl:* **-ris**) maorí
map [mæp] *s* mapa; plano (*p.ej., de una ciudad*); (*pret & pp:* **mapped;** *ger:* **mapping**) *va* trazar el mapa de; indicar en el mapa; planear, trazar el plan de; **to map out** planear, trazar el plan de
maple ['mepəl] *s* (bot.) arce
maple sugar *s* azúcar de arce
maple syrup *s* jarabe de arce
maquette [ma'kɛt] *s* maqueta
maqui ['makɪ] *s* (bot.) maqui
Mar. abr. de **March**
mar [mar] (*pret & pp:* **marred;** *ger:* **marring**) *va* desfigurar, estropear, echar a perder
marabou ['mærəbu] *s* (orn.) marabú (*ave y adorno*)
maraschino [,mærə'skino] *s* marrasquino
maraschino cherries *spl* guindas en conserva con sabor a marrasquino
marasmus [mə'ræzməs] *s* (path.) marasmo
Marathon ['mærəθan] *s* Maratón; (*l.c.*) *s* (sport) maratón, carrera de maratón
marathon race *s* (sport) carrera de maratón
maraud [mə'rɔd] *va* merodear por; *vn* merodear
marauder [mə'rɔdər] *s* merodeador, merodista
marauding [mə'rɔdɪŋ] *adj* merodeador; *s* merodeo
maravedi [,mærə'vedɪ] *s* maravedí
marble ['marbəl] *s* mármol; canica (*bolita*); **marbles** *ssg* canica (*juego*); *adj* marmóreo; *va* marmolizar; crispir, jaspear; *vn* marmolizarse
marcasite ['markəsaɪt] *s* (mineral.) marcasita
marcel [mar'sɛl] *s* ondulado Marcel; (*pret & pp:* **-celled;** *ger:* **-celling**) *va* rizar (*el cabello*) a la Marcel
Marcella [mar'sɛlə] *s* Marcela
Marcellus [mar'sɛləs] *s* Marcelo
marcescence [mar'sɛsəns] *s* (bot.) marcescencia
marcescent [mar'sɛsənt] *adj* (bot.) marcescente
march [martʃ] *s* marcha; (mil. & mus.) marcha; (fig.) marcha (*progreso*); marca (*frontera; territorio*); **on the march** en marcha; **to steal a march on someone** ganarle a uno por la mano; (*cap.*) *s* marzo; *adj* marzal; (*l.c.*) *va* hacer marchar; llevar (*a una persona*) a donde tiene pocas ganas de ir; *vn* marchar; (mil.) marchar
marchioness ['marʃənɪs] *s* marquesa
marchland ['martʃ,lænd] *s* terreno fronterizo
marchpane ['martʃ,pen] *s* mazapán
marconigram [mar'konɪgræm] *s* marconigrama
Marcus ['markəs] *s* Marco
Mardi gras ['mardɪ 'gra] *s* martes de carnaval
mare [mɛr] *s* yegua; asna
marekanite [,mærɪ'kænaɪt] *s* (mineral.) marecanita
mare's-nest ['mɛrz,nɛst] *s* parto de los montes
mare's-tail ['mɛrz,tel] *s* (bot.) corregüela hembra; (bot.) cola de caballo, equiseto; rabos de gallo (*cirro o nube cirrosa*)
Margaret ['margərɪt] *s* Margarita
margarin ['mardʒərɪn] o ['margərɪn] o **margarine** ['mardʒərin] o ['margərin] *s* margarina
margarite ['margəraɪt] *s* (mineral.) margarita
marge [mardʒ] *s* (poet.) margen
margent ['mardʒənt] *s* (archaic) margen
margin ['mardʒɪn] *s* margen; reserva (*para futuras contingencias*); excedente, sobrante; ganancia bruta; doble (*fianza que pide el corredor al comprador en las operaciones de bolsa*); (ins.) recargo al premio (*para cubrir ciertos gastos*)
marginal ['mardʒɪnəl] *adj* marginal; (bot.) marginado
marginalia [,mardʒɪ'nelɪə] o [,mardʒɪ'neljə] *spl* notas marginales, apostillas
marginally ['mardʒɪnəlɪ] *adv* al margen
marginal note *s* nota marginal
marginal stop *s* marginador, fijamárgenes (*de una máquina de escribir*)
margin of error *s* margen de error
margin of safety *s* margen de seguridad
margin release *s* tecla de escape, soltador del margen, llave de salto (*de una máquina de escribir*)
margrave ['margrev] *s* margrave
margraviate [mar'grevɪɪt] *s* margraviato
margravine ['margrəvin] *s* margravina
marguerite [,margə'rit] *s* (bot.) margarita; (*cap.*) *s* Margarita
Marian ['mærɪən] o ['mɛrɪən] *adj* mariano; *s* Mariana
Marianne [,mɛrɪ'æn] *s* Mariana
Marie [mə'ri] *s* María
marigold ['mærɪgold] *s* (bot.) maravilla, flamenquilla; (bot.) clavelón (*Targetes erecta*)
marigraph ['mærɪgræf] o ['mærɪgraf] *s* mareógrafo
marihuana o **marijuana** [,marɪ'hwanə] *s* (bot.) mariguana (*Cannabis sativa*); mariguana falsa o maraquiana (*Nicotiana glauca*)
marimba [mə'rɪmbə] *s* (mus.) marimba
marinade [,mærɪ'ned] *s* escabeche; ['mærɪned] *va* escabechar, marinar
marinate ['mærɪnet] *va* escabechar, marinar
marine [mə'rin] *adj* marino, marítimo; *s* marina de guerra; marina mercante; marina (*cuadro o pintura*); infantería de marina; infante de marina, soldado de infantería de marina; **tell that to the marines** (coll.) a otro perro con ese hueso, cuénteselo a su abuela
marine code *s* código de señales marítimas
Marine Corps *s* (U.S.A.) infantería de marina
mariner ['mærɪnər] *s* marino, marinero
Marion ['mærɪən] o ['mɛrɪən] *s* Mariana (*nombre de mujer*); Mariano (*nombre de varón*)
marionette [,mærɪə'nɛt] *s* marioneta, títere, figurilla
marish ['mærɪʃ] *adj* (archaic & poet.) pantanoso; *s* (archaic & poet.) pantano
Marist ['mɛrɪst] *adj & s* (eccl.) marista
marital ['mærɪtəl] *adj* marital
marital status *s* estado civil
maritime ['mærɪtaɪm] o ['mærɪtɪm] *adj* marítimo
Maritime Provinces *spl* Provincias Marítimas (*del Canadá*)
Marius ['mɛrɪəs] *s* Mario
marjoram ['mardʒərəm] *s* (bot.) orégano; (bot.) mejorana (*Majorana hortensis*)
mark [mark] *s* marca; señal; huella; mancha; marbete, etiqueta; fin, propósito; calificación, nota (*en un examen*); blanco (*a que se tira*); signo (*señal de cruz que se usa en vez de la firma de uno*); marco (*moneda; peso*); meta; (sport) raya (*que indica el punto desde el que se ha de partir en una carrera*); (archaic) marca (*distrito fronterizo*); (*cap.*) *s* Marcos; (Bib.) Marcos; (Bib.) el Evangelio según San Marcos; **of mark** célebre, importante; **to be beside the mark** no venir al caso; **to come up to the mark** alcanzar lo que era de esperar, ser completamente satisfactorio; **to hit the mark** dar en el blanco; poner el dedo en la llaga; **to leave one's mark** dejar memoria de sí; **to make one's mark** hacerse un hombre de provecho; llegar a ser célebre; **to miss the mark** errar el tiro; **to shoot beside the mark** errar el tiro; no atinar en el punto de la dificultad; **to toe the mark** ponerse en la raya; obrar como se debe ‖ *va* marcar, señalar; indicar (*p.ej., disgusto*); distinguir; advertir, notar, poner atención a; marcar (*los tantos en un juego*); indicar el precio de, con lápiz o etiqueta; dar nota o notas a (*un alumno*); calificar (*un examen*); **to mark down** apuntar, poner por escrito; marcar a un precio más bajo; rebajar el precio de; **to mark off** u **out** indicar, señalar; separar con un guión o con una raya; **to mark out for** escoger para ‖ *vn* poner atención; dar notas (*el maestro*); quedarse marcado

markdown [ˈmɑrkˌdaʊn] *s* precio reducido
marked [mɑrkt] *adj* marcado
marked man *s* hombre sospechoso; futura víctima
marker [ˈmɑrkər] *s* marcador; mojón; ficha (*en los juegos*); (sport) marcador (*instrumento para señalar el terreno de juego en el tenis, etc.; aparato para señalar los tantos del billar, etc.*)
marker light *s* (aer.) luz de balizaje
market [ˈmɑrkɪt] *s* mercado; bolsa; **to bear the market** jugar a la baja; **to be in the market for** querer comprar; **to bull the market** jugar al alza; **to lose one's market** perder la clientela; **to play the market** jugar a la bolsa o en bolsa; **to put on the market** lanzar al mercado; *va* vender; llevar o enviar al mercado; hallar mercado para; comprar en el mercado; *vn* comerciar
marketability [ˌmɑrkɪtəˈbɪlɪtɪ] *s* comercialidad
marketable [ˈmɑrkɪtəbəl] *adj* comerciable, vendible
market basket *s* cesta para compras
marketeer [ˌmɑrkɪˈtɪr] *s* placero
marketing [ˈmɑrkɪtɪŋ] *s* mercadotecnia, mercología; *adj* mercológico
market place *s* plaza del mercado
market price *s* precio corriente o de plaza
market value *s* valor en plaza
marking [ˈmɑrkɪŋ] *s* marca, señal, signo; pinta (*mancha; adorno en forma de mancha*); coloración; marchamo o marchamos (*de aduana*)
marking gauge *s* gramil
marksman [ˈmɑrksmən] *s* (*pl:* **-men**) tirador; **to be a good marksman** ser un buen tiro
marksmanship [ˈmɑrksmənʃɪp] *s* puntería
markup [ˈmɑrkˌʌp] *s* aumento de precio; margen de ganancia, margen de utilidad; direcciones en un manuscrito para el impresor
marl [mɑrl] *s* marga; *va* margar; (naut.) trincafiar
marlin [ˈmɑrlɪn] *s* (ichth.) aguja (*pez del género Makaira*)
marline [ˈmɑrlɪn] *s* (naut.) merlín, trincafía
marlinespike o **marlinspike** [ˈmɑrlɪnˌspaɪk] *s* (naut.) burel, pasador
marlpit [ˈmɑrlˌpɪt] *s* almarga, marguera
marly [ˈmɑrlɪ] *adj* (*comp:* **-ier;** *super:* **-iest**) margoso
marmalade [ˈmɑrməled] *s* mermelada; mermelada de naranjas
marmalade tree *s* (bot.) zapote chico
marmoreal [mɑrˈmorɪəl] *adj* marmóreo
marmoset [ˈmɑrməzɛt] *s* (zool.) tití
marmot [ˈmɑrmət] *s* (zool.) marmota
maroon [məˈrun] *adj* marrón (*castaño obscuro*); *s* marrón (*castaño obscuro; esclavo fugitivo, negro descendiente de esclavos fugitivos en las Antillas y la Guayana Holandesa; bomba de anuncio*); *va* dejar abandonado, aislar (*p.ej., en una isla desierta*)
marplot [ˈmɑrˌplɑt] *s* aguafiestas
marque [mɑrk] *s* (naut.) licencia oficial para el corso
marquee [mɑrˈki] *s* gran tienda de campaña; marquesina (*sobre la puerta de un hotel, etc.*)
marquess [ˈmɑrkwɪs] *s* marqués
marquetry [ˈmɑrkətrɪ] *s* (*pl:* **-tries**) marquetería (*taracea*)
marquis [ˈmɑrkwɪs] *s* marqués
marquisate [ˈmɑrkwɪzɪt] *s* marquesado
marquise [mɑrˈkiz] *s* marquesa; marquesina (*sobre la puerta de un hotel, etc.*)
marquisette [ˌmɑrkɪˈzɛt] o [ˌmɑrkwɪˈzɛt] *s* tejido fino de mallas cuadradas
marriage [ˈmærɪdʒ] *s* matrimonio; maridaje (*vida de casados; unión o conformidad*)
marriageability [ˌmærɪdʒəˈbɪlɪtɪ] *s* nubilidad
marriageable [ˈmærɪdʒəbəl] *adj* casadero, núbil
marriage bed *s* cama de recién casados
marriage license *s* licencia de matrimonio
marriage portion *s* dote
marriage rate *s* nupcialidad
marriage settlement *s* capitulaciones
married [ˈmærɪd] *adj* casado; conyugal; (fig.) maridado
married life *s* vida conyugal
marrons [ˈmærənz] *spl* marrones (*castañas confitadas*)
marrow [ˈmæro] *s* (anat. & fig.) médula
marrowbone [ˈmæroˌbon] *s* hueso medular; **marrowbones** *spl* (hum.) rodillas; huesos cruzados (*símbolo de la muerte*)
marrowfat [ˈmæroˌfæt] *s* guisante de semilla grande
marrowy [ˈmærəwɪ] *adj* medular, meolludo
marry [ˈmærɪ] *interj* (archaic) ¡por mi fe!, ¡válgame Dios!; (*pret & pp:* **-ried**) *va* casar; casar con o casarse con; (fig.) maridar (*unir, enlazar*); **to get married to** casar con o casarse con; *vn* casar o casarse; **to marry into** emparentar con (*p.ej., una familia rica*); **to marry the second time** casarse en segundas nupcias
Mars [mɑrz] *s* (astr. & myth.) Marte
Marseillaise [ˌmɑrsəˈlez] *s* Marsellesa (*himno patriótico francés*)
Marseilles [mɑrˈselz] *s* Marsella; (*l.c.*) *s* tela tupida de algodón dibujada en relieve
marsh [mɑrʃ] *s* pantano
marshal [ˈmɑrʃəl] *s* (mil.) mariscal; cursor de procesiones; maestro de ceremonias; magistrado de audiencias; (U.S.A.) oficial de justicia; (*pret & pp:* **-shaled** o **-shalled;** *ger:* **-shaling** *o* **-shalling**) *va* conducir con solemnidad ceremonial; ordenar (*p.ej., los hechos de un argumento*)
marsh gas *s* gas de los pantanos
marsh harrier *s* (orn.) arpella, buzo de los pantanos, busardo, borní
marsh mallow *s* (bot.) malvavisco
marshmallow [ˈmɑrʃˌmælo] *s* pastilla o bombón de malvavisco; pastilla o bombón de merengue blando
marsh marigold *s* (bot.) hierba centella
marsh warbler *s* (orn.) arandillo, curruca de los pantanos
marshy [ˈmɑrʃɪ] *adj* (*comp:* **-ier;** *super:* **-iest**) pantanoso; palustre
marsupial [mɑrˈsupɪəl] o [mɑrˈsjupɪəl] *adj* & *s* (zool.) marsupial
marsupium [mɑrˈsupɪəm] o [mɑrˈsjupɪəm] *s* (*pl:* **-a** [ə]) (zool.) bolsa (*de la hembra de los marsupiales*)
Marsyas [ˈmɑrsɪæs] *s* (myth.) Marsias
mart [mɑrt] *s* emporio, centro comercial
marteline [ˈmɑrtəlɪn] *s* martellina
marten [ˈmɑrtən] *s* (zool.) marta (*Martes martes*); (zool.) garduña (*Martes foina*)
Martha [ˈmɑrθə] *s* Marta
martial [ˈmɑrʃəl] *adj* marcial; (*cap.*) *s* Marcial
martial law *s* ley marcial; **to be under martial law** estar en estado de guerra
Martian [ˈmɑrʃən] *adj* & *s* marciano
martin [ˈmɑrtɪn] *s* (orn.) avión; (*cap.*) *s* Martín
martinet [ˌmɑrtɪˈnɛt] o [ˈmɑrtɪnɛt] *s* ordenancista
martingale [ˈmɑrtɪŋgel] *s* amarra, gamarra; (naut.) moco del bauprés
Martinique [ˌmɑrtɪˈnik] *s* la Martinica
Martinmas [ˈmɑrtɪnməs] *s* día de San Martín
martlet [ˈmɑrtlɪt] *s* (orn.) avión; (her.) merleta
martyr [ˈmɑrtər] *s* mártir; *va* martirizar
martyrdom [ˈmɑrtərdəm] *s* martirio
martyrize [ˈmɑrtəraɪz] *va* martirizar
martyrology [ˌmɑrtəˈrɑlədʒɪ] *s* (*pl:* **-gies**) martirologio
marvel [ˈmɑrvəl] *s* maravilla; (*pret & pp:* **-veled** o **-velled;** *ger:* **-veling** o **-velling**) *vn* maravillarse; **to marvel at** maravillarse con o de
marvel-of-Peru [ˈmɑrvələvpəˈru] *s* (bot.) arrebolera, dondiego
marvelous o **marvellous** [ˈmɑrvələs] *adj* maravilloso
Marxian [ˈmɑrksɪən] *adj* & *s* marxista
Marxism [ˈmɑrksɪzəm] *s* marxismo
Marxist [ˈmɑrksɪst] *adj* & *s* var. de **Marxian**
Mary [ˈmerɪ] *s* María
Mary Magdalene *s* (Bib.) Santa María Magdalena
marzipan [ˈmɑrzɪpæn] *s* mazapán
masc. abr. de **masculine**
mascara [mæsˈkærə] *s* preparación para teñir las pestañas
mascle [ˈmæskəl] *s* (her.) macle
mascot [ˈmæskɑt] *s* mascota
masculine [ˈmæskjəlɪn] *adj* masculino; hom-

bruno; (gram.) masculino; *s* (gram.) masculino (*género*); (gram.) palabra masculina

masculine rhyme *s* (pros.) rima masculina

masculinity [ˌmæskjəˈlɪnɪtɪ] *s* masculinidad, hombradía

maser [ˈmezər] *s* (electron.) dispositivo amplificador que sirve para captar microondas emitidas por objetos celestes lejanos, y también para generar radiaciones electromagnéticas y especialmente rayos de luz

mash [mæʃ] *s* masa (*mezcla espesa y blanda*); harina o afrecho amasado con agua caliente; masa de cebada (*para la elaboración de la cerveza*); *va* majar, machacar; bracear (*la cerveza*)

mashed potatoes *spl* patatas majadas, puré de patatas

masher [ˈmæʃər] *s* mano (*útil de cocina en forma de maza*); (coll.) galanteador atrevido

mashie o **mashy** [ˈmæʃɪ] *s* (*pl:* **-ies**) (golf) mashie

mashie niblick *s* (golf) mashie-morder

mask [mæsk] o [mɑsk] *s* máscara; mascarilla (*p.ej., de un cadáver*); máscaras, mascarada; máscara (*persona*); (phot.) desvanecedor; (arch.) mascarón; (fig.) máscara; **to take off one's mask** (fig.) quitarse la máscara; *va* enmascarar; (phot.) desvanecer; *vn* enmascararse

masked ball *s* baile de máscaras

masking tape *s* cinta para cubrir

masochism [ˈmæzəkɪzəm] *s* (path.) masoquismo

masochist [ˈmæzəkɪst] *s* masoquista

masochistic [ˌmæzəˈkɪstɪk] *adj* masoquista

mason [ˈmesən] *s* albañil; (*cap.*) *s* masón

Mason and Dixon's Line [ˈdɪksənz] *s* frontera entre Pensilvania y Maryland y antes considerada como la línea divisoria entre el norte y el sur de los EE.UU.

mason bee *s* (ent.) albañila, abeja albañila

mason bird *s* pájaro que hace el nido de barro

masoned [ˈmesənd] *adj* (her.) mazonado

Masonic o **masonic** [məˈsɑnɪk] *adj* masónico

masonite [ˈmesənaɪt] *s* (mineral.) masonita; (trademark) masonita

masonry [ˈmesənrɪ] *s* (*pl:* **-ries**) albañilería; (*cap.*) *s* masonería

mason wasp *s* (ent.) avispa de barro

masque [mæsk] o [mɑsk] *s* zarzuela antigua; máscaras, baile de máscaras

masquerade [ˌmæskəˈred] o [ˌmɑskəˈred] *s* mascarada; máscara (*traje; disfraz*); farsa; *vn* enmascararse; ser farsante

masquerade ball *s* baile de máscaras

masquerader [ˌmæskəˈredər] o [ˌmɑskəˈredər] *s* máscara (*persona*)

Mass. abr. de **Massachusetts**

mass [mæs] *s* masa; gran cantidad; bulto informe (*que se vislumbra, p.ej., entre la niebla*); macizo; mole (*cosa de gran bulto*); gran mancha (*de color en una pintura*); (phys.) masa; (eccl. & mus.) misa; **in the mass** en masa; **the masses** las masas; **to hear mass** oír misa; **to say mass** decir o cantar misa; *adj* en masa, p.ej., **mass inoculation** la inoculación en masa; (phys.) másico; *va* juntar en masa; juntar, reunir; enmasar (*tropas*); *vn* juntarse en masa; juntarse, reunirse

massacre [ˈmæsəkər] *s* carnicería, matanza, destrozo; *va* hacer destrozo de, degollar

massage [məˈsɑʒ] *s* masaje; *va* masar

mass defect *s* (phys.) defecto de masa

masseter [mæˈsitər] *s* (anat.) masetero

masseur [mæˈsœr] *s* masajista (*hombre*)

masseuse [mæˈsœz] *s* masajista (*mujer*)

mass formation *s* (mil.) formación en masa

massicot [ˈmæsɪkɑt] *s* masicote

massive [ˈmæsɪv] *adj* macizo, de gran mole

mass media *spl* medios de comunicación en grande escala (*periódicos, libros en rústica, radio, televisión, cine*)

mass meeting *s* mitin popular

mass number *s* (phys.) número másico

mass production *s* fabricación en serie, producción en masa o en serie

mass ratio *s* razón de masas

mass spectrograph *s* (phys.) espectrógrafo de masa o de masas

massy [ˈmæsɪ] *adj* (*comp:* **-ier**; *super:* **-iest**) var. de **massive**

mast [mæst] o [mɑst] *s* (naut.) mástil; palo (*p.ej., de una bandera*); (elec.) poste; (rad.) torre; (agr.) fabuco, bellota; **before the mast** como marinero; **to spend a mast** (naut.) perder un palo

master [ˈmæstər] o [ˈmɑstər] *s* patrón, dueño; amo, señor; amo (*de un perro*); maestro; perito; señorito (*título de cortesía que se da a un muchacho*); pintura o estatua de uno de los grandes maestros; (educ.) maestro; (educ.) grado de maestro; (law) juez auxiliar; (naut.) maestre; **the Master** Jesucristo; *adj* maestro; magistral; de maestro; *va* dominar, vencer; adiestrarse en, llegar a ser maestro o perito en

master-at-arms [ˈmæstərətˈɑrmz] o [ˈmɑstərətˈɑrmz] *s* (*pl:* **masters-at-arms**) (naut.) cabo de mar encargado de la policía y de los prisioneros

master bedroom *s* alcoba del jefe de familia, alcoba de respeto

master blade *s* hoja maestra (*de un muelle*)

master builder *s* arquitecto; aparejador, maestro de obras

master clock *s* reloj magistral

master controller *s* (elec.) combinador principal

masterdom [ˈmæstərdəm] o [ˈmɑstərdəm] *s* maestría; dominio

masterful [ˈmæstərfəl] o [ˈmɑstərfəl] *adj* dominante, imperioso; perito, experto, de maestro

master hand *s* perito; pericia de maestro

master key *s* llave maestra, llave de paso

masterly [ˈmæstərlɪ] o [ˈmɑstərlɪ] *adj* magistral; *adv* magistralmente

master mason *s* maestro albañil; masón de grado tres

master mechanic *s* maestro mecánico

mastermind [ˈmæstərˌmaɪnd] o [ˈmɑstərˌmaɪnd] *s* mente directora; *va* dirigir con gran acierto

master of ceremonies *s* maestro de ceremonias; animador (*de un café cantante*)

masterpiece [ˈmæstərˌpis] o [ˈmɑstərˌpis] *s* obra maestra

master's degree *s* maestría, grado de maestro

mastership [ˈmæstərʃɪp] o [ˈmɑstərʃɪp] *s* maestría; magisterio; dominio

mastersingers [ˈmæstərˌsɪŋərz] o [ˈmɑstərˌsɪŋərz] *spl* maestros cantores

master stroke *s* golpe maestro

masterwork [ˈmæstərˌwʌrk] o [ˈmɑstərˌwʌrk] *s* obra maestra; desempeño magistral

masterwort [ˈmæstərˌwʌrt] o [ˈmɑstərˌwʌrt] *s* (bot.) imperatoria; (bot.) astrancia mayor

mastery [ˈmæstərɪ] o [ˈmɑstərɪ] *s* (*pl:* **-ies**) maestría; dominio (*p.ej., de un idioma extranjero*)

masthead [ˈmæstˌhɛd] o [ˈmɑstˌhɛd] *s* (naut.) tope; membrete editorial (*de una revista, periódico, etc.*)

mastic [ˈmæstɪk] *s* mástique; (bot.) charneca, lentisco, almácigo

masticate [ˈmæstɪket] *va* masticar; (tech.) masticar (*p.ej., el caucho*)

mastication [ˌmæstɪˈkeʃən] *s* masticación; (tech.) masticación

masticator [ˈmæstɪˌketər] *s* mascador; masticador (*instrumento*)

masticatory [ˈmæstɪkəˌtorɪ] *adj* masticatorio; *s* (*pl:* **-ries**) masticatorio

mastic tree *s* (bot.) charneca, lentisco, almácigo; (bot.) ácana (*Sideroxylon mastichodendron*)

mastiff [ˈmæstɪf] o [ˈmɑstɪf] *s* mastín

mastitis [mæsˈtaɪtɪs] *s* (path.) mastitis

mastman [ˈmæstmən] o [ˈmɑstmən] *s* (naut.) gaviero

mastodon [ˈmæstədɑn] *s* (pal.) mastodonte

mastoid [ˈmæstɔɪd] *adj* & *s* (anat.) mastoides

mastoidectomy [ˌmæstɔɪˈdɛktəmɪ] *s* (*pl:* **-mies**) (surg.) mastoidectomía

mastoiditis [ˌmæstɔɪˈdaɪtɪs] *s* (path.) mastoiditis

masturbate [ˈmæstərbet] *vn* masturbarse

masturbation [ˌmæstərˈbeʃən] *s* masturbación

masurium [məˈsurɪəm] o [məˈsjurɪəm] *s* (chem.) masurio

mat [mæt] *s* estera; ruedo o esterilla (*que se coloca debajo de una fuente caliente*); felpudo (*p.ej., de puerta*); borde de cartón (*alrededor de un cuadro y dentro del marco*); colchoncillo (*de gimnasio*); greña; entretejimiento; superficie mate; *adj* mate (*no pulido*); (*pret & pp:* **matted;** *ger:* **matting**) *va* esterar; enmarañar, entretejer, enredar; matar, deslustrar (*el brillo de un metal*); *vn* enmarañarse, entretejerse, enredarse

matador ['mætədər] *s* (taur.) matador, espada; (cards) matador

match [mætʃ] *s* fósforo; mecha; igual; compañero; pareja (*conjunto de dos personas o cosas*); partido (*casamiento que elegir*); (sport) match, partido; **to be a good match** ser un buen partido; **to be a match for** hacer juego con; poder con, poder vencer; **to meet one's match** hallar la horma de su zapato; *va* igualar; aparear; emparejar; medir (*sus fuerzas*); hacer juego con, responder a, p.ej., **the chair matches the table** la silla responde a la mesa; **to match someone for the drinks** jugar a uno las bebidas; *vn* hacer juego, ser parejos; **to match** a juego, p.ej., **a handkerchief to match** un pañuelo a juego

matchbox ['mætʃ,bɑks] *s* fosforera, cerillera

matchless ['mætʃlɪs] *adj* sin igual, incomparable

matchlock ['mætʃ,lɑk] *s* mosquete; llave de mosquete

matchmaker ['mætʃ,mekər] *s* fabricante de fósforos; casamentero; promotor de partidos de boxeo, de lucha, de carreras, etc.

matchmaking ['mætʃ,mekɪŋ] *s* fabricación de fósforos; actividad de casamentero; promoción de partidos de boxeo, de lucha, de carreras, etc.; *adj* casamentero

matchwood ['mætʃ,wʊd] *s* madera para hacer fósforos; astillas, fragmentos de madera

mate [met] *s* compañero; hermano o compañero (*p.ej., de un zapato*); cónyuge, esposo; ayudante; macho (*de una hembra*); hembra (*de un macho*); (naut.) piloto; (chess) mate; *va* aparear; casar; (chess) dar jaque mate a; **to be well mated** hacer una buena pareja; *vn* aparearse; casarse; acoplarse

maté o **mate** ['mɑte] *s* (bot.) mate o hierba mate; mate (*hojas e infusión*)

mater ['metər] o ['mɑtər] *s* (coll.) madre

material [mə'tɪrɪəl] *adj* material; importante; *s* material; materia; tela, género; **materials** *spl* materiales; efectos (*de escritorio*); avíos (*de fumar*)

materialism [mə'tɪrɪəlɪzəm] *s* materialismo

materialist [mə'tɪrɪəlɪst] *s* materialista

materialistic [mə,tɪrɪə'lɪstɪk] *adj* materialista

materialistically [mə,tɪrɪə'lɪstɪkəlɪ] *adv* como materialista

materialization [mə,tɪrɪəlɪ'zeʃən] *s* realización; encarnación (*de un espíritu*); materialización (*de las ideas*)

materialize [mə'tɪrɪəlaɪz] *va* realizar, convertir en realidad, dar forma a; dotar de forma visible (*a un espíritu*); materializar (*p.ej., una idea*); *vn* realizarse; tomar forma visible (*un espíritu*)

materially [mə'tɪrɪəlɪ] *adv* materialmente; notablemente

materia medica [mə'tɪrɪə 'mɛdɪkə] *s* materia médica (*cuerpos de los cuales se sacan los medicamentos; parte de la terapéutica*)

matériel [mə,tɪrɪ'ɛl] *s* material (*conjunto de objetos necesarios para un servicio*); (mil.) material

maternal [mə'tʌrnəl] *adj* materno; maternal (*propio del cariño de madre*)

maternity [mə'tʌrnɪtɪ] *s* maternidad; (med.) maternidad (*casa de maternidad*); *adj* de maternidad

maternity hospital *s* casa de maternidad

math. abr. de **mathematics**

mathematical [,mæθɪ'mætɪkəl] *adj* matemático

mathematically [,mæθɪ'mætɪkəlɪ] *adv* matemáticamente

mathematical pendulum *s* péndulo matemático

mathematician [,mæθɪmə'tɪʃən] *s* matemático

mathematics [,mæθɪ'mætɪks] *ssg* matemática o matemáticas

Matilda [mə'tɪldə] *s* Matilde

matinal ['mætɪnəl] *adj* matinal, matutino

matinée o **matinee** [,mætɪ'ne] o ['mætɪne] *s* matinée (*función de tarde*)

mating season *s* época de celo

matins ['mætɪnz] *spl* (eccl.) maitines; oración matinal (*en la Iglesia anglicana*); (poet.) canto matinal (*p.ej., de pájaros*)

matrass ['mætrəs] *s* matraz

matriarch ['metrɪɑrk] *s* matriarca

matriarchal [,metrɪ'ɑrkəl] *adj* matriarcal

matriarchy ['metrɪɑrkɪ] *s* (*pl:* **-chies**) matriarcado

matricidal [,metrɪ'saɪdəl] o [,mætrɪ'saɪdəl] *adj* matricida

matricide ['metrɪsaɪd] o ['mætrɪsaɪd] *s* matricidio (*acción*); matricida (*persona*)

matriculate [mə'trɪkjəlɪt] *adj & s* matriculado; [mə'trɪkjəlet] *va* matricular; *vn* matricularse

matriculation [mə,trɪkjə'leʃən] *s* matrícula

matrimonial [,mætrɪ'monɪəl] *adj* matrimonial

matrimonially [,mætrɪ'monɪəlɪ] *adv* matrimonialmente

matrimony ['mætrɪ,monɪ] *s* (*pl:* **-nies**) matrimonio; vida matrimonial

matrix ['metrɪks] o ['mætrɪks] *s* (*pl:* **matrices** ['metrɪsiz] o ['mætrɪsiz] o **matrixes**) matriz (*útero; molde; impresión de disco de fonógrafo*); (anat., biol., math. & geol.) matriz

matron ['metrən] *s* matrona; ama de llaves (*en un colegio, etc.*); carcelera, matrona

matronly ['metrənlɪ] *adj* matronal; respetable; algo gruesa

matron of honor *s* dama de honor (*de una boda*)

Matt. abr. de **Matthew**

matte [mæt] *s* (metal.) mata

matter ['mætər] *s* materia; motivo (*p.ej., de queja*); (path.) materia (*pus*); correspondencia o impresos (*enviados por correo*); (print.) material (*preparado para la prensa*); **a matter of** cosa de u obra de (*p.ej., diez minutos*); **for that matter** en cuanto a eso; **in a matter of** en cosa de; **in the matter** al respecto; **in the matter of** en materia de; **no matter** no importa; **no matter how** de cualquier modo; **no matter when** cuando quiera; **no matter where** dondequiera; **to be of no matter** no tener importancia; **to go into the matter** entrar en materia; **what is the matter?** ¿qué hay?, ¿qué pasa?; **what is the matter with him?** ¿qué tiene?, ¿qué le pasa?; *vn* importar; supurar

Matterhorn, the ['mætərhɔrn] el monte Cervino

matter of course *s* cosa de cajón; **as a matter of course** por rutina

matter of fact *s* hecho positivo, hecho evidente; **as a matter of fact** en honor a la verdad, en realidad

matter-of-fact ['mætərəv,fækt] *adj* prosaico, de poca imaginación

matter of form *s* cosa de pura fórmula; **as a matter of form** por fórmula

Matthew ['mæθju] *s* Mateo; (Bib.) San Mateo; (Bib.) el Evangelio según San Mateo

Matthias [mə'θaɪəs] *s* Matías

matting ['mætɪŋ] *s* estera

mattock ['mætək] *s* zapapico, azadón de peto o de pico

mattress ['mætrɪs] *s* colchón; (hyd.) colchón de ramaje

maturate ['mætʃuret] o ['mætjuret] *va & vn* madurar

maturation [,mætʃu'reʃən] o [,mætju'reʃən] *s* maduración

mature [mə'tjʊr] o [mə'tʊr] *adj* maduro; (com.) vencido, pagadero; (fig.) muy bien elaborado, preparado cuidadosamente; *va* madurar; elaborar o preparar cuidadosamente; *vn* madurar; (com.) vencer

maturity [mə'tjʊrɪtɪ] o [mə'tʊrɪtɪ] *s* madurez; perfección; (com.) vencimiento

matutinal [mə'tjutɪnəl] o [mə'tutɪnəl] *adj* matutinal, matutino

matzo [ˈmɑtso] *s* (*pl:* **matzos** o **matzoth** [ˈmɑtsoθ]) galleta de pan sin levadura
maudlin [ˈmɔdlɪn] *adj* sensiblero; chispo y lloroso
mauger o **maugre** [ˈmɔgər] *prep* (archaic) a pesar de
maul [mɔl] *s* machota, mazo; *va* aporrear, maltratar
maulstick [ˈmɔlˌstɪk] *s* (paint.) tiento
maunder [ˈmɔndər] *vn* parlotear; andar como atontado
maundy [ˈmɔndɪ] *s* (eccl.) mandato, lavatorio
Maundy Thursday *s* Jueves Santo
Maurice [ˈmɔrɪs] o [ˈmɑrɪs] *s* Mauricio (*nombre de varón*)
Mauritius [mɔˈrɪʃəs] o [mɔˈrɪʃɪəs] *s* la isla Mauricio o la isla de Mauricio
Mauser o **mauser** [ˈmauzər] *s* (trademark) máuser
mausoleum [ˌmɔsəˈliəm] *s* (*pl:* **-ums** o **-a** [ə]) mausoleo
mauve [mov] *adj* de color de malva; *s* color de malva
maverick [ˈmævərɪk] *s* animal sin marca de hierro; becerro separado de su madre; disidente
mavis [ˈmevɪs] *s* (orn.) malvís; (orn.) cagaaceite
mavourneen o **mavournin** [məˈvurnin] *s* (Irish) vida mía
maw [mɔ] *s* buche (*de las aves*); vejiga de aire (*de los peces*); fauces (*de un animal devorador*)
mawkish [ˈmɔkɪʃ] *adj* empalagoso; sensiblero
max. abr. de **maximum**
maxilla [mækˈsɪlə] *s* (*pl:* **-lae** [li]) (anat. & zool.) maxila
maxillary [ˈmæksɪˌlɛrɪ] *adj* maxilar; *s* (*pl:* **-ies**) (anat.) maxilar
maxim [ˈmæksɪm] *s* máxima
Maximilian [ˌmæksɪˈmɪljən] *s* Maximiliano
maximum [ˈmæksɪməm] *adj* máximo; *s* (*pl:* **-mums** o **-ma** [mə]) máximo o máximum
maxwell [ˈmækswel] *s* (elec.) maxvelio
May [me] *s* mayo (*mes*); (*l.c.*) *v aux* poder, p.ej., **it may be** puede ser; **may I sit down?** ¿puedo sentarme?; **may you be happy!** ¡que seas feliz!
Maya [ˈmɑjə] o **Mayan** [ˈmɑjən] *adj* & *s* maya
May apple *s* (bot.) podofilo; limón silvestre, manzana de mayo (*fruto*)
maybe [ˈmebɪ] *adv* quizá, tal vez
May Day *s* primero de mayo; fiesta del primero de mayo
Mayfair [ˈmeˌfɛr] *s* la alta sociedad londinense
Mayflower [ˈmeˌflauər] *s* (bot. Brit.) primavera, cala, majuelo, hierba centella, etc.; (bot. U.S.A.) anemona, epigea rastrera, hepática, etc.
May fly *s* (ent.) mosca de mayo, mosca de un día
mayhap [ˌmeˈhæp] o [ˈmehæp] *adv* (archaic) quizá, tal vez
mayhem [ˈmehɛm] o [ˈmeəm] *s* (law) mutilación criminal
Maying [ˈmeɪŋ] *s* festejos del mes de mayo; **to go a-Maying** irse a la fiesta de mayo
mayonnaise [ˌmeəˈnez] *s* mayonesa, mahonesa
mayor [ˈmeər] o [mɛr] *s* alcalde; intendente municipal (Am.)
mayoralty [ˈmeərəltɪ] o [ˈmɛrəltɪ] *s* (*pl:* **-ties**) alcaldía; intendencia (Am.)
mayoress [ˈmeərɪs] o [ˈmɛrɪs] *s* alcaldesa
Maypole o **maypole** [ˈmeˌpol] *s* mayo (*árbol adornado de cintas*)
Maypole dance *s* danza de cintas
May queen *s* maya (*joven que preside la fiesta de mayo*)
Maytide [ˈmeˌtaid] o **Maytime** [ˈmeˌtaɪm] *s* mes de mayo
mayweed [ˈmeˌwid] *s* (bot.) magarzuela, manzanilla hedionda; (bot.) matricaria
Mazdaism o **Mazdeism** [ˈmæzdəɪzəm] *s* mazdeísmo
Mazdaist o **Mazdeist** [ˈmæzdəɪst] *s* mazdeísta
Mazdean [ˈmæzdɪən] o [mæzˈdiən] *adj* mazdeísta
maze [mez] *s* laberinto
mazourka o **mazurka** [məˈzʌrkə] o [məˈzurkə] *s* (mus.) mazurca
mazy [ˈmezɪ] *adj* (*comp:* **-zier;** *super:* **-ziest**) laberíntico
M.C. abr. de **Master of Ceremonies** y **Member of Congress**
Md. abr. de **Maryland**
M.D. abr. de **Doctor of Medicine**
mdse. abr. de **merchandise**
Me. abr. de **Maine**
ME. abr. de **Middle English**
M.E. abr. de **Master of Engineering, Mechanical Engineer, Methodist Episcopal, Middle English** y **Mining Engineer**
me [mi] *pron pers* me; mí; **with me** conmigo, p.ej., **he came with me** vino conmigo
mead [mid] *s* aloja; (poet.) prado
meadow [ˈmɛdo] *s* henar; pradera, prado, vega
meadow crowfoot *s* (bot.) hierba velluda
meadow foxtail *s* (bot.) cola de zorra
meadowland [ˈmɛdoˌlænd] *s* pradera
meadow lark *s* (orn.) chirlota, sabanero, triguero
meadow sage *s* (bot.) tarrago
meadowsweet [ˈmɛdoˌswit] *s* (bot.) ulmaria, reina de los prados
meadowy [ˈmɛdo·ɪ] o [ˈmɛdəwɪ] *adj* pradeño, praderoso
meager o **meagre** [ˈmigər] *adj* magro, flaco; pobre, escaso
meal [mil] *s* comida; harina
mealtime [ˈmilˌtaɪm] *s* hora de comer
mealy [ˈmilɪ] *adj* (*comp:* **-ier;** *super:* **-iest**) panoso, harinoso; enharinado; pálido; meloso; poco sincero, falso
mealy-mouthed [ˈmilɪˈmauðd] o [ˈmilɪˈmauθt] *adj* meloso; poco sincero, falso
mean [min] *adj* medio; mediano; mezquino, tacaño; sórdido, innoble; pobre, inferior; humilde, obscuro; andrajoso, raído; vil, ruin; insignificante; mal intencionado (*dícese de las caballerías*); (coll.) malo, de mal genio, desconsiderado; (coll.) avergonzado, corrido, indigno; (coll.) indispuesto; **no mean** famoso, excelente ‖ *s* medio; promedio o término medio; (math.) media; **means** *ssg o spl* medio o medios; manera, modo; **means** *spl* bienes de fortuna, dinero, p.ej., **a man of means** un hombre de dinero; **by all means** por todos los medios posibles; sin falta; sí, por cierto; **by any means** de cualquier modo que sea; **by means of** por medio de; **by no means** de ningún modo, en ningún caso; **by some means** de alguna manera; **by this means** por este medio, de este modo; **means to an end** paso dado para lograr un fin ‖ (*pret & pp:* **meant**) *va* querer decir, significar; **to mean to** + *inf* pensar + *inf* ‖ *vn* tener intenciones (*buenas o malas*), p.ej., **he means well** tiene buenas intenciones; **to mean well by** favorecer, querer ayudar
meander [mɪˈændər] *s* meandro; (f.a.) meandro; *vn* serpentear; vagar
meander line *s* (surv.) línea de meandro
meandrous [mɪˈændrəs] *adj* meándrico
meaning [ˈminɪŋ] *adj* significativo; *s* significado, sentido
meaningful [ˈminɪŋfəl] *adj* significativo
meaningless [ˈminɪŋlɪs] *adj* sin sentido; insensato
meanness [ˈminnɪs] *s* mezquindad, tacañería; pobreza; humildad, obscuridad; vileza, ruindad; maldad; acción indigna
mean noon *s* (astr.) mediodía medio
mean sun *s* (astr.) sol medio
meant [mɛnt] *pret & pp de* **mean**
meantime [ˈminˌtaɪm] *adv* entretanto, mientras tanto; *s* ínterin, medio tiempo; **in the meantime** entretanto, mientras tanto
mean time *s* (astr.) tiempo medio
meanwhile [ˈminˌhwaɪl] *adv* & *s* var. de **meantime**
measles [ˈmizəlz] *s* (path.) sarampión; (path.) rubéola; (vet.) roña de los cerdos
measly [ˈmizlɪ] *adj* (*comp:* **-slier;** *super:* **-sliest**) sarampioso; (slang) mezquino, insignificante, despreciable
measurable [ˈmɛʒərəbəl] *adj* medible, mensurable
measurably [ˈmɛʒərəblɪ] *adv* mediblemente; perceptiblemente
measure [ˈmɛʒər] *s* medida; gestión, paso;

M

(mus.) compás; (pros.) medida; (pros.) pie (*del verso*); (law) ley, proyecto de ley; **beyond measure** con exceso, a más no poder; **in a measure** en parte, hasta cierto punto; **in great measure** en gran parte; **to take measures** tomar las medidas necesarias; **to take one's measure** tomarle a uno las medidas, medir a uno con la vista; **to tread a measure** bailar; *va* medir; recorrer (*cierta distancia*); **to measure off** medir; **to measure out** medir; distribuir, repartir; *vn* medir
measured ['mɛʒərd] *adj* regular, uniforme; deliberado, hecho con reflexión; rítmico
measureless ['mɛʒərlɪs] *adj* inmensurable, inmenso
measurement ['mɛʒərmənt] *s* medida; medición
measuring worm *s* (zool.) geómetra
meat [mit] *s* carne (*de animal o de la fruta*); vianda, alimento; comida; materia (*para la reflexión*); meollo (*p.ej., de un libro*); *adj* cárnico
meat ball *s* albóndiga
meat chopper *s* picadora de carne
meat day *s* día de carne
meat fly *s* mosca de la carne
meat grinder *s* máquina de picar carne
meathook ['mit,hʊk] *s* garabato de carnicero
meat market *s* carnicería
meat packing *s* preparación o conservación de la carne congelada
meat pie *s* pastel de carne
meatus [mɪ'etəs] *s* (*pl:* **-tuses** o **-tus**) (anat.) meato
meaty ['mitɪ] *adj* (*comp:* **-ier;** *super:* **-iest**) carnoso (*de carne; que tiene consistencia de carne*); jugoso, substancioso
mecca o **Mecca** ['mɛkə] *s* Meca (*sitio a que se dirigen muchas personas*); (*cap.*) *s* La Meca (*ciudad*)
Meccan ['mɛkən] *adj* & *s* mecano
mechanic [mɪ'kænɪk] *s* mecánico; **mechanics** *ssg* mecánica (*parte de la física*); mecanismo; *spl* técnica (*de un arte o ciencia*)
mechanical [mɪ'kænɪkəl] *adj* mecánico, maquinal; (fig.) maquinal
mechanical drawing *s* dibujo mecánico
mechanical engineer *s* ingeniero mecánico
mechanical engineering *s* ingeniería mecánica
mechanically [mɪ'kænɪkəlɪ] *adv* mecánicamente; (fig.) maquinalmente
mechanical pencil *s* portaminas
mechanical toy *s* juguete de movimiento
mechanician [,mɛkə'nɪʃən] *s* mecánico
mechanism ['mɛkənɪzəm] *s* mecanismo; (biol. & philos.) mecanicismo
mechanist ['mɛkənɪst] *s* (biol. & philos.) mecanicista
mechanistic [,mɛkə'nɪstɪk] *adj* mecánico; (biol. & philos.) mecanicista
mechanization [,mɛkənɪ'zeʃən] *s* mecanización; (econ.) maquinismo
mechanize ['mɛkənaɪz] *va* mecanizar
mechanotherapy [,mɛkəno'θɛrəpɪ] *s* mecanoterapia
Mechlin ['mɛklɪn] *s* Malinas; encaje de Malinas
meconium [mɪ'konɪəm] *s* meconio
med. abr. de **medicinal, medicine, medieval** y **medium**
medal ['mɛdəl] *s* medalla
medalist o **medallist** ['mɛdəlɪst] *s* medallista; persona condecorada con una medalla
medallion [mɪ'dæljən] *s* medallón
meddle ['mɛdəl] *vn* entremeterse
meddler ['mɛdlər] *s* entremetido
meddlesome ['mɛdəlsəm] *adj* entremetido
meddling ['mɛdlɪŋ] *adj* entremetido; *s* intromisión
Mede [mid] *s* medo
mediaeval [,midɪ'ivəl] o [,mɛdɪ'ivəl] *adj* var. de **medieval**
medial ['midɪəl] *adj* medianero; intermedio; (phonet.) medial, interior
medially ['midɪəlɪ] *adv* en el centro
medial strip *s* faja central o divisora (*de la carretera*)
median ['midɪən] *adj* medio, intermedio; (bot. & zool.) medial o mediano; *s* punto medio (*en una serie*); número medio (*en una serie*); (anat.) mediano; (geom.) mediana; (*cap.*) *adj* & *s* medo
median barrier *s* barrera o valla central (*de la carretera*)
median strip *s* var. de **medial strip**
mediastinum [,midɪæs'taɪnəm] *s* (*pl:* **-na** [nə]) (anat.) mediastino
mediate ['midɪɪt] *adj* mediato; ['midɪet] *va* dirimir (*una contienda*); arreglar (*paces*); reconciliar; servir de mediador para efectuar (*un resultado*), entregar (*un regalo*), comunicar (*informes, etc.*); *vn* mediar
mediation [,midɪ'eʃən] *s* mediación; (astr., dipl. & mus.) mediación
mediator ['midɪ,etər] *s* mediador
mediatorial [,midɪə'torɪəl] o **mediatory** ['midɪə,torɪ] *adj* mediador
medic ['mɛdɪk] *s* (bot.) mielga; médico; (coll.) estudiante de medicina
medicable ['mɛdɪkəbəl] *adj* medicable
medical ['mɛdɪkəl] *adj* médico; de medicina, p.ej., **medical student** estudiante de medicina
medicament [mə'dɪkəmənt] o ['mɛdɪkəmənt] *s* medicamento
medicaster ['mɛdɪ,kæstər] *s* medicastro
medicate ['mɛdɪket] *va* medicinar (*a un enfermo*); impregnar (*p.ej., una venda*) con una substancia medicinal
medication [,mɛdɪ'keʃən] *s* medicación; impregnación de una venda con una substancia medicinal
medicinal [mɛ'dɪsɪnəl] *adj* medicinal
medicinally [mɛ'dɪsɪnəlɪ] *adv* medicinalmente
medicine ['mɛdɪsɪn] *s* medicina (*ciencia y arte*); medicina o medicamento (*remedio*); talismán (*entre los pieles rojas*); **to take one's medicine** echar el pecho al agua; hacer (*uno*) a la fuerza lo que no quiere
medicine ball *s* pelota medicinal
medicine cabinet *s* armario botiquín
medicine dance *s* danza sagrada (*entre los pieles rojas*)
medicine kit *s* botiquín
medicine man *s* exorcista, curandero (*entre los pieles rojas*)
medico ['mɛdɪko] *s* (*pl:* **-cos**) (slang) médico, cirujano, estudiante de medicina
medicochirurgical [,mɛdɪkokaɪ'rʌrdʒɪkəl] *adj* médicoquirúrgico
medicolegal [,mɛdɪko'ligəl] *adj* médicolegal
medieval [,midɪ'ivəl] o [,mɛdɪ'ivəl] *adj* medieval
medieval history *s* la historia medieval o media
medievalism [,midɪ'ivəlɪzəm] o [,mɛdɪ'ivəlɪzəm] *s* medievalismo
medievalist [,midɪ'ivəlɪst] o [,mɛdɪ'ivəlɪst] *s* medievalista
mediocre ['midɪ,okər] o [,midɪ'okər] *adj* mediano, mediocre
mediocrity [,midɪ'ɑkrɪtɪ] *s* (*pl:* **-ties**) mediocridad; medianía o mediocridad (*persona*)
meditate ['mɛdɪtet] *va* & *vn* meditar
meditation [,mɛdɪ'teʃən] *s* meditación
meditative ['mɛdɪ,tetɪv] *adj* meditativo
Mediterranean [,mɛdɪtə'renɪən] *adj* & *s* Mediterráneo
Mediterranean Sea *s* mar Mediterráneo
medium ['midɪəm] *adj* mediano, intermedio; a medio cocer, a medio asar; *s* (*pl:* **-ums** o **-a** [ə]) medio; medio o médium (*en el espiritismo*); (bot. & bact.) medio; (paint.) aceite; **through the medium of** por medio de
mediumistic [,midɪə'mɪstɪk] *adj* mediúmnico
medium of exchange *s* mediador de cambio
medium-range ['midɪəm'rendʒ] *adj* de alcance medio
medium-sized ['midɪəm'saɪzd] *adj* de tamaño mediano
medium steel *s* acero mediano o intermedio
medlar ['mɛdlər] *s* (bot.) níspero (*árbol y fruto*); níspola (*fruto*)
medley ['mɛdlɪ] *s* mezcolanza, revoltijo; (mus.) popurrí
medulla [mɪ'dʌlə] *s* (*pl:* **-lae** [li]) (anat. & bot.) medula; (anat.) medula oblonga u oblongada
medulla oblongata [,ɑblɑŋ'getə] *s* (anat.) medula oblonga u oblongada
medullary ['mɛdə,lɛrɪ] o [mɪ'dʌlərɪ] *adj* medular

medusa [mɪˈdjusə] o [mɪˈdusə] *s* (*pl:* **-sas** o **-sae** [si]) (zool.) medusa; (*cap.*) *s* (*pl:* **-sas**) (myth.) Medusa
meed [mid] *s* (poet.) galardón
meek [mik] *adj* manso, dócil, humilde
meekness [ˈmiknɪs] *s* mansedumbre, docilidad, humildad
meerschaum [ˈmɪrʃɔm] o [ˈmɪrʃəm] *s* (mineral.) espuma de mar; pipa de espuma de mar
meet [mit] *s* concurso de deportistas; concurrencia de gente (*en un lugar de luchas atléticas*); lugar de reunión; *adj* conveniente; (*pret & pp:* **met**) *va* encontrar, encontrarse con; conocer; ir a recibir; ir a esperar; satisfacer (*un pedido*); pagar, honrar (*una letra*); conformarse a (*los deseos de uno*); hacer frente a (*gastos*); cumplir (*obligaciones*); refutar (*acusaciones*); responder a (*reparos*); verse cara a cara con, batirse con; recibir (*la mirada de otra persona*); tener que aguantar (*desprecio*); tener (*mala suerte*); empalmar con (*otro tren u ómnibus*); hallar (*la muerte*); *vn* encontrarse; reunirse; conocerse; luchar, batirse; **till we meet again** hasta más ver; **to meet with** encontrarse con; reunirse con; empalmar con; tener (*un accidente*)
meeting [ˈmitɪŋ] *s* junta, sesión; asamblea, reunión; encuentro; congregación; confluencia (*de dos ríos o caminos*); desafío, duelo
meeting house *s* iglesia; iglesia de los disidentes; iglesia de los cuáqueros
meeting of the minds *s* concierto de voluntades, voluntad común
meetly [ˈmitlɪ] *adv* convenientemente
megacycle [ˈmɛgəˌsaɪkəl] *s* (rad.) megaciclo
megalith [ˈmɛgəlɪθ] *s* (archeol.) megalito
megalithic [ˌmɛgəˈlɪθɪk] *adj* megalítico
megalocephalous [ˌmɛgəloˈsɛfələs] *adj* megalocéfalo
megalomania [ˌmɛgəloˈmenɪə] *s* (psychopath.) megalomanía
megalomaniac [ˌmɛgəloˈmenɪæk] *s* megalómano
megalomaniacal [ˌmɛgəloməˈnaɪəkəl] *adj* megalómano
megalosaur [ˈmɛgələˌsɔr] *s* (pal.) megalosaurio
megaphone [ˈmɛgəfon] *s* megáfono, portavoz
megathere [ˈmɛgəθɪr] *s* (pal.) megaterio
megaton [ˈmɛgətʌn] *s* megatón, megatonelada
megohm [ˈmɛgˌom] *s* (elec.) megohmio
megrim [ˈmigrɪm] *s* (path.) hemicránea, jaqueca; (archaic) antojo, capricho; **megrims** *spl* hipocondría
Mekka [ˈmɛkə] *s* var. de **Mecca**
melancholia [ˌmɛlənˈkolɪə] *s* (path.) melancolía
melancholic [ˌmɛlənˈkɑlɪk] *adj* melancólico; (path.) melancólico
melancholy [ˈmɛlənˌkɑlɪ] *adj* melancólico; *s* (*pl:* **-ies**) melancolía
Melanesia [ˌmɛləˈniʃə] o [ˌmɛləˈniʒə] *s* la Melanesia
Melanesian [ˌmɛləˈniʃən] o [ˌmɛləˈniʒən] *adj & s* melanesio
mélange [meˈlɑ̃ʒ] *s* mezcolanza
melanite [ˈmɛlənaɪt] *s* (mineral.) melanita
melanoma [ˌmɛləˈnomə] *s* (*pl:* **-mata** [mətə]) (path.) melanoma
melanosis [ˌmɛləˈnosɪs] *s* (path.) melanosis
melaphyre [ˈmɛləfaɪr] *s* (geol.) meláfiro
Melbourne [ˈmɛlbərn] *s* Melburna
Melchior [ˈmɛlkɪər] *s* Melchor
Meleager [ˌmɛlɪˈedʒər] *s* (myth.) Meleagro
melee o **mêlée** [ˈmele] o [ˈmɛle] *s* refriega, reyerta
meliaceous [ˌmilɪˈeʃəs] *adj* (bot.) meliáceo
melic [ˈmɛlɪk] *adj* mélico
melilot [ˈmɛlɪlɑt] *s* (bot.) meliloto
melinite [ˈmɛlɪnaɪt] *s* melinita
meliorate [ˈmiljəret] *va* mejorar; *vn* mejorarse
melioration [ˌmiljəˈreʃən] *s* mejoramiento
mellifluence [məˈlɪfluəns] *s* melifluencia
mellifluent [mɛˈlɪfluənt] o **mellifluous** [mɛˈlɪfluəs] *adj* melifluo
mellow [ˈmɛlo] *adj* maduro, sazonado; suave, meloso; margoso; melodioso; añejo (*vino*); *va* madurar; suavizar; *vn* madurarse; suavizarse
melodeon [mɪˈlodɪən] *s* (mus.) melodión
melodic [mɪˈlɑdɪk] *adj* melódico; **melodics** *ssg* teoría de la melodía
melodically [mɪˈlɑdɪkəlɪ] *adv* melódicamente
melodious [mɪˈlodɪəs] *adj* melodioso
melodist [ˈmɛlədɪst] *s* melodista
melodrama [ˈmɛləˌdrɑmə] o [ˈmɛləˌdræmə] *s* melodrama; acción, literatura, discurso y escrito melodramáticos
melodramatic [ˌmɛlədrəˈmætɪk] *adj* melodramático
melodramatically [ˌmɛlədrəˈmætɪkəlɪ] *adv* melodramáticamente
melody [ˈmɛlədɪ] *s* (*pl:* **-dies**) melodía
melon [ˈmɛlən] *s* melón (*fruto*); **to cut a melon** (slang) repartir ganancias extraordinarias
Melpomene [mɛlˈpɑmɪnɪ] *s* (myth.) Melpómene
melt [mɛlt] *s* derretimiento; (found.) hornada; *va* derretir; fundir (*metales*); disolver (*azúcar*); disipar; ablandar, aplacar; **to melt down** fundir; disolver; *vn* derretirse; fundirse; disolverse; disiparse, desaparecer; ablandarse, aplacarse; **to melt away** desvanecerse; **to melt into** convertirse gradualmente en; deshacerse en (*p.ej., lágrimas*)
melting point *s* punto de fusión
melting pot *s* crisol; (fig.) país o ciudad de mucha inmigración
melton [ˈmɛltən] *s* meltón
member [ˈmɛmbər] *s* miembro
membered [ˈmɛmbərd] *adj* (her.) membrado
member nation *s* (*pl:* **member nations**) nación miembro
membership [ˈmɛmbərʃɪp] *s* asociación; personal (*de un club, etc.*); número de miembros o socios
membranaceous [ˌmɛmbrəˈneʃəs] *adj* membranáceo
membrane [ˈmɛmbren] *s* (bot. & zool.) membrana
membranous [ˈmɛmbrənəs] *adj* membranoso
memento [mɪˈmɛnto] *s* (*pl:* **-tos** o **-toes**) recordatorio, prenda de recuerdo; (*cap.*) *s* (eccl.) memento
Memnon [ˈmɛmnɑn] *s* (myth.) Memnón; estatua de Memnón en Tebas
memo [ˈmɛmo] *s* (*pl:* **-os**) (coll.) apunte, membrete; (coll.) memorándum
memoir [ˈmɛmwɑr] *s* biografía; memoria; **memoirs** *spl* memorias
memorabilia [ˌmɛmərəˈbɪlɪə] *spl* cosas memorables
memorable [ˈmɛmərəbəl] *adj* memorable
memorandum [ˌmɛməˈrændəm] *s* (*pl:* **-dums** o **-da** [də]) memorándum; apunte
memorial [mɪˈmorɪəl] *adj* conmemorativo; *s* memoráculo, monumento conmemorativo; memorial (*escrito en que se pide un favor*)
memorial arch *s* arco triunfal
Memorial Day *s* (U.S.A.) día de recordación de los caídos (*30 de mayo*)
memorialize [mɪˈmorɪəlaɪz] *va* conmemorar; dirigir un memorial a
memorize [ˈmɛməraɪz] *va* aprender de memoria, memorizar
memory [ˈmɛmərɪ] *s* (*pl:* **-ries**) memoria; **in memory of** en memoria de; **to commit to memory** encomendar a la memoria; **within my memory** que yo recuerde; **within the memory of man** que la historia registra
memory book *s* libro de recuerdos
Memphis [ˈmɛmfɪs] *s* Menfis
men [mɛn] *pl de* **man**
menace [ˈmɛnɪs] *s* amenaza; *va & vn* amenazar
menad [ˈminæd] *s* var. de **maenad**
ménage o **menage** [meˈnɑʒ] *s* casa, hogar; cuidado de la casa, economía doméstica
menagerie [məˈnædʒərɪ] o [məˈnæʒərɪ] *s* colección de fieras y de animales raros; casa de fieras
Mencius [ˈmɛnʃɪəs] *s* Mencio
mend [mɛnd] *s* compostura; remiendo; mejora; **to be on the mend** ir mejorando; *va* componer, remendar, reparar; reformar, mejorar; *vn* mejorar o mejorarse
mendacious [mɛnˈdeʃəs] *adj* mendaz; falso
mendacity [mɛnˈdæsɪtɪ] *s* (*pl:* **-ties**) mendacidad; mentira

mendelevium [ˌmɛndɪ'liviəm] *s* (chem.) mendelevio
Mendelian [mɛn'diliən] *adj* mendeliano
Mendelianism [mɛn'diliənɪzəm] o **Mendelism** ['mɛndəlɪzəm] *s* mendelismo
mendicancy ['mɛndɪkənsɪ] *s* mendicidad
mendicant ['mɛndɪkənt] *adj & s* mendicante
mendicity [mɛn'dɪsɪtɪ] *s* var. de **mendicancy**
mending ['mɛndɪŋ] *s* remiendo, zurcido
mending tape *s* cinta de remendar
Menelaus [ˌmɛnə'leəs] *s* (myth.) Menelao
menfolk ['mɛnˌfok] *spl* hombres
menhaden [mɛn'hedən] *s* (*pl:* **-den**) (ichth.) menhaden (*Brevoortia tyrannus*)
menhaden oil *s* aceite de menhaden
menhir ['mɛnhɪr] *s* (archeol.) menhir
menial ['miniəl] *adj* bajo, servil; *s* criado, doméstico
meningeal [mɪ'nɪndʒɪəl] *adj* meníngeo
meninges [mɪ'nɪndʒiz] *spl* (anat.) meninges
meningitis [ˌmɛnɪn'dʒaɪtɪs] *s* (path.) meningitis
meningococcus [mɪˌnɪŋgə'kɑkəs] *s* (*pl:* **-cocci** ['kɑksaɪ]) (bact.) meningococo
meniscus [mɪ'nɪskəs] *s* (*pl:* **meniscuses** o **menisci** [mɪ'nɪsaɪ]) media luna; (anat., opt. & phys.) menisco
menispermaceous [ˌmɛnɪspər'meʃəs] *adj* (bot.) menispermáceo
Mennonite ['mɛnənaɪt] *adj & s* menonita
menopause ['mɛnəpɔz] *s* (physiol.) menopausia
menorrhagia [ˌmɛnə'redʒɪə] *s* (path.) menorragia
menses ['mɛnsiz] *spl* menstruo
men's furnishings *spl* artículos para caballeros
Menshevik ['mɛnʃəvɪk] *s* (*pl:* **Mensheviks** o **Mensheviki** [ˌmɛnʃə'vikɪ]) menchevique
men's room *s* lavabo de caballeros, reservado para hombres
menstrual ['mɛnstrʊəl] *adj* mensual; (physiol.) menstrual
menstruate ['mɛnstrʊet] *vn* menstruar
menstruation [ˌmɛnstrʊ'eʃən] *s* menstruación
menstruous ['mɛnstrʊəs] *adj* menstruoso
menstruum ['mɛnstrʊəm] *s* (*pl:* **-ums** o **-a** [ə]) (chem.) menstruo
mensurability [ˌmɛnʃərə'bɪlɪtɪ] *s* mensurabilidad
mensurable ['mɛnʃərəbəl] *adj* mensurable
mensural ['mɛnʃərəl] *adj* mensural
mensuration [ˌmɛnʃə'reʃən] *s* mensuración
mental ['mɛntəl] *adj* mental
mental age *s* (psychol.) edad mental
mental arithmetic *s* cálculo mental
mental deficiency *s* debilidad mental
mental disease *s* enfermedad mental
mental healer *s* curador mental
mental healing *s* curación por el espíritu
mental health *s* estado mental; buen estado mental
mental hygiene *s* higiene mental
mental illness *s* enfermedad mental
mentality [mɛn'tælɪtɪ] *s* (*pl:* **-ties**) mentalidad
mentally ['mɛntəlɪ] *adv* mentalmente
mental reservation *s* reserva mental
mental test *s* prueba mental
menthol ['mɛnθɑl] *s* (chem.) mentol
mentholated ['mɛnθəˌletɪd] *adj* mentolado
mention ['mɛnʃən] *s* mención; **to make mention of** hacer mención de; *va* mencionar; **don't mention it** no hay de qué; **not to mention** sin contar; además de
mentor ['mɛntər] *s* mentor; (*cap.*) *s* (myth.) Mentor
menu ['mɛnju] o ['menju] *s* menú; comida
meow [mɪ'aʊ] *s* maullido; *vn* maullar
Mephistopheles [ˌmɛfɪs'tɑfəliz] *s* Mefistófeles
Mephistophelian [ˌmɛfɪstə'filɪən] *adj* mefistofélico
mephitic [mɪ'fɪtɪk] *adj* mefítico
mephitis [mɪ'faɪtɪs] *s* mefitis
mercantile ['mʌrkəntɪl] o ['mʌrkəntaɪl] *adj* mercantil
mercantile marine *s* marina mercante
mercantile system *s* sistema mercantil
mercantilism ['mʌrkəntɪlɪzəm] o ['mʌrkəntaɪlɪzəm] *s* mercantilismo
mercantilist ['mʌrkəntɪlɪst] o ['mʌrkəntaɪlɪst] *adj & s* mercantilista
Mercator's chart [mər'ketərz] *s* (geog.) carta de Mercátor
Mercator's projection *s* (geog.) proyección de Mercátor
Mercedarian [ˌmʌrsɪ'dɛrɪən] *s* mercedario
Mercedes [mər'sidiz] *s* Mercedes (*nombre de mujer*)
mercenary ['mʌrsəˌnɛrɪ] *adj* (mil. & fig.) mercenario; *s* (*pl:* **-ies**) (mil.) mercenario
mercer ['mʌrsər] *s* (Brit.) mercader de telas de seda
mercerize ['mʌrsəraɪz] *va* mercerizar
merchandise ['mʌrtʃəndaɪz] *s* mercancías; *va* comerciar o traficar en; *vn* comerciar o traficar
merchant ['mʌrtʃənt] *adj* mercante; *s* comerciante
merchantable ['mʌrtʃəntəbəl] *adj* comerciable
merchantman ['mʌrtʃəntmən] *s* (*pl:* **-men**) buque mercante
merchant marine *s* marina mercante
merchant prince *s* comerciante rico, magnate del comercio
merchant tailor *s* sastre comerciante
merchant vessel *s* buque mercante
Mercian ['mʌrʃɪən] o ['mʌrʃən] *adj & s* merciano
merciful ['mʌrsɪfəl] *adj* misericordioso
merciless ['mʌrsɪlɪs] *adj* desapiadado, despiadado
mercurial [mər'kjʊrɪəl] *adj* mercurial; vivo, despierto; veleidoso, inconstante; (*cap.*) *adj* (astr. & myth.) mercurial; (*l.c.*) *s* (pharm.) mercurial
mercurialism [mər'kjʊrɪəlɪzəm] *s* (path.) mercurialismo
mercuric [mər'kjʊrɪk] *adj* (chem.) mercúrico
mercuric chloride *s* (chem.) cloruro mercúrico
mercuric oxide *s* (chem.) óxido mercúrico, óxido de mercurio
mercurochrome [mər'kjʊrəˌkrom] *s* (trademark) mercurocromo
mercurous [mər'kjʊrəs] o ['mʌrkjərəs] *adj* (chem.) mercurioso
mercury ['mʌrkjərɪ] *s* (*pl:* **-ries**) (chem.) mercurio; columna de mercurio (*del termómetro*); (*cap.*) *s* (astr. & myth.) Mercurio
mercury-arc lamp ['mʌrkjərɪˌɑrk] *s* var. de **mercury-vapor lamp**
mercury chloride *s* var. de **mercuric chloride**
mercury fulminate *s* (chem.) fulminato mercúrico
mercury-vapor lamp ['mʌrkjərɪˌvepər] *s* (elec.) lámpara de vapor de mercurio
mercy ['mʌrsɪ] *s* (*pl:* **-cies**) misericordia; merced, beneficio, favor; **to be at the mercy of** estar a la merced de
mercy killing *s* eutanasia
mercy seat *s* propiciatorio; trono de Dios
mere [mɪr] *adj* mero; nada más que; *s* (poet. & dial.) lago
merely ['mɪrlɪ] *adv* meramente
meretricious [ˌmɛrɪ'trɪʃəs] *adj* postizo, de oropel
merganser [mər'gænsər] *s* (orn.) pato sierra (*Mergus merganser*); (orn.) serrata (*Mergus serrator*)
merge [mʌrdʒ] *va* fusionar, enchufar (*dos negocios*); *vn* fusionarse, enchufarse; convergir (*p.ej., dos caminos*); **to merge into** convertirse gradualmente en
merger ['mʌrdʒər] *s* fusión de empresas, amalgamación comercial
mericarp ['mɛrɪkɑrp] *s* (bot.) mericarpio
meridian [mə'rɪdɪən] *adj* meridiano; mayor, sumo, más elevado; *s* meridiano; altura meridiana; (fig.) auge, cumbre
meridional [mə'rɪdɪənəl] *adj & s* meridional
meringue [mə'ræŋ] *s* merengue
merino [mə'rino] *adj* merino; *s* (*pl:* **-nos**) merino (*carnero; lana; tejido*)
meristem ['mɛrɪstɛm] *s* (bot.) meristemo

merit ['merɪt] *s* mérito, merecimiento; **merits** *spl* (law) méritos; *va & vn* merecer
meritorious [,merɪ'torɪəs] *adj* meritorio
merl o **merle** [mʌrl] *s* (poet.) mirlo
merlin ['mʌrlɪn] *s* (orn.) esmerejón, neblí; (orn). halcón palumbario; (*cap.*) *s* Merlín
merlon ['mʌrlən] *s* (fort.) merlón, almena
mermaid ['mʌr,med] *s* sirena; (fig.) ninfa marina (*mujer muy experta en la natación*)
merman ['mʌr,mæn] *s* (*pl:* **-men**) tritón; (fig.) tritón (*hombre muy experto en la natación*)
Merovingian [,mero'vɪndʒɪən] *adj & s* merovingio
merriment ['merɪmənt] *s* alegría, regocijo, alborozo
merry ['merɪ] *adj* (*comp:* **-rier;** *super:* **-riest**) alegre, regocijado, alborozado; **to make merry** alegrarse, regocijarse
merry-andrew [,merɪ'ændru] *s* matachín, bufón
Merry Christmas *interj* ¡Felices Pascuas!, ¡Felices Navidades!
merry-go-round ['merɪgo,raund] *s* tiovivo, caballitos; fiesta continua; **merry-go-round of parties** serie ininterrumpida de fiestas o tertulias
merrymaker ['merɪ,mekər] *s* fiestero; parrandista
merrymaking ['merɪ,mekɪŋ] *adj* fiestero; jaranero; *s* regocijo, alborozo; jarana
merrythought ['merɪ,θɔt] *s* hueso de la suerte
mésalliance [me'zælɪəns] o [meza'ljɑ̃s] *s* matrimonio con una persona de clase inferior
mescal [mes'kæl] *s* (bot.) mescal (*planta y bebida*)
meseems [mi'simz] *vn* (archaic) me parece
mesencephalon [,mesen'sefəlɑn] *s* (pl: **-la** [lə]) (anat.) mesencéfalo
mesenchyme ['meseŋkɪm] *s* (embryol.) mesénquima
mesenteric [,mesən'terɪk] *adj* mesentérico
mesenteritis [me,sentə'raɪtɪs] *s* (path.) mesenteritis
mesentery ['mesən,terɪ] *s* (*pl:* **-ies**) (anat.) mesenterio
mesh [meʃ] *s* malla (*de una red*); red; (mach.) engrane; **meshes** *spl* red, celada; **in mesh** en toma, engranados; *va* enredar; (mach.) engranar; *vn* enredarse; (mach.) engranar
mesh bag *s* bolsa o saquillo de malla
mesial ['mizɪəl] o ['mesɪəl] *adj* mediano
mesitylene [mɪ'sɪtɪlin] o ['mesɪtɪ,lin] *s* (chem.) mesitileno
mesmerian [mes'mɪrɪən] o [mez'mɪrɪən] *adj & s* mesmeriano
mesmeric [mes'merɪk] o [mez'merɪk] *adj* mesmeriano
mesmerism ['mesmərɪzəm] o ['mezmərɪzəm] *s* mesmerismo
mesmerist ['mesmərɪst] o ['mezmərɪst] *s* mesmerista
mesmerize ['mesməraɪz] o ['mezməraɪz] *va* hipnotizar
mesoblast ['mesəblæst] o ['misəblæst] *s* (embryol.) mesoblasto
mesocarp ['mesəkɑrp] o ['misəkɑrp] *s* (bot.) mesocarpio
mesocephalic [,mesosɪ'fælɪk] o [,misosɪ'fælɪk] *adj* (anthrop.) mesocéfalo
mesoderm ['mesədʌrm] o ['misədʌrm] *s* (embryol.) mesodermo
mesogastrium [,mesə'gæstrɪəm] o [,misə'gæstrɪəm] *s* (anat. & zool.) mesogastrio
meson ['misɑn] *s* (phys.) mesón
mesophyll ['mesəfɪl] o ['misəfɪl] *s* (bot.) mesofilo
mesophyte ['mesəfaɪt] o ['misəfaɪt] *s* (bot.) mesófita
mesorrhine ['mesəraɪn] o ['misəraɪn] *adj* (anthrop.) mesorrino
mesosphere ['mezəsfɪr] *s* mesosfera
mesothorax [,mesə'θoræks] o [,misə'θoræks] *s* (*pl:* **-raxes** o **-races** [rəsiz]) (zool.) mesotórax
mesothorium [,mesə'θorɪəm] o [,mezə'θorɪəm] *s* (chem.) mesotorio
mesotron ['mesətrɑn] o ['misətrɑn] *s* (phys.) mesotrón
Mesozoic [,mesə'zo·ɪk] o [,misə'zo·ɪk] *adj & s* (geol.) mesozoico
mesquite [mes'kit] o ['meskit] *s* (bot.) mezquite
mess [mes] *s* fregado (*enredo*); lío, revoltijo; asco, suciedad; cochinadas; rancho (*comida para muchos; grupo de soldados que comen juntos*); cantidad; plato; bazofia; **to be in a mess** estar aviado; **to get into a mess** hacerse un lío; **to make a mess of** ensuciar; echarlo todo a rodar; *va* ensuciar; desarreglar; echar a perder, estropear; *vn* hacer rancho, comer; **to mess about** o **around** perder el tiempo, ocuparse en fruslerías
message ['mesɪdʒ] *s* mensaje; recado; buena nueva, palabras inspiradas
messaline [,mesə'lin] o ['mesəlin] *s* tela parecida al raso
messenger ['mesəndʒər] *s* mensajero; mandadero; precursor, presagio
mess hall *s* sala de rancho, salón comedor
Messiah [mə'saɪə] *s* (Bib. & fig.) Mesías
Messiahship [mə'saɪəʃɪp] *s* mesiazgo
Messianic [,mesɪ'ænɪk] *adj* mesiánico
Messianism [mə'saɪənɪzəm] *s* mesianismo
mess kit *s* utensilios de rancho
messmate ['mes,met] *s* comensal; compañero de rancho
mess of pottage *s* plato de lentejas, cosa de poco valor, nada
Messrs. ['mesərz] *pl de* **Mr.**
mess table *s* mesa de rancho
messuage ['meswɪdʒ] *s* (law) casería (*casa y edificios dependientes*)
messy ['mesɪ] *adj* (*comp:* **-ier;** *super:* **-iest**) sucio; desarreglado, desaliñado
mestizo [mes'tizo] *s* (*pl:* **-zos** o **-zoes**) mestizo
met. abr. de **metropolitan**
met [met] *pret & pp de* **meet**
metabolic [,metə'bɑlɪk] *adj* (physiol. & zool.) metabólico
metabolism [mə'tæbəlɪzəm] *s* (physiol.) metabolismo
metabolize [mə'tæbəlaɪz] *va* transformar por metabolismo; *vn* transformarse por metabolismo
metacarpal [,metə'kɑrpəl] *adj & s* (anat.) metacarpiano
metacarpus [,metə'kɑrpəs] *s* (*pl:* **-pi** [paɪ]) (anat.) metacarpo
metacenter [,metə'sentər] *s* metacentro
metachromatism [,metə'kromətɪzəm] *s* (physical chem.) metacromatismo
metachronism [mɪ'tækrənɪzəm] *s* metacronismo
metagenesis [,metə'dʒenɪsɪs] *s* (biol.) metagénesis
metal ['metəl] *s* metal; vidrio en fusión; (her.) metal; (Brit.) grava (*piedra machacada para caminos*); (fig.) ánimo, brío; *adj* metálico; *va* metalizar
metalepsis [,metə'lepsɪs] *s* (*pl:* **-ses** [siz]) (rhet.) metalepsis
metaline ['metəlɪn] o ['metəlin] *s* metalina (*aleación*)
metalization [,metəlɪ'zeʃən] *s* metalización
metalize ['metəlaɪz] *va* metalizar
metallic [mɪ'tælɪk] *adj* metálico
metalliferous [,metə'lɪfərəs] *adj* metalífero
metalline ['metəlɪn] o ['metəlaɪn] *adj* metálico; que contiene sales metálicas
metallographic [mɪ,tælə'græfɪk] *adj* metalográfico
metallography [,metə'lɑgrəfɪ] *s* metalografía
metalloid ['metəlɔɪd] *s* (chem.) metaloide (*elemento no metálico*); (chem.) metaloide muy semejante a los metales (*antimonio, arsénico, bismuto, silicio, telurio, etc.*)
metallotherapy [mɪ,tælo'θerəpɪ] *s* metaloterapia
metallurgic [,metə'lʌrdʒɪk] o **metallurgical** [,metə'lʌrdʒɪkəl] *adj* metalúrgico
metallurgist ['metə,lʌrdʒɪst] *s* metalúrgico o metalurgista
metallurgy ['metə,lʌrdʒɪ] *s* metalurgia
metal polish *s* limpiametales
metalwork ['metəl,wʌrk] *s* metalistería; objetos de metalistería
metalworker ['metəl,wʌrkər] *s* metalario, metalista
metalworking ['metəl,wʌrkɪŋ] *s* metalistería
metamere ['metəmɪr] *s* (zool.) metámero

M

metameric [,mɛtə'mɛrɪk] *adj* (chem. & zool.) metámero
metamorphic [,mɛtə'mɔrfɪk] *adj* metamórfico
metamorphism [,mɛtə'mɔrfɪzəm] *s* metamorfismo
metamorphose [,mɛtə'mɔrfoz] o [,mɛtə'mɔrfos] *va* metamorfosear; *vn* metamorfosearse
metamorphosis [,mɛtə'mɔrfəsɪs] *s* (*pl:* **-ses** [siz]) metamorfosis
metaphase ['mɛtəfez] *s* (biol.) metafase
metaphony [mɪ'tæfənɪ] *s* (phonet.) metafonía
metaphor ['mɛtəfər] o ['mɛtəfɔr] *s* metáfora; **to mix metaphors** mezclar las metáforas
metaphorical [,mɛtə'fɑrɪkəl] o [,mɛtə'fɔrɪkəl] *adj* metafórico
metaphrase ['mɛtəfrez] *s* metafrasis
metaphysical [,mɛtə'fɪzɪkəl] *adj* metafísico
metaphysician [,mɛtəfɪ'zɪʃən] *s* metafísico
metaphysics [,mɛtə'fɪzɪks] *ssg* metafísica
metaplasm ['mɛtəplæzəm] *s* (biol.) metaplasma; (gram.) metaplasmo
metaprotein [,mɛtə'protiɪn] o [,mɛtə'protin] *s* (biochem.) metaproteína
metasomatism [,mɛtə'somətɪzəm] *s* (geol.) metasomatismo
metastasis [mɪ'tæstəsɪs] *s* (*pl:* **-ses** [siz]) (path.) metástasis
metatarsal [,mɛtə'tɑrsəl] *adj & s* (anat.) metatarsiano
metatarsus [,mɛtə'tɑrsəs] *s* (*pl:* **-si** [saɪ]) (anat. & zool.) metatarso
metathesis [mɪ'tæθɪsɪs] *s* (*pl:* **-ses** [siz]) (philol.) metátesis
metathorax [,mɛtə'θoræks] *s* (*pl:* **-raxes** o **-races** [rəsiz]) (zool.) metatórax
metazoan [,mɛtə'zoən] *s* (zool.) metazoo
mete [mit] *s* confín, límite; mojón; *va* repartir; (poet.) medir
metempsychosis [mɪ,tɛmpsɪ'kosɪs] *s* (*pl:* **-ses** [siz]) metempsicosis
metencephalon [,mɛtɛn'sɛfəlɑn] *s* (*pl:* **-la** [lə]) (anat.) metencéfalo
meteor ['mitɪər] *s* estrella fugaz, bólido, meteorito; meteoro (*fenómeno atmosférico*)
meteoric [,mitɪ'ɑrɪk] o [,mitɪ'ɔrɪk] *adj* meteórico; (fig.) meteórico
meteoric stone *s* piedra meteórica
meteorite ['mitɪəraɪt] *s* meteorito
meteorologic [,mitɪərə'lɑdʒɪk] o **meteorological** [,mitɪərə'lɑdʒɪkəl] *adj* meteorológico
meteorologist [,mitɪə'rɑlədʒɪst] *s* meteorologista
meteorology [,mitɪə'rɑlədʒɪ] *s* meteorología
meter ['mitər] *s* metro (*unidad; verso*); (mus.) compás, tiempo; (mach.) contador, medidor; *va* medir (*con contador o medidor*)
metering ['mitərɪŋ] *s* medición
meter reader *s* lector (*del contador*)
Meth. abr. de **Methodist**
methacrylate [mɪ'θækrɪlet] *s* (chem.) metacrilato
methacrylic [,mɛθə'krɪlɪk] *adj* metacrílico
methacrylic acid *s* (chem.) ácido metacrílico
methane ['mɛθen] *s* (chem.) metano
methanol ['mɛθənol] o ['mɛθənɑl] *s* (chem.) metanol
metheglin [mə'θɛglɪn] *s* aloja
methinks [mɪ'θɪŋks] (*pret:* **methought**) *vn* (archaic) me parece
methionine [mɪ'θaɪənin] o [mɪ'θaɪənɪn] *s* (biochem.) metionina
method ['mɛθəd] *s* método; **there's method in his madness** es más cuerdo de lo que parece
methodic [mɪ'θɑdɪk] o **methodical** [mɪ'θɑdɪkəl] *adj* metódico
Methodism ['mɛθədɪzəm] *s* metodismo
Methodist ['mɛθədɪst] *adj & s* metodista
methodize ['mɛθədaɪz] *va* metodizar
methodology [,mɛθə'dɑlədʒɪ] *s* (*pl:* **-gies**) metodología
methought [mɪ'θɔt] *pret de* **methinks**
Methuselah [mɪ'θuzələ] o [mɪ'θjuzələ] *s* (Bib. & fig.) Matusalén; **to be as old as Methuselah** vivir más años que Matusalén
methyl ['mɛθɪl] *s* (chem.) metilo
methyl alcohol *s* alcohol metílico
methylamine [,mɛθɪlə'min] o [,mɛθɪ'læmɪn] *s* (chem.) metilamina
methylate ['mɛθɪlet] *s* (chem.) metilato; *va* combinar con metilo o con alcohol metílico
methylene ['mɛθɪlin] *s* (chem.) metileno
methylene blue *s* azul de metileno
methylic [mɪ'θɪlɪk] *adj* (chem.) metílico
methyl orange *s* anaranjado de metilo
methyl violet *s* violeta de metilo
meticulous [mɪ'tɪkjələs] *adj* minucioso, meticuloso
métier [me'tje] *s* oficio, profesión; fuerte (*aptitud especial de una persona*)
metol ['mitol] o ['mitɑl] *s* (chem.) metol
Metonic cycle [mɪ'tɑnɪk] *s* (astr.) ciclo de Metón
metonym ['mɛtənɪm] *s* (rhet.) palabra o expresión metonímicas
metonymic [,mɛtə'nɪmɪk] o **metonymical** [,mɛtə'nɪmɪkəl] *adj* metonímico
metonymy [mɪ'tɑnɪmɪ] *s* (rhet.) metonimia
me-tooer ['mi'tuər] *s* (slang) persona que sigue al que triunfa o se pone de su parte; (slang) exitista (Am.)
metope ['mɛtəpɪ] o ['mɛtop] *s* (arch.) métopa
metre ['mitər] *s* metro (*unidad; verso*); (mus.) compás, tiempo
metric ['mɛtrɪk] *adj* métrico; **metrics** *spl* métrica
metrical ['mɛtrɪkəl] *adj* métrico
metrically ['mɛtrɪkəlɪ] *adv* métricamente
metric horsepower *s* (mech.) caballo de fuerza, caballo de vapor (*736 vatios*)
metric system *s* sistema métrico
metric ton *s* tonelada métrica (*de peso*)
metrist ['mitrɪst] o ['mɛtrɪst] *s* metrista
metritis [mɪ'traɪtɪs] *s* (path.) metritis
metrology [mɪ'trɑlədʒɪ] *s* metrología
metronome ['mɛtrənom] *s* (mus..) metrónomo
metronomic [,mɛtrə'nɑmɪk] *adj* metronómico
metropolis [mɪ'trɑpəlɪs] *s* metrópoli; (eccl.) metrópoli
metropolitan [,mɛtrə'pɑlɪtən] *adj* metropolitano; *s* ciudadano de una gran ciudad; (eccl.) metropolitano
metrorrhagia [,mitrə'redʒɪə] o [,mɛtrə'redʒɪə] *s* (path.) metrorragia
mettle ['mɛtəl] *s* ánimo, brío; **on one's mettle** dispuesto a hacer grandes esfuerzos
mettlesome ['mɛtəlsəm] *adj* animoso, brioso
Meuse [mjuz] *s* Mosa
mew [mju] *s* jaula; halconera; maullido; (orn.) gaviota; **mews** *spl* caballeriza construída alrededor de un corral; *va* enjaular; encerrar; esconder; **to mew up** tener escondido; *vn* maullar
mewl [mjul] *vn* lloriquear
Mex. abr. de **Mexican** y **Mexico**
Mexican ['mɛksɪkən] *adj & s* mejicano
Mexican bean beetle *s* (ent.) tortuguilla de frijol, conchuela
Mexican poppy *s* (bot.) argemone mejicana, chicalote
Mexico ['mɛksɪko] *s* Méjico
Mexico City *s* Ciudad de Méjico
mezereon [mɪ'zɪrɪɑn] *s* (bot.) lauréola hembra
mezzanine ['mɛzənin] *s* entresuelo
mezzo ['mɛtso] o ['mɛzo] *adj* (mus.) medio, a media voz, entre fuerte y piano
mezzo-soprano ['mɛtsosə'præno] o ['mɛtsosə'prɑno] *s* (*pl:* **-os**) mezzo-soprano
mezzotint ['mɛtsotɪnt] o ['mɛzotɪnt] *s* grabado al humo o a media tinta; *va* grabar al humo o a media tinta
mfg. abr. de **manufacturing**
mfr. abr. de **manufacturer**
mg. abr. de **milligram** o **milligrams**
Mgr. abr. de **Manager, Monseigneur** y **Monsignor**
mho [mo] *s* (elec.) mho
mi. abr. de **mile** o **miles**
mi [mi] *s* (mus.) mi
miaow o **miaou** [mɪ'aʊ] *s & vn* var. de **meow**
miasma [maɪ'æzmə] o [mɪ'æzmə] *s* (*pl:* **-mas** o **-mata** [mətə]) miasma
miasmal [maɪ'æzməl] o [mɪ'æzməl] o **miasmatic** [,maɪæz'mætɪk] *adj* miasmático
mica ['maɪkə] *s* (mineral.) mica
micaceous [maɪ'keʃəs] *adj* micáceo
Micah ['maɪkə] *s* (Bib.) Miqueas
mica schist *s* micacita, micasquisto
mice [maɪs] *pl de* **mouse**

micellar [mɪˈsɛlər] *adj* micelar
micelle [mɪˈsɛl] *s* (biol. & chem.) micela
Mich. abr. de **Michaelmas** y **Michigan**
Michael [ˈmaɪkəl] *s* Miguel
Michaelmas [ˈmɪkəlməs] *s* fiesta de San Miguel
Michaelmastide [ˈmɪkəlməs,taɪd] *s* sanmiguelada
Michelangelo [,maɪkəlˈændʒəlo] *s* Miguel Ángel
Michigan [ˈmɪʃɪgən] *s* Michigán
Mickey Mouse [ˈmɪkɪ] *s* el ratón Miguelito
mickle [ˈmɪkəl] *adj & adv* (Scotch) mucho
microanalysis [,maɪkroəˈnælɪsɪs] *s* (*pl:* **-ses** [siz]) (chem.) microanálisis
microbarograph [,maɪkroˈbærəgræf] o [,maɪkroˈbærəgrɑf] *s* microbarógrafo
microbe [ˈmaɪkrob] *s* microbio
microbial [maɪˈkrobɪəl] *adj* microbiano
microbic [maɪˈkrobɪk] *adj* micróbico
microbiological [,maɪkro,baɪəˈlɑdʒɪkəl] *adj* microbiológico
microbiologist [,maɪkrobaɪˈɑlədʒɪst] *s* microbiólogo
microbiology [,maɪkrobaɪˈɑlədʒɪ] *s* microbiología
microcard [ˈmaɪkrəkɑrd] *s* microficha
microcephalic [,maɪkrosɪˈfælɪk] *adj* (anthrop. & path.) microcéfalo
microchemistry [,maɪkroˈkɛmɪstrɪ] *s* microquímica
microcline [ˈmaɪkrəklaɪn] *s* (mineral.) microclina
micrococcus [,maɪkrəˈkɑkəs] *s* (*pl:* **-cocci** [ˈkɑksaɪ]) (bact.) micrococo
microcopy [ˈmaɪkrə,kɑpɪ] *s* (*pl:* **-ies**) microcopia
microcosm [ˈmaɪkrokɑzəm] *s* microcosmo
microcyte [ˈmaɪkrəsaɪt] *s* (path.) microcito
microdissection [,maɪkrodɪˈsɛkʃən] *s* microdisección
microdont [ˈmaɪkrodɑnt] *adj & s* microdonte
microfarad [,maɪkroˈfæræd] *s* (elec.) microfaradio
microfilm [ˈmaɪkrəfɪlm] *s* microfilm, micropelícula; *va* microfilmar
microgamete [,maɪkrogəˈmit] *s* (biol.) microgameto
microgram [ˈmaɪkrogræm] *s* microgramo
micrography [maɪˈkrɑgrəfɪ] *s* micrografía
microgroove [ˈmaɪkrəgruv] *s* microsurco; (trademark) disco microsurco
microinch [ˈmaɪkro,ɪntʃ] *s* micropulgada
micrometer [maɪˈkrɑmɪtər] *s* micrómetro
micrometer caliper *s* pálmer, calibre micrométrico
micrometer screw *s* tornillo micrométrico
micrometric [,maɪkroˈmɛtrɪk] o **micrometrical** [,maɪkroˈmɛtrɪkəl] *adj* micrométrico
micrometry [maɪˈkrɑmɪtrɪ] *s* micrometría
micromillimeter [,maɪkroˈmɪlɪ,mitər] *s* micromilímetro
micromotion [ˈmaɪkro,moʃən] *s* micromovimiento
micron [ˈmaɪkrɑn] *s* (*pl:* **-crons** o **-cra** [krə]) micra o micrón
Micronesia [,maɪkroˈniʃə] o [,maɪkroˈniʒə] *s* la Micronesia
Micronesian [,maɪkroˈniʃən] o [,maɪkroˈniʒən] *adj & s* micronesio
microörganism [,maɪkroˈɔrgənɪzəm] *s* (bact.) microorganismo
microphone [ˈmaɪkrəfon] *s* micrófono
microphotograph [,maɪkroˈfotəgræf] o [,maɪkroˈfotəgrɑf] *s* microfotografía
microphotography [,maɪkrofəˈtɑgrəfɪ] *s* microfotografía
microphysics [,maɪkroˈfɪzɪks] *ssg* microfísica
microphyte [ˈmaɪkrəfaɪt] *s* (bot.) micrófito
micropyle [ˈmaɪkrəpaɪl] *s* (bot. & zool.) micrópilo
microscope [ˈmaɪkrəskop] *s* microscopio
microscopic [,maɪkrəˈskɑpɪk] o **microscopical** [,maɪkrəˈskɑpɪkəl] *adj* microscópico
microscopically [,maɪkrəˈskɑpɪkəlɪ] *adv* microscópicamente
microscopist [maɪˈkrɑskəpɪst] o [ˈmaɪkrə,skopɪst] *s* microscopista
microscopy [maɪˈkrɑskəpɪ] o [ˈmaɪkrə,skopɪ] *s* microscopia
microseism [ˈmaɪkrosaɪzəm] *s* microsismo
microsome [ˈmaɪkrəsom] *s* (biol.) microsoma
microsporangium [,maɪkrospoˈrændʒɪəm] *s* (*pl:* **-a** [ə]) (bot.) microsporangio
microspore [ˈmaɪkrəspor] *s* (bot.) microspora
microsporous [,maɪkrəˈsporəs] *adj* microsporo
microtome [ˈmaɪkrətom] *s* micrótomo
microwave [ˈmaɪkro,wev] *s* (phys.) microonda
micturition [,mɪktʃəˈrɪʃən] *s* micción, micturición
mid [mɪd] *adj* medio, p.ej., **in mid afternoon** a media tarde
mid o **'mid** [mɪd] *prep* (poet.) entre, en medio de
Midas [ˈmaɪdəs] *s* (myth.) Midas
midbrain [ˈmɪd,bren] *s* (anat.) mesencéfalo
midchannel [,mɪdˈtʃænəl] *s* medio del canal, río o pasadizo marítimo
midcontinent [,mɪdˈkɑntɪnənt] *s* centro del continente
midday [ˈmɪd,de] *s* mediodía; *adj* de mediodía
middle [ˈmɪdəl] *s* centro, medio; cintura (*del hombre*); **middles** *spl* (agr.) caballones, lomos; **about the middle of** a mediados de; **in the middle of** en medio de; a medio, p.ej., **in the middle of the afternoon** a media tarde; **from the middle of** desde en medio de; *adj* medio; intermedio; de en medio, p.ej., **the middle room** el cuarto de en medio
middle age *s* mediana edad; **Middle Ages** *spl* Edad Media
middle-aged [ˈmɪdəl,edʒd] *adj* de mediana edad
Middle America *s* Méjico y la América Central, la parte central de las Américas
middle class *s* clase media, burguesía
middle-class [ˈmɪdəl,klæs] o [ˈmɪdəl,klɑs] *adj* aburguesado, de la clase media
middle distance *s* (paint.) segundo término
middle ear *s* (anat.) oído medio
Middle East *s* Oriente Medio
Middle Eastern *adj* medio-oriental
Middle English *s* el inglés medio
middle finger *s* dedo cordial, dedo de en medio, dedo del corazón
Middle High German *s* el medio altoalemán
middleman [ˈmɪdəl,mæn] *s* (*pl:* **-men**) (com.) intermediario
middlemost [ˈmɪdəlmost] *adj* más céntrico, más cercano al centro
middle passage *s* travesía que hacían los traficantes en negros de África a las Antillas
middle term *s* (log.) término medio
middle voice *s* (gram.) voz media
middleweight [ˈmɪdəl,wet] *s* persona de peso medio; (box.) peso mediano o medio
Middle West *s* mediooeste, llanura central (*de los EE.UU.*)
middling [ˈmɪdlɪŋ] *adj* mediano, regular; *adv* (coll.) medianamente; **fairly middling** (coll.) así, así; **middlings** *spl* acemite; productos de tamaño regular, o de calidad o precio intermedios; clase de algodón que sirve de base a las cotizaciones
middy [ˈmɪdɪ] *s* (*pl:* **-dies**) (coll.) aspirante de marina; marinera (*blusa de niño*)
middy blouse *s* marinera (*blusa de niño*)
midge [mɪdʒ] *s* (ent.) mosca pequeñita, díptero; enano
midget [ˈmɪdʒɪt] *s* enano
Midianite [ˈmɪdɪənaɪt] *s* (Bib.) madianita
midiron [ˈmɪd,aɪərn] *s* (golf) mazo de hierro que se emplea cuando hay que dar a la bola un salto bastante grande
midland [ˈmɪdlənd] *s* interior, región central (*de un país*); *adj* del interior, de tierra adentro
midleg [ˈmɪd,lɛg] *s* media pierna; (ent.) pata intermedia, pata del mesotórax; *adv* hasta la media pierna
midmost [ˈmɪdmost] *adj* var. de **middlemost**
midnight [ˈmɪd,naɪt] *s* medianoche; *adj* de medianoche; **to burn the midnight oil** quemarse las cejas
midnight sun *s* sol de medianoche
midrange [ˈmɪd,rendʒ] *s* medio alcance; **gama intermedia** (*de los sonidos audibles*)
midrib [ˈmɪd,rɪb] *s* (bot.) nervio medial o principal

M

midriff ['mɪdrɪf] *s* (anat.) diafragma; traje que deja descubierta parte del diafragma
midship ['mɪd,ʃɪp] *adj* del o en el medio del buque; **midships** *adv* en medio del buque
midship frame *s* (naut.) cuaderna maestra
midshipman ['mɪd,ʃɪpmən] *s* (*pl:* **-men**) aspirante de marina, cadete de la escuela naval; guardia marina (*en un buque naval*); (archaic) mandadero de a bordo
midshipmite ['mɪd,ʃɪpmaɪt] *s* (hum.) guardia marina de estatura pequeña
midst [mɪdst] *s* centro, medio; **in the midst of** entre, en medio de; en lo más recio de
midst o **'midst** [mɪdst] *prep* (poet.) var. de **amidst**
midstream ['mɪd,strim] *s* medio de una corriente o río; **in midstream** en pleno río
midsummer ['mɪd,sʌmər] *s* pleno verano; (Brit.) fines de junio, solsticio de verano; *adj* en pleno verano
mid-Victorian ['mɪdvɪk'torɪən] *adj* chapado a la antigua; austero, rígido; *s* contemporáneo de la reina Victoria en la época media de su reinado
midway ['mɪd,we] *s* mitad del camino; avenida central (*p.ej., de una exposición*); *adj* situado a mitad del camino; *adv* a mitad del camino
midweek ['mɪd,wik] *s* mediados de la semana; (*cap.*) *s* (Quaker) miércoles
Midwest ['mɪd'wɛst] *s* mediooeste, llanura central (*de los EE.UU.*)
Midwestern [,mɪd'wɛstərn] *adj* del mediooeste (*de los EE.UU.*)
Midwesterner [,mɪd'wɛstərnər] *s* habitante del mediooeste (*de los EE.UU.*)
midwife ['mɪd,waɪf] *s* (*pl:* **-wives**) comadrona, partera
midwifery ['mɪd,waɪfrɪ] *s* partería
midwinter ['mɪd,wɪntər] *s* pleno invierno; (Brit.) fines de diciembre, solsticio de invierno; *adj* en pleno invierno
midyear ['mɪd,jɪr] *adj* de mediados del año; *s* (coll.) examen de mediados del año, examen de entre semestres
mien [min] *s* porte, aspecto, semblante, talante
miff [mɪf] *s* (coll.) desavenencia, disgusto; *va* disgustar, ofender; *vn* amoscarse
might [maɪt] *s* fuerza, poderío; **with might and main** con todas sus fuerzas, a más no poder; *v aux* podría, ser posible, p.ej., **he might come this evening** es posible que venga esta tarde
mightily ['maɪtɪlɪ] *adv* poderosamente; (coll.) muchísimo
mightiness ['maɪtɪnɪs] *s* fuerza, poderío; grandeza
mightn't ['maɪtənt] contracción de **might not**
mighty ['maɪtɪ] *adj* (*comp:* **-ier**; *super:* **-iest**) fuerte, potente, poderoso; grandísimo; *adv* (coll.) muy, p.ej., **it's mighty hard** es muy difícil; (coll.) mucho, p.ej., **it's mighty hot** hace mucho calor
mignon ['mɪnjɑn] *adj* lindo, primoroso
mignonette [,mɪnjə'nɛt] *s* (bot.) reseda, miñoneta
migraine ['maɪgren] o [mɪ'gren] *s* (path.) migraña, hemicránea
migrant ['maɪgrənt] *adj* migratorio; *s* peregrino, nómada; planta o animal migratorios
migrate ['maɪgret] *vn* emigrar
migration [maɪ'greʃən] *s* migración
migratory ['maɪgrə,torɪ] *adj* migratorio
mihrab ['mirəb] *s* mihrab
mikado [mɪ'kɑdo] *s* (*pl:* **-dos**) micado
mike [maɪk] *s* (slang) micrófono; (*cap.*) *s* Miguelito
mil. abr. de **military** y **militia**
mil [mɪl] *s* milipulgada
milady o **miladi** [mɪ'ledɪ] *s* (*pl:* **-dies**) miladi
Milan [mɪ'læn] o ['mɪlən] *s* Milán
Milanese [,mɪlə'niz] *adj* milanés; *s* (*pl:* **-nese**) milanés
milch [mɪlk] *adj* lechero
milch cow *s* vaca lechera, vaca de leche
mild [maɪld] *adj* suave, manso; dulce; templado; leve, ligero
mildew ['mɪldju] o ['mɪldu] *s* (agr.) mildiú; enmohecimiento, moho; *va* enmohecer; *vn* enmohecerse
mildly ['maɪldlɪ] *adv* suavemente, mansamente; dulcemente; algo, un poco
mildness ['maɪldnɪs] *s* suavidad, mansedumbre; dulzura; templanza (*del clima*)
mile [maɪl] *s* milla inglesa
mileage ['maɪlɪdʒ] *s* número de millas, recorrido en millas; gastos de viaje (*que se pagan a tanto por milla*)
mileage ticket *s* billete kilométrico
milepost ['maɪl,post] *s* poste miliar
Milesian [maɪ'liʃən] o [maɪ'liʒən] *adj* & *s* milesio
Milesian tales *spl* fábulas milesias
milestone ['maɪl,ston] *s* piedra miliaria; (fig.) piedra miliar; **to be a milestone** hacer época
Miletus [maɪ'litəs] *s* Mileto
milfoil ['mɪlfɔɪl] *s* (bot.) milefolio
miliary ['mɪlɪ,ɛrɪ] o ['mɪljərɪ] *adj* miliar; (path.) miliar
milieu [mi'ljø] *s* medio, ambiente
militancy ['mɪlɪtənsɪ] *s* belicosidad; actitud o política belicosas
militant ['mɪlɪtənt] *adj* militante, aguerrido, belicoso; *s* militante, partidario aguerrido
militarism ['mɪlɪtərɪzəm] *s* militarismo
militarist ['mɪlɪtərɪst] *adj* militarista; *s* militarista; estratégico
militarization [,mɪlɪtərɪ'zeʃən] *s* militarización
militarize ['mɪlɪtəraɪz] *va* militarizar
military ['mɪlɪ,tɛrɪ] *adj* militar; *s* (los) militares
Military Academy *s* (U.S.A.) Academia General Militar
military police *s* policía militar
military service *s* servicio militar
militate ['mɪlɪtet] *vn* militar; **to militate against** militar contra
militia [mɪ'lɪʃə] *s* milicia
militiaman [mɪ'lɪʃəmən] *s* (*pl:* **-men**) miliciano
milk [mɪlk] *s* leche; **to cry over spilt milk** lamentar lo irremediable; *va* ordeñar; extraer; chupar; *vn* dar leche
milk-and-water ['mɪlkənd'wɔtər] o ['mɪlkənd'wɑtər] *adj* débil, sin carácter
milk can *s* lechera (*vasija*)
milk crust *s* (path.) lactumen
milk diet *s* régimen lácteo
milker ['mɪlkər] *s* ordeñador; ordeñadora, máquina de ordeñar; vaca, cabra, etc. lecheras
milk fever *s* (path.) fiebre láctea
milking ['mɪlkɪŋ] *s* ordeño
milking machine *s* ordeñadora
milk leg *s* (path.) flebitis de las venas de la pierna
milkmaid ['mɪlk,med] *s* lechera
milkman ['mɪlk,mæn] *s* (*pl:* **-men**) lechero
milk of human kindness *s* compasión, humanidad
milk of lime *s* lechada de cal
milk of magnesia *s* (pharm.) leche de magnesia
milk pail *s* ordeñadero
milk powder *s* leche en polvo
milk shake *s* batido de leche
milk snake *s* (zool.) culebrilla norteamericana (*Lampropeltis triangulum*)
milksop ['mɪlk,sɑp] *s* marica, calzonazos
milk sugar *s* azúcar de leche
milk thistle *s* (bot.) cardo lechero, arzolla
milk tooth *s* diente de leche
milk vetch *s* (bot.) astrágalo
milkweed ['mɪlk,wid] *s* (bot.) algodoncillo
milk-white ['mɪlk,hwaɪt] *adj* blanco como la leche
milkwort ['mɪlk,wʌrt] *s* (bot.) lechera amarga, polígala
milky ['mɪlkɪ] *adj* (*comp:* **-ier**; *super:* **-iest**) lechoso; apocado, tímido, débil
Milky Way *s* (astr.) Vía láctea
mill [mɪl] *s* molino; fábrica, taller; hilandería (*de tejidos*); ingenio (*de azúcar*); aserradero; (U.S.A.) milésima (*de dólar*); (slang) pendencia a puñetazos; **to go through the mill** (coll.) entrenarse rigurosamente; (coll.) aprender por experiencia; **to put through the mill** (coll.) poner a prueba; (coll.) someter a

un entrenamiento riguroso; *va* moler; machacar, triturar; fabricar; cerrillar o acordonar (*monedas*); fresar; batir (*chocolate*); *vn* hormiguear, arremolinarse (*una muchedumbre*); (slang) luchar a puñetazos; **to mill about** o **around** moverse en círculos
millclapper ['mɪl,klæpər] *s* tarabilla, cítola; (dial.) tarabilla, charlador, parlanchín
milldam ['mɪl,dæm] *s* presa de molino; represa de molino
millenarian [,mɪlɪ'nɛrɪən] *adj & s* milenario
mill end *s* retazo de hilandería
millenium [mɪ'lɛnɪəm] *s* (*pl:* **-ums** o **-a** [ə]) milenario, milenio
millennial [mɪ'lɛnɪəl] *adj* milenario
millepede ['mɪlɪpid] *s* (zool.) milípedo
millepore ['mɪlɪpor] *s* (zool.) milépora
miller ['mɪlər] *s* molinero; (ent.) mariposa nocturna de alas empolvadas; (mach.) fresa
miller's-thumb ['mɪlərz'θʌm] *s* (ichth.) coto
millesimal [mɪ'lɛsɪməl] *adj & s* milésimo
millet ['mɪlɪt] *s* (bot.) mijo o millo; (bot.) panizo
mill hand *s* molinero, obrero de molino; hilandero
milliammeter [,mɪlɪ'æm,mitər] *s* (elec.) miliamperímetro
milliampere [,mɪlɪ'æmpɪr] *s* (elec.) miliamperio
milliard ['mɪljərd] *s* mil millones
milliary ['mɪlɪ,ɛrɪ] *adj* miliario
millibar ['mɪlɪbɑr] *s* milibar
millicurie [,mɪlɪ'kjʊri] o [,mɪlɪkjʊ'ri] *s* (phys.) milicurie
milligram o **milligramme** ['mɪlɪgræm] *s* miligramo
milliliter ['mɪlɪ,litər] *s* mililitro
millimeter ['mɪlɪ,mitər] *s* milímetro
millimicron ['mɪlɪ,maɪkrɑn] *s* (*pl:* **-cra** [krə]) milimicrón
milliner ['mɪlɪnər] *s* modista de sombreros, sombrerero, sombrerera
millinery ['mɪlɪ,nɛrɪ] o ['mɪlɪnərɪ] *s* sombreros de señora; confección de sombreros de señora; venta de sombreros de señora
millinery shop *s* sombrerería (*de la modista de sombreros de señora*)
milling ['mɪlɪŋ] *s* molienda; acordonamiento; cordoncillo; fabricación; fresado
milling machine *s* fresadora
million ['mɪljən] *s* millón; *adj* millón de, millones de, p.ej., **two million inhabitants** dos millones de habitantes
millionaire [,mɪljən'ɛr] *adj & s* millonario
millionfold ['mɪljən,fold] *adj* multiplicado por un millón; *adv* millón de veces
millionth ['mɪljənθ] *adj & s* millonésimo
millipede ['mɪlɪpid] *s* var. de **millepede**
millivolt ['mɪlɪ,volt] *s* (elec.) milivoltio
millpond ['mɪl,pɑnd] *s* represa de molino
millrace ['mɪl,res] *s* caz; corriente del caz
millstone ['mɪl,ston] *s* muela de molino; (fig.) peso agobiador, carga agobiadora
mill wheel *s* rueda de molino
millwork ['mɪl,wʌrk] *s* carpintería mecánica, materiales prefabricados de construcción; trabajo de taller, de fábrica o de molino
millwright ['mɪl,raɪt] *s* montador de ejes, poleas, transmisiones, etc.; fabricante de molinos
milord [mɪ'lɔrd] *s* milord
milt [mɪlt] *s* (ichth.) lecha (*licor seminal y bolsa que lo contiene*); (anat.) bazo
Miltiades [mɪl'taɪədiz] *s* Milcíades
Miltonian [mɪl'tonɪən] o **Miltonic** [mɪl'tɑnɪk] *adj* miltoniano
mimbar ['mɪmbɑr] *s* almimbar (*púlpito en la mezquita*)
mime [maɪm] *s* mimo; *va* remedar; *vn* actuar de mimo, hacer el bufón
mimeograph ['mɪmɪə,græf] o ['mɪmɪə,grɑf] *s* (trademark) ciclostilo, mimeógrafo; *va* mimeografiar
mimesis [mɪ'misɪs] o [maɪ'misɪs] *s* (rhet., biol. & path.) mímesis
mimetic [mɪ'mɛtɪk] o [maɪ'mɛtɪk] *adj* imitativo; fingido; (biol. & mineral.) mimético
mimic ['mɪmɪk] *adj* mímico; fingido; *s* remedador; (*pret & pp:* **-icked;** *ger:* **-icking**) *va* imitar; remedar (*especialmente por burla*)
mimicry ['mɪmɪkrɪ] *s* (*pl:* **-ries**) mímica, remedo; (biol.) mimicria
mimosaceous [,mɪmə'seʃəs] o [,maɪmə'seʃəs] *adj* (bot.) mimosáceo
min. abr. de **minimum** y **minute** o **minutes**
minacious [mɪ'neʃəs] *adj* amenazador
minaret [,mɪnə'rɛt] o ['mɪnərɛt] *s* alminar, minarete
minatory ['mɪnə,torɪ] *adj* amenazador
mince [mɪns] *s* picadillo; *va* desmenuzar; picar (*carne*); andar con rodeos al hablar de; hacer remilgadamente; decir remilgadamente; **not to mince matters** hablar con toda franqueza, no tener pelos en la lengua; *vn* andar remilgadamente; hablar remilgadamente
mincemeat ['mɪns,mit] *s* cuajado (*carne picada con frutas*); **to make mincemeat of** hacer pedazos
mince pie *s* pastel de carne picada con frutas
mincing ['mɪnsɪŋ] *adj* remilgado; andando remilgadamente
mind [maɪnd] *s* mente, espíritu; juicio; ánimo; parecer; persona de gran entendimiento; **to bear in mind** tener presente; **to be in one's right mind** estar en sus cabales, estar en su juicio; **to be of one mind** estar de acuerdo (*dos o más personas*); **to be on one's mind** preocuparle a uno; **to be out of one's mind** estar fuera de juicio; **to bring** o **to call to mind** traer a las mientes; **to change one's mind** cambiar o mudar de opinión o de parecer; **to come to mind** venir a las mientes; **to go out of one's mind** volverse loco; **to have a mind to** + *inf* estar en ánimo de + *inf*, estar por + *inf;* **to have half a mind to** + *inf* inclinarse a + *inf;* **to have in mind** tener en mente, tener pensado; acordarse de; pensar en; **to have in mind to** + *inf* pensar en + *inf;* **to have on one's mind** preocuparse con; **to keep in mind** tener presente; **to know one's mind** saber lo que uno quiere; **to lose one's mind** perder el juicio; **to make up one's mind** resolverse; **to my mind** en mi opinión, a mi parecer; **to pass out of mind** caer en el olvido; **to put in mind** recordar; **to read minds** leer mentes, adivinar el pensamiento ajeno; **to say whatever comes into one's mind** decir lo que se le viene a la boca; **to set one's mind on** desear con vehemencia; **to set one's mind on** + *ger* resolverse a + *inf;* **to slip one's mind** escaparse de la memoria; **to speak one's mind** decir su parecer, hablar en plata, hablar con franqueza; **with one mind** unánimemente ‖ *va* acordarse de; tener en cuenta; fijarse en; meterse en; obedecer, guiarse por; cuidar, estar al cuidado de (*p.ej., un niño*); sentir molestia por; **do you mind the smoke?** ¿le molesta el humo?; **mind your own business** no se meta Vd. en lo que no le toca ‖ *vn* tener cuidado; fijarse; tener inconveniente; **never mind** no se moleste Vd., no importa; **now mind** fíjese Vd.
minded ['maɪndɪd] *adj* inclinado, dispuesto
mindful ['maɪndfəl] *adj* atento, cuidadoso; **mindful of** atento a, cuidadoso de
mindless ['maɪndlɪs] *adj* estúpido, sin inteligencia; poco atento
mind reader *s* adivinador del pensamiento ajeno
mind reading *s* adivinación del pensamiento
mind's eye *s* imaginación
mine [maɪn] *adj poss* (archaic) mi; *pron poss* mío; el mío; **a friend of mine** un amigo mío; *s* mina; (mil., nav. & fig.) mina; **to work a mine** beneficiar una mina; *va* minar; extraer (*carbón, mineral, etc.*); beneficiar (*un terreno*); (mil., nav. & fig.) minar; *vn* minar; abrir minas; dedicarse a la minería
mine detector *s* detector de minas
mine field *s* (mil. & nav.) campo de minas
mine layer *s* (nav.) buque portaminas, minador
miner ['maɪnər] *s* minero; (mil.) minador
mineral ['mɪnərəl] *adj & s* mineral
mineral green *s* verdemontaña (*mineral y color*)
mineralization [,mɪnərəlɪ'zeʃən] *s* mineralización
mineralize ['mɪnərəlaɪz] *va* mineralizar; *vn* buscar minerales
mineral jelly *s* jalea mineral (*petrolato crudo*)

M

mineral kingdom *s* reino mineral
mineralogical [ˌmɪnərəˈlɑdʒɪkəl] *adj* mineralógico
mineralogically [ˌmɪnərəˈlɑdʒɪkəlɪ] *adv* mineralógicamente
mineralogist [ˌmɪnəˈrælədʒɪst] *s* mineralogista
mineralogy [ˌmɪnəˈrælədʒɪ] *s* mineralogía
mineral oil *s* aceite mineral
mineral pitch *s* brea mineral (*asfalto*)
mineral right *s* (law) derecho al subsuelo, derecho para explotar yacimientos minerales
mineral water *s* agua mineral, agua mineromedicinal
mineral wool *s* lana de escoria, lana mineral
Minerva [mɪˈnʌrvə] *s* (myth.) Minerva
minestrone [ˌmɪnɛˈstrone] *s* sopa de legumbres y fideos
mine sweeper *s* (nav.) dragaminas, barreminas
mine thrower *s* (mil.) lanzaminas
mingle [ˈmɪŋgəl] *va* mezclar, confundir; *vn* mezclarse, confundirse; asociarse
miniature [ˈmɪnɪətʃər] o [ˈmɪnɪtʃər] *s* miniatura; modelo pequeño; **in miniature** en miniatura; *adj* miniatura; miniaturesco, diminuto
miniaturist [ˈmɪnɪətʃərɪst] o [ˈmɪnɪtʃərɪst] miniaturista
miniaturization [ˌmɪnɪətʃərɪˈzeʃən] o [ˌmɪnɪtʃərɪˈzeʃən] *s* miniaturización
miniaturize [ˈmɪnɪətʃəraiz] o [ˈmɪnɪtʃəraɪz] *va* miniaturizar
Minié ball [ˈmɪnɪe] o [ˈmɪnɪ] *s* bala Minié
minim [ˈmɪnɪm] *s* cantidad muy pequeña; mínima; (mus.) mínima; (pharm.) minim
minimal [ˈmɪnɪməl] *adj* mínimo
minimization [ˌmɪnɪmɪˈzeʃən] *s* reducción al mínimo; paliación; minimización, empequeñecimiento, menosprecio
minimize [ˈmɪnɪmaɪz] *va* reducir al mínimo; paliar; minimizar, empequeñecer, menospreciar
minimum [ˈmɪnɪməm] *adj* mínimo; *s* (*pl:* **-mums** o **-ma** [mə]) mínimo o mínimum
minimum wage *s* jornal mínimo
mining [ˈmaɪnɪŋ] *adj* minero; *s* mineraje, minería; (nav.) minado (*p.ej., de un puerto*)
mining engineer *s* ingeniero de minas
minion [ˈmɪnjən] *s* paniaguado; privado, valido; (print.) miñona; *adj* lindo, primoroso
minion of the law *s* esbirro, polizonte
minister [ˈmɪnɪstər] *s* ministro; (pol., dipl. & eccl.) ministro; *va & vn* ministrar
Minister of Foreign Affairs *s* (Brit.) ministro de Asuntos Exteriores
minister of the Gospel *s* ministro del santo Evangelio (*pastor protestante*)
ministerial [ˌmɪnɪsˈtɪrɪəl] *adj* ministerial; administrativo; ministrante
minister plenipotentiary *s* (*pl:* **ministers plenipotentiary**) ministro plenipotenciario
minister without portfolio *s* ministro sin cartera
ministral [ˈmɪnɪstrəl] *adj* ministerial
ministrant [ˈmɪnɪstrənt] *adj & s* ministrador, ministrante
ministration [ˌmɪnɪˈstreʃən] *s* ayuda, solicitud, suministración; (eccl.) ministerio
ministry [ˈmɪnɪstrɪ] *s* (*pl:* **-tries**) ministerio
minitrack [ˈmɪnɪˌtræk] *s* sistema electrónico para el rastreo de los satélites terrestres mediante radioondas captadas por una cadena mundial de radiorreceptoras
minium [ˈmɪnɪəm] *s* (chem.) minio
miniver [ˈmɪnɪvər] *s* piel de forro blanca o blanca con motas negras; (zool.) gris, ardilla de Siberia; (zool.) armiño en su piel blanca de invierno; (Brit.) piel blanca
mink [mɪŋk] *s* (zool.) visón; piel de visón
mink coat *s* abrigo de visón
Minn. abr. de **Minnesota**
minnesinger [ˈmɪnəˌsɪŋər] *s* trovador alemán
minnow [ˈmɪno] *s* pececillo; (ichth.) foxino; (ichth.) ciprino
Minoan [mɪˈnoən] *adj* minoico
minor [ˈmaɪnər] *adj* menor; de menor importancia; menor de edad; (log. & mus.) menor; *s* menor de edad; (educ.) asignatura o curso secundario; (mus.) acorde, escala o intervalo menor; *vn* (coll.) seguir una asignatura o curso secundario
Minorca [mɪˈnɔrkə] *s* Menorca
Minorcan [mɪˈnɔrkən] *adj & s* menorquín
minority [mɪˈnɑrɪtɪ] o [mɪˈnɔrɪtɪ] *s* (*pl:* **-ties**) minoría; *adj* minoritario
minor key *s* (mus..) tono menor
minor orders *spl* (eccl.) órdenes menores
minor premise *s* (log.) premisa menor
minor scale *s* (mus.) escala menor
minor surgery *s* cirugía menor
Minos [ˈmaɪnɑs] *s* (myth.) Minos
Minotaur [ˈmɪnətɔr] *s* (myth.) Minotauro
minster [ˈmɪnstər] *s* santuario de monasterio; catedral
minstrel [ˈmɪnstrəl] *s* ministril (*criado que con música y canto divertía a su señor*); trovador; juglar; (U.S.A.) cómico disfrazado de negro
minstrel show *s* función de cómicos disfrazados de negro
minstrelsy [ˈmɪnstrəlsɪ] *s* (*pl:* **-sies**) juglaría, poesía o música trovadorescas, cancionero; compañía de juglares o trovadores
mint [mɪnt] *s* (bot.) hierbabuena, menta; pastilla o bombón de menta; casa de moneda; dineral, montón de dinero; sinnúmero; fuente inagotable; *adj* sin usar, no usado; *va* acuñar; (fig.) inventar
mintage [ˈmɪntɪdʒ] *s* acuñación; moneda acuñada; derechos de cuño; sello, señal
mint block *s* (philately) cuadrito sin usar
mint julep *s* julepe (*bebida helada compuesta de whisky, azúcar y hojas de menta*)
minuend [ˈmɪnjʊɛnd] *s* (math.) minuendo
minuet [ˌmɪnjʊˈɛt] *s* minué o minuete (*baile y música*)
minus [ˈmaɪnəs] *s* menos (*signo*); *adj* menos; *prep* menos; falto de, sin
minus sign *s* signo menos
minute [maɪˈnjut] o [maɪˈnut] *adj* menudo, diminuto; minucioso; [ˈmɪnɪt] *s* minuto (*de hora; de grado*); instante, momento; **minutes** *spl* acta (*de una junta*); **up to the minute** al corriente; de última hora; *va* minutar; levantar acta de
minute gun [ˈmɪnɪt] *s* cañón que se dispara de minuto en minuto (*en señal de luto o de alarma*)
minute hand [ˈmɪnɪt] *s* minutero
minutely [maɪˈnjutlɪ] o [maɪˈnutlɪ] *adv* menudamente, minuciosamente
minuteman [ˈmɪnɪtˌmæn] *s* (*pl:* **-men**) (U.S.A.) miliciano de la Revolución
minuteness [maɪˈnjutnɪs] o [maɪˈnutnɪs] *s* menudencia, minuciosidad
minutiae [mɪˈnjuʃɪi] o [mɪˈnuʃɪi] *spl* minucias, detalles minuciosos
minx [mɪŋks] *s* moza descarada, coqueta
Miocene [ˈmaɪosin] *adj & s* (geol.) mioceno
miquelet [ˈmɪkəlɛt] *s* miquelete
miracle [ˈmɪrəkəl] *s* milagro; dechado (*p.ej., de paciencia*); (theat.) auto, milagro
miracle play *s* auto, milagro
miraculous [mɪˈrækjələs] *adj* milagroso
mirage [mɪˈrɑʒ] *s* (opt. & fig.) espejismo, miraje
mire [maɪr] *s* lodo, lodazal; *va* enlodar; dar con (*p.ej., caballos*) en un atolladero; *vn* atollarse, atascarse
mirk [mʌrk] *s* var. de **murk**
mirky [ˈmʌrkɪ] *adj* (*comp:* **-ier;** *super:* **-iest**) var. de **murky**
mirror [ˈmɪrər] *s* espejo; (aut.) retrovisor; *va* reflejar
mirth [mʌrθ] *s* alegría, regocijo, risa, hilaridad
mirthful [ˈmʌrθfəl] *adj* alegre, regocijado, reidor
mirthless [ˈmʌrθlɪs] *adj* abatido, triste, tétrico
miry [ˈmaɪrɪ] *adj* (*comp:* **-ier;** *super:* **-iest**) lodoso; pantanoso; sucio
misadventure [ˌmɪsədˈvɛntʃər] *s* desgracia, contratiempo
misalignment [ˌmɪsəˈlaɪnmənt] *s* desalineamiento
misalliance [ˌmɪsəˈlaɪəns] *s* alianza mal hecha; matrimonio con una persona de clase inferior
misanthrope [ˈmɪsənθrop] *s* misántropo

misanthropic [ˌmɪsən'θrɑpɪk] *adj* misantrópico
misanthropist [mɪs'ænθrəpɪst] *s* var. de **misanthrope**
misanthropy [mɪs'ænθrəpɪ] *s* misantropía
misapplication [ˌmɪsæplɪ'keʃən] *s* aplicación errada; mal uso
misapply [ˌmɪsə'plaɪ] (*pret & pp:* **-plied**) *va* aplicar mal; hacer mal uso de
misapprehend [ˌmɪsæprɪ'hɛnd] *va* entender mal
misapprehension [ˌmɪsæprɪ'henʃən] *s* equivocación; mala inteligencia
misappropriate [ˌmɪsə'proprɪet] *va* malversar; hacer mal uso de
misappropriation [ˌmɪsəˌproprɪ'eʃən] *s* malversación; mal uso
misbecome [ˌmɪsbɪ'kʌm] (*pret:* **-came;** *pp:* **-come**) *va* no convenir a, no ser propio de, ser indigno de
misbegotten [ˌmɪsbɪ'gɑtən] *adj* bastardo
misbehave [ˌmɪsbɪ'hev] *vn* conducirse mal, portarse mal
misbehavior [ˌmɪsbɪ'hevjər] *s* mala conducta, mal comportamiento
misbelief [ˌmɪsbɪ'lif] *s* error, opinión errónea; creencia heterodoxa
misbelieve [ˌmɪsbɪ'liv] *va* dudar, no creer; *vn* estar en error, tener opiniones erróneas; tener creencias heterodoxas
misbeliever [ˌmɪsbɪ'livər] *s* persona equivocada; heterodoxo
misbrand [mɪs'brænd] *va* herrar falsamente; marcar falsamente
misc. abr. de **miscellaneous** y **miscellany**
miscalculate [mɪs'kælkjəlet] *va & vn* calcular mal
miscalculation [ˌmɪskælkjə'leʃən] *s* cálculo errado; desacierto
miscall [mɪs'kɔl] *va* errar el nombre de
miscarriage [mɪs'kærɪdʒ] *s* aborto, malparto; fracaso, malogro; extravío (*p.ej., de una carta*)
miscarry [mɪs'kærɪ] (*pret & pp:* **-ried**) *vn* salir mal, malograrse; extraviarse (*p.ej., una carta*); abortar
miscegenation [ˌmɪsɪdʒɪ'neʃən] *s* miscegenación
miscellaneous [ˌmɪsə'lenɪəs] *adj* misceláneo
miscellany ['mɪsəˌlenɪ] *s* (*pl:* **-nies**) miscelánea (*mezcla; obra*); **miscellanies** *spl* miscelánea (*obra*)
mischance [mɪs'tʃæns] o [mɪs'tʃɑns] *s* desgracia, infortunio, mala suerte
mischief ['mɪstʃɪf] *s* daño, mal; diablura; travesura; malicia; diablillo, persona traviesa
mischief-maker ['mɪstʃɪfˌmekər] *s* camorrista, cizañador
mischievous ['mɪstʃɪvəs] *adj* dañoso, malo; travieso; malicioso; enredador
miscible ['mɪsɪbəl] *adj* miscible
misconceive [ˌmɪskən'siv] *va & vn* entender mal
misconception [ˌmɪskən'sɛpʃən] *s* concepto erróneo; mala interpretación
misconduct [mɪs'kɑndʌkt] *s* mala conducta; desorden, desbarajuste; [ˌmɪskən'dʌkt] *va* administrar mal; **to misconduct oneself** conducirse mal, portarse mal
misconstruction [ˌmɪskən'strʌkʃən] *s* mala interpretación
misconstrue [ˌmɪskən'stru] o [mɪs'kɑnstru] *va* interpretar mal
miscount [mɪs'kaʊnt] *s* cuenta errónea; *va & vn* contar mal
miscreant ['mɪskrɪənt] *adj* vil, ruin; (archaic) hereje; *s* pillo, sinvergüenza; (archaic) hereje
miscreated [ˌmɪskri'etɪd] *adj* contrahecho, mal formado
miscue [mɪs'kju] *s* (billiards) pifia; (coll.) pifia, descuido; *vn* (billiards) pifiar; (theat.) equivocarse de apunte
misdate [mɪs'det] *s* fecha falsa o equivocada; *va* fechar falsa o equivocadamente
misdeal ['mɪsˌdil] *s* repartición errónea (*de naipes*); [mɪs'dil] (*pret & pp:* **-dealt**) *va & vn* dar mal, repartir mal
misdeed [mɪs'did] o ['mɪsˌdid] *s* malhecho, infracción
misdemean [ˌmɪsdɪ'min] *vn* portarse mal; (law) cometer un delito menor
misdemeanor [ˌmɪsdɪ'minər] *s* mala conducta; culpa; (law) delito de menor cuantía
misdid [mɪs'dɪd] *pret de* **misdo**
misdirect [ˌmɪsdɪ'rɛkt] o [ˌmɪsdaɪ'rɛkt] *va* dirigir erradamente; extraviar, hacer perder el camino a
misdirection [ˌmɪsdɪ'rɛkʃən] o [ˌmɪsdaɪ'rɛkʃən] *s* mala dirección, instrucciones erradas
misdo [mɪs'du] (*pret* **-did;** *pp:* **-done**) *va* hacer mal
misdoing [mɪs'duɪŋ] *s* maldad, perversidad
misdone [mɪs'dʌn] *pp de* **misdo**
mise en scène [mizɑ̃'sɛn] *s* (Fr.) puesta en escena
misemploy [ˌmɪsem'plɔɪ] *va* emplear mal
miser ['maɪzər] *s* avaro, verrugo
miserable ['mɪzərəbəl] *adj* miserable; (coll.) indispuesto, en mala salud
Miserere [ˌmɪzə'rɪrɪ] o [ˌmɪzə'rɛrɪ] *s* (eccl. & mus.) miserere; (*l.c.*) *s* (arch.) misericordia, coma
misericord [ˌmɪzərɪ'kɔrd] o [mɪ'zɛrɪkɔrd] *s* misericordia (*puñal*); (arch.) misericordia, coma (*ménsula*); (eccl.) misericordia (*sala; dispensación*)
miserly ['maɪzərlɪ] *adj* mísero, avariento
misery ['mɪzərɪ] *s* (*pl:* **-ies**) miseria; (dial.) dolor, sufrimiento
misfeasance [mɪs'fizəns] *s* (law) acción mala; (law) abuso de autoridad, fraude
misfire [mɪs'faɪr] *s* falla de tiro; falla de encendido; mechazo; *vn* no dar fuego; fallar; dar mechazo
misfit ['mɪsˌfɪt] *s* vestido o traje mal cortados; cosa que no encaja bien o que no sienta bien; persona desequilibrada, persona reñida con su ambiente; [mɪs'fɪt] (*pret & pp:* **-fitted;** *ger:* **-fitting**) *va* cortar mal; encajar mal, sentar mal; *vn* encajar mal, sentar mal
misfortune [mɪs'fɔrtʃən] *s* desventura
misgive [mɪs'gɪv] (*pret:* **-gave;** *pp:* **-given**) *va* hacer dudar o recelar, dar mala espina a; *vn* temer, recelar
misgiving [mɪs'gɪvɪŋ] *s* duda, recelo, ansiedad
misgovern [mɪs'gʌvərn] *va* desgobernar; administrar mal, manejar mal
misgovernment [mɪs'gʌvərnmənt] *s* desgobierno; mala administración, mal manejo
misguide [mɪs'gaɪd] *va* dirigir mal; aconsejar mal; descarriar
misguided [mɪs'gaɪdɪd] *adj* errado, erróneo; mal aconsejado; descarriado
mishandle [mɪs'hændəl] *va* manejar mal; maltratar
mishap ['mɪshæp] o [mɪs'hæp] *s* accidente, percance
mishear [mɪs'hɪr] (*pret & pp:* **-heard**) *va* oír mal
misinform [ˌmɪsɪn'fɔrm] *va* informar mal, dar informes erróneos o falsos a
misinformation [ˌmɪsɪnfər'meʃən] *s* informes erróneos o falsos
misinterpret [ˌmɪsɪn'tʌrprɪt] *va* interpretar mal
misinterpretation [ˌmɪsɪnˌtʌrprɪ'teʃən] *s* mala interpretación
misjudge [mɪs'dʒʌdʒ] *va & vn* juzgar mal o injustamente
misjudgment o **misjudgement** [mɪs'dʒʌdʒmənt] *s* juicio errado o injusto
mislay [mɪs'le] (*pret & pp:* **-laid**) *va* colocar mal; extraviar, perder
mislead [mɪs'lid] (*pret & pp:* **-led**) *va* extraviar; descarriar; engañar
misleading [mɪs'lidɪŋ] *adj* engañoso; de falsas apariencias
mismanage [mɪs'mænɪdʒ] *va* manejar mal, administrar mal
mismanagement [mɪs'mænɪdʒmənt] *s* mal manejo, mala administración
mismatch [mɪs'mætʃ] *s* unión o ayuntamiento mal hechos; casamiento desigual o mal hecho; *va* unir mal, emparejar mal, hermanar mal
mismate [mɪs'met] *va & vn* emparejar mal, hermanar mal; casar mal
misname [mɪs'nem] *va* llamar por mal nombre, equivocar el nombre de
misnomer [mɪs'nomər] *s* mal nombre, nombre inapropiado; nombre erróneo
misogamic [ˌmɪso'gæmɪk] *adj* misógamo

misogamist [mɪˈsɑgəmɪst] *s* misógamo
misogamy [mɪˈsɑgəmɪ] *s* misogamia
misogynist [mɪˈsɑdʒɪnɪst] *s* misógino
misogynous [mɪˈsɑdʒɪnəs] *adj* misógino
misogyny [mɪˈsɑdʒɪnɪ] *s* misoginia
misoneism [ˌmɪsoˈniɪzəm] *s* misoneísmo
misoneist [ˌmɪsoˈniɪst] *s* misoneísta
mispickel [ˈmɪsˌpɪkəl] *s* (mineral.) mispíquel
misplace [mɪsˈples] *va* colocar mal o fuera de su lugar; (coll.) extraviar, perder; dar (*amor o confianza*) a quien no lo merece
misplacement [mɪsˈplesmənt] *s* colocación de una cosa fuera de su lugar; extravío, pérdida
misplay [mɪsˈple] *s* mala jugada; *va & vn* jugar mal
misprint [ˈmɪsˌprɪnt] *s* errata de imprenta; [mɪsˈprɪnt] *va* imprimir mal, imprimir con erratas
misprision [mɪsˈprɪʒən] *s* (law) delito (*especialmente de funcionario público*); (coll.) ocultación de un delito
misprize [mɪsˈpraɪz] *va* menospreciar; desestimar
mispronounce [ˌmɪsprəˈnaʊns] *va* pronunciar mal
mispronunciation [ˌmɪsprəˌnʌnsɪˈeʃən] o [ˌmɪsprəˌnʌnʃɪˈeʃən] *s* pronunciación errada o inexacta
misquotation [ˌmɪskwoˈteʃən] *s* cita falsa o equivocada
misquote [mɪsˈkwot] *va* citar falsa o equivocadamente
misread [mɪsˈrid] (*pret & pp:* **-read** [ˈrɛd]) *va* leer mal; entender o interpretar mal
misrepresent [ˌmɪsrɛprɪˈzɛnt] *va* exponer o alegar falsamente; falsificar (*los hechos*); describir engañosamente
misrepresentation [ˌmɪsrɛprɪzɛnˈteʃən] *s* exposición falsa; falsificación; descripción falsa
misrule [mɪsˈrul] *s* confusión, desorden; desgobierno; *va* desgobernar
Miss. abr. de **Mississippi**
miss [mɪs] *s* falta; tiro errado; malogro, fracaso; muchacha, jovencita; (*cap.*) señorita; **a miss is as good as a mile** lo mismo da librarse por poco que por mucho; *va* echar de menos (*a una persona*); hacer falta, p.ej., **I have missed you very much** Vd. me ha hecho mucha falta; errar (*el blanco; la vocación*); perder (*el tren, la función, la oportunidad*); librarse de (*p.ej., la muerte*); no comprender, no entender; no ver; omitir; no dar con, no hallar; no encontrar; no lograr coger u obtener; escapársele a uno, p.ej., **I missed what you said** se me escapó lo que dijo Vd.; **to miss** + *ger* por poco + *ind*, p.ej., **the car just missed running over me** el coche por poco me atropella; *vn* errar el blanco; malograrse, no surtir efecto; fallar
missal [ˈmɪsəl] *s* (eccl.) misal
missel thrush [ˈmɪsəl] *s* (orn.) cagaaceite, charla
misshape [mɪsˈʃep] (*pret:* **-shaped;** *pp:* **-shaped** o **-shapen**) *va* deformar
misshapen [mɪsˈʃepən] *adj* deforme, contrahecho; *pp de* **misshape**
missile [ˈmɪsɪl] *adj* arrojadizo; *s* arma arrojadiza; proyectil
missileer [ˌmɪsɪlˈɪr] *s* var. de **missileman**
missile gap *s* inferioridad del proyectil, desventaja en el desarrollo del proyectil
missileman [ˈmɪsɪlmən] *s* (*pl:* **-men**) perito en materia de proyectiles dirigidos
missilery [ˈmɪsɪlrɪ] *s* ciencia de los proyectiles dirigidos
missing [ˈmɪsɪŋ] *adj* desaparecido; ausente; **to be missing** faltar, hacer falta; haber desaparecido
missing link *s* eslabón perdido, hombre mono
missing persons *spl* desaparecidos
mission [ˈmɪʃən] *s* misión; casa de misión; **missions** *spl* misiones, propagación de la fe
missionary [ˈmɪʃənˌɛrɪ] *adj* misional; misionero (*p.ej., espíritu*); *s* (*pl:* **-ies**) misionario; propagandista; (eccl.) misionario o misionero
mission furniture *s* muebles al estilo de las misiones californianas (*pesados y de roble ahumado*)
missis o **missus** [ˈmɪsɪz] *s* (coll.) esposa, mujer; (coll.) ama de casa
missish [ˈmɪsɪʃ] *adj* relamido, remilgado
Mississippi [ˌmɪsɪˈsɪpɪ] *s* Misisipí (*río y estado*)
missive [ˈmɪsɪv] *adj* misivo; *s* misiva
Missouri [mɪˈzʊrɪ] o [mɪˈzʊrə] *s* Misurí (*río y estado*); **from Missouri** (slang) escéptico, difícil de engañar
misspeak [mɪsˈspik] (*pret:* **-spoke;** *pp:* **-spoken**) *va* decir, pronunciar o hablar mal o erróneamente
misspell [mɪsˈspɛl] (*pret & pp:* **-spelled** o **-spelt**) *va & vn* deletrear o escribir mal
misspelling [mɪsˈspɛlɪŋ] *s* falta de ortografía
misspend [mɪsˈspɛnd] (*pret & pp:* **-spent**) *va* malgastar, desbaratar
misspent [mɪsˈspɛnt] *adj* malgastado, desbaratado; *pret & pp de* **misspend**
misspoke [mɪsˈspok] *pret de* **misspeak**
misspoken [mɪsˈspokən] *pp de* **misspeak**
misstate [mɪsˈstet] *va* relatar mal o falsamente
misstatement [mɪsˈstetmənt] *s* relato inexacto o falso
misstep [mɪsˈstɛp] *s* paso falso; resbalón (*en un delito o culpa*)
missy [ˈmɪsɪ] *s* (*pl:* **-ies**) (coll.) señorita, hija mía
mist [mɪst] *s* niebla, neblina; llovizna; velo (*p.ej., de lágrimas*); *va* empañar, velar; *vn* lloviznar; empañarse, velarse
mistakable [mɪsˈtekəbəl] *adj* confundible, equívoco
mistake [mɪsˈtek] *s* error, equivocación; culpa; decisión poco acertada; **and no mistake** sin duda alguna; **by mistake** por descuido; **to make a mistake** equivocarse; (*pret:* **-took;** *pp:* **-taken**) *va* entender mal, interpretar mal; confundir; tomar (*por otro; por lo que no es*); **to be mistaken for** equivocarse con; *vn* errar, equivocarse
mistaken [mɪsˈtekən] *adj* errado, erróneo; equivocado; desacertado; *pp de* **mistake**
mistaken identity *s* identificación equivocada
mistakenly [mɪsˈtekənlɪ] *adv* por error, equivocadamente
mister [ˈmɪstər] *s* señor; (*cap.*) *s* señor (*tratamiento de cortesía*); (*l.c.*) *va* (coll.) dar tratamiento de señor a
mistime [mɪsˈtaɪm] *va* hacer o decir a deshora; equivocarse al decir la hora, el día, el año, etc. de; cronometrar mal
mistimed [mɪsˈtaɪmd] *adj* inoportuno, intempestivo
mistletoe [ˈmɪsəlto] *s* (bot.) muérdago (*Viscum album*); (bot.) cabellera, visco (*Phoradendron*); (bot.) loranto
mistook [mɪsˈtʊk] *pret de* **mistake**
mistral [ˈmɪstrəl] o [mɪsˈtrɑl] *s* mistral (*viento*)
mistranslate [ˌmɪstrænsˈlet] o [mɪsˈtrænslet] *va* traducir mal o erróneamente
mistranslation [ˌmɪstrænsˈleʃən] *s* traducción errónea
mistreat [mɪsˈtrit] *va* maltratar
mistreatment [mɪsˈtritmənt] *s* maltratamiento, malos tratos
mistress [ˈmɪstrɪs] *s* ama de casa; señora; perita; maestra de escuela; moza, querida, manceba; (archaic) amada; (archaic & dial.) señora, señorita (*tratamiento de cortesía*); (fig.) señora (*país que gobierna, p.ej., los mares*); (*cap.*) [ˈmɪsɪz] *s* señora (*tratamiento de cortesía que se da a una mujer casada*)
Mistress of the Seas *s* señora de los mares (*Inglaterra*)
mistrial [mɪsˈtraɪəl] *s* (law) pleito o juicio viciado de nulidad
mistrust [mɪsˈtrʌst] *s* desconfianza; *va* desconfiar de; *vn* desconfiar
mistrustful [mɪsˈtrʌstfəl] *adj* desconfiado
misty [ˈmɪstɪ] *adj* (*comp:* **-ier;** *super:* **-iest**) brumoso, nebuloso, neblinoso; empañado; vago, indistinto
misunderstand [ˌmɪsʌndərˈstænd] (*pret & pp:* **-stood**) *va & vn* entender mal, no comprender
misunderstanding [ˌmɪsʌndərˈstændɪŋ] *s* malentendido; desavenencia
misunderstood [ˌmɪsʌndərˈstʊd] *adj* no bien comprendido; insuficientemente apreciado o estimado; *pret & pp de* **misunderstand**

misusage [mɪs'jusɪdʒ] o [mɪs'juzɪdʒ] *s* mal uso, mal empleo; maltratamiento
misuse [mɪs'jus] *s* mal uso, mal empleo; uso erróneo o impropio; [mɪs'juz] *va* emplear mal; maltratar
misword [mɪs'wʌrd] *va* expresar mal, expresar con palabras impropias
mite [maɪt] *s* pizca; óbolo; (zool.) mita, garrapata
miter ['maɪtər] *s* mitra (*p.ej., de obispo; cargo o dignidad de obispo*); (carp.) inglete; (carp.) junta a inglete, ensambladura de inglete; *va* conferir una mitra a, elevar al obispado; (carp.) cortar ingletes en; (carp.) juntar con junta a inglete
miter box *s* (carp.) caja de ingletes, caja de cortar al sesgo
mitered ['maɪtərd] *adj* mitrado; (carp.) con junta o juntas a inglete
miter joint *s* (carp.) junta a inglete, ensambladura de inglete
miter sill *s* busco, batiente de esclusa
Mithras ['mɪθræs] *s* (myth.) Mitra
Mithridates [,mɪθrɪ'detiz] *s* Mitridates
mitigate ['mɪtɪget] *va* mitigar; *vn* mitigarse
mitigation [,mɪtɪ'geʃən] *s* mitigación
mitigative ['mɪtɪ,getɪv] *adj* mitigativo
mitigator ['mɪtɪ,getər] *s* mitigador
mitosis [mɪ'tosɪs] *s* (biol.) mitosis
mitotic [mɪ'tɑtɪk] *adj* mitósico
mitral ['maɪtrəl] *adj* mitral; (anat.) mitral
mitral cell *s* (anat.) célula mitral
mitral insufficiency *s* (path.) insuficiencia mitral
mitral valve *s* (anat.) válvula mitral
mitre ['maɪtər] *s & va* var. de **miter**
mitt [mɪt] *s* mitón (*guante que deja los dedos al descubierto*); guante con sólo el pulgar separado; guante de béisbol
mitten ['mɪtən] *s* guante con sólo el pulgar separado; **mittens** *spl* (slang) guantes de boxeo; **to get the mitten** recibir calabazas; **to give the mitten to** dar calabazas a
mix [mɪks] *s* mezcla; (coll.) embrollo, enredo, lío; *va* mezclar; hacer o confeccionar (*hormigón*); amasar (*una torta, un bollo*); aderezar (*ensalada*); confeccionar mezclando; **to get mixed up in** mojar en; **to get mixed with** tener que ver con; **to mix up** equivocar (*confundir completamente*); *vn* mezclarse; asociarse; granjearse amigos; entrecruzarse
mixed [mɪkst] *adj* mixto; mezclado; variados (*p.ej., bombones*); (coll.) confundido
mixed chorus *s* coro mixto
mixed company *s* reunión de personas de ambos sexos
mixed drinks *spl* bebidas mezcladas
mixed feeling *s* concepto vacilante
mixed-flow turbine ['mɪkst,flo] *s* turbina mixta
mixed marriage *s* matrimonio mixto (*es decir, entre personas de distintas razas o religiones*)
mixed metaphore *s* metáfora incoherente
mixed number *s* (math.) número mixto
mixed train *s* (rail.) tren mixto
mixer ['mɪksər] *s* mezclador; mezcladora, hormigonera; persona sociable; **to be a good mixer** tener don de gentes
mixtilineal [,mɪkstɪ'lɪnɪəl] *adj* mixtilíneo
mixture ['mɪkstʃər] *s* mixtura
mix-up ['mɪks,ʌp] *s* (coll.) bullaje, bullanga; (coll.) lío, enredo; (coll.) equívoco
mizzen ['mɪzən] *s* (naut.) mesana (*vela; mástil*)
mizzenmast ['mɪzənmæst], ['mɪzən,mæst] o ['mɪzən,mɑst] *s* (naut.) palo de mesana
mm. abr. de **millimeter** o **millimeters**
mnemonic [ni'mɑnɪk] *adj* mnemónico; **mnemonics** *ssg* mnemónica; *spl* figuras o caracteres mnemónicos
Mnemosyne [ni'mɑsɪni] *s* (myth.) Mnemosina o Mnemósine
mnemotechnics [,nimo'tɛknɪks] *ssg* mnemotécnica
mnemotechny ['nimo,tɛknɪ] *s* mnemotecnia
mo. abr. de **month** o **months**
Mo. abr. de **Missouri**
M.O. o **m.o.** abr. de **money order**
Moabite ['moəbaɪt] *adj & s* moabita
moan [mon] *s* gemido; *va* expresar con gemidos; *vn* gemir

moat [mot] *s* (fort.) foso; *va* fosar
mob [mɑb] *s* gentío, muchedumbre; chusma, populacho; muchedumbre airada; (*pret & pp:* **mobbed;** *ger:* **mobbing**) *va* atropellar, asaltar, apoderarse de
mobcap ['mɑb,kæp] *s* toca de mujer
mobile ['mobɪl] o ['mobil] *adj* móvil
mobile unit *s* (rad.) unidad móvil
mobility [mo'bɪlɪtɪ] *s* movilidad
mobilization [,mobɪlɪ'zeʃən] *s* movilización
mobilize ['mobɪlaɪz] *va* movilizar; *vn* movilizar o movilizarse
mobster ['mɑbstər] *s* (slang) bandido, malhechor
moccasin ['mɑkəsɪn] *s* mocasín o mocasina; (zool.) mocasín, víbora de agua
moccasin flower *s* (bot.) zapatilla de señorita
Mocha ['mokə] *s* moca, café de moca; piel de Moka (*que se usa para guantes*)
mock [mɑk] *s* burla, mofa, escarnio; hazmerreír; cosa despreciable; *adj* falso, fingido, simulado; *va* burlarse de, mofarse de, escarnecer; remedar; despreciar, hacer poco caso de; engañar, decepcionar; *vn* mofarse; **to mock at** mofarse de
mock cypress *s* (bot.) ayuga, mirabel
mockery ['mɑkərɪ] *s* (*pl:* **-ies**) burla, mofa, escarnio; hazmerreír; mal remedo; desprecio, negación (*p.ej., de la justicia*)
mock-heroic [,mɑkhɪ'ro·ɪk] *adj* heroicocómico; *s* obra heroicocómica
mockingbird ['mɑkɪŋ,bʌrd] *s* (orn.) burlón, sinsonte
mock moon *s* (meteor.) paraselene
mock orange *s* (bot.) jeringuilla, celinda
mock privet *s* (bot.) olivillo
mock turtle soup *s* sopa de cabeza de ternera (*a imitación de la de tortuga*)
mock-up ['mɑk,ʌp] *s* maqueta, modelo (*generalmente en tamaño natural*)
modal ['modəl] *adj* modal
modal auxiliary *s* (gram.) auxiliar modal
modality [mo'dælɪtɪ] *s* modalidad
mode [mod] *s* modo, manera; moda; (gram. & mus.) modo
model ['mɑdəl] *s* modelo; *adj* modelo, p.ej., **model city** ciudad modelo; (*pret & pp:* **-eled** o **-elled;** *ger:* **-eling** o **-elling**) *va* modelar; **to model after** planear según, construir a imitación de; *vn* modelar; modelarse; servir de modelo
model airplane *s* aeromodelo
model airplane builder *s* aeromodelista
model airplane building *s* aeromodelismo
modeling o **modelling** ['mɑdəlɪŋ] *s* modelado
model sailing *s* navegación de modelos a vela
moderate ['mɑdərɪt] *adj & s* moderado; ['mɑdəret] *va* moderar; *vn* moderarse
moderate breeze *s* (naut.) viento bonancible
moderate gale *s* (naut.) viento frescachón
moderately ['mɑdərɪtlɪ] *adv* moderadamente
moderation [,mɑdə'reʃən] *s* moderación; **in moderation** con moderación
moderator ['mɑdə,retər] *s* moderador; árbitro; presidente (*de una asamblea*); (mach., phys. & chem.) moderador
modern ['mɑdərn] *adj & s* moderno
Modern English *s* el inglés moderno
modern history *s* la historia moderna
modernism ['mɑdərnɪzəm] *s* modernismo; neologismo
modernist ['mɑdərnɪst] *adj* modernista; *s* modernista; neólogo
modernistic [,mɑdər'nɪstɪk] *adj* modernista
modernity [mo'dʌrnɪtɪ] *s* (*pl:* **-ties**) modernidad; cosa moderna
modernization [,mɑdərnɪ'zeʃən] *s* modernización
modernize ['mɑdərnaɪz] *va* modernizar; *vn* modernizarse
modern languages *spl* lenguas modernas, lenguas vivas
Modern Spanish *s* el español moderno
modest ['mɑdɪst] *adj* modesto; moderado; sencillo
modestly ['mɑdɪstlɪ] *adv* modestamente
modesty ['mɑdɪstɪ] *s* (*pl:* **-ties**) modestia
modicum ['mɑdɪkəm] *s* cantidad módica
modifiable ['mɑdɪ,faɪəbəl] *adj* modificable
modification [,mɑdɪfɪ'keʃən] *s* modificación

M

modifier ['madɪ,faɪər] *s* modificador; (gram.) modificante
modify ['madɪfaɪ] (*pret & pp:* **-fied**) *va* modificar; *vn* modificarse
modillion [mo'dɪljən] *s* (arch.) modillón
modish ['modɪʃ] *adj* de moda, elegante
modiste [mo'dist] *s* modista
modular ['madʒələr] *adj* modular
modulate ['madʒəlet] *va & vn* modular
modulation [,madʒə'leʃən] *s* modulación
modulator ['madʒə,letər] *s* modulador; (rad.) modulador
module ['madʒul] *s* módulo (*de una medalla o moneda*); (arch., hyd. & mach.) módulo
modulus ['madʒələs] *s* (*pl:* **-li** [laɪ]) módulo (*norma*); (phys.) módulo
modus ['modəs] *s* (*pl:* **-di** [daɪ]) *s* modo
modus operandi [,apə'rændaɪ] *s* modo de proceder
modus vivendi [vɪ'vendaɪ] *s* modo de vivir; convenio provisional
mofette [mo'fɛt] *s* mofeta (*de las minas o de la actividad volcánica*)
mogul [mo'gʌl] o ['mogʌl] *s* magnate; locomotora mogol; (*cap.*) *s* mogol
mohair ['mohɛr] *s* moer o mohair
Mohammed [mo'hæmɪd] *s* Mahoma
Mohammedan [mo'hæmɪdən] *adj & s* mahometano
Mohammedanism [mo'hæmɪdənɪzəm] *s* mahometismo
Mohammedanize [mo'hæmɪdənaɪz] *va* mahometizar
Mohican [mo'hikən] *adj & s* mohicano
moiety ['mɔɪətɪ] *s* (*pl:* **-ties**) mitad; parte, porción
moil [mɔɪl] *s* afán, trabajo penoso; confusión, alboroto; *vn* afanarse, trabajar sin descanso
moire [mwar] *s* muaré
moiré [mwa're] o [mo're] *adj & s* muaré
moist [mɔɪst] *adj* húmedo; mojado
moisten ['mɔɪsən] *va* humedecer, mojar; *vn* humedecerse, mojarse
moistener ['mɔɪsənər] *s* mojador (*persona; tacita con agua para mojar sellos o para mojarse la punta de los dedos*); humectador (*para humedecer los efectos engomados*)
moisture ['mɔɪstʃər] *s* humedad
mol [mol] *s* (chem.) mol
molal ['moləl] *adj* (chem.) molal
molar ['molər] *adj* (anat., phys. & path.) molar; *s* (anat.) molar, diente molar
molasses [mə'læsɪz] *s* melaza
molasses candy *s* melcocha
molasses grass *s* (bot.) zacategordura
mold [mold] *s* molde; cosa moldeada; forma (*dada por el molde*); carácter, índole; mantillo (*tierra vegetal*); (bot.) moho; (archaic) tierra; *va* moldear; enmohecer; **to mold oneself on** amoldarse por; *vn* enmohecerse
Moldavian [mal'deviən] *adj & s* moldavo
moldboard ['mold,bord] *s* vertedera u orejera (*del arado*)
molder ['moldər] *s* moldeador; *va* convertir en polvo, consumir; *vn* convertirse en polvo, consumirse
molding ['moldɪŋ] *s* moldeado; vaciado; moldura; (elec.) cajetín
molding board *s* tabla para amasar pan
molding cutter *s* cuchilla de moldurar
molding machine *s* (carp.) moldeador; (fund.) moldeadora
molding sand *s* arena de molde, arena de fundición
mold loft *s* (naut.) sala de gálibos
moldy ['moldɪ] *adj* (*comp:* **-ier;** *super:* **-iest**) mohoso; rancio, pasado
mole [mol] *s* rompeolas; dársena; lunar; (path.) mola; (zool.) topo; (hist.) mola (*harina de cebada usada en los sacrificios*)
mole cricket *s* (ent.) cortón, alacrán cebollero
molecular [mə'lɛkjələr] *adj* molecular
molecular weight *s* (phys.) peso molecular
molecule ['malɪkjul] *s* (chem. & phys.) molécula
molehill ['mol,hɪl] *s* topinera o topera; (fig.) pamplina, cosa de poca monta
moleskin ['mol,skɪn] *s* piel de topo; molesquina; **moleskins** *spl* pantalones de molesquina
molest [mo'lɛst] *va* molestar, incomodar; faltar al respeto a (*una mujer*)
molestation [,molɛs'teʃən] o [,maləs'teʃən] *s* molestia, vejación
moll [mal] *s* (slang) golfa, ladrona; (slang) ramera; (slang) manceba de gángster
mollification [,malɪfɪ'keʃən] *s* apaciguamiento, mitigación
mollify ['malɪfaɪ] (*pret & pp:* **-fied**) *va* apaciguar, mitigar
mollusc o **mollusk** ['maləsk] *s* (zool.) molusco
Molly ['malɪ] *s* Mariquita
mollycoddle ['malɪ,kadəl] *s* mantecón, marica; *va* mimar, consentir
Moloch ['molak] *s* (Bib.) Moloc; (*l.c.*) *s* (zool.) moloc, diablo punzante
molt [molt] *s* muda (*de pluma o pellejo*); *va* mudar (*la pluma, el pellejo*); *vn* mudar la pluma, mudar el pellejo
molten ['moltən] *adj* derretido; fundido, vaciado
mol. wt. abr. de **molecular weight**
moly ['molɪ] *s* (*pl:* **-lies**) (myth.) hierba moli; (bot.) ajo silvestre (*Allium moly*)
molybdate [mo'lɪbdet] *s* (chem.) molibdato
molybdenite [mo'lɪbdɪnaɪt] o [,malɪb'dinaɪt] *s* (mineral.) molibdenita
molybdenous [mo'lɪbdɪnəs] o [,malɪb'dinəs] *adj* (chem.) molibdenoso
molybdenum [mo'lɪbdɪnəm] o [,malɪb'dinəm] *s* (chem.) molibdeno
molybdenum steel *s* acero al molibdeno
molybdic [mo'lɪbdɪk] *adj* (chem.) molíbdico
moment ['momənt] *s* momento; (mech.) momento; **at any moment** de un momento a otro; **for the moment** por ahora, por lo presente; **in a moment** en un momento
momentarily ['momən,tɛrɪlɪ] *adv* momentáneamente; de un momento a otro
momentary ['momən,tɛrɪ] *adj* momentáneo
momently ['momǝntlɪ] *adv* a cada momento; de un momento a otro; momentáneamente
moment of inertia *s* (mech.) momento de inercia
momentous [mo'mɛntəs] *adj* grave, trascendental
momentously [mo'mɛntəslɪ] *adv* gravemente, grandemente
momentum [mo'mɛntəm] *s* (*pl:* **-tums** o **-ta** [tə]) ímpetu; (mech.) cantidad de movimiento
Momus ['moməs] *s* (myth.) Momo; criticón, reparón
Mon. abr. de **Monday**
monachal ['manəkəl] *adj* monacal
monachism ['manəkɪzəm] *s* monaquismo
monad ['manæd] o ['monæd] *s* (biol., chem., philos. & zool.) mónada
monadelphous [,manə'dɛlfəs] *adj* (bot.) monadélfico
monadism ['manədɪzəm] o ['monədɪzəm] *s* (philos.) monadismo
monandrous [mo'nændrəs] *adj* monándrico; (bot.) manandro
monandry [mo'nændrɪ] *s* monandria; (bot.) monandria
monarch ['manərk] *s* monarca; (ent.) mariposa (*Danaus menippe*)
monarchal [mə'narkəl] *adj* monárquico
monarchial [mə'narkɪəl], **monarchic** [mə'narkɪk] o **monarchical** [mə'narkɪkəl] *adj* monárquico; monarquista
monarchism ['manərkɪzəm] *s* monarquismo
monarchist ['manərkɪst] *adj & s* monarquista
monarchistic [,manər'kɪstɪk] *adj* monarquista
monarchy ['manərkɪ] *s* (*pl:* **-chies**) monarquía
monasterial [,manəs'tɪrɪəl] *adj* monasterial
monastery ['manəs,tɛrɪ] *s* (*pl:* **-ies**) monasterio
monastic [mə'næstɪk] *adj* monástico; *s* monje
monastical [mə'næstɪkəl] *adj* monástico
monasticism [mə'næstɪsɪzəm] *s* monacato, monaquismo
monazite ['manəzaɪt] *s* (mineral.) monacita
Monday ['mʌndɪ] *s* lunes
monecious [mo'niʃəs] *adj* var. de **monoecious**
Monegasque [,manə'gask] *adj & s* monegasco
Monel metal [mo'nɛl] *s* (trademark) metal monel

monetary ['manɪ,tɛrɪ] o ['mʌnɪ,tɛrɪ] *adj* monetario; pecuniario
monetization [,manɪtɪ'zeʃən] o [,mʌnɪtɪ'zeʃən] *s* monetización
monetize ['manɪtaɪz] o ['mʌnɪtaɪz] *va* monetizar
money ['mʌnɪ] *s* dinero; **to make money** ganar dinero; dar dinero (*una empresa*); **your money or your life** la bolsa o la vida
moneybag ['mʌnɪ,bæg] *s* monedero, talega para dinero; **moneybags** *spl* (coll.) talegas (*riquezas*); *ssg* (coll.) tacaño, ricacho
money belt *s* faja para llevar moneda
money broker *s* numulario, cambista
moneychanger ['mʌnɪ,tʃendʒər] *s* cambista
moneyed ['mʌnɪd] *adj* adinerado, dineroso
moneyer ['mʌnɪər] *s* monedero
moneylender ['mʌnɪ,lɛndər] *s* prestamista
money-maker ['mʌnɪ,mekər] *s* acaudalador; manantial de beneficios
money of account *s* moneda imaginaria
money order *s* giro postal
money's worth *s* valor; **to get one's money's worth out of** sacar el valor de
moneywort ['mʌnɪ,wʌrt] *s* (bot.) hierba de la moneda
monger ['mʌŋgər] *s* tratante, traficante
Mongol ['maŋgal] o ['maŋgəl] *adj & s* mogol
Mongolia [maŋ'golɪə] *s* la Mogolia
Mongolian [maŋ'golɪən] *adj & s* mogol
Mongolian idiocy *s* idiotez mogólica
Mongolian pheasant *s* (orn.) faisán de Mogolia
Mongolism ['maŋgəlɪzəm] *s* mogolismo
Mongoloid ['maŋgəlɔɪd] *adj & s* mogoloide
mongoose o **mongoos** ['maŋgus] *s* (*pl:* **-gooses**) (zool.) mangosta
mongrel ['mʌŋgrəl] o ['maŋgrəl] *adj* mestizo; *s* mestizo; perro mestizo, perro cruzado
moniker ['manɪkər] *s* signo de identificación de un vagabundo; (slang) apodo
moniliform [mo'nɪlɪfɔrm] *adj* moniliforme; (bot. & zool.) moniliforme
monism ['manɪzəm] o ['monɪzəm] *s* (philos.) monismo
monist ['manɪst] o ['monɪst] *adj & s* monista
monistic [mo'nɪstɪk] *adj* monista
monition [mo'nɪʃən] *s* admonición
monitor ['manɪtər] *s* monitor; (hyd., naut. & rad.) monitor; (zool.) varano; *va* (rad.) controlar (*la señal*); (rad.) escuchar (*radiotransmisiones*)
monitorial [,manɪ'torɪəl] *adj* monitorio
monitorship ['manɪtər,ʃɪp] *s* cargo de monitor
monitory ['manɪ,torɪ] *adj* monitorio; *s* (*pl:* **-ries**) monitorio
monk [mʌŋk] *s* monje
monkey ['mʌŋkɪ] *s* (zool.) mono; (zool.) mono pequeño (*con cola*); (fig.) mono (*persona que hace gestos monescos*); (fig.) mona (*persona que imita a las demás*); **to make a monkey of** tomar el pelo a; *va* imitar, remedar; mofarse de; *vn* tontear, hacer payasadas; **to monkey around** haraganear; **to monkey with** manosear, ajar
monkey business *s* (slang) conducta estrafalaria, tretas, trampas
monkey chatter *s* (rad.) mezcla de señales
monkey flower *s* (bot.) mímulo; (bot.) linaria
monkey jacket *s* capote de piloto; (slang) smoking
monkey puzzle *s* (bot.) pehuén, pino araucano
monkeyshine ['mʌŋkɪ,ʃaɪn] *s* (slang) monada, diablura, payasada
monkey wrench *s* llave inglesa; **to throw a monkey wrench into the works** (coll.) hacer fracasar el proyecto, echarlo todo a rodar
monkhood ['mʌŋkhud] *s* monacato; frailería, los monjes
monkish ['mʌŋkɪʃ] *adj* frailengo; (scornful) frailuno
monk seal *s* (zool.) foca fraile
monkshood ['mʌŋks,hud] *s* (bot.) cogulla de fraile, napelo
monoatomic [,manoə'tamɪk] *adj* monoatómico
monobasic [,manə'besɪk] *adj* (chem.) monobásico
monocarpellary [,manə'karpə,lɛrɪ] *adj* (bot.) monocarpelar
Monoceros [mə'nasərəs] *s* (astr.) Monócero
monocerous [mə'nasərəs] *adj* monócero
monochord ['manəkɔrd] *s* (mus.) monocordio; armonía, concordia
monochroic [,manə'kro·ɪk] *adj* monocroico
monochromatic [,manəkro'mætɪk] *adj* monocromático
monochrome ['manəkrom] *adj & s* monocromo
monochromy ['manə,kromɪ] *s* monocromía
monocle ['manəkəl] *s* monóculo
monocled ['manəkəld] *adj* con monóculo
monoclinic [,manə'klɪnɪk] *adj* (cryst.) monoclínico
monocotyledon [,manə,katɪ'lidən] *s* (bot.) monocotiledón
monocular [mə'nakjələr] *adj* monocular; monóculo (*que tiene un solo ojo*)
monoculture [,manə'kʌltʃər] *s* (agr.) monocultura
monoculus [mə'nakjələs] *s* (surg.) monóculo
monodic [mə'nadɪk] *adj* monódico
monody ['manədɪ] *s* (*pl:* **-dies**) (mus.) monodia; elegía, canto fúnebre
monoecious [mo'niʃəs] *adj* (bot.) monoico
monogamic [,manə'gæmɪk] *adj* monogámico
monogamist [mə'nagəmɪst] *adj & s* monógamo
monogamistic [mə,nagə'mɪstɪk] *adj* monogamista
monogamous [mə'nagəməs] *adj* monógamo
monogamy [mə'nagəmɪ] *s* monogamia; (zool.) monogamia
monogenism [mə'nadʒɪnɪzəm] *s* (anthrop.) monogenismo
monogenist [mə'nadʒɪnɪst] *s* monogenista
monogram ['manəgræm] *s* monograma
monograph ['manəgræf] o ['manəgraf] *s* monografía
monographer [mə'nagrəfər] *s* monografista
monographic [,manə'græfɪk] *adj* monográfico
monogynous [mə'nadʒɪnəs] *adj* (bot.) monógino
monolith ['manəlɪθ] *s* monolito
monolithic [,manə'lɪθɪk] *adj* monolítico
monolog ['manəlɔg] o ['manəlag] *s* var. de **monologue**
monologist ['manə,lɔgɪst] o ['manə,lagɪst] *s* var. de **monologuist**
monologue ['manəlɔg] o ['manəlag] *s* monólogo
monologuist ['manə,lɔgɪst] o ['manə,lagɪst] *s* monologuista; hablador que no deja meter baza a los demás
monomania [,manə'menɪə] *s* monomanía
monomaniac [,manə'menɪæk] *s* monomaníaco
monomaniacal [,manəmə'naɪəkəl] *adj* monomaníaco
monometallic [,manəmɪ'tælɪk] *adj* (chem.) monometálico; monometalista
monometallism [,manə'mɛtəlɪzəm] *s* monometalismo
monometallist [,manə'mɛtəlɪst] *adj & s* monometalista
monomial [mo'nomɪəl] *adj* (alg. & biol.) que consta de un solo término; *s* (alg.) monomio
monopetalous [,manə'pɛtələs] *adj* (bot.) monopétalo
monophase ['manəfez] *adj* (elec.) monofásico
monophonic [,manə'fanɪk] *adj* monofónico
monophyllous [,manə'fɪləs] *adj* (bot.) monofilo
Monophysite [mə'nafɪsaɪt] *s* (rel.) monofisita
monoplane ['manəplen] *s* monoplano
monoplegia [,manə'plidʒɪə] *s* (path.) monoplejía
monopolist [mə'napəlɪst] *s* monopolista
monopolistic [mə,napə'lɪstɪk] *adj* monopolizador
monopolization [mə,napəlɪ'zeʃən] *s* monopolización
monopolize [mə'napəlaɪz] *va* monopolizar; acaparar (*p.ej., la conversación*)
monopoly [mə'napəlɪ] *s* (*pl:* **-lies**) monopolio
monopteral [mə'naptərəl] *adj* (arch.) monóptero

M

monorail ['mɑnərel] *s* monorriel; línea de monorriel
monorhymed ['mɑnəraɪmd] *adj* monorrimo
monosaccharide [,mɑnə'sækəraɪd] o [,mɑnə'sækərɪd] *s* (chem.) monosacárido
monosepalous [,mɑnə'sɛpələs] *adj* (bot.) monosépalo
monospermous [,mɑnə'spʌrməs] *adj* (bot.) monospermo
monostrophe [mə'nɑstrəfɪ] o ['mɑnəstrof] *s* monóstrofe
monosyllabic [,mɑnəsɪ'læbɪk] *adj* monosílabo (*de una sola sílaba*); monosilábico
monosyllable ['mɑnə,sɪləbəl] *s* monosílabo
monotheism ['mɑnə,θiɪzəm] *s* monoteísmo
monotheist ['mɑnə,θiɪst] *adj & s* monoteísta
monotheistic [,mɑnəθi'ɪstɪk] *adj* monoteísta
monotone ['mɑnəton] *adj* monótono; *s* monotonía
monotonous [mə'nɑtənəs] *adj* monótono
monotony [mə'nɑtənɪ] *s* monotonía
monotreme ['mɑnətrim] *adj & s* (zool.) monotrema
monotype ['mɑnətaɪp] *s* (biol.) especie única; (trademark) monotipia; carácter de monotipia; *va* componer con monotipia
monotyper ['mɑnə,taɪpər] *s* monotipista
monovalent [,mɑnə'velənt] *adj* (chem. & bact.) monovalente
monoxide [mə'nɑksaɪd] *s* (chem.) monóxido
Monroe Doctrine [mən'ro] *s* doctrina de Monroe
Monroeism [mən'ro·ɪzəm] *s* monroísmo
monseigneur o **Monseigneur** [,mɑnsen'jœr] *s* (*pl:* **Messeigneurs** [,mɛsen'jœr]) monseñor
monsignor o **Monsignor** [mɑn'sinjər] *s* (*pl:* **Monsignors** o **Monsignori** [,mɔnsi'njori]) (eccl.) monseñor
monsoon [mɑn'sun] *s* monzón
monsoonal [mɑn'sunəl] *adj* monzónico
monster ['mɑnstər] *s* monstruo; *adj* monstruoso
monstrance ['mɑnstrəns] *s* (eccl.) custodia, ostensorio
monstrosity [mɑn'strɑsɪtɪ] *s* (*pl:* **-ties**) monstruosidad
monstrous ['mɑnstrəs] *adj* monstruoso; *adv* (coll.) monstruosamente
mons Veneris [mɑnz'venərɪs] *s* (anat.) monte de Venus
Mont. abr. de **Montana**
montage [mɑn'tɑʒ] *s* montaje
montane ['mɑnten] *adj* montano
montan wax ['mɑntæn] *s* cera montana
Mont Blanc [mɑnt'blæŋk] *s* el monte Blanco
monte ['mɑntɪ] *s* monte (*juego de naipes*)
Montenegrin [,mɑntɪ'nigrɪn] *adj & s* montenegrino
month [mʌnθ] *s* mes
monthly ['mʌnθlɪ] *adj* mensual; *adv* mensualmente; *s* (*pl:* **-lies**) revista mensual; **monthlies** *spl* reglas
monument ['mɑnjəmənt] *s* monumento; mojón (*para fijar linderos*)
monumental [,mɑnjə'mɛntəl] *adj* monumental
moo [mu] *s* mugido (*de la vaca*); *vn* mugir (*la vaca*)
mooch [mutʃ] *va* (slang) robar; (slang) pedir de gorra; *vn* (slang) andar a sombra de tejado
mood [mud] *s* humor, genio; (gram.) modo; **moods** *spl* arranques de cólera, ataques de melancolía; **to be in a bad mood** estar de mal talante; **to be in a good mood** estar de buen talante; **to be in the mood to** + *inf* estar en disposición de + *inf*
moody ['mudɪ] *adj* (*comp:* **-ier**; *super:* **-iest**) caprichoso, veleidoso; caviloso; triste, hosco
moon [mun] *s* luna; **to bark** o **to bay at the moon** ladrar a la luna; *vn* estar viendo visiones, andar como alma en pena
moonbeam ['mun,bim] *s* rayo lunar
mooncalf ['mun,kæf] o ['mun,kɑf] *s* bobo, tonto, imbécil; (path.) mola (*tumor del útero*)
moon-faced ['mun,fest] *adj* mofletudo, carirredondo
moonlight ['mun,laɪt] *s* claror de luna, luz de la luna; *adj* iluminado por la luna; de luz lunar
moonlighting ['mun,laɪtɪŋ] *s* (coll.) multiempleo
moonlit ['mun,lɪt] *adj* iluminado por la luna
moonrise ['mun,raɪz] *s* salida de la luna
moonsail ['mun,sel] *s* (naut.) monterilla
moonshine ['mun,ʃaɪn] *s* luz de la luna; cháchara, pamplinas; (coll.) licor destilado ilegalmente
moonshiner ['mun,ʃaɪnər] *s* (coll.) fabricante de licor ilegal; (coll.) traficante nocturno ilegal
moon shot *s* lanzamiento a la Luna
moonstone ['mun,ston] *s* (mineral.) piedra de la luna
moonstruck ['mun,strʌk] *adj* aturdido; enloquecido
moonwort ['mun,wʌrt] *s* (bot.) botriquio, lunaria menor; (bot.) hierba de la plata
moony ['munɪ] *adj* (*comp:* **-ier**; *super:* **-iest**) lunar; lunado; alelado; desatento, indiferente
moor [mʊr] *s* brezal, páramo; (*cap.*) *s* moro; (*l.c.*) *va* (naut.) amarrar; *vn* (naut.) echar las amarras, echar las anclas
moorage ['mʊrɪdʒ] *s* (naut.) amarradura; (naut.) amarradero; (naut.) derechos de puerto
moor cock *s* (orn.) lagópedo de Escocia
moorfowl ['mʊr,faʊl] *s* (orn.) lagópedo de Escocia
moor hen *s* (orn.) hembra del lagópedo de Escocia; (orn.) polla
mooring ['mʊrɪŋ] *s* (naut.) amarradura; **moorings** *spl* (naut.) amarras; (naut.) amarradero
mooring mast *s* (aer.) antena o poste de amarre (*de un dirigible*)
Moorish ['mʊrɪʃ] *adj* moro
Moorish arch *s* (arch.) arco arábigo
moorland ['mʊr,lænd] o ['mʊrlənd] *s* brezal
moose [mus] *s* (*pl:* **moose**) (zool.) alce de América
moot [mut] *adj* opinable, discutible; dudoso, indeciso; *s* junta, reunión; *va* discutir judicialmente; proponer para la discusión
moot court *s* (law) tribunal ad hoc (*en las escuelas de derecho*)
mop [mɑp] *s* mueca; espesura, cabellera espesa; aljofifa, estropajo; (*pret & pp:* **mopped**; *ger:* **mopping**) *va* aljofifar; enjugarse o secarse (*la frente con un pañuelo*); **to mop up** (mil.) acabar con (*el resto del enemigo*); (mil.) limpiar (*un terreno conquistado*) de combatientes dispersos; (slang) acabar con; (Brit.) beber; *vn* hacer muecas; **to mop and mow** hacer muecas
mopboard ['mɑp,bord] *s* rodapié
mope [mop] *s* apático, melancólico; *vn* andar abatido, entregarse a la melancolía
mopish ['mopɪʃ] *adj* abatido, melancólico
moppet ['mɑpɪt] *s* (coll.) chiquillo; (coll.) muñeca
moquette [mo'kɛt] *s* moqueta
moraceous [mo'reʃəs] *adj* (bot.) moráceo
moraine [mə'ren] *s* (geol.) morena
moral ['mɑrəl] o ['mɔrəl] *adj* moral; *s* moraleja (*p.ej., de una fábula*); **morals** *spl* moral (*ciencia de la conducta; conducta*)
moral certainty *s* certidumbre moral
morale [mə'ræl] o [mə'rɑl] *s* moral (*p.ej., de las tropas*)
moralist ['mɑrəlɪst] o ['mɔrəlɪst] *s* moralizador; moralista
moralistic [,mɑrə'lɪstɪk] o [,mɔrə'lɪstɪk] *adj* moralizador
morality [mə'rælɪtɪ] *s* (*pl:* **-ties**) moralidad; (lit.) moralidad
morality play *s* (lit.) moralidad
moralize ['mɑrəlaɪz] o ['mɔrəlaɪz] *va* moralizar; deducir la moral de; *vn* moralizar
moralizer ['mɑrə,laɪzər] o ['mɔrə,laɪzər] *s* moralizador
morally ['mɑrəlɪ] o ['mɔrəlɪ] *adv* moralmente
moral philosophy *s* filosofía moral
morals charge *s* acusación por delito sexual, acusación por inmoralidades
moral support *s* ayuda moral
moral victory *s* derrota que, por razones morales, no lo es, sino victoria
morass [mə'ræs] *s* pantano; (fig.) pantano (*dificultad, estorbo*)
moratorium [,mɑrə'torɪəm] o [,mɔrə'torɪəm] *s* (*pl:* **-ums** o **-a** [ə]) moratoria

moratory ['mɑrə,torɪ] o ['mɔrə,torɪ] *adj* moratorio
Moravian [mo'revɪən] *adj* moravo; *s* moravo; hermano moravo
moray ['more] o [mo're] *s* (ichth.) morena
morbid ['mɔrbɪd] *adj* morboso; malsano; horrible, espantoso
morbidity [mɔr'bɪdɪtɪ] *s* morbosidad
morbific [mɔr'bɪfɪk] o **morbifical** [mɔr'bɪfɪkəl] *adj* morbífico
mordacious [mɔr'deʃəs] *adj* mordaz
mordacity [mɔr'dæsɪtɪ] *s* mordacidad
mordancy ['mɔrdənsɪ] *s* mordacidad
mordant ['mɔrdənt] *adj* mordaz; *s* mordiente
Mordecai ['mɔrdɪkaɪ] *s* (Bib.) Mardoqueo
mordent ['mɔrdənt] *s* (mus.) mordente
more [mor] *adj, adv & s* más; **any more** ya no; **at more than** en más de + *numeral;* **neither more nor less** ni más ni menos; **no more** no más; ya no; se acabó; **no more, no less** ni más ni menos; **the more the merrier** cuanto más mejor, cuantos más mejor; **the more . . . the more** (o **the less**) cuanto más . . . tanto más (o menos) o mientras más . . . más (o menos), p.ej., **the more he has the more he wants** cuanto más tiene tanto más desea o mientras más tiene más desea; **more and more** más y más, cada vez más; **more or less** más o menos; poco más o menos; **more than** más que; más de lo que + *verb;* más de + *numeral*
moreen [mə'rin] *s* filipichín
morel [mə'rel] o ['mɑrel] *s* (bot.) múrgula, morilla
moreover [mor'ovər] *adv* además, por otra parte
mores ['moriz] *spl* costumbres, usos tradicionales
Moresque [mo'rɛsk] *adj* moro; (arch.) árabe; *s* (arch.) estilo árabe
morganatic [,mɔrgə'nætɪk] *adj* morganático
morganatically [,mɔrgə'nætɪkəlɪ] *adv* morganáticamente
morganatic marriage *s* matrimonio morganático
Morgan le Fay ['mɔrgən lə 'fe] *s* (myth.) Morgana
morgue [mɔrg] *s* depósito de cadáveres (*no identificados*)
moribund ['mɑrɪbʌnd] o ['mɔrɪbʌnd] *adj & s* moribundo
morin ['morɪn] *s* (chem.) morina
morion ['morɪɑn] *s* morrión
Morisco [mə'rɪsko] *adj* morisco, moro; *s* (*pl:* **-cos** o **-coes**) moro; moro de España; morisco (*en Méjico, descendiente de mulato y española o de mulata y español*)
Mormon ['mɔrmən] *adj* mormónico; *s* mormón; (*l.c.*) *s* (zool.) mormón
Mormonism ['mɔrmənɪzəm] *s* mormonismo
morn [mɔrn] *s* (poet.) mañana
morning ['mɔrnɪŋ] *s* mañana; (fig.) aurora (*principios*); **the morning after** (coll.) la mañana después de la juerga; *adj* matinal, de la mañana, de mañana
morning coat *s* chaqué
morning dress *s* traje de mañana
morning-glory ['mɔrnɪŋ,glorɪ] *s* (*pl:* **-ries**) (bot.) dondiego de día
morning sickness *s* (path.) vómitos del embarazo
morning star *s* lucero del alba; (bot.) pegarropa; (mil.) mangual
Moro ['moro] *s* (*pl:* **-ros**) moro (*malayo mahometano de las Islas Filipinas y su idioma*)
Moroccan [mə'rɑkən] *adj & s* marroquí o marroquín
Morocco [mə'rɑko] *s* Marruecos; (*l.c.*) *s* marroquí o marroquín (*tafilete*)
moron ['morɑn] *s* morón; (coll.) imbécil
morose [mə'ros] *adj* malhumorado, triste, lóbrego
morphea [mɔr'fiə] *s* (path.) morfea
morpheme ['mɔrfim] *s* (gram.) morfema
Morpheus ['mɔrfjus] o ['mɔrfɪəs] *s* (myth.) Morfeo
morphia ['mɔrfɪə] o **morphine** ['mɔrfin] *s* (chem.) morfina
morphinism ['mɔrfɪnɪzəm] *s* (path.) morfinismo
morphogenesis [,mɔrfə'dʒɛnɪsɪs] *s* morfogénesis
morphogenic [,mɔrfə'dʒɛnɪk] *adj* (embryol.) morfógeno
morphologic [,mɔrfə'lɑdʒɪk] o **morphological** [,mɔrfə'lɑdʒɪkəl] *adj* morfológico
morphology [mɔr'fɑlədʒɪ] *s* (biol. & gram.) morfología
Morris ['mɔrɪs] o ['mɑrɪs] *s* Mauricio; (*l.c.*) *s* mojiganga
morris chair *s* poltrona de espaldar ajustable
morris dance *s* mojiganga
morrow ['mɑro] o ['mɔro] *s* (archaic) mañana (*parte del día hasta mediodía*); mañana (*día que sigue al de hoy*); día siguiente; **on the morrow** en el día de mañana; el día siguiente
Morse code [mɔrs] *s* (telg.) alfabeto Morse
morsel ['mɔrsəl] *s* pedazo, fragmento; bocado
mort [mɔrt] *s* (hunt.) toque de muerte (*que se hace sonar al morir la res*); (dial.) gran cantidad, gran número
mortal ['mɔrtəl] *adj & s* mortal
mortality [mɔr'tælɪtɪ] *s* mortalidad (*calidad de mortal; número proporcional de defunciones*); mortandad (*muertes causadas por epidemia, guerra, etc.*)
mortally ['mɔrtəlɪ] *adv* mortalmente
mortal sin *s* pecado mortal
mortar ['mɔrtər] *s* mortero (*vasija; argamasa*); (arti.) mortero; *va* argamasar; enlucir
mortarboard ['mɔrtər,bord] *s* esparavel; gorro estudiantil cuadrado, birrete
mortgage ['mɔrgɪdʒ] *s* hipoteca; *va* hipotecar; (fig.) vender (*p.ej., el alma al diablo*)
mortgagee [,mɔrgɪ'dʒi] *s* acreedor hipotecario
mortgager o **mortgagor** ['mɔrgɪdʒər] *s* deudor hipotecario
mortice ['mɔrtɪs] *s & va* var. de **mortise**
mortician [mɔr'tɪʃən] *s* funerario, empresario de pompas fúnebres
mortification [,mɔrtɪfɪ'keʃən] *s* mortificación; humillación
mortify ['mɔrtɪfaɪ] (*pret & pp:* **-fied**) *va* mortificar; humillar; *vn* mortificarse (*un tejido u órgano del cuerpo*)
mortise ['mɔrtɪs] *s* (carp.) muesca, mortaja; *va* (carp.) enmuescar, amortajar
mortise-and-tenon joint ['mɔrtɪsənd'tɛnən] *s* (carp.) ensambladura de caja y espiga
mortise gauge *s* (carp.) gramil para mortajas
mortise lock *s* cerradura recercada, cerradura embutida
mortiser ['mɔrtɪsər] *s* (carp.) machihembradora (*máquina*)
mortmain ['mɔrtmen] *s* (law) manos muertas
mortuary ['mɔrtʃʊ,ɛrɪ] *adj* mortuorio; *s* (*pl:* **-ies**) depósito de cadáveres
morula ['mɔrjʊlə] o ['mɔrʊlə] *s* (*pl:* **-lae** [li]) (embryol.) mórula
mos. abr. de **months**
Mosaic [mo'zeɪk] *adj* mosaico (*perteneciente a Moisés*); (*l.c.*) *adj* mosaico; *s* (aer., f.a., & telv.) mosaico
mosaic disease *s* (plant path.) enfermedad del mosaico
mosaic gold *s* oro mosaico o musivo
Mosaic law *s* ley mosaica
Mosaism ['mozeɪzəm] *s* mosaísmo
Moscow ['mɑskaʊ] o ['mɑsko] *s* Moscú
Moselle [mo'zel] *s* Mosela
Moses ['mozɪz] o ['mozɪs] *s* Moisés
Moslem ['mɑzləm] o ['mɑsləm] *adj* musulmán, muslim; *s* (*pl:* **-lems** o **-lem**) musulmán, muslim
mosque [mɑsk] *s* mezquita
mosquito [məs'kito] *s* (*pl:* **-toes** o **-tos**) (ent.) mosquito
mosquito fleet *s* (slang) escuadrilla (*de barcos pequeños*)
mosquito hawk *s* (orn.) chotacabras; (ent.) caballito del diablo
mosquito net *s* mosquitero
moss [mɔs] o [mɑs] *s* (bot.) musgo; *va* cubrir de musgo
moss agate *s* (mineral.) ágata musgosa
mossback ['mɔs,bæk] o ['mɑs,bæk] *s* (slang) fósil (*persona de ideas anticuadas*)
moss-grown ['mɔs,gron] o ['mɑs,gron] *adj* musgoso; (fig.) fósil, anticuado

moss rose *s* (bot.) rosa musgosa
mossy ['mɔsɪ] o ['mɑsɪ] *adj* (*comp:* **-ier;** *super:* **-iest**) musgoso
most [most] *adj* más, p.ej., **the one who works hardest earns most money** el que más trabaja gana más dinero; la mayor parte de, los más de, casi todos; *adv* más, p.ej., **this tooth hurts most** esta muela duele más; **she is the most beautiful girl I know** es la muchacha más hermosa que conozco; muy, sumamente, de lo más; (coll.) casi, p.ej., **the work is most finished** el trabajo está casi terminado; *s* la mayor parte, el mayor número, los más; **at most** o **at the most** a lo más, cuando más; **to make the most of** sacar el mejor partido de; **most of** la mayor parte de, el mayor número de, los más
most favored nation *s* (dipl.) (la) nación más favorecida
Most High, the el Altísimo, el Excelso (*Dios*)
mostly ['mostlɪ] *adv* por la mayor parte, principalmente; casi, p.ej., **the work is mostly finished** el trabajo está casi terminado
mote [mot] *s* mota de polvo
motel [mo'tɛl] *s* motel, parador de turismo
motet [mo'tɛt] *s* (mus.) motete
moth [mɔθ] o [mɑθ] *s* (*pl:* **moths** [mɔðz], [mɑðz], [mɔθs] o [mɑθs]) (ent.) polilla; (ent.) mariposa nocturna
moth ball *s* bola de alcanfor, bola de naftalina (*para la polilla*)
moth-ball fleet ['mɔθ,bɔl] o ['mɑθ,bɔl] *s* (nav.) flota en conserva, flota en naftalina
moth-eaten ['mɔθ,itən] o ['mɑθ,itən] *adj* apolillado; (fig.) anticuado
mother ['mʌðər] *s* madre; tía (*tratamiento que se da a las mujeres ancianas*); *adj* madre, p.ej., **mother plant** planta madre; maternal, p.ej., **mother love** amor maternal; materno, p.ej., **mother tongue** lengua materna; metropolitano; *va* servir de madre a; reconocer por hijo; ser origen, causa o fuente de; reconocerse o declararse autor de
Mother Carey's chicken ['kɛrɪz] *s* (orn.) petrel de la tempestad
mother church *s* la santa madre iglesia; iglesia metropolitana
mother country *s* madre patria (*estado que ha formado una colonia y que la gobierna*); patria (*lugar de nacimiento*)
mother earth *s* madre tierra
Mother Goose *s* supuesta autora o narradora de una colección de cuentos infantiles (en España: *Cuentos de Calleja*)
motherhood ['mʌðərhʊd] *s* maternidad; madres, conjunto de madres
Mother Hubbard ['hʌbərd] *s* bata suelta (*de mujer*)
mother-in-law ['mʌðərɪn,lɔ] *s* (*pl:* **mothers-in-law**) suegra
motherland ['mʌðər,lænd] *s* patria
motherless ['mʌðərlɪs] *adj* huérfano de madre, sin madre
mother liquid o **liquor** *s* aguas madres
mother lode *s* (min.) veta principal
motherly ['mʌðərlɪ] *adj* maternal; *adv* maternalmente
Mother of God *s* (eccl.) madre de Dios
mother-of-pearl ['mʌðərəv'pʌrl] *s* nácar; *adj* nacarado
Mother's Day *s* (U.S.A.) día de la madre o de las madres
mother ship *s* (nav.) buque madre
mother superior *s* superiora
mother tongue *s* lengua materna; lengua madre o matriz (*la de que se han derivado otras*)
mother wit *s* inteligencia natural; chispa, ingenio
motherwort ['mʌðər,wʌrt] *s* (bot.) agripalma
moth hole *s* apolilladura
mothy ['mɔθɪ] o ['mɑθɪ] *adj* (*comp:* **-ier;** *super:* **-iest**) apolillado
motif [mo'tif] *s* (f.a. & mus.) motivo; (fig.) idea dominante
motile ['motɪl] *adj* movible
motility [mo'tɪlɪtɪ] *s* (biol.) motilidad
motion ['moʃən] *s* movimiento; moción (*en junta deliberante*); seña, indicación; (mus.) movimiento; **in motion** en movimiento; en marcha; **to make a motion** hacer o presentar una moción; *va* indicar a (*una persona*) con la mano, la cabeza, etc., p.ej., **he motioned me to sit down** me indicó con la mano que me sentara; *vn* hacer señas
motionless ['moʃənlɪs] *adj* inmoble
motion picture *s* película cinematográfica
motion-picture ['moʃən,pɪktʃər] *adj* cinematográfico
motion-picture camera *s* cámara cinematográfica
motivate ['motɪvet] *va* motivar
motivation [,motɪ'veʃən] *s* motivación
motive ['motɪv] *adj* motivo; motor; *s* motivo; (f.a. & mus.) motivo
motive power *s* potencia motora o motriz, fuerza motriz; conjunto de locomotoras de un ferrocarril
motley ['mɑtlɪ] *adj* abigarrado; mezclado, variado; *s* mezcla confusa; traje abigarrado de payaso
motor ['motər] *adj* motor; (anat.) motor; *s* motor; motor eléctrico; automóvil; *vn* ir, pasear o viajar en automóvil
motor block *s* bloque de cilindros
motorboat ['motər,bot] *s* autobote, gasolinera
motorbus ['motər,bʌs] *s* autobús, ómnibus automóvil
motorcade ['motər,ked] *s* caravana de automóviles
motorcar ['motər,kɑr] *s* automóvil; (rail.) autocarril
motor coach *s* coche motor, autobús
motor converter *s* (elec.) motor-convertidor
motorcycle ['motər,saɪkəl] *s* motocicleta
motorcyclist ['motər,saɪklɪst] *s* motociclista
motor drive *s* (elec.) grupo motopropulsor
motor-driven ['motər,drɪvən] *adj* (elec.) motopropulsor
motordrome ['motər,drom] *s* motódromo
motor generator *s* (elec.) grupo de motor y generador, motor-generador
motoring ['motərɪŋ] *s* motorismo, automovilismo
motorist ['motərɪst] *s* motorista, automovilista
motorization [,motərɪ'zeʃən] *s* motorización
motorize ['motəraɪz] *va* motorizar
motor launch *s* lancha automóvil
motor lorry *s* (Brit.) autocamión
motorman ['motərmən] *s* (*pl:* **-men**) conductor (*de un tranvía o de una locomotora eléctrica*)
motor sailer *s* (naut.) motovelero
motor scooter *s* motoneta
motor ship *s* motonave
motor truck *s* autocamión, camión automóvil
motor van *s* (Brit.) autocamión
motor vehicle *s* vehículo motor
mottle ['mɑtəl] *s* mancha o veta de color; color moteado o veteado; *va* abigarrar, jaspear, motear
motto ['mɑto] *s* (*pl:* **-toes** o **-tos**) lema, divisa
mouflon o **moufflon** ['muflɑn] *s* (zool.) musmón
mould [mold] *s, va & vn* var. de **mold**
moulder ['moldər] *s, va & vn* var. de **molder**
moulding ['moldɪŋ] *s* var. de **molding**
mouldy ['moldɪ] *adj* (*comp:* **-ier;** *super:* **-iest**) var. de **moldy**
mound [maʊnd] *s* montón de tierra o piedras; montecillo, montículo; (baseball) lomita, montículo; *va* amontonar; encerrar con terraplenes de defensa
mount [maʊnt] *s* monte; montura (*cabalgadura*); montadura (*p.ej., de una joya*); soporte; papel de soporte; cartón o tela (*en que está pegada una fotografía*); (mach.) montaje; (arti.) montajes; *va* subir (*una escalera, una cuesta, etc.*); subir a (*p.ej., la plataforma*); escalar (*p.ej., una muralla*); montar (*subir a; armar; preparar para la exhibición; engastar*); (mach.) montar; (naut.) montar (*tantos o cuantos cañones*); (mil.) montar (*la guardia*); poner a caballo; proveer de caballos; pegar (*vistas, pruebas, etc.*); *vn* montar; montarse; aumentar (*p.ej., precios, deudas*)
mountain ['maʊntən] *s* montaña; (fig.) montón (*cosas puestas unas encima de otras; cantidad abundante*); **to make a mountain out**

of a molehill hacer de una pulga un camello o un elefante; *adj* montañés; montañoso
mountain ash *s* (bot.) serbal; (bot.) serbal de los cazadores; (bot.) alfitonia
mountain chain *s* cadena de montañas
mountain climber *s* montañero, alpinista
mountain climbing *s* montañismo, alpinismo
mountain cranberry *s* (bot.) arándano encarnado
mountain damson *s* (bot.) aceitillo (*Simarouba amara*)
mountain dew *s* (slang) whisky de Escocia; (slang) whisky de contrabando
mountaineer [ˌmaʊntəˈnɪr] *s* montañés; alpinista, montañero; *vn* dedicarse al alpinismo
mountaineering [ˌmaʊntəˈnɪrɪŋ] *s* alpinismo, montañismo; *adj* montañero
mountain goat *s* (zool.) cabra de las Montañas Rocosas (*Oreamnos montanus*)
mountain laurel *s* (bot.) calmia
mountain lion *s* (zool.) puma, león de América
mountainous [ˈmaʊntənəs] *adj* montañoso; inmenso
mountain parsley *s* (bot.) oreoselino, perejil de monte
mountain railroad o **railway** *s* ferrocarril de cremallera
mountain range *s* cordillera, sierra
mountain sheep *s* (zool.) carnero cimarrón de las Montañas Rocosas
mountain sickness *s* mal de altura, mal de las montañas
Mountain time *s* (U.S.A.) hora legal correspondiente al meridiano 105°
mountaintop [ˈmaʊntənˌtɑp] *s* cumbre de la montaña
mountebank [ˈmaʊntɪbæŋk] *s* saltabanco
mounted [ˈmaʊntɪd] *adj* montado (*a caballo, de a caballo; armado; engastado*)
mounting [ˈmaʊntɪŋ] *s* montura (*de una piedra preciosa, arma, telescopio, etc.*); montaje (*de una máquina*); papel de soporte; papel o tela (*en que está pegada una fotografía*)
mourn [morn] *va* llorar (*la muerte de una persona*); lamentar (*una desgracia*); *vn* lamentarse; vestir de luto
mourner [ˈmornər] *s* doliente; penitente; plañidera
mourners' bench *s* banco de los penitentes (*en ciertas solemnidades religiosas*)
mournful [ˈmornfəl] *adj* dolorido, triste; lúgubre
mourning [ˈmornɪŋ] *adj* de luto; *s* luto; **to be in mourning** estar de luto
mourning band *s* crespón fúnebre
mourning bride *s* (bot.) viuda
mourning dove *s* (orn.) paloma triste
mourning widow *s* (bot.) viuda
mouse [maʊs] *s* (*pl:* **mice**) (zool.) ratón; (naut.) barrilete; [maʊz] *va* cazar o coger (*ratones*); husmear; (naut.) amarrar; *vn* cazar o coger ratones; andar al acecho; andar a hurtadillas
mouse-ear [ˈmaʊsˌɪr] *s* (bot.) pelosilla, vellosilla
mousehole [ˈmaʊsˌhol] *s* ratonera; pequeño agujero
mouser [ˈmaʊzər] *s* desmurador, gato desmurador; husmeador
mousetrap [ˈmaʊsˌtræp] *s* ratonera (*trampa*)
mousing [ˈmaʊzɪŋ] *s* (naut.) barrilete
mousse [mus] *s* mousse, manjar de crema batida y gelatina
mousseline [musˈlin] *s* (Fr.) muselina
mousseline de laine [də ˈlɛn] *s* (Fr.) muselina de lana
mousseline de soie [də ˈswɑ] *s* (Fr.) muselina de China
moustache [məsˈtæʃ], [məsˈtɑʃ] o [ˈmʌstæʃ] *s* var. de **mustache**
mousy [ˈmaʊsɪ] *adj* (*comp:* **-ier**; *super:* **-iest**) ratonesco; infestado de ratones; que huele a ratones; (fig.) silencioso
mouth [maʊθ] *s* (*pl:* **mouths** [maʊðz]) boca; embocadura, desembocadura (*de un río*); tragante (*de un horno de cuba*); mueca; expresión (*de un concepto*); **by mouth** por vía bucal; **down in the mouth** abatido, cariacontecido; **to be born with a silver spoon in one's mouth** nacer de pie; **to laugh on the other** o **wrong side of one's mouth** convertir la risa en llanto; **to make one's mouth water** hacerle a uno la boca agua; **to not open one's mouth** no decir esta boca es mía; [maʊð] *va* tomar en la boca, asir con los dientes; acariciar o tocar con la boca; articular (*palabras*) con rimbombancia; *vn* hablar con rimbombancia
mouther [ˈmaʊðər] *s* parlón
mouthful [ˈmaʊθfʊl] *s* bocado; (slang) abundancia de palabras
mouth organ *s* (mus.) armónica de boca; (mus.) flauta de Pan
mouthpiece [ˈmaʊθˌpis] *s* boquilla (*de un instrumento de música, de una herramienta, etc.*); bocado (*de freno*); (fig.) portavoz
mouthwash [ˈmaʊθˌwɑʃ] *s* enjuague, enjuagadientes
mouthy [ˈmaʊðɪ] o [ˈmaʊθɪ] *adj* (*comp:* **-ier**; *super:* **-iest**) deslenguado, vocinglero, ampuloso
movable [ˈmuvəbəl] *adj* movible; mueble; (astrol.) movible; *s* mueble; **movables** *spl* bienes muebles
movable feast *s* (eccl.) fiesta movible
move [muv] *s* movimiento; paso; mudanza (*de una casa a otra*); acción, gestión; **on the move** en movimiento; **to get a move on** (coll.) menearse, darse prisa; **to make a move** dar un paso; tomar medidas; hacer una jugada; *va* mover; evacuar, exonerar (*el vientre*); proponer; conmover, enternecer; **to move someone to** + *inf* mover a alguien a + *inf*; **to move up** adelantar (*una fecha*); *vn* moverse; caminar; desplazarse (*un viajante, los planetas, etc.*); circular; mudarse, mudar de casa; trasladarse (*p.ej., a otra ciudad*); hacer una jugada; hacer una moción; venderse, tener salida (*una mercancía*); moverse, evacuarse, exonerarse (*el vientre*); girar (*una puerta*); **to move about** moverse de acá para allá, desplazarse; **to move along** ir a gran velocidad; **to move away** apartarse; marcharse; mudar de casa; **to move forward** avanzar; **to move in** instalarse; instalarse en; alternar con, frecuentar (*p.ej., la buena sociedad*); **to move off** alejarse
moveable [ˈmuvəbəl] *adj* & *s* var. de **movable**
movement [ˈmuvmənt] *s* movimiento; evacuación (*del vientre*); aparato de relojería; (f.a. & lit.) movimiento; (mus.) movimiento (*velocidad del compás*); (mus.) tiempo (*cada una de las divisiones de una sonata, sinfonía, etc.*)
mover [ˈmuvər] *s* movedor; móvil; autor (*de una moción*); empleado de una casa de mudanzas
movie [ˈmuvɪ] *s* (coll.) película, cinta; (coll.) sala de proyección, local cinematográfico; **movies** *spl* (coll.) cine
movie-goer [ˈmuvɪˌgoər] *s* (coll.) aficionado al cine
movie house *s* (coll.) cineteatro
movieland [ˈmuvɪˌlænd] *s* (coll.) tierra del ensueño del cine; (coll.) cinelandia, centro principal de la producción cinematográfica
moving [ˈmuvɪŋ] *adj* movedor; móvil; conmovedor; *s* movimiento; mudanza (*de una casa a otra*)
moving coil *s* (elec.) bobina móvil
moving day *s* día de mudanza
moving part *s* (mach.) órgano móvil
moving picture *s* var. de **motion picture**
moving spirit *s* alma (*de una empresa*)
moving staircase o **stairway** *s* escalera automática, móvil o rodante
moving van *s* carro de mudanza
mow [mo] o [maʊ] *s* mueca; [maʊ] *s* granero; henal; montón de heno o de gavillas dentro del granero; [mo] (*pret:* **mowed**; *pp:* **mowed** o **mown**) *va* segar (*el heno, el campo*); **to mow down** segar; matar (*soldados*) con fuego graneado; *vn* segar
mower [ˈmoər] *s* segador; segadora mecánica, guadañadora
mowing [ˈmo·ɪŋ] *s* siega; prado de guadaña; *adj* segador
mowing machine *s* segadora mecánica, guadañadora
Mozarab [moˈzærəb] *s* mozárabe
Mozarabic [moˈzærəbɪk] *adj* mozárabe
mozzetta [moˈzɛtə] *s* (eccl.) muceta
M.P. o **MP** abr. de **Member of Parliament,**

Metropolitan Police, Military Police y **Mounted Police**
mph o **m.p.h.** abr. de **miles per hour**
Mr. o **Mr** ['mɪstər] *s* (*pl:* **Messrs.** ['mɛsərz]) señor (*tratamiento*)
Mrs. ['mɪsɪz] *s* señora (*tratamiento*)
ms., Ms. o **MS.** abr. de **manuscript**
M.S. o **M.Sc.** abr. de **Master of Science**
Msgr. abr. de **Monsignor**
mss., Mss. o **MSS.** abr. de **manuscripts**
mt. abr. de **mountain**
Mt. abr. de **Mount**
mtn. abr. de **mountain**
mts. abr. de **mountains**
much [mʌtʃ] *adj* (*comp:* **more;** *super:* **most**) mucho; **as much . . . as** tanto . . . como; **to be much of a** ser todo un; **too much** demasiado; *adv* (*comp:* **more;** *super:* **most**) mucho; casi, p.ej., **much the same** casi lo mismo; muy, p.ej., **much surprised** muy asombrado; **as much** tanto; otro tanto; **as much as** tanto como; **as much more** otro tanto más; **too much** demasiado; **however much** por mucho que; **how much** cuánto; **so much** tanto; **so much the better** tanto mejor; **very much** muchísimo; muy, p.ej., **very much annoyed** muy enojado; **much more** mucho más; *s* mucho; **not much of a** de poca cuantía, p.ej., **not much of a person** una persona de poca cuantía; **not much to look at** de mal aspecto, poco imponente; **to make much of** tener en mucho, dar mucha importancia a
muchness ['mʌtʃnɪs] *s* abundancia, gran cantidad; **much of a muchness** (coll.) casi lo mismo
mucilage ['mjusɪlɪdʒ] *s* mucilago
mucilaginous [,mjusɪ'lædʒɪnəs] *adj* mucilaginoso
mucin ['mjusɪn] *s* (biochem.) mucina
muck [mʌk] *s* estiércol húmedo; (min.) zafra; (coll.) porquería, asquerosidad; *va* estercolar; (coll.) ensuciar
mucker ['mʌkər] *s* (min.) zafrero; (slang) grosero
muck-rake ['mʌk,rek] *vn* (coll.) exponer ruindades
muck-raker ['mʌk,rekər] *s* (coll.) expositor de ruindades
mucky ['mʌkɪ] *adj* (*comp:* **-ier;** *super:* **-iest**) podrido, estercolizo; puerco, sucio
mucoid ['mjukɔɪd] *s* (biochem.) mucoide
mucosa [mju'kosə] *s* (*pl:* **-sae** [si]) (anat.) mucosa
mucosity [mju'kɑsɪtɪ] *s* mucosidad
mucous ['mjukəs] *adj* mucoso
mucous membrane *s* (anat.) membrana mucosa
mucronate ['mjukronɪt] o ['mjukronet] *adj* mucronato
mucus ['mjukəs] *s* moco, mucosidad
mud [mʌd] *s* fango, barro, lodo; (fig.) fango; **to sling mud at** (fig.) llenar de fango
muddle ['mʌdəl] *s* embrollo, confusión; *va* embrollar, confundir; atontar, aturdir; achispar; *vn* obrar confusamente; **to muddle through** salir del paso a duras penas; acertar de puro cachazudo
muddlehead ['mʌdəl,hɛd] *s* farraguista
muddleheaded ['mʌdəl,hɛdɪd] *adj* atontado, confuso, estúpido
muddy ['mʌdɪ] *adj* (*comp:* **-dier;** *super:* **-diest**) fangoso, barroso; turbio; (*pret & pp:* **-died**) *va* enturbiar; *vn* enturbiarse
mud eel *s* (ichth.) anguila de barro
mudguard ['mʌd,gɑrd] *s* guardabarros
mud hen *s* (orn.) polla, fúlica americana
mudhole ['mʌd,hol] *s* ciénaga, lodazal
mud puppy *s* (zool.) necturo; (zool.) ajolote; (zool.) salamandra gigante norteamericana
mudsill ['mʌd,sɪl] *s* madero de construcción colocado en el suelo como cimiento
mudslinger ['mʌd,slɪŋər] *s* (fig.) lanzador de lodo
mud turtle *s* (zool.) tortuga de río; (zool.) jicotea; (zool.) chiquiguo, tortuga lagarto
mud volcano *s* (geol.) volcán de lodo
muezzin [mju'ɛzɪn] *s* almuecín o almuédano
muff [mʌf] *s* manguito; chapucería, torpeza; (baseball) falta que consiste en dejar caer torpemente la pelota; *va* chafallar, frangollar; (baseball) dejar escapar (*la pelota*)
muffin ['mʌfɪn] *s* bollo, mollete, panecillo
muffle ['mʌfəl] *s* ruido sordo o amortiguado; amortiguador de sonido; tambor de polea; mufla (*de un horno*); *va* amortiguar (*un ruido*); enfundar (*un tambor*); embozar, arropar; envolver en paños la cabeza de
muffle furnace *s* horno de mufla
muffler ['mʌflər] *s* bufanda; amortiguador de ruido; (aut.) silencioso, silenciador
mufti ['mʌftɪ] *s* (*pl:* **-tis**) traje de paisano; muftí (*jurisconsulto musulmán*)
mug [mʌg] *s* vaso con asa, pichel; (slang) hocico (*de un persona*); (slang) mueca; (*pret & pp:* **mugged;** *ger:* **mugging**) *va* (slang) fotografiar; (slang) sofocar poniendo el brazo alrededor del cuello; *vn* (slang) hacer muecas
muggy ['mʌgɪ] *adj* (*comp:* **-gier;** *super:* **-giest**) bochornoso, húmedo y sofocante
mugwort ['mʌg,wʌrt] *s* (bot.) artemisa
mugwump ['mʌg,wʌmp] *s* votante independiente (*sin alianzas de partido*); (U.S.A.) republicano rebelde (*de los que en las elecciones de 1884 negaron el voto al candidato oficial del partido republicano*)
Muhammad [mu'hæməd] *s* var. de **Mohammed**
mulatto [mju'læto] o [mə'læto] *adj* mulato; *s* (*pl:* **-toes**) mulato
mulberry ['mʌl,bɛrɪ] *s* (*pl:* **-ries**) (bot.) morera (*Morus alba*); (bot.) moreda o moral (*Morus nigra*); mora (*fruto*); morado, color morado; *adj* morado
mulch [mʌltʃ] *s* (hort.) estiércol, paja y hojas; *va* (hort.) cubrir con estiércol, paja y hojas
mulct [mʌlkt] *s* multa; *va* multar; defraudar
mule [mjul] *s* mulo; babucha; hiladora mecánica alternativa; (coll.) persona terca
mule chair *s* artolas
mule deer *s* (zool.) ciervo mulo
muleteer [,mjulə'tɪr] *s* mulatero, arriero
mulish ['mjulɪʃ] *adj* terco, obstinado
mull [mʌl] *s* muselina clara; *va* calentar (*vino*) con especias; *vn* reflexionar; **to mull over** reflexionar sobre
mullein o **mullen** ['mʌlɪn] *s* (bot.) gordolobo
muller ['mʌlər] *s* moleta
mullet ['mʌlɪt] *s* (ichth.) mújol, céfalo
mulligan ['mʌlɪgən] *s* (slang) olla, puchero
mulligatawny [,mʌlɪgə'tɔnɪ] *s* sopa de arroz y carne sazonada con cari
mullion ['mʌljən] *s* (arch.) parteluz (*de una ventana*); (arch.) montante (*de una puerta*)
mullioned ['mʌljənd] *adj* (arch.) dividido por montantes
mulse [mʌls] *s* vino mulso
multicellular [,mʌltɪ'sɛljələr] *adj* multicelular
multicolored ['mʌltɪ,kʌlərd] *adj* multicolor
multidentate [,mʌltɪ'dɛntet] *adj* multidentado
multifarious [,mʌltɪ'fɛrɪəs] *adj* múltiple
multiflorous [,mʌltɪ'florəs] *adj* (bot.) multifloro
multifold ['mʌltɪfold] *adj* múltiple
multiform ['mʌltɪfɔrm] *adj* multiforme
multigraph ['mʌltɪgræf] o ['mʌltɪgrɑf] *s* (trademark) multígrafo; *va* multigrafiar
multilateral [,mʌltɪ'lætərəl] *adj* multilátero (*de muchos lados*); multilateral (*pacto, alianza*)
multimillionaire [,mʌltɪ,mɪljə'nɛr] *s* multimillonario
multipara [mʌl'tɪpərə] *s* (*pl:* **-rae** [ri]) multípara
multiparous [mʌl'tɪpərəs] *adj* multípara
multiphase ['mʌltɪfez] *adj* (elec.) polifásico
multiple ['mʌltɪpəl] *adj* múltiplo; (elec. & math.) múltiplo; *s* (elec. & math.) múltiplo; **in multiple** (elec.) en múltiplo
multiple-lens camera ['mʌltɪpəl'lenz] *s* (phot.) cámara múltiple
multiple sclerosis *s* (path.) esclerosis múltiple, esclerosis en placas
multiplet ['mʌltɪplɪt] *s* (phys.) multiplete
multiplex ['mʌltɪplɛks] *adj* múltiple; (rad. & telg.) múltiplex
multipliable ['mʌltɪ,plaɪəbəl] *adj* multiplicable
multiplicand [,mʌltɪplɪ'kænd] *s* (math.) multiplicando

multiplication [ˌmʌltɪplɪˈkeʃən] *s* multiplicación
multiplication table *s* tabla de multiplicación, tabla de multiplicar
multiplicity [ˌmʌltɪˈplɪsɪtɪ] *s* (*pl:* **-ties**) multiplicidad
multiplier [ˈmʌltɪˌplaɪər] *s* multiplicador; (math.) multiplicador
multiply [ˈmʌltɪplaɪ] (*pret & pp:* **-plied**) *va* multiplicar; *vn* multiplicarse
multipolar [ˌmʌltɪˈpolər] o **multipole** [ˈmʌltɪpol] *adj* (anat. & elec.) multipolar
multistage [ˈmʌltɪstedʒ] *adj* de etapas multiples, multiseccional
multistory [ˈmʌltɪˌstorɪ] *adj* de varios pisos
multitude [ˈmʌltɪtjud] o [ˈmʌltɪtud] *s* multitud
multitudinous [ˌmʌltɪˈtjudɪnəs] o [ˌmʌltɪˈtudɪnəs] *adj* numeroso; múltiple
multivalence [ˌmʌltɪˈveləns] o [mʌlˈtɪvələns] *s* (bact. & chem.) polivalencia
multivalent [ˌmʌltɪˈvelənt] o [mʌlˈtɪvələnt] *adj* (bact. & chem.) polivalente
multivalve [ˈmʌltɪˌvælv] *adj* multivalvo
mum [mʌm] *adj* callado; **to keep mum** estar en muda; **to keep mum about** callar; **mum's the word!** ¡punto en boca!, ¡que se guarde silencio!; *interj* ¡a callar!, ¡chitón!
mumble [ˈmʌmbəl] *s* mascujada; *va & vn* mascujar (*decir o hablar entre dientes; mascar mal*)
mumbo jumbo [ˈmʌmbo ˈdʒʌmbo] *s* (*pl:* **mumbo jumbos**) fetiche, coco; conjuro; (*caps.*) *s* genio tutelar (*entre los negros del Gambia*)
mummer [ˈmʌmər] *s* máscara (*persona*); cómico, histrión
mummery [ˈmʌmərɪ] *s* (*pl:* **-ies**) mojiganga; (fig.) mojiganga (*burla, hipocresía*)
mummification [ˌmʌmɪfɪˈkeʃən] *s* momificación
mummify [ˈmʌmɪfaɪ] (*pret & pp:* **-fied**) *va* momificar; *vn* momificarse
mummy [ˈmʌmɪ] *s* (*pl:* **-mies**) momia
mumps [mʌmps] *s* (path.) papera, parótidas
munch [mʌntʃ] *va* ronzar
mundane [ˈmʌnden] *adj* mundano
municipal [mjuˈnɪsɪpəl] *adj* municipal
municipality [mjuˌnɪsɪˈpælɪtɪ] *s* (*pl:* **-ties**) municipio
municipalization [mjuˌnɪsɪpəlɪˈzeʃən] *s* municipalización
municipalize [mjuˈnɪsɪpəlaɪz] *va* municipalizar
munificence [mjuˈnɪfɪsəns] *s* munificencia
munificent [mjuˈnɪfɪsənt] *adj* munífico
muniment [ˈmjunɪmənt] *s* apoyo, defensa; **muniments** *spl* (law) documentos probatorios, privilegios
munition [mjuˈnɪʃən] *s* munición; *adj* de municiones; *va* municionar
munition dump *s* depósito de municiones
mural [ˈmjurəl] *adj* mural; *s* pintura mural, decoración mural
mural crown *s* (hist.) corona mural
murder [ˈmʌrdər] *s* asesinato, homicidio; **murder will out** el homicidio no se encubre; toda culpa a su tiempo ha de saberse; *va* asesinar; chafallar, chapucear (*cualquier trabajo*); despachurrar, destripar (*un discurso*); cantar o tocar bárbaramente
murderer [ˈmʌrdərər] *s* asesino
murderess [ˈmʌrdərɪs] *s* asesina
murderous [ˈmʌrdərəs] *adj* asesino; mortal; sanguinario
murex [ˈmjureks] *s* (*pl:* **-rexes** o **-rices** [rɪsiz]) (zool.) múrice; múrice (*color de púrpura*)
muriate [ˈmjurɪet] o [ˈmjurɪɪt] *s* (chem.) muriato
muriatic [ˌmjurɪˈætɪk] *adj* muriático
muriatic acid *s* (chem.) ácido muriático
murine [ˈmjuraɪn] o [ˈmjurɪn] *adj & s* (zool.) murino
murk [mʌrk] *s* obscuridad, tinieblas; *adj* (poet.) obscuro, tenebroso
murky [ˈmʌrkɪ] *adj* (*comp:* **-ier**; *super:* **-iest**) lóbrego; calinoso, espeso
murmur [ˈmʌrmər] *s* murmullo; (med.) murmullo (*p.ej., del corazón*); *va & vn* murmurar
murrain [ˈmʌrɪn] *s* (vet.) ántrax; (vet.) fiebre aftosa; **a murrain on you!** (archaic) ¡maldito seas!
murrhine [ˈmʌrɪn] o [ˈmʌraɪn] *adj* múrrino
murther [ˈmʌrðər] *s & va* (dial.) var. de **murder**
mus. abr. de **museum** y **music**
musaceous [mjuˈzeʃəs] *adj* (bot.) musáceo
muscadine [ˈmʌskədɪn] o [ˈmʌskədaɪn] *s* (bot.) vid y uva del sur de los Estados Unidos (*Vitis rotundifolia*)
muscardine [ˈmʌskərdɪn] o [ˈmʌskərdin] *s* (zool.) muscardina
muscarine [ˈmʌskərin] o [ˈmʌskərɪn] *s* (chem.) muscarina
muscat [ˈmʌskæt] o **muscatel** [ˌmʌskəˈtɛl] *s* moscatel (*uva o vino*)
muscle [ˈmʌsəl] *s* (anat.) músculo; (fig.) fuerza muscular; **not to move a muscle** mantenerse inmóvil; *vn* (coll.) avanzar o entrar por fuerza
muscle-bound [ˈmʌsəlˌbaund] *adj* con agujetas en los músculos
muscovado [ˌmʌskoˈvedo] *adj & s* mascabado
muscovite [ˈmʌskəvaɪt] *s* (mineral.) moscovita; (*cap.*) *adj & s* moscovita
Muscovitic [ˌmʌskəˈvɪtɪk] *adj* moscovítico
Muscovy [ˈmʌskəvɪ] *s* Moscovia
Muscovy duck *s* (orn.) pato almizclado
muscular [ˈmʌskjələr] *adj* muscular (*perteneciente a los músculos*); musculoso (*que tiene muchos músculos o músculos abultados*)
muscular dystrophy *s* (path.) distrofia muscular progresiva
muscularity [ˌmʌskjəˈlærɪtɪ] *s* carnadura, musculatura, fuerza muscular
musculature [ˈmʌskjələtʃər] *s* musculatura
muse [mjuz] *s* musa; (*cap.*) *s* (myth.) Musa; (*l.c.*) *va* decir pausadamente, midiendo bien las palabras; *vn* meditar, reflexionar; **to muse on** contemplar
musette bag [mjuˈzɛt] *s* morral, mochila
museum [mjuˈziəm] *s* museo
museum beetle *s* (ent.) antreno, polilla de los museos de historia natural
mush [mʌʃ] *s* gachas; (coll.) sensiblería; marcha por la tundra nevada con un trineo tirado por perros; *vn* caminar por la tundra nevada con un trineo tirado por perros
mushroom [ˈmʌʃrum] o [ˈmʌʃrum] *s* (bot.) hongo, seta; cosa que aparece de la noche a la mañana; *adj* fungoideo; que aparece de la noche a la mañana; *vn* aparecer de la noche a la mañana; tomar la forma de hongo; esparcirse o crecer rápidamente; aplastarse; **to mushroom into** convertirse en poco tiempo en
mushroom head *s* (mach.) cabeza de hongo
mushroom valve *s* (mach.) válvula anular, válvula tipo hongo
mushy [ˈmʌʃɪ] *adj* (*comp:* **-ier**; *super:* **-iest**) mollar, pulposo; (coll.) sobón, sensiblero; (coll.) baboso (*para con las mujeres*); **to be mushy** (coll.) hacerse unas gachas
music [ˈmjuzɪk] *s* música; **to face the music** (coll.) hacer frente a las consecuencias; **to set to music** poner en música
musical [ˈmjuzɪkəl] *adj* musical, músico; aficionado a la música; *s* (coll.) ópera bufa, zarzuela; (coll.) velada musical, concierto casero
musical comedy *s* ópera bufa, zarzuela
musicale [ˌmjuzɪˈkæl] *s* velada musical, concierto casero
musically [ˈmjuzɪkəlɪ] *adv* musicalmente
music box *s* caja de música
music cabinet *s* musiquero
music hall *s* salón de conciertos; (Brit.) teatro de variedades, café-concierto
musician [mjuˈzɪʃən] *s* músico
musicianly [mjuˈzɪʃənlɪ] *adj* entendido en música; artístico (*respecto de las cosas de música*)
musicianship [mjuˈzɪʃənʃɪp] *s* musicalidad
music lover *s* melómano
music of the spheres *s* música mundana (*armonía que guardan los cuerpos celestes en su movimiento*)
musicographer [ˌmjuzɪˈkagrəfər] *s* musicógrafo
musicological [ˌmjuzɪkəˈladʒɪkəl] *adj* musicológico
musicologist [ˌmjuzɪˈkalədʒɪst] *s* musicólogo

M

musicology [,mjuzɪ'kɑlədʒɪ] *s* musicología
music paper *s* papel de música
music rack *s* atril
musing ['mjuzɪŋ] *adj* pensativo, meditativo; *s* meditación, contemplación
musk [mʌsk] *s* almizcle; olor o perfume de almizcle
musk beetle *s* (ent.) macuba
musk deer *s* (zool.) almizclero, cabra de almizcle
muskellunge ['mʌskəlʌndʒ] *s* (ichth.) sollo norteamericano (*Esox masquinongy*)
musket ['mʌskɪt] *s* mosquete
musketeer [,mʌskɪ'tɪr] *s* mosquetero
musketry ['mʌskɪtrɪ] *s* mosquetería (*tropa; descarga*); mosquetes
muskmelon ['mʌsk,melən] *s* (bot.) melón
musk ox *s* (zool.) buey almizclado
muskrat ['mʌsk,ræt] *s* (zool.) almizclera, rata almizclera
musk rose *s* (bot.) rosa almizcleña
musky [mʌskɪ] *adj* almizcleño, almizclado
Muslem o **Muslim** ['mʌzləm] o ['mʌsləm] *adj & s* muslim o muslime
muslin ['mʌzlɪn] *s* muselina; *adj* de muselina
muss [mʌs] *s* (coll.) desaliño, desorden, confusión; *va* (coll.) desaliñar, desarreglar (*el pelo*); (coll.) chafar (*p.ej., la ropa*)
mussel ['mʌsəl] *s* (zool.) mejillón
Mussulman ['mʌsəlmən] *adj* musulmán; *s* (*pl:* **-mans**) musulmán
mussy ['mʌsɪ] *adj* (*comp:* **-ier**; *super:* **-iest**) (coll.) desaliñado, ajado
must [mʌst] *s* mosto (*zumo de la uva antes de fermentar*); moho; cosa indispensable; *va* enmohecer; *vn* enmohecerse; *v aux* deber, tener que; deber de; **he must be ill** estará enfermo; **he must have been ill** habrá estado enfermo
mustache [məs'tæʃ], [məs'tɑʃ] o ['mʌstæʃ] *s* bigote o bigotes
mustachio [məs'tɑʃo] *s* (*pl:* **-chios**) var. de **mustache**
mustachioed [məs'tɑʃod] *adj* abigotado, bigotudo, amostachado
mustang ['mʌstæŋ] *s* mustango
mustard [mʌstərd] *s* (bot.) mostaza; mostaza (*polvo o salsa*)
mustard gas *s* gas mostaza
mustard oil *s* aceite de mostaza; (chem.) esencia de mostaza
mustard plaster *s* sinapismo, cataplasma de mostaza
mustard seed *s* semilla de mostaza; mostacilla (*munición*)
muster ['mʌstər] *s* asamblea, reunión; (mil.) asamblea; (mil.) matrícula de revista; (mil.) número de oficiales y soldados en la matrícula de revista; **to pass muster** pasar revista; ser aceptable, ser aceptado; *va* llamar a asamblea; juntar o reunir para pasar revista; tomar (*resolución, ánimo, etc.*); ascender a, importar; **to muster in** (mil.) alistar; **to muster out** (mil.) dar de baja, dar la licencia absoluta a; **to muster up** tomar (*resolución, ánimo, etc.*); *vn* juntarse
muster roll *s* (mil.) lista de revista
musty ['mʌstɪ] *adj* (*comp:* **-tier**; *super:* **-tiest**) mohoso; que huele a cerrado; anticuado, pasado de moda
mutability [,mjutə'bɪlɪtɪ] *s* mutabilidad
mutable ['mjutəbəl] *adj* mudable
mutant ['mjutənt] *s* (biol.) mutante
mutarotation [,mjutəro'teʃən] *s* (chem.) mutarrotación
mutate ['mjutet] *va* mudar; *vn* sufrir mutación
mutation [mju'teʃən] *s* mutación; (biol. & phonet.) mutación
mutational [mju'teʃənəl] *adj* mutacional
mutch [mʌtʃ] *s* (Scotch) gorra de mujer o de niño
mute [mjut] *adj* mudo; (phonet.) mudo (*que no se pronuncia; oclusivo*); *s* mudo; (phonet.) letra muda; (phonet.) consonante muda; (mus.) sordina; *va* poner sordina a, ajustar la sordina a
mutilate ['mjutɪlet] *va* mutilar
mutilation [,mjutɪ'leʃən] *s* mutilación
mutilator ['mjutɪ,letər] *s* mutilador
mutineer [,mjutɪ'nɪr] *s* amotinado; *vn* amotinarse
mutinous ['mjutɪnəs] *adj* amotinado
mutiny ['mjutɪnɪ] *s* (*pl:* **-nies**) motín; (*pret & pp:* **-nied**) *vn* amotinarse
mutism ['mjutɪzəm] *s* mutismo
mutt [mʌt] *s* (slang) perro, perro cruzado; (slang) bobo, tonto
mutter ['mʌtər] *s* murmullo; *va & vn* murmurar
mutton ['mʌtən] *s* carnero (*carne*)
mutton chop *s* chuleta de carnero; (fig.) barba de boca de hacha
mutual ['mjutʃuəl] *adj* mutuo; (coll.) común
mutual aid *s* socorros mutuos
mutual benefit society *s* mutualidad, montepío
mutual conductance *s* (elec.) conductancia mutua
mutual fund *s* sociedad inversionista mutualista
mutual inductance *s* (elec.) inductancia mutua
mutual induction *s* (elec.) inducción mutua
mutual insurance *s* seguro mutuo
mutualism ['mjutʃuəlɪzəm] *s* mutualismo
mutuality [,mjutʃu'ælɪtɪ] *s* mutualidad
mutual savings bank *s* caja mutua de ahorros
mutule ['mjutʃul] *s* (arch.) mútulo
mutuum ['mjutʃuəm] *s* (*pl:* **-a** [ə]) (law) mutuo
muzzle ['mʌzəl] *s* hocico; bozal (*frenillo que se pone en el hocico*); boca (*de un arma de fuego*); *va* abozalar; (fig.) amordazar, imponer silencio a
muzzleloader ['mʌzəl,lodər] *s* arma de antecarga
muzzleloading ['mʌzəl,lodɪŋ] *adj* de antecarga
muzzy ['mʌzɪ] *adj* (*comp:* **-zier**; *super:* **-ziest**) (coll.) confuso, atontado; (coll.) lóbrego; (coll.) borroso
my [maɪ] *adj poss* mi; *interj* ¡ hombre!
myalgia [maɪ'ældʒɪə] *s* (path.) mialgia
myasthenia [,maɪæs'θinɪə] *s* (path.) miastenia
mycelium [maɪ'silɪəm] *s* (*pl:* **-a** [ə]) (bot.) micelio
Mycenae [maɪ'sini] *s* Micenas
Mycenaean [,maɪsɪ'niən] *adj* micénico
mycologic [,maɪkə'lɑdʒɪk] o **mycological** [,maɪkə'lɑdʒɪkəl] *adj* micológico
mycologist [maɪ'kɑlədʒɪst] *s* micólogo
mycology [maɪ'kɑlədʒɪ] *s* micología
mycosis [maɪ'kosɪs] *s* (path.) micosis
mydriasis [mɪ'draɪəsɪs] o [maɪ'draɪəsɪs] *s* (path.) midriasis
mydriatic [,mɪdrɪ'ætɪk] *adj & s* midriático
myelencephalon [,maɪəlen'sɛfəlɑn] *s* (anat.) mielencéfalo
myelin ['maɪəlɪn] *s* (anat.) mielina
myelitis [,maɪə'laɪtɪs] *s* (path.) mielitis
myna ['maɪnə] *s* (orn.) estornino de los pastores
myocarditis [,maɪokɑr'daɪtɪs] *s* (path.) miocarditis
myocardium [,maɪo'kɑrdɪəm] *s* (anat.) miocardio
myoglobin [,maɪo'globɪn] *s* (biochem.) mioglobina
myograph ['maɪəgræf] o ['maɪəgrɑf] *s* miógrafo
myology [maɪ'ɑlədʒɪ] *s* miología
myoma [maɪ'omə] *s* (*pl:* **-mata** [mətə] o **-mas**) (path.) mioma
myope ['maɪop] *s* miope
myopia [maɪ'opɪə] *s* (path.) miopía
myopic [maɪ'ɑpɪk] *adj* miope; (fig.) miope
myosis [maɪ'osɪs] *s* (path.) miosis
myosotis [,maɪə'sotɪs] *s* (bot.) miosotis
myriad ['mɪrɪəd] *s* miríada (*diez mil; número muy grande*); *adj* miríada de; vario, múltiple
myriapod ['mɪrɪə,pɑd] *adj & s* (zool.) miriópodo
myricaceous [,mɪrɪ'keʃəs] *adj* (bot.) miricáceo
myristicaceous [mɪ,rɪstɪ'keʃəs] *adj* (bot.) miristicáceo
myrmecologist [,mʌrmɪ'kɑlədʒɪst] *s* mirmecólogo
myrmecology [,mʌrmɪ'kɑlədʒɪ] *s* mirmecología
myrmecophagous [,mʌrmɪ'kɑfəgəs] *adj* mirmecófago

myrmecophile ['mʌrmɪko,faɪl] o ['mʌrmɪko,fɪl] *s* (ent.) mirmecófilo
myrmecophilous [,mʌrmɪ'kɑfɪləs] *adj* mirmecófilo
myrmidon ['mʌrmɪdɑn] *s* secuaz fiel; esbirro; (*cap.*) *s* (myth.) Mirmidón
myrobalan [maɪ'rɑbələn] *s* (bot.) mirobálano (*árbol y fruto*)
myrrh [mʌr] *s* mirra
myrrhed [mʌrd] *adj* mirrado
myrrhic ['mʌrɪk] o ['mɪrɪk] *adj* mirrino
myrtaceous [mʌr'teʃəs] *adj* (bot.) mirtáceo
myrtle ['mʌrtəl] *s* (bot.) arrayán, mirto; (bot.) pervinca, brusela
myself [maɪ'sɛlf] *pron pers* yo mismo; me; mí, mí mismo; **with myself** conmigo
mystagogue ['mɪstəgɔg] o ['mɪstəgɑg] *s* (hist.) mistagogo
mysterious [mɪs'tɪrɪəs] *adj* misterioso
mystery ['mɪstərɪ] *s* (*pl:* **-ies**) misterio; (theat.) auto, misterio; (archaic) oficio, mester; (archaic) gremio
mystery play *s* auto, misterio
mystic ['mɪstɪk] *adj & s* místico
mystical ['mɪstɪkəl] *adj* místico
mysticism ['mɪstɪsɪzəm] *s* misticismo
mystification [,mɪstɪfɪ'keʃən] *s* misterio; confusión, perplejidad, mixtificación
mystify ['mɪstɪfaɪ] (*pret & pp:* **-fied**) *va* rodear de misterio; confundir, dejar perplejo, mixtificar
myth. abr. de **mythology**
myth [mɪθ] *s* mito
mythic ['mɪθɪk] o **mythical** ['mɪθɪkəl] *adj* mítico
mythological [,mɪθə'lɑdʒɪkəl] *adj* mitológico
mythologically [,mɪθə'lɑdʒɪkəlɪ] *adv* mitológicamente
mythologist [mɪ'θɑlədʒɪst] *s* mitológico, mitologista o mitólogo
mythology [mɪ'θɑlədʒɪ] *s* (*pl:* **-gies**) mitología
Mytilene [,mɪtɪ'linɪ] *s* Mitilene
myxedema [,mɪksɪ'dimə] *s* (path.) mixedema
myxomatosis [,mɪksomə'tosɪs] *s* (vet.) mixomatosis
myxomycete [,mɪksomaɪ'sit] *s* (bot.) mixomiceto

M

N

N, n [ɛn] *s* (*pl:* **N's, n's** [ɛnz]) décimocuarta letra del alfabeto inglés; (*l.c.*) *s* (alg.) n (*número indeterminado*)
n. abr. de **neuter, new, nominative, noon, north, northern, noun** y **number**
N. abr. de **Nationalist, Navy, New, Noon, Norse, North, Northern** y **November**
N abr. de **North** y **Northern**
N.A. abr. de **National Army** y **North America**
nab [næb] (*pret & pp:* **nabbed;** *ger:* **nabbing**) *va* (slang) coger, agarrar; (slang) prender, poner preso
nabob [ˈnebɑb] *s* nabab o nababo
Naboth [ˈnebɑθ] *s* (Bib.) Nabot
nacelle [næˈsɛl] *s* (aer.) barquilla o nacela
nacre [ˈnekər] *s* nácar
nadir [ˈnedər] o [ˈnedɪr] *s* (astr. & fig.) nadir
nag [næg] *s* caballo; caballejo, jaco; pequeño caballo de silla; (*pret & pp:* **nagged;** *ger:* **nagging**) *va* importunar regañando; *vn* regañar, ser regañón; **to nag at** importunar regañando
Nahum [ˈnehəm] *s* (Bib.) Nahúm
naiad o **Naiad** [ˈneæd] o [ˈnaɪæd] *s* (myth.) náyade; (fig.) nadadora
nail [nel] *s* uña (*del dedo*); clavo (*para asegurar una cosa a otra*); **on the nail** en seguida, en el acto; **to bite one's nails** comerse las uñas; **to hit the nail on the head** dar en el clavo; *va* clavar (*asegurar con clavos; fijar, p. ej., los ojos, la atención*); tachonar (*adornar con tachones*); poner término a (*p.ej., una mentira*); **to nail down** o **to nail up** clavar, cerrar con clavos
nailbrush [ˈnel,brʌʃ] *s* cepillo para las uñas
nail claw *s* arrancaclavos, sacaclavos
nail clippers o **nail cutters** *spl* cortaúñas
nail extractor *s* arrancaclavos, sacaclavos
nail file *s* lima de uñas, lima para las uñas
nail hole *s* clavera; uña (*en la hoja de un cortaplumas*)
nail polish *s* esmalte para las uñas, laca de uñas
nail puller *s* cazaclavos
nail scissors *ssg* o *spl* tijeras para las uñas
nailset [ˈnel,sɛt] *s* contrapunzón
nail works *s* fábrica de clavos
nainsook [ˈnensʊk] o [ˈnænsʊk] *s* nansú
naïve o **naive** [nɑˈiv] *adj* cándido, sencillo, ingenuo
naïveté [nɑ,ivˈte] *s* candidez, sencillez, ingenuidad
naja [ˈnedʒə] *s* (zool.) naja
naked [ˈnekɪd] *adj* desnudo; **to go naked** ir desnudo; **to strip naked** desnudar; desnudarse; **with the naked eye** a simple vista
nakedness [ˈnekɪdnɪs] *s* desnudez
namby-pamby [ˈnæmbɪˈpæmbɪ] *adj* melindroso; *s* (*pl:* **-bies**) melindroso (*persona*); melindres (*delicadeza*)
name [nem] *s* nombre; fama, reputación; linaje, raza; **by name** de nombre; **in the name of** a nombre de, en nombre de; **in name only** tan sólo en el nombre; **to answer to the name of** atender (*p.ej., un perro*) por; **to call names** poner como un trapo (*a una persona*); **to go by the name of** ser conocido por el nombre de; **to make a name for oneself** darse a conocer, hacerse un nombre; **what is your name?** ¿cómo se llama Vd.?; **my name is** me llamo; *va* nombrar; designar; fijar (*el precio de una cosa*)
nameless [ˈnemlɪs] *adj* innominado, sin nombre, anónimo; obscuro; nefando
namely [ˈnemlɪ] *adv* a saber
name plate *s* placa, letrero con nombre; placa de fabricante
namesake [ˈnem,sek] *s* homónimo, tocayo
Nancy [ˈnænsɪ] *s* Anita
nandu [ˈnændu] *s* (orn.) ñandú
nankeen o **nankin** [nænˈkin] *s* mahón o nanquín; **nankeens** *spl* pantalones de mahón
nanny goat [ˈnænɪ] *s* (coll.) cabra
Naomi [neˈomɪ] o [ˈneomɪ] (Bib.) Noemí
nap [næp] *s* lanilla, flojel (*pelillo que tiene el paño*); siesta, sueñecillo; **against the nap** a contrapelo, a pospelo; **to take a nap** descabezar un sueñecillo; (*pret & pp:* **napped;** *ger:* **napping**) *vn* dormir un rato; estar desprevenido; **to catch napping** coger desprevenido
napalm [ˈnepɑm] *s* (mil.) gelatina incendiaria
nape [nep] *s* nuca; **nape of the neck** nuca
Naperian [neˈpɪrɪən] *adj* var. de **Napierian**
napery [ˈnepərɪ] *s* mantelería
Naphtali [ˈnæftəlaɪ] *s* (Bib.) Naftalí o Neftalí
naphtha [ˈnæfθə] *s* nafta
naphthalene o **naphthaline** [ˈnæfθəlin] o **naphthalin** [ˈnæfθəlɪn] *s* (chem.) naftalina
naphthol [ˈnæfθɑl] *s* (chem.) naftol
Napierian [neˈpɪrɪən] *adj* neperiano
napkin [ˈnæpkɪn] *s* servilleta (*para aseo en la mesa*); pañal (*de los niños de teta*)
napkin ring *s* servilletero
Naples [ˈnepəlz] *s* Nápoles
Napoleon [nəˈpolɪən] *s* Napoleón; (*l.c.*) *s* napoleón (*moneda*); pastelito de crema y hojaldre
Napoleonic [nə,polɪˈɑnɪk] *adj* napoleónico
Napoleonic code *s* código napoleónico
Narbonne [nɑrˈbɔn] *s* Narbona
narceine [ˈnɑrsɪin] *s* (chem.) narceína
narcissism [nɑrˈsɪsɪzəm] *s* (psychoanal.) narcisismo
narcissus [nɑrˈsɪsəs] *s* (bot.) narciso; (*cap.*) *s* (myth.) Narciso
narcosis [nɑrˈkosɪs] *s* narcosis
narcotic [nɑrˈkɑtɪk] *s & adj* narcótico, estupefaciente
narcotine [ˈnɑrkətin] *s* (chem.) narcotina
narcotism [ˈnɑrkətɪzəm] *s* narcotismo
narcotize [ˈnɑrkətaɪz] *va* narcotizar
nard [nɑrd] *s* (bot. & pharm.) nardo
nares [ˈnɛriz] *spl* (anat.) narices, ventanas de la nariz
narghile o **nargile** [ˈnɑrgɪlɪ] *s* narguile
narratable [næˈretəbəl] *adj* narrable
narrate [næˈret] *va* narrar
narration [næˈreʃən] *s* narración
narrative [ˈnærətɪv] *adj* narrativo; *s* narrativa (*relato; habilidad en narrar*)
narrator [næˈretər] *s* narrador
narrow [ˈnæro] *adj* estrecho, angosto; intolerante; minucioso; estricto (*sentido de una palabra*); **in narrow circumstances** alcanzado, falto de recursos; **to have a narrow escape** escapar por un pelo; *s* garganta, desfiladero; **narrows** *spl* angostura, paso estrecho; *va* enangostar, estrechar, encoger, disminuir; *vn* enangostarse, estrecharse, encogerse, reducirse
narrow gauge *s* vía estrecha, trocha angosta
narrow-gauge [ˈnæro,gedʒ] *adj* de vía angosta o estrecha, de trocha angosta; intolerante
narrow-minded [ˈnæroˈmaɪndɪd] *adj* intolerante, poco liberal (en las ideas), de miras estrechas
narrow-mindedness [ˈnæroˈmaɪndɪdnɪs] *s* intolerancia, falta de liberalidad (en las ideas)
narrowness [ˈnæronɪs] *s* estrechez
narrow squeak *s* (coll.) escapada en una tabla
narwhal [ˈnɑrwəl] *s* (zool.) narval
nasal [ˈnezəl] *adj & s* nasal
nasality [neˈzælɪtɪ] *s* nasalidad
nasalization [,nezəlɪˈzeʃən] *s* nasalización; gangueo
nasalize [ˈnezəlaɪz] *va* nasalizar; *vn* ganguear

nasal vowel *s* vocal nasal
nascent ['næsənt] o ['nesənt] *adj* naciente; (chem.) naciente
nastic ['næstɪk] *adj* (plant path.) nástico
nastiness ['næstɪnɪs] o ['nɑstɪnɪs] *s* suciedad, asquerosidad; molestia; desvergüenza
nasturtium [nə'stʌrʃəm] *s* (bot.) capuchina, espuela de galán
nasty ['næstɪ] o ['nɑstɪ] *adj* (*comp:* **-tier;** *super:* **-tiest**) sucio, asqueroso; desagradable; desvergonzado; amenazador; terrible, horrible
nat. abr. de **national, native** y **natural**
natal ['netəl] *adj* natal
natality [ne'tælɪtɪ] *s* nacimiento; natalidad
natant ['netənt] *adj* natátil; (bot.) natátil
natatorial [,netə'torɪəl] *adj* natatorio
natatorium [,netə'torɪəm] *s* (*pl:* **-ums** o **-a** [ə]) piscina de natación
natatory ['netə,torɪ] *adj* natatorio
Nathan ['neθən] *s* (Bib.) Natán
Nathanael [nə'θænɪəl] *s* (Bib.) Natanael
nation ['neʃən] *s* nación
national ['næʃənəl] *adj* & *s* nacional
national anthem *s* himno nacional
national flag *s* bandera o pabellón nacional
national guard *s* milicia nacional, guardia nacional
national holiday *s* fiesta nacional
nationalism ['næʃənəlɪzəm] *s* nacionalismo
nationalist ['næʃənəlɪst] *adj* & *s* nacionalista
nationalistic [,næʃənəl'ɪstɪk] *adj* nacionalista
nationality [,næʃən'ælɪtɪ] *s* (*pl:* **-ties**) nacionalidad, naturalidad
nationalization [,næʃənəlɪ'zeʃən] *s* nacionalización
nationalize ['næʃənəlaɪz] *va* nacionalizar
National Socialist Party *s* partido nacionalsocialista
nation-wide ['neʃən,waɪd] *adj* por toda la nación, de toda la nación
native ['netɪv] *adj* nativo; indígena; materno (*idioma*); **to go native** vivir como los indígenas; *s* natural; indígena
native-born ['netɪv,bɔrn] *adj* indígena
native land *s* patria
nativity [nə'tɪvɪtɪ] *s* (*pl:* **-ties**) nacimiento, natividad; (astr.) horóscopo; (*cap.*) *s* natividad (*festividad en que se celebra el nacimiento de Jesucristo, de la Virgen María o de San Juan Bautista*); (f.a.) pintura de la natividad
natl. abr. de **national**
Nato ['neto] *s* la O.T.A.N. (*la Organización para el Tratado del Atlántico Norte*)
natrolite ['nætrəlaɪt] o ['netrəlaɪt] *s* (mineral.) natrolita
natron ['netrɑn] *s* (mineral.) natrón
nattiness ['nætɪnɪs] *s* elegancia, garbo
natty ['nætɪ] *adj* (*comp:* **-tier;** *super:* **-tiest**) elegante, garboso
natural ['nætʃərəl] *adj* natural; (mus.) natural; *s* imbécil; (coll.) cosa de éxito certero; (mus.) tono natural, nota natural; (mus.) becuadro (*signo*); (mus.) tecla blanca (*del piano*)
natural gas *s* gas natural, gas combustible natural
natural history *s* historia natural
naturalism ['nætʃərəlɪzəm] *s* naturalismo
naturalist ['nætʃərəlɪst] *s* naturalista
naturalistic [,nætʃərə'lɪstɪk] *adj* naturalista
naturalization [,nætʃərəlɪ'zeʃən] *s* naturalización
naturalization papers *spl* carta de naturaleza
naturalize ['nætʃərəlaɪz] *va* naturalizar; *vn* naturalizarse (*vivir como los naturales de un país extranjero*)
natural law *s* ley natural
naturally ['nætʃərəlɪ] *adv* naturalmente; por supuesto
natural magnet *s* imán natural
naturalness ['nætʃərəlnɪs] *s* naturalidad
natural philosophy *s* filosofía natural
natural religion *s* religión natural
natural resources *spl* recursos naturales
natural rights *spl* derechos naturales
natural science *s* ciencia natural
natural selection *s* (biol.) selección natural
natural sign *s* (mus.) becuadro
nature ['netʃər] *s* naturaleza; **from nature** (f.a.) del natural; **in the nature of** algo como
nature study *s* historia natural
naturopathy [,netʃər'ɑpəθɪ] *s* naturopatía
naught [nɔt] *s* nada; cero; **to bring to naught** anular, invalidar, destruir; **to come to naught** reducirse a nada, frustrarse
naughtiness ['nɔtɪnɪs] *s* desobediencia, picardía; desvergüenza
naughty ['nɔtɪ] *adj* (*comp:* **-tier;** *super:* **-tiest**) desobediente, pícaro; desvergonzado; verde (*cuento*)
nausea ['nɔʃɪə] o ['nɔsɪə] *s* náusea (*mareo, basca; repugnancia, asco grande*)
nauseate ['nɔʃɪet] o ['nɔsɪet] *va* dar náuseas a (*marear, dar bascas a; dar asco a*); *vn* nausear, marearse
nauseating ['nɔʃɪ,etɪŋ] o ['nɔsɪ,etɪŋ] *adj* nauseabundo, asqueroso
nauseous ['nɔʃɪəs] o ['nɔsɪəs] *adj* nauseabundo
Nausicaä [nɔ'sɪkeə] *s* (myth.) Nausica
nautical ['nɔtɪkəl] *adj* náutico, naval
nautical day *s* singladura (*intervalo de 24 horas, contadas de mediodía a mediodía*)
nautical mile *s* milla marina
nautics ['nɔtɪks] *ssg* náutica; *spl* deportes acuáticos
nautilus ['nɔtɪləs] *s* (*pl:* **-luses** o **-li** [laɪ]) (zool.) nautilo
nav. abr. de **naval** y **navigation**
naval ['nevəl] *adj* naval, naval militar
Naval Academy *s* (U.S.A.) Escuela Naval Militar
naval air base *s* base aeronaval
naval base *s* base naval
naval officer *s* oficial de marina
naval station *s* apostadero
Navarre [nə'vɑr] *s* Navarra
Navarrese [,nɑvɑ'riz] *adj* navarro; *s* (*pl:* **-rese**) navarro
nave [nev] *s* (arch.) nave central, nave principal; cubo (*de una rueda*)
navel ['nevəl] *s* ombligo; (fig.) centro, medio
navel orange *s* navel, naranja umbilicada, naranja de ombligo
navicert ['nævɪsʌrt] *s* (Brit.) pasavante
navicula [nə'vɪkjələ] *s* (*pl:* **-lae** [li]) (bot.) navícula; (eccl.) naveta (*para ministrar el incienso*)
navicular [nə'vɪkjələr] *adj* navicular; *s* (anat.) navicular
navigability [,nævɪgə'bɪlɪtɪ] *s* navegabilidad (*de un río*); buen gobierno (*de un buque*)
navigable ['nævɪgəbəl] *adj* navegable (*dícese de un río, canal, etc.*); marinero, de buen gobierno
navigate ['nævɪget] *va* & *vn* navegar
navigation [,nævɪ'geʃən] *s* navegación
navigator ['nævɪ,getər] *s* navegador o navegante; oficial de derrota; tratado de náutica; (Brit.) peón
navvy ['nævɪ] *s* (*pl:* **-vies**) (Brit.) peón, bracero
navy ['nevɪ] *s* (*pl:* **-vies**) marina de guerra, flota de guerra, armada; marina (*conjunto de personas que sirven en la marina de guerra*); (archaic & poet.) armada (*reunión de buques*); color azul obscuro; *adj* azul obscuro
navy bean *s* (bot.) frijol blanco común
navy blue *s* azul de mar, azul marino
navy-blue ['nevɪ'blu] *adj* azul de mar, azul marino
navy chaplain *s* capellán de la armada, capellán de navío
navy yard *s* arsenal de puerto
nawab [nə'wɔb] *s* nabab o nababo
nay [ne] *s* no, voto negativo; *adv* y aun, más aún; (obs.) no
Nazarene [,næzə'rin] *adj* & *s* nazareno; **the Nazarene** el Nazareno o el Divino Nazareno
Nazareth ['næzərəθ] o ['næzərɪθ] *s* Nazaret
Nazi ['nɑtsɪ] o ['nætsɪ] *adj* nazi o nacista; *s* (*pl:* **-zis**) nazi o nacista
Nazify ['nɑtsɪfaɪ] o ['nætsɪfaɪ] (*pret & pp:* **-fied**) *va* nazificar
Nazism ['nɑtsɪzəm] o ['nætsɪzəm] o **Naziism** ['nɑtsɪɪzəm] o ['nætsɪɪzəm] *s* nazismo
n.b. abr. de **nota bene** (Lat.) **note well, observe carefully**
N.B. abr. de **New Brunswick** y **nota bene** (Lat.) **note well, observe carefully**
N-bomb ['ɛn,bɑm] *s* bomba de neutrones

N

N.C. abr. de **North Carolina**
N.C.O. abr. de **noncommissioned officer**
N.D. o **N. Dak.** abr. de **North Dakota**
n.e. o **NE** abr. de **northeast** y **northeastern**
N.E. abr. de **New England, northeast** y **northeastern**
Neanderthal man [nɪ'ændərtɑl] *s* (anthrop.) hombre de Neanderthal
neap [nip] *s* marea muerta
Neapolitan [,niə'pɑlɪtən] *adj & s* napolitano
Neapolitan ice cream *s* arlequín
Neapolitan medlar *s* (bot.) acerolo (*arbusto*); acerola (*fruto*)
neap tide *s* marea muerta
near [nɪr] *adj* próximo, cercano; íntimo; tacaño; imitado; literal; **near** + *ger* cercano a + *inf; adv* cerca; íntimamente; **to come near** acercarse; acercarse a; *prep* cerca de; hacia, por; **to come near** + *ger* estar para + *inf*, estar en poco que + *subj*; *va* acercarse a; *vn* acercarse
near beer *s* cerveza sin alcohol
nearby ['nɪr,baɪ] *adj* próximo, cercano; *adv* cerca
Near East *s* Cercano Oriente, Próximo Oriente
nearly ['nɪrlɪ] *adv* casi; de cerca; íntimamente; tacañamente; por poco, p.ej., **he nearly fell** por poco se cae
nearness ['nɪrnɪs] *s* proximidad; intimidad
near-sighted ['nɪr'saɪtɪd] *adj* miope
nearsightedness ['nɪr'saɪtɪdnɪs] *s* miopía
neat [nit] *adj* pulcro, aseado; pulido; primoroso, diestro; puro, sin mezcla; *ssg* res vacuna; *spl* ganado vacuno
neath o **'neath** [niθ] *prep* (poet.) var. de **beneath**
neatherd ['nit,hʌrd] *s* vaquero
neatness ['nitnɪs] *s* pulcritud, aseo, esmero; pulidez; primor, habilidad
neat's-foot oil ['nits,fut] *s* aceite de pie de buey
neb [nɛb] *s* pico (*del ave*); punta, extremidad; boca, nariz; hocico
Nebuchadnezzar [,nɛbjəkəd'nɛzər] *s* (Bib.) Nabucodonosor
nebula ['nɛbjələ] *s* (*pl:* **-lae** [li] o **-las**) (astr.) nebulosa
nebular ['nɛbjələr] *adj* (astr.) nebular, nebuloso
nebular hypothesis *s* (astr.) hipótesis nebular, hipótesis de Laplace
nebulization [,nɛbjəlɪ'zeʃən] *s* nebulización
nebulize ['nɛbjəlaɪz] *va & vn* nebulizar
nebulosity [,nɛbjə'lɑsɪtɪ] *s* (*pl:* **-ties**) nebulosidad; (astr.) nebulosa
nebulous ['nɛbjələs] *adj* nebuloso (*nubloso, brumoso, neblinoso, confuso*); (astr.) nebuloso
necessarily ['nɛsɪ,sɛrɪlɪ] *adv* necesariamente
necessary ['nɛsɪ,sɛrɪ] *adj* necesario; *s* (*pl:* **-ies**) cosa necesaria, cosa indispensable
necessitate [nɪ'sɛsɪtet] *va* necesitar
necessitous [nɪ'sɛsɪtəs] *adj* necesitado
necessity [nɪ'sɛsɪtɪ] *s* (*pl:* **-ties**) necesidad; **of necessity** de o por necesidad; **under the necessity of** en la necesidad de
neck [nɛk] *s* cuello (*del cuerpo, prenda de vestir, columna, vasija, diente, etc.*); gollete (*de botella*); mástil (*de violín o guitarra*); istmo, península; estrecho; **to break one's neck** (coll.) deslomarse, matarse trabajando; **to stick one's neck out** (coll.) descubrir el cuerpo (*exponerse a las malas resultas de un negocio*); **to win by a neck** ganar con poca ventaja; **neck and neck** parejos; **neck or nothing** a toda costa; *vn* (slang) acariciarse (*dos enamorados*)
neckband ['nɛk,bænd] *s* tirilla (*de camisa*)
neckcloth ['nɛk,klɔθ] o ['nɛk,klɑθ] *s* corbata, pañuelo de cuello
neckerchief ['nɛkərtʃɪf] *s* pañuelo de cuello, pañoleta (*de forma triangular*)
neckguard ['nɛk,gɑrd] *s* cubrenuca
necklace ['nɛklɪs] *s* collar (*usado como adorno*)
necklet ['nɛklɪt] *s* collar
neckpiece ['nɛk,pis] *s* cuello de pieles
necktie ['nɛk,taɪ] *s* corbata
necktie pin *s* alfiler de corbata
neckwear ['nɛk,wɛr] *s* prendas para el cuello
necrology [nɛ'krɑlədʒɪ] *s* necrología
necromancer ['nɛkro,mænsər] *s* necromántico o nigromántico
necromancy ['nɛkro,mænsɪ] *s* necromancia o nigromancia
necromantic [,nɛkro'mæntɪk] *adj* necromántico o nigromántico
necropolis [nɛ'krɑpəlɪs] *s* necrópolis
necrosis [nɛ'krosɪs] *s* (*pl:* **-ses** [siz]) (path. & bot.) necrosis
nectar ['nɛktər] *s* (myth., bot. & fig.) néctar
nectareous [nɛk'tɛrɪəs] *adj* nectáreo
nectarine ['nɛktərɪn] *adj* nectarino; [,nɛktə'rin] o ['nɛktərɪn] *s* bruñón (*melocotón*)
nectary ['nɛktərɪ] *s* (*pl:* **-ries**) (bot.) nectario
née o **nee** [ne] *adj* nacida o de soltera, p.ej., **Mary Wilson, née Miller** María Wilson, nacida Miller o María Wilson, de soltera Miller
need [nid] *s* necesidad; requisito; **to be in need** estar necesitado; **to be in need of** estar necesitado de; **to have need of** necesitar, tener necesidad de; **to have need to** + *inf* deber, necesitar, tener necesidad de + *inf; va* necesitar; **to need** + *inf* deber, tener que + *inf;* **if need be** si fuere necesario; *vn* estar necesitado; ser necesario
needful ['nidfəl] *adj* necesario; **the needful** lo necesario; (slang) el dinero
needle ['nidəl] *s* aguja (*con que se cose; del fonógrafo; obelisco*); **to look for a needle in a haystack** buscar una aguja en un pajar; *va* coser con aguja; aguijar, incitar; (coll.) añadir alcohol a (*cerveza o vino*)
needle bath *s* ducha en alfileres
needlecase ['nidəl,kes] *s* alfiletero
needlefish ['nidəl,fɪʃ] *s* (ichth.) aguja
needleful ['nidəlfʊl] *s* hebra
needle gun *s* fusil de aguja (*de Dreyse*)
needle point *s* bordado al pasado; encaje de mano
needle scratch *s* arañar de la aguja (*del fonógrafo*)
needless ['nidlɪs] *adj* innecesario, inútil
needle valve *s* válvula de aguja
needlewoman ['nidəl,wʊmən] *s* (*pl:* **-women**) costurera
needlework ['nidəl,wʌrk] *s* costura, labor, bordado
needn't ['nidənt] contracción de **need not**
needs [nidz] *adv* necesariamente, forzosamente
needy ['nidɪ] *adj* (*comp:* **-ier;** *super:* **-iest**) necesitado, indigente; **the needy** los necesitados
ne'er [nɛr] *adv* (poet.) var. de **never**
ne'er-do-well ['nɛrdu,wɛl] *adj & s* holgazán, perdido
nefarious [nɪ'fɛrɪəs] *adj* nefario
negate [nɪ'get] o ['niget] *va* negar; anular, invalidar
negation [nɪ'geʃən] *s* negación
negative ['nɛgətɪv] *adj* negativo; *s* negativa; (math.) término negativo; (elec.) electricidad negativa, borne negativo; (gram.) negación; (phot.) negativa o negativo; *va* desaprobar; inutilizar, anular
negativism ['nɛgətɪvɪzəm] *s* negativismo
negatron ['nɛgətrɑn] *s* (chem.) negatrón
neglect [nɪ'glɛkt] *s* negligencia, descuido, abandono; *va* descuidar, abandonar; **to neglect oneself** dejarse, descuidarse de sí mismo; **to neglect to** + *inf* dejar de, olvidarse de + *inf*
neglectful [nɪ'glɛktfəl] *adj* negligente, descuidado
néglígé [negli'ʒe] o **negligee** [,nɛglɪ'ʒe] o ['nɛglɪʒe] *s* traje de casa, bata de mujer
negligence ['nɛglɪdʒəns] *s* negligencia, descuido
negligent ['nɛglɪdʒənt] *adj* negligente, descuidado
negligible ['nɛglɪdʒɪbəl] *adj* insignificante, imperceptible
negotiability [nɪ,goʃɪə'bɪlɪtɪ] *s* negociabilidad
negotiable [nɪ'goʃɪəbəl] *adj* negociable; transitable
negotiate [nɪ'goʃɪet] *va* negociar; (coll.) vencer, salvar; *vn* negociar
negotiation [nɪ,goʃɪ'eʃən] *s* negociación
negotiator [nɪ'goʃɪ,etər] *s* negociador
Negress ['nigrɪs] *s* (offensive) negra
Negrito [nɪ'grito] *s* (*pl:* **-tos** o **-toes**) negrito (*individuo de una raza parecida a la de los*

negros, de estatura muy pequeña y de color pardo muy obscuro)
Negro ['nigro] o **negro** *s* (*pl:* **-groes**) negro; *adj* negro
Negroid ['nigrɔɪd] *adj* negroide o negroideo
negus ['nigəs] *s* carraspada, sangría; (*cap.*) *s* Negus (*emperador de Abisinia*)
Neh. abr. de **Nehemiah**
Nehemiah [,niə'maɪə] *s* (Bib.) Nehemías
neigh [ne] *s* relincho; *vn* relinchar
neighbor ['nebər] *s* vecino; prójimo (*cualquier hombre respecto de otro*); *adj* vecino; *va* ser vecino de, colindar con; ser amigo de; *vn* estar cercano; tener relaciones amistosas
neighborhood ['nebərhʊd] *s* vecindad; **in the neighborhood of** (coll.) cerca de, casi
neighboring ['nebərɪŋ] *adj* vecino, colindante
neighborly ['nebərlɪ] *adj* buen vecino, amable
neighbour ['nebər] *s, adj, va & vn* (Brit.) var. de **neighbor**
neither ['niðər] o ['naɪðər] *pron indef* ninguno (de los dos); ni uno ni otro, ni lo uno ni lo otro; *adj indef* ninguno . . . (de los dos); **neither one** ninguno de los dos; *conj* ni; tampoco; ni . . . tampoco; **neither . . . nor** ni . . . ni
nelumbo [nɪ'lʌmbo] *s* (*pl:* **-bos**) (bot.) nelumbio
nemathelminth [,nɛmə'θɛlmɪnθ] *s* (zool.) nematelminto
nematocyst ['nɛmətəsɪst] *s* (zool.) nematocisto
nematode ['nɛmətod] *s* (zool.) nematoda
Nemean [nɪ'miən] o ['nimɪən] *adj* nemeo
Nemean games *spl* fiestas nemeas
Nemean lion *s* (myth.) león de Nemea
nemesis ['nɛmɪsɪs] *s* (*pl:* **-ses** [siz]) justo castigo; castigador; (*cap.*) *s* (myth.) Némesis
Neo-Catholic ['niə'kæθəlɪk] *adj & s* neocatólico
Neo-Catholicism ['niəkə'θɑlɪsɪzəm] *s* neocatolicismo
neoclassic [,niə'klæsɪk] *adj* neoclásico
neoclassicism [,niə'klæsɪsɪzəm] *s* neoclasicismo
neoclassicist [,niə'klæsɪsɪst] *s* neoclásico
neodymium [,nio'dɪmɪəm] *s* (chem.) neodimio
Neo-Latin [,niə'lætɪn] o [,niə'lætən] *adj* neolatino
neolithic [,nio'lɪθɪk] *adj* neolítico
neologism [ni'ɑlədʒɪzəm] *s* neologismo
neologist [ni'ɑlədʒɪst] *s* neologista o neólogo
neology [ni'ɑlədʒɪ] *s* neología
neomycin [,nio'maɪsɪn] *s* (pharm.) neomicina
neon ['niɑn] *s* (chem.) neón o neo
neon light *s* lámpara neón, lámpara de neo
neophyte ['niofaɪt] *s* neófito
neoplasm ['niəplæzəm] *s* (path.) neoplasia o neoplasma
Neo-Platonism o **Neoplatonism** [,nio'pletənɪzəm] *s* neoplatonicismo
neoprene ['niəprin] *s* neopreno
neosalvarsan [,nio'sælvərsæn] *s* (trademark) neosalvarsán
Neo-Scholasticism ['niəskə'læstɪsɪzəm] *s* neoescolasticismo
neoteny [nɪ'ɑtənɪ] *s* (biol.) neotenia
Neo-Thomism ['nio'tomɪzəm] o ['nio'θomɪzəm] *s* neotomismo
neoytterbium [,nio·ɪ'tʌrbɪəm] *s* (chem.) neoiterbio
Neozoic [,nio'zo·ɪk] *adj* neozoico
Nepal [nɪ'pɔl] *s* el Nepal
Nepalese [,nɛpə'liz] *adj* nepalés; *s* (pl: **-lese**) nepalés
nepenthe [nɪ'pɛnθɪ] *s* nepente (*bebida mágica*); (bot.) nepente
nephew ['nɛfju] o ['nɛvju] *s* sobrino
nephoscope ['nɛfəskop] *s* nefoscopio
nephralgia [nɪ'frældʒɪə] *s* (path.) nefralgia
nephrectomy [nɪ'frɛktəmɪ] *s* (*pl:* **-mies**) (surg.) nefrectomía
nephridium [nɪ'frɪdɪəm] *s* (*pl:* **-a** [ə]) (embryol.) nefridio
nephrite ['nɛfraɪt] *s* (mineral.) nefrita
nephritic [nɪ'frɪtɪk] *adj* nefrítico
nephritis [nɪ'fraɪtɪs] *s* (path.) nefritis
nephrolith ['nɛfrəlɪθ] *s* (path.) nefrolito
nephrotomy [nɪ'frɑtəmɪ] *s* (*pl:* **-mies**) (surg.) nefrotomía
Nepos ['nipɑs] o ['nɛpɑs] *s* Nepote
nepotism ['nɛpətɪzəm] *s* nepotismo
Neptune ['nɛptʃun] o ['nɛptjun] *s* (myth. & astr.) Neptuno
Neptunian [nɛp'tʃunɪən] o [nɛp'tjunɪən] *adj* neptúneo; (geol.) neptúnico
neptunium [nɛp'tʃunɪəm] o [nɛp'tjunɪəm] *s* (chem.) neptunio
Nereid o **nereid** ['nɪrɪɪd] *s* (myth.) nereida
Nereus ['nɪrus] *s* (myth.) Nereo
Nero ['nɪro] *s* Nerón
nerol ['nɪrəl] *s* (chem.) nerol
neroli oil ['nɛrəlɪ] o ['nɪrəlɪ] *s* (chem.) aceite de nerolí
nerval ['nʌrvəl] *adj* nerval
nervation [nʌr'veʃən] *s* nervadura o nerviación
nerve [nʌrv] *s* (anat. & bot.) nervio; (ent.) nervadura; (fig.) nervio; (slang) descaro; **nerves** *spl* excitabilidad nerviosa; **to get on one's nerves** enojar, crispar o irritar los nervios a; **to strain every nerve** esforzarse lo sumo posible; *va* animar, alentar
nerve cell *s* (anat.) neurona; (anat.) célula nerviosa
nerve center *s* (anat.) centro nervioso
nerve fiber *s* (anat.) fibra nerviosa
nerveless ['nʌrvlɪs] *adj* sin nervios; enervado; cobarde
nerve pulp *s* (anat.) pulpa (*de los dientes*)
nerve-racking ['nʌrv,rækɪŋ] *adj* irritante, exasperante
nerve tonic *s* tónico nervioso
nervine ['nʌrvin] o ['nʌrvaɪn] *adj & s* nervino
nervous ['nʌrvəs] *adj* nervioso
nervous breakdown *s* crisis nerviosa, colapso nervioso
nervousness ['nʌrvəsnɪs] *s* nerviosidad, nerviosismo
nervous prostration *s* prostración nerviosa, agotamiento nervioso
nervous shudder *s* muerte chiquita
nervous system *s* (anat.) sistema nervioso
nervure ['nʌrvjʊr] *s* (bot. & ent.) nervadura
nervy ['nʌrvɪ] *adj* (*comp:* **-ier**; *super:* **-iest**) nervioso (*fuerte, vigoroso*); atrevido, audaz; (slang) descarado
nescience ['nɛʃəns] o ['nɛʃɪəns] *s* nesciencia
-ness *suffix s* -ería, p.ej., **childishness** niñería; **foolishness** tontería; -ez, p.ej., **haughtiness** altivez; **ripeness** madurez; **smallness** pequeñez; -eza, p.ej., **bigness** grandeza; **lightness** ligereza; **cleanliness** limpieza; -or, p.ej., **bitterness** amargor; **sweetness** dulzor; -ura, p.ej., **bitterness** amargura; **smoothness** lisura; los nombres que terminan en **-ness** se pueden traducir generalmente al español con el adjetivo correspondiente, precedido por **lo**, p.ej., **the pleasantness of her smile** lo agradable de su sonrisa
Nessus ['nɛsəs] *s* (myth.) Neso
nest [nɛst] *s* nido; nidal (*donde la gallina pone sus huevos*); nidada (*pajarillos en el nido*); juego (*de mesitas, cajones, etc.*); (fig.) nido (*de ladrones, de ametralladoras, etc.*); **to feather one's nest** hacer todo para enriquecerse; *va* colocar en un nido; encajar formando juego; *vn* anidar; buscar nidos
nest egg *s* nidal; (fig.) peculio, ahorros, reserva, buena hucha
nestle ['nɛsəl] *va* anidar, abrigar, poner en un nido; apretar, arrimar afectuosamente; *vn* anidar; estar abrigado como en un nido; arrimarse cómodamente; **to nestle up to** arrimarse a
nestling ['nɛstlɪŋ] *s* pajarillo en el nido
Nestor ['nɛstər] *s* (myth.) Néstor
Nestorian [nɛs'torɪən] *adj & s* nestoriano
net [nɛt] *s* red; (com.) precio neto, peso neto, ganancia líquida; *adj* neto, líquido; (*pret & pp:* **netted**; *ger:* **netting**) *va* enredar, tejer; coger con red; cubrir con red; (com.) producir (*cierta ganancia líquida*)
nether ['nɛðər] *adj* inferior, más bajo
Netherlander ['nɛðər,lændər] o ['nɛðərləndər] *s* neerlandés (*persona*)
Netherlandish ['nɛðər,lændɪʃ] o ['nɛðərləndɪʃ] *adj* neerlandés; *s* neerlandés (*idioma*)
Netherlands, The ['nɛðərləndz] los Países Bajos (*Holanda*)

nethermost ['nɛðərmost] *adj* (el) más bajo
nether world *s* infierno; (el) otro mundo
netting ['nɛtɪŋ] *s* red
nettle ['nɛtəl] *s* (bot.) ortiga; *va* irritar, provocar
nettle rash *s* (path.) urticaria
nettle tree *s* (bot.) almez
network ['nɛt,wʌrk] *s* red
neume [njum] o [num] *s* (mus.) neuma
neuralgia [njʊ'rældʒə] o [nʊ'rældʒə] *s* (path.) neuralgia
neurasthenia [,njʊrəs'θinɪə] o [,nʊrəs'θinɪə] *s* (path.) neurastenia
neurasthenic [,njʊrəs'θɛnɪk] o [,nʊrəs'θɛnɪk] *adj & s* neurasténico
neurectomy [njʊ'rɛktəmɪ] o [nʊ'rɛktəmɪ] *s* (*pl:* **-mies**) (surg.) neurectomía
neuritis [njʊ'raɪtɪs] o [nʊ'raɪtɪs] *s* (path.) neuritis
neuroglia [njʊ'rɑglɪə] o [nʊ'rɑglɪə] *s* (anat.) neuroglia
neurological [,njʊrə'lɑdʒɪkəl] o [,nʊrə'lɑdʒɪkəl] *adj* neurológico
neurologist [njʊ'rɑlədʒɪst] o [nʊ'rɑlədʒɪst] *s* neurólogo
neurology [njʊ'rɑlədʒɪ] o [nʊ'rɑlədʒɪ] *s* neurología
neuron ['njʊrɑn] o ['nʊrɑn] o **neurone** ['njʊron] o ['nʊron] *s* (anat.) neurona
neuropath ['njʊrəpæθ] o ['nʊrəpæθ] *s* neurópata
neuropathic [,njʊrə'pæθɪk] o [,nʊrə'pæθɪk] *adj* neuropático
neuropathy [njʊ'rɑpəθɪ] o [nʊ'rɑpəθɪ] *s* neuropatía
neuropsychiatry [,njʊrosaɪ'kaɪətrɪ] o [,nʊrosaɪ'kaɪətrɪ] *s* neuropsiquiatría
neurosis [njʊ'rosɪs] o [nʊ'rosɪs] *s* (*pl:* **-ses** [siz]) (path.) neurosis
neurosurgery [,njʊrə'sʌrdʒərɪ] o [,nʊrə'sʌrdʒərɪ] *s* cirugía nerviosa, neurocirugía
neurosurgical [,njʊrə'sʌrdʒɪkəl] o [,nʊrə'sʌrdʒɪkəl] *adj* neuroquirúrgico
neurotic [njʊ'rɑtɪk] o [nʊ'rɑtɪk] *adj & s* neurótico
neut. abr. de **neuter**
neuter ['njutər] o ['nutər] *adj* neutro; *s* (gram.) género neutro
neutral ['njutrəl] o ['nutrəl] *adj* neutral (*que no es de un partido ni de otro*); neutro (*que no es de un color ni de otro*); (bot., chem., elec., phonet. & zool.) neutro; *s* neutral; (aut.) punto muerto, punto neutral
neutralism ['njutrəlɪzəm] o ['nutrəlɪzəm] *s* neutralismo
neutralist ['njutrəlɪst] o ['nutrəlɪst] *adj & s* neutralista
neutrality [nju'trælɪtɪ] o [nu'trælɪtɪ] *s* neutralidad
neutralization [,njutrəlɪ'zeʃən] o [,nutrəlɪ'zeʃən] *s* neutralización
neutralize ['njutrəlaɪz] o ['nutrəlaɪz] *va* neutralizar
neutrino [nju'trino] o [nu'trino] *s* (*pl:* **-nos**) (phys.) neutrino
neutron ['njutrɑn] o ['nutrɑn] *s* (phys.) neutrón
neutron bomb *s* (phys.) bomba de neutrones, bomba neutrónica
Nev. abr. de **Nevada**
never ['nɛvər] *adv* nunca; de ningún modo, ni . . . siquiera; **never fear** no hay cuidado; **never mind** no importa
nevermore [,nɛvər'mor] *adv* nunca más
nevertheless [,nɛvərðə'lɛs] *adv* sin embargo, no obstante, a pesar de eso
new [nju] o [nu] *adj* nuevo
new arrival *s* recién llegado; recién nacido
newborn ['nju,bɔrn] o ['nu,bɔrn] *adj* recién nacido; renacido
New Castile *s* Castilla la Nueva
Newcastle ['nju,kæsəl] o ['nu,kæsəl] *s*; **to carry coals to Newcastle** echar agua al mar, llevar hierro a Vizcaya, cargar leña para el monte
newcomer ['nju,kʌmər] o ['nu,kʌmər] *s* recién venido, recién llegado
New Covenant *s* (Bib.) Nuevo Testamento
New Deal *s* (pol.) nuevo trato (*política de Franklin D. Roosevelt*)
New Delhi ['dɛlɪ] *s* Nueva Delhi
newel ['njuəl] o ['nuəl] *s* nabo (*de una escalera de caracol*); alma, núcleo (*que termina la barandilla de una escalera*)
New England *s* la Nueva Inglaterra
newfangled ['nju,fæŋgəld] o ['nu,fæŋgəld] *adj* de última moda, recién inventado
new-fashioned ['nju,fæʃənd] o ['nu,fæʃənd] *adj* de última moda
Newfoundland ['njufənd,lænd] o ['nufənd,lænd] *s* Terranova (*isla y provincia*); [nju'faʊndlənd] o [nu'faʊndlənd] *s* Terranova (*perro*)
New Granada [grə'nɑdə] *s* la Nueva Granada
New Guinea *s* la Nueva Guinea
New Hampshire ['hæmpʃɪr] *s* Nuevo Hampshire
New Hebrides *spl* Nuevas Hébridas
newish ['njuɪʃ] o ['nuɪʃ] *adj* algo nuevo, bastante nuevo
New Jersey *s* Nueva Jersey
new look *s* nuevo aspecto (*especialmente de las modas por el año de 1947*)
newly ['njulɪ] o ['nulɪ] *adv* nuevamente; **newly** + *pp* recién + *pp*
newlywed ['njulɪ,wɛd] o ['nulɪ,wɛd] *s* desposado, recién casado
New Mexican *adj & s* neomejicano, nuevomejicano
New Mexico *s* Nuevo Méjico
new moon *s* novilunio, luna nueva
newness ['njunɪs] o ['nunɪs] *s* novedad; falta de práctica
New Order *s* (pol.) Orden Nuevo
New Orleans ['ɔrlɪənz] *s* Nueva Orleáns
news [njuz] o [nuz] *ssg* noticias; **a news item** una noticia
news agency *s* agencia de noticias
news beat *s* anticipación de una noticia (*por un periódico*)
newsboy ['njuz,bɔɪ] o ['nuz,bɔɪ] *s* vendedor de periódicos
newscast ['njuz,kæst], ['njuz,kɑst], ['nuz,kæst] o ['nuz,kɑst] *s* (rad.) noticiario; *va* radiar (*noticias, sucesos*); *vn* radiar noticias
newscaster ['njuz,kæstər], ['njuz,kɑstər], ['nuz,kæstər] o ['nuz,kɑstər] *s* cronista de radio, reportero radiofónico
news coverage *s* reportaje
newsdealer ['njuz,dilər] o ['nuz,dilər] *s* vendedor de periódicos
newshawk ['njuz,hɔk] o ['nuz,hɔk] *s* (coll.) cazanoticias
newsletter ['njuz,lɛtər] o ['nuz,lɛtər] *s* circular noticiera
newsmagazine ['nuz,mægəzin] o ['nuz,mægəzin] *s* revista de noticias
newsman ['njuzmən] o ['nuzmən] *s* (*pl:* **-men**) noticiero
newsmonger ['njuz,mʌŋgər] o ['nuz,mʌŋgər] *s* portanuevas, gacetista
New South Wales *s* la Nueva Gales del Sur
New Spain *s* la Nueva España (*el Méjico de los conquistadores españoles*)
newspaper ['njuz,pepər] o ['nuz,pepər] *s* periódico; *adj* periodístico
newspaper clipping *s* recorte de periódico
newspaperman ['njuz,pepər,mæn] o ['nuz,pepər,mæn] *s* (*pl:* **-men**) periodista
newspaper wrapper *s* faja
news photographer *s* reportero gráfico
newsprint ['njuz,prɪnt] o ['nuz,prɪnt] *s* papel de periódico, papel para periódicos, papelprensa
newsreel ['njuz,ril] o ['nuz,ril] *s* película noticiera, actualidades, noticiario cinematográfico
newsroom ['njuz,rum] o ['nuz,rum] *s* redacción de un periódico (*oficina u oficinas*); tienda de periódicos; sala de lectura de periódicos
newsstand ['njuz,stænd] o ['nuz,stænd] *s* quiosco de periódicos
New Style *s* estilo nuevo (*calendario*)
newsweekly ['njuz,wiklɪ] o ['nuz,wiklɪ] *s* (*pl:* **-lies**) semanario de noticias
newsworthy ['njuz,wʌrðɪ] o ['nuz,wʌrðɪ] *adj* de gran actualidad, de interés periodístico
newsy ['njuzɪ] o ['nuzɪ] *s* (*pl:* **-ies**) (coll.) chiquillo vendedor de periódicos; *adj* (*comp:* **-ier**; *super:* **-iest**) (coll.) informativo

newt [njut] o [nut] *s* (zool.) tritón, salamandra acuática
New Testament *s* Nuevo Testamento
Newtonian [nju'tonɪən] o [nu'tonɪən] *adj* neutoniano
New World *s* Nuevo Mundo
new-world ['nju,wʌrld] o ['nu,wʌrld] *adj* del Nuevo Mundo
new year *s* año nuevo; (*cap.*) *s* el día de año nuevo
New Year's *s* el día de año nuevo
New Year's card *s* tarjeta de felicitación de Año Nuevo
New Year's Day *s* el día de año nuevo
New Year's Eve *s* la víspera de año nuevo, la noche vieja
New Year's gift *s* regalo de año nuevo
New York [jɔrk] *s* Nueva York; *adj* neoyorquino
New Yorker ['jɔrkər] *s* neoyorquino
New Zealand ['zilənd] *s* Nueva Zelanda; *adj* neocelandés
New Zealander ['ziləndər] *s* neocelandés
next [nɛkst] *adj* próximo, siguiente; venidero, que viene; de al lado; **next door** la casa de al lado, en la casa de al lado; **next door to** en la casa siguiente de; casi; **next of kin** pariente(s) más cercano(s); **next time** la próxima vez; *adv* luego, después, inmediatamente después; la próxima vez; **to come next** venir después, ser el que sigue; **next to** junto a; después de; el primero después de; **the next best** lo mejor después de eso; **next to nothing** casi nada
next-door ['nɛkst,dor] *adj* siguiente, de al lado
nexus ['nɛksəs] *s* nexo
N.F. abr. de **Newfoundland** y **Norman French**
n.g. abr. de **no good**
N.G. abr. de **National Guard** y **no good**
N.H. abr. de **New Hampshire**
N.I. abr. de **Northern Ireland**
niacin ['naɪəsɪn] *s* (chem.) niacina
Niagara Falls [naɪ'ægərə] *spl* las cataratas del Niágara
nib [nɪb] *s* pico (*del ave*); punta (*de la pluma de escribir*); gavilán (*cada uno de los dos lados de la punta de la pluma*)
nibble ['nɪbəl] *s* mordisco; *va* mordiscar; *vn* picar; **to nibble at** picar de o en
Nibelung ['nibəlʊŋ] *s* (myth.) nibelungo
niblick ['nɪblɪk] *s* (golf) niblick
nibs [nɪbz] *s* (hum.) personaje; **his nibs** (hum.) su Señoría
Nicaea [naɪ'siə] *s* Nicea
Nicaragua [,nɪkə'rɑgwə] *s* Nicaragua
Nicaraguan [,nɪkə'rɑgwən] *adj & s* nicaragüense o nicaragüeño
niccolite ['nɪkəlaɪt] *s* (mineral.) niquelina
nice [naɪs] *adj* fino, sutil, delicado; primoroso, pulido, refinado; dengoso, melindroso; atento, cortés, culto; escrupuloso, esmerado; simpático, agradable; complaciente; decoroso, conveniente; preciso, satisfactorio; bien, bueno; **nice and** (coll.) muy, mucho; (coll.) -ito, p.ej., **nice and early** tempranito; (*cap.*) [nis] *s* Niza
nicely ['naɪslɪ] *adv* con precisión; escrupulosamente; satisfactoriamente; (coll.) muy bien
Nicene [naɪ'sin] o ['naɪsin] *adj & s* niceno, de Nicea
Nicene Council *s* concilio de Nicea
Nicene Creed *s* Símbolo de Nicea
nicety ['naɪsətɪ] *s* (*pl:* **-ties**) precisión; sutileza; finura; **to a nicety** con la mayor precisión
niche [nɪtʃ] *s* hornacina, nicho; (fig.) colocación conveniente
Nicholas ['nɪkələs] *s* Nicolás
nichrome ['naɪkrom] *s* nicromo
nick [nɪk] *s* mella, muesca; (print.) cran; (*cap.*) *s* nombre abreviado de **Nicholas; in the nick of time** en el momento crítico; *va* mellar, hacer muescas en; cortar; acertar
nickel ['nɪkəl] *s* (chem.) níquel; (U.S.A.) moneda de cinco centavos; *va* niquelar
nickel-cadmium battery ['nɪkəl'kædmɪəm] *s* (elec.) acumulador níquel-cadmio
nickel plate *s* niqueladura
nickel-plate ['nɪkəl,plet] *va* niquelar
nickel silver *s* metal blanco, melchor
nickel steel *s* aceroníquel, acero al níquel
nicknack ['nɪk,næk] *s* chuchería, friolera
nickname ['nɪk,nem] *s* apodo; *va* apodar
Nicol prism ['nɪkəl] *s* (opt.) prisma de Nicol
nicotine ['nɪkətin] *s* nicotina
nicotinic [,nɪkə'tɪnɪk] *adj* nicotínico
nicotinic acid *s* (chem.) ácido nicotínico
niece [nis] *s* sobrina
niello [nɪ'ɛlo] *s* (*pl:* **-li** [lɪ]) niel; *va* nielar
Nietzschean ['nitʃɪən] *adj & s* nietzscheano
Nietzscheanism ['nitʃɪənɪzəm] o **Nietzscheism** ['nitʃɪɪzəm] *s* nietzschismo
nifty ['nɪftɪ] *adj* (*comp:* **-tier;** *super:* **-tiest**) (slang) elegante; (slang) excelente
Niger ['naɪdʒər] *s* Níger (*río*); colonia del Níger
Nigeria [naɪ'dʒɪrɪə] *s* Nigeria
niggard ['nɪgərd] *adj & s* tacaño
niggardly ['nɪgərdlɪ] *adj* tacaño; *adv* tacañamente
nigger ['nɪgər] *s* (offensive) negro; (offensive) defecto mecánico; (offensive) **nigger in the woodpile** (coll.) gato encerrado
niggle ['nɪgəl] *va* trampear; burlar, engañar; esmerarse en; recargar con adornos; *vn* ocuparse en fruslerías; agitarse, menearse; ser melindroso
nigh [naɪ] *adj, adv & prep* (archaic & dial.) var. de **near**
night [naɪt] *s* noche; **at** o **by night** de noche o por la noche; **to make a night of it** (coll.) divertirse hasta muy entrada la noche
night blindness *s* ceguera nocturna
night-blooming cereus ['naɪt,blumɪŋ] *s* (bot.) pitahaya
night bolt *s* pestillo de golpe
nightcap ['naɪt,kæp] *s* gorro de dormir; trago antes de acostarse, sosiega
night clothes *spl* traje de dormir
night club *s* cabaret, café cantante, café-concierto
nightdress ['naɪt,drɛs] *s* camisa de dormir, camisón
night driving *s* (aut.) conducción de noche
nightfall ['naɪt,fɔl] *s* anochecer, caída de la noche; **at nightfall** al anochecer
nightgown ['naɪt,gaun] *s* camisa de dormir, camisón
nighthawk ['naɪt,hɔk] *s* (orn.) chotacabras, chotacabras norteamericano; trasnochador, anochecedor
night heron *s* (orn.) martín del río, martinete
nightingale ['naɪtəngel] *s* (orn.) ruiseñor
nightjar ['naɪt,dʒɑr] *s* (orn.) chotacabras
night lamp *s* lamparilla o luz de noche
night latch *s* cerradura de resorte
night letter *s* carta telegráfica nocturna, telegrama nocturno
night life *s* vida nocturna
night light *s* lamparilla o luz de noche
nightlong ['naɪt,lɔŋ] o ['naɪt,lɑŋ] *adj* de toda la noche; *adv* durante toda la noche
nightly ['naɪtlɪ] *adj* nocturno; de cada noche; *adv* cada noche; de noche, por la noche
nightmare ['naɪt,mɛr] *s* pesadilla; (fig.) pesadilla
nightmarish ['naɪt,mɛrɪʃ] *adj* de pesadilla; espeluznante, horroroso
night owl *s* buho nocturno, lechuza nocturna; (coll.) anochecedor, noctámbulo, trasnochador
night piece *s* (f.a.) cuadro nocturno, escena nocturna
night school *s* escuela de noche, escuela nocturna
nightshade ['naɪt,ʃed] *s* (bot.) dulcamara; (bot.) hierba mora
night shift *s* turno de noche
nightshirt ['naɪt,ʃʌrt] *s* camisón, camisa de dormir
night spot *s* (coll.) var. de **night club**
night table *s* mesilla de noche
nighttime ['naɪt,taɪm] *s* noche; **in the nighttime** de noche; *adj* nocturno
nightwalker ['naɪt,wɔkər] *s* vagabundo nocturno, noctámbulo; ladrón nocturno; ramera callejera nocturna; somnámbulo; lombriz nocturna
night watch *s* sereno; guardia de noche, ronda de noche; (mil.) vigilia

N

night watchman *s* vigilante nocturno; sereno (*vigilante que vela de noche por la seguridad del vecindario*)
nihilism [ˈnaɪɪlɪzəm] *s* nihilismo
nihilist [ˈnaɪɪlɪst] *s* nihilista
nihilistic [ˌnaɪɪlˈɪstɪk] *adj* nihilista
nil [nɪl] *s* nada
Nile [naɪl] *s* Nilo
nimble [ˈnɪmbəl] *adj* ágil, ligero; vivo, listo
nimbly [ˈnɪmblɪ] *adv* ágilmente; vivamente
nimbus [ˈnɪmbəs] *s* (*pl:* **-buses** o **-bi** [baɪ]) nimbo
Nimrod [ˈnɪmrɑd] *s* (Bib. & fig.) Nemrod
nincompoop [ˈnɪnkəmpup] *s* badulaque, necio, bobo, papirote
nine [naɪn] *adj* nueve; **nine days' wonder** prodigio de unos días; *s* nueve; equipo de beisbol; **the Nine** (myth.) las nueve musas; **nine o'clock** las nueve
ninefold [ˈnaɪnˌfold] *adj* nueve veces mayor; de nueve partes; *adv* nueve veces
nine hundred *adj & s* novecientos
nine hundredth *adj & s* noningentésimo
ninepins [ˈnaɪnˌpɪnz] *s* juego de bolos
nineteen [ˈnaɪnˈtin] *adj & s* diecinueve o diez y nueve
nineteenth [ˈnaɪnˈtinθ] *adj* décimonono; diecinueveavo; *s* décimonono; diecinueveavo; diecinueve (*en las fechas*)
ninetieth [ˈnaɪntɪɪθ] *adj & s* nonagésimo, noventavo
ninety [ˈnaɪntɪ] *adj* noventa; *s* (*pl:* **-ties**) noventa
Nineveh [ˈnɪnəvə] *s* Nínive
Ninevite [ˈnɪnəvaɪt] *s* ninivita
ninny [ˈnɪnɪ] *s* (*pl:* **-nies**) mentecato, bobo
ninth [naɪnθ] *adj* nono, noveno; *s* nono, noveno; nueve (*en las fechas*)
Niobe [ˈnaɪəbɪ] *s* (myth.) Níobe
niobium [naɪˈobɪəm] *s* (chem.) niobio
nip [nɪp] *s* pellizco, mordisco; helada, escarcha, quemadura; traguito; **nip and tuck** a quién ganará; (*pret & pp:* **nipped;** *ger:* **nipping**) *va* pellizcar, mordiscar; helar, escarchar, quemar; (slang) asir, coger, robar; **to nip in the bud** atajar en el principio; *vn* beborrotear
nipa palm [ˈnipə] o [ˈnaɪpə] *s* (bot.) nipa
nipper [ˈnɪpər] *s* pinza grande (*del cangrejo*); pala (*del caballo*); (coll.) chiquillo; **nippers** *spl* tenazas, cortaalambre, alicates de corte
nipple [ˈnɪpəl] *s* pezón (*de las hembras*); tetilla (*de los machos; del biberón*); (mach.) entrerrosca, tubo roscado de unión
nipplewort [ˈnɪpəlˌwʌrt] *s* (bot.) lámpsana
Nippon [nɪˈpɑn] o [ˈnɪpɑn] *s* el Japón
Nipponese [ˌnɪpəˈniz] *adj* nipón; *s* (*pl:* **-ese**) nipón
nippy [ˈnɪpɪ] *adj* (*comp:* **-pier;** *super:* **-piest**) mordaz, picante; frío, helado; (Brit.) ágil, ligero
nirvana o **Nirvana** [nɪrˈvɑnə] *s* el nirvana
Nisei [ˈniˈse] *s* (*pl:* **-sei** o **-seis**) persona nacida en los EE.UU. de padres japoneses
nit [nɪt] *s* piojito; liendre (*huevecillo del piojo*)
niter [ˈnaɪtər] *s* nitro (*nitrato potásico*); nitro de Chile (*nitrato sódico*)
niton [ˈnaɪtɑn] *s* (chem.) nitón
nitrate [ˈnaɪtret] *s* nitrato; nitrato de potasio o nitrato de sodio (*empleados como abono*); *va* (chem.) nitrar
nitration [naɪˈtreʃən] *s* (chem.) nitración
nitre [ˈnaɪtər] *s* var. de **niter**
nitric [ˈnaɪtrɪk] *adj* (chem.) nítrico
nitric acid *s* (chem.) ácido nítrico
nitride [ˈnaɪtraɪd] o [ˈnaɪtrɪd] *s* (chem.) nitruro
nitrification [ˌnaɪtrɪfɪˈkeʃən] *s* nitrificación
nitrify [ˈnaɪtrɪfaɪ] (*pret & pp:* **-fied**) *va* nitrar; nitrificar (*por la acción de bacterias*); abonar con nitratos
nitrile [ˈnaɪtrɪl] o [ˈnaɪtril] *s* (chem.) nitrilo
nitrite [ˈnaɪtraɪt] *s* (chem.) nitrito
nitrobacteria [ˌnaɪtrobækˈtɪrɪə] *spl* (agr.) nitrobacterias
nitrobenzene [ˌnaɪtroˈbɛnzin] o [ˌnaɪtrobenˈzin] *s* (chem.) nitrobenceno o nitrobencina
nitrocellulose [ˌnaɪtroˈsɛljəlos] *s* nitrocelulosa
nitrogen [ˈnaɪtrədʒən] *s* (chem.) nitrógeno
nitrogen cycle *s* ciclo del nitrógeno
nitrogen fixation *s* (chem.) fijación del nitrógeno
nitrogenous [naɪˈtrɑdʒɪnəs] *adj* nitrogenado
nitroglycerin o **nitroglycerine** [ˌnaɪtroˈglɪsərɪn] *s* nitroglicerina
nitrolic [naɪˈtrɑlɪk] *adj* (chem.) nitrólico
nitrolime [ˈnaɪtroˌlaɪm] *s* nitrocal
nitrometer [naɪˈtrɑmɪtər] *s* nitrómetro
nitrosyl [naɪˈtrosɪl], [ˌnaɪtrəˈsil] o [ˈnaɪtrəsɪl] *s* (chem.) nitrosilo
nitrous [ˈnaɪtrəs] *adj* (chem.) nitroso
nitrous oxide *s* (chem.) óxido nitroso
nitty [ˈnɪtɪ] *adj* lendroso
nitwit [ˈnɪtˌwɪt] *s* (slang) bobalicón
nix [nɪks] *s* (myth.) espíritu de las aguas; *adv* (slang) nexo (*no*)
nixie [ˈnɪksɪ] *s* (myth.) ondina
N.J. abr. de **New Jersey**
N.M. o **N. Mex.** abr. de **New Mexico**
no. abr. de **number**
No. abr. de **north** y **northern**
no [no] *adj indef* ninguno; **with no** sin; **no admittance** no se permite la entrada; **no matter** no importa; **no parking** se prohibe estacionarse; **no smoking** se prohibe fumar; **no thoroughfare** prohibido el paso; **no use** inútil; *adv* no; **no good** de ningún valor; vil, ruin; **no longer** ya no; **no sooner** no bien
Noah [ˈnoə] *s* (Bib.) Noé
Noah's Ark *s* arca de Noé
nob [nɑb] *s* (slang) cabeza; (slang) persona de viso
nobby [ˈnɑbɪ] *adj* (*comp:* **-bier;** *super:* **-biest**) (slang) elegante; (slang) excelente
nobelium [noˈbiliəm] *s* (chem.) nobelio
Nobel prizes [noˈbɛl] *spl* premios Nóbel
nobiliary [noˈbɪlɪˌɛrɪ] *adj* nobiliario
nobiliary particle *s* partícula nobiliaria
nobility [noˈbɪlɪtɪ] *s* (*pl:* **-ties**) nobleza
noble [ˈnobəl] *adj & s* noble
nobleman [ˈnobəlmən] *s* (*pl:* **-men**) noble, hidalgo
nobleness [ˈnobəlnɪs] *s* nobleza
noblewoman [ˈnobəlˌwʊmən] *s* (*pl:* **-women**) mujer noble, hidalga
nobody [ˈnobɑdɪ] *s* (*pl:* **-ies**) nadie (*persona insignificante*); *pron indef* nadie, ninguno; **nobody but** nadie más que; **nobody else** nadie más, ningún otro
noctambulation [nɑkˌtæmbjəˈleʃən] *s* noctambulación
noctambulism [nɑkˈtæmbjəlɪzəm] *s* noctambulismo
nocturnal [nɑkˈtʌrnəl] *adj* nocturno
nocturnally [nɑkˈtʌrnəlɪ] *adv* nocturnalmente; cada noche
nocturne [ˈnɑktʌrn] *s* (mus.) nocturno; (paint.) escena nocturna
nod [nɑd] *s* inclinación de cabeza; seña con la cabeza; cabezada (*del que duerme sentado*); (*pret & pp:* **nodded;** *ger:* **nodding**) *va* inclinar (*la cabeza*); indicar con una inclinación de cabeza; *vn* inclinar la cabeza; cabecear; dormitar
nodal [ˈnodəl] *adj* nodal
noddle [ˈnɑdəl] *s* (coll.) cabeza
noddy [ˈnɑdɪ] *s* (*pl:* **-dies**) bobalicón; (orn.) golondrina de mar
node [nod] *s* bulto, protuberancia; nudo, enredo, trama; (astr., med. & phys.) nodo; (bot.) nudo
nodular [ˈnɑdʒələr] *adj* nodular; (bot.) tuberculoso
nodule [ˈnɑdʒul] *s* nódulo; (bot.) tubérculo; (anat., geol. & min.) nódulo
noël [noˈɛl] o [ˈnoɛl] *s* villancico de Navidad
noggin [ˈnɑgɪn] *s* tacita, cubilete; octavo de litro
nohow [ˈnoˌhaʊ] *adv* (coll.) de ninguna manera
noise [nɔɪz] *s* ruido; *va* divulgar
noiseless [ˈnɔɪzlɪs] *adj* silencioso, sin ruido
noisemaker [ˈnɔɪzˌmekər] *s* persona ruidosa, parrandista; matraca
noise suppressor *s* (rad.) silenciador de ruidos
noisome [ˈnɔɪsəm] *adj* apestoso; nocivo
noisy [ˈnɔɪzɪ] *adj* (*comp:* **-ier;** *super:* **-iest**) ruidoso, estrepitoso
nol-pros [ˌnɑlˈprɑs] (*pret & pp:* **-prossed;** *ger:* **-prossing**) *va* (law) abandonar (*la acción o parte de ella*)
nom. abr. de **nominative**

nomad [ˈnomæd] o [ˈnɑmæd] *adj & s* nómada

nomadic [noˈmædɪk] *adj* nómada

nomadism [ˈnomædɪzəm] o [ˈnɑmædɪzəm] *s* nomadismo

no man's land *s* terreno sin reclamar; (mil.) tierra de nadie

nomenclature [ˈnomən,kletʃər] o [noˈmenklətʃər] *s* nomenclatura

nominal [ˈnɑmɪnəl] *adj* nominal; módico (*p.ej., precio*)

nominalism [ˈnɑmɪnəlɪzəm] *s* nominalismo

nominalist [ˈnɑmɪnəlɪst] *s* nominalista

nominally [ˈnɑmɪnəlɪ] *adv* nominalmente

nominate [ˈnɑmɪnet] *va* nominar; poner para candidato, elegir candidato

nomination [,nɑmɪˈneʃən] *s* nominación; propuesta, postulación (*de un candidato*); **to put in nomination** poner para candidato

nominative [ˈnɑmɪnətɪv] o [ˈnɑmɪ,netɪv] *adj* nominativo (*que lleva el nombre del propietario*); (gram.) nominativo; *s* (gram.) nominativo

nominator [ˈnɑmɪ,netər] *s* nombrador; proponedor

nominee [,nɑmɪˈni] *s* nómino, propuesto (*para un cargo o empleo*)

nonacceptance [,nɑnækˈsɛptəns] *s* falta de aceptación

nonage [ˈnɑnɪdʒ] o [ˈnonɪdʒ] *s* minoridad, minoría de edad; infancia

nonagenarian [,nɑnədʒɪˈnɛrɪən] o [,nonədʒɪˈnɛrɪən] *adj & s* nonagenario, noventón

nonaggression [,nɑnəˈgrɛʃən] *s* no agresión

nonagon [ˈnɑnəgɑn] *s* (geom.) nonágono o eneágono

nonalcoholic [,nɑnælkəˈhɔlɪk] o [,nɑnælkəˈhɑlɪk] *adj* no alcohólico

nonappearance [,nɑnəˈpɪrəns] *s* (law) no comparencia, contumacia

nonattendance [,nɑnəˈtɛndəns] *s* falta de asistencia

nonbelligerency [,nɑnbəˈlɪdʒərənsɪ] *s* no beligerancia

nonbelligerent [,nɑnbəˈlɪdʒərənt] *adj & s* no beligerante

nonbreakable [nɑnˈbrekəbəl] *adj* irrompible

non-Catholic [nɑnˈkæθəlɪk] *adj* acatólico

nonce [nɑns] *s* tiempo presente; **for the nonce** por el momento

nonce word *s* palabra para el caso

nonchalance [ˈnɑnʃələns] o [,nɑnʃəˈlɑns] *s* descuido, indiferencia

nonchalant [ˈnɑnʃələnt] o [,nɑnʃəˈlɑnt] *adj* descuidado, indiferente

nonclerical [nɑnˈklɛrɪkəl] *adj* no oficinesco

noncom. abr. de **noncommissioned officer**

noncom [ˈnɑn,kɑm] *s* (coll.) clase, suboficial

noncombatant [nɑnˈkɑmbətənt] *adj & s* no combatiente

noncommissioned officer [,nɑnkəˈmɪʃənd] *s* clase, suboficial

noncommittal [,nɑnkəˈmɪtəl] *adj* evasivo, reticente

noncommitted [,nɑnkəˈmɪtɪd] *adj* no comprometido, no empeñado

noncompliance [,nɑnkəmˈplaɪəns] *s* falta de cumplimiento

non compos mentis [ˈnɑnˈkɑmpəsˈmɛntɪs] *adj* falto de juicio, loco

nonconducting [,nɑnkənˈdʌktɪŋ] *adj* no conductor, mal conductor

nonconductor [,nɑnkənˈdʌktər] *s* mal conductor

nonconformance [,nɑnkənˈfɔrməns] *s* desconformidad

nonconformist [,nɑnkənˈfɔrmɪst] *s* disidente

nonconformity [,nɑnkənˈfɔrmɪtɪ] *s* desconformidad, disidencia

nondelivery [,nɑndɪˈlɪvərɪ] *s* falta de entrega

nondescript [ˈnɑndɪskrɪpt] *adj* indefinido, inclasificable

none [non] *s* nona; **nones** *spl* (hist.) nonas; (eccl.) nona; [nʌn] *pron indef* nadie, ninguno, ningunos; **none of** ninguno de (*p.ej., los libros*); nada de (*p.ej., la leche*); **none other** ningún otro; *adv* nada, de ninguna manera; **none the less** sin embargo, no obstante

nonentity [nɑnˈɛntɪtɪ] *s* (*pl:* **-ties**) cosa inexistente; nulidad (*persona*)

nonessential [,nɑnɛˈsɛnʃəl] *adj & s* no esencial

nonesuch [ˈnʌn,sʌtʃ] *s* persona sin par, cosa sin igual

non-Euclidean [,nɑnjuˈklɪdɪən] *adj* no euclidiano

non-Euclidean geometry *s* geometría no euclidiana

nonexistence [,nɑnɛgˈzɪstəns] *s* inexistencia; cosa inexistente

nonexistent [,nɑnɛgˈzɪstənt] *adj* inexistente

nonferrous [nɑnˈfɛrəs] *adj* no ferroso

nonfiction [nɑnˈfɪkʃən] *s* literatura no novelesca

nonfulfillment [,nɑnfʊlˈfɪlmənt] *s* incumplimiento

noninflammable [,nɑnɪnˈflæməbəl] *adj* ininflamable

noninterference [,nɑnɪntərˈfɪrəns] *s* no interferencia

nonintervention [,nɑnɪntərˈvɛnʃən] *s* (dipl.) no intervención

nonintoxicating [,nɑnɪnˈtɑksɪ,ketɪŋ] *adj* no embriagante

nonjuror [nɑnˈdʒʊrər] *s* no jurante

nonmember [nɑnˈmɛmbər] *s* no asociado, no miembro

nonmetal [ˈnɑn,mɛtəl] *s* (chem.) metaloide

nonmetallic [,nɑnmɪˈtælɪk] *adj* (chem.) metaloideo; no metálico

nonmoral [nɑnˈmɑrəl] o [nɑnˈmɔrəl] *adj* amoral

nonpareil [,nɑnpəˈrɛl] *s* persona sin par, cosa sin igual; (print.) nomparell; *adj* sin par, sin igual

nonpartisan or **nonpartizan** [nɑnˈpɑrtɪzən] *adj* independiente, imparcial

nonpayment [nɑnˈpemənt] *s* falta de pago

nonperformance [,nɑnpərˈfɔrməns] *s* falta de ejecución

nonplus [ˈnɑnplʌs] o [nɑnˈplʌs] *s* estupefacción; (*pret & pp:* **-plused** o **-plussed;** *ger:* **-plusing** o **-plussing**) *va* dejar estupefacto, dejar perplejo, dejar pegado a la pared

nonproductive [,nɑnprəˈdʌktɪv] *adj* no productivo

nonprofit [nɑnˈprɑfɪt] *adj* sin beneficio, no comercial

nonquota [nɑnˈkwotə] *adj* no cuota

nonrefillable [,nɑnriˈfɪləbəl] *adj* irrellenable

nonrenewable [,nɑnrɪˈnjuəbəl] o [,nɑnrɪˈnuəbəl] *adj* no renovable

nonresidence [nɑnˈrɛzɪdəns] *s* no residencia

nonresident [nɑnˈrɛzɪdənt] *adj & s* transeúnte

nonresidential [nɑn,rɛzɪˈdɛnʃəl] *adj* comercial

nonresistance [,nɑnrɪˈzɪstəns] *s* no resistencia; obediencia pasiva

nonresistant [,nɑnrɪˈzɪstənt] *adj* no resistente

nonscientific [nɑn,saɪənˈtɪfɪk] *adj* no científico

nonsectarian [,nɑnsɛkˈtɛrɪən] *adj* no sectario

nonsense [ˈnɑnsɛns] *s* disparate, tontería

nonsensical [nɑnˈsɛnsɪkəl] *adj* disparatado, tonto

non seq. abr. de **non sequitur**

non sequitur [nɑnˈsɛkwɪtər] *s* non séquitur (*conclusión falsa*)

nonshatterable [nɑnˈʃætərəbəl] *adj* inastillable

nonskid [ˈnɑnˈskɪd] *adj* antideslizante, antiderrapante, antirresbaladizo

nonstop [ˈnɑn,stɑp] *adj & adv* sin parar, sin escala

nonstop flight *s* (aer.) vuelo sin parar

nonsubscriber [,nɑnsəbˈskraɪbər] *s* no abonado

nonsuit [ˈnɑn,sut] o [ˈnɑn,sjut] *s* (law) absolución de la instancia; *va* (law) absolver de la instancia

nonsupport [,nɑnsəˈport] *s* falta de mantenimiento, incumplimiento de la obligación de alimentos

nontaxable [nɑnˈtæksəbəl] *adj* no sujeto a impuesto

nonunion [nɑnˈjunjən] *adj* no agremiado

nonviolence [nɑnˈvaɪələns] *s* no violencia

nonvoter [nɑnˈvotər] *s* no votante

noodle ['nudəl] *s* tallarín; (slang) tonto, mentecato; (slang) cabeza
noodle soup *s* sopa de pastas
nook [nʊk] *s* rinconcito, escondrijo
noon [nun] o **noonday** ['nun,de] *s* mediodía; **at broad** o **high noon** en pleno mediodía; *adj* meridiano, de mediodía
no one o **no-one** ['no,wʌn] *pron indef* nadie, ninguno; **no one else** nadie más, ningún otro
nooning ['nunɪŋ] *s* mediodía; almuerzo; siesta
noontide ['nun,taɪd] o **noontime** ['nun,taɪm] *s* mediodía
noose [nus] *s* lazo corredizo; dogal (*para ahorcar a un reo*); trampa; *va* lazar, coger con lazo corredizo; coger en una trampa
nor [nɔr] *conj* ni; **neither ... nor** ni ... ni
Nordic ['nɔrdɪk] *adj & s* nórdico
Norfolk Island pine ['nɔrfək] *s* (bot.) araucaria
norm [nɔrm] *s* norma, pauta
normal ['nɔrməl] *adj* normal; *s* estado normal, nivel normal
normalcy ['nɔrməlsɪ] *s* normalidad
normality [nɔr'mælɪtɪ] *s* normalidad
normalize ['nɔrməlaɪz] *va* normalizar
normally ['nɔrməlɪ] *adv* normalmente
normal school *s* escuela normal
Norman ['nɔrmən] *adj & s* normando
Norman Conquest *s* conquista de Inglaterra por los normandos, conquista normanda
Normandy ['nɔrməndɪ] *s* Normandía
Normanesque [,nɔrmən'ɛsk] *adj* (arch.) normando
Norman French *s* normánico
Norn [nɔrn] *s* (myth.) Norna
Norse [nɔrs] *adj* nórdico; noruego; *ssg* nórdico (*antiguo idioma escandinavo*); noruego (*idioma de Noruega*); *spl* nórdicos; noruegos
Norseman ['nɔrsmən] *s* (*pl:* **-men**) normando (*antiguo escandinavo*)
Norse mythology *s* mitología nórdica
north [nɔrθ] *s* norte; *adj* septentrional, del norte; *adv* al norte
North Africa *s* Noráfrica, el África del Norte
North African *adj & s* norteafricano
North America *s* Norteamérica, la América del Norte
North American *adj & s* norteamericano
North Cape *s* el cabo Norte
North Carolina [,kærə'laɪnə] *s* la Carolina del Norte
North Dakota [də'kotə] *s* el Dakota del Norte
northeast [,nɔrθ'ist] *adj* nordeste, nordestal; *s* nordeste; *adv* al nordeste, hacia el nordeste
northeaster [,nɔrθ'istər] *s* nordeste (*viento*); nordestada (*viento fuerte*)
northeasterly [,nɔrθ'istərlɪ] *adj* nordestal; *adv* hacia el nordeste; desde el nordeste
northeastern [,nɔrθ'istərn] *adj* nordeste, nordestal
northeastward [,nɔrθ'istwərd] *adj* que va hacia el nordeste; *s* nordeste; *adv* hacia el nordeste
northeastwardly [,nɔrθ'istwərdlɪ] *adj* que va hacia el nordeste; *adv* hacia el nordeste
northeastwards [,nɔrθ'istwərdz] *adv* hacia el nordeste
norther ['nɔrðər] *s* norte, nortada (*viento*)
northerly ['nɔrðərlɪ] *adj* septentrional; que viene desde el norte; que va hacia el norte; *adv* desde el norte; hacia el norte
northern ['nɔrðərn] *adj* septentrional, norteño, nórtico
northerner ['nɔrðərnər] *s* septentrional, habitante del norte
Northern Hemisphere *s* hemisferio boreal
Northern Ireland *s* la Irlanda Septentrional, la Irlanda del Norte
northern lights *spl* aurora boreal
northernmost ['nɔrðərnmost] *adj* (el) más septentrional
northern phalarope *s* (orn.) chorlito de mar apizarrado
North Island *s* la Isla de Norte (*Nueva Zelanda*)
North Korea *s* la Corea del Norte
North Korean *adj & s* norcoreano
northland ['nɔrθlənd] *s* región septentrional; (*cap.*) *s* región boreal; Península escandinava
northlander ['nɔrθləndər] *s* septentrional
North Magnetic Pole *s* polo norte magnético
Northman ['nɔrθmən] *s* (*pl:* **-men**) normando (*antiguo escandinavo*); escandinavo
north-northeast ['nɔrθ,nɔrθ'ist] *s* nornordeste o nornoreste
north-northwest ['nɔrθ,nɔrθ'wɛst] *s* nornoroeste o nornorueste
North Pole *s* polo norte
North Sea *s* mar del Norte
North Star *s* estrella del Norte
northward ['nɔrθwərd] *adj* que va hacia el norte; *s* norte; *adv* hacia el norte
northwardly ['nɔrθwərdlɪ] *adj* que va hacia el norte; *adv* hacia el norte
northwards ['nɔrθwərdz] *adv* hacia el norte
northwest [,nɔrθ'wɛst] *adj & s* noroeste; *adv* al noroeste, hacia el noroeste
northwester [,nɔrθ'wɛstər] *s* noroeste (*viento*); noroestada (*viento fuerte*)
northwesterly [,nɔrθ'wɛstərlɪ] *adj* noroeste; *adv* hacia el noroeste; desde el noroeste
northwestern [,nɔrθ'wɛstərn] *adj* noroeste, nordoccidental
Northwest Passage *s* paso del Noroeste
Northwest Territories *spl* Territorios del Noroeste (*del Canadá*)
northwestward [,nɔrθ'wɛstwərd] *adj* que va hacia el noroeste; *s* noroeste; *adv* hacia el noroeste
northwestwardly [,nɔrθ'wɛstwərdlɪ] *adj* que va hacia el noroeste; *adv* hacia el noroeste
northwestwards [,nɔrθ'wɛstwərdz] *adv* hacia el noroeste
north wind *s* norte, aquilón
Norway ['nɔrwe] *s* Noruega
Norway lobster *s* (zool.) cigala
Norway rat *s* (zool.) rata de alcantarilla
Norwegian [nɔr'widʒən] *adj & s* noruego
nos. abr. de **numbers**
nose [noz] *s* nariz; (aer.) proa; **to blow one's nose** sonarse las narices; **to count noses** averiguar cuántas personas hay; **to follow one's nose** seguir todo derecho; avanzar guiándose por el instinto; **to hold one's nose** tabicarse las narices; **to lead by the nose** tener agarrado por las narices; **to look down one's nose at** (coll.) mirar por encima del hombro; **to pay through the nose** pagar un precio escandaloso; **to pick one's nose** hurgarse las narices; **to poke one's nose into** meter las narices en, meter el hocico en; **to speak through the nose** ganguear; **to thumb one's nose at** (coll.) señalar (*a una persona*) poniendo el pulgar sobre la nariz en son de burla; (coll.) tratar con sumo desprecio; **to turn up one's nose at** mirar con desprecio; **under the nose of** en las narices de, en las barbas de ‖ *va* husmear, olfatear; restregar la nariz contra; descubrir, averiguar; **to nose out** huronear; vencer con poca ventaja ‖ *vn* ventear; **to nose about** curiosear; **to nose over** (aer.) capotar; **to nose up** encabritarse (*un buque, un avión, etc.*)
nose bag *s* morral, cebadera
noseband ['noz,bænd] *s* sobarba, muserola
nosebleed ['noz,blid] *s* hemorragia nasal
nose cone *s* cono de proa (*de un cohete*)
nose count *s* (coll.) recuento del número de personas
nose dive *s* (aer.) descenso de cabeza, descenso de picado; (fig.) descenso precipitado
nose-dive ['noz,daɪv] *vn* (aer.) descender de cabeza, picar; (fig.) descender precipitadamente
nosegay ['nozge] *s* ramillete
nose glasses *spl* anteojos de nariz, lentes
nosepiece ['noz,pis] *s* sobarba, muserola; ventalle (*del yelmo*); portaobjetivo (*del microscopio*)
nose ring *s* nariguera
nose wheel *s* (aer.) rueda de proa
nosey ['nozɪ] *adj* var. de **nosy**
no-show ['no'ʃo] *s* (coll.) pasajero no presentado (*pasajero que deja de notificar la empresa que no va a ocupar la plaza reservada*)
nosing ['nozɪŋ] *s* vuelo de huella (*de escalera*); serpenteo, movimiento de lanzadera (*de locomotora*); tajamar (*de puente*); arista (*de moldura*)
nostalgia [nɑ'stældʒə] *s* nostalgia

nostalgic [nɑ'stældʒɪk] *adj* nostálgico
nostril ['nɑstrɪl] *s* nariz, ventana (*de la nariz*)
nostrum ['nɑstrəm] *s* remedio de charlatán; panacea
nosy ['nozɪ] *adj* (*comp:* **-ier;** *super:* **-iest**) (coll.) husmeador, curioso
not [nɑt] *adv* no; **to think not** creer que no; **why not?** ¿cómo no?; **not at all** de ningún modo, nada; **not yet** todavía no
notability [,notə'bɪlɪtɪ] *s* (*pl:* **-ties**) notabilidad
notable ['notəbəl] *adj* notable; *s* notable, notabilidad
notably ['notəblɪ] *adv* notablemente
notarial [no'tɛrɪəl] *adj* notarial
notarize ['notəraɪz] *va* abonar con fe notarial, dar fe notarial de
notary ['notərɪ] *s* (*pl:* **-ries**) notario
notary public *s* (*pl:* **notaries public**) notario
notation [no'teʃən] *s* notación
notch [nɑtʃ] *s* muesca, mella, corte; (U.S.A.) paso, desfiladero; (coll.) grado; *va* hacer muescas en, mellar; anotar con cortes; señalar (*los tantos*)
note [not] *s* nota, apunte; esquela, cartita; marca, señal; (com.) pagaré, vale; (com.) billete (*de banco*); (mus.) figura (*que fija la duración del sonido*); (mus.) nota; canto, melodía; acento, voz; **of note** notable; **to compare notes** hacer intercambio de opiniones; **to make a note of** apuntar; **to strike the right note** hacer o decir lo que conviene; **to take note of** tomar nota de; **to take notes** tomar notas; *va* notar, apuntar; marcar, señalar
notebook ['not,bʊk] *s* cuaderno, libro de apuntes
noted ['notɪd] *adj* conocido, afamado
note paper *s* papel de cartas, papel para esquelas
noteworthy ['not,wʌrðɪ] *adj* notable, digno de notarse
nothing ['nʌθɪŋ] *s* nada, cero; nadería, friolera; *pron indef* nada; **for nothing** gratis, de balde; inútilmente; **that's nothing to me** eso nada me importa; **to make nothing of** no hacer caso de; no aprovecharse de; no entender; despreciar; **to think nothing of** no hacer caso de; tener por fácil; despreciar; **nothing doing** (slang) ni por pienso; **nothing else** nada más; *adv* de ninguna manera, nada; **nothing daunted** sin temor alguno; **nothing less** no menos; **nothing less than** de todo punto; **nothing like** ni con mucho
nothingness ['nʌθɪŋnɪs] *s* nada, inexistencia; nadería, friolera; insignificancia; inconsciencia, falta de conocimiento
notice ['notɪs] *s* atención, reparo, advertencia; aviso, noticia; letrero; reseña, mención; llamada; notificación; **on short notice** con poco tiempo de aviso; **to escape one's notice** pasarle inadvertido a uno, escapársele a uno; **to give notice (that)** dar noticia (de que); **to serve notice (that)** hacer saber (que); **to take notice (of)** notar, observar, reparar; *va* notar, observar, reparar, reparar en; mencionar
noticeable ['notɪsəbəl] *adj* sensible, perceptible; notable
noticeably ['notɪsəblɪ] *adv* perceptiblemente
notification [,notɪfɪ'keʃən] *s* notificación
notify ['notɪfaɪ] (*pret & pp:* **-fied**) *va* notificar, avisar; **to notify a person of something** notificar a una persona una cosa
notion ['noʃən] *s* noción; capricho; **notions** *spl* mercería (*alfileres, cintas, etc.*); **to have a notion to** + *inf* pensar + *inf*, tener ganas de + *inf*
notional ['noʃənəl] *adj* especulativo; imaginario; imaginativo, caprichoso
notochord ['notəkɔrd] *s* (biol.) notocordio
notoriety [,notə'raɪɪtɪ] *s* (*pl:* **-ties**) notoriedad; mala reputación; notabilidad (*persona*)
notorious [no'torɪəs] *adj* notorio; de historia, de mala reputación
Notre Dame [,notrə'dɑm] *s* Nuestra Señora; Nuestra Señora de París
no-trump ['no'trʌmp] *adj & s* sin triunfo; **a no-trump hand** un sin triunfo
notwithstanding [,nɑtwɪð'stændɪŋ] o [,nɑtwɪθ'stændɪŋ] *adv* no obstante; *conj* a pesar de que; *prep* a pesar de
nougat ['nugət] o ['nugɑ] *s* turrón, nuégado
nought [nɔt] *s* var. de **naught**
noumenon ['numɪnɑn] o ['naʊmɪnɑn] *s* (*pl:* **-na** [nə]) (philos.) nóumeno
noun [naʊn] *s* nombre, substantivo; *adj* substantivo
nourish ['nʌrɪʃ] *va* nutrir, alimentar; abrigar (*pensamientos, esperanzas, etc.*)
nourishing ['nʌrɪʃɪŋ] *adj* nutritivo
nourishment ['nʌrɪʃmənt] *s* nutrimento, alimento
nouveau riche [nuvo'riʃ] *s* (*pl:* **nouveaux riches** [nuvo'riʃ]) nuevo rico
Nov. abr. de **November**
nova ['novə] *s* (*pl:* **-vae** [vi] o **-vas**) (astr.) nova
Nova Scotia ['novə'skoʃə] *s* la Nueva Escocia
Nova Scotian ['novə'skoʃən] *adj & s* neoescocés
novate [no'vet] o ['novet] *va* (law) novar
novation [no'veʃən] *s* (law) novación
novel ['nɑvəl] *s* novela; novelística (*literatura novelesca*); *adj* nuevo, insólito, original
novelette [,nɑvəl'ɛt] *s* novela corta
novelist ['nɑvəlɪst] *s* novelista
novelistic [,nɑvəl'ɪstɪk] *adj* novelesco
novelize ['nɑvəlaɪz] *va* novelizar, novelar
novelty ['nɑvəltɪ] *s* (*pl:* **-ties**) novedad, innovación; **novelties** *spl* bisutería, baratijas
November [no'vɛmbər] *s* noviembre
novena [no'vinə] *s* (*pl:* **-nae** [ni]) (eccl.) novena
novice ['nɑvɪs] *s* novicio, principiante; (eccl.) novicio
noviciate o **novitiate** [no'vɪʃɪɪt] *s* noviciado, aprendizaje; (eccl.) noviciado
novocaine ['novəken] *s* (trademark) novocaína
now [naʊ] *s* actualidad; *adv* ahora, ahora mismo; ya; entonces; **from now on** de ahora en adelante; **how now?** ¿cómo?; **just now** hace un momento; **now and again** o **now and then** de vez en cuando; **now . . . now** ora . . . ora, ya . . . ya; **now that** ya que; **now then** ahora bien; *interj* ¡vamos!
nowadays ['naʊə,dez] *s* actualidad; *adv* hoy en día
noway ['nowe] o **noways** ['nowez] *adv* de ningún modo
nowhere ['nohwɛr] *adv* en ninguna parte, a ninguna parte; **nowhere else** en ninguna otra parte
nowise ['nowaɪz] *adv* de ningún modo
noxious ['nɑkʃəs] *adj* nocivo
nozzle ['nɑzəl] *s* boquerel (*de la manguera*); rallo o roseta (*de la regadera*); cubo (*del candelero*); (slang) nariz
N.S. abr. de **Nova Scotia** y **New Style**
N.S.W. abr. de **New South Wales**
N.T. abr. de **New Testament** y **Northern Territory**
nth [ɛnθ] *adj* (math.) n^{mo} (*enésimo*); **to the nth degree** (math.) elevado a la potencia n; (fig.) a lo sumo posible, lo último de potencia
nt. wt. abr. de **net weight**
nuance [nju'ɑns] o ['njuɑns] *s* matiz
nub [nʌb] *s* protuberancia; pedazo; (coll.) meollo; **the nub of the question** lo más esencial
nubbin ['nʌbɪn] *s* pedazo; mazorca imperfecta; fruto mal desarrollado
Nubian ['njubɪən] o ['nubɪən] *adj & s* nubiense
Nubian Desert *s* desierto de Nubia
nubile ['njubɪl] o ['nubɪl] *adj* núbil
nubility [nju'bɪlɪtɪ] o [nu'bɪlɪtɪ] *s* nubilidad
nuclear ['njuklɪər] o ['nuklɪər] *adj* nuclear, nucleario
nuclear fission *s* (phys.) fisión nuclear
nuclear force *s* (mil.) fuerza nuclear
nuclear fusion *s* (phys.) fusión nuclear
nuclear physics *ssg* física nuclear
nuclear-powered ['njuklɪər'paʊərd] o ['nuklɪər'paʊərd] *adj* accionado por la energía nuclear
nuclear reactor *s* (phys.) reactor nuclear
nuclear test ban *s* proscripción de las pruebas nucleares
nuclease ['njuklɪes] o ['nuklɪes] *s* (biochem.) nucleasa
nucleate ['njuklɪet] o ['nuklɪet] *adj* nucleario; (bot.) nucleado; *va* agregar formando núcleo; *vn* formar núcleo

N

nucleic [nju'kliɪk] o [nu'kliɪk] *adj* nucleico o nucleínico
nucleic acid *s* (biochem.) ácido nucleico o nucleínico
nuclein ['njuklɪɪn] o ['nuklɪɪn] *s* (biochem.) nucleína
nucleolus [nju'kliələs] o [nu'kliələs] *s* (*pl:* **-li** [laɪ]) (biol.) nucléolo
nucleon ['njuklɪɑn] o ['nuklɪɑn] *s* (phys.) nucleón
nucleonic [,njuklɪ'ɑnɪk] o [,nuklɪ'ɑnɪk] *adj* nucleónico; **nucleonics** *ssg* nucleónica
nucleus ['njuklɪəs] o ['nuklɪəs] *s* (*pl:* **-i** [aɪ] o **-uses**) núcleo; (anat., biol., chem. & phys.) núcleo
nude [njud] o [nud] *adj* desnudo; *s* (f.a.) desnudo; **the nude** el desnudo; **in the nude** desnudo
nudge [nʌdʒ] *s* codazo suave; *va* dar un codazo suave a, empujar suavemente
nudism ['njudɪzəm] o ['nudɪzəm] *s* nudismo
nudist ['njudɪst] o ['nudɪst] *s* nudista
nudity ['njudɪtɪ] o ['nudɪtɪ] *s* (*pl:* **-ties**) desnudez
nugatory ['njugə,torɪ] o ['nugə,torɪ] *adj* insignificante, ineficaz
nugget ['nʌgɪt] *s* pedazo; pepita (*p.ej., de oro*); (fig.) preciosidad
nuisance ['njusəns] o ['nusəns] *s* molestia, estorbo, incomodidad; persona o cosa fastidiosa; **to commit a nuisance** orinar, depositar inmundicias
nuisance tax *s* impuesto indirecto y fastidioso
null [nʌl] *adj* nulo; **null and void** nulo, írrito
nullification [,nʌlɪfɪ'keʃən] *s* anulación, invalidación
nullify ['nʌlɪfaɪ] (*pret & pp:* **-fied**) *va* anular, invalidar
nullity ['nʌlɪtɪ] *s* (*pl:* **-ties**) nulidad
Num. abr. de **Numbers**
Numantia [nju'mænʃɪə] o [nu'mænʃɪə] *s* Numancia
numb [nʌm] *adj* entumecido; *va* entumecer
number ['nʌmbər] *s* número; (gram.) número; **numbers** *spl* muchos; (poet. & mus.) números; **Numbers** *spl* (Bib.) los Números; **a number of** varios; **beyond number** muchísimos; **to look out for number one** mirar por el número uno (*sí mismo*); **without number** sin número; *va* numerar; ascender a; **his days are numbered** tiene sus días contados o sus horas contadas; **to be numbered among** hallarse entre
numberless ['nʌmbərlɪs] *adj* innumerable
numbers game o **pool** *s* quiniela en que se apuesta a ciertas cifras de las carreras de caballos o de otros acontecimientos cotidianos
numbness ['nʌmnɪs] *s* entumecimiento
numerable ['njumərəbəl] o ['numərəbəl] *adj* numerable
numeral ['njumərəl] o ['numərəl] *adj* numeral; *s* número
numerary ['njumə,rɛrɪ] o ['numə,rɛrɪ] *adj* numerario
numerate ['njuməret] o ['numəret] *va* numerar; enumerar
numeration [,njumə'reʃən] o [,numə'reʃən] *s* numeración
numerator ['njumə,retər] o ['numə,retər] *s* numerador; (math.) numerador
numeric [nju'mɛrɪk] o [nu'mɛrɪk] o **numerical** [nju'mɛrɪkəl] o [nu'mɛrɪkəl] *adj* numérico
numerically [nju'mɛrɪkəlɪ] o [nu'mɛrɪkəlɪ] *adv* numéricamente
numerous ['njumərəs] o ['numərəs] *adj* numeroso
Numidian [nju'mɪdɪən] o [nu'mɪdɪən] *adj* númida, numídico; *s* númida
Numidian crane *s* (orn.) grulla de Numidia
numismatic [,njumɪz'mætɪk] o [,numɪz'mætɪk] *adj* numismático; **numismatics** *ssg* numismática
numismatist [nju'mɪzmətɪst] o [nu'mɪzmətɪst] *s* numismático
numskull ['nʌm,skʌl] *s* bodoque, mentecato
nun [nʌn] *s* monja, religiosa
nunciature ['nʌnʃɪətʃər] *s* nunciatura
nuncio ['nʌnʃɪo] *s* (*pl:* **-os**) nuncio o nuncio apostólico
nuncupative will ['nʌŋkjə,petɪv] *s* (law) testamento nuncupativo
nunnery ['nʌnərɪ] *s* (*pl:* **-ies**) convento de monjas
nun's veiling *s* velo de monja
nuptial ['nʌpʃəl] *adj* nupcial; **nuptials** *spl* nupcias
nuptial mass *s* misa de esposos, misa de velaciones
nurse [nʌrs] *s* enfermera; nodriza, ama de cría; niñera; protector, fomentador; **male nurse** enfermero; *va* amamantar; criar; alimentar; cuidar (*a una persona enferma*); tratar de curarse de (*p.ej., un resfriado*); cebar, fomentar (*p.ej., un sentimiento de odio*); acariciar, mimar; **to nurse at the breast** criar a los pechos; *vn* amamantarse; ser enfermera, servir de enfermera
nurseling ['nʌrslɪŋ] *s* var. de **nursling**
nursemaid ['nʌrs,med] *s* niñera
nursery ['nʌrsərɪ] *s* (*pl:* **-ies**) cuarto de los niños, cuarto de juegos; (agr.) semillero, criadero, plantel; (fig.) semillero
nurserymaid ['nʌrsərɪ,med] *s* var. de **nursemaid**
nurseryman ['nʌrsərɪmən] *s* (*pl:* **-men**) cultivador de semillero
nursery rhymes *spl* versos para niños
nursery school *s* escuela materna (*para niños muy pequeños*)
nursery tales *spl* cuentos para niños
nursing ['nʌrsɪŋ] *s* oficio de enfermera
nursing bottle *s* biberón
nursing home *s* clínica de reposo
nursling ['nʌrslɪŋ] *s* cría, niño de teta
nurture ['nʌrtʃər] *s* crianza, educación; alimentación, nutrimento; *va* criar, educar; alimentar, nutrir; acariciar (*p.ej., una esperanza*)
nut [nʌt] *s* nuez; (mach.) tuerca; diapasón (*del violín, etc.*); (slang) cabeza; (slang) estrafalario, tonto, necio; **a hard nut to crack** (coll.) hueso duro de roer, rompecabezas
nutation [nju'teʃən] o [nu'teʃən] *s* (astr. & bot.) nutación
nut-brown ['nʌt,braun] *adj* marrón, castaño, avellanado; tostado
nutcracker ['nʌt,krækər] *s* cascanueces; (orn.) cascanueces, nucifraga
nut-driver ['nʌt,draɪvər] *s* aprietatuercas
nutgall ['nʌt,gɔl] *s* (bot.) agalla, abogalla
nuthatch ['nʌt,hætʃ] *s* (orn.) trepatroncos
nutmeat ['nʌt,mit] *s* gajo de nuez
nutmeg ['nʌt,mɛg] *s* (bot.) mirística (*árbol*); nuez de especia, nuez moscada (*semilla*)
nutria ['njutrɪə] o ['nutrɪə] *s* (zool.) coipo; piel de coipo
nutrient ['njutrɪənt] o ['nutrɪənt] *adj* nutritivo; *s* nutrimento
nutriment ['njutrɪmənt] o ['nutrɪmənt] *s* nutrimento
nutrition [nju'trɪʃən] o [nu'trɪʃən] *s* nutrición, nutrimento; (biol.) nutrición
nutritional [nju'trɪʃənəl] o [nu'trɪʃənəl] *adj* alimenticio
nutritious [nju'trɪʃəs] o [nu'trɪʃəs] *adj* nutricio, nutritivo, alimentoso
nutritive ['njutrɪtɪv] o ['nutrɪtɪv] *adj* nutritivo; alimenticio
nutshell ['nʌt,ʃɛl] *s* cáscara de nuez; **in a nutshell** en pocas palabras
nutty ['nʌtɪ] *adj* (*comp:* **-tier;** *super:* **-tiest**) abundante en nueces; que sabe a nueces; (slang) loco; **nutty about** (slang) loco por (*p.ej., los deportes*)
nux vomica ['nʌks 'vɑmɪkə] *s* (bot.) nuez vómica (*árbol y semilla*)
nuzzle ['nʌzəl] *va* hozar, hocicar; *vn* hocicar; arrimarse cómodamente; arroparse bien
n.w., N.W. o **NW** abr. de **northwest**
N.Y. abr. de **New York State**
N.Y.C. abr. de **New York City**
nyctalopia [,nɪktə'lopɪə] *s* nictalopía
nylon ['naɪlɑn] *s* (trademark) nilón; **nylons** *spl* medias de nilón
nymph [nɪmf] *s* (myth., ent. & fig.) ninfa
nymphomania [,nɪmfə'menɪə] *s* (path.) ninfomanía
nystagmus [nɪs'tægməs] *s* (path.) nistagmo
N.Z. abr. de **New Zealand**

O

O, o [o] *s* (*pl:* **O's, o's** [oz]) décimaquinta letra del alfabeto inglés
O. abr. de **Ohio**
O *interj* ¡Oh!; ¡oye!; ¡ay!, p.ej., **O, how pretty she is!** ¡Ay qué linda!; **O that . . .!** ¡Ojalá que . . .!
oaf [of] *s* tonto, zoquete; niño contrahecho
oafish [ˈofɪʃ] *adj* tonto, torpe, pesado
oak [ok] *s* (bot.) roble
oak apple *s* gran agalla de roble
oaken [ˈokən] *adj* de roble, hecho de roble
oak gall *s* agalla de roble, nuez de agallas, bugalla
oak moss *s* (bot.) musgo de roble
oakum [ˈokəm] *s* (naut.) estopa, estopa de calafatear
oar [or] *s* remo; remero; **to lie** o **rest on one's oars** aguantar los remos, cesar de remar; aflojar en el trabajo, dormirse sobre sus laureles; **to put in one's oar** meter su cuchara; *va* conducir remando o a remo; *vn* remar, bogar
oarless [ˈorlɪs] *adj* sin remos; que no conoce el remo
oarlock [ˈor‚lɑk] *s* (naut.) escalamera, chumacera
oarsman [ˈorzmən] *s* (*pl:* **-men**) remero
OAS *s* OEA (*Organización de Estados Americanos*)
oasis [oˈesɪs] u [ˈoəsɪs] *s* (*pl:* **-ses** [siz]) oasis
oat [ot] *s* (bot.) avena; (poet.) avena (*flauta rústica*); **oats** *spl* avena (*granos*); **to feel one's oats** (slang) estar fogoso y brioso; (slang) estar muy pagado de sí mismo; **to sow one's wild oats** correrla, pasar las mocedades
oatcake [ˈot‚kek] *s* torta de harina de avena
oaten [ˈotən] *adj* hecho de harina de avena, hecho de paja de avena
oat field *s* avenal
oath [oθ] *s* (*pl:* **oaths** [oðz] u [oθs]) juramento; **on oath** bajo juramento; **to take oath** prestar juramento
oatmeal [ˈot‚mil] *s* harina de avena; gachas de avena
ob. abr. de **obiit (Lat.) died**
obbligato [‚ɑblɪˈgɑto] *adj* (mus.) obligado; *s* (*pl:* **-tos**) (mus.) obligado
obduracy [ˈɑbdjʊrəsɪ] o [ˈɑbdjərəsɪ] *s* obduración
obdurate [ˈɑbdjʊrɪt] o [ˈɑbdjərɪt] *adj* obstinado, terco; empedernido
obedience [oˈbidɪəns] *s* obediencia
obedient [oˈbidɪənt] *adj* obediente
obeisance [oˈbesəns] u [oˈbisəns] *s* saludo respetuoso; homenaje, respeto
obelisk [ˈɑbəlɪsk] *s* obelisco
obese [oˈbis] *adj* obeso
obesity [oˈbisɪtɪ] u [oˈbɛsɪtɪ] *s* obesidad
obey [oˈbe] *va & vn* obedecer
obfuscate [ɑbˈfʌsket] o [ˈɑbfəsket] *va* ofuscar
obfuscation [‚ɑbfəsˈkeʃən] *s* ofuscación
obiter dictum [ˈɑbɪtər ˈdɪktəm] *s* (*pl:* **obiter dicta**) dictamen de carácter incidental
obituary [oˈbɪtʃʊ‚ɛrɪ] *adj* necrológico; *s* (*pl:* **-ies**) obituario; (eccl.) obituario
obj. abr. de **object, objection** y **objective**
object [ˈɑbdʒɪkt] *s* objeto; mamarracho (*persona o cosa ridícula*); (gram.) objeto, complemento; **with the object of** al objeto de; [əbˈdʒɛkt] *va* objetar; *vn* hacer objeciones; **to object to** hacer objeciones a, oponerse a; sentir disgusto por
object ball *s* mingo
object glass *s* (opt.) objetivo, lente objetiva
objection [əbˈdʒɛkʃən] *s* objeción; **to have no objections to make** no tener nada que objetar; **to raise an objection to** poner reparo a
objectionable [əbˈdʒɛkʃənəbəl] *adj* que da lugar a objeciones; desagradable; censurable, reprensible
objective [əbˈdʒɛktɪv] *adj* objetivo; (gram.) objetivo; *s* objetivo (*fin, intento*); (opt.) objetivo
objectivity [‚ɑbdʒɛkˈtɪvɪtɪ] *s* objetividad
object lesson *s* lección práctica; lección de cosas
objector [əbˈdʒɛktər] *s* objetante
object pronoun *s* pronombre complementario
object teaching *s* enseñanza objetiva
objet d'art [ɔbʒe ˈdɑr] *s* objeto de arte
objurgate [ˈɑbdʒərget] *va* increpar, reconvenir
objurgation [‚ɑbdʒərˈgeʃən] *s* increpación, reconvención, obyurgación
objurgatory [əbˈdʒʌrgə‚torɪ] *adj* increpador
obl. abr. de **oblique** y **oblong**
oblate [ˈɑblet] o [ɑbˈlet] *adj* (geom.) achatado por los polos; (eccl.) oblato; *s* (eccl.) oblato
oblation [ɑbˈleʃən] *s* oblación; (eccl.) oblata (*especialmente la que se da a la fábrica de la iglesia*)
obligate [ˈɑblɪget] *va* obligar; **to obligate oneself to** + *inf* obligarse a + *inf*
obligation [‚ɑblɪˈgeʃən] *s* obligación; **to be under obligation to** correr obligación a
obligato [‚ɑblɪˈgɑto] *adj & s* var. de **obbligato**
obligatory [əˈblɪgə‚torɪ] o [ˈɑblɪgə‚torɪ] *adj* obligatorio
oblige [əˈblaɪdʒ] *va* obligar; complacer; **much obliged** muchas gracias; **to be obliged for** estar agradecido por; **to be obliged to** + *inf* estar obligado a + *inf;* **to oblige to** + *inf* obligar a + *inf*
obligee [‚ɑblɪˈdʒi] *s* obligado
obliging [əˈblaɪdʒɪŋ] *adj* complaciente, condescendiente, servicial
oblique [əˈblik] *adj* oblicuo; indirecto, evasivo, torcido; [əˈblaɪk] *vn* (mil.) oblicuar
obliquity [əbˈlɪkwɪtɪ] *s* (*pl:* **-ties**) oblicuidad; aberración, extravío
obliquity of the ecliptic *s* (astr.) oblicuidad de la eclíptica
obliterate [əˈblɪtəret] *va* borrar; arrasar, destruir; obliterar (*un sello de correo*); (med.) obliterar
obliteration [ə‚blɪtəˈreʃən] *s* borradura; arrasamiento, destrucción; (med.) obliteración
oblivion [əˈblɪvɪən] *s* olvido
oblivious [əˈblɪvɪəs] *adj* olvidadizo, desatento, inconsciente; que causa olvido
oblong [ˈɑblɔŋ] o [ˈɑblɑŋ] *adj* oblongo, cuadrilongo; *s* cuadrilongo
obloquy [ˈɑbləkwɪ] *s* (*pl:* **-quies**) deshonra, baldón; censura, calumnia
obnoxious [əbˈnɑkʃəs] *adj* detestable, ofensivo, odioso
oboe [ˈobo] *s* (mus.) oboe
oboist [ˈobo·ɪst] *s* (mus.) oboe, oboísta (*músico*)
obreptitious [‚ɑbrɛpˈtɪʃəs] *adj* obrepticio
obs. abr. de **obsolete**
obscene [ɑbˈsin] *adj* obsceno
obscenity [ɑbˈsɛnɪtɪ] o [ɑbˈsinɪtɪ] *s* (*pl:* **-ties**) obscenidad
obscurant [ɑbˈskjʊrənt] *adj & s* var. de **obscurantist**
obscurantism [ɑbˈskjʊrəntɪzəm] *s* obscurantismo
obscurantist [ɑbˈskjʊrəntɪst] *adj & s* obscurantista
obscuration [‚ɑbskjʊˈreʃən] *s* obscurecimiento
obscure [əbˈskjʊr] *adj* obscuro; (phonet.) relajado, neutro; *va* obscurecer

O

obscurity [əbˈskjurɪtɪ] *s* (*pl:* **-ties**) obscuridad
obsecrate [ˈɑbsɪkret] *va* rogar, suplicar
obsecration [ˌɑbsɪˈkreʃən] *s* obsecración
obsequies [ˈɑbsɪkwɪz] *spl* exequias
obsequious [əbˈsikwɪəs] *adj* obsequioso, servil, rastrero
observable [əbˈzʌrvəbəl] *adj* observable
observably [əbˈzʌrvəblɪ] *adv* perceptiblemente, notablemente
observance [əbˈzʌrvəns] *s* observancia
observant [əbˈzʌrvənt] *adj* observador
observation [ˌɑbzərˈveʃən] *s* observación; observancia; **to escape observation** no ser observado; **to keep under observation** vigilar
observational [ˌɑbzərˈveʃənəl] *adj* de la observación, observacional
observation balloon *s* globo de observación
observation car *s* (rail.) vagón-mirador
observatory [əbˈzʌrvəˌtorɪ] *s* (*pl:* **-ries**) observatorio
observe [əbˈzʌrv] *va* observar (*guardar, cumplir; examinar con atención; advertir, reparar; atisbar*); guardar (*una fiesta; silencio*)
observer [əbˈzʌrvər] *s* observador
observing [əbˈzʌrvɪŋ] *adj* observador
obsess [əbˈsɛs] *va* obsesionar, causar obsesión a
obsession [əbˈsɛʃən] *s* obsesión
obsidian [ɑbˈsɪdɪən] *s* (mineral.) obsidiana
obsolescence [ˌɑbsəˈlɛsəns] *s* caída en desuso
obsolescent [ˌɑbsəˈlɛsənt] *adj* arcaizante, algo anticuado; **to be obsolescent** irse haciendo anticuado, ir cayendo en desuso
obsolete [ˈɑbsəlit] *adj* anticuado, caído en desuso, desusado; (biol.) rudimentario
obstacle [ˈɑbstəkəl] *s* obstáculo
obstacle race *s* carrera de obstáculos
obstetric [ɑbˈstɛtrɪk] *adj* obstétrico; **obstetrics** *ssg* obstetricia
obstetrical [ɑbˈstɛtrɪkəl] *adj* obstétrico
obstetrician [ˌɑbstɛˈtrɪʃən] *s* obstétrico, médico partero
obstinacy [ˈɑbstɪnəsɪ] *s* (*pl:* **-cies**) obstinación
obstinate [ˈɑbstɪnɪt] *adj* obstinado
obstreperous [əbˈstrɛpərəs] *adj* estrepitoso, turbulento, desmandado
obstruct [əbˈstrʌkt] *va* obstruir
obstruction [əbˈstrʌkʃən] *s* obstrucción
obstructionism [əbˈstrʌkʃənɪzəm] *s* obstruccionismo
obstructionist [əbˈstrʌkʃənɪst] *adj* & *s* obstruccionista
obstructive [əbˈstrʌktɪv] *adj* obstructivo
obtain [əbˈten] *va* obtener; *vn* existir, prevalecer
obtainable [əbˈtenəbəl] *adj* obtenible
obtainment [əbˈtenmənt] *s* obtención
obtrude [əbˈtrud] *va* imponer (*sus opiniones*); extender; *vn* entremeterse
obtrusion [əbˈtruʒən] *s* imposición; entremetimiento
obtrusive [əbˈtrusɪv] *adj* entremetido, intruso
obturate [ˈɑbtjəret] *va* obturar
obturation [ˌɑbtjəˈreʃən] *s* obturación
obturator [ˈɑbtjəˌretər] *s* obturador; (phot. & surg.) obturador
obtuse [əbˈtjus] o [əbˈtus] *adj* obtuso; (fig.) obtuso
obtuse angle *s* (geom.) ángulo obtuso
obverse [ɑbˈvʌrs] o [ˈɑbvʌrs] *adj* obverso; complementario; [ˈɑbvʌrs] *s* anverso; frente; complemento
obviate [ˈɑbvɪet] *va* obviar
obviation [ˌɑbvɪˈeʃən] *s* evitación
obvious [ˈɑbvɪəs] *adj* obvio
ocarina [ˌɑkəˈrinə] *s* (mus.) ocarina
occasion [əˈkeʒən] *s* ocasión; **on occasion** de vez en cuando; **on the occasion of** con ocasión de; **on several occasions** en varias ocasiones; **to improve the occasion** aprovechar la ocasión; *va* ocasionar
occasional [əˈkeʒənəl] *adj* raro, poco frecuente; alguno que otro; de circunstancia
occasionally [əˈkeʒənəlɪ] *adv* ocasionalmente (*de vez en cuando*)
occident [ˈɑksɪdənt] *s* occidente; (*cap.*) *s* Occidente
occidental [ˌɑksɪˈdɛntəl] *adj* occidental; (*cap.*) *adj* & *s* occidental
Occidentalize [ˌɑksɪˈdɛntəlaɪz] *va* occidentalizar

occipital [ɑkˈsɪpɪtəl] *adj* occipital; *s* (anat.) occipital, hueso occipital
occipital bone *s* (anat.) hueso occipital
occiput [ˈɑksɪpət] *s* (*pl:* **occipita** [ɑkˈsɪpɪtə]) (anat.) occipucio
occlude [əˈklud] *va* obstruir; obscurecer; (chem. & dent.) ocluir; *vn* (dent.) ocluirse
occlusal [əˈklusəl] *adj* (anat. & dent.) oclusal
occlusion [əˈkluʒən] *s* obstrucción; obscurecimiento; (chem., dent., med. & phonet.) oclusión
occlusive [əˈklusɪv] *adj* oclusivo; *s* (phonet.) oclusiva
occult [əˈkʌlt] o [ˈɑkʌlt] *adj* oculto (*misterioso; sobrenatural*)
occultation [ˌɑkʌlˈteʃən] *s* ocultación; (astr.) ocultación
occultism [əˈkʌltɪzəm] o [ˈɑkəltɪzəm] *s* ocultismo
occultist [əˈkʌltɪst] o [ˈɑkəltɪst] *s* ocultista
occult sciences *spl* ciencias ocultas
occupancy [ˈɑkjəpənsɪ] *s* ocupación, tenencia
occupant [ˈɑkjəpənt] *s* ocupante; inquilino
occupation [ˌɑkjəˈpeʃən] *s* ocupación; inquilinato
occupational [ˌɑkjəˈpeʃənəl] *adj* ocupacional
occupational disease *s* enfermedad profesional, enfermedad de ocupación
occupational therapy *s* sistema terapéutico que consiste en la enseñanza de artes y oficios
occupy [ˈɑkjəpaɪ] (*pret & pp:* **-pied**) *va* ocupar; habitar (*p.ej., cierta casa*)
occur [əˈkʌr] (*pret & pp:* **-curred;** *ger:* **-curring**) *vn* ocurrir, acontecer, suceder; encontrarse (*p.ej., una palabra en un escrito*); ocurrir (*venir a la mente*); **to occur to one to** + *inf* ocurrírsele a uno + *inf*
occurrence [əˈkʌrəns] *s* acontecimiento; aparición, caso
ocean [ˈoʃən] *s* océano; (fig.) océano (*vasta extensión de cualquier cosa*); (fig.) mar (*gran cantidad*), p.ej., **oceans of work** la mar de trabajo
Oceania [ˌoʃɪˈænɪə] *s* la Oceanía
oceanic [ˌoʃɪˈænɪk] *adj* oceánico
Oceanica [ˌoʃɪˈænɪkə] *s* var. de **Oceania**
Oceanids [oˈsiənɪdz] *spl* (myth.) Oceánidas
ocean liner *s* buque transoceánico
oceanographer [ˌoʃənˈɑgrəfər] *s* oceanógrafo
oceanographic [ˌoʃənəˈgræfɪk] u **oceanographical** [ˌoʃənəˈgræfɪkəl] *adj* oceanográfico
oceanography [ˌoʃənˈɑgrəfɪ] *s* oceanografía
Oceanus [oˈsiənəs] *s* (myth.) Océano
ocellate [ˈɑsəlet] u [oˈsɛlet] *adj* ocelado
ocellus [oˈsɛləs] *s* (*pl:* **-li** [laɪ]) (zool.) ocelo (*ojo simple de los anélidos; mancha redonda en las plumas de ciertas aves*)
ocelot [ˈosəlɑt] o [ˈɑsəlɑt] *s* (zool.) ocelote
ocher u **ochre** [ˈokər] *s* (mineral.) ocre; *adj* ocroso
ocherous [ˈokərəs] *adj* ocroso
o'clock [əˈklɑk] *adv* por el reloj; **it is one o'clock** es la una; **it is two o'clock** son las dos; **what o'clock is it?** ¿qué hora es?
Oct. abr. de **October**
octagon [ˈɑktəgɑn] o [ˈɑktəgən] *s* octágono
octagonal [ɑkˈtægənəl] *adj* octagonal, octágono
octahedral [ˌɑktəˈhidrəl] *adj* octaédrico
octahedron [ˌɑktəˈhidrən] *s* (*pl:* **-drons** o **-dra** [drə]) (geom.) octaedro
octane [ˈɑkten] *s* (chem.) octano
octane number o **rating** *s* (chem.) índice de octano
octastyle [ˈɑktəstaɪl] *adj* (arch.) octóstilo
octave [ˈɑktɪv] o [ˈɑktev] *s* (mus., pros. & eccl.) octava
Octavian [ɑkˈtevɪən] *s* Octaviano
Octavius [ɑkˈtevɪəs] *s* Octavio
octavo [ɑkˈtevo] o [ɑkˈtɑvo] *adj* en octavo; *s* (*pl:* **-vos**) libro en octavo
octet u **octette** [ɑkˈtɛt] *s* (mus.) octeto; (pros.) octava; grupo de ocho
octillion [ɑkˈtɪljən] *s* (Brit.) octillón
October [ɑkˈtobər] *s* octubre
octogenarian [ˌɑktodʒɪˈnɛrɪən] *adj* & *s* octogenario
octopus [ˈɑktəpəs] *s* (*pl:* **-puses** o **-pi** [paɪ]) (zool.) pulpo; (fig.) organización monopolizadora con grandes facultades para hacer daño

octoroon [ˌɑktəˈrun] *s* octavo (*hijo de cuarterón y blanca o de cuarterona y blanco*)
octosyllabic [ˌɑktosɪˈlæbɪk] *adj* octosilábico, octosílabo
octosyllable [ˈɑktoˌsɪləbəl] *s* octosílabo (*verso*)
octroi [ɑkˈtrwɑ] *s* fielato (*oficina*); consumos (*impuestos*)
octuple [ˈɑktjʊpəl] o [ˈɑktʊpəl] *adj & s* óctuple; *va* octuplicar; *vn* octuplicarse
ocular [ˈɑkjələr] *adj* ocular; *s* (opt.) ocular
oculist [ˈɑkjəlɪst] *s* oculista
O.D. abr. de **officer of the day** y **olive drab**
odalisque u **odalisk** [ˈodəlɪsk] *s* odalisca
odd [ɑd] *adj* suelto; impar (*número*); dispar (*que no hace juego*); libre, de ocio; sobrante; extraño, raro, singular; y pico o y tantos, p.ej., **two hundred odd** doscientos y pico; **odds** *ssg o spl* ventaja (*en las apuestas*); apuesta desigual; puntos de ventaja; **at odds** de monos, riñendo; **by all odds** muy probablemente, sin duda alguna; **it makes no odds** lo mismo da; **the odds are** lo probable es; la ventaja es de; **to be at odds** estar de punta, estar encontrados; **to be at odds with** estar de punta con, estar encontrado con; **to set at odds** enemistar, malquistar
oddish [ˈɑdɪʃ] *adj* algo raro, algo singular
oddity [ˈɑdɪtɪ] *s* (*pl:* **-ties**) rareza, cosa rara, ente singular
odd jobs *spl* extraños empleos, pequeñas tareas
odd lot *s* (com.) lote inferior al centenar
oddly [ˈɑdlɪ] *adv* extrañamente, singularmente
oddment [ˈɑdmənt] *s* sobra, pedazo, retal
odd number *s* número impar, número non
odds and ends *spl* trozos sobrantes, pedacitos varios, despojos, cajón de sastre
ode [od] *s* oda
Odessa [oˈdɛsə] *s* Odesa
odeum [oˈdiəm] *s* (*pl:* **-a** [ə]) odeón
Odin [ˈodɪn] *s* (myth.) Odín
odious [ˈodɪəs] *adj* odioso, abominable
odium [ˈodɪəm] *s* odio (*que una persona se conquista*); oprobio; **to bring into odium** hacer aborrecido (*a uno*); **to bring odium upon a person** hacer que una persona sea odiada
Odoacer [ˌodoˈesər] *s* Odoacro
odometer [oˈdɑmɪtər] *s* odómetro
odontoblast [oˈdɑntəblæst] *s* (anat.) odontoblasto
odontocete [oˈdɑntəsit] *adj & s* (zool.) odontoceto
odontological [oˌdɑntəˈlɑdʒɪkəl] *adj* odontológico
odontologist [ˌodɑnˈtɑlədʒɪst] *s* odontólogo
odontology [ˌodɑnˈtɑlədʒɪ] *s* odontología
odor [ˈodər] *s* olor; **to be in bad odor** tener mala fama
odoriferous [ˌodəˈrɪfərəs] *adj* odorífero
odorless [ˈodərlɪs] *adj* inodoro
odor of sanctity *s* olor de santidad
odorous [ˈodərəs] *adj* oloroso
odour [ˈodər] *s* (Brit.) var. de **odor**
Odysseus [oˈdɪsus] u [oˈdɪsɪəs] *s* (myth.) Odiseo
Odyssey [ˈɑdɪsɪ] *s* (myth.) Odisea; (*l.c.*) *s* (fig.) odisea
O.E. abr. de **Old English**
oecumenical [ˌɛkjʊˈmɛnɪkəl] *adj* var. de **ecumenical**
Oedipus [ˈɛdɪpəs] o [ˈidɪpəs] *s* (myth.) Edipo
Oedipus complex *s* (psychoanal.) complejo de Edipo
oenometer [iˈnɑmɪtər] *s* enómetro
Oenone [iˈnonɪ] *s* (myth.) Enona
o'er [or] *adv & prep* (poet.) var. de **over**
oersted [ˈʌrstɛd] *s* (elec.) oerstedio
oesophagus [iˈsɑfəgəs] *s* (*pl:* **-gi** [dʒaɪ]) var. de **esophagus**
of [ɑv] o [əv] *prep* de, p.ej., **the top of the mountain** la cima de la montaña; a: **to smell of** oler a; **to taste of** saber a; con: **to dream of** soñar con; en; **to think of** pensar en; menos: **a quarter of two** las dos menos cuarto; por: **of a summer morning** por una mañana de verano
off. abr. de **office**, **officer** y **official**
off [ɔf] o [ɑf] *adj* malo, p.ej., **off day** día malo; poco probable, errado (*p.ej., en las cuentas*); en marcha; más distante, más lejano; libre, sin trabajo; quitado; apagado; cortado (*dícese, p.ej., de electricidad*); de descuento, de rebaja; de la parte del mar; de la derecha (*dícese de un caballo o buey en la yunta*); **to be . . . off** faltar para, p.ej., **the wedding is two days off** faltan dos días para la boda; *adv* fuera, a distancia, lejos; **far off** muy lejos; **to be off** ponerse en marcha, marcharse en seguida, haberse marchado; **off and on** unas veces sí y otras no, de vez en cuando; **off in the distance** allá lejos; **off of** (coll.) de; (coll.) a expensas de; *prep* fuera de (*p.ej., el camino*); de, desde; al lado de, a nivel de; (naut.) frente a, a la altura de, cerca de; libre de; **to be off** faltar a, p.ej., **a button is off his coat** a su chaqueta le falta un botón; *interj* ¡fuera!; **off with you!** ¡fuera de aquí!, ¡márchate!
offal [ˈɑfəl] u [ˈɔfəl] *s* carniza (*desecho de la carne*); basura, desperdicios
offbeat [ˈɔfˈbit] o [ˈɑfˈbit] *adj* (slang) insólito, chocante, original
off-chance [ˈɔfˌtʃæns], [ˈɔfˌtʃɑns], [ˈɑfˌtʃæns] o [ˈɑfˌtʃɑns] *s* posibilidad poco probable, posibilidad remota; **on the off-chance that** pensando que tal vez
off-color [ˈɔfˌkʌlər] o [ˈɑfˌkʌlər] *adj* desteñido; (fig.) verde, subido de color
offend [əˈfɛnd] *va & vn* ofender
offender [əˈfɛndər] *s* ofensor
offense [əˈfɛns] *s* ofensa; **to take offense (at)** ofenderse (de)
offenseless [əˈfɛnslɪs] *adj* inofensivo
offensive [əˈfɛnsɪv] *adj* ofensivo; *s* ofensiva; **on the offensive** en la ofensiva; **to take the offensive** tomar la ofensiva
offer [ˈɔfər] o [ˈɑfər] *s* ofrecimiento, oferta; *va* ofrecer; rezar (*oraciones*); oponer (*resistencia*); **to offer to** + *inf* ofrecerse a + *inf;* intentar + *inf; vn* ofrecerse
offering [ˈɔfərɪŋ] o [ˈɑfərɪŋ] *s* ofrecimiento; ofrenda (*en el culto divino*); oferta (*don, dádiva*)
offertory [ˈɔfərˌtorɪ] o [ˈɑfərˌtorɪ] *s* (*pl:* **-ries**) (eccl.) ofrenda; (eccl.) música o canto que acompaña la recaudación de la ofrenda en las iglesias protestantes; (eccl.) ofertorio (*parte de las misa y su antífona*)
offhand [ˈɔfˈhænd] o [ˈɑfˈhænd] *adj* hecho de improviso; brusco, desenvuelto; *adv* de corrido, de improviso, sin pensarlo; bruscamente
offhanded [ˈɔfˈhændɪd] o [ˈɑfˈhændɪd] *adj* hecho de improviso; brusco, desenvuelto
office [ˈɔfɪs] o [ˈɑfɪs] *s* oficina; oficio, función; cargo, ministerio; bufete (*de abogado*); consultorio (*de médico*); (eccl.) oficio; **offices** *spl* (Brit.) oficinas (*piezas bajas de las casas que sirven para ciertos menesteres domésticos*); **to be in office** estar en funciones; **to take office** entrar en funciones; **good offices** buenos oficios; *adj* oficinesco
office boy *s* mandadero
office building *s* edificio de oficinas
office force *s* personal o gente de la oficina
officeholder [ˈɔfɪsˌholdər] o [ˈɑfɪsˌholdər] *s* funcionario, empleado público
office hours *spl* horas de oficina; horas de consulta (*de un médico*)
office manager *s* jefe de oficina
officer [ˈɔfɪsər] o [ˈɑfɪsər] *s* jefe, director; dignatario; oficial (*del ejército, de una orden, sociedad, etc.*); funcionario; agente de policía; *va* mandar; proveer de jefes, proveer de oficiales
officer of the day *s* (mil.) jefe de día
office seeker *s* aspirante, pretendiente
office supplies *spl* artículos para escritorio, suministros para oficinas
office work *s* trabajo de oficina
official [əˈfɪʃəl] *adj* oficial; *s* jefe, director; funcionario; oficial (*p.ej., de una sociedad*)
officialdom [əˈfɪʃəldəm] *s* las autoridades, los círculos oficiales
officialism [əˈfɪʃəlɪzəm] *s* costumbres oficiales; formalismo
officially [əˈfɪʃəlɪ] *adv* oficialmente
officiant [əˈfɪʃɪənt] *s* (eccl.) oficiante
officiate [əˈfɪʃɪet] *vn* (eccl.) oficiar; **to officiate as** oficiar de
officinal [əˈfɪsɪnəl] *adj* (pharm.) oficinal; *s* (pharm.) medicamento oficinal
officious [əˈfɪʃəs] *adj* oficioso; (dipl.) oficioso
offing [ˈɔfɪŋ] o [ˈɑfɪŋ] *s* (naut.) largo, alta

O

mar; lontananza; **in the offing** (naut.) a lo largo, mar afuera; bastante cerca, en perspectiva
offish ['ɔfɪʃ] o ['ɑfɪʃ] *adj* huraño, arisco
off-peak ['ɔf,pik] o ['ɑf,pik] *adj* (elec.) de las horas de menos carga, en horas de valle
off-peak heater *s* (elec.) termos de acumulación
off-peak load *s* (elec.) carga en horas de valle
offprint ['ɔf,prɪnt] o ['ɑf,prɪnt] *s* sobretiro
offscourings ['ɔf,skaurɪŋz] o ['ɑf,skaurɪŋz] *spl* inmundicias; hez, gente vil
offset ['ɔf,sɛt] o ['ɑf,sɛt] *s* compensación; ramal; (arch.) retallo; (hort.) acodo; (mach.) codo; (print.) offset; (top.) línea perpendicular a otra principal y que se extiende a un punto exterior; *adj* (print.) de offset; [,ɔf'sɛt] o [,ɑf'sɛt] (*pret & pp:* **-set;** *ger:* **-setting**) *va* componer; oponer; (print.) imprimir por offset; *vn* imprimir por offset
offshoot ['ɔf,ʃut] o ['ɑf,ʃut] *s* retoño, renuevo; ramal
offshore ['ɔf,ʃor] o ['ɑf,ʃor] *adj* (naut.) terral, que sopla de tierra; (naut.) que se encuentra a lo largo; *adv* (naut.) a lo largo
offshore fishing *s* pesca de bajura
offshore islands *spl* islas costeras
offside ['ɔf,saɪd] o ['ɑf,saɪd] *adj* (sport) entre los del bando contrario; (sport) fuera de juego; **to be offside** (sport) hacer una jugada estando la pelota fuera de juego
offspring ['ɔf,sprɪŋ] o ['ɑf,sprɪŋ] *s* sucesión, descendencia; hijo; (fig.) producto, resultado
off-stage ['ɔf,stedʒ] o ['ɑf,stedʒ] *adj* (theat.) de entre bastidores
off-the-record ['ɔfðə'rɛkərd] o ['ɑfðə'rɛkərd] *adj* extraoficial, confidencial
oft [ɔft] o [ɑft] *adv* (poet.) var. de **often**
often ['ɔfən] o ['ɑfən] *adv* a menudo, muchas veces; **as often as** siempre que; **how often** cada cuánto, p.ej., **how often does the train stop here?** ¿cada cuánto pára el tren aquí?; cuántas veces; **not often** pocas veces, rara vez
oftentimes ['ɔfən,taɪmz] o ['ɑfən,taɪmz] *adv* var. de **often**
ofttimes ['ɔft,taɪmz] o ['ɑft,taɪmz] *adv* (poet.) var. de **often**
ogee [o'dʒi] u ['odʒi] *s* (arch.) cimacio, gola
ogee arch *s* (arch.) arco conopial
ogival [o'dʒaɪvəl] *adj* ojival; (arch.) ojival
ogive ['odʒaɪv] u [o'dʒaɪv] *s* (arch.) ojiva
ogle ['ogəl] *s* mirada torpe, mirada de amor; *va* ojear; echar miradas torpes a, echar miradas de amor a; *vn* mirar amorosamente
Ogpu ['ɑgpu] *s* Guepeu (*policía política soviética*)
ogre ['ogər] *s* ogro; (fig.) ogro (*persona*)
ogreish ['ogərɪʃ] *adj* de ogro
ogress ['ogrɪs] *s* ogra u ogresa
ogrish ['ogrɪʃ] *adj* var. de **ogreish**
oh u **Oh** [o] *interj* var. de **O**
ohm [om] *s* (elec.) ohmio
ohmic ['omɪk] *adj* óhmico
ohmmeter ['om,mitər] *s* (elec.) ohmímetro
oho [o'ho] *interj* ¡ ajá!
oïdium [o'ɪdɪəm] *s* (*pl:* **-a** [ə]) (bot. & plant path.) oídio
oil [ɔɪl] *s* aceite; petróleo; color al óleo; óleo, pintura al óleo; **to burn the midnight oil** quemarse las cejas; **to pour oil on the fire** echar aceite en el fuego; **to pour oil on troubled waters** mojar la pólvora, aplacar las pasiones; **to strike oil** encontrar una capa de petróleo; (fig.) enriquecerse de súbito; *va* aceitar; hacer liso, suave o agradable; lisonjear; untar (*corromper, sobornar*); *vn* desleírse (*p.ej., la manteca*); proveerse de petróleo (*un buque*)
oil beetle *s* (ent.) aceitera, carraleja
oilbird ['ɔɪl,bʌrd] *s* (orn.) guácharo, papagayo de noche
oil burner *s* quemador de petróleo
oil cake *s* torta de borujo
oilcan ['ɔɪl,kæn] *s* aceitera
oilcloth ['ɔɪl,klɔθ] u ['ɔɪl,klɑθ] *s* encerado, hule
oil color *s* color al óleo; (paint.) pintura al óleo
oil cup *s* (mach.) aceitera, copilla de aceite, caja de aceite
oiler ['ɔɪlər] *s* aceitador (*obrero*); aceitera (*vasija*); buque petrolero
oil field *s* campo de petróleo
oil filler *s* llenador de aceite
oil gas *s* gas de aceite
oil gauge *s* indicador de aceite, indicador del nivel de aceite
oil gun *s* bomba de mano para lubricación
oil hole *s* agujero de engrase, orificio de engrase
oil line *s* conducto del aceite, cañería de lubricación
oil of vitriol *s* aceite de vitriolo
oil of wintergreen *s* aceite de gaulteria
oil painting *s* pintura al óleo, cuadro al óleo
oil pan *s* (aut.) colector de aceite
oilpaper ['ɔɪl,pepər] *s* papel encerado e impermeable
oil pump *s* bomba de aceite
oilskin ['ɔɪl,skɪn] *s* hule; **oilskins** *spl* traje de hule
oilstone ['ɔɪl,ston] *s* asperón de grano fino
oil stove *s* estufa o cocina de aceite
oil tanker *s* buque petrolero, buque tanque para petróleo
oil well *s* pozo de petróleo; (mach.) cubeta de aceite
oily ['ɔɪlɪ] *adj* (*comp:* **-ier;** *super:* **-iest**) aceitoso; liso, resbaladizo; zalamero
ointment ['ɔɪntmənt] *s* ungüento
O.K. u **OK** ['o'ke] *s* (coll.) aprobación; *adj* (coll.) aprobado, conforme; *adv* (coll.) está bien, muy bien, V.°B.° (*visto bueno*); (*pret & pp:* **O.K.'d** u **OK'd;** *ger:* **O.K.'ing** u **OK'ing**) *va* (coll.) aprobar
okapi [o'kɑpɪ] *s* (zool.) okapi
okay ['o'ke] *s, adj, adv & va* var. de **O.K.**
Okla. abr. de **Oklahoma**
okra ['okrə] *s* (bot.) quingombó (*planta y fruto*)
old [old] *adj* viejo; antiguo; añejo (*dícese, p.ej., del vino*); **of old** de antaño, antiguamente; **how old do you think he is?** ¿qué edad le echa Vd.?; **how old is . . .?** ¿cuántos años tiene . . .?; **to be . . . years old** tener . . . años; **older woman** señora de edad
old age *s* ancianidad, vejez; **to die of old age** morir de viejo
old bachelor *s* solterón
Old Bailey ['belɪ] *s* tribunal supremo de lo criminal en Londres
old boy *s* viejo; graduado; **the Old Boy** (slang) el Diablo
Old Castile *s* Castilla la Vieja
old-clothesman ['old'kloðz,mæn] *s* (*pl:* **-men**) ropavejero
old country *s* madre patria (*de los emigrantes o sus descendientes*)
Old Dominion *s* el estado de Virginia, EE.UU.
olden ['oldən] *adj* (poet.) antiguo
Old English *s* el inglés antiguo; (print.) letra gótica
olden times *spl* (poet.) tiempos antiguos
old-fashioned ['old'fæʃənd] *adj* chapado a la antigua; anticuado, fuera de moda
old fogey u **old fogy** *s* persona un poco ridícula por sus ideas o costumbres atrasadas
old-fogey u **old-fogy** ['old,fogɪ] *adj* atrasado, anticuado, fuera de moda
Old French *s* el francés antiguo
Old Glory *s* la bandera de los EE.UU.
Old Guard *s* (U.S.A.) bando conservador del partido republicano
old hand *s* perito, practicón, veterano
Old Harry *s* el Diablo
Old High German *s* el antiguo altoalemán
oldish ['oldɪʃ] *adj* algo viejo
old-line ['old,laɪn] *adj* conservador, tradicional; (com.) bien establecido, establecido desde hace muchos años
old maid *s* solterona
old-maidish [,old'medɪʃ] *adj* que parece u obra como solterona, melindroso, remilgado
old man *s* viejo; tío; (mach.) abrazadera de taladrar; (theol.) hombre viejo; (theat.) barba
Old Man of the Mountain *s* (hist.) viejo de la montaña
old master *s* (paint.) grande maestro; obra (de pintura) de un grande maestro
old moon *s* luna menguante
Old Nick *s* el Diablo
Old Norse *s* el nórdico antiguo

old salt *s* lobo de mar
Old Saxon *s* el sajón antiguo
old school *s* gente chapada a la antigua, gente de ideas anticuadas
Old Spanish *s* el español antiguo
oldster ['oldstər] *s* (coll.) viejo o vieja; (Brit.) guardia marina que lo es por lo menos desde hace cuatro años
Old Style *s* estilo antiguo (*calendario*)
Old Testament *s* Antiguo Testamento
old-time ['old,taɪm] *adj* del tiempo viejo, como en el tiempo viejo
old-timer ['old'taɪmər] *s* (coll.) antiguo residente, antiguo concurrente; (coll.) veterano (*en cualquier profesión o ejercicio*); (coll.) persona chapada a la antigua
oldwife ['old,waɪf] *s* (*pl:* **-wives**) (ichth.) cochino
old wives' tale *s* cuento de viejas
old-womanish [,old'wʊmənɪʃ] *adj* de vieja, remilgado
Old World *s* viejo mundo
old-world ['old,wʌrld] *adj* prehistórico; del tiempo viejo, de los tiempos antiguos; del viejo mundo
oleaceous [,olɪ'eʃəs] *adj* (bot.) oleáceo
oleaginous [,olɪ'ædʒɪnəs] *adj* oleaginoso
oleander [,olɪ'ændər] *s* (bot.) adelfa, baladre
oleaster [,olɪ'æstər] *s* (bot.) cinamomo (*Elaeagnus angustifolia*)
oleate ['olɪet] *s* (chem.) oleato
olecranon [o'lɛkrənɑn] u [,olə'krenɑn] *s* (anat.) olécranon
oleic [o'liɪk] u ['olɪɪk] *adj* (chem.) oleico
oleic acid *s* (chem.) ácido oleico
oleiferous [,olɪ'ɪfərəs] *adj* (bot.) oleífero
olein ['olɪɪn] *s* (chem.) oleína
oleo ['olɪo] *s* var. de **oleomargarin**
oleograph ['olɪə,græf] u ['olɪə,grɑf] *s* oleografía
oleomargarin [,olɪo'mɑrdʒərɪn] u [,olɪo'mɑrgərɪn] u **oleomargarine** [,olɪo'mɑrdʒərin] u [,olɪo'mɑrgərin] *s* oleomargarina
oleometer [,olɪ'ɑmɪtər] *s* oleómetro
oleoresin [,olɪo'rɛzɪn] *s* oleorresina
olfaction [ɑl'fækʃən] *s* olfacción
olfactory [ɑl'fæktərɪ] *adj* olfativo u olfatorio
olfactory nerve *s* (anat.) nervio olfativo
Olga ['ɑlgə] *s* Olga
oligarch ['ɑlɪgɑrk] *s* oligarca
oligarchic [,ɑlɪ'gɑrkɪk] u **oligarchical** [,ɑlɪ'gɑrkɪkəl] *adj* oligárquico
oligarchy ['ɑlɪ,gɑrkɪ] *s* (*pl:* **-chies**) oligarquía
oligist ['ɑlɪdʒɪst] *s* (mineral.) oligisto
Oligocene ['ɑlɪgosin] *adj* & *s* (geol.) oligoceno
olivaceous [,ɑlɪ'veʃəs] *adj* oliváceo
olive ['ɑlɪv] *s* (bot.) olivo, aceituno (*árbol*); aceituna (*fruto*); oliva (*color*); (anat.) oliva; *adj* aceitunado, aceitunil; verde plateado (*color de las hojas del olivo*)
olive branch *s* ramo de olivo; oliva (*paz*); hijo, vástago
olive drab *s* color oliváceo; tela de lana de color oliváceo (*que sirve para hacer los uniformes del ejército de los EE.UU.*)
olive fly *s* (ent.) mosca de la aceituna, mosca del olivo
olive grove *s* olivar
olive oil *s* aceite, aceite de oliva
Oliver ['ɑlɪvər] *s* Oliverio; Oliveros (*amigo de Roldán*)
Olives, Mount of el monte de los Olivos
Olivet, Mount ['ɑlɪvɛt] el monte Olivete
olivine ['ɑlɪvin] o [,ɑlɪ'vin] *s* (mineral.) olivino
olla-podrida [,ɑləpo'dridə] *s* (cook.) olla podrida; (fig.) mescolanza
ology ['ɑlədʒɪ] *s* (*pl:* **-gies**) ciencia, ramo del saber
Olympia [o'lɪmpɪə] *s* (geog.) Olimpia
Olympiad u **olympiad** [o'lɪmpɪæd] *s* Olimpíada
Olympian [o'lɪmpɪən] *adj* olímpico; *s* dios griego, dios del paganismo; concurrente en los Juegos olímpicos
Olympian games *spl* (hist.) Juegos olímpicos
Olympic [o'lɪmpɪk] *adj* olímpico; **Olympics** *spl* Olímpicos (*Juegos olímpicos de la Grecia antigua y los modernos*)
Olympic games *spl* (hist.) Juegos olímpicos; Juegos olímpicos (*modernos*)
Olympus, Mount [o'lɪmpəs] *s* (geog., myth. & fig.) el Olimpo
Olynthus [o'lɪnθəs] *s* Olinto
omasum [o'mesəm] *s* (*pl:* **-sa** [sə]) (zool.) omaso
omber ['ɑmbər] *s* hombre (*juego de naipes*)
omega [o'mɛgə], [o'migə] u ['omɛgə] *s* omega; fin
omelet u **omelette** ['ɑməlɛt] o ['ɑmlɪt] *s* tortilla (de huevos)
omen ['omən] *s* agüero; *va* ominar, presagiar
omental [o'mɛntəl] *adj* omental
omentum [o'mɛntəm] *s* (*pl:* **-ta** [tə]) (anat.) omento
omicron ['ɑmɪkrɑn] *s* ómicron
ominous ['ɑmɪnəs] *adj* ominoso
omission [o'mɪʃən] *s* omisión
omit [o'mɪt] (*pret & pp:* **omitted;** *ger:* **omitting**) *va* omitir; **to omit** + *ger* omitir + *inf*
ommatidium [,ɑmə'tɪdɪəm] *s* (*pl:* **-a** [ə]) (zool.) omatidio
omnibus ['ɑmnɪbʌs] o ['ɑmnɪbəs] *s* ómnibus; *adj* general; colecticio (*tomo*)
omnifarious [,ɑmnɪ'fɛrɪəs] *adj* de todo género
omnipotence [ɑm'nɪpətəns] *s* omnipotencia
omnipotent [ɑm'nɪpətənt] *adj* omnipotente
omnipresence [,ɑmnɪ'prɛzəns] *s* omnipresencia
omnipresent [,ɑmnɪ'prɛzənt] *adj* omnipresente
omniscience [ɑm'nɪʃəns] *s* omnisciencia
omniscient [ɑm'nɪʃənt] *adj* omnisciente
omnium-gatherum [,ɑmnɪəm'gæðərəm] *s* maremagno, mescolanza
omnivorous [ɑm'nɪvərəs] *adj* omnívoro
Omphale ['ɑmfəlɪ] *s* (myth.) Onfala
on [ɑn] u [ɔn] *adj* puesto, p.ej., **with his hat on** con el sombrero puesto; principiando; en funcionamiento; encendido; conectado; **the deal is on** ya está concertado el trato; **the game is on** ya están jugando; **the race is on** allá van los corredores; **what is on at the theater this evening?** ¿qué representan esta noche? ‖ *adv* adelante; encima; **and so on** y así sucesivamente, y cosas así; **come on!** ¡anda, anda!; **farther on** más allá, más adelante; **later on** más tarde, después; **to be on to a person** (coll.) conocerle a una persona el juego; **to have on** tener puesto, llevar; **to . . . on** seguir + *ger*, p.ej., **he played on** siguió tocando; **on and on** sin cesar, sin parar, continuamente ‖ *prep* en, sobre, encima de; a, p.ej., **on foot** a pie; **on my arrival** a mi llegada; bajo, p.ej., **on my responsibility** bajo mi responsabilidad; contra, p.ej., **an attack on liberty** un ataque contra la libertad; de, p.ej., **on good authority** de buena tinta; **on a journey** de viaje; hacia, p.ej., **to march on the capital** marchar hacia la capital; por, p.ej., **on all sides** por todos lados; tras, p.ej., **defeat on defeat** derrota tras derrota; **on** + *ger* al + *inf*, p.ej., **on arriving** al llegar
onager ['ɑnədʒər] *s* (zool.) onagro
Onan ['onən] *s* (Bib.) Onán
onanism ['onənɪzəm] *s* onanismo
once [wʌns] *s* vez, una vez, p.ej., **this once** esta vez; **once is enough** basta con una vez; *adj* antiguo, que fué, p.ej., **a once friend of ours** uno amigo que fué de nosotros; *adv* una vez; antes, p.ej., **once so happy** antes tan feliz; alguna vez, p.ej., **if this once becomes known** si esto llega a saberse alguna vez; **all at once** de súbito, de repente; **at once** en seguida; a la vez, en el mismo momento; **for once** una vez por lo menos; **once and again** repetidas veces; **once for all** una vez por todas, definitivamente; **once in a while** de vez en cuando, de tarde en tarde; **once more** otra vez; más una vez; **once or twice** varias veces; **once upon a time there was** érase una vez, érase que se era; *conj* una vez que
once-over ['wʌns,ovər] *s* (slang) examen rápido, vistazo; **to give a thing the once-over** (coll.) examinar una cosa superficialmente
oncology [ɑŋ'kɑlədʒɪ] *s* oncología
oncoming ['ɑn,kʌmɪŋ] *adj* próximo, que viene; *s* aproximación, llegada

O

ondograph [ˈɑndəgræf] o [ˈɑndəgrɑf] *s* ondógrafo
one [wʌn] *adj* un, uno; un tal, p.ej., **one Smith** un tal Smith; único, p.ej., **one price** precio único; *s* uno; *pron* uno, p.ej., **one does not know what to do here** uno no sabe qué hacer aquí; se, p.ej., **how does one go to the station?** ¿cómo se va a la estación?; **I for one** yo por lo menos; **it's all one and the same** es lo mismo; **it's all one and the same to me** me es indiferente; **my little one** mi chiquito; **of one another** el uno del otro, los unos de los otros, p.ej., **we took leave of one another** nos despedimos el uno del otro; **the blue book and the red one** el libro azul y el rojo; **the one and only** el único; **the one that** el que, la que; **this one** éste; **that one** ése, aquél; **to make one** unir; casar; ser uno (*dícese de un grupo*); **we are one** somos unos; **one and all** todos; **one another** se, p.ej., **they greeted one another** se saludaron; uno a otro, unos a otros, p.ej., **they looked at one another** se miraron uno a otro; **one by one** uno a uno; **one o'clock** la una; **one or two** unos pocos; **one's** su, el . . . de uno
one-act [ˈwʌn,ækt] *adj* de un acto
one-celled [ˈwʌn,sɛld] *adj* (biol.) unicelular
one-horse [ˈwʌn,hɔrs] *adj* de un solo caballo, tirado por un solo caballo; (coll.) insignificante, de poca monta
oneiromancy [oˈnaɪrə,mænsɪ] *s* oniromancía
one-man [ˈwʌn,mæn] *adj* hecho por un solo hombre; de un solo hombre; para un solo hombre; apegado a un solo hombre
one line *s* (aut.) paso único
oneness [ˈwʌnnɪs] *s* unidad (*indivisión; singularidad; conformidad, unión*)
one-piece [ˈwʌnˈpis] *adj* de una pieza
onerous [ˈɑnərəs] *adj* oneroso; (law) oneroso
oneself [,wʌnˈsɛlf] *pron* uno mismo; sí, sí mismo; se; **to be oneself** tener dominio de sí mismo; conducirse con naturalidad; **to come to oneself** volver en sí; **to say to oneself** decir para sí; **to talk to oneself** hablar consigo mismo; **to oneself** para sus adentros
one-sided [ˈwʌnˈsaɪdɪd] *adj* de un solo lado; injusto, parcial; desigual; desequilibrado, desproporcionado; unilateral
one's self *pron* var. de **oneself**
one-step [ˈwʌn,stɛp] *s* baile de salón con música al compás de dos por cuatro; (*pret & pp:* **-stepped;** *ger:* **-stepping**) *vn* bailar el one-step
one-time [ˈwʌn,taɪm] *adj* antiguo
one-track [ˈwʌn,træk] *adj* de carril único; (coll.) con un solo interés
one-way [ˈwʌn,we] *adj* de una sola dirección, unidireccional; (rail.) sencillo, de ida sólo
one-way street *s* calle de dirección única
onion [ˈʌnjən] *s* (bot.) cebolla (*planta y bulbo*); **to know one's onions** (slang) saber más que Merlín
onion set *s* (bot.) cebollino
onionskin [ˈʌnjən,skɪn] *s* papel de seda, papel cebolla
onlooker [ˈɑn,lʊkər] *s* mirón, espectador, circunstante
onlooking [ˈɑn,lʊkɪŋ] *adj* mirón, espectador; *s* asistencia (*a un acontecimiento*)
only [ˈonlɪ] *adj* solo, único; *adv* sólo, solamente, únicamente; no . . . más que; **if only . . .!** ¡ojalá . . .!; **only too** muy, muchísimo; **not only . . . but also** no sólo . . . sino también; **only when** solamente cuando; *conj* sólo que, pero; **only that** sólo que, pero
only-begotten [ˈonlɪbɪˈgɑtən] *adj* unigénito
onomancy [ˈɑnə,mænsɪ] *s* onomancía
onomastic [,ɑnəˈmæstɪk] *adj* onomástico
onomatology [,ɑnəməˈtɑlədʒɪ] *s* onomatología
onomatopoeia [,ɑnə,mætəˈpiə] *s* onomatopeya
onomatopoeic [,ɑnə,mætəˈpiɪk] u **onomatopoetic** [,ɑnə,mætəpoˈɛtɪk] *adj* onomatopéyico
onrush [ˈɑn,rʌʃ] *s* arremetida, embestida; arranque, fuerza impetuosa
onset [ˈɑn,sɛt] *s* arremetida, embestida; principio (*de una enfermedad*)
onshore [ˈɑn,ʃor] *adj & adv* en tierra; hacia la tierra
onside [ˈɑn,saɪd] *adj* (sport) legal, permitido; *adv* (sport) legalmente, según las reglas
onslaught [ˈɑn,slɔt] *s* ataque furioso, embestida violenta
Ont. abr. de **Ontario**
onto [ˈɑntu] *prep* a, en, sobre
ontogeny [ɑnˈtɑdʒɪnɪ] *s* (biol.) ontogenia
ontological [,ɑntəˈlɑdʒɪkəl] *adj* ontológico
ontological argument *s* (philos.) argumento ontológico
ontologism [ɑnˈtɑlədʒɪzəm] *s* (theol.) ontologismo
ontology [ɑnˈtɑlədʒɪ] *s* ontología
onus [ˈonəs] *s* carga, obligación, responsabilidad
onward [ˈɑnwərd] *adj* hacia adelante; (fig.) de progreso; *adv* adelante, hacia adelante
onwards [ˈɑnwərdz] *adv* adelante, hacia adelante
onyx [ˈɑnɪks] *s* (mineral.) ónice u ónix
oöcyte [ˈoosaɪt] *s* (biol.) oocito
oögonium [,ooˈgonɪəm] *s* (*pl:* **-a** [ə] o **-ums**) (bot.) oogonio
oölite [ˈoolaɪt] *s* (mineral.) oolito
oölitic [,ooˈlɪtɪk] *adj* oolítico
oölogy [oˈɑlədʒɪ] *s* oología
oomiak [ˈumɪæk] *s* barca de la mujer (*de los esquimales*)
oöphorectomy [,oofəˈrɛktəmɪ] *s* (*pl:* **-mies**) (surg.) ooforectomía
oöphoritis [,oofəˈraɪtɪs] *s* (path.) ooforitis
oösphere [ˈoosfɪr] *s* (bot.) oosfera
oöspore [ˈoospor] *s* (bot.) oósporo
oösporous [oˈɑspərəs] *adj* (bot.) oósporo
ooze [uz] *s* chorro suave; rezumo; rezumadero; cieno, limo, lama; *va* rezumar (*humedad*); *vn* rezumar o rezumarse; manar suavemente (*p.ej., la sangre de una herida*); agotarse poco a poco
oozy [ˈuzɪ] *adj* rezumoso; cenagoso
op. abr. de **opera, operation, opus** y **opposite**
opacity [oˈpæsɪtɪ] *s* (*pl:* **-ties**) opacidad; obscuridad (*del estilo*); estupidez
opal [ˈopəl] *s* (mineral.) ópalo
opalesce [,opəˈlɛs] *vn* tener reflejos opalinos, irisar
opalescence [,opəˈlɛsəns] *s* opalescencia
opalescent [,opəˈlɛsənt] *adj* opalescente
opaline [ˈopəlin] u [ˈopəlaɪn] *adj* opalino
opaque [oˈpek] *adj* opaco; obscuro (*estilo*); estúpido; *s* cosa opaca, substancia opaca
op. cit. abr. de **opere citato** (Lat.) **in the work cited**
ope [op] *adj, va & vn* (poet.) var. de **open**
open [ˈopən] *adj* abierto; descubierto, destapado; sin tejado; despejado; vacante; libre (*hora*); público, para todos; claro, ralo (*tejido*); extendido, desplegado (*p.ej., periódico*); templado, sin heladas (*invierno*); libre de hielo; discutible, pendiente; susceptible, expuesto; notorio, conocido o sabido de todos; liberal (*mano*); franco, abierto; (mus.) no pisado (*dícese de una cuerda*); (mus.) de cuerda no pisada (*dícese de una nota de violín*); (mil. & phonet.) abierto; (hunt.) legal (*temporada*); **to break open** o **to crack open** abrir con violencia, abrir por la fuerza; **to throw open** abrir de par en par; **open to** accesible a; expuesto a ‖ *s* abertura; claro (*en un bosque*); **in the open** al aire libre; a campo raso, al raso; en el campo; a alta mar; en alta mar; abiertamente, al descubierto ‖ *va* abrir; destapar (*una botella*); desbullar (*la ostra*); **to open up** abrir; descubrir (*p.ej., a la vista*) ‖ *vn* abrir o abrirse; estrenarse (*un drama*); expresar una opinión; llegar a ser receptivo; **to open into** desembocar en (*dícese de una calle, un río, etc.*); **to open on** dar a; **to open up** descubrirse, presentarse; descubrir el pecho
open-air [ˈopən,ɛr] *adj* al aire libre, a cielo abierto
open-and-shut [ˈopənəndˈʃʌt] *adj* (coll.) claro, manifiesto, incontestable
open circuit *s* (elec.) circuito abierto
open city *s* ciudad abierta
open country *s* campo raso
open door *s* (dipl.) puerta abierta
opener [ˈopənər] *s* abridor (*persona o cosa*); (baseball) primero de una serie de partidos
open-eyed [ˈopən,aɪd] *adj* alerta, vigilante;

con ojos asombrados; hecho con los ojos abiertos
open face *s* cara franca; muestra de reloj sin tapa
open-faced [ˈopən,fest] *adj* con la cara descubierta; de cara o mirada franca; sin tapa
open-handed [ˈopənˈhændɪd] *adj* maniabierto, liberal
open-hearted [ˈopənˈhɑrtɪd] *adj* franco, sincero
open-hearth furnace [ˈopən,hɑrθ] *s* horno de hogar abierto, horno Siemens-Martin
open-hearth process *s* procedimiento de solera abierta, procedimiento Siemens-Martin
open-hearth steel *s* acero al hogar abierto
open house *s* coliche; **to keep open house** agasajar o recibir a todos, gustar de tener siempre convidados en casa, tener mesa
opening [ˈopənɪŋ] *s* abertura; apertura (*de la escuela, el teatro, etc.*); claro (*en un bosque*); hueco, vacante (*empleo sin proveer*); hueco (*de cordón o hilera de coches*); ocasión (*p.ej., para decir algo*); (chess) apertura; (phonet.) abertura
opening night *s* (theat.) noche de estreno
opening number *s* primer número (*de un programa*)
opening price *s* primer curso, precio de apertura (*en la Bolsa*)
open letter *s* carta abierta
open market *s* mercado público
open-minded [ˈopənˈmaɪndɪd] *adj* receptivo, razonable, imparcial
open-mouthed [ˈopən,maʊðd] u [ˈopən,maʊθt] *adj* boquiabierto; voraz; clamoroso; ancho de boca
openness [ˈopənnɪs] *s* abertura, franqueza, sinceridad; imparcialidad, liberalidad; publicidad
open plumbing *s* tuberías descubiertas
open port *s* puerto abierto al comercio extranjero; puerto cuyas aguas no se hielan durante todo el año
open question *s* cuestión discutible o pendiente
open secret *s* secreto a voces, secreto conocido de todos
open sesame *interj* ¡sésamo ábrete! o ¡ábrete, sésamo! (*fórmula mágica*)
open shop *s* taller franco
open trolley car *s* jardinera
openwork [ˈopən,wʌrk] *s* calado
opera [ˈɑpərə] *s* (mus.) ópera
operable [ˈɑpərəbəl] *adj* operable; (surg.) operable
opéra bouffe [ˈɑpərəˈbuf] u [ɔpeʀɑˈbuf] *s* ópera bufa
opera glasses *spl* gemelos de teatro
opera hat *s* clac, sombrero de muelles
opera house *s* teatro de la ópera
opera singer *s* operista, cantante de opera
operate [ˈɑpəret] *va* actuar, hacer funcionar; efectuar, producir; dirigir, manejar; explotar; *vn* funcionar; operar (*p.ej., un medicamento*); (com., mil., nav. & surg.) operar; **to operate on** producir efecto en; (surg.) operar (*p.ej., una hernia; a un niño*); **to operate on someone for something** (surg.) operar a uno de una cosa
operatic [,ɑpəˈrætɪk] *adj* operístico
operatically [,ɑpəˈrætɪkəlɪ] *adv* en la ópera; a modo de ópera
operating expenses *spl* gastos ordinarios, gastos de explotación
operating room *s* (surg.) quirófano
operating table *s* (surg.) mesa operatoria
operation [,ɑpəˈreʃən] *s* operación; funcionamiento; explotación; **in operation** funcionando; en uso, vigente
operational [,ɑpəˈreʃənəl] *adj* operacional, de operación
operative [ˈɑpə,retɪv] o [ˈɑpərətɪv] *adj* operador, operativo; (surg.) operatorio; *s* operario; detective
operator [ˈɑpə,retər] *s* operador, maquinista; (surg. & telg.) operador; (telp.) operador, telefonista; (com.) explotador, empresario; (com.) agente, corredor de bolsa
operculum [oˈpʌrkjələm] *s* (*pl:* **-la** [lə] o **-lums**) (bot. & zool.) opérculo
operetta [,ɑpəˈrɛtə] *s* (mus.) opereta
Ophelia [oˈfiljə] *s* Ofelia
ophidian [oˈfɪdɪən] *adj & s* (zool.) ofidio
Ophir [ˈofər] *s* (Bib.) Ofir
ophite [ˈɑfaɪt] u [ˈofaɪt] *s* (mineral.) ofita
ophthalmia [ɑfˈθælmɪə] *s* (path.) oftalmía
ophthalmic [ɑfˈθælmɪk] *adj* oftálmico
ophthalmological [ɑf,θælməˈlɑdʒɪkəl] *adj* oftalmológico
ophthalmologist [,ɑfθælˈmɑlədʒɪst] *s* oftalmólogo
ophthalmology [,ɑfθælˈmɑlədʒɪ] *s* oftalmología
ophthalmoscope [ɑfˈθælməskop] *s* oftalmoscopio
ophthalmoscopy [,ɑfθælˈmɑskəpɪ] *s* oftalmoscopia
opiate [ˈopɪɪt] u [ˈopɪet] *s* opiata; calmante; *adj* opiáceo, opiático (*opiado; soporífero; calmante*)
opine [oˈpaɪn] *vn* opinar
opinion [əˈpɪnjən] *s* opinión; **in my opinion** a mi parecer; **to be of the opinion that** ser de opinión que; **to have a high opinion of** tener buen concepto de; **to have a high opinion of oneself** ser muy pagado de sí mismo
opinionated [əˈpɪnjə,netɪd] u **opinionative** [əˈpɪnjə,netɪv] *adj* porfiado (en su parecer), dogmático
opium [ˈopɪəm] *s* (pharm.) opio
opium den *s* fumadero de opio
opium poppy *s* (bot.) adormidera
Opium War *s* guerra del opio
opopanax [əˈpɑpənæks] *s* (pharm.) opopónaco
opossum [əˈpɑsəm] *s* (zool.) zarigüeya
opponent [əˈponənt] *adj* contrario; (anat.) oponente; *s* contrario, opositor; contrincante, opositor
opportune [,ɑpərˈtjun] o [,ɑpərˈtun] *adj* oportuno
opportunism [,ɑpərˈtjunɪzəm] o [,ɑpərˈtunɪzəm] *s* oportunismo
opportunist [,ɑpərˈtjunɪst] o [,ɑpərˈtunɪst] *s* oportunista
opportunistic [,ɑpərtjʊˈnɪstɪk] o [,ɑpərtʊˈnɪstɪk] *adj* oportunista
opportunity [,ɑpərˈtjunɪtɪ] o [,ɑpərˈtunɪtɪ] *s* (*pl:* **-ties**) oportunidad, ocasión; **to seize the opportunity** aprovechar la oportunidad
opposable [əˈpozəbəl] *adj* oponible
oppose [əˈpoz] *va* oponerse a; **to oppose something to something else** oponer una cosa a otra
opposing [əˈpozɪŋ] *adj* opuesto; contrario
opposite [ˈɑpəzɪt] *adj* opuesto; de enfrente, p.ej., **the house opposite** la casa de enfrente; (bot.) opuesto; *prep* enfrente de, p.ej., **he was seated opposite me** estaba sentado enfrente de mí; *s* contrario
opposite number *s* igual, doble (*en otro sistema u organización correspondiente*)
opposition [,ɑpəˈzɪʃən] *s* oposición
oppress [əˈprɛs] *va* oprimir
oppression [əˈprɛʃən] *s* opresión
oppressive [əˈprɛsɪv] *adj* opresivo; sofocante, bochornoso
oppressor [əˈprɛsər] *s* opresor
opprobrious [əˈprobrɪəs] *adj* oprobioso
opprobrium [əˈprobrɪəm] *s* oprobio
oppugn [ɑˈpjun] *va* opugnar (*oponerse a; contradecir*)
opsonin [ˈɑpsonɪn] *s* (bact.) opsonina
opt [ɑpt] *vn* optar
optative [ˈɑptətɪv] *adj* optativo; (gram.) optativo; *s* (gram.) optativo (*modo*); (gram.) verbo optativo
optic [ˈɑptɪk] *adj* óptico; *s* (coll.) ojo; **optics** *ssg* óptica
optical [ˈɑptɪkəl] *adj* óptico
optical axis *s* (opt. & cryst.) eje óptico
optical illusion *s* ilusión de óptica
optical square *s* (surv.) escuadra de reflexión
optician [ɑpˈtɪʃən] *s* óptico
optic nerve *s* (anat.) nervio óptico
optic thalamus *s* (anat.) tálamo óptico
optimism [ˈɑptɪmɪzəm] *s* optimismo
optimist [ˈɑptɪmɪst] *s* optimista
optimistic [,ɑptɪˈmɪstɪk] *adj* optimista
optimistically [,ɑptɪˈmɪstɪkəlɪ] *adv* con optimismo
optimum [ˈɑptɪməm] *adj* óptimo, más favora-

O

ble; *s* (*pl:* **-mums** o **-ma** [mə]) cantidad óptima, grado óptimo, punto óptimo
option [ˈɑpʃən] *s* opción; (com.) opción
optional [ˈɑpʃənəl] *adj* facultativo, optativo, potestativo
optometer [ɑpˈtɑmɪtər] *s* optómetro
optometrist [ɑpˈtɑmɪtrɪst] *s* optometrista
optometry [ɑpˈtɑmɪtrɪ] *s* optometría
opulence [ˈɑpjələns] *s* opulencia
opulent [ˈɑpjələnt] *adj* opulento
opus [ˈopəs] *s* (*pl:* **opera** [ˈɑpərə]) (mus.) opus (*obra*)
opuscule [oˈpʌskjul] *s* opúsculo
or [ɔr] *conj* o, u; de otro modo
orach [ˈɔrətʃ] o [ˈɑrətʃ] *s* (bot.) orzaga
oracle [ˈɑrəkəl] u [ˈɔrəkəl] *s* oráculo; (fig.) oráculo (*persona sabia y autorizada; respuesta que da tal persona*)
oracular [oˈrækjələr] *adj* de oráculo; fatídico; sentencioso; ambiguo, misterioso; sabio
oral [ˈorəl] *adj* oral
orally [ˈorəlɪ] *adv* oralmente
orang [oˈræŋ] *s* var. de **orang-outang**
orange [ˈɑrɪndʒ] u [ˈɔrɪndʒ] *s* naranja (*fruto*); (bot.) naranjo (*árbol*); *adj* naranjado (*color*); naranjero
orangeade [ˌɑrɪndʒˈed] u [ˌɔrɪndʒˈed] *s* naranjada
orange blossom *s* azahar
Orange Free State *s* Estado Libre de Orange
orange grove *s* naranjal
orange jessamine *s* (bot.) boj de China
orange juice *s* zumo de naranja
Orangeman [ˈɑrɪndʒmən] u [ˈɔrɪndʒmən] *s* (*pl:* **-men**) orangista
orange pekoe *s* té negro de Ceilán o la India
orangery [ˈɑrɪndʒrɪ] u [ˈɔrɪndʒrɪ] *s* (*pl:* **-ries**) invernadero para naranjos
orange squeezer *s* exprimidera de naranjas
orange stick *s* limpiaúñas
orange tree *s* (bot.) naranjo
orang-outang [oˈræŋʊˌtæŋ] u **orang-utan** [oˈræŋʊˌtæn] *s* (zool.) orangután
orate [oˈret] u [ˈoret] *vn* (coll.) perorar
oration [oˈreʃən] *s* oración (*discurso*)
orator [ˈɑrətər] u [ˈɔrətər] *s* orador
oratorical [ˌɑrəˈtɑrɪkəl] u [ˌɔrəˈtɔrɪkəl] *adj* oratorio
oratorio [ˌɑrəˈtorɪo] u [ˌɔrəˈtorɪo] *s* (*pl:* **-os**) (mus.) oratorio
oratory [ˈɑrəˌtorɪ] u [ˈɔrəˌtorɪ] *s* (*pl:* **-ries**) oratoria; oratorio (*capilla*)
orb [ɔrb] *s* orbe; (poet.) ojo; *va* redondear; (poet.) encerrar, englobar; *vn* redondearse
orbicular [ɔrˈbɪkjələr] u **orbiculate** [ɔrˈbɪkjəlet] *adj* orbicular
orbit [ˈɔrbɪt] *s* (anat., astr., phys. & fig.) órbita; **to go into orbit** entrar en órbita; *va* poner en órbita; moverse en órbita alrededor de; *vn* moverse en órbita
orbital [ˈɔrbɪtəl] *adj* orbital
orchard [ˈɔrtʃərd] *s* huerto (*de árboles frutales*)
orchestra [ˈɔrkɪstrə] *s* (mus.) orquesta; (theat.) orquesta (*lugar destinado para los músicos*); (theat.) platea
orchestral [ɔrˈkestrəl] *adj* orquestal
orchestra seat *s* butaca de orquesta, butaca de platea
orchestrate [ˈɔrkɪstret] *va* orquestar
orchestration [ˌɔrkɪsˈtreʃən] *s* orquestación
orchid [ˈɔrkɪd] *s* (bot.) orquídea; *adj* purpurino
orchidaceous [ˌɔrkɪˈdeʃəs] *adj* orquidáceo
orchis [ˈɔrkɪs] *s* (bot.) órquide
orchitis [ɔrˈkaɪtɪs] *s* (path.) orquitis
Orcus [ˈɔrkəs] *s* (myth.) Orco
ordain [ɔrˈden] *va* ordenar (*poner en orden*); constituir; destinar; (eccl.) ordenar; **to ordain as a priest** ordenar de sacerdote; *vn* mandar, disponer
ordeal [ɔrˈdil] u [ˈɔrdɪəl] *s* prueba rigurosa o penosa; (hist.) ordalías, juicio de Dios
order [ˈɔrdər] *s* orden *m* (*sucesión metódica de las cosas; disposición metódica; paz, tranquilidad; clase, categoría*); orden *f* (*mandato; cuerpo de personas unidas por una regla común o por una distinción honorífica*); (arch., biol., gram. & math.) orden *m*; (com.) pedido; (com.) giro, libranza; (eccl.) orden *m* (*sexto sacramento*); (eccl.) orden *f* (*instituto religioso; grado del ministerio sacerdotal*); (law) provisión; (mil.) orden *f* (*mandato*); (mil.) descanso de armas; (mil.) orden *m* (*formación de la tropa*); (theol.) orden *f* (*cada uno de los nueve grados de los espíritus angélicos*); placa (*insignia de una orden*); tarea, p.ej., **a big order** una tarea peliaguda; estado, p.ej., **in good order** en buen estado; **by order of** por orden de; **in short order** pronto, en seguida; **in order** en orden; por su orden (*sucesivamente*); funcionando; en regla; conveniente, proporcionado; **in orders** revestido de funciones sacerdotales; **in order that** para que, a fin de que; **in order to** + *inf* para + *inf;* **on that order** de esa clase; **on the order of** a modo de; **out of order** desarreglado, descompuesto; mal colocado; fuera de orden (*dícese de una moción*); **till further orders** hasta nueva orden; **to call to order** abrir, llamar al orden; **to get out of order** descomponerse; **to give an order** dar una orden; (com.) hacer un pedido; **to put in order** poner en orden; componer; **to take orders** obedecer; (eccl.) ordenarse; **to the order of** (com.) a la orden de; **to order** por encargo especial; a la medida ‖ *va* ordenar; mandar; encargar, pedir (*p.ej., un coche, mercancías*); mandar hacer (*p.ej., un traje*); (eccl.) ordenar; **to order around** mandar para acá y para allá; dominar, ser muy mandón con; **to order away** despedir, mandar (*a uno*) que se marche; **to order in** mandar entrar; **to order out** mandar salir; **to order to** + *inf* mandar + *inf*, mandar que + *subj*
order blank *s* (com.) hoja de pedidos
orderly [ˈɔrdərlɪ] *adj* ordenado, gobernoso; tranquilo, obediente; *adv* ordenadamente; *s* (*pl:* **-lies**) asistente en un hospital; (mil.) ordenanza
order of the day *s* orden *m* del día (*en una asamblea*); (mil.) orden *f* del día; **to be the order of the day** estar a la orden del día (*eso es, a la moda, en boga*)
Order of the Garter *s* (Brit.) orden *f* de la Jarretera
ordinal [ˈɔrdɪnəl] *adj* ordinal; *s* ordinal; (eccl.) ordo
ordinal number *s* número ordinal
ordinance [ˈɔrdɪnəns] *s* ordenanza (*ley*); (arch.) ordenación; (eccl.) rito, ceremonia
ordinarily [ˈɔrdɪˌnerɪlɪ] *adv* ordinariamente
ordinary [ˈɔrdɪˌnerɪ] *adj* ordinario; *s* (*pl:* **-ies**) fonda, posada; comedor de una fonda o posada; ordinario (*juez; obispo*); (eccl.) ordinario de la misa; **in ordinary** residente; al servicio; **out of the ordinary** extraordinario, fuera de lo común
ordinate [ˈɔrdɪnɪt] u [ˈɔrdɪnet] *s* (geom.) ordenada
ordination [ˌɔrdɪˈneʃən] *s* (eccl.) ordenación
ordnance [ˈɔrdnəns] *s* (mil.) artillería, cañones; (mil.) pertrechos de guerra
ordnance department *s* (mil.) servicio de municionamiento
Ordovician [ˌɔrdoˈvɪʃən] *adj* & *s* (geol.) ordoviciense
ordure [ˈɔrdjʊr] u [ˈɔrdʒər] *s* excremento, inmundicia; suciedad (*dicho deshonesto*)
Ore. abr. de **Oregon**
ore [or] *s* mena, mineral metalífero
Oread u **oread** [ˈorɪæd] *s* (myth.) oréade
Orestes [oˈrestiz] *s* (myth.) Orestes
organ [ˈɔrgən] *s* (mus., physiol. & fig.) órgano
organdy u **organdie** [ˈɔrgəndɪ] *s* (*pl:* **-dies**) organdí
organ-grinder [ˈɔrgənˌgraɪndər] *s* organillero
organic [ɔrˈgænɪk] *adj* orgánico
organically [ɔrˈgænɪkəlɪ] *adv* orgánicamente
organic chemistry *s* química del carbono, química orgánica
organicism [ɔrˈgænɪsɪzəm] *s* (biol., med. & philos.) organicismo
organicist [ɔrˈgænɪsɪst] *adj* & *s* organicista
organism [ˈɔrgənɪzəm] *s* organismo; (biol.) organismo
organist [ˈɔrgənɪst] *s* (mus.) organista
organization [ˌɔrgənɪˈzeʃən] *s* organización
organize [ˈɔrgənaɪz] *va* organizar; *vn* organizarse
organizer [ˈɔrgəˌnaɪzər] *s* organizador
organ loft *s* (mus.) tribuna del órgano

organography [ˌɔrgəˈnɑgrəfɪ] *s* organografía
organology [ˌɔrgəˈnɑlədʒɪ] *s* organología
organotherapy [ˌɔrgənoˈθɛrəpɪ] *s* organoterapia
organ pipe *s* (mus.) tubo de órgano
organ stop *s* (mus.) registro de órgano
orgasm [ˈɔrgæzəm] *s* (physiol.) orgasmo
orgasmic [ɔrˈgæzmɪk] u **orgastic** [ɔrˈgæstɪk] *adj* orgástico
orgeat [ˈɔrʒæt] *s* horchata
orgiastic [ˌɔrdʒɪˈæstɪk] *adj* orgiástico
orgy [ˈɔrdʒɪ] *s* (*pl:* **-gies**) orgía; **orgies** *spl* orgías (*de la antigua Grecia*)
oriel [ˈorɪəl] *s* (arch.) camón, mirado
Orient [ˈorɪənt] *s* Oriente; (*l.c.*) *s* oriente (*brillo de las perlas*); (poet.) oriente (*donde nace el Sol*); *adj* naciente; (poet.) resplandeciente; (poet.) oriental, de oriente; [ˈorɪɛnt] *va* orientar; *vn* orientarse
oriental [ˌorɪˈɛntəl] *adj* oriental; (*cap.*) *adj* & *s* oriental
Orientalism u **orientalism** [ˌorɪˈɛntəlɪzəm] *s* orientalismo
Orientalist u **orientalist** [ˌorɪˈɛntəlɪst] *s* orientalista
Orientalize [ˌorɪˈɛntəlaɪz] *va* orientalizar
orientate [ˈorɪɛntet] *va* orientar; *vn* orientarse; mirar hacia el este
orientation [ˌorɪɛnˈteʃən] *s* orientación
orifice [ˈɑrɪfɪs] u [ˈɔrɪfɪs] *s* orificio
oriflamme [ˈɑrɪflæm] u [ˈɔrɪflæm] *s* oriflama
orig. abr. de **original** y **originally**
Origen [ˈɑrɪdʒɪn] u [ˈɔrɪdʒɪn] *s* Orígenes
origin [ˈɑrɪdʒɪn] u [ˈɔrɪdʒɪn] *s* origen
original [əˈrɪdʒɪnəl] *adj* original; originario; *s* original
originality [əˌrɪdʒɪˈnælɪtɪ] *s* originalidad
originally [əˈrɪdʒɪnəlɪ] *adv* originalmente
original sin *s* (theol.) pecado original
originate [əˈrɪdʒɪnet] *va* originar; *vn* originarse
origination [əˌrɪdʒɪˈneʃən] *s* creación, invención; origen
originative [əˈrɪdʒɪˌnetɪv] *adj* creador, inventivo
originator [əˈrɪdʒɪˌnetər] *s* creador, inventor
oriole [ˈorɪol] *s* (orn.) oriol, oropéndola
Orion [oˈraɪən] *s* (astr.) Orión
orison [ˈɑrɪzən] u [ˈɔrɪzən] *s* (archaic & poet.) oración
Orkney Islands [ˈɔrknɪ] *spl* Órcadas
Orleanist [ˈɔrlɪənɪst] *adj* & *s* Orleanista
orlop [ˈɔrlɑp] *s* (naut.) sollado
ormolu [ˈɔrməlu] *s* similor; oro molido (*para dorar el bronce*); bronce dorado
ornament [ˈɔrnəmənt] *s* ornamento; ornamentación; **ornaments** *spl* (eccl.) ornamentos; [ˈɔrnəmɛnt] *va* ornamentar
ornamental [ˌɔrnəˈmɛntəl] *adj* ornamental; (hort.) de adorno
ornamentation [ˌɔrnəmɛnˈteʃən] *s* ornamentación
ornate [ɔrˈnet] u [ˈɔrnet] *adj* ornado, muy ornado; florido (*estilo*)
ornery [ˈɔrnərɪ] *adj* (dial.) ordinario, común; (dial.) feo; (dial.) terco, displicente; (dial.) vil, ruin
ornithological [ˌɔrnɪθəˈlɑdʒɪkəl] *adj* ornitológico
ornithologist [ˌɔrnɪˈθɑlədʒɪst] *s* ornitólogo
ornithology [ˌɔrnɪˈθɑlədʒɪ] *s* ornitología
ornithomancy [ˈɔrnɪθəˌmænsɪ] *s* ornitomancía
ornithorhyncus [ˌɔrnɪθəˈrɪŋkəs] *s* (zool.) ornitorrinco
orobanchaceous [ˌɑrobæŋˈkeʃəs] *adj* (bot.) orobancáceo
orogenic [ˌɔrəˈdʒɛnɪk] o [ˌɑrəˈdʒɛnɪk] *adj* orogénico
orogeny [oˈrɑdʒənɪ] *s* orogenia
orographic [ˌɔrəˈgræfɪk] u **orographical** [ˌɔrəˈgræfɪkəl] *adj* orográfico
orography [oˈrɑgrəfɪ] *s* orografía
orology [oˈrɑlədʒɪ] *s* orología
orometer [oˈrɑmɪtər] *s* orómetro
orotund [ˈorətʌnd] o [ˈɑrətʌnd] *adj* rotundo (*sonoro*); rimbombante
orotundity [ˌorəˈtʌndɪtɪ] o [ˌɑrəˈtʌndɪtɪ] *s* rotundidad; rimbombancia

orphan [ˈɔrfən] *adj* & *s* huérfano; *va* dejar huérfano
orphanage [ˈɔrfənɪdʒ] *s* orfanato, asilo de huérfanos; orfandad (*estado*)
orphan asylum *s* asilo de huérfanos
orphanhood [ˈɔrfənhʊd] *s* orfandad
Orphean [ɔrˈfiən] *adj* órfico
Orpheus [ˈɔrfjus] u [ˈɔrfɪəs] *s* (myth.) Orfeo
orphic [ˈɔrfɪk] *adj* místico, oracular; (*cap.*) *adj* órfico; místico, oracular; dulce y suave al oído
Orphic hymns *spl* poesías órficas
Orphic mysteries *spl* fiestas órficas
orphrey [ˈɔrfrɪ] *s* orifrés
orpiment [ˈɔrpɪmənt] *s* (mineral.) oropimente
orpine u **orpin** [ˈɔrpɪn] *s* (bot.) hierba callera, telefio
orrery [ˈɑrərɪ] u [ˈɔrərɪ] *s* (*pl:* **-ies**) orrery, planetario
orris [ˈɑrɪs] u [ˈɔrɪs] *s* (bot.) lirio de Florencia; rizoma de lirio de Florencia; (pharm.) esencia de lirio de Florencia
orrisroot [ˈɑrɪsˌrut] u [ˈɔrɪsˌrut] *s* rizoma de lirio de Florencia
orthicon [ˈɔrθɪkɑn] *s* orticón
orthochromatic [ˌɔrθokroˈmætɪk] *adj* (phot.) ortocromático
orthoclase [ˈɔrθəkles] u [ˈɔrθəklez] *s* (mineral.) ortosa
orthodontia [ˌɔrθoˈdɑnʃɪə] *s* ortodoncia
orthodox [ˈɔrθədɑks] *adj* ortodoxo
Orthodox Church *s* Iglesia ortodoxa
orthodoxy [ˈɔrθəˌdɑksɪ] *s* ortodoxia
orthoëpic [ˌɔrθoˈɛpɪk] *adj* ortoépico
orthoëpist [ɔrˈθo·ɪpɪst] u [ˈɔrθoɛpɪst] *s* ortólogo
orthoëpy [ɔrˈθo·ɪpɪ] u [ˈɔrθoɛpɪ] *s* ortoepia u ortología
orthogenesis [ˌɔrθoˈdʒɛnɪsɪs] *s* (biol.) ortogénesis
orthognathous [ɔrˈθɑgnəθəs] *adj* ortognato
orthogonal [ɔrˈθɑgənəl] *adj* ortogonal
orthographer [ɔrˈθɑgrəfər] *s* ortógrafo
orthographic [ˌɔrθoˈgræfɪk] u **orthographical** [ˌɔrθoˈgræfɪkəl] *adj* ortográfico
orthography [ɔrˈθɑgrəfɪ] *s* (*pl:* **-phies**) (gram. & geom.) ortografía
orthopaedic u **orthopedic** [ˌɔrθoˈpidɪk] *adj* ortopédico; **orthopedics** *ssg* ortopedia
orthopedist [ˌɔrθoˈpidɪst] *s* ortopedista, ortopédico
orthophony [ɔrˈθɑfənɪ] *s* ortofonía
orthopteran [ɔrˈθɑptərən] *s* (ent.) ortóptero
orthopterous [ɔrˈθɑptərəs] *adj* (ent.) ortóptero
orthorhombic [ˌɔrθoˈrɑmbɪk] *adj* (cryst.) ortorrómbico
orthotropism [ɔrˈθɑtrəpɪzəm] *s* (bot.) ortotropismo
orthotropous [ɔrˈθɑtrəpəs] *adj* (bot.) ortótropo
ortolan [ˈɔrtələn] *s* (orn.) hortelano; (orn.) chambergo
oryx [ˈorɪks] *s* (zool.) órix
O.S. abr. de **Old Style**
os [ɑs] *s* (*pl:* **ossa** [ˈɑsə]) (anat.) hueso; (*pl:* **ora** [ˈorə]) (anat.) orificio
Osage orange [ˈosedʒ] *s* (bot.) maclura (*planta y fruto*)
Oscan [ˈɑskən] *adj* & *s* osco
oscillate [ˈɑsɪlet] *vn* oscilar; (phys.) oscilar
oscillation [ˌɑsɪˈleʃən] *s* oscilación
oscillator [ˈɑsɪˌletər] *s* oscilador; (rad.) oscilador
oscillatory [ˈɑsɪləˌtorɪ] *adj* oscilatorio
oscillogram [əˈsɪləgræm] *s* (phys.) oscilograma
oscillograph [əˈsɪləgræf] o [əˈsɪləgrɑf] *s* (phys.) oscilógrafo
oscilloscope [əˈsɪləskop] *s* (phys.) osciloscopio
oscine [ˈɑsɪn] o [ˈɑsaɪn] *adj* (orn.) oscino; *s* (orn.) oscina
osculate [ˈɑskjəlet] *va* besar; (geom.) tocar por osculación; *vn* besarse; (geom.) ser osculador
osculation [ˌɑskjəˈleʃən] *s* ósculo (*beso*); (geom.) osculación
osculatory [ˈɑskjələˌtorɪ] *adj* osculatorio; (geom.) osculador
osculatrix [ˌɑskjəˈletrɪks] *s* (geom.) osculatriz

osculum ['ɑskjələm] *s* (*pl:* **-la** [lə]) (zool.) ósculo (*de las esponjas*)
osier ['oʒər] *s* mimbre; (bot.) mimbrera, sauce mimbrero; (bot.) cornejo
osiery ['oʒərɪ] *s* (*pl:* **-ies**) mimbreral; artículos hechos de mimbre
Osiris [o'saɪrɪs] *s* (myth.) Osiris
Osmanli [ɑs'mænlɪ] *adj* osmanlí; *s* (*pl:* **-lis**) osmanlí
osmium ['ɑzmɪəm] *s* (chem.) osmio
osmosis [ɑs'mosɪs] *s* (chem. & physiol.) ósmosis
osmotic [ɑs'mɑtɪk] *adj* osmótico
osmotic pressure *s* presión osmótica
osprey ['ɑsprɪ] *s* (orn.) halieto, guincho
Ossa, Mount ['ɑsə] el monte Osa
osseous ['ɑsɪəs] *adj* óseo
Ossian ['ɑʃən] o ['ɑsɪən] *s* Osián
Ossianic [,ɑʃɪ'ænɪk] o [,ɑsɪ'ænɪk] *adj* osiánico
Ossianism ['ɑʃənɪzəm] o ['ɑsɪənɪzəm] *s* osianismo
ossicle ['ɑsɪkəl] *s* (anat.) osículo
ossification [,ɑsɪfɪ'keʃən] *s* osificación
ossifrage ['ɑsɪfrɪdʒ] *s* (orn.) osífraga
ossify ['ɑsɪfaɪ] (*pret & pp:* **-fied**) *va* osificar; *vn* osificarse; volverse muy conservador
osteitis [,ɑstɪ'aɪtɪs] *s* (path.) osteítis
ostensible [ɑs'tɛnsɪbəl] *adj* aparente, pretendido, supuesto
ostension [ɑs'tɛnʃən] *s* (eccl.) ostensión
ostensive [ɑs'tɛnsɪv] *adj* ostensivo
ostentation [,ɑstɛn'teʃən] *s* ostentación
ostentatious [,ɑstɛn'teʃəs] *adj* ostentativo; ostentoso
osteoblast ['ɑstɪəblæst] *s* (anat.) osteoblasto
osteolite ['ɑstɪə,laɪt] *s* (mineral.) osteolita
osteological [,ɑstɪə'lɑdʒɪkəl] *adj* osteológico
osteologist [,ɑstɪ'ɑlədʒɪst] *s* osteólogo
osteology [,ɑstɪ'ɑlədʒɪ] *s* osteología
osteoma [,ɑstɪ'omə] *s* (*pl:* **-mas** o **-mata** [mətə]) (path.) osteoma
osteomalacia [,ɑstɪəmə'leʃɪə] *s* (path.) osteomalacia
osteomyelitis [,ɑstɪo,maɪə'laɪtɪs] *s* (path.) osteomielitis
osteopath ['ɑstɪəpæθ] *s* osteópata
osteopathic [,ɑstɪə'pæθɪk] *adj* osteopático
osteopathist [,ɑstɪ'ɑpəθɪst] *s* osteópata
osteopathy [,ɑstɪ'ɑpəθɪ] *s* osteopatía
osteotomy [,ɑstɪ'ɑtəmɪ] *s* (*pl:* **-mies**) (surg.) osteotomía
ostiary ['ɑstɪ,ɛrɪ] *s* (*pl:* **-ies**) (eccl.) ostiario
ostler ['ɑslər] *s* establero, mozo de cuadra, mozo de paja y cebada; (rail.) encargado de la locomotora al fin del recorrido
ostracism ['ɑstrəsɪzəm] *s* ostracismo
ostracize ['ɑstrəsaɪz] *va* desterrar; excluir del trato de las gentes
ostrich ['ɑstrɪtʃ] *s* (orn.) avestruz; (orn.) avestruz de América o de la pampa
Ostrogoth ['ɑstrogɑθ] *adj & s* ostrogodo
Oswego tea [ɑs'wigo] *s* (bot.) té de Pensilvania
O.T. abr. de **Old Testament**
otacoustic [,otə'kustɪk] u [,otə'kaustɪk] *adj* otacústico
otalgia [o'tældʒɪə] *s* (path.) otalgia
otalgic [o'tældʒɪk] *adj* otálgico
Othello [o'θɛlo] *s* Otelo
other ['ʌðər] *adj & pron indef* otro; *adv* otramente; **above all others** más que ningún otro; el mejor de todos; **the other day** el otro día; **the other one** el otro; **other than** otra cosa que
otherwise ['ʌðər,waɪz] *adj* diferente; *adv* otramente, de otra manera; en otras circunstancias; fuera de eso; *conj* si no, de otro modo
other world *s* otro mundo (*vida eterna*)
otherworldly ['ʌðər,wʌrldlɪ] *adj* ultramundano, alejado de este mundo
otiose ['oʃɪos] u ['otɪos] *adj* ocioso
otitis [o'taɪtɪs] *s* (path.) otitis
otocyst ['otəsɪst] *s* (zool.) otocisto
otolaryngology [,oto,lærɪŋ'gɑlədʒɪ] *s* otolaringología
otologist [o'tɑlədʒɪst] *s* otólogo
otology [o'tɑlədʒɪ] *s* otología
otorhinolaryngologist [,otə,raɪnə,lærɪŋ'gɑlədʒɪst] *s* otorrinolaringólogo
otorhinolaryngology [,otə,raɪnə,lærɪŋ'gɑlədʒɪ] *s* otorrinolaringología
otosclerosis [,otəsklɪ'rosɪs] *s* (path.) otosclerosis
otoscope ['otəskop] *s* otoscopio
otoscopy [o'tɑskəpɪ] *s* otoscopia
ottava rima [o'tɑvɑ 'rimɑ] *s* (pros.) octava rima
otter ['ɑtər] *s* (zool.) nutria; (zool.) nutria marina; piel de nutria
Otto ['ɑto] *s* Otón
Ottoman ['ɑtəmən] *adj* otomano; *s* (*pl:* **-mans**) otomano; (*l.c.*) *s* otomana (*sofá*); escañuelo con cojín; otomán (*tejido de seda*)
Ottoman Empire *s* Imperio otomano
ou [aʊ] *interj* ¡ax!
oubliette [,ublɪ'ɛt] *s* mazmorra; pozo profundo en una mazmorra
ouch [aʊtʃ] *interj* ¡ax!
ought [ɔt] *s* algo, alguna cosa; (coll.) cero, nada; **for ought I know** por lo que yo sepa; *v aux* se emplea para formar el modo potencial, p.ej., **he ought to go at once** debiera salir en seguida; **he ought to have gone at once** debiera haber ido en seguida
ouija ['widʒə] *s* (trademark) tabla de escritura espiritista
ounce [aʊns] *s* onza; pizca
our [aʊr] *adj poss* nuestro
Our Lady *s* Nuestra Señora
ours [aʊrz] *pron poss* nuestro; el nuestro; **a friend of ours** un amigo nuestro
ourself [aʊr'sɛlf] *pron pers* nosotros, nos (*usado por un autor, rey, etc., por ficción en vez de "mí" o "me"*)
ourselves [aʊr'sɛlvz] *pron pers* nosotros mismos; nos, p.ej., **we enjoyed ourselves** nos divertimos
-ous *suffix adj* -oso, p.ej., **famous** famoso; **marvelous** maravilloso; (chem.) -oso, p.ej., **nitrous** nitroso; **sulfurous** sulfuroso
ousel ['uzəl] *s* var. de **ouzel**
oust [aʊst] *va* echar fuera, desposeer; desahuciar (*al inquilino*)
ouster ['aʊstər] *s* desposeimiento; desahucio
out [aʊt] *adv* afuera, fuera; al aire libre; hasta el fin; con confianza; con energía; **out and away** con mucho; **out and out** completamente; **out for** buscando; **out of** de; entre; de entre (*las manos de uno*); fuera de (*p.ej., la ciudad*); más allá de; por (*p.ej., caridad, miedo*); sin (*p.ej., dinero, trabajo*); sobre, p.ej., **in nine out of ten cases** en nueve casos sobre diez; (cards) fallo a (*un palo*); **out to** + *inf* esforzándose por + *inf; adj* fuera; fuera de juego; fuera de su sitio; echado, sacado; acabado, concluído; apagado; existente; equivocado; perdidoso; exterior; poco común (*tamaño*); divulgado; publicado; *prep* por (*p.ej., la ventana*); allá en (*p.ej., la avenida*); **out that way** por allá; *interj* ¡fuera de aquí!; *s* cesante; saliente, detalle; (print.) omisión por descuido; (baseball) jugador fuera de juego; **to be at outs** u **on the outs** estar de monos; **to be at outs** u **on the outs with** estar mal con; *va* expeler; desposeer; apagar; divulgar; (slang) poner fuera de combate; (slang) matar; (tenis) volear (*la pelota*) fuera de la pista; *vn* salir; escaparse; descubrirse; **to out with** (coll.) divulgar, revelar
out-and-out ['aʊtənd,aʊt] *adj* perfecto, verdadero, rematado
outbalance [aʊt'bæləns] *va* pesar más que; aventajar, sobreexceder
outbid [aʊt'bɪd] (*pret:* **-bid;** *pp:* **-bid** o **-bidden;** *ger:* **-bidding**) *va* licitar más que (*otra persona*); (bridge) sobrepasar
outboard ['aʊt,bord] *adj & adv* fuera de borda
outboard motor *s* motor fuera de borda, motor de fuera
outbound ['aʊt,baʊnd] *adj* saliente, de salida
outbrave [aʊt'brev] *va* arrostrar; aventajar en valentía
outbreak ['aʊt,brek] *s* tumulto, motín; arranque (*de ira*); estallido (*p.ej., de una guerra*); brote (*de una epidemia*)
outbuild [aʊt'bɪld] (*pret & pp:* **-built**) *va* hacer construcciones más imponentes o mejores que las de
outbuilding ['aʊt,bɪldɪŋ] *s* dependencia accesoria

outburst ['aʊt,bʌrst] *s* explosión, arranque; **outburst of laughter** carcajada
outcast ['aʊt,kæst] o ['aʊt,kɑst] *adj* desterrado, excluído, rechazado; *s* paria
outclass [aʊt'klæs] o [aʊt'klɑs] *va* aventajar, ser muy superior a
outcome ['aʊt,kʌm] *s* resultado
outcrop ['aʊt,krɑp] *s* (min.) crestón, afloramiento; [aʊt'krɑp] (*pret & pp:* **-cropped;** *ger:* **-cropping**) *vn* asomar; (min.) aflorar
outcry ['aʊt,kraɪ] *s* (*pl:* **-cries**) grito; gritería, clamoreo; subasta, venta pública
outcurve ['aʊt,kʌrv] *s* (baseball) curva fuera
outdated [aʊt'detɪd] *adj* fuera de moda, anticuado
outdid [aʊt'dɪd] *pret de* **outdo**
outdistance [aʊt'dɪstəns] *va* dejar atrás, distanciar, rezagar
outdo [aʊt'du] (*pret:* **-did;** *pp:* **-done**) *va* exceder; **to outdo oneself** excederse a sí mismo
outdone [aʊt'dʌn] *pp de* **outdo**
outdoor ['aʊt,dor] *adj* al aire libre; fuera del hospital
outdoors [,aʊt'dorz] *adv* al aire libre, fuera de casa; *s* aire libre, campo raso
outer ['aʊtər] *adj* exterior, externo
Outer Mongolia *s* la Mogolia Exterior
outermost ['aʊtərmost] *adj* extremo, último; (el) más exterior
outer space s espacio exterior; espacio extraatmosférico
outface [aʊt'fes] *va* intimidar mirando con ceño, dominar con los ojos; arrostrar
outfield ['aʊt,fild] *s* (baseball) jardín
outfielder ['aʊt,fildər] *s* (baseball) jardinero
outfit ['aʊtfɪt] *s* equipo (*de ropas, etc.; de obreros, etc.*); traje (*completo*); juego de herramientas; cuerpo (*de soldados*); (com.) compañía; ajuar (*de novia*); (*pret & pp:* **-fitted;** *ger:* **-fitting**) *va* equipar
outfitter ['aʊt,fɪtər] *s* habilitador; abastecedor; armador
outflank [aʊt'flæŋk] *va* (mil.) flanquear; (fig.) burlar (*a un contrario*)
outflow ['aʊt,flo] *s* efusión, derrame, flujo; (fig.) efusión
outgeneral [aʊt'dʒenərəl] (*pret & pp:* **-aled** o **-alled;** *ger:* **-aling** o **-alling**) *va* exceder en táctica militar; vencer por medio de evoluciones geniales
outgo ['aʊt,go] *s* (*pl:* **-goes**) gasto
outgoing ['aʊt,go·ɪŋ] *adj* saliente, de salida; exteriorista (*p.ej., índole, naturaleza*); *s* salida
outgrew [aʊt'gru] *pret de* **outgrow**
outgrow [aʊt'gro] (*pret:* **-grew;** *pp:* **-grown**) *va* crecer más que; ser ya grande para; ser ya viejo para; ser ya más apto que; dejar (*las cosas de los niños; a los amigos de la niñez, etc.*); *vn* extenderse
outgrowth ['aʊt,groθ] *s* excrecencia, bulto; nacimiento (*p.ej., de las hojas en la primavera*); consecuencia, resultado
outguess [aʊt'gɛs] *va* burlar a fuerza de ingenio; llevar la ventaja a
outhouse ['aʊt,haʊs] *s* dependencia accesoria; letrina situada fuera de la casa
outing ['aʊtɪŋ] *s* caminata, excursión al campo
outing flannel *s* moletón
outlander ['aʊt,lændər] *s* extranjero; forastero
outlandish [aʊt'lændɪʃ] *adj* estrafalario; de aspecto extranjero; de acento extranjero
outlast [aʊt'læst] o [aʊt'lɑst] *va* durar más que; sobrevivir a
outlaw ['aʊt,lɔ] *s* forajido, bandido; prófugo, proscrito; *va* privar de la protección de las leyes; proscribir; declarar ilegal
outlawry ['aʊt,lɔrɪ] *s* (*pl:* **-ries**) bandolerismo; privación de la protección de las leyes; proscripción
outlay ['aʊt,le] *s* desembolso; [aʊt'le] (*pret & pp:* **-laid**) *va* desembolsar
outlet ['aʊtlɛt] *s* salida; desaguadero; orificio de salida; (elec.) caja de enchufe, toma, receptáculo tomacorriente; (com. & fig.) salida
outlet box *s* (elec.) caja de salida, caja de enchufe
outline ['aʊt,laɪn] *s* contorno; trazado; esquema; esbozo, bosquejo; compendio; **in outline** en silueta; a grandes rasgos, en sus líneas generales; *va* contornar; trazar; trazar el esquema de; esbozar, bosquejar; compendiar
outlive [aʊt'lɪv] *va* sobrevivir a; durar más que
outlook ['aʊt,lʊk] *s* perspectiva; expectativa; concepto de la vida, punto de vista; atalaya
outlying ['aʊt,laɪɪŋ] *adj* remoto, circundante, de las afueras
outmaneuver u **outmanoeuvre** [,aʊtmə'nuvər] *va* ser mejor estratega que; vencer por ser mejor estratega
outmatch [aʊt'mætʃ] *va* aventajar, exceder, mostrarse superior a
outmoded [aʊt'modɪd] *adj* fuera de moda, anticuado
outmost ['aʊtmost] *adj* var. de **outermost**
outnumber [aʊt'nʌmbər] *va* exceder en número, ser más que, ser más numeroso que
out-of-date ['aʊtəv'det] *adj* fuera de moda, anticuado
out-of-door ['aʊtəv'dor] *adj* al aire libre
out-of-doors ['aʊtəv'dorz] *adj* al aire libre; *adv* afuera, fuera de la casa, al aire libre; *s* aire libre, campo raso
out-of-print ['aʊtəv'prɪnt] *adj* agotado
out-of-the-way ['aʊtəvðə'we] *adj* remoto, en sitio apartado; poco usual, poco común
outpatient ['aʊt,peʃənt] *s* enfermo de fuera (*enfermo no hospitalizado que recibe cuidados de un dispensario*)
outpoint [aʊt'pɔɪnt] *va* (sport) exceder en el número de tantos ganados; (naut.) ceñir más el viento que
outpost ['aʊt,post] *s* (mil.) avanzada; (mil.) puesto avanzado; (mil.) fortín de la frontera; (fig.) avanzada; (fig.) portaestandarte
outpour ['aʊt,por] *s* chorro, chorreo; [aʊt'por] *va* verter; hacer salir profusamente; *vn* chorrear; salir profusamente
outpouring ['aʊt,porɪŋ] *s* chorro, efusión; (fig.) efusión
output ['aʊt,pʊt] *s* producción, rendimiento; capacidad; (mech.) rendimiento de trabajo, efecto útil; (elec.) salida; (elec.) circuito de salida
output stage *s* (rad.) etapa de salida
output transformer *s* (rad.) transformador de salida
outrage ['aʊtredʒ] *s* atrocidad; violación; ultraje; *va* maltratar, violentar; violar; ultrajar; escandalizar
outrageous [aʊt'redʒəs] *adj* atroz; violento; ultrajoso
outran [aʊt'ræn] *pret de* **outrun**
outrank [aʊt'ræŋk] *va* exceder en rango o grado, ser de categoría superior a
outré [u'tre] o ['utre] *adj* extremoso, extravagante, raro
outreach [aʊt'ritʃ] *va* pasar más allá de, exceder; extender; *vn* extenderse
outridden [aʊt'rɪdən] *pp de* **outride**
outride [aʊt'raɪd] (*pret:* **-rode;** *pp:* **-ridden**) *va* galopar más que; manejar el caballo mejor que; (naut.) correr (*un temporal*)
outrider ['aʊt,raɪdər] *s* volante, carretista; (Brit.) viajante de comercio
outrigger ['aʊt,rɪgər] *s* (naut.) botalón, botavara, tangón; (naut.) balancín (*de una canoa*); (naut.) portarremos exterior; (naut.) bote con portarremos exteriores
outright ['aʊt,raɪt] *adj* cabal, completo, total; franco, sincero, sin rodeos; hacia adelante; *adv* enteramente; de una vez; abiertamente, sin rodeos; luego, en seguida
outrode [aʊt'rod] *pret de* **outride**
outrun [aʊt'rʌn] (*pret:* **-ran;** *pp:* **-run;** *ger:* **-running**) *va* dejar atrás; correr más aprisa que; exceder; pasar los límites de
outsell [aʊt'sɛl] (*pret & pp:* **-sold**) *va* vender más, más caro o más aprisa que; venderse más, más caro o más aprisa que
outset ['aʊt,sɛt] *s* principio; **at the outset** o **from the outset** al principio, a los principios, de primero
outshine [aʊt'ʃaɪn] (*pret & pp:* **outshone**) *va* brillar más que, exceder en brillantez; (fig.) eclipsar
outshone [aʊt'ʃon] *pret & pp de* **outshine**
outshoot ['aʊt,ʃut] *s* saliente; ramal; [aʊt'ʃut] (*pret & pp:* **-shot**) *va* ser mejor tirador que; tirar más lejos que; *vn* extenderse, sobresalir
outshot [aʊt'ʃɑt] *pret & pp de* **outshoot**

O

outside [ˈaʊtˈsaɪd] *adj* exterior; superficial; ajeno, de otras personas; más liberal, más optimista; (el) máximo (*precio*); *s* exterior; apariencia; **at the outside** a lo más, a lo sumo; **on the outside** por fuera; *adv* fuera, afuera; **outside of** fuera de; *prep* fuera de; más allá de; (coll.) a excepción de
outsider [ˌaʊtˈsaɪdər] *s* forastero; intruso; (sport) caballo que no figura entre los favoritos
outsize [ˈaʊtˌsaɪz] *s* prenda hecha de tamaño extraordinario; *adj* de tamaño extraordinario
outskirts [ˈaʊtˌskʌrts] *spl* afueras
outsold [aʊtˈsold] *pret & pp de* **outsell**
outspoken [ˈaʊtˈspokən] *adj* boquifresco, franco
outspread [ˈaʊtˌsprɛd] *adj* extendido; [aʊtˈsprɛd] (*pret & pp:* **-spread**) *va* extender; *vn* extenderse
outstanding [aʊtˈstændɪŋ] *adj* saliente, saledizo; destacado, distinguido, sobresaliente; prominente; (com.) pendiente, sin pagar, sin cobrar
outstay [aʊtˈste] (*pret & pp:* **-stayed** o **-staid**) *va* quedarse más tiempo que; quedarse más tiempo de lo que permite (*la cortesía o la licencia que uno tiene*)
outstretched [ˈaʊtˌstrɛtʃt] *adj* extendido, abierto
outstrip [aʊtˈstrɪp] (*pret & pp:* **-stripped;** *ger:* **-stripping**) *va* pasar, dejar atrás; aventajar, adelantar, adelantarse de
outtalk [aʊtˈtɔk] *va* hablar más que, ser más hablador que
outvote [aʊtˈvot] *va* vencer en las elecciones; disponer de más votantes que
outward [ˈaʊtwərd] *adj* exterior, externo; *adv* exteriormente, hacia fuera
outward-flow turbine [ˈaʊtwərdˈflo] *s* turbina centrífuga
outwardly [ˈaʊtwərdlɪ] *adv* exteriormente; superficialmente; al parecer; fuera, hacia fuera
outwards [ˈaʊtwərdz] *adv* exteriormente, hacia fuera
outwear [aʊtˈwɛr] (*pret:* **-wore;** *pp:* **-worn**) *va* durar más que; gastar, romper por uso excesivo; curarse de (*penas*) con el tiempo
outweigh [aʊtˈwe] *va* pesar más que; contrapesar, compensar
outwit [aʊtˈwɪt] (*pret & pp:* **-witted;** *ger:* **-witting**) *va* burlar, sobrepujar en astucia, ser más listo que
outwore [aʊtˈwor] *pret de* **outwear**
outwork [ˈaʊtˌwʌrk] *s* (fort.) obra exterior; [aʊtˈwʌrk] *va* trabajar más o más aprisa que
outworn [ˈaʊtˌworn] *adj* ajado, usado, desgastado; anticuado, viejo; [aʊtˈworn] *pp de* **outwear**
ouzel [ˈuzəl] *s* (orn.) mirlo; (orn.) mirlo de agua
oval [ˈovəl] *adj* oval, ovalado; *s* óvalo
ovally [ˈovəlɪ] *adv* en figura de óvalo, de modo que forma óvalo
ovarian [oˈvɛrɪən] *adj* ovárico
ovariotomy [oˌvɛrɪˈɑtəmɪ] *s* (*pl:* **-mies**) (surg.) ovariotomía
ovaritis [ˌovəˈraɪtɪs] *s* (path.) ovaritis
ovary [ˈovərɪ] *s* (*pl:* **-ries**) (anat. & bot.) ovario
ovate [ˈovet] *adj* aovado, ovado
ovation [oˈveʃən] *s* ovación
oven [ˈʌvən] *s* horno
ovenbird [ˈʌvənˌbʌrd] *s* (orn.) hornero; (orn.) seiuro
over [ˈovər] *adv* encima, por encima; al otro lado, a la otra orilla; hacia abajo; al revés; patas arriba; otra vez, de nuevo; de añadidura; acá, p.ej., **hand over the money** déme acá el dinero; allá, p.ej., **over in Europe** allá en Europa; **to be all over** haber pasado, haberse acabado; **over again** una vez más; **over against** enfrente de; a distinción de; en contraste con; **over and over** una y otra vez, repetidas veces; **over here** acá; **over there** allá; *adj* superior, de más autoridad; adicional; excesivo; acabado, concluído; *prep* sobre, encima de, por encima de; por (*un terreno o país*); de un extremo a otro de; al otro lado de; más allá de; desde (*un sitio elevado*); más de (*cierto número*); acerca de; por causa de; durante; **over and above** además de, en exceso de; *s* exceso
overabundance [ˌovərəˈbʌndəns] *s* sobreabundancia
overact [ˌovərˈækt] *va* exagerar (*un papel*)
overactive [ˌovərˈæktɪv] *adj* demasiado activo
overall [ˈovərˌɔl] *adj* cabal, completo; extremo, total; **overalls** *spl* pantalones de trabajo; polainas impermeables
overarch [ˌovərˈɑrtʃ] *va* abovedar; *vn* formar bóveda
overate [ˌovərˈet] *pret de* **overeat**
overawe [ˌovərˈɔ] *va* imponer respeto a, intimidar
overbalance [ˌovərˈbæləns] *s* exceso de peso o valor; falta de equilibrio; *va* pesar más que; valer más que; llevar la ventaja a; derribar
overbear [ˌovərˈbɛr] (*pret:* **-bore;** *pp:* **-borne**) *va* dominar, oprimir; no hacer caso de; echar por tierra, derribar
overbearing [ˌovərˈbɛrɪŋ] *adj* altanero, despótico, imperioso
overbid [ˌovərˈbɪd] (*pret:* **-bid;** *pp:* **-bid** o **-bidden;** *ger:* **-bidding**) *va* ofrecer más de lo que vale (*un objeto*); licitar más que (*otra persona*); *vn* (bridge) declarar demasiado
overblown [ˈovərˌblon] *adj* deshojado, marchito, pasado; lleno (*de cosas traídas por el viento*)
overboard [ˈovərˌbord] *adj* al agua; **man overboard!** ¡hombre al agua!; **to throw overboard** arrojar, echar o tirar por la borda; (coll.) arrojar, echar o tirar (*p.ej., a un amigo, las ambiciones de uno, los escrúpulos de uno*) por la borda
overbore [ˌovərˈbor] *pret de* **overbear**
overborne [ˌovərˈborn] *pp de* **overbear**
overburden [ˌovərˈbʌrdən] *va* cargar de modo excesivo
overcame [ˌovərˈkem] *pret de* **overcome**
overcapitalization [ˈovərˌkæpɪtəlɪˈzeʃən] *s* supercapitalización
overcapitalize [ˌovərˈkæpɪtəlaɪz] *va* supercapitalizar
overcast [ˈovərˌkæst] u [ˈovərˌkɑst] *adj* nublado, encapotado; (sew.) sobrehilado; *s* cielo encapotado; (sew.) sobrehilado; (*pret & pp:* **-cast**) *va* nublar; (sew.) sobrehilar; *vn* nublarse
overcharge [ˈovərˌtʃɑrdʒ] *s* cargo excesivo, recargo de precio; sobrecarga; (elec.) carga excesiva; [ˌovərˈtʃɑrdʒ] *va* estafar, hacer pagar mucho más del valor, cargar demasiado en la cuenta a; cargar . . . de más, p.ej., **you have overcharged me one dollar** me ha cargado Vd. un dólar de más; sobrecargar; (elec.) poner una carga excesiva a
overcloud [ˌovərˈklaʊd] *va* anublar; *vn* anublarse
overcoat [ˈovərˌkot] *s* abrigo, gabán, sobretodo
overcome [ˌovərˈkʌm] (*pret:* **-came;** *pp:* **-come**) *va* vencer; rendir; superar (*dificultades*)
overconfidence [ˌovərˈkɑnfɪdəns] *s* confianza excesiva
overcritical [ˌovərˈkrɪtɪkəl] *adj* hipercrítico
overcrowd [ˌovərˈkraʊd] *va* atestar, apiñar; poblar con exceso
overcrowding [ˌovərˈkraʊdɪŋ] *s* exceso de habitantes
overcup oak [ˈovərˌkʌp] *s* (bot.) roble de hojas aliradas
overdevelop [ˌovərdɪˈvɛləp] *va* desarrollar demasiado; (phot.) revelar demasiado
overdid [ˌovərˈdɪd] *pret de* **overdo**
overdo [ˌovərˈdu] (*pret:* **-did;** *pp:* **-done**) *va* exagerar; agobiar; asurar, requemar; *vn* cansarse mucho, excederse en el trabajo
overdone [ˌovərˈdʌn] *pp de* **overdo**
overdose [ˈovərˌdos] *s* dosis excesiva; [ˌovərˈdos] *va* dar una dosis excesiva a
overdraft [ˈovərˌdræft] u [ˈovərˌdrɑft] *s* (com.) sobregiro, giro en descubierto
overdraw [ˌovərˈdrɔ] (*pret:* **-drew;** *pp:* **-drawn**) *va & vn* (com.) sobregirar
overdress [ˈovərˌdrɛs] *s* sobreveste; [ˌovərˈdrɛs] *va* engalanar o ataviar con exceso; *vn* engalanarse o ataviarse con exceso
overdrew [ˌovərˈdru] *pret de* **overdraw**

overdrive [ˈovər,draɪv] *s* (aut.) sobremarcha, velocidad sobremultiplicada
overdue [ˈovərˈdju] u [ˈovərˈdu] *adj* atrasado (*p.ej., en el pago de una cuenta, en llegar al tiempo debido*); vencido y no pagado
overeat [,ovərˈit] (*pret:* **-ate;** *pp:* **-eaten**) *va & vn* comer con exceso
overemphasize [,ovərˈɛmfəsaɪz] *va* acentuar demasiado, acentuar demasiado la importancia de
overestimate [ˈovərˈɛstɪmɪt] *s* apreciación o estimación excesiva; presupuesto excesivo; [,ovərˈɛstɪmet] *va* avaluar o estimar en valor excesivo; tener un concepto demasiado favorable de; **to overestimate one's strength** creerse (*uno*) más fuerte de lo que es
overexcite [,ovərɛkˈsaɪt] *va* sobreexcitar
overexcitement [,ovərɛkˈsaɪtmənt] *s* sobrexcitación
overexert [,ovərɛgˈzʌrt] *va* ejercer de modo excesivo; **to overexert oneself** darse demasiado trabajo, hacer esfuerzo excesivo
overexertion [,ovərɛgˈzʌrʃən] *s* esfuerzo excesivo
overexpand [,ovərɛksˈpænd] *va* ensanchar o extender con exceso; *vn* ensancharse o extenderse con exceso
overexpose [,ovərɛksˈpoz] *va* sobreexponer; (phot.) sobreexponer
overexposure [,ovərɛksˈpoʒər] *s* sobreexposición; (phot.) sobreexposición
overfed [,ovərˈfɛd] *pret & pp de* **overfeed**
overfeed [,ovərˈfid] (*pret & pp:* **-fed**) *va* sobrealimentar; *vn* sobrealimentarse
overfill [,ovərˈfɪl] *va* sobrellenar
overflow [ˈovər,flo] *s* desbordamiento, rebosamiento; derrames; rebosadero, caño de reboso; [,ovərˈflo] *vn* desbordar, rebosar; **to overflow with joy** rebosar de alegría
overflowing [,ovərˈflo·ɪŋ] *s* desbordamiento, rebosamiento; **to overflowing** a rebosar, hasta derramarse; en suma abundancia; *adj* desbordante
overflow pipe *s* caño de reboso
overgrew [,ovərˈgru] *pret de* **overgrow**
overgrow [,ovərˈgro] (*pret:* **-grew;** *pp:* **-grown**) *va* cubrir, entapizar; crecer más que; ser ya grande para; ser ya viejo para; ser ya más apto que; dejar (*las cosas de los niños; a los amigos de la niñez, etc.*); *vn* crecer con demasiada rapidez
overgrown [,ovərˈgron] *adj* demasiado grande para su edad; **overgrown boy** muchachón; *pp de* **overgrow**
overgrowth [ˈovər,groθ] *s* crecimiento excesivo; maleza, vegetación exuberante
overhand [ˈovər,hænd] *adj* (sew.) sobrehilado; (sport) voleado por lo alto; *adv* (sew.) con costura sobrehilada; por lo alto; palma abajo; *va* (sew.) sobrehilar
overhang [ˈovər,hæŋ] *s* alcance, proyección; alero (*del tejado*); vuelo (*de cualquier fábrica*); [,ovərˈhæŋ] (*pret & pp:* **-hung**) *va* sobresalir por encima de, estar pendiente o colgando sobre, salir fuera del nivel de; amenazar; *vn* estar pendiente, estar colgando
overhaul [,ovərˈhɔl] *va* examinar, registrar, revisar; ir alcanzando, alcanzar; componer, rehabilitar, reacondicionar
overhead [,ovərˈhɛd] *adv* por encima de la cabeza; en lo alto, arriba; [ˈovər,hɛd] *adj* de arriba; aéreo, elevado; general, de conjunto; *s* gastos generales
overhead railway *s* (Brit.) ferrocarril aéreo
overhead valve *s* válvula en la culata
overhear [,ovərˈhɪr] (*pret & pp:* **-heard**) *va* oír por casualidad; acertar a oír, alcanzar a oír
overheard [,ovərˈhʌrd] *pret & pp de* **overhear**
overheat [,ovərˈhit] *va* recalentar; *vn* recalentarse
overhung [,ovərˈhʌŋ] *pret & pp de* **overhang**
overindulge [,ovərɪnˈdʌldʒ] *va* mimar demasiado; dedicarse con exceso a; tomar con exceso; *vn* darse demasiada buena vida
overindulgence [,ovərɪnˈdʌldʒəns] *s* exceso, excesos; indulgencia o lenidad excesiva
overjoy [,ovərˈdʒɔɪ] *va* arrebatar de alegría; **to be overjoyed** no caber de contento
overladen [,ovərˈledən] *adj* sobrecargado
overlaid [,ovərˈled] *pret & pp de* **overlay**
overlain [,ovərˈlen] *pp de* **overlie**
overland [ˈovər,lænd] u [ˈovərlənd] *adj & adv* por tierra, por vía terrestre
overlap [ˈovər,læp] *s* solapadura; solapo; imbricación; [,ovərˈlæp] (*pret & pp:* **-lapped;** *ger:* **-lapping**) *va* solapar, traslapar; *vn* solapar, traslapar; traslaparse (*dos o más cosas*); suceder (*dos hechos*) en parte al mismo tiempo
overlay [ˈovər,le] *s* capa sobrepuesta; hoja sobrepuesta; incrustación; [,ovərˈle] (*pret & pp:* **-laid**) *va* cubrir; sobrecargar; incrustar; *pret de* **overlie**
overleap [,ovərˈlip] *va* saltar por encima de
overlie [,ovərˈlaɪ] (*pret:* **-lay;** *pp:* **-lain;** *ger:* **-lying**) *va* descansar sobre; sofocar (*a un niño*) echándosele encima
overload [ˈovər,lod] *s* sobrecarga; [,ovərˈlod] *va* sobrecargar
overlong [ˈovərˈlɔŋ] u [ˈovərˈlɑŋ] *adj* demasiado largo; *adv* mucho tiempo, demasiado tiempo
overlook [,ovərˈluk] *va* dominar con la vista; pasar por alto, no hacer caso de; perdonar, tolerar; espiar, vigilar; cuidar de, dirigir; dar a, p.ej., **the window overlooks the garden** la ventana da al jardín
overlord [ˈovər,lɔrd] *s* jefe supremo; [,ovərˈlɔrd] *va* dominar despóticamente, imponerse a
overlordship [ˈovər,lɔrdʃɪp] *s* jefatura suprema
overly [ˈovərlɪ] *adv* (coll.) excesivamente, demasiado
overlying [,ovərˈlaɪɪŋ] *ger de* **overlie**
overman [ˈovərmən] *s* (*pl:* **-men**) capataz; árbitro; [ˈovər,mæn] *s* sobrehombre
overmaster [,ovərˈmæstər] u [,ovərˈmɑstər] *va* dominar, sojuzgar
overmatch [,ovərˈmætʃ] *va* sobrepujar
overmodulation [ˈovər,mɑdʒəˈleʃən] *s* (rad.) sobremodulación
overmuch [ˈovərˈmʌtʃ] *s* demasía, exceso; *adj & adv* demasiado
overnice [ˈovərˈnaɪs] *adj* melindroso, remilgado
overnight [,ovərˈnaɪt] *adv* toda la noche; de la tarde a la mañana, durante la noche; **to stay overnight** pasar la noche; [ˈovər,naɪt] *adj* de noche; de una sola noche; de la noche anterior; *s* la noche anterior
overnight bag *s* maletín, saco de noche (*para viajes cortos*)
overpaid [,ovərˈped] *pret & pp de* **overpay**
overpass [ˈovər,pæs] u [ˈovər,pɑs] *s* viaducto; [,ovərˈpæs] u [,ovərˈpɑs] (*pret & pp:* **-passed** o **-past**) *va* atravesar, salvar; aventajar, exceder; pasar por alto, no hacer caso de
overpay [,ovərˈpe] (*pret & pp:* **-paid**) *va* pagar con exceso
overpayment [,ovərˈpemənt] *s* pago excesivo, exceso de pago
overpeopled [,ovərˈpipəld] *adj* excesivamente poblado
overplay [,ovərˈple] *va* (theat.) exagerar (*un papel*); aventajar, exceder; vencer
overplus [ˈovərplʌs] *s* sobrante, superávit
overpopulate [,ovərˈpɑpjəlet] *va* superpoblar
overpopulation [ˈovər,pɑpjəˈleʃən] *s* superpoblación
overpower [,ovərˈpauər] *va* dominar, supeditar, subyugar; colmar, dejar estupefacto
overpowering [,ovərˈpauərɪŋ] *adj* abrumador, arrollador, irresistible
overproduction [,ovərprəˈdʌkʃən] *s* superproducción, sobreproducción
overproud [ˈovərˈpraud] *adj* orgulloso en exceso
overran [,ovərˈræn] *pret de* **overrun**
overrate [,ovərˈret] *va* exagerar el valor de, apreciar o valuar en más de lo que vale (*una persona o cosa*)
overreach [,ovərˈritʃ] *va* ir más allá de, extenderse más allá de; engañar con astucias; **to overreach oneself** aventurarse más allá de sus fuerzas, pasarse de listo; *vn* ir más allá de lo necesario, extenderse demasiado; alcanzarse (*un caballo*)
overridden [,ovərˈrɪdən] *pp de* **override**

O

override [ˌovərˈraɪd] (*pret:* **-rode;** *pp:* **-ridden**) *va* recorrer; atropellar; desentenderse de, no hacer caso de; anular, invalidar; fatigar, reventar (*p.ej., un caballo*)
overripe [ˈovərˈraɪp] *adj* demasiado maduro, pachucho, papandujo
overrode [ˌovərˈrod] *pret de* **override**
overrule [ˌovərˈrul] *va* anular, invalidar; vencer, triunfar de; (law) denegar
overrun [ˌovərˈrʌn] (*pret:* **-ran;** *pp:* **-run;** *ger:* **-running**) *va* cubrir enteramente; infestar; exceder; **to overrun one's time** quedarse más de lo justo; hablar más de lo justo
oversaw [ˌovərˈsɔ] *pret de* **oversee**
overscore [ˈovərˌskor] *s* (bridge) exceso sobre lo declarado; [ˌovərˈskor] *va* poner una virgulilla o raya sobre; *vn* (bridge) ganar sobre lo declarado
oversea [ˈovərˌsi] *adj* de ultramar; [ˌovərˈsi] *adv* allende los mares, en ultramar
overseas [ˈovərˌsiz] *adj* var. de **oversea;** [ˌovərˈsiz] *adv* var. de **oversea**
oversee [ˌovərˈsi] (*pret:* **-saw;** *pp:* **-seen**) *va* dirigir, superentender, fiscalizar
overseer [ˈovərˌsiər] *s* director, superintendente
oversell [ˌovərˈsɛl] (*pret & pp:* **-sold**) *va* excederse en la venta de; vender (*efectos no disponibles*)
overset [ˈovərˌsɛt] *s* vuelco; [ˌovərˈsɛt] (*pret & pp:* **-set;** *ger:* **-setting**) *va* volcar; (fig.) derrocar; *vn* volcar
overshadow [ˌovərˈʃædo] *va* sombrear; (fig.) eclipsar
overshoe [ˈovərˌʃu] *s* chanclo, zapatón
overshoot [ˌovərˈʃut] (*pret & pp:* **-shot**) *va* tirar por encima de o más allá de; **to overshoot oneself** o **to overshoot the mark** pasar de la raya, excederse; *vn* pasar de la raya, excederse
overshot [ˈovərˌʃɑt] *adj* que tiene saliente la mandíbula superior; de corriente alta; [ˌovərˈʃɑt] *pret & pp de* **overshoot**
overshot water wheel *s* rueda (hidráulica) de corriente alta o de cajones
overside [ˈovərˌsaɪd] *adj* (naut.) por la borda, por encima de la regala; [ˌovərˈsaɪd] *adv* (naut.) por la borda, por encima de la regala
oversight [ˈovərˌsaɪt] *s* inadvertencia, descuido; vigilancia, cuidado
oversize [ˈovərˌsaɪz] *s* tamaño extra; cosa de tamaño extra; *adj* extragrande, de tamaño extra
overskirt [ˈovərˌskʌrt] *s* sobrefalda (*falda corta*); refajo
oversleep [ˌovərˈslip] (*pret & pp:* **-slept**) *vn* dormir demasiado tarde, no despertar
oversold [ˌovərˈsold] *pret & pp de* **oversell**
overspread [ˌovərˈsprɛd] (*pret & pp:* **-spread**) *va* extenderse sobre
overstate [ˌovərˈstet] *va* exagerar
overstatement [ˌovərˈstetmənt] *s* exageración
overstay [ˌovərˈste] (*pret & pp:* **-stayed** o **-staid**) *va* quedarse más tiempo de lo que permite (*la licencia que uno tiene*)
overstep [ˌovərˈstɛp] (*pret & pp:* **-stepped;** *ger:* **-stepping**) *va* exceder, traspasar
overstock [ˈovərˌstɑk] *s* surtido excesivo; existencias excesivas; [ˌovərˈstɑk] *va* abarrotar; **to be overstocked with** tener existencias excesivas de
overstrung [ˈovərˈstrʌŋ] *adj* demasiado impresionable, demasiado excitable
overstuff [ˌovərˈstʌf] *va* atestar; rellenar (*un cojín, almohada, etc.*)
oversubscribe [ˌovərsəbˈskraɪb] *va* contribuir más de lo pedido a (*p.ej., una recaudación de carácter benéfico*); subscribir (*un empréstito*) en exceso de lo disponible
oversubscription [ˌovərsəbˈskrɪpʃən] *s* contribución en exceso de lo pedido; subscripción en exceso de lo disponible
oversupply [ˈovərsəˌplaɪ] *s* (*pl:* **-plies**) provisión excesiva; [ˌovərsəˈplaɪ] (*pret & pp:* **-plied**) *va* proveer en exceso
overt [ˈovʌrt] u [oˈvʌrt] *adj* abierto, manifiesto; premeditado
overtake [ˌovərˈtek] (*pret:* **-took;** *pp:* **-taken**) *va* alcanzar; sobrepasar; sorprender; sobrevenir a
overtask [ˌovərˈtæsk] u [ˌovərˈtɑsk] *va* atarear demasiado, oprimir con trabajo
overtax [ˌovərˈtæks] *va* oprimir con tributos; agotar (*las fuerzas de uno*); exceder los límites de (*p.ej., la credulidad de uno*)
over-the-counter [ˈovərðəˈkaʊntər] *adj* vendido directamente al comprador (*y no en el mercado bursátil*); vendido en tienda al por mayor
overthrew [ˌovərˈθru] *pret de* **overthrow**
overthrow [ˈovərˌθro] *s* derrocamiento (*p.ej., del gobierno*); trastorno (*p.ej., de los proyectos de uno*); [ˌovərˈθro] (*pret:* **-threw;** *pp:* **-thrown**) *va* derrocar; trastornar
overtime [ˈovərˌtaɪm] *adj & adv* en exceso de las horas regulares; *s* tiempo suplementario, horas extraordinarias de trabajo; [ˌovərˈtaɪm] *va* (phot.) sobreexponer
overtone [ˈovərˌton] *s* armónico; **overtones** *spl* insinuación
overtook [ˌovərˈtʊk] *pret de* **overtake**
overtop [ˌovərˈtɑp] (*pret & pp:* **-topped;** *ger:* **-topping**) *va* descollar sobre; sobresalir entre
overtrain [ˌovərˈtren] *va* (sport) sobrentrenar; *vn* (sport) sobrentrenarse
overtrump [ˈovərˌtrʌmp] *s* contrafallo; [ˌovərˈtrʌmp] *va & vn* contrafallar
overture [ˈovərtʃər] *s* insinuación, proposición; (mus.) obertura
overturn [ˈovərˌtʌrn] *s* vuelco; (com.) movimiento de mercancías; [ˌovərˈtʌrn] *va* volcar; trastornar; derrocar (*el gobierno*); *vn* volcar; trastornarse
overwatch [ˌovərˈwɑtʃ] *va* vigilar; cansar a fuerza de vigilias
overweening [ˌovərˈwinɪŋ] *adj* arrogante, presuntuoso
overweigh [ˌovərˈwe] *va* pesar más que; contrapesar, compensar; prevalecer contra; oprimir
overweight [ˈovərˌwet] *adj* excesivamente gordo o grueso; *s* sobrepeso; exceso de peso; peso de añadidura; [ˌovərˈwet] *va* sobrecargar; abrumar con trabajo, responsabilidades, etc.
overwhelm [ˌovərˈhwɛlm] *va* abrumar; inundar; anonadar; colmar (*p.ej., de favores, regalos*)
overwhelming [ˌovərˈhwɛlmɪŋ] *adj* abrumador, arrollador, irresistible
overwork [ˈovərˌwʌrk] *s* trabajo excesivo, exceso de trabajo; trabajo fuera de las horas regulares; [ˌovərˈwʌrk] (*pret & pp:* **-worked** o **-wrought**) *va* hacer trabajar demasiado; oprimir con trabajo; *vn* darse con exceso al trabajo, trabajar demasiado
overworked [ˌovərˈwʌrkt] *adj* atrabajado
overwrite [ˌovərˈraɪt] (*pret:* **-wrote;** *pp:* **-written**) *va* escribir sobre (*una superficie*); escribir encima de; escribir acerca de; refundir; escribir en un estilo acicalado; [ˈovərˌraɪt] *va* (com.) garantizar comisión a (*un representante general*) sobre ventas hechas por un agente regional
overwrought [ˌovərˈrɔt] *adj* atrabajado, abrumado de trabajo; sobrexcitado; muy ornamentado, recargado de ornamentación; *pret & pp de* **overwork**
oviculum [oˈvɪkjələm] *s* (*pl:* **-la** [lə]) (arch.) ovículo
Ovid [ˈɑvɪd] *s* Ovidio
oviduct [ˈovɪdʌkt] *s* (anat.) oviducto
oviform [ˈovɪfɔrm] *adj* oviforme
ovine [ˈovaɪn] u [ˈovɪn] *adj & s* ovino
oviparous [oˈvɪpərəs] *adj* ovíparo
oviposit [ˌovɪˈpɑzɪt] *vn* desovar
ovipositor [ˌovɪˈpɑzɪtər] *s* (zool.) oviscapto
ovoid [ˈovɔɪd] *adj* ovoide, ovoideo; *s* cuerpo ovoideo
ovolo [ˈovəlo] *s* (*pl:* **-li** [li]) (arch.) óvolo
ovoviviparous [ˌovovaɪˈvɪpərəs] *adj* ovovivíparo
ovular [ˈovjələr] *adj* ovular
ovulation [ˌovjəˈleʃən] *s* (biol.) ovulación
ovule [ˈovjul] *s* (biol. & bot.) óvulo
ovum [ˈovəm] *s* (*pl:* **ova** [ˈovə]) (biol.) huevo
ow [aʊ] *interj* ¡ax!
owe [o] *va* deber; *vn* tener deudas
owing [ˈo·ɪŋ] *adj* adeudado; debido, pagadero; **owing to** debido a, por causa de

owl [aʊl] *s* (orn.) búho, lechuza, mochuelo
owlet ['aʊlɪt] *s* búho, lechuza o mochuelo pequeños; hijuelo del búho, la lechuza o el mochuelo
owlish ['aʊlɪʃ] *adj* de búho; que se da aires de sabio
own [on] *adj* propio, p.ej., **my own brother** mi propio hermano; *s* suyo, lo suyo; **on one's own** (coll.) por su propia cuenta, sin depender de nadie; por su cabeza (*sin tomar consejo*); (coll.) de su cabeza (*de su propio ingenio o invención*); **to come into one's own** entrar en posesión de lo suyo; tener el éxito merecido, recibir el honor merecido; **to have nothing of one's own** no tener (*uno*) nada que pueda llamar suyo; **to hold one's own** no aflojar, no cejar, mantenerse firme; *va* poseer; reconocer; *vn* confesar; **to own up** (coll.) confesar de plano; **to own up to** (coll.) confesar de plano (*una culpa, un delito, etc.*)
owner ['onər] *s* amo, dueño, poseedor, propietario
ownership ['onərʃɪp] *s* posesión, propiedad
owner's license *s* (aut.) permiso de circulación
ox [ɑks] *s* (*pl:* **oxen**) (zool.) buey; **to work like an ox** trabajar como un buey
oxalate ['ɑksəlet] *s* (chem.) oxalato
oxalic [ɑks'ælɪk] *adj* oxálico
oxalic acid *s* (chem.) ácido oxálico
oxalidaceous [ɑks,ælɪ'deʃəs] *adj* (bot.) oxalidáceo
oxalis ['ɑksəlɪs] *s* (bot.) aleluya, acedera menor, acederilla
oxazine ['ɑksəzin] o ['ɑksəzɪn] *s* (chem.) oxacina
oxbow ['ɑks,bo] *s* collera de yugo; recodo de un río; terreno encerrado en un recodo de río
oxcart ['ɑks,kɑrt] *s* carreta de bueyes
oxen ['ɑksən] *pl de* **ox**
oxeye ['ɑks,aɪ] *s* (bot.) hierba amarilla; (bot.) margarita mayor; (bot.) ojo de buey; (bot.) rudbequia
ox-eyed ['ɑks,aɪd] *adj* de ojos rasgados, de ojos grandes
oxeye daisy *s* (bot.) hierba amarilla; (bot.) margarita mayor
oxford ['ɑksfərd] *s* oxford (*tela*); zapato de estilo Oxford; color negro agrisado
Oxford gray *s* color negro agrisado
Oxfordian [ɑks'fordɪən] *adj* & *s* oxfordiano; (geol.) oxfordiense
Oxford movement *s* movimiento religioso de Oxford
oxheart ['ɑks,hɑrt] *s* cereza de color casi negro y de forma de corazón
oxhide ['ɑks,haɪd] *s* cuero de buey
oxid ['ɑksɪd] *s* var. de **oxide**
oxidase ['ɑksɪdes] o ['ɑksɪdez] *s* (biochem.) oxidasa
oxidation [,ɑksɪ'deʃən] *s* oxidación
oxide ['ɑksaɪd] *s* (chem.) óxido
oxide blue *s* azul de cobalto
oxide of iron *s* (chem.) óxido de hierro
oxide yellow *s* óxido amarillo
oxidimetry [,ɑksɪ'dɪmɪtrɪ] *s* oxidimetría
oxidizable ['ɑksɪ,daɪzəbəl] *adj* oxidable
oxidization [,ɑksɪdɪ'zeʃən] *s* var. of **oxidation**
oxidize ['ɑksɪdaɪz] *va* oxidar; *vn* oxidarse
oxidizer ['ɑksɪ,daɪzər] *s* (chem.) oxidante
oxidizing flame *s* (chem.) llama oxidante
oxime ['ɑksim] o ['ɑksɪm] *s* (chem.) oxima
oxlip ['ɑks,lɪp] *s* (bot.) hierba de San Pablo mayor
oxman ['ɑksmən] *s* (*pl:* **-men**) boyero
Oxonian [ɑks'onɪən] *adj* & *s* oxoniense
oxonium [ɑks'onɪəm] *s* (chem.) oxonio
oxozone ['ɑksozon] *s* (chem.) oxozono
oxpecker ['ɑks,pɛkər] *s* (orn.) espulgabueyes, picabueyes
oxtail soup ['ɑks,tel] *s* sopa de cola de buey
oxtongue ['ɑks,tʌŋ] *s* (bot.) lengua de buey
oxyacetylene [,ɑksɪə'sɛtɪlin] *adj* oxiacetilénico
oxyacetylene torch *s* soplete oxiacetilénico
oxyacetylene welding *s* soldadura oxiacetilénica
oxyblepsia [,ɑksɪ'blɛpsɪə] *s* oxiblepsia
oxybromide [,ɑksɪ'bromaɪd] o [,ɑksɪ'bromɪd] *s* (chem.) oxibromuro
oxychloride [,ɑksɪ'kloraɪd] o [,ɑksɪ'klorɪd] *s* (chem.) oxicloruro
oxycyanide [,ɑksɪ'saɪənaɪd] o [,ɑksɪ'saɪənɪd] *s* (chem.) oxicianuro
oxygen ['ɑksɪdʒən] *s* (chem.) oxígeno
oxygenate ['ɑksɪdʒənet] *va* (chem.) oxigenar
oxygenation [,ɑksɪdʒə'neʃən] *s* oxigenación
oxygen-hydrogen welding ['ɑksɪdʒən'haɪdrədʒən] *s* soldadura oxhídrica
oxygenize ['ɑksɪdʒənaɪz] *va* oxigenar
oxygen mask *s* máscara de oxígeno
oxygen tent *s* (med.) tienda de oxígeno, cámara de oxígeno
oxyhemoglobin [,ɑksɪ,himə'globɪn] *s* (biochem.) oxihemoglobina
oxyhydrogen [,ɑksɪ'haɪdrədʒən] *adj* (chem.) oxhídrico; *s* (chem.) gas oxhídrico
oxyhydrogen torch *s* soplete oxhídrico
oxymel ['ɑksɪmɛl] *s* (pharm.) ojimel
oxyntic [ɑks'ɪntɪk] *adj* oxíntico
oxysulfide [,ɑksɪ'sʌlfaɪd] o [,ɑksɪ'sʌlfɪd] *s* (chem.) oxisulfuro
oxytocic [,ɑksɪ'tosɪk] o [,ɑksɪ'tɑsɪk] *adj* & *s* (med.) oxitócico
oxytone ['ɑksɪton] *adj* & *s* (phonet.) oxítono
oyez u **oyes** ['ojɛs] u [o'jɛs] *interj* (law) ¡oíd! (*voz de los ujieres*)
oyster ['ɔɪstər] *s* (zool.) ostra; (slang) chiticalla (*persona muy callada*); *adj* ostrero
oyster bed *s* ostrero, ostral
oyster catcher *s* (orn.) ostrero
oyster cocktail *s* ostras de entremés, ostras en su concha
oyster crab *s* (zool.) pinotero
oyster cracker *s* galletita salada
oyster culture *s* ostricultura
oysterer ['ɔɪstərər] *s* ostrero
oyster farm *s* ostrero, ostral, criadero ostrícola
oyster farmer *s* ostricultor
oyster fork *s* desbullador
oysterhouse ['ɔɪstər,haʊs] *s* ostrería
oyster knife *s* abreostras
oysterman ['ɔɪstərmən] *s* (*pl:* **-men**) ostrero
oyster opener *s* desbullador (*persona*)
oyster plant *s* (bot.) salsifí; (bot.) mertensia marítima
oyster plover *s* var. de **oyster catcher**
oyster rake *s* raño
oyster shell *s* desbulla, concha de ostra
oyster soup *s* sopa de ostras
oyster tree *s* (bot.) mangle
oysterwoman ['ɔɪstər,wʊmən] *s* (*pl:* **-women**) ostrera
oz. abr. de **ounce** u **ounces**
ozena [o'zinə] *s* (path.) ocena
ozocerite [o'zokəraɪt] u [,ozo'sɪraɪt] *s* (mineral.) ozocerita u ozoquerita
ozone ['ozon] *s* (chem.) ozono; (coll.) aire fresco; **to get some ozone** (coll.) tomar el fresco
ozone layer *s* (meteor.) capa de ozono, ozonosfera
ozone paper *s* (chem.) papel de ozono
ozonide ['ozonaɪd] u ['ozonɪd] *s* (chem.) ozonuro
ozoniferous [,ozo'nɪfərəs] *adj* ozonífero
ozonization [,ozonɪ'zeʃən] *s* ozonización
ozonize ['ozonaɪz] *va* ozonizar; *vn* ozonizarse
ozonolysis [,ozo'nɑlɪsɪs] *s* (chem.) ozonolisis
ozonometer [,ozo'nɑmɪtər] *s* ozonómetro
ozonoscope [o'zonəskop] *s* ozonoscopio
ozonosphere [o'zonəsfɪr] *s* ozonosfera
ozostomia [,ozɑs'tomɪə] *s* ozostomía
ozs. abr. de **ounces**

O

P

P, p [pi] *s* (*pl:* **P's, p's** [piz]) décimasexta letra del alfabeto inglés; **mind your P's and Q's!** ¡tenga Vd. cuidado!, ¡ande Vd. con cuidado con lo que dice!
p. abr. de **page** y **participle**
p.a. abr. de **participial adjective, per annum** y **press agent**
Pa. abr. de **Pennsylvania**
P.A. abr. de **Passenger Agent, Post Adjutant, power of attorney** y **Purchasing Agent**
pa [pɑ] *s* (coll.) papá
pabulum ['pæbjələm] *s* pábulo
Pac. abr. de **Pacific**
pace [pes] *s* paso; aire (*manera de andar del caballo*); portante (*manera de andar del caballo en la cual mueve a un tiempo la mano y el pie del mismo lado*); **at a slow pace** a paso lento; **to keep pace with** ir, andar o avanzar al mismo paso que; **to put through one's paces** poner (*a uno*) a prueba; dar (*a uno*) ocasión de lucirse; **to set the pace** llevar el tren, establecer el paso; dar el ejemplo; **to set the pace for** marcar la pauta a; *va* establecer el paso para; medir a pasos; recorrer a pasos; **to pace the floor** pasearse desesperadamente por la habitación; *vn* andar a pasos regulares; amblar (*andar al paso portante*)
pacemaker ['pes,mekər] *s* establecedor del paso; ejemplo; (med.) marcapaso (*regulador del latido cardíaco*)
pacer ['pesər] *s* establecedor del paso; persona que anda a pasos regulares; caballo amblador
pacha [pə'ʃɑ] o ['pæʃə] *s* var. de **pasha**
pachyderm ['pækɪdʌrm] *s* (zool.) paquidermo; (fig.) tronco (*persona insensible*)
pachysandra [,pækɪ'sændrə] *s* (bot.) paquisandra
pacific [pə'sɪfɪk] *adj* pacífico; (*cap.*) *adj & s* Pacífico (*océano*)
pacifically [pə'sɪfɪkəlɪ] *adv* pacíficamente
pacification [,pæsɪfɪ'keʃən] *s* pacificación
pacificatory [pə'sɪfɪkə,torɪ] *adj* pacificador
Pacific Coast *s* Costa del Pacífico
Pacific Ocean *s* océano Pacífico
Pacific time *s* (U.S.A.) hora legal correspondiente al meridiano 120°
pacifier ['pæsɪ,faɪər] *s* pacificador; chupete (*para los niños*)
pacifism ['pæsɪfɪzəm] *s* pacifismo
pacifist ['pæsɪfɪst] *adj & s* pacifista
pacifistic [,pæsɪ'fɪstɪk] *adj* pacifista
pacify ['pæsɪfaɪ] (*pret & pp:* **-fied**) *va* pacificar
pack [pæk] *s* lío, fardo; paquete; cantidad empaquetada; perrada, jauría; manada; cuadrilla; pandilla (*de malhechores*); saco, sarta, montón (*p.ej., de mentiras*); baraja (*de naipes*); cajetilla (*de cigarrillos*); témpano (*de hielo flotante*); mochila, morral (*de los caminantes*); (med.) compresa; *va* empaquetar; embaular; encajonar; hacer (*el baúl, la maleta*); conservar en latas; apretar, atestar, llenar; cargar (*una acémila*); escoger o nombrar de modo fraudulento, llenar de partidarios (*p.ej., un jurado*); (coll.) llevar a cuestas; (mach.) empaquetar; **to be packed in** estar o ir como sardinas en banasta; **to pack down** apretar, comprimir; apisonar; **to pack in** empaquetar (*gente en un local*); **to pack up** empaquetar; *vn* empaquetarse; encajonarse; empaquetarse fácilmente; hacer el baúl, hacer la maleta; consolidarse, endurecerse, formar masa compacta; **to pack up** liar el petate, hacer la pacotilla
package ['pækɪdʒ] *s* paquete; *va* empaquetar
pack animal *s* acémila, animal de carga
packer ['pækər] *s* empaquetador, embaulador; empaquetadora (*máquina*); portador; dueño de una fábrica de conservas alimenticias
packet ['pækɪt] *s* paquete; paquebote
packet boat *s* paquebote
pack horse *s* caballo de carga
packing ['pækɪŋ] *s* empaque, embalaje; envase; preparación de conservas alimenticias; (mach.) estopa, empaquetadura o guarnición; relleno (*para hacer impermeable al agua*)
packing box *s* caja de embalaje o de embalar; (mach.) prensa estopa
packing case *s* caja de embalaje o de embalar
packing effect *s* (phys.) efecto de empaquetamiento
packing house *s* frigorífico, fábrica para envasar o enlatar comestibles
packing slip *s* hoja de embalaje
packman ['pækmən] *s* (*pl:* **-men**) buhonero
pack mule *s* mula de carga
pack needle *s* aguja de embalar, aguja saquera
pack rat *s* (zool.) rata norteamericana (*Neotoma cinerea*)
packsaddle ['pæk,sædəl] *s* albarda
packthread ['pæk,θrɛd] *s* bramante
pack train *s* recua
pact [pækt] *s* pacto
paction ['pækʃən] *s* pacto
pad [pæd] *s* cojincillo; almohadilla; sillín; bloc (*de papel*); tampón (*para entintar sellos*); pisada (*ruido*); jaca, caballo de camino; hoja (*de planta acuática*); peto, plastrón; pata (*de perro, zorra, etc.*); eminencia hipotenar (*del pie de ciertos animales*); plataforma (*de lanzamiento de cohete*); (*pret & pp:* **padded;** *ger:* **padding**) *va* rellenar (*p.ej., con algodón*); acolchar; meter mucho ripio en (*un escrito*); *vn* andar, caminar; caminar despacio y pesadamente; andar con un trotecito ligero
padding ['pædɪŋ] *s* relleno; (fig.) relleno, ripio (*en un escrito, discurso o verso*)
paddle ['pædəl] *s* canalete, zagual; pala (*de una rueda*); paseo en embarcación impulsada con canalete; palo (*para apalear a una persona, la ropa, etc.*); batidor; *va* impulsar con canalete; apalear; **to paddle one's own canoe** (coll.) bastarse a sí mismo; *vn* remar con canalete; remar suavemente; chapotear, guachapear
paddle box *s* caja que cubre la parte superior de la rueda de paletas
paddlefish ['pædəl,fɪʃ] *s* (ichth.) pez hoja
paddle wheel *s* rueda de paletas
paddle-wheel steamer ['pædəl,hwil] *s* buque de ruedas, vapor de ruedas
paddock ['pædək] *s* dehesa; pesaje, cercado para caballos de carrera (*en los hipódromos*)
paddy ['pædɪ] *s* (*pl:* **-dies**) arroz; arroz sin cosechar; palay, arroz con cáscara; (*cap.*) *s* irlandés; nombre abreviado de **Patrick**
paddy wagon *s* (slang) camión de policía
paddywhack ['pædɪ,hwæk] *s* (U.S.A. coll.) paliza; (Brit. coll.) mal genio, cólera
padlock ['pæd,lɑk] *s* candado; *va* cerrar con candado; condenar (*una habitación*)
padre ['pɑdrɪ] *s* padre (*especialmente sacerdote*); (mil.) páter
paean ['piən] *s* canto triunfal, himno de gloria; (hist.) peán
pagan ['pegən] *adj & s* pagano
pagandom ['pegəndəm] *s* gentilidad
paganism ['pegənɪzəm] *s* paganismo
paganize ['pegənaɪz] *va & vn* paganizar
page [pedʒ] *s* página; paje; escudero; botones; (fig.) página; *va* paginar; buscar llamando (*en un hotel, club, etc.*)
pageant ['pædʒənt] *s* fiesta pública, espectáculo público, pompa; representación al aire libre en una serie de cuadros; boato, bambolla
pageantry ['pædʒəntrɪ] *s* (*pl:* **-ries**) pompa; boato, bambolla
page proof *s* (print.) pruebas de planas

pagination [ˌpædʒɪˈneʃən] *s* paginación
pagoda [pəˈgodə] *s* pagoda
paid [ped] *adj* asalariado; pagado; hecho efectivo; *pret & pp de* **pay**
paid-up [ˈpedˈʌp] *adj* terminado de pagar, libre
pail [pel] *s* balde, cubo
pailful [ˈpelfʊl] *s* balde, cubo (*contenido*)
paillasse [pælˈjæs] o [ˈpæljæs] *s* colchón de paja, jergón
pain [pen] *s* dolor; **pains** *spl* esmero, trabajo; dolores de parto; **on pain of** so pena de; **to be in pain** estar con dolor, tener dolores; **to take pains** esmerarse; **to take pains to** + *inf* poner mucho cuidado en + *inf;* **to take pains not to** + *inf* guardarse de + *inf; va & vn* doler
pained [pend] *adj* apenado, afligido
painful [ˈpenfəl] *adj* doloroso; penoso
painkiller [ˈpen,kɪlər] *s* (coll.) remedio contra el dolor
painless [ˈpenlɪs] *adj* indoloro, sin dolor; fácil, sin trabajo
pain reliever *s* calmante del dolor
painstaking [ˈpenz,tekɪŋ] *adj* esmerado
paint [pent] *s* pintura; colorete (*afeite*); *va* pintar; *vn* pintar, ser pintor; pintarse, repintarse
paintbox [ˈpent,bɑks] *s* caja de colores, caja de pinturas
paintbrush [ˈpent,brʌʃ] *s* brocha, pincel
painted lady *s* (bot.) judía de España, judía escarlata
painter [ˈpentər] *s* pintor; (naut.) rejera, amarra; (zool.) puma
Painter's Easel *s* (astr.) Caballete del pintor
painting [ˈpentɪŋ] *s* pintura
paint remover *s* sacapintura, quitapintura
pair [pɛr] *s* par; (pol.) par de diputados apareados para abstenerse de votar; (pol.) convenio para abstenerse de votar; parejas (*dos naipes iguales*); *va* aparear, parear; **to pair off** aparear; *vn* aparearse; **to pair off** aparearse; (pol.) aparearse (*dos diputados*) para abstenerse de votar
pair of glasses *s* gafas; **a pair of glasses** unas gafas
pair of mustaches *s* bigotes
pair of scissors *s* tijeras
pair of spectacles *s* anteojos, gafas
pair of suspenders *s* tirantes
pair of trousers *s* pantalones
paisley [ˈpezlɪ] *s* tela de Paisley; prenda de tela de Paisley
pajamas [pəˈdʒɑməz] o [pəˈdʒæməz] *spl* pijama
Pakistan [ˈpækɪstæn] o [ˈpɑkɪstɑn] *s* el Paquistán
Pakistani [ˌpækɪˈstænɪ] o [ˌpɑkɪˈstɑnɪ] *adj & s* pakistano o pakistaní
pal [pæl] *s* (slang) compañero; (*pret & pp:* **palled;** *ger:* **palling**) *vn* (slang) ser compañeros; **to pal around with** (slang) ser compañero de
palace [ˈpælɪs] *s* palacio
paladin [ˈpælədɪn] *s* paladín
palaestra [pəˈlɛstrə] *s* palestra
palankeen o **palanquin** [ˌpælənˈkin] *s* palanquín
palatable [ˈpælətəbəl] *adj* sabroso, apetitoso
palatal [ˈpælətəl] *adj* palatal; (phonet.) palatal; *s* (phonet.) palatal
palatalization [ˌpælətəlɪˈzeʃən] *s* palatalización
palatalize [ˈpælətəlaɪz] *va* palatalizar; *vn* palatalizarse
palate [ˈpælɪt] *s* (anat.) paladar; (fig.) paladar (*gusto; gastrónomo*)
palatial [pəˈleʃəl] *adj* magnífico, suntuoso
palatinate [pəˈlætɪnet] o [pəˈlætɪnɪt] *s* palatinado; (*cap.*) *s* Palatinado
palatine [ˈpælətaɪn] *adj* palatino; *s* señor palatino, conde palatino; (*cap.*) *adj & s* palatino; **the Palatine** el Palatino
Palatine Hill *s* monte Palatino
palaver [pəˈlævər] o [pəˈlɑvər] *s* plática, conferencia; charla, palabrería; parlamento entre exploradores y bárbaros; lisonja, zalamería; *vn* charlar; parlamentar (*exploradores y bárbaros*); lagotear
pale [pel] *adj* pálido; *s* estaca; palizada; (her.) palo; límite, término; **outside the pale of** fuera de los límites de; *va* empalizar; *vn* palidecer
paleface [ˈpel,fes] *s* rostropálido (*así llamaban los pieles rojas a los de piel blanca*)
paleness [ˈpelnɪs] *s* palidez
paleobotany [ˌpelɪoˈbɑtənɪ] *s* paleobotánica
paleographer [ˌpelɪˈɑgrəfər] *s* paleógrafo
paleographic [ˌpelɪoˈgræfɪk] *adj* paleográfico
paleography [ˌpelɪˈɑgrəfɪ] *s* paleografía
paleolithic [ˌpelɪoˈlɪθɪk] *adj* paleolítico
paleontologist [ˌpelɪɑnˈtɑlədʒɪst] *s* paleontólogo
paleontology [ˌpelɪɑnˈtɑlədʒɪ] *s* paleontología
Paleozoic [ˌpelɪoˈzo·ɪk] *adj & s* (geol.) paleozoico
Palestine [ˈpælɪstaɪn] *s* Palestina
Palestinian [ˌpælɪsˈtɪnɪən] *adj & s* palestino
palette [ˈpælɪt] *s* (paint.) paleta
palette knife *s* espátula
palfrey [ˈpɔlfrɪ] *s* palafrén
Pali [ˈpɑlɪ] *adj & s* pali
palimpsest [ˈpælɪmpsɛst] *s* palimpsesto
palindrome [ˈpælɪndrom] *s* palíndromo, capicúa
paling [ˈpelɪŋ] *s* estaca; estacada
palingenesis [ˌpælɪnˈdʒɛnɪsɪs] *s* palingenesia
palingenetic [ˌpælɪndʒɪˈnɛtɪk] *adj* palingenésico
palinode [ˈpælɪnod] *s* palinodia
palisade [ˈpælɪsed] *s* estaca; estacada, empalizada; acantilado; *va* encerrar con estacada o empalizada
palisander [ˌpælɪˈsændər] *s* (bot.) palisandro
palish [ˈpelɪʃ] *adj* paliducho
pall [pɔl] *s* paño de ataúd, paño mortuorio; capa (*p.e.j., de humo*); (eccl.) palia; hijuela (*para cubrir el cáliz*); *va* hartar, saciar; quitar el sabor a; *vn* perder el sabor; **to pall on** hartar, saciar, dejar de gustar a
palladium [pəˈledɪəm] *s* (*pl:* **-a** [ə]) (chem.) paladio; paladión (*defensa, sostén*); (*cap.*) *s* (myth.) Paladión
Pallas [ˈpæləs] *s* (myth.) Palas
Pallas Athene *s* (myth.) Palas Atenea
pallbearer [ˈpɔl,bɛrər] *s* acompañante de un cadáver; portaféretro, portador del féretro
pallet [ˈpælɪt] *s* jergón; paleta o llana (*de alfarero*); (mach.) uña (*de un trinquete*); (paint.) paleta
palliate [ˈpælɪet] *va* paliar
palliation [ˌpælɪˈeʃən] *s* paliación
palliative [ˈpælɪ,etɪv] *adj & s* paliativo
pallid [ˈpælɪd] *adj* pálido
pallium [ˈpælɪəm] *s* (*pl:* **-ums** o **-a** [ə]) (anat., eccl. & hist.) palio; (eccl.) palia
pall-mall [ˈpɛlˈmɛl] *s* mallo (*juego y terreno*)
pallor [ˈpælər] *s* palidez, palor
palm [pɑm] *s* palma (*de la mano*); palmo (*medida*); (bot.) palma (*árbol y hoja*); (fig.) palma; **to bear the palm** o **to carry off the palm** llevarse la palma; **to grease the palm of** (slang) untar la mano a; **to have an itching palm** (coll.) ser cicatero, ser pesetero; **to yield the palm to** reconocer por vencedor; *va* esconder en la mano; escamotear (*una carta*); **to palm something off on someone** encajarle una cosa a uno
palmaceous [pælˈmeʃəs] *adj* (bot.) palmáceo
palma Christi [ˈpælmə ˈkrɪstaɪ] *s* (bot.) palmacristi
palmary [ˈpælmərɪ] *adj* principal, supremo
palmate [ˈpælmet] *adj* palmeado; (bot. & zool.) palmeado
palmation [pælˈmeʃən] *s* disposición o estructura palmeada; forma o parte palmeada
Palm Beach *s* (trademark) palmiche (*tela*)
palmer [ˈpɑmər] *s* palmero (*peregrino de Tierra Santa*); peregrino; fullero, tahur
palmer worm *s* (ent.) polilla del manzano
palmetto [pælˈmɛto] *s* (*pl:* **-tos** o **-toes**) (bot.) palmito
palmiped [ˈpælmɪpɛd] *adj & s* (zool.) palmípedo
palmist [ˈpɑmɪst] *s* quiromántico
palmistry [ˈpɑmɪstrɪ] *s* quiromancía
palmitate [ˈpælmɪtet] *s* (chem.) palmitato
palm leaf *s* palma, hoja de la palmera
palm oil *s* aceite de palma; (slang) **propina;** (slang) soborno

P

Palm Sunday *s* día de ramos, domingo de ramos
palm wax *s* cera de palma
palmy [ˈpɑmɪ] *adj* (*comp:* **-ier;** *super:* **-iest**) abundante en palmeras; sombreado por palmeras; floreciente, próspero, glorioso
palp [pælp] *s* palpo
palpability [ˌpælpəˈbɪlɪtɪ] *s* palpabilidad
palpable [ˈpælpəbəl] *adj* palpable
palpate [ˈpælpet] *va* (med.) palpar
palpation [pælˈpeʃən] *s* (med.) palpación
palpebral [ˈpælpɪbrəl] *adj* palpebral
palpitate [ˈpælpɪtet] *vn* palpitar
palpitation [ˌpælpɪˈteʃən] *s* palpitación
palpus [ˈpælpəs] *s* (*pl:* **-pi** [paɪ]) palpo
palsy [ˈpɔlzɪ] *s* (*pl:* **-sies**) (path.) perlesía; (*pret & pp:* **-sied**) *va* paralizar
palter [ˈpɔltər] *vn* hablar u obrar sin sinceridad; regatear; estafar, petardear
paltry [ˈpɔltrɪ] *adj* (*comp:* **-trier;** *super:* **-triest**) vil, ruin, mezquino, baladí
paly [ˈpelɪ] *adj* (poet.) algo pálido; (her.) palado
Pamela [ˈpæmələ] *s* Pamela
pampa [ˈpæmpə] *s* pampa; **the Pampas** La Pampa
pampas grass *s* (bot.) carrizo de las pampas
pampean [pæmˈpiən] *adj & s* pampero
pamper [ˈpæmpər] *va* mimar, consentir
pamphlet [ˈpæmflɪt] *s* folleto
pamphleteer [ˌpæmflɪˈtɪr] *s* folletista; *vn* publicar folletos, lanzar folletos
Pamphylia [pæmˈfɪlɪə] *s* Panfilia
pan [pæn] *s* cacerola, cazuela, sartén; caldera, perol; cubeta (*usada, p.ej., en la fotografía*); cazoleta (*de arma de fuego*); (min.) gamella; capa arcillosa y dura debajo de terreno blando; (*cap.*) *s* (myth.) Pan; (*l.c.*) (*pret & pp:* **panned;** *ger:* **panning**) *va* cocer, freír; separar (*el oro*) en la gamella; (coll.) criticar ásperamente; *vn* separar el oro en la gamella; dar oro; **to pan out** (coll.) resultar; **to pan out well** (coll.) tener éxito, dar buen resultado
panacea [ˌpænəˈsiə] *s* panacea
panache [pəˈnæʃ] o [pəˈnɑʃ] *s* penacho
Panama [ˈpænəmɑ] o [ˌpænəˈmɑ] *s* Panamá; (*l.c.*) *s* panamá (*sombrero*)
Panama Canal *s* canal de Panamá
Panama Canal Zone *s* Zona del Canal
Panama hat *s* panamá
Panamanian [ˌpænəˈmenɪən] o [ˌpænəˈmɑnɪən] *adj & s* panameño
Pan-American [ˌpænəˈmɛrɪkən] *adj* panamericano
Pan-Americanism [ˌpænəˈmɛrɪkənɪzəm] *s* panamericanismo
Pan American Union *s* Unión panamericana
Pan-Arabian [ˌpænəˈrebɪən] *adj* panarábico
Panathenaea [ˌpænæθɪˈniə] *spl* (hist.) Panateneas
pancake [ˈpænˌkek] *s* panqueque, hojuela; (aer.) aterrizaje hecho de plano; *vn* (aer.) aterrizar de plano, desplomarse
Pancake Day *s* martes de Carnaval
pancake landing *s* (aer.) aterrizaje en desplome, aterrizaje aplastado
Pancake Tuesday *s* var. de **Pancake Day**
panchromatic [ˌpænkroˈmætɪk] *adj* pancromático
pancreas [ˈpænkrɪəs] *s* (anat.) páncreas
pancreatic [ˌpænkrɪˈætɪk] *adj* pancreático
pancreatic juice *s* (physiol.) jugo pancreático
pancreatin [ˈpænkrɪətɪn] o [ˈpæŋkrɪətɪn] *s* (biochem.) pancreatina
panda [ˈpændə] *s* (zool.) panda
pandanaceous [ˌpændəˈneʃəs] *adj* (bot.) pandanáceo
pandect [ˈpændɛkt] *s* digesto; **pandects** *spl* recopilación (*de leyes*); **Pandects** *spl* Pandectas
pandemic [pænˈdɛmɪk] *adj* pandémico; *s* pandemia
pandemonium [ˌpændɪˈmonɪəm] *s* pandemónium o pandemonio; alboroto diabólico, gresca de todos los demonios
pander [ˈpændər] *s* alcahuete; *vn* alcahuetear; **to pander to** gratificar
Pandora [pænˈdorə] *s* (myth.) Pandora
Pandora's box *s* caja de Pandora
pandowdy [pænˈdaudɪ] *s* (*pl:* **-dies**) pastel de manzana hecho en vasija honda

pane [pen] *s* cristal, vidrio, hoja de vidrio
panegyric [ˌpænɪˈdʒɪrɪk] *s* panegírico
panegyrical [ˌpænɪˈdʒɪrɪkəl] *adj* panegírico
panegyrist [ˌpænɪˈdʒɪrɪst] o [ˈpænɪˌdʒɪrɪst] *s* panegirista
panegyrize [ˈpænɪdʒɪraɪz] *va* panegirizar
panel [ˈpænəl] *s* panel, entrepaño, cuarterón; tabla (*cuadro pintado en una tabla*); pequeño grupo de personas en discusión cara al público; (aut. & elec.) tablero, panel; (law) lista (*de personas que pueden servir como jurados o para algún otro fin*); (mach.) tablero, plancha; (sew.) paño; (*pret & pp:* **-eled** o **-elled;** *ger:* **-eling** o **-elling**) *va* adornar con cuarterones, labrar en cuarterones; artesonar (*un techo o bóveda*)
panelboard [ˈpænəlˌbord] *s* cuadro de mandos
panel discussion *s* coloquio ante un auditorio
paneling o **panelling** [ˈpænəlɪŋ] *s* entrepaños, cuarterones; artesonado (*de un techo o bóveda*)
panelist [ˈpænəlɪst] *s* coloquiante ante un auditorio
panel lights *spl* (aut.) luces del tablero
panentheism [ˌpænˈɛnθiɪzəm] *s* (theol.) panenteísmo
pane of glass *s* hoja de vidrio
panetella [[pænəˈtɛlə] *s* panetela (*cigarro*)
pang [pæŋ] *s* dolor agudo; punzada (*de remordimiento*); agonía (*de la muerte*)
pangenesis [pænˈdʒɛnɪsɪs] *s* (biol.) pangénesis
Pan-German [ˌpænˈdʒʌrmən] *adj* pangermanista; *s* (*pl:* **-mans**) pangermanista
Pan-Germanic [ˌpændʒərˈmænɪk] *adj* pangermanista
Pan-Germanism [ˌpænˈdʒʌrmənɪzəm] *s* pangermanismo
pangolin [pæŋˈgolɪn] *s* (zool.) pangolín
panhandle [ˈpænˌhændəl] *s* mango de sartén; (U.S.A.) faja angosta de territorio de un estado que entra en el de otro; *vn* (slang) mendigar, pedir limosna
panhandler [ˈpænˌhændlər] *s* (slang) mendigo, pordiosero
Panhellenic o **panhellenic** [ˌpænhɛˈlɛnɪk] o [ˌpænhɛˈlinɪk] *adj* panhelénico
Panhellenism [pænˈhɛlənɪzəm] *s* panhelenismo
panic [ˈpænɪk] *adj & s* pánico; (*pret & pp:* **-icked;** *ger:* **-icking**) *va* sobrecoger de pánico; *vn* sobrecogerse de pánico
panic grass *s* (bot.) mijo común
panicky [ˈpænɪkɪ] *adj* pánico; asustadizo
panicle [ˈpænɪkəl] *s* (bot.) panícula, panoja
panicled [ˈpænɪkəld] *adj* (bot.) apanojado
panic-stricken [ˈpænɪkˌstrɪkən] *adj* muerto de miedo, paralizado de pánico, sobrecogido de terror
paniculate [pəˈnɪkjəlet] *adj* (bot.) paniculado
panification [ˌpænɪfɪˈkeʃən] *s* panificación
Pan-Islamic [ˌpænɪsˈlæmɪk] o [ˌpænɪsˈlɑmɪk] *adj* panislamista
Pan-Islamism [ˌpænˈɪsləmɪzəm] *s* panislamismo
Pan-Islamist [ˌpænˈɪsləmɪst] *s* panislamista
panjandrum [pænˈdʒændrəm] *s* (hum.) persona de campanillas; (hum.) ceremonia exagerada
pannicular [pəˈnɪkjələr] *adj* panicular
panniculus [pəˈnɪkjələs] *s* (anat.) panículo
pannier [ˈpænɪər] *s* serón, cuévano; tontillo
pannikin [ˈpænɪkɪn] *s* cacillo; cubilete, copa
panocha [pəˈnotʃə] *s* panocha (*azúcar, melcocha*)
panoplied [ˈpænəplɪd] *adj* armado de pies a cabeza
panoply [ˈpænəplɪ] *s* (*pl:* **-plies**) panoplia; traje ceremonial
panorama [ˌpænəˈræmə] o [ˌpænəˈrɑmə] *s* panorama
panoramic [ˌpænəˈræmɪk] *adj* panorámico
panoramically [ˌpænəˈræmɪkəlɪ] *adv* panorámicamente
Panpipe [ˈpænˌpaɪp] *s* (mus.) flauta de Pan
Pan-Slav [ˌpænˈslɑv] o **Pan-Slavic** [ˌpænˈslɑvɪk] *adj* paneslavista
Pan-Slavism [ˌpænˈslɑvɪzəm] *s* paneslavismo
Pan's pipes *s* (mus.) flauta de Pan
pansy [ˈpænzɪ] *s* (*pl:* **-sies**) (bot.) pensamiento
pant [pænt] *s* jadeo; palpitación; resoplido (*de

una máquina de vapor); **pants** *spl* (coll.) pantalones; **to wear the pants** (coll.) calzarse o ponerse los pantalones; *vn* jadear: palpitar; **to pant for** anhelar, desear con vehemencia
Pantagruelian [ˌpæntəgruˈɛlɪən] o **Pantagruelic** [ˌpæntəgruˈɛlɪk] *adj* pantagruélico
pantalets o **pantalettes** [ˌpæntəˈlɛts] *spl* pantalones de mujer que asomaban debajo de la falda
pantaloon [ˌpæntəˈlun] *s* bufón, gracioso; **pantaloons** *spl* pantalones
pantechnicon [pænˈteknɪkən] *s* (Brit.) camión de mudanzas; (Brit.) almacén o depósito de muebles
pantheism [ˈpænθiɪzəm] *s* panteísmo
pantheist [ˈpænθiɪst] *s* panteísta
pantheistic [ˌpænθiˈɪstɪk] *adj* panteístico
pantheistically [ˌpænθiˈɪstɪkəlɪ] *adv* según la doctrina del panteísmo
pantheon [ˈpænθɪɑn] o [pænˈθiən] *s* panteón
panther [ˈpænθər] *s* (zool.) pantera; (zool.) puma
panties [ˈpæntɪz] *spl* braguitas
pantile [ˈpænˌtaɪl] *s* teja romana, teja de cimacio; teja canalón
pantograph [ˈpæntəgræf] o [ˈpæntəgrɑf] *s* pantógrafo; (elec.) pantógrafo
pantomime [ˈpæntəmaɪm] *s* pantomima; *va* expresar o representar por arte pantomímico
pantomimic [ˌpæntəˈmɪmɪk] *adj* pantomímico
pantomimist [ˈpæntəˌmaɪmɪst] *s* pantomimo
pantothenic [ˌpæntəˈθɛnɪk] *adj* pantoténico
pantothenic acid *s* (biochem.) ácido pantoténico
pantry [ˈpæntrɪ] *s* (*pl:* **-tries**) despensa
pantywaist [ˈpæntɪˌwest] *s* (slang) alfeñique, santito; *adj* (slang) afeminado, aniñado
panzer [ˈpænzər] *adj* (mil.) armado, blindado
pap [pæp] *s* papilla o papas
papa [ˈpɑpə] o [pəˈpɑ] *s* papá
papable [ˈpepəbəl] *adj* papable
papacy [ˈpepəsɪ] *s* (*pl:* **-cies**) papado, pontificado
papain [pəˈpeɪn] o [ˈpepəɪn] *s* (biochem.) papaína
papal [ˈpepəl] *adj* papal
papal nuncio *s* nuncio, nuncio apostólico
Papal States *spl* Estados pontificios
papaveraceous [pəˌpævəˈreʃəs] *adj* (bot.) papaveráceo
papaw [ˈpɔpɔ] o [pəˈpɔ] *s* (bot.) asimina; (bot.) papayo; papaya (*fruto*)
papaya [pəˈpɑjə] *s* (bot.) papayo; papaya (*fruto*)
paper [ˈpepər] *s* papel; periódico; papel o paño (*p.ej., de agujas*); *va* empapelar
paperback [ˈpepərˌbæk] *s* libro en rústica
paper blockade *s* bloqueo en el papel
paper-bound [ˈpepərˌbaʊnd] *adj* en rústica
paper clip *s* abrazadera para papeles, sujetapapeles
paper cone *s* cucurucho
paper cup *s* vaso de papel
paper-cup dispenser [ˈpepərˌkʌp] *s* portavasos de papel
paper cutter *s* cortapapeles; guillotina
paper finger *s* aprietapapeles (*de la máquina de escribir*)
paper flower *s* flor de mano, flor artificial
paper hanger *s* empapelador, papelista, pegador
paper knife *s* cortapapeles
paper mill *s* fábrica de papel
paper money *s* papel moneda
paper mulberry *s* (bot.) papelero
paper nautilus *s* (zool.) argonauta
paper profits *spl* ganancias no realizadas sobre valores no vendidos
paper tape *s* cinta perforada
paperweight [ˈpepərˌwet] *s* pisapapeles
paper work *s* preparación o comprobación de escritos (*archivos, avisos, exámenes de alumnos, etc.*)
papery [ˈpepərɪ] *adj* parecido al papel, fino o delgado como el papel
papier-mâché [ˈpepərməˈʃe] *s* cartón piedra; *adj* de cartón piedra
papilionaceous [pəˌpɪlɪəˈneʃəs] *adj* (bot.) papilionáceo
papilla [pəˈpɪlə] *s* (*pl:* **-lae** [li]) (anat. & bot.) papila
papillary [ˈpæpɪˌlɛrɪ] o [pəˈpɪlərɪ] *adj* papilar
papilloma [ˌpæpɪˈlomə] *s* (*pl:* **-mata** [mətə] o **-mas**) (path.) papiloma
papillose [ˈpæpɪlos] *adj* lleno de papilas
papion [ˈpepɪɑn] *s* (zool.) papión
papist [ˈpepist] *adj & s* (scornful) papista
papistic [peˈpɪstɪk] o [pəˈpɪstɪk] o **papistical** [peˈpɪstɪkəl] o [pəˈpɪstɪkəl] *adj* (scornful) papístico
papistry [ˈpepɪstrɪ] *s* (scornful) papismo
pappus [ˈpæpəs] *s* (*pl:* **-pi** [paɪ]) (bot.) papo, vilano
pappy [ˈpæpɪ] *adj* (*comp:* **-pier**; *super:* **-piest**) mollar, jugoso; *s* (*pl:* **-pies**) (slang) papá
paprika [pæˈprikə] o [ˈpæprɪkə] *s* pimentón
Papua [ˈpæpjʊə] *s* la Papuasia
Papuan [ˈpæpjʊən] *adj & s* papú
papule [ˈpæpjul] *s* (path.) pápula
papulose [ˈpæpjəlos] *adj* papuloso
papyraceous [ˌpæpɪˈreʃəs] *adj* papiráceo
papyrus [pəˈpaɪrəs] *s* (*pl:* **-ri** [raɪ]) (bot.) papiro; papiro (*lámina del tallo de esta planta; hoja de papiro escrita*)
par. abr. de **paragraph, parallel, parenthesis** y **parish**
par [pɑr] *adj* a la par; nominal; normal; *s* (com.) paridad; (com.) valor nominal; (golf) norma de perfección; **above par** (com.) sobre la par; (com.) con beneficio, con premio; **at par** (com.) a la par; **below par** o **under par** (com.) bajo la par; (com.) con pérdida, con quebranto; (coll.) indispuesto; **to be on a par with** correr parejas con
parable [ˈpærəbəl] *s* parábola
parabola [pəˈræbələ] *s* (geom.) parábola
parabolic [ˌpærəˈbɑlɪk] *adj* parabólico; (geom.) parabólico
paraboloid [pəˈræbəlɔɪd] *s* (geom.) paraboloide
Paracelsus [ˌpærəˈsɛlsəs] *s* Paracelso
paracentesis [ˌpærəsenˈtisɪs] *s* (surg.) paracentesis
parachronism [pæˈrækrənɪzəm] *s* paracronismo
parachute [ˈpærəʃut] *s* paracaídas; *vn* lanzarse en paracaídas; **to parachute to safety** salvarse en paracaídas
parachute jump *s* salto en paracaídas
parachutist [ˈpærəˌʃutɪst] *s* paracaidista
Paraclete [ˈpærəklit] *s* paráclito
parade [pəˈred] *s* desfile; paseo; ostentación; **parade rest** (mil.) en su lugar descanso; *va* ostentar, pasear (*p.ej., una bandera*); (mil.) convocar a una revista; *vn* desfilar, pasar por las calles; (mil.) formar en parada
parade ground *s* (mil.) plaza de armas
paradichlorobenzene [ˌpærədaɪˌkloroˈbɛnzin] *s* (chem.) paradiclorobenceno
paradigm [ˈpærədɪm] o [ˈpærədaɪm] *s* (gram. & fig.) paradigma
paradise [ˈpærədaɪs] *s* paraíso; (slang) paraíso (*en el teatro*); (hort.) manzano enano de San Juan o del paraíso
paradisiacal [ˌpærədɪˈsaɪəkəl] *adj* paradisíaco
paradox [ˈpærədɑks] *s* paradoja; persona o cosa incomprensibles
paradoxical [ˌpærəˈdɑksɪkəl] *adj* paradójico
paraffin [ˈpærəfɪn] o **paraffine** [ˈpærəfɪn] o [ˈpærəfin] *s* parafina
paragoge [ˌpærəˈgodʒɪ] *s* (gram.) paragoge
paragogic [ˌpærəˈgɑdʒɪk] *adj* paragógico
paragon [ˈpærəgɑn] *s* dechado; (print.) parangona
paragraph [ˈpærəgræf] o [ˈpærəgrɑf] *s* párrafo; suelto o gacetilla (*en un periódico*); *va* dividir en párrafos; escribir sueltos o gacetillas sobre
paragrapher [ˈpærəˌgræfər] o [ˈpærəˌgrɑfər] *s* gacetillero
paragraphia [ˌpærəˈgræfɪə] *s* (path.) paragrafía
Paraguay [ˈpærəgwe] o [ˈpærəgwaɪ] *s* el Paraguay
Paraguayan [ˌpærəˈgweən] o [ˌpærəˈgwaɪən] *adj & s* paraguayano o paraguayo
Paraguay tea *s* (bot.) hierba del Paraguay
parakeet [ˈpærəkit] *s* (orn.) perico, periquito

P

paraldehyde [pə'rældɪhaɪd] *s* (chem.) paraldehído
Paralipomena [ˌpærəlɪ'pɑmɪnə] *spl* (Bib.) paralipómenos; (*l.c.*) *spl* cosas omitidas u olvidadas
paralipsis [ˌpærə'lɪpsɪs] *s* (*pl:* **-ses** [siz]) (rhet.) paralipsis
parallactic [ˌpærə'læktɪk] *adj* paraláctico
parallax ['pærəlæks] *s* paralaje
parallel ['pærəlɛl] *adj* paralelo; (elec.) en paralelo; **to run parallel to** andar o ir en línea paralela a; *s* (geom. & fort.) paralela; (geom.) plano paralelo; (geog. & fig.) paralelo; **parallels** *spl* (print.) doble raya vertical; **in parallel** (elec.) en paralelo; (*pret & pp:* **-leled** o **-lelled**; *ger:* **-leling** o **-lelling**) *va* ser paralelo a; poner en dirección paralela; correr parejas con; hallar una cosa semejante a; paralelizar (*hacer la comparación entre*)
parallel bars *spl* (sport) paralelas, barras paralelas
parallelepiped [ˌpærəˌlɛlɪ'paɪpɪd] o **parallelepipedon** [ˌpærəˌlɛlɪ'pɪpɪdɑn] *s* (geom.) paralelepípedo
parallel-flow turbine ['pærəlɛl'flo] *s* turbina paralela
parallelism ['pærəlɛlɪzəm] *s* paralelismo
parallel motion *s* (mach.) mecanismo de movimiento paralelo; (mus.) movimiento paralelo
parallelogram [ˌpærə'lɛləgræm] *s* (geom.) paralelogramo
parallelogram law *s* (mech.) regla del paralelogramo
parallel postulate *s* (math.) postulado de las paralelas
paralogism [pə'rælədʒɪzəm] *s* paralogismo
paralogize [pə'rælədʒaɪz] *vn* paralogizarse
paralysis [pə'rælɪsɪs] *s* (*pl:* **-ses** [siz]) (path. & fig.) parálisis
paralysis agitans ['ædʒɪtænz] *s* (path.) parálisis agitante
paralytic [ˌpærə'lɪtɪk] *adj & s* paralítico
paralyzation [ˌpærəlɪ'zeʃən] *s* paralización
paralyze ['pærəlaɪz] *va* paralizar; (fig.) paralizar
paramagnetic [ˌpærəmæg'nɛtɪk] *adj* paramagnético
paramagnetism [ˌpærə'mægnɪtɪzəm] *s* paramagnetismo
paramecium [ˌpærə'miʃɪəm] o [ˌpærə'misɪəm] *s* (*pl:* **-a** [ə]) (zool.) paramecio
parameter [pə'ræmɪtər] *s* (math.) parámetro
paramount ['pærəmaʊnt] *adj* capital, supremo, principalísimo
paramour ['pærəmʊr] *s* querido o querida
paranoia [ˌpærə'nɔɪə] *s* (path.) paranoia
paranoiac [ˌpærə'nɔɪæk] *adj & s* paranoico
parapet ['pærəpɛt] *s* parapeto; (fort.) parapeto
paraphernalia [ˌpærəfər'nelɪə] *spl* bienes personales, trastos, atavíos; (law) bienes parafernales
paraphrase ['pærəfrez] *s* paráfrasis; *va* parafrasear
paraphrast ['pærəfræst] *s* parafraste
paraphrastic [ˌpærə'fræstɪk] *adj* parafrástico
paraphrastically [ˌpærə'fræstɪkəlɪ] *adv* parafrásticamente
paraplegia [ˌpærə'plidʒɪə] *s* (path.) paraplejía
paraplegic [ˌpærə'plɛdʒɪk] o [ˌpærə'plidʒɪk] *adj & s* parapléjico
parapsychology [ˌpærəsaɪ'kɑlədʒɪ] *s* parapsicología
parasang ['pærəsæŋ] *s* parasanga
parasceve ['pærəsiv] *s* parasceve
paraselene [ˌpærəsɪ'linɪ] *s* (*pl:* **-nae** [ni]) (meteor.) paraselene
parasite ['pærəsaɪt] *s* (biol. & fig.) parásito
parasitic [ˌpærə'sɪtɪk] o **parasitical** [ˌpærə'sɪtɪkəl] *adj* parasítico o parasitario
parasiticide [ˌpærə'sɪtɪsaɪd] *adj & s* parasiticida
parasitism ['pærəˌsaɪtɪzəm] *s* parasitismo
parasitological [ˌpærəˌsaɪtə'lɑdʒɪkəl] *adj* parasitológico
parasitologist [ˌpærəsaɪ'tɑlədʒɪst] *s* parasitólogo
parasitology [ˌpærəsaɪ'tɑlədʒɪ] *s* parasitología
parasol ['pærəsɔl] o ['pærəsɑl] *s* quitasol, parasol
parasympathetic [ˌpærəˌsɪmpə'θɛtɪk] *adj & s* (anat. & physiol.) parasimpático
parasynthesis [ˌpærə'sɪnθɪsɪs] *s* (gram.) parasíntesis
parathyroid [ˌpærə'θaɪrɔɪd] *adj & s* (anat.) paratiroides
parathyroid glands *spl* (anat.) glándulas paratiroides
paratrooper ['pærəˌtrupər] *s* (mil.) paracaidista
paratroops ['pærətrups] *spl* (mil.) tropas paracaidistas
paratyphoid [ˌpærə'taɪfɔɪd] *adj* paratifoide
paratyphoid fever *s* (path.) fiebre paratifoidea
parboil ['pɑrbɔɪl] *va* sancochar; calentar con exceso
parbuckle ['pɑrˌbʌkəl] *s* tiravira
Parcae ['pɑrsi] *spl* (myth.) Parcas
parcel ['pɑrsəl] *s* paquete, lío, atado; solar, lote; hatajo (*p.ej., de embustes*); pandilla (*p.ej., de embusteros*); (*pret & pp:* **-celed** o **-celled**; *ger:* **-celing** o **-celling**) *va* empaquetar, embalar; parcelar (*el terreno*); **to parcel out** repartir
parceling o **parcelling** ['pɑrsəlɪŋ] *s* parcelación (*del terreno*); (naut.) entreforro, fajadura
parcel post *s* paquetes postales (*servicio*)
parch [pɑrtʃ] *va* tostar; abrasar; agostar (*las plantas*); *vn* tostarse; abrasarse, sufrir con el calor
parcheesi o **parchesi** [pɑr'tʃizɪ] *s* parchesí
parchment ['pɑrtʃmənt] *s* pergamino; pergamino de imitación
parchment paper *s* papel pergamino
pard [pɑrd] *s* (slang) compadre, amigote; (archaic) pardo, leopardo
pardi o **pardie** [pɑr'di] *interj* (archaic) en verdad, por cierto
pardon ['pɑrdən] *s* perdón; indulto (*gracia concedida, p.ej., por el Estado*); **I beg your pardon** dispense Vd.; *va* perdonar, dispensar; **pardon me** dispense Vd.
pardonable ['pɑrdənəbəl] *adj* perdonable
pardonably ['pɑrdənəblɪ] *adv* disculpablemente
pardon board *s* junta de perdones
pardoner ['pɑrdənər] *s* perdonador; (eccl.) perdonador
pare [pɛr] *va* mondar (*fruta*); pelar (*patatas*); cortar (*callos, uñas, etc.*); despalmar (*la palma córnea de los animales*); adelgazar, sacar de espesor; reducir (*p.ej., gastos*)
paregoric [ˌpærɪ'gɑrɪk] o [ˌpærɪ'gɔrɪk] *adj* paregórico, calmante; *s* (pharm.) elixir paregórico, tintura compuesta de alcanfor
paren. abr. de **parenthesis**
parenchyma [pə'rɛŋkɪmə] *s* (anat. & bot.) parénquima
parenchymatous [ˌpærɛŋ'kɪmətəs] *adj* parenquimatoso
parent ['pɛrənt] *s* padre o madre; autor, fuente, origen; **parents** *spl* padres (*padre y madre*); *adj* madre, principal
parentage ['pɛrəntɪdʒ] *s* paternidad o maternidad; abolengo, linaje
parental [pə'rɛntəl] *adj* parental, de padre y madre
parent company *s* compañía matriz
parenteral [pæ'rɛntərəl] *adj* parenteral
parenthesis [pə'rɛnθɪsɪs] *s* (*pl:* **-ses** [siz]) (gram. & fig.) paréntesis; **in parentheses** dentro de un paréntesis o entre paréntesis
parenthesize [pə'rɛnθɪsaɪz] *va* poner entre paréntesis; insertar entre paréntesis; interrumpir (*un discurso*) con muchos paréntesis
parenthetic [ˌpærən'θɛtɪk] o **parenthetical** [ˌpærən'θɛtɪkəl] *adj* parentético; explicativo; digresivo
parenthetically [ˌpærən'θɛtɪkəlɪ] *adv* por paréntesis
parenthood ['pɛrənthʊd] *s* paternidad o maternidad
paresis [pə'risɪs] o ['pærɪsɪs] *s* (path.) paresia o paresis
paretic [pə'rɛtɪk] o [pə'ritɪk] *adj & s* parético

par excellence [pɑr 'ɛksəlɑns] o [pɑr ɛksɛ'lɑ̃s] (Fr.) por excelencia
parfait [pɑr'fe] *s* helado hecho sin agitación, de crema batida muy dulce
parget ['pɑrdʒɪt] *s* enlucido; molduras de yeso; *va* enlucir; adornar con molduras de yeso
parheliacal [,pɑrhɪ'laɪəkəl] *adj* parhélico
parheliacal ring *s* (meteor.) círculo parhélico
parhelic [pɑr'hilɪk] *adj* var. de **parheliacal**
parhelic circle *s* var. de **parheliacal ring**
parhelion [pɑr'hilɪən] *s* (*pl:* **-a** [ə]) (meteor.) parhelio
pariah [pə'raɪə] o ['pɑrɪə] *s* paria
Parian ['pɛrɪən] *adj* pario; *s* pario; porcelana paria
parietal [pə'raɪətəl] *adj* parietal; interior; (anat., bot. & zool.) parietal; *s* (anat.) parietal
pari-mutuel ['pærɪ'mjutʃʊəl] *s* apuesta mutua; totalizador, aparato para registro de apuestas mutuas
paring ['pɛrɪŋ] *s* peladura, raspadura; cáscara; **parings** *spl* espalmadura, despalmadura (*del casco de los animales*)
paring knife *s* cuchillo para mondar
paripinnate [,pærɪ'pɪnet] *adj* (bot.) paripinado
Paris ['pærɪs] *s* París; (myth.) Paris
Paris green *s* verde de París, verde de Schweinfurt
parish ['pærɪʃ] *s* parroquia; jurisdicción o subdivisión (*del estado de Luisiana, EE.UU.*); (Brit.) distrito civil; *adj* parroquial
parishioner [pə'rɪʃənər] *s* parroquiano, feligrés
Parisian [pə'rɪʒən] *adj & s* parisiense
parisyllabic [,pærɪsɪ'læbɪk] *adj* parisilábico o parisílabo
parity ['pærɪtɪ] *s* paridad
park [pɑrk] *s* parque; (mil.) parque; (Brit.) parque (*destinado a las fieras*); *va* (aut.) estacionar (*p.ej., en la calle por poco tiempo*); (aut.) aparcar, parquear (*p.ej., en una estación de aparcamiento por un largo plazo*); (mil.) aparcar, parquear; (coll.) colocar, dejar; *vn* (aut.) estacionar; (aut.) aparcar, parquear
parka ['pɑrkə] *s* especie de zamarra de los esquimales; chaqueta de lana con capucha (*que llevan los esquiadores y otros deportistas*)
Parker Kalon screw ['pɑrkər 'kelɑn] *s* (trademark) tornillo Parker (*especie de tornillo que labra la rosca por sí mismo*)
parking ['pɑrkɪŋ] *s* terreno poblado de árboles y plantas; césped (*y a veces árboles*) plantado entre las dos vías de la carretera o por los dos lados de ella; (aut.) estacionamiento; (aut. & mil.) aparcamiento; **no parking** se prohibe estacionarse
parking brake *s* (aut.) freno de estacionamiento
parking light *s* (aut.) luz de estacionamiento, población o situación
parking lot *s* (aut.) parque, parque de estacionamiento
parking meter *s* (aut.) reloj de estacionamiento
parking station *s* (aut.) estación de aparcamiento
parking ticket *s* aviso de multa (*por estacionar un auto indebidamente*)
Parkinson's disease ['pɑrkɪnsənz] *s* (path.) enfermedad de Parkinson, parálisis agitante
parkleaves ['pɑrk,livz] *s* (bot.) todabuena
parkway ['pɑrk,we] *s* gran vía adornada con árboles
parlance ['pɑrləns] *s* lenguaje
parley ['pɑrlɪ] *s* parlamento; *vn* parlamentar
parliament ['pɑrlɪmənt] *s* parlamento
parliamentarian [,pɑrlɪmen'tɛrɪən] *s* parlamentario; (*cap.*) *s* (hist.) Parlamentario
parliamentarism [,pɑrlɪ'mɛntərɪzəm] *s* parlamentarismo
parliamentary [,pɑrlɪ'mentərɪ] *adj* parlamentario
parlor ['pɑrlər] *s* sala; parlatorio, locutorio; salón (*p. ej., de belleza*); *adj* de gabinete
parlor car *s* (rail.) coche-salón
parlor games *spl* diversiones de salón, juegos de sociedad
parlous ['pɑrləs] *adj* (archaic & dial.) peligroso; (archaic & dial.) terrible, enorme; (archaic & dial.) astuto; *adv* (archaic & dial.) enormemente, sumamente
Parmenides [pɑr'mɛnɪdiz] *s* Parménides
Parmesan [,pɑrmɪ'zæn] *adj* parmesano; *s* parmesano (*natural; queso*)
Parmesan cheese *s* queso parmesano
Parnassian [pɑr'næsɪən] *adj* parnasiano
Parnassus [pɑr'næsəs] *s* parnaso (*colección de poesías*); el Parnaso; **Mount Parnassus** el monte Parnaso; **to try to climb Parnassus** hacer pinos en poesía
parochial [pə'rokɪəl] *adj* parroquial; estrecho, limitado
parochialism [pə'rokɪəlɪzəm] *s* parroquialidad; estrechez de miras, intolerancia
parochial school *s* escuela parroquial
parodist ['pærədɪst] *s* parodista
parody ['pærədɪ] *s* (*pl:* **-dies**) parodia; (*pret & pp:* **-died**) *va* parodiar
parole [pə'rol] *s* palabra de honor; libertad bajo palabra, remisión condicional de la pena, régimen de libertad provisional; **on parole** bajo el régimen de libertad provisional; *va* dejar libre bajo palabra
parolee [pə,ro'li] *s* delincuente bajo el régimen de libertad vigilada
paronomasia [,pærəno'meʒɪə] *s* paronomasia
paronym ['pærənɪm] *s* parónimo
paronymous [pə'rɑnɪməs] *adj* parónimo
paronymy [pə'rɑnɪmɪ] *s* paronimia
paroquet ['pærəkɛt] *s* var. de **parakeet**
parotid [pə'rɑtɪd] *adj* (anat.) parotídeo; *s* (anat.) parótida
parotitic [,pærə'tɪtɪk] *adj* (path.) parotídeo
paroxysm ['pærəksɪzəm] *s* paroxismo; (path.) paroxismo
paroxysmal [,pærək'sɪzməl] *adj* paroxismal
paroxytone [pær'ɑksɪton] *adj & s* (phonet.) paroxítono
parquet [pɑr'ke] o [pɑr'kɛt] *s* entarimado; (theat.) platea; (*pret & pp:* **-queted** ['ked] o ['kɛtɪd]; *ger:* **-queting** ['keɪŋ] o ['kɛtɪŋ]) *va* entarimar
parquet circle *s* (theat.) anfiteatro debajo de la galería
parquetry ['pɑrkɪtrɪ] *s* mosaico de madera, obra de entarimado
parr [pɑr] *s* (ichth.) alevín, esguín
parrakeet ['pærəkit] *s* var. de **parakeet**
parral o **parrel** ['pærəl] *s* (naut.) racamenta o racamento
parricidal [,pærɪ'saɪdəl] *adj* parricida
parricide ['pærɪsaɪd] *s* parricidio (*acción*); parricida (*persona*)
parrot ['pærət] *s* (orn.) papagayo, loro; (fig.) papagayo; *va* repetir o imitar como loro
parrot disease o **parrot fever** *s* (path.) psitacosis
parrot fish *s* (ichth.) pez-papagayo
parry ['pærɪ] *s* (*pl:* **-ries**) parada, quite; (fig.) defensa; (*pret & pp:* **-ried**) *va* parar; (fig.) defenderse de
parry of o **in carte** o **quarte** [kɑrt] *s* (fencing) parada en cuarta
parry of o **in prime** *s* (fencing) parada en primera
parry of o **in seconde** [sɪ'kɑnd] *s* (fencing) parada en segunda
parry of o **in tierce** *s* (fencing) parada en tercera
parse [pɑrs] *va* analizar (*una oración*) gramaticalmente; describir (*una palabra*) gramaticalmente
Parsee o **Parsi** ['pɑrsi] *s* parsi
Parseeism ['pɑrsiɪzəm] *s* parsismo
Parsic ['pɑrsɪk] *adj* parsi
parsimonious [,pɑrsɪ'monɪəs] *adj* parsimonioso
parsimony ['pɑrsɪ,monɪ] *s* parsimonia
parsley ['pɑrslɪ] *s* (bot.) perejil (*planta y hojas*)
parsnip ['pɑrsnɪp] *s* (bot.) chirivía (*planta y raíz*)
parson ['pɑrsən] *s* cura, párroco; clérigo; pastor protestante
parsonage ['pɑrsənɪdʒ] *s* rectoría
part. abr. de **participle** y **particular**
part [pɑrt] *s* parte; pieza (*de una máquina*); (theat. & mus.) parte; raya (*en los cabellos*); **parts** *spl* partes, prendas, dotes; partes, partes

P

vergonzosas; **foreign parts** países extranjeros; **for my (his) part** por mi (su) parte; **for the most part** por lo general, por la mayor parte; **in good part** en buena parte (*sin ofenderse*); **in part** en parte; **on the part of** de la parte de; **to do one's part** cumplir con su obligación; **to look the part** vestir el cargo; **to take part in** tomar parte en; **to take the part of** tomar el partido de, defender; desempeñar el papel de; **part and parcel** parte esencial, elemento esencial, parte inseparable; *va* dividir, partir, separar; **to part company** separarse; **to part the hair** hacerse la raya; *vn* separarse; **to part from** separarse de, despedirse de; **to part with** deshacerse de, abandonar; despedirse de; *adj* parcial; *adv* parte, en parte

partake [pɑr'tek] (*pret:* **-took;** *pp:* **-taken**) *va* compartir; comer; beber; *vn* participar; **to partake in** participar en; **to partake of** participar de; tener algo de; comer; beber; **will you partake?** ¿gusta Vd.?

parterre [pɑr'tɛr] *s* parterre (*de jardín*); (theat.) anfiteatro debajo de la galería

parthenogenesis [,pɑrθɪno'dʒɛnɪsɪs] *s* (biol.) partenogénesis

parthenogenetic [,pɑrθɪnodʒɪ'nɛtɪk] *adj* partenogenético

Parthenon ['pɑrθɪnɑn] *s* Partenón

Parthia ['pɑrθɪə] *s* Partia

Parthian ['pɑrθɪən] *adj & s* parto

Parthian shot *s* la flecha del parto

partial ['pɑrʃəl] *adj* parcial; aficionado

partial eclipse *s* (astr.) eclipse parcial

partiality [,pɑrʃɪ'ælɪtɪ] *s* (*pl:* **-ties**) parcialidad; afición

partially ['pɑrʃəlɪ] *adv* parcialmente

participant [pɑr'tɪsɪpənt] *adj & s* partícipe

participate [pɑr'tɪsɪpet] *vn* participar; **to participate in** participar en

participation [pɑr,tɪsɪ'peʃən] *s* participación

participator [pɑr'tɪsɪ,petər] *s* partícipe

participial [,pɑrtɪ'sɪpɪəl] *adj* participial

participially [,pɑrtɪ'sɪpɪəlɪ] *adv* a modo de participio

participle ['pɑrtɪsɪpəl] *s* (gram.) participio

particle ['pɑrtɪkəl] *s* partícula; (eccl. & gram.) partícula; (chem. & phys.) corpúsculo, partícula

parti-colored ['pɑrtɪ,kʌlərd] *adj* abigarrado, jaspeado; (fig.) diversificado, variado

particular [pər'tɪkjələr] *adj* particular; difícil, exigente, quisquilloso; esmerado; minucioso, detallado; **that particular book** ese libro y no otro; *s* particular (*punto, asunto*); **in particular** en particular

particularity [pər,tɪkjə'lærɪtɪ] *s* (*pl:* **-ties**) particularidad; quisquillosidad; esmero; minuciosidad

particularization [pər,tɪkjələrɪ'zeʃən] *s* particularización

particularize [pər'tɪkjələraɪz] *va & vn* particularizar

particularly [pər'tɪkjələrlɪ] *adv* particularmente; minuciosamente, detalladamente

partile ['pɑrtɪl] o ['pɑrtaɪl] *adj* (astrol.) partil

parting ['pɑrtɪŋ] *s* partida; separación, punto de separación; **to come to the parting of the ways** llegar al momento de separarse, no poder permanecer más tiempo asociados; *adj* de despedida; que declina (*dícese del día*)

parting strip *s* (carp.) listón separador; faja central o divisora (*del camino*)

partisan ['pɑrtɪzən] *adj & s* partidario, partidista; (mil.) partisano

partisanship ['pɑrtɪzənʃɪp] *s* parcialidad, partidismo

partition [pɑr'tɪʃən] *s* partición, distribución; división; parte, porción; tabique; *va* repartir; dividir en cuartos, aposentos, etc.; tabicar

partitive ['pɑrtɪtɪv] *adj* partitivo; (gram.) partitivo; *s* (gram.) palabra partitiva, caso partitivo

partizan ['pɑrtɪzən] *adj & s* var. de **partisan**

partner ['pɑrtnər] *s* compañero; cónyuge (*marido o mujer*); pareja (*compañero o compañera en los bailes*); (com.) socio

partnership ['pɑrtnərʃɪp] *s* asociación; consorcio, vida en común; (com.) sociedad, asociación comercial

part of speech *s* (gram.) parte de la oración, parte del discurso

partook [pɑr'tʊk] *pret de* **partake**

part owner *s* condueño

partridge ['pɑrtrɪdʒ] *s* (orn.) perdiz; (orn.) perdiz pardilla; (orn.) perdiz blanca; (orn.) colín de Virginia; (orn.) bonasa americana

partridgeberry ['pɑrtrɪdʒ,bɛrɪ] *s* (*pl:* **-ries**) (bot.) planta rubiácea norteamericana (*Mitchella repens*); (bot.) gaulteria del Canadá

part-time ['pɑrt,taɪm] *adj* por horas, parcial

parturient [pɑr'tjʊrɪənt] o [pɑr'tʊrɪənt] *adj* parturiente; prolífico, lleno (*p.ej., de ideas*)

parturition [,pɑrtjʊ'rɪʃən] o [,pɑrtʃʊ'rɪʃən] *s* parturición

part way *adv* en parte; parte de la distancia

party ['pɑrtɪ] *s* (*pl:* **-ties**) *s* convite, reunión, fiesta, tertulia, recepción; partida (*de campo, caza, pesca, etc.; de gente armada*); grupo; (pol.) partido; parte, cómplice, interesado; (law) parte; (coll.) persona, individuo; **to be a party to** tener parte en, estar interesado en; **to join the party** agregarse a la partida; afiliarse al partido; *adj* de partido; de gala

party boss *s* jefe de partido (comunista)

party-colored ['pɑrtɪ,kʌlərd] *adj* var. de **parti-colored**

party girl *s* chica de vida alegre

party-goer ['pɑrtɪ,goər] *s* tertuliano; fiestero

party line *s* linde o lindero (*entre dos inmuebles*); (telp.) línea compartida; línea del partido (*política del partido comunista*)

party liner *s* secuaz del partido comunista

party politics *ssg* política de partido

party wall *s* medianería, pared medianera

party wire *s* (telp.) línea compartida

par value *s* (com.) valor nominal, valor a la par

parvenu ['pɑrvənju] o ['pɑrvənu] *adj & s* advenedizo

paschal ['pæskəl] *adj* pascual

paschal candle *s* (eccl.) cirio pascual

paschal lamb *s* cordero pascual

pasha [pə'ʃɑ] o ['pæʃə] *s* bajá

pasqueflower ['pæsk,flaʊər] *s* (bot.) pulsatila

pasquinade [,pæskwɪ'ned] *s* pasquín; *va* pasquinar

pass. abr. de **passenger** y **passive**

pass [pæs] o [pɑs] *s* paso; pase (*permiso; billete gratuito; movimiento de las manos en el mesmerismo*); aprobación (*en un examen*); nota de aprobado ‖ (*pret:* **passed;** *pp:* **passed** o **past**) *va* pasar; pasar de largo (*una luz roja*); aprobar (*un proyecto de ley; un examen; a un alumno*); ser aprobado en (*un examen*); dejar atrás; cruzarse con; expresar (*una opinión*); pronunciar (*una sentencia*); dar (*la palabra*); dejar sin protestar; no pagar (*un dividendo*); evacuar; **to pass along** o **around** pasar de uno a otro; **to pass by** no fijarse en, pasar por alto, no hacer caso de; **to pass each other** cruzarse; **to pass off** colar, pasar, hacer aceptar (*p.ej., moneda falsa*); disimular (*p.ej., una ofensa con una risa*); **to pass on** pasar, transmitir; **to pass out** distribuir; **to pass over** omitir, pasar por alto; excusar; desdeñar; dejar sin protestar; postergar (*a un empleado*); **to pass over in silence** pasar en silencio; **to pass through** pasar por, hacer pasar por ‖ *vn* pasar; pasarse (*introducirse*); aprobar; **to bring to pass** llevar a cabo; **to come to pass** suceder; **to let pass** no hacer caso de; **to pass along** pasar de largo; pasar por (*p.ej., la calle*); **to pass as** pasar por; **to pass away** pasar; **to pass beyond** pasar de, ir más allá de; **to pass by** pasar, pasar de largo; pasar cerca de; **to pass for** pasar por; **to pass off** pasar (*una enfermedad, una tempestad, etc.*); tener lugar; **to pass on** pasar; formar juicio sobre; **to pass out** salir; (slang) desmayarse; **to pass over** atravesar, pasar por; **to pass over to** pasarse a (*p.ej., el enemigo*); **to pass through** atravesar, pasar por

passable ['pæsəbəl] o ['pɑsəbəl] *adj* pasadero; corriente (*moneda*); promulgable (*ley*)

passably ['pæsəblɪ] o ['pɑsəblɪ] *adv* pasaderamente

passacaglia [,pɑsɑ'kɑljɑ] *s* (mus.) pasacalle

passage [ˈpæsɪdʒ] *s* paso, pasaje; transcurso (*del tiempo*); lance, encuentro personal; intercambio (*p.ej., de confidencias*); evacuación (*del vientre*); (mus.) pasaje
passage at u **of arms** *s* combate, lucha
passageway [ˈpæsɪdʒˌwe] *s* pasillo, pasadizo; callejón, pasaje
passant [ˈpæsənt] *adj* (her.) pasante
passbook [ˈpæsˌbʊk] o [ˈpɑsˌbʊk] *s* cartilla, libreta de banco
passementerie [pæsˈmɛntrɪ] *s* pasamanería
passenger [ˈpæsəndʒər] *s* pasajero
passenger car *s* (rail.) coche de viajeros; (aut.) coche de paseo o de turismo
passenger engine *s* (rail.) locomotora de viajeros
passenger miles *spl* (rail. & aer.) millas-pasajeros, pasajeros-milla
passenger pigeon *s* (orn.) paloma emigrante
passe partout [ˌpæs pɑrˈtu] *s* paspartú, marco de vidrio y cartón; papel engomado que sirve para pegar el vidrio al cartón; llave maestra
passer-by [ˈpæsərˈbaɪ] o [ˈpɑsərˈbaɪ] *s* (*pl:* **passers-by**) transeúnte
passifloraceous [ˌpæsɪfloˈreʃəs] *adj* (bot.) pasifloráceo
passing [ˈpæsɪŋ] o [ˈpɑsɪŋ] *adj* pasajero; corriente; de aprobado; *s* paso (*acción de pasar; trance de la muerte*); aprobación (*en un examen*); **in passing** de paso, al pasar; *adv* (archaic) muy, sumamente
passing bell *s* toque de difuntos
passion [ˈpæʃən] *s* pasión; (*cap.*) *s* (rel. & f.a.) Pasión; **to have a passion for** tener pasión por
passional [ˈpæʃənəl] *adj* pasional
passionate [ˈpæʃənɪt] *adj* apasionado; ardiente, vehemente; colérico
passionflower [ˈpæʃənˌflaʊər] *s* (bot.) pasionaria (*planta*); granadilla (*flor*)
passionfruit [ˈpæʃənˌfrut] *s* granadilla
passionless [ˈpæʃənlɪs] *adj* sin pasión, frío
Passion Play *s* drama de la Pasión
Passion Sunday *s* domingo de lázaro o de pasión
Passion Week *s* semana de pasión
passive [ˈpæsɪv] *adj* pasivo; (gram.) pasivo; *s* (gram.) voz pasiva, verbo pasivo, construcción pasiva
passive immunity *s* (immun.) inmunidad pasiva
passively [ˈpæsɪvlɪ] *adv* pasivamente; (gram.) pasivamente
passive resistance *s* resistencia pasiva
passive voice *s* (gram.) voz pasiva
passivity [pæˈsɪvɪtɪ] *s* pasividad
passkey [ˈpæsˌki] o [ˈpɑsˌki] *s* llave de paso; llavín
Passover [ˈpæsˌovər] o [ˈpɑsˌovər] *s* pascua (*de los hebreos*)
passport [ˈpæsˌport] o [ˈpɑsˌport] *s* pasaporte; (fig.) pasaporte
password [ˈpæsˌwʌrd] o [ˈpɑsˌwʌrd] *s* santo y seña
past [pæst] o [pɑst] *adj* pasado; último; que fué, p.ej., **past president** presidente que fué; acabado, concluído; (gram.) pasado; **he has been here for some years past** está aquí desde hace algunos años; *adv* más allá; por delante; *prep* más allá de; más de; por delante de; fuera de; después de, p.ej., **past two o'clock** después de las dos; **past belief** increíble; **past cure** incurable; **past hope** sin esperanza; **past recovery** incurable, sin remedio; *s* pasado; (gram.) pasado; *pp de* **pass**
past absolute *s* (gram.) pretérito indefinido (*pasado absoluto*)
paste [pest] *s* pasta (*masa blanda para hacer pasteles, etc.*); engrudo; (mineral. & ceramics) pasta; *va* engrudar, pegar con engrudo; (slang) pegar (*golpear*); **to paste together** juntar con engrudo
pasteboard [ˈpestˌbord] *s* cartón; (slang) naipe
pastel [pæsˈtɛl] o [ˈpæstɛl] *s* pastel (*lápiz*); pastel, pintura al pastel; matiz suave de un color; ensayo breve; *adj* claro, suave (*matiz*)
pastelist [ˈpæstɛlɪst] o [pæsˈtɛlɪst] *s* pastelista
paster [ˈpestər] *s* engrudador; papel engomado
pastern [ˈpæstərn] *s* cuartilla
pasteurization [ˌpæstərɪˈzeʃən] *s* pasterización
pasteurize [ˈpæstəraɪz] *va* pasterizar
pasteurized milk *s* leche pasterizada
pastil [ˈpæstɪl] o **pastille** [pæsˈtil] *s* pastilla; pastel (*lápiz; pasta de que se forman los pasteles*)
pastime [ˈpæsˌtaɪm] o [ˈpɑsˌtaɪm] *s* pasatiempo
past master *s* ex maestre, maestre que fué (*de una logia*); maestro sobresaliente, experto
pastor [ˈpæstər] o [ˈpɑstər] *s* pastor (*eclesiástico*)
pastoral [ˈpæstərəl] o [ˈpɑstərəl] *adj* pastoral; *s* (eccl. & mus.) pastoral; (lit.) pastoral (*drama*); (lit.) pastorela (*composición lírica*)
pastorale [ˌpæstəˈrɑlɪ] *s* (*pl:* **-li** [li] o **-les**) (mus.) pastoral
pastorally [ˈpæstərəlɪ] o [ˈpɑstərəlɪ] *adv* pastoralmente, pastorilmente
pastorate [ˈpæstərɪt] o [ˈpɑstərɪt] *s* rectorado, curato; clero, pastores
pastose [pæsˈtos] o [ˈpæstos] *adj* (paint.) pastoso
pastourelle [ˌpɑsˌtʊˈrɛl] *s* (lit.) pastorela
past participle *s* (gram.) participio pasivo o de pretérito
past perfect *s* (gram.) pluscuamperfecto
pastry [ˈpestrɪ] *s* (*pl:* **-tries**) pastelería
pastry cook *s* pastelero, repostero
pastry shop *s* pastelería
pastry tube *s* carretilla, pintadera
pasturage [ˈpæstʃərɪdʒ] o [ˈpɑstʃərɪdʒ] *s* pasto (*pasturaje, pastura, pastoreo*)
pasture [ˈpæstʃər] o [ˈpɑstʃər] *s* pasto, pastura, dehesa; *va* apacentar, pastorear; pacer
pasty [ˈpestɪ] *adj* (*comp:* **-ier**; *super:* **-iest**) pastoso; flojo, fofo, pálido; [ˈpæstɪ] o [ˈpɑstɪ] *s* (*pl:* **-ies**) (Brit.) pastel de carne o pescado
pat [pæt] *adj* bueno, apto; *adv* a propósito; firme; **to have** o **to know pat** (coll.) saber al dedillo; **to stand pat** (coll.) mantenerse firme; *s* golpecito, palmadita; ruido de pasos ligeros; pastelillo (*p.ej., de mantequilla*); (*cap.*) *s* nombre abreviado de **Patricia;** (*l.c.*) (*pret & pp:* **patted;** *ger:* **patting**) *va* dar golpecitos a, dar palmaditas a; formar a golpecitos de la mano; acariciar con la mano; **to pat on the back** elogiar, cumplimentar; *vn* andar con un trotecito ligero
patagium [pəˈtedʒɪəm] *s* (*pl:* **-a** [ə]) (zool.) patagio
Patagonian [ˌpætəˈgonɪən] *adj & s* patagón
patch [pætʃ] *s* remiendo; parche; terreno, pedazo de terreno; mancha; lunar postizo; *va* remendar; **to patch up** componer (*una desavenencia*); arreglar o componer lo mejor posible (*una cosa descompuesta*); chafallar, hacer aprisa y mal
patchouli [ˈpætʃʊlɪ] o [pəˈtʃulɪ] *s* (bot.) pachulí
patch pocket *s* bolsillo de parche
patch test *s* (med.) alergodiagnóstico con parches de lino o papel secante
patchwork [ˈpætʃˌwʌrk] *s* labor u obra de retacitos; chapucería; cuadros (*p.ej., de sembrados y bosques vistos desde un avión*)
patchwork quilt *s* colcha de retacitos
patchy [ˈpætʃɪ] *adj* (*comp:* **-ier;** *super:* **-iest**) muy remendado; desigual, irregular
pate [pet] *s* mollera
pâté [pɑˈte] *s* pastel de carne o pescado; pasta de carne
pâté de foie gras [də fwɑ ˈgrɑ] *s* pasta o pastelillo de hígado de ganso
patella [pəˈtɛlə] *s* (*pl:* **-las** o **-lae** [li]) (anat.) rótula, patela; (archeol.) patela; (bot.) patélula; (zool.) patela
patellar [pəˈtɛlər] *adj* (anat.) rotular, rotuliano, patelar
patellar reflex *s* (med.) reflejo rotuliano o patelar
paten [ˈpætən] *s* platillo u hoja de metal; (eccl.) patena
patency [ˈpetənsɪ] o [ˈpætənsɪ] *s* evidencia, claridad
patent [ˈpetənt] o [ˈpætənt] *adj* patente; abierto; [ˈpætənt] *adj* patentado; de patente; *s* patente, patente de invención; propiedad industrial; **to take out a patent** obtener una pa-

P

tente; **patent applied for** se ha solicitado patente; *va* patentar
patent agent ['pætənt] *s* agente de patentes
patentee [,pætən'ti] *s* poseedor de patente
patent law ['pætənt] *s* ley de patentes
patent leather ['pætənt] *s* charol
patently ['petəntlɪ] o ['pætəntlɪ] *adv* patentemente; abiertamente
patent medicine ['pætənt] *s* medicamento de patente, específico
patent office ['pætənt] *s* oficina de patentes
patent rights ['pætənt] *s* derechos de patente
paterfamilias [,petərfə'mɪlɪəs] *s* (*pl:* **patresfamilias** [,petrizfə'mɪlɪəs]) *s* cabeza de familia; (Roman law) páter familias
paternal [pə'tʌrnəl] *adj* paterno; paternal (*propio del cariño de padre*)
paternalism [pə'tʌrnəlɪzəm] *s* paternalismo
paternalistic [pə,tʌrnə'lɪstɪk] *adj* paternal
paternity [pə'tʌrnɪtɪ] *s* paternidad
paternoster ['petər'nɑstər] o ['pætər'nɑstər] *s* padrenuestro, paternóster
path [pæθ] o [pɑθ] *s* senda, sendero; curso, trayectoria; órbita (*de un astro*)
pathetic [pə'θɛtɪk] o **pathetical** [pə'θɛtɪkəl] *adj* patético
pathetically [pə'θɛtɪkəlɪ] *adv* patéticamente
pathetic fallacy *s* atribución de los sentimientos humanos a la naturaleza inanimada
pathfinder ['pæθ,faɪndər] o ['pɑθ,faɪndər] *s* baquiano; explorador
pathless ['pæθlɪs] o ['pɑθlɪs] *adj* sin caminos, no hollado, desconocido
pathogenesis [,pæθə'dʒɛnɪsɪs] o **pathogeny** [pə'θɑdʒɪnɪ] *s* patogénesis o patogenia
pathogenic [,pæθə'dʒɛnɪk] *adj* patógeno (*que produce enfermedades*); patogénico
pathogenic organism *s* (biol.) organismo patógeno
pathologic [,pæθə'lɑdʒɪk] o **pathological** [,pæθə'lɑdʒɪkəl] *adj* patológico
pathologist [pə'θɑlədʒɪst] *s* patólogo
pathology [pə'θɑlədʒɪ] *s* (*pl:* **-gies**) patología
pathos ['peθɑs] *s* patetismo
pathway ['pæθ,we] o ['pɑθ,we] *s* var. de **path**
patience ['peʃəns] *s* paciencia; solitario (*juego de naipes*); **to get out of patience** perder la paciencia
patient ['peʃənt] *adj* paciente; *s* paciente, enfermo; (gram.) paciente
patin ['pætən] *s* var. de **paten**
patina ['pætɪnə] *s* pátina
patine ['pætən] *s* var. de **paten**
patio ['pɑtɪo] *s* (*pl:* **-os**) patio; (metal.) patio, incorporadero
patio process *s* (metal.) método del patio
patois ['pætwɑ] *s* (*pl:* **patois** ['pætwɑz]) patuá o patués
patriarch ['petrɪɑrk] *s* patriarca
patriarchal [,petrɪ'ɑrkəl] *adj* patriarcal
patriarchate ['petrɪɑrkɪt] *s* patriarcado
patriarchy ['petrɪɑrkɪ] *s* (*pl:* **-chies**) patriarcado
patrician [pə'trɪʃən] *adj & s* patricio
patriciate [pə'trɪʃɪet] *s* patriciado
patricidal [,pætrɪ'saɪdəl] *adj* parricida
patricide ['pætrɪsaɪd] *s* parricidio (*acción*); parricida (*persona*)
Patrick ['pætrɪk] *s* Patricio
patrimonial [,pætrɪ'monɪəl] *adj* patrimonial
patrimony ['pætrɪ,monɪ] *s* (*pl:* **-nies**) patrimonio
patriot ['petrɪət] o ['pætrɪət] *s* patriota
patriotic [,petrɪ'ɑtɪk] o [,pætrɪ'ɑtɪk] *adj* patriótico
patriotically [,petrɪ'ɑtɪkəlɪ] o [,pætrɪ'ɑtɪkəlɪ] *adv* patrióticamente
patriotism ['petrɪətɪzəm] o ['pætrɪətɪzəm] *s* patriotismo
patristic [pə'trɪstɪk] *adj* patrístico; **patristics** *ssg* patrística
Patroclus [pə'trokləs] *s* (myth.) Patroclo
patrol [pə'trol] *s* ronda; (aer., mil. & nav.) patrulla; (*pret & pp:* **-trolled**; *ger:* **-trolling**) *va & vn* rondar; (aer., mil. & nav.) patrullar
patrolman [pə'trolmən] *s* (*pl:* **-men**) rondador, guardia municipal, vigilante de policía
patrology [pə'trɑlədʒɪ] *s* patrología
patrol wagon *s* camión de policía, coche de patrulla
patron ['petrən] o ['pætrən] *adj* tutelar, patrocinador; *s* parroquiano; patrocinador, patrono; (eccl.) patrono
patronage ['petrənɪdʒ] o ['pætrənɪdʒ] *s* trato, clientela; patrocinio; aire protector; prebendas, favores políticos; prestigio político
patronal ['petrənəl] o ['pætrənəl] *adj* patronal
patroness ['petrənɪs] o ['pætrənɪs] *s* parroquiana; patrocinadora; madrina; (eccl.) santa patrona
patronize ['petrənaɪz] o ['pætrənaɪz] *va* ser parroquiano de (*un tendero*); comprar de costumbre en (*una tienda*); patrocinar; tratar con aire protector
patronizing ['petrə,naɪzɪŋ] o ['pætrə,naɪzɪŋ] *adj* que trata con aire protector a inferiores; protector (*aire, conducta, etc.*)
patron saint *s* patrón, santo titular
patronymic [,pætrə'nɪmɪk] *adj & s* patronímico
patroon [pə'trun] *s* encomendero holandés en las colonias norteamericanas
patten ['pætən] *s* almadreña, chanclo, zueco
patter ['pætər] *s* golpeteo (*p.ej., de las pisaditas de un niño*); chapaleteo (*de la lluvia*); charla, parloteo; jerga (*lenguaje especial*); *va* repetir rápidamente y sin pensar; murmurar (*p.ej., el padrenuestro*); *vn* golpetear; charlar, parlotear
pattern ['pætərn] *s* patrón, modelo; *va* modelar; **to pattern after** ajustar al modelo de; **to pattern oneself after** imitar, seguir en todo el ejemplo de
patternmaker ['pætərn,mekər] *s* carpintero modelista
patternmaking ['pætərn,mekɪŋ] *s* carpintería de modelos, modelaje
patty ['pætɪ] *s* (*pl:* **-ties**) pastelito; pastilla
patty pan *s* tortera para hacer pastelitos
P.A.U. abr. de **Pan American Union**
paucity ['pɔsɪtɪ] *s* corto número; falta, escasez, insuficiencia
Paul [pɔl] *s* Pablo
pauldron ['pɔldrən] *s* (arm.) hombrera
Pauline ['pɔlaɪn] *adj* paulino; [pɔ'lin] *s* Paulina
Paulinist ['pɔlɪnɪst] *adj & s* paulinista
Paul Jones [dʒonz] *s* bolanchera (*danza*)
paulownia [pɔ'lonɪə] *s* (bot.) paulonia
paunch [pɔntʃ] *s* panza; (zool.) panza (*de los rumiantes*)
paunchy ['pɔntʃɪ] *adj* panzudo
pauper ['pɔpər] *s* pobre, indigente
pauperism ['pɔpərɪzəm] *s* pauperismo
pauperize ['pɔpəraɪz] *va* depauperar
pause [pɔz] *s* pausa; (gram. & mus.) pausa; **to give pause to** dar que pensar a; *vn* hacer pausa, detenerse brevemente; vacilar
pavan o **pavane** ['pævən] *s* pavana (*danza y música*)
pave [pev] *va* pavimentar; **to pave the way for** preparar el terreno a, abrir el camino a
pavement ['pevmənt] *s* pavimento
pavilion [pə'vɪljən] *s* pabellón; (anat. & arch.) pabellón; *va* cobijar o proveer de pabellón
paving ['pevɪŋ] *s* pavimentación; pavimento
paving block *s* adoquín
paw [pɔ] *s* pata; garra, zarpa; (coll.) mano (*del hombre*); *va* dar zarpazos a, restregar con las uñas; golpear (*el suelo los caballos*); (coll.) manosear; (coll.) sobar (*manosear con demasiada familiaridad*); *vn* piafar (*el caballo*)
pawl [pɔl] *s* (mach.) trinquete; (naut.) linguete
pawl bitt *s* (naut.) bita de linguete
pawn [pɔn] *s* peón (*de ajedrez*); (fig.) instrumento (*en manos de otra persona*); (fig.) víctima; prenda; **in pawn** en prenda; *va* empeñar, dar en prenda
pawnbroker ['pɔn,brokər] *s* prestamista
pawnshop ['pɔn,ʃɑp] *s* empeño, casa de empeños, monte de piedad
pawn ticket *s* papeleta de empeño
pawpaw ['pɔpɔ] *s* var. de **papaw**
pax [pæks] *s* (eccl.) paz (*ceremonia y patena*)
pay [pe] *s* paga, sueldo; galardón, recompensa; fuente de sueldos; castigo merecido; **bad pay** mala paga (*persona*); **good pay** buena paga (*persona*); **in the pay of** al servicio de; **poor pay** mala paga (*persona*) ‖ (*pret & pp:* **paid**)

va pagar; prestar o poner (*atención*); dar (*cumplidos*); dar (*dinero una actividad comercial*); dar dinero a, dar grandes ingresos a, ser provechoso a; pagar en la misma moneda, pagar con creces; sufrir (*el castigo de una ofensa*); hacer (*una visita*); cubrir (*los gastos*); **to pay back** devolver; pagar en la misma moneda; **to pay for** pagar, p.ej., **I will pay him for it** se lo pagaré; recompensar, p.ej., **I will pay him well for it** se lo recompensaré muy bien; **to pay off** pagar y despedir (*a un empleado*); pagar todo lo adeudado a; vengarse de; redimir (*una hipoteca*); **to pay out** desembolsar ‖ *vn* pagar; ser provechoso, valer la pena; (naut.) virar a sotavento; **to pay for** pagar, pagar por (*una cosa*); **to pay up** pagar todo lo adeudado; **pay as you enter** pague a la entrada; **pay as you go** pagar el impuesto de utilidades con descuentos anticipados; **pay as you leave** pague a la salida ‖ (*pret & pp:* **payed**) *va* (naut.) ir dando (*cuerda*); **to pay away u out** (naut.) ir dando (*cuerda*)

payable [ˈpeəbəl] *adj* pagadero

pay boost *s* (coll.) aumento de salario

paycheck [ˈpeˌtʃək] *s* cheque en pago del sueldo; sueldo

payday [ˈpeˌde] *s* día de pago

pay dirt *s* (min.) grava provechosa, terreno aurífero

payee [peˈi] *s* (com.) portador, tenedor (*p.ej., de un giro*)

pay envelope *s* sobre con el jornal; jornal, salario

payer [ˈpeər] *s* pagador

paying teller *s* pagador (*de un banco*)

pay load *s* carga útil

paymaster [ˈpeˌmæstər] o [ˈpeˌmɑstər] *s* pagador, contador, habilitado

paymaster's office *s* pagaduría

payment [ˈpemənt] *s* pago; castigo; **to make payment** efectuar el pago

paynim o **Paynim** [ˈpenɪm] *adj & s* (archaic) gentil, pagano; (archaic) sarraceno, mahometano

pay-off [ˈpeˌɔf] o [ˈpeˌɑf] *s* paga; (coll.) arreglo, resultado

payola [peˈolə] *s* (slang) pago clandestino por un servicio comercial, pago por un servicio ilícito

pay roll *s* nómina, hoja de paga; paga (*de todos los empleados u obreros*)

pay station *s* teléfono público

payt. abr. de **payment**

pc. abr. de **piece**

p.c. abr. de **percent** y **post card**

pd. abr. de **paid**

p.d. abr. de **per diem** y **potential difference**

P.D. abr. de **Police Department** y **per diem**

P.E. abr. de **Protestant Episcopal**

pea [pi] *s* (bot.) guisante (*planta y semilla*); **as like as two peas** parecidos como dos gotas de agua

peace [pis] *s* paz; **to hold** o **keep one's peace** callar; **to keep the peace** mantener la paz; **to make peace with** hacer las paces con

peaceable [ˈpisəbəl] *adj* pacífico

peaceful [ˈpisfəl] *adj* tranquilo, pacífico

peaceful penetration *s* (pol.) penetración pacífica

peace-loving [ˈpisˈlʌvɪŋ] *adj* amante de la paz

peacemaker [ˈpisˌmekər] *s* pacificador, iris de paz

peace offensive *s* ofensiva de paz

peace offering *s* sacrificio propiciatorio; prenda de paz

peace officer *s* agente del orden público, guardia municipal

peace of mind *s* serenidad del espíritu

peace pipe *s* pipa ceremonial (*de los pieles rojas*)

peach [pitʃ] *s* (bot.) melocotonero, duraznero; melocotón, durazno (*fruto*); (slang) persona o cosa admirables; (slang) real moza; color de melocotón; *adj* de color de melocotón; *vn* (slang) cantar; **to peach on** (slang) denunciar, hacerse delator de

peachy [ˈpitʃɪ] *adj* (*comp:* **-ier;** *super:* **-iest**) de melocotón; (slang) estupendo, magnífico

pea coal *s* antracita de ½ a 1 y 1/16 pulgada

peacock [ˈpiˌkɑk] *s* (orn.) pavo real, pavón; (fig.) pinturero; (*cap.*) *s* (astr.) Pavón

peacock blue *s* verde azulado

peacock butterfly *s* (ent.) ojo de pavo real (*Vanessa io*)

peacock fish *s* (ichth.) papagayo, loro de mar

peafowl [ˈpiˌfaʊl] *s* (orn.) pavo real o pava real

pea green *s* verde claro

peahen [ˈpiˌhɛn] *s* (orn.) pava real

pea jacket *s* chaqueta de marinero

peak [pik] *s* cima, cumbre, pico; punta, extremo; máximo, punto culminante; visera (*de gorra*); cresta (*de una curva*); (elec.) pico; (naut.) penol (*de la verga*); (naut.) pico (*de vela*); *va* (naut.) enarbolar, levantar (*una verga contra el mástil*)

peaked [pikt] *adj* afilado (*dícese de la nariz, el rostro, etc.*); [ˈpikɪd] *adj* enjuto, delgado

peak factor *s* (elec.) factor de punta, factor de cresta

peak load *s* (elec.) carga de punta

peak traffic *s* afluencia máxima, movimiento máximo

peal [pil] *s* fragor, estruendo; repique (*de campanas*); juego de campanas; *va* lanzar (*un mensaje*) con repiqueteo sonoro; *vn* repicar; resonar

peal of laughter *s* carcajada

peal of thunder *s* trueno

peanut [ˈpiˌnʌt] *s* (bot.) cacahuete, aráquida, maní (*planta y fruto*)

peanut brittle *s* guirlache o crocante de cacahuetes

peanut butter *s* manteca de cacahuete

peanut candy *s* var. de **peanut brittle**

peanut oil *s* aceite de cacahuete

peanut vendor *s* cacahuetero, manicero

pear [pɛr] *s* (bot.) peral; pera (*fruto*)

pearl [pʌrl] *s* margarita, perla; color de perla; flujo o murmullo (*del agua al correr*); (fig.) perla (*persona o cosa*); (pharm. & f.a.) perla; inversión de la puntada al tejer; guarnición rizada de tela, encaje o cinta; **to cast pearls before swine** echar margaritas a los cerdos o los puercos; *adj* perlino, aperlado; granoso, granular; *va* aljofarar; tejer invirtiendo la puntada; bordar u orlar con guarnición rizada; *vn* aljofararse; pescar perlas

pearlash [ˈpʌrlˌæʃ] *s* cenizas de perla

pearl barley *s* cebada perlada

pearl button *s* botón de madreperla

pearl gray *s* color de perla, gris de perla

pearl oyster *s* (zool.) madreperla, ostra perlera

pearly [ˈpʌrlɪ] *adj* (*comp:* **-ier;** *super:* **-iest**) aperlado; nacarado; aljofarado

pearly nautilus *s* (zool.) nautilo

pearmain [ˈpɛrmen] *s* (bot.) pero

pear-shaped [ˈpɛrˌʃept] *adj* piriforme

peart [pɪrt] *adj* (dial.) alegre, jovial, vivo

peasant [ˈpɛzənt] *adj & s* campesino, rústico, labrador

peasantry [ˈpɛzəntrɪ] *s* paisanaje, gente del campo

peascod o **peasecod** [ˈpizˌkɑd] *s* vaina de los guisantes

peashooter [ˈpiˌʃutər] *s* cerbatana, bodoquera

pea soup *s* sopa de guisantes, puré de guisantes; (coll.) neblina espesa y amarillenta

peat [pit] *s* turba

peat bog *s* turbal o turbera

peaty [ˈpitɪ] *adj* turboso

peavey [ˈpivɪ] *s* palanca puntiaguda con gancho

peavy [ˈpivɪ] *s* (*pl:* **-vies**) var. de **peavey**

pebble [ˈpɛbəl] *s* china, guija; *va* agranelar (*cuero*)

pebbly [ˈpɛblɪ] *adj* guijoso

pecan [pɪˈkɑn] o [pɪˈkæn] *s* (bot.) pacana, nuez encarcelada (*árbol y fruto*)

peccadillo [ˌpɛkəˈdɪlo] *s* (*pl:* **-loes** o **-los**) pecadillo, pecado leve

peccary [ˈpɛkərɪ] *s* (*pl:* **-ries**) (zool.) pecarí, baquira

peck [pɛk] *s* medida de áridos (*nueve litros*); gran cantidad, montón; picotazo; (coll.) beso dado de mala gana; **a peck of trouble** mil dificultades, la mar de disgustos; *va* picotear; **to peck holes in** horadar a picotazos; *vn* picotear; (coll.) rezongar; (coll.) comer melin-

P

drosamente; **to peck at** (coll.) comer melindrosamente; querer picar, hacer un amago a (*otra ave*) con el pico; censurar constantemente
pecker ['pɛkər] *s* picoteador; rezongador; persona que come melindrosamente
pecten ['pɛktən] *s* (zool.) pectén, peine
pectin ['pɛktɪn] *s* (chem.) pectina
pectinate ['pɛktɪnet] *adj* pectinado
pectineus [pɛk'tɪnɪəs] *s* (anat.) pectíneo
pectinibranchian [,pɛktɪnɪ'bræŋkɪən] *adj* (zool.) pectinibranquio
pectoral ['pɛktərəl] *adj* pectoral; *s* pectoral; (pharm.) pectoral
pectoral cross *s* (eccl.) pectoral
peculate ['pɛkjəlet] *va & vn* malversar
peculation [,pɛkjə'leʃən] *s* peculado
peculator ['pɛkjə,letər] *s* malversador
peculiar [pɪ'kjuljər] *adj* peculiar; singular; excéntrico
peculiarity [pɪ,kjulɪ'ærɪtɪ] *s* (*pl:* **-ties**) peculiaridad; singularidad; excentricidad, rasgo característico
peculiarly [pɪ'kjuljərlɪ] *adv* peculiarmente; singularmente; excéntricamente
pecuniary [pɪ'kjunɪ,ɛrɪ] *adj* pecuniario
pedagog ['pɛdəgɑg] *s* var. de **pedagogue**
pedagogic [,pɛdə'gɑdʒɪk] o **pedagogical** [,pɛdə'gɑdʒɪkəl] *adj* pedagógico
pedagogically [,pɛdə'gɑdʒɪkəlɪ] *adv* pedagógicamente
pedagogue ['pɛdəgɑg] *s* pedagogo; dómine, pedante
pedagogy ['pɛdə,godʒɪ] o ['pɛdə,gɑdʒɪ] *s* pedagogía
pedal ['pɛdəl] o ['pidəl] *adj* del pie; ['pɛdəl] *s* pedal; (mus.) pedal; (*pret & pp:* **-aled** o **-alled**; *ger:* **-aling** o **-alling**) *va* impulsar pedaleando; *vn* pedalear
pedal board *s* (mus.) pedalero
pedal brake *s* freno de pedal, freno de pie
pedal keyboard *s* (mus.) pedalero, teclado pedalero
pedant ['pɛdənt] *s* pedante
pedantic [pɪ'dæntɪk] *adj* pedantesco
pedantically [pɪ'dæntɪkəlɪ] *adv* pedantescamente
pedantry ['pɛdəntrɪ] *s* (*pl:* **-ries**) pedantería
pedate ['pɛdet] *adj* (bot.) pedato
peddle ['pɛdəl] *va* ir vendiendo de puerta en puerta; traer y llevar (*chismes*); vender (*favores*); *vn* ser buhonero, vender menudencias por las calles
peddler ['pɛdlər] *s* buhonero
pederast ['pɛdəræst] o ['pidəræst] *s* pederasta
pederasty ['pɛdə,ræstɪ] o ['pidə,ræstɪ] *s* pederastia
pedestal ['pɛdɪstəl] *s* pedestal; (mus.) cubeta (*del arpa*)
pedestal box *s* (mach.) caja de engrase
pedestal lamp *s* lámpara de pie
pedestal table *s* velador
pedestrian [pɪ'dɛstrɪən] *adj* pedestre; (fig.) pedestre; *s* peatón
pedestrianism [pɪ'dɛstrɪənɪzəm] *s* pedestrismo
pediatric [,pidɪ'ætrɪk] o [,pɛdɪ'ætrɪk] *adj* pediátrico; **pediatrics** *ssg* pediatría
pediatrician [,pidɪə'trɪʃən] o [,pɛdɪə'trɪʃən] *s* pediatra
pedicel ['pɛdɪsəl] *s* (bot. & zool.) pedicelo
pedicle ['pɛdɪkəl] *s* (bot.) pedículo
pedicular [pɪ'dɪkjələr] *adj* pedicular
pedicure ['pɛdɪkjʊr] *s* pedicuro (*persona*); quiropedia
pedigree ['pɛdɪgri] *s* árbol genealógico, linaje; ascendencia
pedigreed ['pɛdɪgrid] *adj* de pura raza
pediment ['pɛdɪmənt] *s* (arch.) frontón
pedipalpus [,pɛdɪ'pælpəs] *s* (*pl:* **-pi** [paɪ]) (zool.) pedipalpo
pedlar ['pɛdlər] *s* var. de **peddler**
pedometer [pɪ'dɑmɪtər] *s* podómetro
peduncle [pɪ'dʌŋkəl] *s* (anat., bot. & zool.) pedúnculo
peduncular [pɪ'dʌŋkjələr] *adj* peduncular
pedunculate [pɪ'dʌŋkjəlet] *adj* pedunculado
peek [pik] *s* mirada rápida y furtiva; **to take a peek at** echar una mirada rápida y furtiva a; *vn* mirar, mirar a hurtadillas
peel [pil] *s* cáscara, corteza, hollejo, telilla; pala (*de horno*); (print.) colgador; **a piece of lemon peel** una cascarita de limón; *va* pelar; **to keep one's eyes peeled** (slang) estar ojo alerta; **to peel off** pelar, arrancar pelando; *vn* pelarse; desconcharse; (slang) desnudarse
peeling ['pilɪŋ] *s* peladura
peen [pin] *s* peña (*del martillo*)
peep [pip] *s* mirada por una rendija o a hurtadillas; rendija (*por la cual se mira*); pío (*de la cría del ave*); **at the peep of day** al despuntar el día; *va* asomar; **to peep out** asomar; descubrir (*un secreto*); *vn* mirar por una rendija o a hurtadillas; asomar; piar (*los pollos*)
peeper ['pipər] *s* atisbador, mirador; mirón; (coll.) ojo; (zool.) rubeta
peephole ['pip,hol] *s* atisbadero, mirilla, ventanillo
Peeping Tom *s* el mirón Tom; mirón
peep show *s* mundonuevo; (slang) vistas sicalípticas
peer [pɪr] *s* par; *vn* mirar fijando la vista de cerca; asomar, aparecer; **to peer at** mirar con fijeza, mirar con ojos de miope; **to peer into** mirar hacia lo interior de, mirar lo que hay dentro de
peerage ['pɪrɪdʒ] *s* paría; guía de la nobleza
peeress ['pɪrɪs] *s* paresa
peerless ['pɪrlɪs] *adj* sin par, incomparable
peeve [piv] *s* cojijo; *va* (coll.) enojar, irritar
peevish ['pivɪʃ] *adj* cojijoso, displicente
peevishness ['pivɪʃnɪs] *s* displicencia, quejumbre
peg [pɛg] *s* clavija, claveta, estaquilla; escarpia, colgador; grado; (Brit.) trago, traguito; **to take down a peg** bajar los humos a, obligar a guardar más moderación o más cortesía; (*pret & pp:* **pegged**; *ger:* **pegging**) *va* enclavijar; marcar o señalar con clavijas; (com.) fijar, estabilizar (*precios*); (coll.) lanzar (*una pelota*); (surv.) jalonar; *vn* trabajar con ahinco; **to peg away** afanarse, trabajar con ahinco; **to peg away at** afanarse en
Pegasus ['pɛgəsəs] *s* (myth. & astr.) Pegaso
pegbox ['pɛg,bɑks] *s* (mus.) clavijero (*p.ej., de la guitarra*)
Peggy ['pɛgɪ] *s* nombre abreviado de **Margaret**
peg ladder *s* escalera de papagayo
peg leg *s* pata de palo; (slang) pata de palo (*persona*)
pegmatite ['pɛgmətaɪt] *s* (petrog.) pegmatita
peg top *s* peonza; **peg tops** *spl* pantalones anchos de caderas y perniles ajustados
peg-top ['pɛg,tɑp] *adj* en forma de peonza
P.E.I. abr. de **Prince Edward Island**
peignoir [pen'wɑr] o ['penwɑr] *s* peinador, bata de señora
Peiping ['pe'pɪŋ] *s* Peipín
Peiraeus [paɪ'riəs] *s* el Pireo
pejorative ['pidʒə,retɪv] o [pɪ'dʒɔrətɪv] *adj* (gram.) despectivo, peyorativo
pekin ['pi'kɪn] *s* pequín; (*cap.*) *s* Pequín
Pekinese [,pikɪ'niz] *adj* pekinés; *s* (*pl:* **-ese**) pekinés (*natural de Pequín; perro*)
Pekingese [,pikɪŋ'iz] *adj & s* var. de **Pekinese**
pekoe ['pico] *s* té de Pékoë
pelage ['pɛlɪdʒ] *s* pelaje
pelagic [pɪ'lædʒɪk] *adj* pelágico
Pelasgian [pɪ'læzdʒɪən] *adj & s* pelasgo
Pelée, Mount [pə'le] el monte Pelado
pelerine [,pɛlə'rin] *s* esclavina, pelerina
Peleus ['piljus] o ['pilɪəs] *s* (myth.) Peleo
pelf [pɛlf] *s* dinero mal ganado, riquezas mal ganadas
pelican ['pɛlɪkən] *s* (orn.) pelícano
Pelion ['pilɪən] *s* el Pelión; **to heap Pelion upon Ossa** levantar el Pelión sobre el Osa, superponer el Pelión al Osa
pelisse [pə'lis] *s* pelliza
pellagra [pə'legrə] o [pə'lægrə] *s* (path.) pelagra
pellagrous [pə'legrəs] o [pə'lægrəs] *adj* pelagroso
pellet ['pɛlɪt] *s* pelotilla, pella; píldora; bolita; perdigón
pellicle ['pɛlɪkəl] *s* película
pellicular [pə'lɪkjələr] *adj* pelicular

pellitory ['pɛlɪ,torɪ] *s* (*pl:* **-ries**) (bot. & pharm.) pelitre; (bot.) caracolera
pell-mell ['pɛl'mɛl] *adj* confuso, tumultuoso; *adv* atropelladamente; **to run pell-mell** salir pitando, salvarse por pies; *s* batahola, confusión, desorden
pellucid [pə'lusɪd] *adj* diáfano; claro, evidente
Peloponnesian [,pɛləpə'niʃən] o [,pɛləpə'niʒən] *adj & s* peloponense
Peloponnesian War *s* guerra del Peloponeso
Peloponnesos o **Peloponnesus** [,pɛləpə'nisəs] *s* Peloponeso
Pelops ['pilɑps] *s* (myth.) Pélope
pelota [pɛ'lotə] *s* (sport) pelota vasca
pelt [pɛlt] *s* pellejo; golpe violento; golpeo violento; velocidad; (hum.) pellejo (*de una persona*); *va* golpear violentamente; apedrear; tirar; *vn* golpear violentamente; caer con fuerza (*el granizo, la lluvia, etc.*); apresurarse
peltry ['pɛltrɪ] *s* (*pl:* **-ries**) pellejería, corambre; pellejo
pelvic ['pɛlvɪk] *adj* pelviano
pelvimeter [pɛl'vɪmɪtər] *s* pelvímetro
pelvis ['pɛlvɪs] *s* (*pl:* **-ves** [viz]) (anat.) pelvis
pemmican ['pɛmɪkən] *s* penmicán
pemphigus ['pɛmfɪgəs] o [pɛm'faɪgəs] *s* (path.) pénfigo
pen. abr. de **peninsula**
pen [pɛn] *s* pluma; corral, redil; (fig.) pluma; **to live by one's pen** vivir de la pluma; (*pret & pp:* **penned;** *ger:* **penning**) *va* escribir (*con pluma*); redactar; (*pret & pp:* **penned** o **pent;** *ger:* **penning**) *va* acorralar, encerrar
penal ['pinəl] *adj* penal; penable
penal code *s* código penal
penalize ['pinəlaɪz] o ['pɛnəlaɪz] *va* penar (*un acto, a una persona*); (sport) aplicar una sanción a
penal servitude *s* pena de trabajos forzados, pena de reclusión
penalty ['pɛnəltɪ] *s* (*pl:* **-ties**) pena; (sport) sanción (*que se aplica a ciertas faltas del juego*); (law) penalidad; recargo (*que paga el contribuyente moroso*); **under penalty of** so pena de
penance ['pɛnəns] *s* penitencia; **to do penance** hacer penitencia
penates o **Penates** [pɛ'netiz] *spl* penates
pence [pɛns] *spl* peniques
penchant ['pɛnʃənt] *s* afición, inclinación, tendencia
pencil ['pɛnsəl] *s* lápiz; lápiz de color; pincel fino; (fig.) pincel (*modo de pintar*); haz (*de rayos, de luz, etc.*); (*pret & pp:* **-ciled** o **-cilled;** *ger:* **-ciling** o **-cilling**) *va* escribir con lápiz, marcar con lápiz; (med.) pincelar
pencil sharpener *s* sacapuntas, afilalápices
pendant o **pendent** ['pɛndənt] *adj* pendiente; sobresaliente; (fig.) pendiente; *s* pinjante, medallón; pendiente (*arete*); araña (*de luces*); (arch.) pinjante
pendentive [pɛn'dɛntɪv] *s* (arch.) pechina
pending ['pɛndɪŋ] *adj* pendiente; *prep* hasta; durante
pendragon o **Pendragon** [pɛn'drægən] *s* jefe supremo de los antiguos británicos
pendulous ['pɛndʒələs] *adj* colgante, pendiente; oscilante
pendulum ['pɛndʒələm] o ['pɛndjələm] *s* péndulo; péndola (*de un reloj*)
pendulum bob *s* lenteja
Penelope [pɪ'nɛləpɪ] *s* (myth.) Penélope
peneplain ['pinɪ,plen] *s* (geol.) penillanura
penetrability [,pɛnɪtrə'bɪlɪtɪ] *s* penetrabilidad
penetrable ['pɛnɪtrəbəl] *adj* penetrable
penetrate ['pɛnɪtret] *va & vn* penetrar
penetrating ['pɛnɪ,tretɪŋ] *adj* penetrante; (fig.) penetrante
penetration [,pɛnɪ'treʃən] *s* penetración; (fig.) penetración
penetrative ['pɛnɪ,tretɪv] *adj* penetrante, penetrativo
penguin ['pɛŋgwɪn] *s* (orn.) pingüino, pájaro bobo
penholder ['pɛn,holdər] *s* portaplumas (*mango*); plumero (*caja*)
penicillin [,pɛnɪ'sɪlɪn] *s* (pharm.) penicilina
peninsula [pə'nɪnsələ] o [pə'nɪnsjulə] *s* península
peninsular [pə'nɪnsələr] o [pə'nɪnsjulər] *adj & s* peninsular
penis ['pinɪs] *s* (*pl:* **-nes** [niz] o **-nises**) (anat.) pene
penitence ['pɛnɪtəns] *s* penitencia
penitent ['pɛnɪtənt] *adj & s* penitente
penitential [,pɛnɪ'tɛnʃəl] *adj* penitencial; *s* (eccl.) penitencial
penitentially [,pɛnɪ'tɛnʃəlɪ] *adv* de modo penitencial; por vía de penitencia
penitential psalms *spl* (Bib.) salmos penitenciales
penitentiary [,pɛnɪ'tɛnʃərɪ] *adj* penitencial; penable; penitenciario; *s* (*pl:* **-ries**) penitenciaría, presidio; (eccl.) penitenciaría (*tribunal*); (eccl.) penitenciario (*presbítero*)
penknife ['pɛn,naɪf] *s* (*pl:* **-knives**) navaja, cortaplumas
penman ['pɛnmən] *s* (*pl:* **-men**) pendolista; escritor
penmanship ['pɛnmənʃɪp] *s* caligrafía; letra (*de una persona*)
Penn. o **Penna.** abr. de **Pennsylvania**
penna ['pɛnə] *s* (*pl:* **-nae** [ni]) (orn.) pena
pen name *s* seudónimo
pennant ['pɛnənt] *s* gallardete
pennate ['pɛnet] *adj* pennado
penniless ['pɛnɪlɪs] *adj* pelón, sin dinero
penninervate [,pɛnɪ'nʌrvet] (bot.) penninervio
pennon ['pɛnən] *s* pendón
Pennsylvania [,pɛnsɪl'venɪə] *s* Pensilvania
Pennsylvania Dutch *spl* descendientes de los colonizadores alemanes en Pensilvania; *ssg* dialecto alemán hablado en Pensilvania
Pennsylvanian [,pɛnsɪl'venɪən] *adj & s* pensilvano
penny ['pɛnɪ] *s* (*pl:* **-nies**) (U.S.A.) centavo; **a pretty penny** (coll.) un dineral, un ojo de la cara; **to turn an honest penny** ganar honradamente algún dinero; (*pl:* **pence**) (Brit.) penique
pennyroyal [,pɛnɪ'rɔɪəl] *s* (bot.) poleo
pennyweight ['pɛnɪ,wet] *s* peso de 24 granos
penny-wise ['pɛnɪ'waɪz] *adj* tacaño; **penny-wise and pound-foolish** tacaño en lo pequeño, derrochador en lo grande
pennyworth ['pɛnɪ,wʌrθ] *s* valor de un penique; pizca, pequeña cantidad
penological [,pinə'lɑdʒɪkəl] *adj* penológico
penologist [pi'nɑlədʒɪst] *s* penologista o penólogo
penology [pi'nɑlədʒɪ] *s* penología
pen pal *s* (coll.) amigo por correspondencia
pen point *s* punta de la pluma; plumilla or puntilla (*de la plumafuente*)
pensile ['pɛnsɪl] *adj* pensil
pension ['pɛnʃən] *s* pensión, jubilación; *va* pensionar, jubilar
pensioner ['pɛnʃənər] *s* pensionado, pensionista, alimentista
pension fund *s* caja de jubilaciones
pensive ['pɛnsɪv] *adj* pensativo; melancólico
penstock ['pɛn,stɑk] *s* (hyd.) tubo en carga; (hyd.) compuerta de esclusa; (hyd.) canal de carga
pent [pɛnt] *adj* acorralado, encerrado; *pret & pp de* **pen**
pentacle ['pɛntəkəl] *s* pentaclo
pentadactyl o **pentadactyle** [,pɛntə'dæktɪl] *adj* pentadáctilo
pentagon ['pɛntəgɑn] *s* (geom.) pentágono; **the Pentagon** el Pentágono (*edificio del Ministerio de Defensa en Wáshington*)
pentagonal [pɛn'tægənəl] *adj* pentagonal
pentahedron [,pɛntə'hidrən] *s* (*pl:* **-drons** o **-dra** [drə]) (geom.) pentaedro
pentamerous [pɛn'tæmərəs] *adj* (bot. & zool.) pentámero
pentameter [pɛn'tæmɪtər] *adj & s* pentámetro
pentane ['pɛnten] *s* (chem.) pentano
pentarchy ['pɛntɑrkɪ] *s* (*pl:* **-chies**) pentarquía
pentasyllabic [,pɛntəsɪ'læbɪk] *adj* pentasílabo
Pentateuch ['pɛntətjuk] o ['pɛntətuk] *s* (Bib.) Pentateuco
pentathlon [pɛn'tæθlɑn] *s* (sport) péntatlo
pentatonic [,pɛntə'tɑnɪk] *adj* pentatónico
pentavalent [,pɛntə'velənt] o [pɛn'tævələnt] (chem.) pentavalente

P

Pentecost [ˈpɛntɪkɑst] o [ˈpɛntɪkɔst] *s* Pentecostés
Pentecostal o **pentecostal** [ˌpɛntɪˈkɑstəl] o [ˌpɛntɪˈkɔstəl] *adj* de Pentecostés
penthouse [ˈpɛntˌhaʊs] *adj* colgadizo; *s* colgadizo; alpende; casa de azotea
pentode [ˈpɛntod] *s* (elec.) pentodo o péntodo
pentosan [ˈpɛntəsæn] *s* (chem.) pentosana
pentose [ˈpɛntos] *s* (chem.) pentosa
pent roof *s* tejado colgadizo
pent-up [ˈpɛntˌʌp] *adj* contenido, reprimido
penult [ˈpinʌlt] o [pɪˈnʌlt] *s* (phonet.) penúltima
penultimate [pɪˈnʌltɪmɪt] *adj* penúltimo; *s* (phonet.) penúltima
penumbra [pɪˈnʌmbrə] *s* (*pl:* **-brae** [bri] o **-bras**) penumbra
penurious [pɪˈnjʊrɪəs] o [pɪˈnʊrɪəs] *adj* tacaño, mezquino
penury [ˈpɛnjərɪ] *s* pobreza, miseria; penuria (*escasez*)
penwiper [ˈpɛnˌwaɪpər] *s* limpiaplumas
peonage [ˈpiənɪdʒ] *s* condición de peón; esclavitud económica de los peones
peony [ˈpiənɪ] *s* (*pl:* **-nies**) (bot.) peonía
people [ˈpipəl] *spl* gente; personas, p.ej., **a hundred people** un centenar de personas; gente del pueblo, gente común; se, p.ej., **people say** se dice; **my people** los míos; mi familia; mis allegados; *ssg* (*pl:* **peoples**) pueblo, nación, raza; *va* poblar
pep [pɛp] *s* (slang) brío, ánimo, vigor; **to be full of pep** (slang) estar muy jaque; (*pret & pp:* **pepped;** *ger:* **pepping**) *va* (slang) animar; **to pep up** (slang) animar, dar vigor a
peplum [ˈpɛpləm] *s* (*pl:* **-lums** o **-la** [lə]) (hist.) peplo; faldillas
pepo [ˈpipo] *s* (bot.) pepónide
pepper [ˈpɛpər] *s* (bot.) pimentero (*Piper nigrum*); (bot.) pimiento (*Capsicum*); pimienta (*condimento*); pimentero (*vasija*); *va* sazonar con pimienta; acribillar; salpicar; motear
pepper-and-salt [ˈpɛpərəndˈsɔlt] *adj* mezclado de negro y blanco
pepperbox [ˈpɛpərˌbɑks] *s* pimentero
peppercorn [ˈpɛpərˌkɔrn] *s* grano de pimienta; chuchería, bagatela
pepper cress *s* (bot.) mastuerzo
peppergrass [ˈpɛpərˌgræs] o [ˈpɛpərˌgrɑs] *s* (bot.) mastuerzo; (bot.) sabelección, lepidio
peppermint [ˈpɛpərmɪnt] *s* (bot.) menta piperita; esencia de menta; pastilla de menta
peppermint drop *s* pastilla de menta
pepper pot *s* sopa de callos, carne y legumbres condimentada con pimientos, ají, etc.
pepper tree *s* (bot.) turbinto, pimentero falso
peppery [ˈpɛpərɪ] *adj* que tiene mucha o demasiada pimienta; picante, mordaz; enojado, de malas pulgas
peppy [ˈpɛpɪ] *adj* (*comp:* **-pier;** *super:* **-piest**) (slang) brioso, animoso, vigoroso
pepsin [ˈpɛpsɪn] *s* (biochem.) pepsina
pep talk *s* (slang) palabras para alentar y confortar
peptic [ˈpɛptɪk] *adj* péptico; *s* substancia péptica
peptic ulcer *s* (path.) úlcera péptica
peptide [ˈpɛptaɪd] o [ˈpɛptɪd] *s* (biochem.) péptido
peptize [ˈpɛptaɪz] *va* (chem.) peptizar
peptone [ˈpɛpton] *s* (biochem.) peptona
per [pʌr] *prep* por; **as per** según
peradventure [ˌpʌrədˈvɛntʃər] *s* duda, incertidumbre; **beyond peradventure** sin posibilidad de duda
perambulate [pərˈæmbjəlet] *va* recorrer andando; recorrer para inspeccionar; *vn* pasearse
perambulation [pərˌæmbjəˈleʃən] *s* visita de inspección; paseo
perambulator [pərˈæmbjəˌletər] *s* paseante; cochecillo de niño
per annum [pər ˈænəm] por año, al año
perborate [pərˈboret] *s* (chem.) perborato
percale [pərˈkel] o [pərˈkæl] *s* percal
percaline [ˌpʌrkəˈlin] *s* percalina
per capita [pər ˈkæpɪtə] por cabeza, por persona
perceive [pərˈsiv] *va* percibir
per cent o **percent** [pərˈsɛnt] por ciento
percentage [pərˈsɛntɪdʒ] *s* porcentaje; (slang) provecho, ventaja
percentile [pərˈsɛntɪl] *s* percentil
per centum [pər ˈsɛntəm] var. de **per cent**
percept [ˈpʌrsɛpt] *s* percepción (*efecto de percibir; objeto percibido*)
perceptibility [pərˌsɛptɪˈbɪlɪtɪ] *s* perceptibilidad
perceptible [pərˈsɛptɪbəl] *adj* perceptible
perceptibly [pərˈsɛptɪblɪ] *adv* perceptiblemente
perception [pərˈsɛpʃən] *s* percepción; comprensión, penetración
perceptive [pərˈsɛptɪv] *adj* perceptivo (*que tiene virtud de percibir*)
perceptual [pərˈsɛptʃʊəl] *adj* perceptivo (*perteneciente a la percepción*)
Perceval [ˈpʌrsɪvəl] *s* var. de **Percival**
perch [pʌrtʃ] *s* percha, varilla, rama (*en la que posa un ave*); pescante (*del cochero*); sitio o posición elevada; medida de longitud que equivale a 5,18 metros; medida de área que equivale a 23,3 metros cuadrados; (ichth.) perca; *va* colocar o situar en un sitio algo elevado; *vn* posar (*un ave*); sentarse en un sitio algo elevado, encaramarse
perchance [pərˈtʃæns] o [pərˈtʃɑns] *adv* (archaic & poet.) quizá, por ventura
Percheron [ˈpʌrtʃərɑn] o [ˈpʌrʃərɑn] *adj & s* percherón
perchlorate [pərˈkloret] *s* (chem.) perclorato
perchloric [pərˈklorɪk] *adj* perclórico
perchloric acid *s* (chem.) ácido perclórico
perchloride [pərˈkloraɪd] o [pərˈklorɪd] o **perchlorid** [pərˈklorɪd] *s* (chem.) percloruro
percipient [pərˈsɪpɪənt] *adj & s* perceptor
Percival o **Percivale** [ˈpʌrsɪvəl] *s* Perceval
percolate [ˈpʌrkəlet] *va* infiltrarse por entre los poros de; *vn* infiltrarse
percolation [ˌpʌrkəˈleʃən] *s* infiltración
percolator [ˈpʌrkəˌletər] *s* colador; cafetera filtradora
percuss [pərˈkʌs] *va* percutir
percussion [pərˈkʌʃən] *s* percusión; (med.) percusión
percussion cap *s* cápsula fulminante
percussion hammer *s* martillo neumático; (med.) martillo percusor
percussion instrument *s* (mus.) instrumento de percusión
percussion lock *s* llave de percusión
percussor [pərˈkʌsər] *s* (med.) percusor
Percy [ˈpʌrsɪ] *s* nombre abreviado de **Percival**
per diem [pər ˈdaɪəm] (Lat.) por día; *s* cantidad que se da cada día
perdition [pərˈdɪʃən] *s* perdición; infierno
peregrinate [ˈpɛrɪgrɪnet] *va* recorrer; *vn* peregrinar
peregrination [ˌpɛrɪgrɪˈneʃən] *s* peregrinación
peregrine o **peregrin** [ˈpɛrɪgrɪn] *adj* extranjero; *s* (orn.) halcón peregrino
peregrine falcon *s* (orn.) halcón peregrino
peremptory [pəˈrɛmptərɪ] o [ˈpɛrəmpˌtorɪ] *adj* perentorio; autoritario, imperioso
perennial [pəˈrɛnɪəl] *adj* perenne; (bot.) perenne, vivaz; *s* (bot.) planta vivaz
perennially [pəˈrɛnɪəlɪ] *adv* perennemente
perf. abr. de **perfect** y **perforated**
perfect [ˈpʌrfɪkt] *adj* perfecto; (gram.) perfecto; *s* (gram.) perfecto; (gram.) pretérito perfecto; [pərˈfɛkt] o [ˈpʌrfɪkt] *va* perfeccionar
perfect cadence *s* (mus.) cadencia perfecta
perfectibility [pərˌfɛktɪˈbɪlɪtɪ] *s* perfectibilidad
perfectible [pərˈfɛktɪbəl] *adj* perfectible
perfection [pərˈfɛkʃən] *s* perfección; **to perfection** a la perfección
perfectionist [pərˈfɛkʃənɪst] *s* perfeccionista
perfective [pərˈfɛktɪv] *adj* perfectivo
perfectly [ˈpʌrfɪktlɪ] *adv* perfectamente
perfecto [pərˈfɛkto] *s* (*pl:* **-tos**) cigarro puro afilado en los dos extremos
perfect participle *s* (gram.) participio pasivo o de pretérito
perfect rhyme *s* (pros.) rima perfecta
perfervid [pərˈfʌrvɪd] *adj* fervidísimo
perfidious [pərˈfɪdɪəs] *adj* pérfido
perfidy [ˈpʌrfɪdɪ] *s* (*pl:* **-dies**) perfidia

perfoliate [pər'folɪɪt] o [pər'folɪet] *adj* (bot.) perfoliado
perforate ['pʌrfəret] *adj* perforado; *va* perforar
perforated ['pʌrfə,retɪd] *adj* (philately) dentado
perforation [,pʌrfə'reʃən] *s* perforación; trepado (*línea de puntos taladrados, p.ej., en los sellos de correo*)
perforator ['pʌrfə,retər] *s* perforador; perforadora; (telg.) perforador
perforce [pər'fors] *adv* por fuerza, necesariamente
perform [pər'fɔrm] *va* ejecutar; (theat.) representar; *vn* ejecutar; funcionar (*p.ej., una máquina*)
performance [pər'fɔrməns] *s* actuación, ejecución; interpretación, presentación, representación; funcionamiento; (theat.) función; (sport) performance
performer [pər'fɔrmər] *s* ejecutante; actor, representante; acróbata
perfume ['pʌrfjum] o [pər'fjum] *s* perfume; [pər'fjum] *va* perfumar
perfumer [pər'fjumər] *s* perfumero o perfumista
perfumery [pər'fjumərɪ] *s* (*pl:* **-ies**) perfumería; perfume, perfumes
perfunctory [pər'fʌŋktərɪ] *adj* hecho sin cuidado, hecho a la ligera, perfunctorio; indiferente, negligente
Pergamum ['pʌrgəməm] *s* Pérgamo
pergola ['pʌrgələ] *s* pérgola
perhaps [pər'hæps] *adv* acaso, tal vez, quizá
peri ['pɪrɪ] *s* (*pl:* **-ris**) (myth.) peri
perianth ['pɛrɪænθ] *s* (bot.) periantio
pericardiac [,pɛrɪ'kɑrdɪæk] o **pericardial** [,pɛrɪ'kɑrdɪəl] *adj* pericardíaco
pericarditis [,pɛrɪkɑr'daɪtɪs] *s* (path.) pericarditis
pericardium [,pɛrɪ'kɑrdɪəm] *s* (*pl:* **-a** [ə]) (anat.) pericardio
pericarp ['pɛrɪkɑrp] *s* (bot.) pericarpio
Pericles ['pɛrɪkliz] *s* Pericles
pericranium [,pɛrɪ'krenɪəm] *s* (*pl:* **-a** [ə]) (anat.) pericráneo; (hum.) cabeza
peridot ['pɛrɪdɑt] *s* (mineral.) peridoto
perigee ['pɛrɪdʒi] *s* (astr.) perigeo
perigyny [pə'rɪdʒɪnɪ] *s* (bot.) periginia
perihelion [,pɛrɪ'hilɪən] *s* (*pl:* **-a** [ə]) (astr.) perihelio
peril ['pɛrəl] *s* peligro; (*pret & pp:* **-iled** o **-illed;** *ger:* **-iling** o **-illing**) *va* poner en peligro
perilous ['pɛrɪləs] *adj* peligroso
perimeter [pə'rɪmɪtər] *s* perímetro
perimysium [,pɛrɪ'mɪʒɪəm] o [,pɛrɪ'mɪzɪəm] *s* (anat.) perimisio
perineal [,pɛrɪ'niəl] *adj* perineal
perineum [,pɛrɪ'niəm] *s* (*pl:* **-a** [ə]) (anat.) perineo
perineurium [,pɛrɪ'njʊrɪəm] o [,pɛrɪ'nʊrɪəm] *s* (*pl:* **-a** [ə]) (anat.) perineurio
period ['pɪrɪəd] *s* período; (gram.) punto; (sport) división (*de ciertos juegos*); hora (*de clase*)
period costume *s* traje de época
period furniture *s* muebles de estilo
periodic [,pɪrɪ'ɑdɪk] *adj* periódico; (lit.) oratorio; [,pʌraɪ'ɑdɪk] *adj* (chem.) peryódico
periodical [,pɪrɪ'ɑdɪkəl] *adj* periódico; *s* periódico, revista periódica, publicación periódica
periodically [,pɪrɪ'ɑdɪkəlɪ] *adv* periódicamente; de vez en cuando
periodic fraction *s* (math.) fracción periódica
periodicity [,pɪrɪə'dɪsɪtɪ] *s* (*pl:* **-ties**) periodicidad
periodic law *s* (chem.) ley periódica
periodic motion *s* (phys.) movimiento periódico
periodic system *s* (chem.) sistema periódico
periodic table *s* (chem.) tabla periódica, cuadro del sistema periódico
periodide [pər'aɪədaɪd] o [pər'aɪədɪd] *s* (chem.) peryoduro
periodontal [,pɛrɪə'dɑntəl] *adj* periodontal
perioeci [,pɛrɪ'isaɪ] *spl* periecos
perioecic [,pɛrɪ'isɪk] *adj* perieco
periosteum [,pɛrɪ'ɑstɪəm] *s* (*pl:* **-a** [ə]) (anat.) periostio
periostitis [,pɛrɪɑs'taɪtɪs] *s* (path.) periostitis
peripatetic [,pɛrɪpə'tɛtɪk] *adj & s* paseante; (*cap.*) *adj & s* peripatético
peripheral [pə'rɪfərəl] *adj* periférico
periphery [pə'rɪfərɪ] *s* (*pl:* **-ies**) periferia
periphrase ['pɛrɪfrez] *s* perífrasi; *va* expresar con perífrasis; *vn* perifrasear
periphrasis [pə'rɪfrəsɪs] *s* (*pl:* **-ses** [siz]) perífrasi o perífrasis
periphrastic [,pɛrɪ'fræstɪk] *adj* perifrástico
peripteral [pə'rɪptərəl] *adj* (arch.) períptero
periscian [pɪ'rɪʃɪən] o [pɪ'rɪsɪən] *adj* periscio
periscii [pɪ'rɪʃɪaɪ] o [pɪ'rɪsɪaɪ] *spl* periscios
periscope ['pɛrɪskop] *s* periscopio
periscopic [,pɛrɪ'skɑpɪk] *adj* periscópico
perish ['pɛrɪʃ] *vn* perecer; averiarse (*echarse a perder*); **perish the thought!** ¡no lo permita Dios!
perishable ['pɛrɪʃəbəl] *adj* perecedero; averiable, deleznable; **perishables** *spl* artículos perecederos
perishable goods *spl* artículos perecederos
perissodactyl o **perissodactyle** [pɪ,rɪsə'dæktɪl] *adj & s* (zool.) perisodáctilo
peristalsis [,pɛrɪ'stælsɪs] *s* (*pl:* **-ses** [siz]) (physiol.) peristalsis o peristaltismo
peristaltic [,pɛrɪ'stæltɪk] *adj* peristáltico
peristome ['pɛrɪstom] *s* (bot.) perístoma
peristyle ['pɛrɪstaɪl] *s* (arch.) peristilo
peritoneal [,pɛrɪtə'niəl] *adj* peritoneal
peritoneum o **peritonaeum** [,pɛrɪtə'niəm] *s* *s* (*pl:* **-a** [ə]) (anat.) peritoneo
peritonitis [,pɛrɪtə'naɪtɪs] *s* (path.) peritonitis
periwig ['pɛrɪwɪg] *s* perico (*pelo postizo*)
periwinkle ['pɛrɪ,wɪŋkəl] *s* (bot.) pervinca; (zool.) litorina, bígaro
perjure ['pʌrdʒər] *va* hacer (*a una persona*) quebrantar el juramento; **to perjure oneself** perjurarse
perjured ['pʌrdʒərd] *adj* perjuro
perjurer ['pʌrdʒərər] *s* perjuro
perjury ['pʌrdʒərɪ] *s* (*pl:* **-ries**) perjurio
perk [pʌrk] *va* alzar (*la cabeza*); aguzar (*las orejas*); **to perk out** o **up** engalanar; *vn* pavonearse; engalanarse; **to perk up** reanimarse, sentirse mejor
perky ['pʌrkɪ] *adj* (*comp:* **-ier;** *super:* **-iest**) airoso, gallardo
perlite ['pʌrlaɪt] *s* (metal. & petrog.) perlita
permafrost ['pʌrmə,frɔst] o ['pʌrmə,frɑst] *s* suelo helado de modo permanente, en las regiones polares
permalloy [,pʌrm'ælɔɪ] *s* (trademark) permaleación, permaloy
permanence ['pʌrmənəns] *s* permanencia
permanency ['pʌrmənənsɪ] *s* (*pl:* **-cies**) permanencia; persona, cosa o posición permanentes
permanent ['pʌrmənənt] *adj* permanente; *s* (coll.) permanente, ondulación permanente
Permanent Court of Arbitration *s* Tribunal Permanente de Arbitraje
Permanent Court of International Justice *s* Tribunal Permanente de Justicia Internacional
permanent magnetism *s* (phys.) magnetismo permanente
permanent tenure *s* inamovilidad
permanent wave *s* ondulación permanente
permanent way *s* (rail.) material fijo
permanganate [pər'mæŋgənet] *s* (chem.) permanganato
permanganic [,pʌrmæŋ'gænɪk] *adj* permangánico
permanganic acid *s* (chem.) ácido permangánico
permeability [,pʌrmɪə'bɪlɪtɪ] *s* permeabilidad
permeable ['pʌrmɪəbəl] *adj* permeable
permeance ['pʌrmɪəns] *s* (elec.) permeancia
permeate ['pʌrmɪet] *va & vn* penetrar
permeation [,pʌrmɪ'eʃən] *s* penetración (*al través de los poros*)
Permian ['pʌrmɪən] *adj & s* (geol.) pérmico
permissible [pər'mɪsɪbəl] *adj* permisible
permission [pər'mɪʃən] *s* permisión, permiso
permissive [pər'mɪsɪv] *adj* permisivo; permisible
permit ['pʌrmɪt] *s* permiso; (com.) cédula de

P

aduana; [pər'mɪt] (*pret & pp:* **-mitted;** *ger:* **-mitting**) *va* permitir; **to permit to** + *inf* permitir + *inf*, permitir que + *subj*
permutable [pər'mjutəbəl] *adj* permutable
permutation [,pʌrmjə'teʃən] *s* permutación; (math.) permutación
permute [pər'mjut] *va* permutar
pernicious [pər'nɪʃəs] *adj* pernicioso
pernicious anemia *s* (path.) anemia perniciosa
pernickety [pər'nɪkɪtɪ] *adj* (coll.) descontentadizo, quisquilloso
perorate ['pɛrəret] *vn* perorar
peroration [,pɛrə'reʃən] *s* peroración
peroxide [pər'ɑksaɪd] o **peroxid** [pər'ɑksɪd] *s* (chem.) peróxido; (chem.) peróxido de hidrógeno
peroxide blonde *s* (slang) rubia oxigenada
peroxyacid [pər,ɑksɪ'æsɪd] *s* (chem.) peroxiácido
perpend ['pʌrpənd] *s* (mas.) perpiaño; (pər'pɛnd] *va & vn* (archaic) considerar, reflexionar
perpendicular [,pʌrpən'dɪkjələr] *adj & s* perpendicular
perpendicularity [,pʌrpən,dɪkjə'lærɪtɪ] *s* perpendicularidad
perpetrate ['pʌrpɪtret] *va* perpetrar
perpetration [,pʌrpɪ'treʃən] *s* perpetración
perpetrator ['pʌrpɪ,tretər] *s* perpetrador
perpetual [pər'pɛtʃʊəl] *adj* perpetuo
perpetually [pər'pɛtʃʊəlɪ] *adv* perpetuamente
perpetual motion *s* movimiento continuo o movimiento perpetuo
perpetuate [pər'pɛtʃʊet] *va* perpetuar
perpetuation [pər,pɛtʃʊ'eʃən] *s* perpetuación
perpetuity [,pʌrpɪ'tjuɪtɪ] o [,pʌrpɪ'tuɪtɪ] *s* (*pl:* **-ties**) perpetuidad; **in perpetuity** perpetuamente, para siempre
Perpignan [pɛrpi'njɑ̃] *s* Perpiñán
perplex [pər'plɛks] *va* dejar perplejo; embrollar, enredar
perplexed [pər'plɛkst] *adj* perplejo
perplexity [pər'plɛksɪtɪ] *s* (*pl:* **-ties**) perplejidad; problema
perquisite ['pʌrkwɪzɪt] *s* obvención, adehala
per se [pər 'si] por sí mismo, en sí mismo, esencialmente
persecute ['pʌrsɪkjut] *va* perseguir
persecution [,pʌrsɪ'kjuʃən] *s* persecución; *adj* persecutorio
persecutor ['pʌrsɪ,kjutər] *s* perseguidor
Perseid ['pʌrsɪɪd] *s* (astr.) Perseida
Persephone [pər'sɛfənɪ] *s* (myth.) Perséfone
Perseus ['pʌrsjus] o ['pʌrsɪəs] *s* (myth. & astr.) Perseo
perseverance [,pʌrsɪ'vɪrəns] *s* perseverancia
persevere [,pʌrsɪ'vɪr] *vn* perseverar; **to persevere in** + *ger* perseverar en + *inf*
persevering [,pʌrsɪ'vɪrɪŋ] *adj* perseverante
Persian ['pʌrʒən] o ['pʌrʃən] *adj & s* persa
Persian Gulf *s* golfo Pérsico
Persian lamb *s* oveja caracul; caracul (*piel*)
persicary ['pʌrsɪ,kɛrɪ] *s* (*pl:* **-ies**) (bot.) persicaria, duraznillo
persiflage ['pʌrsɪflɑʒ] *s* burla fina, parloteo festivo
persimmon [pər'sɪmən] *s* (bot.) placaminero; (bot.) caqui
persist [pər'sɪst] o [pər'zɪst] *vn* persistir; **to persist in** + *ger* persistir en + *inf*
persistence [pər'sɪstəns] o [pər'zɪstəns] o **persistency** [pər'sɪstənsɪ] o [pər'zɪstənsɪ] *s* persistencia; porfía; pertinacia (*p.ej., de una enfermedad*)
persistent [pər'sɪstənt] o [pər'zɪstənt] *adj* persistente; porfiado; pertinaz (*enfermedad*)
person ['pʌrsən] *s* persona; (gram. & theol.) persona; **clean about one's person** cuidadoso en su aseo personal; **in the person of** en la persona de; **no person** nadie
personable ['pʌrsənəbəl] *adj* bien parecido, presentable
personage ['pʌrsənɪdʒ] *s* personaje; persona; (theat.) personaje
persona grata [pər'sonə 'gretə] *s* (*pl:* **personae gratae** [pər'soni 'greti]) persona grata
personal ['pʌrsənəl] *adj* personal; de uso personal; mueble, mobilario (*dícese, p.ej., de los bienes*); **to become personal** personalizarse, pasar a hacer alusiones de carácter personal; **to make a personal appearance** aparecer en persona; *s* nota de sociedad; remitido (*en un periódico*)
personal a *s* la preposición **a** con el complemento directo de persona
personal effects *spl* bienes de uso personal
personal equation *s* ecuación personal
personal estate *s* bienes muebles
personality [,pʌrsə'nælɪtɪ] *s* (*pl:* **-ties**) personalidad
personality cult *s* culto a la personalidad
personalization [,pʌrsənəlɪ'zeʃən] *s* personalización
personalize ['pʌrsənəlaɪz] *va* personalizar
personally ['pʌrsənəlɪ] *adv* personalmente; en particular; como cosa personal
personal pronoun *s* pronombre personal
personal property *s* bienes muebles
personalty ['pʌrsənəltɪ] *s* (*pl:* **-ties**) bienes muebles
personate ['pʌrsənɪt] o ['pʌrsənet] *adj* (bot.) personada (*corola*); ['pʌrsənet] *va* fingir ser, hacerse pasar por; representar, hacer el papel de; *vn* hacer un papel
personation [,pʌrsə'neʃən] *s* personificación; representación (*de un papel*); usurpación del nombre de otra persona
personification [pər,sɑnɪfɪ'keʃən] *s* personificación
personify [pər'sɑnɪfaɪ] (*pret & pp:* **-fied**) *va* personificar
personnel [,pʌrsə'nɛl] *s* personal
perspective [pər'spɛktɪv] *adj* perspectivo; *s* perspectiva
perspicacious [,pʌrspɪ'keʃəs] *adj* perspicaz
perspicacity [,pʌrspɪ'kæsɪtɪ] *s* perspicacia; (archaic) perspicacia (*agudeza de la vista*)
perspicuity [,pʌrspɪ'kjuɪtɪ] *s* perspicuidad
perspicuous [pər'spɪkjʊəs] *adj* perspicuo
perspiration [,pʌrspɪ'reʃən] *s* transpiración
perspire [pər'spaɪr] *va & vn* transpirar, sudar
persuade [pər'swed] *va* persuadir; **to persuade to** + *inf* persuadir a + *inf*, persuadir a que + *subj*
persuasible [pər'swesɪbəl] *adj* fácil de convencer
persuasion [pər'sweʒən] *s* persuasión; persuasiva; secta, creencia religiosa; creencia fuerte; (hum.) clase, especie
persuasive [pər'swesɪv] *adj* persuasivo
pert [pʌrt] *adj* atrevido, descarado; (coll.) animado, vivo
pertain [pər'ten] *vn* pertenecer; **pertaining to** perteneciente a
pertinacious [,pʌrtɪ'neʃəs] *adj* pertinaz
pertinacity [,pərtɪ'næsɪtɪ] *s* pertinacia
pertinence ['pʌrtɪnəns] o **pertinency** ['pʌrtɪnənsɪ] *s* pertinencia
pertinent ['pʌrtɪnənt] *adj* pertinente
perturb [pər'tʌrb] *va* perturbar
perturbation [,pʌrtər'beʃən] *s* perturbación
Peru [pə'ru] *s* el Perú
Perugia [pɛ'rudʒɑ] *s* Perusa
peruke [pə'ruk] *s* peluquín
perusal [pə'ruzəl] *s* lectura, lectura cuidadosa
peruse [pə'ruz] *va* leer, leer con atención
Peruvian [pə'ruvɪən] *adj & s* peruano
Peruvian bark *s* (pharm.) quina, cascarilla
pervade [pər'ved] *va* penetrar, esparcirse por, extenderse por
pervasion [pər'veʒən] *s* penetración, esparcimiento
pervasive [pər'vesɪv] *adj* penetrante
perverse [pər'vʌrs] *adj* perverso; avieso, díscolo; contumaz; (psychopath.) pervertido
perverseness [pər'vʌrsnɪs] *s* perversidad
perversion [pər'vʌrʒən] o [pər'vʌrʃən] *s* perversión; (psychopath.) perversión
perversity [pər'vʌrsɪtɪ] *s* (*pl:* **-ties**) perversidad; indocilidad; contumacia
pervert ['pʌrvərt] *s* renegado, apóstata; (psychopath.) pervertido; [pər'vʌrt] *va* pervertir; emplear mal (*los talentos que uno tiene*)
pervious ['pʌrvɪəs] *adj* permeable; fácil de convencer
pesky ['pɛskɪ] *adj* (*comp:* **-kier;** *super:* **-kiest**) (coll.) molesto, cargante
pessary ['pɛsərɪ] *s* (*pl:* **-ries**) (med.) pesario
pessimism ['pɛsɪmɪzəm] *s* pesimismo
pessimist ['pɛsɪmɪst] *s* pesimista
pessimistic [,pɛsɪ'mɪstɪk] *adj* pesimista

pessimistically [ˌpɛsɪˈmɪstɪkəlɪ] *adv* con pesimismo
pest [pɛst] *s* peste; insecto nocivo; (fig.) plaga (*infortunio, contratiempo, etc.*); (fig.) machaca (*persona fastidiosa*)
Pestalozzian [ˌpɛstəˈlɑtsɪən] *adj* (educ.) pestalociano
pester [ˈpɛstər] *va* molestar, importunar
pesthouse [ˈpɛstˌhaus] *s* lazareto, hospital de contagiosos
pestiferous [pɛsˈtɪfərəs] *adj* pestífero; (coll.) engorroso, molesto
pestilence [ˈpɛstɪləns] *s* pestilencia
pestilent [ˈpɛstɪlənt] *adj* mortífero; pestilente; engorroso, molesto
pestilential [ˌpɛstɪˈlɛnʃəl] *adj* pestilencial; pestilencioso
pestle [ˈpɛsəl] o [ˈpɛstəl] *s* mano de almirez o mortero; *va* majar
pet [pɛt] *s* animal mimado, animal casero; niño mimado; favorito; fanfurriña, enojo pasajero; *adj* mimado; domesticado; favorito; (*pret & pp:* **petted**; *ger:* **petting**) *va* acariciar, mimar; *vn* (slang) besuquearse
petal [ˈpɛtəl] *s* (bot.) pétalo
petaled o **petalled** [ˈpɛtəld] *adj* que tiene pétalos
petard [pɪˈtɑrd] *s* petardo
petcock [ˈpɛtˌkɑk] *s* llave de desagüe, llave de purga
Pete [pit] *s* Perico
Peter [ˈpitər] *s* Pedro; **to rob Peter to pay Paul** desnudar a un santo para vestir a otro; (*l.c.*) *vn* (coll.) agotarse; **to peter out** (coll.) agotarse, acabarse
Peter Pan *s* (lit.) el niño que no quiso crecer, héroe de la famosa comedia infantil de James Barrie
Peter's pence *spl* los diezmos de San Pedro
Peter the Great *s* Pedro el Grande
Peter the Hermit *s* Pedro el Ermitaño
petiolate [ˈpɛtɪolet] *adj* peciolado
petiole [ˈpɛtɪol] *s* (bot. & zool.) pecíolo
petit [ˈpɛtɪ] *adj* (law) menor
petite [pəˈtit] *adj* pequeña, chiquita
petition [pɪˈtɪʃən] *s* petición; instancia, memorial, solicitud; *va* suplicar; dirigir una instancia o memorial a, solicitar
petitionary [pɪˈtɪʃəˌnɛrɪ] *adj* petitorio
petitio principii [pɪˈtɪʃɪo prɪnˈsɪpɪaɪ] *s* (log.) petición de principio
petit jury *s* (law) jurado de juicio
pet name *s* nombre de cariño, sobrenombre familiar
Petrarch [ˈpitrɑrk] *s* Petrarca
Petrarchism [ˈpitrɑrkɪzəm] *s* petrarquismo
petrel [ˈpɛtrəl] *s* (orn.) petrel
Petri dish [ˈpetri] *s* caja o disco de Petri
petrifaction [ˌpɛtrɪˈfækʃən] o **petrification** [ˌpɛtrɪfɪˈkeʃən] *s* petrificación
Petrified Forest *s* Bosque Petrificado
petrify [ˈpɛtrɪfaɪ] (*pret & pp:* **-fied**) *va* petrificar; *vn* petrificarse
petrochemical [ˌpɛtrəˈkɛmɪkəl] *adj* petroquímico; *s* producto petroquímico
Petrograd [ˈpɛtrogræd] *s* Petrogrado
petrography [pɪˈtrɑgrəfɪ] *s* petrografía
petrol [ˈpɛtrəl] *s* (Brit.) gasolina; (*pret & pp:* **-rolled**; *ger:* **-rolling**) *va* (Brit.) limpiar con gasolina
petrolatum [ˌpɛtroˈletəm] *s* (pharm.) petrolato
petroleum [pɪˈtrolɪəm] *s* petróleo
petroleum jelly *s* petrolato, parafina blanda
petroliferous [ˌpɛtrəˈlɪfərəs] *adj* petrolífero
petrology [pɪˈtrɑlədʒɪ] *s* petrología
petronel [ˈpɛtrənəl] *s* pistola de caballería
petrous [ˈpɛtrəs] *adj* petroso; (anat.) petroso
pet shop *s* pajarería (*tienda donde se venden pajaros y otros animales domésticos*)
petticoat [ˈpɛtɪkot] *s* enaguas; (slang) falda (*mujer, muchacha, moza*); *adj* (slang) de mujer, de mujeres
pettifogger [ˈpɛtɪˌfɑgər] *s* picapleitos, trapacista
pettifoggery [ˈpɛtɪˌfɑgərɪ] *s* (*pl:* **-ies**) trapacería
pettifogging [ˈpɛtɪˌfɑgɪŋ] *adj* trapacero; *s* trapacería
pettish [ˈpɛtɪʃ] *adj* malhumorado, enojadizo
petty [ˈpɛtɪ] *adj* (*comp:* **-tier**; *super:* **-tiest**) insignificante, menor, pequeño; mezquino; intolerante
petty cash *s* caja de menores, efectivo para gastos menores
petty jury *s* var. de **petit jury**
petty larceny *s* (law) ratería, hurto
petty officer *s* (nav.) suboficial
petty treason *s* traición menor
petulance [ˈpɛtjələns] o **petulancy** [ˈpɛtjələnsɪ] *s* mal humor
petulant [ˈpɛtjələnt] *adj* malhumorado, enojadizo
petunia [pɪˈtjunɪə] o [pɪˈtunɪə] *s* (bot.) petunia
pew [pju] *s* banco de iglesia; *interj* ¡ fo!
pewee [ˈpiwi] *s* (orn.) aguador
pewit [ˈpiwɪt] *s* (orn.) gaviota de cabeza negra; (orn.) ave fría
pewter [ˈpjutər] *s* peltre; vajilla de peltre; *adj* de peltre
pewterer [ˈpjutərər] *s* peltrero
pf. abr. de **pfennig** y **preferred**
Pfc. abr. de **private first class**
pfd. abr. de **preferred**
pfg. abr. de **pfennig**
Pg. abr. de **Portugal** y **Portuguese**
Phaedra [ˈfidrə] *s* (myth.) Fedra
Phaethon [ˈfeɪθɑn] *s* (myth.) Faetón
phaeton o **phaëton** [ˈfeɪtən] *s* faetón
phagocyte [ˈfægəsaɪt] *s* (physiol.) fagocito
phagocytosis [ˌfægəsaɪˈtosɪs] *s* fagocitosis
phalangeal [fəˈlændʒɪəl] *adj* falangiano
phalanger [fəˈlændʒər] *s* (zool.) falangero
phalangette [ˌfælənˈdʒɛt] *s* (anat.) falangeta
phalanstery [ˈfælənˌstɛrɪ] *s* (*pl:* **-ies**) falansterio
phalanx [ˈfelæŋks] o [ˈfælæŋks] *s* (*pl:* **phalanxes** o **phalanges** [fəˈlændʒiz]) falange; (anat. & zool.) falange
phalarope [ˈfælərop] *s* (orn.) falárope
phallic [ˈfælɪk] *adj* fálico
phallicism [ˈfælɪsɪzəm] o **phallism** [ˈfælɪzəm] *s* falismo
phallin [ˈfælɪn] *s* (biochem.) falina
phallus [ˈfæləs] *s* (*pl:* **-li** [laɪ]) falo
phanerogam [ˈfænərəˌgæm] *s* (bot.) fanerógama
phanerogamous [ˌfænəˈrɑgəməs] *adj* (bot.) fanerógamo
phantasm [ˈfæntæzəm] *s* fantasma
phantasmagoria [fænˌtæzməˈgorɪə] *s* fantasmagoría
phantasmagorial [fænˌtæzməˈgorɪəl] o **phantasmagoric** [fænˌtæzməˈgɑrɪk] o [fænˌtæzməˈgɑrɪk] *adj* fantasmagórico
phantasmal [fænˈtæzməl] *adj* fantasmal
phantasy [ˈfæntəsɪ] o [ˈfæntəzɪ] *s* (*pl:* **-sies**) var. de **fantasy**
phantom [ˈfæntəm] *s* fantasma; *adj* fantasmal
phantom circuit *s* (elec.) circuito fantasma
Pharaoh [ˈfɛro] o [ˈfɛreo] *s* Faraón
Pharaonic [ˌfɛreˈɑnɪk] *adj* faraónico
pharisaic [ˌfærɪˈseɪk] *adj* farisaico; (*cap.*) *adj* farisaico
pharisaical [ˌfærɪˈseɪkəl] *adj* farisaico
pharisaism [ˈfærɪseɪzəm] *s* farisaísmo; (*cap.*) *s* farisaísmo
pharisee [ˈfærɪsi] *s* fariseo; (*cap.*) *s* fariseo
phariseeism [ˈfærɪsiɪzəm] *s* var. de **pharisaism**
pharmaceutic [ˌfɑrməˈsutɪk] o [ˌfɑrməˈsjutɪk] *adj* farmacéutico; **pharmaceutics** *ssg* farmacéutica, farmacia
pharmaceutical [ˌfɑrməˈsutɪkəl] o [ˌfɑrməˈsjutɪkəl] *adj* farmacéutico
pharmacist [ˈfɑrməsɪst] *s* farmacéutico
pharmacognosy [ˌfɑrməˈkɑgnəsɪ] *s* farmacognosia
pharmacologist [ˌfɑrməˈkɑlədʒɪst] *s* farmacólogo
pharmacology [ˌfɑrməˈkɑlədʒɪ] *s* farmacología
pharmacopoeia [ˌfɑrməkoˈpiə] *s* farmacopea
pharmacy [ˈfɑrməsɪ] *s* (*pl:* **-cies**) farmacia
pharyngeal [fəˈrɪndʒɪəl] o [ˌfærɪnˈdʒiəl] *adj* faríngeo
pharyngitis [ˌfærɪnˈdʒaɪtɪs] *s* (path.) faringitis
pharyngoscope [fəˈrɪŋgəskop] *s* faringoscopio

P

pharyngoscopy [ˌfærɪŋˈgɑskəpɪ] *s* faringoscopia
pharynx [ˈfærɪŋks] *s* (*pl:* **pharynxes** o **pharynges** [fəˈrɪndʒiz]) (anat.) faringe
phase [fez] *s* fase; (astr., biol., elec. & phys.) fase; **in phase** (elec.) en fase; **out of phase** (elec.) fuera de fase; *va* (elec.) poner en fase; (coll.) inquietar, molestar
phase lag *s* (elec.) retraso de fase, corrimiento de fase
phase modulation *s* (rad.) modulación de fase
phaseolin [fəˈsiəlɪn] *s* (biochem.) faseolina
phase rule *s* (physical chem.) ley de las fases
phase shift *s* (elec.) decalaje
phase splitter *s* (elec.) divisor de fase
Ph.B. abr. de **Bachelor of Philosophy**
Ph.D. abr. de **Doctor of Philosophy**
pheasant [ˈfɛzənt] *s* (orn.) faisán
phelloderm [ˈfɛlədʌrm] *s* (bot.) felodermo
phellogen [ˈfɛlədʒən] *s* (bot.) felógeno
phenacetin [fɪˈnæsɪtɪn] *s* (pharm.) fenacetina
phenakistoscope [ˌfɛnəˈkɪstəskop] *s* fenaquistiscopio
Phenicia [fɪˈnɪʃə] *s* var. de **Phoenicia**
phenix [ˈfinɪks] *s* var. de **phoenix**
phenobarbital [ˌfinoˈbɑrbɪtæl] o [ˌfinoˈbɑrbɪtəl] *s* (pharm.) fenobarbital
phenocryst [ˈfinəkrɪst] o [ˈfɛnəkrɪst] *s* (geol.) fenocristal
phenol [ˈfinol] o [ˈfinɑl] *s* (chem.) fenol
phenology [fɪˈnɑlədʒɪ] *s* fenología
phenolphthalein [ˌfinɑlˈθælin] *s* (chem.) fenolftaleína
phenomenal [fɪˈnɑmɪnəl] *adj* fenomenal; (fig.) fenomenal
phenomenalism [fɪˈnɑmənəlɪzəm] *s* (philos.) fenomenalismo
phenomenally [fɪˈnɑmɪnəlɪ] *adv* fenomenalmente
phenomenology [fɪˌnɑməˈnɑlədʒɪ] *s* (philos.) fenomenología
phenomenon [fɪˈnɑmɪnɑn] *s* (*pl:* **-na** [nə]) fenómeno; (philos.) fenómeno
phenothiazine [ˌfinəˈθaɪəzin] *s* (chem.) fenotiacina
phenotype [ˈfinətaɪp] *s* (biol.) fenotipo
phenyl [ˈfɛnɪl] o [ˈfinɪl] *s* (chem.) fenilo
phenylene [ˈfɛnɪlin] o [ˈfinɪlin] *s* (chem.) fenileno
phew [fju] *interj* ¡puf!; ¡anda!; ¡zape!
phial [ˈfaɪəl] *s* frasco, frasco pequeño
Phidian [ˈfɪdɪən] *adj* de Fidias
Phidias [ˈfɪdɪəs] *s* Fidias
Phil. abr. de **Philip, Philippians** y **Philippine**
Phila. abr. de **Philadelphia**
Philadelphia [ˌfɪləˈdɛlfɪə] *s* Filadelfia
Philadelphian [ˌfɪləˈdɛlfɪən] *adj* & *s* filadelfiano
philander [fɪˈlændər] *s* galanteador, tenorio; (zool.) filandro; *vn* galantear
philanderer [fɪˈlændərər] *s* galanteador, tenorio
philanthropic [ˌfɪlənˈθrɑpɪk] o **philanthropical** [ˌfɪlənˈθrɑpɪkəl] *adj* filantrópico
philanthropist [fɪˈlænθrəpɪst] *s* filántropo
philanthropy [fɪˈlænθrəpɪ] *s* filantropía
philatelic [ˌfɪləˈtɛlɪk] *adj* filatélico
philatelist [fɪˈlætəlɪst] *s* filatelista
philately [fɪˈlætəlɪ] *s* filatelia
Philemon [fɪˈlimən] *s* (myth.) Filemón; (Bib.) Epístola de San Pablo a Filemón
philharmonic [ˌfɪlhɑrˈmɑnɪk] *adj* filarmónico; *s* filarmónico; sociedad filarmónica
philhellene [fɪlˈhɛlin] *adj* & *s* filheleno
Philip [ˈfɪlɪp] *s* Felipe; Filipo (*p.ej., de Macedonia*)
Philippi [fɪˈlɪpaɪ] *s* Filipos
Philippian [fɪˈlɪpɪən] *adj* & *s* filipense; **Philippians** *spl* (Bib.) Epístola de San Pablo a los Filipenses
philippic [fɪˈlɪpɪk] *s* filípica; (*cap.*) *s* (hist.) Filípica (*de Demóstenes; de Cicerón*)
Philippine [ˈfɪlɪpin] *adj* filipino; **Philippines** *spl* Filipinas (*islas*)
Philippine Islands *spl* Islas Filipinas
Philistine [fɪˈlɪstin], [ˈfɪlɪstin] o [ˈfɪlɪstaɪn] *adj* & *s* (Bib. & fig.) filisteo
Philistinism [fɪˈlɪstɪnɪzəm] o [ˈfɪlɪstɪnɪzəm] *s* filisteísmo
Phillips screw [ˈfɪlɪps] *s* tornillo patente Phillips
philologian [ˌfɪləˈlodʒɪən] *s* filólogo
philological [ˌfɪləˈlɑdʒɪkəl] *adj* filológico
philologist [fɪˈlɑlədʒɪst] *s* filólogo
philology [fɪˈlɑlədʒɪ] *s* filología
philomel o **Philomel** [ˈfɪləmɛl] *s* (poet.) filomela o filomena (*ruiseñor*)
Philomela [ˌfɪləˈmilə] *s* (myth.) Filomela; (*l.c.*) *s* (poet.) filomela o filomena (*ruiseñor*)
philopena [ˌfɪləˈpinə] *s* juego de prendas que se inicia compartiendo una nuez; la nuez; la prenda
philosopher [fɪˈlɑsəfər] *s* filósofo
philosopher's stone *s* piedra filosofal
philosophic [ˌfɪləˈsɑfɪk] o **philosophical** [ˌfɪləˈsɑfɪkəl] *adj* filosófico
philosophize [fɪˈlɑsəfaɪz] *vn* filosofar
philosophy [fɪˈlɑsəfɪ] *s* (*pl:* **-phies**) filosofía
philter o **philtre** [ˈfɪltər] *s* filtro (*bebida mágica*); *va* hechizar con filtro
phimosis [faɪˈmosɪs] *s* (path.) fimosis
Phineas [ˈfɪnɪəs] *s* Fineas
phlebitis [flɪˈbaɪtɪs] *s* (path.) flebitis
phlebosclerosis [ˌflɛbosklɪˈrosɪs] *s* (path.) flebosclerosis
phlebotomist [flɪˈbɑtəmɪst] *s* flebotomiano
phlebotomy [flɪˈbɑtəmɪ] *s* flebotomía
phlegm [flɛm] *s* (physiol. & fig.) flema
phlegmatic [flɛgˈmætɪk] o **phlegmatical** [flɛgˈmætɪkəl] *adj* flemático
phlegmon [ˈflɛgmɑn] *s* (path.) flemón
phlegmonous [ˈflɛgmənəs] *adj* flemonoso
phlegmy [ˈflɛmɪ] *adj* flemoso
phloem o **phloëm** [ˈfloɛm] *s* (bot.) floema
phlogistic [floˈdʒɪstɪk] *adj* (path. & old chem.) flogístico
phlogiston [floˈdʒɪstɑn] *s* (old chem.) flogisto
phlogopite [ˈflɑgəpaɪt] *s* (mineral.) flogopita
phlorizin [ˈflorɪzɪn] o [fləˈraɪzɪn] *s* (chem.) floricina
phlox [flɑks] *s* (bot.) cambrina, simpática, flox
phlyctena [flɪkˈtinə] *s* (*pl:* **-nae** [ni]) (path.) flictena
phobia [ˈfobɪə] *s* fobia
Phocian [ˈfoʃən] *adj* & *s* focense
Phocis [ˈfosɪs] *s* la Fócida
phoebe [ˈfibɪ] *s* (orn.) aguador; (*cap.*) *s* (myth.) Febe; (poet.) Febe (*la luna*)
Phoebus [ˈfibəs] *s* (myth.) Febo; (poet.) Febo (*el sol*)
Phoenicia [fɪˈnɪʃə] *s* Fenicia
Phoenician [fɪˈnɪʃən] *adj* & *s* fenicio
phoenix [ˈfinɪks] *s* (myth. & fig.) fénix
phone [fon] *s* (coll.) teléfono; (phonet.) fon; **to come** o **to go to the phone** acudir al teléfono, ponerse al aparato; *va* & *vn* (coll.) telefonear
phone call *s* llamada telefónica
phoneme [ˈfonim] *s* (phonet.) fonema
phonemic [foˈnimɪk] *adj* fonémico; **phonemics** *ssg* fonémica
phonet. abr. de **phonetics**
phonetic [foˈnɛtɪk] *adj* fonético; **phonetics** *ssg* fonética
phonetically [foˈnɛtɪkəlɪ] *adv* fonéticamente
phonetician [ˌfonɪˈtɪʃən] *s* fonetista
phoney [ˈfonɪ] *adj* (*comp:* **-nier;** *super:* **-niest**) var. de **phony;** *s* var. de **phony**
phonic [ˈfonɪk] *adj* fónico; **phonics** *ssg* fónica; *spl* sistema fónico, basado en la ortografía ordinaria, que se emplea para enseñar a pronunciar y a leer a los niños
phonogram [ˈfonəgræm] *s* fonograma
phonograph [ˈfonəgræf] o [ˈfonəgrɑf] *s* fonógrafo; *adj* fonográfico
phonographic [ˌfonəˈgræfɪk] *adj* fonográfico
phonographically [ˌfonəˈgræfɪkəlɪ] *adv* fonográficamente
phonograph record *s* disco de fonógrafo
phonography [foˈnɑgrəfɪ] *s* fonografía
phonolite [ˈfonəlaɪt] *s* (mineral.) fonolita
phonologic [ˌfonəˈlɑdʒɪk] o **phonological** [ˌfonəˈlɑdʒɪkəl] *adj* fonológico
phonologist [foˈnɑlədʒɪst] *s* fonólogo
phonology [foˈnɑlədʒɪ] *s* fonología
phonoscope [ˈfonəskop] *s* fonoscopio
phony [ˈfonɪ] *adj* (*comp:* **-nier;** *super:* **-niest**) (slang) falso, contrahecho; *s* (*pl:* **-nies**) (slang) farsa; (slang) farsante

phosgene ['fasdʒin] *s* (chem.) fosgeno
phosphate ['fasfet] *s* (chem. & agr.) fosfato
phosphatic [fas'fætɪk] *adj* fosfático
phosphatize ['fasfətaɪz] *va* fosfatar
phosphaturia [,fasfə'tjurɪə] o [,fasfə'turɪə] *s* (path.) fosfaturia
phosphene ['fasfin] *s* (physiol.) fosfeno
phosphide ['fasfaɪd] o ['fasfɪd] *s* (chem.) fosfuro
phosphine ['fasfin] o ['fasfɪn] *s* (chem.) fosfina
phosphite ['fasfaɪt] *s* (chem.) fosfito
phosphonium [fas'fonɪəm] *s* (chem.) fosfonio
Phosphor ['fasfər] *s* (poet.) Fósforo (*estrella matutina*)
phosphorate ['fasfəret] *va* fosforar
phosphor bronze *s* (trademark) bronce fosforoso
phosphoresce [,fasfə'rɛs] *vn* fosforecer
phosphorescence [,fasfə'rɛsəns] *s* fosforescencia
phosphorescent [,fasfə'rɛsənt] *adj* fosforescente
phosphoric [fas'farɪk] o [fas'fɔrɪk] *adj* (chem.) fosfórico
phosphoric acid *s* (chem.) ácido fosfórico
phosphorite ['fasfəraɪt] *s* (mineral.) fosforita
phosphoroscope [fas'farəskop] o [fas'fɔrəskop] *s* fosforoscopio
phosphorous ['fasfərəs] o [fas'forəs] *adj* (chem.) fosforoso
phosphorous acid *s* (chem.) ácido fosforoso
phosphorus ['fasfərəs] *s* (*pl:* **-ri** [raɪ]) (chem.) fósforo; (*cap.*) *s* (poet.) Fósforo (*estrella matutina*)
phosphureted o **phosphuretted** ['fasfjə,rɛtɪd] *adj* (chem.) fosfurado
phot [fat] o [fot] *s* (phys.) fotio
photic ['fotɪk] *adj* fótico
photo ['foto] *s* (*pl:* **-tos**) (coll.) foto; *va* (coll.) fotografiar
photoactinic [,fotoæk'tɪnɪk] *adj* fotoactínico
photocell ['foto,sɛl] *s* (elec.) fotocelda o fotocélula
photochemical [,foto'kɛmɪkəl] *adj* fotoquímico
photochemistry [,foto'kɛmɪstrɪ] *s* fotoquímica
photochrome ['fotokrom] *s* fotocromo
photochromy ['foto,kromɪ] *s* fotocromía
photoconductivity [,foto,kandʌk'tɪvɪtɪ] *s* (elec.) fotoconductividad
photocopy ['foto,kapɪ] *s* (*pl:* **-ies**) fotocopia
photodisintegration [,fotodɪs,ɪntɪ'greʃən] *s* (phys.) fotodesintegración
photodynamic [,fotodaɪ'næmɪk] o [,fotodɪ'næmɪk] *adj* fotodinámico; **photodynamics** *ssg* fotodinámica
photoelectric [,foto·ɪ'lɛktrɪk] *adj* fotoeléctrico
photoelectric cell *s* célula fotoeléctrica
photoelectron [,foto·ɪ'lɛktran] *s* (physical chem.) fotoelectrón
photoengrave [,fotoɛn'grev] *va* fotograbar
photoengraver [,fotoɛn'grevər] *s* fotograbador
photoengraving [,fotoɛn'grevɪŋ] *s* fotograbado
photo finish *s* (sport) llegada de caballos o corredores a la meta con tan poca diferencia que hay que determinar al vencedor mediante el fotofija
photofinishing [,foto'fɪnɪʃɪŋ] *s* (phot.) revelado e impresión
photoflash lamp ['fotə,flæʃ] *s* (phot.) relámpago fotogénico eléctrico
photogen ['fotodʒɛn] *s* (chem.) fotógeno
photogene ['fotodʒin] *s* fotógeno (*impresión visual que dura después que la imagen propia ha cesado de ser visible*); (chem.) fotógeno
photogenic [,foto'dʒɛnɪk] *adj* (biol. & phot.) fotogénico
photogrammetric [,fotogrə'mɛtrɪk] o **photogrammetrical** [,fotogrə'mɛtrɪkəl] *adj* fotogramétrico
photogrammetry [,foto'græmɪtrɪ] *s* fotogrametría
photograph ['fotəgræf] o ['fotəgraf] *s* fotografía (*imagen, retrato*); *va & vn* fotografiar; **to photograph well** ser fotogénico
photographer [fə'tagrəfər] *s* fotógrafo
photographic [,fotə'græfɪk] *adj* fotográfico
photographically [,fotə'græfɪkəlɪ] *adv* fotográficamente
photography [fə'tagrəfɪ] *s* fotografía (*arte*)
photogravure [,fotogrə'vjur] o [,foto'grevjər] *s* huecograbado
photojournalism [,foto'dʒʌrnəlɪzəm] *s* fotoperiodismo
photokinesis [,fotokɪ'nisɪs] *s* (physiol.) fotocinesis
photokinetic [,fotokɪ'nɛtɪk] *adj* fotocinético
photolithograph [,foto'lɪθəgræf] o [,foto'lɪθəgraf] *s* fotolitografía; *va* fotolitografiar
photolithography [,fotolɪ'θagrəfɪ] *s* fotolitografía
photolysis [fo'talɪsɪs] *s* fotólisis
photomechanical [,fotomɪ'kænɪkəl] *adj* fotomecánico
photometer [fo'tamɪtər] *s* fotómetro
photometry [fo'tamɪtrɪ] *s* fotometría
photomicrography [,fotomaɪ'kragrəfɪ] *s* fotomicrografía
photomontage [,fotoman'taʒ] *s* fotomontaje
photon ['fotan] *s* (phys.) fotón
photo-offset [,foto'ɔf,sɛt] o [,foto'af,sɛt] *s* foto-offset
photophobia [,foto'fobɪə] *s* (path.) fotofobia
photoplay ['foto,ple] *s* fotodrama, drama cinematográfico
photoprint ['foto,prɪnt] *s* fotocalco
photoprocess ['foto,prasɛs] o ['foto,prosɛs] *s* procedimiento fotomecánico
photoreconnaissance [,fotorɪ'kanɪsəns] *s* fotorreconocimiento
photorelief [,fotorɪ'lif] *s* fotografía en relieve, fotorrelieve
photosensitive [,foto'sɛnsɪtɪv] *adj* fotosensitivo
photospectroscope [,foto'spɛktrəskop] *s* fotospectroscopio
photosphere ['foto,sfɪr] *s* (astr.) fotosfera
photostat ['fotostæt] *s* (trademark) fotóstato; *va & vn* fotostatar
photostatic [,foto'stætɪk] *adj* fotostático
photosynthesis [,foto'sɪnθɪsɪs] *s* (bot. & chem.) fotosíntesis
phototaxis [,foto'tæksɪs] *s* (biol.) fototactismo o fototaxis
phototelegraph [,foto'tɛlɪgræf] o [,foto'tɛlɪgraf] *s* fototelégrafo; *va & vn* fototelegrafiar
phototelegraphy [,fototɪ'lɛgrəfɪ] *s* fototelegrafía
phototherapeutics [,foto,θɛrə'pjutɪks] o **phototherapy** [,foto'θɛrəpɪ] *s* fototerapia
phototropism [fo'tatrəpɪzəm] *s* (biol.) fototropismo
phototube ['fotətjub] o ['fotətub] *s* (elec.) fototubo
phototype ['fototaɪp] *s* fototipo
phototypography [,fototaɪ'pagrəfɪ] *s* fototipografía
phototypy ['foto,taɪpɪ] o [fo'tatəpɪ] *s* fototipia
photovoltaic [,fotoval'teɪk] *adj* fotovoltaico
photozincography [,fotozɪŋ'kagrəfɪ] *s* fotocincografía
phrase [frez] *s* frase; (mus.) frase musical; *va* frasear; (mus.) frasear
phraseology [,frezɪ'alədʒɪ] *s* (*pl:* **-gies**) fraseología
phrasing ['frezɪŋ] *s* fraseo; (mus.) fraseo
phratry ['fretrɪ] *s* (*pl:* **-tries**) fratría
phreatic [frɪ'ætɪk] *adj* freático
phrenetic [frɪ'nɛtɪk] *adj* frenético
phrenetically [frɪ'nɛtɪkəlɪ] *adv* frenéticamente
phrenic ['frɛnɪk] *adj* frénico; (anat.) frénico
phrenitis [frɪ'naɪtɪs] *s* (path.) frenitis
phrenological [,frɛnə'ladʒɪkəl] *adj* frenológico
phrenologist [frɪ'nalədʒɪst] *s* frenólogo
phrenology [frɪ'nalədʒɪ] *s* frenología
phrenopathy [frɪ'napəθɪ] *s* (path.) frenopatía
phrensy ['frɛnzɪ] *s* (*pl:* **-sies**) var. de **frenzy**
Phrygia ['frɪdʒɪə] *s* Frigia
Phrygian ['frɪdʒɪən] *adj & s* frigio
PHS. abr. de **Public Health Service**
phthalein ['θælin], ['θælɪɪn], ['fθælin] o ['fθælɪɪn] *s* (chem.) ftaleína

P

phthalic ['θælɪk] o ['fθælɪk] *adj* (chem.) ftálico
phthalin ['θælɪn] o ['fθælɪn] *s* (chem.) ftalina
phthiocol ['θaɪəkol] o [θaɪəkəl] *s* (biochem.) ftiocol
phthisic ['tɪzɪk] *s* (path.) tisis
phthisical ['tɪzɪkəl] *adj* tísico
phthisis ['θaɪsɪs] *s* (path.) tisis
phycology [faɪ'kɑlədʒɪ] *s* ficología
phylactery [fɪ'læktərɪ] *s* (*pl:* **-ies**) filacteria; (f.a.) filacteria
Phyllis ['fɪlɪs] *s* Filis
phyllite ['fɪlaɪt] *s* (mineral.) filita
phyllium ['fɪlɪəm] *s* (ent.) filio
phyllode ['fɪlod] *s* (bot.) filodio
phyllomania [,fɪlo'menɪə] *s* (bot.) filomanía
phyllophagous [fɪ'lɑfəgəs] *adj* filófago
phyllopod ['fɪləpɑd] *adj & s* (zool.) filópodo
phyllotaxis [,fɪlə'tæksɪs] *s* (bot.) filotaxia
phylloxera [,fɪlɑk'sɪrə] o [fɪ'lɑksərə] *s* (*pl:* **-rae** [ri]) (ent.) filoxera
phylogenesis [,faɪlo'dʒɛnɪsɪs] *s* (biol.) filogénesis
phylogenetic [,faɪlodʒɪ'nɛtɪk] o **phylogenic** [,faɪlo'dʒɛnɪk] *adj* filogénico
phylogeny [faɪ'lɑdʒɪnɪ] *s* (*pl:* **-nies**) (biol.) filogenia
phylum ['faɪləm] *s* (*pl:* **-la** [lə]) (biol.) filo o fílum
phys. abr. de **physical, physician, physics, physiological** y **physiology**
physic ['fɪzɪk] *s* medicamento; purgante; **physics** *ssg* física; (*pret & pp:* **-icked;** *ger:* **-icking**) *va* purgar; medicinar; curar
physical ['fɪzɪkəl] *adj* físico
physical chemistry *s* química física
physical culture *s* cultura física
physical education *s* educación física
physical fitness *s* buena salud
physical geography *s* geografía física
physically ['fɪzɪkəlɪ] *adv* físicamente
physical science *s* ciencia física
physical therapy *s* terapia física
physician [fɪ'zɪʃən] *s* médico
physicist ['fɪzɪsɪst] *s* físico
physic nut *s* (bot.) piñón, piñón de Indias
physicochemical [,fɪzɪko'kɛmɪkəl] *adj* físicoquímico
physicochemist [,fɪzɪko'kɛmɪst] *s* físicoquímico
physicochemistry [,fɪzɪko'kɛmɪstrɪ] *s* físicoquímica
physiocracy [,fɪzɪ'ɑkrəsɪ] *s* fisiocracia
physiocrat ['fɪzɪəkræt] *s* fisiócrata
physiocratic [,fɪzɪə'krætɪk] *adj* fisiócrata; fisiocrático
physiognomic [,fɪzɪɑg'nɑmɪk] o [,fɪzɪə'nɑmɪk] o **physiognomical** [,fɪzɪɑg'nɑmɪkəl] o [,fɪzɪə'nɑmɪkəl] *adj* fisonómico
physiognomist [,fɪzɪ'ɑgnəmɪst] o [,fɪzɪ'ɑnəmɪst] *s* fisonomista
physiognomy [,fɪzɪ'ɑgnəmɪ] o [,fɪzɪ'ɑnəmɪ] *s* fisionomía
physiographer [,fɪzɪ'ɑgrəfər] *s* fisiógrafo
physiographic [,fɪzɪə'græfɪk] *adj* fisiográfico
physiography [,fɪzɪ'ɑgrəfɪ] *s* fisiografía
physiological [,fɪzɪə'lɑdʒɪkəl] *adj* fisiológico
physiological chemistry *s* química fisiológica
physiologically [,fɪzɪə'lɑdʒɪkəlɪ] *adv* fisiológicamente
physiologist [,fɪzɪ'ɑlədʒɪst] *s* fisiólogo
physiology [,fɪzɪ'ɑlədʒɪ] *s* fisiología
physiotherapy [,fɪzɪo'θɛrəpɪ] *s* fisioterapia
physique [fɪ'zik] *s* físico (*exterior, talle, constitución de una persona*)
physostigmine [,faɪso'stɪgmin] o [,faɪso'stɪgmɪn] *s* (chem.) fisostigmina
phytin ['faɪtɪn] *s* (chem.) fitina
phytogeography [,faɪtodʒɪ'ɑgrəfɪ] *s* fitogeografía
phytographer [faɪ'tɑgrəfər] *s* fitógrafo
phytographic [,faɪtə'græfɪk] o **phytographical** [,faɪtə'græfɪkəl] *adj* fitográfico
phytography [faɪ'tɑgrəfɪ] *s* fitografía
phytolaccaceous [,faɪtolə'keʃəs] *adj* (bot.) fitolacáceo
phytology [faɪ'tɑlədʒɪ] *s* fitología
phytopathology [,faɪtopə'θɑlədʒɪ] *s* (bot. & med.) fitopatología
phytophagous [faɪ'tɑfəgəs] *adj* (zool.) fitófago
phytoplankton [,faɪto'plæŋktən] *s* (biol.) fitoplancton
phytotomy [faɪ'tɑtəmɪ] *s* fitotomía
P.I. abr. de **Philippine Islands**
pi [paɪ] *s* (print.) pastel; (math.) pi; mezcolanza; (*pret & pp:* **pied;** *ger:* **piing**) *va* (print.) empastelar
pia mater ['paɪə'metər] *s* (anat.) piamáter
pian [pɪ'æn] o [pjɑn] *s* (path.) pian
pianist [pɪ'ænɪst] o ['piənɪst] *s* pianista
piano [pɪ'æno] *s* (*pl:* **-os**) piano; *adj* pianístico; [pɪ'ɑno] *adj* (mus.) suave; *adv* (mus.) suavemente
pianoforte [pɪ,æno'fɔrtɪ] o [pɪ'ænofort] *s* (mus.) pianoforte
pianola [,piə'nolə] *s* (trademark) pianola, autopiano; *adj* (slang) fácil, fácil de ejecutar
piano stool *s* taburete de piano
piano tuner *s* afinador de pianos
piano wire *s* cuerda de piano
piaster o **piastre** [pɪ'æstər] *s* piastra
piazza [pɪ'æzə] *s* plaza; (arch.) pórtico, galería
pibroch ['pibrɑk] *s* (Scotch) música marcial o fúnebre que se toca con la gaita
pica ['paɪkə] *s* (print.) cícero; (path. & vet.) pica
Picard ['pɪkərd] *adj & s* picardo
Picardy ['pɪkərdɪ] *s* la Picardía
picarel [,pɪkə'rɛl] *s* (ichth.) mena
picaresque [,pɪkə'rɛsk] *adj* picaresco
picaroon [,pɪkə'run] *s* pícaro; pirata; buque de piratas; *vn* piratear
picayune [,pɪkə'jun] *adj* de poca monta, mezquino; *s* medio real; persona insignificante; bagatela, friolera
piccadilly [,pɪkə'dɪlɪ] *s* (*pl:* **-lies**) cuello de pajarita, foque (*cuello almidonado*)
piccalilli ['pɪkə,lɪlɪ] *s* legumbres en escabeche
piccolo ['pɪkəlo] *s* (mus.) (*pl:* **-los**) flautín
piccoloist ['pɪkəlo·ɪst] *s* flautín (*músico*)
piceous ['pɪsɪəs] o ['paɪsɪəs] *adj* píceo; inflamable
pick [pɪk] *s* pico; punzón; cosecha, recolección; (mus.) plectro; flor (*lo más excelente*) ‖ *va* escoger; recoger (*p.ej., flores*); recolectar (*p.ej., algodón*); picar; cavar con un pico; romper (*el hielo*) con un punzón; picotear; escarbarse, mondarse, limpiarse (*los dientes*); descañonar, desplumar (*un ave*); rascarse (*una cicatriz, una pequeña herida, un grano*); roer (*un hueso*); mondar (*las frutas*); falsear, forzar (*una cerradura*); armar (*una pendencia*); (mus.) herir (*las cuerdas de un instrumento*); puntear (*p.ej., la guitarra*); buscar (*defectos*); separar las fibras de (*p.ej., la estopa*); **to pick off** ir matando con tiros sucesivos; **to pick one's way (through)** andar con mucho tiento (por entre); **to pick out** entresacar; ver (*una cosa que no se destaca de otras*); descifrar; **to pick pockets** hurtar de los bolsillos; **to pick someone to pieces** (coll.) no dejarle a uno un hueso sano; **to pick up** recoger; recobrar (*ánimo, velocidad*); hallar o conseguir por casualidad; aprender con la práctica; aprender de oídas; invitar a subir a un coche; entablar conversación con (*sin presentación previa*); captar (*una señal de radio*) ‖ *vn* picar; comer sin gana, comer melindrosamente; escoger esmeradamente; ratear; **to pick at** tirar de; comer sin gana, comer melindrosamente; (coll.) tomarla con, criticar, regañar; **to pick on** escoger, elegir; (coll.) criticar, regañar; (coll.) molestar, hostilizar; **to pick over** (coll.) ir revolviendo y examinando; preparar para el uso; **to pick up** (coll.) ir mejor, sentirse mejor, restablecerse; recobrar velocidad
pickaback ['pɪkə,bæk] *adv* a cuestas, en hombros
pickaninny ['pɪkə,nɪnɪ] *s* (*pl:* **-nies**) (offensive) negrito, niño negro; niñito
pickax o **pickaxe** ['pɪk,æks] *s* piqueta, zapapico
picker ['pɪkər] *s* recogedor; escardador; escogedor; (mach.) palanca de tiro; (mach.) sacalanzadera
pickerel ['pɪkərəl] *s* (ichth.) sollo norteamericano (*Esox niger y Esox vermiculatus*)

pickerelweed ['pɪkərəl,wid] *s* (bot.) flor de la laguna
picket ['pɪkɪt] *s* piquete (*estaca clavada en la tierra*); (mil.) piquete; piquete de huelguistas; *va* cercar con piquetes o estacas; atar (*un animal*) a una estaca; estacionar piquetes de huelguistas cerca de, poner un cordón de piquetes a; *vn* servir de piquete de huelguistas
picket fence *s* cerca de estacas
picket line *s* línea de vigilantes huelguistas
pickings ['pɪkɪŋz] *spl* lo recogido; lo robado, lo pillado; residuos
pickle ['pɪkəl] *s* encurtido; escabeche, salmuera; (metal.) baño químico para limpiar metales; (coll.) apuro, aprieto; **to get into a pickle** (coll.) meterse en un berenjenal; *va* encurtir; escabechar; (metal.) limpiar con baño químico
picklock ['pɪk,lɑk] *s* ganzúa (*garfio; ladrón*)
pick-me-up ['pɪkmi,ʌp] *s* (coll.) tentempié; (coll.) trago fortificante
pickpocket ['pɪk,pɑkɪt] *s* carterista, ratero
pickup ['pɪk,ʌp] *s* recolección; recobro (*de un motor*); aceleración (*de un automóvil*); (slang) mejora; (coll.) persona conocida por casualidad y sin presentación; (elec.) pick-up, fonocaptor
pickup truck *s* camioneta de reparto
picky ['pɪkɪ] *adj* melindroso en el comer
picnic ['pɪknɪk] *s* jira, partida de campo, comida campestre; (slang) rato agradable, cosa fácil; (*pret & pp:* **-nicked;** *ger:* **-nicking**) *vn* hacer una comida campestre, merendar en el campo
picnicker ['pɪknɪkər] *s* merendante en el campo, excursionista
picot ['piko] *s* piquillo, puntilla; (*pret & pp:* **-coted** [kod]; *ger:* **-coting** [ko·ɪŋ] *va* adornar o guarnecer con piquillos
picrate ['pɪkret] *s* (chem.) picrato
picric ['pɪkrɪk] *adj* pícrico
picric acid *s* (chem.) ácido pícrico
Pict [pɪkt] *s* picto
Pictish ['pɪktɪʃ] *adj* picto
pictograph ['pɪktəgræf] o ['pɪktəgrɑf] *s* pictografía
pictographic [,pɪktə'græfɪk] *adj* pictográfico
pictorial [pɪk'torɪəl] *adj* pictórico; gráfico; ilustrado; *s* revista ilustrada
pictorially [pɪk'torɪəlɪ] *adv* pictóricamente; con ilustraciones
picture ['pɪktʃər] *s* cuadro, pintura; imagen; retrato; ilustración; fotografía; lámina, grabado; película; (fig.) retrato, cuadro; estado general (*de un enfermo*); cuadro completo, visión de conjunto; **picture of despair** cuadro de desolación; **picture of health** salud personificada; *va* dibujar; pintar; describir; representarse; **to picture to oneself** representarse
picture book *s* libro con láminas
picture frame *s* marco
picture gallery *s* galería de pinturas
picture hat *s* pamela
picture house *s* cine, teatro cine
picture page *s* noticiario gráfico (*de un periódico*)
picture palace *s* (Brit.) cine, teatro cine
picture post card *s* tarjeta postal ilustrada, tarjeta postal con vistas fotográficas
picture puzzle *s* var. de **jigsaw puzzle**
picture show *s* exhibición de pinturas; cine
picture signal *s* (telv.) videoseñal
picturesque [,pɪktʃə'rɛsk] *adj* pintoresco
picturesqueness [,pɪktʃə'rɛsknɪs] *s* carácter pintoresco
picture tube *s* (telv.) tubo de imagen, tubo de televisión
picture writing *s* pictografía
piddle ['pɪdəl] *vn* emplearse en bagatelas; (coll.) orinar
piddling ['pɪdlɪŋ] *adj* de poca monta, insignificante
piddock ['pɪdək] *s* (zool.) julán
pidgin English ['pɪdʒɪn] *s* lengua franca usada en China entre los extranjeros y los indígenas
pie [paɪ] *s* pastel; (orn.) picaza, urraca; (print.) pastel; mezcolanza; (*pret & pp:* **pied;** *ger:* **pieing**) *va* (print.) empastelar
pie à la mode [mod] *s* pastel servido con helado encima
piebald ['paɪ,bɔld] *adj & s* picazo (*caballo*)
piece [pis] *s* pedazo (*fragmento; casco, p.ej., de botella rota; retazo, p.ej., de tela*); pieza (*de una máquina o artefacto; obra dramática; composición suelta de música; cañón; figura que sirve para jugar a las damas, el ajedrez, etc.; moneda*); lote, parcela (*de terreno*); (dial.) rato; (dial.) corta distancia; **a piece of advice** un consejo; **a piece of baggage** un bulto; **a piece of folly** una tontería; **a piece of furniture** un mueble; **a piece of money** una moneda; **a piece of work** un trabajo; **of a piece with** de la misma clase que, lo mismo que; de acuerdo con; **to break to pieces** despedazar, hacer pedazos; despedazarse; **to cut to pieces** desmenuzar; destrozar (*p.ej., un ejército*); **to fall to pieces** desbaratarse, caer en ruina; **to fly to pieces** romperse en mil pedazos; **to give one a piece of one's mind** decirle a uno cuántas son cinco, decirle a uno su parecer con toda franqueza; **to go to pieces** desvencijarse; darse a la desesperación; ir al desastre (*p.ej., un negocio*); sufrir un ataque de nervios; perder por completo la salud; **to pick someone to pieces** (coll.) no dejarle a uno un hueso sano; **to speak one's piece** (coll.) decir su parecer, hablar con franqueza; **to take to pieces** desarmar; refutar punto por punto; *va* juntar las piezas de; formar juntando piezas; remendar; **to piece out** completar a pedacitos; *vn* (coll.) comer a deshora
pièce de résistance [,pjɛs də rezis'tɑ̃s] *s* plato principal; lo principal, lo más importante
piecemeal ['pis,mil] *adj* hecho a bocaditos; fragmentario; *adv* a bocaditos; en pedazos; a remiendos
piece of eight *s* doblón de a ocho (*antigua moneda de oro española*)
piece wage *s* remuneración por rendimiento
piecework ['pis,wʌrk] *s* destajo, trabajo a destajo
pieceworker ['pis,wʌrkər] *s* destajero
pie crust *s* pasta de pastel
pied [paɪd] *adj* abigarrado; de o con traje abigarrado; pintado, manchado (*pájaro*); pío, remendado (*animal*)
Piedmont ['pidmɑnt] *s* el Piamonte; llanura del sureste de los EE.UU.
Piedmontese [,pidmɑn'tiz] *adj* piamontés; *s* (*pl:* **-tese**) piamontés
pier [pɪr] *s* muelle; estribo, sostén (*de puente*); pila, pilastre (*de varias obras de ingeniería*); rompeolas; (arch.) entrepaño (*espacio de pared entre dos huecos*)
pierce [pɪrs] *va* agujerear, horadar, taladrar; atravesar, traspasar; picar, pinchar, punzar; (fig.) traspasar (*de dolor*); *vn* penetrar, entrar a la fuerza
piercing ['pɪrsɪŋ] *adj* penetrante, agudo, desgarrador
pier glass *s* espejo de cuerpo entero
Pierian [paɪ'ɪrɪən] *adj* pierio
Pierian spring *s* fuente pieria
pier table *s* consola
pietism ['paɪətɪzəm] *s* piedad, devoción; mojigatería; (*cap.*) *s* pietismo
pietist ['paɪətɪst] *s* beato; (*cap.*) *s* pietista
pietistic [,paɪə'tɪstɪk] *adj* beato
piety ['paɪətɪ] *s* (*pl:* **-ties**) piedad, devoción
piezoelectric [paɪ,izo·ɪ'lɛktrɪk] *adj* piezoeléctrico
piezoelectricity [paɪ,izo·ɪ,lɛk'trɪsɪtɪ] *s* piezoelectricidad
piezometer [,paɪɪ'zɑmɪtər] *s* piezómetro
piffle ['pɪfəl] *s* (coll.) disparates, música celestial
pig [pɪg] *s* (zool.) cerdo; puerco, cochino (*cerdo domesticado*); lechón; carne de puerco; (metal.) lingote; (coll.) marrano (*hombre sucio e indecente*); **to buy a pig in a poke** cerrar un trato a ciegas
pigeon ['pɪdʒən] *s* (orn.) paloma; (slang) bobalicón
pigeon breast *s* (path.) pecho de pichón
pigeon hawk *s* (orn.) halcón palumbario
pigeonhole ['pɪdʒən,hol] *s* hornilla, casilla de paloma; casilla; *va* encasillar; clasificar y retener en la memoria; dar carpetazo a

pigeon house *s* palomar
pigeon-toed [ˈpɪdʒən,tod] *adj* con los pies torcidos hacia dentro
pigeonwing [ˈpɪdʒən,wɪŋ] *s* figura de danza en forma de ala de paloma; figura que hacen los patinadores en forma de ala de paloma
piggery [ˈpɪgərɪ] *s* (*pl:* **-ies**) pocilga
piggish [ˈpɪgɪʃ] *adj* cochino; glotón, voraz
piggy [ˈpɪgɪ] *s* (*pl:* **-gies**) lechón, lechoncillo; *adj* glotón
piggyback [ˈpɪgɪ,bæk] *adv* a cuestas, en hombros
piggybacking [ˈpɪgɪ,bækɪŋ] *s* transporte de semi-remolques cargados, en vagones de plataforma
pig-headed [ˈpɪg,hɛdɪd] *adj* terco, cabezudo
pig iron *s* arrabio, hierro colado en barras
piglet [ˈpɪglɪt] o **pigling** [ˈpɪglɪŋ] *s* lechón, lechoncillo
pigment [ˈpɪgmənt] *s* pigmento; *va* pigmentar; *vn* pigmentarse
pigmentary [ˈpɪgmən,tɛrɪ] *adj* pigmentario
pigmentation [,pɪgmənˈteʃən] *s* (biol.) pigmentación
pigmy [ˈpɪgmɪ] *adj* var. de **pygmy;** *s* (*pl:* **-mies**) var. de **pygmy**
pignut [ˈpɪg,nʌt] *s* (bot.) pacanero; pacana (*fruto*)
pigpen [ˈpɪg,pɛn] *s* pocilga; (fig.) corral de vacas (*paraje sucio o destartalado*)
pigskin [ˈpɪg,skɪn] *s* piel de cerdo, pellejo de cerdo; (coll.) silla de montar; (coll.) balón (*con que se juega al fútbol*)
pigsty [ˈpɪg,staɪ] *s* (*pl:* **-sties**) pocilga
pigtail [ˈpɪg,tel] *s* coleta, trenza; andullo (*de tabaco*)
pigweed [ˈpɪg,wid] *s* (bot.) cenizo, quelite; (bot.) quenopodio; (bot.) mercolina; (bot.) amaranto
pika [ˈpaɪkə] *s* (zool.) ochotona
pike [paɪk] *s* pica; punta (*p.ej., de flecha*); escarpia; carretera; peaje; camino de barrera; (ichth.) lucio; *va* herir o matar con la pica; *vn* (coll.) irse, salir corriendo; **to pike along** (coll.) seguir su camino
pikeman [ˈpaɪkmən] *s* (*pl:* **-men**) piquero
piker [ˈpaɪkər] *s* (slang) cicatero; (slang) persona de poco fuste; (slang) cobarde
Pike's Peak *s* el pico de Pike (*en las Montañas Rocosas*)
pikestaff [ˈpaɪk,stæf] o [ˈpaɪk,stɑf] *s* (*pl:* **-staves** [,stevz]) asta de pica; báculo herrado
pilaf o **pilaff** [pɪˈlɑf] *s* pilav (*manjar oriental*)
pilaster [pɪˈlæstər] *s* (arch.) pilastra
Pilate [ˈpaɪlət] *s* Pilatos
pilau o **pilaw** [pɪˈlɔ] *s* var. de **pilaf**
pilchard [ˈpɪltʃərd] *s* (ichth.) sardina
pile [paɪl] *s* pila, montón; mole; conjunto apretado (*p.ej., de edificios*); pilote; lanilla, pelusa; lana; pira; (coll.) caudal, fortuna; (coll.) montón (*número considerable*); (elec., her. & phys.) pila; **piles** *mpl* (path.) almorranas; **to make a pile** (coll.) hacerse su agosto, enriquecerse; *va* apilar; **to pile on** echar encima; **to pile one thing on another** superponer una cosa a otra; **to pile up** apilar, amontonar; **to pile with** cubrir con, cargar de; *vn* apilarse; **to pile in** o **into** entrar atropelladamente en; entrar todos en (*un recinto pequeño*); subir todos a (*p.ej., un automóvil*); **to pile up** apilarse; acumularse
piled [paɪld] *adj* de mucho pelillo, de mucha lanilla
pile driver *s* martinete
pile dwelling *s* vivienda lacustre sostenida por pilares
pilewort [ˈpaɪl,wʌrt] *s* (bot.) celidonia menor
pilfer [ˈpɪlfər] *va & vn* ratear
pilgrim [ˈpɪlgrɪm] *s* peregrino, romero
pilgrimage [ˈpɪlgrɪmɪdʒ] *s* peregrinación, romería
piling [ˈpaɪlɪŋ] *s* pilotaje (*conjunto de pilotes*)
pill [pɪl] *s* píldora; (slang) pelota; (slang) chinche, posma (*persona molesta*); mal trago, sinsabor; **to gild the pill** dorar la píldora
pillage [ˈpɪlɪdʒ] *s* pillaje; *va & vn* pillar
pillar [ˈpɪlər] *s* pilar; (fig.) pilar (*persona*); **from pillar to post** de Herodes a Pilatos; *va* proveer de pilares, sostener con pilares
pillared [ˈpɪlərd] *adj* con pilares; de forma columnar
Pillars of Hercules *spl* columnas de Hércules
pillbox [ˈpɪl,bɑks] *s* caja para píldoras; (mil.) fortín armado de ametralladoras
pillory [ˈpɪlərɪ] *s* (*pl:* **-ries**) picota; (*pret & pp:* **-ried**) *va* empicotar; poner a la vergüenza, poner en ridículo
pillow [ˈpɪlo] *s* almohada; cojín; mundillo; (mach.) cojinete; (naut.) almohada (*de las jarcias*); (naut.) tragante, descanso (*del bauprés*); *va* poner sobre una almohada; soportar, servir de almohada a
pillow block *s* (mach.) chumacera
pillowcase [ˈpɪlo,kes] *s* almohada, funda de almohada
pillow lace *s* encaje de bolillos
pillow sham *s* paño bordado (*para cubrir almohadas*)
pillowslip [ˈpɪlo,slɪp] *s* var. de **pillowcase**
pillowy [ˈpɪləwɪ] *adj* blando, suave
pilocarpine [,paɪloˈkɑrpin] o [,paɪloˈkɑrpɪn] *s* (chem.) pilocarpina
pilose [ˈpaɪlos] *adj* piloso
pilosity [paɪˈlɑsɪtɪ] *s* pilosidad
pilot [ˈpaɪlət] *s* piloto; práctico (*de puerto*); (rail.) trompa, delantera; mechero encendedor (*de una cocina de gas*); *va* pilotar; conducir (*servir de guía a*)
pilotage [ˈpaɪlətɪdʒ] *s* (naut. & aer.) pilotaje
pilot balloon *s* globo piloto
pilot biscuit o **bread** *s* (naut.) galleta
pilot chute *s* paracaídas piloto
pilot engine *s* (rail.) máquina piloto
pilot fish *s* (ichth.) piloto
pilot house *s* (naut.) timonera
pilot light *s* lámpara testigo, lámpara de comprobación, lámpara piloto; mechero encendedor (*de una cocina de gas*)
pilot plant *s* instalación piloto
Piltdown man [ˈpɪlt,daʊn] *s* (anthrop.) hombre de Piltdown
pimento [pɪˈmɛnto] *s* (*pl:* **-tos**) (bot.) pimienta; pimienta inglesa (*fruto seco y molido*); pimiento dulce
pimiento [pɪˈmjɛnto] *s* (*pl:* **-tos**) pimiento dulce
pimola [pɪˈmolə] *s* aceituna rellena con un taco de pimiento dulce
pimp [pɪmp] *s & vn* var. de **pander**
pimpernel [ˈpɪmpərnɛl] *s* (bot.) murajes
pimple [ˈpɪmpəl] *s* grano (*en la piel*)
pimpled [ˈpɪmpəld] *adj* var. de **pimply**
pimply [ˈpɪmplɪ] *adj* (*comp:* **-plier;** *super:* **-pliest**) granujoso
pin [pɪn] *s* alfiler; prendedero; clavija; ficha o clavillo (*para sujetar las hojas de las tijeras*); bolo (*del juego de bolos*); asta (*de la bandera que marca cada agujero en el juego de golf*); botón (*de manubrio*); (mach.) gorrón; (naut.) cabilla; (coll.) pierna; **to be on pins and needles** estar en espinas; (*pret & pp:* **pinned;** *ger:* **pinning**) *va* asegurar o prender con un alfiler o con alfileres; clavar, fijar, sujetar; coger y sujetar; **to pin down** sujetar con alfileres; obligar (*a una persona*) a que diga la verdad; **to pin one's faith on** tener puesta su esperanza en; **to pin something on someone** (coll.) acusarle o culparle a uno de una cosa; **to pin up** recoger y apuntar con alfileres, arremangar; fijar en la pared con alfileres
pinacoid [ˈpɪnəkɔɪd] *s* (cryst.) pinacoide
pinafore [ˈpɪnə,for] *s* delantal de niña
pinaster [paɪˈnæstər] o [pɪˈnæstər] *s* (bot.) pinastro, pino rodeno
pinball [ˈpɪn,bɔl] *s* billar romano, bagatela
pincase [ˈpɪn,kes] *s* alfiletero, cañutero
pince-nez [ˈpæns,ne] *s* lentes de nariz, lentes de pinzas
pincer movement *s* (mil.) movimiento de pinzas
pincers [ˈpɪnsərz] *ssg* o *spl* pinzas (*instrumento; órgano prensil del cangrejo, etc.*); (mil.) movimiento de pinzas
pinch [pɪntʃ] *s* pellizco; apretón; polvo, p.ej., **pinch of snuff** polvo de rapé; aprieto, apuro; tormento (*p.ej., del hambre*); (slang) arresto; (slang) hurto, robo; **in a pinch** en un aprieto; en caso necesario; *va* pellizcar; cogerse

(*los dedos*) en una puerta; apretar, p.ej., **this shoe pinches me** este zapato me aprieta; atenacear; restringir; contraer (*el frío la cara de uno*); adelgazar (*el dolor, el hambre a una persona*); limitar los gastos de; (slang) arrestar, prender; (slang) hurtar, robar; *vn* apretar; economizar, privarse de lo necesario
pinchbeck ['pɪntʃ,bɛk] *s* similor; falsificación; *adj* de similor; falsificado
pinchers ['pɪntʃərz] *ssg* o *spl* var. de **pincers**
pinch-hit ['pɪntʃ,hɪt] (*pret & pp:* **-hit;** *ger:* **-hitting**) *vn* (baseball) batear de emergente; (fig.) substituir a otro en un apuro
pinch hitter *s* (baseball) bateador emergente
pincushion ['pɪn,kuʃən] *s* acerico
Pindar ['pɪndər] *s* Píndaro
Pindaric [pɪn'dærɪk] *adj* pindárico
pindling ['pɪndlɪŋ] *adj* (coll.) enteco, enfermizo
Pindus ['pɪndəs] *s* Pindo
pine [paɪn] *s* (bot.) pino; *vn* languidecer; **to pine for** penar por
pineal ['pɪnɪəl] *adj* pineal
pineal body o **gland** *s* (anat.) glándula pineal
pineapple ['paɪn,æpəl] *s* (bot.) ananás, piña (*planta y fruto*)
pine cone *s* piña
pine marten *s* (zool.) marta
pine needle *s* pinocha; **pine needles** *spl* alhumajo
pinery ['paɪnərɪ] *s* (*pl:* **-ies**) pinar; piñal
pine tar *s* alquitrán de madera
piney ['paɪnɪ] *adj* var. de **piny**
pinfeather ['pɪn,fɛðər] *s* cañón (*pluma del ave no desarrollada*)
pinfold ['pɪn,fold] *s* corral de concejo; *va* encerrar en corral de concejo
ping [pɪŋ] *s* silbido de bala; *vn* silbar como una bala
ping-pong ['pɪŋ,pɑŋ] *s* (trademark) ping-pong, tenis de mesa, tenis de salón
pinguin ['pɪŋgwɪn] *s* (bot.) piña de ratón, piñuela, maya
pinhead ['pɪn,hɛd] *s* cabecilla de alfiler; cosa muy pequeña o insignificante; (slang) bobalicón
pinhole ['pɪn,hol] *s* agujero que hace un alfiler; agujero para espiga o clavija
pinion ['pɪnjən] *s* (mach. & orn.) piñón; (orn.) ala; (orn.) remera; *va* cortar las alas a (*un ave*); maniatar
pinion gear *s* (aut.) piñón diferencial
pink [pɪŋk] *adj* rosado, sonrosado; *s* color de rosa; estado perfecto; comunistoide; (bot.) clavel, clavellina; *va* herir levemente con daga, espada, etc.; adornar; (sew.) ondear, ojetear, picar
pinkeye ['pɪŋk,aɪ] *s* (path.) conjuntivitis catarral aguda
pinking shears ['pɪŋkɪŋ] *spl* tijeras picafestones
pinkish ['pɪŋkɪʃ] *adj* rosado claro, que tira a rosado
pin money *s* alfileres, dinero para alfileres
pinna ['pɪnə] *s* (*pl:* **-nae** [ni] o **-nas**) (orn.) pluma; (orn.) ala; (zool.) aleta (*de pez o foca*); (anat.) pabellón del oído; (bot.) folíolo
pinnace ['pɪnɪs] *s* (naut.) pinaza; (naut.) bote
pinnacle ['pɪnəkəl] *s* pináculo, cumbre; (arch.) pináculo; (fig.) pináculo, cumbre
pinnate ['pɪnet] *adj* (bot.) pinado
pinnatifid [pɪ'nætɪfɪd] *adj* (bot.) pinatífido
pinniped ['pɪnɪpɛd] *adj & s* (zool.) pinnípedo
pin oak *s* (bot.) roble de los pantanos
Pinocchio [pɪ'nokɪo] *s* Pinocho
pinochle o **pinocle** ['pi,nʌkəl] *s* pinocle (*juego de naipes*)
piñon ['pɪnjən] o ['pinjon] *s* (bot.) pino piñón; piñón (*fruto*)
pinpoint ['pɪn,pɔɪnt] *s* punta de alfiler; *adj* exacto, preciso; *va & vn* apuntar con precisión
pinpoint bombing *s* (aer.) bombardeo de precisión
pinprick ['pɪn,prɪk] *s* alfilerazo
pint [paɪnt] *s* pinta (*medida*)
pintail ['pɪn,tel] *s* (orn.) pato cuellilargo; (orn.) ganga
pin-tailed sand grouse ['pɪn,teld] *s* (orn.) ganga
pintle ['pɪntəl] *s* gorrón; perno de un gozne; (naut.) pinzote, macho de timón
pinto ['pɪnto] *adj* pintado; *s* (*pl:* **-tos**) caballo pintado; pinto (*frijol*)
pint pot *s* olla con capacidad de pinta
pint-size ['paɪnt,saɪz] o **pint-sized** ['paɪnt,saɪzd] *adj* diminuto
pinup girl ['pɪn,ʌp] *s* fotografía o dibujo artístico de una muchacha linda; muchacha modelo para tal fotografía
pinwheel ['pɪn,hwil] *s* rueda de fuego, rueda giratoria (*de fuegos artificiales*); molino de viento, rehilandera (*juguete de niño*)
pinworm ['pɪn,wʌrm] *s* (zool.) lombriz de los niños
piny ['paɪnɪ] *adj* (*comp:* **-ier;** *super:* **-iest**) pinoso
pioneer [,paɪə'nɪr] *s* pionero (*explorador, colonizador; primer promotor*); (mil.) zapador; *va* preparar el camino a; iniciar, promover; abrir o explorar (*el camino*); *vn* abrir nuevos caminos, explorar
pious ['paɪəs] *adj* pío, piadoso; mojigato
pip [pɪp] *s* pepita (*simiente*); (vet.) pepita; punto (*en un naipe, dado, etc.*); (coll.) enfermedad pasajera; (*pret & pp:* **pipped;** *ger:* **pipping**) *va* romper (*el cascarón el polluelo*); *vn* piar, pipiar
pipe [paɪp] *s* caño, conducto, tubo; cañería; pipa (*para fumar tabaco*); fumarada (*tabaco que cabe en la pipa*); (mus.) caramillo, zampoña, pipa, flauta de Pan; (mus.) cañón (*de órgano*); silbo, nota aflautada, voz atiplada; pipa, tonel; (naut.) pito o silbato del contramaestre; **pipes** *spl* (mus.) gaita; *va* conducir por medio de tubos o cañerías; proveer de tuberías o cañerías; instalar tubos o cañerías en; decir o pronunciar con voz atiplada; cantar con voz atiplada; llamar con silbatos; (sew.) adornar con cordoncillos; *vn* tocar el caramillo; hablar o cantar con voz atiplada; tocar su pito (*el contramaestre*); **to pipe down** (slang) callarse; **to pipe up** comenzar a tocar; (slang) comenzar a hablar
pipe bender *s* curvatubos
pipe clamp *s* sujetatubos
pipe clay *s* albero, tierra de pipa
pipe-clay ['paɪp,kle] *va* blanquear o limpiar con albero
pipe cleaner *s* desobturador de pipa, limpiapipas
pipe cutter *s* cortatubos (*herramienta*)
pipe dream *s* (coll.) idea o esperanza imposibles, castillo en el aire
pipe fitter *s* cañero, montador de tuberías
pipe fitting *s* instalación de tuberías; **pipe fittings** *spl* accesorios para tubería, accesorios de cañería
pipeful ['paɪpful] *s* fumarada (*tabaco que cabe en la pipa*)
pipe hanger *s* portacaño
pipe line *s* cañería, tubería; oleoducto; fuente de informes confidenciales
pipe-line ['paɪp,laɪn] *va* conducir por medio de un oleoducto; proveer de un oleoducto
pipe of peace *s* pipa de paz
pipe organ *s* (mus.) órgano
piper ['paɪpər] *s* flautista; gaitero; **to pay the piper** pagar los vidrios rotos
piperaceous [,pɪpə'reʃəs] *adj* (bot.) piperáceo
piperine ['pɪpərin] o ['pɪpərɪn] *s* (chem.) piperina
pipestem ['paɪp,stɛm] *s* boquilla de pipa de fumar
pipe thread *s* rosca de tubería
pipe tobacco *s* tabaco de pipa
pipette [paɪ'pɛt] o [pɪ'pɛt] *s* pipeta
pipe wrench *s* llave para tubos, llave de caño
piping ['paɪpɪŋ] *s* cañería, tubería; canalización; materia para la fabricación de tubos; notas de flauta; música de gaita; notas aflautadas; silbido, sonido agudo; (sew.) cordoncillo; figuras hechas con azúcar en un bollo; *adj* aflautado, agudo
piping hot *adj* muy caliente, hirviendo; **to be piping hot** estar que quema
pipit ['pɪpɪt] *s* (orn.) bisbita
pipkin ['pɪpkɪn] *s* ollita
pippin ['pɪpɪn] *s* camuesa (*manzana*); (slang) real moza

P

pipsissewa [pɪp'sɪsɪwə] *s* (bot.) quimafila
pipy ['paɪpɪ] *adj* (*comp:* **-ier;** *super:* **-iest**) tubular; agudo, chillón
piquancy ['pikənsɪ] *s* picante
piquant ['pikənt] *adj* picante
pique [pik] *s* pique, resentimiento; **in a pique** resentido; *va* picar, enojar, provocar; despertar, excitar; **to be piqued at** tener un pique con; **to pique oneself on** o **upon** enorgullecerse de
piqué [pɪ'ke] *s* piqué (*tela*)
piquet [pɪ'kɛt] *s* séptimo, juego de los ciento
piracy ['paɪrəsɪ] *s* (*pl:* **-cies**) piratería; publicación fraudulenta
Piraeus [paɪ'riəs] *s* el Pireo
piragua [pɪ'rɑgwə] o [pɪ'ræɡwə] *s* var. de **pirogue**
pirate ['paɪrɪt] *s* pirata; *va* robar, pillar; publicar fraudulentamente; *vn* piratear
piratical [paɪ'rætɪkəl] *adj* pirático
pirogue [pɪ'rog] *s* piragua
pirouette [ˌpɪru'ɛt] *s* pirueta; *vn* piruetear
piscatorial [ˌpɪskə'torɪəl] o **piscatory** ['pɪskəˌtorɪ] *adj* piscatorio
Pisces ['pɪsiz] *spl* (astr.) Piscis
piscina [pɪ'saɪnə] o [pɪ'sinə] *s* (*pl:* **-nae** [ni]) (eccl.) piscina
piscivorous [pɪ'sɪvərəs] *adj* piscívoro
pish [pɪʃ] *interj* ¡ bah!; *vn* refunfuñar
pisiform ['paɪsɪfɔrm] *adj* pisiforme; (anat.) pisiforme
Pisistratus [paɪ'sɪstrətəs] *s* Pisístrato
pismire ['pɪsˌmaɪr] *s* (ent.) hormiga
pistachio [pɪs'tɑʃɪo] o [pɪs'tæʃɪo] *s* (*pl:* **-os**) (bot.) alfóncigo (*árbol y fruto*); (bot.) pistachero (*árbol*); pistacho (*almendra*); sabor a pistacho; color de pistacho
pistil ['pɪstɪl] *s* (bot.) pistilo
pistillate ['pɪstɪlet] *adj* (bot.) pistilado
pistol ['pɪstəl] *s* pistola (*arma de fuego*)
pistole [pɪs'tol] *s* pistola (*moneda*)
piston ['pɪstən] *s* (mach.) émbolo, pistón; (mus.) pistón
piston assembly *s* conjunto del émbolo
piston displacement *s* cilindrada
piston pin *s* eje o pasador de émbolo
piston pump *s* bomba de émbolo
piston ring *s* anillo de émbolo, aro de émbolo
piston rod *s* vástago de émbolo
piston stroke *s* carrera del émbolo
piston valve *s* válvula de émbolo
pit [pɪt] *s* hoyo; cárcava, hoya; cacaraña, hoyuelo (*en la piel*); trampa; hueso (*de ciertas frutas*); cancha, reñidero (*para peleas de gallos, etc.*); boca (*del estómago*); fosa común (*de muchos cadáveres*); **pozo** (*de tirador*); (aut.) fosa; (com.) bolsa (*dedicada a un solo producto*); abismo, infierno; (min.) pozo; (Brit.) foso, parte posterior del patio; (Brit.) mosqueteros (*personas que veían la comedia de pie desde la parte posterior del patio*); (fig.) escollo (*peligro latente*); (*pret & pp:* **pitted;** *ger:* **pitting**) *va* marcar con hoyos; dejar hoyoso (*el rostro*); poner en un hoyo; deshuesar (*p.ej., una ciruela*); **to pit one person against another** oponer una persona a otra
pitapat ['pɪtəˌpæt] *s* latido rápido; sonido de un trotecito ligero; *adv* con latido rápido; con un trotecito ligero
pitch [pɪtʃ] *s* pez *f* (*substancia negra y pegajosa*); echada, lanzamiento; cosa lanzada; pelota lanzada; cabezada (*de un barco*); pendiente (*de un tejado*); elevación (*de un arco de puente*); declive, grado de inclinación; paso (*de hélice, tornillo, etc.*); distancia (*p.ej., entre remaches*); (elec.) paso (*p.ej., de un arrollamiento*); (mus.) tono, altura; (fig.) grado, extremo; *va* echar, lanzar; elevar (*el heno*) con la horquilla, lanzar (*el heno*) al camión; armar o plantar (*una tienda de campaña*); embrear; cantear (*una piedra*); (mus.) graduar el tono de; *vn* caerse, caer de cabeza; fijarse, instalarse; bajar en declive, inclinarse; (naut.) cabecear; **to pitch about** agitarse, sacudirse; **to pitch in** (coll.) poner manos a la obra; (coll.) comenzar a comer; **to pitch into** (coll.) arremeter contra, desatarse contra; (coll.) regañar, reprender; **to pitch on** o **upon** escoger, elegir
pitch accent *s* acento de altura
pitchblende ['pɪtʃˌblɛnd] *s* (mineral.) pechblenda
pitch-dark ['pɪtʃ'dɑrk] *adj* negro u obscuro como la pez
pitched battle *s* batalla campal
pitcher ['pɪtʃər] *s* jarra; (baseball) lanzador
pitcherful ['pɪtʃərfʊl] *s* jarra (*lo que cabe en esta vasija*)
pitcher plant *s* (bot.) planta cazadora de insectos (*Sarracenia y Darlingtonia*)
pitchfork ['pɪtʃˌfɔrk] *s* (agr.) horca, horquilla; **to rain pitchforks** (coll.) caer o llover chuzos, llover a cántaros; *va* amontonar o elevar (*heno*) con la horquilla
pitchman ['pɪtʃmən] *s* (*pl:* **-men**) (slang) buhonero (*con un puesto en las ferias y verbenas*)
pitch pine *s* (bot.) pino tea
pitch pipe *s* (mus.) diapasón
pitchstone ['pɪtʃˌston] *s* vidrio volcánico
pitchy ['pɪtʃɪ] *adj* (*comp:* **-ier;** *super:* **-iest**) peceño
piteous ['pɪtɪəs] *adj* lastimero, lastimoso
pitfall ['pɪtˌfɔl] *s* (hunt.) trampa, callejo; (fig.) escollo
pith [pɪθ] *s* (bot.) médula; (fig.) fuerza, vigor; (fig.) médula
pit head *s* (min.) boca de pozo
pithecanthropus [ˌpɪθɪkæn'θropəs] *s* (*pl:* **-pi** [paɪ]) (anthrop.) pitecántropo
pithy ['pɪθɪ] *adj* (*comp:* **-ier;** *super:* **-iest**) medular; meduloso; enérgico, expresivo, vivo
pitiable ['pɪtɪəbəl] *adj* enternecedor, lamentable; despreciable
pitiably ['pɪtɪəblɪ] *adv* lamentablemente; de modo despreciable
pitiful ['pɪtɪfʊl] lastimero, lastimoso; compasivo; despreciable
pitiless ['pɪtɪlɪs] *adj* desapiadado, empedernido, incompasivo
pitometer [pɪ'tɑmɪtər] *s* (hyd.) pitómetro
pitpit ['pɪtˌpɪt] *s* (orn.) pitpit, azucarero
pittance ['pɪtəns] *s* jornal miserable; recursos insuficientes; ración de hambre
pitter ['pɪtər] *s* deshuesadora
pitter-patter ['pɪtərˌpætər] *s* chapaleteo (*de la lluvia*); golpeteo suave o ligero; *adv* con chapaleteo; con golpeteo suave o ligero
Pittsburgh ['pɪtsbʌrg] *s* Pitsburgo
pituitary [pɪ'tjuɪˌtɛrɪ] o [pɪ'tuɪˌtɛrɪ] *adj* pituitario
pituitary body *s* (anat.) cuerpo pituitario
pituitary gland *s* (anat.) glándula pituitaria
pituitary membrane *s* (anat.) membrana pituitaria
pituitous [pɪ'tjuɪtəs] o [pɪ'tuɪtəs] *adj* pituitoso
pity ['pɪtɪ] *s* (*pl:* **-ies**) piedad, compasión, lástima; **for pity's sake!** ¡ por piedad!, ¡ por Dios!; **it is a pity (that)** es lástima (que); **to have** o **to take pity on** tener piedad de, apiadarse de, compadecer; **what a pity!** ¡ qué lástima!; (*pret & pp:* **-ied**) *va* apiadarse de, compadecer
pityriasis [ˌpɪtɪ'raɪəsɪs] *s* (path.) pitiríasis
Pius ['paɪəs] *s* Pío
pivot ['pɪvət] *s* pivote, gorrón, eje de rotación; (fig.) eje, punto fundamental; *va* montar sobre un pivote; colocar por medio de un pivote; proveer de pivote; *vn* pivotar; **to pivot on** girar sobre; depender de
pivotal ['pɪvətəl] *adj* céntrico; fundamental
pixilated ['pɪksɪˌletɪd] *adj* chiflado; (slang) borracho
pixy o **pixie** ['pɪksɪ] *s* (*pl:* **-ies**) duende, hada
pizzle ['pɪzəl] *s* vergajo
pk. abr. de **park, peak** y **peck**
pkg. abr. de **package**
pl. abr. de **place** y **plural**
placable ['plekəbəl] o ['plækəbəl] *adj* placable
placard ['plækɑrd] *s* cartel; [plə'kɑrd] o ['plækɑrd] *va* llenar de carteles; fijar carteles en; fijar (*un anuncio*) en sitio público; publicar por medio de carteles
placate ['pleket] *va* aplacar
place [ples] *s* sitio, lugar; puesto; local (*de un establecimiento*); distrito; parte; (arith.) lugar; (arith.) decimal; calle o plaza de poca extensión; **in place** en su sitio; a propósito, oportuno; **in the first place** en primer lugar; **in the next place** luego, después; **in no place**

en ninguna parte; **in place of** en lugar de, en vez de; **out of place** fuera de su lugar; impropio, inconveniente, fuera de propósito; **to give place** ceder, hacer lugar; **to hold one's place** no cejar, no perder terreno; **to know one's place** quedarse en su lugar, mirarse a sí, ser respetuoso; **to look for a place to live** buscar piso; **to take place** tener lugar; *va* poner, colocar; acordarse bien de; dar colocación o empleo a; (com.) prestar a interés; *vn* (sport) colocarse (*un caballo en las carreras*)

placebo [plə'sibo] *s* (*pl:* **-bos** o **-boes**) (eccl. & med.) placebo

place card *s* tarjeta (*que indica la colocación de uno en la mesa*)

place in the sun *s* la igualdad, su porción de los bienes de este mundo, su porción de gloria

place kick *s* (football) puntapié que se da a la pelota después de colocarla en tierra

place-kick ['ples,kɪk] *vn* (football) patear la pelota después de colocarla en tierra

placement ['plesmənt] *s* colocación; (football) colocación de la pelota en tierra para patearla

placement test *s* (educ.) examen selectivo

place name *s* nombre de lugar, topónimo

placenta [plə'sɛntə] *s* (*pl:* **-tae** [ti] o **-tas**) (anat., bot. & zool.) placenta

placental [plə'sɛntəl] *adj* placentario; *s* (zool.) placentario

place of business *s* establecimiento, local de negocios

place of refuge *s* asilo, refugio

place of worship *s* templo, edificio de culto

placer ['plæsər] *s* (min.) placer; (min.) lavadero de oro

placer mining *s* minería de lavado

placid ['plæsɪd] *adj* plácido

placidity [plə'sɪdɪtɪ] *s* placidez

placket ['plækɪt] *s* abertura en la parte superior de la falda o las enaguas; bolsillo (de falda)

plagiarism ['pledʒɪərɪzəm] o ['pledʒərɪzəm] *s* plagio

plagiarist ['pledʒɪərɪst] o ['pledʒərɪst] *s* plagiario

plagiarize ['pledʒɪəraɪz] o ['pledʒəraɪz] *va* plagiar

plagioclase ['pledʒɪə,kles] *s* (mineral.) plagioclasa

plagiostome ['pledʒɪə,stom] *adj & s* (ichth.) plagiostomo

plagiotropic [,pledʒɪə'trɑpɪk] *adj* (bot.) plagiotropo

plagiotropism [,pledʒɪ'ɑtrəpɪzəm] *s* (bot.) plagiotropismo

plague [pleg] *s* plaga; peste; *va* plagar, apestar, infestar; atormentar, molestar

plaguey o **plaguy** ['plegɪ] *adj* (coll.) enfadoso, molesto

plaice [ples] *s* (ichth.) platija

plaid [plæd] *s* tartán (*tela*); cuadros a la escocesa; plaid (*manta*); *adj* listado a la escocesa

plaided ['plædɪd] *adj* listado a la escocesa; con manta de tartán

plain [plen] *adj* llano; feo, sin atractivo; ordinario; solo, natural, puro; sencillo; **in plain English** sin rodeos; **in plain sight** o **view** en plena vista; *s* llano, llanura; *vn* (archaic & dial.) quejarse

plain chant *s* canto llano

plain clothes *spl* traje de calle, traje de paisano

plain-clothes man ['plen'kloz] o ['plen'kloðz] *s* agente de policía que no lleva uniforme, agente de policía que lleva traje de calle

plain dealing *s* trato sincero, buena fe

plain knitting *s* punto de media

plainness ['plennɪs] *s* llaneza; fealdad

plain omelet *s* tortilla a la francesa

plain sailing *s* navegación libre y serena; acción desembarazada

plainsman ['plenzmən] *s* (*pl:* **-men**) llanero

plain song *s* canto llano

plain speaking *s* franqueza

plain-spoken ['plen'spokən] *adj* franco, sincero, brusco, directo

plaint [plent] *s* quejido, lamento; (law) querella; (archaic & dial.) plañido

plaintiff ['plentɪf] *s* (law) demandante

plaintive ['plentɪv] *adj* quejumbroso, lastimero

plait [plæt] o [plet] *s* trenza; *va* trenzar; [plæt] o [plit] *s* pliegue; *va* plegar

plan [plæn] *s* plan (*intento, proyecto*); plan, plano (*representación gráfica*); **to change one's plans** cambiar de proyecto; (*pret & pp:* **planned**; *ger:* **planning**) *va* planear, planificar; **to plan to** + *inf* proponerse + *inf; vn* hacer proyectos

planchette [plæn'ʃɛt] *s* tabla de escritura espiritista

plane [plen] *adj* plano; *s* plano; (aer.) plano o ala; aeroplano, avión; (carp.) cepillo; garlopa (*cepillo grande*); (bot.) plátano de oriente; (bot.) plátano de occidente; (fig.) nivel (*grado de elevación moral, etc.*); *va* acepillar, cepillar; **to plane down** reducir con el cepillo el espesor de; **to plane off** o **away** quitar con el cepillo; *vn* viajar en aeroplano; (aer.) planear; (naut.) elevarse (*el barco*) al ser impulsado por el motor

plane cell *s* (aer.) célula (*de avión*)

plane geometry *s* geometría plana

plane of incidence *s* (opt.) plano de incidencia

planer ['plenər] *s* acepillador; acepilladora (*máquina*); (print.) tamborilete

planer tree *s* (bot.) planera

plane sickness *s* (aer.) mareo del aire, mal de vuelo

planet ['plænɪt] *s* (astr. & astrol.) planeta

plane table *s* (surv.) plancheta

planetarium [,plænɪ'tɛrɪəm] *s* (*pl:* **-a** [ə]) planetario

planetary ['plænɪ,tɛrɪ] *adj* planetario; errante, inconstante; mundano, terrestre; (mach.) planetario

planetesimal [,plænɪ'tɛsɪməl] *adj & s* planetesimal

planetoid ['plænɪtɔɪd] *s* (astr.) planetoide

plane tree *s* (bot.) plátano de oriente; (bot.) plátano de occidente

plane trigonometry *s* trigonometría plana

planimeter [plə'nɪmɪtər] *s* planímetro

planimetric [,plænɪ'mɛtrɪk] o **planimetrical** [,plænɪ'mɛtrɪkəl] *adj* planimétrico

planimetry [plə'nɪmɪtrɪ] *s* planimetría

planing mill *s* taller de cepillado; cepilladora

planish ['plænɪʃ] *va* aplanar

planisphere ['plænɪsfɪr] *s* planisferio

plank [plæŋk] *s* tabla gruesa, tablón; artículo de un programa político; **to walk the plank** lanzarse al mar (*pena de muerte que imponían los piratas a sus víctimas*); *va* entablar, entarimar; asar a la brasa en una tabla; **to plank down** (coll.) colocar firmemente; (coll.) arrojar con alguna violencia (*sobre una mesa, un mostrador, etc.*); **to plank out** (coll.) pagar o desembolsar sin vacilación

planking ['plæŋkɪŋ] *s* entablación; tablaje; maderamen de cubierta, tablazón de buque

plank-sheer ['plæŋk,ʃɪr] *s* (naut.) regala

plankton ['plæŋktən] *s* (biol.) plankton o plancton

planned economy *s* economía dirigida o planificada

planned parenthood *s* natalidad dirigida, procreación planeada

planner ['plænər] *s* proyectista

plano-concave [,pleno'kɑnkev] *adj* planocóncavo

plano-convex [,pleno'kɑnvɛks] *adj* planoconvexo

plant [plænt] o [plɑnt] *s* (bot.) planta; fábrica, taller; grupo motor (*de un automóvil*); plantel (*establecimiento de educación*); (slang) proyecto para engañar; *va* plantar; sembrar (*semillas*); inculcar (*doctrinas*); (slang) plantar (*golpes*); (slang) ocultar (*géneros robados*)

plantaginaceous [,plæntədʒɪ'neʃəs] *adj* (bot.) plantagináceo

plantain ['plæntɪn] *s* (bot.) plátano (*Musa paradisiaca y fruto*); (bot.) llantén (*Plantago major*)

plantation [plæn'teʃən] *s* plantío; plantación

planter ['plæntər] o ['plɑntər] *s* plantador; plantadora (*máquina*)

plantigrade ['plæntɪgred] *adj & s* (zool.) plantígrado

P

plantlet ['plæntlɪt] o ['plɑntlɪt] *s* plantilla, planta rudimentaria
plant louse *s* (ent.) pulgón
plant pathology *s* patología vegetal
plant physiology *s* fisiología vegetal
plaque [plæk] *s* placa
plaquette [plæ'kɛt] *s* (anat.) plaqueta
plash [plæʃ] *s* salpicadura; chapoteo; mancha; charco; *va* salpicar; chapotear; manchar; entretejer (*ramas*); hacer o podar (*un seto vivo*) entretejiendo ramas; *vn* chapotear, caer con ruido
plashy ['plæʃɪ] *adj* (*comp:* **-ier**; *super:* **-iest**) cenagoso, pantanoso; salpicado, manchado
plasm ['plæzəm] *s* var. de **plasma**
plasma ['plæzmə] *s* (anat., phys. & physiol.) plasma *m;* (biol.) protoplasma; (mineral.) plasma *f;* suero (*de la leche*)
plasmatic [plæz'mætɪk] o **plasmic** ['plæzmɪk] *adj* plasmático
plasmochin ['plæzməkɪn] *s* (pharm.) plasmoquina
plasmodium [plæz'modɪəm] *s* (*pl:* **-a** [ə]) (biol.) plasmodio
plasmolysis [plæz'mɑlɪsɪs] *s* (physiol.) plasmólisis
plasmoquine ['plæzməkwaɪn] *s* var. de **plasmochin**
plasmosome ['plæzməsom] *s* (biol.) plasmosoma
plaster ['plæstər] o ['plɑstər] *s* yeso; argamasa; enlucido (*capa de yeso*); (pharm.) emplasto; *va* enyesar; argamasar; enlucir; emplastar; embadurnar, untar; pegar (*anuncios, carteles*); **to plaster down** pegar (*p.ej., el pelo al cráneo*)
plasterboard ['plæstər,bord] o ['plɑstər,bord] *s* cartón de yeso y fieltro
plaster cast *s* (surg.) vendaje enyesado
plasterer ['plæstərər] o ['plɑstərər] *s* yesero, enlucidor, revocador
plastering ['plæstərɪŋ] o ['plɑstərɪŋ] *s* enlucimiento; enlucido, enyesado
plastering trowel *s* llana de enlucir
plaster of Paris *s* yeso de París
plastic ['plæstɪk] *adj* plástico; *s* plástico (*cuerpo*); plástica (*arte de plasmar*)
plastic bomb *s* bomba de plástico
plasticine ['plæstɪsin] *s* (trademark) arcilla de modelar, plastilina
plasticity [plæs'tɪsɪtɪ] *s* plasticidad
plasticize ['plæstɪsaɪz] *va* plastificar; *vn* plastificarse
plastic surgery *s* cirugía plástica
plastic wood *s* (trademark) madera plástica
plastron ['plæstrən] *s* pechera; (arm. & zool.) peto; (fencing) plastrón
plat [plæt] *s* plan, plano o mapa; parcela, solar; trenza; (*pret & pp:* **platted;** *ger:* **platting**) *va* trazar el plano o mapa de, trasladar al papel; trenzar
platan ['plætən] *s* var. de **plane tree**
platanaceous [,plætə'neʃəs] *adj* (bot.) platanáceo
plate [plet] *s* plato; vajilla de oro, vajilla de plata; cubierto; placa, chapa (*de metal, cristal, etc.*); escudete; lámina; clisé; dentadura postiza, base de la dentadura postiza; pecho delgado (*carne de vaca*); (arch.) viga horizontal; (baseball) puesto meta, puesto del batter; (anat., elec., phot., rad. & zool.) placa; (mach.) plato; *va* chapear; blindar; platear, dorar, niquelar (*por la galvanoplastia*); (print.) clisar
plateau [plæ'to] *s* meseta
plate circuit *s* (rad.) circuito de placa
plate current *s* (rad.) corriente de placa
plateful ['pletfʊl] *s* plato (*lo que contiene un plato*)
plate glass *s* vidrio o cristal cilindrado
plateholder ['plet,holdər] *s* (phot.) almacén de placas, portaplacas, chasis
platen ['plætən] *s* platina, rodillo
plater ['pletər] *s* (sport) caballo que no gana carreras
plateresque [,plætə'rɛsk] *adj* (arch.) plateresco
platform ['plæt,fɔrm] *s* plataforma; andén; cargadero; tribuna (*de orador*); (geog.) plataforma; (fig.) plataforma (*programa político*)
platform car *s* (rail.) plataforma
platform carriage *s* carro fuerte
Platine ['plætaɪn] *adj* rioplatense
plating ['pletɪŋ] *s* galvanoplastia; capa metálica; blindaje
platiniridium [,plætɪnɪ'rɪdɪəm] *s* platiniridio
platinocyanide [,plætɪno'saɪənaɪd] o [,plætɪno'saɪənɪd] *s* (chem.) platinocianuro
platinoid ['plætɪnɔɪd] *s* platinoide
platinotype ['plætɪnə,taɪp] *s* (phot.) platinotipia
platinum ['plætɪnəm] *s* (chem.) platino
platinum black *s* negro de platino
platinum blonde *s* rubia platino
platitude ['plætɪtjud] o ['plætɪtud] *s* perogrullada, trivialidad; falta de gracia
platitudinous [,plætɪ'tjudɪnəs] o [,plætɪ'tudɪnəs] *adj* trivial, falto de gracia
Plato ['pleto] *s* Platón
Platonic [plə'tɑnɪk] *adj* platónico
Platonic love *s* amor platónico
Platonism ['pletənɪzəm] *s* platonismo
Platonist ['pletənɪst] *s* platonista
platoon [plə'tun] *s* (mil.) pelotón; grupo (*de personas*)
platter ['plætər] *s* fuente, platón; (slang) disco de fonógrafo
platyhelminth [,plætɪ'hɛlmɪnθ] *s* (zool.) platelminto
platypus ['plætɪpəs] *s* (*pl:* **-puses** o **-pi** [paɪ]) (zool.) ornitorrinco
platyrrhine ['plætɪraɪn] o ['plætɪrɪn] *adj & s* (zool.) platirrino
plaudit ['plɔdɪt] *s* aplauso
plausibility [,plɔzɪ'bɪlɪtɪ] *s* especiosidad; (coll.) credibilidad
plausible ['plɔzɪbəl] *adj* especioso, aparente; bien hablado; (coll.) creíble
Plautine ['plɔtaɪn] o ['plɔtɪn] *adj* plautino
Plautus ['plɔtəs] *s* Plauto
play [ple] *s* juego; jugada (*lance de juego*); pieza, obra dramática; juego (*de aguas, de colores, de luces, etc.*); (mach.) juego; **at play** jugando; **to be full of play** ser retozón, ser travieso; **to come into play** entrar en juego; **to give full play to** dar rienda suelta a ‖ *va* jugar (*p.ej., un naipe, una partida de juego*); jugar a (*p.ej., los naipes*); jugar con (*un contrario*); dar (*un chasco*); hacer (*una mala jugada*); dirigir (*agua, una manguera*); hacer o desempeñar (*un papel*); hacer o desempeñar el papel de; representar (*una obra dramática, un film*); dar representaciones en (*una ciudad*); apostar por (*un caballo*); darse al juego en (*las carreras de caballo*); dejar que se canse (*un pez que ha picado en el anzuelo*); gastar (*una broma*); (mus.) tocar (*un instrumento, una pieza, un disco de fonógrafo*); **to be played out** estar agotado; estar estropeado por el uso, estar inservible; **to play back** retocar (*un disco de fonógrafo*); **to play someone false** engañarle a uno; **to play up** ensalzar, dar bombo a ‖ *vn* jugar; representar, desempeñar un papel; correr (*una fuente*); rielar (*la luz en la superficie del agua*); vagar (*p.ej., una sonrisa por los labios*); hacerse el (o la), p.ej., **to play sick** hacerse el enfermo; **to play on** continuar jugando; continuar tocando; aprovecharse de, valerse de; agitar (*emociones*) por provecho propio; (mus.) tocar (*un instrumento*); **to play out** cansarse, rendirse; agotarse; acabarse; **to play safe** tomar sus precauciones; **to play up to** hacer la rueda a, halagar servilmente
playable ['pleəbəl] *adj* servible; (theat.) representable
play-act ['ple,ækt] *vn* (coll.) actuar, hacer un papel; (coll.) hacer la comedia
playback ['ple,bæk] *s* (elec.) lectura (*de una grabación fonográfica acabada de registrar*); (elec.) aparato de lectura
playback head *s* cabeza de lectura (*del magnetófono*)
playbill ['ple,bɪl] *s* cartel; programa (*de una pieza dramática*)
playboy ['ple,bɔɪ] *s* (slang) amante de los placeres, niño bonito
player ['pleər] *s* jugador; actor; ejecutante; autopiano
player piano *m* autopiano
playfellow ['ple,fɛlo] *s* compañero de juego
playful ['plefəl] *adj* juguetón; dicho en broma

playfulness ['plefəlnɪs] *s* travesura, retozo; jovialidad
playgoer ['ple,goər] *s* aficionado al teatro, persona que frecuenta el teatro
playground ['ple,graund] *s* patio de recreo, campo de juego
playhouse ['ple,haus] *s* casita de juguete para niños, casita de muñecas; teatro
playing card *s* naipe
playing field *s* campo de deportes, terreno de juego
playlet ['plelɪt] *s* (theat.) juguete cómico, paso de comedia
playmate ['ple,met] *s* compañero de juego
play-off ['ple,ɔf] o ['ple,ɑf] *s* (sport) partido de desempate
play on words *s* juego de palabras, retruécano
play pen *s* parque, corralito plegable (*para bebés*)
playroom ['ple,rum] o ['ple,rʊm] *s* cuarto de juegos
plaything ['ple,θɪŋ] *s* juguete; (fig.) juguete
playtime ['ple,taɪm] *s* hora de recreo, hora de juego
playwright ['ple,raɪt] *s* autor dramático, dramaturgo
plaza ['plɑzə] o ['plæzə] *s* plaza
plea [pli] *s* ruego, súplica; disculpa, excusa; (law) contestación a la demanda
pleach [plitʃ] *va* entretejer (*p.ej., ramas de árboles*)
plead [plid] (*pret & pp:* **pleaded** o **pled**) *va* alegar; (law) defender (*una causa*); *vn* suplicar; argumentar; abogar; (law) abogar; **to plead against** abogar contra; **to plead for** abogar por; **to plead guilty** (law) confesarse culpable; **to plead not guilty** (law) negar la acusación, declararse inocente; **to plead with** suplicar; **to plead with someone for something** rogarle a uno que conceda algo
pleader ['plidər] *s* suplicante; (law) abogado
pleadings ['plidɪŋz] *spl* (law) alegatos
pleasance ['plɛzəns] *s* parque, jardín de recreo; (archaic) placer
pleasant ['plɛzənt] *adj* agradable; simpático
pleasantness ['plɛzəntnɪs] *s* agradabilidad
pleasantry ['plɛzəntrɪ] *s* (*pl:* **-ries**) chanza, chiste, dicho gracioso
please [pliz] *va & vn* gustar; **as you please** como Vd. quiera; **if you please** si quiere, si me hace el favor; **to be pleased to** + *inf* alegrarse de + *inf*, complacerse en + *inf*; **to be pleased with** estar satisfecho de o con; **to be pleased with oneself** estar satisfecho de sí mismo; **to do as one pleases** hacer su voluntad; **to please oneself** darse gusto, no hacer más que lo que se le antoja; **please God** si Dios lo quiere; **please** + *inf* tenga Vd. la bondad de + *inf*, hágame Vd. el favor de + *inf*, sírvase + *inf*
pleasing ['plizɪŋ] *adj* agradable, grato
pleasurable ['plɛʒərəbəl] *adj* agradable
pleasure ['plɛʒər] *s* placer, goce, deleite, gusto; **what is your pleasure?** ¿en qué puedo servirle?, ¿qué es lo que Vd. desea?; **with pleasure** con mucho gusto
pleasure boat *s* bote de recreo
pleasure car *s* (aut.) coche de paseo, coche de deporte
pleasure seeker *s* persona que anda tras los placeres, amigo de los placeres
pleasure trip *s* viaje de recreo, viaje de placer
pleat [plit] *s* pliegue, plisado; *va* plegar, plisar
pleating ['plitɪŋ] *s* plisado
plebe [plib] *s* (mil.) cadete de primer año (*en la Academia Militar de los EE.UU.*); (nav.) guardia marina de primer año (*en la Academia Naval de los EE.UU.*)
plebeian [plɪ'biən] *adj & s* plebeyo
plebeianism [plɪ'biənɪzəm] *s* plebeísmo
plebiscite ['plɛbɪsaɪt] o ['plɛbɪsɪt] *s* plebiscito
plebs [plɛbz] *s* (*pl:* **plebes** ['plibiz]) plebe; (hist.) plebe
plectognath ['plɛktɑgnæθ] *adj & s* (zool.) plectognato
plectrum ['plɛktrəm] *s* (*pl:* **-trums** o **-tra** [trə]) (mus.) plectro
pled [plɛd] *pret & pp de* **plead**
pledge [plɛdʒ] *s* promesa; voto (*promesa que se hace a Dios*); prenda; brindis; **as a pledge of** en prenda de; **to take the pledge** comprometerse a no catar bebidas alcohólicas; *va* prometer; empeñar; dar (*la palabra*); brindar por; **to pledge to secrecy** exigir promesa de secreto o silencio a
pledgee [plɛdʒ'i] *s* depositario
Pleiad ['pliæd] o ['plaɪæd] *s* (*pl:* **Pleiades** ['pliədiz] o ['plaɪədiz]) Pléyade; **Pleiades** *spl* (myth. & astr.) Pléyades
Pleiocene ['plaɪəsin] *adj & s* var. de **Pliocene**
Pleistocene ['plaɪstəsin] *adj & s* (geol.) pleistoceno
plenary ['plinərɪ] o ['plɛnərɪ] *adj* plenario
plenary indulgence *s* (eccl.) indulgencia plenaria
plenary session *s* sesión plenaria
plenipotentiary [,plɛnɪpə'tɛnʃɪ,ɛrɪ] o [,plɛnɪpə'tɛnʃərɪ] *adj* plenipotenciario; *s* (*pl:* **-ies**) plenipotenciario
plenitude ['plɛnɪtjud] o ['plɛnɪtud] *s* plenitud
plenteous ['plɛntɪəs] o **plentiful** ['plɛntɪfəl] *adj* abundante, copioso
plenty ['plɛntɪ] *s* copia, abundancia; cantidad suficiente; *adj* suficiente; *adv* (coll.) completamente, muy
plenum ['plinəm] *s* (*pl:* **-nums** o **-na** [nə]) pleno
plenum chamber *s* cámara de pleno
pleochroism [plɪ'ɑkro·ɪzəm] *s* (cryst.) pleocroísmo
pleonasm ['pliənæzəm] *s* pleonasmo; palabra o frase superfluas
pleonastic [,pliə'næstɪk] *adj* pleonástico
plesiosaur ['plisɪə,sɔr] *s* (pal.) plesiosauro
plethora ['plɛθərə] *s* plétora; (path.) plétora
plethoric [plɛ'θɑrɪk], [plɛ'θɔrɪk] o ['plɛθərɪk] *adj* pletórico; (fig.) ampuloso, hinchado
plethysmograph [plɪ'θɪzmogræf] o [plɪ'θɪzmogrɑf] *s* (physiol.) pletismógrafo
pleura ['plʊrə] *s* (*pl:* **-rae** [ri]) (anat. & zool.) pleura
pleural ['plʊrəl] *adj* pleural
pleurisy ['plʊrɪsɪ] *s* (path.) pleuresía
pleuritic [plʊ'rɪtɪk] *adj* pleurítico
pleuritis [plʊ'raɪtɪs] *s* (path.) pleuritis
pleurodont ['plʊrədɑnt] *adj* (zool.) pleurodonto
pleuronectid [,plʊrə'nɛktɪd] *adj & s* (ichth.) pleuronecto
pleuropneumonia [,plʊronju'monɪə] o [,plʊronu'monɪə] *s* (path.) pleuroneumonía
plexiglass ['plɛksɪ,glæs] o ['plɛksɪ,glɑs] *s* (trademark) plexiglás
plexus ['plɛksəs] *s* (*pl:* **-uses** o **-us**) (anat. & zool.) plexo
pliability [,plaɪə'bɪlɪtɪ] *s* flexibilidad, docilidad
pliable ['plaɪəbəl] *adj* flexible, plegable, dócil
pliancy ['plaɪənsɪ] *s* flexibilidad, docilidad
pliant ['plaɪənt] *adj* flexible; manejable, sumiso
plicate ['plaɪket] *adj* plegado (*en forma de abanico*)
pliers ['plaɪərz] *ssg* o *spl* alicates, pinzas
plight [plaɪt] *s* estado, situación; apuro, aprieto; promesa, compromiso solemne; *va* empeñar o dar (*su palabra*); prometer en matrimonio; **to plight one's troth** prometer fidelidad; dar palabra de casamiento, contraer esponsales
Plimsoll line o **mark** ['plɪmsɑl] o ['plɪmsəl] *s* (naut.) marca Plimsoll (*línea de carga máxima*)
plinth [plɪnθ] *s* (arch.) plinto
Pliny ['plɪnɪ] *s* Plinio
Pliny the Elder *s* Plinio el Antiguo
Pliny the Younger *s* Plinio el Joven
Pliocene ['plaɪəsin] *adj & s* (geol.) pliocénico
plod [plɑd] (*pret & pp:* **plodded;** *ger:* **plodding**) *va* recorrer (*un camino*) pausada y pesadamente; *vn* caminar pausada y pesadamente; trabajar laboriosamente; **to plod away at** dedicarse laboriosamente a, ocuparse laboriosamente en
plodder ['plɑdər] *s* persona que camina pausada y pesadamente; persona que trabaja con más aplicación que talento; estudiante más aplicado que brillante
plop [plɑp] *s* paf (*ruido de la caída de un objeto plano que cae sin violencia al agua*); *adv* dejando oír un paf; (*pret & pp:* **plopped;** *ger:*

P

plopping) *va* arrojar dejando oír un paf; **to plop down** arrojar sobre el mostrador; *vn* dejar oír un paf; caer dejando oír un paf
plot [plɑt] *s* complot, conspiración; argumento, trama (*de una novela, etc.*); parcela, solar; plano, mapa; cuadro de flores; cuadro de hortalizas; (*pret & pp:* **plotted;** *ger:* **plotting**) *va* fraguar, tramar, urdir, maquinar; dividir en parcelas o solares; trazar el plano de; trazar, tirar (*líneas*); *vn* conspirar
Plotinus [plo'taɪnəs] *s* Plotino
plotter ['plɑtər] *s* conjurado, conspirador; maquinador
plough [plaʊ] *s, va & vn* var. de **plow**
plover ['plʌvər] o ['plovər] *s* (orn.) chorlito
plow [plaʊ] *s* arado; quitanieve, barredora de nieve; *va* arar; surcar; quitar o barrer (*la nieve*); **to plow back** reinvertir (*ganancias*); **to plow under** cubrir arando; **to plow up** arrancar con un arado; romper (*p.ej., un pavimento*) como con un arado; *vn* arar; avanzar como un arado
plowboy ['plaʊ,bɔɪ] *s* yuguero; gañancico
plowland ['plaʊ,lænd] *s* tierra labrantía; tierra labrada
plowman ['plaʊmən] *s* (*pl:* **-men**) arador, labrador, yuguero; gañán
plowshare ['plaʊ,ʃɛr] *s* reja de arado
plowshare bone *s* (anat.) vómer
plowstaff ['plaʊ,stæf] o ['plaʊ,stɑf] *s* abéstola, aguijada
plowtail ['plaʊ,tel] *s* esteva o estevas
ploy [plɔɪ] *s* maniobra, manejo, artimaña; *vn* (mil.) pasar del orden abierto al compacto
pluck [plʌk] *s* ánimo, coraje, valor; asadura; tirón; *va* arrancar, coger; herir, puntear (*las cuerdas de un instrumento con los dedos*); desplumar (*un ave*); (coll.) dar calabazas a (*en un examen*); (slang) estafar, robar; *vn* tirar, dar un tirón; **to pluck up** recobrar ánimo, envalentonarse
plucky ['plʌkɪ] *adj* (*comp:* **-ier;** *super:* **-iest**) animoso, valiente
plug [plʌg] *s* taco, tarugo; boca de agua; tableta de tabaco; (slang) chistera; (elec.) tapón fusible; (elec.) clavija, toma, ficha; (aut.) bujía; (coll.) rocín, penco; (slang) elogio incidental; (*pret & pp:* **plugged;** *ger:* **plugging**) *va* atarugar; (slang) pegar; (slang) taladrar con una bala; calar (*un melón*); **to plug in** (elec.) enchufar; *vn* (coll.) trabajar con ahinco; **to plug along** (coll.) trabajar con ahinco
plug fuse *s* (elec.) tapón fusible
plugger ['plʌgər] *s* (coll.) trabajador diligente, estudiante diligente; (dent.) orificador
plug hat *s* (slang) chistera, sombrero de copa alta
plug-in ['plʌg,ɪn] *adj* enchufable
plug tobacco *s* tabaco torcido
plug-ugly ['plʌg,ʌglɪ] *s* (*pl:* **-lies**) (slang) bullanguero, matón
plum [plʌm] *s* (bot.) ciruelo; ciruela (*fruto*); pasa (*en un bollo, etc.*); confite; la cosa mejor; turrón, pingüe destino; *adj* morado
plumage ['plumɪdʒ] *s* plumaje
plumb [plʌm] *s* plomada; **in plumb** a plomo; **out of plumb** fuera de plomo; *adj* vertical; (coll.) completo; *adv* a plomo, verticalmente; (coll.) completamente; (coll.) directamente; *va* aplomar; sondear
plumbaginaceous [plʌm,bædʒɪ'neʃəs] *adj* (bot.) plumbagináceo
plumbago [plʌm'bego] *s* plombagina
plumb bob *s* plomada, perpendículo
plumber ['plʌmər] *s* cañero, instalador de cañería, plomero
plumbery ['plʌmərɪ] *s* (*pl:* **-ies**) plomería
plumbic ['plʌmbɪk] *adj* plúmbeo; (chem.) plúmbico
plumbing ['plʌmɪŋ] *s* plomería; instalación sanitaria; conjunto de cañerías; sondeo
plumbing fixtures *spl* artefactos o efectos sanitarios
plumb line *s* cuerda de plomada
plum cake *s* pastel aderezado con pasas de Corinto y ron
plume [plum] *s* pluma (*de ave*); penacho; *va* emplumar; componerse (*las plumas*); **to plume oneself on** enorgullecerse de
plume grass *s* (bot.) carricera, vulpino
plumelet ['plumlɪt] *s* plumilla
plummet ['plʌmɪt] *s* plomada; *vn* caer a plomo, precipitarse
plumose ['plumos] *adj* plumoso
plump [plʌmp] *s* (coll.) caída pesada; (coll.) ruido sordo; *adj* rechoncho, regordete; brusco, directo, franco; *adv* de golpe, de sopetón; francamente, sin rodeos; *va* engordar; hinchar; *vn* engordar; hincharse; caer a plomo, desplomarse, dejarse caer pesadamente
plum pudding *s* pudín inglés con pasas de Corinto, piel de limón, huevos, ron, etc.
plum tree *s* (bot.) ciruelo
plumule ['plumjul] *s* (bot.) plúmula; (orn.) plumón
plumy ['plumɪ] *adj* plumoso; empenachado
plunder ['plʌndər] *s* pillaje, saqueo; botín; *va* pillar, saquear
plunge [plʌndʒ] *s* zambullida; caída a plomo; tumbo, sacudida violenta; salto; corcovo (*de un animal encorvando el lomo*); baño en agua fría; piscina natatoria; cabeceo (*de un buque*); *va* zambullir; sumergir; hundir (*p.ej., un puñal*); *vn* zambullirse; sumergirse; abismarse, hundirse (*p.ej., en la tristeza*); caer a plomo; dar un tumbo, empezar a dar tumbos; arrojarse, precipitarse; corcovear (*un animal encorvando el lomo*); cabecear (*un buque*); (slang) entregarse al juego, entregarse a las especulaciones
plunger ['plʌndʒər] *s* zambullidor; (mach.) émbolo buzo; obús (*de una válvula de neumático*); persona impetuosa; (slang) jugador o especulador desenfrenado
plunk [plʌŋk] *s* (coll.) golpe seco; (coll.) ruido seco; *adv* (coll.) con un golpe seco; (coll.) con un ruido de golpe seco; *va* puntear (*p.ej., la guitarra*); (coll.) arrojar, empujar o dejar caer pesadamente; **to plunk down** (coll.) arrojar pesadamente; *vn* sonar o caer con un ruido de golpe seco
pluperfect ['plu,pʌrfɪkt] o [,plu'pʌrfɪkt] *adj & s* (gram.) pluscuamperfecto
plupf. abr. de **pluperfect**
plur. abr. de **plural**
plural ['plʊrəl] *adj & s* (gram.) plural
plurality [plʊ'rælɪtɪ] *s* (*pl:* **-ties**) pluralidad
pluralize ['plʊrəlaɪz] *va* pluralizar
plurally ['plʊrəlɪ] *adv* en el plural
plus [plʌs] *s* más (*signo*); añadidura; *adj* más; y pico; **to be plus** (coll.) tener además, tener por añadidura; *prep* más
plus fours *spl* pantalones holgados de media pierna
plush [plʌʃ] *s* felpa; *adj* afelpado; (slang) lujoso, suntuoso
plushy ['plʌʃɪ] *adj* (*comp:* **-ier;** *super:* **-iest**) felpudo
plus sign *s* signo más
Plutarch ['plutɑrk] *s* Plutarco
Pluto ['pluto] *s* (myth. & astr.) Plutón
plutocracy [plu'tɑkrəsɪ] *s* (*pl:* **-cies**) plutocracia
plutocrat ['plutəkræt] *s* plutócrata
plutocratic [,plutə'krætɪk] *adj* plutocrático
Plutonian [plu'tonɪən] *adj* plutoniano
plutonic [plu'tɑnɪk] *adj* (geol.) plutónico; (*cap.*) *adj* (myth. & geol.) plutónico
plutonium [plu'tonɪəm] *s* (chem.) plutonio
Plutus ['plutəs] *s* (myth.) Pluto
pluvial ['pluvɪəl] *adj* pluvial
pluviometer [,pluvɪ'ɑmɪtər] *s* pluviómetro
pluvious ['pluvɪəs] *adj* pluvioso
ply [plaɪ] *s* (*pl:* **plies**) capa o doblez (*de una tela, manguera, etc.*); cordón (*de un cable*); (*pret & pp:* **plied**) *va* manejar (*la aguja, un instrumento, etc.*); ejercer (*un oficio*); batir (*el agua con los remos*); no dejar descansar, no dar descanso a; trabajar con ahinco en; acosar, importunar; navegar por (*un río*); *vn* estar en movimiento incesante, funcionar constantemente; avanzar, moverse; (naut.) barloventear; **to ply between** hacer el servicio entre
plywood ['plaɪ,wʊd] *s* chapeado, madera contrachapada, madera laminada
p.m. abr. de **post meridiem** (Lat.) **after noon** y **post mortem**
P.M. abr. de **post meridiem** (Lat.) **after noon, Postmaster** y **Provost Marshal**

pneumatic [nju'mætɪk] o [nu'mætɪk] *adj* neumático; **pneumatics** *ssg* neumática
pneumatically [nju'mætɪkəlɪ] o [nu'mætɪkəlɪ] *adv* neumáticamente
pneumatic drill *s* perforadora de aire comprimido
pneumococcus [,njumə'kɑkəs] o [,numə'kɑkəs] *s* (*pl:* **-cocci** ['kɑksaɪ]) (bact.) neumococo
pneumonia [nju'monɪə] o [nu'monɪə] *s* (path.) pulmonía o neumonía; **an attack of pneumonia** o **a case of pneumonia** una pulmonía; **to get pneumonia** coger una pulmonía
pneumonic [nju'mɑnɪk] o [nu'mɑnɪk] *adj* neumónico
pneumothorax [,njumo'θoræks] o [,numo'θoræks] *s* (path. & med.) neumotórax
P.O. abr. de **post office**
poach [potʃ] *va* coger en vedado; (cook.) escalfar (*huevos*); *vn* cazar o pescar en vedado
poached egg *s* huevo escalfado
poacher ['potʃər] *s* cazador furtivo, pescador furtivo
pock [pɑk] *s* hoyuelo (*en la piel*)
pocket ['pɑkɪt] *s* bolsillo, faltriquera; cavidad; talega (*saco de lienzo basto*); tronera (*de la mesa de billar*); (aer.) bolsa de aire, vacío; (mil.) bolsón; (min.) depósito de pepitas de oro, cueva mineralizada; **in pocket** con ganancia; **out of pocket** perdidoso; **to pick pockets** hurtar de los bolsillos; *va* embolsar; tragarse (*injurias*); disimular (*emociones*); apropiarse (*ganancias sin tener derecho a ellas*)
pocket battleship *s* acorazado de bolsillo
pocket billiards *ssg* trucos (*juego*)
pocketbook ['pɑkɪt,bʊk] *s* portamonedas, cartera; bolsa (*de mujer*)
pocketful ['pɑkɪtfʊl] *s* bolsillo, lo que cabe en el bolsillo
pocket handkerchief *s* pañuelo de bolsillo o de mano
pocketknife ['pɑkɪt,naɪf] *s* (*pl:* **-knives** [,naɪvz]) navaja, cortaplumas
pocket money *s* alfileres, dinero de bolsillo
pocket veto *s* (U.S.A.) veto indirecto o implícito (*que consiste en no firmar el Presidente una ley dentro del plazo legal*)
pockmark ['pɑk,mɑrk] *s* var. de **pock**
pock-marked ['pɑk,mɑrkt] *adj* apedreado, picado de viruelas, varioloso, picoso
pod [pɑd] *s* (bot.) vaina; (*pret & pp:* **podded;** *ger:* **podding**) *vn* (bot.) criar vainas; llenarse, henchirse
podgy ['pɑdʒɪ] *adj* (*comp:* **-ier;** *super:* **-iest**) gordinflón, rechoncho
podiatrist [po'daɪətrɪst] *s* podíatra
podiatry [po'daɪətrɪ] *s* podiatría
podium ['podɪəm] *s* (*pl:* **-a** [ə]) (arch.) podio; (anat. & zool.) pie; (bot.) pecíolo; estrado (*de director de orquesta*)
podophyllin [,pɑdə'fɪlɪn] *s* (pharm.) podofilino
podophyllotoxin [,pɑdə,fɪlə'tɑksɪn] *s* (chem.) podofilotoxina
podophyllum [,pɑdə'fɪləm] *s* podofilo
poem ['po·ɪm] *s* poema; (fig.) poesía (*cosa muy hermosa*)
poesy ['po·ɪsɪ] o ['po·ɪzɪ] *s* (*pl:* **-sies**) (archaic) poesía; (obs.) poema
poet ['po·ɪt] *s* poeta
poetaster ['po·ɪt,æstər] *s* poetastro
poetess ['po·ɪtɪs] *s* poetisa
poetic [po'ɛtɪk] *adj* poético; **poetics** *ssg* poética
poetical [po'ɛtɪkəl] *adj* poético
poetic justice *s* justicia ideal
poetic license *s* licencia poética
poetic vein *s* numen poético
poetize ['po·ɪtaɪz] *va & vn* poetizar
poet laureate *s* (*pl:* **poets laureate**) poeta laureado
poetry ['po·ɪtrɪ] *s* poesía
pogrom ['pogrɑm] *s* pogrom, levantamiento contra los judíos
poignancy ['pɔɪnənsɪ] o ['pɔɪnjənsɪ] *s* picante; viveza, intensidad
poignant ['pɔɪnənt] o ['pɔɪnjənt] *adj* picante; vivo, intenso
poikilothermal [,pɔɪkɪlo'θʌrməl] *adj* (zool.) poiquilotermo
poilu ['pwɑlu] *s* soldado francés
poinsettia [pɔɪn'sɛtɪə] *s* (bot.) flor de la Pascua, pastora
point [pɔɪnt] *s* punta (*de espada, lápiz, tierra*); punto; pico (*de la pluma de escribir*); puntilla (*de la plumafuente*); gracia (*del chiste*); rasgo, peculiaridad; propósito; tanto o punto (*unidad de cuenta en los juegos*); (coll.) indirecta, insinuación; (elec.) punta; (print. & math.) punto; (naut.) cuarta (*de la rosa náutica*); (hunt.) punta (*del perro de caza*); (Brit.) aguja (*riel*); **at the point of** a punto de; **at the point of death** a punto de morir, en artículo de muerte; **beside the point** fuera de propósito; **from the point of view of** bajo el punto de vista de; **in point** a propósito; **in point of** por lo que toca a; **in point of fact** en realidad; **just the point** lo que importa; **to a certain point** hasta cierto punto; **to be beside the point** no venir al caso; **to be on the point of** estar a punto de; **to carry one's point** salirse con la suya; **to come** o **to get to the point** venir al caso o al grano, llegar al punto fundamental; **to get the point** caer en la cuenta; **to make a point of** hacer hincapié de; **to make a point of** + *ger* insistir en + *inf*, no dejar de + *inf*, esmerarse en + *inf;* **to speak to the point** hablar al caso; **to strain** o **stretch a point** exceder el límite; excederse haciendo concesiones, hacer una excepción; **to the point** a propósito; **up to a certain point** hasta cierto punto ‖ *va* aguzar, sacar punta a; apuntar (*p.ej. un arma de fuego*); señalar, señalar con el dedo; puntuar; rejuntar, resanar (*una pared*); reforzar; puntar (*las letras hebreas y árabes*); (hunt.) parar (*la caza*); **to point one's finger at** señalar con el dedo; **to point a gun at** apuntar con el fusil; **to point off** indicar con un punto o con puntos; **to point out** señalar, indicar, hacer notar; **to point up** poner de realce o de relieve, destacar ‖ *vn* apuntar; apostemarse; pararse (*el perro de muestra*); **to point at** apuntar; apuntar o señalar con el dedo; **to point to** señalar; indicar, pronosticar
point-blank ['pɔɪnt,blæŋk] *adj & adv* a quema ropa; **to ask a question point-blank** hacer una pregunta a quema ropa
pointed ['pɔɪntɪd] *adj* puntiagudo; picante; directo, acentuado
pointedly ['pɔɪntɪdlɪ] *adv* directamente, enfáticamente; a propósito
pointer ['pɔɪntər] *s* indicador; puntero; manecilla del reloj; perro de muestra; fiel (*de la balanza*); (coll.) indicación, dirección
point lace *s* encaje de punto, puntas
pointless ['pɔɪntlɪs] *adj* sin punta; sin sentido, insubstancial; sin tantos
point of honor *s* punto de honor, pundonor
point of order *s* cuestión de procedimiento
point of view *s* punto de vista
poise [pɔɪz] *s* equilibrio, aplomo, serenidad, balance; *va* equilibrar; sopesar; considerar; *vn* equilibrarse; estar suspendido; cernerse
poison ['pɔɪzən] *s* veneno, ponzoña; (fig.) ponzoña; *adj* venenoso, ponzoñoso; *va* envenenar
poisoner ['pɔɪzənər] *s* envenenador
poison gas *s* (mil.) gas tóxico, gas de guerra
poison hemlock *s* (bot.) cicuta, cicuta mayor
poisoning ['pɔɪzənɪŋ] *s* envenenamiento
poison ivy *s* (bot.) hiedra venenosa, chechén, tosiguero
poison oak *s* (bot.) hiedra venenosa, chechén; (bot.) zumaque venenoso
poisonous ['pɔɪzənəs] *adj* venenoso
poison-pen letter ['pɔɪzən,pɛn] *s* paulina (*carta ofensiva anónima*)
poison sumac *s* (bot.) zumaque venenoso
poke [pok] *s* empuje, empujón; codazo; hurgonazo; tardón; papalina de ala abovedada; (bot.) hierba carmín, grana encarnada; *va* empujar; hacer (*un agujero*) a empujones; abrirse (*paso*) a empujones, abrirse (*paso*) a fuerza de codazos; atizar, hurgar; introducir, meter; **to poke fun at** burlarse de; **to poke one's nose into** entremeterse en; **to poke someone in the ribs** darle a uno un codazo en las costillas; *vn* fisgar, husmear; andar perezosamente; **to poke along** andar perezosamente; **to poke**

around fisgar, husmear; andar buscando algo; **to poke into** hurgar en
pokeberry ['pok,bɛrɪ] *s* (*pl:* **-ries**) (bot.) hierba carmín, grana encarnada (*planta y baya*)
poke bonnet *s* papalina de ala abovedada
poker ['pokər] *s* hurgón; tardón; póker o pócar (*juego de naipes*)
poker face *s* (coll.) cara de jugador de póker (*cara impasible*); **to keep a poker face** (coll.) disfrazar la expresión del rostro
pokeweed ['pok,wid] *s* (bot.) hierba carmín, grana encarnada
poky o **pokey** ['pokɪ] *adj* (*comp:* **-ier**; *super:* **-iest**) roncero, lerdo, perezoso, tardo; insignificante; desaliñado
polacre [po'lakər] *s* (naut.) polacra
Poland ['polənd] *s* Polonia
polar ['polər] *adj* polar
polar bear *s* (zool.) oso blanco
polar cap *s* casquete polar (*del planeta Marte*)
polarimeter [,polə'rɪmɪtər] *s* polarímetro
Polaris [po'lɛrɪs] *s* (astr.) la estrella polar, la polar norte
polariscope [po'lærɪskop] *s* polariscopio
polarity [po'lærɪtɪ] *s* polaridad
polarization [,polərɪ'zeʃən] *s* polarización
polarize ['poləraɪz] *va* polarizar
polarizer ['polə,raɪzər] *s* (opt.) polarizador
polaroid ['polərɔɪd] *s* (trademark) polaroide
polaroid lenses *spl* lentes polarizantes
pole [pol] *s* pértiga; poste, piquete, jalón; asta (*de bandera*); botador (*para mover los barcos*); (astr., geog., biol., elec. & math.) polo; medida lineal equivalente a 5,03 metros; medida de superficie equivalente a 25,2 metros cuadrados; (*cap.*) *s* polaco; (*l.c.*) *va* finear, impeler (*una embarcación*) con botador; *vn* silgar, singar
poleax o **poleaxe** ['pol,æks] *s* hachuela de mano; jifero
polecat ['pol,kæt] *s* (zool.) turón, veso (*Putorius putorius*); (zool.) mofeta (*Mephitis*); (zool.) vormela (*Putorius sarmaticus*)
pole gap *s* (phys.) entrehierro, entrehierro polar (*del ciclotrón*)
polemic [po'lɛmɪk] *adj* polémico; *s* polémica (*controversia*); polemista; **polemics** *ssg* polémica (*arte*)
polemical [po'lɛmɪkəl] *adj* polémico
polemist ['palɪmɪst] *s* polemista
polemoniaceous [,palɪ,monɪ'eʃəs] *adj* (bot.) polemoniáceo
polenta [po'lɛntə] *s* polenta
pole piece *s* parhilera; (elec.) pieza polar
pole pitch *s* (elec.) paso polar, distancia interpolar
polestar ['pol,star] *s* (astr.) estrella polar; (fig.) norte (*guía*); (fig.) miradero (*centro de interés*)
pole vault *s* (sports) salto con garrocha, salto con pértiga
police [pə'lis] *s* policía; (mil.) limpieza; *va* poner o mantener servicio de policía en; (mil.) limpiar
police action *s* (int. law) acción de policía
police car *s* coche de policía
police court *s* tribunal de policía
police dog *s* perro policía
police force *s* cuerpo de policía, servicio de policía
police headquarters *s* jefatura de policía
policeman [pə'lismən] *s* (*pl:* **-men**) policía, agente o guardia de policía, guardia urbano
police record *s* ficha
police state *s* estado-policía, estado policial
police station *s* oficina de policía, prefectura
policewoman [pə'lis,wumən] *s* (*pl:* **-women**) mujer policía
policy ['palɪsɪ] *s* (*pl:* **-cies**) política; (ins.) póliza; (U.S.A.) lotería
policyholder ['palɪsɪ,holdər] *s* asegurado, tenedor de una póliza
policy of encirclement *s* política de cerco, política de acorralamiento
policy racket *s* var. de **numbers game**
polio ['polɪo] *s* (coll.) polio (*poliomielitis*)
poliomyelitis [,palɪo,maɪə'laɪtɪs] *s* (path.) poliomielitis
Polish ['polɪʃ] *adj* polaco; *spl* polacos; *ssg* polaco (*idioma*); (*l.c.*) ['palɪʃ] *s* pulimento (*acción o efecto; ingrediente*); cera de lustrar; bola, betún, crema; elegancia, pulidez; cultura, urbanidad; *va* pulir; embolar, dar bola, betún o brillo a (*los zapatos*); (fig.) pulir; **to polish off** (coll.) terminar de prisa, acabar con, sin más ni más; (slang) engullir; **to polish up** mejorar, perfeccionar; *vn* pulirse
Polish Corridor ['polɪʃ] *s* Corredor Polaco
polished ['palɪʃt] *adj* pulido, terso, brillante; cortés, distinguido, urbano
polisher ['palɪʃər] *s* pulidor; pulidora (*máquina*)
polishing wax *s* cera de lustrar
polishing wheel *s* rueda de bruñir, muela pulidora
Politburo [pa'lɪt,bjura] *s* Politburó
polite [pə'laɪt] *s* cortés; culto
politeness [pə'laɪtnɪs] *s* cortesía; cultura
Politian [po'lɪʃən] *s* Policiano
politic ['palɪtɪk] *adj* prudente, sagaz; astuto, ladino; político; **politics** *ssg* o *spl* política
political [pə'lɪtɪkəl] *adj* político
political economy *s* economía política
political science *s* ciencia política
politician [,palɪ'tɪʃən] *s* político; politiquero (*político de propósitos ruines*)
polity ['palɪtɪ] *s* (*pl:* **-ties**) gobierno; estado
polka ['polkə] *s* (mus.) polca; *vn* polcar
polka dot ['pokə] *s* punto (*en un diseño de puntos*); diseño de puntos
poll [pol] *s* encuesta; votación; nómina, lista electoral; cabeza; **polls** *spl* colegio electoral, urnas electorales; **to go to the polls** ir a las urnas, acudir a los comicios; **to take a poll** hacer una encuesta; *va* dar (*un voto*); recibir (*votos*); encuestar (*la opinión pública*); recibir en la urna los votos de; podar, desmochar (*un árbol*); descornar; trasquilar; *vn* votar
pollack ['paləks] *s* (ichth.) gado (*de los géneros Pollachius y Theragra*)
pollard ['palərd] *s* árbol desmochado; res descornada; *va* acotar, desmochar (*un árbol*); descornar
pollen ['palən] *s* (bot.) polen
pollinate ['palɪnet] *va* polinizar
pollination [,palɪ'neʃən] *s* polinización
polling booth *s* cabina o caseta de votar
polling place *s* urnas electorales, lugar donde se vota
pollinic [pə'lɪnɪk] o **pollinical** [pə'lɪnɪkəl] *adj* polínico
polliniferous [,palɪ'nɪfərəs] *adj* polinífero
pollinium [pə'lɪnɪəm] *s* (*pl:* **-a** [ə]) (bot.) polinio
pollinosis [,palɪ'nosɪs] *s* (path.) polinosis
polliwog ['palɪwag] *s* (zool.) renacuajo; (slang) persona que atraviesa el ecuador en un barco por primera vez
pollock ['palək] *s* var. de **pollack**
poll tax *s* capitación
pollute [pə'lut] *va* contaminar, ensuciar, corromper
pollution [pə'luʃən] *s* contaminación, corrupción; (path.) polución
Pollux ['paləks] *s* (myth. & astr.) Pólux
Polly ['palɪ] *s* Mariquita
pollywog ['palɪwag] *s* var. de **polliwog**
polo ['polo] *s* (sport) polo
polonaise [,palə'nez] o [,polə'nez] *s* polonesa (*prenda de vestir*); (mus.) polonesa
polonium [pə'lonɪəm] *s* (chem.) polonio
polo player *s* polista, jugador de polo
polo shirt *s* pulóver con cuello abotonado
poltergeist ['poltər,gaɪst] *s* espíritu que golpea y mueve mesas y otros objetos para indicar su presencia
poltroon [pal'trun] *s* cobarde
poltroonery [pal'trunərɪ] *s* cobardía
poly ['polɪ] *s* (*pl:* **-lies**) (bot.) polio
polyandrous [,palɪ'ændrəs] *adj* poliándrico; (bot.) poliandro
polyandry ['palɪ,ændrɪ] *s* poliandria; (bot.) poliandria
polyanthus [,palɪ'ænθəs] *s* (bot.) hierba de San Pablo mayor; (bot.) narciso de manojo
polyarchy ['palɪ,arkɪ] *s* poliarquía
polybasic [,palɪ'besɪk] *adj* (chem.) polibásico
polybasite [,palɪ'besaɪt] o [pə'lɪbəsaɪt] *s* (mineral.) polibasita
polycarpic [,palɪ'karpɪk] o **polycarpous** [,palɪ'karpəs] *adj* (bot.) policárpico

polychromatic [,palɪkro'mætɪk] *adj* policromo
polychrome ['palɪkrom] *adj* policromo; *s* combinación de varios colores; obra policroma; *va* policromar
polychromy ['palɪ,kromɪ] *s* policromía
polyclinic [,palɪ'klɪnɪk] *s* policlínica
Polydorus [,palɪ'dorəs] *s* (myth.) Polidoro
polyethylene [,palɪ'ɛθɪlin] (chem) polietileno
polygamist [pə'lɪgəmɪst] *s* polígamo
polygamous [pə'lɪgəməs] *adj* polígamo
polygamy [pə'lɪgəmɪ] *s* poligamia
polygenism [pə'lɪdʒɪnɪzəm] *s* poligenismo
polyglot ['palɪglat] *adj & s* poligloto; *s* libro poligloto; Biblia poliglota
polygon ['palɪgan] *s* (geom.) polígono
polygonal [pə'lɪgənəl] *adj* poligonal
polygraph ['palɪgræf] o ['palɪgraf] *s* polígrafo (*autor; aparato multicopista*); (med.) polígrafo
polygraphy [pə'lɪgrəfɪ] *s* poligrafía
polyhedral [,palɪ'hidrəl] *adj* poliédrico
polyhedron [,palɪ'hidrən] *s* (*pl:* **-drons** o **-dra** [drə]) (geom.) poliedro
Polyhymnia [,palɪ'hɪmnɪə] *s* (myth.) Polimnia
polymer ['palɪmər] *s* (chem.) polímero
polymeric [,palɪ'mɛrɪk] *adj* polímero
polymerism ['palɪmərɪzəm] o [pə'lɪmərɪzəm] *s* polimería
polymerization [,palɪmərɪ'zeʃən] o [pə,lɪmərɪ'zeʃən] *s* polimerización
polymerize ['palɪməraɪz] o [pə'lɪməraɪz] *va* polimerizar; *vn* polimerizarse
polymorphic [,palɪ'mɔrfɪk] *adj* var. de **polymorphous**
polymorphism [,palɪ'mɔrfɪzəm] *s* polimorfismo
polymorphous [,palɪ'mɔrfəs] *adj* polimorfo
Polynesia [,palɪ'niʃə] o [,palɪ'niʒə] *s* la Polinesia
Polynesian [,palɪ'niʃən] o [,palɪ'niʒən] *adj & s* polinesio
polyneuritis [,palɪnjʊ'raɪtɪs] o [,palɪnʊ'raɪtɪs] *s* (path.) polineuritis
polynomial [,palɪ'nomɪəl] *adj* polinómico; *s* (alg.) polinomio
polynuclear [,palɪ'njuklɪər] o [,palɪ'nuklɪər] *adj* polinuclear
polyp ['palɪp] *s* (zool. & path.) pólipo
polypary ['palɪ,pɛrɪ] *s* (*pl:* **-ies**) (zool.) polipero
polypetalous [,palɪ'pɛtələs] *adj* (bot.) polipétalo
polyphagia [,palɪ'fedʒɪə] *s* (path.) polifagía
polyphase ['palɪfez] *adj* (elec.) polifásico
Polyphemus [,palɪ'fiməs] *s* (myth.) Polifemo
polyphone ['palɪfon] *s* (phonet.) letra polífona, símbolo polífono
polyphonic [,palɪ'fanɪk] *adj* polifónico
polyphony [pə'lɪfənɪ] *s* (mus. & phonet.) polifonía
polyphyletic [,palɪfaɪ'lɛtɪk] *adj* polifilético
polypody ['palɪ,podɪ] *s* (*pl:* **-dies**) (bot.) polipodio
polypus ['palɪpəs] *s* (*pl:* **-pi** [paɪ]) (path.) pólipo
polysemous [,palɪ'siməs] *adj* polisémico o polisemo
polysemy ['palɪ,simɪ] *s* polisemia
polystyle ['palɪstaɪl] *adj & s* (arch.) polistilo
polystylous [,palɪ'staɪləs] *adj* (bot.) polistilo
polystyrene [,palɪ'staɪrin] o [,palɪ'stɪrin] *s* (chem.) polistireno
polysyllabic [,palɪsɪ'læbɪk] *adj* polisílabo, polisilábico
polysyllable ['palɪ,sɪləbəl] *s* polisílabo
polysyndeton [,palɪ'sɪndətən] *s* (rhet.) polisíndeton
polysynthetic [,palɪsɪn'θɛtɪk] *adj* polisintético
polytechnic [,palɪ'tɛknɪk] *adj* politécnico; *s* escuela politécnica
polytheism ['palɪθiɪzəm] *s* politeísmo
polytheist ['palɪθiɪst] *s* politeísta
polytheistic [,palɪθi'ɪstɪk] *adj* politeísta
polytonal [,palɪ'tonəl] *adj* politonal
polytonality [,palɪto'nælɪtɪ] *s* (mus.) politonalidad
polyuria [,palɪ'jurɪə] *s* (path.) poliuria
polyvalence [,palɪ'veləns] o [pə'lɪvələns] *s* (bact. & chem.) polivalencia
polyvalent [,palɪ'velənt] o [pə'lɪvələnt] *adj* (bact. & chem.) polivalente
pomace ['pʌmɪs] *s* bagazo de manzanas; bagazo
pomaceous [po'meʃəs] *adj* (bot.) pomáceo
pomade [pə'med] o [pə'mad] *s* pomada
pomander [po'mændər] o ['pomændər] *s* poma, bola aromática
pomatum [po'metəm] o [po'matəm] *s* var. de **pomade**
pome [pom] *s* (bot.) pomo
pomegranate ['pam,grænɪt], [pam'grænɪt] o ['pʌm,grænɪt] *s* (bot.) granado; granada (*fruto*)
pomelo ['paməlo] *s* (*pl:* **-los**) (bot.) pomelo
Pomeranian [,pamə'renɪən] *adj* pomeranio o pomerano; *s* pomeranio o pomerano; perro pomerano
pomfret ['pamfrɪt] *s* (ichth.) castañola
pommel ['pʌməl] o ['paməl] *s* pomo (*de la guarnición de la espada*); perilla (*del arzón*); (*pret & pp:* **-meled** o **-melled**; *ger:* **-meling** o **-melling**) *va* apuñear, aporrear
pomology [po'malədʒɪ] *s* pomología
pomp [pamp] *s* pompa
pompadour ['pampədor] o ['pampədʊr] *s* copete
pompano ['pampəno] *s* (*pl:* **-nos**) (ichth.) pampanito
Pompeian [pam'peən] *adj & s* pompeyano
Pompeii [pam'pe] o [pam'pe·i] *s* Pompeya
Pompey ['pampɪ] *s* Pompeyo
pompon ['pampan] *s* pompón
pomposity [pam'pasɪtɪ] *s* (*pl:* **-ties**) pomposidad
pompous ['pampəs] *adj* pomposo
poncho ['pantʃo] *s* (*pl:* **-chos**) capote de monte, poncho
pond [pand] *s* estanque, charco; vivero; (hum.) charco (*mar, océano*)
ponder ['pandər] *va* ponderar, considerar con particular cuidado; *vn* meditar, pensar con cuidado; **to ponder on** u **over** ponderar, considerar con particular cuidado
ponderable ['pandərəbəl] *adj* ponderable; (fig.) ponderable
ponderosity [,pandə'rasɪtɪ] *s* ponderosidad; pesadez
ponderous ['pandərəs] *adj* ponderoso; pesado
pond lily *s* (bot.) ninfea, nenúfar
pondweed ['pand,wid] *s* (bot.) acaxaxán, zacatillo
pone [pon] *s* pan de maíz
pongee [pan'dʒi] *s* tela suave de seda
poniard ['panjərd] *s* puñal; *va* apuñalar
pontederiaceous [,pantɪ,dɪrɪ'eʃəs] *adj* (bot.) pontederiáceo
Pontic ['pantɪk] *adj* póntico
pontifex ['pantɪfɛks] *s* (*pl:* **pontifices** [pan'tɪfɪsiz]) (hist. & eccl.) pontífice
pontiff ['pantɪf] *s* (hist. & eccl.) pontífice; sumo sacerdote; Sumo Pontífice
pontifical [pan'tɪfɪkəl] *adj* pontifical, pontificio; *s* pontifical (*libro litúrgico*); **pontificals** *spl* pontificales
pontificate [pan'tɪfɪkɪt] o [pan'tɪfɪket] *s* pontificado; [pan'tɪfɪket] *vn* pontificar; hablar con ampulosidad
pontil ['pantɪl] *s* var. de **punty**
Pontine Marshes ['pantɪn] o ['pantaɪn] *spl* Pantanos Pontinos
Pontius ['panʃəs] o ['pantɪəs] *s* Poncio
pontlevis [pant'lɛvɪs] *s* puente levadizo
pontonier [,pantə'nɪr] *s* (mil.) pontonero
pontoon [pan'tun] *s* pontón; flotador (*de hidroavión*)
pontoon bridge *s* puente de barcas, puente de pontones
Pontus ['pantəs] *s* (myth.) Ponto; **the Pontus** el Ponto (*país*)
Pontus Euxinus [juk'saɪnəs] *s* Ponto Euxino (*antiguo nombre del mar Negro*)
pony ['ponɪ] *s* (*pl:* **-nies**) jaca, caballito; (coll.) traducción usada ilícitamente en las lecciones o exámenes; pequeño vaso (*para licor alcohólico*); (*pret & pp:* **-nied**) *va & vn* (coll.) traducir con clave o ayuda; (slang) pagar; **to pony up** (slang) pagar

P

pony engine *s* pequeña locomotora de maniobras
pony express *s* sistema de correo utilizando hombres a caballo
pooch [putʃ] *s* (coll.) perro
poodle ['pudəl] *s* perro de lanas
pooh [pu] *interj* ¡bah!, ¡qué va!
pooh-pooh [,pu'pu] *va* negar importancia a; *vn* mofar; *interj* ¡bah!, ¡qué va!
pooh-pooh theory *s* (philol.) teoría de las expresiones afectivas
pool [pul] *s* cuerpo de agua estancado; charco (*en el pavimento*); piscina; hoya (*en un río*); trucos (*juego*); polla o puesta (*en ciertos juegos*); mancomunidad, combinación de intereses con un propósito común; caudales unidos para un fin; *va* mancomunar
poolroom ['pul,rum] o ['pul,rʊm] *s* sala de trucos; sala de apuestas
pool table *s* mesa de trucos
poop [pup] *s* (naut.) popa; (naut.) toldilla (*cubierta*); *va* (naut.) embarcar (*agua*) por la popa
poop deck *s* (naut.) toldilla
poop royal *s* (naut.) chopeta
poor [pʊr] *adj* pobre; malo; **the poor** los pobres; **poor as a church mouse** más pobre que las ratas o una rata; **poor in spirit** pobre de espíritu
poor box *s* caja de limosnas, cepillo
poor farm *s* granja o finca sostenida por la caridad pública donde se recluye a los menesterosos
poorhouse ['pʊr,haus] *s* asilo de pobres, casa de caridad
poor law *s* ley acerca de los menesterosos
poorly ['pʊrlɪ] *adj* (coll.) malo, enfermo; *adv* pobremente; mal
poor rate *s* diezmos pagados para el socorro de los menesterosos
Poor Richard *s* el buenhombre Ricardo (*seudónimo de Benjamín Franklin*)
poor-spirited ['pʊr'spɪrɪtɪd] *adj* cobarde, pusilánime
poor thing *s* pobrecito o pobrecita
poor white *s* pobre de la raza blanca (*en el sur de los EE.UU.*)
pop. abr. de **popular** y **population**
pop [pɑp] *s* estallido, taponazo; bebida gaseosa; *interj* ¡paf!; (*pret & pp:* **popped**; *ger:* **popping**) *va* disparar; hacer estallar; hacer (*una pregunta*); **to pop the question** (coll.) hacer una declaración de amor; *vn* estallar (*como un cohete*); reventarse; suceder de repente; **to pop at** tirar a; **to pop in and out** entrar y salir súbita e inesperadamente; **to pop up** aparecer súbita o inesperadamente
pop concert *s* concierto popular
popcorn ['pɑp,kɔrn] *s* rosetas, palomitas
pope o **Pope** [pop] *s* papa
popedom ['popdəm] *s* papado
Pope Joan *s* Juana la papisa, la papisa Juana
popery ['popərɪ] *s* (scornful) papismo
popess ['popɪs] *s* papisa
popeyed ['pɑp,aɪd] *adj* de ojos saltones
popgun ['pɑp,gʌn] *s* tirabala, taco
popinjay ['pɑpɪndʒe] *s* pisaverde, galancete; (orn.) pito real
popish ['popɪʃ] *adj* (scornful) papista, católico
poplar ['pɑplər] *s* (bot.) álamo
poplin ['pɑplɪn] *s* popelina
popliteal [pɑp'lɪtɪəl] *adj* (anat.) poplíteo
popover ['pɑp,ovər] *s* panecillo hueco de masa muy fina
popper ['pɑpər] *s* persona o cosa que produce un estallido; canasto de alambre o cacerola de metal donde se tuesta el maíz
poppet ['pɑpɪt] *s* (mach.) válvula de disco con movimiento vertical
poppy ['pɑpɪ] *s* (*pl:* **-pies**) (bot.) amapola, ababa
poppycock ['pɑpɪ,kɑk] *s* (coll.) necedad, tontería; *interj* ¡necedades!, ¡tonterías!
popsicle ['pɑpsɪkəl] *s* polo (*pequeño sorbete en el extremo de un palito*)
populace ['pɑpjəlɪs] *s* populacho
popular ['pɑpjələr] *adj* popular
popular etymology *s* etimología popular
popularity [,pɑpjə'lærɪtɪ] *s* popularidad
popularization [,pɑpjələrɪ'zeʃən] *s* popularización, vulgarización
popularize ['pɑpjələraɪz] *va* popularizar, vulgarizar
popularly ['pɑpjələrlɪ] *adv* popularmente
populate ['pɑpjəlet] *va* poblar
population [,pɑpjə'leʃən] *s* población
Populism ['pɑpjəlɪzəm] *s* populismo
Populist ['pɑpjəlɪst] *s* populista
populous ['pɑpjələs] *adj* populoso
populousness ['pɑpjələsnɪs] *s* (lo) populoso
porbeagle ['pɔr,bigəl] *s* (ichth.) tiburón (*Lamna nasus*)
porcelain ['pɔrsəlɪn] o ['pɔrslɪn] *s* porcelana
porcelain crab *s* (zool.) liebre de mar o liebre marina
porch [portʃ] *s* porche, pórtico, cobertizo
porcine ['pɔrsaɪn] o ['pɔrsɪn] *adj* porcino
porcupine ['pɔrkjəpaɪn] *s* (zool.) puerco espín
pore [por] *s* poro; *vn* mirar con mirada intensa y sostenida; **to pore over** meditar (*un asunto*) cuidadosamente; estudiar larga y detenidamente
porgy ['pɔrgɪ] *s* (*pl:* **-gies**) (ichth.) pagro
poricidal [,porɪ'saɪdəl] *adj* (bot.) poricida
pork [pork] *s* carne de cerdo, carne de puerco; (slang) dinero del estado usado para conferir favores políticos
pork barrel *s* (slang) política que sigue un diputado para conseguir beneficios para la región que representa, asegurándose así los votos; fondos votados por los diputados para el cumplimiento de esta política
pork chop *s* chuleta de puerco
porker ['porkər] *s* cerdo, cerdo cebado
porky ['porkɪ] *adj* porcuno; gordo
pornographer [pɔr'nɑgrəfər] *s* pornógrafo
pornographic [,pɔrnə'græfɪk] *adj* pornográfico
pornography [pɔr'nɑgrəfɪ] *s* pornografía
porosity [po'rɑsɪtɪ] *s* porosidad
porous ['porəs] *adj* poroso
porous plaster *s* parche poroso
porphyritic [,pɔrfɪ'rɪtɪk] *adj* porfídico
porphyry ['pɔrfɪrɪ] *s* (*pl:* **-ries**) pórfido
porpoise ['pɔrpəs] *s* (zool.) marsopa, puerco de mar
porraceous [pə'reʃəs] *adj* porráceo
porridge ['pɑrɪdʒ] o ['pɔrɪdʒ] *s* gachas
porringer ['pɑrɪndʒər] o ['pɔrɪndʒər] *s* escudilla
port [port] *s* puerto; (naut.) portilla; (nav.) tronera; (naut.) babor; (mach.) lumbrera; porte; oporto, vino de Oporto; **to put into port** entrar a puerto; *adj* portuario; *vn* (naut.) virar hacia el lado de babor
portable ['portəbəl] *adj* portátil
portable typewriter *s* máquina de escribir portátil
portage ['portɪdʒ] *s* porteo (*acción de llevar por tierra y a cuestas barcos, provisiones, etc., de una corriente de agua a otra*); porte; *va* portear
portal ['portəl] *s* portada; boca o portal (*de túnel*)
portal vein *s* (anat.) vena porta
Port Arthur *s* Puerto Arturo
Port-au-Prince [,porto'prɪns] *s* Puerto Príncipe
port authority *s* autoridad portuaria, autoridad del puerto
portcullis [port'kʌlɪs] *s* (fort.) rastrillo
Porte [port] *s* Puerta (*Turquía*)
porte-cochere o **porte-cochère** ['portko'ʃɛr] *s* puerta cochera
porte-monnaie [,portmə'ne] o ['port,mʌnɪ] *s* portamonedas
portend [por'tɛnd] *va* presagiar, anunciar de antemano
portent ['portɛnt] *s* presagio, augurio
portentous [por'tɛntəs] *adj* amenazante, ominoso; portentoso, extraordinario
porter ['portər] *s* mozo de servicio (*en trenes y hoteles*); portero, conserje; pórter (*cerveza de color obscuro y sabor amargo*)
porterage ['portərɪdʒ] *s* oficio o trabajo de mozo de servicio; portería; porte (*lo que se paga por el transporte*)

porterhouse [ˈportər,haʊs] o **porterhouse steak** *s* biftec de filete
porter's lodge *s* portería, conserjería
portfolio [portˈfolɪo] *s* (*pl:* **-os**) cartera (*estuche para papeles; empleo de ministro; valores comerciales*)
porthole [ˈport,hol] *s* (naut.) porta, portilla; (nav.) tronera
Portia [ˈporʃɪə] o [ˈporʃə] *s* Porcia
portico [ˈportɪko] *s* (*pl:* **-coes** o **-cos**) pórtico
portiere o **portière** [porˈtjɛr] *s* antepuerta, portier
portion [ˈporʃən] *s* porción; dote; *va* dividir, repartir; dotar
Portland cement [ˈportlənd] *s* cemento pórtland
portly [ˈportlɪ] *adj* (*comp:* **-lier;** *super:* **-liest**) corpulento; grave, majestuoso
portmanteau [portˈmænto] *s* (*pl:* **-teaus** o **-teaux** [toz]) portamanteo
portmanteau word *s* palabra de enchufamiento
port of call *s* (naut.) escala
Port of Spain *s* Puerto de España (*en la isla de la Trinidad*)
Porto Rican [ˈporto ˈrikən] *adj & s* var. de **Puerto Rican**
Porto Rico [ˈporto ˈriko] *s* var. de **Puerto Rico**
portrait [ˈportret] o [ˈportrɪt] *s* retrato
portraitist [ˈportretɪst] *s* retratista
portrait painter *s* pintor retratista
portraiture [ˈportrɪtʃər] *s* acción de retratar; retrato
portray [porˈtre] *va* retratar; (fig.) retratar
portrayal [porˈtreəl] *s* representación gráfica; descripción acertada, retrato
portress [ˈportrɪs] *s* portera
Portugal [ˈportʃəgəl] *s* Portugal
Portuguese [ˈportʃəgiz] *adj* portugués; *s* (*pl:* **-guese**) portugués
Portuguese East Africa *s* el África Oriental Portuguesa
Portuguese Guinea *s* la Guinea Portuguesa
Portuguese India *s* la India Portuguesa
Portuguese West Africa *s* el África Occidental Portuguesa
portulaca [,portʃəˈlækə] *s* (bot.) verdolaga
port wine *s* vino de Oporto
pose [poz] *s* pose (*postura del cuerpo; afectación*); *va* colocar en cierta postura; formular, hacer, proponer, plantear (*una pregunta, cuestión, etc.*); confundir; *vn* posar (*para retratarse; como modelo*); fachendear; **to pose as** dárselas de, hacerse pasar por
Poseidon [poˈsaɪdən] *s* (myth.) Poseidón
poser [ˈpozər] *s* presuntuoso; problema de difícil comprensión
poseur [poˈzʌr] *s* poseur (*persona afectada, persona que emplea afectación con el propósito de causar sensación*)
posh [pɑʃ] *adj* (slang) elegante, gracioso; (slang) lujoso, suntuoso
posit [ˈpɑzɪt] *va* colocar, disponer; (philos.) aceptar como hecho, proponer como principio
position [pəˈzɪʃən] *s* posición; empleo, puesto; opinión; **to be in a position to** + *inf* estar en condiciones de + *inf*
positive [ˈpɑzɪtɪv] *adj* positivo; *s* (math.) término positivo; (elec.) electricidad positiva, borne positivo; (gram.) positivo; (phot.) positiva o positivo
positivism [ˈpɑzɪtɪvɪzəm] *s* positivismo
positivist [ˈpɑzɪtɪvɪst] *s* positivista
positivistic [,pɑzɪtɪˈvɪstɪk] *adj* positivista
positron [ˈpɑzɪtrɑn] *s* (phys.) positrón
posology [pəˈsɑlədʒɪ] *s* (med.) posología
posse [ˈpɑsɪ] *s* grupo de hombres llamados a las armas por el jefe local para ayudarle a ejercer su autoridad
possess [pəˈzɛs] *va* poseer
possession [pəˈzɛʃən] *s* posesión
possessive [pəˈzɛsɪv] *adj* posesivo; deseoso de poseer; (gram.) posesivo; *s* (gram.) posesivo
possessor [pəˈzɛsər] *s* poseedor, posesor
possessory [pəˈzɛsərɪ] *adj* posesorio
posset [ˈpɑsɪt] *s* bebida caliente hecha con leche, licor y especias
possibility [,pɑsɪˈbɪlɪtɪ] *s* (*pl:* **-ties**) posibilidad; persona o cosa posibles
possible [ˈpɑsɪbəl] *adj* posible
possibly [ˈpɑsɪblɪ] *adv* posiblemente; tal vez
possum [ˈpɑsəm] *s* (zool.) zarigüeya; **to act** o **play possum** (coll.) fingir estar dormido, hacer la mortecina, hacer o hacerse el muerto
post [post] *s* poste; puesto; cargo, destino; correo; casa de postas; cartero; casa de correos; buzón; (mil.) apostadero, puesto militar; (mil.) campamento, guarnición; *adv* por la posta, a toda prisa; *va* fijar (*carteles*); poner en lista; echar al correo; apostar, situar; enterar, tener al corriente; nombrar (*a una persona*) para desempeñar un cargo determinado; (com.) pasar (*un asiento*) del libro diario al libro mayor; **post no bills** se prohíbe fijar carteles; *vn* correr la posta; viajar en posta
postage [ˈpostɪdʒ] *s* porte, franqueo
postage stamp *s* sello de correo; estampilla, timbre (Am.)
postal [ˈpostəl] *adj* postal; *s* postal (*tarjeta*)
postal car *s* (rail.) coche de correos
postal card *s* tarjeta postal
postal permit *s* franqueo concertado
postal savings bank *s* caja postal de ahorros
postboy [ˈpost,bɔɪ] *s* cartero; postillón
postbox [ˈpost,bɑks] *s* buzón
post card *s* tarjeta postal
post chaise *s* silla de posta
postdate [ˈpost,det] *s* posfecha; [,postˈdet] *va* posfechar; seguir, acontecer después de
postdiluvian [,postdɪˈluvɪən] *adj* postdiluviano
posted [ˈpostɪd] *adj* con postes o pilares; (coll.) enterado, al corriente
poster [ˈpostər] *s* cartel, cartelón, letrero; fijador de carteles; caballo de posta
poste restante [,post rɛsˈtɑnt] *s* (Fr.) lista de correos
posterior [pɑsˈtɪrɪər] *adj* posterior; *s* nalgas
posteriority [pɑs,tɪrɪˈɔrɪtɪ] o [pɑs,tɪrɪˈɑrɪtɪ] *s* posterioridad
posterity [pɑsˈtɛrɪtɪ] *s* posteridad
postern [ˈpostərn] *s* portillo, postigo; (fort.) poterna
Post Exchange *s* (U.S.A.) cantina y tienda de variedades para los militares en los campamentos
postfix [ˈpostfɪks] *s* (gram.) posfijo
postgraduate [postˈgrædʒuɪt] *adj & s* postgraduado
posthaste [ˈpostˈhest] *adv* por la posta, a toda prisa
posthole [ˈpost,hol] *s* agujero de poste
posthole digger *s* barrena para practicar hoyos en la colocación de postes, cavador de agujeros de poste
post horse *s* caballo de posta
posthouse [ˈpost,haʊs] *s* posta, casa de postas
posthumous [ˈpɑstʃuməs] *adj* póstumo
posthumously [ˈpɑstʃuməslɪ] *adv* póstumamente
posthypnotic [,posthɪpˈnɑtɪk] *adj* posthipnótico
postiche [pɔsˈtiʃ] *adj* postizo
postilion o **postillion** [posˈtɪljən] o [pɑsˈtɪljən] *s* postillón
postimpressionism [,postɪmˈprɛʃənɪzəm] *s* postimpresionismo
postimpressionist [,postɪmˈprɛʃənɪst] *s* postimpresionista
postliminy [postˈlɪmɪnɪ] *s* (law) postliminio
postlude [ˈpostlud] *s* (mus.) postludio
postman [ˈpostmən] *s* (*pl:* **-men**) cartero
postmark [ˈpost,mɑrk] *s* matasellos, timbre de correos (*que marca la fecha, hora y lugar de salida o recibo del correo*); *va* matasellar, timbrar (*el correo*)
postmaster [ˈpost,mæstər] o [ˈpost,mɑstər] *s* administrador de correos
postmaster general *s* (*pl:* **postmasters general**) director general de correos
postmastership [ˈpost,mæstərʃɪp] o [ˈpost,mɑstərʃɪp] *s* administración de correos
postmeridian [,postməˈrɪdɪən] *adj* postmeridiano
post meridiem [,post məˈrɪdɪəm] (Lat.) por la tarde
postmistress [ˈpost,mɪstrɪs] *s* administradora de correos
post-mortem [,postˈmɔrtəm] *adj* posterior a la muerte; *s* autopsia, examen de un cadáver

P

postnatal [post'netəl] *adj* postnatal
post-obit [,post'obɪt] o [,post'ɑbɪt] *adj* válido después de la muerte de una persona
post office *s* casa de correos
post-office box ['post,ɑfɪs] *s* apartado de correos, casilla postal
post-office branch *s* estafeta, sucursal de correos
post-office savings bank *s* var. de **postal savings bank**
postoperative [post'ɑpə,retɪv] o [post'ɑpərətɪv] *adj* postoperatorio
postorbital [post'ɔrbɪtəl] *adj* postorbital
postpaid ['post,ped] *adj* con porte pagado, franco de porte
postpalatal [post'pælətəl] *adj & s* (phonet.) postpalatal
postpone [post'pon] *va* aplazar
postponement [post'ponmənt] *s* aplazamiento
postprandial [post'prændɪəl] *adj* postprandial
postprandial speech *s* discurso de sobremesa
postrider ['post,raɪdər] *s* corredor de posta
post road *s* camino de postas; ruta por donde pasa el correo
postscript ['postskrɪpt] *s* posdata (*a una carta*); suplemento a un escrito
posttonic [post'tɑnɪk] *adj* (phonet.) postónico
postulant ['pɑstʃələnt] *s* (rel.) postulante, postulanta
postulate ['pɑstʃəlɪt] *s* postulado; ['pɑstʃəlet] *va* postular, pedir, solicitar; (eccl.) postular; admitir sin pruebas
postulation [,pɑstʃə'leʃən] *s* postulación, petición; (eccl.) postulación; admisión sin pruebas
postulator ['pɑstʃə,letər] *s* (eccl.) postulador
posture ['pɑstʃər] *s* postura; *va* poner en una postura o en posturas; *vn* adoptar una postura
posturer ['pɑstʃərər] *s* poseur; contorsionista
postwar ['post,wɔr] *adj* de la postguerra
posy ['pozɪ] *s* (*pl:* **-sies**) flor; ramillete de flores; verso grabado en una sortija
pot [pɑt] *s* pote, tiesto; caldera, olla, puchero (*de cocina*); puesta (*en el juego*); bebida alcohólica; (found.) crisol de horno; (coll.) cantidad considerable de dinero; vaso de noche, orinal; **to go to pot** (coll.) fracasar, tronarse, arruinarse; **to keep the pot boiling** (coll.) ganar el pan de cada día; (coll.) mantener las cosas en marcha; (*pret & pp:* **potted**; *ger:* **potting**) *va* plantar en tiestos o macetas; cocer y conservar en olla; conservar en botes o marmitas; disparar contra; (coll.) ganar, apoderarse de; *vn* disparar; beber cerveza, empinar el codo
potable ['potəbəl] *adj* potable; *s* cosa que puede beberse
potash ['pɑt,æʃ] *s* (chem.) potasa
potassic [pə'tæsɪk] *adj* potásico
potassium [pə'tæsɪəm] *s* (chem.) potasio
potassium bromide *s* (chem.) bromuro de potasio
potassium carbonate *s* (chem.) carbonato de potasio
potassium chlorate *s* (chem.) clorato de potasio
potassium cyanide *s* (chem.) cianuro de potasio
potassium hydroxide *s* (chem.) hidróxido de potasio
potassium nitrate *s* (chem.) nitrato de potasio
potassium permanganate *s* (chem.) permanganato de potasio
potation [po'teʃən] *s* potación
potato [pə'teto] *s* (*pl:* **-toes**) (bot.) patata (*planta y tubérculo*); papa (Am.); (bot.) batata (*Ipomoea batatas*); (coll.) nulidad, persona o cosa insignificante
potato beetle o **bug** *s* (ent.) chinche de la patata, chaquetudo, escarabajo patatero
potato blight *s* plaga de la patata
potato chip *s* rebanada de patata frita
potato omelet *s* tortilla a la española
potbellied ['pɑt,belɪd] *adj* barrigón, panzudo
potbelly ['pɑt,belɪ] *s* (*pl:* **-lies**) barriga, panza; persona panzuda
potboiler ['pɑt,bɔɪlər] *s* obra artística o literaria hecha con el solo propósito de ganar dinero
potboy ['pɑt,bɔɪ] *s* mozo de servicio de una fonda o taberna; lavaplatos
pot cheese *s* requesón
pot companion *s* compañero de taberna
potency ['potənsɪ] *s* (*pl:* **-cies**) potencia
potent ['potənt] *adj* potente
potentate ['potəntet] *s* potentado
potent cross *s* (her.) cruz potenzada
potential [pə'tenʃəl] *adj* potencial; (gram.) potencial; *s* potencial; (elec., gram., math. & phys.) potencial
potential energy *s* (phys.) energía potencial
potential function *s* (math.) función potencial
potentiality [pə,tenʃɪ'ælɪtɪ] *s* (*pl:* **-ties**) potencialidad
potentially [pə'tenʃəlɪ] *adv* potencialmente
potential mood *s* (gram.) modo potencial
potentilla [,potən'tɪlə] *s* (bot.) potentila
potentiometer [pə,tenʃɪ'ɑmɪtər] *s* (elec.) potenciómetro
pothanger ['pɑt,hæŋər] *s* llares
pother ['pɑðər] *s* agitación, confusión, barahunda; nube de polvo o humo asfixiante; *va* agitar, confundir, molestar; *vn* agitarse, confundirse, molestarse
potherb ['pɑt,ʌrb] o ['pɑt,hʌrb] *s* hortaliza, verdura; hierba que se emplea para sazonar
potholder ['pɑt,holdər] *s* portaollas
pothole ['pɑt,hol] *s* bache, hoyo redondo (*en el camino*); (geol.) marmita de gigante
pothook ['pɑt,hʊk] *s* garabato (*gancho; letra mal hecha*)
pothouse ['pɑt,haʊs] *s* cervecería, taberna
pothunter ['pɑt,hʌntər] *s* persona que caza para obtener alimento sin preocuparse por las reglas de la caza; persona que toma parte en concursos, contiendas y torneos con el solo propósito de ganar premios
potion ['poʃən] *s* poción
pot lead [led] *s* grafito
potlid ['pɑt,lɪd] *s* cobertera, tapadera
potluck ['pɑt,lʌk] *s* comida sin preparación ni cumplidos, lo que haya de comer; **to take potluck** hacer penitencia
potpie ['pɑt,paɪ] *s* pastelón de carne; estofado con bollos de harina
potpourri [popu'ri] o [pɑt'pʊrɪ] *s* mezcolanza aromática de pétalos secos y especias; (mus.) popurrí
pot roast *s* asado hecho en marmita
potsherd ['pɑt,ʃʌrd] *s* tiesto, casco (*pedazo roto*)
pot shot *s* tiro a corta distancia; tiro en contra de las reglas del juego limpio
pottage ['pɑtɪdʒ] *s* potaje
potted ['pɑtɪd] *adj* cocido y conservado en botes u ollas; de maceta, p.ej., **potted plants** plantas de maceta; (slang) borracho
potter ['pɑtər] *s* alfarero; *vn* ocuparse en fruslerías
potter's clay *s* arcilla figulina, barro de alfarería
potter's field *s* cementerio de los pobres, hoyanca
potter's wheel *s* rueda o torno de alfarero
pottery ['pɑtərɪ] *s* (*pl:* **-ies**) alfarería; cacharros (de alfarería)
pottle ['pɑtəl] *s* azumbre (*medida*); licor alcohólico; (Brit.) cesto para frutas
pot-valiant ['pɑt,væljənt] *adj* valiente por el licor que le anima
pouch [paʊtʃ] *s* bolsa, saquillo; bolsa (*del canguro*); valija; petaca; cartuchera; *va* embolsar; formar una bolsa en; fruncir; *vn* formar una bolsa; hacer pucheros; deglutir, saciarse
poulard [pu'lɑrd] *s* polla capona que se ceba para comerla
poulterer ['poltərər] *s* pollero
poultice ['poltɪs] *s* cataplasma; *va* poner una cataplasma a
poultry ['poltrɪ] *s* aves de corral
poultry dealer *s* recovero
pounce [paʊns] *s* grasilla, arenilla (*para secar escritos*); carbón molido que se usa para traspasar dibujos picados a otra tela o papel; golpe súbito, zarpada; zarpa de ave de rapiña; *va* alisar, preparar o rociar (*una superficie*) con

grasilla o arenilla; estarcir con arenilla; *vn* entrar súbita e inesperadamente; **to pounce at, on** o **upon** saltar sobre, precipitarse sobre
pounce bag *s* cisquero
pounce box *s* cajita de polvos de arenilla
pouncet box ['paunsɪt] *s* cajita agujereada para perfumes
pound [paund] *s* libra (*peso*); golpazo, martilleo; corral de concejo (*para encerrar animales descarriados*); *va* golpear, golpetear, martillar; machacar, moler; encerrar en el corral de concejo; bombardear incesantemente; (fig.) desempedrar (*pasear mucho por*); *vn* golpear, golpetear
poundage ['paundɪdʒ] *s* impuesto, comisión, etc. exigida por cada libra esterlina o cada libra de peso
poundal ['paundəl] *s* (phys.) poundal
poundcake ['paund,kek] *s* pastel en que entra una libra de cada ingrediente; ponqué
pounder ['paundər] *s* martillador; machaca; persona o cosa que pesa determinado número de libras o que está relacionada con determinado número de libras, p.ej., **a ten-pounder** un cañón de a diez; **a five-pounder** un pescado de cinco libras
pound-foolish ['paund'fulɪʃ] *adj* incapaz de guardar o manejar grandes sumas de dinero
poundkeeper ['paund,kipər] *s* guardián de corral de concejo
pound net *s* red de pesca, nasa de pescar
pound sterling *s* libra esterlina
pour [por] *s* lluvia torrencial; *va* vaciar, verter, derramar; hacer fluir; hacer salir profusamente; **to pour out** verter (*p.ej., agua*); *vn* fluir rápidamente; llover a torrentes; **to pour into** entrar a montones en; **to pour out** salir a chorros; salir a montones; **to pour out of** inclinar para vaciar, verter (*un recipiente*); salir a montones de (*p.ej., el teatro*)
pourboire [pur'bwɑr] *s* propina
pourparler [pur'pɑrlɪ] *s* coloquio, conferencia
pout [paut] *s* mala cara, mal gesto, puchero; (ichth.) gado; (ichth.) zoarce; *vn* poner mala cara, hacer gesto de enojo y desagrado, hacer pucheros
pouter ['pautər] *s* persona que hace pucheros, persona que pone cara de enfado; (orn.) paloma buchona
poverty ['pɑvərtɪ] *s* pobreza
poverty-stricken ['pɑvərtɪ,strɪkən] *adj* extremadamente pobre
POW abr. de **prisoner of war**
powder ['paudər] *s* polvo; polvos (*de tocador*); pólvora (*mezcla explosiva*); *va* pulverizar; empolvar, polvorear; *vn* hacerse polvo; empolvarse
powder blue *s* azul pálido
powdered milk *s* leche en polvo
powdered sugar *s* azúcar en polvo
powder flask *s* polvorín
powder horn *s* chifle
powder magazine *s* (naut.) santabárbara
powder maker *s* polvorista
powder monkey *s* mozo que antiguamente iba en los barcos de guerra para ocuparse de transportar la pólvora a los cañones
powder puff *s* borla para empolvarse
powder room *s* cuarto tocador, cuarto de aseo
powdery ['paudərɪ] *adj* polvoriento, polvoroso; empolvado; deleznable, quebradizo
power ['pauər] *s* poder, poderío, potencia; (math., mech., opt. & phys.) potencia; (fig.) energía; **Powers** *spl* potestades (*sexta orden de los ángeles*); **in power** en el poder; **the Great Powers** las grandes potencias; **the powers that be** las autoridades, los que mandan; **to the best of one's power** cuanto esté en el poder de uno; *va* accionar, impulsar
power amplifier *s* (rad.) amplificador de poder o de potencia
power behind the throne *s* poder oculto
powerboat ['pauər,bot] *s* autobote, bote automóvil, gasolinera
power brake *s* (aut.) servofreno
power company *s* empresa de fuerza motriz
power cord *s* (elec.) cordón de alimentación
power dive (aer.) picado con motor
power drill *s* taladradora de fuerza
power factor *s* (elec.) factor de potencia
powerful ['pauərfəl] *adj* poderoso
powerhouse ['pauər,haus] *s* (elec.) estación generadora, central eléctrica; (slang) manantial de fuerza, persona llena de energía, fuerza arrolladora
powerless ['pauərlɪs] *adj* impotente
power line *s* (elec.) línea de fuerza; (elec.) sector de distribución (*en las ciudades*)
power mower *s* motosegadora
power of attorney *s* (law) poder
power of the keys *s* (eccl.) llaves de la iglesia
power pack *s* (rad.) fuente surtidora, fuente de alimentación, fuente de poder
power plant *s* (elec.) estación generadora, central eléctrica; (aut.) grupo motor; (aer.) grupo motopropulsor
power play *s* maniobra ofensiva concentrada
power politics *ssg* o *spl* política de poder
power reactor *s* (phys.) reactor generador de energía
power saw *s* motosierra
power shovel *s* excavadora
power station *s* (elec.) estación generadora, central eléctrica
power steering *s* (aut.) servodirección
power stroke *s* carrera motriz
power supply *s* (rad.) suministro de potencia
power tool *s* herramienta motriz
power transformer *s* (elec.) transformador de fuerza
power transmission *s* (elec.) transmisión de energía
power tube *s* (rad.) válvula de fuerza o de poder
powwow ['pau,wau] *s* ceremonia de los indios norteamericanos que consiste en bailes y fiestas para ahuyentar las enfermedades y tener éxito en las empresas; conferencia acerca de o con los indios norteamericanos; conferencia; curandero indio; santiguadera; *vn* conferenciar
pox [pɑks] *s* enfermedad que afecta la piel creando una erupción de pústulas; sífilis
pozzolana [,pɑtsə'lɑnɑ] o **pozzuolana** [,pɑtswə'lɑnɑ] *s* (geol.) puzolana
pp. abr. de **pages, past participle** y **pianissimo**
p.p. abr. de **parcel post, past participle** y **postpaid**
ppr. o **p.pr.** abr. de **present participle**
pr. abr. de **pair, present** y **price**
P.R. abr. de **Puerto Rico**
practicability [,præktɪkə'bɪlɪtɪ] *s* factibilidad
practicable ['præktɪkəbəl] *adj* practicable
practical ['præktɪkəl] *adj* práctico
practicality [,præktɪ'kælɪtɪ] *s* (*pl:* **-ties**) espíritu práctico; cosa práctica
practical joke *s* burla de consecuencias
practically ['præktɪkəlɪ] *adv* prácticamente; casi, poco más o menos
practical nurse *s* enfermera práctica (*que ejerce la profesión sin haber terminado el curso oficial*)
practice ['præktɪs] *s* práctica; ensayo; ejercicio (*p.ej., de la medicina*); **in practice** en la práctica; **to make a practice of** + *inf* acostumbrar + *inf; va* practicar; ejercitar (*p.ej., caridad*); ejercer (*una profesión*); hacer ejercicios en, estudiar (*p.ej., el piano*); tener por costumbre; **to practice** + *ger* ensayarse a + *inf;* **to practice what one preaches** predicar con el ejemplo; *vn* ejercitarse; ejercer; practicar la medicina; ensayarse; entrenarse; conducirse; **to practice as** ejercer de (*p.ej., abogado*)
practiced ['præktɪst] *adj* práctico
practician [præk'tɪʃən] *s* practicón
practise ['præktɪs] *s, va & vn* var. de **practice**
practitioner [præk'tɪʃənər] *s* profesional; práctico (*médico*)
praedial ['pridɪəl] *adj* predial
praefect ['prifɛkt] *s* var. de **prefect**
praefloration [,priflo'reʃən] *s* (bot.) prefloración
praefoliation [,prifolɪ'eʃən] *s* (bot.) prefoliación
praenomen [pri'nomɛn] *s* (*pl:* **-nomina** ['nɑmɪnə]) prenombre
praetor ['pritər] o ['pritɔr] *s* pretor

P

praetorian [priˈtorɪən] *adj & s* pretoriano
pragmatic [prægˈmætɪk] o **pragmatical** [prægˈmætɪkəl] *adj* pragmático; dogmático, engreído; oficioso, entremetido; activo, ocupado; práctico
pragmatic sanction *s* sanción pragmática o pragmática sanción
pragmatism [ˈprægmətɪzəm] *s* (philos.) pragmatismo; dogmatismo; oficiosidad; positivismo
pragmatist [ˈprægmətɪst] *adj & s* (philos.) pragmatista
Prague [prɑg] o [preg] *s* Praga
prairie [ˈprɛrɪ] *s* llanura, pampa, pradera
prairie chicken *s* (orn.) gallina de las praderas
prairie dog *s* (zool.) ardilla ladradora, perro de las praderas
prairie schooner *s* carromato de cuatro ruedas y toldo, que se usaba para viajar en el oeste de los EE.UU. antes del ferrocarril transcontinental
prairie wolf *s* (zool.) coyote
praise [prez] *s* alabanza, elogio; elogios; **to heap praises on** amontonar alabanzas sobre; **to sing the praise** o **the praises of** alabar o elogiar con efusión y entusiasmo; *va* alabar, elogiar; **to praise to the skies** poner sobre las estrellas, poner por las nubes
praiseworthy [ˈprez,wʌrðɪ] *adj* laudable, elogiable
Prakrit [ˈprɑkrɪt] *s* prácrito
praline [ˈprɑlin] *s* almendra garapiñada, almendra confitada, pacana garapiñada
pram [præm] *s* (coll.) cochecillo de niño
prance [præns] o [prɑns] *s* cabriola; trenzado; *vn* cabriolar; trenzar; pavonearse al caminar
prancer [ˈprænsər] o [ˈprɑnsər] *s* caballo trenzador
prandial [ˈprændɪəl] *adj* prandial
prank [præŋk] *s* travesura, picardía; broma; *va* adornar con exceso; *vn* adornarse con exceso, sobrecargarse en el vestir
prankish [ˈpræŋkɪʃ] *adj* travieso, pícaro
prankster [ˈpræŋkstər] *s* (coll.) bromista
prase [prez] *s* (mineral.) prasio
praseodymium [,prezɪoˈdɪmɪəm] *s* (chem.) praseodimio
prate [pret] *s* charla, parloteo; *vn* charlar, parlotear
prater [ˈpretər] *s* charlatán
pratique [præˈtik] *s* (naut.) libre plática
prattle [ˈprætəl] *s* charla, parloteo; charla necia y sin sentido (*imitando a los niños en la pronunciación*); *vn* charlar, parlotear; hablar como los niños
prattler [ˈprætlər] *s* charlatán, parlanchín
prawn [prɔn] *s* (zool.) camarón (*Palaemon*); (zool.) langostín (*Peneus*); (zool.) gamba, quisquilla (*Pandalus*)
Praxiteles [præksˈɪtəliz] *s* Praxiteles
pray [pre] *va* implorar, rogar, suplicar; rezar (*una oración*); *vn* orar, rezar; **to pray for** orar por; **pray** + *inf* sírvase + *inf*, p.ej., **pray tell me** sírvase decirme
prayer [prɛr] *s* oración, rezo; ruego, súplica; oficio (*rezo diario*); **to say one's prayers** decir sus oraciones; [ˈpreər] *s* rezador
prayer book [prɛr] *s* devocionario, oracional
prayerful [ˈprɛrfəl] *adj* rezador, devoto
prayerless [ˈprɛrlɪs] *adj* sin rezo; que no reza
prayer meeting [prɛr] *s* reunión para orar y alabar a Dios
prayer rug [prɛr] *s* alfombra de rezo
praying mantis *s* (ent.) mantis religiosa, predicador, rezadora
preach [pritʃ] *va* predicar; aconsejar (*p.ej., la paciencia*); *vn* predicar
preacher [ˈpritʃər] *s* predicador; pastor espiritual; sermoneador
preachify [ˈpritʃɪfaɪ] (*pret & pp:* **-fied**) *vn* predicar o sermonear molestamente
preaching [ˈpritʃɪŋ] *s* predicación; sermón, sermoneo
preachment [ˈpritʃmənt] *s* prédica, sermón, arenga
preachy [ˈpritʃɪ] *adj* (*comp:* **-ier**; *super:* **-iest**) (coll.) inclinado a predicar, moralizador
preadamic [,priəˈdæmɪk] *adj* preadamítico
preadamite [priˈædəmaɪt] *s* preadamita
preadaptation [,priædæpˈteʃən] *s* (biol.) preadaptación
preamble [ˈpri,æmbəl] *s* preámbulo
preamplifier [priˈæmplɪ,faɪər] *s* (rad.) preamplificador
prearrange [,priəˈrendʒ] *va* arreglar de antemano
prearrangement [,priəˈrendʒmənt] *s* arreglo previo
prebend [ˈprɛbənd] *s* prebenda; prebendado
prebendary [ˈprɛbən,dɛrɪ] *s* (*pl:* **-ies**) prebendado
Pre-Cambrian [,priˈkæmbrɪən] *adj & s* (geol.) precámbrico
precarious [prɪˈkɛrɪəs] *adj* precario
precariousness [prɪˈkɛrɪəsnɪs] *s* precariedad
precaution [prɪˈkɔʃən] *s* precaución
precautionary [prɪˈkɔʃən,ɛrɪ] *adj* precaucionado, precavido
precautious [prɪˈkɔʃəs] *adj* precavido
precede [priˈsid] *va & vn* preceder
precedence [priˈsidəns] o [ˈprɛsɪdəns] *s* precedencia
precedency [priˈsidənsɪ] o [ˈprɛsɪdənsɪ] *s* (*pl:* **-cies**) var. de **precedence**
precedent [priˈsidənt] o [ˈprɛsɪdənt] *adj* precedente; [ˈprɛsɪdənt] *s* precedente
preceding [priˈsidɪŋ] *adj* precedente
precentor [prɪˈsɛntər] *s* chantre
precept [ˈprisɛpt] *s* precepto
preceptive [prɪˈsɛptɪv] *adj* preceptivo
preceptor [prɪˈsɛptər] *s* preceptor
preceptorial [,prisɛpˈtorɪəl] *adj* preceptoral
preceptress [prɪˈsɛptrɪs] *s* preceptora
precession [priˈsɛʃən] *s* precedencia; (mech.) precesión
precessional [priˈsɛʃənəl] *adj* de la precesión de los equinoccios, causado por la precesión de los equinoccios
precession of the equinoxes *s* (astr.) precesión de los equinoccios
precinct [ˈprisɪŋkt] *s* barriada, recinto; distrito electoral
preciosity [,prɛʃɪˈɑsɪtɪ] *s* (*pl:* **-ties**) (lit.) preciosismo
precious [ˈprɛʃəs] *adj* precioso; caro, amado; (coll.) considerable; *adv* (coll.) muy, p.ej., **precious little** muy poco
preciously [ˈprɛʃəslɪ] *adv* preciosamente; extremadamente; con mucho cuidado
precious stone *s* piedra preciosa
precipice [ˈprɛsɪpɪs] *s* precipicio
precipitance [prɪˈsɪpɪtəns] o **precipitancy** [prɪˈsɪpɪtənsɪ] *s* precipitación
precipitant [prɪˈsɪpɪtənt] *adj* precipitado; *s* (chem.) precipitante
precipitate [prɪˈsɪpɪtɪt] o [prɪˈsɪpɪtet] *adj* precipitado; *s* (chem.) precipitado; [prɪˈsɪpɪtet] *va* precipitar; (chem.) precipitar; *vn* precipitarse; (chem.) precipitarse
precipitation [prɪ,sɪpɪˈteʃən] *s* precipitación; (chem., meteor. & fig.) precipitación
precipitin [prɪˈsɪpɪtɪn] *s* (immun.) precipitina
precipitous [prɪˈsɪpɪtəs] *adj* empinado, escarpado; precipitoso, precipitado
precipitron [prɪˈsɪpɪtrɑn] *s* (trademark) precipitrón
precise [prɪˈsaɪs] *adj* preciso; escrupuloso, meticuloso
precision [prɪˈsɪʒən] *s* precisión
precision bombing *s* (aer.) bombardeo de precisión
precision instrument *s* instrumento de precisión, aparato de precisión
preclude [prɪˈklud] *va* excluir, imposibilitar
preclusion [prɪˈkluʒən] *s* exclusión, evitación
precocious [prɪˈkoʃəs] *adj* precoz
precocity [prɪˈkɑsɪtɪ] *s* precocidad
precognition [,prikɑgˈnɪʃən] *s* precognición
pre-Columbian [,prikəˈlʌmbɪən] *adj* precolombino
preconceive [,prikənˈsiv] *va* preconcebir
preconception [,prikənˈsɛpʃən] *s* preconcepción
preconcert [,prikənˈsʌrt] *va* concertar de antemano
precontract [priˈkɑntrækt] *s* contrato previo; [,prikənˈtrækt] o [priˈkɑntrækt] *va & vn* contratar de antemano
precool [priˈkul] *va* preenfriar
precordial [priˈkɔrdʒəl] o [priˈkɔrdjəl] *adj* (anat.) precordial

precursor [prɪ'kʌrsər] *s* precursor
precursory [prɪ'kʌrsərɪ] *adj* precursor
pred. abr. de **predicate**
predacious [prɪ'deʃəs] o **predatory** ['prɛdə,torɪ] *adj* rapaz; predador, predator, depredador
predeceased [,pridɪ'sist] *adj* predifunto, premuerto
predecessor ['prɛdɪ,sɛsər] o [,prɛdɪ'sɛsər] *s* predecesor
predestinarian [pri,dɛstɪ'nɛrɪən] *adj & s* predestinaciano, predestinador
predestinate [pri'dɛstɪnɪt] *s* (theol.) predestinado; [pri'dɛstɪnet] *va* predestinar
predestination [pri,dɛstɪ'neʃən] *s* predestinación; (theol.) predestinación
predestine [pri'dɛstɪn] *va* predestinar
predeterminate [,pridɪ'tʌrmɪnɪt] *adj* predeterminado
predetermination [,pridɪ,tʌrmɪ'neʃən] *s* predeterminación
predetermine [,pridɪ'tʌrmɪn] *va* predeterminar
predial ['pridɪəl] *adj* predial
predicable ['prɛdɪkəbəl] *adj* predicable; *s* (log.) predicable
predicament [prɪ'dɪkəmənt] *s* trance apurado, situación difícil; (log.) predicamento
predicant ['prɛdɪkənt] *adj & s* predicante
predicate ['prɛdɪkɪt] *s* predicado; ['prɛdɪket] *va & vn* predicar
predication [,prɛdɪ'keʃən] *s* aserción, afirmación
predicative ['prɛdɪ,ketɪv] *adj* predicativo
predict [prɪ'dɪkt] *va* predecir
predictable [prɪ'dɪktəbəl] *adj* pronosticable
prediction [prɪ'dɪkʃən] *s* predicción
predictive [prɪ'dɪktɪv] *adj* profético
predictor [prɪ'dɪktər] *s* predictor; (aer.) predictor
predigest [,pridɪ'dʒɛst] o [,pridaɪ'dʒɛst] *va* predigerir
predigestion [,pridɪ'dʒɛstʃən] o [,pridaɪ'dʒɛstʃən] *s* predigestión
predilection [,pridɪ'lɛkʃən] o [,prɛdɪ'lɛkʃən] *s* predilección
predispose [,pridɪs'poz] *va* predisponer
predisposition [,pridɪspə'zɪʃən] *s* predisposición
predominance [prɪ'dɑmɪnəns] *s* predominancia
predominant [prɪ'dɑmɪnənt] *adj* predominante
predominate [prɪ'dɑmɪnet] *va & vn* predominar
predomination [prɪ,dɑmɪ'neʃən] *s* predominación
preëlection [,priɪ'lɛkʃən] *s* preelección; *adj* preelectoral
preëminence [pri'ɛmɪnəns] *s* preeminencia
preëminent [pri'ɛmɪnənt] *adj* preeminente
preëminently [pri'ɛmɪnəntlɪ] *adv* preeminentemente
preëmpt [pri'ɛmpt] *va* asegurarse de (*una cosa*) antes que nadie; apropiarse (*terreno*) con el derecho de comprarlo antes que nadie
preëmption [pri'ɛmpʃən] *s* preempción
preëmptor [pri'ɛmptər] o [pri'ɛmptɔr] *s* comprador por derecho de prioridad
preen [prin] *va* arreglarse (*las plumas*) con el pico; **to preen oneself** atildarse, componerse, vestirse cuidadosamente
preëngage [,priɛn'gedʒ] *va* contratar o comprometer de antemano
preëstablish [,priɛs'tæblɪʃ] *va* establecer de antemano
preëxist [,priɛg'zɪst] *vn* preexistir
preëxistence [,priɛg'zɪstəns] *s* preexistencia
preëxistent [,priɛg'zɪstənt] *adj* preexistente
pref. abr. de **preface, preferred** y **prefix**
prefabricate [pri'fæbrɪket] *va* prefabricar
preface ['prɛfɪs] *s* prefacio; *va* introducir, empezar; decir a modo de introducción; prologar
prefatorial [,prɛfə'torɪəl] o **prefatory** ['prɛfə,torɪ] *adj* introductor, preliminar; como prefacio
prefect ['prifɛkt] *s* prefecto
prefecture ['prifɛktʃər] *s* prefectura
prefer [prɪ'fʌr] (*pret & pp:* **-ferred;** *ger:* **-ferring**) *va* preferir; presentar; promover; **to prefer to** + *inf* preferir + *inf*
preferable ['prɛfərəbəl] *adj* preferible
preferably ['prɛfərəblɪ] *adv* preferiblemente
preference ['prɛfərəns] *s* preferencia
preferential [,prɛfə'rɛnʃəl] *adj* preferente
preferential tariff *s* aranceles preferenciales
preferential voting *s* votación en la cual el elector indica un segundo candidato en caso de que el de su primera elección sea derrotado
preferment [prɪ'fʌrmənt] *s* preferencia; ascenso, promoción; dignidad
preferred stock *s* (com.) acción preferente, acciones preferentes
prefiguration [,prifɪgjə'reʃən] *s* prefiguración
prefigure [pri'fɪgjər] *va* prefigurar; representarse de antemano
prefix ['prifɪks] *s* (gram.) prefijo; [pri'fɪks] *va* prefijar; (gram.) prefijar
preformation [,prifɔr'meʃən] *s* preformación
pregnable ['prɛgnəbəl] *adj* expugnable
pregnancy ['prɛgnənsɪ] *s* (*pl:* **-cies**) preñez, embarazo
pregnant ['prɛgnənt] *adj* preñado; fértil; (fig.) preñado
preheat [pri'hit] *va* precalentar, calentar previamente
prehensile [prɪ'hɛnsɪl] *adj* prensil
prehension [prɪ'hɛnʃən] *s* prensión
prehistoric [,prihɪs'tɑrɪk] o [,prihɪs'tɔrɪk] o **prehistorical** [,prihɪs'tɑrɪkəl] o [,prihɪs'tɔrɪkəl] *adj* prehistórico
prehistorically [,prihɪs'tɑrɪkəlɪ] o [,prihɪs'tɔrɪkəlɪ] *adv* prehistóricamente
prehistory [pri'hɪstərɪ] *s* prehistoria
preignition [,priɪg'nɪʃən] *s* preignición
prejudge [pri'dʒʌdʒ] *va* prejuzgar
prejudgment o **prejudgement** [pri'dʒʌdʒmənt] *s* prejuicio
prejudice ['prɛdʒədɪs] *s* prejuicio, preocupación; perjuicio (*daño*); **to the prejudice of** con perjuicio de; **without prejudice** (law) sin detrimento de sus propios derechos; *va* predisponer, prevenir; perjudicar (*dañar*)
prejudicial [,prɛdʒə'dɪʃəl] *adj* perjudicial
prejudicially [,prɛdʒə'dɪʃəlɪ] *adv* perjudicialmente
prelacy ['prɛləsɪ] *s* (*pl:* **-cies**) prelacía
prelate ['prɛlɪt] *s* prelado
prelature ['prɛlətʃər] *s* prelatura
pre-Lenten [pri'lɛntən] *adj* carnavalesco
prelim. abr. de **preliminary**
preliminary [prɪ'lɪmɪ,nɛrɪ] *adj* preliminar; *s* (*pl:* **-ies**) preliminar
prelude ['prɛljud], ['prilud] o ['priljud] *s* preludio; (mus.) preludio; *va* preludiar; *vn* preludiar; (mus.) preludiar
premarital [pri'mærɪtəl] *adj* premarital
premature [,primə'tjur] o [,primə'tur] *adj* prematuro
prematurely [,primə'tjurlɪ] o [,primə'turlɪ] *adv* prematuramente
premedical [pri'mɛdɪkəl] *adj* premédico
premeditate [pri'mɛdɪtet] *va* premeditar
premeditated [pri'mɛdɪ,tetɪd] *adj* premeditado
premeditation [,primɛdɪ'teʃən] *s* premeditación
premier ['primɪər] o ['prɛmjər] *adj* primero; principal, superior; [prɪ'mɪr] o ['primɪər] *s* primer ministro, jefe del estado, presidente del consejo
première [prə'mjɛr] o [prɪ'mɪr] *s* estreno; actriz principal
premiership [prɪ'mɪrʃɪp] o ['primɪər,ʃɪp] *s* jefatura del estado, presidencia del consejo
premise ['prɛmɪs] *s* (law & log.) premisa; **premises** *spl* predio, local; **major premise** (log.) premisa mayor; **minor premise** (log.) premisa menor; *va* sentar o establecer como premisa; *vn* establecer una premisa
premium ['primɪəm] *s* premio; (ins.) prima; **at a premium** a premio; en gran demanda, muy solicitado
premolar [pri'molər] *adj & s* (anat.) premolar
premonish [pri'mɑnɪʃ] *va* advertir, prevenir
premonition [,primə'nɪʃən] *s* advertencia; presentimiento
premonitory [prɪ'mɑnɪ,torɪ] *adj* premonitorio

P

Premonstratensian [prɪ,mɑnstrəˈtɛnʃən] *adj & s* (eccl.) premonstratense
prenatal [priˈnetəl] *adj* prenatal
preoccupancy [priˈɑkjəpənsɪ] *s* (*pl:* **-cies**) preocupación
preoccupation [pri,ɑkjəˈpeʃən] *s* preocupación
preoccupied [priˈɑkjəpaɪd] *adj* preocupado
preoccupy [priˈɑkjəpaɪ] (*pret & pp:* **-pied**) *va* preocupar
preordain [,priɔrˈden] *va* preordinar
preordination [,priɔrdɪˈneʃən] *s* preordinación
prep. abr. de **preparatory** y **preposition**
prepaid [priˈped] *adj* pagado por adelantado; con porte pagado; *pret & pp de* **prepay**
prepalatal [priˈpælətəl] *adj & s* (phonet.) prepalatal
preparation [,prɛpəˈreʃən] *s* preparación
preparative [prɪˈpærətɪv] *adj & s* preparativo
preparatory [prɪˈpærə,torɪ] *adj* preparatorio
preparatory school *s* escuela preparatoria
prepare [prɪˈpɛr] *va* preparar, prevenir; *vn* prepararse, prevenirse; **to prepare against** prevenirse a o contra; **to prepare to** + *inf* prepararse a o para + *inf*
preparedness [prɪˈpɛrɪdnɪs] o [prɪˈpɛrdnɪs] *s* preparación; preparación militar, armamentismo
prepay [prɪˈpe] (*pret & pp:* **-paid**) pagar por adelantado
prepayment [prɪˈpemənt] *s* pago adelantado
prepense [prɪˈpɛns] *adj* premeditado; **with malice prepense** (law) con malicia y premeditación
preponderance [prɪˈpɑndərəns] *s* preponderancia
preponderant [prɪˈpɑndərənt] *adj* preponderante
preponderate [prɪˈpɑndəret] *vn* preponderar
preposition [,prɛpəˈzɪʃən] *s* preposición
prepositional [,prɛpəˈzɪʃənəl] *adj* preposicional
prepositionally [,prɛpəˈzɪʃənəlɪ] *adv* de manera preposicional, como preposición
prepositive [priˈpɑzɪtɪv] *adj* prepositivo; *s* (gram.) partícula prepositiva
prepossess [,pripəˈzɛs] *va* preocupar, predisponer favorablemente
prepossessing [,pripəˈzɛsɪŋ] *adj* agradable, simpático
prepossession [,pripəˈzɛʃən] *s* preocupación, predisposición favorable
preposterous [prɪˈpɑstərəs] *adj* absurdo, ridículo
preposterously [prɪˈpɑstərəslɪ] *adv* absurdamente, ridículamente
prepotency [priˈpotənsɪ] *s* (*pl:* **-cies**) prepotencia
prepotent [priˈpotənt] *adj* prepotente
prep school [prɛp] *s* (slang) escuela preparatoria
prepuce [ˈpripjus] *s* (anat.) prepucio
Pre-Raphaelite [,priˈræfɪəlaɪt] [,priˈrefɪəlaɪt] *adj & s* prerrafaelista
Pre-Raphaelitism [,priˈræfɪə,laɪtɪzəm] o [,priˈrefɪə,laɪtɪzəm] *s* prerrafaelismo
prerecorded [,prirɪˈkɔrdɪd] *adj* (rad. & telv.) grabado anteriormente, grabado de antemano
prerequisite [priˈrɛkwɪzɪt] *adj* necesario de antemano; *s* requisito previo, requisito prescrito de antemano
prerogative [prɪˈrɑgətɪv] *adj* privilegiado; *s* prerrogativa
preromanticism [,priroˈmæntɪsɪzəm] *s* prerromanticismo
pres. abr. de **present**
Pres. abr. de **Presbyterian** y **President**
presage [ˈprɛsɪdʒ] *s* presagio; [prɪˈsedʒ] *va* presagiar
presbyope [ˈprɛzbɪop] o [ˈprɛsbɪop] *s* presbiope
presbyopia [,prɛzbɪˈopɪə] o [,prɛsbɪˈopɪə] *s* (path.) presbiopía
presbyopic [,prɛzbɪˈɑpɪk] o [,prɛsbɪˈɑpɪk] *adj* presbiope
presbyte [ˈprɛzbaɪt] o [ˈprɛsbaɪt] *s* présbita
presbyter [ˈprɛzbɪtər] o [ˈprɛsbɪtər] *s* presbítero
Presbyterian [,prɛzbɪˈtɪrɪən] o [,prɛsbɪˈtɪrɪən] *adj & s* presbiteriano
Presbyterianism [,prɛzbɪˈtɪrɪənɪzəm] o [,prɛsbɪˈtɪrɪənɪzəm] *s* presbiterianismo
presbytery [ˈprɛzbɪ,tɛrɪ] o [ˈprɛsbɪ,tɛrɪ] *s* (*pl:* **-ies**) presbiterio
presbytia [prɛzˈbɪtɪə] o [prɛsˈbɪtɪə] *s* (path.) presbicia
presbytic [prɛzˈbɪtɪk] o [prɛsˈbɪtɪk] *adj* présbita
preschool [ˈpri,skul] *adj* preescolar
prescience [ˈpriʃɪəns] o [ˈprɛʃɪəns] *s* presciencia
prescient [ˈpriʃɪənt] o [ˈprɛʃɪənt] *adj* presciente
prescribe [prɪˈskraɪb] *va & vn* prescribir; (pharm.) recetar
prescript [prɪˈskrɪpt] o [ˈpriskrɪpt] *adj* prescrito; [ˈpriskrɪpt] *s* regla, precepto
prescriptible [prɪˈskrɪptɪbəl] *adj* prescriptible
prescription [prɪˈskrɪpʃən] *s* prescripción; (law & med.) prescripción; (pharm.) receta
prescriptive [prɪˈskrɪptɪv] *adj* directivo; sancionado por la costumbre; adquirido o establecido por prescripción
preselector [,prisɪˈlɛktər] *s* (telp.) preselector
presence [ˈprɛzəns] *s* presencia; **in the presence of** en presencia de; **saving your presence** con excusas por haber dicho (o hecho) esto en su presencia
presence chamber *s* salón de recepciones, salón donde recibe un soberano u otra persona de alto rango
presence of mind *s* presencia de ánimo
present [ˈprɛzənt] *adj* presente (*que está aquí*); presente, actual; *s* presente, regalo; (gram.) presente; **at present** al presente, actualmente; **by these presents** por las presentes, por las escrituras presentes; **for the present** por lo presente; [prɪˈzɛnt] *va* presentar; **to present arms** (mil.) presentar armas; **to present oneself** presentarse; **to present with** obsequiar con
presentable [prɪˈzɛntəbəl] *adj* presentable; bien apersonado
presentation [,prɛzənˈteʃən] o [,prizənˈteʃən] *s* presentación; **on presentation** (com.) a presentación
presentation copy *s* ejemplar de cortesía con dedicatoria del autor
present-day [ˈprɛzənt,de] *adj* de hoy en día
presentiment [prɪˈzɛntɪmənt] *s* presentimiento
presently [ˈprɛzəntlɪ] *adv* luego, dentro de poco
presentment [prɪˈzɛntmənt] *s* presentación; retrato; representación teatral; (law) acusación por el gran jurado
present participle *s* (gram.) participio activo o de presente
present perfect *s* (gram.) pretérito perfecto
preservation [,prɛzərˈveʃən] *s* conservación; preservación
preservative [prɪˈzʌrvətɪv] *adj & s* preservativo
preserve [prɪˈzʌrv] *s* conserva, confitura, compota; vedado; *va* conservar; preservar, proteger; *vn* hacer conservas
preserved fruit *s* dulce de almíbar
preserve jar *s* bote de conservas
preserver [prɪˈzʌrvər] *s* preservador
preside [prɪˈzaɪd] *vn* presidir; **to preside over** presidir
presidency [ˈprɛzɪdənsɪ] *s* (*pl:* **-cies**) presidencia
president [ˈprɛzɪdənt] *s* presidente; rector (*de una universidad*)
president-elect [ˈprɛzɪdəntɪˈlɛkt] *s* presidente electo
presidential [,prɛzɪˈdɛnʃəl] *adj* presidencial
presidium [prɪˈsɪdɪəm] *s* presidio
press [prɛs] *s* apretón, empujón, presión; prisa, urgencia; apiñamiento, muchedumbre; prensa (*máquina para prensar, comprimir o imprimir; conjunto de periódicos o periodistas*); imprenta (*acción o arte de imprimir*); pliegue (*de una prenda planchada*); armario; **in press** en prensa; **to have a good** (o **bad**) **press** tener buena (o mala) prensa; **to go to**

press entrar en prensa; *va* apretar; prensar; planchar (*la ropa*); apresurar; abrumar, acosar, instar; insistir en; abrazar; imprimir (*discos de fonógrafo*); **to press into service** poner a trabajar; **to press one's point** insistir en su punto de vista; *vn* pesar, ejercer presión; urgir; apiñarse; apresurarse; **to press forward** avanzar, adelantarse; **to press through the crowd** abrirse paso por entre la multitud
press agent *s* agente de publicidad
pressboard ['prɛs,bord] *s* cartón prensado
press box *s* tribuna de la prensa
press conference *s* entrevista de prensa, conferencia de prensa
press gang *s* (mil.) levadores; (nav.) ronda de matrícula
pressing ['prɛsɪŋ] *adj* apremiante, urgente; *s* planchado (*de la ropa*)
pressing boards *spl* (b.b.) tablillas de encuadernar
pressman ['prɛsmən] *s* (*pl:* **-men**) prensador; (print.) prensista
pressmark ['prɛs,mɑrk] *s* marca de biblioteca; *va* poner marca de biblioteca en
press proof *s* (print.) prueba de impresión
press release *s* comunicado de prensa
pressroom ['prɛs,rum] o ['prɛs,rʊm] *s* salón de prensas, taller de imprenta
pressure ['prɛʃər] *s* presión; opresión; urgencia; tensión de nervios; (elec.) tensión, fuerza electromotriz; **to exert pressure on** ejercer presión sobre
pressure cooker *s* cocina de presión, olla a o de presión
pressure gage o **pressure gauge** *s* manómetro, indicador de presión
pressure group *s* minoría que ejerce influencia en los cuerpos legislativos
pressure suit *s* traje a presión
pressure tunnel *s* (aer.) túnel a presión
pressurize ['prɛʃəraɪz] *va* (aer.) sobrecargar, sobrecomprimir, presurizar
presswork ['prɛs,wʌrk] *s* impresión, tirada; trabajo de impresor; chapas de madera encoladas y prensadas
prester ['prɛstər] *s* (obs.) sacerdote
Prester John *s* el Preste Juan
prestidigitation [,prɛstɪ,dɪdʒɪ'teʃən] *s* prestidigitación
prestidigitator [,prɛstɪ'dɪdʒɪ,tetər] *s* prestidigitador
prestige [prɛs'tiʒ] o ['prɛstɪdʒ] *s* prestigio
presumable [prɪ'zuməbəl] o [prɪ'zjuməbəl] *adj* presumible
presumably [prɪ'zuməblɪ] o [prɪ'zjuməblɪ] *adv* probablemente, verosímilmente
presume [prɪ'zum] o [prɪ'zjum] *va* presumir; suponer, dar por sentado; **to presume to** + *inf* tomar la libertad de + *inf; vn* suponer; **to presume on** o **upon** abusar de
presumedly [prɪ'zumɪdlɪ] o [prɪ'zjumɪdlɪ] *adv* supuestamente
presumption [prɪ'zʌmpʃən] *s* presunción; pretensión; (law) presunción
presumptive [prɪ'zʌmptɪv] *adj* presuntivo; presunto (*supuesto*)
presumptively [prɪ'zʌmptɪvlɪ] *adv* presuntivamente
presumptuous [prɪ'zʌmptʃuəs] *adj* confianzudo, desenvuelto
presuppose [,prisə'poz] *va* presuponer
presupposition [,prisʌpə'zɪʃən] *s* presuposición
pret. abr. de **preterit**
pretence [prɪ'tɛns] o ['pritɛns] *s* var. de **pretense**
pretend [prɪ'tɛnd] *va* aparentar, fingir (*alegría, dolor, etc.*); **to pretend to** + *inf* fingir + *inf*, aparentar que + *ind;* **to pretend to be** fingirse, p.ej., **to pretend to be a friend** fingirse amigo; *vn* fingir; **to pretend to** pretender (*p.ej., el trono*)
pretended [prɪ'tɛndɪd] *adj* pretendido
pretender [prɪ'tɛndər] *s* pretendiente
pretense [prɪ'tɛns] o ['pritɛns] *s* pretensión; fingimiento; presunción; **under false pretenses** con falsas apariencias, con apariencias fingidas; **under pretense of** so pretexto de
pretension [prɪ'tɛnʃən] *s* pretensión
pretentious [prɪ'tɛnʃəs] *adj* pretencioso, aparatoso; ambicioso, vasto
preterit o **preterite** ['prɛtərɪt] *adj & s* (gram.) pretérito
preterition [,prɛtə'rɪʃən] *s* preterición; (law & rhet.) preterición
pretermission [,pritər'mɪʃən] *s* pretermisión
pretermit [,pritər'mɪt] (*pret & pp:* **-mitted;** *ger:* **-mitting**) *va* pretermitir
preternatural [,pritər'nætʃərəl] *adj* preternatural
pretext ['pritɛkst] *s* pretexto; *va* pretextar
pretonic [pri'tɑnɪk] *adj* (gram.) pretónico
pretor ['pritər] o ['pritɔr] *s* var. de **praetor**
pretorian [pri'torɪən] *adj & s* var. de **praetorian**
prettify ['prɪtɪfaɪ] (*pret & pp:* **-fied**) *va* embellecer
pretty ['prɪtɪ] *adj* (*comp:* **-tier;** *super:* **-tiest**) bonito, lindo; bello; (scornful) bueno, grande; (coll.) bueno, bastante, considerable; *adv* algo, bastante; **sitting pretty** (slang) en buena posición; (slang) acomodado; *s* (*pl:* **-ties**) persona linda, cosa linda
pretty penny *s* (coll.) dineral, ojo de la cara
pretzel ['prɛtsəl] *s* galleta tostada hecha en forma de rosquilla y polvoreada con sal
prevail [prɪ'vel] *vn* prevalecer; **to be prevailed on** o **upon to** + *inf* dejarse persuadir a + *inf;* **to prevail against** u **over** prevalecer sobre, triunfar de; **to prevail on, upon** o **with** persuadir
prevailing [prɪ'velɪŋ] *adj* prevaleciente, reinante, imperante; común, corriente
prevalence ['prɛvələns] *s* frecuencia, uso corriente, boga, costumbre
prevalent ['prɛvələnt] *adj* común, corriente, en boga
prevaricate [prɪ'værɪket] *vn* mentir, usar de lenguaje ambiguo para engañar; (law) prevaricar
prevarication [prɪ,værɪ'keʃən] *s* mentira, lenguaje ambiguo; (law) prevaricación
prevaricator [prɪ'værɪ,ketər] *s* mentiroso; (law) prevaricador
prevent [prɪ'vɛnt] *va* impedir, estorbar; **to prevent from** + *ger* impedir + *inf* o impedir que + *subj; vn* obstar
preventable [prɪ'vɛntəbəl] *adj* evitable
preventative [prɪ'vɛntətɪv] *adj & s* var. de **preventive**
preventer [prɪ'vɛntər] *s* (naut.) contraamura
preventible [prɪ'vɛntɪbəl] *adj* var. de **preventable**
prevention [prɪ'vɛnʃən] *s* prevención; estorbo, obstáculo
preventive [prɪ'vɛntɪv] *adj* impeditivo, preventivo; profiláctico, preservativo; *s* preservativo
preventive medicine *s* medicina profiláctica, medicina preventiva
preview ['pri,vju] *s* vista anticipada, inspección previa; (mov.) avance; (mov.) preestreno; [pri'vju] o ['pri,vju] *va* ver de antemano, inspeccionar de antemano
previous ['privɪəs] *adj* previo, anterior; *adv* previamente; **previous to** antes de
previously ['privɪəslɪ] *adv* previamente, anteriormente
previous question *s* petición que se hace en una asamblea legislativa para saber si se ha de hacer una votación para dar término al debate
prevision [pri'vɪʒən] *s* previsión
previsional [pri'vɪʒənəl] *adj* previsor
prewar ['pri,wɔr] *adj* prebélico, de antes de la guerra, de preguerra
prey [pre] *s* presa; víctima; **to be prey to** ser presa de; *vn* cazar; **to prey on** o **upon** apresar y devorar; pillar, robar; tener preocupado, tener en zozobra, agobiar
Priam ['praɪəm] *s* (myth.) Príamo
priapism ['praɪəpɪzəm] *s* (path.) priapismo
Priapus [praɪ'epəs] *s* (myth.) Príapo
price [praɪs] *s* precio; **at any price** a toda costa; de cualquier manera; **beyond** o **without price** tan valioso que no puede comprarse; **to set a price on someone's head** poner a precio la cabeza de uno; *va* apreciar, esti-

P

mar, fijar el precio de, poner precio a; averiguar el precio de
price ceiling *s* precio tope
price control *s* control de precios, intervención de los precios
price cutting *s* reducción de precios (*a un nivel inferior a la tarifa establecida*)
price fixing *s* fijación de precios, tarificación; acuerdo secreto para la fijación de precios
price freezing *s* congelación de precios
priceless ['praɪslɪs] *adj* inapreciable, sin precio; (coll.) divertido, absurdo; **to be priceless** no tener precio
price list *s* lista de precios
price mark *s* marbete o etiqueta (*que expresa el precio de un artículo*)
price stabilization *s* estabilización de precios
price war *s* guerra de precios
prick [prɪk] *s* espiche (*arma o instrumento puntiagudo*); púa (*punta aguda*); agujerillo (*hecho con una punta aguda*); pinchazo, punzada (*herida; dolor*); aguijón; **to kick against the pricks** tener rebeldía que sólo es motivo de sufrimiento, cocear contra el aguijón; *va* pinchar; marcar con agujerillos; punzar (*herir*); dar una punzada a; clavar o enclavar (*a las caballerías*); **to prick up** aguzar (*p.ej., las orejas*); *vn* causar una punzada; sentir una punzada; sentir comezón; erguirse; picarse (*el vino*)
pricket ['prɪkɪt] *s* candelero que termina en punta aguda donde se clava la bujía; gamo de un año de edad
prickle ['prɪkəl] *s* espina, pincho, púa; pinchazo, punzada; *va* causar una punzada a; *vn* sentir una punzada
prickly ['prɪklɪ] *adj* (*comp:* **-lier**; *super:* **-liest**) espinoso, puado, lleno de púas; agudo, punzante
prickly heat *s* (path.) salpullido causado por exceso de calor
prickly pear *s* (bot.) chumbera, higuera chumba, higuera de tuna; higo chumbo, higo de tuna (*fruto*)
prickly poppy *s* (bot.) adormidera espinosa
pride [praɪd] *s* orgullo; arrogancia, altivez; *va* enorgullecer; **to pride oneself on** o **upon** enorgullecerse de; **to pride oneself on** + *ger* enorgullecerse de + *inf*
prideful ['praɪdfəl] *adj* orgulloso
Pride's Purge *s* (hist.) la purificación de Pride
prie-dieu [pri'djœ] *s* reclinatorio
prier ['praɪər] *s* hurón (*persona que todo lo averigua*)
priest [prist] *s* sacerdote
priestcraft ['prist,kræft] o ['prist,kraft] *s* trapisondas eclesiásticas
priestess ['pristɪs] *s* sacerdotisa
priesthood ['pristhʊd] *s* sacerdocio; clero
priestly ['pristlɪ] *adj* (*comp:* **-lier**; *super:* **-liest**) sacerdotal
priest-ridden ['prist,rɪdən] *adj* abarrotado de curas
prig [prɪg] *s* pedante, presuntuoso, mojigato
priggery ['prɪgərɪ] *s* (*pl:* **-ies**) pedantería, presuntuosidad, mojigatería
priggish ['prɪgɪʃ] *adj* pedante, presuntuoso, mojigato
prim [prɪm] *adj* (*comp:* **primmer**; *super:* **primmest**) estirado, relamido
primacy ['praɪməsɪ] *s* (*pl:* **-cies**) primacía
prima donna ['primə 'dɑnə] *s* (*pl:* **prima donnas**) (mus.) prima donna (*la cantante principal en una ópera*)
prima-facie ['praɪmə'feʃɪi] *adj* (law) suficiente para justificar la presunción del hecho
primage ['praɪmɪdʒ] *s* (naut.) capa, quintalada
primal ['praɪməl] *adj* primitivo; básico, principal
primarily ['praɪmerɪlɪ] o ['praɪmərɪlɪ] *adv* primariamente (*en primer lugar; principalmente*)
primary ['praɪmerɪ] o ['praɪmərɪ] *adj* primario; *s* (*pl:* **-ries**) (lo) principal; color primario; elección preliminar para nombrar candidatos para las elecciones generales; reunión de electores para nombrar candidatos para las elecciones generales; (orn.) pluma primaria; (elec.) primario (*arrollamiento*)
primary accent *s* (phonet.) acento primario
primary cell *s* (elec.) elemento primario
primary coil *s* (elec.) carrete primario
primary colors *spl* colores primarios
primary education *s* enseñanza primaria
primary election *s* elección preliminar para nombrar candidatos para las elecciones generales
primary feather *s* (orn.) pluma primaria
primary planet *s* (astr.) planeta primario
primary point *s* (com.) lugar de distribución del grano
primary school *s* escuela de primera enseñanza
primary union *s* (surg.) unión de primera intención
primate ['praɪmet] *s* (eccl.) primado; (zool.) primate
primateship ['praɪmetʃɪp] *s* primacía
primatial [praɪ'meʃəl] *adj* primacial
prime [praɪm] *adj* primero, principal; básico; primo (*excelente, de primera calidad*); (arith.) primo; (print.) marcado con virgulilla; *s* flor, juventud, primavera; alba, aurora; (la) flor y nata; (arith.) número primo; (eccl.) prima; (phys.) minuto (*de un grado*); (print.) virgulilla; **prime of life** edad viril, flor de edad; *va* preparar, instruir, informar de antemano; cebar (*un arma de fuego, una bomba, un carburador*); poner la primera capa o la primera mano a; poner virgulilla a; **to be primed for an examination** (coll.) ir bien empollado
prime meridian *s* primer meridiano
prime minister *s* primer ministro
prime mover *s* fuente de fuerza; máquina motriz; palanca (*de una empresa*); (philos.) primer motor
prime number *s* (arith.) número primo
primer ['praɪmər] *s* persona que ceba un arma; persona que cubre con una primera mano de pintura; cápsula detonante, cebador; ['prɪmər] *s* cartilla
primeval [praɪ'mivəl] *adj* prístino
prime vertical *s* (astr.) primer vertical
priming ['praɪmɪŋ] *s* preparación; cebo; (mas. & paint.) primera capa
primipara [praɪ'mɪpərə] *s* (*pl:* **-rae** [ri]) (obstet.) primípara
primitive ['prɪmɪtɪv] *adj* primitivo; *s* (f.a.) primitivo
primogenitor [,praɪmo'dʒenɪtər] *s* progenitor
primogeniture [,praɪmo'dʒenɪtʃər] *s* primogenitura
primordial [praɪ'mɔrdɪəl] *adj* primordial
primp [prɪmp] *va* acicalar, engalanar; *vn* acicalarse, engalanarse
primrose ['prɪm,roz] *s* (bot.) primavera; (bot.) primavera de la China; (bot.) hierba del asno; color amarillo claro; *adj* de color amarillo claro; alegre, florido
primrose path *s* sendero alfombrado de flores, sendero fácil y agradable; vida dada a los placeres de los sentidos
primula ['prɪmjʊlə] *s* (bot.) primavera
primulaceous [,prɪmjə'leʃəs] *adj* (bot.) primuláceo
prin. abr. de **principal**
prince [prɪns] *s* príncipe; **to live like a prince** portarse como un príncipe
Prince Albert *s* gabán largo y cruzado
prince consort *s* príncipe consorte
princedom ['prɪnsdəm] *s* principado
Prince Edward Island *s* la Isla del príncipe Eduardo
princeling ['prɪnslɪŋ] *s* principito
princely ['prɪnslɪ] *adj* (*comp:* **-lier**; *super:* **-liest**) principesco
Prince of Darkness *s* príncipe de las tinieblas (*demonio*)
Prince of Peace *s* (Bib.) príncipe de paz (*Jesucristo*)
prince of the blood *s* príncipe de la sangre
Prince of the Church *s* príncipe de la Iglesia (*cardenal*)
Prince of Wales *s* príncipe de Gales
prince royal *s* hijo mayor de un soberano
princess ['prɪnsɪs] *s* princesa
princesse dress [prɪn'ses] o ['prɪnsɪs] *s* princesa
princess royal *s* hija mayor de un soberano
principal ['prɪnsɪpəl] *adj* principal; *s* principal, jefe; director (*de una escuela*); (com. &

law) principal; criminal; (arch.) jamba de fuerza
principal clause *s* (gram.) proposición dominante
principality [ˌprɪnsɪˈpælɪtɪ] *s* (*pl:* **-ties**) principado; **principalities** *spl* (rel.) principados
principally [ˈprɪnsɪpəlɪ] *adv* por lo general; principalmente
principal parts *spl* (gram.) partes principales
principalship [ˈprɪnsɪpəlˌʃɪp] *s* dirección; dirección de una escuela
principate [ˈprɪnsɪpet] *s* supremacía; principado
principle [ˈprɪnsɪpəl] *s* principio; (chem.) principio; **in principle** en principio; **on principle** por principio
principled [ˈprɪnsɪpəld] *adj* escrupuloso, de principios
prink [prɪŋk] *va & vn* var. de **primp**
print [prɪnt] *s* tipo, letra de molde; estampa; grabado, lámina; estampado (*tejido*); diseño (*estampado*); impresión; tirada, edición; (phot.) impresión; **in print** en letra de molde; impreso, publicado; **out of print** agotado; *va* imprimir; estampar; hacer imprimir; publicar; escribir en letra de molde, escribir en caracteres de imprenta; (phot.) tirar, imprimir; (fig.) imprimir o grabar (*en la memoria*); *vn* imprimir; ser impresor
printable [ˈprɪntəbəl] *adj* imprimible
printed circuit *s* (elec.) circuito impreso
printed matter *s* impresos
printer [ˈprɪntər] *s* impresor
printer's devil *s* aprendiz de imprenta
printer's ink *s* tinta de imprenta
printer's mark *s* (print.) pie de imprenta
printing [ˈprɪntɪŋ] *s* impresión; caracteres impresos; tirada, edición; letras de mano imitación de las impresas; (phot.) tiraje
printing frame *s* (phot.) marco de imprimir, prensa
printing press *s* prensa de imprenta
print shop *s* imprenta; estampería
prior [ˈpraɪər] *adj* anterior; *adv* anteriormente; **prior to** antes de; *s* prior
priorate [ˈpraɪərɪt] o [ˈpraɪəret] *s* priorato
prioress [ˈpraɪərɪs] *s* priora
priority [praɪˈɑrɪtɪ] o [praɪˈɔrɪtɪ] *s* (*pl:* **-ties**) prioridad
priory [ˈpraɪərɪ] *s* (*pl:* **-ries**) priorato
prise [praɪz] *va* levantar o mover por fuerza
prism [ˈprɪzəm] *s* (geom., opt. & cryst.) prisma
prismatic [prɪzˈmætɪk] *adj* prismático
prismatic colors *spl* colores prismáticos
prism binocular *s* anteojo prismático
prison [ˈprɪzən] *s* cárcel, prisión; *va* encarcelar
prison camp *s* campamento para prisioneros, campo de prisioneros
prisoner [ˈprɪzənər] o [ˈprɪznər] *s* preso; (mil.) prisionero; **to take prisoner** coger preso a; (mil.) hacer prisionero
prisoner of war *s* prisionero de guerra
prisoner's base *s* rescate (*juego de muchachos*)
prison reform *s* reforma penitenciaria
prison van *s* coche celular
prissy [ˈprɪsɪ] *adj* (*comp:* **-sier;** *super:* **-siest**) (coll.) remilgado, melindroso, estirado
pristine [ˈprɪstin] o [ˈprɪstaɪn] *adj* prístino
prithee [ˈprɪðɪ] *interj* (archaic) ¡ te ruego!
privacy [ˈpraɪvəsɪ] *s* (*pl:* **-cies**) aislamiento, retiro; secreto, reserva; **to have no privacy** no poder estar a solas, no poder retirarse de la vista del público
private [ˈpraɪvɪt] *adj* particular; privado, íntimo; confidencial, secreto; retirado; *s* soldado raso; **privates** *spl* partes pudendas; **in private** privadamente; en secreto
private enterprise *s* empresa privada (*dirección y control de la industria por personas privadas*)
privateer [ˌpraɪvəˈtɪr] *s* (naut.) corsario (*embarcación; marino*); *vn* (naut.) corsear
privateering [ˌpraɪvəˈtɪrɪŋ] *adj* (naut.) corsario; *s* (naut.) corso
privateersman [ˌpraɪvəˈtɪrzmən] *s* (*pl:* **-men**) (naut.) corsario
private first class *s* soldado de primera, aspirante a cabo
private hospital *s* clínica, casa de salud
private individual *s* particular
private life *s* vida privada
private line *s* línea (telefónica) particular
privately [ˈpraɪvɪtlɪ] *adv* privadamente; secretamente
private property *s* propiedad privada, bienes particulares
private sale *s* venta directa (*sin licitación y sin corredor*)
private view *s* (f.a.) día de inauguración
privation [praɪˈveʃən] *s* privación
privative [ˈprɪvətɪv] *adj* privativo; (gram.) privativo; *s* (gram.) prefijo privativo, sufijo privativo
privet [ˈprɪvɪt] *s* (bot.) aligustre, ligustro; *adj* ligustrino
privilege [ˈprɪvɪlɪdʒ] *s* privilegio; *va* privilegiar
privily [ˈprɪvɪlɪ] *adv* privadamente, secretamente
privy [ˈprɪvɪ] *s* (*pl:* **-ies**) privada, letrina; *adj* privado; **privy to** enterado secretamente de
privy council *s* consejo privado
privy seal *s* (Brit.) sello pequeño
prize [praɪz] *s* premio; presa; botín; **to take the prize** llevarse el premio; (fig.) llevarse la mapa; *adj* premiado; digno de premio; dado como premio; *va* apreciar, estimar; tasar; levantar o mover por fuerza
prize court *s* tribunal de presas marítimas
prize crew *s* (naut.) tripulación encargada de llevar a puerto la nave apresada
prize fight *s* partido de boxeo profesional
prize fighter *s* boxeador profesional
prize fighting *s* boxeo profesional
prizeman [ˈpraɪzmən] *s* (*pl:* **-men**) laureado, premiado
prize money *s* premio en metálico; (box.) bolsa; (naut.) parte de presa
prize ring *s* cuadrilátero de boxeo
prize winner *s* ganador del premio
pro [pro] *prep* en pro de; *s* (*pl:* **pros**) razón en favor; voto afirmativo; (coll.) deportista profesional; **the pros and the cons** el pro y el contra
proa [ˈproə] *s* prao (*embarcación malaya*)
pro-Ally [ˌproəˈlaɪ] o [ˌproˈælaɪ] *adj & s* aliadófilo
probabilism [ˈprɑbəbɪlɪzəm] *s* (philos.) probabilismo
probability [ˌprɑbəˈbɪlɪtɪ] *s* (*pl:* **-ties**) probabilidad; acontecimiento probable; (meteor.) tiempo probable; **in all probability** según toda probabilidad
probable [ˈprɑbəbəl] *adj* probable
probably [ˈprɑbəblɪ] *adv* probablemente
probang [ˈprobæŋ] *s* (surg.) sonda esofágica
probate [ˈprobet] *adj* (law) testamentario; *s* (law) prueba legal de la autenticidad de un testamento; (law) copia auténtica de un testamento; *va* (law) probar por proceso legal la autenticidad de (*un testamento*)
probate court *s* (law) tribunal encargado de probar la autenticidad de testamentos
probation [proˈbeʃən] *s* probación; libertad vigilada; **to put on probation** dar el azul a
probational [proˈbeʃənəl] o **probationary** [proˈbeʃəˌnɛrɪ] *adj* probatorio; de libertad vigilada; tutelar
probationer [proˈbeʃənər] *s* persona que está a prueba; liberto, delincuente puesto bajo vigilancia
probationership [proˈbeʃənərˌʃɪp] *s* período de prueba, condición del que está a prueba
probation officer *s* (law) agente de vigilancia (*de los delincuentes juveniles*)
probative [ˈprobətɪv] o [ˈprɑbətɪv] *adj* probatorio
probe [prob] *s* sonda; encuesta, indagación; (surg.) sonda; *va* indagar; (surg.) sondar, tentar
probity [ˈprobɪtɪ] o [ˈprɑbɪtɪ] *s* probidad
problem [ˈprɑbləm] *s* problema
problematic [ˌprɑbləˈmætɪk] o **problematical** [ˌprɑbləˈmætɪkəl] *adj* problemático
problematically [ˌprɑbləˈmætɪkəlɪ] *adv* problemáticamente
proboscidian [ˌprobəˈsɪdɪən] *adj & s* (zool.) proboscidio

proboscis [pro'basɪs] *s* (*pl:* **-boscises** o **-boscides** ['basɪdiz]) *s* (zool. & ent.) probóscide; (hum.) trompa (*nariz del hombre*)
proboscis monkey *s* (zool.) nasica
procedure [pro'sidʒər] *s* procedimiento
proceed [pro'sid] *vn* proceder; **to proceed against** proceder contra; **to proceed from** proceder de; **to proceed to** + *inf* proceder a + *inf;* **to proceed to blows** ir a las manos; **proceeds** ['prosidz] *spl* producto, ganancia
proceeding [pro'sidɪŋ] *s* procedimiento; **proceedings** *spl* actas; (law) procedimiento
process ['prasɛs] o ['prosɛs] *s* procedimiento; proceso (*transcurso del tiempo*); (anat. & biol.) proceso; (law) comparendo; **in process** haciéndose; **in the process of time** andando el tiempo, con el tiempo; *adj* de elaboración; fotomecánico; *va* preparar o tratar mediante un procedimiento especial; (law) procesar
procession [pro'sɛʃən] *s* procesión
processional [pro'sɛʃənəl] *adj* procesional; *s* procesional, libro procesional
proclaim [pro'klem] *va* proclamar
proclamation [,prɑklə'meʃən] *s* proclamación
proclitic [pro'klɪtɪk] *adj* & *s* (gram.) proclítico
proclivity [pro'klɪvɪtɪ] *s* (*pl:* **-ties**) inclinación, propensión
Procne ['prɑknɪ] *s* (myth.) Procne o Progne
procommunist [pro'kɑmjənɪst] *adj* & *s* filocomunista
proconsul [pro'kɑnsəl] *s* procónsul
proconsular [pro'kɑnsələr] o [pro'kɑnsjələr] *adj* proconsular
proconsulate [pro'kɑnsəlɪt] o [pro'kɑnsjəlɪt] o **proconsulship** [pro'kɑnsəlʃɪp] *s* proconsulado
procrastinate [pro'kræstɪnet] *va* procrastinar, diferir de un día para otro; *vn* tardar, ser moroso, no decidirse
procrastination [pro,kræstɪ'neʃən] *s* tardanza; falta de decisión
procrastinator [pro'kræstɪ,netər] *s* tardador; persona que no se decide pronto
procreate ['prokrɪet] *va* procrear
procreation [,prokrɪ'eʃən] *s* procreación
procreative ['prokrɪ,etɪv] *adj* procreador, procreante
procreator ['prokrɪ,etər] *s* procreador
Procrustean [pro'krʌstɪən] *adj* de Procusto
Procrustes [pro'krʌstiz] *s* (myth.) Procustes o Procusto
proctology [prɑk'tɑlədʒɪ] *s* proctología
proctor ['prɑktər] *s* (educ.) censor; (law) procurador
proctorial [prɑk'torɪəl] *adj* del guardián de la disciplina
proctorship ['prɑktərʃɪp] *s* (educ.) cargo u oficio del censor; (law) procuración
proctoscope ['prɑktəskop] *s* proctoscopio
procumbent [pro'kʌmbənt] *adj* boca abajo; (bot.) procumbente
procurable [pro'kjurəbəl] *adj* asequible
procurator ['prɑkjə,retər] *s* procurador
procure [pro'kjʊr] *va* conseguir, obtener; causar, ocasionar; solicitar y obtener (*mujeres*) para casas de prostitución; *vn* alcahuetear
procurement [pro'kjurmənt] *s* consecución, obtención
procurer [pro'kjurər] *s* alcahuete
procuress [pro'kjurɪs] *s* alcahueta
Procyon ['prosɪɑn] *s* (astr.) Proción
prod [prɑd] *s* empuje; aguijada, pincho; (*pret & pp:* **prodded;** *ger:* **prodding**) *va* aguijar, pinchar; (fig.) aguijar, pinchar
prodigal ['prɑdɪgəl] *adj* pródigo; *s* pródigo; (law) pródigo
prodigality [,prɑdɪ'gælɪtɪ] *s* (*pl:* **-ties**) prodigalidad
prodigal son *s* hijo pródigo
prodigious [pro'dɪdʒəs] *adj* prodigioso, maravilloso; enorme, inmenso
prodigy ['prɑdɪdʒɪ] *s* (*pl:* **-gies**) prodigio
prodromal ['prɑdrəməl] *adj* prodrómico
prodrome ['prodrom] *s* (path.) pródromo
produce ['prodjus] o ['produs] *s* producción, producto; productos agrícolas; [pro'djus] o [pro'dus] *va* producir; presentar (*p.ej., un drama*) al público; (geom.) prolongar (*p.ej., una línea*)
producer [pro'djusər] o [pro'dusər] *s* productor; gasógeno; (theat.) realizador
producer gas *s* gas pobre
producers' goods *spl* bienes de producción
product ['prɑdəkt] *s* producto; (chem. & math.) producto
production [pro'dʌkʃən] *s* producción
productive [pro'dʌktɪv] *adj* productivo
productivity [,prodʌk'tɪvɪtɪ] *s* productividad
proem ['proɛm] *s* proemio
proemial [pro'imɪəl] *adj* proemial
Prof. abr. de **Professor**
profanation [,prɑfə'neʃən] *s* profanación
profanatory [pro'fænə,torɪ] *adj* profanador
profane [pro'fen] *adj* profano; injurioso (*lenguaje*); *s* profano; *va* profanar
profanity [pro'fænɪtɪ] *s* (*pl:* **-ties**) profanidad; blasfemia
profess [pro'fɛs] *va* & *vn* profesar
professed [pro'fɛst] *adj* alegado, declarado, imputado; (rel.) profeso; *s* (rel.) profeso
professedly [pro'fɛsɪdlɪ] *adv* declaradamente; concedidamente; supuestamente
profession [pro'fɛʃən] *s* profesión
professional [pro'fɛʃənəl] *adj* & *s* profesional
professionalism [pro'fɛʃənəlɪzəm] *s* profesionalismo
professionalize [pro'fɛʃənəlaɪz] *va* hacer profesional; *vn* hacerse profesional
professorate [pro'fɛsərɪt] *s* profesorado
professor [pro'fɛsər] *s* catedrático, profesor; (coll.) profesor, maestro
professorial [,profɛ'sorɪəl] o [,prɑfɪ'sorɪəl] *adj* profesoral
professorship [pro'fɛsərʃɪp] *s* profesorado
proffer ['prɑfər] *s* oferta, propuesta; *va* ofrecer, proponer
proficiency [pro'fɪʃənsɪ] *s* (*pl:* **-cies**) pericia, destreza, habilidad
proficient [pro'fɪʃənt] *adj* perito, diestro, hábil; *s* perito
profile ['profaɪl] *s* perfil; contorno; bosquejo biográfico conciso y vivo; *va* perfilar
profit ['prɑfɪt] *s* provecho, beneficio, utilidad, ganancia; **at a profit** con ganancia; *va* servir, ser de utilidad a; *vn* sacar provecho, ganar; adelantar, mejorar; **to profit by** aprovechar, sacar provecho de
profitable ['prɑfɪtəbəl] *adj* provechoso
profitably ['prɑfɪtəblɪ] *adv* provechosamente
profit and loss *s* (com.) ganancias y pérdidas
profiteer [,prɑfɪ'tɪr] *s* logrero, usurero, explotador; *vn* logrear, explotar, usurear
profit sharing *s* participación en los beneficios, división de los beneficios entre dueño y empleados
profit squeeze *s* (coll.) var. de **cost-price squeeze**
profligacy ['prɑflɪgəsɪ] *s* libertinaje; prodigalidad
profligate ['prɑflɪgɪt] *adj* & *s* libertino; pródigo
pro forma [pro 'fɔrmə] *adv* (Lat.) por mera forma; *adj* (com.) simulado
pro forma invoice *s* factura simulada
profound [pro'faʊnd] *adj* profundo
profundity [pro'fʌndɪtɪ] *s* (*pl:* **-ties**) profundidad
profuse [pro'fjus] *adj* profuso; pródigo
profusion [pro'fjuʒən] *s* profusión
progenitor [pro'dʒɛnɪtər] *s* progenitor
progeniture [pro'dʒɛnɪtʃər] *s* engendramiento; prole
progeny ['prɑdʒɪnɪ] *s* (*pl:* **-nies**) prole
pro-German [,pro'dʒʌrmən] *adj* pro-alemán; *s* (*pl:* **-mans**) pro-alemán
progesterone [pro'dʒɛstəron] *s* (biochem.) progesterona
proglottid [pro'glɑtɪd] *s* (zool.) proglotis
prognathism ['prɑgnəθɪzəm] o [prɑg'neθɪzəm] *s* prognatismo
prognathous ['prɑgnəθəs] o [prɑg'neθəs] *adj* prognato
prognosis [prɑg'nosɪs] *s* (*pl:* **-ses** [siz]) pronóstico (*especialmente de una enfermedad*)
prognostic [prɑg'nɑstɪk] *adj* pronosticador; *s* pronóstico
prognosticate [prɑg'nɑstɪket] *va* pronosticar
prognostication [prɑg,nɑstɪ'keʃən] *s* pronosticación

prognosticator [prɑg'nɑstɪˌketər] *s* pronosticador
program o **programme** ['progræm] *s* programa; *adj* de programa; programático; (*pret & pp:* **-gramed** o **-grammed;** *ger:* **-graming** o **-gramming**) *va* programar
programing o **programming** ['progræmɪŋ] *s* programación
program music *s* música de programa
progress ['prɑgrɛs] o ['progrɛs] *s* progreso; progresos (*de una enfermedad, de un alumno, etc.*); **to make progress** hacer progresos; [pro'grɛs] *vn* progresar
progression [pro'grɛʃən] *s* progresión; (math.) progresión
progressive [pro'grɛsɪv] *adj* progresivo; (gram.) durativo; (pol.) progresista; *s* (pol.) progresista
prohibit [pro'hɪbɪt] *va* prohibir
prohibition [ˌpro·ɪ'bɪʃən] *s* prohibición
prohibitionist [ˌpro·ɪ'bɪʃənɪst] *adj & s* prohibicionista
prohibitive [pro'hɪbɪtɪv] *adj* prohibitivo
prohibitory [pro'hɪbɪˌtorɪ] *adj* prohibitorio
project ['prɑdʒɛkt] *s* proyecto; [pro'dʒɛkt] *va* proyectar (*una bala; un film; un plan; una sombra*); hacer resaltar o sobresalir; (geom.) proyectar; *vn* resaltar, sobresalir
project administrator *s* proyectista
projectile [pro'dʒɛktɪl] *adj* arrojadizo; arrojador; *s* proyectil
projection [pro'dʒɛkʃən] *s* proyección; saliente, resalte
projection machine *s* (mov.) proyector
projective [pro'dʒɛktɪv] *adj* proyectivo
projective geometry *s* geometría proyectiva
projector [pro'dʒɛktər] *s* proyector (*aparato*); proyectista (*persona*)
prolan ['prolæn] *s* (biochem.) prolán
prolapse [pro'læps] o **prolapsus** [pro'læpsəs] *s* (path.) prolapso
prolate ['prolet] *adj* (geom.) alargado en la dirección del diámetro polar
prolegomenon [ˌprolɪ'gɑmɪnɑn] *s* (*pl:* **-na** [nə]) prolegómeno
prolepsis [pro'lɛpsɪs] *s* (*pl:* **-ses** [siz]) (rhet.) prolepsis
proletarian [ˌprolɪ'tɛrɪən] *adj & s* proletario
proletarianize [ˌprolɪ'tɛrɪənaɪz] *va* proletarizar
proletariat [ˌprolɪ'tɛrɪət] *s* proletariado
proliferate [pro'lɪfəret] *va* (biol.) multiplicar (*células, tejidos, etc.*); *vn* (biol.) proliferar (*células, tejidos, etc.*); proliferar
proliferation [proˌlɪfə'reʃən] *s* proliferación
proliferous [pro'lɪfərəs] *adj* (bot.) prolífero
prolific [pro'lɪfɪk] *adj* prolífico
prolificacy [pro'lɪfɪkəsɪ] *s* prolificación
prolifically [pro'lɪfɪkəlɪ] *adv* prolíficamente
proline ['prolin] o ['prolɪn] *s* (biochem.) prolina
prolix ['prolɪks] o [pro'lɪks] *adj* difuso, verboso
prolixity [pro'lɪksɪtɪ] *s* difusión, verbosidad
prolocutor [pro'lɑkjətər] *s* portavoz; presidente (*de una asamblea*)
prologue o **prolog** ['prolɔg] o ['prolɑg] *s* prólogo
prologuize ['prolɔgaɪz] o ['prolɑgaɪz] *vn* prologar
prolong [pro'lɔŋ] o [pro'lɑŋ] *va* prolongar
prolongation [ˌprolɔŋ'geʃən] o [ˌprolɑŋ'geʃən] *s* prolongación
prolonge [pro'lɑndʒ] *s* (arti.) prolonga
prom [prɑm] *s* (U.S.A.) baile de gala bajo los auspicios de los alumnos de una clase colegial o universitaria
promenade [ˌprɑmɪ'ned] o [ˌprɑmɪ'nɑd] *s* paseo; baile de gala; *vn* pasear o pasearse
promenade concert *s* concierto durante el cual la gente pasea o baila
promenade deck *s* (naut.) cubierta de paseo
Promethean [pro'miθɪən] *adj* de Prometeo
Prometheus [pro'miθus] o [pro'miθɪəs] *s* (myth.) Prometeo
promethium [pro'miθɪəm] *s* (chem.) prometio
prominence ['prɑmɪnəns] *s* prominencia; eminencia
prominent ['prɑmɪnənt] *adj* prominente; eminente
prominently ['prɑmɪnəntlɪ] *adv* prominentemente; eminentemente
promiscuity [ˌprɑmɪs'kjuɪtɪ] o [ˌpromɪs'kjuɪtɪ] *s* promiscuidad
promiscuous [pro'mɪskjuəs] *adj* promiscuo
promiscuous intercourse *s* promiscuidad
promise ['prɑmɪs] *s* promesa; (fig.) promesa (*señal que hace esperar un bien*); **to give promise** prometer; *va & vn* prometer; **to promise to** + *inf* prometer + *inf*
Promised Land *s* (Bib.) Tierra de promisión; (*l.c.*) *s* (fig.) tierra de promisión
promising ['prɑmɪsɪŋ] *adj* prometedor, prometiente
promissory ['prɑmɪˌsorɪ] *s* promisorio
promissory note *s* pagaré
promontory ['prɑmənˌtorɪ] *s* (*pl:* **-ries**) promontorio; (anat.) promontorio
promote [prə'mot] *va* promover; fomentar
promoter [prə'motər] *s* promotor; fomentador
promotion [prə'moʃən] *s* promoción; fomento
prompt [prɑmpt] *adj* pronto, puntual; listo, dispuesto; *va* incitar, mover; inspirar, sugerir; soplar; (theat.) apuntar; **to prompt someone to** + *inf* mover a alguien a + *inf*
promptbook ['prɑmptˌbʊk] *s* (theat.) apunte
prompter ['prɑmptər] *s* (theat.) apuntador
prompter's box *s* (theat.) concha
promptitude ['prɑmptɪtjud] o ['prɑmptɪtud] *s* prontitud, puntualidad
promptly ['prɑmptlɪ] *adv* pronto, puntualmente
promptness ['prɑmptnɪs] *s* prontitud, puntualidad
promulgate [pro'mʌlget] o ['prɑməlget] *va* promulgar
promulgation [ˌpromʌl'geʃən] o [ˌprɑməl'geʃən] *s* promulgación
promulgator [pro'mʌlgetər] o ['prɑməlˌgetər] *s* promulgador
pron. abr. de **pronoun** y **pronunciation**
pronation [pro'neʃən] *s* (physiol.) pronación
pronator [pro'netər] *s* (anat.) pronador
prone [pron] *adj* postrado boca abajo; extendido sobre el suelo; dispuesto, propenso
proneness ['pronnɪs] *s* postración; disposición, propensión
pronephros [pro'nɛfrɑs] *s* (embryol.) pronefros
prong [prɔŋ] o [prɑŋ] *s* punta (*de tenedor, horquilla, etc.*); *va* hincar con punta, traspasar
prongbuck ['prɔŋˌbʌk] o ['prɑŋˌbʌk] *s* (zool.) berrendo; (zool.) gacela del sur de África (*Antidorcas marsupialis*)
pronged [prɔŋd] o [prɑŋd] *adj* provisto de puntas o dientes
pronghorn ['prɔŋˌhɔrn] o ['prɑŋˌhɔrn] *s* (zool.) berrendo
pronominal [pro'nɑmɪnəl] *adj* pronominal
pronominally [pro'nɑmɪnəlɪ] *adv* pronominalmente
pronoun ['pronaʊn] *s* pronombre
pronounce [prə'naʊns] *va* pronunciar
pronounceable [prə'naʊnsəbəl] *adj* pronunciable
pronounced [prə'naʊnst] *adj* marcado, definido, decidido
pronouncement [prə'naʊnsmənt] *s* declaración, manifiesto; decisión, opinión
pronouncing [prə'naʊnsɪŋ] *adj* pronunciador, de pronunciación
pronto ['prɑnto] *adv* (coll.) pronto, en seguida
pronunciamento [prəˌnʌnsɪə'mɛnto] *s* (*pl:* **-tos**) proclama, manifiesto
pronunciation [prəˌnʌnsɪ'eʃən] o [prəˌnʌnʃɪ'eʃən] *s* pronunciación
proof [pruf] *s* prueba; graduación normal de las bebidas alcohólicas; (law, math., phot. & print.) prueba; **to be proof against** ser o estar a prueba de; **to put to the proof** poner a prueba; *adj* de prueba; a prueba de; de graduación normal (*dícese de las bebidas alcohólicas*)
proof plane *s* (phys.) plano de prueba
proofread ['prufˌrid] (*pret & pp:* **-read** [ˌrɛd]) *va* (print.) corregir (*pruebas*), corregir prueba de
proofreader ['prufˌridər] *s* (print.) corrector de pruebas

P

proofreading ['pruf,ridɪŋ] *s* (print.) corrección de pruebas
proof sheet *s* (print.) pliego de prueba
proof spirit *s* licor de prueba
prop [prɑp] *s* apoyo, sostén, puntal; riostra; rodrigón (*para sostener una planta*); (min.) entibo; **props** *spl* (theat.) accesorios; (*pret & pp:* **propped;** *ger:* **propping**) *va* apoyar, sostener, apuntalar; poner un rodrigón a; (min.) entibar
propaganda [,prɑpə'gændə] *s* propaganda; *adj* propagandístico
propagandism [,prɑpə'gændɪzəm] *s* propagandismo
propagandist [,prɑpə'gændɪst] *adj & s* propagandista
propagate ['prɑpəget] *va* propagar; *vn* propagarse
propagation [,prɑpə'geʃən] *s* propagación
propagative ['prɑpə,getɪv] *adj* propagativo
propagator ['prɑpə,getər] *s* propagador
propane ['propen] *s* (chem.) propano
proparoxytone [,propær'ɑksɪton] *adj & s* (phonet.) proparoxítono
propel [pro'pɛl] (*pret & pp:* **-pelled;** *ger:* **-pelling**) *va* propulsar, impeler hacia adelante
propellant [pro'pɛlənt] *s* propulsante
propellent [pro'pɛlənt] *adj & s* propulsor
propeller [pro'pɛlər] *s* propulsor
propensity [pro'pɛnsɪtɪ] *s* (*pl:* **-ties**) propensión
proper ['prɑpər] *adj* propio, conveniente; decente, decoroso; exacto, justo; propio, p.ej., **China proper** China propia; (coll.) excelente
proper fraction *s* (math.) fracción propia
properly ['prɑpərlɪ] *adv* propiamente, convenientemente; decentemente, decorosamente; exactamente; **properly speaking** hablando en términos precisos
proper noun *s* (gram.) nombre propio
propertied ['prɑpərtɪd] *adj* propietario; adinerado
property ['prɑpərtɪ] *s* (*pl:* **-ties**) propiedad; **properties** *spl* (theat.) accesorios
property line *s* línea de edificación
property man *s* (theat.) encargado de los accesorios
property owner *s* propietario de bienes raíces
prophecy ['prɑfɪsɪ] *s* (*pl:* **-cies**) profecía
prophesy ['prɑfəsaɪ] (*pret & pp:* **-sied**) *va & vn* profetizar
prophet ['prɑfɪt] *s* profeta; **the Prophet** el Profeta (*Mahoma*); **the Prophets** (Bib.) las Profecías
prophetess ['prɑfɪtɪs] *s* profetisa
prophetic [pro'fɛtɪk] *adj* profético
prophetically [pro'fɛtɪkəlɪ] *adv* proféticamente
prophylactic [,profɪ'læktɪk] o [,prɑfɪ'læktɪk] *adj & s* profiláctico
prophylaxis [,profɪ'læksɪs] o [,prɑfɪ'læksɪs] *s* profilaxis
propinquity [pro'pɪŋkwɪtɪ] *s* propincuidad
propitiate [pro'pɪʃɪet] *va* propiciar
propitiation [pro,pɪʃɪ'eʃən] *s* propiciación
propitiatory [pro'pɪʃɪə,torɪ] *adj* propiciatorio
propitious [pro'pɪʃəs] *adj* propicio
propolis ['prɑpəlɪs] *s* propóleos, aleda, cera aleda
proponent [pro'ponənt] *s* proponedor; defensor, patrocinador
proportion [prə'porʃən] *s* proporción; (math.) proporción; **proportions** *spl* proporciones (*tamaño; dimensiones*); **in proportion as** a medida que; **in proportion to** a medida de; **out of proportion** desproporcionado; *va* proporcionar
proportionable [prə'porʃənəbəl] *adj* proporcionable
proportional [prə'porʃənəl] *adj* proporcional; *s* (math.) número o cantidad proporcional
proportionality [prə,porʃə'nælɪtɪ] *s* proporcionalidad
proportionally [prə'porʃənəlɪ] *adv* proporcionalmente
proportional representation *s* (pol.) representación proporcional
proportionate [prə'porʃənɪt] *adj* proporcionado
proportionately [prə'porʃənɪtlɪ] *adv* proporcionadamente
proportioned [prə'porʃənd] *adj* proporcionado
proportionment [prə'porʃənmənt] *s* (el) proporcionar
proposal [prə'pozəl] *s* propuesta; oferta de matrimonio
propose [prə'poz] *va* proponer; *vn* proponer; proponer matrimonio; **to propose to** pedir la mano a; **to propose to** + *inf* proponer o proponerse + *inf*
proposition [,prɑpə'zɪʃən] *s* proposición; (coll.) empresa; (coll.) asunto, cosa, problema; (coll.) sujeto, tipo
propound [prə'paʊnd] *va* proponer (*una adivinanza, problema, teoría, etc.*)
proprietary [prə'praɪə,tɛrɪ] *adj* propietario; patentado (*aplícase a las medicinas de patente*); *s* (*pl:* **-ies**) propietario; grupo de propietarios; posesión
proprietor [prə'praɪətər] *s* propietario
proprietorship [prə'praɪətər,ʃɪp] *s* propiedad, posesión
proprietress [prə'praɪətrɪs] *s* propietaria
propriety [prə'praɪətɪ] *s* (*pl:* **-ties**) corrección, conducta decorosa; conveniencia; **proprieties** *spl* cánones sociales, convenciones
propulsion [pro'pʌlʃən] *s* propulsión
propulsive [pro'pʌlsɪv] *adj* propulsor
propyl ['propɪl] *s* (chem.) propilo
pro rata [pro 'retə] *adv* a prorrateo, a prorrata
prorate ['pro,ret] *s* prorrata; [pro'ret] o ['pro,ret] *va* prorratear
prorogation [,proro'geʃən] *s* prorrogación
prorogue [pro'rog] *va* prorrogar
prosaic [pro'zeɪk] *adj* prosaico; (fig.) prosaico
prosaically [pro'zeɪkəlɪ] *adv* prosaicamente
proscenium [pro'sinɪəm] *s* proscenio
proscribe [pro'skraɪb] *va* proscribir
proscription [pro'skrɪpʃən] *s* proscripción
proscriptive [pro'skrɪptɪv] *adj* proscriptor
prose [proz] *s* prosa; *adj* prosaico, prosístico
prosector [pro'sɛktər] *s* prosector
prosecute ['prɑsɪkjut] *va* (law) procesar; desempeñar (*un cargo*); llevar a cabo
prosecution [,prɑsɪ'kjuʃən] *s* (law) procesamiento; (law) parte actora, parte acusadora; prosecución
prosecutor ['prɑsɪ,kjutər] *s* (law) fiscal; (law) acusador, demandante
proselyte ['prɑsəlaɪt] *s* prosélito; *va* convertir de una creencia u opinión a otra; *vn* ganar prosélitos
proselytism ['prɑsəlaɪtɪzəm] o ['prɑsəlɪtɪzəm] *s* proselitismo
proselytize ['prɑsəlaɪtaɪz] o ['prɑsəlɪtaɪz] *va* convertir de una creencia u opinión a otra; *vn* ganar prosélitos
prosenchyma [prɑs'ɛŋkɪmə] *s* (bot.) prosénquima
prose poem *s* poema en prosa
Proserpina [pro'sʌrpɪnə] o **Proserpine** [pro'sʌrpɪni] o ['prɑsərpaɪn] *s* (myth.) Proserpina
prose writer *s* prosista
prosimian [pro'sɪmɪən] *adj & s* (zool.) prosimiano
prosit ['prosɪt] o ['prozɪt] *interj* (Lat.) ¡salud!
proslavery [pro'slevərɪ] *adj* esclavista
prosodist ['prɑsədɪst] *s* persona diestra en el arte métrica
prosody ['prɑsədɪ] *s* métrica
prosopopoeia [pro,sopə'piə] *s* (rhet.) prosopopeya
prospect ['prɑspɛkt] *s* perspectiva, vista; expectativa, esperanza; probabilidad de éxito; cliente o comprador probable; **in prospect** anticipado, esperado; *va* prospectar (*un terreno*); *vn* prospectar; **to prospect for** buscar (*p.ej., oro, petróleo*)
prospective [prə'spɛktɪv] *adj* anticipado, esperado, probable
prospector ['prɑspɛktər] *s* prospector (*explorador de minas, petróleo*); gambusino (Am.)
prospectus [prə'spɛktəs] *s* prospecto
prosper ['prɑspər] *va & vn* prosperar
prosperity [prɑs'pɛrɪtɪ] *s* (*pl:* **-ties**) prosperidad

prosperous ['prɑspərəs] *adj* próspero; prosperado (*rico*)
prostate ['prɑstet] *s* (anat.) próstata; *adj* prostático
prostatectomy [,prɑstə'tɛktəmɪ] *s* (surg.) prostatectomía
prostate gland *s* (anat.) glándula prostática
prosthesis ['prɑsθɪsɪs] *s* (gram.) prótesis o próstesis; (surg.) prótesis
prosthetic [prɑs'θɛtɪk] *adj* (gram.) protético o prostético; (surg.) protético
prostitute ['prɑstɪtjut] o ['prɑstɪtut] *s* prostituta; persona que prostituye su talento y habilidad por dinero; *va* prostituir
prostitution [,prɑstɪ'tjuʃən] o [,prɑstɪ'tuʃən] *s* prostitución
prostrate ['prɑstret] *adj* postrado; postrado boca abajo, postrado en el suelo; *va* postrar; **to prostrate oneself** postrarse
prostration [prɑs'treʃən] *s* postración
prostyle ['prostaɪl] *s* (arch.) próstilo
prosy ['prozɪ] *adj* (*comp:* **-ier;** *super:* **-iest**) prosaico
Prot. abr. de **Protestant**
protactinium [,protæk'tɪnɪəm] *s* (chem.) var. de **protoactinium**
protagonist [pro'tægənɪst] *s* protagonista
Protagoras [pro'tægərəs] *s* Protágoras
protasis ['prɑtəsɪs] *s* (gram.) prótasis
protean ['protɪən] o [pro'tiən] *adj* proteico (*que cambia de formas o de ideas*); (*cap.*) *adj* (myth.) proteico
protect [prə'tɛkt] *va* proteger
protection [prə'tɛkʃən] *s* protección; pasaporte, salvoconducto
protectionism [prə'tɛkʃənɪzəm] *s* proteccionismo
protectionist [prə'tɛkʃənɪst] *adj* & *s* proteccionista
protective [prə'tɛktɪv] *adj* protector
protective coloration *s* (biol.) homocromía, mimetismo
protective custody *s* custodia preventiva
protective tariff *s* protección aduanera, tarifa proteccionista
protector [prə'tɛktər] *s* protector; (sport) coraza
protectorate [prə'tɛktərɪt] *s* protectorado
protectory [prə'tɛktərɪ] *s* (*pl:* **-ries**) asilo (*para la protección de menores*)
protectress [prə'tɛktrɪs] *s* protectora o protectriz
protégé ['protəʒe] *s* ahijado, protegido
protégée ['protəʒe] *s* ahijada, protegida
proteid ['protiɪd] *s* (biochem.) proteido; *adj* (biochem.) proteico
protein ['protiɪn] o ['protin] *s* (biochem.) proteína
pro tem. abr. de **pro tempore**
pro tempore [pro'tɛmpərɪ] *adv* (Lat.) interinamente
pro-tempore [pro'tɛmpərɪ] *adj* interino
Proterozoic [,prɑtəro'zo·ɪk] *adj* & *s* (geol.) proterozoico
protest ['protɛst] *s* protesta; (com.) protesto; (law) protesta; **under protest** de mala gana, haciendo objeciones; [pro'tɛst] *va* protestar, declarar enérgicamente; protestar de, contra o por (*mostrar disconformidad con*); (com.) prostestar; *vn* protestar
protestant ['prɑtɪstənt] o [pro'tɛstənt] *adj* & *s* protestante; (*cap.*) ['prɑtɪstənt] *adj* & *s* protestante
Protestantism ['prɑtɪstəntɪzəm] *s* protestantismo
protestation [,prɑtes'teʃən] *s* protestación
Proteus ['protjus] o ['protɪəs] *s* (myth. & fig.) Proteo
prothallium [pro'θælɪəm] *s* (*pl:* **-a** [ə]) (bot.) protalo
prothesis ['prɑθɪsɪs] *s* (gram.) prótesis o próstesis; (surg.) prótesis
prothetic [pro'θɛtɪk] *adj* (gram.) protético o prostético; (surg.) protético
prothonotary [pro'θɑnə,tɛrɪ] o [,proθə'notərɪ] *s* (*pl:* **-ies**) escribano principal (*de un tribunal*); (eccl.) protonotario
prothorax [pro'θoræks] *s* (*pl:* **-raxes** o **-races** [rəsiz]) (ent.) protórax
protium ['protɪəm] o ['proʃɪəm] *s* (chem.) procio
protoactinium [,protoæk'tɪnɪəm] *s* (chem.) protoactinio
protocol ['protəkɑl] *s* protocolo; *va* protocolar
protogine ['protədʒɪn] o ['protədʒin] *s* (geol.) protógina
protomartyr [,proto'mɑrtər] *s* protomártir
proton ['protɑn] *s* (phys. & chem.) protón
protonema [,protə'nimə] *s* (*pl:* **-mata** [mətə]) (bot.) protonema
protoplasm ['protəplæzəm] *s* (biol.) protoplasma
protoplasmic [,protə'plæzmɪk] *adj* protoplásmico
prototype ['protətaɪp] *s* prototipo
protozoan [,protə'zoən] *adj* & *s* (zool.) protozoario o protozoo
protozoölogy [,protəzo'ɑlədʒɪ] *s* protozoología
protozoön [,protə'zoɑn] *s* (*pl:* **-a** [ə]) (zool.) protozoo
protract [pro'trækt] *va* prolongar; (surv.) dibujar con la escala y el transportador
protractile [pro'træktɪl] *adj* protráctil
protraction [pro'trækʃən] *s* prolongación; (surv.) dibujo hecho con la escala y el transportador
protractor [pro'træktər] *s* prolongador; (surv.) transportador
protrude [pro'trud] *va* empujar hacia afuera, sacar fuera; *vn* resaltar, sobresalir
protrusion [pro'truʒən] *s* avanzamiento hacia afuera; saliente, resalte
protrusive [pro'trusɪv] *adj* saliente, protuberante
protuberance [pro'tjubərəns] o [pro'tubərəns] *s* protuberancia
protuberant [pro'tjubərənt] o [pro'tubərənt] *adj* protuberante
proud [praʊd] *adj* orgulloso; soberbio
proud flesh *s* (path.) carnosidad, bezo
prov. abr. de **provincialism**
Prov. abr. de **Provence, Provençal, Proverbs, Province** y **Provost**
provable ['pruvəbəl] *adj* comprobable, demostrable
prove [pruv] (*pret:* **proved;** *pp:* **proved** o **proven**) *va* probar; *vn* resultar; **to prove to be** venir a ser; resultar, salir
Provençal [,provən'sɑl] *adj* & *s* provenzal
Provence [pro'vɑns] *s* la Provenza
provender ['prɑvəndər] *s* forraje; (coll.) comida
prover ['pruvər] *s* probador, ensayador
proverb ['prɑvərb] *s* proverbio; ejemplo típico, ejemplo notorio; **Proverbs** *spl* (Bib.) Proverbios, Libro de los Proverbios
proverbial [pro'vʌrbɪəl] *adj* proverbial
proverbially [pro'vʌrbɪəlɪ] *adv* proverbialmente
provide [prə'vaɪd] *va* proporcionar; suministrar; *vn* precaverse; prepararse; disponer, estipular; **to provide against** precaverse contra o de; **to provide for** proveer a; asegurarse (*el porvenir*); proveer lo necesario para (*p.ej., la educación de un hijo*)
provided [prə'vaɪdɪd] *conj* a condición (de) que, con tal (de) que
providence ['prɑvɪdəns] *s* providencia; (*cap.*) *s* Providencia
provident ['prɑvɪdənt] *adj* providente
providential [,prɑvɪ'denʃəl] *adj* providencial
provider [prə'vaɪdər] *s* proveedor
providing [prə'vaɪdɪŋ] *conj* var. de **provided**
province ['prɑvɪns] *s* provincia; competencia
provincial [prə'vɪnʃəl] *adj* provincial (*perteneciente a la provincia*); provinciano (*campesino; perteneciente a una provincia en contraposición a la capital*); intolerante; *s* provinciano; (eccl.) provincial
provincialism [prə'vɪnʃəlɪzəm] *s* provincialismo; intolerancia
provinciality [prə,vɪnʃɪ'ælɪtɪ] *s* (*pl:* **-ties**) provincialismo; provincianismo
proving ground *s* campo de ensayos
provision [prə'vɪʒən] *s* provisión; condición, estipulación; **provisions** *spl* provisiones; **to make provision for** providenciar; asegurar el porvenir de (*p.ej., la familia de uno*); ase-

P

gurarse (*el porvenir*); proveer lo necesario para (*p. ej., la educación de un hijo*); *va* aprovisionar
provisional [prəˈvɪʒənəl] *adj* provisional
provisionally [prəˈvɪʒənəlɪ] *adv* provisionalmente
proviso [prəˈvaɪzo] *s* (*pl:* **-sos** o **-soes**) condición, estipulación, salvedad
provisory [prəˈvaɪzərɪ] *adj* condicional, provisorio
provitamin [proˈvaɪtəmɪn] *s* (biochem.) provitamina
provocation [ˌprɑvəˈkeʃən] *s* provocación
provocative [prəˈvɑkətɪv] *adj* provocativo; *s* provocación
provoke [prəˈvok] *va* provocar; **to provoke to** + *inf* provocar a + *inf*
provoking [prəˈvokɪŋ] *adj* provocador (*irritante*)
provost [ˈprɑvəst] *s* preboste; (eccl.) prepósito; (educ.) preboste (*jefe educacional en algunas universidades norteamericanas*)
provost marshal [ˈprovo] *s* (mil.) capitán preboste; (nav.) oficial de vigilancia
provostship [ˈprɑvəstʃɪp] *s* prebostazgo; (eccl.) prepositura
prow [praʊ] *s* (naut.) proa
prowess [ˈpraʊɪs] *s* proeza; destreza
prowl [praʊl] *s* ronda en busca de presa o pillaje, vagabundeo; *vn* rondar en busca de presa o pillaje, cazar al acecho, vagabundear, rodar
prowler [ˈpraʊlər] *s* rondador; ladrón
proximal [ˈprɑksɪməl] *adj* (anat.) proximal
proximate [ˈprɑksɪmɪt] *adj* próximo
proximately [ˈprɑksɪmɪtlɪ] *adv* próximamente
proximity [prɑkˈsɪmɪtɪ] *s* proximidad
proximity fuse *s* espoleta de proximidad por radio
proximo [ˈprɑksɪmo] *adv* del o en el mes que viene
proxy [ˈprɑksɪ] *s* (*pl:* **-ies**) poder; apoderado, poderhabiente; **by proxy** por poderes
prude [prud] *s* mojigato, gazmoño
prudence [ˈprudəns] *s* prudencia
prudent [ˈprudənt] *adj* prudente
prudential [pruˈdɛnʃəl] *adj* prudencial
prudery [ˈprudərɪ] *s* (*pl:* **-ies**) mojigatería, gazmoñería
prudish [ˈprudɪʃ] *adj* mojigato, gazmoño
prune [prun] *s* ciruela pasa; *va* escamondar, podar; (fig.) escamondar
pruning hook o **knife** *s* podadera
prurience [ˈprʊrɪəns] o **pruriency** [ˈprʊrɪənsɪ] *s* lascivia
prurient [ˈprʊrɪənt] *adj* lascivo; anheloso
pruriginous [prʊˈrɪdʒɪnəs] *adj* pruriginoso
prurigo [prʊˈraɪgo] *s* (path.) prurigo
pruritus [prʊˈraɪtəs] *s* (path.) prurito
Prussia [ˈprʌʃə] *s* Prusia
Prussian [ˈprʌʃən] *adj* & *s* prusiano
Prussian blue *s* azul de Prusia
Prussianism [ˈprʌʃənɪzəm] *s* prusianismo
prussiate [ˈprʌʃɪet] o [ˈprʌsɪet] *s* (chem.) prusiato
prussic [ˈprʌsɪk] *adj* prúsico
prussic acid *s* (chem.) ácido prúsico
pry [praɪ] *s* (*pl:* **pries**) palanca, alzaprima; persona entremetida; (*pret* & *pp:* **pried**) *va* alzaprimar; conseguir con gran dificultad; **to pry open** forzar (*p.ej., una tapa*) con la alzaprima o palanca; **to pry out of** arrancar (*p.ej., un secreto*) a (*una persona*); *vn* entremeterse; **to pry into** meterse en, entremeterse en
pryer [ˈpraɪər] *s* var. de **prier**
prying [ˈpraɪɪŋ] *adj* curioso, entremetido
prythee [ˈprɪðɪ] *interj* (archaic) ¡te ruego!
Ps. abr. de **Psalm** o **Psalms**
P.S. abr. de **postscript** y **Privy Seal**
psalm [sɑm] *s* salmo; **the Psalms** (Bib.) los Salmos
psalmbook [ˈsɑmˌbʊk] *s* libro de Salmos versificados
psalmist [ˈsɑmɪst] *s* salmista; **the Psalmist** el Salmista
psalmody [ˈsɑmədɪ] o [ˈsælmədɪ] *s* (*pl:* **-dies**) salmodia; salmos
Psalter [ˈsɔltər] *s* Salterio
psaltery [ˈsɔltərɪ] *s* (*pl:* **-ies**) (mus.) salterio
pseudo [ˈsudo] o [ˈsjudo] *adj* supuesto, falso, fingido
pseudohermaphroditism [ˌsudohʌrˈmæfrədaɪtɪzəm] o [ˌsjudohʌrˈmæfrədaɪtɪzəm] *s* seudohermafroditismo
pseudomorphism [ˌsudəˈmɔrfɪzəm] o [ˌsjudəˈmɔrfɪzəm] *s* (mineral.) seudomorfismo
pseudonym [ˈsudənɪm] o [ˈsjudənɪm] *s* seudónimo
pseudonymous [suˈdɑnɪməs] o [sjuˈdɑnɪməs] *adj* seudónimo
pseudopod [ˈsudəpɑd] o [ˈsjudəpɑd] *s* (zool.) seudópodo
pseudopodium [ˌsudəˈpodɪəm] o [ˌsjudəˈpodɪəm] *s* (*pl:* **-a** [ə]) var. de **pseudopod**
pshaw [ʃɔ] *interj* ¡pche!
psilosis [saɪˈlosɪs] *s* (path.) psilosis (*caída del pelo; esprue*)
psittacism [ˈsɪtəsɪzəm] *s* psitacismo
psittacosis [ˌsɪtəˈkosɪs] *s* (path.) psitacosis
psoas [ˈsoəs] *s* (anat.) psoas
psoriasis [soˈraɪəsɪs] *s* (path.) soríasis
P.S.T. abr. de **Pacific Standard Time**
pst [pst] *interj* ¡chis, chis!, ¡ce!
psych. abr. de **psychology** y **psychological**
psychasthenia [ˌsaɪkæsˈθinɪə] *s* (path.) psicastenia
psyche [ˈsaɪkɪ] *s* psiquis (*alma, inteligencia*); (*cap.*) *s* (myth.) Psiquis
psychiatric [ˌsaɪkɪˈætrɪk] *adj* psiquiátrico
psychiatrist [saɪˈkaɪətrɪst] *s* psiquíatra
psychiatry [saɪˈkaɪətrɪ] *s* psiquiatría
psychic [ˈsaɪkɪk] *adj* psíquico; mediúmnico; *s* médium
psychical [ˈsaɪkɪkəl] *adj* var. de **psychic**
psychoanalysis [ˌsaɪkoəˈnælɪsɪs] *s* psicoanálisis
psychoanalyst [ˌsaɪkoˈænəlɪst] *s* psicoanalista
psychoanalytic [ˌsaɪkoˌænəˈlɪtɪk] o **psychoanalytical** [ˌsaɪkoˌænəˈlɪtɪkəl] *adj* psicoanalítico
psychoanalytically [ˌsaɪkoˌænəˈlɪtɪkəlɪ] *adv* psicoanalíticamente
psychoanalyze [ˌsaɪkoˈænəlaɪz] *va* psicoanalizar
psychodynamic [ˌsaɪkodaɪˈnæmɪk] *adj* psicodinámico; **psychodynamics** *ssg* psicodinámica
psychognosis [saɪˈkɑgnəsɪs] *s* psicognostia
psychologic [ˌsaɪkəˈlɑdʒɪk] o **psychological** [ˌsaɪkəˈlɑdʒɪkəl] *adj* psicológico
psychologically [ˌsaɪkəˈlɑdʒɪkəlɪ] *adv* psicológicamente
psychological moment *s* momento psicológico
psychological warfare *s* guerra psicológica
psychologist [saɪˈkɑlədʒɪst] *s* psicólogo
psychology [saɪˈkɑlədʒɪ] *s* psicología
psychometric [ˌsaɪkoˈmɛtrɪk] *adj* psicométrico; **psychometrics** *ssg* psicometría
psychometry [saɪˈkɑmɪtrɪ] *s* psicometría
psychoneurosis [ˌsaɪkonjʊˈrosɪs] o [ˌsaɪkonʊˈrosɪs] *s* (*pl:* **-ses** [siz]) (path.) psiconeurosis
psychopath [ˈsaɪkopæθ] *s* psicópata
psychopathic [ˌsaɪkoˈpæθɪk] *adj* psicopático
psychopathology [ˌsaɪkopəˈθɑlədʒɪ] *s* psicopatología
psychopathy [saɪˈkɑpəθɪ] *s* psicopatía
psychophysics [ˌsaɪkoˈfɪzɪks] *ssg* psicofísica
psychosis [saɪˈkosɪs] *s* (*pl:* **-ses** [siz]) (path.) psicosis; (psychol.) estado mental
psychosomatic [ˌsaɪkosoˈmætɪk] *adj* psicosomático
psychotherapy [ˌsaɪkoˈθɛrəpɪ] *s* psicoterapia
psychrometer [saɪˈkrɑmɪtər] *s* psicrómetro
pt. abr. de **part, pint** o **pints** y **point**
ptarmigan [ˈtɑrmɪgən] *s* (orn.) perdiz blanca
pteridophyte [ˈtɛrɪdoˌfaɪt] *s* (bot.) pteridófita o teridófita
pterodactyl [ˌtɛroˈdæktɪl] *s* (pal.) pterodáctilo
Ptolemaic [ˌtɑlɪˈmeɪk] *adj* ptolemaico; *s* partidario de Tolomeo
Ptolemaic system *s* (astr.) sistema de Tolomeo
Ptolemy [ˈtɑlɪmɪ] *s* Tolomeo
ptomaine o **ptomain** [ˈtomen] *s* (biochem.) ptomaína o tomaína
ptomaine poisoning *s* envenenamiento ptomaínico
pts. abr. de **parts, pints** y **points**

ptyalin ['taɪəlɪn] *s* (path.) ptialina
ptyalism ['taɪəlɪzəm] *s* (path.) ptialismo
pub [pʌb] *s* (Brit. slang) taberna
puberty ['pjubərtɪ] *s* pubertad
pubes ['pjubiz] *s* (anat.) pubis (*parte inferior del vientre; vello que la cubre*); *pl de* **pubis**
pubescence [pju'bɛsəns] *s* pubescencia
pubescent [pju'bɛsənt] *adj* pubescente
pubic ['pjubɪk] *adj* púbico
pubis ['pjubɪs] *s* (*pl:* **-bes** [biz]) (anat.) pubis (*parte del hueso coxal*)
public ['pʌblɪk] *adj* público; *s* público; **in public** en público
public-address system ['pʌblɪkə'drɛs] *s* sistema amplificador de discursos públicos
publican ['pʌblɪkən] *s* (hist.) publicano; (Brit.) tabernero
publication [,pʌblɪ'keʃən] *s* publicación
public charge *s* carga pública
public conveyance *s* vehículo de servicio público, vehículo de transporte urbano
public debt *s* deuda pública
public enemy *s* enemigo público
public health *s* higiene pública
public house *s* posada, hotel; (Brit.) taberna
publicist ['pʌblɪsɪst] *s* publicista
publicity [pʌb'lɪsɪtɪ] *s* publicidad; *adj* publicitario
publicize ['pʌblɪsaɪz] *va* publicar
public library *s* biblioteca municipal
publicly ['pʌblɪklɪ] *adv* públicamente
public official *s* funcionario público
public opinion *s* opinión pública
public relations *spl* relaciones públicas
public school *s* (U.S.A.) escuela pública; (Brit.) internado privado con dote
public servant *s* funcionario público
public speaking *s* elocución, oratoria
public spirit *s* celo patriótico del buen ciudadano
public-spirited ['pʌblɪk'spɪrɪtɪd] *adj* cívico, patriótico
public square *s* plaza; plaza de armas (Am.)
public thoroughfare *s* vía pública
public toilet *s* quiosco de necesidad
public utility *s* empresa de servicio público; **public utilities** *spl* acciones emitidas por empresas de servicio público
public works *spl* obras públicas
publish ['pʌblɪʃ] *va* publicar; (eccl.) publicar
publisher ['pʌblɪʃər] *s* editor
publishing house *s* casa editorial
puccoon [pə'kun] *s* (bot.) litospermo; (bot.) sanguinaria del Canadá
puce [pjus] *adj* de color castaño rojizo; *s* color castaño rojizo
puck [pʌk] *s* duende malicioso; (sport) disco de caucho
pucker ['pʌkər] *s* pliegue mal hecho; frunce; *va* plegar mal; fruncir; *vn* plegarse mal
puckish ['pʌkɪʃ] *adj* travieso, juguetón
pudding ['pʊdɪŋ] *s* pudín; chorizo
pudding stone *s* (geol.) pudinga
puddle ['pʌdəl] *s* aguazal, charco; mezcla de arcilla húmeda y arena en una pasta; *va* mojar, enlodar, enfangar; hacer una pasta de (*arcilla húmeda y arena*); tapar u obstruir con una mezcla de arcilla húmeda y arena; (found.) pudelar
puddler ['pʌdlər] *s* (found.) pudelador
puddling ['pʌdlɪŋ] *s* (found.) pudelación; arcilla pastosa
puddling furnace *s* horno de pudelar
puddly ['pʌdlɪ] *adj* encharcado
pudency ['pjudənsɪ] *s* pudicicia
pudgy ['pʌdʒɪ] *adj* (*comp:* **-ier;** *super:* **-iest**) gordinflón, rechoncho
pueblo ['pwɛblo] *s* (*pl:* **-los**) (U.S.A.) pueblo indio
puerile ['pjuərɪl] *adj* pueril
puerility [,pjuə'rɪlɪtɪ] *s* (*pl:* **-ties**) puerilidad
puerperal [pju'ʌrpərəl] *adj* puerperal
puerperal fever *s* (path.) fiebre puerperal
puerperium [,pjuər'pɪrɪəm] *s* (obstet.) puerperio
Puerto Rican ['pwɛrto 'rikən] *adj & s* puertorriqueño
Puerto Rico ['pwɛrto 'riko] *s* Puerto Rico
puff [pʌf] *s* resoplido, soplo vivo; bocanada (*de humo*); bullón (*de vestido*); borla de polvos; pastelillo de crema o jalea; masa redonda y suave; alabanza exagerada; ráfaga, ventolera; *va* soplar; hinchar; alabar exageradamente; *vn* soplar; resollar; echar bocanadas (*p.ej., una chimenea*); hincharse; enorgullecerse exageradamente
puff adder *s* (zool.) víbora puff
puffball ['pʌf,bɔl] *s* (bot.) bejín, cuesco de lobo
puffer ['pʌfər] *s* soplador; (ichth.) pez globo; (ichth.) diodón; (ichth.) tamboril
puffin ['pʌfɪn] *s* (orn.) frailecillo (*Fratercula arctica*)
puffing adder *s* (zool.) heterodón
puff paste *s* pasta de harina muy fina que se usa para hacer pasteles y tortas, hojaldre
puff sleeve *s* manga de bullón
puffy ['pʌfɪ] *adj* (*comp:* **-ier;** *super:* **-iest**) hinchado; que viene en bocanadas; corto de resuello; (fig.) hinchado, engreído; (fig.) campanudo
pug [pʌg] *s* doguino, perro carlín
pugilism ['pjudʒɪlɪʒəm] *s* pugilismo o pugilato
pugilist ['pjudʒɪlɪst] *s* púgil o pugilista
pugilistic [,pjudʒɪ'lɪstɪk] *adj* de pugilato, pugilístico
pugnacious [pʌg'neʃəs] *adj* pugnaz, belicoso
pugnacity [pʌg'næsɪtɪ] *s* pugnacidad, belicosidad
pug nose *s* nariz roma y levantada
pug-nosed ['pʌg,nozd] *adj* braco
puissance ['pjuɪsəns], [pju'ɪsəns] o ['pwɪsəns] *s* fuerza grande, pujanza
puissant ['pjuɪsənt], [pju'ɪsənt] o ['pwɪsənt] *adj* fuerte, pujante
puke [pjuk] *s* (slang) vómito; *va & vn* (slang) vomitar
pulchritude ['pʌlkrɪtjud] o ['pʌlkrɪtud] *s* belleza, hermosura
pule [pjul] *vn* gemir, quejarse, llorar con voz débil (*como hacen los niños*)
pull [pʊl] *s* tirón, estirón; chupada (*p.ej., a un cigarro*); tirador (*de una puerta*); cuerda (*con que se tira de una cosa*); esfuerzo penoso o prolongado; (slang) enchufe, buenas aldabas; (fig.) tirón (*atracción*) ‖ *va* tirar de; arrancar, coger; rasgar; estirar, dislocar, torcer (*p.ej., un ligamento*); chupar; beber; reservar (*p.ej., las fuerzas*); (print.) sacar (*una impresión o prueba*); (slang) llevar a cabo; (slang) arrestar; **to pull apart** separar por tracción; romper en dos; **to pull down** demoler, derribar; bajar (*p.ej., la cortinilla*); abatir, degradar, humillar; **to pull in** cobrar (*una cuerda o soga*); **to pull off** (slang) llevar a cabo; **to pull oneself together** componerse, recobrar la calma; **to pull out** arrancar, sacar; **to pull through** sacar de un aprieto, sacar de una enfermedad; **to pull up** arrancar, desarraigar; detener, parar ‖ *vn* moverse despacio, moverse con esfuerzo; remar; **to pull apart** romperse por tracción; **to pull at** tirar de (*p.ej., su corbata*); chupar (*p.ej., un cigarro*); **to pull for** (slang) apoyar, ayudar; **to pull for oneself** tirar por su lado; **to pull in** detenerse; llegar (*un tren*) a la estación; **to pull on** tirar de; **to pull out** partir; partir (*un tren*) de la estación; **to pull through** salir a flote; recobrar la salud; **to pull up** moverse hacia adelante; detenerse, pararse; arrimarse (*p.ej., un auto a la acera*); **pull** tirad (*indicación en una puerta*)
pull chain *s* (elec.) cadenilla de tiro, tirador
pull cord *s* (elec.) tirador
pulldevil ['pʊl,dɛvəl] *s* potera
puller ['pʊlər] *s* tirador, extractor, arrancador; (slang) atracción
pullet ['pʊlɪt] *s* polla (*gallina joven*)
pulley ['pʊlɪ] *s* polea; sistema de poleas; polea de transmisión
Pullman car ['pʊlmən] *s* coche Pullman
pull-over ['pʊl,ovər] *s* pulóver (*chaleco de punto de media que se pone comenzando por la cabeza*)
pull socket *s* (elec.) portalámparas de cadena
pullulate ['pʌljəlet] *vn* pulular
pulmonary ['pʌlmə,nerɪ] *adj* pulmonar
pulmonate ['pʌlmənet] o ['pʌlmənɪt] *adj* pulmonado
pulmotor ['pʌl,motər] o ['pʊl,motər] *s* pulmotor
pulp [pʌlp] *s* pulpa; pasta (*para hacer papel*);

P

(anat.) bulbo (*de diente*); *va* hacer pulpa (*una cosa*)
pulpit ['pʊlpɪt] *s* púlpito; (fig.) púlpito
pulpit glasses *spl* anteojos de predicador
pulpwood ['pʌlp,wʊd] *s* madera de pulpa; madera hecha pulpa para hacer papel
pulpy ['pʌlpɪ] *adj* (*comp:* **-ier**; *super:* **-iest**) pulposo
pulque ['pʊlkɪ] *s* pulque
pulsate ['pʌlset] *vn* pulsar; vibrar
pulsatile ['pʌlsətɪl] *adj* pulsátil
pulsation [pʌl'seʃən] *s* pulsación; (phys. & physiol.) pulsación
pulsative ['pʌlsətɪv] *adj* pulsativo
pulse [pʌls] *s* pulso; legumbres (*garbanzos, habas, lentejas*); **to feel** o **take the pulse of** tomar el pulso a; *vn* pulsar
pulsimeter [pʌl'sɪmɪtər] *s* pulsímetro
pulsometer [pʌl'sɑmɪtər] *s* pulsómetro; pulsímetro
pulverizable ['pʌlvə,raɪzəbəl] *adj* pulverizable
pulverization [,pʌlvərɪ'zeʃən] *s* pulverización
pulverize ['pʌlvəraɪz] *va* pulverizar; *vn* pulverizarse
puma ['pjumə] *s* (zool.) puma
pumice ['pʌmɪs] *s* piedra pómez; *va* apomazar
pumice stone *s* piedra pómez
pummel ['pʌməl] (*pret & pp:* **-meled** o **-melled**; *ger:* **-meling** o **-melling**) *va* apuñear, aporrear
pump [pʌmp] *s* bomba; servilla, zapatilla; *va* elevar (*agua*) por medio de una bomba; sacar (*agua*) por medio de una bomba; llenar de aire por medio de una bomba; mover de arriba para abajo (*como el guimbalete de una bomba*); sonsacar; tirar de la lengua a; **to pump up** hinchar, inflar (*el neumático*); *vn* trabajar elevando agua por medio de una bomba; moverse de arriba para abajo
pump box *s* cuerpo de bomba; émbolo de bomba
pump dale *s* (naut.) dala, adala
pumper ['pʌmpər] *s* bombero; ganzúa, sonsacador
pumpernickel ['pʌmpər,nɪkəl] *s* pan de centeno entero
pump handle *s* guimbalete
pump house *s* casa de bombas
pumping station *s* estación de bombas, estación elevadora
pumpkin ['pʌmpkɪn] o ['pʌŋkɪn] *s* (bot.) calabaza común; (coll.) cachazudo; **some pumpkins** (coll.) persona de muchas campanillas
pump piston *s* émbolo de bomba
pump-priming ['pʌmp,praɪmɪŋ] *s* (econ.) inyección económica (*por parte del gobierno*)
pun [pʌn] *s* retruécano, equívoco, juego de palabras; (*pret & pp:* **punned**; *ger:* **punning**) *vn* jugar del vocablo, decir equívocos
punch [pʌntʃ] *s* puñetazo; punzón; sacabocado; perforación; ponche (*bebida*); (coll.) empuje, fuerza, vigor; **to pull one's punches** (box.) moderar los puñetazos; (slang) moderar el ataque; (*cap.*) *s* Polichinela; **pleased as Punch** muy satisfecho; (*l.c.*) *va* pegar con los puños; punzonar; picar, taladrar, perforar (*p.ej., un billete*)
Punch-and-Judy show ['pʌntʃənd'dʒudɪ] *s* función de títeres en la cual Polichinela se pelea con su mujer
punch bowl *s* ponchera
punch card *s* tarjeta perforada
punch-drunk ['pʌntʃ,drʌnk] *adj* atontado (*p.ej,. por una tunda de golpes*); completamente aturdido
punched card [pʌntʃt] *s* var. de **punch card**
punched tape *s* cinta perforada
puncheon ['pʌntʃən] *s* pipa, tonel; punzón; pie derecho; pedazo de un tronco dividido por la mitad y con la superficie pulida rudamente
punchinello [,pʌntʃɪ'nɛlo] *s* (*pl:* **-los** o **-loes**) polichinela, pulchinela
punching bag *s* (sport) boxibalón
punch line *s* broche de oro, colofón del artículo (*frase que sintetiza el escrito*)
punch press *s* (mach.) prensa punzonadora
punctilio [pʌŋk'tɪlɪo] *s* (*pl:* **-os**) puntillo, pundonor
punctilious [pʌŋk'tɪlɪəs] *adj* puntilloso, pundonoroso
punctual ['pʌŋktʃʊəl] *adj* puntual
punctuality [,pʌŋktʃʊ'ælɪtɪ] *s* puntualidad
punctually ['pʌŋktʃʊəlɪ] *adv* puntualmente
punctuate ['pʌŋktʃʊet] *va* puntuar; acentuar, destacar; interrumpir; *vn* puntuar
punctuation [,pʌŋktʃʊ'eʃən] *s* puntuación
punctuation mark *s* signo de puntuación
puncture ['pʌŋktʃər] *s* puntura; (aut.) pinchazo, picadura, perforación; (surg.) punción; **to have a puncture** tener un neumático pinchado; *va* pinchar, picar, perforar; (surg.) puncionar; *vn* ser pinchado
puncture-proof ['pʌŋktʃər,pruf] *adj* (aut.) imperforable, a prueba de pinchazos
pundit ['pʌndɪt] *s* erudito, sabio
pungency ['pʌndʒənsɪ] *s* picante; estímulo, vivacidad
pungent ['pʌndʒənt] *adj* picante; estimulante, vivaz
Punic ['pjunɪk] *adj* púnico; (fig.) púnico
Punic Wars *spl* guerras púnicas
punish ['pʌnɪʃ] *va* castigar; (coll.) maltratar
punishable ['pʌnɪʃəbəl] *adj* castigable, punible
punishment ['pʌnɪʃmənt] *s* castigo; (coll.) maltrato
punitive ['pjunɪtɪv] o **punitory** ['pjunɪ,torɪ] *adj* punitivo
Punjab [pʌn'dʒɑb] o ['pʌndʒɑb] *s* Penyab
punk [pʌŋk] *s* yesca, pebete; hupe; (slang) pillo, gamberro; *adj* (slang) malo, de mala calidad
punster ['pʌnstər] *s* vocablista, equivoquista
punt [pʌnt] *s* batea, pontón (*barco chato*); (football) puntapié dado al balón en el aire; *va* impeler (*un barco*) con un botador; (football) dar un puntapié a (*el balón*) antes que llegue al suelo; *vn* pasear o pescar en una batea; jugar por dinero; apostar contra el banquero
punter ['pʌntər] *s* hombre que impele un barco con el botador; (football) jugador que da un puntapié al balón en el aire; jugador que apuesta contra el banquero
punty ['pʌntɪ] *s* (*pl:* **-ties**) puntel
puny ['pjunɪ] *adj* (*comp:* **-nier**; *super:* **-niest**) encanijado, débil; insignificante, mezquino
pup [pʌp] *s* var. de **puppy**
pupa ['pjupə] *s* (*pl:* **-pae** [pi]) (ent.) pupa, ninfa
pupal ['pjupəl] *adj* (ent.) pupal
puparium [pju'pɛrɪəm] *s* (ent.) pupario
pupil ['pjupəl] *s* alumno; (anat.) pupila
pupillary ['pjupɪ,lɛrɪ] *adj* pupilar (*perteneciente al pupilo o huérfano*); (anat.) pupilar
Pupin system [pju'pin] *s* (elec.) pupinización
puppet ['pʌpɪt] *s* títere; muñeca pequeña; (fig.) maniquí; (mach.) muñeca
puppeteer [,pʌpɪ'tɪr] *s* titiritero
puppet government *s* gobierno títere, gobierno de monigotes
puppet regime *s* régimen títere
puppet show *s* función de títeres
puppy ['pʌpɪ] *s* (*pl:* **-pies**) cachorro; pisaverde
puppyish ['pʌpɪɪʃ] *adj* de cachorro; fatuo
puppy love *s* (coll.) primeros amores
pup tent *s* (mil.) tienda de abrigo
pur [pʌr] *s* ronroneo; (*pret & pp:* **purred**; *ger:* **purring**) *va* decir murmurando; *vn* ronronear (*el gato; el avión*)
purblind ['pʌr,blaɪnd] *adj* cegato; miope, falto de comprensión
purchasable ['pʌrtʃəsəbəl] *adj* comprable; sobornable
purchase ['pʌrtʃəs] *s* compra; agarre firme; **you have no purchase** Vd. no tiene donde agarrarse; *va* comprar
purchaser ['pʌrtʃəsər] *s* comprador
purchasing power *s* poder adquisitivo, poder de adquisición (*del dinero*)
pure [pjʊr] *adj* puro
pure-blooded ['pjʊr,blʌdɪd] *adj* castizo, de sangre pura
purée [pjʊ're] o ['pjʊre] *s* puré
pure line *s* (biol.) linaje puro
pureness ['pjʊrnɪs] *s* pureza
purfle ['pʌrfəl] *s* orla; *va* orlar
purgation [pʌr'geʃən] *s* purgación

purgative ['pʌrgətɪv] *adj* purgativo o purgante; *s* purgante
purgatorial [,pʌrgə'torɪəl] *adj* purgatorio
purgatory ['pʌrgə,torɪ] *s* (*pl:* **-ries**) (theol. & fig.) purgatorio
purge [pʌrdʒ] *s* purgación; purgante; *va* purgar; *vn* purgarse
purification [,pjurɪfɪ'keʃən] *s* purificación
purify ['pjurɪfaɪ] (*pret & pp:* **-fied**) *va* purificar; *vn* purificarse
Purim ['pjurɪm] o ['purɪm] *s* (rel.) Purim
purine ['pjurin] o ['pjurɪn] *s* (chem.) purina
purism ['pjurɪzəm] *s* casticismo, purismo
purist ['pjurɪst] *adj* purista; *s* casticista, purista
puristic [pju'rɪstɪk] *adj* purista
puritan ['pjurɪtən] *adj & s* puritano; (*cap.*) *adj & s* puritano
puritanic [,pjurɪ'tænɪk] o **puritanical** [,pjurɪ'tænɪkəl] *adj* puritano
Puritanism ['pjurɪtənɪzəm] *s* puritanismo
purity ['pjurɪtɪ] *s* pureza
purl [pʌrl] *s* flujo y murmullo; inversión de la puntada al tejer; guarnición rizada de tela, encaje o cinta; *va* tejer invirtiendo la puntada; bordar u orlar con guarnición rizada; *vn* fluir murmurando
purlieu ['pʌrlu] *s* terreno contiguo a un bosque; territorio lindante; jurisdicción; guarida, nidal; **purlieus** *spl* alrededores, inmediaciones
purlin o **purline** ['pʌrlɪn] *s* (carp.) correa
purloin [pər'lɔɪn] *va & vn* robar, hurtar
purple ['pʌrpəl] *s* púrpura; *adj* purpúreo; *va* purpurar; *vn* purpurear
purple loosestrife *s* (bot.) salicaria
purple martin *s* (orn.) golondrina purpúrea
purplish ['pʌrplɪʃ] *adj* algo purpúreo
purport ['pʌrport] *s* significado, idea principal; [pər'port] o ['pʌrport] *va* significar, querer decir; **to purport to** + *inf* pretender + *inf*
purpose ['pʌrpəs] *s* intención, propósito; fin, objeto; **for the purpose** al efecto; **for what purpose?** ¿con qué fin?; **on purpose** adrede, de propósito; **to good purpose** con buenos resultados; **to little purpose** con pocos resultados; **to no purpose** sin resultado; **to serve one's purpose** servir para el caso; *va* proponer, proyectar; proponerse
purposeful ['pʌrpəsfəl] *adj* porfiador; intencional; que obra con propósito
purposeless ['pʌrpəslɪs] *adj* sin propósito, sin fin determinado
purposely ['pʌrpəslɪ] *adv* adrede, de propósito
purposive ['pʌrpəsɪv] *adj* intencional; funcional; que obra con propósito
purr [pʌr] *s, va & vn* var. de **pur**
purse [pʌrs] *s* bolsa; colecta (*recaudación con fin caritativo*); *va* fruncir (*p.ej., los labios*)
purse crab *s* (zool.) cobo
purse-proud ['pʌrs,praud] *adj* envanecido por tener mucho dinero, orgulloso por ser rico
purser ['pʌrsər] *s* (naut.) contador de navío, comisario de a bordo
purse strings *spl* cordones de la bolsa
purslane ['pʌrslen] o ['pʌrslɪn] *s* (bot.) verdolaga
pursuance [pər'suəns] o [pər'sjuəns] *s* prosecución
pursuant [pər'suənt] o [pər'sjuənt] *adj* consiguiente; *adv* conforme; **pursuant to** conforme a, de acuerdo con
pursue [pər'su] o [pər'sju] *va* perseguir; proseguir; seguir (*una carrera*)
pursuit [pər'sut] o [pər'sjut] *s* persecución; prosecución; busca o búsqueda (*p.ej., de la felicidad*); empleo, ocupación, oficio
pursuit plane *s* (aer.) caza, avión de caza
pursuivant ['pʌrswɪvənt] *s* persevante; acompañante, secuaz
pursy ['pʌrsɪ] *adj* (*comp:* **-sier**; *super:* **-siest**) obeso; asmático; flojo, holgado; fruncido, plegado
purulence ['pjurələns] o ['pjurjələns] o **purulency** ['pjurələnsɪ] o ['pjurjələnsɪ] purulencia
purulent ['pjurələnt] o ['pjurjələnt] *adj* purulento
purvey [pər've] *va* abastecer, proveer, suministrar
purveyance [pər'veəns] *s* abastecimiento, proveimiento, suministro
purveyor [pər'veər] *s* abastecedor, proveedor
purview ['pʌrvju] *s* alcance
pus [pʌs] *s* pus
push [puʃ] *s* empuje, empujón; (fig.) empuje (*fuerza, vigor*); *va* empujar; extender (*p.ej., conquistas*); **to push around** (coll.) tratar a empujones; **to push aside** hacer a un lado; **to push away** empujar, rechazar; apartar con la mano; **to push back** echar atrás: **to push through** forzar (*p.ej., una resolución*); *vn* empujar, moverse o apresurarse dando empujones; **to push ahead** adelantarse dando empujones; avanzar; **to push off** irse, salir; comenzar; apartarse de la orilla dando empujones; **to push on** avanzar, seguir adelante; **push** empujad (*indicación en una puerta*)
pushball ['puʃ,bɔl] *s* (sport) juego en que se emplea una pelota pesada y de grandes dimensiones que se empuja con cualquier parte del cuerpo excepto las manos
push button *s* pulsador, botón de llamada, botón interruptor
push-button control ['puʃ,bʌtən] *s* mando por botón
push-button starter *s* (aut.) botón de arranque
push-button tuning *s* (rad.) sintonización de botón
push-button war *s* guerra por botón
pushcart ['puʃ,kɑrt] *s* carretilla de mano
push drill *s* taladro de empuje
pusher ['puʃər] *s* empujador; (coll.) persona emprendedora; (aer.) avión que lleva el motor propulsor en la parte de atrás
pusher engine *s* (rail.) locomotora de empuje
pushing ['puʃɪŋ] *adj* emprendedor; entremetido, agresivo
push-over ['puʃ,ovər] *s* (slang) cosa muy fácil de hacer; (slang) persona muy fácil de dominar
pushpin ['puʃ,pɪn] *s* crucillo (*juego de los alfileres*); chinche (*clavito*)
push-pull ['puʃ'pul] *adj* (rad.) simétrico, de contrafase, de empuja-tira, de tira y empuje
push-pull amplification *s* (rad.) amplificación en disposición simétrica, contrafase
pusillanimity [,pjusɪlə'nɪmɪtɪ] *s* pusilanimidad
pusillanimous [,pjusɪ'lænɪməs] *adj* pusilánime
puss [pus] *s* gato; liebrecilla; chica, muchacha; (slang) cara, boca
Puss in Boots *s* El gato con botas
pussy ['pusɪ] *s* (*pl:* **-ies**) michito, gatito (*pequeño gato*); (bot.) amento
pussyfoot ['pusɪ,fut] *s* (*pl:* **-foots**) (slang) persona que anda a paso de gato, persona de evasivas; *vn* (slang) moverse a paso de gato, andar con cautela, no declararse
pussy willow *s* (bot.) sauce norteamericano de amentos muy sedosos (*Salix discolor*)
pustular ['pʌstʃələr] *adj* pustuloso
pustulation [,pʌstʃə'leʃən] *s* pustulación
pustule ['pʌstʃul] *s* (bot. & path.) pústula
put [put] *s* echada; (com.) privilegio u opción de venta dentro de un plazo determinado por un precio estipulado ‖ (*pret & pp:* **put**; *ger:* **putting**) *va* poner, colocar; exponer, expresar; proponer para ser discutido; hacer (*una pregunta*); estimar, valuar; poner en ejercicio; imponer (*impuestos, multas*); arrojar, echar, lanzar; **to put across** llevar a cabo; hacer aceptar; **to put aside** poner aparte; rechazar; ahorrar (*dinero*); **to put away** guardar (*p.ej., en un cajón*); ahorrar (*dinero*); **to put by** ahorrar (*dinero*); **to put down** anotar, apuntar; sofocar (*una insurrección*); rebajar (*los precios*); **to put forth** echar, producir; extender; dar a luz; ejercer, emplear; proponer; **to put in** introducir en; interponer (*palabras*); pasar (*el tiempo*); **to put off** posponer, dejar para más tarde; deshacerse de; hacer guardar; **to put on** ponerse (*la ropa*); calzarse (*las botas*); poner en escena; llevar (*p.ej., un drama a la pantalla*); accionar (*p.ej., un freno*); fingir; atribuir; cargar (*impuestos*); **to put oneself out** incomodarse, molestarse; desvivirse, afanarse; **to put out** poner en la

calle; extender (*la mano*); sacar (*p.ej., un ojo*); apagar (*un fuego, la luz*); dar a luz, publicar; plantar; decepcionar, frustrar; (sport) sacar fuera de la partida; **to put over** (slang) llevar a cabo; **to put through** llevar a cabo; **to put to it** forzar a seguir un camino difícil, causar dificultad a; **to put up** mostrar, ofrecer; construir, edificar; poner a un lado; poner en el sitio acostumbrado; abrir (*un paraguas*); conservar (*fruta, legumbres, etc.*); hospedar; (coll.) incitar; (slang) proyectar con malicia; **put it here!** (coll.) ¡dame esa mano! ‖ *vn* dirigirse; **to put about** (naut.) cambiar de rumbo; **to put in** (naut.) entrar a puerto; **to put on** fingir; **to put up** parar, hospedarse; **to put up with** aguantar, tolerar

putamen [pju'temɪn] *s* (*pl:* **-tamina** ['tæmɪnə]) (bot.) putamen (*cuesco, hueso, núcleo*)

putative ['pjutətɪv] *adj* reputado, supuesto; putativo

putative marriage *s* (canon law) matrimonio putativo

putlog ['pʌt,lɔg] o ['pʌt,lɑg] *s* (carp.) almojaya

putlog hole *s* mechinal

put-out ['put,aut] *adj* contrariado, enojado, ofendido

putrefaction [,pjutrɪ'fækʃən] *s* putrefacción

putrefactive [,pjutrɪ'fæktɪv] *adj* putrefactivo

putrefy ['pjutrɪfaɪ] (*pret & pp:* **-fied**) *va* pudrir; *vn* pudrirse

putrescence [pju'trɛsəns] *s* pudrición, putrefacción

putrescent [pju'trɛsənt] *adj* putrescente

putrescible [pju'trɛsɪbəl] *adj* putrescible

putrescine [pju'trɛsin] o [pju'trɛsɪn] *s* (biochem.) putrescina

putrid ['pjutrɪd] *adj* pútrido; corrompido, perverso

putridity [pju'trɪdɪtɪ] *s* putridez; podredumbre

Putsch [putʃ] *s* intentona de sublevación; insurrección, sublevación

putt [pʌt] *s* (golf) golpe que hace meterse la pelota en el agujero o cerca de él; *va* (golf) golpear (*la pelota*) con cuidado para que corra a meterse en el agujero o cerca de él

puttee [pə'ti] o ['pʌtɪ] *s* polaina (*de cuero o paño*)

putter ['pʌtər] *vn* trabajar sin orden ni sistema; **to putter around** ocuparse en fruslerías, temporizar

putting green *s* (golf) campo de juego nivelado que circunda cada agujero

putty ['pʌtɪ] *s* (*pl:* **-ties**) masilla; (*pret & pp:* **-tied**) *va* enmasillar

putty knife *s* cuchillo de enmasillar, cuchillo de vidriero, espátula

putty powder *s* polvos de estaño, cenizas de estaño

put-up ['put,ʌp] *adj* (coll.) proyectado y preparado de antemano, premeditado con malicia

puzzle ['pʌzəl] *s* enigma; acertijo, rompecabezas; *va* confundir, poner perplejo; **to puzzle out** descifrar, desenredar; *vn* estar confundido, estar perplejo; **to puzzle over** tratar de resolver, tratar de descifrar

puzzlement ['pʌzəlmənt] *s* confusión, perplejidad

puzzler ['pʌzlər] *s* quisicosa (*objeto de pregunta muy dudosa*)

puzzling ['pʌzlɪŋ] *adj* enigmático

Pvt. abr. de **Private**

PW abr. de **prisoner of war**

pwt. abr. de **pennyweight**

PX ['pi'ɛks] *s* var. de **Post Exchange**

pyaemia [paɪ'imɪə] *s* (path.) pioemia

pycnostyle ['pɪknostaɪl] *s* (arch.) picnóstilo

pyemia [paɪ'imɪə] *s* var. de **pyaemia**

Pygmalion [pɪg'meliən] *s* (myth.) Pigmalión

pygmy ['pɪgmɪ] *adj* pigmeo; *s* (*pl:* **-mies**) pigmeo

pyjamas [pɪ'dʒɑməz] o [pɪ'dʒæməz] *spl* var. de **pajamas**

pylon ['paɪlɑn] *s* pilón

pyloric [paɪ'lɑrɪk] o [paɪ'lɔrɪk] *adj* pilórico

pylorus [paɪ'lorəs] *s* (*pl:* **-ri** [raɪ]) (anat.) píloro

pyogenic [,paɪə'dʒɛnɪk] *adj* piogénico

pyorrhea o **pyorrhoea** [,paɪə'riə] *s* (path.) piorrea

pyramid ['pɪrəmɪd] *s* pirámide; **the Pyramids** las Pirámides; *va* dar forma de pirámide a; aumentar (*su dinero*) comprando o vendiendo al crédito y empleando las ganancias para comprar o vender más; *vn* tener forma de pirámide

pyramidal [pɪ'ræmɪdəl] *adj* piramidal

Pyramus ['pɪrəməs] *s* (myth.) Píramo

pyran ['paɪræn] o [paɪ'ræn] *s* (chem.) pirano

pyre [paɪr] *s* pira

Pyrenean [,pɪrɪ'niən] *adj* pirenaico

Pyrenees ['pɪrɪniz] *spl* Pirineos

pyretic [paɪ'rɛtɪk] *adj* pirético

pyretology [,paɪrɪ'tɑlədʒɪ] *s* piretología

pyrex ['paɪrɛks] *s* (trademark) cristal que resiste el calor del horno

pyrexia [paɪ'rɛksɪə] *s* (path.) pirexia

pyribenzamine [,pɪrɪ'bɛnzəmin] o [,pɪrɪ'bɛnzəmɪn] *s* (pharm.) piribenzamina

pyridine ['pɪrɪdin] o ['pɪrɪdɪn] *s* (chem.) piridina

pyriform ['pɪrɪfɔrm] *adj* piriforme

pyrites [paɪ'raɪtiz], [pɪ'raɪtiz] o ['paɪraɪts] *s* (mineral.) pirita

pyrogallic [,paɪro'gælɪk] *adj* pirogálico

pyrogallol [,paɪro'gælol] o [,paɪro'gælɑl] *s* (chem.) pirogalol

pyrography [paɪ'rɑgrəfɪ] *s* pirograbado

pyrolusite [,paɪrə'lusaɪt] o [paɪ'rɑljəsaɪt] *s* (mineral.) pirolusita

pyromancy ['paɪro,mænsɪ] *s* piromancía

pyromania [,paɪro'menɪə] *s* piromanía

pyrometer [paɪ'rɑmɪtər] *s* (phys.) pirómetro

pyrophorus [paɪ'rɑfərəs] *s* (*pl:* **-ri** [raɪ]) (chem.) piróforo

pyroscope ['paɪrəskop] *s* (phys.) piroscopio

pyrosis [paɪ'rosɪs] *s* (path.) pirosis

pyrosphere ['paɪrosfɪr] *s* pirosfera

pyrotechnic [,paɪro'tɛknɪk] *adj* pirotécnico; **pyrotechnics** *spl* pirotecnia

pyrotechnical [,paɪro'tɛknɪkəl] *adj* pirotécnico

pyrotechnist [,paɪro'tɛknɪst] *s* pirotécnico

pyroxene ['paɪrɑksin] *s* (mineral.) piroxena

pyroxylin o **pyroxyline** [paɪ'rɑksɪlɪn] *s* piroxilina

Pyrrha ['pɪrə] *s* (myth.) Pirra

pyrrhic ['pɪrɪk] *adj* pírrico; (*cap.*) *adj* pírrico

Pyrrhic victory *s* triunfo pírrico, victoria pírrica

Pyrrhonism ['pɪrənɪzəm] *s* pirronismo

Pyrrhus ['pɪrəs] *s* Pirro

pyrrole [pɪ'rol] o ['pɪrol] *s* (chem.) pirrol

Pythagoras [pɪ'θægərəs] *s* Pitágoras

Pythagorean [pɪ,θægə'riən] *adj & s* pitagórico

Pythian ['pɪθɪən] *adj* pitio

Pythian games *spl* juegos pitios

Pythias ['pɪθɪəs] *s* (myth.) Pitias

python ['paɪθɑn] o ['paɪθən] *s* (zool.) pitón; (*cap.*) *s* (myth.) Pitón

pythoness ['paɪθənɪs] *s* pitonisa

pyuria [paɪ'jurɪə] *s* (path.) piuria

pyx [pɪks] *s* (eccl.) píxide, copón; (Brit.) caja que se guarda en la casa de moneda para conservar especímenes para probarlos en peso y pureza

pyxidium [pɪks'ɪdɪəm] *s* (*pl:* **-a** [ə]) (bot.) pixidio

Q

Q, q [kju] *s* (*pl:* **Q's, q's** [kjuz]) décimaséptima letra del alfabeto inglés
Q. abr. de **quarto, queen, question** y **quire**
Q.E.D. abr. de **quod erat demonstrandum** (Lat.) **which was to be proved**
Q.M. abr. de **quartermaster**
Q.M.G. abr. de **Quartermaster General**
qr. abr. de **quarter** y **quire**
qt. abr. de **quantity** y **quart** o **quarts**
qts. abr. de **quarts**
qu. abr. de **quart, quarter, quarterly, queen, query** y **question**
quack [kwæk] *s* graznido del pato; charlatán; medicastro, curandero; ignorante que se las echa de tener conocimientos en una materia; *adj* falso; *vn* parpar (*el pato*)
quackery ['kwækərɪ] *s* (*pl:* **-ies**) charlatanismo
quacksalver ['kwæk,sælvər] *s* medicastro, curandero
quad [kwɑd] *s* (print.) cuadratín; (coll.) plaza cuadrangular, patio cuadrangular (*en las universidades*)
quadragenarian [,kwɑdrədʒɪ'nɛrɪən] *adj & s* cuadragenario
Quadragesima [,kwɑdrə'dʒɛsɪmə] *s* (eccl.) cuadragésima
Quadragesimal [,kwɑdrə'dʒɛsɪməl] *adj* cuadragesimal
quadrangle ['kwɑd,ræŋgəl] *s* cuadrángulo; plaza cuadrangular, patio cuadrangular
quadrangular [kwɑd'ræŋgjələr] *adj* cuadrangular
quadrant ['kwɑdrənt] *s* (astr. & geom.) cuadrante
quadrat ['kwɑdræt] *s* (print.) cuadratín
quadrate ['kwɑdret] o ['kwɑdrɪt] *adj & s* cuadrado; ['kwɑdret] *va* cuadrar; *vn* cuadrar (*conformarse*)
quadratic [kwɑ'drætɪk] *adj* (alg.) de segundo grado, cuadrático; **quadratics** *spl* ramo del álgebra que trata de las ecuaciones de segundo grado
quadratic equation *s* (alg.) ecuación de segundo grado, ecuación cuadrática
quadrature ['kwɑdrətʃər] *s* (astr., elec. & math.) cuadratura
quadrature of the circle *s* (math.) cuadratura del círculo
quadrennial [kwɑd'rɛnɪəl] *adj & s* cuadrienal
quadrennially [kwɑd'rɛnɪəlɪ] *adv* cada cuatro años
quadriceps ['kwɑdrɪsɛps] *s* (anat.) cuadríceps
quadriga [kwɑd'raɪgə] *s* (*pl:* **-gae** [dʒi]) (hist.) cuadriga
quadrilateral [,kwɑdrɪ'lætərəl] *adj & s* cuadrilátero
quadrille [kwə'drɪl] *adj* cuadriculado; *s* cuadrícula; cuadrilla (*baile*); (taur.) cuadrilla; *va* cuadricular; *vn* bailar una cuadrilla; cuadrillar (Am.)
quadrille ruling *s* cuadrícula
quadrillion [kwɑd'rɪljən] *s* (Brit.) cuatrillón
quadrinomial [,kwɑdrɪ'nomɪəl] *s* (alg.) cuadrinomio
quadripartite [,kwɑdrɪ'pɑrtaɪt] *adj* cuadripartido, cuatripartito
quadrivium [kwɑd'rɪvɪəm] *s* cuadrivio (*en la edad media, las cuatro artes matemáticas*)
quadroon [kwɑd'run] *s* cuarterón
quadrumanous [kwɑd'rumənəs] *adj* (zool.) cuadrúmano
quadruped ['kwɑdrupɛd] *adj & s* cuadrúpedo
quadrupedal [kwɑd'rupədəl] *adj* cuadrupedal
quadruple ['kwɑdrupəl] o [kwɑd'rupəl] *adj & s* cuádruple; *adv* cuatro veces; cuatro veces mayor; *va* cuadruplicar; *vn* cuadruplicarse
quadruplet ['kwɑdruplɛt] o [kwɑd'ruplɛt] *s* grupo de cuatro; cuatrillizo (*cada uno de los cuatro hijos de un mismo parto*)
quadruplicate [kwɑd'ruplɪkɪt] o [kwɑd'ruplɪket] *adj* cuadruplicado; [kwɑd'ruplɪket] *va* cuadruplicar
quadruplication [kwɑd,ruplɪ'keʃən] *s* cuadruplicación
quaestor ['kwɛstər] o ['kwistər] *s* cuestor
quaestorship ['kwɛstərʃɪp] o ['kwistərʃɪp] *s* cuestura
quaff [kwɑf] o [kwæf] *s* trago grande; *va & vn* beber en gran cantidad
quagga ['kwægə] *s* (zool.) cuaga
quaggy ['kwægɪ] *adj* (*comp:* **-gier;** *super:* **-giest**) pantanoso; blando como lodo
quagmire ['kwæg,maɪr] o ['kwɑg,maɪr] *s* cenagal; (coll.) cenagal (*negocio de difícil salida*)
quahog ['kwɔhɑg] o [kwə'hɑg] *s* (zool.) almeja redonda (*Venus mercenaria*)
quail [kwel] *s* (orn.) codorniz; *vn* acobardarse, cejar por temor
quaint [kwent] *adj* curioso, raro; afectado, rebuscado; fantástico, singular
quake [kwek] *s* temblor, terremoto; *vn* temblar
Quaker ['kwekər] *adj & s* cuáquero
Quakeress ['kwekərɪs] *s* cuáquera
Quakerish ['kwekərɪʃ] *adj* parecido a los cuáqueros; de cuáquero
Quakerism ['kwekərɪzəm] *s* cuaquerismo
quaker-lady ['kwekər,ledɪ] *s* (*pl:* **-dies**) (bot.) houstonia cerúlea
Quaker meeting *s* reunión de cuáqueros; (coll.) reunión en que hay poca conversación
quaking bog *s* tremedal
quaking grass *s* (bot.) tembladera, zarcillitos
qualifiable ['kwɑlɪ,faɪəbəl] *adj* calificable
qualification [,kwɑlɪfɪ'keʃən] *s* calificación; capacidad, idoneidad; requisito
qualified ['kwɑlɪfaɪd] *adj* calificado
qualifier ['kwɑlɪ,faɪər] *s* calificador; (gram.) calificativo
qualify ['kwɑlɪfaɪ] (*pret & pp:* **-fied**) *va* calificar; capacitar, habilitar; *vn* capacitarse, habilitarse
qualitative ['kwɑlɪ,tetɪv] *adj* cualitativo
qualitative analysis *s* (chem.) análisis cualitativo
quality ['kwɑlɪtɪ] *s* (*pl:* **-ties**) calidad; cualidad (*característica de una persona o cosa*); (dial.) gente de categoría; (phonet.) timbre; **in quality of** en calidad de; *adj* (coll.) de calidad, p.ej., **quality goods** mercancías de calidad
qualm [kwɑm] *s* escrúpulo de conciencia; duda, inquietud; basca (*malestar de estómago*)
qualmish ['kwɑmɪʃ] *adj* escrupuloso; bascoso
quandary ['kwɑndərɪ] *s* (*pl:* **-ries**) incertidumbre, perplejidad
quantify ['kwɑntɪfaɪ] (*pret & pp:* **-fied**) *va* cuantificar
quantimeter [kwɑn'tɪmɪtər] *s* cuantímetro
quantitative ['kwɑntɪ,tetɪv] *adj* cuantitativo
quantitative analysis *s* (chem.) análisis cuantitativo
quantity ['kwɑntɪtɪ] *s* (*pl:* **-ties**) cantidad
quantum ['kwɑntəm] *s* (*pl:* **-ta** [tə]) (phys.) quántum o cuanto; *adj* (phys.) cuántico
quantum mechanics *ssg* (phys.) mecánica cuántica
quantum theory *s* (phys.) teoría de los cuanta, teoría cuántica
quarantine ['kwɑrəntin] o ['kwɔrəntin] *s* cuarentena; estación de cuarentena; *va* poner en cuarentena
quarrel ['kwɑrəl] o ['kwɔrəl] *s* disputa, riña, pelea; cuadrillo (*saeta de cuatro aristas*); pe-

queño vidrio (*de vidriera*); cincel de albañil; **to have no quarrel with** no estar en desacuerdo con; **to pick a quarrel with** tomarse con; (*pret & pp:* **-reled** o **-relled;** *ger:* **-reling** o **-relling**) *vn* disputar, reñir, pelear
quarrelsome [ˈkwɑrəlsəm] o [ˈkwɔrəlsəm] *adj* pendenciero
quarrier [ˈkwɑrɪər] o [ˈkwɔrɪər] *s* cantero, picapedrero
quarry [ˈkwɑrɪ] o [ˈkwɔrɪ] *s* (*pl:* **-ries**) cantera, pedrera; caza, presa; rombo (*de vidrio, loza, teja, etc.*); (*pret & pp:* **-ried**) *va* sacar (*piedras*) de una cantera; sacar como de una cantera
quart [kwɔrt] *s* cuarto de galón
quartan [ˈkwɔrtən] *s* (path.) cuartana; *adj* cuartanal
quarter [ˈkwɔrtər] *adj* cuarto; *s* cuarto; trimestre; moneda de 25 centavos; pierna y partes adyacentes; calcañar; (astr.) cuarto de luna; (mil.) cuartel (*buen trato a los vencidos*); (naut.) cuadra; región, lugar; fuente, origen; **quarters** *spl* morada, vivienda; local; (aer.) compartimiento (*de tripulación*); (mil.) cuarteles; **at close quarters** pegados, muy cerca; **from all quarters** de todas partes; **to give no quarter to** no dar cuartel a; **to take up quarters at** alojarse en; (mil.) acuartelarse en; *va* cuartear; descuartizar; alojar, hospedar; (her. & mil.) acuartelar; *vn* alojarse, hospedarse; (mil.) acuartelarse
quarterback [ˈkwɔrtər,bæk] *s* (football) uno de cuatro jugadores que juegan detrás de la línea
quarter day *s* (Brit.) día en que empieza un trimestre; (Brit.) día en que se paga un trimestre
quarterdeck [ˈkwɔrtər,dɛk] *s* (naut.) alcázar
quartered [ˈkwɔrtərd] *adj* dividido en cuartos; aserrado en cuartos (*para mostrar la veta*); alojado, hospedado; (mil.) acuartelado; (her.) cuartelado
quartered oak *s* roble aserrado en cuartos
quarter-hour [ˈkwɔrtərˈaʊr] *s* cuarto de hora; **on the quarter-hour** al cuarto en punto, cada cuarto de hora
quartering [ˈkwɔrtərɪŋ] *s* división en cuartos; acuartelamiento; (her.) acuartelamiento; (her.) cuartel
quarterly [ˈkwɔrtərlɪ] *adj* trimestral; *adv* trimestralmente; (her.) en cruz; *s* (*pl:* **-lies**) publicación o revista trimestral
quartermaster [ˈkwɔrtər,mæstər] o [ˈkwɔrtər,mɑstər] *s* (mil.) comisario; (nav.) cabo de brigadas
quartermaster corps *s* (mil.) cuerpo de administración militar, intendencia
quartern [ˈkwɔrtərn] *s* cuarterón (*cuarta parte*)
quarter note *s* (mus.) negra, semínima
quarter round *s* cuarto bocel
quartersaw [ˈkwɔrtər,sɔ] (*pret:* **-sawed;** *pp:* **-sawed** o **-sawn**) *va* aserrar (*un tronco*) longitudinalmente en cruz y luego en tablas
quarter section *s* terreno, por lo general, cuadrado, que tiene 160 acres
quarter sessions *spl* tribunal que se reúne trimestralmente
quarterstaff [ˈkwɔrtər,stæf] o [ˈkwɔrtər,stɑf] *s* (*pl:* **-staves** [,stevz]) pica (*lanza larga*)
quartet o **quartette** [kwɔrˈtɛt] (mus.) cuarteto; cuarteto (*grupo de cuatro*)
quarto [ˈkwɔrto] *adj* en cuarto; *s* (*pl:* **-tos**) libro en cuarto
quartz [kwɔrts] *s* (mineral.) cuarzo; (min.) quijo (*mineral de oro o plata*)
quartz glass *s* vidrio de cuarzo
quartziferous [kwɔrtˈsɪfərəs] *adj* cuarcífero
quartzite [ˈkwɔrtsaɪt] *s* (mineral.) cuarcita
quartz lamp *s* lámpara de cuarzo
quartzose [ˈkwɔrtsos] o **quartzous** [ˈkwɔrtsəs] *adj* cuarzoso
quartz plate *s* (elec.) placa de cuarzo
quartz sand *s* arena cuarzosa
quash [kwɑʃ] *va* sofocar, reprimir; anular, invalidar
quasi [ˈkwesaɪ] o [ˈkwɑsɪ] *adv* cuasi
quasi contract *s* (law) cuasicontrato
Quasimodo [,kwæsɪˈmodo] *s* (eccl.) cuasimodo, domingo de cuasimodo
quassia [ˈkwɑʃə] *s* (bot. & pharm.) cuasia
quaternary [kwɑˈtʌrnərɪ] *adj* cuaternario; (chem.) cuaternario; *s* (*pl:* **-ries**) cuaternario; (*cap.*) *adj & s* (geol.) cuaternario
quatrain [ˈkwɑtren] *s* cuarteto (*verso*)
quatrefoil [ˈkætər,fɔɪl] o [ˈkætrə,fɔɪl] *s* (bot.) hoja cuadrifoliada, flor cuadrifoliada; (arch.) cuadrifolio
quaver [ˈkwevər] *s* temblor, estremecimiento, vibración; (mus.) trémolo, trino; (mus.) corchea; *vn* temblar, estremecerse, vibrar; (mus.) trinar
quavery [ˈkwevərɪ] *adj* tembloroso, trémulo, vibrante
quay [ki] *s* muelle, desembarcadero
Que. abr. de **Quebec**
quean [kwin] *s* prostituta; moza o mujer atrevida y descocada; (Scotch) moza, muchacha
queasy [ˈkwizɪ] *adj* (*comp:* **-sier;** *super:* **-siest**) bascoso; nauseabundo; fastidioso, delicado; remilgado
queen [kwin] *s* reina; dama o reina (*en el ajedrez*); dama (*naipe que corresponde al caballo*); abeja reina, abeja maestra; (fig.) reina; *vn* ser reina; conducirse como reina
Queen Anne *s* Ana Estuardo
Queen Anne's lace *s* (bot.) dauco, zanahoria silvestre
queen bee *s* abeja maestra, abeja reina; (slang) marimandona, la que lleva la voz cantante
queen cell *s* maestril, realera
queen consort *s* esposa del rey
queendom [ˈkwindəm] *s* dominio de la reina; dignidad de reina
queen dowager *s* reina viuda
queenhood [ˈkwinhʊd] *s* dignidad de reina
queenly [ˈkwinlɪ] *adj* (*comp:* **-lier;** *super:* **-liest**) de reina, propio de una reina; como reina; como de reina
queen mother *s* reina madre
Queen of Sheba *s* reina de Sabá
queen olive *s* aceituna de la reina, aceituna gordal
queen post *s* péndola
queen regent *s* reina regente (*durante la ausencia del rey*); reina reinante
queen regnant *s* reina reinante
queen's English *s* inglés castizo
queen's ware *s* loza inglesa de color de crema
queer [kwɪr] *adj* curioso, raro; estrambótico, estrafalario; indispuesto, aturdido; (coll.) sospechoso, misterioso; (slang) falso; **queer in the head** (coll.) chiflado; *va* (slang) echar a perder; (slang) comprometer
queer fish *s* estrafalario
quell [kwɛl] *va* sofocar, reprimir; mitigar (*una pena o dolor*)
quench [kwɛntʃ] *va* apagar; templar (*el acero*)
quenched gap *s* (elec.) entrehierro de chispa amortiguada
quenching bath *s* (metal.) baño para templar
quenchless [ˈkwɛntʃlɪs] *adj* inextinguible
quercine [ˈkwʌrsɪn] o [ˈkwʌrsaɪn] *adj* (bot.) cuercíneo o quercíneo
quercitrin [ˈkwʌrsɪtrɪn] *s* (chem.) quercitrina
quercitron [ˈkwʌrsɪtrən] *s* (bot.) cuercitrón o quercitrón (*árbol, corteza y colorante*)
quern [kwʌrn] *s* molinillo de mano
querulous [ˈkwɛrələs] o [ˈkwɛrjələs] *adj* querelloso, quejoso; cojijoso
query [ˈkwɪrɪ] *s* (*pl:* **-ries**) pregunta; signo de interrogación; duda, incertidumbre; (*pret & pp:* **-ried**) *va* preguntar, interrogar; marcar con signo de interrogación; dudar, expresar duda acerca de; *vn* hacer preguntas; expresar duda
ques. abr. de **question**
quest [kwɛst] *s* búsqueda; demanda (*p.ej., del Santo Grial*); **in quest of** en busca de; *va & vn* buscar
question [ˈkwɛstʃən] *s* pregunta; cuestión (*objeto de discusión*); proposición; **beside the question** que no viene al caso; **beyond question** fuera de duda; **in question** en cuestión; **out of the question** imposible, indiscutible, impensable; **to ask a question** hacer una pregunta; **to be a question of** tratarse de, ser cuestión de; **to call in question** (law) emplazar; (law) recusar; poner en duda; poner en tela de juicio; **without question** sin

duda; *va* interrogar; preguntar; cuestionar, poner en tela de juicio; *vn* interrogar, hacer preguntas
questionable ['kwɛstʃənəbəl] *adj* cuestionable
question mark *s* (gram.) interrogación, signo de interrogación, punto interrogante
questionnaire [,kwɛstʃən'ɛr] *s* cuestionario
quetzal [kɛt'sɑl] *s* (orn.) quezal
queue [kju] *s* coleta; cola (*hilera de personas*); *vn* hacer cola
quibble ['kwɪbəl] *s* sutileza, subterfugio; *vn* sutilizar, emplear subterfugios
quibbler ['kwɪblər] *s* sutilizador
quick [kwɪk] *adj* rápido, veloz; ágil, vivo; despierto, listo, penetrante; súbito; fácil de convertir en efectivo; **quick on the draw** u **on the trigger** agudo, listo, vivo, impetuoso; *adv* aprisa, pronto; rápidamente, velozmente; *s* carne viva; (lo) más hondo del ser, (lo) más profundo del alma; **the quick** los vivos; **the quick and the dead** los vivos y los muertos; **to cut** o **to sting to the quick** herir en lo vivo, tocar en la herida
quick-acting ['kwɪk'æktɪŋ] *adj* de acción rápida
quick assets *spl* (com.) disponibilidades, activo disponible
quick-break switch ['kwɪk,brek] *s* (elec.) interruptor de ruptura brusca
quick-burning ['kwɪk'bʌrnɪŋ] *adj* de quema rápida
quick-change artist ['kwɪk,tʃendʒ] *s* (theat.) transformista
quick-change gear *s* (mach.) engranaje de cambio rápido
quicken ['kwɪkən] *va* acelerar, avivar; aguzar, animar; *vn* acelerarse, avivarse; aguzarse, animarse
quick-freeze ['kwɪk'friz] (*pret:* **-froze;** *pp:* **-frozen**) *va* congelar rápidamente
quick grass *s* (bot.) grama del norte
quicklime ['kwɪk,laɪm] *s* cal viva
quick lunch *s* servicio rápido, servicio de la barra
quickly ['kwɪklɪ] *adv* aprisa, pronto; rápidamente, velozmente
quickness ['kwɪknɪs] *s* rapidez, velocidad; agilidad, viveza; penetración, sagacidad
quick return *s* (mach.) retroceso rápido
quicksand ['kwɪk,sænd] *s* arena movediza
quickset ['kwɪk,sɛt] *s* arbusto vivo; seto vivo; *adj* hecho de arbustos vivos
quick-setting ['kwɪk'sɛtɪŋ] *adj* de fraguado rápido
quicksilver ['kwɪk,sɪlvər] *s* azogue; *va* azogar
quickstep ['kwɪk,stɛp] *s* pasacalle; marcha escrita en compás acelerado; paso acelerado
quick-tempered ['kwɪk'tɛmpərd] *adj* vivo de genio, irascible
quick time *s* (mil.) paso redoblado, paso forzado
quick trick *s* (cards) baza rápida
quick-witted ['kwɪk'wɪtɪd] *adj* despierto, listo, perspicaz
quid [kwɪd] *s* mascada de tabaco; (*pl:* **quid**) (Brit. slang) libra esterlina
quiddity ['kwɪdɪtɪ] *s* (*pl:* **-ties**) esencia, quid; quisquilla, sutileza
quidnunc ['kwɪd,nʌŋk] *s* correveidile, curioso
quiescence [kwaɪ'ɛsəns] *s* quietud, reposo; (gram.) quiescencia
quiescent [kwaɪ'ɛsənt] *adj* quieto, reposado; (gram.) quiescente
quiet ['kwaɪət] *adj* quieto; silencioso, callado; (com.) encalmado (*mercado*); **to keep quiet** estarse callado; *adv* quietamente; calladamente; *s* quietud; silencio; **on the quiet** a las calladas, de callada; *va* aquietar; *vn* aquietarse
quietism ['kwaɪətɪzəm] *s* quietismo
quietist ['kwaɪətɪst] *adj & s* quietista
quietness ['kwaɪətnɪs] *s* quietud; silencio
quietude ['kwaɪətjud] o ['kwaɪətud] *s* quietud
quietus [kwaɪ'itəs] *s* golpe decisivo; muerte
quill [kwɪl] *s* pluma de ave; cañón de pluma; púa (*del erizo, puerco espín, etc.*)
quill driver *s* (scornful) cagatintas
quillwort ['kwɪl,wʌrt] *s* (bot.) isoete; (bot.) eupatorio purpúreo
quilt [kwɪlt] *s* edredón; *va* acolchar
quilting ['kwɪltɪŋ] *s* trabajo de acolchado; género acolchado; material para edredones
quilting bee *s* grupo de damas reunidas para hacer edredones
quince [kwɪns] *s* (bot.) membrillo (*árbol y fruto*)
quincunx ['kwɪnkʌŋks] *s* (hort.) quincunce; **in a quincunx** o **in quincunxes** a o al tresbolillo
quinin ['kwɪnɪn] o **quinine** ['kwaɪnaɪn] o [kwɪ'nin] *s* (chem.) quinina
quinoline ['kwɪnəlin] *s* (chem.) quinoleína o quinolina
quinquagenarian [,kwɪnkwədʒɪ'nɛrɪən] *adj & s* quincuagenario
Quinquagesima [,kwɪnkwə'dʒɛsɪmə] *s* (eccl.) quincuagésima
quinquennial [kwɪn'kwɛnɪəl] *adj* quinquenal
quinquennium [kwɪn'kwɛnɪəm] *s* (*pl:* **-a** [ə]) quinquenio
quinquereme ['kwɪnkwɪrim] *s* quinquerreme
quinsy ['kwɪnzɪ] *s* (path.) esquinencia, cinanquia
quint [kwɪnt] *s* (coll.) quintillizo
quintal ['kwɪntəl] *s* quintal
quinte [kæ̃t] *s* (fencing) quinta
quintessence [kwɪn'tɛsəns] *s* quintaesencia
quintessential [,kwɪntɛ'sɛnʃəl] *adj* quintaesenciado
quintet o **quintette** [kwɪn'tɛt] *s* (mus.) quinteto; quinteto (*grupo de cinco*)
quintile ['kwɪntɪl] o ['kwɪntaɪl] *s* quintilo
Quintilian [kwɪn'tɪljən] *s* Quintiliano
quintillion [kwɪn'tɪljən] *s* (U.S.A.) trillón; (Brit.) quintillón
quintuple ['kwɪntjupəl], ['kwɪntupəl], [kwɪn'tjupəl] o [kwɪn'tupəl] *adj & s* quíntuplo; *adv* cinco veces; cinco veces mayor; *va* quintuplicar; *vn* quintuplicarse
quintuplet ['kwɪntjuplɛt], ['kwɪntuplɛt], [kwɪn'tjuplɛt] o [kwɪn'tuplɛt] *s* grupo de cinco; quintillizo
quintuplication [kwɪn,tjuplɪ'keʃən] o [kwɪn,tuplɪ'keʃən] *s* quintuplicación
quip [kwɪp] *s* agudeza, ocurrencia; pulla, chufleta; sutileza, subterfugio; (*pret & pp:* **quipped;** *ger:* **quipping**) *va* decir en son de burla; *vn* burlarse, echar pullas
quipster ['kwɪpstər] *s* chistoso, pullista
quire [kwaɪr] *s* mano de papel; (b.b.) alzado
Quirinal ['kwɪrɪnəl] *adj* quirinal; *s* Quirinal
quirk [kwʌrk] *s* rareza (*acción caprichosa*); agudeza, ocurrencia; sutileza, subterfugio; vuelta repentina; rasgo (*en la escritura*)
quirt [kwʌrt] *s* látigo con mango corto y correa de cuero crudo retorcido
quisling ['kwɪzlɪŋ] *s* quisling (*traidor a la patria*)
quit [kwɪt] *adj* libre, descargado, sin obligaciones; **quits** *adj* en paz, corrientes (*por medio del pago o venganza*); **to be quits** estar desquitados; **to cry quits** pedir treguas; (*pret & pp:* **quit** o **quitted;** *ger:* **quitting**) *va* dejar; pagar (*una deuda*); **to quit** + *ger* dejar de + *inf; vn* irse, marcharse; parar; (coll.) dejar de trabajar
quitch [kwɪtʃ] o **quitch grass** *s* (bot.) grama del norte
quitclaim ['kwɪt,klem] *s* (law) renuncia; *va* (law) renunciar (*p.ej., una herencia*)
quite [kwaɪt] *adv* absolutamente, enteramente; verdaderamente; (coll.) bastante, muy
quitrent ['kwɪt,rɛnt] *s* (feud.) censo que se pagaba en dinero en vez de trabajo
quittance ['kwɪtəns] *s* quitanza; pago, retorno
quitter ['kwɪtər] *s* remolón, persona que deja fácilmente lo empezado, persona que se da fácilmente por vencida; desertor (*de una causa*)
quiver ['kwɪvər] *s* temblor, estremecimiento; aljaba, carcaj; *vn* temblar, estremecerse
quiverleaf ['kwɪvər,lif] *s* (bot.) alamillo
qui vive [ki'viv] (Fr.) ¿quién vive?; **to be on the qui vive** estar alerta
Quixote ['kwɪksət] *s* (fig.) quijote (*hombre quijotesco*)
quixotic [kwɪks'ɑtɪk] *adj* quijotesco
quixotically [kwɪks'ɑtɪkəlɪ] *adv* quijotescamente

quixotism [ˈkwɪksətɪzəm] *s* quijotismo; quijotada (*acto*)
quixotry [ˈkwɪksətrɪ] *s* quijotería
quiz [kwɪz] *s* (*pl:* **quizzes**) examen escrito u oral; broma pesada; bromista; (*pret & pp:* **quizzed;** *ger:* **quizzing**) *va* examinar; interrogar; burlarse de; mirar con aire burlón
quiz game *s* torneo de preguntas y respuestas
quiz master *s* (rad. & telv.) animador de un programa de preguntas y respuestas
quiz program *s* (rad. & telv.) programa de preguntas y respuestas, torneo radiofónico
quiz section *s* (educ.) clase dedicada a preguntas y respuestas, grupo de práctica
quizzical [ˈkwɪzɪkəl] *adj* curioso, raro; cómico; burlón, gracioso
quizzing glass *s* monóculo con mango
quodlibet [ˈkwɑdlɪbet] *s* cuodlibeto; (mus.) fantasía, miscelánea
quodlibetic [ˌkwɑdlɪˈbetɪk] o **quodlibetical** [ˌkwɑdlɪˈbetɪkəl] *adj* cuodlibético
quoin [kɔɪn] o [kwɔɪn] *s* esquina; piedra angular; cuña; (print.) cuña; *va* (print.) acuñar
quoin post *s* poste de quicio, poste de esclusa
quoit [kwɔɪt] o [kɔɪt] *s* herrón, tejo; **quoits** *ssg* hito (*juego de tejos*)
quondam [ˈkwɑndæm] *adj* antiguo, de otro tiempo
Quonset hut [ˈkwɑnsɪt] *s* cobertizo de metal semicilíndrico
quorum [ˈkworəm] *s* quórum
quot. abr. de **quotation**
quota [ˈkwotə] *s* cuota
quotable [ˈkwotəbəl] *adj* citable
quota system *s* sistema de cuotas
quotation [kwoˈteʃən] *s* cita (*de un texto*); (com.) cotización
quotation marks *spl* comillas
quote [kwot] *s* (coll.) cita; (coll.) cotización; **quotes** *spl* (coll.) comillas; **close quote** fin de la cita; *va & vn* citar; cotizar; **quote** cito
quoteworthy [ˈkwotˌwʌrðɪ] *adj* digno de citarse
quoth [kwoθ] *1ª y 3ª personas del sg del pret* (archaic) dije, dijo
quotha [ˈkwoθə] *interj* (archaic) ¡no digas!, ¡vaya!
quotidian [kwoˈtɪdɪən] *adj* cotidiano; *s* fiebre cotidiana
quotient [ˈkwoʃənt] *s* (math.) cociente
quo warranto [kwo wɑˈrænto] *s* (law) notificación legal por la cual se pregunta a una persona con qué derecho tiene ciertos privilegios y franquicias; (law) proceso legal emprendido contra tal persona
q.v. abr. de **quod vide (Lat.) which see**
qy. abr. de **query**

R

R, r [ɑr] *s* (*pl:* **R's, r's** [ɑrz]) décimoctava letra del alfabeto inglés; **the three R's (reading, 'riting, and 'rithmetic)** lectura, escritura y aritmética
r. abr. de **railroad, railway, road, rod, ruble** y **rupee**
R. abr. de **railroad, railway, Regina** (Lat.) **Queen, Republican, response, Rex** (Lat.) **King, River** y **Royal**
R.A. abr. de **Rear Admiral, Royal Academy** y **Royal Artillery**
rabbet ['ræbɪt] *s* (carp.) barbilla, rebajo, muesca; (carp.) embarbillado; *va* (carp.) embarbillar, rebajar; (carp.) cortar una muesca en
rabbi ['ræbaɪ] *s* (*pl:* **-bis** o **-bies**) rabino
rabbinic [rə'bɪnɪk] o **rabbinical** [rə'bɪnɪkəl] *adj* rabínico; **Rabbinic** *s* lengua rabínica
rabbinism ['ræbɪnɪzəm] *s* rabinismo
rabbinist ['ræbɪnɪst] *s* rabinista
rabbit ['ræbɪt] *s* (zool.) conejo
rabble ['ræbəl] *s* canalla, chusma; multitud turbulenta; (found.) hurgón
rabble rouser *s* populachero, alborotapueblos
rabble-rousing ['ræbəl,rauzɪŋ] *adj* populachero
Rabelaisian [,ræbə'lezɪən] *adj & s* rabelesiano
rabic ['ræbɪk] *adj* (med. & vet.) rábico
rabid ['ræbɪd] *adj* rabioso
rabies ['rebiz] o ['rebɪiz] *s* (path.) rabia
raccoon [ræ'kun] *s* (zool.) mapache, oso lavador; piel de mapache
race [res] *s* raza; buena casta, buen abolengo; carrera; sabor o gusto particular (*del vino*); certamen (*que sugiere una carrera*); movimiento progresivo; corriente de agua fuerte y veloz; caz (*para tomar y conducir el agua*); **to run a race** correr una carrera; *va* competir con, en una carrera; hacer correr de prisa; acelerar (*un motor*) al máximo, hacer funcionar (*un motor*) a velocidad excesiva; **I'll race you to the corner** a ver quién llega primero a la esquina; *vn* correr de prisa; correr en una carrera; competir en una carrera; embalarse (*un motor*); (naut.) regatear
race course *s* pista de carreras; **autódromo**
race hatred *s* odio de razas
race horse *s* caballo de carreras
raceme [ræ'sim] *s* (bot.) racimo
racemose ['ræsɪmos] *adj* (bot.) racimoso
racer ['resər] *s* corredor; caballo de carreras; auto de carrera
race riot *s* disturbio racista, motín entre gentes de razas distintas
race suicide *s* suicidio de la raza
race track *s* carrera, pista de carreras, hipódromo
race wire service *s* servicio telegráfico y telefónico de noticias turfistas
Rachel ['retʃəl] *s* Raquel
rachialgia [,rekɪ'ældʒɪə] *s* (path.) raquialgia
rachidian [rə'kɪdɪən] *adj* raquídeo
rachis ['rekɪs] *s* (*pl:* **rachises** o **rachides** ['rækɪdiz] o ['rekɪdiz]) (anat. & bot.) raquis; cañón de pluma
rachitic [rə'kɪtɪk] *adj* raquítico
rachitis [rə'kaɪtɪs] *s* (path.) raquitis
rachitome ['rekɪtom] *s* (surg.) raquítomo
rachitomy [rə'kɪtəmɪ] *s* (surg.) raquitomía
racial ['reʃəl] *adj* racial
racing car *s* (aut.) coche de carreras
racing form *s* programa de las carreras de caballos
racism ['resɪzəm] *s* racismo
racist ['resɪst] *adj & s* racista
rack [ræk] *s* estante; percha (*en que se cuelga la ropa*); red de equipaje (*en los trenes*); pesebre; astillero; armero; rambla (*para estirar los paños*); paso fino (*del caballo*); nube pasajera que el viento arrastra en girones; recorrido de una tempestad; destrucción, ruina; dolor, tormento; caballete (*en que se daba tormento*); vestigio; (mach.) cremallera; **on the rack** en gran dolor, en gran sufrimiento; **to go to rack and ruin** caer en un estado de ruina total; **rack and pinion** cremallera y piñón; *va* estirar, forzar; atormentar; torturar en el caballete; despedazar; agobiar, oprimir; **to rack off** trasegar (*el vino*); **to rack one's brains** calentarse la cabeza, devanarse los sesos; *vn* caminar (*el caballo*) a paso fino
rack-and-pinion jack ['rækənd'pɪnjən] *s* gato de cremallera
racket ['rækɪt] *s* (sport) raqueta; raqueta (*para andar por la nieve*); alboroto, baraúnda; esfuerzo, pena, trabajo; (slang) trapisonda, trapacería; **rackets** *ssg* juego parecido al tenis que se juega en una cancha rodeada de paredes altas; **to raise a racket** armar un alboroto
racketeer [,rækɪ'tɪr] *s* trapisondista, trapacista; *vn* trapacear
rack rail *s* carril de cremallera
rack railway *s* ferrocarril de cremallera
raconteur [,rækɑn'tʌr] *s* cuentista
racoon [ræ'kun] *s* var. de **raccoon**
racquet ['rækɪt] *s* (sport) raqueta; raqueta (*para andar por la nieve*); **racquets** *ssg* var. de **rackets**
racy ['resɪ] *adj* (*comp:* **-ier**; *super:* **-iest**) espiritoso, vivo de genio; chispeante; que tiene aroma, fragancia, sabor especial; picante (*algo libre*)
rad. abr. de **radical**
radar ['redɑr] *s* (elec.) radar
radar-controlled ['redɑrkən'trold] *adj* mandado por radar
radarscope ['redɑrskop] *s* radarscopio o radaroscopio
radar screen *s* antena de radar
raddle ['rædəl] *s* almagre; *va* pintar o marcar con almagre; pintar (*el rostro*); entrelazar
radial ['redɪəl] *adj* radial
radial engine *s* motor radial
radial-flow turbine ['redɪəl,flo] *s* turbina radial
radian ['redɪən] *s* (math.) radián
radiance ['redɪəns] o **radiancy** ['redɪənsɪ] *s* brillo, resplandor; (phys.) radiación
radiant ['redɪənt] *adj* radiante, resplandeciente; (phys.) radiante; (fig.) radiante (*alegre, sonriente*); *s* (astr.) radiante
radiant energy *s* (phys.) energía radiante
radiant-panel heat ['redɪənt,pænəl] *s* calefacción a panel radiante
radiate ['redɪet] *adj* radiado; (bot. & zool.) radiado; *s* (zool.) radiado; *va* radiar; difundir (*p.ej., felicidad*); *vn* radiar, irradiar; extenderse de un punto central
radiation [,redɪ'eʃən] *s* radiación
radiation sickness *s* (path.) enfermedad de radiación, mal de rayos
radiator ['redɪ,etər] *s* radiador
radiator cap *s* (aut.) tapón de radiador
radical ['rædɪkəl] *adj* radical; (bot., chem., math., philol. & pol.) radical; *s* raíz, principio fundamental; (chem., math., philol. & pol.) radical
radical-changing verb ['rædɪkəl'tʃendʒɪŋ] *s* (gram.) verbo que cambia la vocal de la raíz
radicalism ['rædɪkəlɪzəm] *s* radicalismo
radical sign *s* (math.) signo de radicación
radicle ['rædɪkəl] *s* (bot.) radícula
radio ['redɪo] *s* (*pl:* **-os**) radio (*emisión; aparato*); (coll.) radiograma; **on the radio** en la radio; *adj* de radio; *va* radiar, radiodifundir

radioactive [ˌredɪoˈæktɪv] *adj* radiactivo
radioactive carbon *s* (phys.) radiocarbono
radioactivity [ˌredɪoækˈtɪvɪtɪ] *s* radiactividad
radio amateur *s* radioaficionado
radio announcer *s* locutor de la radio
radioastronomy [ˌredɪoəˈstrɑnəmɪ] *s* radioastronomía
radio beacon *s* radiofaro
radio beam *s* haz del radiofaro
radiobiology [ˌredɪobaɪˈɑlədʒɪ] *s* radiobiología
radiobroadcasting [ˌredɪoˈbrɔdˌkæstɪŋ] o [ˌredɪoˈbrɔdˌkɑstɪŋ] *s* radiodifusión
radiobroadcasting station *s* radiodifusora, radioemisora
radiochemistry [ˌredɪoˈkɛmɪstrɪ] *s* radioquímica
radio commentator *s* comentarista de la radio
radio compass *s* radiobrújula
radioelement [ˌredɪoˈɛlɪmənt] *s* (chem.) radioelemento
Radio Free Europe *s* Radio Europa Libre
radio frequency *s* (rad.) radiofrecuencia
radio-frequency [ˌredɪoˈfrikwənsɪ] *adj* (rad.) de radiofrecuencia
radiogoniometer [ˌredɪoˌgonɪˈɑmɪtər] *s* radiogoniómetro
radiogoniometry [ˌredɪoˌgonɪˈɑmɪtrɪ] *s* radiogoniometría
radiogram [ˈredɪoˌgræm] *s* radiograma
radiograph [ˈredɪoˌgræf] o [ˈredɪoˌgrɑf] *s* radiografía; *va* radiografiar
radiographic [ˌredɪoˈgræfɪk] *adj* radiográfico
radiography [ˌredɪˈɑgrəfɪ] *s* radiografía
radioisotope [ˌredɪoˈaɪsotop] *s* radioisótopo
radiolarian [ˌredɪoˈlɛrɪən] *s* (zool.) radiolario
radio listener *s* radioyente, radioescucha
radiolocation [ˌredɪoloˈkeʃən] *s* radiolocalización
radiologist [ˌredɪˈɑlədʒɪst] *s* radiólogo
radiology [ˌredɪˈɑlədʒɪ] *s* radiología
radiometer [ˌredɪˈɑmɪtər] *s* radiómetro
radiometry [ˌredɪˈɑmɪtrɪ] *s* radiometría
radio network *s* red de emisoras, red radioemisora, cadena de radiodifusoras
radio newscaster *s* cronista de radio
radiopaque [ˌredɪoˈpek] *adj* radiopaco
radiophone [ˈredɪoˌfon] *s* (phys.) radiófono; (rad.) radioteléfono
radiophonic [ˌredɪoˈfɑnɪk] *adj* radiofónico
radiophonograph [ˌredɪoˈfonəgræf] o [ˌredɪoˈfonəgrɑf] *s* radiofonógrafo, radiogramófono
radiophony [ˌredɪˈɑfənɪ] *s* (phys. & rad.) radiofonía
radiophoto [ˌredɪoˈfoto] *s* (*pl:* **-tos**) radiofoto; *adj* de radiofoto
radio receiver *s* radiorreceptor, radiorreceptora
radio repairs *spl* radiorreparaciones
radioscopy [ˌredɪˈɑskəpɪ] *s* radioscopia
radiosensitive [ˌredɪoˈsɛnsɪtɪv] *adj* radiosensitivo
radio set *s* aparato de radio; radiorreceptor
radiosonde [ˈredɪoˌsɑnd] *s* (meteor.) radiosonda
radio spectrum *s* (phys.) espectro de radio, espectro electromagnético
radio station *s* radioestación, estación emisora
radiotelegraph [ˌredɪoˈtɛlɪgræf] o [ˌredɪoˈtɛlɪgrɑf] *s* radiotelégrafo; *va* radiotelegrafiar
radiotelegraphy [ˌredɪotɪˈlɛgrəfɪ] *s* radiotelegrafía
radiotelephone [ˌredɪoˈtɛlɪfon] *s* radioteléfono; *va* radiotelefonear
radiotelephony [ˌredɪotɪˈlɛfənɪ] *s* radiotelefonía
radio telescope *s* radiotelescopio
radiotherapy [ˌredɪoˈθɛrəpɪ] *s* radioterapia
radiothermy [ˈredɪoˌθʌrmɪ] *s* radiotermia
radiothorium [ˌredɪoˈθorɪəm] *s* (chem.) radiotorio
radio transmitter *s* radiotransmisor
radiotron [ˈredɪətrɑn] *s* (trademark) radiotrón
radio tube *s* lámpara termoiónica, tubo radiógeno, tubo de radio
radio wave *s* onda de radio, radioonda
radish [ˈrædɪʃ] *s* (bot.) rábano
radium [ˈredɪəm] *s* (chem.) radio
radius [ˈredɪəs] *s* (*pl:* **-i** [aɪ] o **-uses**) (anat. & geom.) radio; radio (*p.ej., de acción*); **within a radius of** en . . . a la redonda, p.ej., **within a radius of five kilometers** en cinco kilómetros a la redonda
radix [ˈredɪks] *s* (*pl:* **radices** [ˈrædɪsiz] o [ˈredɪsiz] o **radixes**) (bot. & gram.) raíz; (math.) base (*para un sistema de números*)
radome [ˈredom] *s* (electron.) cúpula protectora de la antena
radon [ˈredɑn] *s* (chem.) radón
radula [ˈrædʒʊlə] *s* (*pl:* **-lae** [li]) (zool.) rádula
R.A.F. abr. de **Royal Air Force**
raffia [ˈræfɪə] *s* (bot.) rafia (*palmera y fibra*)
raffle [ˈræfəl] *s* rifa; *va & vn* rifar
raft [ræft] o [rɑft] *s* balsa, armadía; (coll.) gran número; *va* convertir en balsa; transportar en balsa; pasar en balsa
rafter [ˈræftər] o [ˈrɑftər] *s* par (*de un cuchillo de armadura*); cabrio, contrapar
rag [ræg] *s* trapo; (slang) fisga (*burla*); **rags** *spl* trapos (*prendas de vestir*); andrajos, harapos; **to be in rags** estar en andrajos; **to chew the rag** (slang) dar la lengua; (*pret & pp:* **ragged**; *ger:* **ragging**) *va* (slang) regañar; (slang) hacer fisga a
ragamuffin [ˈrægəˌmʌfɪn] *s* pelagatos; golfo, chiquillo haraposo
rag baby o **rag doll** *s* muñeca de trapo
rage [redʒ] *s* rabia; ardor, entusiasmo; violencia; boga, moda; **to be all the rage** estar en boga, estar de moda, hacer furor; **to fly into a rage** montar en cólera, montar en furor; *vn* arrebatarse; entusiasmarse
ragged [ˈrægɪd] *adj* andrajoso, harapiento, haraposo; áspero, desigual, raspado; cortado en dientes
raglan [ˈræglən] *s* raglán
ragman [ˈrægˌmæn] *s* (*pl:* **-men**) andrajero, trapero
ragout [ræˈgu] *s* (cook.) guisado
ragpicker [ˈrægˌpɪkər] *s* andrajero, trapero
ragtag [ˈrægˌtæg] *s* chusma, populacho; **ragtag and bobtail** canalla, gentuza
ragtime [ˈrægˌtaɪm] *s* (coll.) ritmo musical con acentos irregulares; (coll.) música popular de acentos irregulares
ragweed [ˈrægˌwid] *s* (bot.) ambrosía
ragwort [ˈrægˌwʌrt] *s* (bot.) hierba de Santiago
rah [rɑ] *interj* ¡ viva!, ¡ hurra!
raid [red] *s* ataque inesperado; invasión, incursión; *va* atacar inesperadamente; invadir; capturar (*p.ej., la policía un garito*)
raider [ˈredər] *s* invasor; buque corsario
rail [rel] *s* carril, riel; barandilla; guardalado (*p.ej., de un puente*); apoyo para los pies (*en un bar*); listón de madera; (naut.) obra muerta; (orn.) rascón, ralo acuático; bance (*para cerrar un portillo*); (carp.) peinazo (*p.ej., de una puerta*); **rails** *spl* títulos o valores de ferrocarril; **by rail** por ferrocarril; **off the rails** descarrilado; *adj* ferroviario; *va* poner barandilla a; **to rail off** cercar con barandilla; *vn* quejarse amargamente; **to rail at** injuriar, ultrajar
rail car *s* automotriz
rail center *s* centro ferroviario
rail chair *s* (rail.) cojinete
rail fence *s* cerca hecha de palos horizontales
railhead [ˈrelˌhɛd] *s* término de vía de un ferrocarril en construcción; cabeza de carril; (mil.) estación ferroviaria de víveres y municiones
railing [ˈrelɪŋ] *s* barandilla, pasamano
raillery [ˈrelərɪ] o [ˈrælərɪ] *s* (*pl:* **-ies**) burla, chanza, zumba
railroad [ˈrelˌrod] *s* ferrocarril; *adj* ferroviario; *va* enviar por ferrocarril; llevar o transportar por ferrocarril; (coll.) llevar a cabo con demasiada precipitación; (slang) encarcelar falsamente; *vn* trabajar en el ferrocarril, ser ferrocarrilero
railroad car *s* coche o vagón ferroviario
railroad crossing *s* paso a nivel
railroader [ˈrelˌrodər] *s* ferrocarrilero, ferroviario
railroading [ˈrelˌrodɪŋ] *s* construcción y manejo de ferrocarriles; trabajo en el ferrocarril; (coll.) ejecución demasiado apresurada
railway [ˈrelˌwe] *s* ferrocarril; *adj* ferroviario
raiment [ˈremənt] *s* prendas de vestir
rain [ren] *s* lluvia; (fig.) lluvia; **the rains** la época de las lluvias; *va* llover (*enviar como llu-*

via); *vn* llover; **it is raining** llueve; **to rain on** llover sobre; **rain or shine** llueva o no, con buen o mal tiempo
rainbow ['ren,bo] *s* arco iris; *adj* irisado
rainbow trout *s* (ichth.) trucha arco iris
rain check *s* billete que se devuelve a los espectadores de un espectáculo al aire libre en caso de lluvia
rain cloud *s* nube de lluvia
raincoat ['ren,kot] *s* impermeable, chubasquero
raindrop ['ren,drɑp] *s* gota de lluvia
rainfall ['ren,fɔl] *s* lluvia repentina; precipitación acuosa
rain gage o **gauge** *s* pluviómetro
rainproof ['ren,pruf] *adj* impermeable, a prueba de lluvia
rainstorm ['ren,stɔrm] *s* tempestad de lluvia
rain water *s* agua lluvia, agua llovediza
rainy ['renɪ] *adj* (*comp:* **-ier**; *super:* **-iest**) lluvioso
rainy day *s* día lluvioso; tiempo futuro de posible necesidad; **to save up for a rainy day** ahorrar dinero para asegurarse el porvenir
rainy season *s* estación de las lluvias
raise [rez] *s* aumento; alza, subida; *va* levantar; criar (*a niños, animales*); cultivar (*plantas*); reunir (*dinero*); suscitar (*una duda*); resucitar (*a los muertos*); avistar, columbrar; dejarse (*barba, bigote*); poner (*una objeción*); plantear (*una pregunta*); aumentar; aumentar fraudulentamente el valor de (*un cheque*); levantar (*tropas; un sitio*); (math.) elevar (*a potencias*)
raised [rezd] *adj* saliente, en relieve, de realce
raiser ['rezər] *s* criador (*p.ej., de ganado*); cultivador (*p.ej., de legumbres*)
raisin ['rezən] *s* pasa (*uva seca*)
raison d'être ['rezɔn 'dɛtrə] *s* razón de ser
rajah o **raja** ['rɑdʒə] *s* rajá
rake [rek] *s* rastro, rastrillo; rastrilladora (*rastro montado sobre dos ruedas*); raqueta (*de la mesa de juego*); calavera, libertino; desviación de la vertical; *va* rastrillar; escudriñar; atizar, avivar; barrer (*p.ej., una línea de soldados con una ametralladora*); **to rake together** acumular (*p.ej., dinero*); *vn* rastrear
rake-off ['rek,ɔf] o ['rek,ɑf] *s* (slang) dinero u otra cosa obtenida ilícitamente
rakish ['rekɪʃ] *adj* airoso, gallardo; listo, vivo; libertino
râle [rɑl] *s* estertor
rally ['rælɪ] *s* (*pl:* **-lies**) reunión popular, reunión política; recuperación, recobro; (tennis) acción de pegar la pelota de un lado para otro repetidas veces; (*pret & pp:* **-lied**) *va* reunir; reanimar; recobrar (*la fuerza, la salud, el ánimo*); ridiculizar, embromar; *vn* reunirse; reunirse y rehacerse; recobrarse (*p.ej., los precios en la Bolsa*); recobrar la fuerza, la salud, el ánimo; **to rally to the side of** acudir a, ir en socorro de
Ralph [rælf] *s* Rodolfo
ram [ræm] *s* (zool.) carnero; pisón; (naut.) espolón; (naut.) buque con espolón; émbolo de percusión (*de una bomba*); ariete hidráulico; (*cap.*) *s* (astr.) Aries; (*l.c.*) (*pret & pp:* **rammed**; *ger:* **ramming**) *va* dar contra, pegar contra, chocar en (*p.ej., un camión*); atestar, rellenar; apisonar; (naut.) atacar con espolón; *vn* chocar; **to ram into** chocar en
Ramadan [,ræmə'dɑn] *s* el Ramadán
ramble ['ræmbəl] *s* paseo; *vn* pasear; divagar (*andar a la ventura; hablar apartándose del asunto*); serpentear (*p.ej., un río*); extenderse serpenteando (*como hacen las enredaderas*)
rambler ['ræmblər] *s* paseador, vagabundo; divagador; (bot.) rosal de enredadera
rambling ['ræmblɪŋ] *adj* divagador; encantado (*dícese de una casa grande*); *s* divagación
rambunctious [ræm'bʌŋkʃəs] *adj* (slang) revoltoso, inmanejable; (slang) alborotado, turbulento
ramekin o **ramequin** ['ræmɪkɪn] *s* quesadilla; pequeña cazuela para quesadillas
Rameses ['ræmɪsiz] *s* Ramsés
ramie ['ræmɪ] *s* (bot.) ramio; ramina (*fibra*)
ramification [,ræmɪfɪ'keʃən] *s* ramificación
ramify ['ræmɪfaɪ] (*pret & pp:* **-fied**) *va* ramificar; *vn* ramificarse
ram-jet engine ['ræm,dʒɛt] *s* (aer.) motor autorreactor, estatorreactor, pulsorreactor
rammer ['ræmər] *s* pisón; baqueta de fusil
rammish ['ræmɪʃ] *adj* carneruno; maloliente; libidinoso
ramose ['remos] o [rə'mos] *adj* ramoso
ramous ['reməs] *adj* ramoso; ramiforme
ramp [ræmp] *s* rampa; *vn* moverse con violencia; saltar o precipitarse con furia; pararse en las patas traseras con la mano abierta y las garras tendidas
rampage ['ræmpedʒ] *s* alboroto; **to go on a rampage** alborotar, comportarse como un loco; [ræm'pedʒ] o ['ræmpedʒ] *vn* alborotar, comportarse como un loco
rampancy ['ræmpənsɪ] *s* exuberancia, extravagancia; violencia, desenfreno
rampant ['ræmpənt] *adj* exuberante, extravagante; violento, desenfrenado; (her.) rampante
rampant arch *s* (arch.) arco por tranquil, arco en rampa
rampart ['ræmpɑrt] *s* (fort.) terraplén; muralla; defensa, amparo
rampion ['ræmpɪən] *s* (bot.) rapónchigo
ramrod ['ræm,rɑd] *s* baqueta, atacador
ramshackle ['ræm,ʃækəl] *adj* desvencijado, destartalado
ran [ræn] *pret de* **run**
ranch [ræntʃ] *s* hacienda, granja; hacendados; *vn* trabajar en una hacienda; dirigir una hacienda
rancher ['ræntʃər] *s* hacendado
ranchman ['ræntʃmən] *s* (*pl:* **-men**) hacendado
rancid ['rænsɪd] *adj* rancio
rancidity [ræn'sɪdɪtɪ] *s* rancidez, ranciedad
rancor ['ræŋkər] *s* rencor
rancorous ['ræŋkərəs] *adj* rencoroso
Randolph ['rændɑlf] *s* Randolfo
random ['rændəm] *adj* casual, fortuito, sin proyectar; **at random** al azar, a la ventura
ranee ['rɑnɪ] *s* raní
rang [ræŋ] *pret de* **ring**
range [rendʒ] *s* escala (*p.ej., de velocidades, precios*); fila, hilera, ringlera; alcance; divagación; línea de tiro; campo de tiro; terreno de pasto; cordillera; línea de dirección; campo de actividad; autonomía (*p.ej., de un buque o avión*); cocina económica, hornillo; extensión (*de la voz*); serie o gama (*de colores*); clase, orden; **at close range** a quema ropa; **within range** a tiro; **within range of** al alcance de; *va* alinear; recorrer (*un terreno, el bosque*); ir a lo largo de (*la costa*); arreglar, ordenar; *vn* variar, fluctuar (*entre ciertos límites*); extenderse; divagar, errar; ponerse en fila; **to range over** recorrer
range finder *s* telémetro
range pole *s* (surv.) jalón
ranger ['rendʒər] *s* guardamayor de bosque; recorredor; perro ventor
Rangoon [ræŋ'gun] *s* Rangún
rangy ['rendʒɪ] *adj* (*comp:* **-ier**; *super:* **-iest**) ágil; de patas largas y fino de ancas; ancho, espacioso
rani ['rɑnɪ] *s* (*pl:* **-nis**) raní
rank [ræŋk] *s* fila; (mil.) grado, empleo; categoría, rango; condición, posición; distinción; **the ranks** los soldados de fila; el pueblo, la gente común; **to break ranks** (mil.) romper filas; **to close ranks** estrechar las distancias; (mil.) cerrar las filas; **to reduce to the ranks** degradar; **to rise from the ranks** llegar a oficial (*de soldado raso*); *adj* lozano, exuberante; denso, espeso; grosero; maloliente; excesivo, extremado; incorregible, rematado; indecente, vulgar; *va* alinear; ordenar; tener posición o grado más alto que; *vn* tener (cierta) posición o grado; ocupar el último grado; **to rank high** ocupar alta posición; ser tenido en alta estima; sobresalir; **to rank low** ocupar baja posición; **to rank with** estar al nivel de; tener el mismo grado que
rank and file *spl* soldados de fila; pueblo, gente común
rankle ['ræŋkəl] *va* enconar, agriar; *vn* enconarse
ransack ['rænsæk] *va* registrar, escudriñar; robar, saquear
ransom ['rænsəm] *s* rescate; *va* rescatar; redimir (*del pecado*)

R

rant [rænt] *s* lenguaje alborotado y retumbante; *vn* despotricar, delirar, hablar a gritos
ranula [ˈrænjələ] *s* (path. & vet.) ránula
ranunculaceous [rəˌnʌŋkjəˈleʃəs] *adj* (bot.) ranunculáceo
ranunculus [rəˈnʌŋkjələs] *s* (*pl:* **-luses** o **-li** [laɪ]) (bot.) ranúnculo
rap [ræp] *s* golpe corto y seco; taque (*ruido de golpe con que se llama a una puerta*); (slang) crítica mordaz; (coll.) bledo; **I don't care a rap** (coll.) no se me da un bledo de ello; **to take the rap** (slang) pagar la multa, sufrir las consecuencias; (*pret & pp:* **rapped;** *ger:* **rapping**) *va* golpear con golpe corto y seco; decir vivamente; (slang) criticar mordazmente; *vn* golpear con golpe corto y seco; **to rap at the door** tocar a la puerta
rapacious [rəˈpeʃəs] *adj* rapaz
rapaciousness [rəˈpeʃəsnɪs] *s* rapacidad
rapacity [rəˈpæsɪtɪ] *s* rapacidad
rape [rep] *s* rapto; estupro, violación; (bot.) naba; *va* raptar; estuprar, violar
rape oil *s* aceite de colza
rapeseed [ˈrepˌsid] *s* semillas de colza
Raphael [ˈræfɪəl] o [ˈrefɪəl] *s* Rafael
Raphaelesque [ˌræfɪəˈlɛsk] *adj* rafaelesco
raphania [rəˈfenɪə] *s* (path.) rafania
raphe [ˈrefi] *s* (*pl:* **-phae** [fi]) (anat. & bot.) rafe
rapid [ˈræpɪd] *adj* rápido; **rapids** *spl* rápidos (*de un río*)
rapid-fire [ˈræpɪdˈfaɪr] *adj* de tiro rápido; hecho vivamente
rapidity [rəˈpɪdɪtɪ] *s* rapidez
rapid transit *s* transporte rápido de viajeros
rapier [ˈrepɪər] *s* estoque, espadín
rapine [ˈræpɪn] *s* rapiña
rapping [ˈræpɪŋ] *s* (el) golpear (*de los espíritus*)
rapport [ræˈport] o [rɑˈpɔr] *s* relación, conformidad; **en rapport** de acuerdo
rapprochement [rɑprɔʃˈmɑ̃] *s* acercamiento, aproximación
rapscallion [ræpˈskæljən] *s* canalla, golfo, pícaro
rapt [ræpt] *adj* arrebatado, extático, transportado; absorto
Raptores [ræpˈtoriz] *spl* (zool.) rapaces
raptorial [ræpˈtorɪəl] *adj* predador; propio para asir y retener la presa; rapaz
rapture [ˈræptʃər] *s* rapto, éxtasis
rapturous [ˈræptʃərəs] *adj* extático
rare [rɛr] *adj* raro; poco usado (*dícese de una palabra o locución*); (cook.) poco asado
rare bird *s* mirlo blanco, rara avis
rarebit [ˈrɛrbɪt] o [ˈræbɪt] *s* var. de **Welsh rabbit**
rare earth *s* (chem.) tierra rara
raree show [ˈrɛri] *s* mundonuevo; espectáculo
rarefaction [ˌrɛrɪˈfækʃən] *s* rarefacción
rarefy [ˈrɛrɪfaɪ] (*pret & pp:* **-fied**) *va* enrarecer, rarefacer; *vn* enrarecerse, rarefacerse
rare gas *s* (chem.) gas raro
rarely [ˈrɛrlɪ] *adv* raramente, rara vez; excelentemente; extremadamente
rareness [ˈrɛrnɪs] *s* rareza
rarity [ˈrɛrɪtɪ] *s* (*pl:* **-ties**) rareza; (phys.) raridad
rascal [ˈræskəl] *s* bellaco, bribón, pícaro
rascality [ræsˈkælɪtɪ] *s* (*pl:* **-ties**) bellaquería, bribonada, picardía
rascally [ˈræskəlɪ] *adj* bellaco, bribón, pícaro
rase [rez] *va* var. de **raze**
rash [ræʃ] *adj* temerario; *s* brote (*erupción cutánea*)
rasher [ˈræʃər] *s* torrezno (*lonja de tocino*)
rashness [ˈræʃnɪs] *s* temeridad
rasp [ræsp] o [rɑsp] *s* escofina; sonido de escofina, ronquido; *va* escofinar; irritar, molestar; decir con voz ronca; *vn* hacer sonido áspero
raspberry [ˈræzˌbɛrɪ] o [ˈrɑzˌbɛrɪ] *s* (*pl:* **-ries**) (bot.) frambueso, sangüeso; frambuesa, sangüesa (*fruto*)
raspberry bush *s* (bot.) frambueso, sangüeso
rat [ræt] *s* (zool.) rata; (coll.) postizo; (slang) canalla; (slang) desertor; (slang) esquirol; (slang) soplón; **to smell a rat** olerse una trama, sospechar una intriga; (*pret & pp:* **ratted;** *ger:* **ratting**) *vn* cazar ratas; (slang) portarse como un canalla; (slang) soplar, delatar
ratable [ˈretəbəl] *adj* tasable, valuable; (Brit.) sujeto a impuestos o contribuciones
ratan [ræˈtæn] *s* var. de **rattan**
rat-a-tat [ˌrætəˈtæt] *interj* ¡ta, ta!, ¡tras, tras!
ratcatcher [ˈrætˌkætʃər] *s* cazarratas (*persona y animal*)
ratch [rætʃ] o **ratchet** [ˈrætʃɪt] *s* (mach.) rueda de trinquete, barra de trinquete; (mach.) trinquete (*garfio*); (mach.) mecanismo de trinquete
ratchet brace *s* berbiquí de trinquete
ratchet drill *s* taladro de trinquete
ratchet jack *s* cric de cremallera
ratchet screwdriver *s* destornillador de trinquete
ratchet wheel *s* rueda de trinquete
ratchet wrench *s* llave de trinquete
rate [ret] *s* razón (*cantidad medida por otra cosa tomada como unidad*); tipo (*p.ej., de interés*); velocidad; tarifa; clase, calidad; manera, modo; (Brit.) impuesto local; **at any rate** de todos modos; **at the rate of** a razón de; **at that rate** de ese modo, en ese caso; **at the same rate** al mismo ritmo; *va* valuar; estimar, juzgar; clasificar; regañar; *vn* ser considerado, ser tenido; estar clasificado; regañar
rateable [ˈretəbəl] *adj* var. de **ratable**
ratel [ˈretəl] o [ˈrɑtəl] *s* (zool.) ratel
rate of climb *s* (aer.) velocidad ascensional
rate of exchange *s* tipo de cambio
ratepayer [ˈretˌpeər] *s* (Brit.) contribuyente
rather [ˈræðər] o [ˈrɑðər] *adv* algo, un poco; bastante; antes, más bien; mejor dicho; por el contrario; muy, mucho; **had rather** preferiría; **would have rather** hubiera preferido; **rather than** antes que, más bien que; *interj* ¡ya lo creo!
rathskeller [ˈrɑtsˌkɛlər] *s* taberna o restaurante de sótano
ratification [ˌrætɪfɪˈkeʃən] *s* ratificación
ratify [ˈrætɪfaɪ] (*pret & pp:* **-fied**) *va* ratificar
ratiné [ˌrætɪˈne] *s* ratina (*tela*)
rating [ˈretɪŋ] *s* grado, clase, rango; justiprecio; clasificación; (Brit.) marinero
ratio [ˈreʃo] o [ˈreʃɪo] *s* (*pl:* **-tios**) (math.) razón; (math.) cociente
ratiocinate [ˌræʃɪˈɑsɪnet] *vn* raciocinar
ratiocination [ˌræʃɪˌɑsɪˈneʃən] *s* raciocinación
ration [ˈreʃən] o [ˈræʃən] *s* ración; (mil.) ración; *va* racionar; (mil.) racionar
rational [ˈræʃənəl] *adj* racional; (math.) racional; *s* (eccl.) racional
rationale [ˌræʃənˈɑlɪ] *s* razón fundamental; exposición razonada
rationalism [ˈræʃənəlɪzəm] *s* racionalismo
rationalist [ˈræʃənəlɪst] *s* racionalista
rationalistic [ˌræʃənəˈlɪstɪk] *adj* racionalista
rationality [ˌræʃəˈnælɪtɪ] *s* (*pl:* **-ties**) racionalidad; ademán o uso razonables
rationalization [ˌræʃənəlɪˈzeʃən] *s* acción de hacer racional; busca de excusas; (com. & math.) racionalización
rationalize [ˈræʃənəlaɪz] *va* hacer racional; cohonestar; (math.) racionalizar; *vn* buscar excusas
ration book *s* cartilla de racionamiento
rationing [ˈreʃənɪŋ] o [ˈræʃənɪŋ] *s* racionamiento
Ratisbon [ˈrætɪsbɑn] *s* Ratisbona
ratite [ˈrætaɪt] *adj* (orn.) corredor; *s* (orn.) corredora
ratline o **ratlin** [ˈrætlɪn] *s* (naut.) flechaste
ratoon [ræˈtun] *s* (agr.) retoño; (agr.) soca (*retoño de la caña de azúcar*)
ratsbane [ˈrætsˌben] *s* veneno para matar las ratas; trióxido de arsénico
rattail file [ˈrætˌtel] *s* lima de cola de rata
rattan [ræˈtæn] *s* (bot.) rota, roten; caña de la rota; roten (*bastón*)
ratter [ˈrætər] *s* cazador de ratas
rattle [ˈrætəl] *s* carraca, matraca; sonajero (*de niño*); matraqueo; traqueteo (*de una cosa que se transporta*); baraúnda; estertor (*del que agoniza*); anillos o discos de la punta de la cola de la serpiente de cascabel; *va* traquetear; atortolar, confundir; **to rattle off** decir rápida-

mente; *vn* traquetear; moverse o funcionar con traqueteo; hablar rápida y tontamente
rattlebrain [ˈrætəlˌbren] *s* cascabel, casquivano
rattlepate [ˈrætəlˌpet] *s* casquivano, charlador necio
rattler [ˈrætlər] *s* (zool.) serpiente de cascabel; (coll.) tren de carga rápido
rattlesnake [ˈrætəlˌsnek] *s* (zool.) serpiente de cascabel
rattletrap [ˈrætəlˌtræp] *s* trasto viejo; coche destartalado; (slang) tarabilla, parlanchín; (slang) boca; **rattletraps** *spl* chucerías, fruslerías
rattling [ˈrætlɪŋ] *adj* que traquetea, ruidoso; vivo, alegre; (coll.) enorme, extraordinario; *adv* (coll.) muy, sumamente
rattly [ˈrætlɪ] *adj* ruidoso, que traquetea
rattrap [ˈrætˌtræp] *s* ratonera (*para cazar ratas*); trance apurado, atolladero
ratty [ˈrætɪ] *adj* (*comp:* **-tier**; *super:* **-tiest**) de ratas, como ratas; lleno de ratas; (slang) vil, ruin
raucous [ˈrɔkəs] *adj* ronco
rauwolfia [rɔˈwʊlfɪə] *s* (bot.) rauwulfia; (pharm.) rauwulfina
ravage [ˈrævɪdʒ] *s* estrago, destrucción, ruina; *va* estragar, destruir, arruinar
rave [rev] *vn* desvariar, delirar, disparatar; bramar, enfurecerse; **to rave about** hacerse lenguas de, deshacerse en elogios de
ravehook [ˈrevˌhʊk] *s* (naut.) descalcador
ravel [ˈrævəl] *s* hilacha sin destorcer; (*pret & pp:* **-eled** o **-elled**; *ger:* **-eling** o **-elling**) *va* deshilar, destorcer; desenredar; enredar, confundir; *vn* deshilarse, destorcerse; desenredarse; enredarse
ravelin [ˈrævlɪn] *s* (fort.) revellín
raveling o **ravelling** [ˈrævəlɪŋ] *s* hilacha
raven [ˈrevən] *s* (orn.) cuervo; (*cap.*) *s* (astr.) Cuervo; (*l.c.*) *adj* negro y lustroso (*como el plumaje del cuervo*)
ravening [ˈrævənɪŋ] *adj* voraz
ravenous [ˈrævənəs] *adj* voraz, hambriento, famélico; rapaz
ravin [ˈrævɪn] *s* var. de **rapine**
ravine [rəˈvin] *s* hondonada, cañón
raving [ˈrevɪŋ] *s* desvarío, delirio; *adj* desvariado, delirante; (coll.) extraordinario
ravioli [ˌrɑvɪˈolɪ] o [ˌrævɪˈolɪ] *spl* (cook.) rabioles
ravish [ˈrævɪʃ] *va* encantar, entusiasmar; raptar; violar (*a una mujer*)
ravishing [ˈrævɪʃɪŋ] *adj* encantador, pasmoso
ravishment [ˈrævɪʃmənt] *s* encanto, transporte; rapto; violación (*de una mujer*)
raw [rɔ] *adj* crudo; principiante, inexperto; ulceroso, en carne viva; crudo (*día, tiempo*); (slang) injusto, severo; *s* carne viva; llaga, úlcera
raw-boned [ˈrɔˌbond] *adj* descarnado, demacrado
raw cotton *s* algodón en rama
raw deal *s* (slang) mala pasada; **to give someone a raw deal** (slang) jugarle a uno una mala pasada
rawhide [ˈrɔˌhaɪd] *s* cuero en verde; látigo hecho de cuero en verde; *va* azotar con látigo de cuero en verde
raw material *s* primera materia, materia prima
raw silk *s* seda en rama
raw sugar *s* azúcar amarillo, azúcar sin refinar
raw umber *s* tierra de sombra cruda
ray [re] *s* rayo (*de luz*); raya (*línea fina*); (bot.) bráctea; (zool.) radio; (ichth.) raya; (fig.) vislumbre; *va* radiar; tratar con rayos; *vn* irradiar; extenderse de un punto central
Raymond [ˈremənd] *s* Ramón, Raimundo
rayon [ˈreɑn] *s* rayón
raze [rez] *va* arrasar, asolar
razor [ˈrezər] *s* navaja de afeitar
razorback [ˈrezərˌbæk] *s* (zool.) puerco cimarrón; (zool.) rorcual; sierra, cordillera
razor blade *s* hoja u hojita de afeitar
razor clam *s* (zool.) mango de cuchillo, muergo
razor strop *s* asentador, suavizador
razz [ræz] *s* (slang) irrisión; *va* (slang) mofarse de
razzia [ˈræzɪə] *s* razzia
R.C. abr. de **Red Cross, Reserve Corps** y **Roman Catholic**
r-colored vowel [ˈɑrˌkʌlərd] *s* (phonet.) vocal de colorido de r
rd. abr. de **road** y **rod** o **rods**
R.D. abr. de **Rural Delivery**
reach [ritʃ] *s* alcance; estirón; extensión; extensión de un canal entre dos compuertas; extensión de un río entre dos recodos; (naut.) bordada; **beyond reach (of)** u **out of reach (of)** fuera del alcance (de); **within reach** al alcance de la mano; a tiro; **within reach of** al alcance de; *va* alcanzar; estirar; alargar, extender; pasar o entregar con la mano; ponerse en contacto con; llegar a; influenciar; cumplir (*cierto número de años*); *vn* alcanzar; alargar o extender la mano o el brazo; extenderse; (naut.) navegar de bolina; **to reach after** o **for** esforzarse por coger; echar mano a; **to reach into** meter la mano en; penetrar en
reachable [ˈritʃəbəl] *adj* alcanzadizo
react [rɪˈækt] *vn* reaccionar
re-act [riˈækt] *va* volver a representar (*una escena, un drama*)
reactance [rɪˈæktəns] *s* (elec.) reactancia
reaction [rɪˈækʃən] *s* reacción
reactionary [rɪˈækʃənˌɛrɪ] *adj* reaccionario; *s* (*pl:* **-ies**) reaccionario
reaction turbine *s* turbina de reacción
reactive [rɪˈæktɪv] *adj* reactivo
reactor [rɪˈæktər] *s* (elec. & phys.) reactor
read [rid] (*pret & pp:* **read** [rɛd]) *va* leer; recitar (*poesía*); rezar; interpretar (*atribuir cierto fin a*); estudiar (*derecho*); leer en, adivinar (*el pensamiento ajeno*); **to read out of** despedir de (*p.ej., un partido político*); **to read over** recorrer, repasar (*un escrito*); *vn* leer; rezar, p.ej., **this page reads thus** esta página reza así; leerse, p.ej., **this book reads easily** este libro se lee con facilidad; **to read about** leer sobre; **to read between the lines** leer entre líneas; **to read of** leer acerca de; aprender o saber leyendo; **to read on** seguir leyendo; **to read up on** informarse por la lectura acerca de; [rɛd] *adj* leído (*enterado mediante la lectura*)
readable [ˈridəbəl] *adj* leíble, legible; ameno, interesante (*libro*)
readapt [ˌriəˈdæpt] *va* readaptar
readdress [ˌriəˈdrɛs] *va* volver a dirigir (*una carta*); poner nueva dirección a (*una carta*)
reader [ˈridər] *s* lector; libro de lectura
readily [ˈrɛdɪlɪ] *adv* pronto; fácilmente, sin esfuerzo; de buena gana
readiness [ˈrɛdɪnɪs] *s* preparación; disposición; propensión; agilidad, destreza; disponibilidad; vivacidad (*de ingenio*)
reading [ˈridɪŋ] *adj* lector; de lectura, para leer; *s* lectura; recitación, declamación; lectura o lección (*interpretación de un pasaje*)
reading book *s* libro de lectura
reading desk *s* atril
reading glass *s* lente para leer, vidrio de aumento; **reading glasses** *spl* anteojos para la lectura
reading lamp *s* lámpara de sobremesa
reading material *s* material de lectura
reading room *s* gabinete de lectura; sala de lectura
readjustment [ˌriəˈdʒʌstmənt] *s* reajuste, reacomodo
readmit [ˌriədˈmɪt] (*pret & pp:* **-mitted**; *ger:* **-mitting**) *va* readmitir
ready [ˈrɛdɪ] *adj* (*comp:* **-ier**; *super:* **-iest**) listo, preparado, pronto; dispuesto; propenso; ágil, diestro; disponible; vivo; **to make ready** preparar; prepararse; (*pret & pp:* **-ied**) *va* preparar; *vn* prepararse
ready cash *s* dinero a la mano, fondos disponibles, dinero contante y sonante
ready-made [ˈrɛdɪˌmed] *adj* hecho, confeccionado, p.ej., **a ready-made suit** un traje hecho
ready-made clothes *spl* ropa hecha
ready-made clothier *s* ropero, confeccionista
ready-made clothing *s* ropa hecha
ready-mixed paint [ˈrɛdɪˌmɪkst] *s* pintura preparada o hecha
ready money *s* dinero contante

R

reaffirm [ˌriəˈfʌrm] *va* reafirmar
reaffirmation [ˌriæfərˈmeʃən] *s* reafirmación
reagent [rɪˈedʒənt] *s* (chem.) reactivo
real [ˈriəl] *adj* real; auténtico; inmueble
real estate *s* bienes raíces
real-estate [ˈriəlɪˌstet] *adj* inmobiliario
real-estate broker *s* corredor de bienes raíces
realgar [rɪˈælgər] *s* (mineral.) rejalgar
real image *s* (phys.) imagen real
realism [ˈriəlɪzəm] *s* realismo
realist [ˈriəlɪst] *s* realista
realistic [ˌriəˈlɪstɪk] *adj* realista
realistically [ˌriəˈlɪstɪkəlɪ] *adv* de manera realista
reality [rɪˈælɪtɪ] *s* (*pl:* **-ties**) realidad; **in reality** en realidad
realization [ˌriəlɪˈzeʃən] *s* comprensión; realización; adquisición (*de dinero*)
realize [ˈriəlaɪz] *va* darse cuenta de, hacerse cargo de; realizar; hacer aparecer real; adquirir (*ganancias*); reportar (*ganancias*); *vn* realizar (*vender bienes rápidamente*)
really [ˈriəlɪ] *adv* realmente
realm [rɛlm] *s* reino
realtor [ˈriəltər] o [ˈriəltər] *s* corredor de bienes raíces
realty [ˈriəltɪ] *s* bienes raíces, bienes inmuebles
real wages *spl* salario real
ream [rim] *s* resma; **reams** *spl* (coll.) montones; *va* escariar
reamer [ˈrimər] *s* escariador; exprimidor (*para extraer el jugo de las frutas*)
reanimate [riˈænɪmet] *va* reanimar; *vn* reanimarse
reap [rip] *va* segar; cosechar; *vn* cosechar
reaper [ˈripər] *s* segador; segadora, máquina segadora
reaping machine *s* máquina segadora
reappear [ˌriəˈpɪr] *vn* reaparecer
reappearance [ˌriəˈpɪrəns] *s* reaparición
reappoint [ˌriəˈpɔɪnt] *va* volver a nombrar
reappointment [ˌriəˈpɔɪntmənt] *s* nuevo nombramiento
reapportion [ˌriəˈporʃən] *s* volver a prorratear
reapportionment [ˌriəˈporʃənmənt] *s* nuevo prorrateo
rear [rɪr] *adj* posterior, trasero; de atrás; de retaguardia; *s* parte posterior, parte de atrás; espalda; fondo (*de una sala*); cola (*de una fila, de un automóvil*); retaguardia; (slang) culo, trasero; **at** o **in the rear of** detrás de; al fondo de; *va* alzar, levantar; edificar, erigir; criar, educar; *vn* encabritarse, suspenderse (*un caballo*)
rear admiral *s* contraalmirante
rear axle *s* eje trasero
rear-axle housing [ˈrɪrˈæksəl] *s* (aut.) caja de puente trasero
rear-end [ˈrɪrˌɛnd] *adj* de cola, p.ej., **rear-end collision** colisión de cola
rear guard *s* retaguardia
rearm [riˈɑrm] *va* rearmar; *vn* rearmarse
rearmament [riˈɑrməmənt] *s* rearme
rearmost [ˈrɪrmost] *adj* último de atrás, último de todos
rearrange [ˌriəˈrendʒ] *va* volver a arreglar o disponer; (mus.) volver a adaptar
rearrangement [ˌriəˈrendʒmənt] *s* nuevo arreglo, nueva disposición; (mus.) nueva adaptación
rear-view mirror [ˈrɪrˈvju] *s* (aut.) retrovisor, espejo de retrovisión
rearward [ˈrɪrwərd] *adj* postrero, último; *adv* hacia atrás
rear wheel *s* (aut.) rueda trasera
rear window *s* (aut.) luneta, luneta posterior
reason [ˈrizən] *s* razón; **by reason of** a causa de, en virtud de; **in all reason** con razón; **in reason** dentro de lo razonable; **out of reason** fuera de razón; **to bring to reason** meter en razón; **to listen to reason** meterse en razón; **to stand to reason** ser razonable; *va & vn* razonar
reasonable [ˈrizənəbəl] *adj* razonable
reasonably [ˈrizənəblɪ] *adv* razonablemente
reasoner [ˈrizənər] *s* razonador
reasoning [ˈrizənɪŋ] *adj* razonador; *s* razonamiento
reason of state *s* razón de estado
reassemble [ˌriəˈsɛmbəl] *va* volver a reunir; (mach.) volver a armar o montar; *vn* volver a reunirse
reassess [ˌriəˈsɛs] *va* volver a amillarar; volver a apreciar, volver a estimar
reassessment [ˌriəˈsɛsmənt] *s* nuevo amillaramiento; nueva apreciación, nueva estimación
reassume [ˌriəˈsum] o [ˌriəˈsjum] *va* reasumir
reassumption [ˌriəˈsʌmpʃən] *s* reasunción
reassurance [ˌriəˈʃʊrəns] *s* afirmación reiterada, certeza restablecida; nueva confianza
reassure [ˌriəˈʃʊr] *va* volver a asegurar; tranquilizar
reassuring [ˌriəˈʃʊrɪŋ] *adj* tranquilizador
reattach [ˌriəˈtætʃ] *va* reatar
reawaken [ˌriəˈwekən] *va* volver a despertar; *vn* volver a despertarse
rebaptize [ˌribæpˈtaɪz] *va* rebautizar
rebate [ˈribet] o [rɪˈbet] *s* rebaja; *va* rebajar
rebec o **rebeck** [ˈribɛk] *s* (mus.) rabel
Rebecca [rɪˈbɛkə] *s* Rebeca
rebel [ˈrɛbəl] *adj & s* rebelde; [rɪˈbɛl] (*pret & pp:* **-belled**; *ger:* **-belling**) *vn* rebelarse
rebellion [rɪˈbɛljən] *s* rebelión
rebellious [rɪˈbɛljəs] *adj* rebelde
rebind [ˈriˌbaɪnd] *s* libro reencuadernado; [riˈbaɪnd] (*pret & pp:* **-bound**) *va* reatar; (sew.) ribetear; (b.b.) reencuadernar
rebinding [riˈbaɪndɪŋ] *s* (b.b.) reencuadernación
rebirth [ˈriˌbʌrθ] o [riˈbʌrθ] *s* renacimiento
rebore [riˈbor] *va* rectificar, retaladrar (*un cilindro*)
reborn [riˈbɔrn] *adj* renacido
rebound [ˈriˌbaʊnd] o [rɪˈbaʊnd] *s* rebote, repercusión; [rɪˈbaʊnd] *vn* rebotar, repercutir; [riˈbaʊnd] *adj* reatado; reencuadernado; *pret & pp de* **rebind**
rebroadcast [riˈbrɔdkæst] o [riˈbrɔdkɑst] *s* retransmisión; (*pret & pp:* **-cast** o **-casted**) *va* retransmitir
rebuff [rɪˈbʌf] *s* rechazo, desaire; *va* rechazar, desairar
rebuild [riˈbɪld] (*pret & pp:* **-built**) *va* reconstruir, reedificar
rebuke [rɪˈbjuk] *s* reprensión; *va* reprender
rebus [ˈribəs] *s* jeroglífico; (her.) armas parlantes
rebush [riˈbʊʃ] *va* rellenar (*los cojinetes*) con metal blanco
rebut [rɪˈbʌt] (*pret & pp:* **-butted**; *ger:* **-butting**) *va* rebatir, refutar (*un argumento*)
rebuttal [rɪˈbʌtəl] *s* rebatimiento, refutación
rebutter [rɪˈbʌtər] *s* (law) dúplica, contrarréplica
rec. abr. de **receipt, recipe, record** y **recorder**
recalcitrance [rɪˈkælsɪtrəns] o **recalcitrancy** [rɪˈkælsɪtrənsɪ] *s* obstinación, terquedad
recalcitrant [rɪˈkælsɪtrənt] *adj* recalcitrante
recalescence [ˌrikəˈlɛsəns] *s* (metal.) recalescencia
recall [rɪˈkɔl] o [ˈrikɔl] *s* aviso, llamada (*para hacer volver*); recordación; revocación, anulación; retirada (*de un diplomático*); deposición de un funcionario público por votación popular; [rɪˈkɔl] *va* hacer volver, mandar volver; recordar; revocar, anular; retirar (*a un diplomático*); deponer
recant [rɪˈkænt] *va* retractar; *vn* retractarse
recantation [ˌrikænˈteʃən] *s* retractación, recantación
recap [ˈriˌkæp] o [riˈkæp] (*pret & pp:* **-capped**; *ger:* **-capping**) *va* recauchutar (*un neumático*)
recapitalization [riˌkæpɪtəlɪˈzeʃən] *s* recapitalización
recapitalize [riˈkæpɪtəlaɪz] *va* recapitalizar
recapitulate [ˌrikəˈpɪtʃəlet] *va & vn* recapitular
recapitulation [ˌrikəˌpɪtʃəˈleʃən] *s* recapitulación
recapture [riˈkæptʃər] *s* recobro; recordación; represa (*de una embarcación de los enemigos*); *va* recobrar; recordar (*a la memoria*); represar (*una embarcación*)
recast [ˈriˌkæst] o [ˈriˌkɑst] *s* refundición; reconstrucción (*p.ej., de una frase*); [riˈkæst] o

[ri'kɑst] (*pret & pp:* **-cast**) *va* refundir; reconstruir (*p.ej., una frase*)
recd. o **rec'd.** abr. de **received**
recede [rɪ'sid] *vn* retroceder; deprimirse; retirarse
receipt [rɪ'sit] *s* recepción; recibo; recibí; receta, fórmula; **receipts** *spl* entradas, ingresos; **on receipt of** al recibo de; **to acknowledge receipt of** acusar recibo de; **to be in receipt of a letter** obrar una carta en mi (nuestro) poder, p.ej., **I am in receipt of your letter** obra en mi poder su carta; **receipt in full** finiquito; *va* poner el recibí a (*una cuenta*)
receivable [rɪ'sivəbəl] *adj* recibidero; por cobrar, p.ej., **bills receivable** cuentas por cobrar
receive [rɪ'siv] *va* recibir; receptar (*cosas que son materia de delito*); **received payment** recibí; *vn* recibir; comulgar; (rad.) recibir; (sport) ser restador
receiver [rɪ'sivər] *s* receptor; recipiente; (telg., telp. & rad.) receptor; (telp.) receptor telefónico, auricular; (rad.) estación receptora; auricular de casco, receptor de cabeza; (phys.) recipiente (*de la máquina neumática*); receptador (*de cosas que son materia de delito*); (law) síndico (*en un concurso de acreedores o en una quiebra*); (law) receptor (*que hace cobranzas*); (sport) restador
receivership [rɪ'sivərʃɪp] *s* (law) sindicatura; (law) receptoría
receiving set *s* (telg., telp. & rad.) receptor, aparato receptor
receiving teller *s* recibidor (*de un banco*)
recency ['risənsɪ] *s* novedad, (lo) reciente
recension [rɪ'sɛnʃən] *s* recensión
recent ['risənt] *adj* reciente; **the recent past** el pasado próximo; (*cap.*) *adj* (geol.) holoceno, diluvial
recently ['risəntlɪ] *adv* recientemente; recién, p.ej., **recently arrived** recién llegado
receptacle [rɪ'sɛptəkəl] *s* receptáculo; recipiente (*vasija*); (bot.) receptáculo; (elec.) receptáculo, caja de contacto
receptacle plate *s* (elec.) escudete de receptáculo
receptacle plug *s* (elec.) clavija o ficha de receptáculo
reception [rɪ'sɛpʃən] *s* recepción
reception center *s* (mil.) centro de recepción
reception hall *s* sala de recepción, sala de recibo
receptionist [rɪ'sɛpʃənɪst] *s* (coll.) persona encargada de recibir visitantes a la entrada de una oficina, consultorio, etc.
receptive [rɪ'sɛptɪv] *adj* receptivo
receptivity [,risɛp'tɪvɪtɪ] *s* receptividad
receptor [rɪ'sɛptər] *s* receptador (*p.ej., de delincuentes*); (physiol.) receptor
recess [rɪ'sɛs] o ['risɛs] *s* intermisión, tregua; descanso; recreo, hora de recreo; hueco, nicho; depresión; retiro, escondrijo; [rɪ'sɛs] *va* ahuecar; empotrar; deprimir; hacer un nicho en; apartar, retirar; *vn* (coll.) tomar una recreación; (coll.) prorrogarse, suspenderse
recess hour *s* hora de recreo
recession [rɪ'sɛʃən] *s* retroceso; retirada; baja; depresión (*p.ej., de una pared*); contracción económica; procesión que vuelve a la sacristía; [ri'sɛʃən] *s* restitución; cesión de bienes a un propietario anterior
recessional [rɪ'sɛʃənəl] *s* himno que se canta al retirarse el sacerdote y el coro a la sacristía; *adj* cantado o tocado al retirarse el sacerdote y el coro a la sacristía; (geol.) de retroceso
recessive [rɪ'sɛsɪv] *adj* regresivo; (biol.) recesivo
recessive character *s* (biol.) carácter recesivo
recharge [ri'tʃɑrdʒ] *s* (elec.) recarga; carga de recambio (*p.ej., de extintor*); *va* recargar; (elec.) recargar
recheck [ri'tʃɛk] *s* nueva comprobación o verificación; *va* volver a comprobar o verificar
recherché [rəʃɛr'ʃe] o [rə'ʃɛrʃe] *adj* muy buscado, solicitado; esmerado, exquisito; alambicado, rebuscado
recidivism [rɪ'sɪdɪvɪzəm] *s* recidivismo
recidivist [rɪ'sɪdɪvɪst] *s* recidivista
recipe ['rɛsɪpɪ] *s* fórmula, receta, receta de cocina
recipient [rɪ'sɪpɪənt] *adj & s* recibidor; recipiente
reciprocal [rɪ'sɪprəkəl] *adj* recíproco; (gram.) recíproco; *s* cosa recíproca; (math.) recíproca
reciprocally [rɪ'sɪprəkəlɪ] *adv* recíprocamente
reciprocate [rɪ'sɪprəket] *va* intercambiar, trocar; corresponder a (*p.ej., la amistad de una persona*); reciprocar, hacer corresponder; (mach.) dar movimiento alternativo o de vaivén a; *vn* alternar; reciprocarse, corresponder; (mach.) tener movimiento alternativo o de vaivén
reciprocating [rɪ'sɪprə,ketɪŋ] *adj* alternativo, de vaivén; de movimiento alternativo
reciprocating engine *s* máquina de movimiento alternativo
reciprocation [rɪ,sɪprə'keʃən] *s* intercambio; reciprocación, correspondencia; alternación
reciprocity [,rɛsɪ'prɑsɪtɪ] *s* reciprocidad; (com.) reciprocidad (*entre dos naciones*)
recital [rɪ'saɪtəl] *s* narración; (mus.) recital
recitation [,rɛsɪ'teʃən] *s* recitación; narración
recitative ['rɛsɪ,tetɪv] o [rɪ'saɪtətɪv] *adj* recitativo; [,rɛsɪtə'tiv] *adj* (mus.) recitativo; *s* (mus.) recitado
recite [rɪ'saɪt] *va* recitar; narrar
reck [rɛk] *va* preocuparse por; *vn* preocuparse; (archaic) importar
reckless ['rɛklɪs] *adj* atolondrado, inconsiderado, temerario
recklessness ['rɛklɪsnɪs] *s* atolondramiento, inconsideración, temeridad
reckon ['rɛkən] *va* calcular; considerar, estimar; (coll.) calcular (*pensar, conjeturar*); *vn* calcular; **to reckon on** contar con; **to reckon with** tener en cuenta, tomar en serio
reckoning ['rɛkənɪŋ] *s* cálculo, cómputo; cuenta; arreglo o ajuste de cuentas; (naut.) estima; **to be out of one's reckoning** estar lejos de la cuenta, engañarse en el cálculo
reclaim [ri'klem] *va* reclamar (*lo que pertenece a uno*); [rɪ'klem] *va* hacer utilizable; hacer labrantío (*un terreno*); ganar (*terreno*) a la mar; recuperar (*materiales usados*); conducir o guiar (*a los que hacen mala vida*); (law) reclamar; *vn* reclamar (*protestar*)
reclamation [,rɛklə'meʃən] *s* utilización (*de materiales usados*); recuperación; reclamación (*protesta*); (law) reclamación
recline [rɪ'klaɪn] *va* reclinar; *vn* reclinarse
reclining [rɪ'klaɪnɪŋ] *adj* reclinable
reclothe [ri'kloð] *va* volver a vestir
recluse [rɪ'klus] *adj* solitario; [rɪ'klus] o ['rɛklus] *s* solitario, ermitaño
reclusion [rɪ'kluʒən] *s* reclusión, encierro
recognition [,rɛkəg'nɪʃən] *s* reconocimiento; (dipl.) reconocimiento
recognizable ['rɛkəg,naɪzəbəl] *adj* reconocible
recognizance [rɪ'kɑgnɪzəns] o [rɪ'kɑnɪzəns] *s* (law) obligación (*escritura en que uno se obliga a cumplir un acto determinado*); (law) suma que uno tiene que perder por incumplimiento de una obligación
recognize ['rɛkəgnaɪz] *va* reconocer
recoil [rɪ'kɔɪl] *s* reculada; reculada, culatazo (*de un arma de fuego*); *vn* recular, apartarse; recular (*un arma de fuego*); reaccionar
recollect [,rɛkə'lɛkt] *va & vn* recordar
re-collect [,rikə'lɛkt] *va* recoger, reunir; recobrar; **to re-collect oneself** componerse, recobrar la calma; *vn* reunirse, volver a juntarse
recollection [,rɛkə'lɛkʃən] *s* recordación; recolección, recogimiento
recommence [,rikə'mɛns] *va* recomenzar
recommend [,rɛkə'mɛnd] *va* recomendar
recommendation [,rɛkəmɛn'deʃən] *s* recomendación
recommendatory [,rɛkə'mɛndə,torɪ] *adj* recomendatorio
recommender [,rɛkə'mɛndər] *s* recomendante
recommit [,rikə'mɪt] (*pret & pp:* **-mitted;** *ger:* **-mitting**) *va* volver a confiar, volver a entregar; volver a cometer; volver a someter; volver a comprometer; volver a internar
recommitment [,rikə'mɪtmənt] o **recommittal** [,rikə'mɪtəl] *s* nueva comisión; nueva internación; nuevo compromiso

R

recompense ['rɛkəmpɛns] *s* recompensa; *va* recompensar
recompose [,rikəm'poz] *va* recomponer
recomposition [,rikɑmpə'zɪʃən] *s* recomposición
reconcilable ['rɛkən,saɪləbəl] *adj* reconciliable
reconcile ['rɛkənsaɪl] *va* reconciliar; (eccl.) reconciliar; **to become reconciled** reconciliarse (*dos o más personas*); **to reconcile oneself** resignarse, someterse
reconcilement ['rɛkən,saɪlmənt] o **reconciliation** [,rɛkən,sɪlɪ'eʃən] *s* reconciliación
reconciliatory [,rɛkən'sɪlɪə,torɪ] *adj* reconciliador
recondite ['rɛkəndaɪt] o [rɪ'kɑndaɪt] *adj* recóndito
recondition [,rikən'dɪʃən] *va* reacondicionar
reconnaissance [rɪ'kɑnɪsəns] *s* (mil.) reconocimiento
reconnoiter o **reconnoitre** [,rɛkə'nɔɪtər] o [,rikə'nɔɪtər] *va & vn* (mil.) reconocer
reconquer [ri'kɑŋkər] *va* reconquistar
reconquest [ri'kɑŋkwɛst] *s* reconquista; *va* reconquistar
reconsider [,rikən'sɪdər] *va* reconsiderar
reconsideration [,rikən,sɪdə'reʃən] *s* reconsideración
reconstituent [,rikən'stɪtjuənt] *adj & s* reconstituyente
reconstitute [ri'kɑnstɪtjut] o [ri'kɑnstɪtut] *va* reconstituir
reconstitution [ri,kɑnstɪ'tjuʃən] o [ri,kɑnstɪ'tuʃən] *s* reconstitución
reconstruct [,rikən'strʌkt] *va* reconstruir
reconstruction [,rikən'strʌkʃən] *s* reconstrucción
reconstructive [,rikən'strʌktɪv] *adj* reconstructor; reconstructivo
reconvene [,rikən'vin] *va* convocar de nuevo; *vn* convenir de nuevo, volver a juntarse o reunirse
reconvention [,rikən'vɛnʃən] *s* (law) reconvención
reconversion [,rikən'vʌrʒən] o [,rikən'vʌrʃən] *s* reconversión
reconvert [,rikən'vʌrt] *va* reconvertir
reconveyance [,rikən'veəns] *s* devolución; escritura de traspaso al poseedor anterior
record ['rɛkərd] *s* registro; anotación; ficha, historia personal; protocolo (*de un notario*); disco (fonográfico); cilindro (fonográfico); (educ.) expediente académico; (sport) record, plusmarca; **records** *spl* anales, memorias; archivo; **off the record** confidencialmente; **on record** registrado; **to break a record** batir un record; superar precedentes; **to make a record** establecer un record; grabar un disco; *adj* máximo; notable, sin precedentes; [rɪ'kɔrd] *va* registrar; asentar; inscribir; protocolar; grabar (*un disco fonográfico*); grabar en disco fonográfico
record breaker *s* (sport) plusmarquista
record changer *s* cambiadiscos, tocadiscos automático
recorder [rɪ'kɔrdər] *s* registrador; contador, indicador; grabador, grabadora o registrador (*de fonógrafo*); juez recopilador
recorder of deeds *s* registrador de la propiedad
recordership [rɪ'kɔrdərʃɪp] *s* cargo u oficio de registrador
record holder *s* (sport) recordman
recording [rɪ'kɔrdɪŋ] *adj* registrador; magnetofónico (*alambre o cinta*); *s* registro; grabación o grabado (*de discos fonográficos*)
recording head *s* cabeza de registro o cabeza grabadora
recording secretary *s* secretario escribiente, secretario de actas
recording tape *s* cinta magnetofónica
record library *s* discoteca
record player *s* tocadiscos
re-count ['rikaʊnt] c [ri'kaʊnt] *s* recuento; [ri'kaʊnt] *va* recontar
recount [rɪ'kaʊnt] *va* recontar, referir
recoup [rɪ'kup] *va* recobrar; resarcir; **to recoup oneself** recobrarse; *vn* recobrarse
recourse [rɪ'kors] o ['rikors] *s* recurso; paño de lágrimas; **to have recourse to** recurrir a
recover [rɪ'kʌvər] *va* recobrar; recuperar; libertar, rescatar; (law) reivindicar; **to recover oneself** contenerse; recobrar el equilibrio; *vn* recobrarse; recobrarse de la enfermedad, recobrar la salud; (law) ganar un pleito
re-cover [ri'kʌvər] *va* recubrir
recovery [rɪ'kʌvərɪ] *s* (*pl:* **-ies**) recobro; recuperación; (law) reivindicación; **past recovery** sin remedio
recreancy ['rɛkrɪənsɪ] *s* pusilanimidad; deslealtad, traición
recreant ['rɛkrɪənt] *adj & s* cobarde; traidor
recreate ['rɛkrɪet] *va* recrear (*divertir*); *vn* recrearse
re-create [,rikri'et] *va* recrear (*crear o producir de nuevo*)
recreation [,rɛkrɪ'eʃən] *s* recreación, recreo
recreational [,rɛkrɪ'eʃənəl] *adj* de recreación
recreation hall *s* salón de recreo
recreative ['rɛkrɪ,etɪv] *adj* recreativo
recrement ['rɛkrɪmənt] *s* (physiol.) recremento
recriminate [rɪ'krɪmɪnet] *va* recriminar (*una acusación*); recriminar contra (*un acusador*); *vn* recriminar
recrimination [rɪ,krɪmɪ'neʃən] *s* recriminación
recriminative [rɪ'krɪmɪ,netɪv] o **recriminatory** [rɪ'krɪmɪnə,torɪ] *adj* recriminatorio
recross [ri'krɔs] o [ri'krɑs] *va* recruzar; *vn* recruzarse
recrudescence [,rikru'dɛsəns] *s* recrudescencia
recrudescent [,rikru'dɛsənt] *adj* recrudescente
recruit [rɪ'krut] *s* recluta; *va* reclutar; reforzar con reclutas, proveer de reclutas; aumentar o mantener el número de; restablecer, rehacer; abastecer; *vn* alistar reclutas; ganar reclutas; restablecerse, rehacerse, reponerse
recruitment [rɪ'krutmənt] *s* reclutamiento
rect. abr. de **receipt, rector** y **rectory**
rectal ['rɛktəl] *adj* rectal
rectangle ['rɛktæŋgəl] *s* (geom.) rectángulo
rectangular [rɛk'tæŋgjələr] *adj* rectangular
rectification [,rɛktɪfɪ'keʃən] *s* rectificación
rectifier ['rɛktɪ,faɪər] *s* rectificador; (chem. & elec.) rectificador
rectify ['rɛktɪfaɪ] (*pret & pp:* **-fied**) rectificar; (chem. & elec.) rectificar
rectilinear [,rɛktɪ'lɪnɪər] *adj* rectilíneo
rectinerved ['rɛktɪ,nʌrvd] *adj* (bot.) rectinervio
rectitude ['rɛktɪtjud] o ['rɛktɪtud] *s* rectitud, probidad, corrección
recto ['rɛkto] *s* (*pl:* **-tos**) (print.) recto
rectocele ['rɛktəsil] *s* (path.) rectocele
rector ['rɛktər] *s* rector
rectorate ['rɛktərɪt] *s* rectorado
rectory ['rɛktərɪ] *s* (*pl:* **-ries**) casa del rector; (Brit.) rectoría
rectrix ['rɛktrɪks] *s* (*pl:* **rectrices** [rɛk'traɪsiz]) (orn.) rectriz
rectum ['rɛktəm] *s* (*pl:* **-ta** [tə]) (anat.) recto
rectus ['rɛktəs] *s* (*pl:* **-ti** [taɪ]) (anat.) recto (*músculo*)
recumbency [rɪ'kʌmbənsɪ] *s* reclinación
recumbent [rɪ'kʌmbənt] *adj* reclinado
recuperate [rɪ'kjupəret] *va* recuperar; restablecer, reponer; *vn* recuperarse, recobrarse
recuperation [rɪ,kjupə'reʃən] *s* recuperación; restablecimiento
recuperative [rɪ'kjupə,retɪv] *adj* recuperativo
recuperator [rɪ'kjupə,retər] *s* (mach.) recuperador
recur [rɪ'kʌr] (*pret & pp:* **-curred;** *ger:* **-curring**) *vn* volver a ocurrir, repetirse; volver (*a un asunto*); volver a presentarse (*a la memoria*)
recurrence [rɪ'kʌrəns] *s* repetición
recurrent [rɪ'kʌrənt] *adj* repetido; periódico; (anat., math. & path.) recurrente
recurve [rɪ'kʌrv] *va* recorvar; *vn* recorvarse
recusancy ['rɛkjuzənsɪ] o [rɪ'kjuzənsɪ] *s* recusación; (hist.) falta de sumisión a la Iglesia anglicana por parte de un católico
recusant ['rɛkjuzənt] o [rɪ'kjuzənt] *adj & s* recusante; (hist.) no conformista (*con el anglicanismo*)
recuse [rɪ'kjuz] *va* (law) recusar
red [rɛd] *adj* (*comp:* **redder;** *super:* **reddest**)

rojo; ruboroso; enrojecido, inflamado; tinto (*vino*); *s* rojo, color rojo; **in the red** (coll.) endeudado; **to see red** (coll.) enfurecerse, echar chispas; (*cap.*) *adj & s* rojo (*comunista*)
redact [rɪˈdækt] *va* redactar
redaction [rɪˈdækʃən] *s* redacción
redan [rɪˈdæn] *s* (fort.) rediente
red ant *s* (ent.) hormiga roja (*Formica rufa*)
redbait [ˈrɛd,bet] *va* motejar (*a uno*) de rojo o comunista
redbird [ˈrɛd,bʌrd] *s* (orn.) cardenal; (orn.) piranga
red-blooded [ˈrɛd,blʌdɪd] *adj* fuerte, valiente, vigoroso
red brass *s* latón rojo
redbreast [ˈrɛd,brɛst] *s* (orn.) petirrojo
redbud [ˈrɛd,bʌd] *s* (bot.) árbol del amor
redcap [ˈrɛd,kæp] *s* (Brit.) policía militar; (U.S.A.) mozo de estación (*que suele llevar gorra roja*); (orn.) jilguero
red cedar *s* (bot.) cedro rojo, cedro de Virginia
red cell *s* (physiol.) hematíe, glóbulo rojo
red cent *s* (coll.) centavo; **to be not worth a red cent** (coll.) no valer un pito
red clover *s* (bot.) trébol rojo
redcoat [ˈrɛd,kot] *s* soldado inglés
red corpuscle *s* (physiol.) glóbulo rojo
red cross *s* cruz roja; (*caps.*) *s* Cruz Roja
redd [rɛd] (*pret & pp:* **redd** o **redded**) *va* (coll. & dial.) asear, poner en orden
red deer *s* (zool.) ciervo común; ciervo de Virginia (*cuando ostenta su pelaje rojizo de verano*)
redden [ˈrɛdən] *va* enrojecer; *vn* enrojecerse
reddish [ˈrɛdɪʃ] *adj* rojizo
red dogwood *s* (bot.) sanguiñuelo, sanapudio blanco, cornejo hembra
redeem [rɪˈdim] *va* redimir; cumplir (*una promesa*); compensar
redeemable [rɪˈdiməbəl] *adj* redimible
redeemer [rɪˈdimər] *s* redentor; (*cap.*) *s* Redentor
redemption [rɪˈdɛmpʃən] *s* redención
redemptive [rɪˈdɛmptɪv] o **redemptory** [rɪˈdɛmptərɪ] *adj* redentor
redevelop [,ridɪˈvɛləp] *va* desarrollar de nuevo; (phot.) volver a revelar; *vn* desarrollarse de nuevo
redevelopment [,ridɪˈvɛləpmənt] *s* nuevo desarrollo
red-eyed [ˈrɛd,aɪd] *adj* con los ojos inyectados
red fire *s* fuego rojo (*compuesto de estroncio*)
red flag *s* bandera roja; provocación
red fox *s* (zool.) zorra roja; zorro rojo (*piel*)
red-haired [ˈrɛd,hɛrd] *adj* pelirrojo
red-handed [ˈrɛdˈhændɪd] *adj* con las manos ensangrentadas; en flagrante
red hat *s* capelo (*sombrero rojo de los cardenales; dignidad de cardenal*)
redhead [ˈrɛd,hɛd] *s* pelirrojo; (orn.) pato de cabeza colorada (*Nyroca americana*)
redheaded [ˈrɛd,hɛdɪd] *adj* pelirrojo; de cabeza roja; colérico
red heat *s* calor rojo; **to a red heat** al rojo
red herring *s* arenque seco y ahumado; (fig.) artificio para distraer la atención del asunto de que se trata
red-hot [ˈrɛdˈhɑt] *adj* calentado al rojo, candente; ardiente, entusiasta; nuevo, fresco
redingote [ˈrɛdɪŋgot] *s* redingote
redintegrate [rɛdˈɪntɪgret] *va* reintegrar; *vn* reintegrarse
redintegration [rɛd,ɪntɪˈgreʃən] *s* reintegración
redirect [,ridɪˈrɛkt] o [,ridaɪˈrɛkt] *adj* (law) del segundo interrogatorio de un testigo por su abogado después de las repreguntas; *va* volver a dirigir
rediscount [riˈdɪskaunt] *s* redescuento; *va* redescontar
rediscount rate *s* tipo de redescuento
rediscover [,ridɪsˈkʌvər] *va* redescubrir
rediscovery [,ridɪsˈkʌvərɪ] *s* (*pl:* **-ies**) redescubrimiento
redistribute [,ridɪsˈtrɪbjut] *va* redistribuir
redistribution [,ridɪstrɪˈbjuʃən] *s* redistribución
redistrict [riˈdɪstrɪkt] *va* volver a dividir en distritos
red lead [lɛd] *s* rojo de plomo
red-letter [ˈrɛd,lɛtər] *adj* marcado con letra roja; (fig.) feliz, memorable
red light *s* luz roja; (fig.) señal amonestadora
red-light district [ˈrɛdˈlaɪt] *s* barrio de los lupanares
red man *s* piel roja (*indio norteamericano*)
red mullet *s* (ichth.) salmonete
redness [ˈrɛdnɪs] *s* rojez; inflamación
redo [ˈriˈdu] *s* repetición; refundición; reforma; (*pret:* **-did;** *pp:* **-done**) *va* repetir, rehacer; refundir; reformar
red oak *s* (bot.) roble rojo
red ocher *s* (mineral.) ocre rojo, almagre
redolence [ˈrɛdələns] *s* fragancia, perfume
redolent [ˈrɛdələnt] *adj* fragante, perfumado; **redolent of** que huele a (*que despide un fuerte olor de; que hace pensar en*)
redouble [riˈdʌbəl] *va* redoblar; (bridge) decir recontra a; *vn* redoblarse; (bridge) decir recontra; volver atrás
redoubt [rɪˈdaut] *s* (fort.) reducto
redoubtable [rɪˈdautəbəl] *adj* formidable, temible
redound [rɪˈdaund] *vn* redundar; **to redound to** redundar en
redowa [ˈrɛdəwə] o [ˈrɛdəvə] *s* redova
red pepper *s* pimentón
red periwinkle *s* (bot.) dominica, flor de príncipe
redpoll [ˈrɛd,pol] *s* (orn.) pajarel, pardillo
redraft [ˈri,dræft] o [ˈri,drɑft] *s* nuevo dibujo, diseño o plan; nuevo borrador, nueva copia; (com.) resaca; [riˈdræft] o [riˈdrɑft] *va* volver a dibujar; hacer un nuevo borrador de; volver a trazar
redress [rɪˈdrɛs] o [ˈridrɛs] *s* reparación, resarcimiento; corrección, enmienda; alivio, remedio; equilibrio; [rɪˈdrɛs] *va* reparar, resarcir; corregir, enmendar; aliviar, remediar; equilibrar (*una balanza*)
Red Ridinghood [ˈraɪdɪŋ,hud] *s* Caperucita Roja
red sandalwood *s* (bot.) sándalo rojo
Red Sea *s* mar Rojo
red shift *s* (phys.) desviación hacia el rojo del espectro
redskin [ˈrɛd,skɪn] *s* piel roja (*indio norteamericano*)
red snapper *s* (ichth.) huachinango
red squirrel *s* (zool.) ardilla roja de Norteamérica
redstart [ˈrɛd,stɑrt] *s* (orn.) colirrojo (*Phoenicurus phoenicurus*); (orn.) candelita
red tape *s* balduque; (fig.) formalismo, expedienteo, papeleo
redtop [ˈrɛd,tɑp] *s* (bot.) agróstide
reduce [rɪˈdjus] o [rɪˈdus] *va* reducir; (chem., math., surg. & phot.) reducir; (mil.) degradar; *vn* reducirse; reducir peso
reducer [rɪˈdjusər] o [rɪˈdusər] *s* reductor; (chem. & phot.) reductor; (mach.) reducción (*para unir dos tubos o árboles de calibres diferentes*)
reducible [rɪˈdjusɪbəl] o [rɪˈdusɪbəl] *adj* reducible
reducing agent *s* (chem.) agente reductor
reducing exercises *spl* ejercicios físicos para adelgazar o para reducir peso
reducing flame *s* (chem.) llama reductora
reductase [rɪˈdʌktes] o [rɪˈdʌktez] *s* (biochem.) reductasa
reductio ad absurdum [rɪˈdʌkʃɪo æd æbˈsʌrdəm] *s* reducción al absurdo
reduction [rɪˈdʌkʃən] *s* reducción
redundance [rɪˈdʌndəns] *s* var. de **redundancy**
redundancy [rɪˈdʌndənsɪ] *s* (*pl:* **-cies**) redundancia
redundant [rɪˈdʌndənt] *adj* redundante
reduplicate [rɪˈdjuplɪket] o [rɪˈduplɪket] *adj* reduplicado; (bot.) reduplicado; *va* reduplicar
reduplication [rɪ,djuplɪˈkeʃən] o [rɪ,duplɪˈkeʃən] *s* reduplicación; (gram.) reduplicación
red valerian *s* (bot.) milamores
red wine *s* vino tinto
redwing [ˈrɛd,wɪŋ] *s* (orn.) tordo alirrojo; (orn.) arrocero (*Agelaius phoeniceus*)
red-winged blackbird [ˈrɛd,wɪŋd] *s* (orn.) arrocero

R

redwood ['rɛd,wʊd] *s* (bot.) secoya; madera de secoya
reëcho [ri'ɛko] *s* (*pl:* **-oes**) eco repetido; *va* repetir el eco de; repetir como eco; *vn* responder el eco; resonar
reed [rid] *s* (bot.) carrizo (*Phragmites communis*); (bot.) caña (*Arundo donax*); caña; flecha o saeta de caña; (mus.) instrumento de lengüeta; peine (*de los telares*); *adj* (mus.) de lengüeta
reedbird ['rid,bʌrd] *s* (orn.) chambergo
reed instrument *s* (mus.) instrumento de lengüeta
reëdit [ri'ɛdɪt] *va* refundir
reed mace *s* (bot.) espadaña
reed organ *s* (mus.) órgano de lengüetas
reed pipe *s* (mus.) tubo de lengüeta
reëducate [ri'ɛdʒəket] o [ri'ɛdʒʊket] *va* reeducar
reëducation [,riɛdʒə'keʃən] o [,riɛdʒʊ'keʃən] *s* reeducación
reedy ['ridɪ] *adj* (*comp:* **-ier;** *super:* **-iest**) lleno de cañas; hecho de caña o cañas; agudo, de tono delgado y agudo
reef [rif] *s* arrecife, escollo; (min.) veta, filón; (naut.) parte de la vela que se puede aferrar con rizos; **to let out the reef** (naut.) largar rizos; **to take in the reef** (naut.) tomar rizos; *va* arrizar; **to reef one's sails** (fig.) aflojar en un empeño
reef band *s* (naut.) faja de rizos
reefer ['rifər] *s* (naut.) el que arriza las velas; chaquetón; (slang) pitillo de mariguana
reef knot *s* (naut.) nudo llano, nudo de rizos
reef point *s* (naut.) rizo
reek [rik] *s* vaho; *va* ahumar; despedir; oler a; *vn* vahear, humear; estar bañado en sudor; estar mojado con sangre; **to reek of** o **with** oler a
reel [ril] *s* carrete; tambor; carretel; devanadera; rollo; broca; baile escocés o virginiano muy vivo; película o cinta (*de cine*); tambaleo; **off the reel** (coll.) fácil y prestamente; *va* aspar (*en carretel*); tirar de (*un pez*) haciendo girar el carretel; devanar, enrollar; hacer tambalear; **to reel off** decir o narrar fácil y prestamente; *vn* tambalear, dar vueltas; cejar (*andar hacia atrás, p.ej., el enemigo*)
reëlect [,riɪ'lɛkt] *va* reelegir
reëlection [,riɪ'lɛkʃən] *s* reelección
reëligible [ri'ɛlɪdʒɪbəl] *adj* reelegible
reëmbark [,riɛm'bɑrk] *va* reembarcar; *vn* reembarcar o reembarcarse
reënact [,riɛn'ækt] *va* volver a decretar; volver a promulgar; volver a desempeñar el papel de; reproducir, volver a representar; *vn* volver a actuar, volver a desempeñar un papel
reënactment [,riɛn'æktmənt] *s* ley o estatuto nuevo; nueva promulgación; nueva representación
reënforce [,riɛn'fors] *va* var. de **reinforce**
reënforcement [,riɛn'forsmənt] *s* var. de **reinforcement**
reënlist [,riɛn'lɪst] *va* reenganchar; *vn* reengancharse
reënlistment [,riɛn'lɪstmənt] *s* reenganche
reënter [ri'ɛntər] *va* reentrar en; volver a asentar; volver a matricular; volver a matricularse en; *vn* reentrar, reingresar; volver a matricularse
reëntering [ri'ɛntərɪŋ] *adj* (math. & mil.) entrante
reëntry [ri'ɛntrɪ] *s* (*pl:* **-tries**) reingreso, nueva entrada; vuelta a la atmósfera terrestre
reëntry permit *s* permiso de regreso
reëstablish [,riɛs'tæblɪʃ] *va* restablecer
reëstablishment [,riɛs'tæblɪʃmənt] *s* restablecimiento
reeve [riv] (*pret & pp:* **rove** o **reeved**) *va* (naut.) pasar en un ojal, jareta, etc.; (naut.) asegurar (*p.ej., un cabo*); (naut.) asegurar con cabo; *vn* (naut.) laborear
reëxamination [,riɛg,zæmɪ'neʃən] *s* reexaminación
reëxamine [,riɛg'zæmɪn] *va* reexaminar
reëxport [ri'ɛksport] *s* reexportación; [,riɛks'port] o [ri'ɛksport] *va* reexportar
ref. abr. de **referee, reference, referred, reformation, reformed** y **reformer**

refection [rɪ'fɛkʃən] *s* refacción o refección (*alimento*)
refectory [rɪ'fɛktərɪ] *s* (*pl:* **-ries**) refectorio
refer [rɪ'fʌr] (*pret & pp:* **-ferred;** *ger:* **-ferring**) *va* referir; *vn* referirse
referee [,rɛfə'ri] *s* (sport) árbitro; (law) juez árbitro; *va & vn* arbitrar
reference ['rɛfərəns] *s* referencia; persona a quien se puede acudir para referencias; **in** o **with reference to** en cuanto a, respecto de; **to make reference to** hacer alusión a
reference frame *s* var. de **frame of reference**
reference library *s* biblioteca de consulta
reference mark *s* (print.) llamada
reference work *s* obra de consulta
referendum [,rɛfə'rɛndəm] *s* (*pl:* **-da** [də]) referéndum
refill ['rifɪl] *s* relleno; [ri'fɪl] *va* rellenar
refillable [ri'fɪləbəl] *adj* rellenable
refine [rɪ'faɪn] *va* refinar; *vn* refinarse; sutilizar; **to refine on** o **upon** mejorar; aventajar, superar
refined [rɪ'faɪnd] *adj* refinado; fino, cortés, sutil; esmerado, exacto
refinement [rɪ'faɪnmənt] *s* refinamiento (*acción de refinar; buen gusto; perfeccionamiento*); sutileza
refiner [rɪ'faɪnər] *s* refinador
refinery [rɪ'faɪnərɪ] *s* (*pl:* **-ies**) refinería
refit [ri'fɪt] (*pret & pp:* **-fitted;** *ger:* **-fitting**) *va* componer, reparar, restaurar
reflect [rɪ'flɛkt] *va* reflejar; echar, traer consigo; *vn* reflejar o reflexionar; **to reflect on** o **upon** reflexionar en o sobre; tachar, notar
reflecting telescope *s* telescopio de espejo
reflection [rɪ'flɛkʃən] *s* reflexión; reflejo (*imagen*); tacha, reproche; (physiol.) reflejo
reflective [rɪ'flɛktɪv] *adj* reflexivo; (fig.) reflexivo
reflector [rɪ'flɛktər] *s* reflector
reflex ['riflɛks] *adj & s* reflejo; (physiol.) reflejo; [rɪ'flɛks] *va* replegar
reflexible [rɪ'flɛksɪbəl] *adj* reflexible
reflexive [rɪ'flɛksɪv] *adj & s* (gram.) reflexivo (*pronombre o verbo*)
refloat [ri'flot] *va* poner a flote nuevamente; *vn* flotar nuevamente
refluent ['rɛfluənt] *adj* refluente
reflux ['riflʌks] *s* reflujo
reforest [ri'fɑrɪst] o [ri'fɔrɪst] *va* volver a repoblar (*un monte*)
reforestation [,rifɑrɪs'teʃən] o [,rifɔrɪs'teʃən] *s* reforestación, nueva repoblación (*de un monte*)
reform [rɪ'fɔrm] *s* reforma; *va* reformar; *vn* reformarse
re-form [ri'fɔrm] *va* reformar; *vn* reformarse
reformation [,rɛfər'meʃən] *s* reformación; (*cap.*) *s* (hist.) Reforma
reformative [rɪ'fɔrmətɪv] *adj* reformativo
reformatory [rɪ'fɔrmə,torɪ] *adj* reformatorio; *s* (*pl:* **-ries**) reformatorio
reformed [rɪ'fɔrmd] *adj* reformado: (*cap.*) *adj & s* reformado
reformer [rɪ'fɔrmər] *s* reformador
reformist [rɪ'fɔrmɪst] *adj & s* reformista
reform school *s* casa de correción, reformatorio
refract [rɪ'frækt] *va* refractar; determinar la condición refractiva de (*un ojo*); determinar el poder refractor de (*un lente*)
refraction [rɪ'frækʃən] *s* (phys. & opt.) refracción; determinación de la condición refractiva del ojo
refractive [rɪ'fræktɪv] *adj* refractivo
refractive index *s* (opt.) índice de refracción
refractometer [,rifræk'tɑmɪtər] *s* refractómetro
refractor [rɪ'fræktər] *s* (opt.) refractor
refractory [rɪ'fræktərɪ] *adj* refractario
refrain [rɪ'fren] *s* estribillo; *vn* abstenerse, refrenarse; **to refrain from** abstenerse de
refrangibility [rɪ,frændʒɪ'bɪlɪtɪ] *s* refrangibilidad
refrangible [rɪ'frændʒɪbəl] *adj* refrangible
refresh [rɪ'frɛʃ] *va* refrescar; **to refresh the memory** refrescar la memoria; *vn* refrescarse
refresher course [rɪ'frɛʃər] *s* curso de repaso

refreshing [rɪˈfreʃɪŋ] *adj* refrescante; alentador, confortante
refreshment [rɪˈfreʃmənt] *s* refrescadura (*acción*); refresco (*alimento o bebida*)
refrigerant [rɪˈfrɪdʒərənt] *adj & s* refrigerante
refrigerate [rɪˈfrɪdʒəret] *va* refrigerar
refrigeration [rɪ,frɪdʒəˈreʃən] *s* refrigeración
refrigeration coil *s* serpentín de refrigeración
refrigerator [rɪˈfrɪdʒə,retər] *s* refrigerador, heladera, nevera
refrigerator car *s* (rail.) carro o vagón frigorífico
refringency [rɪˈfrɪndʒənsɪ] *s* refringencia
refringent [rɪˈfrɪndʒənt] *adj* refringente
refuel [riˈfjuəl] *va* reaprovisionar de combustible; *vn* reaprovisionarse de combustible
refuge [ˈrefjudʒ] *s* refugio; expediente, subterfugio; **to take refuge** refugiarse
refugee [,refjuˈdʒi] *s* refugiado
refulgence [rɪˈfʌldʒəns] *s* refulgencia
refulgent [rɪˈfʌldʒənt] *adj* refulgente
refund [ˈrifʌnd] *s* reembolso; [rɪˈfʌnd] *va* reembolsar; [riˈfʌnd] *va* consolidar
refurbish [riˈfʌrbɪʃ] *va* restaurar, retocar, repulir
refurnish [riˈfʌrnɪʃ] *va* amueblar de nuevo
refusal [rɪˈfjuzəl] *s* denegación, negativa; opción exclusiva
refuse [ˈrefjus] *s* basura, desecho; hez, zupia; [rɪˈfjuz] *va* rehusar; rechazar, no querer aceptar; **to refuse to** + *inf* negarse a + *inf*, rehusar + *inf*
refutation [,refjʊˈteʃən] *s* refutación
refute [rɪˈfjut] *va* refutar
reg. abr. de **register, registered, registrar, registry, regular** y **regularly**
regain [rɪˈgen] *va* recobrar, recuperar; volver a alcanzar
regal [ˈrigəl] *adj* regio
regale [rɪˈgel] *va* regalar; **to regale oneself** regalarse
regalement [rɪˈgelmənt] *s* regalamiento
regalia [rɪˈgelɪə] *s* cigarro de regalía; *spl* regalías (*derechos o privilegios pertenecientes al rey*); insignias reales; insignias o distintivos (*de una asociación, orden, etc.*); galas, trajes de lujo
regalism [ˈrigəlɪzəm] *s* regalismo
regalist [ˈrigəlɪst] *s* regalista
regality [rɪˈgælɪtɪ] *s* (*pl:* **-ties**) realeza; soberanía; reino
regard [rɪˈgɑrd] *s* mirada; consideración; respeto; respecto, relación; **regards** *spl* recuerdos; **in** o **with regard to** en cuanto a, respecto a o de; **without regard to** sin considerar, sin hacer caso de; **without any regard for** sin miramientos por; *va* mirar; considerar; tocar a, referirse a; **as regards** en cuanto a; *vn* mirar
regardful [rɪˈgɑrdfəl] *adj* atento; mirado, respetuoso
regarding [rɪˈgɑrdɪŋ] *prep* tocante a, respecto a o de
regardless [rɪˈgɑrdlɪs] *adj* desatento, descuidado, indiferente; *adv* (coll.) pese a quien pese, cueste lo que cueste; **regardless of** sin hacer caso de; a pesar de
regatta [rɪˈgætə] *s* regata
regency [ˈridʒənsɪ] *s* (*pl:* **-cies**) regencia
regeneracy [rɪˈdʒenərəsɪ] *s* regeneración
regenerate [rɪˈdʒenərɪt] *adj* regenerado; [rɪˈdʒenəret] *va* regenerar; *vn* regenerarse
regeneration [rɪ,dʒenəˈreʃən] *s* regeneración
regenerative [rɪˈdʒenə,retɪv] *adj* regenerativo
regenerative braking *s* (elec.) frenaje de regeneración
regenerative furnace *s* horno de regeneración
regenerator [rɪˈdʒenə,retər] *s* regenerador; (mach.) regenerador
regent [ˈridʒənt] *adj* regente; *s* regente; miembro de una junta directiva
regentship [ˈridʒəntʃɪp] *s* regencia
regicidal [,redʒɪˈsaɪdəl] *adj* regicida
regicide [ˈredʒɪsaɪd] *s* regicidio (*acción*); regicida (*persona*)
regild [riˈgɪld] *va* volver a dorar
regime o **régime** [reˈʒim] o **regimen** [ˈredʒɪmen] *s* régimen
regiment [ˈredʒɪmənt] *s* (mil.) regimiento; [ˈredʒɪment] *va* regimentar
regimental [,redʒɪˈmentəl] *adj* regimental; **regimentals** *spl* uniforme militar
regimentation [,redʒɪmenˈteʃən] *s* regimentación
Reginald [ˈredʒɪnəld] *s* Reginaldo
region [ˈridʒən] *s* región
regional [ˈridʒənəl] *adj* regional
regionalism [ˈridʒənəlɪzəm] *s* regionalismo
regionalist [ˈridʒənəlɪst] *adj & s* regionalista
register [ˈredʒɪstər] *s* registro; registrador (*aparato*); registro parroquial; reja regulable de calefacción; índice, tabla de materias; (mus.) extensión (*de la voz, de un instrumento*); (naut.) matrícula; (print.) registro; *va* registrar; manifestar, dar a conocer; certificar; (print.) registrar; *vn* registrarse; inscribirse
registered letter *s* carta certificada
registered nurse *s* (U.S.A.) enfermera titulada
registrable [ˈredʒɪstrəbəl] *adj* registrable
registrar [ˈredʒɪstrɑr] o [,redʒɪˈstrɑr] *s* registrador, archivero
registration [,redʒɪˈstreʃən] *s* registro, inscripción; matrícula
registration fee *s* derechos de matrícula
registry [ˈredʒɪstrɪ] *s* (*pl:* **-tries**) registro
regnant [ˈregnənt] *adj* reinante
regress [ˈrigres] *s* retroceso; (astr.) retrogradación; (eccl.) regreso; [rɪˈgres] *vn* retroceder; (astr.) retrogradar
regression [rɪˈgreʃən] *s* regresión
regressive [rɪˈgresɪv] *adj* regresivo
regret [rɪˈgret] *s* pesar, sentimiento; pesadumbre, remordimiento; **regrets** *spl* excusas (*que se envían para rehusar una invitación*); (*pret & pp:* **-gretted;** *ger:* **-gretting**) *va* sentir, lamentar; lamentar la pérdida de; arrepentirse de; **to regret to** + *inf* sentir + *inf*
regretful [rɪˈgretfəl] *adj* pesaroso; deplorable
regrettable [rɪˈgretəbəl] *adj* lamentable
regrettably [rɪˈgretəblɪ] *adv* lamentablemente
regroup [riˈgrup] *va* reagrupar; *vn* reagruparse
Regt. abr. de **regent** y **regiment**
regular [ˈregjələr] *adj* regular; (bot., eccl., geom., gram. & mil.) regular; (coll.) cabal, completo, verdadero; *s* obrero permanente; parroquiano regular; (eccl. & mil.) regular; **regulars** *spl* (mil.) tropas regulares
regularity [,regjəˈlærɪtɪ] *s* regularidad
regularization [,regjələrɪˈzeʃən] *s* regularización
regularize [ˈregjələraɪz] *va* regularizar
regulate [ˈregjəlet] *va* regular; graduar (*p.ej., un grifo*)
regulation [,regjəˈleʃən] *s* regulación; regla, ordenanza; *adj* regular; de regla, de ordenanza
regulative [ˈregjə,letɪv] *adj* regulativo
regulator [ˈregjə,letər] *s* regulador; (mach. & elec.) regulador
regulatory [ˈregjələ,torɪ] *adj* regulador
regulus [ˈregjələs] *s* (*pl:* **-luses** o **-li** [laɪ]) régulo; (chem. & metal.) régulo; (*cap.*) *s* (astr.) Régulo
regurgitate [riˈgʌrdʒɪtet] *va* volver a arrojar (*un líquido*); vomitar sin esfuerzo; *vn* regurgitar
regurgitation [ri,gʌrdʒɪˈteʃən] *s* regurgitación
rehabilitate [,rihəˈbɪlɪtet] *va* rehabilitar
rehabilitation [,rihə,bɪlɪˈteʃən] *s* rehabilitación
rehandle [riˈhændəl] *va* manejar de nuevo
rehash [ˈrihæʃ] *s* rehacimiento; repetición (*p.ej., de viejos argumentos*); refundición, refrito (*especialmente de una obra dramática*); [riˈhæʃ] *va* rehacer; repetir una y otra vez
rehearsal [rɪˈhʌrsəl] *s* ensayo; repetición detallada
rehearse [rɪˈhʌrs] *va* ensayar; repetir detalladamente; *vn* ensayarse; **to rehearse** + *ger* ensayarse a + *inf*
reheat [riˈhit] *va* recalentar
reign [ren] *s* reino; reinado; dominio, imperio; **in the reign of** durante el reinado de; *vn* reinar
reignite [,riɪgˈnaɪt] *va* reencender; *vn* reencenderse
Reign of Terror *s* (hist.) Terror

R

reimburse [ˌriɪmˈbʌrs] *va* reembolsar
reimbursement [ˌriɪmˈbʌrsmənt] *s* reembolso
reimport [riˈɪmport] *s* reimportación; [ˌriɪmˈport] o [riˈɪmport] *va* reimportar
reimportation [ˌriɪmporˈteʃən] *s* reimportación
reimpression [ˌriɪmˈprɛʃən] *s* reimpresión
rein [ren] *s* rienda; **to draw rein** tener las riendas; detener el paso, parar; **to give rein to** aflojar las riendas a; **to give free rein to** dar rienda suelta a; **to take the reins** tomar las riendas; **with free rein** a rienda suelta; *va* dirigir por medio de riendas; contener, gobernar, refrenar; *vn* obedecer a las riendas; detener el paso
reincarnate [ˌriɪnˈkarnet] *va* reencarnar
reincarnation [ˌriɪnkarˈneʃən] *s* reencarnación
reindeer [ˈrenˌdɪr] *s* (zool.) reno
reinfect [ˌriɪnˈfɛkt] *va* reinfectar
reinfection [ˌriɪnˈfɛkʃən] *s* reinfección
reinflate [ˌriɪnˈflet] *va* reinflar
reinforce [ˌriɪnˈfors] *va* reforzar
reinforced concrete *s* cemento armado, hormigón armado
reinforcement [ˌriɪnˈforsmənt] *s* refuerzo; **reinforcements** *spl* (mil.) refuerzos
reinoculate [ˌriɪnˈakjəlet] *va* reinocular; *vn* reinocularse
reinoculation [ˌriɪnˌakjəˈleʃən] *s* reinoculación
reinstall [ˌriɪnˈstɔl] *va* reinstalar
reinstate [ˌriɪnˈstet] *va* reinstalar; renovar
reinstatement [ˌriɪnˈstetmənt] *s* reinstalación; renovación
reinsurance [ˌriɪnˈʃʊrəns] *s* reaseguro
reinsure [ˌriɪnˈʃʊr] *va* reasegurar
reinvest [ˌriɪnˈvɛst] *va* reinvertir
reinvestment [ˌriɪnˈvɛstmənt] *s* reinversión
reiterate [riˈɪtəret] *va* reiterar
reiteration [riˌɪtəˈreʃən] *s* reiteración
reiterative [riˈɪtəˌretɪv] *adj* reiterativo
reject [rɪˈdʒɛkt] *va* rechazar; arrojar (*vomitar*)
rejection [rɪˈdʒɛkʃən] *s* rechazamiento; vómito; **rejections** *spl* excremento
rejoice [rɪˈdʒɔɪs] *va* regocijar; *vn* regocijarse
rejoicing [rɪˈdʒɔɪsɪŋ] *s* regocijo
rejoin [riˈdʒɔɪn] *va* volver a juntar o unir; volver a juntarse con, volver a la compañía de; [rɪˈdʒɔɪn] *va* contestar; *vn* contestar; (law) duplicar
rejoinder [rɪˈdʒɔɪndər] *s* contestación; (law) contrarréplica
rejuvenate [rɪˈdʒuvɪnet] *va* rejuvenecer; *vn* rejuvenecerse
rejuvenation [rɪˌdʒuvɪˈneʃən] *s* rejuvenecimiento
rekindle [riˈkɪndəl] *va* reencender; *vn* reencenderse
rel. abr. de **relating, relative, relatively, religion** y **religious**
relaid [riˈled] *pret & pp de* **relay**
relapse [rɪˈlæps] *s* recaída; *vn* recaer
relate [rɪˈlet] *va* relacionar; contar, relatar; *vn* relacionarse
related [rɪˈletɪd] *adj* relacionado
relation [rɪˈleʃən] *s* relación; narración, relato; pariente; parentesco; **relations** *spl* cópula; **in relation to** o **with relation to** respecto de
relational [rɪˈleʃənəl] *adj* que expresa relación; de parentesco
relationship [rɪˈleʃənʃɪp] *s* relación; parentesco
relative [ˈrɛlətɪv] *adj* relativo; (gram.) relativo; *s* deudo, pariente; (gram.) relativo
relative clause *s* (gram.) oración de relativo
relative humidity *s* (meteor.) humedad relativa
relatively [ˈrɛlətɪvlɪ] *adv* relativamente
relativism [ˈrɛlətɪvɪzəm] *s* relativismo
relativity [ˌrɛləˈtɪvɪtɪ] *s* relatividad; (phys.) relatividad
relator [rɪˈletər] *s* relator
relax [rɪˈlæks] *va* relajar; esparcir, desahogar; *vn* relajar (*aflojarse; hacerse menos severo*); esparcirse, desahogarse, despreocuparse
relaxation [ˌrilæksˈeʃən] *s* relajación; esparcimiento, desahogo, despreocupación
relaxation of tension *s* disminución de la tirantez internacional
relaxative [rɪˈlæksətɪv] *adj & s* relajante
relaxedly [rɪˈlæksɪdlɪ] *adv* relajadamente; desahogadamente
relaxing [rɪˈlæksɪŋ] *adj* despreocupante
relay [ˈrile] o [rɪˈle] *s* relevo, remuda; parada, posta (*de caballos*); (mil. & sport) relevo; (sport) carrera de relevos o de equipos; (elec.) relai o relais; (*pret & pp:* **-layed**) *va* transmitir relevándose; enviar por la posta; transmitir con un relais; retransmitir (*una emisión*); reexpedir (*un radiotelegrama*); [riˈle] (*pret & pp:* **-laid**) *va* volver a colocar
relay race *s* (sport) carrera de relevos o de equipos
release [rɪˈlis] *s* liberación; excarcelación; alivio; finiquito; desprendimiento; (mach.) escape, disparador; (law) cesión; (law) acta o escritura de cesión; permiso de publicación, venta, etc.; obra o pieza lista para la publicación, venta, etc.; (aer.) lanzamiento; *va* soltar; aliviar; relevar; (law) ceder; permitir la publicación, venta, etc. de; (aut.) soltar (*el embrague, el freno*); (aer.) lanzar (*una bomba*)
re-lease [riˈlis] *va* arrendar de nuevo
relegate [ˈrɛlɪget] *va* relegar
relegation [ˌrɛlɪˈgeʃən] *s* relegación
relent [rɪˈlɛnt] *vn* ablandarse, aplacarse
relentless [rɪˈlɛntlɪs] *adj* implacable
relevance [ˈrɛlɪvəns] o **relevancy** [ˈrɛlɪvənsɪ] *s* pertinencia
relevant [ˈrɛlɪvənt] *adj* pertinente
reliability [rɪˌlaɪəˈbɪlɪtɪ] *s* confiabilidad
reliable [rɪˈlaɪəbəl] *adj* confiable, fidedigno
reliable sources *spl* fuentes fidedignas
reliably [rɪˈlaɪəblɪ] *adv* de un modo confiable
reliance [rɪˈlaɪəns] *s* confianza
reliant [rɪˈlaɪənt] *adj* confiado
relic [ˈrɛlɪk] *s* reliquia
relict [rɪˈlɪkt] *adj* (biol.) relicto; [ˈrɛlɪkt] *s* (biol.) reliquia, forma relicta; viuda; **relicts** *spl* restos mortales
relief [rɪˈlif] *s* relevación; alivio; caridad; relieve (*labor que resalta sobre un plano*); (fort.) relieve; (mil.) relevo; **in relief** en relieve; **on relief** viviendo de socorro, recibiendo manutención gratuita
relief map *s* mapa en relieve
relieve [rɪˈliv] *va* relevar; aliviar; auxiliar (*a los necesitados*); (mil.) relevar
relievo [rɪˈlivo] *s* (*pl:* **-vos**) relieve
relight [riˈlaɪt] *va* reencender
religion [rɪˈlɪdʒən] *s* religión
religiosity [rɪˌlɪdʒɪˈasɪtɪ] *s* religiosidad; beatería
religious [rɪˈlɪdʒəs] *adj* religioso; *s* religioso; *spl* religiosos
reline [riˈlaɪn] *va* reforrar, revestir; (aut.) reforrar (*los frenos*)
relinquish [rɪˈlɪŋkwɪʃ] *va* abandonar, dejar, renunciar
relinquishment [rɪˈlɪŋkwɪʃmənt] *s* abandono, dejación, renuncia
reliquary [ˈrɛlɪˌkwɛrɪ] *s* (*pl:* **-ies**) relicario
relique [ˈrɛlɪk] o [rɛˈlik] *s* var. de **relic**
relish [ˈrɛlɪʃ] *s* buen sabor, gusto; condimento, sazón; dejo, gustillo, saborcillo; entremés; *va* saborear; gustar de; comer o beber con placer; *vn* saber bien; agradar, gustar
relive [riˈlɪv] *va* volver a llevar (*tal o cual vida*); repasar en la memoria (*un tiempo pasado*); *vn* renacer, volver a la vida
reload [riˈlod] *va* recargar, volver a cargar
reluctance [rɪˈlʌktəns] *s* renuencia, aversión; (elec.) reluctancia; **with reluctance** de mala gana
reluctancy [rɪˈlʌktənsɪ] *s* renuencia, aversión
reluctant [rɪˈlʌktənt] *adj* renuente, maldispuesto
reluctivity [ˌrɛləkˈtɪvɪtɪ] *s* (elec.) reluctividad
relume [riˈlum] *va* reencender
rely [rɪˈlaɪ] (*pret & pp:* **-lied**) *vn* depender, confiar; **to rely on** depender de, confiar en
remade [riˈmed] *pret & pp de* **remake**
remain [rɪˈmen] *vn* permanecer, quedarse; restar; continuar; **to remain to be** + *pp* quedar por + *inf*, p.ej., **more than half of the railroad remains to be built** aún queda más de la mitad del ferrocarril por construir;

remains *spl* desechos, residuos, restos; restos mortales; obra póstuma
remainder [rɪˈmendər] *s* resto, restante, residuo; (math.) resta, resto o residuo; libro casi invendible; *va* saldar (*libros que ya no se venden*)
remake [riˈmek] (*pret & pp:* **-made**) *va* rehacer
remand [rɪˈmænd] o [rɪˈmɑnd] *va* reencarcelamiento; persona reencarcelada; *va* reencarcelar
remanent magnetism [ˈrɛmənənt] *s* (phys.) magnetismo remanente
remark [rɪˈmɑrk] *s* observación, nota; *va & vn* observar, notar; **to remark on** o **upon** aludir a, comentar
remarkable [rɪˈmɑrkəbəl] *adj* notable, extraordinario
remarkably [rɪˈmɑrkəblɪ] *adv* notablemente, extraordinariamente
remarriage [riˈmærɪdʒ] *s* segundas (o terceras, etc.) nupcias
remarry [riˈmærɪ] (*pret & pp:* **-ried**) *vn* volver a casarse
remediable [rɪˈmidɪəbəl] *adj* remediable
remediably [rɪˈmidɪəblɪ] *adv* remediablemente
remedial [rɪˈmidɪəl] *adj* remediador
remediless [ˈrɛmɪdɪlɪs] *adj* irremediable, sin remedio
remedy [ˈrɛmɪdɪ] *s* (*pl:* **-dies**) remedio; (*pret & pp:* **-died**) *va* remediar
remember [rɪˈmɛmbər] *va* acordarse de, recordar; **to remember to** + *inf* acordarse de + *inf*, recordar + *inf*, p.ej., **he remembered to do it** se acordó de hacerlo, recordó hacerlo; **to remember** + *ger* acordarse de + *perf inf*, recordar + *perf inf*, p.ej., **he remembered doing it** se acordaba de haberlo hecho, recordaba haberlo hecho; **remember me to your brother** recuerdos a su hermano, déle Vd. a su hermano recuerdos o memorias de mi parte; *vn* acordarse, recordar; **if I remember correctly** si mal no me acuerdo, si mal no recuerdo
remembrance [rɪˈmɛmbrəns] *s* recuerdo; **remembrances** *spl* recuerdos, saludos
remembrancer [rɪˈmɛmbrənsər] *s* recordatorio, recordativo
remiges [ˈrɛmɪdʒiz] *spl* (orn.) rémiges, remeras
remind [rɪˈmaɪnd] *va* recordar; **to remind someone of something** recordar algo a alguien; **to remind to** + *inf* recordar que + *subj*, p.ej., **remind him to write** recuérdele Vd. que escriba
reminder [rɪˈmaɪndər] *s* recordatorio, recordativo
Remington gun [ˈrɛmɪŋtən] *s* rémington
reminisce [ˌrɛmɪˈnɪs] *vn* contar sus recuerdos, entregarse a los recuerdos
reminiscence [ˌrɛmɪˈnɪsəns] *s* reminiscencia; (philos.) reminiscencia
reminiscent [ˌrɛmɪˈnɪsənt] *adj* recordativo; evocador
remiss [rɪˈmɪs] *adj* descuidado, negligente
remissible [rɪˈmɪsɪbəl] *adj* remisible
remission [rɪˈmɪʃən] *s* remisión
remission of sins *s* remisión de los pecados
remissness [rɪˈmɪsnɪs] *s* descuido, negligencia
remit [rɪˈmɪt] (*pret & pp:* **-mitted**; *ger:* **-mitting**) *va* remitir; devolver, restituir; reencarcelar; *vn* remitir dinero; remitir o remitirse
remittal [rɪˈmɪtəl] *s* remisión
remittance [rɪˈmɪtəns] *s* remesa
remittent [rɪˈmɪtənt] *adj* remitente
remnant [ˈrɛmnənt] *adj* remanente; *s* remanente, resto; retal, retazo; saldo (*resto de mercancías*)
remodel [riˈmɑdəl] (*pret & pp:* **-eled** o **-elled**; *ger:* **-eling** o **-elling**) *va* modelar de nuevo; rehacer, reconstruir; convertir, transformar
remonetize [riˈmɑnɪtaɪz] o [riˈmʌnɪtaɪz] *va* volver a monetizar
remonstrance [rɪˈmɑnstrəns] *s* protesta, reconvención
remonstrant [rɪˈmɑnstrənt] *adj & s* protestante
remonstrate [rɪˈmɑnstret] *vn* protestar; **to remonstrate with** reconvenir
remonstration [ˌrimɑnˈstreʃən] o [ˌrɛmɑnˈstreʃən] *s* protesta, reconvención
remonstrative [rɪˈmɑnstrətɪv] *adj* protestante
remonstrator [rɪˈmɑnstretər] *s* protestante
remora [ˈrɛmərə] *s* (ichth.) rémora
remorse [rɪˈmɔrs] *s* remordimiento
remote [rɪˈmot] *adj* remoto
remote control *s* comando a distancia, telecontrol, control remoto
remotely [rɪˈmotlɪ] *adv* remotamente
remount [riˈmaʊnt] *s* caballo de remonta; remonta (*conjunto de caballos*); *va* volver a subir (*p.ej., una escalera*); (mil.) remontar; *vn* volver a subir
removal [rɪˈmuvəl] *s* sacamiento; remoción; mudanza, traslado; eliminación; deposición (*de un empleo*)
remove [rɪˈmuv] *s* grado, paso, escalón; mudanza; *va* remover; quitar de en medio, apartar matando; *vn* removerse
removed [rɪˈmuvd] *adj* distante, apartado; **first cousin once removed** hijo de primo carnal
remunerate [rɪˈmjunəret] *va* remunerar
remuneration [rɪˌmjunəˈreʃən] *s* remuneración
remunerative [rɪˈmjunəˌretɪv] *adj* remunerativo
Remus [ˈriməs] *s* (myth.) Remo
renaissance [ˌrɛnəˈsɑns] o [rɪˈnesəns] *s* renacimiento; (*cap.*) *s* Renacimiento
renal [ˈrinəl] *adj* renal
rename [riˈnem] *va* volver a nombrar, dar nuevo nombre a
Renard [ˈrɛnərd] *s* var. de **Reynard**
renascence [rɪˈnæsəns] *s* renacimiento; (*cap.*) *s* Renacimiento
renascent [rɪˈnæsənt] *adj* renaciente
rencounter [rɛnˈkaʊntər] *s* altercado, refriega; encuentro fortuito
rend [rɛnd] (*pret & pp:* **rent**) *va* desgarrar; hender, rajar; arrancar; estremecer (*un ruido el aire*)
render [ˈrɛndər] *va* rendir (*gracias, obsequios, homenaje*); prestar, suministrar (*p.ej., ayuda*); pagar (*p.ej., un tributo*); desempeñar (*un papel*); traducir (*p.ej., sentimientos*); verter (*de un idioma a otro*); derretir (*cera, manteca, etc.*); extraer o clarificar derritiendo; extraer la grasa o el sebo a; dar la primera capa de enlucido a; volver, poner; hacer (*p.ej., justicia*); (mus.) ejecutar
rendezvous [ˈrɑndəvu] *s* (*pl;* **-vous** [vuz]) cita; encuentro, reunión (*en el espacio*); (*pret & pp:* **-voused** [vud]; *ger:* **-vousing** [vuɪŋ]) *va* reunir a una cita; *vn* reunirse a una cita
rendition [rɛnˈdɪʃən] *s* rendición; traducción; (mus.) ejecución
renegade [ˈrɛnɪged] *adj & s* renegado; traidor; desertor
renege [rɪˈnɪg] *s* renuncio; *va* renunciar; *vn* renunciar; (coll.) volverse atrás, no cumplir su promesa
renegotiation [ˌrinɪˌgoʃɪˈeʃən] *s* renegociación
renew [rɪˈnju] o [rɪˈnu] *va* renovar; *vn* renovarse; obtener o conceder una renovación o extensión de contrato, cuenta, etc.
renewable [rɪˈnjuəbəl] o [rɪˈnuəbəl] *adj* renovable
renewal [rɪˈnjuəl] o [rɪˈnuəl] *s* renovación
renewedly [rɪˈnjuɪdlɪ] o [rɪˈnuɪdlɪ] *adv* de nuevo, otra vez
reniform [ˈrɛnɪfɔrm] o [ˈrinɪfɔrm] *adj* reniforme
rennet [ˈrɛnɪt] *s* cuajo
rennet bag *s* (zool.) cuajar
rennin [ˈrɛnɪn] *s* (biochem.) quimosina
renomination [riˌnɑmɪˈneʃən] *s* nueva nominación, nuevo nombramiento
renounce [rɪˈnaʊns] *va* renunciar (*p.ej., una herencia, un ofrecimiento, un derecho*); renunciar a (*un proyecto*); desconocer; *vn* renunciar
renouncement [rɪˈnaʊnsmənt] *s* renunciación; desconocimiento
renovate [ˈrɛnovet] *va* renovar; reformar (*p.ej., una tienda, una casa*)
renovation [ˌrɛnoˈveʃən] *s* renovación; reforma
renovator [ˈrɛnoˌvetər] *s* renovador

R

renown [rɪˈnaʊn] *s* renombre
renowned [rɪˈnaʊnd] *adj* renombrado
rent [rɛnt] *s* alquiler, arriendo; renta de la tierra; desgarro, rasgón; cisma, desavenencia; **for rent** se alquila; *adj* desgarrado, rasgado; andrajoso, harapos; *va* alquilar, arrendar; *vn* alquilarse, arrendarse; *pret & pp de* **rend**
rentable [ˈrɛntəbəl] *adj* arrendable
rental [ˈrɛntəl] *s* alquiler, arriendo
rent control *s* control de alquileres
renter [ˈrɛntər] *s* inquilino, arrendatario
rent roll *s* lista de rentas
renumber [riˈnʌmbər] *va* volver a numerar, corregir la numeración de
renunciation [rɪˌnʌnsɪˈeʃən] o [rɪˌnʌnʃɪˈeʃən] *s* renunciación, renunciamiento; desconocimiento
reopen [riˈopən] *va* reabrir; *vn* reabrirse
reopening [riˈopənɪŋ] *s* reapertura
reorganization [ˌriɔrgənɪˈzeʃən] *s* reorganización
reorganize [riˈɔrgənaɪz] *va* reorganizar; *vn* reorganizarse
reorient [riˈorɪɛnt] *va* reorientar
rep. abr. de **report, reported, reporter, representative** y **republic**
Rep. abr. de **Republic** y **Republican**
rep [rɛp] *s* reps (*tela*); (slang) reputación
repack [riˈpæk] *va* reempacar; (mach.) reempaquetar
repaid [rɪˈped] *pret & pp de* **repay**
repaint [riˈpent] *s* repinte; *va & vn* repintar
repair [rɪˈpɛr] *s* reparación; remonta (*de las botas*); **in repair** en buen estado; **in bad repair** en mal estado; **in good repair** en buen estado; *va* reparar; remontar (*botas*); *vn* dirigirse; volver
repairable [rɪˈpɛrəbəl] *adj* var. de **reparable**
repairman [rɪˈpɛrˌmæn] o [rɪˈpɛrmən] *s* (*pl:* **-men**) reparador, mecánico
repair service *s* servicio de reparaciones
repair shop *s* taller de reparaciones
repaper [riˈpepər] *va* empapelar de nuevo
reparable [ˈrɛpərəbəl] *adj* reparable
reparation [ˌrɛpəˈreʃən] *s* reparación
reparative [rɪˈpærətɪv] *adj* reparativo
repartee [ˌrɛpɑrˈti] *s* respuesta viva y bien sentada; agudeza y gracia en responder
repartition [ˌripɑrˈtɪʃən] o [ˌripərˈtɪʃən] *s* reparto; *va* repartir
repass [riˈpæs] o [riˈpɑs] *va* repasar; hacer repasar; volver a aprobar (*un proyecto de ley*); *vn* repasar
repast [rɪˈpæst] o [rɪˈpɑst] *s* comida, comilona
repatriate [riˈpetrɪet] *s* repatriado; *va* repatriar
repatriation [riˌpetrɪˈeʃən] *s* repatriación
repave [riˈpev] *va* repavimentar
repay [rɪˈpe] (*pret & pp:* **-paid**) *va* reembolsar; resarcir; compensar
repayable [rɪˈpeəbəl] *adj* reembolsable; resarcible; compensable
repayment [rɪˈpemənt] *s* reembolso; resarcimiento; compensación
repeal [rɪˈpil] *s* abrogación, revocación; *va* abrogar, revocar
repeat [rɪˈpit] *s* repetición; (mus.) repetición; *va* repetir; **to repeat oneself** repetirse; *vn* repetir; (path.) repetir; (U.S.A.) volver a votar en la misma elección (*ilegalmente*)
repeatedly [rɪˈpitɪdlɪ] *adv* repetidamente
repeater [rɪˈpitər] *s* repetidor; rifle de repetición; reloj de repetición; (U.S.A.) persona que vota más de una vez en una elección; (telp.) repetidor
repeating decimal *s* (math.) fracción decimal periódica
repeating rifle *s* rifle de repetición
repeating watch *s* reloj de repetición
repel [rɪˈpɛl] (*pret & pp:* **-pelled;** *ger:* **-pelling**) *va* rechazar; repugnar
repellent [rɪˈpɛlənt] *adj* repulsivo; (med.) repercusivo; *s* tela impermeable; (med.) repercusivo
repent [rɪˈpɛnt] *va* arrepentirse de; *vn* arrepentirse; **to repent having** + *pp* arrepentirse de haber + *pp*
repentance [rɪˈpɛntəns] *s* arrepentimiento
repentant [rɪˈpɛntənt] *adj* arrepentido; de arrepentimiento
repeople [riˈpipəl] *va* repoblar
repercussion [ˌripərˈkʌʃən] *s* repercusión
repertoire [ˈrɛpərtwɑr] *s* repertorio
repertory [ˈrɛpərˌtorɪ] *s* (*pl:* **-ries**) repertorio
repertory theater *s* teatro de repertorio
repetend [ˈrɛpɪtɛnd] o [ˌrɛpɪˈtɛnd] *s* (math.) período
repetition [ˌrɛpɪˈtɪʃən] *s* repetición
repetitious [ˌrɛpɪˈtɪʃəs] *adj* repetidor
repetitive [rɪˈpɛtɪtɪv] *adj* reiterativo
rephrase [riˈfrez] *va* volver a expresar o formular; expresar o formular de modo diferente
repine [rɪˈpaɪn] *vn* apurarse, afligirse, quejarse
replace [rɪˈples] *va* reponer; reemplazar
replaceable [rɪˈplesəbəl] *adj* reemplazable
replacement [rɪˈplesmənt] *s* reposición; reemplazo; repuesto; pieza de repuesto; (mil.) soldado reemplazante
replacement center *s* (mil.) centro de substitución
replant [riˈplænt] o [riˈplɑnt] *va* replantar; resembrar
replenish [rɪˈplɛnɪʃ] *va* llenar, henchir; rellenar, rehenchir; reaprovisionar; colmar de inspiración
replenishment [rɪˈplɛnɪʃmənt] *s* henchimiento; relleno; reaprovisionamiento
replete [rɪˈplit] *adj* repleto
repletion [rɪˈpliʃən] *s* repleción
replevin [rɪˈplɛvɪn] *s* (law) reivindicación; (law) auto de desembargo; *va* (law) reivindicar
replevy [rɪˈplɛvɪ] (*pret & pp:* **-ied**) *va* (law) reivindicar
replica [ˈrɛplɪkə] *s* (f.a.) réplica; (mus.) repetición; segunda edición (*persona o cosa muy semejante a otra*)
reply [rɪˈplaɪ] *s* (*pl:* **-plies**) contestación, respuesta; (*pret & pp:* **-plied**) *va* contestar, responder; *vn* contestar, responder; (law) replicar
reply coupon *s* cupón-respuesta
report [rɪˈport] *s* relato; informe; denuncia; detonación, tiro; rumor; reputación; *va* relatar; informar acerca de, redactar un informe acerca de; denunciar; **to report out** devolver o presentar (*p.ej., un proyecto de ley*) con dictamen o informes; *vn* hacer un relato; redactar un informe; ser repórter; presentarse; **to report on** notificar
reportable [rɪˈportəbəl] *adj* digno de ser relatado
report card *s* certificado escolar
reportedly [rɪˈportɪdlɪ] *adv* según se informa
reporter [rɪˈportər] *s* relator; repórter o reportero (*de un periódico*)
reporting [rɪˈpɔrtɪŋ] *s* reportaje
reportorial [ˌrɛpərˈtorɪəl] *adj* reporteril
repose [rɪˈpoz] *s* descanso; *va* descansar; poner (*confianza*); *vn* descansar
reposeful [rɪˈpozfəl] *adj* reposado
repository [rɪˈpɑzɪˌtorɪ] *s* (*pl:* **-ries**) almacén, depósito, repositorio; depositario (*persona*); mina o almacén (*de información*); filón
repossess [ˌripəˈzɛs] *va* recobrar; **to repossess of** o **in** restaurar en la posesión de
repossession [ˌripəˈzɛʃən] *s* recobro
repoussé [rəpuˈse] *adj & s* repujado
repp [rɛp] *s* reps (*tela*)
reprehend [ˌrɛprɪˈhɛnd] *va* reprender
reprehensible [ˌrɛprɪˈhɛnsɪbəl] *adj* reprensible
reprehension [ˌrɛprɪˈhɛnʃən] *s* reprensión
represent [ˌrɛprɪˈzɛnt] *va* representar
re-present [ˌriprɪˈzɛnt] *va* volver a presentar
representation [ˌrɛprɪzɛnˈteʃən] *s* representación
representative [ˌrɛprɪˈzɛntətɪv] *adj* representativo; *s* representante
repress [rɪˈprɛs] *va* reprimir
repressible [rɪˈprɛsɪbəl] *adj* reprimible
repression [rɪˈprɛʃən] *s* represión; (psychoanal.) represión
repressive [rɪˈprɛsɪv] *adj* represivo
reprieve [rɪˈpriv] *s* suspensión temporal de un castigo, suspensión temporal de la pena de

muerte; respiro, alivio temporal; *va* suspender temporalmente el castigo de, suspender temporalmente la pena de muerte de; aliviar temporalmente
reprimand ['rɛprɪmænd] o ['rɛprɪmɑnd] *s* reprimenda; *va* reconvenir, reprender
reprint ['ri,prɪnt] *s* reimpresión; tirada aparte; [ri'prɪnt] *va* reimprimir
reprisal [rɪ'praɪzəl] *s* represalia o represalias; **to make reprisals** tomar represalias
reproach [rɪ'protʃ] *s* reproche; oprobio; *va* reprochar; oprobiar; **to reproach someone for something** reprochar algo a alguien
reproachable [rɪ'protʃəbəl] *adj* reprochable
reproachful [rɪ'protʃfəl] *adj* reprochador, reprensor
reproachless [rɪ'protʃlɪs] *adj* irreprochable
reprobate ['rɛprobet] *adj & s* malvado; (theol.) réprobo; *va* reprobar
reprobation [,rɛpro'beʃən] *s* reprobación
reproduce [,riprə'djus] o [,riprə'dus] *va* reproducir; *vn* reproducirse
reproducer [,riprə'djusər] o [,riprə'dusər] *s* reproductor; (mach. & elec.) reproductor
reproducible [,riprə'djusɪbəl] o [,riprə'dusɪbəl] *adj* reproductible
reproduction [,riprə'dʌkʃən] *s* reproducción
reproductive [,riprə'dʌktɪv] *adj* reproductor
reproof [rɪ'pruf] *s* reprobación
reprovable [rɪ'pruvəbəl] *adj* reprobable
reproval [rɪ'pruvəl] *s* reprobación
reprove [rɪ'pruv] *va* reprobar
reptile ['rɛptɪl] *adj & s* (zool. & fig.) reptil
reptilian [rɛp'tɪlɪən] *adj* (zool. & fig.) reptil; *s* (zool.) reptil
Repub. abr. de **Republic** y **Republican**
republic [rɪ'pʌblɪk] *s* república; **The Republic** la República de Platón
republican [rɪ'pʌblɪkən] *adj & s* republicano
republicanism [rɪ'pʌblɪkənɪzəm] *s* republicanismo
republication [,ripʌblɪ'keʃən] *s* nueva publicación
republic of letters *s* república de las letras o república literaria
republish [ri'pʌblɪʃ] *va* volver a publicar
repudiate [rɪ'pjudɪet] *va* repudiar; no reconocer (*p.ej., una deuda*)
repudiation [rɪ,pjudɪ'eʃən] *s* repudiación; desconocimiento (*p.ej., de una deuda*)
repugnance [rɪ'pʌgnəns] o **repugnancy** [rɪ'pʌgnənsɪ] *s* repugnancia
repugnant [rɪ'pʌgnənt] *adj* repugnante
repulse [rɪ'pʌls] *s* repulsión, rechazo; *va* repeler, rechazar
repulsion [rɪ'pʌlʃən] *s* repulsión; (phys.) repulsión; (fig.) repulsión (*antipatía*)
repulsive [rɪ'pʌlsɪv] *adj* (phys. & fig.) repulsivo; feúcho
repurchase [ri'pʌrtʃəs] *s* recompra; *va* recomprar
reputable ['rɛpjətəbəl] *adj* bien reputado, de buena reputación; castizo (*vocablo*)
reputation [,rɛpjə'teʃən] *s* reputación; buena reputación
repute [rɪ'pjut] *s* reputación; buena reputación; **by repute** según la opinión común; *va* reputar
reputed [rɪ'pjutɪd] *adj* supuesto; **highly reputed** bien reputado
reputedly [rɪ'pjutɪdlɪ] *adv* según la opinión común
request [rɪ'kwɛst] *s* petición, solicitud; **at the request of** a petición de; **by request** a petición; **on** o **upon request** a pedido, a solicitud; *va* pedir; **to request something from someone** pedir algo a alguien; **to request someone to do something** pedir a alguien que haga algo
requiem o **Requiem** ['rikwɪɛm] o ['rɛkwɪɛm] *s* réquiem (*misa y música*)
requiem mass *s* misa de réquiem
requiescat [,rɛkwɪ'ɛskæt] *s* oración o voto por un difunto
require [rɪ'kwaɪr] *va* requerir, exigir
requirement [rɪ'kwaɪrmənt] *s* requisito; necesidad
requisite ['rɛkwɪzɪt] *adj & s* requisito
requisition [,rɛkwɪ'zɪʃən] *s* demanda, exacción; demanda de extradición; (mil.) requisición; *va* demandar, exigir; (mil.) requisar
requital [rɪ'kwaɪtəl] *s* compensación, retorno
requite [rɪ'kwaɪt] *va* corresponder a (*los beneficios, el amor, etc.*); corresponder con (*el bienhechor*); **to requite a person for his efforts** compensar a una persona sus esfuerzos
reran [ri'ræn] *pret de* **rerun**
reread [ri'rid] (*pret & pp:* **-read** ['rɛd]) *va* releer
rerebrace ['rɪr,bres] *s* (arm.) brafonera
reredos ['rɪrdɑs] *s* (eccl.) retablo
reroute [ri'rut] o [ri'raʊt] *va* reencaminar
rerun ['ri,rʌn] *s* nueva exhibición de una película; (telv.) programa grabado repetido; [ri'rʌn] (*pret:* **-ran;** *pp;* **-run;** *ger:* **-running**) *va* volver a exhibir (*una película*)
resale ['ri,sel] o [ri'sel] *s* reventa
rescind [rɪ'sɪnd] *va* rescindir
rescission [rɪ'sɪʒən] *s* rescisión
rescript ['riskrɪpt] *s* rescripto; refundición
rescue ['rɛskju] *s* salvación; liberación; rescate; liberación violenta de un preso; recuperación ilegal de una cosa retenida por la autoridad; **to go to the rescue of** acudir al socorro de; *va* salvar, librar; libertar; rescatar; libertar violenta e ilegalmente; recobrar violenta e ilegalmente
rescue party *s* pelotón de salvamento
rescuer ['rɛskjuər] *s* salvador
reseal [ri'sil] *va* resellar
research [rɪ'sʌrtʃ] o ['risʌrtʃ] *s* investigación; *vn* investigar
researcher [rɪ'sʌrtʃər] o ['risʌrtʃər] *s* investigador
research professor *s* profesor o catedrático investigador
reseat [ri'sit] *va* volver a sentar; poner un asiento o fondo nuevo a (*una silla*)
resect [rɪ'sɛkt] *va* (surg.) resecar
resection [rɪ'sɛkʃən] *s* resección
resedaceous [,rɛsɪ'deʃəs] *adj* (bot.) resedáceo
resell [ri'sɛl] (*pret & pp:* **-sold**) *va* revender
reseller [ri'sɛlər] *s* revendedor
resemblance [rɪ'zɛmbləns] *s* parecido, semejanza
resemble [rɪ'zɛmbəl] *va* asemejarse a, parecerse a
resent [rɪ'zɛnt] *va* resentirse de o por
resentful [rɪ'zɛntfəl] *adj* resentido
resentment [rɪ'zɛntmənt] *s* resentimiento
reserpine ['rɛsərpɪn], ['rɛsərpin], [rə'sʌrpɪn] o [rə'sʌrpin] *s* (pharm.) reserpina
reservation [,rɛzər'veʃən] *s* reservación; reserva; **without reservation** sin reserva
reserve [rɪ'zʌrv] *adj* (mil.) reservista; *s* reserva; (com. & mil.) reserva; *va* reservar
reserve bank *s* (U.S.A.) banco de reserva
reserved [rí'zʌrvd] *adj* reservado
reservedly [rɪ'zʌrvɪdlɪ] *adv* reservadamente
reserve officer *s* (mil.) oficial de complemento, oficial de reserva
reservist [rɪ'zʌrvɪst] *s* (mil.) reservista
reservoir ['rɛzərvwɑr] *s* depósito, reservorio; embalse, pantano; (fig.) mina; (fig.) fondo (*p.ej., de sabiduría*)
reset ['ri,sɛt] *s* nuevo engaste, nueva montadura; reducción (*de un hueso dislocado*); (print.) recomposición; [ri'sɛt] (*pret & pp:* **-set;** *ger:* **-setting**) *va* volver a engastar o a montar; volver a encajar (*un hueso dislocado*); (print.) recomponer (*un texto*); (print.) volver a disponer (*los tipos*)
resettle [ri'sɛtəl] *va* volver a arreglar; volver a determinar; volver a colonizar; llegar a un nuevo acuerdo sobre; *vn* volver a arreglarse; volver a determinarse; restablecerse; hacer nuevo asiento (*un edificio*); llegar a un nuevo acuerdo
resettlement [ri'sɛtəlmənt] *s* nuevo arreglo; nueva determinación; nueva colonización; restablecimiento; nuevo acuerdo
reshape [ri'ʃep] *va* reformar
reship [ri'ʃɪp] (*pret & pp:* **-shipped;** *ger:* **-shipping**) *va* reembarcar; reenviar, reexpedir; *vn* reembarcarse
reshipment [ri'ʃɪpmənt] *s* reembarco (*de personas*); reembarque (*de mercancías*); reenvío, reexpedición

R

reshuffle [ri'ʃʌfəl] *s* nueva barajadura; recomposición; *va* volver a barajar; mezclar y revolver otra vez
reside [rɪ'zaɪd] *vn* residir
residence ['rɛsɪdəns] *s* residencia; (educ.); residencia
residency ['rɛzɪdənsɪ] *s* (*pl:* **-cies**) residencia
resident ['rɛzɪdənt] *adj* residente; (orn.) no migratorio; *s* residente; médico interno, médico residente
residential [,rɛzɪ'dɛnʃəl] *adj* residencial
residual [rɪ'zɪdʒʊəl] *adj* residual
residual magnetism *s* var. de **remanent magnetism**
residuary [rɪ'zɪdʒʊ,ɛrɪ] *adj* residual
residue ['rɛzɪdju] o ['rɛzɪdu] *s* resto, residuo
residuum [rɪ'zɪdʒʊəm] *s* (*pl:* **-a** [ə]) residuo
resign [rɪ'zaɪn] *va* dimitir, resignar, renunciar; **to resign command to another person** resignar el mando en otra persona; **to resign oneself** resignarse; **to resign oneself to** + *inf* resignarse a + *inf; vn* dimitir; separarse (*p.ej., de un club*); resignarse
resignation [,rɛzɪg'neʃən] *s* dimisión, renuncia; resignación
resigned [rɪ'zaɪnd] *adj* resignado
resignedly [rɪ'zaɪnɪdlɪ] *adv* resignadamente
resilience [rɪ'zɪlɪəns] o **resiliency** [rɪ'zɪlɪənsɪ] *s* elasticidad; alegría, viveza; (mech.) resiliencia
resilient [rɪ'zɪlɪənt] *adj* elástico; alegre, vivo
resin ['rɛzɪn] *s* resina; *va* tratar con resina, aplicar una capa de resina a
resinate ['rɛzɪnet] *s* (chem.) resinato
resinoid ['rɛzɪnɔɪd] *adj* resinoide, resinoideo; *s* resinoide; gomorresina
resinous ['rɛzɪnəs] *adj* resinoso
resist [rɪ'zɪst] *va* resistir (*la tentación*); resistir a (*la violencia; la risa*); **to resist** + *ger* resistir a + *inf; vn* resistirse
resistance [rɪ'zɪstəns] *s* resistencia; (elec.) resistencia; **to offer resistance** oponer resistencia
resistance box *s* (elec.) caja de resistencias
resistance coil *s* (elec.) bobina o carrete de resistencia
resistance movement *s* movimiento de resistencia
resistant [rɪ'zɪstənt] *adj* resistente
resistibility [rɪ,zɪstɪ'bɪlɪtɪ] *s* resistibilidad
resistible [rɪ'zɪstɪbəl] *adj* resistible
resistive [rɪ'zɪstɪv] *adj* resistivo
resistivity [,rizɪs'tɪvɪtɪ] *s* resistencia; (elec.) resistividad
resistless [rɪ'zɪstlɪs] *adj* irresistible
resistor [rɪ'zɪstər] *s* (elec.) resistor
resnatron ['rɛznətrɑn] *s* (elec.) resnatrón
resold [ri'sold] *pret & pp de* **resell**
resole [ri'sol] *va* sobresolar (*un zapato*)
resoluble ['rɛzəlʊbəl] *adj* resoluble
resolute ['rɛzəlut] *adj* resuelto
resolution [,rɛzə'luʃən] *s* resolución; **good resolutions** buenos propósitos
resolvable [rɪ'zɑlvəbəl] *adj* resoluble
resolve [rɪ'zɔlv] *s* resolución; *va* resolver; *vn* resolverse; **to resolve on** o **upon** resolverse por; **to resolve to** + *inf* resolverse a + *inf*
resolved [rɪ'zɔlvd] *adj* resuelto
resonance ['rɛzənəns] *s* resonancia
resonant ['rɛzənənt] *adj* resonante
resonate ['rɛzənet] *vn* resonar
resonator ['rɛzə,netər] *s* resonador
resorb [ri'sɔrb] *va* resorber
resorcin [rɛ'zɔrsɪn] o **resorcinol** [rɛ'zɔrsɪnɑl] *s* (chem.) resorcina
resorption [rɪ'sɔrpʃən] *s* resorción
resort [rɪ'zɔrt] *s* concurrencia; recreo; lugar muy frecuentado; estación (*p.ej., de verano*); recurso; **as a last resort** como último recurso; **to have resort to** recurrir a; *vn* concurrir; recurrir; **to resort to** recurrir a
resound [rɪ'zaʊnd] *va* hacer resonar; cantar, celebrar; *vn* resonar
resource [rɪ'sors] o ['risors] *s* recurso
resourceful [rɪ'sorsfəl] *adj* despejado, ingenioso, listo
respect [rɪ'spɛkt] *s* respeto (*veneración*); respecto (*relación, concepto*); **respects** *spl* recuerdos, saludos; **in that respect** bajo ese respecto; **in respect of** respecto a o de; **in respect that** puesto que, ya que; **to pay one's respects to** ofrecer sus respetos a; **with respect to** respecto a o de; *va* respetar (*venerar*); respectar (*tocar*)
respectability [rɪ,spɛktə'bɪlɪtɪ] *s* respetabilidad
respectable [rɪ'spɛktəbəl] *adj* respetable; **at a respectable distance** a respetable distancia
respectful [rɪ'spɛktfəl] *adj* respetuoso
respectfully [rɪ'spɛktfəlɪ] *adv* respetuosamente; **respectfully yours** de Vd. atento y seguro servidor
respecting [rɪ'spɛktɪŋ] *prep* con respecto a, respecto de
respective [rɪ'spɛktɪv] *adj* respectivo
respectively [rɪ'spɛktɪvlɪ] *adv* respectivamente
respell [ri'spɛl] (*pret & pp:* **-spelled** o **-spelt**) *va* volver a deletrear; transcribir (*en letras de otro alfabeto*)
respiration [,rɛspɪ'reʃən] *s* respiración
respirator ['rɛspɪ,retər] *s* respirador; máscara respiratoria
respiratory [rɪ'spaɪrə,torɪ] o ['rɛspɪrə,torɪ] *adj* respiratorio
respire [rɪ'spaɪr] *va & vn* respirar
respite ['rɛspɪt] *s* respiro; suspensión (*especialmente de la pena de muerte*); **without respite** sin respirar; *va* dar treguas a; aplazar, diferir; dar suspensión a
resplendence [rɪ'splɛndəns] o **resplendency** [rɪ'splɛndənsɪ] *s* resplandor
resplendent [rɪ'splɛndənt] *adj* resplandeciente
respond [rɪ'spɑnd] *vn* responder
respondent [rɪ'spɑndənt] *adj* respondedor; *s* respondedor; (law) demandado (*especialmente en pleito de divorcio*)
response [rɪ'spɑns] *s* respuesta; (eccl.) respuesta que da la congregación a las palabras del oficiante; (eccl.) responsorio; (rad.) respuesta
responsibility [rɪ,spɑnsɪ'bɪlɪtɪ] *s* (*pl:* **-ties**) responsabilidad
responsible [rɪ'spɑnsɪbəl] *adj* responsable; de confianza, p.ej., **a responsible position** un puesto de confianza; **responsible for** responsable de
responsive [rɪ'spɑnsɪv] *adj* responsivo; sensible
responsory [rɪ'spɑnsərɪ] *s* (*pl:* **-ries**) (eccl.) responsorio
rest [rɛst] *s* descanso; reposo (*falta de movimiento*); descansadero; paz (*de los muertos*); (mach.) luneta; (mus.) pausa; resto (*lo que queda*); (billiards & pool) diablo; **at rest** en reposo (*sin movimiento*); tranquilo; dormido; en paz (*muerto*); **the rest** lo demás, lo restante; los demás; **to come to rest** venir a parar; **to lay to rest** enterrar; **without rest** sin descanso; *va* descansar; parar; poner (*p.ej., confianza*); (law) terminar la presentación de pruebas en (*un pleito*); *vn* descansar; residir, estar, hallarse; (law) terminar la presentación de pruebas; **to rest assured** estar seguro, tener la seguridad; **to rest from** descansar de (*p.ej., fatigas*); **to rest on** descansar en o sobre, estribar en
restate [ri'stet] *va* volver a declarar; volver a exponer; volver a formular; volver a plantear (*p.ej., un problema*)
restatement [ri'stetmənt] *s* nueva declaración; nueva exposición
restaurant ['rɛstərənt] o ['rɛstərɑnt] *s* restaurante
restaurateur [,rɛstərɑ'tʌr] *s* dueño de un restaurante, fondista
rest cure *s* cura de reposo
restful ['rɛstfəl] *adj* descansado, reposado, tranquilo
restharrow ['rɛst,hæro] *s* (bot.) detienebuey
resting place *s* lugar de descanso; última morada; descansadero (*de escalera*)
restitution [,rɛstɪ'tjuʃən] o [,rɛstɪ'tuʃən] *s* restitución
restive ['rɛstɪv] *adj* intranquilo; rebelón
restless ['rɛstlɪs] *adj* intranquilo; insomne
restlessness ['rɛstlɪsnɪs] *s* intranquilidad; insomnio

restock [ri'stɑk] *va* reaprovisionar; repoblar (*p.ej., un acuario*)
restoration [,rɛstə'reʃən] *s* restauración
restorative [rɪ'storətɪv] *adj & s* restaurativo
restore [rɪ'stor] *va* restaurar; devolver
restorer [rɪ'storər] *s* restaurador
restrain [rɪ'stren] *va* refrenar; aprisionar, encerrar
restrainedly [rɪ'strenɪdlɪ] o [rɪ'strendlɪ] *adv* comedidamente
restraint [rɪ'strent] *s* restricción; freno; comedimiento
restraint of trade *s* limitación de la libre competencia
restrict [rɪ'strɪkt] *va* restringir
restriction [rɪ'strɪkʃən] *s* restricción
restrictive [rɪ'strɪktɪv] *adj* restrictivo; (gram.) restrictivo
restring [ri'strɪŋ] (*pret & pp:* **-strung**) *va* volver a enhebrar o ensartar; volver a atar con cuerdas; volver a proveer de cuerdas; volver a tender (*un alambre*); volver a encordar (*un violín, una raqueta*)
restringent [rɪ'strɪndʒənt] *adj & s* restringente
rest room *s* sala de descanso; excusado, retrete; (theat.) saloncillo
restrung [ri'strʌŋ] *pret & pp de* **restring**
result [rɪ'zʌlt] *s* resultado; **as a result of** de resultas de; *vn* resultar; **to result from** resultar de; **to result in** dar por resultado, parar en
resultant [rɪ'zʌltənt] *adj* resultante; *s* resultado; (mech.) resultante
resume [rɪ'zum] o [rɪ'zjum] *va* reasumir; reanudar (*el viaje, el vuelo, etc.*); volver a tomar (*asiento*); *vn* continuar; recomenzar; recomenzar a hablar
résumé [,rɛzu'me] o [,rɛzjʊ'me] *s* resumen
resumption [rɪ'zʌmpʃən] *s* reasunción; renovación; continuación
resurface [ri'sʌrfɪs] *va* volver a allanar o alisar; dar nueva superficie a; *vn* volver a emerger (*un submarino*)
resurge [rɪ'sʌrdʒ] *vn* resurgir
resurgence [rɪ'sʌrdʒəns] *s* resurgimiento
resurrect [,rɛzə'rɛkt] *va & vn* resucitar
resurrection [,rɛzə'rɛkʃən] *s* resurrección; (*cap.*) *s* (theol.) Resurrección
resuscitate [rɪ'sʌsɪtet] *va & vn* resucitar
resuscitation [rɪ,sʌsɪ'teʃən] *s* resucitación
resuscitative [rɪ'sʌsɪ,tetɪv] *adj* resucitador
ret [rɛt] (*pret & pp:* **retted**; *ger:* **retting**) *va* enriar
retable [rɪ'tebəl] *s* (eccl.) retablo
retail ['ritel] *s* venta al por menor; **at retail** al por menor; *adj* al por menor, p.ej., **retail price** precio al por menor; **retail trade** comercio al por menor; *va* detallar, vender al por menor; repetir (*p.ej., calumnias*); *vn* vender al por menor; venderse al por menor
retailer ['ritelər] *s* revendedor, detallista, comerciante al por menor
retain [rɪ'ten] *va* retener; contratar (*a un abogado*) pagándole honorarios anticipados
retainer [rɪ'tenər] *s* criado, dependiente; adherente, partidario; (law) ajuste con un abogado; cantidad que se da a un abogado en virtud de ajuste; (law) retención
retaining wall *s* muro de retención
retake ['ri,tek] *s* nueva toma (*p.ej., de vistas cinematográficas*); [ri'tek] (*pret:* **-took**; *pp:* **-taken**) *va* volver a tomar
retaliate [rɪ'tælɪet] *vn* vengarse, desquitarse; **to retaliate on** o **upon** desquitarse con, represaliar
retaliation [rɪ,tælɪ'eʃən] *s* venganza, desquite, represalia
retaliative [rɪ'tælɪ,etɪv] o **retaliatory** [rɪ'tælɪə,torɪ] *adj* vengador; vengativo
retard [rɪ'tɑrd] *s* retardo; *va* retardar; atrasar o retrasar (*un reloj*); *vn* retardarse; atrasarse o retrasarse (*un reloj*)
retardation [,ritɑr'deʃən] *s* retardación
retarded [rɪ'tɑrdɪd] *adj* atrasado; **mentally retarded** mentalmente atrasado
retaught [ri'tɔt] *pret & pp de* **reteach**
retch [rɛtʃ] *va* vomitar; *vn* arquear, esforzarse por vomitar
retching ['rɛtʃɪŋ] *s* esfuerzo de vómito
ret'd. abr. de **returned**
reteach [ri'titʃ] (*pret & pp:* **-taught**) *va* volver a enseñar
retell [ri'tɛl] (*pret & pp:* **-told**) *va* volver a decir; recontar (*volver a relatar; volver a sumar o adicionar*); dar nueva versión de
retention [rɪ'tɛnʃən] *s* retención
retentive [rɪ'tɛntɪv] *adj* retentivo
retentivity [,ritɛn'tɪvɪtɪ] *s* retención; (phys.) retentividad
retiarius [,riʃɪ'ɛrɪəs] *s* (*pl:* **-i** [aɪ]) (hist.) reciario
reticence ['rɛtɪsəns] *s* reserva (*inclinación a guardar silencio*); (rhet.) reticencia
reticent ['rɛtɪsənt] *adj* reservado (*inclinado a guardar silencio*)
reticle ['rɛtɪkəl] *s* (opt.) retículo
reticular [rɪ'tɪkjələr] *adj* reticular
reticulate [rɪ'tɪkjəlet] o [rɪ'tɪkjəlɪt] *adj* reticulado; [rɪ'tɪkjəlet] *va* disponer en forma de red; marcar con líneas que forman red; *vn* formar red, tener figura de red
reticulation [rɪ,tɪkjə'leʃən] *s* reticulación; malla (*del tejido de la red*)
reticule ['rɛtɪkjul] *s* retícula (*bolsillito de mano*); (opt.) retícula; (*cap.*) *s* (astr.) Retícula
reticulum [rɪ'tɪkjələm] *s* (*pl:* **-la** [lə]) retículo; (anat. & bot.) retículo; (zool.) redecilla, retículo
retina ['rɛtɪnə] *s* (anat.) retina
retinal ['rɛtɪnəl] *adj* retiniano
retinitis [,rɛtɪ'naɪtɪs] *s* (path.) retinitis
retinue ['rɛtɪnju] *s* comitiva, séquito
retire [rɪ'taɪr] *va* retirar; jubilar (*a un empleado*); (baseball) retirar (*a un batter o equipo*); *vn* retirarse; jubilarse; recogerse (*retirarse a dormir*); (mil.) retirarse
retired [rɪ'taɪrd] *adj* retirado; jubilado
retirement [rɪ'taɪrmənt] *s* retiro; jubilación (*de un empleado*); (mil.) retirada (*retroceso en buen orden*)
retirement annuity *s* jubilación, pensión de retiro
retiring [rɪ'taɪrɪŋ] *adj* reservado; retraído, tímido; dimitente
retold [ri'told] *pret & pp de* **retell**
retook [ri'tʊk] *pret de* **retake**
retool [ri'tul] *vn* instalar nuevas máquinas-herramientas
retorsion [rɪ'tɔrʃən] *s* retorsión; (law) retorsión
retort [rɪ'tɔrt] *s* réplica, respuesta pronta y aguda; (chem.) retorta; *va* rebatir, redargüir (*un argumento*); devolver (*un insulto u ofensa*); *vn* replicar
retort stand *s* portarretorta
retouch [ri'tʌtʃ] *va* retocar; (phot.) retocar
retrace [rɪ'tres] *va* repasar; volver a seguir las huellas de; **to retrace one's steps** volver sobre sus pasos
re-trace [ri'tres] *va* volver a trazar
retract [rɪ'trækt] *va* retraer; retractar o retractarse de (*lo que se ha dicho*); *vn* retraerse; retractarse
retractable [rɪ'træktəbəl] *adj* retractable; (aer.) replegable, retráctil
retractation [,ritræk'teʃən] *s* retractación
retractile [rɪ'træktɪl] *adj* retráctil
retraction [rɪ'trækʃən] *s* retracción; retractación (*de lo que se ha dicho*)
retractive [rɪ'træktɪv] *adj* retractor
retractor [rɪ'træktər] *s* (surg.) retractor; (anat.) músculo retractor
retranslate [,ritræns'let] o [ri'trænslet] *va* retraducir
retread ['ri,trɛd] *s* neumático recauchutado; neumático ranurado; [ri'trɛd] (*pret & pp:* **-treaded**) *va* recauchutar (*un neumático*); volver a ranurar (*un neumático*); (*pret:* **-trod**; *pp:* **-trod** o **-trodden**) *va* desandar; *vn* volverse atrás
retreat [rɪ'trit] *s* retiro; retraimiento (*habitación retirada*); refugio; manicomio; casa para alcohólicos; (eccl.) retiro; (mil.) retirada, retreta; (mil.) retreta (*toque*); **in full retreat** en plena retirada; **to beat a retreat** retraerse, retirarse; (mil.) batirse o marchar en retirada, emprender la retirada; *vn* retraerse, retirarse; deprimirse; (aer.) inclinarse hacia atrás

R

retrench [rɪˈtrɛntʃ] *va* cercenar; (mil.) atrincherar; *vn* recogerse (*moderarse en los gastos*)
retrenchment [rɪˈtrɛntʃmənt] *s* cercenadura; (mil.) atrincheramiento
retrial [riˈtraɪəl] *s* reensayo; (law) revista; nuevo proceso
retribution [ˌrɛtrɪˈbjuʃən] *s* justo castigo; (theol.) juicio final
retributive [rɪˈtrɪbjətɪv] o **retributory** [rɪˈtrɪbjəˌtorɪ] *adj* castigador; justiciero
retrieval [rɪˈtrivəl] *s* recobro; reparación; (hunt.) cobra
retrieve [rɪˈtriv] *va* cobrar; reparar (*p.ej., un daño*); desquitarse de (*una pérdida, una derrota*); (hunt.) cobrar, portar; *vn* (hunt.) cobrar, portar
retriever [rɪˈtrivər] *s* perro cobrador, perro traedor
retroactive [ˌrɛtroˈæktɪv] *adj* retroactivo
retroactivity [ˌrɛtroækˈtɪvɪtɪ] *s* retroactividad
retrocede [ˌrɛtroˈsid] *va* hacer retrocesión de; *vn* retroceder
retrocession [ˌrɛtroˈsɛʃən] *s* retrocesión
retrochoir [ˈrɛtroˌkwaɪr] *s* (arch.) trascoro
retrod [riˈtrɑd] *pret & pp de* **retread**
retrodden [riˈtrɑdən] *pp de* **retread**
retrofiring [ˌrɛtroˈfaɪrɪŋ] *s* retrodisparo
retroflex [ˈrɛtroflɛks] *adj* desviado hacia atrás
retroflexion [ˌrɛtroˈflɛkʃən] *s* retroflexión; (path.) retroflexión
retrogradation [ˌrɛtrogrəˈdeʃən] *s* retrogradación; (astr.) retrogradación
retrograde [ˈrɛtrogred] *adj* retrógrado; *vn* retroceder, volver atrás; decaer, degenerar; (astr.) retrogradar
retrogress [ˈrɛtrogrɛs] *vn* retroceder; empeorar
retrogression [ˌrɛtroˈgrɛʃən] *s* retrogresión; empeoramiento
retrogressive [ˌrɛtroˈgrɛsɪv] *adj* regresivo, retrógrado
retrorocket [ˌrɛtroˈrɑkɪt] *s* retrocohete
retrospect [ˈrɛtrospɛkt] *s* retrospección; consideración de lo pasado; **in retrospect** retrospectivamente; *va* recorrer en la memoria
retrospection [ˌrɛtroˈspɛkʃən] *s* retrospección; consideración de lo pasado
retrospective [ˌrɛtroˈspɛktɪv] *adj* retrospectivo; retroactivo
retroussé [ˌrɛtruˈse] o [rəˈtruse] *adj* arremangado
retroversion [ˌrɛtroˈvʌrʃən] *s* (path.) retroversión
retry [riˈtraɪ] (*pret & pp:* **-tried**) *va* reensayar; rever (*un caso legal*); (law) procesar de nuevo (*a una persona*)
retting [ˈrɛtɪŋ] *s* enriamiento
return [rɪˈtʌrn] *s* vuelta; devolución; recompensa; respuesta; informe, noticia; ganancia, provecho; rédito; resultado (*de las elecciones*); reportaje (*de las elecciones*); declaración (*de impuestos*); **in return** en cambio; en recompensa; en resarcimiento; **many happy returns of the day** feliz cumpleaños, que cumpla muchos más; *adj* repetido; de vuelta; **by return mail** a vuelta de correo; *va* volver, devolver; rendir; dar en cambio; corresponder a (*un favor*); dar (*un fallo, una respuesta, las gracias*); anunciar oficialmente; elegir (*a cuerpo legislativo*); restar (*la pelota*); devolver (*un naipe del palo que acaba de jugar el compañero*); **to return to** + *inf* volver a, regresar a + *inf; vn* volver; responder
returnable [rɪˈtʌrnəbəl] *adj* restituíble; (law) devolutivo
return address *s* dirección del remitente
return game *s* (sport) desquite, juego de desquite
return ticket *s* billete de vuelta; billete de ida y vuelta
return trip *s* viaje de vuelta
retuse [rɪˈtjus] o [rɪˈtus] *adj* (bot.) retuso
Reuben [ˈrubɪn] *s* (Bib.) Rubén
reunification [riˌjunɪfɪˈkeʃən] *s* reunificación
reunify [riˈjunɪfaɪ] (*pret & pp:* **-fied**) *va* reunificar
reunion [riˈjunjən] *s* reunión; (*cap.*) *s* la Isla de la Reunión
reunite [ˌrijuˈnaɪt] *va* reunir; *vn* reunirse

rev. abr. de **revenue, reverse, review, revised, revision** y **revolution**
Rev. abr. de **Revelation** y **Reverend**
rev [rɛv] *s* (coll.) revolución; (*pret & pp:* **revved;** *ger:* **revving**) *va* (coll.) cambiar la velocidad de; **to rev up** (coll.) acelerar; *vn* (coll.) acelerarse
revaccinate [riˈvæksɪnet] *va* revacunar
revaccination [ˌrivæksɪˈneʃən] *s* revacunación
revaluation [ˌriværjuˈeʃən] *s* nueva valoración; (econ.) revaloración
revalue [riˈvælju] *va* revalorizar
revamp [riˈvæmp] *va* renovar, componer, remendar
revanchist [rɪˈvɑntʃɪst] *adj & s* revanchista
reveal [rɪˈvil] *va* revelar
revealed religion *s* (theol.) religión revelada
revealment [rɪˈvilmənt] *s* revelamiento
reveille [ˈrɛvəlɪ] *s* (mil.) diana, toque de diana
revel [ˈrɛvəl] *s* jarana, regocijo tumultuoso; (*pret & pp:* **-eled** o **-elled;** *ger:* **-eling** o **-elling**) *vn* jaranear; deleitarse; **to revel in** deleitarse en
revelation [ˌrɛvəˈleʃən] *s* revelación; (*cap.*) *s* (Bib.) libro de la Revelación
reveler o **reveller** [ˈrɛvələr] *s* jaranero
revelry [ˈrɛvəlrɪ] *s* (*pl:* **-ries**) jarana, diversión tumultuosa
revenant [ˈrɛvənənt] *s* persona que vuelve; espectro, aparecido
revenge [rɪˈvɛndʒ] *s* venganza; *va* vengar; **to be revenged** o **to revenge oneself** vengarse; *vn* vengarse
revengeful [rɪˈvɛndʒfəl] *adj* vengativo
revenue [ˈrɛvənju] o [ˈrɛvənu] *s* renta, rédito; rentas públicas
revenue cutter *s* (naut.) escampavía
revenue officer *s* agente fiscal
revenue stamp *s* sello fiscal
reverberant [rɪˈvʌrbərənt] *adj* reverberante
reverberate [rɪˈvʌrbəret] *va* reflejar; *vn* reverberar
reverberation [rɪˌvʌrbəˈreʃən] *s* reverberación
reverberatory [rɪˈvʌrbərəˌtorɪ] *adj* reverberatorio
reverberatory furnace *s* horno de reverbero
revere [rɪˈvɪr] *va* reverenciar, venerar
reverence [ˈrɛvərəns] *s* reverencia; (*cap.*) *s* Reverencia (*título*); (*l.c.*) *va* reverenciar
reverend [ˈrɛvərənd] *adj* reverendo; *s* (coll.) clérigo, eclesiástico, pastor
reverent [ˈrɛvərənt] *adj* reverente
reverential [ˌrɛvəˈrɛnʃəl] *adj* reverencial
reverie [ˈrɛvərɪ] *s* ensueño, ensueños
revers [rəˈvɪr] o [rəˈvɛr] *s* (*pl:* **revers** [rəˈvɪrz] o [rəˈvɛrz]) (sew.) solapa
reversal [rɪˈvʌrsəl] *s* inversión; cambio (*p.ej., de opinión*); (law) revocación
reverse [rɪˈvʌrs] *adj* invertido; contrario; de marcha atrás; *s* revés; contrario; contramarcha, marcha atrás, mecanismo de marcha atrás; (fig.) revés, contratiempo; **in reverse** en marcha atrás; **quite the reverse** todo lo contrario; **to put a car in reverse** invertir la marcha de un coche; *va* invertir; dar vuelta a; poner en marcha atrás; dar contravapor a (*una máquina de vapor*); (law) revocar; **to reverse oneself** cambiar de opinión, contradecirse; **to reverse the charges** (telp.) cobrar al número llamado; (telg.) cobrar al destinatario; *vn* invertirse; cambiarse al sentido opuesto (*en los bailes*)
reverse gear *s* (aut.) (engranaje de) marcha atrás
reversely [rɪˈvʌrslɪ] *adv* al revés
reverse pedal *s* pedal de marcha atrás
reverser [rɪˈvʌrsər] *s* (elec.) inversor
reverse turn *s* (aer.) cambio de dirección hacia atrás
reversibility [rɪˌvʌrsɪˈbɪlɪtɪ] *s* reversibilidad
reversible [rɪˈvʌrsɪbəl] *adj* reversible
reversible lock *s* cerradura que cierra por ambos lados
reversible reaction *s* (chem.) reacción reversible
reversion [rɪˈvʌrʒən] o [rɪˈvʌrʃən] *s* reversión; (biol. & law) reversión; (law) futura
reversional [rɪˈvʌrʒənəl] o [rɪˈvʌrʃənəl] o **re-**

versionary [rɪˈvʌrʒəˌnɛrɪ] o [rɪˈvʌrʃəˌnɛrɪ] *adj* de reversión, de la reversión
revert [rɪˈvʌrt] *vn* revertir, recudir; (biol.) saltar atrás; (law) revertir
revery [ˈrɛvərɪ] *s* (*pl:* **-ies**) var. de **reverie**
revet [rɪˈvɛt] (*pret & pp:* **-vetted;** *ger:* **-vetting**) *va* revestir (*un muro, un terraplén, etc.*)
revetment [rɪˈvɛtmənt] *s* revestimiento
revictual [riˈvɪtəl] (*pret & pp:* **-ualed** o **-ualled;** *ger:* **-ualing** o **-ualling**) *va* reavituallar; *vn* reavituallarse
review [rɪˈvju] *s* revista (*reexaminación; reconocimiento; publicación periódica*); reseña, revista (*de un libro*); repaso (*de una lección*); (mil.) revista, reseña; (theat.) revista; *va* rever, revisar; reseñar (*un libro*); repasar (*una lección*); (mil.) revistar
reviewer [rɪˈvjuər] *s* revisor; revistero, crítico
revile [rɪˈvaɪl] *va* ultrajar, vilipendiar
revilement [rɪˈvaɪlmənt] *s* ultraje, vilipendio
revise [rɪˈvaɪz] *s* revisión; refundición; (print.) segunda prueba; *va* rever, revisar; refundir (*un libro*); enmendar
Revised Version *s* versión enmendada de la Biblia (*de 1881 y 1885*)
revision [rɪˈvɪʒən] *s* revisión; refundición (*de un libro*); enmienda
revisionism [rɪˈvɪʒənɪzəm] *s* revisionismo
revisionist [rɪˈvɪʒənɪst] *adj & s* revisionista
revisory [rɪˈvaɪzərɪ] *adj* revisor
revitalize [rɪˈvaɪtəlaɪz] *va* revitalizar
revival [rɪˈvaɪvəl] *s* resucitación; reanimación; restablecimiento; renacimiento; despertamiento religioso; servicios especiales destinados a despertar el interés por la religión; (theat.) reestreno, reposición
revivalist [rɪˈvaɪvəlɪst] *s* predicador que dirige servicios especiales para despertar el sentimiento religioso
Revival of Learning *s* Renacimiento literario, Renacimiento humanista
revive [rɪˈvaɪv] *va* revivir; (theat.) reestrenar; *vn* revivir; volver en sí, recordar
revivification [rɪˌvɪvɪfɪˈkeʃən] *s* revivificación
revivify [rɪˈvɪvɪfaɪ] (*pret & pp:* **-fied**) *va* revivificar
revocable [ˈrɛvəkəbəl] *adj* revocable
revocation [ˌrɛvəˈkeʃən] *s* revocación
revocatory [ˈrɛvəkəˌtorɪ] *adj* revocatorio
revoke [rɪˈvok] *s* renuncio (*en algunos juegos de naipes*); *va* revocar; *vn* renunciar
revolt [rɪˈvolt] *s* rebelión; *va* dar o causar asco a; repugnar, indignar; *vn* rebelarse; sentir asco
revolting [rɪˈvoltɪŋ] *adj* asqueroso, repugnante; abominable, odioso; rebelde, insurrecto
revolution [ˌrɛvəˈluʃən] *s* revolución
revolutionary [ˌrɛvəˈluʃənˌɛrɪ] *adj* revolucionario; *s* (*pl:* **-ies**) revolucionario
Revolutionary War *s* (U.S.A.) guerra de la Independencia
revolutionist [ˌrɛvəˈluʃənɪst] *s* revolucionario
revolutionize [ˌrɛvəˈluʃənaɪz] *va* revolucionar
revolve [rɪˈvɑlv] *va* hacer girar; revolver (*en la mente*); *vn* girar; (astr.) revolverse (*un astro en su órbita*)
revolver [rɪˈvɑlvər] *s* revólver
revolving [rɪˈvɑlvɪŋ] *adj* giratorio; rotativo
revolving bookcase *s* giratoria
revolving door *s* puerta giratoria
revolving fund *s* fondo rotativo
revue [rɪˈvju] *s* (theat.) revista
revulsion [rɪˈvʌlʃən] *s* cambio repentino, reacción fuerte (*sobre todo en los sentimientos o las ideas*); (med.) revulsión
revulsive [rɪˈvʌlsɪv] *adj & s* revulsivo
Rev. Ver. abr. de **Revised Version**
reward [rɪˈwɔrd] *s* premio, recompensa; hallazgo, p.ej., **five dollars reward** cinco dólares de hallazgo; *va* premiar, recompensar, gratificar
rewarding [rɪˈwɔrdɪŋ] *adj* provechoso, útil, valioso
rewind [riˈwaɪnd] (*pret & pp:* **-wound**) *va* rebobinar, redevanar
rewire [riˈwaɪr] *va* reatar con alambre; cambiar el alambre a; reinstalar alambre conductor en; telegrafiar de nuevo; *vn* telegrafiar de nuevo
reword [riˈwʌrd] *va* volver a formular; formular en otras palabras; repetir
rewrite [ˈriˌraɪt] *s* (U.S.A.) artículo preparado para la publicación; [riˈraɪt] (*pret* **-wrote;** *pp:* **-written**) *va* escribir de nuevo; refundir (*un escrito*); (U.S.A.) preparar (*un escrito o relato de otra persona*) para la publicación
Reynard [ˈrɛnərd] o [ˈrenɑrd] *s* maese Renarte
R.F. o **r.f.** abr. de **radio frequency**
R.F.D. abr. de **Rural Free Delivery**
R.H. abr. de **Royal Highlanders** y **Royal Highness**
Rhadamanthus [ˌrædəˈmænθəs] *s* (myth.) Radamanto
Rhaetia [ˈriʃɪə] *s* la Recia
Rhaetian [ˈriʃən] *adj & s* rético
Rhaetian Alps *spl* Alpes réticos
Rhaeto-Romanic [ˌritoroˈmænɪk] *adj & s* retorromano
rhamnaceous [ræmˈneʃəs] *adj* (bot.) ramnáceo
rhapsodic [ræpˈsɑdɪk] o **rhapsodical** [ræpˈsɑdɪkəl] *adj* rapsódico; extático, locamente entusiasmado
rhapsodist [ˈræpsədɪst] *s* (hist.) rapsoda; (lit.) rapsodista; persona que se expresa con extravagante entusiasmo
rhapsodize [ˈræpsədaɪz] *va* recitar con extravagante entusiasmo; *vn* expresarse con extravagante entusiasmo
rhapsody [ˈræpsədɪ] *s* (*pl:* **-dies**) (mus. & lit.) rapsodia; expresión o escritura caracterizadas por extravagante entusiasmo
rhatany [ˈrætənɪ] *s* (*pl:* **-nies**) (bot.) ratania (*planta y raíz*)
rhea [ˈriə] *s* (orn.) ñandú o avestruz de la pampa; (*cap.*) *s* (myth.) Rea
Rheingold [ˈraɪnˌgold] *s* (myth.) el oro del Rin
Rhenish [ˈrɛnɪʃ] *adj* renano; *s* vino del Rin
rhenium [ˈrinɪəm] *s* (chem.) renio
rheometer [riˈɑmɪtər] *s* reómetro
rheophore [ˈriofor] *s* (elec.) reóforo
rheostat [ˈriostæt] *s* (elec.) reóstato
rhesus [ˈrisəs] *s* (zool.) macaco de la India
rhetor [ˈritər] o [ˈritɔr] *s* rétor; orador
rhetoric [ˈrɛtərɪk] *s* retórica
rhetorical [rɪˈtɑrɪkəl] o [rɪˈtɔrɪkəl] *adj* retórico
rhetorically [rɪˈtɑrɪkəlɪ] o [rɪˈtɔrɪkəlɪ] *adv* retóricamente
rhetorical question *s* comunicación
rhetorician [ˌrɛtəˈrɪʃən] *s* retórico
rheum [rum] *s* (path.) reuma, corrimiento; (path.) catarro; (poet.) lágrimas
rheumatic [ruˈmætɪk] *adj & s* reumático; **rheumatics** *spl* (dial.) reumatismo
rheumatic fever *s* (path.) fiebre reumática
rheumatism [ˈrumətɪzəm] *s* (path.) reumatismo
rheumatoid [ˈrumətɔɪd] *adj* reumatoideo
rheumatoid arthritis *s* (path.) artritis reumatoidea
rheumy [ˈrumɪ] *adj* catarroso; húmedo y frío
Rh factor *s* (biochem.) factor Rh
rhinal [ˈraɪnəl] *adj* rinal
Rhine [raɪn] *s* Rin
Rhinegold [ˈraɪnˌgold] *s* var. de **Rheingold**
Rhineland [ˈraɪnˌlænd] *s* Renania
rhinencephalon [ˌraɪnɛnˈsɛfəlɑn] *s* (*pl:* **-la** [lə]) (anat.) rinencéfalo
Rhine Province *s* Provincia del Rin
rhinestone [ˈraɪnˌston] *s* diamante de imitación hecho de vidrio
Rhine wine *s* vino del Rin
rhinitis [raɪˈnaɪtɪs] *s* (path.) rinitis
rhino [ˈraɪno] *s* (*pl:* **-nos**) (coll.) rinoceronte; (Brit.) dinero
rhinoceros [raɪˈnɑsərəs] *s* (zool.) rinoceronte
rhinoceros hornbill *s* (orn.) cálao rinoceronte
rhinoplasty [ˈraɪnoˌplæstɪ] *s* (surg.) rinoplastia
rhinoscope [ˈraɪnəskop] *s* rinoscopio
rhinoscopy [raɪˈnɑskəpɪ] *s* rinoscopia
rhizoid [ˈraɪzɔɪd] *adj* rizoide; *s* (bot.) rizoide
rhizome [ˈraɪzom] *s* (bot.) rizoma
rhizophagous [raɪˈzɑfəgəs] *adj* (zool.) rizófago

R

rhizophoraceous [ˌraɪzəfəˈreʃəs] *adj* (bot.) rizoforáceo
rhizopod [ˈraɪzopɑd] *s* (zool.) rizópodo
rhizotomy [raɪˈzɑtəmɪ] *s* (*pl:* **-mies**) (surg.) rizotomía
Rhodes [rodz] *s* Rodas
Rhodesia [roˈdiʒə] *s* la Rodesia
Rhodian [ˈrodɪən] *adj & s* rodio o rodano
rhodium [ˈrodɪəm] *s* (chem.) rodio
rhododendron [ˌrodəˈdɛndrən] *s* (bot.) rododendro
rhodophyceous [ˌrodəˈfaɪʃəs] *adj* (bot.) rodofíceo
rhodopsin [roˈdɑpsɪn] *s* (physiol.) rodopsina
rhodora [roˈdorə] *s* (bot.) rodora
rhomb [rɑm] o [rɑmb] *s* (geom.) rombo
rhombencephalon [ˌrɑmbɛnˈsɛfəlɑn] *s* (anat.) rombencéfalo
rhombic [ˈrɑmbɪk] *adj* (geom.) rombal; (cryst.) rómbico
rhombohedron [ˌrɑmbəˈhidrən] *s* (*pl:* **-dra** [drə]) (geom.) romboedro
rhomboid [ˈrɑmbɔɪd] *adj* romboidal; *s* (geom.) romboide
rhomboidal [rɑmˈbɔɪdəl] *adj* romboidal
rhombus [ˈrɑmbəs] *s* (*pl:* **-buses** o **-bi** [baɪ]) (geom.) rombo
rhonchus [ˈrɑŋkəs] *s* (*pl:* **-chi** [kaɪ]) estertor
Rhone o **Rhône** [ron] *s* Ródano; *adj* rodánico
rhopalic [roˈpælɪk] *adj* (pros.) ropálico
rhotacism [ˈrotəsɪzəm] *s* (philol.) rotacismo
rhubarb [ˈrubɑrb] *s* (bot. & pharm.) ruipóntico (*Rheum rhaponticum*); (bot. & pharm.) ruibarbo (*Rheum palmatum y Rheum officinale*); (cook.) ruipóntico; (slang) disputa, pendencia
rhumb [rʌm] o [rʌmb] *s* (naut.) rumbo de la aguja, cuarta (*de la rosa náutica*)
rhumb line *s* (naut.) loxodromia
rhyme [raɪm] *s* rima; **without rhyme or reason** sin ton ni son; *va & vn* rimar
rhymer [ˈraɪmər] *s* rimador
rhymester [ˈraɪmstər] *s* rimador (*poeta de mediano valor*)
rhynchocephalian [ˌrɪŋkosɪˈfelɪən] *adj & s* rincocéfalo
rhyolite [ˈraɪolaɪt] *s* (mineral.) riolita
rhythm [ˈrɪðəm] *s* ritmo
rhythmic [ˈrɪðmɪk] *adj* rítmico; **rhythmics** *ssg* rítmica
rhythmical [ˈrɪðmɪkəl] *adj* rítmico
rhyton [ˈraɪtɑn] *s* (*pl:* **-ta** [tə]) (archeol.) ritón
R.I. abr. de **Royal Institute** y **Rhode Island**
rialto [rɪˈælto] (*pl:* **-tos**) mercado; (*cap.*) *s* puente del Rialto (*de Venecia*); centro teatral de Nueva York
rib [rɪb] *s* costilla; (anat., bot. & naut.) costilla; varilla (*del abanico, paraguas, etc.*); cuerda (*de neumático*); (sew.) canilla, vivo; (zool.) nervio (*del ala de los insectos*); (fig.) costilla (*mujer propia*); (*pret & pp:* **ribbed;** *ger:* **ribbing**) *va* proveer de costillas; (sew.) hacer vivos en; (slang) tomar el pelo a
ribald [ˈrɪbəld] *adj* grosero y obsceno (*especialmente en el lenguaje*); *s* persona grosera y obscena
ribaldry [ˈrɪbəldrɪ] *s* lenguaje grosero y obsceno
riband o **ribband** [ˈrɪbənd] *s* (archaic) var. de **ribbon**
ribbed [rɪbd] *adj* acostillado; acanalado, rayado; nervudo
ribbing [ˈrɪbɪŋ] *s* costillaje; varillaje; nervadura
ribbon [ˈrɪbən] *s* cinta; *va* encintar; *vn* extenderse como cinta, serpentear
ribboned [ˈrɪbənd] *adj* encintado
riboflavin [ˌraɪboˈflevɪn] *s* (biochem.) riboflavina
ribwort [ˈrɪbˌwʌrt] *s* (bot.) lancéola
rice [raɪs] *s* (bot.) arroz (*planta y fruto*); *va* pasar por una hilera
ricebird [ˈraɪsˌbʌrd] *s* (orn.) chambergo; (orn.) pájaro conirrostro de Malasia (*Munia oryzivora*)
rice field *s* arrozal
rice paper *s* papel de paja de arroz
rice powder *s* polvos de arroz
rice pudding *s* arroz con leche
ricer [ˈraɪsər] *s* hilera
rich [rɪtʃ] *adj* rico; vivo (*color*); sonoro (*dícese de la voz*); azucarado o condimentado; generoso (*vino*); (coll.) divertido, entretenido; (coll.) ridículo; **the rich** los ricos; **to strike it rich** descubrir un buen filón, tener un golpe de fortuna; **riches** *spl* riqueza
Richard [ˈrɪtʃərd] *s* Ricardo
Richard Coeur de Lion [ˈkʌr də ˈliən] *s* Ricardo, Corazón de León
richly [ˈrɪtʃlɪ] *adv* ricamente; abundantemente, completamente
richness [ˈrɪtʃnɪs] *s* riqueza; viveza (*de color*); sonoridad (*de la voz*); crasitud, suculencia
rick [rɪk] *s* montón de paja, heno, grano, etc. al raso y frecuentemente bardado; *va* hacer montones de (*paja, heno, grano, etc.*)
rickets [ˈrɪkɪts] *s* (path.) raquitis
rickettsia [rɪˈkɛtsɪə] *s* (*pl:* **-ae** [i]) (bact.) rickettsia
rickety [ˈrɪkɪtɪ] *adj* (path.) raquítico; tambaleante, vacilante; destartalado, desvencijado
ricksha [ˈrɪkʃɔ] o [ˈrɪkʃɑ] o **rickshaw** [ˈrɪkʃɔ] *s* riksha (*pequeño carruaje chino y japonés de dos ruedas y tirado por uno o más hombres*)
ricochet [ˌrɪkəˈʃe] o [ˌrɪkəˈʃɛt] *s* rebote; (*pret & pp:* **-cheted** [ˈʃed] o **-chetted** [ˈʃɛtɪd]; *ger:* **-cheting** [ˈʃeɪŋ] o **-chetting** [ˈʃɛtɪŋ]) *vn* rebotar
ricochet fire *s* (gun.) fuego de rebote
rid [rɪd] (*pret & pp:* **rid** o **ridded;** *ger:* **ridding**) *va* desembarazar, librar; **to be rid of** estar libre de; **to get rid of** desembarazarse de, deshacerse de; matar; **to rid oneself of** desembarazarse de, deshacerse de
riddance [ˈrɪdəns] *s* supresión, libramiento; **good riddance!** ¡adiós, gracias! (*¡de buena me he librado!*)
ridden [ˈrɪdən] *pp de* **ride**
riddle [ˈrɪdəl] *s* acertijo, adivinanza; enigma (*persona o cosa difíciles de comprender*); garbillo, criba gruesa; *va* adivinar; solucionar; garbillar, cribar; acribillar; **to riddle with bullets** acribillar a balazos; **to riddle with questions** acribillar a preguntas; *vn* hablar enigmáticamente
ride [raɪd] *s* paseo; **to thumb a ride** pedir ser llevado en automóvil indicando la dirección con el pulgar ‖ (*pret:* **rode;** *pp:* **ridden**) *va* montar (*un caballo, una bicicleta, los hombros de una persona, etc.*); recorrer a caballo; flotar sobre (*las olas*); hender o surcar (*las olas*); correr a caballo en (*una carrera*); luchar felizmente contra; cabalgar (*cubrir el caballo u otro animal a su hembra*); dominar, tiranizar; (coll.) llevar, transportar; (coll.) llevar a horcajadas; (coll.) burlarse de; (coll.) molestar criticando o poniendo en ridículo; **to ride down** revolcar, atropellar; rendir, vencer; alcanzar (*a una persona*) andando a caballo; **to ride out** luchar felizmente con (*una tempestad*); aguantar o soportar con buen éxito (*una desgracia*) ‖ *vn* montar; pasear en coche o carruaje; montar en bicicleta; flotar (*en la superficie del agua o en el aire*); marchar, funcionar; rodar (*alrededor del eje*); **to let ride** (slang) dejar correr; **to ride in** entrar a caballo; entrar en coche; **to ride out** salir a caballo; salir en coche; **to take riding** llevar de paseo
rider [ˈraɪdər] *s* caballero, jinete; pasajero; (law) aditamento a un documento; (law) cláusula añadida a un proyecto de ley; (naut.) sobreplán
ridge [rɪdʒ] *s* espinazo; caballete (*del tejado; de tierra entre dos surcos*); cordoncillo (*de un tejido*); cordillera; arista, intersección (*de dos planos*); *va* formar caballetes, cordoncillos, etc. en; cubrir o marcar con caballetes, cordoncillos, etc.; *vn* estar marcado con caballetes, cordoncillos, etc.
ridgeband [ˈrɪdʒˌbænd] *s* sufra
ridgepole [ˈrɪdʒˌpol] *s* parhilera
ridge purlin *s* (carp.) correa de cumbrera
ridgy [ˈrɪdʒɪ] *adj* (*comp:* **-ier;** *super:* **-iest**) acanalado, alomado, rugoso; cerril
ridicule [ˈrɪdɪkjul] *s* irrisión; **to expose to ridicule** poner en ridículo; *va* ridiculizar
ridiculous [rɪˈdɪkjələs] *adj* ridículo
riding academy *s* escuela de equitación

riding boot *s* bota de montar
riding breeches *spl* pantalones de equitación
riding crop *s* látigo de montar
riding habit *s* traje de montar
riding master *s* maestro de equitación
riding saddle *s* silla de montar
riding whip *s* fusta
Rif [rɪf], **Er** [ɛr] El Rif
rife [raɪf] *adj* frecuente, común, corriente, general; abundante, lleno; **rife with** abundante en, lleno de
Riff [rɪf] *s* rifeño
Riffian [ˈrɪfɪən] *adj & s* rifeño
riffle [ˈrɪfəl] *s* recial; rizo (*de agua*); *va* peinar (*la baraja*)
riffraff [ˈrɪf,ræf] *s* bahorrina; *adj* ruin, vil; de ningún valor
rifle [ˈraɪfəl] *s* rifle, fusil; *va* rayar (*un rifle*); hurtar, robar; escudriñar y robar; desnudar, despojar
rifleman [ˈraɪfəlmən] *s* (*pl:* **-men**) tirador armado de rifle; riflero (*soldado*)
rifle pit *s* pozo para rifleros
rifle range *s* tiro de rifle
rifling [ˈraɪflɪŋ] *s* rayado (*de un rifle*)
rift [rɪft] *s* raja, abertura; desavenencia, desacuerdo; *va* rajar; *vn* rajarse
rifty [ˈrɪftɪ] *adj* rajado
rig [rɪg] *s* (naut.) aparejo; equipaje; aparejos; (coll.) traje, traje extraño y poco conveniente; carruaje con caballo o caballos; mala partida, mala jugada; timo, robo, engaño; (*pret & pp:* **rigged;** *ger:* **rigging**) *va* (naut.) aparejar, enjarciar; equipar; (coll.) vestir, vestir de una manera extraña y poco conveniente; aprestar, disponer; improvisar; arreglar o manejar de una manera artificiosa o fraudulenta
rigadoon [,rɪgəˈdun] *s* rigodón (*danza y música*)
rigger [ˈrɪgər] *s* (naut.) aparejador; (aer.) montador
rigging [ˈrɪgɪŋ] *s* (naut.) aparejo; avíos, equipo, todo género de instrumentos
right [raɪt] *adj* derecho; verdadero; conveniente; favorable; sano, normal; bien, p.ej., **his work is right** su trabajo está bien; que se busca, p.ej., **this is the right house** ésta es la casa que se busca; que se necesita, p.ej., **this is the right train** éste es el tren que se necesita; que debe, p.ej., **he is going the right way** sigue el camino que debe; (pol.) de derecha; correcto; señalado; correspondiente; (geom.) rectángulo; **to be right** tener razón; **to be all right** estar bien; estar bien de salud; **right or wrong** con razón o sin ella, bueno o malo, a tuertas o a derechas ‖ *adv* derechamente; directamente; correctamente; exactamente; convenientemente; favorablemente; en orden, en buen estado; a la derecha, hacia la derecha; completamente; (coll.) muy; (archaic) muy, p.ej., **right honorable** muy honorable; mismo, p.ej., **right here** aquí mismo; **right now** ahora mismo; **right in Spain** en España mismo; **right from Seville** desde Sevilla mismo; **all right** muy bien; **right afterwards** acto seguido; **right along** sin cesar, sin interrupción; **right away** en seguida; **right off** en seguida ‖ *interj* ¡bien!, ¡bueno!; **right about!** (mil.) ¡derecha! ‖ *s* derecho (*justicia, razón*); derecha (*mano derecha*); (box.) derechazo; (com.) derecho de subscribirse a la compra de acciones o bonos; (com.) certificado que da derecho a comprar acciones o bonos; (pol.) derecha; **by right** o **by rights** según derecho; **on the right** a la derecha; **to be in the right** tener razón; **to have the right to** tener derecho a; **to the right** a la derecha; **to rights** (coll.) en orden ‖ *va* enderezar; corregir, rectificar; hacer justicia a; deshacer (*un entuerto*); (naut.) adrizar ‖ *vn* enderezarse; (naut.) adrizarse
rightabout-face [ˈraɪtə,bautˈfes] *s* media vuelta a la derecha; *vn* dar media vuelta a la derecha
right-and-left [ˈraɪtəndˈlɛft] *adj* derecho e izquierdo; *adv* a diestra y siniestra; a diestro y siniestro (*sin tino, sin orden*)
right angle *s* ángulo recto
right-angled [ˈraɪtˈæŋgəld] *adj* rectangular
right ascension *s* (astr.) ascensión recta
righteous [ˈraɪtʃəs] *adj* recto, justo; virtuoso
righteousness [ˈraɪtʃəsnɪs] *s* rectitud, justicia; virtud
right field *s* (baseball) jardín derecho
rightful [ˈraɪtfəl] *adj* justo; legítimo
rightfully [ˈraɪtfəlɪ] *adv* justamente; legítimamente; a justo título
right-hand [ˈraɪt,hænd] *adj* derecho; de, con o para la mano derecha; de movimiento, funcionamiento, etc. hacia la derecha
right-hand drive *s* (aut.) conducción a derecha
right-handed [ˈraɪtˈhændɪd] *adj* que usa la mano derècha; con o para la mano derecha; para los que usan la mano derecha; de movimiento hacia la derecha
right-hand man *s* mano derecha, brazo derecho
rightism [ˈraɪtɪzəm] *s* derechismo
rightist [ˈraɪtɪst] *adj & s* derechista
right jab *s* (box.) inverso de derecha
rightly [ˈraɪtlɪ] *adv* derechamente; correctamente; con razón; convenientemente; **rightly or wrongly** con razón o sin ella; **rightly so** a justo título
right mind *s* entero juicio
right-minded [ˈraɪtˈmaɪndɪd] *adj* honrado, recto
rightness [ˈraɪtnɪs] *s* derechura
righto [ˈraɪto] *interj* (coll.) ¡muy bien!, ¡con mucho gusto!
right of assembly *s* derecho de reunión
right of asylum *s* derecho de asilo
right of search o **right of visit** *s* (int. law) derecho de visita
right of way *s* derecho de tránsito o de paso; (law) servidumbre de paso; (rail.) servidumbre de vía
right shoulder arms *interj* (mil.) ¡arma al hombro!
rights of man *spl* derechos del hombre
right to work *s* libertad de trabajo
right triangle *s* (geom.) triángulo rectángulo
right wing *s* ala derecha (*de un ejército*); (pol.) derecha
right-wing [ˈraɪt,wɪŋ] *adj* derechista
right-winger [ˈraɪt,wɪŋər] *s* (coll.) derechista
rigid [ˈrɪdʒɪd] *adj* rígido
rigidity [rɪˈdʒɪdɪtɪ] *s* rigidez
rigmarole [ˈrɪgmərol] *s* galimatías
rigor [ˈrɪgər] *s* rigor; (path. & physiol.) rigor
rigorism [ˈrɪgərɪzəm] *s* rigorismo
rigorist [ˈrɪgərɪst] *s* rigorista
rigor mortis [ˈraɪgər ˈmɔrtɪs] o [ˈrɪgər ˈmɔrtɪs] *s* rigor de la muerte, rigidez cadavérica
rigorous [ˈrɪgərəs] *adj* riguroso
rile [raɪl] *va* (coll.) exasperar, irritar con exceso
rill [rɪl] *s* arroyuelo o riachuelo; *vn* correr (*el agua*) en un arroyuelo o riachuelo
rim [rɪm] *s* canto, borde; llanta (*de la rueda*); (aut.) aro (*de neumático*); (*pret & pp:* **rimmed;** *ger:* **rimming**) *va* proveer de un canto o borde; correr alrededor del canto de; cercar, rodear
rime [raɪm] *s* rima; escarcha; **without rime or reason** sin ton ni son; *va* rimar; cubrir con escarcha; *vn* rimar
rimer [ˈraɪmər] *s* var. de **rhymer**
rimester [ˈraɪmstər] *s* var. de **rhymester**
rim lock *s* cerradura guarnecida al revés
rimy [ˈraɪmɪ] *adj* (*comp:* **-ier;** *super:* **-iest**) escarchado
rind [raɪnd] *s* corteza; *va* descortezar
rinderpest [ˈrɪndər,pɛst] *s* (vet.) fiebre biliosa hematúrica, ictericia hematúrica
ring [rɪŋ] *s* anillo; sortija; círculo; corona (*de un vaso, copa, etc.*); reborde (*de una moneda*); círculo de goma (*para tarros de frutas*); anilla (*que se emplea en la gimnasia*); argolla (*que se pone en la nariz a un animal*); arena (*para carreras, juegos deportivos, etc.*); circo (*para ejercicios ecuestres o acrobáticos*); (taur.) redondel; cuadrilátero o ruedo (*para el boxeo*); boxeo, pugilato; corro (*de gente*); cuadrilla (*grupo de personas*); pandilla (*grupo de personas con un fin censurable o ilícito*); ojera (*bajo el párpado inferior*); (naut.) arganeo (*de la caña del ancla*); (chem.) núcleo; campanada (*toque de campana; sonido de reloj*); campanilleo; tañido; tintineo (*de choque de*

R

copas, de campanilla, timbre, etc.); llamada (*aviso acústico*); (fig.) tono (*carácter, espíritu*); **the rings of Saturn** (astr.) los anillos de Saturno; **to be in the ring (for)** ser candidato (a); **to run rings around** dar cien vueltas a, vencer completamente ‖ *adj* anular ‖ (*pret & pp:* **ringed**) *va* cercar, rodear; anillar; quitar a (*un árbol*) una tira circular de corteza; (sport); meter el herrón o la herradura en (*el clavo*); (sport) meter (*el herrón o la herradura*) en el clavo ‖ *vn* anillarse; formar círculo o corro ‖ (*pret:* **rang** o **rung**; *pp:* **rung**) *va* sonar; tañer, repicar; tocar; llamar o convocar repicando o tocando campanas; llamar al timbre; anunciar o celebrar con repique de campanas; entonar (*las alabanzas de una persona*); dar (*las horas la campana del reloj*); llamar por teléfono; **to ring in** (coll.) introducir con maña o fraudulentamente; **to ring up** llamar por teléfono; marcar (*una compra*) con el timbre ‖ *vn* sonar (*una campana, un timbre, el teléfono*); campanear; campanillear; repicar; tintinear (*el choque de copas, una campanilla*); llamar; resonar, retumbar; ser celebrado, tener fama; zumbar (*los oídos*); (fig.) sonar (*tener cierta apariencia*); **to ring for** llamar, llamar al timbre; **to ring off** terminar una llamada por teléfono; **to ring up** llamar por teléfono

ring-around-a-rosy [ˈrɪŋəˌraʊndəˈrozɪ] *s* corro, juego del corro

ringbolt [ˈrɪŋˌbolt] *s* perno con anillo, cáncamo de argolla

ringdove [ˈrɪŋˌdʌv] *s* (orn.) paloma torcaz; (orn.) tórtola (*Streptopelia risoria*)

ringed [rɪŋd] *adj* anillado; que lleva anillo; que lleva anillo de matrimonio; casado

ringer [ˈrɪŋər] *s* campanero; dispositivo de llamada; impulsador de campanilla de teléfono; herrón o herradura metida en el clavo; (slang) jugador que toma parte en una competencia atlética representándose falsamente; (slang) segunda edición (*persona o cosa que se parece mucho a otra*)

ring finger *s* dedo anular, dedo médico

ring formation *s* (chem.) ciclización

ringing [ˈrɪŋɪŋ] *s* anillamiento; campaneo; repique; tintineo; retintín o silbido (*de oídos*); *adj* resonante, retumbante

ringleader [ˈrɪŋˌlidər] *s* cabecilla

ringlet [ˈrɪŋlɪt] *s* anillejo; rizo

ringleted [ˈrɪŋlɪtɪd] *adj* rizado

ringmaster [ˈrɪŋˌmæstər] o [ˈrɪŋˌmɑstər] *s* hombre encargado de los ejercicios ecuestres y acrobáticos de un circo

Ring of the Nibelung *s* Anillo del Nibelungo

ring shake *s* acebolladura

ringside [ˈrɪŋˌsaɪd] *s* lugar junto al cuadrilátero de boxeo; lugar desde el cual se puede ver de cerca

ringworm [ˈrɪŋˌwʌrm] *s* (path.) tiña

rink [rɪŋk] *s* patinadero

rinse [rɪns] *s* enjuague, aclaración; *va* enjuagar, aclarar

riot [ˈraɪət] *s* alboroto, desorden, tumulto; regocijos ruidosos, orgía; exhibición brillante (*de colores*); **to read the riot act** mandar que cese la agitación; reprender vehementemente, protestar vehementemente; **to run riot** desenfrenarse; crecer lozanamente (*las plantas*)

rioter [ˈraɪətər] *s* alborotador; jaranero, libertino

riotous [ˈraɪətəs] *adj* alborotado, desenfrenado, bullicioso; desenfrenado, libertino

riot squad *s* pelotón de asalto, escuadra de choque

R.I.P. abr. de **Requiescat** (o **Requiescant**) **in pace** (Lat.) **May he** o **she** (o **they**) **rest in peace**

rip [rɪp] *s* rasgón; (sew.) descosido; corriente rápida hecha por la marea; agua que se ha puesto revuelta por la confluencia de corrientes o mareas; (coll.) holgazán; (coll.) jamelgo; (*pret & pp:* **ripped**; *ger:* **ripping**) *va* rasgar, desgarrar; (sew.) descoser; (carp.) aserrar (*la madera*) al hilo; **to rip off** quitar rasgando; arrebatar, quitar violentamente; **to rip open** abrir desgarrando; abrir violentamente; **to rip out** arrancar o sacar desgarrando; arrancar o sacar violentamente; (coll.) decir con violencia; **to rip up** rasgar, desgarrar; desarraigar con violencia; *vn* rasgarse, desgarrarse; (coll.) adelantar o moverse de prisa o con violencia; **to rip out with** (coll.) decir con violencia

riparian [rɪˈperɪən] o [raɪˈperɪən] *adj & s* ribereño

rip cord *s* (aer.) cabo de desgarre; (aer.) cuerda de apertura

ripe [raɪp] *adj* maduro; rosado, colorado; hecho, acabado; dispuesto, preparado, pronto; madurado (*divieso, tumor*); negro (*dícese de una aceituna*)

ripen [ˈraɪpən] *va & vn* madurar

ripeness [ˈraɪpnɪs] *s* madurez

riposte [rɪˈpost] *s* (fencing) estocada que se da después de parar; (fig.) respuesta pronta y aguda; *vn* (fencing) reparar y dar la estocada a un mismo tiempo; (fig.) responder con viveza

rip panel *s* (aer.) faja de desgarre

ripper [ˈrɪpər] *s* rasgador; descosedor

ripping [ˈrɪpɪŋ] *s* rasgadura, desgarro; *adj* (slang) espléndido, excelente, magnífico

ripple [ˈrɪpəl] *s* rizo, temblor, ondulación; murmullo; *va* rizar; *vn* rizarse; correr con rizos u olas pequeñas; murmurar

ripplet [ˈrɪplɪt] *s* rizo pequeño (*de agua*)

ripply [ˈrɪplɪ] *adj* rizado; murmullante

riprap [ˈrɪpˌræp] *s* ripio; muro hecho con ripio; (*pret & pp:* **-rapped**; *ger:* **-rapping**) *va* reforzar con ripio; construir con ripio

rip-roaring [ˈrɪpˈrorɪŋ] *adj* (slang) alborozado, bullicioso

ripsaw [ˈrɪpˌsɔ] *s* sierra de hilar o hender; *va* aserrar al hilo

rise [raɪz] *s* subida (*p.ej., de la temperatura, de precios, de un pez a la superficie del agua para coger cebo; cuesta ascendiente*); elevación (*p.ej., del terreno, de la voz*); salida (*de un astro*); ascenso (*en un empleo*); altura (*de peldaño*); montea (*de arco*); nacimiento (*de un manantial*); crecida; (mach.) levantamiento (*de una válvula*); (slang) réplica mordaz; **to get a rise out of** (slang) sacar una réplica mordaz a; **to give rise to** dar origen a; (*pret:* **rose**; *pp:* **risen**) *vn* levantarse; subir; salir (*un astro*); asomar (*p.ej., un peligro*); brotar (*un manantial, una planta*); resucitar; ganar (*en la estimación de uno*); **to rise above** alzarse por encima de; mostrarse superior a; **to rise early** madrugar; **to rise to** ser capaz de, sentirse con fuerzas para

risen [ˈrɪzən] *pp de* **rise**

riser [ˈraɪzər] *s* contrahuella, contraescalón (*frente del peldaño*); **early riser** madrugador; **late riser** dormilón

risibility [ˌrɪzɪˈbɪlɪtɪ] *s* (*pl:* **-ties**) risibilidad; **risibilities** *spl* ganas de reírse, reideras

risible [ˈrɪzɪbəl] *adj* risible; **risibles** *spl* reideras

rising [ˈraɪzɪŋ] *adj* ascendiente; naciente; creciente; saliente (*Sol*); venidero; (phonet.) creciente (*diptongo*)

risk [rɪsk] *s* riesgo; **at the risk of** + *ger* a riesgo de + *inf;* **to run** o **take a risk** correr riesgo; **to run** o **take the risk of** + *ger* correr riesgo de + *inf; va* arriesgar; arriesgarse en (*una empresa dudosa*); **to risk** + *ger* arriesgarse a + *inf*

risky [ˈrɪskɪ] *adj* (*comp:* **-ier**; *super:* **-iest**) arriesgado; escabroso

risqué [rɪsˈke] *adj* escabroso

rissole [ˈrɪsol] o [rɪˈsol] *s* (cook.) risol (*torta tostada hecha de carne picada o pescado, huevos, migas de pan y otros ingredientes*)

rite [raɪt] *s* rito

ritornel o **ritornelle** [ˌrɪtərˈnɛl] *s* (mus.) retornelo

ritual [ˈrɪtʃuəl] *adj & s* ritual

ritualism [ˈrɪtʃuəlɪzəm] *s* ritualismo

ritualist [ˈrɪtʃuəlɪst] *adj & s* ritualista

ritualistic [ˌrɪtʃuəlˈɪstɪk] *adj* ritualista

ritually [ˈrɪtʃuəlɪ] *adv* según el ritual

ritual murder *s* asesinato ritual

riv. abr. de **river**

rival [ˈraɪvəl] *adj & s* rival; (*pret & pp:* **-valed** o **-valled**; *ger:* **-valing** o **-valling**) *va* rivalizar con

rivalry [ˈraɪvəlrɪ] *s* (*pl:* **-ries**) rivalidad

rivalship ['raɪvəlʃɪp] *s* rivalidad
rive [raɪv] (*pret:* **rived;** *pp:* **rived** o **riven**) *va* rajar; *vn* rajarse
riven ['rɪvən] *adj* rajado; *pp de* **rive**
river ['rɪvər] *s* río; (fig.) río (*p.ej., de sangre*); **down the river** río abajo; **up the river** río arriba; *adj* fluvial
river basin *s* cuenca de río
river bed *s* cauce
river front *s* orilla del río
river-god ['rɪvər,gad] *s* dios del río
riverhead ['rɪvər,hɛd] *s* nacimiento de un río
river horse *s* (zool.) caballo marino (*hipopótamo*)
riverside ['rɪvər,saɪd] *s* ribera; *adj* ribereño
rivet ['rɪvɪt] *s* roblón, remache; *va* remachar; clavar (*p.ej., los ojos en una persona*)
riveter ['rɪvɪtər] *s* remachador; remachadora (*máquina*)
rivulet ['rɪvjəlɪt] *s* riachuelo
rm. abr. de **ream** y **room**
rms. abr. de **reams** y **rooms**
R.N. abr. de **registered nurse** y **Royal Navy**
roach [rotʃ] *s* (ent.) cucaracha; (ichth.) leucisco
road [rod] *s* camino; (naut.) rada; **in the road** estorbando el paso; incomodando; **to be on the road** viajar de lugar en lugar (*en el ejercicio de un empleo*); **to get out of the road** quitarse de en medio; **to take to the road** (archaic) hacerse salteador de caminos
road agent *s* (U.S.A.) salteador de caminos
roadbed ['rod,bɛd] *s* firme; (rail.) infrastructura; (rail.) capa de balastro
roadblock ['rod,blak] *s* (mil.) barricada; (fig.) obstáculo
roadhouse ['rod,haʊs] *s* posada en el camino, venta
road laborer *s* peón caminero
road map *s* mapa itinerario
road metal *s* grava, piedra triturada para caminos
road roller *s* cilindro de caminos, apisonador
road runner *s* (orn.) correcamino
road scraper *s* traílla
road service *s* (aut.) auxilio en carretera
roadside ['rod,saɪd] *s* borde del camino, borde de la carretera
roadside inn *s* posada en el camino, venta
road sign *s* señal de carretera, poste indicador
roadstead ['rod,stɛd] *s* (naut.) rada
roadster ['rodstər] *s* caminante; caballo de campo; (aut.) roadster, coche de caja abierta y de dos plazas
roadway ['rod,we] *s* camino, vía
roam [rom] *s* vagabundeo; *va* vagar por, recorrer a la ventura; *vn* vagar, andar errante
roan [ron] *adj* roano; *s* color roano; caballo roano
roar [ror] *s* rugido, bramido; *va* decir a gritos; **to roar oneself hoarse** ponerse ronco gritando; *vn* rugir, bramar; reírse a carcajadas
roast [rost] *s* asado; carne para asar; variedad de café tostado; (coll.) fiesta en que se comen manjares asados directamente al o en el fuego; (coll.) burla o censura severa, despellejadura; *adj* asado; tostado (*café*); *va* asar; tostar (*café*); (coll.) burlarse de, mofarse de, despellejar; *vn* asarse; tostarse (*café*)
roast beef *s* rosbif
roaster ['rostər] *s* asador; tostador; pollo o lechón propio para asar
roast of beef *s* carne de vaca asada o para asar
rob [rab] (*pret & pp:* **robbed;** *ger:* **robbing**) *va* robar; **to rob someone of something** o **to rob something from someone** robarle algo a alguien; **to rob Peter to pay Paul** desnudar a un santo para vestir a otro; *vn* robar; (*cap.*) *s* nombre abreviado de **Robert**
robber ['rabər] *s* robador, ladrón
robbery ['rabərɪ] *s* (*pl:* **-ies**) robo
robe [rob] *s* manto; abrigo; toga, túnica (*del letrado, juez, etc.*); traje talar (*del sacerdote*); manta (*de coche*); traje, vestido (*de mujer*); *va* vestir; *vn* vestirse
Robert ['rabərt] *s* Roberto
robin ['rabɪn] *s* (orn.) petirrojo; (orn.) primavera (*Turdus migratorius*)
robin's-egg blue ['rabɪnz,ɛg] *s* color azul verdoso
robot ['robat] o ['rabət] *s* robot; (fig.) robot (*persona*)
robot bomb *s* (mil.) bomba volante, bomba cohete
robust [ro'bʌst] *adj* robusto; arduo, vigoroso; grosero
robustious [ro'bʌstʃəs] *adj* (archaic & hum.) robusto; (archaic & hum.) alborotado, ruidoso, grosero
roc [rak] *s* (myth.) roc o rocho (*ave*)
rocambole ['rakəmbol] *s* (bot.) rocambola
Rochelle salt [ro'ʃɛl] *s* (pharm.) sal de la Rochela
rochet ['ratʃɪt] *s* (eccl.) roquete
rock [rak] *s* roca; escollo (*a flor de agua*); (coll.) piedra (*que se tira*); (slang) diamante, piedra preciosa; (orn.) paloma zorita; (ichth.) pez anadromo (*Roccus saxatilis*); mecedura; (*cap.*) *s* Peñón (*de Gibraltar*); **on the rocks** (coll.) arruinado, quebrado, en pobreza extrema; (coll.) con sólo trocitos de hielo, sobre hielo (*dícese de ciertas bebidas alcohólicas*); *adj* de roca, formado de rocas; entre las rocas; *va* mecer; acunar; arrullar; calmar, sosegar; sacudir; **to rock the boat** mover el barco de un modo temerario; (fig.) perturbar la armonía; **to rock to sleep** arrullar, adormecer meciendo; *vn* mecerse; sacudirse
rock bottom *s* el fondo, lo más profundo
rock-bottom ['rak,batəm] *adj* (el) mínimo, (el) más bajo
rock-bound ['rak,baʊnd] *adj* rodeado de rocas; inaccesible
rock candy *s* azúcar cande, azúcar candi
rock crystal *s* cristal de roca
rock dove *s* (orn.) paloma zorita
rocker ['rakər] *s* mecedora (*silla*); arco (*de mecedora o cuna*); (mach.) eje de balancín; (mach.) balancín
rocker arm *s* (mach.) balancín
rockershaft ['rakər,ʃæft] o ['rakər,ʃaft] *s* (mach.) eje de balancín
rocket ['rakɪt] *s* cohete; (bot.) roqueta, ruca; (bot.) juliana, violeta; *vn* subir como un cohete, lucirse y desaparecer; alcanzar gran altura rápida y súbitamente
rocket bomb *s* bomba cohete
rocketeer [,rakɪ'tɪr] *s* cohetero
rocket gun *s* (mil.) cañón cohete
rocket larkspur *s* (bot.) espuela de caballero
rocket launcher *s* (mil.) lanzacohetes
rocket motor *s* motor cohete
rocket plane *s* (aer.) avión cohete
rocket-powered ['rakɪt,paʊərd] *adj* propulsado por cohetes
rocket propulsion *s* propulsión a cohete
rocketry ['rakɪtrɪ] *s* cohetería
rocket salad *s* (bot.) roqueta, ruca
rocket ship *s* aeronave cohete
rock garden *s* jardín entre rocas
Rockies ['rakɪz] *spl* Montañas Rocosas o Roqueñas
rocking chair *s* mecedora, sillón de hamaca
rocking horse *s* caballo mecedor
rock of ages *s* Cristo; la fe de Cristo
Rock of Gibraltar *s* peñón de Gibraltar
rock ptarmigan *s* (orn.) perdiz blanca
rock-ribbed ['rak,rɪbd] *adj* que tiene costillas de roca; fuerte, inflexible
rockrose ['rak,roz] *s* (bot.) estepa
rock salt *s* sal de compás, sal gema
rockshaft ['rak,ʃæft] o ['rak,ʃaft] *s* (mach.) eje de balancines; (min.) pozo de relleno
rockweed ['rak,wid] *s* (bot.) fuco
rock wool *s* lana mineral
rocky ['rakɪ] *adj* (*comp:* **-ier;** *super:* **-iest**) roqueño; despiadado, inflexible; (slang) que bambolea; (slang) débil, poco firme
Rocky Mountains *spl* Montañas Rocosas o Roqueñas
Rocky Mountain spotted fever *s* (path.) fiebre purpúrea de las Montañas Rocosas
rococo [ro'koko] o ['rokəko] *adj & s* (f.a.) rococó
rod [rad] *s* vara; varilla; barra; vara buscadora; vara de medir; caña de pescar; medida inglesa de longitud que equivale a cinco yardas y media; (anat.) bastoncillo (*de la retina*); (bact.)

R

bastoncito; (mach.) vástago; (surv.) jalón; vara alta (*autoridad*); opresión, tiranía; (Bib.) linaje, raza, vástago; (slang) revólver, pistola; **to spare the rod** excusar la vara (*no castigar a un niño*)

rode [rod] *pret de* **ride**

rodent [ˈrodənt] *adj & s* (zool.) roedor

rodeo [roˈdeo] o [ˈrodɪo] *s* (*pl:* **-os**) rodeo (*recogida de los ganados; espectáculo de los vaqueros norteamericanos*)

Roderick [ˈrɑdərɪk] *s* Rodrigo

rodman [ˈrɑdmən] *s* (*pl:* **-men**) (surv.) portamira

rodomontade [ˌrɑdəmɑnˈted] o [ˌrɑdəmɑnˈtɑd] *s* rodomontada, fanfarronada; *adj* fanfarrón; *vn* fanfarronear

roe [ro] *s* (zool.) corzo; hueva (*masa de huevecillos de ciertos peces*)

roebuck [ˈroˌbʌk] o **roe deer** *s* (zool.) corzo

roentgenogram [ˈrɛntgənəˌgræm] *s* roentgenograma

roentgenologist [ˌrɛntgəˈnɑlədʒɪst] *s* roentgenólogo

roentgenology [ˌrɛntgəˈnɑlədʒɪ] *s* roentgenología

roentgenotherapy [ˌrɛntgənoˈθɛrəpɪ] *s* roentgenoterapia

Roentgen rays [ˈrɛntgən] *spl* (phys.) rayos Roentgen

rogation [roˈgeʃən] *s* (hist.) rogación; (eccl.) rogativa; **rogations** *spl* (eccl.) rogativas (*especialmente las que caen en los tres días antes de la Ascensión*)

rogatory [ˈrɑgəˌtorɪ] *adj* rogatorio

Roger [ˈrɑdʒər] *s* Rogelio

rogue [rog] *s* bribón, pícaro; elefante u otro animal bravo que vive separado del rebaño

roguery [ˈrogərɪ] *s* (*pl:* **-ies**) bribonería, picardía; travesura, diablura

rogues' gallery *s* colección de retratos de malhechores para uso de la policía

roguish [ˈrogɪʃ] *adj* bribón, pícaro; travieso, retozón

roil [rɔɪl] *va* enturbiar; irritar, vejar

roily [ˈrɔɪlɪ] *adj* enturbiado; irritado, vejado

roister [ˈrɔɪstər] *vn* jaranear; fanfarronear

roisterer [ˈrɔɪstərər] *s* jaranero; fanfarrón

roisterous [ˈrɔɪstərəs] *adj* jaranero; fanfarrón

Roland [ˈrolənd] *s* Rolando, Roldán

rôle o **role** [rol] *s* papel; **to play a rôle** desempeñar un papel

roll [rol] *s* rollo; rodillo; rodadura; echada (*de los dados*); panecillo; undulación; bamboleo; balance (*del barco*); redoble (*del tambor*); retumbo (*p.ej., del trueno*); rol, lista; (slang) fajo (*de papel moneda*); **to call the roll** pasar lista; **to strike off the rolls** excluir de la lista de miembros ‖ *va* arrollar; envolver; hacer rodar; empujar sobre rodillos; empujar hacia adelante; rodillar; cilindrar; laminar; entintar con rodillo; liar (*un cigarrillo*); mover (*p.ej., el cuerpo*) de un lado a otro; mover o menear (*los ojos*) de uno a otro lado, mover (*los ojos*) hacia arriba, poner (*los ojos*) en blanco; tocar redobles con (*el tambor*); hacer resonar; vibrar (*la voz*); pronunciar (*la r*) vibrando la lengua; meditar cuidadosamente, pesar detenidamente; **to roll one's own** hacérselos o liárselos (*liarse sus propios cigarrillos*); (slang) arreglárselas bien solo; **to roll the bones** (slang) echar o tirar los dados, jugar a los dados; **to roll the eye over** echar una mirada a; **to roll the eyes** poner los ojos en blanco; **to roll up** arrollar; arremangar (*p.ej., las mangas*); amontonar (*p.ej., fortuna*) ‖ *vn* rodar; bambolear o bambolearse; balancear o balancearse (*un barco*); ondear; girar; moverse (*los ojos*) de uno a otro lado, moverse (*los ojos*) hacia arriba; retumbar (*el trueno*); redoblar (*un tambor*); **to roll in** entrar rodando; entrar bamboleándose; avanzar ondeando (*el agua*); (coll.) arroparse en la cama; (coll.) nadar en (*p.ej., dinero*); **to roll out** salir bamboleándose; (slang) levantarse desarropándose; **to roll up** arrollar; llegar en vehículo; amontonarse (*p.ej., dinero*)

roll call *s* lista, (el) pasar lista

rolled oats *spl* copos de avena

roller [ˈrolər] *s* rodillo; tambor; ruedecilla (*de un mueble*); rueda (*de patines*); venda (*para cubrir una herida*); ola larga y creciente; (orn.) pichón volteador; (orn.) canario de canto sostenido

roller bearing *s* cojinete de rodillos

roller blind *s* cortina de resorte

roller coaster *s* montaña rusa

roller mill *s* molino de cilindros, trituradora de cilindros

roller skate *s* patín de ruedas

roller-skate [ˈrolərˌsket] *vn* patinar con patines de ruedas

roller towel *s* toalla sin fin, toalla continua

roll film *s* (phot.) película en carretes

rollick [ˈrɑlɪk] *vn* jugetear, retozar, divertirse de manera turbulenta

rollicking [ˈrɑlɪkɪŋ] o **rollicksome** [ˈrɑlɪksəm] *adj* juguetón, retozón, alegre, turbulento

rolling [ˈrolɪŋ] *adj* rodante; rodadero; girante; retumbante; undulante u ondulado; doblegado, plegado; *s* rodadura; bamboleo; balanceo; retumbo; undulación; redoble (*del tambor*)

rolling barrage *s* (mil.) cortina de fuego rodante

rolling kitchen *s* (mil.) cocina rodante

rolling mill *s* laminadero, taller de laminación; laminador, tren de laminadores

rolling pin *s* hataca, rodillo, rodillo de pastelero

rolling stock *s* (rail.) material móvil, material rodante

rolling stone *s* (fig.) piedra movediza

roll sulfur *s* azufre cañón, azufre en canuto

roll-top desk [ˈrolˌtɑp] *s* escritorio norteamericano

roly-poly [ˈrolɪˈpolɪ] *adj* regordete, rechoncho; *s* (*pl:* **-lies**) persona regordeta; pudín en forma de rollo, cocido, horneado o sometido a la acción del vapor

Rom. abr. de **Roman, Romance** y **Romans** (Bib.)

rom o **Rom** [rʌm] *s* rom, hombre o muchacho gitano

Romaean [roˈmiən] *adj* romeo (*griego bizantino*)

Romaic [roˈmeɪk] *adj & s* romaico

romaine [roˈmen] *s* lechuga romana

Roman [ˈromən] *adj & s* romano; **Romans** *spl* (Bib.) Epístola a los romanos; (*l.c.*) *adj* (print.) redondo; *s* (print.) letra redonda

Roman candle *s* vela romana

Roman Catholic *adj & s* católico romano

Roman Catholicism *s* catolicismo romano

Romance [roˈmæns] o [ˈromæns] *adj* romance o románico (*neolatino*); (*l.c.*) *s* romance (*libro o novela de caballerías*); cuento de aventuras; cuento de amor, cuento de enamorados; (lo) pintoresco (*p.ej., de la historia*); interés en las aventuras, el amor o lo pintoresco; intriga amorosa; ficción, invención; (mus.) romanza; [roˈmæns] *vn* contar o escribir romances, contar o escribir cuentos de aventuras o de amor; pensar o hablar de un modo romántico o fantástico; exagerar; mentir

romance of chivalry *s* libro de caballerías

romancer [roˈmænsər] *s* romancero; visionario; embustero

Roman Curia *s* Curia romana

Roman Empire *s* Imperio romano

Romanesque [ˌromənˈɛsk] *adj & s* (arch.) románico

Romanic [roˈmænɪk] *adj* románico (*neolatino*)

Romanism [ˈromənɪzəm] *s* romanismo; (offensive) romanismo (*la religión católica*)

Romanist [ˈromənɪst] *s* romanista; (offensive) romanista (*persona que profesa la religión católica*)

Romanization [ˌromənɪˈzeʃən] *s* romanización; conversión al catolicismo

Romanize [ˈromənaɪz] *va* romanizar; convertir al catolicismo; *vn* romanizarse; convertirse al catolicismo

Roman law *s* derecho romano

Roman nose *s* nariz aguileña

Roman numeral *s* número romano

Roman rite *s* rito romano

Romansh [roˈmænʃ] o [roˈmɑnʃ] *s* romanche o rumanche

romantic [roˈmæntɪk] *adj* romántico; encantado (*sitio*); *s* romántico

romantically [roˈmæntɪkəlɪ] *adv* románticamente

romanticism [ro'mæntɪsɪzəm] *s* romanticismo
romanticist [ro'mæntɪsɪst] *s* romántico
romanticize [ro'mæntɪsaɪz] *va* hacer romántico; *vn* ser romántico, hablar o escribir de un modo romántico
Romantic Movement *s* Romanticismo
Romany ['rɑmənɪ] *adj* romany; *s* (*pl:* **-nies**) romany
Rom. Cath. abr. de **Roman Catholic**
Rome [rom] *s* Roma
Rome-Berlin axis ['rombʌr'lɪn] *s* eje Roma-Berlín
romp [rɑmp] *s* trisca, retozo; saltabardales; *vn* triscar, corretear
rompers ['rɑmpərz] *spl* traje holgado de juego para niños
Romulus ['rɑmjələs] *s* (myth.) Rómulo
rondeau ['rɑndo] o [rɑn'do] *s* rondó o rondeau
rondel ['rɑndəl] *s* rondel
rondo ['rɑndo] o [rɑn'do] *s* (*pl:* **-dos**) (mus.) rondó
rood [rud] *s* crucifijo; cruz en que murió Cristo
rood screen *s* (arch.) jube
roof [ruf] o [rʊf] *s* tejado (*cubierta de un edificio*); techo (*de paja, bálago, etc.*); azotea (*cubierta llana de un edificio*); imperial (*de un coche*); paladar (*de la boca*); techo interior, cielo raso; cubierta; bóveda (*del cielo*); (fig.) techo (*domicilio, morada*); **to raise the roof** (slang) poner el grito en el cielo; *va* techar
roofer ['rufər] o ['rʊfər] *s* constructor de techos o tejados, techador
roof garden *s* pérgola; azotea de baile y diversión
roofing ['rufɪŋ] o ['rʊfɪŋ] *s* material para techos
roofless ['ruflɪs] o ['rʊflɪs] *adj* sin techo; mostrenco
rooftree ['ruf,tri] o ['rʊf,tri] *s* cumbrera o parhilera; tejado; (fig.) techo (*domicilio*)
rook [rʊk] *s* (orn.) chova, grajo, cuervo merendero; embustero; torre, roque (*en el ajedrez*); *va & vn* trampear
rookery ['rʊkərɪ] *s* (*pl:* **-ies**) bosque grajero; criadero de focas, grullas, aves marinas, etc.; casa o habitación baja y escuálida; vecindario bajo y escuálido
rookie ['rʊkɪ] *s* (slang) bisoño, novato
room [rum] o [rʊm] *s* aposento, cuarto, habitación, pieza; espacio, sitio, lugar; ocasión; **to make room** abrir paso, hacer lugar, despejar la vía; **there is no room for doubt** no cabe duda; **there is no more room** no cabe(n) más; *vn* alojarse, hospedarse
room and board *s* pensión completa
roomer ['rumər] o ['rʊmər] *s* inquilino
roomful ['rumfʊl] o ['rʊmfʊl] *s* cuarto lleno; gente en un cuarto, cosas en un cuarto
rooming house *s* casa donde se alquilan cuartos
roommate ['rum,met] o ['rʊm,met] *s* compañero de cuarto
room service *s* servicio de los cuartos, servicio de restaurante en las habitaciones de un hotel
roomy ['rumɪ] o ['rʊmɪ] *adj* (*comp:* **-ier;** *super:* **-iest**) amplio, espacioso, holgado
roorback ['rʊrbæk] *s* (U.S.A.) libelo contra un candidato, que se circula por su efecto político
roost [rust] *s* percha de gallinero; gallinero; lugar de descanso; **to rule the roost** mandar, tener el mando y el palo (*especialmente en la casa de uno*); *vn* descansar (*las aves*) en la percha; estar alojado; pasar la noche
rooster ['rustər] *s* gallo
roosterfish ['rustər,fɪʃ] *s* (ichth.) papagayo
root [rut] o [rʊt] *s* raíz; (bot., gram. & math.) raíz; (anat.) raigón (*del diente*); (mus.) base, nota fundamental; **to get to the root of** profundizar; **to take root** echar raíces; *va* plantar firmemente; hocicar u hozar; desarraigar; **to root out** o **up** desarraigar; *vn* arraigar; hocicar u hozar; **to root about** andar buscando; **to root for** (slang) aplaudir o gritar ruidosamente por el éxito de
rootage ['rutɪdʒ] o ['rʊtɪdʒ] *s* arraigo
root and branch *adv* por completo
root beer *s* bebida no alcohólica hecha de extractos de varias raíces
root canal *s* (anat. & dent.) conducto radicular
rooter ['rutər] o ['rʊtər] *s* hozador (*animal*); (slang) hincha (*entusiasta que aplaude o grita ruidosamente por el éxito de un jugador, equipo, etc.*)
root hair *s* (bot.) pelos absorbentes
rootlet ['rutlɪt] o ['rʊtlɪt] *s* raicilla
rootstock ['rut,stɑk] o ['rʊt,stɑk] *s* (bot.) rizoma
rooty ['rutɪ] o ['rʊtɪ] *adj* (*comp:* **-ier;** *super:* **-iest**) lleno de raíces; radicoso
rope [rop] *s* cuerda; dogal (*para ahorcar a un reo*); lazo (*para coger animales*); muerte en la horca; masa fibrosa y viscosa; **to be at the end of one's rope** estar sin recursos, andar o estar en las últimas; no saber qué hacer; **to give a person rope** (coll.) dar libertad de acción a una persona, dejar que una persona actúe u obre libremente; **to jump** o **to skip rope** saltar a la comba; **to know the ropes** conocer la jarcia o las cuerdas de un buque; (slang) saber cuántas son cinco, saber todas las tretas; *va* atar o amarrar con una cuerda; cercar con cuerdas, rodear con soga; **to rope in** (slang) embaucar o engañar con arte y maña; **to rope off** cercar con cuerdas, rodear con soga; *vn* hacer madeja (*un licor*)
ropedancer ['rop,dænsər] o ['rop,dɑnsər] *s* bailarín de cuerda
rope ladder *s* escala de cuerda
rope railway *s* alambrecarril
ropewalk ['rop,wɔk] *s* cordelería
ropewalker ['rop,wɔkər] *s* volatinero; bailarín de cuerda
ropeway ['rop,we] *s* cablecarril, teleférico
ropy ['ropɪ] *adj* (*comp:* **-ier;** *super:* **-iest**) correoso, fibroso, viscoso; de cuerda, como una cuerda
Roquefort ['rokfərt] *s* queso de Roquefort
roquet [ro'ke] (*pret & pp:* **-queted** ['ked]; *ger:* **-queting** ['keɪŋ]) *va & vn* (croquet) enrocar
roquette [ro'kɛt] *s* (bot.) roqueta
rorqual ['rɔrkwəl] *s* (zool.) rorcual
rosaceous [ro'zeʃəs] *adj* rosáceo; (bot.) rosáceo
Rosalie ['rɑzəlɪ] o ['rozəlɪ] *s* Rosalía
Rosalind ['rɑzəlɪnd] o ['rɑzəlaɪnd] *s* Rosalinda
rosary ['rozərɪ] *s* (*pl:* **-ries**) rosario; macizo de rosales; jardín de rosales
rose [roz] *s* rosa (*flor*); (bot.) rosal (*planta*); rosa (*color; lazo de cintas; piedra preciosa; perfume*); roseta (*de una regadera*); mujer muy hermosa; (arch.) rosa o rosetón; **under the rose** secretamente; *adj* rosado, de color de rosa; *va* hacer rosado; *pret de* **rise**
rose acacia *s* (bot.) acacia rosa
roseate ['roziet] o ['roziɪt] *adj* róseo, rosado; alegre, jovial, vivo
rosebay ['roz,be] *s* (bot.) adelfa, baladre, rododafne; (bot.) rododendro
rose beetle *s* (ent.) macrodáctilo; (ent.) cetoína dorada
rosebud ['roz,bʌd] *s* pimpollo, capullo de rosa
rose bug *s* (ent.) macrodáctilo
rosebush ['roz,bʊʃ] *s* (bot.) rosal
rose chafer *s* (ent.) cetoína dorada
rose-colored ['roz,kʌlərd] *adj* róseo, rosado; alegre, jovial, vivo; **to see everything in rose-colored spectacles** verlo todo de color de rosa
rose diamond *s* diamante rosa
rose geranium *s* (bot.) geranio de rosa
rose hip *s* (bot.) cinarrodón, eterio
rose leaf *s* pétalo de rosa
roselle [ro'zɛl] o **rosella** [ro'zɛlə] *s* (bot.) agrio, jamaica, viña
rose mallow *s* (bot.) malva rósea; (bot.) amor al uso, flor de la vida
rosemary ['roz,mɛrɪ] *s* (*pl:* **-ies**) (bot.) romero
rose of China *s* (bot.) rosa de China, tulipán (*Hibiscus rosa-sinensis*)
rose of Jericho *s* (bot.) rosa de Jericó
rose of Sharon ['ʃɛrən] *s* (bot.) rosa de Siria; (bot.) hiperición; (Bib.) flor del campo
roseola [ro'ziələ] *s* (path.) roséola; (path.) rubéola
Rosetta stone [ro'zɛtə] *s* piedra de Roseta

R

rosette [ro'zɛt] *s* rosa (*lazo de cintas*); (arch.) rosetón; (metal.) roseta
rose water *s* agua de rosas
rose window *s* (arch.) rosetón
rosewood ['roz,wʊd] *s* palo de rosa; (bot.) palisandro; (bot.) leño de Botany
Rosicrucian [,rozɪ'kruʃən] *adj & s* rosicruciano o rosacruz
rosily ['rozɪlɪ] *adv* con color de rosa; alegremente
rosin ['rɑzɪn] *s* colofonia, brea seca; resina; *va* frotar con colofonia
Rosinante [,rɑzɪ'næntɪ] *s* rocinante (*rocín matalón*)
rosolio [rɔ'zoljɔ] *s* rosoli
roster ['rɑstər] *s* catálogo, lista, registro; horario escolar, horas de clase; (mil.) lista o reglamento que indica los deberes de los oficiales
rostral ['rɑstrəl] *adj* rostral
rostral column *s* columna rostral
rostrate ['rɑstret] *adj* rostrado
rostrum ['rɑstrəm] *s* (*pl:* **-trums** o **-tra** [trə]) *s* tribuna; (anat., naut. & zool.) rostro
rosy ['rozɪ] *adj* (*comp:* **-ier;** *super:* **-iest**) rosado; sonrosado; alegre
rot [rɑt] *s* podredumbre; (bot.) úlcera; (vet.) comalía, morriña; (slang) tontería; (*pret & pp:* **rotted;** *ger:* **rotting**) *va* pudrir; enriar; *vn* pudrirse
Rotarian [ro'tɛrɪən] *adj & s* rotario
rotary ['rotərɪ] *adj* rotatorio, rotativo
rotary press *s* (print.) rotativa, prensa rotativa
rotate ['rotet] o [ro'tet] *va* hacer girar; alternar; *vn* girar, rodar; alternar
rotation [ro'teʃən] *s* rotación; **in rotation** por turno
rotational [ro'teʃənəl] *adj* rotatorio
rotation of crops *s* rotación de cosechas o de cultivos
rotator ['rotetər] o [ro'tetər] *s* (*pl:* **rotators**) persona o cosa que da vueltas; (*pl:* **rotatores** [,rotə'toriz]) (anat.) rotador
rotatory ['rotə,torɪ] *adj* rotatorio
rote [rot] *s* rutina, repetición maquinal; **by rote** de memoria; maquinalmente
rotgut ['rɑt,gʌt] *s* (slang) matarratas
rotifer ['rotɪfər] *s* (zool.) rotífero
rotiferous [ro'tɪfərəs] *adj* rotífero
rotogravure [,rotəgrə'vjʊr] o [,rotə'grevjʊr] *s* rotograbado
rotor ['rotər] *s* (mach. & elec.) rotor
rotor ship *s* (naut.) buque a rotores
rotten ['rɑtən] *adj* podrido; fétido; viciado (*aire*); poco firme, en mal estado; despreciable; corrompido, no honrado; (slang) vil, ruin
rotten borough *s* (Brit.) pueblo antes de 1832 que, a pesar de sus pocos votantes, tuvo el derecho de representación en el Parlamento
rottenness ['rɑtənnɪs] *s* podredumbre; fetidez
rottenstone ['rɑtən,ston] *s* (mineral.) trípol; *va* tripolizar
rotter ['rɑtər] *s* (slang) sinvergüenza
rotular ['rɑtʃələr] *adj* rotular
rotulian [ro'tjulɪən] *adj* rotuliano
rotund [ro'tʌnd] *adj* redondo de cuerpo; rotundo (*lenguaje*)
rotunda [ro'tʌndə] *s* rotonda o rotunda
rotundity [ro'tʌndɪtɪ] *s* (*pl:* **-ties**) redondez de cuerpo; rotundidad; cosa redonda
rouble ['rubəl] *s* var. de **ruble**
roué [ru'e] *s* libertino
Rouen [ru'ɑn] *s* Ruán
rouge [ruʒ] *s* arrebol, alconcilla, colorete; colcótar, rojo de pulir; *va* arrebolar, pintar; *vn* arrebolarse, pintarse
rough [rʌf] *adj* áspero; borrascoso, tempestuoso; agitado (*mar*); peludo, velludo; chapucero, tosco; aproximativo; alborotado, turbulento; brutal; bruto; (phonet.) aspirado; *s* brutal, matón; terreno áspero, maleza; cosa áspera o tosca; **in the rough** en bruto (*sin pulimento*); *va* poner áspero; tratar ásperamente; bosquejar o trazar rudamente; labrar toscamente; **to rough it** vivir sin comodidades, hacer vida campestre; *vn* ponerse áspero
roughage ['rʌfɪdʒ] *s* material áspero o grosero; alimento o forraje poco digeribles
rough-and-ready ['rʌfənd'rɛdɪ] *adj* tosco pero eficaz; desenvuelto; vigoroso pero poco fino
rough-and-tumble ['rʌfənd'tʌmbəl] *adj* desordenado, violento; *s* lucha o pelea desordenada y violenta
roughcast ['rʌf,kæst] o ['rʌf,kɑst] *s* modelo tosco; mezcla gruesa, mortero grueso; (*pret & pp:* **-cast**) *va* bosquejar; dar a (*la pared*) una capa de mezcla gruesa
rough copy *s* borrador
rough diamond *s* diamante en bruto; (fig.) diamante en bruto
rough draft *s* bosquejo; borrador
rough-dry [,rʌf'draɪ] *adj* seco y sin planchar; (*pret & pp:* **-dried**) *va* secar (*ropa*) sin planchar
roughen ['rʌfən] *va* poner áspero o tosco; *vn* ponerse áspero o tosco
rough-hew [,rʌf'hju] (*pret:* **-hewed;** *pp:* **-hewed** o **-hewn**) *va* desbastar; modelar toscamente
roughhouse ['rʌf,haʊs] *s* (slang) trapatiesta, conducta bulliciosa; *va* (slang) molestar o perturbar por conducta bulliciosa; *vn* (slang) conducirse de un modo bullicioso; **to start roughhousing** armar una trapatiesta
roughing-in ['rʌfɪŋ'ɪn] *s* capa de mezcla gruesa; instalación de tubos, conductos, cajas de salida, etc. (*dentro de los pisos y paredes*)
roughish ['rʌfɪʃ] *adj* algo áspero
roughly ['rʌflɪ] *adv* ásperamente; toscamente; aproximadamente; turbulentamente; brutalmente
roughneck ['rʌf,nɛk] *s* (slang) canalla
roughness ['rʌfnɪs] *s* aspereza, tosquedad; rigor (*del tiempo*); agitación (*del mar*); chapucería; brutalidad
roughrider ['rʌf,raɪdər] *s* domador de caballos; hombre acostumbrado a montar caballos indómitos; soldado irregular a caballo; **Roughriders** *spl* regimiento de caballería voluntario norteamericano, organizado por Teodoro Roosevelt, que tomó parte en la guerra entre España y los Estados Unidos
roughshod ['rʌf,ʃɑd] *adj* herrado con ramplones (*que impiden resbalar*); **to ride** o **run roughshod over** traer a redopelo, tratar sin miramiento
rough sketch *s* bosquejo; borrador
roulade [ru'lɑd] *s* (mus.) trino; rebanada de carne arrollada, con relleno de carne picada
roulette [ru'lɛt] *s* ruleta (*juego; ruedecilla con puntas*)
Roumania [ru'menɪə] *s* var. de **Rumania**
Roumanian [ru'menɪən] *adj & s* var. de **Rumanian**
round [raʊnd] *adj* redondo; rechoncho; rotundo (*categórico; sonoro*); franco; fuerte, vigoroso; (phonet.) redondeado ‖ *adv* redondamente; alrededor; acá y allá; de boca en boca, de una persona a otra; de un lado para otro; por todas partes; **round about** en contorno ‖ *prep* alrededor de, en torno de; por todos lados de; a la vuelta de (*p.ej., la esquina*); cerca de, cosa de, como; acá y allá en; a todas las partes de; **to come** o **to get round** sobrepujar en astucia a; engatusar ‖ *s* redondo (*cosa redonda o circular*); camino, circuito, ruta; recorrido (*de un policía*); jira (*viaje circular*); redondez; revolución; serie, rutina; ronda (*de cigarros o bebidas*); salva (*de muchas armas de fuego a un tiempo; de aplausos*); disparo o tiro (*de un arma de fuego*); cartucho con bala; corro, círculo (*de personas*); rodaja de carne de vaca; (box.) asalto o suerte; canción corta cantada por varias voces, que empiezan a intervalos sucesivos; danza en que los bailadores se mueven en círculo; **rounds** *spl* recorrido (*de un policía*); **to go the round** ir de boca en boca; ir de mano en mano ‖ *va* redondear; doblar (*una esquina, un promontorio*); cercar, circundar, rodear; (phonet.) redondear; **to round in** (naut.) halar; **to round off** u **out** redondear; acabar, completar, perfeccionar; **to round up** juntar, recoger ‖ *vn* redondearse; girar; **to round off** u **out** redondearse; **to round to** (naut.) orzar
roundabout ['raʊndə,baʊt] *adj* indirecto, ambagioso; *s* modo indirecto, curso indirecto; chaqueta; tío vivo
round dance *s* baile que ejecutan las parejas con movimiento circular
roundel ['raʊndəl] *s* figura redonda; (arch.) nicho, panel o ventana circular; rondel; rondó

roundelay ['raʊndəle] *s* melodía que se canta en rueda; baile en círculo
rounder ['raʊndər] *s* (coll.) pródigo, malgastador; (coll.) criminal habitual, borrachín habitual, catavinos
roundheaded ['raʊnd'hɛdɪd] *adj* de cabeza redondeada; de cabeza de hongo (*dícese de un tornillo*)
roundhouse ['raʊnd,haʊs] *s* (rail.) cocherón, casa de máquinas, depósito de locomotoras; (naut.) chupeta, toldilla
rounding ['raʊndɪŋ] *s* redondeamiento; (phonet.) redondeamiento
roundish ['raʊndɪʃ] *adj* redondete
roundly ['raʊndlɪ] *adv* redondamente
roundness ['raʊndnɪs] *s* redondez
round number *s* número redondo
round robin *s* petición firmada en rueda o con las firmas en rueda; competencia atlética en la cual varios equipos o jugadores compiten en una serie de partidos, cada equipo o jugador compitiendo con cada uno de los demás
round-shouldered ['raʊnd'ʃoldərd] *adj* cargado de espaldas
roundsman ['raʊndzmən] *s* (*pl:* **-men**) rondador de policía
round steak *s* tajada de carne de vaca
Round Table *s* (myth.) Mesa Redonda (*en que tenían asiento el rey Artús y sus caballeros*); (myth.) Tabla Redonda (*caballeros del rey Artús*)
round-table discussion ['raʊnd,tebəl] *s* discusión de mesa redonda
round tower *s* torre redonda aislada con remate cónico
round trip *s* viaje de ida y vuelta, viaje redondo
round-trip ticket ['raʊnd'trɪp] *s* billete de ida y vuelta
roundup ['raʊnd,ʌp] *s* rodeo (*del ganado mayor*); redada (*de criminales*); reunión (*p.ej., de viejos amigos*)
roundworm ['raʊnd,wʌrm] *s* (zool.) ascáride
roup [rup] *s* ronquera; catarro de las aves domésticas
rouse [raʊz] *va* despertar; excitar, provocar; levantar (*la caza*); *vn* despertarse, despabilarse, animarse
rouser ['raʊzər] *s* despertador; excitador; (coll.) cosa extraordinaria, fenómeno
rousing ['raʊzɪŋ] *adj* conmovedor; activo, animado, vigoroso; (coll.) extraordinario
Roussillon, the [ro'sɪljən] o [rusi'jõ] el Rosellón
rout [raʊt] *s* derrota; derrota completa, fuga desordenada; comitiva, séquito; canalla, gentuza; alboroto, tumulto; *va* derrotar; derrotar completamente, poner en fuga desordenada; arrancar hozando; arrojar, echar o hacer salir con violencia; *vn* hozar
route [rut] o [raʊt] *s* ruta; itinerario; *va* encaminar
routine [ru'tin] *adj* rutinario; *s* rutina
routinist [ru'tinɪst] *s* rutinero
rove [rov] *s* madeja de algodón, lana o seda tirada; arandela de remache; *va* torcer (*el hilo*) antes de encanillarlo; *vn* andar errante, errar, vagar; *pret & pp de* **reeve**
rover ['rovər] *s* vagabundo; pirata; buque de piratas; (croquet) corsario (*jugador*); (croquet) corsaria (*bola*)
row [ro] *s* fila, hilera; crujía (*de casas*); remadura; paseo en bote de remos; **in a row** seguidos, p.ej., **five hours in a row** cinco horas seguidas; [raʊ] *s* (coll.) camorra, pendencia, riña; (coll.) alboroto, bullicio; **to raise a row** (coll.) armar camorra; [ro] *va* conducir o transportar en un bote de remos; mover o impeler remando; manejar (*el remo*); competir con (*una persona*) en una regata a remo; competir en (*una regata a remo*); *vn* remar; **to row hard** hacer fuerza de remos; [raʊ] *va* (coll.) regañar, reñir; *vn* (coll.) armar camorra, pelearse
rowan ['roən] o ['raʊən] *s* (bot.) serbal de los cazadores
rowboat ['ro,bot] *s* bote, bote de remos
rowdy ['raʊdɪ] *adj* (*comp:* **-dier;** *super:* **-diest**) gamberro; *s* (*pl:* **-dies**) gamberro
rowdyish ['raʊdɪɪʃ] *adj* gamberro
rowdyism ['raʊdɪɪzəm] *s* gamberrismo
rowel ['raʊəl] *s* rodaja (*de espuela*); (vet.) sedal; (*pret & pp:* **-eled** o **-elled;** *ger:* **-eling** o **-elling**) *va* espolear con la rodaja; (vet.) poner sedal a
rower ['roər] *s* remero
row house [ro] *s* casa de una fila de casas seguidas
rowing ['ro·ɪŋ] *s* (sport) remo
rowlock ['rolɑk] o ['rʌlək] *s* (naut.) escalamera, chumacera; (mas.) sardinel
royal ['rɔɪəl] *adj* real; *s* tamaño de papel, de 19 por 24 pulgadas para escribir y de 20 por 25 para imprenta; (naut.) sobrejuanete
Royal Air Force College *s* (Brit.) Academia General del Aire
royal fern *s* (bot.) helecho real
royal flush *s* flux real
royalism ['rɔɪəlɪzəm] *s* realismo
royalist ['rɔɪəlɪst] *s* realista
royalistic [,rɔɪə'lɪstɪk] *adj* realista
Royal Military College *s* (Brit.) Academia General Militar
Royal Naval College *s* (Brit.) Escuela Naval Militar
royal palm *s* (bot.) palma real, palmiche
royalty ['rɔɪəltɪ] *s* (*pl:* **-ties**) realeza; personaje real, personajes reales; derechos (*pagados a un autor o inventor*)
r.p.m. abr. de **revolutions per minute**
R.R. abr. de **railroad** y **Right Reverend**
R.S.F.S.R. abr. de **Russian Socialist Federated Soviet Republic**
R.S.V.P. abr. de **répondez s'il vous plaît** (Fr.) **please answer** sírvase enviar respuesta
Rt. Hon. abr. de **Right Honorable**
Rt. Rev. abr. de **Right Reverend**
rub [rʌb] *s* roce, frotación; rozadura (*de la piel*); sarcasmo; obstáculo, estorbo; busilis; desigualdad (*de la superficie*); **there's the rub** ahí está el busilis; (*pret & pp:* **rubbed;** *ger:* **rubbing**) *va* restregar, frotar; pasar la mano sobre la superficie de; limpiar, fregar o pulir frotando o rascando; irritar frotando; **to rub away** quitar frotando; **to rub down** amasar; almohazar (*un caballo*); **to rub elbows with** rozarse mucho con; **to rub it in** (slang) reiterar demasiado una cosa desagradable; **to rub in** hacer penetrar por los poros frotando; **to rub off** quitar o limpiar frotando; **to rub out** borrar; (slang) asesinar; **to rub the right way** apaciguar, sosegar; **to rub the wrong way** contrariar, irritar; *vn* restregar, frotar; restregarse, frotarse; **to rub along, on** o **through** ir viviendo con apuros o con trabajo; **to rub off** quitarse o limpiarse frotando; borrarse
rub-a-dub ['rʌbə,dʌb] *s* rataplán, tantarantán
rubber ['rʌbər] *s* caucho, goma; goma de borrar; chanclo, zapato de goma; jugada final que decide un empate; (bridge) robre; *adj* de caucho, de goma; *vn* (slang) estirar el cuello o volver la cabeza para ver, mirar estirando el cuello o volviendo la cabeza
rubber band *s* liga de goma
rubber cement *s* cemento de goma
rubber-covered ['rʌbər,kʌvərd] *adj* cauchotado
rubber dam *s* (dent.) dique de caucho o goma
rubber heel *s* tacón de goma
rubber hose *s* manguera de goma
rubberize ['rʌbəraɪz] *va* engomar, cauchotar
rubberneck ['rʌbər,nɛk] *s* (slang) turista que trata de verlo todo; *vn* (slang) estirar el cuello o volver la cabeza para ver, mirar estirando el cuello o volviendo la cabeza
rubberoid ['rʌbərɔɪd] *s* ruberoide
rubber plant *s* (bot.) árbol del caucho (*planta que produce caucho; planta de adorno*)
rubber plantation *s* cauchal
rubber stamp *s* sello de goma, cajetín; estampilla (*de la firma de una persona*); (coll.) persona que aprueba sin reflexionar
rubber-stamp [,rʌbər'stæmp] *va* estampar con un sello de goma; estampillar (*con la firma de una persona*); (coll.) aprobar sin reflexionar
rubbery ['rʌbərɪ] *adj* elástico (*como el caucho*)
rubbing alcohol *s* alcohol para fricciones

R

rubbish [ˈrʌbɪʃ] *s* basura, desecho, desperdicios; disparate, necedad, tontería
rubble [ˈrʌbəl] *s* ripio; mampostería; desecho; disparate; *va* ripiar
rubblework [ˈrʌbəl,wʌrk] *s* mampostería
rubdown [ˈrʌb,daʊn] *s* amasamiento o masaje
rube [rub] *s* (slang) campesino, rústico, aldeano
rubefacient [,rubɪˈfeʃənt] *adj & s* (med.) rubefaciente
rubefaction [,rubɪˈfækʃən] *s* rubefacción
rubescent [ruˈbɛsənt] *adj* rubescente
rubiaceous [,rubɪˈeʃəs] *adj* (bot.) rubiáceo
rubican [ˈrubɪkən] *adj* rubicán
rubicel [ˈrubɪsɛl] *s* (mineral.) rubicela
Rubicon [ˈrubɪkɑn] *s* Rubicón; **to cross the Rubicon** pasar el Rubicón
rubicund [ˈrubɪkʌnd] *adj* rubicundo
rubicundity [,rubɪˈkʌndɪtɪ] *s* rubicundez
rubidium [ruˈbɪdɪəm] *s* (chem.) rubidio
ruble [ˈrubəl] *s* rublo
rubric [ˈrubrɪk] *s* rúbrica
rubrical [ˈrubrɪkəl] *adj* escrito o impreso de color rojo; marcado con encarnado; de rúbrica
rubricate [ˈrubrɪket] *va* rubrificar, poner de color rojo; proveer de rúbricas; dirigir con rúbricas
rubrician [ruˈbrɪʃən] *s* rubriquista
ruby [ˈrubɪ] *s* (*pl:* **-bies**) rubí; (horol.) rubí; *adj* de color de rubí
ruby silver *s* (mineral.) plata roja
ruby spinel *s* (mineral.) rubí espinela
ruche [ruʃ] *s* (sew.) lechuga de encaje o de malla
ruching [ˈruʃɪŋ] *s* (sew.) guarnición que consiste en lechugas de encaje o malla
ruck [rʌk] *s* vulgo; arruga; *va* arrugar; *vn* arrugarse
rucksack [ˈrʌk,sæk] o [ˈrʊk,sæk] *s* barjuleta, mochila
ruckus [ˈrʌkəs] o **ruction** [ˈrʌkʃən] *s* (coll.) alboroto, bullicio, tumulto
rudder [ˈrʌdər] *s* timón, gobernalle; veleta (*de molino de viento*)
ruddle [ˈrʌdəl] *s* almagre; *va* marcar con almagre
ruddy [ˈrʌdɪ] *adj* (*comp:* **-dier;** *super:* **-diest**) rubicundo, coloradote
ruddy turnstone *s* (orn.) playero turco
rude [rud] *adj* rudo; inculto, salvaje
rudeness [ˈrudnɪs] *s* rudeza; incultura
rudiment [ˈrudɪmənt] *s* rudimento
rudimental [,rudɪˈmɛntəl] *adj* rudimental
rudimentary [,rudɪˈmɛntərɪ] *adj* rudimentario
Rudolph [ˈrudɑlf] *s* Rodolfo
rue [ru] *s* (bot.) ruda; *va* sentir o lamentar; *vn* arrepentirse
rueful [ˈrufəl] *adj* lamentable
ruff [rʌf] *s* (sew.) lechuguilla; (cards) fallada; collar (*de plumas o de pelo de distinto color alrededor del cuello*); arrebato de cólera; (ichth.) acerina; (orn.) combatiente; *va* (cards) fallar
ruffed grouse [rʌft] *s* (orn.) bonasa americana (*Bonasa umbellus*)
ruffian [ˈrʌfɪən] *adj* grosero y brutal; *s* hombre grosero y brutal
ruffianism [ˈrʌfɪənɪzəm] *s* conducta grosera y brutal, brutalidad
ruffianly [ˈrʌfɪənlɪ] *adj* grosero y brutal
ruffle [ˈrʌfəl] *s* arruga; (sew.) volante; enojo, molestia; confusión, desorden; redoble (*del tambor*); *va* arrugar; (sew.) fruncir un volante en; (sew.) adornar o guarnecer con volante; erizar (*las plumas*); agitar, descomponer; enojar, molestar; confundir; barajar (*los naipes*); redoblar (*el tambor*); *vn* arrugarse; enojarse, molestarse
rufous [ˈrufəs] *adj* rufo, rojizo, rojizo parduzco
rug [rʌg] *s* alfombra; alfombrilla; manta (*de coche, de viaje, etc.*)
Rugby [ˈrʌgbɪ] *s* (sport) rugby (*clase de fútbol*)
rugged [ˈrʌgɪd] *adj* áspero, rugoso; fuerte, recio, vigoroso; rudo, tempestuoso
rugosity [ruˈgɑsɪtɪ] *s* rugosidad
Ruhmkorff coil [ˈrumkɔrf] *s* (phys.) carrete de Ruhmkorff, carrete de inducción
Ruhr [rʊr] *s* Ruhr; región del Ruhr
ruin [ˈruɪn] *s* ruina; *va* arruinar; *vn* arruinarse
ruination [,ruɪˈneʃən] *s* arruinamiento
ruinous [ˈruɪnəs] *adj* ruinoso
rule [rul] *s* regla; código; autoridad, mando, poder; regla de imprenta; (law) fallo o decisión (*de un tribunal*); **as a rule** por regla general; **to be the rule** ser de regla; **to make it a rule to** + *inf* hacerse una regla de + *inf; va* gobernar, mandar, regir; dirigir, guiar; contener, moderar, reprimir; reglar (*marcar con rayas o líneas*); (law) decidir según leyes o reglas; **to rule out** excluir, rechazar, no admitir; *vn* gobernar, mandar, regir; prevalecer, estar en boga; **to rule over** gobernar, mandar, regir
rule of law *s* régimen de justicia
rule of three *s* (math.) regla de oro, regla de proporción, regla de tres
rule of thumb o **rule o' thumb** *s* regla empírica; método empírico
ruler [ˈrulər] *s* gobernante; regla (*para trazar líneas*)
ruling [ˈrulɪŋ] *adj* gobernante, dirigente, imperante; *s* fallo o decisión de un tribunal o juez; rayado (*de papel*)
ruling pen *s* tiralíneas
rum [rʌm] *s* ron, aguardiente de caña; (U.S.A.) aguardiente (*cualquier licor alcohólico*); *adj* (slang) extraño, singular
Rumania [ruˈmenɪə] *s* Rumania
Rumanian [ruˈmenɪən] *adj & s* rumano
rumba [ˈrʌmbə] *s* rumba (*baile y música*)
rumble [ˈrʌmbəl] *s* retumbo; rugido (*de las tripas*); compartimiento posterior (*de un vehículo*); asiento situado detrás de un carruaje (*para los criados*); (aut.) asiento trasero descubierto; (slang) riña entre pandillas; *va* expresar o pronunciar con un sonido sordo y prolongado; *vn* retumbar; avanzar o moverse retumbando
rumble seat *s* (aut.) asiento trasero descubierto
rumen [ˈrumɛn] *s* (*pl:* **-mina** [mɪnə]) (zool.) rumen; bolo alimenticio
ruminant [ˈrumɪnənt] *adj* (zool. & fig.) rumiante; *s* (zool.) rumiante
ruminate [ˈrumɪnet] *va & vn* rumiar; (fig.) rumiar
rumination [,rumɪˈneʃən] *s* rumia, rumiación
ruminative [ˈrumɪ,netɪv] *adj* rumiante, rumión
rummage [ˈrʌmɪdʒ] *s* búsqueda desordenada; *va* buscar revolviéndolo todo; descubrir, sacar a luz; *vn* buscar revolviéndolo todo; alborotar
rummage sale *s* venta de prendas usadas (*con el fin de recoger fondos para obras caritativas*)
rummy [ˈrʌmɪ] *adj* (*comp:* **-mier;** *super:* **-miest**) (slang) extraño, raro, singular; *s* rummy (*juego de naipes*); (slang) borracho
rumor [ˈrumər] *s* rumor; *va* rumorear; **it is rumored that** se rumorea que
rumormongering [ˈrumər,mʌŋgərɪŋ] *s* (el) propalar rumores
rump [rʌmp] *s* anca, nalga; rabadilla u obispillo (*de ave*); (cook.) cuarto trasero (*p.ej., de vaca*); resto, residuo
rumple [ˈrʌmpəl] *s* arruga; *va* arrugar, ajar, chafar; *vn* arrugarse
rumpot [ˈrʌmpɑt] *s* (slang) cuba, pellejo, odre (*borracho*)
rumpus [ˈrʌmpəs] *s* (coll.) batahola, la de San Quintín; (coll.) alboroto, tumulto; **to raise a rumpus** (coll.) armar la de San Quintín
rumrunner [ˈrʌm,rʌnər] *s* importador contrabandista de licores alcohólicos
run [rʌn] *s* carrera; curso; corrida; adelantamiento, progreso; clase, género, tipo; libertad de ir y venir a voluntad; carrera (*en las medias*); curso (*de un líquido*); arroyo; migración (*de peces*); terreno de pasto; tubo, caño; descarga de mercancías de contrabando; asedio (*de un banco por los depositantes*); serie (*de representaciones teatrales; de repetidos éxitos*); (baseball & mus.) carrera; (naut.) racel; **a run for one's money** competencia fuerte; satisfacción por sus esfuerzos; **day's run** (naut.) singladura; **in the long run** a la larga; **on the run** a escape, apresurándose; en fuga desordenada; **the common run of people** el común de las gentes; **the general run of** la generalidad de; **to be on the run** darse a la fuga; ceder; volverse atrás; **to have a long run** (theat.) permanecer en cartel du-

rante mucho tiempo; **to have** o **to get the run of** hallar el secreto de, hallar el modo de hacer; tener libertad de ir y venir por ‖ (*pret:* **ran;** *pp:* **run;** *ger:* **running**) *va* correr; dirigir o manejar; trazar o tirar (*una línea*); hacer entrar; introducir o pasar (*mercancías de contrabando*); introducir por fuerza; derretir o fundir (*un metal*); exhibir (*un cine*); proyectar (*una película cinematográfica*); hacer (*mandados*); tener como candidato; gobernar (*un país, una ciudad*); burlar o violar (*un bloqueo*); tener (*calentura*); **to run down** cazar y matar, cazar y destruir; derribar; atropellar (*p.ej., a un peatón*); (coll.) denigrar, desacreditar, desprestigiar; **to run in** (print.) insertar, poner de seguido, sin párrafo; (slang) meter en la cárcel; **to run off** tocar (*una pieza de música*); tirar, imprimir; **to run through** traspasar (*p.ej., con una espada*); **to run up** (coll.) aumentar (*p.ej., gastos*) ‖ *vn* correr; rodar (*sobre ruedas*); apresurarse, darse prisa; trepar (*la vid*); ir y venir, hacer viajes (*un vapor*); supurar (*una llaga*); colar (*un líquido*); correrse (*un color o tinte*); continuar, seguir; ocurrir, suceder; presentar su candidatura; andar, marchar, funcionar; rezar (*decirse un escrito*); desenfrenarse; derretirse o fundirse; migrar (*los peces*); deshilarse (*las medias*); estar en fuerza; **to run about** correr de lugar en lugar; **to run across** dar con, tropezar con; **to run after** seguir, rondar; anhelar por; **to run against** chocar, topar; oponerse a (*otro aspirante a un cargo político*); **to run along** correr; correr a lo largo de; **to run around with** asociarse con; tener amores con; **to run away** correr, huir; desbocarse (*un caballo*); **to run away with** arrebatar; fugarse con; ganar (*p.ej., un campeonato*) fácilmente; **to run back** correr hacia atrás; remontarse; **to run behind** correr detrás; atrasarse; **to run down** escurrir, gotear (*un líquido*); dejar de funcionar; descargarse (*un acumulador*); soltarse (*un muelle*); distenderse (*el muelle del reloj*); acabarse la cuerda, p.ej., **the watch ran down** se acabó la cuerda; agotarse; deteriorarse; **to run dry** secarse (*p.ej., un pozo*); funcionar en seco (*p.ej., engranajes*); **to run empty** marchar desalquilado (*p.ej., un autobús*); **to run flat** (aut.) rodar desinflado, marchar con un neumático deshinchado; **to run for** presentar su candidatura a; **to run for it** correr para librarse; **to run in** entrar al pasar; **to run in the blood** estar en la sangre; **to run in the family** venir de familia; **to run into** dar con, tropezar con; chocar con, topar con; **to run off the road** desviarse de la carretera; **to run off the track** descarrilar (*un tren*); **to run on** continuar; **to run out** salir; expirar, terminar; acabarse; agotarse; **to run out of** no tener más, acabársele a uno, p.ej., **I have run out of money** se me ha acabado el dinero; **to run out on** (coll.) dejar colgado; **to run over** atropellar (*p.ej., a un peatón*); recorrer; registrar a la ligera; pasar por encima; leer rápidamente; rebosar (*un líquido*); **to run through** disipar rápidamente (*una fortuna*); estar difundido en; registrar a la ligera; **to run up and down** correr de una parte a otra; subir y bajar corriendo; **to run with** abundar en; estar empapado de

runabout [ˈrʌnəˌbaʊt] *s* coche pequeño de dos asientos; carruaje pequeño; autobote pequeño; callejero

runagate [ˈrʌnəget] *s* (archaic) fugitivo; (archaic) vagabundo

runaround [ˈrʌnəˌraʊnd] *s* desviación, vía de paso; (path.) panadizo; (print.) líneas acortadas para intercalar una ilustración; (slang) trato evasivo; **to give the runaround** (slang) tratar evasivamente

runaway [ˈrʌnəˌwe] *s* fugitivo; caballo desbocado; fuga o huída; (sport) partida ganada fácilmente; *adj* fugitivo; desbocado (*caballo*); (sport) ganado fácilmente

runaway marriage *s* casamiento que sigue a una fuga

runcinate [ˈrʌnsɪnet] o [ˈrʌnsɪnɪt] *adj* (bot.) runcinado

rundle [ˈrʌndəl] *s* escalón; rueda

rundown [ˈrʌnˌdaʊn] *s* informe detallado

run-down [ˈrʌnˈdaʊn] *adj* desmantelado; inculto; desmedrado, desmirriado; distendido (*muelle de un reloj*); descargado (*acumulador*)

rune [run] *s* runa (*carácter*); escrito rúnico; poema escandinavo escrito en runas; misterio, magia

rung [rʌŋ] *s* escalón; travesaño de silla; radio o rayo (*de rueda*); *pret & pp de* **ring**

runic [ˈrunɪk] *adj* rúnico o runo

run-in [ˈrʌnˌɪn] *s* (print.) palabra o palabras insertadas en un párrafo; (slang) encuentro, riña

runlet [ˈrʌnlɪt] o **runnel** [ˈrʌnəl] *s* arroyuelo

runner [ˈrʌnər] *s* corredor; caballo de carreras; mensajero; maquinista, operador; cuchilla (*de un patín*); patín (*de un trineo*); agente, factor; pasacaminos (*alfombra larga y angosta*); tapete, camino (*de mesa*); pasador (*de contrabando*); carrera (*en las medias*); (bot.) brote rastrero

runner-up [ˈrʌnərˈʌp] *s* (*pl:* **runners-up**) (sport) subcampeón, jugador o equipo clasificado después del campeón

running [ˈrʌnɪŋ] *adj* corriente; corredor (*caballo*); corredizo (*lazo*); trepador; continuo; repetido continuamente; cursivo (*dícese de la escritura*); supurante; seguido, p.ej., **four times running** cuatro veces seguidas; en marcha; (sport) lanzado (*dícese de la salida de una carrera*); *s* carrera, corrida; administración, dirección; marcha, funcionamiento; flujo; **to be in the running** tener esperanzas o posibilidades de ganar; **to be out of the running** no tener esperanzas ni posibilidades de ganar

running board *s* (aut.) estribo

running expenses *spl* gastos corrientes

running gear *s* rodamientos

running head *s* var. de **running title**

running knot *s* lazo corredizo

running mate *s* caballo establecedor del paso (*en una carrera de caballos*); (U.S.A.) compañero de candidatura, candidato a la vicepresidencia (*respecto del candidato a la presidencia*); (coll.) compañero

running start *s* (sport) salida lanzada

running title *s* titulillo (*título de página*)

running water *s* agua viva; agua corriente

runny [ˈrʌnɪ] coladizo; supurante (*llaga*)

run-off [ˈrʌnˌɔf] o [ˈrʌnˌɑf] *s* agua de desagüe; (sport) carrera decisiva o final

run-of-mine coal [ˈrʌnəvˈmaɪn] *s* carbón tal como sale de la mina

runproof [ˈrʌnˌpruf] *adj* indesmallable

runt [rʌnt] *s* enano, hombrecillo; redrojo; animal achaparrado

runty [ˈrʌntɪ] *adj* enano; achaparrado

runway [ˈrʌnˌwe] *s* cauce (*de un arroyo*); vía; senda trillada; (aer.) pista de aterrizaje

rupee [ruˈpi] *s* rupia

Rupert [ˈrupərt] *s* Ruperto

rupestrian [ruˈpɛstrɪən] *adj* rupestre

rupia [ˈrupɪə] *s* (path.) rupia

rupture [ˈrʌptʃər] *s* ruptura, rompimiento; (path.) quebradura; (fig.) ruptura (*cesación de relaciones*); *va* romper; causar una hernia en; *vn* romperse; padecer hernia

rural [ˈrurəl] *adj* rural

rural free delivery *s* distribución gratuita del correo en el campo

ruralist [ˈrurəlɪst] *s* rurícola

ruralize [ˈrurəlaɪz] *va* hacer rural; *vn* hacerse rural; rusticar

Rus. abr. de **Russia** y **Russian**

ruse [ruz] *s* astucia

rush [rʌʃ] *s* acometida, ataque; precipitación, prisa grande; demanda extraordinaria; agolpamiento de gente: friolera, bagatela; (bot.) junco (*planta y tallo*); (U.S.A.) lucha entre dos grupos de estudiantes; **with a rush** de repente; *adj* urgente; juncoso; *va* acometer o atacar con violencia o prisa; empujar con violencia o prisa; despachar con prontitud; (slang) cortejar insistentemente (*a una muchacha*); (slang) solicitar insistentemente a (*los estudiantes de primer año*) para que se inscriban en una sociedad estudiantil; **to rush through** ejecutar de prisa; *vn* lanzarse, precipitarse; venir de prisa, ir de prisa; actuar

R

con prontitud; **to rush about** dar vueltas de un lado para otro; **to rush forward** lanzarse, precipitarse; **to rush in** entrar precipitadamente; **to rush out** salir precipitadamente; **to rush through** lanzarse a través de, lanzarse por entre
rush-bottomed chair [ˈrʌʃˈbɑtəmd] *s* silla de junco
rush hour *s* hora de tránsito intenso, hora de aglomeración
rushlight [ˈrʌʃˌlaɪt] *s* vela con pábilo de junco
rushlike [ˈrʌʃˌlaɪk] *adj* juncoso
rush order *s* pedido urgente
rushy [ˈrʌʃɪ] *adj* (*comp:* **-ier;** *super:* **-iest**) juncoso; juncino
rusk [rʌsk] *s* galleta dulce; pedazo de pan tostado en el horno
Russ [rʌs] *adj* ruso; *s* (*pl:* **Russ**) ruso
russet [ˈrʌsɪt] *adj* canelo; *s* color de canela; paño burdo canelo; variedad de manzana de color de canela
Russia [ˈrʌʃə] *s* Rusia; (*l.c.*) *s* piel de Rusia
Russia leather *s* piel de Rusia
Russian [ˈrʌʃən] *adj & s* ruso
Russian Church *s* Iglesia rusa
Russianization [ˌrʌʃənɪˈzeʃən] *s* rusificación
Russianize [ˈrʌʃənaɪz] *va* rusificar
Russian olive *s* (bot.) cinamomo
Russian Revolution *s* Revolución rusa
Russian Socialist Federated Soviet Republic *s* República Federativa Socialista Soviética Rusa
Russian thistle *s* (bot.) barrilla pestífera
Russian Turkestan *s* el Turquestán Ruso
Russian turnip *s* (bot.) col de Laponia
Russian wolfhound *s* galgo ruso
Russo-Japanese [ˌrʌsoˌdʒæpəˈniz] *adj* rusojaponés
Russophile [ˈrʌsofaɪl] *adj & s* rusófilo
Russophobe [ˈrʌsofob] *adj & s* rusófobo
Russophobia [ˌrʌsoˈfobɪə] *s* rusofobia
rust [rʌst] *s* orín, moho, herrumbre; (bot.) roña, roya; inacción, ociosidad; influencia dañosa; color rojizo o anaranjado; *adj* rojizo, anaranjado; *va* aherrumbrar; hacer entrar la roya en (*una planta*); *vn* aherrumbrarse; tener la roya (*una planta*); deteriorarse por falta de uso
rustic [ˈrʌstɪk] *adj* rústico; sencillo, sin artificio; *s* rústico
rustically [ˈrʌstɪkəlɪ] *adv* rústicamente
rusticate [ˈrʌstɪket] *va* enviar al campo, desterrar al campo; (Brit.) suspender temporalmente (*a un alumno de la universidad*); *vn* rusticar
rustication [ˌrʌstɪˈkeʃən] *s* destierro al campo; rusticación; (Brit.) suspensión temporal de la universidad
rusticity [rʌsˈtɪsɪtɪ] *s* rusticidad; vida campestre
rustle [ˈrʌsəl] *s* susurro, crujido; *va* hacer susurrar, hacer crujir; hurtar (*ganado*); *vn* susurrar, crujir; (slang) proceder con energía, trabajar con ahinco
rustler [ˈrʌslər] *s* (slang) buscavidas; (coll.) ladrón de ganado, cuatrero
rustless [ˈrʌstlɪs] *adj* sin herrumbre, inoxidable; a prueba de herrumbre
rustproof [ˈrʌstˌpruf] *adj* a prueba de herrumbre
rustre [ˈrʌstər] *s* (her.) rustro
rusty [ˈrʌstɪ] *adj* (*comp:* **-ier;** *super:* **-iest**) oxidado, mohoso, herrumbroso; rojizo; raído, usado; (bot.) herrumbroso; **to be rusty** estar oxidado, desusado, empolvado, p.ej., **my French is rusty** mi francés está oxidado, mi francés se ha oxidado; estar remoto (*estar uno casi olvidado de una cosa que aprendió*)
rut [rʌt] *s* rodada, bache; hábito arraigado, rutina; celo; brama (*época de celo*); **in rut** en celo; (*pret & pp:* **rutted;** *ger:* **rutting**) *va* hacer rodadas en, surcar; *vn* estar en celo
rutabaga [ˌrutəˈbegə] *s* (bot.) rutabaga
rutaceous [ruˈteʃəs] *adj* (bot.) rutáceo
Ruth [ruθ] *s* Rut
Ruthenia [ruˈθinɪə] *s* Rutenia
Ruthenian [ruˈθinɪən] *adj & s* ruteno
ruthenium [ruˈθinɪəm] *s* (chem.) rutenio
ruthless [ˈruθlɪs] *adj* despiadado, cruel
rutile [ˈrutil] o [ˈrutaɪl] *s* (mineral.) rutilo
rutin [ˈrutɪn] *s* (chem.) rutina
rutty [ˈrʌtɪ] *adj* (*comp:* **-tier;** *super:* **-tiest**) lleno de rodadas, surcado
R.V. abr. de **Revised Version**
Ry. abr. de **railway**
rye [raɪ] *s* (bot.) centeno; whisky de centeno
rye grass *s* (bot.) ballico perenne; (bot.) cizaña vivaz
rye whiskey *s* whisky de centeno

S

S, s [ɛs] *s* (*pl:* **S's, s's** [ˈɛsɪz]) décimonona letra del alfabeto inglés
s. abr. de **second, shilling, shillings, singular** y **south**
S. abr. de **Saint, Saturday, September, South** y **southern**
S abr. de **South**
-'s desinencia del posesivo singular, p.ej., **the girl's book** el libro de la muchacha; contracción de **is,** p.ej., **he's here** él está aquí; de **has,** p.ej., **she's gone** ella ha ido; de **us** en **let's,** p.ej., **let's go** vámonos
-s' desinencia del posesivo plural, p.ej., **a girls' school** una escuela de muchachas
S.A. abr. de **Salvation Army, South Africa, South America** y **South Australia**
Saar [sɑr] *s* Sarre (*río*); Sarre o territorio del Sarre
Saar Basin *s* territorio del Sarre
Saarland [ˈsɑrlænd] *s* Sarre o territorio del Sarre
Saarlander [ˈsɑrlændər] *s* sarrés
sabadilla [ˌsæbəˈdɪlə] *s* (bot.) cebadilla (*planta y semillas*)
Sabaean [səˈbiən] *adj* & *s* sabeo
Sabaeanism [səˈbiənɪzəm] *s* sabeísmo
Sabbatarian [ˌsæbəˈtɛrɪən] *adj* sabatario; dominical; *s* sabatario (*persona que guarda la fiesta del sábado*); partidario de guardar santamente el domingo
Sabbatarianism [ˌsæbəˈtɛrɪənɪzəm] *s* sabatismo; observancia estricta del descanso dominical
Sabbath [ˈsæbəθ] *s* sábado (*de los judíos*); domínica (*de los cristianos*); **to keep the Sabbath** guardar el domingo, observar el descanso dominical; *adj* sabático; dominical
sabbatic [səˈbætɪk] o **sabbatical** [səˈbætɪkəl] *adj* sabático; dominical; de descanso
sabbatical year *s* (Jewish hist.) año sabático; (U.S.A.) año de licencia (*concedido a un profesor universitario*)
sabella [səˈbɛlə] *s* (zool.) sabela
saber [ˈsebər] *s* sable; *va* golpear con sable, herir a sablazos, matar a sablazos
saber-toothed tiger [ˈsebərˌtuθt] *s* (pal.) maquerodo
Sabine [ˈsebaɪn] *adj* & *s* sabino
sable [ˈsebəl] *s* (zool.) marta cebellina; marta cebellina (*piel*); (her.) sable; **sables** *spl* vestidos de luto; *adj* negro
sabot [ˈsæbo] o [sɑˈbo] *s* zueco
sabotage [ˈsæbətɑʒ] *s* sabotaje; *va* & *vn* sabotear
saboteur [ˌsæbəˈtʌr] *s* saboteador
sabre [ˈsebər] *s* & *va* var. de **saber**
sabulous [ˈsæbjələs] *adj* sabuloso
saburra [səˈbʌrə] *s* saburra
saburral [səˈbʌrəl] *adj* saburral
sac [sæk] *s* (anat., bot. & zool.) saco
saccharification [səˌkærɪfɪˈkeʃən] *s* sacarificación
saccharify [səˈkærɪfaɪ] (*pret* & *pp:* **-fied**) *va* sacarificar
saccharimeter [ˌsækəˈrɪmɪtər] *s* sacarímetro
saccharimetry [ˌsækəˈrɪmɪtrɪ] *s* sacarimetría
saccharin [ˈsækərɪn] *s* (chem.) sacarina
saccharine [ˈsækərɪn] o [ˈsækəraɪn] *adj* sacarino; (fig.) azucarado; *s* (chem.) sacarina
saccharoid [ˈsækərɔɪd] *adj* sacaroideo
saccharose [ˈsækəros] *s* (chem.) sacarosa
saccule [ˈsækjul] *s* (anat.) sáculo
sacerdotal [ˌsæsərˈdotəl] *adj* sacerdotal
sacerdotalism [ˌsæsərˈdotəlɪzəm] *s* sistema sacerdotal; clericalismo
sachem [ˈsetʃəm] *s* cacique
sachet [ˈsæʃe] o [sæˈʃe] *s* saquito de perfumes; polvo oloroso
sack [sæk] *s* saco; americana, saco; vino blanco generoso; (mil.) saco, saqueo; (slang) despedida (*de un empleado*); **to hold the sack** (coll.) quedarse con la carga en las costillas; *va* ensacar; saquear; (slang) despedir (*a un empleado*)
sackbut [ˈsækˌbʌt] *s* sacabuche (*instrumento o músico*)
sackcloth [ˈsækˌklɔθ] o [ˈsækˌklɑθ] *s* harpillera; cilicio (*usado para la penitencia*); **in sackcloth and ashes** en hábito de penitencia; en señal de arrepentimiento o humildad
sack coat *s* saco, americana
sacker [ˈsækər] *s* ensacador; saqueador
sackful [ˈsækfʊl] *s* saco
sacking [ˈsækɪŋ] *s* tela de saco, harpillera
sacque [sæk] *s* saco (*prenda de vestir holgada*); bata (*vestido holgado de mujer*)
sacral [ˈsekrəl] *adj* (anat.) sacro
sacrament [ˈsækrəmənt] *s* sacramento; sacramento del altar (*eucaristía*); juramento solemne
sacramental [ˌsækrəˈmɛntəl] *adj* & *s* sacramental
Sacramentarian [ˌsækrəmenˈtɛrɪən] *adj* & *s* sacramentario
sacred [ˈsekrɪd] *adj* sagrado
Sacred College *s* (eccl.) colegio de cardenales
sacred cow *s* vaca sagrada (*persona o cosa inmunes a la crítica*)
sacred ear o **sacred earflower** [ˈɪrˌflauər] *s* flor de la oreja
sacred music *s* música sagrada o sacra
sacrifice [ˈsækrɪfaɪs] *s* sacrificio; **at a sacrifice** con pérdida; *va* sacrificar; malvender; *vn* sacrificar; sacrificarse
Sacrifice of the Mass *s* sacrificio de la misa, sacrificio del altar
sacrificial [ˌsækrɪˈfɪʃəl] *adj* sacrificador, sacrificatorio; de sacrificio
sacrificially [ˌsækrɪˈfɪʃəlɪ] *adv* por sacrificio
sacrilege [ˈsækrɪlɪdʒ] *s* sacrilegio
sacrilegious [ˌsækrɪˈlɪdʒəs] o [ˌsækrɪˈlidʒəs] *adj* sacrílego
sacristan [ˈsækrɪstən] *s* sacristán
sacristy [ˈsækrɪstɪ] *s* (*pl:* **-ties**) sacristía
sacroiliac [ˌsekroˈɪlɪæk] *adj* (anat.) sacroilíaco
sacroiliac joint *s* (anat.) sínfisis sacroilíaca
sacrosanct [ˈsækrosæŋkt] *adj* sacrosanto
sacrosanctity [ˌsækroˈsæŋktɪtɪ] *s* (lo) sacrosanto
sacrum [ˈsekrəm] *s* (*pl:* **-cra** [krə]) (anat.) sacro
sad [sæd] *adj* (*comp:* **sadder;** *super:* **saddest**) triste; (slang) malo; (dial.) pesado (*al paladar*)
sadden [ˈsædən] *va* entristecer; *vn* entristecerse
saddle [ˈsædəl] *s* silla de montar; sillín (*de bicicleta*); cincha (*del arnés*); cuarto trasero (*de una res*); paso, puerto (*entre dos montañas*); **in the saddle** en el poder; listo; *va* ensillar; **to saddle on** o **upon** cargar en; **to saddle with** gravar con, echar a cuestas a
saddleback [ˈsædəlˌbæk] *s* ensillada (*collado*)
saddle-backed [ˈsædəlˌbækt] *adj* ensillado
saddlebags [ˈsædəlˌbægz] *spl* alforjas, bizazas
saddle blanket *s* sudadero
saddlebow [ˈsædəlˌbo] *s* arzón delantero, fuste delantero
saddlecloth [ˈsædəlˌklɔθ] o [ˈsædəlˌklɑθ] *s* sudadero
saddle horse *s* caballo de silla
saddler [ˈsædlər] *s* sillero, talabartero
saddlery [ˈsædlərɪ] *s* (*pl:* **-ies**) talabartería; guarniciones de caballería

S

saddle strap *s* ación
saddle tree [ˈsædəl,tri] *s* arzón, fuste
Sadducee [ˈsædʒəsi] o [ˈsædjusi] *s* saduceo
Sadduceeism [ˈsædʒəsiɪzəm] o [ˈsædjusiɪzəm] *s* saduceísmo
sadiron [ˈsæd,aɪərn] *s* plancha pesada
sadism [ˈsædɪzəm] o [ˈsedɪzəm] *s* sadismo
sadist [ˈsædɪst] o [ˈsedɪst] *s* sádico
sadistic [sæˈdɪstɪk] o [seˈdɪstɪk] *adj* sádico
sadness [ˈsædnɪs] *s* tristeza
sad sack *s* (slang) soldado raso, manso y torpe; (slang) persona inadaptada y ridícula
safari [səˈfɑrɪ] *s* (*pl:* **-ris**) safari
safe [sef] *s* caja fuerte, caja de caudales; caja; alacena, despensa; *adj* seguro, ileso, salvo; cierto, digno de confianza; innocuo; intacto; sin peligro, a salvo; hecho cuidadosamente; **safe and sound** sano y salvo; **safe from** a salvo de
safeblower [ˈsef,bloər] *s* ladrón dinamitero de cajas fuertes
safebreaker [ˈsef,brekər] *s* ladrón que abre cajas fuertes por la fuerza
safe-conduct [ˈsefˈkɑndʌkt] *s* salvoconducto
safe-deposit box [ˈsefdɪˈpɑzɪt] *s* caja de seguridad
safeguard [ˈsef,gɑrd] *s* salvaguardia, medida de seguridad; *va* salvaguardar
safekeeping [ˈsef,kipɪŋ] *s* custodia, protección
safely [ˈseflɪ] *adv* seguramente; a salvo, felizmente
safety [ˈseftɪ] *s* (*pl:* **-ties**) seguridad; confianza; innocuidad; salud pública; **to parachute to safety** salvarse en paracaídas; **to reach safety** ponerse a salvo, llegar a lugar seguro; *adj* de seguridad
safety belt *s* cinturón de seguridad (*de reparadores de líneas telegráficas*); (aer. & aut.) correa de seguridad; (naut.) cinturón salvavidas
safety bolt *s* cerrojo de seguridad
safety curtain *s* (theat.) telón de seguridad, telón contra incendios
safety film *s* (phot.) película de seguridad
safety fuse *s* espoleta de seguridad; (elec.) fusible de seguridad
safety glass *s* vidrio de seguridad
safety island *s* isla de seguridad, burladero
safety lamp *s* lámpara de seguridad
safety mask *s* máscara de seguridad
safety match *s* fósforo de seguridad
safety nut *s* tuerca de seguridad
safety pin *s* imperdible, alfiler de seguridad
safety rail *s* guardarriel
safety razor *s* máquina de afeitar, maquinilla de seguridad
safety stop *s* mecanismo de detención automático
safety valve *s* válvula de seguridad
safety zone *s* zona de seguridad, burladero
safflower [ˈsæ,flaʊər] *s* (bot.) alazor; flores de alazor
saffron [ˈsæfrən] *s* (bot.) azafrán; azafrán (*estigma y color*); *adj* azafranado; *va* azafranar (*teñir; poner azafrán en*)
saffroned [ˈsæfrənd] *adj* azafranado
sag [sæg] *s* combadura, comba; flecha (*p.ej., de un cable*); baja (*p.ej., de los precios*); (*pret & pp:* **sagged;** *ger:* **sagging**) *vn* combarse; ceder, doblegarse, aflojar; bajar (*los precios*)
saga [ˈsɑgə] *s* saga
sagacious [səˈgeʃəs] *adj* sagaz
sagacity [səˈgæsɪtɪ] *s* (*pl:* **-ties**) sagacidad
sagamore [ˈsægəmor] *s* cacique
sagapenum [,sægəˈpinəm] *s* sagapeno
sagathy [ˈsægəθɪ] *s* sagatí
sage [sedʒ] *adj* sabio, grave, solemne, cuerdo; *s* sabio; (bot.) salvia; (bot.) artemisa
sagebrush [ˈsedʒ,brʌʃ] *s* (bot.) artemisa
sagittal [ˈsædʒɪtəl] *adj* sagital; (anat. & zool.) sagital
Sagittarius [,sædʒɪˈtɛrɪəs] *s* (astr.) Sagitario
sagittate [ˈsædʒɪtet] *adj* (bot.) sagitado
sago [ˈsego] *s* (*pl:* **-gos**) sagú (*fécula*); (bot.) sagú
sago palm *s* (bot.) sagú
saguaro [səˈgwɑro] *s* (*pl:* **-ros**) (bot.) saguaro
Sahara [səˈhɛrə] o [səˈhɑrə] *s* Sahara; *adj* sahárico
Sahara Desert *s* Desierto de Sahara
Sahib [ˈsɑ·ɪb] *s* Sahib (*señor, amo—tratamiento que dan los habitantes de la India a los europeos*)
said [sɛd] *pret & pp de* **say**
sail [sel] *s* vela; barco de vela; brazo (*del molino de viento*); paseo en barco de vela, viaje en barco de vela; **in sail** en barco de vela; **to make sail** alzar velas; **to set sail** hacerse a la vela; empezar un viaje en una embarcación; **to take in sail** apocar las velas; (fig.) recoger velas; **under full sail** a vela llena; **under sail** con las velas alzadas; *va* gobernar (*un barco de vela*); navegar (*un mar, río, etc.*); *vn* navegar, navegar a la vela; salir, salir del puerto, salir de viaje; deslizarse, flotar, volar; **to sail along** volar, ir muy de prisa; **to sail along the coast** costear; **to sail back** tomar puerto; **to sail into** (slang) atacar, azotar; (slang) regañar, reñir
sailboat [ˈsel,bot] *s* buque de vela, barco de vela, velero
sailcloth [ˈsel,klɔθ] o [ˈsel,klɑθ] *s* (naut.) lona, paño
sailer [ˈselər] *s* velero; **good sailer** barco marinero
sailfish [ˈsel,fɪʃ] *s* (ichth.) aguja de mar, pez vela
sailing [ˈselɪŋ] *s* navegación; paseo en barco de vela; salida (*de un buque*)
sailing orders *spl* últimas instrucciones (*dadas al capitán de un buque*)
sailing vessel *s* buque velero
sail loft *s* velería
sailmaker [ˈsel,mekər] *s* velero
sail needle *s* aguja capotera
sailor [ˈselər] *s* marinero, marino; canotié; (nav.) marino (*que no tiene categoría de oficial*); *adj* marinero, marinesco
sailor-fashion [ˈselər,fæʃən] *adv* a la marinera
sailoring [ˈselərɪŋ] *s* marinería
sailorly [ˈselərlɪ] *adj* marinesco
sailplane [ˈsel,plen] *s* (aer.) velero
sainfoin [ˈsenfɔɪn] o [ˈsænfɔɪn] *s* (bot.) pipirigallo, esparceta
saint [sent] *s & adj* santo; *va* (eccl.) canonizar; **Saint** se abrevia **St.** en la toponimia, y tales palabras se encuentran alfabetizadas bajo **St.**
Saint Agnes's Eve *s* vigilia del día de Santa Inés (*20 de enero*)
Saint Andrew's cross *s* cruz de San Andrés
Saint-Andrew's-cross [sentˈændruzˈkrɔs] o [sentˈændruzˈkrɑs] *s* (bot.) arrayanilla
Saint Anthony's fire *s* (path.) fuego de San Antón, fuego de San Marcial
Saint Bernard [bərˈnɑrd] *s* perro de San Bernardo
sainted [ˈsentɪd] *adj* santo; bendito, canonizado
sainthood [ˈsenthʊd] *s* santidad
Saint James the Greater *s* Santiago el Mayor
Saint James the Less *s* Santiago el Menor
saintliness [ˈsentlɪnɪs] *s* santidad
saintly [ˈsentlɪ] *adj* santo
Saint Patrick's Day *s* día de San Patricio (*17 de marzo*)
saintship [ˈsentʃɪp] *s* santidad
Saint-Simonian [,sentsaɪˈmonɪən] *adj & s* sansimoniano
Saint-Simonianism [,sentsaɪˈmonɪənɪzəm] *s* sansimonismo
Saint-Simonist [sentˈsaɪmənɪst] *s* sansimoniano
Saint Swithin's Day [ˈswɪðɪnz] *s* día de San Swithin (*que corresponde al día de San Regalado por la tradición que sostiene que si llueve este día, lo hace 40 días seguidos*)
Saint Valentine's Day *s* día de San Valentín (*14 de febrero, día en que en los países del norte se ofrecen felicitaciones y regalos los amantes en señal de cariño y amor*)
Saint Vitus's dance [ˈvaɪtəsɪz] *s* (path.) baile de San Vito
sake [sek] *s* motivo; respeto, bien, amor; **for his sake** por su bien; **for the sake of** por, por motivo de, por amor a; **for your own sake** por su propio bien
saker [ˈsekər] *s* (orn. & arti.) sacre

salaam [sə'lɑm] *s* zalema; *va* saludar con zalema, hacer zalema a
salability [,selə'bɪlɪtɪ] *s* facilidad de venta, salida
salable ['seləbəl] *adj* venable, vendible
salacious [sə'leʃəs] *adj* salaz
salacity [sə'læsɪtɪ] *s* salacidad
salad ['sæləd] *s* ensalada; hortaliza, verdura
salad bowl *s* ensaladera
salad days *spl* ingenuidad juvenil
salad dressing *s* aderezo, aliño
Saladin ['sælədɪn] *s* Saladino
salad oil *s* aceite de comer
salamander ['sælə,mændər] *s* salamandra (*estufa*); (zool. & myth.) salamandra; (zool.) tuza; (fig.) pirófago
Salamis ['sæləmɪs] *s* Salamina
sal ammoniac [sæl] *s* sal amoníaca, sal amoníaco
salaried ['sælərɪd] *adj* a sueldo; retribuído (*empleo*)
salary ['sælərɪ] *s* (*pl:* **-ries**) sueldo
salary scale *s* escala de sueldos
salary worker *s* persona que trabaja a sueldo
sale [sel] *s* venta; almoneda, subasta; demanda, mercado; **for sale, on sale** de venta, en venta; se vende(n)
saleable ['seləbəl] *adj* var. de **salable**
salep ['sælɛp] *s* salep
saleratus [,sælə'retəs] *s* bicarbonato de sosa, bicarbonato de potasa, salerato
salesclerk ['selz,klʌrk] *s* vendedor, dependiente de tienda
sales commission *s* comisión de ventas
salesgirl ['selz,gʌrl] *s* vendedora, dependienta de tienda
Salesian [sə'liʃən] *adj & s* salesiano (*de las órdenes fundadas por Dom Bosco*); salesa (*de la orden de la Visitación de Nuestra Señora*)
saleslady ['selz,ledɪ] *s* (*pl:* **-dies**) (coll.) vendedora
salesman ['selzmən] *s* (*pl:* **-men**) vendedor, dependiente de tienda
sales manager *s* gerente de ventas
salesmanship ['selzmənʃɪp] *s* venta, ocupación de vendedor; arte de vender
salespeople ['selz,pipəl] *spl* vendedores
salesperson ['selz,pʌrsən] *s* vendedor
salesroom ['selz,rum] o ['selz,rʊm] *s* salón de ventas; salón de exhibición
sales talk *s* argumento para inducir a comprar
sales tax *s* impuesto sobre ventas
saleswoman ['selz,wʊmən] *s* (*pl:* **-women**) vendedora, dependienta de tienda
Salian ['selɪən] *adj & s* salio
Salic ['sælɪk] o ['selɪk] *adj* sálico
salicaceous [,sælɪ'keʃəs] *adj* (bot.) salicáceo
salicin ['sælɪsɪn] *s* (chem.) salicina
Salic law *s* ley sálica
salicylate ['sælɪ,sɪlet] o [sə'lɪsɪlet] *s* (chem.) salicilato
salicylic [,sælɪ'sɪlɪk] *adj* (chem.) salicílico
salicylic acid *s* (chem.) ácido salicílico
salience ['selɪəns] o **saliency** ['selɪənsɪ] *s* énfasis; saliente (*parte que sobresale*)
salient ['selɪənt] *adj* saliente; sobresaliente; (her.) empinado
saliferous [sə'lɪfərəs] *adj* salífero
salifiable [,sælɪ'faɪəbəl] *adj* (chem.) salificable
salification [,sælɪfɪ'keʃən] *s* (chem.) salificación
salify ['sælɪfaɪ] (*pret & pp:* **-fied**) *va* (chem.) salificar
saline ['selaɪn] *adj* salino; *s* saladar; substancia salina
salinity [sə'lɪnɪtɪ] *s* salinidad
saliva [sə'laɪvə] *s* saliva
salivary ['sælɪ,verɪ] *adj* salival
salivary gland *s* (anat.) glándula salival
salivate ['sælɪvet] *va* hacer salivar; *vn* salivar
salivation [,sælɪ'veʃən] *s* salivación
salivous [sə'laɪvəs] *adj* salivoso
sallet ['sælɪt] *s* (arm.) celada
sallow ['sælo] *adj* cetrino; *s* (bot.) sauce cabruno; *va* poner cetrino
sallowish ['sælo·ɪʃ] *adj* algo cetrino
Sallust ['sæləst] *s* Salustio
sally ['sælɪ] *s* (*pl:* **-lies**) paseo, viaje; ímpetu, arranque; salida, ocurrencia, humorada; (arch.) saledizo, vuelo; (mil.) salida; (*pret & pp:* **-lied**) *vn* salir, hacer una salida; ir de paseo, ir de viaje; **to sally forth** avanzar, avanzar con denuedo; (*cap.*) *s* Sara
salmagundi [,sælmə'gʌndɪ] *s* salpicón; mescolanza, olla podrida
salmi ['sælmɪ] *s* guisado de caza asado, salmorejo
salmon ['sæmən] *s* salmón (*color*); (ichth.) salmón; (ichth.) salmón de California (*Oncorhynchus tschawytscha*); *adj* salmonado (*de color parecido al de la carne del salmón*)
salmon pink *s* salmón, rojo amarillento
salmon trout *s* (ichth.) trucha salmonada
salol ['sælol] o ['sælɑl] *s* (trademark) salol
Salome [sə'lomɪ] *s* (Bib.) Salomé
salon [sæ'lɑn] *s* salón
saloon [sə'lun] *s* cantina, taberna; salón (*p.ej., de un buque*)
saloon deck *s* (naut.) cubierta de salón
saloonkeeper [sə'lun,kipər] *s* tabernero
salpa ['sælpə] *s* (zool.) salpa
salsify ['sælsɪfɪ] *s* (bot.) salsifí
salt [sɔlt] *s* sal; purgante de sal; salero; (coll.) marinero; **salts** *spl* sales medicinales; **to not be worth one's salt** no valer uno el pan que come; *adj* salado; *va* salar; marinar (*el pescado*); salgar (*el ganado*); (min.) poner mineral en (*una mina*) para hacer creer que es productiva; (fig.) avivar, aguzar; **to salt away** o **down** conservar con sal; (slang) ahorrar, guardar para uso futuro
saltant ['sæltənt] o ['sɔltənt] *adj* saltante; (her.) empinado
salt cedar *s* (bot.) taray
saltcellar ['sɔlt,sɛlər] *s* salero
salted peanuts *spl* saladillos
salter ['sɔltər] *s* salador (*de carne o pescado*); salinero (*persona que prepara o vende la sal*)
salt-free diet ['sɔlt'fri] *s* régimen desclorurado
salthouse ['sɔlt,haʊs] *s* salero, salín
saltier ['sæltɪr] *s* (her.) sotuer
saltine [sɔl'tin] *s* galletita salada
salting ['sɔltɪŋ] *s* saladura, salazón
saltish ['sɔltɪʃ] *adj* salobre, sabroso
salt lick *s* salero, lamedero
salt mackerel *s* caballa marinada
salt marsh *s* saladar, salina
salt of sorrel *s* sal de acederas
salt of the earth, the lo mejor del mundo, de lo mejor del mundo; (Bib.) la sal de la tierra
saltpeter o **saltpetre** [,sɔlt'pitər] *s* nitro o salitre (*nitrato potásico*); nitro de Chile (*nitrato sódico*)
saltpetrous [,sɔlt'pitrəs] *adj* salitrado, salitral, salitroso
salt pit *s* hoyo salobre, saladar
salt rheum *s* (coll.) eczema
salt shaker *s* salero
salt water *s* agua salada
salt-water ['sɔlt,wɔtər] o ['sɔlt,wɑtər] *adj* de agua salada; marino
saltworks ['sɔlt,wʌrks] *ssg* o *spl* salina
saltwort ['sɔlt,wʌrt] *s* (bot.) barrilla
salty ['sɔltɪ] *adj* (*comp:* **-ier**; *super:* **-iest**) salado; (fig.) salado, saleroso
salubrious [sə'lubrɪəs] *adj* salubre
salubrity [sə'lubrɪtɪ] *s* salubridad
salutary ['sæljə,terɪ] o ['sælju,terɪ] *adj* saludable
salutation [,sæljə'teʃən] o [,sælju'teʃən] *s* saludo, salutación
salutatorian [sə,lutə'torɪən] *s* (U.S.A.) graduando que pronuncia el discurso de salutación (*en las ceremonias de graduación*)
salutatory [sə'lutə,torɪ] *s* (*pl:* **-ries**) (U.S.A.) discurso de salutación; *adj* (U.S.A.) de salutación
salute [sə'lut] *s* saludo; (mil.) saludo; *va* saludar; (mil.) saludar; alcanzar, llegar a
Salv. abr. de **Salvador**
Salvador ['sælvədɔr] *s* var. de **El Salvador**
Salvadoran [,sælvə'dorən] o **Salvadorian** [,sælvə'dorɪən] *adj & s* salvadoreño
salvage ['sælvɪdʒ] *s* salvamento; *va* salvar; recobrar
salvarsan ['sælvərsæn] *s* (trademark) salvarsán
salvation [sæl'veʃən] *s* salvación
Salvation Army *s* ejército de Salvación

Salvationist [sælˈveʃənɪst] *s* salutista
salve [sæv] o [sɑv] *s* ungüento; (fig.) ungüento, alivio; *va* curar con ungüento; preservar, proteger; aliviar; salvar (*buque, carga, etc.*)
salver [ˈsælvər] *s* bandeja
salvia [ˈsælvɪə] *s* (bot.) salvia
salvo [ˈsælvo] *s* (*pl:* **-vos** o **-voes**) salva
sal volatile [ˌsælvəˈlætɪlɪ] *s* sal volátil
S.Am. abr. de **South America** y **South American**
Sam [sæm] *s* nombre abreviado de **Samuel**
samara [ˈsæmərə] o [səˈmɛrə] *s* (bot.) sámara
Samaritan [səˈmærɪtən] *adj & s* samaritano
samarium [səˈmɛrɪəm] *s* (chem.) samario
sambuke [ˈsæmbjuk] *s* (mus.) sambuca
same [sem] *adj & pron indef* mismo; **all the same** a pesar de todo; **it is all the same to me** lo mismo me da; **just the same** lo mismo, sin embargo; **much the same** casi lo mismo; **same . . . as** mismo . . . que
sameness [ˈsemnɪs] *s* igualdad, indentidad; monotonía
Samian [ˈsemɪən] *adj & s* samio
samisen [ˈsæmɪsɛn] *s* (mus.) samisén
samite [ˈsæmaɪt] o [ˈsemaɪt] *s* jamete
samlet [ˈsæmlɪt] *s* (ichth.) salmoncillo, esguín
Samoan [səˈmoən] *adj & s* samoano
Samos [ˈsemɑs] *s* Samos
Samothrace [ˈsæmoθres] *s* Samotracia
Samothracian [ˌsæmoˈθreʃən] *adj & s* samotracio
samovar [ˈsæməvɑr] o [ˌsæməˈvɑr] *s* samovar
samp [sæmp] *s* maíz molido grueso
sampan [ˈsæmpæn] *s* sampán
samphire [ˈsæmfaɪr] *s* (bot.) empetro, hinojo marino
sample [ˈsæmpəl] *s* muestra; *va* catar, probar
sample copy *s* ejemplar muestra
sampler [ˈsæmplər] *s* catador, probador; dechado, marcador (*pedazo de tela con diferentes estilos de labor*)
sampling [ˈsæmplɪŋ] *s* catadura, probadura; (statistics) muestreo
Samson [ˈsæmsən] *s* (Bib. & fig.) Sansón
Samuel [ˈsæmjʊəl] *s* Samuel
samurai [ˈsæmʊraɪ] *s* samurai
sanative [ˈsænətɪv] *adj* sanativo
sanatorium [ˌsænəˈtorɪəm] *s* (*pl:* **-ums** o **-a** [ə]) sanatorio
sanatory [ˈsænəˌtorɪ] *adj* sanativo
sanbenito [ˌsænbəˈnito] *s* sambenito
sanctification [ˌsæŋktɪfɪˈkeʃən] *s* santificación
sanctify [ˈsæŋktɪfaɪ] (*pret & pp:* **-fied**) *va* santificar
sanctimonious [ˌsæŋktɪˈmonɪəs] *adj* santurrón
sanctimony [ˈsæŋktɪˌmonɪ] *s* santurronería
sanction [ˈsæŋkʃən] *s* sanción; *va* sancionar (*aprobar; confirmar*)
sanctity [ˈsæŋktɪtɪ] *s* (*pl:* **-ties**) santidad
sanctuary [ˈsæŋktʃʊˌɛrɪ] *s* (*pl:* **-ies**) santuario; sanctasanctórum; asilo, refugio; **to take sanctuary** acogerse a sagrado
sanctum [ˈsæŋktəm] *s* lugar sagrado; asilo, refugio
sanctum sanctorum [sæŋkˈtorəm] *s* sanctasanctórum; asilo, lugar retirado
Sanctus [ˈsæŋktəs] *s* (eccl. & mus.) Sanctus
Sanctus bell *s* (eccl.) campanilla con la que toca a Sanctus el acólito
sand [sænd] *s* arena; (slang) valentía, resolución; dinero; **sands** *spl* arenal; (fig.) momentos de la vida; *va* enarenar; polvorear con arena; lijar con papel de lija
sandal [ˈsændəl] *s* sandalia; abarca (*sandalia rústica*); alpargata (*de cáñamo o de esparto*); cacle, guarache, huarache (Am.); zapatilla; chanclo bajito de goma ligera; tira o correa para asegurar la zapatilla; cendal; (bot.) sándalo
sandaled o **sandalled** [ˈsændəld] *adj* calzado con sandalias; abarcado
sandalwood [ˈsændəlˌwʊd] *s* (bot.) sándalo; *adj* sandalino
sandarac [ˈsændəræk] *s* sandáraca (*resina; rejalgar*); (bot.) tuya articulada
sandbag [ˈsændˌbæg] *s* saco de arena; (fort.) saco terrero; (*pret & pp:* **-bagged;** *ger:* **-bagging**) *va* obstruir con sacos de arena; atacar o golpear con sacos de arena
sandbank [ˈsændˌbæŋk] *s* banco de arena
sand bar *s* barra de arena
sandblast [ˈsændˌblæst] o [ˈsændˌblɑst] *s* soplador de arena; chorro de arena; *va* limpiar con o por medio de chorro de arena, moler por chorro de arena
sandbox [ˈsændˌbɑks] *s* caja para arena; salvadera; (rail.) arenero
sandbox tree *s* (bot.) jabillo, árbol del diablo
sand dollar *s* (zool.) equinaracnio
sand dome *s* (rail.) cúpula de arena
sand dune *s* duna, médano
sander [ˈsændər] *s* arenadora (*p.ej., de locomotora*); soplador de arena; lijador; lijadora (*máquina*)
sanderling [ˈsændərlɪŋ] *s* (orn.) chorlito
sand flea *s* (ent.) nigua
sand fly *s* (ent.) jijene
sandglass [ˈsændˌglæs] o [ˈsændˌglɑs] *s* reloj de arena
sand hill *s* colina de arena, médano
sandhog [ˈsændˌhɑg] o [ˈsændˌhɔg] *s* obrero que cava arena; obrero que trabaja en cámaras de sumersión
sand hopper *s* (zool.) pulga de mar
sanding block *s* taco de alisar
sand launce [læns] o [lɑns] *s* (ichth.) cebo de fango
sand lot *s* (U.S.A.) campo o terreno en una ciudad o cerca de ella que se usa para el béisbol y otros deportes
sandman [ˈsændˌmæn] *s* genio de la fábula que da sueño a los niños
San Domingo [sændoˈmɪŋgo] *s* var. de **Santo Domingo**
sandpaper [ˈsændˌpepər] *s* papel de lija; *va* lijar
sandpaper tree *s* (bot.) vacabuey
sandpiper [ˈsændˌpaɪpər] *s* (orn.) caballero de vientre blanco, lavandera (*Tringoides hypoleucus*)
sand pit *s* hoyo de arena; mina de arena
sand shoe *s* (Brit.) playera (*calzado*)
sandstone [ˈsændˌston] *s* (mineral.) arenisca, piedra arenisca
sandstorm [ˈsændˌstɔrm] *s* tempestad de arena
sand viper *s* (zool.) heterodón; (zool.) víbora cornuda
sand wasp *s* (ent.) amófilo
sandwich [ˈsændwɪtʃ] *s* emparedado; *va* intercalar
Sandwich Islands *spl* islas Sandwich
sandwich man *s* anunciador ambulante que lleva dos cartelones colgados uno por delante y otro por detrás
sandwort [ˈsændˌwʌrt] *s* (bot.) arenaria
sandy [ˈsændɪ] *adj* (*comp:* **-ier;** *super:* **-iest**) arenoso, arenisco; rufo (*pelo*); inconstante, cambiante, movible
sane [sen] *adj* cuerdo, sensato; sano (*p.ej., principio*)
sang [sæŋ] *pret de* **sing**
sangaree [ˌsæŋgəˈri] *s* sangría
sang-froid [sɑ̃ˈfrwɑ] *s* sangre fría
sangsue [ˈsæŋsju] *s* sanguijuela
sanguinary [ˈsæŋgwɪnˌɛrɪ] *adj* sanguinario; sangriento
sanguine [ˈsæŋgwɪn] *adj* confiado, esperanzado, optimista; coloradote; sanguinario; *s* sanguina (*lápiz rojo; dibujo hecho con lápiz rojo*)
sanguineous [sæŋˈgwɪnɪəs] *adj* sanguíneo; confiado, optimista
Sanhedrim [ˈsænhɪdrɪm] o **Sanhedrin** [ˈsænhɪdrɪn] *s* sanedrín
sanicle [ˈsænɪkəl] *s* (bot.) sanícula
sanidine [ˈsænɪdɪn] o [ˈsænɪdin] *s* (mineral.) sanidina
sanies [ˈsenɪiz] *s* (path.) sanie o sanies
sanious [ˈsenɪəs] *adj* (path.) sanioso
sanitarian [ˌsænɪˈtɛrɪən] *adj* sanitario; *s* perito de sanidad
sanitarium [ˌsænɪˈtɛrɪəm] *s* (*pl:* **-ums** o **-a** [ə]) sanatorio
sanitary [ˈsænɪˌtɛrɪ] *adj* sanitario
sanitary cordon *s* cordón sanitario
sanitary corps *s* cuerpo de sanidad
sanitary napkin *s* compresa higiénica, paño higiénico

sanitation [ˌsænɪˈteʃən] *s* sanidad (*métodos sanitarios*); saneamiento (*acción de dar condiciones de salubridad a un terreno, edificio, etc.*)
sanity [ˈsænɪtɪ] *s* cordura, sensatez
San Jose scale [ˈsæn hoˌze] *s* (ent.) cochinilla de San José
San Juan Hill [sæn ˈhwan] *s* la loma de San Juan
sank [sæŋk] *pret de* **sink**
San Salvador [sæn ˈsælvədɔr] *s* San Salvador (*isla de las Bahamas; capital de la república de El Salvador*)
Sanscrit [ˈsænskrɪt] *adj & s* sánscrito
sansevieria [ˌsænsɪvɪˈɪrɪə] *s* (bot.) sanseviera
Sanskrit [ˈsænskrɪt] *adj & s* sánscrito
Sanskritist [ˈsænskrɪtɪst] *s* sanscritista
Santa Claus [ˈsæntəklɔz] o [ˈsæntɪklɔz] *s* San Nicolás, el Papá Noel (*que en los países del norte ocupa el lugar de los Reyes Magos*)
santalaceous [ˌsæntəˈleʃəs] *adj* (bot.) santaláceo
Santo Domingo [ˈsæntodoˈmɪŋgo] *s* Santo Domingo (*antiguo nombre de la República Dominicana; nombre de su capital*)
santonica [sænˈtanɪkə] *s* (bot.) santónico; (pharm.) semencontra
santonin [ˈsæntənɪn] *s* (pharm.) santonina
Saône [son] *s* Saona
sap [sæp] *s* savia (*de las plantas*); (bot.) sámago; (fort.) zapa; (slang) necio, tonto; (fig.) savia; (*pret & pp:* **sapped**; *ger:* **sapping**) *va* zapar, socavar; atacar por medio de una zapa; agotar, consumir, desgastar; *vn* hacer trabajos de zapa, cavar una zapa
sap green *s* verdevejiga
saphead [ˈsæpˌhɛd] *s* (coll.) cabeza de chorlito
saphenous [səˈfinəs] *adj* (anat.) safeno
sapid [ˈsæpɪd] *adj* sápido; interesante, sabroso
sapidity [səˈpɪdɪtɪ] *s* sapidez; interés, sabor
sapience [ˈsepɪəns] o **sapiency** [ˈsepɪənsɪ] *s* sapiencia
sapient [ˈsepɪənt] *adj* sapiente
sapindaceous [ˌsæpɪnˈdeʃəs] *adj* (bot.) sapindáceo
sapless [ˈsæplɪs] *adj* seco, sin savia; débil, falto de vigor
sapling [ˈsæplɪŋ] *s* árbol muy joven; jovenzuelo, mozuelo
sapodilla [ˌsæpəˈdɪlə] *s* (bot.) zapote (*árbol y fruto*)
saponaceous [ˌsæpəˈneʃəs] *adj* saponáceo
saponifiable [səˈpanɪˌfaɪəbəl] *adj* saponificable
saponification [səˌpanɪfɪˈkeʃən] *s* saponificación
saponify [səˈpanɪfaɪ] (*pret & pp:* **-fied**) *va* saponificar; *vn* saponificarse
saponin [ˈsæpənɪn] *s* (chem.) saponina
saponite [ˈsæpənaɪt] *s* (mineral.) saponita
sapor [ˈsepər] o [ˈsepɔr] *s* sabor
saporific [ˌsæpəˈrɪfɪk] *adj* saporífero
sapotaceous [ˌsæpəˈteʃəs] *adj* (bot.) sapotáceo
sapper [ˈsæpər] *s* (mil.) zapador
Sapphic [ˈsæfɪk] *adj & s* sáfico
Sapphira [səˈfaɪrə] *s* (Bib.) Safira
sapphire [ˈsæfaɪr] *s* zafiro; *adj* zafirino
Sappho [ˈsæfo] *s* Safo
sappy [ˈsæpɪ] *adj* (*comp:* **-pier**; *super:* **-piest**) jugoso, lleno de savia; fuerte, enérgico; (slang) necio, tonto, estúpido; (slang) sensiblero
saprophagous [səˈprafəgəs] *adj* (zool.) saprófago
saprophyte [ˈsæprofaɪt] *s* (biol.) saprófito
saprophytic [ˌsæproˈfɪtɪk] *adj* (bot.) saprófito
sapsucker [ˈsæpˌsʌkər] *s* (orn.) pequeño picamaderos norteamericano
sapwood [ˈsæpˌwʊd] *s* sámago, alborno, madera alburente
saraband [ˈsærəbænd] *s* (mus.) zarabanda
Saracen [ˈsærəsən] *adj & s* sarraceno
Saracenic [ˌsærəˈsɛnɪk] o **Saracenical** [ˌsærəˈsɛnɪkəl] *adj* sarracénico
Saragossa [ˌsærəˈgasə] *s* Zaragoza
Sarah [ˈsɛrə] *s* Sara
Saratoga trunk [ˌsærəˈtogə] *s* baúl mundo
sarcasm [ˈsarkæzəm] *s* sarcasmo
sarcastic [sarˈkæstɪk] *adj* sarcástico
sarcastically [sarˈkæstɪkəlɪ] *adv* sarcásticamente
sarcenet [ˈsarsnɛt] *s* tafetán de Florencia
sarcina [ˈsarsɪnə] *s* (*pl:* **-nae** [ni]) (bact.) sarcina
sarcocarp [ˈsarkokarp] *s* (bot.) sarcocarpio
sarcocele [ˈsarkosil] *s* (path.) sarcocele
sarcocolla [ˌsarkoˈkalə] *s* sarcocola (*goma*)
sarcolemma [ˌsarkoˈlɛmə] *s* (anat.) sarcolema
sarcology [sarˈkalədʒɪ] *s* sarcología
sarcoma [sarˈkomə] *s* (path.) sarcoma
sarcophagus [sarˈkafəgəs] *s* (*pl:* **-gi** [dʒaɪ] o **-guses**) sarcófago
sard [sard] *s* sardio
Sardanapalian [ˌsardənəˈpelɪən] *adj* sardanapalesco
Sardanapalus [ˌsardənəˈpeləs] *s* Sardanápalo
sardine [sarˈdin] *s* (ichth.) sardina; sardio (*piedra, joya*); **packed like sardines** como sardinas en banasta o en lata
Sardinia [sarˈdɪnɪə] *s* Cerdeña
Sardinian [sarˈdɪnɪən] *adj & s* sardo
sardius [ˈsardɪəs] *s* sardio
sardonic [sarˈdanɪk] *adj* burlón, sarcástico
sardonically [sarˈdanɪkəlɪ] *adv* sarcásticamente
sardonyx [ˈsardənɪks] *s* (mineral.) sardónice
sargasso [sarˈgæso] *s* (bot.) sargazo
Sargasso Sea *s* mar de Sargazos
sargo [ˈsargo] *s* (*pl:* **-gos**) (ichth.) sargo
sark [sark] *s* (Scotch) camisa
sarsaparilla [ˌsarsəpəˈrɪlə] *s* (bot.) zarzaparrilla (*arbusto, extracto y bebida*)
sarsenet [ˈsarsnɛt] *s* var. de **sarcenet**
sartorial [sarˈtorɪəl] *adj* de sastre, de sastrería; (anat.) sartorio
sash [sæʃ] *s* (sew.) banda, echarpe, faja; fajín (*insignia*); (carp.) marco de ventana; *va* proveer de marcos
sash bar *s* (arch.) parteluz
sash chain *s* cadena para contrapesos de ventana, cadena para hojas de ventana
sash cord *s* cuerda para contrapesos de ventana
sash lift *s* manija para ventana de guillotina, levantaventana
sash plane *s* cepillo rebajador
sash tool *s* brocha para pintar marcos de ventana
sash weight *s* contrapeso de ventana
sash window *s* ventana de guillotina
sassafras [ˈsæsəfræs] *s* (bot.) sasafrás (*árbol y corteza de las raíces*)
Sat. abr. de **Saturday**
sat [sæt] *pret & pp de* **sit**
Satan [ˈsetən] *s* Satán o Satanás
satanic o **Satanic** [seˈtænɪk] *adj* satánico
satanically [seˈtænɪkəlɪ] *adv* satánicamente
satchel [ˈsætʃəl] *s* maletín; cartapacio (*de los muchachos de escuela*)
sate [set] *va* saciar, hartar, hastiar
sateen [sæˈtin] *s* satén
sateless [ˈsetlɪs] *adj* insaciable
satellite [ˈsætəlaɪt] *s* (astr. & fig.) satélite; *adj* satélite, satelitario
satellite country *s* país satélite
satellite pinion *s* (mach.) satélite
satiable [ˈseʃɪəbəl] o [ˈseʃəbəl] *adj* saciable
satiate [ˈseʃɪɪt] o [ˈseʃɪet] *adj* ahito, harto; [ˈseʃɪet] *va* saciar
satiation [ˌseʃɪˈeʃən] *s* saciedad
satiety [səˈtaɪətɪ] *s* saciedad
satin [ˈsætən] *s* raso; *adj* satinado; *va* satinar (*p.ej., el papel*)
satinet o **satinette** [ˌsætɪˈnɛt] *s* rasete
satinwood [ˈsætənˌwʊd] *s* madera satinada de las Indias; doradillo, satín
satiny [ˈsætənɪ] *adj* arrasado, satinado
satire [ˈsætaɪr] *s* sátira
satiric [səˈtɪrɪk] o **satirical** [səˈtɪrɪkəl] *adj* satírico
satirist [ˈsætɪrɪst] *s* satírico
satirize [ˈsætɪraɪz] *va & vn* satirizar
satisfaction [ˌsætɪsˈfækʃən] *s* satisfacción; **to the satisfaction of** a satisfacción de
satisfactory [ˌsætɪsˈfæktərɪ] *adj* satisfactorio
satisfy [ˈsætɪsfaɪ] (*pret & pp:* **-fied**) *va & vn* satisfacer
satrap [ˈsetræp] o [ˈsætræp] *s* sátrapa
satrapy [ˈsetrəpɪ] o [ˈsætrəpɪ] *s* (*pl:* **-ies**) satrapía
saturable [ˈsætʃərəbəl] *adj* saturable
saturate [ˈsætʃəret] *va* saturar

S

saturation [ˌsætʃəˈreʃən] *s* saturación
saturation bombing *s* (aer.) bombardeo de saturación
saturation current *s* (phys.) corriente de saturación
saturation point *s* punto de saturación
saturator [ˈsætʃəˌretər] *s* saturador
Saturday [ˈsætərdɪ] o [ˈsætərde] *s* sábado; *adj* sabatino
Saturn [ˈsætərn] *s* (myth. & astr.) Saturno
saturnalia [ˌsætərˈnelɪə] *ssg* o *spl* saturnal (*orgía desenfrenada*); (*cap.*) *ssg* saturnales (*fiestas en honor de Saturno*)
saturnalian [ˌsætərˈnelɪən] *adj* desenfrenado; (*cap.*) *adj* saturnal
Saturnian [səˈtʌrnɪən] *adj* saturniano (*perteneciente a Saturno; perteneciente a una forma poética en uso entre los romanos*); feliz, dichoso
saturnine [ˈsætərnaɪn] *adj* saturnino
saturnism [ˈsætərnɪzəm] *s* (path.) saturnismo
satyr [ˈsætər] o [ˈsetər] *s* (myth.) sátiro; sátiro (*hombre lascivo*)
sauce [sɔs] *s* salsa; crema (*p.ej., de chocolate*); compota; jugo (*de caramelo*); gracia, viveza; (coll.) insolencia; (coll.) lenguaje descomedido; *va* condimentar, sazonar; (coll.) ser insolente con, desvergonzarse con
saucebox [ˈsɔsˌbaks] *s* (coll.) insolente, descarado
saucepan [ˈsɔsˌpæn] *s* cacerola
saucer [ˈsɔsər] *s* platillo
saucer-eyed [ˈsɔsərˌaɪd] *adj* de ojos de platillo
saucisson [ˌsosiˈsõ] *s* (fort. & mil.) salchicha, salchichón
saucy [ˈsɔsɪ] *adj* (*comp:* **-cier;** *super:* **-ciest**) insolente, descarado; gracioso, vivo
Saudi Arabia [sɑˈudɪ əˈrebɪə] *s* la Arabia Saudita
sauerkraut [ˈsaʊrˌkraʊt] *s* chucruta
Saul [sɔl] *s* (Bib.) Saúl; (Bib.) Saulo (*nombre de San Pablo antes de su conversión*)
saunter [ˈsɔntər] *s* paseo; paso tranquilo y alegre; *vn* pasearse; pasearse con paso tranquilo y alegre
saurian [ˈsɔrɪən] *adj* & *s* (zool.) saurio
sausage [ˈsɔsɪdʒ] *s* salchicha
sauté [soˈte] *adj* (cook.) salteado; *va* (cook.) saltear
savage [ˈsævɪdʒ] *adj* & *s* salvaje
savageness [ˈsævɪdʒnɪs] *s* salvajismo
savagery [ˈsævɪdʒrɪ] *s* (*pl:* **-ries**) salvajería, salvajismo
savanna o **savannah** [səˈvænə] *s* sabana
savant [ˈsævənt] *s* sabio, erudito
save [sev] *prep* (lit.) salvo, excepto; *conj* (lit.) a no ser que; *va* salvar (*p.ej., una vida, un alma, un edificio del incendio*); ahorrar (*dinero*); guardar, conservar; amparar, proteger; **God save the Queen!** ¡Dios guarde a la Reina!; **to save face** salvar las apariencias; **to save oneself the trouble** ahorrarse la molestia; **to save one's eyes** cuidarse la vista; *vn* economizar
save-all [ˈsevˌɔl] *s* adminículo; alcancía; pantalones de trabajo; delantal de niño
saveloy [ˈsævəlɔɪ] *s* salchicha seca y bien sazonada
savin o **savine** [ˈsævɪn] *s* (bot. & pharm.) sabina
saving [ˈsevɪŋ] *adj* ahorrativo, económico; calificativo; *prep* salvo, excepto; con el debido respeto a; **saving your presence** con excusas por mi conducta en su presencia; **savings** *spl* ahorros, economías
saving clause *s* (law) cláusula que contiene una salvedad
saving grace *s* mérito especial
savings account *s* cuenta de ahorros
savings and loan association *s* sociedad de ahorros y préstamos
savings bank *s* banco de ahorros, caja de ahorros
savior [ˈsevjər] *s* salvador
Saviour [ˈsevjər] *s* Salvador
savoir-faire [sævwɑrˈfɛr] *s* maña, habilidad, destreza
savoir-vivre [sævwɑrˈvivrə] *s* mundo, trato de gentes
savor [ˈsevər] *s* sabor; *va* saborear; *vn* heder; oler; **to savor of** oler a, saber a
savory [ˈsevərɪ] *adj* (*comp:* **-ier;** *super:* **-iest**) sabroso; salado, picante; fragante; *s* (*pl:* **-ies**) (bot.) ajedrea de jardín; (bot.) tomillo real; (Brit.) digestivo
savour [ˈsevər] *s*, *va* & *vn* (Brit.) var. de **savor**
savoy [səˈvɔɪ] *s* col de Saboya; (*cap.*) *s* la Saboya
Savoyard [səˈvɔɪərd] *adj* saboyano; *s* saboyano; partidario de las operetas de Gilbert y Sullivan
savvy [ˈsævɪ] *s* (slang) comprensión; (*pret & pp:* **-vied**) *va* & *vn* (slang) comprender
saw [sɔ] *s* sierra; refrán, dicho, proverbio; (*pret:* **sawed;** *pp:* **sawed** o **sawn**) *va* aserrar, serrar; *vn* serrar; serrarse; moverse de atrás para delante como una sierra; *pret de* **see**
sawbuck [ˈsɔˌbʌk] *s* cabrilla, borrico, burro
sawdust [ˈsɔˌdʌst] *s* aserrín, serrín
sawfish [ˈsɔˌfɪʃ] *s* (ichth.) sierra, pez sierra
sawfly [ˈsɔˌflaɪ] *s* (*pl:* **-flies**) (ent.) mosca de sierra
sawhorse [ˈsɔˌhɔrs] *s* cabrilla, borrico, burro
sawings [ˈsɔ·ɪŋz] *spl* aserraduras
sawmill [ˈsɔˌmɪl] *s* aserradero, serrería
sawn [sɔn] *pp de* **saw**
saw set *s* triscador
sawyer [ˈsɔjər] *s* aserrador
Saxe-Coburg-Gotha [ˈsæksˈkobʌrgˈgoθə] *s* Sajonia-Coburgo-Gotha
saxhorn [ˈsæksˌhɔrn] *s* (mus.) bombardón
saxifragaceous [ˌsæksɪfrəˈgeʃəs] *adj* (bot.) saxifragáceo
saxifrage [ˈsæksɪfrɪdʒ] *s* (bot.) saxífraga
Saxon [ˈsæksən] *adj* & *s* sajón
Saxony [ˈsæksənɪ] *s* Sajonia
saxophone [ˈsæksəfon] *s* (mus.) saxofón
saxophonist [ˈsæksəˌfonɪst] *s* saxofonista
saxtuba [ˈsæksˌtjubə] o [ˈsæksˌtubə] *s* (mus.) bombardón
say [se] *s* decir; **to have one's say** decir su parecer; (*pret & pp:* **said**) *va* decir; **I should say so!** ¡ya lo creo!; **it is said** se dice; **no sooner said than done** dicho y hecho; **that is to say** es decir, esto es; **to go without saying** caerse de su peso; **to say nothing of** eso sin tomar en cuenta; **to say over again** repetir, volver a decir; **to say the least** por lo menos; **to say to oneself** decir para sí; **say when** (coll.) Vd. dirá
saying [ˈseɪŋ] *s* refrán, proverbio; **as the saying goes** como dice el refrán
says [sɛz] *tercera persona del sg del pres de ind de* **say**
say-so [ˈseˌso] *s* (coll.) voz no confirmada, rumor sin fundamento; (coll.) decir, autoridad
sb. abr. de **substantive**
S.B. abr. de **Scientiarum Baccalaureus** (Lat.) **Bachelor of Science**
'sblood [zblʌd] *interj* (archaic) ¡sangre de Cristo!
sc. abr. de **scene, science, scruple** y **scilicet** (Lat.) **to wit, namely**
S.C. abr. de **Sanitary Corps, Signal Corps, South Carolina, Staff Corps** y **Supreme Court**
scab [skæb] *s* costra, postilla; (vet.) roña; (bot.) escabro; esquirol (*obrero que substituye a un huelguista*); (slang) golfo, bribón; (*pret & pp:* **scabbed;** *ger:* **scabbing**) *vn* formar costra; trabajar como esquirol
scabbard [ˈskæbərd] *s* vaina, funda
scabble [ˈskæbəl] *va* desbastar
scabby [ˈskæbɪ] *adj* (*comp:* **-bier;** *super:* **-biest**) costroso, postilloso, tiñoso, roñoso; (coll.) vil, ruin
scabies [ˈskebiiz] o [ˈskebiz] *s* (path.) sarna, escabiosis
scabiosa [ˌskebɪˈosə] *s* var. de **scabious**
scabious [ˈskebɪəs] *adj* escabioso; *s* (bot.) escabiosa; (bot.) viuda de jardín, escabiosa de Indias (*Scabiosa atropurpurea*)
scabrous [ˈskebrəs] *adj* escabroso
scads [skædz] *spl* (slang) montones
scaffold [ˈskæfəld] *s* andamio; cadalso (*para dar pena de muerte a un criminal*); *va* proveer de andamio; proveer de cadalso; sostener por medio de un andamio

scaffolding [ˈskæfəldɪŋ] *s* andamiada o andamiaje
scalawag [ˈskæləwæg] *s* (coll.) tuno, bribón, golfo
scald [skɔld] *s* escaldadura; *va* escaldar
scale [skel] *s* escama; (bot.) escama; balanza; platillo de balanza; escala (*p.ej., de un mapa*); (mus.) escala; (ent.) cóccido; **scales** *spl* balanza; **Scales** *spl* (astr.) Balanza; **on a scale of** en escala de (*p.ej., 1 por 100*); **on a large scale** en grande escala; **on a small scale** en pequeña escala; **to tip the scales** inclinar la balanza; **to turn the scales** decidir, determinar; **to scale** según escala; *va* escamar; descortezar, descostrar; cubrir con escamas; pesar; escalar, subir, trepar; medir con escala; graduar; reducir de acuerdo con una escala; tirar (*una piedra*) de manera que corte la superficie del agua; *vn* descamarse; descortezarse, descostrarse; cubrirse de escamas; formarse escamas, formarse incrustaciones; subir, trepar
scale fern *s* (bot.) doradilla
scale insect *s* (ent.) cóccido
scale model *s* maqueta o modelo a escala
scalene [skeˈlin] o [ˈskelin] *adj* (geom. & anat.) escaleno
scalenohedron [ske,linoˈhidrən] *s* (cryst.) escalenoedro
scalenus [skeˈlinəs] *s* (anat.) escaleno, músculo escaleno
scaling [ˈskelɪŋ] *s* escamadura (*acción de quitar las escamas*); escalamiento (*acción de entrar por medio de escalas; medición por escala*)
scaling ladder *s* escala de sitio
scallion [ˈskæljən] *s* chalote, escalluna; (bot.) puerro; (bot.) cebolleta
scallop [ˈskɑləp] o [ˈskæləp] *s* (zool.) concha de peregrino; concha de peregrino, pechina, venera (*que llevaban los peregrinos*); concha (*en que se sirve el pescado*); (sew.) festón; *va* hornear a la crema y con pan rallado; cocer (*p.ej., ostras*) en su concha; festonear
scalloping [ˈskɑləpɪŋ] o [ˈskæləpɪŋ] *s* festón bordado, borde adornado con festones
scallop shell *s* concha de peregrino, pechina, venera
scalp [skælp] *s* cuero cabelludo; (fig.) trofeo; *va* escalpar; comprar y revender (*p.ej., billetes de teatro*)
scalpel [ˈskælpəl] *s* (surg.) escalpelo
scalper [ˈskælpər] *s* revendedor de billetes de teatro
scaly [ˈskelɪ] *adj* (*comp:* **-ier**; *super:* **-iest**) escamoso; (coll.) vil, ruin, mezquino
scammony [ˈskæmənɪ] *s* (bot. & pharm.) escamonea
scamp [skæmp] *s* golfo, bribón; *va* hacer descuidada y chapuceramente
scamper [ˈskæmpər] *s* huída precipitada, carrera rápida; *vn* escaparse precipitadamente, correr rápidamente; **to scamper away** escaparse precipitadamente, correr rápidamente
scampish [ˈskæmpɪʃ] *adj* bribón
scan [skæn] (*pret & pp:* **scanned**; *ger:* **scanning**) *va* escudriñar; escandir (*versos*); (telv.) explorar; (coll.) dar un vistazo a
Scand. abr. de **Scandinavia** y **Scandinavian**
scandal [ˈskændəl] *s* escándalo; campanada (*suceso ruidoso*)
scandalize [ˈskændəlaɪz] *va* escandalizar
scandalmonger [ˈskændəl,mʌŋgər] *s* maldiciente, murmurador
scandalous [ˈskændələs] *adj* escandaloso; maldiciente, murmurador
Scandinavia [,skændɪˈnevɪə] *s* Escandinavia
Scandinavian [,skændɪˈnevɪən] *adj & s* escandinavo
scandium [ˈskændɪəm] *s* (chem.) escandio
scanning disk *s* (telv.) disco explorador
scansion [ˈskænʃən] *s* escansión
scant [skænt] *adj* escaso, limitado, insuficiente; mero, solo, apenas suficiente; escaso, p.ej., **a scant half-hour** media hora escasa; **scant of** escaso de; *va* reducir, limitar, escatimar
scantling [ˈskæntlɪŋ] *s* (carp.) cuartón; cuartones
scanty [ˈskæntɪ] *adj* (*comp:* **-ier**; *super:* **-iest**) escaso, limitado, insuficiente, poco suficiente; ligero (*dícese de la ropa*)
scape [skep] *s* (arch., bot. & zool.) escapo
'scape o **scape** [skep] *s, va & vn* (archaic) var. de **escape**
scapegoat [ˈskep,got] *s* (Bib.) cabrón-emisario; cabeza de turco, víctima propiciatoria, víctima inocente
scapegrace [ˈskep,gres] *s* pícaro, truhán, bribón
scaphoid [ˈskæfɔɪd] *s* (anat.) escafoides
scapula [ˈskæpjələ] *s* (*pl:* **-lae** [li] o **-las**) (anat.) escápula, omóplato
scapular [ˈskæpjələr] *adj* escapular; *s* escapulario; pluma escapular; (surg.) vendaje para el omóplato
scar [skɑr] *s* cicatriz, señal; paraje rocoso, escollo; (fig.) cicatriz; (*pret & pp:* **scarred**; *ger:* **scarring**) *va* señalar; *vn* cicatrizarse
scarab [ˈskærəb] *s* (ent. & f.a.) escarabajo
scarabaeus [,skærəˈbiəs] *s* (*pl:* **-i** [aɪ]) var. de **scarab**
scaramouch [ˈskærə,mautʃ] o [ˈskærə,muʃ] *s* fanfarrón; truhán, bribón
scarce [skɛrs] *adj* escaso, raro; **to make oneself scarce** (coll.) no dejarse ver, hacerse el perdidizo
scarcely [ˈskɛrslɪ] *adv* apenas; probablemente no; ciertamente no; **scarcely ever** raramente
scarcity [ˈskɛrsɪtɪ] *s* (*pl:* **-ties**) escasez, carestía, rareza
scare [skɛr] *s* susto, alarma; *va* asustar, espantar; **to scare away** espantar, ahuyentar; **to scare up** (coll.) juntar, recoger (*dinero*); **scared stiff** muerto de miedo
scarecrow [ˈskɛr,kro] *s* espantajo (*figura; persona; cosa que infunde temor*); espantapájaros (*figura*)
scarf [skɑrf] *s* (*pl:* **scarfs** o **scarves**) bufanda, chal; pañuelo para el cuello; chalina (*corbata de caídas largas*); tapete (*adorno o protección de los muebles*); *s* (*pl:* **scarfs**) (carp.) ensambladura francesa; *va* unir con ensambladura francesa
scarfpin [ˈskɑrf,pɪn] *s* alfiler de corbata
scarfskin [ˈskɑrf,skɪn] *s* epidermis
scarification [,skærɪfɪˈkeʃən] *s* (agr. & surg.) escarificación
scarificator [ˈskærɪfɪ,ketər] *s* (surg.) escarificador
scarifier [ˈskærɪ,faɪər] *s* (agr. & surg.) escarificador
scarify [ˈskærɪfaɪ] (*pret & pp:* **-fied**) *va* (agr. & surg.) escarificar; criticar severamente
scarious [ˈskɛrɪəs] *adj* (bot.) escarioso
scarlatina [,skɑrləˈtinə] *s* (path.) escarlatina; (path.) escarlatina de forma benigna
scarlet [ˈskɑrlɪt] *adj* escarlata; *s* escarlata (*color y tela*)
scarlet fever *s* (path.) escarlata
scarlet lychnis *s* (bot.) cruz de Malta
scarlet oak *s* (bot.) coscoja, roble escarlata
scarlet runner *s* (bot.) judía de España, judía escarlata
scarlet tanager *s* (orn.) piranga
scarp [skɑrp] *s* escarpa, declive; (fort.) escarpa; *va* escarpar; *vn* hacer escarpa, tener escarpa
scary [ˈskɛrɪ] *adj* (*comp:* **-ier**; *super:* **-iest**) (coll.) asustadizo; (coll.) espantoso
scat [skæt] *interj* ¡zape!
scathe [skeð] *va* (archaic & dial.) hacer daño a; abrasar; criticar acerbamente
scatheless [ˈskeðlɪs] *adj* sano y salvo, ileso
scathing [ˈskeðɪŋ] *adj* acerbo, duro
scatological [,skætəˈlɑdʒɪkəl] *adj* escatológico
scatology [skəˈtɑlədʒɪ] *s* escatología
scatter [ˈskætər] *s* esparcimiento, dispersión; *va* esparcir, dispersar
scatterbrain [ˈskætər,bren] *s* (coll.) cabeza de chorlito
scatterbrained [ˈskætər,brend] *adj* (coll.) alegre de cascos, casquivano
scattered [ˈskætərd] *adj* esparcido; irregular, intermitente; despeinado; divagador
scattering [ˈskætərɪŋ] *s* esparcimiento, dispersión; pequeño número, pequeña cantidad
scaup [skɔp] o **scaup duck** *s* (orn.) coquinero
scaur [skɔr] *s* paraje rocoso; roca a flor del agua
scavenge [ˈskævɪndʒ] *va* limpiar, barrer

S

scavenger [ˈskævɪndʒər] *s* basurero; animal que se alimenta de carroña; *vn* recoger la basura
scenario [sɪˈnɛrɪo] o [sɪˈnɑrɪo] *s* (*pl:* **-os**) (mov. & theat.) guión
scenarist [sɪˈnɛrɪst] o [sɪˈnɑrɪst] *s* (mov.) guionista
scene [sin] *s* escena (*en literatura, arte, teatro y cine*); vista, paisaje; arrebato, escándalo, demostración de pasión; **behind the scenes** (theat. & fig.) entre bastidores; **to make a scene** dar un espectáculo, causar escándalo
scenery [ˈsinərɪ] *s* (*pl:* **-ies**) paisaje; (theat.) decoraciones
scene shifter *s* tramoyista
scenic [ˈsinɪk] o [ˈsɛnɪk] *adj* escénico (*perteneciente a la escena*); pintoresco; gráfico
scenographer [siˈnɑgrəfər] *s* escenógrafo
scenography [siˈnɑgrəfɪ] *s* escenografía
scent [sɛnt] *s* olor; perfume; olfato; rastro, pista; *va* oler; perfumar; rastrear; sospechar
scentless [ˈsɛntlɪs] *adj* inodoro; sin olfato
scepter [ˈsɛptər] *s* cetro; *va* proveer de cetro
sceptered [ˈsɛptərd] *adj* que lleva cetro; regio, imperial
sceptic [ˈskɛptɪk] *adj & s* escéptico
sceptical [ˈskɛptɪkəl] *adj* escéptico
scepticism [ˈskɛptɪsɪzəm] *s* escepticismo
sceptre [ˈsɛptər] *s & va* var. de **scepter**
Schaffhausen [ˌʃɑfˈhaʊzən] *s* Escafusa
schappe [ˈʃɑpə] *s* sedalina
schedule [ˈskɛdʒʊl] *s* lista, cuadro, catálogo; plan, programa; horario (*p.ej., de los trenes*); *va* catalogar; proyectar; fijar la hora de, fijar el tiempo de
Scheherazade [ʃəˌhɛrəˈzɑdə] *s* Scherezada
Scheldt [skɛlt] *s* Escalda (*río*)
schema [ˈskimə] *s* (*pl:* **-mata** [mətə]) esquema; (philos.) esquema
schematic [skiˈmætɪk] *adj* esquemático
scheme [skim] *s* esquema; plan, proyecto, designio; ardid, treta; *va & vn* proyectar, tramar
schemer [ˈskimər] *s* proyectista; intrigante
scheming [ˈskimɪŋ] *adj* astuto, mañoso, intrigante
Schick test [ʃɪk] *s* (med.) prueba de Schick
schilling [ˈʃɪlɪŋ] *s* chelín austríaco
schism [ˈsɪzəm] *s* cisma; facción cismática, secta cismática
schismatic [sɪzˈmætɪk] *adj & s* cismático
schismatical [sɪzˈmætɪkəl] *adj* cismático
schist [ʃɪst] *s* (geol.) esquisto
schistose [ˈʃɪstos] o **schistous** [ˈʃɪstəs] *adj* esquistoso
schizocarp [ˈskɪzokɑrp] *s* (bot.) esquizocarpio
schizomycete [ˌskɪzomaɪˈsit] *s* (bot.) esquizomiceto
schizophrenia [ˌskɪzoˈfrinɪə] *s* (path.) esquizofrenia
schizophrenic [ˌskɪzoˈfrɛnɪk] *adj & s* esquizofrénico
schmaltz [ʃmɑlts] *s* (slang) sensiblería
schnapps o **schnaps** [ʃnɑps] *s* ginebra de Holanda; aguardiente
schnorkel o **schnorkle** [ˈʃnɔrkəl] *s* var. de **snorkel**
scholar [ˈskɑlər] *s* escolar (*estudiante*); sabio, erudito; becario (*estudiante que disfruta una beca*)
scholarly [ˈskɑlərlɪ] *adj* erudito; *adv* eruditamente
scholarship [ˈskɑlərʃɪp] *s* erudición; beca (*plaza gratuita en una escuela o universidad*)
scholastic [skəˈlæstɪk] *adj & s* escolástico
scholastically [skəˈlæstɪkəlɪ] *adv* escolásticamente
scholasticism [skəˈlæstɪsɪzəm] *s* escolasticismo; (philos.) escolasticismo
scholiast [ˈskolɪæst] *s* escoliador o escoliasta
scholiastic [ˌskolɪˈæstɪk] *adj* de los escoliastas
scholium [ˈskolɪəm] *s* (*pl:* **-a** [ə]) escolio
school [skul] *s* escuela; facultad (*de la universidad*); banco o cardume (*de peces*); **in school** en la escuela; *adj* de escuela, para escuela, escolar; *va* enseñar, instruir, adiestrar, disciplinar; *vn* nadar (*los peces*) en bancos
school age *s* edad escolar
school board *s* junta de instrucción pública
schoolbook [ˈskulˌbʊk] *s* libro escolar
schoolboy [ˈskulˌbɔɪ] *s* alumno de escuela
school day *s* día lectivo
schoolfellow [ˈskulˌfɛlo] *s* condiscípulo, compañero de escuela
schoolgirl [ˈskulˌgʌrl] *s* alumna de escuela
schoolhouse [ˈskulˌhaʊs] *s* escuela (*edificio*)
schooling [ˈskulɪŋ] *s* instrucción, enseñanza; experiencia; coste de la instrucción escolar
schoolman [ˈskulmən] *s* (*pl:* **-men**) maestro; (philos.) escolástico
schoolmarm [ˈskulˌmɑrm] *s* (coll.) maestra de escuela
schoolmaster [ˈskulˌmæstər] o [ˈskulˌmɑstər] *s* maestro de escuela
schoolmate [ˈskulˌmet] *s* condiscípulo, compañero de escuela
schoolmistress [ˈskulˌmɪstrɪs] *s* maestra de escuela
school of thought *s* escuela (*doctrina, sistema*); (coll.) punto de vista, modo de ver
schoolroom [ˈskulˌrum] o [ˈskulˌrʊm] *s* aula, sala de clase
school ship *s* buque escuela
schoolteacher [ˈskulˌtitʃər] *s* maestro de escuela
schoolyard [ˈskulˌjɑrd] *s* patio de recreo de la escuela
school year *s* año escolar, año lectivo
school zone *s* zona escolar
schooner [ˈskunər] *s* (naut.) goleta; (U.S.A.) carromato de cuatro ruedas y con toldo; (coll.) vaso grande de cerveza
schooner-rigged [ˈskunərˌrɪgd] *adj* (naut.) de velas cangrejas
schottische [ˈʃɑtɪʃ] *s* chotis (*baile y música*)
schwa [ʃwɑ] *s* (phonet.) e relajada
sci. abr. de **science** y **scientific**
sciatic [saɪˈætɪk] *adj* ciático
sciatica [saɪˈætɪkə] *s* (path.) ciática
sciatic nerve *s* (anat.) nervio ciático
science [ˈsaɪəns] *s* ciencia; (*cap.*) *s* ciencia cristiana
science fiction *s* novela científica, novela de divulgación científica
scientific [ˌsaɪənˈtɪfɪk] *adj* científico
scientifically [ˌsaɪənˈtɪfɪkəlɪ] *adv* científicamente
scientific management *s* gestión científica, organización científica del trabajo
scientism [ˈsaɪəntɪzəm] *s* cientismo
scientist [ˈsaɪəntɪst] *s* científico, hombre de ciencia, sabio; (*cap.*) *s* adepto de la ciencia cristiana
scil. abr. de **scilicet** (Lat.) **to wit, namely**
scimitar o **scimiter** [ˈsɪmɪtər] *s* cimitarra
scintilla [sɪnˈtɪlə] *s* centella, chispa; partícula, vestigio
scintillate [ˈsɪntɪlet] *vn* centellear, chispear
scintillation [ˌsɪntɪˈleʃən] *s* centelleo
scintillation counter *s* (phys.) centellador, contador de centelleo
sciolism [ˈsaɪəlɪzəm] *s* erudición superficial, pseudoerudición
sciolist [ˈsaɪəlɪst] *s* erudito superficial, pseudoerudito
scion [ˈsaɪən] *s* (hort. & fig.) vástago
Scipio [ˈsɪpɪo] *s* Escipión
scirrhous [ˈskɪrəs] o [ˈsɪrəs] *adj* escirroso
scirrhus [ˈskɪrəs] o [ˈsɪrəs] *s* (*pl:* **-rhi** [raɪ] o **-rhuses**) (path.) escirro
scission [ˈsɪʒən] o [ˈsɪʃən] *s* escisión
scissor [ˈsɪzər] *va* cortar con tijeras; **scissors** *ssg* o *spl* tijeras
scissors-grinder [ˈsɪzərzˈgraɪndər] *s* afilador de tijeras; (orn.) chotacabras
scissors kick *s* (swimming) golpe de tijera
sclerenchyma [sklɪˈrɛŋkɪmə] *s* (bot.) esclerénquima
scleroderma [ˌsklɪroˈdʌrmə] *s* (path.) esclerodermia
scleroma [sklɪˈromə] *s* (*pl:* **-mata** [mətə]) (path.) escleroma
sclerometer [sklɪˈrɑmɪtər] *s* esclerómetro
sclerosis [sklɪˈrosɪs] *s* (*pl:* **-ses** [siz]) (path. & bot.) esclerosis
sclerotic [sklɪˈrɑtɪk] *adj* (anat.) esclerótico; (path.) escleroso; *s* (anat.) esclerótica
sclerotitis [ˌsklɪroˈtaɪtɪs] *s* (path.) esclerotitis
sclerotium [sklɪˈroʃɪəm] *s* (*pl:* **-a** [ə]) (bot.) esclerocio

sclerotomy [sklɪ'ratəmɪ] *s* (*pl:* **-mies**) (surg.) esclerotomía
sclerous ['sklɪrəs] *adj* escleroso
scoff [skɔf] o [skaf] *s* mofa, burla; *vn* mofarse, burlarse; **to scoff at** mofarse de, burlarse de
scoffer ['skɔfər] o ['skafər] *s* mofador, burlador
scoffingly ['skɔfɪŋlɪ] o ['skafɪŋlɪ] *adv* con mofa y escarnio
scold [skold] *s* regañón, regañona; *va & vn* regañar
scolex ['skolɛks] *s* (*pl:* **scoleces** [sko'lisiz]) (zool.) escólex
scoliosis [,skolɪ'osɪs] o [,skalɪ'osɪs] *s* (path.) escoliosis
scollop ['skaləp] *s & va* var. de **scallop**
scolopendra [,skalo'pɛndrə] *s* (zool.) escolopendra
sconce [skans] *s* defensa, cobertizo; baluarte, fortín; (coll.) cabeza; (coll.) agudeza, inteligencia; candelabro de pared, candelero de pared; *va* defender, cubrir; fortificar con baluarte
scone [skon] o [skan] *s* bizcocho chato cocido en una plancha metálica
scoop [skup] *s* cuchara (*de excavadora; cualquier instrumento en forma de cuchara*); paleta (*utensilio de cocina*); achicador (*para extraer el agua*); cucharada, palada, paletada (*porción recogida de una vez*); hueco (*lugar ahuecado con la cuchara, etc.*); (coll.) buena ganancia; (slang) primera publicación de una noticia; *va* sacar con pala, paleta o cuchara; achicar (*agua*); ahuecar; **to scoop out** ahuecar, vaciar
scoopful ['skupfʊl] *s* cucharada, palada, paletada
scoop net *s* esparavel, manga
scoot [skut] *s* (coll.) carrera precipitada; *vn* (coll.) correr precipitadamente
scooter ['skutər] *s* monopatín o patinete (*plancha montada sobre ruedas*); motoneta; lancha rápida; velero que se desliza rápidamente por el hielo o el agua; (orn.) negreta; *vn* correr en monopatín o patinete; deslizar
scope [skop] *s* alcance, extensión; oportunidad; indicador visual
scopolamine [sko'paləmin] o [,skopo'læmɪn] *s* (chem.) escopolamina
scops owl [skaps] *s* (orn.) buharro, corneja
scorbutic [skɔr'bjutɪk] *adj & s* escorbútico
scorbutus [skɔr'bjutəs] *s* (path.) escorbuto
scorch [skɔrtʃ] *s* chamusco (*quemadura leve*); *va* chamuscar; abrasar (*secar, marchitar*); criticar acerbamente; *vn* chamuscarse; abrasarse; (coll.) correr muy rápidamente
scorched-earth policy ['skɔrtʃt'ʌrθ] *s* (mil.) política de tierra abrasada
scorcher ['skɔrtʃər] *s* (coll.) día de mucho calor; (coll.) reproche acerbo; (coll.) jinete o biciclista que va a toda velocidad
scorching ['skɔrtʃɪŋ] *adj* abrasador; acerbo, duro, mordaz
score [skor] *s* cuenta, tantos (*en un juego*); nota (*en un examen*); muesca, entalladura; línea, raya; (mus.) partitura; veintena; **on that score** a ese respecto; **on the score of** a título de, con motivo de; **to keep score** tantear, apuntar los tantos; **to pay off a score** o **to settle a score** desquitarse de un agravio; *va* anotar (*los tantos*); ganar, tantear (*tantos*); señalar, rayar; (mus.) instrumentar; criticar severamente, regañar acerbamente; **to score a cylinder** (aut.) rayar un cilindro; **to score a point** ganar un punto; *vn* ganar tantos; marcar los tantos; hacer rayas, hacer señales
score board *s* pizarrón anotador, cuadro indicador, marcador
score card *s* anotador
score keeper *s* tanteador
scoria ['skorɪə] *s* (*pl:* **-ae** [i]) escoria; (petrog.) escoria
scoriaceous [,skorɪ'eʃəs] *adj* escoriáceo
scorify ['skorɪfaɪ] (*pret & pp:* **-fied**) *va* escorificar
scorn [skɔrn] *s* desprecio, desdén; **to cast scorn upon** denigrar; *va & vn* despreciar, desdeñar; **to scorn to** + *inf* no dignarse + *inf*
scornful ['skɔrnfəl] *adj* desdeñoso
scorpene ['skɔrpin] *s* (ichth.) escorpina, raño
Scorpio ['skɔrpɪo] *s* (astr.) Escorpión
scorpion ['skɔrpɪən] *s* (ent.) alacrán, escorpión; escorpión (*azote; ballesta de los antiguos*)
scorpion grass *s* (bot.) alacranera
Scot. abr. de **Scotch, Scotland** y **Scottish**
scot [skat] *s* escote; (*cap.*) *s* escocés
scotch [skatʃ] *s* corte, incisión; marca, señal; calce, cuña; obstáculo, impedimento; (*cap.*) *adj* escocés; *s* escocés (*dialecto; whisky*); *spl* escoceses; (*l.c.*) *va* cortar; marcar; herir ligeramente; calzar; detener, frustrar; engalgar (*una rueda*)
Scotch-Irish ['skatʃ'aɪrɪʃ] *adj* de descendencia irlandesa y escocesa
Scotchman ['skatʃmən] *s* (*pl:* **-men**) escocés
Scotch pine *s* (bot.) pino albar
Scotch tape *s* (trademark) cinta adhesiva transparente
Scotch terrier *s* perro escocés
Scotch thistle *s* (bot.) acantio, cardo borriqueño, toba
Scotch whiskey *s* whisky escocés
scoter ['skotər] *s* (orn.) negreta, pato negro
scot-free ['skat'fri] *adj* impune
scotia ['skoʃɪə] o ['skoʃə] *s* (arch.) escocia, nacela; (*cap.*) ['skoʃə] *s* (poet.) Escocia
Scotism ['skotɪzəm] *s* escotismo
Scotland ['skatlənd] *s* Escocia
Scotland Yard *s* cuerpo de detectives de Londres
Scots [skats] *adj* escocés; *ssg* escocés (*dialecto*); *spl* escoceses
Scotsman ['skatsmən] *s* (*pl:* **-men**) escocés
Scotticism ['skatɪsɪzəm] *s* acento del habla escocesa
Scottish ['skatɪʃ] *adj* escocés; *ssg* escocés (*dialecto*); *spl* escoceses
scoundrel ['skaʊndrəl] *s* pícaro, bribón
scoundrelly ['skaʊndrəlɪ] *adj* pícaro, bribón
scour [skaʊr] *s* fregado, estregamiento; *va* fregar, estregar (*frotar con fuerza para limpiar*); escurar (*el paño*); purgar; limpiar con un chorro de agua; formar (*un cauce el agua corriente*); recorrer rápidamente, explorar detenidamente; batir (*el monte*)
scourge [skʌrdʒ] *s* azote, flagelo; *va* azotar; flagelar
Scourge of God, the el azote de Dios (*Atila*)
scouring ['skaʊrɪŋ] *s* fregadura; **scourings** *spl* residuo de la fregadura; pulpa inservible que se saca al grano; (fig.) escoria, canalla
scout [skaʊt] *s* (mil.) escucha, explorador; niño explorador, niña exploradora; exploración, reconocimiento; (slang) tipo, individuo, sujeto; *va* explorar, reconocer (*un territorio*); observar (*al enemigo*); negarse a creer, burlarse de; *vn* explorar, reconocer; **to scout at** mofarse de; **to scout for** (coll.) buscar
scouting ['skaʊtɪŋ] *s* exploración, reconocimiento; actividades de los niños exploradores
scoutmaster ['skaʊt,mæstər] o ['skaʊt,mastər] *s* jefe de tropa de niños exploradores
scow [skaʊ] *s* (U.S.A.) lanchón de carga
scowl [skaʊl] *s* ceño, semblante ceñudo; *vn* mirar con ceño, poner mal gesto
scrabble ['skræbəl] *s* pataleo; garrapatos (*mala escritura*); *va* arañar; garrapatear (*escribir mal*); *vn* patalear; garrapatear
scrag [skræg] *s* persona delgada y pellejuda, animal delgado y pellejudo; (slang) pescuezo; (*pret & pp:* **scragged;** *ger:* **scragging**) *va* (slang) ahorcar, torcer el pescuezo a
scraggly ['skræglɪ] *adj* (*comp:* **-glier;** *super:* **-gliest**) áspero, dentado, harapiento, desgreñado
scraggy ['skrægɪ] *adj* (*comp:* **-gier;** *super:* **-giest**) áspero, nudoso; flaco, delgado, huesoso
scram [skræm] (*pret & pp:* **scrammed;** *ger:* **scramming**) *vn* (slang) largarse, salir de naja
scramble ['skræmbəl] *s* lucha, contienda; arrebatiña; trepa; *va* arrebatar; recoger de prisa, recoger con confusión; revolver; hacer un revoltillo de (*huevos*); trepar; (rad.) invertir o cambiar de otra manera el espectro de frecuencias de (*una señal*) de modo que no pueda ser recobrada sino por el aparato receptor que tenga la clave electrónica; *vn* luchar; trepar
scrambled eggs *spl* revoltillo, huevos revueltos

S

scrannel ['skrænəl] *adj* delgado, descarnado; chillón, rechinante

scrap [skræp] *s* pedazo, fragmento, migaja; desecho, metal viejo, chatarra; (slang) riña, contienda, camorra; **scraps** *spl* sobras (*de la mesa*); ripios, desperdicios; parte seca de la grasa animal, chicharrón; *adj* desechado, viejo; (*pret & pp:* **scrapped;** *ger:* **scrapping**) *va* desechar, descartar, echar a la basura; despedazar; reducir a hierro viejo; *vn* (slang) reñir, pelear

scrapbook ['skræp,bʊk] *s* álbum de recortes, libro de recuerdos

scrape [skrep] *s* raspadura; raspazo (*lugar que se ha raspado*); aprieto, enredo; reverencia hecha con un pie echado hacia atrás; *va* raspar; arañar (*recoger con mucho afán*); **to scrape acquaintance** trabar amistad; **to scrape together, to scrape up** arañar; *vn* raspar; rascar (*tocar un instrumento de cuerda y arco haciendo un sonido de raspadura*); hacer una reverencia echando el pie hacia atrás; arreglárselas, desenvolverse en un aprieto; amontonar dinero poco a poco; **to scrape along** ir tirando; **to scrape through** aprobar justo

scraper ['skrepər] *s* raedera, raspador; arañador (*de dinero; del violín*); rascatripas (*del violín*); desuellacaras (*barbero malo*); limpiabarros, estregadera (*para estregar los pies*)

scrap heap *s* montón de cachivaches, montón de desechos

scrap iron *s* hierro de desecho, desecho de hierro, chatarra

scrapple ['skræpəl] *s* pasta (frita) de harina de maíz con pedazos de carne de puerco

scrappy ['skræpɪ] *adj* (*comp:* **-pier;** *super:* **-piest**) fragmentario, inconexo, misceláneo; (slang) peleador

scratch [skrætʃ] *s* arañazo, rasguño; (coll.) garrapato; (sport) línea de partida; prueba de valor; (billiards) bambarria, chiripa; **to be up to scratch** estar en buena condición; **to start from scratch** empezar sin nada, empezar sin ventaja, empezar desde el principio; *va* arañar, rasguñar; (coll.) garrapatear; borrar, raspar (*lo escrito*); (sport) borrar (*un corredor o caballo*); **to scratch out** borrar; sacar (*ojos*) con las uñas; *vn* arañar, rasguñar; (coll.) garrapatear; raspear (*una pluma al escribir*); juntar dinero con gran dificultad

scratch hit *s* (baseball) golpe por casualidad o por chamba

scratch pad *s* cuadernillo de apuntes

scratch test *s* medida de dureza al rayado; (med.) reacción de la escarificación

scratchy ['skrætʃɪ] *adj* (*comp:* **-ier;** *super:* **-iest**) arañador, raspador; áspero, irregular

scrawl [skrɔl] *s* garrapatos; *va & vn* garrapatear

scrawny ['skrɔnɪ] *adj* (*comp:* **-nier;** *super:* **-niest**) descarnado, huesudo

screak [skrik] *s* chirrido, rechinamiento; *vn* chirriar, rechinar

scream [skrim] *s* chillido, alarido, grito; (slang) persona o cosa muy divertidas; *va* vociferar; *vn* chillar, gritar; reírse a gritos

screamer ['skrimər] *s* chillón, gritón; (slang) persona sobresaliente, cosa sobresaliente; (slang) persona muy divertida, escrito muy divertido; (orn.) anhima, palamedea; (orn.) chajá (*Chauna chavaria*)

screaming ['skrimɪŋ] *s* chillido, alarido, grito; *adj* chillón, gritón; llamativo; cómico, chistoso, divertidísimo; (slang) excelente

screech [skritʃ] *s* chillido; *vn* chillar

screech owl *s* (orn.) corneja, buharro; (orn.) lechuza, lechuza norteamericana; profeta del mal

screechy ['skritʃɪ] *adj* (*comp:* **-ier;** *super:* **-iest**) chillón

screed [skrid] *s* tirada; diatriba; (mas.) maestra

screen [skrin] *s* mampara, biombo; pantalla (*delante de la chimenea*); alambrera (*para evitar que las moscas se introduzcan en las habitaciones*); tamiz (*para pasar arena, carbón, etc.*); retícula, trama (*para obtener fotograbados*); (mov., phys. & telv.) pantalla; (fig.) pantalla (*cine, arte del cine*); **to put on the screen** llevar a la pantalla, llevar al celuloide; *va* defender, proteger; cubrir, ocultar; cinematografiar; rodar, proyectar (*una película*); adaptar para el cine; tamizar (*p.ej., arena*); dividir, separar

screen grid *s* (rad.) rejilla blindada

screen-grid tube ['skrin'grɪd] *s* (rad.) válvula de rejilla blindada, válvula de rejilla-pantalla

screenings ['skrinɪŋz] *spl* residuos de criba, desperdicios de criba

screen play ['skrin,ple] *s* cinedrama

screw [skru] *s* tornillo; rosca (*filete; vuelta espiral*); tuerca (*pieza taladrada en que se encaja el tornillo*); hélice (*de un vapor*); tacaño; **to have a screw loose** (slang) faltarle a uno un tornillo, tener flojos los tornillos; **to put the screws on** apretar los tornillos a; *va* atornillar; enroscar (*torcer en forma de tornillo*); obligar; obtener por fuerza; **to screw from** u **out of** sonsacar; **to screw up** torcer (*el rostro*); **to screw up courage** animarse, cobrar ánimo, *vn* atornillarse; enroscarse

screwball ['skru,bɔl] *adj & s* (slang) extravagante, excéntrico, estrafalario

screw bolt *s* perno roscado

screw conveyor *s* transportador de tornillo sin fin

screwdriver ['skru,draɪvər] *s* destornillador

screw eye *s* armella

screwhead ['skru,hɛd] *s* cabeza de tornillo

screw jack *s* gato de tornillo

screw key *s* desvolvedor

screw propeller *s* hélice

screw tap *s* macho de terraja

screw thread *s* filete de tornillo

scribal error ['skraɪbəl] *s* error de escribiente

scribble ['skrɪbəl] *s* garrapatos; *va & vn* garrapatear

scribbler ['skrɪblər] *s* garrapateador; mal escritor, autorzuelo despreciable

scribe [skraɪb] *s* escriba (*intérprete de la ley entre los judíos*); amanuense; escribiente; autor, escritor; *va* arañar, rayar; trazar con punzón

scriber ['skraɪbər] *s* punzón de trazar

scrim [skrɪm] *s* tejido de algodón o lino ligero y basto

scrimmage ['skrɪmɪdʒ] *s* lucha, pelea; (football) jugada en que, los equipos estando juntos, se lanza la pelota hacia atrás

scrimp [skrɪmp] *va* escatimar; **to scrimp someone for food** escatimar a uno la comida; *vn* escatimar

scrimpy ['skrɪmpɪ] *adj* (*comp:* **-ier;** *super:* **-iest**) escaso, escatimoso

scrip [skrɪp] *s* cédula, documento; vale, abonaré

script [skrɪpt] *s* escritura, letra cursiva; (print.) plumilla inglesa; manuscrito; texto, palabras (*de un drama, cine, etc.*); (rad. & telv.) guión; (law) escritura

scriptorium [skrɪp'torɪəm] *s* (*pl:* **-ums** o **-a** [ə]) escritorio

scriptural o **Scriptural** ['skrɪptʃərəl] *adj* bíblico

scripturally ['skrɪptʃərəlɪ] *adv* conforme a la Biblia

scripture ['skrɪptʃər] *s* escrito sagrado; (*cap.*) *s* Escritura; **Scriptures** *spl* Escrituras; **Holy Scriptures** Sagradas Escrituras

scriptwriter ['skrɪpt,raɪtər] *s* guionista

scrivener ['skrɪvnər] *s* (archaic) escribano; (archaic) escribiente

scrod [skrɑd] *s* (ichth.) cría del abadejo común

scrofula ['skrɑfjələ] *s* (path.) escrófula

scrofulous ['skrɑfjələs] *adj* escrofuloso

scroll [skrol] *s* rollo de papel, rollo de pergamino; (arch.) voluta

scroll saw *s* sierra de calar, sierra para contornear

scrollwork ['skrol,wʌrk] *s* dibujo de volutas, adornos de voluta, obra con volutas

scrotal ['skrotəl] *adj* escrotal

scrotum ['skrotəm] *s* (*pl:* **-ta** [tə] o **-tums**) (anat.) escroto

scrub [skrʌb] *s* monte bajo; persona de poca altura; (sport) jugador no oficial, no adiestrado; fregado; *adj* achaparrado; (sport) no ofi-

cial, no adiestrado; (*pret & pp:* **scrubbed;** *ger:* **scrubbing**) *va* fregar, restregar
scrubbing brush *s* cepillo de fregar, estregadera
scrubby [ˈskrʌbɪ] *adj* (*comp:* **-bier;** *super:* **-biest**) achaparrado, bajo, pequeño; vil, miserable, despreciable; erizado, mal afeitado
scrub oak *s* (bot.) chaparro
scrub woman *s* fregona
scruff [skrʌf] *s* nuca; piel que cubre la nuca; capa, superficie; espuma, escoria
scrumptious [ˈskrʌmpʃəs] *adj* (slang) elegante, magnífico
scrunch [skrʌntʃ] *s* (coll.) crujido; *va & vn* (coll.) ronzar
scruple [ˈskrupəl] *s* escrúpulo; (pharm.) escrúpulo; cantidad ínfima; *va* tener escrúpulos acerca de; *vn* escrupulizar
scrupulosity [ˌskrupjəˈlɑsɪtɪ] *s* (*pl:* **-ties**) escrupulosidad
scrupulous [ˈskrupjələs] *adj* escrupuloso
scrutinize [ˈskrutɪnaɪz] *va* escrutar, escudriñar
scrutiny [ˈskrutɪnɪ] *s* (*pl:* **-nies**) escrutinio, escudriñamiento
scud [skʌd] *s* carrera rápida; salpicaduras de agua que lleva el viento; nube correo; (*pret & pp:* **scudded;** *ger:* **scudding**) *vn* correr rápidamente, deslizarse precipitadamente
scuff [skʌf] *s* rascadura; desgaste; *va* rascar; desgastar; arrastrar (*los pies*); *vn* rascarse; desgastarse; arrastrar los pies
scuffle [ˈskʌfəl] *s* sarracina, lucha; *vn* luchar, forcejear; arrastrar los pies
scull [skʌl] *s* espadilla; remo; bote; *va* impulsar con espadilla; *vn* cinglar, remar con espadilla
sculler [ˈskʌlər] *s* bote de espadilla; remero de bote
scullery [ˈskʌlərɪ] *s* (*pl:* **-ies**) espetera, sollastría; trascocina
scullery maid *s* fregona
scullion [ˈskʌljən] *s* (archaic) sollastre (*mozo de cocina; pícaro*)
sculpin [ˈskʌlpɪn] *s* (ichth.) coto; individuo despreciable
sculptor [ˈskʌlptər] *s* escultor
sculptress [ˈskʌlptrɪs] *s* escultora
sculptural [ˈskʌlptʃərəl] *adj* escultural
sculpture [ˈskʌlptʃər] *s* escultura; *va & vn* esculpir
sculptured [ˈskʌlptʃərd] *adj* esculpido, ornado de esculturas
sculpturesque [ˌskʌlptʃəˈrɛsk] *adj* escultural
scum [skʌm] *s* espuma, nata; (fig.) escoria, canalla, gente baja; (*pret & pp:* **scummed;** *ger:* **scumming**) *va & vn* espumar
scummy [ˈskʌmɪ] *adj* (*comp:* **-mier;** *super:* **-miest**) espumoso; vil, ruin
scup [skʌp] *s* (ichth.) pagro
scupper [ˈskʌpər] *s* imbornal; (naut.) imbornal o embornal
scuppernong [ˈskʌpərnɑŋ] *s* moscatel norteamericano
scurf [skʌrf] *s* caspa; costra
scurfy [ˈskʌrfɪ] *adj* (*comp:* **-ier;** *super:* **-iest**) casposo; costroso
scurrility [skəˈrɪlɪtɪ] *s* (*pl:* **-ties**) procacidad, insolencia, grosería
scurrilous [ˈskʌrɪləs] *adj* procaz, insolente, grosero, chocarrero
scurry [ˈskʌrɪ] *s* fuga, carrera precipitada; ventolera, remolino; ráfaga, nevisca; (*pret & pp:* **-ried**) *va* poner en fuga, hacer correr; *vn* echar a correr, escabullirse; **to scurry around** menearse; **to scurry off** escabullirse; **to scurry through** pasar precipitadamente por; hacer de prisa, leer de prisa, terminar rápidamente
scurvy [ˈskʌrvɪ] *s* (path.) escorbuto; *adj* (*comp:* **-vier;** *super:* **-viest**) vil, ruin, despreciable
scurvy grass *s* (bot.) coclearia, hierba de las cucharas
scut [skʌt] *s* rabito
Scutari [ˈskutɑrɪ] *s* Escútari
scutate [ˈskjutet] *adj* escutiforme
scutch [skʌtʃ] *s* agramadera; agramaduras; martillo cortador de ladrillos; *va* agramar
scutcheon [ˈskʌtʃən] *s* var. de **escutcheon**
scutch grass *s* (bot.) grama; (bot.) grama del norte
scute [skjut] *s* (zool.) escudo
scutellate [ˈskjutəlet] o [skjuˈtɛlet] *adj* (bot., zool. & orn.) escutelado
scutellum [skjuˈtɛləm] *s* (*pl:* **-la** [lə]) (bot. & zool.) escutelo
scutiform [ˈskjutɪfɔrm] *adj* escutiforme
scuttle [ˈskʌtəl] *s* cubo, balde; escotillón; (naut.) escotilla; abertura, agujero; fuga, paso acelerado; *va* (naut.) barrenar, dar barreno a; (naut.) agujerear la cubierta de; *vn* echar a correr, correr con precipitación
scuttlebutt [ˈskʌtəlˌbʌt] *s* (naut.) pipa o tonel de agua de beber; (naut.) fuente de beber; (slang) runrún, chismes
scutum [ˈskjutəm] *s* (*pl:* **-ta** [tə]) (zool.) escudo
scybalum [ˈsɪbələm] *s* (*pl:* **-la** [lə]) (path.) esquíbala
Scylla [ˈsɪlə] *s* (geog. & myth.) Escila; **to be between Scylla and Charybdis** estar entre Escila y Caribdis
scythe [saɪð] *s* guadaña, dalla; *va* guadañar
Scythia [ˈsɪθɪə] *s* la Escitia
Scythian [ˈsɪθɪən] *adj* escita, escítico; *s* escita
S. Dak. abr. de **South Dakota**
'sdeath [zdɛθ] *interj* (archaic) ¡ vive Dios!
S.E. o **SE** abr. de **southeast**
sea [si] *s* mar; fig.) mar (*p.ej., de lágrimas*); **at sea** en el mar; perplejo, confuso; **beyond the sea** allende el mar; **by the sea** a la orilla del mar; **by sea** por mar; **in the open sea** en pleno mar; **to follow the sea** ser marinero; **to go to sea** hacerse marinero; emprender un viaje por mar; **to put to sea** hacerse a la mar
sea anemone *s* (zool.) anemone de mar
sea bass [bæs] *s* (ichth.) serrano, perca de mar
sea bird *s* ave marina, ave de mar
seaboard [ˈsiˌbord] *s* costa del mar, litoral; playa; *adj* costanero, costero
sea-born [ˈsiˌbɔrn] *adj* nacido en el mar, nacido del mar, que sale del mar
sea-borne [ˈsiˌborn] *adj* transportado por mar
sea bread *s* galleta, bizcocho (*de marinero*)
sea bream *s* (ichth.) besugo
sea breeze *s* brisa de mar
sea calf *s* (zool.) becerro marino
sea coal *s* (archaic) carbón de piedra
seacoast [ˈsiˌkost] *s* litoral, costa marítima
sea cow *s* (zool.) manatí; (zool.) ternera marina (*morsa*)
sea cucumber *s* (zool.) cohombro de mar
sea daffodil *s* (bot.) nardo marítimo, amormío
sea dog *s* (zool.) foca; (zool.) perro de mar; marinero viejo, lobo de mar
sea eagle *s* (orn.) águila marina; (orn.) quebrantahuesos
sea elephant *s* (zool.) foca de trompa, elefante marino
seafarer [ˈsiˌfɛrər] *s* marinero; navegante
seafaring [ˈsiˌfɛrɪŋ] *adj* marinero; navegante; *s* marinería; navegación
sea foam *s* espuma de mar
seafood [ˈsiˌfud] *s* pescado de mar, mariscos
seafowl [ˈsiˌfaul] *s* ave de mar
seagirt [ˈsiˌgʌrt] *adj* cercado por el mar
seagoing [ˈsiˌgo·ɪŋ] *adj* de alta mar, de la navegación marítima
sea goose *s* (orn.) barnacla
sea grape *s* (bot.) cocobolo, uvero
sea green *s* verdemar
sea gull *s* (orn.) gaviota
sea hare *s* (zool.) liebre de mar o liebre marina
sea hedgehog *s* (zool.) apancora
sea hog *s* (zool.) puerco de mar
sea horse *s* (ichth.) caballito de mar; (ichth. & zool.) caballo marino; (her.) monstruo mitad caballo y mitad pez
sea kale *s* (bot.) col marina
sea king *s* rey del mar (*pirata noruego de la Edad Media*)
seal [sil] *s* sello; (zool.) foca; (zool.) león marino; **to set one's seal to** poner el sello a; aprobar; **seals** *spl* sellos (*símbolo de la autoridad*); *va* sellar; cerrar herméticamente; decidir irrevocablemente; lacrar; **to seal in** cerrar herméticamente; *vn* cazar focas
sea lavender *s* (bot.) acelga silvestre, limonio
sealed-in [ˈsildˌɪn] *adj* hermético
sea legs *spl* pie marino
sealer [ˈsilər] *s* sellador; cierre hermético; ca-

S

zador de focas; embarcación en que se cazan focas
sealery [ˈsilərɪ] *s* (*pl:* **-ies**) caza de focas; lugar donde se cazan focas
sea level *s* nivel del mar
sea lily *s* (zool.) lirio de mar (*crinoideo*)
sealing wax *s* lacre; **to seal with sealing wax** lacrar
sea lion *s* (zool.) león marino
seal ring *s* sortija con sello, anillo sigilar
sealskin [ˈsil,skɪn] *s* piel de foca
seam [sim] *s* costura; metido (*tela sobrante en las costuras de una prenda de ropa*); costurón (*cicatriz o línea semejante en la piel*); arruga (*pliegue en la piel*); grieta, juntura; (min.) filón, veta; *va* coser; señalar con cicatrices; arrugar; *vn* agrietarse
seaman [ˈsimən] *s* (*pl:* **-men**) marinero; (nav.) marino (*que no tiene categoría de oficial*)
seamanlike [ˈsimən,laɪk] o **seamanly** [ˈsimənlɪ] *adj* de buen marinero
seamanship [ˈsimənʃɪp] *s* náutica, marinería
seamark [ˈsi,mɑrk] *s* línea de límite de la marea; (naut.) marca de reconocimiento
sea mew *s* (orn.) gaviota
sea mile *s* milla náutica
seamless [ˈsimlɪs] *adj* inconsútil, sin costura
sea monster *s* monstruo marino
seamstress [ˈsimstrɪs] *s* costurera; modistilla
seamy [ˈsimɪ] *adj* (*comp:* **-ier;** *super:* **-iest**) con costuras; basto; ruin, miserable
séance [ˈseɑns] *s* sesión, reunión; sesión de espiritistas
Sea of Galilee *s* mar de Galilea
Sea of Japan *s* mar del Japón
Sea of Marmara o **Marmora** [ˈmɑrmərə] *s* mar de Mármara
Sea of Tiberias [taɪˈbɪrɪəs] *s* lago de Tiberíades
sea otter *s* (zool.) lataz
sea pink *s* (bot.) césped de Olimpo, estátice
seaplane [ˈsi,plen] *s* hidroplano
seaport [ˈsi,port] *s* puerto, puerto de mar
sea power *s* potencia naval
sea purse *s* cáscara córnea del huevo de la raya
sear [sɪr] *s* chamusco, socarra; gacheta (*de un arma de fuego*); *adj* seco, marchito; raído, gastado; *va* chamuscar, socarrar; cauterizar; endurecer; *vn* chamuscarse, socarrarse; endurecerse; marchitarse
search [sʌrtʃ] *s* busca, búsqueda; pesquisa, indagación; **in search of** en busca de; *va* buscar; explorar, averiguar; registrar; **to search out** buscar; examinar; descubrir buscando; *vn* buscar; **to search after** buscar; explorar, averiguar; preguntar por; **to search for** buscar; **to search into** indagar, investigar
searching [ˈsʌrtʃɪŋ] *adj* escrutador; agudo, penetrante, minucioso
searching party *s* grupo de personas que se envían en busca de alguien
searchlight [ˈsʌrtʃ,laɪt] *s* reflector, proyector; luz de un proyector
search warrant *s* (law) orden de allanamiento, auto de registro domiciliario
sea robber *s* pirata, corsario
sea robin *s* (ichth.) rubio volador
sea room *s* espacio para maniobrar sin peligro
sea rover *s* pirata, corsario
sea salt *s* sal marina
seascape [ˈsiskep] *s* vista del mar; (paint.) marina
seascapist [ˈsi,skepɪst] *s* marinista
sea serpent *s* monstruo marino; (zool.) hidrófido
sea shell *s* concha marina, caracol marino
seashore [ˈsi,ʃor] *s* ribera del mar, playa
seasick [ˈsi,sɪk] *adj* mareado
seasickness [ˈsi,sɪknɪs] *s* mareo
seaside [ˈsi,saɪd] *s* ribera del mar, orilla del mar, playa; *adj* costanero; de playa, de mar
sea snake *s* (zool.) hidrófido
season [ˈsizən] *s* estación (*una de las cuatro partes del año*); temporada (*espacio de tiempo formando un conjunto; tiempo en que un lugar está más frecuentado*); sazón (*tiempo oportuno; tiempo de madurez*); **for a season** durante una temporada; **in good season** con tiempo; **in season** a su tiempo; en sazón; con tiempo; **in season and out of season** en tiempo y a destiempo; **out of season** fuera de sazón; a destiempo; **to dress according to the season** vestir con la estación; *va* sazonar; curar (*la madera*); acostumbrar; moderar, templar; *vn* sazonarse; curarse (*p.ej., la madera*); acostumbrarse
seasonable [ˈsizənəbəl] *adj* oportuno, tempestivo, conveniente
seasonal [ˈsizənəl] *adj* estacional
seasoning [ˈsizənɪŋ] *s* aliño, aderezo, condimento; sal, chiste; cura (*de la madera*)
season ticket *s* billete de abono
sea squirt *s* (zool.) ascidia
seat [sit] *s* asiento; fondillos (*de los calzones o pantalones*); morada, residencia; sitio, lugar, paraje; sede (*p.ej., del gobierno*); escaño (*en las Cortes*); teatro, (*p.ej., de una guerra*); centro (*p.ej., de la erudición*); batalla (*de la silla de montar*); **to take a seat** tomar asiento; *va* sentar; tener asientos para, tener cabida para; poner asiento a (*una silla*); ajustar (*una válvula*) en su asiento; echar fondillos a (*pantalones*); arraigar, fijar, establecer, afianzar; **to seat oneself** sentarse; **to be seated** estar sentado; sentarse; estar situado
seat belt *s* cinturón de asiento
seat cover *s* funda de asiento
seating capacity *s* aforo, cabida, número de asientos
Seato [ˈsito] *s* la O.T.A.S.E. (*la Organización del Tratado del Sudeste Asiático*)
sea trout *s* (ichth.) trucha marina, trucha de mar
sea urchin *s* (zool.) erizo de mar
sea wall *s* dique marítimo
seaward [ˈsiwərd] *s* dirección hacia el mar; *adj* dirigido hacia el mar; *adv* hacia el mar
seawards [ˈsiwərdz] *adv* hacia el mar
seaway [ˈsi,we] *s* ruta marítima; mar ancha, alta mar; mar gruesa, mar alborotada; avance de una embarcación por mar; vía de agua interior para buques de alta mar
seaweed [ˈsi,wid] *s* plantas marinas; algas; (bot.) alga marina
sea wind *s* viento que sopla del mar
seaworthy [ˈsi,wʌrðɪ] *adj* marinero, en condiciones de navegar
sebaceous [sɪˈbeʃəs] *adj* sebáceo
sebaceous gland *s* (anat.) glándula sebácea
Sebastian [sɪˈbæstʃən] *s* Sebastián
sebesten [sɪˈbɛstən] *s* (bot.) sebestén (*árbol y fruto*)
sec. abr. de **secant, second, secondary, secretary, section** y **sector**
SEC abr. de **Securities and Exchange Commission**
secant [ˈsikənt] *adj & s* (geom. & trig.) secante
secede [sɪˈsid] *vn* separarse, retirarse
secession [sɪˈsɛʃən] *s* secesión
secessionism [sɪˈsɛʃənɪzəm] *s* secesionismo
secessionist [sɪˈsɛʃənɪst] *adj & s* secesionista
seckel [ˈsɛkəl] *s* pera pequeña de color rojizo
seclude [sɪˈklud] *va* recluir
secluded [sɪˈkludɪd] *adj* recluso; solitario, retirado
seclusion [sɪˈkluʒən] *s* reclusión, soledad
seclusive [sɪˈklusɪv] *adj* solitario; exclusivo
second [ˈsɛkənd] *adj* segundo; **to be second to none** ser sin segundo, no ir en zaga a nada, no ir en zaga a nadie; **to play second fiddle** desempeñar un papel secundario; *s* segundo; artículo de segunda calidad; padrino (*p.ej., en un certamen, desafío*); segundante (*en el boxeo*); (mus.) segunda; (aut.) segunda (velocidad); dos (*en las fechas*); *adv* en segundo lugar; *va* secundar; apoyar (*una moción en junta deliberante*)
Second Advent *s* segundo advenimiento, segunda venida (*de Jesucristo*)
secondary [ˈsɛkən,derɪ] *adj* secundario; *s* (*pl:* **-ies**) (elec.) secundario
secondary accent *s* (phonet.) acento secundario
secondary cell *s* (elec.) elemento secundario
secondary coil *s* (elec.) carrete secundario
secondary feather *s* (orn.) pluma secundaria
secondary school *s* escuela de segunda enseñanza

second base *s* (baseball) segunda base *f* (*puesto*); (baseball) segunda base *m* (*jugador*)
second baseman *s* (baseball) segunda base *m* (*jugador*)
second best *s* (el) mejor después del primero
second childhood *s* segunda niñez
second-class ['sɛkənd,klæs] o ['sɛkənd,klɑs] *adj* de segunda clase; de clase inferior
second-class matter *s* correspondencia de segunda clase
seconder ['sɛkəndər] *s* persona que apoya una moción
second hand *s* segundero (*de reloj*)
second-hand ['sɛkənd,hænd] *adj* de segunda mano, de ocasión
second-hand bookshop *s* librería de viejo
second-hand dealer *s* prendero
second-hand shop *s* prendería
second lieutenant *s* (mil.) alférez, subteniente
second nature *s* segunda naturaleza
second person *s* (gram.) segunda persona
second-rate ['sɛkənd,ret] *adj* de segundo orden; de calidad inferior, de menor cuantía
second-run wine ['sɛkənd,rʌn] *s* vino de segunda
second sight *s* doble vista, segunda vista
seconds pendulum *s* péndulo de segundos
second violin *s* segundo violín
second wind [wɪnd] *s* nuevo aliento
secrecy ['sikrəsɪ] *s* (*pl:* **-cies**) secreto; **in secrecy** en secreto
secret ['sikrɪt] *adj* secreto; *s* secreto; (eccl.) secreta (*oración*); **in secret** en secreto
secret agent *s* agente secreto, agente de la policía secreta
secretarial [,sɛkrɪ'tɛrɪəl] *adj* de secretario, para secretarios
secretariat o **secretariate** [,sɛkrɪ'tɛrɪɪt] *s* secretaría
secretary ['sɛkrɪ,tɛrɪ] *s* (*pl:* **-ies**) secretario; secreter, escritorio
secretary bird *s* (orn.) secretario, serpentario
Secretary of State *s* (U.S.A.) ministro de Asuntos Exteriores
secretaryship ['sɛkrɪ,tɛrɪʃɪp] *s* secretaría
secret ballot *s* voto secreto
secrete [sɪ'krit] *va* esconder, encubrir; (physiol.) secretar
secretin [sɪ'kritɪn] *s* (biochem.) secretina
secretion [sɪ'kriʃən] *s* (physiol.) secreción
secretive [sɪ'kritɪv] *adj* callado, reservado; (physiol.) secretorio
secretory [sɪ'kritərɪ] *adj* (physiol.) secretorio; *s* órgano secretorio, glándula secretoria
secret service *s* servicio secreto; servicio de espionaje
secret society *s* sociedad secreta
secs. abr. de **seconds** y **sections**
sect. abr. de **section**
sect [sɛkt] *s* secta
sectarian [sɛk'tɛrɪən] *adj* & *s* sectario
sectarianism [sɛk'tɛrɪənɪzəm] *s* sectarismo
sectary ['sɛktərɪ] *adj* sectario; *s* (*pl:* **-ries**) sectario
sectile ['sɛktɪl] *adj* sectil
section ['sɛkʃən] *s* sección; (arch., geom. & mil.) sección; región (*de un país*); barrio (*de una ciudad*); (rail.) distrito, tramo; *va* seccionar
sectional ['sɛkʃənəl] *adj* seccional; regional, local
sectionalism ['sɛkʃənəlɪzəm] *s* regionalismo
sectionalize ['sɛkʃənəlaɪz] *va* dividir en secciones; (U.S.A.) dividir según los intereses locales
sectionally ['sɛkʃənəlɪ] *adv* en secciones, por secciones; en una región
section foreman *s* (rail.) capataz de tramo
section gang *s* (rail.) cuadrilla de tramo
section hand *s* (rail.) peón ferrocarrilero
sector ['sɛktər] *s* sector; (geom., math. & mil.) sector
secular ['sɛkjələr] *adj* secular; *s* seglar
secularism ['sɛkjələrɪzəm] *s* secularismo
secularist ['sɛkjələrɪst] *s* secularista
secularity [,sɛkjə'lærɪtɪ] *s* secularidad
secularization [,sɛkjələrɪ'zeʃən] *s* secularización
secularize ['sɛkjələraɪz] *va* secularizar
secure [sɪ'kjʊr] *adj* seguro; *va* asegurar; obtener, conseguir; *vn* asegurarse
security [sɪ'kjʊrɪtɪ] *s* (*pl:* **-ties**) seguridad; segurador (*persona*); **securities** *spl* valores, obligaciones, títulos
Security Council *s* Consejo de Seguridad
security risk *s* riesgo a la seguridad nacional (*persona*)
secy. o **sec'y.** abr. de **secretary**
sedan [sɪ'dæn] *s* silla de manos; (aut.) sedán
sedan chair *s* silla de manos
sedate [sɪ'det] *adj* sentado, sosegado, tranquilo
sedation [sɪ'deʃən] *s* (med.) sedación
sedative ['sɛdətɪv] *adj* & *s* (med.) sedativo
sedentary ['sɛdən,tɛrɪ] *adj* sedentario
sedge [sɛdʒ] *s* (bot.) juncia
sedged [sɛdʒd] *adj* júnceo; hecho de juncias
sedge warbler *s* (orn.) saltamimbres
sedgy ['sɛdʒɪ] *adj* júnceo; abundante en juncias
sediment ['sɛdɪmənt] *s* sedimento; *va* sedimentar; *vn* sedimentarse
sedimental [,sɛdɪ'mɛntəl] *adj* sedimentario
sedimentary [,sɛdɪ'mɛntərɪ] *adj* sedimentario; (geol.) sedimentario
sedimentation [,sɛdɪmɛn'teʃən] *s* sedimentación
sedimentation test *s* (physiol.) velocidad de sedimentación globular
sedition [sɪ'dɪʃən] *s* sedición
seditionary [sɪ'dɪʃə,nɛrɪ] *adj* & *s* sedicioso
seditious [sɪ'dɪʃəs] *adj* sedicioso
seduce [sɪ'djus] o [sɪ'dus] *va* seducir
seducement [sɪ'djusmənt] o [sɪ'dusmənt] *s* seducción
seducer [sɪ'djusər] o [sɪ'dusər] *s* seductor
seducible [sɪ'djusɪbəl] o [sɪ'dusɪbəl] *adj* seducible
seduction [sɪ'dʌkʃən] *s* seducción
seductive [sɪ'dʌktɪv] *adj* seductivo
sedulity [sɪ'djulɪtɪ] o [sɪ'dulɪtɪ] *s* diligencia, cuidado
sedulous ['sɛdjələs] *adj* diligente, cuidadoso
sedum ['sidəm] *s* (bot.) hierba callera (*Sedum telephium*); (bot.) uva de gato (*Sedum acre*)
see [si] *s* (eccl.) sede; (*pret:* **saw;** *pp:* **seen**) *va* ver; recibir; acompañar (*a casa, a la puerta, etc.*); (poker) aceptar (*una apuesta*) apostando una cantidad igual; (poker) aceptar la apuesta de (*un jugador*) apostando una cantidad igual; **to see** + *inf* ver + *inf*, p.ej., **I saw the train go by** ví pasar el tren; **to see** + *pp* ver + *inf*, p.ej.,**I saw the criminal hanged** ví ahorcar al criminal; **to see off** ir a despedir (*a una persona*); **to see out** llevar a cabo; (coll.) aventajar, beber más que; **to see through** llevar a cabo; ayudar en un trance difícil; *vn* ver; **let's see** a ver, veamos; **to see about** + *ger* ver de + *inf;* **to see after** cuidar, cuidar de; buscar; **to see into** conocer el juego de; **to see that** atender a que, ver que; **to see through** conocer el juego de; **to see to** atender a; tener cuidado de; **to see to it that** atender a que, ver que; **see here!** ¡mire Vd.!
seed [sid] *s* simiente; **to go to seed** dar semilla; dar en grana; echarse a perder; *adj* seminal; *va* sembrar; despepitar (*quitar las semillas de*); *vn* sembrar; dejar caer semillas
seedcake ['sid,kek] *s* torta de semillas aromáticas
seed capsule *s* (bot.) pericarpio
seedcase ['sid,kes] *s* (bot.) pericarpio
seed coat *s* (bot.) tegumento seminal, cubierta de la semilla
seed corn *s* maíz para sembrar
seeder ['sidər] *s* sembrador; sembradora (*máquina*); máquina de despepitar
seeding ['sidɪŋ] *s* siembra, sementera; caída de semilla
seed-lac ['sid,læk] *s* laca en grano
seed leaf *s* (bot.) cotiledón
seedling ['sidlɪŋ] *s* planta de semilla; árbol de pie; arbolito que no pasa de tres pies de alto
seed oysters *spl* ostras muy jóvenes
seed pearl *s* perlita, aljófar
seed plant *s* planta de semilla
seedsman ['sidzmən] *s* (*pl:* **-men**) sembrador; vendedor de semillas
seedtime ['sid,taɪm] *s* siembra
seed vessel *s* (bot.) pericarpio

seedy ['sidɪ] *adj* (*comp:* **-ier;** *super:* **-iest**) lleno de granos; (coll.) raído, andrajoso
seeing ['siɪŋ] *adj* vidente; *s* vista, visión; (el) ver; *conj* visto que
Seeing Eye dog *s* perro-lazarillo
seek [sik] (*pret & pp:* **sought**) *va* buscar; recorrer buscando; procurar; dirigirse a; **to seek a person's life** tratar de matar a una persona; *vn* buscar; **to seek after** tratar de obtener; solicitar; **to seek to** + *inf* esforzarse por + *inf*
seem [sim] *vn* parecer; **I still seem to hear the music** todavía me parece oír la música
seeming ['simɪŋ] *adj* aparente; *s* apariencia
seemingly ['simɪŋlɪ] *adv* aparentemente, al parecer
seemly ['simlɪ] *adj* (*comp:* **-lier;** *super:* **-liest**) decente, decoroso, correcto; bien parecido; *adv* decentemente, decorosamente, correctamente
seen [sin] *pp de* **see**
seep [sip] *vn* percolarse, rezumarse, escurrirse, filtrar
seepage ['sipɪdʒ] *s* percolación, filtración
seer [sɪr] *s* vidente, profeta
seeress ['sɪrɪs] *s* vidente, profetisa
seersucker ['sɪr,sʌkər] *s* sirsaca
seesaw ['si,sɔ] *s* balancín, columpio de tabla; vaivén (*movimiento*); *adj* de balancín; *vn* columpiarse (*en el balancín*); alternar; vacilar
seethe [sið] *va* empapar, embeber; (pharm.) elijar; *vn* hervir; (fig.) hervir
segment ['sɛgmənt] *s* segmento; *va* dividir en segmentos
segmental [sɛg'mɛntəl] *adj* segmental; (arch. & zool.) segmental
segmental arch *s* (arch.) arco escarzano
segmentally [sɛg'mɛntəlɪ] *adv* en segmentos
segmentary ['sɛgmən,tɛrɪ] *adj* segmentario
segmentation [,sɛgmən'teʃən] *s* segmentación
sego ['sigo] *s* (*pl:* **-gos**) (bot.) ayatito
sego lily *s* (bot.) ayatito
segregate ['sɛgrɪget] o ['sɛgrɪgɪt] *adj* segregado; ['sɛgrɪget] *va* segregar
segregation [,sɛgrɪ'geʃən] *s* segregación
segregationist [,sɛgrɪ'geʃənɪst] *s* segregacionista
segregative ['sɛgrɪ,getɪv] *adj* segregativo
Seidlitz powder ['sɛdlɪts] *s* polvos de Seidlitz
seigneur [sin'jʌr] *s* señor (*feudal*)
seignior ['sinjər] *s* señor
seigniorage ['sinjərɪdʒ] *s* señoreaje
seigniory ['sinjərɪ] *s* (*pl:* **-ies**) señorío (*en la época feudal*)
seignorial [sin'jorɪəl] o [sin'jɔrɪəl] señoril
Seine [sen] *s* Sena; (*l.c.*) *s* red barredera; *va & vn* pescar con red barredera
seism ['saɪzəm] *s* sismo o seísmo
seismic ['saɪzmɪk] *adj* sísmico
seismogram ['saɪzməgræm] *s* sismograma
seismograph ['saɪzməgræf] o ['saɪzməgrɑf] *s* sismógrafo
seismographic [,saɪzmə'græfɪk] o **seismographical** [,saɪzmə'græfɪkəl] *adj* sismográfico
seismography [saɪz'mɑgrəfɪ] *s* sismografía
seismologic [,saɪzmə'lɑdʒɪk] o **seismological** [,saɪzmə'lɑdʒɪkəl] *adj* sismológico
seismologist [saɪz'mɑlədʒɪst] *s* sismologista
seismology [saɪz'mɑlədʒɪ] *s* sismología
seismometer [saɪz'mɑmɪtər] *s* sismómetro
seize [siz] *va* asir, agarrar, coger; comprender; embargar, secuestrar; aprovecharse de (*una oportunidad*); apoderarse de; atar, prender, sujetar; *vn* agarrar, coger; **to seize on** o **upon** asir de repente, coger de repente; apoderarse de
seizin ['sizən] *s* (law) posesión, toma de posesión
seizing ['sizɪŋ] *s* agarro, captura; atadura, ligadura, aferramiento; cuerda
seizure ['siʒər] *s* asimiento, prendimiento, prisión; captura, presa, toma; embargo, secuestro; ataque (*de una enfermedad*)
selachian [sɪ'lekɪən] *adj & s* (ichth.) selacio
seldom ['sɛldəm] *adv* raramente, rara vez
select [sɪ'lɛkt] *adj* selecto, escogido; *va* seleccionar
selectee [sɪ,lɛk'ti] *s* (mil.) quinto
selection [sɪ'lɛkʃən] *s* selección; trozo escogido; (com.) surtido
selective [sɪ'lɛktɪv] *adj* selectivo; (rad.) selectivo
selective service *s* servicio militar obligatorio
selectivity [sɪ,lɛk'tɪvɪtɪ] *s* (rad.) selectividad
selectman [sɪ'lɛktmən] *s* (*pl:* **-men**) concejal, miembro del ayuntamiento, miembro del concejo municipal
selector [sɪ'lɛktər] *s* escogedor; (telp.) selector (*órgano del teléfono automático*)
Selene [sɛ'lini] *s* (myth.) Selene
selenide ['sɛlɪnaɪd] o ['sɛlɪnɪd] *s* (chem.) seleniuro
selenite ['sɛlɪnaɪt] o [sɛ'linaɪt] *s* (mineral.) selenita
selenium [sɛ'liniəm] *s* (chem.) selenio
selenium cell *s* (elec.) célula de selenio
selenium rectifier *s* (elec.) rectificador de selenio
selenographer [,sɛlɪ'nɑgrəfər] o **selenographist** [,sɛlɪ'nɑgrəfɪst] *s* selenógrafo
selenography [,sɛlɪ'nɑgrəfɪ] *s* selenografía
self [sɛlf] *adj* mismo; *pron* sí mismo; *s* (*pl:* **selves**) uno mismo; **all by one's self** sin ayuda de nadie; **one's other self** su otro yo; **the self** el yo, el propio yo
self-abasement [,sɛlfə'besmənt] *s* rebajamiento de sí mismo
self-abhorrence [,sɛlfæb'hɑrəns] o [,sɛlfæb'hɔrəns] *s* aborrecimiento de sí mismo
self-abnegation [,sɛlf,æbnɪ'geʃən] *s* abnegación
self-absorption [,sɛlfæb'sɔrpʃən] o [,sɛlfæb'zɔrpʃən] *s* ensimismamiento
self-abuse [,sɛlfə'bjus] *s* abuso de sí mismo; masturbación
self-acting [,sɛlf'æktɪŋ] *adj* automático
self-addressed [,sɛlfə'drɛst] *adj* dirigido a sí mismo
self-analysis [,sɛlfə'nælɪsɪs] *s* autoanálisis
self-appointed [,sɛlfə'pɔɪntɪd] *adj* designado por sí mismo
self-assertion [,sɛlfə'sʌrʃən] *s* agresividad
self-assertive [,sɛlfə'sʌrtɪv] *adj* agresivo
self-assurance [,sɛlfə'ʃʊrəns] *s* confianza en sí mismo
self-assured [,sɛlfə'ʃʊrd] *adj* seguro de sí
self-centered o **self-centred** [,sɛlf'sɛntərd] *adj* egocéntrico, concentrado en sí mismo
self-cleaning [,sɛlf'klinɪŋ] *adj* autolimpiador
self-colored [,sɛlf'kʌlərd] *adj* de color uniforme; de color natural
self-command [,sɛlfkə'mænd] o [,sɛlfkə'mɑnd] *s* dominio sobre sí mismo
self-communion [,sɛlfkə'mjunjən] *s* comunión consigo mismo
self-complacence [,sɛlfkəm'plesəns] o **self-complacency** [,sɛlfkəm'plesənsɪ] *s* complacencia en sí mismo
self-conceit [,sɛlfkən'sit] *s* presunción, arrogancia, vanagloria
self-confidence [,sɛlf'kɑnfɪdəns] *s* confianza en sí mismo
self-conscious [,sɛlf'kɑnʃəs] *adj* consciente de sí, cohibido, apocado, tímido
self-consciousness [,sɛlf'kɑnʃəsnɪs] *s* conciencia de sí, apocamiento, timidez; autoconciencia
self-consequence [,sɛlf'kɑnsɪkwɛns] *s* conciencia de su propia importancia
self-consistent [,sɛlfkən'sɪstənt] *adj* consecuente
self-contained [,sɛlfkən'tend] *adj* callado, reservado, silencioso; dueño de sí mismo; independiente, autónomo, completo en sí mismo
self-contradiction ['sɛlf,kɑntrə'dɪkʃən] *s* proposición que envuelve contradicción
self-control [,sɛlfkən'trol] *s* dominio de sí mismo, señorío de sí mismo
self-controlled [,sɛlfkən'trold] *adj* dueño de sí mismo; automático
self-cooling [,sɛlf'kulɪŋ] *adj* enfriado automáticamente; *s* autoenfriamiento
self-criticism [,sɛlf'krɪtɪsɪzəm] *s* autocrítica
self-deception [,sɛlfdɪ'sɛpʃən] *s* autoengaño
self-defeating [,sɛlfdɪ'fitɪŋ] *adj* contraproducente
self-defense [,sɛlfdɪ'fɛns] *s* autodefensa; **in self-defense** en defensa propia
self-denial [,sɛlfdɪ'naɪəl] *s* abnegación

self-destruction [ˌsɛlfdɪsˈtrʌkʃən] *s* autodestrucción
self-determination [ˈsɛlfdɪˌtʌrmɪˈneʃən] *s* (pol.) autodeterminación o autodeterminismo
self-devotion [ˌsɛlfdɪˈvoʃən] *s* sacrificio de sí mismo
self-discipline [ˌsɛlfˈdɪsɪplɪn] *s* autodisciplina, disciplina de sí mismo
self-educated [ˌsɛlfˈɛdjəˌketɪd] *adj* autodidacto
self-effacement [ˌsɛlfɪˈfesmənt] *s* modestia, recogimiento
self-employed [ˌsɛlfɛmˈplɔɪd] *adj* que trabaja por su propia cuenta
self-esteem [ˌsɛlfɛsˈtim] *s* amor propio, respeto de sí mismo
self-evident [ˌsɛlfˈɛvɪdənt] *adj* patente, manifiesto, evidente por sí mismo
self-examination [ˈsɛlfɛgˌzæmɪˈneʃən] *s* autocrítica
self-existent [ˌsɛlfɛgˈzɪstənt] *adj* existente por sí mismo
self-explanatory [ˌsɛlfɛksˈplænəˌtorɪ] *adj* que se explica por sí mismo
self-expression [ˌsɛlfɛksˈprɛʃən] *s* expresión de la personalidad propia
self-filling [ˌsɛlfˈfɪlɪŋ] *adj* que se llena automáticamente
self-governing [ˌsɛlfˈgʌvərnɪŋ] *adj* autónomo
self-government [ˌsɛlfˈgʌvərnmənt] *s* autogobierno, autonomía; dominio sobre sí mismo
selfheal [ˈsɛlfˌhil] *s* (bot.) sanícula; (bot.) hierba de las heridas
self-help [ˌsɛlfˈhɛlp] *s* ayuda de sí mismo, ayuda propia
selfhood [ˈsɛlfhʊd] *s* individualidad; personalidad; egoísmo
self-ignition [ˌsɛlfɪgˈnɪʃən] *s* encendido automático; autoencendido
self-importance [ˌsɛlfɪmˈpɔrtəns] *s* altivez, arrogancia, imperio
self-important [ˌsɛlfɪmˈpɔrtənt] *adj* altivo, arrogante, imperioso
self-imposed [ˌsɛlfɪmˈpozd] *adj* que uno se impone a sí mismo
self-improvement [ˌsɛlfɪmˈpruvmənt] *s* perfeccionamiento de sí mismo
self-inductance [ˌsɛlfɪnˈdʌktəns] *s* (elec.) autoinductancia
self-induction [ˌsɛlfɪnˈdʌkʃən] *s* (elec.) autoinducción
self-induction coil *s* (elec.) self
self-indulgence [ˌsɛlfɪnˈdʌldʒəns] *s* desenfreno, falta de sobriedad, intemperancia
self-inflicted [ˌsɛlfɪnˈflɪktɪd] *adj* que uno se ha infligido a sí mismo
self-instruction [ˌsɛlfɪnˈstrʌkʃən] *s* autoenseñanza
self-interest [ˌsɛlfˈɪntərɛst] o [ˌsɛlfˈɪntrɪst] *s* interés personal, egoísmo
selfish [ˈsɛlfɪʃ] *adj* egoísta
selfishness [ˈsɛlfɪʃnɪs] *s* egoísmo
self-knowledge [ˌsɛlfˈnɑlɪdʒ] *s* conocimiento de sí mismo
selfless [ˈsɛlflɪs] *adj* generoso, desinteresado
self-liquidating [ˌsɛlfˈlɪkwɪˌdetɪŋ] *adj* que se liquida por sí mismo, autoamortizable
self-loading [ˌsɛlfˈlodɪŋ] *adj* autocargador
self-locking [ˌsɛlfˈlɑkɪŋ] *adj* autocerrador
self-love [ˌsɛlfˈlʌv] *s* amor propio, egoísmo
self-made man [ˈsɛlfˌmed] *s* hijo de sus propias obras, hombre que ha logrado éxito por sus propios esfuerzos
self-moving [ˌsɛlfˈmuvɪŋ] *adj* automotor
self-opinionated [ˌsɛlfəˈpɪnjəˌnetɪd] *adj* orgulloso, vanidoso; porfiado en su parecer
self-pity [ˌsɛlfˈpɪtɪ] *s* compasión de sí mismo
self-pollinate [ˌsɛlfˈpɑlɪnet] *va* (bot.) autopolinizar
self-pollination [ˈsɛlfˌpɑlɪˈneʃən] *s* (bot.) autopolinización
self-pollution [ˌsɛlfpəˈluʃən] *s* polución voluntaria
self-portrait [ˌsɛlfˈportret] *s* autorretrato
self-possessed [ˌsɛlfpəˈzɛst] *adj* sereno, dueño de sí mismo
self-possession [ˌsɛlfpəˈzɛʃən] *s* serenidad, dominio sobre sí mismo, tranquilidad del ánimo
self-preservation [ˈsɛlfˌprɛzərˈveʃən] *s* propia conservación
self-propagating [ˌsɛlfˈprɑpəˌgetɪŋ] *adj* autopropagado
self-propelled [ˌsɛlfproˈpɛld] *adj* autopropulsado, de propulsión automática
self-propelling [ˌsɛlfproˈpɛlɪŋ] *adj* autopropulsor
self-propulsion [ˌsɛlfproˈpʌlʃən] *s* autopropulsión
self-protection [ˌsɛlfprəˈtɛkʃən] *s* autoprotección
self-recording [ˌsɛlfrɪˈkɔrdɪŋ] *adj* autorregistrador
self-regulating [ˌsɛlfˈrɛgjəˌletɪŋ] *adj* autorregulador
self-reliance [ˌsɛlfrɪˈlaɪəns] *s* confianza en sí mismo
self-reliant [ˌsɛlfrɪˈlaɪənt] *adj* confiado en sí mismo
self-reproach [ˌsɛlfrɪˈprotʃ] *s* culpa que uno se echa a sí mismo
self-respect [ˌsɛlfrɪˈspɛkt] *s* decoro, dignidad, respeto de sí mismo
self-respecting [ˌsɛlfrɪˈspɛktɪŋ] *adj* decoroso, lleno de dignidad
self-restraint [ˌsɛlfrɪˈstrent] *s* dominio sobre sí mismo
self-righteous [ˌsɛlfˈraɪtʃəs] *adj* santurrón
self-sacrifice [ˌsɛlfˈsækrɪfaɪs] *s* sacrificio de sí mismo
selfsame [ˈsɛlfˌsem] *adj* mismísimo
self-satisfaction [ˈsɛlfˌsætɪsˈfækʃən] *s* satisfacción de sí mismo
self-satisfied [ˌsɛlfˈsætɪsfaɪd] *adj* satisfecho de sí
self-sealing [ˌsɛlfˈsilɪŋ] *adj* autotaponador
self-seeker [ˌsɛlfˈsikər] *s* egoísta
self-seeking [ˌsɛlfˈsikɪŋ] *adj* egoísta; *s* egoísmo
self-service [ˈsɛlfˈsʌrvɪs] *s* autoservicio; *adj* de autoservicio
self-starter [ˌsɛlfˈstɑrtər] *s* (aut.) arrancador automático, arranque automático
self-starting [ˌsɛlfˈstɑrtɪŋ] *adj* de arranque automático
self-styled [ˌsɛlfˈstaɪld] *adj* llamado por sí mismo
self-sufficiency [ˌsɛlfsəˈfɪʃənsɪ] *s* confianza desmedida en sí mismo; autosuficiencia
self-sufficient [ˌsɛlfsəˈfɪʃənt] *adj* excesivamente confiado en sí mismo; autosuficiente
self-support [ˌsɛlfsəˈport] *s* mantenimiento económico propio
self-sustaining [ˌsɛlfsəsˈtenɪŋ] *adj* que se gana la vida; autosostenido, automantenido
self-tapping screw [ˌsɛlfˈtæpɪŋ] *s* tornillo que labra la rosca por sí mismo
self-taught [ˌsɛlfˈtɔt] *adj* autodidacto
self-will [ˌsɛlfˈwɪl] *s* voluntariedad
self-willed [ˌsɛlfˈwɪld] *adj* obstinado, terco
self-winding clock [ˌsɛlfˈwaɪndɪŋ] *s* reloj de cuerda automática, reloj de autocuerda
sell [sɛl] *s* (slang) estafa, engaño; *va* vender; (slang) hacer aceptar (*p.ej., una idea, un sistema*); **to sell out** realizar, saldar; (slang) vender, traicionar; **to sell someone on something** (slang) hacer aceptar una cosa a una persona, convencer a una persona del valor de una cosa; *vn* venderse, estar de venta; ser aceptado; **to sell for** correr a o por, venderse en (*tantos dólares*); **to sell off** bajar (*el mercado de valores*); **to sell out** venderlo todo, realizar
seller [ˈsɛlər] *s* vendedor
seller's market *s* mercado del vendedor
selling race *s* carrera a reclamar, carrera de ventas
sellout [ˈsɛlˌaut] *s* (slang) saldo, realización; (slang) traición; (slang) función de teatro para la que están vendidos todos los asientos
seltzer [ˈsɛltsər] *s* agua de seltz
selvage o **selvedge** [ˈsɛlvɪdʒ] *s* orillo, vendo, borde; (min.) salbanda
Sem. abr. de **Seminary** y **Semitic**
semantic [sɪˈmæntɪk] *adj* semántico; **semantics** *ssg* semántica
semanticist [sɪˈmæntɪsɪst] *s* semantista
semaphore [ˈsɛməfor] *s* semáforo; *va & vn* comunicar por medio de un semáforo
semaphoric [ˌsɛməˈfɑrɪk] o **semaphorical** [ˌsɛməˈfɑrɪkəl] *adj* semafórico

semasiological [sɪ,mesɪə'lɑdʒɪkəl] *adj* semasiológico
semasiology [sɪ,mesɪ'ɑlədʒɪ] *s* semasiología
semblance ['sɛmbləns] *s* simulacro, apariencia, imagen
semeiology [,simaɪ'ɑlədʒɪ] *s* semiología
semeiotic [,simaɪ'ɑtɪk] o **semeiotical** [,simaɪ'ɑtɪkəl] *adj* semiótico; **semeiotics** *ssg* semiótica
Semele ['sɛməli] *s* (myth.) Semele
semen ['simɛn] (bot. & physiol.) semen
semester [sɪ'mɛstər] *s* semestre; *adj* semestral
semester hour *s* (educ.) hora semestral
semiannual [,sɛmɪ'ænjʊəl] *adj* semianual
semiarid [,sɛmɪ'ærɪd] *adj* semiárido
semiautomatic [,sɛmɪ,ɔtə'mætɪk] *adj* semiautomático
semibreve ['sɛmɪ,briv] *s* (mus.) semibreve
semicadence [,sɛmɪ'kedəns] *s* (mus.) semicadencia
semicentennial [,sɛmɪsɛn'tɛnɪəl] *adj & s* cincuentenario
semicircle ['sɛmɪ,sʌrkəl] *s* semicírculo
semicircular [,sɛmɪ'sʌrkjələr] *adj* semicircular
semicircular arch *s* (arch.) arco de medio punto
semicircular canal *s* (anat.) canal semicircular
semicivilized [,sɛmɪ'sɪvɪlaɪzd] *adj* semicivilizado
semicoke ['sɛmɪ'kok] *s* semicoque
semicolon ['sɛmɪ,kolən] *s* (gram.) punto y coma
semiconductor [,sɛmɪkən'dʌktər] *s* (elec.) semiconductor
semiconscious [,sɛmɪ'kɑnʃəs] *adj* semiconsciente
semiconsonant [,sɛmɪ'kɑnsənənt] *s* semiconsonante
semiconsonantal [,sɛmɪ,kɑnsə'næntəl] *adj* semiconsonante
semicylindrical [,sɛmɪsɪ'lɪndrɪkəl] *adj* semicilíndrico
semidaily [,sɛmɪ'delɪ] *adv* dos veces al día
semideponent [,sɛmɪdɪ'ponənt] *adj* (gram.) semideponente
semidetached [,sɛmɪdɪ'tætʃt] *adj* semiseparado
semideveloped [,sɛmɪdɪ'vɛləpt] *adj* desarrollado incompletamente, a medio desarrollar
semidiameter [,sɛmɪdaɪ'æmɪtər] *s* (astr. & geom.) semidiámetro
semi-Diesel engine [,sɛmɪ'dizəl] *s* semidiesel
semidivine [,sɛmɪdɪ'vaɪn] *adj* semidivino
semielliptical [,sɛmɪ-ɪ'lɪptɪkəl] *adj* semielíptico
semifinal [,sɛmɪ'faɪnəl] *adj & s* (sport) semifinal
semifluid [,sɛmɪ'fluɪd] *adj* semiflúido
semilearned [,sɛmɪ'lʌrnɪd] *adj* (philol.) semiculto
semiliquid [,sɛmɪ'lɪkwɪd] *adj & s* semilíquido
semilunar [,sɛmɪ'lunər] *adj* semilunar
semimonthly [,sɛmɪ'mʌnθlɪ] *adj* quincenal; *adv* quincenalmente; *s* (*pl:* **-lies**) periódico quincenal, revista quincenal
seminal ['sɛmɪnəl] *adj* seminal; (fig.) primigenio, primordial
seminar ['sɛmɪnɑr] o [,sɛmɪ'nɑr] *s* seminario
seminarist ['sɛmɪ,nɛrɪst] *s* seminarista
seminary ['sɛmɪ,nɛrɪ] *s* (*pl:* **-ies**) seminario
semination [,sɛmɪ'neʃən] *s* sembradura; propagación, diseminación
seminiferous [,sɛmɪ'nɪfərəs] *adj* seminífero
Seminole ['sɛmɪnol] *adj & s* semínola
semiofficial [,sɛmɪə'fɪʃəl] *adj* semioficial
semiology [,simaɪ'ɑlədʒɪ] *s* var. de **semeiology**
semiotic [,simaɪ'ɑtɪk] *adj* var. de **semeiotic**
semipedal [sɪ'mɪpɪdəl] o [,sɛmɪ'pidəl] *adj* semipedal
Semi-Pelagian [,sɛmɪpɪ'ledʒɪən] *adj & s* semipelagiano
Semi-Pelagianism [,sɛmɪpɪ'ledʒɪənɪzəm] *s* semipelagianismo
semipermeable [,sɛmɪ'pʌrmɪəbəl] *adj* semipermeable
semipopular [,sɛmɪ'pɑpjələr] *adj* semipopular
semiprecious [,sɛmɪ'prɛʃəs] *adj* semiprecioso, fino
semiquaver ['sɛmɪ,kwevər] *s* (mus.) semicorchea
Semiramis [sə'mɪrəmɪs] *s* Semíramis
semirigid [,sɛmɪ'rɪdʒɪd] *adj* (aer.) semirrígido
semiskilled [,sɛmɪ'skɪld] *adj* medio mecánico
semisolid [,sɛmɪ'sɑlɪd] *adj & s* semisólido
Semite ['sɛmaɪt] o ['simaɪt] *s* semita
Semitic [sɪ'mɪtɪk] *adj* semítico; *s* semita (*individuo*); lengua semítica; semítico (*grupo de lenguas*)
Semitism ['sɛmɪtɪzəm] o ['simɪtɪzəm] *s* semitismo
Semitist ['sɛmɪtɪst] o ['simɪtɪst] *s* semitista
semitone ['sɛmɪ,ton] *s* (mus.) semitono
semitrailer ['sɛmɪ,trelər] *s* semi-remolque
semitropical [,sɛmɪ'trɑpɪkəl] *adj* semitropical
semivocalic [,sɛmɪvo'kælɪk] *adj* semivocal
semivowel ['sɛmɪ,vaʊəl] *s* semivocal
semiweekly [,sɛmɪ'wiklɪ] *adj* bisemanal; *adv* bisemanalmente; *s* (*pl:* **-lies**) periódico bisemanal, revista bisemanal
semiyearly [,sɛmɪ'jɪrlɪ] *adj* semestral; *adv* semestralmente
semolina [,sɛmə'linə] *s* sémola
sempiternal [,sɛmpɪ'tʌrnəl] *adj* sempiterno
sempstress ['sɛmpstrɪs] *s* var. de **seamstress**
Sen. o **sen.** abr. de **Senate, Senator** y **Senior**
senate ['sɛnɪt] *s* senado
senator ['sɛnətər] *s* senador
senatorial [,sɛnə'torɪəl] *adj* senatorial
senatorship ['sɛnətərʃɪp] *s* senaduría
senatus consultum [sɪ'netəskən'sʌltəm] *s* (*pl:* **senatus consulta**) senadoconsulto
send [sɛnd] (*pret & pp:* **sent**) *va* enviar, mandar; remitir, expedir; lanzar (*una bola, flecha, etc.*); poner (*un telegrama*); **to send away** despedir; despachar; **to send back** reenviar, devolver; **to send down** enviar abajo; mandar bajar; **to send packing** despedir con cajas destempladas; **to send up** enviar arriba; mandar subir; (coll.) enviar a la cárcel; **to send word** mandar recado; **to send to** + *inf* enviar a + *inf; vn* (rad.) transmitir; **to send for** enviar por, enviar a buscar
sendal ['sɛndəl] *s* cendal
sender ['sɛndər] *s* remitente; (telg.) transmisor
sending ['sɛndɪŋ] *s* remisión; (telg.) transmisión
sending key *s* (telg.) manipulador
send-off ['sɛnd,ɔf] o ['sɛnd,ɑf] *s* (coll.) empujón; (coll.) despedida afectuosa
Senegal [,sɛnɪ'gɔl] *s* el Senegal
Senegalese [,sɛnɪgə'liz] *adj* senegalés; *s* (*pl:* **-ese**) senegalés
senescence [sɪ'nɛsəns] *s* senescencia
senescent [sɪ'nɛsənt] *adj* senescente
seneschal ['sɛnɪʃəl] *s* senescal
senile ['sinaɪl] o ['sinɪl] *adj* senil
senility [sɪ'nɪlɪtɪ] *s* senilidad
senior ['sinjər] *adj* mayor, de mayor edad; viejo; del último año; padre, p.ej., **John Jones, Senior,** Juan Jones, padre; *s* mayor; socio más antiguo; alumno del último año
seniority [sin'jɑrɪtɪ] o [sin'jɔrɪtɪ] *s* antigüedad, ancianidad; prioridad, precedencia
senna ['sɛnə] *s* (bot. & pharm.) sen
Sennacherib [sə'nækərɪb] *s* Senaquerib
sennight ['sɛnaɪt] *s* (archaic) semana
sennit ['sɛnɪt] *s* (naut.) cajeta
sensation [sɛn'seʃən] *s* sensación; **to cause a sensation** hacer sensación
sensational [sɛn'seʃənəl] *adj* sensacional
sensationalism [sɛn'seʃənəlɪzəm] *s* sensacionalismo; (philos.) sensacionalismo, sensacionismo, sensualismo
sensationalist [sɛn'seʃənəlɪst] *s* persona que causa sensación; (philos.) sensacionalista, sensacionista
sense [sɛns] *s* sentido; opinión; (geom. & mech.) sentido; **in a sense** en cierto sentido; **to be out of one's senses** haber perdido el juicio; **to come to one's senses** volver en sí; recobrar el sentido común; **to make sense** tener sentido, ser razonable; **to make sense out of** comprender, explicarse; *va* intuir, sentir, sospechar; (coll.) comprender
senseless ['sɛnslɪs] *adj* falto de sentido, sin

sentido; desmayado, inconsciente; insensato, necio
sense of guilt *s* cargo de conciencia
sense of humor *s* sentido del humor
sense organ *s* órgano sensorio
sensibility [ˌsɛnsɪˈbɪlɪtɪ] *s* (*pl:* **-ties**) sensibilidad; susceptibilidad; **sensibilities** *spl* sentimientos delicados
sensible [ˈsɛnsɪbəl] *adj* sensato, cuerdo; sensible
sensitive [ˈsɛnsɪtɪv] *adj* sensible; susceptible; sensitivo, sensorio; (phot. & rad.) sensible; (phot.) sensibilizado
sensitiveness [ˈsɛnsɪtɪvnɪs] *s* sensibilidad; susceptibilidad; (phot. & rad.) sensibilidad
sensitive plant *s* (bot.) sensitiva, mimosa vergonzosa
sensitivity [ˌsɛnsɪˈtɪvɪtɪ] *s* (*pl:* **-ties**) sensibilidad; susceptibilidad; (phot. & rad.) sensibilidad
sensitization [ˌsɛnsɪtɪˈzeʃən] *s* sensibilización
sensitize [ˈsɛnsɪtaɪz] *va* sensibilizar; (phot.) sensibilizar
sensorial [sɛnˈsorɪəl] *adj* sensorio
sensorium [sɛnˈsorɪəm] *s* (*pl:* **-ums** o **-a** [ə]) sensorio
sensory [ˈsɛnsərɪ] *adj* sensorio
sensual [ˈsɛnʃuəl] *adj* sensual
sensualism [ˈsɛnʃuəlɪzəm] *s* sensualismo; (philos.) sensualismo
sensualist [ˈsɛnʃuəlɪst] *adj* & *s* sensualista; (philos.) sensualista
sensuality [ˌsɛnʃuˈælɪtɪ] *s* (*pl:* **-ties**) sensualidad
sensualize [ˈsɛnʃuəlaɪz] *va* hacer sensual; *vn* volverse sensual
sensually [ˈsɛnʃuəlɪ] *adv* sensualmente
sensuous [ˈsɛnʃuəs] *adj* sensual; voluptuoso
sent [sɛnt] *pret & pp de* **send**
sentence [ˈsɛntəns] *s* frase, oración; sentencia; (law) sentencia; *va* sentenciar, condenar
sentential [sɛnˈtɛnʃəl] *adj* (gram.) oracional
sententious [sɛnˈtɛnʃəs] *adj* sentencioso
sentience [ˈsɛnʃəns] *s* sensibilidad
sentient [ˈsɛnʃənt] *adj* sensitivo, sensible; *s* ser sensitivo; conciencia
sentiment [ˈsɛntɪmənt] *s* sentimiento
sentimental [ˌsɛntɪˈmɛntəl] *adj* sentimental
sentimentalism [ˌsɛntɪˈmɛntəlɪzəm] *s* sentimentalismo
sentimentalist [ˌsɛntɪˈmɛntəlɪst] *s* sentimentalista
sentimentality [ˌsɛntɪmɛnˈtælɪtɪ] *s* (*pl:* **-ties**) sentimentalismo
sentimentalize [ˌsɛntɪˈmɛntəlaɪz] *va* hacer sentimental; tratar sentimentalmente; *vn* obrar sentimentalmente, afectar sentimiento
sentinel [ˈsɛntɪnəl] *s* centinela; **to stand sentinel** estar de centinela, hacer centinela
sentry [ˈsɛntrɪ] *s* (*pl:* **-tries**) centinela
sentry box *s* garita de centinela
Seoul [seˈul] o [sol] *s* Seúl
sepal [ˈsipəl] o [ˈsɛpəl] *s* (bot.) sépalo
separable [ˈsɛpərəbəl] *adj* separable
separably [ˈsɛpərəblɪ] *adv* separablemente
separate [ˈsɛpərɪt] *adj* separado; suelto; [ˈsɛpəret] *va* separar; *vn* separarse
separately [ˈsɛpərɪtlɪ] *adv* separadamente
separation [ˌsɛpəˈreʃən] *s* separación
separatism [ˈsɛpərɪtɪzəm] *s* separatismo
separatist [ˈsɛpərɪtɪst] *adj* & *s* separatista
separative [ˈsɛpəˌretɪv] *adj* separativo
separator [ˈsɛpəˌretər] *s* separador (*persona; máquina*); (elec.) separador (*de las placas de un acumulador*)
Sephardic [sɪˈfɑrdɪk] *adj* sefardí o sefardita
Sephardim [sɪˈfɑrdɪm] *spl* sefardíes
sepia [ˈsipɪə] *s* sepia (*pez, tinta, pigmento, color, estampado*); *adj* sepia, a la sepia
sepia paper *s* (phot.) papel sepia
sepoy [ˈsipɔɪ] *s* cipayo
seps [sɛps] *s* (zool.) eslizón, sepedón
sepsis [ˈsɛpsɪs] *s* (path.) sepsis
Sept. abr. de **September**
septal [ˈsɛptəl] *adj* septal
September [sɛpˈtɛmbər] *s* septiembre
septenary [ˈsɛptɪˌnɛrɪ] *adj* septenario; *s* (*pl:* **-ies**) septena; septenio
septennial [sɛpˈtɛnɪəl] *adj* que dura siete años; que ocurre una vez en siete años
septentrional [sɛpˈtɛntrɪənəl] *adj* septentrional
septet o **septette** [sɛpˈtɛt] *s* septena; (mus.) septeto
septfoil [ˈsɛptˌfɔɪl] *s* (bot.) sieteenrama
septic [ˈsɛptɪk] *adj* séptico
septicemia o **septicaemia** [ˌsɛptɪˈsimɪə] *s* (path.) septicemia
septicidal [ˌsɛptɪˈsaɪdəl] *adj* (bot.) septicida
septic tank *s* fosa séptica, pozo séptico
septifragal [sɛpˈtɪfrəgəl] *adj* (bot.) septífrago
septillion [sɛpˈtɪljən] *s* (U.S.A.) cuatrillón; (Brit.) septillón
septimole [ˈsɛptɪmol] *s* (mus.) septillo
septuagenarian [ˌsɛptʃuədʒɪˈnɛrɪən] *adj* & *s* septuagenario
septuagenary [ˌsɛptʃuˈædʒɪˌnɛrɪ] *adj* septuagenario; *s* (*pl:* **-ies**) septuagenario
Septuagesima [ˌsɛptʃuəˈdʒɛsɪmə] o **Septuagesima Sunday** *s* (eccl.) septuagésima
Septuagint [ˈsɛptuədʒɪnt] o [ˈsɛptʃuədʒɪnt] *s* (Bib.) versión de los Setenta
septum [ˈsɛptəm] *s* (*pl:* **-ta** [tə]) (anat.) septo
septuple [ˈsɛptupəl], [ˈsɛptjupəl], [sɛpˈtupəl] o [sɛpˈtjupəl] *adj* & *s* séptuplo; *va* septuplicar
septuplication [sɛpˌtuplɪˈkeʃən] o [sɛpˌtjuplɪˈkeʃən] *s* septuplicación
sepulcher [ˈsɛpəlkər] *s* sepulcro; (arch.) sepulcro; *va* sepultar en sepulcro
sepulchral [sɪˈpʌlkrəl] *adj* sepulcral; (fig.) sepulcral
sepulture [ˈsɛpəltʃər] *s* sepultura (*acción y lugar*); *va* sepultar
seq. abr. de **sequentia** (Lat.) **the following**
sequel [ˈsikwəl] *s* resultado, secuela; continuación; capítulo final (*de un cuento*)
sequela [sɪˈkwilə] *s* (*pl:* **-lae** [li]) secuaz, secuaces; secuela; (med.) secuela
sequence [ˈsikwəns] *s* sucesión, orden de sucesión; resultado, consecuencia; secansa, runfla, escalera (*en los naipes*); (eccl., mov. & mus.) secuencia
sequent [ˈsikwənt] *adj* subsiguiente; consecutivo; consiguiente; *s* resultado, consecuencia
sequential [sɪˈkwɛnʃəl] *adj* consecutivo; consiguiente
sequester [sɪˈkwɛstər] *va* apartar, alejar, segregar; (law) secuestrar
sequestration [ˌsikwɛsˈtreʃən] *s* apartamiento; retiro, reclusión; (law) secuestro
sequestrum [sɪˈkwɛstrəm] *s* (*pl:* **-tra** [trə]) (med.) secuestro
sequin [ˈsikwɪn] *s* lentejuela; cequí (*moneda*)
sequoia [sɪˈkwɔɪə] *s* (bot.) secoya
seraglio [sɛˈræljo] *s* (*pl:* **-ios**) serrallo
serape [sɛˈrɑpe] *s* sarape
seraph [ˈsɛrəf] *s* (*pl:* **-aphs** o **-aphim** [əfɪm]) (Bib. & theol.) serafín
seraphic [sɪˈræfɪk] *adj* seráfico
seraphim [ˈsɛrəfɪm] *pl de* **seraph**
Serb [sʌrb] *adj* & *s* servio
Serbia [ˈsʌrbɪə] *s* Servia
Serbian [ˈsʌrbɪən] *adj* & *s* var. de **Serb**
Serbo-Croatian [ˌsʌrbokroˈeʃən] *adj* & *s* servocroata
sere [sɪr] *adj* seco, marchito; gastado
serenade [ˌsɛrəˈned] *s* serenata; *va* dar serenata a; *vn* dar serenatas
serendipity [ˌsɛrənˈdɪpɪtɪ] *s* don de acertar sin buscar
serene [sɪˈrin] *adj* sereno
serenity [sɪˈrɛnɪtɪ] *s* (*pl:* **-ties**) serenidad; (*cap.*) *s* Serenidad (*título*)
serf [sʌrf] *s* siervo de la gleba
serfdom [ˈsʌrfdəm] *s* servidumbre de la gleba
serge [sʌrdʒ] *s* sarga
sergeancy [ˈsɑrdʒənsɪ] *s* (*pl:* **-cies**) sargentía
sergeant [ˈsɑrdʒənt] *s* (mil.) sargento; alguacil
sergeant-at-arms [ˈsɑrdʒəntətˈɑrmz] *s* (*pl:* **sergeants-at-arms**) oficial de orden
sergeant major *s* (*pl:* **sergeant majors**) (mil.) sargento auxiliar del ayudante, suboficial
sergt. abr. de **sergeant**
serial [ˈsɪrɪəl] *adj* serial; publicado por entregas; (rad.) seriado; *s* cuento por entregas, novela por entregas; (rad.) serial, drama en episodios
serially [ˈsɪrɪəlɪ] *adv* en serie, por series; por entregas

serial number *s* número de serie
seriate [ˈsɪrɪet] *adj* serial
seriatim [ˌsɪrɪˈetɪm] o [ˌsɛrɪˈetɪm] *adv* en serie
sericulture [ˈsɛrɪˌkʌltʃər] *s* sericicultura, sericultura
sericulturist [ˌsɛrɪˈkʌltʃərɪst] *s* sericicultor, sericultor
series [ˈsɪrɪz] *s* serie; *adj* (elec.) en serie
series-wound [ˈsɪrɪzˌwaʊnd] *adj* (elec.) arrollado en serie
serif [ˈsɛrɪf] *s* (print.) trazo fino de adorno (*de una letra*)
serin [ˈsɛrɪn] *s* (orn.) verdecillo
seriocomic [ˌsɪrɪoˈkɑmɪk] *adj* jocoserio
serious [ˈsɪrɪəs] *adj* serio
seriously [ˈsɪrɪəslɪ] *adv* seriamente
seriousness [ˈsɪrɪəsnɪs] *s* seriedad
serjeant [ˈsɑrdʒənt] *s* var. de **sergeant**
sermon [ˈsʌrmən] *s* sermón; (fig.) sermón
sermonize [ˈsʌrmənaɪz] *va & vn* sermonear
sermonizing [ˈsʌrməˌnaɪzɪŋ] *adj* sermoneador; *s* sermoneo
Sermon on the Mount *s* (Bib.) sermón de la Montaña
serology [sɪˈrɑlədʒɪ] *s* serología
seroon [səˈrun] *s* churla
serosity [sɪˈrɑsɪtɪ] *s* (med. & physiol.) serosidad
serotinous [sɪˈrɑtɪnəs] *adj* (bot.) serondo o serótino
serous [ˈsɪrəs] *adj* seroso
serous membrane *s* (anat.) membrana serosa
serpent [ˈsʌrpənt] *s* serpiente; buscapiés, carretilla (*cohete*); (mus.) serpentón (*instrumento de viento*); (fig.) serpiente (*persona traidora; el demonio*); (*cap.*) *s* (astr.) Serpiente
Serpent Bearer *s* (astr.) Serpentario
serpentine [ˈsʌrpəntin] *s* (mineral.) serpentina; [ˈsʌrpəntin] o [ˈsʌrpəntaɪn] *adj* serpentino; *vn* serpentear
serpiginous [sərˈpɪdʒɪnəs] *adj* serpiginoso
serpigo [sərˈpaɪgo] *s* (path.) serpigo
serrate [ˈsɛret] o **serrated** [ˈsɛretɪd] *adj* serrado
serration [sɛˈreʃən] *s* endentadura
serratus [sɛˈretəs] *s* (anat.) serrato
serried [ˈsɛrɪd] *adj* apretado
serrulate [ˈsɛrjəlet] *adj* dentelado
serum [ˈsɪrəm] *s* (*pl:* **-rums** o **-ra** [rə]) (biol. & med.) suero; suero de la leche
serum therapy *s* seroterapia
serval [ˈsʌrvəl] *s* (zool.) serval
servant [ˈsʌrvənt] *s* criado, servidor, sirviente
servant girl *s* muchacha de servir
servant problem *s* crisis del servicio doméstico
serve [sʌrv] *s* (tennis) servicio, saque; *va* servir; abastecer, proporcionar; maniobrar (*un cañón*); cubrir (*a la hembra*); cumplir (*una condena*); (law) entregar (*una citación*); (naut.) aforrar (*un cable*); (tennis) servir; **to serve right** merecerlo bien, p.ej., **it serves me right** bien me lo merezco; *vn* servir; (tennis & mil.) servir; **to serve as** servir de
server [ˈsʌrvər] *s* criado, servidor; mozo de comedor, mozo de café; (tennis) sacador, servidor; (eccl.) acólito; bandeja
Servia [ˈsʌrvɪə] *s* var. de **Serbia**
Servian [ˈsʌrvɪən] *adj & s* var. de **Serbian**
service [ˈsʌrvɪs] *s* servicio; (naut.) forro de cable; (law) entrega; **at your service** para servir a Vd.; **in service** funcionando; **out of service** descompuesto; **the service** el ejército; la marina; la aviación; **the services** las fuerzas armadas; **to be of service (to)** servir; *va* instalar; mantener, reparar
serviceability [ˌsʌrvɪsəˈbɪlɪtɪ] *s* utilidad; estabilidad; complacencia
serviceable [ˈsʌrvɪsəbəl] *adj* servible, útil; duradero; servicial, complaciente
serviceberry [ˈsʌrvɪsˌbɛrɪ] *s* (*pl:* **-ries**) (bot.) guillomo (*arbusto y fruto*); (bot.) serbal (*árbol*); serba (*fruto*)
service ceiling *s* (aer.) techo de servicio
service dress *s* (mil. & nav.) uniforme diario
service entrance *s* entrada para el servicio
service line (tennis) línea de saque o servicio; (tennis) línea de fondo
serviceman [ˈsʌrvɪsˌmæn] *s* (*pl:* **-men**) empleado de servicio, reparador, mecánico; (mil.) militar
service record *s* hoja de servicios
service station *s* estación de servicio, taller de reparaciones, gasolinera
service stripe *s* galón de servicio
service tree *s* (bot.) acafresna, serbal
serviette [ˌsʌrvɪˈɛt] *s* servilleta
servile [ˈsʌrvɪl] *adj* servil
servility [sərˈvɪlɪtɪ] *s* (*pl:* **-ties**) servilismo
serving [ˈsʌrvɪŋ] *s* porción (*de un alimento*)
serving mallet *s* (naut.) maceta de aforrar
serving table *s* pequeño aparador, mesa para el servicio de los manjares
servitor [ˈsʌrvɪtər] *s* servidor; secuaz, partidario
servitude [ˈsʌrvɪtjud] o [ˈsʌrvɪtud] *s* servidumbre; trabajos forzados; (law) servidumbre
servo brake [ˈsʌrvo] *s* servofreno
servo control *s* (aer.) servocontrol
servomechanism [ˌsʌrvoˈmɛkənɪzəm] *s* servomecanismo
servomotor [ˌsʌrvoˈmotər] *s* (mach.) servomotor
sesame [ˈsɛsəmɪ] *s* (bot.) sésamo, ajonjolí; sésamo (*palabra mágica*); **open sesame** sésamo ábrete
sesamoid [ˈsɛsəmɔɪd] o **sesamoidal** [ˌsɛsəˈmɔɪdəl] *adj* sesamoideo
sesquialtera [ˌsɛskwɪˈæltərə] *s* (mus.) sesquiáltera (*intervalo; juego de órgano*)
sesquialteral [ˌsɛskwɪˈæltərəl] *adj* sesquiáltero
sesquicentennial [ˌsɛskwɪsɛnˈtɛnɪəl] *adj & s* sesquicentenario
sesquipedalian [ˌsɛskwɪpɪˈdelɪən] *adj* sesquipedal (*de pie y medio de largo; excesivamente largo*); que emplea palabras sesquipedales; *s* palabra sesquipedal
sessile [ˈsɛsɪl] *adj* (bot.) sésil, sentado
session [ˈsɛʃən] *s* sesión; período escolar; **to be in session** sesionar
sessional [ˈsɛʃənəl] *adj* de una sesión; de cada sesión
sestet [sɛsˈtɛt] *s* (mus.) sexteto; dos tercetos (*de un soneto*)
set [sɛt] *s* juego (*de libros, sillas, etc.*); tren (*p.ej., de engranajes*); aderezo (*p.ej., de diamantes*); pareja (*p.ej., de caballos*); partida (*de tenis*); servicio (*de mesa*); equipo: grupo, clase; batería (*de utensilios de cocina*); (mov.) plató; (rad., telg. & telp.) aparato; (theat.) decoración; colocación, disposición; porte, postura; caída, ajuste (*de una prenda de vestir*); dirección, tendencia; vuelta; muestra (*del perro en acecho de la caza*); planta de transplantar; pie de árbol; triscamiento de los dientes (*de una sierra*); endurecimiento (*de la cola*); fraguado (*del cemento o yeso*); **set of artificial teeth** caja de dientes postizos, dentadura artificial; **set of dishes** servicio de mesa, vajilla; **set of teeth** dentadura ‖ *adj* resuelto, determinado; inflexible, obstinado; fijo, firme, sólido; meditado, estudiado; **set price** precio fijo; ‖ (*pret & pp:* **set;** *ger:* **setting**) *va* poner; asentar, colocar; establecer, instalar; arreglar, preparar; adornar; apostar; poner (*un reloj*) en hora; reenvidar (*en el juego de bridge*); poner, meter, pegar (*fuego*); fijar, determinar (*el precio*); expresar, escribir; poner a empollar (*una gallina*); montar, engastar (*una piedra preciosa*); cuajar (*un líquido*); encasar (*un hueso dislocado*); disponer (*los tipos*); triscar, trabar (*los dientes de la sierra*); armar, colocar (*una trampa*); fijar (*el peinado*); poner (*la mesa*); **to be set** perder (*en el juego de bridge*); **to set afire** poner fuego a, pegar fuego a; **to set an example** dar ejemplo; **to set apart** o **aside** reservar, poner a un lado; **to set back** parar, detener; poner obstáculos a; hacer retroceder; atrasar o retrasar (*p.ej., un reloj*); **to set down** deponer, depositar; poner por escrito; atribuir; **to set forth** exponer, dar a conocer; **to set off** hacer estallar, hacer saltar; poner de relieve; **to set on** azuzar; **to set one's jaws** apretar las quijadas; **to set one's heart on** tener la esperanza puesta en; **to set one's teeth** apretar los dientes; **to set out** sacar y disponer; **to set right** enmendar, corregir; **to set sail** hacerse a la vela; **to set someone against** poner a una persona mal con; **to set store by** dar mucha importancia a; **to set to music** poner música a; **to set**

up levantar, construir; armar, montar; comenzar, emprender; ensalzar; regocijar; (print.) componer; **to set up shop** poner tienda; **to set up the drinks** (coll.) convidar a beber ‖ *vn* ponerse (*dícese del Sol, la Luna, etc.*); cuajarse (*un líquido*); endurecerse (*la cola*); fraguar (*el cemento, el yeso*); empollar (*una gallina*); estar de muestra (*un perro de caza*); caer, sentar (*una prenda de vestir*); tender; **to set about** + *ger* ponerse a + *inf;* **to set forth** ponerse en camino; **to set in** aparecer, comenzar, declararse; fluir (*la marea*); **to set off** salir, partir; **to set out** ponerse en camino; emprender un negocio; **to set out for** salir para, partir para; **to set out to** + *inf* ponerse a + *inf;* **to set to work** poner manos a la obra; **to set upon** atacar, acometer
setaceous [sɪˈteʃəs] *adj* cerdoso; setáceo
setback [ˈsɛtˌbæk] *s* revés, contrariedad; (arch.) retraqueo
set-in [ˈsɛtˌɪn] *adj* empotrado
setoff [ˈsɛtˌɔf] o [ˈsɛtˌɑf] *s* salida, partida; adorno; compensación
setscrew [ˈsɛtˌskru] *s* tornillo de presión
settee [sɛˈti] *s* canapé, sofá; banco (*con respaldo y brazos*)
settee bed *s* canapé cama, sofá cama
setter [ˈsɛtər] *s* (print.) compositor, cajista; sétter (*perro de muestra*)
setting [ˈsɛtɪŋ] *s* armadura, marco; engaste, montadura; fraguado (*del cemento*); puesta, ocaso (*p.ej., del Sol*); (theat.) puesta en escena, decoración; (theat.) escena
setting-up exercises [ˈsɛtɪŋˈʌp] *spl* ejercicios sin aparatos, gimnasia sueca
settle [ˈsɛtəl] *s* banco largo; *va* asentar, colocar; asegurar, fijar; acabar; componer, conciliar; templar, moderar, calmar; determinar, decidir; hacer compacto; solidificar; hacer depositar; matar (*el polvo*); dar una profesión a; casar; poblar, colonizar; ajustar, arreglar (*cuentas*); **to settle on** o **upon** dar en dote, dar en propiedad; *vn* asentarse (*un líquido, un edificio*); arraigar, establecerse; componerse; templarse, moderarse, calmarse; hacerse compacto; solidificarse; **to settle down** irse lentamente a fondo (*un buque*); aflojar el paso; formalizarse; **to settle down to work** ponerse seriamente a trabajar; **to settle on** fijar, señalar (*p.ej., una fecha*); escoger
settlement [ˈsɛtəlmənt] *s* establecimiento; composición; determinación, decisión; colonización; colonia; caserío, poblado; pago, arreglo, ajuste (*de cuentas*); casa de beneficencia; (law) asignación, traspaso (*de bienes*)
settlement house *s* casa de beneficencia
settlement worker *s* persona que se consagra al servicio de una casa de beneficiencia
settler [ˈsɛtlər] *s* fundador; colono, poblador; (coll.) fin, golpe de gracia
settling [ˈsɛtlɪŋ] *s* asiento, sentamiento; colonización; **settlings** *spl* heces, zurrapas
set-to [ˈsɛtˌtu] *s* (*pl:* **-tos**) (coll.) lucha, combate, disputa
setup [ˈsɛtˌʌp] *s* porte, postura; disposición (*p.ej., de las partes de una máquina*); (coll.) organización; (slang) invitación a beber, bebida
setwall [ˈsɛtwɔl] *s* (bot.) valeriana
seven [ˈsɛvən] *adj* siete; *s* siete; **seven o'clock** las siete
seven deadly sins *spl* siete pecados capitales
sevenfold [ˈsɛvənˌfold] *adj* & *s* séptuplo; *adv* siete veces
Seven Hills *spl* siete colinas (*de Roma*)
seven hundred *adj* & *s* setecientos
seven seas *spl* todos los mares del mundo
seventeen [ˈsɛvənˈtin] *adj* & *s* diecisiete o diez y siete
seventeenth [ˈsɛvənˈtinθ] *adj* décimoséptimo; diecisieteavo; *s* décimoséptimo; diecisieteavo; diecisiete (*en las fechas*)
seventeen-year locust [ˈsɛvənˌtinˌjɪr] *s* (ent.) cigarra norteamericana cuya larva vive hasta diecisiete años (*Cicada septendecim*)
seventh [ˈsɛvənθ] *adj* séptimo; *s* séptimo; siete (*en las fechas*); (mus.) séptima
seventh day *s* sábado, el séptimo día de la semana
seventh-day [ˈsɛvənθˌde] *adj* sabatino
Seventh-Day Adventist *s* adventista del séptimo día
seventh heaven *s* séptimo cielo; (coll.) séptimo cielo (*felicidad suprema*); **to be in seventh heaven** (coll.) estar en sus glorias
seventieth [ˈsɛvəntɪɪθ] *adj* & *s* septuagésimo; setentavo
seventy [ˈsɛvəntɪ] *adj* setenta; *s* (*pl:* **-ties**) setenta
Seven Wonders of the World *spl* siete maravillas del mundo
Seven Years' War *s* guerra de los Siete Años
sever [ˈsɛvər] *va* separar, desunir; romper (*relaciones*); *vn* separarse, desunirse
several [ˈsɛvərəl] *adj* varios, diversos; distintos, respectivos; *spl* varios; algunos
severally [ˈsɛvərəlɪ] *adv* separadamente; respectivamente
severalty [ˈsɛvərəltɪ] *s* (*pl:* **-ties**) singularidad; (law) posesión privativa
severance [ˈsɛvərəns] *s* separación; ruptura (*p.ej., de las relaciones diplomáticas*)
severance pay *s* indemnización por despido
severe [sɪˈvɪr] *adj* severo; riguroso (*tiempo*); violento, recio
severity [sɪˈvɛrɪtɪ] *s* (*pl:* **-ties**) severidad; rigor; violencia
Severn [ˈsɛvərn] *s* Severna
Seville [səˈvɪl] o [ˈsɛvɪl] *s* Sevilla
Sevillian [səˈvɪljən] *adj* & *s* sevillano
sew [so] (*pret:* **sewed;** *pp:* **sewed** o **sewn**) *va* & *vn* coser
sewage [ˈsuɪdʒ] o [ˈsjuɪdʒ] *s* aguas de albañal, aguas fecales
sewage disposal *s* depuración de aguas fecales
sewer [ˈsuər] o [ˈsjuər] *s* albañal, cloaca, alcantarilla; mayordomo de comedor, jefe de los mozos; *va* alcantarillar; [ˈsoər] *s* persona que cose, costurera, sastre, etc.; (ent.) arrolladora, torcedora
sewerage [ˈsuərɪdʒ] o [ˈsjuərɪdʒ] *s* desagüe; alcantarillado (*sistema*); aguas de albañal
sewer gas [ˈsuər] o [ˈsjuər] *s* gas cloacal
sewing [ˈso·ɪŋ] *s* costura; *adj* de coser, para coser
sewing basket *s* cesta de costura, canastilla de la costura
sewing bee *s* reunión para hacer costura
sewing circle *s* círculo de costura
sewing machine *s* máquina de coser
sewing press *s* (b.b.) telar
sewn [son] *pp de* **sew**
sex [sɛks] *s* sexo; **the fair sex** o **the gentle sex** el bello sexo; **the sterner sex** o **the stronger sex** el sexo feo o el sexo fuerte; **the weaker sex** el sexo débil; *adj* sexual
sexagenarian [ˌsɛksədʒɪˈnɛrɪən] *adj* & *s* sexagenario
sexagenary [sɛksˈædʒɪˌnɛrɪ] *adj* sexagenario; *s* (*pl:* **-ies**) sexagenario
Sexagesima [ˌsɛksəˈdʒɛsɪmə] o **Sexagesima Sunday** *s* (eccl.) sexagésima
sexagesimal [ˌsɛksəˈdʒɛsɪməl] *adj* sexagesimal
sexangle [ˈsɛksˌæŋgəl] *s* (geom.) sexángulo
sex appeal *s* atracción sexual; atracción o encanto femenino
sex chromosome *s* (biol.) cromosoma sexual
sexennial [sɛksˈɛnɪəl] *adj* sexenal
sex hygiene *s* higiene sexual
sex-linkage [ˈsɛksˌlɪŋkɪdʒ] *s* (biol.) herencia ligada al sexo
sex-linked [ˈsɛksˌlɪŋkt] *adj* (biol.) ligado al sexo
sexologist [sɛksˈɑlədʒɪst] *s* sexólogo
sexology [sɛksˈɑlədʒɪ] *s* sexología
sext [sɛkst] *s* (eccl.) sexta
sextain [ˈsɛksten] *s* sextilla
sextan [ˈsɛkstən] *adj* sextano; *s* (path.) fiebre sextana
sextant [ˈsɛkstənt] *s* (math.) sexta parte del círculo; sextante (*instrumento*); (*cap.*) *s* (astr.) Sextante
sextet o **sextette** [sɛksˈtɛt] *s* grupo de seis; (mus.) sexteto
sextile [ˈsɛkstɪl] *adj* (astrol.) sextil
sextillion [sɛksˈtɪljən] *s* (Brit.) sextillón
sexton [ˈsɛkstən] *s* sacristán
sextuple [ˈsɛkstupəl], [ˈsɛkstjupəl], [sɛks-

S

ˈtupəl] o [sɛksˈtjupəl] *adj* & *s* séxtuplo; *va* sextuplicar; *vn* sextuplicarse
sextuplet [ˈsɛkstʊplɛt], [ˈsɛkstjʊplɛt], [sɛksˈtuplɛt] o [sɛksˈtjuplɛt] *s* grupo de seis; uno de seis nacidos a un tiempo; (mus.) seisillo
sextuplication [sɛks,tuplɪˈkeʃən] o [sɛks,tjʊplɪˈkeʃən] *s* sextuplicación
sexual [ˈsɛkʃʊəl] *adj* sexual
sexual intercourse *s* comercio sexual
sexuality [,sɛkʃʊˈælɪtɪ] *s* sexualidad
sexy [ˈsɛksɪ] *adj* (*comp:* **-ier;** *super:* **-iest**) (slang) sicalíptico
sfumato [sfuˈmɑto] *adj* (paint.) esfumado
s.g. abr. de **specific gravity**
sgraffito [zgrɑfˈfito] *s* (f.a.) esgrafiado
Sgt. abr. de **Sergeant**
shabby [ˈʃæbɪ] *adj* (*comp:* **-bier;** *super:* **-biest**) raído, usado, gastado; andrajoso, desaseado; vil, ruin
shabby-genteel [ˈʃæbɪdʒɛnˈtil] *adj* pobre pero de aspecto digno
shack [ʃæk] *s* choza, casucha
shackle [ˈʃækəl] *s* grillete, grillo; maniota (*con que se ata un animal*); (fig.) traba, impedimento; **shackles** *spl* grillos, cadenas, esposas; *va* poner grilletes a, poner esposas a; encadenar; (fig.) trabar, poner obstáculos a
shackle bolt *s* perno de horquilla, bulón de grillete
shad [ʃæd] *s* (ichth.) sábalo
shadberry [ˈʃæd,bɛrɪ] *s* (*pl:* **-ries**) (bot.) cornillo, cornijuelo, guillomo; (bot.) níspero del Canadá (*arbusto y fruto*)
shadblossom [ˈʃæd,blɑsəm] *s* flor de níspero del Canadá
shadbush [ˈʃæd,bʊʃ] *s* (bot.) cornillo, cornijuelo, guillomo; (bot.) níspero del Canadá
shaddock [ˈʃædək] *s* (bot.) pamplemusa (*árbol y fruto*)
shade [ʃed] *s* sombra; pantalla (*de lámpara*); cortina, visillo, estor (*de una ventana*); cortina de resorte; matiz (*diferencia muy pequeña*); **in the shade** o **into the shade** a la sombra; (fig.) en condición inferior; **the shades** las tinieblas; las sombras (*de los muertos*); *va* sombrear; obscurecer; rebajar ligeramente (*el precio*); (f.a.) sombrear; *vn* cambiar poco a poco
shadeless [ˈʃedlɪs] *adj* privado de sombra
shade tree *s* árbol de sombra
shad fly *s* (ent.) cachipolla
shading [ˈʃedɪŋ] *s* sombreo; sombreado; matiz; ligera rebaja (*en los precios*)
shadow [ˈʃædo] *s* sombra; (fig.) sombra (*vestigio; espectro; amparo, protección; parte obscura; persona que sigue a otra por todas partes*); aspecto triste; **in the shadow of** dentro de la sombra de; muy cerca de; **the shadows** las tinieblas; *va* sombrear; representar o indicar vagamente; simbolizar; acechar, espiar, seguir (*a una persona*) como su propia sombra; (f.a.) sombrear, matizar; entristecer; **to shadow forth** representar vagamente, representar de un modo profético
shadowboxing [ˈʃædo,bɑksɪŋ] *s* (sport) boxeo con un adversario imaginario
shadowgraph [ˈʃædo,græf] o [ˈʃædo,grɑf] *s* radiografía; sombras chinescas
shadowless [ˈʃædolɪs] *adj* sin sombra
shadow play *s* (theat.) sombras chinescas
shadowy [ˈʃædo·ɪ] o [ˈʃædəwɪ] *adj* sombroso; vago, ligero, indefinido; imaginario, quimérico; simbólico
shady [ˈʃedɪ] *adj* (*comp:* **-ier;** *super:* **-iest**) sombrío, umbroso; (coll.) sospechoso; (coll.) deshonroso, de mala fama; (coll.) verde (*cuento*); **on the shady side of** más allá de (*cierta edad*); **to keep shady** (slang) no dejarse ver
shaft [ʃæft] o [ʃɑft] *s* dardo, flecha, saeta; astil (*de flecha; de pluma*); mango (*p.ej., de martillo*); rayo (*de luz*); vara alcándara, limonera, fuste (*de un coche o carro*); pozo (*de mina; de ascensor*); caña, fuste (*de columna*); asta (*de una bandera*); (mach.) árbol, eje; (bot.) tallo, vástago; (bot.) pezón, pedúnculo; (fig.) dardo (*para ridiculizar a una persona*)
shaft furnace *s* horno de cuba
shag [ʃæg] *s* pelo áspero y lanudo; lana áspera; felpa; tripe (*tejido*); picadura de tabaco muy ordinario
shagbark [ˈʃæg,bɑrk] *s* (bot.) nuez dura
shaggy [ˈʃægɪ] *adj* (*comp:* **-gier;** *super:* **-giest**) peludo, velludo, hirsuto; lanudo; afelpado; áspero
shagreen [ʃəˈgrin] *s* chagrín; lija, zapa; *adj* achagrinado
shah [ʃɑ] *s* chah
shake [ʃek] *s* sacudida, sacudimiento; (coll.) temblor, terremoto; (coll.) apretón de manos; (slang) instante, momento; grieta, hendedura; (mus.) trino; (coll.) batido (*de leche*); **no great shakes** (coll.) poco extraordinario, poco importante; (*pret:* **shook;** *pp:* **shaken**) *va* sacudir; arrojar con una sacudida; agitar; volver (*la cabeza*) de un lado a otro (*en señal de negación*); hacer temblar; estrechar, apretar (*la mano a uno*); hacer ondear; perturbar, inquietar; (slang) zafarse de; **to shake down** bajar sacudiendo; hacer depositar; poner en condiciones de funcionar; (slang) sacar dinero a; **to shake off** sacudir; arrojar con una sacudida; dar esquinazo a, zafarse de; **to shake up** agitar, sacudir con violencia; cambiar bruscamente, trastornar; reorganizar; *vn* sacudirse, agitarse; ondear, bambolearse; temblar; (mus.) trinar; (fig.) agitarse, perturbarse, inquietarse; **to shake with cold** tiritar de frío; **shake!** (coll.) ¡vengan esos cinco!, ¡estrechémoslas!, ¡choque Vd. esos cinco!
shakedown [ˈʃek,daʊn] *s* cama improvisada; prueba, ensayo; (slang) concusión, exacción de dinero por compulsión
shakedown cruise *s* (nav.) crucero de ensayo (*para comprobar la nave o aclimatar al personal*)
shaken [ˈʃekən] *pp de* **shake**
shaker [ˈʃekər] *s* sacudidor; agitador (*aparato*); espolvoreador (*utensilio*)
Shakespearian o **Shakesperian** [ʃekˈspɪrɪən] *adj* & *s* shakespeariano o shakespiriano
shake-up [ˈʃek,ʌp] *s* profunda conmoción; cambio de personal, reorganización completa
shako [ˈʃæko] o [ˈʃeko] *s* (*pl:* **-os**) chacó
Shaksperian [ʃekˈspɪrɪən] *adj* & *s* var. de **Shakespearian**
shaky [ˈʃekɪ] *adj* (*comp:* **-ier;** *super:* **-iest**) trémulo, vacilante; débil; falto de crédito, indigno de confianza
shale [ʃel] *s* pizarra
shale oil *s* aceite de pizarra bituminosa, aceite esquistoso
shall [ʃæl] (*cond:* **should**) *v aux* se emplea para formar (1) el futuro de ind, p.ej., **I shall arrive** llegaré; (2) el futuro perfecto de ind, p.ej., **I shall have arrived** habré llegado; y (3) el modo potencial, p.ej., **what shall he do?** ¿qué ha de hacer?, ¿qué debe hacer?
shalloon [ʃæˈlun] *s* chalón
shallop [ˈʃæləp] *s* chalupa
shallot [ʃəˈlɑt] *s* (bot.) chalote
shallow [ˈʃælo] *adj* bajo, poco profundo; (fig.) superficial, frívolo; *s* bajo, bajío; *va* hacer menos profundo; *vn* hacerse menos profundo
shaly [ˈʃelɪ] *adj* pizarreño
sham [ʃæm] *s* fingimiento, pretexto, engaño, falsificación; farsante; cubierta de adorno; *adj* fingido, falso; postizo; (*pret & pp:* **shammed;** *ger:* **shamming**) *va* & *vn* fingir
shaman [ˈʃɑmən] o [ˈʃæmən] *s* chamán; hechicero
sham battle *s* simulacro de combate
shamble [ˈʃæmbəl] *s* bamboleo; **shambles** *spl* o *ssg* matadero, degolladero; matanza, carnicería, lugar de gran matanza; **to leave a shambles** dejar (*un sitio*) arruinado, en desorden; *vn* andar bamboleándose
shame [ʃem] *s* vergüenza; deshonra; **for shame!** ¡qué vergüenza! **to be a shame** ser una mala vergüenza; **to bring shame upon** deshonrar; **to put to shame** avergonzar; superar, aventajar; **what a shame!** ¡qué lástima!; **shame on you!** ¡qué vergüenza!, ¡eso está feo para Vd.!; *va* avergonzar; deshonrar
shamefaced [ˈʃem,fest] *adj* vergonzoso; tímido
shameful [ˈʃemfəl] *adj* vergonzoso
shameless [ˈʃemlɪs] *adj* desvergonzado, descarado

shammer [ˈʃæmər] *s* fingidor, impostor
shammy [ˈʃæmɪ] *s* (*pl:* **-mies**) gamuza (*animal y piel*)
shampoo [ʃæmˈpu] *s* champú, lavado de la cabeza; *va* lavar (*la cabeza*); lavar la cabeza a
shamrock [ˈʃæmrɑk] *s* (bot.) trébol irlandés; (bot.) trébol blanco; (bot.) acedera menor (*Oxalis acetosella*); (bot.) lupulina (*Medicago lupulina*)
shanghai [ˈʃæŋhaɪ] o [ʃæŋˈhaɪ] (*pret & pp:* **-haied;** *ger:* **-haiing**) *va* embarcar emborrachando, embarcar narcotizando; llevarse con violencia, llevarse con engaño
Shangrila [ˈʃæŋgrɪˈlɑ] *s* Jauja (*país maravilloso*)
shank [ʃæŋk] *s* caña o cañilla de la pierna; pierna (*de un animal*); zanca (*de un ave*); astil, caña, fuste; mango, vástago; caña (*del ancla*); enfranque (*de la suela del zapato*); (print.) árbol; remate, extremidad; **to go** o **to ride on shank's mare** caminar en coche de San Francisco
shan't [ʃænt] o [ʃɑnt] contracción de **shall not**
shantung [ʃænˈtʌŋ] *s* shantung
shanty [ˈʃæntɪ] *s* (*pl:* **-ties**) cabaña pobre o ruda, chabola, choza; (naut.) saloma
shape [ʃep] *s* forma; (iron mfg.) perfil; **in bad shape** (coll.) arruinado, descompuesto; (coll.) muy malo, muy enfermo; **out of shape** deformado; descompuesto, desarreglado; **to lick into shape** (coll.) preparar (*una cosa*) para que pueda hacer su servicio; **to put into shape** ordenar, poner en orden; **to take shape** tomar forma; *va* formar; definir, determinar; dirigir; idear, dibujar; *vn* formarse; **to shape up** formarse; desarrollarse bien
shapeless [ˈʃeplɪs] *adj* informe
shapely [ˈʃeplɪ] *adj* (*comp:* **-lier;** *super:* **-liest**) bien formado, bien hecho, esbelto
shard [ʃɑrd] *s* fragmento, tiesto, casco; élitro (*de los coleópteros*)
share [ʃɛr] *s* parte, porción; reja (*del arado*); (com.) acción; **on shares** participando en los riesgos y la ganancia; **to go shares** participar; *va* repartir; tener parte en, usar juntos de, poseer en común; *vn* participar, tener parte
sharecropper [ˈʃɛrˌkrɑpər] *s* aparcero, mediero
shareholder [ˈʃɛrˌholdər] *s* (com.) accionista
shark [ʃɑrk] *s* (ichth.) tiburón; estafador, gato; (slang) experto, perito
sharkskin [ˈʃɑrkˌskɪn] *s* lija, zapa; tejido de algodón o rayón (*para trajes*)
sharp [ʃɑrp] *adj* agudo, afilado; anguloso; fuerte, pronunciado (*dícese de una curva o pendiente*); nítido (*dícese de una fotografía*); rápido, veloz (*dícese del paso de una persona*); fogoso, violento; fuerte, vehemente; atento, despierto; picante, mordaz; penetrante; vivo, listo; fino (*oído*); (phonet.) sordo; (mus.) sostenido; (slang) elegante; **sharp features** facciones bien marcadas; **sharp taste** sabor acre; **sharp temper** genio áspero; **sharp tuning** (rad.) sintonía afilada; **sharp turn** vuelta repentina; *adv* agudamente; en punto, p.ej., **at three o'clock sharp** a las tres en punto; *s* (mus.) sostenido; estafador; (coll.) experto, perito; **sharps** *spl* parte del trigo a la que hay que dar la segunda molienda
sharpen [ˈʃɑrpən] *va* aguzar, afilar, sacar punta a; *vn* afilarse
sharpener [ˈʃɑrpənər] *s* aguzador, afilador; máquina de afilar
sharper [ˈʃɑrpər] *s* fullero, caballero de industria
sharpie [ˈʃɑrpɪ] *s* embarcación de fondo plano con una o dos velas triangulares
sharpness [ˈʃɑrpnɪs] *s* agudeza; angulosidad; nitidez; rapidez, velocidad; fuerza, violencia
sharp-nosed [ˈʃɑrpˌnozd] *adj* de nariz puntiaguda; de finísimo olfato
sharp-set [ˈʃɑrpˌsɛt] *adj* famélico, hambriento; ávido, ansioso; de borde afilado
sharpshooter [ˈʃɑrpˌʃutər] *s* tirador certero; (mil.) tirador distinguido
sharp-sighted [ˈʃɑrpˌsaɪtɪd] *adj* de vista penetrante; listo, perspicaz
sharp-witted [ˈʃɑrpˌwɪtɪd] *adj* penetrante, perspicaz
shatter [ˈʃætər] *va* romper, hacer astillas, hacer pedazos, romper de un golpe; destruir, destrozar; quebrantar (*la salud*); agitar, perturbar; *vn* romperse, hacerse pedazos; **shatters** *spl* fragmentos, pedazos
shatterproof [ˈʃætərˈpruf] *adj* inastillable
shattery [ˈʃætərɪ] *adj* saltadizo
shave [ʃev] *s* afeitado; raedura; rascador; rebanada delgada; **to have a close shave** (coll.) escapar en una tabla; (*pret:* **shaved;** *pp:* **shaved** o **shaven**) *va* afeitar (*la cara*); raer, raspar; rebanar (*en porciones muy delgadas*); rozar (*raer la superficie de; pasar tocando la superficie de; cortar muy justo*); (carp.) cepillar, alisar, rascar; (taur.) afeitar (*las astas del toro*); *vn* afeitarse; estafar, ser duro en un negocio
shaveling [ˈʃevlɪŋ] *s* jovenzuelo; (scornful) fraile, monje
shaven [ˈʃevən] *pp de* **shave**
shaver [ˈʃevər] *s* barbero; máquina de afeitar; alisador, rascador; (coll.) muchachito
Shavian [ˈʃevɪən] *adj & s* shaviano
shaving [ˈʃevɪŋ] *s* afeitado; viruta (*de madera, metal, etc.*)
shaving brush *s* brocha de afeitar, escobilla de afeitar o de barba
shaving cream *s* crema de afeitar
shaving foam *s* espuma de afeitar
shaving soap *s* jabón de afeitar, jabón para la barba
shawl [ʃɔl] *s* chal, mantón
shawm [ʃɔm] *s* (mus.) caramillo
shay [ʃe] *s* (coll.) silla volante (*coche ligero*)
she [ʃi] *pron pers* (*pl:* **they**) ella; *s* (*pl:* **shes**) hembra
sheaf [ʃif] *s* (*pl:* **sheaves**) gavilla; *va* agavillar
shear [ʃɪr] *s* esquileo, trasquila; lana que se ha esquilado; hoja de la tijera; **shears** *spl* tijeras grandes; cizallas (*para cortar metales*); grúa de tijera; (*pret:* **sheared;** *pp:* **sheared** o **shorn**) *va* esquilar, trasquilar (*las ovejas*); cortar con tijeras, cizallar, cortar con cizallas; quitar cortando, cortar muy cerca; romper o cortar por fuerza del cizallamiento
shearwater [ˈʃɪrˌwɔtər] o [ˈʃɪrˌwɑtər] *s* (orn.) pufino, fardela del Atlántico; (orn.) pico tijera, meauca (*Rhynchops*)
sheatfish [ˈʃitˌfɪʃ] *s* (ichth.) siluro
sheath [ʃiθ] *s* (*pl:* **sheaths** [ʃiðz]) vaina; envoltura, cubierta, estuche; (bot.) vaina
sheathe [ʃið] *va* envainar; enfundar; embonar (*el casco de un buque*)
sheathing [ˈʃiðɪŋ] *s* forro, revestimiento; enfundadura; entablado, entarimado; (naut.) embono
sheathing board *s* cartón de yeso
sheathing nail *s* clavo de entablar
sheath knife *s* cuchillo encerrado en una vaina
sheave [ʃiv] *s* roldana; *va* agavillar
Sheba [ˈʃibə] *s* Sabá; **Queen of Sheba** reina de Sabá
shebang [ʃəˈbæŋ] *s* (slang) equipo, apresto; **the whole shebang** (coll.) la totalidad, el todo
she'd [ʃid] contracción de **she had** y de **she would**
shed [ʃɛd] *s* cobertizo; vertiente (*de agua*); (*pret & pp:* **shed;** *ger:* **shedding**) *va* verter, derramar; largar, desprenderse de; dar, echar, esparcir (*luz*); mudar (*la pluma, el pellejo, etc.*); *vn* pelechar (*los animales*)
shedder [ˈʃɛdər] *s* derramador; cangrejo o langosta que comienza a mudar el caparazón; cangrejo que acaba de mudar el caparazón
shedding [ˈʃɛdɪŋ] *s* vertimiento, derramamiento; desprendimiento; esparcimiento (*de luz*); muda (*p.ej., de plumas*)
sheen [ʃin] *s* lustre, brillo, resplandor; prensado (*lustre de los tejidos prensados*)
sheeny [ˈʃinɪ] *adj* lustroso, brillante
sheep [ʃip] *s* (*pl:* **sheep**) carnero; oveja (*hembra*); badana (*piel*); tonto, simplón, papanatas; **to make sheep's eyes** mirar con ojos de carnero degollado; *adj* ovejero
sheep botfly *s* (ent.) estro o moscardón de carnero

sheepcote [ˈʃip,kot] o [ˈʃip,kɑt] *s* aprisco, redil, ovil
sheep dog *s* perro de pastor, perro ovejero
sheepfold [ˈʃip,fold] *s* aprisco, redil, ovil
sheephook [ˈʃip,hʊk] *s* cayada, cayado
sheepish [ˈʃipɪʃ] *adj* avergonzado, corrido; tonto, tímido, pulsilánime
sheepman [ˈʃip,mæn] *s* (*pl:* **-men**) dueño y criador de ganado lanar; pastor
sheep range *s* pasto de ovejas
sheepshead [ˈʃips,hɛd] *s* cabeza de oveja; papanatas, simplón; (ichth.) sargo, salema
sheepshearer [ˈʃip,ʃɪrər] *s* esquilador (*persona*); esquiladora (*máquina*)
sheepskin [ˈʃip,skɪn] *s* zalea (*cuero que conserva la lana*); badana (*piel curtida*); (coll.) diploma
sheep sorrel *s* (bot.) acederilla
sheep tick *s* (ent.) mosca del carnero
sheepwalk [ˈʃip,wɔk] *s* pasto de ovejas, dehesa de ovejas
sheer [ʃɪr] *s* (naut.) desviación (*de un buque de su rumbo*); (naut.) arrufadura (*curvatura*); *adj* fino, delgado, ligero; puro, sin mezcla; cabal, completo; casi transparente; escarpado; *adv* cabalmente, completamente; de un golpe, directamente; en cuesta; *va* desviar; *vn* desviarse
sheet [ʃit] *s* sábana (*para la cama*); hoja (*de papel, metal, etc.*); hoja impresa; diario, periódico; extensión (de agua); (naut.) escota; (poet.) vela (*de navío*); **to be** o **to have a sheet in the wind** (slang) estar entre dos velas, estar chispado, estar borrachuelo; **sheet of paper** papel; **sheets** *spl* espacio a proa o a popa de bote abierto; *va* ensabanar; proveer de sábana; *vn* extenderse en hojas
sheet anchor *s* (naut.) ancla de la esperanza; (fig.) áncora de salvación
sheeting [ˈʃitɪŋ] *s* lencería para sábanas; encofrado (*revestimiento de planchas*); cobertura de placas, laminado
sheet iron *s* palastro, hierro laminado
sheet lightning *s* fucilazo, relámpago difuso
sheet metal *s* metal laminado, metal en láminas
sheet music *s* música en hojas sueltas
Sheffield plate [ˈʃɛfild] *s* plateado de Sheffield
sheik o **sheikh** [ʃik] *s* jeque; (slang) galanteador irresistible, sultán
sheikdom [ˈʃikdəm] *s* principado (de jeque)
shekel [ˈʃɛkəl] *s* siclo; **shekels** *spl* (slang) dinero
sheldrake [ˈʃɛl,drek] *s* (orn.) tadorna; (orn.) pato canelo; (orn.) pato sierra
shelf [ʃɛlf] *s* (*pl:* **shelves**) estante, anaquel, entrepaño; bajío, banco de arena; roca subyacente; **on the shelf** arrinconado, desechado, olvidado; en prenda
shelflist [ˈʃɛlf,lɪst] *s* catálogo topográfico (*de una biblioteca*)
shelf warmer *s* artículo de venta morosa, artículo invendible
she'll [ʃil] contracción de **she shall** y de **she will**
shell [ʃɛl] *s* cáscara (*de huevo, nuez, etc.*); concha, caparazón (*p.ej., de crustáceo*); vaina (*de legumbre*); cubierta, corteza; armazón, esqueleto; bomba, proyectil; cápsula (*para cartuchos*); cuerpo (*p.ej., de caldera*); (sport) piragua, yola; **to come out of one's shell** salir del carapacho o de la concha; **to retire into one's shell** meterse en su carapacho o en su concha; *va* descascarar; desvainar; desgranar (*p.ej., guisantes*); cañonear, bombardear; **to shell out** (coll.) entregar (*dinero*); *vn* descascararse; desconcharse; **to shell out** (coll.) entregar el dinero, pagar
shellac [ʃəˈlæk] o [ˈʃɛlæk] *s* laca, goma laca; (*pret & pp:* **-lacked;** *ger:* **-lacking**) *va* barnizar con goma laca
shellacking [ʃəˈlækɪŋ] *s* (slang) paliza, zurra; (slang) derrota
shellback [ˈʃɛl,bæk] *s* (slang) lobo de mar; (slang) persona que ha atravesado el ecuador en un barco
shellbark [ˈʃɛl,bɑrk] *s* (bot.) nuez dura
sheller [ˈʃɛlər] *s* descascarador; desgranador; descascaradora (*máquina*)
shellfire [ˈʃɛl,faɪr] *s* cañoneo, fuego de bomba
shellfish [ˈʃɛl,fɪʃ] *s* marisco, mariscos
shellfishery [ˈʃɛl,fɪʃərɪ] *s* (*pl:* **-ies**) marisqueo
shell hole *s* (mil.) embudo
shellproof [ˈʃɛl,pruf] *adj* a prueba de bomba
shell shock *s* conmoción psiconeurótica del soldado, neurosis de guerra
shelly [ˈʃɛlɪ] *adj* (*comp:* **-ier;** *super:* **-iest**) conchado, conchudo
shelter [ˈʃɛltər] *s* abrigo, amparo, refugio, resguardo, asilo; **to take shelter** abrigarse, refugiarse; *va* abrigar, amparar, proteger, guarecer; *vn* abrigarse, refugiarse, guarecerse
shelter tent *s* (mil.) tienda de abrigo
shelve [ʃɛlv] *va* poner sobre un estante o anaquel; proveer de estantes o anaqueles; arrinconar, desechar, dejar a un lado; diferir indefinidamente; *vn* estar en declive
shelving [ˈʃɛlvɪŋ] *s* anaquelería, estantería; material para anaqueles o estantes
Shemite [ˈʃɛmaɪt] *s* var. de **semite**
shenanigans [ʃɪˈnænɪgənz] *spl* (coll.) artificios, embustes
sheol [ˈʃiol] *s* (coll.) infierno, báratro
shepherd [ˈʃɛpərd] *s* pastor; (fig.) pastor; *va* pastorear (*a las ovejas o los fieles*)
shepherd dog *s* perro de pastor, perro ovejero
shepherd god *s* dios de los pastores (*el dios Pan*)
shepherdess [ˈʃɛpərdɪs] *s* pastora
Shepherd kings *spl* reyes pastores
shepherd's pipe *s* zampoña
shepherd's-purse [ˈʃɛpərdz,pʌrs] *s* (bot.) bolsa de pastor, zurrón de pastor, pan y quesillo
sherbet [ˈʃʌrbət] *s* sorbete
sherd [ʃʌrd] *s* var. de **shard**
shereef o **sherif** [ʃɛˈrif] *s* jerife
sheriff [ˈʃɛrɪf] *s* oficial de justicia inglés o norteamericano
sherifian [ʃɛˈrifɪən] *adj* jerifiano
sherry [ˈʃɛrɪ] *s* (*pl:* **-ries**) jerez, vino de Jerez
sherry cobbler *s* bebida compuesta de agua y vino de Jerez con azúcar, limón, naranja y pedacitos de hielo (*sírvese con pajas*)
sherry reception *s* vino (*reunión donde se ofrece vino de Jerez*)
she's [ʃiz] contracción de **she is** y de **she has**
shew [ʃo] *s, va & vn* var. de **show**
shewbread [ˈʃo,brɛd] *s* (Bib.) panes de la proposición
shibboleth [ˈʃɪbəlɛθ] *s* lema, santo y seña; habla, jerga; rasgo distintivo
shield [ʃild] *s* escudo; (bot., zool., her. & fig.) escudo; (elec.) blindaje; sobaquera (*con que se resguarda del sudor la parte del vestido correspondiente al sobaco*); *va* amparar, defender, escudar; (elec.) blindar
shield-bearer [ˈʃild,bɛrər] *s* escudero
shift [ʃɪft] *s* cambio; tanda (*grupo de obreros*); turno (*orden del trabajo*); maña, subterfugio, fraude; **to make shift** ayudarse, ingeniarse, componérselas; ingeniarse a duras penas; hacer lo posible; *va* cambiar; deshacerse de; **to shift gears** cambiar de marcha; **to shift the blame** echar la culpa a otro; **to shift the blame on** echar la culpa a; *vn* cambiar, cambiar de puesto; mañear, tergiversar; ayudarse, ingeniarse; **to shift for oneself** ayudarse, ingeniarse
shifting engine *s* (rail.) locomotora de maniobras
shift key *s* tecla de cambio, tecla de mayúsculas, palanca de mayúsculas
shiftless [ˈʃɪftlɪs] *adj* inútil, galbanoso
shifty [ˈʃɪftɪ] *adj* (*comp:* **-ier;** *super:* **-iest**) ingenioso; tramoyista; huyente (*vistazo*)
shill [ʃɪl] *s* (slang) cómplice de un fullero
shillalah o **shillelagh** [ʃɪˈlelə] o [ʃɪˈlelɪ] *s* palo, cachiporra
shilling [ˈʃɪlɪŋ] *s* chelín
shilly-shally [ˈʃɪlɪ,ʃælɪ] *adj* irresoluto; *adv* irresolutamente; (*pret & pp:* **-lied**) *vn* estar irresoluto, no saber qué hacer
shily [ˈʃaɪlɪ] *adv* tímidamente
shim [ʃɪm] *s* cuña, calza; (*pret & pp:* **shimmed;** *ger:* **shimming**) *va* acuñar, calzar
shimmer [ˈʃɪmər] *s* luz trémula, débil resplandor; *vn* rielar
shimmery [ˈʃɪmərɪ] *adj* trémulo, resplandeciente

shimmy [ˈʃɪmɪ] *s* (*pl:* **-mies**) shimmy (*baile*); (coll.) camisa de mujer; vibración excesiva; (aut.) abaniqueo (*de las ruedas delanteras*); (*pret & pp:* **-mied**) *vn* bailar el shimmy; vibrar; (aut.) bambolear
shin [ʃɪn] *s* (anat.) espinilla; (*pret & pp:* **shinned;** *ger:* **shinning**) *va & vn* trepar; **to shin up** trepar
shinbone [ˈʃɪn,bon] *s* (anat.) tibia, espinilla
shindig [ˈʃɪndɪg] *s* (slang) juerga, fiesta ruidosa
shindy [ˈʃɪndɪ] *s* (*pl:* **-dies**) (slang) alboroto, zacapela; (slang) juerga, fiesta ruidosa
shine [ʃaɪn] *s* luz, brillo; lustre, bruñido; buen tiempo; (coll.) lustre (*que se da al calzado*); (slang) simpatía; (slang) alboroto; (slang) travesura; **to take a shine to** (slang) tomar simpatía por; (*pret & pp:* **shined**) *va* (coll.) embetunar, embolar, limpiar (*el calzado*); bruñir, pulir; dar lustre a, poner lustroso; (*pret & pp:* **shone**) *va* hacer brillar, abrillantar; *vn* lucir, brillar, resplandecer; hacer sol, hacer buen tiempo; (fig.) brillar, lucir (*distinguirse, sobresalir*); **to shine up to** (slang) tratar de conquistar la amistad de
shiner [ˈʃaɪnər] *s* cosa que brilla; limpiabotas; (ichth.) pececillo plateado; (slang) ojo; (slang) ojo morado; (slang) guinea o soberano (*monedas inglesas*)
shingle [ˈʃɪŋgəl] *s* ripia (*usada como una teja para cubrir el tejado de las casas*); tejamaní (Am.); pelo a la garçonne; (coll.) letrero de oficina; guijo, guijarro, cascajo; guijarral (*playa u otro terreno*); **to hang out one's shingle** (coll.) abrir una oficina; (coll.) abrir un consultorio médico; **shingles** *spl* (path.) zona; *va* cubrir con ripias; cortar (*el pelo*) a la garçonne; cinglar (*el hierro*); *vn* ripiar
shingly [ˈʃɪŋglɪ] *adj* guijarroso, cascajoso
shin guard *s* (sport) espinillera
shining [ˈʃaɪnɪŋ] *adj* brillante, luciente; (fig.) brillante, distinguido
shinny [ˈʃɪnɪ] *s* (*pl:* **-nies**) cachava (*juego y palo*); (*pret & pp:* **-nied**) *vn* (coll.) trepar valiéndose de las espinillas
Shinto [ˈʃɪnto] *s* sintoísmo; sintoísta; *adj* sintoísta
Shintoism [ˈʃɪnto·ɪzəm] *s* sintoísmo
Shintoist [ˈʃɪnto·ɪst] *adj & s* sintoísta
shiny [ˈʃaɪnɪ] *adj* (*comp:* **-ier;** *super:* **-iest**) brillante, lustroso; glaseado (*p.ej., papel*); brilloso (*que brilla por el mucho uso*)
-ship *suffix s* -ato, p.ej., **deanship** decanato; **generalship** generalato; -ción p.ej., **horsemanship** equitación; **scholarship** erudición; -ía, p.ej., **chancellorship** cancillería; **lordship** señoría; **secretaryship** secretaría
ship [ʃɪp] *s* nave, buque, barco, navío; nave aérea, aeronave; tripulación; (*pret & pp:* **shipped;** *ger:* **shipping**) *va* embarcar; enviar, remitir; armar (*p.ej., los remos*); **to ship water** embarcar agua; *vn* embarcarse (*ir a bordo de un buque; aceptar un empleo a bordo de un buque*); **to ship on** tripular (*ir de tripulación en*)
ship biscuit *s* galleta, pan de marinero
shipboard [ˈʃɪp,bord] *s* bordo; **on shipboard** a bordo
ship bread *s* var. de **ship biscuit**
shipbuilder [ˈʃɪp,bɪldər] *s* arquitecto naval, ingeniero naval; constructor de buques
shipbuilding [ˈʃɪp,bɪldɪŋ] *s* arquitectura naval; construcción de buques; *adj* armador
ship canal *s* canal de navegación
ship carpenter *s* carpintero de ribera
ship chandler *s* abastecedor de buques
shipload [ˈʃɪp,lod] *s* cargamento completo de un buque
shipman [ˈʃɪpmən] *s* (*pl:* **-men**) capitán de buque, patrón
shipmaster [ˈʃɪp,mæstər] o [ˈʃɪp,mɑstər] *s* capitán de buque, patrón
shipmate [ˈʃɪp,met] *s* camarada de a bordo
shipment [ˈʃɪpmənt] *s* embarque (*por agua*); envío, remesa
ship money *s* (Brit.) impuesto de guerra para la construcción de buques
ship of the desert *s* nave del desierto (*camello*)
ship of the line *s* navío de línea, navío de alto bordo
ship of war *s* navío de guerra
shipowner [ˈʃɪp,onər] *s* naviero, armador
shipper [ˈʃɪpər] *s* embarcador (*en una embarcación*); expedidor, remitente
shipping [ˈʃɪpɪŋ] *s* embarque; envío, remesa; navegación; marina, flota
shipping clerk *s* dependiente encargado de envíos y transportes de mercancías
shipping memo *s* nota de remisión
shipping room *s* local de donde se hacen envíos
shipplane [ˈʃɪp,plen] *s* avión de cubierta
ship-rigged [ˈʃɪp,rɪgd] *adj* (naut.) aparejado con velas cuadradas y tres mástiles
shipshape [ˈʃɪp,ʃep] *adj & adv* en buen orden
ship's husband *s* director de una empresa naviera; encargado de un buque en el puerto
shipside [ˈʃɪp,saɪd] *adj & adv* al costado del buque; *s* zona de embarque y desembarque; muelle
ship's papers *spl* documentación del buque
ship's time *s* hora local del buque
shipworm [ˈʃɪp,wʌrm] *s* (zool.) broma, tiñuela
shipwreck [ˈʃɪp,rɛk] *s* naufragio; barco náufrago; (fig.) naufragio; *va* hacer naufragar; *vn* naufragar; (fig.) naufragar
shipwright [ˈʃɪp,raɪt] *s* carpintero de ribera, carpintero de navío
shipyard [ˈʃɪp,jɑrd] *s* astillero
shire [ʃaɪr] *s* (Brit.) condado
shirk [ʃʌrk] *s* persona que evita trabajar; *va* evitar (*el trabajo*); faltar a (*un deber*); *vn* evitar trabajar; faltar a sus obligaciones, escurrir el hombro
shirr [ʃʌr] *s* (sew.) frunce; *va* (sew.) fruncir; cocer (*huevos*) en un plato chato con crema o pan rallado
shirred egg *s* huevo al plato
shirring [ˈʃʌrɪŋ] *s* (sew.) frunce
shirt [ʃʌrt] *s* camisa; camiseta (*ropa interior*); **to keep one's shirt on** (slang) quedarse sereno, no perder la paciencia; **to lose one's shirt** (slang) perder hasta la camisa
shirtband [ˈʃɪrt,bænd] *s* cuello de camisa, tira del cuello de la camisa de hombre
shirt front *s* pechera de camisa
shirting [ˈʃʌrtɪŋ] *s* tela para camisas de hombre
shirt sleeve *s* manga de camisa; **in shirt sleeves** en camisa, en mangas de camisa
shirt-sleeve [ˈʃʌrt,sliv] *adj* (coll.) sencillo, directo
shirttail [ˈʃʌrt,tel] *s* pañal, faldón
shirtwaist [ˈʃʌrt,west] *s* blusa (*de mujer*)
shivaree [,ʃɪvəˈri] *s* cantaleta, cencerrada
shiver [ˈʃɪvər] *s* tiritón, estremecimiento, temblor; *va* estrellar, hacer astillas; *vn* tiritar, estremecerse; estrellarse, hacerse pedazos
shivery [ˈʃɪvərɪ] *adj* estremecido, trémulo; estremecedor; frío; friolento (*sensible al frío*); quebradizo, saltadizo
shoal [ʃol] *s* bajo, bajío, banco de arena; muchedumbre, gran cantidad; *adj* bajo, poco profundo; *vn* disminuir en profundidad; reunirse en gran número
shoaly [ˈʃolɪ] *adj* bajo, poco profundo, vadoso
shoat [ʃot] *s* cochinillo, gorrino
shock [ʃɑk] *s* choque (*encuentro violento y repentino*); temblor de tierra; (elec.) sacudida; (med. & fig.) choque; (path.) choque (*depresión profunda*); sobresalto (*conmoción nerviosa o mental repentina*); (coll.) parálisis; (agr.) tresnal, hacina; greña (*de pelo*); *va* chocar; sobresaltar (*asustar, alterar profundamente*); dar una sacudida eléctrica a; chocar, escandalizar (*causar extrañeza, enfado, etc.*); (agr.) hacinar; *vn* chocar
shock absorber *s* amortiguador
shock-headed [ˈʃɑk,hɛdɪd] *adj* greñudo
shocking [ˈʃɑkɪŋ] *adj* chocante, escandalizador
shockproof [ˈʃɑk,pruf] *adj* a prueba de sacudidas
shock therapy o **treatment** *s* shockterapia, convulsoterapia
shock troops *spl* (mil.) tropas de asalto
shock wave *s* (aer.) onda de choque
shod [ʃɑd] *pret & pp de* **shoe**
shoddy [ˈʃɑdɪ] *s* lana mecánica sin fieltrar; caedura de lana; paño burdo de lana; imitación, ostentación vulgar; *adj* (*comp:* **-dier;** *super:*

S

-diest) hecho de lana desechada; falso, de imitación
shoe [ʃu] *s* bota, botina (*calzado que sube más arriba del tobillo*); zapato (*calzado que no pasa del tobillo*); cubierta (*de un neumático*); zapata (*de un freno; del carruaje eléctrico para sacar la corriente del tercer carril*); regatón (*remate de metal*); **in the shoes of** en el pellejo de; **to die with one's shoes on** morir al pie del cañón; **to put on one's shoes** calzarse; **where the shoe pinches** donde está el busilis; (*pret & pp:* **shod**) *va* calzar; herrar (*un caballo*); poner regatón a; *vn* calzarse
shoebill [ˈʃʊˌbɪl] *s* (orn.) picozapato
shoeblack [ˈʃuˌblæk] *s* limpiabotas
shoe blacking *s* betún, bola
shoehorn [ˈʃuˌhɔrn] *s* calzador
shoelace [ˈʃuˌles] *s* cordón de zapato, lazo de zapato
shoe leather *s* cuero para zapatos; correjel
shoemaker [ˈʃuˌmekər] *s* zapatero; zapatero remendón
shoemaking [ˈʃuˌmekɪŋ] *s* zapatería
shoe mender *s* zapatero remendón
shoe polish *s* betún, bola
shoeshine [ˈʃuˌʃaɪn] *s* brillo, lustre; limpiabotas
shoe store *s* zapatería
shoestring [ˈʃuˌstrɪŋ] *s* agujeta, cordón de zapato, lazo de zapato; pequeña cantidad de dinero; **on a shoestring** con muy poco dinero
shoe tree *s* horma
shogun [ˈʃogun] *s* shogún
shogunate [ˈʃogunet] *s* shogunado
shone [ʃon] o [ʃɑn] *pret & pp de* **shine**
shoo [ʃu] *interj* ¡ox! (*para espantar las aves de corral*); *va & vn* oxear
shook [ʃuk] *pret de* **shake**
shoot [ʃut] *s* renuevo, retoño, pimpollo, vástago; conducto inclinado; tolva (*para agua, granos, carbón, etc.*); tiro; tiro al blanco, certamen de tiradores; lanzamiento (*de un cohete al espacio*) ‖ (*pret & pp:* **shot**) *va* tirar, disparar (*un arma*); herir o matar con arma de fuego, herir o matar con arma arrojadiza; fusilar (*ejecutar con descarga de fusilería*); fotografiar; rodar, filmar; echar (*los dados*); descargar, verter, vaciar de golpe; medir la altura de (*p.ej., el Sol*); **to shoot craps** jugar a los dados; **to shoot down** derribar (*un avión*); **to shoot the rapids** bajar por los rápidos, salvar los rápidos; **to shoot to death** matar a tiros; **to shoot trouble** buscar desperfectos, localizar averías; **to shoot up** (slang) destrozar echando balas a diestra y siniestra ‖ *vn* tirar; nacer, brotar, germinar; lanzarse, precipitarse, moverse rápidamente; punzar (*dícese de un dolor, una llaga, etc.*); **to shoot at** tirar a; (coll.) hacer tiro a (*desear, ambicionar*); **to shoot up** nacer, brotar; moverse rápidamente hacia arriba
shooter [ˈʃutər] *s* tirador; (coll.) arma de fuego, revólver
shooting [ˈʃutɪŋ] *s* tiro; caza con escopeta; fusilería; cañoneo; rodaje (*de un cine o film*)
shooting box *s* (Brit.) pabellón de caza
shooting gallery *s* galería de tiro al blanco, galería de tirar al blanco
shooting match *s* certamen de tiro al blanco; (slang) totalidad, conjunto, todo
shooting pain *s* punzada
shooting season *s* tiempo de caza
shooting star *s* estrella fugaz, estrella filante; (bot.) sarapico
shooting war *s* guerra verdadera
shop [ʃɑp] *s* tienda; taller (*oficina de trabajo manual*); **to set up shop** abrir tienda; emprender un negocio; **to shut up shop** cerrar, alzar o levantar tienda; desistir de una empresa; **to talk shop** hablar de su oficio, hablar del propio trabajo (*fuera de tiempo*); (*pret & pp:* **shopped;** *ger:* **shopping**) *vn* ir de compras, ir de tiendas; **to go shopping** ir de compras, ir de tiendas; **to send shopping** mandar a la compra; **to shop around** ir de tienda en tienda buscando gangas
shopgirl [ˈʃɑpˌgʌrl] *s* muchacha de tienda, dependienta
shopkeeper [ˈʃɑpˌkipər] *s* tendero
shoplifter [ˈʃɑpˌlɪftər] *s* ratero de tiendas, mechera
shoplifting [ˈʃɑpˌlɪftɪŋ] *s* ratería en las tiendas (*por parte de personas que se fingen parroquianos*)
shopman [ˈʃɑpmən] *s* (*pl:* **-men**) tendero; vendedor, mancebo de tienda
shopper [ˈʃɑpər] *s* comprador
shopping center *s* agrupación de tiendas, con parque para automóviles
shopping district *s* barrio comercial
shopwalker [ˈʃɑpˌwɔkər] *s* (Brit.) vigilante de almacén
shopwindow [ˈʃɑpˌwɪndo] *s* escaparate; vidriera (Am.)
shopwork [ˈʃɑpˌwʌrk] *s* trabajo de taller
shopworn [ˈʃɑpˌworn] *adj* desgastado con el trajín de la tienda
shore [ʃor] *s* orilla, ribera; costa, playa; (min.) entibo, ademe; (naut.) escora; **in shore** muy cerca de la tierra; **off shore** a lo largo de la costa; **on shore** en tierra; **shores** *spl* (poet.) clima, región; *va* apuntalar; (min.) entibar; (naut.) escorar
shore dinner *s* comida de mariscos
shore leave *s* (naut.) permiso para ir a tierra
shoreless [ˈʃorlɪs] *adj* sin costa; ilimitado
shore line *s* línea de la playa; línea de barcos costeros
shore patrol *s* (naut.) patrulla en tierra
shoreward [ˈʃorwərd] *adj & adv* hacia la playa
shoring [ˈʃorɪŋ] *s* apuntalamiento; puntales
shorn [ʃorn] *adj* esquilado; mocho, pelado; **shorn of** privado de, despojado de; *pp de* **shear**
short [ʃɔrt] *adj* corto (*en espacio, tiempo y cantidad*); breve (*en tiempo*); bajo (*de cuerpo*); poco (*tiempo*); (fig.) corto, sucinto, lacónico; brusco, seco; friable, quebradizo; (com.) que vende sin posesión; (phonet.) breve; **for short** para abreviar, para ser más breve; **in a short time** en breve, dentro de poco; **in short** en fin; **in short order** prontamente; **on short notice** con poco tiempo de aviso; **to be short of** estar escaso de; no responder a; estar lejos de; **short of breath** corto de resuello ‖ *adv* brevemente; sucintamente, lacónicamente; bruscamente; corto; (com.) sin posesión; **to cut short** interrumpir bruscamente; acabar bruscamente; **to fall short** ser insuficiente; **to fall short of** no alcanzar, no llegar a; **to run short** ser insuficiente; **to run short of** acabársele a uno, p.ej., **I am running short of gasoline** se me acaba la gasolina; **to sell short** (com.) vender al descubierto; **to stop short** parar de repente ‖ *s* (mov.) cortometraje, cinta de corto metraje; (com.) persona que vende al descubierto; (com.) venta al descubierto; (com.) valores vendidos al descubierto; (elec.) cortocircuito; **shorts** *spl* calzones cortos; calzoncillos; mezcla de salvado y harina basta ‖ *va* (elec.) poner en cortocircuito ‖ *vn* (elec.) ponerse en cortocircuito
shortage [ˈʃɔrtɪdʒ] *s* déficit; escasez, carestía, falta
shortbread [ˈʃɔrtˌbrɛd] *s* torta dulce y friable hecha con manteca
shortcake [ˈʃɔrtˌkek] *s* torta de frutas
short-change [ˌʃɔrtˈtʃendʒ] *va* (coll.) no devolver la vuelta debida a; (coll.) estafar, engañar
short circuit *s* (elec.) cortocircuito
short-circuit [ˌʃɔrtˈsʌrkɪt] *va* (elec.) cortocircuitar; *vn* (elec.) cortocircuitarse
shortcoming [ˈʃɔrtˌkʌmɪŋ] *s* defecto, desperfecto
short-commons [ˈʃɔrtˈkɑmənz] *spl* ración escasa, comida insuficiente
short cut *s* atajo; (fig.) atajo
shorten [ˈʃɔrtən] *va* acortar; hacer más friable con grasa; *vn* acortarse
shortening [ˈʃɔrtənɪŋ] o [ˈʃɔrtnɪŋ] *s* acortamiento; grasa para hacer la pastelería más friable
shorthand [ˈʃɔrtˌhænd] *s* taquigrafía; **to take shorthand** escribir al dictado; *adj* taquigráfico
short-handed [ˈʃɔrtˈhændɪd] *adj* escaso de mano de obra, escaso de ayudantes
shorthand-typist [ˈʃɔrtˌhændˈtaɪpɪst] *s* taquimecanógrafo, taquimeca
shorthorn [ˈʃɔrtˌhɔrn] *s* ganado vacuno de cuernos cortos

shortish [ˈʃɔrtɪʃ] *adj* algo corto, algo pequeño
short-legged [ˈʃɔrtˌlɛgɪd] o [ˈʃɔrtˌlɛgd] *adj* de piernas cortas
short-lived [ˈʃɔrtˈlaɪvd] o [ˈʃɔrtˈlɪvd] *adj* de breve vida, de breve duración
shortly [ˈʃɔrtlɪ] *adv* luego, en breve; en pocas palabras; descortésmente; **shortly after** poco tiempo después; **shortly after** + *ger* a poco de + *inf*
short money *s* (com.) dinero prestado a corto plazo
shortness [ˈʃɔrtnɪs] *s* cortedad, brevedad; escasez, insuficiencia; friabilidad
short-range [ˈʃɔrtˌrendʒ] *adj* de poco alcance
short sale *s* (com.) venta al descubierto, venta a plazo
short shrift *s* tiempo muy breve para confesarse; breve tregua; **to make short shrift of** despachar de prisa, enviar noramala
short-sighted [ˈʃɔrtˈsaɪtɪd] *adj* miope, corto de vista; falto de perspicacia, falto de previsión
shortstop [ˈʃɔrtˌstɑp] *s* (baseball) medio (*jugador que está entre la segunda y tercera bases*); guardabosque, torpedero (Am.)
short story *s* cuento
short suit *s* (cards) fallo
short-tempered [ˈʃɔrtˈtɛmpərd] *adj* de mal genio
short-term [ˈʃɔrtˌtʌrm] *adj* (com.) a corto plazo
short ton *s* tonelada corta o menor (*2000 libras o 907,2 kilogramos*)
short-waisted [ˈʃɔrtˈwestɪd] *adj* corto de talle
short wave *s* (rad.) onda corta
short-wave [ˈʃɔrtˌwev] *adj* (rad.) de onda corta
short-winded [ˈʃɔrtˈwɪndɪd] *adj* corto de resuello
short-witted [ˈʃɔrtˈwɪtɪd] *adj* corto de alcances
shot [ʃɑt] *s* tiro, disparo; balazo (*golpe de bala y herida*); alcance (*distancia*); golpe, tirada, jugada (*en ciertos juegos*); lanzamiento (*de un cohete al espacio*); (min.) barreno; (phot.) instantánea, fotografía; escote (*parte que hay que pagar*); tentativa, conjetura; (sport) pesa (*bola de metal muy pesada*); (slang) dosis, jeringazo, trago; (fig.) tiro (*tirador; indirecta desfavorable contra una persona*); perdigones (*granos de plomo*); munición; **like a shot** como una bala; **long shot** esfuerzo por hacer algo muy difícil; **not by a long shot** ni con mucho, ni por pienso; **to be a good shot** ser un buen tiro, tener buena puntería; **to put the shot** (sport) tirar la pesa; **to start like a shot** salir disparado; **to take a shot at** disparar un tiro a; hacer una tentativa de; **within pistol shot** a tiro de pistola; *adj* tornasolado; **shot through with** cargado de; (*pret & pp:* **shotted**; *ger:* **shotting**) *va* cargar con perdigones, cargar con munición; tornasolar (*un tejido*); *pret & pp de* **shoot**
shote [ʃot] s var. de **shoat**
shotgun [ˈʃɑtˌgʌn] *s* escopeta
shot-put [ˈʃɑtˌpʊt] *s* (sport) tiro de la pesa
should [ʃʊd] *v aux* se emplea para formar (1) el condicional presente, p.ej., **if I should wait for him, I should miss the train** si yo le esperase, perdería el tren; (2) el condicional pasado, p.ej., **if I had waited for him, I should have missed the train** si yo le hubiese esperado, habría perdido el tren; y (3) el modo potencial, p.ej., **he should go at once** debiera salir en seguida; **he should have gone at once** debiera haber salido en seguida
shoulder [ˈʃoldər] *s* hombro; brazuelo (*de res muerta*); (print.) hombro; saliente (*de un bastión; de un camino*); hombrera (*de una prenda de vestir*); **across the shoulder** en bandolera; **on the shoulders of** a hombros de; **straight from the shoulder** con toda franqueza; **to have broad shoulders** tener buenas espaldas; **to put one's shoulders to the wheel** arrimar el hombro; **to square one's shoulders** enderezar los hombros, cuadrarse; **to turn a cold shoulder to** volver las espaldas a, negarse al trato de; **shoulder to shoulder** hombro a hombro; *va* llevar a hombros, cargar sobre los hombros, echar sobre las espaldas; cargar con (*el fusil*); tomar sobre sí, hacerse responsable de; aceptar con resignación; empujar con los hombros para abrirse paso; **shoulder arms** (mil.) armas al hombro
shoulder blade *s* (anat.) escápula, omóplato
shoulder knot *s* dragona
shoulder padding *s* hombrera
shoulder strap *s* (mil.) charretera; presilla (*p.ej., de ropa interior*)
shouldn't [ˈʃʊdənt] contracción de **should not**
shout [ʃaʊt] *s* voz, grito; alboroto, gritería; *va* vocear, gritar; **to shout down** hacer sentar a gritos, hacer callar haciendo mucho alboroto; *vn* dar voces, gritar; alborotar
shove [ʃʌv] *s* empujón; *va* empujar; *vn* dar empujones, avanzar a empujones; **to shove off** alejarse de la costa; (slang) salir, ponerse en marcha
shovel [ˈʃʌvəl] *s* pala; palada (*cantidad que se recoge en una pala de una vez*); sombrero de teja; (*pret & pp:* **-eled** o **-elled;** *ger:* **-eling** o **-elling**) *va* traspalar; construir con pala; espalar (*p.ej., la nieve*); abrir con pala; limpiar con pala; echar en grandes cantidades; *vn* trabajar con pala
shovelboard [ˈʃʌvəlˌbord] *s* var. de **shuffleboard**
shoveler o **shoveller** [ˈʃʌvələr] *s* paleador; (orn.) espátula; (orn.) pato cuchareta, ánade cucharetero (*Spatula clypeata*)
shovelful [ˈʃʌvəlfʊl] *s* palada
shovel hat *s* sombrero de teja
show [ʃo] *s* exhibición, exposición, muestra; espectáculo; (coll.) función (*en el teatro*); sesión (*cada representación de un drama o película*); ostentación; falsa apariencia; prueba, demostración; indicación, signo, señal; apariencia, exterior; alarde (*p.ej., de confianza*); (coll.) ocasión, oportunidad; (slang) equipo, apresto; (coll.) tercer puesto en una carrera; espectáculo ridículo; hazmerreír; **to be the whole show** (coll.) ser el todo; **to make a show of** hacer gala de; **to steal the show from** robar la obra a (*otro actor*) ‖ (*pret:* **showed;** *pp:* **shown** o **showed**) *va* mostrar, enseñar; probar, demostrar; marcar (*p.ej., la hora*); acompañar (*p.ej., a la puerta*); **to show off** hacer alarde de; **to show up** hacer subir; (coll.) desenmascarar ‖ *vn* mostrarse, aparecer, asomar; salir (*p.ej., la combinación*); (coll.) llegar en tercer puesto en una carrera; (theat.) actuar; (theat.) representarse; **to show off** alardear, fachendear; **to show up** destacarse; (coll.) presentarse, dejarse ver
show bill *s* cartel
show biz [bɪz] *s* (slang) var. de **show business**
showboat [ˈʃoˌbot] *s* barco teatro, buque teatro
showbread [ˈʃoˌbrɛd] *s* var. de **shewbread**
show business *s* comercio de los espectáculos; ocupación de actor, empresario, etc.
showcase [ˈʃoˌkes] *s* vitrina, vitrina de exposición
showdown [ˈʃoˌdaʊn] *s* cartas boca arriba; (coll.) revelación forzosa, arreglo terminante
shower [ˈʃaʊər] *s* ducha; aguacero, chaparrón; reunión o fiesta para obsequiar con regalos a una novia próxima a casarse; (fig.) rociada (*p.ej., de balas*); *va* regar; **to shower with favors** colmar de favores; *vn* llover
shower bath *s* ducha, baño de ducha
showery [ˈʃaʊərɪ] *adj* chubascoso, lluvioso
show girl *s* (theat.) corista
showiness [ˈʃo·ɪnɪs] *s* vistosidad, aparatosidad; cursería
showing [ˈʃo·ɪŋ] *s* demostración; exhibición
showman [ˈʃomən] *s* (*pl:* **-men**) director de espectáculos, empresario de teatro, empresario de circo
showmanship [ˈʃomənʃɪp] *s* habilidad para presentar espectáculos; teatralidad
show-off [ˈʃoˌɔf] o [ˈʃoˌɑf] *s* ostentación; (coll.) pinturero, persona muy ostentosa
show of hands *s* votación por manos levantadas
show of strength *s* demostración de fuerza, despliegue de poder

S

showpiece [ˈʃo,pis] *s* objeto expuesto a la vista; objeto de arte sobresaliente
show place *s* sitio o edificio que se exhibe al público por su belleza o lujo
showroom [ˈʃo,rum] o [ˈʃo,rʊm] *s* sala de muestras, sala de exhibición
show window *s* escaparate de tienda; vidriera (Am.)
showy [ˈʃo·ɪ] *adj* (*comp:* **-ier;** *super:* **-iest**) vistoso, ostentoso, aparatoso; cursi
shrank [ʃræŋk] *pret de* **shrink**
shrapnel [ˈʃræpnəl] *s* granada de metralla; metralla
shred [ʃrɛd] *s* triza, jirón, tira; pizca, fragmento; **to be in shreds** estar hecho trizas, estar raído, estar andrajoso; **to tear to shreds** hacer trizas; (*pret & pp:* **shredded** o **shred;** *ger:* **shredding**) *va* hacer trizas, hacer tiras, desmenuzar; deshilar (*carne*)
shrew [ʃru] *s* arpía, mujer regañona, fierecilla; (zool.) musaraña
shrewd [ʃrud] *adj* astuto; vivo, listo, despierto
shrewdness [ˈʃrudnɪs] *s* astucia; viveza
shrewish [ˈʃruɪʃ] *adj* regañona, de mal genio
shrewmouse [ˈʃru,maʊs] *s* (*pl:* **-mice** [,maɪs]) (zool.) musaraña
shriek [ʃrik] *s* chillido, grito agudo; risotada chillona; *vn* chillar
shrievalty [ˈʃrivəltɪ] *s* (*pl:* **-ties**) cargo y jurisdicción de sheriff
shrift [ʃrɪft] *s* confesión
shrike [ʃraɪk] *s* (orn.) alcaudón, verdugo
shrill [ʃrɪl] *adj* chillón, agudo y penetrante; *s* chillido; *vn* chillar
shrilly [ˈʃrɪlɪ] *adv* de manera chillona, con un ruido agudo y penetrante
shrimp [ʃrɪmp] *s* (zool.) camarón; (zool.) crustáceo del género *Crangon;* (fig.) renacuajo (*hombrecillo; persona muy pequeña*)
shrimpfish [ˈʃrɪmp,fɪʃ] *s* (ichth.) centrisco, chocha de mar
shrine [ʃraɪn] *s* relicario; sepulcro de santo; santuario; lugar sagrado (*por ciertos recuerdos, por su historia, etc.*); *va* guardar en un relicario
shrink [ʃrɪŋk] *s* contracción, encogimiento; (*pret:* **shrank** o **shrunk;** *pp:* **shrunk** o **shrunken**) *va* contraer, encoger; **to shrink on** montar en caliente, zunchar en caliente; *vn* contraerse, encogerse; moverse hacia atrás; rehuirse, acobardarse, retirarse
shrinkable [ˈʃrɪŋkəbəl] *adj* contráctil, que se puede contraer o encoger
shrinkage [ˈʃrɪŋkɪdʒ] *s* contracción, encogimiento; disminución, reducción; merma, pérdida
shrive [ʃraɪv] (*pret:* **shrove** o **shrived;** *pp:* **shriven** o **shrived**) *va* imponer la penitencia a, dar la absolución a; confesar; oír en confesión; **to shrive oneself** confesarse y hacer penitencia; *vn* confesarse; oír al penitente
shrivel [ˈʃrɪvəl] (*pret & pp:* **-eled** o **-elled;** *ger:* **-eling** o **-elling**) *va* arrugar, marchitar, fruncir; *vn* arrugarse, marchitarse, fruncirse; **to shrivel up** avellanarse; consumirse
shriven [ˈʃrɪvən] *pp de* **shrive**
shroud [ʃraʊd] *s* mortaja, sudario; cubierta, velo; cuerda de suspensión (*del paracaídas*); (naut.) obenque; *va* amortajar; cubrir, velar
shroud line *s* cuerda de suspensión (*del paracaídas*)
shrove [ʃrov] *pret de* **shrive**
Shrove Monday *s* lunes de carnaval
Shrove Sunday *s* domingo de carnaval
Shrovetide [ˈʃrov,taɪd] *s* carnestolendas
Shrove Tuesday *s* martes de carnaval
shrub [ʃrʌb] *s* (bot.) arbusto; ponche (*bebida*)
shrubbery [ˈʃrʌbərɪ] *s* (*pl:* **-ies**) arbustos; plantío de arbustos
shrubby [ˈʃrʌbɪ] *adj* (*comp:* **-bier;** *super:* **-biest**) arbustivo
shrug [ʃrʌg] *s* encogimiento de hombros; (*pret & pp:* **shrugged;** *ger:* **shrugging**) *va* contraer; **to shrug one's shoulders** encogerse de hombros; *vn* encogerse de hombros
shrunk [ʃrʌŋk] *pret & pp de* **shrink**
shrunken [ˈʃrʌŋkən] *adj* mermado, encogido, arrugado, seco; *pp de* **shrink**
sh-sh [ʃʃ] *interj* ¡chitón!
shuck [ʃʌk] *s* cáscara, vaina, hollejo; *va* descascarar, descortezar; quitar la concha a (*una ostra*)
shudder [ˈʃʌdər] *s* estremecimiento; *vn* estremecerse
shuffle [ˈʃʌfəl] *s* arrastramiento de pies; barajadura (*de naipes*); turno de barajar; movimiento rápido de un lado a otro; evasiva, mala jugada; recomposición; *va* mezclar, mezclar desordenadamente, revolver; arrastrar (*los pies*); barajar (*naipes*); **to shuffle off** deshacerse de; *vn* caminar arrastrando los pies; bailar arrastrando los pies; moverse rápidamente de un lado a otro; barajar; esquivarse por medio de jugarretas; **to shuffle along** ir arrastrando los pies; ir tirando; **to shuffle off** irse arrastrando los pies
shuffleboard [ˈʃʌfəl,bord] *s* juego de tejo; mesa de tejo
shun [ʃʌn] (*pret & pp:* **shunned;** *ger:* **shunning**) *va* esquivar, evitar, apartarse de
shunt [ʃʌnt] *s* desviación; (elec.) derivación; (rail.) aguja, cambio de vía; *va* desviar; apartar, deshacerse de; (rail.) desviar; (elec.) poner en derivación
shunt-wound [ˈʃʌnt,waʊnd] *adj* (elec.) arrollado en derivación
shut [ʃʌt] *adj* cerrado; (phonet.) cerrado; (*pret & pp:* **shut;** *ger:* **shutting**) *va* cerrar, tapar; **to shut down** cerrar (*p.ej., una fábrica*); **to shut in** encerrar; **to shut off** cortar (*electricidad, gas, agua*); **to shut out** impedir la entrada de, cerrar la puerta a; (sport) no permitir a (*el equipo enemigo*) ganar tantos; **to shut up** cerrar bien, tapar; acorralar, aprisionar; (coll.) hacer callar; **to shut up shop** cerrar, alzar o levantar tienda; desistir de una empresa; *vn* cerrarse; **to shut down** parar; **to shut down on** o **upon** (coll.) reprimir, suprimir; **to shut up** (coll.) callarse la boca
shut-down [ˈʃʌt,daʊn] *s* cierre, cesación de trabajo
shut-in [ˈʃʌt,ɪn] *adj* recluso; (psychopath.) aislado; *s* recluso, valetudinario que vive encerrado en su casa o el hospital
shut-out [ˈʃʌt,aʊt] *s* cierre para impedir la entrada; (sport) triunfo en que el contrario no gana un solo tanto
shutter [ˈʃʌtər] *s* cerrador; persiana, celosía; contraventana (*para el exterior de las vidrieras*); cierre metálico (*de escaparate*); (phot.) obturador
shuttle [ˈʃʌtəl] *s* lanzadera; *vn* ir y venir acompasadamente; hacer viajes cortos de ida y vuelta
shuttlecock [ˈʃʌtəl,kɑk] *s* volante
shuttle service *s* servicio de ida y vuelta entre dos estaciones cercanas
shuttle train *s* tren que hace viajes cortos de ida y vuelta
shy [ʃaɪ] *adj* (*comp:* **shyer** *o* **shier;** *super:* **shyest** o **shiest**) tímido, recatado, arisco; asustadizo; cauteloso, prudente; escaso, pobre; (slang) adeudado; **to be shy a dollar** (slang) faltarle a uno un dólar; **to be shy on** (slang) estar escaso de; **to fight shy of** evitar, tratar de evitar; *s* (*pl:* **shies**) echada; respingo; (*pret & pp:* **shied**) *va* arrojar, lanzar; *vn* esquivarse, hacerse a un lado; respingar, espantarse; **to shy at** retroceder ante, respingar al ver, espantarse con; **to shy away** alejarse asustado
shyly [ˈʃaɪlɪ] *adv* tímidamente
shyness [ˈʃaɪnɪs] *s* timidez, recato; miedo; cautela, prudencia, reserva
shyster [ˈʃaɪstər] *s* (coll.) abogado trampista
S.I. abr. de **Staten Island**
si [si] *s* (mus.) si
Siam [saɪˈæm] o [ˈsaɪæm] *s* Siam
Siamese [,saɪəˈmiz] *adj* siamés; *s* (*pl:* **-mese**) siamés
Siamese twins *spl* hermanos siameses
sib [sɪb] *adj* emparentado; *s* parentela; pariente; hermano, hermana
Siberia [saɪˈbɪrɪə] *s* Siberia
Siberian [saɪˈbɪrɪən] *adj & s* siberiano
Siberian sable *s* (zool.) marta cebellina
sibilance [ˈsɪbɪləns] o **sibilancy** [ˈsɪbɪlənsɪ] *s* calidad sibilante

sibilant ['sɪbɪlənt] *adj* sibilante; *s* sonido sibilante; letra sibilante
sibilate ['sɪbɪlet] *vn* silbar
sibling ['sɪblɪŋ] *s* hermano, hermana
sibyl ['sɪbɪl] *s* sibila
sibylline ['sɪbɪlaɪn] o ['sɪbɪlɪn] *adj* sibilino; (fig.) sibilino
Sibylline Books *spl* Libros sibilinos
sic [sɪk] *va* (*pret & pp:* **sicked;** *ger:* **sicking**) atacar; azuzar, abijar (*a un perro*)
Sicanian [sɪ'kenɪən] *adj* sicano
siccative ['sɪkətɪv] *adj & s* secante
Sicilian [sɪ'sɪljən] *adj & s* siciliano
Sicilian Vespers *spl* (hist.) Vísperas sicilianas
Sicily ['sɪsɪlɪ] *s* Sicilia
sick [sɪk] *adj* enfermo; nauseado; pálido, demacrado; cansado, agotado; **the sick** los enfermos; **to be sick of** estar cansado de, estar harto de; **to be sick at one's stomach** tener náuseas; **to take sick** caer enfermo; **sick and tired of** (coll.) harto y cansado de; **sick at heart** afligido de corazón, angustiado; *va* var. de **sic**
sick bay *s* (naut.) enfermería
sickbed ['sɪk,bɛd] *s* lecho de enfermo
sick call *s* visita del médico o clérigo a un enfermo; (mil.) toque de visita médica
sicken ['sɪkən] *va & vn* enfermar
sickening ['sɪkənɪŋ] *adj* nauseabundo; achacoso; repelente
sick headache *s* (path.) jaqueca con náuseas
sickish ['sɪkɪʃ] *adj* enfermucho; nauseabundo
sickle ['sɪkəl] *s* hoz
sick leave *s* licencia por enfermo
sickly ['sɪklɪ] *adj* (*comp:* **-lier;** *super:* **-liest**) enfermizo; pálido, demacrado; apestado
Sick Man of Europe, the el enfermo de Europa (*Turquía*)
sickness ['sɪknɪs] *s* enfermedad; náusea
sick nurse *s* enfermera
sickroom ['sɪk,rum] o ['sɪk,rʊm] *s* cuarto del enfermo
side [saɪd] *s* lado; cara (*de un sólido; de un disco de fonógrafo*); falda (*de una colina*); orilla, margen; facción, partido; campo (*en algún desafío*); bando (*en el bridge*); (geom.) lado; (naut.) costado; **by the side of** al lado de; **on all sides** por todos lados, por todas partes; **on the side** (slang) por añadidura; **the other side of the picture** el revés de la medalla; **to split one's sides** desternillarse de risa; **to take sides** tomar partido; **to take sides with** tomar el partido de, ponerse al lado de; **side by side** juntos, lado a lado; *adj* lateral; de lado; indirecto, oblicuo; secundario; suplementario; *va* echar a un lado; poner costados a; *vn* tomar partido; **to side with** declararse por
side arms *spl* armas de cinto
sidebands ['saɪd,bændz] *spl* (rad.) bandas laterales
sideboard ['saɪd,bord] *s* aparador; adral, tablar (*de un carro*)
sideburns ['saɪd,bʌrnz] *spl* patillas
sidecar ['saɪd,kɑr] *s* cochecito lateral de una motocicleta
side chain *s* (chem.) cadena lateral
side dish *s* plato de entrada
side door *s* puerta lateral; puerta excusada o falsa
side effect *s* (med.) efecto secundario perjudicial de ciertos medicamentos
side face *s* perfil
side glance *s* mirada de soslayo, mirada de través
side issue *s* cuestión secundaria
side-kick ['saɪd,kɪk] *s* (slang) a látere
side light *s* luz lateral; detalle incidental, información incidente
side line *s* línea lateral; negocio accesorio, actividad suplementaria; (tennis) línea de lado; **side lines** *spl* (sport) sitio fuera de las líneas; **on the side lines** sin participar, sin tomar parte
sidelock ['saɪd,lɑk] *s* tufo
sidelong ['saɪd,lɔŋ] o ['saɪd,lɑŋ] *adj* lateral; *adv* lateralmente
side meat *s* tocino, tocino salado
sidenote ['saɪd,not] *s* (print.) ladillo
sidepiece ['saɪd,pis] *s* pieza lateral, parte lateral
sidereal [saɪ'dɪrɪəl] *adj* sidéreo
siderite ['sɪdəraɪt] *s* (mineral.) siderosa, siderita
siderosis [,sɪdə'rosɪs] *s* (path.) siderosis
siderurgical [,sɪdər'ʌrdʒɪkəl] *adj* siderúrgico
siderurgy ['sɪdər,ʌrdʒɪ] *s* siderurgia
sidesaddle ['saɪd,sædəl] *s* sillón, silla de mujer; *adv* a asentadillas, a mujeriegas
side show *s* feria, espectáculo de atracciones, espectáculo del circo; asunto de importancia secundaria
sideslip ['saɪd,slɪp] *s* resbalamiento lateral (*de un neumático*); deslizamiento lateral (*de un avión*); (*pret & pp:* **-slipped;** *ger:* **-slipping**) *vn* resbalar hacia un lado; deslizar hacia un lado
sidesplitting ['saɪd,splɪtɪŋ] *adj* desternillante
side step *s* paso hacia un lado; escalón para subir a un carruaje, embarcación, etc.; (box.) esquivada lateral
side-step ['saɪd,stɛp] (*pret & pp:* **-stepped;** *ger:* **-stepping**) *va* evitar, evadir, esquivar; *vn* dar un paso hacia un lado, hacerse a un lado, esquivarse; retirarse
sideswipe ['saɪd,swaɪp] *s* (coll.) rozadura, tocamiento oblicuo; *va* (coll.) rozar, tocar oblicuamente
sidetrack ['saɪd,træk] *s* (rail.) vía muerta, desviadero, apartadero; *va* desviar (*un tren*); echar a un lado, hacer desviar
side view *s* vista de perfil, vista de lado
sidewalk ['saɪd,wɔk] *s* acera; banqueta, vereda (Am.)
sidewalk café *s* terraza (*café en la acera*)
sidewall ['saɪd,wɔl] *s* (aut.) flanco (*de un neumático*)
sideward ['saɪdwərd] *adj* oblicuo, sesgado; *adv* de lado, hacia un lado
sidewards ['saɪdwərdz] *adv* de lado, hacia un lado
sideway ['saɪd,we] *s* vereda; callejuela; acera; *adj* oblicuo, sesgado; *adv* de lado, oblicuamente; al través; hacia un lado
sideways ['saɪd,wez] *adj* oblicuo, sesgado; *adv* de lado, oblicuamente; al través; hacia un lado
side-wheel ['saɪd,hwil] *adj* de ruedas laterales (*dícese de un barco de vapor*)
side-wheeler ['saɪd,hwilər] *s* (coll.) vapor de ruedas laterales
side whiskers *spl* patillas
sidewinder ['saɪd,waɪndər] *s* (zool.) cerasta, víbora cornuda; (slang) puñetazo fuerte dado de lado; (mil.) proyectil antiaéreo de propulsante sólido (*aire-aire*)
sidewise ['saɪd,waɪz] *adj* oblicuo, sesgado; *adv* de lado, oblicuamente, sesgadamente; al través; hacia un lado
siding ['saɪdɪŋ] *s* (rail.) vía muerta, desviadero, apartadero; entablado de los costados
sidle ['saɪdəl] *vn* ir de lado, moverse de lado y furtivamente; **to sidle up** acercarse de lado para no ser visto
Sidonian [saɪ'donɪən] *adj & s* sidonio
siege [sidʒ] *s* sitio, cerco; (coll.) paso interminable; **to lay siege to** (mil.) poner sitio o cerco a; (fig.) asediar (*p.ej., al corazón de una mujer*); **to raise the siege** (mil.) alzar el cerco, levantar el sitio
siege artillery *s* artillería de sitio
Siege Perilous *s* Silla peligrosa (*en la mesa redonda del rey Artús*)
Siegfried ['sigfrid] *s* Sigfrido
Sienese [,siə'niz] *adj* sienés; *s* (*pl:* **-ese**) sienés
sienna [sɪ'ɛnə] *s* siena, tierra de siena
sierra [sɪ'ɛrə] *s* sierra (*cadena de montes y peñascos cortados*); (ichth.) pintada, sierra
siesta [sɪ'ɛstə] *s* siesta; *vn* sestear
Sieva bean ['sivə] *s* (bot.) frijol iztagapa; chilipuca (*semilla*)
sieve [sɪv] *s* cedazo, tamiz; persona que no sabe guardar secretos; *va* cerner, tamizar
sieve cell *s* (bot.) célula cribosa
sieve disk o **plate** *s* (bot.) placa acribillada
sieve tissue *s* (bot.) tejido criboso
sieve tube o **vessel** *s* (bot.) tubo criboso
sift [sɪft] *va* cerner, cribar; escudriñar, examinar; *vn* servirse de un cedazo; caer de un cedazo, caer como de un cedazo

sifter ['sɪftər] *s* cribador; cedazo, criba, tamiz
sigh [saɪ] *s* suspiro; **to breathe a sigh of relief** respirar, cobrar aliento; *va* decir con suspiros; lamentar; *vn* suspirar; **to sigh for** suspirar por
sight [saɪt] *s* vista, visión; cosa digna de verse; (coll.) espantajo; (coll.) horror, atrocidad; mira (*de arma de fuego, telescopio, etc.*); opinión, juicio; (coll.) gran cantidad, montón; (com.) vista, p.ej., **thirty days sight** treinta días vista; **at first sight** al primer contacto; **at sight** a primera vista; a libro abierto (*dícese de una traducción*); (com.) a la vista; **in sight** visible; **in sight of** a la vista de; **on sight** a primera vista; **out of sight** fuera del alcance de la vista; por las nubes (*dícese de los precios*); **out of sight of** sin ver; sin ser visto por; **to catch sight of** avistar, alcanzar a ver; **to come into sight** aparecer; asomar; **to heave in sight** (naut.) aparecer en el horizonte; **to keep out of sight** no dejar ver; no dejarse ver; **to know by sight** conocer de vista; **to lose sight of** perder de vista; **to not be able to stand the sight of** no poder ver ni en pintura; **to see the sights** visitar los puntos de interés; **sight unseen** sin haberlo visto; *va* avistar, alcanzar con la vista; descubrir con un instrumento óptico, localizar con la vista por medio de un instrumento; *vn* apuntar con una mira; dirigir una visual
sight draft *s* (com.) giro a la vista, letra a la vista
sightless ['saɪtlɪs] *adj* ciego; invisible
sightly ['saɪtlɪ] *adj* (*comp:* **-lier;** *super:* **-liest**) vistoso, hermoso
sight-read ['saɪt,rid] (*pret & pp:* **-read** [,rɛd]) *va* leer a libro abierto; (mus.) ejecutar a la primera lectura; *vn* leer a libro abierto; (mus.) repentizar
sight reader *s* lector a libro abierto; (mus.) repentista
sight reading *s* lectura a libro abierto (*de un idioma extranjero*); (mus.) ejecución a la primera lectura
sightseeing ['saɪt,siɪŋ] *s* excursionismo, turismo, visita de puntos de interés; **to go sightseeing** ir a ver los puntos de interés
sightseeing bus *s* autocar, ómnibus de excursión
sightseer ['saɪt,siər] *s* excursionista, turista
sigma ['sɪgmə] *s* sigma
sigmoid ['sɪgmɔɪd] *adj* sigmoideo
sign [saɪn] *s* signo (*p.ej., de la lluvia*); (astr., math., med., mus. & print.) signo; señal, marca, huella, vestigio; letrero, muestra; **to show signs of** dar muestras de, tener trazas de; **sign of the cross** señal de la cruz; *va* firmar; contratar, hacer firmar; ceder, traspasar mediante escritura; **to sign away** u **over** firmar el traspaso de, firmar la cesión de; **to sign up** ajustar (*para un trabajo o servicio*); *vn* firmar; **to sign off** (rad.) terminar la transmisión; **to sign up** (coll.) firmar el contrato
signal ['sɪgnəl] *s* señal; (rad.) señal; *adj* señalado, notable; (*pret & pp:* **-naled** o **-nalled;** *ger:* **-naling** o **-nalling**) *va* señalar, hacer saber por medio de señales; *vn* hacer señales
signal code *s* código de señales
signal corps *s* (mil.) cuerpo de señales
signal flag *s* bandera de señales
signalize ['sɪgnəlaɪz] *va* distinguir, singularizar
signally ['sɪgnəlɪ] *adv* señaladamente, notablemente
signalman ['sɪgnəl,mæn] *s* (*pl:* **-men**) hombre de señal, señalero; (rail.) guardavía, (rail.) semaforista
signal strength *s* (rad.) fuerza de señal
signal tower *s* torre de señales
signatory ['sɪgnə,torɪ] *adj* signatario, firmante; *s* (*pl:* **-ries**) signatario, firmante
signature ['sɪgnətʃər] *s* firma; (print.) signatura; (print.) pliego con signatura; **over one's signature** bajo su firma
signboard ['saɪn,bord] *s* letrero, cartelón, muestra; (fig.) muestra
signer ['saɪnər] *s* firmante, signatario
signet ['sɪgnɪt] *s* sello; signáculo
signet ring *s* sortija de sello, anillo sigilar
significance [sɪg'nɪfɪkəns] *s* significación
significant [sɪg'nɪfɪkənt] *adj* significativo
signification [,sɪgnɪfɪ'keʃən] *s* significación
significative [sɪg'nɪfɪ,ketɪv] *adj* significativo
signify ['sɪgnɪfaɪ] (*pret & pp:* **-fied**) *va & vn* significar
sign language *s* lenguaje de los signos, dactilología
sign manual *s* firma rubricada, firma de propio puño; sello de individualidad
signory ['sinjərɪ] *s* (*pl:* **-ries**) señorío (*mando; dominio feudal*); señoría (*gobierno de ciertas ciudades italianas medievales; república italiana medieval*)
sign painter *s* pintor de muestras
signpost ['saɪn,post] *s* hito, poste de guía
Sikh [sik] *s* sij
silage ['saɪlɪdʒ] *s* ensilaje
silence ['saɪləns] *s* silencio; **in silence** en silencio; *interj* ¡silencio!; *va* acallar, silenciar, imponer silencio a; (mil.) apagar el fuego de; (mil.) apagar (*el fuego del enemigo*)
silencer ['saɪlənsər] *s* silenciero (*persona*); silenciador (*aparato para armas de fuego, motores de explosión, etc.*)
silent ['saɪlənt] *adj* silencioso; (phonet.) mudo
silent movie *s* (coll.) cine mudo
silent partner *s* (com.) socio comanditario
Silenus [saɪ'linəs] *s* (myth.) Sileno
Silesian [sɪ'liʃən] o [saɪ'liʃən] *adj & s* silesiano o silesio
silex ['saɪlɛks] *s* (mineral.) sílex; (chem.) sílice
silhouette [,sɪlu'ɛt] *s* silueta; **in silhouette** en silueta; *va* siluetar
silica ['sɪlɪkə] *s* (chem.) sílice
silicate ['sɪlɪket] o ['sɪlɪkɪt] *s* (chem.) silicato
siliceous [sɪ'lɪʃəs] *adj* silíceo
silicic [sɪ'lɪsɪk] *adj* (chem.) silícico
silicide ['sɪlɪsaɪd] o ['sɪlɪsɪd] *s* (chem.) siliciuro
silicious [sɪ'lɪʃəs] *adj* var. de **siliceous**
silicle ['sɪlɪkəl] *s* (bot.) silícula
silicon ['sɪlɪkən] *s* (chem.) silicio
silicone ['sɪlɪkon] *s* (chem.) silicón
silicosis [,sɪlɪ'kosɪs] *s* (path.) silicosis
silique [sɪ'lik] o ['sɪlɪk] *s* (bot.) silicua
siliquose ['sɪlɪkwos] o **siliquous** ['sɪlɪkwəs] *adj* (bot.) silicuoso
silk [sɪlk] *s* seda; **to hit the silk** (slang) lanzarse en paracaídas; *adj* sedeño
silkaline [,sɪlkə'lin] *s* sedalina
silk-cotton tree ['sɪlk'kɑtən] *s* (bot.) capoquero
silken ['sɪlkən] *adj* sedeño; asedado; vestido de seda
silk hat *s* sombrero de copa
silk-stocking ['sɪlk,stɑkɪŋ] *adj* aristocrático; *s* aristócrata
silkworm ['sɪlk,wʌrm] *s* gusano de seda
silky ['sɪlkɪ] *adj* (*comp:* **-ier;** *super:* **-iest**) sedoso
sill [sɪl] *s* travesaño, solera; umbral (*de puerta*); antepecho (*de ventana*)
sillabub ['sɪləbʌb] *s* postre hecho de nata, huevos, vino y azúcar
silliness ['sɪlɪnɪs] *s* necedad, tontería
silly ['sɪlɪ] *adj* (*comp:* **-lier;** *super:* **-liest**) necio, tonto; (coll.) patidifuso
silo ['saɪlo] *s* (*pl:* **-los**) (agr.) silo; *va* (agr.) asilar
Siloam [sɪ'loəm] o [saɪ'loəm] *s* (Bib.) Siloé
silt [sɪlt] *s* cieno, sedimento; *va* obstruir con cieno, obstruir con sedimentos; *vn* obstruirse con cieno, obstruirse con sedimentos
silty ['sɪltɪ] *adj* (*comp:* **-ier;** *super:* **-iest**) cenagoso, sedimentoso
Silurian [sɪ'lʊrɪən] *adj & s* (geol.) siluriano o silúrico
silva ['sɪlvə] *s* árboles de un país; tratado sobre los árboles de un país
silvan ['sɪlvən] *adj* var. de **sylvan;** (*cap.*) *s* Silvano
silver ['sɪlvər] *s* (chem.) plata; plata (*moneda o monedas*); plateado (*color*); *adj* plateado; de plata; argentino (*dícese de la voz*); elocuente; *va* platear; azogar (*un espejo*); *vn* platearse
silver age *s* (myth.) edad de plata, siglo de plata

silver fir *s* (bot.) abeto blanco, abeto de hojas de tejo o abeto plateado
silverfish [ˈsɪlvər,fɪʃ] *s* (ent.) pez de plata; (ichth.) pez de colores
silver foil *s* hoja de plata
silver fox *s* (zool.) zorro plateado
silver gilt *s* plata dorada
silver leaf *s* hoja de plata
silver lining *s* aspecto agradable de una condición desgraciada o triste
silver-mounted [ˈsɪlvər,maʊntɪd] *adj* montado en plata; adornado de plata
silver nitrate *s* (chem.) nitrato de plata
silver pheasant *s* (orn.) faisán plateado
silver plate *s* plateado; plato de plata; vajilla de plata
silver-plated [ˈsɪlvərˈpletɪd] *adj* argentado, plateado
silver plating *s* plateado, plateadura
silver screen *s* pantalla plateada; (fig.) pantalla (*el cine*)
silversmith [ˈsɪlvər,smɪθ] *s* platero, orfebre
silver-tongue [ˈsɪlvər,tʌŋ] *s* (coll.) pico de oro
silver-tongued [ˈsɪlvərˈtʌŋd] *adj* elocuente, con el pico de oro
silverware [ˈsɪlvər,wɛr] *s* plata, vajilla de plata
silver wedding *s* bodas de plata
silvery [ˈsɪlvərɪ] *adj* argénteo, argentino
Silvester [sɪlˈvɛstər] *s* Silvestre
Simeon [ˈsɪmɪən] *s* Simeón
simian [ˈsɪmɪən] *adj* símico; *s* (zool.) simio
similar [ˈsɪmɪlər] *adj* similar, semejante
similarity [,sɪmɪˈlærɪtɪ] *s* (*pl:* **-ties**) semejanza
simile [ˈsɪmɪlɪ] *s* (rhet.) símil
similitude [sɪˈmɪlɪtjud] o [sɪˈmɪlɪtud] *s* similitud; símil, comparación; imagen, copia
similor [ˈsɪmɪlər] *s* similor
simitar [ˈsɪmɪtər] *s* var. de **scimitar**
simmer [ˈsɪmər] *va* cocer a fuego lento; *vn* cocer a fuego lento; (fig.) estar a punto de estallar; **to simmer down** (coll.) reducirse lentamente; (coll.) tranquilizarse lentamente
simoleon [sɪˈmolɪən] *s* (slang) dólar
Simon [ˈsaɪmən] *s* Simón
simoniacal [,saɪməˈnaɪəkəl] *adj* simoníaco
Simoniz [ˈsaɪmənaɪz] *s* (trademark) simonización; *va* simonizar
simon-pure [ˈsaɪmənˈpjʊr] *adj* auténtico, puro, genuino, verdadero
simony [ˈsɪmənɪ] o [ˈsaɪmənɪ] *s* simonía
simoom [sɪˈmum] o **simoon** [sɪˈmun] *s* simún
simp [sɪmp] *s* (slang) bobo, mentecato
simper [ˈsɪmpər] *s* sonrisa boba; *va* decir con sonrisa boba, decir con bobería; *vn* sonreír bobamente
simple [ˈsɪmpəl] *adj* simple; *s* simple (*bobo, mentecato; persona mansa e incauta; planta medicinal*); cosa o idea simples; persona de humilde alcurnia; (eccl.) fiesta simple; (pharm.) simple
simple engine *s* máquina de simple expansión
simple equation *s* (alg.) ecuación de primer grado
simple fraction *s* (math.) fracción incompleja
simple-hearted [ˈsɪmpəlˈhɑrtɪd] *adj* inocente, ingenuo
simple interest *s* interés simple
simple machine *s* mecanismo elemental
simple-minded [ˈsɪmpəlˈmaɪndɪd] *adj* estúpido, ignorante; candoroso; idiota, imbécil
simpleness [ˈsɪmpəlnɪs] *s* simplicidad
simple sentence *s* (gram.) oración simple
simple substance *s* (chem.) cuerpo simple (*elemento*)
simpleton [ˈsɪmpəltən] *s* bobo, mentecato
simplicity [sɪmˈplɪsɪtɪ] *s* (*pl:* **-ties**) simplicidad; simpleza (*bobería, necedad*)
simplification [,sɪmplɪfɪˈkeʃən] *s* simplificación
simplify [ˈsɪmplɪfaɪ] (*pret & pp:* **-fied**) *va* simplificar
Simplon tunnel [ˈsɪmplɑn] *s* túnel del Simplón
simply [ˈsɪmplɪ] *adv* simplemente, sencillamente; solamente
simulacrum [,sɪmjəˈlekrəm] *s* (*pl:* **-cra** [krə] o **-crums**) simulacro
simulate [ˈsɪmjəlɪt] o [ˈsɪmjəlet] *adj* simulado; [ˈsɪmjəlet] *va* simular
simulation [,sɪmjəˈleʃən] *s* simulación
simulative [ˈsɪmjə,letɪv] *adj* simulador
simultaneity [,saɪməltəˈniɪtɪ] o [,sɪməltəˈniɪtɪ] *s* simultaneidad
simultaneous [,saɪməlˈtenɪəs] o [,sɪməlˈtenɪəs] *adj* simultáneo
simultaneous equation *s* (alg.) ecuación simultánea
simultaneously [,saɪməlˈtenɪəslɪ] o [,sɪməlˈtenɪəslɪ] *adv* simultáneamente
sin [sɪn] *s* pecado; (*pret & pp:* **sinned**; *ger:* **sinning**) *vn* pecar
Sinai [ˈsaɪnaɪ] o [ˈsaɪnɪaɪ] *s* el Sinaí (*península*); **Mount Sinai** el monte Sinaí
sinapism [ˈsɪnəpɪzəm] *s* sinapismo
since [sɪns] *adv* desde entonces, después; **long since** hace mucho tiempo; *prep* desde; después de; **since when?** ¿desde cuándo?; *conj* desde que; después (de) que; ya que, puesto que
sincere [sɪnˈsɪr] *adj* sincero
sincerity [sɪnˈsɛrɪtɪ] *s* (*pl:* **-ties**) sinceridad
sine [saɪn] *s* (trig.) seno
sinecure [ˈsaɪnɪkjʊr] o [ˈsɪnɪkjʊr] *s* sinecura
sinecurist [ˈsaɪnɪ,kjʊrɪst] o [ˈsɪnɪ,kjʊrɪst] *s* sinecurista
sine curve *s* (math.) curva senoidal
sine die [ˈsaɪnɪˈdaɪɪ] (Lat.) hasta nueva orden, indefinidamente
sine qua non [ˈsaɪnɪkweˈnɑn] *s* (Lat.) condición sin la cual no se hará una cosa, condición indispensable
sinew [ˈsɪnju] *s* tendón; (fig.) fibra, nervio, vigor; (fig.) fuente de energía y vigor
sine wave *s* (phys.) onda senoidal
sinewy [ˈsɪnjəwɪ] *adj* nervoso, nervudo; fuerte, vigoroso
sinful [ˈsɪnfəl] *adj* pecador; pecaminoso (*dícese del acto, la intención, etc.*)
sing. abr. de **singular**
sing [sɪŋ] *s* silbido, zumbido (*p.ej., de un proyectil*); canto; cantata; (*pret:* **sang** o **sung**; *pp:* **sung**) *va* cantar; **to sing to sleep** arrullar, adormecer cantando; *vn* cantar; chillar (*p.ej., los oídos*)
Singapore [ˈsɪŋgəpor], [ˈsɪŋəpor] o [,sɪŋgəˈpor] *s* Singapur
singe [sɪndʒ] *s* chamusquina, socarra; (*ger:* **singeing**) *va* chamuscar, socarrar; quemar ligeramente, quemar las puntas de; sollamar (*un ave*); perjudicar, dañar
singer [ˈsɪŋər] *s* cantante; vocalista (*p.ej., en un café cantante*); pájaro cantor
Singhalese [,sɪŋgəˈliz] *adj* cingalés; *s* (*pl:* **-lese**) cingalés
singing [ˈsɪŋɪŋ] *s* canto; chillido (*en los oídos*)
singing school *s* escuela de canto
single [ˈsɪŋgəl] *adj* uno, único, solo; simple; particular; individual (*p.ej., cuarto en un hotel*); suelto (*ejemplar*); soltero; de soltero; sincero, honrado; (bot.) sencillo; (naut.) single; *s* simple, individuo; (baseball) sencillo; **singles** *spl* (tennis) juego de simples o individuales; *va* escoger, elegir; singularizar; **to single out** separar, entresacar; singularizar, señalar con especialidad; *vn* andar (*un caballo*) a paso fino; (baseball) pasar a primera base
single-acting [ˈsɪŋgəlˈæktɪŋ] *adj* (mach.) de simple efecto
single bed *s* cama camera
single blessedness *s* estado de soltero o soltera
single-breasted [ˈsɪŋgəlˈbrɛstɪd] *adj* sin cruzar, de una hilera de botones, de un solo pecho
single-cut file [ˈsɪŋgəl,kʌt] *s* lima de picadura sencilla
single entry *s* (com.) partida simple
single-eyed [ˈsɪŋgəl,aɪd] *adj* tuerto; clarividente; justo, honrado
single file *s* fila india; **in single file** uno tras otro, de uno en uno, de reata
single-foot [ˈsɪŋgəl,fʊt] *s* paso fino (*de un caballo*); *vn* caminar (*un caballo*) a paso fino
single-handed [ˈsɪŋgəlˈhændɪd] *adj* de una mano; para una persona; sin ayuda
single-hearted [ˈsɪŋgəlˈhɑrtɪd] *adj* sincero, sin doblez; con un solo propósito
single life *s* vida de soltero
single line *s* (aut.) paso único

S

single-minded ['sɪŋgəl'maɪndɪd] *adj* con un solo propósito; ingenuo, sincero
singleness ['sɪŋgəlnɪs] *s* unidad; sencillez, llaneza; sinceridad, honradez; soltería
single-phase ['sɪŋgəl'fez] *adj* (elec.) monofásico
single-pole switch ['sɪŋgəl'pol] *s* (elec.) interruptor unipolar
single room *s* habitación individual, cuarto para una persona
single-seater ['sɪŋgəl'sitər] *s* (aer.) monoplaza, avión de una plaza
single-space ['sɪŋgəl'spes] *adj* a un solo espacio, escrito a un solo espacio
single-stage ['sɪŋgəl'stedʒ] *adj* de etapa única
singlestick ['sɪŋgəl,stɪk] *s* (fencing) bastón; esgrima del bastón; *vn* esgrimir el bastón
singlet ['sɪŋglɪt] *s* camiseta
single tax *s* impuesto único
single-throw switch ['sɪŋgəl'θro] *s* (elec.) interruptor de una caída
singleton ['sɪŋgəltən] *s* (bridge) única carta de un palo
single-track ['sɪŋgəl,træk] *adj* de vía única, de vía sencilla; (coll.) de cortos alcances, de intereses limitados
singletree ['sɪŋgəl,tri] *s* balancín
singsong ['sɪŋ,sɔŋ] o ['sɪŋ,sɑŋ] *s* salmodia, sonsonete, acento cantante; *adj* monótono; *va & vn* salmodiar
singular ['sɪŋgjələr] *adj* singular; (gram.) singular; *s* (gram.) singular
singularity [,sɪŋgjə'lærɪtɪ] *s* (*pl:* **-ties**) singularidad
Sinhalese [,sɪnhə'liz] *adj & s* var. de **Singhalese**
Sinic ['sɪnɪk] *adj* sínico
sinister ['sɪnɪstər] *adj* siniestro (*que está a la mano izquierda; malintencionado; funesto*); (her.) siniestro
sinistral ['sɪnɪstrəl] *adj* siniestro
sinistrorse ['sɪnɪstrɔrs] *adj* (bot.) sinistrorso
sink [sɪŋk] *s* fregadero (*de la cocina*); sumidero, desaguadero; área pantanosa; lugar de vicio y mal vivir; (*pret:* **sank** o **sunk;** *pp:* **sunk**) *va* hundir, sumergir; echar a pique; abrir, cavar (*un pozo*); hincar (*p.ej., los dientes*); enterrar (*un poste*); bajar (*la voz; el precio*); calar (*un cajón hidráulico*); invertir (*mucho dinero*); invertir (*mucho dinero*) perdiéndolo todo; ocultar, suprimir; *vn* hundirse; irse a pique; sumirse (*el agua en la tierra*); sentarse (*p.ej., un edificio*); hundirse (*p.ej., el Sol en el horizonte*); dejarse caer (*en una silla*); descender, desaparecer; menguar, disminuir; decaer (*un enfermo; una llama*)
sinkable ['sɪŋkəbəl] *adj* hundible, sumergible
sinker ['sɪŋkər] *s* plomo (*de las redes de pesca*)
sinkhole ['sɪŋk,hol] *s* agujero de desagüe; hoyo de aguas sucias; lugar de vicio y mal vivir
sinking fund *s* fondo de amortización
sinless ['sɪnlɪs] *adj* impecable, inmaculado, exento de pecado
sinner ['sɪnər] *s* pecador
Sino-American [,saɪnoə'merɪkən] o [,sɪnoə'merɪkən] *adj* chinoamericano
Sino-Japanese [,saɪno,dʒæpə'niz] o [,sɪno,dʒæpə'niz] *adj* sinojaponés
Sinological [,saɪnə'lɑdʒɪkəl] o [,sɪnə'lɑdʒɪkəl] *adj* sinológico
Sinologist [saɪ'nɑlədʒɪst] o [sɪ'nɑlədʒɪst] *s* sinólogo
Sinology [saɪ'nɑlədʒɪ] o [sɪ'nɑlədʒɪ] *s* sinología
sinuate ['sɪnjuet] *adj* sinuoso; (bot.) festoneado
sinuosity [,sɪnjʊ'ɑsɪtɪ] *s* (*pl:* **-ties**) sinuosidad
sinuous ['sɪnjʊəs] *adj* sinuoso
sinus ['saɪnəs] *s* (anat., bot., zool. & path.) seno
sinusitis [,saɪnə'saɪtɪs] *s* (path.) sinusitis
sinusoid ['saɪnəsɔɪd] *s* (math.) sinusoide
sinusoidal [,saɪnə'sɔɪdəl] *adj* sinusoidal
Sion ['saɪən] *s* var. de **Zion**
sip [sɪp] *s* sorbo, trago; (*pret & pp:* **sipped;** *ger:* **sipping**) *va & vn* sorber, beber a tragos
siphon ['saɪfən] *s* sifón; *va* sacar con sifón, trasegar con sifón; pasar a través de un sifón
siphon bottle *s* sifón
siphonogam ['saɪfənəgæm] *s* (bot.) sifonógama
siphonogamic [,saɪfənə'gæmɪk] *adj* (bot.) sifonógamo
sir [sʌr] *s* señor; (*cap.*) *s* sir (*tratamiento honorífico en Inglaterra*)
sire [saɪr] *s* padre, semental; caballo padre; sire (*tratamiento dado primero a los señores y luego sólo al rey*); (poet.) padre, antecesor; (obs.) señor; *va* engendrar
siren ['saɪrən] *s* (aut., phys., myth. & fig.) sirena
sirenian [saɪ'rinɪən] *adj & s* (zool.) sirenio
Sirian ['sɪrɪən] *adj* (astr.) siríaco
Sirius ['sɪrɪəs] *s* (astr.) Sirio
sirloin ['sʌrlɔɪn] *s* solomillo
sirocco [sɪ'rɑko] *s* (*pl:* **-cos**) siroco
sirrah ['sɪrə] *s* (archaic) señoritingo
sirup ['sɪrəp] o ['sʌrəp] *s* var. de **syrup**
sirupy ['sɪrəpɪ] o ['sʌrəpɪ] *adj* var. de **syrupy**
sis [sɪs] *s* (coll.) hermanita
sisal ['saɪsəl] o ['sɪsəl] *s* (bot.) sisal, henequén; cáñamo sisal
sisal hemp *s* cáñamo sisal
sissify ['sɪsɪfaɪ] (*pret & pp:* **-fied**) *va* (coll.) afeminar
sissy ['sɪsɪ] *s* (*pl:* **-sies**) (coll.) hermanita, pequeñita; (coll.) afeminado, maricón, santito
sister ['sɪstər] *s* hermana; *adj* hermano, p.ej., **sister language** lengua hermana; gemelo, p.ej., **sister ship** buque gemelo
sisterhood ['sɪstərhʊd] *s* hermandad, cofradía de mujeres
sister-in-law ['sɪstərɪn,lɔ] *s* (*pl:* **sisters-in-law**) cuñada, hermana política; concuñada
sisterly ['sɪstərlɪ] *adj* como hermana, como hermanas
Sister of Charity o **Sister of Mercy** *s* hermana de la caridad
Sistine ['sɪstin] o ['sɪstɪn] *adj* sixtino
Sistine Chapel *s* Capilla sixtina
sistrum ['sɪstrəm] *s* (*pl:* **-trums** o **-tra** [trə]) (mus.) sistro
Sisyphus ['sɪsɪfəs] *s* (myth.) Sísifo
sit [sɪt] *va* (*pret & pp:* **sat;** *ger:* **sitting**) sentar; montar (*un caballo*); empollar (*huevos*); **to sit out** aguantar hasta el fin; permanecer sentado durante; permanecer más tarde que (*otra persona*); *vn* estar sentado; sentarse; posarse (*el ave sobre una rama*); echarse (*un ave sobre los huevos*); reunirse, celebrar junta; descansar; sentar (*bien o mal un vestido*); **to sit down** sentarse; **to sit in** tomar parte en; **to sit on** o **upon** tomar asiento en (*p.ej., una junta*); tomar parte en; (slang) hacer callar, poner en su lugar; (slang) desairar; **to sit still** estarse quieto; **to sit tight** (coll.) mantenerse firme en su puesto; (coll.) callarse, ocultarse; **to sit up** permanecer sentado; incorporarse (*el que estaba echado*); velar, quedarse en vela; **to sit up and take notice** (coll.) despabilarse
sit-down strike ['sɪt,daʊn] *s* huelga de sentados, huelga de brazos caídos
site [saɪt] *s* sitio, paraje, lugar, local
sit-in ['sɪt,ɪn] *s* huelga de brazos caídos; ocupación de asientos en un local sólo para blancos en protesta contra la discriminación racial
sitology [saɪ'tɑlədʒɪ] *s* sitología
sitter ['sɪtər] *s* persona sentada, pasajero sentado; modelo de pintor o fotógrafo; ave clueca, gallina clueca
sitting ['sɪtɪŋ] *adj* sentado; *s* sentada; estadía (*p.ej., ante un pintor*); **at one sitting** de una sentada
sitting duck *s* pato sentado en el agua (*fácil de matar a tiro de escopeta*); (coll.) blanco de fácil alcance
sitting room *s* sala, sala de estar
situate ['sɪtʃʊet] *va* situar
situation [,sɪtʃʊ'eʃən] o [,sɪtʃə'weʃən] *s* situación; puesto, colocación
situs ['saɪtəs] *s* sitio, situación
sitz bath [sɪts] *s* baño de asiento
six [sɪks] *adj* seis; *s* seis; **at sixes and sevens** en confusión; en desacuerdo; **six o'clock** las seis
sixfold ['sɪks,fold] *adj & s* séxtuplo; *adv* seis veces
six hundred *adj & s* seiscientos

sixpence ['sɪkspəns] *s* seis peniques
sixpenny ['sɪks,penɪ] o ['sɪkspənɪ] *adj* de seis peniques; mezquino, insignificante; de dos pulgadas
sixshooter ['sɪks,ʃutər] *s* revólver de seis tiros
sixteen ['sɪks'tin] *adj & s* dieciséis o diez y seis
sixteenth ['sɪks'tinθ] *adj* décimosexto; dieciseisavo; *s* décimosexto; dieciseisavo; dieciséis (*en las fechas*)
sixteenth note *s* (mus.) semicorchea
sixth [sɪksθ] *adj* sexto; *s* sexto; seis (*en las fechas*); (mus.) sexta
sixthly ['sɪksθlɪ] *adv* en sexto lugar
sixth sense *s* sexto sentido
sixtieth ['sɪkstɪɪθ] *adj & s* sexagésimo; sesentavo
Sixtus ['sɪkstəs] *s* Sixto (*nombre de varios papas*)
sixty ['sɪkstɪ] *adj* sesenta; *s* (*pl:* **-ties**) sesenta
sixty-four dollar question ['sɪkstɪ'for] *s* (la) pregunta principal y más difícil (*de un programa de radio o televisión*)
sixty-fourth note ['sɪkstɪ'forθ] *s* (mus.) semifusa
sizable ['saɪzəbəl] *adj* considerable, bastante grande
size [saɪz] *s* tamaño; dimensiones; talla (*de una persona, un vestido*); extensión; diámetro (*de un tubo, alambre, etc.*); apresto (*para empapelar, pintar, etc.*); sisa, cola de retazo (*de los doradores*); (coll.) verdadera situación o condición; **of a size** del mismo tamaño; *va* clasificar según el tamaño; medir el tamaño de; aprestar (*para empapelar*); sisar, encolar; **to size up** enfocar (*un problema*); medir con la vista (*a una persona*)
sizeable ['saɪzəbəl] *adj* var. de **sizable**
size stick *s* cartabón, marco (*para medir la longitud del pie*)
sizing ['saɪzɪŋ] *s* apresto (*para empapelar, pintar, etc.*); sisa, cola de retazo
sizy ['saɪzɪ] *adj* glutinoso, pegajoso, viscoso
sizz [sɪz] *s* silbido, siseo; *vn* silbar, sisear
sizzle ['sɪzəl] *s* siseo (*de la manteca al freírse*); *vn* sisear
S.J. abr. de **Society of Jesus**
S.J.D. abr. de **Scientiae Juridicae Doctor** (Lat.) **Doctor of Juridical Science**
skald [skɔld] o [skɑld] *s* escaldo (*bardo de la Escandinavia antigua*)
skate [sket] *s* patín; (ichth.) raya; (slang) adefesio, tipo; (slang) caballejo, rocín; *vn* patinar; **to skate on thin ice** buscar el peligro; usar de argumentos infundados; **to skate over** mencionar muy por encima, pasar por alto
skatemobile ['sketmo,bil] *s* patinete montado sobre patines
skater ['sketər] *s* patinador
skating ['sketɪŋ] *s* patinaje
skating rink *s* patinadero, pista de patinar
skedaddle [skɪ'dædəl] *vn* (coll.) huir precipitadamente
skee [ski] *s & vn* var. de **ski**
skein [sken] madeja; enredo, maraña; bandada de aves silvestres
skeletal ['skelɪtəl] *adj* esquelético
skeleton ['skelɪtən] *s* esqueleto; (fig.) esqueleto (*sujeto muy flaco; bosquejo*); *adj* esquelético; reducido
skeletonize ['skelɪtənaɪz] *va* reducir a un esqueleto; preparar el esqueleto de; bosquejar; reducir
skeleton key *s* llave maestra
skeptic ['skeptɪk] *adj & s* escéptico
skeptical ['skeptɪkəl] *adj* escéptico
skepticism ['skeptɪsɪzəm] *s* escepticismo
sketch [sketʃ] *s* boceto, croquis, dibujo; bosquejo, esbozo, esquicio; drama corto, pieza corta; *va* hacer el bosquejo de, dibujar; bosquejar, esbozar, esquiciar
sketchbook ['sketʃ,buk] *s* libro de bocetos; libro de bosquejos
sketchy ['sketʃɪ] *adj* (*comp:* **-ier**; *super:* **-iest**) bosquejado; incompleto, fragmentario; galopeado
skew [skju] *s* esviaje, curso oblicuo, posición oblicua, desviación de la línea recta; *adj* oblicuo, sesgado; *va* sesgar; falsear, tergiversar; *vn* torcerse, ponerse al sesgo
skewback ['skju,bæk] *s* (arch.) salmer
skewer ['skjuər] *s* (cook.) broqueta; *va* espetar; sujetar por medio de broquetas; traspasar con aguja o estaquilla
ski [ski] o [ʃi] *s* (*pl:* **skis** o **ski**) esquí; *vn* esquiar
skid [skɪd] *s* resbalón, deslizamiento (*de un coche*); patinaje, patinazo (*de una rueda*); calzo; galga (*palo que sirve de freno*); (naut.) varadera; (aer.) esquí, patín; **to be on the skids** (slang) ir decayendo; ir fatalmente hacia un desastre; (*pret & pp:* **skidded;** *ger:* **skidding**) *va* calzar; *vn* resbalar, deslizarse (*un coche*); patinar (*una rueda*)
skid chain *s* cadena para impedir el patinaje
skiddy ['skɪdɪ] *adj* (coll.) resbaladizo; (coll.) resbalador
skid road *s* camino de arrastre; camino con trozas transversales
skid row [ro] *s* barrio de mala vida
skier ['skiər] o ['ʃiər] *s* esquiador
skiff [skɪf] *s* esquife
skiing ['skiɪŋ] o ['ʃiɪŋ] *s* esquiismo
skijoring [ski'dʒorɪŋ] *s* esquí remolcado
ski jump *s* salto de esquí; cancha de esquiar; trampolín
skill [skɪl] *s* pericia, destreza, habilidad
skilled [skɪld] *adj* experto, práctico, hábil, diestro; de experto
skillet ['skɪlɪt] *s* sartén; cacerola de mango largo
skillful o **skilful** ['skɪlfəl] *adj* experto, hábil, diestro, primoroso; de experto, de perito
skim [skɪm] *s* nata, escoria; (*pret & pp:* **skimmed;** *ger:* **skimming**) *va* desnatar, escoriar, espumar; rasar, rozar; tocar ligeramente, examinar ligeramente; *vn* deslizar; rozar; **to skim over** pasar rasando, pasar a la ligera; examinar ligeramente
ski mask *s* pasamontaña
skimmer ['skɪmər] *s* espumador; espumadera (*paleta cóncava*); canotié; (orn.) rayador, picotijera
skim milk *s* leche desnatada
skim-milk ['skɪm'mɪlk] *adj* débil, flojo, de inferior calidad
skimp [skɪmp] *s* escatimar, escasear; chapucear; *vn* economizar, apretarse; chapucear
skimpy ['skɪmpɪ] *adj* (*comp:* **-ier;** *super:* **-iest**) escaso; tacaño, mezquino
skin [skɪn] *s* piel; pellejo (*receptáculo para líquidos*); forro de acero (*de una nave*); (coll.) pillo, tramposo; (coll.) tacaño, avaro; **in** o **with a whole skin** ileso, sano y salvo; **to be nothing but skin and bones** estar hecho una oblea, estar en los huesos; **to get soaked to the skin** calarse hasta los huesos; **to save one's skin** salvar el pellejo; (*pret & pp:* **skinned;** *ger:* **skinning**) *va* pelar, desollar; escoriarse (*el codo*); (coll.) timar; cubrir de piel; **to skin alive** (coll.) desollar vivo (*hacer pagar más de lo justo*); torturar, martirizar; regañar severamente; vencer completamente; *vn* perder la piel; cubrirse de piel, cubrirse de pellejo; cicatrizarse; (slang) escabullirse
skin-deep ['skɪn'dip] *adj* superficial; *adv* superficialmente
skin diver *s* submarinista
skin diving *s* submarinismo
skin effect *s* (elec.) efecto pelicular
skinflint ['skɪn,flɪnt] *s* avaro, escasero
skinful ['skɪnful] *s* contenido de un pellejo; (coll.) hartazgo, panzada; (coll.) hartazgo de bebida
skin game *s* (slang) fullería
skin grafting *s* (surg.) injerto cutáneo
skink [skɪŋk] *s* (zool.) escinco
skinner ['skɪnər] *s* desollador; peletero
skinny ['skɪnɪ] *adj* (*comp:* **-nier;** *super:* **-niest**) flaco, magro, seco, enjuto; pellejudo
skin-tight ['skɪn'taɪt] *adj* ajustado al cuerpo
skip [skɪp] *s* salto; (*pret & pp:* **skipped;** *ger:* **skipping**) *va* saltar; *vn* saltar; saltar espacios (*la máquina de escribir*); irse precipitadamente; moverse saltando; (coll.) escabullirse
skip bombing *s* (aer.) bombardeo de rebote
skip distance *s* (rad.) distancia de la zona intermedia de mala recepción o silencio

S

skipjack ['skɪp,dʒæk] *s* (ichth.) pez saltador; (ent.) cucuyo
ski pole *s* bastón de esquiar
skipper ['skɪpər] *s* saltador; jefe, caudillo; patrón (*de barco*); gusano del queso; (ent.) hesperia; *va* patronear (*un barco*)
skipping rope *s* comba, saltador
skip-stop ['skɪp,stɑp] *adj* (*tren*) que salta ciertas estaciones, (*ascensor*) que salta ciertos pisos
skirmish ['skʌrmɪʃ] *s* escaramuza; *vn* escaramuzar
skirmisher ['skʌrmɪʃər] *s* escaramuzador
skirmish line *s* (mil.) línea de escaramuza
skirret ['skɪrɪt] *s* (bot.) escaravia
skirt [skʌrt] *s* falda; borde, orilla; oreja de cuero (*de la silla de montar*); (slang) falda (*mujer*); *va* proveer de falda; proveer de borde u orilla; bordear, seguir el borde o la orilla de; mantenerse fuera del alcance de, moverse a lo largo de; *vn* moverse al borde, estar al margen
skirting ['skʌrtɪŋ] *s* material para faldas
ski stick *s* var. de **ski pole**
skit [skɪt] *s* boceto satírico, boceto burlesco, paso cómico, pasillo
skitter ['skɪtər] *va* hacer saltar (*el anzuelo*) ligeramente sobre la superficie del agua; *vn* saltar ligeramente, deslizarse saltando
skittish ['skɪtɪʃ] *adj* caprichoso; asustadizo; tímido
skittles ['skɪtəlz] *s* juego de bolos
skive [skaɪv] *s* disco para pulir diamantes; *va* pulir (*diamantes*); raspar (*cueros*); cortar (*cueros*) en capas finas
Skr. abr. de **Sanskrit**
skua ['skjuə] *s* (orn.) estercorario
skulduggery [skʌl'dʌgərɪ] *s* (coll.) trampa, embuste
skulk [skʌlk] *s* remolón; *vn* remolonear; moverse en la sombra, acechar sin ser visto
skull [skʌl] *s* cráneo, calavera; cabeza; cerebro
skull and crossbones *spl* calavera y dos huesos cruzados, calavera con dos tibias cruzadas (*insignia en la bandera de los piratas y ahora señal del veneno y peligro de muerte*)
skullcap ['skʌl,kæp] *s* casquete; (anat.) sincipucio, coronilla
skunk [skʌŋk] *s* (zool.) mofeta; (zool.) zorrillo, mapurite (Am.); (coll.) canalla (*persona*)
skunk cabbage *s* (bot.) simplocarpo
sky [skaɪ] *s* (*pl:* **skies**) cielo; (paint.) cielo; **out of a clear sky** de buenas a primeras, inesperadamente; **to praise to the skies** poner por las nubes, poner en el cielo
sky blue *s* azul celeste
sky-blue ['skaɪ'blu] *adj* celeste
sky diving *s* (sport) paracaidismo
skyey ['skaɪɪ] *adj* celeste, etéreo
sky-high ['skaɪ'haɪ] *adj & adv* tan alto como el cielo; por las nubes
skylark ['skaɪ,lɑrk] *s* (orn.) alondra; *vn* jaranear, juguetear, triscar
skylight ['skaɪ,laɪt] *s* tragaluz
skyline ['skaɪ,laɪn] *s* línea del horizonte, línea de los edificios contra el cielo
sky pilot *s* (slang) clérigo, capellán
skyrocket ['skaɪ,rɑkɪt] *s* cohete; *vn* subir como un cohete, lucirse y desaparecer; alcanzar gran altura rápida y súbitamente; elevarse súbitamente (*los precios*)
skysail ['skaɪsəl] o ['skaɪ,sel] *s* (naut.) periquito, sosobre
skyscraper ['skaɪ,skrepər] *s* rascacielos
skyward ['skaɪwərd] *adj* que se dirige hacia el cielo; *adv* hacia el cielo
skywards ['skaɪwərdz] *adv* hacia el cielo
skywriting ['skaɪ,raɪtɪŋ] *s* escritura aérea
slab [slæb] *s* losa; tabla, tablón, plancha; tajada gruesa (*p.ej., de carne*); costero (*tabla inmediata a la corteza*)
slabber ['slæbər] *s, va & vn* var. de **slobber**
slack [slæk] *adj* flojo; tardo, lento, perezoso; negligente, descuidado; inactivo; *s* flojedad; estado flojo; inactividad; estación muerta, temporada inactiva; cisco (*polvo de carbón*); aguas represadas; **slacks** *spl* pantalones flojos o sueltos; *va* aflojar; apagar (*la cal*); *vn* atrasarse; descuidarse; **to slack off** aflojar; **to slack up** aflojar el paso
slacken ['slæken] *va* aflojar; atrasar; disminuir; descuidar; apagar (*la cal*); *vn* aflojarse; atrasarse; aflojar, dejarse ir
slacker ['slækər] *s* haragán, perezoso; (mil.) prófugo
slackness ['slæknɪs] *s* flojedad; negligencia; inactividad
slack rope *s* cuerda floja
slack water *s* (naut.) repunte de la marea; aguas semiestancadas
slag [slæg] *s* escoria; (*pret & pp:* **slagged;** *ger:* **slagging**) *va* convertir en escoria; *vn* formarse escoria; hacerse escoria
slaggy ['slægɪ] *adj* escoriáceo
slain [slen] *pp de* **slay**
slake [slek] *va* aplacar, calmar; apagar (*la cal*); *vn* aflojar, dejarse ir; apagarse (*la cal*)
slalom ['slɑlom] *s* eslalom
slam [slæm] *s* golpe; portazo; (coll.) crítica acerba; (bridge) bola, slam; (*pret & pp:* **slammed;** *ger:* **slamming**) *va* cerrar de golpe; mover, golpear o empujar estrepitosamente; (coll.) criticar acerbamente; *vn* cerrarse de golpe
slam-bang ['slæm'bæŋ] *adv* (coll.) de golpe y porrazo
slander ['slændər] *s* calumnia, difamación; *va* calumniar, difamar
slanderer ['slændərər] *s* calumniador, difamador
slanderous ['slændərəs] *adj* calumnioso, difamatorio
slang [slæŋ] *s* vulgarismo; jerga (*lenguaje especial de un grupo*)
slangy ['slæŋɪ] *adj* (*comp:* **-ier;** *super:* **-iest**) que emplea vulgarismos; lleno de vulgarismos
slant [slænt] *s* inclinación; parecer, punto de vista; *va* inclinar, sesgar; tergiversar, deformar (*p.ej., una noticia*); *vn* inclinarse, sesgarse
slantways ['slænt,wez] *adv* inclinadamente, sesgadamente
slantwise ['slænt,waɪz] *adj* inclinado, sesgado; *adv* inclinadamente, sesgadamente
slap [slæp] *s* palmada, manazo; bofetada (*golpe en la cara*); regaño, recriminación; insulto, desaire; (coll.) prueba, ensayo; *adv* directamente; súbitamente; (*pret & pp:* **slapped;** *ger:* **slapping**) *va* dar una palmada a, dar un manazo a; dar una bofetada a; poner con fuerza y ruidosamente
slapdash ['slæp,dæʃ] *s* trabajo descuidado, chapucería; *adj* descuidado, chapucero; *adv* con descuido, apresuradamente
slap in the back *s* espaldarazo
slapjack ['slæp,dʒæk] *s* torta frita en la sartén
slapstick ['slæp,stɪk] *s* paleta de payaso o cómico; comedia de golpe y porrazo, comedia de payasadas; *adj* de golpe y porrazo, de payasadas
slash [slæʃ] *s* tajo, tajada; cuchillada; azote; claro en un bosque; montón de hojas y ramas secas; (sew.) cuchillada; *va* acuchillar; dar un tajo a; hacer fuerte rebaja de (*precios, sueldos, etc.*); azotar; criticar acerbamente; cortar extensamente; acuchillar (*una prenda de vestir*)
slat [slæt] *s* hoja, lámina, tablilla
slate [slet] *s* pizarra; negro azulado, color de pizarra; candidatura, lista de candidatos; **to have a clean slate** tener las manos limpias; **to wipe the slate clean** empezar de nuevo; *adj* negro azulado, color pizarra; *va* empizarrar, cubrir de pizarra; poner en la lista de candidatos
slate pencil *s* pizarrín
slater ['sletər] *s* pizarrero; (zool.) cochinilla de humedad, cochinilla de tierra
slate roof *s* empizarrado
slattern ['slætərn] *s* mujer desaliñada
slatternly ['slætərnlɪ] *adj* desaliñado
slaty ['sletɪ] *adj* (*comp:* **-ier;** *super:* **-iest**) pizarreño
slaughter ['slɔtər] *s* matanza, carnicería; *va* matar; carnear (Am.)
slaughter house *s* matadero
slaughter of the innocents *s* degollación de los inocentes
slaughterous ['slɔtərəs] *adj* mortífero, destructivo
Slav [slɑv] o [slæv] *adj & s* eslavo
slave [slev] *s & adj* esclavo; *vn* trabajar como esclavo
Slave Coast *s* Costa de los Esclavos

slave driver *s* negrero; (fig.) negrero, persona despótica que agobia de trabajo a otra
slaveholder ['slev,holdər] *s* dueño de esclavos
slaveholding ['slev,holdɪŋ] *adj* que posee esclavos; *s* posesión de esclavos
slave labor *s* trabajo de esclavos; trabajadores forzados
slaver ['slevər] *s* negrero; barco negrero; ['slævər] *s* baba; *va* babosear; *vn* babear
slavery ['slevərɪ] *s* esclavitud
slave trade *s* trata de esclavos, tráfico de esclavos
slavey ['slevɪ] *s* (coll.) criada, fregona
Slavic ['slɑvɪk] o ['slævɪk] *adj* eslavo; *s* eslavo (*idioma*)
slavish ['slevɪʃ] *adj* servil; esclavizado
Slavonia [slə'vonɪə] *s* Eslavonia
Slavonian [slə'vonɪən] *adj* & *s* eslavonio; eslavo
Slavonic [slə'vɑnɪk] *adj* eslavo; eslavonio; *s* eslavo
slaw [slɔ] *s* ensalada de col cortada muy fina
slay [sle] (*pret:* **slew;** *pp:* **slain**) *va* matar
slayer ['sleər] *s* matador, asesino
sleave [sliv] *s* hilacha; *va* deshilachar
sleazy ['slizɪ] o ['slezɪ] *adj* (*comp:* **-zier;** *super:* **-ziest**) débil, ligero, tenue
sled [slɛd] *s* luge, trineo; (*pret & pp:* **sledded;** *ger:* **sledding**) *va* llevar en trineo; *vn* ir en trineo
sledding ['slɛdɪŋ] *s* transportación en trineo, uso del trineo; **hard sledding** camino dificultoso, circunstancias poco favorables; **smooth sledding** circunstancias favorables
sledge [slɛdʒ] *s* acotillo; trineo; *va* transportar en trineo; *vn* ir o pasear en trineo
sledge hammer *s* acotillo; cosa fuerte y aplastante
sledge-hammer ['slɛdʒ,hæmər] *adj* fuerte y aplastante; *va* & *vn* golpear con fuerza con acotillo o como si fuera con acotillo
sleek [slik] *adj* liso y brillante, alisado y suave; mañoso, zalamero; *va* alisar y pulir; suavizar
sleep [slip] *s* sueño; **to be overcome with sleep** caerse de sueño; **to go to sleep** dormirse; dormirse o morirse (*entorpecerse un miembro*); **to put to sleep** adormecer, dormir; matar por anestesia (*p.ej., a un perro enfermo*); **to read someone to sleep** adormecerle a uno leyendo; **to talk to sleep** adormecer hablando; (*pret & pp:* **slept**) *va* pasar durmiendo; **to sleep away** pasar durmiendo; **to sleep off** dormir (*p.ej., una borrachera*); *vn* dormir; **to sleep over** trasnochar, dormir sobre
sleeper ['slipər] *s* durmiente (*persona; traviesa de la vía férrea*); coche-cama, coche-dormitorio
sleeper seat *s* (aer. & rail.) butacama
sleepiness ['slipɪnɪs] *s* somnolencia
sleeping ['slipɪŋ] *adj* durmiente; de dormir, para dormir
sleeping bag *s* saco para dormir (*a la intemperie*)
Sleeping Beauty *s* la Bella durmiente del bosque
sleeping car *s* coche-cama, coche-dormitorio, vagón cama
sleeping partner *s* (com.) socio comanditario
sleeping pill *s* píldora para dormir
sleeping powder *s* polvos calmantes, polvos para dormir
sleeping sickness *s* (path.) enfermedad del sueño
sleepless ['sliplɪs] *adj* insomne, desvelado; despierto, vivo; sin dormir; pasado en vela
sleeplessness ['sliplɪsnɪs] *s* insomnio, desvelo
sleepwalker ['slip,wɔkər] *s* sonámbulo
sleepwalking ['slip,wɔkɪŋ] *s* sonambulismo; *adj* sonámbulo
sleepy ['slipɪ] *adj* (*comp:* **-ier;** *super:* **-iest**) soñoliento; **to be sleepy** tener sueño
sleepyhead ['slipɪ,hɛd] *s* dormilón
sleet [slit] *s* cellisca, nevisca; *vn* cellisquear, neviscar
sleety ['slitɪ] *adj* (*comp:* **-ier;** *super:* **-iest**) de cellisca; lleno de cellisca, cubierto de cellisca
sleeve [sliv] *s* manga; (mach.) manguito; **to laugh in** o **up one's sleeve** reírse interiormente, reírse para sí; **up one's sleeve** en reserva
sleeveless ['slivlɪs] *adj* sin mangas
sleigh [sle] *s* trineo; *va* transportar en trineo; *vn* pasearse en trineo
sleigh bell *s* cascabel
sleighing ['sleɪŋ] *s* paseo en trineo; estado de las carreteras que permite ir en trineo sobre ellas
sleigh ride *s* paseo en trineo
sleight [slaɪt] *s* destreza, pericia, habilidad; ardid, artificio
sleight of hand *s* juego de manos, prestidigitación
slender ['slɛndər] *adj* delgado, flaco; escaso, insuficiente
slept [slɛpt] *pret & pp de* **sleep**
sleuth [sluθ] *s* sabueso (*perro y detective*); *vn* andar espiando, andar acechando, seguir un rastro o una huella
sleuthhound ['sluθ,haʊnd] *s* sabueso; (coll.) sabueso (*detective*)
slew [slu] *s* ciénaga; vuelta rápida; (coll.) montón, gran cantidad; *va* volver, torcer; *vn* volverse, torcerse; *pret de* **slay**
slice [slaɪs] *s* rebanada, tajada; gajo (*p.ej., de naranja*); trozo, pedazo; (cook.) estrelladera, pala; *va* rebanar, tajar; cortar; dividir
slice bar *s* limpiaparrilla
sliced peaches *spl* melocotones en tajadas
slicer ['slaɪsər] *s* rebanador (*persona o máquina*)
slicing machine *s* rebanador o rebanadora
slick [slɪk] *s* lugar aceitoso y lustroso (*en el agua*); *adj* liso y brillante; aceitoso y lustroso; meloso, suave, pulido; (coll.) astuto, mañoso; *adv* directamente; (coll.) astutamente, con maña; *va* alisar, pulir
slickenside ['slɪkən,saɪd] *s* (geol.) espejo de falla, superficie de deslizamiento
slicker ['slɪkər] *s* impermeable; (coll.) embaucador, galafate
slid [slɪd] *pret & pp de* **slide**
slidden ['slɪdən] *pp de* **slide**
slide [slaɪd] *s* resbalón; resbaladero; derrumbamiento; derrumbamiento de tierra; alud; portaobjeto, plaquilla de vidrio (*para microscopio*); desliz (*superficie lisa*); diapositiva, transparencia; cursor, reglilla (*de regla de cálculo*); (mus.) tubo en forma de U; (mus.) grupeto (*de notas*); (mus.) trasporte; (mach.) cursor; *adj* de cursor; (*pret & pp:* **slid;** *pp:* **slid** o **slidden**) *va* deslizar, hacer resbalar; *vn* deslizar, resbalar; **to let slide** dejar pasar, no hacer caso de, no ocuparse de; **to slide over** pasar ligeramente, recorrer superficialmente
slide caliper *s* pie de rey
slide fastener *s* cierre cremallera
slide rule *s* nonio, regla de cálculo
slide valve *s* (mach.) corredera, distribuidor, válvula corrediza
sliding ['slaɪdɪŋ] *s* deslizamiento; *adj* corredizo; móvil, graduado
sliding contact *s* (elec.) cursor
sliding door *s* puerta de corredera
sliding scale *s* (econ.) escala móvil (*p.ej., de salarios*); regla de cálculo
slight [slaɪt] *s* descuido, desatención; desaire, menosprecio; *adj* delgado; sutil, delicado; leve, ligero; pequeño, insignificante; escaso; *va* descuidar, desatender; desairar, menospreciar
slily ['slaɪlɪ] *adv* var. de **slyly**
slim [slɪm] *adj* (*comp:* **slimmer;** *super:* **slimmest**) delgado; leve, débil, pequeño
slime [slaɪm] *s* légamo; baba (*de las culebras, los peces, etc.*); porquería
slimmish ['slɪmɪʃ] *adj* algo delgado
slimy ['slaɪmɪ] *adj* (*comp:* **-ier;** *super:* **-iest**) legamoso, pecinoso; baboso, viscoso; puerco, sucio
sling [slɪŋ] *s* honda (*para tirar piedras*); cabestrillo (*para sostener el brazo lastimado*); hondazo, tirada de honda, golpe dado con una honda; (naut.) braga; (naut.) eslinga; **slings** *spl* grátil (*parte central de la verga*); (*pret & pp:* **slung**) *va* lanzar con una honda; lanzar, tirar; poner en cabestrillo; colgar flojamente; (naut.) embragar; (naut.) eslingar
slinger ['slɪŋər] *s* hondero; lanzador, pedrero; cargador que emplea eslinga

S

slingshot [ˈslɪŋ,ʃɑt] *s* honda, tirador
slink [slɪŋk] (*pret & pp:* **slunk**) *vn* andar furtivamente; **to slink away** escurrirse, escabullirse
slip [slɪp] *s* resbalón, desliz; falta, error, desliz; lapso; embarcadero; grada (*plano inclinado, donde se construyen los barcos*); funda (*de muebles, de almohada*); papeleta, pedazo de papel; sarmiento (*para transplantar*); combinación (*prenda de vestir*); huída, evasión; traílla (*de perro*); (min. & geol.) dislocación; persona joven y menuda de cuerpo; **to give the slip to** escaparse de, burlar la vigilancia de ‖ (*pret & pp:* **slipped;** *ger:* **slipping**) *va* deslizar; dejar escapar; pasar por alto; soltar (*un perro*); poner rápidamente; quitar rápidamente; dislocarse (*un hueso*); decir inadvertidamente; eludir, evadir; **to slip off** (coll.) quitarse de prisa; **to slip on** (coll.) ponerse de prisa; **to slip one over on** (coll.) jugar una mala pasada a; **to slip one's mind** olvidársele a uno ‖ *vn* escurrirse; borrarse de la memoria; deslizarse; tropezar; errar, equivocarse; (coll.) declinar, deteriorarse; **to let slip** dejar pasar; decir inadvertidamente; **to slip away** escurrirse, escabullirse; **to slip by** pasar inadvertido; pasar rápidamente (*p.ej., el tiempo*); **to slip out of one's hands** escurrirse de entre las manos; **to slip through** colarse; **to slip through one's fingers** írsele a uno de entre las manos; **to slip up** (coll.) equivocarse, errar
slipcase [ˈslɪp,kes] *s* estuche (*para guardar libros*)
slip cover *s* funda
slip knot *s* nudo corredizo
slip of the pen *s* error de pluma
slip of the tongue *s* error de lengua
slip-on [ˈslɪp,ɑn] *s* prenda de vestir que se pone por la cabeza; prenda de vestir de quitaipón
slipper [ˈslɪpər] *s* zapatilla, babucha
slippered [ˈslɪpərd] *adj* calzado con zapatillas
slippering [ˈslɪpərɪŋ] *s* pantuflazo
slippery [ˈslɪpərɪ] *adj* deslizadizo, resbaladizo; astuto, zorro; **to be as slippery as an eel** escurrirse como una anguila
slippery elm (bot.) olmo norteamericano (*Ulmus fulva*); corteza de *Ulmus fulva* empleada como demulcente
slipshod [ˈslɪp,ʃɑd] *adj* en chancletas; desaseado, desaliñado; arrastrando los pies
slipslop [ˈslɪp,slɑp] *s* (coll.) aguachirle
slip stream *s* (aer.) viento de la hélice
slip-up [ˈslɪp,ʌp] *s* (coll.) error, equivocación
slit [slɪt] *s* raja, hendedura; cortada, incisión; (*pret & pp:* **slit;** *ger:* **slitting**) *va* rajar, hender; cortar
slit-eyed [ˈslɪt,aɪd] *adj* de ojos almendrados
slither [ˈslɪðər] *s* desliz súbito e irregular; *vn* rodar, deslizarse, culebrear
slit skirt *s* falda hendida, falda de tubo (*con abertura*)
sliver [ˈslɪvər] *s* raja (*de madera*); fibra de algodón o lana en hebras; *va* cortar en rajas; separar en hebras
slob [slɑb] *s* (slang) sujeto desaseado, sujeto desmañado
slobber [ˈslɑbər] *s* baba; sensiblería; *va* babosear; *vn* babear; hablar con sensiblería
slobbery [ˈslɑbərɪ] *adj* baboso; húmedo
sloe [slo] *s* (bot.) endrino (*arbusto*); endrina (*fruto*)
sloe-colored [ˈslo,kʌlərd] *adj* endrino
sloe-eyed [ˈslo,aɪd] *adj* de ojos endrinos
sloe gin *s* ginebra de endrinas
slog [slɑg] *s* golpetazo; (*pret & pp:* **slogged;** *ger:* **slogging**) *va* golpear; *vn* (coll.) afanarse, trabajar con ahinco
slogan [ˈslogən] *s* lema, mote; grito de combate, grito de guerra
sloop [slup] *s* (naut.) balandra
slop [slɑp] *s* mojadura, líquido derramado en el suelo; zupia, gacha; **slops** *spl* agua sucia; ropa barata y mal hecha; pantalones holgados; (naut.) pacotilla; (*pret & pp:* **slopped;** *ger:* **slopping**) *va* derramar, salpicar, ensuciar, enlodar; *vn* derramarse; chapotear (*con los pies*); **to slop over** derramarse; (slang) hacer demostraciones excesivas de entusiasmo
slope [slop] *s* cuesta, pendiente; declive (*grado de inclinación*); vertiente (*de un continente*); *va* inclinar; cortar al sesgo; *vn* inclinarse; desviarse
sloppy [ˈslɑpɪ] *adj* (*comp:* **-pier;** *super:* **-piest**) mojado y sucio; desgalichado (*p.ej., en el vestir*); chapucero (*en el trabajo*)
slopshop [ˈslɑp,ʃɑp] *s* bazar de ropa barata, tienda de pacotilla
slosh [slɑʃ] *s* fango; nieve sucia; (coll.) aguachirle; *vn* chapotear; vagabundear
slot [slɑt] *s* ranura (*en que se introduce una moneda*); pista; (*pret & pp:* **slotted;** *ger:* **slotting**) *va* hacer una ranura en; seguir la pista de
sloth [sloθ] o [slɔθ] *s* pereza; (zool.) perezoso
sloth bear *s* (zool.) oso bezudo
slothful [ˈsloθfəl] o [ˈslɔθfəl] *adj* perezoso
slot machine *s* tragamonedas, tragaperras, distribuidor automático, máquina sacaperras
slot meter *s* limitador de corriente, contador automático
slotting machine *s* ranuradora
slouch [slaʊtʃ] *s* postura relajada, postura floja; persona desaseada y torpe de movimientos; **to walk with a slouch** andar con los hombros caídos y la cabeza inclinada; *va* agachar, doblar hacia abajo; *vn* agacharse, encorvarse; andar caído de hombros; **to slouch in a chair** repantigarse
slouch hat *s* sombrero gacho
slouch pocket *s* bolsillo inclinado
slouchy [ˈslaʊtʃɪ] *adj* (*comp:* **-ier;** *super:* **-iest**) relajado, flojo; desaseado; inclinado, encorvado
slough [slaʊ] *s* cenagal, fangal; estado de abandono moral; [slu] *s* ciénaga; ensenada de río; (U.S.A.) charca; [slʌf] *s* camisa, piel que muda la serpiente; (path.) escara; *va* mudar, echar de sí; *vn* caerse, desprenderse
slough of despond [slaʊ] *s* abatimiento profundo
sloughy [ˈslaʊɪ] *adj* (*comp:* **-ier;** *super:* **-iest**) cenagoso, fangoso; [ˈslʌfɪ] *adj* de escara
Slovak [ˈslovæk] o [sloˈvæk] *adj & s* eslovaco
Slovakia [sloˈvɑkɪə] o [sloˈvækɪə] *s* Eslovaquia
Slovakian [sloˈvɑkɪən] o [sloˈvækɪən] *adj & s* var. de **Slovak**
sloven [ˈslʌvən] *s* persona desaseada; *adj* desaseado, abandonado
Slovene [sloˈvin] o [ˈslovin] *adj & s* esloveno
Slovenia [sloˈvinɪə] *s* Eslovenia
Slovenian [sloˈvinɪən] *adj & s* var. de **Slovene**
slovenly [ˈslʌvənlɪ] *adj* (*comp:* **-lier;** *super:* **-liest**) desaseado, desaliñado, abandonado; *adv* desaliñadamente
slow [slo] *adj* lento; atrasado (*dícese del reloj*); tardío; lerdo, tardo, torpe (*para comprender*); aburrido; *adv* lentamente, despacio; *va* retardar; atrasar (*p.ej., un reloj*); *vn* retardarse, ir más despacio; atrasarse (*p.ej., un reloj*)
slowdown [ˈslo,daʊn] *s* huelga de brazos caídos (*actitud de los obreros cuando trabajan a ritmo lento*)
slow-drying [ˈsloˈdraɪɪŋ] *adj* de secado lento
slow match *s* mecha tardía
slow-motion [ˈslo,moʃən] *adj* a cámara lenta, al ralentí
slow-moving [ˈsloˈmuvɪŋ] *adj* tardo, lento, de marcha lenta; (com.) de venta morosa, de morosa salida
slowness [ˈslonɪs] *s* lentitud; torpeza
slow-witted [ˈsloˈwɪtɪd] *adj* lerdo, tardo, torpe
slowworm [ˈslo,wʌrm] *s* (zool.) lución
sludge [slʌdʒ] *s* lodo, cieno, fango; sedimento fangoso; pedazos de hielo flotantes
slue [slu] *s* ciénaga; ensenada de río; vuelta rápida; *va* volver, torcer; *vn* volverse, torcerse
slug [slʌg] *s* (coll.) porrazo, puñetazo; (coll.) trago (*de aguardiente*); (gun.) posta; ficha; lingote, pedazo de metal; (print.) lingote; (print.) línea de linotipia; (zool.) babosa; (*pret & pp:* **slugged;** *ger:* **slugging**) *va* aporrear, apuñear
slugabed [ˈslʌgə,bɛd] *s* aficionado a quedarse en la cama
sluggard [ˈslʌgərd] *adj & s* haragán, perezoso, pachón

sluggish [ˈslʌgɪʃ] *adj* inactivo, tardo, indolente; haragán, perezoso, pachorrudo
sluggishness [ˈslʌgɪʃnɪs] *s* inactividad, indolencia, pereza, pachorra
sluice [slus] *s* presa; compuerta; muralla, dique; canal; *va* dar paso a, abriendo la compuerta; limpiar, dejando entrar el agua; (min.) lavar (*el oro*); lanzar (*maderos*) por un canal o corriente de agua; *vn* salir el agua a borbotones
sluice gate *s* compuerta de presa
slum [slʌm] *s* barrio bajo; **the slums** los barrios bajos, los barrios de indigentes; (*pret & pp:* **slummed;** *ger:* **slumming**) *vn* visitar los barrios bajos
slumber [ˈslʌmbər] *s* sueño, sueño ligero, sueño tranquilo; inactividad; *va* pasar (*el tiempo*) durmiendo; *vn* dormir; dormitar; permanecer inactivo
slumberous [ˈslʌmbərəs] o **slumbrous** [ˈslʌmbrəs] *adj* soñoliento; tranquilo, calmo; inactivo
slum clearance *s* eliminación de los barrios bajos
slummer [ˈslʌmər] *s* visitante de los barrios bajos; habitante de los barrios bajos
slumming [ˈslʌmɪŋ] *s* visita a los barrios bajos
slump [slʌmp] *s* hundimiento, desplome; fracaso; (com.) baja repentina (*de precios, valores, etc.*); *vn* hundirse, desplomarse; fracasar; bajar repentinamente (*los precios, valores, etc.*)
slung [slʌŋ] *pret & pp de* **sling**
slung shot *s* rompecabezas (*arma ofensiva*)
slunk [slʌŋk] *pret & pp de* **slink**
slur [slʌr] *s* farfulla, pronunciación indistinta; borrón, mancha (*en la reputación*); reparo crítico, observación crítica; (mus.) ligado; (*pret & pp:* **slurred;** *ger:* **slurring**) *va* pasar por encima, suprimir, ocultar, pasar ligeramente; pronunciar indistintamente, comerse (*sonidos, sílabas*); farfullar, decir precipitadamente; (mus.) ligar; (mus.) marcar con un ligado; manchar la reputación de, insultar, despreciar, menospreciar
slush [slʌʃ] *s* fango muy blando; agua nieve fangosa, nieve a medio derretir; grasa; sentimentalismo tonto
slush fund *s* (slang) fondos que se usan para el soborno, especialmente en el comercio de la influencia política
slushy [ˈslʌʃɪ] *adj* (*comp:* **-ier** *super:* **-iest**) fangoso; lleno de nieve a medio derretir; sentimental
slut [slʌt] *s* perra; mala mujer, prostituta; mujer sucia
sluttish [ˈslʌtɪʃ] *adj* desaliñado, sucio; malo, inmoral
sly [slaɪ] *adj* (*comp:* **slyer** o **slier;** *super:* **slyest** o **sliest**) secreto, furtivo; astuto, socarrón; travieso; **on the sly** a hurtadillas, a escondidas
slyly [ˈslaɪlɪ] *adv* secretamente, furtivamente; astutamente
smack [smæk] *s* dejo, gustillo, saborcillo; pizca, pequeña cantidad; manotada, palmada; golpe; chasquido (*de látigo*); beso sonado; (naut.) queche; *adv* violentamente; directamente; *va* dar una manotada a; golpear; hacer chasquidos con (*p.ej., un látigo*); besar sonoramente; **to smack one's lips** chuparse los labios; *vn* **to smack of** saber a, oler a; (fig.) oler a
smacking [ˈsmækɪŋ] *adj* vivo, fuerte
small [smɔl] *adj* pequeño, chico; bajo; pobre, obscuro, humilde; insignificante; (print.) minúsculo; **to come out on the small end** salir perdiendo, llevarse lo peor; *adv* en miniatura; en pedazos menudos; en tono bajo y suave; tímidamente; **to feel small** sentirse pequeño o insignificante; **to sing small** ponerse modesto y humilde; *s* parte más estrecha (*p.ej., de la espalda*)
smallage [ˈsmɔlɪdʒ] *s* apio silvestre
small arms *spl* armas ligeras
small beer *s* cerveza floja; bagatela; persona de poca monta
small boy *s* chico, chico travieso
small capital *s* versalilla o versalita
small change *s* suelto, dinero menudo
small circle *s* (astr. & geom.) círculo menor
small clothes *spl* calzones
small fry *s* gente menuda, chiquillos; gentecilla de poco más o menos
small hours *spl* primeras horas de la mañana
small intestine *s* (anat.) intestino delgado
smallish [ˈsmɔlɪʃ] *adj* algo pequeño, pequeñito
small letter *s* letra minúscula
small-minded [ˈsmɔlˈmaɪndɪd] *adj* tacaño, mezquino; malo, bajo, ruin; intolerante, poco liberal (*en las ideas*)
smallness [ˈsmɔlnɪs] *s* pequeñez; (fig.) pequeñez
small of the back *s* parte más estrecha de la espalda
small potatoes *ssg* persona o cosa insignificante; *spl* personas o cosas insignificantes
smallpox [ˈsmɔlˌpɑks] *s* (path.) viruela
small print *s* tipo menudo, cuerpo pequeño
small talk *s* charladuría, charlas frívolas, palique
small-time [ˈsmɔlˈtaɪm] *adj* (slang) insignificante, de poca monta
small-town [ˈsmɔlˈtaʊn] *adj* lugareño, apegado a cosas lugareñas
smalt [smɔlt] *s* esmalte (*pigmento y color*)
smaltite [ˈsmɔltaɪt] *s* (mineral.) esmaltina
smart [smɑrt] *adj* listo, vivo, inteligente; agudo, penetrante, punzante; aseado; majo, elegante; astuto, ladino; fatuo, presuntuoso, sabihondo; (coll.) grande, considerable; *s* escozor; dolor vivo; *va* escocer en (*p.ej., la lengua*); *vn* escocer; sufrir, padecer; sentir irritación en el ánimo
smart aleck *s* (coll.) fatuo, presuntuoso, sabihondo
smarten [ˈsmɑrtən] *va* abrillantar, hermosear; avivar, animar; *vn* avivarse, animarse
smartness [ˈsmɑrtnɪs] *s* vivacidad, inteligencia, agudeza; astucia; elegancia, buen tono; fatuidad, presunción
smart set *s* gente chic, gente de buen tono
smartweed [ˈsmɑrtˌwid] *s* (bot.) pimienta de agua
smash [smæʃ] *s* rotura violenta, ruido de una rotura violenta; fracaso, ruina; quiebra, bancarrota; (coll.) choque o tope violento; (coll.) golpe violento; **to go to smash** hacerse pedazos; arruinarse; *va* romper con fuerza; hacer pedazos; arruinar, destrozar; aplastar; (tenis) volear (*la pelota*) con un golpe rápido y fuerte; *vn* romperse con fuerza; hacerse pedazos; arruinarse, destrozarse; aplastarse; **to smash into** topar con, chocar con
smash hit *s* (coll.) éxito rotundo
smash-up [ˈsmæʃˌʌp] *s* colisión violenta; ruina, desastre; quiebra, bancarrota
smatter [ˈsmætər] o **smattering** [ˈsmætərɪŋ] *s* barniz, tintura, migaja (*noción superficial de algo*)
smear [smɪr] *s* embarradura; (bact.) frotis; (fig.) mancha, desdoro; *va* embarrar, untar, manchar; (fig.) manchar, desdorar; *vn* embarrarse, untarse, mancharse
smear campaign *s* campaña de calumnias
smearcase [ˈsmɪrˌkes] *s* naterón, názula, requesón
smear word *s* palabra muy insultante, palabra desprestigiadora
smeary [ˈsmɪrɪ] *adj* (*comp:* **-ier;** *super:* **-iest**) manchado, graso, grasiento
smectic [ˈsmɛktɪk] *adj* esmético
smell [smɛl] *s* olor (*bueno o malo*); olfato (*sentido*); perfume, fragancia; hedor; traza, vestigio, señal; (*pret & pp:* **smelled** o **smelt**) *va* oler; olfatear, cazar olfateando; (fig.) olfatear, husmear; **to smell up** (coll.) dar mal olor a; *vn* oler; heder, oler mal; **to smell of** oler a
smeller [ˈsmɛlər] *s* oledor; (coll.) nariz
smelling bottle *s* redomilla para sales aromáticas
smelling salts *spl* sales aromáticas
smelly [ˈsmɛlɪ] *adj* (*comp:* **-ier;** *super:* **-iest**) hediondo
smelt [smɛlt] *s* (ichth.) esperinque, eperlano; *va & vn* (found.) fundir (*minerales*); *pret & pp de* **smell**
smelter [ˈsmɛltər] *s* fundidor; fundición (*fábrica*)

S

smelting furnace *s* horno de fundición
smilax ['smaɪlæks] *s* (bot.) zarzaparrilla; (bot.) mirsífilo
smile [smaɪl] *s* sonrisa; *va* expresar con una sonrisa; tener (*una sonrisa*); *vn* sonreír o sonreírse
smiling ['smaɪlɪŋ] *adj* risueño; (fig.) risueño
smilingly ['smaɪlɪŋlɪ] *adv* con cara risueña, con una sonrisa, sonriendo
smirch [smʌrtʃ] *s* tiznón; (fig.) deshonra; *va* tiznar; (fig.) tiznar
smirk [smʌrk] *s* sonrisa fatua y afectada; *vn* sonreír fatua y afectadamente
smit [smɪt] *pp de* **smite**
smite [smaɪt] (*pret:* **smote;** *pp:* **smitten** o **smit**) *va* golpear o herir súbitamente y con fuerza; caer con fuerza sobre; apenar, afligir; castigar
smith [smɪθ] *s* forjador, herrero
smithereens [,smɪðə'rinz] *spl* (coll.) añicos; **to tear to smithereens** (coll.) hacer añicos
smithy ['smɪθɪ] *s* (*pl:* **-ies**) herrería
smitten ['smɪtən] *adj* herido, afligido; impresionado; muy enamorado; *pp de* **smite**
smock [smɑk] *s* bata (*ropa talar para el trabajo de clínica, laboratorio, taller, etc.*); (archaic) camisa de mujer; *va* adornar con frunces que forman dibujo
smock frock *s* blusa de obrero
smocking ['smɑkɪŋ] *s* adorno de frunces que forman un dibujo
smog [smɑg] *s* (coll.) mezcla de humo y niebla
smoke [smok] *s* humo; tabaco; **to go up in smoke** irse todo en humo; **to have a smoke** echar un cigarro o cigarrillo; *va* ahumar; cecinar; fumar (*p.ej., cigarros*); pasar (*el tiempo*) fumando; **to smoke out** ahuyentar con humo; dar humazo a; descubrir; *vn* humear; fumar; hacer humo (*una chimenea dentro de la habitación*)
smokebox ['smok,bɑks] *s* caja de humos
smoked glasses *spl* gafas ahumadas
smokehouse ['smok,haʊs] *s* ahumadero
smokeless ['smoklɪs] *adj* sin humo
smokeless powder *s* pólvora sin humo
smoker ['smokər] *s* fumador; fumadero (*local*); (rail.) coche fumador, vagón de fumar; reunión o recepción de fumadores
smoke rings *spl* anillos de humo; **to blow smoke rings** sacar humo formando anillos
smoke screen *s* cortina de humo, niebla artificial
smokestack ['smok,stæk] *s* chimenea
smoke tree *s* (bot.) fustete
smoking ['smokɪŋ] *adj* fumante; *s* (el) fumar; **no smoking** prohibido fumar, se prohíbe fumar
smoking car *s* (rail.) coche fumador, vagón de fumar
smoking jacket *s* batín
smoking room *s* fumadero, saloncito para fumadores
smoky ['smokɪ] *adj* (*comp:* **-ier;** *super:* **-iest**) humeante; humoso, ahumado
smolder ['smolder] *s* fuego lento, sin llama y con mucho humo; *vn* arder en rescoldo (*arder sin llama y con mucho humo*); (fig.) estar latente, existir sin manifestarse al exterior, expresar una ira latente; (fig.) resquemarse (*resentirse sin manifestarlo*)
smolt [smolt] *s* (ichth.) cría del salmón que baja al mar
smooth [smuð] *adj* liso, terso, suave; plano, llano; igual, parejo; afable, blando, meloso; melifluo y sagaz; flúido y fácil (*dícese del estilo*); (phonet.) suave; **smooth as butter** como manteca; *adv* lisamente, suavemente; llanamente; afablemente, blandamente; *va* alisar, suavizar, allanar; facilitar; **to smooth away** quitar (*p.ej., obstáculos*) suavemente; **to smooth down** ablandar, calmar; **to smooth over** atenuar, limar
smoothbore ['smuð,bor] *adj* de ánima lisa; *s* arma de ánima lisa
smooth-faced ['smuð,fest] *adj* barbilampiño; bien afeitado; liso; de aspecto y palabras agradables
smooth hound *s* (ichth.) musola, cazón
smoothie ['smuðɪ] *s* var. de **smoothy**
smoothness ['smuðnɪs] *s* lisura, tersura; suavidad, blandura; llanura
smooth-spoken ['smuð,spokən] *adj* meloso, lisonjero
smooth-tongued ['smuð,tʌŋd] *adj* suave y blando en sus palabras; adulador, lisonjero
smoothy ['smuðɪ] *s* (*pl:* **-ies**) (coll.) galante (*hombre obsequioso con las damas*); (coll.) elegante, hombre distinguido; (coll.) adulador, lisonjero
smote [smot] *pret de* **smite**
smother ['smʌðər] *s* humareda, polvareda, nube; sofocación; *va* sofocar, ahogar; (cook.) ahogar, estofar; suprimir, ocultar; contener, reprimir; *vn* sofocarse; estar latente
smothery ['smʌðərɪ] *adj* sofocante; polvoroso, humoso
smoulder ['smoldər] *s & vn* var. de **smolder**
smudge [smʌdʒ] *s* fumigación, humareda; tiznón, mancha hecha con tizne; *va* tiznar, manchar con tizne; ahumar, fumigar (*p.ej., una huerta*)
smudge pot *s* vasija nebulizadora (*para proteger las tierras de cultivo contra las heladas*)
smudgy ['smʌdʒɪ] *adj* (*comp:* **-ier;** *super:* **-iest**) tiznado
smug [smʌg] *adj* (*comp:* **smugger;** *super:* **smuggest**) presumido, relamido; farisaico, pagado de sí mismo; compuesto, pulcro
smuggle ['smʌgəl] *va* meter de contrabando; **to smuggle in** meter o pasar de contrabando; **to smuggle out** sacar de contrabando; *vn* contrabandear
smuggler ['smʌglər] *s* contrabandista; barco contrabandista
smuggling ['smʌglɪŋ] *s* contrabando
smut [smʌt] *s* tizne, tiznón; suciedad; sitio sucio; obscenidad, indecencia, dicho obsceno o indecente; (agr.) carbón, tizón, tizoncillo; (*pret & pp:* **smutted;** *ger:* **smutting**) *va* tiznar; (agr.) atizonar; *vn* tiznarse; (agr.) atizonarse
smutch [smʌtʃ] *s* mancha, tiznón; *va* manchar, tiznar
smutty ['smʌtɪ] *adj* (*comp:* **-tier;** *super:* **-tiest**) tiznado, manchado; verde, obsceno, indecente; (agr.) atizonado
Smyrna ['smʌrnə] *s* Esmirna
snack [snæk] *s* bocadillo, tentempié; parte, porción
snack bar *s* bar o puesto público (*donde no se sirven comidas formales sino bocadillos, dulces, helados, refrescos, etc.*); cantina (*en las estaciones*)
snaffle ['snæfəl] *s* bridón del bocado; *va* contener por medio del bridón del bocado
snafu [snæ'fu] o ['snæfu] *adj* (slang) caótico; *s* (slang) caos, confusión, desorden; *va* (slang) confundir, enmarañar
snag [snæg] *s* tocón; raigón (*de un diente*); tropiezo, obstáculo; **to strike** o **hit a snag** tropezar con un obstáculo; (*pret & pp:* **snagged;** *ger:* **snagging**) *va* arrancar (*troncos*) del fondo del río; encontrar (*un tronco sumergido*); impedir, obstruir, enredar
snaggletooth ['snægəl,tuθ] *s* (*pl:* **-teeth**) sobrediente
snaggle-toothed ['snægəl,tuθt] *adj* que tiene sobredientes, que tiene dientes rotos o sobresalientes
snaggy ['snægɪ] *adj* (*comp:* **-gier;** *super:* **-giest**) nudoso; lleno de troncos, lleno de tocones; sobresaliente; rugoso, desigual
snail [snel] *s* (zool.) caracol; (zool.) babosa; (fig.) posma
snailflower ['snel,flaʊər] *s* (bot.) caracol real
snail-paced ['snel,pest] *adj* lento como una tortuga, lento como un caracol
snail's pace *s* paso de tortuga, paso de caracol; **at a snail's pace** a paso de tortuga, a paso de caracol
snake [snek] *s* culebra, serpiente; buscapiés, carretilla (*cohete*); (fig.) serpiente (*persona*); *va* arrastrar tirando de; (coll.) sacudir; *vn* culebrear, serpentear; (coll.) sacudirse, moverse a tirones
snakebird ['snek,bʌrd] *s* (orn.) anhinga
snake charmer *s* encantador de serpientes
snake in the grass *s* peligro insospechado, peligro desconocido; amigo pérfido, amigo desleal
snakeroot ['snek,rut] o ['snek,rʊt] *s* (bot.)

serpentaria de Virginia; (bot.) polígala de Virginia
snakeskin [ˈsnek,skɪn] *s* piel de serpiente
snakeweed [ˈsnek,wid] *s* (bot.) bistorta; (bot.) serpentaria de Virginia
snaky [ˈsnekɪ] *adj* (*comp:* **-ier;** *super:* **-iest**) serpentino, tortuoso; lleno de serpientes; astuto y traidor
snap [snæp] *s* estallido, chasquido; castañetazo (*de los dedos*); mordedura, mordisco; discurso corto y mordaz; movimiento rápido; corto período (*p.ej., de frío agudo*); broche de presión; galletita; disparo rápido sin apuntar; instantánea; ganga, cosa fácil; **not a snap** nada, de ninguna manera ‖ *adj* rápido, hecho de repente ‖ (*pret & pp:* **snapped;** *ger:* **snapping**) *va* asir, cerrar, etc. de golpe; fotografiar instantáneamente; tomar (*una instantánea*); castañetear (*los dedos*); chasquear (*p.ej., el látigo*); **to snap one's fingers at** tratar con desprecio, burlarse de; **to snap up** asir, agarrar; aceptar con avidez, comprar con avidez; cortar la palabra a ‖ *vn* estallar, chasquear; saltar; exclamar; moverse rápidamente; chispear (*los ojos*); (fig.) estallar (*de fatiga*); **to snap at** querer morder; asir (*una oportunidad*); **to snap back at** tirar una mordida a; dar una respuesta grosera a; **to snap off** soltarse; **to snap out of it** (slang) cambiarse repentinamente; **to snap shut** cerrarse de golpe
snapdragon [ˈsnæp,drægən] *s* (bot.) dragón, boca de dragón; (bot.) linaria, pajarita
snap fastener *s* corchete de presión
snap hook *s* mosquetón
snap judgment *s* decisión atolondrada
snap-on [ˈsnæp,ɑn] *s* (aut.) abrazadera
snapper [ˈsnæpər] *s* mordedor; (zool.) chiquiguao, chopontil (*tortuga*); (ichth.) cubera, pargo criollo, pargo colorado
snapping beetle *s* (ent.) elatérido (*p.ej., cucuyo, atóo, cardióforo, campilo, corimbites*)
snapping turtle *s* (zool.) chiquiguao, chopontil
snappish [ˈsnæpɪʃ] *adj* propenso a morder; arisco, mordaz; respondón; irritable
snappy [ˈsnæpɪ] *adj* (*comp:* **-pier;** *super:* **-piest**) crepitante; mordaz; (coll.) elegante, garboso; (coll.) fuerte, enérgico; acre y picante (*p.ej., queso*)
snapshot [ˈsnæp,ʃɑt] *s* instantánea; disparo rápido sin apuntar; (*pret & pp:* **-shotted;** *ger:* **-shotting**) *va* tomar una instantánea de
snap switch *s* (elec.) interruptor de resorte
snare [snɛr] *s* lazo, trampa; bordón, tirante, timbre (*de un tambor*); *va* tender lazos a, coger con trampa; (fig.) hacer caer en el lazo
snare drum *s* caja clara, tambor con tirantes de cuerda
snarl [snɑrl] *s* gruñido; regaño; maraña; greña, pelo enmarañado; *va* decir con un gruñido; enmarañar, enredar; *vn* gruñir; regañar; enmarañarse, enredarse
snarly [ˈsnɑrlɪ] *adj* (*comp:* **-ier;** *super:* **-iest**) gruñón; regañón; enredoso, enredado
snatch [snætʃ] *s* arrebatamiento; trocito, pedacito; ratito; **by snatches** a ratos; *va & vn* arrebatar; **to snatch at** tratar de asir o agarrar; **to snatch from** arrebatar a
snatch block *s* (naut.) pasteca
snatchy [ˈsnætʃɪ] *adj* irregular, intermitente
snath [snæθ] o **snathe** [sneð] *s* mango de guadaña
sneak [snik] *s* entrada furtiva; sujeto solapado; *adj* furtivo; *va* mover a hurtadillas; robar; **to sneak in** introducir a hurtadillas; **to sneak out** llevarse (*algo*) a hurtadillas; *vn* andar furtivamente, moverse a hurtadillas; **to sneak in** entrarse a hurtadillas; **to sneak out** salirse a hurtadillas; **to sneak out of** evitar disimuladamente
sneaker [ˈsnikər] *s* sujeto ruin y solapado; (coll.) zapato ligero de lona con suela de goma
sneaking [ˈsnikɪŋ] *adj* husmeador; solapado; vil, bajo, ruin; oculto, secreto
sneak thief *s* ratero, descuidero
sneaky [ˈsnikɪ] *adj* (*comp:* **-ier;** *super:* **-iest**) husmeador; solapado, socarrón; vil, despreciable
sneer [snɪr] *s* expresión de burla y desprecio; *va* decir o expresar con burla y desprecio; *vn* hablar con desprecio, hacer un gesto de desprecio, echar una mirada de desprecio; **to sneer at** mofarse de
sneering [ˈsnɪrɪŋ] *adj* burlador y despreciativo
sneeze [sniz] *s* estornudo; *vn* estornudar; **to sneeze at** (coll.) despreciar, menospreciar, burlarse de
snell [snɛl] *s* hilo con que se ata el anzuelo al sedal
snick [snɪk] *s* tijeretada; golpe seco; ruido rápido y agudo; pelota golpeada; *va* tijeretear; golpear con fuerza; hacer que (*una cosa*) produzca un ruido como de golpe seco; *vn* producir un ruido como de golpe seco
snicker [ˈsnɪkər] *s* risita medio contenida, risa tonta; *vn* reírse tontamente
snide [snaɪd] *adj* (slang) socarrón y malicioso
sniff [snɪf] *s* husmeo, venteo; sorbo por las narices; *va* husmear, ventear; sorber por las narices; (fig.) husmear, averiguar; sospechar; *vn* ventear; **to sniff at** husmear; menospreciar
sniffle [ˈsnɪfəl] *s* resuello fuerte y repetido; **the sniffles** ataque de resoplidos; *vn* resollar fuerte y repetidamente
sniffy [ˈsnɪfɪ] *adj* (*comp:* **-ier;** *super:* **-iest**) (coll.) estirado, desdeñoso
snifter [ˈsnɪftər] *s* copa para aguardiente; (slang) trago de licor
snigger [ˈsnɪgər] *s & vn* var. de **snicker**
snip [snɪp] *s* tijeretada; recorte, retazo; pedacito; (coll.) persona pequeña o insignificante; (coll.) sastre; **snips** *spl* tijeras para cortar el metal; (*pret & pp:* **snipped;** *ger:* **snipping**) *va* tijeretear; **to snip off** recortar, cortar de un tijeretazo
snipe [snaɪp] *s* (orn.) agachadiza, becacín; *vn* paquear, tirar desde un apostadero, tirar desde un escondite; **to snipe at** paquear, tirar desde un apostadero contra
snipe eel *s* (ichth.) anguila agachadiza
sniper [ˈsnaɪpər] *s* paco, tirador escondido, tirador emboscado
sniping [ˈsnaɪpɪŋ] *s* paqueo
snippet [ˈsnɪpɪt] *s* recorte; (coll.) persona pequeña o insignificante
snippy [ˈsnɪpɪ] *adj* (*comp:* **-pier;** *super:* **-iest**) compuesto de recortes; (coll.) arrogante, desdeñoso; (coll.) brusco, acre
snitch [snɪtʃ] *va & vn* (slang) soplar, ratear, escamotear
snivel [ˈsnɪvəl] *s* gimoteo, lloriqueo; moqueo; moquita; (*pret & pp:* **-eled** o **-elled;** *ger:* **-eling** o **-elling**) *vn* gimotear, lloriquear; moquear
snob [snɑb] *s* esnob (*persona con pretensiones sociales*)
snobbery [ˈsnɑbərɪ] *s* (*pl:* **-ies**) esnobismo
snobbish [ˈsnɑbɪʃ] *adj* esnob
snobbishness [ˈsnɑbɪʃnɪs] *s* esnobismo
snood [snud] *s* cintillo (*alrededor de la cabeza*); red llevada sobre la cabeza; *va* atar (*el cabello*) con un cintillo; recoger (*el cabello*) con una red
snooded [ˈsnudɪd] *adj* atado con un cintillo; recogido con una red
snook [snuk] *s* (ichth.) róbalo
snoop [snup] *s* (coll.) curioso, buscavidas; *vn* (coll.) curiosear, ventear
snooper [ˈsnupər] *s* (coll.) curioso, buscavidas
snoopy [ˈsnupɪ] *adj* (coll.) curioso, entremetido, furtivo
snoot [snut] *s* (slang) cara, narices
snooty [ˈsnutɪ] *adj* (*comp:* **-ier;** *super:* **-iest**) (slang) esnob
snooze [snuz] *s* (coll.) siestecita, sueñecito; *vn* (coll.) dormitar, echar una siestecita
snore [snor] *s* ronquido; *va* pasar roncando; *vn* roncar
snorkel [ˈsnɔrkəl] *s* tubo snorkel o respiradero (*de submarino*)
snort [snɔrt] *s* bufido; *va* decir o expresar con un bufido; *vn* bufar
snot [snɑt] *s* (slang) mocarro
snotty [ˈsnɑtɪ] *adj* (coll.) mocoso; (coll.) sucio, asqueroso; (slang) fachedón, engreído, huraño
snout [snaut] *s* hocico; morro (*cosa parecida a un hocico de animal*); (coll.) hocico (*de una persona*)
snout beetle *s* (ent.) rincóforo
snouted [ˈsnautɪd] *adj* hocicudo

S

snow [sno] *s* nieve; nevada; (telv.) nieve (*aspecto moteado*); (poet.) nieve (*blancura*); (slang) nieve (*cocaína, heroína*); *va* cubrir u obstruir con nieve; dejar caer como nieve; **to snow in** encerrar mediante la nieve; **to snow under** cubrir u obstruir con nieve; (coll.) derrotar completamente (*a un candidato*); *vn* nevar
snowball ['sno,bɔl] *s* bola de nieve; (bot.) bola de nieve; *va* lanzar bolas de nieve a; *vn* aumentar rápidamente (*como una bola de nieve que rueda*)
snowbank ['sno,bæŋk] *s* banco de nieve
snowbell ['sno,bɛl] *s* (bot.) estoraque norteamericano
snowberry ['sno,bɛrɪ] *s* (*pl:* **-ries**) (bot.) bolitas de nieve; (bot.) aceitillo, oreja de ratón, sueldaconsuelda
snowbird ['sno,bʌrd] *s* (orn.) pinzón de las nieves; (orn.) junquito; (orn.) echalumbre
snow-blind ['snow,blaɪnd] *adj* deslumbrado o cegado por los reflejos de la nieve
snow blindness *s* deslumbramiento debido a la nieve
snow-bound ['sno,baʊnd] *adj* detenido o aprisionado por la nieve
snow bunting *s* (orn.) pinzón de las nieves
snow-capped ['sno,kæpt] *adj* coronado de nieve
snow-clad ['sno,klæd] *adj* cubierto de nieve
snowdrift ['sno,drɪft] *s* ventisquero; nieve movida por el viento
snowdrop ['sno,drɑp] *s* (bot.) campanilla de invierno
snowfall ['sno,fɔl] *s* nevada
snow fence *s* valla paranieves
snowflake ['sno,flek] *s* ampo, copo de nieve; (orn.) pinzón de las nieves; (bot.) campanilla
snow flurry *s* nevisca
snow ice *s* hielo producido por la congelación del agua nieve
snowiness ['sno·ɪnɪs] *s* blancura de nieve
snow line o **limit** *s* límite de las nieves perpetuas
snow man *s* figura de nieve
snowplow ['sno,plaʊ] *s* quitanieve, barredora de nieve, expulsanieves
snowshed ['sno,ʃɛd] *s* guardanieve
snowshoe ['sno,ʃu] *s* raqueta de nieve; *vn* andar sobre la nieve llevando raquetas
snowslide ['sno,slaɪd] *s* alud; caída de un alud
snowstorm ['sno,stɔrm] *s* nevasca, fuerte nevada
Snow White *s* Blanca Nieves
snow-white ['sno,hwaɪt] *adj* blanco como la nieve
snowy ['sno·ɪ] *adj* (*comp:* **-ier;** *super:* **-iest**) nevoso
snowy owl *s* (orn.) lechuza blanca
snub [snʌb] *s* desaire; parada brusca; (*pret & pp:* **snubbed;** *ger:* **snubbing**) *va* desairar; parar bruscamente
snubber ['snʌbər] *s* persona arrogante; tambor de frenaje; (aut.) amortiguador
snubby ['snʌbɪ] *adj* (*comp:* **-bier;** *super:* **-biest**) respingón
snub-nosed ['snʌb,nozd] *adj* nacho, de nariz respingona
snuff [snʌf] *s* tabaco rapé, tabaco en polvo; costra, moco (*de la mecha de una vela*); **up to snuff** (slang) difícil de engañar; (slang) en buena condición; *va* husmear, olfatear; aspirar, sorber por la nariz; despabilar (*una candela*); **to snuff out** apagar, extinguir
snuffbox ['snʌf,bɑks] *s* tabaquera
snuffer ['snʌfər] *s* despabilador; **snuffers** *spl* despabiladeras, despabilador, apagavelas
snuffle ['snʌfəl] *s* gangueo; **the snuffles** ataque de gangueo; *vn* ganguear; husmear, ventear
snuffy ['snʌfɪ] *adj* (*comp:* **-ier;** *super:* **-iest**) tabacoso; desagradable, descortés
snug [snʌg] *adj* (*comp:* **snugger;** *super:* **snuggest**) cómodo, abrigado; apañado, ajustado; bien aparejado (*dícese de una embarcación*); muy ceñido (*dícese de una prenda de vestir*); escondido; acomodado; **snug as a bug in a rug** como un pez en el agua; *adv* cómodamente; ajustadamente; a escondidas; bastante pero sin holgura; (*pret & pp:* **snugged;** *ger:* **snugging**) *va* acomodar; apañar, ajustar; aparejar; esconder; hacer suficiente pero no abundante
snuggery ['snʌgərɪ] *s* (*pl:* **-ies**) casa cómoda y bien arreglada; sitio cómodo y bien arreglado; posición cómoda y a propósito
snuggle ['snʌgəl] *va* apretar, arrimar; *vn* apretarse, arrimarse; dormir bien abrigado; **to snuggle up to** arrimarse a
snugness ['snʌgnɪs] *s* comodidad, bienestar, holgura
So. abr. de **south**
so [so] *s* (mus.) sol; *adv* así; tan + *adj* o *adv;* por tanto, por consiguiente; también; **and so** así pues; también, lo mismo; **and so on** y así sucesivamente; **or so** más o menos; **to think so** creer que sí; **so as to** + *inf* para + *inf;* **so far** hasta aquí; hasta ahora; **so long** (coll.) hasta la vista; **so many** tantos; **so much** tanto; **so so** tal cual; así así; **so that** de modo que, de suerte que, así que; para que; con tal de que; **so to speak** por decirlo así; *conj* así que; *interj* ¡bien!; ¿verdad?
soak [sok] *s* mojada, empapamiento; (coll.) potista, borrachín; *va* empapar, remojar; absorber, embeber; (slang) aporrear, castigar severamente; (slang) hacer pagar un precio o precios exorbitantes; **to soak up** absorber, embeber; (fig.) entender; **soaked to the skin** calado hasta los huesos; *vn* empaparse, remojarse; calarse; (coll.) beber mucho, emborracharse; **to soak into** penetrar, filtrarse en
soakage ['sokɪdʒ] *s* remojo; líquido rezumado
so-and-so ['soənd,so] *s* (*pl:* **-sos**) fulano, fulano de tal; tal; tal cosa; *adj* bien arreglado
soap [sop] *s* jabón; *va* jabonar
soapberry ['sop,bɛrɪ] *s* (*pl:* **-ries**) (bot.) jaboncillo
soapbox ['sop,bɑks] *s* caja de jabón; caja vacía empleada como tribuna en la calle; *vn* hablar en la calle desde una tribuna improvisada
soapbox orator *s* orador de plazuela
soapbox oratory *s* oratoria de barricada
soap bubble *s* burbuja de jabón, pompa de jabón
soap dish *s* jabonera
soap flakes *spl* copos de jabón
soapmaker ['sop,mekər] *s* jabonero
soap opera *s* (coll.) drama radiofónico transmitido en una serie de programas de temas doméstico-sentimentales, serial lacrimógeno
soap powder *s* jabón en polvo, polvo de jabón
soapstone ['sop,ston] *s* (mineral.) esteatita; jabón de sastre
soapsuds ['sop,sʌdz] *spl* jabonaduras
soapwort ['sop,wʌrt] *s* (bot.) jabonera, saponaria
soapy ['sopɪ] *adj* (*comp:* **-ier;** *super:* **-iest**) jabonoso
soar [sor] *vn* encumbrarse, subir muy alto, volar a gran altura; aspirar, pretender; (aer.) planear
sob [sɑb] *s* sollozo; suspiro (*p.ej., del viento*); *adj* (slang) sentimental; (*pret & pp:* **sobbed;** *ger:* **sobbing**) *va* decir o expresar sollozando; **to sob oneself to sleep** adormecerse sollozando; *vn* sollozar; suspirar (*el viento*)
sober ['sobər] *adj* sobrio, moderado; no embriagado; grave, serio; cuerdo, sensato; sereno, tranquilo; apagado (*color*); *va* poner sobrio; desemborrachar; **to sober down** calmar, sosegar; **to sober up** desemborrachar; *vn* volverse sobrio; **to sober down** calmarse, sosegarse; **to sober up** desemborracharse
sober-minded ['sobər'maɪndɪd] *adj* cuerdo, sensato, de mente serena, dueño de sí
soberness ['sobərnɪs] *s* sobriedad; seriedad; cordura; serenidad
sobriety [so'braɪətɪ] *s* (*pl:* **-ties**) sobriedad, moderación; gravedad, seriedad; cordura, sensatez; serenidad
sobriquet ['sobrɪke] *s* apodo
sob sister *s* (slang) periodista llorona
sob story *s* (slang) historia de lagrimitas
soc. o **Soc.** abr. de **society**
socage o **soccage** ['sɑkɪdʒ] *s* (feud.) ocupación de una tierra por prestación de trabajo pero sin servicio militar
so-called ['so,kɔld] *adj* llamado, así llamado; supuesto
soccer ['sɑkər] *s* (sport) fútbol asociación

soccer pool *s* quiniela (*apuesta mutua de fútbol*)
sociability [ˌsoʃəˈbɪlɪtɪ] *s* (*pl:* **-ties**) sociabilidad
sociable [ˈsoʃəbəl] *adj* sociable; *s* tertulia; sociable (*coche*)
social [ˈsoʃəl] *adj* social; sociable; socialista; de la buena sociedad; *s* reunión social
social climber *s* ambicioso de figurar
social evil *s* prostitución
social hygiene *s* higiene social
socialism [ˈsoʃəlɪzəm] *s* socialismo
socialist [ˈsoʃəlɪst] *adj* & *s* socialista
socialistic [ˌsoʃəˈlɪstɪk] *adj* socialista
socialistically [ˌsoʃəˈlɪstɪkəlɪ] *adv* según el socialismo
socialite [ˈsoʃəlaɪt] *s* (coll.) personaje de la buena sociedad
sociality [ˌsoʃɪˈælɪtɪ] *s* (*pl:* **-ties**) sociabilidad (*calidad de sociable; índole sociable; tendencia del hombre a la vida social*)
socialization [ˌsoʃəlɪˈzeʃən] *s* socialización
socialize [ˈsoʃəlaɪz] *va* socializar
socialized medicine *s* medicina social
social register *s* guía social, registro de la buena sociedad
social science *s* ciencia social
social security *s* seguro social, retiro obrero, previsión social
social service *s* servicio social
social work *s* auxilio social
social worker *s* persona que se consagra al auxilio social
society [səˈsaɪətɪ] *s* (*pl:* **-ties**) sociedad; compañía (*trato*); buena sociedad, mundo elegante; **to be in society** hallarse en sociedad
society editor *s* cronista de la vida social
Society Islands *spl* islas de la Sociedad
Society of Jesus *s* Compañía de Jesús
sociological [ˌsosɪəˈlɑdʒɪkəl] o [ˌsoʃɪəˈlɑdʒɪkəl] *adj* sociológico
sociologically [ˌsosɪəˈlɑdʒɪkəlɪ] o [ˌsoʃɪəˈlɑdʒɪkəlɪ] *adv* según la sociología
sociologist [ˌsosɪˈɑlədʒɪst] o [ˌsoʃɪˈɑlədʒɪst] *s* sociólogo
sociology [ˌsosɪˈɑlədʒɪ] o [ˌsoʃɪˈɑlədʒɪ] *s* sociología
sock [sɑk] *s* calcetín; zueco (*zapato ligero; comedia*); (slang) golpe fuerte; *adv* (slang) derecho, bien; *va* (slang) pegar, golpear con fuerza
socket [ˈsɑkɪt] *s* cuenca (*de los ojos*); alvéolo (*de un diente*); cañón (*de un candelero*); cubo (*de un candelero; de una llave de caja*); (elec.) portalámparas; (rad.) portaválvula, zócalo
socket wrench *s* llave de cubo, llave de caja
socle [ˈsɑkəl] o [ˈsokəl] *s* (arch.) zócalo
Socrates [ˈsɑkrətiz] *s* Sócrates
Socratic [soˈkrætɪk] *adj* socrático
sod [sɑd] *s* césped; terrón de césped; **under the sod** bajo la tierra; (*pret & pp:* **sodded**; *ger:* **sodding**) *va* cubrir de césped, encespedar
soda [ˈsodə] *s* (chem.) sosa, soda; soda (*bebida refrescante*)
soda ash *s* cenizas de sosa
soda cracker *s* galletita un poco salada, muy friable y sin azúcar ni grasa
soda fountain *s* fuente de sodas (*aparato o mostrador con grifos para servir gaseosas y sodas*)
soda jerk *s* (slang) mozo que sirve en la fuente de sodas
soda lime *s* cal sodada
sodality [soˈdælɪtɪ] *s* (*pl:* **-ties**) amistad íntima; hermandad; cofradía
soda water *s* agua gaseosa
sodden [ˈsɑdən] *adj* empapado, saturado; lerdo, estúpido
sodium [ˈsodɪəm] *s* (chem.) sodio; *adj* sódico o de sodio, p.ej., **sodium chloride** cloruro sódico o cloruro de sodio
sodium bicarbonate *s* (chem.) bicarbonato sódico
sodium carbonate *s* (chem.) carbonato sódico
sodium cyanide *s* (chem.) cianuro sódico
sodium hydrosulfite *s* (chem.) hidrosulfito sódico (*agente reductor*)
sodium hydroxide *s* (chem.) hidróxido de sodio
sodium hyposulfite *s* (chem.) hiposulfito de sodio ($S_2O_4Na_2$); (chem. & phot.) hiposulfito de sodio ($S_2O_3Na_2$)
sodium nitrate *s* (chem.) nitrato sódico
Sodom [ˈsɑdəm] *s* (Bib.) Sodoma
Sodomite [ˈsɑdəmaɪt] *s* sodomita; (*l.c.*) *s* sodomita
sodomy [ˈsɑdəmɪ] *s* sodomía
soever [soˈɛvər] *adv* de cualquier modo; de cualquier clase; en cualquier caso
sofa [ˈsofə] *s* sofá
soffit [ˈsɑfɪt] *s* (arch.) sofito
Sofia [soˈfiə] *s* Sofía (*ciudad*)
soft [sɔft] o [sɑft] *adj* blando, muelle; delicado; suave; flojo; flexible (*dícese, p.ej., de un sombrero*); dulce (*metal*); tierno (*dícese de la soldadura*); torpe, estúpido; (phonet.) sonoro; (phonet.) sibilante; (phys.) blando (*rayo; tubo al vacío*); (coll.) fácil; (coll.) fácil de tratar; *adv* blandamente; delicadamente; suavemente; flojamente; *interj* ¡quedo!, ¡sin ruido!, ¡poco a poco!
softball [ˈsɔftˌbɔl] o [ˈsɑftˌbɔl] béisbol que se juega con pelota blanda; pelota blanda
soft-boiled egg [ˈsɔftˈbɔɪld] o [ˈsɑftˈbɔɪld] *s* huevo pasado por agua
soft coal *s* hulla grasa
soft collar *s* cuello blando
soft drink *s* bebida no alcohólica, refresco
soften [ˈsɔfən] o [ˈsɑfən] *va* ablandar; afeminar; **to soften up** ablandar (*por medio del bombardeo*); *vn* ablandarse; afeminarse
softening of the brain *s* (path.) reblandecimiento cerebral
soft-hearted [ˈsɔftˈhɑrtɪd] o [ˈsɑftˈhɑrtɪd] *adj* de buen corazón
softish [ˈsɔftɪʃ] o [ˈsɑftɪʃ] *adj* blandujo
softness [ˈsɔftnɪs] o [ˈsɑftnɪs] *s* blandura; suavidad; dulzura; flojedad; debilidad (*de carácter*); (coll.) facilidad
soft palate *s* (anat.) paladar blando, velo del paladar
soft pedal *s* (mus.) pedal suave, pedal celeste
soft-pedal [ˌsɔftˈpɛdəl] o [ˌsɑftˈpɛdəl] *va* (mus.) disminuir la intensidad de, por medio del pedal suave; (slang) moderar; *vn* (mus.) disminuir la intensidad por medio del pedal suave; (slang) moderar
soft sell *s* (coll.) método mañoso e indirecto de anunciar o vender mercancías
soft-shelled crab [ˈsɔftˌʃɛld] o [ˈsɑftˌʃɛld] *s* cangrejo después de la muda
soft-shelled turtle *s* (zool.) triónix espinífero
soft soap *s* jabón blando o graso; (coll.) lisonja, adulación
soft-soap [ˌsɔftˈsop] o [ˌsɑftˈsop] *va* (coll.) enjabonar, dar jabón a
soft-spoken [ˈsɔftˈspokən] o [ˈsɑftˈspokən] *adj* de voz suave; dicho con voz suave
soft spot *s* (coll.) afición, simpatía; (coll.) sentimentalismo; (coll.) flaqueza
soft steel *s* acero dulce o suave
soft water *s* agua blanda, agua suave, agua delgada
softwood [ˈsɔftˌwʊd] o [ˈsɑftˌwʊd] *s* árbol conífero: madera de árbol conífero; madera blanda
softy [ˈsɔftɪ] o [ˈsɑftɪ] *s* (*pl:* **-ies**) (coll.) mollejón; (coll.) inocentón
soggy [ˈsɑgɪ] *adj* (*comp:* **-gier**; *super:* **-giest**) empapado, remojado
soil [sɔɪl] *s* suelo, tierra; país, región; mancha; (fig.) mancha, deshonra; *va* manchar, ensuciar; (fig.) manchar, deshonrar; viciar, corromper; *vn* mancharse, ensuciarse; (fig.) mancharse, deshonrarse
soilage [ˈsɔɪlɪdʒ] *s* ensuciamiento; (agr.) pasto verde para el ganado
soil conservation *s* conservación de suelos
soil pipe *s* tubo de desagüe sanitario, cañería de arcilla vitrificada
soiree o **soirée** [swɑˈre] *s* sarao, verbena, velada
sojourn [ˈsodʒʌrn] *s* estancia, permanencia; [ˈsodʒʌrn] o [soˈdʒʌrn] *vn* estarse, residir por una temporada
sol. abr. de **soluble** y **solution**
Sol. abr. de **Solomon** y **Solicitor**
sol [sɑl] o [sol] *s* (chem. & mus.) sol; (*cap.*) [sɑl] *s* el Sol; (myth.) Sol

S

solace [ˈsɑlɪs] *s* solaz, consuelo; *va* solazar, consolar
solan [ˈsolən] *s* (orn.) alcatraz, planga
solanaceous [ˌsɑləˈneʃəs] *adj* (bot.) solanáceo
solanine [ˈsɑlənin] o [ˈsolənin] *s* (chem.) solanina
solar [ˈsolər] *adj* solar
solarium [soˈlɛrɪəm] *s* (*pl:* **-a** [ə]) solana
solar plexus [ˈplɛksəs] *s* (anat.) plexo solar
solar protuberances *spl* (astr.) protuberancias solares
solar system *s* sistema solar
solar year *s* año solar
sold [sold] *pret & pp de* **sell**
solder [ˈsɑdər] *s* soldadura; *va* soldar
soldering [ˈsɑdərɪŋ] *s* soldadura
soldering iron *s* soldador, estañador, cautín
soldering paste *s* pasta para soldar
soldier [ˈsoldʒər] *s* soldado (*militar sin graduación*); militar (*el que forma parte del ejército*); *vn* militar, servir como soldado; holgazanear; fingirse enfermo
soldierly [ˈsoldʒərlɪ] *adj* soldadesco, militar
soldier of fortune *s* aventurero militar
soldiery [ˈsoldʒərɪ] *s* (*pl:* **-ies**) soldadesca
sold on *adj* (slang) convencido del valor o el mérito de
sold out *adj* agotado; **the theater is sold out** todas las localidades están vendidas; **we are sold out of those neckties** se nos han agotado esas corbatas
sole [sol] *s* planta (*del pie*); suela (*del calzado*); palma (*del casco del caballo*); base, fondo; (ichth.) lenguado; (ichth.) sol, suela, lenguita (*Symphurus plagiusa*); *adj* solo, único; exclusivo; *va* solar
solecism [ˈsɑlɪsɪzəm] *s* solecismo; desacierto, patochada
sole leather *s* cuero de suela, solería
solely [ˈsollɪ] *adv* solamente, únicamente
solemn [ˈsɑləm] *adj* solemne
solemnity [səˈlɛmnɪtɪ] *s* (*pl:* **-ties**) solemnidad
solemnization [ˌsɑləmnɪˈzeʃən] *s* solemnización
solemnize [ˈsɑləmnaɪz] *va* solemnizar
solenoid [ˈsolɪnɔɪd] *s* (elec.) solenoide
soleus [ˈsolɪəs] *s* (anat.) sóleo
sol-fa [ˌsolˈfɑ] *s* (mus.) solfa; *va & vn* solfear
sol-faist [ˌsolˈfɑ·ɪst] *s* (mus.) solfista
solfeggio [sɑlˈfɛdʒo] *s* (*pl:* **-gios**) (mus.) solfeo
solicit [səˈlɪsɪt] *va* solicitar; intentar seducir, intentar corromper; *vn* hacer una solicitud, hacer una petición
solicitation [səˌlɪsɪˈteʃən] *s* solicitación; incitación, tentación, seducción; tentativa de corrupción
solicitor [səˈlɪsɪtər] *s* solicitador; (law) procurador
solicitor general *s* (*pl:* **solicitors general**) (U.S.A.) subsecretario de justicia; (U.S.A.) procurador general del Estado; (Brit.) subfiscal de la corona
solicitous [səˈlɪsɪtəs] *adj* solícito, ansioso
solicitude [səˈlɪsɪtjud] o [səˈlɪsɪtud] *s* solicitud, ansiedad
solid [ˈsɑlɪd] *adj* sólido; denso; todo; unánime; impreso sin interlíneas; escrito en una sola palabra; (fig.) sólido, macizo (*p.ej., argumento*); **a solid hour** una hora entera; *s* sólido
solidarity [ˌsɑlɪˈdærɪtɪ] *s* (*pl:* **-ties**) solidaridad
solid geometry *s* geometría del espacio
solidification [səˌlɪdɪfɪˈkeʃən] *s* solidificación
solidify [səˈlɪdɪfaɪ] (*pret & pp:* **-fied**) *va* solidificar; *vn* solidificarse
solidity [səˈlɪdɪtɪ] *s* (*pl:* **-ties**) solidez
Solid South *s* (U.S.A.) conjunto de los estados del Sur (*considerado como unidad política por su apoyo al partido Democrático*)
solid state *s* (phys.) estado sólido
solid-state physics [ˈsɑlɪdˈstet] *ssg* física del estado sólido
solid tire *s* (aut.) macizo
soliloquize [səˈlɪləkwaɪz] *vn* soliloquiar
soliloquy [səˈlɪləkwɪ] *s* (*pl:* **-quies**) soliloquio
solipsism [ˈsɑlɪpsɪzəm] *s* (philos.) solipsismo
solitaire [ˈsɑlɪtɛr] *s* solitario (*juego y diamante*); sortija solitario
solitary [ˈsɑlɪˌtɛrɪ] *adj* solitario; *s* (*pl:* **-ies**) solitario
solitary confinement *s* celda de castigo, aislamiento penal, incomunicación
solitary sandpiper *s* (orn.) chorlito de manchas aceneladas
solleret [ˈsɑlərɛt] o [ˌsɑləˈrɛt] *s* escarpadura (*de las armaduras antiguas*)
solmization [ˌsɑlmɪˈzeʃən] *s* (mus.) solfa
solo [ˈsolo] *s* (*pl:* **-los**) (mus.) solo; *adj* (mus.) solista; a solas, hecho a solas
soloist [ˈsolo·ɪst] *s* solista
Solomon [ˈsɑləmən] *s* Salomón; (fig.) Salomón
Solomonic [ˌsɑləˈmɑnɪk] *adj* salomónico
Solomon Islands *spl* islas Salomón
Solomon's seal *s* sello de Salomón
Solomon's-seal [ˈsɑləmənzˌsil] *s* (bot.) sello de Salomón
Solon [ˈsolɑn] *s* Solón; (fig.) Solón
solstice [ˈsɑlstɪs] *s* (astr.) solsticio
solstitial [sɑlˈstɪʃəl] *adj* solsticial
solubility [ˌsɑljəˈbɪlɪtɪ] *s* solubilidad
soluble [ˈsɑljəbəl] *adj* soluble
solute [ˈsɑljut] o [ˈsolut] *s* (chem.) soluto
solution [səˈluʃən] *s* solución
solution of continuity *s* solución de continuidad
solvable [ˈsɑlvəbəl] *adj* soluble
solve [sɑlv] *va* resolver, solucionar; adivinar (*un enigma*)
solvency [ˈsɑlvənsɪ] *s* (*pl:* **-cies**) solvencia
solvent [ˈsɑlvənt] *adj* solvente; (chem.) solvente; *s* (chem.) solvente
Solyman [ˈsɑlɪmən] *s* Solimán
soma [ˈsomə] *s* (*pl:* **-mata** [mətə]) (biol.) soma
Somali [soˈmɑlɪ] *s* (*pl:* **-li** o **-lis**) somalí
Somaliland [soˈmɑlɪˌlænd] *s* la Somalía
somatic [soˈmætɪk] *adj* somático
somatology [ˌsoməˈtɑlədʒɪ] *s* somatología
somber o **sombre** [ˈsɑmbər] *adj* sombrío
sombrero [sɑmˈbrɛro] *s* (*pl:* **-ros**) sombrero jarano
some [sʌm] *adj indef* algún; un poco de; unos; (coll.) grande, bueno, famoso, p.ej., **some crackpot** famoso tarambana; *pron indef pl* algunos; *adv* (coll.) algo; (coll.) muy, mucho
somebody [ˈsʌmˌbɑdɪ] *pron indef* alguien; **somebody else** algún otro, otra persona; *s* (*pl:* **-ies**) personaje
someday [ˈsʌmde] *adv* algún día
somehow [ˈsʌmhaʊ] *adv* de algún modo, de alguna manera; **somehow or other** de un modo u otro
someone [ˈsʌmwʌn] *pron indef* alguien; **someone else** algún otro, otra persona
somersault [ˈsʌmərˌsɔlt] o **somerset** [ˈsʌmərˌsɛt] *s* salto mortal; **to turn a somersault** dar un salto mortal; *vn* dar un salto mortal, dar saltos mortales
something [ˈsʌmθɪŋ] *s* alguna cosa, algo; cosa de importancia, cosa de suposición; **something else** otra cosa; *adv* algo, un poco
sometime [ˈsʌmtaɪm] *adj* antiguo, de otro tiempo; *adv* alguna vez, en algún tiempo; antiguamente, en otro tiempo
sometimes [ˈsʌmtaɪmz] *adv* a veces, a las veces, algunas veces
someway [ˈsʌmwe] *adv* de algún modo
somewhat [ˈsʌmhwɑt] *adv* algo, un poco; *s* alguna cosa, algo, un poco
somewhere [ˈsʌmhwɛr] *adv* en alguna parte, a alguna parte; en algún tiempo; **somewhere else** en otra parte, a otra parte
somewhile [ˈsʌmhwaɪl] *adv* a veces; alguna vez; antiguamente, en otro tiempo
somewhither [ˈsʌmhwɪðər] *adv* hacia alguna parte
somnambulism [sɑmˈnæmbjəlɪzəm] *s* sonambulismo
somnambulist [sɑmˈnæmbjəlɪst] *s* sonámbulo
somnambulistic [sɑmˌnæmbjəˈlɪstɪk] *adj* sonámbulo
somniferous [sɑmˈnɪfərəs] *adj* somnífero; soñoliento
somnolence [ˈsɑmnələns] *s* somnolencia o soñolencia
somnolent [ˈsɑmnələnt] *adj* soñoliento
Somnus [ˈsɑmnəs] *s* (myth.) el Sueño
son [sʌn] *s* hijo; **the Son** el Hijo (*Jesucristo*)
sonance [ˈsonəns] *s* sonoridad

sonant ['sonənt] *adj* sonante; (phonet.) sonoro; *s* (phonet.) sonora
sonar ['sonɑr] *s* sonar
sonata [sə'nɑtə] *s* (mus.) sonata
sonatina [,sɑnə'tinə] *s* (mus.) sonatina
song [sɔŋ] o [sɑŋ] *s* canción, canto; bagatela; **for a song** muy barato; **to sing the same old song** volver a la misma canción
songbird ['sɔŋ,bʌrd] o ['sɑŋ,bʌrd] *s* ave canora; (fig.) cantora, cantatriz
songless ['sɔŋlɪs] o ['sɑŋlɪs] *adj* sin canto
Song of Solomon *s* (Bib.) Cantares de Salomón
Song of Songs *s* (Bib.) Cantar de los Cantares
songster ['sɔŋstər] o ['sɑŋstər] *s* cantor, cantante; cancionista; ave canora
songstress ['sɔŋstrɪs] o ['sɑŋstrɪs] *s* cantora, cantatriz; cancionista; poetisa; ave canora
song thrush *s* (orn.) malvís, tordo alirrojo
sonic ['sɑnɪk] *adj* sónico
sonic barrier *s* barrera del sonido, barrera sónica
sonic boom *s* estallido que da un avión al atravesar la barrera sónica
sonic depth finder *s* sonda acústica
soniferous [so'nɪfərəs] *adj* sonoro, sonante
son-in-law ['sʌnɪn,lɔ] *s* (*pl:* **sons-in-law**) yerno
sonnet ['sɑnɪt] *s* soneto
sonneteer [,sɑnɪ'tɪr] *s* sonetista; poetastro; *vn* sonetear, sonetizar
sonny ['sʌnɪ] *s* (*pl:* **-nies**) hijito
Son of God *s* Hijo de Dios (*Jesucristo*)
Son of Man *s* Hijo del Hombre (*Jesucristo*)
sonometer [so'nɑmɪtər] *s* sonómetro
sonorant [so'norənt] *s* (phonet.) sonante
sonority [sə'nɑrɪtɪ] o [sə'nɔrɪtɪ] *s* (*pl:* **-ties**) sonoridad
sonorous [sə'norəs] *adj* sonoro, resonante
soon [sun] *adv* pronto, en breve; temprano; de buena gana; **soon after** poco después, poco después de; **as soon as** así que, luego que, tan pronto como; **as soon as possible** cuanto antes, lo más pronto posible; **had sooner** preferiría; **how soon?** ¿cuándo?; **sooner or later** tarde o temprano
soot [sʊt] o [sut] *s* hollín; *va* manchar o cubrir de hollín, ensuciar con hollín
soothe [suð] *va* calmar, sosegar, aliviar
soothsayer ['suθ,seər] *s* adivino
soothsaying ['suθ,seɪŋ] *s* adivinación, adivinanza
sooty ['sʊtɪ] o ['sutɪ] *adj* (*comp:* **-ier**; *super:* **-iest**) holliniento
sop [sɑp] *s* sopa (*pan u otra cosa empapada en un líquido*); regalo (*para acallar, apaciguar o sobornar*); persona muy mojada, cosa muy mojada; (*pret & pp:* **sopped**; *ger:* **sopping**) *va* empapar, ensopar; **to sop up** absorber
Sophia [so'faɪə] o ['sofɪə] *s* Sofía (*nombre de mujer*)
sophism ['sɑfɪzəm] *s* sofisma
sophist ['sɑfɪst] *s* sofista; sabio, filósofo
sophistic [sə'fɪstɪk] o **sophistical** [sə'fɪstɪkəl] *adj* sofista; sofístico
sophisticate [sə'fɪstɪket] *s* mundano, hombre mundano; *va* hacer mundano; envolver en sofisterías; engañar; *vn* valerse de sofismas
sophisticated [sə'fɪstɪ,ketɪd] *adj* mundano, falto de simplicidad; engañoso, fraudulento
sophistication [sə,fɪstɪ'keʃən] *s* mundanería, falta de simplicidad; sofistería
sophistry ['sɑfɪstrɪ] *s* sofistería
Sophoclean [,sɑfə'kliən] *adj* sofocleo
Sophocles ['sɑfəkliz] *s* Sófocles
sophomore ['sɑfəmor] *s* estudiante de segundo año
sophomoric [,sɑfə'mɑrɪk] o [,sɑfə'mɔrɪk] *adj* de los estudiantes de segundo año; engreído e ignorante
soporiferous [,sopə'rɪfərəs] o [,sɑpə'rɪfərəs] *adj* soporífero
soporific [,sopə'rɪfɪk] o [,sɑpə'rɪfɪk] *adj* soporífero, soporífico; soporoso; *s* soporífero
sopping ['sɑpɪŋ] *adj* empapado; **sopping wet** hecho una sopa
soppy ['sɑpɪ] *adj* (*comp:* **-pier**; *super:* **-piest**) empapado; lluvioso
soprano [sə'præno] o [sə'prɑno] *s* (*pl:* **-os**) soprano; *adj* de soprano, para soprano
sorb [sɔrb] *s* (bot.) serbal; serba (*fruto*)
Sorbonne [sɔr'bɑn] *s* Sorbona
sorcerer ['sɔrsərər] *s* hechicero, brujo
sorceress ['sɔrsərɪs] *s* hechicera, bruja
sorcery ['sɔrsərɪ] *s* (*pl:* **-ies**) hechicería, brujería, sortilegio
sordid ['sɔrdɪd] *adj* sórdido
sore [sor] *s* llaga, úlcera; pena, dolor, disgusto, aflicción; **to open an old sore** renovar la herida; *adj* enrojecido, inflamado; dolorido; susceptible, irritable; (coll.) sentido, picado, resentido; penoso; fuerte, vehemente; **to be sore at** (coll.) estar enojado con
sore ears *spl* mal o dolor de oídos
sore eyes *spl* dolor de ojos
sorehead ['sor,hɛd] *s* (coll.) persona resentida
sorely ['sorlɪ] *adv* penosamente; con urgencia
soreness ['sornɪs] *s* dolor, inflamación; amargura de una pena
sore throat *s* mal o dolor de garganta
sorghum ['sɔrgəm] *s* (bot.) alcandía, sorgo, zahína
sorority [sə'rɑrɪtɪ] o [sə'rɔrɪtɪ] *s* (*pl:* **-ties**) hermandad (*de mujeres; de estudiantas*)
sorosis [sə'rosɪs] *s* (bot.) sorosis
sorrel ['sɑrəl] o ['sɔrəl] *adj* alazán; *s* (bot.) acedera; alazán (*color y caballo de este color*)
sorrow ['sɑro] o ['sɔro] *s* dolor, pesar, pena; arrepentimiento; *vn* dolerse, apenarse, sentir pena; arrepentirse; **to sorrow for** añorar
sorrowful ['sɑrofəl] o ['sɔrofəl] *adj* doloroso, pesaroso, afligido, penoso
sorry ['sɑrɪ] o ['sɔrɪ] *adj* (*comp:* **-rier**; *super:* **-riest**) pesaroso, afligido, apenado; arrepentido; malo, pésimo; despreciable, ridículo; **to be** o **feel sorry** sentir; arrepentirse; **to be** o **feel sorry for** compadecer; **to be sorry to** + *inf* sentir + *inf*
sort [sɔrt] *s* clase, especie; tipo; modo, manera; (print.) tipo; **a sort of** uno a modo de; **of sorts** de varias clases; de poco valor, de mala muerte; **out of sorts** de mal humor; indispuesto; incómodo; **sort of** (coll.) algo, en cierta medida; *va* clasificar, separar; escoger; entresacar; *vn* asociarse; concordar, estar de acuerdo
sortie ['sɔrtɪ] *s* (mil.) salida, surtida
sorus ['sorəs] *s* (*pl:* **-ri** [[raɪ]) (bot.) soro
S O S ['ɛs,o'ɛs] *s* (rad.) S O S (*señal de peligro*); (coll.) llamada de auxilio
so-so ['so,so] *adj* mediano, regular, talcualillo; *adv* así así, tal cual
sot [sɑt] *s* borracho
soteriology [sə,tɪrɪ'ɑlədʒɪ] *s* (theol.) soteriología
sottish ['sɑtɪʃ] *adj* embrutecido por la mucha bebida, hecho una uva
sotto voce ['sɑto 'votʃe] a sovoz, en voz baja
soubrette [su'brɛt] *s* (theat.) camarera o confidenta de comedia; (theat.) doncella coquetona
soubriquet ['subrɪke] *s* var. de **sobriquet**
Soudan [su'dæn] *s* var. de **Sudan**
soufflé [su'fle] o ['sufle] *s* flan, soufflé
sough [sʌf] o [saʊ] *s* susurro, suspiro, murmullo; *vn* susurrar, suspirar, murmullar
sought [sɔt] *pret & pp de* **seek**
soul [sol] *s* alma; **upon my soul!** ¡por vida mía!
soulful ['solfəl] *adj* conmovedor, sentimental
soulless ['sollɪs] *adj* desalmado
sound [saʊnd] *s* sonido; ruido; tañido (*de las campanas*); (surg.) sonda, tienta; (geog.) estrecho, brazo de mar; vejiga natatoria (*de los peces*); **within sound of** al alcance de; *adj* sano; profundo (*dícese, p.ej., del sueño*); sólido, firme; puro; perfecto; solvente; sonoro; **sound of mind** en su juicio cabal; *adv* profundamente; *va* sonar; tocar (*p.ej., campanas*); tantear, sondear; auscultar (*p.ej., los pulmones*); entonar (*p.ej., alabanzas*); (surg.) sondar, tentar; **to sound the call to arms** tocar llamada; *vn* sonar, resonar; sondar; sumergirse (*una ballena*); parecer; **to sound like** sonar como (*p.ej., un trueno*)
sound barrier *s* (aer.) barrera del sonido
soundboard ['saʊnd,bord] *s* secreto, caja de resonancia (*de un instrumento musical*); tornavoz (*para dirigir el sonido hacia el público*); (fig.) caja de resonancia

sound effects *spl* (mov. & rad.) efectos sonoros
sounder ['saʊndər] *s* sonador; sondeador; (telg.) resonador
sound film *s* film sonoro, película sonora
sounding ['saʊndɪŋ] *adj* sonante, resonante; *s* sondeo; **soundings** *spl* sondas
sounding balloon *s* globo sonda
sounding board *s* var. de **soundboard**
sounding line *s* (naut.) sondaleza
soundless ['saʊndlɪs] *adj* silencioso; insondable
soundly ['saʊndlɪ] *adv* sanamente; profundamente; a fondo; sólidamente; violentamente
soundproof ['saʊnd'pruf] *adj* antisonoro; *va* insonorizar
soundproofing ['saʊnd'prufɪŋ] *s* aislación de sonido
sound track *s* (mov.) huella de sonido, banda sonora, pista sonora
sound wave *s* (phys.) onda sonora
soup [sup] *s* sopa; **in the soup** (slang) en apuros, en aprietos
soup dish *s* plato sopero
soup kitchen *s* comedor de beneficencia, dispensario de alimentos (*para los pobres*); (mil.) cocina de campaña
soup ladle *s* cucharón
soup spoon *s* cuchara de sopa
soup tureen *s* sopera
soupy ['supɪ] *adj* (*comp:* **-ier;** *super:* **-iest**) parecido a la sopa; brumoso
sour [saʊr] *adj* agrio; (fig.) agrio, acre, desapacible; *va* agriar; *vn* agriarse; malearse (*la tierra*)
source [sors] *s* fuente
source book *s* texto original; colección de textos originales
source material *s* fuentes originales
sour cherry *s* (bot.) guindo (*árbol*); guinda (*fruto*)
sourdough ['saʊr,do] *s* (coll.) explorador en el Canadá y Alaska
sour grapes *spl* agraz; (fig.) las uvas verdes (*de la fábula "La zorra y las uvas" de Esopo, es decir, algo que se finge despreciar porque no se puede conseguir*); **sour grapes!** ¡están verdes las uvas!
sour gum *s* (bot.) tupelo
sourish ['saʊrɪʃ] *adj* agrete
sourness ['saʊrnɪs] *s* agrura
sourpuss ['saʊr,pʊs] *s* (slang) cascarrabias, vinagre (*persona*)
souse [saʊs] *s* zambullida, chapuz; salmuera; adobo; escabeche; cabeza, patas y orejas de cerdo en escabeche; (slang) borrachín; *va* zambullir, chapuzar; adobar; escabechar; verter; **to get soused** (slang) emborracharse; *vn* zambullirse; (slang) embriagarse habitualmente
soutache ['sutæʃ] o [su'tæʃ] *s* trencilla
soutane [su'tɑn] *s* sotana
south [saʊθ] *s* sur, mediodía; *adj* meridional, del sur; *adv* al sur
South Africa *s* Sudáfrica; la Unión Sudafricana
South African *adj & s* sudafricano
South America *s* Sudamérica, la América del Sur
South American *adj & s* sudamericano
South Australia *s* la Australia Meridional
South Carolina [,kærə'laɪnə] *s* la Carolina del Sur
South China Sea *s* mar de la China Meridional
South Dakota [də'kotə] *s* el Dakota del Sur
southeast [,saʊθ'ist] *adj* sudeste, sudestal; *s* sudeste; *adv* al sudeste, hacia el sudeste
Southeast Asia *s* el Asia sudoriental, el Sudeste Asiático, el Sudeste de Asia
southeaster [,saʊθ'istər] *s* sudeste (*viento*); sudestada (*viento fuerte*)
southeasterly [,saʊθ'istərlɪ] *adj* sudestal; *adv* hacia el sudeste; desde el sudeste
southeastern [,saʊθ'istərn] *adj* sudeste, suroriental
southeastward [,saʊθ'istwərd] *adj* que va hacia el sudeste; *s* sudeste; *adv* hacia el sudeste
southeastwardly [,saʊθ'istwərdlɪ] *adj* que va hacia el sudeste; *adv* hacia el sudeste
southeastwards [,saʊθ'istwərdz] *adv* hacia el sudeste
souther ['saʊðər] *s* sur (*viento*)
southerly ['sʌðərlɪ] *adj* meridional; que viene desde el sur; que va hacia el sur; *adv* desde el sur; hacia el sur
southern ['sʌðərn] *adj* meridional
Southern Cross *s* (astr.) Cruz del Sur
southerner ['sʌðərnər] *s* meridional, habitante del sur
Southern Hemisphere *s* hemisferio austral
southernmost ['sʌðərnmost] *adj* (el) más meridional
southernwood ['sʌðərn,wʊd] *s* (bot.) abrótano
southing ['saʊðɪŋ] *s* movimiento hacia el sur; diferencia de latitud sur
South Island *s* la Isla del Sur (*Nueva Zelanda*)
South Korea *s* la Corea del Sur
South Korean *adj & s* surcoreano
southland ['saʊθlənd] o ['saʊθ,lænd] *s* región meridional
southlander ['saʊθləndər] o ['saʊθ,lændər] *s* meridional
South Magnetic Pole *s* polo sur magnético
southpaw ['saʊθ,pɔ] *adj & s* (sport & slang) zurdo
South Pole *s* polo sur
southron ['sʌðrən] *adj & s* meridional
South Sea Islander *s* oceánico
South Sea Islands *spl* la Oceanía
South Seas *spl* Grande Océano (*el Pacífico Sur*); mares del sur (*al sur del ecuador*)
south-southeast ['saʊθ,saʊθ'ist] *s* sudsudeste
south-southwest ['saʊθ,saʊθ'wɛst] *s* sudsudoeste
southward ['saʊθwərd] *adj* que va hacia el sur; *s* sur; *adv* hacia el sur
southwardly ['saʊθwərdlɪ] *adj* que va hacia el sur; *adv* hacia el sur
southwards ['saʊθwərdz] *adv* hacia el sur
southwest [,saʊθ'wɛst] *adj & s* sudoeste; *adv* al sudoeste, hacia el sudoeste
Southwest Africa *s* el África del Sudoeste
southwester [,saʊθ'wɛstər] *s* sudoeste (*viento*); sudoestada (*viento fuerte*); sueste (*sombrero impermeable*)
southwesterly [,saʊθ'wɛstərlɪ] *adj* sudoeste; *adv* hacia el sudoeste; desde el sudoeste
southwestern [,saʊθ'wɛstərn] *adj* sudoeste
southwestward [,saʊθ'wɛstwərd] *adj* que va hacia el sudoeste; *s* sudoeste; *adv* hacia el sudoeste
southwestwardly [,saʊθ'wɛstwərdlɪ] *adj* que va hacia el sudoeste; *adv* hacia el sudoeste
southwestwards [,saʊθ'wɛstwərdz] *adv* hacia el sudoeste
south wind *s* austro, noto
souvenir [,suvə'nɪr] o ['suvənɪr] *s* recuerdo, memoria
souvenir sheet *s* (philately) hoja-bloque
sou'wester [,saʊ'wɛstər] *s* var. de **southwester**
sovereign ['sɑvrɪn] o ['sʌvrɪn] *adj* soberano; *s* soberano (*rey; moneda*); soberana (*reina*)
sovereignly ['sɑvrɪnlɪ] o ['sʌvrɪnlɪ] *adv* soberanamente; eficazmente
sovereignty ['sɑvrɪntɪ] o ['sʌvrɪntɪ] *s* (*pl:* **-ties**) soberanía
soviet ['sovɪɛt] *s* soviet; *adj* soviético
sovietism ['sovɪɛtɪzəm] *s* sovietismo
sovietization [,sovɪ,ɛtɪ'zeʃən] *s* sovietizacíon
sovietize ['sovɪɛtaɪz] *va* sovietizar
Soviet Russia *s* la Rusia Soviética
Soviet Union *s* Unión Soviética
sow [saʊ] *s* puerca; (found.) galápago (*lingote*); (found.) fosa, reguera; [so] (*pret:* **sowed;** *pp:* **sown** o **sowed**) *va* sembrar; **to sow with mines** plagar de minas; *vn* sembrar
sowbread ['saʊ,brɛd] *s* (bot.) pamporcino
sow bug [saʊ] *s* (zool.) cochinilla de humedad
sower ['soər] *s* sembrador
sown [son] *pp de* **sow**
sow thistle [saʊ] *s* (bot.) cerraja
soy [sɔɪ] *s* (bot.) soja; semilla de soja; (cook.) salsa de soja
soybean ['sɔɪ,bin] *s* (bot.) soja; semilla de soja
sp. abr. de **special, species, specific, specimen** y **spelling**
Sp. abr. de **Spain, Spaniard** y **Spanish**
spa [spɑ] *s* caldas, manantial de agua mineral; balneario

space [spes] *s* espacio; (mus. & print.) espacio; **in the space of** por espacio de (*p.ej., un año*); *adj* espacial; de espacios; *va* espaciar; (print.) espaciar; (print.) regletear
space age *s* era del espacio
space bar o **space key** *s* tecla de espacios, llave espacial, espaciador
space charge *s* (elec.) carga de espacio, carga interespacial
spacecraft ['spes,kræft] o ['spes,kraft] *s* var. de **spaceship**
space exploration *s* exploración del espacio
space flight *s* vuelo espacial
space helmet *s* casco espacial, escafandra espacial
space-lattice ['spes,lætɪs] *s* (physical chem.) estructura del cristal (*ordenamiento de los átomos de un cristal mediante la aplicación de los rayos X*)
spaceless ['speslɪs] *adj* infinito; que no ocupa espacio
spaceman ['spes,mæn] *s* (*pl:* **-men**) navegador del espacio; visitante a la Tierra del espacio exterior
space mark *s* (print.) signo para indicar el espaciado
space medicine *s* medicina del espacio
space probe *s* sondaje del espacio
spacer ['spesər] *s* (print.) espaciador; (telg.) separador
space race *s* carrera espacial
space science *s* ciencia del espacio
spaceship ['spes,ʃɪp] *s* nave del espacio, nave espacial, astronave
space suit *s* traje espacial
space-time continuum ['spes,taɪm] *s* (phys.) continuo espacio tiempo, continuo espacio-temporal
space travel *s* viajes por el espacio, astronavegación
space vehicle *s* vehículo espacial
spacing ['spesɪŋ] *s* espaciamiento
spacious ['speʃəs] *adj* espacioso
spade [sped] *s* laya; (mil.) zapa; pique (*naipe que corresponde a la espada*); **spades** *spl* piques (*palo que corresponde al de espadas*); **to call a spade a spade** llamar al pan pan y al vino vino; *va* layar; *vn* layar; (mil.) zapar
spadework ['sped,wʌrk] *s* trabajo hecho con la laya; (fig.) trabajo preliminar y fundamental
spadix ['spedɪks] *s* (*pl:* **spadixes** o **spadices** [spe'daɪsiz]) (bot.) espádice
spaghetti [spə'getɪ] *s* macarrones delgados; (elec.) tubería aisladora
spahi o **spahee** ['spɑhi] *s* espahí
Spain [spen] *s* España
spake [spek] (archaic) *pret de* **speak**
spall [spɔl] *s* lasca, astilla de piedra; *va* romper (*piedras*) con la almádena
span [spæn] *s* palmo, llave de la mano; extensión completa; (arch.) ojo; pareja (*de caballos*); (aer.) envergadura; (*pret & pp:* **spanned**; *ger:* **spanning**) *va* medir a palmos; atravesar, extenderse sobre, abrazar
spandrel ['spændrəl] *s* (arch.) enjuta, embecadura
spangle ['spæŋgəl] *s* lentejuela; *va* estrellar; adornar con lentejuelas; *vn* brillar, resplandecer
Spaniard ['spænjərd] *s* español o española
spaniel ['spænjəl] *s* perro de aguas; persona rastrera que sirve de instrumento a otra
Spanish ['spænɪʃ] *adj* español; *spl* españoles; *ssg* español (*idioma*)
Spanish American *adj & s* hispanoamericano (*de la América española*)
Spanish-American ['spænɪʃə'merɪkən] *adj* hispanoamericano (*perteneciente a España y América o España y los Estados Unidos*)
Spanish-American War *s* guerra hispanoamericana
Spanish Armada *s* Armada Invencible
Spanish bayonet *s* (bot.) bayoneta
Spanish broom *s* (bot.) retama de China, retama de olor, gayomba
Spanish dagger *s* (bot.) bayoneta
Spanish fir *s* (bot.) pinsapo
Spanish fly *s* (ent.) abadejo, mosca de España, cantárida
Spanish Guinea *s* la Guinea Española
Spanish Inquisition *s* Inquisición de España
Spanish mackerel *s* (ichth.) caballa con manchas parduscas por los lados (*Scomberomorus maculatus*)
Spanish Main *s* Costa Firme, Tierra Firme; mar Caribe
Spanish-Moroccan ['spænɪʃmə'rɑkən] *adj* hispanomarroquí
Spanish Morocco *s* el Marruecos Español
Spanish moss *s* (bot.) barba española
Spanish n *s* la letra eñe
Spanish omelet *s* tortilla de tomate
Spanish onion *s* cebolla grande de sabor dulce
Spanish oyster plant *s* (bot.) cardillo, tagarnina
Spanish paprika *s* (bot.) asnaucho
Spanish plum *s* (bot.) jocotal (*árbol*); jocote (*fruto*)
Spanish-speaking ['spænɪʃ'spikɪŋ] *adj* hispanohablante, de habla española
spank [spæŋk] *s* azote, manotada; *va* azotar, manotear; *vn* correr rápidamente, galopar
spanker ['spæŋkər] *s* (coll.) cosa muy grande, hermosa o extraordinaria; (coll.) caballo muy veloz; (naut.) cangreja de popa
spanker boom *s* (naut.) verga de popa
spanker gaff *s* (naut.) cangrejo, pico de cangrejo
spanking ['spæŋkɪŋ] *s* azote, manotada; *adj* rápido, veloz; fuerte; (coll.) muy grande, muy hermoso, extraordinario
spanless ['spænlɪs] *adj* que no se puede medir, atravesar o abrazar
spanner ['spænər] *s* llave de tuercas, llave de manguera
spar [spɑr] *s* (naut.) mástil, verga, palo; (aer.) viga mayor; (mineral.) espato; boxeo; combate de gallos a espolonazos; riña, pelea; (*pret & pp:* **sparred**; *ger:* **sparring**) *va* proveer de mástiles, vergas o palos; *vn* reñir, pelear; boxear; luchar a espolonazos (*los gallos*)
spar deck *s* (naut.) cubierta de guindaste
spare [spɛr] *adj* sobrante, de repuesto; libre, disponible; flaco, enjuto, delgado; escaso; sobrio, frugal; *va* pasar sin, pasarse sin; perdonar; exonerar; salvar, guardar; ahorrar; **to have ... to spare** tener de sobra, p.ej., **they have money to spare** tienen dinero de sobra; **to have no time to spare** no tener tiempo que perder; **to spare oneself** ahorrarse esfuerzo; *vn* economizar; ser clemente
spare bed *s* cama de sobra
spare hours *spl* horas de recreo, horas de ocio
spare money *s* dinero de reserva
spare parts *spl* piezas de recambio o de repuesto
sparerib ['spɛr,rɪb] *s* costilla de cerdo con poca carne
spare room *s* cuarto del huésped, habitación del forastero
spare time *s* tiempo desocupado
spare tire *s* neumático de repuesto, goma de recambio
spare wheel *s* rueda de recambio
sparing ['spɛrɪŋ] *adj* económico; escaso
spark [spɑrk] *s* chispa; (coll.) galán, cortejador; (coll.) petimetre; (fig.) centellita (*p.ej., de verdad*); *va* (coll.) galantear, cortejar (*a una mujer*); *vn* chispear; (coll.) ser galante
spark arrester *s* parachispas; (elec.) parachispas; (rail.) chispero
spark coil *s* bobina de chispas, bobina de encendido
sparker ['spɑrker] *s* artificio chispero; bujía, encendedor; (elec.) apagachispas, parachispas; (slang) galán, enamorado
spark gap *s* (elec.) entrehierro (*del carrete de inducción*); (elec.) espacio de chispa (*de la bujía de encendido*)
sparkish ['spɑrkɪʃ] *adj* galante, elegante
sparkle ['spɑrkəl] *s* chispita, destello; viveza, alegría; chispa (*diamante muy pequeño*); *va* hacer chispear; *vn* chispear; ser vivaz, ser alegre; espumar, ser efervescente, ser espumoso
spark lead [lid] *s* (mach.) avance del encendido
sparkler ['spɑrklər] *s* piedra preciosa muy brillante, diamante; fuegos artificiales que echan chispitas; ojo muy brillante
sparklet ['spɑrklɪt] *s* chispa, centella; (trademark) cápsula metálica, llena de ácido carbó-

nico líquido y con la cual se pueden fabricar bebidas gaseosas en la mesa
sparkling ['spɑrklɪŋ] *adj* chispeante, centelleante; espumante, espumoso (*vino*); gaseoso (*agua*)
spark plug *s* bujía
sparrow ['spæro] *s* (orn.) gorrión, pardal
sparrow hawk *s* (orn.) gavilán, cernícalo
sparse [spɑrs] *adj* esparcido, disperso; escaso, poco abundante; ralo (*dícese del pelo*)
sparsity ['spɑrsɪtɪ] *s* dispersión; escasez; raleza
Sparta ['spɑrtə] *s* Esparta
Spartacus ['spɑrtəkəs] *s* Espártaco
Spartan ['spɑrtən] *adj* & *s* espartano; (fig.) espartano
Spartanism ['spɑrtənɪzəm] *s* severidad de espartano
spasm ['spæzəm] *s* (path.) espasmo; ataque súbito y violento, esfuerzo súbito y de breve duración
spasmodic [spæz'mɑdɪk] *adj* espasmódico; irregular, intermitente
spasmodically [spæz'mɑdɪkəlɪ] *adv* espasmódicamente; irregularmente, intermitentemente
spastic ['spæstɪk] *adj* espástico
spasticity [spæs'tɪsɪtɪ] *s* (path.) espasticidad
spat [spæt] *s* manotada, bofetada; palmadita; riña, disputa; botín, polaina corta; ostra joven; masa de ostras jóvenes; (*pret* & *pp:* **spatted;** *ger:* **spatting**) *va* dar una manotada a; golpear ligeramente; *vn* reñir, disputar; desovar (*las ostras*); *pret* & *pp de* **spit**
spate [spet] *s* (Brit.) avenida (*de agua*); (Brit.) chaparrón; gran cantidad; torrente de palabras; emoción intensa
spathe [speð] *s* (bot.) espata
spathic ['spæθɪk] *adj* (mineral.) espático
spatial ['speʃəl] *adj* espacial
spatter ['spætər] *s* salpicadura; *va* salpicar; (fig.) manchar; *vn* chorrear; chapotear
spatterdash ['spætər,dæʃ] *s* polaina larga
spatterdock ['spætər,dɑk] *s* (bot.) nenúfar amarillo
spatula ['spætʃələ] *s* espátula; (cook. & paint.) espátula
spatulamancy ['spætʃələ,mænsɪ] *s* espatulomancía
spatulate ['spætʃəlet] *adj* espatulado
spavin ['spævɪn] *s* (vet.) esparaván
spavined ['spævɪnd] *adj* que tiene esparaván
spawn [spɔn] *s* (ichth.) freza; pececillos; producto, resultado; prole; germen, fuente; (bot.) micelio; *va* engendrar, producir; *vn* frezar (*los peces*); producir en abundancia
spawning ['spɔnɪŋ] *s* freza, desove
spawning time *s* freza, desove
spay [spe] *va* sacar los ovarios a (*un animal*)
spaying ['speɪŋ] *s* castración femenina
S.P.C.A. abr. de **Society for the Prevention of Cruelty to Animals**
speak [spik] (*pret:* **spoke;** *pp:* **spoken**) *va* hablar (*un idioma*); decir (*la verdad*); *vn* hablar; **so to speak** por decirlo así; **to know to speak to** conocer de pocas palabras; **to not speak to** negar o quitar el habla a, no hablar con (*por haber reñido*); **to speak for** hablar por, hablar en favor de; pedir, solicitar; representar; **to speak out** elevar la voz, osar hablar, hablar alto; **to speak well for** demostrar el mérito de; **to speak well of** hablar bien de; **speaking!** ¡al habla! (*contestación telefónica*)
speakeasy ['spik,izɪ] *s* (*pl:* **-ies**) (slang) taberna clandestina
speaker ['spikər] *s* hablante; orador; presidente (*p.ej., de una asamblea legislativa*); (rad.) altavoz
Speaker of the House *s* (U.S.A.) presidente de la Cámara de Representantes
speakership ['spikərʃɪp] *s* presidencia de una asamblea legislativa
speaking ['spikɪŋ] *s* habla; elocuencia; *adj* hablante; viviente; **to be on speaking terms** hablarse
speaking tube *s* tubo acústico
spear [spɪr] *s* lanza; arpón (*para pescar*); hoja (*de hierba*); *va* alancear, herir con lanza; *vn* brotar
spearhead ['spɪr,hɛd] *s* punta de lanza; (fig.) punta de lanza
spearman ['spɪrmən] *s* (*pl:* **-men**) lancero
spearmint ['spɪr,mɪnt] *s* (bot.) menta verde, menta romana
spec. abr. de **special**
special ['spɛʃəl] *adj* especial; *s* tren especial
special delivery *s* correspondencia urgente, correo urgente, entrega inmediata
special-delivery ['spɛʃəldɪ'lɪvərɪ] *adj* urgente, de urgencia
specialism ['spɛʃəlɪzəm] *s* especialización
specialist ['spɛʃəlɪst] *adj* & *s* especialista
speciality [,spɛʃɪ'ælɪtɪ] *s* (*pl:* **-ties**) especialidad
specialization [,spɛʃəlɪ'zeʃən] *s* especialización
specialize ['spɛʃəlaɪz] *va* especializar; especificar; *vn* especializar o especializarse
specially ['spɛʃəlɪ] *adv* especialmente
special pleading *s* (law) alegación parcial
specialty ['spɛʃəltɪ] *s* (*pl:* **-ties**) especialidad
specie ['spiʃɪ] *s* efectivo, numerario, metálico
species ['spiʃɪz] *s* (*pl:* **-cies**) especie; (eccl.) especies sacramentales; **the species** la especie humana
specif. abr. de **specifically**
specific [spɪ'sɪfɪk] *adj* & *s* específico
specifically [spɪ'sɪfɪkəlɪ] *adv* específicamente; especificadamente
specification [,spɛsɪfɪ'keʃən] *s* especificación; presupuesto o plan detallado (*de un edificio*)
specificative [spɪ'sɪfɪ,ketɪv] *adj* especificativo
specific gravity *s* (phys.) peso específico
specific heat *s* calor específico
specify ['spɛsɪfaɪ] (*pret* & *pp:* **-fied**) *va* especificar; designar en el presupuesto
specimen ['spɛsɪmən] *s* espécimen; (coll.) tipo (*persona estrafalaria*)
speciosity [,spiʃɪ'ɑsɪtɪ] *s* (*pl:* **-ties**) especiosidad
specious ['spiʃəs] *adj* especioso (*engañoso*)
speck [spɛk] *s* manchita; partícula, pizca; *va* manchar, salpicar de manchas
speckle ['spɛkəl] *s* mota, punto; *va* motear, puntear
specs [spɛks] *spl* (coll.) anteojos, gafas
spectacle ['spɛktəkəl] *s* espectáculo; **spectacles** *spl* anteojos, gafas
spectacle case *s* funda de gafas
spectacled ['spɛktəkəld] *adj* que lleva anteojos o gafas
spectacular [spɛk'tækjələr] *adj* espectacular, aparatoso, ostentoso
spectator ['spɛktetər] o [spɛk'tetər] *s* espectador
specter ['spɛktər] *s* espectro
spectral ['spɛktrəl] *adj* espectral; (phys.) espectral
spectrograph ['spɛktrəgræf] o ['spɛktrəgrɑf] *s* espectrógrafo
spectroscope ['spɛktrəskop] *s* espectroscopio
spectroscopic [,spɛktrə'skɑpɪk] *adj* espectroscópico
spectroscopy [spɛk'trɑskəpɪ] *s* espectroscopia
spectrum ['spɛktrəm] *s* (*pl:* **-tra** [trə] o **-trums**) (phys.) espectro
spectrum analysis *s* análisis espectral
specular ['spɛkjələr] *adj* especular
specular iron *s* (mineral.) hierro especular
speculate ['spɛkjəlet] *vn* especular; (com.) especular
speculation [,spɛkjə'leʃən] *s* especulación; (com.) especulación
speculative ['spɛkjə,letɪv] *adj* especulativo; arriesgado, aventurado
speculator ['spɛkjə,letər] *s* especulador
speculum ['spɛkjələm] *s* (*pl:* **-la** [lə] o **-lums**) *s* espejo; (med. & surg.) espéculo
sped [spɛd] *pret* & *pp de* **speed**
speech [spitʃ] *s* habla (*facultad de hablar; manera de hablar; idioma, lenguaje; arenga, discurso*); conferencia; parlamento (*de un actor*)
speech clinic *s* clínica de la palabra, clínica para la corrección de defectos del habla
speech correction *s* rehabilitación del habla, corrección de defectos del habla
speechify ['spitʃɪfaɪ] (*pret* & *pp:* **-fied**) *vn* (hum. & scornful) arengar, perorar
speechless ['spitʃlɪs] *adj* sin habla; mudo, silencioso; estupefacto

speed [spid] *s* velocidad; velocidad máxima; (aut.) marcha, velocidad (*de los engranajes*); **at full speed** a toda velocidad; **to make speed** marchar a gran velocidad; (*pret & pp:* **sped**) *va* apresurar, dar prisa a; despedir, despachar; ayudar, favorecer; *vn* apresurarse, darse prisa; adelantar, progresar; ir con exceso de velocidad, exceder la velocidad permitida
speedboat ['spid,bot] *s* lancha de gran velocidad, lancha de carreras
speeder ['spidər] *s* persona o cosa que anda a gran velocidad; automovilista que excede la velocidad permitida
speeding ['spidıŋ] *s* exceso de velocidad
speed king *s* (aut.) as del volante
speed limit *s* velocidad permitida, velocidad máxima
speedometer [spi'dɑmıtər] *s* velocímetro; (aut.) taquímetro y cuentakilómetros unidos
speed record *s* marca de velocidad
speed-up ['spid,ʌp] *s* aumento de producción; (coll.) aceleración; (aut.) acelerada (*del motor*)
speedway ['spid,we] *s* vía de tráfico rápido; carretera para carreras
speedwell ['spidwεl] *s* (bot.) verónica
speedy ['spidı] *adj* (*comp:* **-ier;** *super:* **-iest**) veloz, rápido; pronto, vivo
speleologist [,spilı'ɑlədʒıst] *s* espeleólogo
speleology [,spilı'ɑlədʒı] *s* espeleología
spell [spεl] *s* encanto, hechizo; turno, tanda, revezo; rato, poco tiempo; temporada (*p.ej., de buen tiempo*); **by spells** a ratos; **to cast a spell on** encantar, hechizar; **under a spell** bajo el poder de un encanto; (*pret & pp:* **spelled** o **spelt**) *va* deletrear; descifrar; indicar, significar; **to spell it out to someone** (coll.) decírselo a uno deletreando; **to spell out** (coll.) explicar detalladamente; *vn* deletrear; (*pret & pp:* **spelled**) *va* relevar, revezar, reemplazar
spellbind ['spεl,baınd] (*pret & pp:* **-bound**) *va* fascinar (*especialmente con su oratoria*)
spellbinder ['spεl,baındər] *s* (coll.) orador fascinante, orador persuasivo
spellbinding ['spεl,baındıŋ] *adj* fascinante, persuasivo
spellbound ['spεl,baund] *pret & pp de* **spellbind**
speller ['spεlər] *s* deletreador (*persona*); abecedario, silabario; cartilla de deletrear
spelling ['spεlıŋ] *s* deletreo; ortografía; grafía
spelling bee *s* concurso o certamen de ortografía
spelt [spεlt] *s* (bot.) espelta; *pret & pp de* **spell**
spelter ['spεltər] *s* peltre
spelunker [spı'lʌŋkər] *s* aficionado a la espeleología, espeleólogo de afición
spencer ['spεnsər] *s* chaqueta corta de punto
spend [spεnd] (*pret & pp:* **spent**) *va* gastar; pasar (*una hora, un día, etc.*); **to spend a mast** (naut.) perder un palo; *vn* gastar dinero; consumirse
spender ['spεndər] *s* gastador
spending money *s* dinero para gastos menudos
spendthrift ['spεnd,θrıft] *s & adj* gastador, derrochador, pródigo
Spenserian [spεn'sırıən] *adj* spenseriano
spent [spεnt] *adj* gastado; pasado; consumido, agotado; *pret & pp de* **spend**
sperm [spʌrm] *s* esperma; espermatozoo; (zool.) cachalote; esperma de ballena
spermaceti [,spʌrmə'sεtı] o [,spʌrmə'sitı] *s* espermaceti
spermatic [spər'mætık] *adj* espermático
spermatic cord *s* (anat.) cordón espermático
spermatophyte ['spʌrmətə,faıt] *s* (bot.) espermatofita
spermatorrhea [,spʌrmətə'riə] (path.) espermatorrea
spermatozoön [,spʌrmətə'zoɑn] *s* (*pl:* **-zoa** ['zoə]) (zool.) espermatozoo
spermogonium [,spʌrmə'gonıəm] *s* (*pl:* **-a** [ə]) (bot.) espermogonio
sperm oil *s* aceite de esperma
sperm whale *s* (zool.) cachalote
spew [spju] *va & vn* vomitar
sp. gr. abr. de **specific gravity**
sphacelate ['sfæsəlet] *vn* (path.) esfacelarse
sphacelus ['sfæsələs] *s* (path.) esfacelo
sphagnum ['sfægnəm] *s* (*pl:* **-na** [nə]) (bot.) esfágnea
sphene [sfin] *s* (mineral.) esfena o esfeno
sphenoid ['sfinɔıd] *s* (anat.) esfenoides
sphenoidal [sfı'nɔıdəl] *adj* esfenoidal
sphere [sfır] *s* (geom.) esfera; (astr.) astro; (astr.) esfera celeste; (fig.) esfera (*ambiente, círculo*); (poet.) esfera (*cielo*)
sphere of influence *s* (dipl.) esfera de influencia
spherical ['sfεrıkəl] *adj* esférico
spherical trigonometry *s* trigonometría esférica
spherical vault *s* (arch.) bóveda de casquete esférico
sphericity [sfı'rısıtı] *s* (*pl:* **-ties**) esfericidad
spheroid ['sfırɔıd] *s* (geom.) esferoide
spheroidal [sfı'rɔıdəl] *adj* esferoidal
spherometer [sfı'rɑmıtər] *s* (phys.) esferómetro
spherule ['sfεrul] *s* esférula
sphincter ['sfıŋktər] *s* (anat.) esfínter
sphinx [sfıŋks] *s* (*pl:* **sphinxes** o **sphinges** ['sfındʒiz]) esfinge; (fig.) esfinge (*personaje impenetrable*)
sphragistic [sfrə'dʒıstık] *adj* esfragístico; **sphragistics** *ssg* esfragística
sphygmograph ['sfıgməgræf] o ['sfıgməgrɑf] *s* (physiol.) esfigmógrafo
spica ['spaıkə] *s* (*pl:* **-cae** [si]) (archeol. & surg.) espiga; (*cap.*) *s* (astr.) espiga de la Virgen
spicate ['spaıket] *adj* (bot.) espigado
spice [spaıs] *s* especia; sainete, picante; aroma, fragancia; punta, pequeña cantidad; (fig.) sainete; *va* especiar; dar gusto o picante a
spiceberry ['spaıs,bεrı] *s* (*pl:* **-ries**) (bot.) gaulteria o té del Canadá
spice box *s* especiero
spicebush ['spaıs,buʃ] *s* (bot.) benjoin
Spice Islands *spl* islas de las Especias
spicery ['spaısərı] *s* (*pl:* **-ies**) especiería (*conjunto de especias*); aroma, picante
spiciform ['spaısıfɔrm] *adj* (bot.) espiciforme
spiciness ['spaısınıs] *s* picante, aroma; (fig.) picante; (fig.) sicalipsis
spick-and-span ['spıkənd'spæn] *adj* flamante; bien arreglado; impecablemente limpio
spicular ['spıkjələr] o **spiculate** ['spıkjəlet] *adj* espicular
spicule ['spıkjul] *s* aguja (*p.ej., de hielo*); (anat., bot. & zool.) espícula
spicy ['spaısı] *adj* (*comp:* **-ier;** *super:* **-iest**) especiado; aromático, picante; (fig.) sabroso, picante; (fig.) sicalíptico
spider ['spaıdər] *s* (ent. & mach.) araña; trébedes (*cazo con pies*); sartén de mango largo
spider crab *s* (zool.) araña de mar
spider lines *spl* retículo
spider monkey *s* (zool.) mono araña
spider web *s* tela de araña, telaraña
spiderwort ['spaıdər,wʌrt] *s* (bot.) pasajera
spidery ['spaıdərı] *adj* de araña; lleno de arañas; semejante a una telaraña; largo y delgado
spiel [spil] *s* (slang) arenga, discurso; *vn* (slang) arengar, hacer un discurso
spiffy ['spıfı] *adj* (*comp:* **-ier;** *super:* **-iest**) (slang) guapo, elegante
spigot ['spıgət] *s* grifo; espiche (*taco para tapar un agujero*)
spike [spaık] *s* perno (*clavo muy largo*); alcayata, escarpia; espigón (*cosa puntiaguda*); (bot.) espiga; *va* empernar; sujetar con alcayatas o escarpias; herir con un clavo; clavar (*un cañón*); acabar, poner fin a; inutilizar
spikelet ['spaıklıt] *s* (bot.) espiguita o espiguilla
spikenard ['spaıknərd] o ['spaıknɑrd] *s* (bot.) espicanardo; (bot.) aralia; nardo (*de los antiguos*)
spiky ['spaıkı] *adj* espigado; erizado, puntiagudo
spile [spaıl] *s* pilote; espiche; caño para sacar el azúcar del arce azucarero; *va* proveer de pilote; proveer de espiche; poner espiche a; afirmar con pilotes; cerrar con tarugo
spilikin ['spılıkın] *s* pajita o astilla (*que se usan en ciertos juegos*); **spilikins** *spl* juego de pajitas
spill [spıl] *s* derramamiento; líquido derramado; (coll.) vuelco, caída; astilla; alegrador (*tira de papel para encender*); (*pret & pp:* **spilled** o **spilt**) *va* derramar, verter; esparcir; (coll.)

S

volcar, hacer caer; (naut.) hacer relingar, quitarle el viento a (*una vela*); **to spill the beans** (slang) revelar el secreto; *vn* derramarse, verterse
spillikin ['spɪlɪkɪn] *s* var. de **spilikin**
spillway ['spɪl,we] *s* derramadero, vertedero, canal de desagüe
spilt [spɪlt] *pret & pp de* **spill**
spin [spɪn] *s* vuelta, giro muy rápido; (coll.) paseo en coche, bicicleta, etc.; (phys.) giro electrónico; (aer.) barrena; **to go into a spin** (aer.) entrar en barrena; (*pret & pp:* **spun;** *ger:* **spinning**) *va* hacer dar vueltas, hacer girar; hilar (*lino, el capullo, etc.*); bailar (*un trompo*); **to spin out** alargar, extender, prolongar; **to spin yarns** contar cuentos increíbles; *vn* dar vueltas, girar; hilar; bailar (*dícese del trompo*); (coll.) correr rápidamente; (aer.) entrar en barrena
spinach ['spɪnɪtʃ] o ['spɪnɪdʒ] *s* (bot.) espinaca; espinacas (*hojas que se comen*)
spinal ['spaɪnəl] *adj* espinal
spinal anesthesia *s* (med.) anestesia espinal
spinal column *s* (anat.) espina dorsal, columna vertebral
spinal cord *s* (anat.) médula espinal
spindle ['spɪndəl] *s* huso; eje; (carp.) mazorca (*de un balustre*); *vn* crecer muy alto y delgado
spindle-legged ['spɪndəl,lɛgɪd] o ['spɪndəl,lɛgd] *adj* zanquilargo, zanquivano
spindlelegs ['spɪndəl,lɛgz] *spl* piernas largas y delgadas; *ssg* (coll.) zanquivano
spindle-shanked ['spɪndəl,ʃæŋkt] *adj* var. de **spindle-legged**
spindleshanks ['spɪndəl,ʃæŋks] *spl & ssg* var. de **spindlelegs**
spindle tree *s* (bot.) bonetero
spindling ['spɪndlɪŋ] *adj* largo y delgado; flaco y demasiado alto
spindly ['spɪndlɪ] *adj* (*comp:* **-dlier;** *super:* **-dliest**) largo y delgado; flaco y demasiado alto
spindrift ['spɪn,drɪft] *s* (naut.) rocío (*de las olas*)
spine [spaɪn] *s* espina, púa; cordoncillo; loma, cerro; (anat., bot. & zool.) espina; (anat.) espina, espinazo; (b.b.) lomo; (fig.) valor, ánimo
spined [spaɪnd] *adj* espinoso
spinel [spɪ'nɛl] o ['spɪnəl] *s* (mineral.) espinela
spineless ['spaɪnlɪs] *adj* sin espinas; sin espinazo; sin firmeza de carácter
spinet ['spɪnɪt] *s* (mus.) espineta
spinnaker ['spɪnəkər] *s* (naut.) spinnaker (*vela grande triangular de un yate, opuesta a la vela mayor*)
spinnaker boom *s* (naut.) botalón del spinnaker
spinner ['spɪnər] *s* hilador, hilandero; máquina de hilar
spinneret ['spɪnərɛt] *s* (zool.) hilera
spinney ['spɪnɪ] *s* (Brit.) bosquete (*para cazar*)
spinning ['spɪnɪŋ] *s* hila (*acción*); hilandería (*arte*); *adj* hilador
spinning frame *s* hilandería
spinning jenny *s* máquina de hilar de múltiples husos
spinning machine *s* máquina hiladora, máquina de hilar
spinning wheel *s* torno de hilar
spin-off ['spɪn,ɑf] o ['spɪn,ɔf] *s* (com.) traspaso de ciertas actividades de una compañía a otra compañía nueva e independiente, recibiendo los accionistas originales acciones de la nueva compañía libres de impuestos
spinose ['spaɪnos] *adj* espinoso
spinous ['spaɪnəs] *adj* espinoso; espíneo
Spinozism [spɪ'nozɪzəm] *s* espinosismo
Spinozist [spɪ'nozɪst] *s* espinosista
spinster ['spɪnstər] *s* solterona, doncellueca; hilandera
spinsterhood ['spɪnstərhʊd] *s* soltería de mujer
spintight ['spɪn,taɪt] *s* (trademark) aprietatuercas
spinule ['spaɪnjul] o ['spɪnjul] *s* espínula
spiny ['spaɪnɪ] *adj* (*comp:* **-ier;** *super:* **-iest**) espinoso; puntiagudo; (fig.) espinoso (*enmarañado, difícil*)
spiny lobster *s* (zool.) langosta
spiraea [spaɪ'riə] *s* (bot.) espirea
spiracle ['spaɪrəkəl] o ['spɪrəkəl] *s* (zool.) espiráculo
spiral ['spaɪrəl] *adj & s* espiral; (*pret & pp:* **-raled** o **-ralled;** *ger:* **-raling** o **-ralling**) *va* mover formando espiras; torcer en espiral; *vn* moverse formando espiras; dar vueltas como una espiral; (aer.) volar en espiral
spiral nebula *s* (astr.) nebulosa espiral
spiral staircase *s* escalera de caracol, escalera espiral
spirant ['spaɪrənt] *adj & s* (phonet.) espirante
spire [spaɪr] *s* (arch.) aguja, chapitel; peñasco, cúspide, cima; espira; espiral; (geom. & zool.) espira; tallo (*de hierba*); *vn* crecer hacia arriba en forma espiral; rematar en punta; germinar
spirea [spaɪ'riə] *s* var. de **spiraea**
spirillum [spaɪ'rɪləm] *s* (*pl:* **-la** [lə]) (bact.) espirilo
spirit ['spɪrɪt] *s* espíritu; humor, temple; personaje; licor; **spirits** *spl* humor, genio; espíritu, brío, vivacidad; espíritu (*solución alcohólica*); licor; **out of spirits** triste, abatido, desalentado; **the Spirit** Dios; el Espíritu Santo; **to break the spirit of** desalentar; reprimir, sujetar; **to keep up one's spirits** no desalentarse, no desanimarse; *va* alentar, animar; **to spirit away** llevarse misteriosamente
spirited ['spɪrɪtɪd] *adj* espiritoso, fogoso
spiritism ['spɪrɪtɪzəm] *s* espiritismo
spirit lamp *s* lámpara de alcohol
spiritless ['spɪrɪtlɪs] *adj* apocado, tímido, sin ánimo
spirit level *s* nivel de burbuja, nivel de aire
spiritual ['spɪrɪtʃʊəl] *adj* espiritual; *s* espiritual (*tonada religiosa de los negros*)
spiritual director *s* director espiritual
spiritualism ['spɪrɪtʃʊəlɪzəm] *s* espiritismo; espiritualismo (*contrario de materialismo*)
spiritualist ['spɪrɪtʃʊəlɪst] *s* espiritista; espiritualista
spiritualistic [,spɪrɪtʃʊə'lɪstɪk] *adj* espiritista; espiritualista
spiritualistic séance *s* sesión de espiritistas
spirituality [,spɪrɪtʃʊ'ælɪtɪ] *s* (*pl:* **-ties**) espiritualidad
spiritualization [,spɪrɪtʃʊəlɪ'zeʃən] *s* espiritualización
spiritualize ['spɪrɪtʃʊəlaɪz] *va* espiritualizar
spirituel [,spɪrɪtʃʊ'ɛl] *adj* ingenioso, agudo, gracioso; etéreo, espiritual
spirituelle [,spɪrɪtʃʊ'ɛl] *adj fem de* **spirituel**
spirituous ['spɪrɪtʃʊəs] *adj* espiritoso o espirituoso
spirituous liquors *spl* licores espirituosos
spirochete ['spaɪrokit] *s* (bact.) espiroqueta
spirogyra [,spaɪro'dʒaɪrə] *s* (bot.) espirogira
spirometer [spaɪ'rɑmɪtər] *s* espirómetro
spirt [spʌrt] *s, va & vn* var. de **spurt**
spiry ['spaɪrɪ] *adj* espiral, acaracolado; afilado, puntiagudo; con muchos chapiteles
spit [spɪt] *s* saliva, esputo; espuma (*de un insecto*); llovizna; nevisca; asador, espetón; punta o lengua de tierra; **the spit of** o **the spit and image of** la segunda edición de, el retrato de; (*pret & pp:* **spat** o **spit;** *ger:* **spitting**) *va* escupir; **to spit forth** escupir (*p.ej., metralla*); *vn* escupir; lloviznar; neviscar; fufar (*el gato*); (*pret & pp:* **spitted;** *ger:* **spitting**) *va* espetar
spitball ['spɪt,bɔl] *s* pelotilla de papel mascado; (baseball) curva conseguida mojando la pelota con saliva
spitchcock ['spɪtʃ,kɑk] *s* anguila tajada y asada o frita; *va* tajar y asar o freír; maltratar
spit curl *s* (coll.) caracol (*rizo aplastado sobre la sien*)
spite [spaɪt] *s* despecho, rencor, inquina, mala voluntad; molestia, fastidio; **in spite of** a pesar de, a despecho de; **out of spite** por despecho; *va* despechar, picar, molestar
spiteful ['spaɪtfəl] *adj* despechado, rencoroso
spitfire ['spɪt,faɪr] *s* fierabrás; mujer de mal genio; artificio que echa chispas y fuego
spittle ['spɪtəl] *s* saliva, esputo
spittoon [spɪ'tun] *s* escupidera
spitz [spɪts] *s* perro de Pomerania, perro lulú
spiv [spɪv] *s* (Brit. coll.) estraperlista muy guapo, galafate, gorrón, parásito

splanchnic ['splæŋknɪk] *adj* esplácnico
splash [splæʃ] *s* salpicadura, rociada; chapoteo; mancha; **to make a splash** (coll.) hacer impresión, llamar la atención; *va* salpicar; chapotear; manchar; *vn* chapotear, caer con ruido; salpicar; moverse o caer golpeando el agua
splashboard ['splæʃ,bord] *s* alero, guardafango (*de un carruaje*)
splasher ['splæʃər] *s* salpicador; salpicadero
splash lubrication *s* lubricación al chapoteo o al barboteo
splashy ['splæʃɪ] *adj* (*comp:* **-ier;** *super:* **-iest**) fangoso, lodoso; (coll.) llamativo
splat [splæt] *s* pieza central y vertical del respaldo de una silla
splatter ['splætər] *s, va & vn* var. de **spatter**
splay [sple] *s* bisel, chaflán; alféizar; extensión, expansión; *adj* ancho, extendido, desplegado; torpe, sin gracia; *va* biselar, achaflanar; extender; *vn* extenderse, extenderse sin gracia
splayed arch *s* (arch.) arco abocinado
splayfoot ['sple,fʊt] *s* (*pl:* **-feet**) pie aplastado y torcido; (path.) pie contrahecho, pie zambo
splay-footed ['sple,fʊtɪd] *adj* que tiene los pies aplastados y torcidos; torpe, sin gracia
spleen [splin] *s* (anat.) baso; mal humor; (archaic) esplín (*tristeza profunda*); **to vent one's spleen** descargar la bilis
spleenish ['splinɪʃ] *adj* bilioso, malhumorado, irritable
spleenwort ['splin,wʌrt] *s* (bot.) asplenio
splendent ['splɛndənt] *adj* esplendente
splendid ['splɛndɪd] *adj* espléndido
splendiferous [splɛn'dɪfərəs] *adj* (coll.) espléndido, magnífico
splendor ['splɛndər] *s* esplendor
splenectomy [splɪ'nɛktəmɪ] *s* (*pl:* **-mies**) (surg.) esplenectomía
splenetic [splɪ'nɛtɪk] *adj* esplénico; (fig.) bilioso, malhumorado, irritable
splenetically [splɪ'nɛtɪkəlɪ] *adv* rencorosamente, de mal humor
splenic ['splɛnɪk] o ['splinɪk] *adj* esplénico
splenitis [splɪ'naɪtɪs] *s* (path.) esplinitis
splice [splaɪs] *s* empalme, junta; *va* empalmar, juntar; (slang) casar
spline [splaɪn] *s* tira flexible, tira flexible para dibujar curvas; ranura para una cuña; cuña; *va* ranurar; proveer de cuña
splint [splɪnt] *s* astilla, tablilla; launa (*de las armaduras antiguas*); (surg.) cabestrillo, tablilla; (vet.) sobrehueso (*tumor y hueso*); **in a splint** (surg.) entablillado; *va* (surg.) entablillar
splint bone *s* (vet.) sobrehueso; (anat.) peroné
splinter ['splɪntər] *s* astilla; esquirla (*de piedra, cristal; de hueso*); *va* astillar; *vn* astillarse, hacerse astillas
splinter group *s* grupo disidente
splintery ['splɪntərɪ] *adj* astilloso
split [splɪt] *s* fractura, división; (slang) porción; (coll.) media botella; dulce de fruta fresca, helado, jarabe y nueces; caída acrobática con las piernas en línea recta; *adj* hendido, partido; dividido; (*pret & pp:* **split;** *ger:* **splitting**) *va* partir, dividir; **to split one's sides with laughter** desternillarse de risa; *vn* partirse, dividirse a lo largo; **to split away (from)** separarse (de); **my head is splitting** me duele terriblemente la cabeza; **to split up** (coll.) separarse, desavenirse (*dos o más personas*); **to split with** (coll.) desavenirse con, romper con
split fee *s* dicotomía (*entre médicos*)
split infinitive *s* (gram.) infinitivo partido (*infinitivo inglés en el que se interponen una o más palabras entre la preposición* **to** *y el verbo*)
split-level house ['splɪt'lɛvəl] *s* casa con pisos contiguos construídos en niveles distintos
split peas *spl* guisantes majados
split personality *s* personalidad desdoblada
split phase *s* (elec.) fase partida
split second *s* fracción de segundo
splitter ['splɪtər] *s* partidor, hendedor, divisor; persona quisquillosa
splitter wheel *s* disco abridor (*para facilitar el paso de la sierra*)
split ticket *s* (pol.) candidatura dividida, voto dividido (*entre candidatos de dos o más partidos*)
splitting ['splɪtɪŋ] *s* hendimiento, fractura, división; escisión (*del átomo*); *adj* partidor; fuerte, violento; enloquecedor (*dolor de cabeza*)
split-up ['splɪt,ʌp] *s* (com.) división de las acciones de una empresa en nuevas acciones de menor valor; (coll.) desunión, desavenencia
splotch [splɑtʃ] *s* borrón, mancha grande; *va* manchar, salpicar
splotchy ['splɑtʃɪ] *adj* (*comp:* **-ier;** *super:* **-iest**) lleno de borrones o manchas
splurge [splʌrdʒ] *s* (coll.) fachenda, ostentación; *vn* (coll.) fachendear, hacer ostentación
splutter ['splʌtər] *s* chisporroteo; farfulla (*manera de hablar*); *va* farfullar; *vn* chisporrotear; farfullar
spodumene ['spɑdʒʊmin] *s* (mineral.) espodumeno
spoil [spɔɪl] *s* despojo, botín, presa; **spoils** *spl* robo, botín, presa; empleos repartidos entre los vencedores; (*pret & pp:* **spoiled** o **spoilt**) *va* echar a perder, estropear, deteriorar; mimar; amargar (*una tertulia, una velada*); **to spoil of** despojar de; *vn* echarse a perder, estropearse; **to spoil for, to be spoiling for** (coll.) ansiar, anhelar
spoiled [spɔɪld] *adj* consentido (*dícese de un niño*)
spoiler ['spɔɪlər] *s* corruptor; consentidor; despojador
spoilsman ['spɔɪlzmən] *s* (*pl:* **-men**) individuo del partido vencedor que toma un empleo público como recompensa
spoils system *s* sistema de acaparamiento de los cargos públicos por el partido victorioso en las elecciones
spoilt [spɔɪlt] *pret & pp de* **spoil**
spoke [spok] *s* radio o rayo (*de rueda*); freno; escalón (*de escalera*); **to put a spoke in one's wheel** ponerle trabas a uno; *pret de* **speak**
spoken ['spokən] *pp de* **speak**
spokeshave ['spok,ʃev] *s* rebajador de radios (*de ruedas*)
spokesman ['spoksmən] *s* (*pl:* **-men**) vocero, portavoz
spokesmanship ['spoksmənʃɪp] *s* vocería
spokewise ['spok,waɪz] *adv* como un radio de rueda, como radios de rueda
spoliation [,spolɪ'eʃən] *s* expoliación, despojo
spondaic [spɑn'deɪk] *adj* espondaico
spondee ['spɑndi] *s* espondeo
spondulics [spɑn'dulɪks] *ssg* (slang) cuartos, plata
spondyl o **spondyle** ['spɑndɪl] *s* (anat.) espóndil o espóndilo
spondylitis [,spɑndɪ'laɪtɪs] *s* (path.) espondilitis
sponge [spʌndʒ] *s* esponja; (fig.) esponja (*gorrón, parásito*); **to throw up** (o **in**) o **to toss up** (o **in**) **the sponge** (coll.) tirar la esponja (*darse por vencido*); *va* limpiar con esponja; borrar; absorber; *vn* recoger o pescar esponjas; ser absorbente; **to sponge on** (coll.) vivir a costa de (*otra persona*)
sponge cake *s* bizcocho muy ligero, pastaflora
sponger ['spʌndʒər] *s* persona que limpia con esponja; máquina para humedecer las telas antes de plancharlas; embarcación que va a la pesca de esponjas; (fig.) esponja (*gorrón, parásito*)
sponge rubber *s* caucho esponjoso
spongin ['spʌndʒɪn] *s* (biochem.) espongina
spongy ['spʌndʒɪ] *adj* (*comp:* **-gier;** *super:* **-giest**) esponjoso
sponson ['spɑnsən] *s* barbeta lateral de un buque de guerra; plataforma triangular detrás o delante de la rueda de paletas de un barco de vapor; cámara de aire (*en la borda de una canoa*); flotador (*de un hidroavión*)
sponsor ['spɑnsər] *s* patrocinador; padrino, madrina; (rad. & telv.) patrocinador; **to stand sponsor for** apadrinar; *va* patrocinar; apadrinar; (rad. & telv.) patrocinar
sponsorial [spɑn'sorɪəl] *adj* patrocinador
sponsorship ['spɑnsərʃɪp] *s* patrocinio; padrinazgo; (rad. & telv.) patrocinio

S

spontaneity [ˌspantəˈniɪtɪ] *s* (pl: **-ties**) espontaneidad
spontaneous [spanˈtenɪəs] *adj* espontáneo; (bot. & biol.) espontáneo
spontaneous combustion *s* combustión espontánea, inflamación espontánea
spontaneous generation *s* (biol.) generación espontánea
spontoon [spanˈtun] *s* espontón
spoof [spuf] *s* (slang) engaño; (slang) broma; *va* (slang) engañar; *vn* (slang) bromear
spook [spuk] *s* (coll.) aparecido, espectro
spooky [ˈspukɪ] *adj* (*comp:* **-ier;** *super:* **-iest**) (coll.) semejante a un fantasma; (coll.) visitado por fantasmas; (coll.) horripilante
spool [spul] *s* carrete; canilla (*de una máquina de tejer*); *va* devanar; encanillar
spoon [spun] *s* cuchara; **born with a silver spoon in one's mouth** nacido de pie; *va* cucharear; dar forma de cuchara a; *vn* (slang) besuquearse (*los enamorados*)
spoonbill [ˈspunˌbɪl] *s* (orn.) espátula; (orn.) cucharón, ajaja; (ichth.) pez hoja
spoondrift [ˈspunˌdrɪft] *s* var. de **spindrift**
spoonerism [ˈspunərɪzəm] *s* contrepetterie o contrepèterie (*lapsus linguae en forma de metátesis entre vocablos, que produce un resultado absurdo*)
spoonful [ˈspunfʊl] *s* cucharada
spoon hook *s* anzuelo de cuchara
spoony [ˈspunɪ] *adj* (*comp:* **-ier;** *super:* **-iest**) (coll.) sobón; *s* (*pl:* **-ies**) (coll.) sobón, galán meloso
spoor [spʊr] *s* pista de un animal salvaje; *va* seguir la pista de
sporadic [spəˈrædɪk] o **sporadical** [spəˈrædɪkəl] *adj* esporádico
sporangium [spoˈrændʒɪəm] *s* (*pl:* **-a** [ə]) (bot.) esporangio
spore [spor] *s* (biol.) espora
sporidium [spoˈrɪdɪəm] *s* (*pl:* **-a** [ə]) (bot.) esporidio
sporocarp [ˈsporəkarp] *s* (bot.) esporocarpo
sporophyll o **sporophyl** [ˈsporəfɪl] *s* (bot.) esporofila
sporophyte [ˈsporəfaɪt] *s* (bot.) esporofito
sporozoan [ˌsporəˈzoən] *adj & s* (zool.) esporozoo
sporran [ˈsparən] o [ˈspɔrən] *s* escarcela de los montañeses de Escocia
sport [sport] *s* deporte; deportista; juguete (*persona o cosa dominada por algún poder*); hazmerreír; (coll.) jugador, tahur; (coll.) buen perdedor (*en el juego*); (coll.) buen compañero, tipo; (coll.) majo, guapo; (biol.) mutación; **to make sport of** reírse de, burlarse de; *adj* deportivo; *va* (coll.) lucir (*p.ej., un traje nuevo*); *vn* divertirse; estar de burla; juguetear
sport clothes *spl* var. de **sportswear**
sport coat *s* americana sport
sport fan *s* (slang) aficionado al deporte
sportful [ˈsportfəl] *adj* juguetón
sporting [ˈsportɪŋ] *adj* deportista; deportivo; honrado, leal; temerario; arriesgado
sporting chance *s* (coll.) riesgo de buen perdedor
sporting goods *spl* artículos de deporte
sporting house *s* (coll.) casa de juego; (coll.) casa de rameras
sportive [ˈsportɪv] *adj* juguetón; alegre, festivo
sports *adj* deportivo
sports car *s* coche deportivo
sportscaster [ˈsportsˌkæstər] o [ˈsportsˌkastər] *s* (rad. & telv.) locutor deportivo
sport shirt *s* camisa sport
sportsman [ˈsportsmən] *s* (*pl:* **-men**) deportista; persona muy honrada; persona temeraria
sportsmanlike [ˈsportsmənˌlaɪk] *adj* de deportista; leal y honrado
sportsmanship [ˈsportsmənʃɪp] *s* pericia en los deportes; lealtad y honradez; nobleza, magnanimidad, grandeza
sports news *s* noticiario deportivo
sportswear [ˈsportsˌwɛr] *s* trajes de sport, trajes deportivos
sportswoman [ˈsportsˌwʊmən] *s* (*pl:* **-women**) deportista *f*
sports writer *s* cronista deportivo
sporty [ˈsportɪ] *adj* (*comp:* **-ier;** *super:* **-iest**) (coll.) alegre, brillante; (coll.) disipado, libertino; (coll.) magnánimo; (coll.) elegante, guapo
sporulation [ˌsparjəˈleʃən] o [ˌspɔrjəˈleʃən] *s* (biol.) esporulación
sporule [ˈsparjul] o [ˈspɔrjul] *s* (bot.) espórula
spot [spat] *s* mancha; sitio, lugar; (coll.) poquito; **in spots** aquí y allí; en algunos respectos; **on the spot** sobre el terreno, allí mismo; al punto; (slang) en dificultad; (slang) destinado a ser matado; **to hit the spot** (coll.) tener razón; (coll.) dar satisfacción; **to put on the spot** poner en un aprieto; *adj* disponible; contante; (*pret & pp:* **spotted;** *ger:* **spotting**) *va* manchar; esparcir, diseminar; (coll.) descubrir, encontrar, reconocer; *vn* mancharse, tener manchas
spot cash *s* dinero contante
spotless [ˈspatlɪs] *adj* inmaculado, sin manchas
spotlight [ˈspatˌlaɪt] *s* proyector orientable; (aut.) faro piloto, faro giratorio; luz concentrada; atención del público
spot remover [rɪˈmuvər] *s* quitamanchas (*persona y substancia*)
spotted [ˈspatɪd] *adj* manchado; moteado
spotted fever *s* (path.) tifus exantemático; (path.) fiebre purpúrea de las Montañas Rocosas
spotted hyena *s* (zool.) hiena manchada
spotted sandpiper *s* (orn.) chorlo manchado, chorlito playero manchado
spotter [ˈspatər] *s* vigilante secreto; atalayador, observador; situador
spotty [ˈspatɪ] *adj* (*comp:* **-tier;** *super:* **-tiest**) manchado; irregular
spot-weld [ˈspatˌweld] *va* soldar por puntos
spot welding *s* soldadura por puntos
spousal [ˈspaʊzəl] *adj* nupcial; *s* nupcias; **spousals** *spl* nupcias
spouse [spaʊz] o [spaʊs] *s* cónyuge, consorte
spout [spaʊt] *s* canalón (*para el agua del tejado*); pico (*de cafetera, jarra, etc.*); chorro; **up the spout** (slang) en prenda; (slang) acabado, arruinado; *va* echar en chorro; declamar; *vn* chorrear; declamar; soplar (*echar agua la ballena*)
sprain [spren] *s* torcedura, esguince; *va* torcer, torcerse (*p.ej., una cuerda, un tendón*)
sprang [spræŋ] *pret de* **spring**
sprat [spræt] *s* (ichth.) pequeño arenque (*Clupea sprattus*)
sprawl [sprɔl] *s* postura floja; *vn* arrellanarse
spray [spre] *s* rociada; espuma (*del mar*); rociador, pulverizador; ramita; *va & vn* rociar
sprayer [ˈspreər] *s* rociador, pulverizador, vaporizador
spray gun *s* pistola pulverizadora
spray nozzle *s* espumadera, lanza regadera
spread [sprɛd] *s* extensión; amplitud, anchura; intervalo; diferencia; difusión; colcha, sobrecama, cubrecama; mantel, tapete; (coll.) festín, banquete; envergadura (*de las alas de las aves*); (aer.) envergadura; (*pret & pp:* **spread**) *va* extender; difundir, propagar; untar, dar una capa a; esparcir, desparramar; escalonar; abrir, separar; poner (*la mesa*); **to spread oneself** (coll.) echar el resto; (coll.) tratar de impresionar, tratar de ganarse la buena voluntad; (coll.) lucirse, fachendear, jactarse; *vn* extenderse; difundirse, propagarse; desparramarse; abrirse, separarse
spread eagle *s* figura de águila con las alas abiertas (*emblema de los EE.UU.*); bocón, fanfarrón; fanfarronería, chovinismo
spread-eagle [ˈsprɛdˌigəl] *adj* con las alas abiertas (*como un águila*); (coll.) fanfarrón; (coll.) patriotero; *va* (naut.) atar con brazos y piernas extendidas (*para flagelar*)
spread-eagleism [ˈsprɛdˌigəlɪzəm] *s* (coll.) patriotería
spreader [ˈsprɛdər] *s* esparcidor; divulgador; distribuidora de abono
spree [spri] *s* juerga, parranda; borrachera; **to go on a spree** ir de juerga; coger una borrachera
sprig [sprɪg] *s* ramita; (scornful) jovenzuelo
sprightly [ˈspraɪtlɪ] *adj* (*comp:* **-lier;** *super:* **-liest**) vivo, alegre, animado

spring [sprɪŋ] *s* primavera (*estación del año*); muelle, resorte (*pieza elástica de metal*); ballesta (*muelle de coche*); fuente, manantial; surtidor (*de petróleo*); salto, brinco; abertura, grieta; tensión, tirantez; (arch.) arranque ‖ *adj* de muelle, de resorte; primaveral; de fuente, de manantial ‖ (*pret:* **sprang** o **sprung**; *pp:* **sprung**) *va* soltar (*un muelle o resorte*); torcer, combar, encorvar; hacer saltar (*una trampa, una mina*); **to spring something on someone** embocarle o soltarle a uno una cosa (*p.ej., una mala noticia*) ‖ *vn* saltar, brincar; moverse rápidamente o de golpe; saltar de golpe a un lado o atrás; brotar, nacer, proceder; torcerse, combarse, encorvarse; **to spring at** abalanzarse sobre; **to spring back** saltar hacia atrás; **to spring to one's feet** levantarse de un salto; **to spring forth** precipitarse; brotar; **to spring forward** arrojarse; **to spring up** levantarse de un salto; brotar, nacer; presentarse a la vista

springal [ˈsprɪŋəl] o **springald** [ˈsprɪŋəld] *s* joven, muchacho

spring beauty *s* (bot.) claytonia

spring'board [ˈsprɪŋ,bord] *s* trampolín; (fig.) trampolín

spring'bok [ˈsprɪŋ,bɑk] *s* (zool.) gacela del sur de África (*Antidorcas marsupialis*)

spring bolt *s* pestillo de golpe

spring chicken *s* polluelo; (coll.) pollita, p.ej., **she's no longer a spring chicken** ya no es una pollita

springe [sprɪndʒ] *s* lazo, trampa; *va* coger con un lazo o trampa

springer [ˈsprɪŋər] *s* saltador; perro ojeador; (arch.) imposta; (zool.) gacela del sur de África

spring fever *s* (hum.) ataque primaveral, galbana

spring'halt [ˈsprɪŋ,hɔlt] *s* (vet.) cojera de caballo

spring hook *s* mosquetón

springhouse [ˈsprɪŋ,haus] *s* enfriadero sobre un manantial

spring'let [ˈsprɪŋlɪt] *s* fuentezuela

spring lock *s* cerradura de golpe o de muelle

spring mattress *s* colchón de muelles, somier

spring'tail [ˈsprɪŋ,tel] *s* (ent.) tisanuro

springtide [ˈsprɪŋ,taɪd] *s* primavera

spring tide *s* (naut.) aguas vivas; corriente o torrente muy impetuoso

springtime [ˈsprɪŋ,taɪm] *s* primavera

spring water *s* agua manantial, agua de manantial

spring wheat *s* trigo de primavera

springy [ˈsprɪŋɪ] *adj* (*comp:* **-ier**; *super:* **-iest**) elástico; lleno de manantiales

sprinkle [ˈsprɪŋkəl] *s* rociada; llovizna; poquito, pizca; *va* rociar, regar; salpicar, sembrar; espolvorear (*p.ej., azúcar*); *vn* rociar; lloviznar, gotear (*llover a gotas espaciadas*)

sprinkler [ˈsprɪŋklər] *s* rociadera o regadera

sprinkler system *s* instalación de rociadura automática (*para la extinción de incendios*)

sprinkling [ˈsprɪŋklɪŋ] *s* rociada, rociadura; pequeña cantidad

sprinkling can *s* regadera

sprint [sprɪnt] *s* (sport) embalaje, carrera corta de velocidad; *vn* (sport) embalarse, lanzarse, correr a toda velocidad sobre un recorrido muy corto

sprinter [ˈsprɪntər] *s* (sport) corredor de velocidad a pequeñas distancias

sprit [sprɪt] *s* (naut.) botavara, verga de abanico

sprite [spraɪt] *s* duende, trasgo

spritsail [ˈsprɪtsəl] o [ˈsprɪt,sel] *s* (naut.) cebadera

sprocket [ˈsprɑkɪt] *s* diente de rueda de cadena; rueda de cadena

sprocket wheel *s* rueda de cadena

sprout [spraut] *s* (bot.) retoño, renuevo, brote; **sprouts** *spl* (bot.) bretones; *va* hacer brotar o germinar; (coll.) quitar los brotes o botones a; *vn* brotar o germinar, echar renuevos; crecer rápidamente

spruce [sprus] *s* (bot.) abeto del Norte, abeto falso, abeto rojo, pícea; *adj* garboso, apuesto, elegante; *va* ataviar, componer; *vn* ataviarse, componerse; **to spruce up** emperifollarse

sprue [spru] *s* (path.) esprue, psilosis; (found.) bebedero

sprung [sprʌŋ] *pret & pp de* **spring**

spry [spraɪ] *adj* (*comp:* **spryer** o **sprier**; *super:* **spryest** o **spriest**) activo, vivo, listo, ágil

spt. abr. de **seaport**

spud [spʌd] *s* (agr.) escarda; escoplo (*para quitar la corteza a los árboles*); (coll.) patata

spue [spju] *va & vn* var. de **spew**

spume [spjum] *s* espuma; *vn* espumar

spumy [ˈspjumɪ] *adj* (*comp:* **-ier**; *super:* **-iest**) espumoso, espumajoso

spun [spʌn] *pret & pp de* **spin**

spun glass *s* vidrio hilado, cristal hilado

spunk [spʌŋk] *s* (coll.) corazón, coraje, valor, ánimo; yesca; *vn* encenderse; **to spunk up** (coll.) dar prueba de valor

spunky [ˈspʌŋkɪ] *adj* (*comp:* **-ier**; *super:* **-iest**) (coll.) vivo, valiente, animado; (coll.) enfadadizo

spun silk *s* seda cardada e hilada

spun yarn *s* (naut.) meollar

spur [spʌr] *s* espuela; gusanillo (*rosca puntiaguda en que terminan las barrenas*); espolón (*del gallo; de una montaña; de un buque de guerra*); (carp.) espolón; (rail.) ramal corto; (fig.) espuela (*estímulo*); **on the spur of the moment** impulsivamente, sin la reflexión debida; **to win one's spurs** distinguirse; cobrar buena fama sin ayuda ajena; (*pret & pp:* **spurred**; *ger:* **spurring**) *va* espolear; proveer de espuelas; **to spur on** (fig.) espolear; *vn* cabalgar muy aprisa; apretar el paso

spurgall [ˈspʌr,gɔl] *s* espoleadura

spurge [spʌrdʒ] *s* (bot.) euforbio

spur gear *s* (mach.) rueda dentada recta; engranaje de ruedas dentadas rectas

spurge flax *s* (bot.) torvisco

spurge laurel *s* (bot.) lauréola

spurious [ˈspjurɪəs] *adj* espurio

spurn [spʌrn] *s* desdén, menosprecio; coz; *va* desdeñar, menospreciar; rechazar a puntapiés; *vn* cocear

spurred [spʌrd] *adj* con espuelas; con espolones

spurry [ˈspʌrɪ] *s* (bot.) esparcilla

spur stone *s* guardacantón

spurt [spʌrt] *s* chorro repentino; arranque; esfuerzo extraordinario y breve; *va* hacer salir a borbotones, hacer salir en chorro; *vn* salir a borbotones, salir en chorro; hacer un esfuerzo extraordinario y breve

spur track (rail.) ramal corto

spur wheel *s* (mach.) engranaje de ruedas dentadas rectas

sputnik [ˈsputnɪk] o [ˈspʌtnɪk] *s* sputnik (*satélite artificial ruso*)

sputter [ˈspʌtər] *s* farfulla (*manera de hablar*); ruido del que farfulla; palabras pronunciadas atropelladamente; chisporroteo; *va* farfullar; escupir farfullando; *vn* farfullar; chisporrotear

sputum [ˈspjutəm] *s* (*pl:* **-ta** [tə]) esputo

spy [spaɪ] *s* (*pl:* **spies**) espía; (*pret & pp:* **spied**) *va* espiar; columbrar, divisar; *vn* espiar; **to spy on** espiar

spyglass [ˈspaɪ,glæs] o [ˈspaɪ,glɑs] *s* catalejo

sq. abr. de **square**

squab [skwɑb] *s* (orn.) pichón, pichoncillo; (orn.) pollo, pollito; sofá, canapé; cojín; *adj* acabado de nacer (*dícese de las aves*); regordete, rechoncho

squabble [ˈskwɑbəl] *s* riña, reyerta; *vn* reñir, disputar

squabby [ˈskwɑbɪ] *adj* regordete, rechoncho

squad [skwɑd] *s* escuadra; (mil.) escuadra

squadron [ˈskwɑdrən] *s* (nav.) escuadra; (aer.) escuadrilla; (mil.) escuadrón (*de caballería*)

squalid [ˈskwɑlɪd] *adj* escuálido

squall [skwɔl] *s* grupada; chubasco; ráfaga de viento; (coll.) riña; (coll.) chubasco (*adversidad*); chillido; *vn* chillar

squally [ˈskwɔlɪ] *adj* (*comp:* **-ier**; *super:* **-iest**) chubascoso; ventoso; (coll.) amenazador

squalor [ˈskwɑlər] *s* escualor, escualidez

squama [ˈskwemə] *s* (*pl:* **-mae** [mi]) (anat. & biol.) escama

squamate [ˈskwemet] *adj* escamoso

S

squamose ['skwemos] o **squamous** ['skweməs] *adj* escamoso
squander ['skwɑndər] *va* malgastar, despilfarrar
square [skwɛr] *s* (geom. & math.) cuadrado; (carp.) escuadra; (mil.) cuadro; manzana (*de casas*); plaza; casilla o escaque (*del tablero de ajedrez o damas*); **to be on the square** (coll.) obrar en buena fe ‖ *adj* cuadrado, p.ej., **eight square inches** ocho pulgadas cuadradas; en cuadro, de lado, p.ej., **eight inches square** ocho pulgadas en cuadro u ocho pulgadas de lado; rectangular; en ángulo recto; justo, recto, equitativo; saldado; leal, honrado; claro y directo; sólido, fuerte; (coll.) abundante, completo; **to get square with** (coll.) hacérselas pagar a ‖ *adv* en cuadro; en forma de rectángulo; en ángulo recto; lealmente, honradamente ‖ *va* cuadrar; (math.) cuadrar; (carp.) escuadrar; dividir en cuadros; ajustar, nivelar, conformar; (slang) cohechar, sobornar; **to square oneself** compensar un dicho o hecho; pagar con las misma moneda ‖ *vn* cuadrarse, ajustarse, conformarse; (coll.) saldar cuentas; **to square away** (naut.) bracear en cuadro; **to square off** (coll.) colocarse en posición de defensa
square dance *s* danza de figuras
square deal *s* (coll.) trato equitativo, juego limpio
square-faced ['skwɛr,fest] *adj* de cara cuadrada
square-headed ['skwɛr'hɛdɪd] *adj* de cabeza cuadrada; de cabeza de diamante (*tuerca*)
square knot *s* nudo llano, nudo derecho
square meal *s* (coll.) comida abundante
square measure *s* medida cuadrada o de superficie
square piano *s* piano cuadrado
square-rigger ['skwɛr,rɪgər] *s* (naut.) buque de cruz
square root *s* (math.) raíz cuadrada
square sail *s* (naut.) vela de cruz
square shooter *s* (coll.) persona leal y honrada
square-toed ['skwɛr,tod] *adj* con los dedos de los pies gruesos y cortos; de ideas anticuadas
squarish ['skwɛrɪʃ] *adj* casi cuadrado
squash [skwɑʃ] *s* (bot.) calabaza (*planta y fruto*); aplastamiento, despachurramiento; *va* aplastar, despachurrar, apabullar; apiñar, apretar; poner fin a, por la fuerza; confutar (*un argumento*); acallar con un argumento, respuesta, etc.; *vn* aplastarse; apiñarse, apretarse
squashy ['skwɑʃɪ] *adj* (*comp:* **-ier;** *super:* **-iest**) aplastado; mojado y blando, lodoso; fácil de aplastar
squat [skwɑt] *s* posición del que está en cuclillas; *adj* en cuclillas; rechoncho; (*pret & pp:* **squatted** o **squat;** *ger:* **squatting**) *va* hacer acuclillarse; *vn* acuclillarse, agacharse, acurrucarse; sentarse en el suelo, estar sentado en el suelo; establecerse en terreno ajeno sin derecho; establecerse en un terreno público para crear un derecho
squatter [skwɑtər] *s* advenedizo, intruso, colono usurpador; colono que se establece en un terreno público para crear un derecho
squatty ['skwɑtɪ] *adj* (*comp:* **-tier;** *super:* **-tiest**) rechoncho, regordete
squaw [skwɔ] *s* india norteamericana; mujer, esposa, muchacha
squawk [skwɔk] *s* graznido; (slang) queja en voz chillona; *va* (slang) decir en voz chillona; *vn* graznar; (slang) quejarse en voz chillona
squaw man *s* blanco casado con india
squeak [skwik] *s* chillido; chirrido; **narrow squeak** (coll.) escapada en una tabla; *va* decir con un chillido; hacer chirriar; *vn* dar chillidos; chirriar
squeaky ['skwikɪ] *adj* (*comp:* **-ier;** *super:* **-iest**) chillón; chirriador, chirriante
squeal [skwil] *s* alarido, chillido; *va* proferir con un alarido o chillido; *vn* dar un alarido o chillido; (slang) soplar, delatar; **to squeal on** (slang) soplar, delatar (*a una persona*)
squealer ['skwilər] *s* chillador; (slang) soplón
squealing ['skwilɪŋ] *s* (rad.) aullido
squeamish ['skwimɪʃ] *adj* delicado, escrupuloso, remilgado; excesivamente modesto
squeegee ['skwidʒi] *s* alisador o enjugador de goma (*para secar superficies mojadas*); (*pret & pp:* **-geed;** *ger:* **-geeing**) *va* secar con alisador o enjugador de goma
squeeze [skwiz] *s* estrujón, apretón, abrazo fuerte; apiñamiento; impresión; (coll.) forzosa (*presión de hacer algo*); **to put the squeeze on someone** (coll.) poner a uno las peras a cuatro o a ocho, meter en prensa a uno, hacer a uno la forzosa; *va* estrujar, apretar; exprimir; agobiar, oprimir, estrujar; **to squeeze in** meter a estrujones; *vn* tupirse; **to squeeze through** abrirse paso a estrujones por entre, pasar apretadamente a través de
squeezer ['skwizər] *s* exprimidera
squelch [skwɛltʃ] *s* (coll.) tapaboca; *va* apabullar, despachurrar; *vn* chapotear, andar chapoteando
squib [skwɪb] *s* buscapiés, carretilla; cohete que falla con un sonido crepitante; pasquín, escrito satírico; (*pret & pp:* **squibbed;** *ger:* **squibbing**) *va* arrojar; salpicar; pasquinar; *vn* soltar carretillas; estallar; divulgar pasquinadas
squid [skwɪd] *s* (zool.) calamar; (zool.) flecha de mar, calamar volante
squid-jigger ['skwɪd,dʒɪgər] *s* guadañeta
squill [skwɪl] *s* (bot.) escila, esquila, cebolla albarrana; (zool.) esquila
squint [skwɪnt] *s* mirada bizca; mirada de soslayo, mirada furtiva; bizquera, estrabismo; propensión, tendencia; *adj* bizco, bisojo; de soslayo, de mal ojo; *va* hacer torcer la vista a; achicar (*los ojos*); *vn* bizquear; torcer la vista; tener los ojos medio cerrados; andar o correr oblicuamente; tener una tendencia indirecta; mirar de mal ojo
squint-eyed ['skwɪnt,aɪd] *adj* bizco, bisojo; malévolo, sospechoso
squire [skwaɪr] *s* (feud.) escudero; (Brit.) terrateniente de antigua heredad; (U.S.A.) juez de paz, juez local; asistente, sirviente; acompañante (*de una señora*); *va* asistir o servir como escudero; acompañar (*a una señora*); *vn* ser escudero; ser acompañante
squireen [skwaɪ'rin] *s* terrateniente de poca monta
squirm [skwʌrm] *s* retorcimiento; *vn* retorcerse; **to squirm out of** escaparse de (*p.ej., un aprieto*) haciendo muchas fuerzas
squirmy ['skwɪrmɪ] *adj* (*comp:* **-ier;** *super:* **-iest**) retorcido, retorciéndose
squirrel ['skwʌrəl] *s* (zool.) ardilla; petigrís (*piel*)
squirrel-cage motor ['skwʌrəl,kedʒ] *s* (elec.) motor de jaula de ardilla
squirt [skwʌrt] *s* chorro, chisguete; jeringazo; (coll.) mono, presuntuoso; *va* arrojar a chorros; *vn* salir a chorros
squirting cucumber *s* (bot.) cohombrillo amargo, pepinillo del diablo
Sr. abr. de **senior** y de **Sir**
S.R.O. abr. de **standing room only**
S.S. abr. de **Secretary of State, Straits Settlements, steamship** y **Sunday school**
St. abr. de **Saint, Strait** y **Street**
stab [stæb] *s* puñalada; (coll.) tentativa; **stab in the back** puñalada (de traidor) por la espalda; **to make a stab at** (slang) esforzarse por hacer; (*pret & pp:* **stabbed;** *ger:* **stabbing**) *va* apuñalar; traspasar; **to stab to death** escabechar; *vn* apuñalar, dar de puñaladas
Stabat Mater ['stɑbɑt 'mɑtər] o ['stebæt 'metər] *s* (eccl. & mus.) stábat máter
stability [stə'bɪlɪtɪ] *s* (*pl:* **-ties**) estabilidad
stabilization [,stebɪlɪ'zeʃən] o [,stæbɪlɪ'zeʃən] *s* estabilización
stabilize ['stebɪlaɪz] o ['stæbɪlaɪz] *va* estabilizar
stabilizer ['stebɪ,laɪzər] o ['stæbɪ,laɪzər] *s* estabilizador (*persona o aparato*)
stable ['stebəl] *adj* estable; *s* establo, cuadra, caballeriza; caballos de carrera de un particular; *va* poner o guardar en un establo, cuadra o caballeriza; *vn* estar colocado en un establo, cuadra o caballeriza
stable boy ['stebəl,bɔɪ] *s* mozo de caballerías, mozo de cuadra

stable fly *s* (ent.) mosca picadora de los establos
stableman ['stebəl,mæn] *s* (*pl:* **-men**) establero
stably ['steblɪ] *adv* establemente
staccato [stə'kɑto] *s* (*pl:* **-tos**) (mus.) staccato
stack [stæk] *s* niara, hacina, rimero; pila, montón; (mil.) pabellón de fusiles; estantería, depósito (*de libros en una biblioteca*); cañón de chimenea; cuba (*del alto horno*); (coll.) montón, gran número; *va* amontonar, apilar; hacinar; florear (*el naipe*); **to have the cards stacked against one** estar en una situación desventajosa
staddle ['stædəl] *s* resalvo
stadholder ['stæd,holdər] *s* estatúder
stadholderate ['stæd,holdəret] **stadholdership** ['stæd,holdərʃɪp] *s* estatuderato
stadia ['stedɪə] *s* (surv.) estadia
stadia hairs *spl* (surv.) hilos taquimétricos
stadia rod *s* (surv.) mira taquimétrica
stadium ['stedɪəm] *s* (*pl:* **-ums** o **-a** [ə]) estadio
stadtholder ['stæt,holdər] *s* var. de **stadholder**
staff [stæf] o [stɑf] *s* (*pl:* **staves** [stevz] o **staffs**) bastón; apoyo, sostén; (mus.) pentágrama; *s* (*pl:* **staffs**) personal; (mil.) estado mayor; *va* proveer de personal, nombrar personal para
staff officer *s* (mil.) oficial de estado mayor
staff tree *s* (bot.) celastro
stag [stæg] *s* (zool.) ciervo; varón; varón solo (*no acompañado de mujeres*); *adj* exclusivo para hombres
stag beetle *s* (ent.) ciervo volante
stage [stedʒ] *s* escena; estrado; andamio, tablado; cadalso; teatro (*de cualquier suceso*); etapa, jornada, posta; descansadero, parada; fase, estadio; diligencia (*coche*); portaobjeto (*del microscopio*); (rad.) etapa, escalón; **by easy stages** a pequeñas etapas; lentamente; **on the stage** sobre la escena, en el teatro; **to go on the stage** hacerse actor; *va* poner en escena, representar; preparar, organizar; *vn* ser apropiado al teatro; viajar en diligencia
stagecoach ['stedʒ,kotʃ] *s* diligencia
stagecraft ['stedʒ,kræft] o ['stedʒ,krɑft] *s* arte teatral
stage door *s* (theat.) entrada de los artistas
stage effect *s* efecto escénico
stage fright *s* miedo al público, trac
stagehand ['stedʒ,hænd] *s* tramoyista, metemuertos, metesillas
stage manager *s* (theat.) director de escena
stager ['stedʒər] *s* hombre experimentado; (coll.) caballo de diligencia
stage setting *s* (theat.) arreglo de escena; (theat.) aparato escénico
stage-struck ['stedʒ,strʌk] *adj* loco por el teatro
stage whisper *s* susurro en voz alta
stagger ['stægər] *s* vacilación, tambaleo; (aer.) decalaje; **staggers** *ssg* (vet.) modorra, vértigo; *va* hacer vacilar, hacer tambalear; hacer titubear; sorprender; asustar; escalonar (*las horas de trabajo*); *vn* vacilar, tambalear, hacer eses al andar; titubear; sorprenderse; asustarse; conmoverse mucho
staggering ['stægərɪŋ] *adj* tambaleante; derribador; sorprendente; espantoso
staghound ['stæg,haʊnd] *s* sabueso
staging ['stedʒɪŋ] *s* andamiada; (theat.) representación; viajes en diligencia
staging area *s* (mil.) zona de embarco
stagnancy ['stægnənsɪ] *s* estancación o estancamiento
stagnant ['stægnənt] *adj* estancado, estadizo; (fig.) estancado, inactivo, paralizado
stagnate ['stægnet] *va* estancar; *vn* estancarse
stagnation [stæg'neʃən] *s* estancación o estancamiento; (fig.) estancamiento
stag party *s* tertulia de hombres solos
stagy ['stedʒɪ] *adj* (*comp:* **-ier**; *super:* **-iest**) teatral
staid [sted] *adj* grave, serio, formal
stain [sten] *s* mancha; tinte, tintura; materia colorante; *va* manchar; teñir; colorar; *vn* mancharse; hacer manchas
stained glass *s* vidrio de color
stained-glass window ['stend,glæs] o ['stend,glɑs] *s* vidriera de colores, vitral (en color)
stainless ['stenlɪs] *adj* inoxidable, inmanchable; inmaculado
stainless steel *s* acero inoxidable
stair [stɛr] *s* escalón (*peldaño de escalera*); escalera; **stairs** *spl* escalera; **below stairs** abajo, al o en el piso bajo; en la cocina, en las viviendas de escalera abajo
staircase ['stɛr,kes] *s* escalera, caja de la escalera
stairway ['stɛr,we] *s* escalera
stair well *s* hueco de escalera
stake [stek] *s* estaca; telero (*de un carro*); puesta, posta; rodrigón (*para sostener plantas*); bigorneta; premio del vencedor; **at stake** en juego; en gran peligro; **to die at the stake** morir en la hoguera; **to have much at stake** irle a uno mucho en una cosa; **to pull up stakes** (coll.) irse; (coll.) mudar de casa; *va* estacar; atar a una estaca; rodrigar (*plantas*); apostar; arriesgar, aventurar; **to stake all** jugarse el todo por el todo; **to stake off** o **to stake out** estacar, señalar con estacas
stakeholder ['stek,holdər] *s* el que guarda las apuestas y paga al que gana
stake truck *s* camión de plataforma con teleros
Stakhanovism [stə'xɑnəvɪzəm] *s* stajanovismo
Stakhanovite [stə'xɑnəvaɪt] *adj* & *s* stajanovista
stalactite [stə'læktaɪt] o ['stæləktaɪt] *s* estalactita
stalagmite [stə'lægmaɪt] o ['stæləgmaɪt] *s* estalagmita
stale [stel] *adj* añejo, rancio, viejo; anticuado; viciado (*aire*); mohoso (*chiste*); *va* añejar, enranciar; *vn* añejarse, enranciarse
stalemate ['stel,met] *s* mate ahogado (*en el ajedrez*); estancación; **to reach a stalemate** llegar a un punto muerto; *va* dar mate ahogado a; estancar, paralizar
Stalingrad ['stɑlɪn,grɑd] *s* Stalingrado
Stalinism ['stɑlɪnɪzəm] *s* stalinismo
Stalinist ['stɑlɪnɪst] *adj* & *s* stalinista
stalk [stɔk] *s* (bot.) tallo; (bot., anat. & zool.) pedúnculo; (el) cazar al acecho; paso majestuoso; (obs.) paso furtivo; *va* cazar al acecho; acechar, espiar; *vn* cazar al acecho; andar con paso majestuoso; andar con paso altivo; (obs.) andar con paso furtivo; **to stalk out** salir con paso airado
stalking-horse ['stɔkɪŋ,hɔrs] *s* caballo o figura que representa un caballo que usan los cazadores al acecho para esconderse; (pol.) candidato que sirve para encubrir la candidatura de otra persona; disfraz, pretexto, máscara
stall [stɔl] *s* establo, pesebre; puesto (*para la venta*); caseta (*de una feria*); (Brit.) butaca; (slang) pretexto; *va* encerrar en un establo; estancar, poner trabas a; parar (*un motor*); **to stall off** (coll.) eludir, evitar; *vn* estar o vivir en un establo; atascarse, atollarse; pararse (*un motor*); (slang) eludir para engañar o demorar; **to stall for time** (slang) tardar para ganar tiempo
stall-fed ['stɔl,fɛd] *adj* cebado o engordado en un establo
stallion ['stæljən] *s* caballo padre, caballo semental
stalwart ['stɔlwərt] *s* persona fornida; partidario leal; *adj* fornido, forzudo; valiente; leal, constante
Stambul o **Stamboul** [stɑm'bul] *s* Estambul
stamen ['stemən] *s* (bot.) estambre
stamina ['stæmɪnə] *s* fuerza, nervio, vigor, resistencia
staminate ['stæmɪnet] *adj* (bot.) estaminado (*que sólo tiene estambres*); (bot.) estaminífero
staminode ['stæmɪnod] *s* var. de **staminodium**
staminodium [,stæmɪ'nodɪəm] *s* (*pl:* **-dia** [dɪə]) (bot.) estaminodio o estaminodo
stammer ['stæmər] *s* balbuceo, tartamudeo; *va* balbucear (*p.ej., excusas*); *vn* balbucear o balbucir; tartamudear
stamp [stæmp] *s* sello; estampilla (*sello con letrero para estampar*); marca, impresión, rastro; pisón; cuño, troquel (*para estampar las monedas, etc.*); tipo, clase, calaña; *va* hollar, pisotear; imprimir, estampar; sellar; troquelar; pa-

S

tear; indicar, señalar; poner el sello a; bocartear (*el mineral*); **to stamp out** apagar pateando; extinguir con la fuerza; suprimir; *vn* patalear

Stamp Act *s* (hist.) ley del Timbre

stampede [stæm'pid] *s* estampida; movimiento precipitado y unánime; *va* hacer huir en desorden; provocar a pánico, provocar a obrar impulsivamente; *vn* huir en desorden; obrar por común impulso

stamping grounds *spl* (slang) guarida (*sitio frecuentado por una persona*)

stamp mill *s* (min.) bocarte

stamp pad *s* tampón

stamp-vending machine ['stæmp,vendɪŋ] *s* máquina expendedora de sellos

stance [stæns] *s* (sport) postura, planta

stanch [stɑntʃ] *adj* firme, fuerte; leal, constante; estanco; *va* estancar; restañar (*la sangre de una herida*); *vn* apagarse; restañarse

stanchion ['stænʃən] *s* puntal, montante, pie derecho; cornadiza (*en las vaquerías*); *va* proveer de puntales, montantes o pies derechos; sujetar a puntales

stand [stænd] *s* parada; estancia (*entre dos etapas*); postura, posición; resistencia; tribuna, estrado; sostén, soporte, pie, pedestal; puesto, quiosco ‖ (*pret & pp:* **stood**) *va* poner derecho, colocar verticalmente; tolerar, soportar, resistir; (coll.) aguantar (*a una persona*); (coll.) sufragar (*un gasto*); **to stand off** tener a raya; **to stand on end** poner de punta; **to stand one's ground** mantenerse firme, mantenerse en su puesto ‖ *vn* estar, estar situado; estar parado; estacionarse; estar de pie, estar derecho; ponerse de pie, levantarse; resultar; navegar; mostrar la caza (*un perro*); persistir; mantenerse; quedarse; surgir, nacer; pararse; **to stand aloof** mantenerse apartado; **to stand apart** o **aside** apartarse, mantenerse apartado; **to stand back of** colocarse detrás de; garantizar, respaldar; **to stand by** mantenerse a corta distancia; estar alerta; (rad. & telv.) esperar la continuación de un programa interrumpido; apoyar, defender; **to stand for** significar, representar; apoyar, defender; apadrinar; mantener (*p.ej., una opinión*); presentarse como candidato de; (coll.) tolerar; navegar hacia; **to stand forth** destacarse; **to stand in** (coll.) tener buenas aldabas, estar en buenas relaciones; **to stand in for** substituir (*a una persona*); **to stand in line** hacer cola; **to stand in the way** cerrar el paso; estorbar; **to stand off** apartarse, quedar a distancia; **to stand on** depender de, basarse en; pedir con insistencia; **to stand on end** ponerse de punta; erizarse, encresparse (*el pelo*); **to stand out** sobresalir; resaltar, destacarse; no ceder; **to stand to reason** ser lógico, ser razonable; **to stand up** ponerse de pie, levantarse; durar, conservarse; **to stand up for** apoyar, defender; **to stand up to** hacer resueltamente frente a

standard ['stændərd] *s* patrón; norma, regla establecida; bandera, estandarte; emblema, símbolo; (bot.) árbol o arbusto de tronco o tallo alto y derecho; *adj* normal; corriente, regular; legal; clásico

standardbearer ['stændərd,bɛrər] *s* abanderado o portaestandarte; jefe (*de un movimiento*); (orn.) chotacabras africano

standard broadcasting *s* difusión normal

standard candle *s* (phys.) bujía normal o patrón

standard gauge *s* (rail.) vía normal

standard gold *s* oro de ley

standardization [,stændərdɪ'zeʃən] *s* normalización, estandardización

standardize ['stændərdaɪz] *va* normalizar, estandardizar

standard keyboard *s* teclado universal (*de la máquina de escribir*)

standard meter *s* metro patrón

standard of living *s* nivel de vida

standard time *s* hora legal

stand-by ['stænd,baɪ] *s* (*pl:* **-bys**) adherente fiel, recurso seguro, paño de lágrimas

standee [stæn'di] *s* (coll.) espectador que asiste de pie

stand-in ['stænd,ɪn] *s* (mov.) doble; (coll.) buenas aldabas

standing ['stændɪŋ] *s* posición, condición; reputación; duración; parada; **in good standing** en posición acreditada; **of long standing** de mucho tiempo, de antigua fecha; **of standing** de prestigio; *adj* derecho, en pie; de pie; permanente, estable, fijo; parado, inmóvil; encharcado, estancado; vigente

standing army *s* ejército permanente

standing committee *s* comisión permanente

standing rigging *s* (naut.) jarcia de firme, jarcia muerta

standing room *s* sitio para estar de pie

stand-off ['stænd,ɔf] o ['stænd,ɑf] *s* reserva, aislamiento; empate; *adj* retraído, reservado, indiferente

stand-offish [,stænd'ɔfɪʃ] o [,stænd'ɑfɪʃ] *adj* retraído, reservado, indiferente, huraño

standpat ['stænd,pæt] *adj & s* (coll.) conservador

standpatter ['stænd,pætər] *s* (coll.) conservador

standpipe ['stænd,paɪp] *s* columna de alimentación, columna de alimentación de agua

standpoint ['stænd,pɔɪnt] *s* punto de vista

standstill ['stænd,stɪl] *s* parada, detención, alto; descanso, inactividad; **to come to a standstill** cesar, pararse

stand-up ['stænd,ʌp] *adj* derecho; estando de pie, p.ej., **a stand-up meal** una comida de pie

stanhope ['stænhop] o ['stænəp] *s* cabriolé ligero

stank [stæŋk] *pret de* **stink**

stannate ['stænet] *s* (chem.) estannato

stannic ['stænɪk] *adj* (chem.) estánnico

stannous ['stænəs] *adj* (chem.) estannoso

stanza ['stænzə] *s* estancia, estrofa

stapedius [stə'pidɪəs] *s* (anat.) estapedio

stapes ['stepiz] *s* (anat.) estribo

staphylococcus [,stæfɪlə'kɑkəs] *s* (*pl:* **-cocci** ['kɑksaɪ]) (bact.) estafilococo

staphyloma [,stæfɪ'lomə] *s* (*pl:* **-mata** [mətə]) (path.) estafiloma

staple ['stepəl] *s* grapa (*para clavar; para sujetar papeles*); artículo o producto principal; materia prima; fibra textil; *adj* primero, principal; corriente, reconocido, establecido; *va* sujetar con grapas; clasificar (*hebras textiles*) según su longitud

stapler ['steplər] *s* surtidor de lanas; engrapador, cose-papeles

star [stɑr] *s* astro (*cuerpo celeste*); estrella (*cualquier astro, a excepción del Sol y la Luna; figura con que se representa una estrella; cosa que tiene esta figura*); estrellón (*fuego artificial*); (mov. & theat.) estrella (*mujer u hombre*); (elec.) estrella; (print.) estrella o asterisco; (fig.) estrella o astro (*persona que sobresale*); (fig.) as (*p.ej., de fútbol*); (fig.) estrella (*hado, destino; pelos blancos en la frente del caballo*); **to see stars** (coll.) ver las estrellas; **to thank one's lucky stars** estar agradecido por su buena suerte; *adj* estelar; principal; sobresaliente; (*pret & pp:* **starred;** *ger:* **starring**) *va* estrellar, adornar o señalar con estrellas; marcar con asterisco; presentar como estrella (*a un actor o una actriz*); *vn* ser la estrella; ser el astro; lucirse; sobresalir

star apple *s* (bot.) caimito (*árbol y fruto*)

starboard ['stɑrbərd] o ['stɑrbord] *s* (naut.) estribor; *adj* de estribor; *adv* a estribor; *va & vn* volver a estribor

star boarder *s* huésped principal o predilecto (*en una casa de huéspedes*)

starch [stɑrtʃ] *s* almidón, fécula; entono, arrogancia; (slang) fuerza, vigor; *va* almidonar

Star Chamber *s* (Brit. hist.) cámara estrellada; tribunal secreto y arbitrario

starchy ['stɑrtʃɪ] *adj* (*comp:* **-ier;** *super:* **-iest**) feculento, feculoso; almidonado; (fig.) tieso, entonado

star connection *s* (elec.) conexión en estrella

stardom ['stɑrdəm] *s* (theat.) estrellato (*categoría o condición de estrella*); actores eminentes

star drill *s* barrena de filo en cruz, taladro estrella

star dust *s* nebulosas; partículas de meteoritos; (coll.) encanto

stare [stɛr] *s* mirada fija; *va* mirar fijamente, mirar de hito en hito, clavar la vista en; **to stare down** o **to stare out of countenance** desconcertar mirando fijamente, avergonzar con la mirada; **to stare one in the face** darle a uno en la cara, estar a la vista, saltar a la vista; deber acontecer; *vn* mirar fijamente, fijar estrechamente la mirada

starfish [ˈstɑrˌfɪʃ] *s* (zool.) estrella de mar

star gauge *s* (gun.) calibrador de ánima

stargaze [ˈstɑrˌgez] *vn* mirar las estrellas; ser distraído, soñar despierto

stargazer [ˈstɑrˌgezər] *s* el que mira las estrellas; astrólogo; astrónomo; (ichth.) uranóscopo

stargazing [ˈstɑrˌgezɪŋ] *s* observación de las estrellas; abstracción, ensimismamiento

staring [ˈstɛrɪŋ] *adj* mirando fijamente; llamativo, vistoso

stark [stɑrk] *adj* completo, cabal, puro; tieso, rígido; duro, severo; *adv* completamente, enteramente; rígidamente, severamente

stark-naked [ˈstɑrkˈnekɪd] *adj* en pelota, en cueros

starless [ˈstɑrlɪs] *adj* sin estrellas

starlet [ˈstɑrlɪt] *s* estrellita

starlight [ˈstɑrˌlaɪt] *s* luz de las estrellas; *adj* estrellado

starlike [ˈstɑrˌlaɪk] *adj* estrellado; brillante como una estrella

starling [ˈstɑrlɪŋ] *s* (orn.) estornino; (orn.) trupial

starlit [ˈstɑrˌlɪt] *adj* iluminado por las estrellas

Star of Bethlehem *s* estrella de Belén

star-of-Bethlehem [ˈstɑrəvˈbɛθlɪəm] *s* (bot.) leche de gallina, estrella de Belén

star-of-night [ˈstɑrəvˈnaɪt] *s* (bot.) copey

star polygon *s* (geom.) estrella poligonal

starred [stɑrd] *adj* estrellado; (theat.) presentado como estrella; afortunado

starry [ˈstɑrɪ] *adj* (*comp:* **-rier;** *super:* **-riest**) estrellado; brillante, rutilante

starry-eyed [ˈstɑrɪˌaɪd] *adj* soñador, quimérico

Stars and Bars *spl* (hist.) bandera de la Confederación de los estados del Sur de Norteamérica

Stars and Stripes *spl* estrellas y listas, barras y estrellas, franjas y estrellas (*bandera de los EE.UU.*)

star sapphire *s* zafiro asteriado, zafiro de ojo de gato

star shell *s* (mil.) bomba luminosa

star shower *s* lluvia de estrellas

star-spangled [ˈstɑrˌspæŋgəld] *adj* estrellado

Star-Spangled Banner *s* bandera estrellada (*bandera de los EE.UU.*)

start [stɑrt] *s* principio, comienzo; salida, partida; lugar de partida; ventaja (*en una carrera*); sobresalto; respingo (*de un caballo*); arranque (*de un coche, tren, etc.*); (sport) salida; **to give a start** sobresaltar; **to give a start to** poner en marcha; hacer que empiece a funcionar; ayudar (*a un joven*) a establecerse en los negocios; **to make a fresh start** volver a empezar; *va* principiar, empezar; poner en marcha, hacer andar; hacer arrancar; dar la señal de partida a; entablar (*una conversación*); levantar (*la caza*); *vn* principiar, empezar; sobresaltar; nacer, provenir; aflojarse; ponerse en marcha; arrancar; **starting with** a partir de; **to start after** salir en busca de; **to start in, out** o **up** principiar, empezar; ponerse en marcha; **to start to** + *inf* principiar a + *inf*, empezar a + *inf;* ponerse a + *inf;* echarse a (*reír, llorar, correr*)

starter [ˈstɑrtər] *s* iniciador; primero (*de una serie*); (aut.) arranque, motor de arranque; (elec.) encebador, encendedor (*de tubos fluorescentes*); (sport) stárter, juez de salida

star thistle *s* (bot.) cardo estrellado, calcitrapa

starting [ˈstɑrtɪŋ] *s* puesta en marcha

starting crank *s* manivela de arranque

starting motor *s* motor de arranque

starting point *s* punto de partida

starting post *s* (sport) poste o línea de partida

startle [ˈstɑrtəl] *s* susto; *va* asustar, sorprender, sobrecoger; *vn* asustarse, sorprenderse, sobrecogerse

startling [ˈstɑrtlɪŋ] *adj* alarmante, asombroso, sorprendente

starvation [stɑrˈveʃən] *s* hambre, inanición

starvation diet *s* régimen de hambre

starvation wages *spl* salario de hambre

starve [stɑrv] *va* hambrear; hacer morir de hambre; obligar mediante el hambre; **to starve out** hacer rendirse por hambre; *vn* hambrear; morir de hambre; (coll.) tener hambre; **to starve for** sufrir por la falta de

starveling [ˈstɑrvlɪŋ] *adj & s* hambrón

starving [ˈstɑrvɪŋ] *adj* hambriento, famélico

stash [stæʃ] *va* ocultar, guardar en lugar seguro

stat. abr. de **statuary, statute** y **statue**

statable [ˈstetəbəl] *adj* enunciable, formulable

state [stet] *s* estado; fausto, pompa, ceremonia; **to lie in state** estar expuesto en capilla ardiente, estar de cuerpo presente (*el cadáver de un muerto*); **to live in state** gastar mucho lujo; **to ride in state** pasear en carruaje de lujo; *adj* de estado, del estado; estatal (*del Estado*); público; de gala, de lujo; *va* declarar, afirmar; exponer, manifestar; formular; plantear (*p.ej., un problema*)

statecraft [ˈstetˌkræft] o [ˈstetˌkrɑft] *s* política, arte de gobernar

stated [ˈstetɪd] *adj* fijo, establecido; dicho

statehood [ˈstethʊd] *s* estatidad

Statehouse o **statehouse** [ˈstetˌhaʊs] *s* (U.S.A.) edificio del Estado (*en que tiene reuniones la legislatura de uno de los estados de los EE.UU.*)

stateless [ˈstetlɪs] *adj* apátrida

stateliness [ˈstetlɪnɪs] *s* majestuosidad

stately [ˈstetlɪ] *adj* (*comp:* **-lier;** *super:* **-liest**) imponente, majestuoso

statement [ˈstetmənt] *s* declaración; exposición, informe, relación; (com.) estado de cuentas

state of mind *s* estado de ánimo

state of siege *s* estado de sitio

State rights *spl* var. de **States' rights**

stateroom [ˈstetˌrum] o [ˈstetˌrʊm] *s* (naut.) camarote; (rail.) compartimiento particular

state room *s* sala para las ceremonias

state secret *s* secreto de estado

state's evidence *s* (law) testimonio aducido por el procurador del Estado en un juicio criminal; testimonio de un cómplice o de cómplices; **to turn state's evidence** (law) atestar en un juicio en contra de un cómplice o de cómplices, convertirse en testigo del estado

States-General [ˈstetsˈdʒɛnərəl] *s* (hist.) estados generales (*de Francia*); parlamento de los Países Bajos

stateside [ˈstetˌsaɪd] *adj* (coll.) estadounidense; *adv* (coll.) a o en los Estados Unidos; a o en la parte continental de los Estados Unidos

statesman [ˈstetsmən] *s* (*pl:* **-men**) estadista, hombre de estado

statesmanlike [ˈstetsmənˌlaɪk] *adj* de estadista, propio de estadista

statesmanly [ˈstetsmənlɪ] *adj* de estadista, digno de un estadista

statesmanship [ˈstetsmənʃɪp] *s* habilidad de estadista

state socialism *s* socialismo del estado

States' rights *spl* (U.S.A.) derechos de los Estados

state-wide [ˈstetˌwaɪd] *adj* por todo el estado, de todo el estado

static [ˈstætɪk] *adj* estático; (rad.) atmosférico; *s* (rad.) parásitos atmosféricos; **statics** *ssg* (mech.) estática

static electricity *s* electricidad estática

static machine *s* (elec.) máquina electrostática

station [ˈsteʃən] *s* estación; condición, situación; (astr. & eccl.) estación; *va* estacionar, apostar, colocar

station agent *s* (rail.) jefe de estación

stationary [ˈsteʃənˌɛrɪ] *adj* estacionario

station break *s* (rad.) descanso, intermedio

stationer [ˈsteʃənər] *s* papelero; (archaic) estacionario (*librero*)

stationery [ˈsteʃənˌɛrɪ] *s* efectos de escritorio

stationery store *s* papelería

station house *s* paradero; estación de ferrocarril; cuartelillo de policía

station identification *s* (rad. & telv.) indicativo de la emisora
stationmaster [ˈsteʃən,mæstər] o [ˈsteʃən,mɑstər] *s* (rail.) jefe de estación
stations of the cross *spl* (eccl.) estaciones, estaciones de la cruz
station wagon *s* rubia, coche rural
statism [ˈstetɪzəm] *s* estatismo
statist [ˈstetɪst] *adj* estatista; *s* estatista; estadístico
statistic [stəˈtɪstɪk] *adj* estadístico; **statistics** *ssg* estadística (*ciencia*); *spl* estadística o estadísticas
statistical [stəˈtɪstɪkəl] *adj* estadístico
statistician [,stætɪsˈtɪʃən] *s* estadístico
statocyst [ˈstætəsɪst] *s* (zool.) estatocisto
statolith [ˈstætəlɪθ] *s* (zool.) estatolito
stator [ˈstetər] *s* (mach. & elec.) estator
statoscope [ˈstætəskop] *s* (phys.) estatoscopio o estatóscopo
statuary [ˈstætʃʊ,ɛrɪ] *adj* estatuario; *s* (*pl:* **-ies**) estatuario (*persona*); estatuaria (*arte*); estatuas
statue [ˈstætʃʊ] *s* estatua; *va* estatuar
Statue of Liberty *s* estatua de la Libertad
statuesque [,stætʃʊˈɛsk] *adj* escultural
statuette [,stætʃʊˈɛt] *s* figurilla, estatuita
stature [ˈstætʃər] *s* estatura, talla; habilidad, carácter
status [ˈstetəs] *s* estado, condición; situación social, profesional o legal; categoría (*distinción, elevada condición*)
status quo [kwo] *s* statu quo (*la situación presente; la situación de antes*)
status seeker *s* persona que trata de adquirir categoría
status seeking *s* esfuerzo por adquirir categoría
status symbol *s* símbolo de categoría social
statute [ˈstætʃʊt] *s* estatuto, ley
statute mile *s* milla ordinaria (*5280 pies*)
statute of limitations *s* (law) ley de la prescripción
statutory [ˈstætʃʊ,torɪ] *adj* estatutario, legal
St. Augustine [sent ˈɔgəstin] *s* San Agustín (*ciudad de la Florida*)
staunch [stɔntʃ] o [stɑntʃ] *adj, va & vn* var. de **stanch**
staurolite [ˈstɔrəlaɪt] *s* (mineral.) estaurolita
stave [stev] *s* duela (*de barril*); palo, bastón; peldaño (*de escala*); estrofa; (mus.) pentagrama; (*pret & pp:* **staved** o **stove**) *va* romper, destrozar; desfondar; romper las duelas a; proveer de duelas; **to stave off** impedir, evitar, diferir; *vn* romperse, destrozarse, desfondarse
staves [stevz] *pl de* **staff** y de **stave**
stavesacre [ˈstevzekər] *s* (bot.) estafisagria, albarraz
stay [ste] *s* morada, permanencia, estancia; parada, detención, suspensión; (law) dilación, prórroga; paciencia, resistencia; (naut.) estay; varilla o ballena (*de corsé*); apoyo, sostén; **stays** *spl* corsé; **in stays** (naut.) en la virada; *va* asentar, fijar, fundar; apoyar, sostener; soportar, tolerar; aplazar, detener; esperar; poner freno a; *vn* quedar, quedarse, permanecer; hospedarse; habitar; parar, pararse, detenerse; esperar; resistir; (naut.) virar o cambiar de rumbo o bordada; **to stay away** quedarse apartado, quedarse fuera; **to stay in** quedarse en casa; **to stay out** quedarse fuera; **to stay up** velar, no acostarse
stay-at-home [ˈsteət,hom] *adj & s* hogareño; acaserado (Am.)
staying power *s* resistencia, fortaleza, aguante
staysail [ˈstesəl] o [ˈste,sel] *s* (naut.) vela de estay
St. Croix [sent ˈkrɔɪ] *s* Santa Cruz (*isla*)
S.T.D. abr. de **Sacrae Theologiae Doctor** (Lat.) **Doctor of Sacred Theology**
stead [stɛd] *s* lugar; **in his stead** en su lugar, en lugar de él; **to stand in good stead** ser ventajoso, ser de provecho, ayudar, servir
steadfast [ˈstɛdfæst] o [ˈstɛdfɑst] *adj* resuelto; constante; fijo
steadfastness [ˈstɛdfæstnɪs] o [ˈstɛdfɑstnɪs] *s* resolución; constancia; fijeza
steadiness [ˈstɛdɪnɪs] *s* constancia, fijeza, seguridad; uniformidad; resolución; seriedad
steady [ˈstɛdɪ] *adj* (*comp:* **-ier**; *super:* **-iest**) constante, fijo, firme, seguro; regular, uniforme; resuelto; asentado, serio; (com.) en calma (*dícese de la Bolsa*); (naut.) estable, en calma; (*pret & pp:* **-ied**) *va* estabilizar, reforzar; calmar (*los nervios*); *vn* estabilizarse; calmarse
steady state *s* (phys.) régimen permanente
steak [stek] *s* lonja o tajada (*de carne o pescado*); biftec
steal [stil] *s* (coll.) robo, hurto; (*pret:* **stole**; *pp:* **stolen**) *va* robar, hurtar; atraer, cautivar; *vn* robar, hurtar; **to steal away** escabullirse; **to steal into** meterse a hurtadillas en; **to steal out of** salirse a escondidas de; **to steal upon** aproximarse sin ruido a
stealth [stɛlθ] *s* cautela, recato; **by stealth** a hurtadillas, a escondidas
stealthy [ˈstɛlθɪ] *adj* (*comp:* **-ier**; *super:* **-iest**) astuto, taimado; secreto, furtivo, clandestino
steam [stim] *s* vapor, vapor de agua; vaho; (coll.) potencia, energía; **to blow off steam** dejar escapar vapor; (coll.) desfogarse, desahogarse, soltar la lengua; **to get up steam** dar presión; **to let off steam** descargar vapor; (fig.) desahogarse; **under steam** bajo presión; *adj* de vapor; *va* cocer al vapor; dar un baño de vapor a, saturar de vapor; empañar (*p.ej., las ventanas*); **to get steamed up** empañarse (*p.ej., un vidrio, un cristal*); (coll.) excitarse, animarse; (slang) emborracharse; *vn* emitir vapor, echar vapor; evaporarse; marchar o funcionar a vapor; **to steam ahead** avanzar, adelantar por medio de vapor; (fig.) hacer grandes progresos; **to steam away** salir (*la locomotora, el buque de vapor*)
steamboat [ˈstim,bot] *s* vapor, buque de vapor
steam boiler *s* caldera de vapor
steam box o **chest** *s* caja o cámara de vapor
steam dome *s* (rail.) cúpula de toma de vapor
steam engine *s* máquina de vapor
steamer [ˈstimər] *s* vapor, buque de vapor; automóvil de vapor
steamer rug *s* manta de viaje
steamer trunk *s* baúl de camarote
steam fitter *s* tubero, cañero, montador de calderas de vapor
steam heat *s* calefacción por vapor
steaming [ˈstimɪŋ] *adj* vaporoso; humeante; *adv* **steaming hot** intensamente caliente
steam organ *s* (mus.) órgano de vapor
steam power plant *s* estación termoeléctrica, central térmica
steam roller *s* apisonadora (*movida a vapor*); (coll.) fuerza arrolladora
steam-roller [ˈstim,rolər] *adj* (coll.) arrollador; *va* allanar y afirmar (*la carretera*) con apisonadora; (coll.) aplastar con fuerza arrolladora
steamship [ˈstim,ʃɪp] *s* vapor, buque de vapor
steam shovel *s* pala mecánica de vapor, máquina excavadora de vapor
steam table *s* plancha caliente
steamtight [ˈstim,taɪt] *adj* a prueba de vapor
steam turbine *s* turbina de vapor
steamy [ˈstimɪ] *adj* (*comp:* **-ier**; *super:* **-iest**) vaporoso; humeante; empañado; (coll.) muy excitado
steapsin [stɪˈæpsɪn] *s* (biochem.) esteapsina
stearate [ˈstiəret] *s* (chem.) estearato
stearic [stɪˈærɪk] o [ˈstɪrɪk] *adj* (chem.) esteárico
stearic acid *s* (chem.) ácido esteárico
stearin [ˈstiərɪn] o [ˈstɪrɪn] *s* (chem.) estearina
stearoptene [,stiəˈrɑptin] *s* (chem.) estearopteno
steatite [ˈstiətaɪt] *s* (mineral.) esteatita
steatitic [,stiəˈtɪtɪk] *adj* (mineral.) esteatitoso
steatopygia [,stiətoˈpaɪdʒɪə] o [,stiətoˈpɪdʒɪə] *s* (anthrop.) esteatopigia
stedfast [ˈstɛdfæst] o [ˈstɛdfɑst] *adj* var. de **steadfast**
steed [stid] *s* caballo; corcel; caballo de combate; caballo de carrera
steel [stil] *s* acero; ballena de acero; eslabón (*hierro acerado para sacar fuego de un pedernal; cilindro de acero para afilar cuchillas*); (fig.) acero (*fuerza; valor*); *adj* acerado; (fig.) frío, duro; *va* acerar; (fig.) acerar; **to steel oneself** (fig.) acerarse, acorazarse

steel blue *s* azul acerado
steel mill *s* acería, fábrica de acero
steel wool *s* virutillas de acero, estopa de acero
steelwork [ˈstil,wʌrk] *s* artículos, partes, instrumentos de acero; montaje de acero; **steelworks** *ssg* o *spl* fábrica de acero
steelworker [ˈstil,wʌrkər] *s* herrero de obra; obrero en una fábrica de acero
steely [ˈstilɪ] *adj* (*comp:* **-ier;** *super:* **-iest**) acerado; (fig.) fuerte, inflexible, duro
steelyard [ˈstiljɑrd] o [ˈstiljərd] *s* romana
steenbok [ˈstin,bɑk] o [ˈsten,bɑk] *s* (zool.) antílope africano
steep [stip] *adj* escarpado, empinado; (coll.) alto, excesivo (*precio*); *s* cuesta empinada; empapamiento, remojo; (found.) brasca; *va* empapar, remojar, poner en infusión; **steeped in** absorbido en; lleno de; *vn* (coll.) empaparse, estar en infusión
steeple [ˈstipəl] *s* aguja, campanario (*de iglesia*)
steeplebush [ˈstipəl,bʊʃ] *s* (bot.) espirea norteamericana (*Spiraea tomentosa*)
steeplechase [ˈstipəl,tʃes] *s* carrera del campanario, carrera (de caballos) de obstáculos
steeplejack [ˈstipəl,dʒæk] *s* (coll.) reparador de altas chimeneas, torres, etc.
steer [stɪr] *s* buey (*de cualquier edad*); novillo; *va* guiar, conducir, gobernar; *vn* gobernar, p.ej., **this boat does not steer well** este buque no gobierna bien; conducirse; **to steer clear of** (coll.) evitar, eludir
steerage [ˈstɪrɪdʒ] *s* dirección; (naut.) proa, entrepuente
steerage passenger *s* (naut.) pasajero de proa
steerageway [ˈstɪrɪdʒ,we] *s* (naut.) empuje del buque necesario para gobernar
steering column *s* (aut.) columna de dirección
steering committee *s* comisión de iniciativas
steering gear *s* mecanismo de dirección
steering knuckle *s* (aut.) charnela de dirección, muñón de dirección
steering wheel *s* (naut.) rueda del timón; (aut.) volante o volante de dirección
steersman [ˈstɪrzmən] *s* (*pl:* **-men**) piloto, timonero; conductor (*de automóvil*)
steeve [stiv] *s* (naut.) lanzamiento
stegomyia [,stɛgəˈmaɪə] *s* (ent.) estegomía
stegosaurus [,stɛgəˈsɔrəs] *s* (*pl:* **-ri** [raɪ]) (pal.) estegosauro
stein [staɪn] *s* pichel para cerveza
steinbok [ˈstaɪn,bɑk] *s* (zool.) antílope africano; (zool.) íbice
stele [ˈstilɪ] *s* (*pl:* **-lae** [li] o **-les**) (arch. & bot.) estela
stellar [ˈstɛlər] *adj* estelar, estelario
stellate [ˈstɛlet] *adj* estrellado
St. Elmo's fire o **St. Elmo's light** [ˈɛlmoz] *s* fuego de Santelmo
stem [stɛm] *s* (bot.) tallo, vástago; (bot.) pedúnculo; pie (*de una copa*); cañón (*de una pipa; de una pluma*); (mach.) varilla, vástago; fuste (*de una columna*); tija o espiga (*de una llave*); botón (*de un reloj de bolsillo*); (naut.) roda, tajamar; (gram.) tema; **from stem to stern** de proa a popa; (*pret & pp:* **stemmed;** *ger:* **stemming**) *va* desgranar, despalillar; estancar, represar; detener, refrenar; hacer frente a; embestir con la proa; **to stem the tide** rendir la marea; **to stem the torrent** detener el torrente; *vn* provenir, nacer; **to stem from** provenir de, originarse en, traer su origen de
stemless [ˈstɛmlɪs] *adj* sin vástago; (bot.) sin tallo, sin pedúnculo; que no se puede desgranar
stemma [ˈstɛmə] *s* (*pl:* **-mas** o **-mata** [mətə]) (zool.) estema (*ojo simple de los insectos*)
stemmed [stɛmd] *adj* (bot.) con tallo, con pedúnculo; desgranado
stemmer [ˈstɛmər] *s* máquina de despalillar
stemple [ˈstɛmpəl] *s* (min.) estemple
stemson [ˈstɛmsən] *s* (naut.) contrabranque, contrarroda
stem-winder [ˈstɛm,waɪndər] *s* (coll.) remontuar
stem-winding [ˈstɛm,waɪndɪŋ] *adj* de remontuar
stench [stɛntʃ] *s* hedor, hediondez
stencil [ˈstɛnsəl] *s* patrón picado; estarcido (*dibujo*); (*pret & pp:* **-ciled** o **-cilled;** *ger;* **-ciling** o **-cilling**) *va* estarcir
stenocardia [,stɛnəˈkɑrdɪə] *s* (path.) estenocardia
stenograph [ˈstɛnəgræf] o [ˈstɛnəgrɑf] *s* escritura taquigráfica; máquina para taquigrafiar; *va & vn* estenografiar, taquigrafiar
stenographer [stəˈnɑgrəfər] *s* estenógrafo
stenographic [,stɛnəˈgræfɪk] *adj* estenográfico
stenographically [,stɛnəˈgræfɪkəlɪ] *adv* estenográficamente
stenography [stəˈnɑgrəfɪ] *s* estenografía
stenosis [stɪˈnosɪs] *s* (path.) estenosis
stenotype [ˈstɛnətaɪp] *s* (trademark) máquina estenotipiadora o de estenotipiar; estenotipia (*letra o grupo de letras*)
stenotypy [ˈstɛnə,taɪpɪ] *s* estenotipia
Stentor [ˈstɛntɔr] *s* (myth.) Estentor; (*l.c.*) *s* persona con voz estentórea
stentorian [stɛnˈtorɪən] *adj* estentóreo
step [stɛp] *s* paso; escalón, grada, peldaño; grado; medida, gestión; (mus.) intervalo; (naut.) carlinga; estribo (*de un coche*); **steps** *spl* escalera de mano; **in step** llevando el paso; de acuerdo; (elec.) en fase; **out of step** no llevando el paso; en desacuerdo; **to break step** romper paso; **to take steps** dar pasos; tomar medidas, gestionar; **to watch one's step** mirarse en ello, ser prudente, proceder con cautela, andarse con tiento; **step by step** paso a paso ‖ (*pret & pp:* **stepped;** *ger:* **stepping**) *va* escalonar, colocar de trecho en trecho; plantar (*el pie*); **to step down** reducir, disminuir; **to step off** medir a pasos; **to step up** elevar, aumentar ‖ *vn* dar un paso, dar pasos; andar, caminar, ir; (coll.) andar de prisa; **to step aside** hacerse a un lado; retirarse; **to step back** dar un paso atrás; volver hacia atrás, retroceder; **to step down** bajar; dimitir; **to step in** entrar; (coll.) visitar al pasar; tomar parte (en); **to step lively** darse prisa; **to step on** pisar; **to step on it** (coll.) acelerar la marcha, darse prisa; (coll.) pisar fuertemente el acelerador, apretar el acelerador a fondo; **to step on the starter** pisar el arranque; **to step out** salir; bajar (*de un coche*); apretar el paso; entregarse al lujo, los placeres o los vicios; andar de parranda; **to step up** subir; avanzar
stepbrother [ˈstɛp,brʌðər] *s* medio hermano, hermanastro
stepchild [ˈstɛp,tʃaɪld] *s* (*pl:* **-children**) hijastro, alnado
stepdaughter [ˈstɛp,dɔtər] *s* hijastra
step-down transformer [ˈstɛp,daʊn] *s* (elec.) transformador reductor
stepfather [ˈstɛp,fɑðər] *s* padrastro
stephanite [ˈstɛfənaɪt] *s* (mineral.) estefanita, plata agria
Stephen [ˈstivən] *s* Esteban
step-in [ˈstɛp,ɪn] *adj* que se pone comenzando por los pies (*dícese de ciertas prendas de vestir*); **step-ins** *spl* bragas (*pantalones de mujer*)
stepladder [ˈstɛp,lædər] *s* escala, escalera doble, escalera de tijera
stepmother [ˈstɛp,mʌðər] *s* madrastra; (dial.) padrastro (*de las uñas*)
stepparent [ˈstɛp,pɛrənt] *s* padrastro o madrastra
steppe [stɛp] *s* estepa
stepping stone *s* estriberón, pasadera; escalón (*para la realización de un deseo*); escabel (*para medrar*)
stepsister [ˈstɛp,sɪstər] *s* media hermana, hermanastra
stepson [ˈstɛp,sʌn] *s* hijastro
step terrace *s* parata
step-up transformer [ˈstɛp,ʌp] *s* (elec.) transformador elevador
stercoraceous [,stʌrkəˈreʃəs] *adj* estercóreo
sterculiaceous [stʌr,kjulɪˈeʃəs] *adj* (bot.) esterculiáceo
stere [stɪr] *s* estéreo
stereo [ˈstɛrɪo] o [ˈstɪrɪo] *adj* (coll.) estereofónico; (coll.) estereoscópico; *s* (*pl:* **-os**) (coll.) música estereofónica, disco estereofónico, radiodifusión estereofónica; (coll.) fotografía estereoscópica
stereobate [ˈstɛrɪəbet] *s* (arch.) estereóbato

S

stereo camera *s* verascopio, cámara estereoscópica
stereochemical [ˌstɛrɪoˈkɛmɪkəl] *s* estereoquímico
stereochemistry [ˌstɛrɪoˈkɛmɪstrɪ] *s* estereoquímica
stereochromy [ˈstɛrɪəˌkromɪ] *s* estereocromía
stereogram [ˈstɛrɪəˌgræm] *s* estereograma
stereographic [ˌstɛrɪəˈgræfɪk] o **stereographical** [ˌstɛrɪəˈgræfɪkəl] *adj* estereográfico
stereography [ˌstɛrɪˈɑgrəfɪ] *s* estereografía
stereoisomerism [ˌstɛrɪoaɪˈsɑmərɪzəm] *s* (chem.) estereoisomería
stereometry [ˌstɛrɪˈɑmɪtrɪ] *s* estereometría
stereophonic [ˌstɛrɪəˈfɑnɪk] *adj* estereofónico
stereophony [ˌstɛrɪˈɑfənɪ] *s* estereofonía
stereophotography [ˌstɛrɪəfəˈtɑgrəfɪ] *s* estereofotografía
stereopsis [ˌstɛrɪˈɑpsɪs] *s* esteriopsis
stereopticon [ˌstɛrɪˈɑptɪkən] *s* estereóptico
stereoscope [ˈstɛrɪəˌskop] *s* estereoscopio
stereoscopic [ˌstɛrɪəˈskɑpɪk] *adj* estereoscópico
stereoscopically [ˌstɛrɪəˈskɑpɪkəlɪ] *adv* estereoscópicamente
stereoscopy [ˌstɛrɪˈɑskəpɪ] *s* estereoscopia
stereotomy [ˌstɛrɪˈɑtəmɪ] *s* estereotomía
stereotropism [ˌstɛrɪˈɑtrəpɪzəm] *s* (biol.) estereotropismo
stereotype [ˈstɛrɪəˌtaɪp] *s* estereotipo; estereotipia; *va* estereotipar; (fig.) estereotipar
stereotyped [ˈstɛrɪəˌtaɪpt] *adj* estereotipado; (fig.) estereotipado (*fijo e invariable; gastado, trillado*)
stereotypy [ˈstɛrɪəˌtaɪpɪ] *s* estereotipia
stereo viewer *s* verascopio (*estereoscopio para diapositivas*)
stereovision [ˈstɛrɪoˌvɪʒən] o [ˈstɪrɪoˌvɪʒən] *s* estereovisión
sterile [ˈstɛrɪl] *adj* estéril
sterility [stəˈrɪlɪtɪ] *s* (*pl:* **-ties**) esterilidad
sterilization [ˌstɛrɪlɪˈzeʃən] *s* esterilización
sterilize [ˈstɛrɪlaɪz] *va* esterilizar
sterilizer [ˈstɛrɪˌlaɪzər] *s* esterilizador (*persona y aparato*)
sterling [ˈstʌrlɪŋ] *s* libras esterlinas; plata de ley; vajilla de plata; *adj* fino, de ley; verdadero, genuino, puro, excelente
sterling area o **bloc** *s* área de la libra esterlina
sterling silver *s* plata de ley
stern [stʌrn] *s* (naut.) popa; *adj* severo, austero; firme, decidido
sternal [ˈstʌrnəl] *adj* (anat.) esternal
stern chase *s* (naut.) caza en que una nave persigue a otra marchando en la estela de ésta
stern chaser *s* (naut.) guardatimón
stern fast *s* (naut.) codera
stern gallery *s* (naut.) galería de popa
sternmost [ˈstʌrnmost] *adj* (naut.) popel
sternpost [ˈstʌrnˌpost] *s* (naut.) codaste
stern sheets *spl* (naut.) cámara a popa
sternum [ˈstʌrnəm] *s* (*pl:* **-na** [nə] o **-nums**) (anat.) esternón
sternutative [stərˈnjutətɪv] o [stərˈnutətɪv] *adj* estornutativo o estornutatorio
sternward [ˈstʌrnwərd] o **sternwards** [ˈstʌrnwərdz] *adv* (naut.) a popa, hacia la popa
sternway [ˈstʌrnˌwe] *s* (naut.) cía
stern-wheeler [ˈstʌrnˌhwilər] *s* bote de rueda de paletas a popa
stertor [ˈstʌrtər] *s* estertor
stertorous [ˈstʌrtərəs] *adj* estertoroso
stet [stɛt] *s* (print.) indicación de no suprimir lo ya cancelado; (*pret & pp:* **stetted;** *ger:* **stetting**) *va* (print.) marcar para que no se suprima
stethoscope [ˈstɛθəskop] *s* (med.) estetoscopio
stethoscopic [ˌstɛθəˈskɑpɪk] *adj* estetoscópico
stethoscopy [stɛˈθɑskəpɪ] *s* (med.) estetoscopia
stevedore [ˈstivədor] *s* (naut.) estibador
stew [stju] o [stu] *s* guisado, estofado; **to be in a stew** (coll.) estar apurado; *va* guisar, estofar; *vn* abrasarse; (coll.) estar apurado, estar preocupado; **to stew in one's own juice** cocer en su propia salsa, freír en su aceite
steward [ˈstjuərd] o [ˈstuərd] *s* administrador; mayordomo, senescal; despensero; camarero (*de buque o avión*)
stewardess [ˈstjuərdɪs] o [ˈstuərdɪs] *s* mayordoma; camarera (*de buque o avión*); azafata, aeromoza (*de avión*)
stewardship [ˈstjuərdʃɪp] o [ˈstuərdʃɪp] *s* administración; mayordomía
stewed fruit *s* compota de frutas
stewed tomatoes *spl* puré de tomates
stewpan [ˈstjuˌpæn] o [ˈstuˌpæn] *s* cazuela, cacerola
St. George's Channel *s* el canal de San Jorge
St. Gotthard [sent ˈgɑtərd] *s* San Gotardo (*montaña, cuello y túnel*)
St. Helena [sent hɛˈlinə] *s* Santa Elena (*isla y colonia inglesas en el Atlántico Meridional*)
sthenic [ˈsθɛnɪk] *adj* (med.) esténico
stibine [ˈstɪbin] o [ˈstɪbɪn] *s* (chem.) estibina
stibium [ˈstɪbɪəm] *s* (chem.) estibio
stibonium [stɪˈbonɪəm] *s* (chem.) estibonio
stick [stɪk] *s* palillo, palito; vara, bastón; barra (*de dinamita*); (aer.) mango de escoba, palanca de mando; (naut.) mástil, verga; (coll.) bodoque; (coll.) dosis de licor muy fuerte que se añade a una bebida; (print.) componedor; (print.) texto contenido en el componedor; puñalada, estocada; parada, demora; pegadura; **sticks** *spl* (coll.) monte, afueras del poblado ‖ (*pret & pp:* **sticked**) *va* proveer de palo, sostener con un palo; (print.) componer, colocar (*letras*) en el componedor ‖ (*pret & pp:* **stuck**) *va* picar, punzar; apuñalar; clavar, hincar; poner, meter; parar, detener; pegar; (coll.) confundir, aturrullar; **to stick out** asomar (*la cabeza*); sacar (*la lengua*); **to stick up** (slang) atracar, asaltar (*para robar*); **to stick one's hands up** alzar las manos (*en señal de sumisión*) ‖ *vn* estar prendido, estar hincado; pegarse; agarrarse (*la pintura*); encastillarse (*p.ej., una ventana*); asomarse; resaltar, sobresalir; continuar, persistir; permanecer; atascarse; quedarse parado; dudar, vacilar; **to stick around** (slang) quedarse, demorarse; **to stick at** persistir en; sentir escrúpulo por; **to stick at it** persistir; **to stick out** salir (*p.ej., el pañuelo del bolsillo*); sobresalir, proyectarse; velar (*un escollo, peñasco, etc.*); resultar evidente; (coll.) perseverar hasta el fin; **to stick to** aferrarse a, con o en (*p.ej., una opinión*); **to stick together** (coll.) quedarse unidos, no abandonarse; **to stick to one's guns** mantenerse firme, no cejar; **to stick up** destacarse; estar de punta (*el pelo*); **to stick up for** (coll.) defender
sticker [ˈstɪkər] *s* etiqueta engomada, marbete engomado; punta, espina; fijador; persona perseverante; (coll.) misterio, problema arduo
sticking plaster *s* esparadrapo
stick-in-the-mud [ˈstɪkɪnðəˌmʌd] *adj & s* perezoso, tardón; conservador, chapado a la antigua
stick-lac [ˈstɪkˌlæk] *s* laca en palo o en rama
stickle [ˈstɪkəl] *vn* porfiar o disputar por menudencias, sentir escrúpulos por menudencias
stickleback [ˈstɪkəlˌbæk] *s* (ichth.) espinoso
stickler [ˈstɪklər] *s* rigorista; problema arduo
stickpin [ˈstɪkˌpɪn] *s* alfiler de corbata
sticktight [ˈstɪkˌtaɪt] *s* (bot.) bidente
stick-up [ˈstɪkˌʌp] *s* (slang) atraco, asalto
sticky [ˈstɪkɪ] *adj* (*comp:* **-ier;** *super:* **-iest**) pegajoso; (coll.) bochornoso; (coll.) húmedo, mojado; (coll.) azucarado, sentimental; (coll.) difícil
stiff [stɪf] *adj* tieso; anquilosado (*músculo*); entorpecido, entumecido; arduo, difícil; (coll.) excesivo (*precio*); (fig.) tieso, ceremonioso, severo; *s* (slang) cadáver; (slang) persona tiesa y afectada
stiff collar *s* cuello almidonado
stiffen [ˈstɪfən] *va* atiesar; endurecer; espesar; (elec.) aumentar la inductancia de; *vn* atiesarse; endurecerse; espesarse; arrecirse (*de frío*); (fig.) obstinarse
stiffening [ˈstɪfənɪŋ] *s* atiesamiento; atiesador (*lo que pone tieso*)
stiff-jointed [ˈstɪfˌdʒɔɪntɪd] *adj* de junturas rígidas
stiff neck *s* tortícolis (*dolor*); obstinación; persona obstinada
stiff-necked [ˈstɪfˌnɛkt] *adj* terco, obstinado

stiffness [ˈstɪfnɪs] *s* tiesura; (fig.) tiesura
stiff shirt *s* camisola
stifle [ˈstaɪfəl] *s* (vet.) babilla; *va* ahogar, sofocar; apagar, suprimir; *vn* ahogarse, sofocarse
stifle joint *s* (vet.) babilla
stifling [ˈstaɪflɪŋ] *adj* ahogado, sofocante, bochornoso
stigma [ˈstɪgmə] *s* (*pl:* **-mas** o **-mata** [mətə]) (bot., hist., path., zool. & fig.) estigma; **stigmata** *spl* estigmas (*señales de las llagas de Jesucristo*)
stigmatic [stɪgˈmætɪk] *adj* estigmático; manchado; deforme; (opt.) anastigmático; *s* (eccl.) estigmático (*persona que presenta los estigmas de Jesucristo*)
stigmatism [ˈstɪgmətɪzəm] *s* (opt. & path.) estigmatismo
stigmatization [ˌstɪgmətɪˈzeʃən] *s* estigmatización
stigmatize [ˈstɪgmətaɪz] *va* estigmatizar
St.-Ignatius's-bean [sentɪgˈneʃəsɪzˈbin] *s* haba de San Ignacio
stile [staɪl] *s* escalera para atravesar una empalizada, tapia, etc.; torniquete; (arch.) montante
stiletto [stɪˈlɛto] *s* (*pl:* **-tos**) estilete, puñal
still [stɪl] *adj* inmóvil; quieto, tranquilo; callado, silencioso; bajo, suave; no espumoso; **to hold still** estarse quieto o callado; *adv* tranquilamente; silenciosamente; todavía, aún; *conj* sin embargo, con todo; *s* alambique, destiladera; destilería; vista fija, fotografía de lo inmóvil; (poet.) silencio; *va* acallar, hacer callar; amortiguar; calmar; *vn* callar; calmarse
stillbirth [ˈstɪlˌbʌrθ] *s* parto muerto
stillborn [ˈstɪlˌbɔrn] *adj* nacido muerto
still hunt *s* caza al acecho; empeño secreto o escondido; indagación clandestina; (pol.) solicitación clandestina de votos
still-hunt [ˈstɪlˌhʌnt] *va & vn* cazar al acecho, sin perros
still life *s* (*pl:* **still lifes** o **still lives**) (paint.) bodegón, naturaleza muerta
still-life [ˈstɪlˌlaɪf] *adj* de naturaleza muerta
stillness [ˈstɪlnɪs] *s* inmovilidad; tranquilidad, silencio
Stillson wrench [ˈstɪlsən] *s* llave Stillson, llave para tubos
stilly [ˈstɪlɪ] *adj* (*comp:* **-ier**; *super:* **-iest**) (poet.) quieto, silencioso, calmo; [ˈstɪllɪ] *adv* quietamente, silenciosamente
stilt [stɪlt] *s* zanco; pilote (*en el agua*); (orn.) cigoñuela
stilted [ˈstɪltɪd] *adj* elevado; tieso, hinchado, pomposo
stilted arch *s* (arch.) arco peraltado
Stilton cheese [ˈstɪltən] *s* queso Stilton
stilt sandpiper *s* (orn.) chorlito palmeado de pico largo
stimulant [ˈstɪmjələnt] *adj & s* estimulante
stimulate [ˈstɪmjəlet] *va & vn* estimular; **to stimulate to** + *inf* estimular a + *inf*, estimular a que + *subj*
stimulation [ˌstɪmjəˈleʃən] *s* estímulo, excitación
stimulative [ˈstɪmjəˌletɪv] *adj* estimulador; *s* estímulo
stimulus [ˈstɪmjələs] *s* (*pl:* **-li** [laɪ]) estímulo
sting [stɪŋ] *s* picadura; picazón (*dolor*); estímulo; (bot. & zool.) aguijón; (*pret & pp:* **stung**) *va* picar, pinchar, punzar; aguijonear, espolear; **to sting to the quick** herir en lo vivo; *vn* picar
stingaree [ˈstɪŋəri] *s* (ichth.) pastinaca
stingbull [ˈstɪŋˌbʊl] *s* (ichth.) pez víbora, araña
stinger [ˈstɪŋər] *s* aguijón, púa (*de un animal o planta*); (coll.) dicho mordaz
stinginess [ˈstɪndʒɪnɪs] *s* ahorratividad, tacañería, mezquindad; escasez
sting ray *s* (ichth.) pastinaca
stingy [ˈstɪndʒɪ] *adj* (*comp:* **-gier**; *super:* **-giest**) avariento, mezquino, tacaño; escaso, poco; [ˈstɪŋɪ] *adj* (*comp:* **-ier**; *super:* **-iest**) picante, punzante; aguijonado
stink [stɪŋk] *s* hedor, mal olor; **to raise a stink** (slang) armar una trapisonda; (*pret:* **stank** o **stunk**; *pp:* **stunk**) *va* dar mal olor a, hacer oler mal; **to stink out** ahuyentar con humo o vapores hediondos; *vn* heder, oler muy mal; (fig.) tener muy mala reputación; **to stink in one's nostrils** repugnar muchísmo; **to stink of** (slang) poseer (*p.ej., dinero*) en un grado que da asco
stink bomb *s* bomba fétida
stinkbug [ˈstɪŋkˌbʌg] *s* (ent.) chinche de jardín
stinker [ˈstɪŋkər] *s* pebete (*cosa hedionda*); persona hedionda; (orn.) petrel gigante; (slang) sinvergüenza, canalla
stinking camomile *s* (bot.) manzanilla fétida o hedionda
stinking iris *s* (bot.) lirio hediondo, íride
stint [stɪnt] *s* límite, restricción; ahorro; tarea, faena; *va* limitar, restringir; *vn* ser económico, ahorrar con mezquindad
stipe [staɪp] *s* (bot. & zool.) estipe
stipel [ˈstaɪpəl] *s* (bot.) estipulilla
stipend [ˈstaɪpɛnd] *s* estipendio; *va* estipendiar
stipendiary [staɪˈpɛndɪˌɛrɪ] *adj* estipendiario; *s* (*pl:* **-ies**) estipendiario
stipple [ˈstɪpəl] *s* graneo, punteado; *va & vn* granear, puntear
stippling [ˈstɪplɪŋ] *s* graneo, punteado
stipular [ˈstɪpjələr] *adj* (bot.) estipular
stipulate [ˈstɪpjəlet] *adj* (bot.) estipulado; *va* estipular
stipulation [ˌstɪpjəˈleʃən] *s* estipulación
stipule [ˈstɪpjul] *s* (bot.) estípula
stir [stʌr] *s* agitación, movimiento, meneo; alboroto, tumulto; empuje, hurgonada; **to create a stir** hacer o meter ruido; (*pret & pp:* **stirred**; *ger:* **stirring**) *va* mover, agitar; revolver; excitar, emocionar, conmover; atizar o avivar (*el fuego*); remover (*un líquido*); **to stir up** revolver; despertar; excitar, conmover; fomentar, suscitar (*discordias, rebeliones, etc.*); *vn* moverse, bullirse, agitarse; tener lugar; (coll.) estar levantado
stirps [stʌrps] *s* (*pl:* **stirpes** [ˈstʌrpiz]) estirpe; progenitor
stirring [ˈstʌrɪŋ] *adj* activo, despierto; conmovedor, emocionante
stirrup [ˈstʌrəp] o [ˈstɪrəp] *s* estribo
stirrup bone *s* (anat.) estribo
stirrup cup *s* trago de partida, copa de despedida
stirrup pump *s* (Brit.) bomba de mano
stirrup strap *s* ación
stitch [stɪtʃ] *s* punto, puntada; pedazo de tela; (coll.) pizca, poquito; punzada, dolor punzante; **to be in stitches** (coll.) desternillarse de risa; *va* coser, bastear, hilvanar, unir, puntear, dar puntadas en; *vn* coser, bordar
stithy [ˈstɪðɪ] o [ˈstɪθɪ] *s* (*pl:* **-ies**) yunque; herrería
St. John Lateran *s* San Juan de Letrán (*iglesia*)
St.-John's-wort [sentˈdʒɑnzˌwʌrt] *s* (bot.) hierba de San Juan
St. Lawrence [sent ˈlɔrəns] o [sent ˈlɑrəns] *s* San Lorenzo (*río*)
stoat [stot] *s* (zool.) armiño de verano; (zool.) comadreja
stock [stɑk] *s* surtido, existencias; capital comercial; acciones, valores; caldo (*de carne*); ganado; tronco (*p.ej., de árbol*); cepo (*del yunque*); cepa (*de tronco de árbol*); palo, madero; leño; mango, manija; culata, caja (*de fusil*); (naut.) cepo (*del ancla*); materias primas; alzacuello; familia, estirpe; (bot.) patrón (*en que se injerta una rama*); (bot.) injerto; (bot.) alhelí; (mach.) terraja; (theat.) programa, repertorio; (fig.) tronco (*persona torpe*); **stocks** *spl* cepo, corma (*castigo*); (naut.) astillero, grada de construcción; potro (*para sujetar los caballos para herrarlos*); **in stock** en existencia, en almacén; **on the stocks** en preparación; (naut.) en vía de construcción; **out of stock** agotado; **to take stock** hacerse el inventario; **to take stock in** (coll.) interesarse en, sentir interés por; dar importancia a; (coll.) confiar en; (com.) comprar acciones de ‖ *adj* común, regular; consagrado; banal, vulgar; (theat.) de repertorio; bursátil; ganadero, del ganado ‖ *va* surtir, abastecer; tener en existencias, tener existencias de; encepar; acumular, acopiar; sembrar hierba en; poblar (*un estanque, una colmena, etc.*)

stockade [stɑ'ked] *s* estacada, empalizada, palanquera; *va* empalizar
stockbreeder ['stɑk,bridər] *s* criador de ganado
stockbroker ['stɑk,brokər] *s* bolsista, corredor de bolsa, agente de bolsa, agente de cambio
stockbrokerage ['stɑk,brokərɪdʒ] o **stockbroking** ['stɑk,brokɪŋ] *s* correduría de bolsa
stock car *s* (rail.) vagón para el ganado; (aut.) coche de serie
stock company *s* (com.) sociedad anónima; (theat.) teatro de repertorio
stock dividend *s* dividendo en acciones
stock dove *s* (orn.) paloma brava o silvestre
stock exchange *s* bolsa
stock farm *s* hacienda de ganado
stockfish ['stɑk,fɪʃ] *s* pescado aplastado y secado al aire sin salar
stockholder ['stɑk,holdər] *s* accionista, tenedor de acciones
stockholder of record *s* accionista que como tal figura en el libro-registro de la compañía
Stockholm ['stɑkhom] *s* Estocolmo
stockinet [,stɑkɪ'nɛt] *s* elástica, tela de punto
stocking ['stɑkɪŋ] *s* media; **in one's stocking feet** con medias pero sin zapatos
stock in trade *s* artículos que se venden en una tienda; existencias de un comercio; útiles, herramienta; recursos
stockjobber ['stɑk,dʒɑbər] *s* corredor de bolsa; agente de corredores de bolsa
stockman ['stɑk,mæn] *s* (*pl:* **-men**) ganadero; almacenero, almacenista
stock market *s* bolsa, mercado de valores; **to play the stock market** jugar en bolsa, jugar a la bolsa
stockpile ['stɑk,paɪl] *s* reserva de materias primas; acopio de materiales estratégicos; *va* acumular, reunir (*materias primas*); hacer acopio de (*materiales estratégicos*); *vn* acumular, reunir materias primas; hacer acopio de materiales estratégicos
stockpiling ['stɑk,paɪlɪŋ] *s* almacenaje de reservas; acumulación de materiales estratégicos
stock raising *s* ganadería
stockroom ['stɑk,rum] o ['stɑk,rʊm] *s* almacén; sala de exposición para los viajantes en los hoteles
stock split *s* (com.) división de las acciones de una empresa en nuevas acciones de menor valor
stock-still ['stɑk'stɪl] *adj* completamente inmóvil
stocktaking ['stɑk,tekɪŋ] *s* (el) inventariar
stocky ['stɑkɪ] *adj* (*comp:* **-ier**; *super:* **-iest**) bajo, grueso y fornido
stockyard ['stɑk,jɑrd] *s* corral de concentración de ganado
stodgy ['stɑdʒɪ] *adj* (*comp:* **-ier**; *super:* **-iest**) pesado, indigesto, aburrido; repleto, muy lleno, rollizo
stogie o **stogy** ['stogɪ] *s* (*pl:* **-gies**) cigarro barato, largo y delgado
stoic ['sto·ɪk] *adj* & *s* estoico; (*cap.*) *adj* & *s* estoico
stoical ['sto·ɪkəl] *adj* estoico
stoicheiology [,stɔɪkɪ'ɑlədʒɪ] *s* var. de **stoichiology**
stoicheiometry [,stɔɪkɪ'ɑmɪtrɪ] *s* var. de **stoichiometry**
stoichiology [,stɔɪkɪ'ɑlədʒɪ] *s* estequiología
stoichiometry [,stɔɪkɪ'ɑmɪtrɪ] *s* estequiometría
stoicism ['sto·ɪsɪzəm] *s* estoicismo; (*cap.*) *s* estoicismo
stoke [stok] *va* atizar, avivar (*el fuego*); cebar, alimentar (*un horno*); *vn* atizar el fuego; cebar el horno; (fig.) comer
stokehold ['stok,hold] *s* (naut.) cuarto de calderas; (naut.) boca del horno
stokehole ['stok,hol] *s* boca del horno; plataforma del fogonero
stoker ['stokər] *s* fogonero; alimentador de hogar (*aparato*)
stole [stol] *s* estola; *pret de* **steal**
stolen ['stolən] *pp de* **steal**
stolen base *s* (baseball) base robada
stolid ['stɑlɪd] *adj* impasible, insensible
stolidity [stə'lɪdɪtɪ] *s* (*pl:* **-ties**) impasibilidad, insensibilidad
stolon ['stolɑn] *s* (bot. & zool.) estolón
stoma ['stomə] *s* (*pl:* **stomata** ['stomətə] o ['stɑmətə]) (anat., bot. & zool.) estoma
stomach ['stʌmək] *s* (anat.) estómago; barriga, vientre; apetito; deseo, inclinación; **to turn the stomach** revolver el estómago, dar asco; *va* tragar (*recibir en el estómago; aguantar, tolerar*)
stomacher ['stʌməkər] *s* peto
stomachic [sto'mækɪk] *adj* estomacal; *s* (med.) estomacal
stomach pump *s* bomba estomacal
stomate ['stomet] *adj* provisto de estoma o estomas; *s* (bot.) estoma
stomatic [sto'mætɪk] *adj* estomático (*perteneciente a la boca*)
stomatitis [,stomə'taɪtɪs] *s* (path.) estomatitis
stomatology [,stomə'tɑlədʒɪ] *s* estomatología
stomatoplasty ['stomətə,plæstɪ] *s* estomatoplastia
stone [ston] *s* piedra; hueso (*de la fruta*); (path.) piedra o cálculo; (path.) mal de piedra; (Brit.) 14 libras (*peso*); **to cast the first stone** lanzar la primera piedra; **to leave no stone unturned** no dejar piedra por mover; *va* revestir de piedra; lapidar, apedrear; deshuesar
Stone Age *s* (archeol.) edad de piedra
stone-blind ['ston'blaɪnd] *adj* completamente ciego
stone-broke ['ston'brok] *adj* (slang) arrancado, sin blanca
stone bruise *s* contusión producida por una piedra bajo la planta del pie; (aut.) rotura superficial (*de un neumático*) producida por una piedra
stonechat ['ston,tʃæt] *s* (orn.) culiblanco
stonecrop ['ston,krɑp] *s* (bot.) pan de cuco
stone crusher *s* quebradora de roca, trituradora
stone curlew *s* (orn.) alcaraván
stonecutter ['ston,kʌtər] *s* cantero, picapedrero; máquina de labrar piedras
stone-deaf ['ston'dɛf] *adj* sordo como una tapia
stone fruit *s* (bot.) drupa, fruta de hueso
stone marten *s* (zool.) garduña
stonemason ['ston,mesən] *s* albañil; cantero
stone pine *s* (bot.) pino piñonero (*Pinus pinea*); (bot.) pino cembro
stone's throw *s* tiro de piedra; **within a stone's throw** a tiro de piedra
stoneware ['ston,wɛr] *s* gres
stonework ['ston,wʌrk] *s* cantería, obra de sillería
stoneworker ['ston,wʌrkər] *s* cantero, picapedrero
stoneyard ['ston,jɑrd] *s* cantería
stony ['stonɪ] *adj* (*comp:* **-ier**; *super:* **-iest**) pedregoso; pétreo; empedernido, duro
stony-hearted ['stonɪ,hɑrtɪd] *adj* de corazón empedernido
stood [stʊd] *pret & pp de* **stand**
stooge [studʒ] *s* (slang) preguntador apostado en el auditorio para hacer preguntas preparadas de antemano a un comediante que las contesta de manera divertida para el público; (slang) paniaguado, hombre de paja
stool [stul] *s* escabel, banquillo; planta madre; grupo de vástagos; añagaza, señuelo; cimillo (*palo a que se ata el señuelo*); inodoro, sillico, retrete; cámara, evacuación de vientre; solera o repisa de ventana; *vn* brotar, echar tallos; obrar, hacer del cuerpo, exonerar el vientre
stool pigeon *s* cimbel (*ave*); soplón, espía
stoop [stup] *s* inclinación, encorvada; dignación; descenso rápido; escalinata de entrada; *va* inclinar, bajar; *vn* doblarse, inclinarse, encorvarse; andar encorvado; humillarse, rebajarse; bajar rápidamente sobre la presa; **to stoop to** + *inf* rebajarse a + *inf*
stoop-shouldered ['stup'ʃoldərd] *adj* cargado de espaldas
stop [stɑp] *s* parada, alto, pausa; estada, estancia; detención; fin, cesación, suspensión; cerradura, tapadura; obstáculo, impedimento; freno; tope, retén, paleta, fiador; (mus.) llave, traste (*de guitarra*); (mus.) registro (*de órgano*); (gram.) punto; (phonet.) oclusión; (phonet.) consonante oclusiva; punto (*en los tele-

gramas); **to put a stop to** poner fin a ‖ (*pret & pp:* **stopped;** *ger:* **stopping**) *va* parar, detener; acabar, terminar; estorbar, obstruir; interceptar, interrumpir, suspender; cerrar, tapar; rechazar (*un golpe*); retener (*un sueldo o parte de él*); (sport) poner fuera de combate; **to stop up** tapar, obstruir, cegar ‖ *vn* parar, pararse, detenerse; quedarse, permanecer; hospedarse, alojarse; acabarse, terminarse; **to stop** + *ger* cesar de, dejar de + *inf;* **to stop at** pararse en, hospedarse en; **to stop at nothing** no pararse en escrúpulos; **to stop off** quedarse un poco; **to stop over** quedarse un poco; detenerse durante un viaje; **to stop short** pararse de sopetón, detenerse de golpe; **to stop to** + *inf* detenerse a + *inf*
stopcock [ˈstɑp,kɑk] *s* llave de cierre, llave de paso
stope [stop] *s* (min.) grada, obra en escalones; *va & vn* (min.) excavar en escalones
stopgap [ˈstɑp,gæp] *s* tapadero; substituto provisional; *adj* provisional
stop light *s* luz de parada, luz de paro
stop-loss order [ˈstɑp,lɔs] o [ˈstɑp,lɑs] *s* orden a un corredor de Bolsa para que compre o venda al ser alcanzada determinada cotización
stopover [ˈstɑp,ovər] *s* (rail.) parada intermedia, billete de parada intermedia
stoppage [ˈstɑpɪdʒ] *s* parada, detención; cesación; interrupción, interceptación; suspensión; obstrucción; obstáculo; resistencia; retención (*de un sueldo o parte de él*); embargo por el vendedor de mercancías en tránsito; (path.) obstrucción
stop payment *s* orden a un banco de detener el pago de un cheque
stopper [ˈstɑpər] *s* tapón; tapador; taco, tarugo; (naut.) boza; *va* entaponar
stopple [ˈstɑpəl] *s* tapón; *va* entaponar
stop sign o **stop signal** *s* señal de alto, señal de parada
stop watch *s* reloj de segundos muertos, cronómetro
storage [ˈstorɪdʒ] *s* almacenaje, depósito; (aut.) pupilaje
storage battery *s* (elec.) acumulador
storage space *s* espacio de almacenaje
storax [ˈstoræks] *s* (bot.) estoraque (*árbol y bálsamo*)
store [stor] *s* tienda; almacén; provisión, repuesto; **I know what is in store for you** sé lo que le espera a Vd.; **to have in store** tener guardado, tener reservado; **to set store by** dar mucha importancia a, confiarse en; *va* abastecer; tener guardado, tener en reserva, almacenar; **to store away** acumular
storehouse [ˈstor,haʊs] *s* almacén, depósito; (fig.) mina (*p.ej., de sabiduría*)
storekeeper [ˈstor,kipər] *s* guardaalmacén; tendero; (naut.) pañolero
storeroom [ˈstor,rum] o [ˈstor,rʊm] *s* cuarto de almacenar; (naut.) despensa, pañol de víveres
storey [ˈstorɪ] *s* piso
storied [ˈstorɪd] *adj* celebrado en la historia; (f.a.) historiado (*cuadro, dibujo, etc.*); de (*tantos*) pisos, p.ej., **two-storied house** casa de dos pisos
storiette [,storɪˈɛt] *s* cuentecillo
stork [stɔrk] *s* (orn.) cigüeña; **to have a visit from the stork** (fig.) recibir a la cigüeña
stork's-bill [ˈstɔrkz,bɪl] *s* (bot.) geranio; (bot.) pico de cigüeña
storm [stɔrm] *s* tormenta, tempestad, borrasca; huracán, vendaval; (mil.) asalto; (naut.) borrasca; (fig.) tempestad, agitación, tumulto; **to take by storm** tomar por asalto; *va* asaltar; *vn* tempestear, haber tormenta, haber tempestad; (fig.) tempestear (*rabiar, impacientarse*); (fig.) precipitarse
storm cellar *s* sótano que sirve de asilo durante las tempestades
storm center *s* centro de la tempestad, zona de presión mínima; (fig.) centro de la agitación
storm cloud *s* nubarrón
storm door *s* contrapuerta, guardapuerta, cancel
storm hood *s* pasamontaña
storm troops *spl* tropas de asalto
storm window *s* sobrevidriera
stormy [ˈstɔrmɪ] *adj* (*comp:* **-ier;** *super:* **-iest**) borrascoso, tempestuoso; (fig.) borrascoso, turbulento, violento
stormy petrel *s* (orn.) petrel de la tempestad; (fig.) persona pendenciera, persona que anuncia el mal
story [ˈstorɪ] *s* (*pl:* **-ries**) historia, historieta, cuento, anécdota; trama, enredo, argumento; (coll.) mentira, embuste; piso, alto; (*pret & pp:* **-ried**) *va* historiar
storyteller [ˈstorɪ,tɛlər] *s* narrador; (coll.) mentiroso, embustero
storytelling [ˈstorɪ,tɛlɪŋ] *s* narración de cuentos; (coll.) mentira, impostura, embustes
stoup [stup] *s* copa, frasco; (eccl.) pila de agua bendita
stout [staʊt] *adj* corpulento, gordo, robusto, fornido; animoso, valiente; leal; terco, obstinado; *s* cerveza obscura fuerte
stout-hearted [ˈstaʊt,hɑrtɪd] *adj* valiente, intrépido
stoutness [ˈstaʊtnɪs] *s* corpulencia, gordura, robustez; ánimo, valor; obstinación
stove [stov] *s* estufa (*para calentar*); hornillo, cocina de gas, cocina eléctrica; invernáculo, estufa; horno cerámico; cuarto de secar; *pret & pp de* **stave**
stovepipe [ˈstov,paɪp] *s* tubo de estufa, tubo de hornillo; (coll.) chistera, chimenea (*sombrero*)
stow [sto] *va* meter, guardar, esconder; (naut.) estibar, arrumar; (slang) acabar con; *vn* (naut.) estar arrumado; **to stow away** esconderse en un barco o avión, embarcarse clandestinamente
stowage [ˈsto·ɪdʒ] *s* (naut.) estiba, arrumaje; (naut.) bodega
stowaway [ˈstoə,we] *s* polizón, pasajero clandestino, llovido
St. Peter's *s* San Pedro de Roma (*basílica*)
St. Petersburg [sent ˈpitərzbʌrg] *s* San Petersburgo
str. abr. de **strait** y **steamer**
strabismal [strəˈbɪzməl] o **strabismic** [strəˈbɪzmɪk] *adj* estrábico
strabismus [strəˈbɪzməs] *s* (path.) estrabismo
Strabo [ˈstrebo] *s* Estrabón
strabotomy [strəˈbɑtəmɪ] *s* (*pl:* **-mies**) (surg.) estrabotomía
straddle [ˈstrædəl] *s* separación de las piernas, esparrancamiento; *va* montar a horcajadas; (coll.) favorecer a ambos lados en (*un pleito, controversia, etc.*); *vn* ponerse a horcajadas; esparrancarse; (coll.) favorecer a ambos lados
Stradivarius [,strædɪˈvɛrɪəs] *s* Estradivario; estradivario (*violín*)
strafe [strɑf] o [stref] *s* (slang) bombardeo violento; *va* (slang) bombardear violentamente
straggle [ˈstrægəl] *vn* vagar, errar; extraviarse, andar perdido; separarse; estar esparcido
straggler [ˈstræglər] *s* extraviado; rezagado; rama extendida; objeto aislado
straggly [ˈstræglɪ] *adj* dispersado por todas partes, desordenado
straight [stret] *adj* derecho; recto; erguido; lacio (*cabello*); seguido, continuo; sincero, honrado; exacto, correcto; decidido, intransigente; solo (*p.ej., whisky*); en orden; **to set a person straight** mostrar el camino a una persona; mostrar a una persona el modo de proceder; dar consejo a una persona; *adv* derecho, derechamente; sin interrupción; sinceramente, con franqueza; exactamente; en seguida; **to go straight** (coll.) enmendarse; **to talk straight from the shoulder** hablar con toda franqueza; **straight ahead** todo derecho, todo seguido; *s* rectitud; recta (*de un camino*); (poker) escalera
straight angle *s* ángulo derecho
straight-arm [ˈstret,ɑrm] *va* (football) rechazar (*al adversario*) tendiendo los brazos
straight away *adv* luego, en seguida
straightaway [ˈstretə,we] *s* derechera, parte recta de un camino; (rail.) recta; *adj* derecho, directo, en línea recta
straightedge [ˈstret,ɛdʒ] *s* regla de borde recto
straighten [ˈstretən] *va* enderezar; arreglar, poner en orden; *vn* enderezarse; **to straighten up** enderezarse

straight face *s* cara seria
straightforward [ˌstretˈfɔrwərd] *adj* franco, sincero; honrado; derecho, recto, en línea recta; *adv* en derechura
straightforwards [ˌstretˈfɔrwərdz] *adv* en derechura
straight grain *s* veta recta, fibra derecha
straight-grained [ˈstretˌgrend] *adj* veteado en línea recta
straight line *s* recta, línea recta
straight man *s* (coll.) actor cuyas preguntas, hechas con cara seria, ponen de relieve los chistes de un actor cómico
straight off *adv* luego, en seguida
straight-out [ˈstretˌaʊt] *adv* (coll.) cabal, completo, entero
straight ticket *s* (pol.) candidatura completa
straightway [ˈstretˌwe] *adv* luego, inmediatamente
strain [stren] *s* tensión, tirantez; esfuerzo muy grande; agotamiento, fatiga excesiva; torcedura (*de un músculo*); (mach.) deformación; aire, melodía; cepa (*de una familia o linaje*); raza, linaje, rasgo racial; vena, genio; traza, huella, rastro; clase (*de plantas o animales*); *va* estirar, tender con fuerza, poner tirante, hacer fuerza a; torcer o torcerse (*p.ej., la muñeca*); forzar (*los nervios, la vista, etc.*); apretar, exprimir; deformar; colar, tamizar; *vn* esforzarse, hacer un esfuerzo excesivo; deformarse; colarse, tamizarse; filtrarse; exprimirse (*un jugo*); poner dificultades, resistirse; **to strain at** hacer grandes esfuerzos por
strained [strend] *adj* forzado (*dícese, p.ej., de una risa*); tirante (*dícese de las relaciones de amistad*)
strainer [ˈstrenər] *s* colador
strait [stret] *s* (geog.) estrecho; **straits** *spl* (geog.) estrecho; aprieto, apuro; **to be in dire straits** estar en el mayor apuro, hallarse en gran estrechez
straiten [ˈstretən] *va* estrechar, contraer, rodear; apremiar, embarazar; **in straitened circumstances** estrecho de medios
strait jacket *s* camisa de fuerza
strait-laced [ˈstretˌlest] *adj* gazmoño, estrecho de conciencia
Strait of Dover *s* Paso de Calais
Strait of Gibraltar *s* estrecho de Gibraltar
Strait of Magellan *s* estrecho de Magallanes
Straits Settlements *spl* Establecimientos de los Estrechos (*Malaca*)
strake [strek] *s* (naut.) traca
stramonium [strəˈmonɪəm] *s* (bot.) estramonio; (pharm.) daturina
strand [strænd] *s* playa, ribera; hebra, filamento; torón, ramal (*de cuerda, cable, etc.*); hilo (*de perlas*); pelo; (poet.) tierra lejana; *va* deshebrar, deshilar; trenzar, retorcer (*cuerda, cable, etc.*); zurcir (*una media o calceta*); dejar perdido o desamparado; (naut.) varar; *vn* andar perdido o desamparado; (naut.) varar, encallar
stranded [ˈstrændɪd] *adj* encallado (*buque*); desprovisto, desamparado; en cordones, trenzado, retorcido (*dícese de la cuerda, cable o alambre*)
strange [strendʒ] *adj* extraño; esquivo, retraído; nuevo, desconocido; novel, no acostumbrado
strangeness [ˈstrendʒnɪs] *s* extrañeza, rareza; esquivez; novedad; maravilla
stranger [ˈstrendʒər] *s* forastero; visitador; intruso; desconocido; principiante; **to be no stranger to** no ser ignorante de, no desconocer
strangle [ˈstræŋgəl] *va* estrangular; reprimir, suprimir; *vn* estrangularse
strangle hold *s* (sport) collar de fuerza; (fig.) aprieto, opresión, dominio completo
strangulate [ˈstræŋgjəlet] *va* (path. & surg.) estrangular
strangulated hernia *s* (path.) hernia estrangulada
strangulation [ˌstræŋgjəˈleʃən] *s* estrangulación; (path. & surg.) estrangulación
strangullion [stræŋˈgʌljən] *s* (vet.) estrangol
strangury [ˈstræŋgjərɪ] *s* (path.) estangurria o estranguria
S trap *s* sifón en S
strap [stræp] *s* correa (*de cuero*); banda, tira (*de tela, metal, etc.*); trabilla (*debajo del zapato*); asentador (*para afilar las navajas*); (*pret & pp:* **strapped;** *ger:* **strapping**) *va* atar o liar con correa, banda o tira; azotar con una correa; fajar, vendar; asentar (*una navaja*)
straphanger [ˈstræpˌhæŋər] *s* (coll.) pasajero colgado (*pasajero agarrado a las anillas de soporte*)
strap iron *s* fleje, flejes
strapped [stræpt] *adj* (slang) alcanzado
strapper [ˈstræpər] *s* atador; mozo de cuadra; asentador; (coll.) persona alta y fuerte; (slang) mentira enorme
strapping [ˈstræpɪŋ] *adj* (coll.) alto y fuerte; (coll.) enorme, grandísimo
Strasbourg o **Strassburg** [ˈstræsbʌrg] *s* Estrasburgo
stratagem [ˈstrætədʒəm] *s* estratagema
strategic [strəˈtidʒɪk] *adj* estratégico; **strategics** *ssg* estrategia
strategical [strəˈtidʒɪkəl] *adj* estratégico
strategist [ˈstrætɪdʒɪst] *s* estratega
strategy [ˈstrætɪdʒɪ] *s* (*pl:* **-gies**) estrategia
stratification [ˌstrætɪfɪˈkeʃən] *s* estratificación
stratify [ˈstrætɪfaɪ] (*pret & pp:* **-fied**) *va* estratificar; *vn* estratificarse
stratigraphic [ˌstrætɪˈgræfɪk] o **stratigraphical** [ˌstrætɪˈgræfɪkəl] *adj* estratigráfico
stratigraphy [strəˈtɪgrəfɪ] *s* estratigrafía
stratocruiser [ˈstrætoˌkruzər] *s* transaéreo estratosférico
strato-cumulus [ˌstretoˈkjumjələs] *s* (*pl:* **-li** [laɪ]) (meteor.) estratocúmulo
stratoliner [ˈstrætoˌlaɪnər] *s* transaéreo estratosférico
stratosphere [ˈstrætəsfɪr] o [ˈstretəsfɪr] *s* estratosfera
stratospheric [ˌstrætəsˈfɛrɪk] o [ˌstretəsˈfɛrɪk] *adj* estratosférico
stratovision [ˈstrætəˌvɪʒən] *s* estratovisión
stratum [ˈstretəm] o [ˈstrætəm] *s* (*pl:* **-ta** [tə] o **-tums**) (anat. & geol.) estrato; clase, categoría (*de la sociedad*)
stratus [ˈstretəs] *s* (*pl:* **-ti** [taɪ]) (meteor.) estrato
straw [strɔ] *s* paja; pajita (*para beber*); chispazo (*indicación*); **I don't care a straw** no se me da un bledo; **to be the last straw** ser el colmo; **to catch at a straw** obrar con desesperación; *adj* pajizo; baladí, de poca importancia; falso, ficticio
straw ballot *s* var. de **straw vote**
strawberry [ˈstrɔˌbɛrɪ] *s* (*pl:* **-ries**) (bot.) fresa (*planta y fruto*)
strawberry patch *s* fresal
strawberry shortcake *s* torta de fresa, ponqué de fresa
strawberry tomato *s* (bot.) tomate de invierno
strawberry tree *s* (bot.) madroño; (bot.) bonetero
strawboard [ˈstrɔˌbord] *s* cartón de paja
straw hat *s* sombrero de paja; canotié (*el de copa plana y baja*)
straw man *s* figura de paja; testaferro; testigo falso; persona de poca monta
straw vote *s* voto informativo
strawy [ˈstrɔ·ɪ] *adj* (*comp:* **-ier;** *super:* **-iest**) pajizo; baladí
stray [stre] *adj* perdido, extraviado; disperso, aislado, suelto; (elec.) parásito; *s* vagabundo; animal perdido o extraviado; **strays** *spl* (rad.) ruidos parásitos; *vn* perderse, extraviarse
streak [strik] *s* raya, lista; vena, veta; traza, rasgo; rayo (*de luz*); (coll.) tiempo muy breve; racha (*de fortuna*); **like a streak** (coll.) como un rayo; *va* rayar, listar; abigarrar; *vn* rayarse; (coll.) andar o pasar como un rayo
streaky [ˈstrikɪ] *adj* (*comp:* **-ier;** *super:* **-iest**) rayado, listado, veteado; abigarrado; desigual, irregular
stream [strim] *s* corriente; río, arroyo; flujo, chorro; torrente (*de personas*); desfile (*de autos*); **against the stream** contra la corriente; *va* arrojar, derramar; hacer ondear; (min.) lavar con un chorro de agua; *vn* correr, manar (*un líquido*); chorrear; ondear, flotar; correr rápidamente; **to stream out** salir a torrentes
streamer [ˈstrimər] *s* flámula; cinta ondeante; rayo de luz, faja de luz; cola o cabellera de co-

meta; extensión de la corona solar (*durante los eclipses de Sol*); título que ocupa todo el ancho del periódico
streamlet ['strimlɪt] *s* arroyuelo; hilo de agua
streamline ['strim,laɪn] *s* línea aerodinámica; *adj* aerodinámico; *va* aerodinamizar,. hacer aerodinámico
streamlined ['strim,laɪnd] *adj* aerodinámico, perfilado
streamliner ['strim,laɪnər] *s* tren aerodinámico de lujo
street [strit] *s* calle; *adj* callejero
street Arab *s* pillete de calle
streetcar ['strit,kɑr] *s* tranvía
street cleaner *s* basurero; barredera (*aparato*)
street cleaning *s* limpieza de calles, servicio de riego
street clothes *spl* traje de calle
street floor *s* piso bajo
street lamp *s* farol (de la calle)
street lighting *s* alumbrado público
street railway *s* tranvía, ferrocarril urbano
street sprinkler *s* carricuba, carro de riego, regadera
street sweeper *s* barredera, raspadora
streetwalker ['strit,wɔkər] *s* cantonera, carrerista, prostituta de calle
strength [strɛŋθ] *s* fuerza; intensidad; (mil.) número (*de soldados o fuerzas militares*); (com.) tendencia a la subida; **by main strength** con todas sus fuerzas; **on the strength of** fundándose en; confiando en
strengthen ['strɛŋθən] *va* fortificar, reforzar, fortalecer; confirmar, corroborar; *vn* fortificarse, reforzarse, fortalecerse
strenuous ['strɛnjʊəs] *adj* estrenuo, vigoroso; arduo, difícil, activo
streptococcic [,strɛptə'kɑksɪk] *adj* estreptocócico
streptococcus [,strɛptə'kɑkəs] *s* (*pl:* **-cocci** ['kɑksaɪ]) (bact.) estreptococo
streptomycin [,strɛpto'maɪsɪn] *s* (pharm.) estreptomicina
streptotrichin [strɛp'tɑtrɪkɪn] *s* (pharm.) estreptotricina
stress [strɛs] *s* tensión, fuerza, esfuerzo; compulsión; importancia; acento; (mech.) tensión (*resistencia molecular a fuerzas exteriores*); **to lay stress on** o **upon** hacer hincapié en; *va* someter a esfuerzo, ejercer coerción sobre; hacer hincapié en; acentuar
stress accent *s* acento prosódico
stretch [strɛtʃ] *s* estiramiento, estirón; trecho (*distancia de lugar o tiempo*); tramo (*de carretera*); tensión, extensión; esfuerzo (*de la imaginación*); (slang) condena (*extensión de la pena*); **at a stretch** de un tirón, p.ej., **three hours at a stretch** tres horas de un tirón; *va* estirar; alargar, extender; tender; forzar, violentar; (fig.) estirar (*el dinero*); **to stretch a point** hacer una concesión; **to stretch oneself** desperezarse; *vn* estirarse; alargarse, extenderse; tenderse; desperezarse; **to stretch out** echarse
stretcher ['strɛtʃər] *s* ensanchador (*para los guantes*); camilla (*para los heridos y enfermos*); (mas.) soga; (mach.) tensor, estirador; (paint.) bastidor
stretcher-bearer ['strɛtʃər,bɛrər] *s* camillero
stretchy ['strɛtʃɪ] *adj* (coll.) estirable, extensible; (coll.) propenso a desperezarse
strew [stru] (*pret:* **strewed;** *pp:* **strewed** o **strewn**) *va* esparcir, derramar; sembrar, salpicar; polvorear
strewn [strun] *pp de* **strew**
stria ['straɪə] *s* (*pl:* **-ae** [i]) estría; (arch. & med.) estría
striated ['straɪetɪd] *adj* estriado
striation [straɪ'eʃən] *s* estriación
stricken ['strɪkən] *adj* herido; afligido; inhabilitado; rasado (*con el rasero*); **stricken in age** o **in years** debilitado por los años; *pp de* **strike**
strickle ['strɪkəl] *s* rasero; escantillón; *va* rasar
strict [strɪkt] *adj* estricto, riguroso
strictness ['strɪktnɪs] *s* rigor, severidad, exactitud
stricture ['strɪktʃər] *s* crítica severa, censura; (path.) estrictura, estenosis
stridden ['strɪdən] *pp de* **stride**
stride [straɪd] *s* zancada, trancada, tranco; **to hit one's stride** alcanzar la actividad o velocidad acostumbrada; **to make great** o **rapid strides** avanzar a grandes pasos; **to take in one's stride** hacer sin esfuerzo, hacer con mucha desenvoltura; (*pret:* **strode;** *pp:* **stridden**) *va* pasar a zancadas, cruzar de un tranco; montar a horcajadas; *vn* dar zancadas, andar a trancos, caminar a paso largo
stridence ['straɪdəns] o **stridency** ['straɪdənsɪ] *s* estridencia, estridor
strident ['straɪdənt] *adj* estridente
stridor ['straɪdər] *s* (path.) estridor
stridulant ['strɪdʒələnt] *adj* estriduloso
stridulate ['strɪdʒəlet] *vn* estridular
stridulation [,strɪdʒə'leʃən] *s* estridulación; (zool.) estridulación
stridulous ['strɪdʒələs] *adj* estriduloso; (path.) estriduloso
strife [straɪf] *s* contienda, refriega; rivalidad, emulación
strike [straɪk] *s* golpe; huelga; (min.) descubrimiento repentino; golpe de fortuna; hembra (*de una cerradura*); rasero; (baseball) golpe (*pelota que pasa sobre el puesto meta y entre el hombro y la rodilla del batter*); acto de tragar el anzuelo; (bowling) pleno; **to go on strike** ir a la huelga, ponerse en huelga ‖ (*pret:* **struck;** *pp:* **struck** *o* **stricken**) *va* golpear; pulsar (*una tecla*); herir, percutir; topar, dar con; acuñar (*monedas*); echar (*raíces*); frotar, rayar o encender (*un fósforo*); (min.) descubrir repentinamente; cerrar (*un trato*), hacer (*un pacto*); (naut.) arriar (*las velas*); rasar, nivelar; coger con el anzuelo; arponear; dar (*la hora*); afligir, herir; impresionar; tomar o asumir (*una postura*); quitar de un golpe; borrar, cancelar; **to strike a snag** encontrar un obstáculo; **to strike camp** batir tiendas; **to strike for a loan** dar un sablazo a; **to strike it rich** descubrir un buen filón, tener un golpe de fortuna; **to strike off** quitar de golpe; borrar; deducir; impresionar; (print.) tirar; **to strike one's attention** atraer la atención; **to strike one's fancy** antojársele a uno; **to strike out** borrar, tachar, cancelar; (baseball) hacer golpear mal la pelota tres veces; **to strike up** trabar (*conversación, amistad*); entablar (*una conversación*); empezar a cantar, empezar a tocar; **to strike with terror** sobrecoger de terror ‖ *vn* dar, sonar (*una campana, un reloj*); encenderse (*un fósforo*); declararse o estar en huelga; agarrarse, fijarse; echar raíces; tragar o coger el anzuelo; (mil.) dar el asalto; **to strike at** tratar de golpear; acometer; **to strike out** ponerse en marcha, echar camino adelante; (baseball) golpear mal la pelota tres veces
strikebreaker ['straɪk,brekər] *s* rompehuelgas, esquirol
striker ['straɪkər] *s* golpeador; huelguista; (mach.) percutor
striking ['straɪkɪŋ] *adj* percutor; impresionante, llamativo, sorprendente; en huelga
striking mechanism *s* sonería (*del reloj*)
striking power *s* potencia de choque, poder ofensivo
striking range *s* alcance agresivo
string [strɪŋ] *s* cuerdecilla; hilo o hebra fuerte; sarta (*de perlas; de mentiras*); hebra (*de habichuelas*); (arch.) limón; (mus.) cuerda; lazo; (coll.) condición (*de una concesión*); **strings** *spl* (mus.) instrumentos de cuerda; **on a string** en su poder; **to have two strings to one's bow** tener dos cuerdas en su arco; **to pull strings** ejercer su influencia secretamente; utilizar apoyos secretos; (*pret & pp:* **strung**) *va* enhebrar, ensartar; atar con cuerdas; proveer de cuerdas; colgar de una cuerda; tender (*un cable, un alambre*); encordar (*un violín, una raqueta*); templar (*un violín*); desfibrar, quitar las fibras a; extender, colocar en fila; (slang) hacer fisga a; **to string along** (slang) traer al retortero; **to string up** (coll.) ahorcar
string bean *s* (bot.) habichuela, judía; habichuela verde, judía verde
stringcourse ['strɪŋ,kors] *s* (arch.) cordón

stringed instrument *s* (mus.) instrumento de cuerda
stringency ['strɪndʒənsɪ] *s* (*pl:* **-cies**) rigor, severidad; fuerza de persuasión; (com.) tirantez
stringent ['strɪndʒənt] *adj* riguroso, severo, estricto; convincente; (com.) tirante
stringer ['strɪŋər] *s* encordador; ensartador; (carp.) riostra; (rail.) durmiente longitudinal
stringhalt ['strɪŋ,hɔlt] *s* (vet.) ancado
stringhalted ['strɪŋ,hɔltɪd] *adj* (vet.) ancado
string orchestra *s* orquesta de cuerdas
stringpiece ['strɪŋ,pis] *s* riostra
string quartet *s* (mus.) cuarteto de cuerdas
string tie *s* corbatín angosto
stringy ['strɪŋɪ] *adj* (*comp:* **-ier;** *super:* **-iest**) fibroso, filamentoso; correoso, duro; viscoso
strip [strɪp] *s* tira; lámina (*de metal*); faja (*de tierra*); (*pret & pp:* **stripped;** *ger:* **stripping**) *va* desnudar; despojar, desmantelar, robar; desforrar; deshacer (*la cama*); estropear (*el engranaje, un tornillo*); ordeñar hasta agotar; desvenar (*tabaco*); descortezar; **to strip of** despojar de; **to strip down** desguarnecer; *vn* desnudarse; despojarse; descortezarse
stripe [straɪp] *s* raya, lista, banda; gaya; cinta, franja; (mil. & nav.) galón; tipo, índole; latigazo; *va* rayar, listar; gayar
striped [straɪpt] o ['straɪpɪd] *adj* rayado, a rayas
striped hyena *s* (zool.) hiena rayada
striped mullet *s* (ichth.) mújol
stripling ['strɪplɪŋ] *s* rapagón, mozuelo
strip mining *s* mineraje a tajo abierto
stripped-down ['strɪpt,daʊn] *adj* desguarnecido
stripteaser ['strɪp'tizər] *s* desnudista *f*
strive [straɪv] (*pret:* **strove;** *pp:* **striven**) *vn* esforzarse; hacer lo posible; luchar; **to strive to** + *inf* esforzarse por + *inf*
striven ['strɪvən] *pp de* **strive**
strobile ['strɑbɪl] *s* (bot. & zool.) estróbilo
stroboscope ['strɑbəskop] *s* estroboscopio
strode [strod] *pret de* **stride**
stroke [strok] *s* golpe; campanada (*de un reloj o campana*); plumada; pincelada; brochada; brazada (*en la natación*); jugada; caricia (*hecha con la mano*); raya; raquetazo; (mach.) embolada, carrera; palada, remada; primer remero; ataque de parálisis, apoplejía; buen éxito inesperado; golpe (*de fortuna*); rasgo (*de ingenio*); **at one stroke** de un golpe, de una sola vez; **at the stroke of** al dar las (*p.ej., tres*); **to keep stroke** remar al compás (*dos o más bogadores*); **to not do a stroke of work** no dar golpe, no levantar paja del suelo; **with one fell stroke** de un plumazo; **stroke of fortune** golpe de fortuna; **stroke of wit** chiste, agudeza; *va* frotar suavemente, acariciar con la mano; rayar
stroke oar *s* primer remero, bogavante
stroll [strol] *s* paseo; **to take a stroll** dar un paseo; *va* pasearse por; **to stroll the streets** callejear; *vn* pasear, pasearse; vagar, errar, callejear
stroller ['strolər] *s* paseante; vagabundo; cómico ambulante; andaderas, cochecito para niños
stroma ['stromə] *s* (*pl:* **-mata** [mətə]) (anat., biol. & bot.) estroma
Stromboli ['strɔmbəli] *s* Estrómboli
strong [strɔŋ] o [strɑŋ] *adj* (*comp:* **stronger** ['strɔŋgər] o ['strɑŋgər]; *super:* **strongest** ['strɔŋgɪst] o ['strɑŋgɪst]) fuerte, resistente; intenso; firme (*mercado*); violento; enérgico; marcado; celoso, acérrimo; picante; rancio; (gram.) fuerte (*vocal; verbo*); ascendiendo a, p.ej., **a thousand strong** ascendiendo a mil; *adv* fuertemente, vigorosamente
strong-arm ['strɔŋ,ɑrm] o ['strɑŋ,ɑrm] *adj* (coll.) violento; *va* (coll.) usar violencia contra
strongbox ['strɔŋ,bɑks] o ['strɑŋ,bɑks] *s* cofre fuerte, caja de caudales
strong breeze *s* (naut.) viento fresco
strong drink *s* bebida alcohólica, bebida fuerte
strong gale *s* (naut.) viento muy duro
stronghold ['strɔŋ,hold] o ['strɑŋ,hold] *s* fuerte, fortaleza; plaza fuerte
strong man *s* hércules; (coll.) promotor, alma (*el que da aliento y fuerza a una cosa*)
strongman ['strɔŋ,mæn] o ['strɑŋ,mæn] *s* (*pl:* **-men**) hombre fuerte (*dictador*)
strong-minded ['strɔŋ'maɪndɪd] o ['strɑŋ'maɪndɪd] *adj* de inteligencia vigorosa; independiente; hombruna (*dícese de una mujer*)
strontia ['strɑnʃɪə] *s* (chem.) estronciana
strontianite ['strɑnʃɪənaɪt] *s* (mineral.) estroncianita
strontium ['strɑnʃɪəm] *s* (chem.) estroncio
strop [strɑp] *s* suavizador; (*pret & pp:* **stropped;** *ger:* **stropping**) *va* suavizar (*una navaja*)
strophe ['strofɪ] *s* estrofa
strophic ['strɑfɪk] o ['strofɪk] *adj* estrófico
strove [strov] *pret de* **strive**
struck [strʌk] *pret & pp de* **strike**
structural ['strʌktʃərəl] *adj* estructural
structure ['strʌktʃər] *s* estructura; construcción
struggle ['strʌgəl] *s* lucha; esfuerzo, forcejeo; *vn* luchar; esforzarse, forcejear; **to struggle to** + *inf* luchar por + *inf*
struggle for existence *s* lucha por la vida o por la existencia
strum [strʌm] *s* cencerreo; (*pret & pp:* **strummed;** *ger:* **strumming**) *va* arañar (*un instrumento músico*) sin arte; *vn* cencerrear
struma ['strumə] *s* (*pl:* **-mae** [mi]) *s* (path.) estruma (*escrófula; bocio*); (bot.) apófisis
strumous ['struməs] *adj* estrumoso
strumpet ['strʌmpɪt] *s* ramera, prostituta
strung [strʌŋ] *pret & pp de* **string**
strut [strʌt] *s* (carp.) tornapunta, riostra, jabalcón; contoneo, pavoneo; (*pret & pp:* **strutted;** *ger:* **strutting**) *vn* contonearse, pavonearse
strychnin ['strɪknɪn] o **strychnine** ['strɪknɪn], ['strɪknaɪn] o ['strɪknin] *s* (chem.) estricnina
St. Sophia [sent so'faɪə] *s* Santa Sofía (*mezquita*)
St. Thomas [sent 'tɑməs] *s* Santo Tomás (*isla*)
Stuart, Mary ['stjuərt] o ['stuərt] María Estuardo
stub [stʌb] *s* trozo, fragmento; colilla (*de cigarro*); zoquete (*de madera no labrada*); tocón (*de un árbol cortado*); cepa (*de árbol*); pluma de escribir corta y de punta gruesa; talón (*de un cheque*); *adj* embotado; (*pret & pp:* **stubbed;** *ger:* **stubbing**) *va* rozar, limpiar, arrancar los tocones de; desarraigar; aplastar; **to stub off** embotar; **to stub one's toe** dar un tropezón
stub axle *s* (aut.) mangueta
stubble ['stʌbəl] *s* (agr.) rastrojo; *va* (agr.) rastrojar
stubbly ['stʌblɪ] *adj* lleno de rastrojo; cerdoso, hirsuto
stubborn ['stʌbərn] *adj* terco, testarudo, obstinado; porfiado, cabezón; intratable
stubbornness ['stʌbərnnɪs] *s* terquedad, testarudez, obstinación; porfía
stubby ['stʌbɪ] *adj* (*comp:* **-bier;** *super:* **-biest**) cachigordete; corto, grueso y cerdoso; lleno de troncos, lleno de tocones
stub nail *s* clavo de herrar viejo
stub-pointed ['stʌb,pɔɪntɪd] *adj* mocho
stucco ['stʌko] *s* (*pl:* **-coes** o **-cos**) estuco; *va* estucar
stuccowork ['stʌko,wʌrk] *s* estuco, obra de estuco
stuck [stʌk] *pret & pp de* **stick**
stuck-up ['stʌk,ʌp] *adj* (coll.) tieso, estirado, espetado, orgulloso
stud [stʌd] *s* tachón; botón de camisa; montante, pie derecho, poste de tabique; refuerzo de eslabón; perno prisionero, espárrago; clavo de adorno; yeguada (*rebaño; establecimiento*); caballeriza; caballada; caballo padre; **at stud** destinado a padrear; *adj* semental; (*pret & pp:* **studded;** *ger:* **studding**) *va* tachonar
stud bolt *s* perno prisionero, espárrago
studbook ['stʌd,bʊk] *s* registro genealógico de caballos, libro de oro de los caballos de pura sangre
studding ['stʌdɪŋ] *s* montantes de tabique; madera para construir montantes
studdingsail ['stʌdɪŋsəl] o ['stʌdɪŋ,sel] *s* (naut.) ala

student [ˈstjudənt] o [ˈstudənt] *s* estudiante; investigador
student body *s* estudiantado
student lamp *s* quinqué
stud farm *s* acaballadero
studhorse [ˈstʌdˌhɔrs] *s* caballo padre, caballo semental
studied [ˈstʌdɪd] *adj* estudiado (*afectado*); premeditado, hecho adrede
studio [ˈstjudɪo] o [ˈstudɪo] *s* (*pl:* **-os**) taller, estudio; (mov. & rad.) estudio
studious [ˈstjudɪəs] o [ˈstudɪəs] *adj* estudioso; asiduo, solícito
study [ˈstʌdɪ] *s* (*pl:* **-ies**) estudio; meditación profunda; solicitud; **to be in a brown study** estar absorto en la meditación; (*pret & pp:* **-ied**) *va* estudiar; *vn* estudiar; **to study to** + *inf* esforzarse por + *inf*
study hall *s* sala de estudio o de lectura
stuff [stʌf] *s* materia, material; tela, género, paño; cosa o cosas; efectos, muebles, baratijas, bagatelas; medicina; fruslerías; índole, carácter; *va* rellenar, atestar, colmar; atascar, tapar, cerrar; embutir; atracar (*de comida*); (cook.) rellenar; meter sin orden, llenar sin orden; disecar (*un animal muerto para conservar su apariencia*); *vn* atracarse, hartarse
stuffed olives *spl* aceitunas rellenas
stuffed shirt *s* (slang) tragavirotes
stuffing [ˈstʌfɪŋ] *s* relleno
stuffing box *s* caja de estopas, prensaestopas
stuffing nut *s* (mach.) tuerca del prensaestopas
stuffy [ˈstʌfɪ] *adj* (*comp:* **-ier**; *super:* **-iest**) sofocante, mal ventilado; aburrido, sin interés; cerrado, tapado; (coll.) etiquetero, relamido; (coll.) picajoso
Stuka [ˈstukə] o [ˈʃtukə] *s* stuka (*avión alemán de combate en picado*)
stultification [ˌstʌltɪfɪˈkeʃən] *s* posición ridícula, apariencia estulta; descrédito
stultify [ˈstʌltɪfaɪ] (*pret & pp:* **-fied**) *va* poner en ridículo, hacer parecer ridículo; quitar importancia a; **to stultify oneself** ponerse en ridículo
stumble [ˈstʌmbəl] *s* tropiezo, tropezón, traspié; desatino, desliz; *va* hacer tropezar, hacer dar un traspié; confundir; extraviar; *vn* tropezar, dar un traspié; errar; moverse a tropezones, hablar a tropezones; **to stumble on** o **upon** tropezar con
stumbling block *s* tropezadero, escollo
stumbly [ˈstʌmblɪ] *adj* tropezoso
stump [stʌmp] *s* cepa (*tronco próximo a las raíces*); tocón (*tronco que queda de un árbol*); muñón (*p.ej., de brazo cortado*); raigón (*de muela*); colilla (*de cigarro*); fragmento, resto; rabo (*de una cola*); paso pesado; (coll.) desafío, reto; (slang) pierna; (f.a.) esfumino; tribuna pública; **up a stump** perplejo, en un apuro; *va* arrancar los tocones de; cortar, amputar; (coll.) confundir, dejar confuso, dejar sin habla; (coll.) desafiar; recorrer pronunciando discursos políticos; (f.a.) esfumar; *vn* cojear, renquear; pronunciar discursos políticos
stump puller *s* destroncadora
stump speaker *s* orador callejero
stump speech *s* arenga electoral
stumpy [ˈstʌmpɪ] *adj* (*comp:* **-ier**; *super:* **-iest**) lleno de tocones; cachigordete, achaparrado
stun [stʌn] (*pret & pp:* **stunned**; *ger:* **stunning**) *va* aturdir, atolondrar, dejar pasmado
stung [stʌŋ] *pret & pp de* **sting**
stunk [stʌŋk] *pret & pp de* **stink**
stunner [ˈstʌnər] *s* golpe que aturde; (coll.) cosa pasmosa, persona maravillosa
stunning [ˈstʌnɪŋ] *adj* aturdidor; (coll.) brutal (*pasmoso, estupendo, pistonudo, elegante, hermoso, lujoso*)
stunsail [ˈstʌnsəl] *s* var. de **studdingsail**
stunt [stʌnt] *s* atrofia, falta de crecimiento o desarrollo; engendro (*animal, planta u otra cosa*); (coll.) suerte acrobática, maniobra sensacional; (coll.) faena, hazaña, proeza, recurso (*para lograr un fin*); (coll.) anuncio de reclamo; (aer.) vuelo acrobático; *va* atrofiar, impedir el crecimiento o desarrollo de; (coll.) hacer suertes con; *vn* (coll.) hacer suertes acrobáticas, hacer maniobras sensacionales; (aer.) lucirse haciendo maniobras acrobáticas
stunt man *s* (mov.) doble que hace suertes peligrosas
stupe [stjup] o [stup] *s* (med.) fomento, compresa pequeña
stupefacient [ˌstjupɪˈfeʃənt] o [ˌstupɪˈfeʃənt] *adj & s* estupefaciente
stupefaction [ˌstjupɪˈfækʃən] o [ˌstupɪˈfækʃən] *s* estupefacción
stupefy [ˈstjupɪfaɪ] o [ˈstupɪfaɪ] (*pret & pp:* **-fied**) *va* dejar estupefacto, pasmar; causar estupor a
stupendous [stjuˈpendəs] o [stuˈpendəs] *adj* estupendo; enorme
stupid [ˈstjupɪd] o [ˈstupɪd] *adj & s* estúpido
stupidity [stjuˈpɪdɪtɪ] o [stuˈpɪdɪtɪ] *s* (*pl:* **-ties**) estupidez
stupor [ˈstjupər] o [ˈstupər] *s* estupor
sturdiness [ˈstʌrdɪnɪs] *s* fuerza, robustez; firmeza, tenacidad
sturdy [ˈstʌrdɪ] *adj* (*comp:* **-dier**; *super:* **-diest**) fuerte, robusto, fornido; firme, tenaz
sturgeon [ˈstʌrdʒən] *s* (ichth.) esturión
stutter [ˈstʌtər] *s* tartamudeo; *va* decir tartamudeando; *vn* tartamudear
St. Vincent [sent ˈvɪnsənt] *s* San Vicente (*isla*)
sty [staɪ] *s* (*pl:* **sties**) pocilga, zahurda; (path.) orzuelo
Stygian [ˈstɪdʒɪən] *adj* estigio, estigioso
style [staɪl] *s* estilo; moda; elegancia; título, epíteto; (bot. & print.) estilo; modelo, p.ej., **latest style** último modelo; **in style** de moda; **in the style of** al estilo de; **to live in great style** vivir en gran lujo; *va* adaptar a la moda, cortar a la moda; nombrar, intitular
stylebook [ˈstaɪlˌbʊk] *s* (print.) libro de ejemplos de impresión y modelos de ortografía, etc.
stylet [ˈstaɪlɪt] *s* estilete; (surg.) estilete
stylish [ˈstaɪlɪʃ] *adj* de moda, elegante
stylist [ˈstaɪlɪst] *s* estilista
stylistic [staɪˈlɪstɪk] *adj* estilístico; **stylistics** *ssg* estilística
stylite [ˈstaɪlaɪt] *s* estilita
stylize [ˈstaɪlaɪz] *va* estilizar
stylograph [ˈstaɪləgræf] o [ˈstaɪləgrɑf] *s* estilógrafo
stylographic [ˌstaɪləˈgræfɪk] *adj* estilográfico
styloid [ˈstaɪlɔɪd] *adj* (anat.) estiloides
stylus [ˈstaɪləs] *s* estilo; aguja (*de fonógrafo*)
stymie [ˈstaɪmɪ] *s* (golf) condición en que una pelota se encuentra entre la del adversario y el agujero; (*pret & pp:* **-mied**; *ger:* **-mieing**) *va* (golf) estorbar con una pelota entre la del adversario y el agujero; (fig.) frustrar
stymy [ˈstaɪmɪ] *s* (*pl:* **-mies**) var. de **stymie**; (*pret & pp:* **-mied**) *va* var. de **stymie**
styptic [ˈstɪptɪk] *adj & s* estíptico
styptic pencil *s* lápiz estíptico
styracaceous [ˌstaɪrəˈkeʃəs] *adj* (bot.) estiracáceo
styrene [ˈstaɪrin] o [ˈstɪrin] *s* (chem.) estireno
Styria [ˈstɪrɪə] *s* Estiria
Styx [stɪks] *s* (myth.) Estigia
suasion [ˈsweʒən] *s* persuasión
suasive [ˈswesɪv] *adj* suasorio, persuasor
suave [swɑv] o [swev] *adj* suave; afable, fino, zalamero, pulido
suavity [ˈswævɪtɪ] o [ˈswɑvɪtɪ] *s* (*pl:* **-ties**) suavidad; afabilidad, finura
sub. abr. de **subscription, substitute** y **suburban**
sub [sʌb] *s & adj* (coll.) substituto; (coll.) submarino; (coll.) subordinado; (coll.) subalterno; (*pret & pp:* **subbed**; *ger:* **subbing**) *va* (coll.) atacar o hundir con submarino; *vn* (coll.) ser substituto; **to sub for** (coll.) hacer las veces de
subacetate [sʌbˈæsɪtet] *s* (chem.) subacetato
subacid [sʌbˈæsɪd] *adj* (chem.) subácido
subagent [sʌbˈedʒənt] *s* subagente
subaltern [səbˈɔltərn] o [ˈsʌbəltərn] *adj & s* subalterno
subantarctic [ˌsʌbæntˈɑrktɪk] *adj* subantártico
subaquatic [ˌsʌbəˈkwætɪk] o [ˌsʌbəˈkwɑtɪk] *adj* subacuático
subaqueous [sʌbˈekwɪəs] o [sʌbˈækwɪəs] *adj* subácueo
subarctic [sʌbˈɑrktɪk] *adj* subártico
subarid [sʌbˈærɪd] *adj* medianamente árido
subatom [sʌbˈætəm] *s* (chem. & phys.) subátomo
subatomic [ˌsʌbəˈtɑmɪk] *adj* subatómico

S

subcellar [ˈsʌbˌsɛlər] *s* sótano inferior
subchaser [ˈsʌbˌtʃesər] *s* cazasubmarinos
subclass [ˈsʌbˌklæs] o [ˈsʌbˌklɑs] *s* (biol.) subclase
subclavian [sʌbˈkleviən] *adj* (anat.) subclavio
subcommittee [ˈsʌbkəˌmɪtɪ] *s* subcomisión
subconscious [sʌbˈkɑnʃəs] *adj* subconsciente; *s* subconsciencia
subconsciousness [sʌbˈkɑnʃəsnɪs] *s* subconsciencia
subcontinent [sʌbˈkɑntɪnənt] *s* subcontinente
subcontract [sʌbˈkɑntrækt] *s* subcontrato; [sʌbˈkɑntrækt] o [ˌsʌbkənˈtrækt] *va & vn* subcontratar
subcontractor [sʌbˈkɑntræktər] o [ˌsʌbkənˈtræktər] *s* subcontratista
subcostal [sʌbˈkɑstəl] *adj* (anat. & zool.) subcostal
subcritical [sʌbˈkrɪtɪkəl] *adj* subcrítico
subcutaneous [ˌsʌbkjuˈtenɪəs] *adj* subcutáneo
subdeacon [sʌbˈdikən] *s* subdiácono
subdeaconry [sʌbˈdikənrɪ] *s* subdiaconato
subdean [ˈsʌbˌdin] *s* subdecano
subdeb [sʌbˈdɛb] *s* (coll.) tobillera, chica muy joven, ya casi en edad de ponerse de largo
subdelirium [ˌsʌbdɪˈlɪrɪəm] *s* (path.) subdelirio
subdivide [ˌsʌbdɪˈvaɪd] o [ˈsʌbdɪˌvaɪd] *va* subdividir; *vn* subdividirse
subdivision [ˌsʌbdɪˈvɪʒən] o [ˈsʌbdɪˌvɪʒən] *s* subdivisión
subdominant [sʌbˈdɑmɪnənt] *s* (mus.) subdominante
subdouble [sʌbˈdʌbəl] *adj* (math.) subduplo
subdue [səbˈdju] o [səbˈdu] *va* subyugar, sojuzgar; dominar, sujetar; amansar, suavizar; mejorar (*tierras*)
subereous [suˈbɪrɪəs] o [sjuˈbɪrɪəs] *adj* suberoso
suberin [ˈsubərɪn] o [ˈsjubərɪn] *s* (biochem.) suberina
subfamily [sʌbˈfæmɪlɪ] o [ˈsʌbˌfæmɪlɪ] *s* (*pl:* **-lies**) (biol.) subfamilia
subgenus [sʌbˈdʒinəs] o [ˈsʌbˌdʒinəs] *s* (*pl:* **-genera** [ˈdʒɛnərə] o **-genuses**) (biol.) subgénero
subgroup [ˈsʌbˌgrup] *s* subgrupo
subhead [ˈsʌbˌhɛd] *s* subtítulo; subdirector
subheading [ˈsʌbˌhɛdɪŋ] *s* subtítulo
subhuman [sʌbˈhjumən] *adj* inferior a lo humano; casi humano
subindex [sʌbˈɪndɛks] *s* (*pl:* **-dices** [dɪsiz]) subíndice
subj. abr. de **subject, subjective** y **subjunctive**
subjacent [sʌbˈdʒesənt] *adj* subyacente
subject [ˈsʌbdʒɪkt] *s* asunto, materia; objeto (*de un experimento*); (mus.) tema; súbdito (*persona sujeta a la autoridad de un superior*); (gram., med., philos., psychol. & log.) sujeto; *adj* súbdito; sujeto; [səbˈdʒɛkt] *va* sujetar, someter
subject index *s* índice de materias
subjection [səbˈdʒɛkʃən] *s* sujeción
subjective [səbˈdʒɛktɪv] *adj* subjetivo
subjectivism [səbˈdʒɛktɪvɪzəm] *s* (philos.) subjetivismo
subjectivity [ˌsʌbdʒɛkˈtɪvɪtɪ] *s* subjetividad
subject matter *s* asunto, materia, objeto
subject pronoun *s* pronombre sujeto
subjoin [səbˈdʒɔɪn] *va* añadir, adjuntar
subjugate [ˈsʌbdʒəget] *va* subyugar
subjugation [ˌsʌbdʒəˈgeʃən] *s* subyugación
subjugator [ˈsʌbdʒəˌgetər] *s* subyugador
subjunctive [səbˈdʒʌŋktɪv] *adj & s* (gram.) subjuntivo
subkingdom [sʌbˈkɪŋdəm] o [ˈsʌbˌkɪŋdəm] *s* (biol.) subreino
sublease [ˈsʌbˌlis] *s* subarriendo; [ˌsʌbˈlis] o [ˈsʌbˌlis] *va & vn* subarrendar
sublet [sʌbˈlɛt] o [ˈsʌbˌlɛt] (*pret & pp:* **-let;** *ger:* **-letting**) *va & vn* subarrendar, realquilar
sublieutenant [ˌsʌbluˈtɛnənt] *s* subteniente
sublimate [ˈsʌblɪmet] *adj* sublimado; *s* (chem.) sublimado; *va* sublimar
sublimation [ˌsʌblɪˈmeʃən] *s* sublimación
sublime [səˈblaɪm] *adj* sublime; **the sublime** lo sublime; *va* sublimar
Sublime Porte [port] *s* Sublime Puerta (*Turquía*)
subliminal [sʌbˈlɪmɪnəl] o [sʌbˈlaɪmɪnəl] *adj & s* (psychol.) subliminar
sublimity [səbˈlɪmɪtɪ] *s* (*pl:* **-ties**) sublimidad
sublingual [sʌbˈlɪŋgwəl] *adj* (anat.) sublingual
sublunar [sʌbˈlunər] o **sublunary** [ˈsʌbluˌnɛrɪ] o [sʌbˈlunərɪ] *adj* sublunar
submachine gun [ˌsʌbməˈʃin] *s* subfusil ametrallador
submarginal [sʌbˈmɑrdʒɪnəl] *adj* submarginal; improductivo
submarine [ˈsʌbməˌrin] *adj & s* submarino; *va* (coll.) atacar o hundir con un submarino
submaxilla [ˌsʌbmæksˈɪlə] *s* (*pl:* **-lae** [li]) (anat. & zool.) mandíbula submaxilar
submaxillary [sʌbˈmæksɪˌlɛrɪ] *adj* submaxilar; *s* (*pl:* **-ies**) mandíbula submaxilar; glándula submaxilar
submaxillary gland *s* (anat.) glándula submaxilar
submerge [səbˈmʌrdʒ] *va* sumergir; *vn* sumergirse
submergence [səbˈmʌrdʒəns] *s* sumersión
submerse [səbˈmʌrs] *va & vn* var. de **submerge**
submersible [səbˈmʌrsɪbəl] *adj* sumergible, hundible; *s* sumergible (*buque*)
submersion [səbˈmʌrʒən] o [səbˈmʌrʃən] *s* sumersión
submicroscopic [ˌsʌbmaɪkrəˈskɑpɪk] *adj* submicroscópico
submission [səbˈmɪʃən] *s* sumisión
submissive [səbˈmɪsɪv] *adj* sumiso
submit [səbˈmɪt] (*pret & pp:* **-mitted;** *ger:* **-mitting**) *va* someter (*razones, reflexiones, etc.; un negocio*); proponer, permitirse decir; *vn* someterse
submultiple [sʌbˈmʌltɪpəl] *adj & s* (math.) submúltiplo
subnormal [sʌbˈnɔrməl] *adj* subnormal; *s* (geom.) subnormal
suborbital [sʌbˈɔrbɪtəl] *adj* suborbital
suborder [ˈsʌbˌɔrdər] o [sʌbˈɔrdər] *s* suborden
subordinate [səbˈɔrdɪnɪt] *adj* subordinado; (gram.) subordinado (*aplícase a la oración*); (gram.) subordinante (*aplícase a la conjunción*); [səbˈɔrdɪnet] *va* subordinar
subordinating conjunction *s* (gram.) conjunción subordinante
subordination [səbˌɔrdɪˈneʃən] *s* subordinación
suborn [səˈbɔrn] *va* sobornar
subornation [ˌsʌbɔrˈneʃən] *s* soborno
subornation of perjury *s* (law) soborno de testigo
subplot [ˈsʌbˌplɑt] *s* trama secundaria
subpoena o **subpena** [sʌbˈpinə] o [səˈpinə] *s* (law) comparendo; *va* (law) mandar comparecer
sub rosa [sʌb ˈrozə] *adv* en secreto, en confianza
subsatellite [sʌbˈsætəlaɪt] *s* subsatélite
subscapular [sʌbˈskæpjələr] *adj* (anat.) subscapular
subscribe [səbˈskraɪb] *va* subscribir; *vn* subscribir; subscribirse, abonarse; **to subscribe for** o **to** subscribir (*un número de acciones u obligaciones*); subscribirse a, abonarse a (*una publicación periódica*); **to subscribe to** subscribir (*una opinión o dictamen*)
subscriber [səbˈskraɪbər] *s* subscriptor; abonado
subscription [səbˈskrɪpʃən] *s* subscripción; firma; abono (*p.ej., a una revista*)
subsection [ˈsʌbˌsɛkʃən] o [sʌbˈsɛkʃən] *s* subdivisión
subsequence [ˈsʌbsɪkwəns] *s* subsecuencia, posterioridad; acontecimiento subsiguiente
subsequent [ˈsʌbsɪkwənt] *adj* subsecuente o subsiguiente, posterior
subserve [səbˈsʌrv] *va* adelantar, ayudar
subservience [səbˈsʌrvɪəns] o **subserviency** [səbˈsʌrvɪənsɪ] *s* servilismo; subordinación; utilidad
subservient [səbˈsʌrvɪənt] *adj* servil; subordinado; útil
subside [səbˈsaɪd] *vn* apaciguarse, calmarse; cesar, acabarse; bajar (*el nivel de un líquido*); hundirse, irse al fondo; (coll.) caer
subsidence [səbˈsaɪdəns] o [ˈsʌbsɪdəns] *s* apaciguamiento, calma; cesación; bajada; hundimiento, sumersión
subsidiary [səbˈsɪdɪˌɛrɪ] *adj* subsidiario, auxi-

liar; afiliado; *s* (*pl:* **-ies**) suplemento; (com.) filial
subsidiary company *s* (com.) filial
subsidize ['sʌbsɪdaɪz] *va* subsidiar, subvencionar; comprar la ayuda de; sobornar
subsidy ['sʌbsɪdɪ] *s* (*pl:* **-dies**) subsidio, subvención
subsist [səb'sɪst] *va* alimentar, mantener; *vn* subsistir
subsistence [səb'sɪstəns] *s* subsistencia; (philos.) subsistencia
subsistent [səb'sɪstənt] *adj* subsistente
subsoil ['sʌbˌsɔɪl] *s* subsuelo
subsonic [sʌb'sɑnɪk] *adj* subsónico
subspecies ['sʌbˌspiʃɪz] o [sʌb'spiʃɪz] *s* (*pl:* **-cies**) (biol.) subespecie
subst. abr. de **substantive** y **substitute**
substance ['sʌbstəns] *s* substancia; **in substance** en substancia
substandard [sʌb'stændərd] o ['sʌbˌstændərd] *adj* inferior al nivel normal, inferior a la norma
substantial [səb'stænʃəl] *adj* substancial; substancioso; fuerte, sólido; rico, acomodado; **to be in substantial agreement** estar de acuerdo en substancia
substantiality [səbˌstænʃɪ'ælɪtɪ] *s* (*pl:* **-ties**) substancialidad; fuerza, solidez; opulencia, riqueza
substantiate [səb'stænʃɪet] *va* verificar, comprobar, establecer; dar cuerpo a
substantiation [səbˌstænʃɪ'eʃən] *s* verificación, comprobación; incorporación
substantival [ˌsʌbstæn'taɪvəl] *adj* (gram.) substantivo
substantive ['sʌbstəntɪv] *adj* substantivo; (gram.) substantivo; *s* (gram.) substantivo
substantivize ['sʌbstəntɪvaɪz] *va* (gram.) substantivar
substation ['sʌbˌsteʃən] *s* dependencia; (elec.) subcentral, subestación
substitute ['sʌbstɪtjut] o ['sʌbstɪtut] *adj* substitutivo, sucedáneo; *s* substituto (*persona*); substitutivo, sucedáneo; (mil.) reemplazo (*hombre que sirve en lugar de otro*); **beware of substitutes** desconfíe de substitutivos; *va* poner (*a una persona o cosa*) en lugar de otra, p.ej., **we substituted margarine for butter** pusimos (o usamos) margarina en lugar de mantequilla; *vn* actuar de substituto; **to substitute for** substituir (*a una persona o cosa*), p.ej., **John substituted for Peter** Juan substituyó a Pedro
substitution [ˌsʌbstɪ'tjuʃən] o [ˌsʌbstɪ'tuʃən] *s* empleo o uso de una persona o cosa en lugar de otra; (alg., chem. & law) substitución; (coll.) imitación fraudulenta
substitutional [ˌsʌbstɪ'tjuʃənəl] o [ˌsʌbstɪ'tuʃənəl] *adj* substituidor, sucedáneo
substitutive ['sʌbstɪˌtjutɪv] o ['sʌbstɪˌtutɪv] *adj* substitutivo
substrate ['sʌbstret] *s* substrato; (biochem.) substrato
substratum [sʌb'stretəm] o [sʌb'strætəm] *s* (*pl:* **-ta** [tə] o **-tums**) substrato
substructure ['sʌbˌstrʌktʃər] o [sʌb'strʌktʃər] *s* subestructura
subsume [səb'sum] o [səb'sjum] *va* subsumir
subsumption [səb'sʌmpʃən] *s* subsumpción
subtenancy [sʌb'tɛnənsɪ] *s* (*pl:* **-cies**) subarriendo
subtenant [sʌb'tɛnənt] *s* subarrendatario
subtend [səb'tɛnd] *va* (geom. & bot.) subtender
subterfuge ['sʌbtərfjudʒ] *s* subterfugio, escapatoria
subterranean [ˌsʌbtə'renɪən] *adj* subterráneo; *s* subterráneo (*lugar o espacio*); habitante subterráneo
subterraneous [ˌsʌbtə'renɪəs] *adj* subterráneo
subtile ['sʌtəl] o ['sʌbtɪl] *adj* sutil; astuto
subtility [sʌb'tɪlɪtɪ] o **subtilty** ['sʌtəltɪ] o ['sʌbtɪltɪ] *s* (*pl:* **-ties**) sutileza o sutilidad
subtitle ['sʌbˌtaɪtəl] *s* subtítulo; *va* subtitular
subtle ['sʌtəl] *adj* sutil; astuto; insidioso
subtlety ['sʌtəltɪ] *s* (*pl:* **-ties**) sutileza o sutilidad; astucia; distinción sutil
subtly ['sʌtlɪ] *adv* sutilmente; astutamente; insidiosamente
subtract [səb'trækt] *va & vn* substraer o sustraer
subtraction [səb'trækʃən] *s* substracción o sustracción
subtrahend ['sʌbtrəhɛnd] *s* (math.) substraendo
subtreasury ['sʌbˌtrɛʒərɪ] o [sʌb'trɛʒərɪ] *s* (*pl:* **-ies**) subtesorería
subtropical [sʌb'trɑpɪkəl] *adj* subtropical
subtropics ['sʌbˌtrɑpɪks] o [sʌb'trɑpɪks] *spl* subtrópicos
suburb ['sʌbʌrb] *s* suburbio, arrabal; **the suburbs** las afueras, los alrededores, los barrios externos
suburban [sə'bʌrbən] *adj & s* suburbano
suburbanite [sə'bʌrbənaɪt] *s* suburbano
subvention [sʌb'venʃən] *s* subvención
subversion [sʌb'vʌrʒən] o [sʌb'vʌrʃən] *s* subversión
subversive [sʌb'vʌrsɪv] *adj* subversivo; *s* subversor
subvert [sʌb'vʌrt] *va* subvertir
subway ['sʌbˌwe] *s* galería subterránea; paso subterráneo; ferrocarril subterráneo, metro
succeed [sək'sid] *va* suceder (*a una persona o cosa*), p.ej., **autumn succeeds summer** el otoño sucede al verano; *vn* tener buen éxito, salir bien; **to succeed in** tener éxito en, salir bien en; **to succeed in** + *ger* conseguir o lograr + *inf;* **to succeed to** suceder a (*p.ej., la corona*)
succeeding [sək'sidɪŋ] *adj* subsiguiente; sucesor
success [sək'sɛs] *s* buen éxito; éxito, resultado; persona o cosa que tiene buen éxito; **to make a success of** tener éxito en
successful [sək'sɛsfəl] *adj* próspero, feliz; logrado; acertado; **to be successful** tener buen éxito
succession [sək'sɛʃən] *s* sucesión; **in succession** uno tras otro, seguidos
successive [sək'sɛsɪv] *adj* sucesivo
successor [sək'sɛsər] *s* sucesor
succinct [sək'sɪŋkt] *adj* sucinto
succinic [sək'sɪnɪk] *adj* succínico
succor ['sʌkər] *s* socorro; *va* socorrer
succory ['sʌkərɪ] *s* var. de **chicory**
succotash ['sʌkətæʃ] *s* guiso de maíz tierno y habas
succubus ['sʌkjəbəs] *s* (*pl:* **-bi** [baɪ] o **-buses**) súcubo, demonio súcubo
succulence ['sʌkjələns] *s* suculencia
succulency ['sʌkjələnsɪ] *s* (*pl:* **-cies**) var. de **succulence**
succulent ['sʌkjələnt] *adj* suculento
succumb [sə'kʌm] *vn* sucumbir
succuss [sə'kʌs] *va* sacudir; (med.) sacudir (*a un paciente para descubrir la presencia de un líquido*)
succussation [ˌsʌkə'seʃən] o **succussion** [sə'kʌʃən] *s* sucusión
such [sʌtʃ] *adj indef & pron indef* tal, semejante; **as such** como tal; **one such** un tal; **such a** tal, semejante; **such a** + *adj* un tan + *adj;* **such and such** tal o cual; **such as** quienes, los que
suchlike ['sʌtʃˌlaɪk] *adj indef* tal, semejante; *pron indef* tales personas, tales cosas
suck [sʌk] *s* chupada; mamada; *va & vn* chupar; aspirar (*el aire*); mamar
sucker ['sʌkər] *s* chupador; mamón, mamantón; (bot.) serpollo, pimpollo; (bot.) mamón, chupón; (ichth.) catostomo; (mach.) chupón (*émbolo*); (mach.) válvula de bomba; (mach.) caño de bomba; (zool.) ventosa; (coll.) primo, bobo; *va* (bot.) cortar los chupones de; *vn* (bot.) echar chupones
suckle ['sʌkəl] *va* lactar; criar, educar; *vn* lactar
suckling ['sʌklɪŋ] *adj & s* mamón, mamantón
sucrose ['sukros] o ['sjukros] *s* (chem.) sacarosa
suction ['sʌkʃən] *s* succión; *adj* aspirante
suction cup *s* copa de succión
suction pump *s* bomba aspirante
suctorial [sʌk'torɪəl] *adj* suctorio
Sudan [su'dæn] *s* Sudán
Sudanese [ˌsudə'niz] *adj* sudanés; *s* (*pl:* **-nese**) sudanés
Sudan grass (bot.) hierba del Sudán, sorgo del Sudán
sudatorium [ˌsudə'torɪəm] o [ˌsjudə'torɪəm] *s* (*pl:* **-a** [ə]) sudadero; (hist.) sudatorio

S

sudatory ['sudə,torɪ] o ['sjudə,torɪ] *adj* sudatorio
sudden ['sʌdən] *adj* súbito, repentino; **all of a sudden** de repente
suddenness ['sʌdənnɪs] *s* rapidez, precipitación, brusquedad
Sudeten [su'detən] *spl* sudetas o sudetes (*naturales*); montes Sudetes
Sudetenland [su'detən,lænd] *s* región de los Sudetes
sudoriferous [,sudə'rɪfərəs] o [,sjudə'rɪfərəs] *adj* sudorífero
sudorific [,sudə'rɪfɪk] o [,sjudə'rɪfɪk] *adj & s* sudorífico
sudoriparous [,sudə'rɪpərəs] o [,sjudə'rɪpərəs] *adj* (anat.) sudoríparo
suds [sʌdz] *spl* jabonaduras; (slang) espuma, cerveza
sudsy ['sʌdzɪ] *adj* espumoso, jabonoso
sue [su] o [sju] *va* demandar; pedir; (law) procesar; **to sue out** (law) rogar y obtener; *vn* (law) poner pleito, entablar juicio; **to sue for damages** demandar por daños y perjuicios; **to sue for peace** pedir la paz
suede [swed] *s* suecia, gamuza, ante
suet ['suɪt] o ['sjuɪt] *s* sebo
Suetonius [swɪ'tonɪəs] *s* Suetonio
suety ['suɪtɪ] o ['sjuɪtɪ] *adj* seboso; sebáceo
Suevian ['swivɪən] *adj & s* suevo
Suez Canal [su'ɛz] o ['suɛz] *s* canal de Suez
suffer ['sʌfər] *va* sufrir, padecer; *vn* sufrir, padecer; **to suffer from** padecer de, adolecer de; (fig.) adolecer de
sufferable ['sʌfərəbəl] *adj* sufrible
sufferance ['sʌfərəns] *s* sufrimiento, tolerancia; paciencia; **on sufferance** por tolerancia
sufferer ['sʌfərər] *s* sufridor; doliente; víctima
suffering ['sʌfərɪŋ] *s* sufrimiento, dolencia; *adj* doliente
suffice [sə'faɪs] *va* satisfacer; ser suficiente a o para; *vn* bastar, ser suficiente
sufficiency [sə'fɪʃənsɪ] *s* (*pl:* **-cies**) suficiencia
sufficient [sə'fɪʃənt] *adj* suficiente
suffix ['sʌfɪks] *s* (gram.) sufijo; [sə'fɪks] *va* añadir como sufijo
suffocate ['sʌfəket] *va* sofocar; *vn* sofocarse
suffocation [,sʌfə'keʃən] *s* sofocación
suffocative ['sʌfə,ketɪv] *adj* sofocante
suffragan ['sʌfrəgən] *adj* sufragáneo; *s* obispo sufragáneo
suffragan bishop *s* obispo sufragáneo
suffrage ['sʌfrɪdʒ] *s* sufragio; aprobación, voto favorable; (eccl.) sufragio
suffragette [,sʌfrə'dʒɛt] *s* (coll.) sufragista (*mujer*)
suffragist ['sʌfrədʒɪst] *s* sufragista
suffuse [sə'fjuz] *va* difundir, bañar, llenar
suffusion [sə'fjuʒən] *s* difusión, baño; (path.) sufusión
Sufi ['sufɪ] *s* (*pl:* **-fis** [fɪz]) sufí
Sufism ['sufɪzəm] *s* sufismo
sugar ['ʃʊgər] *s* azúcar; *adj* azucarero; *va* azucarar; (fig.) azucarar; *vn* formar azúcar; **to sugar off** hacer el azúcar de arce; (slang) salirse a hurtadillas
sugar beet *s* (bot.) remolacha azucarera
sugar bowl *s* azucarero
sugarbush ['ʃʊgər,bʊʃ] *s* bosquecillo de arces del azúcar
sugar cane *s* (bot.) caña de azúcar
sugar-coat ['ʃʊgər,kot] *va* azucarar; endulzar, dorar (*lo desagradable*)
sugar-coating ['ʃʊgər,kotɪŋ] *s* capa de azúcar, garapiña; dorado (*de lo desagradable*)
sugar daddy *s* (slang) viejo verde que prodiga regalos a las chicas
sugar loaf *s* pan de azúcar (*cono de azúcar; sombrero; colina*)
sugar-loaf ['ʃʊgər,lof] *adj* de forma de pan de azúcar, cónico
sugar maple *s* (bot.) arce del azúcar
sugar mill *s* ingenio de azúcar
sugar of lead [lɛd] *s* (chem.) azúcar de plomo
sugar of milk *s* azúcar de leche
sugarplum ['ʃʊgər,plʌm] *s* confite, dulce
sugar tongs *spl* tenacillas (*para coger terrones de azúcar*)
sugary ['ʃʊgərɪ] *adj* azucarado

suggest [səg'dʒɛst] *va* sugerir; sugestionar (*por hipnosis*); **to suggest** + *ger* sugerir + *inf*
suggestible [səg'dʒɛstɪbəl] *adj* sugerible (*cosa*); sugestionable (*persona*)
suggestion [səg'dʒɛstʃən] *s* sugerencia; (psychol.) sugestión; sombra, traza ligera
suggestive [səg'dʒɛstɪv] *adj* sugestivo; sicalíptico, sugestivo de lo indecente
suicidal [,suɪ'saɪdəl] o [,sjuɪ'saɪdəl] *adj* suicida
suicide ['suɪsaɪd] o ['sjuɪsaɪd] *s* suicidio (*acción*); suicida (*persona*); **to commit suicide** suicidarse
suint ['suɪnt] o [swɪnt] *s* suarda (*grasa de la lana*)
suit [sut] o [sjut] *s* juego (*de cosas relacionadas entre sí*); traje, terno; traje sastre (*de mujer*); súplica, petición; cortejo, galanteo; palo (*de la baraja*); (law) pleito, proceso; **to follow suit** servir del palo; seguir el ejemplo de otro, seguir la corriente; **suit of armor** armadura completa; *va* adaptar, ajustar, acomodar; adaptarse a; proveer de traje o trajes; sentar, ir o venir bien a; favorecer; satisfacer; **to suit oneself** hacer (*uno*) lo que guste; *vn* convenir, ser a propósito
suitability [,sutə'bɪlɪtɪ] o [,sjutə'bɪlɪtɪ] *s* conveniencia, adaptabilidad
suitable ['sutəbəl] o ['sjutəbəl] *adj* conveniente, apropiado, satisfactorio, adecuado
suitably ['sutəblɪ] o ['sjutəblɪ] *adv* convenientemente, apropiadamente, a propósito
suitcase ['sut,kes] o ['sjut,kes] *s* maleta, valija
suite [swit] *s* séquito, comitiva; juego (*de cosas relacionadas entre sí*); serie; crujía (*de piezas*); habitación salón (*en un hotel*); (mus.) suite
suiting ['sutɪŋ] o ['sjutɪŋ] *s* tela para trajes, corte de traje
suit of clothes *s* traje completo (*de hombre*)
suitor ['sutər] o ['sjutər] *s* suplicante; galán, cortejador, enamorado; (law) demandante, parte actora
sulcus ['sʌlkəs] *s* (*pl:* **-ci** [saɪ]) surco; (anat.) cisura
Suleiman [,sule'mɑn] *s* var. de **Solyman**
sulfadiazine [,sʌlfə'daɪəzin] o [,sʌlfə'daɪəzɪn] *s* (pharm.) sulfadiacina
sulfa drugs ['sʌlfə] *spl* (pharm.) medicamentos sulfas
sulfanilamide [,sʌlfə'nɪləmaɪd] o [,sʌlfə'nɪləmɪd] *s* (pharm.) sulfanilamida
sulfapyridine [,sʌlfə'pɪrɪdin] o [,sʌlfə'pɪrɪdɪn] *s* (pharm.) sulfapiridina
sulfarsphenamine [,sʌlfɑrsfɛnə'min] o [,sʌlfɑrsfə'næmɪn] *s* (pharm.) sulfarsfenamina
sulfas ['sʌlfəz] *spl* (pharm.) sulfas
sulfate ['sʌlfet] *s* (chem.) sulfato; *va* sulfatar; (elec.) sulfatar
sulfathiazole [,sʌlfə'θaɪəzol] *s* (pharm.) sulfatiazol
sulfation [sʌl'feʃən] *s* sulfatación; (elec.) sulfatación
sulfhydric acid [sʌlf'haɪdrɪk] *s* (chem.) ácido sulfhídrico
sulfid ['sʌlfɪd] o **sulfide** ['sʌlfaɪd] o ['sʌlfɪd] *s* (chem.) sulfuro
sulfite ['sʌlfaɪt] *s* (chem.) sulfito
sulfonal ['sʌlfənæl] o [,sʌlfə'næl] *s* (pharm.) sulfonal
sulfonamide [sʌl'fɑnəmaɪd] o [sʌl'fɑnəmɪd] *s* (chem.) sulfonamida
sulfur ['sʌlfər] *s* (chem.) azufre; véase **sulphur**
sulfurate ['sʌlfjəret] o ['sʌlfəret] *va* sulfurar (*combinar con el azufre*); azufrar (*echar azufre sobre; sahumar con azufre*)
sulfuration [,sʌlfjə'reʃən] o [,sʌlfə'reʃən] *s* sulfuración; azuframiento
sulfur dioxide *s* (chem.) dióxido de azufre
sulfuret ['sʌlfjərɪt] *s* (chem.) sulfuro; ['sʌlfjərɛt] (*pret & pp:* **-reted** o **-retted;** *ger:* **-reting** o **-retting**) *va* azufrar; sulfurar
sulfuric [sʌl'fjʊrɪk] *adj* sulfúrico, sulfúreo; (chem.) sulfúrico
sulfuric acid *s* (chem.) ácido sulfúrico
sulfur mine *s* azufrera
sulfurous ['sʌlfərəs] *adj* sulfuroso, sulfúreo; ['sʌlfərəs] o [sʌl'fjʊrəs] *adj* (chem.) sulfuroso
sulfurous acid *s* (chem.) ácido sulfuroso

sulk [sʌlk] *s* enfurruñamiento, murria; *vn* enfurruñarse
sulky ['sʌlkɪ] *adj* (*comp:* **-ier;** *super:* **-iest**) enfurruñado, murrio, resentido; *s* (*pl:* **-ies**) coche de dos ruedas y un solo asiento
Sulla ['sʌlə] *s* Sila (*general romano*)
sulla clover ['sʌlə] o ['sulə] *s* (bot.) zulla
sullen ['sʌlən] *adj* hosco, malhumorado, taciturno, resentido, triste
sullenness ['sʌlənnɪs] *s* hosquedad, mal humor, resentimiento, tristeza
sully ['sʌlɪ] *s* (*pl:* **-lies**) mancha, tacha; (*pret & pp:* **-lied**) *va* manchar, empañar
sulphadiazine [,sʌlfə'daɪəzin] o [,sʌlfə'daɪəzɪn] *s* var. de **sulfadiazine**
sulpha drugs ['sʌlfə] *spl* var. de **sulfa drugs**
sulphanilamide [,sʌlfə'nɪləmaɪd] o [,sʌlfə'nɪləmɪd] *s* var. de **sulfanilamide**
sulphapyridine [,sʌlfə'pɪrɪdin] o [,sʌlfə'pɪrɪdɪn] *s* var. de **sulfapyridine**
sulphas ['sʌlfæz] *spl* var. de **sulfas**
sulphate ['sʌlfet] *s & va* var. de **sulfate**
sulphathiazole [,sʌlfə'θaɪəzol] *s* var. de **sulfathiazole**
sulphid ['sʌlfɪd] o **sulphide** ['sʌlfaɪd] o ['sʌlfɪd] *s* var. de **sulfid o sulfide**
sulphite ['sʌlfaɪt] *s* var. de **sulfite**
sulphur ['sʌlfər] *s* (chem.) azufre; color de azufre; *adj* azufrado; *va* azufrar
sulphurate ['sʌlfjəret] o ['sʌlfəret] *va* var. de **sulfurate**
sulphureous [sʌl'fjurɪəs] *adj* sulfúreo
sulphuret ['sʌlfjərɪt] *s* var. de **sulfuret;** ['sʌlfjəret] (*pret & pp:* **-reted** o **-retted;** *ger:* **-reting** o **-retting**) *va* var. de **sulfuret**
sulphuric [sʌl'fjurɪk] *adj* var. de **sulfuric**
sulphurize ['sʌlfjəraɪz] *va* azufrar
sulphurous ['sʌlfərəs] *adj* sulfuroso, sulfúreo; infernal; ardiente, abrasador; ['sʌlfərəs] o [sʌl'fjurəs] *adj* (chem.) sulfuroso
sulphury ['sʌlfərɪ] o ['sʌlfrɪ] *adj* sulfúreo, azufroso
sulphydric acid [sʌl'faɪdrɪk] *s* (chem.) ácido sulfhídrico
sultan ['sʌltən] *s* sultán
sultana [sʌl'tænə] o [sʌl'tɑnə] *s* sultana; (orn.) calamón; uva sultanina; pasa sultanina
sultanate ['sʌltənet] *s* sultanato
sultaness ['sʌltənɪs] o [sʌl'tɑnɪs] *s* sultana
sultanic [sʌl'tænɪk] *adj* sultánico
sultry ['sʌltrɪ] *adj* (*comp:* **-trier;** *super:* **-triest**) bochornoso
Sulu ['sulu] *s* joloano
Suluan [su'luən] *adj & s* joloano
Sulu Archipelago *s* archipiélago de Sulú o Joló
sum [sʌm] *s* suma; (coll.) problema de aritmética; (*pret & pp:* **summed;** *ger:* **summing**) *va* sumar; **to sum up** sumar, resumir, compendiar; *vn* sumar; **to sum to** ascender a
sumac o **sumach** ['ʃumæk] o ['sumæk] *s* (bot.) zumaque; hojas de zumaque secas
Sumatran [su'mɑtrən] *adj & s* sumatrino
Sumerian [su'mɪrɪən] o [sju'mɪrɪən] *adj & s* sumerio
summarization [,sʌmərɪ'zeʃən] *s* resumen, recapitulación
summarize ['sʌməraɪz] *va* resumir, recapitular
summary ['sʌmərɪ] *adj* sumario; *s* (*pl:* **-ries**) sumario, resumen
summation [sʌm'eʃən] *s* adición; recapitulación; suma, total
summer ['sʌmər] *s* verano, estío; viga maestra; sotabanco (*piedra*); dintel; abril (*es decir, año*), p.ej., **to have seen fifteen summers** tener quince abriles; *adj* veraniego, estival; *va* preservar o mantener durante el verano; *vn* veranear
summer camp *s* campamento de veraneo
summer colony *s* colonia veraniega
summerhouse ['sʌmər,haus] *s* cenador, glorieta
summer house *s* casa para veranear, casa de verano
summering ['sʌmərɪŋ] *adj* veraneante; *s* veraneo
summer resort *s* lugar de veraneo, estación de verano
summersault ['sʌmər,sɔlt] *s & vn* var. de **somersault**
summer sausage *s* salchicha cruda seca, salchicha cruda ahumada
summer savory *s* (bot.) ajedrea de jardín
summer school *s* escuela de verano
summer solstice *s* (astr.) solsticio de verano
summer squash *s* calabaza (*variedad de Cucurbita Pepo que se come en el verano*)
summertime ['sʌmər,taɪm] *s* verano, estío
summer wheat *s* trigo de primavera
summery ['sʌmərɪ] *adj* veraniego, estival
summing up *s* recapitulación, resumen
summit ['sʌmɪt] *s* cima, cumbre; sumidad
summit conference *s* conferencia en la cumbre
summitry ['sʌmɪtrɪ] *s* reuniones en la cumbre, esfuerzo por resolver los problemas internacionales mediante conferencias en la cumbre
summon ['sʌmən] *va* llamar, convocar; (law) emplazar, citar; evocar
summoner ['sʌmənər] *s* (law) emplazador; (law) ujier
summons ['sʌmənz] *s* (*pl:* **-monses**) orden, señal; (law) emplazamiento, citación; *va* (coll.) emplazar, citar
sump [sʌmp] *s* sumidero; (mach.) colector de aceite
sumpter ['sʌmptər] *s* acémila
sumptuary ['sʌmptʃu,ɛrɪ] *adj* suntuario
sumptuary laws *spl* leyes suntuarias
sumptuous ['sʌmptʃuəs] *adj* suntuoso
Sun. abr. de **Sunday**
sun [sʌn] *s* sol; año solar; **from sun to sun** de sol a sol; **to have a place in the sun** ocupar su puesto en el mundo; **under the sun** debajo del sol, en este mundo; (*pret & pp:* **sunned;** *ger:* **sunning**) *va* asolear; *vn* asolearse
sun bath *s* baño de sol
sunbeam *s* ['sʌn,bim] *s* rayo de sol
sunbird ['sʌn,bʌrd] *s* (orn.) suimanga; (orn.) pájaro sol, tigana (*Eurypyga helias*)
sun bittern *s* (orn.) tigana, pájaro sol
sunbonnet ['sʌn,bɑnɪt] *s* papalina
sunburn ['sʌn,bʌrn] *s* quemadura de sol, solanera; (*pret & pp:* **-burned** o **-burnt**) *va* quemar al sol, tostar al sol; *vn* quemarse al sol, tostarse al sol
sunburnt ['sʌn,bʌrnt] *adj* requemado, bronceado
sunburst ['sʌn,bʌrst] *s* resplandor repentino del sol en medio de las nubes; broche en forma de sol
sundae ['sʌndɪ] *s* helado con frutas, jarabes o nueces
Sunda Islands ['sʌndə] *spl* islas de la Sonda
sun dance *s* danza del sol
Sunda Strait ['sʌndə] *s* estrecho de la Sonda
Sunday ['sʌndɪ] *s* domingo; *adj* dominical; dominguero (*que se usa en domingo*)
Sunday best *s* (coll.) trapos de cristianar, ropa dominguera
Sunday law *s* ley del descanso dominical
Sunday's child *s* niño nacido de pies, niño mimado de la fortuna
Sunday school *s* escuela dominical, doctrina dominical
sunder ['sʌndər] *s* separación; **in sunder** en dos, en partes; *va* separar; romper; *vn* separarse; romperse
sundew ['sʌn,dju] o ['sʌn,du] *s* (bot.) rocío de sol, rosolí, drosera
sundial ['sʌn,daɪəl] *s* reloj de sol, cuadrante solar
sundog ['sʌn,dɔg] o ['sʌn,dɑg] *s* parhelio; arco iris incompleto
sundown ['sʌn,daun] *s* puesta del sol
sun-dried ['sʌn,draɪd] *adj* secado al sol
sundries ['sʌndrɪz] *spl* artículos diversos
sundry ['sʌndrɪ] *adj* varios, diversos
sunfast ['sʌn,fæst] o ['sʌn,fɑst] *adj* inalterable al sol
sunfish ['sʌn,fɪʃ] *s* (ichth.) luna, pez luna; (ichth.) pomotio
sunflower ['sʌn,flauər] *s* (bot.) girasol
sung [sʌŋ] *pret & pp de* **sing**
sunglasses ['sʌn,glæsɪz] o ['sʌn,glɑsɪz] *spl* gafas para sol, gafas de sol
sunglow ['sʌn,glo] *s* arrebol
sun god *s* dios del sol, divinidad solar
sunk [sʌŋk] *pret & pp de* **sink**

S

sunken [ˈsʌŋkən] *adj* hundido, sumido
sun lamp *s* (med.) lámpara de rayos ultravioletas, lámpara de cuarzo
sunless [ˈsʌnlɪs] *adj* nublado, sin sol
sunlight [ˈsʌn,laɪt] *s* luz del sol
sunlit [ˈsʌn,lɪt] *adj* iluminado por el sol
sunn [sʌn] *s* var. de **sunn hemp**
Sunna o **Sunnah** [ˈsʊnə] *s* zuna
sunn hemp *s* (bot.) cáñamo de Bengala
sunny [ˈsʌnɪ] *adj* (*comp:* **-nier;** *super:* **-niest**) de sol; asoleado, bañado de sol; brillante, resplandeciente; alegre, risueño; **to be sunny** hacer sol
sunny side *s* sol, lado del sol; (fig.) lado bueno, lado favorable
sun parlor *s* solana, mirador
sun porch *s* solana
sunproof [ˈsʌn,pruf] *adj* a prueba de sol
sunrise [ˈsʌn,raɪz] *s* salida del sol, orto del sol
sunroom [ˈsʌn,rum] o [ˈsʌn,rʊm] *s* solana
sunset [ˈsʌn,sɛt] *s* puesta del sol, ocaso del sol
sunshade [ˈsʌn,ʃed] *s* quitasol, sombrilla; toldo, marquesina; visera contra el sol
sunshine [ˈsʌn,ʃaɪn] *s* día, claridad del sol; alegría, contento; **in the sunshine** al sol
sunshine roof *s* (aut.) techo corredizo
sunshiny [ˈsʌn,ʃaɪnɪ] *adj* (*comp:* **-ier;** *super:* **-iest**) lleno de sol; brillante, resplandeciente; alegre, risueño
sunspot [ˈsʌn,spɑt] *s* mancha solar, mácula solar
sun spurge *s* (bot.) lechetrezna
sunstroke [ˈsʌn,strok] *s* (path.) insolación
sun-up [ˈsʌn,ʌp] *s* salida o nacimiento del sol
sunward [ˈsʌnwərd] *adj* que va hacia el sol; *adv* hacia el sol
sunwards [ˈsʌnwərdz] *adv* hacia el sol
sunwise [ˈsʌn,waɪz] *adj & adv* con el sol (*en su aparente movimiento diurno*)
sup. abr. de **superior, superlative, supine** y **supplement**
sup [sʌp] *s* sorbo; (*pret & pp:* **supped;** *ger:* **supping**) *va* sorber; dar de cenar a; *vn* cenar
super [ˈsupər] o [ˈsjupər] *s* (coll.) figurante, comparsa; (coll.) superintendente; *adj* (coll.) súper, archi (*excelente, muy bueno*)
superable [ˈsupərəbəl] o [ˈsjupərəbəl] *adj* superable
superabound [,supərəˈbaʊnd] o [,sjupərəˈbaʊnd] *vn* sobreabundar o superabundar
superabundance [,supərəˈbʌndəns] o [,sjupərəˈbʌndəns] *s* sobreabundancia o superabundancia
superabundant [,supərəˈbʌndənt] o [,sjupərəˈbʌndənt] *adj* sobreabundante o superabundante
superadd [,supərˈæd] o [,sjupərˈæd] *va* sobreañadir
superannuate [,supərˈænjʊet] o [,sjupərˈænjʊet] *va* inhabilitar; jubilar (*por motivo de ancianidad o enfermedad*); *vn* inhabilitarse; jubilarse
superannuated [,supərˈænjʊ,etɪd] o [,sjupərˈænjʊ,etɪd] *adj* inhabilitado; jubilado; añejo, anticuado, fuera de moda
superannuation [,supər,ænjʊˈeʃən] o [,sjupər,ænjʊˈeʃən] *s* inhabilitación; jubilación
superb [sʊˈpʌrb] o [sjʊˈpʌrb] *adj* soberbio, estupendo, magnífico
superbomb [ˈsupər,bɑm] o [ˈsjupər,bɑm] superbomba
supercargo [ˈsupər,kɑrgo] o [ˈsjupər,kɑrgo] *s* (*pl:* **-goes** o **-gos**) (naut.) sobrecargo
supercharge [,supərˈtʃɑrdʒ] o [,sjupərˈtʃɑrdʒ] *va* sobrealimentar
supercharger [ˈsupər,tʃɑrdʒər] o [ˈsjupər,tʃɑrdʒər] *s* (mach.) compresor de sobrealimentación, superalimentador
superciliary [,supərˈsɪlɪ,ɛrɪ] o [,sjupərˈsɪlɪ,ɛrɪ] *adj* (anat.) superciliar
supercilious [,supərˈsɪlɪəs] o [,sjupərˈsɪlɪəs] *adj* arrogante, altanero, desdeñoso
supercolumniation *s* [,supərkə,lʌmnɪˈeʃən] o [,sjupərkə,lʌmnɪˈeʃən] *s* (arch.) superposición de columnas
superconductivity [,supər,kɑndʌkˈtɪvɪtɪ] o [,sjupər,kɑndʌkˈtɪvɪtɪ] *s* superconductividad
superconductor [,supərkənˈdʌktər] o [,sjupərkənˈdʌktər] *s* (elec.) superconductor
superdominant [,supərˈdɑmɪnənt] o [,sjupərˈdɑmɪnənt] *s* (mus.) superdominante
superego [,supərˈigo], [,supərˈɛgo], [,sjupərˈigo] o [,sjupərˈɛgo] *s* (psychoanal.) super-yo
superelevation [,supər,ɛlɪˈveʃən] o [,sjupər,ɛlɪˈveʃən] *s* (rail.) peralte
supereminent [,supərˈɛmɪnənt] o [,sjupərˈɛmɪnənt] *adj* supereminente
supererogation [,supər,ɛroˈgeʃən] o [,sjupər,ɛroˈgeʃən] *s* supererogación
supererogatory [,supərɪˈrɑgə,torɪ] o [,sjupərɪˈrɑgə,torɪ] *adj* supererogatorio
superfetation [,supərfɪˈteʃən] o [,sjupərfɪˈteʃən] *s* superfetación
superficial [,supərˈfɪʃəl] o [,sjupərˈfɪʃəl] *adj* superficial
superficiality [,supər,fɪʃɪˈælɪtɪ] o [,sjupər,fɪʃɪˈælɪtɪ] *s* (*pl:* **-ties**) superficialidad
superficiary [,supərˈfɪʃɪ,ɛrɪ] o [,sjupərˈfɪʃɪ,ɛrɪ] *adj* (law) superficiaro
superficies [,supərˈfɪʃɪiz] o [,sjupərˈfɪʃɪiz] *s* (*pl:* **-cies**) superficie
superfine [ˈsupər,faɪn] o [ˈsjupər,faɪn] *adj* superfino
superfluity [,supərˈfluɪtɪ] o [,sjupərˈfluɪtɪ] *s* (*pl:* **-ties**) superfluidad
superfluous [sʊˈpʌrfluəs] o [sjʊˈpʌrfluəs] *adj* superfluo
superfort [ˈsupər,fɔrt] o [ˈsjupər,fɔrt] o **superfortress** [ˈsupər,fɔrtrɪs] o [ˈsjupər,fɔrtrɪs] *s* (aer.) superfortaleza
superheat [,supərˈhit] o [,sjupərˈhit] *va* recalentar, sobrecalentar
superheater [,supərˈhitər] o [,sjupərˈhitər] *s* recalentador de vapor
superheterodyne [,supərˈhɛtərədaɪn] o [,sjupərˈhɛtərədaɪn] *adj & s* (rad.) superheterodino
superhighway [,supərˈhaɪ,we] o [,sjupərˈhaɪ,we] *s* supercarretera
superhuman [,supərˈhjumən] o [,sjupərˈhjumən] *adj* sobrehumano
superhumeral [,supərˈhjumərəl] o [,sjupərˈhjumərəl] *s* (eccl.) superhumeral
superimpose [,supərɪmˈpoz] o [,sjupərɪmˈpoz] *va* sobreponer
superincumbent [,supərɪnˈkʌmbənt] o [,sjupərɪnˈkʌmbənt] *adj* superyacente
superinduce [,supərɪnˈdjus] o [,sjupərɪnˈdjus] *va* sobreañadir
superinduction [,supərɪnˈdʌkʃən] o [,sjupərɪnˈdʌkʃən] *s* sobreañadidura
superintend [,supərɪnˈtɛnd] o [,sjupərɪnˈtɛnd] *va* superentender
superintendence [,supərɪnˈtɛndəns] o [,sjupərɪnˈtɛndəns] *s* superintendencia
superintendency [,supərɪnˈtɛndənsɪ] o [,sjupərɪnˈtɛndənsɪ] *s* (*pl:* **-cies**) var. de **superintendence**
superintendent [,supərɪnˈtɛndənt] o [,sjupərɪnˈtɛndənt] *s* superintendente
superior [səˈpɪrɪər] o [sʊˈpɪrɪər] *adj* superior; sereno, indiferente; arrogante; *s* superior; superiora
superioress [səˈpɪrɪərɪs] o [sʊˈpɪrɪərɪs] *s* superiora
superiority [sə,pɪrɪˈɑrɪtɪ] o [sʊ,pɪrɪˈɑrɪtɪ] *s* superioridad; serenidad, indiferencia; arrogancia
superl. abr. de **superlative**
superlative [səˈpʌrlətɪv] o [sʊˈpʌrlətɪv] *adj* superlativo; (gram.) superlativo; *s* (gram.) superlativo; **to talk in superlatives** exagerar
superman [ˈsupər,mæn] o [ˈsjupər,mæn] *s* (*pl:* **-men**) sobrehombre, superhombre
supermarket [ˈsupər,mɑrkɪt] o [ˈsjupər,mɑrkɪt] *s* supermercado
supermundane [,supərˈmʌnden] o [,sjupərˈmʌnden] *adj* sobremundano o supramundano
supernal [sʊˈpʌrnəl] o [sjʊˈpʌrnəl] *adj* superno, excelso, celestial
supernatant [,supərˈnetənt] o [,sjupərˈnetənt] *adj* sobrenadante
supernatural [,supərˈnætʃərəl] o [,sjupərˈnætʃərəl] *adj* sobrenatural
supernaturalism [,supərˈnætʃərəlɪzəm] o [,sjupərˈnætʃərəlɪzəm] *s* sobrenaturalismo
supernumerary [,supərˈnumə,rɛrɪ] o [,sjupərˈnjumə,rɛrɪ] *adj* supernumerario; *s* (*pl:* **-ies**) supernumerario; (theat.) figurante, comparsa

superorganic [ˌsupərɔrˈgænɪk] o [ˌsjupərɔrˈgænɪk] *adj* sobreorgánico
superphosphate [ˌsupərˈfɑsfet] o [ˌsjupərˈfɑsfet] *s* (chem. & agr.) superfosfato
superpose [ˌsupərˈpoz] o [ˌsjupərˈpoz] *va* sobreponer, superponer
superposition [ˌsupərpəˈzɪʃən] o [ˌsjupərpəˈzɪʃən] *s* superposición; (geom.) superposición
superpower [ˈsupərˌpaʊər] o [ˈsjupərˌpaʊər] *s* (dipl. & elec.) superpotencia
superproduction [ˌsupərprəˈdʌkʃən] o [ˌsjupərprəˈdʌkʃən] *s* superproducción
superregeneration [ˌsupərrɪˌdʒɛnəˈreʃən] o [ˌsjupərrɪˌdʒɛnəˈreʃən] *s* (rad.) superreacción, superregeneración
superregenerative [ˌsupərrɪˈdʒɛnəˌretɪv] o [ˌsjupərrɪˈdʒɛnəˌretɪv] *adj* (rad.) superregenerativo
supersaturate [ˌsupərˈsætʃəret] o [ˌsjupərˈsætʃəret] *va* sobresaturar
supersaturation [ˌsupərˌsætʃəˈreʃən] o [ˌsjupərˌsætʃəˈreʃən] *s* (chem.) sobresaturación
superscribe [ˌsupərˈskraɪb] o [ˌsjupərˈskraɪb] *va* sobrescribir
superscript [ˈsupərskrɪpt] o [ˈsjupərskrɪpt] *adj* sobrescrito; *s* (math.) índice sobrescrito
superscription [ˌsupərˈskrɪpʃən] o [ˌsjupərˈskrɪpʃən] *s* sobrescrito; (pharm.) superscripción
supersede [ˌsupərˈsid] o [ˌsjupərˈsid] *va* reemplazar, substituir; desalojar; (law) sobreseer
supersensible [ˌsupərˈsɛnsɪbəl] o [ˌsjupərˈsɛnsɪbəl] *adj* suprasensible
supersensitive [ˌsupərˈsɛnsɪtɪv] o [ˌsjupərˈsɛnsɪtɪv] *adj* supersensible
supersonic [ˌsupərˈsɑnɪk] o [ˌsjupərˈsɑnɪk] *adj* supersónico; **supersonics** *ssg* supersónica
superspy [ˈsupərˌspaɪ] o [ˈsjupərˌspaɪ] *s* (*pl:* **-spies**) superespía
superstate [ˈsupərˌstet] o [ˈsjupərˌstet] *s* superestado
superstition [ˌsupərˈstɪʃən] o [ˌsjupərˈstɪʃən] *s* superstición
superstitious [ˌsupərˈstɪʃəs] o [ˌsjupərˈstɪʃəs] *adj* supersticioso
superstructure [ˈsupərˌstrʌktʃər] o [ˈsjupərˌstrʌktʃər] *s* superstructura o superestructura
supertax [ˈsupərˌtæks] o [ˈsjupərˌtæks] *s* sobretasa, impuesto adicional
supervene [ˌsupərˈvin] o [ˌsjupərˈvin] *vn* sobrevenir
supervention [ˌsupərˈvɛnʃən] o [ˌsjupərˈvɛnʃən] *s* sobrevenida o superveniencia
supervise [ˈsupərvaɪz] o [ˈsjupərvaɪz] *va* superentender, supervisar
supervision [ˌsupərˈvɪʒən] o [ˌsjupərˈvɪʒən] *s* superintendencia, supervisión
supervisor [ˈsupərˌvaɪzər] o [ˈsjupərˌvaɪzər] *s* superintendente, supervisor
supervisory [ˌsupərˈvaɪzərɪ] o [ˌsjupərˈvaɪzərɪ] *adj* vigilante, supervisor, de superintendente
supervoltage [ˌsupərˈvoltɪdʒ] o [ˌsjupərˈvoltɪdʒ] *s* (phys.) supervoltaje
supination [ˌsupɪˈneʃən] o [ˌsjupɪˈneʃən] *s* supinación; (anat. & physiol.) supinación
supinator [ˌsupɪˈnetər] o [ˌsjupɪˈnetər] *s* (anat.) supinador
supine [suˈpaɪn] o [sjuˈpaɪn] *adj* supino; [ˈsupaɪn] o [ˈsjupaɪn] *s* (gram.) supino
supp. abr. de **supplement**
supper [ˈsʌpər] *s* cena; **to eat supper** tomar la cena, cenar
suppl. abr. de **supplement**
supplant [səˈplænt] *va* reemplazar, substituir; suplantar (*con malas artes*)
supple [ˈsʌpəl] *adj* flexible; dócil, servil; *va* hacer flexible; hacer dócil o servil; *vn* volverse flexible; volverse dócil o servil
supplement [ˈsʌplɪmənt] *s* suplemento (*lo que se añade para completar; parte que se añade a un diccionario, periódico u otro escrito*); (trig.) suplemento; [ˈsʌplɪmɛnt] *va* suplir, completar
supplemental [ˌsʌplɪˈmɛntəl] *adj* suplemental
supplementary [ˌsʌplɪˈmɛntərɪ] *adj* suplementario; (geom.) suplementario
suppliance [ˈsʌplɪəns] *s* súplica, suplicación
suppliant [ˈsʌplɪənt] o **supplicant** [ˈsʌplɪkənt] *adj & s* suplicante
supplicate [ˈsʌplɪket] *va & vn* suplicar
supplication [ˌsʌplɪˈkeʃən] *s* súplica, suplicación
supplicator [ˈsʌplɪˌketər] *s* suplicante
supplicatory [ˈsʌplɪkəˌtorɪ] *adj* suplicatorio
supply [səˈplaɪ] *s* (*pl:* **-plies**) suministro, provisión, aprovisionamiento; surtido, repuesto; suplente, substituto; oferta, existencia; **supplies** *spl* pertrechos; provisiones, víveres; artículos, efectos, materiales; **to be in short supply** escasear, ir a menos; (*pret & pp:* **-plied**) *va* abastecer, suministrar, proveer, aprovisionar; reemplazar; [ˈsʌplɪ] *adv* flexiblemente; dócilmente
supply and demand [səˈplaɪ] *spl* oferta y demanda
support [səˈport] *s* apoyo, soporte, sostén; sustento; *va* apoyar, soportar, sostener; sustentar; aguantar; (theat.) hacer el papel de; (theat.) acompañar (*a un actor principal*)
supportable [səˈportəbəl] *adj* soportable
supporter [səˈportər] *s* defensor, mantenedor, partidario; apoyo, soporte, sostén; tirante (*para medias*); suspensorio (*para sostener el escroto*); faja medical; (her.) tenante (*del escudo*)
suppose [səˈpoz] *va* suponer; creer; **to be supposed to** + *inf* deber + *inf*, p.ej., **he is supposed to arrive by three o'clock** debe llegar para las tres; **to be supposed to be** tener fama de (ser); **suppose we take a walk?** ¿qué será si damos un paseo?; **to suppose so** suponer que sí
supposed [səˈpozd] *adj* supuesto
supposedly [səˈpozɪdlɪ] *adv* según lo que se supone
supposition [ˌsʌpəˈzɪʃən] *s* suposición, creencia, opinión
suppositional [ˌsʌpəˈzɪʃənəl] *adj* supositivo, hipotético
supposititious [səˌpɑzɪˈtɪʃəs] *adj* supositicio (*fingido*); supositivo
suppository [səˈpɑzɪˌtorɪ] *s* (*pl:* **-ries**) supositorio
suppress [səˈprɛs] *va* suprimir
suppresser [səˈprɛsər] *s* var. de **suppressor**
suppressible [səˈprɛsɪbəl] *adj* suprimible
suppression [səˈprɛʃən] *s* supresión
suppressive [səˈprɛsɪv] *adj* supresivo
suppressor [səˈprɛsər] *s* supresor; eliminador (*de ruidos, de parásitos atmosféricos, etc.*)
suppurate [ˈsʌpjəret] *vn* supurar
suppuration [ˌsʌpjəˈreʃən] *s* supuración
suppurative [ˈsʌpjəˌretɪv] *adj* supurativo; supurante; *s* supurativo
supranational [ˌsuprəˈnæʃənəl] o [ˌsjuprəˈnæʃənəl] *adj* supranacional
supraorbital [ˌsuprəˈɔrbɪtəl] o [ˌsjuprəˈɔrbɪtəl] *adj* (anat.) supraorbital
suprarenal [ˌsuprəˈrinəl] o [ˌsjuprəˈrinəl] *adj* (anat.) suprarrenal; *s* (anat.) glándula suprarrenal
supraspinous [ˌsuprəˈspaɪnəs] o [ˌsjuprəˈspaɪnəs] *adj* supraspinoso
supraspinous fossa *s* (anat.) supraspina
supremacy [səˈprɛməsɪ], [sʊˈprɛməsɪ] o [sjʊˈprɛməsɪ] *s* supremacía
supreme [səˈprim], [sʊˈprim] o [sjʊˈprim] *adj* supremo; **supreme moment** momento supremo, hora suprema (*muerte*); **supreme sacrifice** sacrificio supremo
Supreme Being *s* Ser Supremo
Supreme Court *s* Tribunal Supremo; Corte Suprema (Am.)
supt. o **Supt.** abr. de **superintendent**
surah [ˈsurə] *s* surá (*tejido*)
sural [ˈsjurəl] *adj* (anat.) sural
surcease [sʌrˈsis] *s* (archaic) cesación
surcharge [ˈsʌrˌtʃɑrdʒ] *s* sobrecarga; (philately) sobrecarga; [ˌsʌrˈtʃɑrdʒ] o [ˈsʌrˌtʃɑrdʒ] *va* sobrecargar; (philately) sobrecargar
surcingle [ˈsʌrˌsɪŋgəl] *s* sobrecincha
surcoat [ˈsʌrˌkot] *s* gabán, sobretodo; sobreveste (*sobre la armadura*)
surd [sʌrd] *adj* (math. & phonet.) sordo; *s* (math.) número sordo; (phonet.) sonido sordo, consonante sorda
sure [ʃʊr] *adj* seguro; **for sure** seguramente,

S

sin duda; **to be sure** seguramente, sin duda; **to be sure to** + *inf* no dejar de + *inf;* **to make sure** asegurar; asegurarse, cerciorarse; *adv* (coll.) seguramente; **sure enough** efectivamente
sure-fire [ˈʃʊr,faɪr] *adj* (slang) seguro, de éxito seguro
sure-footed [ˈʃʊrˈfʊtɪd] *adj* de pie firme
sure thing *s* (slang) sacabocados; *adv* (slang) seguramente; *interj* (slang) ¡claro!, ¡seguro!
surety [ˈʃʊrtɪ] o [ˈʃʊrɪtɪ] *s* (*pl:* **-ties**) seguridad, fiador
suretyship [ˈʃʊrtɪʃɪp] o [ˈʃʊrɪtɪʃɪp] *s* seguridad, fianza
surf [sʌrf] *s* cachones, olas que rompen en la playa
surface [ˈsʌrfɪs] *s* superficie; *adj* superficial; *va* alisar, allanar; recubrir; cepillar (*madera*); emplastecer (*para pintar*); *vn* emerger (*un submarino*)
surface mail *s* correo por vía ordinaria
surface tension *s* (phys.) tensión superficial
surfbird [ˈsʌrf,bʌrd] *s* (orn.) afriza, chorlo de las playas
surfboard [ˈsʌrf,bord] *s* (sport) patín de mar
surfboat [ˈsʌrf,bot] *s* (naut.) bote que puede resistir a las marejadas fuertes
surf duck *s* (orn.) negreta
surfeit [ˈsʌrfɪt] *s* exceso; hastío, hartura; empacho, indigestión; *va* atracar, hastiar, hartar; encebadar (*las bestias*); *vn* atracarse, hartarse; encebadarse
surf-riding [ˈsʌrf,raɪdɪŋ] *s* (sport) patinaje sobre las olas
surfy [ˈsʌrfɪ] *adj* agitado, espumoso, undoso
surge [sʌrdʒ] *s* oleada; (elec.) sobretensión; *va* hacer undular; (naut.) aflojar, lascar, soltar poco a poco; *vn* agitarse, undular
surgeon [ˈsʌrdʒən] *s* cirujano
surgeonfish [ˈsʌrdʒən,fɪʃ] *s* (ichth.) cirujano
Surgeon General *s* (*pl:* **Surgeons General**) médico mayor, jefe de la sanidad militar o naval
surgery [ˈsʌrdʒərɪ] *s* (*pl:* **-ies**) cirugía; gabinete de cirujano, sala de operaciones
surgical [ˈsʌrdʒɪkəl] *adj* quirúrgico
surgy [ˈsʌrdʒɪ] *adj* (*comp:* **-ier;** *super:* **-iest**) agitado, onduloso
surly [ˈsʌrlɪ] *adj* (*comp:* **-lier;** *super:* **-liest**) áspero, rudo, hosco, insolente
surmise [sʌrˈmaɪz] o [ˈsʌrmaɪz] *s* conjetura, suposición; [sʌrˈmaɪz] *va & vn* conjeturar, suponer
surmount [sərˈmaʊnt] *va* levantarse sobre; coronar; aventajar, sobrepujar; superar
surmullet [sərˈmʌlɪt] *s* (ichth.) mullo, salmonete
surname [ˈsʌr,nem] *s* apellido; sobrenombre (*nombre que se añade al apellido*); *va* apellidar; sobrenombrar, dar un sobrenombre a
surpass [sərˈpæs] o [sərˈpɑs] *va* sobrepasar, aventajar
surpassing [sərˈpæsɪŋ] o [sərˈpɑsɪŋ] *adj* sobresaliente, extraordinario, incomparable
surplice [ˈsʌrplɪs] *s* (eccl.) sobrepelliz
surpliced [ˈsʌrplɪst] *adj* con sobrepelliz
surplus [ˈsʌrplʌs] *s* exceso, demasía, sobrante; (com.) superávit; *adj* sobrante, de sobra, excedente
surplusage [ˈsʌrplʌsɪdʒ] *s* exceso, demasía, sobrante; superfluidades (*palabras*)
surplus property *s* excedentes
surprisal [sərˈpraɪzəl] *s* sorpresa
surprise [sərˈpraɪz] *s* sorpresa; **to take by surprise** coger o tomar por sorpresa; *adj* inesperado, improviso; *va* sorprender; **to be surprised at** estar sorprendido de
surprise attack *s* ataque por sorpresa
surprise package *s* sorpresa
surprise party *s* reunión improvisada para felicitar a alguien
surprising [sərˈpraɪzɪŋ] *adj* sorprendente, sorpresivo
surrealism [səˈriəlɪzəm] *s* surrealismo
surrealist [səˈriəlɪst] *adj & s* surrealista
surrealistic [sə,riəlˈɪstɪk] *adj* surrealista
surrender [səˈrɛndər] *s* rendición, entrega; dejación, abandono; sumisión; *va* rendir, entregar; dejar, abandonar; *vn* rendirse, entregarse
surrender value *s* (ins.) valor de rescate
surreptitious [,sʌrɛpˈtɪʃəs] *adj* subrepticio
surrey [ˈsʌrɪ] *s* birlocho
surrogate [ˈsʌrəget] *s* substituto; (eccl.) vicario; (law) juez de testamentarías
surround [səˈraʊnd] *va* cercar, rodear, circundar; (mil.) sitiar
surrounding [səˈraʊndɪŋ] *adj* circundante, circunvecino; **surroundings** *spl* alrededores, contornos; ambiente, medio
surtax [ˈsʌrtæks] *s* impuesto adicional sobre rentas que pasan de cierta cantidad
surveillance [sərˈveləns] o [sərˈveljəns] *s* vigilancia
survey [ˈsʌrve] *s* examen, reconocimiento, inspección, estudio; medición, agrimensura, plano; levantamiento de planos; encuesta (*p.ej., de opinión*); bosquejo (*p.ej., de literatura*); [sʌrˈve] o [ˈsʌrve] *va* examinar, reconocer, inspeccionar, estudiar; medir; levantar el plano de; *vn* levantar el plano
surveying [sʌrˈveɪŋ] *s* agrimensura, planimetría
surveyor [sʌrˈveər] *s* examinador, inspector; sobrestante, vigilante; agrimensor, topógrafo; vista, inspector de aduanas
surveyorship [sʌrˈveərʃɪp] *s* agrimensura, empleo de agrimensor
surveyor's measure *s* sistema de medidas usado por los agrimensores (*la unidad es la cadena de 66 pies de largo, hecha de eslabones de 7,92 pulgadas de largo*)
survival [sərˈvaɪvəl] *s* supervivencia
survival of the fittest *s* (biol.) supervivencia de los más aptos
survive [sərˈvaɪv] *va* sobrevivir a (*otra persona, un desastre*); *vn* sobrevivir
surviving [sərˈvaɪvɪŋ] *adj* sobreviviente
survivor [sərˈvaɪvər] *s* sobreviviente
Susan [ˈsjuzən] o [ˈsuzən] *s* Susana
susceptibility [sə,sɛptɪˈbɪlɪtɪ] *s* (*pl:* **-ties**) susceptibilidad; impresionabilidad; (elec.) susceptibilidad
susceptible [səˈsɛptɪbəl] *adj* susceptible; enamoradizo
suspect [ˈsʌspɛkt] o [səsˈpɛkt] *s* sospechoso; *adj* sospechado; [səsˈpɛkt] *va & vn* sospechar
suspend [səsˈpɛnd] *va* suspender; **to suspend payment** suspender pagos; *vn* dejar de obrar, dejar de funcionar; suspender pagos
suspenders [səsˈpɛndərz] *spl* tirantes (*de pantalón*)
suspense [səsˈpɛns] *s* suspensión; duda, incertidumbre; ansiedad; indecisión, irresolución; **in suspense** en suspenso (*pendiente de alguna resolución*); en la incertidumbre
suspension [səsˈpɛnʃən] *s* suspensión; (rhet.) suspensión
suspension bridge *s* puente colgante, puente de suspensión
suspension of arms *s* suspensión de armas
suspension points *spl* puntos suspensivos
suspensive [səsˈpɛnsɪv] *adj* suspensivo; indeciso, irresoluto
suspensory [səsˈpɛnsərɪ] *adj* suspensorio; *s* (*pl:* **-ries**) suspensorio
suspicion [səsˈpɪʃən] *s* sospecha, suspicacia; sombra, traza ligera; **above suspicion** superior a la sospecha, por encima de toda sospecha; **on suspicion** por ser sospechado; **under suspicion** sospechado
suspicious [səsˈpɪʃəs] *adj* sospechoso
suspiration [,sʌspɪˈreʃən] *s* suspiro; respiración muy larga
suspire [səsˈpaɪr] *va* expresar con un suspiro; *vn* (poet.) suspirar, respirar con fuerza
sustain [səsˈten] *va* sostener, sustentar; apoyar, defender; confirmar, probar; sufrir (*p.ej., un daño, una pérdida*)
sustaining program *s* (rad. & telv.) programa sin patrocinador
sustenance [ˈsʌstɪnəns] *s* sustento, alimentos, subsistencia; sostenimiento
sutler [ˈsʌtlər] *s* vivandero
suture [ˈsutʃər] o [ˈsjutʃər] *s* costura; (anat., bot., surg. & zool.) sutura; *va* unir mediante sutura
suzerain [ˈsuzəren] o [ˈsjuzəren] *adj* soberano, supremo; *s* (feud.) suzerano; (dipl.) estado que ejerce la soberanía sobre otro
suzerainty [ˈsuzərentɪ] o [ˈsjuzərentɪ] *s*

(feud.) suzeranía; (dipl.) soberanía de un estado sobre otro
svelte [svɛlt] *adj* sutil, flexible, delgado, esbelto
s.w., S.W. o **SW** abr. de **southwest**
swab [swɑb] *s* escobón, estropajo, aljofifa, esponja; (surg.) algodón, esponja, tapón de algodón; (naut.) lampazo; (gun.) escobillón; (slang) patán; (*pret & pp:* **swabbed;** *ger:* **swabbing**) *va* limpiar, fregar; (surg.) limpiar con algodón; (naut.) lampacear
swabber [ˈswɑbər] *s* escobón; (surg.) algodón, esponja, tapón de algodón; (naut.) lampazo; (naut.) lampacero
Swabia [ˈswebɪə] *s* Suabia
Swabian [ˈswebɪən] *adj & s* suabo
swaddle [ˈswɑdəl] *s* faja, pañal; *va* fajar, envolver, empañar
swaddling clothes *spl* envoltura, pañales, mantillas
swag [swæg] *s* (slang) robo, hurto, botín; (f.a.) guirnalda
swage [swedʒ] *s* estampa, tas; *va* estampar, forjar en estampa, formar en el yunque
swagger [ˈswægər] *s* fanfarronada; contoneo, paso jactancioso; *adj* (coll.) muy elegante; *va* intimidar; decir fanfarroneando; *vn* fanfarronear; contonearse
swagger stick *s* bastón ligero de paseo
swain [swen] *s* zagal; (slang) amante, enamorado
swale [swel] *s* pantano, prado
swallow [ˈswɑlo] *s* trago, deglución; tragadero; (orn.) golondrina; *va* tragar, deglutir; (fig.) tragar o tragarse (*cosas inverosímiles; cosas repulsivas o vejatorias*); (fig.) suprimir, retractar, desdecir; engullir (*paparruchas*); *vn* tragar, deglutir
swallow-tail [ˈswɑlo,tel] *s* frac; (carp.) cola de milano
swallow-tailed coat [ˈswɑlo,teld] *s* frac
swallowwort [ˈswɑlo,wʌrt] *s* (bot.) golondrinera, celidonia
swam [swæm] *pret de* **swim**
swamp [swɑmp] *s* pantano, marisma; *va* sumergir, encharcar, inundar; abrumar (*p.ej., de trabajo*); *vn* sumergirse, hundirse
swampland [ˈswɑmp,lænd] *s* pantanal
swamp oak *s* (bot.) roble blanco de California (*Quercus lobata*); (bot.) casuarina; (bot.) roble de los pantanos (*Quercus palustris*); (bot.) viminaria
swampy [ˈswɑmpɪ] *adj* (*comp:* **-ier;** *super:* **-iest**) pantanoso
swan [swɑn] *s* (orn.) cisne; (fig.) cisne (*poeta*); (*cap.*) *s* (astr.) Cisne
swan dive *s* salto de ángel
swank [swæŋk] *s* (coll.) jactancia, ostentación, elegancia vistosa; *adj* (slang) vistoso, ostentoso, elegante; *vn* (coll.) fanfarronear, pavonearse
swan knight *s* (myth.) caballero del cisne
swanky [ˈswæŋkɪ] *adj* (*comp:* **-ier;** *super:* **-iest**) (slang) brioso, vistoso, ostentoso, elegante
swan mussel *s* (zool.) almeja de los estanques
swanneck [ˈswɑn,nɛk] *s* cuello de cisne
swan's-down [ˈswɑnz,daun] *s* plumón de cisne; moletón, paño de vicuña
swanskin [ˈswɑn,skɪn] *s* piel de cisne; moletón, lanilla
swan song *s* canto del cisne
swap [swɑp] *s* (coll.) trueque, cambalache; (*pret & pp:* **swapped;** *ger:* **swapping**) *va & vn* (coll.) trocar, cambalachear
sward [swɔrd] *s* césped
swarm [swɔrm] *s* enjambre; (fig.) enjambre; *va* enjambrar; trepar; *vn* enjambrar; trepar; volar o moverse en enjambres; hormiguear (*una multitud de gente o animales*)
swarming [ˈswɔrmɪŋ] *adj* hormigueante; *s* enjambrazón (*de abejas*)
swart [swɔrt] *adj* var. de **swarthy**
swarthy [ˈswɔrðɪ] o [ˈswɔrθɪ] *adj* (*comp:* **-ier;** *super:* **-iest**) moreno, atezado, carinegro
swash [swɑʃ] *s* chorretada, golpe de agua; ruido del agua movida; canalizo; *va* salpicar; *vn* chapotear; hacer ruido (*el agua*); baladronear, hacer ruido
swashbuckler [ˈswɑʃ,bʌklər] *s* espadachín, valentón, matón, matasiete
swashbuckling [ˈswɑʃ,bʌklɪŋ] *adj* fanfarrón, jactancioso; *s* fanfarronada, jactancia
swash plate *s* (mach.) placa oscilante
swastika [ˈswɑstɪkə] o [ˈswæstɪkə] *s* svástica
swat [swɑt] *s* (coll.) golpe violento; (*pret & pp:* **swatted;** *ger:* **swatting**) *va* (coll.) golpear con fuerza; (coll.) aporrear, aplastar (*una mosca*)
swatch [swɑtʃ] *s* muestra de tela, cuero, etc.; muestrario
swath [swɔθ] o [swɑθ] *s* guadañada; ringlera de hierba o mies acabada de segar; faja, tira; **to cut a swath** hacer gran papel
swathe [sweð] *s* envoltura; vendaje; guadañada; ringlera de hierba o mies acabada de segar; *va* envolver, fajar; atar, liar; vendar
sway [swe] *s* sacudimiento, oscilación, vaivén; inclinación, ladeo; imperio, mando, dominio; **to hold sway** tener dominio; **to hold sway over** dominar; *va* sacudir, hacer oscilar; conmover; disuadir; dominar, gobernar; *vn* inclinarse, ladearse; desviarse; oscilar; tambalear, flaquear
swayback [ˈswe,bæk] *s* corcova con prominencia anterior; *adj* deslomado, derrengado
sway-backed [ˈswe,bækt] *adj* deslomado, derrengado
swear [swɛr] (*pret:* **swore;** *pp:* **sworn**) *va* jurar; juramentar; prestar (*juramento*); **to swear in** tomar juramento a, hacer prestar juramento; **to swear off** jurar renunciar a; **to swear out** obtener mediante juramento; *vn* jurar; **to swear at** decir juramentos a, maldecir; **to swear by** jurar por; poner toda su confianza en; **to swear to** prestar juramento a; declarar bajo juramento; **to swear to** + *inf* jurar + *inf*, p.ej., **he swore to tell the truth** juró decir la verdad
sweat [swɛt] *s* sudor; (coll.) sudor, trasudor; (*pret & pp:* **sweat** o **sweated**) *va* sudar (*agua por los poros; la ropa*); hacer sudar; (slang) hacer sudar (*es decir, hacer dar a disgusto*); (slang) someter a un interrogatorio brutal para arrancar informes o una confesión; (metal.) fundir, soldar, calentar hasta la fusión; **to sweat it out** (slang) aguantarlo hasta el fin; *vn* sudar; (coll.) sudar (*trabajar con fatiga*)
sweatband [ˈswɛt,bænd] *s* badana del forro del sombrero, tafilete
sweater [ˈswɛtər] *s* sudante (*persona*); suéter
sweat gland *s* (anat.) glándula sudorípara
sweatily [ˈswɛtɪlɪ] *adv* con sudor
sweat shirt *s* (sport) pulóver de mangas largas
sweatshop [ˈswɛt,ʃɑp] *s* taller donde hacen sudar al obrero todo lo que puede rendir por un salario de miseria
sweaty [ˈswɛtɪ] *adj* (*comp:* **-ier;** *super:* **-iest**) sudoriento, sudoroso; (fig.) penoso, laborioso
Swed. abr. de **Sweden** y **Swedish**
Swede [swid] *s* sueco
Sweden [ˈswidən] *s* Suecia
Swedish [ˈswidɪʃ] *adj* sueco; *spl* suecos; *ssg* sueco (*idioma*)
Swedish clover *s* (*bot.*) trébol sueco
Swedish turnip *s* (bot.) nabo de Suecia
sweep [swip] *s* barrido; soplo (*del viento*); extensión; alcance; barrendero; deshollinador; remo largo y pesado; cigoñal (*de pozo*); (sport) carrera que decide las apuestas; (*pret & pp:* **swept**) *va* barrer; arrastrar, arrebatar; tocar, rozar; recorrer con la mirada, los dedos, etc.; *vn* barrer; pasar o moverse rápidamente; pasar arrasando; extenderse; precipitarse; andar con paso majestuoso
sweepback [ˈswip,bæk] *s* (aer.) flecha
sweeper [ˈswipər] *s* barrendero (*persona*); barredera (*máquina para barrer las calles*); barredera de alfombra; (nav.) dragaminas
sweep generator *s* (telv.) generador de barrido
sweeping [ˈswipɪŋ] *adj* arrebatador; comprensivo, extenso, vasto; *s* barredura; **sweepings** *spl* barreduras
sweep second hand *s* segundero central
sweepstake [ˈswip,stek] *s* ganancia por una persona de todas las apuestas; **sweepstakes** *ssg & spl* lotería en la cual una persona gana todas las apuestas; carrera que decide todas las apuestas; premio en las carreras de caballos
sweet [swit] *s* persona querida; dulzura; **sweets**

S

spl dulces, golosinas; *adj* dulce; oloroso; fresco; bueno, fértil; querido; lindo; amable; **to be sweet on** (coll.) estar enamorado de; *adv* dulcemente; **to smell sweet** tener buen olor
sweet alyssum *s* (bot.) alhelicillo
sweet basil *s* (bot.) albahaca
sweet bay *s* (bot.) laurel; (bot.) magnolia
sweetbread [ˈswit,brɛd] *s* lechecillas, mollejas
sweetbriar o **sweetbrier** [ˈswit,braɪər] *s* (bot.) eglantina (*Rosa eglanteria*)
sweet cicely *s* (bot.) perifollo oloroso
sweet cider *s* sidra dulce
sweet clover *s* (bot.) trébol oloroso
sweet corn *s* maíz tierno, maíz de grano dulce
sweeten [ˈswitən] *va* endulzar, azucarar; suavizar; purificar; *vn* endulzarse, azucararse; suavizarse
sweetening [ˈswitənɪŋ] *s* dulcificación; (cook.) dulcificante
sweet fern *s* (bot.) polipodio común; (bot.) perifollo oloroso
sweet flag *s* (bot.) ácoro, iris amarillo
sweet gale *s* (bot.) mirto de Brabante
sweet gum *s* (bot.) ocozol
sweetheart [ˈswit,hɑrt] *s* enamorado o enamorada; querida, amiga querida; galán, cortejo
sweetie [ˈswitɪ] *s* (coll.) var. de **sweetheart**
sweeting [ˈswitɪŋ] *s* camuesa (*manzana*)
sweetish [ˈswitɪʃ] *adj* algo dulce
sweet marjoram *s* (bot.) mejorana
sweetmeats [ˈswit,mits] *spl* confitura, confites, dulces
sweetness [ˈswitnɪs] *s* dulzura; suavidad
sweet oil *s* aceite de oliva
sweet pea *s* (bot.) guisante de olor
sweet pepper *s* (bot.) pimiento dulce
sweet pepper bush *s* (bot.) cletra
sweet potato *s* batata, camote; (coll.) ocarina
sweet scabious *s* (bot.) escabiosa de Indias
sweet-scented [ˈswit,sɛntɪd] *adj* oloroso, perfumado
sweet sixteen *s* los dieciséis abriles
sweetsop [ˈswit,sɑp] *s* (bot.) chirimoyo del Senegal; chirimoya del Senegal (*fruto*)
sweet spirit of niter *s* (pharm.) espíritu de nitro dulce
sweet-tempered [ˈswitˈtɛmpərd] *adj* complaciente, de carácter dulce
sweet tooth *s* gusto por los dulces
sweet-toothed [ˈswit,tuθt] *adj* goloso
sweet william o **sweet William** *s* (bot.) clavel de ramillete, clavel de San Isidro, minutisa
swell [swɛl] *s* hinchazón; entumecimiento; oleada, marejada; oleaje; mar tendida, mar de fondo o de leva; ondulación del terreno; (mus.) reguladores; (mus.) pedal de expresión (*del órgano*); (coll.) persona muy elegante; *adj* (coll.) muy elegante; (slang) de órdago, magnífico, excelente; (*pret:* **swelled;** *pp:* **swelled** o **swollen**) *va* hinchar, inflar (*con aire*); abultar, aumentar, acrecentar; elevar, levantar; (mus.) aumentar gradualmente la fuerza de; (fig.) hinchar, engreír; *vn* hincharse; inflarse; abultarse, aumentar, crecer; elevarse, levantarse; (mus.) aumentar gradualmente en fuerza; (fig.) hincharse, engreírse; embravecerse (*el mar*)
swelled head *s* entono, soberbia; **to have a swelled head** estar muy pagado de sí mismo
swelling [ˈswɛlɪŋ] *s* hinchazón; bulto, chichón, protuberancia
swelter [ˈswɛltər] *s* calor abrumador; sudor abundante; *va* abrumar, sofocar; sudar, hacer sudar; *vn* abrumarse, sofocarse de calor; chorrear de sudor
swept [swɛpt] *pret & pp de* **sweep**
sweptback wing [ˈswɛpt,bæk] *s* var. de **backswept wing**
swerve [swʌrv] *s* desvío brusco; *va* desviar; *vn* desviarse, torcer, cambiar repentinamente de dirección
swift [swɪft] *adj* veloz, rápido; pronto, presto; repentino; vivo, activo; *adv* velozmente, rápidamente; *s* (orn.) vencejo (*Apus apus*); (orn.) salangana (*Collocalia esculenta*)
swift-footed [ˈswɪftˈfʊtɪd] *adj* ligero, veloz, de paso rápido
swiftly [ˈswɪftlɪ] *adv* velozmente, rápidamente; pronto
swiftness [ˈswɪftnɪs] *s* velocidad, rapidez; prontitud
swig [swɪg] *s* (coll.) tragantada; (*pret & pp:* **swigged;** *ger:* **swigging**) *va & vn* (coll.) beber a grandes tragos
swill [swɪl] *s* bazofia; basura, inmundicia; tragantada; *va* lavar, inundar de agua; beber a grandes tragos; llenar; emborrachar; *vn* chapotear, salpicar; beber a grandes tragos; emborracharse
swim [swɪm] *s* natación; nadada (Am.); distancia recorrida nadando; vahido, desmayo; (ichth.) vejiga natatoria, nadadera de pez; **the swim** (coll.) la corriente (*p.ej., de los negocios*); (*pret:* **swam;** *pp:* **swum;** *ger:* **swimming**) *va* pasar a nado; hacer nadar o flotar; *vn* nadar; deslizarse, escurrirse; padecer vahidos; dar vueltas (*la cabeza*); **to go swimming** ir a nadar, ir a bañarse; **to swim across** atravesar a nado
swimmer [ˈswɪmər] *s* nadador
swimmeret [ˈswɪmərɛt] *s* (zool.) pleópodo
swimming [ˈswɪmɪŋ] *s* natación; vahido, vértigo; *adj* nadante; lleno de lágrimas
swimmingly [ˈswɪmɪŋlɪ] *adv* lisamente, sin tropiezo, sin dificultad
swimming pool *s* piscina, piscina natatoria
swimming suit *s* traje de baño, traje de natación
swimwear [ˈswɪm,wɛr] *s* ropa de natación, trajes de natación
swindle [ˈswɪndəl] *s* estafa, timo; *va & vn* estafar, timar
swindler [ˈswɪndlər] *s* estafador, timador
swine [swaɪn] *s* cerdo, puerco; (fig.) puerco, cochino; *spl* ganado de cerda
swineherd [ˈswaɪn,hʌrd] *s* porquero, porquerizo
swing [swɪŋ] *s* oscilación, balance, vaivén; columpio; hamaca; anchura, libertad de acción; alcance; turno, período; jira; fuerza, ímpetu; vuelta; (boxing) golpe lateral, golpe de lado; (mus. & poet.) ritmo constantemente repetido; **in full swing** en plena marcha, en pleno vigor; (*pret & pp:* **swung**) *va* blandir (*p.ej., un arma*); menear (*los brazos*); hacer oscilar, hacer dar vueltas a; colgar (*una cosa*) para que oscile; columpiar; manejar con éxito; *vn* oscilar; balancearse, bambolear; columpiarse; estar colgado; dar una vuelta; **to swing open** abrirse de pronto (*una puerta*)
swing drawbridge *s* puente giratorio
swingeing [ˈswɪndʒɪŋ] *adj* (coll.) muy grande, extraordinario
swinging boom *s* (naut.) tangón
swinging door *s* batiente oscilante
swingle [ˈswɪŋgəl] *s* espadilla; *va* espadillar
swingletree [ˈswɪŋgəl,tri] *s* var. de **singletree**
swing music *s* música de baile de ritmo repetido y con improvisaciones
swing shift *s* (coll.) turno desde las quince hasta medianoche
swinish [ˈswaɪnɪʃ] *adj* porcuno; (fig.) puerco, cochino
swipe [swaɪp] *s* (coll.) golpe fuerte; *va* (coll.) dar un golpe fuerte a; (slang) hurtar, robar
swirl [swʌrl] *s* remolino, torbellino; vuelta, movimiento giratorio; *va* hacer girar; *vn* remolinar, arremolinarse; girar
swish [swɪʃ] *s* silbido, zumbido; chasquido (*p. ej., de látigo*); crujido (*de un vestido*); *va* chasquear (*p.ej., el látigo*); *vn* moverse produciendo un silbido o zumbido; chasquear; crujir (*un vestido*)
Swiss [swɪs] *adj & ssg* suizo; *spl* suizos
Swiss chard *s* (bot.) acelga
Swiss cheese *s* queso suizo, Gruyère
Swiss Guards *spl* guardia suiza
Swiss mountain pine *s* (bot.) pino negro
Swiss pine *s* (bot.) pino cembro
switch [swɪtʃ] *s* varilla, bastoncillo, latiguillo; golpe, latigazo; coletazo; cabellera, trenza o moño postizo, añadido (*de mujer*); (elec.) llave; (elec.) interruptor; (elec.) conmutador; (rail.) agujas; desviación, conmutación, cambio; *va* azotar, fustigar; (elec.) conmutar; (rail.) desviar; **to switch off** (elec.) cortar, desconectar; **to switch on** (elec.) cerrar (*el*

circuito); poner, encender (*la luz, la radio, etc.*); *vn* cambiarse, moverse; desviarse

switchback ['swɪtʃ,bæk] *s* (rail.) pendiente de vaivén; deslizador circular, montaña rusa

switchboard ['swɪtʃ,bord] *s* (elec. & telp.) cuadro de distribución

switching engine *s* (rail.) locomotora de maniobras

switchman ['swɪtʃmən] *s* (*pl:* **-men**) (rail.) guardagujas, agujetero

switch plate *s* (elec.) placa de interruptor, placa de llave

switch tender *s* (rail.) guardagujas, agujetero

switch tower *s* (rail.) garita o torre de control

switchyard ['swɪtʃ,jɑrd] *s* (rail.) patio de maniobras

Switzerland ['swɪtsərlənd] *s* Suiza

swivel ['swɪvəl] *s* eslabón giratorio; torniquete (*de silla giratoria*); enganche giratorio; (gun.) colisa; (*pret & pp:* **-eled** o **-elled;** *ger:* **-eling** o **-elling**) *va* hacer girar sobre un eje; enganchar con un eslabón giratorio; *vn* girar sobre un eje

swivel chair *s* silla giratoria

swivel gun *s* colisa

swob [swɑb] *s* var. de **swab;** (*pret & pp:* **swobbed;** *ger:* **swobbing**) *va* var. de **swab**

swollen ['swolən] *adj* hinchado; crecido; **swollen with pride** hinchado de orgullo; *pp de* **swell**

swoon [swun] *s* desmayo, deliquio; *vn* desmayarse, desvanecerse

swoop [swup] *s* arremetida, descenso súbito; *va* arrebatar, coger al vuelo; *vn* bajar rápidamente, precipitarse; abatirse (*el ave de rapiña*)

swop [swɑp] *s* var. de **swap;** (*pret & pp:* **swopped;** *ger:* **swopping**) *va & vn* var. de **swap**

sword [sord] *s* espada; **at swords' points** enemistados a sangre y fuego; **the sword** el poder de la espada; **to cross swords** luchar, reñir; **to draw the sword** tirar de la espada, desnudar la espada; **to measure swords** medir las espadas; **to put to the sword** pasar al filo de la espada; **to sheathe the sword** envainar la espada

sword-and-cloak ['sordənd'klok] *adj* de capa y espada

sword arm *s* brazo derecho

sword bayonet *s* bayoneta espada, sable-bayoneta

sword bean *s* (bot.) caraota grande (*Canavalia gladiata*)

swordbearer ['sord,bɛrər] *s* paje que llevaba la espada al caballero

sword belt *s* cinturón

sword cane *s* bastón de estoque

sword dance *s* danza de espadas

sword fern *s* (bot.) cola de quetzal

swordfish ['sord,fɪʃ] *s* (ichth.) pez espada

sword handler *s* (taur.) mozo de estoques

sword knot *s* borla de espada

sword lily *s* (bot.) estoque

swordman ['sordmən] *s* (*pl:* **-men**) var. de **swordsman**

Sword of Damocles *s* espada de Dámocles

swordplay ['sord,ple] *s* esgrima; danza de espadas

sword rattling *s* fanfarronería

sword side *s* lado del padre, varones de la familia

swordsman ['sordzmən] *s* (*pl:* **-men**) espada; esgrimidor

swordsmanship ['sordzmənʃɪp] *s* esgrima, habilidad en el manejo de la espada

sword swallower ['swɑloər] *s* tragasable

sword thrust *s* estocada, golpe de espada

swore [swor] *pret de* **swear**

sworn [sworn] *pp de* **swear**

sworn enemy *s* enemigo jurado

swum [swʌm] *pp de* **swim**

swung [swʌŋ] *pret & pp de* **swing**

Sybarite ['sɪbəraɪt] *adj & s* sibarita

Sybaritic [,sɪbə'rɪtɪk] *adj* sibarítico

sybaritism ['sɪbəraɪtɪzəm] *s* sibaritismo

sycamore ['sɪkəmor] *s* (bot.) sicómoro; (bot.) plátano; (bot.) falso plátano, arce blanco

sycamore fig *s* (bot.) sicómoro

sycamore maple *s* (bot.) falso plátano, arce blanco

sycon ['saɪkɑn] *s* (zool.) sicón

syconium [saɪ'konɪəm] *s* (bot.) sicono

sycophancy ['sɪkəfənsɪ] *s* adulación, servilismo; parasitismo

sycophant ['sɪkəfənt] *s* adulador; parásito; (hist.) sicofanta (*denunciador; impostor*)

sycophantic [[,sɪkə'fæntɪk] *adj* adulatorio; parasítico

sycosis [saɪ'kosɪs] *s* (path.) sicosis (*afección de la piel*)

syenite ['saɪənaɪt] *s* (mineral.) sienita

syll. abr. de **syllable** y **syllabus**

syllabary ['sɪlə,bɛrɪ] *s* (*pl:* **-ies**) silabario

syllabic [sɪ'læbɪk] *adj* silábico

syllabicate [sɪ'læbɪket] *va* silabear

syllabication [sɪ,læbɪ'keʃən] o **syllabification** [sɪ,læbɪfɪ'keʃən] *s* silabeo

syllabify [sɪ'læbɪfaɪ] (*pret & pp:* **-fied**) *va* silabear

syllabize ['sɪləbaɪz] *va* var. de **syllabify**

syllable ['sɪləbəl] *s* sílaba; *va* silabear

syllabub ['sɪləbʌb] *s* var. de **sillabub**

syllabus ['sɪləbəs] *s* (*pl:* **-buses** *o* **-bi** [baɪ]) sílabo

syllepsis [sɪ'lɛpsɪs] *s* (*pl:* **-ses** [siz]) (rhet.) silepsis

syllogism ['sɪlədʒɪzəm] *s* silogismo

syllogistic [,sɪlə'dʒɪstɪk] *adj* silogístico

syllogize ['sɪlədʒaɪz] *va* deducir mediante silogismos; *vn* silogizar

sylph [sɪlf] *s* (myth.) silfo, sílfide; (fig.) sílfide

sylva ['sɪlvə] *s* var. de **silva**

sylvan ['sɪlvən] *adj* selvoso, selvático

sylvanite ['sɪlvənaɪt] *s* (mineral.) silvanita

Sylvia ['sɪlvɪə] *s* Silvia

sylviculture [,sɪlvɪ'kʌltʃər] *s* silvicultura

sylvite ['sɪlvaɪt] *s* (mineral.) silvina

Sylvanus [sɪl'venəs] *s* Silvano

sym. abr. de **symbol, symmetrical, symphony** y **symptom**

symbiont ['sɪmbaɪɑnt] o ['sɪmbɪɑnt] *s* (biol.) simbión o simbiota

symbiosis [,sɪmbaɪ'osɪs] o [,sɪmbɪ'osɪs] *s* (biol.) simbiosis

symbiotic [,sɪmbaɪ'ɑtɪk] o [,sɪmbɪ'ɑtɪk] *adj* (biol.) simbiótico

symbol ['sɪmbəl] *s* símbolo; *va* simbolizar

symbolic [sɪm'bɑlɪk] o **symbolical** [sɪm'bɑlɪkəl] *adj* simbólico

symbolism ['sɪmbəlɪzəm] *s* simbolismo

symbolist ['sɪmbəlɪst] *s* simbolista

symbolistic [,sɪmbəl'ɪstɪk] *adj* simbolístico

symbolization [,sɪmbəlɪ'zeʃən] *s* simbolización

symbolize ['sɪmbəlaɪz] *va* simbolizar

symmetric [sɪ'mɛtrɪk] o **symmetrical** [sɪ'mɛtrɪkəl] *adj* simétrico

symmetrically [sɪ'mɛtrɪkəlɪ] *adv* simétricamente

symmetrize ['sɪmɪtraɪz] *va* simetrizar

symmetry ['sɪmɪtrɪ] *s* (*pl:* **-tries**) simetría

sympathectomy [,sɪmpə'θɛktəmɪ] *s* (surg.) simpaticectomía

sympathetic [,sɪmpə'θɛtɪk] *adj* simpático (*p.ej., sentimiento*); compasivo; (anat., mus., phys. & physiol.) simpático; **sympathetic to** o **toward** favorablemente dispuesto a o hacia

sympathetically [,sɪmpə'θɛtɪkəlɪ] *adv* simpáticamente; compasivamente

sympathetic ink *s* tinta simpática

sympathetic nervous system *s* (anat. & physiol.) gran simpático, sistema nervioso simpático, sistema del gran simpático

sympathetic strike *s* huelga para ayuda a otros huelguistas

sympathize ['sɪmpəθaɪz] *vn* simpatizar, compadecerse; **to sympathize with** compadecer, compadecerse de; comprender

sympathizer ['sɪmpə,θaɪzər] *s* simpatizador; partidario

sympathy ['sɪmpəθɪ] *s* (*pl:* **-thies**) simpatía; compasión, conmiseración; **to be in sympathy with** estar de acuerdo con, ser partidario de; **to extend one's sympathies to** dar el pésame a

sympetalous [sɪm'pɛtələs] *adj* (bot.) simpétalo

symphonic [sɪm'fɑnɪk] *adj* sinfónico

symphonic poem *s* (mus.) poema sinfónico

symphonious [sɪm'fonɪəs] *adj* armonioso
symphonist ['sɪmfənɪst] *s* sinfonista
symphony ['sɪmfənɪ] *s* (*pl:* **-nies**) sinfonía
symphony orchestra *s* orquesta sinfónica o gran orquesta
symphysis ['sɪmfɪsɪs] *s* (*pl:* **-ses** [siz]) (anat. & zool.) sínfisis
sympodium [sɪm'podɪəm] *s* (*pl:* **-a** [ə]) (bot.) simpodio
symposium [sɪm'pozɪəm] *s* (*pl:* **-a** [ə]) coloquio; colección de artículos sobre un mismo tema; (hist.) simposio
symptom ['sɪmptəm] *s* (med. & fig.) síntoma
symptomatic [,sɪmptə'mætɪk] *adj* sintomático
symptomatology [,sɪmptəmə'tɑlədʒɪ] *s* sintomatología
syn. abr. de **synonym** y **synonymous**
synaeresis [sɪ'nɛrɪsɪs] *s* sinéresis
synaesthesia [,sɪnɛs'θiʒə] o [,sɪnɛs'θiʒɪə] *s* var. de **synesthesia**
synagogue ['sɪnəgɑg] *s* sinagoga
synalepha o **synaloepha** [,sɪnə'lifə] *s* sinalefa
synapse [sɪ'næps] *s* (physiol.) sinapsis
synapsis [sɪ'næpsɪs] *s* (*pl:* **-ses** [siz]) (biol. & physiol.) sinapsis
synarthrosis [,sɪnɑr'θrosɪs] *s* (anat.) sinartrosis
sync [sɪŋk] *s* (coll.) sincronización (*en la cinematografía y la telecomunicación*); (*pret & pp:* **synced** [sɪŋkt]; *ger:* **syncing** ['sɪŋkɪŋ]) *va & vn* (coll.) sincronizar
syncarp ['sɪnkɑrp] *s* (bot.) sincarpo
syncarpous [sɪn'kɑrpəs] *adj* (bot.) sincárpeo
synchromesh ['sɪŋkro,mɛʃ] *s* (aut.) engranaje sincronizado; (aut.) cambio de velocidades sincronizado
synchronal ['sɪŋkrənəl] *adj* var. de **synchronous**
synchronic [sɪn'krɑnɪk] *adj* sincrónico
synchronism ['sɪŋkrənɪzəm] *s* sincronismo; cuadro sincrónico
synchronization [,sɪŋkrənɪ'zeʃən] *s* sincronización
synchronize ['sɪŋkrənaɪz] *va & vn* sincronizar
synchronizer ['sɪŋkrə,naɪzər] *s* sincronizador
synchronoscope [sɪn'krɑnəskop] *s* (elec.) sincronoscopio
synchronous ['sɪŋkrənəs] *adj* síncrono; (elec.) síncrono
synchronous converter *s* (elec.) convertidor sincrónico
synchronous motor *s* (elec.) motor sincrónico
synchronous speed *s* (elec.) velocidad de sincronismo
synchrony ['sɪŋkrənɪ] o ['sɪnkrənɪ] *s* sincronía
synchrotron ['sɪŋkrətrɑn] *s* (phys.) sincrotrón
synchro unit ['sɪŋkro] *s* (elec.) motor sincronizador
synclastic [sɪn'klæstɪk] *adj* (math.) sinclástico
synclinal [sɪn'klaɪnəl] o ['sɪŋklɪnəl] *adj* sinclinal; (geol.) sinclinal
syncline ['sɪŋklaɪn] *s* (geol.) sinclinal
syncopal ['sɪŋkəpəl] *adj* sincopal
syncopate ['sɪŋkəpet] *va* (mus. & phonet.) sincopar
syncopated ['sɪŋkə,petɪd] *adj* sincopado
syncopation [,sɪŋkə'peʃən] *s* (mus. & phonet.) síncopa
syncope ['sɪŋkəpɪ] *s* (mus. & phonet.) síncopa; (path. & phonet.) síncope
syncretic [sɪn'krɛtɪk] *adj* sincrético
syncretism ['sɪŋkrətɪzəm] *s* sincretismo
syncrisis ['sɪŋkrɪsɪs] *s* (rhet.) sincrisis
syndactyl o **syndactyle** [sɪn'dæktɪl] *adj & s* sindáctilo
syndesmosis [,sɪndɛs'mosɪs] *s* (*pl:* **-ses** [siz]) (anat.) sindesmosis
syndic ['sɪndɪk] *s* síndico
syndical ['sɪndɪkəl] *adj* sindical
syndicalism ['sɪndɪkəlɪzəm] *s* sindicalismo
syndicalist ['sɪndɪkəlɪst] *adj & s* sindicalista
syndicate ['sɪndɪkɪt] o ['sɪndɪket] *s* sindicato; ['sɪndɪket] *va* sindicar; dirigir mediante un sindicato; publicar mediante un sindicato; *vn* sindicarse
syndication [,sɪndɪ'keʃən] *s* sindicación
syndrome ['sɪndrəmi] o ['sɪndrom] *s* (path.) síndrome
synecdoche [sɪ'nɛkdəkɪ] (rhet.) sinécdoque
syneresis [sɪ'nɛrɪsɪs] *s* var. de **synaeresis**
synergy ['sɪnərdʒɪ] *s* sinergia
synesthesia [,sɪnɛs'θiʒə] o [,sɪnɛs'θiʒɪə] *s* (physiol. & psychol.) sinestesia
syngamy ['sɪŋgəmɪ] *s* (biol.) singamia
syngenesious [,sɪndʒɪ'niʃəs] *adj* (bot.) singenésico
syngenesis [sɪn'dʒɛnɪsɪs] *s* (biol.) singénesis
synizesis [,sɪnɪ'zisɪs] *s* (gram., biol. & path.) sinizesis
synod ['sɪnəd] *s* sínodo; (astr. & astrol.) sínodo
synodal ['sɪnədəl] *adj* sinodal
synodic [sɪ'nɑdɪk] o **synodical** [sɪ'nɑdɪkəl] *adj* sinódico; (astr.) sinódico
synonym ['sɪnənɪm] *s* sinónimo
synonymity [,sɪnə'nɪmɪtɪ] *s* sinonimia
synonymous [sɪ'nɑnɪməs] *adj* sinónimo
synonymy [sɪ'nɑnɪmɪ] *s* (*pl:* **-mies**) sinonimia; (rhet.) sinonimia
synop. abr. de **synopsis**
synopsis [sɪ'nɑpsɪs] *s* (*pl:* **-ses** [siz]) sinopsis
synoptic [sɪ'nɑptɪk] o **synoptical** [sɪ'nɑptɪkəl] *adj* sinóptico
synorchism [sɪ'nɔrkɪzəm] *s* (path.) sinorquismo
synovia [sɪ'novɪə] *s* (anat.) sinovia
synovial [sɪ'novɪəl] *adj* sinovial
synovitis [,sɪnə'vaɪtɪs] *s* (path.) sinovitis
syntactic [sɪn'tæktɪk] o **syntactical** [sɪn'tæktɪkəl] *adj* sintáctico
syntax ['sɪntæks] *s* sintaxis
synthesis ['sɪnθɪsɪs] *s* (*pl:* **-ses** [siz]) síntesis
synthesize ['sɪnθɪsaɪz] *va* sintetizar
synthetic [sɪn'θɛtɪk] o **synthetical** [sɪn'θɛtɪkəl] *adj* sintético
synthetically [sɪn'θɛtɪkəlɪ] *adv* sintéticamente
synthetic rubber *s* caucho sintético
syntonic [sɪn'tɑnɪk] o **syntonical** [sɪn'tɑnɪkəl] *adj* (elec.) sintónico
syntonin ['sɪntənɪn] *s* (biochem.) sintonina
syntony ['sɪntənɪ] *s* (elec.) sintonía
syphilide ['sɪfɪlɪd] *s* (path.) sifílide
syphilis ['sɪfɪlɪs] *s* (path.) sífilis
syphilitic [,sɪfɪ'lɪtɪk] *adj & s* sifilítico
syphilologist [,sɪfɪ'lɑlədʒɪst] *s* sifilólogo
syphilology [,sɪfɪ'lɑlədʒɪ] *s* sifilología
syphilosis [,sɪfɪ'losɪs] *s* (path.) sifilosis
syphon ['saɪfən] *s & va* var. de **siphon**
syr. abr. de **syrup**
Syracusan [,sɪrə'kjuzən] *adj & s* siracusano
Syracuse ['sɪrəkjus] *s* Siracusa
Syria ['sɪrɪə] *s* Siria
Syriac ['sɪrɪæk] *adj & s* siríaco (*dialecto*)
Syrian ['sɪrɪən] *adj & s* sirio
syringa [sɪ'rɪŋgə] *s* (bot.) jeringuilla, celinda
syringe ['sɪrɪndʒ] o [sɪ'rɪndʒ] *s* jeringa; (med.) jeringa, jeringuilla; (med.) jeringa, mangueta (*para echar ayudas*); *va* jeringar
syringin [sɪ'rɪndʒɪn] *s* (chem.) siringina
syringomyelia [sɪ,rɪŋgomaɪ'ilɪə] *s* (path.) siringomielia
syringotomy [,sɪrɪŋ'gɑtəmɪ] *s* (surg.) siringotomía
syrinx ['sɪrɪŋks] *s* (*pl:* **syringes** [sɪ'rɪndʒiz] o **syrinxes**) (anat.) trompa de Eustaquio; siringa (*zampoña, flauta de Pan*); siringe (*órgano cantor de los pájaros*)
syrt [sʌrt] *s* sirte
syrtis ['sʌrtɪs] *s* (*pl:* **-tes** [tiz]) sirte
syrup ['sɪrəp] o ['sʌrəp] *s* almíbar; jarabe (*almíbar con zumos refrescantes o medicinales*)
syrupy ['sɪrəpɪ] o ['sʌrəpɪ] *adj* almibarado; espeso como jarabe
syssarcosis [,sɪsɑr'kosɪs] *s* (anat.) sisarcosis
Syst. abr. de **system**
systaltic [sɪs'tæltɪk] *adj* sistáltico
system ['sɪstəm] *s* sistema
systematic [,sɪstə'mætɪk] *adj* sistemático; **systematics** *ssg* sistemática
systematical [,sɪstə'mætɪkəl] *adj* var. de **systematic**
systematically [,sɪstə'mætɪkəlɪ] *adv* sistemáticamente

systematization [ˌsɪstəmətɪˈzeʃən] *s* sistematización
systematize [ˈsɪstəmətaɪz] *va* sistematizar
systematology [ˌsɪstəməˈtɑlədʒɪ] *s* sistematología
systemic [sɪsˈtɛmɪk] *adj* (anat. & physiol.) sistemático
systemize [ˈsɪstəmaɪz] *va* var. de **systematize**
systole [ˈsɪstəlɪ] *s* (gram., biol. & physiol.) sístole
systolic [sɪsˈtɑlɪk] *adj* sistólico
systyle [ˈsɪstaɪl] *s* (arch.) sístilo
syzygy [ˈsɪzɪdʒɪ] *s* (*pl:* **-gies**) (astr.) sicigia

S

T

T, t [ti] *s* (*pl:* **T's, t's** [tiz]) vigésima letra del alfabeto inglés

t. abr. de **teaspoon, temperature, tempore, tenor, tense, territory, time, ton** o **tons, town** y **transitive**

T. abr. de **Territory, Testament** y **Tuesday**

tab [tæb] *s* apéndice; marbete; lengüeta; (coll.) cuenta; (aer.) aleta compensadora; **to keep tab on** (coll.) verificar, tener a la vista; **to pick up the tab** (coll.) pagar la cuenta

tabard [ˈtæbərd] *s* tabardo

tabasco [təˈbæsko] *s* (trademark) tabasco

tabby [ˈtæbɪ] *adj* atigrado; *s* (*pl:* **-bies**) gato atigrado; gata; solterona; chismosa maldiciente; tabí, tafetán

tabernacle [ˈtæbərˌnækəl] *s* tabernáculo; templo, santuario; (*cap.*) *s* (Bib.) Tabernáculo

table [ˈtebəl] *s* mesa; tabla (*lista, cuadro o catálogo, etc.*); (arch.) tablero; (anat.) tabla; **on the table** sobre la mesa del presidente; **to clear the table** alzar o levantar la mesa; **to help at table** servir en la mesa; **to set the table** poner la mesa; **to turn the tables** volver las tornas; **under the table** completamente emborrachado; **tables of the law** (Bib.) tablas de la ley; *va* poner sobre la mesa; poner índice a; disponer en una tabla; dar carpetazo a, aplazar la discusión de

tableau [ˈtæblo] *s* (*pl:* **-leaus** o **-leaux** [loz]) cuadro vivo; espectáculo

tablecloth [ˈtebəlˌkləθ] o [ˈtebəlˌklɑθ] *s* mantel; tela para manteles

table cover *s* carpeta, cubierta de mesa, sobremesa, tapete

table d'hôte [ˈtɑbəlˈdot] *s* mesa redonda; comida a precio fijo

table lamp *s* lámpara de mesa

tableland [ˈtebəlˌlænd] *s* meseta; planicie

table linen *s* mantelería

table manners *spl* modales que uno tiene en la mesa

table of contents *s* índice de materias, tabla de materias

table oil *s* aceite de comer

table rapping *s* (el) golpear (*de los espíritus*)

tables of the law *spl* (Bib.) tablas de la ley

tablespoon [ˈtebəlˌspun] *s* cuchara de sopa, cuchara grande

tablespoonful [ˈtebəlˌspunfʊl] *s* cucharada de sopa, cucharada grande

tablet [ˈtæblɪt] *s* tableta, comprimido, pastilla; lápida, placa; taco o bloc de papel

table talk *s* conversación de sobremesa

table tennis *s* tenis de mesa, tenis de salón

table tilting, tipping o **turning** *s* movimientos de las mesas (*atribuídos a los espíritus*)

table top *s* tablero

tableware [ˈtebəlˌwɛr] *s* servicio, artículos para la mesa

tabloid [ˈtæblɔɪd] *adj* condensado, conciso, breve; *s* diario ilustrado de noticias condensadas y sensacionales; (pharm.) tableta, pastilla

taboo [təˈbu] *s* tabú; *adj* prohibido; *va* prohibir

tabor [ˈtebər] *s* tamboril

taboret o **tabouret** [ˈtæbərɛt] *s* taburete (*asiento*); bastidor de bordar; (mus.) tamborilete

tabu [təˈbu] *s, adj & va* var. de **taboo**

tabular [ˈtæbjələr] *adj* tabular

tabulate [ˈtæbjəlet] *va* tabular, poner en forma de tabla

tabulation [ˌtæbjəˈleʃən] *s* tabulación

tabulator [ˈtæbjəˌletər] *s* tabulador

tabulator key *s* tecla tabulatoria, tecla del tabulador

tacamahac [ˈtækəməˌhæk] *s* (bot.) tacamaca (*árbol y resina*)

tachistoscope [təˈkɪstəskop] *s* taquistoscopio

tachometer [təˈkɑmɪtər] *s* tacómetro

tachycardia [ˌtækɪˈkɑrdɪə] *s* (path.) taquicardia

tachygraph [ˈtækɪgræf] o [ˈtækɪgrɑf] *s* taquigrafía; taquígrafo

tachygrapher [tæˈkɪgrəfər] *s* taquígrafo

tachygraphic [ˌtækɪˈgræfɪk] o **tachygraphical** [ˌtækɪˈgræfɪkəl] *adj* taquigráfico

tachygraphy [tæˈkɪgrəfɪ] *s* taquigrafía

tachylyte [ˈtækɪlaɪt] *s* (mineral.) taquilita

tachymeter [tæˈkɪmɪtər] *s* taquímetro; (surv.) taquímetro

tachymetric [ˌtækɪˈmetrɪk] *adj* taquimétrico

tachymetry [tæˈkɪmɪtrɪ] *s* taquimetría

tachysterol [təˈkɪstərol] *s* (biochem.) taquisterol

tacit [ˈtæsɪt] *adj* tácito

tacitly [ˈtæsɪtlɪ] *adv* tácitamente

taciturn [ˈtæsɪtərn] *adj* taciturno

taciturnity [ˌtæsɪˈtʌrnɪtɪ] *s* taciturnidad

Tacitus [ˈtæsɪtəs] *s* Tácito

tack [tæk] *s* tachuela, puntilla; (sew.) hilván; (naut.) bordada, virada; (naut.) amura; cambio de dirección; política, línea de conducta; alimento; *va* clavar con tachuelas; (sew.) coser, hilvanar; unir, añadir; *vn* (naut.) virar, cambiar de bordada; cambiar de política, cambiar de línea de conducta

tackle [ˈtækəl] *s* aparejo, avíos, enseres; polea, poleame; (football) atajo y agarrada; (football) atajador; *va* asir, agarrar; atacar, embestir; abordar (*un problema*); (football) atajar

tacky [ˈtækɪ] *adj* (*comp:* **-ier;** *super:* **-iest**) pegajoso; (coll.) mal vestido, desaseado, descuidado

tact [tækt] *s* tacto, discreción

tactful [ˈtæktfəl] *adj* discreto, político

tactical [ˈtæktɪkəl] *adj* táctico

tactically [ˈtæktɪkəlɪ] *adv* tácticamente

tactician [tækˈtɪʃən] *s* táctico

tactics [ˈtæktɪks] *spl* táctica; *ssg* (mil.) táctica

tactile [ˈtæktɪl] o [ˈtæktaɪl] *adj* táctil; tangible, palpable

tactility [tækˈtɪlɪtɪ] *s* tactilidad; tangibilidad

tactless [ˈtæktlɪs] *adj* indiscreto

tactual [ˈtæktʃʊəl] *adj* tactivo, táctil

tactually [ˈtæktʃʊəlɪ] *adv* mediante el tacto; respecto al tacto

tadpole [ˈtædˌpol] *s* (zool.) renacuajo

ta'en [ten] (poet.) var. de **taken**

taenia [ˈtinɪə] *s* (*pl:* **-ae** [i]) (anat., arch. & zool.) tenia

taeniacide [ˈtinɪəˌsaɪd] *s* (med.) tenicida

taeniafuge [ˈtinɪəˌfjudʒ] *adj & s* (med.) tenífugo

taeniasis [tiˈnaɪəsɪs] *s* (path.) teniasis

taffeta [ˈtæfɪtə] *s* tafetán; *adj* de tafetán; muy delicado; florido (*estilo*)

taffrail [ˈtæfrel] *s* (naut.) coronamiento; (naut.) pasamano de la borda a popa

taffy [ˈtæfɪ] *s* melcocha, arropía; (coll.) lisonja

tag [tæg] *s* marbete, etiqueta; cola, rabito, pingajo; copo, mechón; vedija; herrete; sentencia o cita que se añade a una composición literaria; (theat.) palabra o frase de efecto contenida en un discurso; **to play tag** jugar al tócame tú; (*pret & pp:* **tagged;** *ger:* **tagging**) *va* pegar un marbete a; marcar con marbete o etiqueta; proveer de etiqueta o etiquetas; (coll.) perseguir, seguir los pasos de; añadir para producir efecto; alcanzar, tocar (*como en un juego de niños*); *vn* (coll.) seguir de cerca; **to tag after** (coll.) seguir de cerca

Tagalog [tɑˈgɑlɑg] *s* tagalo

tag day *s* (U.S.A.) día de cartelas (*día en que se solicitan en las calles contribuciones para obras de caridad, poniendo una cartela o flor en el ojal del contribuyente*)

tag end *s* cabo flojo; retal, retazo
tagrag [ˈtæg,ræg] *s* canalla; harapo, andrajo
Tagus [ˈtegəs] *s* Tajo
Tahitian [tɑˈhitɪən] *adj & s* taitiano
tail [tel] *s* cola; (fig.) cola (*de un cometa, una chaqueta*); trenza (*de pelo*); **tails** *spl* (coll.) cruz (*de una moneda*); (coll.) frac; **to turn tail** volver la espalda, mostrar los talones; **with his tail between his legs** con el rabo entre las piernas; **tails, you lose** cruz y pierde Vd.; *adj* de cola; *va* proveer de cola; seguir como una cola; añadir; atar, juntar; *vn* formar cola; llegar al fin; disminuir poco a poco; **to tail after** seguir de cerca, pisar los talones a
tail assembly *s* (aer.) empenaje, planos de cola
tailboard [ˈtel,bord] *s* tabla en la parte posterior de un carro, camión, etc., que se puede bajar o quitar para cargar o descargar
tail end *s* cola, parte de atrás; conclusión; **at the tail end** al final
tail fin *s* (aer.) plano de deriva
tail gunner *s* (aer.) artillero de cola
tailing [ˈtelɪŋ] *s* (mas.) entrega, tizón; **tailings** *spl* desechos, restos; (min.) colas
tail lamp o **tail light** *s* farol de cola, farol trasero
tailor [ˈtelər] *s* sastre; *va* entallar (*un traje*); proveer de trajes o vestidos; *vn* ser sastre
tailorbird [ˈtelər,bʌrd] *s* (orn.) sutora, pájaro sastre
tailoring [ˈtelərɪŋ] *s* sastrería, costura
tailor-made [ˈtelər,med] *adj* hecho por sastre, hecho con corte de sastre
tailpiece [ˈtel,pis] *s* apéndice, cabo; (arch.) viga que entra en una pared sostenida por un sillar o tizón; (mus.) cordal (*de un instrumento de cuerda*); (print.) florón, marmosete
tail plane *s* (aer.) plano de cola
tailrace [ˈtel,res] *s* cauce de salida, caz de descarga; (min.) canal que arrastra el agua con el material de desecho
tail skid *s* (aer.) patín de cola
tail spin *s* (aer.) barrena picada
tailstock [ˈtel,stɑk] *s* (mach.) contrapunta
tail wind *s* (aer.) viento de cola, viento trasero; (naut.) viento en popa
tain [ten] *s* hoja de estaño
taint [tent] *s* mancha; corrupción, infección; *va* manchar; corromper, viciar; *vn* mancharse; corromperse, viciarse
take [tek] *s* toma; presa, redada; (mov.) toma; (slang) entradas, ingresos ‖ (*pret:* **took**; *pp:* **taken**) *va* tomar; quedarse con; coger; llevarse; llevar; aceptar; arrebatar, quitar; comer (*una pieza, en el juego de ajedrez y en el de damas*); cobrar, percibir; ganar; aguantar, tolerar; deducir, substraer; soportar; cautivar, deleitar; tener, sentir; saltar por encima de; dar (*un salto, un paso, un paseo*); hacer (*un viaje; ejercicio*); seguir (*un consejo; una asignatura*); sacar (*fotografías*); necesitar; usar, calzar (*cierto tamaño de zapatos*); estudiar (*p.ej., historia, francés, matemáticas*); echar (*una siesta*); tomar (*un tren, tranvía, etc.*); sufrir (*un examen*); **to take amiss** llevar a mal, tomar en mala parte; **to take apart** descomponer, desarmar, desmontar; **to take away** llevarse; quitar; **to take back** recibir devuelto; devolver; retractar, desdecirse de; **to take down** bajar; descolgar; poner por escrito; tomar nota de; desmontar; tragar; (coll.) quitar los humos a, humillar; **to take for** considerar, suponer, tomar por, p.ej., **I took you for someone else** le tomé a Vd. por otra persona; **to take from** quitar a; restar de; **to take in** acoger, admitir; recibir (*en su casa, en la sociedad, etc.*); abarcar; comprender; ganar (*dinero*); visitar (*los puntos de interés*); cazar (*captarse la voluntad de, con halagos y engaños*); meter (*p.ej., las costuras de una prenda de vestir*); **to take it out on** (coll.) desquitarse a costa de, desahogarse riñendo (*a una persona*); **to take it that** suponer que; **to take it upon oneself to** + *inf* encargarse de + *inf;* **to take off** quitarse (*p.ej., el sombrero*); descontar; (coll.) imitar, parodiar; **to take on** tomar, contratar; empezar; cargar con, **tomar sobre sí**; desafiar; **to take out** sacar; pasear (*a un niño, un caballo*); llevar fuera, poner fuera; omitir; obtener; quitar; extraer, separar; (bridge) sacar (*al compañero*); escoltar (*a una muchacha*); (coll.) tener amores con (*una muchacha*); para la calle, p.ej., **give me a sandwich to take out** me da un sandwich para la calle; **to take over** tomar posesión de; tomar la dirección de; **to take seriously** tomar en serio; **to take up** subir; apretar, atiesar; levantar; coger, prender; recoger; absorber; amortiguar; rebajar, disminuir; emprender, comenzar; tomar, estudiar; ocupar, llenar (*un espacio*); tomar posesión de; pagar; consultar (*un asunto*); **to take upon oneself** tomar sobre sí, encargarse de ‖ *vn* arraigar, prender; cuajar; tomar posesión; actuar, obrar; salir, resultar; tomar (*por la derecha, por la izquierda*); adherirse; pegar; darse, dedicarse; (coll.) tener éxito; **to take after** parecerse a, ser semejante a; seguir el ejemplo de; **to take off** levantarse; salir; (aer.) despegar; **to take on** (coll.) excitarse, quejarse; **to take to** aficionarse a, tomar cariño a; dedicarse a; dirigirse a; **to take to** + *ger* ponerse a + *inf;* **to take up with** (coll.) relacionarse con, estrechar amistad con; (coll.) vivir con; **to take well** (coll.) sacar buen retrato
take-down [ˈtek,daʊn] *adj* desmontable; *s* desmontaje; mecanismo de desmontar; rifle desmontable; (coll.) humillación
take-home pay [ˈtekˈhom] *s* salario menos impuestos, etc.
taken [ˈtekən] *pp de* **take**
take-in [ˈtek,ɪn] *s* (coll.) abuso, engaño
take-off [ˈtek,ɑf] *s* salto; raya de donde se salta; (coll.) imitación burlesca, parodia; (mach.) toma de fuerza; (aer.) despegue
take-out [ˈtek,aʊt] *s* (bridge) sacada
take-out bid *s* (bridge) declaración de sacada
take-over [ˈtek,ovər] *s* toma
take-up [ˈtek,ʌp] *s* apretadura; apretador; atesador (*p.ej., de correa*); tensor; canal de llamas ascendente; (sew.) frunce
taking [ˈtekɪŋ] *adj* atractivo, encantador; (coll.) contagioso; *s* toma; toma de posesión; **takings** *spl* ingresos
talbot [ˈtɔlbət] *s* perro de San Huberto
talc [tælk] *s* (mineral.) talco; (*pret & pp:* **talcked** o **talced** [tælkt]; *ger:* **talcking** o **talcing** [ˈtælkɪŋ]) *va* tratar con talco, aplicar talco a
talcose [ˈtælkos] o [tælˈkos] o **talcous** [ˈtælkəs] *adj* talcoso
talcum [ˈtælkəm] *s* (mineral.) talco; talco en polvo
talcum powder *s* talco en polvo; polvos de talco, polvos blancos faciales
tale [tel] *s* cuento (*relato; enredo; mentira*); cuenta; **to tell tales** contar cuentos
talebearer [ˈtel,bɛrər] *s* cuentista, chismoso
talebearing [ˈtel,bɛrɪŋ] *adj* cuentista, chismoso; *s* chismería
talent [ˈtælənt] *s* talento; gente de talento
talented [ˈtæləntɪd] *adj* talentoso
talent scout *s* buscador de nuevas figuras (*para la televisión, el cine, etc.*)
talesman [ˈtelizmən] o [ˈtelzmən] *s* (*pl:* **-men**) (law) jurado suplente
taleteller [ˈtel,tɛlər] *s* var. de **talebearer**
talion [ˈtælɪən] *s* talión
talipot [ˈtælɪpɑt] *s* (bot.) palmera de sombrilla
talisman [ˈtælɪsmən] o [ˈtælɪzmən] *s* (*pl:* **-mans**) talismán
talismanic [,tælɪsˈmænɪk] o [,tælɪzˈmænɪk] *adj* talismánico
talk [tɔk] *s* charla, plática (*conversación; conferencia, discurso*); fábula, comidilla (*p.ej., de la ciudad*); **to cause talk** dar que hablar; *va* hablar (*cierto idioma; disparates*); hablar de; convencer hablando; **to be talked out** (coll.) haber hablado hasta no poder más; **to talk down** tapar la boca a, hacer callar hablando más o en voz más alta; **to talk into** + *ger* persuadir a + *inf;* **to talk out of** conseguir hablando a; **to talk out of** + *ger* disuadir de + *inf;* **to talk over** convencer o persuadir discutiendo; **to talk up** ensalzar; *vn* hablar; parlar (*p.ej., el loro*); **to talk back** replicar, responder con malos modales; **to talk on** discutir (*un asunto*); hablar sin parar; continuar hablando; **to talk over** discutir; **to talk to**

(coll.) reprender; **to talk up** elevar la voz, osar hablar, hablar alto
talkative [ˈtɔkətɪv] *adj* hablador, locuaz
talked-about [ˈtɔktəˌbaʊt] *adj* sonado
talker [ˈtɔkər] *s* hablador; orador; parlón, charlatán
talkie [ˈtɔkɪ] *s* (coll.) cine hablado, cine parlante
talking doll *s* muñeca parlante
talking film *s* (mov.) película hablada
talking machine *s* máquina parlante
talking picture *s* cine hablado, cine parlante
talking point *s* (slang) argumento (*para inducir a comprar*)
talking-to [ˈtɔkɪŋˌtu] *s* (*pl:* **-tos**) (coll.) reprensión, rapapolvo
tall [tɔl] *adj* alto; (coll.) exagerado, extraordinario
tallish [ˈtɔlɪʃ] *adj* un poco alto
tallith [ˈtælɪθ] *s* taled
tallow [ˈtælo] *s* sebo; *va* ensebar
tallowy [ˈtælo·ɪ] o [ˈtæləwɪ] *adj* seboso
tally [ˈtælɪ] *s* (*pl:* **-lies**) tara o tarja (*palo partido en dos donde se marca con muescas las ventas*); muesca en una tarja; cuenta; unidad (*en un cómputo hecho por grupos*); etiqueta, rótulo; contraparte; duplicado; (*pret & pp:* **-lied**) *va* marcar, notar; tarjar; echar la cuenta de; ajustar, acomodar; *vn* echar una cuenta; concordar, corresponder, conformarse
tallyho [ˈtælɪˌho] *s* (*pl:* **-hos**) coche de cuatro caballos; grito de cazador de zorras; [ˌtælɪˈho] *interj* grito del cazador
tally sheet *s* hoja en que se anota una cuenta, especialmente en una elección
Talmudic [tælˈmʌdɪk] *adj* talmúdico
Talmudist [ˈtælmədɪst] *s* talmudista
talon [ˈtælən] *s* garra; (arch.) talón (*moldura*); **talons** *spl* dedos o manos rapaces
talus [ˈteləs] *s* (*pl:* **-li** [laɪ]) (anat.) astrágalo; (*pl:* **-luses**) *s* talud; (geol.) talud detrítico
tam [tæm] *s* boina escocesa
tamale [təˈmɑlɪ] *s* tamal (*manjar mejicano*)
tamarack [ˈtæmərӕk] *s* (bot.) alerce americano (*Larix laricina*)
tamaricaceous [ˌtæmərɪˈkeʃəs] *adj* (bot.) tamaricáceo
tamarin [ˈtæmərɪn] *s* (zool.) saguino
tamarind [ˈtæmərɪnd] *s* (bot.) tamarindo (*árbol y fruto*)
tamarisk [ˈtæmərɪsk] *s* (bot.) tamariz o tamarisco
tambo [ˈtæmbo] *s* (theat.) var. de **end man;** [ˈtɑmbo] *s* tambo (Am.)
tambour [ˈtæmbʊr] *s* tambor; (sew.) tambor (*para hacer bordados*); *va & vn* bordar a tambor
tambourine [ˌtæmbəˈrin] *s* (mus.) pandereta; (orn.) tamboreta
tame [tem] *adj* amansado, domesticado; dócil, sumiso; aburrido, insípido; *va* amansar, domesticar; someter, avasallar; suavizar
tameless [ˈtemlɪs] *adj* indomable; indómito
Tamerlane [ˈtæmərlen] *s* Tamerlán
Tamil [ˈtæməl] *adj & s* tamul
tammy [ˈtæmɪ] *s* (*pl:* **-mies**) estameña
tam-o'-shanter [ˈtæməˈʃæntər] *s* boina escocesa
tamp [tæmp] *va* atacar (*un barreno*); apisonar
tamper [ˈtæmpər] *s* apisonador (*persona*); pisón; *vn* entremeterse; **to tamper with** manosear, tocar ajando; tratar de forzar (*una cerradura*); falsificar (*un documento*); corromper
tampion [ˈtæmpɪən] *s* (arm.) tapabocas; (mus.) tapón de cañón de órgano
tampon [ˈtæmpɑn] *s* (surg.) tapón; *va* (surg.) taponar
tamponage [ˈtæmpənɪdʒ] o **tamponment** [ˈtæmpənmənt] *s* (surg.) taponamiento
tan o **tan.** abr. de **tangent**
tan [tæn] *adj* requemado, tostado; de color; de color de canela; marrón; *s* casca (*corteza que se usa para curtir*); tanino; (*pret & pp:* **tanned;** *ger:* **tanning**) *va* curtir, adobar, zurrar; quemar, tostar; (coll.) zurrar, dar una paliza a
tanager [ˈtænədʒər] *s* (orn.) tángara
tanbark [ˈtænˌbɑrk] *s* casca
tandem [ˈtændəm] *s* tándem; *adj & adv* en tándem
tang [tæŋ] *s* sabor u olor fuerte y picante; dejo, gustillo; espiga o cola (*de un formón, lima, etc.*); tañido (*sonido vibrante*); *va* hacer retiñir; *vn* retiñir
tangency [ˈtændʒənsɪ] *s* tangencia
tangent [ˈtændʒənt] *adj* tangente; (geom.) tangente; *s* (geom., trig. & mus.) tangente; **to fly off** o **go off at a tangent** cambiar de repente, tomar súbitamente nuevo rumbo
tangential [tænˈdʒenʃəl] *adj* tangencial; divergente; apenas contiguo
Tangerine [ˌtændʒəˈrin] *adj & s* tangerino; (*l.c.*) *s* mandarina (*fruto*)
tangibility [ˌtændʒɪˈbɪlɪtɪ] *s* tangibilidad
tangible [ˈtændʒɪbəl] *adj* tangible; **tangibles** *spl* bienes materiales
tangibly [ˈtændʒɪblɪ] *adv* tangiblemente
Tangier [tænˈdʒɪr] *s* Tánger
tangle [ˈtæŋgəl] *s* enredo, maraña, lío; *va* enredar, enmarañar; *vn* enredarse, enmarañarse
tangly [ˈtæŋglɪ] *adj* enredado, enmarañado
tango [ˈtæŋgo] *s* (*pl:* **-gos**) tango (*baile y música*); *vn* bailar el tango
tangram [ˈtæŋgrəm] *s* jugete chino que consiste en un cuadrado dividido en siete piezas de forma variada, tales que con ellas dispuestas de varias maneras se puedan formar diversas figuras
tangy [ˈtæŋɪ] *adj* fuerte y picante
tank [tæŋk] *s* tanque; cisterna; (aut.) depósito; (mil.) tanque, carro de combate; (rail.) ténder; (slang) barriga; (slang) bodega (*hombre que bebe mucho*); *va* almacenar o poner en tanques; *vn* **to tank up** (slang) emborracharse
tankage [ˈtæŋkɪdʒ] *s* cabida de un tanque; depósito en tanques; precio del depósito en tanques; (agr.) residuos animales que se emplean como abono o alimento para los animales
tankard [ˈtæŋkərd] *s* jarro grande con asa y tapa
tank car *s* (rail.) carro cuba, vagón cisterna, vagón tanque
tank engine *s* (rail.) locomotora-ténder
tanker [ˈtæŋkər] *s* (naut.) barco tanque, buque cisterna; (aer.) avión nodriza
tanker plane *s* (aer.) aeroplano-nodriza, avión-nodriza
tank farming *s* quimicultura, cultivo hidropónico
tank locomotive *s* (rail.) locomotora-ténder
tank truck *s* camión cisterna, camión tanque
tannate [ˈtænet] *s* (chem.) tanato
tanner [ˈtænər] *s* noquero, curtidor
tannery [ˈtænərɪ] *s* (*pl:* **-ies**) tenería, curtiduría
tannic [ˈtænɪk] *adj* (chem.) tánico
tannic acid *s* (chem.) ácido tánico
tannin [ˈtænɪn] *s* (chem.) tanino
tanning [ˈtænɪŋ] *s* curtido, curtimiento; quemadura o tostadura (*del cutis por el sol*); (coll.) zurra, paliza
tansy [ˈtænzɪ] *s* (*pl:* **-sies**) (bot.) tanaceto, hierba lombriguera
tantalate [ˈtæntəlet] *s* (chem.) tantalato
tantalic [tænˈtælɪk] *adj* (chem.) tantálico
tantalic acid *s* (chem.) ácido tantálico
tantalite [ˈtæntəlaɪt] *s* (mineral.) tantalita
tantalization [ˌtæntəlɪˈzeʃən] *s* exasperación, tentación sin satisfacción posible
tantalize [ˈtæntəlaɪz] *va* exasperar, atormentar mostrando lo que no se puede conseguir
tantalum [ˈtæntələm] *s* (chem.) tántalo o tantalio
tantalus [ˈtæntələs] *s* frasquera; (*cap.*) *s* (myth.) Tántalo
tantamount [ˈtæntəˌmaʊnt] *adj* equivalente
tantara [tænˈtærə] o [ˈtæntərə] *s* toque de trompeta, cuerno de caza, etc.
tantivy [tænˈtɪvɪ] *adj* rápido, veloz; *adv* a galope tendido; *interj* (hunt.) ¡a galope!; *s* (*pl:* **-ies**) galopada
tantrum [ˈtæntrəm] *s* berrinche, rabieta
Taoism [ˈtaʊɪzəm] *s* taoísmo
Taoist [ˈtaʊɪst] *adj & s* taoísta
tap [tæp] *s* golpecito, palmadita; canilla, espita; grifo; remiendo del tacón (*de un calzado*); calidad o clase (*de vino*); (elec.) toma; (mach.) macho de terraja; (coll.) taberna, mostrador de taberna; **taps** *spl* silencio (*toque que manda que cada cual se acueste*); **on tap** sacado del

barril, servido al grifo; listo, a mano; (*pret & pp:* **tapped;** *ger:* **tapping**) *va* dar golpecitos o palmaditas a o en; poner la espita a; sacar o tomar (*quitando la espita*); sangrar (*un árbol*); (surg.) sajar; remontar, remendar el tacón de; unir, hacer comunicar; (elec.) hacer una derivación en; intervenir (*un teléfono*); (mach.) aterrajar; *vn* dar golpecitos, golpear ligeramente
tap dance *s* zapateo, zapateado
tap-dance [ˈtæp‚dæns] o [ˈtæp‚dɑns] *vn* zapatear
tape [tep] *s* cinta; (sport) cinta tendida para marcar el final de una carrera; *va* proveer de cinta o cintas; medir con cinta; (coll.) grabar en cinta magnetofónica
tapeline [ˈtep‚laɪn] *s* cinta de medir
tape measure *s* cinta de medir, cinta métrica
taper [ˈtepər] *s* cerilla, velita larga y delgada; ahusamiento; *adj* ahusado; *va* ahusar; *vn* ahusarse; ir disminuyendo
tape recorder *s* grabador o grabadora de cinta, magnetófono
tape recording *s* grabación sobre cinta
tapestry [ˈtæpɪstrɪ] *s* (*pl:* **-tries**) tapiz; (*pret & pp:* **-tried**) *va* entapizar, tapizar
tapeworm [ˈtep‚wʌrm] *s* solitaria, lombriz solitaria
tapioca [‚tæpɪˈokə] *s* tapioca
tapir [ˈtepər] *s* (zool.) tapir, danta
tapis [ˈtæpɪ] o [ˈtæpɪs] *s* (obs.) tapiz; **on** o **upon the tapis** sobre el tapete
tapper [ˈtæpər] *s* macito (*de un timbre, descohesor, etc.*); (telg.) manipulador; instrumento de aterrajar
tappet [ˈtæpɪt] *s* (mach.) botador; (aut.) alzaválvulas, taqué
tappet rod *s* varilla levantaválvula, varilla empujadora
taproom [ˈtæp‚rum] o [ˈtæp‚rʊm] *s* bodegón, taberna
taproot [ˈtæp‚rut] o [ˈtæp‚rʊt] *s* (bot.) raíz central o maestra
tapster [ˈtæpstər] *s* mozo de taberna
tap water *s* agua corriente, agua de grifo
tap wrench *s* volvedor de machos
tar [tɑr] *s* alquitrán; (coll.) marinero; *adj* alquitranado; (*pret & pp:* **tarred;** *ger:* **tarring**) *va* alquitranar; **to tar and feather** embrear y emplumar, untar de brea y cubrir de plumas (*por castigo*)
tarantella [‚tærənˈtɛlə] *s* tarantela (*baile y música*)
tarantula [təˈræntʃələ] *s* (zool.) tarántula
tarboosh [tɑrˈbuʃ] *s* fez (*gorro turco rojo*)
tardigrade [ˈtɑrdɪgred] *adj* (zool.) tardígrado
tardily [ˈtɑrdɪlɪ] *adv* tardíamente
tardiness [ˈtɑrdɪnɪs] *s* tardanza
tardy [ˈtɑrdɪ] *adj* (*comp:* **-dier;** *super:* **-diest**) tardío
tare [tɛr] *s* tara (*rebaja en el peso*); (bot.) arveja o veza; (Bib.) cizaña; *va* tarar
tarente [təˈrente] *s* (zool.) estelión
targe [tɑrdʒ] *s* (archaic) tarja (*escudo*)
target [ˈtɑrgɪt] *s* blanco; (rail.) placa de señal; (phys.) blanco (*foco de emisión*); (surv.) corredera; (fig.) blanco (*de la burla*), objeto (*de risa, críticas, etc.*); (obs.) tarja, rodela
target area *s* zona a batir
target practice *s* tiro al blanco
tariff [ˈtærɪf] *s* tarifa; arancel; *adj* arancelario
tarlatan [ˈtɑrlətən] *s* tarlatana
tarmac [ˈtɑrmæk] *s* (trademark) tarmac; (aer.) tarmac (*frente a un hangar*)
tarn [tɑrn] *s* lago pequeño de montaña
tarnish [ˈtɑrnɪʃ] *s* deslustre; *va* deslustrar; *vn* deslustrarse
taro [ˈtɑro] *s* (*pl:* **-ros**) (bot.) taro, colocasia
tar paper *s* papel alquitranado, cartón alquitranado o embreado
tarpaulin [tɑrˈpɔlɪn] *s* alquitranado; encerado; abrigo o sombrero impermeables hechos de encerado
Tarpeia [tɑrˈpiə] *s* Tarpeya
Tarpeian [tɑrˈpiən] *adj* tarpeyo
Tarpeian Rock *s* roca Tarpeya
tarpon [ˈtɑrpɑn] *s* (ichth.) tarpón
Tarquin [ˈtɑrkwɪn] *s* Tarquino
tarragon [ˈtærəgɑn] *s* (bot.) dragoncillo, estragón
tarry [ˈtɑrɪ] *adj* alquitranado, embreado; [ˈtærɪ] (*pret & pp:* **-ried**) *va* (archaic) esperar; *vn* detenerse, pararse, quedarse; esperar; tardar
tarry-fingered [ˈtɑrɪˈfɪŋgərd] *adj* largo de uñas
tarsal [ˈtɑrsəl] *adj* tarsiano; *s* (anat. & zool.) tarso
tarsier [ˈtɑrsɪər] *s* (zool.) mago
tarsus [ˈtɑrsəs] *s* (*pl:* **-si** [saɪ]) (anat. & zool.) tarso; (*cap.*) *s* Tarso
tart [tɑrt] *adj* acre, agrio; (fig.) áspero, mordaz; *s* tarta
tartan [ˈtɑrtən] *s* tartán; dibujo escocés; (naut.) tartana; *adj* de tartán; hecho de tartán
tartar [ˈtɑrtər] *s* (chem.) tártaro; tártaro o sarro (*de los dientes*); mujer regañona; **to catch a tartar** meterse con uno muy fuerte; (*cap.*) *adj & s* tártaro
Tartarean [tɑrˈtɛrɪən] *adj* tartáreo
tartar emetic *s* (chem.) tártaro emético
tartare sauce [ˈtɑrtər] *s* salsa tártara
tartaric [tɑrˈtærɪk] o [tɑrˈtɑrɪk] *adj* tártrico
tartaric acid *s* (chem.) ácido tártrico
tartarize [ˈtɑrtəraɪz] *va* tartarizar
Tartarus [ˈtɑrtərəs] *s* (myth.) Tártaro (*infierno*)
Tartary [ˈtɑrtərɪ] *s* Tartaria
tartlet [ˈtɑrtlɪt] *s* tarta o pastel pequeño
tartrate [ˈtɑrtret] *s* (chem.) tartrato
task [tæsk] o [tɑsk] *s* tarea; **to bring** o **take to task** llamar a capítulo; *va* atarear; abrumar, exigir demasiado de; acusar, tachar
task force *s* (mil. & nav.) agrupación de fuerzas para una misión especial
taskmaster [ˈtæsk‚mæstər] o [ˈtɑsk‚mɑstər] *s* persona que señala las tareas, amo, superintendente; ordenancista
Tasmanian [tæzˈmenɪən] *adj & s* tasmanio
Tasmanian wolf *s* (zool.) lobo marsupial
tassel [ˈtæsəl] *s* borla; (bot.) penacho (*inflorescencia macho, especialmente del maíz*); (*pret & pp:* **-seled** o **-selled;** *ger:* **-seling** o **-selling**) *va* adornar con borlas; hacer borlas de; *vn* echar penachos (*el maíz*)
tassel hyacinth *s* (bot.) jacinto de penacho
taste [test] *s* gusto, sabor; sorbo, trago; muestra, ejemplar; gusto, buen gusto; **in bad taste** de mal gusto; **in good taste** de buen gusto; **to acquire a taste for** tomar gusto a; **to have a taste for** tener gusto a; **to taste** a gusto, a sabor; **to the king's** o **queen's taste** perfectamente; *va* gustar; probar; *vn* saber; **to taste like** u **of** saber a
taste bud *s* (anat.) papila del gusto
tasteful [ˈtestfəl] *adj* de buen gusto, elegante
tasteless [ˈtestlɪs] *adj* desabrido, insípido; de mal gusto
taster [ˈtestər] *s* catador, probador; catavino (*taza*)
tasty [ˈtestɪ] *adj* (*comp:* **-ier;** *super:* **-iest**) (coll.) sabroso; (coll.) de buen gusto
tat [tæt] (*pret & pp:* **tatted;** *ger:* **tatting**) *vn* (sew.) hacer frivolité
Tatar [ˈtɑtər] *adj & s* tártaro, tátaro
tatouay [ˈtætue] o [‚tɑtuˈaɪ] *s* (zool.) tatú
tatter [ˈtætər] *s* andrajo, harapo, guiñapo; *va* hacer andrajos
tatterdemalion [‚tætərdɪˈmeljən] o [‚tætərdɪˈmæljən] *s* zaparrastroso, guiñapo
tattered [ˈtætərd] *adj* andrajoso, haraposo
tatting [ˈtætɪŋ] *s* (sew.) frivolité
tattle [ˈtætəl] *s* charla; chismografía; *va* descubrir (*secretos*) charlando; *vn* charlar; chismear
tattler [ˈtætlər] *s* charlador; chismoso; (orn.) sarapico
tattletale [ˈtætəl‚tel] *s* cuentista, chismoso; *adj* revelador
tattoo [tæˈtu] *s* tatuaje; (mil.) retreta, toque de retreta; retreta (*fiesta nocturna en la cual las tropas recorren las calles*); *va* tatuar o tatuarse (*p.ej., el brazo o algo en el brazo*)
taught [tɔt] *pret & pp de* **teach**
taunt [tɔnt] o [tɑnt] *s* dicterio; mofa, pulla; *va* reprochar o provocar con insultos; **to taunt a person into doing something** conseguir con insultos que una persona haga algo
taupe [top] *adj & s* gris obscuro amarillento

T

taurine ['tɔraɪn] o ['tɔrɪn] *adj* taurino; *s* (chem.) taurina
Taurus ['tɔrəs] *s* (astr. & geog.) Tauro
taut [tɔt] *adj* tieso, tirante; aseado, bien arreglado
tautog [tɔ'tɑg] *s* (ichth.) tautoga
tautological [,tɔtə'lɑdʒɪkəl] *adj* tautológico
tautology [tɔ'tɑlədʒɪ] *s* tautología
tautomer ['tɔtəmər] *s* (chem.) tautómero
tautomerism [tɔ'tɑmərɪzəm] *s* (chem.) tautomería
tavern ['tævərn] *s* taberna; mesón, posada
taw [tɔ] *s* bolita de mármol; juego de las bolitas de mármol; línea desde donde se tiran las bolitas de mármol
tawdry ['tɔdrɪ] *adj* cursi, charro, vistoso
tawny ['tɔnɪ] *adj* (*comp:* **-nier;** *super:* **-niest**) leonado
tawny owl *s* (orn.) cárabo
tax [tæks] *s* impuesto, contribución; esfuerzo; *va* poner impuestos a (*una persona*); poner impuestos sobre (*la propiedad*); abrumar, someter a esfuerzo excesivo; agotar (*la paciencia de uno*); censurar, reprender; (law) tasar (*las costas*); (coll.) cobrar
taxable ['tæksəbəl] *adj* imponible; sujeto a impuesto
taxation [tæk'seʃən] *s* impuestos, contribuciones; imposición de contribuciones; (law) tasación de costas
tax collector *s* recaudador de impuestos
tax cut *s* reducción de impuestos
tax evader *s* burlador de impuestos
tax-exempt ['tæksɪg,zɛmpt] *adj* exento de impuesto
tax-free ['tæks,fri] *adj* libre de impuesto
taxi ['tæksɪ] *s* (*pl:* **-is**) taxi; (*pret & pp:* **-ied;** *ger:* **-iing** o **-ying**) *va* (aer.) carretear; *vn* ir en taxi; (aer.) carretear, correr por tierra, taxear
taxicab ['tæksɪ,kæb] *s* taxi
taxi dancer *s* taxi (*muchacha empleada para bailar con los clientes en salas de baile y cabarets*)
taxidermal [,tæksɪ'dʌrməl] *adj* taxidérmico
taxidermist ['tæksɪ,dʌrmɪst] *s* taxidermista
taxidermy ['tæksɪ,dʌrmɪ] *s* taxidermia
taxi driver *s* taxista, conductor de taxi
taxilight ['tæksɪ,laɪt] *s* (aer.) luz de rodaje
taximeter ['tæksɪ,mitər] *s* taxímetro
taxiplane ['tæksɪ,plen] *s* (aer.) avioneta de alquiler
taxis ['tæksɪs] *s* (biol.) tactismo, taxia o taxis; (surg.) taxis
taxi service *s* servicio de taxis; (aer.) servicio regular de aviones de alquiler
taxi stand *s* parada de taxis
taxiway ['tæksɪ,we] *s* (aer.) pista de rodaje
taxonomic [,tæksə'nɑmɪk] *adj* taxonómico
taxonomist [tæks'ɑnəmɪst] *s* taxonomista
taxonomy [tæks'ɑnəmɪ] *s* taxonomía
taxpayer ['tæks,peər] *s* contribuyente
tax rate *s* tipo (*porcentaje*) de impuesto, tipo impositivo
t.b. abr. de **tuberculosis**
tbs. o **tbsp.** abr. de **tablespoon** o **tablespoons**
tea [ti] *s* (bot.) té; té (*hoja seca; bebida; reunión por la tarde*); tisana (*bebida medicinal*); caldo de carne
tea bag *s* muñeca
tea ball *s* huevo del té, bolita (perforada) para té; bolsita de té
teaboard ['ti,bord] *s* bandeja para servir el té
tea caddy *s* bote para té
teacart ['ti,kɑrt] *s* mesita de té con ruedas
teach [titʃ] (*pret & pp:* **taught**) *va* enseñar; dar (*una lección*); (coll.) dar una lección a (*una persona para que comprenda la falta que ha cometido*); **to teach how to** + *inf* o **to teach to** + *inf* enseñar a + *inf;* **to teach someone something** enseñar algo a alguien; *vn* enseñar
teachability [,titʃə'bɪlɪtɪ] *s* docilidad
teachable ['titʃəbəl] *adj* dócil, educable, enseñable
teacher ['titʃər] *s* maestro, instructor; (fig.) maestra (*p.ej., la desgracia*)
teacher's pet *s* alumno mimado
teaching ['titʃɪŋ] *adj* docente; *s* enseñanza; doctrina
teaching staff *s* personal docente
tea cozy *s* cubretetera
teacup ['ti,kʌp] *s* taza de té, taza para té
teacupful ['tɪkʌpfʊl] *s* taza de té
tea dance *s* té bailable
teahouse ['ti,haʊs] *s* salón de té, sitio donde se vende y sirve té y refrescos
teak [tik] *s* (bot.) teca (*árbol y madera*)
teakettle ['ti,kɛtəl] *s* tetera
teakwood ['tik,wʊd] *s* teca (*madera*)
teal [til] *s* (orn.) pato chiquito; (orn.) cerceta, trullo
tea leaf *s* hoja de té
team [tim] *s* atelaje, tiro, tronco; yunta (*de bueyes*); (sport) equipo; *va* enyugar, uncir, enganchar juntos; acarrear, transportar o conducir con un tronco; *vn* conducir un tronco; ser tronquista; **to team up** asociarse, unirse; formar un equipo
teammate ['tim,met] *s* compañero de equipo, equipier
teamster ['timstər] *s* tronquista; carretero; camionista
teamwork ['tim,wʌrk] *s* solidaridad, cooperación; espíritu de equipo
tea party *s* reunión para tomar el té
teapot ['ti,pɑt] *s* tetera
tear [tɪr] *s* lágrima; **in tears** en llanto; **to burst into tears** romper a llorar; **to fill with tears** arrasarse (*los ojos*) de o en lágrimas; **to hold back one's tears** beberse las lágrimas; **to laugh away one's tears** convertir las lágrimas en risas; **to move to tears** mover a lágrimas ‖ [tɛr] *s* rasgón, desgarro; raja, hendedura; precipitación, prisa; (slang) borrachera ‖ [tɛr] (*pret:* **tore;** *pp:* **torn**) *va* rasgar, desgarrar; rajar; lacerar; herir; arrancar; acongojar, afligir; mesarse (*los cabellos*); **to tear apart** romper en dos; **to tear down** derribar (*un edificio*); desarmar (*una máquina*); **to tear oneself away** (coll.) irse o separarse de mala gana; **to tear open** abrir rasgando; **to tear out** arrancar; **to tear up** romper (*un papel*) ‖ *vn* rasgarse, desgarrarse; lacerarse; correr, precipitarse; **to tear along** correr a toda velocidad
tear bomb [tɪr] *s* bomba lacrimógena
teardrop ['tɪr,drɑp] *s* lágrima
tearful ['tɪrfəl] *adj* lacrimoso
tear gas [tɪr] *s* gas lacrimógeno
tear-jerker ['tɪr,dʒʌrkər] *s* (slang) drama o cine que arranca lágrimas
tear-off ['tɛr,ɔf] o ['tɛr,ɑf] *adj* exfoliador
tearoom ['ti,rum] o ['ti,rʊm] *s* salón de té
tear sheet [tɛr] *s* hoja del anunciante
teary ['tɪrɪ] *adj* lloroso
tease [tiz] *s* embromador; broma continua; *va* embromar, fastidiar, azuzar; cardar (*el paño*)
teasel ['tizəl] *s* (bot.) cardencha; (bot.) cardo de cardadores; carda (*cabeza del tallo de la cardencha; instrumento para cardar*); (*pret & pp:* **-seled** o **-selled;** *ger:* **-seling** o **-selling**) *va* cardar, rebotar (*el paño*)
teaser ['tizər] *s* embromador; broma continua; (coll.) rompecabezas, problema difícil
tea set *s* servicio para té
teaspoon ['ti,spun] *s* cucharilla o cucharita
teaspoonful ['tispunfʊl] *s* cucharada pequeña o de café, cucharadita
teat [tit] *s* teta; pezón (*extremidad de la teta*)
tea time *s* hora de té
tea wagon *s* var. de **teacart**
teazel ['tizəl] *s* var. de **teasel;** (*pret & pp:* **-zeled** o **-zelled;** *ger:* **-zeling** o **-zelling**) *va* var. de **teasel**
tech. abr. de **technical** y **technology**
technetium [tɛk'niʃɪəm] *s* (chem.) tecnetio
technic ['tɛknɪk] *adj* técnico; *s* técnica (*ciencia de un arte; habilidad*); término técnico; **technics** *ssg* técnica (*ciencia de un arte*); *spl* técnica (*habilidad*)
technical ['tɛknɪkəl] *adj* técnico
technicality [,tɛknɪ'kælɪtɪ] *s* (*pl:* **-ties**) tecnicismo (*término técnico*); tecnicidad (*carácter técnico*); cosa técnica, procedimiento técnico
technically ['tɛknɪkəlɪ] *adv* técnicamente
technician [tɛk'nɪʃən] *s* técnico
technicolor ['tɛknɪ,kʌlər] *s* (trademark) tecnicolor

technique [tɛk'nik] *s* técnica (*método; habilidad*)
technocracy [tɛk'nɑkrəsɪ] *s* tecnocracia
technocrat ['tɛknəkræt] *s* tecnócrata
technocratic [,tɛknə'krætɪk] *adj* tecnocrático
technologic [,tɛknə'lɑdʒɪk] o **technological** [,tɛknə'lɑdʒɪkəl] *adj* tecnológico
technologist [tɛk'nɑlədʒɪst] *s* tecnólogo
technology [tɛk'nɑlədʒɪ] *s* tecnología
techy ['tɛtʃɪ] *adj* (*comp:* **-ier;** *super:* **-iest**) (coll.) cosquilloso, picajón
tectonic [tɛk'tɑnɪk] *adj* tectónico; **tectonics** *ssg* tectónica
ted [tɛd] (*pret & pp:* **tedded;** *ger:* **tedding**) *va* henear; esparcir; disipar
tedder ['tɛdər] *s* heneador (*persona o aparato*)
Teddy ['tɛdɪ] *s* nombre abreviado de **Theodore**
Teddy bear *s* oso de juguete, oso de trapo
Te Deum [ti'diəm] *s* tedeum
tedious ['tidɪəs] o ['tidʒəs] *adj* tedioso
tedium ['tidɪəm] *s* tedio
tee [ti] *s* (sport) hito (*p.ej., en el juego de tejos*); (golf) tee (*punto de saque*); te (*empalme para tubos en forma de T*); *va* (golf) colocar (*la pelota*) en el tee; **to tee off** (golf) golpear (*la pelota*) desde el tee
teem [tim] *vn* hormiguear, abundar; llover a cántaros; **to teem with** abundar en, hervir de
teeming ['timɪŋ] *adj* hormigueante; torrencial (*lluvia*)
teen age [tin] *s* edad de 13 a 19 años
teen-ager ['tin,edʒər] *s* joven de 13 a 19 años de edad
teens [tinz] *spl* números ingleses que terminan en **-teen** (de 13 a 19); edad de 13 a 19 años; **to be in one's teens** tener de 13 a 19 años
teeny ['tinɪ] *adj* (*comp:* **-nier;** *super:* **-niest**) (coll.) diminuto, menudo, pequeñito
teepee ['tipi] *s* var. de **tepee**
teeter ['titər] *s* vaivén, balanceo; columpio; *vn* balancear, oscilar; estar temblando
teeth [tiθ] *pl de* **tooth**
teethe [tið] *vn* endentecer
teething ['tiðɪŋ] *s* dentición
teething ring *s* chupador
teetotal [ti'totəl] *adj* teetotalista; (coll.) absoluto, completo
teetotaler o **teetotaller** [ti'totələr] *s* teetotalista
teetotalism [ti'totəlɪzəm] *s* teetotalismo (*templanza que excluye por completo las bebidas alcohólicas*)
teetotum [ti'totəm] *s* perinola
tegmen ['tɛgmɛn] *s* (*pl:* **-mina** [mɪnə]) (bot. & zool.) tegmen
tegula ['tɛgjələ] *s* (*pl:* **-lae** [li]) (zool.) tégula
tegular ['tɛgjələr] *adj* tegular
tegument ['tɛgjəmənt] *s* (anat., bot. & zool.) tegumento
tegumentary [,tɛgjə'mɛntərɪ] *adj* tegumentario
te-hee [ti'hi] *s* risita entre dientes; *vn* reírse entre dientes; *interj* ¡ ji, ji!
tektite ['tɛktaɪt] *s* (geol.) tectita
tel. abr. de **telegram, telegraph** y **telephone**
telamon ['tɛləmɑn] *s* (*pl:* **telamones** [,tɛlə'moniz]) (arch.) telamón
telangiectasis [tɛl,ændʒɪ'ɛktəsɪs] *s* (*pl:* **-ses** [siz]) (path.) telangiectasia
telautograph [tɛl'ɔtəgræf] o [tɛl'ɔtəgrɑf] *s* telautógrafo
telecamera [,tɛlɪ'kæmərə] *s* cámara televisora
telecast ['tɛlɪ,kæst] o ['tɛlɪ,kɑst] *s* teledifusión; (*pret & pp:* **-cast** o **-casted**) *va & vn* teledifundir
telecommunication [,tɛlɪkə,mjunɪ'keʃən] *s* telecomunicación
teledu ['tɛlɪdu] *s* (zool.) tejón teledu
telega [tɛ'lɛgə] *s* telega
telegony [tɪ'lɛgənɪ] *s* (biol.) telegonía
telegram ['tɛlɪgræm] *s* telegrama
telegraph ['tɛlɪgræf] o ['tɛlɪgrɑf] *s* telégrafo; *va & vn* telegrafiar
telegraph code *s* código telegráfico
telegrapher [tɪ'lɛgrəfər] *s* telegrafista
telegrapher's cramp *s* calambre de los telegrafistas
telegraphic [,tɛlɪ'græfɪk] *adj* telegráfico
telegraphically [,tɛlɪ'græfɪkəlɪ] *adv* telegráficamente
telegraph pole *s* poste telegráfico
telegraphy [tɪ'lɛgrəfɪ] *s* telegrafía
telekinesis [,tɛlɪkɪ'nisɪs] *s* telequinesia
telelectric [,tɛlɪ'lɛktrɪk] *adj* teleléctrico
Telemachus [tɪ'lɛməkəs] *s* (myth.) Telémaco
telemechanic [,tɛlɪmɪ'kænɪk] *adj* telemecánico; **telemechanics** *ssg* telemecánica
telemeter [tɪ'lɛmɪtər] *s* telémetro; *va & vn* telemetrar
telemetric [,tɛlɪ'mɛtrɪk] *adj* telemétrico
telemetry [tɪ'lɛmɪtrɪ] *s* telemetría
telencephalon [,tɛlɛn'sɛfəlɑn] *s* (anat.) telencéfalo
teleological [,tɛlɪə'lɑdʒɪkəl] o [,tilɪə'lɑdʒɪkəl] *adj* teleológico
teleology [,tɛlɪ'ɑlədʒɪ] o [,tilɪ'ɑlədʒɪ] *s* teleología
teleost ['tɛlɪɑst] o ['tilɪɑst] *adj & s* (ichth.) teleósteo
telepathic [,tɛlɪ'pæθɪk] *adj* telepático
telepathically [,tɛlɪ'pæθɪkəlɪ] *adv* telepáticamente
telepathist [tɪ'lɛpəθɪst] *s* telepatista
telepathy [tɪ'lɛpəθɪ] *s* telepatía
telephone ['tɛlɪfon] *s* teléfono; *va & vn* telefonear
telephone book *s* libro de teléfonos
telephone booth *s* locutorio, cabina telefónica
telephone call *s* llamada telefónica
telephone directory *s* anuario telefónico, guía telefónica
telephone exchange *s* estación telefónica, central de teléfonos
telephone girl *s* señorita telefonista
telephone message *s* telefonema, despacho telefónico
telephone number *s* número de teléfono
telephone operator *s* telefonista
telephone receiver *s* receptor telefónico
telephone switchboard *s* cuadro de control telefónico
telephone table *s* mesita portateléfono
telephonic [,tɛlɪ'fɑnɪk] *adj* telefónico
telephony [tɪ'lɛfənɪ] *s* telefonía
telephote ['tɛlɪfot] *s* (elec.) telefoto *m*
telephoto [,tɛlɪ'foto] *adj* telefotográfico; *s* telefoto *f* (*imagen*); telefotógrafo (*aparato*); lente telefotográfico
telephotograph [,tɛlɪ'fotəgræf] o [,tɛlɪ'fotəgrɑf] *s* telefotografía; *va & vn* telefotografiar
telephotographic [,tɛlɪ,fotə'græfɪk] *adj* telefotográfico
telephotography [,tɛlɪfə'tɑgrəfɪ] *s* telefotografía
telephoto lens *s* lente telefotográfico, teleobjetivo
teleprinter ['tɛlɪ,prɪntər] *s* teleimpresor
teleprompter ['tɛlɪ,prɑmptər] *s* (trademark) apuntador automático (*para ayudar a un actor u orador*)
teleran ['tɛlɪræn] *s* (elec.) telerán
telescope ['tɛlɪskop] *s* telescopio; catalejo (*anteojo de larga vista*); *va* telescopar; acortar; *vn* telescoparse
telescope word *s* var. de **portmanteau word**
telescopic [,tɛlɪ'skɑpɪk] *adj* telescópico
telescopically [,tɛlɪ'skɑpɪkəlɪ] *adv* telescópicamente
Telescopium [,tɛlɪ'skopɪəm] *s* (astr.) Telescopio
telescopy [tɪ'lɛskəpɪ] *s* arte de hacer o manejar el telescopio
telestereoscope [,tɛlɪ'stɛrɪə,skop] *s* telestereoscopio
telesthesia [,tɛlɪs'θiʒə] o [,tɛlɪs'θiʒɪə] *s* telestesia
telethermometer [,tɛlɪθər'mɑmɪtər] *s* teletermómetro
teletype ['tɛlɪtaɪp] *s* (trademark) teletipo; *va* transmitir por teletipo
teletyper ['tɛlɪ,taɪpər] *s* teletipista
teletypewriter [,tɛlɪ'taɪp,raɪtər] *s* teletipia
teleview ['tɛlɪ,vju] *va & vn* ver por televisión
televiewer ['tɛlɪ,vjuər] *s* televidente, telespectador
televise ['tɛlɪvaɪz] *va* televisar
television ['tɛlɪ,vɪʒən] *s* televisión
television camera *s* cámara televisora

T

television screen *s* pantalla televisora
television set *s* televisor, telerreceptor
telfordize ['tɛlfərdaɪz] *va* recubrir con pavimento télford
telford pavement *s* pavimento télford (*superficie compuesta de una mezcla de piedras grandes y pequeñas y una capa dura de grava*)
tell [tɛl] (*pret & pp:* **told**) *va* decir; contar (*narrar; computar*); determinar; conocer, distinguir; **to tell someone off** (coll.) decirle a uno cuántas son cinco; **to tell someone to** + *inf* decirle a uno que + *subj*; *vn* hablar; surtir efecto; **to tell on** dejarse ver en (*p.ej., la salud de uno*); (coll.) denunciar, contar chismes de
tellable ['tɛləbəl] *adj* decible
teller ['tɛlər] *s* narrador, relator; cajero (*de un banco*); escrutador (*de votos*)
telling ['tɛlɪŋ] *adj* eficaz; *s* narración; **there is no telling** no es posible decir
telltale ['tɛl,tel] *s* soplón, chismoso; indicio, señal; reloj registrador; (naut.) axiómetro; *adj* revelador; indicador
tellurate ['tɛljəret] *s* (chem.) telurato
telluric [tɛ'lurɪk] *adj* telúrico; (chem.) telúrico
telluride ['tɛljəraɪd] o ['tɛljərɪd] *s* (chem.) telururo
tellurite ['tɛljəraɪt] *s* (chem.) telurito; (mineral.) telurita
tellurium [tɛ'lurɪəm] *s* (chem.) telurio
tellurous ['tɛljərəs] *adj* (chem.) teluroso
telly ['tɛlɪ] *s* (*pl:* **-lies**) (Brit.) televisión
telolecithal [,tɛlə'lɛsɪθəl] *adj* (embryol.) telolecito
telophase ['tɛləfez] *s* (biol.) telofase
telpher ['tɛlfər] *adj & s* teleférico; *va* teleferar
telpherage ['tɛlfərɪdʒ] *s* teleferaje
temblor [tɛm'blor] *s* temblor de tierra
temerarious [,tɛmə'rɛrɪəs] *adj* temerario
temerity [tɪ'mɛrɪtɪ] *s* temeridad
temper ['tɛmpər] *s* temple (*natural, genio; dureza del acero*); mal genio, cólera; punto (*de una mezcla*); **to fly into a temper** montar en cólera; **to keep one's temper** dominar su mal genio; **to lose one's temper** perder la paciencia, encolerizarse; *va* templar; (mus.) templar; *vn* templarse
tempera ['tɛmpərə] *s* (paint.) temple (*procedimiento*)
temperament ['tɛmpərəmənt] *s* temperamento (*naturaleza particular de un individuo*); disposición, genialidad; (mus.) temperamento
temperamental [,tɛmpərə'mɛntəl] *adj* temperamental; original, genial
temperance ['tɛmpərəns] *s* templanza; *adj* de templanza, p.ej., **temperance society** sociedad de templanza
temperate ['tɛmpərɪt] *adj* templado (*en comer y beber; en clima*)
temperately ['tɛmpərɪtlɪ] *adv* templadamente
temperate zone *s* zona templada
temperature ['tɛmpərətʃər] *s* temperatura; (path.) temperatura (*fiebre*)
tempered ['tɛmpərd] *adj* templado; (mus.) templado
tempest ['tɛmpɪst] *s* tempestad; *va* agitar violentamente
tempest in a teapot *s* más el ruido que las nueces
tempestuous [tɛm'pɛstʃuəs] *adj* tempestuoso; (fig.) tempestuoso
Templar ['tɛmplər] *s* Templario, caballero del Temple; (U.S.A.) caballero templario
template ['tɛmplɪt] *s* var. de **templet**
temple ['tɛmpəl] *s* templo; templén (*de un telar*); gafa (*enganche con que se afianzan los anteojos en las sienes*); (anat.) sien
templet ['tɛmplɪt] *s* plantilla; (constr.) solera; (naut.) gálibo
tempo ['tɛmpo] *s* (*pl:* **-pos** o **-pi** [pi]) (mus.) tiempo; (fig.) ritmo (*p.ej., de la vida*)
temporal ['tɛmpərəl] *adj* temporal; (anat. & gram.) temporal
temporal bone *s* (anat.) hueso temporal
temporality [,tɛmpə'rælɪtɪ] *s* (*pl:* **-ties**) temporalidad; cosa temporal; **temporalities** *spl* (eccl.) temporalidades
temporally ['tɛmpərəlɪ] *adv* temporalmente (*en el orden de lo temporal o terreno*)
temporarily ['tɛmpə,rɛrɪlɪ] *adv* temporalmente (*por algún tiempo*)
temporary ['tɛmpə,rɛrɪ] *adj* temporal, temporáneo, temporario
temporization [,tɛmpərɪ'zeʃən] *s* contemporización
temporize ['tɛmpəraɪz] *vn* contemporizar, temporizar
tempt [tɛmpt] *va* tentar; **to tempt a person into a house** tentar a una persona a que entre en una casa; **to tempt someone to** + *inf* tentar a uno a + *inf*, tentar a uno a que + *subj*
temptation [tɛmp'teʃən] *s* tentación
tempter ['tɛmptər] *s* tentador; **the Tempter** el tentador (*el diablo*)
tempting ['tɛmptɪŋ] *adj* tentador
temptress ['tɛmptrɪs] *s* tentadora
ten [tɛn] *adj* diez; *s* diez; **ten o'clock** las diez; **the tens** las decenas (*los números 10, 20, 30, etc.*)
tenability [,tɛnə'bɪlɪtɪ] o [,tinə'bɪlɪtɪ] *s* defendibilidad
tenable ['tɛnəbəl] o ['tinəbəl] *adj* defendible
tenace ['tɛnes] *s* (bridge) tenaza (*reina y as o rey y sota*)
tenacious [tɪ'neʃəs] *adj* tenaz
tenacity [tɪ'næsɪtɪ] *s* tenacidad; (phys.) tenacidad
tenaculum [tɪ'nækjələm] *s* (*pl:* **-la** [lə]) (surg.) tenáculo
tenaille [tɛ'nel] *s* (fort.) tenaza
tenancy ['tɛnənsɪ] *s* (*pl:* **-cies**) tenencia; propiedad arrendada
tenant ['tɛnənt] *s* arrendatario, inquilino; morador, residente; *va* arrendar, alquilar
tenant farmer *s* colono
tenantry ['tɛnəntrɪ] *s* (*pl:* **-ries**) arrendatarios, inquilinos; tenencia; propiedad arrendada
tench [tɛntʃ] *s* (ichth.) tenca
Ten Commandments *spl* (Bib.) diez mandamientos
tend [tɛnd] *va* cuidar, vigilar; servir; *vn* tender; dirigirse; **to tend to** atender a (*p.ej., los negocios*); **to tend to** + *inf* tender a + *inf*
tendance ['tɛndəns] *s* atención, cuidado
tendency ['tɛndənsɪ] *s* (*pl:* **-cies**) tendencia
tendentious [tɛn'dɛnʃəs] *adj* tendencioso
tender ['tɛndər] *s* oferta; (naut.) alijador, falúa; (naut.) nodriza; (rail.) ténder; *adj* tierno; dolorido; *va* ofrecer; tender
tenderfoot ['tɛndər,fut] *s* (*pl:* **-foots** o **-feet**) *s* recién llegado (*en condiciones de vida muy ásperas*); principiante, novato
tender-hearted ['tɛndər'hɑrtɪd] *adj* compasivo, tierno de corazón
tenderloin ['tɛndər,lɔɪn] *s* filete (*de carne de vaca o cerdo*); (*cap.*) *s* barrio de mala vida (*en las grandes ciudades*)
tenderness ['tɛndərnɪs] *s* ternura, terneza; sensibilidad
tendinous ['tɛndɪnəs] *adj* tendinoso
tendon ['tɛndən] *s* (anat.) tendón
tendril ['tɛndrɪl] *s* (bot.) zarcillo, tijereta; rizo (*de pelo*)
Tenebrae ['tɛnɪbri] *spl* (eccl.) tinieblas
tenebrous ['tɛnɪbrəs] *adj* tenebroso
tenement ['tɛnɪmənt] *s* habitación, vivienda; aposento; casa de vecindad
tenement house *s* casa de vecindad
tenesmus [tə'nɛzməs] o [tə'nɛsməs] *s* (path.) tenesmo, pujo
tenet ['tɛnɪt] o ['tinɪt] *s* credo, dogma, principio
tenfold ['tɛn,fold] *adj & s* décuplo; *adv* diez veces
Tenn. abr. de **Tennessee**
tennis ['tɛnɪs] *s* (sport) tenis; *adj* tenístico
tennis ball *s* pelota de tenis
tennis court *s* (sport) campo de tenis, cancha de tenis
tennis player *s* tenista
tenon ['tɛnən] *s* (carp.) espiga, almilla; *va* (carp.) espigar, despatillar, desquijerar; (carp.) ensamblar con espiga
tenor ['tɛnər] *s* tenor, carácter, curso, tendencia; (mus.) tenor (*persona; voz; instrumento*); *adj* (mus.) de tenor, para el tenor
tenotomy [tɪ'nɑtəmɪ] *s* (*pl:* **-mies**) (surg.) tenotomía

tenpenny ['tɛn,pɛnɪ] o ['tɛnpənɪ] *adj* de diez peniques, que vale diez peniques
tenpenny nail *s* clavo de tres pulgadas
tenpins ['tɛn,pɪnz] *ssg* juego de bolos en que se juega con diez bolos de madera dispuestos en triángulo; *spl* los diez bolos
tense [tɛns] *adj* tenso, tieso; tenso (*dícese de una persona o de una situación dramática*); tirante (*dícese de las relaciones de amistad próximas a romperse*); *s* (gram.) tiempo; *va* estirar
tenseness ['tɛnsnɪs] *s* tensión, tirantez
tensible ['tɛnsɪbəl] *adj* tensible
tensile ['tɛnsɪl] o ['tɛnsaɪl] *adj* tensor; de tensión; dúctil, flexible
tensile strength *s* (phys.) resistencia a la tensión
tension ['tɛnʃən] *s* tensión; (mech.) tracción; esfuerzo mental, ansia, congoja; tirantez (*de amistad, de relaciones diplomáticas próximas a romperse*); tensor, regulador de la tensión (*dispositivo*)
tensional ['tɛnʃənəl] *adj* de tensión
tensity ['tɛnsɪtɪ] *s* tensión
tenson ['tɛnsən] *s* (lit.) tensón o tensión
tensor ['tɛnsər] o ['tɛnsɔr] *s* (anat.) tensor
ten-strike ['tɛn,straɪk] *s* (sport) golpe con que se derriban todos los bolos (*en el juego de diez bolos*); (coll.) golpe o jugada muy difícil y de mucho éxito
tent [tɛnt] *s* tienda, tienda de campaña; (surg.) lechino, tapón; *va* acampar bajo tiendas; (surg.) tener abierto con tapón; *vn* acampar bajo una tienda
tentacle ['tɛntəkəl] *s* (bot. & zool.) tentáculo
tentacular [tɛn'tækjələr] *adj* tentacular
tentative ['tɛntətɪv] *adj* tentativo
tent caterpillar *s* (ent.) falsa lagarta
tenter ['tɛntər] *s* tendedor, bastidor; escarpia o alcayata (*de tendedor*); *va* enramblar; *vn* enramblarse
tenterhook ['tɛntər,hʊk] *s* escarpia o alcayata (*de tendedor*); **on tenterhooks** en ascuas, ansioso
tenth [tɛnθ] *adj* décimo; *s* décimo; diez (*en las fechas*); (mus.) décima
tenuity [tɛ'njuɪtɪ] *s* tenuidad; raridad (*p.ej., del aire*)
tenuous ['tɛnjuəs] *adj* tenue; raro (*poco denso*)
tenure ['tɛnjər] *s* tenencia; ejercicio (*de un cargo*); inamovilidad (*de un cargo*)
tepee ['tipi] *s* tipi (*tienda de los indios norteamericanos*)
tepid ['tɛpɪd] *adj* tibio; (fig.) tibio
tepidity [tɪ'pɪdɪtɪ] *s* tibieza; (fig.) tibieza
ter. abr. de **territory**
teratological [,tɛrətə'lɑdʒɪkəl] *adj* teratológico
teratology [,tɛrə'tɑlədʒɪ] *s* teratología
terbium ['tʌrbɪəm] *s* (chem.) terbio
tercel ['tʌrsəl] *s* (orn.) halcón macho, terzuelo
tercentenary [tʌr'sɛntə,nɛrɪ] *adj* de trescientos años; *s* (*pl:* **-ies**) tricentenario
tercet ['tʌrsɪt] *s* terceto; (mus.) tresillo
terebinth ['tɛrɪbɪnθ] *s* (bot.) terebinto, albotín
teredo [tɛ'rido] *s* (*pl:* **-dos**) (zool.) teredo
Terence ['tɛrəns] *s* Terencio
tergiversate ['tʌrdʒɪvər,set] *vn* tergiversar
tergiversation [,tʌrdʒɪvər'seʃən] *s* tergiversación
tergiversator ['tʌrdʒɪvər,setər] *s* tergiversador
term [tʌrm] *s* término; condena, período (*de prisión*); semestre, período escolar; período o mandato (*p.ej., del presidente de los EE.UU.*); (arch., log. & math.) término; **terms** *spl* términos (*expresiones, palabras; relaciones mutuas*); condiciones; **to be on good terms with** estar en buenos términos con; **to bring to terms** imponer condiciones a; someter, vencer; **to come to terms** ponerse de acuerdo; someterse; *va* llamar, nombrar
termagancy ['tʌrməgənsɪ] *s* mal genio (*de mujer*)
termagant ['tʌrməgənt] *adj* regañona, de mal genio; *s* mujer regañona, mujer de mal genio
terminability [,tʌrmɪnə'bɪlɪtɪ] *s* terminabilidad
terminable ['tʌrmɪnəbəl] *adj* terminable
terminal ['tʌrmɪnəl] *adj* terminal; *s* término, fin; (elec.) terminal; (rail.) estación de cabeza, estación de fin de línea
terminally ['tʌrmɪnəlɪ] *adv* al final, finalmente
terminate ['tʌrmɪnet] *va & vn* terminar
termination [,tʌrmɪ'neʃən] *s* terminación; (gram.) terminación, desinencia
terminative ['tʌrmɪ,netɪv] *adj* terminativo
terminological [,tʌrmɪnə'lɑdʒɪkəl] *adj* terminológico
terminology [,tʌrmɪ'nɑlədʒɪ] *s* (*pl:* **-gies**) terminología
term insurance *s* seguro a plazo fijo
terminus ['tʌrmɪnəs] *s* (*pl:* **-ni** [naɪ] o **-nuses**) término; (rail.) estación de cabeza, estación extrema; (*cap.*) *s* (myth.) Término
termite ['tʌrmaɪt] *s* (ent.& fig.) termita
term of service *s* período de servicio
tern [tʌrn] *s* (orn.) gaviotín (*Sterna hirundo*); (orn.) golondrina de mar (*Hydrochelidon*)
ternary ['tʌrnərɪ] *adj* ternario
ternate ['tʌrnet] *adj* ternario; (bot.) ternado
terpene ['tʌrpin] *s* (chem.) terpeno
terpineol [tər'pɪnɪol] o [tər'pɪnɪɑl] *s* (chem.) terpineol
Terpsichore [tərp'sɪkərɪ] *s* (myth.) Terpsícore
terpsichorean [,tʌrpsɪkə'riən] *adj* de Terpsícore
terr. abr. de **terrace** y **territory**
terrace ['tɛrəs] *s* terraplén; terraza; azotea, terrado; hilera de casas dispuestas a lo largo de una serie de gradas o terraplenes; *va* terraplenar
terra cotta ['tɛrə 'kɑtə] *s* terracota; color rojo oscuro
terra firma ['tɛrə 'fʌrmə] *s* tierra firme; **on terra firma** sobre suelo firme
terrain [tɛ'ren] o ['tɛren] *s* terreno; (geol.) terreno
terra incognita ['tɛrə ɪn'kɑgnɪtə] *s* tierra desconocida
terra japonica ['tɛrə dʒə'pɑnɪkə] *s* (pharm.) tierra japónica
terramycin [,tɛrə'maɪsɪn] *s* (pharm.) terramicina
terrane [tɛ'ren] o ['tɛren] *s* (geol.) terreno
terrapin ['tɛrəpɪn] *s* (zool.) terrapene
terraqueous [tɛr'ekwɪəs] *adj* terráqueo
terrazzo [tɛ'rɑtso] *s* piso veneciano
terreplein ['tɛr,plen] *s* (fort.) terraplén
terrestrial [tə'rɛstrɪəl] *adj* terrestre
terrestrial globe *s* globo terráqueo o terrestre (*la Tierra; mapa de la Tierra en forma de bola*)
terrestrial magnetism *s* magnetismo terrestre
terret ['tɛrɪt] *s* anillo de collera, portarriendas
terrible ['tɛrɪbəl] *adj* terrible; (coll.) muy malo, muy desagradable
terribly ['tɛrɪblɪ] *adv* terriblemente; (coll.) muy, excesivamente
terrier ['tɛrɪər] *s* terrier
terrific [tə'rɪfɪk] *adj* terrífico; (coll.) brutal (*extraordinariamente grande, intenso, lujoso, hermoso, excelente, etc.*)
terrifically [tə'rɪfɪkəlɪ] *adv* terriblemente; (coll.) enormemente, extraordinariamente
terrify ['tɛrɪfaɪ] (*pret & pp:* **-fied**) *va* aterrorizar
territorial [,tɛrɪ'torɪəl] *adj* territorial; (*cap.*) *s* (Brit.) soldado territorial
territoriality [,tɛrɪ,torɪ'ælɪtɪ] *s* territorialidad
territorially [,tɛrɪ'torɪəlɪ] *adv* territorialmente
territory ['tɛrɪ,torɪ] *s* (*pl:* **-ries**) territorio
terror ['tɛrər] *s* terror
terrorism ['tɛrərɪzəm] *s* terrorismo
terrorist ['tɛrərɪst] *adj & s* terrorista
terroristic [,tɛrə'rɪstɪk] *adj* de terrorismo, de terrorista
terrorization [,tɛrərɪ'zeʃən] *s* terror, terrorismo
terrorize ['tɛrəraɪz] *va* aterrorizar
terror-stricken ['tɛrər,strɪkən] *adj* aterrorizado
terry cloth ['tɛrɪ] *s* albornoz
terse [tʌrs] *adj* breve, sucinto, vivo
tertian ['tʌrʃən] *adj* terciano; *s* (path.) terciana

T

tertiary ['tʌrʃɪ,erɪ] o ['tʌrʃərɪ] *adj* terciario; (*cap.*) *adj* (geol.) terciario; *s* (*pl:* **-ies**) (geol.) terciario
Tertullian [tər'tʌlɪən] *s* Tertuliano
terza rima ['tertsɑ 'rimɑ] *s* (pros.) tercia rima
tessellate ['tɛsəlet] *adj* teselado; *va* formar con teselas
tessera ['tɛsərə] *s* (*pl:* **-ae** [i]) tesela; (hist.) tésera
Test. abr. de **Testament**
test [tɛst] *s* prueba, ensayo; examen; (educ. & psychol.) test; (zool.) testa; *va* probar, poner a prueba; examinar
testa ['tɛstə] *s* (*pl:* **-tae** [ti]) (bot. & zool.) testa
testacean [tɛs'teʃən] *adj* & *s* (zool.) testáceo
testacy ['tɛstəsɪ] *s* estado de testado
testament ['tɛstəmənt] *s* testamento; (*cap.*) *s* Testamento
testamentary [,tɛstə'mɛntərɪ] *adj* testamentario
testate ['tɛstet] *adj* testado
testator [tɛs'tetər] o ['tɛstetər] *s* testador
testatrix [tɛs'tetrɪks] *s* (*pl:* **-trices** [trɪsiz]) testadora
test ban *s* proscripción de las pruebas nucleares
tester ['tɛstər] *s* probador, ensayador; baldaquín, dosel
test flight *s* (aer.) vuelo de ensayo o de prueba
testicle ['tɛstɪkəl] *s* (anat.) testículo
testicular [tɛs'tɪkjələr] *adj* testicular
testify ['tɛstɪfaɪ] (*pret & pp:* **-fied**) *va* & *vn* testificar
testimonial [,tɛstɪ'monɪəl] *adj* de recomendación; de homenaje; *s* recomendación, certificado; homenaje
testimony ['tɛstɪ,monɪ] *s* (*pl:* **-nies**) testimonio; (Bib.) testimonio; **testimonies** *spl* Sagradas Escrituras; **in testimony whereof** en testimonio de lo cual
testing bench *s* banco de pruebas
testing grounds *spl* campo de prueba
testis ['tɛstɪs] *s* (*pl:* **-tes** [tiz]) (anat.) teste
test of strength *s* prueba de fuerza
testosterone [tɛs'tɑstəron] *s* (biochem.) testosterona
test pilot *s* (aer.) piloto de pruebas
test tube *s* probeta, tubo de ensayo
testudinal [tɛs'tjudɪnəl] o [tɛs'tudɪnəl] *adj* (zool.) testudinal
testudinous [tɛs'tjudɪnəs] o [tɛs'tudɪnəs] *adj* testudíneo
testudo [tɛs'tjudo] o [tɛs'tudo] *s* (*pl:* **-dines** [dɪniz]) (hist.) testudo
testy ['tɛstɪ] *adj* (*comp:* **-tier;** *super:* **-tiest**) enojadizo, picajoso, quisquilloso
tetanic [tɪ'tænɪk] *adj* tetánico
tetanize ['tɛtənaɪz] *va* tetanizar
tetanus ['tɛtənəs] *s* (path.) tétanos
tetany ['tɛtənɪ] *s* (path.) tetania
tetartohedral [tɪ,tɑrto'hidrəl] *adj* (cryst.) tetartoédrico
tetartohedron [tɪ,tɑrto'hidrən] *s* (cryst.) tetartoedro
tetchy ['tɛtʃɪ] *adj* (*comp:* **-ier;** *super:* **-iest**) pelilloso, enojadizo
tête-à-tête ['tetə'tet] *s* conversación a solas entre dos; confidente (*mueble*); *adj* de persona a persona; *adv* a solas, cara a cara
tête-bêche [tɛt'bɛʃ] *adj* (philately) capiculado
tether ['tɛðər] *s* traba, atadura; **at the end of one's tether** al límite de las posibilidades o paciencia de uno; *va* apersogar
tetrachlorid [,tɛtrə'klorɪd] o **tetrachloride** [,tɛtrə'kloraɪd] o [,tɛtrə'klorɪd] *s* (chem.) tetracloruro
tetrachord ['tɛtrəkɔrd] *s* (mus.) tetracordio
tetrachordal [,tɛtrə'kɔrdəl] *adj* (mus.) tetracordal
tetracycline [,tɛtrə'saɪklɪn] *s* (pharm.) tetraciclina
tetradymite [tɛ'trædɪmaɪt] *s* (mineral.) tetradimita
tetraethyl lead [,tɛtrə'eθɪl lɛd] *s* (chem.) tetraetilo de plomo
tetragon ['tɛtrəgɑn] *s* (geom.) tetrágono
tetragonal [tɛ'trægənəl] *adj* tetragonal
tetrahedral [,tɛtrə'hidrəl] *adj* tetraédrico
tetrahedron [,tɛtrə'hidrən] *s* (*pl:* **-drons** o **-dra** [drə]) (geom.) tetraedro
tetralogy [tɛ'trælədʒɪ] *s* (*pl:* **-gies**) (theat.) tetralogía
tetrameter [tɛ'træmɪtər] *adj* & *s* tetrámetro
tetrapetalous [,tɛtrə'pɛtələs] *adj* (bot.) tetrapétalo
tetrarch ['tɛtrɑrk] *s* tetrarca
tetrarchy ['tɛtrɑrkɪ] *s* (*pl:* **-chies**) tetrarquía
tetrasyllabic [,tɛtrəsɪ'læbɪk] *adj* tetrasílabo o tetrasilábico
tetrasyllable [,tɛtrə'sɪləbəl] *s* tetrasílabo
tetravalent [,tɛtrə'velənt] o [tɛ'trævələnt] *adj* (chem.) tetravalente
tetrode ['tɛtrod] *s* (elec.) tetrodo
tetroxide [tɛ'trɑksaɪd] o [tɛ'trɑksɪd] *s* (chem.) tetróxido
tetryl ['tɛtrɪl] *s* tetrilo
tetter ['tɛtər] *s* (path.) empeine, herpes, culebrilla
Teucer ['tjusər] o ['tusər] *s* (myth.) Teucro
Teucrian ['tjukrɪən] o ['tukrɪən] *adj* & *s* teucro
Teuton ['tjutən] o ['tutən] *adj* & *s* teutón
Teutonic [tju'tɑnɪk] o [tu'tɑnɪk] *adj* teutónico; *s* teutónico (*idioma*)
Tex. abr. de **Texas**
Texan ['tɛksən] *adj* & *s* tejano
Texas ['tɛksəs] *s* Tejas
Texas fever *s* (vet.) fiebre de Tejas
text [tɛkst] *s* texto; lema, tema
textbook ['tɛkst,bʊk] *s* libro de texto
textile ['tɛkstɪl] o ['tɛkstaɪl] *adj* textil; *s* textil (*materia que puede tejerse*); tejido
textual ['tɛkstʃʊəl] *adj* textual
textual criticism *s* crítica textual
textualist ['tɛkstʃʊəlɪst] *s* textualista
textually ['tɛkstʃʊəlɪ] *adv* textualmente
textural ['tɛkstʃərəl] *adj* textural
textura ['tɛkstʃər] *s* textura; (fig.) textura (*estructura*)
Th. abr. de **Thomas** y **Thursday**
T.H. abr. de **Territory of Hawaii**
Thaddeus ['θædɪəs] *s* Tadeo
Thai ['tɑ·i] o [taɪ] *adj* & *s* tailandés
Thailand ['taɪlənd] *s* Tailandia
thalamic [θə'læmɪk] *adj* talámico
thalamus ['θæləməs] *s* (*pl:* **-mi** [maɪ]) (anat.) tálamo
thalassic [θə'læsɪk] *adj* talásico
Thales ['θeliz] *s* Tales
Thalia [θə'laɪə] *s* (myth.) Talía
thallium ['θælɪəm] *s* (chem.) talio
thallophyte ['θælofaɪt] *s* (bot.) talófita
thallophytic [,θælo'fɪtɪk] *adj* talofítico
thallus ['θæləs] *s* (*pl:* **-li** [laɪ] o **-luses**) (bot.) talo
thalweg ['tɑl,vex] *s* vaguada
Thames [tɛmz] *s* Támesis
than [ðæn] *conj* que, p.ej., **he is richer than I** es más rico que yo; **than** + *numeral* de + *numeral*, p.ej., **more than twenty** más de veinte; **than** + *verb* de lo que + *verb*, p.ej., **he writes better than he speaks** escribe mejor de lo que habla; **than** + *verb with direct object understood* del (de la, de los, de las) que, p.ej., **they sent us more coffee than we ordered** nos enviaron más café del que pedimos; *prep* **than which** o **than whom** comparado con el cual
thane [θen] *s* (Brit. hist.) caballero, gentilhombre; (Scottish hist.) barón, señor
thank [θæŋk] *s* (archaic) gracia; **thanks** *spl* gracias; agradecimiento, gratitud; **thanks to** gracias a (*merced a, por intervención de*); **thanks** *interj* ¡gracias!; *va* agradecer, dar las gracias a; **to have oneself to thank** tener la culpa, ser responsable; **to thank someone for something** agradecerle a uno una cosa; **to thank someone to** + *inf* agradecerle a uno (que) + *subj*, p.ej., **we will thank you to fill out the enclosed card** le agradeceremos llene la adjunta tarjeta
thankful ['θæŋkfəl] *adj* agradecido
thankfully ['θæŋkfəlɪ] *adv* con agradecimiento
thankfulness ['θæŋkfəlnɪs] *s* agradecimiento, gratitud
thankless ['θæŋklɪs] *adj* ingrato (*desagradecido; que no corresponde al trabajo que cuesta*)
thanksgiving [θæŋks'gɪvɪŋ] *s* acción de gracias; (*cap.*) *s* (U.S.A.) día de acción de gracias

Thanksgiving Day *s* (U.S.A.) día de acción de gracias, día de gracias
that [ðæt] *adj dem* (*pl:* **those**) ese; aquel; *pron dem* (*pl:* **those**) ése; aquél; eso; aquello; **at that** (coll.) sin más; (coll.) considerándolo todo; **in that** porque; **upon that** sobre eso; luego; **that's that** (coll.) así es; *pron rel* que, quien, el cual, el que; en que, cuando; *adv* tan; **that far** tan lejos; hasta allí; **that much** tanto; *conj* que; para que; **so that** de modo que; para que
thatch [θætʃ] *s* paja, barda, bálago; techo de paja o bálago; (coll.) pelo (*de la cabeza*); *va* cubrir de paja, bardar, poner un techo de paja a
thatched roof *s* techo de paja o bálago
thaumaturge ['θɔmətʌrdʒ] *s* taumaturgo
thaumaturgic [,θɔmə'tʌrdʒɪk] o **thaumaturgical** [,θɔmə'tʌrdʒɪkəl] *adj* taumatúrgico
thaumaturgy ['θɔmə,tʌrdʒɪ] *s* taumaturgia
thaw [θɔ] *s* deshielo, derretimiento; (fig.) ablandamiento, enternecimiento; *va* deshelar, derretir; *vn* deshelarse, derretirse; (fig.) ablandarse, enternecerse
the [ðə], [ðɪ] o [ði] *art def* el; el más a propósito; [ðə] o [ðɪ] *adv* cuanto, p.ej., **the more the merrier** cuanto más mejor; **the more . . . the more** cuanto más . . . tanto más
theaceous [θi'eʃəs] *adj* (bot.) teáceo
theanthropism [θi'ænθrəpɪzəm] *s* teantropía
theater ['θiətər] *s* teatro; (fig.) teatro (*p.ej., de una guerra*)
theater-in-the-round ['θiətərɪnðə'raund] *s* teatro circular
theater of war *s* (mil.) teatro de la guerra
theatre ['θiətər] *s* var. de **theater**
theatric [θɪ'ætrɪk] *adj* teatral
theatrical [θɪ'ætrɪkəl] *adj* teatral; **theatricals** *spl* funciones teatrales; asuntos teatrales; modales artificiales o exagerados
theatricalism [θɪ'ætrɪkəlɪzəm] *s* teoría y método dramático; calidad teatral, estilo teatral
theatricality [θɪ,ætrɪ'kælɪtɪ] *s* teatralidad
thebaine ['θibəin], [θɪ'bein] o [θɪ'beɪn] *s* (chem.) tebaína
Theban ['θibən] *adj & s* tebano o tebeo
Thebes [θibz] *s* Tebas (*de Egipto; de Grecia*)
theca ['θikə] *s* (*pl:* **-cae** [si]) (anat. & bot.) teca
thé dansant [tedɑ̃'sɑ̃] *s* (*pl:* **thés dansants** [tedɑ̃'sɑ̃]) té baile, té bailable
thee [ði] *pron pers* (archaic, poet. & Bib.) te; ti; (en el lenguaje familiar entre los cuáqueros) tú; **with thee** contigo
theelin [θilɪn] *s* (biochem.) teelina
theft [θɛft] *s* hurto, robo
thegn [θen] *s* var. de **thane**
thein ['θiɪn] o **theine** ['θiin] o ['θiɪn] *s* (chem.) teína
their [ðɛr] *adj poss* su; el (o su) . . . de ellos
theirs [ðɛrz] *pron poss* el suyo, el de ellos
theism ['θiɪzəm] *s* teísmo
theist ['θiɪst] *s* teísta
theistic [θi'ɪstɪk] *adj* teísta
them [ðɛm] *pron pers* los; ellos; **to them** les; a ellos
thematic [θi'mætɪk] *adj* temático
theme [θim] *s* tema; (mus.) tema
theme song *s* (mus.) tema central; (rad.) sintonía
Themistocles [θɪ'mɪstəkliz] *s* Temístocles
themselves [ðɛm'sɛlvz] *pron pers* ellos mismos; se; sí, sí mismos; **with themselves** consigo
then [ðɛn] *s* aquel tiempo; *adj* de entonces; *adv* entonces (*en aquel tiempo*); después, luego, en seguida; además, también; **but then** pero al mismo tiempo, pero por otro lado; **by then** para entonces; **from then on** desde entonces, de allí en adelante; **then and there** ahí mismo, al momento
thenar ['θinɑr] *adj & s* (anat.) tenar
thence [ðɛns] *adv* desde allí; desde entonces; por eso, por esa razón
thenceforth [,ðɛns'forθ] o **thenceforward** [,ðɛns'fɔrwərd] *adv* de allí en adelante; desde entonces
theobromine [,θiə'bromin] o [,θiə'bromɪn] *s* (chem.) teobromina
theocracy [θi'ɑkrəsɪ] *s* (*pl:* **-cies**) teocracia
theocrat ['θiəkræt] *s* teócrata
theocratic [,θiə'krætɪk] *adj* teocrático
Theocritus [θi'ɑkrɪtəs] *s* Teócrito
theodicy [θi'ɑdɪsɪ] *s* (*pl:* **-cies**) teodicea
theodolite [θi'ɑdəlaɪt] *s* teodolito
Theodore ['θiədor] *s* Teodoro
Theodoric [θi'ɑdərɪk] *s* Teodorico
Theodosius [,θiə'doʃɪəs] *s* Teodosio
theogonic [,θiə'gɑnɪk] *adj* teogónico
theogony [θi'ɑgənɪ] *s* (*pl:* **-nies**) teogonía
theologian [,θiə'lodʒɪən] *s* teólogo
theological [,θiə'lɑdʒɪkəl] *adj* teológico
theologically [,θiə'lɑdʒɪkəlɪ] *adv* teológicamente
theologize [θi'ɑlədʒaɪz] *va* hacer teológico; discurrir teológicamente sobre; *vn* teologizar
theologue ['θiəlɔg] o ['θiəlɑg] *s* (coll.) teólogo (*estudiante*)
theology [θi'ɑlədʒɪ] *s* (*pl:* **-gies**) teología
Theophilus [θi'ɑfɪləs] *s* Teófilo
Theophrastus [,θiə'fræstəs] *s* Teofrasto
theorem ['θiərəm] *s* teorema
theoretic [,θiə'rɛtɪk] o **theoretical** [,θiə'rɛtɪkəl] *adj* teórico
theoretically [,θiə'rɛtɪkəlɪ] *adv* teóricamente
theoretician [,θiərə'tɪʃən] *s* teórico
theorist ['θiərɪst] *s* teorizante; teórico
theorize ['θiəraɪz] *vn* teorizar
theory ['θiərɪ] *s* (*pl:* **-ries**) teoría
theory of knowledge *s* (philos.) teoría del conocimiento
theosophic [,θiə'sɑfɪk] o **theosophical** [,θiə'sɑfɪkəl] *adj* teosófico
theosophist [θi'ɑsəfɪst] *s* teósofo
theosophy [θi'ɑsəfɪ] *s* teosofía
therapeutic [,θɛrə'pjutɪk] *adj* terapéutico; **therapeutics** *ssg* terapéutica
therapeutical [,θɛrə'pjutɪkəl] *adj* terapéutico
therapeutically [,θɛrə'pjutɪkəlɪ] *adv* terapéuticamente
therapeutist [,θɛrə'pjutɪst] *s* terapeuta
therapist ['θɛrəpɪst] *s* terapeuta
therapy ['θɛrəpɪ] *s* (*pl:* **-pies**) terapia
there [ðɛr] *adv* ahí, allí, allá; **all there** (coll.) despierto, vigilante, vivo; **to not be all there** (coll.) no estar en sus cabales; **there is** o **there are** hay; aquí tiene Vd.; usado enfáticamente con un verbo, se omite en la traducción al español, p.ej., **there appeared a man dressed in black** apareció un hombre vestido de negro; *interj* ¡ eso es!, ¡ mira!, ¡ vaya!
thereabout ['ðɛrə,baut] o **thereabouts** ['ðɛrə,bauts] *adv* por ahí, por allí; cerca, aproximadamente
thereafter [ðɛr'æftər] o [ðɛr'ɑftər] *adv* después de eso, de allí en adelante; conforme, en conformidad
thereat [ðɛr'æt] *adv* entonces, en eso; en aquel lugar; por eso, por esa razón
thereby [ðɛr'baɪ] o ['ðɛrbaɪ] *adv* con eso; así, de tal modo; cerca de ahí, por allí cerca
therefor [ðɛr'fɔr] *adv* para esto, para eso
therefore ['ðɛrfor] *adv* por lo tanto, por consiguiente
therefrom [ðɛr'frɑm] o [ðɛr'frʌm] *adv* de eso, de ahí, de allí
therein [ðɛr'ɪn] *adv* en esto, en eso; en ese respecto
thereinto [ðɛr'ɪntu] o [,ðɛrɪn'tu] *adv* dentro de esto, dentro de eso
thereof [ðɛr'ɑv] *adv* de esto, de eso
thereon [ðɛr'ɑn] o [ðɛr'ɔn] *adv* en eso, sobre eso, encima de eso; en seguida
there's [ðɛrz] contracción de **there is** y **there has**
Theresa [tə'risə] o [tə'rɛsə] *s* Teresa
thereto [ðɛr'tu] *adv* a eso; además, además de eso
theretofore [,ðɛrtu'for] *adv* antes de eso, hasta entonces
thereunder [ðɛr'ʌndər] *adv* bajo eso, debajo de eso; por debajo
thereupon [,ðɛrə'pɑn] o [,ðɛrə'pɔn] *adv* sobre eso, encima de eso; por eso, por consiguiente; al momento, en seguida
therewith [ðɛr'wɪð] o [ðɛr'wɪθ] *adv* con esto, con eso; luego, en seguida
therewithal [,ðɛrwɪð'ɔl] *adv* con esto, con eso; a más, además
therianthropic [,θɪrɪæn'θrɑpɪk] *adj* teriantrópico

T

theriomorphic [ˌθɪrɪəˈmɔrfɪk] o **theriomorphous** [ˌθɪrɪəˈmɔrfəs] *adj* teriomórfico
therm [θʌrm] *s* (phys.) termia o termio
thermae [ˈθʌrmi] *spl* termas
thermal [ˈθʌrməl] *adj* termal
thermal barrier *s* barrera térmica
thermalize [ˈθʌrməlaɪz] o **thermatize** [ˈθʌrmətaɪz] *va* (phys.) termatizar
thermesthesia [ˌθʌrmɪsˈθiʒə] o [ˌθʌrmɪsˈθiʒɪə] *s* (physiol.) termoestesia
thermic [ˈθʌrmɪk] *adj* térmico
thermion [ˈθʌrmˌaɪən] o [ˈθʌrmɪən] *s* (phys.) termión
thermionic [ˌθʌrmaɪˈɑnɪk] o [ˌθʌrmɪˈɑnɪk] *adj* termiónico; **thermionics** *ssg* termiónica
thermistor [θərˈmɪstər] *s* (elec.) termistor
thermit [ˈθʌrmɪt] o **thermite** [ˈθʌrmaɪt] *s* (trademark) termita
thermobarograph [ˌθʌrmoˈbærəgræf] o [ˌθʌrmoˈbærəgrɑf] *s* termobarógrafo
thermobarometer [ˌθʌrmobəˈrɑmɪtər] *s* termobarómetro
thermocautery [ˌθʌrmoˈkɔtərɪ] *s* termocauterio
thermochemical [ˌθʌrmoˈkɛmɪkəl] *adj* termoquímico
thermochemistry [ˌθʌrmoˈkɛmɪstrɪ] *s* termoquímica
thermocouple [ˈθʌrmoˌkʌpəl] *s* (elec.) termopar, par térmico
thermodynamic [ˌθʌrmodaɪˈnæmɪk] o [ˌθʌrmodɪˈnæmɪk] *adj* termodinámico; **thermodynamics** *ssg* termodinámica
thermoelectric [ˌθʌrmo·ɪˈlɛktrɪk] o **thermoelectrical** [ˌθʌrmo·ɪˈlɛktrɪkəl] *adj* termoeléctrico
thermoelectric couple *s* (elec.) par termoeléctrico
thermoelectricity [ˌθʌrmo·ɪˌlɛkˈtrɪsɪtɪ] *s* termoelectricidad
thermoelectromotive [ˌθʌrmo·ɪˌlɛktroˈmotɪv] *adj* termoelectromotor
thermoelement [ˌθʌrmoˈɛlɪmənt] *s* (elec.) termoelemento
thermofission [ˌθʌrmoˈfɪʃən] *s* (phys.) termofisión
thermofusion [ˌθʌrmoˈfjuʒən] *s* (phys.) termofusión
thermogenesis [ˌθʌrmoˈdʒɛnɪsɪs] *s* (physiol.) termogénesis
thermogenetic [ˌθʌrmodʒɪˈnɛtɪk] *adj* termógeno
thermograph [ˈθʌrməgræf] o [ˈθʌrməgrɑf] *s* termógrafo
thermolabile [ˌθʌrmoˈlebɪl] *adj* (biochem.) termolábil
thermology [θərˈmɑlədʒɪ] *s* termología
thermolysis [θərˈmɑlɪsɪs] *s* (chem. & physiol.) termólisis
thermometer [θərˈmɑmɪtər] *s* termómetro
thermometric [ˌθʌrmoˈmɛtrɪk] *adj* termométrico
thermometry [θərˈmɑmɪtrɪ] *s* termometría
thermomotive [ˌθʌrmoˈmotɪv] *adj* termomotor
thermonuclear [ˌθʌrmoˈnjuklɪər] o [ˌθʌrmoˈnuklɪər] *adj* termonuclear
thermopile [ˈθʌrməpaɪl] *s* (phys.) termopila
thermoplastic [ˌθʌrməˈplæstɪk] *adj* termoplástico
Thermopylae [θərˈmɑpɪli] *s* las Termópilas
thermos bottle [ˈθʌrməs] *s* termos, botella termos
thermoscope [ˈθʌrməskop] *s* termoscopio
thermosiphon [ˌθʌrmoˈsaɪfən] *s* termosifón
thermostat [ˈθʌrməstæt] *s* termóstato
thermostatic [ˌθʌrməˈstætɪk] *adj* termostático
thermostatically [ˌθʌrməˈstætɪkəlɪ] *adv* mediante un termóstato
thermotropism [θərˈmɑtrəpɪzəm] *s* (biol.) termotropismo
Thersites [θərˈsaɪtiz] *s* (myth.) Tersites
thesaurus [θɪˈsɔrəs] *s* (*pl:* **-ri** [raɪ]) tesoro; tesauro o tesoro (*catálogo, diccionario, etc.*)
these [ðiz] *pl de* **this**
Theseus [ˈθisus] o [ˈθisɪəs] *s* (myth.) Teseo
thesis [ˈθisɪs] *s* (*pl:* **-ses** [siz]) tesis; (mus.) tesis
thesis play *s* pieza de tesis
Thespian [ˈθɛspɪən] *adj* de Tespis; dramático, trágico; *s* actor dramático o trágico
Thespis [ˈθɛspɪs] *s* Tespis
Thess. abr. de **Thessalonians**
Thessalian [θɛˈselɪən] *adj & s* tesaliano
Thessalonian [ˌθɛsəˈlonɪən] *adj & s* tesalonicense; **Thessalonians** *spl* (Bib.) Epístola a los Tesalonicenses (*cada una de dos*)
Thessalonica [ˌθɛsəloˈnaɪkə] o [ˌθɛsəˈlɑnɪkə] *s* (hist.) Tesalónica
Thessaly [ˈθɛsəlɪ] *s* la Tesalia
Thetis [ˈθitɪs] *s* (myth.) Tetis
theurgic [θiˈʌrdʒɪk] o **theurgical** [θiˈʌrdʒɪkəl] *adj* teúrgico
theurgist [ˈθiʌrdʒɪst] *s* teurgo
theurgy [ˈθiʌrdʒɪ] *s* (*pl:* **-gies**) teurgia
thews [θuz] o [θjuz] *spl* músculos; fuerza muscular
they [ðe] *pron pers* ellos
they'd [ðed] contracción de **they had** y **they would**
they'll [ðel] contracción de **they will** y **they shall**
they're [ðɛr] contracción de **they are**
they've [ðev] contracción de **they have**
thiamine [ˈθaɪəmin] o [ˈθaɪəmɪn] *s* (biochem.) tiamina
thiazole [ˈθaɪəzol] *s* (chem.) tiazol
Thibetan [tɪˈbɛtən] *adj & s* var. de **Tibetan**
thick [θɪk] *adj* espeso, grueso, denso; de espesor, p.ej., **three inches thick** de tres pulgadas de espesor; abundante; cubierto, lleno; brumoso, nebuloso; torpe, estúpido; basto, burdo, grosero; (coll.) íntimo; (coll.) insoportable, insolente; **to be thick with** (coll.) tener mucha intimidad con; *adv* espesamente, densamente; abundantemente; **to lay it on thick** (coll.) exagerar en los reproches o las alabanzas; **to talk thick** tener la lengua gorda; *s* espesor, grueso; **the thick of** lo más denso de (*p.ej., la multitud*); lo más reñido de (*p.ej., el combate*); **through thick and thin** a toda prueba, por las buenas y las malas
thicken [ˈθɪkən] *va* espesar; *vn* espesarse; complicarse (*el enredo*)
thickener [ˈθɪkənər] *s* espesador
thickening [ˈθɪkənɪŋ] *adj* espesativo; *s* espesamiento; espesante, espesador
thicket [ˈθɪkɪt] *s* espesura, soto, matorral
thickhead [ˈθɪkˌhɛd] *s* (coll.) cabeza dura (*persona*)
thick-headed [ˈθɪkˈhɛdɪd] *adj* (coll.) torpe, estúpido
thick-knee [ˈθɪkˌni] *s* (orn.) alcaraván
thickly [ˈθɪklɪ] *adv* espesamente, densamente; abundantemente; repetidamente; muy, sumamente
thickness [ˈθɪknɪs] *s* espesura (*calidad*); espesor (*dimensión; densidad de un flúido*); lo más denso; lo más reñido; capa, estrato
thick-set [ˈθɪkˌsɛt] *adj* denso, muy poblado; grueso, rechoncho; *s* espesura, soto, matorral; seto espeso
thick-skinned [ˈθɪkˈskɪnd] *adj* de pellejo espeso; duro, insensible
thick-witted [ˈθɪkˈwɪtɪd] *adj* torpe, estúpido, imbécil
thief [θif] *s* (*pl:* **thieves**) ladrón
thieve [θiv] *vn* hurtar, robar
thievery [ˈθivərɪ] *s* (*pl:* **-ies**) hurto, robo, latrocinio
thieves' Latin *s* caló o jerga de los ladrones
thievish [ˈθivɪʃ] *adj* engatado, ratero, rapaz
thigh [θaɪ] *s* (anat.) muslo
thighbone [ˈθaɪˌbon] *s* (anat.) fémur
thigmotaxis [ˌθɪgməˈtæksɪs] *s* (biol.) tigmotaxia
thigmotropism [θɪgˈmɑtrəpɪzəm] *s* (biol.) tigmotropismo
thill [θɪl] *s* limonera o lanza
thimble [ˈθɪmbəl] *s* dedal; (mach.) manguito; (naut.) guardacabo
thimbleberry [ˈθɪmbəlˌbɛrɪ] *s* (*pl:* **-ries**) (bot.) frambueso norteamericano (*Rubus occidentalis, R. parviflorus y R. argutus*); frambuesa (*fruto*)
thimbleful [ˈθɪmbəlfʊl] *s* dedal (*cantidad que cabe en un dedal*)
thimblerig [ˈθɪmbəlˌrɪg] *s* fullería hecha jugando con tres tacitas y un guisante; (*pret &*

pp: **-rigged;** *ger:* **-rigging**) *va & vn* engañar con la fullería de tres tacitas y un guisante; engañar
thin [θɪn] *adj* (*comp:* **thinner;** *super:* **thinnest**) delgado, tenue, flaco; fino (*paño, papel, suela de zapato, etc.*); ralo (*pelo*); aguado (*caldo*); transparente; claro, ligero, escaso; *adv* delgadamente; ligeramente; poco; (*pret & pp:* **thinned;** *ger:* **thinning**) *va* adelgazar, enflaquecer; enrarecer; aclarar; aguar; desleír (*los colores*); *vn* adelgazarse; enflaquecerse; enrarecerse
thine [ðaɪn] *adj poss* (archaic & poet.) tu; *pron poss* (archaic & poet.) tuyo; el tuyo
thing [θɪŋ] *s* cosa; **of all things!** ¡qué sorpresa!; **the thing** lo que está de moda; lo debido, lo importante; **to be the real thing** estar muy de veras; **to know a thing or two** (coll.) saber cuántas son cinco; (coll.) tener experiencia; **to make a good thing of** (coll.) sacar provecho de; **to not know the first thing about** no saber nada de; **to see things** ver visiones, padecer alucinaciones; **to tell someone a thing or two** (coll.) decirle a uno dos gracias
thing-in-itself [ˌθɪŋɪnɪtˈsɛlf] *s* (philos.) cosa en sí
thingumbob [ˈθɪŋəmbɑb] *s* (coll.) cosa, negocillo (*cosa cuyo nombre se ha olvidado o no se quiere pronunciar*)
think [θɪŋk] (*pret & pp:* **thought**) *va* pensar; acordarse de; **to think it over** pensarlo; **to think nothing of** tener en poco; creer fácil; no dar importancia a; **to think of** pensar de (*tener cierta opinión de*); **to think out** imaginar, idear, descubrir, resolver; **to think up** imaginar; inventar (*p.ej., una excusa*); *vn* pensar; **to think aloud** pensar en alta voz, expresar lo que uno piensa; **to think ill of** tener mala opinión de; **to think not** creer que no; **to think of** pensar en (*tener el pensamiento concentrado en*); pensar (*un número, un naipe, etc.*); **to think out loud** pensar en alta voz, expresar lo que uno piensa; **to think over** pensar detenidamente; **to think so** creer que sí; **to think twice** pensar dos veces; **to think well of** tener buena opinión de; **you think so!** (iron.) ¡que te crees tú eso!
thinkable [ˈθɪŋkəbəl] *adj* pensable, concebible
thinker [ˈθɪŋkər] *s* pensador
thinking [ˈθɪŋkɪŋ] *adj* pensante; pensador (*meditabundo*); *s* pensamiento; parecer
thinner [ˈθɪnər] *s* diluente
thinnish [ˈθɪnɪʃ] *adj* flacucho; algo ralo
thin-skinned [ˈθɪnˈskɪnd] *adj* de pellejo delgado; sensible, susceptible
thiocyanate [ˌθaɪoˈsaɪənet] *s* (chem.) tiocianato
thiocyanic [ˌθaɪosaɪˈænɪk] *adj* tiociánico
thiocyanic acid *s* (chem.) ácido tiociánico
thionic [θaɪˈɑnɪk] *adj* tiónico
thionic acid *s* (chem.) ácido tiónico
thiophene [ˈθaɪəfin] *s* (chem.) tiofeno
thiosinamine [ˌθaɪəsɪˈnæmɪn] *s* (chem.) tiosinamina
thiosulfate [ˌθaɪoˈsʌlfet] *s* (chem.) tiosulfato
thiosulfuric [ˌθaɪosʌlˈfjʊrɪk] *adj* tiosulfúrico
thiosulfuric acid *s* (chem.) ácido tiosulfúrico
thiourea [ˌθaɪojʊˈriə] o [ˌθaɪoˈjʊrɪə] *s* (chem.) tiourea
third [θʌrd] *adj* tercero; *s* tercero; tercio (*una de tres partes iguales*); tres (*en las fechas*); (mus.) tercera; (aut.) tercera (velocidad)
third base *s* (baseball) tercera base *f* (*puesto*); (baseball) tercera base *m* (*jugador*)
third baseman *s* (baseball) tercera base *m* (*jugador*)
third-class [ˈθʌrdˌklæs] o [ˈθʌrdˌklɑs] *adj* de tercera clase
third degree *s* (coll.) interrogatorio de un preso, hecho de una manera brutal, interrogatorio bajo tortura
thirdly [ˈθʌrdlɪ] *adv* en tercer lugar
third person *s* (gram.) tercera persona
third rail *s* (rail.) tercer carril
third-rate [ˈθʌrdˌret] *adj* de tercer orden; de mala calidad, de última clase
thirst [θʌrst] *s* sed; (fig.) sed; *vn* tener sed; **to thirst for** tener sed de; (fig.) tener sed de
thirsty [ˈθʌrstɪ] *adj* (*comp:* **-ier;** *super:* **-iest**) sediento; **to be thirsty** tener sed; **to be thirsty for** tener sed de
thirteen [ˈθʌrˈtin] *adj & s* trece
thirteenth [ˈθʌrˈtinθ] *adj* décimotercero o décimotercio; trezavo; *s* decimotercero o décimotercio; trezavo; trece (*en las fechas*)
thirtieth [ˈθʌrtɪɪθ] *adj* trigésimo; treintavo; *s* trigésimo; treintavo; treinta (*en las fechas*)
thirty [ˈθʌrtɪ] *adj* treinta; *s* (*pl:* **-ties**) treinta; **thirty all** (tennis) treinta iguales
thirty-second note [ˈθʌrtɪˈsɛkənd] *s* (mus.) fusa
thirty-twomo [ˌθʌrtɪˈtuˌmo] *adj* en treintaidosavo; *s* libro en treintaidosavo
Thirty Years' War *s* guerra de los Treinta Años
this [ðɪs] *adj dem* (*pl:* **these**) este; *pron dem* (*pl:* **these**) éste; esto; *adv* tan
Thisbe [ˈθɪzbɪ] *s* (myth.) Tisbe
thistle [ˈθɪsəl] *s* (bot.) cardo
thistledown [ˈθɪsəlˌdaʊn] *s* borrilla de cardo
thistly [ˈθɪslɪ] *adj* lleno de cardos; espinoso
thither [ˈθɪðər] o [ˈðɪðər] *adj* más lejano, al otro lado; *adv* allá, hacia allá, para allá
thitherward [ˈθɪðərwərd] o [ˈðɪðərwərd] *adv* allá, hacia allá, para allá
tho o **tho'** [ðo] *adv & conj* var. de **though**
thole [θol] o **tholepin** [ˈθolˌpɪn] *s* (naut.) escálamo o tolete
Thomas [ˈtɑməs] *s* Tomás
Thomism [ˈtomɪzəm] o [ˈθomɪzəm] *s* tomismo
Thomist [ˈtomɪst] o [ˈθomɪst] *adj & s* tomista
thong [θɔŋ] o [θɑŋ] *s* correa, tira de cuero
thoracic [θoˈræsɪk] *adj* torácico
thoracic duct *s* (anat.) conducto torácico
thorax [ˈθoræks] *s* (*pl:* **-raxes** o **-races** [rəsiz]) (anat. & zool.) tórax
thoric [ˈθɑrɪk] o [ˈθorɪk] *adj* (chem.) tórico
thorite [ˈθoraɪt] *s* (mineral.) torita
thorium [ˈθorɪəm] *s* (chem.) torio
thorn [θɔrn] *s* espina; (bot.) espino u oxcicanto; (bot.) endrino; (fig.) espina (*ansia, tormento*); **thorn in the flesh** o **side** espina en el dedo, motivo de continuo enojo
thorn apple *s* (bot.) manzana espinosa, higuera loca
thornback [ˈθɔrnˌbæk] *s* (ichth.) raya espinosa; (zool.) centolla
thorny [ˈθɔrnɪ] *adj* (*comp:* **-ier;** *super:* **-iest**) espinoso; (fig.) espinoso
thoro [ˈθʌro] *adj* var. de **thorough**
thoron [ˈθorɑn] *s* (chem.) torón
thorough [ˈθʌro] *adj* cabal, completo; cuidadoso, concienzudo
thoroughbred [ˈθʌroˌbrɛd] *adj* de pura raza o sangre; bien nacido, bien educado; *s* pura sangre *m*; persona bien nacida, persona bien educada
thoroughfare [ˈθʌroˌfɛr] *s* carretera, vía pública; tránsito, pasaje; **no thoroughfare** se prohíbe el paso
thoroughgoing [ˈθʌroˌgo·ɪŋ] *adj* cabal, completo, esmerado, perfecto
thoroughly [ˈθʌrolɪ] *adv* a fondo
thoroughness [ˈθʌronɪs] *s* entereza, perfección, minuciosidad
thoroughwort [ˈθʌroˌwʌrt] *s* (bot.) eupatorio
thorp [θɔrp] *s* (archaic) aldea
those [ðoz] *pl de* **that**
thou [ðaʊ] *pron pers* (archaic, poet. & Bib.) tú; *va & vn* (archaic) tutear
though [ðo] *adv* sin embargo; *conj* aun cuando, aunque, bien que, si bien; **as though** como si
thought [θɔt] *s* pensamiento; consideración; (coll.) pizca, muy poco; *pret & pp de* **think**
thought control *s* control del pensamiento
thoughtful [ˈθɔtfəl] *adj* pensativo; atento, considerado
thoughtfulness [ˈθɔtfəlnɪs] *s* atención, consideración, solicitud
thoughtless [ˈθɔtlɪs] *adj* irreflexivo; descuidado; inconsiderado
thought transference *s* transmisión del pensamiento
thousand [ˈθaʊzənd] *adj & s* mil; **a thousand** u **one thousand** mil
Thousand and One Nights, The las Mil y una noches
thousandfold [ˈθaʊzəndˌfold] *adj* multiplicado por mil; *adv* mil veces más

Thousand Islands, the las Mil Islas
thousandth [ˈθaʊzəndθ] *adj & s* milésimo
Thrace [θres] *s* la Tracia
Thracian [ˈθreʃən] *adj & s* traciano o tracio
thrall [θrɔl] *s* esclavo; esclavitud, servidumbre
thralldom o **thraldom** [ˈθrɔldəm] *s* esclavitud, servidumbre
thrash [θræʃ] *va* (agr.) trillar; azotar, zurrar; **to thrash out** decidir después de una discusión cabal; **to thrash over** discutir repetidas veces; *vn* (agr.) trillar; dar vueltas, sacudirse, menearse
thrasher [ˈθræʃər] *s* (agr.) trillador; (agr.) trilladora mecánica; (orn.) cuicacoche; (ichth.) raposa de mar, zorra de mar
thread [θrɛd] *s* hilo; (mach.) filete o rosca; (zool.) hilo (*de la araña*); (fig.) hilo (*de un discurso, de la vida, etc.*); **to hang by a thread** estar colgado de un hilo; **to lose the thread of** perder el hilo de; *va* enhebrar; ensartar (*p.ej., cuentas*); (mach.) aterrajar, filetear; **to thread one's way through** serpentear por, abrirse camino por; *vn* (cook.) formar filamentos; serpentear, abrirse camino
threadbare [ˈθrɛd,bɛr] *adj* raído; andrajoso; gastado, viejo
threadworm [ˈθrɛd,wʌrm] *s* (zool.) lombriz de los niños (*Oxyuris vermicularis*); (zool.) filaria
thready [ˈθrɛdɪ] *adj* filiforme; fibroso, correoso, viscoso; débil, tenue (*voz*); (med.) débil (*pulso*)
threat [θrɛt] *s* amenaza
threaten [ˈθrɛtən] *va & vn* amenazar; **to threaten to** + *inf* amenazar + *inf* o amenazar con + *inf*
threatening [ˈθrɛtənɪŋ] *adj* amenazador, amenazante
three [θri] *adj* tres; *s* tres; **three o'clock** las tres
three-banded armadillo [ˈθri,bændɪd] *s* (zool.) armadillo de tres fajas, apar
three-color process [ˈθri,kʌlər] *s* tricromía, procedimiento tricromo
three-cornered [ˈθriˈkɔrnərd] *adj* triangular; ternario; tricornio, de tres picos (*sombrero*)
three-D [ˈθriˈdi] *adj* (coll.) tridimensional; *s* (coll.) película cinematográfica tridimensional, cinestéreo, estereocinema
three-decker [ˈθriˈdɛkər] *s* (naut.) navío de tres puentes; cosa que tiene tres capas, partes, pisos, etc.; (coll.) novela de tres tomos, novela muy larga
three-dimensional [ˈθridɪˈmɛnʃənəl] *adj* tridimensional
three-element vacuum tube [ˈθri,ɛlɪmənt] *s* (rad.) tubo al vacío de tres electrodos
threefold [ˈθri,fold] *adj & s* triple; *adv* tres veces más
three-four time [ˈθriˈfor] *s* (mus.) compás de tres por cuatro
three hundred *adj & s* trescientos
three-mile limit [ˈθri,maɪl] *s* (int. law) límite de tres millas
threepence [ˈθrɛpəns] o [ˈθrɪpəns] *s* suma de tres peniques; moneda de tres peniques
threepenny [ˈθrɛpənɪ], [ˈθrɪpənɪ] o [ˈθri,pɛnɪ] *adj* de tres peniques; barato, vil, ruin
three-phase [ˈθri,fez] *adj* (elec.) trifásico
three-ply [ˈθri,plaɪ] *adj* de tres capas
three-point landing [ˈθri,pɔɪnt] *s* (aer.) aterrizaje sobre tres puntos
three R's [ɑrz] *spl* lectura, escritura y aritmética
threescore [ˈθriˈskor] *adj* tres veintenas de, sesenta
threesome [ˈθrisəm] *s* grupo de tres personas; grupo de tres jugadores; juego de tres jugadores
three-square file [ˈθriˈskwɛr] *s* lima triangular
three-way cock [ˈθri,we] *s* grifo de tres vías
three-way switch *s* (elec.) conmutador de tres terminales
three-wire [ˈθri,waɪr] *adj* (elec.) trifilar
Three Wise Men *spl* Reyes Magos
threnody [ˈθrɛnədɪ] *s* (*pl:* **-dies**) treno (*canto fúnebre*)
threonine [ˈθriənin] o [ˈθriənɪn] *s* (biochem.) treonina
thresh [θrɛʃ] *va* (agr.) trillar; **to thresh out** decidir después de una discusión cabal; **to thresh over** discutir repetidas veces; *vn* (agr.) trillar; dar vueltas, sacudirse, menearse
thresher [ˈθrɛʃər] *s* (agr.) trillador; (agr.) trilladora; (ichth.) raposa de mar, zorra de mar
thresher shark *s* (ichth.) raposa de mar, zorra de mar
threshing floor *s* era
threshing machine *s* máquina trilladora
threshold [ˈθrɛʃold] *s* umbral; (psychol. & fig.) umbral, limen; **to be on the threshold of** estar en los umbrales de; **to cross the threshold** atravesar los umbrales
threw [θru] *pret de* **throw**
thrice [θraɪs] *adv* tres veces; muy, sumamente, repetidamente
thrift [θrɪft] *s* economía, parquedad; (bot.) estátice, césped de Olimpo
thriftiness [ˈθrɪftɪnɪs] *s* economía, parquedad
thriftless [ˈθrɪftlɪs] *adj* manirroto, malgastador
thrifty [ˈθrɪftɪ] *adj* (*comp:* **-ier;** *super:* **-iest**) económico, parco; floreciente, próspero
thrill [θrɪl] *s* emoción viva; *va* emocionar, conmover; *vn* emocionarse, conmoverse
thriller [ˈθrɪlər] *s* persona o cosa emocionante; cuento o pieza de teatro espeluznante
thrilling [ˈθrɪlɪŋ] *adj* emocionante; espeluznante
thrippence [ˈθrɪpəns] *s* var. de **threepence**
thrips [θrɪps] *s* (ent.) tripso
thrive [θraɪv] (*pret:* **throve** o **thrived;** *pp:* **thriven** o **thrived**) *vn* medrar, prosperar
thriven [ˈθrɪvən] *pp de* **thrive**
thro' o **thro** [θru] *adj, adv & prep* var. de **through**
throat [θrot] *s* garganta; (bot.) garganta; (arch.) goterón; (fig.) garganta (*de un río, una vasija, etc.*); **to clear one's throat** aclarar la voz; **to cut one's throat** degollarle a uno; desacreditarle a uno; degollarse; desacreditarse; **to jump down one's throat** enfadarse violentamente contra una persona; **to stick in one's throat** clavársele a uno en la garganta (*p.ej., una espina*); ser difícil de decir
throatband [ˈθrot,bænd] *s* ahogadero
throated [ˈθrotɪd] *adj* que tiene garganta; que tiene cierta garganta, p.ej., **white-throated** de garganta blanca
throatful [ˈθrotfʊl] *s* gargantada (*trago*)
throatlatch [ˈθrot,lætʃ] *s* var. de **throatband**
throatwort [ˈθrot,wʌrt] *s* (bot.) hermosilla
throaty [ˈθrotɪ] *adj* (*comp:* **-ier;** *super:* **-iest**) gutural, ronco
throb [θrɑb] *s* latido, palpitación, pulsación; (*pret & pp:* **throbbed;** *ger:* **throbbing**) *vn* latir, palpitar, pulsar
throbbing [ˈθrɑbɪŋ] *adj* palpitante
throe [θro] *s* dolor, congoja; **throes** *spl* angustia, agonía; esfuerzo penoso
thrombin [ˈθrɑmbɪn] *s* (biochem.) trombina
thrombocyte [ˈθrɑmbosaɪt] *s* (physiol.) trombocito
thrombosis [θrɑmˈbosɪs] *s* (path.) trombosis
thrombus [ˈθrɑmbəs] *s* (*pl:* **-bi** [baɪ]) (path.) trombo
throne [θron] *s* trono; **thrones** *spl* (eccl.) tronos; *va* entronizar
throne room *s* salón del trono
throng [θrɔŋ] o [θrɑŋ] *s* gentío, tropel, muchedumbre; *va* apretar, atestar; *vn* agolparse, apiñarse
throstle [ˈθrɑsəl] *s* (orn.) malvís, tordo alirrojo; (mach.) telar continuo
throttle [ˈθrɑtəl] *s* garganta, gaznate; (mach.) válvula de estrangulación, válvula reguladora; regulador (*de locomotora*); acelerador (*de automóvil*); *va* ahogar, sofocar; impedir, suprimir; (mach.) estrangular; (mach.) regular; **to throttle down** reducir la velocidad de
through [θru] *adj* de paso; directo, sin paradas, con pocas paradas; acabado, terminado; **to be through with** haber acabado con; no querer ocuparse más de; *adv* a través, de un lado a otro, de parte a parte; desde el principio hasta el fin; completamente; **through and through** de punta a cabo; de todo en todo, hasta los tuétanos; *prep* por, a través de; me-

diante, por medio de; a causa de; por entre; durante todo; todo lo largo de
throughout [θru'aut] *adv* en todas partes; por todas partes; en todo, en todos respectos; desde el principio hasta el fin; *prep* en todo; durante todo; a lo largo de
throughway ['θru,we] *s* carretera troncal, carretera de acceso limitado
throve [θrov] *pret de* **thrive**
throw [θro] *s* echada, tirada, lance; riesgo, ventura; capita, bufanda, chal; cobertor o colcha ligera ‖ (*pret:* **threw;** *pp:* **thrown**) *va* arrojar, echar, lanzar; disparar; lanzar (*p.ej., la jabalina*); dirigir, lanzar (*p.ej., una mirada*); tirar (*los dados*); derribar; desarzonar; proyectar (*una sombra*); dar a luz, parir; dar forma a (*las vasijas de barro*); perder con premeditación (*un juego, una carrera*); torcer (*hilo*); tender (*un puente*); **to throw away** tirar; malgastar; perder, no aprovechar; **to throw back** rechazar; **to throw down** echar por tierra, derribar; **to throw in** añadir, dar de más; **to throw off** desechar, deshacerse de; (coll.) producir (*p.ej., poesías*) con desenvoltura; **to throw on** echarse (*una prenda de vestir*); **to throw oneself at** asediar (*p.ej., una mujer a un hombre*); **to throw out** botar, arrojar, desechar; echar a la calle; **to throw over** abandonar, dejar; **to throw up** abandonar, dejar; renunciar; levantar rápidamente; echar en cara; (coll.) vomitar ‖ *vn* arrojar, echar, lanzar; **to throw back** parecerse a un antepasado, retroceder a un tipo anterior; **to throw up** vomitar
throwback ['θro,bæk] *s* salto atrás, retroceso; (biol.) reversión; (mov.) escena retrospectiva
thrower ['θroər] *s* tirador, lanzador; torcedor de seda
thrown [θron] *pp de* **throw**
thru [θru] *adj, adv & prep* var. de **through**
thrum [θrʌm] *s* rasgueo; hilo basto, hilo destorcido; **thrums** *spl* cadillos; (*pret & pp:* **thrummed;** *ger:* **thrumming**) *va* rasguear sin arte (*un instrumento de cuerda*); golpear ociosamente; repetir de modo monótono; *vn* zangarrear; teclear
thrush [θrʌʃ] *s* (orn.) tordo; (orn.) arandillo, malvís; (path.) ubrera; (vet.) higo
thrust [θrʌst] *s* empuje; acometida; cuchillada, estocada, puñalada; (phys.) empuje; (*pret & pp:* **thrust**) *va* empujar; acometer; atravesar, traspasar; clavar, hincar; imponer (*una tarea a una persona*); *vn* dar un empujón; abrirse paso por fuerza
thrust fault *s* (geol.) falla acostada
Thucydides [θu'sɪdɪdiz] o [θju'sɪdɪdiz] *s* Tucídides
thud [θʌd] *s* baque, ruido sordo; (*pret & pp:* **thudded;** *ger:* **thudding**) *va & vn* golpear con ruido sordo
thug [θʌg] *s* malhechor, ladrón, asesino
thuja ['θudʒə] *s* (bot.) tuya
Thule ['θulɪ] o ['θjulɪ] *s* Tule
thulium ['θulɪəm] o ['θjulɪəm] *s* (chem.) tulio
thumb [θʌm] *s* pulgar, dedo gordo; **all thumbs** (coll.) desmañado, chapucero, torpe; **to twiddle one's thumbs** menear ociosamente los pulgares; no hacer nada, estar ocioso; **under the thumb of** bajo la férula de, bajo el zapato de; **thumbs down** con el pulgar vuelto hacia abajo (*en señal de desaprobación*); **thumbs up** con el pulgar vuelto hacia arriba (*en señal de aprobación*); *va* manosear sin cuidado; ensuciar con los dedos; **to thumb a ride** pedir ser llevado en automóvil indicando la dirección con el pulgar; **to thumb one's nose at** (coll.) señalar (*a una persona*) poniendo el pulgar sobre la nariz en son de burla; (coll.) tratar con sumo desprecio; *vn* zangarrear; **to thumb through** hojear (*un libro*) con el pulgar
thumb index *s* índice recortado, índice en el corte
thumbnail ['θʌm,nel] *s* uña del pulgar; cosa muy pequeña o breve; *adj* muy pequeño, muy pequeño pero completo, en miniatura
thumb notch *s* uñero
thumb nut *s* tuerca de orejetas; tuerca moleteada
thumbprint ['θʌm,prɪnt] *s* impresión del pulgar; *va* marcar con impresión del pulgar
thumbscrew ['θʌm,skru] *s* tornillo de mariposa, tornillo de orejas; empulgueras (*instrumento para dar tormento*)
thumbstall ['θʌm,stɔl] *s* funda para el pulgar
thumbtack ['θʌm,tæk] *s* chinche, chincheta
thump [θʌmp] *s* golpazo, porrazo, trastazo; *va* dar un golpe pesado a; golpear, aporrear; *vn* dar un porrazo; caer con golpe pesado; andar con pasos pesados; latir (*el corazón*) con golpes pesados
thumping ['θʌmpɪŋ] *adj* (coll.) pesado, enorme
thunder ['θʌndər] *s* trueno; estruendo (*p.ej., de aplausos*); amenaza, denunciación; **to steal one's thunder** robar la idea o el método de uno; *va* fulminar (*censuras, amenazas, etc.*); arrojar o lanzar con estruendo; expresar con estruendo; *vn* tronar; **it is thundering** truena; **to thunder along** pasar con estruendo; **to thunder at** tronar contra
thunder and lightning *s* rayos y truenos
thunderbolt ['θʌndər,bolt] *s* rayo; (fig.) rayo
thunderclap ['θʌndər,klæp] *s* tronido
thundercloud ['θʌndər,klaud] *s* nube cargada de electricidad
thunderer ['θʌndərər] *s* tronador; **the Thunderer** Júpiter tonante o tronante
thunderhead ['θʌndər,hɛd] *s* cúmulo (*que se resuelve en lluvia con truenos*)
thundering ['θʌndərɪŋ] *adj* tronador; tronitoso, estrepitoso; (coll.) enorme, extraordinario
thunderous ['θʌndərəs] *adj* tronante, tronitoso
thundershower ['θʌndər,ʃauər] *s* chubasco con truenos
thundersquall ['θʌndər,skwɔl] *s* ráfaga o racha de viento, acompañada de lluvia y truenos
thunderstorm ['θʌndər,stɔrm] *s* tronada, tempestad de truenos
thunderstruck ['θʌndər,strʌk] *adj* atónito, estupefacto, pasmado
Thur. abr. de **Thursday**
thurible ['θurɪbəl] o ['θjurɪbəl] *s* (eccl.) turíbulo
thurifer ['θurɪfər] o ['θjurɪfər] *s* (eccl.) turiferario
thurify ['θurɪ,faɪ] o ['θjurɪfaɪ] (*pret & pp:* **-fied**) *va & vn* turificar
Thuringia [θu'rɪndʒɪə] o [θju'rɪndʒɪə] *s* Turingia
Thuringian [θu'rɪndʒɪən] o [θju'rɪndʒɪən] *adj & s* turingiano
Thursday ['θʌrzdɪ] *s* jueves
thus [ðʌs] *adv* así; **thus far** hasta aquí, hasta ahora
thwack [θwæk] *s* golpe, porrazo; sequete; *va* golpear, pegar; dar un golpe seco a
thwart [θwɔrt] *s* riostra (*de una canoa*); bancada, banco de remeros; *adj* transversal, oblicuo; *adv* de través; *va* desbaratar, impedir, frustrar
thy [ðaɪ] *adj poss* (archaic & poet.) tu
thylacine ['θaɪləsaɪn] o ['θaɪləsɪn] *s* (zool.) lobo marsupial
thyme [taɪm] *s* (bot.) tomillo
thymelaeaceous [,θɪmɪlɪ'eʃəs] *adj* (bot.) timeleáceo
thymic ['taɪmɪk] *adj* tímico (*perteneciente al tomillo*); ['θaɪmɪk] *adj* tímico (*perteneciente al timo*)
thymol ['θaɪmɑl] *s* (chem.) timol
thymus ['θaɪməs] *s* (anat.) timo; *adj* tímico
thymus gland *s* (anat.) timo
thyroid ['θaɪrɔɪd] *adj* tiroides; *s* (anat.) tiroides (*glándula, cartílago*); (pharm.) tiroidina
thyroidectomy [,θaɪrɔɪ'dɛktəmɪ] *s* (*pl:* **-mies**) (surg.) tiroidectomía
thyroid extract *s* (pharm.) tiroidina
thyroid gland *s* (anat.) glándula tiroides
thyroxin [θaɪ'rɑksɪn] o **thyroxine** [θaɪ'rɑksin] *s* (biochem.) tiroxina
thyrse [θʌrs] *s* (bot.) tirso
thyrsus ['θʌrsəs] *s* (*pl:* **-si** [saɪ]) (bot. & myth.) tirso
thyself [ðaɪ'sɛlf] *pron* (archaic & poet.) tú mismo; ti mismo; te, ti
tiara [taɪ'ɛrə] o [tɪ'ɑrə] *s* tiara; diadema (*adorno femenino de cabeza*)
Tiber ['taɪbər] *s* Tíber
Tiberius [taɪ'bɪrɪəs] *s* Tiberio
Tibet [tɪ'bɛt] o ['tɪbet] *s* el Tibet
Tibetan [tɪ'bɛtən] *adj & s* tibetano

T

tibia [ˈtɪbɪə] *s* (*pl:* **-ae** [i] o **-as**) (anat. & mus.) tibia
tibial [ˈtɪbɪəl] *adj* tibial
tic [tɪk] *s* (path.) tic
tic douloureux [ˌduluˈru] *s* (path.) tic doloroso de la cara
tick [tɪk] *s* tictac; contramarca, contraseña; (coll.) instante, momento; cutí, terliz; funda (*de almohada o colchón*); (coll.) crédito; (ent.) garrapata, mosca borriquera, pito; **on tick** (coll.) al fiado; *va* marcar, notar o contar con un tictac como el del reloj; marcar, poner una contraseña a; *vn* hacer tictac; latir (*el corazón*)
ticker [ˈtɪkər] *s* teleimpresor; (slang) reloj; (slang) corazón
ticker tape *s* cinta de teleimpresor
ticket [ˈtɪkɪt] *s* billete; localidad, entrada; papeleta de empeño; talón; marbete; (coll.) aviso de multa (*por estacionar un auto indebidamente*); (U.S.A.) candidatura; **that's the ticket** (coll.) eso es, eso es lo que se necesita; *va* poner marbete a
ticket agent *s* taquillero
ticket collector *s* revisor
ticket office *s* taquilla, despacho de billetes
ticket of leave *s* (Brit.) libertad bajo palabra
ticket-of-leave man [ˈtɪkɪtəvˈliv] *s* (Brit.) penado libre bajo palabra
ticket scalper *s* revendedor de billetes
ticket window *s* ventanilla, taquilla
tick fever *s* (path.) fiebre de garrapatas; (vet.) fiebre de Tejas
ticking [ˈtɪkɪŋ] *s* cutí, terliz
tickle [ˈtɪkəl] *s* cosquillas; cosquilleo; *va* cosquillear; gustar, divertir; *vn* cosquillear; tener o sentir cosquillas
tickler [ˈtɪklər] *s* persona que cosquillea; libro borrador o de apuntes; (coll.) problema difícil
tickler coil *s* (rad.) bobina de regeneración
ticklish [ˈtɪklɪʃ] *adj* cosquilloso; picajoso, quisquilloso, cosquilloso; difícil, delicado; inseguro, inestable
tick-tack-toe [ˌtɪktækˈto] *s* juego, parecido al tres en raya, en el cual dos jugadores ponen su señal alternativamente en uno de nueve espacios de una figura de líneas cruzadas, cada jugador intentando llenar primero tres espacios seguidos
tick-tock [ˈtɪkˌtɑk] *s* tictac (*del reloj*)
tidal [ˈtaɪdəl] *adj* de marea
tidal wave *s* ola de marea; (fig.) ola (*p.ej., de indignación popular*)
tidbit [ˈtɪdˌbɪt] *s* buen bocado, bocado rico, bocadito
tiddledywinks [ˈtɪdəldɪˌwɪŋks] o **tiddlywinks** [ˈtɪdlɪˌwɪŋks] *s* juego de la pulga, juego que consiste en hacer saltar un disco en una taza
tide [taɪd] *s* (naut.) marea; temporada; corriente; **to go with the tide** seguir la corriente; **to turn the tide** hacer cambiar las cosas; cambiar el curso (*p.ej., de la batalla*); **the tide turned** dió vuelta la tortilla; *va* llevar, hacer flotar; **to tide over** ayudar un poco; superar (*una dificultad*); *vn* levantarse (*la superficie de las aguas del mar*); navegar o flotar con la marea
tide-driven power plant [ˈtaɪdˌdrɪvən] *s* usina mareamotriz
tide gate *s* compuerta de marea
tideland [ˈtaɪdˌlænd] *s* terreno inundado por la marea, estero
tide power *s* hulla azul
tidewater [ˈtaɪdˌwɔtər] o [ˈtaɪdˌwɑtər] *s* agua de marea; orilla del mar; *adj* costanero
tideway [ˈtaɪdˌwe] *s* canal de marea; corriente de marea
tidings [ˈtaɪdɪŋz] *spl* noticias, informes
tidy [ˈtaɪdɪ] *s* (*pl:* **-dies**) pañito bordado, cubierta de respaldar; *adj* (*comp:* **-dier;** *super:* **-diest**) aseado, limpio, pulcro, ordenado; (*pret & pp:* **-died**) *va* asear, limpiar, arreglar, poner en orden; *vn* asearse; poner las cosas en orden
tie [taɪ] *s* atadura; lazo, nudo; corbata; empate (*en elecciones, juegos, etc.*); tirante, estay; (mus.) ligado; (rail.) traviesa; (fig.) lazo, vínculo; **ties** *spl* zapatos bajos de lazos; **to tie a tie** hacer una corbata; (*pret & pp:* **tied;** *ger:* **tying**) *va* atar, liar; enlazar; hacer (*la corbata*); confinar, limitar; empatar (*p.ej., una elección*); empatársela a (*una persona*); (mus.) ligar; **to be tied up** estar ocupado; **to tie down** confinar, limitar; **to tie up** atar; envolver; obstruir (*el tráfico*); (com.) embargar; *vn* atar; empatar o empatarse
tieback [ˈtaɪˌbæk] *s* alzapaño (*tira de tela o cordonería*)
tie bar *s* barra tirante, varilla de tensión; (rail.) barra separadora (*de las dos agujas de cambio*)
tie beam *s* tirante, viga tensora
tiepin [ˈtaɪˌpɪn] *s* alfiler de corbata
tier [ˈtaɪər] *s* atador; (dial.) delantal de niña atado con cintas; [tɪr] *s* fila, ringlera; tonga; (theat.) fila de palcos; *va* formar en filas o tongas
tierce [tɪrs] *s* tercerola (*barril*); tercera o tercia (*tres cartas del mismo palo*); (eccl.) tercia; (mus.) tercera; posición de mano en tercera (*en la esgrima*)
tie rod *s* barra tirante, varilla de tensión; (aut.) biela, barra de acoplamiento de dirección
tie-up [ˈtaɪˌʌp] *s* enlace, unión; parada o paralización (*causada por una huelga u otros motivos*); bloqueo, embotellamiento (*del tráfico*)
tiff [tɪf] *s* riña ligera, quimera; pique, resentimiento; *vn* reñir; picarse, irritarse
tiffin [ˈtɪfɪn] *s* (Brit.) almuerzo; *va* (Brit.) dar de almorzar a; *vn* (Brit.) almorzar
tiger [ˈtaɪgər] *s* tigre; (fig.) tigre (*persona muy cruel*)
tiger beetle *s* (ent.) cicindela
tiger cat *s* (zool.) gato montés, ocelote, serval; gato doméstico atigrado
tiger-eye [ˈtaɪgərˌaɪ] *s* ojo de gato (*piedra*)
tigerflower [ˈtaɪgərˌflaʊər] *s* (bot.) flor de un día, flor de la maravilla
tigerish [ˈtaɪgərɪʃ] *adj* atigrado, tigrino, feroz
tiger lily *s* (bot.) azucena atigrada
tiger moth *s* (ent.) artia
tiger's-eye [ˈtaɪgərzˌaɪ] *s* var. de **tiger-eye**
tiger shark *s* (ichth.) pez zorro; (ichth.) alecrín
tight [taɪt] *adj* apretado, estrecho; tieso, tirante; bien cerrado, hermético; estanco; ajustado, ceñido; compacto, denso; fijo, firme, sólido; complicado, difícil; duro, severo; (com.) escaso, difícil de obtener; (paint.) mal manejado; (sport) casi igual; (coll.) agarrado, tacaño; (slang) borracho; (dial.) aseado, pulido; *adv* firmemente; **to hold tight** mantener fijo; agarrarse bien; **to sit tight** (coll.) estarse quieto; (coll.) tener la misma postura; **tights** *spl* traje de malla (*p.ej., de los acróbatas*)
tighten [ˈtaɪtən] *va* apretar; atiesar, estirar; *vn* apretarse; atiesarse, estirarse
tight-fisted [ˈtaɪtˈfɪstɪd] *adj* agarrado, tacaño
tight-fitting [ˈtaɪtˈfɪtɪŋ] *adj* ceñido, muy ajustado
tight-lipped [ˈtaɪtˈlɪpt] *adj* que tiene los labios apretados; callado, silencioso, hermético
tightrope [ˈtaɪtˌrop] *s* cuerda tirante; *vn* andar en la cuerda tirante
tight squeeze *s* (coll.) brete, aprieto
tightwad [ˈtaɪtˌwɑd] *s* (slang) cicatero
tigress [ˈtaɪgrɪs] *s* tigresa
tigrish [ˈtaɪgrɪʃ] *adj* var. de **tigerish**
tike [taɪk] *s* var. de **tyke**
til [tɪl] o [til] *s* (bot.) ajonjolí; (bot.) til (*de las Canarias*); [til] *s* (phonet.) tilde
tilbury [ˈtɪlbərɪ] *s* (*pl:* **-ries**) tílburi
tile [taɪl] *s* azulejo; baldosa (*para solar*); teja (*para cubrir por fuera los techos*); tubo de barro cocido, canal de barro cocido; (coll.) chistera, sombrero de copa; *va* azulejar; embaldosar; tejar
tilefish [ˈtaɪlˌfɪʃ] *s* (ichth.) lofolátilo
tile kiln *s* tejar, tejería
tiler [ˈtaɪlər] *s* azulejero; tejero
tile roof *s* tejado (de tejas)
tiliaceous [ˌtɪlɪˈeʃəs] *adj* (bot.) tiliáceo
tiling [ˈtaɪlɪŋ] *s* azulejos; baldosas; tejas; azulejería; embaldosado
till [tɪl] *s* cajón o gaveta del dinero; *prep* hasta; *conj* hasta que; *va* labrar, cultivar
tillable [ˈtɪləbəl] *adj* labrantío
tillage [ˈtɪlɪdʒ] *s* cultivo, labranza; agricultura; tierra labrada; cosecha

tiller ['tɪlər] *s* agricultor, labrador; palanca, mango; (naut.) barra o caña del timón; (hort.) sierpe
tilt [tɪlt] *s* inclinación; declive; tienda, entalamadura; justa, torneo; martinete de báscula; lanzada; **at tilt** en posición inclinada; dando una lanzada; **full tilt** a toda velocidad; *va* inclinar, volcar; asestar (*una lanza*); acometer; forjar o martillar con martinete; entoldar; *vn* inclinarse; justar, tornear; luchar; **to tilt at** luchar con, arremeter contra; protestar contra
tilth [tɪlθ] *s* cultivo, labranza; tierra labrada; capa cultivable (*de un terreno*)
tilt hammer *s* martinete de báscula
tiltyard ['tɪlt,jɑrd] *s* palestra, lugar de una justa o torneo
Tim. abr. de **Timothy**
timbal ['tɪmbəl] *s* (mus.) timbal; membrana del aparato estridulante (*de los cicádidos*)
timbale ['tɪmbəl] *s* (cook.) timbal
timber ['tɪmbər] *s* madera de construcción; maderaje; viga, madero; bosque, árboles de monte; (naut.) cuaderna; *va* enmaderar
timber hitch *s* (naut.) vuelta de braza
timberland ['tɪmbər,lænd] *s* tierras maderables
timber line *s* altura o límite de la vegetación, límite del bosque maderable
timber wolf *s* (zool.) lobo norteamericano (*Canis lupus lycaon*)
timbre ['tɪmbər] o ['tæmbər] *s* (her., phonet. & phys.) timbre
timbrel ['tɪmbrəl] *s* (mus.) adufe, pandereta
time [taɪm] *s* tiempo; hora, p.ej., **time to go to bed** hora de acostarse; vez, p.ej., **that was the last time I saw him** ésa era la última vez que le ví; rato, p.ej., **he had a nice time** pasó un buen rato; plazo; horas de trabajo; sueldo; tiempo de parir, término del embarazo; hora, última hora; (phot.) tiempo de exposición; **against time** esforzándose por acabar antes de cierto tiempo; **at no time** ninguna vez; **at the same time** a un tiempo; a la vez; todavía, sin embargo; **at the time of** en tiempo de; **at the wrong time** fuera de tiempo; **at times** a tiempos, a veces; **behind time** atrasado; **behind the times** anticuado, fuera de moda; **between times** en los intervalos; **for some time (past)** de algún tiempo a esta parte; **for the time being** por el momento, por ahora; **from time to time** de tiempo en tiempo; **in due time** a su tiempo, en su día; **in good time** en tiempo; pronto; **in no time** en muy poco tiempo, en un abrir y cerrar de ojos; **in time** con tiempo; (mus.) a compás; **in time to** + *inf* a tiempo para + *inf;* **on time** a la hora (debida); con puntualidad; a plazo; **to bide one's time** esperar la hora propicia, tomarse tiempo; **to do time** (coll.) cumplir una condena; **to have a good time** darse buen tiempo, divertirse; **to have no time for** no poder tolerar; **to keep time** contar el tiempo; andar bien (*un reloj*); (mus.) llevar el compás; **to kill time** matar el tiempo; **to know how to tell time** saber o conocer el reloj; **to lose time** atrasarse (*el reloj*); **to make time** ganar tiempo, avanzar con rapidez; **to mark time** hacer tiempo; trabajar en vano; (mil.) marcar el paso; **to pass the time away** matar el tiempo; **to pass the time of day** saludarse (*dos personas*); **to pass the time of day with** saludar, dar los buenos días a; **to take one's time** no darse prisa, ir despacio; **to tell the time** decir la hora, p.ej., **tell me the time** dígame la hora; **to tell time** decir la hora (*p.ej., el reloj de sol*); **to waste time** gastar o perder el tiempo; **what time is it?** ¿qué hora es?; **within a short time** al poco tiempo; **time after time** o **time and again** repetidas veces; **times** (math.) por (*multiplicado por*); *adj* de tiempo, del tiempo; a plazo; *va* calcular el tiempo de; medir el tiempo de; hacer a tiempo oportuno; regular; hacer a compás; (mach.) graduar la distribución de; (sport) cronometrar
time bomb *s* bomba-reloj, bomba a reloj
timecard ['taɪm,kɑrd] *s* hoja de presencia, tarjeta registradora (*de la hora de llegada y salida*); horario
time clock *s* reloj registrador
time-consuming ['taɪmkən,sumɪŋ] o ['taɪmkən,sjumɪŋ] *adj* que toma mucho tiempo
time-delay relay ['taɪmdɪ'le] *s* (elec.) relai de retardo
time draft *s* (com.) letra de cambio a plazo, orden de pago a plazo
time exposure *s* (phot.) pose
time fuse *s* espoleta de tiempos
time-honored ['taɪm,ɑnərd] *adj* consagrado, tradicional
time immemorial *s* tiempo inmemorable; (law) tiempo inmemorial
timekeeper ['taɪm,kipər] *s* listero, apuntador, alistador de tiempo; reloj, cronómetro; (mus.) marcador de tiempo; (sport) cronometrador, juez de tiempo
timeless ['taɪmlɪs] *adj* eterno, infinito; sin fecha, sin limitación de tiempo; intemporal
timely ['taɪmlɪ] *adj* (*comp:* **-lier;** *super:* **-liest**) oportuno
time off *s* permiso, asueto
time out *s* (coll.) descanso, intermisión
time out of mind *s* tiempo inmemorable
timepiece ['taɪm,pis] *s* reloj, cronómetro
timer ['taɪmər] *s* contador de tiempo; (mach.) distribuidor del encendido
timesaver ['taɪm,sevər] *s* economizador de tiempo
timeserver ['taɪm,sʌrvər] *s* contemporizador
timeserving ['taɪm,sʌrvɪŋ] *adj* contemporizador; *s* contemporización
time signal *s* señal horaria
time signature *s* (mus.) signatura
time switch *s* (elec.) interruptor de reloj, interruptor horario
timetable ['taɪm,tebəl] *s* guía, horario, itinerario
timework ['taɪm,wʌrk] *s* trabajo a jornal
timeworn ['taɪm,worn] *adj* traqueado, gastado por el tiempo
time zone *s* huso horario
timid ['tɪmɪd] *adj* tímido
timidity [tɪ'mɪdɪtɪ] *s* timidez
timing ['taɪmɪŋ] *s* medida del tiempo; regulación del tiempo; puesta a punto; selección del momento oportuno (*para producir un efecto deseado*); (aut.) regulación del encendido; (aut.) regulación de la distribución; (mus.) regulación del compás (*ritmo*); (sport) cronometraje; (theat.) sincronización; (theat.) velocidad de la acción
timing gears *spl* (mach.) distribución, engranaje de distribución, mando de las válvulas
timocracy [taɪ'mɑkrəsɪ] *s* (*pl:* **-cies**) timocracia
timocratic [,taɪmə'krætɪk] o **timocratical** [,taɪmə'krætɪkəl] *adj* timocrático
timorous ['tɪmərəs] *adj* temeroso, tímido
timothy ['tɪməθɪ] *s* (bot.) fleo; (*cap.*) Timoteo; (Bib.) Epístola de San Pablo a Timoteo (*cada una de dos*)
timpano ['tɪmpəno] *s* (*pl:* **-ni** [ni]) (mus.) atabal, tímpano
tin [tɪn] *s* (chem.) estaño; hojalata, hoja de lata; lata (*envase*); *adj* de estaño; de hojalata; pobre, inferior; (*pret & pp:* **tinned;** *ger:* **tinning**) *va* estañar; recubrir de estaño; (Brit.) enlatar, conservar en latas
tinamou ['tɪnəmu] *s* (orn.) tinamú
tincal ['tɪŋkɑl] o ['tɪŋkəl] *s* tincal
tin can *s* lata, envase de hojalata
tinctorial [tɪŋk'torɪəl] *adj* tintóreo
tincture ['tɪŋktʃər] *s* (pharm.) tintura; (her.) esmalte; (fig.) tintura (*noticia superficial*); *va* tinturar; (fig.) tinturar
tin cup *s* taza de hojalata
tinder ['tɪndər] *s* yesca; mecha
tinderbox ['tɪndər,bɑks] *s* lumbres, yescas, yesquero; (fig.) persona muy excitable
tine [taɪn] *s* púa (*p.ej., de tenedor*)
tinea ['tɪnɪə] *s* (path.) tiña
tin foil *s* hojuela de estaño, papel de estaño
ting [tɪŋ] *s* tintín; *va* hacer tintinear; *vn* tintinear
ting-a-ling ['tɪŋə,lɪŋ] *s* tilín
tinge [tɪndʒ] *s* matiz, tinte; dejo, gustillo; (*ger:* **tingeing** o **tinging**) *va* matizar, teñir; dar gusto o sabor a
tingle ['tɪŋgəl] *s* comezón, hormigueo; *va* pro-

T

ducir comezón u hormigueo a; *vn* sentir comezón u hormigueo; zumbar (*los oídos*); estremecerse (*p.ej., de entusiasmo*)
tin hat *s* (coll.) yelmo de acero, casco de acero
tinker ['tɪŋkər] *s* calderero remendón; chapucero, chafallón; chapuz, chafallo; *va* remendar chapuceramente; chafallar; *vn* ocuparse vanamente; **to tinker at** o **with** ocuparse vanamente con o en
tinker's damn o **dam** *s* (slang) cosa de ningún valor; **to not be worth a tinker's damn** (slang) no valer un pito; **to not care a tinker's damn** (slang) no importarle a uno un pito
tinkle ['tɪŋkəl] *s* retintín; *va* hacer retiñir; marcar con un retintín; *vn* retiñir
tinman ['tɪnmən] *s* (*pl:* **-men**) var. de **tinsmith**
tinner ['tɪnər] *s* minero de estaño; estañero; hojalatero; (Brit.) envasador de latas
tinnitus [tɪ'naɪtəs] *s* (path.) zumbido de oídos
tinny ['tɪnɪ] *adj* (*comp:* **-nier;** *super:* **-niest**) de estaño; que tintina como los objetos de estaño o de hojalata; que sabe a estaño; débil, endeble
tin-pan alley ['tɪn,pæn] *s* barrio, especialmente en la ciudad de Nueva York, donde se publica la mayor parte de la música popular; conjunto de compositores de música popular
tin plate *s* hojalata
tin-plate ['tɪn,plet] *va* estañar
tin roof *s* tejado de hojalata
tinsel ['tɪnsəl] *s* oropel; (fig.) oropel; lentejuelas o tiritas de hoja de estaño (*que se usan como ornamento, p.ej., para el árbol de Navidad*); lama, restaño, brocadillo; *adj* de oropel; (*pret & pp:* **-seled** o **-selled;** *ger:* **-seling** o **-selling**) *va* oropelar
tinsmith ['tɪn,smɪθ] *s* estañero; hojalatero
tin soldier *s* soldadito de plomo (*juguete*)
tint [tɪnt] *s* tinte, matiz; media tinta; *va* teñir, matizar, colorar ligeramente
tintinnabulation [,tɪntɪ,næbjə'leʃən] *s* campanilleo
tintype ['tɪn,taɪp] *s* (phot.) ferrotipo
tinware ['tɪn,wer] *s* objetos de hojalata
tin wedding *s* décimo aniversario (*del matrimonio*)
tinwork ['tɪn,wʌrk] *s* estañadura; hojalatería
tiny ['taɪnɪ] *adj* (*comp:* **-nier;** *super:* **-niest**) diminuto, menudo, pequeñito
tip [tɪp] *s* extremo, extremidad; herrete, casquillo; punta (*p.ej., de la lengua*); puntera (*del zapato*); embocadura (*de cigarrillo*); inclinación, ladeo; palmadita, golpecito; propina (*gratificación*); soplo (*informe dado en secreto*); (*pret & pp:* **tipped;** *ger:* **tipping**) *va* herretear, poner herrete o casquillo a; inclinar, ladear; golpear ligeramente; volcar; dar propina a; informar por debajo de cuerda; tocar (*el sombrero*) con los dedos; quitarse (*el sombrero en señal de cortesía*); **to tip in** (print.) encañonar (*un pliego*); **to tip off** (coll.) informar por debajo de cuerda; (coll.) advertir; **to tip over** volcar; *vn* dar una propina o propinas; inclinarse, ladearse; **to tip over** volcarse
tipcart ['tɪp,kart] *s* volquete
tip-in ['tɪp,ɪn] *s* (print.) pliego encañonado
tip-off ['tɪp,ɔf] o ['tɪp,ɑf] *s* (coll.) informe dado por debajo de cuerda; (coll.) advertencia
tipped [tɪpt] *adj* aboquillado (*cigarrillo*); herreteado
tippet ['tɪpɪt] *s* palatina; esclavina
tipping ['tɪpɪŋ] *s* costumbre de dar propinas
tipple ['tɪpəl] *s* bebida alcohólica; volcadero; *va* beber a menudo y en poca cantidad; *vn* beborrotear
tippler ['tɪplər] *s* bebedor
tipstaff ['tɪp,stæf] o ['tɪp,stɑf] *s* vara de justicia; ministril, alguacil de vara
tipster ['tɪpstər] *s* (coll.) individuo que vende informes secretos, especialmente a los jugadores
tipsy ['tɪpsɪ] *adj* (*comp:* **-sier;** *super:* **-siest**) vacilante; achispado
tipsy cake *s* bizcocho borracho
tiptoe ['tɪp,to] *s* punta del pie; puntas de los pies; **on tiptoe** de puntillas; alerta, sobre aviso; furtivamente; (*pret & pp:* **-toed;** *ger:* **-toeing**) *vn* andar de puntillas
tiptop ['tɪp,tɑp] *s* cumbre, cima; *adj* al punto más alto; (coll.) superior, excelente
tirade ['taɪred] o [tɪ'red] *s* diatriba, invectiva
tire [taɪr] *s* neumático, llanta de goma; llanta o calce (*cerco metálico de las ruedas*); *va* cansar; aburrir, fastidiar; poner llantas o neumáticos a; *vn* cansarse; aburrirse, fastidiarse
tire chain *s* cadena de llanta, cadena antirresbaladiza
tired [taɪrd] *adj* cansado, rendido
tire gauge *s* indicador de presión de neumáticos, medidor para neumáticos
tire iron *s* (aut.) desmontable
tireless ['taɪrlɪs] *adj* incansable, infatigable
tire pressure *s* presión de inflado
tire pump *s* bomba para inflar neumáticos
tire rack *s* (aut.) portaneumático
tiresome ['taɪrsəm] *adj* cansado, aburrido, pesado
tire spreader *s* ensanchador de neumáticos
Tirol, the [tɪ'rol] o ['tɪrɑl] var. de **the Tyrol**
'tis [tɪz] contracción de **it is**
tissue ['tɪʃʊ] *s* tejido fino, gasa, tisú; (biol.) tejido; papel de seda; (fig.) tejido (*p.ej., de mentiras*)
tissue culture *s* (bact.) cultivo de tejidos
tissue paper *s* papel de seda
tit [tɪt] *s* teta; pezón (*extremidad de la teta*); (orn.) paro, herrerillo; **tit for tat** pata es la traviesa, guájete por guájete, ojo por ojo
titan ['taɪtən] *s* titán; (*cap.*) *s* (myth.) Titán; *adj* titánico
titanate ['taɪtənet] *s* (chem.) titanato
titan crane *s* (mach.) titán
Titania [tɪ'tenɪə] *s* Titania
titanic [taɪ'tænɪk] *adj* titánico; (chem.) titánico; (*cap.*) *adj* (myth.) titánico
titanite ['taɪtənaɪt] *s* (mineral.) titanita
titanium [taɪ'tenɪəm] o [tɪ'tenɪəm] *s* (chem.) titanio o titano
titbit ['tɪt,bɪt] *s* var. de **tidbit**
titer ['taɪtər] *s* (chem., immun. & physiol.) título
tithable ['taɪðəbəl] *adj* diezmable
tithe ['taɪð] *s* décimo (*décima parte*); diezmo (*impuesto pagado a la iglesia*); impuesto muy pequeño; pizca; *va* diezmar
tither ['taɪðər] *s* diezmero
tithing ['taɪðɪŋ] *s* diezmo; recaudación o pago del diezmo; (Brit.) pequeña división administrativa, formada por diez familias de vecinos
Tithonus [tɪ'θonəs] *s* (myth.) Titono
Titian ['tɪʃən] *s* El Ticiano; *adj* castaño rojizo, rubio rojizo
titillate ['tɪtɪlet] *va* titilar (*cosquillear*)
titillation [,tɪtɪ'leʃən] *s* titilación
titivate ['tɪtɪvet] *va* (coll.) ataviar, vestir con mucha elegancia; *vn* (coll.) ataviarse, vestirse con mucha elegancia
titlark ['tɪt,lɑrk] *s* (orn.) bisbita
title ['taɪtəl] *s* título; (sport) campeonato; *va* titular, intitular
titled ['taɪtəld] *adj* titulado
title deed *s* (law) título de propiedad
titleholder ['taɪtəl,holdər] *s* titulado; (sport) campeón
title page *s* portada, frontispicio
title rôle *s* (theat.) papel principal (*el que corresponde al título de la obra*)
titmouse ['tɪt,maus] *s* (*pl:* **-mice**) (orn.) paro; (orn.) paro carbonero, herrerillo
Titoism ['tito·ɪzəm] *s* titoísmo
Titoist ['tito·ɪst] *adj & s* titoísta
titrate ['taɪtret] o ['tɪtret] *va & vn* (chem.) titrar o titular
titration [taɪ'treʃən] o [tɪ'treʃən] *s* (chem.) titración o titulación
titter ['tɪtər] *s* risita ahogada o disimulada; *vn* reír a medias, reír con disimulo
tittivate ['tɪtɪvet] *va & vn* (coll.) var. de **titivate**
tittle ['tɪtəl] *s* ápice (*pequeño signo; parte mínima*)
tittle-tattle ['tɪtəl,tætəl] *s* charla, chismes; *vn* charlar, chismear
titular ['tɪtʃələr] *adj* titular; nominal (*que sólo tiene el nombre de un cargo sin poder real*)
Titus ['taɪtəs] *s* Tito; (Bib.) Epístola de San Pablo a Tito
tmesis ['tmisɪs] *s* (rhet.) tmesis
tn. abr. de **ton**

TNT o **T.N.T.** abr. de **trinitrotoluene**
to [tu], [tʊ] o [tə] *adv* hacia adelante; **to and fro** alternativamente; yendo y viniendo; **to come to** volver en sí; *prep* a, p.ej., **he is going to Buenos Aires** va a Buenos Aires; **they gave something to the beggar** dieron algo al pobre; **we are learning to dance** aprendemos a bailar; para, p.ej., **he is reading to himself** lee para sí; por, p.ej., **work to do** trabajo por hacer; hasta, p.ej., **to a certain extent** hasta cierto punto; en, p.ej., **from door to door** de puerta en puerta; con, p.ej., **kind to her** amable con ella; según, p.ej., **to my way of thinking** según mi modo de pensar; menos, p.ej., **five minutes to ten** las diez menos cinco
toad [tod] *s* (zool.) sapo; (zool.) rana
toadeater ['tod,itər] *s* adulador servil
toadfish ['tod,fɪʃ] *s* (ichth.) sapo
toadflax ['tod,flæks] *s* (bot.) linaria
toadstone ['tod,ston] *s* estelión, estelón
toadstool ['tod,stul] *s* (bot.) agárico, seta; seta venenosa
toady ['todɪ] *s* (*pl:* **-ies**) adulador servil; (*pret & pp:* **-ied**) *va & vn* adular servilmente
toadyism ['todɪɪzəm] *s* adulación servil
to-and-fro ['tuənd'fro] *adj* alternativo, de vaivén
toast [tost] *s* tostadas; brindis; **a piece of toast** una tostada; *va* tostar; brindar a o por; *vn* tostarse; brindar
toaster ['tostər] *s* tostador; brindador
toastmaster ['tost,mæstər] o ['tost,mɑstər] *s* brindador; el que presenta a los oradores en un banquete
Tob. abr. de **Tobit**
tobacco [tə'bæko] *s* (*pl:* **-cos**) (bot.) tabaco; tabaco (*hojas secas*)
tobacco dove *s* (orn.) paloma tojosa
tobaccoism [tə'bæko·ɪzəm] *s* (path.) tabaquismo
tobacco mosaic *s* (plant path.) mosaico del tabaco
tobacconist [tə'bækənɪst] *s* tabaquero, estanquero
tobacco pipe *s* pipa para fumar
tobacco pouch *s* petaca
tobacco worm *s* (zool.) larva de la esfinge
Tobias [to'baɪəs] *s* Tobías
Tobit ['tobɪt] *s* Tobías; (Bib.) Libro de Tobías
toboggan [tə'bɑgən] *s* tobogán; *vn* deslizarse en tobogán; (com.) caer, precipitarse, disminuir en valor súbitamente
toboggan slide *s* pista para tobogán
Toby ['tobɪ] *s* (*pl:* **-bies**) vaso o pichel con asa, en forma de un hombre que lleva un gabán y un sombrero de tres picos; (slang) cigarro largo, delgado y barato
toccata [tə'kɑtə] *s* (mus.) tocata
tocologist [to'kɑlədʒɪst] *s* tocólogo
tocology [to'kɑlədʒɪ] *s* tocología
tocopherol [to'kɑfərol] o [to'kɑfərɑl] *s* (biochem.) tocoferol
tocsin ['tɑksɪn] *s* campana de alarma; campanada de alarma
today o **to-day** [tʊ'de] *adv & s* hoy
toddle ['tɑdəl] *s* tambaleo, pasillos inciertos; *vn* tambalear, andar con pasillos inciertos; hacer pinitos; andar, caminar; bailar; (slang) dar un paseo
toddler ['tɑdlər] *s* persona que anda con pasillos inciertos; niño que hace pinitos
toddy ['tɑdɪ] *s* (*pl:* **-dies**) ponche; vino de palmera
to-do [tʊ'du] *s* (coll.) confusión, alboroto, alharaca
toe [to] *s* dedo del pie; punta del pie; puntera (*remiendo a la media; refuerzo de cuero del zapato*); lumbre (*de la herradura*); pesuño (*de los animales de pata hendida*); **on one's toes** alerta; **to tread on the toes of** estorbar, ofender; (*pret & pp:* **toed;** *ger:* **toeing**) *va* tocar o alcanzar con la punta del pie; echar punteras a; (carp.) clavar oblicuamente; (carp.) clavar con clavos hincados oblicuamente; **to toe the line** o **the mark** ponerse a la raya; obrar como se debe; *vn* golpear con las puntas de los pies; **to toe in** andar con las puntas de los pies hacia adentro; (aut.) convergir (*las ruedas*)
toe dancer *s* bailarina clásica
toenail ['to,nel] *s* uña del dedo del pie; (carp.) clavo oblicuo; *va* (carp.) clavar oblicuamente
toffee o **toffy** ['tɔfɪ] o ['tɑfɪ] *s* melcocha, arropía
tog [tɑg] *s* (coll.) prenda de vestir; **togs** *spl* (coll.) ropa, vestidos; (*pret & pp:* **togged;** *ger:* **togging**) *va* (coll.) vestir, engalanar, acicalar
toga ['togə] *s* (hist.) toga
together [tʊ'gɛðər] *adv* juntos; juntamente; en común; a un tiempo, al mismo tiempo; sin interrupción; de acuerdo; **to get together** acopiar; reunir; reunirse; ponerse de acuerdo; **to go together** ir juntos; ser novios; armonizar entre sí; **together with** junto con
toggery ['tɑgərɪ] *s* (coll.) ropa, vestidos
toggle ['tɑgəl] *s* cazonete de aparejo; fiador atravesado; palanca acodillada; *va* asegurar con cazonete; proveer de cazonete
toggle bolt *s* tornillo de fiador
toggle chain *s* cadena de ajuste, cadena con fiador y anillo
toggle joint *s* junta de codillo
toggle plate *s* placa de articulación
toggle press *s* prensa de palanca acodillada
toggle switch *s* (elec.) interruptor a palanca, interruptor de rótula
toil [tɔɪl] *s* afán, fatiga; faena, obra laboriosa; **toils** *spl* red, lazo; *vn* afanarse, fatigarse; moverse con fatiga
toiler ['tɔɪlər] *s* trabajador
toilet ['tɔɪlɪt] *s* tocador (*mesa con espejo*); utensilio de tocador, juego de tocador; tocado, atavío; traje; retrete, inodoro, excusado; (surg.) limpiadura de una herida; **to make one's toilet** asearse, acicalarse
toilet articles *spl* artículos de tocador
toilet bowl *s* cubeta del inodoro
toilet paper *s* papel higiénico
toilet powder *s* polvos de tocador
toiletry ['tɔɪlɪtrɪ] *s* (*pl:* **-ries**) artículos de tocador
toilet service *s* juego de tocador
toilet soap *s* jabón de olor, jabón de tocador
toilet tank *s* tanque o depósito del inodoro
toilette [tɔɪ'lɛt] o [twɑ'lɛt] *s* atavío; traje, vestido (*de mujer*)
toilet water *s* agua de tocador
toilsome ['tɔɪlsəm] *s* fatigoso, laborioso, penoso
toilworn ['tɔɪl,worn] *adj* rendido por la fatiga
token ['tokən] *s* señal, símbolo; prenda, recuerdo; prueba, muestra; tanto, ficha o medalla (*usada como moneda*); **by the same token** por el mismo motivo; además; **in token of** en señal de
token payment *s* pago nominal
told [told] *pret & pp de* **tell; all told** todo incluído, en junto
Toledan [tə'lidən] *adj & s* toledano
Toledo [tə'lido] *s* (*pl:* **-dos**) arma toledana, hoja toledana
tolerable ['tɑlərəbəl] *adj* tolerable; mediano, regular
tolerably ['tɑlərəblɪ] *adv* tolerablemente; medianamente
tolerance ['tɑlərəns] *s* tolerancia; (mach. & med.) tolerancia; tolerancia, permiso (*en el monedaje*)
tolerant ['tɑlərənt] *adj* tolerante
tolerate ['tɑləret] *va* tolerar
toleration [,tɑlə'reʃən] *s* tolerancia, tolerantismo
tolerationism [,tɑlə'reʃənɪzəm] *s* tolerantismo
toll [tol] *s* doble (*de las campanas*); peaje, portazgo; pontazgo; maquila (*de molinero*); (telp.) tarifa; impuesto, derecho; derechos de paso (*por un canal*); baja, mortalidad (*número de víctimas*); *va* cobrar o pagar como peaje; imponer peaje a; tocar a muerto (*una campana*); tocar a muerto para; llamar con toque de difuntos; *vn* doblar
toll bar *s* barrera de peaje
toll bridge *s* puente de peaje
toll call *s* (telp.) llamada a larga distancia
tollgate ['tol,get] *s* barrera de peaje
tollkeeper ['tol,kipər] *s* peajero, portazguero
Toltec ['tɑltɛk] *adj & s* tolteca
tolu [to'lu] *s* (pharm.) bálsamo de Tolú
toluene ['tɑljuin] *s* (chem.) tolueno
toluic [tə'luɪk] o ['tɑljuɪk] *adj* (chem.) toluico

toluidine [tə'luɪdin] o [tə'luɪdɪn] *s* (chem.) toluidina
toluol ['taljʊal] *s* (chem.) toluol
tolyl ['talɪl] *s* (chem.) tolilo
tom o **Tom** [tam] *s* macho del gato, del pavo y de algún otro animal; (*cap.*) *s* nombre abreviado de **Thomas**
tomahawk ['taməhɔk] *s* tomahawk; **to bury the tomahawk** envainar la espada, hacer la paz; *va* herir o matar con tomahawk
tomato [tə'meto] o [tə'mato] *s* (*pl:* **-toes**) (bot.) tomatera o tomate (*planta*); tomate (*fruto*); *adj* tomatero
tomato tree *s* (bot.) árbol del tomate
tomb [tum] *s* tumba, sepulcro; (fig.) muerte; *va* sepultar
tombac ['tambæk] *s* tombac
tomboy ['tam,bɔɪ] *s* moza retozona, muchacha traviesa
tombstone ['tum,ston] *s* piedra o lápida sepulcral
tomcat ['tam,kæt] *s* gato (*macho*)
tomcod ['tam,kad] *s* (ichth.) microgado, pez escarchada
Tom, Dick, and Harry *s* fulano, zutano y mengano
tome [tom] *s* tomo; libro grueso
tomentose [tə'mentos] o ['tomentos] *adj* tomentoso
tomentum [tə'mentəm] *s* (*pl:* **-ta** [tə]) (bot.) tomento
tomfool [,tam'ful] *s* necio, payaso
tomfoolery [,tam'fulərɪ] *s* (*pl:* **-ies**) necedad, payasada
tommy o **Tommy** ['tamɪ] *s* (*pl:* **-mies**) soldado raso inglés
Tommy gun *s* (slang) pistola ametralladora (*de la marca Thompson*)
tommyrot ['tamɪ,rat] *s* (slang) mentecatería, música celestial
tomorrow o **to-morrow** [tʊ'maro] o [tʊ'mɔro] *adv & s* mañana; **the day after tomorrow** pasado mañana
Tom Thumb *s* Pulgarcito (*enano de los cuentos de hadas*)
tomtit ['tam,tɪt] *s* (orn.) herrerillo, trepatroncos; (orn.) coletero, rey de zarza
tom-tom ['tam,tam] *s* tantán
ton [tʌn] *s* tonelada; (naut.) tonelada; **tons** *spl* (coll.) montones
tonal ['tonəl] *adj* tonal
tonality [to'nælɪtɪ] *s* (*pl:* **-ties**) (mus. & f.a.) tonalidad
tone [ton] *s* tono; (f.a., mus., phonet. & physiol.) tono; **to change one's tone** mudar de tono; **to lower one's tone** bajar el tono; *va* entonar (*el cuerpo*); (mus. & paint.) entonar; (phot.) entonar, virar; **to tone down** suavizar el tono de; **to tone up** elevar el tono de; *vn* armonizar; **to tone down** moderarse; **to tone in with** armonizar con; **to tone up** reforzarse
tone arm *s* brazo sonoro, brazo para fonógrafo
tone color *s* (mus.) timbre
tone control *s* (rad.) regulación del tono
tone-deaf ['ton,dɛf] *adj* duro de oído
tone deafness *s* sordera musical
tone poem *s* (mus.) poema sinfónico
tong [tɔŋ] o [taŋ] *s* asociación secreta china; **tongs** *spl* tenazas; tenazas de rizar; tenacillas (*p.ej., para azúcar*); *va* asir, sujetar o arrancar con tenazas; *vn* emplear tenazas, trabajar con tenazas
Tongking ['taŋ'kɪŋ] *s* var. de **Tonkin**
tongue [tʌŋ] *s* (anat.) lengua; vara o lanza (*de carro*); tarabilla (*de la hebilla de la correa*); lengüeta de balanza; (carp. & mus.) lengüeta; (fig.) lengua (*idioma; badajo de campana; lengua de un animal usada como alimento*); (fig.) lengua (*de tierra, de fuego, de zapato*); **to give tongue** (hunt.) comenzar a ladrar; **to hold one's tongue** morderse la lengua; **to stick one's tongue out at** sacar la lengua a; *va* lamer; (carp.) sacar lengüeta a (*una tabla*); (carp.) ensamblar a lengüeta y ranura; (mus.) producir (*tonos*) con la lengua; *vn* extenderse (*p.ej., una lengua de tierra*); echar llamas; (mus.) producir tonos con la lengua
tongue and groove *s* (carp.) lengüeta y ranura
tongue-and-groove joint ['tʌŋənd'gruv] *s* (carp.) ensambladura de lengüeta y ranura
tongue depressor *s* (med.) depresor de la lengua
tonguefish ['tʌŋ,fɪʃ] *s* (ichth.) lengüita
tongue-lashing ['tʌŋ,læʃɪŋ] *s* (coll.) latigazo (*reprensión áspera*)
tongue-tied ['tʌŋ,taɪd] *adj* mudo, con la lengua atada; que tiene impedimento al hablar
tongue twister *s* trabalenguas
tonic ['tanɪk] *adj* tónico; *s* (med.) tónico; (mus. & phonet.) tónica
tonic accent *s* acento tónico
tonicity [to'nɪsɪtɪ] *s* tonicidad
tonight o **to-night** [tʊ'naɪt] *adv & s* esta noche
tonite ['tonaɪt] *s* tonita
tonka bean ['taŋkə] *s* (bot.) sarapia; haba tonca (*semilla de la sarapia*)
Tonkin ['tan'kɪn] *s* el Tonquín
tonnage ['tʌnɪdʒ] *s* tonelaje
tonneau [tʌ'no] *s* (*pl:* **-neaus** o **-neaux** ['noz]) (aut.) compartimiento posterior
tonometer [to'namɪtər] *s* tonómetro
tonsil ['tansəl] *s* (anat.) tonsila, amígdala
tonsillar ['tansɪlər] *adj* tonsilar
tonsillectomy [,tansɪ'lɛktəmɪ] *s* (*pl:* **-mies**) (surg.) tonsilectomía, amigdalotomía
tonsillitis [,tansɪ'laɪtɪs] *s* (path.) tonsilitis, amigdalitis
tonsorial [tan'sorɪəl] *adj* barberil
tonsure ['tanʃər] *s* (eccl.) tonsura; *va* (eccl.) tonsurar
tontine ['tantin] o [tan'tin] *s* tontina; *adj* de tontina
tony ['tonɪ] *adj* (*comp:* **-ier**; *super:* **-iest**) (slang) aristocrático, elegante; (*cap.*) *s* Antoñito
too [tu] *adv* también; demasiado; **it is too bad** es lástima; **only too** muy; **too bad!** ¡qué lástima!; **too many** demasiados; **too much** demasiado
took [tʊk] *pret de* **take**
tool [tul] *s* herramienta; (fig.) instrumento; *adj* herramental; *va* trabajar con herramienta; adornar con una herramienta; (b.b.) filetear; *vn* instalar máquinas-herramientas
tool bag *s* bolsa de herramientas
toolbox ['tul,baks] *s* caja de herramientas
tool cabinet *s* armario para herramientas
tool chest *s* caja de herramientas
toolholder ['tul,holdər] *s* portaherramientas
tooling ['tulɪŋ] *s* trabajo hecho con herramienta; (b.b.) fileteado
tool kit *s* juego de herramientas
toolmaker ['tul,mekər] *s* tallador de herramientas, herrero de herramientas
toolmaking ['tul,mekɪŋ] *s* talladura de herramientas
tool steel *s* acero de herramientas
toot [tut] *s* sonido breve (*de la bocina, el pito, etc.*); *va* sonar; *vn* sonar la bocina, tocar el cuerno, pitar
tooth [tuθ] *s* (*pl:* **teeth**) (anat.) diente; diente (*de sierra, rastrillo, peine, etc.*); **armed to the teeth** armado hasta los dientes; **by the skin of one's teeth** por poco, por milagro; **in the teeth of** en la cara de; a despecho de; **to cast in one's teeth** darle o echarle en cara a uno; **to cut teeth** endentecer; **to fight tooth and nail** luchar a brazo partido, luchar encarnizadamente; **to set one's teeth** apretar los dientes (*preparar a resistir*); **to show one's teeth** enseñar o mostrar los dientes; **to throw in one's teeth** darle o echarle en cara a uno; *va* dentar (*formar dientes en*); *vn* endentar
toothache ['tuθ,ek] *s* dolor de muelas
toothbrush ['tuθ,brʌʃ] *s* cepillo para los dientes
toothed [tuθt] o [tuðd] *adj* dentado; dentellado
tooth edge *s* dentera
toothing ['tuθɪŋ] *s* (mas.) adaraja
toothing plane *s* (carp.) cepillo dentado
toothless ['tuθlɪs] *adj* desdentado, desmolado
tooth mark *s* dentellada
tooth paste *s* pasta dentífrica
toothpick ['tuθ,pɪk] *s* palillo, mondadientes
tooth powder *s* polvo dentífrico
toothsome ['tuθsəm] *adj* gustoso, sabroso

toothwort ['tuθ,wʌrt] *s* (bot.) madrona, hierba de la madre, dentaria
toothy ['tuθɪ] *adj* (*comp:* **-ier;** *super:* **-iest**) que tiene dientes grandes, que muestra sus dientes; hambriento, voraz; (coll.) gustoso, sabroso
top [tɑp] *s* ápice (*extremo superior*); cabeza; cima (*de una montaña, un árbol; tallo de ciertas verduras*); cumbre (*de montaña; punto culminante*); copa (*de un árbol*); fuelle (*de un carruaje*); parche (*de un tambor*); tapa (*de un cilindro, un barril, una caja*); remate (*de un tejado*); principio (*de una página*); cabecera (*de un río*); coronilla (*de la cabeza*); coronamiento (*de un muro*); tablero (*de una mesa*); copete (*de una bota; adorno en la parte superior de un mueble*); cabeza, jefe; colmo (*último grado*); tope (*máximo*); camiseta (*del traje de baño*); peón, peonza, trompo (*juguete*); mapa (*lo que sobresale en algo*); galopo (*usado para formar maromas*); (aut.) capota; (naut.) cofa; (dial.) copete, moño; **at the top of** a la cabeza de (*p.ej., la clase*); **at the top of one's voice** a voz en grito; **from top to bottom** de arriba abajo; de alto a bajo; completamente; **from top to toe** de pies a cabeza; **on top** con el mayor éxito, victorioso; **on top of** encima de, en lo alto de; **on top of the world** en el tejado del mundo (*en el polo norte*); (coll.) en el colmo de la riqueza, la felicidad, etc.; **over the top** (mil.) al ataque, saliendo de las trincheras; **the tops** (slang) la flor de la canela; **to sleep like a top** dormir como un leño; *adj* cimero; máximo; último (*piso*); (él) más alto; tope (*precio*); alto; superior; superficial (*que está en la superficie*); (*pret & pp:* **topped;** *ger:* **topping**) *va* coronar, rematar; llegar a la cima de; cubrir; aventajar, superar; descopar (*p.ej., un árbol*); **to top off** rematar, terminar; (naut.) embicar (*una verga*); *vn* predominar, ser excelente; encumbrarse
topaz ['topæz] *s* topacio
top billing *s* (theat.) cabecera de cartel
top boot *s* bota de campaña; bota con vueltas
topcoat ['tɑp,kot] *s* abrigo, sobretodo; abrigo de entretiempo
top-drawer ['tɑp,drɔr] *adj* (coll.) de las altas clases, de primer rango
top-dress ['tɑp,drɛs] *va* recebar; (agr.) estercolar la superficie de
top-dressing ['tɑp,drɛsɪŋ] *s* recebo; (agr.) estercoladura aplicada a la superficie
tope [top] *va & vn* beber con exceso
toper ['topər] *s* borrachín
topflight ['tɑp,flaɪt] *adj* sobresaliente, destacado, más eminente
topgallant [tə'gælənt] *s* (naut.) juanete; *adj* (naut.) de juanete; [,tɑp'gælənt] *s* ápice, cumbre; cosa sobresaliente; *adj* sobresaliente
topgallant mast [tə'gælənt] *s* (naut.) mastelerillo
topgallant sail [tə'gælənt] *s* (naut.) juanete
top hat *s* chistera, sombrero de copa
top-heavy ['tɑp,hɛvɪ] *adj* demasiado pesado por arriba, más pesado arriba que abajo; (com.) que tiene capitalización inflada; (naut.) alteroso
tophus ['tofəs] *s* (*pl:* **-phi** [faɪ]) (path.) tofo
topiary ['topɪ,ɛrɪ] *adj* topiario; *s* (*pl:* **-ies**) topiaria
topic ['tɑpɪk] *s* asunto, tema, materia, tópico
topical ['tɑpɪkəl] *adj* corriente; del asunto; (med.) tópico
topknot ['tɑp,nɑt] *s* moño (*de pelo, de cintas; de plumas de algunas aves*)
toplofty ['tɑp,lɔftɪ] o ['tɑp,lɑftɪ] *adj* (coll.) copetudo, vanidoso
topman ['tɑpmən] *s* (*pl:* **-men**) (naut.) gaviero
topmast ['tɑpməst], ['tɑp,mæst] o ['tɑp,mɑst] *s* (naut.) mastelero
topmost ['tɑpmost] *adj* (el) más alto
top notch *s* (coll.) colmo, disloque
top-notch ['tɑp'nɑtʃ] *adj* superior, sobresaliente, de primera clase
top-notcher ['tɑp'nɑtʃər] *s* (coll.) persona sobresaliente, cosa sobresaliente
top of the morning *s* primeras horas de la mañana; (Irish) buenos días
topographer [tə'pɑgrəfər] *s* topógrafo
topographic [,tɑpə'græfɪk] o **topographical** [,tɑpə'græfɪkəl] *adj* topográfico
topographically [,tɑpə'græfɪkəlɪ] *adv* topográficamente
topography [tə'pɑgrəfɪ] *s* (*pl:* **-phies**) topografía
topology [tə'pɑlədʒɪ] *s* (anat. & math.) topología
toponym ['tɑpənɪm] *s* topónimo
toponymic [,tɑpə'nɪmɪk] *adj* toponímico; **toponymics** *ssg* toponimia
toponymy [tə'pɑnɪmɪ] *s* (*pl:* **-mies**) toponimia; (anat.) toponimia
topper ['tɑpər] *s* (coll.) persona o cosa de primera clase; (coll.) chistera, sombrero de copa
topping ['tɑpɪŋ] *adj* sobresaliente; (coll.) sobresaliente, de primera clase; *s* copete, moño; **toppings** *spl* desmocho (*p.ej., de los árboles*)
topping lift *s* (naut.) perigallo
topple ['tɑpəl] *va* derribar, volcar; *vn* derribarse, volcarse; caerse, venirse abajo
topsail ['tɑpsəl] o ['tɑp,sel] *s* (naut.) gavia
top-secret ['tɑp'sikrɪt] *adj* extremadamente secreto
top sergeant *s* (coll.) primer sargento
topsides ['tɑp,saɪdz] *spl* (naut.) borda (*parte superior del costado*)
topsoil ['tɑp,sɔɪl] *s* capa superficial del suelo
topsy-turvy ['tɑpsɪ'tʌrvɪ] *adj* desbarajustado, desordenado; *adv* en cuadro, patas arriba; *s* desbarajuste, desorden
top-timber ['tɑp,tɪmbər] *s* (naut.) barraganete
toque [tok] *s* toca
torah ['torə] *s* tora (*de los judíos*); **the Torah** la Tora
torch [tɔrtʃ] *s* antorcha; antorcha a soplete, lámpara de soldar; lámpara de bolsillo; **to carry a** o **the torch for** (slang) amar (*a una persona*) desesperadamente
torchbearer ['tɔrtʃ,bɛrər] *s* portahachón, hachero; (fig.) adicto, partidario, defensor
torchlight ['tɔrtʃ,laɪt] *s* luz de antorcha
torchlight procession *s* desfile de portahachones
torch singer *s* cantante de canciones de amor no correspondido
torch song *s* canción lenta y melancólica de amor no correspondido
torchwood ['tɔrtʃ,wʊd] *s* (bot.) amírida, ñámbar
tore [tor] *pret de* **tear**
toreador ['tɔrɪədɔr] *s* toreador
toric ['tɑrɪk] *adj* tórico
toric lens *s* lente tórica
torment ['tɔrmɛnt] *s* tormento; [tɔr'mɛnt] *va* atormentar
tormenter o **tormentor** [tɔr'mɛntər] *s* atormentador
torn [torn] *pp de* **tear**
tornado [tɔr'nedo] *s* (*pl:* **-does** o **-dos**) (meteor.) tornado, tromba terrestre; (fig.) explosión violenta
toroid ['torɔɪd] *s* (geom.) toroide
torpedo [tɔr'pido] *s* (*pl:* **-does**) (nav., ichth. & rail.) torpedo; *va* (nav. & fig.) torpedear
torpedo boat *s* (nav.) torpedero, lancha torpedera
torpedo-boat destroyer [tɔr'pido,bot] *s* (nav.) cazatorpedero, contratorpedero
torpedoist [tɔr'pido·ɪst] *s* torpedista
torpedo tube *s* (nav.) tubo lanzatorpedos
torpid ['tɔrpɪd] *adj* torpe; entorpecido; aletargado; indiferente, insensible
torpidity [tɔr'pɪdɪtɪ] o **torpor** ['tɔrpər] *s* torpeza; entorpecimiento; letargo; indiferencia, insensibilidad
torque [tɔrk] *s* (mech.) esfuerzo de rotación, par motor; torques (*collar*)
torque arm *s* (aut.) brazo de par
torque converter *s* (aut.) convertidor de par
torrefaction [,tɑrɪ'fækʃən] o [,tɔrɪ'fækʃən] *s* torrefacción
torrefy ['tɑrɪfaɪ] o ['tɔrɪfaɪ] (*pret & pp:* **-fied**) *va* abrasar, asar, tostar
torrent ['tɑrənt] o ['tɔrənt] *s* torrente (*corriente de aguas impetuosas*); chaparrón violento; (fig.) torrente
torrential [tɑ'rɛnʃəl] o [tə'rɛnʃəl] *adj* torrencial
torrid ['tɑrɪd] o ['tɔrɪd] *adj* tórrido

torridity [tɑˈrɪdɪtɪ] o [təˈrɪdɪtɪ] *s* extremo calor
torrid zone *s* zona tórrida
torsion [ˈtɔrʃən] *s* torsión; (mech.) torsión
torsional [ˈtɔrʃənəl] *adj* torsional
torsion balance *s* (phys.) balanza de torsión
torsion pendulum *s* péndulo de torsión
torso [ˈtɔrso] *s* (*pl:* **-sos**) torso; (f.a.) torso
tort [tɔrt] *s* (law) agravio indemnizable en juicio civil (*excepto infracción de contrato*)
torticollis [ˌtɔrtɪˈkɑlɪs] *s* (path.) tortícolis
tortoise [ˈtɔrtəs] *s* (zool.) tortuga, tortuga de tierra
tortoise beetle *s* (ent.) cásida
tortoise shell *s* carey, concha
tortoise-shell [ˈtɔrtəsˌʃɛl] *adj* de carey, de concha; abigarrado como el carey o la concha
tortuosity [ˌtɔrtʃʊˈɑsɪtɪ] *s* (*pl:* **-ties**) tortuosidad
tortuous [ˈtɔrtʃʊəs] *adj* tortuoso; (fig.) tortuoso (*solapado*); (fig.) torcido (*que no obra con rectitud*)
torture [ˈtɔrtʃər] *s* tortura; *va* torturar; torcer, forzar, violentar
torturous [ˈtɔrtʃərəs] *adj* torturador
torulus [ˈtɑrʊləs] *s* (*pl:* **-li** [laɪ]) (ent.) tórulo
torus [ˈtorəs] *s* (*pl:* **-ri** [raɪ]) (arch.) torés; (anat., bot. & math.) toro
tory [ˈtorɪ] *s* (*pl:* **-ries**) conservador; (*cap.*) *s* tory
Toryism [ˈtorɪɪzəm] *s* torismo
tosh [tɑʃ] *s* (slang) música celestial
toss [tɔs] o [tɑs] *s* echada; alcance de una echada; agitación, meneo; *va* echar (*de una parte a otra*); arrojar ligeramente; arrojar de un tirón; lanzar al aire; agitar, menear; mantear; levantar airosamente (*la cabeza*); echar a cara o cruz; lanzar (*p.ej., un comentario*); **to toss aside** echar a un lado; **to toss off** hacer muy rápidamente; tragar de un golpe; *vn* agitarse, menearse; jugar a cara y cruz; **to toss and turn** revolverse, dar vueltas (*en la cama*)
toss-up [ˈtɔsˌʌp] o [ˈtɑsˌʌp] *s* cara y cruz; (coll.) probabilidad igual
tot [tɑt] *s* párvulo; trago; total; (coll.) adición; (*pret & pp:* **totted;** *ger:* **totting**) *va & vn* (coll.) sumar
total [ˈtotəl] *adj & s* total; (*pret & pp:* **-taled** o **-talled;** *ger:* **-taling** o **-talling**) *va* sumar; ascender a; formar un total de
total abstinence *s* abstinencia de bebidas alcohólicas
total eclipse *s* (astr.) eclipse total
totalitarian [toˌtælɪˈtɛrɪən] *adj & s* totalitario
totalitarianism [toˌtælɪˈtɛrɪənɪzəm] *s* totalitarismo
totality [toˈtælɪtɪ] *s* (*pl:* **-ties**) totalidad
totalization [ˌtotəlɪˈzeʃən] *s* totalización
totalize [ˈtotəlaɪz] *va* totalizar
totalizer [ˈtotəˌlaɪzər] *s* totalizador
totally [ˈtotəlɪ] *adv* totalmente
total war *s* guerra total
tote [tot] *va* (coll.) cargar, llevar, acarrear
totem [ˈtotəm] *s* tótem
totemic [toˈtɛmɪk] *adj* totémico
totemism [ˈtotəmɪzəm] *s* totemismo
totem pole *s* pilar totémico
tother [ˈtʌðər] (dial.) contracción de **the other**
totipalmate [ˌtotɪˈpælmɪt] o [ˌtotɪˈpælmet] *adj* (zool.) totipalmo
totter [ˈtɑtər] *s* tambaleo; *vn* tambalearse; amenazar ruina, estar para desplomarse
tottery [ˈtɑtərɪ] *adj* tambaleante, vacilante; ruinoso
toucan [tʊˈkɑn] o [ˈtukən] *s* (orn.) tucán
touch [tʌtʃ] *s* toque; tacto, tiento; pulsación (*del pianista o dactilógrafo*); tacto (*del piano, el pianista, la máquina de escribir, el dactilógrafo*); pizca, poquito; ramo (*de una enfermedad*); (paint.) toque; **by touch** al tacto; **out of touch with** no al corriente de; sin relaciones con; **to get in touch with** ponerse en comunicación o contacto con; **to keep in touch with** mantenerse en comunicación o contacto con; **to lose one's touch** perder el tiento; *va* tocar; conmover, enternecer; igualar, compararse con; tocar (*con la piedra de toque*); (slang) pedir prestado a; (slang) robar; **to not touch** no catar (*p.ej., vino*); **to touch off** descargar; provocar; representar con la mayor precisión; acabar; **to touch up** retocar; estimular; *vn* tocar; **to touch at** tocar en (*un puerto*); **to touch down** (aer.) aterrizar; **to touch on** o **upon** tocar
touch-and-go [ˈtʌtʃəndˈgo] *adj* difícil, arriesgado; hecho de prisa, incompleto
touchback [ˈtʌtʃˌbæk] *s* (football) acción de tocar el suelo con el balón detrás de su propia meta
touchdown [ˈtʌtʃˌdaʊn] *s* (football) jugada que consiste en tocar el suelo con el balón detrás de la meta del adversario; tantos ganados con tal jugada
touched [tʌtʃt] *adj* tocado (*echado a perder; medio loco*); **touched in the head** (coll.) tocado de la cabeza
touchhole [ˈtʌtʃˌhol] *s* fogón, oído del cañón
touching [ˈtʌtʃɪŋ] *adj* conmovedor, enternecedor; *prep* tocante a, en lo que toca a
touch-me-not [ˈtʌtʃmiˌnɑt] *s* (bot.) hierba de Santa Catalina; (bot.) cohombrillo amargo; persona altanera y esquiva
touchstone [ˈtʌtʃˌston] *s* (mineral. & fig.) piedra de toque
touch typewriting *s* escritura al tacto, mecanografía al tacto
touchwood [ˈtʌtʃˌwʊd] *s* yesca
touchy [ˈtʌtʃɪ] *adj* (*comp:* **-ier;** *super:* **-iest**) quisquilloso, enojadizo
tough [tʌf] *adj* correoso, estropajoso; tenaz; difícil; malvado; alborotador, pendenciero; malo (*dícese de la suerte*); *s* alborotador, pendenciero, bribón
toughen [ˈtʌfən] *va* hacer correoso, endurecer; hacer tenaz; dificultar; *vn* ponerse correoso, endurecerse; hacerse tenaz; hacerse difícil
toughness [ˈtʌfnɪs] *s* correosidad; tenacidad; dificultad; maldad
Toulon [tuˈlɑn] *s* Tolón
Toulouse [tuˈluz] *s* Tolosa
toupee [tuˈpe] o [tuˈpi] *s* tupé
tour [tʊr] *s* jira, paseo, vuelta; viaje largo; **on tour** de viaje; **the grand tour** un viaje por los países principales de Europa; **to make a tour** hacer un viaje; **to make a tour of** recorrer; *va* viajar por, recorrer; *vn* viajar por distracción o diversión
Touraine [tʊˈren] *s* la Turena
tour de force [turdəˈfɔrs] *s* juego de destreza
touring [ˈtʊrɪŋ] *s* turismo; *adj* turístico
touring car *s* turismo, coche de turismo
tourist [ˈtʊrɪst] *adj* turístico; *s* turista
tourist camp *s* campamento de turismo
tourist class *s* (aer. & naut.) clase turista
tourmalin [ˈtʊrməlɪn] o **tourmaline** [ˈtʊrməlɪn] o [ˈtʊrməlin] *s* (mineral.) turmalina
tournament [ˈtʊrnəmənt] o [ˈtʌrnəmənt] *s* torneo; (sport) torneo
tourney [ˈtʊrnɪ] o [ˈtʌrnɪ] *s* torneo, justa; *vn* tornear, justar
tourniquet [ˈtʊrnɪkɛt] o [ˈtʌrnɪke] *s* (surg.) torniquete
Tours [tʊr] *s* Turs
tousle [ˈtaʊzəl] *s* enredo de cabello, maraña; *va* enmarañar, despeinar
tout [taʊt] *s* (coll.) solicitante; (coll.) espía de las carreras de caballos (*especialmente el que busca y vende informes confidenciales*); *va* (coll.) solicitar; (coll.) importunar, molestar; (coll.) buscar, husmear o dar (*informes confidenciales sobre carreras de caballos*); (coll.) decir mil bienes de; *vn* (coll.) solicitar clientes, destinos, etc.; (coll.) espiar y obtener informes confidenciales sobre carreras de caballos
tow [to] *s* remolque (*acción; vehículo remolcado; cabo o sirga*); estopa; **to take a tow** hacerse remolcar, ir remolcado; **to take in tow** dar remolque a, llevar o tomar a remolque; *adj* de estopa; *va* remolcar
towage [ˈto·ɪdʒ] *s* remolque; derechos de remolque
toward [tord] o [təˈwɔrd] o **towards** [tordz] o [təˈwɔrdz] *prep* hacia; cerca de; tocante a; para con
towboat [ˈtoˌbot] *s* remolcador
towel [ˈtaʊəl] *s* toalla; (*pret & pp:* **-eled** o **-elled;** *ger:* **-eling** o **-elling**) *va* secar con toalla

toweling o **towelling** [ˈtauəlɪŋ] *s* género o tela para toallas
towel rack *s* toallero
tower [ˈtauər] *s* torre; *vn* encumbrarse
tower clock *s* reloj de torre
towering [ˈtauərɪŋ] *adj* elevado, muy alto; sobresaliente; muy grande; muy violento
Tower of Babel *s* torre de Babel
towery [ˈtauərɪ] *adj* torreado; muy alto
towhead [ˈto,hɛd] *s* persona de pelo rubio muy pálido
towheaded [ˈto,hɛdɪd] *adj* de pelo rubio muy pálido
towhee [ˈtauhi] o [ˈtohi] *s* (orn.) tarenga, luis, totochil
towing service *s* (aut.) servicio de grúa, servicio de remolque
towline [ˈto,laɪn] *s* cable de remolque; (naut.) sirga; (naut.) estacha (*atada al arpón ballenero*)
town [taun] *s* población, pueblo; **in town** a la ciudad, en la ciudad; al centro de la ciudad, en el centro de la ciudad; **to go to town** (slang) tener gran éxito; **to paint the town red** (slang) correrla, ir de parranda
town clerk *s* escribano municipal
town council *s* concejo municipal
town crier *s* pregonero público, voceador
town hall *s* casa de ayuntamiento
town house *s* casa de ciudad, casa en la ciudad
townhouse [ˈtaun,haus] *s* (Brit.) casa de ayuntamiento
town meeting *s* reunión de los habitantes de una población; reunión de los electores de una ciudad (*en la Nueva Inglaterra*)
townsfolk [ˈtaunz,fok] *spl* vecinos del pueblo
township [ˈtaunʃɪp] *s* municipio, sexmo, término municipal; subdivisión de un partido; terreno de seis millas en cuadro
townsman [ˈtaunzmən] *s* (*pl:* **-men**) ciudadano, vecino; conciudadano, paisano
townspeople [ˈtaunz,pipəl] *spl* vecinos del pueblo
town talk *s* comidilla o hablillas del pueblo
towpath [ˈto,pæθ] o [ˈto,pɑθ] *s* camino de sirga
tow plane *s* (aer.) avión de remolque
towrope [ˈto,rop] *s* cable de remolque
tow target *s* (aer.) blanco remolcado
tow truck *s* camión-grúa, grúa-remolque
toxaemia [tɑksˈimɪə] *s* var. de **toxemia**
toxalbumin [,tɑksælˈbjumɪn] *s* (biochem.) toxialbúmina
toxemia [tɑksˈimɪə] *s* (path.) toxemia
toxemic [tɑksˈimɪk] *adj* toxémico
toxic [ˈtɑksɪk] *adj & s* tóxico
toxicity [tɑksˈɪsɪtɪ] *s* (*pl:* **-ties**) toxicidad
toxicogenic [,tɑksɪkəˈdʒɛnɪk] *adj* toxicogénico o toxicógeno
toxicological [,tɑksɪkəˈlɑdʒɪkəl] *adj* toxicológico
toxicologist [,tɑksɪˈkɑlədʒɪst] *s* toxicólogo
toxicology [,tɑksɪˈkɑlədʒɪ] *s* toxicología
toxicosis [,tɑksɪˈkosɪs] *s* (*pl:* **-ses** [siz]) (path.) toxicosis
toxin [ˈtɑksɪn] *s* (bact.) toxina
toxiphobia [,tɑksɪˈfobɪə] *s* (psychopath.) toxofobia
toy [tɔɪ] *s* juguete; bagatela; dije, bujería; *adj* de jugar; de adorno; muy pequeño; miniatura (*perro*); *vn* jugar; divertirse; **to toy with** jugar con (*una persona; los sentimientos de una persona*); acariciar (*una idea*); comer melindrosamente (*p.ej., el desayuno*)
toy bank *s* alcancía, hucha
toy dog *s* perrillo, perro miniatura
toyon [ˈtojən] *s* (bot.) tollón
toyshop [ˈtɔɪ,ʃɑp] *s* juguetería
toy soldier *s* soldadito de plomo, soldado de juguete
toy train *s* tren de juguete
tp. abr. de **township**
tr. abr. de **transitive, transpose** y **treasurer**
trabecula [trəˈbɛkjələ] *s* (*pl:* **-lae** [li]) (anat. & bot.) trabécula
trace [tres] *s* huella, rastro; indicio, señal; trazo (*delineación*); calco (*obtenido por contacto del original*); tirante (*de los arreos de una caballería*); pizca; (geom.) traza; **to kick over the traces** rebelarse; **without leaving a trace** sin dejar rastro; *va* rastrear; trazar (*p.ej., una curva; los rasgos de una persona o cosa*); calcar; localizar; recorrer (*p.ej., un circuito eléctrico en falla*); averiguar el paradero de; remontar al origen de
traceable [ˈtresəbəl] *adj* trazable
tracer [ˈtresər] *s* trazador; calcador; encargado de buscar los objetos extraviados; cédula de investigación (*para encontrar los objetos extraviados*); (chem. & phys.) trazador; *adj* (chem. & phys.) trazador
tracer bullet *s* bala trazante o trazadora
tracer element *s* (phys.) radioelemento trazador
tracery [ˈtresərɪ] *s* (*pl:* **-ies**) (arch.) tracería
trachea [ˈtrekɪə] o [trəˈkiə] *s* (*pl:* **-ae** [i]) (anat., bot. & zool.) tráquea
tracheal [ˈtrekɪəl] o [trəˈkiəl] *adj* traqueal
tracheid [ˈtrekɪɪd] *s* (bot.) traqueida
tracheitis [,trekɪˈaɪtɪs] *s* (path.) traqueítis
tracheotomy [,trekɪˈɑtəmɪ] *s* (*pl:* **-mies**) (surg.) traqueotomía
trachoma [trəˈkomə] *s* (path.) tracoma
trachomatous [trəˈkɑmətəs] o [trəˈkomətəs] *adj* tracomatoso
trachyte [ˈtrekaɪt] o [ˈtrækaɪt] *s* (geol.) traquita
tracing [ˈtresɪŋ] *s* trazo; calco; *adj* de trazar; de calcar
tracing paper *s* papel de calcar
track [træk]] *s* huella (*que deja el pie; vestigio*); rodada, carril (*que dejan las ruedas al pasar*); estela (*que deja un barco*); vía (*del ferrocarril, los tranvías*); camino, senda; trayectoria (*p.ej., de un avión, un huracán*); llanta de oruga (*de un tractor*); sucesión (*de ideas, acontecimientos, etc.*); derrota (*rumbo que sigue un barco*); (sport) carreras y saltos; (sport) pista (*por donde corren los caballos*); (fig.) camino (*método, procedimiento*); **in one's tracks** allí mismo; **off the track** desviado; descarrilado; **on the right track** en el buen camino; **on the track** en el rastro; **to get off the track** descarrilar; (fig.) descarrilar, salirse del asunto; **to jump the track** descarrilar, salirse fuera del carril; **to keep track of** no olvidar; no perder la cuenta de; no perder de vista; **to lose track of** olvidar; perder de vista; **to make tracks** correr, irse muy de prisa; *va* rastrear, seguir la huella o la pista de; atravesar; manchar pisando, dejar pisadas en; llevar (*p.ej., barro*) con los pies; **to track down** averiguar el origen de; atrapar, seguir y capturar
trackage [ˈtrækɪdʒ] *s* (rail.) sistema de vías; (rail.) derecho para uso de vía; remolque
trackhound [ˈtræk,haund] *s* perro rastrero
tracking [ˈtrækɪŋ] *adj* rastreador; *s* rastreo (*p.ej., de un satélite*)
tracking antenna *s* antena de rastreo
tracking station *s* estación de rastreo
trackless [ˈtræklɪs] *adj* sin rastro; sin caminos, sin tránsito; sin carriles
trackless trolley *s* filobús, trolebús
track meet *s* (sport) concurso de carreras y saltos
track tank *s* (rail.) atarjea de alimentación
trackwalker [ˈtræk,wɔkər] *s* (rail.) guardavía, recorredor de vía
tract [trækt] *s* espacio (*de terreno, de tiempo*); folleto (*especialmente el de propaganda religiosa o política*); (anat.) sistema (*de órganos*)
tractability [,træktəˈbɪlɪtɪ] *s* docilidad
tractable [ˈtræktəbəl] *adj* tratable; maleable, dúctil
tractile [ˈtræktɪl] o [ˈtræktaɪl] *adj* dúctil
traction [ˈtrækʃən] *s* tracción; adherencia (*de las ruedas*); (physiol.) contracción
traction company *s* empresa de tranvías
traction engine *s* máquina de tracción
traction wheel *s* rueda de tracción
tractive [ˈtræktɪv] *adj* tractivo, de tracción
tractor [ˈtræktər] *s* tractor; (aer.) hélice de tracción; (aer.) avión de tracción
tractor-trailer [ˈtræktərˈtrelər] *s* tractocamión, semi-remolque
trade [tred] *s* comercio; contratación, trato, negocio; trueque, canje; oficio; parroquia, clientela; trata (*p.ej., de mujeres*); **the trades** los vientos alisios; *va* trocar, cambiar; **to trade**

T

in dar como parte del pago; **to trade off** deshacerse de, trocando; *vn* comerciar; comprar; **to trade in** comerciar en; **to trade on** aprovecharse de, explotar
trade binding *s* (b.b.) encuadernación mecánica
trade-in [ˈtred,ɪn] *s* cosa dada como pago o pago parcial en la compra de otra; trueque
trademark [ˈtred,mɑrk] *s* marca de fábrica, marca registrada, marca privativa
trade name *s* nombre de fábrica; razón social
trader [ˈtredər] *s* comerciante, traficante; negociador; trocador; (naut.) buque mercante
trade school *s* escuela de artes y oficios
tradesman [ˈtredzmən] *s* (*pl:* **-men**) tendero; comerciante; (Brit.) artesano
tradespeople [ˈtredz,pipəl] *s* tenderos; comerciantes; (Brit.) gente del oficio
trades union o **trade union** *s* sindicato, gremio de obreros
trade unionism *s* sindicalismo
trade unionist *s* sindicalista
trade winds *spl* vientos alisios
trading account *s* cuenta de compraventa
trading post *s* factoría
trading stamp *s* sello de premio, sello de descuento (*que se da al comprador como aliciente*)
tradition [trəˈdɪʃən] *s* tradición
traditional [trəˈdɪʃənəl] *adj* tradicional
traditionalism [trəˈdɪʃənəlɪzəm] *s* tradicionalismo
traditionally [trəˈdɪʃənəlɪ] *adv* tradicionalmente
traditionary [trəˈdɪʃən,ɛrɪ] *adj* var. de **traditional**
traduce [trəˈdjus] o [trəˈdus] *va* calumniar
traducer [trəˈdjusər] o [trəˈdusər] *s* calumniador
traducianism [trəˈdjuʃənɪzəm] o [trəˈduʃənɪzəm] *s* (theol.) traducianismo
traffic [ˈtræfɪk] *s* tráfico (*comercio; tránsito, circulación de personas y vehículos*); trata (*p.ej., de mujeres*); (*pret & pp:* **-ficked;** *ger:* **-ficking**) *vn* traficar
traffic circle *s* glorieta de tráfico, círculo de tráfico
traffic control *s* regulación de tráfico
traffic court *s* juzgado de tráfico
traffic jam *s* bloqueo, embotellamiento, tapón de tráfico
trafficker [ˈtræfɪkər] *s* traficante
traffic light *s* luz de tráfico, semáforo
traffic manager *s* (com.) jefe de expediciones; (rail.) jefe de tráfico
traffic sign o **signal** *s* señal de tráfico, señal urbana
traffic ticket *s* aviso de multa (*por estacionar un auto indebidamente*)
tragacanth [ˈtrægəkænθ] *s* (bot.) tragacanto (*árbol y goma*)
tragedian [trəˈdʒidɪən] *s* trágico (*autor; actor*)
tragedienne o **tragédienne** [trə,dʒidɪˈɛn] *s* trágica (*actriz*)
tragedy [ˈtrædʒɪdɪ] *s* (*pl:* **-dies**) tragedia
tragic [ˈtrædʒɪk] o **tragical** [ˈtrædʒɪkəl] *adj* trágico
tragically [ˈtrædʒɪkəlɪ] *adv* trágicamente
tragicomedy [,trædʒɪˈkɑmədɪ] *s* (*pl:* **-dies**) tragicomedia
tragicomic [,trædʒɪˈkɑmɪk] o **tragicomical** [,trædʒɪˈkɑmɪkəl] *adj* tragicómico
tragus [ˈtregəs] *s* (*pl:* **-gi** [dʒaɪ]) (anat.) trago
trail [trel] *s* huella, pista, rastro; sendero, vereda (*p.ej., que cruza un yermo*); estela (*de humo, de polvo, de un cometa, cohete, etc.*); cola (*de vestido*); (arti.) gualdera; *va* arrastrar (*llevar por el suelo*); rastrear, seguir la pista de; cazar siguiendo la pista; andar detrás de; pisar (*la hierba*) hasta formar una senda; llevar (*p.ej., barro*) con los pies; (mil.) bajar (*el arma*); *vn* arrastrar (*moverse como las serpientes; colgar, p.ej., un vestido, hasta tocar en el suelo*); rezagarse, ir rezagado; arrastrarse, trepar (*una planta*); **to trail off** desaparecer poco a poco, desvanecerse (*p.ej., el humo*)
trail blazer *s* explorador, iniciador, pionero
trailer [ˈtrelər] *s* persona o animal que sigue la pista; remolque vivienda, vivienda remolque, autocasa, coche-habitación, casa en ruedas, casa rodante (*que se acopla a un auto*); acoplado, remolque, carretón de remolque; camión acoplado; tranvía acoplado; (bot.) planta rastrera; (mov.) anuncio de próximas atracciones
trailer camp *s* campamento para coches-habitaciones
trailer court *s* parque de remolques viviendas
trailing arbutus *s* (bot.) epigea rastrera
trailing edge *s* (aer.) borde de salida
trail rope *s* arrastradera (*de globo aerostático*); (mil.) prolonga
trail spade *s* (arti.) espolón
train [tren] *s* tren (*serie, p.ej., de ondas*); cola (*de un vestido*); hilo (*del pensamiento*); reguero de pólvora; (rail.) tren; *va* adiestrar; apuntar (*un arma*); guiar (*las plantas*); (sport) entrenar; *vn* adiestrarse; (sport) entrenarse
trainband [ˈtren,bænd] *s* (Brit. hist.) banda armada
trained dog *s* perro maestro
trained nurse *s* enfermera graduada
trainee [treˈni] *s* persona que se entrena; (mil.) recluta
trainer [ˈtrenər] *s* amaestrador; (sport) entrenador; (aer.) avión de entrenamiento
training [ˈtrenɪŋ] *s* instrucción, preparación; adiestramiento; (sport) entrenamiento
training camp *s* (mil.) campamento de instrucción militar, campo de entrenamiento
training school *s* escuela práctica; reformatorio
training ship *s* (nav.) buque escuela
trainload [ˈtren,lod] *s* carga de un tren completo
trainman [ˈtrenmən] *s* (*pl:* **-men**) (rail.) ferroviario; (rail.) guardafrenos
train oil *s* aceite de ballena u otro pescado
train wrecker *s* descarrilador de trenes
trait [tret] *s* rasgo, característica; golpe, toque
traitor [ˈtretər] *s* traidor
traitorous [ˈtretərəs] *adj* traidor, traicionero
traitress [ˈtretrɪs] *s* traidora
Trajan [ˈtredʒən] *s* Trajano
trajectory [trəˈdʒɛktərɪ] *s* (*pl:* **-ries**) trayectoria
tram [træm] *s* trama (*seda para tramar*); (Brit.) tranvía; (min.) vagoneta; (mach.) calibre de alineación
tramcar [ˈtræm,kɑr] *s* (Brit.) tranvía
trammel [ˈtræməl] *s* impedimento, obstáculo; traba, manea, maniota; red (*para cazar o pescar*); trasmallo; garabato de chimenea; (*pret & pp:* **-meled** o **-melled;** *ger:* **-meling** o **-melling**) *va* impedir, estorbar; trabar, poner trabas a
trammel net *s* trasmallo
tramontane [trəˈmɑnten] o [ˈtræmənten] *adj* tramontano
tramp [træmp] *s* vagabundo; marcha pesada, paso pesado; pataleo; paseo largo; vapor volandero; *va* pisar con fuerza; recorrer a pie; *vn* patullar; andar o viajar a pie; vagar; vagabundear
trample [ˈtræmpəl] *s* pisoteo; *va* pisotear; *vn* patullar; **to trample on** o **upon** pisotear, hollar
trampoline [ˈtræmpəlɪn] *s* trampolín de acróbata o gimnasta
tramp steamer *s* vapor volandero, buque trampa
tramway [ˈtræm,we] *s* vía aérea, funicular aéreo; (Brit.) tranvía
trance [træns] o [trɑns] *s* rapto, arrobamiento; trance, estado hipnótico; ensimismamiento; *va* encantar, enajenar
tranquil [ˈtræŋkwɪl] *adj* tranquilo
tranquilize [ˈtræŋkwɪlaɪz] *va* tranquilizar; *vn* tranquilizar; tranquilizarse
tranquilizer [ˈtræŋkwɪ,laɪzər] *s* (med.) tranquilizador
tranquillity o **tranquility** [træŋˈkwɪlɪtɪ] *s* tranquilidad
trans. abr. de **transactions, transitive** y **transportation**
transact [trænˈzækt] o [trænsˈækt] *va* tramitar, llevar a cabo
transaction [trænˈzækʃən] o [trænsˈækʃən] *s* tramitación; transacción; **transactions** *spl* actas (*de una sociedad erudita*)
transactor [trænˈzæktər] o [trænsˈæktər] *s* tramitador

transalpine [træns'ælpɪn] o [træns'ælpaɪn] *adj* transalpino
trans-Andean [,trænsæn'diən] o [træns'ændiən] *adj* transandino
transatlantic [,trænsət'læntɪk] *adj & s* transatlántico
Transcaucasia [,trænskɔ'keʒə] o [,trænskɔ'keʃə] *s* la Transcaucasia
transceiver [træn'sivər] *s* (rad.) transceptor
transcend [træn'sɛnd] *va* exceder, sobrepujar, superar; *vn* sobresalir
transcendence [træn'sɛndəns] *s* excelencia, superioridad; (philos.) trascendencia
transcendent [træn'sɛndənt] *adj* excelente, superior; (philos. & theol.) trascendente
transcendental [,trænsɛn'dɛntəl] *adj* sobresaliente; sobrenatural, metafísico; idealista, espiritual; obscuro, incomprensible, vago; (philos. & math.) trascendental
transcendentalism [,trænsɛn'dɛntəlɪzəm] *s* (philos.) transcendentalismo
transcendentalist [,trænsɛn'dɛntəlɪst] *s* transcendentalista
transcontinental [,trænskɑntɪ'nɛntəl] *adj* transcontinental
transcribe [træn'skraɪb] *va* transcribir; (mus. & rad.) transcribir
transcript ['trænskrɪpt] *s* trasunto, traslado; (educ.) certificado de estudios, copia del expediente académico, hoja de estudios
transcription [træn'skrɪpʃən] *s* transcripción; (mus. & rad.) transcripción
transducer [træns'djusər] o [træns'dusər] *s* (phys.) transductor
transect [træn'sɛkt] *va* cruzar de un lado a otro, dividir cruzando
transept ['trænsɛpt] *s* (arch.) crucero, transepto; (arch.) brazo del crucero
transfer ['trænsfər] *s* traslado; transbordo; (rail.) vía de transferencia, estación de transferencia; contraseña o billete de transferencia; transporte, reporte (*de litografía*); (law) transferencia; [træns'fʌr] o ['trænsfər] (*pret & pp:* **-ferred;** *ger:* **-ferring**) *va* trasladar, transferir; transbordar; transportar, reportar (*una prueba litográfica a la piedra*); (law) transferir; *vn* cambiar de tren, tranvía, etc.
transferable [træns'fʌrəbəl] o ['trænsfərəbəl] *adj* transferible
transfer agent *s* (com.) agente de transferencias
transference [træns'fʌrəns] o ['trænsfərəns] *s* transferencia
transferor [træns'fʌrər] *s* (law) transferidor
transferrer [træns'fʌrər] *s* transferidor
transfer table *s* (rail.) carro transbordador
transfiguration [træns,fɪgjə'reʃən] *s* transfiguración; (*cap.*) *s* (Bib. & eccl.) Transfiguración
transfigure [træns'fɪgjər] *va* transfigurar
transfix [træns'fɪks] *va* traspasar, espetar; dejar atónito o confuso (*por maravilla, dolor, etc.*)
transfixion [træns'fɪkʃən] *s* transfixión; (surg.) transfixión
transform [træns'fɔrm] *va* transformar; (elec., math. & phys.) transformar; *vn* transformarse
transformation [,trænsfər'meʃən] *s* transformación (*acción o efecto de transformar; peluca*)
transformative [træns'fɔrmətɪv] *adj* transformativo
transformer [træns'fɔrmər] *s* transformador; (elec.) transformador
transformism [træns'fɔrmɪzəm] *s* (biol.) transformismo
transformist [træns'fɔrmɪst] *adj & s* transformista
transfuse [træns'fjuz] *va* transfundir; (med.) hacer una transfusión de (*p.ej., sangre*); (med.) hacer una transfusión a (*una persona*)
transfuser [træns'fjuzər] *s* transfusor
transfusion [træns'fjuʒən] *s* transfusión; (med.) transfusión de sangre
transfusionist [træns'fjuʒənɪst] *s* (med.) transfusionista
transgress [træns'grɛs] *va* violar, quebrantar, traspasar; exceder, traspasar (*p.ej., los límites de la prudencia*); *vn* cometer transgresión; prevaricar, pecar
transgression [træns'grɛʃən] *s* transgresión; prevaricación, pecado
transgressor [træns'grɛsər] *s* transgresor; prevaricador, pecador
tranship [træn'ʃɪp] (*pret & pp:* **-shipped;** *ger:* **-shipping**) *va* var. de **transship**
transhipment [træn'ʃɪpmənt] *s* var. de **transshipment**
transiency ['trænʃənsɪ] *s* transitoriedad
transient ['trænʃənt] *adj* pasajero, transitorio; transeúnte; de tránsito; *s* transeúnte; (elec.) corriente momentánea
transistor [træn'sɪstər] *s* (elec.) transistor
transistorize [træn'sɪstəraɪz] *va* transistorizar
transit ['trænsɪt] o ['trænzɪt] *s* tránsito; (astr. & surv.) tránsito; **in transit** de o en tránsito; *va* atravesar; (surv.) invertir; *vn* transitar
transition [træn'zɪʃən] *s* transición
transitional [træn'zɪʃənəl] *adj* transitivo, de transición
transitive ['trænsɪtɪv] *adj* transitivo; (gram.) transitivo; *s* (gram.) verbo transitivo
transitory ['trænsɪ,torɪ] *adj* transitorio
transit visa *s* visado de tránsito
Trans-Jordan [træns'dʒɔrdən] o **Transjordania** [,trænsdʒɔr'denɪə] *s* la Transjordania
translatable [træns'letəbəl] *adj* traducible
translate [træns'let] o ['trænslet] *va* traducir (*de una lengua a otra*); trasladar (*de un lugar a otro*); (mech. & telg.) trasladar; (fig.) enajenar, extasiar; *vn* traducir; traducirse
translation [træns'leʃən] *s* traducción; (mech. & telg.) traslación
translator [træns'letər] o ['trænsletər] *s* traductor; (telg. & telp.) traslator
transliterate [træns'lɪtəret] *va* transcribir (*letras, palabras, etc.*)
transliteration [træns,lɪtə'reʃən] *s* transcripción
translucence [træns'lusəns] o **translucency** [træns'lusənsɪ] *s* translucidez
translucent [træns'lusənt] *adj* translúcido
transmarine [,trænsmə'rin] *adj* transmarino
transmigrate [træns'maɪgret] o ['trænsmɪgret] *vn* transmigrar
transmigration [,trænsmaɪ'greʃən] o [,trænsmɪ'greʃən] *s* transmigración
transmissibility [træns,mɪsɪ'bɪlɪtɪ] *s* transmisibilidad
transmissible [træns'mɪsɪbəl] *adj* transmisible
transmission [træns'mɪʃən] *s* transmisión; (aut.) cambio de marchas o cambio de velocidades
transmission gear *s* (aut.) engranaje de transmisión
transmission-gear box [træns'mɪʃən,gɪr] *s* (aut.) caja de cambio de marchas, caja de velocidades
transmit [træns'mɪt] (*pret & pp:* **-mitted;** *ger:* **-mitting**) *va & vn* transmitir
transmittal [træns'mɪtəl] *s* transmisión
transmitter [træns'mɪtər] *s* transmisor; (rad., telg. & telp.) transmisor
transmitting set *s* (rad.) aparato transmisor
transmitting station *s* (rad.) estación transmisora
transmogrify [træns'mɑgrɪfaɪ] (*pret & pp:* **-fied**) *va* (hum.) transformar como por encanto, modificar como por encanto, modificar con una rapidez sorprendente
transmutable [træns'mjutəbəl] *adj* transmutable
transmutation [,trænsmju'teʃən] *s* transmutación; (alchem. & chem.) transmutación; (biol.) transformismo
transmute [træns'mjut] *va* transmutar; *vn* transmutar; transmutarse
transoceanic [,trænsoʃɪ'ænɪk] *adj* transoceánico
transom ['trænsəm] *s* (carp.) travesaño; montante (*hueco cuadrilongo sobre una puerta*); (naut.) yugo de popa
transonic [træn'sɑnɪk] *adj* transónico
transpacific [,trænspə'sɪfɪk] *adj* transpacífico
transpadane ['trænspə,den] o [træns'peden] *adj* transpadano
transparence [træns'pɛrəns] *s* transparencia

T

transparency [træns'pɛrənsɪ] *s* (*pl:* **-cies**) transparencia; transparente (*figura en un papel translúcido*)
transparent [træns'pɛrənt]] *adj* transparente; (fig.) transparente
transpiration [,trænspɪ'reʃən] *s* transpiración; (bot. & physiol.) transpiración
transpire [træns'paɪr] *va* transpirar; *vn* transpirar; (fig.) transpirar (*dejarse conocer una cosa secreta*); (coll.) acontecer, tener lugar
transplant ['trænsplænt] o ['trænsplɑnt] *s* trasplante; [træns'plænt] o [træns'plɑnt] *va* trasplantar; (surg.) trasplantar; *vn* trasplantarse
transplantable [træns'plæntəbəl] o [træns'plɑntəbəl] *adj* trasplantable
transplantation [,trænsplæn'teʃən] *s* trasplante, trasplantación
transplanter [træns'plæntər] o [træns'plɑntər] *s* trasplantador (*persona o instrumento*)
transpolar [træns'polər] *adj* traspolar
transport ['trænsport] *s* transporte; (aer., naut. & fig.) transporte; deportado, desterrado; [træns'port] *va* transportar; deportar, desterrar; (fig.) transportar
transportable [træns'portəbəl] *adj* transportable; pasible o digno de deportación o destierro
transportation [,trænspor'teʃən] *s* transporte; deportación, destierro; (U.S.A.) pasaje, billete (*de viaje*); (U.S.A.) coste del transporte, precio de viaje
transport worker *s* transportista
transposal [træns'pozəl] *s* transposición
transpose [træns'poz] *va* transponer; (alg.) transponer; (mus.) transportar
transposition [,trænspə'zɪʃən] *s* transposición; (mus.) transposición
trans-Pyrenean [,trænspɪrɪ'niən] *adj* transpirenaico
transship [træns'ʃɪp] (*pret & pp:* **-shipped;** *ger:* **-shipping**) *va* transbordar
transshipment [træns'ʃɪpmənt] *s* transbordo
trans-Siberian [,trænssaɪ'bɪrɪən] *adj* transiberiano
transubstantial [,trænsəb'stænʃəl] *adj* transubstancial
transubstantiate [,trænsəb'stænʃɪet] *va* transubstanciar; *vn* transubstanciarse
transubstantiation [,trænsəb,stænʃɪ'eʃən] *s* transubstanciación
transuranic [,trænsjʊ'rænɪk] *adj* (chem.) transuránico
transurethral [,trænsjʊ'riθrəl] *adj* transuretral
transversal [træns'vʌrsəl] *adj* transversal; *s* (geom.) línea transversal
transverse [træns'vʌrs] o ['trænsvərs] *adj* transverso; *s* transverso; (geom.) eje transverso
transvestite [træns'vɛstaɪt] *adj & s* transvestido
transvestitism [træns'vɛstɪtɪzəm] *s* transvestismo o transvestitismo
Transylvania [,trænsɪl'venɪə] *s* la Transilvania
Transylvanian [,trænsɪl'venɪən] *adj & s* transilvano
trap [træp] *s* trampa; bombillo, sifón (*tubo doblemente acodado*); coche ligero de dos ruedas; (sport) lanzaplatos, lanzadiscos (*para disparar pichones de barro*); (geol.) trap; (slang) boca; **traps** *spl* (mus.) instrumentos de percusión; (coll.) equipaje, efectos personales; **to fall into the trap** caer en el lazo o la trampa; **to spring a trap** hacer saltar una trampa; (*pret & pp:* **trapped;** *ger:* **trapping**) *va* entrampar; atrapar (*a un ladrón*); proveer o tapar con bombillo; adornar, enjaezar; *vn* entrampar
trap door *s* escotillón, trampa; (theat.) escotillón, pescante
trapeze [trə'piz] *s* (sport) trapecio; (geom.) trapezoide
trapeze performer *s* trapecista
trapezial [trə'pizɪəl] *adj* trapecial; (geom.) trapezoidal
trapezium [trə'piziəm] *s* (*pl:* **-ums** o **-a** [ə]) (anat.) trapecio; (geom.) trapezoide
trapezius [trə'piziəs] *s* (anat.) trapecio
trapezohedron [,træpɪzo'hidrən] *s* (cryst.) trapezoedro
trapezoid ['træpɪzɔɪd] *s* (anat.) trapezoide; (geom.) trapecio
trapezoidal [,træpɪ'zɔɪdəl] *adj* (geom.) trapecial
trapper ['træpər] *s* cazador de alforja, trampero
trappings ['træpɪŋz] *spl* jaeces (*de los caballos*); adornos, atavíos
Trappist ['træpɪst] *adj & s* trapense
trapshooter ['træp,ʃutər] *s* tirador al vuelo
trapshooting ['træp,ʃutɪŋ] *s* tiro al vuelo, tiro de pichón
trash [træʃ] *s* broza (*despojo de las plantas*); basura, desecho; cachivaches; disparates; gentuza
trash can *s* basurero (*recipiente*)
trash collection *s* recogida de basuras
trashy ['træʃɪ] *adj* (*comp:* **-ier;** *super:* **-iest**) baladí, fútil; vil, despreciable
Trasteverine [trɑs'tevərɪn] *adj & s* transtiberino
trauma ['trɔmə] *s* (*pl:* **-mata** [mətə] o **-mas**) (path. & psychopath.) trauma
traumatic [trɔ'mætɪk] *adj* traumático
traumaticine [trɔ'mætɪsin] o [trɔ'mætɪsɪn] *s* (pharm.) traumaticina
traumatism ['trɔmətɪzəm] *s* (path.) traumatismo
travail ['trævel] o ['trævəl] *s* afán, labor, pena; dolores de parto; *vn* afanarse; estar de parto
travel ['trævəl] *s* viaje; circulación, tráfico; (mach.) recorrido; (*pret & pp:* **-eled** o **-elled;** *ger:* **-eling** o **-elling**) *va* hacer viajar; viajar por; recorrer; *vn* viajar; andar, correr
travel agency *s* agencia de viajes
travel bureau *s* oficina de turismo
traveled o **travelled** ['trævəld] *adj* que ha viajado mucho; muy recorrido por los viajeros
traveler o **traveller** ['trævələr] *s* viajero; (com.) viajante
traveler's check *s* cheque de viajeros
traveler's-joy ['trævələrz'dʒɔɪ] *s* (bot.) hierba de pordioseros
traveler's tree *s* (bot.) árbol del viajero, ravenala
traveling o **travelling** ['trævəlɪŋ] *adj* viajante; de viaje, para viajar
traveling crane *s* grúa corredera o corrediza, grúa de puente
traveling expenses *spl* gastos de viaje
traveling fellowship *s* bolsa de viaje, beca de viaje
traveling salesman *s* viajante, agente viajero
travelog o **travelogue** ['trævəlɔg] o ['trævəlɑg] *s* conferencia sobre viajes
traverse ['trævərs] o [trə'vʌrs] *s* paso, pasaje; travesía (*distancia*); travesío (*lugar*); (arch.) través; (arch.) galería que cruza una iglesia; (carp.) travesaño; (fort.) traversa, través; camino oblicuo o en zigzag; (naut.) ruta oblicua, bordada oblicua; (geom.) línea transversal; (surv.) línea quebrada; (law) objeción legal; obstáculo, oposición; través, revés (*desgracia*); *adj* travieso, transversal; *adv* de través, transversalmente; *va* atravesar, cruzar; pasar por, recorrer; hacer dar vueltas o rodar; estorbar, impedir; (arti.) mover o volver lateralmente; (fig.) escudriñar, examinar con cuidado; (law) negar, oponerse a; *vn* atravesarse; hacer vaivén; rodar, girar
traverse circle *s* (arti.) círculo recorrido por la cureña al girar
traverse drill *s* taladro de ajuste lateral, taladro ranurador
traverser [trə'vʌrsər] *s* (rail.) carro transbordador
traverse table *s* (surv.) cuadro de latitudes y desviaciones; (rail.) carro transbordador
travertin ['trævərtɪn] o **travertine** ['trævərtɪn] o ['trævərtin] *s* (mineral.) travertino
travesty ['trævɪstɪ] *s* (*pl:* **-ties**) parodia; (*pret & pp:* **-tied**) *va* parodiar
trawl [trɔl] *s* red barredera, jábega; palangre sostenido por boyas; *va & vn* pescar a la rastra; pescar con palangre
trawler ['trɔlər] *s* jabeguero; barco para la pesca a la rastra; palangrero (*persona y barco*)

trawling ['trɔlɪŋ] *s* pesca a la rastra
trawl line *s* espinal
tray [tre] *s* bandeja; batea (*p.ej., de baúl*); (chem. & phot.) cubeta
tray cloth *s* cubrebandeja
treacherous ['trɛtʃərəs] *adj* traicionero, traidor; incierto, poco seguro
treachery ['trɛtʃərɪ] *s* (*pl:* **-ies**) traición
treacle ['trikəl] *s* (Brit.) melaza
tread [trɛd] *s* pisada; huella, peldaño, grada (*de escalera*); barrote o escalón (*de escala*); suela (*del zapato, del estribo*); horquilla (*de los zancos*); galladura, prendedura (*en la yema del huevo*); (aut.) huella, rodamiento, banda de rodamiento; (aut.) distancia transversal entre las ruedas; (rail.) cara de las ruedas; (rail.) superficie de rodadura; (rail.) entrevía; (*pret:* **trod;** *pp:* **trodden** o **trod**) *va* pisar; pisotear; trillar; apoyar el pie en (*p.ej., un pedal*); abrumar, agobiar, oprimir; seguir (*p.ej., el paso de una persona*); *vn* andar, caminar; poner el pie; **to tread on** pisar; seguir de cerca
treadle ['trɛdəl] *s* pedal; *va* hacer funcionar con pedal; *vn* pedalear
treadmill ['trɛd,mɪl] *s* rueda de andar; (fig.) noria (*cosa en que, sin adelantar nada, se anda como dando vueltas*)
treas. abr. de **treasurer** y **treasury**
treason ['trizən] *s* traición
treasonable ['trizənəbəl] o **treasonous** ['trizənəs] *adj* traicionero, traidor
treasure ['trɛʒər] *s* tesoro; (fig.) tesoro (*persona o cosa de mucho precio*); *va* atesorar; apreciar mucho, considerar o guardar como un tesoro
treasure house *s* tesoro (*lugar de riquezas*)
treasurer ['trɛʒərər] *s* tesorero
treasurership ['trɛʒərər,ʃɪp] *s* tesorería
treasure-trove ['trɛʒər'trov] *s* tesoro hallado
treasury ['trɛʒərɪ] *s* (*pl:* **-ies**) tesorería; tesoro; (fig.) tesoro (*enciclopedia; persona que sabe mucho*); (*cap.*) *s* (Brit.) ministerio de Hacienda
Treasury Department *s* (U.S.A.) ministerio de Hacienda
treasury note *s* (U.S.A.) bono del ministerio de hacienda
treat [trit] *s* convite; regalo; convidada (*invitación a beber*); *va* tratar; regalar; convidar; curar (*un enfermo*); **to treat as** tratar (*a una persona*) de (*p.ej., amigo*); tomar (*una cosa*) de (*p.ej., broma*); *vn* tratar; regalar; convidar; **to treat of** tratar de
treatise ['tritɪs] *s* tratado (*escrito, libro*)
treatment ['tritmənt] *s* tratamiento
treaty ['tritɪ] *s* (*pl:* **-ties**) tratado (*pacto*)
Trebizond ['trɛbɪzɑnd] *s* Trebisonda
treble ['trɛbəl] *adj* triple; sobreagudo; (mus.) atiplado; (mus.) de tiple; *s* (mus.) tiple; *va* triplicar; *vn* triplicarse
treble clef *s* (mus.) clave de sol
trebly ['trɛblɪ] *adv* tres veces, triplicadamente
tree [tri] *s* árbol; (archaic) horca (*para ahorcar a los condenados*); (archaic) cruz (*en que murió Jesucristo*); **to bark up the wrong tree** ir descaminado, quejarse sin razón; **up a tree** (coll.) arrinconado, en un aprieto, entre la espada y la pared; *va* proveer de puntal u otro apoyo de madera; ahuyentar por un árbol; estirar sobre la horma (*de zapatero*); (coll.) poner en aprieto; *vn* ramificarse; huir por un árbol
tree-dozer ['tri,dozər] *s* tumbadora
tree fern *s* (bot.) helecho arbóreo
tree frog *s* (zool.) rana arbórea; (zool.) rubeta, rana de San Antonio
tree heath *s* (bot.) brezo albarino, blanco o castellano
treeless ['trilɪs] *adj* sin árboles
treenail ['tri,nel] o ['trɛnəl] *s* clavija, taruguillo de madera
tree of heaven *s* (bot.) árbol del cielo, barniz del Japón
tree of knowledge of good and evil *s* árbol de la ciencia del bien y del mal
tree of life *s* (Bib. & bot.) árbol de la vida
tree surgeon *s* cirujano de los árboles
tree surgery *s* cirugía de los árboles
tree toad *s* (zool.) rubeta, rana de San Antonio
treetop ['tri,tɑp] *s* copa, cima de árbol

tréflé cross [,tre'fle] *s* (her.) cruz trebolada
trefoil ['trifɔɪl] *s* (bot. & arch.) trébol
trefoil arch *s* (arch.) arco trebolado
trek [trɛk] *s* jornada; migración; (*pret & pp:* **trekked;** *ger:* **trekking**) *vn* viajar; emigrar; viajar en carromato
trellis ['trɛlɪs] *s* enrejado, espaldera; *va* proveer de enrejado o espaldera; entrelazar, entretejer; fijar sobre una espaldera
trelliswork ['trɛlɪs,wʌrk] *s* enrejado, espaldera
trematode ['trɛmətod] o ['trimətod] *s* (zool.) trematodo
tremble ['trɛmbəl] *s* temblor; estremecimiento; *vn* temblar; tiritar; estremecerse
trembler ['trɛmblər] *s* temblador; (rel.) temblador (*cuáquero*); (elec.) temblador
trembly ['trɛmblɪ] *adj* tembloroso, trémulo
tremendous [trɪ'mɛndəs] *adj* tremendo; (coll.) tremendo (*muy grande*)
tremolite ['trɛməlaɪt] *s* (mineral.) tremolita
tremolo ['trɛməlo] *s* (*pl:* **-los**) (mus.) trémolo
tremor ['trɛmər] o ['trimər] *s* temblor; conmoción, estremecimiento; (path.) temblor
tremulous ['trɛmjələs] *adj* trémulo; tímido, temeroso
trenail ['tri,nel] o ['trɛnəl] *s* var. de **treenail**
trench [trɛntʃ] *s* foso, zanja; acequia, cauce; (mil.) trinchera; *va* hacer fosos o zanjas en; atrincherar; hacer trincheras en; *vn* abrirse camino (*p.ej., un torrente*); hacer trincheras; invadir; **to trench on** o **upon** lindar con, tocar; invadir, pasar los límites de
trenchancy ['trɛntʃənsɪ] *s* agudeza; mordacidad; energía
trenchant ['trɛntʃənt] *adj* agudo; incisivo, mordaz, punzante; enérgico; bien definido, bien delineado
trench coat *s* trinchera
trencher ['trɛntʃər] *s* (hist.) tajadero, plato trinchero
trencherman ['trɛntʃərmən] *s* (*pl:* **-men**) comilón; gorrón, parásito, pegote; **to be a good trencherman** tener buen diente
trench fever *s* (path.) fiebre de las trincheras
trench foot *s* (path.) pie de trinchera, micetoma del pie
trench gun o **mortar** *s* (arti.) mortero de trinchera
trench mouth *s* (path.) estomatitis ulcerosa epidémica
trench warfare *s* guerra de trincheras
trend [trɛnd] *s* dirección, curso, tendencia; *vn* dirigirse, tender
Trent [trɛnt] *s* Trento
trepan [trɪ'pæn] *s* (min. & surg.) trépano; (*pret & pp:* **-panned;** *ger:* **-panning**) *va* (mach. & surg.) trepanar
trepanation [,trɛpə'neʃən] *s* trepanación
trepang [trɪ'pæŋ] *s* (zool.) holoturia; holoturias desecadas
trephine [trɪ'faɪn] o [trɪ'fin] *s* (surg.) trefina; *va* (surg.) trefinar
trepidation [,trɛpɪ'deʃən] *s* miedo, terror; trepidación (*vibración*); (path.) trepidación (*clonus del pie*)
trespass ['trɛspəs] *s* entrada sin derecho; infracción, violación; pecado, culpa; *vn* entrar sin derecho; abusar; pecar; **no trespassing** prohibida la entrada, prohibido el paso; **to trespass against** pecar contra; **to trespass on** entrar o meterse sin derecho en; infringir, violar; abusar de (*p.ej., la paciencia de uno*)
trespasser ['trɛspəsər] *s* intruso; infractor, violador; pecador
tress [trɛs] *s* trenza; bucle, rizo
trestle ['trɛsəl] *s* caballete; puente o viaducto de caballetes
trestle bridge *s* puente de caballetes
trestletree ['trɛsəl,tri] *s* (naut.) bao de los palos
trestlework ['trɛsəl,wʌrk] *s* construcción, estructura u obra de caballetes; castillejo (*andamio*)
Treves [trivz] *s* Tréveris
trey [tre] *s* tres (*naipe, dado o ficha de dominó con tres señales*)
triad ['traɪæd] *s* tríada; (mus.) acorde de tres sonidos
triadelphous [,traɪə'dɛlfəs] *adj* (bot.) triadelfo

T

trial ['traɪəl] *s* ensayo, prueba, experimento; aflicción, desgracia, mortificación; (law) juicio, proceso, vista de una causa; **on trial** a prueba, puesto a prueba; (law) en juicio; **to bring to trial, to put on trial** (law) encausar, poner en tela de juicio; **to stand trial** (law) ser procesado; *adj* de ensayo, de prueba
trial and error *s* tanteo, método de tanteos
trial balance *s* (com.) balance de prueba, cotejo del déficit y superávit en una cuenta
trial balloon *s* globo sonda; (fig.) globo sonda (*anuncio hecho para probar la opinión pública*); **to send up a trial balloon** (fig.) lanzar un globo sonda
trial by jury *s* (law) juicio por jurado
trial jury *s* (law) jurado procesal
trial order *s* (com.) pedido de ensayo
trial run *s* marcha de ensayo
triandrous [traɪ'ændrəs] *adj* (bot.) triandro
triangle ['traɪ,æŋgəl] *s* (geom., mus. & fig.) triángulo; escuadra (*del delineante*); (*cap.*) *s* (astr.) Triángulo
triangular [traɪ'æŋgjələr] *adj* triangular
triangulate [traɪ'æŋgjəlet] *adj* triangulado; *va* triangular
triangulation [traɪ,æŋgjə'leʃən] *s* triangulación
Triassic [traɪ'æsɪk] *adj & s* (geol.) triásico
triatomic [,traɪə'tɑmɪk] *adj* (chem.) triatómico
triaxial [traɪ'æksɪəl] *adj* triaxial
tribade ['trɪbəd] *s* tríbada
tribadism ['trɪbədɪzəm] *s* tribadismo
tribal ['traɪbəl] *adj* tribal
tribally ['traɪbəlɪ] *adv* según la tribu; en tribus
tribasic [traɪ'besɪk] *adj* (chem.) tribásico
tribe [traɪb] *s* tribu
tribesman ['traɪbzmən] *s* (*pl:* **-men**) miembro de una tribu
tribrach ['traɪbræk] o ['trɪbræk] *s* (pros.) tribraquio
tribulation [,trɪbjə'leʃən] *s* tribulación
tribunal [trɪ'bjunəl] o [traɪ'bjunəl] *s* tribunal; (fig.) tribunal (*de la opinión pública, de la conciencia, etc.*)
tribunate ['trɪbjənɪt] o ['trɪbjənet] *s* tribunado
tribune ['trɪbjun] *s* tribuna (*plataforma elevada desde donde hablan los oradores*); (arch.) tribuna; (hist.) tribuno; tribuno (*demagogo*)
tribuneship ['trɪbjunʃɪp] *s* tribunado
tributary ['trɪbjə,terɪ] *adj* tributario; *s* (*pl:* **-ies**) tributario
tribute ['trɪbjut] *s* tributo
trice [traɪs] *s* tris (*momento, instante*); **in a trice** en un periquete, en dos trancos; *va* (naut.) izar, izar y liar
tricentennial [,traɪsen'tenɪəl] *adj* de trescientos años; *s* tricentenario
triceps ['traɪseps] *s* (anat.) tríceps
trichiasis [trɪ'kaɪəsɪs] *s* (path.) triquíasis
trichina [trɪ'kaɪnə] *s* (*pl:* **-nae** [ni]) (zool.) triquina
trichinosis [,trɪkɪ'nosɪs] *s* (path.) triquinosis
trichinous ['trɪkɪnəs] *adj* triquinoso
trichite ['trɪkaɪt] *s* (petrog.) triquita
trichloride [traɪ'kloraɪd] o [traɪ'klorɪd] *s* (chem.) tricloruro
trichology [trɪ'kɑlədʒɪ] *s* tricología
trichotomic [,trɪkə'tɑmɪk] *adj* tricotómico
trichotomous [traɪ'kɑtəməs] *adj* tricótomo
trichotomy [traɪ'kɑtəmɪ] *s* tricotomía
trichroic [traɪ'kro·ɪk] *adj* tricroico
trichromatic [,traɪkro'mætɪk] *adj* tricromático
trichromatism [traɪ'kromətɪzəm] *s* tricromatismo
tricipital [traɪ'sɪpɪtəl] *adj* tríceps, tricípite
trick [trɪk] *s* maña (*habilidad; jugada, embuste; hábito; vicio*); suerte, truco; ilusión; burla, chasco; arte, artificio; travesura; turno, tanda; baza (*número de naipes recogidos por el que gana*); (dial.) chiquito o chiquita; **to be up to one's old tricks** hacer de las suyas; **to do** o **to turn the trick** resolver el problema, dar en el clavo; **to play a dirty trick on** hacer una mala jugada a, hacer un flaco servicio a; *adj* ingenioso; pulcro, acicalado; acrobático; *va* trampear; burlar, engañar; ataviar, vestir; vestir de una manera extraña; **to trick into** + *ger* lograr con engaños que (*una persona*) + *subj;* **to trick out** ataviar, vestir; vestir de una manera extraña; *vn* trampear; mañear; hacer suertes; travesear
trickery ['trɪkərɪ] *s* (*pl:* **-ies**) trampería, malas mañas
trickle ['trɪkəl] *s* hilo, chorro delgado, goteo; *va* verter gota a gota; *vn* escurrir, gotear; entrar, salir, pasar gradual e irregularmente
trickster ['trɪkstər] *s* tramposo, embustero
tricksy ['trɪksɪ] *adj* tramposo; engañoso, ilusorio; juguetón, retozón, travieso; garboso, apuesto, elegante
ticktrack ['trɪk,træk] *s* chaquete
tricky ['trɪkɪ] *adj* (*comp:* **-ier;** *super:* **-iest**) tramposo, engañoso; difícil, intrincado; delicado, p.ej., **a tricky situation** una situación delicada; vicioso (*animal*)
triclinic [traɪ'klɪnɪk] *adj* (cryst.) triclínico
triclinium [traɪ'klɪnɪəm] *s* (*pl:* **-a** [ə]) (hist.) triclinio
tricolor ['traɪ,kʌlər] *adj* tricolor; *s* bandera tricolor
tricolor tube *s* (telv.) tubo tricolor
tricorn ['traɪkɔrn] *adj & s* tricornio
tricot ['triko] *s* tricot, tejido de punto
tricotine [,trɪkə'tin] *s* tela asargada de lana
trictrac ['trɪk,træk] *s* var. de **tricktrack**
tricuspid [traɪ'kʌspɪd] *adj* tricúspide; (anat.) tricúspide; *s* (anat.) muela tricúspide
tricuspid valve *s* (anat.) válvula tricúspide
tricycle ['traɪsɪkəl] *s* triciclo
trident ['traɪdənt] *adj* tridente; *s* tridente; (hist. & myth.) tridente
tridentate [traɪ'dentet] *adj* tridente
tridimensional [,traɪdɪ'menʃənəl] *adj* tridimensional
tried [traɪd] *adj* probado, fiel, seguro
triennial [traɪ'enɪəl] *adj* trienal; *s* trienio; tercer aniversario
triennially [traɪ'enɪəlɪ] *adv* trienalmente
triennium [traɪ'enɪəm] *s* (*pl:* **-ums** o **-a** [ə]) trienio
trifacial [traɪ'feʃəl] *adj* trifacial
trifid ['traɪfɪd] *adj* trífido
trifle ['traɪfəl] *s* bagatela, friolera, nadería, fruslería; baratija, pizca; dulce de bizcocho borracho, crema, conserva de fruta y nata batida; *va* malgastar; **to trifle away** malgastar; *vn* retozar, travesear; chancear, hablar sin seriedad; **to trifle with** manosear; jugar con, burlarse de
trifler ['traɪflər] *s* persona frívola; chancero, burlón
trifling ['traɪflɪŋ] *adj* frívolo, fútil, ligero; insignificante, sin importancia
trifocal [traɪ'fokəl] *adj* trifocal; *s* lente trifocal; **trifocals** *spl* anteojos trifocales
trifoliate [traɪ'folɪɪt] o [traɪ'folɪet] *adj* (bot.) trifoliado
trifoliolate [traɪ'folɪəlet] *adj* (bot.) trifoliolado
trifolium [traɪ'folɪəm] *s* (bot.) trifolio
triforium [traɪ'forɪəm] *s* (*pl:* **-a** [ə]) (arch.) triforio
triform ['traɪ,fɔrm] *adj* triforme
trifurcate [traɪ'fʌrkɪt] o [traɪ'fʌrket] *adj* trifurcado; [traɪ'fʌrket] *va* trifurcar; *vn* trifurcarse
trifurcation [,traɪfər'keʃən] *s* trifurcación
trig. abr. de **trigonometric** y **trigonometry**
trig [trɪg] *adj* acicalado, elegante; estirado, relamido; firme, fuerte, sano; *s* calzo; (*pret & pp:* **trigged;** *ger:* **trigging**) *va* acicalar; calzar (*una rueda*)
trigeminal [traɪ'dʒemɪnəl] *adj* trigémino
trigeminal nerve *s* (anat.) trigémino
trigeminous [traɪ'dʒemɪnəs] *adj* trigémino
trigger ['trɪgər] *s* disparador, gatillo (*de pistola, etc.*); (mach.) disparador
triggerfish ['trɪgər,fɪʃ] *s* (ichth.) pez ballesta
trigger-happy ['trɪgər,hæpɪ] *adj* de gatillo alegre, demasiado propenso a tirar; pendenciero
trigger mechanism *s* mecanismo de disparo, mecanismo gatillo
triglyph ['traɪglɪf] *s* (arch.) tríglifo
trigon ['traɪgɑn] *s* (astrol. & geom.) trígono; (mus.) trigón
trigonal ['trɪgənəl] *adj* trigonal; (cryst.) trigonal
trigonometer [,trɪgə'nɑmɪtər] *s* trigonómetra

trigonometric [ˌtrɪgənəˈmɛtrɪk] o **trigonometrical** [ˌtrɪgənəˈmɛtrɪkəl] *adj* trigonométrico
trigonometrically [ˌtrɪgənəˈmɛtrɪkəlɪ] *adv* trigonométricamente
trigonometry [ˌtrɪgəˈnɑmɪtrɪ] *s* trigonometría
trigraph [ˈtraɪgræf] o [ˈtraɪgrɑf] *s* grupo de tres letras que representa un solo sonido
trihedral [traɪˈhidrəl] *adj* triedro
trihedron [traɪˈhidrən] *s* (*pl:* **-drons** o **-dra** [drə]) (geom.) triedro
trilateral [traɪˈlætərəl] *adj* trilátero
trilingual [traɪˈlɪŋgwəl] *adj* trilingüe
triliteral [traɪˈlɪtərəl] *adj* trilítero
trilithon [ˈtrɪlɪθɑn] *s* (archeol.) trilito
trill [trɪl] *s* gorjeo; trino, trinado; (phonet.) vibración; (phonet.) consonante vibrante; *va* decir o cantar gorjeando; (phonet.) pronunciar con vibración; *vn* gorjear; trinar; gotear
trillion [ˈtrɪljən] *s* (U.S.A.) billón (*un millón de millones*); (Brit.) trillón (*un millón de billones*)
trillium [ˈtrɪlɪəm] *s* (bot.) trilio
trilobate [traɪˈlobet] *adj* trilobado
trilobite [ˈtraɪləbaɪt] *s* (pal.) trilobites
trilocular [traɪˈlɑkjələr] *adj* trilocular
trilogy [ˈtrɪlədʒɪ] *s* trilogía
trim [trɪm] *s* estado, condición; buen estado, buena condición; adorno, atavío; traje, vestido, equipo; aseo, compostura; (naut.) asiento, disposición marinera (*de un buque*); (naut.) orientación; (constr.) chambrana (*adorno alrededor de las puertas y ventanas*); **out of trim** en mal estado; (naut.) mal estivado; *adj* (*comp:* **trimmer;** *super:* **trimmest**) acicalado, compuesto, bonito, elegante; (*pret & pp:* **trimmed;** *ger:* **trimming**) *va* ajustar, adaptar; arreglar, componer, pulir; adornar, decorar; enguirnaldar (*el árbol de Navidad*); recortar (*para dar forma a*); despabilar (*una lámpara o vela*); cambiar, mudar; (agr.) podar, mondar; (carp.) acepillar, alisar, desbastar; (naut.) balancear, equilibrar; (naut.) orientar (*las velas*); (naut.) disponer para la navegación; (coll.) derrotar, vencer; (coll.) regañar, reprender; *vn* nadar entre dos aguas, balancearse entre dos opiniones; (naut.) orientarse (*un buque*)
trimerous [ˈtrɪmərəs] *adj* trímero
trimester [traɪˈmɛstər] *s* trimestre
trimestral [traɪˈmɛstrəl] o **trimestrial** [traɪˈmɛstrɪəl] *adj* trimestral
trimeter [ˈtrɪmɪtər] *adj & s* trímetro
trimmer [ˈtrɪmər] *s* guarnecedor; contemporizador; máquina de recortar; (carp.) cabio; (rad.) condensador de ajuste, condensador compensador
trimming [ˈtrɪmɪŋ] *s* guarnición, adorno; orla, franja, ribete; desbastadura; (coll.) paliza, zurra; (coll.) reprensión; (coll.) derrota; **trimmings** *spl* accesorios, arrequives; recortes
trimonthly [traɪˈmʌnθlɪ] *adj* trimestral
trinal [ˈtraɪnəl] *adj* trino
trine [traɪn] *adj* trino; (astrol.) trino; (*cap.*) *s* (theol.) Trinidad
Trinitarian [ˌtrɪnɪˈtɛrɪən] *adj & s* creyente en la Trinidad; (eccl.) trinitario; (*l.c.*) *adj* ternario
trinitrocresol [traɪˌnaɪtroˈkrisol] o [traɪˌnaɪtroˈkrisɑl] *s* (chem.) trinitrocresol
trinitrotoluene [traɪˌnaɪtroˈtɑljuin] *s* (chem.) trinitrotolueno
trinitrotoluol [traɪˌnaɪtroˈtɑljuol] o [traɪˌnaɪtroˈtɑljuɑl] *s* (chem.) trinitrotoluol
trinity [ˈtrɪnɪtɪ] *s* (*pl:* **-ties**) trinca; (*cap.*) *s* (theol.) Trinidad
Trinity Sunday *s* domingo de la santísima Trinidad
trinket [ˈtrɪŋkɪt] *s* dije, chuchería; baratija, bujería
trinomial [traɪˈnomɪəl] *adj* (alg., bot. & zool.) de tres términos; *s* (alg.) trinomio; (bot. & zool.) nombre de tres términos
trio [ˈtrio] *s* (*pl:* **-os**) trío; (mus.) trío
triode [ˈtraɪod] *s* (electron.) triodo
triolet [ˈtraɪolɛt] o [ˈtriolɛt] *s* composición poética de ocho versos con dos rimas
trioxide [traɪˈɔksaɪd] o [traɪˈɔksɪd] *s* (chem.) trióxido
trip [trɪp] *s* viaje; excursión, recorrido; tropiezo; desliz; traspié, zancadilla; paso o movimiento ágil, rápido y ligero; (mach.) trinquete, escape, disparo; (*pret & pp:* **tripped;** *ger:* **tripping**) *va* trompicar, echar la zancadilla a; detener, estorbar, estorbar el paso a; inclinar, volcar; ejecutar con agilidad (*p.ej., un baile*); coger en falta; coger en una mentira; (mach.) disparar, soltar; (naut.) levar (*el ancla*); **to trip the light fantastic** bailar con agilidad; *vn* ir aprisa, ir con paso rápido y ligero; brincar, saltar, correr; tropezar; viajar; **to trip over** tropezar en
triparted [traɪˈpɑrtɪd] *adj* tripartido
tripartite [traɪˈpɑrtaɪt] *adj* tripartito
tripartition [ˌtraɪpɑrˈtɪʃən] *s* tripartición
tripe [traɪp] *s* callos, mondongo, ventrón; (slang) barbaridad, disparate, música celestial
tripetalous [traɪˈpɛtələs] *adj* (bot.) tripétalo
triphammer [ˈtrɪpˌhæmər] *s* martillo de caída, martillo pilón
triphenylmethane [traɪˌfɛnɪlˈmɛθen] o [traɪˌfinɪlˈmɛθen] *s* (chem.) trifenilmetano
triphthong [ˈtrɪfθɔŋ] o [ˈtrɪfθɑŋ] *s* triptongo
tripinnate [traɪˈpɪnet] *adj* (bot.) tripinado
triplane [ˈtraɪˌplen] *s* (aer.) triplano
triple [ˈtrɪpəl] *adj* triple; *s* triple; (baseball) golpe con que el bateador gana la tercera base; *va* triplicar; *vn* triplicarse; (baseball) hacer (*el bateador*) un golpe tal que gane la tercera base
Triple Alliance *s* Triple Alianza o (la) Tríplice
triple crown *s* tiara del papa
triple-nerved [ˈtrɪpəlˈnʌrvd] *adj* (bot.) trinervado
triple play *s* (baseball) jugada que pone fuera de juego a tres jugadores
triplet [ˈtrɪplɪt] *s* trillizo (*cada uno de tres hermanos nacidos de un mismo parto*); terceto (*combinación de tres versos*); (mus.) terceto, tresillo
triple time *s* (mus.) compás ternario
triplex [ˈtrɪplɛks] o [ˈtraɪplɛks] *adj* triple; *s* cosa triple; (mus.) compás ternario
triplicate [ˈtrɪplɪkɪt] *adj* triplicado; *s* triplicado; **in triplicate** por triplicado; [ˈtrɪplɪket] *va* triplicar
triplication [ˌtrɪplɪˈkeʃən] *s* triplicación
triplicity [trɪˈplɪsɪtɪ] *s* triplicidad
triply [ˈtrɪplɪ] *adv* tres veces
tripod [ˈtraɪpɑd] *s* (hist.) trípode; trípode (*para instrumentos geodésicos, fotográficos, etc.*)
tripoli [ˈtrɪpəlɪ] *s* (mineral.) trípol
Tripolitan [trɪˈpɑlɪtən] *adj & s* tripolino o tripolitano
tripper [ˈtrɪpər] *s* corredor; andarín; saltarín; persona que trompica; (mach.) disparador
tripping [ˈtrɪpɪŋ] *adj* ágil, rápido, ligero; (mach.) disparador
triptych [ˈtrɪptɪk] *s* tríptico
trireme [ˈtraɪrim] *s* (hist.) trirreme
trisect [traɪˈsɛkt] *va* trisecar
trisection [traɪˈsɛkʃən] *s* trisección
trismus [ˈtrɪzməs] o [ˈtrɪsməs] *s* (path.) trismo
trispermous [traɪˈspʌrməs] *adj* (bot.) trispermo
Tristan [ˈtrɪstən] o **Tristram** [ˈtrɪstrəm] *s* (myth.) Tristán
trisulcate [traɪˈsʌlket] o [traɪˈsʌlkɪt] *adj* trisulco
trisulfide [traɪˈsʌlfaɪd] o [traɪˈsʌlfɪd] *s* (chem.) trisulfuro
trisyllabic [ˌtrɪsɪˈlæbɪk] o [ˌtraɪsɪˈlæbɪk] *adj* trisílabo
trisyllable [trɪˈsɪləbəl] o [traɪˈsɪləbəl] *s* trisílabo
trite [traɪt] *adj* gastado, trillado, trivial
tritium [ˈtrɪtɪəm] o [ˈtrɪʃɪəm] *s* (chem.) tritio
triton [ˈtraɪtən] *s* (zool.) tritón; (*cap.*) *s* (myth.) Tritón
tritone [ˈtraɪˌton] *s* (mus.) tritono
triturate [ˈtrɪtʃəret] *s* cosa triturada; *va* triturar
trituration [ˌtrɪtʃəˈreʃən] *s* trituración
triumph [ˈtraɪəmf] *s* triunfo; **in triumph** en triunfo; *vn* triunfar; **to triumph over** triunfar de

T

triumphal [traɪ'ʌmfəl] *adj* triunfal
triumphal arch *s* arco triunfal
triumphant [traɪ'ʌmfənt] *adj* triunfante
triumvir [traɪ'ʌmvər] *s* triunviro
triumviral [traɪ'ʌmvərəl] *adj* triunviral
triumvirate [traɪ'ʌmvərɪt] *s* triunvirato
triune ['traɪjun] *adj* trino y uno (*que es tres y uno al mismo tiempo*); *s* tríada; (*cap.*) *s* (theol.) Trinidad
triunity [traɪ'junɪtɪ] *s* condición o estado de trino y uno
trivalence [traɪ'veləns] o ['trɪvələns] o **trivalency** [traɪ'velənsɪ] o ['trɪvələnsɪ] *s* (chem.) trivalencia
trivalent [traɪ'velənt] o ['trɪvələnt] *adj* (chem.) trivalente
trivalve ['traɪ,vælv] *adj* trivalvo
trivet ['trɪvɪt] *s* trébedes; platillo con tres pies
trivia ['trɪvɪə] *spl* bagatelas, trivialidades
trivial ['trɪvɪəl] *adj* trivial, insignificante
triviality [,trɪvɪ'ælɪtɪ] *s* (*pl:* **-ties**) trivialidad
trivium ['trɪvɪəm] *s* trivio (*en la edad media, las tres primeras artes liberales*)
triweekly [traɪ'wiklɪ] *adj* trisemanal (*que se repite tres veces por semana o cada tres semanas*); *adv* trisemanalmente; *s* (*pl:* **-lies**) periódico o revista trisemanal
trocar ['trokɑr] *s* (surg.) trocar
trochaic [tro'keɪk] *adj* & *s* trocaico
trochanter [tro'kæntər] *s* (anat., ent. & zool.) trocánter
troche ['trokɪ] *s* (pharm.) trocisco
trochee ['troki] *s* troqueo
trochilus ['trɑkɪləs] *s* (*pl:* **-li** [laɪ]) troquilo
trochlea ['trɑklɪə] *s* (*pl:* **-ae** [i]) (anat.) tróclea
trochlear ['trɑklɪər] *adj* (anat.) troclear; (bot.) troclearío
trochoid ['trokɔɪd] *adj* trocoideo; *s* (geom.) trocoide
trod [trɑd] *pret* & *pp de* **tread**
trodden ['trɑdən] *pp de* **tread**
troglodyte ['trɑglədaɪt] *s* troglodita; mono antropomorfo; (fig.) troglodita (*hombre bárbaro y cruel*); (fig.) ermitaño, solitario
troglodytic [,trɑglə'dɪtɪk] o **troglodytical** [,trɑglə'dɪtɪkəl] *adj* troglodítico
troika ['trɔɪkə] *s* troica
Troilus ['tro·ɪləs] o ['trɔɪləs] *s* (myth.) Troilo
Trojan ['trodʒən] *adj* troyano; *s* troyano; **to work like a Trojan** trabajar con gran ánimo y esfuerzo
Trojan horse *s* caballo de Troya
Trojan War *s* (myth.) guerra de Troya
troll [trol] *s* rodadura; cantar que se entona en partes sucesivas; repetición, rutina; carrete (*de la caña de pescar*); cebo (*para la pesca*); gnomo, enano, gigante; *va* cantar con voz abultada; cantar en sucesión; pescar a la cacea; pescar a la cacea en (*p.ej., un lago*); atraer, seducir; *vn* cantar o tocar alegremente; pescar a la cacea; hablar rápidamente
trolley ['trɑlɪ] *s* corredera elevada; (elec.) polea o arco de trole; (elec.) tranvía; volquete; (Brit.) carretilla; **off one's trolley** (slang) destornillado, chiflado
trolley bus *s* trolebús, ómnibus-tranvía
trolley car *s* coche o carruaje de tranvía
trolley line *s* línea de tranvías, red de tranvías
trolley pole *s* trole
trolley wire *s* cable conductor (*del tranvía eléctrico*)
trolling ['trolɪŋ] *s* cacea, pesca a la cacea
trollop ['trɑləp] *s* cochina (*mujer sucia y desaliñada*); mujer de mala vida
trombone ['trɑmbon] o [trɑm'bon] *s* trombón (*instrumento y el que lo toca*)
trombonist ['trɑmbonɪst] o [trɑm'bonɪst] *s* trombón (*músico*)
trommel ['trɑməl] *s* (metal.) trómel
trompe [trɑmp] *s* (found.) trompa
troop [trup] *s* tropa; compañía (*de actores*); tropa de 32 niños exploradores; (mil.) escuadrón (*de caballería*); **troops** *spl* (mil.) tropas; *va* reunir en tropa; *vn* agruparse, juntarse; marcharse, marcharse en tropel; marchar en orden militar
troop carrier *s* (aer.) avión de transporte de tropas
trooper ['trupər] *s* soldado de caballería; corcel de guerra; (mil.) transporte (*buque*); agente de policía montado; **to swear like a trooper** jurar como un carretero
troopship ['trup,ʃɪp] *s* (mil.) transporte
troostite ['trustaɪt] *s* (metal.) troostita
tropaeolin [tro'piəlɪn] *s* (chem.) tropeolina
tropaeolum [tro'piələm] *s* (*pl:* **-lums** o **-la** [lə]) (bot.) tropeolea
trope [trop] *s* (mus. & rhet.) tropo
tropeine ['tropɪin] o ['tropɪɪn] *s* (chem.) tropeína
trophic ['trɑfɪk] *adj* (physiol.) trófico
trophied ['trofɪd] *adj* adornado, cargado o cubierto de trofeos
trophoplasm ['trɑfəplæzəm] *s* (biol.) trofoplasma
trophy ['trofɪ] *s* (*pl:* **-phies**) trofeo; recuerdo
tropic ['trɑpɪk] *adj* tropical; *s* (astr. & geog.) trópico; **tropics** o **Tropics** *spl* zona tropical
tropical ['trɑpɪkəl] *adj* tropical; (rhet.) trópico
tropical year *s* (astr.) año trópico
tropic bird *s* (orn.) rabijunco, contramaestre
tropic of Cancer *s* trópico de Cáncer
tropic of Capricorn *s* trópico de Capricornio
tropine ['tropin] o ['tropɪn] *s* (chem.) tropina
tropism ['tropɪzəm] *s* (biol.) tropismo
tropistic [tro'pɪstɪk] *adj* del tropismo
tropologic [,trɑpə'lɑdʒɪk] o **tropological** [,trɑpə'lɑdʒɪkəl] *adj* tropológico
tropology [tro'pɑlədʒɪ] *s* (*pl:* **-gies**) tropología
troposphere ['trɑpəsfɪr] *s* (meteor.) troposfera o tropoesfera
trot [trɑt] *s* trote; paso o movimiento vivo o apresurado; niñito; (slang) traducción interlineal que usan los estudiantes para ahorrarse trabajo; (*pret* & *pp:* **trotted;** *ger:* **trotting**) *va* hacer trotar; pasar al trote por encima de; **to trot out** (slang) sacar para mostrar o enseñar; *vn* trotar
troth [trɔθ] o [troθ] *s* fe; verdad; esponsales; **in troth** en verdad; **to plight one's troth** prometer fidelidad; dar palabra de casamiento, contraer esponsales
trotline ['trɑt,laɪn] *s* palangre
Trotskyism ['trɑtskɪɪzəm] *s* trotskismo
Trotskyite ['trɑtskɪaɪt] *adj* & *s* trotskista
trotter ['trɑtər] *s* trotón; pie de cerdo o carnero (*usado como alimento*)
troubadour ['trubədor] o ['trubədʊr] *s* trovador; *adj* trovadoresco
trouble ['trʌbəl] *s* apuro, dificultad; confusión, estorbo, embarazo; conflicto; inquietud, preocupación; pena, molestia, aflicción; avería, falla, pana (*de índole mecánica*); mal, enfermedad; **that's the trouble** ahí está el busilis, ahí está el tope; **the trouble is that . . .** lo malo es que . . .; **to be in trouble** estar en un aprieto o apuro; **to be looking for trouble** buscar tres (o cinco) pies al gato, buscar camorra; **to get into trouble** enredarse, meterse en líos; **to go to the trouble to** + *inf* darse la molestia de + *inf;* **to put oneself to the trouble to** + *inf* o **to take the trouble to** + *inf* tomarse la molestia de + *inf;* **to shoot trouble** localizar averías; **not to be worth the trouble** no valer la pena; **what's the trouble?** ¿qué sucede?, ¿qué hay?; *va* apurar; confundir, estorbar, embarazar; disturbar; inquietar, preocupar; apenar, afligir; molestar, incomodar; dar que hacer a; **may I trouble you?** ¿me hace Vd. el favor?; **to be troubled with** padecer de; **to trouble oneself** molestarse; *vn* apurarse; inquietarse, preocuparse; molestarse, darse molestia, incomodarse; **to trouble to** + *inf* molestarse en + *inf*
trouble-free ['trʌbəl,fri] *adj* libre de disturbios; exento de averías
trouble lamp *s* lámpara de socorro, lámpara de inspección
troublemaker ['trʌbəl,mekər] *s* perturbador, camorrista
trouble shooting *s* investigación de fallas o panas, localización de averías, comprobación de averías
troublesome ['trʌbəlsəm] *adj* molesto, pesado, gravoso, dificultoso; impertinente; perturbador; camorrista

troublous ['trʌbləs] *adj* agitado, inquieto; molesto
trough [trɔf] o [trɑf] *s* artesa (*p.ej., para amasar pan*); pesebre; abrevadero, camellón; canal (*curso de agua excavado artificialmente; conducto de las aguas del tejado*); abismo (*de una onda*); seno (*entre dos ondas*); (meteor.) mínimo de presión; (coll.) borrachín
trounce [traʊns] *va* zurrar; castigar; (coll.) vencer decisivamente
troupe [trup] *s* compañía de actores o de circo
trouper ['trupər] *s* miembro de una compañía teatral; viejo actor
troupial ['trupɪəl] *s* (orn.) trupial
trousers ['traʊzərz] *spl* pantalones; **to wear the trousers** calzarse o ponerse los calzones o los pantalones (*dícese de la mujer que supedita al marido*)
trousseau [tru'so] ['truso] *s* (*pl:* **-seaux** ['soz] o [soz] o **-seaus**) ajuar, equipo de novia, canastilla, joyas
trout [traʊt] *s* (ichth.) trucha
trout fishing *s* pesca de la trucha
trout stream *s* arroyo en que abunda la trucha
trouvère [tru'vɛr] *s* trovero
trow [tro] o [traʊ] *va & vn* (archaic) creer, pensar; (archaic) esperar
trowel ['traʊəl] *s* paleta, llana, trulla, desplantador
Troy [trɔɪ] *s* Troya
troy weight *s* peso troy (*cuya unidad es la libra de doce onzas, que equivale a 373,24 gramos*)
truancy ['truənsɪ] *s* (*pl:* **-cies**) ausencia de la clase sin permiso; haraganería
truant ['truənt] *adj* haragán; *s* haragán; novillero (*muchacho que no asiste a la clase*); **to play truant** hacer novillos
truant officer *s* vigilante escolar
truce [trus] *s* tregua
truck [trʌk] *s* carro; vagoneta; camión, camioneta; autocamión; carretilla (*carro pequeño de mano*); ruedecilla; remate de asta o mástil; cambio, permuta, trueque; efectos para vender o trocar, baratijas, zupias, hojarasca; pago del salario en especie; (rail.) bogie, carretón (*de locomotora, coche, etc.*); (Brit.) furgón de plataforma; (U.S.A.) hortalizas para el mercado; (coll.) desechos, desperdicios; (coll.) negocio, relaciones; *va* acarrear, transportar en carro, vagoneta, camión, etc.; cambiar, permutar, trocar; traficar en; *vn* conducir un carro, vagoneta, camión, etc.; ser carretero, conductor de camión, etc.
truckage ['trʌkɪdʒ] *s* acarreo; camionaje
truck driver *s* camionista, conductor de camión
trucker ['trʌkər] *s* carretero; camionista, conductor de camión; verdulero
truck garden *s* huerto de hortalizas (*para el mercado*)
truckle ['trʌkəl] *s* ruedecilla; carriola; *va* mover sobre ruedecillas; *vn* rodar sobre ruedecillas; someterse servilmente
truckle bed *s* carriola
truckload ['trʌk,lod] *s* carga de un carro; carga de un camión
truckman ['trʌkmən] *s* (*pl:* **-men**) carretero; conductor de camión; baratador
truculence ['trʌkjələns] o ['trukjələns] o **truculency** ['trʌkjələnsɪ] o ['trukjələnsɪ] *s* truculencia
truculent ['trʌkjələnt] o ['trukjələnt] *adj* truculento
trudge [trʌdʒ] *s* marcha, paseo; marcha penosa; *va* recorrer con pena y trabajo; *vn* caminar, ir a pie; marchar con pena y trabajo; **to trudge along** marchar con pena y trabajo
trudgen stroke ['trʌdʒən] *s* brazada a la marinera
true [tru] *adj* (*comp:* **truer** ['truər]; *super:* **truest** ['truɪst]) verdadero; exacto; constante, uniforme; fiel, leal; alineado; a plomo, a nivel; **to come true** hacerse realidad; **to run true to form** obrar como era de esperarse; **true to life** conforme con la realidad; *adv* verdaderamente; exactamente; propiamente, naturalmente; *s* ajuste, posición debida o correcta; **in true** alineado; **out of true** desalineado; **the true** lo verdadero; *va* alinear, rectificar; **to true up** alinear, rectificar
true bill *s* (law) acto acusatorio formulado por el gran jurado como base del procesamiento de un acusado, por haberse encontrado indicios suficientes de culpabilidad
true-blue ['tru'blu] *adj* fiel, leal, constante
true copy *s* copia fiel
true course *s* (naut.) rumbo verdadero
true-hearted ['tru,hɑrtɪd] *adj* fiel, leal, sincero
truelove ['tru,lʌv] *s* fiel amante; enamorado o enamorada; (bot.) hierba de París
truelove knot o **true-lover's knot** ['tru'lʌvərz] *s* lazo de amor
true ribs *spl* (anat.) costillas verdaderas
true time *s* (astr.) tiempo (solar) verdadero
truffle ['trʌfəl] o ['trufəl] *s* (bot.) trufa
truism ['truɪzəm] *s* perogrullada, verdad trillada, truísmo
trull [trʌl] *s* prostituta, mujer de mala vida
truly ['trulɪ] *adv* verdaderamente; efectivamente; fielmente; **truly yours** su seguro servidor, de Vd. atto. y S.S.
trump [trʌmp] *s* triunfo (*en los juegos de naipes*); (coll.) persona muy simpática, buen chico, buena chica; (archaic & poet.) trompa, toque de trompa; (Scotch & Irish) trompa gallega; **no trump** sin triunfo; *va* matar con un triunfo; aventajar, sobrepujar; (archaic & poet.) tocar (*la trompa*); (archaic & poet.) anunciar a son de trompa; **to trump up** forjar, inventar (*para engañar*); *vn* triunfar (*jugar del palo de triunfo*); (archaic & poet.) tocar la trompa
trumpery ['trʌmpərɪ] *s* (*pl:* **-ies**) hojarasca, oropel, relumbrón; baratija, bujería; necedad, tontería; *adj* de oropel; inútil, sin valor; necio, tonto
trumpet ['trʌmpɪt] *s* trompeta; toque de trompeta; trompetilla o trompeta acústica; trompeta o trompetero (*músico*); **to blow one's own trumpet** cantar sus propias alabanzas; *va* anunciar con trompetas, pregonar a son de trompeta; abocinar; *vn* trompetear; barritar (*el elefante*)
trumpet creeper *s* (bot.) jazmín trompeta
trumpeter ['trʌmpɪtər] *s* trompetero, trompeta; (fig.) pregonero; (orn.) agamí, pájaro trompeta
trumpet flower *s* (bot.) jazmín trompeta; (bot.) madreselva; (bot.) trompetilla
trumpet honeysuckle *s* (bot.) madreselva
trumpet vine *s* var. de **trumpet creeper**
truncate ['trʌŋket] *adj* truncado; *va* truncar
truncation [trʌŋ'keʃən] *s* truncamiento; (cryst.) truncadura
truncheon ['trʌntʃən] *s* cachiporra; bastón de mando; *va* zurrar con cachiporra
trundle ['trʌndəl] *s* rodadura; ruedecilla; ruedecilla de mueble; carriola; *va* hacer rodar; *vn* rodar
trundle bed *s* carriola
trunk [trʌŋk] *s* tronco (*del cuerpo humano o animal, del árbol, de una familia, del ferrocarril, etc.*); baúl; cofre de equipajes, portaequipaje (*del automóvil*); trompa (*del elefante*); vivero; (anat. & arch.) tronco; **trunks** *spl* taparrabo (*usado como traje de baño, etc.*); *adj* troncal; principal
trunk hose *spl* trusas
trunk line *s* (rail.) línea troncal; (telp.) línea principal
trunk piston *s* (mach.) émbolo de tronco
trunnion ['trʌnjən] *s* (arti.) muñón
truss [trʌs] *s* armadura; braguero (*para contener las hernias*); haz, paquete, lío; (Brit.) 60 libras de heno; (Brit.) 36 libras de paja; (hort.) mazorca, racimo; (naut.) troza; *va* armar; empaquetar, liar; espetar; apretar (*barriles*); (naut.) aferrar (*las velas*); (archaic) apretar (*el vestido*); (archaic) atar (*cordones, cintas, etc.*); (archaic) arreglar o componer (*el cabello*); *vn* (archaic) irse, marcharse
trust [trʌst] *s* confianza; esperanza (*persona o cosa en que se confía*); cargo, custodia; depósito; crédito; obligación; (law) fideicomiso; (econ.) trust, cartel; **in trust** en confianza; en depósito; **on trust** a crédito, al fiado; haciendo confianza; *va* confiar; confiar en; vender a crédito a; *vn* confiar; fiar (*vender sin tomar el precio al contado*); **to trust in** fiarse a o de

T

trust buster *s* (slang) fiscal anticartel
trust company *s* banco fideicomisario, banco de depósitos
trustee [trʌs'ti]] *s* administrador, comisario; regente (universitario); fideicomisario; depositario
trusteeship [trʌs'tiʃɪp] *s* cargo de administrador, fideicomisario, depositario, etc.; fideicomiso (*de la ONU*)
trustful ['trʌstfəl] o **trusting** ['trʌstɪŋ] *adj* confiado
trustworthiness ['trʌst,wʌrðɪnɪs] *s* confiabilidad
trustworthy ['trʌst,wʌrðɪ] *adj* confiable, fidedigno
trusty ['trʌstɪ] *adj* (*comp:* **-ier;** *super:* **-iest**) fiel, honrado, leal, seguro; *s* (*pl:* **-ies**) persona fiel, segura, digna de confianza; (U.S.A.) preso que se ha merecido algunos privilegios
truth [truθ] *s* (*pl:* **truths** [truðz] o [truθs]) verdad; **in truth** a la verdad, en verdad
truthful ['truθfəl] *adj* verídico, veraz
truthfulness ['truθfəlnɪs] *s* veracidad
try [traɪ] *s* (*pl:* **tries**) intento, ensayo, prueba; (*pret & pp:* **tried**) *va* intentar, ensayar, probar; comprobar, verificar; exasperar, irritar; cansar, fatigar; forzar (*p.ej., la vista, los nervios*); (law) procesar; (law) ver (*un pleito*); refinar o purificar derritiendo o hirviendo; **to try on** probarse (*una prenda de vestir*); **to try out** someter a prueba; refinar o purificar derritiendo o hirviendo; *vn* ensayar, probar; esforzarse; tratar; **to be trying to** + *inf* querer + *inf, p.ej.,* **it is trying to rain** quiere llover; **to try out** (sport) presentarse como competidor; **to try to** + *inf* tratar de + *inf,* intentar + *inf*
trying ['traɪɪŋ] *adj* penoso; molesto, cansado, difícil de soportar
tryout ['traɪ,aut] *s* (coll.) experimento, prueba, prueba de competencia
trypaflavine [,trɪpə'flevɪn] o [,trɪpə'flevin] *s* (pharm.) tripaflavina
trypanosome ['trɪpənəsom] *s* (zool.) tripanosoma
tryparsamide [,trɪpɑr'sæmɪd] o [trɪp'ɑrsəmɪd] *s* (trademark) triparsamida
trypsin ['trɪpsɪn] *s* (biochem.) tripsina
tryptic ['trɪptɪk] *adj* (physiol.) tríptico
tryptophan ['trɪptəfæn] o **tryptophane** ['trɪptəfen] *s* (biochem.) triptófano
trysail ['traɪsəl] o ['traɪ,sel] *s* (naut.) vela mayor de capa
try square *s* escuadra de comprobación
tryst [trɪst] o [traɪst] *s* cita; lugar de cita; *va* dar una cita a; *vn* acudir a una cita
trysting place *s* lugar de cita
tsar [tsɑr] *s* var. de **czar**
tsarevitch ['tsɑrɪvɪtʃ] *s* var. de **czarevitch**
tsarina [tsɑ'rinə] *s* var. de **czarina**
tsetse ['tsetsɪ] *s* (ent.) tsetsé
tsetse fly *s* (ent.) mosca tsetsé
tsp. abr. de **teaspoon**
T square *s* te, regla T
Tu. abr. de **Tuesday**
tub [tʌb] *s* tina, cuba; artesón; (coll.) baño; (coll.) cuba (*persona de mucho vientre*); (coll.) carcamán, trompo (*buque malo y pesado*); (*pret & pp:* **tubbed;** *ger:* **tubbing**) *va* entinar, encubar; bañar en bañera; *vn* bañarse, bañarse en bañera
tuba ['tjubə] o ['tubə] *s* (mus.) tuba
Tubal-cain ['tjubəl,ken] o ['tubəl,ken] *s* (Bib.) Tubalcaín
tubbing ['tʌbɪŋ] *s* baño
tubby ['tʌbɪ] *adj* (*comp:* **-bier;** *super:* **-biest**) rechoncho; sordo (*ruido*)
tube [tjub] o [tub] *s* tubo; túnel; (coll.) ferrocarril subterráneo; (anat.) tubo, trompa; (elec. & rad.) tubo; cámara (*de un neumático*); *va* entubar; meter en un tubo; proveer de tubos; dar forma de tubo a
tubeless ['tjublɪs] o ['tublɪs] *adj* sin tubo; (aut.) sin cámara
tuber ['tjubər] o ['tubər] *s* (anat. & bot.) tubérculo
tubercle ['tjubərkəl] o ['tubərkəl] *s* (anat., bot., path. & zool.) tubérculo
tubercle bacillus *s* (bact.) bacilo de Koch
tubercular [tju'bʌrkjələr] o [tu'bʌrkjələr] *adj* tubercular; tuberculoso; *s* tuberculoso (*persona que padece tuberculosis*)
tubercularization [tju,bʌrkjələrɪ'zeʃən] o [tu,bʌrkjələrɪ'zeʃən] *s* tuberculización
tuberculin [tju'bʌrkjəlɪn] o [tu'bʌrkjəlɪn] *s* (bact.) tuberculina
tuberculosis [tju,bʌrkjə'losɪs] o [tu,bʌrkjə'losɪs] *s* (path.) tuberculosis
tuberculous [tju'bʌrkjələs] o [tu'bʌrkjələs] *adj* tuberculoso
tuberose ['tjub,roz] o ['tub,roz] *s* (bot.) tuberosa
tuberosity [,tjubə'rɑsɪtɪ] o [,tubə'rɑsɪtɪ] *s* (*pl:* **-ties**) tuberosidad
tuberous ['tjubərəs] o ['tubərəs] *adj* tuberoso
tube tester *s* (rad.) probador de válvulas
tubeworks ['tjub,wʌrks] o ['tub,wʌrks] *spl* tubería
tubicolous [tju'bɪkələs] o [tu'bɪkələs] *adj* (zool.) tubícola
tubing ['tjubɪŋ] o ['tubɪŋ] *s* tubería; material para tubos; trozo de tubo
Tübingen ['tybɪŋən] *s* Tubinga
tubular ['tjubjələr] o ['tubjələr] *adj* tubular
tubular boiler *s* caldera tubular
tubulate ['tjubjəlet] o ['tubjəlet] *adj* tubular; tubulado
tubulation [,tjubjə'leʃən] o [,tubjə'leʃən] *s* tubulación
tubule ['tjubjul] o ['tubjul] *s* tubito
tubulous ['tjubjələs] o ['tubjələs] *adj* (bot.) tubuloso
tubulure ['tjubjələr] o ['tubjələr] *s* (chem.) tubulura
tuck [tʌk] *s* pliegue o doblez (horizontal), alforza; (b.b.) cartera; (coll.) energía, vivacidad; (slang) banquete, festín; (slang) dulce, confitura; (slang) ganas de comer; (naut.) arca de popa; *va* echar un pliegue (horizontal) a, alforzar; doblar (*como para encubrir*); arremangar; apretar; arropar; **to tuck away** encubrir, ocultar; (slang) comer o beber vorazmente; **to tuck in** arropar, enmantar; remeter (*p.ej., la ropa de cama*); **to tuck up** arremangar (*un vestido*); guarnecer (*la cama*); *vn* alforzar
tucker ['tʌkər] *s* alforzador; alforzador de la máquina de coser; escote, pañoleta; *va* (coll.) agotar, cansar
Tues. abr. de **Tuesday**
Tuesday ['tjuzdɪ] o ['tuzdɪ] *s* martes
tufa ['tjufə] o ['tufə] *s* (geol.) toba (*piedra caliza porosa*)
tufaceous [tju'feʃəs] o [tu'feʃəs] *adj* toboso
tuff [tʌf] *s* (geol.) toba (*piedra volcánica*)
tuft [tʌft] *s* copete (*de plumas, cabellos, etc.*); moño; borla; manojo, racimo, ramillete; grupo de árboles o arbustos; *va* empenachar; poner borlas a; *vn* crecer formando mechones
tufted ['tʌftɪd] *adj* copetudo; empenachado
tufthunter ['tʌft,hʌntər] *s* ambicioso de figurar, zalamero
tufting needle *s* aguja colchonera
tug [tʌg] *s* estirón, tirón; esfuerzo; remolcador (*barco*); tirante (*correa*); (*pret & pp:* **tugged;** *ger:* **tugging**) *va* arrastrar, tirar con fuerza de; remolcar (*un barco*); *vn* tirar con fuerza; esforzarse, luchar
tugboat ['tʌg,bot] *s* remolcador
tug of war *s* (sport) lucha de la cuerda; (fig.) lucha suprema, lucha decisiva
Tuileries ['twilərɪz] o [twil'ri] *spl* Tullerías
tuition [tju'ɪʃən] o [tu'ɪʃən] *s* enseñanza; precio de la enseñanza, cuota
tuitional [tju'ɪʃənəl] o [tu'ɪʃənəl] *adj* de enseñanza; del precio de la enseñanza
tularemia [,tulə'rimɪə] *s* (path.) tularemia
tule ['tulɛ] *s* (bot.) junco de laguna, tule
tule goose *s* (orn.) ánsar, guanana prieta
tulip ['tjulɪp] o ['tulɪp] *s* (bot.) tulipán (*planta, raíz bulbosa y flor*)
tulip tree *s* (bot.) tulipanero o tulipero
tulipwood ['tjulɪp,wud] o ['tulɪp,wud] *s* madera del tulipero; (bot.) palo de rosa (*árbol y madera*)
tulle [tul] *s* tul
Tully ['tʌlɪ] *s* Tulio
tumble ['tʌmbəl] *s* caída; voltereta; confusión,

desorden; **to take a tumble** rodar, caerse; *va* derribar, derrocar, volcar; revolver; arrojar, tirar; ajar, arrugar; desarreglar, trastornar; *vn* caer o caerse; voltear; derribarse, derrocarse, volcarse; brincar, dar saltos, precipitarse; echarse (*en la cama*); (slang) caer, comprender; **to tumble down** desplomarse, hundirse, venir abajo
tumblebug [ˈtʌmbəl,bʌg] *s* (ent.) escarabajo pelotero o bolero
tumble-down [ˈtʌmbəl,daʊn] *adj* destartalado, destrozado, desvencijado
tumbler [ˈtʌmblər] *s* vaso (*para beber*); volteador, volatinero; dominguillo, tentemozo (*juguete*); rodete, fiador (*p.ej., de la cerradura*); seguro de escopeta; (orn.) pichón volteador
tumbler switch *s* (elec.) interruptor de volquete
tumbleweed [ˈtʌmbəl,wid] *s* (bot.) planta rodadora
tumbrel o **tumbril** [ˈtʌmbrəl] *s* chirrión; carro de artillería
tumefaction [,tjumɪˈfækʃən] o [,tumɪˈfækʃən] *s* tumefacción
tumefy [ˈtjumɪfaɪ] o [ˈtumɪfaɪ] (*pret & pp:* **-fied**) *va* tumefacer; *vn* tumefacerse
tumescence [tjuˈmɛsəns] o [tuˈmɛsəns] *s* tumescencia
tumescent [tjuˈmɛsənt] o [tuˈmɛsənt] *adj* tumescente
tumid [ˈtjumɪd] o [ˈtumɪd] *adj* túmido; (fig.) túmido
tumor [ˈtjumər] o [ˈtumər] *s* (path.) tumor
tumorous [ˈtjumərəs] o [ˈtumərəs] *adj* tumoroso
tumular [ˈtjumjələr] o [ˈtumjələr] *adj* tumulario
tumult [ˈtjumʌlt] o [ˈtumʌlt] *s* tumulto
tumultuary [tjuˈmʌltʃʊ,ɛrɪ] o [tuˈmʌltʃʊ,ɛrɪ] *adj* tumultuario
tumultuous [tjuˈmʌltʃʊəs] o [tuˈmʌltʃʊəs] *adj* tumultuoso
tumulus [ˈtjumjələs] o [ˈtumjələs] *s* (*pl:* **-luses** o **-li** [laɪ]) túmulo
tun [tʌn] *s* tonel, barril; tonelada (*medida que equivale a 252 galones*); (*pret & pp:* **tunned;** *ger:* **tunning**) *va* entonelar, embarrilar
tuna [ˈtunə] *s* (ichth.) atún; (bot.) tuna
tunable [ˈtjunəbəl] o [ˈtunəbəl] *adj* armonioso, melodioso; cantable; afinado, templado; que se puede templar; (rad.) sintonizable
tuna fishery *s* atunara, almadraba
tundra [ˈtʌndrə] o [ˈtundrə] *s* tundra
tune [tjun] o [tun] *s* tonada, aire; armonía; tono (*manera de actuar o hablar*); (rad.) sintonía; **in tune** afinado; afinadamente; **out of tune** desafinado; desafinadamente; **to change one's tune** o **to sing a different tune** mudar de tono; **to the tune of** (coll.) por la suma de; *va* acordar, afinar; armonizar; (rad.) sintonizar; **to tune in** (rad.) sintonizar; **to tune out** (rad.) desintonizar; **to tune up** ajustar, poner a punto; poner a tono (*un motor de automóvil*); (mus.) acordar; *vn* armonizar; **to tune up** (coll.) empezar a cantar, llorar, etc.
tuneable [ˈtjunəbəl] o [ˈtunəbəl] *adj* var. de **tunable**
tuneful [ˈtjunfəl] o [ˈtunfəl] *adj* armonioso, melodioso
tuneless [ˈtjunlɪs] o [ˈtunlɪs] *adj* discorde, disonante
tuner [ˈtjunər] o [ˈtunər] *s* (mus.) afinador (*persona*); (rad.) sintonizador
tung oil [tʌŋ] *s* aceite de tung
tungstate [ˈtʌŋstet] *s* (chem.) tungstato
tungsten [ˈtʌŋstən] *s* (chem.) tungsteno
tungsten steel *s* acero al tungsteno
tungstic [ˈtʌŋstɪk] *adj* (chem.) túngstico
tunic [ˈtjunɪk] o [ˈtunɪk] *s* túnica; (anat., bot. & zool.) túnica; (eccl.) tunicela
tunicate [ˈtjunɪket] o [ˈtunɪket] *adj* tunicado; *s* (zool.) tunicado
tunicle [ˈtjunɪkəl] o [ˈtunɪkəl] *s* (eccl.) tunicela
tuning [ˈtjunɪŋ] o [ˈtunɪŋ] *s* afinación; armonización; (rad.) sintonización
tuning coil *s* (rad.) bobina sintonizadora, bobina de sintonía
tuning condenser *s* (rad.) condensador de sintonía, condensador sintonizador
tuning dial *s* (rad.) cuadrante de sintonización
tuning fork *s* (mus.) diapasón
tuning hammer o **key** *s* (mus.) afinador, martillo, templador
tuning knob *s* (rad.) botón de sintonización, perilla sintonizadora
Tunis [ˈtjunɪs] o [ˈtunɪs] *s* Túnez (*ciudad*)
Tunisia [tjuˈnɪʃɪə] o [tuˈnɪʃɪə] *s* Túnez (*país*)
Tunisian [tjuˈnɪʃɪən] o [tuˈnɪʃɪən] *adj & s* tunecino
tunnel [ˈtʌnəl] *s* túnel; (min.) galería; (*pret & pp:* **-neled** o **-nelled;** *ger:* **-neling** o **-nelling**) *va* atravesar por túnel; construir un túnel a través de o debajo de; *vn* construir o perforar un túnel
tunnel disease *s* (path.) anemia de los túneles; (path.) enfermedad de los cajones de aire comprimido
tunny [ˈtʌnɪ] *s* (*pl:* **-nies**) (ichth.) atún
tupelo [ˈtupɪlo] *s* (*pl:* **-los**) (bot.) tupelo
tuppence [ˈtʌpəns] *s* var. de **twopence**
tuque [tjuk] o [tuk] *s* gorra de punto de los canadienses
Turanian [tjʊˈrenɪən] o [tʊˈrenɪən] *adj & s* turanio
turban [ˈtʌrbən] *s* turbante
turbaned [ˈtʌrbənd] *adj* tocado con turbante
turbid [ˈtʌrbɪd] *adj* turbio
turbidimeter [,tʌrbɪˈdɪmɪtər] *s* turbidímetro
turbidimetric [,tʌrbɪdɪˈmɛtrɪk] *adj* turbidimétrico
turbidity [tʌrˈbɪdɪtɪ] *s* turbiedad
turbinate [ˈtʌrbɪnet] o [ˈtʌrbɪnɪt] *adj* turbinado (*que afecta la figura de un cono inverso*); (anat.) turbinado; *s* concha espiral; (anat.) hueso turbinado
turbine [ˈtʌrbɪn] o [ˈtʌrbaɪn] *s* turbina
turbine-electric [ˈtʌrbɪnɪˈlɛktrɪk] o [ˈtʌrbaɪnɪˈlɛktrɪk] *adj* turboeléctrico
turbit [ˈtʌrbɪt] *s* (orn.) paloma de corbata
turboblower [ˈtʌrbo,bloər] *s* turbosoplador
turbocompressor [,tʌrbokəmˈprɛsər] *s* turbocompresor
turbodynamo [,tʌrboˈdaɪnəmo] *s* (*pl:* **-mos**) turbodínamo
turbofan [ˈtʌrbo,fæn] *s* turboventilador
turbogenerator [ˈtʌrboˈdʒɛnə,retər] *s* turbogenerador
turbojet [ˈtʌrbo,dʒɛt] *s* turborreactor, motor de turborreacción; avión de turborreacción
turbomotor [ˈtʌrbo,motər] *s* turbomotor
turbo-prop bomber [ˈtʌrbo,prɑp] *s* (aer.) bombardero turbohélice
turbo-propeller engine [,tʌrboproˈpɛlər] o **turbo-prop engine** [ˈtʌrbo,prɑp] *s* (aer.) turbohélice, motor de turbohélice
turbopump [ˈtʌrbo,pʌmp] *s* turbobomba
turbo-ram-jet [,tʌrboˈræmˈdʒɛt] *s* (aer.) turborreactor a postcombustión
turbosupercharger [ˈtʌrboˈsupər,tʃɑrdʒər] o [ˈtʌrboˈsjupər,tʃɑrdʒər] *s* turbosupercargador
turbot [ˈtʌrbət] *s* (ichth.) rodaballo
turboventilator [ˈtʌrboˈvɛntɪ,letər] *s* turboventilador
turbulence [ˈtʌrbjələns] o **turbulency** [ˈtʌrbjələnsɪ] *s* turbulencia
turbulent [ˈtʌrbjələnt] *adj* turbulento
Turco [ˈtʌrko] *s* (*pl:* **-cos**) (mil.) turco (*tirador argelino*)
tureen [tʊˈrin] o [tjʊˈrin] *s* sopera
turf [tʌrf] *s* (*pl:* **turfs** o **turves**) césped (*hierba menuda*); tepe, terrón de tierra (*con césped*); turba; hipódromo; carreras de caballos
turfman [ˈtʌrfmən] *s* (*pl:* **-men**) turfista
turfy [ˈtʌrfɪ] *adj* (*comp:* **-ier;** *super:* **-iest**) encespedado; turboso; turfista
turgescence [tʌrˈdʒɛsəns] *s* turgescencia
turgescent [tʌrˈdʒɛsənt] *s* turgescente
turgid [ˈtʌrdʒɪd] *adj* (path. & fig.) turgente
turgidity [tʌrˈdʒɪdɪtɪ] *s* turgencia
Turin [ˈtjʊrɪn] o [ˈtʊrɪn] *s* Turín
turion [ˈtjʊrɪɑn] o [ˈtʊrɪɑn] *s* (bot.) turión
Turk. abr. de **Turkey** y **Turkish**
Turk [tʌrk] *s* turco; (offensive) persona bárbara y feroz
Turkestan [,tʌrkəˈstæn] o [,tʌrkəˈstɑn] *s* el Turquestán
turkey [ˈtʌrkɪ] *s* (orn.) pavo; (*cap.*) *s* Turquía; **to talk turkey** (coll.) no tener pelos en la lengua
turkey buzzard *s* (orn.) aura, gallinazo

T

turkey cock *s* pavo (*macho*); persona vanagloriosa
turkey gobbler *s* (coll.) pavo (*macho*)
turkey hen *s* pava
Turkey in Asia *s* la Turquía de Asia, la Turquía Asiática
Turkey in Europe *s* la Turquía de Europa, la Turquía Europea
turkey oak *s* (bot.) roble rojo; (bot.) roble ahorquillado; **Turkey oak** *s* (bot.) rebollo (*Quercus cerris*)
Turkey red *s* rojo turco; tela de algodón de color rojo turco
Turkic languages [ˈtʌrkɪk] *spl* (philol.) idiomas turcos
Turkish [ˈtʌrkɪʃ] *adj* turco; *s* turco (*idioma*)
Turkish bath *s* baño turco
Turkish Empire *s* Imperio otomano
Turkish towel *s* toalla rusa
Turkmen Soviet Socialist Republic, the [ˈtʌrkmɛn] el Turkmenistán
Turkoman [ˈtʌrkomən] *s* (*pl:* **-mans**) turcomano
Turkomanic [ˌtʌrkoˈmænɪk] *adj* turcomano
Turkophile [ˈtʌrkofaɪl] *adj & s* turcófilo
Turkophobe [ˈtʌrkofob] *adj & s* turcófobo
Turk's-cap lily [ˈtʌrksˌkæp] *s* (bot.) martagón
Turk's-head [ˈtʌrksˌhɛd] *s* tortera con tubo central; deshollinador, escobón; (bot.) melón de costa; (naut.) cabeza de turco
turmeric [ˈtʌrmərɪk] *s* (bot.) cúrcuma (*planta y raíz*)
turmeric paper *s* (chem.) papel de cúrcuma
turmoil [ˈtʌrmɔɪl] *s* alboroto, disturbio, tumulto
turn [tʌrn] *s* vuelta; ocasión, oportunidad; fase; proceder, comportamiento; aspecto, figura, forma; estilo; expresión; vahido, vértigo, desvanecimiento; ensayo, prueba; exigencia; inclinación, propensión; giro (*de la frase*); turno (*alternativa entre dos o más personas*); espira (*de una hélice o una espiral*); (coll.) sacudida, susto; (elec.) espira (*de un rollo de alambre*); (mus.) grupeto; **turns** *spl* (coll.) reglas (*de la mujer*); **at every turn** a cada paso, en todo momento; **at the turn of** a la vuelta de; **bad turn** mala pasada; **by turns** por turnos; **good turn** favor, servicio; **in turn** por turno; **one good turn deserves another** bien con bien se paga; **out of turn** fuera de turno; **to a turn** exactamente; con suma perfección; **to be one's turn** tocarle a uno, p.ej., **it's your turn** le toca a Vd.; **to have a turn for** tener habilidad en, tener inclinación a; **to take a turn** dar una vuelta; cambiar de aspecto; **to take a turn for the better** estar mejorando; **to take a turn for the worse** estar empeorando; **to take turns** turnar, alternar; **to wait one's turn** aguardar turno, esperar vez ‖ *va* volver; dar vuelta a (*p.ej., una llave*); trastornar; torcer (*p.ej., el tobillo*); doblar (*la esquina, la calle*); aplicar, emplear, utilizar; dirigir (*p.ej., los ojos*); agriar; tornear (*labrar al torno*); pasar, sobrepasar; tener (*p.ej., veinte años cumplidos*); (elec.) dar vuelta a (*un interruptor*); **to turn against** predisponer en contra de; **to turn around** volver (*hacer girar*); voltear (*poner al revés*); torcer, dar otro sentido a (*las palabras de una persona*); **to turn aside** desviar; **to turn away** desviar; despachar, despedir; **to turn back** devolver; hacer retroceder; retrasar (*el reloj*); **to turn down** doblar o plegar hacia abajo; invertir; rechazar, rehusar; bajar (*p.ej., el gas*); **to turn in** doblar o plegar hacia adentro; entregar; **to turn into** volver en, p.ej., **he turned the water into wine** volvió el agua en vino; plantar (*a una persona*) en (*p.ej., la calle*); **to turn off** desviar; despedir; hacer, ejecutar; apagar (*la luz, la radio*); cortar (*el agua, gas, etc.*); cerrar (*la llave del agua, gas, etc.; la radio, la televisión*); interrumpir (*la corriente eléctrica*); **to turn on** encender (*la luz*); poner (*la luz, la radio, etc.*); abrir la llave de (*p.ej., el agua, gas*); abrir (*la llave del agua, gas, etc.*); establecer (*la corriente eléctrica*); **to turn out** echar; despedir; sacar hacia afuera; echar al campo (*a los animales*); volver al revés; **apagar** (*la luz*); hacer, ejecutar, fabricar, producir; **to turn over** entregar; invertir, volcar; doblar, plegar; considerar, revolver; hacer girar (*el motor de un automóvil*); hojear (*un libro*); pasar (*las hojas de un libro*); **to turn to** enderezar (*a una persona*) a o hacia; **to turn up** doblar o plegar hacia arriba; levantar; arremangar; revolver (*la tierra*); volver (*un naipe*); abrir la llave de (*p.ej., el gas*); abrir (*la llave del gas, etc.*); poner más alto o más fuerte (*la radio*) ‖ *vn* volver, p.ej., **the road turns to the right** el camino vuelve hacia la derecha; virar (*un automóvil, un avión, etc.*); girar (*moverse circularmente*); volverse (*inclinar, p.ej., la conversación a determinados asuntos; hacerse, ponerse, resultar; agriarse ciertos licores; mudar de opinión*); doblarse, plegarse; dar vueltas (*la cabeza*); cambiar (*el viento*); **to turn about** dar vuelta, dar una vuelta completa; cambiar de frente; mudar de opinión; voltearse; **to turn against** cobrar aversión a; rebelarse contra; **to turn around** dar vuelta, dar una vuelta completa; **to turn aside** o **away** desviarse; alejarse; **to turn back** volver, regresar; retroceder; **to turn down** doblarse hacia abajo; invertirse; **to turn in** doblarse hacia adentro, replegarse; entrar, dar la vuelta y entrar; recogerse, volver a casa; (coll.) recogerse, acostarse; **to turn into** entrar en; convertirse en; **to turn off** desviarse, cambiar de camino; **to turn on** volverse contra; depender de; versar sobre; ocuparse de; **to turn out** salir a la calle; dejarse ver; acontecer; venir a ser; resultar, salir, p.ej., **he will turn out a good doctor** saldrá un buen médico; (coll.) levantarse (*salir de cama*); **to turn out badly** salir mal; **to turn out right** acabar bien; **to turn out to be** venir a ser; resultar, salir; **to turn out well** salir bien; **to turn over** volcar, derribarse (*un vehículo*); cambiar de posición; **to turn over and over** dar repetidas vueltas; **to turn to** acudir a; recurrir a, dirigirse a; redundar en; convertirse en; **to turn to and fro** volver de un lado a otro; **to turn up** doblarse hacia arriba; levantarse; acontecer; acudir, aparecer, dejarse ver; **to turn upon** volverse contra; depender de; versar sobre; ocuparse en
turnbuckle [ˈtʌrnˌbʌkəl] *s* tensor roscado, tornillo tensor; torniquete (*para mantener abiertas las hojas de las ventanas*)
turncoat [ˈtʌrnˌkot] *s* tránsfuga, apóstata, renegado
turndown [ˈtʌrnˌdaʊn] *s* rechazamiento; *adj* doblado hacia abajo, caído (*cuello*)
turner [ˈtʌrnər] *s* volvedor; torneador; tornero (*obrero que labra al torno*); gimnasta, volatinero
turning [ˈtʌrnɪŋ] *adj* giratorio, rotatorio; *s* vuelta; giro, viraje; tornería; invención (*de una frase*); **turnings** *spl* torneaduras; piezas torneadas
turning point *s* punto de transición, punto decisivo, punto crucial; (surv.) punto de cambio (*en la nivelación*)
turnip [ˈtʌrnɪp] *s* (bot.) nabo (*planta y raíz*); (bot.) colinabo o rutabaga; (slang) calentador (*reloj de bolsillo*); (slang) tipo, sujeto; (coll.) tonto, necio
turnkey [ˈtʌrnˌki] *s* llavero de una cárcel, carcelero
turn of life *s* (physiol.) menopausia
turn of mind *s* natural, inclinación, propensión
turnout [ˈtʌrnˌaʊt] *s* concurrencia; entrada (*número de personas que asisten a un espectáculo*); apartadero (*para dejar pasar otros automóviles, trenes, etc.*); producción (*cantidad producida*); equipaje; carruaje de lujo; (coll.) huelga; (coll.) huelguista
turnover [ˈtʌrnˌovər] *s* vuelco; cambio de personal; movimiento de mercancías; ciclo de compra y venta; (cook.) pastel con repulgo; *adj* doblado hacia abajo
turnpike [ˈtʌrnˌpaɪk] *s* carretera de peaje, camino de portazgo, autopista de portazgo; barrera de portazgo
turn signals *spl* (aut.) señales de dirección, indicadores de dirección
turnspit [ˈtʌrnˌspɪt] *s* persona o perro que da vueltas al asador

turnstile ['tʌrn,staɪl] *s* torniquete
turnstone ['tʌrn,ston] *s* (orn.) revuelvepiedras
turntable 'tʌrn,tebəl] *s* placa giratoria, plataforma giratoria (*de ferrocarril*); placa giratoria, plato giratorio (*de gramófono*)
turpentine ['tʌrpəntaɪn] *s* trementina; esencia de trementina
turpeth ['tʌrpɪθ] *s* (bot.) turbit; (pharm.) turbino
turpitude ['tʌrpɪtjud] o ['tʌrpɪtud] *s* torpeza, infamia, vileza
turquoise ['tʌrkɔɪz] o ['tʌrkwɔɪz] *s* (mineral.) turquesa
turquoise blue *s* azul turquesa
turret ['tʌrɪt] *s* torrecilla; (arch.) torreón; (arti.) torre; (hist.) torre móvil; (nav.) torreta
turreted ['tʌrɪtɪd] *adj* torreado; (zool.) turriculado
turret lathe *s* torno revolvedor, torno de torrecilla
turtle ['tʌrtəl] *s* (zool.) tortuga; **to turn turtle** derribarse patas arriba; volcar (*un coche*); zozobrar (*un buque*)
turtleback ['tʌrtəl,bæk] *s* caparazón de tortuga; (naut.) cubierta de caparazón
turtledove ['tʌrtəl,dʌv] *s* (orn.) tórtola; (fig.) tórtolo (*persona enamorada*)
Tuscan ['tʌskən] *adj & s* toscano
Tuscany ['tʌskənɪ] *s* la Toscana
Tusculum ['tʌskjələm] *s* Túsculo
tush [tʌʃ] *s* colmillo; *interj* ¡bah!
tusk [tʌsk] *s* colmillo (*p.ej., del elefante*); *va* herir con los colmillos; cavar o rasgar con los colmillos
tusker ['tʌskər] *s* animal colmilludo
tussah ['tʌsə] *s* tusor (*seda*); (ent.) anterea
tussle ['tʌsəl] *s* agarrada, riña; *vn* agarrarse, asirse, reñir
tussock ['tʌsək] *s* montecillo de hierbas crecientes
tussock moth *s* (ent.) lagarta, monja
tut [tʌt] *interj* ¡bah!
tutelage ['tjutɪlɪdʒ] o ['tutɪlɪdʒ] *s* tutela; enseñanza, instrucción
tutelar ['tjutɪlər] o ['tutɪlər] *adj* tutelar
tutelary ['tjutɪ,lɛrɪ] o ['tutɪ,lɛrɪ] *adj* tutelar; *s* (*pl:* **-ies**) divinidad tutelar, santo tutelar, genio tutelar, numen tutelar
tutor ['tjutər] o ['tutər] *s* (law) tutor; preceptor; maestro particular; (Brit.) guardián de la disciplina; *va* ser tutor de; enseñar; dar enseñanza particular a; tratar con severidad; *vn* ser tutor; dar lecciones particulares; (coll.) tomar lecciones particulares
tutorial [tju'torɪəl] o [tu'torɪəl] *adj* tutelar; preceptoral
tutorship ['tjutərʃɪp] o ['tutərʃɪp] *s* tutela; preceptorado
tutsan ['tʌtsən] *s* (bot.) todasana, todabuena
tutti-frutti ['tutɪ'frutɪ] *s* helado de varias frutas; conserva de varias frutas; *adj* hecho con varias frutas
tutty ['tʌtɪ] *s* atutía, tucía
tuxedo [tʌk'sido] *s* (*pl:* **-dos**) smoking
tuyère [twi'jɛr] o [twɪr] *s* (found.) tobera
TV abr. de **television**
twaddle ['twɑdəl] *s* charla, habladuría; tonterías, disparates; *va* decir tontamente; *vn* charlar, decir tonterías
twain [twen] *adj & s* (archaic & poet.) dos
twang [twæŋ] *s* tañido (*de un instrumento músico*); timbre nasal; *va* tocar con un tañido; arrojar con un sonido agudo; decir con timbre nasal; tirar (*una flecha*); *vn* producir un sonido agudo; hablar por la nariz, hablar con voz nasal
'twas [twɑz] o [twʌz] contracción de **it was**
tweak [twik] *s* pellizco retorcido; *va* pellizcar retorciendo; *vn* dar un pellizco retorcido
tweed [twid] *s* mezcla de lana; traje de mezcla de lana; **tweeds** *spl* ropa de mezcla de lana
tweedledum and tweedledee [,twidəl'dʌm ənd ,twidəl'di] *spl* dos cosas entre las cuales no hay diferencia; **it's tweedledum and tweedledee** llámele Vd. hache, da lo mismo perro que gato
tweedy ['twidɪ] *adj* de mezcla de lana; aficionado a la ropa de mezcla de lana; directo, franco, prosaico
'tween [twin] *prep* (poet.) var. de **between**
tweet [twit] *s* pío; *vn* piar
tweeter ['twitər] *s* (rad.) altavoz para altas audiofrecuencias, altavoz agudos
tweezers ['twizərz] *spl* pinzas, tenacillas, bruselas
twelfth [twɛlfθ] *adj* duodécimo; dozavo; *s* duodécimo; dozavo; doce (*en las fechas*)
Twelfth-day ['twɛlfθ,de] *s* var. de **Twelfth-tide**
Twelfth-night ['twɛlfθ,naɪt] *s* día de Reyes, Epifanía; víspera del día de Reyes
Twelfth-tide ['twɛlfθ,taɪd] *s* día de Reyes, Epifanía
twelve [twɛlv] *adj* doce; *s* doce; **twelve o'clock** las doce; **the Twelve** (Bib.) los doce apóstoles (*de Jesucristo*)
Twelve Apostles *spl* (Bib.) doce apóstoles (*de Jesucristo*)
twelvefold ['twɛlv,fold] *adj* doce veces mayor o más; de doce partes; *adv* doce veces más
twelvemo ['twɛlvmo] *adj* en dozavo; *s* (*pl:* **-mos**) libro en dozavo
twelvemonth ['twɛlv,mʌnθ] *s* año (*doce meses*)
Twelve Tables *spl* doce tablas (*antigua ley romana*)
twentieth ['twɛntɪɪθ] *adj* vigésimo; veintavo; *s* vigésimo; veintavo; veinte (*en las fechas*)
twenty ['twɛntɪ] *adj* veinte; *s* (*pl:* **-ties**) veinte
twentyfold ['twɛntɪ,fold] *adj* veinte veces mayor o más; de veinte partes; *adv* veinte veces más
twenty-one ['twɛntɪ'wʌn] *s* veintiuna (*juego de naipes*)
'twere [twʌr] contracción de **it were**
twice [twaɪs] *adv* dos veces; **twice as large as** dos veces más grande que
twice-told ['twaɪs,told] *adj* dicho dos veces; trillado, sabido
twiddle ['twɪdəl] *s* vuelta ligera; *va* menear o revolver ociosamente; *vn* ocuparse de tonterías; girar; temblar
twig [twɪg] *s* ramito; varilla de virtudes, **twigs** *spl* leña menuda
twilight ['twaɪ,laɪt] *s* crepúsculo; *adj* crepuscular
twilight sleep *s* (med.) sueño crepuscular (*narcosis obstétrica parcial*)
twill [twɪl] *s* tela cruzada; cruzado (*dibujo de tela*); *va* cruzar (*la tela*)
'twill [twɪl] contracción de **it will**
twin [twɪn] *adj & s* gemelo; **the Twins** (astr.) los Gemelos; (*pret & pp:* **twinned;** *ger:* **twinning**) *va* parir (*gemelos*); parear; emparejar; *vn* parir gemelos; nacer gemelo; emparejarse
twin beds *spl* camas gemelas
Twin Cities *spl* ciudades gemelas (*Saint Paul y Minneápolis, EE.UU.*)
twin-cylinder ['twɪn'sɪlɪndər] *adj* de dos cilindros, de cilindros gemelos
twine [twaɪn] *s* bramante, guita; enroscadura; retorcedura; *va* enroscar; retorcer; *vn* enroscarse; retorcerse
twinflower ['twɪn,flauər] *s* (bot.) té de Suecia
twinge [twɪndʒ] *s* punzada; *va* causar un dolor agudo a; *vn* sentir una punzada
twin-jet plane ['twɪn'dʒet] *s* (aer.) avión birreactor
twinkle ['twɪŋkəl] *s* centelleo; pestañeo; movimiento muy rápido; instante; *va* hacer centellear; abrir y cerrar (*los ojos*) rápidamente; *vn* centellear; pestañear; moverse rápidamente
twinkling ['twɪŋklɪŋ] *s* centelleo; pestañeo; movimiento muy rápido; instante; **in the twinkling of an eye** en un abrir y cerrar de ojos
twin lead [lid] *s* (telv.) alambre gemelo
twin-motor ['twɪn'motər] *adj* (aer.) bimotor
twin-screw ['twɪn'skru] *adj* (naut.) de dos hélices, de doble hélice
twirl [twʌrl] *s* vuelta, giro; rasgo (*trazado con la pluma*); *va* hacer girar; (baseball) arrojar (*la pelota*); *vn* girar, dar vueltas; hacer piruetas
twist [twɪst] *s* torcedura; enroscadura; curva, recodo; giro, vuelta; torzal; rosca (*de pan*); rollo de tabaco; propensión, prejuicio; sesgo (*de la mente*); *va* torcer; retorcer; enroscar;

T

hacer girar; entrelazar; desviar; (baseball) arrojar (*la pelota*) haciéndola dar vueltas; (fig.) torcer (*dar diverso sentido a*); *vn* torcerse; retorcerse; enroscarse; dar vueltas; entrelazarse; desviarse; serpentear; **to twist and turn** dar vueltas (*en la cama, por no poder dormir*)

twister [ˈtwɪstər] *s* torcedor (*persona y aparato*); torcedero (*aparato*); (baseball) pelota arrojada con efecto; (meteor.) tromba, tornado

twit [twɪt] *s* reprensión; advertencia recordativa; (*pret & pp:* **twitted**; *ger:* **twitting**) *va* reprender; reprender (*a uno*) recordando algo desagradable o poniéndole en ridículo; **to twit with** reprender (*a uno*) recordando (*p.ej., un error o estupidez*)

twitch [twɪtʃ] *s* estirón repentino; crispadura; ligero temblor; acial (*instrumento para oprimir el hocico de las bestias para sujetarlas*); *va* arrancar; mover de un tirón; *vn* crisparse; temblar (*p.ej., los párpados*); dar un tirón

twitter [ˈtwɪtər] *s* gorjeo (*de los pájaros*); risita sofocada; excitación, inquietud; *vn* gorjear (*los pájaros*); reír sofocadamente; agitarse, temblar de inquietud

'twixt [twɪkst] *prep* (poet. & dial.) var. de **betwixt**

two [tu] *adj* dos; *s* dos; **in two** en dos; **to put two and two together** atar cabos, sacar la conclusión evidente; **two o'clock** las dos; **two of a kind** tal para cual

two-bagger [ˈtuˌbægər] *s* (baseball) doblete (*golpe con que el bateador gana la segunda base*)

two-base hit [ˈtuˌbes] *s* var. de **two-bagger**

two-by-four [ˈtubaɪˌfor] *adj* de dos por cuatro (*pulgadas, pies, etc.*); (coll.) pequeño, insignificante; *s* madero de dos por cuatro pulgadas

two-cycle [ˈtuˌsaɪkəl] *adj* (mach.) de dos tiempos; *s* (mach.) ciclo de dos tiempos

two-cylinder [ˈtuˌsɪlɪndər] *adj* (mach.) de dos cilindros, bicilíndrico; **a two-cylinder motor** un dos cilindros

two-edged [ˈtuˌɛdʒd] *adj* de dos filos

two-faced [ˈtuˌfest] *adj* de dos caras; (fig.) de dos caras (*doble, falso*)

two-fisted [ˈtuˌfɪstɪd] *adj* de dos puños; (coll.) fuerte, vigoroso, valiente

two-fold [ˈtuˌfold] *adj* doble; *adv* dos veces

two-four [ˈtuˈfor] *adj* (mus.) de dos por cuatro

two-handed [ˈtuˌhændɪd] *adj* de dos manos; para dos manos; ambidextro

two hundred *adj & s* doscientos

two-part [ˈtuˌpɑrt] *adj* de dos partes

two-part time *s* (mus.) compás a dos tiempos

twopence [ˈtʌpəns] *s* dos peniques; moneda de dos peniques

two-penny [ˈtʌpənɪ] *adj* de dos peniques; despreciable, sin valor

two-phase [ˈtuˌfez] *adj* (elec.) bifásico

two-ply [ˈtuˌplaɪ] *adj* de dos capas; de dos tramas; de dos hilos o hebras

twosome [ˈtusəm] *s* pareja; pareja de jugadores; juego de dos

two-step [ˈtuˌstɛp] *s* paso doble (*baile y música*)

two-stroke cycle [ˈtuˌstrok] *s* (mach.) ciclo de dos tiempos

two-time [ˈtuˌtaɪm] *va* (slang) engañar en amor, ser infiel a (*una persona del otro sexo*)

'twould [twʊd] contracción de **it would**

two-way [ˈtuˌwe] *adj* de dos sentidos o direcciones

two-way radio *s* equipo emisor y receptor, aparato receptor y transmisor

two-way switch *s* (elec.) cada uno de dos conmutadores de tres terminales

two-way valve *s* (mach.) válvula de dos pasos

two-wire [ˈtuˌwaɪr] *adj* (elec.) bifilar

tycoon [taɪˈkun] *s* taicún (*señor feudal del Japón*); (coll.) magnate

tying [ˈtaɪɪŋ] *ger de* **tie**

tyke [taɪk] *s* (coll.) chiquillo, niño travieso; perro, gozque; (archaic & dial.) patán

tympan [ˈtɪmpən] *s* tambor; (arch.) tímpano; (print.) tímpano

tympanic [tɪmˈpænɪk] *adj* (anat. & med.) timpánico

tympanic antrum *s* (anat.) antro timpánico

tympanic membrane *s* (anat.) membrana timpánica

tympanist [ˈtɪmpənɪst] *s* atabalero

tympanites [ˌtɪmpəˈnaɪtiz] *s* (path.) timpanitis (*hinchazón producida por gases*)

tympanitic [ˌtɪmpəˈnɪtɪk] *adj* timpanítico

tympanitis [ˌtɪmpəˈnaɪtɪs] *s* (path.) timpanitis (*inflamación del tímpano del oído*)

tympanum [ˈtɪmpənəm] *s* (*pl:* **-nums** o **-na** [nə]) (arch. & anat.) tímpano

type [taɪp] *s* tipo; (print.) tipo; (print.) letra (*conjunto de letras o tipos*); letras impresas, letras escritas a máquina; tipo (*figura de una moneda o medalla*); (physiol.) grupo; *va* escribir a máquina, mecanografiar; imprimir; representar, simbolizar; (med.) determinar el grupo de (*un espécimen de sangre*); *vn* escribir a máquina

type bar *s* línea de linotipia; palanca portatipos (*de la máquina de escribir*)

type face *s* forma de letra, estilo de letra

type founder *s* fundidor de letra

type founding *s* fundición de letras de imprenta

type gauge *s* tipómetro

type genus *s* (biol.) género tipo

type metal *s* metal de imprenta

typescript [ˈtaɪpˌskrɪpt] *s* material escrito a máquina

typesetter [ˈtaɪpˌsɛtər] *s* (print.) cajista; (print.) máquina de componer

typesetting [ˈtaɪpˌsɛtɪŋ] *s* (print.) composición; *adj* (print.) para componer tipos

typewrite [ˈtaɪpˌraɪt] (*pret:* **-wrote**; *pp:* **-written**) *va & vn* escribir a máquina, mecanografiar

typewriter [ˈtaɪpˌraɪtər] *s* máquina de escribir; mecanógrafo o mecanógrafa, dactilógrafo o dactilógrafa

typewriter ribbon *s* cinta para máquinas de escribir

typewriting [ˈtaɪpˌraɪtɪŋ] *s* mecanografía o dactilografía; trabajo hecho con máquina de escribir

typewritten [ˈtaɪpˌrɪtən] *adj* escrito a máquina; *pp de* **typewrite**

typewrote [ˈtaɪpˌrot] *pret de* **typewrite**

typhoid [ˈtaɪfɔɪd] *adj* tifoideo; *s* (path.) fiebre tifoidea

typhoidal [taɪˈfɔɪdəl] *adj* tifoideo

typhoid bacillus *s* (bact.) bacilo tífico

typhoid fever (path.) fiebre tifoidea

typhoon [taɪˈfun] *s* tifón

typhous [ˈtaɪfəs] *adj* tífico

typhus [ˈtaɪfəs] *s* (path.) tifus

typical [ˈtɪpɪkəl] *adj* típico

typically [ˈtɪpɪkəlɪ] *adv* típicamente

typification [ˌtɪpɪfɪˈkeʃən] *s* simbolización

typify [ˈtɪpɪfaɪ] (*pret & pp:* **-fied**) *va* simbolizar; ser ejemplo o modelo de

typing [ˈtaɪpɪŋ] *s* mecanografía o dactilografía; trabajo hecho con máquina de escribir

typist [ˈtaɪpɪst] *s* mecanógrafo o mecanógrafa, dactilógrafo o dactilógrafa

typographer [taɪˈpɑgrəfər] *s* tipógrafo

typographic [ˌtaɪpəˈgræfɪk] o **typographical** [ˌtaɪpəˈgræfɪkəl] *adj* tipográfico

typographical error *s* error de máquina

typographically [ˌtaɪpəˈgræfɪkəlɪ] *adv* tipográficamente

typography [taɪˈpɑgrəfɪ] *s* tipografía

typolithography [ˌtaɪpəlɪˈθɑgrəfɪ] *s* tipolitografía

typometry [taɪˈpɑmɪtrɪ] *s* (print.) tipometría

tyrannic [tɪˈrænɪk] o [taɪˈrænɪk] o **tyrannical** [tɪˈrænɪkəl] o [taɪˈrænɪkəl] *adj* tiránico

tyrannicidal [tɪˌrænɪˈsaɪdəl] *adj* tiranicida

tyrannicide [tɪˈrænɪsaɪd] o [taɪˈrænɪsaɪd] *s* tiranicidio (*acción*); tiranicida (*persona*)

tyrannize [ˈtɪrənaɪz] *va & vn* tiranizar

tyrannous [ˈtɪrənəs] *adj* tirano

tyranny [ˈtɪrənɪ] *s* (*pl:* **-nies**) tiranía

tyrant [ˈtaɪrənt] *s* tirano

Tyre [taɪr] *s* Tiro

Tyrian [ˈtɪrɪən] *adj & s* tirio

Tyrian purple *s* púrpura de Tiro

tyro [ˈtaɪro] *s* (*pl:* **-ros**) tirón, novicio
Tyrol, the [tɪˈrol] o [ˈtɪrɑl] el Tirol
Tyrolean [tɪˈrolɪən] *adj & s* var. de **Tyrolese**
Tyrolese [ˌtɪroˈliz] *adj* tirolés; *s* (*pl:* **-lese**) tirolés
tyrosinase [ˈtaɪrosɪˌnes] o [ˈtɪrosɪˌnes] *s* (biochem.) tirosinasa
tyrosine [ˈtaɪrəsin] o [ˈtɪrəsin] *s* (biochem.) tirosina
tyrothricin [ˌtaɪrəˈθraɪsɪn] o [ˌtaɪrəˈθrɪsɪn] *s* (pharm.) tirotricina
Tyrrhenian [tɪˈrinɪən] *adj* tirreno
Tyrrhenian Sea *s* mar Tirreno
tzar [tsɑr] *s* var. de **czar**
tzarevitch [ˈtsɑrɪvɪtʃ] *s* var. de **czarevitch**
tzarina [tsɑˈrinə] *s* var. de **czarina**
tzetze [ˈtsɛtsɪ] *s* var. de **tsetse**
tzigane [ˌtsiˈgɑn] *adj & s* gitano (*de Hungría*)

T

U

U, u [ju] *s* (*pl:* **U's, u's** [juz]) vigésima primera letra del alfabeto inglés
U. abr. de **University**
Ubiquitarian [ju,bɪkwɪ'tɛrɪən] *adj & s* (eccl.) ubiquitario
ubiquitous [ju'bɪkwɪtəs] *adj* ubicuo
ubiquity [ju'bɪkwɪtɪ] *s* ubicuidad
U-boat ['ju,bot] *s* submarino, submarino alemán
U bolt *s* perno en U
u.c. abr. de **upper case**
udder ['ʌdər] *s* ubre
udometer [ju'dɑmɪtər] *s* udómetro
ugh [ʊ] o [ʌ] *interj* ¡puf!, ¡buf!
ugliness ['ʌglɪnɪs] *s* fealdad; (coll.) malhumor
ugly ['ʌglɪ] *adj* (*comp:* **-lier;** *super:* **-liest**) feo; (coll.) malhumorado, pendenciero
ugly duckling *s* niño poco prometedor que sale un adulto interesante; **the Ugly Duckling** el Patito Feo
UHF abr. de **ultrahigh frequency**
uhlan ['ulɑn] o [u'lɑn] *s* (mil.) ulano
U.K. abr. de **United Kingdom**
ukase [ju'kes] *s* ucase
Ukraine ['jukren] o [ju'kren] *s* Ucrania
Ukrainian [ju'krenɪən] *adj & s* ucranio
ulcer ['ʌlsər] *s* (path.) úlcera; (fig.) llaga
ulcerate ['ʌlsəret] *va* ulcerar; *vn* ulcerarse
ulceration [,ʌlsə'reʃən] *s* ulceración
ulcerous ['ʌlsərəs] *adj* ulceroso
ulema [,ulə'mɑ] *s* ulema
uliginose [ju'lɪdʒɪnos] o **uliginous** [ju'lɪdʒɪnəs] *adj* uliginoso
ulitis [ju'laɪtɪs] *s* (path.) ulitis
ulluco [u'juko] *s* (bot.) ulluco (*tubérculo comestible de Sudamérica semejante a la patata*)
ulmaceous [ʌl'meʃəs] *adj* (bot.) ulmáceo
ulna ['ʌlnə] *s* (*pl:* **-nae** [ni] o **-nas**) (anat.) ulna
ulnar ['ʌlnər] *adj* ulnar
ulster ['ʌlstər] *s* úlster
ult. abr. de **ultimo** (Lat.) **in the past month**
ulterior [ʌl'tɪrɪər] *adj* ulterior; escondido, oculto
ultima ['ʌltɪmə] *s* (gram.) última sílaba
ultimate ['ʌltɪmɪt] *adj* último, final; fundamental, esencial; sumo, extremo
ultimately ['ʌltɪmɪtlɪ] *adv* últimamente, por último
ultima Thule *s* última Tule
ultimatum [,ʌltɪ'metəm] *s* (*pl:* **-tums** o **-ta** [tə]) ultimátum
ultimo ['ʌltɪmo] *adv* del mes próximo pasado, en el mes próximo pasado
ultra ['ʌltrə] *s* ultraísta, extremista; *adj* extremo, excesivo; *prep* ultra
ultrahigh frequency [,ʌltrə'haɪ] *s* (rad.) frecuencia ultraelevada
ultraliberal [,ʌltrə'lɪbərəl] *adj & s* ultraliberal
ultramarine [,ʌltrəmə'rin] *adj* ultramarino; *s* ultramar, azul de ultramar, azul ultramarino
ultramarine blue *s* azul de ultramar, azul ultramarino
ultramicroscope [,ʌltrə'maɪkrəskop] *s* ultramicroscopio
ultramicroscopic [,ʌltrə,maɪkrə'skɑpɪk] *adj* ultramicroscópico
ultramicroscopy [,ʌltrəmaɪ'krɑskəpɪ] o [,ʌltrə'maɪkrə,skopɪ] *s* ultramicroscopia
ultramodern [,ʌltrə'mɑdərn] *adj* ultramoderno
ultramontane [,ʌltrə'mɑnten] *adj & s* ultramontano
ultramontanism [,ʌltrə'mɑntənɪzəm] *s* ultramontanismo
ultramundane [,ʌltrə'mʌnden] *adj* ultramundano
ultraradical [,ʌltrə'rædɪkəl] *adj* ultrarradical
ultrarapid [,ʌltrə'ræpɪd] *adj* ultrarrápido
ultrared [,ʌltrə'rɛd] *adj* ultrarrojo
ultrasonic [,ʌltrə'sɑnɪk] *adj* ultrasónico; **ultrasonics** *ssg* ultrasónica
ultratropical [,ʌltrə'trɑpɪkəl] *adj* ultratropical
ultraviolet [,ʌltrə'vaɪəlɪt] *adj* (phys.) ultraviolado o ultravioleta
ultraviolet rays *spl* (phys.) rayos ultravioletas
ultravirus [,ʌltrə'vaɪrəs] *s* ultravirus
ultrazodiacal [,ʌltrəzo'daɪəkəl] *adj* (astr.) ultrazodiacal
ululant ['juljələnt] o ['ʌljələnt] *adj* ululante
ululate ['juljəlet] o ['ʌljəlet] *vn* ulular
ululation [,juljə'leʃən] o [,ʌljə'leʃən] *s* ululación
Ulysses [jʊ'lɪsiz] *s* (myth.) Ulises
umbel ['ʌmbəl] *s* (bot.) umbela
umbellar ['ʌmbələr] o **umbellate** ['ʌmbəlet] *adj* umbelado, umbeliforme
umbelliferous [,ʌmbə'lɪfərəs] *adj* umbelífero
umber ['ʌmbər] *s* tierra de sombra; *adj* de color ocre obscuro
umbilical [ʌm'bɪlɪkəl] *adj* umbilical
umbilical cord *s* (anat.) cordón umbilical
umbilicate [ʌm'bɪlɪkɪt] *adj* umbilicado
umbilicus [ʌm'bɪlɪkəs] o [,ʌmbɪ'laɪkəs] *s* (*pl:* **-ci** [saɪ]) (anat.) ombligo
umbo ['ʌmbo] *s* (*pl:* **umbones** [ʌm'boniz] o **umbos**) umbón (*del escudo*); (anat. & zool.) umbo
umbra ['ʌmbrə] *s* (*pl:* **-brae** [bri]) sombra; (astr.) región sombra, cono de sombra; (astr.) núcleo (*de las manchas solares*); (ichth.) ombrina, ombrina barbuda
umbrage ['ʌmbrɪdʒ] *s* sombra, umbría; resentimiento; **to take umbrage at** resentirse por
umbrageous [ʌm'bredʒəs] *adj* umbroso, sombroso; resentido
umbra tree *s* (bot.) ombú
umbrella [ʌm'brɛlə] *s* paraguas; (zool.) umbrela; (mil.) sombrilla protectora
umbrella man *s* paragüero
umbrella stand *s* paragüero
umbrella tree *s* (bot.) magnolia tripétala
Umbria ['ʌmbrɪə] *s* la Umbría
Umbrian ['ʌmbrɪən] *adj & s* umbro
umiak ['umɪæk] *s* barca de la mujer (*de los esquimales*)
umlaut ['ʊmlaʊt] *s* (phonet.) metafonía; diéresis; *va* modificar por metafonía; escribir con diéresis
umpire ['ʌmpaɪr] *s* árbitro; (sport) árbitro; *va & vn* arbitrar; (sport) arbitrar
UMT abr. de **Universal Military Training**
un- *prefix* in-, p.ej., **uncertain** incierto; **unhappy** infeliz; **unheard-of** inaudito; des-, p.ej., **unequal** desigual; **unfortunate** desgraciado; **unbutton** desabotonar; **unhook** desenganchar; anti-, p.ej., **uneconomic** antieconómico; **unscientific** anticientífico; **unsportsmanlike** antideportivo; poco, p.ej., **unintelligent** poco inteligente
UN ['ju'ɛn] *s* ONU (*organización de las Naciones Unidas*)
unabashed [,ʌnə'bæʃt] *adj* desvergonzado
unable [ʌn'ebəl] *adj* incapaz, inhábil; imposibilitado; **to be unable to** + *inf* no poder + *inf;* **to be unable to make up one's mind** no acabar de decidirse
unabridged [,ʌnə'brɪdʒd] *adj* no abreviado, íntegro, completo
unaccented [ʌn'æksɛntɪd] o [,ʌnæk'sɛntɪd] *adj* inacentuado
unacceptable [,ʌnæk'sɛptəbəl] *adj* inaceptable
unaccompanied [,ʌnə'kʌmpənɪd] *adj* sin acompañamiento

unaccountable [ˌʌnəˈkaʊntəbəl] *adj* inexplicable; irresponsable
unaccountably [ˌʌnəˈkaʊntəblɪ] *adv* inexplicablemente; irresponsablemente
unaccounted-for [ˌʌnəˈkaʊntɪdˌfɔr] *adj* no explicado; no hallado
unaccustomed [ˌʌnəˈkʌstəmd] *adj* no acostumbrado; desacostumbrado
unadaptability [ˌʌnəˌdæptəˈbɪlɪtɪ] *s* inadaptabilidad
unadaptable [ˌʌnəˈdæptəbəl] *adj* inadaptable
unadoptable [ˌʌnəˈdɑptəbəl] *adj* inadoptable
unadulterated [ˌʌnəˈdʌltəˌretɪd] *adj* no adulterado, puro
unadvised [ˌʌnədˈvaɪzd] *adj* desaconsejado, desatentado
unadvisedly [ˌʌnədˈvaɪzɪdlɪ] *adv* inconsideradamente, imprudentemente
unaffected [ˌʌnəˈfɛktɪd] *adj* inafectado
unafraid [ˌʌnəˈfred] *adj* desaprensivo, sin miedo
unaligned [ˌʌnəˈlaɪnd] *adj* no comprometido, no empeñado
unallowable [ˌʌnəˈlaʊəbəl] *adj* inadmisible
unalterability [ʌnˌɔltərəˈbɪlɪtɪ] *s* inalterabilidad
unalterable [ʌnˈɔltərəbəl] *adj* inalterable
unalterably [ʌnˈɔltərəblɪ] *adv* inalterablemente
unaltered [ʌnˈɔltərd] *adj* inalterado
unambiguous [ˌʌnæmˈbɪgjʊəs] *adj* inequívoco
un-American [ˌʌnəˈmɛrɪkən] *adj* antiamericano, antinorteamericano
unanalyzable [ʌnˈænəˌlaɪzəbəl] *adj* inanalizable
unanimism [jʊˈnænɪmɪzəm] *s* unanimismo
unanimity [ˌjunəˈnɪmɪtɪ] *s* unanimidad
unanimous [jʊˈnænɪməs] *adj* unánime
unanswerable [ʌnˈænsərəbəl] o [ʌnˈɑnsərəbəl] *adj* incontestable
unanswered [ʌnˈænsərd] o [ʌnˈɑnsərd] *adj* por contestar; no correspondido
unappealable [ˌʌnəˈpiləbəl] *adj* inapelable
unappetizing [ʌnˈæpɪˌtaɪzɪŋ] *adj* poco apetitoso
unappreciative [ˌʌnəˈpriʃɪˌetɪv] *adj* ingrato, desagradecido
unapprehensive [ʌnˌæprɪˈhɛnsɪv] *adj* desaprensivo
unapproachable [ˌʌnəˈprotʃəbəl] *adj* inaccesible, inabordable; sin igual
unapt [ʌnˈæpt] *adj* inepto, inhábil; improbable; inadecuado
unarm [ʌnˈɑrm] *va* desarmar
unarmed [ʌnˈɑrmd] *adj* desarmado, inerme; (biol.) inerme
unascertainable [ʌnˌæsərˈtenəbəl] *adj* inaveriguable
unasked [ʌnˈæskt] o [ʌnˈɑskt] *adj* no solicitado; sin pedir; no convidado
unassembled [ˌʌnəˈsɛmbəld] *adj* desarmado, desmontado
unassimilable [ˌʌnəˈsɪmɪləbəl] *adj* inasimilable
unassuming [ˌʌnəˈsumɪŋ] o [ˌʌnəˈsjumɪŋ] *adj* modesto, sin pretensiones
unattached [ˌʌnəˈtætʃt] *adj* suelto; libre; no prometido; (law) no embargado; (mil. & nav.) de reemplazo
unattainable [ˌʌnəˈtenəbəl] *adj* inasequible, inalcanzable
unattended [ˌʌnəˈtɛndɪd] *adj* desatendido; inasistido
unattractive [ˌʌnəˈtræktɪv] *adj* sin atractivo, desairado
unauthorized [ʌnˈɔθəraɪzd] *adj* desautorizado
unavailable [ˌʌnəˈveləbəl] *adj* indisponible
unavailing [ˌʌnəˈvelɪŋ] *adj* vano, inútil, ineficaz
unavoidable [ˌʌnəˈvɔɪdəbəl] *adj* inevitable
unaware [ˌʌnəˈwer] *adj* inconsciente; **to be unaware of** estar ajeno de; *adv* de improviso; sin saberlo
unawares [ˌʌnəˈwerz] *adv* de improviso; sin saberlo; **to catch somebody unawares** coger a una persona desprevenida
unbacked [ʌnˈbækt] *adj* sin ayuda; sin respaldo; sin domar; sin apuesta
unbaked [ʌnˈbekt] *adj* no cocido; no maduro
unbalance [ʌnˈbæləns] *s* desequilibrio; *va* desequilibrar; trastornar
unbalanced [ʌnˈbælənst] *adj* desequilibrado; (fig.) desequilibrado
unbandage [ʌnˈbændɪdʒ] *va* desvendar
unbar [ʌnˈbɑr] (*pret & pp:* **-barred;** *ger:* **-barring**) *va* desatrancar
unbearable [ʌnˈbɛrəbəl] *adj* inaguantable, intolerable
unbearably [ʌnˈbɛrəblɪ] *adv* inaguantablemente, intolerablemente
unbeatable [ʌnˈbitəbəl] *adj* imbatible
unbeaten [ʌnˈbitən] *adj* no batido; no pisado, no trillado; invicto, insuperado, imbatido
unbecoming [ˌʌnbɪˈkʌmɪŋ] *adj* impropio, indecoroso; que sienta mal
unbeknown [ˌʌnbɪˈnon] *adj* (coll.) no sabido, no conocido; **unbeknown to me** (coll.) sin saberlo yo
unbelief [ˌʌnbɪˈlif] *s* descreimiento
unbeliever [ˌʌnbɪˈlivər] *s* descreído
unbelieving [ˌʌnbɪˈlivɪŋ] *adj* descreído
unbelt [ʌnˈbɛlt] *va* desceñir
unbend [ʌnˈbɛnd] (*pret & pp:* **-bent** o **-bended**) *va* enderezar, desencorvar; aflojar, soltar; (naut.) desenvergar; *vn* enderezarse; suavizarse, ponerse afable
unbending [ʌnˈbɛndɪŋ] *adj* inflexible, inconquistable, poco afable
unbent [ʌnˈbɛnt] *pret & pp de* **unbend**
unbiased o **unbiassed** [ʌnˈbaɪəst] *adj* imparcial, despreocupado
unbidden [ʌnˈbɪdən] *adj* no convidado; espontáneo
unbind [ʌnˈbaɪnd] (*pret & pp:* **-bound**) *va* desatar
unbleached [ʌnˈblitʃt] *adj* crudo, sin blanquear
unblessed o **unblest** [ʌnˈblɛst] *adj* no bendecido; maldito; desgraciado; malo, infame
unblushing [ʌnˈblʌʃɪŋ] *adj* desvergonzado
unbodied [ʌnˈbɑdɪd] *adj* incorpóreo
unbolt [ʌnˈbolt] *va* desempernar; desatrancar
unbolted [ʌnˈboltɪd] *adj* desatrancado; sin cerner
unbonnet [ʌnˈbɑnɪt] *va* quitar el bonete o el sombrero a; *vn* descubrirse
unbonneted [ʌnˈbɑnɪtɪd] *adj* sin bonete, sin sombrero
unborn [ʌnˈbɔrn] *adj* no nacido aún, venidero, futuro
unbosom [ʌnˈbuzəm] *va* confesar; **to unbosom oneself** desahogarse, abrir su pecho; **to unbosom oneself of** desahogarse de; *vn* desahogarse, abrir su pecho
unbound [ʌnˈbaʊnd] *adj* desatado, suelto, libre; (b.b.) sin encuadernar; *pret & pp de* **unbind**
unbounded [ʌnˈbaʊndɪd] *adj* ilimitado; desenfrenado
unbowed [ʌnˈbaʊd] *adj* no inclinado; no domado
unbraid [ʌnˈbred] *va* destrenzar, destejer
unbreakable [ʌnˈbrekəbəl] *adj* irrompible
unbred [ʌnˈbred] *adj* malcriado
unbridle [ʌnˈbraɪdəl] *va* desembridar
unbridled [ʌnˈbraɪdəld] *adj* desembridado; desenfrenado
unbroken [ʌnˈbrokən] *adj* intacto, entero; no interrumpido; no adiestrado, no domado, cerrero
unbuckle [ʌnˈbʌkəl] *va* deshebillar; desatar
unburden [ʌnˈbʌrdən] *va* descargar; aliviar; **to unburden oneself of** aliviarse de; desahogarse de
unburied [ʌnˈbɛrɪd] *adj* insepulto
unburned [ʌnˈbʌrnd] o **unburnt** [ʌnˈbʌrnt] *adj* incombusto
unbusinesslike [ʌnˈbɪznɪsˌlaɪk] *adj* poco práctico, descuidado
unbutton [ʌnˈbʌtən] *va* desabotonar
uncage [ʌnˈkedʒ] *va* sacar de la jaula; libertar
uncalled-for [ʌnˈkɔldˌfɔr] *adj* no buscado; gratuito, inmerecido; insolente
uncanceled [ʌnˈkænsəld] *adj* sin cancelar (*dícese de los sellos de correo*)
uncanny [ʌnˈkænɪ] *adj* misterioso, espectral; fantástico
uncap [ʌnˈkæp] (*pret & pp:* **-capped;** *ger:* **-capping**) *va* destapar; *vn* descubrirse
uncared-for [ʌnˈkerdˌfɔr] *adj* abandonado, descuidado, desamparado
unceasing [ʌnˈsisɪŋ] *adj* incesante

unceremonious [ˌʌnserɪˈmonɪəs] *adj* inceremonioso
uncertain [ʌnˈsʌrtən] *adj* incierto
uncertainty [ʌnˈsʌrtəntɪ] *s* (*pl:* **-ties**) incertidumbre
unchain [ʌnˈtʃen] *va* desencadenar
unchangeable [ʌnˈtʃendʒəbəl] *adj* incambiable
uncharitable [ʌnˈtʃærɪtəbəl] *adj* poco caritativo, duro
uncharted [ʌnˈtʃɑrtɪd] *adj* inexplorado
unchaste [ʌnˈtʃest] *adj* incasto
unchastity [ʌnˈtʃæstɪtɪ] *s* incontinencia
unchecked [ʌnˈtʃɛkt] *adj* no verificado; no refrenado, inestorbado; desenfrenado
unchristian [ʌnˈkrɪstʃən] *adj* no cristiano; anticristiano; impropio, indecoroso
unchurch [ʌnˈtʃʌrtʃ] *va* expulsar de la iglesia, excomulgar
uncial [ˈʌnʃɪəl] o [ˈʌnʃəl] *adj & s* uncial
unciform [ˈʌnsɪfɔrm] *adj* unciforme; *s* (anat.) unciforme
uncinate [ˈʌnsɪnet] *adj* uncinado
uncircumcised [ʌnˈsʌrkəmsaɪzd] *adj* incircunciso
uncircumscribed [ʌnˈsʌrkəmskraɪbd] *adj* incircunscripto
uncivil [ʌnˈsɪvɪl] *adj* incivil
uncivilized [ʌnˈsɪvɪlaɪzd] *adj* incivilizado, inculto
unclad [ʌnˈklæd] *adj* no vestido, desnudo
unclaimed [ʌnˈklemd] *adj* sin reclamar
unclaimed letter *s* carta rechazada, carta sobrante
unclasp [ʌnˈklæsp] o [ʌnˈklɑsp] *va* desabrochar; *vn* desabrocharse
unclassifiable [ʌnˈklæsɪˌfaɪəbəl] *adj* inclasificable
unclassified [ʌnˈklæsɪfaɪd] *adj* no clasificado; no clasificado como secreto
uncle [ˈʌŋkəl] *s* tío; (coll.) tío (*hombre entrado en edad*); (slang) prestamista
unclean [ʌnˈklin] *adj* sucio
uncleanly [ʌnˈklenlɪ] *adj* (*comp:* **-lier**; *super:* **-liest**) sucio; [ʌnˈklinlɪ] *adv* suciamente
uncleanness [ʌnˈklinnɪs] *s* suciedad
unclench [ʌnˈklɛntʃ] *va* desasir, desagarrar, soltar
Uncle Sam *s* el tío Sam
uncloak [ʌnˈklok] *va* desencapotar; *vn* desencapotarse
unclog [ʌnˈklɑg] (*pret & pp:* **-clogged**; *ger:* **-clogging**) *va* desatrancar, desatancar
unclose [ʌnˈkloz] *va* desencerrar
unclothe [ʌnˈkloð] *va* desarropar
unclouded [ʌnˈklaudɪd] *adj* despejado, sin nubes
uncoated [ʌnˈkotɪd] *adj* sin capa (*p.ej., de pintura*)
uncoil [ʌnˈkɔɪl] *va* desarrollar, desenrollar
uncollectible [ˌʌnkəˈlɛktɪbəl] *adj* incobrable
uncombed [ʌnˈkomd] *adj* despeinado
uncomfortable [ʌnˈkʌmfərtəbəl] *adj* incómodo; con malestar
uncommercial [ˌʌnkəˈmʌrʃəl] *adj* no comercial; no comerciante
uncommitted [ˌʌnkəˈmɪtɪd] *adj* no cometido; no comprometido, no empeñado
uncommon [ʌnˈkɑmən] *adj* poco común, raro
uncommonly [ʌnˈkɑmənlɪ] *adv* raramente; extraordinariamente
uncommunicative [ˌʌnkəˈmjunɪˌketɪv] *adj* poco comunicativo, inconversable
uncompromising [ʌnˈkɑmprəˌmaɪzɪŋ] *adj* inflexible, intransigente
unconcern [ˌʌnkənˈsʌrn] *s* indiferencia, despreocupación
unconcerned [ˌʌnkənˈsʌrnd] *adj* indiferente, despreocupado
unconcernedly [ˌʌnkənˈsʌrnɪdlɪ] *adv* indiferentemente, sin preocuparse
unconditional [ˌʌnkənˈdɪʃənəl] *adj* incondicional
unconditionally [ˌʌnkənˈdɪʃənəlɪ] *adv* incondicionalmente
unconditioned [ˌʌnkənˈdɪʃənd] *adj* incondicional; natural, no adquirido
unconducive [ˌʌnkənˈdjusɪv] o [ˌʌnkənˈdusɪv] *adj* inconducente
unconfessed [ˌʌnkənˈfɛst] *adj* inconfeso
unconformity [ˌʌnkənˈfɔrmɪtɪ] *s* (*pl:* **-ties**) disconformidad
uncongealable [ˌʌnkənˈdʒiləbəl] *adj* incongelable
uncongealed [ˌʌnkənˈdʒild] *adj* incongelado
uncongenial [ˌʌnkənˈdʒinɪəl] *adj* antipático; incompatible; desagradable
uncongeniality [ˌʌnkənˌdʒinɪˈælɪtɪ] *s* antipatía; incompatibilidad; desagrado
unconnected [ˌʌnkəˈnɛktɪd] *adj* inconexo; desconectado
unconquerable [ʌnˈkɑŋkərəbəl] *adj* inconquistable
unconquered [ʌnˈkɑŋkərd] *adj* invicto
unconscionable [ʌnˈkɑnʃənəbəl] *adj* desrazonable, desmedido, excesivo, inmoral
unconscionably [ʌnˈkɑnʃənəblɪ] *adv* desrazonablemente, desmedidamente, con exceso, inmoralmente
unconscious [ʌnˈkɑnʃəs] *adj* inconsciente; desmayado; ignorante; no intencional; **the unconscious** lo inconsciente
unconsciousness [ʌnˈkɑnʃəsnɪs] *s* inconsciencia
unconstitutional [ˌʌnkɑnstɪˈtjuʃənəl] o [ˌʌnkɑnstɪˈtuʃənəl] *adj* inconstitucional
unconstitutionality [ˌʌnkɑnstɪˌtjuʃənˈælɪtɪ] o [ˌʌnkɑnstɪˌtuʃənˈælɪtɪ] *s* inconstitucionalidad
uncontaminated [ˌʌnkənˈtæmɪˌnetɪd] *adj* incontaminado
uncontrollable [ˌʌnkənˈtroləbəl] *adj* ingobernable
uncontrolled [ˌʌnkənˈtrold] *adj* incontrolado
unconventional [ˌʌnkənˈvɛnʃənəl] *adj* informal, despreocupado, original
unconventionality [ˌʌnkənˌvɛnʃənˈælɪtɪ] *s* informalidad, despreocupación, originalidad
uncooked [ʌnˈkukt] *adj* crudo, sin cocer
uncork [ʌnˈkɔrk] *va* destapar, descorchar
uncorrupted [ˌʌnkəˈrʌptɪd] *adj* incorrupto
uncountable [ʌnˈkauntəbəl] *adj* incontable
uncounted [ʌnˈkauntɪd] *adj* no contado; innumerable
uncouple [ʌnˈkʌpəl] *va* desatraillar (*los perros*); desacoplar, desenganchar; desaparejar
uncourteous [ʌnˈkʌrtɪəs] *adj* descortés
uncourtly [ʌnˈkortlɪ] *adj* grosero, rústico, inurbano
uncouth [ʌnˈkuθ] *adj* tosco, rústico; extraño, raro
uncover [ʌnˈkʌvər] *va* descubrir; *vn* descubrirse (*quitarse el sombrero*)
uncreated [ˌʌnkriˈetɪd] *adj* increado
uncrown [ʌnˈkraun] *va* destronar
uncrowned [ʌnˈkraund] *adj* sin corona
unction [ˈʌŋkʃən] *s* unción; efusión o entusiasmo poco sinceros, fervor fingido
unctuous [ˈʌŋktʃuəs] *adj* untuoso; (fig.) zalamero
uncultivated [ʌnˈkʌltɪˌvetɪd] *adj* inculto (*no cultivado; tosco, rústico*)
uncultured [ʌnˈkʌltʃərd] *adj* inculto (*tosco, rústico*)
uncurl [ʌnˈkʌrl] *va* desrizar; *vn* desrizarse
uncut [ʌnˈkʌt] *adj* sin cortar; sin labrar; intonso (*libro o revista*)
undamaged [ʌnˈdæmɪdʒd] *adj* indemne, ileso, intacto
undamped [ʌnˈdæmpt] *adj* no humedecido; no refrenado; (phys.) no amortiguado
undated [ʌnˈdetɪd] *adj* sin fecha; sin acontecimientos notables
undaunted [ʌnˈdɔntɪd] *adj* impávido, denodado
undecagon [ʌnˈdɛkəgɑn] *s* (geom.) undecágono, endecágono
undeceive [ˌʌndɪˈsiv] *va* desengañar
undecided [ˌʌndɪˈsaɪdɪd] *adj* indeciso
undeclinable [ˌʌndɪˈklaɪnəbəl] *adj* indeclinable; (gram.) indeclinable
undefeated [ˌʌndɪˈfitɪd] *adj* invicto
undefended [ˌʌndɪˈfɛndɪd] *adj* indefenso
undefensible [ˌʌndɪˈfɛnsɪbəl] *adj* indefendible
undefiled [ˌʌndɪˈfaɪld] *adj* impoluto, inmaculado
undefinable [ˌʌndɪˈfaɪnəbəl] *adj* indefinible
undefined [ˌʌndɪˈfaɪnd] *adj* indefinido
undelivered [ˌʌndɪˈlɪvərd] *adj* sin entregar

undelivered letter *s* carta rechazada, carta sobrante
undemonstrable [ˌʌndɪ'mɑnstrəbəl] o [ʌn'deməns trəbəl] *adj* indemostrable
undemonstrative [ˌʌndɪ'mɑnstrətɪv] *adj* reservado, callado, poco expresivo
undeniable [ˌʌndɪ'naɪəbəl] *adj* innegable, inconcuso; excelentísimo
undeniably [ˌʌndɪ'naɪəblɪ] *adv* innegablemente
undenominational [ˌʌndɪˌnɑmɪ'neʃənəl] *adj* no sectario
undependable [ˌʌndɪ'pɛndəbəl] *adj* no confiable
under- *prefix* sub-, p.ej., **underdeveloped** subdesarrollado; **underlying** subyacente; infra-, p.ej., **underconsumption** infraconsumo; **underworld** inframundo; des-, p.ej., **underfed** desnutrido; menos-, p.ej., **underrate** menospreciar; bajo, p.ej., **underneath** parte baja; inferior, p.ej., **underpass** paso inferior
under ['ʌndər] *adj* inferior; interior (*ropa*); *adv* debajo; más abajo; **to bring under** dominar, someter; **to go under** fracasar; hundirse; **to keep under** oprimir; *prep* bajo; debajo de; inferior a; **under arms** sobre las armas; **under full sail** (naut.) a vela llena; **under lock and key** bajo llave; **under oath** bajo juramento; **under penalty of death** so pena de muerte; **under sail** (naut.) a la vela; **under separate cover** bajo cubierta separada, por separado; **under steam** bajo presión; **under the hand and seal of** firmado y sellado por; **under the necessity of** en la necesidad de; **under one's nose** (coll.) en las barbas de uno; **under way** en camino; principiando
underage ['ʌndərˌedʒ] *adj* menor de edad; no de la edad a propósito
underbid [ˌʌndər'bɪd] (*pret & pp:* **-bid;** *ger:* **-bidding**) *va* ofrecer menos que
underbodice ['ʌndərˌbɑdɪs] *s* cubrecorsé
underbred [ˌʌndər'brɛd] *adj* de raza impura; vulgar, rudo
underbrush ['ʌndərˌbrʌʃ] *s* maleza
undercarriage ['ʌndərˌkærɪdʒ] *s* carro inferior; (aer.) tren de aterrizaje
undercharge ['ʌndərˌtʃɑrdʒ] *s* cargo insuficiente, precio insuficiente; [ˌʌndər'tʃɑrdʒ] *va* hacer pagar menos del valor, no cargar bastante en la cuenta a; cargar . . . de menos, p.ej., **you have undercharged me one dollar** me ha cargado Vd. un dólar de menos
underclassman [ˌʌndər'klæsmən] o [ˌʌndər'klɑsmən] *s* (*pl:* **-men**) alumno universitario de los dos primeros años
underclothes ['ʌndərˌkloz] *spl* o **underclothing** ['ʌndərˌkloðɪŋ] *s* ropa interior
undercoat ['ʌndərˌkot] *s* chaqueta interior; pelaje corto; capa de fondo, primera mano (*de pintura*)
underconsumption ['ʌndərkən'sʌmpʃən] *s* infraconsumo
undercover [ˌʌndər'kʌvər] *adj* secreto, confidencial
undercurrent ['ʌndərˌkʌrənt] *s* corriente submarina, corriente subfluvial; (fig.) tendencia oculta, tendencia obscura
undercut ['ʌndərˌkʌt] *adj* socavado; *s* socava, socavación; filete, solomillo; [ˌʌndər'kʌt] (*pret & pp:* **-cut;** *ger:* **-cutting**) *va* socavar
underdevelop [ˌʌndərdɪ'vɛləp] *s* desarrollar incompletamente; (phot.) revelar incompletamente
underdeveloped countries [ˌʌndərdɪ'vɛləpt] *spl* países subdesarrollados
underdevelopment [ˌʌndərdɪ'vɛləpmənt] *s* desarrollo incompleto; (phot.) revelado incompleto
underdog ['ʌndərˌdɔg] o ['ʌndərˌdɑg] *s* perro perdedor; perdidoso, víctima; desvalido
underdone ['ʌndərˌdʌn] o [ˌʌndər'dʌn] *adj* soasado, a medio asar
underestimate ['ʌndərˌɛstɪmɪt] *s* apreciación o estimación demasiado baja; presupuesto demasiado bajo; menosprecio; [ˌʌndər'ɛstɪmet] *va* avaluar o estimar en valor demasiado bajo; subestimar, menospreciar, tener (*a una persona o cosa*) en menos de lo que merece
underestimated [ˌʌndər'ɛstɪˌmetɪd] *adj* inestimado
underexpose [ˌʌndərɛk'spoz] *va* (phot.) exponer insuficientemente
underexposure [ˌʌndərɛk'spoʒər] *s* (phot.) subexposición
underfed [ˌʌndər'fɛd] *pret & pp de* **underfeed**
underfeed [ˌʌndər'fid] (*pret & pp:* **-fed**) *va* desnutrir
underfeeding [ˌʌndər'fidɪŋ] *s* desnutrición
underfoot [ˌʌndər'fʊt] *adj* debajo de los pies; en el suelo; (coll.) estorbando
undergarment ['ʌndərˌgɑrmənt] *s* prenda de vestir interior
undergo [ˌʌndər'go] (*pret:* **-went;** *pp:* **-gone**) *va* experimentar, sufrir, padecer
undergraduate [ˌʌndər'grædʒʊɪt] *adj* no graduado; *s* alumno no graduado, estudiante del bachillerato
undergraduate course *s* asignatura o curso para el bachillerato
underground ['ʌndər'graʊnd] *adj* subterráneo; clandestino; *adv* bajo tierra; clandestinamente; ['ʌndərˌgraʊnd] *s* subterráneo; ferrocarril subterráneo; movimiento clandestino, fuerzas ocultas, resistencia
underground movement *s* movimiento oculto
underground railroad *s* ferrocarril subterráneo; (fig.) método clandestino de ayudar a los fugitivos
undergrowth ['ʌndərˌgroθ] *s* maleza; pelaje corto
underhand ['ʌndərˌhænd] *adj* taimado, socarrón, clandestino; (sport) hecho con las manos debajo de los hombros; *adv* taimadamente, socarronamente, clandestinamente; (sport) con las manos debajo de los hombros
underhanded ['ʌndər'hændɪd] *adj* taimado, socarrón, clandestino
underhung ['ʌndərˌhʌŋ] *adj* suspendido; sobresaliente (*dícese de la quijada inferior*); con la quijada inferior sobresaliente
underlaid [ˌʌndər'led] *pret & pp de* **underlay**
underlain [ˌʌndər'len] *pp de* **underlie**
underlap [ˌʌndər'læp] (*pret & pp:* **-lapped;** *ger:* **-lapping**) *va* extender por debajo de; *vn* extender por debajo
underlay ['ʌndərˌle] *s* (print.) calzo, realce; [ˌʌndər'le] (*pret & pp:* **-laid**) *va* (print.) calzar; poner por debajo; levantar, reforzar; *pret de* **underlie**
underlie [ˌʌndər'laɪ] (*pret:* **-lay;** *pp:* **-lain;** *ger:* **-lying**) *va* estar debajo de, extenderse debajo de; ser la razón fundamental de, ser la base de; sustentar, sostener
underline [ˌʌndər'laɪn] o ['ʌndərˌlaɪn] *va* subrayar
underling ['ʌndərlɪŋ] *s* inferior, subordinado; suboficial; paniaguado, secuaz servil
underlying ['ʌndərˌlaɪɪŋ] *adj* subyacente; fundamental
undermine [ˌʌndər'maɪn] o ['ʌndərˌmaɪn] *va* socavar, minar; (fig.) socavar, minar (*p.ej., la salud*)
undermost ['ʌndərmost] *adj* (el) más bajo; *adv* a lo más bajo
underneath [ˌʌndər'niθ] *s* parte baja, superficie inferior; *adj* inferior, más bajo; *adv* debajo; *prep* debajo de
undernourished [ˌʌndər'nʌrɪʃt] *adj* desnutrido
undernourishment [ˌʌndər'nʌrɪʃmənt] *s* desnutrición, subalimentación
underofficer ['ʌndərˌɔfɪsər] o ['ʌndərˌɑfɪsər] *s* subalterno, oficial subalterno; [ˌʌndər'ɔfɪsər] o [ˌʌndər'ɑfɪsər] *va* proveer de un número insuficiente de oficiales
underpants ['ʌndərˌpænts] *spl* (coll.) calzoncillos
underpass ['ʌndərˌpæs] o ['ʌndərˌpɑs] *s* paso inferior; vía por bajo tierra
underpay [ˌʌndər'pe] *s* pago insuficiente; (*pret & pp:* **-paid**) *va & vn* pagar insuficientemente
underpin [ˌʌndər'pɪn] (*pret & pp:* **-pinned;** *ger:* **-pinning**) *va* apuntalar, socalzar
underpinning ['ʌndərˌpɪnɪŋ] *s* apuntalamiento, socalzado; (coll.) las piernas de uno

U

underplot [ˈʌndər,plɑt] *s* trama secundaria
underprivileged [,ʌndərˈprɪvɪlɪdʒd] *adj* desamparado, desvalido
underproduction [,ʌndərprəˈdʌkʃən] *s* baja producción
underrate [,ʌndərˈret] *va* menospreciar
underriver [ˈʌndər,rɪvər] *adj* subfluvial
underscore [ˈʌndər,skor] *s* línea de subrayar; [,ʌndərˈskor] o [ˈʌndər,skor] *va* subrayar
undersea [ˈʌndər,si] *adj* submarino; [,ʌndərˈsi] *adv* bajo la superficie del mar
underseas [,ʌndərˈsiz] *adv* bajo la superficie del mar
undersecretary [,ʌndərˈsɛkrɪ,tɛrɪ] *s* (*pl:* **-ies**) subsecretario
undersecretaryship [,ʌndərˈsɛkrɪ,tɛrɪʃɪp] *s* subsecretaría
undersell [,ʌndərˈsɛl] (*pret & pp:* **-sold**) *va* vender a menor precio que; malbaratar
underservant [ˈʌndər,sʌrvənt] *s* criado inferior
undershirt [ˈʌndər,ʃʌrt] *s* camiseta
undershot [ˈʌndər,ʃɑt] *adj* que tiene saliente la mandíbula inferior; de corriente baja o inferior
undershot water wheel *s* rueda (hidráulica) de corriente baja o inferior
underside [ˈʌndər,saɪd] *s* superficie inferior, superficie de fondo
undersign [,ʌndərˈsaɪn] o [ˈʌndər,saɪn] *va* subscribir
undersigned [ˈʌndər,saɪnd] *adj* infraescrito, abajo firmado
undersized [ˈʌndər,saɪzd] *adj* de baja dimensión, de dimensión insuficiente, de infratamaño
underskirt [ˈʌndər,skʌrt] *s* enaguas, refajo
undersleeve [ˈʌndər,sliv] *s* manga interior
underslung [ˈʌndər,slʌŋ] *adj* colgante, debajo del eje, debajo de los muelles
undersold [,ʌndərˈsold] *pret & pp de* **undersell**
undersong [ˈʌndər,sɔŋ] o [ˈʌndər,sɑŋ] *s* canción acompañante; (fig.) sentido subyacente, sentido latente
understand [,ʌndərˈstænd] (*pret & pp:* **-stood**) *va* comprender, entender; subentender, sobrentender (*una cosa que no está expresa*); (gram.) suplir; **be it understood** entiéndase; **to give to understand** dar a entender; **to understand each other** entenderse; *vn* comprender, entender
understandable [,ʌndərˈstændəbəl] *adj* comprensible
understanding [,ʌndərˈstændɪŋ] *adj* entendedor, inteligente; benévolo, tolerante; *s* entendimiento; comprensión; acuerdo; (philos.) entendimiento; **to come to an understanding** entenderse; **to come to an understanding with** llegar a un acuerdo con
understate [,ʌndərˈstet] *va* exponer de un modo demasiado débil
understatement [,ʌndərˈstetmənt] *s* exposición demasiado débil
understood [,ʌndərˈstʊd] *pret & pp de* **understand**
understudy [ˈʌndər,stʌdɪ] *s* (*pl:* **-ies**) (theat.) sobresaliente; (*pret & pp:* **-ied**) *va* aprender (*un papel*) para poder suplir a otro actor; aprender un papel para poder suplir (*a otro actor*); *vn* aprender un papel para poder suplir a otro actor
undertake [,ʌndərˈtek] (*pret:* **-took;** *pp:* **-taken**) *va* emprender; comprometerse a; *vn* comprometerse; **to undertake to** + *inf* comprometerse a + *inf*
undertaker [,ʌndərˈtekər] o [ˈʌndər,tekər] *s* empresario; [ˈʌndər,tekər] *s* empresario de pompas fúnebres, director de funeraria
undertaking [,ʌndərˈtekɪŋ] *s* empresa; empeño; garantía; [ˈʌndər,tekɪŋ] *s* funeraria, empresa funeraria
undertone [ˈʌndər,ton] *s* voz baja; matiz suave, color apagado; fondo
undertook [,ʌndərˈtʊk] *pret de* **undertake**
undertow [ˈʌndər,to] *s* resaca; contracorriente
undervaluation [ˈʌndər,væljʊˈeʃən] *s* estimación baja
undervalue [,ʌndərˈvælju] *va* estimar demasiado bajo
undervest [ˈʌndər,vɛst] *s* camiseta
underwaist [ˈʌndər,west] *s* jubón, corpiño
underwater [ˈʌndər,wɔtər] o [ˈʌndər,wɑtər] *adj* subacuático, submarino; inundado; entre aguas
underwear [ˈʌndər,wɛr] *s* ropa interior
underweight [ˈʌndər,wet] *s* peso escaso; *adj* de peso escaso
underwent [,ʌndərˈwɛnt] *pret de* **undergo**
underwood [ˈʌndər,wʊd] *s* maleza
underworld [ˈʌndər,wʌrld] *s* mundo terrenal; mundo submarino; antípoda; averno, infierno; gente de mal vivir, mundo del vicio, bajos fondos sociales, inframundo
underwrite [,ʌndərˈraɪt] o [ˈʌndər,raɪt] (*pret:* **-wrote;** *pp:* **-written**) *va* subscribir; asegurar
underwriter [ˈʌndər,raɪtər] *s* subscritor; asegurador; compañía aseguradora
underwritten [,ʌndərˈrɪtən] o [ˈʌndər,rɪtən] *pp de* **underwrite**
underwrote [,ʌndərˈrot] o [ˈʌndər,rot] *pret de* **underwrite**
undescribable [,ʌndɪˈskraɪbəbəl] *adj* indescriptible
undeserved [,ʌndɪˈzʌrvd] *adj* inmerecido
undesirable [,ʌndɪˈzaɪrəbəl] *adj & s* indeseable
undetachable [,ʌndɪˈtætʃəbəl] *adj* inamovible, inseparable
undeterminable [,ʌndɪˈtʌrmɪnəbəl] *adj* indeterminable
undevout [,ʌndɪˈvaʊt] *adj* indevoto
undigested [,ʌndɪˈdʒɛstɪd] *adj* indigesto
undid [ʌnˈdɪd] *pret de* **undo**
undine [ʌnˈdin] o [ˈʌndin] *s* (myth.) ondina
undiplomatic [,ʌndɪpləˈmætɪk] *adj* poco diplomático
undiscernible [,ʌndɪˈzʌrnɪbəl] o [,ʌndɪˈsʌrnɪbəl] *adj* imperceptible, invisible
undisciplined [ʌnˈdɪsɪplɪnd] *adj* indisciplinado
undiscriminating [,ʌndɪsˈkrɪmɪ,netɪŋ] *adj* sin sentido crítico, incapaz de distinguir bien
undisguised [,ʌndɪsˈgaɪzd] *adj* sin disfraz; abierto, franco
undismayed [,ʌndɪsˈmed] *adj* impávido, intrépido; no desanimado
undisputed [,ʌndɪsˈpjutɪd] *adj* incontestable, sin disputa
undistinguishable [,ʌndɪˈstɪŋgwɪʃəbəl] *adj* indistinguible
undistinguished [,ʌndɪˈstɪŋgwɪʃt] *adj* deslucido; no distinguido
undistorted [,ʌndɪsˈtɔrtɪd] *adj* sin falsificación; (elec.) sin distorsión
undistorted output *s* (elec.) potencia de salida sin distorsión
undisturbed [,ʌndɪˈstʌrbd] *adj* sin tocar; imperturbado
undivided [,ʌndɪˈvaɪdɪd] *adj* indiviso
undo [ʌnˈdu] (*pret:* **-did;** *pp:* **-done**) *va* deshacer; anular; resolver, explicar
undoing [ʌnˈduɪŋ] *s* desatadura; anulación; ruina, pérdida, destrucción
undone [ʌnˈdʌn] *adj* sin hacer, por hacer; **to come undone** desatarse, deshacerse; **to leave nothing undone** no dejar nada por hacer; *pp de* **undo**
undoubted [ʌnˈdaʊtɪd] *adj* indudable
undoubtedly [ʌnˈdaʊtɪdlɪ] *adv* indudablemente
undramatic [,ʌndrəˈmætɪk] *adj* no dramático, poco dramático
undraw [ʌnˈdrɔ] (*pret:* **-drew;** *pp:* **-drawn**) *va* abrir, tirar hacia fuera
undress [ˈʌn,drɛs] o [ʌnˈdrɛs] *s* ropa de casa; (mil.) traje de cuartel; [ˈʌn,drɛs] *adj* de trapillo, informal; [ʌnˈdrɛs] *va* desnudar; desadornar; desvendar (*una herida*); *vn* desnudarse
undrew [ʌnˈdru] *pret de* **undraw**
undrinkable [ʌnˈdrɪŋkəbəl] *adj* impotable
undue [ʌnˈdju] o [ʌnˈdu] *adj* indebido, impropio; excesivo
undulant [ˈʌndjələnt] *adj* undulante, ondulante
undulant fever *s* (path.) fiebre ondulante

undulate ['ʌndjəlet] *adj* ondulado; *va* ondular (*el pelo*); hacer ondas en; *vn* ondular, undular
undulation [,ʌndjə'leʃən] *s* ondulación, undulación
undulatory ['ʌndjələ,torɪ] *adj* ondulatorio, undulatorio
unduly [ʌn'djulɪ] o [ʌn'dulɪ] *adv* indebidamente, impropiamente; excesivamente
undying [ʌn'daɪɪŋ] *adj* imperecedero
unearned [ʌn'ʌrnd] *adj* no ganado; inmerecido
unearned increment *s* mayor valía
unearth [ʌn'ʌrθ] *va* desenterrar; (fig.) descubrir
unearthly [ʌn'ʌrθlɪ] *adj* sobrenatural; espectral, fantástico
uneasy [ʌn'izɪ] *adj* inquieto; desgarbado; incómodo, no bien
uneatable [ʌn'itəbəl] *adj* no comestible, incomible
uneconomic [,ʌnikə'nɑmɪk] o [,ʌnɛkə'nɑmɪk] o **uneconomical** [,ʌnikə'nɑmɪkəl] o [,ʌnɛkə'nɑmɪkəl] *adj* antieconómico
uneducable [ʌn'ɛdʒəkəbəl] *adj* ineducable
uneducated [ʌn'ɛdʒə,ketɪd] *adj* ineducado
unemployable [,ʌnɛm'plɔɪəbəl] *adj* inutilizable; inútil para el trabajo
unemployed [,ʌnɛm'plɔɪd] *adj* cesante, desocupado; inutilizado; (com.) improductivo; *s* cesante, desocupado
unemployment [,ʌnɛm'plɔɪmənt] *s* cesantía, desocupación, desempleo
unemployment compensation *s* subsidios de paro
unemployment insurance *s* seguro de desocupación, seguro contra el paro obrero
unending [ʌn'ɛndɪŋ] *adj* inacabable, interminable
unenlightened [,ʌnɛn'laɪtənd] *adj* poco instruído, ignorante
unequal [ʌn'ikwəl] *adj* desigual; insuficiente; injusto, parcial; **unequal to** insuficiente para; no al nivel de; sin fuerzas para
unequaled o **unequalled** [ʌn'ikwəld] *adj* inigualado
unequally [ʌn'ikwəlɪ] *adv* desigualmente; injustamente, parcialmente
unequivocal [,ʌnɪ'kwɪvəkəl] *adj* inequívoco
unequivocally [,ʌnɪ'kwɪvəkəlɪ] *adv* inequívocamente
unerring [ʌn'ʌrɪŋ] o [ʌn'ɛrɪŋ] *adj* infalible, seguro
Unesco [ju'nɛsko] *s* Unesco
unessential [,ʌnɛ'sɛnʃəl] *adj* no esencial
unestimated [ʌn'ɛstɪ,metɪd] *adj* inestimado
unethical [ʌn'ɛθɪkəl] *adj* poco ético
uneven [ʌn'ivən] *adj* desigual, irregular; (math.) impar
unevenness [ʌn'ivənnɪs] *s* desigualdad, irregularidad; (math.) imparidad
uneventful [,ʌnɪ'vɛntfəl] *adj* sin acontecimientos notables, tranquilo
unexampled [,ʌnɛg'zæmpəld] o [,ʌnɛg'zɑmpəld] *adj* sin ejemplo, sin igual, sin par
unexceptionable [,ʌnɛk'sɛpʃənəbəl] *adj* irreprensible, irrecusable
unexceptional [,ʌnɛk'sɛpʃənəl] *adj* ordinario, usual; sin excepción
unexchangeable [,ʌnɛks'tʃendʒəbəl] *adj* incambiable
unexhausted [,ʌnɛg'zɔstɪd] *adj* inexhausto
unexpected [,ʌnɛk'spɛktɪd] *adj* inesperado
unexpectedly [,ʌnɛk'spɛktɪdlɪ] *adv* inesperadamente
unexpired [,ʌnɛk'spaɪrd] *adj* no expirado
unexplainable [,ʌnɛk'splenəbəl] *adj* inexplicable
unexplained [,ʌnɛk'splend] *adj* inexplicado
unexploited [,ʌnɛk'splɔɪtɪd] *adj* inexplotado
unexplored [,ʌnɛk'splord] *adj* inexplorado
unexposed [,ʌnɛk'spozd] *adj* (phot.) inexpuesto
unexpurgated [ʌn'ɛkspər,getɪd] *adj* no expurgado, sin expurgar
unextinguishable [,ʌnɛk'stɪŋgwɪʃəbəl] *adj* inapagable, inextinguible
unextinguished [,ʌnɛk'stɪŋgwɪʃt] *adj* inextinto
unfading [ʌn'fedɪŋ] *adj* sin descolorar; inmarcesible; (rad.) sin desvanecerse
unfailing [ʌn'felɪŋ] *adj* indefectible; inagotable
unfair [ʌn'fɛr] *adj* inicuo, injusto; falso, doble, desleal; desfavorable (*viento*); (sport) sucio
unfaithful [ʌn'feθfəl] *adj* infiel
unfaltering [ʌn'fɔltərɪŋ] *adj* resuelto, firme
unfamiliar [,ʌnfə'mɪljər] *adj* poco familiar; poco conocedor, no familiarizado
unfamiliarity [,ʌnfə,mɪlɪ'ærɪtɪ] *s* falta de familiaridad; desconocimiento
unfasten [ʌn'fæsən] o [ʌn'fɑsən] *va* desatar, desligar, desabrochar, soltar, desatacar
unfathomable [ʌn'fæðəməbəl] *adj* insondable
unfavorable [ʌn'fevərəbəl] *adj* desfavorable
unfeasible [ʌn'fizəbəl] *adj* impracticable
unfeathered [ʌn'fɛðərd] *adj* implume
unfeeling [ʌn'filɪŋ] *adj* insensible
unfeigned [ʌn'fend] *adj* sincero, verdadero
unfeignedly [ʌn'fenɪdlɪ] *adv* sinceramente, sin fingimiento
unfetter [ʌn'fɛtər] *va* desencadenar
unfilled [ʌn'fɪld] *adj* no lleno, vacante; por cumplir, pendiente
unfindable [ʌn'faɪndəbəl] *adj* inencontrable
unfinished [ʌn'fɪnɪʃt] *adj* sin acabar; mal acabado, imperfecto
unfit [ʌn'fɪt] *adj* incapaz, inhábil; impropio; (*pret & pp:* **-fitted;** *ger:* **-fitting**) *va* inhabilitar
unfitting [ʌn'fɪtɪŋ] *adj* impropio; indecoroso
unfix [ʌn'fɪks] *va* desatar, desprender, soltar
unflagging [ʌn'flægɪŋ] *adj* incansable, persistente
unfledged [ʌn'flɛdʒd] *adj* implume; inmaturo, inexperimentado
unflinching [ʌn'flɪntʃɪŋ] *adj* impávido, resuelto
unfold [ʌn'fold] *va* desplegar; *vn* desplegarse
unfordable [ʌn'fordəbəl] *adj* invadeable
unforeseeable [,ʌnfor'siəbəl] *adj* imprevisible
unforeseen [,ʌnfor'sin] *adj* imprevisto, inesperado
unforgettable [,ʌnfər'gɛtəbəl] *adj* inolvidable
unforgivable [,ʌnfər'gɪvəbəl] *adj* imperdonable
unformed [ʌn'fɔrmd] *adj* informe; crudo; rudimentario
unfortunate [ʌn'fɔrtʃənɪt] *adj & s* desgraciado
unfounded [ʌn'faʊndɪd] *adj* infundado
unfrequented [,ʌnfrɪ'kwɛntɪd] *adj* poco frecuentado
unfriended [ʌn'frɛndɪd] *adj* desamparado, sin amigos
unfriendly [ʌn'frɛndlɪ] *adj* inamistoso, poco amistoso; desfavorable
unfrock [ʌn'frɑk] *va* expulsar, degradar (*a un sacerdote*)
unfruitful [ʌn'frutfəl] *adj* infructuoso
unfulfilled [,ʌnfʊl'fɪld] *adj* incumplido
unfurl [ʌn'fʌrl] *va* desenrollar
unfurnished [ʌn'fʌrnɪʃt] *adj* desamueblado
ungainly [ʌn'genlɪ] *adj* desgarbado, torpe, feo
ungenerous [ʌn'dʒɛnərəs] *adj* poco generoso
ungentlemanly [ʌn'dʒɛntəlmənlɪ] *adj* poco caballeroso, malcriado, descortés
ungird [ʌn'gʌrd] *va* desceñir, descinchar
unglazed [ʌn'glezd] *adj* no vidriado; deslustrado; no satinado (*papel*); sin cristales (*ventana*)
ungodliness [ʌn'gɑdlɪnɪs] *s* impiedad, irreligión; maldad, perversidad; (coll.) atrocidad
ungodly [ʌn'gɑdlɪ] *adj* impío, irreligioso; malvado, perverso; (coll.) atroz
ungovernable [ʌn'gʌvərnəbəl] *adj* ingobernable; indisciplinado
ungraceful [ʌn'gresfəl] *adj* desgraciado, desgarbado
ungracious [ʌn'greʃəs] *adj* descortés; desgraciado, desagradable, sin gracia
ungrammatical [,ʌngrə'mætɪkəl] *adj* ingramatical
ungrateful [ʌn'gretfəl] *adj* ingrato, desagradecido
ungrounded [ʌn'graʊndɪd] *adj* infundado, inmotivado; poco instruído; (elec.) sin toma a tierra, sin retorno terrestre
ungrudgingly [ʌn'grʌdʒɪŋlɪ] *adv* de buena gana, sin quejarse

ungual [ˈʌŋgwəl] *adj* unguinal, unguiculado
unguarded [ʌnˈgɑrdɪd] *adj* indefenso; descuidado, imprudente
unguent [ˈʌŋgwənt] *s* ungüento
unguiculate [ʌŋˈgwɪkjəlɪt] *adj* unguiculado
unguis [ˈʌŋgwɪs] *s* (*pl:* **-gues** [gwiz]) (anat.) unguis
ungula [ˈʌŋgjələ] *s* (*pl:* **-lae** [li]) uña; (bot.) uña; (zool. & geom.) úngula
ungular [ˈʌŋgjələr] *adj* ungular
ungulate [ˈʌŋgjəlet] o [ˈʌŋgjəlɪt] *adj & s* (zool.) ungulado
unhallowed [ʌnˈhælod] *adj* profano; malvado
unhand [ʌnˈhænd] *va* quitar las manos a; soltar
unhandsome [ʌnˈhænsəm] *adj* feo, desaliñado; descortés, indecoroso; poco generoso
unhandy [ʌnˈhændɪ] *adj* desmañado; incómodo
unhappily [ʌnˈhæpɪlɪ] *adv* infelizmente; desgraciadamente
unhappiness [ʌnˈhæpɪnɪs] *s* infelicidad; desgracia
unhappy [ʌnˈhæpɪ] *adj* infeliz; desgraciado
unharmed [ʌnˈhɑrmd] *adj* incólume, ileso, indemne, sano y salvo
unharmonious [ˌʌnhɑrˈmonɪəs] *adj* inarmónico
unharness [ʌnˈhɑrnɪs] *va* desenjaezar, desguarnecer; desarmar; desenganchar
unhealthful [ʌnˈhɛlθfəl] *adj* insalubre
unhealthy [ʌnˈhɛlθɪ] *adj* malsano
unheard [ʌnˈhʌrd] *adj* no oído; desconocido; sin ser oído
unheard-of [ʌnˈhʌrdˌɑv] *adj* inaudito, nunca oído, nunca visto
unheeded [ʌnˈhidɪd] *adj* desatendido
unheedful [ʌnˈhidfəl] *adj* desatento
unhesitating [ʌnˈhezɪˌtetɪŋ] *adj* resuelto, pronto, listo
unhinge [ʌnˈhɪndʒ] *va* desgonzar; (fig.) desequilibrar, trastornar
unhitch [ʌnˈhɪtʃ] *va* desenganchar
unholy [ʌnˈholɪ] *adj* impío, malo
unhonored [ʌnˈɑnərd] *adj* sin honores, despreciado; protestado (*cheque*)
unhook [ʌnˈhʊk] *va* desabrochar; desenganchar; descolgar; *vn* desabrocharse; desengancharse; descolgarse
unhoped-for [ʌnˈhoptˌfɔr] *adj* inesperado, no esperado
unhorse [ʌnˈhɔrs] *va* desarzonar, desmontar
unhurriedly [ʌnˈhʌrɪdlɪ] *adv* sin prisa
unhurt [ʌnˈhʌrt] *adj* incólume, ileso
Uniat [ˈjunɪæt] *adj & s* uniato
uniaxial [ˌjunɪˈæksɪəl] *adj* uniáxico
unicameral [ˌjunɪˈkæmərəl] *adj* unicameral
unicellular [ˌjunɪˈsɛljələr] *adj* unicelular
unicorn [ˈjunɪkɔrn] *adj* unicornio; *s* (myth. & Bib.) unicornio
unification [ˌjunɪfɪˈkeʃən] *s* unificación
uniflorous [ˌjunɪˈflorəs] *adj* (bot.) unifloro
unifoliate [ˌjunɪˈfolɪɪt] *adj* (bot.) unifoliado
uniform [ˈjunɪfɔrm] *adj & s* uniforme; *va* uniformar
uniformity [ˌjunɪˈfɔrmɪtɪ] *s* (*pl:* **-ties**) uniformidad
unify [ˈjunɪfaɪ] (*pret & pp:* **-fied**) *va* unificar
unilateral [ˌjunɪˈlætərəl] *adj* unilateral
unimpeachable [ˌʌnɪmˈpitʃəbəl] *adj* irrecusable, intachable
unimportance [ˌʌnɪmˈpɔrtəns] *s* poca importancia
unimportant [ˌʌnɪmˈpɔrtənt] *adj* poco importante
uninflammable [ˌʌnɪnˈflæməbəl] *adj* ininflamable
uninflected [ˌʌnɪnˈflɛktɪd] *adj* (gram.) sin inflexiones
uninhabitable [ˌʌnɪnˈhæbɪtəbəl] *adj* inhabitable
uninhabited [ˌʌnɪnˈhæbɪtɪd] *adj* inhabitado
uninspired [ˌʌnɪnˈspaɪrd] *adj* no inspirado, sin inspiración; aburrido, fastidioso
unintelligent [ˌʌnɪnˈtɛlɪdʒənt] *adj* ininteligente
unintelligible [ˌʌnɪnˈtɛlɪdʒɪbəl] *adj* ininteligible
uninterested [ʌnˈɪntərəstɪd] o [ʌnˈɪntrɪstɪd] *adj* desinteresado, poco interesado
uninteresting [ʌnˈɪntərɛstɪŋ] o [ʌnˈɪntrɪstɪŋ] *adj* poco interesante, falto de interés
uninterrupted [ˌʌnɪntəˈrʌptɪd] *adj* ininterrumpido, no interrumpido
union [ˈjunjən] *s* unión; emblema de unión; sindicato, gremio obrero; (mach.) unión; *adj* gremial; (*cap.*) *s* Unión (*EE.UU.*)
union catalogue *s* catálogo colectivo (*de varias bibliotecas*)
unionism [ˈjunjənɪzəm] *s* gremios obreros, sindicalismo, unionismo; (*cap.*) *s* Unionismo
unionist [ˈjunjənɪst] *s* agremiado, sindicalista, unionista; (*cap.*) *s* Unionista
unionization [ˌjunjənɪˈzeʃən] *s* agremiación
unionize [ˈjunjənaɪz] *va* agremiar; *vn* agremiarse
Union Jack *s* pabellón nacional de la Gran Bretaña
Union of South Africa *s* Unión Sudafricana
Union of Soviet Socialist Republics *s* Unión de Repúblicas Socialistas Soviéticas
union shop *s* fábrica de obreros agremiados
union suit *s* traje interior de una sola pieza
uniparous [jʊˈnɪpərəs] *adj* (zool. & bot.) uníparo
uniped [ˈjunɪpɛd] *adj* unípede
unipersonal [ˌjunɪˈpʌrsənəl] *adj* unipersonal
unipolar [ˌjunɪˈpolər] *adj* (elec.) unipolar
unique [jʊˈnik] *adj* único (*en su género*)
uniqueness [jʊˈniknɪs] *s* unicidad
unisexual [ˌjunɪˈsɛkʃʊəl] *adj* unisexual
unison [ˈjunɪsən] o [ˈjunɪzən] *s* concordancia, armonía; (mus.) unisonancia; **in unison** al unísono; **in unison with** al unísono de; *adj* (mus.) unísono
unit [ˈjunɪt] *s* unidad; (mach. & elec.) grupo; *adj* unitario
Unitarian [ˌjunɪˈtɛrɪən] *adj & s* unitario
Unitarianism [ˌjunɪˈtɛrɪənɪzəm] *s* unitarismo
unitary [ˈjunɪˌtɛrɪ] *adj* unitario
unitary theory *s* (chem.) teoría unitaria
unite [jʊˈnaɪt] *va* unir; reunir, juntar; *vn* reunirse, juntarse
united [jʊˈnaɪtɪd] *adj* unido
United Arab Republic *s* República Árabe Unida
United Kingdom *s* Reino Unido
United Nations *spl* Naciones Unidas
United States *adj* estadounidense; **the United States** *ssg* Estados Unidos *msg* o los Estados Unidos *mpl*
unitive [ˈjunɪtɪv] *adj* unitivo
unity [ˈjunɪtɪ] *s* (*pl:* **-ties**) unidad
univ. abr. de **universal** y **university**
Univ. abr. de **Universalist** y **University**
univalence [ˌjunɪˈveləns] o [jʊˈnɪvələns] *s* (chem.) univalencia
univalent [ˌjunɪˈvelənt] o [jʊˈnɪvələnt] *adj* (chem.) univalente
univalve [ˈjunɪˌvælv] *adj* (zool.) univalvo
universal [ˌjunɪˈvʌrsəl] *adj* universal; *s* (log.) universal; (log.) proposición universal
Universal Bishop *s* obispo universal
universalism [ˌjunɪˈvʌrsəlɪzəm] *s* universalismo; (*cap.*) *s* universalismo
universalist [ˌjunɪˈvʌrsəlɪst] *s* universalista; (*cap.*) *s* universalista
universality [ˌjunɪvʌrˈsælɪtɪ] *s* (*pl:* **-ties**) universalidad
universalize [ˌjunɪˈvʌrsəlaɪz] *va* universalizar
universal joint *s* (aut.) articulación universal, junta universal, cardán
universal language *s* lengua universal
universally [ˌjunɪˈvʌrsəlɪ] *adv* universalmente
universe [ˈjunɪvʌrs] *s* universo
university [ˌjunɪˈvʌrsɪtɪ] *s* (*pl:* **-ties**) universidad; *adj* universitario
univocal [jʊˈnɪvəkəl] *adj* unívoco
unjoint [ʌnˈdʒɔɪnt] *va* desunir; desencajar, desensamblar
unjust [ʌnˈdʒʌst] *adj* injusto
unjustifiable [ʌnˈdʒʌstɪˌfaɪəbəl] *adj* injustificable
unjustified [ʌnˈdʒʌstɪfaɪd] *adj* injustificado
unkempt [ʌnˈkɛmpt] *adj* despeinado
unkind [ʌnˈkaɪnd] *adj* poco amable; despiadado, brutal
unkindness [ʌnˈkaɪndnɪs] *s* falta de amabilidad; tratamiento despiadado, acción brutal

unknit [ʌn'nɪt] (*pret & pp:* **-knitted** o **-knit;** *ger:* **-knitting**) *va* destejer; desfruncir
unknowable [ʌn'noəbəl] *adj* inconocible, incognoscible; insabible
unknowingly [ʌn'no·ɪŋlɪ] *adv* desconocidamente, sin saberlo
unknown [ʌn'non] *adj* desconocido, ignoto, incógnito; *s* desconocido; (math.) incógnita
unknown quantity *s* (math. & fig.) incógnita
unknown soldier *s* soldado desconocido
unlace [ʌn'les] *va* desenlazar; desatar (*p.ej., los cordones del zapato*)
unlade [ʌn'led] *va* descargar
unlatch [ʌn'lætʃ] *va* abrir levantando el picaporte
unlawful [ʌn'lɔfəl] *adj* ilegal; ilegítimo
unlawfully [ʌn'lɔfəlɪ] *adv* ilegalmente; ilegítimamente
unlearn [ʌn'lʌrn] *va* desaprender
unlearned [ʌn'lʌrnɪd] *adj* indocto; ignorante; [ʌn'lʌrnd] *adj* innato, no aprendido
unleash [ʌn'liʃ] *va* destraillar; soltar
unleavened [ʌn'lɛvənd] *adj* ázimo, sin levadura
unless [ʌn'lɛs] *prep* excepto; *conj* a menos que, a no ser que
unlettered [ʌn'lɛtərd] *adj* indocto, iletrado; analfabeto
unlike [ʌn'laɪk] *adj* desemejante; desemejante de; (dial.) improbable; (elec.) de nombres contrarios (*dícese, p.ej., de los polos de un imán*); (elec.) de signo contrario; *prep* a diferencia de
unlikelihood [ʌn'laɪklɪhʊd] *s* inverosimilitud, improbabilidad
unlikely [ʌn'laɪklɪ] *adj* inverosímil, improbable
unlikeness [ʌn'laɪknɪs] *s* disimilitud, desemejanza, diferencia
unlimber [ʌn'lɪmbər] *va* quitar el avantrén a (*un cañón*); preparar para la acción; *vn* prepararse para la acción
unlimited [ʌn'lɪmɪtɪd] *adj* ilimitado; indefinido
unlined [ʌn'laɪnd] *adj* sin forro; sin rayar (*papel*); sin arrugas (*rostro*)
unliquidated [ʌn'lɪkwɪˌdetɪd] *adj* ilíquido
unload [ʌn'lod] *va* descargar (*una carga; un cañón*); exonerar, aliviar; (coll.) deshacerse de (*p.ej., mercancías*); *vn* descargar
unlock [ʌn'lɑk] *va* abrir; (print.) desapretar; (fig.) descubrir, revelar; *vn* abrirse
unlooked-for [ʌn'lʊktˌfɔr] *adj* inesperado, inopinado
unloose [ʌn'lus] *va* desatar, desencadenar, aflojar, soltar; *vn* desatarse, desencadenarse, aflojarse
unloosen [ʌn'lusən] *va* desatar, desencadenar, aflojar, soltar
unlosable [ʌn'luzəbəl] *adj* inamisible, imperdible
unloved [ʌn'lʌvd] *adj* desamado
unlovely [ʌn'lʌvlɪ] *adj* desgraciado, desgarbado
unloving [ʌn'lʌvɪŋ] *adj* desamorado
unlucky [ʌn'lʌkɪ] *adj* de mala suerte; desgraciado, desdichado; aciago, nefasto; **to be unlucky** tener mala suerte
unmake [ʌn'mek] (*pret & pp:* **-made**) *va* deshacer; arruinar, destruir
unman [ʌn'mæn] (*pret & pp:* **-manned;** *ger:* **-manning**) acobardar, desanimar; afeminar; privar de hombres; (mil.) desguarnecer (*una plaza, un castillo*)
unmanageable [ʌn'mænɪdʒəbəl] *adj* inmanejable
unmanly [ʌn'mænlɪ] *adj* afeminado, enervado; bajo, cobarde
unmannerly [ʌn'mænərlɪ] *adj* descortés, malcriado, mal educado; *adv* descortésmente
unmarketable [ʌn'mɑrkɪtəbəl] *adj* incomerciable
unmarriageable [ʌn'mærɪdʒəbəl] *adj* incasable
unmarried [ʌn'mærɪd] *adj* soltero
unmask [ʌn'mæsk] o [ʌn'mɑsk] *va* desenmascarar; *vn* desenmascararse
unmatchable [ʌn'mætʃəbəl] *adj* sin igual, incomparable
unmatched [ʌn'mætʃt] *adj* incomparable, único; desapareado
unmeaning [ʌn'minɪŋ] *adj* falto de significación; vacío, sin expresión, sin sentido
unmeasurable [ʌn'mɛʒərəbəl] *adj* inmensurable
unmeasured [ʌn'mɛʒərd] *adj* ilimitado; desenfrenado, inmoderado
unmeet [ʌn'mit] *adj* impropio, inconveniente
unmentionable [ʌn'mɛnʃənəbəl] *adj* que no se puede mencionar; infando; **unmentionables** *spl* cosas que no se deben mencionar; (hum.) prendas íntimas (*calzones, pantalones, etc.*)
unmerciful [ʌn'mʌrsɪfəl] *adj* inclemente, despiadado
unmerited [ʌn'mɛrɪtɪd] *adj* inmerecido
unmesh [ʌn'mɛʃ] *va* desengranar; *vn* desengranarse
unmindful [ʌn'maɪndfəl] *adj* desatento, descuidado; **to be unmindful of** no pensar en, olvidar (*p.ej., la hora*)
unmistakable [ˌʌnmɪs'tekəbəl] *adj* inequívoco
unmitigated [ʌn'mɪtɪˌgetɪd] *adj* no mitigado, duro; absoluto, redomado
unmixed o **unmixt** [ʌn'mɪkst] *adj* puro, sin mezcla
unmodulated [ʌn'mɑdjəˌletɪd] *adj* sin modular
unmoor [ʌn'mʊr] *va* (naut.) desamarrar (*un buque*); (naut.) desaferrar (*las áncoras*)
unmoral [ʌn'mɑrəl] o [ʌn'mɔrəl] *adj* amoral
unmotivated [ʌn'motɪˌvetɪd] *adj* inmotivado
unmounted [ʌn'maʊntɪd] *adj* desmontado
unmovable [ʌn'muvəbəl] *adj* inmoble
unmoved [ʌn'muvd] *adj* inmoto; impasible, frío; inmoble, constante
unmuzzle [ʌn'mʌzəl] *va* desbozalar; (fig.) dejar hablar
unnatural [ʌn'nætʃərəl] *adj* innatural, contranatural, desnaturalizado; anormal; afectado
unnavigable [ʌn'nævɪgəbəl] *adj* innavegable
unnecessary [ʌn'nɛsəˌsɛrɪ] *adj* innecesario
unnegotiable [ˌʌnnɪ'goʃɪəbəl] *adj* innegociable; (coll.) incomerciable, intransitable
unnerve [ʌn'nʌrv] *va* acobardar, desconcertar, trastornar
unnoticeable [ʌn'notɪsəbəl] *adj* imperceptible
unnoticed [ʌn'notɪst] *adj* inadvertido
unnumbered [ʌn'nʌmbərd] *adj* innumerable; sin número
unobliging [ˌʌnə'blaɪdʒɪŋ] *adj* poco amable, poco servicial
unobservant [ˌʌnəb'zʌrvənt] *adj* inobservante
unobserved [ˌʌnəb'zʌrvd] *adj* inadvertido
unobtainable [ˌʌnəb'tenəbəl] *adj* inasequible
unobtrusive [ˌʌnəb'trusɪv] *adj* discreto, reservado
unoccasioned [ˌʌnə'keʒənd] *adj* inmotivado
unoccupied [ʌn'ɑkjəpaɪd] *adj* vacante, libre; desocupado, ocioso
unofficial [ˌʌnə'fɪʃəl] *adj* oficioso, extraoficial
unopened [ʌn'opənd] *adj* no abierto, sin abrir; no cortado (*libro*)
unorganized [ʌn'ɔrgənaɪzd] *adj* inorganizado
unorthodox [ʌn'ɔrθədɑks] *adj* inortodoxo
unpack [ʌn'pæk] *va* desembalar, desempaquetar; vaciar
unpaid [ʌn'ped] *adj* sin pagar, por pagar
unpalatable [ʌn'pælətəbəl] *adj* desabrido, ingustable
unparalleled [ʌn'pærəlɛld] *adj* sin par, sin igual, incomparable
unpardonable [ʌn'pɑrdənəbəl] *adj* imperdonable
unparliamentary [ˌʌnpɑrlə'mɛntərɪ] *adj* no parlamentario
unpatriotic [ˌʌnpetrɪ'ɑtɪk] o [ˌʌnpætrɪ'ɑtɪk] *adj* poco patriótico, antipatriótico
unpayable [ʌn'peəbəl] *adj* impagable
unpeople [ʌn'pipəl] *va* despoblar
unpeopled [ʌn'pipəld] *adj* despoblado
unperceived [ˌʌnpər'sivd] *adj* inadvertido
unperturbable [ˌʌnpər'tʌrbəbəl] *adj* imperturbable
unperturbed [ˌʌnpər'tʌrbd] *adj* imperturbado
unpin [ʌn'pɪn] (*pret & pp:* **-pinned;** *ger:* **-pinning**) *va* desprender; desenclavijar
unplait [ʌn'plæt] o [ʌn'plet] *va* destrenzar

U

unplayable [ʌn'pleəbəl] *adj* irrepresentable
unpleasant [ʌn'plɛzənt] *adj* antipático, desagradable
unpleasantness [ʌn'plɛzəntnɪs] *s* molestia; disgusto, desavenencia
unplumbed [ʌn'plʌmd] *adj* no sondado; sin cañerías
unpolarized [ʌn'polərаɪzd] *adj* no polarizado
unpolluted [,ʌnpə'lutɪd] *adj* impoluto
unpopular [ʌn'pɑpjələr] *adj* impopular
unpopularity [ʌn,pɑpjə'lærɪtɪ] *s* impopularidad
unpopulated [ʌn'pɑpjə,letɪd] *adj* despoblado
unpractical [ʌn'præktɪkəl] *adj* impráctico
unpracticed o **unpractised** [ʌn'præktɪst] *adj* inexperto; no practicado
unprecedented [ʌn'prɛsɪ,dɛntɪd] *adj* inaudito, sin precedente
unpredictable [,ʌnprɪ'dɪktəbəl] *adj* imposible de predecir; incierto, inconstante
unprejudiced [ʌn'prɛdʒədɪst] *adj* imparcial; no perjudicado
unpremeditated [,ʌnprɪ'mɛdɪ,tetɪd] *adj* impremeditado
unpremeditation [,ʌnprɪ,mɛdɪ'teʃən] *s* impremeditación
unprepossessing [,ʌnprɪpə'zɛsɪŋ] *adj* poco atrayente
unpresentable [,ʌnprɪ'zɛntəbəl] *adj* mal apersonado; impresentable
unpretending [,ʌnprɪ'tɛndɪŋ] *adj* modesto
unpretentious [,ʌnprɪ'tɛnʃəs] *adj* modesto, sencillo; poco ambicioso
unpreventable [ʌnprɪ'vɛntəbəl] *adj* inevitable
unprincipled [ʌn'prɪnsɪpəld] *adj* malo, sin conciencia
unprintable [ʌn'prɪntəbəl] *adj* que no puede imprimirse
unprinted [ʌn'prɪntɪd] *adj* sin imprimir
unproductive [,ʌnprə'dʌktɪv] *adj* improductivo
unprofessional [,ʌnprə'fɛʃənəl] *adj* no profesional
unprofitable [ʌn'prɑfɪtəbəl] *adj* inútil, infructuoso
unpronounceable [,ʌnprə'naʊnsəbəl] *adj* impronunciable
unpropitious [,ʌnprə'pɪʃəs] *adj* impropicio
unprovoked [,ʌnprə'vokt] *adj* no provocado, sin provocación
unpublishable [ʌn'pʌblɪʃəbəl] *adj* impublicable
unpublished [ʌn'pʌblɪʃt] *adj* inédito
unpunished [ʌn'pʌnɪʃt] *adj* impune
unpurchasable [ʌn'pʌrtʃəsəbəl] *adj* incomprable
unqualifiable [ʌn'kwɑlɪ,faɪəbəl] *adj* incalificable
unqualified [ʌn'kwɑlɪfaɪd] *adj* inepto, incompetente; absoluto, completo, ilimitado
unquenchable [ʌn'kwɛntʃəbəl] *adj* inextinguible; insaciable
unquestionable [ʌn'kwɛstʃənəbəl] *adj* incuestionable
unquestionably [ʌn'kwɛstʃənəblɪ] *adv* incuestionablemente
unquestioned [ʌn'kwɛstʃənd] *adj* no interrogado; no indagado; incontestable
unquiet [ʌn'kwaɪət] *adj* agitado; inquieto
unquote [ʌn'kwot] *va & vn* dejar de citar; **unquote** fin de la cita
unravel [ʌn'rævəl] (*pret & pp:* **-eled** o **-elled;** *ger:* **-eling** o **-elling**) *va* desenredar, desenmarañar; *vn* desenredarse, desenmarañarse
unreachable [ʌn'ritʃəbəl] *adj* inalcanzable
unread [ʌn'rɛd] *adj* no leído; indocto
unreadable [ʌn'ridəbəl] *adj* ilegible
unready [ʌn'rɛdɪ] *adj* desprevenido; lento, lerdo
unreal [ʌn'riəl] *adj* irreal
unreality [,ʌnrɪ'ælɪtɪ] *s* (*pl:* **-ties**) irrealidad
unrealizable [ʌn'riə,laɪzəbəl] *adj* irrealizable
unreasonable [ʌn'rizənəbəl] *adj* irrazonable, desrazonable
unreasonably [ʌn'rizənəblɪ] *adv* irrazonablemente, desrazonablemente
unreasoning [ʌn'rizənɪŋ] *adj* irracional
unrecognizable [ʌn'rɛkəg,naɪzəbəl] *adj* irreconocible
unreconcilable [ʌn'rɛkən,saɪləbəl] *adj* irreconciliable
unreconciled [ʌn'rɛkənsaɪld] *adj* irreconciliado
unreconstructed [ʌn,rikən'strʌktɪd] *adj* no reconstruído; (coll.) irreconciliado
unreel [ʌn'ril] *va* desenrollar; *vn* desenrollarse
unreeve [ʌn'riv] *va* (naut.) despasar; *vn* (naut.) despasarse
unrefined [,ʌnrɪ'faɪnd] *adj* no refinado, impuro; tosco, grosero, rudo
unreflecting [,ʌnrɪ'flɛktɪŋ] *adj* irreflexivo
unregarded [,ʌnrɪ'gɑrdɪd] *adj* desatendido
unregenerate [,ʌnrɪ'dʒɛnərɪt] *adj* irregenerado; impío, malvado
unrelenting [,ʌnrɪ'lɛntɪŋ] *adj* inflexible, implacable, inexorable
unreliability [,ʌnrɪ,laɪə'bɪlɪtɪ] *s* falta de confiabilidad, informalidad
unreliable [,ʌnrɪ'laɪəbəl] *adj* indigno de confianza, informal
unreligious [,ʌnrɪ'lɪdʒəs] *adj* irreligioso
unremitting [,ʌnrɪ'mɪtɪŋ] *adj* incesante; infatigable
unremunerated [,ʌnrɪ'mjunə,retɪd] *adj* irremunerado
unrenewable [,ʌnrɪ'njuəbəl] o [,ʌnrɪ'nuəbəl] *adj* irrenovable; (com.) improrrogable
unrented [ʌn'rɛntɪd] *adj* desalquilado
unrepaired [,ʌnrɪ'pɛrd] *adj* descompuesto
unrepentant [,ʌnrɪ'pɛntənt] *adj* impenitente
unreplaceable [,ʌnrɪ'plesəbəl] *adj* irreemplazable
unrequited love [,ʌnrɪ'kwaɪtɪd] *s* amor no correspondido
unreserved [,ʌnrɪ'zʌrvd] *adj* libre, no reservado; franco, abierto
unreservedly [,ʌnrɪ'zʌrvɪdlɪ] *adv* sin reserva; sin restricción
unresistant [,ʌnrɪ'zɪstənt] *adj* no resistente
unresponsive [,ʌnrɪ'spɑnsɪv] *adj* insensible, desinteresado; desobediente
unrest [ʌn'rɛst] *s* intranquilidad, desorden
unrevoked [,ʌnrɪ'vokt] *adj* irrevocado
unrhymed [ʌn'raɪmd] *adj* no rimado
unriddle [ʌn'rɪdəl] *va* descifrar, adivinar, explicar
unrig [ʌn'rɪg] (*pret & pp:* **-rigged;** *ger:* **-rigging**) *va* (naut.) desaparejar
unrighteous [ʌn'raɪtʃəs] *adj* malo, malvado, vicioso, injusto
unrighteousness [ʌn'raɪtʃəsnɪs] *s* maldad, vicio, injusticia
unrightful [ʌn'raɪtfəl] *adj* ilegítimo, injusto
unrimed [ʌn'raɪmd] *adj* var. de **unrhymed**
unripe [ʌn'raɪp] *adj* inmaturo; crudo
unrivaled o **unrivalled** [ʌn'raɪvəld] *adj* sin rival, incomparable
unrobe [ʌn'rob] *va* desarropar; *vn* desarroparse
unroll [ʌn'rol] *va* desenrollar; desplegar; *vn* desenrollarse; desplegarse
unromantic [,ʌnro'mæntɪk] *adj* poco romántico
unroof [ʌn'ruf] o [ʌn'rʊf] *va* destechar
unroot [ʌn'rut] o [ʌn'rʊt] *va* desarraigar; *vn* desarraigarse
unruffled [ʌn'rʌfəld] *adj* sin fruncir, sin arrugar; tranquilo, sereno
unruled [ʌn'ruld] *adj* no gobernado; no rayado (*papel*)
unruly [ʌn'rulɪ] *adj* ingobernable, revoltoso
unsaddle [ʌn'sædəl] *va* desensillar (*un caballo*); desarzonar (*a una persona*)
unsafe [ʌn'sef] *adj* inseguro
unsaid [ʌn'sɛd] *adj* callado, no dicho; *pret & pp de* **unsay**
unsalable o **unsaleable** [ʌn'seləbəl] *adj* invendible
unsanitary [ʌn'sænɪ,tɛrɪ] *adj* insalubre, antihigiénico
unsatisfactory [ʌn,sætɪs'fæktərɪ] *adj* insatisfactorio, poco satisfactorio
unsatisfied [ʌn'sætɪsfaɪd] *adj* insatisfecho
unsavory [ʌn'sevərɪ] *adj* desabrido; (fig.) infame, deshonroso
unsay [ʌn'se] (*pret & pp:* **-said**) *va* desdecirse de
unscathed [ʌn'skeðd] *adj* ileso, incólume, sano y salvo

unscholarly [ʌnˈskɑlərlɪ] *adj* falto de erudición; indigno de un erudito
unschooled [ʌnˈskuld] *adj* indocto, ignorante
unscientific [ˌʌnsaɪənˈtɪfɪk] *adj* no científico, poco científico, anticientífico
unscramble [ʌnˈskræmbəl] *va* desenredar, desembrollar
unscrew [ʌnˈskru] *va* destornillar; *vn* destornillarse
unscrupulous [ʌnˈskrupjələs] *adj* inescrupuloso, poco escrupuloso
unseal [ʌnˈsil] *va* desellar; (fig.) abrir
unsearchable [ʌnˈsʌrtʃəbəl] *adj* inescrutable
unseasonable [ʌnˈsizənəbəl] *adj* intempestivo
unseat [ʌnˈsit] *va* quitar del asiento; desarzonar; destituir; echar abajo
unseaworthy [ʌnˈsiˌwʌrðɪ] *adj* innavegable
unseemly [ʌnˈsimlɪ] *adj* impropio, indecoroso; *adv* impropiamente, indecorosamente
unseen [ʌnˈsin] *adj* no visto; invisible
unselfish [ʌnˈsɛlfɪʃ] *adj* desinteresado, altruísta
unselfishness [ʌnˈsɛlfɪʃnɪs] *s* desinterés, altruísmo
unsettle [ʌnˈsɛtəl] *va* desarreglar, descomponer; inquietar, trastornar; *vn* desarreglarse, descomponerse; inquietarse, trastornarse
unsettled [ʌnˈsɛtəld] *adj* desarreglado, descompuesto; inconstante; indeciso; inhabitado, despoblado; sin residencia fija; (com.) por pagar, no liquidado
unsex [ʌnˈsɛks] *va* privar de la sexualidad
unshackle [ʌnˈʃækəl] *va* desherrar, desencadenar
unshakable o **unshakeable** [ʌnˈʃekəbəl] *adj* insacudible; firme; imperturbable
unshapely [ʌnˈʃeplɪ] *adj* contrahecho, deforme, desproporcionado
unshatterable [ʌnˈʃætərəbəl] *adj* inastillable
unshaven [ʌnˈʃevən] *adj* sin afeitar
unsheathe [ʌnˈʃið] *va* desenvainar
unshell [ʌnˈʃɛl] *va* descascarar
unship [ʌnˈʃɪp] (*pret & pp:* **-shipped;** *ger:* **-shipping**) *va* desembarcar; (coll.) deshacerse de; (naut.) desarmar (*un remo*); (naut.) desmontar (*el timón*)
unshod [ʌnˈʃɑd] *adj* descalzo; desherrado (*caballo*)
unshowy [ʌnˈʃo·ɪ] *adj* deslucido
unshrinkable [ʌnˈʃrɪŋkəbəl] *adj* inencogible
unshroud [ʌnˈʃraud] *va* desamortajar
unsightly [ʌnˈsaɪtlɪ] *adj* feo, repugnante
unsinkable [ʌnˈsɪŋkəbəl] *adj* insumergible
unskilled [ʌnˈskɪld] *adj* inexperto; desmañado
unskilled laborer *s* peón, bracero, operario no especializado
unskillful [ʌnˈskɪlfəl] *adj* desmañado
unsling [ʌnˈslɪŋ] (*pret & pp:* **-slung**) *va* descolgar; quitar del cabestrillo; (naut.) deslingar
unsnap [ʌnˈsnæp] (*pret & pp:* **-snapped;** *ger:* **-snapping**) *va* desabrochar
unsnarl [ʌnˈsnɑrl] *va* desenredar, desenmarañar
unsociability [ʌnˌsoʃəˈbɪlɪtɪ] *s* insociabilidad
unsociable [ʌnˈsoʃəbəl] *adj* insociable
unsold [ʌnˈsold] *adj* invendido
unsolder [ʌnˈsɑdər] *va* desoldar; (fig.) dividir, separar
unsolvable [ʌnˈsɑlvəbəl] *adj* insoluble, irresoluble
unsophisticated [ˌʌnsəˈfɪstɪˌketɪd] *adj* cándido, natural, sencillo
unsound [ʌnˈsaund] *adj* poco firme; falso, erróneo; podrido; ligero (*sueño*)
unsparing [ʌnˈspɛrɪŋ] *adj* liberal, generoso; cruel, despiadado
unspeakable [ʌnˈspikəbəl] *adj* indecible; incalificable (*infame, atroz*)
unsportsmanlike [ʌnˈsportsmənˌlaɪk] *adj* antideportivo
unspotted [ʌnˈspɑtɪd] *adj* sin manchas, inmaculado
unstable [ʌnˈstebəl] *adj* inestable
unsteady [ʌnˈstɛdɪ] *adj* inseguro, inestable; inconstante, irresoluto; poco juicioso
unstep [ʌnˈstɛp] (*pret & pp:* **-stepped;** *ger:* **-stepping**) *va* (naut.) desmontar (*p.ej., un mástil*)
unstinted [ʌnˈstɪntɪd] *adj* ilimitado, liberal
unstinting [ʌnˈstɪntɪŋ] *adj* porfiado, tenaz; generoso, liberal
unstitch [ʌnˈstɪtʃ] *va* descoser
unstop [ʌnˈstɑp] (*pret & pp:* **-stopped;** *ger:* **-stopping**) *va* destaponar (*una botella, las fosas nasales*)
unstrap [ʌnˈstræp] (*pret & pp:* **-strapped;** *ger:* **-strapping**) *va* aflojar las correas de
unstressed [ʌnˈstrɛst] *adj* sin énfasis; (phonet.) inacentuado
unstring [ʌnˈstrɪŋ] (*pret & pp:* **-strung**) *va* desencordar, desencordelar; desensartar; debilitar, trastornar
unstrung [ʌnˈstrʌŋ] *adj* debilitado, trastornado, nervioso; *pret & pp de* **unstring**
unstudied [ʌnˈstʌdɪd] *adj* natural, no afectado
unsubdued [ˌʌnsəbˈdjud] o [ˌʌnsəbˈdud] *adj* indomado, insumiso
unsubmissive [ˌʌnsəbˈmɪsɪv] *adj* insumiso
unsubstantial [ˌʌnsəbˈstænʃəl] *adj* insubstancial
unsuccessful [ˌʌnsəkˈsɛsfəl] *adj* fracasado, sin éxito, impróspero, desairado
unsufferable [ʌnˈsʌfərəbəl] *adj* inaguantable
unsuitability [ˌʌnsutəˈbɪlɪtɪ] o [ˌʌnsjutəˈbɪlɪtɪ] *s* inconveniencia; incompetencia
unsuitable [ʌnˈsutəbəl] o [ʌnˈsjutəbəl] *adj* inconveniente, inadecuado; incompetente
unsuited [ʌnˈsutɪd] o [ʌnˈsjutɪd] *adj* inadecuado; incompetente
unsullied [ʌnˈsʌlɪd] *adj* inmaculado
unsung [ʌnˈsʌŋ] *adj* no cantado
unsure [ʌnˈʃur] *adj* incierto; inseguro
unsurmised [ˌʌnsərˈmaɪzd] *adj* no conjeturado
unsurpassed [ˌʌnsərˈpæst] o [ˌʌnsərˈpɑst] *adj* insuperado, sin par
unsuspected [ˌʌnsəˈspɛktɪd] *adj* insospechado
unsweetened [ʌnˈswitənd] *adj* no endulzado
unswept [ʌnˈswept] *adj* no barrido
unswerving [ʌnˈswʌrvɪŋ] *adj* firme, inmutable, resoluto
unsymmetrical [ˌʌnsɪˈmɛtrɪkəl] *adj* asimétrico, disimétrico
unsympathetic [ˌʌnsɪmpəˈθɛtɪk] *adj* incompasivo, indiferente
unsystematic [ˌʌnsɪstəˈmætɪk] o **unsystematical** [ˌʌnsɪstəˈmætɪkəl] *adj* sin sistema, no metódico
untactful [ʌnˈtæktfəl] *adj* sin tacto, indiscreto
untainted [ʌnˈtentɪd] *adj* incorrupto, sin mancha
untamable o **untameable** [ʌnˈteməbəl] *adj* indomable
untamed [ʌnˈtemd] *adj* indomado
untangle [ʌnˈtæŋgəl] *va* desenredar, desenmarañar
untaught [ʌnˈtɔt] *adj* sin instrucción; natural, espontáneo
untaxed [ʌnˈtækst] *adj* libre de impuesto
unteachable [ʌnˈtitʃəbəl] *adj* indócil
untempered [ʌnˈtɛmpərd] *adj* sin templar
untenable [ʌnˈtɛnəbəl] o [ʌnˈtinəbəl] *adj* insostenible
untenanted [ʌnˈtɛnəntɪd] *adj* sin arrendar, desocupado
unthankful [ʌnˈθæŋkfəl] *adj* ingrato, desagradecido
unthatch [ʌnˈθætʃ] *va* desbardar; (fig.) descubrir
unthinkable [ʌnˈθɪŋkəbəl] *adj* impensable
unthinking [ʌnˈθɪŋkɪŋ] *adj* irreflexivo; instintivo
unthoughtful [ʌnˈθɔtfəl] *adj* irreflexivo; inconsiderado; aturdido
unthought-of [ʌnˈθɔtˌɑv] *adj* no soñado, no imaginado; olvidado
unthread [ʌnˈθrɛd] *va* desensartar; deshebrar, desenhebrar; desenredar; abrirse camino por
unthrifty [ʌnˈθrɪftɪ] *adj* gastador, pródigo
untidy [ʌnˈtaɪdɪ] *adj* desaliñado, desaseado
untie [ʌnˈtaɪ] (*pret & pp:* **-tied;** *ger:* **-tying**) *va* desatar; soltar; *vn* desatarse
until [ʌnˈtɪl] *prep* hasta; *conj* hasta que; **to wait until** + *ind* aguardar a que + *subj*, esperar a que + *subj*
untillable [ʌnˈtɪləbəl] *adj* incultivable
untilled [ʌnˈtɪld] *adj* inculto
untimely [ʌnˈtaɪmlɪ] *adj* intempestivo; pre-

maturo; *adv* intempestivamente; prematuramente
untiring [ʌn'taɪrɪŋ] *adj* incansable, infatigable
untitled [ʌn'taɪtəld] *adj* sin título
unto ['ʌntu] *prep* (archaic) a; (archaic) hasta
untold [ʌn'told] *adj* nunca dicho; inenarrable; incalculable
untouchable [ʌn'tʌtʃəbəl] *adj* intangible; *s* intocable (*individuo de una casta inferior en la India*)
untoward [ʌn'tord] *adj* desfavorable; terco, indócil; adverso, contrario, desdichado
untrained [ʌn'trend] *adj* indócil, indisciplinado; no adiestrado; no entrenado
untrammeled o **untrammelled** [ʌn'træməld] *adj* libre, sin trabas
untransferable [,ʌntræns'fʌrəbəl] *adj* intransferible
untranslatable [,ʌntræns'letəbəl] *adj* intraducible
untranslated [,ʌntræns'letɪd] *adj* sin traducir
untraveled o **untravelled** [ʌn'trævəld] *adj* que no ha viajado; aislado, inexplorado
untried [ʌn'traɪd] *adj* no probado
untrod [ʌn'trɑd] *adj* no pisado, no trillado
untrue [ʌn'tru] *adj* falso; inexacto; infiel; desalineado; desplomado
untruss [ʌn'trʌs] *va* desatar, desempaquetar; descargar; desarmar
untrustworthy [ʌn'trʌst,wʌrðɪ] *adj* indigno de confianza
untruth [ʌn'truθ] *s* falsedad, mentira
untruthful [ʌn'truθfəl] *adj* falso, mentiroso
untuck [ʌn'tʌk] *va* desenfaldar
untutored [ʌn'tjutərd] o [ʌn'tutərd] *adj* sin instrucción
untwine [ʌn'twaɪn] *va* desenroscar; desenmarañar; *vn* desenroscarse; desenmarañarse
untwist [ʌn'twɪst] *va* destorcer; desenmarañar; *vn* destorcerse; desenmarañarse
unused [ʌn'juzd] *adj* inutilizado, inusitado; deshabituado, no acostumbrado
unusual [ʌn'juʒuəl] *adj* inusual, extraordinario
unusually [ʌn'juʒuəlɪ] *adv* extraordinariamente
unutterable [ʌn'ʌtərəbəl] *adj* indecible, inexpresable
unutterably [ʌn'ʌtərəblɪ] *adv* indeciblemente, inexpresablemente
unvaccinated [ʌn'væksɪ,netɪd] *adj* sin vacunar
unvanquished [ʌn'væŋkwɪʃt] *adj* invicto
unvarnished [ʌn'vɑrnɪʃt] *adj* sin barnizar; (fig.) sencillo, sin adornos
unveil [ʌn'vel] *va* quitar el velo a; descubrir; inaugurar, develar, descubrir (*p.ej., una estatua*); *vn* quitarse el velo; descubrirse, revelarse
unveiling [ʌn'velɪŋ] *s* inauguración, develación (*de una estatua*)
unventilated [ʌn'ventɪ,letɪd] *adj* sin ventilación
unverified [ʌn'verɪfaɪd] *adj* sin verificar, sin comprobar
unvoice [ʌn'vɔɪs] *va* (phonet.) ensordecer, afonizar; *vn* (phonet.) ensordecerse, afonizarse
unvoiced [ʌn'vɔɪst] *adj* no expresado; (phonet.) insonoro, afonizado
unvoicing [ʌn'vɔɪsɪŋ] *s* (phonet.) afonización
unwanted [ʌn'wɑntɪd] *adj* indeseado
unwarrantable [ʌn'wɑrəntəbəl] o [ʌn'wɔrəntəbəl] *adj* injustificable
unwarranted [ʌn'wɑrəntɪd] o [ʌn'wɔrəntɪd] *adj* no justificado; desautorizado; no asegurado, sin garantía
unwary [ʌn'werɪ] *adj* incauto, imprudente
unwashed [ʌn'wɑʃt] o [ʌn'wɔʃt] *adj* sucio, sin lavar; **the great unwashed** la canalla, el populacho
unwavering [ʌn'wevərɪŋ] *adj* firme, resuelto, determinado
unweaned [ʌn'wind] *adj* sin destetar
unwearied [ʌn'wɪrɪd] *adj* no cansado; incansable
unweave [ʌn'wiv] (*pret:* **-wove;** *pp:* **-woven**) *va* destejer; desenmarañar; *vn* destejerse; desenmarañarse
unwed [ʌn'wed] o **unwedded** [ʌn'wedɪd] *adj* soltero, no casado
unwelcome [ʌn'welkəm] *adj* no bienvenido, mal acogido; importuno, molesto
unwell [ʌn'wel] *adj* enfermo, indispuesto; menstruante
unwept [ʌn'wept] *adj* no llorado; no vertido (*dícese de las lágrimas*)
unwholesome [ʌn'holsəm] *adj* insalubre
unwieldy [ʌn'wildɪ] *adj* pesado, abultado, inmanejable
unwilling [ʌn'wɪlɪŋ] *adj* desinclinado, maldispuesto; **willing or unwilling** que quiera o que no quiera
unwillingness [ʌn'wɪlɪŋnɪs] *s* desinclinación, mala gana
unwillingly [ʌn'wɪlɪŋlɪ] *adv* de mala gana
unwind [ʌn'waɪnd] (*pret & pp:* **-wound**) *va* desenvolver; (fig.) desenvolver (*p.ej., un cuento*); *vn* desenvolverse; distenderse (*el muelle del reloj*)
unwired [ʌn'waɪrd] *adj* sin alambres
unwise [ʌn'waɪz] *adj* mal aconsejado, indiscreto; tonto
unwitnessed [ʌn'wɪtnɪst] *adj* sin testigos
unwitting [ʌn'wɪtɪŋ] *adj* inconsciente, inadvertido
unwittingly [ʌn'wɪtɪŋlɪ] *adv* inconscientemente, inadvertidamente
unwomanly [ʌn'wʊmənlɪ] *adj* indigno de una mujer, poco propio de una mujer
unwonted [ʌn'wʌntɪd] *adj* desacostumbrado; inusitado
unworkable [ʌn'wʌrkəbəl] *adj* impracticable; irresoluble
unworkmanlike [ʌn'wʌrkmən,laɪk] *adj* chapucero; *adv* chapuceramente
unworldly [ʌn'wʌrldlɪ] *adj* no terrenal, no mundano, espiritual
unworthily [ʌn'wʌrðɪlɪ] *adv* indignamente
unworthiness [ʌn'wʌrðɪnɪs] *s* indignidad, desmerecimiento
unworthy [ʌn'wʌrðɪ] *adj* indigno, desmerecedor
unwound [ʌn'waʊnd] *pret & pp de* **unwind**
unwounded [ʌn'wundɪd] *adj* ileso, sin heridas
unwrap [ʌn'ræp] (*pret & pp:* **-wrapped;** *ger:* **-wrapping**) *va* desenvolver; desempaquetar, desempapelar; *vn* desempaquetarse
unwrinkle [ʌn'rɪŋkəl] *va* desarrugar; *vn* desarrugarse
unwritten [ʌn'rɪtən] *adj* no escrito; en blanco; tradicional
unwritten law *s* ley no escrita; derecho de matar al seductor de la esposa o hija
unyielding [ʌn'jildɪŋ] *adj* terco; inflexible; insumiso
unyoke [ʌn'jok] *va* desuncir; *vn* desuncirse; desunirse
U.P. abr. de **United Press**
up [ʌp] *adv* arriba, en lo alto, en el aire; hacia arriba; para arriba; al norte; **to be all up with** no haber remedio para; **to be up** estar en lo alto, estar en el aire; estar levantado; vencer (*un plazo*); **to be up in arms** estar sobre las armas; protestar vehementemente; **to be up to a person** tocarle a uno; **to get up** levantarse; **to go up** subir; **to keep up** mantener; mantenerse firme; continuar; **to keep up with** correr parejas con; **up above** allá arriba; **up against it** (slang) en apuros; **up to** hasta; a la altura de; dispuesto para; al corriente de; armando, tramando; **what is up?** ¿qué pasa?; *prep* a lo alto de, en lo alto de; encima de; arriba de, hacia arriba de; sobre; subiendo; aguas arriba de (*cierto río*); **up the river** río arriba; **up the street** calle arriba; **up a tree** (slang) en apuros; *adj* ascendente; alto, elevado; en pie, derecho; de pie, levantado; levantado de la cama; acabado, terminado; cumplido; cercano; versado, al corriente; bajo consideración; **to be up and about** estar levantado (*dícese de uno que ha estado enfermo*); *s* altura; subida; prosperidad; **ups and downs** altibajos, vaivenes, vicisitudes; *va* levantar; (coll.) aumentar; *vn* levantarse; subir; animarse; **to up and** + *inf* (coll.) ponerse de repente a + *inf*
up-and-coming ['ʌpən'kʌmɪŋ] *adj* (coll.) emprendedor y prometedor
up-and-doing ['ʌpən'duɪŋ] *adj* (coll.) emprendedor

up-and-down ['ʌpən'daʊn] *adj* vertical, perpendicular; (coll.) absoluto, categórico
up-and-up ['ʌpən'ʌp] *s* subida progresiva; **on the up-and-up** (coll.) mejorándose; sin dolo, abiertamente
upas ['jupəs] *s* (bot.) upas (*árbol y resina*); (fig.) ponzoña
upborne [ʌp'born] *adj* sostenido; levantado en alto
upbraid [ʌp'bred] *va* reconvenir; **to upbraid for** o **with** reconvenir con, de, por o sobre
upbraiding [ʌp'bredɪŋ] *adj* recriminador; *s* recriminación, reconvención
upbringing ['ʌp,brɪŋɪŋ) *s* educación
upbuild [ʌp'bɪld] (*pret & pp:* **-built**) *va* construir, establecer, componer, armar
upcountry ['ʌp,kʌntrɪ] *s* (coll.) interior (del país); *adj* (coll.) del interior; *adv* en el interior, hacia el interior, tierra adentro
update [ʌp'det] *va* poner al día
upend [ʌp'ɛnd] *va* poner de punta, poner derecho; *vn* ponerse de punta, ponerse derecho
upgrade ['ʌp,gred] *s* pendiente en subida; **on the upgrade** ascendente; progresivo; *adj* ascendente; *adv* cuesta arriba; [ʌp'gred] *va* mejorar la calidad de, adelantar a un nivel más alto, substituir un producto superior por (*uno inferior*)
upgrowth ['ʌp,groθ] *s* crecimiento
upheaval [ʌp'hivəl] *s* solevantamiento; (geol.) solevantamiento; (fig.) trastorno, cataclismo
upheave [ʌp'hiv] *va* solevantar; *vn* solevantarse
upheld [ʌp'hɛld] *pret & pp de* **uphold**
uphill ['ʌp,hɪl] *adj* ascendente; difícil, penoso; [,ʌp'hɪl] *adv* cuesta arriba
uphold [ʌp'hold] (*pret & pp:* **-held**) *va* levantar en alto; sostener, apoyar; defender
upholster [ʌp'holstər] *va* tapizar
upholsterer [ʌp'holstərər] *s* tapicero
upholstery [ʌp'holstərɪ] *s* (*pl:* **-ies**) tapicería
upkeep ['ʌp,kip] *s* conservación; gastos de conservación, gastos de entretenimiento
upland ['ʌplənd] o ['ʌp,lænd] *s* terreno elevado, tierra alta; *adj* elevado, alto
upland cotton *s* algodón de altura, algodón de la Luisiana
upland plover *s* (orn.) batitú
uplift ['ʌp,lɪft] *s* levantamiento, elevación; mejora social; edificación; [ʌp'lɪft] *va* levantar, elevar; edificar
upmost ['ʌpmost] *adj* var. de **uppermost**
upon [ə'pɑn] *prep* en, sobre, encima de; hacia; contra; tras; **upon my honor!** ¡a fe mía!; **upon my word!** ¡por mi palabra!
upper ['ʌpər] *adj* superior, alto; interior; exterior (*dícese de la ropa*); *s* pala (*del calzado*); **on one's uppers** con los zapatos sin suelas; (coll.) andrajoso, pobre
upper berth *s* litera alta
Upper Canada *s* el Alto Canadá (*hoy la provincia de Ontario*)
upper case *s* (print.) letra de caja alta
upper-case ['ʌpər,kes] *adj* (print.) de caja alta
upper-class ['ʌpər,klæs] o ['ʌpər,klɑs] *adj* de las altas clases, aristocrático; de tercer o cuarto año (*en las escuelas*)
upper classes *spl* altas clases
upperclassman [,ʌpər'klæsmən] o [,ʌpər'klɑsmən] *s* (*pl:* **-men**) estudiante de tercer o cuarto año
upper crust *s* (coll.) altas clases, alta sociedad
uppercut ['ʌpər,kʌt] *s* (box.) golpe de abajo arriba; (*pret & pp:* **-cut;** *ger:* **-cutting**) *va & vn* golpear de abajo arriba
upper hand *s* dominio, ventaja; **to have the upper hand** tener vara alta
Upper House *s* Cámara alta
upper lip *s* labio superior
upper middle class *s* alta burguesía
uppermost ['ʌpərmost] *adj* (el) más alto, más elevado, supremo, último; predominante, principal: *adv* en lo más alto; en primer lugar
uppish ['ʌpɪʃ] *adj* (coll.) arrogante, copetudo
upraise [ʌp'rez] *va* levantar
uprear [ʌp'rɪr] *va* levantar; *vn* levantarse
upright ['ʌp,raɪt] *adj* vertical, derecho; (fig.) recto, probo; *adv* verticalmente; *s* montante
uprightness ['ʌp,raɪtnɪs] *s* verticalidad; (fig.) rectitud, probidad
upright piano *s* piano vertical, piano recto
uprise ['ʌp,raɪz] *s* subida; [ʌp'raɪz] (*pret:* **-rose;** *pp:* **-risen**) *vn* levantarse; subir; sublevarse
uprisen [ʌp'rɪzən] *pp de* **uprise**
uprising [ʌp'raɪzɪŋ] o ['ʌp,raɪzɪŋ] *s* levantamiento, alboroto popular, sublevación; pendiente en subida
uproar ['ʌp,ror] *s* tumulto, alboroto, conmoción; rugido
uproarious [ʌp'rorɪəs] *adj* tumultuoso
uproot [ʌp'rut] o [ʌp'rʊt] *va* desarraigar, descepar; (fig.) desarraigar
uprose [ʌp'roz] *pret de* **uprise**
uprouse [ʌp'raʊz] *va* despertar, excitar, mover
upset ['ʌp,sɛt] *s* vuelco; contratiempo, trastorno; enfermedad; disputa; [ʌp'sɛt] o ['ʌp,sɛt] *adj* volcado; trastornado, perturbado; indispuesto; [ʌp'sɛt] (*pret & pp:* **-set;** *ger:* **-setting**) *va* volcar; trastornar, perturbar; enfermar, indisponer; *vn* volcar
upset price *s* precio mínimo fijado en una subasta
upsetting [ʌp'sɛtɪŋ] *adj* inquietante, desconcertante
upshot ['ʌp,ʃɑt] *s* resultado; quid, esencia, toque
upside ['ʌp,saɪd] *s* parte superior; **to turn upside down** volcar; trastornar; volcarse; trastornarse; **upside down** al revés, lo de arriba abajo; en confusión, revuelto
upstage ['ʌp,stedʒ] *adj* situado al fondo de la escena; (coll.) altanero, arrogante; [,ʌp'stedʒ] *adv* al fondo de la escena, hacia el fondo de la escena
upstairs [,ʌp'stɛrz] *adv* arriba; ['ʌp,stɛrz] *adj* de arriba; *s* piso de arriba; pisos superiores
upstanding [ʌp'stændɪŋ] *adj* derecho, erguido; (fig.) recto, probo
upstart ['ʌp,stɑrt] *adj & s* advenedizo; presuntuoso
upstate ['ʌp,stet] *adj* (U.S.A.) interior, septentrional
upstream ['ʌp,strim] *adv* aguas arriba, río arriba, contra la corriente
upstroke ['ʌp,strok] *s* plumada ascendente; (mach.) carrera ascendente
upsurge ['ʌp,sʌrdʒ] *s* subida repentina (*p.ej., de precios*); [ʌp'sʌrdʒ] *vn* subir repentinamente
upswing ['ʌp,swɪŋ] *s* movimiento hacia arriba; (fig.) mejora notable; **on the upswing** mejorando notablemente
uptake ['ʌp,tek] *s* levantamiento, subida; comprensión; canal de llamas ascendente; canal de ventilación; captación (*de un trazador radiactivo*)
upthrust ['ʌp,θrʌst] *s* solevantamiento; (geol.) solevantamiento
up-to-date ['ʌptʊ,det] *adj* que va hasta la fecha; moderno, reciente, de última moda, de última hora; al corriente
up-to-the-minute ['ʌptʊðə'mɪnɪt] *adj* moderno; al corriente
uptown ['ʌp,taʊn] *adj* de arriba, de la parte alta de la ciudad; ['ʌp'taʊn] *adv* arriba, hacia la parte alta de la ciudad
uptrend ['ʌp,trɛnd] *s* tendencia al alza
upturn ['ʌp,tʌrn] *s* vuelta hacia arriba; mejora (*en los negocios, precios, etc.*); [ʌp'tʌrn] *va* volver hacia arriba; *vn* volverse hacia arriba
upturned [ʌp'tʌrnd] *adj* revuelto, invertido; arremangado; respingado
upward ['ʌpwərd] *adj* ascendente; *adv* hacia arriba; **upward of** más de
upwardly ['ʌpwərdlɪ] *adv* hacia arriba
upwards ['ʌpwərdz] *adv* hacia arriba; **upwards of** más de
Ural ['jʊrəl] *adj* ural; **Urals** *spl* Urales, montes Urales
Ural-Altaic ['jʊrəlæl'teɪk] *adj & s* uraloaltaico
Uralian [jʊ'relɪən] *adj* urálico
Ural Mountains *spl* montes Urales
Urania [jʊ'renɪə] *s* (myth.) Urania
Uranian [jʊ'renɪən] *adj* uranio
uranic [jʊ'rænɪk] *adj* (chem.) uránico
uraninite [jʊ'rænɪnaɪt] *s* (mineral.) uraninita
uranite ['jʊrənaɪt] *s* (mineral.) uranita
uranium [jʊ'renɪəm] *s* (chem.) urano o uranio

U

uranographer [ˌjurəˈnagrəfər] *s* uranógrafo
uranography [ˌjurəˈnagrəfɪ] *s* uranografía
uranometry [ˌjurəˈnamɪtrɪ] *s* uranometría
uranous [ˈjurənəs] *adj* (chem.) uranoso
Uranus [ˈjurənəs] *s* (astr. & myth.) Urano
urao [uˈrao] *s* (mineral.) urao
urate [ˈjuret] *s* (chem.) urato
urban [ˈʌrbən] *adj* urbano (*perteneciente a la ciudad*); (*cap.*) *s* Urbano
urbane [ʌrˈben] *adj* urbano (*cortés, fino*)
urbanistic [ˌʌrbəˈnɪstɪk] *adj* urbanístico
urbanite [ˈʌrbənaɪt] *s* ciudadano
urbanity [ʌrˈbænɪtɪ] *s* urbanidad
urbanization [ˌʌrbənɪˈzeʃən] *s* urbanización
urbanize [ˈʌrbənaɪz] *va* urbanizar
urban renewal *s* renovación urbanística
urceolate [ˈʌrsɪəlet] *adj* urceolado
urchin [ˈʌrtʃɪn] *s* chiquillo, pilluelo, galopín; (ichth.) erizo; (mach.) erizo (*de la carda mecánica*)
Urdu [ˈurdu], [urˈdu] o [ʌrˈdu] *s* urdú
urea [juˈriə] o [ˈjurɪə] *s* (biochem.) urea
urease [ˈjurɪes] o [ˈjurɪez] *s* (biochem.) ureasa
uremia [juˈrimɪə] *s* (path.) uremia
uremic [juˈrimɪk] *adj* urémico
ureter [juˈritər] *s* (anat. & zool.) uréter
urethra [juˈriθrə] *s* (*pl:* **-thras** o **-thrae** [θri]) (anat.) uretra
urethral [juˈriθrəl] *adj* uretral
urethritis [ˌjurɪˈθraɪtɪs] *s* (path.) uretritis
urethroscope [juˈriθrəskop] *s* uretroscopio
urethroscopy [ˌjurɪˈθraskəpɪ] *s* uretroscopia
urge [ʌrdʒ] *s* impulso, instinto; *va* impeler, empujar; impulsar, incitar; apremiar, instar; pedir instantemente; **to urge to** + *inf* instar a que + *subj; vn* apresurarse; apremiar; presentar argumentos o pretensiones
urgency [ˈʌrdʒənsɪ] *s* (*pl:* **-cies**) urgencia; instancia, insistencia
urgent [ˈʌrdʒənt] *adj* urgente; insistente, apremiante
Uriah [juˈraɪə] *s* (Bib.) Urías
uric [ˈjurɪk] *adj* úrico
uric acid *s* (chem.) ácido úrico
urinal [ˈjurɪnəl] *s* orinal (*vaso*); urinal o urinario (*lugar*)
urinalysis [ˌjurɪˈnælɪsɪs] *s* (*pl:* **-ses** [siz]) urinálisis
urinary [ˈjurɪˌnerɪ] *adj* urinario; *s* (*pl:* **-ies**) urinal (*lugar*)
urinary calculus *s* (path.) cálculo urinario
urinary tract *s* (anat.) vías urinarias
urinate [ˈjurɪnet] *va* orinar (*p.ej., sangre*); *vn* orinar u orinarse
urination [ˌjurɪˈneʃən] *s* urinación, micción
urine [ˈjurɪn] *s* orina, orines
urn [ʌrn] *s* urna; cafetera o tetera con hornillo y grifo; (arch.) jarrón
urodelan [ˌjuroˈdilən] *adj* & *s* (zool.) urodelo
urogenital [ˌjuroˈdʒenɪtəl] *adj* urogenital
urolith [ˈjurolɪθ] *s* (path.) urolito
urolithiasis [ˌjurolɪˈθaɪəsɪs] *s* (path.) urolitiasis
urologic [ˌjuroˈladʒɪk] o **urological** [ˌjuroˈladʒɪkəl] *adj* urológico
urologist [jurˈalədʒɪst] *s* urólogo
urology [jurˈalədʒɪ] *s* urología
uropygial [ˌjuroˈpɪdʒɪəl] *adj* uropigal
uropygium [ˌjuroˈpɪdʒɪəm] *s* uropigio, rabadilla (*de las aves*)
uroscopy [jurˈaskəpɪ] *s* uroscopia
urosis [jurˈosɪs] *s* (path.) urosis
Ursa Major [ˈʌrsəˈmedʒər] *s* (astr.) Osa Mayor
Ursa Minor [ˈʌrsəˈmaɪnər] *s* (astr.) Osa Menor
ursine [ˈʌrsaɪn] o [ˈʌrsɪn] *adj* ursino; velloso
ursine dasyure [ˈdæsɪjur] *s* (zool.) diablo de Tasmania
ursine howler *s* (zool.) aluato
Ursula [ˈʌrsjulə] *s* Úrsula
Ursuline [ˈʌrsjulɪn] o [ˈʌrsjulaɪn] *adj* ursulino; *s* ursulina
urticaceous [ˌʌrtɪˈkeʃəs] *adj* (bot.) urticáceo
urticant [ˈʌrtɪkənt] *adj* urticante
urticaria [ˌʌrtɪˈkerɪə] *s* (path.) urticaria
urtication [ˌʌrtɪˈkeʃən] *s* (med.) urticación
Uru. abr. de **Uruguay**
Uruguay [ˈjurəgwe] o [ˈjurəgwaɪ] *s* el Uruguay
Uruguayan [ˌjurəˈgweən] o [ˌjurəˈgwaɪən] *adj* & *s* uruguayo
urus [ˈjurəs] *s* (zool.) uro
U.S. abr. de **United States**
us [ʌs] *pron pers* nos; nosotros
U.S.A. abr. de **United States of America, United States Army** y **Union of South Africa**
usability [ˌjuzəˈbɪlɪtɪ] *s* disponibilidad
usable [ˈjuzəbəl] *adj* utilizable, aprovechable, usual
usage [ˈjusɪdʒ] o [ˈjuzɪdʒ] *s* uso
usance [ˈjuzəns] *s* (econ.) interés o renta (*beneficio sacado del dinero invertido o prestado*); (com.) plazo a que se debe pagar una letra de cambio; **at usance** al usado
U.S.C.G. abr. de **United States Coast Guard**
use [jus] *s* uso, empleo; **in use** en uso; **out of use** desusado; **to be of no use** no servir para nada; **to have no use for** no necesitar; no servirse de; (coll.) no tener buena opinión de, tener en poco; **to make use of** servirse de; **to put to use** servirse de, poner en uso; [juz] *va* usar, emplear; tratar; agotar, consumir; acostumbrar; **to use language** decir blasfemias; **to use up** agotar, consumir; (coll.) agotar, cansar, rendir; *vn* ir con frecuencia, concurrir con frecuencia; soler, p.ej., **I used to go out for a walk every morning** solía salir de paseo todas las mañanas o salía de paseo todas las mañanas
useable [ˈjuzəbəl] *adj* var. de **usable**
used [juzd] *adj* usado (*empleado; gastado por el uso; acostumbrado*); **used to** [ˈjustu] acostumbrado a
used car *s* coche usado, coche de segunda mano, coche de ocasión
useful [ˈjusfəl] *adj* útil
usefulness [ˈjusfəlnɪs] *s* utilidad
useless [ˈjuslɪs] *adj* inútil, inservible
uselessness [ˈjuslɪsnɪs] *s* inutilidad
user [ˈjuzər] *s* usuario; (law) usufructuario
U-shaped [ˈjuˌʃept] *adj* en forma de U
usher [ˈʌʃər] *s* acomodador (*p.ej., en el teatro*); ujier, portero; (Brit.) repetidor; *va* acomodar; anunciar, introducir; **to usher in** anunciar, introducir
usherette [ˌʌʃəˈret] *s* acomodadora
U.S.M. abr. de **United States Mail** y **United States Marine**
U.S.M.A. abr. de **United States Military Academy**
U.S.M.C. abr. de **United States Marine Corps**
U.S.N. abr. de **United States Navy**
U.S.N.A. abr. de **United States Naval Academy**
U.S.N.G. abr. de **United States National Guard**
U.S.S. abr. de **United States Senate** y **United States Ship, Steamer** o **Steamship**
U.S.S.R. o **USSR** abr. de **Union of Soviet Socialist Republics**
ustulation [ˌʌstʃəˈleʃən] *s* chamusquina, socarrina; (pharm.) ustulación
usu. abr. de **usual** y **usually**
usual [ˈjuʒuəl] *adj* usual; **as usual** como de costumbre
usually [ˈjuʒuəlɪ] *adv* usualmente
usucapion [ˌjuzjuˈkepɪan] *s* (law) usucapión
usucapt [ˈjuzjukæpt] *va* (law) usucapir
usufruct [ˈjuzjufrʌkt] *s* (law) usufructo; *va* usufructuar
usurer [ˈjuʒərər] *s* usurero
usurious [juˈʒurɪəs] *adj* usurario
usurp [juˈzʌrp] *va* usurpar
usurpation [ˌjuzʌrˈpeʃən] *s* usurpación
usurper [juˈzʌrpər] *s* usurpador
usury [ˈjuʒərɪ] *s* (*pl:* **-ries**) usura
Ut. abr. de **Utah**
utensil [juˈtensəl] *s* utensilio
uterine [ˈjutərɪn] o [ˈjutəraɪn] *adj* uterino
uterus [ˈjutərəs] *s* (*pl:* **-i** [aɪ]) (anat.) útero
utilitarian [ˌjutɪlɪˈterɪən] *adj* utilitario; utilitarista; *s* utilitarista
utilitarianism [ˌjutɪlɪˈterɪənɪzəm] *s* utilitarismo
utility [juˈtɪlɪtɪ] *s* (*pl:* **-ties**) utilidad; empresa de servicio público; *adj* para uso general

utility man *s* factótum, criado para todo; (baseball) suplente; (theat.) racionista
utilization [ˌjutɪlɪˈzeʃən] *s* utilización
utilize [ˈjutɪlaɪz] *va* utilizar
utmost [ˈʌtmost] *adj* sumo, supremo, extremo, último; más grande, mayor posible; más distante, más lejano; *s* más alto grado; **the utmost** lo sumo, lo mayor, lo más; **to do one's utmost** hacer todo lo posible; **to the utmost** a más no poder
utopia o **Utopia** [juˈtopɪə] *s* utopia o utopía
utopian o **Utopian** [juˈtopɪən] *adj* utópico; utopista; *s* utopista
utopianism [juˈtopɪənɪzəm] *s* utopismo
utricle [ˈjutrɪkəl] *s* (anat.) utrículo; (bot.) utrícula
utricular [juˈtrɪkjələr] *adj* utricular
utter [ˈʌtər] *adj* total, completo, absoluto, terminante; *va* proferir, pronunciar, lanzar; expresar, manifestar, dar a conocer; poner en circulación (*p.ej., moneda falsa*)
utterable [ˈʌtərəbəl] *adj* decible, articulable, pronunciable
utterance [ˈʌtərəns] *s* pronunciación; expresión, manifestación; declaración, palabras
utterly [ˈʌtərlɪ] *adv* totalmente, completamente, absolutamente, terminantemente
uttermost [ˈʌtərmost] *adj & s* var. de **utmost**
uvea [ˈjuvɪə] *s* (anat.) úvea
uvula [ˈjuvjələ] *s* (*pl:* **-las** o **-lae** [li]) (anat.) úvula
uvular [ˈjuvjələr] *adj* (anat. & phonet.) uvular
uvulitis [ˌjuvjəˈlaɪtɪs] *s* (path.) uvulitis
uxorial [ʌkˈsorɪəl] *adj* uxorio (*perteneciente a la esposa*)
uxoricide [ʌkˈsorɪsaɪd] *s* uxoricida (*marido*); uxoricidio (*acción*)
uxorious [ʌkˈsorɪəs] *adj* uxorio (*muy amante de su mujer y demasiado complaciente con ella*)
Uz [ʌz] *s* (Bib.) tierra de Hus
Uzbeg [ˈʌzbɛg] o **Uzbek** [ˈʌzbɛk] *s* uzbeco
Uzbekistan [ˌuzbɛkɪˈstɑn] *s* el Uzbekistán

V

V, v [vi] *s* (*pl:* **V's, v's** [viz]) vigésima segunda letra del alfabeto inglés.

v. abr. de **verb, verse, versus, vice-, vide** (Lat.) **see, voice, volt, voltage, volume** y **von**

v abr. de **volt**

V. abr. de **Venerable, Vice, Victoria, Viscount** y **Volunteer**

Va. abr. de **Virginia** (*EE.UU.*)

V.A. abr. de **Veterans' Administration, Vicar Apostolic** y **Vice-Admiral**

vacancy [ˈvekənsɪ] *s* (*pl:* **-cies**) vacío; vacancia, vacante (*empleo sin proveer*); apartamento o cuarto vacante; desocupación, ociosidad; vacuidad, vaciedad

vacant [ˈvekənt] *adj* vacío; vacante (*empleo, cuarto*); distraído, necio; vago (*dícese, p.ej., de la mirada*)

vacate [ˈveket] *va* dejar vacante, desocupar; anular, revocar; *vn* marcharse

vacation [veˈkeʃən] *s* vacación; vacaciones; **to be on vacation** estar de vacaciones; **to go away on a vacation** o **to leave for a vacation** marcharse de vacaciones; *vn* tomar vacaciones

vacationist [veˈkeʃənɪst] *s* vacacionista

vacations with pay *spl* vacaciones retribuídas, vacaciones en el trabajo

vaccinate [ˈvæksɪnet] *va* vacunar

vaccination [ˌvæksɪˈneʃən] *s* vacunación

vaccine [ˈvæksin] o [ˈvæksɪn] *s* vacuna

vaccine therapy *s* vacunoterapia

vacillate [ˈvæsɪlet] *vn* vacilar

vacillating [ˈvæsɪˌletɪŋ] *adj* vacilante

vacillation [ˌvæsɪˈleʃən] *s* vacilación

vacuity [væˈkjuɪtɪ] *s* (*pl:* **-ties**) vacuidad

vacuo [ˈvækjuo]; **in vacuo** en el vacío

vacuole [ˈvækjuol] *s* (biol.) vacuola

vacuous [ˈvækjuəs] *adj* vacío; fatuo, necio

vacuum [ˈvækjuəm] *s* (*pl:* **-ums** o **-a** [ə]) vacío; *va* (coll.) limpiar con el aspirador, aspirar (*el polvo, las migajas*)

vacuum bottle *s* botella de vacío

vacuum brake *s* freno al vacío, freno de vacío

vacuum cleaner *s* aspirador de polvo

vacuum cup *s* ventosa

vacuum filter *s* filtro al vacío

vacuum pump *s* bomba al vacío

vacuum tank *s* (aut.) aspirador de gasolina, nodriza

vacuum tube *s* (elec.) tubo al vacío, tubo de vacío

vade mecum [ˌvedɪˈmikəm] *s* vademécum

vagabond [ˈvægəbɑnd] *adj & s* vagabundo

vagabondage [ˈvægəbɑndɪdʒ] *s* vagabundaje, vagabundeo

vagary [vəˈgerɪ] *s* (*pl:* **-ies**) capricho, extravagancia

vagina [vəˈdʒaɪnə] *s* (bot. & anat.) vagina

vaginal [ˈvædʒɪnəl] o [vəˈdʒaɪnəl] *adj* vaginal

vaginate [ˈvædʒɪnet] *adj* vaginado

vaginitis [ˌvædʒɪˈnaɪtɪs] *s* (path.) vaginitis

vaginula [vəˈdʒɪnjələ] *s* (bot. & zool.) vagínula

vagitus [vəˈdʒaɪtəs] *s* (med.) vagido

vagrancy [ˈvegrənsɪ] *s* (*pl:* **-cies**) vagancia, vagabundaje

vagrant [ˈvegrənt] *adj* vagante, vagabundo; *s* vagabundo

vague [veg] *adj* vago

vagueness [ˈvegnɪs] *s* vaguedad

vagus [ˈvegəs] *s* (*pl:* **-gi** [dʒaɪ]) (anat.) vagus

vain [ven] *adj* vano; vanidoso; **in vain** en vano

vainglorious [ˌvenˈglorɪəs] *adj* vanaglorioso

vainglory [ˌvenˈglorɪ] *s* vanagloria

vainly [ˈvenlɪ] *adv* vanamente; vanidosamente

vair [ver] *s* vero (*piel*); (her.) veros

valance [ˈvæləns] *s* doselera (*cenefa del dosel*); guardamalleta (*sobre la cortina*)

vale [vel] *s* valle

valediction [ˌvælɪˈdɪkʃən] *s* despedida

valedictorian [ˌvælɪdɪkˈtorɪən] *s* alumno que pronuncia el discurso de despedida

valedictory [ˌvælɪˈdɪktərɪ] *s* (*pl:* **-ries**) discurso de despedida; *adj* de despedida

valence [ˈveləns] *s* (chem.) valencia

Valenciennes [ˌvælənsɪˈɛnz] *s* encaje de Valenciennes

valency [ˈvelənsɪ] *s* (*pl:* **-cies**) var. de **valence**

valentine [ˈvæləntaɪn] *s* tarjeta (*afectuosa o jocosa anónima*) del día de San Valentín; amado o amada (*escogida en ese día*); **St. Valentine** San Valentín

Valentine's Day *s* día de San Valentín; día de los enamorados, día de los corazones (*14 de febrero*)

vale of tears *s* valle de lágrimas

Vale of Tempe [ˈtɛmpɪ] *s* (hist.) valle de Tempe

valerian [vəˈlɪrɪən] *s* (bot. & pharm.) valeriana

valet [ˈvælɪt] o [ˈvæle] *s* paje, sirviente

valet de chambre [væˈlɛdəˈʃɑ̃brə] *s* paje de cámara, ayuda de cámara

valetudinarian [ˌvælɪˌtjudɪˈnɛrɪən] o [ˌvælɪtudɪˈnɛrɪən] *adj & s* valetudinario

Valhalla [vælˈhælə] *s* (myth.) el Valhala

valiancy [ˈvæljənsɪ] *s* (*pl:* **-cies**) valentía (*valor, ánimo; hazaña heroica*)

valiant [ˈvæljənt] *adj* valiente

valid [ˈvælɪd] *adj* válido; vigente

validate [ˈvælɪdet] *va* validar

validation [ˌvælɪˈdeʃən] *s* validación

validity [vəˈlɪdɪtɪ] *s* (*pl:* **-ties**) validez; vigencia

valise [vəˈlis] *s* maleta; velís (Am.)

Valkyrie [vælˈkɪrɪ], [ˈvælkɪrɪ] o [vælˈkaɪrɪ] *s* valquiria

vallation [væˈleʃən] *s* vallado

valley [ˈvælɪ] *s* valle; (arch.) lima hoya

valor [ˈvælər] *s* valor, coraje, ánimo

valorization [ˌvælərɪˈzeʃən] *s* valorización

valorize [ˈvæləraɪz] *va* valorizar

valorous [ˈvælərəs] *adj* valeroso

valour [ˈvælər] *s* (Brit.) var. de **valor**

valse [vɑls] *s* var. de **waltz**

valuable [ˈvæljuəbəl] o [ˈvæljəbəl] *adj* valioso (*que vale mucho*); valorable, estimable; **valuables** *spl* objetos de valor, joyas, alhajas

valuation [ˌvæljuˈeʃən] *s* valuación, valoración

value [ˈvælju] *s* valor; (mus.) valor; adquisición, inversión, p.ej., **a wonderful value** una adquisición extraordinaria, una inversión maravillosa; *va* valuar, valorar; estimar, tener en mucho

valued [ˈvæljud] *adj* estimado, apreciado; valorado

valueless [ˈvæljulɪs] *adj* sin valor

valuta [vəˈlutə] *s* (econ.) valuta

valvate [ˈvælvet] *adj* valvulado; valviforme

valve [vælv] *s* (anat., mach. & rad.) válvula; (biol.) valva; (bot.) ventalla (*de la vaina de una legumbre*); (mus.) llave; *va* gobernar por medio de válvulas

valve box *s* (mach.) caja de distribución

valve cap *s* tapita de válvula (*de neumático*)

valve chest *s* var. de **valve box**

valve gears *spl* distribución, mecanismo de distribución

valve-in-head [ˈvælvɪnˈhɛd] *adj* con válvulas en la culata

valveless [ˈvælvlɪs] *adj* sin válvulas

valve lifter *s* levantaválvulas

valve seat *s* asiento de válvula

valve spring *s* muelle de válvula

valve stem *s* vástago de válvula

valvular [ˈvælvjələr] *adj* valvular

vamoose [væˈmus] *va* (slang) dejar rápidamente; *vn* (slang) marcharse rápidamente

vamp [væmp] *s* empella (*del calzado*); remiendo; (mus.) acompañamiento improvisado; (slang) vampiresa, mujer fatal; *va* poner empella a; remendar; enmendar, componer; (mus.) improvisar (*un acompañamiento*); (slang) coquetear con; **to vamp up** enmendar, componer; urdir para engañar; *vn* (mus.) improvisar; (slang) coquetear
vampire ['væmpaɪr] *s* vampiro; (zool.) vampiro; (fig.) vampiro (*concusionario*); mujer coqueta; vampiresa, mujer fatal (*mujer que sacrifica a su capricho a los hombres*)
van [væn] *s* carro de carga, camión, camión de mudanzas; (Brit.) furgón de equipajes; (mil.) vanguardia
vanadium [və'nedɪəm] *s* (chem.) vanadio
vanadium steel *s* acero al vanadio
Vandal ['vændəl] *adj* vándalo, vandálico; *s* vándalo; (*l.c.*) *adj* vandálico; *s* vándalo
vandalism ['vændəlɪzəm] *s* vandalismo
Vandyke beard [væn'daɪk] *s* barba puntiaguda
Vandyke collar *s* valona
vane [ven] *s* veleta (*para marcar la dirección del viento*); paleta (*de hélice*); barba (*de pluma*); aspa (*de molino*)
vang [væŋ] *s* (naut.) osta
vanguard ['væn,gɑrd] *s* (mil. & fig.) vanguardia; **in the vanguard** a vanguardia
vanilla [və'nɪlə] *s* (bot.) vainilla (*planta, fruto y extracto*)
vanillin ['vænɪlɪn] o [və'nɪlɪn] *s* (chem.) vainillina
vanish ['vænɪʃ] *vn* desvanecerse, desaparecer
vanishing cream *s* crema desvanecedora
vanishing point *s* punto de fuga, punto de desaparición; (perspective) punto de la vista
vanity ['vænɪtɪ] *s* (*pl:* **-ties**) vanidad; neceser de belleza, estuche de afeites; tocador
vanity case *s* neceser de belleza
vanity dresser o **table** *s* tocador
vanquish ['væŋkwɪʃ] *va* vencer, sujetar, dominar
vantage ['væntɪdʒ] o ['vɑntɪdʒ] *s* ventaja, superioridad
vantage ground *s* posición ventajosa
vanward ['vænwərd] *adj & adv* hacia el frente
vapid ['væpɪd] *adj* insípido
vapidity [væ'pɪdɪtɪ] *s* insipidez
vapor ['vepər] *s* vapor; niebla, bruma; vaho, exhalación; humo, quimera, sueño; *va* vaporizar; *vn* vaporear; jactarse
vaporable ['vepərəbəl] *adj* vaporable
vapor bath *s* baño de vapor
vapor heat *s* calefacción a vapor de muy baja presión
vaporish ['vepərɪʃ] *adj* vaporoso; melancólico
vaporization [,vepərɪ'zeʃən] *s* vaporización; (med.) vaporización
vaporize ['vepəraɪz] *va* vaporizar; *vn* vaporizarse
vaporizer ['vepə,raɪzər] *s* vaporizador
vaporous ['vepərəs] *adj* vaporoso; fugaz, inútil; vano, quimérico
vapor trail *s* (aer.) estela de vapor, rastro de condensación
vapory ['vepərɪ] *adj* vaporoso; melancólico, atrabilioso
var. abr. de **variant**
variability [,verɪə'bɪlɪtɪ] *s* variabilidad
variable ['verɪəbəl] *adj* variable; *s* (math.) variable
variable condenser *s* (elec.) condensador variable
variance ['verɪəns] *s* variación, modificación, diferencia; desavenencia, desacuerdo; **at variance** en desacuerdo
variant ['verɪənt] *adj & s* variante
variation [,verɪ'eʃən] *s* variación
varicella [,værɪ'sɛlə] *s* (path.) varicela
varicocele ['værɪkə,sil] *s* (path.) varicocele
varicolored ['verɪ,kʌlərd] *adj* abigarrado
varicose ['værɪkos] *adj* varicoso
varicose veins *spl* (path.) varices
varicosis [,værɪ'kosɪs] *s* (path.) varicosis
varicosity [,værɪ'kɑsɪtɪ] *s* (*pl:* **-ties**) varicosidad (*estado varicoso; varice*)
varied ['verɪd] *adj* variado
variegate ['verɪəget] o ['verɪget] *va* jaspear, abigarrar
variegated ['verɪə,getɪd] o ['verɪ,getɪd] *adj* jaspeado, abigarrado
variegation [,verɪə'geʃən] o [,verɪ'geʃən] *s* jaspeado, abigarramiento
variety [və'raɪətɪ] *s* (*pl:* **-ties**) variedad; (theat.) variedades
variocoupler [,verɪo'kʌplər] *s* (rad.) varioacoplador
variola [və'raɪələ] *s* (path.) viruela
varioloid ['verɪəlɔɪd] *s* (path.) varioloide
variolous [və'raɪələs] *adj* varioloso
variometer [,verɪ'ɑmɪtər] *s* (elec., meteor. & rad.) variómetro
variorum [,verɪ'orəm] *adj & s* variórum
various ['verɪəs] *adj* vario; *adj pl* varios
varix ['verɪks] *s* (*pl:* **varices** ['verɪsiz]) (path.) varice o várice
varlet ['vɑrlɪt] *s* (archaic) lacayo, paje; (archaic) truhán, golfo
varmint ['vɑrmɪnt] *s* (coll. & dial.) bicho, sabandija; (coll. & dial.) golfo, bribón
varnish ['vɑrnɪʃ] *s* barniz; (fig.) capa, máscara, apariencia; *va* barnizar; (fig.) adornar, dar apariencia falsa a, encubrir
varnishing day *s* (f.a.) barnizado
varsity ['vɑrsɪtɪ] *s* (*pl:* **-ties**) (sport) universidad; (sport) equipo principal (*de la universidad*); *adj* (sport) universitario
varsovienne [,vær,so'vjɛn] *s* varsoviana (*baile y música*)
vary ['verɪ] (*pret & pp:* **-ied**) *va & vn* variar
vas [væs] *s* (*pl:* **vasa** ['vesə]) (anat.) vaso
vascular ['væskjələr] *adj* (bot. & zool.) vascular
vasculous ['væskjələs] *adj* vasculoso
vase [ves] o [vez] *s* florero, jarrón; (arch.) copa, vaso
vasectomy [væ'sɛktəmɪ] *s* (*pl:* **-mies**) (surg.) vasectomía
vaseline ['væsəlin] *s* (trademark) vaselina
vasoligation [,væsolaɪ'geʃən] *s* (surg.) vasoligatura
vasomotor [,væso'motər] *adj* (physiol.) vasomotor
vassal ['væsəl] *adj & s* vasallo
vassalage ['væsəlɪdʒ] *s* vasallaje
vast [væst] o [vɑst] *adj* vasto
vastly ['væstlɪ] o ['vɑstlɪ] *adv* en sumo grado, sumamente
vastness ['væstnɪs] o ['vɑstnɪs] *s* vastedad
vat [væt] *s* tina, cuba
Vatican ['vætɪkən] *s* Vaticano
Vatican City *s* Ciudad del Vaticano, Ciudad Vaticana
vaticinate [və'tɪsɪnet] *va* vaticinar
vaudeville ['vodvɪl] o ['vɔdɪvɪl] *s* (theat.) variedades, teatro de variedades; (theat.) vaudeville, zarzuela
vault [volt] *s* (arch. & anat.) bóveda; bóveda (*cripta*); bodega; cámara acorazada (*de un banco*); sepultura, tumba; bóveda celeste; salto; *va* abovedar; saltar; *vn* saltar
vaulted ['vɔltɪd] *adj* abovedado
vaulting ['vɔltɪŋ] *s* abovedado; salto
vaulting horse *s* potro de madera
vaunt [vɔnt] o [vɑnt] *s* jactancia; *va* jactarse de; *vn* jactarse
vb. abr. de **verb** y **verbal**
V.C. abr. de **Vice-Chancellor** y **Victoria Cross**
V.D. abr. de **venereal disease**
veal [vil] *s* carne de ternera
veal chop *s* chuleta de ternera
vector ['vɛktər] *adj* vectorial; *s* (biol. & math.) vector
Veda ['vedə] *s* Veda
Vedaic [ve'deɪk] *adj & s* védico
vedette [vɪ'dɛt] *s* centinela de avanzada; buque escucha
Vedic ['vedɪk] *adj & s* var. de **Vedaic**
Vedism ['vedɪzəm] *s* vedismo
veer [vɪr] *s* virada; *va* virar; soltar (*p.ej., un cabo*); *vn* virar; desviarse
veery ['vɪrɪ] *s* (*pl:* **-ies**) (orn.) tordo norteamericano (*Hylocichla fuscescens*)
Vega ['vigə] *s* (astr.) Vega
vegetable ['vɛdʒɪtəbəl] *adj* vegetal; *s* vegetal (*planta*); hortaliza, legumbre (*planta comestible*)

V

vegetable garden *s* huerto de hortalizas, huerto de legumbres, huerto de verduras
vegetable horsehair *s* crin vegetal
vegetable ivory *s* marfil vegetal
vegetable kingdom *s* reino vegetal
vegetable marrow *s* (bot.) calabaza (*variedad de Cucurbita Pepo*); (bot.) aguacate
vegetable mold *s* tierra vegetal, mantillo
vegetable oil *s* aceite vegetal
vegetable soup *s* sopa de hortelano, sopa de legumbres
vegetal [ˈvɛdʒɪtəl] *adj* vegetal
vegetarian [ˌvɛdʒɪˈtɛrɪən] *adj & s* vegetariano
vegetarianism [ˌvɛdʒɪˈtɛrɪənɪzəm] *s* vegetarianismo
vegetate [ˈvɛdʒɪtet] *vn* vegetar; (fig.) vegetar
vegetation [ˌvɛdʒɪˈteʃən] *s* vegetación
vegetative [ˈvɛdʒɪˌtetɪv] *adj* vegetativo
vehemence [ˈviɪməns] *s* vehemencia
vehement [ˈviɪmənt] *adj* vehemente
vehicle [ˈviɪkəl] *s* vehículo
vehicular [vɪˈhɪkjələr] *adj* vehicular
vehicular traffic *s* circulación rodada
Veii [ˈvijaɪ] *s* Veyos
veil [vel] *s* velo; (fig.) velo; **to take the veil** tomar el velo; *va* velar
veiling [ˈvelɪŋ] *s* velo; material para velos
vein [ven] *s* vena; (fig.) rasgo; *va* jaspear, vetear
veined [vend] *adj* venoso, veteado
veining [ˈvenɪŋ] *s* jaspeado; disposición a manera de venas
veinstone [ˈvenˌston] *s* (min.) ganga
velar [ˈvilər] *adj & s* (phonet.) velar
velarization [ˌvilərɪˈzeʃən] *s* (phonet.) velarización
velarize [ˈviləraɪz] *va* (phonet.) velarizar
velatura [ˌvɛləˈturə] *s* (paint.) veladura
vellum [ˈvɛləm] *s* vitela; papel avitelado; *adj* de vitela; avitelado
vellum paper *s* papel vitela, papel avitelado
velocipede [vɪˈlɑsɪpid] *s* velocípedo
velocity [vɪˈlɑsɪtɪ] *s* (*pl:* **-ties**) velocidad
velodrome [ˈvilədrom] *s* velódromo
velum [ˈviləm] *s* (*pl:* **-la** [lə]) (biol.) velo; (anat.) velo del paladar
velure [vəˈlur] *s* terciopelado; cepillo de pana; *va* cepillar con cepillo de pana
velvet [ˈvɛlvɪt] *s* terciopelo; vello, piel velluda; (slang) ganancia limpia; *adj* de terciopelo; aterciopelado
velvet glove *s* guante de terciopelo; **to handle with velvet gloves** tratar con cortesía superficial que encubre determinación inflexible
velvet grass *s* (bot.) heno blanco
velveteen [ˌvɛlvɪˈtin] *s* velludillo
velvet weaver *s* terciopelero
velvety [ˈvɛlvɪtɪ] *adj* aterciopelado
Ven. abr. de **Venerable** y **Venice**
venal [ˈvinəl] *adj* venal (*que se deja sobornar*)
venality [viˈnælɪtɪ] *s* venalidad
venation [viˈneʃən] *s* venación (*disposición de las venas*)
vend [vɛnd] *va* vender como buhonero; *vn* ser buhonero
Vendean [vɛnˈdiən] *adj & s* vandeano
vendee [vɛnˈdi] *s* comprador
vender [ˈvɛndər] *s* vendedor, buhonero
vendetta [vɛnˈdɛtə] *s* vendetta, venganza entre una familia y otra
vending machine *s* distribuidor automático, tragaperras
vendor [ˈvɛndər] *s* vendedor, buhonero
vendue [vɛnˈdju] o [vɛnˈdu] *s* almoneda, venduta
veneer [vəˈnɪr] *s* chapa, enchapado; (fig.) apariencia; *va* enchapar; (fig.) disfrazar
venerability [ˌvɛnərəˈbɪlɪtɪ] *s* venerabilidad
venerable [ˈvɛnərəbəl] *adj* venerable
venerate [ˈvɛnəret] *va* venerar
veneration [ˌvɛnəˈreʃən] *s* veneración
venereal [vɪˈnɪrɪəl] *adj* venéreo
venereal disease *s* enfermedad venérea
venery [ˈvɛnərɪ] *s* venus (*acto carnal*); (archaic) venación (*caza*)
Venetia [vɪˈniʃɪə] o [vɪˈniʃə] *s* Venecia (*provincia o distrito*)
Venetian [vɪˈniʃən] *adj & s* veneciano
Venetian blind *s* persiana de tiro, persiana interior americana
Venezuela [ˌvɛnɪˈzwilə] *s* Venezuela
Venezuelan [ˌvɛnɪˈzwilən] *adj & s* venezolano
Venezuelanism [ˌvɛnɪˈzwilənɪzəm] *s* venezolanismo
vengeance [ˈvɛndʒəns] *s* venganza; **with a vengeance** con violencia; con extremo, con creces
vengeful [ˈvɛndʒfəl] *adj* vengativo
venial [ˈvinɪəl] *adj* venial
veniality [ˌvinɪˈælɪtɪ] *s* (*pl:* **-ties**) venialidad
venial sin *s* pecado venial
Venice [ˈvɛnɪs] *s* Venecia (*ciudad*)
venire [vɪˈnaɪrɪ] *s* (law) auto de convocación del jurado
venireman [vɪˈnaɪrɪmən] *s* (*pl:* **-men**) (law) persona convocada para jurado
venison [ˈvɛnɪzən] o [ˈvɛnzən] *s* carne de venado
venom [ˈvɛnəm] *s* veneno
venomous [ˈvɛnəməs] *adj* venenoso
venous [ˈvinəs] *adj* venal, venoso
vent [vɛnt] *s* orificio, agujero; ventosa, fogón (*oído del arma de fuego*); venteo; respiradero (*de un barril*); tapón; (found.) bravera; (mus.) orificio, agujero (*de un instrumento músico de viento*); (zool.) ano; abertura (*en una prenda de vestir*); chimenea (*del paracaídas*); **to give vent to** desahogar; *va* proveer de abertura; desahogar, expresar; **to vent one's spleen** descargar la bilis
ventage [ˈvɛntɪdʒ] *s* orificio, agujero
venthole [ˈvɛntˌhol] *s* venteo, respiradero (*en un barril*)
ventilate [ˈvɛntɪlet] *va* ventilar; (fig.) ventilar
ventilation [ˌvɛntɪˈleʃən] *s* ventilación
ventilator [ˈvɛntɪˌletər] *s* ventilador; extractor de aire
ventral [ˈvɛntrəl] *adj* ventral
ventrally [ˈvɛntrəlɪ] *adv* en posición ventral, en dirección ventral
ventricle [ˈvɛntrɪkəl] *s* (anat. & zool.) ventrículo
ventricular [vɛnˈtrɪkjələr] *adj* ventricular
ventriloquial [ˌvɛntrɪˈlokwɪəl] *adj* ventrílocuo
ventriloquism [vɛnˈtrɪləkwɪzəm] *s* ventriloquia
ventriloquist [vɛnˈtrɪləkwɪst] *s* ventrílocuo
ventriloquy [vɛnˈtrɪləkwɪ] *s* var. de **ventriloquism**
venture [ˈvɛntʃər] *s* empresa arriesgada, especulación; **at a venture** a la ventura; *va* aventurar; **to venture a guess** aventurar una suposición; *vn* aventurarse; **to venture on** arriesgarse en; **to venture out** arriesgarse fuera
venturesome [ˈvɛntʃərsəm] *adj* aventurero (*audaz, osado*); aventurado (*azaroso, peligroso*)
Venturi meter [vɛnˈturɪ] *s* (trademark) venturímetro, medidor Venturi
Venturi tube *s* (hyd.) tubo Venturi
venturous [ˈvɛntʃərəs] *adj* aventurero; aventurado, peligroso
venue [ˈvɛnju] *s* (law) jurisdicción en que se ha cometido un crimen; (law) lugar donde se reúne el jurado
Venus [ˈvinəs] *s* (myth. & astr.) Venus; (fig.) Venus (*mujer de gran belleza*)
Venus's-flytrap [ˈvinəsɪzˈflaɪˌtræp] *s* (bot.) atrapamoscas, dionea
Venus's-looking-glass [ˈvinəsɪzˈlukɪŋˌglæs] o [ˈvinəsɪzˈlukɪŋˌglɑs] *s* (bot.) espejo de Venus
veracious [vɪˈreʃəs] *adj* veraz
veracity [vɪˈræsɪtɪ] *s* (*pl:* **-ties**) veracidad
veranda o **verandah** [vəˈrændə] *s* terraza, galería
veratrine [ˈvɛrətrin] *s* (chem.) veratrina
verb [vʌrb] *s* (gram.) verbo; *adj* verbal
verbal [ˈvʌrbəl] *adj* verbal; (gram.) verbal; *s* (gram.) verbal
verbalism [ˈvʌrbəlɪzəm] *s* expresión verbal; verbalismo (*propensión a dar más importancia a las palabras que a los conceptos*); frase sin sentido o con poco sentido
verbalize [ˈvʌrbəlaɪz] *va* expresar por medio de palabras; (gram.) transformar en verbo; *vn* hablar con verbosidad, expresarse con verbosidad
verbatim [vərˈbetɪm] *adj* textual; *adv* al pie de la letra, palabra por palabra
verbena [vərˈbinə] *s* (bot.) verbena

verbenaceous [ˌvʌrbɪˈneʃəs] *adj* (bot.) verbenáceo
verbiage [ˈvʌrbɪɪdʒ] *s* verbosidad, palabrería
verbose [vərˈbos] *adj* verboso
verbosity [vərˈbɑsɪtɪ] *s* verbosidad
verdancy [ˈvʌrdənsɪ] *s* (*pl:* **-cies**) verdor; inocencia, sencillez
verdant [ˈvʌrdənt] *adj* verde; inocente, sencillo
verdict [ˈvʌrdɪkt] *s* veredicto
verdigris [ˈvʌrdɪgris] *s* cardenillo, verdete
verdure [ˈvʌrdʒər] *s* verdor
verdurous [ˈvʌrdʒərəs] *adj* verde y fresco, lozano, frondoso
verge [vʌrdʒ] *s* borde, margen; confín; báculo, vara; fuste (*de una columna*); **on the verge of** al borde de; **on the verge of** + *ger* a punto de + *inf; vn* acercarse; propender; **to verge on** o **upon** llegar casi hasta, rayar en; **to verge towards** propender a
verger [ˈvʌrdʒər] *s* sacristán; macero
Vergil [ˈvʌrdʒɪl] *s* var. de **Virgil**
Vergilian [vərˈdʒɪlɪən] *adj* var. de **Virgilian**
veriest [ˈverɪɪst] *adj* extremo, sumo
verifiable [ˈverɪˌfaɪəbəl] *adj* verificable
verification [ˌverɪfɪˈkeʃən] *s* verificación
verify [ˈverɪfaɪ] (*pret & pp:* **-fied**) *va* verificar, comprobar; (law) afirmar bajo juramento
verily [ˈverɪlɪ] *adv* en verdad
verisimilar [ˌverɪˈsɪmɪlər] *adj* verisímil
verisimilitude [ˌverɪsɪˈmɪlɪtjud] o [ˌverɪsɪˈmɪlɪtud] *s* verisimilitud
verism [ˈvɪrɪzəm] *s* verismo
veritable [ˈverɪtəbəl] *adj* verdadero
veritably [ˈverɪtəblɪ] *adv* verdaderamente
verity [ˈverɪtɪ] *s* (*pl:* **-ties**) verdad
verjuice [ˈvʌrˌdʒus] *s* agrazada; acrimonia
verjuiced [ˈvʌrˌdʒust] *adj* agrio; de agrazada
vermeil [ˈvʌrmɪl] *s* plata, bronce o cobre sobredorados; (poet.) bermellón
vermicelli [ˌvʌrmɪˈselɪ] *s* fideos
vermicidal [ˌvʌrmɪˈsaɪdəl] *adj* vermicida
vermicide [ˈvʌrmɪsaɪd] *s* vermicida
vermicular [vərˈmɪkjələr] *adj* vermicular
vermiform [ˈvʌrmɪfɔrm] *adj* vermiforme
vermiform appendix *s* (anat.) apéndice vermiforme
vermifuge [ˈvʌrmɪfjudʒ] *adj & s* (med.) vermífugo
vermilion [vərˈmɪljən] *s* bermellón; *adj* bermejo
vermilion flycatcher *s* (orn.) rubí
vermin [ˈvʌrmɪn] *spl* sabandijas (*animales o personas*); *ssg* sabandija (*persona*)
verminous [ˈvʌrmɪnəs] *adj* verminoso
vermis [ˈvʌrmɪs] *s* (anat.) vermis
vermouth [vərˈmuθ] o [ˈvʌrmuθ] *s* vermut
vernacular [vərˈnækjələr] *adj* vernáculo; *s* idioma vernáculo; idioma corriente; jerga (*lenguaje especial de un oficio o profesión*)
vernal [ˈvʌrnəl] *adj* vernal
vernal equinox *s* (astr.) equinoccio vernal o de primavera
vernal grass *s* (bot.) grama de olor o de los prados
vernally [ˈvʌrnəlɪ] *adv* primaveralmente
vernation [vərˈneʃən] *s* (bot.) vernación, prefoliación
vernier [ˈvʌrnɪər] o [ˈvʌrnɪr] *s* vernier
veronal [ˈverənəl] *s* (trademark) veronal
Veronese [ˌveroˈniz] *adj* veronés; *s* (*pl:* **-nese**) veronés; el Veronés (*pintor*)
veronica [vəˈrɑnɪkə] *s* (bot.) verónica; lienzo de la Verónica; (taur.) verónica
Versailles [verˈsaɪ] o [vərˈselz] *s* Versalles
versatile [ˈvʌrsətɪl] *adj* flexible, universal, hábil para muchas cosas; versátil (*inconstante*); (bot. & zool.) versátil
versatility [ˌvʌrsəˈtɪlɪtɪ] *s* (*pl:* **-ties**) flexibilidad, universalidad, variedad de habilidades; versatilidad (*inconstancia*)
verse [vʌrs] *s* verso; versículo (*en la Biblia*)
versed [vʌrst] *adj* versado; **versed in** versado en
versed sine *s* (trig.) seno verso
versemaker [ˈvʌrsˌmekər] *s* versificador
versicle [ˈvʌrsɪkəl] *s* (eccl.) versículo
versification [ˌvʌrsɪfɪˈkeʃən] *s* versificación
versifier [ˈvʌrsɪˌfaɪər] *s* versificador; poetastro
versify [ˈvʌrsɪfaɪ] (*pret & pp:* **-fied**) *va & vn* versificar
version [ˈvʌrʒən] o [ˈvʌrʃən] *s* versión; (obstet.) versión
verso [ˈvʌrso] *s* (*pl:* **-sos**) dorso, reverso; (print.) verso, vuelto
verst [vʌrst] *s* versta (*medida rusa igual a 3500 pies*)
versus [ˈvʌrsəs] *prep* contra
vertebra [ˈvʌrtɪbrə] *s* (*pl:* **-brae** [bri] o **-bras**) (anat. & zool.) vértebra
vertebral [ˈvʌrtɪbrəl] *adj* vertebral
vertebral column *s* (anat.) columna vertebral
vertebrate [ˈvʌrtɪbret] o [ˈvʌrtɪbrɪt] *adj & s* vertebrado
vertebrated [ˈvʌrtɪˌbretɪd] *adj* vertebrado
vertebration [ˌvʌrtɪˈbreʃən] *s* vertebración
vertex [ˈvʌrteks] *s* (*pl:* **-texes** o **-tices** [tɪsiz]) (math. & anat.) vértice; (astr.) cenit; ápice
vertical [ˈvʌrtɪkəl] *adj & s* vertical
vertical circle *s* (astr.) vertical
vertical hold *s* (telv.) bloqueo vertical
vertically [ˈvʌrtɪkəlɪ] *adv* verticalmente
vertical rudder *s* (aer.) timón de dirección
vertical stabilizer *s* (aer.) plano de dirección
verticil [ˈvʌrtɪsɪl] *s* (bot.) verticilo
verticilate [vərˈtɪsɪlet] *adj* (bot. & zool.) verticilado
vertiginous [vərˈtɪdʒɪnəs] *adj* vertiginoso
vertigo [ˈvʌrtɪgo] *s* (*pl:* **-gos** o **-goes**) vértigo; (vet.) modorra, vértigo
vervain [ˈvʌrven] *s* (bot.) verbena
verve [vʌrv] *s* energía, vigor, ánimo, viveza
very [ˈverɪ] *adj* mismo, mismísimo; mero, puro; verdadero; *adv* muy; mucho, p.ej., **to be very hot** tener mucho calor
very high frequency *s* (rad. & telv.) frecuencia muy alta
vesical [ˈvesɪkəl] *adj* vesical
vesicant [ˈvesɪkənt] *adj & s* vesicante
vesicate [ˈvesɪket] *va* avejigar; *vn* avejigarse
vesicle [ˈvesɪkəl] *s* (anat., bot., path. & zool.) vesícula
vesicular [vɪˈsɪkjələr] *adj* vesicular
vesiculate [vɪˈsɪkjəlet] *adj* vesiculado
Vespasian [vesˈpeʒən] *s* Vespasiano
vesper [ˈvespər] *s* tarde, anochecer; oración de la tarde; campana que llama a vísperas; (*cap.*) *s* Véspero; **vespers** o **Vespers** *spl* (eccl.) vísperas; *adj* vespertino
vesper mouse *s* (zool.) rata de monte, rata silvestre
vespertine [ˈvespərtɪn] o [ˈvespərtaɪn] *adj* vespertino
vessel [ˈvesəl] *s* vasija, recipiente; bajel, buque, embarcación; (anat. & bot.) vaso
vest [vest] *s* chaleco; chaquetilla (*de mujer*); camiseta; *va* vestir; investir; conceder (*p.ej., poder*); **to vest with** investir de; *vn* vestirse; tener validez
Vesta [ˈvestə] *s* (myth.) Vesta
vestal [ˈvestəl] *adj* vestal; *s* vestal; virgen; monja
vestal virgin *s* vestal
vested [ˈvestɪd] *adj* revestido (*dícese, p.ej., de un prelado*); establecido por la ley
vested interests *spl* intereses creados
vestee [vesˈti] *s* pechera
vestibular [vesˈtɪbjələr] *adj* (anat.) vestibular
vestibule [ˈvestɪbjul] *s* vestíbulo; zaguán (*de una casa*); (anat.) vestíbulo (*del oído*)
vestibule car *s* (rail.) coche de vestíbulo
vestibule door *s* contrapuerta, portón
vestige [ˈvestɪdʒ] *s* vestigio; (biol.) vestigio
vestigial [vesˈtɪdʒɪəl] *adj* vestigial
vestment [ˈvestmənt] *s* vestidura
vest pocket *s* bolsillo de chaleco
vest-pocket [ˈvestˌpɑkɪt] *adj* diminuto, en miniatura
vestry [ˈvestrɪ] *s* (*pl:* **-tries**) sacristía; capilla; junta parroquial; reunión de la junta parroquial
vestryman [ˈvestrɪmən] *s* (*pl:* **-men**) miembro de la junta parroquial
vesture [ˈvestʃər] *s* vestidura; cubierta
Vesuvian [vɪˈsuvɪən] o [vɪˈsjuvɪən] *adj* vesubiano
Vesuvius [vɪˈsuvɪəs] o [vɪˈsjuvɪəs] *s* el Vesubio
vet. abr. de **veteran** y **veterinary**
vetch [vetʃ] *s* (bot.) vicia; (bot.) veza, arveja

veteran ['vɛtərən] *adj* veterano; *s* veterano; (mil.) veterano, ex combatiente
veterinarian [,vɛtərɪ'nɛrɪən] *s* veterinario
veterinary ['vɛtərɪ,nɛrɪ] *adj* veterinario; *s* (*pl:* **-ies**) veterinario
veterinary medicine *s* medicina veterinaria
vetiver ['vɛtɪvər] *s* (bot.) vetiver
veto ['vito] *s* (*pl:* **-toes**) veto; *adj* del veto; *va* vetar
vex [vɛks] *va* vejar
vexation [vɛks'eʃən] *s* vejación
vexatious [vɛks'eʃəs] *adj* vejante, vejatorio
vexedly ['vɛksɪdlɪ] *adv* irritadamente, con molestia
vexed question *s* cuestión batallona
V.F.W. abr. de **Veterans of Foreign Wars**
v.g. abr. de **verbi gratia** (Lat.) **for example**
VHF abr. de **very high frequency**
v.i. abr. de **intransitive verb**
V.I. abr. de **Virgin Islands**
via ['vaɪə] *prep* vía, p.ej., **via New York** vía Nueva York
viability [,vaɪə'bɪlɪtɪ] *s* viabilidad
viable ['vaɪəbəl] *adj* viable
viaduct ['vaɪədʌkt] *s* viaducto
vial ['vaɪəl] *s* frasco pequeño
viand ['vaɪənd] *s* vianda; **viands** *spl* manjares delicados, platos selectos
viaticum [vaɪ'ætɪkəm] *s* (*pl:* **-cums** o **-ca** [kə]) viático; (eccl.) viático
vibrant ['vaɪbrənt] *adj* vibrante; (phonet.) sonoro; (fig.) vibrante (*p.ej., estilo*); *s* (phonet.) sonora
vibrate ['vaɪbret] *va & vn* vibrar
vibratile ['vaɪbrətɪl] *adj* vibrátil
vibration [vaɪ'breʃən] *s* vibración
vibrative ['vaɪbrətɪv] *adj* vibratorio
vibrator ['vaɪbretər] *s* vibrador
vibratory ['vaɪbrə,torɪ] *adj* vibratorio
vibrio ['vɪbrɪo] *s* (*pl:* **-os**) (bact.) vibrio
vibrion ['vɪbrɪɑn] *s* (bact.) vibrión
viburnum [vaɪ'bʌrnəm] *s* (bot.) viburno, mundillo
vicar ['vɪkər] *s* vicario
vicarage ['vɪkərɪdʒ] *s* vicaría, vicariato; beneficio del vicario
vicar-general ['vɪkər'dʒɛnərəl] *s* (*pl:* **vicars-general**) vicario general
vicarial [vaɪ'kɛrɪəl] o [vɪ'kɛrɪəl] *adj* vicarial
vicarious [vaɪ'kɛrɪəs] o [vɪ'kɛrɪəs] *adj* vicario; sufrido por otro, experimentado por otro; (physiol.) vicario
vicarship ['vɪkərʃɪp] *s* vicaría, vicariato
vice [vaɪs] *s* vicio; (mach.) tornillo (*para sujetar el objeto que se ha de trabajar*)
vice-admiral [,vaɪs'ædmɪrəl] *s* vicealmirante
vice-admiralty [,vaɪs'ædmɪrəltɪ] *s* vicealmirantazgo
vice-chancellor [,vaɪs'tʃænsələr] o [,vaɪs'tʃɑnsələr] *s* vicecanciller
vice-Christ [,vaɪs'kraɪst] *s* vicecristo
vice-consul [,vaɪs'kɑnsəl] *s* vicecónsul
vice-consulate [,vaɪs'kɑnsəlɪt] *s* viceconsulado
vice-counsellor [,vaɪs'kaʊnsələr] *s* viceconsiliario
vicegerency [,vaɪs'dʒɪrənsɪ] *s* vicegerencia
vicegerent [,vaɪs'dʒɪrənt] *adj & s* vicegerente
vice-God [,vaɪs'gɑd] *s* vicediós
vice-governor [,vaɪs'gʌvərnər] *s* vicegobernador
vice-king [,vaɪs'kɪŋ] *s* virrey
vicennial [vaɪ'sɛnɪəl] *adj* vicenal
Vice Pres. abr. de **Vice-President**
vice-presidency [,vaɪs'prɛzɪdənsɪ] *s* vicepresidencia
vice-president [,vaɪs'prɛzɪdənt] *s* vicepresidente
vice-presidential [,vaɪsprɛzɪ'dɛnʃəl] *adj* vicepresidencial
vice-queen [,vaɪs'kwin] *s* virreina
vice-rector [,vaɪs'rɛktər] *s* vicerrector
viceregal [,vaɪs'rigəl] *adj* virreinal
viceregent [,vaɪs'ridʒənt] *s* vicerregente
viceroy ['vaɪsrɔɪ] *s* virrey
viceroyalty [,vaɪs'rɔɪəltɪ] *s* virreinato
vice-secretary [,vaɪs'sɛkrɪ,tɛrɪ] *s* vicesecretario
vice-secretaryship [,vaɪs'sɛkrɪ,tɛrɪʃɪp] *s* vicesecretaría
vice-treasurer [,vaɪs'trɛʒərər] *s* vicetesorero
vice versa ['vaɪsɪ'vʌrsə] *adv* viceversa
Vichy water ['vɪʃɪ] *s* agua de Vichy
vici ['vaɪsaɪ] *s* gamuza
vicinage ['vɪsɪnɪdʒ] *s* vecindad
vicinal ['vɪsɪnəl] *adj* vecinal
vicinity [vɪ'sɪnɪtɪ] *s* (*pl:* **-ties**) vecindad
vicious ['vɪʃəs] *adj* vicioso; ruin, arisco (*caballo*); bravo (*perro*)
vicious circle *s* círculo vicioso
vicissitude [vɪ'sɪsɪtjud] o [vɪ'sɪsɪtud] *s* vicisitud
victim ['vɪktɪm] *s* víctima
victimization [,vɪktɪmɪ'zeʃən] *s* inmolación; engaño, estafa
victimize ['vɪktɪmaɪz] *va* inmolar, hacer víctima; engañar, estafar
victor ['vɪktər] *s* vencedor
victoria [vɪk'torɪə] *s* victoria (*coche*); (bot.) victoria
Victorian [vɪk'torɪən] *adj & s* victoriano
Victorian age *s* época victoriana
victorious [vɪk'torɪəs] *adj* victorioso
victory ['vɪktərɪ] *s* (*pl:* **-ries**) victoria
victrola [vɪk'trolə] *s* (trademark) fonógrafo
victual ['vɪtəl] *s* (dial.) vitualla, alimento; **victuals** *spl* (coll. & dial.) vituallas, alimentos, víveres; (*pret & pp:* **-ualed** o **-ualled**; *ger:* **-ualing** o **-ualling**) *va* avituallar; *vn* avituallarse
victualer o **victualler** ['vɪtələr] *s* abastecedor; (mil.) comisario; hostelero
vicuña [vɪ'kunjə] o [vɪ'kjunə] *s* (zool.) vicuña (*animal, lana y tela*)
vid. abr. de **vide** (Lat.) **see**
videlicet [vɪ'dɛlɪsɛt] *adv* a saber, es decir
video ['vɪdɪo] *s* vídeo; *adj* de vídeo
videocast ['vɪdɪo,kæst] o ['vɪdɪo,kɑst] *s* teledifusión; (*pret & pp:* **-cast** o **-casted**) *va* teledifundir
video signal *s* videoseñal
video tape *s* cinta grabada de televisión
video-tape recording ['vɪdɪo,tep] *s* videograbación
video telephony *s* visiotelefonía
vidette [vɪ'dɛt] *s* var. de **vedette**
vie [vaɪ] (*pret & pp:* **vied**; *ger:* **vying**) *vn* competir, rivalizar
Vienna [vɪ'ɛnə] *s* Viena
Viennese [,viə'niz] *adj* vienés; *s* (*pl:* **-nese**) vienés
Viet-Namese [vi'ɛtnɑ'miz] o ['vitnə'miz] *adj* vietnamés o vietnamita; *s* (*pl:* **-ese**) vietnamés o vietnamita
view [vju] *s* vista; panorama, paisaje; opinión, parecer; inspección; intento, propósito; **in view of** en vista de; **on view** en exhibición; **to be on view** estar expuesto (*p.ej., un cadáver*); **to take a dim view of** mirar escépticamente, no entusiasmarse por; **with a view to** con el propósito de; en cuanto a; **with a view to** + *ger* con vistas a + *inf*; *va* ver, mirar; contemplar, considerar, pesar; examinar, inspeccionar
viewer ['vjuər] *s* espectador; inspector; televidente, telespectador; mirador para transparencias, proyector de transparencias
view finder *s* (phot.) visor
viewless ['vjulɪs] *adj* invisible; sin opinión
viewpoint ['vju,pɔɪnt] *s* punto de la vista (*sitio*); punto de vista (*opinión, ademán*)
vigesimal [vaɪ'dʒɛsɪməl] *adj* vigésimo; vigesimal
vigil ['vɪdʒɪl] *s* vigilia; **vigils** *spl* (eccl.) vigilia
vigilance ['vɪdʒɪləns] *f* vigilancia
vigilant ['vɪdʒɪlənt] *adj* vigilante
vigilante [,vɪdʒɪ'læntɪ] *s* vigilante
vignette [vɪn'jɛt] *s* viñeta
vigor ['vɪgər] *s* vigor
vigorous ['vɪgərəs] *adj* vigoroso
vigour ['vɪgər] *s* (Brit.) var. de **vigor**
viking o **Viking** ['vaɪkɪŋ] *s* vikingo, pirata escandinavo
vile [vaɪl] *adj* vil; repugnante
vilification [,vɪlɪfɪ'keʃən] *s* vilipendio, difamación
vilify ['vɪlɪfaɪ] (*pret & pp:* **-fied**) *va* vilipendiar, difamar
villa ['vɪlə] *s* villa, quinta
village ['vɪlɪdʒ] *s* aldea

villager ['vɪlɪdʒər] *s* aldeano
villain ['vɪlən] *s* malvado; malo, traidor (*de una novela o drama*); (hist.) villano
villainous ['vɪlənəs] *adj* malvado, villano
villainy ['vɪlənɪ] *s* (*pl:* **-ies**) villanía, maldad
villanelle [,vɪlə'nɛl] *s* villanela
villein ['vɪlən] *s* (hist.) villano
villeinage ['vɪlənɪdʒ] *s* (hist.) villanaje
villous ['vɪləs] *adj* velloso
villus ['vɪləs] *s* (*pl:* **-li** [laɪ]) (anat., bot. & zool.) vello
vim [vɪm] *s* fuerza, vigor, energía
vinaigrette [,vɪne'grɛt] *s* vinagrera
Vincennes [vɪn'sɛnz] *s* Vincenas
Vincent ['vɪnsənt] *s* Vicente
vincible ['vɪnsɪbəl] *adj* vencible
vinculum ['vɪŋkjələm] *s* (*pl:* **-la** [lə]) vínculo
vindicate ['vɪndɪket] *va* vindicar; (law) vindicar, reivindicar
vindication [,vɪndɪ'keʃən] *s* vindicación; (law) vindicación, reivindicación
vindicative [vɪn'dɪkətɪv] o ['vɪndɪ,ketɪv] *adj* vindicativo
vindicator ['vɪndɪ,ketər] *s* vindicador
vindictive [vɪn'dɪktɪv] *adj* vindicativo, vengativo
vine [vaɪn] *s* (bot.) enredadera; (bot.) vid, parra (*de uvas*)
vinedresser ['vaɪn,drɛsər] *s* viñador
vinegar ['vɪnɪgər] *s* vinagre
vinegar eel *s* (zool.) anguílula del vinagre
vinegarer ['vɪnɪgərər] *s* vinagrero
vinegar fly *s* (ent.) mosca del vinagre
vinegarish ['vɪnɪgərɪʃ] *adj* avinagrado
vinegary ['vɪnɪgərɪ] *adj* vinagroso (*gusto o genio*)
vinegrower ['vaɪn,groər] *s* vinícola, viñador
vineyard ['vɪnjərd] *s* viña, viñedo
vineyardist ['vɪnjərdɪst] *s* viñador
vinic ['vaɪnɪk] o ['vɪnɪk] *adj* vínico
vinification [,vɪnɪfɪ'keʃən] *s* vinificación
vinous ['vaɪnəs] *adj* vinoso
vintage ['vɪntɪdʒ] *s* vendimia; cosecha de vino; (coll.) categoría, tipo, clase
vintager ['vɪntɪdʒər] *s* vendimiador
vintage wine *s* vino de buena cosecha
vintage year *s* año de buen vino
vintner ['vɪntnər] *s* vinatero
vinyl ['vaɪnɪl] o ['vɪnɪl] *s* (chem.) vinilo
vinyl acetate *s* (chem.) acetato de vinilo
vinyl alcohol *s* (chem.) alcohol vinílico
viol ['vaɪəl] *s* (mus.) viola; (naut.) virador
viola [vaɪ'olə] o [vɪ'olə] *s* (mus.) viola (*instrumento y persona*); ['vaɪolə] o [vaɪ'olə] *s* (bot.) viola
violable ['vaɪələbəl] *adj* violable
violaceous [,vaɪə'leʃəs] *adj* violáceo
viola d'amore [vi'ɔla da'more] *s* (mus.) viola de amor
violate ['vaɪəlet] *va* violar
violation [,vaɪə'leʃən] *s* violación
violator ['vaɪə,letər] *s* violador
violence ['vaɪələns] *s* violencia
violent ['vaɪələnt] *adj* violento
violet ['vaɪəlɪt] *s* (bot.) violeta; violado (*color*); violeta (*color; colorante*); *adj* violado (*color*); violeta (*color y perfume*)
violet ray *s* rayo violeta
violet shift *s* (phys.) desviación hacia el violado del espectro
violin [,vaɪə'lɪn] *s* violín (*instrumento y el que lo toca*)
violinist [,vaɪə'lɪnɪst] *s* violinista
violist ['vaɪəlɪst] *s* viola (*persona*)
violle [vjɔl] *s* violle (*unidad fotométrica*)
violoncellist [,vaɪələn'tʃɛlɪst] o [,viələn'tʃɛlɪst] *s* violoncelista
violoncello [,vaɪələn'tʃɛlo] o [,viələn'tʃɛlo] *s* (*pl:* **-los**) (mus.) violoncelo
viosterol [vaɪ'ɑstərɑl] *s* (pharm.) viosterol
viper ['vaɪpər] *s* (zool.) víbora; (fig.) víbora
viperine ['vaɪpərɪn] o ['vaɪpəraɪn] *adj* vipéreo o viperino
viperish ['vaɪpərɪʃ] o **viperous** ['vaɪpərəs] *adj* viperino; (fig.) viperino
viper's bugloss *s* (bot.) viborera
viper's-grass ['vaɪpərz,græs] o ['vaɪpərz,grɑs] *s* (bot.) escorzonera
virago [vɪ'rego] *s* (*pl:* **-goes** o **-gos**) mujer regañona
viral ['vaɪrəl] *adj* viral
virelay ['vɪrɪle] *s* virolai (*verso*)
vireo ['vɪrɪo] *s* (*pl:* **-os**) (orn.) vireo
virescence [vaɪ'rɛsəns] *s* (bot.) virescencia
virescent [vaɪ'rɛsənt] *adj* virescente
Virgil ['vʌrdʒɪl] *s* Virgilio
Virgilian [vər'dʒɪlɪən] *adj* virgiliano
virgin ['vʌrdʒɪn] *s* virgen; (*cap.*) *s* (astr.) Virgen; **the Virgin** la Santísima Virgen; (*l.c.*) *adj* virgen
virginal ['vʌrdʒɪnəl] *adj* virginal; *s* (mus.) virginal, espineta
virgin birth *s* (theol.) parto virginal de María; (zool.) reproducción virginal o asexual (*partenogénesis*)
virgin cork *s* corcho bornizo, corcho virgen
Virginia [vər'dʒɪnjə] *s* Virginia (*uno de los estados de los EE.UU.; nombre de mujer*)
Virginia creeper *s* (bot.) guau (*Parthenocissus quinquefolia*)
Virginian [vər'dʒɪnjən] *adj & s* virginiano
Virginia snakeroot *s* (bot.) serpentaria virginiana, viperina de Virginia
Virginia stock *s* (bot.) mahonesa
Virgin Islands *spl* islas Vírgenes
virginity [vər'dʒɪnɪtɪ] *s* virginidad
virginium [vər'dʒɪnɪəm] *s* (chem.) virginio
Virgin Mary *s* Virgen María
Virgin Queen, the la reina virgen (*Isabel I de Inglaterra*)
virgin's-bower ['vʌrdʒɪnz'bauər] *s* (bot.) clemátide
Virgo ['vʌrgo] *s* (astr.) Virgo
viridescence [,vɪrɪ'dɛsəns] *s* verdor
viridescent [,vɪrɪ'dɛsənt] *adj* verdoso
virile ['vɪrɪl] *adj* viril
virile member *s* (anat.) miembro viril
virility [vɪ'rɪlɪtɪ] *s* (*pl:* **-ties**) virilidad
virole [vɪ'rol] *s* (her.) virol
viroled [vɪ'rold] *adj* (her.) virolado
virological [,vaɪrə'lɑdʒɪkəl] *adj* virológico
virologist [vaɪ'rɑlədʒɪst] *s* virólogo
virology [vaɪ'rɑlədʒɪ] *s* virología
virtual ['vʌrtʃuəl] *adj* virtual
virtual image *s* (phys.) imagen virtual
virtuality [,vʌrtʃu'ælɪtɪ] *s* virtualidad
virtually ['vʌrtʃuəlɪ] *adv* virtualmente
virtue ['vʌrtʃu] *s* virtud; **by** o **in virtue of** en virtud de
virtuosity [,vʌrtʃu'ɑsɪtɪ] *s* (*pl:* **-ties**) virtuosismo
virtuoso [,vʌrtʃu'oso] *s* (*pl:* **-sos** o **-si** [si]) virtuoso
virtuous ['vʌrtʃuəs] *adj* virtuoso
virulence ['vɪruləns] o ['vɪrjələns] o **virulency** ['vɪrulənsɪ] o ['vɪrjələnsɪ] *s* virulencia
virulent ['vɪrulənt] o ['vɪrjələnt] *adj* virulento
virus ['vaɪrəs] *s* virus
Vis. o **Visc.** abr. de **Viscount**
visa ['vizə] *s* visa; *va* visar
visage ['vɪzɪdʒ] *s* semblante; apariencia
vis-à-vis [,vizə'vi] *s* persona que está enfrente; coche con dos asientos enfrentados; sillón con dos asientos enfrentados; *adj* enfrentado; *adv* frente a frente; *prep* enfrente de; respecto de
Visayan [vɪ'sɑjən] *adj & s* bisayo o visayo
Visayan Islands *spl* islas Bisayas o Visayas
viscera ['vɪsərə] *spl* vísceras
visceral ['vɪsərəl] *adj* visceral
viscid ['vɪsɪd] *adj* viscoso
viscose ['vɪskos] *adj* viscoso; *s* viscosa
viscosity [vɪs'kɑsɪtɪ] *s* viscosidad
viscount ['vaɪkaunt] *s* vizconde
viscountcy ['vaɪkauntsɪ] *s* (*pl:* **-cies**) vizcondado
viscountess ['vaɪkauntɪs] *s* vizcondesa
viscountship ['vaɪkauntʃɪp] *s* vizcongado
viscounty ['vaɪkauntɪ] *s* (*pl:* **-ties**) var. de **viscountship**
viscous ['vɪskəs] *adj* viscoso
vise [vaɪs] *s* (mach.) tornillo, torno
visé ['vize] o [vi'ze] *s & va* var. de **visa**
Vishnu ['vɪʃnu] *s* Visnú
visibility [,vɪzɪ'bɪlɪtɪ] *s* visibilidad
visible ['vɪzɪbəl] *adj* visible
visibly ['vɪzɪblɪ] *adv* visiblemente
Visigoth ['vɪzɪgɑθ] *s* visigodo
Visigothic [,vɪzɪ'gɑθɪk] *adj* visigótico; *s* letra visigótica

vision ['vɪʒən] *s* visión; *va* ver en una visión, ver como en una visión; *vn* aparecer en una visión
visionary ['vɪʒən,ɛrɪ] *adj* visionario; *s* (*pl:* **-ies**) visionario
visit ['vɪzɪt] *s* visita; *va* visitar; mandar (*la peste, un castigo, etc.*); *vn* hacer visitas; visitarse
visitant ['vɪzɪtənt] *adj & s* visitante
visitation [,vɪzɪ'teʃən] *s* visitación; disposición divina, gracia o castigo del cielo; (*cap.*) *s* Visitación
visiting ['vɪzɪtɪŋ] *adj* visitador; de visita
visiting card *s* tarjeta de visita
visiting fireman *s* (coll.) personaje recibido con gran agasajo en país ajeno; (slang) forastero que se divierte en una gran ciudad
visiting hours *spl* horas de consulta
visiting nurse *s* enfermera ambulante
visiting professor *s* profesor visitante
visitor ['vɪzɪtər] *s* visitante; (sport) visitante
visor ['vaɪzər] o ['vɪzər] *s* visera (*del yelmo, de las gorras, del parabrisas del automóvil, etc.*); (fig.) máscara
vista ['vɪstə] *s* vista, panorama, perspectiva
Vistula ['vɪstjʊlə] *s* Vístula
visual ['vɪʒʊəl] *adj* visual; visible
visual acuity *s* acuidad
visualization [,vɪʒʊəlɪ'zeʃən] *s* representación en la mente, visualización
visualize ['vɪʒʊəlaɪz] *va* visualizar, representarse en la mente; *vn* representarse en la mente; (med.) hacerse visible
visual line *s* visual
visually ['vɪʒʊəlɪ] *adv* visualmente
visual purple *s* (biochem.) púrpura visual
vitaceous [vaɪ'teʃəs] *adj* (bot.) vitáceo
vital ['vaɪtəl] *adj* vital; mortal; **vitals** *spl* vísceras, partes vitales
vital force *s* fuerza vital
vitalism ['vaɪtəlɪzəm] *s* vitalismo
vitalist ['vaɪtəlɪst] *s* vitalista
vitalistic [,vaɪtə'lɪstɪk] *adj* vitalista
vitality [vaɪ'tælɪtɪ] *s* vitalidad
vitalization [,vaɪtəlɪ'zeʃən] *s* vitalización
vitalize ['vaɪtəlaɪz] *va* vitalizar
vital statistics *ssg* estadística demográfica; *spl* estadísticas demográficas
vitamin o **vitamine** ['vaɪtəmɪn] *s* vitamina
vitamin deficiency *s* avitaminosis, carencia de vitaminas
vitaminic [,vaɪtə'mɪnɪk] *adj* vitamínico
vitellin [vɪ'tɛlɪn] o [vaɪ'tɛlɪn] *s* (biochem.) vitelina
vitellus [vɪ'tɛləs] o [vaɪ'tɛləs] *s* vitelo, yema del huevo
vitiate ['vɪʃɪet] *va* viciar; (law) viciar
vitiation [,vɪʃɪ'eʃən] *s* viciación
viticultural [,vɪtɪ'kʌltʃərəl] o [,vaɪtɪ'kʌltʃərəl] *adj* vitícola
viticulture ['vɪtɪ,kʌltʃər] o ['vaɪtɪ,kʌltʃər] *s* viticultura
viticulturist [,vɪtɪ'kʌltʃərɪst] o [,vaɪtɪ'kʌltʃərɪst] *s* vitícola, viticultor
vitiligo [,vɪtɪ'laɪgo] *s* (path.) vitíligo
vitreous ['vɪtrɪəs] *adj* vítreo
vitreous electricity *s* electricidad vítrea
vitreous humor *s* (anat.) humor vítreo
vitrifaction [,vɪtrɪ'fækʃən] *s* vitrificación
vitrifiable [,vɪtrɪ'faɪəbəl] *adj* vitrificable
vitrification [,vɪtrɪfɪ'keʃən] *s* var. de **vitrifaction**
vitrify ['vɪtrɪfaɪ] (*pret & pp:* **-fied**) *va* vitrificar; *vn* vitrificarse
vitriol ['vɪtrɪəl] *s* (chem.) vitriolo; (fig.) crítica cáustica
vitriolic [,vɪtrɪ'ɑlɪk] *adj* (chem.) vitriólico; (fig.) cáustico, mordaz
vitriolize ['vɪtrɪəlaɪz] *va* vitriolizar (*impregnar de vitriolo*); vitriolar (*arrojar vitriolo a*)
vituperable [vaɪ'tjupərəbəl] o [vaɪ'tupərəbəl] *adj* vituperable
vituperate [vaɪ'tjupəret] o [vaɪ'tupəret] *va* vituperar
vituperation [vaɪ,tjupə'reʃən] o [vaɪ,tupə'reʃən] *s* vituperación, vituperio
vituperative [vaɪ'tjupə,retɪv] o [vaɪ'tupə,retɪv] *adj* vituperioso
vituperator [vaɪ'tjupə,retər] o [vaɪ'tupə,retər] *s* vituperador
viva ['vivɑ] *s* viva; *interj* ¡ viva!
vivacious [vɪ'veʃəs] o [vaɪ'veʃəs] *adj* vivo, alegre, vivaracho, vivaz
vivacity [vɪ'væsɪtɪ] o [vaɪ'væsɪtɪ] *s* (*pl:* **-ties**) viveza, alegría
vivandière [vivɑ̃'djɛr] *s* cantinera, vivandera
vivarium [vɪ'vɛrɪəm] *s* (*pl:* **-iums** o **-ia** [ɪə]) vivario
viva voce ['vaɪvə'vosɪ] *adv* de viva voz
vive [viv] *interj* ¡ viva!
Vivian ['vɪvɪən] *s* Viviana
vivid ['vɪvɪd] *adj* vivo
vivification [,vɪvɪfɪ'keʃən] *s* vivificación
vivify ['vɪvɪfaɪ] (*pret & pp:* **-fied**) *va* vivificar
viviparous [vaɪ'vɪpərəs] *adj* vivíparo
vivisect ['vɪvɪsɛkt] o [,vɪvɪ'sɛkt] *va* disecar (*un animal vivo*); *vn* practicar la vivisección
vivisection [,vɪvɪ'sɛkʃən] *s* vivisección
vivisectionist [,vɪvɪ'sɛkʃənɪst] *s* viviseccionista
vivisector ['vɪvɪ,sɛktər] o [,vɪvɪ'sɛktər] *s* vivisector
vivisectorium [,vɪvɪsɛk'torɪəm] *s* vivisectorio
vixen ['vɪksən] *s* zorra (*hembra*); mujer regañona y colérica
vixenish ['vɪksənɪʃ] *adj* zorruno; regañona y colérica
viz. abr. de **videlicet** (Lat.) **to wit, namely**
vizard ['vɪzərd] *s* var. de **visor**
vizier [vɪ'zɪr] o ['vɪzjər] o **vizir** [vɪ'zɪr] *s* visir
vizor ['vaɪzər] o ['vɪzər] *s* var. de **visor**
vocab. abr. de **vocabulary**
vocable ['vokəbəl] *s* vocablo, voz
vocabulary [vo'kæbjə,lɛrɪ] *s* (*pl:* **-ies**) vocabulario
vocabulist [vo'kæbjəlɪst] *s* vocabulista, lexicógrafo
vocal ['vokəl] *adj* vocal; vocálico; expresivo
vocal cords *spl* (anat.) cuerdas vocales
vocalic [vo'kælɪk] *adj* vocálico
vocalism ['vokəlɪzəm] *s* (phonet.) vocalismo; canto, arte de cantar
vocalist ['vokəlɪst] *s* cantante, vocalista
vocalization [,vokəlɪ'zeʃən] *s* (mus. & phonet.) vocalización
vocalize ['vokəlaɪz] *va* (phonet.) vocalizar; emitir con la voz; cantar; *vn* (mus.) vocalizar; (phonet.) vocalizarse
vocally ['vokəlɪ] *adv* vocalmente; expresivamente
vocal music *s* música vocal
vocal organ *s* (anat.) órgano de la voz
vocation [vo'keʃən] *s* vocación; (theol.) vocación
vocational [vo'keʃənəl] *adj* práctico, vocacional
vocational guidance *s* guía vocacional
vocational school *s* escuela de artes y oficios
vocative ['vɑkətɪv] *adj & s* vocativo
vociferant [vo'sɪfərənt] *adj & s* vociferante
vociferate [vo'sɪfəret] *va & vn* vociferar
vociferation [vo,sɪfə'reʃən] *s* vociferación, vocería
vociferous [vo'sɪfərəs] *adj* vociferador, vocinglero
vodka ['vɑdkə] *s* vodka
vogue [vog] *s* boga, moda; **in vogue** en boga, de moda
voice [vɔɪs] *s* voz; (gram. & mus.) voz; **in a loud voice** en voz alta; **in a low voice** en voz baja; **in voice** (mus.) en voz; **to raise one's voice** alzar la voz; **with one voice** a una voz; *va* expresar; divulgar; (mus.) regular el tono de (*un órgano*); (mus.) escribir la parte vocal de; (phonet.) sonorizar; *vn* (phonet.) sonorizarse
voice coil *s* (rad.) bobina móvil
voiceless ['vɔɪslɪs] *adj* mudo; (phonet.) mudo (*dícese de las consonantes oclusivas*)
voicing ['vɔɪsɪŋ] *s* (phonet.) sonorización
void [vɔɪd] *adj* vacío; nulo, inválido; vano; **void of** falto de, desprovisto de; *s* vacío, hueco; *va* vaciar; anular; evacuar
voidable ['vɔɪdəbəl] *adj* evacuable; anulable
voidance ['vɔɪdəns] *s* vaciamiento, evacuación; (eccl.) vacante
voile [vɔɪl] *s* espumilla
vol. abr. de **volume**
volant ['volənt] *adj* volante; ligero; (her.) volante

volatile [ˈvɑlətɪl] *adj* volátil
volatile oil *s* aceite volátil
volatility [ˌvɑləˈtɪlɪtɪ] *s* volatilidad
volatilization [ˌvɑlətɪlɪˈzeʃən] *s* volatilización
volatilize [ˈvɑlətɪlaɪz] *va* volatilizar; *vn* volatilizarse
volcanic [vɑlˈkænɪk] *adj* volcánico
volcanic ashes *spl* (geol.) cenizas volcánicas
volcanic cone *s* (geol.) cono volcánico
volcanic mud *s* (geol.) lodo volcánico
volcanic neck *s* (geol.) cuello volcánico
volcanic rocks *spl* (geol.) rocas volcánicas
volcanism [ˈvɑlkənɪzəm] *s* volcanismo
volcano [vɑlˈkeno] *s* (*pl:* **-noes** o **-nos**) volcán; (fig.) volcán; **to be on the edge of a volcano** (fig.) estar sobre un volcán
volcanology [ˌvɑlkənˈɑlədʒɪ] *s* vulcanología
vole [vol] *s* (zool.) arvícola, rata de agua, campañol
volition [voˈlɪʃən] *s* volición
volitional [voˈlɪʃənəl] *adj* volitivo
volley [ˈvɑlɪ] *s* descarga, lluvia (*de piedras, balas, etc.*); (mil.) descarga; (tennis) voleo; *va* (tennis) volear; *vn* lanzar una descarga
volleyball [ˈvɑlɪˌbɔl] *s* volibol
volplane [ˈvɑlˌplen] *s* (aer.) planeo, vuelo planeado; *vn* (aer.) planear
vols. abr. de **volumes**
Volscian [ˈvɑlʃən] *adj* & *s* volsco
volt [volt] *s* (elec.) voltio
voltage [ˈvoltɪdʒ] *s* (elec.) voltaje
voltage amplification *s* (elec.) amplificación de tensión
voltage divider *s* (rad.) divisor de voltaje, partidor de tensión
voltage drop *s* (elec.) caída de tensión
voltage regulator *s* (elec.) regulador de tensión
voltage transformer *s* (elec.) transformador de tensión
voltaic [vɑlˈteɪk] *adj* voltaico
voltaic battery *s* (elec.) pila voltaica
voltaic cell *s* (elec.) célula voltaica
voltaic current *s* (elec.) corriente voltaica
voltaic electricity *s* electricidad voltaica
voltaic pile *s* (elec.) pila voltaica
Voltairian [vɑlˈtɛrɪən] *adj* & *s* volteriano
Voltairianism [vɑlˈtɛrɪənɪzəm] o **Voltairism** [vɑlˈtɛrɪzəm] *s* volterianismo
voltameter [vɑlˈtæmɪtər] *s* (phys.) voltámetro
voltammeter [ˈvoltˈæmˌmitər] *s* (phys.) voltamperímetro
volt-ampere [ˈvoltˈæmpɪr] *s* (elec.) voltamperio
volte-face [ˌvɔltˈfɑs] *s* cambio de dirección; cambio de opinión; *vn* cambiar de dirección; cambiar de opinión
voltmeter [ˈvoltˌmitər] *s* (elec.) voltímetro
volubility [ˌvɑljəˈbɪlɪtɪ] *s* facundia; volubilidad
voluble [ˈvɑljəbəl] *adj* facundo; voluble (*que fácilmente se puede mover alrededor*); (bot.) voluble
volume [ˈvɑljəm] *s* volumen (*libro; bulto; masa, p.ej., de agua*); tomo (*cada libro que forma parte de una obra*); volumen sonoro; (geom.) volumen; **to speak volumes** ser de suma significación
volume control *s* (rad.) regulación del volumen (sonoro); (rad.) regulador de volumen, control de volumen
volumeter [vəˈlumɪtər] *s* volúmetro
volumetric [ˌvɑljəˈmɛtrɪk] *adj* volumétrico
voluminous [vəˈlumɪnəs] *adj* voluminoso
voluntarily [ˈvɑlənˌtɛrɪlɪ] *adv* voluntariamente
voluntarism [ˈvɑləntərɪzəm] *s* (philos.) voluntarismo
voluntary [ˈvɑlənˌtɛrɪ] *adj* voluntario; *s* (*pl:* **-ies**) acción voluntaria; (mús.) solo de órgano
voluntary manslaughter *s* (law) homicidio intencional sin premeditación
volunteer [ˌvɑlənˈtɪr] *adj* voluntario; de voluntarios; *va* ofrecer (*sus servicios*); *vn* servir como voluntario; ofrecerse
voluptuary [vəˈlʌptʃuˌɛrɪ] *s* (*pl:* **-ies**) voluptuoso; *adj* voluptuoso
voluptuous [vəˈlʌptʃuəs] *adj* voluptuoso
voluptuousness [vəˈlʌptʃuəsnɪs] *s* voluptuosidad
volute [vəˈlut] *s* (arch.) voluta; (fig.) voluta; (zool.) voluta (*cualquiera de los volútidos*); (zool.) vuelta (*de una concha en espiral*)
volva [ˈvɑlvə] *s* (bot.) volva
volvulus [ˈvɑlvjələs] *s* (path.) vólvulo
vomer [ˈvomər] *s* (anat.) vómer
vomicine [ˈvɑmɪsin] o [ˈvɑmɪsɪn] *s* (chem.) vomicina
vomit [ˈvɑmɪt] *s* vómito; vomitivo (*emético*); *va* & *vn* vomitar
vomitive [ˈvɑmɪtɪv] *adj* & *s* vomitivo
vomitory [ˈvɑmɪˌtorɪ] *adj* vomitorio; *s* (*pl:* **-ries**) (arch.) vomitorio
vomiturition [ˌvɑmɪtʃuˈrɪʃən] *s* (path.) vomiturición
voodoo [ˈvudu] *s* vodú; *adj* voduísta
voodooism [ˈvuduɪzəm] *s* voduísmo
voodooist [ˈvuduɪst] *s* voduísta
voodooistic [ˌvuduˈɪstɪk] *adj* voduísta
voracious [vəˈreʃəs] *adj* voraz
voracity [vəˈræsɪtɪ] *s* voracidad
vortex [ˈvɔrtɛks] *s* (*pl:* **-texes** o **-tices** [tɪsiz]) vórtice
vorticella [ˌvɔrtɪˈsɛlə] *s* (*pl:* **-lae** [li]) (zool.) vorticela
Vosges [voʒ] *spl* Vosgos
votaress [ˈvotərɪs] *s* partidaria, aficionada; monja, religiosa, mujer ligada por votos solemnes
votary [ˈvotərɪ] *s* (*pl:* **-ries**) partidario, aficionado; monje, religioso, persona ligada por votos solemnes
vote [vot] *s* voto; *va* votar; **to vote down** derrotar por votación; **to vote in** elegir por votación; *vn* votar
vote-getter [ˈvotˌgɛtər] *s* acaparador de votos; consigna que gana votos
vote of confidence *s* voto de confianza
voter [ˈvotər] *s* votante
voting machine *s* máquina de votar, máquina electoral
voting paper *s* (Brit.) papeleta de votación
voting precinct *s* distrito electoral
votive [ˈvotɪv] *adj* votivo
votive Mass *s* (eccl.) misa votiva
votive offering *s* voto, exvoto
vouch [vautʃ] *va* garantizar, atestiguar; *vn* salir fiador; **to vouch for** responder de (*una cosa*); responder por (*una persona*)
voucher [ˈvautʃər] *s* fiador, garante; comprobante (de pago); resguardo (*documento justificativo*)
vouchsafe [vautʃˈsef] *va* conceder, otorgar; servirse hacer o dar, dignarse hacer o dar; *vn* dignarse; **to vouchsafe to** + *inf* dignarse + *inf*
voussoir [vuˈswɑr] *s* (arch.) dovela
vow [vau] *s* promesa solemne; voto (*a Dios, un santo, etc.*); *va* prometer solemnemente; votar; jurar; *vn* hacer voto; **to vow to** + *inf* hacer voto de + *inf*
vowel [ˈvauəl] *s* vocal; *adj* vocálico
vowel harmony *s* (philol.) armonía vocálica
vowelize [ˈvauəlaɪz] *va* vocalizar; puntar (*un texto hebreo o árabe*)
vowel point *s* punto vocálico (*de las lenguas hebrea, árabe, etc.*)
vowel system *s* sistema vocálico
voyage [ˈvɔɪɪdʒ] *s* viaje por mar, viaje por aire; *va* atravesar (*p.ej., el mar*); *vn* viajar por mar, viajar por aire
voyager [ˈvɔɪɪdʒər] *s* viajero por mar, viajero por aire
V.P. abr. de **Vice-President**
vs. abr. de **versus**
v.s. abr. de **vide supra** (Lat.) **see above**
V.S. abr. de **Veterinary Surgeon**
V-shaped [ˈviˌʃept] *adj* en forma de V
v.t. abr. de **transitive verb**
Vt. abr. de **Vermont**
V-type engine [ˈviˌtaɪp] *s* (aut.) motor tipo V
vug [vʌg] o [vug] *s* (min.) drusa, bolsa
Vul. abr. de **Vulgate**
Vulcan [ˈvʌlkən] *s* (myth.) Vulcano
Vulcanian [vʌlˈkenɪən] *adj* vulcanio; (*l.c.*) *adj* vulcanio
vulcanism [ˈvʌlkənɪzəm] *s* vulcanismo
vulcanist [ˈvʌlkənɪst] *s* vulcanista
vulcanite [ˈvʌlkənaɪt] *s* vulcanita
vulcanization [ˌvʌlkənɪˈzeʃən] *s* vulcanización

V

vulcanize ['vʌlkənaɪz] *va* vulcanizar
vulcanized rubber *s* caucho vulcanizado
vulcanizer ['vʌlkən,aɪzər] *s* vulcanizador
vulcanology [,vʌlkən'ɑlədʒɪ] *s* var. de **volcanology**
vulg. abr. de **vulgar** y **vulgarly**
Vulg. abr. de **Vulgate**
vulgar ['vʌlgər] *adj* grosero; vulgar; *s* vulgo
vulgar fraction *s* (math.) fracción común
vulgarian [vʌl'gerɪən] *s* persona grosera; advenedizo, nuevo rico
vulgarism ['vʌlgərɪzəm] *s* grosería; vulgarismo; vulgaridad
vulgarity [vʌl'gærɪtɪ] *s* (*pl:* **-ties**) grosería; vulgaridad
vulgarization [,vʌlgərɪ'zeʃən] *s* vulgarización
vulgarize ['vʌlgəraɪz] *va* vulgarizar
vulgarizer ['vʌlgə,raɪzər] *s* vulgarizador
Vulgar Latin *s* latín vulgar, latín rústico
Vulgate ['vʌlget] *s* Vulgata
vulnerability [,vʌlnərə'bɪlɪtɪ] *s* vulnerabilidad
vulnerable ['vʌlnərəbəl] *adj* vulnerable
vulnerary ['vʌlnə,rerɪ] *s* (*pl:* **-ies**) vulnerario; *adj* vulnerario
vulpine ['vʌlpaɪn] o ['vʌlpɪn] *adj* vulpino
vulpinite ['vʌlpɪnaɪt] *s* (mineral.) vulpinita
vulture ['vʌltʃər] *s* (orn.) buitre
vulturine ['vʌltʃəraɪn] o ['vʌltʃərɪn] *adj* buitrero
vulva ['vʌlvə] *s* (*pl:* **-vae** [vi] o **-vas**) (anat.) vulva
vulvar ['vʌlvər] *adj* vulvar
vulvitis [vʌl'vaɪtɪs] *s* (path.) vulvitis
vying ['vaɪɪŋ] *adj* emulador; *ger de* **vie**
vyingly ['vaɪɪŋlɪ] *adv* rivalizando

W

W, w [ˈdʌbəljʊ] *s* (*pl:* **W's, w's** [ˈdʌbəljuz]) vigésima tercera letra del alfabeto inglés
w abr. de **watt**
w. abr. de **week, west, wide, width** y **wife**
W abr. de **watt** y **west**
W. abr. de **Wales, Wednesday, Welsh, west** y **western**
wabble [ˈwabəl] *s & vn* var. de **wobble**
wabbly [ˈwablɪ] *adj* var. de **wobbly**
wacky [ˈwækɪ] *adj* (*comp:* **-ier;** *super:* **-iest**) (slang) excéntrico, estrafalario
wad [wad] *s* bolita de algodón; fajo o lío (*de billetes, papeles, etc.*); taco (*que se pone en las escopetas*); (*pret & pp:* **wadded;** *ger:* **wadding**) *va* colocar algodón en; enliar; atapar; acolchonar, rellenar; atacar (*una escopeta*)
wadding [ˈwadɪŋ] *s* algodón (*bolitas de hebras de algodón*); taco; tapón; guata (*que se usa para acolchar*)
waddle [ˈwadəl] *s* anadeo; *vn* anadear
wade [wed] *s* vadeamiento; *va* vadear (*una corriente de agua*); *vn* caminar por terreno difícil, agua, nieve o barro; chapotear, andar descalzo por el agua; **to wade into** (coll.) meter el hombro a; (coll.) embestir con violencia; **to wade through** ir con dificultad por; leer con dificultad
wader [ˈwedər] *s* vadeador; bota alta impermeable; (orn.) zancuda, ave zancuda
wadi [ˈwadɪ] *s* (*pl:* **-dis**) uadi
wading bird *s* (orn.) ave zancuda
wady [ˈwadɪ] *s* (*pl:* **-dies**) var. de **wadi**
wafer [ˈwefər] *s* oblea (*para pegar sobres; píldora*); hostia (*oblea comestible*); (eccl.) hostia
wafery [ˈwefərɪ] *adj* delgado, ligero; fino y fácil de partir
waffle [ˈwafəl] *s* barquillo
waffle iron *s* barquillero (*molde*)
waft [wæft] o [waft] *s* ráfaga de aire, viento, olor, etc.; mecedura, fluctuación; movimiento (*de la mano*); *va* llevar por el aire; llevar a flote; *vn* moverse o flotar de un sitio a otro
wag [wæg] *s* meneo; bromista; (*pret & pp:* **wagged;** *ger:* **wagging**) *va* menear (*la cabeza; la cola*); *vn* menearse
wage [wedʒ] *s* salario, paga; **wages** *spl* salario, paga; galardón, premio; *va* emprender y continuar, perseguir; hacer (*guerra*), dar (*batalla*)
wage earner *s* asalariado
wager [ˈwedʒər] *s* apuesta; **to lay a wager** hacer una apuesta; *va & vn* apostar
wage scale *s* escala de salarios
wageworker [ˈwedʒˌwʌrkər] *s* asalariado
wageworking [ˈwedʒˌwʌrkɪŋ] *adj* asalariado
waggery [ˈwægərɪ] *s* (*pl:* **-ies**) broma, chanza; jocosidad
waggish [ˈwægɪʃ] *adj* bromista; divertido, gracioso
waggle [ˈwægəl] *s* meneo rápido; *va* menear rápidamente; *vn* menearse rápidamente
Wagnerian [vagˈnɪrɪən] *adj & s* vagneriano
wagon [ˈwægən] *s* carro, furgón; (Brit.) vagón o coche (*de ferrocarril*); **on the wagon** (slang) sin tomar bebidas alcohólicas; **to hitch one's wagon to a star** poner el tiro muy alto
wagoner [ˈwægənər] *s* carretero
wagonette [ˌwægəˈnɛt] *s* break, carricoche
wagonload [ˈwægənˌlod] *s* carretada
wagon train *s* tren de furgones; (mil.) tren de equipajes
wagtail [ˈwægˌtel] *s* (orn.) aguanieves, aguzanieves, nevatilla
wahoo [ˈwahu] o [waˈhu] *s* (bot.) evónimo; (bot.) tilio; (bot.) olmo; (ichth.) peto
waif [wef] *s* expósito; granuja (*chiquillo vagabundo*); animal extraviado o abandonado; (law) cosa robada y soltada por el ladrón
wail [wel] *s* gemido, lamento; *vn* gemir, lamentarse, llorar quejándose de dolor
Wailing Wall *s* muro de los lamentos
wainscot [ˈwenskət] o [ˈwenskat] *s* arrimadillo, friso (*de madera*); (*pret & pp:* **-scoted** o **-scotted;** *ger:* **-scoting** o **-scotting**) *va* poner arrimadillo o friso a (*la parte inferior de una pared*)
wainscoting o **wainscotting** [ˈwenskətɪŋ] o [ˈwenskatɪŋ] *s* arrimadillo, friso; madera de entablado
wainwright [ˈwenˌraɪt] *s* carretero
waist [west] *s* cintura, talle (*del cuerpo humano y del vestido*); blusa, corpiño
waistband [ˈwestˌbænd] *s* pretina
waistcloth [ˈwestˌklɔθ] o [ˈwestˌklaθ] *s* taparrabo
waistcoat [ˈwestˌkot] o [ˈwɛskət] *s* chaleco
waistline [ˈwestˌlaɪn] *s* talle
wait [wet] *s* espera; **waits** *spl* murga de nochebuena; **to have a good wait** (coll.) esperar sentado; **to lie in wait** estar al acecho; **to lie in wait for** acechar, preparar una emboscada a; *va* esperar, aguardar; (coll.) aplazar, diferir; *vn* esperar, aguardar; **to wait for** esperar, aguardar; **to wait on** servir, despachar (*p.ej., a los parroquianos en una tienda*); visitar, ir a ver; acompañar, velar sobre; presentar respetos a; **to wait until** + *ind* esperar a que + *subj*
waiter [ˈwetər] *s* mozo de restaurante, camarero; azafate, bandeja; aguardador
waiting [ˈwetɪŋ] *s* espera; servicio; **in waiting** de honor (*dícese del caballero o la dama que sirve a un personaje real*); *adj* que espera; que sirve; de espera
waiting list *s* lista de espera
waiting maid *s* criada de servicio, doncella
waiting man *s* criado de servicio
waiting room *s* sala de espera; antesala (*p.ej., de un consultorio médico*)
waiting woman *s* criada de servicio, doncella
waitress [ˈwetrɪs] *s* moza de restaurante, camarera
waive [wev] *va* renunciar a (*p.ej., un derecho*); diferir, dilatar, poner a un lado
waiver [ˈwevər] *s* (law) renuncia
wake [wek] *s* vigilia; velatorio (*acción de velar a un difunto*); estela (*de un barco u otro objeto en movimiento*); **in the wake of** en la estela de; inmediatamente detrás de; (*pret:* **waked** o **woke;** *pp:* **waked**) *va & vn* despertar; resucitar; velar
wakeful [ˈwekfəl] *adj* desvelado
wakefulness [ˈwekfəlnɪs] *s* desvelo
wake knot *s* (her.) lago de amor
waken [ˈwekən] *va & vn* despertar
wake-robin [ˈwekˌrabɪn] *s* (bot.) arisema; (bot.) aro; (bot.) trilio
Walachia [waˈlekɪə] *s* Valaquia
Walachian [waˈlekɪən] *adj & s* valaco
Waldenses [walˈdɛnsiz] *spl* valdenses
Waldensian [walˈdɛnsɪən] *adj & s* valdense
waldgrave [ˈwɔldgrev] *s* valdgrave
Waldo [ˈwɔldo] o [ˈwaldo] *s* Ubaldo
wale [wel] *s* verdugón; (naut.) cinta; relieve (*que sobresale del tejido*); *va* levantar verdugones a
Wales [welz] *s* Gales, el país de Gales
walk [wɔk] *s* caminata (*distancia*); paseo (*acción*); andar, paso (*manera de andar o caminar*); andadura (*de una caballería*); alameda, paseo, vereda; cercado (*para animales*); carrera, condición; oficio, empleo; **at a walk** caminando; **to go for a walk** salir a pasear; **to take a walk** dar un paseo; *va* pasear (*a un niño, un caballo*); caminar (*recorrer caminando*); correr (*un espacio determinado*); ha-

W

cer andar (*y no correr*); llevar caminando; **to walk off** deshacerse de (*p.ej., un dolor de cabeza*) caminando; *vn* andar, caminar; pasear; ir despacio (*no corriendo*); conducirse, portarse; (baseball) pasar a primera base; **to walk away (from)** alejarse caminando (de); **to walk off with** cargar con, llevarse, robarse; **to walk out** salir repentinamente; declararse en huelga; **to walk out on** (coll.) abandonar, dejar airadamente, salir airadamente de

walkaway [ˈwɔkəˌwe] *s* (coll.) triunfo fácil

walker [ˈwɔkər] *s* caminante; paseante; peatón; andaderas

walkie-lookie [ˈwɔkɪˈlʊkɪ] *s* cámara televisora portátil

walkie-talkie [ˈwɔkɪˈtɔkɪ] *s* (rad.) transmisor-receptor portátil

walking beam *s* (mach.) balancín

walking delegate *s* delegado viajante de un gremio obrero

walking encyclopedia *s* (coll.) enciclopedia ambulante

walking papers *spl* (coll.) despedida (*de un empleo o cargo*)

walking stick *s* bastón; (ent.) espectro

walking typhoid fever *s* (path.) fiebre tifoidea ambulante o ambulatoria

walk-on [ˈwɔkˌɑn] *s* (theat.) parte de por medio

walkout [ˈwɔkˌaʊt] *s* (coll.) huelga

walkover [ˈwɔkˌovər] *s* (coll.) triunfo fácil

wall [wɔl] *s* muro; pared (*entre dos habitaciones*); cerca (*muro que rodea, p.ej., un jardín*); muralla (*p.ej., de una fortificación*); pared (*de un tubo, vaso, caldera, etc.*); **to drive to the wall** poner entre la espada y la pared; **to go to the wall** entregarse, rendirse; fracasar; **to push to the wall** poner entre la espada y la pared; *va* emparedar, murar; amurallar; **to wall up** cerrar con muro

wallaby [ˈwɑləbɪ] *s* (*pl:* **-bies**) (zool.) ualabi (*especie de canguro*)

Wallachia [wɑˈlekɪə] *s* var. de **Walachia**

wallaroo [ˌwɑləˈru] *s* (zool.) canguro de talla mayor (*del subgénero Osphranter*)

wallboard [ˈwɔlˌbord] *s* cartón de yeso, cartón tabla

wallet [ˈwɑlɪt] *s* cartera de bolsillo; morral (*saco de provisiones*)

walleye [ˈwɔlˌaɪ] *s* ojo de color muy pálido; ojo desviado hacia afuera; ojo saltón; estrabismo divergente; pez de ojos saltones

walleyed [ˈwɔlˌaɪd] *adj* de ojos incoloros; de ojos desviados hacia afuera; de ojos saltones; de mirada vaga

walleyed herring *s* (ichth.) arenque de ojos grandes

wallflower [ˈwɔlˌflaʊər] *s* (bot.) alhelí amarillo; (coll.) mujer que se queda sin bailar (*por no haber sido invitada a ello*); **to be a wallflower** (coll.) comer pavo

wall knot *s* (naut.) piña

Walloon [wɑˈlun] *adj & s* valón

wallop [ˈwɑləp] *s* (coll.) golpazo; (coll.) fuerza; (coll.) tunda, zurra; *va* (coll.) golpear fuertemente; (coll.) tundir, zurrar

wallow [ˈwɑlo] *s* revuelco (*acción*); revolcadero (*sitio*); *vn* revolcarse (*en el lodo; en los vicios*); nadar (*en riquezas*)

wallpaper [ˈwɔlˌpepər] *s* papel de empapelar, papel pintado; *va* empapelar

wall plate *s* carrera, solera, viga de apoyo

wall rock *s* (geol. & min.) roca de respaldo

wall rocket *s* (bot.) jaramago

wall rue *s* (bot.) ruda de muros

wallwort [ˈwɔlˌwʌrt] *s* (bot.) cañarroya

walnut [ˈwɔlnət] *s* (bot.) nogal (*árbol y madera*); nuez (*de nogal*)

Walpurgis night [vɑlˈpʊrgɪs] *s* noche de Walpurgis

walpurgite [wɑlˈpʌrdʒaɪt] o [wɑlˈpʌrgaɪt] *s* (mineral.) valpurgita

walrus [ˈwɔlrəs] o [ˈwɑlrəs] *s* (zool.) morsa

Walter [ˈwɔltər] *s* Gualterio

waltz [wɔlts] *s* vals; *adj* de vals; *va* hacer valsar; *vn* valsar; girar, dar vueltas

wambly [ˈwɑmlɪ] o [ˈwæmlɪ] *adj* (dial.) trémulo, vacilante; (dial.) mareado, nauseado

wampum [ˈwɑmpəm] *s* cuentas de concha que usaban los pieles rojas como dinero; (slang) dinero

wan [wɑn] *adj* (*comp:* **wanner;** *super:* **wannest**) macilento; plomizo (*cielo*); obscuro, empañado

wand [wɑnd] *s* vara; varita de virtudes

wander [ˈwɑndər] *va* (poet.) atravesar o recorrer a la ventura; *vn* errar, vagar; extraviarse, perderse; **to wander about** o **around** errar o vagar de una parte a otra, andar acá y allá

wanderer [ˈwɑndərər] *s* vago, vagamundo; peregrino; prevaricador

wandering Jew *s* (bot.) matalí o sangría; (*caps.*) *s* Judío errante

wanderlust [ˈwɑndərˌlʌst] *s* pasión de viajar, ansia de vagar

wane [wen] *s* mengua, disminución; decadencia, declinación; gema (*de un madero*); menguante (*de la luna*); **in** u **on the wane** menguando; decayendo, declinando; *vn* menguar, disminuir; decaer, declinar

wangle [ˈwæŋgəl] *va* sacudir; (coll.) mamar o mamarse (*p.ej., un buen destino*); (coll.) cazar (*adquirir con maña*); (coll.) adulterar (*p.ej., cuentas*); **to wangle into** + *ger* (coll.) persuadir con artimañas a + *inf; vn* (coll.) barajárselas; **to wangle through** (coll.) sacudirse bien (*salir con maña de un apuro*)

wanigan [ˈwɑnɪgən] *s* (U.S.A.) caja en que los gancheros guardan sus pertrechos; (U.S.A.) vivienda tosca de los gancheros, que flota en una balsa

wannish [ˈwɑnɪʃ] *adj* algo macilento

want [wɑnt] o [wɔnt] *s* deseo; necesidad; falta, carencia; **to be in want** estar necesitado; *va* desear; necesitar; carecer de; *vn* faltar; estar necesitado; **to want for** carecer de; necesitar; **to want to** + *inf* desear + *inf*

want ad *s* (coll.) anuncio clasificado

wanting [ˈwɑntɪŋ] o [ˈwɔntɪŋ] *adj* faltante (*que falta*); defectuoso, deficiente; **to be wanting** faltar; *prep* sin, menos, salvo

wanton [ˈwɑntən] *adj* insensible, perverso; caprichoso, irreflexivo; licencioso; lujoso; (poet.) lozano; (poet.) retozón; *s* libertino; *va* malgastar; *vn* retozar, juguetear

wantonness [ˈwɑntənnɪs] *s* insensibilidad, perversidad; capricho, irreflexión; libertinaje; lujo; (poet.) lozanía; (poet.) travesura

wapiti [ˈwɑpɪtɪ] *s* (*pl:* **-tis**) (zool.) uapití

war [wɔr] *s* guerra; **to be at war** estar en guerra; **to go to war** declarar la guerra, entrar en guerra; ir a la guerra (*como soldado*); (*pret & pp:* **warred;** *ger:* **warring**) *vn* guerrear; **to war on** guerrear con, hacer la guerra a

war baby *s* hijo de soldado, nacido durante una guerra; (coll.) industria o comercio fomentados por la guerra

War between the States *s* (U.S.A.) guerra entre Norte y Sur

warble [ˈwɔrbəl] *s* gorjeo, trino; *vn* gorjear, trinar

warbler [ˈwɔrblər] *s* gorjeador; (orn.) curruca; (orn.) candelita (*Setophaga ruticilla*)

war bond *s* bono de guerra

war bride *s* novia de guerra (*la recién casada con un soldado en tiempo de guerra*); (slang) industria o comercio fomentados por la guerra

war cloud *s* amenaza de guerra

war club *s* maza usada como arma

war crime *s* crimen de guerra

war criminal *s* criminal de guerra

war cry *s* grito de guerra

ward [wɔrd] *s* pupilo, menor o huérfano (*bajo tutela*); tutela, custodia; barrio, distrito (*de una ciudad*); crujía (*de un hospital*); guarda o rodaplancha (*de una llave*); guarda (*de la cerradura*); defensa, posición defensiva; *va* (archaic) guardar, vigilar; **to ward off** parar, detener, desviar

war dance *s* danza de guerra, danza guerrera

warden [ˈwɔrdən] *s* guardián; carcelero; alcalde; alcaide (*de una fortaleza*); capillero (*de una iglesia*); director (*de ciertas escuelas*)

warder [ˈwɔrdər] *s* guardián; (Brit.) carcelero

ward heeler *s* (coll.) muñidor (*de un cacique político*)

wardrobe [ˈwɔrdˌrob] *s* guardarropa (*local; armario*); vestuario; (theat.) guardarropía

wardrobe trunk *s* baúl ropero, baúl perchero
wardroom [ˈwɔrd,rum] o [ˈwɔrd,rʊm] *s* (nav.) cuartel de oficiales; (Brit.) cuarto de guardia
wardship [ˈwɔrdʃɪp] *s* pupilaje, tutela
ware [wɛr] *s* loza de barro, artículos de alfarería; **wares** *spl* mercancías, efectos, géneros
war effort *s* esfuerzo bélico
warehouse [ˈwɛr,haʊs] *s* almacén; guardamuebles
warehouseman [ˈwɛr,haʊsmən] *s* (*pl:* **-men**) almacenero, guardalmacén; almacenista (*dueño*)
warfare [ˈwɔr,fɛr] *s* guerra
war game *s* supuesto táctico; juego de guerra
war god *s* dios de la guerra
war head *s* cabeza de combate, punta de combate (*de torpedo*)
war horse *s* caballo guerrero; (coll.) veterano, persona que ha tomado parte en muchas luchas y batallas
warily [ˈwɛrɪlɪ] *adv* cautelosamente
wariness [ˈwɛrɪnɪs] *s* cautela
warlike [ˈwɔr,laɪk] *adj* guerrero
war loan *s* empréstito de guerra
warlock [ˈwɔrlɑk] *s* (archaic) brujo, hechicero; (archaic) adivino, sortílego
war lord *s* jefe militar
warm [wɔrm) *adj* caliente (*que da calor*); templado (*ni frío ni caliente*); cálido, caluroso (*clima, país*); abrigador (*vestido, traje*); cálido (*color*); desagradable; (coll.) acomodado, bien de fortuna; (coll.) caliente (*cercano a lo que se busca*); (fig.) caluroso; **to be warm** hacer calor (*dícese del tiempo*); tener calor (*p.ej., una persona*); *va* calentar; hacer más amistoso, expresivo, etc.; acalorar; calentar (*una silla*); (coll.) zurrar; **to warm over** recalentar (*comida fría*); **to warm up** recalentar (*comida fría*); hacer más amistoso, expresivo, etc.; acalorar; *vn* calentarse; **to warm up** templar (*el tiempo*); hacerse más amistoso, expresivo, etc.; acalorarse; (sport) hacer ejercicios para entrar en calor
warm-blooded [ˈwɔrmˈblʌdɪd] *adj* apasionado, ardiente; (zool.) de sangre caliente
war memorial *s* monumento a los caídos
warm front *s* (meteor.) frente caliente
warm-hearted [ˈwɔrmˈhɑrtɪd] *adj* afectuoso, bondadoso, simpático
warming pan *s* mundillo, calentador de cama
warmish [ˈwɔrmɪʃ] *adj* algo caliente; algo caluroso
warmonger [ˈwɔr,mʌŋgər] *s* atizador de la guerra, fomentador de la guerra
warmth [wɔrmθ] *s* calor; ardor, entusiasmo; cordialidad, simpatía
warn [wɔrn] *va* avisar, advertir; aconsejar; amonestar
warning [ˈwɔrnɪŋ] *s* aviso, advertencia; *adj* amonestador
War Office *s* (Brit.) ministerio del Ejército
War of Independence *s* guerra de la Independencia
war of nerves *s* guerra de nervios
War of Secession *s* (U.S.A.) guerra de Secesión
War of the Roses *s* guerra de las dos Rosas
warp [wɔrp] *s* urdimbre (*de un tejido*); comba, alabeo (*de una tabla*); sesgo (*de la mente*); prejuicio; (naut.) espía; *va* combar, alabear, torcer; desviar; pervertir (*a una persona; el juicio de una persona; un texto*); (naut.) mover (*una embarcación*) con espía; *vn* combarse, alabearse, torcerse; desviarse; (naut.) espiarse
war paint *s* pintura que se ponen los pieles rojas para ir a la batalla; (coll.) ademán de amenaza; (coll.) colorete, atavíos, galas, trajes de lujo
warpath [ˈwɔr,pæθ] o [ˈwɔr,pɑθ] *s* senda que siguen los indios norteamericanos para atacar al enemigo; **to be on the warpath** estar preparado para la guerra; estar buscando pendencia
warplane [ˈwɔr,plen] *s* avión de guerra, avión militar
warrant [ˈwɑrənt] o [ˈwɔrənt] *s* autorización; decreto, orden; cédula, certificación; citación (*ante un juez*); justificación; garantía, promesa; *va* autorizar; justificar; garantizar, prometer; afirmar, asegurar
warrantable [ˈwɑrəntəbəl] o [ˈwɔrəntəbəl] *adj* garantizable; justificable
warrantee [,wɑrənˈti] o [,wɔrənˈti] *s* persona garantizada o afianzada
warranter [ˈwɑrəntər] o [ˈwɔrəntər] *s* garante
warrant officer *s* (mil.) suboficial de la clase de tropa; (nav.) contramaestre
warrantor [ˈwɑrəntɔr] o [ˈwɔrəntɔr] *s* (law) garante
warranty [ˈwɑrəntɪ] o [ˈwɔrəntɪ] *s* (*pl:* **-ties**) autorización; justificación; seguridad; (law) garantía
warren [ˈwɑrən] o [ˈwɔrən] *s* conejera; vivar (*donde se crían animales pequeños*); vedado; barrio o edificio densamente poblado
warrior [ˈwɑrɪər] o [ˈwɔrɪər] *s* guerrero
war risk insurance *s* seguros contra el riesgo de guerra
Warsaw [ˈwɔrsɔ] *s* Varsovia
Warsaw Pact *s* Tratado de Varsovia
war scare *s* psicosis de guerra
warship [ˈwɔr,ʃɪp] *s* buque de guerra
war strength *s* efectivos de guerra
wart [wɔrt] *s* verruga; (bot.) verruga
wart hog *s* (zool.) jabalí de verrugas
wartime [ˈwɔr,taɪm] *s* tiempo de guerra
war-torn [ˈwɔr,torn] *adj* devastado por la guerra
war to the death *s* guerra a muerte
warty [ˈwɔrtɪ] *adj* (*comp:* **-ier;** *super:* **-iest**) verrugoso
war whoop *s* grito de guerra (*especialmente de los pieles rojas*)
wary [ˈwɛrɪ] *adj* (*comp:* **-ier;** *super:* **-iest**) cauteloso (*dícese de una persona o de sus actos o dichos*); **wary of** cauteloso con
was [wɑz] o [wʌz] *primera y tercera personas del sg del pret de* **be**
Wash. abr. de **Washington**
wash [wɑʃ] o [wɔʃ] *s* lavado; jabonado (*ropa blanca que se ha de jabonar o se ha jabonado*); loción; alimento líquido; lavazas, despojos líquidos; batiente del agua; ruido del agua al batir; aluvión (*materia arrastrada y depositada por el agua*); charco, pantano; (aer.) disturbio aerodinámico, estela turbulenta; (paint.) lavado; (min.) grava aurífera; venta ficticia de acciones con el fin de manejar el mercado; *adj* lavable; *va* lavar; bañar, mojar; fregar (*la vajilla*); (mas., min., paint. & fig.) lavar; **to wash away** quitar lavando; derrubiar; llevarse (*el agua o las olas*); **to wash off** quitar lavando; *vn* lavarse; lavar la ropa; ser arrastrado y depositado por el agua; gastarse por la acción del agua: moverse, batir (*el agua*); (coll.) mantenerse firme
washable [ˈwɑʃəbəl] o [ˈwɔʃəbəl] *adj* lavable
wash-and-wear [ˈwɑʃəndˈwɛr] o [ˈwɔʃəndˈwɛr] *adj* de lava y pon
washbasin [ˈwɑʃ,besən] o [ˈwɔʃ,besən] *s* var. de **washbowl**
washbasket [ˈwɑʃ,bæskɪt] o [ˈwɔʃ,bæskɪt] *s* cesto de la colada
washboard [ˈwɑʃ,bord] o [ˈwɔʃ,bord] *s* lavadero, tabla de lavar; rodapié; (naut.) falca
wash bottle *s* (chem.) frasco lavador
washbowl [ˈwɑʃ,bol] o [ˈwɔʃ,bol] *s* jofaina, palangana
washcloth [ˈwɑʃ,klɔθ] o [ˈwɔʃ,klɔθ] *s* paño para lavarse
washday [ˈwɑʃ,de] o [ˈwɔʃ,de] *s* día de colada
washed-out [ˈwɑʃt,aʊt] o [ˈwɔʃt,aʊt] *adj* desteñido, descolorido; (coll.) debilitado, extenuado
washed-up [ˈwɑʃt,ʌp] o [ˈwɔʃt,ʌp] *adj* (slang) deslomado, derrengado; (slang) fracasado
washer [ˈwɑʃər] o [ˈwɔʃər] *s* lavador; lavadora o lavadora mecánica; arandela; disco de goma, zapatilla (*de una llave o grifo*); (phot.) lavador
washerwoman [ˈwɑʃər,wʊmən] o [ˈwɔʃər,wʊmən] *s* (*pl:* **-women**) lavandera
wash goods *spl* tejidos lavables, prendas lavables
washing [ˈwɑʃɪŋ] o [ˈwɔʃɪŋ] *s* lavado (*lavamiento; ropa lavada o por lavar*); (min.) lava;

washings *spl* lavadura (*agua sucia; rozadura de un cabo*)
washing machine *s* lavadora, lavadora mecánica, máquina de lavar
washing soda *s* sosa de lavar (*bicarbonato de sodio que se usa para blanquear la ropa*)
wash leather *s* gamuza (*piel*)
wash line *s* cordón de tender ropa
washout ['wɑʃ,aut] o ['wɔʃ,aut] *s* derrubio; (coll.) desilusión, fracaso
washrag ['wɑʃ,ræg] o ['wɔʃ,ræg] *s* paño para lavarse; paño de cocina
washroom ['wɑʃ,rum] o ['wɔʃ,rum] *s* gabinete de aseo, lavabo
wash sale *s* venta ficticia de acciones con el fin de manejar el mercado
washstand ['wɑʃ,stænd] o ['wɔʃ,stænd] *s* lavamanos (*palanganero; lavabo*)
washtub ['wɑʃ,tʌb] o ['wɔʃ,tʌb] *s* tina de lavar, cuba de colada; lavadero
wash water *s* agua de lavado; lavazas (*agua sucia*)
washwoman ['wɑʃ,wumən] o ['wɔʃ,wumən] *s* (*pl:* **-women**) lavandera
washy ['wɑʃɪ] o ['wɔʃɪ] *adj* (*comp:* **-ier;** *super:* **-iest**) aguado, diluído, débil; insulso, flojo
wasn't ['wɑzənt] o ['wʌzənt] contracción de **was not**
wasp [wɑsp] *s* (ent.) avispa
waspish ['wɑspɪʃ] *adj* colérico, rencoroso, irascible; como una avispa; ceñido, delgado
wasp-waisted ['wɑsp,westɪd] *adj* de talle de avispa
wassail ['wɑsəl] o ['wæsəl] *s* juerga de borrachera; cerveza o vino condimentados con especias (*que se toman en una juerga*); *interj* ¡salud!; *va* beber a la salud de; *vn* tomar parte en una juerga de borrachera
wassailer ['wɑsələr] o ['wæsələr] *s* juerguista, borrachón; brindador
wastage ['westɪdʒ] *s* pérdida, derroche, desgaste
waste [west] *s* derroche; pérdida (*p.ej., de tiempo*); decaimiento; basura, despojo, desecho, desperdicio; desgaste; despoblado, yermo; hilacha de algodón; (law) perjuicio causado por descuido del inquilino; **to go to waste** perderse, ser desperdiciado; **to lay waste** asolar, devastar, poner a fuego y sangre; *adj* desechado, inútil, sobrante; arruinado, desolado; yermo; (physiol.) excrementicio; *va* derrochar, malgastar, desperdiciar; desgastar; asolar, devastar; *vn* perderse; consumirse; mermar; **to waste away** decaer, consumirse
wastebasket ['west,bæskɪt] o ['west,bɑskɪt] *s* papelera (*cesto para papeles inútiles y desechos*)
wasteful ['westfəl] *adj* derrochador, manirroto, pródigo; devastador, ruinoso
waste paper *s* papel viejo, papeles usados
waste pipe *s* tubo de desagüe
waste product *s* producto de desecho; materia excretada
wastrel ['westrəl] *s* derrochador, malgastador; pródigo, perdido; cosa defectuosa o inútil, desecho
watch [wɑtʃ] *s* vigilancia; velación, vigilia; guardia; vigía; vigilante; reloj (*de bolsillo o de pulsera*); (mil.) centinela; (mil.) vigilia; (naut.) guardia; **to be on the watch for** estar a la mira de; tener cuidado con; **to keep watch** estar de guardia; **to keep watch over** velar (*p.ej., el sueño de una persona*); vigilar por o sobre; *adj* relojero; *va* mirar; velar, vigilar; guardar; tener cuidado con; *vn* mirar; velar (*no dormir*); **to watch for** acechar, esperar; **to watch out** tener cuidado; **to watch out for** estar a la mira de; guardarse de; tener cuidado con; **to watch over** velar (*p.ej., el sueño de una persona*); vigilar o velar por o sobre
watchcase ['wɑtʃ,kes] *s* caja de reloj
watch chain *s* cadena de reloj
watch charm *s* dije
watchdog ['wɑtʃ,dɔg] o ['wɑtʃ,dɑg] *s* perro de guarda, perro guardián; (fig.) fiel guardián
watch fire *s* hoguera encendida durante la noche (*p.ej., en un campamento*)
watchful ['wɑtʃfəl] *adj* desvelado, vigilante
watchfulness ['wɑtʃfəlnɪs] *s* desvelo, vigilancia
watchful waiting *s* espera vigilante
watch glass *s* cristal de reloj; (naut.) ampolleta de media hora
watchmaker ['wɑtʃ,mekər] *s* relojero
watchmaking ['wɑtʃ,mekɪŋ] *adj* relojero; *s* relojería
watchman ['wɑtʃmən] *s* (*pl:* **-men**) velador, vigilante, sereno
watchman's clock *s* reloj para vigilantes
watch meeting *s* oficio de noche vieja
watch night *s* noche vieja; oficio de noche vieja
watch pocket *s* relojera
watch spring *s* muelle de reloj
watch strap *s* pulsera
watchtower ['wɑtʃ,tauər] *s* garita, atalaya, vigía
watchword ['wɑtʃ,wʌrd] *s* santo y seña, contraseña; lema
watchwork ['wɑtʃ,wʌrk] *s* aparato de relojería
water ['wɔtər] o ['wɑtər] *s* agua; (com.) acciones emitidas sin el equivalente aumento de capital; **waters** *spl* aguas (*agua fluyente; agua batiente; agua mineral; agua de manantial; alta mar; visos de la seda, de las piedras preciosas*); **above water** (fig.) flotante; **by water** por agua, por barco; **like water** como agua (*pródigamente*); **of the first water** de lo mejor; **to back water** (naut. & fig.) ciar; **to carry water on both shoulders** nadar entre dos aguas, ser pancista; **to fish in troubled waters** pescar en río revuelto, pescar en agua turbia; **to go by water** ir por mar; **to hold water** retener el agua; (coll.) tener base firme, ser bien fundado; **to make water** hacer aguas (*orinar*); (naut.) hacer agua; **to pour** o **throw cold water on** echar un jarro de agua (fría) a, desanimar mostrando indiferencia; **to tread water** mantenerse a flote pataleando en el agua ‖ *adj* acuático; de agua; para agua ‖ *va* regar, rociar; aguar (*p.ej., el vino*); abrevar (*p.ej., el ganado*); proveer de agua; proveer de visos; (com.) emitir (*acciones*) sin el correspondiente aumento de capital ‖ *vn* llenarse de agua; abrevarse (*el ganado*); tomar agua (*p.ej., una locomotora*); llorar (*los ojos*); (naut.) hacer aguada
water back *s* caja de agua caliente
water ballast *s* (naut. & aer.) lastre de agua
water bath *s* baño de agua; baño maría
water beetle *s* (ent.) ditisco
water bird *s* ave acuática
water bottle *s* bolsa o botella para agua; cantimplora; vasija para recoger muestras de agua
water brain *s* (vet.) tornada
waterbuck ['wɔtər,bʌk] o ['wɑtər,bʌk] *s* (zool.) antílope acuático (*Kobus*)
water buffalo *s* (zool.) búfalo común; (zool.) carabao
water bug *s* (ent.) chinche de agua; (ent.) cucaracha
water carrier *s* aguador; barco para transporte de agua; cañería de agua; depósito de agua; nube de lluvia
water clock *s* reloj de agua
water closet *s* excusado, retrete, váter
water color *s* acuarela; color para acuarela
water-color ['wɔtər,kʌlər] o ['wɑtər,kʌlər] *adj* hecho a la acuarela
water-colorist ['wɔtər,kʌlərɪst] o ['wɑtər,kʌlərɪst] *s* acuarelista
water column *s* indicador de nivel del agua; (rail.) columna de agua
water-cooling ['wɔtər,kulɪŋ] o ['wɑtər,kulɪŋ] *s* refrigeración por agua
watercourse ['wɔtər,kors] o ['wɑtər,kors] *s* corriente de agua; lecho de corriente
watercraft ['wɔtər,kræft] o ['wɑtər,kræft] *s* embarcación, embarcaciones; destreza en la navegación; destreza en la natación o en los deportes acuáticos
water cress *s* (bot.) berro (*planta y hojas que se comen en ensalada*)
water cure *s* cura de aguas
water dog *s* perro de aguas; (coll.) buen nadador

water dropwort *s* (bot.) nabo del diablo
waterfall ['wɔtər,fɔl] o ['watər,fɔl] *s* caída de agua, cascada
water fennel *s* (bot.) hinojo acuático, felandrio, enante
water flea *s* (ent.) pulga de agua
waterfowl ['wɔtər,faul] o ['watər,faul] *s* ave acuática, aves acuáticas (*especialmente las palmípedas*)
water front *s* terreno ribereño (*especialmente de una ciudad*)
water gap *s* garganta u hondonada (*entre montañas por donde corre una corriente*)
water gas *s* gas de agua
water gate *s* abertura para el agua; compuerta
water germander *s* (bot.) escordio, ajote, camedrio acuático
water glass *s* vidrio soluble; vaso para beber agua
water hammer *s* choque de ariete, choque de agua; (phys.) martillo de agua (*tubo de vidrio*)
water heater *s* calentador de agua
water hemlock *s* (bot.) cicuta acuática; (bot.) felandrio, nabo del diablo
water hole *s* charco
water horehound *s* (bot.) marrubio acuático
water ice *s* sorbete, helado; hielo solidificado directamente del agua
wateriness ['wɔtərɪnɪs] o ['watərɪnɪs] *s* acuosidad
watering can *s* regadera
watering place *s* aguadero, abrevadero; aguas minerales; baños, balneario
watering pot *s* regadera
watering trough *s* abrevadero, aguadero; (rail.) atarjea de alimentación
water jacket *s* camisa de agua
water level *s* nivel de agua; (naut.) línea de agua
water lily *s* (bot.) ninfea, nenúfar
water line *s* (naut.) línea de flotación, línea de agua; nivel de agua
water-logged ['wɔtər,lɔgd] o ['watər,lɔgd] *adj* anegado, inundado; empapado
water main *s* cañería maestra
waterman ['wɔtərmən] o ['watərmən] *s* (*pl:* **-men**) barquero; remero
watermark ['wɔtər,mark] o ['watər,mark] *s* marca de agua, filigrana; marca de nivel de agua; *va* marcar (*papel*) al agua
watermelon ['wɔtər,mɛlən] o ['watər,mɛlən] *s* (bot.) sandía (*planta y fruto*)
water meter *s* contador de agua
water mill *s* molino de agua
water moccasin *s* (zool.) mocasín de agua
water nymph *s* (myth.) ninfa de las aguas; (bot.) nenúfar
water of crystallization *s* (chem.) agua de cristalización
water ouzel *s* (orn.) tordo de agua, mirlo de agua
water parsnip *s* (bot.) berrera, arsáfraga
water pipe *s* cañería de agua
water plantain *s* (bot.) alisma
water polo *s* (sport) polo de agua, polo acuático
water power *s* fuerza de agua, fuerza hidráulica, hulla blanca
waterproof ['wɔtər,pruf] o ['watər,pruf] *adj* impermeable; *s* material impermeable; impermeable (*sobretodo*); *va* impermeabilizar
waterproofing ['wɔtər,prufɪŋ] o ['watər,prufɪŋ] *s* impermeabilización (*acción*); impermeabilizante (*material*)
water rat *s* (zool.) rata de agua, arvícola; (zool.) rata almizclada u ondatra
water seal *s* cierre hidráulico
watershed ['wɔtər,ʃɛd] o ['watər,ʃɛd] *s* línea divisoria de las aguas; cuenca
water shrew *s* (zool.) musaraña de agua (*Neomys fodiens*)
waterside ['wɔtər,saɪd] o ['watər,saɪd] *s* orilla, borde del agua
water ski *s* esquí acuático
water skiing *s* esquí acuático, esquiismo acuático
water skipper *s* var. de **water strider**
water snake *s* (zool.) culebra de agua
water-soak ['wɔtər,sok] o ['watər,sok] *va* empapar de agua
water spaniel *s* perro de aguas
waterspout ['wɔtər,spaut] o ['watər,spaut] *s* canalón (*para el agua del tejado*); manguera, boquilla de manguera; tromba marina; turbión, manga de agua
water sprite *s* espíritu de las aguas
water strider ['straɪdər] *s* (ent.) tejedor, zapatero
water supply *s* abastecimiento de agua
water-supply system ['wɔtərsə,plaɪ] o ['watərsə,plaɪ] *s* fontanería
water table *s* (arch.) retallo de derrame; (eng.) capa freática
watertight *adj* ['wɔtər,taɪt] o ['watər,taɪt] *adj* hermético, estanco; (fig.) seguro, que no deja lugar a malas interpretaciones
watertight compartment *s* (naut.) compartimiento estanco
water tower *s* arca de agua; torre de agua contra incendios
water-tube boiler ['wɔtər,tjub] o ['watər,tjub] *s* caldera tubular de agua
water turkey *s* (orn.) anhinga
water vapor *s* vapor de agua
water wagon *s* (mil.) carro de agua; **to be on the water wagon** (slang) haber dejado de tomar bebidas alcohólicas
water wave *s* ondulación al agua (*en el peinado*)
waterway ['wɔtər,we] o ['watər,we] *s* vía de agua, vía fluvial; canal (*para dejar pasar el agua*); (naut.) trancanil
water wheel *s* rueda hidráulica; turbina de agua; rueda de agua (*de la noria*); rueda de paletas (*del buque de ruedas*)
water wings *spl* nadaderas
waterworks ['wɔtər,wʌrks] o ['watər,wʌrks] *ssg* o *spl* establecimiento para la distribución de las aguas; edificio con máquinas y bombas para la distribución de las aguas
waterworn ['wɔtər,worn] o ['watər,worn] *adj* gastado o pulido por la acción del agua
watery ['wɔtərɪ] o ['watərɪ] *adj* acuoso; aguado; mojado; lagrimoso, lloroso; evaporado, insípido; débil, pálido; que amenaza lluvia
watery grave *s* aguas en que tiene sepultura un cadáver
Watling Island ['watlɪŋ] *s* Guanahaní o San Salvador (*isla de las Bahamas*)
watt [wat] *s* (elec.) vatio
wattage ['watɪdʒ] *s* (elec.) vatiaje
watt-hour ['wat'aur] *s* (*pl:* **watt-hours**) (elec.) vatio-hora
watt-hour meter *s* (elec.) vatihorímetro
wattle ['watəl] *s* zarzo, sebe; barba (*de ave*); barbilla (*de pez*); (bot.) acacia; *adj* construído con zarzo; *va* construir con zarzo; entretejer en forma de zarzo; amarrar con tiras de zarzo
wattmeter ['wat,mitər] *s* (elec.) vatímetro
wave [wev] *s* onda; onda u ondulación (*del cabello*); ola (*de calor o frío*); oleada (*p.ej., de huelgas*); señal hecha con la mano; (phys.) onda; (poet.) aguas, mar; *va* agitar, blandir (*p.ej., la espada*); ondear u ondular (*el cabello*); hacer señales con (*la mano o el pañuelo*); decir (*adiós*) con la mano; **to wave aside** apartar, rechazar; *vn* ondear, ondearse; hacer señales con la mano o el pañuelo
wave band *s* (rad.) banda de ondas
wave front *s* (phys.) frente de ondas
wave length *s* (phys.) longitud de onda
wavelet ['wevlɪt] *s* olita
wave motion *s* (phys.) ondulación, movimiento ondulatorio
waver ['wevər] *s* oscilación, vacilación; *vn* oscilar, vacilar
wave theory *s* (phys.) teoría ondulatoria (*de la luz*)
wave train *s* (phys.) tren de ondas
wave trap *s* (rad.) trampa de ondas
wavy ['wevɪ] *adj* (*comp:* **-ier**; *super:* **-iest**) ondeado; ondulado
wax [wæks] *s* cera; **to be wax in one's hands** ser como una cera; *va* encerar; cerotear (*el hilo*); *vn* hacerse, ponerse; crecer (*la luna*)
wax bean *s* habichuela, frijolillo
waxen ['wæksən] *adj* ceroso; plástico
wax myrtle *s* (bot.) árbol de la cera (*Myrica cerifera*)

wax palm *s* (bot.) palma de cera; (bot.) carnauba, palma negra (*Copernicia cerifera*)
wax paper *s* papel parafinado, papel encerado
wax plant *s* (bot.) monotropa; (bot.) flor de la cera (*Hoya carnosa*); (bot.) árbol de la cera (*Myrica cerifera*)
wax privet *s* (bot.) aligustre del Japón
wax taper *s* cerilla
wax tree *s* (bot.) trueno (*Ligustrum lucidum*); (bot.) fresno chino; (bot.) árbol de la cera (*Rhus verniciflus; Myrica cerifera*)
waxwing [ˈwæksˌwɪŋ] *s* (orn.) ampélido
waxwork [ˈwæksˌwʌrk] *s* figura o figuras de cera; **waxworks** *spl* museo de cera
waxy [ˈwæksɪ] *adj* (*comp:* **-ier**; *super:* **-iest**) ceroso
way [we] *s* vía, camino; pasaje; manera, modo; medio; costumbre, hábito; condición, estado; distancia; dirección, sentido; respecto; voluntad, p.ej., **he always wants his own way** quiere hacer siempre su voluntad; **ways** *spl* maneras, modales; anguilas (*para botar un barco al agua*); **across the way from** enfrente de, frente a; **a good way** un buen trecho; **a great way off** muy lejos; **all the way** por todo el camino; hasta el fin del camino; **all the way down to** o **up to** toda la distancia hasta; **any way** de cualquier modo, de todas maneras; **by the way** de paso; a propósito, dicho sea de paso; **by way of** por la vía de; por vía de, por modo de; a título de; a guisa de; **in a bad way** en mal estado; en malas condiciones; **in a big way** en gran escala; **in a small way** en pequeña escala; **in a way** de cierta manera, hasta cierto punto; **in every way** en todos respectos; **in my own way** a mi modo; **in no way** de ningún modo; **in the way of** en el ramo de, en la línea de; como; **in this way** de este modo; **once in a way** de vez en cuando; **on one's way** camino adelante; **on the way** en el camino; de paso; **on the way to** camino de, rumbo a; **on the way out** en dirección a la salida; saliendo; desapareciendo; **out of the way** hecho, despachado; fuera de lo común; fuera de orden; a un lado; escondido; inconveniente, impropio; **that way** por allí; de ese modo; **this way** por aquí; de este modo; **to be in the way** estorbar, incomodar; **to come one's way** seguir el mismo camino; caerle a uno en suerte, acontecerle a uno; **to feel one's way** tantear el camino; proceder con tiento; **to feel the same way** pasarle a uno lo mismo; ser de la misma opinión; **to find one's way** hallar el camino; **to force one's way** abrirse paso por fuerza; **to get into the way of** contraer la costumbre de; **to get out of the way** quitarse de en medio; quitarse de encima (*p.ej., un trabajo atrasado*); **to give way** ceder, retroceder; romperse (*p.ej., una cuerda*); fracasar; entregarse a las emociones propias; **to give way to** entregarse a (*p.ej., el dolor, el resentimiento*); **to go a long way towards** contribuir mucho a; **to go out of one's way** dar un rodeo; dar un rodeo innecesario; **to go out of one's way (for)** darse molestia (por), molestarse (por); **to go out of one's way to please** desvivirse por complacer; **to go the same way** llevar el mismo camino; **to have a way with** manejar bien, tener poder de persuasión con; **to have one's way** salirse con la suya; **to keep on one's way** seguir su camino; **to keep out of the way** estarse a un lado, no obstruir el paso; **to know one's way around** saber cómo entendérselas; **to lead the way** enseñar el camino, ir o entrar primero; **to lose one's way** perderse, andar perdido; **to make one's way** abrirse paso; avanzar; hacer carrera, acreditarse; **to make way** hacer lugar; ceder el paso; avanzar; **to make way for** dar paso a, hacer lugar para; **to mend one's ways** mejorar de conducta, mudar de vida; **to not know one's way around** estar en ayunas; **to not know which way to turn** no saber dónde meterse, no saber a qué atenerse; **to pave the way** preparar el terreno; **to put out of the way** poner (*una cosa*) donde no estorbe; quitar de en medio (*matar*); **to see one's way to** + *inf* ver el modo de, encontrar la manera de + *inf;* **to take one's way** irse, marcharse; **to wend one's way** seguir camino; **to wind one's way through** serpentear por; **to wing one's way** ir o avanzar volando; **to work one's way** abrirse camino, abrirse paso; **to work one's way through** pagar con su trabajo los gastos de (*p.ej., la universidad*); **under way** en marcha, en camino; pendiente; **which way?** ¿por dónde?
waybill [ˈweˌbɪl] *s* hoja de ruta
way down *s* bajada
wayfarer [ˈweˌfɛrər] *s* caminante
wayfaring [ˈweˌfɛrɪŋ] *adj* caminante
wayfaring tree *s* (bot.) barbadejo, morrionera
way in *s* entrada
waylaid [ˌweˈled] *pret & pp de* **waylay**
waylay [ˌweˈle] (*pret & pp:* **-laid**) *va* asechar; detener en el camino
way of life *s* manera de ser, modo de vivir
Way of St. James *s* Camino de Santiago (*Vía láctea*)
way out *s* salida
wayside [ˈweˌsaɪd] *adj* del borde del camino, junto al camino; *s* borde del camino; **to fall by the wayside** desaparecer; fracasar
way station *s* (rail.) estación de paso, estación de tránsito, apeadero
way train *s* (rail.) tren ómnibus, tren carreta
way up *s* subida, subidero
wayward [ˈwewərd] *adj* descarriado; díscolo, voluntarioso; voltario, voluble
waywardness [ˈwewərdnɪs] *s* descarrío; voluntariedad; voltariedad
wayworn [ˈweˌworn] *adj* cansado de viajar, fatigado del viaje
w.c. abr. de **water closet** y **without charge**
W.C.T.U. abr. de **Women's Christian Temperance Union**
we [wi] *pron pers* nosotros
weak [wik] *adj* débil; (gram.) débil (*vocal; verbo*)
weaken [ˈwikən] *va* debilitar, enflaquecer; atenuar; *vn* debilitarse, enflaquecer; atenuarse
weaker sex *s* sexo débil
weakfish [ˈwikˌfɪʃ] *s* (ichth.) pescadilla
weak-kneed [ˈwikˌnid] *adj* flojo de rodillas; débil, cobarde
weakling [ˈwiklɪŋ] *adj & s* canijo, cobarde
weakly [ˈwiklɪ] *adj* (*comp:* **-lier**; *super:* **-liest**) débil, enfermizo, achacoso; *adv* débilmente
weak-minded [ˈwikˈmaɪndɪd] *adj* imbécil, mentecato; irresoluto, vacilante
weakness [ˈwiknɪs] *s* debilidad; lado débil; gusto, inclinación
weak side *s* lado débil
weal [wil] *s* verdugón; (archaic) bienestar
weald [wild] *s* (poet.) campo abierto
wealth [wɛlθ] *s* riqueza; abundancia
wealthy [ˈwɛlθɪ] *adj* (*comp:* **-ier**; *super:* **-iest**) rico
wean [win] *va* destetar; **to wean away from** apartar gradualmente de
weanling [ˈwinlɪŋ] *adj* recién destetado; *s* niño o animal recién destetado
weapon [ˈwɛpən] *s* arma
weaponeer [ˌwɛpənˈɪr] *s* perito en materia de armas nucleares
weaponry [ˈwɛpənrɪ] *s* (*pl:* **-ries**) armamento, sistema de armas
wear [wɛr] *s* uso (*de ropa*); ropa; desgaste, deterioro; durabilidad; estilo, moda; **for all kinds of wear** a todo llevar; **for everyday wear** para todo trote ‖ (*pret:* **wore**; *pp:* **worn**) *va* llevar o traer puesto, llevar, usar; calzar (*cierto tamaño de zapato o guante*); exhibir, mostrar; desgastar, deteriorar; agotar, cansar; hacer (*p.ej., un agujero*) por el roce o frotando; **to wear away** consumir, gastar; **to wear down** desgastar frotando; agotar, cansar (*p. ej., la paciencia de uno*); cansar hasta rendir (*a una persona*); **to wear out** consumir, gastar; agotar, cansar (*p.ej., la paciencia de uno*); acabar con; abusar de (*la hospitalidad de uno*) ‖ *vn* desgastarse, deteriorarse; durar; pasar, desaparecer; (naut.) virar; **to wear off** pasar, desaparecer; **to wear out** gastarse, usarse
wear and tear [tɛr] *s* desgaste o deterioro causado por el uso
weariness [ˈwɪrɪnɪs] *s* cansancio; aburrimiento

wearing apparel *s* ropaje, prendas de vestir
wearisome [ˈwɪrɪsəm] *adj* aburrido, fastidioso
weary [ˈwɪrɪ] *adj* (*comp:* **-rier;** *super:* **-riest**) cansado; aburrido; (*pret & pp:* **-ried**) *va* cansar; aburrir; *vn* cansarse; aburrirse
weasand [ˈwizənd] *s* tráquea; garganta
weasel [ˈwizəl] *s* (zool.) comadreja
weaseler [ˈwizələr] *s* pancista
weasel words *spl* palabras ambiguas (*dichas para quedar bien con todos*)
weather [ˈwɛðər] *s* tiempo; mal tiempo; **to be bad weather** hacer mal tiempo; **to be good weather** hacer buen tiempo; **to be under the weather** (coll.) estar indispuesto, sentirse mal; (coll.) estar borracho; *adj* meteorológico; atmosférico; (naut.) de barlovento; **to keep one's weather eye open** estar a la mira, espiar el peligro; *va* airear; solear; curar (*madera*) exponiéndola al aire, sol o lluvia; intemperizar; aguantar (*el temporal, la adversidad*); doblar (*un cabo*); dar inclinación a (*tablas, tejas, etc. para hacer caer el agua*); *vn* curtirse a la intemperie, desgastarse por la intemperie; resistir a la intemperie
weather beam *s* (naut.) costado de barlovento
weather-beaten [ˈwɛðərˌbitən] *adj* curtido por la intemperie
weatherboard [ˈwɛðərˌbord] *s* tabla de chilla, tabla solapada; *va* cubrir con tablas de chilla, cubrir con tablas solapadas
weather-bound [ˈwɛðərˌbaund] *adj* atrasado o detenido por el mal tiempo
Weather Bureau *s* departamento de señales meteorológicas
weathercock [ˈwɛðərˌkɑk] *s* veleta; (fig.) veleta (*persona mudable*)
weathered oak *s* roble ahumado
weather gauge *s* (naut.) barlovento
weatherglass [ˈwɛðərˌglæs] o [ˈwɛðərˌglɑs] *s* barómetro, baroscopio u otro instrumento que indica la presión de la atmósfera, y por lo tanto, el estado del tiempo
weathering [ˈwɛðərɪŋ] *s* descomposición de la roca por los agentes atmosféricos; (constr.) declive de derrame
weatherman [ˈwɛðərˌmæn] *s* (*pl:* **-men**) (coll.) pronosticador del tiempo, meteorologista; (coll.) oficina meteorológica
weather map *s* mapa meteorológico
weatherproof [ˈwɛðərˌpruf] *adj* a prueba de la intemperie, a prueba del mal tiempo
weather strip *s* burlete, cierre hermético
weather-strip [ˈwɛðərˌstrɪp] (*pret & pp:* **-stripped;** *ger:* **-stripping**) *va* proveer de burletes
weather stripping *s* burlete, cierre hermético; burletes
weather vane *s* veleta
weather-wise [ˈwɛðərˌwaɪz] *adj* hábil en la pronosticación del tiempo
weave [wiv] *s* tejido; (*pret:* **wove** o **weaved;** *pp:* **woven** o **wove**) *va* tejer; (fig.) tejer (*un cuento, una intriga*); **to weave one's way** avanzar virando y cambiando de dirección; **to weave together** entrelazar; combinar; *vn* tejer; zigzaguear
weaver [ˈwivər] *s* tejedor; (orn.) tejedor
weaverbird [ˈwivərˌbʌrd] *s* (orn.) tejedor
web [wɛb] *s* tela, tejido; tela (*p.ej., de araña*); membrana (*entre los dedos de ciertas aves*); barba (*de una pluma*); alma (*de los carriles, etc.*); paletón (*de la llave*); hoja (*de sierra, de espada*); (print.) rollo de papel continuo; (rad. & telv.) red; (fig.) tela, tejido, enredo, maraña
webbed [wɛbd] *adj* tejido; palmeado
webbing [ˈwɛbɪŋ] *s* tiras de tela (*que sirven para cinchas y para tapizar muebles*); borde tejido que se pone como refuerzo a las alfombras; membrana (*entre los dedos de ciertas aves*)
webfoot [ˈwɛbˌfut] *s* (*pl:* **-feet**) pie palmeado; palmípedo
web-footed [ˈwɛbˌfutɪd] *adj* palmípedo, de pie palmeado
web frame *s* (naut.) cuaderna
web press *s* prensa que imprime en rollo de papel continuo
web-toed [ˈwɛbˌtod] *adj* var. de **web-footed**
Wed. abr. de **Wednesday**
we'd [wid] contracción de **we had, we should** y **we would**
wed [wɛd] (*pret:* **wedded;** *pp:* **wedded** o **wed;** *ger:* **wedding**) *va* casar (*unir en matrimonio*); casarse con; *vn* casarse
wedding [ˈwɛdɪŋ] *s* bodas, matrimonio; *adj* de boda, nupcial
wedding cake *s* torta de boda
wedding day *s* día de bodas
wedding march *s* (mus.) marcha nupcial
wedding night *s* noche de bodas
wedding ring *s* anillo de boda
wedding trip *s* viaje de novios
wedge [wɛdʒ] *s* cuña; (mil.) cúneo; (fig.) cuña; *va* acuñar; apretar con cuña; apretar; encajar; *vn* avanzar con fuerza; estar encajado
wedlock [ˈwɛdlɑk] *s* matrimonio
Wednesday [ˈwenzdɪ] *s* miércoles
wee [wi] *adj* diminuto, menudo, pequeñito
weed [wid] *s* mala hierba; (coll.) cigarro, tabaco; (archaic) prenda de vestir; **weeds** *spl* ropa de luto; *va* desherbar, escardar; **to weed out** (fig.) escardar; (fig.) arrancar, extirpar
weeder [ˈwidər] *s* desherbador, escardador (*persona*); escarda (*azada para escardar*)
weeding hoe *s* almocafre, escardillo
weed killer *s* matazarzas, matamalezas, herbicida
weedy [ˈwidɪ] *adj* (*comp:* **-ier;** *super:* **-iest**) lleno de malas hierbas; débil, flaco; (coll.) torpe, lerdo, desgarbado
wee folk *spl* hadas
week [wik] *s* semana; **this day week** de hoy en ocho días; **week in, week out** semana tras semana
weekday [ˈwikˌde] *s* día laborable, día de la semana que no sea el domingo; *adj* de o en un día laborable
weekend [ˈwikˌɛnd] *s* fin de semana; *adj* de o durante el fin de semana; *vn* pasar el fin de semana
weekly [ˈwiklɪ] *adj* semanal; *adv* semanalmente; *s* (*pl:* **-lies**) semanario
ween [win] *vn* (archaic) creer, imaginar, suponer
weep [wip] *s* (coll.) lloro; (orn.) ave fría; (*pret & pp:* **wept**) *va* llorar (*p.ej., la muerte de un amigo*); derramar (*lágrimas*); **to weep away** pasar (*la noche, la vida, etc.*) llorando; *vn* llorar; (plant path.) llorar
weeper [ˈwipər] *s* llorón; llorona, plañidera (*mujer alquilada para llorar en los entierros*)
weep hole *s* (eng.) cantimplora
weeping [ˈwipɪŋ] *adj* llorón, lloroso; (bot.) llorón; *s* lloro
weeping willow *s* (bot.) sauce llorón
weepy [ˈwipɪ] *adj* (*comp:* **-ier;** *super:* **-iest**) (coll.) lloroso
weevil [ˈwivəl] *s* (ent.) gorgojo (*de las familias Curculionidae y Lariidae*)
weevily o **weevilly** [ˈwivəlɪ] *adj* gorgojoso
weft [wɛft] *s* trama; tejido; humo
weigh [we] *va* pesar; agobiar, sobrecargar; (naut.) levantar (*el ancla*); (fig.) pesar; **to weigh down** agravar, hacer doblar bajo un peso; **to weigh one's words** pesar sus palabras; *vn* pesar; (naut.) levantar el ancla; (fig.) pesar (*tener influencia en el ánimo*); **to weigh in** (sport) pesarse (*un jockey*); **to weigh on** ser gravoso a
weighmaster [ˈweˌmæstər] o [ˈweˌmɑstər] *s* encargado de la báscula; balanzario (*en las casas de moneda*)
weight [wet] *s* peso; pesa (*de la balanza, el reloj, etc.; en la gimnasia*); (fig.) peso (*importancia; carga o gravamen*); **by weight** por peso; **to be worth its weight in gold** valer su peso en oro; **to lose weight** rebajar de peso; **to pull one's weight** hacer su parte; **to put on weight** ponerse gordo; **to throw one's weight around** (coll.) mandar arbitrariamente, hacer valer su poder; *va* cargar, gravar; sobrecargar; ponderar (*estadísticamente*)
weightless [ˈwetlɪs] *adj* ingrávido
weightlessness [ˈwetlɪsnɪs] ingravidez, gravedad nula
weighty [ˈwetɪ] *adj* (*comp:* **-ier;** *super:* **-iest**) pesado; gravoso; importante, influyente
weir [wɪr] *s* presa, vertedero; encañizada, pesquera

weird [wɪrd] *adj* misterioso, sobrenatural, horripilante; (coll.) extraño, raro
welch [wɛltʃ] *va* (slang) dejar de cumplir con; *vn* (slang) dejar de cumplir una apuesta u obligación; **to welch on** (slang) dejar de cumplir con
welcome ['wɛlkəm] *s* bienvenida, buena acogida; acogida; **to wear out one's welcome** abusar de la hospitalidad de una persona hasta serle molesto; *adj* bienvenido; grato, agradable; **you are welcome** sea Vd. bienvenido; no hay de qué; **you are welcome to it** está a la disposición de Vd., buen provecho le haga; *interj* ¡bienvenido!; *va* dar la bienvenida a; acoger, recibir con amabilidad y gusto
weld [wɛld] *s* autógena, soldadura autógena; (bot.) gualda; *va* soldar con autógena; (fig.) unificar, unir; *vn* soldarse; ser soldable
welder ['wɛldər] *s* soldador (*persona*); soldadora (*máquina*)
welding ['wɛldɪŋ] *s* autógena, soldadura autógena
welding torch *s* soplete soldador, antorcha soldadora
welfare ['wɛl,fɛr] *s* bienestar; asistencia (*trabajo de auxilio social*)
welfare state *s* estado de beneficencia, estado socializante
welfare work *s* asistencia (*trabajo de auxilio social*)
welkin ['wɛlkɪn] *s* (archaic) bóveda celeste, firmamento
we'll [wil] contracción de **we shall** y **we will**
well [wɛl] *adj* bien; bien de salud; *adv* (*comp:* **better;** *super:* **best**) bien; muy; muy bien; mucho, p.ej., **he earned well over a hundred dollars** ganó mucho más de cien dólares; pues; pues bien; **as well** también; igualmente; **as well as** además de; así como, tanto como; *interj* ¡vaya!; *s* pozo; fuente, manantial; depósito (*de una pluma fuente*); *va* manar; *vn* manar, salir a borbotones
well-appointed ['wɛlə'pɔɪntɪd] *adj* bien amueblado, bien equipado
well-balanced ['wɛl'bælənst] *adj* bien ajustado; (fig.) bien equilibrado, cuerdo, sensato
well-behaved ['wɛlbɪ'hevd] *adj* de buena conducta
well-being ['wɛl'biɪŋ] *s* bienestar
wellborn ['wɛl'bɔrn] *adj* bien nacido
well-bred ['wɛl'brɛd] *adj* bien criado, cortés
well-content ['wɛlkən'tɛnt] *adj* muy contento
well digger *s* pocero
well-disposed ['wɛldɪs'pozd] *adj* bien dispuesto, bien intencionado
well-done ['wɛl'dʌn] *adj* bien hecho; (cook.) bien asado
well-favored ['wɛl'fevərd] *adj* bien parecido
well-featured ['wɛl'fitʃərd] *adj* bien agestado, de buena cara
well-fed ['wɛl'fɛd] *adj* bien comido, regordete
well-fixed ['wɛl'fɪkst] *adj* (coll.) acomodado, próspero
well-found ['wɛl'faund] *adj* bien provisto, bien equipado
well-founded ['wɛl'faundɪd] *adj* bien fundado
well-groomed ['wɛl'grumd] *adj* acicalado, de mucho aseo
wellhead ['wɛl,hɛd] *s* venero, fuente, manantial
well-heeled ['wɛl'hild] *adj* (slang) acomodado; **to be well-heeled** (slang) tener bien cubierto el riñón
well-informed ['wɛlɪn'fɔrmd] *adj* bien enterado (*de un asunto*); culto
well-informed sources *spl* fuentes bien informadas
well-intentioned ['wɛlɪn'tɛnʃənd] *adj* bien intencionado
well-kept ['wɛl'kɛpt] *adj* bien cuidado, bien atendido
well-known ['wɛl'non] *adj* familiar; bien conocido
well-mannered ['wɛl'mænərd] *adj* de buenos modales, cortés, urbano
well-meaning ['wɛl'minɪŋ] *adj* bienintencionado
well-nigh ['wɛl'naɪ] *adv* casi
well-off ['wɛl'ɔf] o ['wɛl'ɑf] *adj* en buenas condiciones; acomodado, adinerado
well-ordered ['wɛl'ɔrdərd] *adj* bien ordenado, bien arreglado
well-preserved ['wɛlprɪ'zʌrvd] *adj* bien conservado
well-proportioned ['wɛlprə'porʃənd] *adj* bien proporcionado
well-read ['wɛl'rɛd] *adj* leído, muy leído
well-shaped ['wɛl'ʃept] *adj* bien formado; perfilado (*dícese de la nariz*)
well-spent ['wɛl'spɛnt] *adj* bien empleado
well-spoken ['wɛl'spokən] *adj* bienhablado; bien dicho
wellspring ['wɛl,sprɪŋ] *s* fuente; fuente inagotable
well-stocked ['wɛl'stɑkt] *adj* bien provisto
well-suited ['wɛl'sjutɪd] o ['wɛl'sutɪd] *adj* apropiado, conveniente
well sweep *s* cigoñal
well-tempered ['wɛl'tɛmpərd] *adj* bien templado; (mus.) bien templado
well-thought-of ['wɛl'θɔt,ɑv] *adj* bienquisto, bien mirado
well-thought-out ['wɛl,θɔt'aut] *adj* bien razonado
well-timed ['wɛl'taɪmd] *adj* oportuno
well-to-do ['wɛltə'du] *adj* acaudalado, acomodado
well-wisher ['wɛl'wɪʃər] *s* amigo (*que desea suerte y fortuna a otra persona o empresa*)
well-worn ['wɛl'worn] *adj* desgastado por el uso; trillado, vulgar
Welsh [wɛlʃ] *adj* galés; *spl* galeses; *ssg* galés (*idioma*); (*l.c.*) *va* (slang) defraudar, dejando de cumplir una apuesta u obligación; *vn* (slang) dejar de cumplir una apuesta u obligación; **to welsh on** (slang) defraudar, dejando de cumplir una apuesta u obligación
Welshman ['wɛlʃmən] *s* (*pl:* **-men**) galés
Welsh onion *s* (bot.) cebolleta, cebollino inglés
Welsh rabbit o **rarebit** *s* salsa de queso derretido con cerveza que se come sobre tostadas
welt [wɛlt] *s* vira (*del zapato*); ribete; (coll.) verdugón; (coll.) latigazo; *va* poner vira a; poner ribete a; (coll.) dar una paliza a
welter ['wɛltər] *s* confusión, conmoción; revuelco; *vn* revolcar; estar empapado
welterweight ['wɛltər,wet] *s* (box.) peso mediano ligero, peso medio ligero; peso que se le pone a un caballo como ventaja para los otros que corren en la misma carrera
wen [wɛn] *s* lobanillo
wench [wɛntʃ] *s* muchacha; criada, moza; (archaic) ramera
wend [wɛnd] *va* seguir (*su camino*); *vn* seguir su camino; (*cap.*) *s* vendo
Wendish ['wɛndɪʃ] *adj* vendo; *s* vendo (*idioma*)
went [wɛnt] *pret de* **go**
wept [wɛpt] *pret & pp de* **weep**
we're [wɪr] contracción de **we are**
were [wʌr] *segunda persona del sg y primera, segunda y tercera personas del pl del pret de* **be; as it were** como si fuese, por decirlo así
weren't [wʌrnt] contracción de **were not**
werewolf ['wɪr,wulf] o **werwolf** ['wʌr,wulf] *s* (*pl:* **-wolves**) hombre convertido en lobo
Wesleyan ['wɛslɪən] *adj & s* wesleyano
west [wɛst] *s* oeste, occidente; *adj* occidental, del oeste; *adv* al oeste
West Berlin *s* el Berlín-Oeste
westerly ['wɛstərlɪ] *adj* occidental; que viene desde el oeste; que va hacia el oeste; *adv* desde el oeste; hacia el oeste; *s* (*pl:* **-lies**) viento del oeste
western ['wɛstərn] *adj* occidental; *s* cinta cinematográfica o historieta que se desarrolla en el oeste de los EE.UU.
Western Australia *s* la Australia Occidental
Western Church *s* Iglesia occidental
Western civilization *s* la civilización de occidente
Western Empire *s* Imperio de Occidente
westerner ['wɛstərnər] *s* habitante del oeste
Western Hemisphere *s* hemisferio occidental
westernization [,wɛstərnɪ'zeʃən] *s* occidentalización
westernize ['wɛstərnaɪz] *va* occidentalizar
westernmost ['wɛstərnmost] *adj* (el) más occidental
Western Roman Empire *s* var. de **Western Empire**

West Germany *s* la Alemania Occidental
West Indian *adj & s* antillano
West Indies *spl* Indias Occidentales
Westminster Abbey ['west,mɪnstər] *s* la abadía de Wéstminster
west-northwest ['wɛst,nɔrθ'wɛst] *s* oesnoroeste, oesnorueste
Westphalia [wɛst'felɪə] *s* Vestfalia
Westphalian [wɛst'felɪən] *adj & s* vestfaliano
west-southwest ['wɛst,sauθ'wɛst] *s* oessudoeste, oessudueste
West Virginia *s* la Virginia Occidental, la Virginia del Oeste
westward ['wɛstwərd] *adj* que va hacia el oeste; *adv* hacia el oeste; *s* oeste
westwardly ['wɛstwərdlɪ] *adj* que va hacia el oeste; *adv* hacia el oeste
westwards ['wɛstwərdz] *adv* hacia el oeste
wet [wɛt] *adj* (*comp:* **wetter;** *super:* **wettest**) mojado; húmedo; fresco (*dícese de la pintura*); (coll.) antiprohibicionista; *s* líquido; humedad, lluvia; (coll.) antiprohibicionista; (*pret & pp:* **wet** *o* **wetted;** *ger:* **wetting**) *va* mojar; *vn* mojarse
wetback ['wɛt,bæk] *s* mojado (*bracero mejicano que ha pasado la frontera ilegalmente*)
wet battery *s* (elec.) batería líquida; (elec.) pila líquida
wet blanket *s* aguafiestas
wet cell *s* (elec.) pila húmeda
wet goods *spl* (com.) líquidos envasados; (coll.) licores, bebidas espiritosas
wether ['wɛðər] *s* carnero llano, carnero castrado
wetness ['wɛtnɪs] *s* humedad
wet nurse *s* ama de cría, nodriza
wet-nurse ['wɛt,nʌrs] *va* criar (*la nodriza al niño*)
wet season *s* estación de las lluvias
wettish ['wɛtɪʃ] *adj* algo mojado, húmedo
wet way *s* (chem.) vía húmeda
we've [wiv] contracción de **we have**
w.f. abr. de **wrong font**
w.g. abr. de **wire gauge**
whack [hwæk] *s* (coll.) golpe ruidoso; (coll.) prueba, tentativa; (coll.) parte; *va* (coll.) golpear ruidosamente
whacking ['hwækɪŋ] *adj* (coll.) desmesurado, enorme
whale [hwel] *s* (zool.) ballena; **a whale at tennis** (coll.) un as de tenis; **a whale for figures** (coll.) un genio para los números; **a whale of a difference** (coll.) una enorme diferencia; **a whale of a story** (coll.) una historia extraordinaria; **the Whale** (astr.) la Ballena; *va* (coll.) azotar; *vn* pescar ballenas
whaleback ['hwel,bæk] *s* (naut.) buque de carga con la cubierta superior redondeada en forma de lomo de ballena
whaleboat ['hwel,bot] *s* (naut.) ballenero (*embarcación menor de extremidades agudas*)
whalebone ['hwel,bon] *s* ballena (*lámina córnea; tira de tal lámina*)
whale louse *s* (zool.) piojo de mar
whale oil *s* aceite de ballena
whaler ['hwelər] *s* ballenero (*persona y embarcación*)
whaling ['hwelɪŋ] *adj* ballenero; *s* pesca de ballenas
whammy ['hwæmɪ] *s* (*pl:* **-mies**) (slang) mal de ojo; **to put a** *o* **the whammy on** (slang) hacer mal de ojo a
whang [hwæŋ] *s* (coll.) golpe resonante; *va & vn* (coll.) golpear de modo resonante
wharf [hwɔrf] *s* (*pl:* **wharves** *o* **wharfs**) muelle
wharfage ['hwɔrfɪdʒ] *s* empleo de un muelle; muellaje (*derecho o impuesto*); muelles
wharfinger ['hwɔrfɪndʒər] *s* dueño de muelle; encargado de un muelle
what [hwat] *pron interr* ¿qué?, p.ej., **what do you have in your hand?** ¿qué tiene Vd. en la mano?; ¿cuál?, p.ej., **what is the capital of Japan?** ¿cuál es la capital del Japón?; **what else?** ¿qué más?; *pron rel* lo que; *adj interr* ¿qué . . . ?; *adj rel* el (la, etc.) . . . que; *interj* ¡qué!; **and what not** y qué sé yo que más; **but what** que no, p.ej., **she is not so rich but what she needs help** no es tan rica que no necesite ayuda; **what a . . . !** ¡qué . . . !, p.ej., **what a man!** ¡qué hombre!; ¡qué . . . más o tan . . . !, p.ej, **what a beautiful day!** ¡qué día más hermoso!; **what about . . . ?** ¿qué le parece . . . ?; ¿qué hay en cuanto a . . . ?; **what for?** ¿para qué?, ¿por qué?; **what if?** ¿y si?; ¿qué será si?; **what of it?** ¿eso qué importa?; **what's what** (coll.) lo que hay, cuántas son cinco
whate'er [hwat'ɛr] *pron & adj* (poet.) var. de **whatever**
whatever [hwat'ɛvər] *pron* lo que, todo lo que, cualquier cosa que, sea lo que sea que; (coll.) ¿qué?, p.ej., **whatever do you mean?** ¿qué quiere Vd. decir?; *adj* cualquier . . . que
whatnot ['hwat,nat] *s* juguetero (*mueble*)
what's [hwats] contracción de **what is**
whatsoe'er [,hwatso'ɛr] *pron & adj* (poet.) var. de **whatsoever**
whatsoever [,hwatso'ɛvər] *pron & adj* var. de **whatever**
wheal [hwil] *s* roncha; *va* levantar roncha en
wheat [hwit] *s* (bot.) trigo (*planta y grano*)
wheatear ['hwit,ɪr] *s* (orn.) culiblanco
wheaten ['hwitən] *adj* triguero; hecho de trigo
wheat field *s* trigal
wheat smut *s* tizón del trigo
wheedle ['hwidəl] *va* engatusar; conseguir por medio de halagos
wheel [hwil] *s* rueda; (coll.) bicicleta; **wheels** *spl* maquinaria; **at the wheel** en el volante; (fig.) en el timón; *va* proveer de ruedas; mover por medio de ruedas; pasear (*a un niño en un cochecito*); hacer girar; dar forma por medio de una rueda de alfarero; *vn* girar, rodar; moverse suavemente; moverse por medio de ruedas; (coll.) ir o correr en bicicleta; **to wheel about** (mil.) conversar; **to wheel around** dar una vuelta; girar sobre los talones; cambiar de opinión
wheelbarrow ['hwil,bæro] *s* carretilla
wheel base *s* (aut.) batalla, distancia entre ejes
wheel chair *s* silla de ruedas, sillón de ruedas, cochecillo para inválidos
wheeler ['hwilər] *s* girador, rodador; caballo de varas; vapor de ruedas; (coll.) biciclista
wheel horse *s* caballo de varas; (fig.) persona que trabaja mucho y con eficiencia
wheelhouse ['hwil,haus] *s* (naut.) timonera, caseta del timón
wheel puller *s* (aut.) extractor de rueda, sacarruedas
wheelwright ['hwil,raɪt] *s* carretero, ruedero, carpintero de carretas
wheeze [hwiz] *s* resuello ruidoso; (slang) cuento viejo, chiste viejo; (slang) truco; *va* decir resollando con ruido; *vn* resollar con ruido, gañir
wheezy ['hwizɪ] *adj* (*comp:* **-ier;** *super:* **-iest**) que resuella con ruido
whelk [hwɛlk] *s* (zool.) buccino; pústula, barro
whelm [hwɛlm] *va* sobrepujar, subyugar; sumergir
whelp [hwɛlp] *s* cachorro (*de perro, león, oso, etc.*); calavera; diente (*de rueda de cadena*); **whelps** *spl* guardainfante (*del cabrestante*); *va & vn* parir
when [hwɛn] *adv* ¿cuándo?, p.ej., **when will he arrive?** ¿cuándo llegará? **I don't know when he will arrive** no sé cuándo llegará; *conj* cuando, p.ej., **I shall be here when he arrives** estaré aquí cuando llegue; en que, p.ej., **there are times when I like to be alone** hay ocasiones en que me gusta estar solo; que, p.ej., **the day when you were born** el día que tú naciste
whence [hwɛns] *adv* ¿de dónde?; por eso, por tanto; de dónde; *conj* de donde
whencesoever [,hwɛnsso'ɛvər] *adv* de dondequiera; *conj* de dondequiera que
whene'er [hwɛn'ɛr] *conj* (poet.) var. de **whenever**
whenever [whɛn'ɛvər] *conj* cuando, cuando quiera que, siempre que
whensoever [,hwɛnso'ɛvər] *adv* cuando quiera; *conj* cuando quiera que
where [hwɛr] *adv* ¿dónde?, ¿adónde?, ¿en dónde?, p.ej., **where does he live?** ¿dónde vive?; **tell me where he lives** dígame dónde vive; *conj* donde, adonde, en donde, p.ej., **I can't find the house where he lives** no puedo hallar la casa donde vive

W

whereabout ['hwɛrə,baut] *adv & s* var. de **whereabouts**
whereabouts ['hwɛrə,bauts] *adv* en qué parte, dónde; *s* paradero
whereas [hwɛr'æz] *conj* mientras que; por cuanto, considerando que; *s* considerando
whereat [hwɛr'æt] *adv* con lo cual
whereby [hwɛr'baɪ] *adv* ¿cómo?; *conj* por donde, por medio del cual
where'er [hwɛr'ɛr] *conj* (poet.) dondequiera que
wherefore ['hwɛrfor] *adv* ¿por qué?; por eso, por tanto; *conj* por lo cual; *s* motivo, razón
wherefrom [hwɛr'frɑm] *adv* de dónde; ¿de dónde?
wherein [hwɛr'ɪn] *adv* ¿dónde?, ¿en qué?, ¿cómo?; *conj* donde, en el (la, etc.) que; en que, en lo cual
whereinto [hwɛr'ɪntu] o [,hwɛrɪn'tu] *conj* dentro de que, dentro de lo que
whereof [hwɛr'ɑv] *adv* ¿de qué?; *conj* de qué; de que
whereon [hwɛr'ɑn] *adv* ¿en qué?; *conj* en qué; en que
wheresoe'er [,hwɛrso'ɛr] *conj* (poet.) var. de **wheresoever**
wheresoever [,hwɛrso'ɛvər] *conj* dondequiera que
whereto [hwɛr'tu] *adv* ¿adónde?; ¿por qué?, ¿para qué?; *conj* adonde
whereunto [hwɛr'ʌntu] o [,hwɛrʌn'tu] *adv & conj* (archaic) var. de **whereto**
whereupon [,hwɛrə'pɑn] *adv* entonces, con lo cual, después de lo cual
wherever [hwɛr'ɛvər] *adv* (coll.) ¿dónde?; *conj* dondequiera que
wherewith [hwɛr'wɪð] o [hwɛr'wɪθ] *adv* ¿con qué?; *conj* con que, con el cual
wherewithal [,hwɛrwɪð'ɔl] *adv* (archaic) ¿con qué?; *conj* (archaic) con que, con el cual; ['hwɛrwɪðɔl] *s* cumquibus, dinero, medios
wherry ['hwɛrɪ] *s* (*pl:* **-ries**) esquife; (Brit.) chalana
whet [hwɛt] *s* afiladura, aguzadura; aperitivo; (*pret & pp:* **whetted**; *ger:* **whetting**) *va* afilar, aguzar; despertar, estimular; abrir (*el apetito*)
whether ['hwɛðər] *pron* (archaic) ¿cuál?; *conj* si, p.ej., **I don't know whether he will come** no sé si vendrá; **whether or no** en todo caso, de todas maneras; **whether or not** si . . . o no, ya sea que . . . o no
whetstone ['hwɛt,ston] *s* piedra de afilar
whew [hwju] *interj* ¡vaya!; ¡uf!
whey [hwe] *s* suero de la leche
which [hwɪtʃ] *pron interr* ¿cuál?; *pron rel* que, el (la, etc.) que; *adj interr* ¿qué . . . ?, ¿cuál de los (las) . . . ?; *adj rel* el (la, etc.) . . . que; **which is which** cuál es el uno y cuál el otro
whichever [hwɪtʃ'ɛvər] *pron rel* cualquiera; *adj rel* cualquier
whichsoever [,hwɪtʃso'ɛvər] *pron & adj rel* var. de **whichever**
whidah ['hwɪdə] o **whidah bird** *s* (orn.) viuda; (orn.) viuda de pecho rojo (*Steganura paradisea*)
whiff [hwɪf] *s* soplo, ráfaga; soplo fugaz, vaharada; bocanada, fumada; acceso, arranque; pizca, gustillo; descarga de metralla; (coll.) periquete, santiamén; **to get a whiff of** percibir un olor fugaz de; *va* soplar; fumar (*p.ej., una pipa*); fumar echando (*bocanadas de humo*); *vn* soplar; echar bocanadas
whiffet ['hwɪfɪt] *s* perrillo; soplillo; (coll.) mequetrefe
whiffle ['hwɪfəl] *va* soplar en ráfagas ligeras; *vn* soplar en ráfagas ligeras; cambiar de dirección; cambiar de opinión
whiffletree ['hwɪfəl,tri] *s* var. de **whippletree**
Whig [hwɪg] *s* whig (*miembro de un partido progresista*)
Whiggery ['hwɪgərɪ] *s* principios y prácticas políticas de los whigs
Whiggish ['hwɪgɪʃ] *adj* de los whigs, semejante a los whigs
while [hwaɪl] *conj* mientras que (*durante el tiempo que; a la vez que*); *s* rato; **a great while** o **a long while** largo rato; **a while ago** hace un rato; **between whiles** de vez en cuando; **the while** entretanto, mientras tanto; *va* pasar; **to while away** engañar o entretener (*el tiempo*); pasar (*p.ej. la mañana*) de un modo entretenido
whiles [hwaɪlz] *adv* (archaic & dial.) algunas veces; (archaic & dial.) mientras tanto; *conj* (archaic & dial.) mientras que
whilom ['hwaɪləm] *adj* antiguo, de antes; *adv* (archaic) antiguamente, en otro tiempo
whilst [hwaɪlst] *conj* mientras que
whim [hwɪm] *s* capricho, antojo; (min.) malacate
whimper ['hwɪmpər] *s* lloriqueo; *va* decir o expresar lloriqueando; *vn* lloriquear
whimsey ['hwɪmzɪ] *s* var. de **whimsy**
whimsical ['hwɪmzɪkəl] *adj* caprichoso, fantástico, extravagante
whimsicality [,hwɪmzɪ'kælɪtɪ] *s* (*pl:* **-ties**) capricho, fantasía, extravagancia
whimsy ['hwɪmzɪ] *s* (*pl:* **-sies**) capricho, antojo; amenidad arcaica, fantasía arcaica, humorismo anticuado
whin [hwɪn] *s* (bot.) tojo
whine [hwaɪn] *s* gimoteo, quejido lastimoso; *va* decir gimoteando, decir con quejidos lastimosos; *vn* gimotear, dar quejidos lastimosos
whinny ['hwɪnɪ] *s* (*pl:* **-nies**) relincho; (*pret & pp:* **-nied**) *vn* relinchar
whinstone ['hwɪn,ston] *s* roca basáltica
whiny ['hwaɪnɪ] *adj* quejicoso, quejumbroso
whip [hwɪp] *s* látigo; azote (*golpe*); batimiento; fusta (*de tronquista*); postre de nata y huevos batidos; mayoral (*pastor a cargo de los perros de caza*); carretero, cochero; miembro de un cuerpo legislativo que dirige y domina a sus copartidarios; cuerda y polea; (*pret & pp:* **whipped** o **whipt**; *ger:* **whipping**) *va* azotar, fustigar; mover, poner o sacar súbita y rápidamente; batir (*nata o huevos*); envolver (*un palo o cuerda*) con hilo o cuerda; pescar con caña en; sobrecoser; (coll.) derrotar, vencer; **to whip up** asir de repente; batir; hacer de prisa; avivar; **to whip out** sacar de repente; *vn* agitarse; arrojarse; moverse rápidamente; echar el anzuelo azotando el agua
whipcord ['hwɪp,kɔrd] *s* tralla; género basto y fuerte con costurones diagonales
whip hand *s* mano que maneja el látigo; dominio, mando, ventaja
whiplash ['hwɪp,læʃ] *s* tralla (*trencilla del extremo del látigo*)
whiplash injury *s* (path.) concusión de la espina cervical
whipped cream *s* crema o nata batida
whipper ['hwɪpər] *s* azotador; batidor
whipper-snapper ['hwɪpər,snæpər] *s* arrapiezo, títere, mequetrefe
whippet ['hwɪpɪt] *s* perro lebrel
whipping ['hwɪpɪŋ] *s* flagelación, paliza; (naut.) filástica, meollar
whipping boy *s* cabeza de turco, víctima inocente
whipping post *s* poste de flagelación
whippletree ['hwɪpəl,tri] *s* volea
whippoorwill [,hwɪpər'wɪl] *s* (orn.) chotacabras norteamericano, tapacamino, guabairo
whipsaw ['hwɪp,sɔ] *s* sierra cabrilla; *va* serrar con sierra cabrilla; (fig.) vencer sin remedio
whip snake *s* (zool.) chirrionera; (zool.) filodríada
whipstitch ['hwɪp,stɪtʃ] *s* sobrepuntada; *va* coser con sobrepuntada
whipstock ['hwɪp,stɑk] *s* puño del látigo
whir [hwʌr] *s* zumbido (*de algo que vuela o gira*); (*pret & pp:* **whirred**; *ger:* **whirring**) *va* hacer volar o girar zumbando; *vn* volver o girar zumbando
whirl [hwʌrl] *s* vuelta, giro; remolino, alboroto, ajetreo; vahido, vértigo; *va* hacer girar; llevar muy rápidamente; remolinear; *vn* dar vueltas, girar; remolinear; **my head whirls** siento vahido o vértigo
whirlibird ['hwʌrlɪ,bʌrd] *s* (slang) helicóptero
whirligig ['hwʌrlɪ,gɪg] *s* (ent.) escribano del agua, girino, tejedera; tiovivo; molinete, rehilandera
whirlpool ['hwʌrl,pul] *s* remolino; (fig.) remolino
whirlwind ['hwʌrl,wɪnd] *s* torbellino, manga de viento; (fig.) torbellino
whirr [hwʌr] *s, va & vn* var. de **whir**
whish [hwɪʃ] *s* zumbido suave; *vn* zumbar suavemente: moverse con zumbido suave

whisk [hwɪsk] *s* escobilla, cepillo; movimiento rápido; movimiento de la escobilla; batidor metálico; manojo de paja o heno; *va* cepillar; barrer; mover rápidamente; batir (*nata, huevos, etc.*); **to whisk out of sight** escamotear; *vn* moverse rápidamente
whisk broom *s* escobilla, cepillo de ropa
whisker [ˈhwɪskər] *s* pelo de la barba; (coll.) bigote o bigotes; **whiskers** *spl* barba o barbas (*pelo en la barba y en los carrillos*); patillas; bigotes (*p.ej., del gato*)
whiskered [ˈhwɪskərd] *adj* barbado; bigotudo
whiskey [ˈhwɪskɪ] *s* whisky; *adj* (coll.) aguardentoso (*dícese de la voz*)
whisky [ˈhwɪskɪ] *s* (*pl:* **-kies**) var. de **whiskey**
whisper [ˈhwɪspər] *s* cuchicheo, susurro; (fig.) susurro (*p.ej., del aura*); *va* decir al oído; decir al oído a; llevar susurrando; *vn* cuchichear, susurrar; (fig.) susurrar (*p.ej., el aura*)
whispering [ˈhwɪspərɪŋ] *s* cuchicheo; *adj* susurrador; susurrón (*que murmura en secreto*)
whist [hwɪst] *s* whist (*juego de naipes*); *adj* (archaic) callado; *interj* (archaic) ¡chitón!
whistle [ˈhwɪsəl] *s* silbido, silbo; silbato, pito; **to wet one's whistle** (coll.) remojar la palabra; *va* silbar (*una canción*); enviar, traer, llamar con un silbido; *vn* silbar (*una persona, una bala, el viento, etc.*); **to whistle for** (coll.) tener que arreglárselas sin; **to whistle for a taxi** silbarle a un taxi
whistler [ˈhwɪslər] *s* silbador; (zool.) marmota norteamericana (*Marmota caligata*)
whistle stop *s* (rail.) apeadero que el maquinista reconoce con una pitada; pueblecito
whit [hwɪt] *s* pizca; **not a whit** ni una pizca; **to not care a whit** no importarle a uno un bledo
white [hwaɪt] *adj* blanco (*como la nieve; aplícase también a las uvas, el vino, etc.*); reaccionario, realista; (coll.) honorable, justo; *s* blanco; vestido blanco; clara de huevo; blanco del ojo; reaccionario, realista; **whites** *spl* (path.) pérdidas blancas, flujo blanco; *va* blanquear; *vn* emblanquecerse
white ant *s* (ent.) comején, hormiga blanca
whitebait [ˈhwaɪtˌbet] *s* arenque de menor tamaño, arenque joven
whitebeam [ˈhwaɪtˌbim] *s* (bot.) mojera, mostellar
whitecap [ˈhwaɪtˌkæp] *s* cabrilla o paloma
white cedar *s* (bot.) cedro blanco de los pantanos; (bot.) tuya
white clover *s* (bot.) trébol blanco, trébol rampante
white coal *s* hulla blanca
white-collar [ˈhwaɪtˌkɑlər] *adj* de oficina; oficinesco (*empleo*)
white corpuscle *s* (physiol.) glóbulo blanco
whited sepulcher *s* sepulcro blanqueado (*hipócrita*)
white elephant *s* (fig.) elefante blanco
white feather *s* símbolo de cobardía; **to show the white feather** mostrarse cobarde
whitefish [ˈhwaɪtˌfɪʃ] *s* (ichth.) corégono
white flag *s* bandera blanca, bandera de paz
white flax *s* (bot.) camelina
white friar *s* fraile carmelita
white gold *s* oro blanco
white goods *spl* tejidos de hilo o algodón; ropa blanca; aparatos electrodomésticos
white goosefoot *s* (bot.) cenizo
white-haired [ˈhwaɪtˌherd] *adj* peliblanco; favorito, predilecto
white-headed [ˈhwaɪtˈhedɪd] *adj* de cabeza blanca; rubio (*de pelo*); (coll.) favorito
white-headed eagle *s* (orn.) águila de cabeza blanca
white heat *s* calor blanco; (fig.) fiebre, viva y ardorosa agitación; **to heat to a white heat** calentar al blanco
white horehound *s* (bot.) marrubio blanco
white horse *s* var. de **whitecap**
white-hot [ˈhwaɪtˈhɑt] *adj* calentado al blanco; (fig.) ardoroso, violento, excesivamente entusiasmado
White House *s* Casa Blanca
white lead [lɛd] *s* albayalde, blanco de plomo
white lie *s* mentira inocente, mentira oficiosa
white-livered [ˈhwaɪtˈlɪvərd] *adj* macilento; cobarde, pusilánime
white magic *s* magia blanca
white mangrove *s* (bot.) mangle blanco
white matter *s* (anat.) materia blanca
white meat *s* pechuga, carne de la pechuga del ave; carne de ternera, carne de cerdo
whiten [ˈhwaɪtən] *va* blanquear, emblanquecer; *vn* blanquear, emblanquecerse; palidecer
whiteness [ˈhwaɪtnɪs] *s* blancura
white oak *s* (bot.) roble (*Quercus sessiliflora*); (bot.) roble blanco de América (*Quercus alba*)
white-of-egg [ˈhwaɪtəvˈɛg] *s* clara de huevo, blanco de huevo
white of the eye *s* blanco del ojo
white paper *s* papel blanco (*informe oficial*)
white pepper *s* pimienta blanca
white pine *s* (bot.) pino blanco (*Pinus strobus*)
white plague *s* peste blanca (*tisis*)
white poplar *s* (bot.) álamo blanco
White Russia *s* la Rusia Blanca
White Russian *s* ruso blanco
white sauce *s* salsa blanca
White Sea *s* mar Blanco
white slave *s* esclavo blanco; mujer vendida en la trata de blancas
white slavery *s* trata de blancas
white-tailed deer [ˈhwaɪtˌteld] *s* (zool.) ciervo de Virginia
white-tailed eagle *s* (orn.) águila marina
whitethorn [ˈhwaɪtˌθɔrn] *s* (bot.) espino, oxiacanto
whitethroat [ˈhwaɪtˌθrot] *s* (orn.) andahuertas, curruca (*Sylvia*); (orn.) gorrión de Pensilvania (*Zonotrichia albicollis*)
white-throated sparrow [ˈhwaɪtˌθrotɪd] *s* (orn.) gorrión de Pensilvania
white tie *s* corbatín blanco, traje de etiqueta
white vitriol *s* vitriolo blanco
whitewash [ˈhwaɪtˌwɑʃ] o [ˈhwaɪtˌwɔʃ] *s* jalbegue, encalado; encubrimiento de faltas; *va* enjalbegar, encalar, blanquear; encubrir (*faltas*); absolver sin justicia; (coll.) vencer (*a una persona*) sin que haya hecho tantos
white willow *s* (bot.) sauce blanco
white-winged dove [ˈhwaɪtˈwɪŋd] *s* (orn.) aliblanca, paloma de pitahaya
whitewood [ˈhwaɪtˌwud] *s* (bot.) liriodendro; (bot.) tilo
whither [ˈhwɪðər] *adv* ¿adónde?; adónde; *conj* adonde
whithersoever [ˌhwɪðərsoˈɛvər] *conj* adondequiera que
whiting [ˈhwaɪtɪŋ] *s* blanco de España; (ichth.) merluza; (ichth.) merlango; (ichth.) esciénido
whitish [ˈhwaɪtɪʃ] *adj* blanquecino, blancuzco
whitlow [ˈhwɪtlo] *s* (path.) panadizo
whitlow grass *s* (bot.) draba
whitlowwort [ˈhwɪtloˌwʌrt] *s* (bot.) nevadilla
Whitmonday [ˈhwɪtˈmʌndɪ] *s* lunes de Pentecostés
Whitsun [ˈhwɪtsən] *adj* de o del domingo de Pentecostés; de o de la semana de Pentecostés
Whitsunday [ˈhwɪtˈsʌndɪ] o [ˈhwɪtsənˌde] *s* domingo de Pentecostés
Whitsuntide [ˈhwɪtsənˌtaɪd] *s* semana de Pentecostés
whittle [ˈhwɪtəl] *s* (archaic) cuchillo; *va* sacar pedazos a (*un trozo de madera*) con un cuchillo o navaja; **to whittle away** o **down** rebajar o reducir poco a poco
whity [ˈhwaɪtɪ] *adj* var. de **whitish**
whiz o **whizz** [hwɪz] *s* sonido entre silbido y zumbido; (slang) fenómeno, perito; (*pret & pp:* **whizzed;** *ger:* **whizzing**) *va* mover produciendo un silbido; *vn* silbar; moverse produciendo un silbido, ir zumbando por el aire; **to whiz by** rehilar (*un arma arrojadiza*); pasar como una flecha
who [hu] *pron interr* ¿quién?; **who else?** ¿quién más?; *pron rel* que, quien; el que; **who's who** quién es el uno y quién el otro; quiénes son gente de importancia; **Who's Who** ¿Quién es quién? (*libro de biografías*)
whoa [hwo] o [wo] *interj* ¡so!
whodunit [huˈdʌnɪt] *s* (slang) novela policíaca corta
whoever [huˈɛvər] *pron interr* (coll.) ¿quién?; *pron rel* quienquiera que, cualquiera que; **whoever else** cualquier otro que
whole [hol] *adj* entero, todo; único, p.ej., **the**

W

whole interest for me was the money I made el único interés para mí era el dinero que gané; **made out of whole cloth** enteramente falso o imaginario; *s* conjunto, todo, total; **as a whole** en conjunto; **on the whole** en general; por la mayor parte
whole gale *s* (naut.) temporal
wholehearted [ˈhol,hartɪd] *adj* francote, cordial
whole hog; to go the whole hog (slang) entregarse sin reservas, llegar hasta el último límite, comprometerse a ultranza
wholeness [ˈholnɪs] *s* integridad, totalidad
whole note *s* (mus.) semibreve
whole number *s* número entero
whole rest *s* (mus.) pausa de semibreve
wholesale [ˈhol,sel] *s* venta al por mayor; *adj* al por mayor, mayorista; general; *va* vender al por mayor; *vn* vender al por mayor; venderse al por mayor
wholesaler [ˈhol,selər] *s* comerciante al por mayor, mayorista
wholesome [ˈholsəm] *adj* saludable; fresco, rollizo, lozano
whole step o **whole tone** *s* (mus.) tono completo
whole-wheat [ˈhol,hwit] *adj* hecho con harina de trigo entero
who'll [hul] contracción de **who shall** y de **who will**
wholly [ˈholɪ] *adv* enteramente, completamente
whom [hum] *pron interr* ¿a quién?; *pron rel* que, a quien; al que
whomsoever [,humsoˈɛvər] *pron rel* a quienquiera que
whoop [hup] o [hwup] *s* alarido, chillido; ululato; estertor, ruido jadeante (*peculiar de la tos ferina*); *va* decir a gritos; acosar gritando; **to whoop it up** (slang) armar una gritería, alborotar; *vn* gritar, chillar; ulular; toser con ruido jadeante
whoopee [ˈhwupi] o [ˈhwupi] *interj* (slang) ¡hurra!; *s* (slang) parranda; **to make whoopee** (slang) andar de parranda
whooping cough [ˈhupɪŋ] o [ˈhupɪŋ] *s* (path.) tos ferina, tos convulsiva
whooping crane *s* (orn.) toquilcoyote
whopper [ˈhwapər] *s* (coll.) enormidad; (coll.) mentirón
whopping [ˈhwapɪŋ] *adj* (coll.) enorme, grandísimo
whore [hor] *s* puta; *vn* putañear, putear
whorish [ˈhorɪʃ] *adj* putesco
whorl [hwʌrl] *s* espiral; espiral del caracol; (bot.) verticilo
whorled [hwʌrld] *adj* (bot.) verticilado
whortleberry [ˈhwʌrtəl,berɪ] *s* (*pl:* **-ries**) (bot.) arándano, anavia
who's [huz] contracción de **who is**
whose [huz] *pron interr* ¿de quién?; *pron rel* de quien, cuyo
whosesoever [,huzsoˈɛvər] *pron rel* de quienquiera que
whoso [ˈhuso] *pron rel* (archaic) quienquiera que
whosoever [,husoˈɛvər] *pron rel* quienquiera que
why [hwaɪ] *adv* ¿por qué?; por qué; por lo que; por el que; **why not?** ¿cómo no?; *s* (*pl:* **whys**) porqué; *interj* ¡toma!; **why, certainly!** ¡desde luego!, ¡por supuesto!; **why, yes!** ¡claro!, ¡pues sí!
W.I. abr. de **West Indies** y **West Indian**
wick [wɪk] *s* pabilo, mecha
wicked [ˈwɪkɪd] *adj* malo, inicuo; travieso, revoltoso; (coll.) riguroso; (coll.) arisco; (coll.) molesto, desagradable
wickedness [ˈwɪkɪdnɪs] *s* maldad, iniquidad
wicker [ˈwɪkər] *s* mimbre; *adj* mimbroso; de mimbre
wickerwork [ˈwɪkər,wʌrk] *s* artículos de mimbre; cestería
wicket [ˈwɪkɪt] *s* portillo, postigo; ventanilla; (croquet) aro
wicking [ˈwɪkɪŋ] *s* torcida para pabilos y mechas
wide [waɪd] *adj* ancho; de ancho, p.ej., **two feet wide** dos pies de ancho; extenso; muy abierto; *adv* de par en par; **wide of** lejos de; **wide of the mark** errado (*tiro*); fuera de propósito; alejado de la verdad; *s* espacio ancho
wide-angle [ˈwaɪd,æŋgəl] *adj* (opt.) granangular, de ángulo ancho
wide-awake [ˈwaɪdə,wek] *adj* despabilado; (fig.) despabilado, listo, advertido
wide-eyed [ˈwaɪd,aɪd] *adj* con los ojos desmesuradamente abiertos
widely [ˈwaɪdlɪ] *adv* extensamente; completamente; muy; mucho
widen [ˈwaɪdən] *va* ensanchar; *vn* ensancharse
wide-open [ˈwaɪdˈopən] *adj* de par en par, abierto de par en par; **to be wide-open** tener (*una ciudad*) mano abierta para el juego
widespread [ˈwaɪd,sprɛd] *adj* extendido (*dícese de los brazos, alas, etc.*); difundido, dilatado, extenso; corriente
widgeon [ˈwɪdʒən] *s* (orn.) silbón, ánade silbador (*Anas penelope*); (orn.) lavanco (*Anas americana*)
widow [ˈwɪdo] *s* viuda; baceta o fondo (*en los naipes*); *va* dejar viuda
widow bird *s* var. de **whidah**
widower [ˈwɪdoər] *s* viudo
widowhood [ˈwɪdohud] *s* viudez
widow's mite *s* limosna dada gustosamente por una persona pobre
widow's weeds *spl* luto de viuda
width [wɪdθ] *s* anchura, ancho; extensión
wield [wild] *va* esgrimir (*la espada*); ejercer (*autoridad, el poder*)
wiener [ˈwinər] *s* embutido de carne de vaca y cerdo
wienerwurst [ˈwinər,wʌrst] *s* salchicha de carne de vaca y cerdo
wife [waɪf] *s* (*pl:* **wives**) esposa; (archaic) mujer; **to take a wife** tomar mujer; **to take to wife** casarse con
wifehood [ˈwaɪfhud] *s* estado de mujer casada
wifely [ˈwaɪflɪ] *adj* (*comp:* **-lier;** *super:* **-liest**) de esposa, de mujer casada
wig [wɪg] *s* peluca; (coll.) peluca (*persona que trae peluca; reprensión severa*)
wigged [wɪgd] *adj* de peluca, que trae peluca
wiggle [ˈwɪgəl] *s* meneo rápido; culebreo; *va* menear rápidamente; *vn* menearse rápidamente; culebrear
wiggler [ˈwɪglər] *s* persona que menea; persona o cosa que se menea; larva de mosquito
wiggly [ˈwɪglɪ] *adj* que se menea; ondulante
wigwag [ˈwɪg,wæg] *s* (nav.) comunicación por banderas; (*pret & pp:* **-wagged;** *ger:* **-wagging**) *va* mover de un lado para otro; (nav.) señalar moviendo banderas; *vn* moverse de un lado para otro; (nav.) hacer señales moviendo banderas
wigwam [ˈwɪgwam] *s* choza de forma cónica (*de los pieles rojas*)
wild [waɪld] *adj* salvaje; feroz, fiero; violento; frenético; descabellado; impetuoso; travieso; perdido (*tiro, bala, etc.*); (naut.) loco (*barco*); (coll.) loco; **wild about** (coll.) loco por; *adv* violentamente; disparatadamente; locamente; **to run wild** vivir desenfrenadamente; crecer salvaje o libre; *s* yermo, desierto, soledad; monte; **wilds** *spl* despoblado, monte
wild boar *s* (zool.) jabalí
wild card *s* comodín
wild carrot *s* (bot.) zanahoria silvestre
wildcat [ˈwaɪld,kæt] *s* (zool.) gato montés; (zool.) lince; luchador feroz; empresa arriesgada; locomotora sin tren; pozo de petróleo de exploración; *adj* quimérico; ilícito, ilegal; sin dominio; (*pret & pp:* **-catted;** *ger:* **-catting**) *va & vn* explorar por cuenta propia
wildcat strike *s* huelga no sancionada por el sindicato
wild duck *s* pato bravío
wildebeest [ˈwɪldə,bist] *s* (zool.) ñu, gnu
wilder [ˈwɪldər] *va* (archaic & poet.) confundir; (archaic & poet.) extraviar; *vn* (archaic & poet.) confundirse; (archaic & poet.) extraviarse
wilderness [ˈwɪldərnɪs] *s* yermo, desierto, soledad; gran cantidad, inmensidad
wild-eyed [ˈwaɪld,aɪd] *adj* con los ojos fijos locamente
wild fig *s* (bot.) higuera silvestre, cabrahigo; higo silvestre, cabrahigo (*fruto*)
wildfire [ˈwaɪld,faɪr] *s* fuego griego; **fuego**

fatuo; relámpago difuso (*sin trueno*); **to spread like wildfire** ser un reguero de pólvora, correr como pólvora en reguero
wild flower *s* flor del campo, flor silvestre
wild fowl *spl* aves de caza, ánades
wild goat *s* (zool.) cabra montés
wild goose *s* ganso bravo
wild-goose chase ['waɪld'gus] *s* caza de grillos, búsqueda o empresa hecha sin provecho
wild hazel *s* (bot.) nochizo
wild marjoram *s* (bot.) orégano
wildness ['waɪldnɪs] *s* selvatiquez; ferocidad, fiereza; violencia; travesura; locura, desvarío
wild oats *spl* avena loca, ballueca; (fig.) excesos juveniles, mocedad; **to sow one's wild oats** llevar (*los mozos*) una vida de excesos
wild olive *s* (bot.) acebuche, olivo silvestre; (bot.) ácana (*Sideroxylon mastichodendron*); acebuchina (*fruto*)
wild pansy *s* (bot.) trinitaria
wild rice *s* (bot.) arroz de los pieles rojas
wild sage *s* (bot.) gallocresta
wild thyme *s* (bot.) serpol
Wild West *s* oeste de los Estados Unidos durante la época de los pioneros
wildwood ['waɪld,wʊd] *s* bosque, floresta
wile [waɪl] *s* ardid, engaño; astucia; *va* engatusar; **to wile away** engañar o entretener (*el tiempo*)
wilful ['wɪlfəl] *adj* var. de **willful**
Wilhelmina [,wɪlhel'minə] o [,wɪlə'minə] *s* Guillermina
will [wɪl] *s* voluntad; (law) testamento; **at will** a voluntad; **to do the will of** cumplir la voluntad de; **with a will** con mucha voluntad; *va* querer; legar; *vn* querer; (*cond:* **would**) *v aux* se emplea para formar (1) el futuro de ind, p.ej., **he will arrive** llegará; (2) el futuro perfecto de ind, p.ej., **he will have arrived** habrá llegado; (3) el modo potencial, p.ej., **we cannot always do as we will** no siempre podemos hacer lo que queremos; y (4) el pres de ind, indicando costumbre, p.ej., **he will go for days without smoking** pasa días enteros sin fumar
willet ['wɪlɪt] *s* (orn.) sinfemia
willful ['wɪlfəl] *adj* voluntarioso; voluntario
willfully ['wɪlfəlɪ] *adv* voluntariosamente; voluntariamente
willfulness ['wɪlfəlnɪs] *s* voluntariedad
William ['wɪljəm] *s* Guillermo
William the Conqueror *s* Guillermo el Conquistador
willing ['wɪlɪŋ] *s* dispuesto; gustoso, pronto
willingly ['wɪlɪŋlɪ] *adv* de buena gana, gustosamente
willingness ['wɪlɪŋnɪs] *s* buena gana, buena voluntad, complacencia
will-o'-the-wisp ['wɪləðə'wɪsp] *s* fuego fatuo; ilusión, quimera
willow ['wɪlo] *s* (bot.) sauce
willow herb *s* (bot.) camenerio; (bot.) lisimaquia roja; (bot.) adelfilla pelosa
willowy ['wɪlo·ɪ] o ['wɪləwɪ] *adj* juncal, mimbreño; lleno de sauces; (fig.) juncal, esbelto, cimbreño
will power *s* fuerza de voluntad
will to power *s* (philos.) voluntad de poder
willy-nilly ['wɪlɪ'nɪlɪ] *adj* indeciso, vacilante; *adv* por malas o por buenas, quieras o no quieras
wilt [wɪlt] *va* marchitar; *vn* marchitarse; (fig.) marchitarse, languidecer; (coll.) acobardarse, perder el ánimo
wily ['waɪlɪ] *adj* (*comp:* **-ier**; *super:* **-iest**) artero, engañoso, astuto
wimble ['wɪmbəl] *s* barrena, taladro
wimple ['wɪmpəl] *s* griñón, impla; *va* cubrir con griñón o impla; rizar; (archaic) hacer caer en pliegues; *vn* rizarse (*p.ej., la superficie del agua*); (archaic) caer en pliegues
win [wɪn] *s* (coll.) triunfo, éxito; (*pret & pp:* **won**; *ger:* **winning**) *va* ganar; **to win over** conquistar (*ganar la voluntad de*); **to win something from someone** ganar algo a alguien; *vn* ganar, triunfar; **to win out** (coll.) ganar, triunfar; (coll.) tener éxito
wince [wɪns] *s* sobresalto; *vn* sobresaltarse (*de miedo, ante un peligro, etc.*)
winch [wɪntʃ] *s* torno, maquinilla; manubrio; *va* izar o cobrar con la maquinilla
wind [wɪnd] *s* viento (*corriente de aire; olor que deja la caza; ventosidad; vanidad y jactancia*); resuello, respiración; (mus.) instrumento de viento; **against the wind** contra el viento; **before the wind** (naut.) con el viento; **between wind and water** (naut.) cerca de la línea de flotación; (fig.) en sitio peligroso; **down the wind** con el viento; **in the eye** o **the teeth of the wind** (naut.) contra el viento; **into the wind** contra el viento; **off the wind** (naut.) de espalda al viento, con el viento; **on the wind** (naut.) de bolina; **to be in the wind** estar en el aire (*estar pendiente*); **to break wind** ventosear; **to get wind of** husmear, ventear; sospechar, descubrir; **to sail close to the wind** (naut.) ceñir el viento, navegar de bolina; rayar en lo inmoral o lo ilegal; ser formalista; **to take the wind out of one's sails** apagarle a uno los fuegos, dejar a uno súbitamente sin ventaja o sin apoyo ‖ *va* exponer al aire o al viento; husmear, ventear; dejar sin aliento; dejar recobrar el aliento ‖ [waɪnd] *s* vuelta, recodo; torcedura ‖ (*pret & pp:* **wound**) *va* enrollar, envolver; devanar; enroscar; torcer; ovillar (*el hilo*); dar cuerda a (*un reloj*); levantar con el cabrestante; rodear, ceñir (*p.ej., con los brazos*); entrelazar (*los brazos*); **to wind off** desenrollar, desenvolver; **to wind one's way through** serpentear por; **to wind up** enrollar, envolver; (coll.) poner punto final a ‖ *vn* enrollarse, envolverse; serpentear (*un camino*); dar vueltas; enroscarse; torcerse; alabearse, combarse; **to wind up** enrollarse; enroscarse; (baseball) tomar impulso; (coll.) acabar, terminar ‖ [waɪnd] o [wɪnd] (*pret & pp:* **winded** o **wound**) *va* sonar (*un instrumento de viento*)
windage ['wɪndɪdʒ] *s* (arti.) fuerza del viento para desviar el curso de un proyectil; (arti.) desvío de un proyectil por efecto del viento; (arti.) viento (*huelgo entre la bala y el ánima del cañón*); (mach.) fricción del aire
windbag ['wɪnd,bæg] *s* saco lleno de viento; (coll.) charlatán, palabrero
wind-blown ['wɪnd,blon] *adj* llevado por el viento; con el pelo cortado muy corto y peinado hacia la frente
windbreak ['wɪnd,brek] *s* guardavientos, abrigo o protección contra el viento
wind-broken ['wɪnd,brokən] *adj* (vet.) enfisematoso
wind cone *s* (aer.) cono de viento, indicador cónico de la dirección del viento
winded ['wɪndɪd] *adj* falto de respiración, sin resuello
windfall ['wɪnd,fɔl] *s* fruta caída del árbol (*por efecto del viento*); fortunón, golpe de suerte inesperado, cosa llovida del cielo
windflower ['wɪnd,flauər] *s* (bot.) anemone
windgall ['wɪnd,gɔl] *s* (vet.) aventadura
windiness ['wɪndɪnɪs] *s* ventosidad; vaciedad; vanidad, jactancia; verbosidad
winding ['waɪndɪŋ] *s* vuelta; torcedura; arrollamiento (*p.ej., de un alambre*); cuerda (*acción de dar cuerda al reloj*); (elec.) bobinado; *adj* sinuoso, tortuoso
winding machine *s* bobinadora
winding sheet *s* mortaja, sudario; chorro de cera que se ha corrido y endurecido en un lado de la vela o bujía
winding stairs *spl* escalera espiral, escalera de caracol
wind instrument *s* (mus.) instrumento de viento
windjammer ['wɪnd,dʒæmər] *s* (coll.) buque de vela; (coll.) tripulante de buque de vela
windlass ['wɪndləs] *s* torno, maquinilla; *va* izar o cobrar con el torno o la maquinilla
windless ['wɪndlɪs] *adj* sin viento; sin aliento
windmill ['wɪnd,mɪl] *s* molino de viento (*máquina; juguete de papel*); aeromotor, motor de viento; **windmills** *spl* (fig.) molinos de viento (*enemigos imaginarios*); **to tilt at windmills** luchar con los molinos de viento
window ['wɪndo] *s* ventana (*abertura en la pared; hoja u hojas de cristales con que se cierra*); ventanilla (*de coche; de los despachos de bille-*

tes; de un sobre); escaparate (*en la fachada de una tienda*); transparencia de celofán (*de una cartera*); *va* proveer de ventanas
window dresser *s* decorador de vitrinas o escaparates, escaparatista
window dressing *s* decoración de vitrinas o escaparates; (fig.) adorno de escaparate
window envelope *s* sobre de ventanilla
window frame *s* alfajía, marco de ventana
windowpane ['wɪndo,pen] *s* cristal, vidrio, hoja de vidrio
window regulator *s* (aut.) elevacristales
window sash *s* marco de vidriera
window screen *s* sobrevidriera; alambrera
window seat *s* asiento en la parte interior de un ventanal
window shade *s* visillo, transparente
window-shop ['wɪndo,ʃɑp] (*pret & pp:* **-shopped;** *ger:* **-shopping**) *vn* curiosear en las tiendas o mirando las vitrinas sin comprar
window-shopper ['wɪndo,ʃɑpər] *s* persona que curiosea en las tiendas o mirando las vitrinas sin comprar
window-shopping ['wɪndo,ʃɑpɪŋ] *s* curioseo en las tiendas o mirando las vitrinas sin comprar
window shutter *s* contraventana
window sill *s* repisa de ventana
window trimmer *s* decorador de vitrinas
windpipe ['wɪnd,paɪp] *s* (anat.) tráquea
windrow ['wɪndro] *s* hilera de heno puesto a secar; hilera de gavillas; hilera de hojas secas, hierba, árboles, etc., formada por el viento; *va* colocar o arreglar en hileras para secar
wind sail *s* (naut.) manguera
wind scale *s* escala de los vientos
wind shake *s* venteadura
windshield ['wɪnd,ʃild] *s* parabrisas o guardabrisa
windshield washer *s* lavaparabrisas, limpiacristales
windshield wiper *s* enjugaparabrisas, limpiaparabrisas, limpiavidrio
wind sock *s* (aer.) cono de viento
Windsor tie ['wɪnzər] *s* corbata ancha de seda atada en lazo
windstorm ['wɪnd,stɔrm] *s* ventarrón, viento impetuoso
wind tunnel *s* (aer.) túnel aéreo, túnel aerodinámico
wind-up ['waɪnd,ʌp] *s* acabóse; conclusión; arreglo; (sport) final de partida; (baseball) movimiento circular del brazo del lanzador antes de lanzar la pelota
windward ['wɪndwərd] o ['wɪndərd] *adj* (naut.) de barlovento; *adv* (naut.) a barlovento; *s* (naut.) barlovento; **to turn to windward** (naut.) barloventear
Windward Islands ['wɪndwərd] *spl* islas de Barlovento
Windward Passage ['wɪndwərd] *s* paso de los Vientos
windy ['wɪndɪ] *adj* (*comp:* **-ier;** *super:* **-iest**) ventoso; vacío; palabrero; **it is windy** hace viento
wine [waɪn] *s* vino; *va* regalar u obsequiar con vino; *vn* beber vino
winebibber ['waɪn,bɪbər] *s* bebedor de vino
wine cellar *s* bodega, candiotera
wine-colored ['waɪn,kʌlərd] *adj* de color de vino, rojo obscuro
wine cooler *s* enfriadera, garapiñera
wine gallon *s* galón de 231 pulgadas cúbicas
wineglass ['waɪn,glæs] o ['waɪn,glɑs] *s* copa para vino
winegrower ['waɪn,groər] *s* vinicultor
winegrowing ['waɪn,gro·ɪŋ] *s* vinicultura; *adj* vinicultor
wine press *s* lagar; prensa de vino, prensa de lagar
winery ['waɪnərɪ] *s* (*pl:* **-ies**) lagar (*edificio*)
winesap ['waɪn,sæp] *s* manzana roja invernal
wineskin ['waɪn,skɪn] *s* odre
wine steward *s* maestro de vinos
winetaster ['waɪn,testər] *s* catavinos (*persona*); catavino (*tubo*)
wing [wɪŋ] *s* ala; facción, bando; vuelo; (theat.) bastidor, ala; (sport) ala (*jugador que está a un lado*); (hum.) brazo, pata delantera; **to be on the wing** estar volando; estar para irse; estar en pie y activo; **to be under the wing of** estar bajo el ala de; **to take wing** alzar el vuelo, irse volando; *va* dar alas a; herir en el ala o el brazo; volar a través de; acelerar; *vn* volar
wing case *s* (ent.) élitro
wing chair *s* sillón de orejas
wing collar *s* cuello doblado, cuello de pajarita
wing cover *s* var. de **wing case**
winged [wɪŋd] o ['wɪŋɪd] *adj* alado (*que tiene alas; rápido*); herido en el ala; (coll.) herido en el brazo; (poet.) elevado, sublime
wing load *s* (aer.) carga alar
wing nut *s* tuerca de aletas
wing-shaped ['wɪŋ,ʃept] *adj* alado
wingspread ['wɪŋ,sprɛd] *s* envergadura (*de ave o avión*)
Winifred ['wɪnɪfrɪd] *s* Genoveva
wink [wɪŋk] *s* guiño; parpadeo, pestañeo; parpadeo (*p.ej., de las estrellas*); **to not sleep a wink** no pegar los ojos; **to take forty winks** (coll.) descabezar el sueño; *va* guiñar (*el ojo*); expresar con un guiño; **to wink away** secar (*las lágrimas*) parpadeando; *vn* guiñar; parpadear, pestañear; señalar con un guiño; parpadear (*p.ej., las estrellas*); **to wink at** guiñar el ojo a; fingir no ver
winker ['wɪŋkər] *s* guiñador; anteojera (*de caballo*); (coll.) pestaña
winkle ['wɪŋkəl] *s* (zool.) litorina; (zool.) busicón
winner ['wɪnər] *s* ganador; premiado
Winnie ['wɪnɪ] *s* nombre abreviado de **Winifred**
winning ['wɪnɪŋ] *adj* ganancioso; triunfante, victorioso; atrayente, simpático, persuasivo; **winnings** *spl* ganancias
winning number *s* número premiado
winning post *s* (sport) poste de llegada
winning ways *spl* modales simpáticos, gracia, atractivo
winnow ['wɪno] *va* aventar; entresacar; batir (*las alas*); *vn* aventar; aletear
winnower ['wɪnoər] *s* aventador; máquina aventadora
winsome ['wɪnsəm] *adj* atrayente, simpático, gracioso
winter ['wɪntər] *s* invierno; *adj* invernal; *va* hacer invernar; *vn* invernar
winter cherry *s* (bot.) vejiga de perro, alquequenje, vejiguilla
wintergreen ['wɪntər,grin] *s* (bot.) pirola; (bot.) gaulteria, té del Canadá; aceite de gaulteria
winterkill ['wɪntər,kɪl] *va* matar por exposición a la intemperie durante el invierno; *vn* morir por exposición a la intemperie durante el invierno
winter rose *s* (bot.) eléboro negro
winter savory *s* (bot.) tomillo real, hisopillo
Winter's bark *s* canela de Magallanes, corteza de Winter
winter solstice *s* (astr.) solsticio hiemal
wintertide ['wɪntər,taɪd] *s* (poet.) invernada
wintertime ['wɪntər,taɪm] *s* invernada
winter wheat *s* trigo otoñal, trigo de invierno
wintery ['wɪntərɪ] *adj* invernal; frío, helado
wintriness ['wɪntrɪnɪs] *s* frío de invierno
wintry ['wɪntrɪ] *adj* (*comp:* **-trier;** *super:* **-triest**) invernal; frío, helado
winy ['waɪnɪ] *adj* vinoso; vinolento
winze [wɪnz] *s* (min.) coladero
wipe [waɪp] *s* frotadura, limpiadura; *va* frotar para limpiar; enjugar (*p.ej., la cara, el sudor*); soldar frotando la juntura con un pedazo de cuero; **to wipe away** limpiar (*p.ej., las lágrimas*); **to wipe off** quitar frotando; **to wipe on** frotar (*una cosa*) sobre; **to wipe out** (coll.) borrar, cancelar; (coll.) aniquilar, destruir; (coll.) enjugar (*una deuda*)
wiper ['waɪpər] *s* limpiador; paño, trapo; (elec.) contacto deslizante; (mach.) leva, álabe
wire [waɪr] *s* alambre; telégrafo; telegrama; **hold the wire** (coll.) no descuelgue; **to get under the wire** llegar o terminar con tiempo; **to pull wires** (coll.) tocar o mover resortes (*para lograr un fin*); (coll.) dirigir secretamente a otros; *adj* de alambre, hecho de alambre; *va* proveer de alambres; atar con alambre; atrapar por medio de alambres; alambrar (*ins-*

talar alambre conductor en); telegrafiar; *vn* telegrafiar
wire brush *s* cepillo de alambre
wire cutter *s* cortaalambres (*herramienta*)
wiredraw ['waɪr,drɔ] (*pret:* **-drew;** *pp:* **-drawn**) *va* trefilar; estrangular (*el agua o el vapor*); (fig.) prolongar con exceso; (fig.) torcer, falsear
wiredrawn ['waɪr,drɔn] *adj* trefilado; tratado con excesiva exactitud y precisión; *pp de* **wiredraw**
wiredrew ['waɪr,dru] *pret de* **wiredraw**
wired wireless *s* var. de **line radio**
wire fence *s* alambrada
wire gauge *s* calibre para alambres, calibrador de alambre
wire gauze *s* gasa de alambre
wire-haired ['waɪr,hɛrd] *adj* de pelo áspero (*perro*)
wireless ['waɪrlɪs] *adj* (elec.) inalámbrico, sin hilos; (Brit.) radiofónico; *s* (Brit.) receptor radiofónico; (Brit.) emisión radiofónica, comunicación radiofónica; *va* (Brit.) enviar o transmitir por radiofonía o radiotelegrafía
wireless telegraphy *s* telegrafía inalámbrica o sin hilos
wireless telephony *s* telefonía inalámbrica o sin hilos
wire mesh *s* malla de alambre
wire nail *s* alfiler de París, clavo de alambre
wire netting *s* tela metálica, red de alambre
wirephoto ['waɪr,foto] *s* (*pl:* **-tos**) (trademark) foto telegráfica
wire puller *s* (coll.) persona que mueve resortes (*para lograr un fin*)
wire pulling *s* (coll.) empleo de resortes (*para lograr un fin*)
wire recorder *s* magnetófono, aparato de grabación de alambre, aparato impresor del sonido en alambre, grabadora de alambre
wire recording *s* grabación de alambre
wire screen *s* tela de alambre
wire service *s* servicio telegráfico y telefónico; servicio telegráfico y telefónico de noticias turfistas
wire solder *s* alambre de soldadura
wire tapping *s* conexión telefónica o telegráfica secreta para interceptar mensajes
wire wheel *s* rueda de rayos de alambre
wirework ['waɪr,wʌrk] *s* alambrado, tela metálica; **wireworks** *spl* fábrica de objetos de alambre o de tela metálica; trefilería
wireworker ['waɪr,wʌrkər] *s* alambrero; trefilero
wireworm ['waɪr,wʌrm] *s* (zool.) larva de elatérido
wiring ['waɪrɪŋ] *s* (elec.) instalación de alambres eléctricos; (elec.) canalización, alambrado; (surg.) costura con alambre
wiry ['waɪrɪ] *adj* (*comp:* **-ier;** *super:* **-iest**) hecho de alambre; como alambre; cimbreante, delgado pero fuerte
Wis. o **Wisc.** abr. de **Wisconsin**
wis [wɪs] *va* (archaic) saber
wisdom ['wɪzdəm] *s* sabiduría, cordura
Wisdom of Solomon *s* (Bib.) Sabiduría de Salomón (*libro de la Apócrifa*)
wisdom tooth *s* muela del juicio, muela cordal; **to cut one's wisdom teeth** (coll.) salirle a uno las muelas del juicio (*ser prudente y mirado en sus acciones*)
wise [waɪz] *adj* sabio; listo; enterado, informado; juicioso, acertado (*p.ej., paso*); **to be wise to** (slang) estar al tanto de; (slang) conocer el juego de; **to get wise** (slang) caer en el chiste; **to put wise (to)** (slang) poner al tanto (de); (slang) poner al tanto del juego (de); *s* modo, manera, guisa; **in any wise** de cualquier modo; **in no wise** de ningún modo; **in this wise** así, en esta forma; *va* **to wise up** (slang) hacer caer en la cuenta; *vn* **to wise up** (slang) caer en la cuenta, caer en el chiste
wiseacre ['waɪz,ekər] *s* sabihondo
wisecrack ['waɪz,kræk] *s* (slang) cuchufleta, pulla; *vn* (slang) cuchufletear
wisecracker ['waɪz,krækər] *s* (slang) cuchufletero, pullista
wise guy *s* (slang) sábelotodo
Wise Men of the East *s* magos de Oriente

wish [wɪʃ] *s* deseo; **to make a wish** pensar en algo que se desea; *va* desear; dar (*p.ej., los buenos días*); **to wish something on someone** (coll.) lograr que una persona acepte una cosa que no desea; *vn* desear; **to wish for** desear, anhelar
wishbone ['wɪʃ,bon] *s* espoleta, hueso de la suerte
wishful ['wɪʃfəl] *adj* deseoso
wishful thinking *s* optimismo a ultranza; **to indulge in wishful thinking** forjarse ilusiones
wishing well *s* fuentecilla de los deseos
wishy-washy ['wɪʃɪ,wɑʃɪ] o ['wɪʃɪ,wɔʃɪ] *adj* aguado, diluído; débil, flojo, pobre
wisp [wɪsp] *s* manojito, puñado; jirón, mechón; rastro, vestigio; bandada; escobilla, cepillo
wispy ['wɪspɪ] *adj* (*comp:* **-ier;** *super:* **-iest**) sutil, ligero, delicado
wist [wɪst] *pret & pp de* **wit**
wistaria [wɪs'tɛrɪə] o **wisteria** [wɪs'tɪrɪə] *s* (bot.) vistaria
wistful ['wɪstfəl] *adj* ansioso, tristón, melancólico, pensativo
wistfulness ['wɪstfəlnɪs] *s* ansiedad, tristeza, melancolía
wit [wɪt] *s* ingenio; juicio, sentido; agudeza; chistoso; **to be at one's wits' end** estar para volverse loco, no saber qué hacer o decir; **to be out of one's wits** estar fuera de sí; **to have** o **to keep one's wits about one** conservar su presencia de ánimo; **to have the wit to** + *inf* tener el tino de + *inf;* **to live by one's wits** campar de golondro, vivir de gorra; **to lose one's wits** perder el juicio; **to use one's wits** valerse de su ingenio; (*primera y tercera personas del sg del pres de ind:* **wot;** *pl del pres de ind:* **wit;** *pret & pp:* **wist;** *ger:* **witting**) *va & vn* (archaic) saber; **to wit** a saber, es decir
witch [wɪtʃ] *s* bruja, hechicera; (fig.) hechicera (*mujer de encantos irresistibles*); (fig.) bruja (*mujer vieja y fea*); *adj* brujesco; *va* embrujar, hechizar
witchcraft ['wɪtʃ,kræft] o ['wɪtʃ,krɑft] *s* brujería
witch doctor *s* médico brujo (*en ciertas tribus africanas*)
witchery ['wɪtʃərɪ] *s* (*pl:* **-ies**) brujería; (fig.) hechicería
witches' Sabbath *s* aquelarre, junta nocturna de brujas, sábado
witch hazel *s* (bot.) hamamelis de Virginia, nogal de la brujería, planta del sortilegio; (bot.) carpe (*Carpinus betulus*); agua o loción de hamamelis, hamamelina
witch hunt *s* persecución de supuestos subversores, con fines políticos
witching ['wɪtʃɪŋ] *adj* hechicero, mágico, encantador
witenagemot ['wɪtənəgə,mot] *s* concejo de los antiguos anglosajones
with [wɪð] o [wɪθ] *prep* con; de, p.ej., **covered with snow** cubierto de nieve
withal [wɪð'ɔl] *adv* (archaic) además, también; *prep* (archaic) con
withdraw [wɪð'drɔ] o [wɪθ'drɔ] (*pret:* **-drew;** *pp:* **-drawn**) *va* retirar; *vn* retirarse; **to withdraw within oneself** recogerse en sí mismo
withdrawal [wɪð'drɔəl] o [wɪθ'drɔəl] *s* retiro; retirada
withdrawn [wɪð'drɔn] o [wɪθ'drɔn] *pp de* **withdraw**
withdrew [wɪð'dru] o [wɪθ'dru] *pret de* **withdraw**
withe [wɪθ], [wɪð] o [waɪð] *s* mimbre, junco
wither ['wɪðər] *va* marchitar; avergonzar, confundir; *vn* marchitarse; avergonzarse, confundirse; **withers** *spl* cruz (*del cuadrúpedo*)
withheld [wɪθ'hɛld] o [wɪð'hɛld] *pret & pp de* **withhold**
withhold [wɪθ'hold] o [wɪð'hold] (*pret & pp:* **-held**) *va* negar (*p.ej., un permiso*); suspender (*pago*); detener, retener, contener
withholding tax *s* descuento anticipado de los impuestos
within [wɪð'ɪn] *adv* dentro; *prep* dentro de; al alcance de; poco menos de; con un margen de,

W

con una diferencia de . . . más o menos, p.ej., **I can tell you when he will arrive within ten minutes** puedo decirle cuándo llegará con una diferencia de diez minutos más o menos
without [wɪ'ðaut] *adv* fuera; *prep* fuera de; más allá de; sin; **to do without** pasar sin; **without** + *ger* sin + *inf*, p.ej., **he left without saying good-bye** salió sin despedirse; sin que + *subj*, p.ej., **he came in without my seeing him** entró sin que yo le viese; *conj* (dial.) a menos que + *subj*
withstand [wɪθ'stænd] o [wɪð'stænd] (*pret & pp:* **-stood**) *va* aguantar, soportar, resistir
withstood [wɪθ'stud] o [wɪð'stud] *pret & pp de* **withstand**
withy ['wɪðɪ] o ['wɪθɪ] *s* (*pl:* **-ies**) mimbre, junco; banda o cabestro hechos de mimbre o junco; *adj* mimbreño
witless ['wɪtlɪs] *adj* insensato, estúpido, tonto
witness ['wɪtnɪs] *s* testigo (*persona*); testimonio (*evidencia*); **in witness whereof** en fe de lo cual; **to bear witness** dar testimonio; **to call to witness** nombrar testigo, tomar por testigo; *va* atestiguar o testimoniar; firmar como testigo; presenciar; mostrar; *vn* dar testimonio, servir de testigo
witness stand *s* puesto o mesa de los testigos
witticism ['wɪtɪsɪzəm] *s* agudeza, ocurrencia, dicho agudo
wittingly ['wɪtɪŋlɪ] *adv* adrede, a sabiendas
witty ['wɪtɪ] *adj* (*comp:* **-tier;** *super:* **-tiest**) agudo, ingenioso; chistoso, ocurrente
wive [waɪv] *va* casar, proveer de esposa; casarse con; *vn* casarse
wivern ['waɪvərn] *s* (her.) dragón
wizard ['wɪzərd] *s* brujo, hechicero, mago; (coll.) as, experto; *adj* mágico
wizardry ['wɪzərdrɪ] *s* magia
wizened ['wɪzənd] *adj* marchito; acartonado
wk. abr. de **week**
wks. abr. de **weeks** y **works**
w.l. abr. de **wave length**
w.long. abr. de **west longitude**
WNW, W.N.W. o **w.n.w.** abr. de **west-northwest**
wo [wo] *s & interj* var. de **woe**
woad [wod] *s* (bot.) glasto, hierba pastel
wobble ['wɑbəl] *s* bamboleo, tambaleo; *vn* bambolear, tambalear; bailar (*p.ej., una silla, una baldosa*); vacilar, cambiar, ser inconstante
wobbly ['wɑblɪ] *adj* tambaleante, inseguro
wobegone ['wobɪ,gɔn] o ['wobɪ,gɑn] *adj* var. de **woebegone**
woe [wo] *s* miseria, aflicción, pesar, infortunio; *interj* ¡ay!; **woe is me!** ¡ay de mí!
woebegone ['wobɪ,gɔn] o ['wobɪ,gɑn] *adj* cariacontecido, abatido
woeful o **woful** ['wofəl] *adj* miserable, triste, abatido; lastimoso
woke [wok] *pret de* **wake**
wold [wold] *s* rasa ondulada y sin bosques; (bot.) gualda
wolf [wulf] *s* (*pl:* **wolves**) (zool.) lobo; glotón cruel (*persona*); **to cry wolf** gritar ¡el lobo!, dar falsa alarma; **to keep the wolf from the door** defenderse de la pobreza, guardarse del hambre; *va* comer vorazmente; dar falsa alarma a; *vn* comer vorazmente; vivir como lobo; cazar lobos
wolf dog *s* perro lobero; perro de los esquimales; híbrido de perro y lobo
wolf fish *s* (ichth.) lobo de mar
wolfhound ['wulf,haund] *s* galgo lobero
wolfish ['wulfɪʃ] *adj* lobuno; cruel, rapaz
wolf pack *s* grupo submarino a caza de presa
wolfram ['wulfrəm] *s* (chem.) volframio; (mineral.) volframita
wolframite ['wulfrəmaɪt] *s* (mineral.) volframita
wolf's-bane o **wolfsbane** ['wulfs,ben] *s* (bot.) matalobos
wolverine o **wolverene** [,wulvə'rin] o ['wulvərin] *s* (zool.) carcayú, glotón de América; (*cap.*) *s* natural o habitante del estado de Michigan, EE.UU.
woman ['wumən] *s* (*pl:* **women** ['wɪmɪn]) *s* mujer; criada; *adj* femenino; de mujer
woman hater *s* misógino, enemigo de las mujeres
womanhood ['wumənhud] *s* el sexo femenino, la mujer; las mujeres, la feminidad
womanish ['wumənɪʃ] *adj* mujeril, femenil, afeminado
womankind ['wumən,kaɪnd] *s* el sexo femenino, la mujer
womanlike ['wumən,laɪk] *adj* mujeril
womanly ['wumənlɪ] *adj* (*comp:* **-lier;** *super:* **-liest**) femenil, mujeril; *adv* femenilmente
woman of the world *s* mujer mundana
woman's rights *spl* derechos de la mujer
woman suffrage *s* sufragismo, sufragio femenino
woman-suffragist ['wumən'sʌfrədʒɪst] *s* sufragista
womb [wum] *s* (anat.) útero, matriz; (fig.) entrañas, seno
wombat ['wɑmbæt] *s* (zool.) tejón de Australia, fascólomo
women ['wɪmɪn] *pl de* **woman**
womenfolk ['wɪmɪn,fok] *spl* las mujeres
won [wʌn] *pret & pp de* **win**
wonder ['wʌndər] *s* maravilla; admiración; **for a wonder** por milagro; **no wonder** no es extraño; **to do wonders with** hacer maravillas con; **to work wonders** hacer milagros; *va* preguntarse, p.ej., **I wonder if it is true** me pregunto ¿será verdad?; *vn* maravillarse, admirarse; **to wonder at** maravillarse con o de, admirarse de
wonder drugs *spl* drogas prodigiosas, drogas milagrosas, drogas mágicas
wonderful ['wʌndərfəl] *adj* maravilloso
wonderland ['wʌndər,lænd] *s* tierra de las maravillas, reino de las hadas
wonderment ['wʌndərmənt] *s* asombro, sorpresa, admiración
wondrous ['wʌndrəs] *adj* maravilloso; *adv* maravillosamente
won't [wont] contracción de **will not**
wont [wʌnt] *adj* habituado, acostumbrado; **to be wont to** + *inf* soler + *inf*, acostumbrar + *inf*; *s* hábito, costumbre
wonted ['wʌntɪd] *adj* habitual, ordinario, acostumbrado
woo [wu] *va* cortejar (*a una mujer*); tratar de conquistar; tratar de persuadir
wood [wud] *s* madera; leña (*madera cortada para quemar*); objeto de madera; barril o pipa de madera; bosque; (mus.) instrumento de viento de madera; (print.) bloque de madera; **woods** *spl* bosque; (mus.) instrumentos de viento de madera; **out of the woods** libre de incertidumbre, libre de dificultades, libre de compromisos; fuera de peligro; **to take to the woods** andar a monte; *adj* de madera; *va* proveer de madera; obtener madera para
wood alcohol *s* alcohol de madera, alcohol metílico
wood anemone *s* (bot.) anemona silvestre
woodbine ['wud,baɪn] *s* (bot.) madreselva; (bot.) guau (*Parthenocissus quinquefolia*)
wood block *s* bloque de madera; adoquín de madera; (print.) grabado en madera
wood borer *s* (ent.) carcoma
wood carver *s* tallista
wood carving *s* labrado de madera
woodchuck ['wud,tʃʌk] *s* (zool.) marmota de América
woodcock ['wud,kɑk] *s* (orn.) chocha, becada
woodcraft ['wud,kræft] o ['wud,krɑft] *s* conocimiento de la vida del bosque; destreza en trabajos de madera
woodcut ['wud,kʌt] *s* (print.) grabado en madera
woodcutter ['wud,kʌtər] *s* leñador
wood duck *s* (orn.) juyuyo
wooded ['wudɪd] *adj* enselvado
wooden ['wudən] *adj* de madera, hecho de madera; vago (*dícese, p.ej., de la mirada*); torpe, estúpido; sin ánimo, sin color
wood engraving *s* (print.) grabado en madera
wooden-headed ['wudən,hedɪd] *adj* (coll.) torpe, estúpido
wooden horse *s* caballo de madera (*de que se sirvieron los griegos para invadir a Troya*); potro (*castigo*)
wooden shoe *s* zueco
woodenware ['wudən,wer] *s* utensilios de madera

wood germander *s* (bot.) camedrio de los bosques
wood grouse *s* (orn.) gallo de bosque
wood ibis *s* (orn.) bato, tántalo
woodland ['wʊdlənd] *s* bosque, arbolado; *adj* selvático
woodlander ['wʊdləndər] *s* habitante del bosque
wood lot *s* terreno de bosque
wood louse *s* (zool.) cochinilla de humedad; (ent.) reloj de la muerte
woodman ['wʊdmən] *s* (*pl:* **-men**) habitante del bosque; leñador; (Brit.) guardabosque
wood note *s* canto de pájaro silvestre
wood nymph *s* (myth.) napea, ninfa de los bosques; (ent.) mariposa (*del género Euthisanotia*); (orn.) colibrí sudamericano (*del género Thalurania*)
woodpecker ['wʊd,pɛkər] *s* (orn.) carpintero, picocarpintero
wood pigeon *s* (orn.) paloma torcaz (*Columba palumbus*); (orn.) paloma volcanera (*Columba fasciata*)
woodpile ['wʊd,paɪl] *s* montón de leña
wood pulp *s* pulpa de madera
woodruff ['wʊd,rʌf] *s* (bot.) asperilla, hepática estrellada, reina de los bosques
wood screw *s* tornillo para madera, tirafondo
woodshed ['wʊd,ʃɛd] *s* leñera
woodsman ['wʊdzmən] *s* (*pl:* **-men**) leñador; hombre acostumbrado a la vida del bosque
wood sorrel *s* (bot.) acederilla, acedera menor
woodsy ['wʊdzɪ] *adj* boscoso, selvático
wood tar *s* alquitrán vegetal
wood thrush *s* (orn.) tordo norteamericano (*Hylocichla mustelina*)
wood turning *s* torneo de madera
wood vinegar *s* vinagre de madera
woodwaxen ['wʊd,wæksən] *s* (bot.) retama de tintes o de tintoreros
wood wind *s* (mus.) instrumento de viento de madera; *spl* (mus.) instrumentos de viento de madera
wood-wind instrument ['wʊd,wɪnd] *s* (mus.) instrumento de viento de madera
woodwork ['wʊd,wʌrk] *s* ebanistería, obra de carpintería; maderaje
woodworker ['wʊd,wʌrkər] *s* ebanista, carpintero
woodworking ['wʊd,wʌrkɪŋ] *s* ebanistería, elaboración de maderas
woodworm ['wʊd,wʌrm] *s* (ent.) carcoma
woody ['wʊdɪ] *adj* (*comp:* **-ier**; *super:* **-iest**) arbolado, enselvado; leñoso
wooer ['wuər] *s* pretendiente, galán
woof [wuf] *s* trama; género, tejido; [wuf] *s* gruñido; *vn* gruñir (*p.ej., el perro*)
woofer ['wufər] *s* (rad.) altavoz para bajas audiofrecuencias, altavoz graves
wool [wʊl] *s* lana; **to pull the wool over one's eyes** (coll.) engañar a uno como un chino, hacerle chino a uno; *adj* de lana, hecho de lana
woold [wuld] *va* (naut.) encarcelar
woolen ['wʊlən] *adj* lanero; de lana, hecho de lana; *s* hilo de lana; tejido de lana; **woolens** *spl* géneros de lana, ropa de lana
woolgathering ['wʊl,gæðərɪŋ] *adj* absorto, distraído; *s* absorción, distracción
woolgrower ['wʊl,groər] *s* ganadero de ganado lanar
woollen ['wʊlən] *adj & s* var. de **woolen; woollens** *spl* var. de **woolens**
woolly ['wʊlɪ] *adj* (*comp:* **-lier**; *super:* **-liest**) lanoso, lanudo
woolman ['wʊlmən] *s* (*pl:* **-men**) lanero (*el que trata en lanas*)
woolpack ['wʊl,pæk] *s* fardo para llevar la lana; paquete de lana de 240 libras; cúmulo (*nubes amontonadas*)
woolsack ['wʊl,sæk] *s* saco de lana; (Brit.) cojín en el cual se sienta el Gran Canciller en la Cámara de los Lores; (Brit.) cargo o dignidad de Gran Canciller
wool stapler *s* lanero
wooly ['wʊlɪ] *adj* (*comp:* **-ier**; *super:* **-iest**) var. de **woolly**
woozy ['wuzɪ] o ['wʊzɪ] *adj* (slang) confuso, vaguido; (slang) indispuesto

Worcestershire sauce ['wʊstərʃɪr] *s* salsa inglesa
word [wʌrd] *s* palabra; santo y seña, palabra de pase; orden *f*; (*cap.*) *s* (theol.) Verbo o Palabra (*segunda persona de la Santísima Trinidad*); **words** *spl* palabras mayores (*las injuriosas y ofensivas*); letra, palabra (*palabras de una canción*); **by word of mouth** de palabra, verbalmente; **in a word** en una palabra; **in other words** en otros términos; **mark my words!** ¡advierta lo que digo!; **my word!** ¡válgame Dios!; **the Word** la palabra de Dios (*la Escritura*); **to be as good as one's word** cumplir lo prometido; **to bring word** dar noticia; **to have a word with** hablar cuatro palabras con; **to have word from** recibir noticias de; **to have words** tener palabras, tener palabras mayores; **to keep one's word** cumplir su palabra; **to leave word** dejar dicho; **to put in a good word for** decir unas palabras en favor de; **to send word** mandar recado; **to send word that** mandar decir que; **to take a person at his word** tomarle la palabra a una persona; **to take the words out of one's mouth** quitarle a uno las palabras de la boca; **upon my word** palabra de honor; **upon my word!** ¡válgame Dios!; **word for word** palabra por palabra; *va* redactar, formular, expresar en palabras
wordage ['wʌrdɪdʒ] *s* palabras; fraseología; palabrería, verbosidad; número de palabras
word blindness *s* ceguera verbal, alexia
wordbook ['wʌrd,bʊk] *s* diccionario, vocabulario
word count *s* recuento de vocabulario
word deafness *s* sordera verbal, sordera psíquica, afasia sensorial
word element *s* (gram.) elemento de compuestos
word formation *s* (gram.) formación de palabras
word-for-word ['wʌrdfər'wʌrd] *adj* literal, ajustado palabra por palabra
wordiness ['wʌrdɪnɪs] *s* verbosidad
wording ['wʌrdɪŋ] *s* fraseología, manera de expresarse por medio de palabras
wordless ['wʌrdlɪs] *adj* falto de palabras; sin expresar
Word of God *s* palabra de Dios (*la Escritura*)
word of honor *s* palabra de honor
word order *s* (gram.) orden *m* de colocación
word picture *s* pintura por medio de la palabra
wordplay ['wʌrd,ple] *s* juego de palabras
word salad *s* esquizofasia (*lenguaje incoherente e incomprensible de la esquizofrenia*)
word sign *s* signo (*de la escritura jeroglífica; de la taquigrafía; del sistema Braille*)
word-slinger ['wʌrd,slɪŋər] *s* escritorcillo, escritor mercenario
word square *s* palabras cruzadas
wordstock ['wʌrd,stɑk] *s* léxico, vocabulario
wordy ['wʌrdɪ] *adj* (*comp:* **-ier**; *super:* **-iest**) verboso; verbal
wore [wor] *pret de* **wear**
work [wʌrk] *s* trabajo; obra (*resultado del trabajo; producción del espíritu; estructura en construcción; fortificación*); (sew.) labor; (phys.) trabajo; **works** *ssg* o *spl* fábrica, usina; *spl* mecanismo; movimiento (*p.ej., de un reloj*); (Bib.) obras; **at work** trabajando; en la oficina, en el taller, en la tienda, etc. (*es decir, no en casa*); **out of work** desempleado, sin trabajo; **to make short work of** concluir con prontitud; deshacerse de, sin rodeos; **to shoot the works** (slang) envidar el resto, jugar el todo por el todo; (slang) comprometerse a ultranza; **to throw out of work** privar de trabajo; quitar el empleo a ‖ *va* hacer trabajar; trabajar, obrar (*p.ej., la madera*); conseguir con esfuerzo; causar, producir; obrar (*p.ej., un milagro*); influir, persuadir; resolver; laborear, explotar (*una mina*); **to work in** meter, hacer entrar; **to work into** intercalar en (*p.ej., un discurso*); **to work it** (coll.) manejar las cosas, darse traza; **to work off** deshacerse de; **to work out** desarrollar, preparar; resolver; determinar (*su destino*); agotar (*una mina*); **to work up** preparar; estimular, excitar ‖ *vn* trabajar; funcionar, marchar; dar resultado;

W

obrar (*p.ej., un remedio*); **to work against** obrar en contra de; **to work free** o **loose** aflojarse (*con el movimiento o el uso*); **to work on** o **upon** tratar de influir o persuadir; **to work out** resultar; resolverse; (sport) entrenarse
workable ['wʌrkəbəl] *adj* practicable; manuable; explotable; laborable
workaday ['wʌrkə,de] *adj* de cada día; práctico; ordinario, vulgar, prosaico
workbag ['wʌrk,bæg] *s* saco de trabajo
workbench ['wʌrk,bɛntʃ] *s* banco o mesa de trabajo, banco de taller
workbook ['wʌrk,bʊk] *s* libro de trabajo; libro de reglas; libro de ejercicios
workbox ['wʌrk,bɑks] *s* caja de herramientas; caja de labor
workday ['wʌrk,de] *s* día de trabajo, día laborable; jornada (*tiempo de duración del trabajo diario*); *adj* de cada día; práctico; ordinario, vulgar
worker ['wʌrkər] *s* trabajador, obrero; (ent.) obrera
work force *s* mano de obra, personal obrero
work horse *s* caballo de carga; yunque, trabajador esforzado
workhouse ['wʌrk,haʊs] *s* taller penitenciario; (Brit.) asilo de pobres donde los recogidos tienen que trabajar en el obrador
working ['wʌrkɪŋ] *s* funcionamiento; operación; explotación; **workings** *spl* (min.) labores; *adj* obrero; de trabajo; en funcionamiento
working agreement *s* ajuste, arreglo, modo de vivir
working capital *s* capital en giro
working class *s* clase obrera
working clothes *spl* traje de faena
working day *s* día de trabajo, día laborable; jornada (*tiempo de duración del trabajo diario*)
working-day ['wʌrkɪŋ,de] *adj* de cada día; práctico; ordinario, vulgar
working drawing *s* dibujo de trabajo, dibujo de guía
working face *s* (min.) fondo de laboreo
workinggirl ['wʌrkɪŋ,gʌrl] *s* trabajadora joven: obrera joven
working hours *spl* horas laborables, horas de trabajo, horas de jornada
working hypothesis *s* hipótesis de guía
working majority *s* mayoría suficiente
workingman ['wʌrkɪŋ,mæn] *s* (*pl:* **-men**) trabajador; obrero
working model *s* modelo de guía
working order *s* orden *m* de marcha
working speed *s* velocidad de régimen
working stroke *s* (mach.) carrera de trabajo
working voltage *s* (elec.) voltaje de régimen
workingwoman ['wʌrkɪŋ,wʊmən] *s* (*pl:* **-women**) trabajadora; obrera
workman ['wʌrkmən] *s* (*pl:* **-men**) trabajador; obrero; artífice
workmanlike ['wʌrkmən,laɪk] *adj* esmerado, primoroso, bien ejecutado; *adv* esmeradamente, primorosamente
workmanship ['wʌrkmənʃɪp] *s* destreza o habilidad en el trabajo; confección; hechura, obra
work of art *s* obra de arte
workout ['wʌrk,aʊt] *s* ejercicio; prueba, ensayo
workpeople ['wʌrk,pipəl] *spl* obreros
workroom ['wʌrk,rum] o ['wʌrk,rʊm] *s* obrador; sala de trabajo; gabinete de trabajo
workshop ['wʌrk,ʃɑp] *s* taller; (educ.) taller
work stoppage *s* paro
worktable ['wʌrk,tebəl] *s* mesa de trabajo; mesa de labor
workwoman ['wʌrk,wʊmən] *s* (*pl:* **-women**) trabajadora; obrera
world [wʌrld] *s* mundo; **a world of** la mar de; **for all the world** exactamente; **half the world** medio mundo (*mucha gente*); **in the world** en el mundo entero; alguna vez; **not for all the world** por nada del mundo; **since the world began** desde que el mundo es mundo; **the other world** el otro mundo (*la vida futura*); **the world over** por el mundo entero; **to bring into the world** echar al mundo; **to come into the world** venir al mundo; **to see the world** ver mundo; **to think the world of** tener un alto concepto de; **world without end** por los siglos de los siglos; *adj* mundial; mundano
world affairs *spl* asuntos internacionales
World Court *s* Tribunal Permanente de Justicia Internacional
world-famous ['wʌrld'feməs] *adj* mundialmente famoso
worldling ['wʌrldlɪŋ] *s* persona mundana
worldly ['wʌrldlɪ] *adj* (*comp:* **-lier;** *super:* **-liest**) mundano
worldly-minded ['wʌrldlɪ'maɪndɪd] *adj* mundano, apegado a las cosas del mundo
worldly-wise ['wʌrldlɪ'waɪz] *adj* que tiene mucho mundo
world map *s* mapamundi
world power *s* potencia mundial
World Series *s* (baseball) Serie Mundial
world view *s* concepto del mundo
World War *s* Guerra Mundial
world-weary ['wʌrld,wɪrɪ] *adj* cansado de la vida
world-wide ['wʌrld,waɪd] *adj* mundial, global
worm [wʌrm] *s* gusano; serpentín; tornillo sin fin; (fig.) gusano (*persona despreciable*); (fig.) gusano (*de la conciencia*); **worms** *spl* (path.) lombrices; *va* limpiar de lombrices; conseguir o lograr por medio de artimañas; **to worm a secret out of a person** arrancar mañosamente un secreto a una persona; **to worm oneself into** insinuarse en; **to worm one's way through** atravesar serpenteando; *vn* arrastrarse, deslizarse, serpentear como un gusano
worm-eaten ['wʌrm,itən] *adj* carcomido; apolillado; desgastado, inservible, viejo
worm gear *s* engranaje de tornillo sin fin
wormhole ['wʌrm,hol] *s* agujero que deja la carcoma; apolilladura; agujero que hace el gusano
wormseed ['wʌrm,sid] *s* (bot.) apasote, pazote
worm wheel *s* rueda de tornillo sin fin
wormwood ['wʌrm,wʊd] *s* (bot.) ajenjo; (fig.) amargura
wormy ['wʌrmɪ] *adj* (*comp:* **-ier;** *super:* **-iest**) gusaniento, gusanoso; carcomido; apolillado; rastrero, servil
worn [worn] *adj* gastado, roto, raído; cansado, rendido; *pp de* **wear**
worn-out ['worn,aʊt] *adj* muy gastado, inservible; consumido (*por el trabajo, las enfermedades, los vicios, etc.*)
worriment ['wʌrɪmənt] *s* (coll.) inquietud, preocupación; (coll.) molestia
worrisome ['wʌrɪsəm] *adj* inquietante; inquieto, aprensivo
worry ['wʌrɪ] *s* (*pl:* **-ries**) inquietud, preocupación; molestia; (*pret & pp:* **-ried**) *va* inquietar, preocupar; molestar; acosar; morder y sacudir; querer morder; **to be worried** estar inquieto; *vn* inquietarse, preocuparse; **don't worry** pierda Vd. cuidado; **to worry along** arreglárselas de algún modo
worse [wʌrs] *adj & adv comp* peor; **worse and worse** de mal en peor, cada vez peor; **worse than ever** peor que nunca; más que nunca; *s* peor
worsen ['wʌrsən] *va & vn* empeorar
worsening ['wʌrsənɪŋ] *s* empeoramiento
worship ['wʌrʃɪp] *s* adoración, culto; **your worship** vuestra merced; (*pret & pp:* **-shiped** o **-shipped;** *ger:* **-shiping** o **-shipping**) *va & vn* adorar, venerar
worshiper o **worshipper** ['wʌrʃɪpər] *s* adorador; devoto
worshipful ['wʌrʃɪpfəl] *adj* reverenciable; adorador
worst [wʌrst] *adj & adv super* peor; *s* (lo) peor; **at worst** a lo más; **if worst comes to worst** si pasa lo peor; **to get the worst of it** llevar la peor parte, salir perdiendo; **to give one the worst of it** darle a uno la peor parte, derrotar a uno; *va* derrotar, vencer
worsted ['wʊstɪd] *s* estambre; tela de estambre; *adj* de estambre
wort [wʌrt] *s* (bot.) planta, hierba; mosto de cerveza

worth [wʌrθ] *s* valor; valía; mérito; **a dollar's worth of** un dólar de; *adj* del valor de; digno de; **to be worth** valer; tener una fortuna de; **to be worth** + *ger* valer la pena de + *inf*, p.ej., **that city is not worth visiting** aquella ciudad no vale la pena de visitarse
worthiness [ˈwʌrðɪnɪs] *s* mérito
worthless [ˈwʌrθlɪs] *adj* sin valor, inútil, inservible; despreciable, indigno
worth while *adj;* **to be worth while** ser de mérito; valer la pena; **to be worth while to** + *inf* valer la pena + *inf*, p.ej., **it isn't worth while to go to the theater this evening** no vale la pena ir al teatro esta noche
worth-while [ˈwʌrθˈhwaɪl] *adj* de mérito, digno de atención, p.ej., **a worth-while book** un libro de mérito, un libro digno de atención
worthy [ˈwʌrðɪ] *adj* (*comp:* **-thier;** *super:* **-thiest**) digno; benemérito, meritorio; **worthy of** + *ger* digno de + *inf;* **worthy of note** digno de notarse; *s* (*pl:* **-thies**) benemérito, notable; (hum.) personaje
wot [wɑt] *primera y tercera personas del sg del pres de ind de* **wit**
would [wʊd] *v aux* se emplea para formar (1) el condicional presente, p.ej., **he said he would come** dijo que vendría; **he would come if he could** vendría si pudiese; (2) el condicional pasado, p.ej., **he would have come if he had been able** habría venido si hubiese podido; (3) el modo potencial, p.ej., **would that I knew it!** ¡ojalá que lo supiese!; (4) el imperf de ind, indicando costumbre, p.ej., **he would go for days without smoking** pasaba días enteros sin fumar
would-be [ˈwʊdˌbi] *adj* llamado; supuesto, p.ej., **a would-be pianist** un supuesto pianista; *s* presumido
wouldn't [ˈwʊdənt] contracción de **would not**
wound [wund] *s* herida; *va* herir; [waʊnd] *pret & pp de* **wind**
wounded [ˈwundɪd] *adj* herido; **the wounded** los heridos
wove [wov] *pret & pp de* **weave**
woven [ˈwovən] *pp de* **weave**
wow [waʊ] *interj* (coll.) ¡ax!; *s* ululación (*del disco fonográfico*); (slang) cosa muy graciosa; (slang) éxito rotundo; *va* (slang) arrebatar, entusiasmar
wrack [ræk] *s* naufragio; destrucción, ruina; (bot.) varec, quelpo, fuco, zostera de mar; algas que arroja el mar a la playa; **to go to wrack and ruin** arruinarse
wraith [reθ] *s* aparecido, espectro, fantasma
wrangle [ˈræŋgəl] *s* disputa, riña, pelotera; *va* disputar; pasar disputando; lograr disputando; rodear (*el ganado o las caballerías*); *vn* disputar, reñir, pelotear
wrangler [ˈræŋglər] *s* disputador, pendenciero; (Brit.) graduado con altos honores en matemáticas; (U.S.A.) ganadero, manadero
wrap [ræp] *s* abrigo; (*pret & pp:* **wrapped;** *ger:* **wrapping**) *va* envolver; **to be wrapped up in** estar prendado de, estar entregado a; estar envuelto en; **to wrap up** envolver; arropar; *vn* envolverse; **to wrap up** arroparse
wrap-around windshield [ˈræpəˌraʊnd] *s* (aut.) parabrisas curvilíneo o panorámico
wrapper [ˈræpər] *s* envolvedor; envoltura; bata, peinador; faja (*de periódico o revista*); capa (*de tabaco*)
wrapping [ˈræpɪŋ] *s* envoltura; arropamiento
wrapping paper *s* papel de envolver o embalar, papel de estraza
wrasse [ræs] *s* (ichth.) labro; (ichth.) durdo (*Labrus bergylta*); (ichth.) tordo de mar (*Labrus mixtus*)
wrath [ræθ] o [rɑθ] *s* ira, cólera muy grande; venganza
wrathful [ˈræθfəl] o [ˈrɑθfəl] *adj* iracundo, colérico, furioso
wrathy [ˈræθɪ] o [ˈrɑθɪ] *adj* (*comp:* **-ier;** *super:* **-iest**) var. de **wrathful**
wreak [rik] *va* descargar (*la cólera*); infligir (*pena, castigo, venganza*)
wreath [riθ] *s* (*pl:* **wreaths** [riðz]) guirnalda; corona de laurel; corona (*funeral*); espiral (*p.ej., de humo*)
wreathe [rið] *va* enguirnaldar; tejer (*guirnaldas*); ceñir, envolver; *vn* enroscarse, moverse en anillos, elevarse en espirales (*p.ej., el humo*)
wreck [rɛk] *s* destrucción, ruina; naufragio; colisión o descarrilamiento (*p.ej., de un tren*); **to be a wreck** estar hecho un cascajo, estar hecho una ruina; *va* derribar; destruir, arruinar; hacer naufragar (*a un buque o una persona*); descarrilar (*un tren*); arrasar; *vn* arruinarse
wreckage [ˈrɛkɪdʒ] *s* destrucción, ruina; naufragio; despojos, restos; escombros (*de un edificio*); (fig.) naufragio (*p.ej., de las esperanzas de uno*)
wrecker [ˈrɛkər] *s* demoledor; descarrilador (*de trenes*); (aut.) camión de auxilio; (rail.) carro de auxilio, carro de grúa; (naut.) salvador de buques
wrecking ball *s* bola rompedora
wrecking car *s* (aut.) camión de auxilio; (rail.) carro de auxilio, carro de grúa
wrecking crane *s* grúa destructora; grúa de auxilio o de salvamento
wren [rɛn] *s* (orn.) buscareta, coletero, rey de zarza; (orn.) reyezuelo
wrench [rɛntʃ] *s* llave; torcedura violenta; dolor, pena, sufrimiento; *va* torcer violentamente; hacer daño a, torciendo; arrebatar torciendo; torcer (*el sentido de una frase*)
wrest [rɛst] *s* torsión violenta; llave para afinar pianos, arpas, etc.; *va* torcer violentamente, arrancar violentamente, arrebatar; torcer (*el sentido de una frase*); **to wrest something from someone** arrebatarle a uno una cosa
wrestle [ˈrɛsəl] *s* lucha; partido de lucha; *vn* (sport & fig.) luchar
wrestler [ˈrɛslər] *s* luchador
wrestling [ˈrɛslɪŋ] *s* lucha (*combate cuerpo a cuerpo*)
wrestling match *s* partido de lucha
wrest pin *s* clavija de piano
wrest plank *s* (mus.) clavijero (*del piano*)
wretch [rɛtʃ] *s* miserable (*persona desdichada; persona vil y despreciable*)
wretched [ˈrɛtʃɪd] *adj* miserable; pésimo, malísimo (*p.ej., trabajo*)
wretchedness [ˈrɛtʃɪdnɪs] *s* miseria; bajeza, ruindad, vileza
wrick [rɪk] *s* torcedura (*de un músculo o miembro*); *va* torcerse (*un músculo o miembro*)
wriggle [ˈrɪgəl] *s* meneo serpentino, culebreo; *va* menear rápidamente; introducir mañosamente; **to wriggle one's way into** colarse en; (fig.) colarse en; *vn* menearse rápidamente; culebrear, moverse serpenteando; **to wriggle away** escaparse culebreando; **to wriggle out of** escabullirse de, escaparse de
wriggler [ˈrɪglər] *s* persona que se menea; larva de mosquito
wriggly [ˈrɪglɪ] *adj* que se menea; sinuoso, tortuoso
wright [raɪt] *s* artífice
wring [rɪŋ] *s* torsión; expresión (*p.ej., del zumo*); (*pret & pp:* **wrung**) *va* torcer; retorcer (*las manos*); exprimir (*el zumo, la ropa, etc.*); arrancar (*dinero*); sacar por fuerza (*la verdad*); acongojar, afligir; **to wring out** exprimir (*la ropa*)
wringer [ˈrɪŋər] *s* exprimidor o secadora (*de la ropa acabada de lavar*)
wrinkle [ˈrɪŋkəl] *s* arruga; (coll.) truco, ardid; *va* arrugar; *vn* arrugarse
wrinkly [ˈrɪŋklɪ] *adj* (*comp:* **-klier;** *super:* **-kliest**) arrugado
wrist [rɪst] *s* (anat.) muñeca; codillo (*de los cuadrúpedos*)
wristband [ˈrɪstˌbænd] o [ˈrɪzbənd] *s* puño, bocamanga
wristlet [ˈrɪstlɪt] *s* brazalete; muñequera (*en la cual se lleva sujeto un reloj*); manguito para la muñeca
wrist pin *s* (mach.) eje o pasador de émbolo
wrist watch *s* reloj de pulsera
writ [rɪt] *s* escrito; (law) auto, mandato, orden *f* (*de la corte*)
write [raɪt] (*pret:* **wrote;** *pp:* **written**) *va* escribir; **to write down** poner por escrito; bajar el precio de; **to write off** cancelar (*una deuda*); **to write out** poner por escrito; escribir sin abreviar; **to write up** describir;

W

escribir en detalle; escribir una crónica de; poner al día (*un escrito*); subir el precio de; dar bombo a; *vn* escribir; **to write away** dejar correr la pluma, escribir a vuela pluma; **to write back** contestar por carta o por escrito; **to write on** seguir escribiendo; escribir acerca de
writer [ˈraɪtər] *s* escritor
writer's cramp *s* calambre de los escribientes
write-up [ˈraɪt,ʌp] *s* (coll.) relato; (coll.) crónica; (coll.) bombo; (coll.) valoración excesiva
writhe [raɪð] *vn* contorcerse; retorcerse (*a causa de un dolor*); sufrir angustia
writing [ˈraɪtɪŋ] *s* el escribir; escritura; profesión de escritor; escrito; **at this writing** al escribir ésta; **in one's own writing** de su puño y letra; **to put in writing** poner por escrito; *adj* de escribir
writing desk *s* escritorio
writing materials *spl* recado de escribir
writing pad *s* taco de escribir
writing paper *s* papel de escribir, papel de cartas
writing room *s* sala de escritura
writing table *s* mesa de escribir
writ of execution *s* (law) auto de ejecución
written [ˈrɪtən] *pp de* **write**
written accent *s* acento ortográfico
wrong [rɔŋ] o [rɑŋ] *adj* injusto; malo; equivocado; erróneo; impropio, poco conveniente; no . . . que se busca, p.ej., **this is the wrong house** ésta no es la casa que se busca; no . . . que se necesita, p.ej., **this is the wrong train** éste no es el tren que se necesita; no . . . que debe, p.ej., **he is going the wrong way** no sigue el camino que debe; **in the wrong place** descolocado, mal colocado; **to be wrong** no tener razón; tener la culpa; **to be wrong with** pasar algo a, p.ej., **something is wrong with the telephone** algo le pasa al teléfono; *adv* mal; por error; sin razón; al revés; **to go wrong** salir mal; ir por mal camino; darse a la mala vida; *s* mal, daño, perjuicio; agravio, injusticia; error; **to be in the wrong** no tener razón; tener la culpa; **to do wrong** obrar mal; *va* agraviar, ofender, hacer mal a, ser injusto con
wrongdoer [ˈrɔŋ,duər] o [ˈrɑŋ,duər] *s* malvado, malhechor
wrongdoing [ˈrɔŋ,duɪŋ] o [ˈrɑŋ,duɪŋ] *s* maldad, perversidad
wrongful [ˈrɔŋfəl] o [ˈrɑŋfəl] *adj* injusto, malo; equivocado; ilegal
wrong-headed [ˈrɔŋ,hɛdɪd] o [ˈrɑŋ,hɛdɪd] *adj* equivocado; terco, obstinado
wrongly [ˈrɔŋlɪ] o [ˈrɑŋlɪ] *adv* mal; por error; sin razón; al revés
wrongness [ˈrɔŋnɪs] o [ˈrɑŋnɪs] *s* injusticia; maldad; error; inexactitud
wrong number *s* (telp.) número errado, número equivocado
wrong side *s* revés, contrahaz; lado contrario (*del camino*); **to get out of bed on the wrong side** levantarse del izquierdo; **wrong side out** al revés
wrote [rot] *pret de* **write**
wroth [rɔθ] o [rɑθ] *adj* iracundo, colérico, furioso
wrought [rɔt] *adj* forjado; labrado; hecho al martillo
wrought iron *s* hierro dulce
wrought-up [ˈrɔtˈʌp] *adj* sobreexcitado, muy conmovido
wrung [rʌŋ] *pret & pp de* **wring**
wry [raɪ] *adj* (*comp:* **wrier;** *super:* **wriest**) torcido; tuerto; desviado, pervertido; terco; equivocado
wrybill [ˈraɪ,bɪl] *s* (orn.) anarrinco
wry face *s* mueca, mohín, gesto
wryneck [ˈraɪ,nɛk] *s* (orn.) torcecuello o tuercecuello; (path.) torticolis
WSW, W.S.W. o **w.s.w.** abr. de **west-southwest**
wt. abr. de **weight**
wulfenite [ˈwʊlfənaɪt] *s* (mineral.) wulfenita
W.Va. abr. de **West Virginia**
Wy. abr. de **Wyoming**
wych-elm [ˈwɪtʃˈɛlm] *s* (bot.) olmo escocés
wych-hazel [ˈwɪtʃˈhezəl] *s* var. de **witch hazel**
Wycliffite o **Wyclifite** [ˈwɪklɪfaɪt] *adj & s* viclefita
wye level [waɪ] *s* (surv.) nivel de horquetas
Wyo. abr. de **Wyoming**
wyvern [ˈwaɪvərn] *s* var. de **wivern**

X

X, x [ɛks] *s* (*pl:* **X's, x's** [ˈɛksɪz]) vigésima cuarta letra del alfabeto inglés
xanthaline [ˈzænθəlin] *s* (chem.) xantalina
xanthate [ˈzænθet] *s* (chem.) xantato
xanthein [ˈzænθiɪn] *s* (chem.) xanteína
xanthene [ˈzænθin] *s* (chem.) xanteno
xanthin [ˈzænθɪn] *s* (chem.) xantina
xanthine [ˈzænθin] o [ˈzænθɪn] *s* (biochem.) xantina
Xanthippe [zænˈtɪpɪ] *s* Jantipa o Jantipe; mujer pendenciera
xanthochroid [ˈzænθokrɔɪd] *adj & s* (anthrop.) xantocroide
xanthoderm [ˈzænθodʌrm] *s* (anthrop.) xantodermo
xanthogen [ˈzænθodʒɛn] *s* (chem.) xantógeno
xanthoma [zænˈθomə] *s* (*pl:* **-mata** [mətə] o **-mas**) (path.) xantoma
xanthophyll [ˈzænθofɪl] *s* (biochem.) xantofila
xanthopsia [zænˈθɑpsɪə] *s* (path.) xantopsia
xanthopsin [zænˈθɑpsɪn] *s* xantopsina
xanthosis [zænˈθosɪs] *s* (path.) xantosis
xanthous [ˈzænθəs] *adj* amarillo
xanthoxylin [zænˈθɑksɪlɪn] *s* (chem. & pharm.) xantoxilina
Xavier [ˈzævɪər] o [ˈzevɪər] *s* Javier
xebec [ˈzibɛk] *s* (naut.) jabeque
xenia [ˈzinɪə] *s* (bot.) xenia
xenogenesis [ˌzɛnəˈdʒɛnɪsɪs] *s* (biol.) xenogénesis
xenon [ˈzinɑn] o [ˈzɛnɑn] *s* (chem.) xeno o xenón
xenophobe [ˈzɛnofob] *s* xenófobo
xenophobia [ˌzɛnoˈfobɪə] *s* xenofobia
Xenophon [ˈzɛnəfən] *s* Jenofonte
xerophthalmia [ˌzɪrɑfˈθælmɪə] *s* (path.) xeroftalmía
xerophyte [ˈzɪrəfaɪt] *s* (bot.) xerófita
xerophytic [ˌzɪrəˈfɪtɪk] *adj* (bot.) xerófito
Xerxes [ˈzʌrksiz] *s* Jerjes
xiphisternum [ˌzɪfɪˈstʌrnəm] *s* (*pl:* **-na** [nə]) (anat.) xifisternón
xiphoid [ˈzɪfɔɪd] *adj & s* (anat.) xifoides
xiphosuran [ˌzɪfəˈsurən] *s* (zool.) jifosuro
Xmas [ˈkrɪsməs] *s* var. de **Christmas**
X ray *s* rayo X; radiografía; **X rays** *spl* rayos X
X-ray [ˈɛksˌre] *adj* radiográfico; [ˈɛksˈre] *va* radiografiar; tratar por medio de los rayos X
X-ray photograph *s* radiografía (*fotografía por los rayos X*)
xylan [ˈzaɪlæn] *s* (chem.) xilán
xylem [ˈzaɪlɛm] *s* (bot.) xilema
xylene [ˈzaɪlin] *s* (chem.) xileno
xylidine [ˈzaɪlɪdin] o [ˈzɪlɪdin] *s* (chem.) xilidina
xylobalsamum [ˌzaɪloˈbɔlsəməm] o [ˌzaɪloˈbælsəməm] *s* xilobálsamo
xylograph [ˈzaɪləgræf] o [ˈzaɪləgrɑf] *s* xilografía (*grabado*)
xylographer [zaɪˈlɑgrəfər] *s* xilógrafo
xylographic [ˌzaɪləˈgræfɪk] o **xylographical** [ˌzaɪləˈgræfɪkəl] *adj* xilográfico
xylography [zaɪˈlɑgrəfɪ] *s* xilografía (*arte*)
xylol [ˈzaɪlol] o [ˈzaɪlɑl] *s* (chem.) xilol
xylophagous [zaɪˈlɑfəgəs] *adj* xilófago
xylophone [ˈzaɪləfon] o [ˈzɪləfon] *s* (mus.) xilófono
xylose [ˈzaɪlos] *s* (chem.) xilosa
xyster [ˈzɪstər] *s* (surg.) xister

Y

Y, y [waɪ] *s* (*pl:* **Y's, y's** [waɪz]) vigésima quinta letra del alfabeto inglés
-y *suffix adj* -ado, p.ej., **wavy** ondulado; -iento, p.ej., **hungry** hambriento; **dusty** polvoriento; -izo, p.ej., **coppery** cobrizo; **strawy** pajizo; -oso, p.ej., **juicy** jugoso; **rocky** rocoso; -udo, p.ej., **fleshy** carnudo; **hairy** peludo; *suffix s* -ia, p.ej., **glory** gloria; **victory** victoria; -ía, p.ej., **geology** geología; **philosophy** filosofía; *suffix dim* -ito, p.ej., **pussy** michito; **Johnny** Juanito
y. abr. de **yard** o **yards** y **year**
yacht [jɑt] *s* yate; *vn* pasear en yate; tomar parte en regatas en yate
yacht club *s* club náutico
yachting [ˈjɑtɪŋ] *adj* aficionado al deporte de los yates; *s* navegación en yate, paseo en yate
yacht race *s* regata de yates
yachtsman [ˈjɑtsmən] *s* (*pl:* **-men**) aficionado al deporte de los yates
yachtsmanship [ˈjɑtsmənʃɪp] *s* arte de navegar un yate
yackety-yack [ˈjækɪtɪˈjæk] *s* (slang) charla, palique
yah [jɑ] *interj* ¡bah!; ¡puf!
yahoo [ˈjɑhu] o [ˈjehu] *s* patán
Yahveh o **Yahweh** [ˈjɑwe] *s* (Bib.) Yahvé
yak [jæk] *s* (zool.) yac (*bóvido del Tibet*)
yam [jæm] *s* (bot.) ñame (*planta y raíz*); batata, camote, boniato
yank [jæŋk] *s* (coll.) tirón; (*cap.*) *adj & s* (slang) yanqui; (*l.c.*) *va* (coll.) sacar de un tirón; *vn* (coll.) dar un tirón, dar tirones
Yankee [ˈjæŋkɪ] *adj & s* yanqui
Yankeedom [ˈjæŋkɪdəm] *s* los yanquis; Yanquilandia
Yankeeism [ˈjæŋkɪɪzəm] *s* característica de los yanquis; yanquismo
yap [jæp] *s* (slang) ladrido corto; (slang) conversación necia y ruidosa; (*pret & pp:* **yapped;** *ger:* **yapping**) *vn* (slang) ladrar con ladrido corto; (slang) charlar necia y ruidosamente
yard [jɑrd] *s* yarda (*medida*); cercado, corral, patio; (naut.) verga; (rail.) patio; **to man the yards** (naut.) disponer la gente sobre las vergas; (naut.) disponerse sobre las vergas; **to square the yards** (naut.) poner las vergas en cruz; *va* acorralar
yardage [ˈjɑrdɪdʒ] *s* yardaje
yardarm [ˈjɑrd,ɑrm] *s* (naut.) penol, singlón
yardmaster [ˈjɑrd,mæstər] o [ˈjɑrd,mɑstər] *s* (rail.) superintendente del patio
yardstick [ˈjɑrd,stɪk] *s* yarda, vara de medir; (fig.) criterio, norma
yarn [jɑrn] *s* hilado, hilaza; (coll.) cuento, burlería; *vn* (coll.) inventar y contar historietas
yarn tester *s* cuentahilos
yarrow [ˈjæro] *s* (bot.) milenrama
yataghan [ˈjætəgæn] *s* yatagán
yaupon [ˈjɔpən] *s* (bot.) apalachina
yaw [jɔ] *s* (naut.) guiñada; (aer.) desvío; **yaws** *spl* (path.) frambesia; *vn* (naut.) guiñar; (aer.) desviarse; (fig.) desviarse del camino
yawl [jɔl] *s* (naut.) queche; (naut.) bote; (dial.) alarido, aullido; *vn* (dial.) dar alaridos, aullar
yawn [jɔn] *s* bostezo; abertura; *va* decir bostezando; *vn* bostezar; abrirse desmesuradamente
yawning [ˈjɔnɪŋ] *adj* bostezante; abierto desmesuradamente; *s* bostezos
yawp [jɔp] *s* (coll.) alarido; (coll.) plática ruidosa; *vn* (coll.) dar alaridos; (coll.) charlar ruidosamente; (coll.) bostezar ruidosamente
y-cleped o **y-clept** [ɪˈklɛpt] *adj* (archaic) llamado, nombrado
yd. abr. de **yard** o **yards**
yds. abr. de **yards**
ye [ji] *pron pers* (archaic) vosotros; [ðɪ] *art def* (archaic) el, la
yea [je] *s* sí (*voto afirmativo*); *adv* sí; sin duda; (archaic) además
yean [jin] *va & vn* parir (*la cabra, la oveja*)
yeanling [ˈjinlɪŋ] *s* cordero o cabrito mamantón
year [jɪr] *s* año; **years** *spl* años (*edad; época de la vida*); muchos años; **of late years** en estos últimos años; **year by year** año por año; **year in, year out** año tras año
yearbook [ˈjɪr,bʊk] *s* anuario
yearling [ˈjɪrlɪŋ] *adj & s* primal
yearlong [ˈjɪr,lɔŋ] o [ˈjɪr,lɑŋ] *adj* que dura un año; que dura años
yearly [ˈjɪrlɪ] *adj* anual; *adv* anualmente
yearn [jʌrn] *vn* suspirar; **to yearn for** suspirar por, anhelar por; sentir lástima por; **to yearn to** + *inf* anhelar + *inf*
yearning [ˈjʌrnɪŋ] *s* anhelo, deseo vivo
year of grace *s* año de gracia
yeast [jist] *s* levadura, fermento; espuma, jiste; pastilla de levadura
yeast cake *s* pastilla de levadura, levadura comprimida
yeasty [ˈjistɪ] *adj* de la levadura; espumoso; casquivano, frívolo
yegg [jɛg] *s* (slang) ladrón; (slang) ladrón de cajas fuertes
yelk [jɛlk] *s* var. de **yolk**
yell [jɛl] *s* grito, voz; *va* decir a gritos; *vn* gritar, dar voces
yellow [ˈjɛlo] *adj* amarillo; escandaloso, sensacional (*periodismo*); (coll.) blanco (*cobarde, miedoso*); *s* amarillo; yema de huevo; *vn* amarillecer
yellow-billed cuckoo [ˈjɛlo,bɪld] *s* (orn.) cuclillo de las lluvias
yellowbird [ˈjɛlo,bʌrd] *s* (orn.) jilguero de América; (orn.) dominguito; (orn.) oropéndola
yellow elder *s* (bot.) tronadora, trompetilla
yellow fever *s* (path.) fiebre amarilla
yellow flag *s* bandera amarilla; (bot.) lirio amarillo
yellowhammer [ˈjɛlo,hæmər] *s* (orn.) ave tonta; (orn.) picamaderos norteamericano
yellow goatsbeard *s* (bot.) salsifí de los prados
yellowish [ˈjɛlo·ɪʃ] *adj* amarillento
yellow jack *s* fiebre amarilla; bandera amarilla de cuarentena; (bot.) junquillo; (ichth.) jurel
yellow jacket *s* (ent.) avispa; (ent.) avispón
yellow jasmine *s* (bot.) jazmín; (bot.) jazmín silvestre (*Gelsemium sempervirens*)
yellow journalism *s* periodismo sensacional
yellowlegs [ˈjɛlo,lɛgz] *s* (*pl:* **-legs**) (orn.) sarapico (*Totanus flavipes*)
yellowness [ˈjɛlonɪs] *s* amarillez
yellow ocher *s* (mineral.) ocre amarillo
yellow oxide *s* óxido amarillo
yellow peril *s* peligro amarillo
yellow pine *s* (bot.) pino amarillo; (bot.) liriodendro
yellow poplar *s* (bot.) liriodendro
yellow poppy *s* (bot.) pamplina
Yellow River *s* río Amarillo
yellow sandalwood *s* (bot.) sándalo
Yellow Sea *s* mar Amarillo
yellow spot *s* (anat.) mancha amarilla
yellow streak *s* vena de cobarde, trazas de cobarde
yellowthroat [ˈjɛlo,θrot] *s* (orn.) pecho amarillo
yelp [jɛlp] *s* gañido (*del perro*); *va* decir con gritos; ahuyentar con gritos; *vn* gañir
yen [jɛn] *s* (coll.) deseo vivo; (*pret & pp:* **yenned;** *ger:* **yenning**) *vn* (coll.) anhelar

yeoman ['jomən] *s* (*pl:* **-men**) (Brit.) labrador acomodado, pequeño terrateniente; (archaic) guardia del rey, sirviente del rey; (naut.) oficinista de a bordo; (naut.) pañolero
yeomanly ['jomənlɪ] *adj* honrado, leal; firme, porfiado; *adv* valerosamente
yeoman of the guard *s* (Brit.) continuo
yeomanry ['jomənrɪ] *s* (Brit.) labradores acomodados, pequeños terratenientes; (archaic) guardias del rey; (naut.) pañoleros; (Brit.) caballería voluntaria
yeoman's service *s* buen servicio, ayuda leal
yes [jɛs] *adv* sí; además, aun; *s* (*pl:* **yeses**) sí; **to say yes** dar el sí (*convenir en el matrimonio*); (*pret & pp:* **yessed;** *ger:* **yessing**) *va* decir sí a; *vn* decir sí
yes man *s* (slang) hombre que asiente siempre y lo acepta todo
yesterday ['jɛstərdɪ] o ['jɛstərde] *adv & s* ayer; **the day before yesterday** anteayer
yestereve [,jɛstər'iv] o **yesterevening** [,jɛstər'ivnɪŋ] *adv* (archaic & poet.) ayer tarde; *s* (archaic & poet.) la tarde de ayer
yestermorn [,jɛstər'mɔrn] *adv* (archaic & poet.) ayer por la mañana; *s* (archaic & poet.) la mañana de ayer
yesternight [,jɛstər'naɪt] *adv* (archaic & poet.) anoche; *s* (archaic & poet.) la noche de ayer
yesteryear [,jɛstər'jɪr] *adv* (archaic & poet.) antaño; *s* (archaic & poet.) el año pasado
yestreen [,jɛs'trin] *adv* (Scottish & poet.) ayer tarde; *s* (Scottish & poet.) la tarde de ayer
yet [jɛt] *adv* todavía, aun; **as yet** hasta ahora; **not yet** todavía no; *conj* con todo, sin embargo
yew [ju] *s* (bot.) tejo
Yiddish ['jɪdɪʃ] *s* yídish
yield [jild] *s* producción; rédito; rendimiento; *va* producir; rendir, redituar; *vn* producir; rendir; rendirse, entregarse, someterse; acceder, ceder, consentir
yielding ['jildɪŋ] *adj* complaciente, dócil, sumiso; productivo; *s* sumisión, rendimiento
yipe [jaɪp] *interj* (coll.) grito de dolor, miedo, sorpresa, etc.
Y.M.C.A. abr. de **Young Men's Christian Association**
Y.M.H.A. abr. de **Young Men's Hebrew Association**
yod [jod] o [jɑd] *s* (philol.) yod
yodel ['jodəl] *s* canto que se hace cambiando frecuentemente de la voz natural a la voz de falsete y viceversa; (*pret & pp:* **-deled** o **-delled;** *ger:* **-deling** o **-delling**) *va & vn* cantar cambiando frecuentemente de la voz natural a la voz de falsete y viceversa
yodle ['jodəl] *s, va & vn* var. de **yodel**
yoga ['jogə] *s* yoga
yogi ['jogɪ] *s* yogui
yogurt ['jogʊrt] *s* yogurt
yo-heave-ho ['jo'hiv'ho] *interj* (naut.) ¡iza!
yoicks [jɔɪks] *interj* grito que se emplea para excitar los perros en la caza
yoke [jok] *s* yugo; yunta (*de bestias de trabajo*); percha para llevar cargas; hombrillo (*de la camisa*); parte superior de la falda en las caderas; (elec.) culata; (mach.) horquilla; **to throw off the yoke** sacudir el yugo; *va* uncir; acoplar, unir; oprimir, subyugar; *vn* estar unidos
yoke elm *s* (bot.) carpe, ojaranzo
yokefellow ['jok,fɛlo] *s* compañero de yugo; compañero de trabajo y sufrimiento; cónyuge (*marido o mujer*)
yokel ['jokəl] *s* patán
yokemate ['jok,met] var. de **yokefellow**
yolk [jok] *s* yema de huevo; churre en la lana de oveja
Yom Kippur [jɑm 'kɪpər] *s* día de propiciación que celebran los judíos al principio del año hebreo
yon [jɑn] o **yond** [jɑnd] *adj & adv* (archaic & dial.) var. de **yonder**
yonder ['jɑndər] *adj* aquel; de más allá; *adv* allí a la vista
yore [jor] *adv* (obs.) hace mucho tiempo, hace muchos años; *s* (obs.) otro tiempo; **of yore** antiguamente, en otro tiempo, antaño
Yorkshire pudding ['jɔrkʃɪr] *s* bizcocho de masa
you [ju] *pron pers sg & pl* tú, te; vosotros; usted, ustedes; le, la, les; **with you** contigo; consigo, p.ej., **you took it with you** lo llevó consigo; *pron indef* se, p.ej., **you cannot smoke here** no se puede fumar aquí
you'd [jud] contracción de **you had** y **you would**
you'll [jul] contracción de **you shall** y **you will**
young [jʌŋ] *adj* (*comp:* **younger** ['jʌŋgər]; *super:* **youngest** ['jʌŋgɪst]) joven; menor (de edad); reciente, temprano; tierno; inexperto; **the young** los jóvenes, la gente joven, la juventud; **with young** encinta, preñada; *spl* hijuelos
younger set *s* generación nueva, (los) jóvenes
young hopeful *s* muchacho que promete
youngish ['jʌŋɪʃ] *adj* bastante joven
youngling ['jʌŋlɪŋ] *adj & s* jovenzuelo; primal; novato
Young Men's Christian Association *s* Asociación de jóvenes cristianos, Asociación cristiana de jóvenes
young people *spl* jóvenes, gente joven, juventud
youngster ['jʌŋstər] *s* jovencito; niño, chiquito
younker ['jʌŋkər] *s* (archaic) niño, chiquito; (obs.) señorito
your [jʊr] *adj poss* tu, vuestro, su, el (o su) de Vd. o de Vds.
yours [jʊrz] *pron poss* tuyo, vuestro; suyo; de Vd., de Vds.; el tuyo, el vuestro; el suyo; el de Vd., el de Vds.; **of yours** tuyo, vuestro; suyo; de Vd., de Vds., p.ej., **a friend of yours** un amigo suyo, un amigo de Vd.; **yours truly** su seguro servidor, de Vd. atto. y S. S.; (coll.) este cura (*yo*)
yourself [jʊr'sɛlf] *pron* (*pl:* **-selves**) tú mismo; usted mismo; sí mismo; se; sí
youth [juθ] *s* (*pl:* **youths** [juθs] o [juðz]) juventud; jovenzuelo; *spl* jóvenes, gente joven, juventud
youthful ['juθfəl] *adj* juvenil
you've [juv] contracción de **you have**
yowl [jaʊl] *s* aullido, alarido; *vn* aullar, dar alaridos
yo-yo ['jo,jo] *s* (*pl:* **-yos**) diábolo
yr. abr. de **year** o **years**
yrs. abr. de **years**
ytterbium [ɪ'tʌrbɪəm] *s* (chem.) iterbio
yttrium ['ɪtrɪəm] *s* (chem.) itrio
Yucatan [,jukɑ'tɑn] o [,jukə'tæn] *s* el Yucatán
yucca ['jʌkə] *s* (bot.) yuca
Yugoslav ['jugo'slɑv] *adj & s* yugoeslavo
Yugoslavia ['jugo'slɑvɪə] *s* Yugoeslavia
Yugoslavic [,jugo'slɑvɪk] *adj* yugoeslavo
Yule [jul] *s* la Navidad; la pascua de Navidad
Yule log *s* nochebueno (*leño*)
Yuletide ['jul,taɪd] *s* la pascua de Navidad
Y.W.C.A. abr. de **Young Women's Christian Association**
Y.W.H.A. abr. de **Young Women's Hebrew Association**
ywis [ɪ'wɪs] *adv* (archaic) sin duda, ya lo creo

Z

Z, z [zi] *s* (*pl:* **Z's, z's** [ziz]) vigésima sexta letra del alfabeto inglés
Zaccheus [zæ'kiəs] *s* (Bib.) Zaqueo
Zachariah [,zækə'raɪə] *s* (Bib.) Zacarías
zaffer ['zæfər] *s* (mineral.) zafre
zany ['zenɪ] *s* (*pl:* **-nies**) tonto, necio; bufón, payaso
zeal [zil] *s* celo
Zealand ['zilənd] *s* la isla de Seeland (*Dinamarca*)
zealot ['zɛlət] *s* fanático
zealotry ['zɛlətrɪ] *s* fanatismo
zealous ['zɛləs] *adj* celoso (*que tiene gran entusiasmo*)
zebec ['zibɛk] *s* var. de **xebec**
Zebedee ['zɛbɪdi] *s* (Bib.) Zebedeo
zebra ['zibrə] *s* (zool.) cebra
zebra parakeet *s* (orn.) periquito de Australia
zebu ['zibju] *s* (zool.) cebú
Zech. abr. de **Zechariah**
Zechariah [,zɛkə'raɪə] *s* (Bib.) Zacarías
Zedekiah [,zɛdɪ'kaɪə] *s* (Bib.) Sedecías
zedoary ['zɛdo,ɛrɪ] *s* (pharm.) cedoaria
Zeeland ['zilənd] *s* la Zelanda o la Zelandia (*Holanda*)
Zeelander ['ziləndər] *s* celandés
zein ['ziɪn] *s* (biochem.) zeína
Zeitgeist ['tsaɪt,gaɪst] *s* espíritu de la época
zenith ['zinɪθ] *s* (astr. & fig.) cenit
Zeno ['zino] *s* Zenón
zeolite ['ziəlaɪt] *s* (mineral.) ceolita
Zeph. abr. de **Zephaniah**
Zephaniah [,zɛfə'naɪə] *s* (Bib.) Sofonías
zephyr ['zɛfər] *s* céfiro (*viento; tela*)
zeppelin o **Zeppelin** ['zɛpəlɪn] *s* zepelín
zero ['zɪro] *s* (*pl:* **-ros** o **-roes**) cero; *adj* nulo
zero gravity *s* gravedad nula
zero hour *s* (mil.) hora cero
zero weather *s* tiempo de cero grados, tiempo muy frío
zest [zɛst] *s* entusiasmo; gusto, sabor; cáscara de limón o naranja; *va* dar gusto o sabor a, sazonar
zeugma ['zjugmə] o ['zugmə] *s* (rhet.) zeugma; (rhet.) zeugma en que uno de los elementos de la construcción no es apropiado al sentido del verbo
Zeus [zus] o [zjus] *s* (myth.) Zeus
zigzag ['zɪg,zæg] *s* zigzag; *adj & adv* en zigzag; (*pret & pp:* **-zagged**; *ger:* **-zagging**) *va* mover en zigzag; *vn* zigzaguear
zinc [zɪŋk] *s* (chem.) cinc; (elec.) vara o cilindro de cinc (*de una pila húmeda*); (*pret & pp:* **zinced** [zɪŋkt] o **zincked**; *ger:* **zincing** ['zɪŋkɪŋ] o **zincking**) *va* cubrir con cinc; platear con cinc, cincar
zinc carbonate *s* (chem.) carbonato de cinc
zinc chloride *s* (chem.) cloruro de cinc
zinc etching *s* cincograbado; cincografía
zincograph ['zɪŋkəgræf] o ['zɪŋkəgrɑf] *s* cincograbado
zincography [zɪŋ'kɑgrəfɪ] *s* cincografía
zinc ointment *s* (pharm.) pomada o ungüento de cinc
zincous ['zɪŋkəs] *adj* cincoso
zinc oxide *s* (chem.) óxido de cinc
zinc sulfate *s* (chem.) sulfato de cinc
zinc sulfide *s* (chem.) sulfuro de cinc
zinc white *s* blanco de cinc
zingaro ['tsɪŋgɑro] *s* (*pl:* **-ri** [ri]) cíngaro
zingiberaceous [,zɪndʒɪbə'reʃəs] *adj* (bot.) cingiberáceo
zinnia ['zɪnɪə] *s* (bot.) rascamoño
Zion ['zaɪən] *s* Sión
Zionism ['zaɪənɪzəm] *s* sionismo
Zionist ['zaɪənɪst] *adj & s* sionista
zip [zɪp] *s* silbido, zumbido; (coll.) energía, vitalidad; (*pret & pp:* **zipped**; *ger:* **zipping**) *va* cerrar con cierre relámpago; *vn* silbar, zumbar; (coll.) actuar con energía, moverse con energía; **to zip by** (coll.) pasar rápidamente
zipper ['zɪpər] *s* cierre relámpago, cierre cremallera; (trademark) chanclo con cierre relámpago
zippy ['zɪpɪ] *adj* (*comp:* **-pier**; *super:* **-piest**) (coll.) animado, vivo, alegre
zircon ['zʌrkɑn] *s* (mineral.) circón
zirconate ['zʌrkənet] *s* (chem.) circonato
zirconia [zər'konɪə] *s* (chem.) circona
zirconium [zər'konɪəm] *s* (chem.) circonio
zither ['zɪθər] *s* (mus.) cítara (*instrumento músico con cuerdas tendidas horizontalmente*)
zithern ['zɪθərn] o **zittern** ['zɪtərn] *s* (mus.) cítara (*instrumento músico parecido a la guitarra; instrumento músico con cuerdas tendidas horizontalmente*)
zoanthropy [zo'ænθrəpɪ] *s* (path.) zoantropía
zodiac ['zodɪæk] *s* (astr.) zodíaco
zodiacal [zo'daɪəkəl] *adj* zodiacal
zoetrope ['zo·itrop] *s* zootropo (*juguete*)
zona ['zonə] *s* (*pl:* **-nae** [ni]) zona (*lista; ceñidor*); (path.) zona
zonal ['zonəl] *adj* zonal
zone [zon] *s* zona; distrito postal; (poet.) zona (*ceñidor*); *va* dividir en zonas; marcar con zonas; ceñir
zoned [zond] *adj* zonado (*señalado con listas*); dividido en zonas; que lleva ceñidor
zone number *s* número del distrito postal
zoning ['zonɪŋ] *s* zonificación
zonule ['zonjul] *s* zonula
zoo [zu] *s* zoo (*parque zoológico*)
zoöcecidium [,zoəsɪ'sɪdɪəm] *s* (*pl:* **-a** [ə]) (zool.) zoocecidia
zoöchemical [,zoo'kɛmɪkəl] *adj* zooquímico
zoöchemistry [,zoo'kɛmɪstrɪ] *s* zooquímica
zoögeography [,zoodʒɪ'ɑgrəfɪ] *s* zoogeografía
zoögloea [,zoo'gliə] *s* (bact.) zooglea
zoögraphy [zo'ɑgrəfɪ] *s* zoografía
zoölogical [,zoə'lɑdʒɪkəl] *adj* zoológico
zoölogical garden *s* parque zoológico, jardín zoológico
zoölogist [zo'ɑlədʒɪst] *s* zoólogo
zoölogy [zo'ɑlədʒɪ] *s* zoología
zoom [zum] *s* zumbido; (aer.) empinadura; *va* (aer.) empinar; *vn* zumbar; (aer.) empinarse
zoömetric [,zoə'mɛtrɪk] *adj* zoométrico
zoömetry [zo'ɑmɪtrɪ] *s* zoometría
zoömorphism [,zoə'mɔrfɪzəm] *s* zoomorfismo
zoönosis [zo'ɑnəsɪs] *s* (path.) zoonosis
zoöparasite [,zoə'pærəsaɪt] *s* (zool.) zooparásito
zoöpathology [,zoəpə'θɑlədʒɪ] *s* zoopatología
zoöpery [zo'ɑpərɪ] *s* zooperia
zoöphilia [,zoə'fɪlɪə] *s* zoofilia
zoöphilous [zo'ɑfɪləs] *adj* zoófilo
zoöphyte ['zoəfaɪt] *s* (zool.) zoófito
zoöplankton [,zoə'plæŋktən] *s* (zool.) zooplancton
zoöplasty ['zoə,plæstɪ] *s* (surg.) zooplastia
zoöpsychology [,zoəsaɪ'kɑlədʒɪ] *s* zoopsicología
zoösporangium [,zoəspə'rændʒɪəm] *s* (*pl:* **-a** [ə]) (bot.) zoosporangio
zoöspore ['zoəspor] *s* (bot.) zoospora
zoötaxy ['zoə,tæksɪ] *s* zootaxia
zoötechny ['zoo,tɛknɪ] *s* zootecnia
zoötomy [zo'ɑtəmɪ] *s* zootomía
zoötoxin [,zoə'tɑksɪn] *s* zootoxina
zoot suit [zut] *s* (slang) traje con saco muy largo y pantalones holgados pero muy estrechos en los tobillos
Zoroaster [,zoro'æstər] *s* Zoroastro
Zoroastrian [,zoro'æstrɪən] *adj* zoroástrico, zoroastriano; *s* zoroastriano

Zoroastrianism [ˌzoroˈæstrɪənɪzəm] *s* zoroastrismo
zoster [ˈzɑstər] *s* (path.) zoster, zona
Zouave [zuˈɑv] *s* (mil.) zuavo
zounds [zaʊndz] *interj* (archaic) ¡voto al diablo!
zucchetto [tsukˈkɛto] *s* (*pl:* **-tos**) (eccl.) solideo
Zulu [ˈzulu] *adj* zulú; *s* (*pl:* **-lus**) zulú
Zululand [ˈzuluˌlænd] *s* Zululandia
zwieback [ˈtswiˌbɑk] o [ˈswiˌbɑk] *s* bizcocho retostado
Zwinglian [ˈzwɪŋglɪən] o [ˈtsvɪŋlɪən] *adj & s* zuingliano
zygal [ˈzaɪgəl] *adj* cigal
zygodactyl [ˌzaɪgəˈdæktɪl] o [ˌzɪgəˈdæktɪl] *adj* (orn.) zigodáctilo; *s* (orn.) zigodáctila
zygoma [zaɪˈgomə] o [zɪˈgomə] *s* (*pl:* **-mata** [mətə]) (anat.) cigoma
zygomatic [ˌzaɪgoˈmætɪk] o [ˌzɪgoˈmætɪk] *adj* (anat.) cigomático
zygomatic arch *s* (anat.) arco cigomático
zygomatic bone *s* (anat.) hueso cigomático
zygomatic muscle *s* (anat.) músculo cigomático
zygomorphic [ˌzaɪgoˈmɔrfɪk] o [ˌzɪgoˈmɔrfɪk] o **zygomorphous** [ˌzaɪgoˈmɔrfəs] o [ˌzɪgoˈmɔrfəs] *adj* (biol.) zigomorfo
zygophyllaceous [ˌzaɪgofɪˈleʃəs] o [ˌzɪgofɪˈleʃəs] *adj* (bot.) cigofiláceo
zygosis [zaɪˈgosɪs] o [zɪˈgosɪs] *s* (bot. & zool.) cigosis
zygospore [ˈzaɪgəspor] o [ˈzɪgəspor] *s* (bot.) zigospora
zygote [ˈzaɪgot] o [ˈzɪgot] *s* (biol.) cigoto
zygotene [ˈzaɪgotin] o [ˈzɪgotin] *adj* (biol.) cigoteno
zymase [ˈzaɪmes] *s* (biochem.) zimasa
zyme [zaɪm] *s* (path.) cimo
zymogen [ˈzaɪmodʒən] o **zymogene** [ˈzaɪmodʒin] *s* (biochem.) cimógeno; (biol.) cimógeno, cimo excitador
zymogenesis [ˌzaɪmoˈdʒɛnɪsɪs] *s* (biochem.) cimogénesis
zymogenic [ˌzaɪmoˈdʒɛnɪk] *adj* cimógeno
zymogenic organism *s* (biol.) organismo cimógeno
zymology [zaɪˈmɑlədʒɪ] *s* cimología
zymolysis [zaɪˈmɑlɪsɪs] *s* (biochem.) cimólisis
zymometer [zaɪˈmɑmɪtər] *s* cimómetro
zymoplastic [ˌzaɪmoˈplæstɪk] *adj* (biochem.) cimoplástico
zymoscope [ˈzaɪmoskop] *s* cimoscopio
zymosimeter [ˌzaɪmoˈsɪmɪtər] *s* cimosímetro
zymosis [zaɪˈmosɪs] *s* (*pl:* **-ses** [siz]) cimosis
zymotic [zaɪˈmɑtɪk] *adj* cimótico
zymurgy [ˈzaɪmʌrdʒɪ] *s* cimurgia o cimotecnia
Zyrian [ˈzɪrɪən] *s* ziriano (*idioma finoúgrio*)

Z

CONJUGACIÓN VERBOS IRREGULARES

INFINITIVE GERUND AND PAST PARTICIPLE	PRESENT INDICATIVE	PRESENT SUBJUNCTIVE	IMPERFECT INDICATIVE	FUTURE INDICATIVE	CONDITIONAL
§18 **acertar** acertando acertado	**acierto** **aciertas** **acierta** acertamos acertáis **aciertan**	**acierte** **aciertes** **acierte** acertemos acertéis **acierten**	acertaba acertabas acertaba acertábamos acertabais acertaban	acertaré acertarás acertará acertaremos acertaréis acertarán	acertaría acertarías acertaría acertaríamos acertaríais acertarían
§19 **agorar** agorando agorado	**agüero** **agüeras** **agüera** agoramos agoráis **agüeran**	**agüere** **agüeres** **agüere** agoremos agoréis **agüeren**	agoraba agorabas agoraba agorábamos agorábais agoraban	agoraré agorarás agorará agoraremos agoraréis agorarán	agoraría agorarías agoraría agoraríamos agoraríais agorarían
§20 **andar** andando andado	ando andas anda andamos andáis andan	ande andes ande andemos andéis anden	andaba andabas andaba andábamos andábais andaban	andaré andarás andará . andaremos andaréis andaran	andaría andarías andaría andaríamos andaríais andarían
§21 **argüir** **arguyendo** argüido	**arguyo** **arguyes** **arguye** argüimos argüís **arguyen**	**arguya** **arguyas** **arguya** **arguyamos** **arguyáis** **arguyan**	argüía argüías argüía argüíamos argüíais argüían	argüiré argüirás argüirá argüiremos argüiréis argüirán	argüiría argüirías argüirías argüiríamos argüiríais argüirían
§22 **asir** asiendo asido	**asgo** ases ase asimos asís asen	**asga** **asgas** **asga** **asgamos** **asgáis** **asgan**	asía asías asía asíamos asíasis asían	asiré asirás asirá asiremos asiréis asirán	asiría asirías asiría asiríamos asiríais asirían
§23 **averiguar** averiguando averiguado	averiguo averiguas averigua averiguamos averiguáis averiguan	**averigüe** **averigües** **averigüe** **averigüemos** **averigüéis** **averigüen**	averiguaba averiguabas averiguaba averiguábamos averiguabais averiguaban	averiguaré averiguarás averiguará averiguaremos averiguaréis averiguarán	averiguaria averiguarias averiguaria averiguariamos averiguariais averiguarian
§24 **bendecir** **bendiciendo** bendecido	**bendigo** **bendices** **bendice** bendecimos bendecís **bendicen**	**bendiga** **bendigas** **bendiga** **bendigamos** **bendigáis** **bendigan**	bendecía bendecías bendecía bendecíamos bendecíais bendecían	bendeciré bendecirás bendecirá bendeciremos bendeciréis bendecirán	bendecería bendecirías bendeciría bendeciríamos bendeciríais bendecirían
§25 **bruñir** **bruñendo** bruñido	bruño bruñes bruñe bruñimos bruñís bruñen	bruña bruñas bruña bruñamos bruñáis bruñan	bruñía bruñías bruñía bruñíamos bruñíais bruñían	bruñiré bruñirás bruñirá bruñiremos bruñiréis bruñirán	bruñiría bruñirías bruñiría bruñiríamos bruñiríais bruñirían
§26 **bullir** **bullendo** bullido	bullo bulles bulle bullimos bullís bullen	bulla bullas bulla bullamos bulláis bullan	bullía bullías bullía bullíamos bullíais bullían	bulliré bullirás bullirá bulliremos bulliréis bullirán	bulliría bullirías bulliría bulliríamos bulliríais bullirían
§27 **caber** cabiendo cabido	**quepo** cabes cabe cabemos cabéis caben	**quepa** **quepas** **quepa** **quepamos** **quepáis** **quepan**	cabía cabías cabía cabíamos cabíais cabían	**cabré** **cabrás** **cabrá** **cabremos** **cabréis** **cabrán**	**cabría** **cabrías** **cabría** **cabríamos** **cabríais** **cabrían**

PRETERIT INDICATIVE	IMPERF. SUBJ. S - FORM	IMPERF. SUBJ. 1o. - FORM	FUTURE SUBJUNCTIVE	IMPERATIVE	NOTES AND REFERENCES
acerté acertaste acertó acertamos acertasteis acertaron	acertase acertases acertase acertásemos acertaseis acertasen	acertara acertaras acertara acertáramos acertarais acertaran	acertare acertares acertare acertáremos acertareis acertaren	acierta acertad	§16,1
agoré agoraste agoró agoramos agorasteis agoraron	agorase agorases agorase agorásemos agoraseis agorasen	agorara agoraras agorara agoráramos agorarais agoraran	agorare agorares agorare agoráremos agorareis agoraren	agüera agorad	Like §77 with diaresis on u of ue
anduve anduviste anduvo anduvimos anduvisteis anduvieron	anduviese anduvieses anduviese anduviésemos anduvieseis anduviesen	anduviera anduvieras anduviera anduviéramos anduvierais anduvieran	anduviere anduvieres anduviere anduviéremos anduviereis anduvieren	anda andad	§17,6
argüi argüiste arguyó argüimos argüisteis arguyeron	arguyese arguyeses arguyese arguyésemos arguyeseis arguyesen	arguyera arguyeras arguyera arguyéramos arguyerais arguyeran	arguyere arguyeres arguyere arguyéremos arguyereis aruyeren	arguye argüid	Like §41 with diaresis on u before stressed i
así asiste asió asimos asisteis asieron	asiese asieses asiese asiésemos asieseis asiesen	asiera asieras asiera asiéramos asierais asieran	asiere asieres asiere asiéremos asiereis asieren	ase asid	§17,1
averigüé averiguaste averiguó averiguamos averiguasteis averiguaron	averiguase averiguases averiguase averiguásemos averiguaseis averiguasen	averiguara averiguaras averiguara averiguáramos averiguarais averiguaran	averiguare averiguares averiguare averiguáremos averiguareis averiguaren	averigua averiguad	§15,3
bendije bendijiste bendijo bendijimos bendijisteis bendijeron	bendijese bendijeses bendijese bendijésemos bendijeseis bendijesen	bendijera bendijeras bendijera bendijéramos bendijerais bendijeran	bendijere bendijeres bendijere bendijéremos bendijereis bendijeren	bendice bendecid	Like §37 except in fut. ind., cond., impv., and past
bruñí bruñiste bruñó bruñimos bruñisteis bruñeron	bruñese bruñeres bruñese bruñésemos bruñeseis bruñesen	bruñera bruñeras bruñera bruñéramos bruñerais bruñeran	bruñere bruñeres bruñere bruñéremos bruñereis bruñeren	bruñe bruñid	§15, 14
bullí bulliste bulló bullimos bullisteis bulleron	bullese bulleses bullese bullésemos bulleseis bullesen	bullera bulleras bullera bulléramos bullerais bulleran	bullere bulleres bullere bulléremos bullereis bulleren	bulle bullid	§15, 12
cupe cupiste cupo cupimos cupisteis cupieron	cupiese cupieses cupiese cupiésemos cupieseis cupiesen	cupiera cupieras cupiera cupiéramos cupierais cupieran	cupiere cupieres cupiere cupiéremos cupiereis cupieren	cabe cabed	§17, 1, 5, & 6

INFINITIVE GERUND AND PAST PARTICIPLE	PRESENT INDICATIVE	PRESENT SUBJUNCTIVE	IMPERFECT INDICATIVE	FUTURE INDICATIVE	CONDITIONAL
§28					
caer	**caigo**	**caiga**	**caía**	**caeré**	**caería**
cayendo	**caes**	**caigas**	**caías**	**caerás**	**caerías**
caido	**cae**	**caiga**	**caía**	**caerá**	**caería**
	caemos	**caigamos**	**caíamos**	**caeremos**	**caeríamos**
	caéis	**caigáis**	**caíais**	**caeréis**	**caeríais**
	caen	**caigan**	**caían**	**caerán**	**caerían**
§29					
cegar	**ciego**	**ciegue**	**cegaba**	**cegaré**	**cegaría**
cegando	**ciegas**	**ciegues**	**cegabas**	**cegarás**	**cegarías**
cegado	**ciega**	**ciegue**	**cegaba**	**cegará**	**cegaría**
	cegamos	**ceguemos**	**cegábamos**	**cegaremos**	**cegaríamos**
	cegáis	**ceguéis**	**cegabais**	**cegaréis**	**cegaríais**
	ciegan	**cieguen**	**cegaban**	**cegarán**	**cegarían**
§30					
cocer	**cuezo**	**cueza**	**cocía**	**coceré**	**cocería**
cociendo	**cueces**	**cuezas**	**cocías**	**cocerás**	**cocerías**
cocido	**cuece**	**cueza**	**cocía**	**cocerá**	**cocería**
	cocemos	**cozamos**	**cocíamos**	**coceremos**	**coceríamos**
	cocéis	**cozáis**	**cocíais**	**coceréis**	**coceríais**
	cuecen	**cuezan**	**cocían**	**cocerán**	**cocerían**
§31					
comenzar	**comienzo**	**comience**	**comenzaba**	**comenzaré**	**comenzaría**
comenzando	**comienzas**	**comiences**	**comenzabas**	**comenzarás**	**comenzarías**
comenzado	**comienza**	**comience**	**comenzaba**	**comenzará**	**comenzaría**
	comenzamos	**comencemos**	**comenzábamos**	**comenzaremos**	**comenzaríamos**
	comenzáis	**comencéis**	**comenzabais**	**comenzaréis**	**comenzaríais**
	comienzan	**comiencen**	**comenzaban**	**comenzarán**	**comenzarían**
§32					
conocer	**conozco**	**conozca**	**conocía**	**conoceré**	**conocería**
conociendo	**conoces**	**conozcas**	**conocías**	**conocerás**	**conocerías**
conocido	**conoce**	**conozca**	**conocía**	**conocerá**	**conocería**
	conocemos	**conozcamos**	**conocíamos**	**conoceremos**	**conoceríamos**
	conocéis	**conozcáis**	**conocíais**	**conoceréis**	**conoceríais**
	conocen	**conozcan**	**conocían**	**conocerán**	**conocerían**
§33					
continuar	**continúo**	**continúe**	**continuaba**	**continuaré**	**continuaría**
continuando	**continúas**	**continúes**	**continuabas**	**continuarás**	**continuarías**
continuado	**continúa**	**continúe**	**continuaba**	**continuará**	**continuaría**
	continuamos	**continuemos**	**continuábamos**	**continuaremos**	**continuaríamos**
	continuáis	**continuéis**	**continuabais**	**continuaréis**	**continuaríais**
	continúan	**continúen**	**continuaban**	**continuarán**	**continuarían**
§34					
crecer	**crezco**	**crezca**	**crecía**	**creceré**	**crecería**
creciendo	**creces**	**crezcas**	**crecias**	**crecerás**	**crecerías**
crecido	**crece**	**crezca**	**crecía**	**crecerá**	**crecería**
	crecemos	**crezcamos**	**crecíamos**	**creceremos**	**creceríamos**
	crecéis	**crezcáis**	**crecíais**	**crecereis**	**creceríais**
	crecen	**crezcan**	**crecían**	**crecerán**	**crecerían·**
§35					
creer	**creo**	**crea**	**creía**	**creeré**	**creería**
creyendo	**crees**	**creas**	**creías**	**creerás**	**creerías**
creido	**cree**	**crea**	**creía**	**creerá**	**creería**
	creemos	**creamos**	**creíamos**	**creeremos**	**creeríamos**
	creéis	**creáis**	**creíais**	**creeréis**	**creeríais**
	creen	**crean**	**creían**	**creerán**	**creerían**
§36					
dar	**doy**	**dé**	**daba**	**daré**	**daría**
dando	**das**	**des**	**dabas**	**darás**	**darías**
dado	**da**	**dé**	**daba**	**dará**	**daría**
	damos	**demos**	**dábamos**	**daremos**	**daríamos**
	dais	**deis**	**dabais**	**daréis**	**daríais**
	dan	**den**	**daban**	**darán**	**darían**
§37					
decir	**digo**	**diga**	**decía**	**diré**	**diría**
diciendo	**dices**	**digas**	**decías**	**dirás**	**dirías**
dicho	**dice**	**diga**	**decía**	**dirá**	**diría**
	decimos	**digamos**	**decíamos**	**diremos**	**diríamos**
	decís	**digais**	**decíais**	**diréis**	**diríais**
	dicen	**digan**	**decían**	**dirán**	**dirían**

PRETERIT INDICATIVE	IMPERF. SUBJ. S - FORM	IMPERF. SUBJ. 1o. - FORM	FUTURE SUBJUNCTIVE	IMPERATIVE	NOTES AND REFERENCES
caí	**cayese**	**cayera**	**cayere**		§15, 15 & §17, 1
caiste	**cayeses**	**cayeras**	**cayeres**	cae	
cayó	**cayese**	**cayera**	**cayere**		
caimos	**cayésemos**	**cayéramos**	**cayéremos**		
caisteis	**cayeseis**	**cayerais**	**cayereis**	caed	
cayeron	**cayesen**	**cayeran**	**cayeren**		
cegué	cegase	cegara	cegare		Combination of
cegaste	cegases	cegaras	cegares	**ciega**	§15, 2 & §16,1
cegó	cegase	cegara	cegare		
cegamos	cegásemos	cegáramos	cegáremos		
cegasteis	cegaseis	cegarais	cegareis	cegad	
cegaron	cegasen	cegaran	cegaren		
cocí	cociese	cociera	cociere		Like §87 al though
cociste	cocieses	cocieras	cocieres	**cuece**	c is preceded
coció	cociese	cociera	cociere		by a vowel
cocimos	cociésemos	cociéramos	cociéremos		
cocisteis	cocieseis	cocierais	cociereis	coced	
cocieron	cociesen	cocieran	cocieren		
comencé	comenzase	comenzara	comenzare		Combination of
comenzaste	comenzases	comenzaras	comenzares	**comienza**	§15, 4 & §16, 1
comenzó	comenzase	comenzara	comenzare		
comenzamos	comenzásemos	comenzáramos	comenzáremos		
comenzasteis	comenzaseis	comenzarais	comenzareis	comenzad	
comenzaron	comenzasen	comenzaran	comenzaren		
conocí	conociese	conociera	conociere		§17,1
conociste	conocieses	conocieras	conocieres	**conoce**	
conoció	conociese	conociera	conociere		
conocimos	conociésemos	conociéramos	conociéremos		
conocisteis	conocieseis	conocierais	conociereis	conoced	
conocieron	conociesen	conocieran	conocieren		
continué	continuase	continuara	continuare		§16, 9
continuaste	continuases	continuaras	continuares	**continúa**	
continuó	continuase	continuara	continuare		
continuamos	continuásemos	continuáramos	continuáremos		
continuasteis	continuaseis	continuarais	continuareis	continuad	
continuaron	continuasen	continuaran	continuaren		
crecí	creciese	creciera	creciere		§17, 1
creciste	crecieses	crecieras	crecieres	crece	
creció	creciese	creciera	creciere		
crecimos	creciésemos	creciéramos	creciéremos		
crecisteis	crecieseis	crecierais	creciereis	creced	
crecieron	creciesen	crecieran	crecieren		
creí	**creyese**	**creyera**	**creyera**		§15, 15
creíste	**creyeses**	**creyeras**	**creyeres**	cree	
creyó	**creyese**	**creyera**	**creyere**		
creimos	**creyésemos**	**creyéramos**	**creyéremos**		
creísteis	**creyeseis**	**creyerais**	**creyereis**	creed	
creyeron	**creyesen**	**creyeran**	**creyeren**		
di	**diese**	**diera**	**diere**		§17, 2 & 7
diste	**dieses**	**dieras**	**dieres**	da	
dio	**diese**	**diera**	**diere**		
dimos	**diésemos**	**diéramos**	**diéremos**		
disteis	**dieseis**	**dierais**	**diereis**	dad	
dieron	**diesen**	**dieran**	**dieren**		
dije	**dijese**	**dijera**	**dijere**		§16, 7 & §17,
dijiste	**dijeses**	**dijeras**	**dijeres**	**di**	1, 5, 6, 8 & 9
dijo	**dijese**	**dijera**	**dijere**		
dijimos	**dijésemos**	**dijéramos**	**dijéremos**		
dijisteis	**dijeseis**	**dijerais**	**dijereis**	decid	
dijeron	**dijesen**	**dijeran**	**dijeren**		

INFINITIVE GERUND AND PAST PARTICIPLE	PRESENT INDICATIVE	PRESENT SUBJUNCTIVE	IMPERFECT INDICATIVE	FUTURE INDICATIVE	CONDITIONAL
§38					
deducir	**deduzco**	**deduzca**	deducía	deduciré	deduciría
deduciendo	deduces	**deduzcas**	deducías	deducirás	deducirías
deducido	deduce	**deduzca**	deducía	deducirá	deduciría
	deducimos	**deduscamos**	deducíamos	deduciremos	deduciríamos
	deducís	**deduzcáis**	deducíais	deduciréis	deduciríais
	deducen	**deduzcan**	deducían	deducirán	deducirían
§39					
delinquir	**delinco**	**delinca**	delinquía	delinquiré	delinquiría
delinquiendo	delinques	**delincas**	delinquías	delinquirás	delinquirías
delinquido	delinque	**delinca**	delinquía	delinquirá	delinquiría
	delinquimos	**delincamos**	delinquíamos	delinquiremos	delinquiríamos
	delinquís	**delincáis**	delinquíais	delinquiréis	delinquiríais
	delinquen	**delincan**	delinquían	delinquirán	delinquirían
§40					
desosar	**deshueso**	**deshuese**	desosaba	desosaré	desosaría
desosando	**deshuesas**	**deshueses**	desosabas	desosarás	desosarías
desosado	**deshuesa**	**deshuese**	desosará	desosaría	desosaría
	desosamos	desosemos	desosábamos	desosaremos	desosaríamos
	desosáis	desoséis	desosabais	desosaréis	desosaríais
	deshuesan	**deshuesen**	desosaban	desosarán	desosarían
§41					
destruir	**destruyo**	**destruya**	destruía	destruiré	destruiría
destruyendo	**destruyes**	**destruyas**	destruías	destruirás	destruirías
destruido	**destruye**	**destruya**	destruía	destruirá	destruiría
	destruimos	**destruyamos**	destruíamos	destruiremos	destruiríamos
	destruís	**destruyáis**	destruíais	destruiréis	destruiríais
	destruyen	**destruyan**	destruían	destruirán	destruirían
§42					
dirigir	**dirijo**	**dirija**	dirigía	dirigiré	dirigiría
dirigiendo	diriges	**dirijas**	dirigías	dirigirás	dirigirías
dirigido	dirige	**dirija**	dirigía	dirigirá	dirigiría
	dirigimos	**dirijamos**	dirigíamos	dirigiremos	dirigiríamos
	dirigís	**dirijáis**	dirigíais	dirigiréis	dirigiríais
	dirigen	**dirijan**	dirigían	dirigirán	dirigirían
§43					
discernir	**discierno**	**discierna**	discernía	discerniré	discerniría
discerniendo	**disciernes**	**disciernas**	discernías	discernirás	discernirías
discernido	**discierne**	**discierna**	discernía	discernirá	discerniría
	discernimos	discernamos	discerníamos	discerniremos	dicerniríamos
	discernís	discernáis	discerníais	discerniréis	discerniríais
	disciernen	**disciernan**	discernían	discernirán	discernirían
§44					
distinguir	**distingo**	**distinga**	distinguía	distinguiré	distinguiría
distinguiendo	distingues	**distingas**	distinguías	distinguirás	distinguirías
distinguido	distingue	**distinga**	distinguía	distinguirá	distinguiría
	distinguimos	**distingamos**	distinguíamos	distinguiremos	distinguiríamos
	distinguís	**distingáis**	distinguíais	distinguiréis	distinguiríais
	distinguen	**distingan**	distinguían	distinguirán	distinguirían
§45					
dormir	**duermo**	**duerma**	dormía	dormiré	dormiría
durmiendo	**duermes**	**duermas**	dormías	dormirás	dormirías
dormido	**duerme**	**duerma**	dormía	dormirá	dormiría
	dormimos	**durmamos**	dormíamos	dormiremos	dormiríamos
	dormís	**durmáis**	dormíais	dormiréis	dormiríais
	duermen	**duerman**	dormían	dormirán	dormirían
§46					
empeller	empello	empella	empellía	empelleré	empellería
empellendo	empelles	empellas	empellías	empellerás	empellerías
empellido	empelle	empella	empellía	empellerá	empellería
	empellemos	empellamos	empellíamos	empelleremos	empelleríamos
	empelléis	empelláis	empellíais	empelleréis	empelleríais
	empellen	empellan	empellían	empellerán	empellerían

PRETERIT INDICATIVE	IMPERF. SUBJ. S - FORM	IMPERF. SUBJ. 1o. - FORM	FUTURE SUBJUNCTIVE	IMPERATIVE	NOTES AND REFERENCES
deduje **dedujiste** **dedujo** **dedujimos** **dedujisteis** **dedujeron**	**dedujese** **dedujeses** **dedujese** **dedujésemos** **dedujeseis** **dedujesen**	**dedujera** **dedujeras** **dedujera** **dedujéramos** **dedujerais** **dedujeran**	**dedujere** **dedujeres** **dedujere** **dedujéremos** **dedujereis** **dedujeren**	deduce deducid	§17, 1 & 6
delinquí delinquiste delinquió delinquimos delinquisteis delinquieron	delinquiese delinquieses delinquiese delinquiésemos delinquieseis delinquiesen	delinquiera delinquieras delinquiera delinquiéramos delinquierais delinquieran	delinquiere delinquieres delinquiere delinquiéremos delinquiereis delinquieren	**delinque** delinquid	§15, 10
desosé desosaste desosó desosamos desosasteis desosaron	desosase desosases desosase desosásemos desosaseis desosasen	desosara desosaras desosara desosáramos desosarais desosaran	desosare desosares desosare desosáremos desosareis desosaren	**deshuesa** desosad	Like §77 with h before ue as in §65
destruí destruiste **destruyó** destruimos destruisteis **destruyeron**	**destruyese** **destruyeses** **destruyese** **destruyésemos** **destruyeseis** **destruyesen**	**destruyera** **destruyeras** **destruyera** **destruyéramos** **destruyerais** **destruyeran**	**destruyere** **destruyeres** **destruyere** **destruyéremos** **destruyereis** **destruyeren**	**destruye** destruid	§15, 15. 1 & §17, 1 & 3
dirigí dirigiste dirigió dirigimos dirigisteis dirigieron	dirigiese dirigieses dirigiese dirigiésemos dirigieseis dirigiesen	dirigiera dirigieras dirigiera dirigiéramos dirigierais dirigieran	dirigiere dirigieres dirigiere dirigiéremos dirigiereis dirigieren	dirige dirigid	§15, 8
discerní discerniste discernió discernimos discernisteis discernieron	discerniese discernieses discerniese discerniésemos discernieseis discerniesen	discerniera discernieras discerniera discerniéramos discernierais discernieran	discerniere discernieres discerniere discerniéremos discerniereis discernieren	**discierne** discernid	Third conjugation with irreg ularities of §66
distinguí distinguiste distinguió distinguimos distinguisteis distinguieron	distinguiese distinguieses distinguiese distinguiésemos distinguieseis distinguiesen	distinguiera distinguieras distinguiera distinguiéramos distinguierais distinguieran	distinguiere distinguieres distinguiere distinguiéremos distinguiereis distinguieren	distingue distinguid	§15, 9
dormí dormiste **durmió** dormimos dormisteis **durmieron**	**durmiese** **durmieses** **durmiese** **durmiésemos** **durmieseis** **durmiesen**	**durmiera** **durmieras** **durmiera** **durmiéramos** **durmierais** **durmieran**	**durmiere** **durmieres** **durmiere** **durmiéremos** **durmiereis** **durmieren**	**duerme** dormid	§16, 6
empellí empelliste **empelló** empellimos empellisteis **empelleron**	**empellese** **empelleses** **empellese** **empellésemos** **empelleseis** **empellesen**	**empellera** **empelleras** **empellera** **empelléramos** **empellerais** **empelleran**	**empellere** **empelleres** **empellere** **empelléremos** **empellereis** **empelleren**	empelle empelled	§15, 11

INFINITIVE GERUND AND PAST PARTICIPLE	PRESENT INDICATIVE	PRESENT SUBJUNCTIVE	IMPERFECT INDICATIVE	FUTURE INDICATIVE	CONDITIONAL
§47 **erguir** **irguiendo** erguido	yergo irgo yergues irgues yergue irgue erguimos erguís yerguen irguen	yerga irga yergas irgas yerga irga irgamos irgáis yergan irgan	erguía erguías erguía erguíamos erguíais erguían	erguiré erguirás erguirá erguiremos erguiréis erguirán	erguiría erguirías erguría erguiríamos erguiríais erguirían
§48 **errar** errando errado	yerro yerras yerra erramos erraís yerran	yerre yerres yerre erremos erréis yerren	erraba errabas erraba errábamos errabais erraban	erraré errarás errará erraremos erraréis errarán	erraría errarías erraría erraríamos erraríais errarían
§49 **escoger** escogiendo escogido	escojo escoges escoge escogemos escogéis escogen	escoja escojas escoja escojamos escojáis escojan	escogía escogías escogía escogíamos escogíais escogían	escogeré escogerás escogerá escogeremos escogeréis escogerán	escogería escogerías escogería escogeríamos escogeríais escogerían
§50 **esparcir** esparciendo esparcido	esparzo esparces esparce esparcimos esparcís esparcen	esparza esparzas esparza esparzamos esparzáis esparzan	esparcía esparcías esparcía esparcíamos esparcíais esparcían	esparciré esparcirás esparcirá esparciremos esparciréis esparcirán	esparciría esparcirías esparciría esparciríamos esparciríais esparcirían
§51 **estar** estando estado	estoy estás está estamos estáis están	esté estés esté estemos estéis estén	estaba estabas estaba estábamos estabais estaban	estaré estarás estará estaremos estaréis estarán	estaría estarías estaría estaríamos estaríais estarían
§52 **forzar** forzando forzado	fuerzo fuerzas fuerza forzamos forzáis fuerzan	fuerce fuerces fuerce forcemos forcéis fuercen	forzaba forzabas forzaba forzábamos forzabais forzaban	forzaré forzarás forzará forzaremos forzaréis forzarán	forzaría forzarías forzaría forzaríamos forzaríais forzarían
§53 **garantir** garantiendo garantido	garantimos garantís		garantía garantías garantía garantíamos garantíais garantían	garantiré garantirás garantirá garantiremos garantiréis garantirán	garantiría garantirías garantiría garantiríamos garantiríais garantirían
§54 **haber** habiendop habido	he has ha hemos habéis han	haya hayas haya hayamos hayáis hayan	había habías había habíamos habíais habían	habré habrás habrá habremos habréis habrán	habría habrías habría habríamos habríais habrían
§55 **hacer** haciendo **hecho**	hago haces hace hacemos hacéis hacen	haga hagas haga hagamos hagáis hagan	hacía hacías hacía hacíamos hacíais hacían	haré harás hará haremos haréis harán	haría harías haría haríamos haríais harían

PRETERIT INDICATIVE	IMPERF. SUBJ. S - FORM	IMPERF. SUBJ. 1o. - FORM	FUTURE SUBJUNCTIVE	IMPERATIVE	NOTES AND REFERENCES
erguí	irguiese	irguiera	irguiere		§15, 9 & §16, 5 or 7
erguiste	irguieses	irguieras	irguieres	yergue irgue	
irguió	irguiese	irguiera	irguiere		
erguimos	irguiésemos	irguiéramos	irguiéremos		
erguisteis	irguieseis	irguierais	irguiereis	erguid	
irguieron	irguiesen	irguieran	irguieren		
erré	errase	errara	errare		Like §18 but with initial ye for ie
erraste	errases	erraras	errares	yerra	
erró	errase	errara	errare		
erramos	errásemos	erráramos	erráremos		
errasteis	erraseis	errarais	errareis	errad	
erraron	errasen	erraran	erraren		
escogí	escogiese	escogiera	escogiere		§15, 7
escogiste	escogieses	escogieras	escogieres	escoge	
escogió	escogiese	escogiera	escogiere		
escogimos	escogiésemos	escogiéramos	escogiéremos		
escogisteis	escogieseis	escogierais	escogiereis	escoged	
escogieron	escogiesen	escogieran	escogieren		
esparcí	esparciese	esparciera	esparciere		§15, 6
esparciste	esparcieses	esparcieras	esparcieres	esparce	
esparció	esparciese	esparciera	esparciere		
esparcimos	esparciésemos	esparciéramos	esparciéremos		
esparcisteis	esparcieseis	esparcierais	esparciereis	esparcid	
esparcieron	esparciesen	esparcieran	esparcieren		
estuve	estuviese	estuviera	estuviere		§17, 2 & 6
estuviste	estuvieses	estuvieras	estuvieres	está	
estuvo	estuviese	estuviera	estuviere		
estuvimos	estuviésemos	estuviéramos	estuviéremos		
estuvisteis	estuvieseis	estuvierais	estuviereis	estad	
estuvieron	estuviesen	estuvieran	estuvieren		
forcé	forzase	forzara	forzare		Combination of §15, 4 & §16, 3
forzaste	forzases	forzaras	forzares	fuerza	
forzó	forzase	forzara	forzare		
forzamos	forzásemos	forzáramos	forzáremos		
forzasteis	forzaseis	forzarais	forzareis	forzad	
forzaron	forzasen	forzaran	forzaren		
garantí	garantiese	garantiera	garantiere		Defective verb used only in forms whose endings begin with i
garantiste	garantieses	garantieras	garantieres		
garantió	garantiese	garantiera	garantiere		
garantimos	garantiésemos	garantiéramos	garantiéremos		
garantisteis	garantieseis	garantierais	garantiereis	garantid	
garantieron	garantiesen	garantieran	garantieren		
hube	hubiese	hubiera	hubiere		§17, 2, 5, 6, & 8
hubiste	hubieses	hubieras	hubieres	hé	
hubo	hubiese	hubiera	hubiere		
hubimos	hubiésemos	hubiéramos	hubiéremos		
hubisteis	hubieseis	hubiérais	hubiereis	habed	
hubo	hubiesen	hubieran	hubieren		
hice	hiciese	hiciera	hiciere		§17, 1, 5, 6 8, & 9
hiciste	hicieses	hicieras	hicieres	haz	
hizo	hiciese	hiciera	hiciere		
hicimos	hiciésemos	hiciéramos	hiciéremos		1st & 3d sg pret ind of rehacer: rehíce, rehizo
hicisteis	hicieseis	hicierais	hiciereis	haced	
hicieron	hiciesen	hicieran	hicieren		

INFINITIVE GERUND AND PAST PARTICIPLE	PRESENT INDICATIVE	PRESENT SUBJUNCTIVE	IMPERFECT INDICATIVE	FUTURE INDICATIVE	CONDITIONAL
§56					
inquirir	**inquiero**	**inquiera**	inquiría	inquiriré	inquiriría
inquiriendo	**inquieres**	**inquieras**	inquirías	inquirirás	inquirirías
inquirido	**inquiere**	**inquiera**	inquiría	inquirirá	inquiriría
	inquirimos	**inquiramos**	inquiríamos	inquiriremos	inquiriríamos
	inquirís	**inquiráis**	inquiríais	inquiriréis	inquiriríais
	inquieren	**inquieran**	inquirían	inquirirán	inquirirían
§57					
ir	**voy**	**vaya**	**iba**	iré	iría
yendo	**vas**	**vayas**	**ibas**	irás	irías
ido	**va**	**vaya**	**iba**	irá	iría
	vamos	**vayamos**	**íbamos**	iremos	iríamos
	vais	**vayáis**	**ibais**	iréis	iríais
	van	**vayan**	**iban**	irán	irían
§58					
jugar	**juego**	**juegue**	jugaba	jugaré	jugaría
jugando	**juegas**	**juegues**	jugabas	jugarás	jugarías
jugado	**juega**	**juegue**	jugaba	jugará	jugaría
	jugamos	**juguemos**	jugábamos	jugaremos	jugaríamos
	jugáis	**juguéis**	jugabais	jugaréis	jugaríais
	juegan	**jueguen**	jugaban	jugarán	jugarían
§59					
ligar	ligo	**ligue**	ligaba	ligaré	ligaría
ligando	ligas	**ligues**	ligabas	ligarás	ligarías
ligado	liga	**ligue**	ligaba	ligará	ligaría
	ligamos	**liguemos**	ligábamos	ligaremos	ligaríamos
	ligáis	**liguéis**	ligabais	ligareis	ligarías
	ligan	**liguen**	ligaban	ligarán	ligarían
§60					
lucir	**luzco**	**luzca**	lucía	luciré	luciría
luciendo	luces	**luzcas**	lucías	lucirás	lucirías
lucido	luce	**luzca**	lucía	lucirá	luciría
	lucimos	**luzcamos**	lucíamos	luciremos	luciríamos
	lucís	**luzcáis**	lucíais	luciréis	luciríais
	lucen	**luzcan**	lucían	lucirán	lucirían
§61					
mecer	**mezo**	**meza**	mecía	meceré	mecería
meciendo	meces	**mezas**	mecías	mecerás	mecerías
mecido	mece	**meza**	mecía	mecerá	mecería
	mecemos	**mezamos**	mecíamos	meceremos	meceríamos
	mecéis	**mezáis**	mecíais	meceréis	meceríais
	mecen	**mezan**	mecían	mecerán	mecerían
§62					
mentir	**miento**	**mienta**	mentía	mentiré	mentiría
mintiendo	**mientes**	**mientas**	mentías	mentirás	mentirías
mentido	**miente**	**mienta**	mentía	mentirá	mentiría
	mentimos	**mintamos**	mentíamos	mentiremos	mentiríamos
	mentís	**mintáis**	mentíais	mentiréis	mentiríais
	mienten	**mientan**	mentían	mentirán	mentirían
§63					
morder	**muerdo**	**muerda**	mordía	morderé	mordería
mordiendo	**muerdes**	**muerdas**	mordías	morderás	morderías
mordido	**muerde**	**muerda**	mordía	morderá	mordería
	mordemos	mordamos	mordíamos	morderemos	morderíamos
	mordéis	mordáis	mordíais	morderéis	morderíais
	muerden	**muerdan**	mordían	morderán	morderán
§64					
oír	**oigo**	**oiga**	oía	oiré	oiría
oyendo	**oyes**	**oigas**	oías	oirás	oirías
oído	**oye**	**oiga**	oía	oirá	oiría
	oímos	**oigamos**	oíamos	oiremos	oiríamos
	oís	**oigáis**	oíais	oiréis	oiríais
	oyen	**oigan**	oían	oirán	oirían
§65					
oler	**huelo**	**huela**	olía	oleré	olería
oliendo	**hueles**	**huelas**	olías	olerás	olerías
olido	**huele**	**huela**	olía	olerá	olería
	olemos	olamos	olíamos	oleremos	oleríamos
	oléis	oláis	olíais	oleréis	oleríais
	huelen	**huelan**	olían	olerán	olerían

PRETERIT INDICATIVE	IMPERF. SUBJ. S - FORM	IMPERF. SUBJ. 1o. - FORM	FUTURE SUBJUNCTIVE	IMPERATIVE	NOTES AND REFERENCES
inquirí	inquiriese	inquiriera	inquiriere		Third conjugation
inquiriste	inquirieses	inquirieras	inquirieres	inquiere	with radical
inquirió	inquiriese	inquiriera	inquiere		i and irregularities
inquirimos	inquiriésemos	inquiriéramos	inquiriéremos		of §66
inquiristeis	inquiereseis	inquiererais	inquiriereis	inquirid	
inquirieron	inquiriesen	inquirieran	inquirieren		
fui	fuese	fuera	fuere		§17, 2, 4, 7, & 8
fuiste	fueses	fueras	fueres	vé	
fue	fuese	fuera	fuere		
fuimos	fuésemos	fuéramos	fuéremos	vamos	
fuisteis	fueseis	fuerais	fuereis	id	
fueron	fuesen	fueran	fueren		
jugué	jugase	jugara	jugare		Like §79 but
jugaste	jugases	jugaras	jugares	juega	with radical u
jugó	jugase	jugara	jugare		
jugamos	jugásemos	jugáramos	jugáremos		
jugasteis	jugaseis	jugarais	jugareis	jugad	
jugaron	jugasen	jugaran	jugaren		
ligué	ligase	ligara	ligare		§15, 2
ligaste	ligases	ligaras	ligares	liga	
ligó	ligase	ligara	ligare		
ligamos	ligásemos	ligáramos	ligáremos		
ligasteis	ligaseis	ligarais	ligareis	ligad	
ligaron	ligasen	ligaran	ligaren		
lucí	luciese	luciera	luciere		§17, 1
luciste	lucieses	lucieras	lucieres	luce	
lució	luciese	luciera	luciere		
lucimos	luciésemos	luciéramos	luciéremos		
lucisteis	lucieses	lucierais	luciereis	lucid	
lucieron	luciesen	lucieran	lucieren		
mecí	meciese	meciera	meciere		Like §91 although
meciste	mecieses	mecieras	mecieres	mece	c is preceded
meció	meciese	meciera	meciere		by a vowel
mecimos	meciésemos	meciéramos	meciéremos		
mecisteis	mecieses	mecierais	meciereis	meced	
mecieron	meciesen	mecieran	mecieren		
mentí	mintiese	mintiera	mintiere		§16, 5
mentiste	mintieses	mintieras	mintieres	miente	
mintió	mentiese	mintiera	mintiere		
mentimos	mintiésemos	mintiéramos	mintiéremos		
mentisteis	mintieseis	minitierais	minitiereis	mentid	
mintieron	mintiesen	mintieran	mintieren		
mordí	mordiese	mordiera	mordiere		§16, 4
mordiste	mordieses	mordieras	mordieres	muerde	
mordió	mordiese	mordiera	mordiere		
mordimos	mordiésemos	mordiéramos	mordiéremos		
mordisteis	mordieseis	mordierais	mordiereis	morded	
mordieron	mordiesen	mordieran	mordieren		
oí	oyese	oyera	oyere		§15, 16 &
oíste	oyeses	oyeras	oyeres	oye	§17, 1 & 3
oyó	oyese	oyera	oyere		
oímos	oyésemos	oyéramos	oyéremos		
oísteis	oyeseis	oyerais	oyereis	oid	
oyeron	oyesen	oyeran	oyeren		
olí	oliese	oliera	oliere		Like §63 but
oliste	oliese	olieras	olieres	huele	with h before
olió	oliese	oliera	oliere		ue
olimos	oliésemos	oliéramos	oliéremos		
olisteis	olieses	olierais	oliereis	oled	
olieron	oliesen	olieran	olieren		

INFINITIVE GERUND AND PAST PARTICIPLE	PRESENT INDICATIVE	PRESENT SUBJUNCTIVE	IMPERFECT INDICATIVE	FUTURE INDICATIVE	CONDITIONAL
§66					
perder	**pierdo**	**pierda**	perdía	perderé	perdería
perdiendo	**pierdes**	**pierdas**	perdías	perderás	perderías
perdido	**pierde**	**pierda**	perdía	perderá	perdería
	perdemos	perdamos	perdíamos	perderemos	perderíamos
	perdéis	perdáis	perdíais	perderéis	perderíais
	pierden	**pierdan**	perdían	perderán	perderían
§67					
placer	**plazco**	**plazca**	placía	placeré	placería
	plazgo	**plazga**			
placiendo	places	**plazcas**	placías	placerás	placerías
placido	place	**plazca**	placía	placerá	placería
	placemos	**plazcamos**	placíamos	placeremos	placeríamos
	placéis	**plazcáis**	placíais	placeréis	placeríais
	placen	**plazcan**	placían	placerán	placerían
§68					
poder	**puedo**	**pueda**	podía	**podré**	**podría**
pudiendo	**puedes**	**puedas**	podías	**podrás**	**podrías**
podido	**puede**	**pueda**	podía	**podrá**	**podría**
	podemos	podamos	podíamos	**podremos**	**podríamos**
	podéis	podáis	podíais	**podréis**	**podríais**
	pueden	**puedan**	podían	**podrán**	**podrían**
§69					
poner	**pongo**	**ponga**	ponía	**pondré**	**pondría**
poniendo	pones	**pongas**	ponías	**pondrás**	**pondrías**
puesto	pone	**ponga**	ponía	**pondrá**	**pondría**
	ponemos	**pongamos**	poníamos	**pondremos**	**pondríamos**
	ponéis	**pongáis**	poníais	**pondréis**	**pondríais**
	ponen	**pongan**	ponían	**pondrán**	**pondrían**
§70					
querer	**quiero**	**quiera**	quería	**querré**	**querría**
queriendo	**quieres**	**quieras**	querías	**querrás**	**querrías**
querido	**quiere**	**quiera**	quería	**querrá**	**querría**
	queremos	queramos	queríamos	**querremos**	**querríamos**
	queréis	queráis	queríais	**querreis**	**querríais**
	quieren	**quieran**	querían	**querán**	**querrían**
§71					
raer	**raigo**	**raiga**	raía	raeré	raería
	rayo	**raya**			
rayendo	raes	**raigas**	raías	raerás	raerías
raido	rae	**raiga**	raía	raera	raería
	raemos	**raigamos**	raíamos	raeremos	raeríamos
	raéis	**raigáis**	raíais	raereis	raeríais
	raen	**raigan**	raían	raerán	raerían
§72					
regir	**rijo**	**rija**	regía	regiré	regiría
rigiendo	**riges**	**rijas**	regías	regirás	regirías
regido	**rige**	**rija**	regía	regirá	regiría
	regimos	**rijamos**	regíamos	regiremos	regiríamos
	regís	**rijáis**	regíais	regiréis	regiríais
	rigen	**rijan**	regían	regirán	regirían
§73					
reír	**río**	**ría**	reía	reiré	reiría
riendo	**ríes**	**rías**	reías	reirás	reirías
reído	**ríe**	**ría**	reía	reirá	reiría
	reímos	**riamos**	reíamos	reiremos	reiríamos
	reís	**riáis**	reíais	reiréis	reirías
	ríen	**rían**	reían	reirán	reirían
§74					
reñir	**riño**	**riña**	reñía	reñire	reñiría
riñendo	**riñes**	**riñas**	reñías	reñirás	reñirías
reñido	**riñe**	**riña**	reñía	reñirá	reñiría
	reñimos	**riñamos**	reñíamos	reñiremos	reñiríamos
	reñís	**riñáis**	reñíais	reñiréis	reñiríais
	riñen	**riñan**	reñían	reñirán	reñirían

PRETERIT INDICATIVE	IMPERF. SUBJ. S - FORM	IMPERF. SUBJ. 1o. - FORM	FUTURE SUBJUNCTIVE	IMPERATIVE	NOTES AND REFERENCES
perdí	perdiese	perdiera	perdiere		§16, 2
perdiste	perdieses	perdieras	perdieres	pierde	
perdió	perdiese	perdiera	perdiere		
perdimos	perdiésemos	perdiéramos	perdiéremos		
perdisteis	perdieseis	perdierais	perdiereis	perded	
perdieron	perdiesen	perdieran	perdieren		
plací	placiese	placiera	placiere		§17, 1 & 6
placiste	placieses	placieras	placieres	place	
placio	placiese	placiera	placiere		
plugo	pluguiese	pluguiera	pluguiere		
placimos	placiésemos	placiéramos	placiéremos		
placisteis	placieseis	placierais	placiereis	placed	
placieron	placiesen	placieran	placiere		
pude	pudiese	pudiera	pudiese		§16, 4 & §17, 5
pudiste	pudieses	pudieras	pudieres		and 6; irregular
pudo	pudiese	pudiera	pudiere		u in gerund
pudimos	pudiésemos	pudiéramos	pudiéremos		
pudisteis	pudieseis	pudierais	pudiereis		
pudiron	pudiesen	pudieran	pudieren		
puse	pusiese	pusiera	pusiere		§17, 1, 5, 6,
pusiste	pusieses	pusieras	pusieres	pon	8, & 9
puso	pusiese	pusiera	pusiere		
pusimos	pusiéremos	pusiéramos	pusiéremos		
pusisteis	pusieses	pusierais	pusiereis	poned	
pusieron	pusiesen	pusieran	pusieren		
quise	quisiese	quisiera	quisiere		§16, 2 & §17, 5
quisiste	quisieses	quisieras	quisieres	quiere	& 6
quiso	quisiere	quisiera	quisiere		
quisimos	quisiésemos	quisiéramos	quisiéremos		
quisisteis	quisieseis	quisierais	quisiereis	quered	
quisieron	quisiesen	quisieran	quisieren		
raí	rayese	rayera	rayere		§15, 15 & §17, 1
raíste	rayeses	rayeras	rayeres	rae	
rayó	rayese	rayera	rayere		
raímos	rayésemos	rayéramos	rayéremos		
raístes	rayeseis	rayeais	rayereis	raed	
rayeron	rayesen	rayeran	rayeren		
regí	rigiese	rigiera	rigiere		Combination of
registe	rigieses	rigieras	rigieres	rige	§15, 8 & §16, 7
rigió	rigiese	rigiera	rigiere		
regimos	rigiésemos	rigiéramos	rigiéremos		
registeis	rigieseis	rigierais	rigiereis	regid	
rigieron	rigiesen	rigieran	rigieren		
reí	riese	riera	riere		Like §94 but
reiste	rieses	rieras	rieres	ríe	with contraction
rió	riese	riera	riere		of radical i and
reímos	riésemos	riéramos	riéremos		i of ió and ie
reísteis	rieseis	rierais	riereis	reíd	of endings. Also
rieron	riesen	rieran	rieren		§15, 16. 2
reñí	riñese	riñera	riñere		Combination of
reñiste	riñeses	riñeras	riñeres	riñe	§15, 14 & §16, 7
riñó	riñese	riñera	riñere		
reñimos	riñésemos	riñéramos	riñeremos		
reñisteis	riñeses	riñerais	riñereis	reñid	
riñeron	riñesen	riñeran	riñeren		

INFINITIVE GERUND AND PAST PARTICIPLE	PRESENT INDICATIVE	PRESENT SUBJUNCTIVE	IMPERFECT INDICATIVE	FUTURE INDICATIVE	CONDITIONAL
§75					
reunir	**reúno**	**reúna**	reunía	reuniré	reuniría
reuniendo	**reúnes**	**reúnas**	reunías	reunirás	reunirías
reunido	**reúne**	**reúna**	reunía	reunirá	reuniría
	reunimos	reunamos	reuníamos	reuniremos	reuniríamos
	reunís	reunáis	reuniais	reuniréis	reuniríais
	reúnen	**reúnan**	reunían	reunirán	reunirían
§76					
rezar	rezo	**rece**	rezaba	rezaré	rezaría
rezando	reza	**reces**	rezabas	rezarás	rezarías
rezado	reza	**rece**	rezaba	rezará	rezaría
	rezamos	**recemos**	rezábamos	rezaremos	rezaríamos
	rezáis	**recéis**	rezabais	rezaréis	rezaríais
	rezan	**recen**	rezaban	rezarán	rezarían
§77					
rodar	**ruedo**	**ruede**	rodaba	rodaré	rodaría
rodando	**ruedas**	**ruedes**	rodabas	rodarás	rodarías
rodado	**rueda**	**ruede**	rodaba	rodará	rodaría
	rodamos	rodemos	rodábamos	rodaremos	rodaríamos
	rodáis	rodéis	rodabais	rodaréis	rodaríais
	ruedan	**rueden**	rodaban	rodarán	rodarían
§78					
roer	roo	roa	roía	roeré	roería
	roigo	**roiga**			
	royo	**roya**			
royendo	roes	**roas**	roías	roerás	roerías
roido	roe	**roa**	roía	roerá	roería
	roemos	**roamos**	roíamos	roeremos	roeríamos
	roéis	**roáis**	roíais	roeréis	roeríais
	roen	**roan**	roían	roerán	roerían
§79					
rogar	**ruego**	**ruegue**	rogaba	rogaré	rogaría
rogando	**ruegas**	**ruegues**	rogabas	rogarás	rogarías
rogado	**ruega**	**ruegue**	rogaba	rogará	rogaría
	rogamos	**roguemos**	rogábamos	rogaremos	rogaríamos
	rogáis	**roguéis**	rogabais	rogaréis	rogaríais
	ruegan	**rueguen**	rogaban	rogarán	rogarían
§80					
saber	**sé**	**sepa**	sabía	**sabré**	**sabría**
sabiendo	sabes	**sepas**	sabías	**sabrás**	**sabrías**
sabido	sabe	**sepa**	sabía	**sabrá**	**sabría**
	sabemos	**sepamos**	sabíamos	**sabremos**	**sabríamos**
	sabéis	**sepáis**	sabíais	**sabréis**	**sabríais**
	saben	**sepan**	sabían	**sabrán**	**sabrían**
§81					
salir	**salgo**	**salga**	salía	**saldré**	**saldría**
saliendo	sales	**salgas**	salías	**saldrás**	**saldrías**
salido	sale	**salga**	salía	**saldrá**	**saldría**
	salimos	**salgamos**	salímos	**saldremos**	**saldríamos**
	salís	**salgáis**	salíais	**saldréis**	**saldríais**
	salen	**salgan**	salían	**saldrán**	**saldrían**
§82					
seguir	**sigo**	**siga**	seguía	seguiré	seguiría
siguiendo	**sigues**	**sigas**	seguías	seguirás	seguirías
seguido	**sigue**	**siga**	seguía	seguirá	seguiría
	seguimos	**sigamos**	seguíamos	seguiremos	seguiríamos
	seguís	**sigáis**	seguíais	seguiréis	seguiríais
	siguen	**sigan**	seguían	seguirán	seguirían
§83					
ser	**soy**	**sea**	**era**	seré	sería
siendo	**eres**	**seas**	**eras**	serás	serías
sido	**es**	**sea**	**era**	será	sería
	somos	**seamos**	**éramos**	seremos	seríamos
	sois	**seáis**	**erais**	seréis	seríais
	son	**sean**	**eran**	serán	serían

PRETERIT INDICATIVE	IMPERF. SUBJ. S - FORM	IMPERF. SUBJ. 1o. - FORM	FUTURE SUBJUNCTIVE	IMPERATIVE	NOTES AND REFERENCES
reuní	reuniese	reuniera	reuniere		
reuniste	reunieses	reunieras	reunieres	reúne	§16, 8
reunió	reuniese	reuniera	reuniere		
reunimos	reuniésemos	reuniéramos	reuniéremos	reunid	
reunisteis	reunieseis	reunierais	reuniereis		
reunieron	reuniesen	reunieran	reunieren		
recé	rezase	rezara	rezare		§15, 4
rezaste	rezases	rezaras	rezares	reza	
rezó	rezase	rezara	rezare		
rezamos	rezásemos	rezáramos	rezáremos		
rezasteis	rezaseis	rezarais	rezareis	rezad	
rezaron	rezasen	rezaran	rezaren		
rodé	rodase	rodara	rodare		§16, 3
rodaste	rodases	rodaras	rodares	rueda	
rodó	rodase	rodara	rodare		
rodamos	rodásemos	rodáramos	rodáremos		
rodasteis	rodaseis	rodarais	rodareis	rodad	
rodaron	rodasen	rodaran	rodaren		
roí	royese	royera	royere		§15, 15 & §17,1
roíste	royeses	royeras	royeres	roe	
royó	royese	royera	royere		
roimos	royésemos	royéramos	royéremos		
roisteis	royeseis	royerais	royereis	roed	
royeron	royesen	royeran	royeren		
rogué	rogase	rogara	rogare		Combination of
rogaste	rogases	rogaras	rogares	ruega	§15, 2 & §16, 3
rogó	rogase	rogara	rogare		
rogamos	rogásemos	rogáramos	rogáremos		
rogasteis	rogaseis	rogarais	rogareis	rogad	
rogaron	rogasen	rogaran	rogaren		
supe	supiese	supiera	supiere		§17, 2, 5, & 6
supiste	supieses	supieras	supieres	sabe	
supo	supiese	supiera	supiere		
supimos	supiésemos	supiéramos	supiéremos		
supisteis	supieseis	supierais	supiereis	sabed	
supieron	supiesen	supieran	supieren		
salí	saliese	saliera	saliere		§17, 1, 5, & 8
saliste	salieses	salieras	salieres	sal	
salió	saliese	saliera	saliere		
salimos	saliésemos	saliéramos	saliéremos		
salisteis	salieseis	salierais	saliereis	salid	
salieron	saliesen	salieran	salieren		
seguí	siguiese	siguiera	siguiere		Combination of
seguiste	siguieses	siguieras	siguieres	sigue	§15, 9 & §16, 7
siguió	siguiese	siguiera	siguiere		
seguimos	siguiésemos	siguiéramos	siguieremos		
seguisteis	siguieseis	siguierais	siguiereis	seguid	
siguieron	siguiesen	siguieran	sigueren		
fui	fuese	fuera	fuere		§17, 2, 4, 7, & 8
fuiste	fueses	fueras	fueres	sé	
fue	fuese	fuera	fuere		
fuimos	fuésemos	fuéramos	fuéremos		
fuisteis	fueseis	fuerais	fuereis	sed	
fueron	fuesen	fueran	fueren		

INFINITIVE GERUND AND PAST PARTICIPLE	PRESENT INDICATIVE	PRESENT SUBJUNCTIVE	IMPERFECT INDICATIVE	FUTURE INDICATIVE	CONDITIONAL
§84					
tañer	taño	taña	tañía	tañeré	tañería
tañendo	tañes	tañas	tañías	tañerás	tañerías
tañido	tañe	taña	tañía	tañerá	tañería
	tañemos	tañamos	tañíamos	tañeremos	tañeríamos
	tañéis	tañáis	tañíais	tañeréis	tañeríais
	tañen	tañan	tañían	tañerán	tañerían
§85					
tener	**tengo**	**tenga**	tenía	**tendré**	**tendría**
teniendo	**tienes**	**tengas**	tenías	**tendrás**	**tendrías**
tenido	**tiene**	**tenga**	tenía	**tendrá**	**tendría**
	tenemos	**tengamos**	teníamos	**tendremos**	**tendríamos**
	tenéis	**tengáis**	teníais	**tendreís**	**tendríais**
	tienen	**tengan**	tenían	**tendrán**	**tendrían**
§86					
tocar	toco	**toque**	tocaba	tocare	tocaría
tocando	tocas	**toques**	tocabas	tocarás	tocarías
tocado	toca	**toque**	tocaba	tocará	tocaría
	tocamos	**toquemos**	tocábamos	tocaremos	tocaríamos
	tocáis	**toquéis**	tocabais	tocaréis	tocaríais
	tocan	**toquen**	tocaban	tocarán	tocarían
§87					
torcer	**tuerzo**	**tuerza**	torcía	torceré	torcería
torciendo	**tuerces**	**tuerzas**	torcías	torcerás	torcerías
torcido	**tuerce**	**tuerza**	torcía	torcerá	torcería
	torcemos	**torzamos**	torcíamos	torceremos	torceríamos
	torcéis	**torzáis**	torcíais	torceréis	torceríais
	tuercen	**tuerzan**	torcían	torcerán	torcerían
§88					
traer	**traigo**	**traiga**	traía	traeré	traería
trayendo	traes	**traigas**	traías	traerás	traerías
traido	trae	**traiga**	traía	traerá	traería
	traemos	**traigamos**	traíamos	traeremos	traeríamos
	traéis	**traigáis**	traíais	traereis	traeríais
	traen	**traigan**	traían	traerán	traerían
§89					
valer	**valgo**	**valga**	valía	**valdré**	**valdría**
valiendo	vales	**valgas**	valías	**valdrás**	**valdrías**
válido	vale	**valga**	valía	**valdrá**	**valdría**
	valemos	**valgamos**	valíamos	**valdremos**	**valdríamos**
	valéis	**valgáis**	valíais	**valdréis**	**valdríais**
	valen	**valgan**	valían	**valdrán**	**valdrían**
§90					
variar	**varío**	**varíe**	variaba	variaré	variaría
variando	**varías**	**varíes**	variabas	variarás	variarías
variado	**varía**	**varíe**	variaba	variará	variaría
	variamos	variemos	variábamos	variaremos	variaríamos
	variáis	variéis	variabas	variaréis	variaríais
	varían	**varíen**	variaban	variarán	variarían
§91					
vencer	**venzo**	**venza**	vencía	venceré	vencería
venciendo	vences	**venzas**	vencías	vencerás	vencerías
vencido	vence	**venza**	vencía	vencerá	vencería
	vencemos	**venzamos**	venciamos	venceremos	venceríamos
	vencéis	**venzáis**	vencíais	venceréis	venceríais
	vencen	**venzan**	vencían	vencerán	vencerían
§92					
venir	**vengo**	**venga**	venía	**vendré**	**vendría**
viniendo	**vienes**	**vengas**	venías	**vendrás**	**vendrías**
venido	**viene**	**venga**	venía	**vendrá**	**vendría**
	venimos	**vengamos**	veníamos	**vendremos**	**vendríamos**
	venis	**vengáis**	veníais	**vendreis**	**vendríais**
	vienen	**vengan**	venían	**vendrán**	**vendrían**

PRETERIT INDICATIVE	IMPERF. SUBJ. S - FORM	IMPERF. SUBJ. 1o. - FORM	FUTURE SUBJUNCTIVE	IMPERATIVE	NOTES AND REFERENCES
tañí	tañese	tañera	tañere		§15,13
tañiste	tañeses	tañeras	tañeres	tañe	
tañó	tañese	tañera	tañere		
tañimos	tañésemos	tañéramos	tañéremos		
tañisteis	tañeseis	tañerais	tañereis	tañed	
tañeron	tañesen	tañeran	tañeren		
tuve	tuviese	tuviera	tuviere		§16, 2 & §17, 1
tuviste	tuvieses	tuvieras	tuvieres	ten	5, 6, & 8
tuvo	tuviese	tuviera	tuviere		
tuvimos	tuviésemos	tuviéramos	tuviéremos		
tuvisteis	tuvieseis	tuvierais	tuviereis	tened	
tuvieron	tuviesen	tuvieran	tuvieren		
toqué	tocase	tocara	tocare		§15, 1
tocaste	tocases	tocaras	tocares	toca	
tocó	tocase	tocara	tocare		
tocamos	tocásemos	tocáramos	tocáremos		
tocasteis	tocaseis	tocarais	tocareis	tocad	
tocaron	tocasen	tocaran	tocaren		
torcí	torciese	torciera	torciere		Combination of
torciste	torcieses	torcieras	torcieres	tuerce	§15, 5 & §16, 4
torció	torciese	torciera	torciere		
torcimos	torciésemos	torciéramos	torciéremos		
torcisteis	torcieseis	torcierais	torciereis	torced	
torcieron	torciesen	torcieran	torcieren		
traje	trajese	trajera	trajere		§15, 15 & §17,
trajiste	trajeses	trajeras	trajeres	trae	1 & 6
trajo	trajese	trajera	trajere		
trajimos	trajésemos	trajéramos	trajéremos		
trajisteis	trajeseis	trajerais	trajereis	traed	
trajeron	trajesen	trajeran	trajeron		
valí	valiese	valiera	valiere		§17, 1, 5 & 8
valiste	valieses	valieras	valieres	val or vale	
valió	valiese	valiera	valiere		
valimos	valiésemos	valiéramos	valiéremos		
valisteis	valieseis	valierais	valiereis	valed	
valieron	valiesen	valieran	valieren		
varié	variase	variara	variare		§16, 9
variaste	variases	variaras	variares	varía	
varió	variase	variara	variare		
variamos	variásemos	variáramos	variáremos		
variasteis	variaseis	variarais	variareis	variad	
variaron	variasen	variaran	variaren		
vencí	venciese	venciera	venciere		§15, 5
venciste	vencieses	vencieras	vencieres	vence	
venció	venciese	venciera	venciere		
vencimos	venciésemos	venciéramos	venciéremos		
vencisteis	vencieseis	vencierais	venciereis	venced	
vencieron	venciesen	vencieran	vencieren		
vine	viniese	viniera	viniere		§16, 5 & §17, 1
viniste	vinieses	vinieras	vinieres	ven	5, 6, & 8
vino	viniese	viniera	viniere		
vinimos	viniésemos	viniéramos	viniéremos		
vinisteis	vinieseis	vinierais	viniereis	venid	
vinieron	viniesen	vinieran	vinieren		

INFINITIVE GERUND AND PAST PARTICIPLE	PRESENT INDICATIVE	PRESENT SUBJUNCTIVE	IMPERFECT INDICATIVE	FUTURE INDICATIVE	CONDITIONAL
§93					
ver	**veo**	**vea**	**veía**	**veré**	**vería**
viendo	**ves**	**veas**	**veías**	**verás**	**verías**
visto	**ve**	**vea**	**veía**	**verá**	**vería**
	vemos	**veamos**	**veíamos**	**veremos**	**veríamos**
	veis	**veáis**	**veíais**	**veréis**	**veríais**
	ven	**vean**	**veían**	**verán**	**verían**
§94					
vestir	**visto**	**vista**	**vestía**	**vestiré**	**vestiría**
vistiendo	**vistes**	**vistas**	**vestías**	**vestirás**	**vestirías**
vestido	**viste**	**vista**	**vestía**	**vestirá**	**vestiría**
	vestimos	**vistamos**	**vestíamos**	**vestiremos**	**vestiríamos**
	vestís	**vistaís**	**vestíais**	**vestiréis**	**vestiríais**
	visten	**vistan**	**vestían**	**vestirán**	**vestirían**
§95					
volcar	**vuelco**	**vuelque**	volcaba	volcaré	volcaría
volcando	**vuelcas**	**vuelques**	volcabas	volcarás	volcarías
volcado	**vuelca**	**vuelque**	volcaba	volcará	volcaría
	volcamos	**volquemos**	volcábamos	volcaremos	volcaríamos
	volcáis	**volquéis**	volcabais	volcaréis	volcaríais
	vuelcan	**vuelquen**	volcaban	volcarán	volcarían
§96					
yacer	**yazco**	**yazca**	yacía	yaceré	yacería
	yazgo	**yazga**			
	yago	**yaga**			
yaciendo	yaces	**yazcas**	yacías	yacerás	yacerías
yacido	yace	**yazca**	yacía	yacerá	yacería
	yacemos	**yazcamos**	yacíamos	yaceremos	yeceríamos
	yacéis	**yazcáis**	yacíais	yaceréis	yaceríais
	yacen	**yazcan**	yacían	yacerán	yacerían
§97					
arcaizar	**arcaízo**	**arcaíce**	**arcaízaba**	**arcaizaré**	
arcaizando	**arcaízas**	**arcaíces**	**arcaizabas**	**arcaizarás**	**arcaizarías**
arcaizado	**arcaíza**	**arcaíce**	**arcaizaba**	**arcaizará**	**arcaizaría**
	arcaizamos	**arcaicemos**	**arcaizábamos**	**arcaizaremos**	**arcaizaríamos**
	arcaizáis	**arcaicéis**	**arcaizabais**	**arcaizaréis**	**arcaizaríais**
	arcaízan	**arcaícen**	**arcaizaban**	**arcaizarán**	**arcaizarían**
§98					
avergonzar	**avergüenzo**	**avergüence**	avergonzaba	avergonzaré	avergonzaría
avergonzando	**avergüenzas**	**avergüences**	avergonzabas	avergonzarás	avergonzarías
avergonzado	**avergüenza**	**avergüence**	avergonzaba	avergonzará	avergonzaría
	avergonzamos	**avergoncemos**	avergonzábamos	avergonzaremos	avergonzaríamos
	avergonzáis	**avergoncéis**	avergonzabais	avergonzaréis	avergonzaríais
	avergüenzan	**avergüencen**	avergonzaban	avergonzarán	avergonzarían
§99					
ahusar	**ahúso**	**ahúse**	ahusaba	ahusaré	ahusaría
ahusando	**ahúsas**	**ahúses**	ahusabas	ahusarás	ahusarías
ahusado	**ahúsa**	**ahúse**	ahusaba	ahusará	ahusaría
	ahusamos	ahusemos	ahusábamos	ahusaremos	ahusaríamos
	ahusáis	ahuséis	ahusabais	ahusaréis	ahusaríais
	ahúsan	**ahúsen**	ahusaban	ahusarán	ahusarían

PRETERIT INDICATIVE	IMPERF. SUBJ. S - FORM	IMPERF. SUBJ. 1o. - FORM	FUTURE SUBJUNCTIVE	IMPERATIVE	NOTES AND REFERENCES
vi viste vio vimos visteis vieron	viese vieses viese viésemos vieseis viesen	viera vieras viera viéramos vierais vieran	viere vieres viere viéremos viereis vieren	ve ved	§17, 1, 4, & 9
vestí vestiste vistió vestimos vestisteis vistieron	vistiese vistieses vistiese vistiésemos vistieseis vistiesen	vistiera vistieras vistiera vistiéramos vistierais vistieran	vistiere vistieres vistiere vistiéremos vistiereis vistieren	viste vestid	§16, 7
volqué volcaste volcó volcamos volcasteis volcaron	valcase volcases volcase volcásemos volcaseis volcasen	volcara volcaras volcara volcáramos volcarais volcaran	volcare volcares volcare volcearemos volcareis volcaren	vuelca volcad	Combination of §15, 1 & §16, 3
yací yaciste yació yacimos yacisteis yacieron	yaciese yacieses yaciese yaciésemos yacieseis yaciesen	yaciera yacieras yaciera yaciéramos yacierais yacieran	yaciere yacieres yaciere yaciéremos yaciereis yacieren	yaz yace yaced	§17, 1 & 8
arcaicé arcaízaste arcaizó arcaizamos arcaizasteis arcaizaron	arcaizase arcaizases arcaizase arcaizásemos arcaizaseis arcaizasen	arcaizara arcaizaras arcaizara arcaizáramos arcaizarais arcaizaran	arcaizare arcaizares arcaizare arcaizáremos arcaizareis arcaizaren	arcaíza arcaizad	Combination of §15, 4 & §16, 8
avergoncé avergonzaste avergonzó avergonzamos avergonzasteis avergonzaron	avergonzase avergonzases avergonzase avergonzásemos avergonzaseis avergonzasen	avegonzara avergonzarás avergonzara avergonzáramos avergonzarais avergonzaran	avergonzare avergonzares avergonzare avergonzáremos avergonzareis avergonzaren	avergüenza avergonzad	Combination of §15, 4 & §19
ahusé ahusaste ahusó ahusamos ahusasteis ahusaron	ahusase ahusases ahusase ahusásemos ahusaseis ahusasen	ahusara ahusaras ahusará ahusáramos ahusarais ahusaran	ahusare ahusares ahusare ahusáremos ahusareis ahusaren	ahúsa ahusad	Applies to verbs with radical ahí, ahú, ehí, ehú, ohí, See Nuevas Normas 25

LABELS AND ABBREVIATIONS

abr. **abbreviation—abreviatura**
adj **adjective—adjetivo**
adv **adverb—adverbio**
(aer.) **aeronautics—aeronáutica**
(agr.) **agriculture—agricultura**
(alchem.) **alchemy—alquimia**
(alg.) **algebra—álgebra**
(Am.) **Spanish-American—hispanoamericano**
(anat.) **anatomy—anatomía**
(anthrop.) **anthropology—antropología**
(api.) **apiculture—apicultura**
(Arab.) **Arabic—arábigo**
(arch.) **architecture—arquitectura**
(archeol.) **archeology—arqueología**
(arith.) **arithmetic—aritmética**
(arm.) **armor—armadura**
art **article—artículo**
(arti.) **artillery—artillería**
(astr.) **astronomy—astronomía**
(astrol.) **astrology—astrología**
aug **augmentative—aumentativo**
(aut.) **automobiles—automóviles**
(bact.) **bacteriology—bacteriología**
(b.b.) **bookbinding—encuadernación**
(Bib.) **Biblical—bíblico**
(bibliog.) **bibliography—bibliografía**
(biochem.) **biochemistry—bioquímica**
(biog.) **biography—biografía**
(biol.) **biology—biología**
(bot.) **botany—botánica**
(box.) **boxing—boxeo**
(Brit.) **British—británico**
(*cap.*) **capital—mayúscula**
(carp.) **carpentry—carpintería**
(cf.) **compare—compárese**
(chem.) **chemistry—química**
(chron.) **chronology—cronología**
(coll.) **colloquial—familiar**
(com.) **commerce—comercio**
comp **comparative—comparativo**
conj **conjunction—conjunción**
(constr.) **construction—construcción**
(cook.) **cooking—cocina**
(cryst.) **crystallography—cristalografía**
def **definite—definido**
dem **demonstrative—demostrativo**
(dent.) **dentistry—dentistería**
(dial.) **dialectal—dialectal**
dim **diminutive—diminutivo**
(dipl.) **diplomacy—diplomacia**
(eccl.) **ecclesiastical—eclesiástico**
(econ.) **economics—economía**
(educ.) **education—educación**
(elec.) **electricity—electricidad**
(electron.) **electronics—electrónica**
(embryol.) **embryology—embriología**
(eng.) **engineering—ingeniería**
(ent.) **entomology—entomología**
(equit.) **horsemanship—equitación**
expl **expletive—partícula expletiva**
f **feminine noun—nombre femenino**
(f.a.) **fine arts—bellas artes**
(falc.) **falconry—cetrería**
fem **feminine—femenino**
(feud.) **feudalism—feudalismo**
(fig.) **figurative—figurado**
(fort.) **fortification—fortificación**
(found.) **foundry—fundición**
fpl **feminine noun plural—nombre femenino plural**
fsg **feminine noun singular—nombre femenino singular**
Fr. **French—francés**
fut **future—futuro**
(geog.) **geography—geografía**
(geol.) **geology—geología**
(geom.) **geometry—geometría**
ger **gerund—gerundio**
(gram.) **grammar—gramática**
(gun.) **gunnery—artillería**
(her.) **heraldry—heráldica**
(hist.) **history—historia**
(horol.) **horology—horología**
(hort.) **horticulture—horticultura**
(hum.) **humorous—jocoso**
(hunt.) **hunting—caza**
(hyd.) **hydraulics—hidráulica**
(ichth.) **ichthyology—ictiología**
(illit.) **illiterate—iliterato**
(immun.) **immunology—inmunología**
imperf **imperfect—imperfecto**
impers **impersonal—impersonal**
impv **imperative—imperativo**
ind **indicative—indicativo**
indecl **indeclinable—indeclinable**
indef **indefinite—indefinido**
inf **infinitive—infinitivo**
(ins.) **insurance—seguros**
(int. law) **international law—derecho internacional**
interj **interjection—interjección**
interr **interrogative—interrogativo**
invar **invariable—invariable**
(iron.) **ironical—irónico**
(jewel.) **jewelry—joyería**
(journ.) **journalism—periodismo**
(Lat.) **Latin—latín**
(*l.c.*) **lower case—letra de caja baja**